主な部首の名称

主な部首のうち特別な形、名称をもつものを中心に掲載しました。俗称を示したものもあります。

丨	ぼう
乙	おつ　おつにょう
亠	なべぶた
亻(人)	にんべん
儿	にんにょう
入	にゅう　いる
八	はちがしら
冂	まきがまえ　けいがまえ
冖	わかんむり
冫	にすい
几	つくえ　きにょう
凵	かんにょう　うけばこ
刂(刀)	りっとう
勹	つつみがまえ
匕	さじ
匚	はこがまえ
匸	かくしがまえ
卩(㔾)	ふしづくり
厂	がんだれ
口	くち　くちへん
囗	くにがまえ
土	つちへん
夂	ふゆがしら
夊	すいにょう
女	おんなへん
子	こへん
宀	うかんむり
尢	おうにょう　まげあし
尸	しかばね
屮(屮)	てつ
巾	はば　はばへん
幺	いとがしら
广	まだれ
廴	えんにょう　いんにょう
廾	にじゅうあし
弋	しきがまえ
弓	ゆみへん
彑(彐)	けいがしら
彡	さんづくり
彳	ぎょうにんべん
忄(心)	りっしんべん
扌(手)	てへん
氵(水)	さんずい
犭(犬)	けものへん
艹・艹(艸)	くさかんむり　そうこう
辶・辶(辵)	しんにょう　しんにゅう
阝(邑)	(右)おおざと
阝(阜)	(左)こざとへん
⺗(心)	したごころ
戈	ほこがまえ　ほこづくり
戶(戸)	とだれ
支	しにょう　えだにょう
攴(攵)	ぼくにょう
斗	とます
斤	おのづくり
方	ほう　かたへん
无	むにょう
日	ひへん　にちへん
曰	ひらび
月	つきへん
月(肉)	にくづき
木	きへん
欠	あくび
止	とめへん
歹	がつへん　かばねへん
殳	ほこづくり　るまた
气	きがまえ
火	ひへん
灬(火)	れっか　れんが
爪(爫・爫)	つめかんむり　そうにょう
爿	しょうへん
片	かたへん
牙(牙)	きばへん
牛(牛)	うしへん
王(玉)	たまへん　おうへん
𤴔(疋)	ひきへん
疒	やまいだれ
癶	はつがしら
目	めへん
矛	ほこへん
矢	やへん
石	いしへん
示・礻	しめすへん
禸	ぐうのあし
禾	のぎへん
穴	あなかんむり
氺(水)	したみず
衤(衣)	ころもへん
竹	たけかんむり
米	こめへん
糸	いとへん
缶	ほとぎへん
网(罒)	あみがしら
羊(⺷)	ひつじへん
老・耂	おいかんむり
耒	すきへん　らいすき
耳	みみへん
聿	ふでづくり
舌	したへん
舛(舛)	まいあし　ますます
舟	ふねへん
艮	うしとら　こんづくり
虍	とらがしら　とらかんむり
虫	むしへん
行	ぎょうがまえ　ゆきがまえ
襾(覀)	かなめのかしら　にし
角	つのへん
言	ごんべん
豆	まめへん
豕	いのこへん
豸	むじなへん
貝	かいへん
走	そうにょう
𧾷(足)	あしへん
身	みへん
車	くるまへん
辵	しんにょう　しんにゅう
酉	ひよみのとり
釆	のごめへん
金	かねへん
門	もんがまえ
隶	れいづくり
隹	ふるとり
雨	あめかんむり
革	かわへん　つくりがわ
韋(韋)	なめしがわ
頁	おおがい
飠・𩙿(食)	しょくへん
馬	うまへん
骨	ほねへん
髟	かみかんむり　かみがしら
鬥	とうがまえ
鬯	ちょう
鬲	かなえ　れき
鬼	きにょう
魚	うおへん
鳥	とりへん
鹵	ろ
麥(麦)	ばくにょう
麻(麻)	あさかんむり
黽	べんあし
鼻(鼻)	はなへん
齊(斉)	せい
齒(歯)	はへん

＊各部首の説明については本文の部首解説をご覧ください。

新選漢和辞典

小林信明［編］

第八版
新装ワイド版

小学館

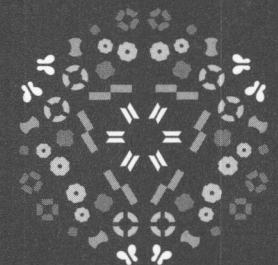

編者

東京教育大学名誉教授
文学博士
小林信明

編集委員

元大妻女子大学教授
大木春基

筑波大学名誉教授
文学博士
牛島徳次

元昭和学院短期大学
副学長
市木武雄

元文教大学教授
月洞讓

東京外国語大学
名誉教授
高橋均

編者のことば

もしも人類が「ことば」を持たなかったならば、おそらくは正確な思考を進め、文化を高めることはできなかったであろう。それと同様に、もしも人類が文字を発明しなかったならば、文化を広く世間に伝え、遠く後世にまで残すことはできなかったであろう。文化と文字との関係は、あたかも「ことば」と文化との関係のようなものである。文字は「ことば」を表記する要具であるが、文字の持つ使命は、単に「ことば」の表記にあるだけではない。まことに、文字こそは、学問の府であり、文化の淵源である。

わが国の文字は、一に漢字に負うものである。漢字は、もちろん中国古来の文字であるが、今日では、日本の国字として消化されている。したがって、漢字についての知識の問題は、ひとり中国文化の理解に関連しての要件であるばかりでなく、わが国文化の跡をたどり、さらには今後の日本文化の健全な展開のためにも、一刻もゆるがせにできないものである。

漢字の特色は、文字が直ちに「ことば」である点にある。漢字は直ちに「ことば」であるから、一字一字がそのまま文化を表象している。その結果、漢字は文化の進展とともに発達増加して、その総数は数万に上り、一字の画数は数十を数え、一字の訓義も数十に及ぶほどのものがあるに至った。このように、文化の展開は、漢字を限りなく複雑なものにしたが、しかし人間の要求には、これと背反する一面があり、日ごとに複雑化する文化を整理し単純化して、これを実用に適したものにしようとする。その漢字における現象は、当用漢字の制定である。

当用漢字の制定は、今や中外にわたる事象である。このような歴史と現実との中にあって、過去を知り、また将来を正しく導くために、われわれはどの程度の漢字の知識を必要とするであろうか。また、これに応ずるには、どのような辞書を必要とするであろうか。思うに辞書というものは、その向き向きに応じて最も適切なものでなくてはならない。ここに編者は、小学館の懇請により、高等学校の漢文学習を主として、一般社会の実用に応じ、中学校の要望にも答え得る用意をもって、本辞典を編集した。

本辞典の要領の一々に至っては、これを「まえがき」の項に譲るが、編集に当たっての最大の目標は、学習と実用とに最も適切で、そのうえ、だれにも最も引きやすい辞書とすることにある。この目標を達するためには、各職場の多くの人たちの意見をも、じゅうぶんに取り入れたつもりである。幸いにしてこの一書が、所期の目的を達することができるとしたら、編者の喜びはこれに越すものはない。

最後に、本書の編集は、もっぱら、大木春基君・月洞譲君・市木武雄君・牛島徳次君の力に負うものである。ここに明記して、謝意を表する次第である。

昭和三十八年正月吉日

編者しるす

『新選漢和辞典』第八版 改訂のことば

私たちの日常生活は言葉から離れることはできない。それはとりもなおさず言葉をつづる文字の使用から離れることができないということでもある。日本語は、漢字とかなを中心につづられている。漢字を習得し、使いこなすことは、私たちがこの社会に生きるかぎり必須の能力として求められることである。私たちの先人は、千五百年にわたる長い時間をかけて漢字を学び、日本語をより適切に表現できるように努力してきた。こうした恩恵を受けて私たちは、漢字が異国生まれの文字であることを忘れて、漢字を使って日本語を書き記すことができるのである。

漢字が中国に誕生して四千年、その間に字体は変化し、意味・用法も大きく発展したばかりでなく、さらに日本に伝わってからの意味・用法も加わっている。漢字一字一字にこめられたこうした長い歴史を、漢和辞典は簡明に示すことが求められている。それと同時に、現在の情報社会での基本工具として漢字が果たしている役割に対応することも求められている。本辞典のような小さなスペースでこのように多様な要求にこたえることは至難のわざである。私たちはこうした要請にこたえるために最大の努力を払い、別項に記すような「改訂の要点」に重点を置いて改訂作業を進めた。

今回の改訂では多くの方々の協力を得ることができた。本辞典にこれまでにまして、いささかの見るべき点があるとすれば、それはこれらの方々の献身的な助力のおかげである。また今回の改訂においても、小学館の編集の方々の常時周到な用意があった。この点に対しても心からの謝意を記す次第である。

幸いにして、これまでと同じように本改訂版が多くの方々のご支持を得て、広く用いられるならば、この上ない喜びである。

平成二十二年十二月

編者しるす

〈改訂の要点〉

一　平成二十二年十一月に改定された「常用漢字表」に対応させた。

二　JIS第一水準漢字～第四水準漢字と、JIS補助漢字を網羅するため、親字を約三千字追加した。

三　中国で最初に漢字を体系化した字書『説文解字（せつもんかいじ）』（後漢・許慎（きょしん）著）をはじめとする多くの字書・漢字資料を用いて、異体字の字体・種類を整理した。

四　熟語を漢文読解の視点から、全面的に見直した、等々。

〈第八版　執筆協力者〉

内山直樹・浦山きか・大橋賢一・陶山知穂・田中理恵・根岸政子・樋口泰裕・増野弘幸

松村茂樹・渡邉　大

この辞典を使う人のために

この辞典は、

(1) 中学校上級以上の国語学習用の参考として
(2) 高校の漢文を中心とする古典学習用の伴侶(はんりょ)として
(3) 一般社会人の日常・実務用の必携として
(4) 現代中国語の基本語彙理解の一助として
(5) 情報機器の漢字入力用として

新時代の漢和辞典に対する要請と期待にこたえることを念じるとともに、特に次の諸点に留意して編集した。

一　親字および熟語を、できるかぎり豊富に、かつ精選して収録した

親字約一万五五〇〇(旧字・異体字を含む)、熟語約六万四〇〇〇という数は、優に一般中辞典を凌駕(りょうが)するところである。その採録資料も、高等学校用国語・漢文教科書はもとより、およそ学習にかかわる漢籍のほとんどすべてに及んでいる。

さらに加えて熟語においても、◉国語古典、および日常の生活漢語、◉人名・地名・書名、その他学習に関連の深い事項、◉中国基本語彙約四〇〇〇語、等を精密周到に収録した。

〈第八版で特筆すべき点〉

①二〇一〇年に改定された「常用漢字表」に対応させた。
②ＪＩＳ第一水準〜第四水準漢字、ＪＩＳ補助漢字を完全収録し、漢字コードを示した。
③親字の横に異体字をなるべく多く掲げ、その種類を示した。なお、第七版に引き続き、
④「語法」欄を九六設け、助字を詳しく解説した。
⑤「原義と派生義」図を五〇掲載し、漢字の意味の流れが分かるようにした。

これらは、時代の求めに応じての必然的配慮にほかならない。

二　漢文学習の実際的利用という立場から、特別の配慮を施した

辞書利用の技術と習慣を身につけることは、学習の興味を喚起し、学力の向上を図るうえの不可欠の条件とされているが、その点、漢和辞典の場合には文字、語句の検索の面などでとかくの障害をまぬかれえないうらみがある。

この辞典では、特にここに思いをいたし、形式・内容両面ともに入念な工夫と配慮を施した。たとえば検索用親字の設置(部首を間違えて引いても、その親字本来のありかがすぐわかるため)や、部首ナビ(欄外の「つめ」と「柱(はしら)」を使って部首を調べる方法)など、すべて卑近な辞書利用への新趣向である。

次に掲げる諸配慮も、すべて同じ趣旨に沿ってのものである。

◉各親字の韻、漢音・呉音・唐音・慣用音の別、字音表記の新旧別、新旧字体の表示　◉現行教科書中の有名句の多数採用　◉引用句に対する口語訳の多用　◉出典の明示　◉新旧かなづかいの対照的表示　◉訓の送りがなの表示　◉逆引熟語　◉簡潔明瞭な解説　◉利用度の高い付録(「漢字について」「同訓異義要覧」「漢語の基本的な組み立て」「中国学芸年表」等)

この辞典完成のためには中国語学の権威、藤堂明保博士をはじめ、頼惟勤・志村和久・鈴木三省・大坂茂雄・江連隆・高木重信・金子泰三・八丸吉昭・福地滋子・伊藤恒之・児玉啓子・樋口靖の諸氏、その他多くの方々の親身のご協力を仰いだ。

なお、第八版の刊行にあたっては、高橋均監修のもと、内山直樹・浦山きか・大橋賢一・陶山知穂・田中理恵・根岸政子・樋口泰裕・増野弘幸・松村茂樹・渡邉大の各氏に、執筆、見直し等の面でひとかたならぬお力添えを賜った。

この辞典の使い方

一　親字とその解説について

㈠ 親字の収録範囲

親字は高校の漢文学習はもちろん、広く中国・日本古典の読解に必要な漢字、および一般社会人の日常生活に必要な漢字を中心に、旧字・異体字を含め約一万五五〇〇字を収録した。

この親字には、①常用漢字、②人名用漢字、③「表外漢字字体表」（二〇〇〇年、国語審議会答申）の印刷標準字体・簡易慣用字体に示されている漢字、④ＪＩＳ第一水準〜第四水準漢字、⑤ＪＩＳ補助漢字のすべてが収録されている。

㈡ 親字の字体・画数・部首

親字の字体・画数・部首については、次のことを原則とした。

(1) 常用漢字（二一三六字。うち学習漢字一〇二六字。色刷り）・人名用漢字（八六三字。括弧のみ色刷り）の字体は、それぞれ「常用漢字表」「人名用漢字別表」に準拠した。

(2) 常用漢字・人名用漢字の画数は、同表に示された字体や『康熙字典』を参考にして表示した。

なお、常用漢字・人名用漢字のうち、旧来の字体を改めたもの（「新字体」）については、まず新字体を掲げ、次に旧来の字体（「旧字体」）を横に掲出した。

(3) 「表外漢字字体表」収録漢字については、字体は同表に準拠し、また画数は同表に示された字体や、『康熙字典』を参考にして表示した。

(4) 部首は、原則として『康熙字典』に準拠したが、常用漢字・人名用漢字の部首はその字体に即して、刀→刂、心→忄、辵→辶、阜→阝……のように示した。また、「表外漢字字体表」収録漢字についても同様に扱った。

(5) 常用漢字・人名用漢字・「表外漢字字体表」収録漢字以外の漢字については、字体・画数・部首とも、原則として『康熙字典』に準拠した。

㈢ 親字の配列

親字の配列は、原則として『康熙字典』に従い、部首順・画数順によった。なお、常用漢字・人名用漢字で新字体のあるものは、新字体の部首・画数のところに配列し、横に旧字体を示した。ただし、検索上の便宜から、

(1) 同一部首内における親字は、部首を除いた部分の画数（部首内画数）によって配列した。

(2) 部首内画数が同一の場合は、代表的な音の五十音順に配列。

(3) 国字については、常用漢字で音のある場合は、音の五十音順に配列した。それ以外の場合は、同一部首内画数の最後に置くのを原則とした。同一部首内画数の国字が複数ある場合は、訓の五十音順に配列した。

(4) 旧字体・異体字のうち、見出しの親字と部首・部首内画数の異なるものについては、本来あるべき部首・部首内画数のところで、その同一画数の末尾にから見出しをまとめて掲げた。また、異体字の種類を本古同俗などの記号で示した。なお、から見出しが人名用漢字の場合は、括弧を色刷りにした。

亠7【京】〔9〕同↓京（五五ジペ・中）　亠7【亯】〔9〕本↓亨（五五ジペ・上）

(5) 部首及び画数のまちがいやすいものについては、その親字本来の場所以外の箇所にも検索用の親字を設けた。

亠6〔育〕↓肉部四画（一〇一三ジペ・中）　亠6〔卒〕↓十部六画（一九五ジペ・中）

四　親字の体裁と解説

1　見出しの体裁

(ア)　常用漢字

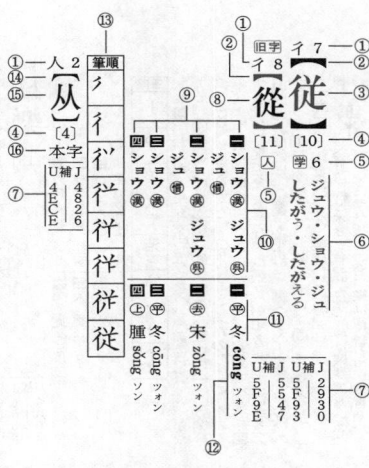

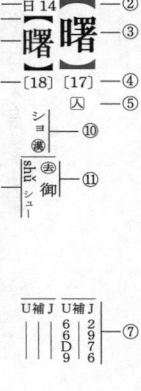

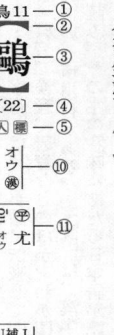

①彳7　②【従】③　〔10〕④　学6⑤　ジュウ・ショウ・ジュ　したがう・したがえる⑥　J2930　U補5F93⑦

①旧字　②彳8　⑧【從】　〔11〕　人⑤　J5547　U5F9E

⑨

一　ショウ漢　ジュウ呉⑩　ジュ慣　一　平　冬　cóng　ツォン⑪⑫

二　ショウ漢　ジュウ呉　ジュ慣　二　去　宋　zòng　ツォン

三　ショウ漢　三　平　冬　cōng　ツォン

四　ショウ漢　四　上　腫　sǒng　ソン

⑬筆順

(イ)　人名用漢字　(1)

①人2　⑭⑮【从】　④〔4〕　⑯本字　⑦J4826　U補4ECE

①日13　②【曙】③　〔17〕④　人⑤　ショ漢⑩　去　御⑪　shǔ　シュー⑫　J2976　U補66D9⑦

①旧字　日14　②⑧【曙】　④〔18〕　J　U補

(ウ)　人名用漢字　(2)

①鳥11　②【鷗】③　〔22〕④　人　標⑤　オウ漢⑩　平　尤⑪　ōu　オウ⑫　J①9469　補7631　U9DD7⑦

①鳥4　⑭⑮【鴎】　④〔15〕　⑯簡慣　⑦J1810　U補9D0E

①②　親字・異体字の部首と、部首内画数。親字見出しを示す括弧。旧字体は少し小さくし、人名用漢字は色刷りにした。

③　見出しの親字。常用漢字は色刷りにした。

④　総画数。

⑤　漢字の種別。常は常用漢字。学は学習漢字。常用漢字のうち、小学校で学習することになっている漢字。右に付いている数字は、学年別漢字配当表による、1〜6年までの学習学年を示す。人は人名用漢字。標は「表外漢字字体表」(二〇〇〇年、国語審議会答申)の印刷標準字体。

⑥　常用漢字で、「常用漢字表」に掲げられている音訓。音はカタカナ、訓はひらがなで掲げ、ともに色刷りで示した。

⑦　漢字コード。「J」はJISコード(区点・面区点コード)。「補」はJIS補助漢字コード。「U」はユニコード。

⑧　旧字体(【　】が色刷りの場合は人名用漢字でもある)。

⑨　字音を区別する番号。

⑩　字音と種別(漢音、呉音、唐音、慣用音)。

⑪　四声と韻(韻目)。→付録「韻目表」

⑫　現代中国語の標準発音のローマ字表記(ピンイン)と、発音のカタカナ表記。

⑬ 筆順。常用漢字に示した。
⑭ 異体字を示す括弧。人名用漢字は色刷りにした。
⑮ 異体字。
⑯ 異体字の種類。

2 「楽」の例

木9 【楽】〔13〕 学2 ガク・ラク　たのしい・たのしむ　J 1958　補 ―　U 697D

旧字 木11 【樂】〔15〕 人　J ―　補 6059　U 6A02

一 ガク (漢)(呉)　一 (入) 覚 yuè ユエ
二 ラク (漢)(呉)　二 (入) 薬 lè ロー
三 ゴウ(ガウ) (漢)　ギョウ(ゲウ) (呉)　三 (去) 効 yào ヤオ

筆順
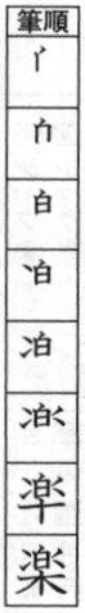

意味 一 ①おんがく。「礼楽」 ②うたう。 ③楽器をひく。かなでる。 ④楽器。 ⑤音楽家。 ⑥儒家の六経中の一つ。楽経。 ⑦姓。 二〈たのし・い(たの・し)〉〈たのし・む〉 たのしみ。よろこぶ。愉快である。おだやか。「安楽」「和楽」 三〈この・む〉 愛する。のぞむ。ねがう。「知者楽レ水、仁者楽レ山」〈論語・雍也〉 国〈らく〉 ①身心がのびのびする。↕苦 ②やさしい。たやすい。 ③「千秋楽」（一九二ジベー・中）の略。 ④「楽焼」の略。

解字  会意。絲と木とを合わせた字。絲は楽器で、たいこの類。木はそれをのせる台。樂は、楽器を用いて音楽をかなでることで、音楽の総称である。音楽はたのしい場合に使われるので、たのしむ意味になる。一説に樂は、櫟(くぬぎ)、あるいは、とちの木の形であるという。

名前 さき・もと・よし　難読 神楽（付表）／楽府・楽車

3 親字の解説

(1) 親字の上に、部首・部首内画数を、下に総画数、および、学＝学習漢字　常＝常用漢字　人＝人名用漢字　標＝「表外漢字字体表」（二〇〇〇年、国語審議会答申）の印刷標準字体　国字＝国字、の別を示した。新字体の場合は親字の横にその旧字体を示した。

(2) 常用漢字については、はじめに「常用漢字表」に掲げられている音訓（常用音訓。音はカタカナ、訓はひらがな）を色刷りで示した。次に字音を示したが、旧字体のあるものは、旧字体の下に示すことを原則とした。

(3) 漢字の字音はカタカナで示し、常用漢字の音として許容されているものは特にアンチック体（太字体）にした。なお、字音の歴史的かなづかいは（　）に入れて示した。

【楽】の場合、字音は**ガク・ラク**・ゴウ（ガウ）・ギョウ（ゲウ）である。常用漢字の音として許容されているものはアンチック体**ガク・ラク**であり、ゴウ・ギョウの歴史的かなづかいは（ガウ）・（ゲウ）であることを示す。

(4) 漢音・呉音・唐音・慣用音の別は、それぞれ(漢)(呉)(唐)(慣)で、四声はそれぞれ(平)(上)(去)(入)で示した。また、韻・現代中国音をもつけ加え、現代中国音には大体の発音をカタカナで示した。なお、太字で示した現代中国音は単音節語としての基本語彙であることを示す。

【従】の一の字音**ショウ**の場合、その音は漢音、四声は平声、韻は冬、現代中国音は **cóng** ツォン であることを示す。

＊字音・字訓……「字音」は、わが国に伝来して国語化した漢字の音。呉音、漢音、唐音などのほか、わが国で慣用的に使われている慣用音がある。「字訓」は、漢字の日本語としての読み。その字の意味にあたる日本語が読み方として固定したもの。

＊四声と韻……近体詩の理解のため、四声と韻を、「(入)覚」「(去)効」のように示した。（付録の「韻目表」参照）

(5) **筆順**……常用漢字に八段階の筆順を示した。その際、筆順の原則は、文部省「筆順指導の手びき」（昭和三十三年）を参考にした。また、同一の文字に二〜三通りの書き方が慣習として行われているものがあるが、その場合、もっとも一般的と思われるものを一つだけ示すにとどめた。

(6) 親字の解説は、**意味**のもと、訓と説明とに分けて示した。訓は〈 〉内にアンチック体のひらがなで示したが、送りがなは細字で示した。また、語幹と語尾の間に「・」を入れて区分した。なお、訓義がわが国特有のものについては国をつけて区別した。

【楽】の場合、訓は**〈たのし・い（たの・し）〉〈たのし・む〉〈この・む〉〈らく〉**で、訓義がわが国特有のものは**〈らく〉**である。また、訓**〈たのし・い〉〈たのし・む〉**の「・」は、語幹と語尾との区分であり、**〈たのし・い〉**の「し・い」は送りがな、（たの・し）は文語であることを示す。

(7) 字音による意味の区別

㋐ 親字の字音によって意味の異なるものについては、一 二……の番号によってそれぞれ字音と意味とを対応させた。なお、親字の字音が同じでも、四声（韻）のちがい、また、現代中国音のちがいによって意味の異なってくる場合も 一 二……によってその区別を示した。

㋑ 親字の字音 一 二……によって意味が異なる場合、意味欄にも 一 二……の番号を付けた。

【楽】の場合、字音 一 ガクの意味は、「一 ①おんがく。……⑦姓。」まで。字音 二 ラクの意味は、「二 **〈たのし・い〉**（たの・し）……「和楽」」まで。字音 三 ゴウの意味は、「三 **〈この・む〉**……〈論語・雍也〉」までであることを示す。

(8) 異体字……親字と同音・同義に用いられる異なる字体の漢字（異体字）がある場合は、それらをまとめて示した。異体字には親字との関係（常用漢字・人名用漢字などで旧字体のあるものは、その旧字体との関係）を、『説文解字』『玉篇』『広韻』『集韻』『龍龕手鑑』『字彙』『正字通』『康熙字典』『秦漢魏晋篆隷字形表』などをよりどころに、次のように区別して示した。

㋐ 本字……『説文解字』で見出し字として示されているもの。

㋑ 或体……『説文解字』で「或体字」として示されているもの。

㋒ 古字……『説文解字』で「古文」として示されているもの。また「籀文」「篆文」として示されたものも「古字」とした。

㋓ 同字……『玉篇』『広韻』『集韻』『龍龕手鑑』『字彙』『正字通』などの字書で同一の字と認められているもの。また上記の字書で「古文」「古字」として示されているもの。さらに『玉篇』『広韻』などの字書で見出し字として用いられている字形の字も「同字」とした。

㋔ 俗字……『玉篇』『干禄字書』『広韻』『集韻』『龍龕手鑑』『字彙』『正字通』『宋元以来字譜』などの字書で「俗字」として示されているもの。

（異体字に「正字」とあるものは、親字見出しが主として「表外漢字字体表」の印刷標準字体の場合や一部の人名用漢字であり、『康熙字典』で正字とされるものを示した。「簡慣」とあるものは、同表で簡易慣用字体とされたものを示す）

(9) **国字**……漢字の構成法にならって日本でつくられた漢字。

(10) **意味**……親字の説明。原則として、㋐新旧両字体のあるものは、新字体の項（横に旧字体を掲出）で、㋑異体字については正字の項で行った。

(11) **解字**……漢字を正しく理解し、親しみやすくするために、常用漢字、部首として用いられる漢字、人名用漢字の一部に、主として『説文解字』により、象形・指事・会意・形声の別を示すとともに、日本の説なども参照して、その原義を記した。さらに、『説文解字』などを参考にして篆書(てんしょ)も示した。

⑿ 名前……親字が人の名乗りに用いられる場合のおもな読み方を掲げた。ただし、それがすでに親字の字音または訓として示されているものについては省略した。

⒀ 姓……特殊な読み方をする苗字(みょうじ)を列挙した。

⒁ 地名……郡・市、その他むずかしい読み方をする地名を掲げた。

⒂ 難読……「常用漢字表」の「付表」に掲げられた語や、熟字訓・当て字、外来語など、特に読みの難しい熟語を掲載した。

⒃ 参考……主として、親字の画数の異同、同音の漢字による書きかえ字、字形の類似等について説明した。

⒄ 応用例……中国新字体で、その字が他の漢字の偏や旁(つくり)にも用いられる場合の字例を示した。

4　漢字コード

親字や異体字には、日本工業規格（ＪＩＳ）が定めている次の三種類の漢字コードを示した。

Ｊ……「ＪＩＳ第一水準・第二水準」に収録される六三五五字については、『JIS X 0208:1997』『JIS X 0213:2004』にもとづき、四桁の区点コードを示した。

「ＪＩＳ第三水準・第四水準」の三六九五字については、『JIS X 0213:2000』『JIS X 0213:2004』にもとづく五桁の面区点コードを示した。頭に①のあるものが第三水準漢字、②のあるものが第四水準漢字である。

補……「ＪＩＳ補助漢字」に収録されている五八〇一字については、『JIS X 0212:1990』にもとづく四桁の区点コードを示した。

Ｕ……親字や異体字に「ユニコード」があるものは、『JIS X 0213:2000』『JIS X 0213:2004』『JIS X 0221:2007』にもとづいて示した。

五　語法

漢文読解において注意を要する助字九六字を精選し、囲み欄を設け、意味・用法等を詳説した。なお、四五〇の用例にはすべてに書き下し文と、口語訳を付けた。

（例）「**勿**」

> 語法 ❶〈**なかれ**〉禁止。…するな。例「勿レ憂(うれうる)(うれふ)なかれ、吾已作ニ薬酒一待レ之矣(われすでにやくしゅをつくりてこれをまつ)」(心配なさるな。わたしがもう毒酒を準備して待っているのだから)〈史記・蘇秦(そしん)列伝〉
> ❷〈**なし**〉ない。例「不レ如レ勿レ受(うくることなきにしかず)」(受けないほうがよい)〈史記・白起列伝〉
> **句形**
> [**勿ニ復…一**]〈**また…するなかれ**〉もう(二度と)…しないでくれ。例「始皇謝曰(しこう(くわう)しゃしていわく(いはく))、已矣(やめ)、将軍勿ニ復言一(しょう(しやう)ぐんまたいう(いふ)ことなかれ)」(始皇帝は謝っていった、やめてくれ。将軍よ、二度とそれをいってくれるな、と)〈史記・王翦(おうせん)列伝〉

六　原義と派生義

五〇字を選び、漢字の意味の流れが分かるような図を掲げた。意味欄は主として多く使われる意味・用法の順に解説してあるので、意味欄と対照させることにより、漢字をより多面的に理解することができる。

（例）「**息**」

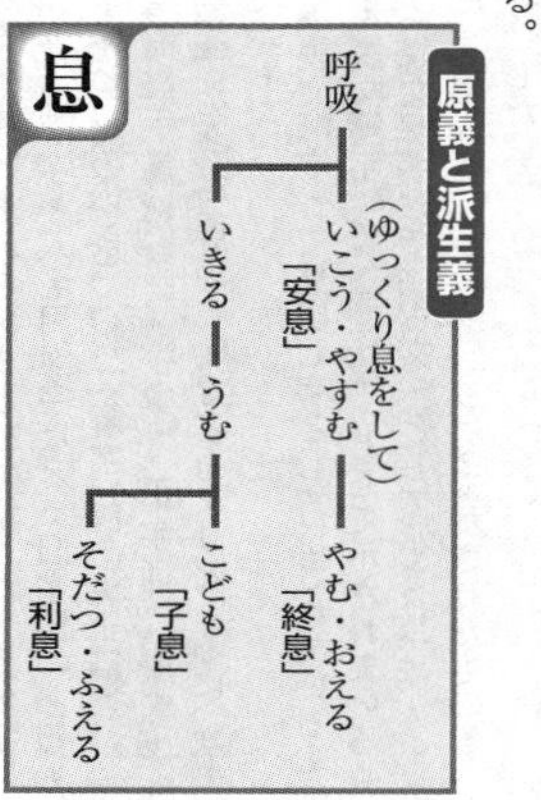

二 熟語とその解説について

熟語は、漢籍や日本古典で用いられる主要な熟語、および一般社会生活に必要な熟語を中心に、現代中国語の基本語彙も含め、約六万四〇〇〇語を収録した。

一 熟語の配列

(1) 熟語は原則として一字めからの読みの五十音順に配列した。読みが同一の場合は、二字めの画数順とした。

(2) ただし、三字以上の熟語でも、二字の熟語がもとになってできた複合語または句・文は、当該熟語の説明のすぐあとに改行しないで列挙した。この場合、当該熟語との重複部分は「――」で省略した。

(例)【国民】こくみん……【――性】こくみんせい……
【経史】けいし……【――子集】けいししじゅう(しふ)……

ただし、故事成語などで、日常頻用ひんようされる四字熟語については、「――」で省略することはしないで、その全形を掲げたものもある。

(例)【巧言】こう(かう)げん……【巧言令色】こう(かう)げんれいしょく
【四面】しめん……【四面楚歌】しめんそか

(3) 現代中国語の熟語は、他の熟語の後に一括してまとめ、五十音順に並べた。

(例)【一塊児(兒)】イーコワル yíkuàir
【一共】イーコン yígòng
【一下】イーシア yíxià

(4) 句・文は、〖　〗で示した。

(5) 独立した句・文は長短にかかわらず、熟語の最後に、読みの五十音順に列挙した。

(例)〖一狐之腋〗いっこのえき
〖一死一生知二交情一〗いっしいっしょう(しゃう)こう(かう)じょう(じゃう)をしる
〖一将(將)功成、万(萬)骨枯〗いっしょう(しゃう)こうなって、ばんこつかる

二 熟語の見出し

熟語の見出しは新字体または書きかえ字で行うことを原則とし、必要に応じて旧字体を(　)、また、表外字を(「　」)に入れて示した。

(例)【幼児(兒)】　【補(「輔」)佐】

なお、見出し語の中に旧字体を示すのは、新旧字体に二画以上のちがいのある場合、また、一画のちがい、画数は同じでも字体に著しいちがいがある場合に示すことを一応の目安とした。

三 熟語の読み方

(1) 外来語および現代中国語の基本語彙以外はすべてひらがなで示し、その歴史的かなづかいを、参考として(　)に入れて示した。

(例)【呈上】ていじょう(じゃう)　【女真(眞)】じょ(ぢょ)しん――ジュルチン

(2) 熟語が、読み方によって意味が異なる場合は、[一][二]……をつけて区別した。

(例)【利益】[一]りえき ①もうけ。…[二]りやく 仏 神や仏のめぐみ。…

(3) 現代に直接関係のある中国の主要な人名・地名などは、現代中国語の大体の発音をカタカナで示した。

(例)【毛沢(澤)東】もうたくとう――マオツォートン
【北京】ぺきん――ペイチン

(4) 現代中国語として、中国古典語あるいは国語とは別な意味を表す熟語については現をつけ、その発音をカタカナ、およびローマ字で示したうえ、解説した。

(例)【火車】[一]か(くわ)しゃ……[二]ひのくるま……[三]フオチョー huǒchē 現汽車。
【再見】ツァイチエン zàijiàn 現さようなら。

(5) 専門語については、仏法哲……の記号を用いて、それぞれ仏教・法律・哲学関係の語であることを示した。

四 **熟語の解釈**

(1) 解釈が二つ以上ある場合は、①②……によって区別し、また、わが国特有の意味のものには国をつけて示した。

(2) 反対・対照の意味を表すことばは↕で示し、また、同音異字の同義語については、解釈の最後に＝をつけて示した。

（例）【生霊(靈)】一せいれい ①たみ。人民。＝生黎 ②いのち。生命。二いきりょう(りゃう) 国生きている人のたましいで、他にたたりをするもの。生きすだま。↕死霊

(3) 見出し語中、その語を含む熟語、または句の用例を、「　」をつけて解釈の末尾に掲げて、理解の一助とした。また、必要に応じてその意味も付した。

（例）【無礙】むげ………「融通(ゆうずう)無礙」

【溜飲】りゅう(りう)いん……「溜飲がさがる」(不平・不満がいっぺんにふきとぶこと。)

五 **用例・出典**

(1) 現行の高校漢文教科書、および著名な漢籍中に見られる熟語については、特にその有名な用例・例文を豊富に盛りこむとともに、㋐その読み方を現代仮名遣いで示し、㋑さらに口語訳を（　）内に加え、㋒出典を〈　〉内に明示した。

（例）【悠然】ゆう(いう)ぜん……「悠然見南山(ゆうぜんとしてなんざんをみる)」(心ゆったりと、南方の山を望みみる。)〈陶潜(とうせん)の詩・飲酒〉

(2) 出典の示し方は、

㋐ 経書・子書については「書名・編名」を、
（例）〈論語・子罕(しかん)〉〈左伝・僖公(きこう)〉

㋑ 史書には「書名・目(もく)の名」を、
（例）〈史記・高祖本紀(こうそほんぎ)〉〈漢書(かんじょ)・項籍(こうせき)伝〉

㋒ 詩文については無名氏の作品には「書名・題名」を、
（例）〈文選(もんぜん)・古詩十九首〉〈詩経(しきょう)・桃夭(とうよう)〉

㋓ その他は「作者名・題名」を示した。

(3) （例）〈屈原・漁父辞(ぎょほのじ)〉〈杜甫(とほ)の詩・兵車行(へいしゃこう)〉故事成語・成句の有名なもの約二五〇を選び、色版を使って目立たせた。

六 **逆引熟語**

親字を語末に用いた常用熟語を掲げた。（親字「償」の例）

（例）◇▼代償(だいしょう)・弁償(べんしょう)・補償(ほしょう)・賠償(ばいしょう)

三 **表記について**

(1) 解説はすべて簡潔平易を旨とし、かつその表記は原則として常用漢字表・現代仮名遣い・送り仮名の付け方などにもとづいた表記法にしたがった。

(2) ルビは、かな一字および二字のときは一行に、かな三字以上のときは二行に書いた。ただし、三字以上でも拗音(ようおん)の場合は一行に書いた。

（例）楚(そ)　漢(かん)　李斯(りし)　孟子(もうし)　蘇軾(そしょく)
司馬遷(しばせん)　趙(ちょう)　旁(つくり)

四 **「つめ」と「柱(はしら)」を使った部首の検索方法（「部首ナビ」）について**

(1) 小口側の「つめ」に、そのページにある親字の部首の画数を示し、「柱」にはそのつめの画数に含まれる部首を、見返しの部首索引の順にすべて示した。

(2) あるページの柱で、色刷りで示してあり、横に黒矢印の付いている部首は、当該ページに掲載されている親字の部首であることを示す。

(3) 目的の部首が検索できれば、部首内画数と音によって、目的の親字をすばやくさがし出すことができる。なお、上の欄外にはそのページに掲載されている漢字と、その部首、部首内画数を示した。

〔付〕本辞典に用いた中国現代音の表記法と他のおもな表記法との対照例はつぎのとおり。

(1)「韻母」の例

本書 ローマ字	本書 カナ	ウエード式	注音符号
a	アー	a	ㄚ
o	オー	o	ㄛ
e	オー	ê	ㄜ
ê	エー	e	ㄝ
ai	アイ	ai	ㄞ
ei	エイ	ei	ㄟ
ao	アオ	ao	ㄠ
ou	オウ	ou	ㄡ
an	アン	an	ㄢ
en	エン	ên	ㄣ
ang	アン	ang	ㄤ
eng	オン	êng	ㄥ
er	アル	êr	ㄦ
yi	イー	i	ㄧ
ya	ヤー	ia	ㄧㄚ
yo	ヨー	yo	ㄧㄛ
ye	イエ	yeh	ㄧㄝ
yao	ヤオ	yao	ㄧㄠ
you	ユー	yu	ㄧㄡ
yan	イェン	yen	ㄧㄢ
yin	イン	yin	ㄧㄣ
yang	ヤン	yang	ㄧㄤ
ying	イン	ying	ㄧㄥ
yong	ヨン	yung	ㄩㄥ
wu	ウー	wu	ㄨ
wa	ワー	wa	ㄨㄚ
wo	ウオ	wo	ㄨㄛ
wai	ワイ	wai	ㄨㄞ
wei	ウエイ	wei	ㄨㄟ
wan	ワン	wan	ㄨㄢ
wen	ウエン	wên	ㄨㄣ
wang	ワン	wang	ㄨㄤ
weng	ウオン	wêng	ㄨㄥ
yu	ユィ	yü	ㄩ
yue	ユエ	yüeh	ㄩㄝ
yuan	ユワン	yüan	ㄩㄢ
yun	ユン	yün	ㄩㄣ

(2)「音節・声調」の例

本書 ローマ字	本書 カナ	ウエード式	注音符号
bā	パー	pa^1	ㄅㄚˉ
béi	ペイ	pei^2	ㄅㄟˊ
biǎn	ピエン	pien^3	ㄅㄧㄢˇ
bù	プー	pu^4	ㄅㄨˋ
po	ポー	p‘o	ㄆㄛ
men	メン	mên	ㄇㄣ
meng	モン	mêng	ㄇㄥ
fan	ファン	fan	ㄈㄢ
da	ター	ta	ㄉㄚ
du	トゥー	tu	ㄉㄨ
te	トー	t‘ê	ㄊㄜ
tuo	トゥオ	t‘uo	ㄊㄨㄛ
lu	ルー	lu	ㄌㄨ
lü	リュイ	lü	ㄌㄩ
gu	クー	ku	ㄍㄨ
gui	コイ	kuei	ㄍㄨㄟ
kuang	コワン	k‘uang	ㄎㄨㄤ
hong	ホン	hung	ㄏㄨㄥ
hu	フー	hu	ㄏㄨ
ji	チー	chi	ㄐㄧ
jian	チエン	chien	ㄐㄧㄢ
ju	チュイ	chü	ㄐㄩ
qin	チン	ch‘in	ㄑㄧㄣ
que	チュエ	ch‘üeh	ㄑㄩㄝ
xia	シア	hsia	ㄒㄧㄚ
xuan	シュワン	hsüan	ㄒㄩㄢ
zha	チャー	cha	ㄓㄚ
zhong	チョン	chung	ㄓㄨㄥ
chi	チー	ch‘ih	ㄔ
chu	チュー	ch‘u	ㄔㄨ
she	ショー	shê	ㄕㄜ
shui	ショイ	shui	ㄕㄨㄟ
ri	リー	jih	ㄖ
ren	レン	jên	ㄖㄣ
zi	ツー	tzŭ	ㄗ
zao	ツァオ	tsao	ㄗㄠ
ca	ツァー	ts‘a	ㄘㄚ
cuo	ツオ	ts‘o	ㄘㄨㄛ
si	スー	ssŭ	ㄙ
suan	ソワン	suan	ㄙㄨㄢ

[語法] 索引

＊この索引は、語法欄を設けた漢字について、画数順と訓読の五十音順とによって配列した。

画数順

五十音順

あ行

か行

さ行

[原義と派生義] 項目一覧

この辞典に用いたおもな記号・略語

(仏)	仏教用語	↓	……を見よ	[学]	学習漢字
(哲)	哲学・倫理学・心理学・論理学用語	◆	逆引熟語	[常]	常用漢字
(法)	法律用語	〔〕	句・文を示す	[人]	人名用漢字
(経)	経済用語	[国]	国語に特有の読み・意味	[標]	「表外漢字字体表」の印刷標準字体
(数)	数学用語	[現]	現代中国語としては別の意味をもつ親字・熟語	簡慣	「表外漢字字体表」の簡易慣用字体
(理)	物理学・化学・地学・天文学用語	[本]	本字	(漢)	漢音
(動)	動物学用語	[或]	或体	(呉)	呉音
(植)	植物学用語	[古]	古字	(唐)	唐音
(医)	医学・生理学用語	[同]	同字	(慣)	慣用音
		[俗]	俗字	(平)	平声
		[旧]	旧字	(上)	上声
		[正]	正字	(去)	去声
		[簡]	「表外漢字字体表」の簡易慣用字体	(入)	入声
				↕	反対語・対照語
				‖	同義語

〈第八版〉
執筆協力者／内山直樹・浦山きか・大橋賢一・陶山知穂・
田中理恵・根岸政子・樋口泰裕・増野弘幸・
松村茂樹・渡邉　大
編集協力者／玄冬書林（蔵前勝也・蔵前侯江・田島早苗・
波多野真理子・深川智美・松井智樹）
本文デザイン／栗原靖子
図版／ユニオンプラン
〈第八版　新装版〉
編集協力／伴想社
装丁／藤田雅臣・三好亮子（tegusu）

音訓索引

① この索引は、本辞典に収めた漢字（旧字体、異体字を含む）の音と訓を五十音順に配列し、掲載ページを示したものである。「カタカナ」は音を、「ひらがな」は訓を示す。
② 音と訓では音を先に示した。同じ見出しの中では漢字の総画数順に配列した。同画数の場合は、本辞典の掲載順に示した。
③ 常用漢字は色刷りで示した。また、異体字には（　）をつけた。
④ 学は常用漢字中の学習漢字、人は人名用漢字、標は「表外漢字字体表」（二〇〇〇年、国語審議会答申）の印刷標準字体、簡は同表の簡易慣用字体であることを示す。
⑤ ○印は、その音訓が常用漢字表に掲げられていることを示す。
⑥ 漢字の上の算用数字は総画数を、下の漢数字はその漢字の掲載ページを示す。

あ

ゲン

さ

た

ひ

ま

み

も

1画

一部　いち

【部首解説】「ひとつ」、また数のはじめを表す。この部には、「一」の形を構成要素とする文字が属する。

一 0 【一】〔1〕 学1 イチ・イツ ひと・ひとつ J1676 補― U4E00
イツ 漢 イチ 呉 ㊇ 質 yī イー

筆順 一

弌 1 【弌】〔4〕 古字 J4801 補― U5F0C

意味 ①〈ひとつ〉〈ひと〉㋐一番めの数。いち。㋑一個。「一回」㋒ものごとの根本。②〈はじめ〉最初。③〈ひとたび〉一度。また、一度でも。④同じ。等しい。「同一」⑤もっぱら。まじりものがない。「専一」「純一」⑥すべて。「一応」⑦ある時間。「一日」⑧わずかな。少し。「一瞬」⑨なんと。いったい。⑩〈いつにする(──・す)〉一つにする。同じにする。「統一」

解字 一 指事。一本の横棒で数の一を表したもの。あらゆる数は一から始まるので、「はじめ」の意味ともなる。

名前 か・ひ・かず・かた・かつ・くに・ただ・のぶ・ひじ・ひで・もと・おさむ・すすむ・はじめ・ひとし・まこと・まさし 姓 一方(ひじかた)・一口(いもあらい)・一品(いっぽう)・一字(ようろこ)・一万田(いちまだ)・一寸八分(かまつか)・一方井(いっかたい)・一鍬田(ひとくわだ)

地名 一戸(いちのへ)・一光(いかり)・一宮(いちのみや)・一志(いちし)・一関(いちのせき)・一重ケ根(ひとえがね)

難読 一日(ついたち)・一人(ひとり)(付表)／一昨日(おととい)・一昨年(おととし)・一言居士(いちげんこじ)・一昨昨日(さきおととい)・一昨昨年(さきおととし)・一寸(ちょっと)・一向(ひたすら)・一廉(ひとかど・いっかど)・一入(ひとしお)・一十(ひとそじ)・一揃

参考 書きかえやまちがいを防ぐためには「壱(壹)」を用いる。

【一握】(いちあく) ひとにぎり。わずか。

【一位】(いちい(ゐ)) ①一つの階級。②第一番。首位。③数一のくらい。ひとけた。④国第一の位。官位で、正・従一位の称。⑤国松柏科の常緑樹。あららぎ。いちい。

【一意】(いちい) ①一心に。②同じ気持ち。③一つの考え。【──専心】(いちいせんしん) 一つの事に心を集中する。

【一葦】(いちい(ゐ)) ①一たばのあし。②一枚のあしの葉。③一そうの小舟。「縦二一葦之所一レ如(いちいのゆくところをほしいままにす)」(流れゆくがままに小舟を進める。)〈蘇軾・前赤壁賦〉【──帯(帶)水】(いちいたいすい) 「一衣帯水」の誤用。

【一衣帯(帶)水】(いちいたいすい) ひとすじの帯のようなせまい川。

【一溢】(いついち) ①一升の二十四分の一。②ひとにぎり。③「一鎰(いつ)」に同じ。

【一鎰】(いついち) 金二十両。また、二十四両・三十両。

【一因】(いちいん) 一つの原因。

【一院】(いちいん(ゐん)) 一 ①一つの官庁。②一つの寺院。③庭じゅう。庭いっぱい。④二院制の議会での、いずれか一方の議院。二(いちのいん(ゐん)) 国同時にふたり以上の上皇または法皇のあるときの、いちばん上位の方。本院。

【一韻到底】(いちいん(ゐん)とう(たう)てい) 古詩で、終始一つの韻を用いるもの。

【一宇】(いちう) 一戸。一軒。

【一栄(榮)一落】(いちえい(えい)いちらく) 国栄えたり衰えたりすること。

【一円(圓)】(いちえん(ゑん)) ①一つの円。②貨幣の単位。一元。③国ある地域全体。

【一応(應)】(いちおう) ①いっさい。すべて。②国ひととおり。③国一度。ひとまず。とにかく。＝一往

【一往】(いちおう(わう)) ①「一応」に同じ。②いちど出かけて行く。【──一来(來)】(いちおう(わう)いちらい) 行ったり来たり。

【一涯】(いちがい) 一方の果て。

【一概】(いちがい) ①ひっくるめて。おしなべて。②同じ。

【一丸】(いちがん(ぐわん)) ①ひとかたまり。②一つの弾丸。

【一義】(いちぎ) ①一つの道理または意義。②根本の意義。「第一義。」

【一儀】(いちぎ) ①一つの事がら。一件。あの事がら。②一つのきまり。

【一機軸】(いちきじく(ぢく)) 一つの新しいやり方・工夫。新機軸。

【一牛鳴地】(いちぎゅう(ぎう)めいち) 仏牛の鳴き声の聞こえる程度に離れたところ。

【一休沐】(いちきゅう(きう)もく) 唐代の役人が、十日めごとに、沐浴のために与えられた一日の休暇。

【一軍】(いちぐん) ①周代の制度で、兵士一万二千五百人。②「全軍。」③一方の軍隊。

【一群】(いちぐん) ひとむれ。一団。

【一奚童】(いちけいどう) ひとりの、こどもの召使。

【一元】(いちげん) ①大もと。はじめ。②一つの年号。③中国の貨幣の単位。↓元(一二一ページ・下) 【──論】(いちげんろん) 哲宇宙に存在するものは無限でも、その根元は一つであるとする説。

【一言】(いちげん(いちごん)(ひとこと)) ①一つのことば。「有下一言而可二以終身行一レ之者上乎(いちげんにして、もってしゅうしんこれをおこなうべきものありや)」(たった一語で、しかも一生涯実践するに値するものがありましょうか。)〈論語・衛霊公〉②ちょっという。簡単にのべること。③一字または一句。【──一行】(いちげんいっこう(かう)) 一つ一つのことばやおこない。【──居士】(いちげんこじ) 国何事にも意見を出さずにはいられない性質の人。【──半句】(いちごんはんく) 少しのことば。片言隻語。【──以蔽レ之】(いちげん、もってこれをおおう(おほふ)) ひとことで、すべてを言いあらわす。〈論語・為政〉

【一弦(「絃」)琴】(いちげんきん) 絃一本を張った琴。

【一五一十】(いちごいちじゅう(じふ)) 一部始終。＝一伍一什

【一毫】(いちごう(がう)) ①一本の細い毛。「雖二一毫一而莫レ取(いちごうといえどもとることなし)」(一本の細い毛ほどのものでさえも取ることはない。)〈蘇軾・前赤壁賦〉②わずか。秋毫。

【一狐裘三十年】(いちこきゅう(きう)さんじゅう(じふ)ねん) 一着のきつねの毛皮を三十年も着通すことから、倹約の意。狐裘は大夫の着る服。春秋時代の、斉の晏子にまつわる故事。〈十八史略・春秋〉〈礼記・檀弓〉

【一座】(いちざ) ①同じ席の者。②座席全体の人。③国第一の座席。上座。④国芸能人の興行団体。

【一山】(いちざん) ①一つの山。②国一つの寺。③国寺じゅう。

【一字】(いちじ) 一文字。「親朋無二一字一(しんぽういちじなし)」(親しい友だちからは手紙一本も来ない。)〈杜甫の詩・登二岳陽楼一〉【──行】(いちじこう(かう)) 真一文字に進んでゆく。【──千金】(いちじせんきん) 一字の価が千金にあたる。人の文字・文章をほめる語。一字百金。【──版】(いちじばん) 活字版の古い呼び名。植字版。【──不説】(いちじふせつ) 仏仏道のさとりはことばでは説明できない意。【──褒(襃)貶】(いちじほうへん) 字を使いわけて人をほめたりけなしたりする。【──之師】(いちじのし) 詩や文章の一字をなおし教えてくれた恩人。中国五代の鄭谷という人の称。

【一次】(いちじ) ①いちばんはじめ。最初。②一回。一度。

【一時】(いちじ) 一 ①ひととき。いっとき。②あるとき。以前。③しばらく。当座。④同時に。一度に。⑤一つの季節。三か月。二(イーシー) yìshí 現一に同じ。

【一辞(辭)】(いちじ) ①ひとことば。一言。「不レ能レ賛二一辞一(いちじをさんするあたわず)」(一語も助けくわえる余地がない。文章のすぐれている意。)〈史記・孔子世家〉②一度辞退する。

【一汁一菜】(いちじゅう(じふ)いっさい) 国一杯のおつゆと一種類のおかず。粗末な食事。簡素な食事。

【一旬】(いちじゅん) 十日間。旬は十日。

【一助】(いちじょ) 何かの助け。ちょっとした手助け。

【一条(條)】(いちじょう(でう)) ①ひとすじ。②一つの事がら。③箇条書きにしたその中の一箇条。

【一乗(乘)】(いちじょう) ①くるま一台。②四頭だての馬車一台。③仏身分や性質を問わず、だれでも成仏(じょうぶつ)できると説くただ一つの教え。【――妙法】(いちじょうみょう(めう)ほう(ほふ)) 一乗の道理を明らかに教える妙典。「法華経(ほけきょう)」のこと。

【一場】(いちじょう(ちゃう)) ①一つの場所。②一度。一回。③その場かぎり。④一回の試験。【――春夢】(いちじょう(ぢゃう)のしゅんむ) 春の夜の夢のように、はかない人生。

【一人】㊀(いちじん) 天子。天皇。㊁(いちにん) ①ひとり。「一人之身(いちにんのみ)」(ひとりのからだ。同一の人間。) ②ある人。㊂(いちのひと) 国摂政・関白の別名。

【一仞】(いちじん) ①長さの単位。↓仞(六五ページ・中) ②一尋(ひとひろ)。↓尋(三八六ページ・上)

【一陣】(いちじん(ぢん)) ①ひとしきり。②一戦。③国先陣。さきがけ。

【一尋】(いちじん) ①ひとひろ。長さの単位。↓尋(三八六ページ・上) ②一度たずねる。

【一人物】(いちじんぶつ) ①ひとりの人物。②ひとかどの見識者(けんしきしゃ)。

【一生面】(いちせいめん) 新しいやりかた。新工夫(しんくふう)。

【一族】(いちぞく) 一門。同族。【――大名】(いちぞくだいみょう(みゃう)) 国一族みんなが大名となったもの。

【一粟】(いちぞく) ①一粒のあわ。②小さいことの形容。

【一存】(いちぞん) 国自分ひとりの考え。

【一朶】(いちだ) ①花のついたひと枝。②花のひとむらがり。

【一駄】(いちだ) 馬一頭に載せる荷物。

【一代】(いちだい) ①人の一生。②その世、または時代。【――記】(いちだいき) ある人の一生の言行を書きしるした書物。

【一諾】(いちだく) 一度よろしいと承知する。

【一諾千金】(いちだくせんきん) 一旦承知したからには絶対に約束を守る。

【一団(團)】(いちだん) ①一つの団体。②一つのかたまり。【――和気(氣)】(いちだんのわき) なごやかな雰囲気。

【一段】㊀(いちだん) ①一つの段。②ひとくぎり。③国いっそう。ひときわ。㊁(いったん) 国面積・長さの単位。↓段(六八六ページ・上)

【一転(轉)機】(いちてんき) たいせつなかわりめ。

【一同】㊀(いちどう) ①同じである。②同じにする。統一する。③いっしょに。㊁(イートン) yītóng 現いっしょに。

【一道】(いちどう(だう)) ①一つの道。②一つの道理。③一つの方法。④同じ道。⑤ひとすじ。⑥一篇の文章や答案。

【一日】㊀(いちにち・いちじつ) ①終日。②一昼夜。③ある日。④月の第一日。㊁(ついたち) 月初めの日。朔日(さくじつ・ついたち)。【一日千秋】(いちじつせんしゅう) 一日でも会わないと千年も会わないように思われる。待ちこがれること。一日三秋(三秋は九か月、または三年の意)。【――千里】(いちじつせんり) ①一日に千里を走る能力の馬。駿馬(しゅんめ)。②すぐれた人物。【――之長】(いちじつのちょう(ちゃう)) ①一日だけ年齢が上である。②少しばかりすぐれている。【――難再晨】(いちじつふたたびあしたなりがたし) 一日のうちに、二度と朝はやって来ない。時間はまことに過ぎやすく、しかも一度去ったら二度とはやってこないことのたとえ。〈陶潜(とうせん)の詩・雑詩(ざっし)〉【――暴レ之、十日寒レ之】(いちにちこれをあたためて、とおか(とを)かこれをひやす) 種子をまくのに一日だけ日に当てて暖めても十日冷やせば芽ばえることができない意から、努力よりも怠ることが多くては、せっかくの努力もむだになることにたとえる。暴(ばく)は日に当てて暖めること。一暴十寒(いちばくじっかん)。〈孟子(もうし)・告子(こくし)上〉【――之計在レ朝】(いちにちのけいはあしたにあり) その日一日の計画は朝にたてるべきである。〈息軒遺稿(そっけんいこう)・三計塾記(さんけいじゅくき)〉

【一入】㊀(いちにゅう(にふ)・いちじゅう(じふ)) ①一度入る。また、入れる。②布を染める液の中に一度ひたす。㊁(ひとしお(しほ)) 国ひときわ。いっそう。【――再入】(いちじゅう(じふ)さいじゅう(じふ)) 一度染めた布をふたたび染める。染め色の濃いこと。

【一如】(いちにょ) ①仏真理は唯一(ゆいいつ)絶対であって、平等無差別である。真如(しんにょ)。②二つのものがぴったりあう。異ならない。

【一任】(いちにん) ①すっかりまかせきる。②一度役目につく。③ままよ。さもあらばあれ。遮莫(さもあらばあれ)。任他(さもあらばあれ)。

【一年】(いちねん) ①一か年。ひととせ。②年号などの第一年。元年(がんねん)。③ある年。【――之計在レ春】(いちねんのけいははるにあり) 一年間の計画は、その年のはじめの春に立てるべきである。〈息軒遺稿(そっけんいこう)・三計塾記(さんけいじゅくき)〉↓一日之計在レ朝(いちにちのけいはあしたにあり)

【一念】(いちねん) ①仏きわめてみじかい時間。一刹那(いっせつな)。②心にきめた一すじの思い。一心。【――発(發)起】(いちねんほっき) ①仏仏を信じる心を起こして仏道に入ること。②目的を成就しようと、強い決意をもつこと。

【一能】(いちのう) ①一つの技能。②ある特別の才能。

【一上】(いちのかみ) 国左大臣。いちのおとど。

【一宮】(いちのみや) 国①第一皇子。②各地第一の由緒(ゆいしょ)ある神社。

【一暴十寒】(いちばくじっかん) ↓一日暴レ之、十日寒レ之(いちにちこれをあたためて、とおかこれをひやす)

【一番】(いちばん) ①一度。②国ア最初。イこの上もなく。最も。ウ歌舞などの一曲。エ碁(ご)や将棋(しょうぎ)の一勝負。一局(いっきょく)。オためしに。試みに。【――駆(驅)】(いちばんがけ) 国①戦場でまっさきに敵中にとびこむ。一番手(いちばんて)。②人に先んじて事をする。【――煎】(いちばんせんじ) 国茶や薬などの最初に煎(せん)じ出したもの。

【一眇小丈夫】(いちびょう(べう)しょう(せう)じょう(ぢゃう)ふ) 国ひとりの小男。眇は小さい。

【一分】㊀(いちぶん) ①長さ、目方、貨幣の単位。↓分(一五六ページ・上) ②一割の十分の一の率。③十分の一。㊁(いちぶん) 国一身のめんぼく。自分としての体面。【――一厘】(いちぶいちりん) 国ほんのわずか。

【一部】(いちぶ) ①一部分。②書物のひとそろい。③全部。【一部始終】(いちぶじじゅう) 始めから終わりまで。くまなく。すっかり。

【一物】㊀(いちぶつ) 一つのもの。あるもの。㊁(いちもつ) 国①悪い考え。たくらみ。②男子の生殖器の隠語。③銭(ぜに)。

【一文】㊀(いちぶん) ①一つの文字。または文章。②一つのまだらもよう。㊁(いちもん) 国①貨幣の単位で一銭の十分の一。一厘(いちりん)。②わずかのお金。【――不通】(いちもんふつう) 国一字も知らないこと。一文不知(いちもんふち)。不レ識二一丁字一(いっていじをしらず)。

【一別】(いちべつ) いちどの別れ。

【一瞥】(いちべつ) ちらりと見る。ひと目見る。

【一望】㊀(いちぼう(ばう)) ひと目で見渡す。㊁(いちもう(まう)) ただ一つの希望。【一望千里】(いちぼうせんり) ひと目で千里も見渡せるように広々としたさま。一望千頃(いちぼうせんけい)。

【一枚】(いちまい) ①ひとつ。②国紙や板など、ひらたいものの一つ。

【一抹】(いちまつ) ①筆のひとなすり。ひとはけ。②ほんのわずか。③弦楽器の奏法の一つ。

【一味】(いちみ) ①ひたすら。もっぱら。②一品だけのかんたんな料理。③味がかわらない。同じ味。④薬品で、一つの品。⑤国同じ仲間。同志。【――雨】(いちみのあめ) 仏仏道の教化が、すべてのものに平等に恵みを与えることのたとえ。

【一脈】(いちみゃく) ①ひとつづき。ひとすじ。②わずか。

【一名】(いちめい) ①ひとり。②別の名。異称。③科挙の首席合格者。

【一命】(いちめい) ①ひとたび命ずること。一つの命令。②人の生命。③初めて官に任命されて士となる。【――之爵】(いちめいのしゃく) ①最初に任命されて士となる。②低い官位。

【一面】(いちめん) ①一つの方面。一方。②一度会う。③国全体。④国琴などの一つ。

【一面識】(いちめんしき) 一度会っただけの知り合い。ちょっとだけの浅い知り合い。

【一毛】(いちもう) ①ひとすじの毛。②きわめて軽いもの。また、わずかなもの。「一毛不抜(ふばつ)」(たとえそれが毛一本をぬくほどの犠牲であっても、他人のためになることは絶対にしない。極端な利己主義、また、極端なけちのたとえ。）〈孟子・尽心上〉「抜二一毛一利二天下一不レ為」〈列子・楊朱〉

【一網打尽(盡)】いちもうだじん ①ひとあみで魚をすくいつくすこと。②罪人などを一時にごっそりとつかまえてしまうこと。

【一目】［一］いちもく ①一方の目。②一つの項目。③碁盤の上の一つの石または目。［二］ひとめ 国ちょっと見る。【――散】いちもくさん 国わき目もふらずに駆けるさま。【――十行】いちもくじゅうぎょう ひと目で十行も目にはいる。すぐれた読書力。【――瞭然】いちもくりょうぜん ひと目ではっきりわかるさま。

【一沐】いちもく 一回髪をあらう。『――三握レ髪』いちもくにみたびかみをにぎる 一度髪を洗う間に三度も洗いかけの髪をにぎったまま、天下の賢者に会うということから、君主が広く人物を求めて政治にはげむ意。一飯三吐レ哺いっぱんにみたびほをはく。〈十八史略・周〉

【一黙】いちもく ひたすらに黙りこむ。維摩経にある故事から。

【一門】いちもん ①同じみうちの者。同族。②本家につぐ同姓の一族。第一の分家。③仏教で同じ宗派の者。④大砲一つ。『――之肝脳(腦)』いちもんのかんのう 同族のおもだった者。

【一躍】いちやく 一足飛びに上がる。ひととびに。

【一揖】いちゆう 一度おじぎする。一礼。

【一葉】いちよう ①一枚の葉。②小舟一そう。③書物の紙一枚。『――落、知二天下秋一』いちようおちて、てんかのあきをしる 桐の一葉の落葉で秋の到来が知れるように、物事を、そのきざしによって事前にうかがい知るたとえ。〈淮南子・説山訓〉

【一様】［一］いちよう 同じさま。同様。［二］イーヤン yīyàng 現同じ。

【一陽来(來)復】いちようらいふく ①寒さが尽きて暖かくなること。易で陰暦十月に陰の気が尽きて、十一月の冬至に陽の気がはじめて生じるのをいう。②冬至。③それまでのよくない事が去って、よいほうに運勢が向いてくること。④新年。〈易経・復卦〉

【一楽(樂)】いちらく 一つの楽しみ。

【一覧(覽)】いちらん ①ひととおり目をとおす。②ちょっと見る。③ひと目に見渡す。④一覧表の略。

【一里】いちり ①距離の単位。→里(一二七八ページ・下) ②一つの村里。③方一里の土地。【――堠】いちりいっこう 一里塚。堠は道のりを示すために設けた塚。【――塚】いちりづか 国むかし諸国の街道に一里ごとに高く土をもり、その上に木を植えて道のりの目じるしとしたもの。

【一利一害】いちりいちがい 利益もある反面、害もある。一得一失。

【一律】いちりつ ①一つの音律。②同じ調子。③一様。②第一等。最上級。

【一流】いちりゅう ①一つの流派。別派。②第一等。最上級。③第一等のすぐれた人。

【一旅】いちりょ ①周代の制度で、兵士五百人をいう。②一旅団。

【一両(兩)】いちりょう ①車一台。②重さの単位。→両(二八ページ・下) ③一つ二つ。

【一領】いちりょう ①よろいなどの一そろい。②もっぱら承る。

【一竜(龍)一猪】いちりょういっちょ 人は努力をするかしないかによって竜と豬のような賢愚のちがいを生じることのたとえ。

【一力】いちりょく いちりき ①ひとりの下男。②自分ひとりの力。独力。

【一縷】いちる ①ひとすじの糸。②わずかなつながりのたとえ。

【一連(「聯」)】いちれん ①ひとつらなり。②一組の対句。③ひとつづきの詩句。④洋紙千枚。⑤一個中隊。

【一聆】いちれん ひときれ。一片。

【一蓮(蓮)託生】いちれんたくしょう ①仏念仏を唱えれば、死後いっしょに極楽の蓮の花の上に生まれること。②同志がおなじ運命にあうこと。行動、運命を共にすること。＝一蓮托生

【一弄】いちろう ①一曲演奏する。②あたり一面。③すべて。

【一哢】いちろう ひとさえずり。哢は、鳥のさえずり。

【一臈】いちろう 国①官位についた者の年功を数える語。「一臘」の転。②六位蔵人の上首。③年功によって長老となった者。

【一臘】いちろう 仏①一法臘の略。僧が仏門に入ってからの一夏の修行。②人が生まれて七日め。死んで七日めを忌というのに対する。

【一六】いちろく 国①ばくちで、賽の目の一と六とが出ること。②毎月の一と六の日。【――銀行】いちろくぎんこう 国質屋。【――勝負】いちろくしょうぶ 国①ばくち。②運まかせの勝ち負けや冒険。

【一路平安】いちろへいあん 行くさきずっと安らかにの意で、旅を見送るときのあいさつ。ごきげんよく。

【一个】いっこ ①一つ。一個。②ひとり。

【一架】いっか 一つのたな。『――薔薇満(滿)院香』いっかのしょうびまんいんかんばし たなに咲くばらの花が、中庭いっぱいにかおっている。〈高駢の詩・山亭夏日〉

【一夏】［一］いっか ひとなつ。夏じゅう。［二］いちげ 仏夏三か月間(陰暦四月十六日から七月十五日)を、一室にとじこもってする修行。夏安居。

【一家】いっか ①一軒の家。②家族全体。③学問技芸などで独立した一流派。④一方の権威者。【――言】いっかげん その人独特の主張や論説。ひと見識をもった議論。【――団(團)欒】いっかだんらん 家族の者が集まって、仲よく楽しみあう。

【一過】いっか ①一度通りすぎる。②一度、目をとおす。③一つの過失。

【一顆】いっか くだもの・卵などの一個。ひとつぶ。

【一介】いっかい ①一つ。ひとり。②つまらない。③ごくわずか。『――之士』いっかいのし ひとりの男。とるに足りない人間。

【一角】［一］いっかく ①一つのすみ。一つのかく。②一つのつの。③犀の異名。④いるかに似た哺乳類。一角獣。⑤中国の貨幣の単位。→角(一一四二ページ・下) ［二］ひとかど 国①一つの事がら。ある事がら。②すぐれていること。一人前であること。

【一攫千金】いっかくせんきん 一時に大利益をつかむこと。

【一括】いっかつ ひとくくり。ひとまとめ。

【一喝(喝)】いっかつ 大声でどなりつける。

【一函】いっかん ①一つのはこ。②一通の手紙。

【一竿】いっかん ①一本の竹。②一本の釣りざお。【――風月】いっかんのふうげつ 釣りをたのしんで俗世間の事を忘れ去ること。

【一貫】いっかん ①ひとすじにつらぬく。②最初から最後まで変わらない。③銭さし一本の金。④国重さの単位。→貫(一一八六ページ・中)

【一間】［一］いっかん 少しのちがい。わずかの距離。［二］いっけん 国①柱と柱の間。②長さの単位。［三］ひとま 国一つの部屋。

【一寒】いっかん ①一度の寒さ。②ひどい貧乏。

【一環】いっかん ①一つのわ。②つながっている全体の中の一つ。「部分。」

【一閑紙子】いっかんかみこ 国きわめてじょうぶに作った紙製の衣服。

【一閑張】いっかんばり 国漆器の一種で、紙をはった上に漆をぬりかけた細工物。中国の帰化人、飛来一閑の創始。

【一気(氣)】いっき ①万物の根本の力。天地にあふれる生成の力。②ひといき。ひとおもい。【――呵成】いっきかせい ①こおった筆に息を吹きかけあたためて、一気に詩文を作りあげること。②一気に事を成しとげること。【――混茫】いっきこんぼう 一面に雲気がぼうっとしていて、つかまえどころのないさま。

【一基】いっき 灯籠や墓碑など、土台の上に立っている物の一つ。

【一揆】いっき ①同じすじあい。②一隊の軍兵。③国農民や信者などのおこす暴動。土寇。「土一揆」

【一期】［一］いっき ①ある期間。②一期間。③一周年。［二］いちご 仏

1画　一 | 、ノ乙(乚)亅

一生涯。【一期一会(會)】国会うたびごとを、一生に一度の出会いと思って、ねんごろにふるまえという茶道の語。【――病】国一生なおらない病気。死病。

【一簣】ひともっこ。簣は、土を運ぶ竹かご。あじか。＝一蕢

【一簣之功】↓「九仞功虧二一簣一」(四〇ページ・中)『以二――一障二江河一』ひともっこほどの土で、長江や黄河をせきとめようとすることから、どうにもならないことのたとえ。〈漢書・何武王嘉伝〉

【一喜一憂】よろこんだり心配したりする。

【一匊】両手でひとすくいすること。＝一掬

【一掬】①ひとすくい。②わずか。＝一匊【――土】ひとすくいほどの土。わずかな土。【――涙】両手ですくうほどのたくさんの涙。また、わずかの涙にもいう。

【一騎当(當)千】一騎で千人を相手にできるほど強いこと。一人当千。

【一弓】①弓で的を射る距離の単位。六尺。②土地をはかる単位。八尺。③一本の弓。

【一裘一葛】一枚のかわごろもと、一枚のくずかたびら。着がえもない貧乏のたとえ。

【一炬】①一つのかがり火。②ひと火で焼く。一度に焼きつくす。

【一挙(擧)】①ひとたび事をおこす。②一度出兵する。③一動作。④一気に。ひといきに。【一挙(擧)一動】いちいちの動作。【――千里】一度動き出せば、千里も遠くへ行くことから、物事のすばやい処理にたとえる。【一挙(擧)両(兩)得】一つの事をおこなって二つの利益を得ること。一石二鳥。

【一虚(虛)一実(實)】見えたり見えなかったりで、正体がつかめない。変化して本体のつきとめにくいこと。

【一去一来(來)】行ったり来たり。

【一匡】天下を統一して秩序を正す。

【一曲】①音楽のひとくぎり。②まとまった音楽や舞踊の曲の一つ。③水流などのまがりかど。④一部分。『――之士』一面だけにかたよった人。一曲の人。

【一局】①一つの碁盤。②碁や将棋の一勝負。

【一挙(擧)手一投足】ちょっと手をあげたり足を動かしたりの、わずかな動作。少しばかりの労力。

【一斤】重さの単位。↓斤(五七一ページ・下)

【一空】①なにもなくなる。②おおぞら。

【一薫(薰)一蕕】一つのよいにおいの草と、一つのくさいにおいの草。二つの草をいっしょにしておくと、けっきょく蕕(臭草)が薫(芳草)を打ちまかしてしまう。とかく善は弱く、悪ははびこりやすいことのたとえ。〈左伝・僖公〉

【一系】同じ血すじ。一つのすじ。一門。

【一茎(莖)】一本の茎。【――糸(絲)】一すじの毛。「一声添得一茎糸」〈白居易の詩・聞二夜砧一〉

【一頃】面積の単位。↓頃(一三七一ページ・上)

【一経(經)】①一つの経書。②経書を読む書生。【――博士】一つの経書についての専門の博士。

【一決】①一つにきまる。また、きめる。②一たびきめる。③きっぱりきめる。④一度堤防がきれて水があふれる。

【一蹶】一度つまずく。一度失敗する。

【一件】①一つの事がら。②ある事件。

【一見】㊀①一度見る。②ちらりと見る。㊁はじめて対面したこと。初対面。㊂国遊郭で遊女にはじめて会うこと。初会。【――客】国初対面の客。『――如レ旧(舊)』一度会っただけなのに、昔なじみのように気があう。交情のあついこと。

【一献(獻)】①一度酒をすすめる。②小さな宴会。

【一見識】ひとかどの意見。りっぱな考え。

【一巻石】ひとかたまりの石。また、こぶし大の小石。

【一己】自分ひとり。【――労(勞)】自分ひとりの苦労。

【一壺】一つのつぼ。【――天】①小天地。②別天地。

【――外】別天地の外。すなわち、この俗世間。

【一顧】ちょっとふりかえってみる。ちょっと気にかける。『――傾レ城』美人の色香が一城を傾けほろぼすことから、美人のたとえ。〈漢書・孝武李夫人伝〉↓「傾城」(一一二ページ・中)・「傾国」(一一二ページ・中)

【一口】㊀①みんなが口をそろえる。一言。②刀剣一本。ひとふり。③人ひとり。④ひとほおばり。ひとくち。㊁国姓氏・地名・坂の名。『如レ出二――一』同じひとりの人間の口から言うように、多くの人の言うことがぴったりと合致すること。〈戦国策・楚〉

【一向】①ひたすら。いちずに。②まったく。すべて。

【――好著】そればかりに心がとらわれること。

【――宗】国浄土宗から分かれた真宗。開祖は親鸞上人。門徒宗。

【一行】㊀①旅に出向いた一団。連れあってゆく群れ。一群れ。「一行白鷺上二青天一」(一群れの白さぎが、青空に舞い上がってゆく。)〈杜甫の詩・絶句〉②一つのおこない。③一度行く。㊁ひとならび。ひとくだり。『――作レ吏』はじめて仕官すること。行は往と同じで、出かけていって官につく意。〈嵆康・与二山巨源一絶レ交書〉

【一更】五更の最初の時刻。初更。現在の午後八時ごろ。↓「五更」(四九ページ・上)

【一哄】いっせいに声をあげる。哄は、大声をあげる意。

【一興】㊀一度盛んになる。㊁ちょっとしたおもしろみ。

【一国(國)】①一つの国。②国じゅう。全国。③国がんこ。

【――三公】一国に君主が三人いる。国にまとまりのないこと。【――者】国①他国の人とうまく和合しない人。②がんこ者。一刻者。③おこりっぽい人。

【一刻】①わずかな時間。②中国で、十五分間。③一時(今の二時間)の四分の一。④国がんこ。おこりやすい。一刻者。＝一国【一刻千金】わずかな時間でも、たいへんなねうちがある。「春宵一刻直千金」〈蘇軾の詩・春夜〉

【一呼再諾】一度呼ばれてさっそくハイハイと重ねて返事をする。主人の命令につつしみしたがうさま。

【一切】㊀①すべて。のこらず。②一時。しばらく。㊁ yīqiè 現㊀の①に同じ。【――合財(「切」)】すっかり全部。【――経(經)】仏教の経典の総称。【――衆生】仏この世に生存するいっさいの人・物。

【一再】①一度か二度。一、二回。②たびたび。

【一策】①一つのてだて。一つの計画。②一通の文書。

【一昨昨年】一昨年の前の年。

【一昨日】昨日の前の日。

【一昨年】昨年の前の年。

【一茶頃】茶を一服する間ほどの短時間。

【一札】①一枚のふだ。②一枚の書き物。③証文・証書。④一通の手紙。「得二足下前年病甚時一札一」(あなたの、数年前病気の重かったときの一通の手紙を受けとった。)〈白居易・与二微之一書〉

【一撮土】ひとつまみほどのわずかな土地。

【一子】①ひとりのこども。②多くの子の中のひとり。【――相伝(傳)】国学問や技術の奥の手を、自分の子

の中のただひとりに教え伝えること。

【一糸(絲)】①一本のいと。②ごくわずかなもののたとえ。「一糸不レ乱」(秩序がいささかも乱れない。)「一糸不レ掛」(①[仏]俗世間にとらわれないこと。②少しも身に衣類をつけていない。まるはだか。)

【一巵】ひとさかずき。一杯の酒。

【一式】①ひといろ。ひとしな。②ひとそろい。いっさい。

【一視同仁】かたよりなく平等に愛する。

【一枝春】梅の花をいう。

【一資半級】一階級が半階級で、ほんの少しの官位。低い官位。資は品に同じ。

【一紙半銭(錢)】紙一枚と銭五厘。わずかなもののたとえ。

【一舎】三十里。一日の行軍の道のり。↓舎(八八ページ・上)

【一勺】①一合の十分の一の量で、約〇・〇一八リットル。②一坪の百分の一の面積で、約〇・〇三三平方メートル。

【一瀉千里】①川の水がひとたび流れ出すと一気に千里も流れること。②ひじょうな速さで物事の進行すること。

【一手】[一]一本の手。[二]ひとて [国]①自分だけでする。ひとりじめにする。②ただ一つの方法。③碁・将棋で、石やこまを一回うつ。

【一首】詩や歌の一つ。

【一炷】①一本の灯心。②ひとくべの香。香を一度たくこと。

【一銖】ごくわずかの重さ。↓銖(一二九三ページ・下)

【一種】①ひといろ。②同じ種類。③同種類の中で、他とちがったもの。【――物】[国]昔の公卿などの小酒宴。各自が自分の好きな珍味を持ち寄ったところからいう。

【一周】①ひとまわり。②満一年。【――忌】一回忌。小祥忌。[仏]人が死んで満一年めにする法事。

【一蹴】①軽くはねつけること。②物事を一歩進める。

【一瞬】①ひとまばたき。②きわめてわずかの時間。刹那。一瞬間。

【一書】①一部の書物。②ある書物。③別の書物。異本。「④一通の文書。」

【一緒】①ひとすじの糸。②同一。同体。③つれだつ。

【一生】[一]①生まれてから死ぬまで。一生涯。②生きていること。[二]ひとりの書生。[三]yīshēng [現][一]の①に同じ。【――懸命】[国]命がけ。必死。「一所懸命」の誤用。

【一笑】①ひとわらい。わらいぐさ。②いっしょにわらう。【――千金】一笑いが千金の価値をもつ。美人の笑いがなかなか得がたい意。〈崔駰・七依〉『付二一笑一』笑いとばしてしまってとりあげない。

【一晌】①いっとき。わずかな時間。＝一餉 ②面積の単位。約六十ヘクタール。

【一餉】①一度食事する。②一度食事する間ほどの、短い時間。【――時】わずかの時間。

【一觴一詠】酒を一杯飲んでは、詩歌を一つ作る。

【一勝一負】勝ったり負けたり。「不レ知レ彼而知レ己、一勝一負」(相手の力を知らずに、自分の力だけを知って戦うと、時には勝ち、時には負ける。)〈孫子・謀攻〉

【一唱三嘆(「歎」)】①ひとりが歌うと、三人だけが合わせる。渋い音楽をいう。〈礼記・楽記〉②愛唱するに足るよい詩文。＝一倡三嘆

【一食頃】一度食事をする間ほどの短時間。ほんのしばらく。一餉時。

【一触(觸)即(卽)発(發)】ちょっとさわればたちまち爆発することから、きわめて危険な状態をいう。

【一所懸命】[国]①一つの領地を命がけで守る。②命がけ。必死。↓一生懸命

【一所不住】[国]一つの所に住みとどまらず、旅から旅へとさすらい歩く。行脚僧などにいう語。

【一心】①ひとすじに心をかたむける。専心。専念。②多くの人が心を一つにする。同心。③こころ。まごころ。【――不乱(亂)】一心につとめること。

【一身】①一つのからだ。②自分のからだ。③からだ全体。④一つの生命。【――田】[国]その人の一代だけにかぎって所有をみとめられた田地。

【一新】すっかり改めて新しくする。

【一審】第一回めの裁判。第一審。

【一進一退】①進んだりあともどりしたりする。②病気などがよくなったり悪くなったりする。

【一新紀元】物事のすっかり改まった最初の年。

【一神教】キリスト教やイスラム教などのように、ただひとりの神を認めて信仰する宗教。↔多神教

【一炊】一度飯をたくこと。【一炊之夢】盧生という青年が、邯鄲の宿で、道士呂翁の枕を借りて一眠りする間に栄華の一生を夢みたが、覚めてみれば、粟がまだ煮えきらないほどの短い時間のできごとだったとの故事から、人生の栄華のはかないたとえ。邯鄲之夢。盧生之夢。〈沈既済・枕中記〉

【一穂(穗)】①一本の穂。②一つの灯火。

【一酔(醉)千日】酒の上等のもの。千日酒。

【一寸】[一]①一尺の十分の一の長さ。約三・〇三センチメートル。②わずかなさま。[二]ちょっと [国]ほんの少し。しばらく。【――光陰、不レ可レ軽(輕)】少しの時間でもむだに過ごしてはならない。〈伝朱熹の詩・偶成〉

【一世】[一]①その当時。②一生。③三十年の間。④君主や家長の一代。⑤同名の国王の中の第一代。[二]①[仏]三世(過去・現在・未来)の一つ。②一生一代。②一生涯。【――一代】①人の一生涯のなかでのただ一度のこと。【――之雄】その時代で最もすぐれた英雄。

【一斉(齊)】[一]①そろっているさま。②同時。[二]yīqí [現][一]に同じ。

【一眚】ちょっとしたあやまち。

【一世紀】百年間をいう。

【一夕】①ひとばん。一夜。②あるばん。【――話】①一夜の話。②短い物語。また、それを書いたもの。

【一石】[一]①一つの石。②重さの単位。↓石(八八一ページ・下)[二]①ます目の単位。↓石(八八一ページ・下)②材木の量をはかる単位。↓石(八八一ページ・下)【一石二鳥】[国]一つの石で二羽の鳥を同時に打ち落とすところから、一つの行動で二つの利益を得る意。一挙両得。

【一昔】[一]ひとばん。一夜。一夕。[二]ひとむかし [国]十年前。

【一隻】①二つで一組の物の片方。一つ。②舟の一そう。③鳥の一羽。【――眼】①一個の目。②独特の見識。ひとかどの考え。

【一齣】①戯曲のひとくぎり。芝居の一幕。②小説の一回。③ひとこま。フィルムのひとくぎり。

【一節(節)】①竹のひとふし。②身体のひとふし。腕・足など。③一貫した節操。④文章・音楽などのひとくぎり。

【一説】①一つの説。②ある説。別の解釈。異説。

【一殺多生】[仏]ひとりを殺すことによって多くの人をいかす。

【一刹那(那)】[仏]一瞬間。刹那は、きわめて短い時間。

【一洗】①一度洗う。②洗いさる。

【一双(雙)】二つで、一組になっているもの。一対。

【一匝】ひとまわり。一周。

【一皁】一つの飼葉桶。また、一つのうまや。

【一宗】①祖先を同じくする一門。一族。②同じ種類。

【一掃】すっかりはらいのける。

【一層(層)】①ひとかさね。一階。「更上一層楼」(もう一階、楼をのぼる。)〈王之渙の詩・登鸛鵲楼〉②ひときわ。一段と。

【一簇】ひとむらがり。一群れ。【——瑞雲】一群れのめでたい雲。

【一叢】草や竹などのひとむらがり。

【一束】ひとたば。一つにまとめる。

【一息】①ひといき。一呼吸。②しばらくやめる。「ひとやすみする。」

【一尊】①唯一尊いもの。②仏像や大砲などの一つ。③一つの酒だる。＝一樽

【一体(體)】①身体の一部分。「一体偏枯」(半身がしびれて不自由になる。)〈列子・楊朱〉②一つのからだ。同一の体。③同類。④別の一つの体裁。⑤国仏像など一個の称。⑥国おしなべて。もともと。一体全体。

【一帯(帶)】①ひとすじ。②ひとつづき。全部。全般。

【一反】①布地で、おとなの着物が一つできるだけの長さ。②田畑の面積の単位。一段歩。十畝。

【一旦】①ある朝。ある日。②ひとたび。↓一朝

【一端】①一つのはし。②ある面。③布織物の長さ。二丈。

【一箪食】竹製のまるい食器に一盛りした飯。少しばかりの御飯。【——一豆羹】ごく少量の食物。豆はたかつき、羹はあつもの。【——一瓢飲】ごく少量の飲食物。瓢はひさご。〈論語・雍也〉

【一致】[一]①同じおもむき。②心を一つにする。③うまく合う。[三]チー yīzhì 現[一]に同じ。

【一治一乱(亂)】天下の治まったときと乱れたとき。『——無定数(數)』天下の治まったり乱れたりは、一定したものではない。

【一帙】一つの帙(本をつつむおおい)に入れた書物。

【一知半解】中途はんぱなわかり方。なまわかり。

【一朝】①ひとあさ。②ある朝。③一旦。ひとたび。④わずかの時間。⑤朝廷全体。⑥一回朝貢する。⑦一回謁見する。【一朝一夕】①ひとあさ、ひとばん。②わずかの時間。短時日。【——富貴】一朝の成金、または出世。〈韓愈・短灯檠歌〉『——之忿』一時の怒り。〈論語・顔淵〉『——之患』思いがけない突然の災難。〈礼記・檀弓上〉〈孟子・離婁下〉

【一張一弛】①弦楽器の弦を張りつめたりゆるめたりする。②気持ちを張りつめたりゆるめたりする。③人民を使うのに、しめたりゆるめたりする。〈礼記・雑記〉

【一長一短】一つ長所があれば、その反面に一つの短所があること。

【一対(對)】二つで一組となるもの。また、その一組。

【一通】[一]文書や手紙など一つ。[二]ひととおり。国①一応。だいたい。②普通なみ。

【一丁】[一]①ひとりの成年男子。②一個。ひとつ。[二]国①豆腐・鍬などの一つ。＝一挺 ②一町または一張の代用。

【一定】[一]①一つに定まる。また、定める。②はっきりきまっている。[二]たしかに。きっと。[三]ティー yīdìng 現[一]に同じ。

【一丁字】一個の文字。丁は个(個・箇)の誤用。「不識一丁字」(一文字も知らないこと。文字が読めないこと。)

【一擲】ひとなげ。一度になげすてる。【——千金】多額の金銭を惜しげもなく使う。『——賭乾坤』天下を取るか失うかの大冒険をやる。乾坤一擲。

【一徹】国ひとすじに思いこむ。強情におしとおす。がんこ。一国。一刻。

【一轍】①同じ車のわだち。②ひとすじの道。③同じ立場をとる。④国「一徹」に同じ。

【一天】①空全体。一つ空。②天下全体。世界。世界じゅう。③大君。天子。【——四海】世界。世の中。【——万(萬)乗(乘)】天子。または天子の位。天子は兵車万乗を出すことが周代のきまり。乗は車を数えることば。

【一点(點)】[一]一つの点。一か所。[三]ティエン yīdiǎn 現①すこし。②午前・午後の一時。一点鐘。

【一途】[一]ひとすじの道。同じ道。[二]国ひたすら。ひとすじに思いこむこと。

【一刀】①一本の刀。②ひとたち。【——三礼(禮)】一刀を入れるごとに三度も礼拝し、まごころをこめて仏像を刻むこと。一刀三拝。【——両(兩)断(斷)】①ひとたちでまっ二つに切る。②きっぱりときまりをつける。

【一統】①一つにまとめる。統一する。②国一同。皆々。

【一豆羹】一つの豆という器にもったあつもの。わずかな汁。

【一得一失】「一利一害」に同じ。

【一派】①一つの川の支流。②一つの流派。なかま。一味。

【一髪】①一本の髪の毛。②山などが一本の髪の毛ほどに細く横たわって見えるさま。『——引千鈞』一すじの髪の毛で千鈞の重量のものを引っぱる。きわめて危険なことのたとえ。〈韓愈・与孟尚書書〉

【一半】[一]二つに分けた一方。半分。[二]イーバン yībàn 現[一]に同じ。

【一般】①同じ。一様。②普通。並み。③すべて。

【一班】①ひとくみ。②第一組。

【一斑】①豹の皮のまだら模様の一つ。②全体の中の一部。↔全豹 『——評全豹』豹の皮の一斑だけから、その毛皮全体を評価する。一部分だけを見て、物事の全体を批評する。

【一飯恩】少しばかりの恩。わずかのめぐみ。

【一帆風順】舟が順風に帆をふくらませて軽快に進みゆくさま。人間の運命が順調に開けゆくことのたとえ。〔順風満帆〕

【一匕】一本のあいくち。

【一臂】①片うで。②ちょっとの助力。③自分が力とたのむ人。

【一匹】①獣一つ。②反物の二反つづきの一つ。③国「昔のぜに十文。」

【一筆】①一本の筆。②ひとふで。ちょっと書く。③同一人の筆跡。一つのみじかい文章。④一通の書面。⑤国ひとくぎりの田畑・宅地の記録。【——啓上】文語体の手紙文の書き出しに用いる語。一筆書いて申し上げる意。【——書】漢字の草書体をいう。

【一百八盤】百八か所もまがりくねった坂路。

【一百六韻】↓「平水韻」(四二八ページ・下)

【一品】[一]①ひとしな。②すぐれた品物。最上の品。③最高の官位。[二]国①親王の位の第一位。②経文の一章。

【一嚬一笑】顔をしかめたり笑ったりすることで、人におべっかをつかうさま。＝一顰一笑

【一夫】①ひとりの男子。②ひとりの夫。③人心が離れ、孤独な暴君をいう。↕一夫多妻【一婦】ひとりの男がひとりの女を妻とする。【一夫当(當)レ関(關)、万(萬)夫莫レ開】一人が関所を守備すれば、万人の敵もこれを破り通ることができない。守りやすく攻めにくい、けわしい地。〈李白の詩・蜀道難〉

【一封】①一通の手紙。「一封朝奏九重天」(一本の手紙を、朝がたに、奥ぶかい天子の御殿にたてまつる。)〈韓愈の詩・左遷至二藍関一示二姪孫湘一〉②ひとつつみ。

【一服】①一着の衣服。②古代、王畿の外五百里ごとをいう。③薬を一回飲む。④国ひといき入れる。休息する。

【一幅】①書面の掛け物一つ。②手紙や布などの一つ。

【一碧万(萬)頃】一面に青色をした広い水面のさま。〈范仲淹・岳陽楼記〉

【一片】①ひとひら。ひときれ。ひとすじ。②一つ。③一面の。【一月】一つの月。片は数える語。「長安一片月」〈李白の詩・子夜呉歌〉【一氷心】ひとひらの氷のように澄みとおった清い心。「一片氷心在二玉壺一」〈王昌齢の詩・芙蓉楼送二辛漸一〉

【一辺(邊)倒】一方だけに心を寄せること。

【一歩】■①距離の単位。↓歩(六八〇ジ・下)②ひとあし。ひとあゆみ。■国田地の面積の単位。一坪。↓歩(六八〇ジ・下)【一喘】一足歩いては一息つく。登山などで一歩一歩あえぎながら行くさま。

【一抔土】①手にひとすくいほどの少量の土。②はか。墳墓。陵墓。

【一本】①一冊の書物。②別のある本。異本。③草木などの細長いもの一つ。④もとを一つにすること。⑤国剣道などで相手に一回打ち込むこと。【一槍】国①槍のひと突きで敵をうちとること。②一つのことや考えをおしとおすこと。③その人のただ一つの得意なわざ。

【一襲】国上下そろいの衣服。

【一廉】国「一角」(三ジ・下)に同じ。

【一塊児(兒)】yīkuàir 現いっしょに。

【一共】yīgòng 現全部で。

【一下】yīxià 現いちど。ちょっと。

【一些】yīxiē 現少しばかり。

【一道】yīdào 現いっしょに。

【一直】yīzhí 現まっすぐに。ずっと。

【一起】yīqǐ 現いっしょに。

【一辺(邊)】yībiān 現一方。一方では。

【一方面】yīfāngmiàn 現一方では。

【一会(會)児(兒)】yīhuìr 現しばらくの間。

【不下以二一悪(惡)一忘中衆善上】たった一つの悪い点があるからといって、その他の数多くのよい点を見失うようなことをしない。大きな度量をもって人に対し、人を使いこなすことのたとえ。〈帝範・賓客〉

【挙(擧)二一隅一以二三隅一反】四角な物のひとすみをとりあげて教えれば、それから類推して、他の三すみを自分から推察してさとるように、積極的に自分で考え求めること。反すとは、(弟子が)自力で三すみを理解して、師に応答する意。挙レ一反レ三。〈論語・述而〉

【一樹蔭一河流】仏この世で、同じ木のかげに休むのも、同じ流れの水をくんで飲みあうのも、みな前世からの因縁であるとの意。

【知レ一不レ知レ二】物事の一面だけを知って、他の一面を知らない。

【一饋而十起】夏の禹王が、一度食事する間に十度も起ちあがって、賢人を求めるに熱心であったという故事。〈淮南子・氾論訓〉

【一犬吠レ形、百犬吠レ声(聲)】一匹の犬が物の形をみて吠えたてると、百匹の犬がその声を聞いて吠えさわぐことで、だれかが本当らしく事を言い出すと、これを聞いた他の人々は、事実としてそれを言いふらすたとえ。〈潜夫論・賢難〉

【一狐之腋】きつねのわきの下の、白い毛皮。珍しくて貴重なもののたとえ。

【一死一生知二交情一】死ぬか生きるかのような危い場面になって、はじめて人の情けがわかる。〈史記・汲鄭伝論賛〉

【一将(將)功成、万(萬)骨枯】ひとりの大将がてがらをたてた陰には、数多くの兵卒が命を失っているということ。〈曹松の詩・己亥歳〉

【報二一矢一】①敵からの攻撃に対して、しかえしをする。②他人の反対論に対して、きっぱりと言いかえす。

【輸二一籌一】勝負をかぞえるかずとりの矢一本だけ負けることから、相手に負ける意。ひけをとる。劣る。輸は、負ける意。

【出二一頭地一】頭の高さだけ抜け出る。ふつうの人より一段とすぐれていること。〈宋史・蘇軾伝〉

【一敗塗レ地】大敗して二度とたちあがれなくなる。

【一飯三吐レ哺】昔、周公が、賢者を迎え入れたいと思い、一度食事をする間に三度も口中の食物を吐き出しては、賢者を迎え入れたという故事。〈十八史略・周〉↓「一沐三握レ髪」(三ジ・上)

【一以貫レ之】一つのことで、前後をつらぬき通す。〈論語・里仁〉

【聞レ一以知レ二】一つのことを聞いて、ほかのことをさとり知る。頭のよい賢人のたとえ。聞レ一以知レ十。〈論語・公冶長〉

【以レ一警レ百】一つのことを戒めて、それによって多くのことへの戒めとする。〈漢書・尹翁帰伝〉

◆万一・不一・均一・画一・専一・唯一・統一

一 1

【丂】〔2〕　コウ 漢 上 皓　(カウ)　kǎo カオ　J②0102　補1601　U4E02

意味 ①考える。＝考 ②巧みなさま。＝巧

一 1

【七】〔2〕　学1　シチ　なな・ななつ・なの　シツ 漢　シチ 呉　入 質　qī チー　J2823　補　U4E03

筆順 一 七

意味 ①〈なな〉〈ななつ〉〈なの〉 ㋐七番めの数。「七日」㋑七個。②〈ななたび〉〈ななたび・す〉七回。また、七回行う。③文体の名。「七発」 国〈ななつ〉時刻の名(午前・午後の四時)。ななつどき。

解字  指事。一の中から、わずかな変化が、ななめに芽を出したことを示す。また、たての棒を横に切って、細かいばらばらの形を示したものであるとか、十のたての線を曲げて、十より足りない数を示したものとかいう説がある。

名前 かず 姓 七生・七家・七五三 地名 七戸・七飯・七尾 難読 七夕(付表)/七五三縄・七日

参考 書きかえやまちがいを防ぐためには、「柒」「柒」「漆」などを用いる。

【七哀詩】詩編の名。夫婦別離の悲しみや死別の悲哀を述べた詩。魏の曹植をはじめ、同じ題の作がある。

【七音】①七種の楽調。宮・商・角・徴・羽の五音に、変宮・変徴を加えたもの。②七種類の音声。唇音・舌音・牙音・歯音・喉音・半舌音・半歯音。

【七花八裂】しちかはちれつ (仏)こなみじんにさけくだけること。＝七華八裂

【七去】しちきょ 儒教で、妻を離婚する七つの条件。父母の言をきかない、あととりの子がいない、おしゃべり、盗みをする、みだら、ねたみ深い、悪い病気を持つ。七出。〈大戴礼・本命〉

【七教】しちきょう ①父子・兄弟・夫婦・君臣・長幼・朋友・賓客の七つの道についての教え。〈礼記・王制〉②民を治める七つの教え。老人を敬う、年長者を尊ぶ、与えることを楽しむ、賢者に親しむ、徳を好む、欲ばりをにくむ、へりくだる。〈孔子家語・王言〉

【七竅】しちきょう ①目・耳・鼻・口の七つの穴。「人皆有二七竅一」〈荘子・応帝王〉②聖人の胸にあるという七つの穴。

【七経(經)】しちけい 儒学の七つの経書。ふつう、「易経」「詩経」「書経」「春秋」「礼記」「周礼」「儀礼」。また、「易経」のかわりに「論語」。

【七賢】しちけん ①周代の七人の賢人。伯夷・叔斉・虞仲・夷逸・朱張・少連・柳下恵。〈論語・微子〉②晋代の七賢人。阮籍・嵆康・山濤・向秀・劉伶・阮咸・王戎。竹林の七賢。〈晋書・阮咸伝〉

【七弦(絃)琴】しちげんきん 宮・商・角・徴・羽・少宮・少商の七本の弦のある琴。〈晋書・孫登伝〉

【七香車】しちこうしゃ 香木を使って作った、きわめて美しい車。

【七五三】[一]しちごさん (国)①祝いごとに使うめでたい数。②七五三の祝いの略で、男子は三歳と五歳、女子は三歳と七歳の十一月十五日に行う。[二]しめ (国)しめなわ。【——縄(繩)】しめなわ (国)神前などに張りわたすなわ。七五三しめ。注連しめ。

【七言】しちごん 一句が七字で作られている漢詩。【——古詩】しちごんこし 漢詩の一体。一句が七字から成り、平仄や句数の一定していないもの。七古。【——絶句】しちごんぜっく 七字の句四つから成り、第一、二、四の各句のおわりに韻をふみ、また、平仄を守ることを原則とした漢詩。七絶。【——律詩】しちごんりっし 七字の句八つから成り、第三・第四の句、および第五・第六の句がそれぞれ対句をなし、平仄や韻が守られている漢詩。七律。

【七七】しちしち (仏)人の死後の四十九日で、霊魂がその家を去らないとされる期間。【——日】しちしちにち 人の死後、四十九日め。中陰。なななぬか。四十九日。

【七十子】しちじっし 孔子の弟子の中の、すぐれた七十二人。七十はそれをおおよそで表したもの。

【七十二候】しちじゅうにこう 陰暦の季節の区分で、五日を一候、一月を六候、一年を七十二候とする。

【七順】しちじゅん 人徳をたかめる七つの道。天・地・民・利・徳・仁・道の七つに従うこと。

【七書】しちしょ 七種の兵法の書物。「孫子」「呉子」「司馬法」「三略」「六韜」「尉繚子」「李衛公問対」。

【七情】しちじょう 喜・怒・哀・懼・愛・悪・欲の七種の感情。〈礼記・礼運〉

【七縦(縱)七擒】しちしょうしちきん 敵を七たび逃がして七たび捕らえる。〈蜀志・諸葛亮伝注〉

【七色】しちしょく ①赤・黄・青・緑・紫・紺・樺の七つの色。②(国)赤・橙・黄・緑・青・藍・紫で、太陽の光をスペクトルに分けたときの七種の色。

【七生】しちせい・しちしょう (仏)七たび生まれかわる。幾度もこの世に生まれかわること。【——報国(國)】しちしょうほうこく なんども生まれかわって、国のために力をつくす。

【七政】しちせい ①日・月・水星・金星・火星・木星・土星。②天・地・人と春夏秋冬の四時。

【七星】しちせい・しちしょう ①日・月・水星・金星・火星・木星・土星。七政。②北斗七星。③二十八宿の一つ。七星から成る星宿。④楽器の名。【——魚】しちせいぎょ 魚の名。鱧。

【七夕】しちせき・たなばた 五節句の一つ。陰暦七月七日の夜、牽牛・織女の二星が、一年に一度、天の川を渡って会うとの伝説により、裁縫などの上達を祈って行う祭り。たなばたまつり。ほしまつり。乞巧奠。

【七絶】しちぜつ 「七言絶句」の略。

【七大】しちだい (仏)万物を作る七つの根元。地・水・火・風・空・見・識。【——寺】しちだいじ (国)奈良の七つの大寺。東大寺・興福寺・西大寺・元興寺・大安寺・薬師寺・法隆寺。

【七転(轉)】しちてん 七回もころぶ。【——八起】しちてんはっき・ななころびやおき (国)いくど失敗しても屈せずに立ちあがる。＝七顛八起 【七転(轉)八倒】[一]しちてんはっとう(たう) ひどく世の中の乱れたさま。＝七顛八倒 [二]しってんばっとう(たう) (国)もがき苦しむさま。

【七頭】しちとう (国)足利時代、三職に次ぐ家がら。山名・一色・土岐・赤松・京極・上杉・伊勢の七氏。

【七堂】しちどう(だう) (仏)寺院の建物、山門・仏殿・法堂・庫裏(または、厨)・僧堂・浴室・東司の七つの総称。【——伽藍】しちどうがらん 七堂の備わったりっぱな寺。

【七道】しちどう(だう) (国)東海・東山・北陸・山陽・山陰・南海・西海の七道で、昔、日本全国を七区画にわけたもの。

【七徳】しちとく 武力についての七つの徳。

【七難】しちなん ①いろいろの非難。②(国)人の顔かたちについての種々な欠点。③(仏)この世にある七つの災難。七苦。【——九厄】しちなんくやく (国)七と九の年まわりは、とかく災難にあいやすいという迷信。

【七廟】しちびょう(べう) 天子の霊をまつっておくおたまや。天子は太祖の廟を奥に南面して置き、左右に三つずつ(三昭三穆という)の廟を南北に並べて置いた。「七廟堕」(七代の天子の家が滅びた。)〈賈誼・過秦論〉

【七福神】しちふくじん (国)七人の幸福の神々。大黒・恵比寿・毘沙門・弁財天・布袋・福禄寿・寿老人。

【七宝(寶)】[一]しちほう (仏)金・銀・瑠璃・玻璃・硨磲・珊瑚・瑪瑙の七種の宝石。異説が多い。七珍。[二]しっぽう (国)焼き物の名。七宝焼の略。

【七歩才】しちほのさい 詩や文章などをすばやく作る才能。「七歩詩」を見よ。

【七歩詩】しちほのし 魏の曹植が兄の曹丕(文帝)からねたまれて、七歩あるく間に詩を作らなければ罰すると命ぜられ、その場で作りあげた詩。〈世説新語・文学〉

【七夜】しちや ①七晩。②(国)こどもが生まれて七日めの夜。また、その祝い。

【七雄】しちゆう(いう) 中国、戦国時代の七強国。秦・楚・燕・斉・趙・魏・韓。

【七曜】しちよう(えう) ①日月と木火土金水の五星。②一週間。

【七里結界】[一]しちりけっかい (仏)七里四方に境界を作って、仏のじゃまものを入れないこと。[二]しちりけっぱい (国)まったくきらって寄せつけないこと。「しちりけっかい」の訛。

【七略】しちりゃく 前漢の劉向・劉歆父子が作った中国最初の書籍目録。七分類で構成されている。

【七牢】しちろう(らう) 牛・羊・豚の料理を各々七種類ずつそなえたごちそう。りっぱなごちそう。〈礼記・礼器〉

【七尺去、不レ蹈二師影一】しちしゃくさって、しのかげをふまず 弟子は、先生の七尺うしろをあるいて、その影さえふまないように注意する。先生を敬えとの戒め。〈童子教〉

【七十而従(從)二心所一レ欲不レ踰レ矩】しちじゅう(じふ)にしてこころのほっするところにしたがってのりをこえず 七十歳ごろになると、自分のしたいと思うことをそのま

ま行っても、道からはずれなくなった。〈論語・為政〉

『七年之病、求三年之艾二』七年もの長わずらいに灸をすえようとして、乾くのに三年もかかるようなもぐさを求めるというのではまにあわない。ふだんから用意せずにいて、急に求めようとしても得られるものではないことのたとえ。〈孟子・離婁上〉

一1 【丁】〔2〕学3 チョウ・テイ　J3590 補— U4E01

一 テイ漢 チョウ(チャウ)呉 チン唐　一 平 青 dīng ティン
二 トウ(タウ)漢　二 平 庚 zhēng チョン

筆順 一 丁

意味 一 ①〈ひのと〉十干の第四番目。②〈さかん〉〈つよ・い（──・し）〉壮健である。③成年に達した男子。「丁夫」④公役に徴発された男子。「壮丁」⑤しもべ。下男。「園丁」⑥〈あた・る〉当たる。遭遇する。「丁憂」⑦くぎ。＝釘 ⑧姓。二 木を切る音。また碁を打つ音、雨の降る音など。「丁丁」国〈ちょう(ちゃう)〉①「町」の略字に用いる。②市街地の区分。「三丁目」③距離の単位。六十間。④偶数。↕半 ⑤和装本の表裏二ページ。⑥飲食物などを数える語。

解字  象形。くぎの頭がT字形になっている形。丁は、魚の形、魚の骨の形ともいう。また、うつわから物があふれ出る形で、勢いのさかんなことを示すとも解する。若者を壮丁というのも、力の盛んな年ごろという意味である。この場合は指事と考えられる。

名前 あつ・のり・つよし　姓 丁子・丁字・丁野

地名 丁抹　難読 丁髷・丁幾・丁稚

参考 「丅」(「下」の古字)は別字。新表記では、「挺」「鄭」「叮」「釘(幀)」「牒」の書きかえに用いる熟語がある。

【丁付】国書物のページを示す数字。＝丁附

【丁度】国①おりよく。②きっかり。③たっぷり。

【丁半】国①偶数と奇数。②すごろくの賽の目の偶数と奇数。③賽をふって勝負するかけごと。ばくち。

【丁髷】国男の小さな髷。

【丁幾】薬品のアルコール溶液。

【丁役】①兵役や力役にあたる者。②国昔、公務にあたった者。

【丁翁】植つるのある、アケビ科の落葉灌木。木通。通草とも書く。

【丁銀】一 成年に課する税。丁賦。二 国慶長時代の銀貨。

【丁口】①成年男子の人員。②人口。

【丁香】植テンニンカ科、熱帯産の香木。ちょうじ。【──結】①丁香のつぼみ。②かたく結んで解けないたとえ。

【丁祭】陰暦二月・八月の初めの丁の日に行う孔子祭。

【丁子】一 動おたまじゃくし。二 植熱帯産の植物。実は香料・薬品の原料。丁字。丁香。

【丁女】一人前の女子。成人の女性。

【丁壮(壯)】気力盛んな男子。壮丁。丁男。

【丁男】一人前の男子。働きざかりの若者。壮丁。丁夫。

【丁稚】一 若者。二 国商店などに奉公する青少年。小僧。

【丁寧】心をこめて手厚い。親切な。＝叮嚀

【丁年】一人前の年齢、満二十歳以上。成年。

【丁夫】一人前の男子。↕丁女

【丁夜】今の午前二時ごろ。丑の刻。四更。

【丁憂】憂いに当たるの意から、父母の喪にあうこと。丁艱。〈北史・礼志〉

【丁玲】人名。中国の女流作家。日中戦争から太平洋戦争の末期にかけて発表のすぐれた多くの作品は、「丁玲傑作集」などに収められている。(一九〇七～一九八六)

【丁丁】一 ①木を斧できる音。②碁・将棋をうつ音。二 続けて物を打つ音。【──発(發)止】国互いにはげしく打ちあう音。

【丁当(當)】腰につけた玉や風鈴などの音。＝丁璫

『無二丁字一』一文字も知らない。↓「一丁字」(六ページ・中)

◇▼壮丁・庖丁・使丁・仕丁・符丁・落丁・園丁

一1 【丅】〔2〕古↓下(本ページ・中)

一1 【丄】〔2〕古↓上(一六ページ・下)

一2 【下】〔3〕学1 カ・ゲ　した・しも・もと・さげる・さがる・くだる・くだす・くださる・おろす・おりる　J1828 補— U4E0B

一 カ漢 ゲ呉　一 上 馬 xià シア
二 カ漢 ゲ呉　二 去 禡 xià シア

筆順 一 丅 下

一1 【丅】〔2〕古字　J1603 補— U4E05

意味 一 ①〈した〉〈しも〉㋐低い所。↕高 ㋑低い地位。目下。庶民。↕上 ②〈もと〉そば。かたわら ③後ろ。のち。末。④劣っている。「下策」二 ①〈くだ・る〉〈さが・る〉〈お・りる（──・る）〉㋐降りる。㋑落ちる。㋒降参する。㋓へりくだる。②〈くだ・す〉〈さ・げる（──・ぐ）〉〈おろ・す〉㋐降ろす。㋑命令を出す。㋒打ち勝つ。国①〈くださ・る〉「くれる」「与える」の尊敬語。②〈した〉前もってする。「下見」

解字 指事。この字の古い字体は、二と書かれる。横棒の下に、何かがあることを示して、低いところ、下という意味を表すようになった。

名前 し・じ　姓 下神・下家・下野・下養・下毛野

地名 下毛・下田・下北・下呂・下谷・下松・下妻・下野・下県・下館・下総・下関・下毛野・下益城・下都賀・下閉伊・下新川・下水内・下伊那

難読 下手(付表)／下火・下炬・下司・下種・下衆・下枝

【下火】一 ①仏禅宗で火葬するとき導師の火をつけるしぐさ。②火葬。二 国①火事の勢いの衰えること。②物事の勢いが衰えること。③茶道で、あらかじめ炉に入れておく火。

【下位】①下のくらい。②下の位置。③下のほう。

【下帷】①幕・カーテンなどをおろす。②家にとじこもって、俗世間と交わらず読書する。③学塾を開いて教える。

【下院】二院制の国会で、人民の選挙した議員で組織する議院。衆議院に相当する。↕上院

【下嫁】皇女などが臣下にとつぐこと。降嫁。

【下学(學)上達】身近な所から学んで、しだいに深い道理に達する。「下学而上達」〈論語・憲問〉

【下瞰】見おろす。下視。

【下窺】下方をのぞき見る。

【下級】①身分の低い階級。下の等級。↕上級 ②下のクラス。下級生。

【下愚】非常におろかな者。「上知与二下愚一不レ移」〈論語・陽貨〉↕上知

【下裙】もすそ。スカート。

【下元】陰暦十月十五日。三元の一つ。

一 丨 丶 丿 乙(乚) 亅

【下弦】(かげん) 陰暦二十二、三日ごろの月。月の入りに、半円の弦が下方に見えるもの。下つ弓張。↔上弦
【下顧】(かこ) ①下のほうを見わたす。②引き立てる。

【下午】[一](かご) 午後。↔上午 [二](シアウー) xiàwǔ [現][一]に同じ。

【下交】(かこう(かう)) 身分の高い者が、身分の低い者と交際すること。〈易経・繫辞伝〉

【下降】(かこう(かう)) ①くだりおりる。降下。↔上昇 ②「下嫁」に同じ。

【下国(國)】[一](かこく) ①諸侯の国。天下。②いなか。地方。↔上国 ③自分の国をけんそんしていうことば。[二](げこく) [国]①都から地方へ行く。②小国。国を四等級にわけたときの最下等の諸国。

【下三連(「聯」)】(かさんれん) 詩句の下三字が全部平韻、または仄韻であること。作詩上避けるべきことの一つ。

【下子】(かし) ①碁石を盤の上に打ちおろす。②種をまく。

【下士】[一](かし) ①最下位のさむらい。②おろかな男。↔上士 ③背の低い人。[二](しにくだる) へり下って賢人と交際すること。

【下肢】(かし) ①足。脚部。②両足。↔上肢
【下視】(かし) 見おろす。下瞰。俯視。

【下湿(濕)】(かしつ|かしゅう(しふ)) 低くてしめりけの多い土地。

【下執事】(かしつじ) 下役の事務官。「敢告下執事」〈史記・越世家〉

【下手】[一](かしゅ|げしゅ) 手をくだす。やり始める。着手。[二](したて) [国]①相手より劣る人。②へりくだること。↔上手(うわて) [三](しもて) [国]①舞台の向かって左のほう。②下のほう。↔上手(かみて) [四](へた) [国]技芸などのまずいこと。未熟。↔上手(じょうず) 【――書】(かしゅしょ) 漢の時代に用いた、指の形のわりてがた。【――人】(げしゅにん) みずから手をくだして殺した犯人。

【下種】[一](かしゅ) たねまき。[二](げす) [国]身分や人がらが卑しい。下司。下衆。【――根性】(げすこんじょう(じゃう)) [国]卑しい性質。

【下寿(壽)】(かじゅ) 最下の長寿者の意味で六十歳をいう。一説に八十歳。

【下酒物】(かしゅぶつ) 酒のさかな。下物。

【下書】(かしょ) 手紙を届ける。

【下春】(かしょう) ①日が暮れかかるころ。夕方。②日が沈む。

【下情】(かじょう(じゃう)) ①一般民衆のようす。しもじもの事情。②自分の心情をけんそんしていうことば。

【下人】[一](かじん) ①才能のない人。↔上人 ②召使。③どれい。④地上の人。[二](ひとにくだる) 人に対してへり下る。

【下世】(かせい) ①この世を去って、土中に入る。死ぬこと。②後の世。③「下界」に同じ。

【下泉】(かせん) ①死者の行く世界。あの世。黄泉。②泉の下流。

【下遷】(かせん) 位をさげられる。左遷。

【下走】(かそう) ①自分をけんそんしていう語。下奴。②車からおりて走る。

【下層(層)】(かそう) ①下の階級。②積み重なっているものの下のほう。↔上層
【下体(體)】(かたい) ①足。②男女の陰部。③植物の根と茎。④みさおをまげる。

【下第】(かだい) ①試験に落第すること。②試験成績の劣等な者。

【下地】[一](かち) ①地面。土地。↔上天 ②下等な土地。[二](したじ(ぢ)) [国]①本心。②うまれつき。③下準備。④醬油の別名。

【下直】(かちょく) 宮中での当直が終わること。

【下陳】(かちん) ①後列。②宮女のへや。後宮。

【下徹】(かてつ) 物の底までとおること。

【下土】(かど) ①地面。↔上天 ②低い土地。

【下奴】(かど) ①召使。下郎。②自分の謙称。下走。③他人をののしっていうことば。

【下等】(かとう) ①等級が低い。②卑しい。③悪い。↔上等 【――動物】(かとうどうぶつ) あまり進化していない、簡単な体制の動物。

【下榻】(かとう(たふ)) ①よいお客がとまる。②宿泊する。

【下堂】(かどう(だう)) ①堂をおりる。②身分の高い人がへりくだる。③妻が離縁されること。

【下道】(かどう(だう)) ぬけ道。裏道。間道。

【下年】(かねん) ①次の年。②来年。③後年。将来。

【下馬】(かば|げば) ①馬からおりる。②乗り物からおりる。③下等な馬。【――評】(げばひょう(ひゃう)) [国]①世間の評判。②第三者の批評。③しろうとの批評。④江戸時代、江戸城の下馬札の辺で家来たちが将軍などの批評をしたこと。また、その批評。【――札】(げばふだ) [国]乗り物を禁止する立てふだ。

【下輩】(かはい|げはい) ①下等な人。②下級の人。③めしたの人。

【下半】(かはん) 二つに分けた下の半分。

【下番】(かばん) ①当番が終わる。②勤務にあたっていないこと。非番。↔上番
【下邳】(かひ) 地名。今の江蘇省睢寧県西北。張良が黄石公に出会った所。また、韓信が都した所。

【下卑】[一](かひ) いやしい。下品。[二](げび) [国]下劣でいやしいこと。

【下婢】(かひ) 女の召使。

【下筆】(かひつ) 詩や文章を書く。

【下平】(かひょう(ひゃう)) 漢字の四声のうちの平声を上下に分けたその一つ。↔上平
【下錨】(かびょう(べう)) ①いかりをおろす。②船が停泊する。

【下付】(かふ) 官庁から証明書などを出すこと。＝下附
【下部】[一](かぶ) 下の部分。[二](しもべ) [国]召使。

【下風】(かふう) ①かざしも。②人より低い身分。人の支配下。

【下物】(かぶつ) 酒のさかな。下酒物。

【下文】[一](かぶん) 下にある文章。↔上文 [二](くだしぶみ) [国]昔、官庁から民衆に出した命令書。また、政治上の公文書。

【下辺(邊)】[一](かへん) 下の方。[二](シアビエン) xiàbian [現]下。あと。

【下方】[一](かほう(はう)) ①低いほう。②したのほう。下部。③人間界。[二](したかた|しもかた) [国]①しもじもの人。平民。↔上方(うえつがた) ②歌舞伎の伴奏を受け持つ人。はやし方。

【下民】(かみん) しもじもの民。

【下名】(かめい) ①下にしるした名。下記の人。②自分の名をけんそんしていうことば。③わたくし。

【下命】(かめい) 命令。また、命令をくだすこと。下知。

【下問】(かもん) 目下の人に問う。また、教えを請う。

【下邑】(かゆう(いふ)) 地方の都市。↔上邑
【下游】(かゆう(いう)) ①川の下流。また、その土地。②低い身分。

【下落】[一](からく) ①ゆくえ。ありか。②始末がつく。[二](げらく) 物価や等級などがさがる。

【下吏】(かり) 下級役人。

【下里】(かり) ①村里。②死者の魂の集まる所。【――巴人】(かりはじん) 下等な俗曲。

【下俚】(かり) ①はやり歌。②いやしい。

【下流】(かりゅう(りう)) ①川下。②下へ流れる。③低い地位。下位。↔上流
【下僚】(かりょう(れう)) 地位の低い役人。下官。

【下界】(げかい) 人間界。この世。下世。↔天界・上界・天上界
【下官】(げかん(くわん)|かかん(くわん)) ①下級官吏。②役人が自分をけんそんしていうことば。

【下浣】(げかん(くわん)|かかん(くわん)) 月の二十一日から末日まで。下旬。＝下澣
【下澣】(げかん(くわん)) 月の二十一日から末日まで。下旬。

【下下】[一](げげ) 下の下。最下等。[二](しもじも) [国]役所・役人に対する民衆。↔役人
【下戸】(げこ|かこ) ①貧しい人。②[国]酒の飲めない人。↔上戸
【下向】(げこう(かう)) [国]①都からいなかへ行く。②高い所から低いほうへ向かう。③神仏に参拝して帰る。

【下獄】(げごく|かごく) ろうやに入れられる。

【下克(「剋」)上】(げこくじょう(じゃう)|かこくじょう(じゃう)) 下の者が上の者をしのぎおかすこと。臣下が君主よりも勢力の強いこと。

【下根】(げこん) (仏)生まれつき劣っていて、仏道修行の能力がない者。↔上根
【下座】[一](げざ|しもざ) ①貴人に対して、座を下って平伏すること。

②しもの座席。末座。↕上座(かみざ) ［二］げざ ［国］①舞台の向かって左のほう。下手(しもて)のほう。②はやし方。歌舞伎(かぶき)で囃子(はやし)の演奏にあたる人。
【下作】げさく ［国］まずいできばえ。また、その作品。
【下策】げさく まずいはかりごと。へたなやり方。↕上策
【下司】げし｜げす ［国］①下っぱの役人。↕上司 ②荘園(しょうえん)の役人。
【下車】げしゃ ①車からおりる。②官吏がはじめて任地に着く。赴任(ふにん)。③人を埋めるとき墓穴の中に入れる車。
【下宿】げしゅく ［国］①やや長い期間、比較的安いねだんでとまる。また、その家。下宿屋。②宮中や他家につかえる人が暇(ひま)をもらい一時実家にもどること。
【下旬】げじゅん 月の二十一日から末日までの間。↕上旬・中旬
【下乗(乘)】［一］げじょう ①乗り物からおりること。②㊕仏教で、深遠な教理に対して、身近な教えのこと。小乗。↕大乗 ［二］かじょう ①足ののろい馬。②もっとも劣った者。最下等の人。［三］したのり ［国］他人の馬を乗りならす人。
【下衆】げす ①［国］身分の卑しい者。↕上衆(じょうず) ②人がらが卑しい。下種。
【下水】げすい ①水を流す。②流山を下る。
【下拙】げせつ ①下手(へた)。②［国］自分をけんそんしていうことば。
【下世話】げせわ ［国］①世間のうわさ。②俗なことば。俗諺(ぞくげん)。
【下賤】げせん 身分がいやしい。また、その人。
【下足】げそく ［国］①ぬいだはきもの。②いやしいもの。③人をののしりよぶことば。④足のおそい馬。⑤足をさげる。
【下駄】げた ［国］木のはきもの。
【下段】げだん｜かだん ①下の段。②［国］刀や槍(やり)を低くかまえること。また、そのかまえ。↕上段
【下知】げち｜げじ(ぢ) ［国］命令。いいつけ。さしず。
【下品】［一］げひん 人がらがいやしい。↕上品 ［二］かひん ①いやしい地位・階級。②下等な品物。［三］げぼん ㊕極楽浄土の九品(くほん)のうち、下の三品。↕上品・中品
【下北面】げほくめん ［国］昔、院の御所を守った、五位または六位の、北面の武士。
【下野】［一］げや ①国の主権者がその地位を退く。②役人をやめる。［二］しもつけ ［国］古い国名。今の栃木(とちぎ)県。
【下痢】げり 腹くだし。
【下略】げりゃく｜かりゃく ①文章の終わりの部分などをはぶく。以下省略。②まずいはかりごと。下策。
【下劣】げれつ 下品でいやしい。
【下郎】げろう(らう) ［国］①男の召使。②人をののしっていうことば。
【下臈】げろう(らふ) ［国］①年功をあまり積んでいないこと。また、その人。新参者。②地位の低い者。↕上臈
【下緒】さげお(を) ［国］刀のさやに結んでさげるひも。
【下絵(繪)】したえ(ゑ) ［国］下書きの絵。
【下帯(帶)】したおび ［国］ふんどし。こしまき。
【下心】したごころ ［国］①まえまえからのたくらみ。②本心。
【下見】したみ ［国］①下調べ。②家の外側の横板張りで、少し重なるように取りつけたもの。
【下読(讀)】したよみ ［国］前もって読んでおくこと。
【下様】しもざま ［国］①下級の社会。②人民。
【下無】しもむ ［国］日本の十二律の一つ。
【下屋敷】しもやしき ［国］昔、大名が郊外などに建てた別荘。
【下課】シアコー xiàkè ［現］授業が終わる。↕上課
【下班】シアパン xiàbān ［現］勤めがひける。退勤する。↕上班
【下面】シアミエン xiàmian ［現］下の方。下部。次ぎ。以下。
【下列】シアリエ xiàliè ［現］次に列挙する。下記の。
◇▼上下(じょうげ｜しょうか｜かみしも)・天下(てんか｜てんが)・目下(もっか｜めした)・以下(いか)・払下(はらいさげ)・言下(げんか｜ごんか)・足下(そっか｜あしもと)・低下(ていか)・投下(とうか)・却下(きゃっか)・門下(もんか)・板下(はんした)・版下(はんした)・風下(かざしも)・卑下(ひげ)・昼下(ひるさがり)・城下(じょうか)・書下(かきおろし)・高下(こうげ)・陛下(へいか)・都下(とか)・部下(ぶか)・貴下(きか)・傘下(さんか)・無下(むげ)・落下(らっか)・廊下(ろうか)・階下(かいか)・零下(れいか)・幕下(ばっか｜まくした)・殿下(でんか)・閣下(かっか)・膝下(しっか)・渡廊下(わたりろうか)・急転直下(きゅうてんちょっか)

一2【丌】〔3〕 ［一］キ ㊥㊐ ［二］キ ㊥ ゴ ㊐ ｜ ［一］㊤ 支 jī チー ［二］㊤ 支 qī チー ｜ J 1604 補 U 4E0C
［意味］［一］物をのせる足のついた台。＝基 ［二］人や物をさす。＝其

一2【三】〔3〕 ［学］1 サン み・みつ・みっつ ［一］サン ㊥㊐ ［二］サン ㊥㊐ ｜ ［一］㊤ 覃 sān サン ［二］㊦ 勘 sàn サン ｜ J 2716 補 U 4E09

［筆順］一 二 三

弋3【弎】〔6〕 古字 J ②1214 補 2864 U 5F0E

［意味］［一］①〈み〉〈みつ〉〈みっつ〉㋐数えることば。三番めの数。㋑三個。②〈みたび〉〈みたび・す〉㋐三度。また、三度する。㋑決まっていない多くの数をいう。たびたび。「三省(さんせい)」③姓。［二］くり返し。たびたび。
［解字］三 会意。上の一本が天、下の二本が地を示して、合計三本で数の三になる。これが天地人の道を表すものであるという。単に横棒の数で三を示すとすれば、指事といえる。

［名前］こ・そ・かず・さぶ・さむ・そう・ぞう・ただ・なお ［姓］三井(みつい)・三戸(さんのへ)・三宅(みやけ)・三枝(さいぐさ)・三家(みやけ)・三瓶(みかめ)・三善(みよし)・三枝部(さきくさべ)
［地名］三井(みい)・三木(みき)・三戸(さんのへ)・三方(みかた)・三石(みついし)・三田(さんだ｜みた)・三次(みよし)・三好(みよし)・三池(みいけ)・三条(さんじょう)・三沢(みさわ)・三河(みかわ)・三津(みと)・三朝(みささ)・三重(みえ)・三浦(みうら)・三原(みはら)・三島(みしま｜さんとう)・三笠(みかさ)・三郷(みさと)・三瓶(さんべ)・三豊(みとよ)・三潴(みずま)・三鷹(みたか)・三輪山(みわやま)・三養基(みやき)
［難読］三味線(しゃみせん)(付表)／三一(さんぴん)・七五三(しめ)・三鞭酒(シャンパン｜シャンペン)・三和土(たたき)・三十(みそ｜みそじ)・三十日(みそか)・三椏(みつまた)・三幅(みの)
［参考］わが国では、ぞう(ざう)・ざ・さなどと読む。書きかえやまちがいを防ぐため、「参(參)」を用いることもある。
【三椏】さんあ ジンチョウゲ科の落葉灌木。皮のせんいは製紙の原料となる。みつまた。
【三悪(惡)趣】さんあくしゅ｜さんなく(あく)しゅ｜さんまくしゅ 「三悪道(さんあくどう)」に同じ。
【三悪(惡)道】さんあくどう(だう)｜さんなくどう(だう) ㊕悪行をする者の落ちてゆく、地獄・餓鬼(がき)・畜生の三道。三悪趣(さんあくしゅ)。三途(さんず)。
【三畏】さんい(ゐ) 君子がつつしみ重んじる三つのもの。天命と大人と聖人の言。「君子有三畏一。畏天命一、畏大人一、畏聖人之言一(くんしにさんいあり。てんめいをおそれ、たいじんをおそれ、せいじんのげんをおそる)」〈論語・季氏(きし)〉
【三韻】さんいん(ゐん) 韻を三か所に踏む詩で、六句の詩のこと。
【三易】［一］さんえき 夏(か)・殷(いん)・周三代にあったという、連山・帰蔵・周易の三つの易。［二］さんい 見やすく、やさしい文字で、意味をわかりやすく書くという、作文上の三法則。
【三益】さんえき 三益友。【――友】さんえきゆう(いう) ①交わって自分のためになる三種の友人。正直、誠実、見識の高い人。〈論語・季氏(きし)〉↕三損友 ②梅・竹・石。
【三家】［一］さんか ①春秋時代、魯(ろ)の三卿(さんけい)。三人の家老。孟孫(もうそん)・叔孫・季孫の三家。三桓(さんかん)。②春秋時代、晋(しん)の三卿。韓(かん)・魏(ぎ)・趙(ちょう)。［二］さんけ ［国］徳川氏の尾張(おわり)・紀伊(きい)・水戸(みと)の三家。御三家。【――詩】さんかし 漢の時代、「詩経(しきょう)」を伝えた斉(せい)・魯(ろ)・韓(かん)の三家の詩。
【三河】さんか ①三つの河。㋐黄河(こうが)・賜支河(ししが)・湟河(こうが)。㋑黄河・淮河(わいが)・洛河(らくが)。②漢代、河内・河東・河南の三郡をいう。
【三夏】さんか ①夏の三か月。孟(もう)夏(陰暦四月)・仲夏(五月)・季夏(六月)。②音楽の名。肆夏(しか)・韶夏(しょうか)・納夏。
【三戒】さんかい 女色・闘争・利欲の三つのいましめ。〈論語・季氏〉
【三魁】さんかい(くわい) 官吏登用試験合格者の、第三席までの者。
【三槐】さんかい(くわい) 「三公」(一三ベー・上)に同じ。周の朝廷に三本の槐(えんじゅ)を植え、三公がこれに向かってすわったことからい

う。【——九棘】さんかいきゅうきょく 周代、朝廷で訴えをきくとき、三公は槐の下に、九卿は棘の木の下にすわって聞いたことから、外朝・宮廷の意。

【三界】さんがい ㊕①この世。三千世界。②㋐三つの世界。過去・現在・未来。㋑欲界・色界・無色界。【——火宅】さんがいかたく 苦しみの多いこの世の中を、火の燃えさかる家にたとえていう。【——坊】さんがいぼう ㊂ほうぼうをさまよい歩く人。

【三回忌】さんかいき ㊕死後二年目に行う法事。

【三角】さんかく 三角形。【——獣(獸)】さんかくじゅう よく治まった世に現れるという、三つの角のある獣。

【三官】さんかん ①天子の三官で、大司徒・大司馬・大司空。②諸侯の三官で、司馬・司徒・司空。三卿。③国事を分担した三官で、公・国士・高士。④漢代、上林苑中にあった銭をつくるところで、均輸・鍾官・弁銅の三官。⑤戦争の時の三官で、鼓・金・旗。⑥耳・目・心の三官。⑦食(口)・視(目)・聴(耳)の三官。⑧道家が奉じた、天官・地官・水官の神。

【三竿】さんかん ①太陽が竹竿三本をつないだほどの高さにあがる時刻。午前八時ごろ。②朝寝の形容。

【三浣】さんかん ①月の上旬・中旬・下旬。②三度、衣服を洗う。倹約を尊んだ、唐の文宗の故事。

【三桓】さんかん 魯の桓公から出て家老となった三公族。孟孫・叔孫・季孫。三家。

【三患】さんかん 三つの心配ごと。①耳に聞くことができない、聞いてもそれを学べない、学んでもそれを実行できない。②心配が多い、仕事が多い、恥辱が多いの三つ。

【三澣】さんかん 「三浣」に同じ。

【三韓】さんかん 昔、朝鮮半島にあった三国。馬韓・弁韓・辰韓。または、百済・高麗・新羅。

【三鑑】さんかん 三つのかがみ。銅を鏡とすれば衣冠を正し、古を鏡とすれば興替を知り、人を鏡とすれば得失を知り得る。唐の太宗が、名臣魏徴に死なれたときのことば。

【三寒四温(溫)】さんかんしおん 冬、三日間の寒い日と四日間の暖かい日とが、くり返して続くこと。

【三帰(歸)】さんき ①斉の管仲がぜいたくに用いたもの。㋐異姓の三婦人をめとったこと。㋑御殿の名。〈論語・八佾〉②㊕仏・法・僧の三宝に帰依すること。

【三器】さんき ①国を治める三つのうつわ。号令・斧鉞(刑罰)・禄賞。②㊂三種の神器。八咫鏡・八坂瓊曲玉・草薙剣。

【三脚】さんきゃく 三本脚の台。【——几】さんきゃくき 三本脚の腰掛け。

【三宮】さんきゅう ①諸侯の三夫人の宮殿。②天子・太后・皇后。③明堂・辟雍・霊台。

【三峡(峽)】さんきょう 長江上流にあり、急流で名高い三つの峡谷。瞿唐峡・巫峡・西陵峡。

【三教】さんきょう ①儒教(孔子)・仏教(釈迦)・道教(老子)の三つの教え。②夏・殷・周三代の道。忠・敬・文。③㊕小乗法・大乗浅教・大乗深教。④㊂神道・儒教・仏教。または、神道・仏教・キリスト教。

【三曲】さんきょく ㊂①琴・三味線・胡弓または尺八。②流泉・啄木・楊真操という平安時代の琵琶の秘曲。

【三極】さんきょく 天・地・人。三才。

【三釁三浴】さんきんさんよく からだにたびたび香をぬり、また、たびたび湯にはいって身を清めること。三浴三薫。

【三軍】さんぐん ①周代、大諸侯の持つ軍隊。上軍・中軍・下軍。天子は六軍を持つ。一軍は一万二千五百人。②大軍。③全軍。④軍隊。【——暴レ骨】さんぐんほねをさらす 戦いに敗れて兵士が多く死ぬこと。〈左伝・襄公〉【——可レ奪レ帥】さんぐんもすいをうばうべし どんな大軍でも、全員が和合していないときは、その総大将を奪い取ることができる。〈論語・子罕〉

【三径(徑)】さんけい ①隠者の庭園の三つの小道。松・竹・菊の三つの道。門・裏門・井戸の三方に向かう道ともいう。②隠者の住居の庭。「三径就レ荒、松菊猶存」(庭の三つの小道は荒れはててしまったが、松や菊は変わらない色を見せている。)〈陶潜・帰去来辞〉

【三計】さんけい ①一年・十年・終身の三種類の計画。②穀物・木・人の三つを植えること。人を植えるとは、すぐれた人物をえらび出して任用する意。〈管子・権修〉【——塾】さんけいじゅく ㊂安井息軒の私塾の名。

【三経(經)】さんけい 三種の経書。①「易経」「詩経」「春秋」。②「書経」「詩経」「周礼」。

【三卿】㊀さんけい 周代の官名。司徒・司馬・司空。三官。〈礼記・王制〉㊁さんきょう ㊂江戸時代、徳川氏の別家で、田安・一橋・清水の三家。

【三傑】さんけつ ①三人のすぐれた人。②漢の三傑。蕭何・張良・韓信。③蜀漢の三傑。諸葛亮・関羽・張飛。

【三月】さんげつ・さんがつ ①一年じゅうの第三の月。弥生。②三か月。③数か月。【——紅】さんげつのくれない 項羽が秦の宮殿を焼き、三か月のあいだ燃えつづけたという。秦の宮殿の大きかったことを示す。〈曽鞏の詩・虞美人草〉

【三愆】さんけん 三つの欠点。躁(騒がしく落ち着かない)・隠(隠しだてをする)・瞽(道理がわからない)の三つ。〈論語・季氏〉

【三権(權)】さんけん ①三つの権力。②為政者に必要な三つの威力。高い地位、富、君主の親任。③国家の立法・司法・行政の三つの権力。【——分立】さんけんぶんりつ ㊂立法・司法・行政の三権が分立して、おたがいに侵しあわないこと。

【三賢】さんけん ㊂①書道では、小野道風・藤原佐理・藤原行成。②連歌では、二条良基・救済・周阿法師。③㊕十住・十行・十回向の菩薩の位。

【三元】さんげん ①上元(一月十五日)・中元(七月十五日)・下元(十月十五日)。②一月一日。年・月・日のはじめ。三朝。三始。③天・地・人。三才。④進士試験に合格した第三席までの者。また、郷試・会試・廷試の三試験の首席合格者。

【三玄】さんげん 老子・荘子・周易の総称。

【三弦(絃)】さんげん ①みすじの糸を張る楽器。②㊂琵琶・琴・和琴。③㊂三味線。

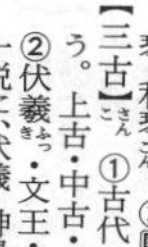

(三弦①)

【三古】さんこ ①古代を大別していう。上古・中古・近古(下古)。②伏羲・文王・孔子。また、一説に、伏羲・神農・五帝。

【三壺】さんこ 海中にあり、神仙が住むという三つの山。蓬萊・方丈・瀛洲。三神山。

【三鈷】さんこ ㊕真言宗の仏具。鈷は、もと天竺の兵器で、煩悩を破るとされる。両端にとがった爪があり、その数によって、独鈷・三鈷・五鈷とよばれる。

【三鼓】さんこ ①午前零時。三更。②雅楽で用いる、太鼓・羯鼓・鉦鼓。

【三顧】さんこ ①蜀の劉備が、諸葛亮を三度も訪ねて宰相にむかえた故事。②目上の人などに特に優遇されること。三顧の礼。

【三五】さんご ①十五日。②十五夜。③十五歳。④年の若いこと。⑤心星と噣星。⑥三皇と五帝。⑦わずか。⑧ちらほら。三三五五。【——夜中新月色】さんごやちゅうしんげつのいろ 陰暦八月十五日、満月の夜の出たばかりの美しい月の色。〈白居易の詩・八月十五日夜、禁中独直、対レ月憶二元九一〉【——之隆】さんごのりゅう 中国、古代伝説上の三皇五帝のさかんな世。

【三護】さんご ㊕女が護られるという三つの者。幼少のときは親に、嫁しては夫に、老いては子に護られるという。

【三公】①周の最高の官位。太師・太傅・太保。②前漢の大司徒・大司馬・大司空。③後漢・唐の、太尉・司徒・司空。④国太政大臣・左大臣・右大臣。のちに、左大臣・右大臣・内大臣。↓「九卿」(四〇ページ・上)

【三考】三年ごとに役人の政治上の評価をすること。

【三光】①日・月・星。②房・心・尾の三大星。

【三后】①禹・湯・文王。②周の大王・王季・文王。③国㋐三人の皇后。㋑太皇太后・皇太后・皇后。三宮。

【三江】①三つの大河。②江蘇省の太湖から流れ出る松江・婁江・東江。③呉淞江・銭塘江・浦陽江。④浙江・浦江・剡江または岷江。

【三行】[一]①三つのよい行い。㋐孝・友・順。㋑親の生前と死後になすべき行い。孝養・喪式・祭礼。〈論語・為政〉㋒君臣・父子・長幼の間の行い。㋓孝行・信義・廉直。②安んじて行い、むさぼるようにして行い、勉強して行う三つの行動。〈中庸〉③三つにわけた軍隊。〈左伝・僖公二十八〉④さかずきが三度まわる。⑤三つの並び。三列。[二]みくだり。【——半】国妻への離縁状。もと三行半に書いたという。

【三更】五更の第三の時刻。現在の午前零時ごろ。子の刻。丙夜。↓「五更」(四九ページ・上)

【三皇】中国太古の伝説上の三天子。伏羲・神農・女媧。また、祝融とも燧人ともいい、説が多い。【——五帝】三皇と五帝。五帝は、黄帝・顓頊・帝嚳・尭・舜その他諸説がある。

【三綱】[一]君臣・父子・夫婦の道。〈白虎通・三綱六紀〉[二]仏①三種の僧官。上座・寺主・都維那。②僧正・僧都・律師。【——五常】三綱と五常。五常は、人間が日ごろ守るべき五つの道で、仁・義・礼・知・信。

【三業】[一]①仏身・口・意の三つのはたらき。身業・口業・意業。②貪欲・瞋恚(いかり)・愚痴の三つの罪業。[二]国料理屋・待合・芸者屋の三つの職業。【——戒】仏身・口・意の三つのはたらきのおかす罪を戒めたおしえ。

【三綱領八条(條)目】明明徳・親民・止至善の三綱領と、格物・致知・誠意・正心・修身・斉家・治国・平天下の八条目。〈大学〉

【三国(國)】①後漢末(三世紀)、中国を三分した魏・呉・蜀の三国。また、その時代。②国天竺(インド)・唐土(中国)・日本。【——一】国①日本・中国・インドにくらべるものがないほどよい。最上。②甘酒。【——志】書名。晋の陳寿が著した三国の歴史。六十五巻。【——志演義】書名。明の羅貫中の作と伝えられる、三国時代六十年間のことを述べた長編歴史小説。「三国志通俗演義」ともいう。【——鼎立】三つの国がかなえの足のように対立すること。鼎立。

【三叉】みつまた。【——路】みつまたにわかれている「道」。

【三才】天・地・人。三元。三儀。三極。〈易経・説卦〉【——図(圖)会(會)】書名。明の王圻の編で、当時の絵入りの通俗百科全書。百六巻。

【三災】仏末の世に起こる三種の災難。水・火・風を大三災、戦争・飢饉・疫病を小三災という。

【三載】三年。＝三歳

【三山】①三神山の略。中国で、海上にあるという蓬萊・瀛洲・方丈の三つの神山。②国大和三山。また、熊野の三山の略。【——巡礼(禮)】熊野三山を巡り拝むこと。

【三三九度】国結婚式で、夫婦の縁を結ぶためにとりかわす「わすさかずき」。

【三三五五】①三人・五人と、まばらにつづいて行くさま。②ちらほら散在するさま。

【三尸】道家の説で、人の体内にいて害をなすという三つの虫。三虫。三姑。

【三子】①三人。②老子・荘子・列子。③孟子・荀子・揚子。④魯の三卿。↓三桓

【三巳】三月三日の節句。上巳。

【三史】①「史記」「漢書」「後漢書」または「東観漢紀」。②「書経」「詩経」「春秋」。

【三司】①三つの最高の官位。三公。②唐の御史大夫・中書・門下。③宋の塩鉄・戸部・度支。

【三始】①正月の元旦をいう。年・月・日の三つのはじめ。三元。三朝。②三つの身だしなみ。容体を正す、顔色をととのえる、ことばをすなおにする。〈礼記・冠義〉

【三思】①いろいろと思いめぐらす。〈論語・公冶長〉②長・死・窮の三つの思い。成長してからのことを思って学び、死後を思って子孫を教え、困ったときのことを思って人に施すこと。〈荀子・法行〉

【三時】①第三時。②農業にたいせつな三つの季節。種まき・耕作の春、草とりの夏、取り入れの秋。③学問にたいせつな三つの時。一生の中の時、一年の中の時、一日の中の時。④仏仏法の盛衰によって考えた、正法・像法・末法の三つの時。⑤仏過去・現在・未来。⑥朝・昼・晩。

【三字経(經)】書名。一巻。宋の王応麟の作。村の私塾の教科書。毎句三字で韻をふんで書かれた。

【三旨相公】北宋の神宗の宰相であった王珪が、何もしなかった故事から、宰相となって何の功績もないこと。〈宋史・王珪伝〉

【三七日】①仏死後二十一日め。また、その日に行う法事。みなぬか。②国出産後二十一日め。また、その日の祝い。

【三舎】九十里。一舎は三十里。昔、中国で軍隊が三日間に進む道のり。〔避三舎〕三日間の道のりだけ敵から離れ退く。恐れてしりごみする。〈左伝・僖公二十三〉

【三謝】南朝宋の謝霊運・謝恵連と斉の謝朓の三人。「詩人。」

【三秋】①秋の三か月。孟秋(陰暦七月)・仲秋(陰暦八月)・季秋(陰暦九月)。②九か月。③三度の秋。三か年。【——思】一日あわないと三年もあわなかったように感じる思い。一日千秋。

【三従(從)】女は、家では父に、嫁いでは夫に、夫の死後は子に、それぞれ従うべしとする教え。〈儀礼・喪服伝〉

【三十二相】①仏仏の備える三十二のよい相。足安平相・身金色相など。②婦人の容姿のあらゆるもの。

【三十六峰】①中国の嵩山にある峰。②国京都の東山。三十六は峰の多数をあらわす。

【三珠樹】①葉が真珠でできているという珍しい木。②唐の王勮・王勔・王勃のすぐれた三兄弟。

【三春】①春の三か月。孟春(陰暦正月)・仲春(二月)・季春(三月)。九春。「三春行楽在誰辺」(春三か月の行楽もいまはだれの所にあるのか。)〈劉廷芝の詩・代悲白頭翁〉②三度の春。三か年。

【三旬】①上旬・中旬・下旬。②三十日。

【三章】三章の法。もと、前漢の高祖が定めたわずか三か条の法律ということから、きわめて簡単めいりょうな規則の意。法三章。

1画

一｜、ノ乙(乚)亅

【三唱】(さんしょう(しゃう)) 三度、声をあげてとなえる。

【三勝】(さんしょう) [国]①三つのよいけしき。三景。②天橋立・松島・宮島の日本三景。

【三上】(さんじょう(じゃう)) 文章を練るのによい三つの場所。馬上・枕上・廁上(便所の中)。〈欧陽脩・帰田録〉

【三畳(疊)】(さんじょう(でふ)) ①詩歌の第三節。②三度くりかえして歌う。「陽関三畳」

【三辰】(さんしん) 日・月・星の三つをさす。【――竜(龍)章之服】(さんしんりょうしょう(しゃう)のふく) 日・月・星と山竜を模様に描いた衣服。

【三秦】(さんしん) ①陝西省の地。項羽が秦の降将三人を封じたのでいう。②五胡十六国のときの前秦・後秦・西秦。

【三晋(晉)】(さんしん) 戦国時代、晋から独立した趙・魏・韓の三つの国。

【三親】(さんしん) 父子・夫婦・兄弟の三つの親しい関係。

【三仁】(さんじん) 殷の末の三人の忠臣。微子・箕子・比干。〈論語・微子〉

【三神山】(さんしんざん) 「三壺」に同じ。

【三途】(さんず(づ)) [仏]火途(地獄道)・血途(畜生道)・刀途(餓鬼道)の三悪道。三悪趣。【――川】(さんずのかわ(かは)) [仏]人が死んで冥土に行く途中、渡らなければならぬという川。

【三寸】(さんずん) 物の長さや厚さをたとえていう語。【――舌】(さんずんのした) 長さ三寸の舌をいう。口さき。弁舌。【――不律】(さんずんふりつ) 長さ三寸の短い筆。不律をつづめて発音すると「ひつ」となる。【――之轄】(さんずんのくさび) 物事の主要なもの。わずか三寸のものだが、くさびがなければ、車は役にたたないところからいう。〈淮南子・人間訓〉

【三世】(さんせい) [一] ①祖父・父・子。②父・子・孫。③春秋公羊学で、見る所の世・聞く所の世・伝聞する所の世をいう。古い時代から、衰乱・升平・太平と進化すると説く。[二](さんぜ) [仏]前世(過去)・現世(現在)・来世(未来)。【――仏(佛)】(さんぜぶつ) [仏]前世・現世・来世の仏。たとえば、迦葉は前世仏、釈迦は現世仏、弥勒は来世仏。

【三正】(さんせい) 夏・殷・周三代の暦で、それぞれ建寅・建丑・建子の三つの正月をいう。

【三省】(さんせい) [一] 何度も反省する。〈論語・学而〉 [二](さんしょう(しゃう)) 唐代の中書省・尚書省・門下省の三つの役所。

【三牲】(さんせい) ①牛・羊・豕の三種のいけにえ。②ごちそう。

【三聖】(さんせい) [一] ①尭・舜・禹。②禹・周公・孔子。③伏羲・文王・孔子。④文王・武王・周公。⑤孔子・老子・釈迦。⑥釈迦・孔子・キリスト。⑦[国]和歌三聖。柿本人麻呂・山部赤人・衣通姫。[二](さんしょう(しゃう)) [仏]①弥陀三聖。阿弥陀仏・観世音菩薩・勢至菩薩。②華厳三聖。毘盧舎那仏・文殊菩薩・普賢菩薩。

【三夕】(さんせき) [国]藤原定家・西行・寂蓮の三人がよんだ、秋の夕暮れの三首の歌。三夕歌。〈新古今和歌集〉

【三尺】(さんせき|さんじゃく) ①長さ三尺。②剣。三尺の剣。③法律。三尺の法。昔、三尺の竹の札に書いたことからいう。④足のくるぶしをはさむ刑罰の道具名。⑤[国]ごく短い帯。へこおび。【――秋水】(さんじゃくのしゅう(しう)すい) とぎすました剣。三尺は刀の長さ、秋水はさえた色。【――童子】(さんせきのどうじ) ①こども。②七、八歳のこども。一尺は、二歳半。

【三跡(「蹟」)】(さんせき) [国]平安時代の三人の書道の大家。小野道風・藤原佐理・藤原行成。

【三絶】(さんぜつ) ①三つのすぐれたもの。②三度切れること。③三首の絶句。④詩・書・画の三つにすぐれていること。

【三遷】(さんせん) →「孟母三遷」(三五八ページ・中)

【三千】(さんぜん) 多くの数量をたとえていう語。【――世界】(さんぜんせかい) [仏]宇宙全体のあらゆる世界。広いこの世。三千大千世界。【――寵愛】(さんぜんのちょうあい) 多くの官女たちへの愛情。「三千寵愛在二一身一」〈白居易の詩・長恨歌〉

【三戦(戰)三走】(さんせんさんそう) 三度戦い、三度とも逃げる。〈史記・管仲列伝〉

【三蘇】(さんそ) 北宋の三大文章家。蘇洵と、その子、軾と轍。順に、老蘇・大蘇・小蘇ともいう。

【三匝】(さんそう(さふ)) みめぐり。三周。「繞レ樹三匝」〈曹操・短歌行〉

【三曹】(さんそう(さう)) 三国、魏の曹操と、その子、曹丕・曹植の三人。いずれも文才が豊かで、三曹と称された。

【三蔵(藏)】(さんぞう(ざう)) [仏]①経(説法)・律(戒律)・論(教論)。②三蔵に通じた高僧。③[国]三つのくら。斎蔵・内蔵・大蔵。

【三族】(さんぞく) 三種の親族。①父・子・孫。②父母・兄弟・妻子または子孫。③父の族、母の族、妻の族。【――之罪】(さんぞくのつみ) ひとりの罪によってその三族まで処罰されること。

【三尊】(さんそん) [一] 君・父・師の、三人の尊ぶべき者。[二](さんぞん) [仏]①阿弥陀如来・観音菩薩・勢至菩薩の西方三尊。②薬師如来・日光菩薩・月光菩薩の薬師三尊。③釈迦・文殊・普賢の釈迦三尊。④仏・法・僧。【――来(來)迎】(さんぞんらいごう(がう)) [仏]西方三尊が現れ、浄土へ迎え導くこと。

【三飧】(さんそん) 三度食事をする。三食。

【三多】(さんた) 文章上達の三条件。多く読む、多く作る、多く推敲する。「欧陽公曰、為レ文有二三多一、看多・做多・商量多」〈玉海・辞学指南〉

【三体(體)】(さんたい) ①楷書・行書・草書の三つの書体。②「詩経」の、風・雅・頌の三体。【――詩】(さんたいし) 宋の周弼が、唐詩を五言律詩・七言律詩・七言絶句の三体に分けて集めた詩集。六巻。わが国で、室町・江戸時代に広く読まれた。三体唐詩。唐賢三体詩法。

【三大】(さんだい) [仏]真理の体(本体)・相(すがた)・用(作用)。

【三台】(さんだい) 星座の名。上台・中台・下台の三つがあり、北斗七星に近い。

【三代】(さんだい) ①夏・殷・周の中国古代の三王朝。②[国]曽祖父・祖父・父。また、祖父・父・子。【――集】(さんだいしゅう(しふ)) [国]「古今集」「後撰集」「拾遺集」。【――実(實)録(錄)】(さんだいじつろく) [国]書名。清和・陽成・光孝の三代の史実の記録。六国史の一つで、勅命によって菅原道真らが著した。【――亡レ国(國)】(さんだいくにをほろぼす) 妹喜・妲己・褒姒の三女がそれぞれ夏・殷・周の三つの国をほろぼしたこと。〈列女伝・孽嬖〉

【三大節(節)】(さんだいせつ) 三つの主要な祝祭日。宋代には冬至・元旦・寒食を称した。

【三題噺】(さんだいばなし) [国]寄席で聴衆の中の三人に勝手な題を出させ、それらを織りこんでの即席の話。

【三達尊】(さんたつそん) 三つの尊いもの。朝廷での爵位、郷里での年齢、世の中での徳。

【三達徳】(さんたつとく) 「三徳」に同じ。

【三嘆(「歎」)】(さんたん) いくたびも感心してほめはやすこと。

【三知】(さんち) ①生まれつき知る、学んで知る、苦労して知るの三つの天分。〈論語・季氏〉②命(運命)・礼(礼節)・言(ことば)の得失の三つを知ること。〈論語・尭曰〉

【三虫(蟲)】(さんちゅう(ちう)) 人の腹中にいて害をなす三種の虫。三尸。

【三長】(さんちょう(ちゃう)) 歴史家として必要な、才知・学問・見識の三つの長所。

【三張】(さんちょう(ちゃう)) 晋の文人、張載・張協・張亢。

【三朝】(さんちょう(てう)) ①元日の朝。年・月・日の三つのはじめに当たる朝。②三日。③一日に三度宮廷に行くこと。④天子諸侯の宮廷。燕朝(休む所)・内朝(天子が政治をみる所)・外朝(朝臣が政治をみる所)の三つから成る。⑤三代。

また、三代の君主。⑥誕生三日めの祝い。

【三伝（傳）】(さんでん) 「春秋」という中国古代の史書を解説した、「左氏伝」「公羊伝」「穀梁伝」。春秋三伝。

【三吐】(さんと) →「一飯三吐レ哺」（七ページ・下）

【三都】(さんと) ①三つの都。漢の三都。㋐長安・洛陽・南陽。㋑京兆（西都）・河南（東都）・太原（北都）。②蜀・呉・魏の三国の都。成都・建業・鄴。③宋の三都。開封・帰徳・河南。【――賦】(さんとのふ) 晋の左思の書いた名文で、三つの国の風物を十年がかりで描写したもの。広く読まれたため、みやこ洛陽の紙の価が高くなったといわれる。「蜀都賦」「呉都賦」「魏都賦」

【三刀】(さんとう（たう）) 州の字の隠語。州は昔は刕（三刀）と書いたことによる。【――之夢】(さんとう（たう）のゆめ) 出世を知らせつげる夢。晋の王濬の故事。〈晋書・王濬伝〉

【三冬】(さんとう) ①初冬（孟冬・陰暦十月）・仲冬（十一月）・季冬（晩冬・十二月）の冬の三か月。冬をいう。②三度冬にあうこと。三年たつこと。

【三統暦（曆）】(さんとうれき) 前漢末の劉歆が作った暦。三を周期として王朝や各種の事象が循環するという三統説にもとづいている。

【三徳】(さんとく) ①正直・剛克（剛で柔を治める）・柔克（柔で剛を治める）。〈書経・洪範〉②知・仁・勇。三達徳。③天・地・人の徳。④㊕法身（仏の悟りの本体）・般若（迷いを脱した仏の妙知）・解脱（迷いの苦悩を脱して安らかな心境に達する）。

【三人】(さんにん) 人数で三。【――行必有二我師一】(さんにんおこなえ（おこなへ）ばかならずわがしあり) 三人で事を行えば、他人の善を見てはこれにならい、また、不善を見ては反省する。このように、他人の善も不善もかならず自分の師となりうるという意。〈論語・述而〉【――成レ虎】(さんにんとらをなす) 三人が、町にとらがいると言いふらすと、本当の事になってしまうということから、事実でないことも、それを言う人が多ければ聞く人は信じるようになってしまうたとえ。〈戦国策・秦〉「三言市虎」「三人為二市虎一」とも。

【三王】(さんのう（わう）) 夏の禹王、殷の湯王、周の文王（または武王）の三代の聖王。また、文王・武王を合わせて一つに数える。〈孟子・告子下〉【――之佐】(さんのう（わう）のさ) 夏・殷・周の三王を助けるほどの賢人。

【三巴】㊀(さんぱ) 四川省東部で、巴のつく三郡。漢末、巴・巴東・巴西の地方をいう。㊁(みつどもえ（どもゑ）) 〔国〕①巴が三つ回っている形の紋所。②三者が入りみだれて相争うさま。

【三拝（拜）九拝（拜）】(さんぱいきゅう（きう）はい) ①何度も礼拝する。最敬礼。②手紙文の末尾に用いる敬意の語。

【三番叟】(さんばそう) 〔国〕①能楽の翁の曲で、翁の次に黒い老人の面をつけて舞う役者。②芝居で幕あきの祝儀の舞。③事の初め。

【三筆】(さんぴつ) 〔国〕平安時代、書道にすぐれた三人。嵯峨天皇・橘逸勢・空海。

【三百】(さんびゃく) 数の多いたとえ。【――代言】(さんびゃくだいげん) 〔国〕①弁護士の資格なしで、訴えや談判のなかだちをする者。②弁護士をののしっていうことば。③詭弁を使う者。【――編（「篇」）】(さんびゃくへん・さんびゃっ（ぴゃく）ぺん) 「詩経」に詩が三百五編あるところから、その概数で「詩経」をいう。三百。

【三苗】(さんびょう（べう）) 中国古伝説で、今の湖南省・湖北省あたりに住んでいたとされる種族。

【三一】(さんぴん) 〔国〕①すごろくで、二個のさいころに三と一と出ること。②身分の低いさむらい。三一侍。三一奴。

【三品】㊀(さんぴん) 三つのしな。三種。①金・銀・銅。②漢の貨幣で竜幣・馬幣・亀幣の三種。③絵や書などの三段階。神品・妙品・能品。④人の品性の三種。上品・中品・下品。⑤政の三種。王者・覇者・彊者。⑥狩りの獲物の用途。乾豆・賓客・充庖。㊁(さんぼん) ㊕極楽浄土での三階級。上品・中品・下品。【――鳥】(さんぴんちょう（てう）) 鷗のこと。

【三賦】(さんぷ) 租・庸・調の三つの税。

【三武一宗厄】(さんぶいっそうのやく) ㊕仏教が中国の「武」「宗」の字のついた四人の天子に迫害された災難。

【三不去】(さんふきょ) 妻を離婚してはならない三つの場合。帰る家のないとき、父母の喪を果たしたとき、夫がはじめ貧乏で、のちに富貴になったとき。

【三奉行】(さんぶぎょう（ぎゃう）) 〔国〕徳川幕府の寺社奉行・勘定奉行・町奉行の三つの職名、また、その長官。

【三伏】(さんぷく) ①夏の土用を、初伏・中伏・末伏と三期にわけた呼び名。②夏の暑い間。真夏。③三か所の伏兵。

【三復】(さんぷく) ①三度くり返す。②何度もくり返す。反復。

【三幅対（對）】(さんぷくつい) 〔国〕①三つでひとそろいの掛け物。②三つでひとそろいになるもの。

【三不孝】(さんふこう（かう）) 三つの不孝。調子をあわせて親を不義におとさせる、貧乏で、親が年老いているのに官に仕えようとしない、妻をめとらず、子もなく、父祖のまつりを絶つの三つ。

【三不幸】(さんふこう（かう）) 三つの不幸。年が若くて高い位にのぼる、父兄の力でよい官につく、才能がすぐれて文章に巧みなこと。〈程頤・伊川文集〉

【三分】㊀(さんぶん) 三つに分ける。㊁(さんぶ) 十分の三。わずか。【――鼎足】(さんぶんていそく) かなえの三本の足のように、天下を三分して三つの国々が並び立つこと。鼎立。〈史記・淮陰侯列伝〉【――国（國）】(さんぶんのくに) 後漢の末、天下を三分した、曹操の魏、孫権の呉、劉備の蜀の三国。三国。【――之計】(さんぶんのけい) 天下を三つに分け、その一つをそれぞれの勢力として保つはかりごと。

【三墳五典八索九丘】(さんぷんごてんはっさくきゅう（きう）きゅう（きう）) 中国の古書の名。諸説があるが、三墳は、伏羲・神農・黄帝の書。五典は、少昊・顓頊・高辛・唐虞の書。八索は、八卦の説。九丘は、九州の誌。

【三変（變）】(さんぺん) いろいろに、また、何度も変わる。

【三輔】(さんぽ) 漢代、長安（今の西安）付近の地。京兆・左馮翊・右扶風の三行政区画。また、その各長官。

【三宝（寶）】(さんぽう) ①三つの宝。㋐土地・人民・政事。〈孟子・尽心下〉㋑耳・目・口。㋒慈（慈愛）、倹（倹約）、天下の先とならぬこと。〈老子・六十七〉㋓食物・材料・製品。〈史記・貨殖列伝〉㋔大農・大工・大商。〈六韜・文韜〉②㊕仏・法・僧。③〔国〕㋐単に意味を強める。「南無三宝」㋑三種の神器。【――鳥】(さんぽうちょう（てう）) 鳥の名。ぶっぽうそう。

【三方】(さんぽう（ぱう）) ①三つの方角。三方面。②〔国〕神前への供え物を載せる、台のついた方形の器物。さんぼう。

【三本】(さんぼん) ①三つの根本。㋐礼の三本。天地・先祖・君師。〈荀子・礼論〉㋑政治の三本。爵位・蓄禄・政令。〈墨子・尚賢上〉㋒治乱の三本。徳・功・能。〈管子・立政〉②唐代、宮中の蔵書で正本・副本・貯本（とっておく本）。

【三昧】(さんまい) ①㊕一心に仏道を修行すること。②物事に熱中すること。「読書三昧」【――堂】(さんまいどう（だう）) ㊕法華三昧・念仏三昧を修める堂。仏道修行の堂。【――場】(さんまいば) ①死者の冥福を祈るため、墓地近くにもうけた堂。②墓地。

【三位】(さんみ・さんい（ゐ）) 〔国〕①正三位・従三位。②三種の人格や神体。【――一体（體）】(さんみいったい) ①キリスト教で、父なる神、神の子キリスト、人に宿る聖霊の神はみな一つの神が形を変えて現れたものとする説。②一つの団体などをくみたてる三者が、協力してその発展をはかること。③㊕仏とは法・報・応の三身が一体となったものとする説。

【三民主義】中国の革命家、孫文のとなえた思想。民族の独立、民権の尊重、民生の安定をめざした。

【三命】①三度の拝命。周の制度では、三命によって大国の上卿・天子の上士が任ぜられた。②人が天から受ける三つの寿命。上寿・中寿・下寿。三老。③天から受ける三つの運命。受命・遭命・随命。

【三面六臂】顔を三つとひじを六つ持つ意から、ひとりで何人分かの働きをすること。八面六臂。

【三門】[仏]①寺院の門。＝山門 ②空門・無相門・無作門。また、知恵門・慈悲門・方便門。なお、一門でも三門という。③人が情欲・礼儀・独知の三つの行いによってくぐる、獣・人間・聖者の三つの門。④中央と左右と三つ連なった門。

【三友】①琴・酒・詩。〈白居易の詩・北窓三友〉②松・竹・梅。〈月令広義〉③山水・松竹・琴酒。〈元次山・丐論〉④「三益友」は、正直な人、まごころの人、ものしりの人。また、「三損友」は、へつらう人、まことのない人、口さきばかりうまい人。〈論語・季氏〉

【三宥】①周代に罪を軽くした三つの条件。罪だと知らない場合・過失による場合・忘れてしまった場合。②王族が罪を犯した時、三度許してから刑罰を与える制度。

【三雄】三人の英雄。①漢では、韓信・彭越・英布。②三国では、曹操・劉備・孫権。

【三余(餘)】読書に好都合の三つの余暇。年の余り(冬)・日の余り(夜)・時の余り(陰雨)。〈魏志・王粛伝注〉

【三楽(樂)】[一]三つの楽しみ。①君子の三つの楽しみ。家族無事、心に恥じることがない、英才教育。〈孟子・尽心上〉②人に生まれ、男に生まれ、長生きする。〈孔子家語・六本〉③春・夏・秋の三つの時節に、人民をそれぞれ仕事に励みたのしませること。〈国語・越語〉[二]三つの、望みねがうもの。〈論語・季氏〉

【三里】[国]ひざ下の外側の、少しくぼんだ所。灸をすえる急所。

【三略】黄石公が漢の張良に授けたという兵法書。三巻。

【三閭】楚の三閭大夫屈原のこと。【――大夫】官名。春秋時代、楚の王族、昭・屈・景三家のことをつかさどった。「子非㆓三閭大夫㆒与」(あなたは三閭大夫さまではありませんか。)〈屈原・漁父辞〉

【三良】三人の良臣。①鄭の国の、叔詹・堵叔・師叔。〈左伝・僖公七〉②秦の、奄息・仲行・鍼虎。〈左伝・文公六〉

【三両(兩)声(聲)】二声三声。ちょっと音を立てる。

【三礼(禮)】[一]天神・地の神・人鬼(死者の霊)を祭る礼。[二]「儀礼」「周礼」「礼記」。中国古代、礼法の三書。

【三令五申】くりかえして、ていねいに告げ知らせる。

【三老】①三人の長老。②上寿(百歳)・中寿(九十歳)・下寿(八十歳)の三寿。一説に、百歳・八十歳・六十歳。または、百二十歳・百歳・八十歳ともいう。③一村の長老で、その地方の教化をつかさどる者。漢代におかれた。④工老・商老・農老。⑤祭酒をいう。昔、客が主人のごちそうを受けるときは、その中の長老の者が酒をあげて地を祭ったことによる。【――五更】周代、天子から父兄扱いの礼をもって待遇された有徳の老年退職官吏。

【三論】①三つの意見。②三種の論語。斉論語・魯論語・古論語。③[仏]三論宗で用いる三種の論書。【――宗】[仏]仏教宗派の一つ。推古天皇のとき、高麗の僧慧灌が伝え、のち唐へ留学した道慈が立てた宗名。

【三味線】[国]俗曲に用いる三本糸の楽器。

【三従(從)兄弟】[国]いとこの子ども同士。又従兄弟。

【三十三才】[国]ミソサザイ科の小鳥。鷦鷯。

【三宅観(觀)瀾】人名。江戸中期の儒学者。名は緝明、号は観瀾、また、端山。浅見絅斎・木下順庵に学んだ。(一六七四～一七一八)

【三善清行】人名。平安時代の文学者。詩文にすぐれて、藤原時平らとともに「延喜格式」を編集した。また、醍醐天皇に意見封事十二か条を奉った。(八四七～九一八)

〖三家渡㆑河〗「己亥河を渡る」の己亥を三家と読みちがえた故事から、文字を、まちがえて読んだり使ったりすること。〈呂氏春秋・察伝〉

〖三十輻共㆓一轂㆒〗虚無の尊さを示す老子の教え。三十本の輻は一つの轂に集まるが、その中心は空である。空であればこそその車の軸が通じ、そこに車のはたらきも生ずる。無用之用。〈老子・十一〉

〖三枝之礼(禮)〗礼儀正しいこと。鳩は親より三つ下の枝にとまるという。「烏有㆓反哺之孝㆒、鳩有㆓三枝之礼㆒」〈学友抄〉

〖三十而立〗三十歳で、思想も見識も確立した。而立。〈論語・為政〉

〖三十六計不㆑如㆑遁〗多くのはかりごとのなかで、逃げるべきときには逃げて、身を安全にするのがいちばんよいという意味。「三十六計、走為㆓上計㆒」〈冷斎夜話〉

〖三年不㆑窺㆑園〗漢の董仲舒が三年の間、庭にも出ないで勉強した故事から、閉じこもって勉学にはげむこと。〈漢書・董仲舒伝〉

〖三年不㆑蜚不㆑鳴〗三年の間、何もしないこと。また、機会をねらってばかりいて、何もしないことのたとえ。蜚は飛と同じ。〈史記・楚世家〉

〖三年之喪〗父母の喪。あしかけ二十五か月の喪。

〖三折㆑肱〗何度も人のひじを折ってはじめて良医になれる。一説には、何度も自分のひじを折り治療してのち良医になれるという。経験をつみかさねてはじめて老練になれるたとえ。九折。〈左伝・定公十三〉

◆再三・七五三・無二無三

一 2 【上】〔3〕 [学] 1 ジョウ・ショウ うえ・うわ・かみ・あげる・あがる・のぼる・のぼせる・のぼす J 3069 補 U 4E0A

[一] ショウ(シャウ) [漢] ジョウ(ジャウ) [呉] [一] [去] 漾 shàng シャン
[二] ショウ(シャウ) [漢] ジョウ(ジャウ) [呉] [二] [上] 養 shǎng シャン

筆順 丨 ⺊ 上

一 1 【丄】〔2〕 古字 J 1602 補 ―― U 4E04

[意味] [一]①〈うえ(うへ)〉〈うわ(うは)〉〈かみ〉 ㋐高い所。頂上。㋑天。そら。㋒天子。皇帝。㋓目上の人。㋔おもて。表面。㋕昔。以前。㋖すぐれている。↕下「上策」②〈ほとり〉かたわら。「江上」③〈たっと・ぶ(たふと・ぶ)〉〈とうと・ぶ(たふと・ぶ)〉尊敬する。＝尚 ④くわえる。⑤〈たてまつ・る〉さしあげる。「献上」⑥〈のぼ・る〉〈あが・る〉〈あ・げる(―・ぐ)〉 ㋐上の方に行く。㋑乗る。「上馬」⑦〈のぼ・す〉〈のぼ・せる(――・す)〉のせる。⑧〈こいねがわくは(こひねがはくは)〉どうか…してほしい。お願いする。＝尚 [二]漢字の四声の一つ、上声。[国]〈あがり〉①完成。②収入。

[解字] ⊥ 指事。この字の古い字体は、二と書かれる。横棒の上に、何かがあることを示して、高いところ、上という意

味を表すようになった。
[名前] え・うら・たか・ひさ・ほず・まさ・たかし
[姓] 上月・上床・上妻・上林・上泉・上野・上道・上総・上毛野・上友生・上江洲・上江田・上有智
[地名] 上川・上山・上田・上北・上房・上尾・上県・上野・上越・上道・上総・上磯・上三川・上水内・上伊那・上高井・上閉伊・上浮穴・上益城・上都賀・上新川・上福岡・上九一色
[難読] 上手(付表)／上手い・上枝

【上物】あがりもの [国]①貴人の食物の敬称。めしあがりもの。②神仏への供え物。③農産物・地代・家賃等の収入。④廃物。

【上歌】あげうた [国]①上古の歌謡で、高い調子にうたわれる歌。②謡曲の曲節の一つ。↕下歌
【上無】かみむ [国]日本の十二律の一つ。

【上屋敷】かみやしき [国]江戸時代に地位の高い大名たちが、常のすまいとした屋敷。↕中屋敷・下屋敷
【上衣】■一 じょう(じゃう)い 上着。■二 シャンイー shàngyī [現]■一に同じ。

【上医(醫)】じょう(じゃう)い すぐれた医者。

【上意】じょう(じゃう)い ①君主の心。または、命令。②[国]将軍や大名の意志、または、命令。

【上院】じょう(じゃう)いん(ゐん) 二院制の国会での一院。↕下院
【上雨】じょう(じゃう)う ①よいうるおいの雨。甘雨。時雨。②雨もり。【——旁風】じょう(じゃう)う ぼう(ばう)ふう 上から雨がもり、横から風の吹きこむようなあばら家。

【上映】じょう(じゃう)えい 映画をうつして、人に見せること。

【上謁(謁)】じょう(じゃう)えつ 名刺を差し出し面会を求める。

【上苑】じょう(じゃう)えん(ゑん) 宮中のお庭。禁苑。

【上演】じょう(じゃう)えん 戯曲を舞台の上で演じる。

【上賀】じょう(じゃう)が 天子に対しておよろこびを申し上げる。

【上界】じょう(じゃう)かい 仏のいる所。天上界。

【上官】じょう(じゃう)かん(くわん) ①上級の官吏。上司。②複姓。

【上浣】じょう(じゃう)かん(くわん) 「上旬」に同じ。

【上澣】じょう(じゃう)かん 「上旬」に同じ。

【上願】じょう(じゃう)がん(ぐわん) 第一のねがい。最上のねがい。

【上気(氣)】じょう(じゃう)き ①せきをする。②のぼせる。

【上客】じょう(じゃう)きゃく｜じょう(じゃう)かく ①たいせつな客。上座の客。②食客(いそうろう)の中での上席者。

【上級】■一 じょう(じゃう)きゅう(きふ) 上の等級。上の学級。■二 シャンチー shàngjí [現]上司。上級機関。


【上京】じょう(じゃう)きょう(きゃう)｜じょう(じゃう)けい ①みやこ。首都。②みやこに出る。③[国]地方から東京に出ること。

【上局】■一 じょう(じゃう)きょく ①上官。②上官のいる所。■二 うえ(うへ)つぼね [国]天子のおへやの近くにあるつぼね。宿直の女官の休息所。

【上句】■一 じょう(じゃう)く 上の句。■二 かみのく [国]短歌の初めの五・七・五の三句。↕下句
【上愚】じょう(じゃう)ぐ おろかではないが、かたよった意見をもっている人。

【上下】■一 じょう(じゃう)げ｜しょう(しゃう)か ①うえと、した。②天と地。③主君と臣下。また、目上と目下。「上下交征レ利」(主君も臣下も、互いに自分の利益だけをむさぼる。)〈孟子・梁恵王上〉④のぼりくだり。⑤行き帰り。■二 かみしも [国]①うえと、した。②江戸時代の武士の礼服。裃。

【上計】じょう(じゃう)けい ①すぐれたはかりごと。②漢代、地方官が毎年上京して朝廷に会計報告をする制度。

【上啓】じょう(じゃう)けい 朝廷に申し上げる。

【上掲(揭)】じょう(じゃう)けい 上にあげた。また、前にあげた。

【上卿】じょう(じゃう)けい ①周代、卿の上位の者。上位の大臣。②[国]㋐大臣や大納言・中納言で、臨時に公事の担当を命ぜられたもの。㋑会議の長をつとめるもの。

【上賢】じょう(じゃう)けん すぐれた賢人。

【上元】じょう(じゃう)げん 陰暦正月十五日。三元の一つ。【——夫人】じょう(じゃう)げん ふじん 女の仙人の名。

【上玄】じょう(じゃう)げん ①天。②心。

【上弦】じょう(じゃう)げん 陰暦七・八日ごろの半円の月。弓の弦を上にした形の月。↕下弦
【上戸】■一 じょう(じゃう)こ 裕福な家。■二 じょう(じゃう)ご [国]酒好きな人。また、多く飲む人。酒豪。↕下戸
【上古】じょう(じゃう)こ ①大昔。②[国]大和時代。または、奈良時代。

【上午】■一 じょう(じゃう)ご 夜明けから正午まで。午前。↕下午 ■二 シャンウー shàngwǔ [現]■一に同じ。

【上工】じょう(じゃう)こう ①上等の職人。②しごとにかかる。

【上甲】じょう(じゃう)こう(かふ) 毎月の第一日。ついたち。甲は初め。

【上交】じょう(じゃう)こう(かう) ①身分の高い人と低い人との交際。②親しい交わり。

【上江】じょう(じゃう)こう(かう) ①長江をさかのぼる。②安徽省。③夏口より上流の長江。

【上皇】じょう(じゃう)こう(くわう) ①天の神。天帝。②位をゆずった後の皇帝に対する敬称。太上皇の略。

【上校】じょう(じゃう)こう(かう) 軍人の階級。大佐。

【上行下効(效)】じょう(じゃう)こう(かう)かこう(かう) 目上の行いに下の者がならう。

【上告】じょう(じゃう)こく ①上に申し上げる。②[法]第二審の裁判の判決に対して不服の申し立てをする。


【上国(國)】じょう(じゃう)こく ①中国の自称。②他国の尊称。③都に近い国。かみがた。④豊かなよい国。⑤[国]大宝令によって国を大・上・中・下に分けたときの第二の等級。

【上根】じょう(じゃう)こん [仏]仏道修行して悟りを開くことができるすぐれた素質の人。↕下根
【上座】じょう(じゃう)ざ｜かみざ ①上位のものがすわる座席。また、上のほうにある座席。↕下座・末座 ②[仏]最高位の僧。

【上才】じょう(じゃう)さい すぐれた才能。また、その人。

【上策】じょう(じゃう)さく ①すぐれたはかりごと。②はかりごとを申し上げる。↕下策
【上巳】じょう(じゃう)し 陰暦三月の最初の巳の日の節句。俗に「じょうみ」という。桃の節句。のち、三月三日になった。

【上士】じょう(じゃう)し ①人格のすぐれた人。②周代、士の身分で最上位の者。③[仏]菩薩。↕下士
【上司】じょう(じゃう)し ①上級の官庁。②上級の役人。上役。

【上旨】じょう(じゃう)し 天子のお考え。天子のおぼしめし。

【上使】じょう(じゃう)し [国]①上から下へさしむける使者。②天子から将軍へ、また、将軍から諸侯につかわす使者。

【上肢】じょう(じゃう)し 両手。↕下肢
【上指】じょう(じゃう)し ①天子の指示。＝上旨 ②上のほうをさし示す。

【上梓】じょう(じゃう)し ①梓の木に文字を彫って、書物の木版を作る。②出版する。

【上賜】じょう(じゃう)し 天子からのたまわりもの。

【上日】じょう(じゃう)じつ ①ついたち。②よい日。③[国]宮中に宿直する日。④[国]きのう。前の日。

【上手】■一 じょう(じゃう)しゅ｜じょう(じゃう)ず わざなどがすぐれて巧みなこと。また、その人。名人。↕下手 ■二 うわ(うは)て [国]①うえの方。↕下手 ②技能などが相手よりすぐれている人。↕下手 ■三 かみて [国]①舞台の向かって右の方。↕下手 ②うえの方。

【上寿(壽)】じょう(じゃう)じゅ ①長寿。②百歳。または、百二十歳。

【上襦】じょう(じゃう)じゅ 短い上着。

【上孰】じょう(じゃう)じゅく 「上熟」に同じ。

【上熟】じょう(じゃう)じゅく よく熟する。豊年作を三段階に分けた第一番目。＝上孰
【上旬】じょう(じゃう)じゅん 毎月の一日から十日まで。上浣。上澣。↕中旬・下旬
【上書】じょう(じゃう)しょ 「上表」に同じ。【——房】じょう(じゃう)しょぼう(ばう) 清代、宮中で皇子たちの学問した所。

【上昇】上にたちのぼる。↕下降
【上相】①周代、朝廷での儀式の際、礼に従った進行をつかさどる職務。②大臣の尊称。③宋代の首相。

【上庠】いにしえの大学。↕下庠
【上将(將)】最上位の将軍。または、大将。

【上章】①十干の庚の年の異称。②前の章。③君主などに上表文を奉る。また、その上表文。

【上賞】最上の賞与。この上ないほうび。

【上上】うえのうえ。最上。上上吉。

【上乗(乘)】①よい馬。②仏すべての迷いからぬけ出して真理を悟ること。また、その悟り。③仏最上の教え。大乗。↕下乗 ④国芸術作品などの最上のできばえ。

【上将(將)軍】官名。最上位の将軍。総大将。

【上申】事をお上に申し立てる。上陳。【——書】上役に意見や事情を申し立てる文書。

【上人】㊀すぐれた人。↕下人 ㊁仏①知徳をかね備えた僧。また、その敬称。②僧の位。法眼の下で、法橋と同じ位。

【上衆】国身分の高い人。上臈。↕下衆
【上水】①上に水があがること。②水をくみあげる。③流れをさかのぼる。④川や池から引いた飲み水。飲料水。また、その水路。↕下水 【——道】飲料水を引いてくるための水路。水道。また、その設備。

【上世】大昔。上古。

【上声(聲)】漢字の四声の一つ。しりあがりに発音する音調。

【上清】道教の天。三清(玉清・上清・太清)の一つ。

【上仙】①天に登って仙人になる。②仙人の中でいちばんすぐれたもの。③天子がおなくなりになる。＝上僊
【上船】船に乗る。↕下船
【上牋】「上表」に同じ。

【上僊】①天にのぼって仙人になる。②死ぬ。

【上善】最上の善。「上善若レ水」(最上の善は水のようであり、万物に恵みを与え、しかも自分はほこらず低きにつくものである。)〈老子・八〉

【上疏】天子に文書を奉る。また、その文書。上表。上書。

【上訴】①上に訴え出る。②法判決または決定に対して、上級裁判所に裁判のやりなおしを申し出る。

【上奏】天子に申し上げる。また、その文書。


【上層(層)】①重なっているものの上のほうのもの。②上の階級。上層階級。上流。↕下層
【上足】弟子の中ですぐれたもの。高足。高弟。

【上蔟】蚕がじゅうぶん発育してまゆを作れるように、まぶしにあげること。

【上尊】①上等の酒。②人から贈られた酒。③尊い身分の者。

【上台(臺)】①星の名。②天子の御座所。天子の宮殿。③上官。上役。

【上代】①大昔。上古の時代。②国大和時代。または、奈良時代。③先祖。

【上第】①上の等級。②すぐれた成績。

【上大夫】大夫を上中下に分けた最上位。大夫は周代の官名で、士の上、卿の下。

【上達】向上・進歩すること。「下学而上達す」〈論語・憲問〉【——部】国大臣・大納言・中納言・三位以上の殿上人。ただし、四位の参議を含む。公卿。

【上端】上のはし。↕下端
【上段】①上の段。②上座。③国剣道で、刀を頭の上でかまえること。上段の構え。

【上知(「智」)】①うまれつきの天才。②すぐれた知恵。また、最上の知者。聖人。↕下愚『【——与(與)二下愚一不レ移】生まれつきすぐれた者と、生まれつきおろかな者とは、どんな境遇や教育の力をもってしても、変えることができない。〈論語・陽貨〉』

【上柱国(國)】上卿の官名。のちには、最高の名誉官。

【上長】めうえの人。

【上丁】陰暦二月の初めの丁の日で、孔子を祭る。〈淮南子・時則訓〉

【上帝】①天帝。②天子。王者。③上古の帝王。

【上程】①旅の門出。②議案を会議にかけること。

【上天】①空。または、冬の空。②天帝。造物主。③天にのぼる。

【上田】収穫の多い上等の田地。

【上途】旅に立つ。かどで。

【上冬】冬の最初の月。陰暦十月。

【上等】①上の位。②品物などのすぐれてよいこと。↕下等
【上棟】国家を建てるとき、柱・梁などを組み立て、その上に棟木をあげること。また、その式。上棟式。

【上頭】①先頭。②成人式。男子は二十歳で冠をつけ、女子は十五歳でくしあげの式をする。③上のほう。


【上騰】あがる。上昇。

【上道】①上側の道。②正しい道。③上京する。出発する。「催二臣上道一」〈李密・陳情表〉

【上徳】①最上の徳。②君主の美徳。③徳をたっとぶ。

【上納】租税・年貢米などを、役所におさめること。

【上農】①りっぱな農夫。②農業をたっとぶ。

【上馬】①すぐれたよい馬。②馬に乗る。↕下馬
【上輩】めうえの人。先輩。

【上膊】二の腕。腕のひじから肩まで。

【上半】二つに分けた場合の上の半分。また、手前の半分。

【上番】①第一番。②出勤・当直などをすること。また、その人。↕下番
【上平】①漢字の四声の一つである平声を上下に分けたうち、上の声調。高く平らな発音。②高く平らに発音する声調。↕下平
【上表】文書で、意見などを天子や上役に申し上げる。また、その文書。上書。上牋。上策。

【上品】㊀①上等の品。じょうもの。②家がらや地位の高いこと。③人物に品格があること。↕下品 ④国ひんがよい。↕下品 ㊁①仏極楽浄土の九品(九段階級)のなかの上の三品。②国上品の絹の略で、美濃の国の上品地方(岐阜県)から産出する。

【上賓】①上等のお客。②天子の死。③道教で、仙人となって昇天すること。

【上布】上等の麻織物。

【上府】自分が所属している役所。上級の官庁。

【上封】上のさかいの部分。「上封正在二撒塩飛絮一」(上のさかいの部分は、ちょうど雪がふりしきっているところだ。)〈劉献廷・南岳紀行〉

【上聞】①天子のお耳に入れる。②下々のことが朝廷に聞こえる。

【上兵】すぐれた兵法。

【上方】㊀①うえの方。②天上界。③北と東。④寺。㊁国京都およびその付近。【——版】国江戸時代に京・大阪地方で出版された本。

【上峰】①高いみね。②上役。上官。

【上報】ご恩がえし。君主の恵みにむくいる。

【上木】①版木に彫る。木版で印刷する。②出

版する。上梓。

【上米】㊀じょうまい　上等の米。㊁あげまい　国徳川幕府の財政立てなおしのための享保の改革で、八代将軍吉宗が、諸大名に命じて、一万石につき百石の割合で上納させた米。

【上毛】じょう(じゃう)もう　国上野の国。今の群馬県。昔、「けのくに」といった。上毛野。

【上邪】しょう(しゃう)や　①わが君よ。君主、または夫に呼びかけることば。②天を呼んで誓うことば。

【上薬(藥)】じょう(じゃう)やく　上等のくすり。高貴薬。

【上諭】じょう(じゃう)ゆ　天子のみことのり。

【上遊】じょう(じゃう)ゆう(いう)　①川のかみ。上流。②川の上流の土地。③高い地位や身分。④上位の成績。

【上葉】じょう(じゃう)よう(えふ)　昔の時代。上代。

【上陽】じょう(じゃう)よう(やう)　①上にある陽気。②唐の高宗が洛陽に建てた宮殿の名。

【上洛】じょう(じゃう)らく　都へのぼる。首都洛陽に行く意から、わが国でも京都へ行く意味に用いた。

【上覧(覽)】じょう(じゃう)らん　①天子がご覧になる。叡覧。天覧。②国江戸時代、将軍がご覧になること。

【上陸】じょう(じゃう)りく　船などから陸にあがる。

【上略】じょう(じゃう)りゃく　文章などの初めの部分をはぶくこと。前略。↕下略・後略

【上流】じょう(じゃう)りゅう(りう)　①流れのかみのほう。川上。↕下流　②高い身分。上流階級。上流社会。③すぐれた品位。上品。

【上林苑】じょう(じゃう)りんえん(ゑん)　①陝西省西安市(もとの長安)の西にあった天子の庭園。秦の始皇帝が作り、前漢の武帝が大きくした。②後漢時代、洛陽東方の庭園。

【上路】じょう(じゃう)ろ　大通り。

【上臈】じょう(じゃう)ろう(らふ)　①仏年功をつんだ高僧。長い間修行した人。②国㋐貴婦人。㋑二位・三位の女官。㋒一位・二位の人の娘。↕下臈

【上課】シャンコー　shàngkè　現授業に出る。授業が始まる。↕下課

【上当(當)】シャンタン　shàngdàng　現わなにはまる。だまされる。

【上海】シャンハイ　地名。中国政府直轄の大都市。

【上班】シャンバン　shàngbān　現出勤する。仕事中である。

【上辺(邊)】シャンビエン　shàngbian　現上。上の方。表面。

【上面】シャンミエン　shàngmian　現上。上部。表面。

『上慎(愼)旃哉』これをつつしめや(こいねがわくは　これをつつしめや)　くれぐれも気をつけておくれ。「慎旃」は「慎之」と同じ。〈詩経・陟岵〉

◇▼口上・天上・以上・向上・至上・地上・身上・上上・風上・呈上・返上・炎上・卓上・長上・参上・途上・屋上・奏上・逆上・計上・席上・極上・階上・啓上・陸上・頂上・最上・湖上・形而上・前口上・献上・髪上・誌上・下克上・逃口上

一 2【丈】〔3〕常　ジョウ　たけ　U補J 3070 4E08

旧字 一 2【丈】〔3〕　チョウ(チャウ)漢上 養　ジョウ(ヂャウ)呉 zhàng チャン　U補J

筆順 一ナ丈

一 3【𠀋】〔4〕俗字　U補J ①1402 2000B

意味 ①長さの単位。十尺(約三・〇三メートル)。(↓付録「度量衡名称」) ②土地を測る。③年輩の男子の呼び名に用いる。「老丈」 ④よりかかる。たよる。＝杖　国①〈たけ〉長さ。②〈じょう(ぢゃう)〉芸人の芸名の下につける尊称。③助詞「だけ」。

解字 会意。十と又とを合わせた字。十は、数の十、又は、手の形を示す。手をものさしとしてはかったものが一尺で、その十倍を丈という。それで長いことを表し、また、周のものさしでは、一丈は人の身長に合うので、成人男子を丈夫という。

名前 とも・ひろ・ます　姓 丈部　難読 丈夫

【丈三】じょう(ぢゃう)さん　一丈三尺。柱に使う材木で最も長いもの。

【丈室】じょう(ぢゃう)しつ　一丈四方の狭いへや。方丈の室。

【丈尺】じょう(ぢゃう)しゃく　①たけ。長さ。また、長さをはかること。②国㋐ものさし。㋑長さ一丈のものさし。

【丈丈】じょう(ぢゃう)じょう(ぢゃう)　老人や年長者に対する敬称。

【丈人】じょう(ぢゃう)じん　①老人。②妻の父。しゅうと。③長老に対する敬称。④祖父。⑤父の友。

【丈夫】㊀じょう(ぢゃう)ふ　①一人まえの男子。ますらお。②才能のすぐれたりっぱなひと。〈孟子・滕文公上〉㊁じょう(ぢゃう)ぶ　国①強い。健康。②しっかりしている。堅固。㊂チャンフ　zhàngfu　現おっと。【――子】じょう(ぢゃう)ふし　むすこ。男の子。

【丈母】じょう(ぢゃう)ぼ　①妻の母。しゅうとめ。②義兄弟の母。③おじの妻。【――娘】チャンムニアン　zhàngmuniáng　現妻の母。

【丈量】じょう(ぢゃう)りょう(りゃう)　①一丈単位で長さをはかる。②土地の面積をはかる。

【丈六】じょう(ぢゃう)ろく　①仏高さ一丈六尺の仏像。丈六仏。②国あぐら。あぐらをかく。丈六仏の結跏(足を組んだすわり方)に似ているからいう。

◇▼方丈・気丈

一 2【万】〔3〕学2　マン・バン　U補J 4392 4E07

旧字 艸 9【萬】〔13〕　バン漢去 願　マン呉 wàn ワン　U補J

筆順 一フ万

艹 9【萬】〔12〕人　U補J 7263 842C

意味 ①〈よろず(よろづ)〉㋐万。数の単位。㋑数の多いこと。たくさん。「万巻」㋒すべて。いっさい。「万物」②虫の名。さそり。③絶対に。決して。④舞の名。⑤姓。

解字 象形。さそりの形を表す。また、万はうきくさの象形とも仏教伝来のときにはいった卍の記号であるともいう。

名前 かず・かつ・たか・つむ・すすむ・つもる　姓 万為・万町目・万城目・万里小路　地名 万座・万座毛

難読 万年青

参考 ①「万」と次項の「万」とは、発音・用法とも異なる。②万は「萬」の中国新字体としても使う。応用例 厉(厲)

【万鎰】ばんいつ　多くの金額。鎰は二十両または二十四両。

【万億】ばんおく・まんおく　数えきれないほど多くの数。

【万化】ばんか(くゎ)　①いろいろに変化する。「千変万化」②万物が〕そだつ。③天地。大自然。

【万壑】ばんがく　すべての谷間。

【万巻】ばんかん(くゎん)・まんがん(ぐゎん)　多くの書物。「万巻書」

【万感】ばんかん　いろいろな感じ。心の中のさまざまな思い。

【万期】ばんき　万年。永遠。

【万機】ばんき　①多くの政治上の重大事。すべての政務。「万機の政」②帝王の政務。

【万金】ばんきん　①多くの金。「家書抵万金」(家からの便りは万金の価値がある。)〈杜甫の詩・春望〉②家からの便り。

【万径(徑)】ばんけい　①すべてのこみち。「万径人蹤滅」(道という道は、すっかり人どおりもとだえてしまう。)〈柳宗元の詩・江雪〉②たくさんのこみち。

【万頃】ばんけい　きわめて広いこと。一頃は百畝(約百八十二アール)。「凌万頃之茫然」(広く果てしない川の上をずんずん進んでゆく。)〈蘇軾・前赤壁賦〉

【万戸】ばんこ　①一万戸の戸数。②多くの家々。「万戸擣衣声

」(あちこちの家々からは、きぬたをたたくひびきがきこえてくる。)〈李白の詩・子夜呉歌〉【――侯】戸数が一万もある広い領地を持っている諸侯。〈史記・李広列伝〉

【万古】①おおむかし。太古。②いつの世までも。永久。永久。万世。【万古千秋】いついつまでも。永久。「万古千秋対ニ洛城ー」(永遠に洛陽城に相対している。)〈沈佺期の詩・邙山〉【――愁】年久しく積み重ねられた人間本来のうれえ。「与レ爾同銷万古愁」(あなたといっしょに万古のうれえを消し去ろう。)〈李白の詩・将進酒〉【――心】遠い昔を思う気持ち。はるかに過去・未来を思う心。【――不易】「万世不易」に同じ。

【万口】①多くの人の口。②多くの人々。③多くの人の言うこと。衆口。

【万国(國)】世界のすべての国。

【万斛】非常に多くの量。万石。斛は十斗。約一九・四リットル。

【万歳】[一]①一万年。②長命や好運を祝って、となえることば。③尊い人の死。「万歳後」(死後。天子の寿命が尽きてのち。)[二][国]めでたい時、または記念すべき時に、みなで口をそろえてとなえることば。「日本国万歳」[三][国]①正月に、えぼし・ひたたれ姿で一年の栄えを祝う舞を舞う者。②大夫と才蔵とがつれだって、こっけいなかけあいを演ずるもの。今、漫才というのは、これの現代化されたもの。【――楽(樂)】[一]唐の則天武后がはじめた舞楽の名。[二][国]昔、正月に宮中でもよおされた舞楽。踏歌。

【万策】[国]あらゆる方法。いろいろの手だて。

【万死】①どうしても生命が助からないこと。②生命を投げ出す。【――一生】いのちからがら、やっとのことで助かること。〈後漢書・耿恭伝〉【――兢兢跼蹐情】自分の罪は万死にあたいするものとして恐れつつしみ、天にせぐくまり、地にぬき足するほどの気持ちでいる。〈菅原道真の詩・不レ出レ門〉

【万事】すべてのこと。【――休】どうにもならない。すべての解決の手段がなくなる。

【万謝】①深くわびる。②あつく礼をいう。

【万殊】いろいろに異なっていること。

【万寿(壽)】長生き。長命。長生きを祝うことば。【――節(節)】もと、中国で、天子の誕生日。


【万象】さまざまな形。ありとあらゆる物。また、すべての現象。万有。万物。「森羅万象」

【万障】さまざまなさしさわり。さしつかえ。「万障くり合わす」

【万鍾】多くの米。鍾はますめの単位。【――禄(祿)】きわめて多くの給料。一鍾は六石四斗。

【万丈】非常に長い。丈は長さの単位。「万丈の気炎」「光燄万丈長」(李白・杜甫の文章の輝く光は万丈の長さがある。)〈韓愈の詩・調ニ張籍ー〉

【万乗(乘)】①一万台の兵車。②一万台の兵車を出せる広さの領地。③天子。また、強大な国王。〖――之君〗①兵車一万を出せる国の領主。大諸侯のこと。②天子。〖――之公相〗天子につかえる宰相。

【万人】①一万の人。②多くの人。③すべての人。【――敵】①一人で多人数の相手となる。②兵法。〈史記・項羽本紀〉「英雄本学万人敵」(英雄項羽は、もと万人を相手として戦う兵法を学んだ偉丈夫である。)〈曽鞏の詩・虞美人草〉

【万井】多くの町々。井は、市中の意。

【万世】よろずよ。非常に長い間。万古。永久。万葉。「万世不滅」【――一系】[国]天子の家が同じ血すじで永久に続くこと。【――不易】いついつまでも変わらない。万古不易。

【万姓】①すべての役人。百官。②すべての人民。

【万石】①漢代の三公の別称。②高官の家柄。③数量が非常に多いこと。

【万全】少しも欠けたところがない。完全この上もないこと。【――策】少しの手落ちもない計画。

【万卒】多くの兵卒。たくさんの兵士。

【万朶】多くの枝・花房。朶は枝や花のたれたもの。「万朶の桜」

【万態】いろいろな状態
【万代】永久。いつまでも。

【万端】①いろいろな方法。②なにからなにまですべて。③いろいろなことがら。種々さまざま。

【万重】いくえにもかさなる。「万重山」「軽舟已過万重山」〈李白の詩・早発ニ白帝城ー〉

【万難】ありとあらゆる困難。多くのなんぎ。

【万年青】ユリ科の植物。観賞用。

【万能】[一]①どんなことでもできる。②すべてのものにききめがある。[二]①[一]の①に同じ。②[国]雑草をとり除く農具。

【万派】①さまざまに分かれたもの。②いろいろな流派。

【万万(萬)】①万の万倍。一億。②かずしれないこと。③けっして。とても。ぜったいに。④まったく。全然。じゅうぶんに。

【万般】すべての方面。いろいろ。百般。

【万美】すべての美しいもの。

【万夫】おおぜいの男。多数の人。すべての人々。万人。また、その人。【――不当(當)】一万人かかってもかなわないほど強い。〖――之望〗天下のすべての人々が仰ぎしたう。〈易経・繫辞伝〉

【万福】多くの幸福。多幸。

【万物】天地間のあらゆるもののいっさい。〖――之逆旅〗天地のこと。逆旅は宿屋。万物が天地の間に生まれ、また死に去って行くのを、旅人が宿屋に去来するのにたとえたもの。〈李白・春夜宴ニ桃李園ー序〉〖――之霊(靈)長〗万物の中でもっともすぐれたもの。人間。

【万方】①すべての方面。②四方の国々。すべての国。③人民。万民。④いろいろな方法。あらゆる手段。百方。

【万邦】あらゆる国々。すべての国。万国。

【万民】多くの人民。あらゆる民。

【万有】天地間に存在するすべてのもの。万物。

【万雷】多くのかみなり。転じて、すさまじくとどろく音の形容。「万雷の拍手」

【万籟】あらゆる物音。万物のひびき。

【万里】一万里。転じて、非常に遠い距離。また、その土地。「万里流光遠送レ君」(万里のかなたまで照らす月光が、遠くどこまでも、君を見送っている。)〈文華秀麗集〉【――橋】橋の名。今の四川省成都市の南にあり、杜甫の草堂が近くにあった。【――侯】都から遠くはなれた地方の諸侯。〈後漢書・班超伝〉【――同風】天下が統一され、万里も遠い地方まで同じ風俗となること。【――長城】秦の始皇帝が匈奴の侵入を防ぐため、従来からの城壁をつなぎ、増築したもの。東は遼東から西は臨洮に至る。【――船】遠い船路を越えてきた船。〈杜甫の詩・絶句〉

【万緑(綠)叢中紅一点(點)】①一面の緑のくさむらの中に、ただ一つ赤い花があざやかに咲いているので、めだって美しい。俗に、宋の王安石の詩句とされている。②多くのつまらないものの中に、ただ一つすぐれたものがあること。③男ばかりの中に、一人だけ女がまじっていること。

【万類】あらゆるもの。多くの種類。

【万霊(靈)】①よろずの神々。すべての神。②あらゆる生物。

【万一】①万に一つ。もしも。②万分の一。

【万鈞】鈞は重さの単位。三十斤。非常に重いこと。

【万劫】永久。非常に長い時間。劫は仏教で長い時間をいう。

【万仞】仞は七尺。また、八尺ともいう。高さや深さのはなはだしいこと。「一片孤城万仞山」(すばらしく高い山々の上にぽつんとただ一つの城が見える。)〈王之渙の詩・涼州詞〉

【万灯(燈)】㊀多くのともしび。㊁国四角の木のわくに紙をはり、中に火をともすもの。祭りに用いる。

【万病】あらゆる病気。四百四病。

【万別】さまざまの区別。「千差万別」

【万目】あらゆる人の目。すべての人のみるところ。「衆目」

【万葉】①よろず世。永久。万世。万代。②国「万葉集」の略。【――仮(假)名】国「万葉集」の表記法のように、漢字の音訓を用いて、国語を書いたもの。真名書き。【――集】国書名。二十巻。わが国の上代文学の代表的なもの。仁徳天皇時代から淳仁天皇の天平宝字三年(七五九)まで四、五百年間の歌、約四千五百首を集めたもの。編者は未詳であるが、大伴家持の説が有力。【――調】国「万葉集」の歌のよみぶり。力強く、格調が高い。↕古今調・新古今調

【万骨枯】多くの人が死ぬ。

◆千万・巨万・億万

一＋2 【万】〔3〕 ボク 漢 入 職 mò モー　J 4392　U補 4E07

意味 万俟は複姓。

一＋2 【与】〔3〕 常 ヨ あたえる　J 4531　U補 4E0E

旧字 臼6 【與】〔13〕 入　㊀ヨ 漢 呉 上 語 yǔ ユィ　㊁ヨ 漢 呉 平 魚 yú ユイ　㊂ヨ 漢 呉 去 御 yù ユイ　J 7148　U 8207

筆順 一 与 与

1画 一丨丶丿乙(乚)亅

意味 ㊀①〈くみ・する(――・す)〉㋐仲間になる。同類となる。「与党」㋑関係する。「関与」㋒賛成する。㋓したがう。②〈と〉〈ともに〉および。いっしょに。③〈ともに・する(――・す)〉ともにする。ともに事をおこなう。④〈あた・える(――・ふ)〉㋐やる。さずける。「授与」「給与」㋑こうむらせる。⑤〈ゆる・す〉同意する。⑥〈より〉比較の前置詞。⑦〈ために〉「為」と同じに用いる。㊁①〈か〉疑問の助詞。②〈や〉反語の助詞。③〈かな〉感嘆の助詞。㊂①〈あずか・る(あづか・る)〉㋐関係する。「参与」㋑受ける。②ほめる。

語法 ❶〈と〉並列。㋐および。「…与レ～(…と～と)」の形で同等に結ぶ。例「尭乃賜二舜絺衣与一レ琴」(そこで尭は舜に上等な葛布の衣と琴とを与えた)〈史記・五帝本紀〉㋑従属。…と一緒に。つれだって。…と。…に。「与レ…(…と・…とともに)」の形で動作にしたがう対象を示す。例「項梁殺レ人、与レ籍避二仇於呉中一」(項梁は人を殺し、籍とともに仕返しを避けるため呉中に逃れた)〈史記・項羽本紀〉㋒対象。…と。…に。「与レ…(…と・…に)」の形で動作の対象を示す。例「与二項羽一別而至二高陽一」(項羽と別行動をとって高陽に到着した)〈史記・酈生列伝〉▼対象が文脈により省略された場合は「ともに」と訓読する。例「豎子不レ足二与謀一」(小僧は話し相手にならぬわ)〈史記・項羽本紀〉

❷〈より〉比較・対比。→句形(1)(2)

❸〈ために〉…に対して。…に。対象・目的を示す。例「陳渉少時、嘗与レ人傭耕」(陳渉は若いとき人に雇われて耕作をしていた)〈史記・陳渉世家〉

❹〈か〉〈や〉…であるか。疑問文の文末に用いる。類歟 例「是魯孔丘与」(あれは魯の孔丘であるか)〈史記・孔子世家〉

❺〈かな〉感嘆。例「進譲之道、其何爽与」(行き過ぎ〔の周〕と謙譲〔の漢〕とでは何たる相違であろうか)〈史記・司馬相如列伝〉

句形

(1)［与二(其)…一不レ如二～一］〈(その)…よりは～するにしかず〉…するくらいなら、～の方がましだ。例「与三其得二百里于燕一、不レ如レ得二十里于宋一」(燕で百里の土地を獲得するより、宋で十里の土地を獲得したほうがよい)〈戦国策・燕〉

(2)［与二…一寧～］〈…よりはむしろ～〉…するくらいなら、～の方がましだ。例「与二人刃一レ我、寧自刃」(人の刃にかかるよりはいっそのこと自刃しよう)〈史記・魯仲連列伝〉

(3)［孰与］〈いずれ(いづれ)ぞ〉(…は～とくらべて)どちらがまさっているか。例「陛下観二臣能一、孰三与蕭何賢二」(陛下はわたくしの能力をごらんになって蕭何とどちらが賢いと思われますか)〈史記・曹相国世家〉

解字  会意。与と舁とを合わせた字。与は、あたえること。舁は、手を合わせて持ちあげること。與はなかまが手を合わせて与えることである。他の説に、与は、牙で、はめこみ細工を組み合わせた形を表し、與は、四本の手をがっしり組み合わせること、なかま・みかたの意味であるという。また、與は、与が音を示す形声文字であるともいう。

名前 あと・すえ・のぶ・もろ・よし・あたえ・ひとし　姓 与等・与謝・与世田・与古田・与那城・与那嶺・与那覇・与勢山・与謝野　地名 与野・与謝・与那原

【与議】ともにはかる。相談する。〈論語・里仁〉

【与国(國)】行動を同じくする国。味方の国。同盟国。

【与太】国①知恵のたりない者。ばか者。②でたらめ。いいかげんなことば。「与太をとばす」③役にたたないこと。④「与太者」の略。【――者】国①役にたたないばか者。②ならず者。やくざ者。不良。③なまけ者。

【与奪】与えることと奪いとること。「生殺与奪の権」

【与知】あずかり知る。その事に関係して知る。関知。

【与党(黨)】①仲間。味方。②内閣を組織している政党。政府に味方している政党。↕野党

【与聞】あずかり聞く。政治などに関係する。

【与与(與)】①草木の茂るさま。②動作がほどよく、礼にかなっているさま。③行ったり来たりするさま。【――如】威儀のととのったさま。〈論語・郷党〉

【与力】①助力。力を合わせて助けること。協力。②国江戸時代、同心を指揮して奉行や、所司代を補佐し

1画
→一丨丶丿乙(乚)亅

た役人。

『易レ与』①相手にしやすい。扱いやすい。②恐れるにたりない。「漢易レ与耳」〈史記・淮陰侯列伝〉
◇▼天与・付与・参与・給与・授与・寄与・貸与・関与・賞与・贈与

一2 『兀』(二二ページ・中)↓儿部一画

一3 【丐】〔4〕 カイ ㊥漢 ㊤去 泰 gài カイ　J 4802 補 ― U 4E10

意味 ①〈こ・う(―・ふ)〉ねがいもとめる。②〈あた・える(―・ふ)〉ほどこしを与える。③〈かたい(かたゐ)〉乞食。

【丐戸】もと、江蘇省浙江地方に住んでいた下層階級の一種。

【丐子】こじき。丐人。丐児。丐者。

【丐取】ねだり取る。

【丐命】いのちを助けてくれとねがう。助命ねがい。「いのちごい」。

一3 【丑】〔4〕 入 チュウ㊥漢 ㊤上 有 chǒu チョウ (チウ)　J 1715 補 ― U 4E11

一3 【丒】〔4〕 俗字　J ― 補 ― U ―

一3 【丒】〔4〕 俗字　J ②0104 補 1605 U 4E12

意味 ①〈うし〉十二支の第二位。㋐方角では北北東。㋑時刻では午前二時ごろ。また、午前一時から三時。㋒陰暦十二月。㋓動物では、うし。②てかせ。③伝統劇での役柄。道化役。

解字  象形。手の指を曲げた形。また、手の指で物をにぎっている形。紐のようにしめる形ともいう。十二支の「うし」に当てられてから、「うし」と訓ずるようになった。

名前 ひろ

参考 丑は「醜」(一二七五ページ・下)の中国新字体としても使う。

【丑寅】国北東の方角。易の艮の卦の方向に当たる。俗にいう鬼門。
【丑三】①国今の午前三時。②まよなか。‖丑満
【丑旦】中国の演劇での役柄。丑は道化役者、旦は女形。

一3 【不】〔4〕 学4 フ・ブ　J 4152 補 ― U 4E0D
━ フ㊥漢 ブ㊥慣 ━入 物 bù プー
═ フウ㊥漢 フ㊥呉 ═上 有 fǒu フォウ

筆順
一
丆
不
不

意味 ━①〈ず〉〈せず〉〈あらず〉否定を表す。ない。しない。…でない。②〈ざれ〉なかれ。禁止を表す。③〈いな〉いや。そうではない。④大きい。‖丕 ⑤いやしい。‖鄙 ═〈いなや〉…かどうか。疑問を表す。‖否

語法 ❶〈ず〉〈せず〉〈あらず〉行為・状態を否定する。例「仁者不レ憂、知者不レ惑、勇者不レ懼」(仁の人は憂えず、知の人は惑わず、勇の人は恐れない)〈論語・憲問〉
❷〈ざれ〉なかれ。禁止。…してはいけない。例「病癒我且二往見一、夷子不レ来」(病気がよくなれば私は[自分から]お訪ねしようと思っています。夷子よ[それまでは]お越しになりませんように)〈孟子・滕文公上〉
❸〈いな〉いや。そうではない。返答に用いる。例「被曰、不。直来為二大王一画耳」(伍被は、いいえ、ただ大王さまのために策を講じにまいっただけですと答えた)〈史記・淮南列伝〉
❹〈いなや〉…か、そうではないか。文末に置かれ疑問文を作る。例「視二吾舌一尚在不」(わしの舌を見ろ、まだついているかどうか)〈史記・張儀列伝〉
❺〈されば〉〈ずんば〉仮定。…しなければ。…でなければ。例「里克対曰、不レ有レ所レ廃、君何以興」(里克は答えていった、もし廃立することがなかったとしたら君はどうしてお立ちになることができたでしょうか)〈史記・晋世家〉

解字  象形。上の横棒が天を表し、下は、鳥の飛んでいる形である。鳥が天に飛び去って、おりて来ない状態を示し、未定の意味を表す。また、不は、花のふっくらとしたがくを表す象形であって、否定の意味に使うのは、仮借的用法という説もある。

姓 不破・不来方・不知山 地名 不入斗・不入山
難読 不拘・不如・不知不識・不知火・不束・不如帰・不味い・不見転

【不知火型】国すもうで、横綱の土俵入りの型の一つ。↕雲竜型
【不安】━気がかり。心配。═bù'ān 現落ちつかない。すまないと思う。

【不案内】国ようす・かってがわからない。無案内。

【不意】いきなり。思いがけなく。

【不一】①同一でない。ふぞろい。②手紙の結びに書く語。いちいちくわしくは述べない。不一一の意といわれる。不具。不尽。不備。‖不乙
【不乙】手紙の結びに書く語。読書を途中でやめるとき、「乙」というしるしをつけたことから出たもので、まだ終わらない、十分でないという意。‖不一
【不壊(壞)】仏こわれない。がんじょう。堅固。

【不易】━変わらない。不変。═容易でない。多難。

【不易流行】国芭蕉が俳諧でとなえた語。不易とは変わることのない意で、永久不変の俳諧の本体をいい、流行とは移り変わることで、時代によって変わる俳諧の新風をいう。

【不縁(緣)】国①縁がない。②離婚。離縁。

【不穏(穩)】ぶっそう。おだやかでない。

【不可】①よくない。そうでない。②許さない。みとめない。③…できない。【――解】わけがわからない。理解できない。【――欠(缺)】欠くことができない。なくてはならない。【――抗力】人の力ではどうにもならないほどの、自然や人為の大きな力。【――思議】考えられないこと。ふしぎなこと。【――侵】侵してはいけない。【――知】知ることができない。【――知論】実際の経験によること以外に、事物を認識することは不可能であるとする論。【――能】できない。不能。【――避】さけられない。【――分】分けることができない。【――屈之志】まげることのできない志。かたい意志。

【不快】①気持ちが悪い。不愉快。②病気。不例。

【不覚(覺)】━①覚悟ができていない。さとらない。②目がさめない。③国㋐油断してしくじること。㋑ひきょうなこと。═われ知らず。【――人】①注意のとどかない人。②ひきょうな人。

【不刊】①すりへらない。②ほろびない。【――之書】長く後世に伝えられて滅びない良書。

【不堪】①たえがたい。はなはだしい。②国㋐芸能などで、すぐれた腕まえのないこと。㋑田地が荒れて耕せないこと。不堪田。㋒貧乏なこと。

【不軌】①法を守らない。軌は法。②むほんをはかる。

【不起】起きあがらない意で、病気がなおらずに死ぬこと。

【不器】徳は、一つの用に役だつだけでなく、どの方面の役にもたえられること。「君子不レ器」〈論語・為政〉

【不諱】①遠慮せずに直言する。②忌み避けられないものの意で、死のこと。③君主や父の名を忌み避けないこと。

【不羈】①才気が人なみはずれていて、何ものにも束縛されない。②礼法に束縛されない。

【不義】①正しい道にはずれる。②国男女間の道にはずれた関係。姦通。

【不亀(龜)手】手にひびあかぎれがきれない。亀は皸(あかぎれ)の意。「不亀手之薬」〈荘子・逍遥遊〉

【不吉】めでたくない。えんぎが悪い。不祥。

【不帰(歸)客】再びこの世に帰らない人。死んだ人。

【不朽】いつまでもくさらない。不滅。【——之作】長く朽ち滅びない傑作。【——之盛事】の後世まで伝わるりっぱなものの意で、文章のことをいう。「文章、経国之大業、不朽之盛事」(文章は、国家を治めていく上のたいせつな仕事であり、永遠に朽ちることのないすばらしい仕事である。)〈魏文帝・典論〉【——之芳】永遠に滅びない名声。

【不急】いそがない。急なことではない。【——官】当分必要でない役。【——之察】さほど必要でなく、急ぎでもないことをこまかに調べること。

【不窮】きわまらない。ゆきづまらない。

【不共】①準備をしない。＝不供 ②つつしまない。共は恭。

【不恭】うやうやしくない。

【不興】①おこらない。おこさない。②国㋐おもしろくない。不愉快。㋑ふきげん。

【不行儀】国①行儀がよくない。②不行状。

【不行状(狀)】身持ちが悪い。不品行。

【不行跡】身持ちがよくない。不品行。不行状。

【不義理】①義理をかく。②借金を返さないこと。

【不器量】国①顔がみにくい。②技量や才能がない。③見識がない。

【不具】①完全ではない。そろってはいない。不備。②体の一部に障害があること。③手紙文の結語。じゅうぶんには思いをつくさない意。

【不虞】①予期しない。②思いがけないできごと。【——之誉(譽)】思いがけない名誉。〈孟子・離婁上〉

【不遇】時世にあわないため出世しない。ふしあわせ。

【不倶戴天】ともにこの世に生存しないことから、命をかけても報いずにはすまされないかたきの意。主君や親のかたきなどをいう。〈礼記・曲礼〉

【不屈】①志をまげない。②くじけない。服従しない。【不屈不撓】志がくじけず屈しないこと。

【不群】ひときわすぐれる。抜群。

【不経(經)】①正常でない。②根拠のない言葉。

【不敬】①礼儀にかける。②皇室の尊厳をおかすこと。また、神仏などにもいう。

【不稽】考えられない。根拠がない。無稽。

【不景気(氣)】国①商売がふるわない。不況。②人気がわきたたない。③元気がない。

【不言】ものを言わない。無言。【——実(實)行】とやかく言わないで、行うべきことを黙って行う。【——楽(樂)】迦陵頻伽の鳥にまねて舞う舞。【——之教】老荘の無為自然の教えで、ことばに表現しないで、自然のうちにわからせる教え方。【——之化】ことばに表さず、その徳によって自然に人を感化する。

【不見識】見識が低い。しっかりしていない。

【不辜】罪のない人。無辜。

【不巧】たくみでないこと。精巧でない箇所。「良工必有二不巧一」(腕のいい職人にも必ずうまくいかない箇所ができるものだ。)〈王充・論衡〉

【不好】よくないこと。不十分な箇所。「大簡必有二不好一」(長い文書には必ず不十分な所があるものだ。)〈王充・論衡〉【不好意思】bùhǎoyìsi 現はずかしい。気の毒だ。

【不孝】[一]①親に対し、子としての道をつくさない。②親の喪に服している子の自称。[二]①祖父母・父母に道をつくさないこと。②不孝者として勘当すること。

【不幸】[一]①ふしあわせ。不運。②身近な人の死亡。[二]bùxìng 現①[一]の①に同じ。②遺憾ながら。

【不合理】道理にあわない。すじがとおらない。矛盾。

【不穀】王や諸侯がけんそんしていう自称。穀は善の意。

【不才】①才能がない。「如其不才、君可二自取一」(もし彼〔むすこの劉禅をさす〕に才能がなければ、きみ自身が政権を取るがよい。)〈蜀志・諸葛亮伝〉②自分の才能をけんそんしていう語。

【不在】①るす。そこにいない。②死ぬこと。

【不材】①役にたたない材木。②才能がないこと。おろか者。＝不才 ③食べられない。料理されない。


【不細工】国①細工がへた。②容姿がみにくい。

【不作】①つくらない。②おこらない。世に出ない。③国作物のできが悪い。凶作。④国不成功におわる。

【不作法】国ぎょうぎが悪い。ぶしつけ。

【不参(參)】出席しない。参加しない。

【不死】①長生きする。②死なない。【——身】①打っても痛まず、切っても血が出ないというからだ。②どんな困難にも気力のくじけない人。【——之薬(藥)】飲めば永久に死なないという薬。仙薬。

【不歯(齒)】人と同列に並ばないこと。相手を尊敬した場合にも、見下した場合にもいう。歯は並ぶ意。

【不貲】①多くて数えきれない。財産の多いことにいう。②そしらない。＝不訾【——之身】はかることのできないほど尊い身。不訾之軀。

【不二】①ならぶものがない。②行いや精神が二様でない。一つである。【——法門】仏不二の教え。中道の教え。【——之老】二心のない老人。

【不次】順序によらない。また、順序のみだれていること。

【不時】①時機にあわない。時ならぬ。②思いがけないとき。臨時。③ときどき。【——会(會)】思いがけないときの来客に催す茶の会。【——之須】思いがけないときの必要。〈蘇軾・後赤壁賦〉【——之需】思いがけないときの要求。

【不慈】慈愛深くないこと。「不孝不慈」(親に対して孝行でなく、年下の者に対しては慈愛深くない。)〈韓愈・祭二十二郎一文〉

【不思議】考えおよばないこと。あやしい。不可思議。

【不識庵】国上杉謙信の庵の号。また、謙信自身の号。

【不識不知】思わずしらず。

【不悉】①じゅうぶんに思いを言いつくさない意。②手紙の末尾に添える語。不尽。不備。不一。

【不日】①期間のながいこと。②日ならず。近いうちに。

【不実(實)】①誠がない。親切がない。②みのらない。

【不始末】国①きまりがない。ふしだら。②他人に迷惑をかける行為。不都合。

【不惜身命】仏自分の命を惜しまず仏道のためにつくすこと。

【不淑】①よくない。②不幸。③愚か。④国の滅びること。

【不熟】①くだものなどが熟さない。未熟。②よく慣

1画
一丨、丿乙(乚)亅

れていない。不熟練。③折り合いがよくない。調和しない。
【――日】ふじゅくにち 種まきなどで、その日にやるとよく熟さないと言われる日。
【不首尾】ふしゅび 国①評判のよくないこと。②結果の悪いこと。不成功。
【不純】ふじゅん 純粋でない。まじりけがある。
【不順】ふじゅん ①順調でない。普通と違う。②道理に従わない。③人にさからう。
【不肖】ふしょう(せう) ①おろかなもの。㋐天に似ない意。肖は似ること。㋑父に似ない意。㋒賢人に似ない意。②自分をけんそんしていうことば。
【不祥】ふしょう(しゃう) えんぎが悪い。めでたくない。不吉。「兵者不祥之器へいはふしょうのき」(武器は不吉な道具である。)〈老子〉
【不詳】ふしょう(しゃう) くわしくわからない。はっきりしない。
【不浄(淨)】ふじょう(じゃう) ①清潔でない。けがれ。②国㋐大小便。㋑便所。【――門】ふじょうもん 国①死体を送り出す門。②大小便をはこび出す門。
【不承不承】ふしょうぶしょう 国いやいやながら。しぶしぶ。
【不生不滅】ふしょう(しゃう)ふめつ 仏生じもせず、ほろびもせず、つねに変わらないこと。人間が悟りの境地にはいったときのすがた。
【不如帰(歸)】ふじょき|ほととぎす 鳥の名。その声が不如帰去ときこえるためという。時鳥。子規。杜鵑とけん。
【不所存】ふしょぞん ①考えがよくないこと。不心得。②思慮の足りないこと。
【不臣】ふしん ①臣下としての道をつくさない。②臣下として扱わないで尊敬する。【――木】ふしんぼく 松をいう。公きみ木の意。
【不信】ふしん ①人を信用しない。②いつわり。不実。
【不振】ふしん 勢いがふるわない。
【不審】ふしん ①たしかでない。おぼつかない。不詳。②国あやしい。疑わしい。
【不仁】ふじん ①仁徳がないこと。②手足がしびれること。
【不尽(盡)】ふじん ①つきない。「不尽長江滾滾来ふじんのちょうこうこんこんとしてきたる」(尽きることのない長江の水は、あとからあとからと湧わき流れてくる。)〈杜甫とほの詩・登高〉②手紙の末尾に書く語。じゅうぶんに気持ちを述べつくさない意。不一。不悉ふしつ。
【不親切】ふしんせつ 親切でない。冷淡。=不深切
【不寝(寢)番】ふしんばん 国一晩じゅう、寝ないで番をすること。また、その人。
【不随(隨)】ふずい ついてこない。心のままにならない。
【不粋(粹)】ぶすい 国①いきでない。気がきかない。②人情に通じない。通人でない。
【不正】ふせい ①正しくない。②税をとらない。=不征

【不世】ふせい 世間にめったにないこと。【――之材】ふせいのざい 世間にめったに出ないほどすぐれた才能の人物。
【不斉(齊)】ふせい そろわない。
【不精】■ふせい くわしくない。■ぶしょう(しゃう) 国精を出さない。なまける。ものごとにかまわない。=無精
【不世出】ふせいしゅつ 世間にめったに出ないほどすぐれていること。
【不成人】ふせいじん ①障害者。②礼を知らない人のたとえ。
【不宣】ふせん 手紙の結びに書く語。じゅうぶんに述べつくせない意。不備。不尽。不悉ふしつ。不宣備ふせんび。
【不相応(應)】ふそう(さう)おう ふさわしくない。ふつりあい。
【不足】ふそく ①たりない。②不満足。
【不測】ふそく ①はかることができない。思いがけない。また、その物。②危険が予知しにくい。【――之罪】ふそくのつみ ①はかりきれないほどの大罪。②思いもかけない罪。
【不即(卽)不離】ふそくふり つかずはなれずの関係。不離不即。
【不存】ふそん ①生きながらえることができない。②思いがけない。【――之地】ふそんのち とても助からない場所。思いがけない危険な境遇。〈漢書かんじょ・司馬相如しばしょうじょ伝〉
【不遜】ふそん おごり高ぶって、従順でない。=不孫
【不第】ふだい 試験に及第しないこと。落第。下第。
【不退転(轉)】ふたいてん ①仏仏道を堅く信じて動かない。②屈しない。一歩もひかない。
【不断(斷)】■ふだん ①絶えない。②つねに。平生。③思いきりの悪いこと。■ブートワン búduàn 現■の①②に同じ。【――医(醫)者】ふだんいしゃ かかりつけの医者。
【不治】ふち|ふじ(ぢ) ①おさまらない。②病気がなおらない。
【不知】■ふち ①しらない。②値うちを認めない。③知恵がたりない。■いさ 国さあ、どうだろうか。ふつう、下に「知らず」の語をともなう。【――火】しらぬい(ひ) 国①陰暦七月ごろ九州の有明海に現れる燐光りんこう。②筑紫つくしの国の古名。【――音】ふちおん 音階や調子がわからない。音痴おんち。【――足】ふちそく 自分の境遇や位置に満足することを知らない。
【不中】ふちゅう(ちう)|あたらず ①あたらない。②ほどよさを得ていない。中庸を得ない。③試験に落第すること。
【不忠】ふちゅう(ちう) ①真心をつくさない。②臣下としての道をつくさない。
【不調】ふちょう(てう) ①調子がわるい。②折り合わない。
【不調法】ぶちょう(てう)ほう(はふ) 国①ゆきとどかない。②そこつ。③趣味のないこと。とくに、酒やたばこの飲めないこと。
【不調和】ふちょう(てう)わ つりあわない。似あわない。

【不通】ふつう ①通らない。通じない。②絶える。とだえる。③道理がわからない。④物事をいっしょにしない。
【不都合】ふつごう(がふ) 国①つごうが悪い。②ふとどき。
【不束】ふつつか 国①太くて丈夫。②つたない。ゆきとどかない。「不束者ふつつかもの」③ふらち。ふとどき。
【不弟】ふてい 年長者に従順でない。弟としての道をつくさない。=不悌ふてい
【不定】■ふてい さだまらない。あてにならない。■ふじょう(ぢゃう) 仏さだまらない。さだめない。
【不貞】ふてい ①みさおが正しくない。②妻の道を守らない。また、その人。
【不庭】ふてい 王室になつき従わないこと。
【不悌】ふてい 弟としての道をつくさない。兄や目上の者に従順でない。=不弟
【不逞】ふてい ①わがままにふるまう。法に従わない。また、その人。②満足しない。
【不敵】ふてき ①敵対できない。②国大胆。物とも思わない。
【不手際】ふてぎわ(ぎは) 国やり方がまずいこと。
【不天】ふてん ふしあわせ。天のめぐみを受けない意。
【不腆】ふてん 粗末なこと。手厚くないこと。自分の贈り物をけんそんしていうことば。
【不図(圖)】ふと 思いがけなく。はからずも。
【不当(當)】ふとう(たう) 正当でない。道理にかなわない。不法。
【不撓】ふとう(たう) たわまない。心がかたく、困難に負けない。【――不屈】ふとうふくつ 困難にぶつかっても、志を固くして、ひるんだり屈したりしないこと。
【不同】ふどう おなじでない。ふぞろい。【――戴天】ふどうたいてん この世にいっしょに生きてはいられない相手の意。主君や親のかたきのこと。不倶戴天ふぐたいてん。【――不二】ふどうふじ おなじでないが、また、別でもない場合にいう。
【不動】ふどう ①動かない。動かさない。②仏「不動明王」の略。【――穀】ふどうこく 昔、税米の一部を割さいて、いざというときの必要に貯えておいた米穀。【――産】ふどうさん 土地・建物のような、移動のむずかしい財産。↔動産 【――倉】ふどうそう(さう) 平安時代に不動穀を貯えておいた倉。【――明王】ふどうみょう(みゃう)おう(わう) 仏菩薩ぼさつの名。大日如来だいにちにょらいの使者として、悪魔や強者を降伏ごうぶくさせる明王。
【不道】ふどう(だう) ①道理にそむく。道ならぬこと。非道。不道徳。②思いがけなく。
【不同意】ふどうい 賛成しない。
【不倒翁】ふとう(たう)おう(をう) おもちゃのだるま。おきあがりこぼし。
【不凍港】ふとうこう(かう) 一年中海面が凍らず、船の出入りできる港。

【不導体(體)】①熱や電気が伝わりにくい物体。

【不徳】①身に徳のないこと。②恩にきせない。

【不得要領】要領をえない。

【不届】国①ゆきとどかない。②けしからぬ。よろしくない。③道徳や法にそむいている。

【不如意】①思いどおりにならない。②国生活が苦しい。

【不妊症】妊娠しない症状。

【不人情】情がない。人情にそむいている。

【不佞】①口がうまくない。口べた。口不調法。②自分をけんそんしていう語。不才。

【不寧】安らかでない。不安。

【不能】①できない。不可能。②才能がない。

【不抜】①ぬけない。②意志が堅くて動かされない。

【不備】①備わらない。ふじゅうぶん。②手紙の結びに書く語で、おもに目上の人に用いる。不尽。不悉。不具。

【不評】国評判がわるい。

【不敏】①びんしょうでない。のろい。②賢くない。

【不憫】国①あわれ。かわいそう。不便。②めんどうをみる。かわいがる。

【不服】①したがわない。②不満に思う。

【不文】①飾りがないこと。②学問がないこと。③文章がまずいこと。【――律】文章に書き表してないおきて。慣習上、法律と同じ効力のあるもの。

【不平】①公平でない。②不満足。心中に不平がある。

【不変(變)】変わらない。不易。

【不偏】かたよらない。【不偏不党(黨)】一方にかたよらないこと。公平・中正な立場。

【不便】㊀便利でない。つごうがわるい。㊁国きのどく。かわいそう。＝不憫・不愍

【不法】①法にそむく。「不法監禁」②道にはずれる。③自由を束縛すること。正当な理由なしに人をつかまえてふつごうな目にあわせること。

【不犯】仏僧侶が戒律、特に邪淫戒をおかさないこと。生涯異性に接しないこと。

【不本意】国本心と違う。気に入らない。

【不凡子】人なみはずれて賢い子。人の子をほめた語。

【不磨】すりへらない。いつまでも消えない。

【不昧】①暗くない。あきらか。②心が欲にくらまない。

【不眠】眠れない。眠らない。「不眠症」「不眠不休」

【不明】①あきらかでない。はっきりしない。②おろか。

【不滅】消えない。ほろびない。不朽。

【不面目】不名誉。面目をつぶす。

【不毛】①作物が成長しないこと。②草木がそだたないこと。また、その土地。不毛の地。「五月渡レ瀘、深入ニ不毛一」(瀘は、四川省にある川の名。)〈諸葛亮・出師表〉③動物の毛色の一色でないもの。

【不問】問いたださない。とがめない。捨てておく。

【不夜城】①夜に太陽が出た故事に由来する町の名。漢代、東萊郡不夜県がおかれた。今の山東省栄成市北。②灯火の明るいさま。③行灯の別名。④国遊郭などのような、夜も昼のように明るい遊び場。歓楽街。

【不友】兄弟の仲が悪いこと。

【不輸租田】国昔、租税を免除された神田や寺田。↕輸租田

【不予(豫)】①心が楽しまない。②天子の病気。不例。「③予定しない。

【不用】㊀①必要がない。用いない。②役にたたない。㊁現㊀の①に同じ。

【不要】㊀必要でない。いらない。㊁búyào 現①㊀に同じ。②…するな。…してはいけない。

【不用意】①むりなつくり方がなく、ごく自然であること。②国用意のないこと。てぬかり。不注意。

【不用心】国用心がたりないこと。

【不埒】国①らちがあかない。要領を得ない。②道にはずれる。ふつごう。ふとどき。

【不利】①利益がない。損。↕有利 ②ためにならない。③勝ちめがない。【――市】才能がありながら運のわるいこと。【――之名】戦争に勝てないという名目。口実。

【不履行】約束を実行しない。

【不律】①法を守らないこと。また、その人。②筆の別名。不律の反切が筆であることによる。

【不立文字】仏文字やことばをとおして教えるのでなく、心から心へ伝えて道を悟らせるという禅宗の教え方。「以心伝心」(六四ジ・下)に同じ。

【不慮】①思いがけない。不虞。不意。意外。②思案をめぐらさない。「

【不了】①終わらない。すまない。②了解しない。明らかでない。【――語】文章で、はっきりと言いきらずに、疑問や推量の意味をあらわすときに用いられる語。↕断定語

【不良】①よくない。わるい。②国品行が悪い。また、その人。【――分子】仲間の中の不良。

【不猟(獵)】国鳥・獣など猟でえもののないこと。

【不漁】魚がとれないこと。

【不料簡】国よくない考え。不心得。不了簡。

【不倫】①人間の道にはずれている。人倫にそむく。不道徳。②同類でない。

【不令】よくない。不善。「の病気。不予。

【不例】①ふだんと違うこと。②病気にかかる。③国貴人」

【不老】いつまでも年をとらない。「不老長寿」【不老不死】年をとることもなく、死ぬこともない。「不老不死の薬」【――門】①洛陽の城の門の名。②国大内裏の豊楽院の北がわの門。

【不禄(祿)】①俸禄を受け終わらない意で、士の死をいう。②諸侯の死去を他国に告げるときにいう語。

【不和】仲がよくない。

【不惑】①迷わない。②四十歳をいう。「四十而不レ惑」〈論語・為政〉

【不過】búguò 現①…に過ぎない。②だが。しかし。

【不管】bùguǎn 現…であろうと。…にかかわらず。

【不是】búshì 現ちがう。…ではない。

【不但】búdàn 現…ばかりでなく。

【不久】bùjiǔ 現まもなく。やがて。

【不僅】bùjǐn 現…ばかりではなく。

【不錯】búcuò 現①正しい。その通り。②よい。すばら「しい。

【不得不】bùdébù 現…しないわけにはいかない。

【不得了】bùdéliǎo 現ひどい。はなはだしい。

【不必】búbì 現…する必要がない。

【不要緊】búyàojǐn 現たいしたことはない。

【不然】bùrán 現そうではない。

【不如】bùrú 現…に及ばない。

【不論】bùlùn 現たとえ…であろうとも。

【不必】部分否定。「仁者必有レ勇、勇者不ニ必有一レ仁」〈論語・憲問〉

【不者】そうでなければ。「不者、若属皆且レ為レ所レ虜」(さもなければ、おまえたちの仲間は、やがてみんなかれの捕虜とされてしまうであろう。)〈史記・項羽本紀〉

【不則】そうでなければ。↓不者

【不召之臣】礼をつくして迎えるべき賢臣。

【不屑之教誨】本人に奮発させ、悟らせていく教え方にいう。教えることを、いさぎよしとしない教え。屑は潔の意。〈孟子・告子下〉

【与(與)二不善人一居、如レ入二鮑魚之肆一】悪人といっしょにいるのは、ちょうど魚のひものを売る店にはいったときのようなもので、いつともなくその悪臭が身についてしまう。悪人と交わればやがて自然に同化することのたとえ。〈孔子家語・六本〉

【不伝(傳)之学(學)】伝わらない学問。後世に伝えられなかった学問。〈十八史略・宋〉

一 3 【丏】〔4〕 ベン 漢 上 銑 メン 呉 miǎn ミエン J ②0103 U補 4E0F

意味 ①〈おお・う(おほ・ふ)〉かくす。ふさいで見えないようにする。②まがき。矢をさける低いかき。

一 3 【丈】〔4〕 俗 ↓丈(一九ジ・中)

一 3 【五】↓二部二画(四八ジ・上)

一 3 【互】↓二部二画(五一ジ・上)

一 3 【弌】↓弋部一画(一ジ・上)

一 3 【弖】↓弓部一画(四四七ジ・上)

一 4 【丘】〔5〕 常 キュウ おか キュウ(キウ) 漢 ク 呉 平 尤 qiū チウ J 2154 U補 4E18

筆順 ノ 亻 仁 斤 丘

4 匕【北】〔6〕 本字 U補J 4E20

一 4 【丠】〔5〕 同字 U補J 3400

5 土【坵】〔8〕 俗字 U補J ②0472 2345 5775

意味 ①〈おか(をか)〉土地の小高いところ。小山。「丘陵」②はか。つか。③むら。④古代の区画の単位。十六井(百二十八家)。⑤おおきい。たかい。⑥むなしい。空からである。⑦荒れた跡。⑧人名。孔子の名。⑨姓。

解字 象形。まわりが高く、中がへこんでいる土地をいう。孔子の名を丘といったのは、頭がこういう形だったからであるという。また、丘の上部は、からだの丸く曲がった形で、丘は平坦な土地にむっくり高くなっている小山であるともいう。この説によると、孔子の名の丘は、背中が曲がり、背の低いようすを表したもので、孔子の背が高かったという説はうそであるという。一説に、丘は、北の下に一をつけた字で、丘はふつう人家の北方にあるから、地面の上に北を加えたのであるともいう。これらは会意と解する説である。

名前 お・たか・たかし

【丘塋】墓場。丘墳。

【丘園】①おかと庭。②隠者の住処。

【丘軻】孔子と孟子。丘は孔子の名。軻は孟子の名。

【丘岳(嶽)】山々。おかや山。

【丘壑】①おかと谷。②隠者の住処。

【丘墟】①大きなおか。②宮城や市街などのあとの荒れはてた所。丘も墟も荒れたあと。廃墟。

【丘隅】おかのすみ。

【丘言】民間に伝わる俗言。俚言。

【丘山】①おかと山。②俗世間を離れた自然の地。③ものの数の多いこと。

【丘首】①もとを忘れないたとえ。きつねは平生おかに住んでいるので、死ぬときも首をおかにむけるという。〈礼記・檀弓上〉②故郷を忘れないこと。

【丘家】おかのように築いたつか。＝丘塚

【丘土】①小高いおか。②はかのある所。墳墓。

【丘阜】小山。丘陵。阜も、おかの意。

【丘賦】一丘は、百二十八家の人民が出す税。馬一匹と牛三頭。賦は税金。

【丘墳】①おか。小山。②はか。つか。③古い書物の名。「九丘」と「三墳」。↓「三墳五典八索九丘」(一五ジ・下)

【丘墓】はか。つか。丘墳。

【丘木】はかのほとりにはえた木。

【丘民】いなかに住む人。

【丘陵】おか。小高い所。

【丘隴】「丘壟」に同じ。

【丘壟】①おか。壟も、地の高い所。②はか。墳墓。

【丘里之言】世間一般にいわれる語。俗諺。

◇▼比丘・砂丘

一 4 【且】〔5〕 常 かつ

一 シャ 漢 呉 上 馬 qiě チエ
二 ショ 漢 ソ 呉 平 魚 jū チュイ
三 ソ 漢 平 虞 cú ツー

J 1978 U補 4E14

筆順 丨 冂 月 月 且

意味 一 ①〈かつ〉㋐また。…しながら。一方ではまた。㋑そのうえ。さえ。㋒〈かつは〉それとも。㋓発語の辞。＝夫 ㋔…すら。②〈しばらく〉まず。とりあえず。③〈まさに…せんと・す〉…しようとする。④〈もし〉もし。仮に。⑤ほとんど…である。…に近い。⑥かりそめ。かり。「苟且」⑦〈これ〉＝此 ⑧姓。二 ①まないた。祭りに牲をのせる台。＝俎 ②多いさま。三 行く。＝徂

語法 ❶〈かつ〉㋐また。…しながら。一方ではまた。物事が同時に進行することを示す。例「居一二日、何来謁レ上、上且怒且喜」(一、二日たって、蕭何がもどってきて謁見すると、王は腹が立つやらうれしいやらで、蕭何をののしった)〈史記・淮陰公列伝〉㋑添加。そのうえ。さらに。また。例「孔子貧且賤」(孔子は貧しいうえに、身分も低かった)〈史記・孔子世家〉㋒〈かつは〉選択。それとも。あるいは。または。例「富貴者驕レ人乎。且貧賤者驕レ人乎」(富貴な者が人に驕るのでしょうか、それとも貧しい者が人に驕るのでしょうか)〈史記・魏世家〉▼㋒の用法は「はた」とも訓読する。㋓発語の助字。さて。いったい。例「且夫天与弗レ取、反受二其咎一」(そもそも天が与えているのにそれを受け取らないとかえってその災いを受けるのである)〈史記・越王句践世家〉▼「そもそも」と訓読することもある。㋔「A且…(Aすらかつ…)」の形で「Aですら…なのだから(ましてや〜)」の意。例「臣死且不レ避、卮酒安足レ辞」(私は死すらおそれておりませんのに、大さかずき一杯の酒などどうして辞退いたしますことか)〈史記・項羽本紀〉㋕強調。「豈且」「今且」「然且」「猶且」「果且」「独且」「方且」などの形で直前の語を強調する。

❷〈しばらく〉まず。とりあえず。例「民労、未レ可、且待レ之」(民は疲弊しておりますので、まだいけません、もうしばらくお待ちください)〈史記・伍子胥列伝〉

❸〈まさに…(んと)す〉再読文字。㋐(まさに、やがて、これから)…しようとする。近い将来のことを表す。例「闔廬且レ死、告二其子夫差一曰、

必毋レ忘レ越」（〔呉王〕闔廬はまさに亡くなろうとする時に、息子の夫差に告げて「決して越〔に対するうらみ〕を忘れるな」といった）〈史記・越王句践世家〉 ㋑意思。…しようとする。例「秦且下率二諸侯一伐上レ楚」（秦は諸侯を率いて楚を攻撃しようとしている）〈史記・楚世家〉 ㋒推量。…であろう。例「且三後為二国患一」（後日きっと国の憂いとなるであろう）〈史記・晋世家〉 ㋓ほぼ。だいたい。例「病且レ満二三月一」（病気になってからほぼ三か月になろうとしていた）〈史記・汲黯列伝〉 ▼㋓の用法は「ほとんど」と訓読する場合がある。↓付録・同訓異義要覧「まさに」

❹〈もし〉仮定。もし。かりに。例「君且欲二覇王一、非二管夷吾一不可」（わが君がもし覇王になりたいのであれば、〔手助けできるのは〕管夷吾でなければなりません）〈史記・斉太公世家〉

解字  象形。下の横棒が地面、冂は机の形で、物をのせる台。冂の間の横棒は、横木をわたした形、またそなえものを積み重ねた形とも見られる。ごちそうを台に積み重ねてすすめること。積み重ね、加える意味から、「そのうえ」「かつ」「ちょっと」などの転義を生じた。祖先の祖も、世代を重ねることである。他に、且は、祖先のいはいの形で、祖先をいう、積み重ねて作った墓をいう、男の生殖器の形をそのまま表したものである、などの説もある。

【且月】陰暦六月の別名。焦月。

【且字】仮の字。周代では、二十歳の時に仮に某甫と、つけ、これを且字という。五十歳で排行に従って伯仲を加えた字を正字という。

【且夫】発語。且つ夫れ。前文に接続して、次の文をいっそういきおいづけようとするときに用いる。

△荀且

一 4
【世】〔5〕 学3　セイ・セ　セイ 漢 去 霽　セ 呉 shì シー　J 3204　補　U 4E16
よ

筆順
一
十
廾
廿
世

一 4【丗】〔5〕同字　J 5034　補　U 4E17

十 4【卋】〔6〕同字　J 2024　補　U 534B

意味 ①〈よ〉㋐三十年。三十年を一世と称した。㋑父から子へ受け継いだ間。一代。㋒一王朝。朝代。㋓時代。時勢。㋔世の中。世間。社会。㋕年。㋖跡継ぎ。㋗㊫過去・現在・未来のそれぞれの間。②㋐〈よよ〉代々。累代。㋑〈よよに・す〉代々つづく。受け継ぐ。③うまれる。

解字  指事。十を三つ合わせ、下の部分を長く引いた形。三十年を一世といい、世代のうつりかわるめやすとした。したがって、ある時代を世ということになる。

名前 つぎ・つぐ・とき・とし　姓 世礼・世安　地名 世羅

【世運】世の中のめぐりあわせ。【――隆替】世の気運が栄えたり衰えたりして移りかわること。

【世栄（榮）】身分や地位などの、世間的な栄誉。

【世縁（緣）】世の中のゆかり。縁。

【世家】①代々、禄を受ける家がら。世族。②「史記」の編目。諸侯・王、また名族の家の伝記。

【世紀】㊀①年代。時代。②西暦で百年を一期とした年代の区分。㊁ shìjì 現㊀に同じ。【――末】①十九世紀末にヨーロッパにおきた懐疑的・退廃的・虚無的・厭世的な社会現象をいう。②社会の隆盛期が過ぎて、退廃的な現象が現れる時期をいう。

【世教】世の教え。社会の風教。

【世業】①代々うけつがれた家業。②先祖からの遺産。

【世局】世のさま。時代のなりゆき。時局。

【世系】代々の血すじ。

【世卿】代々、続いてきた家老の家がら。

【世諺】世のことわざ。

【世子】①天子のよつぎ。太子。②諸侯のあとつぎ。

【世事】㊀①世間の事がら。②世の勤め。士・農・工・商などの仕事。㊁①㊀に同じ。②国おせじ。＝世辞【――者】国人づきあいのうまい者。世渡りの巧みな人。世事賢い。

【世所】国寺院の台所。

【世主】時の君主。

【世儒】①世間むきのくだらぬ学者。俗人的学者。②「代々、家学を伝える儒者。」

【世臣】代々、国家に功労のある家臣。昔からの家来。

【世塵】世のわずらい。俗事。

【世趨】世の中のなりゆき。

【世祖】帝王の廟の名。第一世の祖の意。祖とは功ある者。

【世沢（澤）】祖先の残したおかげ。余徳。余沢。

【世知（「智」）】㊀①社会の事情に通じた頭のはたらき。世才。②㊫世間なみの知恵。㊁①㊀の②に同じ。②国じょうずに世をわたる知恵。

【世冑】代々俸禄を受け継ぐ家。また、その後継者。冑は長男。

【世嫡】親の家をつぐべき男子。

【世伝（傳）】①代々、伝える。②代々の系図。

【世途】世の中。世の中に処する道。

【世範】㊀世の手本。世標。㊁書名。三巻。宋の袁采の著。処世の道を述べたもの。

【世表】①各時代の出来事を記した表。②世の模範。③世俗の外。

【世標】世の中の手本。

【世父】伯父。父の兄。

【世譜】代々の系図。

【世変（變）】世の中の移り変わり。

【世母】伯母。伯父の妻。

【世味】①浮き世のあじ。世の中のさまや人のなさけ。②世間一般のこのみ。

【世務】世のためのつとめ。時務。

【世誉（譽）】世のほまれ。世間の名声。

【世累】世の中のかかわり。世間のわずらい。

【世路】世の中。世わたりの道。

【世禄（祿）】代々、与えられてきた扶持。

【世論】世間の人たちの意見。輿論。

【世界】㊀①世の中。世間。②宇宙。天地。③地球全体。④㊫過去・現在・未来を世といい、東・西・南・北・上・下を界という。時と所との全体のことで、衆生の住む山川国土。⑤国㋐地球上にあるすべての国。万国。㋑同じ種族の集まり。また、社会。㊁ shìjiè 現㊀に同じ。【――観（觀）】世界や人生に関する全体的・統一的な見解。【――主義】国家や民族を超越して、世界全体の平和発展を理想とする主張。

【世外】浮き世のそと。清らかな土地。別天地。

【世間】①世の中。社会。②㊫世のさま。③国交際の範囲。【――惨（慘）風】世の中のなみかぜ。

【世故】世の中のできごと。世事。

【世才】世の中の事情に通じた頭のはたらき。

【世襲】その家の職業や財産などを、代々うけつぐこと。

【世上】世のなか。世間。

【世情】世間の人情。

【世人】世の中のひと。世間の人。

【世説】①世間のうわさ。②「世説新語」の略。【――新語】書名。三巻。南朝の宋の劉義慶の著。漢・

1画　一丨丶丿乙（乚）亅

魏・晋のころの人物の逸話集。

【世染】世の中のけがれ。俗塵。

【世相】世のさま。世間のようす。世情。

【世俗】①世間。②世間の風俗やならわし。③世間の人。

【世尊】仏釈迦その他仏の尊称。【――寺流】行成の祖父の家を世尊寺と言ったのでいう。御家流のもと。藤原行成の書風。

【世帯(帶)】国①身につけたもの。財産。②暮らし向き。生計。家計。③一家。所帯。

【世態】世のありさま。【――人情】世の中のありさまや、人間の心の様子。

【世代】①世。時代。②ある時代の人たち。

【世道】世の中の道徳。【――人心】世の中の道義と世人の心の状態。

【世難】世の中の困難。

【世評】世間のうわさ。世の評判。

【世乱(亂)】世の中のみだれ。【――識ニ忠臣ー】世の中が乱れると人の忠節がはっきりするので、はじめて忠臣であることがわかる。〈唐書・崔円伝〉

【世話】国①世間のうわさ。世評。②ことわざ。③尽力する。④めんどうを見る。⑤世のできごと。【――物】国浄瑠璃・歌舞伎で、江戸時代の町人社会のできごとに取材し、恋愛や人情などを主題としたもの。↕時代物
〖与(與)レ世推移〗世俗にさからわない。世のなりゆきに従う。与レ世浮沈。〈屈原・漁父辞〉

〖就レ世〗この世を終えること。死ぬこと。即レ世。

〖挙(擧)レ世皆濁、我独(獨)清〗世の中の人は全部にごり、わたしだけがすんでいる。〈屈原・漁父辞〉
◆二世・万世・中世・出世・末世・処世・早世・曽世・当世・在世・来世・近世・乱世・治世・前世・俗世・後世・浮世・時世・宿世・累世・常世・現世・救世・創世・渡世・絶世・隔世・辞世・遁世・歴世・厭世・濁世・顔見世・曲学阿世

一4
【丕】〔5〕

ヒ 漢 平 支
呉 pī ピー

J 4803
補
U 4E15

意味 ①〈おおい・なり(おほい・なり)〉〈おおき・い(おほき・い)〉立派な。②受ける。③接続詞。そこで。すなわち。

【丕基】天子としてのりっぱなもとい。

【丕業】大きな事業。洪業。

【丕顕(顯)】大いに明らかなこと。世に知れわたったこと。

【丕子】①天子のよつぎ。太子。②天のよつぎ。天子。

【丕祉】大きな幸い。

【丕承】大いに受けつぐ。

【丕績】大きなてがら。大功。

【丕祚】天子の位。宝祚。

【丕図(圖)】大きなはかりごと。大計画。

【丕命】大きな命令。天子の命令。勅命。

【丕烈】大きなてがら。りっぱないさお。

一4
【丙】〔5〕

常 ヘイ

J 4226
補
U 4E19

旧字 一4
【丙】〔5〕

ヘイ 漢 上 梗
bǐng ピン

J ―
補
U ―

筆順 一 ｜ 冂 丙 丙

意味 ①〈ひのえ〉㋐十干の第三番目。㋑方位の南方。㋒五行の火。②あきらか。③魚の尾。④姓。

解字 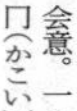 会意。一・入・冂を合わせた字。一は陽を表し、陽気が、冂(かこい)の中にはいることで、陽が欠けて陰が起ころうとすることであるという。他の説に、冂の中で火が燃えて、盛んなこと。また、魚の尾のように、ピンと張る形を表すともいい、机の上にいけにえを置いた形を表すともいう。

名前 え・あき

【丙午】ひのえうま。厄年とされる。また、俗説に、この年に生まれた女は夫の寿命をちぢめるという。

【丙丁】ひのえひのと。丙・丁は五行で火にあたるところから、火の意に用いる。

【丙夜】午前零時。子の刻。三更。

一4
【丗】〔5〕 同 七ページ・上↓世(二

一4
〖正〗(六七八ページ・上)↓止部一画

一4
〖冊〗(一四〇ページ・中)↓冂部三画

一4
〖册〗(一四〇ページ・中)↓冂部三画

一4
〖且〗(五八三ページ・下)↓日部一画

一5
【丞】〔6〕

入

一 ショウ 漢 一 平 蒸
ジョウ 呉 chéng チョン
二 ショウ 漢 二 上 迥
ジョウ 呉 zhěng チョン

J 3071
補
U 4E1E

意味 一①〈たす・ける(――・く)〉補佐する。②副官。長官を補佐する役。③〈う・ける(―・く)〉受け継ぐ。＝承 二〈すく・う(――・ふ)〉救う。＝拯

解字  会意。了・𠦃・一を合わせた字。了は卩、𠦃は廾、一は山を略した形。卩と山で、高い山を表し、廾は両手でささげることを表す。丞は、高く持ち上げることで、たすけるという意味を表す。他の説に、卩は人のひざまずく姿、山は落とし穴で、丞は、落とし穴に落ちている人を、両手ですくい上げることを表すという。

名前 すけ・つぐ

【丞尉】官名。県の属官。副官。

【丞相】天子を助けて政治をする最高の役人。大臣。丞は承、相助ける意。

【丞丞】進んで行くさま。

【丞輔】補佐、または補佐の役。

一5
【丟】〔6〕

チュウ 漢 平 尤
(チウ) diū ティウ

J 1606
補
U 4E1F

意味 ①去る。②投げ捨てる。③失う。

一5
【両】〔6〕

学 3 リョウ

J 4630
補
U 4E21

旧字 入6
【兩】〔8〕

一 リョウ(リャウ) 漢 呉 一 上 養 liǎng リアン
二 リョウ(リャウ) 漢 呉 二 去 漾 liàng リアン

J 4932
補
U 5169

一6
【両】〔7〕 同字

J 1608
補
U 4E24

筆順 一 一 冂 币 両 両

意味 一①ふたつ。二個。双方。一対。②ふたつながら。③たぐい。ならび。④重さの単位。二十四銖。⑤布織物の長さの単位。ひき。二反。(↓付録「度量衡名称」)⑥軍制で二十五人の一組。二車を数える語。＝輛 国〈りょう(りゃう)〉昔の貨幣の単位。銀貨四匁三分。または金貨四分。

解字 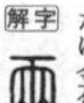 会意・形声。一と㒳を合わせた字。㒳は、物を二つに分けた形を表すとともに、「りょう」という音を示す。兩は、天びんにかけて、目方をはかった単位をいうとともに、二つの意味をもいう。きび一つの目方を単位として黍といい、十二黍を一分、十二分を一銖、二十四銖を一両とする。(付録「歴代度量衡変遷表」参照)

地名 両津
難読 両手・両刃・両肌・両班・両個

参考 新表記では、「輛」の書きかえに用いる。

【両握】左右の手のにぎりこぶし。両拳。

【両意】①ふたごころ。二心。②二つの意味。

【両院】①二つの役所。②上院と下院。③国衆議院と参議院。

【両楹】堂の上にある東西二本の大柱。

【両可】どちらでもよろしい。どちらともつかぬ。

【両間】①二つの物のあいだ。②天と地のあいだ。③小さな家のさま。間は、柱と柱のあいだをいう。

【両漢】前漢(西漢)と後漢(東漢)。

【両岸】両側の岸。

【両眼】左右の目。双眼。

【両岐】①ふたまた。ふたまたに分かれる。②意見が一致しない。

【両儀】天と地。陰陽。儀は宇宙の大法。

【両極】①地球の北極と南極。②電気・磁気の陰極と陽極。

【両君】①二国の君主。二君。②おふたり。

【両軍】①敵・味方両方の軍勢。②二隊の軍勢。

【両京】［一］二つの都。①漢の西京(長安)と東京(洛陽)。②唐の長安と洛陽。③宋の東京(開封府)と西京(河南府)。［二］国東京と京都。

【両箇】二つ。二個。「両箇黄鸝鳴二翠柳一」(二羽のこうらいうぐいすがみどりの柳に鳴いている。)〈杜甫の詩・絶句〉

【両三】二つ三つ。二、三人。【――行涙】二すじ三すじの涙。〈賈島の詩・夏日寄二高洗馬一〉

【両涘】両岸。【――渚(渚)崖之間】川岸と川岸とのあいだ。〈荘子・秋水〉

【両日】①二つの太陽。二日。②ふつか。【――並(竝)照】ふたりの王者が同時に人民をおさめているたとえ。

【両主】両方の王。ふたりの君主。

【両周】①西周と東周。周の平王が都を洛陽に移したとき(前七七二)を境にして、それ以後を東周とよぶ。②歳月などが二めぐりすること。

【両手汗】両手に汗をにぎる。はらはらするさま。両把汗。

【両春】二度の春。二年。

【両所】①二つの場所。②国両人の敬称。ご両人。


【両心】①ふたごころ。二心。②ふたりの心。両人の心。

【両刃】もろは。刀身の両辺に刃のあるもの。〔↔片刃〕

【両制】宋代、翰林学士と知制誥との両制。翰林学士は内制、知制誥は外制をつかさどる。

【両税法】両税。唐の徳宗にはじめられた税法で、人民の財産の等級に応じて課税し、夏・秋の二期に納めさせた。

【両棲類】水中と陸上、両方で生活できる動物。〔＝両生類〕

【両浙】浙東(銭塘江以南)と浙西(銭塘江以北)。

【両説】二つの考え。両方の説。

【両舌】二枚じた。うそ。

【両全】①両方とも完全である。二つとも無事なこと。②両方とも完全に果たすこと。

【両造】原告と被告。造は至、法廷に至る意。

【両足】①左右二本の足。②㊀両足尊。仏の尊号。

【両属(屬)】両方につく。

【両端】①両方のはし。二つの極端。小と大、厚と薄の類。②物事の初めと終わり。または、本と末。③どちらともつかないあいまいな心。ふたごころ。④布一匹。むかし、布四丈を一匹としてその両端から巻いたことによる。『持二――一』どちらとも決心がつかず、ふたごころをもっていること。〈史記・鄭世家〉『叩二――一』物事の本末・終始をじゅうぶんに吟味すること。〈論語・子罕〉

【両断(斷)】二つにたち切る。「一刀両断」

【両朝】二代の朝廷。「両朝開済老臣心」(二代の主君につかえて、忠義をつくし職務にはげんだ老臣孔明の心。)〈杜甫の詩・蜀相〉

【両椽】二本のたるき。

【両天秤】国①てんびん。②二つのうちのどちらか一つは得られるように、ふたまたをかけること。

【両度】ふたたび。二度。

【両刀】①二本の刀。大刀と小刀。刀と脇差。②両刀遣いの略。

【両当(當)】①二つともあたる。②両袖がなく、胸と背とに当てて着るもの。うちかけ。

【両頭】①二つのあたま。②両方の端。③双方。両方。【――尖】草の名。とりかぶと。【――船】前後に舵をつけて、前後自由に進めるように造った船。【――蛇】二つの頭のあるへび。これを見た者は死ぬといわれた。孫叔敖が、幼時この蛇に会い、人々の難をすくうために殺してしまった。心配していたら「陰徳をほどこせば必ずよい報いがある」と母から慰められたが、はたしてかれは後に楚の大臣となったという故事。〈新書・春秋〉

【両得】①一つのことをして同時に二つの利益があること。「一挙両得」②両方とも得をすること。

【両陂】左右のどて。二つのつつみ。

【両眉】左右両方のまゆ。

【両鬢】左右両方のびんの毛。「両鬢蒼蒼十指黒」(左右のびんの毛は白く、両手の指はまっ黒だ。)〈白居易の詩・売炭翁〉

【両部】①二つの部分。ふたくみ。②音楽の立部と座部。③たくさんの蛙の鳴く声。④㊀真言宗の胎蔵界と金剛界。【――神道】真言宗の胎蔵界と金剛界の教理をもって仏道と神道とを一つのものに説明しようとした神道の一派。

【両辺(邊)】二つのふち。二方。

【両髦】左右に分けて両方にたれた幼児の髪。髦は眉のところまでたれた髪で、父母に仕える子の髪飾り。

【両謀】二つのはかりごと。ふたりの考え。

【両面】表面と裏面。二面。

【両雄】①ふたりの英雄。②ともに力あるふたり。【――不二倶立一】ふたりの英雄が並び立つことはできない。必ずどちらかが倒れるまで争う。〈史記・酈生列伝〉

【両用】二つの用に使う。ふたとおりに役立つ。

【両様】ふたとおり。ふたいろ。

【両翼】①鳥や飛行機の左右のつばさ。②右翼と左翼。左右両方に張り出た陣形。

【両立】どちらもともになりたつ。両存。

【両両(兩)】①二つながら。どちらも。②二つならんで。

【両輪】①車の二つの輪。②二つあってはじめて用をなすもののたとえ。

【両淮】宋代、淮南路(江蘇・安徽両省の地)を東と西に分けていう。

『両虎相闘(鬭)』二匹の虎がかみあう

意から、二人の英雄または二つの強国が互いに争うたとえ。◆一両・千両・斤両・車両

一5【乪】〔6〕俗→喜(二五四ジ・上)

一5〘吏〙(二三九ジ・上)→口部三画

一6【亜】〔7〕古→西(二二六九ジ・下)

一6〘系〙→糸部一画(九五三ジ・中)

一6【两】〔7〕同→兩(二八ジ・下)

一7【並】〔8〕学6 ヘイ なみ・ならべる・ならぶ・ならびに　J 4234 補 U 4E26

旧字 立5【竝】〔10〕　J 6777 補 U 7ADD

一 ヘイ漢 ビョウ(ビャウ)呉 一 上 迥 bìng ピン 二 ホウ(ハウ)漢 二 去 漾 bàng パン

筆順 丶 丷 䒑 并 并 𠀤 並

人10【㑂】〔12〕同字 J 1810 補 U 50A1

意味 一 ①〈なら・ぶ〉 ㋐列をつくる。つらなる。㋑近づく。ひとしい。匹敵する。㋒くらべる。②〈なら・べる(―・ぶ)〉ならばせる。③〈ならびに〉ともに。すべて。 二 近づく。よる。＝傍 国〈なみ〉ふつう。あたりまえ。

解字 竝 会意。立を二つ合わせた字。立は人が立っている形。竝は、ならぶことである。

名前 み・なめ・みつ

【並育】いっしょに育つ。並んで成長する。

【並駆(驅)】①二頭の馬が並んで走る。②優劣のつけにくいさま。

【並肩】かたをならべる。併肩。

【並行】①ならんで行く。②同時に行われる。

【並耕】①ならんでたがやす。②一般民衆といっしょになって耕作する。

【並称(稱)】①みながほめる。②あわせとなえる。

【並進】ならんで進む。

【並世】時代を同じくする。同時代に。

【並置】ならべ置く。二つ以上のものをならべる。

【並立】ならび立つ。

【並列】①ならぶ。ならべる。②理並列接続の略。電池や発電機などの同じ極どうしをつなぎあわせること。↔直列

【並且】bìngqiě 現さらに。そのうえ。

一8〘昼〙(五九一ジ・下)→日部五画

一13〘爾〙(七八八ジ・下)→爻部十画

一15〘曁〙(六〇一ジ・中)→日部十二画

1画 丨部 ぼう たてぼう

【部首解説】「上下に貫くこと」を表す。この部には、「丨」の形を構成要素とする文字が属する。

丨0【丨】〔1〕 コン漢 上 阮 gǔn クン　J ①1404 補 U 4E28

意味 ①すすむ。②しりぞく。

解字 丨 指事。上と下を通すこと。上に行くとみるときは、進む意味。下にさがるとみるときは、しりぞくの意味になる。

丨1【丩】〔2〕 キュウ(キウ)漢 平 尤 jiū チウ　J ②0105 補 U 4E29

意味 まつわる。つるがからまる。＝糾

丨2【丫】〔3〕 ア漢 平 麻 yā ヤー　J ②0106 補 U 4E2B

意味 ①〈また〉物の端のわかれたふたまた。②小児の髪形。みずら。びんずら。総角。

【丫丫】あげまきをしているさま。

【丫鬟】①あげまきに結んだ髪。②「丫髻」に同じ。

【丫髻】①幼女。②下女。はしため。

【丫頭】「丫髻」に同じ。

丨2【个】〔3〕 カ漢 去 箇 コ唐 gè コー　J 4804 補 U 4E2A

意味 ①＝個(九九ジ・中)・箇(九三五ジ・下) ②母屋の両側にある狭い部屋。

参考 「個」(九九ジ・中)の中国新字体としても使う。「个」(丁の字の古字)は別字。

丨3【丯】〔4〕 カイ漢 去 卦 jiè チエ　J ①1405 補 U 4E2F

意味 役に立たない草。草の乱れ伏したさま。ごみ。＝芥

参考 「丰」は別字。

丨3【丮】〔4〕 ケキ漢 入 陌 jǐ チー　J ②0107 補 U 4E2E

意味 手でにぎるように持つ。

丨3【中】〔4〕 学1 チュウ・ジュウ なか　J 3570 補 U 4E2D

一 チュウ(チウ)漢呉 一 平 東 zhōng チョン 二 チュウ(チウ)漢呉 二 去 送 zhòng チョン

筆順 丨 口 口 中

意味 一 ①〈なか〉〈うち〉 ㋐まん中。中心。中央。㋑内側。内部。㋒あいだ。中間。㋓中等。中位。㋔心。内心。㋕宮中。㋖媒介。②〈なかば〉〈なかごろ〉半分。中途。③かたよらない。また、かたよりのない徳。「中庸」 ④二十四気の中気。 二 ①〈あた・る〉〈あ・てる(―・つ)〉 ㋐命中する。㋑合う。かなう。㋒傷つく。有害なものにさらされる。「中毒」 ㋓科挙に合格する。②満ちる。満たす。③第二番め。＝仲 国①なかまうち。「連中」「社中」 ②〈じゅう(ぢう)〉その期間・範囲の全体。「一年中」「学校中」

解字 中 指事。かこいの中に、物を入れる形。また、物をつらぬくことを表すともいう。外に対して、「なか」の意味、はじに対して、「まんなか」の意味になり、また、矢がまとにあたることともなる。また、同じ「中」でも違った字形があり、はたざおを表すものと、計算用の棒に口を加えて、数えることを表すものとがあるとも解する。

名前 な・ただ・のり・よし・ただし　姓 中臣・中務・中名生

地名 中・中川・中巨摩・中津・中城・中間・中頭・中札内・中魚沼・中津川・中津軽・中蒲原・中新川・中頓別・中標津・中頸城・中富良野

難読 中将・中心・中務・中生

【中尉】①昔、中国で都の警護をつかさどった官。②諸侯の取り締まりをつかさどった秦代の官。③国もと、陸海軍軍人の階級の名。大尉に次ぎ、少尉の上。

【中陰】仏人の死んで、次の世に生まれかわるまでの四十九日間。中有。

【中有】仏人の死後四十九日間をいう。中陰。

【中央】一 ①まん中。②国重要な位置。中枢。③首都。 二 zhōngyāng 現 一 に同じ。

【中和】一 片寄らず調和がとれていること。ほどよく

穏やかなこと。㊁①㊀に同じ。②〔理〕異なる性質の二つの物質が溶けて新しい一つの物質になる作用。また、陰陽の同じ量の電気が打ち消しあってそれぞれの作用を失うこと。

【中華(華)】中国人が自分の国を呼んだ語。四方の中央に位置した文化の国の意。中州。中夏。中国。【——人民共和国(國)】一九四九年、毛沢東らによって中国に建てられた共和国。

【中夏】①中国人が自国を尊んでいう語。中は中央、夏は大の意。②夏三か月の中の月。陰暦五月をいう。

【中懐(懷)】心の中。心中。

【中外】①うちとそと。内外。②国内と国外。③朝廷のうちとそと。

【中核】ものごとの中心となる重要な部分。核心。

【中官】宮中で奥向きの仕事をする宦官。

【中浣】月の十一日から二十日まで。中旬。＝中澣

【中間】㊀①あいだ。途中。②なかごろ。③ひきあわせ。紹介。なかだち。㊁zhōngjiān〔現〕㊀の①②に同じ。㊂〔国〕武家に使われた下男。＝仲間

【中気(氣)】①二十四気を十二か月に配当し、各月の始めを節気、中頃以降を中気という。②中和の気。③からだや、手足などがしびれて自由にならない病気。中風。卒中。

【中饋】①婦人が家で料理すること。饋は食事。②婦人または妻のこと。

【中貴人】天子のおそばで寵愛される、地位の高い臣。宦官が多くあてられる。中貴。

【中宮】㊀①皇后のいる宮殿。②中央の位。㊁〔国〕①皇后の別名。②皇后と同資格の妃。

【中共】中国共産党の略称。

【中矩】規則にあてはまる。

【中空】㊀①空の中。中天。②がらんどう。㊁〔国〕①㊀の①に同じ。②中途はんぱ。③うわのそら。

【中軍】①三軍(上軍・中軍・下軍)のうち最も精鋭を集めてある軍隊。②官名。中軍将軍。天子の直属下の軍隊の司令官。近衛の部隊長。

【中啓】〔国〕扇の一種。親骨の上端を外側にそらして作り、たたんでもなかば開いたように見えるもの。

【中堅】①大将が率いる軍隊。本陣。中軍。②中が堅いこと。③〔国〕中心となる働きざかりの人々。

【中元】①上元(一月十五日)・下元(十月十五日)とともに、三元の一つ。陰暦七月十五日。盂蘭盆の行事をして、先祖をとむらう。②〔国〕中元の贈り物。お中元。

【中原】①野はら。②国の中央部。中国では、黄河中流から下流の平原地帯を称した。③中国。天下。④日本。【——時】中国の標準時の一つ。【——得レ鹿】天下を手に入れること。【——之鹿】中原は天下、鹿は天子の位にたとえた語。天子の位をいう。〈史記・淮陰侯列伝〉【——還逐レ鹿、投レ筆事ニ戎軒一】隋の世の末に、天下乱れてまたまた多くの英雄豪傑どもがならびおこって天下を相争った。自分も後漢の班超の故事にならい、文筆で立つことなどはやめ、あくまでも武人としての功績をたてたいと思う。〈魏徴の詩・述懐〉

【中古】㊀①なかむかし。②歴史の時代区分の一つで、上古と近古の間。日本では大化の改新から鎌倉幕府の初めまでをいう。㊁〔国〕やや古くなる。また、その品物。【——文】①漢代、朝廷の書庫にしまってあった、古文で書かれた書物。中は宮中の意。②〔国〕平安時代のかな文。また、これをまねて作った優雅な文。雅文。

【中午】㊀太陽が真南に達した時。正午。停午。㊁zhōngwǔ〔現〕㊀に同じ。

【中興】ふたたび盛んになる。

【中国(國)】㊀①諸方の中央に立つ国の意で、中国人が自国をよぶ語。中華。中州。中邦。②国の中央。天子の都のある所。③〔国〕㋐日本をいう。㋑山陽道のこと。また、山陰・山陽両道をいう。㊁〔国〕大宝令の制度で、諸国を四等級に分けた第三位の国。【——古代社会(會)研究】書名。中国の郭沫若の著。唯物史観の上に立ち、殷代社会は母系制の氏族形態をとるものと結論する。一九三〇年、日本亡命中にこれを完成した。【——小説史略】書名。中国の魯迅の著。中国歴代の小説を独創的な分類法によって体系づけたもので、この方面の研究では画期的な名著。

【中座】①途中で席を退く。②座の中央。

【中歳】①中年。②平年並みのみのり。

【中山】①戦国時代の国名。今の河北省定州市。②孫文の号。③広東省の県名。孫文の生地。【——酒】中山に産し、一度飲めば千日も酔うという仙酒。

【中散大夫】①官名。天子のそばにいて、議事にあずかる。光禄大夫・大中大夫に次ぐ地位であるが、とくに定まった職務や実権のない名誉職。②〔国〕正五位上の唐名。

【中山陵】中国の孫文の墓。

【中子】㊀三人兄弟のうちの二番め。次子。なかの者。㊁〔国〕①物の中心部。②うりなどで種子を包んだ柔らかいところ。③刀のつかにはいった部分。

【中使】宮中からの非公式の使者。

【中軸】①車輪の中心をつらぬく軸。②ものごとの中心。中心になるだいじなところ。

【中射】中国で戦国時代に、宮中に宿直して警護に任じた諸侯の武士。中射士。

【中謝】①官に任命されたとき、宮中に行ってお礼をのべること。②中射士。＝中射

【中主】ごく普通の人君。

【中寿(壽)】八十歳。また、百歳。

【中州】㊀①中国で自国の称。中華。②中国の中央の意で、河南省をいう。③〔国〕大和をいう。㊁〔国〕川の中にできた砂地。＝中洲

【中秋】①秋三か月の中の月。陰暦八月をいう。仲秋。②陰暦八月十五日。【——無月】中秋の夜、曇って月の見えないこと。

【中春】①春三か月の中の月。陰暦二月をいう。仲春。②陰暦の二月十五日。

【中旬】月の十一日から二十日まで。中浣。

【中書】①中書省の役人。国内の政治を執る中央官庁。②宮中所蔵の書物。【——王】〔国〕親王の身分で、中務省の長官となった人。【——省】①魏・晋時代からはじまった役所で、詔書・民政などをつかさどる。②〔国〕中務省のこと。【——令】中書省の長官。

【中宵】よなか。夜半。中夜。

【中傷】でたらめをいって、他人の名誉を傷つける。

【中情】心のおくそこ。真の心。心底。

【中心】㊀①物のまん中。②要点。③重要な地位にある形容。④心のうち。㊁zhōngxīn〔現〕①㊀に同じ。②…センター。

【中人】①中等の人。ふつうの人。②宦官。中官。宮中内部に仕える、去勢した役人。③中国人。

【中枢(樞)】①中心となるたいせつな所。②中央政府。

【中世】古代から現代までの間の、なかごろの時代。

なかむかし。日本では、鎌倉・室町時代。中国では、唐の滅亡から明代まで、西洋では、ローマ帝国の末年の五世紀から東ローマ帝国の滅亡した十五世紀中ごろまでの時代。

【中正】(ちゅうせい) かたよらない。正しい。

【中性子】(ちゅうせいし) 理陽子とともに原子核を構成する素粒子の一つ。

【中生代】(ちゅうせいだい) 地質時代の一区分。約六千五百万年から二億五千万年ぐらい前の時代。

【中截】(ちゅうせつ) 中ほどから切る。

【中説】(ちゅうせつ) 書名。十巻。隋の王通(五八四〜六一七)の著。「文中子」ともいう。

【中絶】(ちゅうぜつ) ①中途できれる。②中途でやめる。③中間や中途でたち切る。

【中尊】(ちゅうそん) ①中くらいの大きさの酒だる。②中等の酒。③㊗㋐釈迦。㋑阿弥陀如来。

【中退】(ちゅうたい) ①途中で身をひく。②卒業せず中途退学する。

【中台(臺)】(ちゅうだい) ①周代の三台の一つで、教育をつかさどる司徒の官。②星の名。③㊗大日如来。

【中朝】(ちゅうちょう) ①中国の、政治を聞く所。三朝の一つ。②中国の朝廷。中国の自称。③中央政府。④中世。⑤日本をいう。【——事実(實)】(ちゅうちょうじじつ) 国書名。山鹿素行(一六二二〜一六八五)の著。漢文で、神道および皇道を論述する。

【中腸】(ちゅうちょう) はらわたの中。心中。〖熱二——一〗(ちゅうちょうをねっす) はらわたが熱くなる。ひどく悲しむさま。「驚呼熱二中腸一」〈杜甫の詩・贈二衛八処士一〉

【中庭】(ちゅうてい) 庭の中。

【中天】(ちゅうてん) ①天の中央。②天。中空。③天運が盛んな時代。

【中途】(ちゅうと) ①道のなかほど。途中。②物事や仕事の完成する途中。

【中土】(ちゅうど) ①中国。②国の中央部。

【中冬】(ちゅうとう) 冬三か月の中の月。陰暦十一月。‖仲冬

【中唐】(ちゅうとう) 文学史の上から分けた唐代の時代区分の一つで、初唐・盛唐のあと、晩唐の前の時期。代宗の大暦元年(七六六)から文宗の太和年間までの約七十年間。

【中等】(ちゅうとう) 上等と下等の間。中級。

【中堂】(ちゅうどう) ①唐代、宰相が政治をとった所。②宰相の別名。③堂上の南北の中間。④中央御殿。⑤㊗天台宗寺院の本堂。⑥㊗根本中堂、比叡山延暦寺本堂。

【中道】(ちゅうどう) 一 ①行き過ぎも不足もない中庸の道。②中等の道。③中途。途中。④道路の中央。二(なかみち) 国①道の中ほど。途中。②富士登山で、山の中腹を横にまわること。

【中納言】(ちゅうなごん) 国官名。太政官の次官。天皇の側について政務のとりつぎに当たる。

【中二千石】(ちゅうにせんせき) 漢代、官職の等級を石高で表し、最高の大将軍・三公の次にあたるのが中二千石である。中は満。漢代の一石は約十九リットル。

【中日】(ちゅうにち) ①中国と日本。日華。②国春秋の彼岸の七日間のまん中の日。春分・秋分の日。

【中年】(ちゅうねん) ①豊作でも凶作でもない、平年作の年。②四十歳ぐらいのこと。青年と老年との中間の年齢。

【中盤】(ちゅうばん) 国①囲碁や将棋で、序盤が終わり本格的な勝負が展開される局面。②試合や選挙などで、中ほどまで進んだ段階・局面。↕序盤・終盤

【中品】(ちゅうひん) 一 中等の品格。また、そのもの。二(ちゅうぼん) ㊗極楽浄土の九等の階級、すなわち九品のなかの中位にある三品。

【中風】(ちゅうふう) →中気

【中伏】(ちゅうふく) 三伏の二番め。夏至の後の四番めの庚の日、またその日から立秋の後の最初の庚の日の前までをいう。

【中腹】(ちゅうふく) 山の頂上とふもととの中間。山腹。

【中分】(ちゅうぶん) まん中から半分に分ける。

【中峰】(ちゅうほう) 中央にそびえる峰。中央の峰。

【中門】(ちゅうもん) ①宮廷の中門。②国㋐平安時代、貴族の屋敷の寝殿と外門の間の門。㋑門の中央。

【中夜】(ちゅうや) ①夜半。よなか。②国冬至の異名。

【中野】(ちゅうや) 野原の中。

【中庸】(ちゅうよう) ①行き過ぎも不足もなく、ほどよいこと。②書名。儒教の教典、四書の一つ。もと「礼記」の一編、中庸の徳を説く。旧説では孔子の孫の子思の著作といわれるが確かではない。【——章句】(ちゅうようしょうく) 書名。宋の大儒、朱熹の著。朱子が旧説によらず、新しい立場で中庸の章句をくぎり、注を施したもの。

【中葉】(ちゅうよう) ①中ごろの時代。中世。②国厚くもなく薄くもない程度の、鳥の子紙。

【中立】(ちゅうりつ) 一 ①中間に立ってどちらにもかたよらない。②両国のどちらにも味方しない。二(なかだち) 国仲をとりもつこと。

【中流】(ちゅうりゅう) 一 ①川の中央。②どちらにもかたよらないこと。中庸。③中等の階級。二(ちゅうる) ㊗衆生の煩悩。

【中老】(ちゅうろう) ①五、六十歳ぐらいの人。②国㋐武家の家老で、大老につぐ重臣。㋑奥女中で老女につぐもの。

【中郎将(將)】(ちゅうろうしょう) 官名。光禄勲(宮中の宿衛をつかさどる官)に属し、当直役の「郎」を取り締まった。

【中入】(なかいり) 国①内のほうへ向け入れる。②芝居・寄席・相撲などの興行での、途中の休憩。また、休み時間。③能楽で、前シテがいったん舞台からさがること。

【中井履軒】(なかいりけん) 人名。大坂の儒者。名は積徳。号は履軒、また幽人。その学問は諸説を折衷して一家をなし、大坂懐徳堂書院で子弟を教育した。(一七三二〜一八一七)

【中江藤(藤)樹】(なかえとうじゅ) 人名。名は原、藤樹は号。朱子学・陽明学をおさめ、実践躬行を重んじて子弟を教育し、著書も多い。近江聖人と称された。(一六〇八〜一六四八)

【中山道】(なかせんどう) 国江戸時代の五街道の一つ。木曽路を経由して、京都と江戸を結んだ街道。‖中仙道

【中務省】(なかつかさしょう) 国大宝令でさだめられた太政官八省の一つで、天皇に側近して宮中の政務をすべて扱うところ。唐名は中書省。

【中昔】(なかむかし) 国上古と近古との間。中古。

【中餐】(チョンツァン) zhōngcān 現昼食。

【中薬(藥)】(チョンヤオ) zhōngyào 現漢方薬。

〖雖レ不レ中不レ遠矣〗(あたらずといえども(いへども)とおからず) 的中はしなくても、そんなに遠くはずれてはいない。〈大学〉

〖執レ中〗(ちゅうをとる) 極端をさけて、中間の立場をとる。〖——無レ権(權)〗(ちゅうをとりてけんなし) いつも中間の立場をとることにばかりこだわって、時と場合に応じて変化することを知らない。〈孟子・尽心上〉

◆女中・心中・日中・年中・在中・身中・忌中・卒中・雨中・空中・命中・的中・背中・洛中・宮中・途中・陣中・雪中・術中・眼中・集中・掌中・喪中・寒中・最中・暑中・渦中・道中・禁中・意中・夢中・適中・熱中・懐中・霧中・囊中・五里霧中

丨3

【丰】〔4〕

フウ 漢 平 東 ボウ 慣 fēng フォン

J①1406 補1613 U4E30

意味 ①みめよい。かおかたちがふっくらとして美しい。②草のしげるさま。③すがた。かたち。風采。④きざはし。階段。

参考 丰は「豐」(一一七九ページ・下)の中国新字体としても使う。「丯」は別字。 応用例 沣(灃)

【丰采(采)】ふうさい 美しい様子。風采。丰貌ふうぼう。
【丰姿】ふうし ①様子がりっぱなこと。②美しいすがた。
【丰容】ほうよう 美しい容貌ようぼう。丰貌ふうぼう。

丨3 〖弔〗(四四六ジ・下)↓弓部一画

丨4
【丱】〔5〕
カン 漢 (クヮン) 去 諫 guàn コワン　J 4805 補 ― U 4E31

意味 ①こどもの髪の形。総角あげまき。①つのがみ。あげまき。②おさない。幼少。②幼童のこと。

【丱角】かんかく ①つのがみ。あげまき。②幼童のこと。
【丱歯(齒)】かんし 髪をあげたままにする年ごろ。幼年。歯は年齢の意。
【丱女】かんじょ 髪をあげまきにした少女。
【丱童】かんどう 髪をあげまきに結んだ幼童。少年。

丨4 〖出〗(一五二ジ・上)↓凵部三画
丨4 〖甲〗(八三四ジ・上)↓田部〇画
丨4 〖申〗(八三四ジ・中)↓田部〇画

丨6
【串】〔7〕常 くし
一 カン(クヮン) 漢 一 去 諫 guàn コワン
二 セン 漢 二 去 霰 chuàn チョワン
J 2290 補 ― U 4E32

筆順 丶 ㄇ ㄖ ㄖ 吕 吕 串

意味 一 ①なれる。慣れ親しむ。②親しい人。「親串しんかん」③ならい。習慣。二 ①貫く。うがつ。②連なったものを数える時に用いる語。③てがた。＝券 国〈くし〉肉などを刺して火にあぶるもの(「弗サン・くし」の誤用)。「串刺くしざし」「串柿くしがき」

解字 象形。二つの物をつらぬく形。一説に、串は毌(貫)の異体の字という。つらぬく、まとめる、なれるの意味を表す。

地名 串木野くしきの・串間くしま

【串夷】かんい 常道になれる。夷は常の意。
【串戯(戲)】かんぎ ①歌舞のたわむれ。おどけ。②俳優。
【串童】かんどう 歌舞をするこども。

丨7
【弗】〔8〕
サン 漢 上 潸 chǎn チャン　J ― 補 ― U 4E33

意味 くし。肉などを突き刺して火にあぶるさしぐし。

丨9
【丵】〔10〕
サク 漢 入 覚 zhuó チュオ　J 1614 補 ― U 4E35

意味 群生している草。やぶ草。

1画

丶部 てん

【部首解説】「文の切れ目につけるしるし」を表す。この部には、「丶」の形を構成要素とする文字が属する。

丶0
【丶】〔1〕
チュ 漢 上 麌 zhǔ チュー　J 4806 補 ― U 4E36

意味 ①文の切れめに打つしるし。てん。②しるす。③ともしび。灯火。

解字 指事。切れめにつける目じるしをいう。また、ともしびのほのおの象形ともいう。

丶2
【丸】〔3〕学2 ガン
まる・まるい・まるめる
カン(クヮン) 漢 平 寒 wán ワン
ガン(グヮン) 呉
J 2061 補 ― U 4E38

筆順 丿 九 丸

意味 ①〈たま〉はじき弓や鉄砲のたま。②丸いもの。また、それを数える時に用いる語。③卵。④〈まる・い(――・し)〉㋐円形の。㋑完全なさま。⑤〈まる・める(――・む)〉丸くする。国〈まる〉①まるいもの。円。②人・船などの名に添える語。「牛若丸」「橘丸」③すべて。そっくりそのまま。「丸呑まるのみ」

解字 指事。古い形で見ると、仄しょくを反対にした字である。仄は、厂がけのそばに人がいる形で、「そばだつ」「かたむく」ことを表す。それをひっくり返すと、ころがってまるくなることになる。また、「そばだつ」に対して、反対の形をもって、がけのそばに、人がからだをまるくしていることを示すともいう。

名前 まろ 姓 丸まる・丸まろ・丸わに・丸毛まるも・丸子まりこ・丸子わにこ・丸部わにべ・丸邇わに

地名 丸亀まるがめ

参考 「丸」(凡かんの俗字)は別字。

【丸髻】がんけい 髪の結ゆい方の一種。みずら。
【丸薬(藥)】がんやく 練って粒にまるめた飲み薬。丸剤。
【丸帯(帶)】まるおび 国一枚の帯地を折り返してぬい合わせた婦人用の帯。
【丸腰】まるごし 国腰に刀を帯びていないこと。
【丸本】まるほん ↓「院本いんぽん」(一三二八ジ・上)
【丸髷】まるまげ 国婦人の髪の結ゆい方の一種。
◆一丸いちがん・本丸ほんまる・弾丸だんがん

丶2
【之】〔3〕人
シ 漢 平 支 zhī チー　J 3923 補 ― U 4E4B
呉

意味 ①〈ゆ・く〉いたる。おもむく。②〈これ〉〈この〉「之子このこ」③〈の〉上下を接続する語。④口調をととのえるため句末に添える語。「頃之しばらくして」⑤〈ここに〉⑥おいて。にて。

語法 ❶〈これ〉指示代詞。例「今太子仁孝いまたいしのじんこう(かう)なる、天下皆聞レ之てんかみなこれをきく」(今の太子さまは仁孝に厚い人柄であり、天下のものすべてがそのことを知っております)〈史記・叔孫通列伝〉▼特に指示するものがなくても「之」が形式的な目的語となって直前の語が動詞であることを明示する場合がある。例「民労たみつかる、未レ可いまだかならず、待レ之これをまて」(民は疲れておりますので、まだ適当ではありません。もうしばらくお待ちください)〈史記・呉太伯世家〉また、強意のため動詞の前に置かれることがある。例「俎豆之事則嘗聞レ之矣そとうのことはすなわち(すなはち)かつてこれをきけり、軍旅之事未二之学一也ぐんりょのことはいまだこれをまなばざるなり」(祭礼のことについてはかつて学んだことがありますが、軍事についてはまだ学んだことがありません)〈論語・衛霊公えいれいこう〉

❷〈の〉上下を接続する語。「…之〜(…の〜)」の形で、㋐上の語句が下の名詞を修飾する。例「韓非かんぴは、韓之諸公子也かんのしょこうしなり」(韓非は韓の諸公子である)〈史記・韓非列伝〉▼「のような」と訳せる場合もある。例「夫秦王有二虎狼之心一それしんのう(わう)はころう(らう)のこころあり」(そもそも秦王は虎や狼のような心を持っています)〈史記・項羽本紀〉㋑文中の句が、主語と述語である時、その間に置かれて、「…が〜すること」などの意を表す。例「蘇秦恐二秦兵之至一レ趙也そしんしんぺいのちょう(てう)にいたらんことをおそる」(蘇秦は秦軍が趙に侵入することを恐れた)〈史記・蘇秦列伝〉㋒「…が〜したときに」の意を表す。例「鞅之初為レ秦施レ法おう(あう)のはじめてしんのためにほう(はふ)をほどこすや、法不レ行ほう(はふ)おこなわ(おこなは)れず」(鞅がはじめて秦のために法令を施行したときは、法はあまり徹底されなかった)〈史記・秦本紀〉

❸〈ここに〉動作が行われる場所を示す。例「淵深而魚生レ之ふちふかくしてさかなここにしょうじ(しゃうじ)、山深而獣往レ之やまふかくしてけものここにゆく」(淵が深ければ魚はそこにすみ、山が深ければ獣はそこにむかう)〈史記・貨殖列伝〉

1画
一丨丶丿乙(乚)亅

解字 象形。古い形でわかるように、一の上に屮のある形。一は大地で、屮は草である。地の上に草が芽を出して、伸びてゆくことを表すので、「ゆく」「出る」の意味となる。
名前 じ・くに・つな・のぶ・ひさ・ひで・よし・より・いたる
参考 康熙字典では丿部三画とする。

【之江】しこう 浙江の別称。流れの形が「之」の字に似ているからいう。
【之字路】しじろ 之の字の形のように折れまがった坂道。
【之罘】しふ 山の名。山東省煙台市の北にある。
【為(爲)二之辞(辭)一】これがじをつくる あれこれと弁解のことばをもうける。なんやかやと口実をつくる。〈論語・季氏〉
【仰レ之弥(彌)高】これをあおげばいよいよたかし 仰ぎみれば見るほど高い。孔子の徳が広大無辺なのをほめたことば。〈論語・子罕〉
【舎レ之則蔵(藏)】これをすつればすなわちかくる 世の人君が棄てて用いてくれなければ、身を隠して引きこもる。〈論語・述而〉
【久レ之】これをひさしうす だいぶ長い間たつ。しばらくする。
【用レ之則行】これをもちうればすなわちおこなう 世の人君が用いてくれるならば、出てわが道を行う。〈論語・述而〉

2 、【々】〔3〕 J 0125 U補 3005
意味 同じ漢字のくりかえし記号。「人々」

3 、【丹】〔4〕 常 タン J 3516 U補 4E39
タン 漢 平 寒 呉 dān タン
筆順 丿 刀 月 丹
意味 ①〈に〉赤色の鉱物。朱砂。「丹砂」②〈あか〉〈あけ〉赤い色。赤えのぐ。③〈あか・い(――・し)〉㋐色が赤い。㋑ありのまま。まこと。まごころ。④不老不死の薬。丹砂を原料として精製したことからいう。
解字 指事。古い形では、井の中に、がある形。丹をとる井げたの中に、丹が表れていることを示す。赤く目だっているので、「に」の意味にしたのであろう。
名前 あきら 姓 丹下・丹比・丹生・丹羽・丹治・丹墀 地名 丹生・丹羽・丹波・丹後

【丹堊】たんあく 赤く塗った壁。あかかべ。
【丹液】たんえき 不老不死の薬。
【丹鉛】たんえん ①丹砂と鉛粉。②文字の誤りを直すこと。校正。校訂。
【丹花】たんか ①赤い花。②美人のくちびるの形容。
【丹霞】たんか 赤くたなびくもや。
【丹丘】たんきゅう 仙人の住む地。
【丹闕】たんけつ 赤く塗った門。宮殿。「皎如三飛鏡臨二丹闕一」(白く輝く中空の月は、あたかも空飛ぶ鏡が仙宮の朱塗りの門にさしかかったかのようである。)〈李白の詩・把レ酒問レ月〉
【丹脂】たんし 赤いあぶら。べに。
【丹漆】たんしつ 赤いうるし。また、赤いうるしで塗ること。
【丹砂】たんしゃ 水銀と硫黄の化合物。水銀をとる原料。精製して顔料や薬剤にする。
【丹朱】たんしゅ ①赤色。赤色の絵の具。②尭帝の子の名。
【丹書】たんしょ ①丹で赤く書く。②天子の詔勅。③天子が功臣に与える朱書きの手形。免罪などの特権が与えられた。④上古の道を書きしるしたという書の名。丹書。
【丹詔】たんしょう 天子のみことのり。丹書。
【丹心】たんしん まごころ。赤心。【――照二万(萬)古一】たんしんばんこをてらす 忠義のまごころがいつでも光りかがやく。〈楊継盛の詩〉
【丹唇】たんしん ①赤く美しいくちびる。朱唇。丹脣。②少年のこと。
【丹青】たんせい ①赤い色と青い色。②絵の具の色。色どりをした絵。彩色画。「丹青所レ画」(絵の具で描いたもの。絵画。)【――之妙】たんせいのみょう 色彩の美しさ、すばらしさ。
【丹誠】たんせい ①まことのこころ。まごころ。②まごころこめてすること。=丹精
【丹精】たんせい 国「丹誠」の②に同じ。
【丹赤】たんせき ①赤い色。②まごころ。
【丹石心】たんせきのこころ 「丹心」に同じ。
【丹前】たんぜん 国①どてら。②芝居で、役者が花道から揚げ幕にはいるときの一種の足の踏み方。六法。③丹前姿の略。④丹前姿の人の用いた雪駄の鼻緒の一種。
【丹台(臺)】たんだい 仙人のいる所。
【丹頂】たんちょう つるの一種。頭が赤い。丹頂鶴。特別天然記念物。
【丹田】たんでん へそのすぐ下のところ。下腹部。
【丹毒】たんどく 皮膚や粘膜の傷口から連鎖状球菌がはいっておこる急性の伝染病。
【丹楓】たんぷう 紅葉した楓樹。紅楓。
【丹陛】たんぺい 赤く塗った階段。天子の御所。
【丹碧】たんぺき 色どり。赤と青。
【丹鳳】たんぽう ①天子の詔勅。②朝廷、あるいは都をいう。
【丹薬(藥)】たんやく 丹を練って精製した道家の練り薬。

◆仙丹・牡丹・青丹・雲丹・切支丹

4 、【主】〔5〕 学3 シュ・ス ぬし・おも J 2871 U補 4E3B
旧字 4 、【主】〔5〕 シュ 漢 上 麌 ス 呉 zhǔ チュー U補 J ―
筆順 丶 亠 亍 丰 主
意味 ①〈ぬし〉〈あるじ〉㋐主人。家長。㋑君主。かしら。「盟主」㋒持ち主。②位牌。「木主」③天子の娘をいう。「公主」④〈もと〉根本。⑤〈おもに〉主として。⑥〈つかさど・る〉管理する。支配する。⑦主張する。⑧たっとぶ。重んじる。⑨やどる。⑩キリスト教やイスラム教の神。国〈ぬし〉①女が恋人を親しんでよぶ語。②湖沼や山岳、森林などをつかさどる神霊、または古くから住みついて霊力があるといわれる動物をさす。
解字 象形。形声。王は燭台で、その上に火がともる形。、は、じっと止まっていること。また、音をも示す。小さなほのおが部屋中を照らすことから、主人の意味に使われるようになった。
名前 かず・もり・つかさ 難読 主計・主典・主帳・主政・主税・主殿・主水

【主位】しゅい ①おもな地位。②たいせつな場所。③天子の位置。④主人の地位。
【主意】しゅい 一 ①おもな意味。主旨。②主君の心。③文章や談話などのかんじんなところ。主旨。④意見。考え。二 zhǔyi 現一の③④に同じ。
【主一無適】しゅいつむてき 朱子学で、「敬」という精神修養の状態について説明した語。心をただその一事にむけ雑念をもたない意。
【主因】しゅいん おもな原因。おもな理由。
【主翁】しゅおう 家の主人。主人公。翁は尊敬語。
【主媼】しゅおう 一家の主婦に対する敬称。
【主恩】しゅおん 主人の恩。君主のお恵み。
【主我】しゅが 自分中心の考え。自分の利益だけを主として、他を顧みない考え。利己。
【主客】しゅかく ①官名。昔、中国で外国の来賓のことをつかさどった官。②主人と客人。賓主。③重要なものとそうでないもの。④主観と客観。⑤文法で、主語と客語。【主客転(轉)・顚(顛)倒】しゅかくてんとう ①主人と客との位置がかわる。②物事の、大小、軽重、本末などが逆になる。
【主幹】しゅかん 中心となって事をする役の人。取り締まり。「主任。」

【主管】主となって事をつかさどる。また、その人。

【主観(觀)】一 ①哲ものごとを感じたり考えたりする者自身。外の世界に対する我みずから。↕客観 ②自分だけの考え。二 zhǔguān 現一に同じ。【―的】自分だけのせまい見方・考え方。自分の主観を中心にして物をみるさま。

【主眼】かんじんなところ。眼目。主要。

【主器】祖先の祭りに用いる祭器は一家の長子がつかさどったことから、長子のこと。

【主義】①一定の主張。強く主張する一筋の考え。②正しい道義をもととすること。③目的を達する目あて。

【主君】①天子。君主。②自分の主人。

【主計】①漢代、国家の会計をつかさどった官。計相。②会計官。③国もと、軍隊で会計経理をつかさどった軍人。主計兵。

【主敬】尊敬の意を重んずる。なお宋代の儒者は自らの身を慎む修養法としての意味で用いた。

【主権(權)】①人君の権力。②国家を治める最高の権力。統治権。

【主顧】①かえりみる。②おとくい。

【主考】地方の官吏登用試験の試験官。

【主査】主となってある事を取り調べる。また、その人。

【主宰】つかさ。主となってさしずする。また、その者。

【主裁】主となって事を処理する。また、その人。

【主催】主となってもよおす。音頭をとって世話をする。

【主司】①ある事に責任を持つ係の役人。科挙の試験官。②取り締まりをする人。

【主旨】文章や談話などの、要点的なところ。おもな意味。〔主意。〕

【主事】中心となって、その仕事をする人。

【主持】自分の意見を主張する。

【主者】①持ち主。②管理者。

【主従(從)】国主人と家来。君と臣。

【主将(將)】一軍の中の総大将。

【主唱】中心となって意見、主張などを唱える。

【主上】天子。君主。人君。

【主食】①天子の食物をつかさどる役。②国日常の食事で主となる食物。米・麦など。↕副食
【主人】一 ①一家のあるじ。②客人に対して、これを迎える家の人。③国自分がつかえている人。だんな。二 zhǔrén 現一に同じ。【―公】①あるじ。主人。②中心となって事をする人。③小説や脚本の中で、中心となる人物。

【主静】欲をとり去り、心を静かに保つ修養法。北宋の周敦頤らが説いた。

【主税】昔、みつぎ物や租税のことをつかさどった役。

【主席】一 ①第一位の席次。②公式の団体などの代表者。③主人のすわる席。④宴会の席をつかさどるもの。二 zhǔxí 現最高指導者。議長。

【主膳】天子の食事をつかさどる役。また、その事。【―監】主膳を監督する人。膳司。

【主体(體)】①天子のからだ。②自分。自我。③本体。根本。↕客体
【主題】国①研究や論文の主要な題目。②芸術作品などの中心となる思想内容。テーマ。

【主張】一 ①自分の意見。②自分の考えを強く言いはる。③つかさどる。主宰する。持論。④主としてとりまもる。「主張世道」〈宋史・徐中行伝〉二 zhǔzhāng 現一の①②に同じ。

【主潮】国①おもな潮の流れ。②その時代の中心的な思想。思潮。③時勢のなりゆき。

【主第】公主の屋敷。公主は、天子・王族の娘。

【主典】一 ①つかさ。かかりの人。②国もと、官・国幣社の神職の一つで、祭りの儀式や雑務に従事した人。二 国昔の四等官の最下級で、長官・次官・判官に次ぐ官。【―代】国中古、出納のことをつかさどった、院の庁の属官。

【主任】一 ①ある仕事を主として処理すること。また、その人。②事務担当の責任者。二 zhǔrèn 現一に同じ。

【主脳(腦)】①主旨。②おもだった人。中心人物。

【主犯】法刑法で、犯罪行為を行った人。正犯。

【主筆】新聞や雑誌などの記者の首席で、特に重要な記事や論説などをうけもつ人。

【主賓】①主人とお客。②いちばんおもだった客人。正客。上客。

【主父】①妾の立場から夫をさすことば。だんなさま。②複姓。

【主文】①科挙の試験官。主司。②法判決文で、判定の結果と、適用した法律とを書いた部分。③国但し書きなどに対して、本文をいう。

【主弁(辨)】中心になって事を処理する人。取り締まり。

【主母】妾の立場から正妻をさすことば。奥さま。

【主簿】記録や文書などを担当する低い役。書記。

【主峰】一つの山脈、または連峰の中で最も高い山。

【主謀者】中心となってはかりごとをする人。

【主務】国事務を執る。また、おもな仕事。

【主馬寮】国昔、宮内省にあって、皇室関係の馬のことをつかさどった役所。

【主役】国①主要な役がら。主人役。②劇・映画などの俳優で、中心的な役を演ずる者。

【主要】一 かなめ。かんじん。おもな。たいせつな。二 zhǔyào 現一に同じ。

【主流】①河川で、中心となっている部分の流れ。本流。↕支流 ②学問や思想、また、組織などで中心となる傾向、また、勢力。↕傍流・傍系 【―派】主力を占める一派。

【主領】かしら。長。＝首領
【主力】①おもな力。主要の勢力。②軍隊で中心となる勢力。

【主基】国大嘗会に供える新しい穀物を奉納するために、あらかじめうらなってきめた国郡。悠紀に次ぐ。都より西方の国からきめられた。↕悠紀
【主殿】国①主殿寮の下役人。②宮中の雑役に当たった女官。【―寮】国昔、宮中の庭の清掃や、湯殿などのことをつかさどった役所。

【主水】国「主水司」の略。【―司】国律令制で、宮内省直属の役所。水・かゆ・氷室などの事をつかさどる。
◆▼戸主・民主・自主・名主・地主・君主・坊主・亭主・城主・施主・神主・庵主・座主・家主・荷主・祭主・借主・船主・教主・喪主・買主・貸主・雇主・盟主・領主・藩主・創造主

丶4【丼】〔5〕常 どんぶり・どん
一 セイ 漢 上 梗 jǐng チン
二 タン 漢 トン 呉 上 感 dǎn タン
J 4807 補 U 4E3C

筆順 一 二 ナ 井 丼

意味 ㊀いど。＝井。㊁物が井戸に落ちる音。どぶん。国〈どんぶり〉〈どん〉①小型の鉢。「丼飯」②腹掛けの前かくし。

解字 象形。井が井戸の枠組み、中の点がつるべ桶の形である。殷代の甲骨文字に丼という字があり、後になって丼という字も作られ、丼・井のどちらの字も井戸の意味で用いられた。丼を「タン」と読み、「物を井戸に落とした音」とするのは、さらに後からの用法。「どんぶり」の意味で用いるのは、日本語の用法。

4 、〖氷〗↓水部一画(六九九ページ・上)

4 、〖永〗↓水部一画(六九八ページ・中)

1画

ノ部の

【部首解説】「右から左に曲がっていること」を表す。この部には、「丿」の形を構成要素とする文字が属する。

丿0 【丿】〔1〕 ヘツ 漢 入 屑 ヘチ 呉 piě ピエ J 4808 補 — U 4E3F

意味 右から左にまがる。漢字の筆画の一つ。＝撇 指事。右から左へ曲がっている形を表す。乀の反対である。

丿0 【乁】〔1〕 イ 漢 平 支 呉 yí イー J 1616 補 — U 4E41

意味 〈うつ・る〉移動する。

丿0 【乀】〔1〕 フツ 漢 入 物 ホチ 呉 fú フー J ②0108 補 1615 U 4E40

意味 左から右にひねる。漢字の筆画の一つ。

丿1 【乂】〔2〕 ㊀ガイ 漢 ㊀ 去 隊 yì イー ㊁ガイ 漢 ㊁ 去 泰 ài アイ J 4809 補 — U 4E42

意味 ㊀①かる。草を刈る。②〈おさ・める(をさ・む)〉〈おさ・まる(をさま・る)〉統治する。③すぐれた人。賢人。「俊乂」㊁こらす。こりる。

【乂安】治まって、やすらか。

【乂寧】治まって、やすらか。

〖乂不レ格レ姦〗舜帝が、よく徳によって親や弟を感化し、そのために親や弟も修養につとめて、罪を犯すことのないようにさせたという故事。〈書経・尭典〉

丿1 【乃】〔2〕 人 ダイ 漢 上 賄 ナイ 呉 nǎi ナイ J 3921 補 — U 4E43

意味 ①〈すなわち(すなはち)〉㋐そこで。㋑やっと。㋒なんとまあ。かえって。㋓つまり。②〈なんじ(なんぢ)〉あなた。きみ。国〈の〉国語の格助詞「の」に当てる。

語法 ❶〈すなわち(すなはち)〉順接。類迺 ㋐そこで。それで。前述の事実をうけて、それに続く結果を接続する。例「以為三諸侯莫二足レ游者一、乃西入レ関見二衛将軍一」(諸侯には身を寄せるべき人物はいないとさとり、そこで西へ向かい函谷関をこえ衛将軍に謁見した)〈史記・主父列伝〉 ㋑やっと…。前述の条件をうけて、はじめてある事態が出現したことを表す。例「侯生視二公子色終不一レ変、乃謝レ客就レ車」(侯生は公子の顔色が終始変わらないのを見定めるとようやく客に別れを告げて車に乗った)〈史記・魏公子列伝〉
❷〈すなわち(すなはち)〉逆接。それなのに。なんとまあ。前述の事実をうけて、その結果が不当・意外であることを示す。類迺 例「当三改レ過自新二乃益驕溢」(これまでの過失を改めて新たに出直すべきであるのに、ますます勝手気ままにしている)〈史記・呉王濞列伝〉
❸〈すなわち(すなはち)〉強意。これこそ…である。つまり…だ。判断・断定を強調する。例「当レ立者乃公子扶蘇」(位につくべきものはなんといっても公子の扶蘇である)〈史記・陳渉世家〉
↓付録・同訓異義要覧「すなわち」

句形 [… 無乃～乎] 〈…むしろ～ならんか〉…は～ではないだろうか。判断を婉曲に示す。例「以レ衛伐レ之、無乃不可乎」(衛としてこれ〔蒲の国〕を攻撃するのはよくないのではないだろうか)〈史記・孔子世家〉 ▼「…無二乃～一乎〈…すなわち(すなはち)～なからんや〉」と訓読する場合もある。

解字  指事。古い形で見ると空気がまっすぐに出ない状態を示す。そこから、ことばがつづきにくいことになり、「すなわち」ということばをつづけることで、間をたもつ意味になる。同じすなわちでも、「而」は外面的で軽く、「乃」は内面的で深い気持ちを表す。一説に、乃は、からだがなえて折れ重なる状態であるという。

名前 いまし・おさむ 難読 乃公

【乃翁】おまえの父。父の自称。

【乃公】①自分。目下のものに対して自分をいうときの語。②父が子に対していうときの語。＝迺公

【乃祖】①なんじの祖先。または祖父。②祖先。祖父。

【乃父】①なんじの父の意で、わが子に対する父の自称。②父。③君主が臣下の父をいう語。

【乃往】①何々から何々に至るまで。中間を略すときのことば。②または。あるいは。もしくは。

【乃至】①何々から何々に至るまで。中間を略すときのことば。②または。あるいは。もしくは。

【乃者】以前に。前日。さきに。

〖乃武乃文〗文武を兼ねそなえている意で、天子の徳をほめたことば。允文允武。「帝徳広運、乃聖乃神、乃武乃文」〈書経・大禹謨〉

丿1 【メ】〔2〕 国字 J — 補 1617 U 4E44

意味 〈しめ〉①合計した数量。②半紙十束。百帖。③束ねたものを数える語。④封書の封じ目に書く字。

丿1 【〆】〔2〕 同字 J 0126 補 — U 3006

丿1 【𠂉】〔2〕 意味 漢字の字形を構成する要素。乞・年などを構成。 J ②0101 補 — U 20089

丿1 〖九〗↓乙部一画(三九ページ・中)

丿2 【久】〔3〕 学 5 キュウ・ク ひさしい キュウ(キウ) 漢 ク 呉 上 有 jiǔ チウ J 2155 補 — U 4E45

筆順 ノ ク 久

3 【镹】〔10〕 同字 J ②9151 補 6994 U 9579

意味 ①〈ひさし・い(ひさ・し)〉㋐時間が長い。㋑昔の。古くからの。㋒かわらない。「永久」②待つ。長くとどまる。③ふさぐ。おおう。④支える。⑤姓。

解字 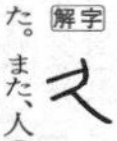 指事。人が歩こうとするのを、後ろから引き止めている形。そこから、時間がたつ意味に用いられるようになった。また、人のうしろに、をつけて、老人のまがった背なかを指し示し

たものともいう。老は、年を経ているので、「ひさしい」意になる。
名前 つね・なが・ひこ
姓 久下(くげ)・久努(くぬ)・久米(くめ)・久貝(くがい)・久我(くが)・久賀(くが)・久原(くはら)・久楽(くらく)・久喜(くき)・久手堅(くでけん)・久寿米木(くすめぎ)
地名 久万(くま)・久世(くせ)・久米(くめ)・久住(くじゅう)・久喜(くき)・久遠(くどう)・久慈(くじ)・久留米(くるめ)

【久安】きゅう(きう)あん　長い間やすらかなこと。

【久逸(逸)】きゅう(きう)いつ　長い間やすらかにたのしむ。逸は安。＝久佚
【久淹】きゅう(きう)えん　ひさしく一か所にとどまる。

【久遠】きゅう(きう)えん・くおん(をん)　①長く久しい。②仏きわめて遠い昔。久遠劫(くおんごう)。

【久憶】きゅう(きう)おく　長い間、思い続ける。

【久懐(懐)】きゅう(きう)かい(くわい)　①昔をなつかしみしのぶ心。②久しい間もち続けた思い。年来の願い。旧懐。

【久闊】きゅう(きう)かつ(くわつ)　ひさしぶり。長い間あわない。

【久旱】きゅう(きう)かん　長い間、日照りがつづく。ながひでり。

【久久】きゅう(きう)きゅう(きう)・ひさびさ　ひさしい間。長い年月。

【久故】きゅう(きう)こ　長い間の知り合い。旧故。故旧。

【久交】きゅう(きう)こう(かう)　ひさしい交わり。長い間のかわらない交際。

【久曠】きゅう(きう)こう(くわう)　長い間、打ち捨てておいて、事を行わない。曠日弥久(こうじつびきゅう)。

【久視】きゅう(きう)し　①長生きをいう。②じっと見つめる。

【久次】きゅう(きう)じ　長い間同じ官のままで昇進しないこと。

【久疾】きゅう(きう)しつ　長い病気。長わずらい。

【久住】きゅう(きう)じゅう(ぢゅう)　長い間、住む。長く住みつく。

【久晴】きゅう(きう)せい　長い間、晴れる。

【久待】きゅう(きう)たい　長い間、待つこと。

【久滞(滯)】きゅう(きう)たい　①長い間、事がはかどらない。②久しく一つ所にとどまること。

【久聞】きゅう(きう)ぶん　長い間、評判を耳にしている。

【久別】きゅう(きう)べつ　長い間わかれていること。

【久要】きゅう(きう)よう(えう)　古い約束。旧約。

【久離】きゅう(きう)り　①久しくはなれている。②国師弟や親子などの縁をきる。勘当(かんどう)。

〖久之〗ひさしくして・しばらくして　之は助詞。少しの間をおくこと。
◆永久(えいきゅう)・恒久(こうきゅう)・持久(じきゅう)・耐久(たいきゅう)・悠久(ゆうきゅう)

丿 2
【及】〔3〕常　キュウ　およぶ・および・およぼす　U補J 2158 53CA
旧字 又 2【及】〔4〕　キュウ(キフ)漢　ギュウ(ギフ)呉　入 緝　jí チー　U補J

筆順 ノ 乃 及

意味 ①〈およ・ぶ〉〈およぼ・す〉追いつく。いたる。「及門(きゅうもん)」②〈および〉㋐ならびに。ともに。…と。㋑…になって。「及時(きゅうじ)」㋒…に乗じて。③ともにする。④あとを継ぐ。

語法 ❶〈および〉並列。…ならびに～。ふたつ以上のものを同等に列挙する。例「項梁使﹅沛公及項羽別攻﹅城陽﹆」(項梁(こうりょう)は沛公(はいこう)および項羽(こうう)をして別に城陽(じょうよう)を攻めしむ)(項梁は沛公と項羽にそれぞれ別に城陽を攻めさせた)〈史記・項羽本紀〉
▼「と」と訓読して「～は…とともに」と従属するものをみちびく場合もある。
❷〈および(て)〉…になると。例「及﹅秦皇帝崩﹆」(秦の皇帝が崩ずるに及びて)、天下大叛(てんかおおいにそむく)」(秦の皇帝が崩ずると、天下にはつぎつぎと反乱が起こった)〈史記・主父(しゅほ)列伝〉
❸〈および(て)〉…に乗じて。…を利用して。…のうちに。例「高昭子可﹅畏」(高昭子(こうしょうし)は畏(おそ)るべし)。及﹅未﹅発(いまだはっせざるにおよびて)、先﹅之(これにさきんぜよ)」(高昭子は恐ろしい。まだ動き出さないうちに先手を打ちなさい)〈史記・斉(せい)太公世家〉

●句形●
〔及﹅至﹅…﹆〕〈…にいたるにおよび〉…になると。例「及﹅至﹅秦之季世﹆(しんのきせいにいたるにおよびて)、焚﹅詩書﹆(ししょをやき)、阬﹅術士﹆(じゅつしをあなにし)、六藝従﹅此欠焉(りくげいこれよりかけたり)」(秦代の末期になると、〔始皇帝は〕『詩経』や『書経』を焼き捨て、学者を穴埋めにして殺し、これ以降、六芸は欠損し不完全となった)〈史記・儒林列伝〉

解字  会意。古い字を参照すると、人と又を合わせた字。又は右手を表す。及は、逃げてゆく人の後ろに手がとどいている形で、追いつく、まにあう、という意味を表す。
名前 しき・たか・ちか・いたる　姓 及川(おいかわ)・及位(のぞき)

【及瓜】きゅう(きふ)か(くわ)　官吏の任期がみちること。満期。春秋時代、ある諸侯が家臣に瓜(うり)の熟するころ赴任させ、明年瓜の熟するころに交代させると言ったことにもとづく。〈左伝・荘(しょう)公八〉

【及肩】きゅう(きふ)けん　肩ぐらいの高さである。

【及時】一 きゅう(きふ)じ　時におよんで。機会をはずさずに。二 チーシー jíshí 現すぐに。

【及第】きゅう(きふ)だい　①官吏の登用試験に合格すること。登第(とうだい)。②試験に合格する。

【及追】きゅう(きふ)つい　あとを追う。

【及門】きゅう(きふ)もん　門下にいたる。弟子となる。一説に、仕官する。〈論語・先進〉

【及落】きゅう(きふ)らく　及第と落第。合格と不合格。

【及格】チーコー jígé 現合格する。
◆言及(げんきゅう)・波及(はきゅう)・追及(ついきゅう)・普及(ふきゅう)

丿 2
【乇】〔3〕　一 タク漢　チャク呉　一 入 陌 zhé チョー　二 タク漢呉　二 入 薬 tuō トゥオ　U補J ②0109 1618 4E47

意味 一草の葉。二〈まか・せる(――・す)〉＝託(たく)

丿 2【么】〔3〕俗 一(一ジベー・上)　↓幺(四三

丿 2〖刄〗(一五五ジベー・上)　↓刀部一画

丿 2〖千〗(一九一ジベー・下)　↓十部一画

丿 3
【乏】〔4〕常　ボウ　とぼしい　ホウ(ハフ)漢　ボウ(ボフ)呉　入 洽 fá ファー　U補J 4319 4E4F

筆順 ノ 𠂉 乏 乏

意味 ①〈とぼし・い(とぼ・し)〉すくない。まずしい。足りない。「貧乏」②すてる。かえりみない。③つかれる。「乏疲」④皮製の矢ふせぎ。

解字  指事。古い形でわかるように、正を反対にした字。正しくないということは、どこか欠けていることで、「とぼしい」意味になる。一説に、正は、矢のまとのある所。その裏にかくれて、矢の当たりぐあいを見る隠れ場所を乏というとも解する。

参考 康熙字典では、丿部四画とする。

【乏匱】ぼう(ぼふ)き　とぼしい。すくない。

【乏窮】ぼう(ぼふ)きゅう(きう)　貧しくて困りはてる。貧窮。

【乏月】ぼう(ぼふ)げつ　陰暦四月の別名。穀物の欠乏する月の意。

【乏困】ぼう(ぼふ)こん　物がなくて、生活にこまる。

【乏餒】ぼう(ぼふ)だい　とぼしくて飢える。

【乏頓】ぼう(ぼふ)とん　物資がたりなくて疲れたおれる。
◆欠乏(けつぼう)・耐乏(たいぼう)・貧乏(びんぼう)・窮乏(きゅうぼう)

丿 3〖壬〗(三〇五ジベー・上)　↓士部一画

丿 3〖屯〗(三九九ジベー・下)　↓屮部一画

丿3【匁】→勹部二画(一八四ページ・中)

丿4【乎】〔5〕人 標 コ 漢 平 虞 呉 hū フー　J 2435 補 U 4E4E

意味 ①〈か〉〈や〉〈かな〉語気を表す助詞。㋐疑問・反語を表す。㋑呼びかけを表す。㋒詠嘆を表す。②ああ。③…に。…より。于・於と同じに用いる。④形容を示す接尾辞。「牢乎」「断断乎」

名前 お

【乎古止点(點)】国昔、漢文を訓読するとき、漢字の四すみ・上下に点をつけて、テニヲハの符号としたもの。

【乎哉】㊀かな 感嘆の意を表す助詞。㊁か 疑問の意を表す助詞。㊂や 反語の意を表す助詞。

◆断乎・確乎

丿4【乍】〔5〕サ 漢 去 禡 zhà チャー　J 3867 補 U 4E4D

意味 ①〈たちまち〉急に。ふと。②…したばかり。はじめて。③…したり…したり。国〈ながら〉①…ではあるが。「乍末筆」②…しつつ。

【乍雨】にわか雨が降る。

【乍寒乍熱】①寒くなると思えば、にわかに熱くなる。急に発熱したり寒けがしたりする。②物事に熱しやすく、さめやすいさま。③気候不順。

丿5【㐆】〔6〕イン 漢 呉 上 吻 yǐn イン　J ②0113 補 U 3406

意味 ①帰る。②帰依する。③からだのむきをかえる。

丿5【乑】〔6〕㊀ギン 漢 ゴン 呉 平 侵 yín イン ㊁ハン 漢 平 删 pān パン ㊂シュウ 漢 シュ 呉 去 送 zhòng チョン　J ②0112 補 1619 U 4E51

意味 ㊀立つ。大勢が立っているさま。㊁よじのぼる。=攀 ㊂=衆

丿5【𠂢】〔6〕ハイ 漢 去 卦 pài パイ　J ②0111 補 U 200A2

意味 川の支流。=派

丿5【乓】〔6〕pāng パン　J —— 補 U 4E53

意味 現 ①ポンという音を表す。②乒乓球 pīngpāngqiú は、卓球。

丿5【乒】〔6〕pīng ピン　J —— 補 U 4E52

意味 現 ①ピンという音を表す。②乒乓球 pīngpāngqiú は、卓球。

丿5【𠂤】〔6〕本→堆(二九一ページ・下)

丿5【甪】→用部一画(八三三ページ・上)

丿6【乕】〔7〕俗→虎(一〇九四ページ・下)

丿6【兵】→八部五画(一三四ページ・中)

丿7【乖】〔8〕標 カイ(クヮイ) 漢 平 佳 guāi コワイ　J 4810 補 U 4E56

意味 ①〈そむ・く〉㋐もとる。さからう。「乖叛」㋑離れる。分かれる。㋒たがう。一致しない。②ずるい。悪がしこい。③かわいい。

【乖異】そむきちがう。くいちがう。逆になる。

【乖違】そむきたがう。約束にそむく。

【乖遠】遠くへだたる。遠く離れる。乖隔。

【乖隔】そむき離れる。そむきへだたる。乖遠。乖離。「牽攣乖隔」(お互いに恋いしたいながら、遠く離れて住んでいる。)〈白居易・与微之書〉

【乖忤】もとりさからう。食い違う。違乖。

【乖背】そむきもとる。背馳。乖戻。

【乖悖】もとりそむく。

【乖謬】そむきちがう。くいちがう。

【乖濫】そむき乱れる。乖乱。

【乖離】そむきはなれる。みかぎる。

【乖戻】「乖悖」に同じ。

丿7【秉】→禾部三画(九〇六ページ・上)

丿8【乗】〔9〕学 3 ジョウ のる・のせる ㊀ショウ 漢 ジョウ 呉 平 蒸 chéng チョン ㊁ショウ 漢 ジョウ 呉 去 径 shèng ション　J 3072 補 U 4E57

旧字 丿9【乘】〔10〕人　J 4811 補 U 4E58

筆順

丿8【椉】〔12〕字 本　J 3622 補 U 6909

意味 ㊀①〈の・る〉㋐乗り物に乗る。㋑登る。㋒つけ込む。「乗夜陰」②〈の・せる(―・す)〉③勝つ。しのぐ。④治める。⑤掛けあわせる。掛け算。「加減乗除」⑥仏仏の教え。衆生を悟りの彼岸に運ぶ乗り物に喩えた。㊁①四頭だての馬車。転じて、四をいう。②兵車。また、兵車に乗った兵士。「千乗之国」③井田制で、六十四井をいう。④歴史書。記録。「史乗」国①〈の・る〉調子にのる。②〈の・せる(―・す)〉だます。

解字  会意。人と桀を合わせた字。桀は、木の上に左右の足が乗っている形である。乗は、それに人を加えて、人が両足で木の上に登っていることを表し、「のる」の意味になる。

名前 あき・しげ 姓 乗

【乗鶴】つるに乗って天にのぼる。仙人になること。

【乗黄】①四頭の黄色い馬。②神馬の名。③伝説上の動物の名。狐に似て背中につのがある。

【乗載】のせる。

【乗策】馬に乗って、むちうつ。

【乗矢】四本でひとそろいとなる矢。

【乗志】歴史。記録。

【乗車】①車に乗る。また、乗る車。②平時の馬車。↔兵車【―之会(會)】武力を用いない平和の会合。↔兵車之会

【乗除】①掛け算と割り算。②増したり減ったり。栄えたり衰えたり。③手かげんする。

【乗数(數)】掛け算で、かけるほうの数。↔被乗数

【乗積】掛け算をして得た数。積。

【乗旦】名馬の名。乗且とも称す。

【乗田】官名。春秋時代、魯の国で家畜を養うことをつかさどった役。

【乗伝(傳)】駅伝の馬に乗る。宿と宿とを連絡して走る馬に乗ること。また、その馬。

【乗馬】①馬に乗る。②人を乗せるための馬。③四頭だての馬車につける馬。駟馬。

【乗匹】乗り馬。乗馬用の馬。

【乗法】数学の掛け算。↔除法

【乗輿】①天子の乗られる車馬。②天子の敬称。

【乗竜(龍)】①竜に乗る。昇天する。②四匹の竜。③竜のようにすばらしい婿を迎えること。転じて、

娘の婿に対する敬称。

【乗打】国車や馬などに乗ったままで通り過ぎること。

【乗気(氣)】国物事をするのに、心がはずんで勢いづく。

【乗地】国①乗り気。②音曲などで、調子が非常によく合うこと。③調子にのってしゃべるさま。

◆上乗・大乗・小乗・自乗・岩乗・便乗・相乗・搭乗

丿8 『重』↓里部二画(一二七九ジ・中)

丿9 【乗】〔10〕旧↓乗(三八ジ・中)

丿9 『乕』↓虍部四画(一〇九五ジ・下)

1画　乙(乚)部　おつ　おつにょう

【部首解説】「春に草木が曲がって芽を出すさま」にかたどる。一説に「小さい刀」にかたどるともいう。この部には、「乙・乚」の形を構成要素とする文字が属する。旁になるときは「乚」となる。

乙0 【乙】〔1〕常 オツ｜イツ漢 オチ呉｜入 質｜J 1821｜補｜U 4E59
オツ慣｜yǐ イー

筆順 乙

意味 ①〈きのと〉十干の第二番目。②二番め。↕甲 ③ひとつ。一に同じ。「太乙」④低い音調。⑤書物の読みかけのところにしるしをつけること。また、そのしるし。⑥なにがし。それがし。⑦魚のほおぼね。また、魚の腸。⑧つばめ。‖鳦 ⑨姓。国①〈おつ〉⑦気のきいたさま。しゃれたさま。①奇異なさま。②〈おと〉終わり、末の意。また、小の意。「乙女」

解字  象形。春に草木が上につかえながらくにゃくにゃと曲がって芽を出す形。そこから、まがる、かがまる、の意味となる。一説に、乙は柄のある曲がった小刀を表すともいう。乙を「つばめ」というのは、つばめは「乞」で、本来違った字であるが、形が乙と似ているので、通用するようになったものである。

名前 お・き・と・くに・たか・つぎ・とどむ 姓 乙竹・乙津・乙面・乙葉 地名 乙原・乙訓

難読 乙女・早乙女(付表)／乙甲・乙張

【乙乙】一 よい考えが出てこないさま。苦しみ考えるさま。二 ひとつびとつ。‖一一

【乙科】①高等文官試験成績の第二等級。また、試験の科目名。②「挙人」(五二八ジ・中)をいう。

【乙第】①「乙科」の①に同じ。②別荘。しもやしき。

【乙鳥】つばめの別名。玄鳥。乙禽。

【乙夜】夜を、五つに分けた第二番め。今の午後十時ごろをいう。『――之覧(覽)』天子の読書。中国で昔、天子は朝から夜まで政務に忙しいため、午後十時過ぎになって読書をしたのでいう。乙覧。

【乙子】国一 末の子。二 正月の最後の子の日。

【乙御前】国①おたふく。おかめ。②末の娘。

乙0 【乚】〔1〕J ②0115｜補 1620｜U 4E5A
意味 「乙」(前項)が旁になるときの形。

乙0 【乚】〔1〕イン漢 オン呉｜上 吻 yǐn イン｜J ―｜補 ―｜U 200C9
意味 かくす。かくれる。‖隠

乙1 【九】〔2〕学 1 キュウ・ク ここの・ここのつ｜キュウ(キウ)漢 ク呉｜上 有 jiǔ チウ｜J 2269｜補 ―｜U 4E5D

筆順 ノ 九

意味 ①〈ここの〉〈ここのつ〉⑦九番めの数。①九個。②〈このたび〉⑦九回。①あまた。なんども。③あつめる。あわせる。‖鳩・糾 ④易で陽爻(⚊)をいう。↕六(陰爻⚋)

解字  指事。曲がりくねって変化の多いことから、もののきわまり。数では九を示す。一説に、ひじを曲げた形ともいい、また十の横線のはじを折って、十より欠けて少ないことを示すともいう。

名前 かず・ここ・ただ・ちか・ひさ・ちかし 姓 九戸

地名 九戸・九谷

難読 九年母・九十・九十九髪・九十九折

参考 書きかえやまちがいを防ぐためには、「玖」の字を用いる。

【九夷】①東方の九種の異民族。②多くの異民族。【――八蛮(蠻)】四方八方の蛮族。

【九淵】非常に深いふち。

【九華(華)】①宮室や器物の美しい飾り。②安徽省青陽県西にある山名。ここで明の王陽明が、「致良知」の理を悟ったという。③後趙の石虎の建てた宮殿の名。【――帳】美しい花模様をぬいとりしたカーテン。「九華帳裏夢魂驚」(豪華なカーテンの中で、夢うつつの魂がはっと目ざめた。)〈白居易の詩・長恨歌〉【――灯(燈)】陰暦一月一日の宵に用いる飾り灯籠。

【九夏】①夏の九十日(三か月)間のこと。②周代、朝廷での九種類の音楽の名。

【九歌】①禹王の九功の歌。②「楚辞」の編名。

【九河】黄河の九つの分流。

【九垓】①天の果て。②地の果て。③中国全土。九州。

【九回腸】①腸が何度も回転する。ひどく憂えもだえるさま。②坂道などのまがりくねるさま。

【九官】中国古代におかれたという、国務をつかさどる九人の大臣。後の九卿にあたる。司空(総理)・后稷(農政)・司徒(教育)・士(刑罰)・共工(百工)・虞(山林沼沢)・秩宗(礼儀・祭祀)・典楽(音楽)・納言(上言下達・下言上達)の九つをいう。

【九畿】周の時代、王城の千里四方を王畿とし、その外を五百里四方ごとに、侯服以下九種に区分けした。九服。

【九疑】山の名。湖南省寧遠県の南にあり、その九つの峰の形がよく似ていて、まぎらわしいために名づけられたという。舜の廟がある。

【九嶷】「九疑」に同じ。

【九丘】中国の古伝説の中の書物の名。九州(中国全土)の地理書という。「八索九丘」

【九牛一毛】多数の中のごく少数。多くの牛の毛の中の一本の毛の意。大海の一滴。あるかないかわからないほどのものをいう。九牛毛。〈司馬遷・報任安書〉

【九竅】人間のからだにある九つの穴。目・耳・鼻の各二つと、口および大小便の穴。

【九衢】都にある九つの大きな道。また、都をいう。

【九軍】①天子の六軍と諸侯の三軍で、大軍の意。②天子の軍。

【九刑】きゅう(きう)けい ①周代の九つの刑法。墨(いれずみ)・劓(鼻切り)・剕(あしきり)・宮(男の生殖器官をとる)・大辟(死刑)の五つに、流(島ながし)・贖(罰金)・鞭(官吏をむちうつ)・扑(学生をむちうつ)を加えたもの。②周の時代の刑書の名。

【九経(經)】きゅう(きう)けい ①君主が天下を治めるうえに行うべき九つの大道。②九つの経書。「易経」「書経」「詩経」「周礼」「儀礼」「礼記」「春秋」「孝経」「論語」。また「孝経」のかわりに「孟子」。

【九卿】きゅう(きう)けい 九人の長官。九司。九賓。時代により名称は異なる。周代では冢宰・司徒・宗伯・司馬・司寇・司空・少師・少保・少傅、秦代では奉常・郎中令・衛尉・太僕・廷尉・典客・宗正・治粟内史・少府、漢代では太常・光禄勲・衛尉・太僕・廷尉・大鴻臚・宗正・少府・大司農。

【九月九日】きゅう(きう)げつ きゅう(きう)じつ 陰暦九月九日、重陽の節句。菊の節句。この日に、一家、山に登って酒をくみ、災難をよける行事があった。九月九。→「五節句」(五〇ジ・上)

【九原】きゅう(きう)げん もと、晋の卿大夫の墓地。後に転じて、墓場・めいど・よみじの意に用いる。

【九五】きゅう(きう)ご ①易の卦の六爻のうち、下から数えて五つめが陽の爻であること。②天子の位をいう。

【九江】きゅう(きう)こう(かう) ①「九川」に同じ。②洞庭湖の旧名。九つの川が流れこむのでいう。③地名。九江県。今の江西省九江市。昔の潯陽。陶潜の故郷。また、白居易の流された所で、廬山の北方にあたる。

【九皐(臯)】きゅう(きう)こう(かう) おく深いさわ。おく深い沼地。

【九合】きゅう(きう)ごう(がふ) ①集め合わせる。②諸侯を九回会合させる。

【九国(國)】きゅう(きう)こく ①中国、戦国時代の九つの国。斉・楚・燕・趙・韓・魏・宋・衛・中山。②国九州の九か国のこと。州も国の意。

【九穀】きゅう(きう)こく 九種類の穀物。黍・稷・秫・稲・麻・大豆・小豆・大麦・小麦。

【九載】きゅう(きう)さい 九年間。載は歳。

【九山】きゅう(きう)ざん 中国全土のおもな大山。汧・壺口・砥柱・太行・西傾・熊耳・嶓冢・内方・岐。

【九枝】きゅう(きう)し 一つの燭台で九つの灯をともすようにしたもの。九枝灯。

【九思】きゅう(きう)し ①君子が考える九つの事がら。九つの思い。視には明、聴には聡、色には温、貌には恭、言には忠、事には敬、疑には問、忿には難、得には義を考える。「君子有二九思一」〈論語・季氏〉 ②「楚辞」の編名。

【九死一生】きゅう(きう)し いっしょう(しゃう) 死を免れて、やっと助かること。

【九錫】きゅう(きう)しゃく 大功労のあった臣下、または特別に権力のある者を天子が優遇するとき賜る九つの品。車馬・衣服・楽器・朱戸(門を朱塗りにする)・納陛(中陛から登ることができる)・虎賁(従者三百人)・弓矢・鈇鉞(おの・まさかり)・秬鬯(祭りに使う酒)の九つをいう。

【九州】きゅう(きう)しゅう(しう) ①中国の古代に、禹が区分した九つの州。冀・兗・青・徐・予・荊・揚・雍・梁の九つ。九国。九土。九域。九囲。②中国全土のこと。③国わが国の西海道の九国。筑前・筑後・肥前・肥後・豊前・豊後・日向・大隅・薩摩。【――同】きゅう(きう)しゅう(しう)おなじ 中国全土が統一されること。【――之美味】きゅう(きう)しゅう(しう)のびみ 中国全土の中で最もうまい食物。

【九秋】きゅう(きう)しゅう(しう) 秋の九十日(三か月)間のこと。

【九春】きゅう(きう)しゅん 春の九十日(三か月)間のこと。

【九章】きゅう(きう)しょう(しゃう) ①天子の服の九種の模様。②九種の旗じるし。③古代の数学書の名。「九章算術」。④「楚辞」の編名。

【九霄】きゅう(きう)しょう(せう) 天を九段に分け、もっとも高い所。九天。

【九仞】きゅう(きう)じん 非常に高いこと。九ひろ。【――功虧二一簣一】きゅう(きう)じんのこういっきにかく 九仞の高い山を築こうとして、もう一簣の土を盛ればよいというとき、つまずいて不成功に終わる。事がもうひといきで完成しようとして、わずかのゆだんのために失敗するたとえ。〈書経・旅獒〉

【九成】きゅう(きう)せい ①音楽が九たび変わること。一曲の終わることを一成という。②九階。【――宮】きゅう(きう)せいきゅう(きう) 唐代の宮殿の名。陝西省にあった天子の避暑地。

【九星】きゅう(きう)せい ①陰陽道で、人の運命の吉凶を占うための九つの星。一白・二黒・三碧・四緑・五黄・六白・七赤・八白・九紫の九つ。②九曜。③北斗星。【――暦(曆)】きゅう(きう)せいれき 九星をしるしたこよみ。

【九聖】きゅう(きう)せい 中国における九人の聖人。伏羲・神農・黄帝・尭・舜・禹・文王・周公・孔子。

【九折】きゅう(きう)せつ 坂などの曲がりくねること。また、その坂道。つづらおり。九折坂。羊腸。

【九川】きゅう(きう)せん 中国古代に禹の治めた九つの大きな川。江(長江)・河(黄河)・瀁・沇・淮・渭・洛・弱・黒の九つ。〈書経・禹貢〉

【九泉】きゅう(きう)せん 地下にある泉。九重の地の底。冥土。あの世。

【九族】きゅう(きう)ぞく ①高祖から玄孫までの九つの親族。②父方の四親族、母方の三親族、妻のほうの二親族の九親族。

【九沢(澤)】きゅう(きう)たく 九つの大きな沢。

【九達】きゅう(きう)たつ 九方に通ずるみち。四方八方に通ずる道路。

【九疇】きゅう(きう)ちゅう(ちう) 天下を治めるための九つの大法。五行・五事・八政・五紀・皇極・三徳・稽疑・庶徴・五福。商の箕子が周の武王の質問に答えたものという。

【九重】きゅう(きう)ちょう ①いくえにもかさなっていること。②天。③天子の御殿。宮中。④天子。【――天】きゅう(きう)ちょうのてん 宮廷。九天。〈韓愈の詩・左遷至二藍関一示二姪孫湘一〉

【九通】きゅう(きう)つう 歴代の学芸制度などをしるした九つの書物。「通典」「通志」「文献通考」の三通と「続通志」「続通典」「続文献通考」「皇朝文献通考」「皇朝通典」「皇朝通志」。

【九鼎】きゅう(きう)てい 夏の禹王が、九州の金を集めて鋳たといわれるかなえ。夏・殷から周にかけて、天子の宝として代々伝えられた。かなえは、一つとも、また、九つともいわれる。【――大呂】きゅう(きう)ていたいりょ 大呂は周の大廟の大鐘で、九鼎とともに周の国の宝物。重い地位や高い人望にたとえられる。〈史記・平原君列伝〉

【九天】きゅう(きう)てん 一 ①天を九つの分野に分けた称。鈞天(中央)・蒼天(東)・変天(東北)・玄天(北)・幽天(西北)・昊天(西)・朱天(西南)・炎天(南)・陽天(東南)。九野。②皇居。宮中。ここのえ。③天子。④天の最も高い所。おおぞら。九霄。 二 仏地を中心として回転する九つの星。月天・水星天・金星天・日輪天・火星天・木星天・土星天・恒星天・宗動天。【九天直下】きゅう(きう)てん ちょっ(ちょく)か 天上から地にむかってまっすぐに落ちる。

【九土】きゅう(きう)ど ①「九州」に同じ。②九種類の地勢、地質。

【九冬】きゅう(きう)とう 冬の九十日間(三か月)のこと。

【九伯】きゅう(きう)はく 昔、中国を九つの州に分けたその州の長官。伯は覇(長官・はたがしら)の意。

【九拝(拜)】きゅう(きう)はい ①九種の敬礼。稽首・頓首・空首・吉拝・凶拝・奇拝・褒拝・粛拝・振動の九つ。②幾度となくおじぎをして敬意を表す。三拝九拝。③国手紙の終わりに書いて敬意を表す語。

【九尾狐】①尾が九つに分かれた老狐。よく人をだますという。②わるがしこい。

【九品】[一]①魏の時代の官吏の九つの階級。②九卿。[二][仏]極楽に生まれかわるときの九つの等級。上・中・下の三品に分け、これをさらに上・中・下に分けた九等の階級。【――仏(佛)】[仏]九品に分けた阿弥陀仏の仏像。九体仏。

【九賓】①天子がたいせつに迎える九種の賓客で、公・侯・伯・子・男・孤・卿・大夫・士の九つ。②九人の接待役。③「九卿」に同じ。

【九嬪】宮中で天子に仕える女官。また、妃をいう。

【九服】周代に千里四方の首都の外側から五百里ごとに、順にきめた区域。侯服・甸服・男服・采服・衛服・蛮服・夷服・鎮服・蕃服の九つ。服は天子に服従する意。〔九畿〕

【九方】八方と中央。

【九牧】九州の長官。牧は民を養う意。九伯。

【九門】宮城のまわりの九つの門。路門・応門・雉門・庫門・皐門・城門・近郊門・遠郊門・関門の九つ。九関。九閽。

【九野】①九州。②九つの方向に分けた天。九天。

【九曜】九つの星。日曜星・月曜星・火曜星・水曜星・木曜星・金曜星・土曜星・計都星・羅睺星。九星。

【九流】①九つの流れ。②九つの学派。儒家・道家・陰陽家・法家・名家・墨家・縦横家・雑家・農家をいう。③多くの学説の意に用いる。

【九十春光】春三か月間(九十日)ののどかな日〔光。

【九寸五分】[国]あいくちのこと。短刀。

【九輪】[仏]塔の上の九重の金輪をいう。

【九十九髪】[国]老女の白髪。

【九十九折】[国]①ひどく折れ曲がった道。葛の蔓の折れ曲がったのにたとえる。②馬術で、馬のするまにさせて乗ること。

『九層(層)之台(臺)、起二於累土一』高い九階の台も、その初めは少しの土を盛り上げてできあがる。物事は小さなことから出発して、しだいに大をなすというたとえ。〈老子・六十四〉

乙 1

【乜】

〔2〕バ [漢] [上] 馬 miē ミエ　J 1621 補 U 4E5C

[意味] ①目を細めて斜めに見る。斜視。乜斜。②姓。この場合は音 niè ニエ。

乙 2

【乞】

〔3〕[常] こう　[一]キツ [漢]　コチ [呉]　コツ [慣]　[一][入] 物 qǐ チー　[二]キ [漢]　[二][去] 未 qì チー　J 2480 補 U 4E5E

[筆順] ノ ⺈ 乞

[意味] [一]①〈こ・う(―・ふ)〉たのむ。ねがう。もとめる。②ものもらい。[二]あたえる。

[解字] 象形。乞はもと気と同一字で、雲のわき起こる形を表したもの。气の屈曲する様子、また、ひろがる様子から、たのむ、もとめる、あたえるの意味となる。

【乞仮(假)】①ひまをもらって休息する。休暇をもらうこと。②金銭を貸し与える。

【乞丐】①こじき。乞人。②請い求める。丐も、物をこう意。

【乞巧】陰暦七月七日の夕べに牽牛・織女の二星を祭って、女子が手芸の上達を祈る祭り。わが国では、清涼殿の庭に机をすえて祭った。乞巧奠。

【乞士】僧の別称。比丘。

【乞食】[一]①食物を他人に求める。②こじき。乞人。[二][仏]僧の修行の一つ。僧が人家の門前で食物をこい求める。[三][国]食物や金銭を人にもらって生活する者。【――飯牛】春秋時代に、秦の百里奚と斉の甯戚が、人に食を乞い、また牛車を引きながらの貧賤の身分から身を起こして成功した故事。〈漢書・鄒陽伝〉【――調】[国]わが国の雅楽の調子の一つ。大食調の枝調子で、平調の音を主音とする。

【乞身】辞職を願い出ること。「乞二骸骨一」(一四〇七ページ・下)に同じ。

【乞人】人に金や物をもらって生活する人。こじき。

【乞貸】借りる。人から金品を借りる。乞借。

【乞命】いのちごい。

【乞盟】①敵に対して仲直りを求めること。②ちかいのとき神に告げること。

【乞与(與)】与える。

【乞憐】あわれみをこう。同情を求める。

乙 2

【也】

〔3〕[入] ヤ [呉] [漢] [上] 馬 yě イエ　J 4473 補 U 4E5F

[意味] ①〈なり〉文末に置かれて断定を表す助詞。…だ。…である。②〈や〉〈か〉〈かな〉文末に置かれて、疑問・反語・詠嘆・命令を表す助詞。③文中に置かれて、主題を提示・並列して強調する助詞。④〈また〉…もまた。

[語法] ❶〈なり〉断定。…である。文末に置かれ、客観的事実について話し手の確認・判定の気分を強調する。[例]「平辞曰、此非二臣之功一也」(陳平は辞退して、これはわたくしの手柄ではありませんといった)〈史記・陳丞相世家〉

❷〈や〉〈か〉…であろうか。疑問・反語。疑問代詞や反語の副詞とともに用いられることが多く、いぶかる気持ちを強調する。[例]「罵レ何曰、若亡何也」(蕭何をどなりつけて、おまえが逃げたのはなぜなのじゃといった)〈史記・淮陰侯列伝〉▼詠嘆の語気を含む場合もある。[例]「漢皆已得レ楚乎、是何楚人之多也」(漢はすでに楚の地をすべて手に入れたのであろうか。どうしてこんなにも楚国の人間が多いのだ)〈史記・項羽本紀〉

❸〈や〉主題を提示・並列して強調する。[例]「柴也愚、参也魯、師也辟、由也喭」(柴〔子羔〕は愚直、参〔曽子〕はのろま、師〔子張〕は才気ばしり、由〔子路〕はがさつだ)〈論語・先進〉▼「誰々よ、…」と呼びかけに用いることもある。

[解字] 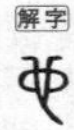 仮借。もともとは、女性の陰部の形に、乀(流れる形)をつけた、会意・形声文字。他の説に、它(へび)・匜(はんぞう、ひしゃく)であるともいう。仮借して、語の末につける助詞に使われる。

[名前] あり・これ・ただ

【也許】yěxǔ [現]もしかすると。…かもしれない。

『也夫』詠嘆の語。

『也乎哉』[一]感嘆の意味の助詞。[二]疑問の意味、または反語を表すのに用いる助詞。

『也哉』[一]断定または詠嘆の意味を表す語。[二]反語を表す助詞。

『也者』ということは。というものは。

乙 3

【乣】

〔4〕キュウ(キウ) jiǔ チウ　J 1622 補 U 4E63

る。

意味 遼・金の軍隊の名。護衛や辺境の防備を担当する。

乙5 【乩】〔6〕 ケイ 漢 平 斉 jī チー　U補J ②0116 1624 4E69

意味 ①〈うらな・う(――・ふ)〉 ②〈かんが・える(――・ふ)〉

乙5 【乱】〔6〕 同↓始(三四一ページ・中) 同↓亂(本ページ・上)　U補J 4580 4E71

乚6 【乱】〔7〕 学6 ラン みだれる・みだす　ラン 漢 呉 去 翰 luàn ロワン　U補J 4812 4E82

旧字 乙12 【亂】〔13〕 ロン 唐

筆順 ノ ニ 千 千 舌 舌 乱

乙5 【乩】〔6〕 同字 U補J 1623 4E68

意味 ①〈みだ・れる(――・る)〉 ㋐秩序がなくなる。㋑いりまじる。「混乱」 ㋒反乱を起こす。㋓迷う。②〈みだ・す〉 ③戦争。反乱。④〈わた・る〉 よこぎる。⑤〈おさ・める(をさ・む)〉 治める。⑥〈おわり(をはり)〉 音楽の最後の一節。

解字  会意。𤔔と乚とを合わせた形。𤔔は爫・子・冂・又を合わせたもので、子どもが境界を争って、上と下から手で引っぱり合っている形であるとも、糸まきを上と下から手で引き合っている形であるともいう。そこから、もつれる・みだれる意味になる。乚は、おさえる形、治めることを表す。亂は、みだれたものを「おさめる」意味であり、また、𤔔だけの意味から、「みだれる」ことも表す。一説に、亂は、ちぢまる意味で、小さくまとめることにもなるという。

名前 おさむ

参考 新表記では、「爛」の書きかえに用いる熟語がある。

【乱銭(錢)】 国緡にささないで散らした銭。ばら銭。みだれぜに。

【乱雲】 ①乱れとぶ雲。②女性の乱れた黒髪をいう。

【乱階】 ①乱れるもと。乱梯。②国位階の順によらずに位を進める。越階。

【乱逆】 むほん。反逆。

【乱叫喚】 むやみにさけび立てる。

【乱杙】 国ふぞろいに打ちこんだくい。＝乱杭

【乱行】 ①列を乱す。②乱れたおこない。乱暴なおこない。

【乱鴻】 乱れ飛ぶ大きなかり。

【乱国(國)】 ①戦争などで乱れた国。②国を乱すこと。

【乱雑(雜)】 乱れて秩序がない。不規則でだらしがない。

【乱山】 高低がふぞろいにそびえ立っている山。

【乱首】 ①災いのきっかけ。②反乱の張本人。③髪の乱れた頭。

【乱酒】 ①過度に酒を飲むこと。②入り乱れて酒を飲むこと。

【乱鐘】 やたらにつく鐘の音。はやがね。

【乱声(聲)】 国①天子の行幸のときの音楽。また雅楽で、主に舞人の出るときに奏する笛は先ばらいの声。②雅楽で、主に舞人の出るときに奏する笛の曲。らんぞう。③競馬・相撲の勝負をしらせるための鐘・太鼓の音。④鬨の声をあげること。

【乱心】 心が乱れる。気が狂う。

【乱臣】 ①天下をよく治める能力のある臣。乱は治の意。②国家をみだす家来。【――賊子】 国を乱し、君や父を殺す悪人。〈孟子・滕文公下〉

【乱神】 ①道理にはずれたこと(乱)と、人間の力を超越した鬼神(神)のこと。②心を乱す。

【乱酔(醉)】 国酒を飲んで、だらしなく酔う。

【乱世】 乱れた世の中。騒乱の世。↕治世 『――之英雄』 騒乱の世の中での英雄。太平の時世よりも、混乱した世にあって必要とされるすぐれた大人物。

【乱政】 ①乱れた政治。乱国の政治。②政治を乱す。③まつりごとを治める。よい政治をおこなう。乱は治める意。

【乱石】 入り乱れた石。岩石がふぞろいになっている状態。「乱石相排而出」〈桟雲峡雨日記〉

【乱戦(戰)】 敵も味方も入り乱れて戦うこと。乱闘。

【乱俗】 ①乱れた風俗。②風俗を乱す。

【乱打】 むやみやたらに打つ。めったうち。

【乱帙】 散らばっている書物。とり乱した帙。帙は、和本・唐本の上被。書物をつつむおおい。

【乱抽】 手あたりしだいに書物などを抜き取る。

【乱調】 ①調子が乱れること。また、乱れた調子。②相場の変動が激しいこと。

【乱点(點)】 あちこちに散在する。乱れ散る。

【乱闘(鬭)】 入り乱れてたたかう。乱戦。

【乱道】 ①詩文のへたなこと。自分の詩文をけんそんしていう。拙作。②まちがった、いいかげんな説を唱えて道を乱すこと。

【乱読(讀)】 国手あたりしだいに本を読むこと。＝濫読

【乱入】 国なだれこむ。おしいる。

【乱発(發)】 ①むやみに発行・発布する。＝濫発 ②矢や弾丸をむやみに発射する。乱射。

【乱髪】 髪を乱すこと。また、みだれがみ。

【乱筆】 急いで乱雑に書くこと。なぐり書き。走り書き。乱書。

【乱舞】 ①秩序も順序もなく、おおぜいが入り乱れて舞う。②国昔、五節の舞のあとなどに、殿上人らが朗詠・今様歌などをうたって舞ったこと。

【乱暴】 あばれまわる。てあらいふるまいをすること。

【乱邦】 秩序が乱れた国。乱国。

【乱峰】 高低不揃いにそびえる峰々。

【乱麻】 ①乱れもつれた麻。②事件がもつれたり、世の中が乱れたりするたとえ。③入り乱れて多いさま。

【乱漫】 世の中が乱れたさま。

【乱脈】 国①物事が乱れて筋道の立たないこと。乱雑。②脈拍が正しくないこと。

【乱余(餘)】 戦乱の後。戦後。乱後。

【乱理】 ①乱れた筋道。②筋道を乱しやぶる。

【乱離】 世の中が乱れて、人々がはなればなれになること。

【乱立】 乱れ立つ。無計画で秩序もなく立つこと。

【乱流】 ①水が乱れ流れる。②水の流れを横切って渡る。③おこないが乱れること。④いちめんにさざなみが立っている流れ。

◇▼内乱・反乱・兵乱・狂乱・昏乱・波乱・叛乱・胴乱・酒乱・動乱・混乱・淫乱・散乱・戦乱・錯乱・騒乱・攪乱・一心不乱・百花繚乱

乙7 【乵】〔8〕 エン 上 琰 yǎn イエン　U補J 1626 4E75

意味 進む。

乙7 【乴】〔8〕 セツ 漢 入 屑 ゼチ 呉 xué シュエ　U補J 1625 4E74

意味 ①指先でつまむ。②手に持つ。

乚7 【乳】〔8〕 学6 ニュウ ちち・ち　U補J 3893 4E73

旧字 乙7 【乳】〔8〕 ジュ 漢 ニュウ(ニウ) 呉 上 麌 rǔ ルー　U補J

筆順 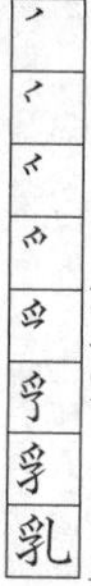

【意味】①子を生む。②ひなをかえす。③生まれたばかりの。幼い。④〈ちち〉〈ち〉㋐乳房(ちぶさ)。㋑乳汁。⑤〈やしな・う(——・ふ)〉乳を飲ませて育てる。⑥飲む。⑦やわらかい。

【解字】会意。孚と乚とを合わせた字。孚は、爪と子とを合わせて、人が子をかばうことを表し、乚は、つばめである。乳は、人や鳥が子を生んで育てることで、子に「ちち」を飲ませることにもなった。一説に、子どもがえなを破って自然に出るのを手で受け止めている形で、生まれることであるともいう。

【姓】乳井(にゅうい) 【難読】乳母(うば)(付表)/乳母(めのと)

【乳兄弟】(ちきょうだい(きゃうだい)) 【国】同じ人の乳で育てられた他人どうしをいう。乳のうえでの兄弟の意。

【乳媼】(にゅうおう(あう)) うば。めのと。乳母。

【乳気(氣)】(にゅうき) こどもらしい気分。こどもっぽい様子。〔稚気。〕

【乳牛】(にゅうぎゅう(ぎう)) 乳をとるために飼う牛。

【乳虎】(にゅうこ) 子もちのとら。こどもを保護するために気があらくなっていることから、恐ろしいもののたとえ。

【乳歯(齒)】(にゅうし) 生後はじめてはえて、七、八歳から十一、二歳ごろまでに抜けかわる歯。ちのみば。

【乳児(兒)】(にゅうじ) ちのみご。あかご。みどりご。嬰児(えいじ)。

【乳臭】(にゅうしゅう(しう)) ①ちちくさい。②年がわかくて経験の乏しい者をあざけることば。

【乳汁】(にゅうじゅう(じふ)) ちち。ちちじる。

【乳人】(にゅうじん)(めのと) うば。母にかわって乳を飲ませ育てる女。〔乳母。〕

【乳糖】(にゅうとう(たう)) 食品の名。

【乳鉢】(にゅうばち) 薬を粉末にするのに用いる小さいすりばち。陶器かガラスでつくる。にょうばち。

【乳婢】(にゅうひ) うば。乳媼(にゅうおう)。乳嫗(にゅうう)。

【乳糜】(にゅうび) ①乳でつくったかゆ。②胃の中で消化し、乳状になった食物。

【乳母】(にゅうぼ)(うば)(めのと) ①母にかわって乳を与えて育てる女。乳主(ちぬし)。乳母(おも)。②もりやく。【——子】(めのとご) 乳兄弟(ちきょうだい)。

【乳房】(にゅうぼう(ばう)) ちぶさ。

【乳棒】(にゅうぼう) 乳鉢(にゅうばち)で用いるすりこぎ状の棒。

【乳名】(にゅうめい) 幼いときの名。幼名。

【乳薬(藥)】(にゅうやく) ①白い色の薬。②毒薬。

【乳養】(にゅうよう(やう)) 乳を飲ませてやしなう。育てやしなう。〔一。〕

【乳酪】(にゅうらく) 牛・羊などの乳の脂肪分で作った食品。バタ。

◇▼牛乳(ぎゅうにゅう)・授乳(じゅにゅう)・母乳(ぼにゅう)・貰乳(もらいぢち)・全乳(ぜんにゅう)・吐乳(とにゅう)・豆乳(とうにゅう)・哺乳(ほにゅう)・粉乳(ふんにゅう)・搾乳(さくにゅう)・練乳(れんにゅう)・離乳(りにゅう)・加工乳(かこうにゅう)・脱脂乳(だっしにゅう)

乙8【乹】〔9〕 俗 →乾(本ページ・中)

乙10【乾】〔11〕 常 カン かわく・かわかす J 2005 U補 4E7E

㊀カン 漢呉 ㊀平 寒 gān カン
㊁ケン 漢 ゲン 呉 ㊁平 先 qián チエン

筆順 一 十 𠂇 古 吉 卓 卓 乾

乙8【乹】〔9〕 俗字 J 1627 U補 4E79

【意味】㊀①〈かわ・く〉㋐水がかれる。㋑とぼしい。欠乏する。②〈かわか・す〉ほす。③表面上の。うわべだけの。④むだに。⑤姓。㊁①すすむ。努める。②強い。すこやか。③易(えき)の卦(か)の名。天や天子、男性などを象徴する。↕坤(こん)。④〈いぬい(いぬゐ)〉北西の方角。八卦の方位に由来する。

【解字】会意・形声。倝と乙とを合わせた字で、倝(けん)は音を示すとともに形をも表す。倝は朝日が出て、かがやいていることで、乙は草木の芽が上にのびているようすである。乾は日がかがやいて、草木の芽などが上にとどくことを表し、「たちのぼる」「かわく」意味となり、さらに、「天」の意味となる。一説に、曲がって伸びないものが、ぴんと張って、直立することを表すともいう。

【名前】ふ・きみ・たけし
【難読】乾鮭(からざけ)・乾拭(からぶ)き・乾児(こぶん)・乾葉(ひば)

【乾魚】(かんぎょ) ほしたさかな。ほしうお。ひもの。

【乾涸】(かんこ) 水がかれる。ひあがる。

【乾湿(濕)】(かんしつ) かわくことと、しめること。

【乾鵲】(かんじゃく) かささぎ。

【乾浄(淨)】(かんじょう(じゃう)) ㊀ほし清めること。㊁(カンチン) gānjìng 【現】きれいさっぱりした。

【乾草】(かんそう(さう)) ほしくさ。かれくさ。

【乾燥】(かんそう(さう)) ㊀①かわく。②おもしろみがない。「乾燥無味」 ㊁(カンツァオ) gānzào 【現】㊀に同じ。

【乾田】(かんでん) かわいた田。ひあがって水のない耕地。

【乾杯】(かんぱい) ㊀①さかずきをのみほす。②宴会の席で互いにさかずきをさし上げてのみほし、相手の健康を祝う。㊁(カンペイ) gānbēi 【現】㊀に同じ。

【乾飯】(かんぱん) ほしいい。ほしい。ほしめし。乾糒(かんび)。

【乾物】(かんぶつ) ①物を干してかわかす。②干して作った食品。③【国】魚や植物を干して作った保存用の食料品。ひもの。

【乾没】(かんぼつ) ①幸運によって利益を得ること。②他人の財産を横取りする。

【乾麺(麵)】(かんめん) ①小麦粉。②【国】ほしためん類。

【乾酪】(かんらく) 発酵した牛乳の中のたんぱく質を主に、脂肪・乳糖・塩類をあわせて固めて作った食品。チーズ。

【乾乾】(けんけん) 進んでやまないさま。怠らずつとめるさま。孜孜(しし)。

【乾元】(けんげん) 天。天の道。乾は天、元は大。

【乾綱】(けんこう(かう)) ①天の法則。天通。②君主の大きな権威。

【乾坤】(けんこん) ①乾・坤ともに、易(えき)の卦(か)の名。②天地。あめつち。乾が天、坤が地。③陽と陰。④男と女。⑤西北と西南。⑥日と月。【——一擲】(けんこんいってき) 伸(の)るか反(そ)るか、いちかばちかの勝負をすること。天地をかけ、運命に任せた大ばくちの意。【——日夜浮】(けんこんにちやうかぶ) 天地の万物が、昼も夜も水面に浮かんでいる意で、洞庭湖(どうていこ)の広いさまをいったもの。〈杜甫(とほ)の詩・登岳陽楼(がくようろうにのぼる)〉【——之徳】(けんこんのとく) 聖人の徳は天地の徳にかなう意から聖人の徳のこと。【貯——於一壺】(けんこんをいっこにたくわう(たくはふ)) 昔、仙人(せんにん)の壺公(ここう)が、天地を一つの壺(つぼ)の中にいれていた故事。〈神仙(しんせん)伝・壺公(ここう)〉

【乾児(兒)】(けんじ) ①実の子ではなく、名義上の子。②こぶん。

【乾象】(けんしょう(しやう)) 天体の現象。天象。

【乾端坤倪】(けんたんこんげい) 天地のはて。天地のかぎり。

【乾徳】(けんとく) ①天子の徳。↕坤徳(こんとく)。②進んでやまないりっぱな徳。【——通宝(寶)】(けんとくつうほう) 五代、蜀(しょく)の時代の貨幣。

【乾隆】(けんりゅう(りう)) 清(しん)朝の高宗の時代の年号。(一七三六〜一七九五)

【乾脆】(カンツォイ) gāncuì 【現】あっさりと。きっぱりと。

【旋乾転(轉)坤】(けんをめぐらしこんをてんず) ①天地をひっくりかえす。②天下の乱を平定する。また、一国のようすを一新すること。

乙10【乿】〔11〕 同 →治(七〇九ページ・上)

乙12【亂】〔13〕 旧 →乱(四二ページ・上)

1画 亅部 はねぼう

【部首解説】釣り針型の「かぎ」にかたどる。この部には、「亅」の形を構成要素とする文字が属する。

亅0【亅】〔1〕 ケツ 漢 ㊀入 月 jué チュエ J 4813 U補 4E85

1画 一丨丶丿乙(乚)亅

意味 下端を上に曲げた鉤（かぎ）の形。
解字 象形。つりばりのように、かぎ型のひっかかるものの形を表したもの。

亅1
【了】〔2〕 常 リョウ

リョウ(レウ) 漢呉 ― 上 篠 liǎo リアオ

J 4627 補 ― U 4E86

筆順 ㇇ 了

意味 ①〈おわ・る(をは・る)〉すむ。終える。②〈さと・る〉理解する。会得（えとく）する。「了承」③〈ついに(つひに)〉全く。④あきらか。⑤現 助詞。音 le ロ。㋐動詞・形容詞の後につけて完了の意を表す。㋑文末につけて、断定または完了の意を表す。

解字 象形。子の横棒がない、子の両う（りょう）でのない形で、動物の足がもつれて伸びないことを表す。一説に、糸のからまっている形ともいう。もつれることから、「まとめる」「すむ」意味となり、仮借して「さとる」意味にも使う。また、両手がくにゃくにゃになって、なわをなうように、からだにまつわることをいうとも解する。

名前 あき・すみ・のり・あきら

参考 新表記では「諒」の書きかえに用いる。また、了は「瞭」（八七六ページ・下）の中国新字体としても使う。

【了解】りょう(れう)かい 一 さとる。はっきりわかる。よく道理を知る。領解。了承。＝諒解 二 リアオチエ liǎojiě 現 一に同じ。

【了簡】りょう(れう)けん 国 ①ゆるす。たえしのぶ。②考え。こころ。＝了見・料簡

【了悟】りょう(れう)ご じゅうぶんさとる。さとりきる。

【了察】りょう(れう)さつ おもいやる。同情して推察する。＝諒察

【了恕】りょう(れう)じょ 事情を承知して大目にみてやる。

【了承】りょう(れう)しょう 国 承知する。のみこむ。領承。＝諒承

【了然】りょう(れう)ぜん ①明らかなさま。瞭然。了了。②まったく。

【了得】りょう(れう)とく さとる。会得（えとく）する。納得（なっとく）する。

【了了】りょう(れう)りょう(れう) ①りこうなようす。賢いさま。②明らかなようす。了然。③ついに。とうとう。

【了不起】リアオブチー liǎobuqǐ 現 すばらしい。すごい。

【了不得】リアオブデ liǎobude 現 たいへんな。すごい。

◁▶未了（みりょう）・完了（かんりょう）・修了（しゅうりょう）・校了（こうりょう）・終了（しゅうりょう）・満了（まんりょう）・読了（どくりょう）・魅了（みりょう）

亅3
【予】〔4〕 学3 ヨ

J 4529 補 ― U 4E88

旧字 豕9
【豫】〔16〕 ヨ

ヨ 漢呉 ― 去 御 yù ユィ

J 4814 補 ― U 8C6B

筆順 ㇇ ㇇ 予 予

意味 ①〈あらかじめ〉〈かねて〉前もって。事前に。「予定」②〈たのし・む〉〈よろこ・ぶ〉あそぶ。③ためらう。ぐずぐずする。「猶予（ゆうよ）」④いとう。気がすすまない。⑤〈あずか・る(あづか・る)〉参加する。関与する。⑥易（えき）の卦（か）の名。⑦古代中国の九州の一つ。予州。⑧河南省の別名。

解字 形声。象が形を表し、予（よ）が音を示す。象は動物のぞう。予にはゆるやかという意味がある。豫は、象の大きなもので、物に害をしないのんびりした獣である。転じて豫は、のびのびとしていることをいう。

参考 「豫（よ）」と次項の「予（よ）」とは、本来は別字であるが、現在、わが国では「豫」の新字体として「予」を用いる。

【予科】よか(くわ) 本科にはいるための準備として学ぶ課程。

【予感】よかん 未来のことについて、前もって心に感じる。また、その感じ。虫のしらせ。

【予期】よき 前もってあてにする。かねてから期待する。

【予見】よけん 物事がまだ現れない前に、はっきり知る。予知。

【予言】よげん 遠いさきのことをおしはかっていう。また、そのことば。預言。

【予後】よご ①病気の経過についての見通し。②病後の経過。

【予行】よこう(かう) 前もって行うこと。

【予告】よこく 前もってつげ知らせる。さきぶれ。

【予算】よさん ①前もって見積もりを立てること。また、その見積もり。②国家や自治体が、次年度の収入と支出をあらかじめ見積もって計算したもの。

【予章】よしょう(しやう) ①木の名。大きな樟（くす）のき。②地名。長江と淮河（わいが）の間の地域。③郡名。今の江西省南昌市に所在。④台の名。長安の昆明池（こんめいち）の中に建てられた。

【予譲(譲)】よじょう(じやう) 人名。戦国時代の晋（しん）の人。主君の知伯が趙襄子（ちょうじょうし）に滅ぼされたので、その仇（あだ）を討とうと苦心したが果たさず、ついに捕らえられて死んだ。

【予審】よしん 法 刑事被告事件の下調べを、公判の前に行うこと。

【予設】よせつ 事にさきだって設ける。

【予選】よせん 前もって、えらびわけること。

【予蚤】よそう(さう) あらかじめ。前もって。

【予想】よそう(さう) 物事が起こる前に、あらかじめおしはかる。あて推量。みとおし。予測。【―外】よそうがい(さうぐわい) 予想がはずれること。意外。案外。

【予測】よそく 前もっておしはかる。予料。

【予知】よち 前もって知る。前知。先知。

【予定】よてい あらかじめきめておく。前もってきめた計画。

【予備】よび 前もって用意すること。あらかじめ準備すること。

【予付】よふ 心からよろこんで、つき従うこと。＝予附

【予報】よほう 前もって知らせる。また、その知らせ。

【予防】よぼう(ばう) 事が起こらないさきに、前もって防ぐ。

【予約】よやく あらかじめ約束する。また、その約束。

【予楽(樂)】よらく よろこびたのしむ。

【予料】よりょう(れう) 前もっておしはかる。予測。

亅3
【予】〔4〕

一 ヨ 漢呉 ― 一 上 語 yǔ ユィ
二 ヨ 漢呉 ― 二 平 魚 yú ユィ

J 4529 補 ― U 4E88

意味 一 ①〈あた・える(――・ふ)〉あげる。さずける。＝与 ②〈ゆる・す〉称賛する。二〈われ〉自分。＝余

【予一人】よいちにん｜われいちにん 天子の自称。予小子（よしょうし｜われしょうし）。

【予小子】よしょう(せう)し｜われしょう(せう)し 天子の自称。

【予奪】よだつ 与えることと、うばうこと。賞罰の意。＝与奪

『予豈好レ弁(辯)哉』よあにべんをこのまんや｜われあにべんをこのまんや 自分はいたずらに弁論を好むわけではない。〈孟子（もうし）・滕文公（とうぶんこう）下〉

『起レ予』よをおこす｜われをおこす 自分の気づかなかったことを悟らせる。自分の考えを啓発してくれる。〈論語・八佾（はちいつ）〉

亅3
【才】〔4〕 俗 ↓第（九三ページ・上）

J 3372 補 ― U 4E89

亅5
【争】〔6〕 学4 ソウ あらそう

旧字 爫4
【爭】〔8〕 人

一 ソウ(サウ) 漢 ショウ(シャウ) 呉 ― 一 平 庚 zhēng チョン
二 ソウ(サウ) 漢 ― 二 去 敬 zhèng チョン

J 6407 補 ― U 722D

筆順 ノ ⺈ ⺈ 刍 刍 争

意味 一 ①〈あらそ・う(――・ふ)〉きそう。とりあう。言い争う。うったえる。②〈あらそい(あらそひ)〉③いかで。いかでか。どうして。反語。二 いさめる。＝諍（そう）

解字 会意。古い形では、爫・彐・𠂆を合わせた字。爫は爪（つめ）で、手のこと。彐は又でこれも手のこと。𠂆は引くこと。

争は両方の手で引っぱり合うことで、争う意味。一説に、争は力と手とを合わせた字で、力のはいったでを引き止める意という。

【争議】そう(さう)ぎ　互いに自分の意見を通そうとして議論をたたかわすこと。

【争子】そう(さう)し　親の悪いところをいさめる子。

【争射】そう(さう)しゃ　競争して射る。

【争訟】そう(さう)しょう　うったえごと。争い。訴訟。

【争臣】そう(さう)しん　君主のあやまちをいさめる家来。「天子有二争臣七人一」〈孝経・諫争〉

【争奪】そう(さう)だつ　争いうばう。うばいあい。

【争端】そう(さう)たん　争いの糸口。争いのきっかけ。

【争長】そう(さう)ちょう(ちやう)　長幼の序により席順を争う。

【争闘(鬭)】そう(さう)とう　争い戦う。戦い。争い。闘争。

【争覇(霸)】そう(さう)は　①支配者の地位を争いとる。②優勝を争う。

【争罵】そう(さう)ば　争いののしる。どなりあう。

【争鋒】そう(さう)ほう　武力をもって争う。勝敗を争う。

【争友】そう(さう)ゆう(いう)　よくないところを忠告してくれる友だち。＝諍友

【争乱(亂)】そう(さう)らん　争い、乱れること。騒動。

【争論】そう(さう)ろん　㊀言いあうこと。口論。争議。㊁チョンルン zhēnglùn 現論争する。論議。

【争取】チョンチュイ zhēngqǔ 現戦い取る。かち取る。

◇▼抗争・係争・紛争・戦争・論争・闘争・競争

亅6【爭】〔7〕俗→事(本ジ・上)

亅7【事】〔8〕学3　ジ・ズ　こと

㊀シ漢 ジ呉 ズ唐 ㊀去 寘 shì シー

㊁シ漢 ㊁去 寘 zì ツー

U補J 4E8B 2786

筆順

又5【叓】〔7〕古字　U補J 530D 3 2059

又5【叏】〔7〕古字　U補J 355D ②0361

亅6【亊】〔7〕俗字　U補J 4E8A 4815

意味 ㊀①〈こと〉㋐ことがら。㋑しごと。㋒できごと。㋓事情。「事件」②〈こと・する(――・す)〉為す。いとなむ。つとめる。③〈つか・える(――・ふ)〉奉仕する。役職につく。㊁つきさす。さし殺す。＝剚

解字

形声。出と史とを合わせた字。出は之で音を示す。史は、中と又を合わせた字で、又は、手のこと。中と手で、片よらないことを手で書くことになり、史は、書記の官を表す。事は、それで、「しごと」の意味になる。一説に、事は手で旗ざおのようなものを立てている形で、「しごとをしている」「職務」の意味になるという。

名前 わざ・つとむ

【事為(爲)】じい(ゐ)　しわざ。おこない。

【事機】じき　物事をおこなう好機。

【事宜】じぎ　ほどよいころあい。事がよろしきにかなうこと。

【事況】じきょう(きやう)　事の状態。事情。ようす。

【事業】㊀じぎょう(げふ)　①しごと。わざ。②経一定の目的と計画によって経営する経済的活動。企業。㊁シーイエ shìyè 現㊀に同じ。

【事局】じきょく　事のなりゆき。

【事件】㊀じけん　①事がら。できごと。②事故。変わった事。㊁シーチエン shìjiàn 現㊀に同じ。

【事故】じこ　①できごと。故障。事件。②事がらの理由。

【事後】じご　事がすんだあと。↕事前

【事功】じこう　①てがら。②事業の成績。できばえ。

【事項】じこう(かう)　事がら。事の箇条。

【事事】じじ　すべての事。ことごと。【――物物】じじぶつぶつ　すべての物事。なにもかも。万事万端。

【事実(實)】㊀じじつ　ほんとうの事。実際にあったこと。㊁シーシー shìshí 現㊀に同じ。

【事象】じしょう(しやう)　国事のあらわれ。事がら。

【事情】㊀じじょう(じやう)　事のありさま。事の次第。事のわけ。㊁シーチン shìqing 現事がら。用事。

【事上磨錬】じじょう(じやう)まれん　静座などによらず、実際の事がらにあたって、精神を修養する。〈王陽明・伝習録下〉

【事勢】じせい　事のなりゆき。事情。

【事迹】じせき　「事跡」に同じ。

【事跡(「蹟」)】じせき　事のあったあと。事のあとかた。＝事迹

【事前】じぜん　事を実行するまえ。事の起こるまえ。↕事後

【事体(體)】じたい　「事態」に同じ。

【事態】じたい　事のありさま。事がら。事情。＝事体

【事大】じだい　強く大きなものに仕える。【――主義】じだいしゅぎ　しっかりした考えがなく、勢力の強いものにつき従って自分を立てようとする主義。

【事端】じたん　事のいとぐち。事件のきっかけ。

【事典】じてん　①統治のための法典。②事がらを順序をたてて分類し、説明した辞書。

【事物】㊀じぶつ　ことと、もの。物事。㊁シーウー shìwù 現㊀に同じ。

【事変(變)】じへん　①変わったできごと。非常の事がら。騒ぎ。②国宣戦布告をしない小規模の戦争。

【事務】じむ　仕事。つとめ。

【事由】じゆう(いう)　事がらのわけ。次第。理由。

【事理】じり　①事のみちすじ。わけ。物事の道理。②仕事と道理。③仏もろもろの現象と、一つの真理。

【事例】じれい　物事の先例。実例。

【事先】シーシエン shìxiān 現事前に。

【事半功倍】ことなかばにしてこうばいす　半分の努力で、倍ほど大きな効果をあげる。〈孟子・公孫丑上〉↕事倍功半(ことばいにしてこうなかばなり)〈呉澄の詩〉

【坐レ事】ことにざす　かかりあい。事件の巻き添えをくうこと。連座。

【事無二二成一】ことににせいなし　二つの事が二つながら成就するということは不可能である。〈左伝・成公八〉

【臨レ事而懼】ことにのぞみておそる　戦争のような大事に当たっては、深くつつしんで軽率にふるまわない。〈論語・述而〉

【事以レ密成】ことはみつをもってなる　秘密に事を行えば成功する。しゃべってはならない。〈韓非子・説難〉

【敏二於事一而慎(愼)二於言一】ことにびんにしてげんにつつしむ　実行はてきぱきとして、ことばは慎重にする。口先よりも、実行を第一とする。〈論語・学而〉

【致レ事】ことをいたす　官職をやめること。

【幹レ事】ことをかんす　仕事をうまく処理する。

【事レ事】ことをこととす　事を行う。なすべきことをいっしょうけんめいにやる。

【済(濟)レ事】ことをなす　物事を成しとげる。

【事孰為(爲)レ大】つかうる(つかふる)こといずれ(いづれ)かだいとなす　他人に仕えるということの中で、何が最大の事であるか。「事孰為レ大、事レ親為レ大」(おやにつかうるをだいとなす)〈孟子・離婁上〉

◇▼大事・人事・万事・凶事・火事・公事・仏事・用事・主事・民事・仕事・好事・行事・刑事・判事・私事・返事・法事・往事・炊事・知事・些事・国事・俗事・珍事・故事・叙事・記事・従事・師事・家事・時事・秘事・惨事・理事・悪事・執事・検事・農事・幹事・雑事・領事・諸事・慶事・議事・茶飯事・絵空事

亅12【預】↓頁部四画(一三七四ジ・上)

2画

二部 に

【部首解説】「ふたつ」を表す。この部には、「二」の形を構成要素とする文字が属する。

2画
➡ 二亠人(亻・𠆢)儿入八冂冖冫几凵刀(刂)力勹匕匚匸十卜卩(㔾)厂厶又

二0 【二】〔2〕 学1 ニ ふた・ふたつ ジ 漢ニ 呉 去 寘 èr アル　J 3883 補 ― U 4E8C

筆順 一 二

弋2 【弍】〔5〕 古字　J 4817 補 ― U 5F0D

意味 ①㋐〈ふたつ〉〈ふた〉二番目の数。㋑二個。②〈ふたたび〉〈ふたたび・す〉二度。また、くりかえしてする。③〈ふたつに・する(――・す)〉別にする。二分する。④ことなる。差がある。⑤疑う。そむく。⑥つぎ。二番目。⑦匹敵する。⑧ふたごころ。二心。

解字 一 二 指事。一をふたつ合わせたもの。一は天の数で、二は地の数といい、すべて奇数は陽、偶数は陰の数とされる。

名前 さ・ふ・ぶ・かず・つぐ・すすむ　姓 二瓶・二部・二十九日

地名 二上・二戸・二荒・二本松

難読 十重二十重・二十・二十歳・二十日・二人・二日(付表)／二合半・二十

参考 書きかえやまちがいを防ぐためには、弍(貳)の字を用いる。

【二院】にいん(ゐん) 国会の上院と下院。わが国では、衆議院と参議院。

【二王】におう(わう) ①ふたりの君主。二君。②周以前の二代の王。周代には、夏と殷の子孫を杞と宋とに封じて、二王の後として特別に待遇したこと。③ふたりの王姓の人。晋の書家、王羲之とその子王献之。または、晋の王戎と王衍。④仏㋐寺の門の両側にある金剛力士の像。仁王。㋑愛染明王と不動明王。

【二雅】にが 「詩経」の大雅と小雅の二編のこと。

【二月花】にがつ(ぐわつ)の はな 春の花。二月は陰暦では仲春。

【二顔】にがん ふたりの顔氏。唐代、安禄山の反乱のときに、帝のために戦った、顔真卿・顔杲卿のふたりの忠臣。「有㆔二顔為㆓之先㆒」(顔真卿・顔杲卿の二人が、安禄山征伐のさきがけになった。)〈日本外史・楠氏序論〉

【二気(氣)】にき 陰と陽との二つの気。

【二紀】にき ①日と月。②二十四年。一紀は十二年。

【二儀】にぎ 天と地。陰と陽。両儀。

【二京】にけい 二つの都。漢の、東京(洛陽)と西京(長安)。

【二頃】にけい 二百畝。頃は田の広さの単位で、百畝(約一・七ヘクタール)。

【二元論】にげんろん 哲 ①宇宙の根本原理は精神と物質との二つの存在からなっているとする考え方。↕一元論・多元論 ②ちがった二つの原理で対象を考察しようとする考え方。③世界を善悪の二つの原理のたたかいの場とみる宗教。

【二更】にこう(かう) 五更の第二の時刻。現在の午後十時ごろ。乙夜。→「五更」(四九ジ・上)

【二三】にさん ①いろいろ変えること。一貫しない。②六。二と三の積の意。③ふたつみっつ。わずかの意。【――子】にさんし ①二、三人の者。②上の者が、下役・門人・人民などの数人に呼びかけていう語。おまえたち。

【二至】にし 冬至と夏至。

【二四不同二六対(對)】にしふどうにろくつい 七言の絶句や律詩では、各句の二字めと四字めとには必ず同じ平仄を用いない。逆に、二字めと六字めは同じ平仄にするというきまり。

【二豎】にじゅ 病気のこと。やまい。晋の景公が病気のとき病魔がふたりのこどもになって夢にあらわれたという故事。〈左伝・成公〉

【二重】にじゅう(ぢう) ふたかさね。ふたえ。重複。

【二十一史】にじゅう(じふ)いっ(いち)し 歴代の正史二十一種。「史記」(司馬遷)・「漢書」(班固)・「後漢書」(范曄)・「三国志」(陳寿)・「晋書」(房玄齢)・「宋書」(沈約)・「南斉書」(蕭子顕)・「梁書」(姚思廉)・「陳書」(同)・「後魏書」(魏収)・「北斉書」(李百薬)・「周書」(令狐徳棻)・「隋書」(魏徴)・「南史」(李延寿)・「北史」(同)・「唐書」(欧陽脩)・「五代史」(同)・「宋史」(托克托)・「遼史」(同)・「金史」(同)・「元史」(宋濂)の二十一。

【二十五弦(「絃」)】にじゅう(じふ)ごげん 糸を二十五本張った琴。

【二十五史】にじゅう(じふ)ごし 二十四史に、「新元史」(柯劭忞)を加えたもの。

【二十四気(氣)】にじゅう(じふ)しき 一年を二十四に分けて、十五日を一期としたもの。小寒・大寒・立春・雨水・啓蟄・春分・清明・穀雨・立夏・小満・芒種・夏至・小暑・大暑・立秋・処暑・白露・秋分・寒露・霜降・立冬・小雪・大雪・冬至。→付録「十二月・二十四気」

【二十四孝】にじゅう(じふ)しこう(かう) 元の郭居敬が選んだ、古来の二十四人の孝行な人。帝舜・漢の文帝・曽参・閔損(子騫)・仲由(子路)・董永・剡子・江革・陸績・唐夫人・呉猛・郭巨・老萊子・楊香・朱寿昌・王褒・丁蘭・孟宗・姜詩・王祥・庾黔婁・黄香・蔡順・黄庭堅。

【二十四史】にじゅう(じふ)しし 二十二史に、「旧唐書」(劉昫)と「旧五代史」(薛居正)を加えたもの。

【二十二子】にじゅう(じふ)にし 清の光緒年間に集めた、二十二種の諸子の書物。「春秋繁露」「竹書紀年統箋」「晏子春秋」「孔子家語」「荀子」「揚子法言」「新書」「文中子中説」「孫子」「管子」「商君書」「韓非子」「黄帝内経素問」「墨子」「尸子」「呂氏春秋」「淮南子」「山海経」「老子」「荘子」「列子」「文子」。

【二十二史】にじゅう(じふ)にし 二十一史に「明史」(張廷玉)を加えたもの。【――箚記】にじゅう(じふ)にしさっき 書名。清の趙翼の著。三十六巻。史記から明史までの二十二の歴史書の誤りを正し、また、史実に対し論評を加えたもの。

【二十八宿】にじゅう(じふ)はっしゅく 天を東(蒼竜)・西(白虎)・南(朱雀)・北(玄武)の四宮に分け、さらに各宮を七宿ずつに分けたものをいう。→付録「二十八宿略図」

【二心】にしん ①ふたごころ。忠実でない心。②そむく心。【――私学(學)】にしんしがく 上に対してふたごころをいだき、法に従わないで自分かってなふるまいをすること。

【二信】にしん ①ふたごころをもつこと。信は、まこと。②二つの通信。また、第二回めの通信。

【二親】にしん ふたおや。両親。父母。

【二陣】にじん(ぢん) ①戦場で軍勢を配置する陣立ての名で、先陣の次、第二陣。②第二番めにさしむけられるもの。

【二世】一 にせい ①二代目。②国外国に移住した日本人の子で、その国の市民権をもつ者。二 にせ 仏現在の世と、生まれ変わる未来の世。【――契】にせのちぎり 国夫婦のちぎり。二世縁。

【二姓】にせい ①夫と妻の、それぞれの家の姓。②二王朝の天子。③ふたりの夫。【事㆓二――㆒】にせいにつかう(つかふ) ①ある君に仕えた者が、また別の君に仕えること。②ふたりの夫に仕えること。

【二聖】にせい ふたりの聖人。①周の文王と武王。②周公と孔子。③大禹と孔子。④国㋐ふたりの歌聖で、柿本人麻呂空海。【——一賢】ふたりの聖人とひとりの賢人。禹・孔子と墨子。

㋑ふたりの書聖で、嵯峨天皇と空海。㋺柿本人麻呂と山部赤人。

【二千石】①漢代の郡の大守(長官)。年俸は二千石。②地方長官の称。「良二千石」(よい地方長官。)

【二千里外】はるか遠い距離のこと。【——故人心】月を仰ぎ見て、遠方にいる友を思いしのぶ心。〈白居易の詩・八月十五日夜、禁中独直、対レ月憶二元九一〉

【二東三文】国品物の数が多くても値の安いこと。二束で三文の意。極端に値段の安いこと。

【二尊】①両親。②釈迦と弥陀。③転じて、ふたつの尊いもの。④国伊弉諾尊と伊弉冉尊。

【二諾】二度の承諾。不確かな承諾。

【二程】宋代の儒学者程顥と程頤の兄弟。二程子。

【二天】恩人のこと。人は常に天恩と、そのほかにもう一つ「の恩を受けている意。

【二典】①「書経」の尭典と舜典。②内典(経書)と外典(仏典)。

【二南】「詩経」の周南と召南の二編のこと。

【二難】①手に入れがたいふたつのもの。すぐれた君主とよい賓客。②ふたつのむずかしいこと。ふたつの難儀。③優劣をきめにくいふたり。賢い兄弟。

【二人】㊀①ふたり。②ふた親。父母。㊁国宮中で摂政・関白に次ぐ位の人。【——同レ心、其利断(斷)レ金】二人が心を同じくして物事を行えば、何事も成しとげることができる。〈易経・繫辞伝上〉

【二舞】国①舞楽の名。昔、案摩の舞の次に舞ったこっけいな舞楽。②他人のまねをすること。③他人の失敗をくりかえすこと。

【二夫】ふたりのおっと。→「貞女不レ更二二夫一」(一一八四ページ・下)

【二分】㊀①ふたつにわける。両分。②春分と秋分。㊁①二割。②国百分の二。

【二柄】君主が持っている政治上の二つの重要な権力。賞と罰。「二柄者、刑・徳也」〈韓非子・二柄〉

【二枚舌】国一つの事を二様に言う。うそを言うこと。

【二毛】①黒い毛髪としらが。②転じて、しらがまじりの老人。【——作】国同じ田畑に、一年に二回作物をつくること。麦のあとに稲をつくるなど。

【二酉】蔵書が多いことをいう。湖南省にある大酉・小酉の二山の石穴に古書千巻がはいっていたという故事。

【二陸】①晋の文人陸機と陸雲の兄弟。②宋の儒学者陸九齢と陸九淵の兄弟。

【二良】ふたりのよい家来。

【二六時中】①昔の時間のはかり方による一昼夜。②いつもいつも。ふだん。四六時中。

【二股膏薬(藥)】国内ももの膏薬があっちにくっつきこっちにくっつくように、二勢力の両方について、自分としてのはっきりした考えや態度のないこと。内股膏薬。

〖二簋可二用享一〗わずかなささげものでも、まごころのこもったものなら、神はよろこんでうけられる意。二簋は、ふたつの簋(礼器の一種)に盛ったそまつな供え物。〈易経・損卦〉

〖二旬而九食〗二十日間に九回しか食事をしない。貧しいさま。〈説苑・立節〉

〖逐二二兎一者、不レ獲二一兎一〗国同時に二匹のうさぎを追う者は、一匹さえもつかまえられない。欲ばって同時に両方を成功させようなどと思うと、かえってどちらをもだめにしてしまうことのたとえ。虻蜂とらず。

〖以二二卵一棄二千城之将(將)一〗衛の荀変がわずか二個の卵のために将軍の地位を退かされた故事から、小さいきずにこだわって大人物を用いそこなうことのたとえ。〈孔叢子・居衛〉

◇▼無二

二1 【于】〔3〕標 ウ 漢 呉 平 虞 yú ユィ　J 4818 補 U 4E8E

二1 〔亏〕〔3〕本字 J — 補 U 4E8F

意味 ①〈ここに〉発語の辞。②…に。…より。於・乎と同じ用法で、場所や比較などを表す助詞。③〈ゆ・く〉行く。④取る。⑤なす。作る。＝為 ⑥満足するさま。「于于」⑦〈ああ〉感嘆の語。＝吁 ⑧姓。

語法 訓読ではふつう読まずに「于」の目的語の下に「ニ」「ヨリ」「ヲ」など送りがなをつける。
❶時点・地点。…に。…で。場所・時間を示す。類 於・乎 例「楚懐王死二于秦一」(楚の懐王は〔捕らわれていた〕秦で亡くなった)〈史記・魯周公世家〉
❷起点。…から。時間・場所の始まりを示す。類 於・乎 例「桓公尸在二牀上一六十七日、尸虫出二于戸一」(桓公の遺体は寝台の上に放置されること六十七日におよび、ついに死体にわく虫が部屋の戸からはい出てきた)〈史記・斉太公世家〉
❸終点。…まで。時間・場所の到達点を示す。例「国人作レ乱、厲王出二奔于彘一」(〔周の〕国の人々が反乱をおこし厲王は彘に亡命した)〈史記・晋世家〉
❹…に。動作の対象・範囲を示す。例「吾十有五而志二于学一」(わたしは十五歳で学問に志した)〈論語・為政〉
❺…に。比較の対象を示す。例「五世其昌、並二于正卿一」(五世にしてその繁栄ぶりは正卿に並ぶだろう)〈史記・陳世家〉

参考「干」は別字。

【于嗟】①嘆息して発する声。②声を立ててなげくこと。

【于于】①なにも知らないさま。②満足するさま。③うたねのさま。④苦労の多いさま。

【于役】主君の命令で、使者として他の土地へ行くこと。

【于越】①南方の民族。②春秋時代の越の国。于は発語の辞。今の浙江省紹興市。③呉と越。

【于帰(歸)】嫁に行く。「之子于帰」(この娘がとつごうとしている。)〈詩経・桃夭〉の句にもとづく。

【于公高門】有名な前漢の裁判官于公が、子孫の出世を予想し、車馬の出入にそなえて門を高く造った故事。

【于定国(國)】人名。前漢の司法官。公平な裁判をしたことで、張釈之と並び知られている人。于公の子。

【于闐】漢代の西域地方の国の名。＝于窴

【于是】yúshì 現そこで。

二1 【亍】〔3〕チョク 漢 入 沃 chù チュー　J ①1407 補 1629 U 4E8D

意味 ①立ちどまる。たたずむ。②小またで歩く。③右足の歩み。↕彳 ④姓。

二2 【云】〔4〕人 標 ウン 漢 呉 平 文 yún ユン　J 1730 補 — U 4E91

意味 ①くも。雲の古字。②〈い・う(―・ふ)〉㋐言う。㋑いわく。他人の言を引用していう。③めぐる。④なつき従う。親しむ。⑤〈ここに〉軽く調子を整える助詞。⑥しかじか。言葉や文章を略するときに用いる語。⑦多くさかんなさま。

名前 これ・とも・ひと

参考 云は「雲」(一三四九ページ・中)の中国新字体としても使う。

応用例 䨺(靆)

【云何】いかに。如何。

【云為(爲)】①言論と動作。言動。②世の中のありさま。世態人情。

【云云】①うわさをする。かれこれいう。②以下のことばを略すとき使う語。しかじか。これこれ。③物の多く盛んなさま。④雲のわきおこるさま。⑤ことばの多いさま。

【云爾】「しかいう」と読み、かくかくであるの意。「以上のとおりである」と文を結ぶ語。

二 2

【五】

〔4〕 学 1 ゴ いつ・いつつ

ゴ 漢 呉 上 麌 wǔ ウー

J 2462 補 ― U 4E94

筆順
一
丅
丌
五

意味 ①〈いつつ〉〈いつ〉㋐五番めの数。㋑五個。②〈いつたび〉〈いつたび・す〉五回。また、五回する。③たてとよこに交差する。④音階の一つ。⑤姓。国〈いつつ〉辰の刻(午前八時ごろ)と戌の刻(午後八時ごろ)。

解字 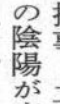 指事。二は、天と地を示す。天は陽で地は陰。×はその陰陽が交わり合うことで、そこから、五行(木火土金水)を生ずるという。また、上の一は十で、下の一は一。十と一の半分のところで交わった形で五を示すともいい、×は十をななめにした形で、そのまま半数の五を表すともいい、五は糸まきの形で、片手で扱ったので、五本の指を表したともいう。

名前 い・いず・かず・ゆき 姓 五月女・五百木部・五百旗頭

地名 五泉・五条・五所川原 難読 五月・五月雨(付表)/五百・五十・五加・五月蠅・五倍子

参考 書きかえやまちがいを防ぐためには、伍の字を用いる。

【五悪(惡)】①五つの悪。陰険、邪僻、偽弁、怪異をよく記憶すること、外面を飾ること。②身体の健康に害のあるもの。熱・寒・風・湿・燥の五つ。③㋫五戒を破る行い。殺生・偸盗・邪淫・妄語・飲酒の五つ。

【五緯】水星・火星・木星・金星・土星の五惑星。恒星を経とし、惑星を緯とする。

【五音】宮・商・角・徴・羽の五音階。五声。

【五雲】五色の雲。青・白・赤・黒・黄の五色で、その変化によって吉凶を占う。【――車】五色の雲気の描かれている、仙人の乗る車。

【五戒】㋫仏教の五つのいましめ。殺生・偸盗・邪淫・妄語・飲酒の五つ。これを破るのを五悪という。

【五岳(嶽)】五つの高山。泰山(東岳)・華山(西岳)・霍山(南岳)・恒山(北岳)・嵩山(中岳)。一説に華(河南)・岳(河西)・岱(河東)・恒(河北)・衡(江南)。

【五楽(樂)】五種の音楽。琴瑟・笙竽・鼓・鐘・磬。または、鼓・鐘・鐸(大鈴)・磬(石の楽器)・鞀(ふりつづみ)。

【五学(學)院】国平安時代の五つの学院で、勧学院・学館院・淳名院・奨学院・弘文院。

【五月子】国陰暦の五月に誕生した子。昔、父母のためによくないとしてきらわれた。

【五花馬】美しい毛並みの馬。「五花馬千金裘」(美しい毛並みの馬と、千金もする高価な皮ごろも。)〈李白の詩・将進酒〉

【五花八門】変化のはげしいこと。五花は五行陣、八門は八門陣で、戦いの陣形の名。

【五官】①人体で、感覚をつかさどる五つの器官。耳・目・鼻・舌・形体(のちに皮膚となる)。②昔の五つの官職。司徒・司馬・司空・司士・司寇。③すべての官。百官。

【五感】人体にそなわる、視・聴・嗅・味・触の五感覚。

【五管】五臓を連絡するくだ。背骨のそばにある。

【五季】五代の、乱れた世の中をいう。季は世の末の意。

【五紀】①時節を秩序づける五つのもので、歳・月・日・星辰・暦数。②六十年。一紀は十二年。

【五畿】国畿内の五つの国。山城(京都府)・大和(奈良県)・河内・和泉(共に大阪府)・摂津(大阪府・兵庫県)。【――七道】国畿内の五国(前項)と、東海道・東山道・北陸道・山陰道・山陽道・南海道・西海道の七道。

【五逆】①君・父・母・祖父・祖母を殺す五種の罪悪。②㋫地獄へおちる五つの大悪。父を殺す、母を殺す、阿羅漢を殺す、僧の結合を乱す、仏身を傷つけること。

【五教】①人間のふみ行うべき五つの道。父は義、母は慈、兄は友、弟は恭、子は孝の五倫。五常。②㋐君子が人を教える五つの方法。㋑兵士を訓練する五つの方法。

【五経(經)】①五種の経書で、「易経」「書経」「詩経」「礼記」「春秋」。五典。②五つの礼。吉・凶・軍・賓・嘉。五礼。③五種の医書。【――正義】書名。五経の注釈書。二百二十三巻。唐の孔穎達・顔師古らの作。【――大全】書名。五経の注釈書。百十七巻。明の永楽十二年(一四一四)、胡広らが天子の命をうけて編集した。【――博士】五経の専門の学者。漢の武帝が、五人の学者を博士に任じたことに始まる。【――掃レ地】五経の教えがすっかり世に行われなくなる。〈唐書・祝欽明伝〉

【五行】①万物のもとになる五つのもの。木・火・土・金・水の五つをいう。②仁・義・礼・知・信。五常。③㋫五つの修行。布施・持戒・忍辱・精進・止観の五つをいう。④漢代の舞楽の名。もと周の舞を秦に改名したもので、衣冠を五行の色にかたどったのでいう。⑤いつくだり。五条。五本の列。【――説】戦国時代、騶衍に始まった説で、歴代帝王の変遷を五行にあてて説く。この考え方は、漢代になって陰陽説と結びつき、宇宙の万物はすべて五行の力によって生成されると説く。【――相克(「剋」)】土・木・金・火・水の五元素の間で、木は土にかち、金は木にかち、火は金にかち、水は火にかち、土は水にかつとする考え方。五行相勝。【――相生】木・火・土・金・水の五元素において、木は火を生じ、火は土を生じ、土は金を生じ、金は水を生じ、水は木を生じるとする考え方。『――並(竝)下』同時に五行を読み下す。読書の早い形容。

【五玉】①五色の玉。蒼玉・赤玉・黄玉・白玉・玄玉。②公・侯・伯・子・男の五等級の諸侯が、天子にお目にかかるときにつける五つの玉。五瑞。

【五金】金・銀・銅・鉄・錫の五金属。

【五苦】㋫①人生の五つの苦しみ。生・老・病・死・愛別離。②諸天苦・人道苦・畜生苦・餓鬼苦・地獄苦。

【五刑】①周代の五つの刑罰。墨(いれずみ)・劓(鼻切り)・刖(足切り)・宮(生殖能力を失わせる)・大辟(死刑)の五つ。②犯罪の種類による五つの刑。野刑(農業を怠る罪)・軍刑(軍令にそむく罪)・郷刑(不孝その他の悪いことの罪)・官刑(官吏の職を怠る罪)・国刑(秩序を乱す罪)の五つ。

【五古】詩の一体。五言古詩の略。→五言の②

【五胡】ごこ 漢・晋の時代に北方から漢土に移り住むようになった五種の異民族。匈奴・羯・鮮卑・氐・羌。【――十六国(國)】ごこじゅうろっこく 西晋の末から南朝宋の元嘉十六年(四三九)までの約百三十年に、五胡と呼ばれた異民族たちの十六の国が興亡した一時代をいう。十六国は、匈奴の前趙・北涼・夏、羯の後趙、鮮卑の前燕・後燕・西秦・南燕・南涼、氐の成漢・前秦・後涼、羌の後秦、漢民族の前涼・西涼・北燕。

【五公】ごこう 前漢の有名な五人の高官。張湯・蕭望之・馮奉世・史丹・張安世をいう。一説に、田蚡・張安世・朱博・平晏・韋賢ともいう。

【五更】ごこう(かう) ①昔、一夜を二時間ずつに五分した称。更は、その時刻に夜番が交代する意。初更(午後八時ごろ)から、五更(午前四時ごろ)までに分け、甲・乙・丙・丁・戊をあてて五夜ともいう。②夜を五つに分けた第五の時刻。今の午前四時ごろ。寅の刻。戊夜。

【五国(國)】ごこく ①五つの国。②燕・趙・楚・魏・秦。③斉・韓・魏・趙・宋。【――城】ごこくじょう(じゃう) 城の名。宋の徽宗・欽宗のとじこめられた所。

【五穀】ごこく 五種類の穀物。米・黍・粟・麦・豆。または麻・麦・豆・黍・稷。

【五羖大夫】ごこたいふ 秦の大夫、百里奚のこと。秦の穆公が、五羖羊皮(五枚の雄羊の皮)で楚から百里奚を買いとり、これに国の政治をまかせた故事。

【五言】ごごん ①仁・義・礼・知・信にかなったことば。②一句が五字から成る漢詩。五言でも一首が四句から成るものを五言絶句(略して五絶)、八句から成るものを五言律詩(略して五律)、句数に制限のない詩を五言古詩(略して五古)という。

【五采(采)】ごさい「五色」に同じ。

【五彩】ごさい 五色の色彩。青・赤・黄・白・黒。＝五采

【五雑(雜)組】ござっそ 書名。十六巻。明の謝肇淛の雑記。天・地・人・物・事の五つに分けてしるす。

【五山】ござん ①「五岳」に同じ。②中国の五つの仙山。華山・首山・太室・泰山・東萊。③中国の東海の中にあるという五つの仙山。岱輿・員嶠・方壺・瀛州・蓬萊。④㊈五つの寺。中国では、径山寺・育王寺・天童寺・霊隠寺・浄慈寺。インドでは、祇園・竹林・大林・誓多林の四つの精舎と、那蘭陀寺。わが国では、京都の天竜寺・相国寺・建仁寺・東福寺・万寿寺。または、鎌倉の建長寺・円覚寺・寿福寺・浄智寺・浄妙寺。【――版】ござんばん ㊐古版本の名称。鎌倉時代から室町時代にかけて、京都・鎌倉の五山および同系統の禅寺で出版された書物。【――文学(學)】ござんぶんがく ㊐鎌倉・室町時代に、鎌倉五山に始まり京都五山その他各禅寺の名僧が記した漢詩文。

【五子】ごし ①五人のこども。②夏の太康の五人の弟。③老子・荘子・荀子・揚子・文中子の五人。④秦の穆公の五人の臣。⑤斉の桓公の五人の臣。⑥宋の五人の道学者。→「周程張朱」(二三八㌻・上)

【五始】ごし 五つの、物事の始め。孔子の「春秋」に、「元年、春、王の正月、公即位す」とある用語に含まれている五つの始め。元は気の始め、春は四季の始め、王は天命の始め、正月は政治の始め、公即位は一国の始め。

【五祀】ごし 一年間に、家ごとに行う五つの祭り。春は戸(入り口の神)、夏は竈(かまどの神)、秋は門(門の神)、冬は行(道路の神)、季夏(夏の末)は中霤(室内の神)。なお、この五つの祭りは、説によってちがう。

【五事】ごじ 五つのたいせつな事がら。①貌・言・視・聴・思。②兵法の重要点。道・天・地・将・法。③孝・友・読書・謹行・勤倹。④王者の五事。身が治まり、閨門が治まり、左右正しく、功賞実を得、徳厚く吏善良なこと。

【五四運動】ごしうんどう 第一次世界大戦後、日本の要求を受け入れた政府に抗議するため、北京大学の学生たちが中心となり、一九一九年五月四日にデモ行進などを行い、それを契機として全国的に展開された反帝国主義の運動。

【五十歩百歩】ごじっぽひゃっぽ(ひゃくぽ) 少しの違いはあっても、本質的には変わりないということ。大同小異。「以二五十歩一笑二百歩一」〈孟子・梁恵王上〉

【五車】ごしゃ ①五つの車。②星の名。③蔵書が多いこと。昔、恵施が四方に遊ぶとき五台の車に書物をのせて歩いたという故事による。〈荘子・天下〉【五車之書】ごしゃのしょ 五台の車に積みこむほどの書物の意で、多くの蔵書をいう。

【五爵】ごしゃく 五つの位。公・侯・伯・子・男。

【五趣】ごしゅ ㊈前世の善悪の行いがもとで、次の世に行きつく五つの世界。天上・人間・地獄・畜生・餓鬼の五種類。

【五戎】ごじゅう(じう) 五種類の兵器。武器の総称。五兵。

【五十年来(來)中国(國)文学(學)】ごじゅうねんらいのちゅうごくぶんがく 書名。中国の胡適の著。

【五重塔】ごじゅう(ぢゅう)のとう(たふ) ㊈五階だての塔。地・水・火・風・空の五つにかたどったもの。

【五出三犂】ごしゅつさんれい 五回出て、三回たがやす。明の成祖(永楽帝)がたびたび北方の外地へ遠征したことをいう。

【五常】ごじょう(じゃう) ①人がつねにふみ行うべき五つの道。五典。五倫。㋐仁・義・礼・知・信。㋑父は義、母は慈、兄は友、弟は恭、子は孝。五教。②五人のすぐれた兄弟。蜀の馬良の五人兄弟がみなすぐれていて、字に常の字を用いたため、馬氏の五常と呼ばれた故事による。〈蜀志・馬良伝〉

【五情】ごじょう(じゃう) ①五つの感情。㋐耳・目・鼻・口・肌の感情。㋑喜・怒・哀・楽・怨。また、喜・怒・哀・楽・欲。②㊈目・耳・鼻・舌・身からおこる五つの欲情。

【五丈原】ごじょう(ぢゃう)げん 地名。陝西省鳳翔県にあり、三国時代に、諸葛亮が魏の司馬懿と対戦した古戦場。

【五色】ごしょく・ごしき 青・黄・赤・白・黒の五色。五采。【――石】ごしょくのせき・ごしきのいし 五つの石。昔、女媧が五色の石を練って天の柱を補修したという神話による。【――気(氣)】ごしょくのき・ごしきのき 五色の雲の気。めでたいしるし。【――筆】ごしょくのひつ・ごしきのふで 五色の色彩の美しい筆の意で、文才のある人のたとえ。

【五濁】ごじょく(ぢょく) ㊈この世にある五つの汚れ。劫濁(劫は時間)・煩悩濁・衆生濁・見濁・命濁。

【五刃】ごじん 五種類の兵器。刀・剣・矛・戟・矢。

【五塵】ごじん(ぢん) ㊈心の害となる五つの汚れ。色・声・香・味・触の五欲のこと。

【五声(聲)】ごせい 五つの音楽の調子。宮・商・角・徴・羽の五つ。五音。

【五星】ごせい 五つのほし。木星(歳星・北)・火星(熒惑星・南)・金星(太白星・西)・水星(辰星・東)・土星(鎮星・中央)の五惑星。【――紅旗】ごせいこうき 中華人民共和国の国旗。

【五牲】ごせい 五つのいけにえ。牛・羊・豚・犬・鶏をいう。

【五節(節)会(會)】ごせちえ(ゑ) ㊐昔、宮中で行われた五つの節句。元日・白馬(正月七日)・踏歌(正月十五・十六日)・端午(五月五日)・豊明(新嘗会の翌日)の五つ。

【五節(節)】㊀ごせつ ①楽曲の五つのふし。②時節の五つのくぎり。㊁ごせち ㊐舞楽の名。昔、陰暦十一月、豊明節会などに天女に扮して舞った五人の女の舞楽。五節の舞。

【五絶】ごぜつ ①「五言絶句」の略。→五言の② ②唐の虞世南が人より特にすぐれていたという五つの事。徳行・忠道・博学・文詞・書簡。

【五節(節)句】国陰暦で、一年間の五つの祝日。人日(正月七日)・上巳(三月三日)・端午(五月五日)・七夕(七月七日)・重陽(九月九日)の五つの節句をいう。

【五善】五つのよいこと。善道を問い、親類の義を問い、礼儀を問い、政事を問い、患難を問うこと。

【五千言】老子の書。約五千文字あることに由来する。

【五宗】㊀上の五宗は、高祖・曾祖・祖・父・自分。下の五宗は、自分・子・孫・曽孫・玄孫の各五世代。㊁(仏)大乗仏教の五宗。天台・華厳・法相・三論・律。

【五臓(臟)】五種の内臓。心臓・腎臓・肺臓・肝臓・脾臓。五内。【五臓(臟)六腑】五臓と、大腸・小腸・胃・胆・膀胱・三焦(胃の上部・下部、膀胱の上部の三か所)の六腑。

【五体(體)】①八体の五つの部分。頭・両手・両足。または、頭・首・胸・手・足。②全身の意。③筋・肉・脈・骨・毛皮(皮膚)。④五つの書体。篆・八分・真・行・草。または、古文・大篆・小篆・隷書・草書。

【五大】①天・地・君・親・師の称。五つの尊いもの。②(仏)天地の万物を構成する地・水・火・風・空の五つ。

【五代】①唐がほろびた後に立った五つの王朝。後梁・後唐・後晋・後漢・後周。②唐・虞と夏・殷・周三代との五つ。③黄帝・尭・舜・禹・湯の五人の代。

【――史】書名。①旧五代史。百五十巻。宋代に、薛居正らが太宗の命令で、梁・唐・晋・漢・周の各時代の歴史を編修したもの。②新五代史。七十五巻。宋の仁宗のとき、欧陽脩が著した。

【五大夫】①五人の大夫。越王勾践および戦国、魏の五人の大夫。②秦の爵名。下から第九位。③松の別名。秦の始皇帝が、自分を雨宿りさせた松に五大夫の爵位を授けた故事による。

【五達道】天下古今を通じて人が従うべき五つの道。君臣・父子・夫婦・昆弟・朋友の道。

【五畜】五種の家畜。牛・羊・豚・鶏・犬。

【五帝】①中国古伝説の中の五人の皇帝。黄帝・顓頊・帝嚳・尭・舜の五人。または、太皞・炎帝・黄帝・少昊・顓頊の五人。また、少昊・顓頊・帝嚳・尭・舜ともいう。②天上にあって、四方および中央の五方をつかさどる神。蒼帝(東方)、赤帝(南方)、黄帝(中央)、白帝(西方)、黒帝(北方)。


【五鼎】①五つのかなえに、牛・羊・豚・魚・麋(おおしか)を盛って神に供えること。また、そのかなえ。②転じて富貴の食事をいう。美食。

【五典】①人間として行うべき五つの道。五常。五倫。②五帝の時代にあったという古書の名。③「五経」に同じ。

【五都】五つの都。①漢の洛陽・邯鄲・臨淄・宛・成都。②唐の長安・河南・鳳翔・江陵・太原。

【五蠹】主君を害する五つの毒虫(悪い人間)。韓非子の説で、学者・昔ばかりほめる者・剣を帯びる者・君主の側近・商工業者の五つを指す。

【五等】五つの等級。①公・侯・伯・子・男。②天子・公・侯・伯・子男。③婦人の五等級。后(天子の夫人)・夫人(諸侯の夫人)・孺人(大夫の夫人)・婦人(士の夫人)・妻(庶民の夫人)。④死をいうときの五等。崩(天子)・薨(諸侯)・卒(大夫)・不禄(士)・死(庶民)。

【五徳】①五つの徳目。温・良・恭・倹・譲。②五行の徳で、木・火・土・金・水。③国火鉢の灰の中に埋めて鉄びんなどをのせる台。【――生勝】漢代の陰陽五行説の理論。五行(五徳)の間に、生成(水火木金土の順にできあがる)・相生(木火土金水の順序で、上から順にたがいに生んでゆく)・相勝(木土水火金の順に、上のものが下のものに勝つ)の三つの関係が行われるという。

【五斗米】扶持として与えられる五斗の米。わずかな禄の意。県令の俸給。「我豈能為二五斗米一折二腰向二郷里小児一」(わずかな俸給のために、腰をまげてふるさとの若僧を迎えることなど、このわたしにできるものか。)〈十八史略・南北朝〉【――道】後漢の張陵が始めた道教の一派。信者は五斗の米を供出したことからいう。

【五内】①「五臓」に同じ。②心の内。

【五人囃子】国①琴・笛・三味線・太鼓・鼓の五種の楽器による合奏。②その合奏者をかたどった雛人形。

【五伯】㊀五人の旗がしら。夏の昆吾、殷の大彭・豕韋、周代の斉の桓公、晋の文公。一説に斉の桓公、晋の文公、宋の襄公、秦の穆公、楚の荘王。=五覇〈左伝・成公二〉㊁後漢時代の五人の名士。鄧智伯・宗武伯・陳綏伯・翟敬伯・張弟伯。

【五覇(霸)】春秋時代五人の旗頭。斉の桓公、晋の文公、秦の穆公、宋の襄公、楚の荘王。その他、呉の闔閭または夫差、越の勾践を入れ替える説もある。=五伯
【五倍子】①ぬるでの別名。漆に似ていて紅葉する植物。②五倍子の若葉につく、こぶ状のものをいう。

【五百羅漢】(仏)釈迦の弟子の五百人のすぐれた仏僧たち。五百阿羅漢。

【五品】①父子・君臣・夫婦・長幼・朋友の五分類。②父・母・兄・弟・子。③父は義、母は慈、兄は友、弟は恭、子は孝の五つの道。五典。④功の五等。勲・労・功・伐・閲。魏以後の勲位の中の第五等。

【五風十雨】五日に一度風が吹き、十日に一度雨が降るように、気候が順調であること。

【五服】①中国の地域制で、王城の外周囲を五百里ごとにくぎり、侯服、甸服・綏服・要服・荒服の五区域を定めた。②天子・諸侯・卿・大夫・士の制服。③喪に服するときの五つの段階。斬衰三年、斉衰一年、大功九か月、小功五か月、緦麻三か月をいう。

【五福】五つの幸福。①長寿・富裕・無病息災・道徳を楽しむ、天命を全うする。②長寿・富・貴・康寧・子孫繁栄。

【五不孝】親不孝な五つのおこない。手足を動かすことを怠る、賭博にふける、妻子の愛におぼれる、耳目の欲をおさえない、勇気にまかせて他人と争うことの五つ。

【五不取】妻にしてはならない五か条。逆臣の家の娘、淫乱の家の娘、代々刑人のある家の娘、代々悪病のある家の娘、父のない家の長女。五不娶。〈孔子家語・本命解〉

【五兵】五種類の兵器。「五戎」に同じ。

【五歩】いつあし。一歩は、ひとあしの倍で、現在の一複歩に当たる。【――之内】至近距離。

【五方】①東・西・南・北と中央の五つ。②転じて、中国とその四方の野蛮な国とをいう。

【五味】五種類のあじ。辛(からい)・酸(すっぱい)・鹹(しおからい)・苦(にがい)・甘(あまい)の五つ。

【五民】士・農・工・商・賈の五種の民。商は行商人、賈は店を構える商人をいう。

【五夜】「五更」の①に同じ。

【五友】五つの友。竹・梅・蘭・菊・蓮の五種の植物。

【五欲(慾)】①耳・目・鼻・口の欲と、愛憎による欲の五つ。②(仏)色欲・声欲・味欲・香欲・触欲。五塵。

【五律】「五言律詩」の略。→五言の②

【五里霧中】①深い霧に方向がわからなくなること。②迷って手のつけようがないさま。後漢の張楷の故事。

【五柳先生】東晋の田園詩人、陶潜のこと。家の門に五本の柳を植え、五柳先生と自称したことによる。

【五陵】①漢の高祖以下五帝の墓。長陵(高祖)・安陵(恵帝)・陽陵(景帝)・茂陵(武帝)・平陵(昭帝)。②五陵付近の土地のこと。この辺りにはりっぱな邸宅が多い。【──年少】富貴の子弟をいう。

【五倫】人として守るべき五つの道。父子の親、君臣の義、夫婦の別、長幼の序、朋友の信の五つ。五品。五常。五典。五教。五達道。

【五輪】㊋宇宙の万物を構成するという五つの元素。地・水・火・風・空のこと。【──塔】五輪を、方(四角)・円・三角・半月・団(球)の五つの形に表して積み重ねてつくった塔。

【五礼(禮)】①五つの儀式。吉礼(祭祀)・凶礼(喪祭)・賓礼(賓客)・軍礼(軍陣)・嘉礼(冠婚)の五つをいう。五経。②公・侯・伯・子・男の五等級の諸侯の礼。③天子・諸侯・卿大夫・士・庶人の礼。

【五霊(靈)】五つの霊妙な動物。麒麟・鳳凰・亀・竜・白虎。

【五労(勞)】五臓のつかれ。全身の疲労。

【五一節(節)】wǔyījié 現五月一日のメーデー。

【五十而知二天命一】五十歳ごろになると、天が自分に与えた使命を自覚できるようになった。〈論語・為政〉↓「知命」(八八〇ジ・上)

【五尺之童】①十二、三歳のこども。一尺は二歳半。②何も知らないこども。がんぜないこども。

【五畝之宅】井田法で、ひとりの男子の所有すべき宅地。畝は周代では百歩(一歩は六尺平方)。〈孟子・梁恵王上〉(↓付録「度量衡名称」)

◇◆三三五五

二 2

【互】

〔4〕 常 ゴ たがい | コ 漢 去 遇 | ゴ 呉 hù フー | J 2463 補── U 4E92

筆順 一 𠄌 𠄎 互

意味 ①たがいにまじわる。交錯する。②〈たがいに(たがひに)〉㋐かわるがわる。交互に。㋑双方ともどもに。③騎馬の通行を止めるための柵。埒。④肉をさげる棚。

解字  象形。糸まきに、糸を交互に巻いてある形で、交互の意味を表す。一説に、たがいに組み合った細工物の象形であるともいう。

名前 のぶ・とおる・わたる

【互角】国優劣のないこと。五分五分。伯仲。牛角とも書き、牛の角が左右互いにおなじであることによる。

【互換】①互いに取り替えること。また、取り替えがきくこと。②国コンピュータのプログラムがそのまま他の機種のコンピュータにも使用できること。

【互訓】二つの文字が、互いに他の文字の説明になること。「互恵」敬を粛の意味だとし、粛を敬の意味だと解く類。

【互恵(惠)】利益や特典を、互いに与えあうこと。「互恵条約」

【互市】貿易。外国との商取り引き。交易。

【互助】互いに助け合う。相互扶助。

【互譲(讓)】互いにゆずりあう。

【互生】①交互に発生する。②植草木の葉が、方向をかえて互いちがいに出ること。↕対生。

【互選】同じ資格をもつ者の中から、互いに選挙しあうこと。

【互文】二つの文または句で、一方にのべたことが他方にも通じ、相互に補いあうことによって、意味を完全にする表現法。たとえば「天長地久」の語を、天地は長久であるという意に用いる類。

【互有】一つの物をふたりで所有すること。共有。

【互用】互いにもちいる。かわるがわる使用すること。

【互相】hùxiāng 現互いに。

◇◆交互・相互

二 2

【井】

〔4〕 学 4 セイ・ショウ い | セイ 漢 ショウ(シャウ) 呉 上 梗 jǐng チン | J 1670 補── U 4E95

筆順 一 二 ナ 井

意味 ①〈い(ゐ)〉㋐いど。㋑いげた。いげた形。㋒いどの形に似たもの。②中国、殷・周の時代の制度で、農地一里四方のこと。↓井田 ③まち。「市井」④きちんとしたさま。「井然」⑤星座の名。二十八宿の一つ。⑥易の卦の名。⑦姓。

解字 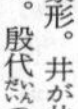 象形。井が井戸の枠組み、中の点がつるべ桶の形である。殷代の甲骨文字に井という字があり、後になって丼という字も作られ、丼・井のどちらの字も井戸の意味で用いられた。丼を「どんぶり」の意味で用いるのは、日本語の用法。

名前 きよ 姓 井口・井口・井本・井本・井石・井石・井代

地名 井原

【井堰】国田に注ぐ用水をせきとめた所。せき。

【井筒】国①井戸側。井戸の地上の部分を、木や土管などでかこんだもの。円形の井桁。②井筒型の家紋。③世阿弥作の、能楽の曲名。

【井上蘭(蘭)台(臺)】人名。江戸時代の儒者。名は通熙、字は叔。蘭台は号。岡山藩の儒官となり、宝暦十一年没。(一七〇五～一七六一)

【井蛙】「井底蛙」に同じ。【──見】見聞の狭い人の意見。世間知らずの人の考え。【──不レ可二以語一於海一】井戸の中のかえるには、海の話をしてもわからないところから、見聞の狭い世間知らずの人に大道を話してやっても理解できないたとえ。〈荘子・秋水〉

【井幹】①いげた。②漢の武帝が建てたという高い御殿の名。

【井臼】井戸で水をくむことと、うすで米をつくこと。「家事をいう。」

【井魚】いどの中の魚。見聞の狭い者をいう。井蛙。

【井陘】①河北省井陘県の東南にある山の名。②井陘山の上にある関所の名。井陘口。

【井口】井戸の口。

【井桁】木を井の字形に組んで、井戸のふちわくにしたもの。井幹。井欄。

【井岡(「崗」)山】山名。江西省の西境にある。一九二七年～二八年、毛沢東らが立てこもって、国民党軍に対し挙兵した。

【井井】きちんとしたさま。区画が正しくととのったようすをいう。井然。

【井泉】いど。井戸水。

【井然】きちんと整っているさま。井井。

【井底蛙】井戸の中のかえる。見聞のせまい人のたとえ。世間知らず。井蛙。井魚。

【井田】殷・周の時代の土地制度。井田法。田地一里四方を井の字形に九等分し、周囲を八戸に分け与え、中央を公田として共同耕作して、その収穫を租税としたきまり。

【井目】国碁盤の目の上にある九つの黒い点。また、勝負のとき下手がその九つの点にあらかじめ碁石をおいて、上手との力の差を調節することをいう。＝聖目

【井里】(せいり) 村ざと。邑里(ゆうり)。
『坐ㇾ井観(觀)ㇾ天』(いに(ゐ)ざしててんをみる) 井戸の底にすわって天を見る。見聞の狭いことのたとえ。井中視ㇾ星(せいちゅうにほしをみる)。
◆天井(てんじょう)・市井(しせい)・油井(ゆせい)・青天井(あおてんじょう)

二2【三】〔4〕古→四(二六八ページ・下)

二2〖元〗→儿部二画(二二一ページ・下)

二2〖冃〗→冂部二画(一四〇ページ・下)

二3【亖】〔5〕同→歳(六八一ページ・中)

二3〖冉〗→冂部三画(一四〇ページ・下)

二3〖弍〗→弋部二画(四六ページ・上)

二4【亘】〔6〕人 一セン 漢 一平 先 xuān シュワン 二コウ 漢呉 二去 径 gèn ケン
J 4743 補 U 4E98

〔意味〕一＝宣(せん)(三六九ページ・下) ①旋回する。②〈の・べる(―・ぶ)〉述べる。広く知らせる。二＝亙(こう)(次項) ①〈わた・る〉渡る。②つづく。つらなる。③きわまる。きわめる。④引いてつなげる。

〔解字〕回二 会意。二と回とを合わせた字。二は上下を表し、回は回の古文で、くるくるまわるさまを表す。上と下とあちこち何かを探し求めることを表す。

〔名前〕のぶ・ひろし 〔姓〕亘理(わたり) 〔地名〕亘理(わたり)

〔参考〕「亘(せん)」は、「宣(せん)」の本字。「亘(せん)」の意味としては、今では「宣(せん)」を用いる。「亘(こう)」は、もともと「亙(こう)」とは別字であるが、字形が似ていたため混用され、「亙(こう)」の意味をあわせて持つようになり、今ではこの意味で広く用いられる。

【亘古】(こうこ) 永遠に。昔から今に至るまで。

二4【亙】〔6〕人 コウ 漢呉 去 径 gèn ケン
J 4742 補 U 4E99

〔意味〕①〈わた・る〉渡る。とおる。②つづく。つらなる。③きわまる。きわめる。④引いてつなげる。

〔解字〕亙 会意。亙は、恆(こう)の古い字体。恆は、きわめる、広がるの意。亙は、両岸を表す二の間に舟がある形。亙は、流れを横切って舟が向こう岸に渡る意から、渡る、きわめるという意味を表す。

〔参考〕「亙(こう)」は、「亘」とは別字であるが、今では「亘」が「亙」に代わって広く用いられる。

【亙古】(こうこ) 永遠に。昔から今に至るまで。

二5【亜】〔7〕常 ア
J 1601 補 U 4E9C

旧字 二6【亞】〔8〕人 ア 漢呉 去 禡 yà ヤー
J 4819 補 U 4E9E

〔筆順〕一 丆 丌 亓 亜 亜 亜

〔意味〕①〈つ・ぐ〉㋐つぎ。㋑次に行う。準ずる。②劣る。③つく。隣り合う。④うつむく。垂らす。垂れる。⑤婭(あい)。姉妹のむこどうしの呼称。⑥亜細亜(アジア)の略称。

〔解字〕亞 象形。人のせなかが曲がってみにくい形。今は、「悪」がみにくい意味を表す。一説に亞は、古代人の住居の土台を上から見た形で、おさえつける意味という。亞が「次」「順序」の意味になるのは、まともな人でないことから、生じたものであろう。

〔地名〕亜細亜(アジア)・亜爾泰(アルタイ)・亜米利加(アメリカ)・亜剌比亜(アラビア)・亜爾然丁(アルゼンチン)

【亜鉛】(あえん) 金属の名。青白色で、質はもろい。
【亜欧(歐)】(あおう) アジアとヨーロッパ。
【亜槐】(あかい(くわい)) 国大納言(だいなごん)の別名。三槐(三公)に次ぐ官の意。
【亜寒帯(帶)】(あかんたい) 理寒帯と温帯との中間地帯。↕亜熱帯
【亜卿】(あけい) 九卿(きゅうけい)に次ぐ官。→「九卿」(四〇ページ・上)
【亜歳】(あさい) 冬至(とうじ)のこと。
【亜子】(あし) 次男。次子。
【亜相】(あしょう(しゃう)) ①宰相に次ぐ意で、御史大夫(ぎょしたいふ)のこと。②国大納言(だいなごん)のこと。
【亜将(將)】(あしょう(しゃう)) ①副将のこと。次将。②国近衛(このえ)の中将・近衛少将のこと。
【亜聖】(あせい) 聖人孔子に次ぐ人。孟子(もうし)または顔淵(がんえん)をいう。
【亜熱帯(帶)】(あねったい) 理熱帯と温帯との中間地帯。↕亜寒帯
【亜匹】(あひつ) 同じなかま。同一のたぐい。同類。
【亜父】(あふ・あほ) 尊さが父に次ぐの意。楚(そ)の項羽が范増(はんぞう)を尊んで呼んだという語。
【亜麻】(あま) 草の名。あかごま。茎の繊維で織物をつくり、実から油や薬をとる。
【亜流】(ありゅう(りう)) ①ある流派をつぐ人。②仲間に近い人。一党に準ずる人。③まねをする人。第二流。
◆北亜(ほくあ)・西亜(せいあ)・東亜(とうあ)・欧亜(おうあ)・南亜(なんあ)

二5【兕】〔7〕 キョウ(キャウ) 漢 去 漾 kuàng コワン
J ― 補 U 2F81B

〔意味〕ここに。発語のことば。
〔参考〕「兕(きょう)」は別字。

二6【些】〔8〕人 標 一シャ 漢 一平 麻 xiē シエ 二サ 慣 二サ 漢 二去 箇 suò スオ
J 2619 補 U 4E9B

〔意味〕一①〈いささか〉わずか。少し。②〈すくな・い(―・し)〉 二文末の助詞。語調をととのえ、意味がない。

【些些】(ささ) すくないさま。
【些細】(ささい) わずか。いささか。すこし。＝瑣細
【些事】(さじ) ちょっとしたこと。つまらないことがら。＝瑣事(さじ)
【些少】(さしょう(せう)) すくない。わずか。すこしばかり。
【些末】(さまつ) わずか。すこし。些少。些細。

二6【亞】〔8〕旧→亜(本ページ・中)

二6【亝】〔8〕同→齊(一四五二ページ・下)

二7【亟】〔9〕 一キョク 漢 一入 職 jí チー 二キ 漢 二去 寘 qì チー
J 4820 補 U 4E9F

火7【㥛】〔11〕同字
J ①8744 補 4173 U 710F

〔意味〕一①すみやかに。早く。②あわただしい。二〈しばし・ば〉くりかえし。

【亟行】(きょくこう(かう)) はやく行く。
【亟疾】(きょくしつ) すみやか。きわめて急なこと。
【亟務】(きょくむ) 急いでやるべきつとめ。

2画 亠部 なべぶた けいさんかんむり

【部首解説】部首としてたてられたもので、意味はもたず、文字としては用いられない。この部には、「亠」の形を構成要素とする文字が属する。

亠0【亠】〔2〕 トウ 漢 平 尤 tóu トウ
J 4821 補 U 4EA0

〔意味〕部首として使われ、意味はもたない。古辞書、音義などで、音の字の省略字として用いられた。国省文(せいぶん)の一。

亠1【亡】〔3〕学6 ボウ・モウ ない
J 4320 補 U 4EA1

旧字 亠 1
【亡】〔3〕
一ボウ(バウ) 漢　モウ(マウ) 呉　二ブ 漢　ム 呉
一 平 陽 wáng ワン　二 平 虞 wú ウー
U補J ―――

筆順 丶 亠 亡

入 1
〔亾〕〔3〕本字　U補J 5166 1878

意味 一①〈うしな・う(――・ふ)〉 ㋐なくす。㋑死なせる。②〈ほろ・びる(――・ぶ)〉↕存 ㋐無くなる。絶滅する。㋑死ぬ。「死亡」③〈ほろぼ・す〉④〈に・げる(―・ぐ)〉逃げ去る。⑤わすれる。‖忘 二〈な・い(―・し)〉無い。存在しない。‖無 ↕有

解字 会意。古い形で見ると入と乚とを合わせた字。かぎ形にまがったかげにはいってかくれることを表し、「逃げる」の意味になる。

【亡状(狀)】ぶじょう(じゃう)｜むじょう(じゃう) ①無礼な言行。無礼なふるまい。状は行状。②てがらがないこと。
【亡是公】ぶぜこう｜むぜこう この公なし、の意から、仮託の人名として用いられる。
【亡頼】ぶらい｜むらい たよりにならぬもの。ならずもの。やくざもの。〔=無頼〕
【亡慮】ぶりょ｜むりょ おおよそ。ざっと。概算。‖無慮
【亡聊】ぶりょう(れう)｜むりょう(れう) ①心配事があって気の晴れないさま。②ものさびしい。③つれづれ。たいくつ。‖無聊
【亡逸(逸)】ぼういつ ①逃げうせる。②散らばってなくなる。散逸。‖亡佚
【亡骸】ぼうがい｜なきがら 遺骸。しかばね。
【亡君】ぼうくん ①国をほろぼす君主。②なくなった主君。
【亡欠(缺)】ぼうけつ 欠けてなくなる。
【亡国(國)】ぼうこく 滅びてなくなった国。【――恨】ぼうこくのうらみ 国の滅びた悲しみ。「商女不ㇾ知亡国恨」(妓女たちは、それが亡国の悲しみの音楽であることも知らずに歌っている。)〈杜牧の詩・泊二秦淮一〉【――之音】ぼうこくのおん 滅びた国の音楽。また、国を滅ぼすような音楽。
【亡魂】ぼうこん ①死んだ人のたましい。亡霊。②驚いたあまりに、正気がなくなること。
【亡矢遺鏃】ぼうしいぞく 矢や、やじりを失う。むだに武器を使う。〈賈誼・過秦論〉
【亡失】ぼうしつ うせる。うしなう。なくなる。
【亡者】一ぼうじゃ ①死亡したもの。②滅びるもの。二もうじゃ 国①死んだ人。②仏死後、成仏できないで、冥途で迷っている者。③利欲に目がくらんでしまった人。
【亡臣】ぼうしん 国を逃げだして、他国に亡命した臣。
【亡人】ぼうじん ①死んだ人。亡者。②他国に逃げ出した人。亡命者。
【亡走】ぼうそう 逃げはしる。
【亡地】ぼうち かならず身を滅ぼすような危険な場所。「地。窮」
【亡匿】ぼうとく 逃げかくれる。
【亡年交】ぼうねんのまじわり 年齢のちがいを問題にしないで、学問や徳を中心に考えての交友。亡は忘に同じ。
【亡夫】ぼうふ 死んだおっと。
【亡父】ぼうふ すでになくなった父。
【亡命】ぼうめい 名をかくしてゆくえをくらます。他国へ逃げ隠れる。命は名籍で、名簿の名をけずって逃げる意。【――客】ぼうめいかく 他国へ亡命した人。亡命者。亡命の士。
【亡友】ぼうゆう 死んでしまった友人。
【亡羊】ぼうよう 羊飼いが、ひとりは読書をひとりはばくちをしていて、羊を逃がしてしまった故事から、本務を怠って失敗するたとえ。〈荘子・駢拇〉【――補牢】ぼうようほろう 羊に逃げられてから囲いの破れを修理する意で、失敗をしたあとになって、それを改めることのたとえ。【――之嘆(歎)】ぼうようのたん 逃げた羊を追いかけ、その途中で分かれ道が多いため羊を見失い、途方にくれる意で、学問の方法があまりにも多方面で、どこから手をつけてよいやら思案にくれること。〈列子・説符〉
【亡霊(靈)】ぼうれい 「亡魂」の①に同じ。
〔亡秦之続(續)〕ぼうしんのぞく 滅亡した秦王朝の二の舞をふむこと。〈史記・項羽本紀〉
◇▼存亡・死亡・逃亡・流亡・衰亡・敗亡・滅亡・興亡・危急存亡

亠 2
【亢】〔4〕
標　一コウ(カウ) 漢 呉　二コウ(カウ) 漢 呉
一 平 陽 gāng カン　二 去 漾 kàng カン
U補J 4EA2 4822

意味 一のど。のどぶえ。くび。‖吭 二①あがる。のぼる。②おおう。さえぎる。③おごり高ぶる。自慢する。④たかい。たかまる。⑤きわめる。⑥ふせぐ。あたる。‖抗 ⑦星の名。あみぼし。二十八宿の一つ。

参考 新表記では、「興」に書きかえる熟語がある。

【亢旱】こうかん 大ひでり。
【亢顔】こうがん おごり高ぶった顔つき。ごうまんなさま。
【亢傲】こうごう おごり高ぶる。
【亢進】こうしん たかぶる。はげしくなる。‖昂進・高進
【亢直】こうちょく 人に屈服しないこと。気位が高いこと。
【亢奮】こうふん 気が高まる。気持ちがいらだつこと。‖興奮・昂奮
【亢陽】こうよう ①ひでり。②高い建物。③易の陽の爻が極めてさかんであること。
【亢竜(龍)】こうりょう｜こうりゅう 天上に登りつめてしまった竜。【――有ㇾ悔】こうりょうくいあり 亢竜は、慎まないと下界にくだる運命にある。人間も最高の身分になったあとは、とくに自重し慎まないと、身をほろぼすようなことにもなるとのいましめ。〈易経・乾卦〉
〔絶ㇾ亢〕こうをたつ のどぶえを断ち切って死ぬこと。

亠 2
【厺】〔4〕
俗 ↓去(二〇七ぺー・下)

亠 2
〖六〗↓八部二画(一三二ぺー・中)

亠 2
〖卞〗↓卜部二画(二〇〇ぺー・中)

亠 2
〖文〗↓文部〇画(五六七ぺー・下)

亠 3
〖市〗↓巾部一画(四一八ぺー・中)

亠 3
〖玄〗↓玄部〇画(八一〇ぺー・上)

亠 4
【亦】〔6〕
人　エキ 漢　ヤク 呉　入 陌 yì イー
U補J 4EA6 4382

意味 ①〈また〉…もまた。②おおいに。おおきい。‖奕 ③すべて。④腋。

語法 ❶〈また〉…もまた～。前述の事柄をうけて、それと同様であることを示す。例「舜子商均亦不肖」(堯の子の丹朱は不肖であったが)舜の子商均もまた不肖であった)〈史記・五帝本紀〉
❷〈また〉強調。反語や否定を強める。例「此後亦非三而所二知也」(その後のことなどおまえの知ったことではない)〈史記・高祖本紀〉
↓付録・同訓異義要覧「また」

◀句形▶
[不二亦…一乎] 〈また…ならずや〉反語として詠嘆・断定を表す。なんと…ではないか。また…ではないか。例

「学而時習レ之、不ニ亦説一乎」(勉強して折をみて復習することは、なんとうれしいことではないか)〈論語・学而〉「平王殺ニ吾父一、今我殺ニ其子一、不ニ亦可一乎」(平王はわが父を殺したのだから、いま私がその平王の子を殺すのもあたりまえではないか)〈史記・楚世家〉

解字  指事。大とハとを合わせた字。大は人。ハは、わきの下を示す記号。亦は、人のわきの下を表す。わきが、ここと ここであると示すことから、「〜もまたやはり」という意味になる。

〖不ニ亦楽(樂)一乎〗またたのしからずや 「不亦…乎」は、「なんと…ではないか」の意。なんと楽しいことではないか。〈論語・学而〉

〖亦可ニ以弗レ畔矣夫〗またもってそむかざるべし やはり道理にそむかない、りっぱな人となることができよう。〈論語・雍也〉

亠 4
【亥】〔6〕 人
カイ 漢 上 賄
ガイ 呉 hài ハイ
U 補 J 1671 4EA5

旧字 亠 4 【亥】〔6〕 U 補 J ―

意味 ①〈い(ゐ)〉十二支の第十二位。㋐方角では北北西。㋑時刻では午後十時ごろ。また、午後九時から十一時。㋒動物では猪いの。②陰暦十月。③姓。「亥唐がいとう」

解字  会意。古い形で見ると、二・从・乚を合わせた字。二は上。从は二人で、男女つまり陽と陰を表す。乚は赤子がにっこり笑うこと。亥は、陰気が上にあって全盛の状態であるが、下から陽気がちょっと顔を出していることを表し、十月の陰陽の状態を表す。一説に、亥は、ぶたの骨格を表す象形文字であるともいう。

【亥子】い(ゐ)のこ 国①いのししの古称。②陰暦十月の節日の称。この月の最初の亥の日の亥の刻に、亥子餅もちを食べると万病を除くといい、また、こたつ開きの習慣があった。

【亥月】がいげつ 陰暦十月の別称。

【亥豕】がいし 文字の写しあやまりのこと。亥と豕とは字形がよく似ているため、己亥きがいを三豕さんし(己を三に、亥を豕に)と読みまちがえた故事。〈呂覧りょらん・察伝さつでん〉「亥豕之譌がいしのか」「魯魚之謬ろぎょのあやまり」ともいう。

亠 4
【交】〔6〕 学 2
コウ
まじわる・まじえる・まじる・まざる・まぜる・かう・かわす
コウ(カウ) 漢 平 肴
キョウ(ケウ) 呉 jiāo チアオ
U 補 J 2482 4EA4

旧字 亠 4 【交】〔6〕 U 補 J ―

筆順 丶 亠 亠 六 㐱 交

意味 ①〈まじわ・る(まじは・る)〉㋐交差する。㋑つきあう。交際する。㋒往来する。㋓合う。合わせる。②〈まじ・える(――・ふ)〉〈ま・ぜる(――・ず)〉まじわらせる。③〈まじ・る〉〈まざ・る〉いりみだれる。④〈まじわり(まじはり)〉つきあい。交際。⑤〈こもごも〉たがいに。かわるがわる。⑥〈か・う(――・ふ)〉〈かわ・す(かは・す)〉とりかわす。やりとりする。⑦月または時節のかわりめ。

解字  象形。上の方は大で、人の形を表す。人が、足をたがいちがいにまじわらせた形。そこから、一般に「まじわる」意味に使う。

名前 かた・とも・みち・よしみ 姓 交野かたの

難読 交喙いすか・交交こもごも・交譲木ゆずりは

【交椅】こう(かう)い いすの一種。あしが×字形に交差しており、たためるように作ったもの。＝交倚

【交易】こう(かう)えき ①品物を取りかえる。②品物を売り買いする。取り引き。貿易。③往来する。ゆききする。

【交会(會)】こう(かう)かい(くわい) ①まじりあう。出あう。②交子と会子。いずれも宋そう時代の紙幣。

【交喙】こう(かう)かい 鳥の名。いすか。

【交割】こう(かう)かつ ①交代するときの事務引き継ぎ。②国詩を添削し、批評を加えること。

【交款】こう(かう)かん(くわん) たがいによろこび楽しむ。

【交換】こう(かう)かん(くわん) とりかえる。

【交感】こう(かう)かん ともどもに感じる。両方が触れ合って感じること。両方がまじわって働き合う。

【交歓(歡)】こう(かう)かん(くわん) うちとけてまじわる。よしみを結ぶ。交驩。＝交驩

【交誼】こう(かう)ぎ 友だちとしてのよしみ。交友の情。友誼。

【交衢】こう(かう)く 交差こうしている道。

【交戟】こう(かう)げき ①ほことほこを十文字にまじえる。②ほこをまじえて門を守る者。守衛。番兵。「交戟之衛士こうげきのえいし」〈史記・項羽本紀こううほんぎ〉

【交結】こう(かう)けつ まじわりをむすぶ。交際する。まじわり。

【交互】こう(かう)ご たがいに。かわるがわる。たがいちがいに。

【交口】こう(かう)こう ①かわるがわる言う。②口をそろえて言う。

【交合】こう(かう)ごう(がふ) まじわりを結ぶこと。男女のまじわり。交接。

【交差(「叉」)】こう(かう)さ 二本の道や線が十文字にまじわる。

【交際】こう(かう)さい 一 まじわり。まじわる。つきあう。交遊。二 チアオチー jiāojì 現 一に同じ。

【交錯】こう(かう)さく いりまじる。

【交市】こう(かう)し たがいに市場を開くこと。

【交趾】こう(かう)し ―こう(かう)ち ①地名。漢代の郡名。現在のベトナム社会主義共和国北部のソンコイ川流域地方。②交趾産の陶器の名。

【交爵】こう(かう)しゃく さかずきを取りかわす。交觴こうしょう。

【交渉】こう(かう)しょう(せふ) ①かけあうこと。事件をまとめるために話し合う。談判。②かかりあい。関係すること。

【交情】こう(かう)じょう(じゃう) 友人の間の親しみの感情。交際の親しみ。友情。

【交譲(讓)】こう(かう)じょう(じゃう) たがいにゆずり合うこと。

【交織】こう(かう)しょく―まぜおり 種類の違う糸を入れて織ること。また、そうして織った織物。

【交接】こう(かう)せつ ①まじわる。まじわり。交際。交遊。②かかりあい。関係。③男女がまじわること。交合。

【交戦(戰)】こう(かう)せん 戦いをまじえる。たがいに戦う。

【交窓】こう(かう)そう(さう) たがいちがいにつけた窓。一説に、組み合わせた木わくを飾りにつけた窓。

【交代】こう(かう)たい 一 仕事・位置などをかわりあう。いれかわる。＝交替 二 チアオタイ jiāodài 現 ①たのむ。②説明する。

【交替】こう(かう)たい 「交代」に同じ。

【交態】こう(かう)たい 交際のありさま。友情の深さ。

【交通】こう(かう)つう 一 ①ゆききすること。往来。②互いに通じている。互いに関係している。二 チアオトン jiāotōng 現 一に同じ。

【交迭】こう(かう)てつ いれかわる。また、いれかえ。＝更迭

【交拝(拜)】こう(かう)はい たがいに礼をしあうこと。

【交番】こう(かう)ばん 交代で任務にあたること。輪番。

【交尾】こう(かう)び つがう。雌雄がまじわること。

【交付】こう(かう)ふ 渡す。手渡す。ひき渡す。授ける。

【交分】こう(かう)ぶん 交際の本分。まじわり。「平生交分へいぜいのこうぶん」(ふだんの交際。)〈白居易はくきょい・与ニ微之一書びしにあとうるしょ〉

【交鋒】こう(かう)ほう ほこをまじえる。戦う。

【交盟】こう(かう)めい ちかいを結ぶこと。同盟。

【交友】こう(かう)ゆう(いう) 友だち。また、友だちとまじわること。

【交遊】こう(かう)ゆう(いう) ①まじわる。つきあい。交際。②友人。交友。＝交游

【交流】一 こう(かう)りゅう(りう) ①まじわり流れる。②理 一定の時間ごと

に、かわるがわる逆の方向に流れる電流。↔直流 ③国たがいにまじわり合う。たがいにいれかえる。交換しあう。⊟チアオリウ jiāoliú 現⊖の③に同じ。

【交竜(龍)】こうりょう(かう) ①二つの竜のまじわる形を描いたもの。②みずち。＝蛟竜

〖交絶不レ出ニ悪(惡)声(聲)一〗まじわり(まじはり)たゆるもあくせいをいだすず つきあいをやめた後でも、その人の悪口をいわない。君子の交友をいう。〈史記・楽毅列伝〉

〖結レ交〗まじわり(まじはり)をむすぶ まじわる。交際する。

〖息レ交以絶レ游〗まじわり(まじはり)をやめてもってあそびをたつ 世間との交際をたつこと。〈陶潜・帰去来辞〉

◆外交・旧交・社交・国交・修交・混交・絶交・親交・玉石混交・神仏混交

亠4 〖充〗↓儿部四画(一二三ジペー・下)

亠5 【亨】〔7〕人 ⊖コウ(カウ) 漢 ⊖平 庚 hēng ホン ⊜キョウ(キャウ) 呉 ⊜上 養 xiǎng シアン ⊜ホウ(ハウ) 漢 ⊜平 庚 pēng ポン J 2192 補 U 4EA8

亠7 【亯】〔9〕本字 J 1633 補 U 4EAF 意味 ⊖〈とお・る(とほ・る)〉通じとおる。支障なくおこなわれる。⊜〈すす・める(――・む)〉献上する。＝享 ⊜煮る。＝烹

解字 会意。高を省略した亠と、日を合わせた字で構成される。高は、下から上に差し上げる意、日は、火を通した供え物の象形。神に供え物を差し上げる、献上するなどの意味を表す。亯が、後になって亨、享、烹の三字に分かれたといわれ、三字には意味上通じ合う部分がある。

名前 あき・ちか・とし・なお・なが・なり・みち・ゆき・あきら・すすむ

参考 「亨」「享」「烹」は、もと同字。

【亨運】こううん(かう) 順調なよい運命。

【亨通】こうつう(かう) とおり通じる。万事が順調にはこぶ。運がよくて出世の早いこと。

【亨途】こうと(かう) 平らな道路。世の中が太平であることをいう。

【亨熟】ほうじゅく(はう) よく煮ること。じゅうぶんに煮る。

【亨人】ほうじん(はう) 周代の官名。宮中の料理人。

亠5 【㐬】〔7〕同 ↓旒(五七九ジペー・中)

亠5 〖吝〗↓口部四画(二三五ジペー・中)

亠5 〖肓〗↓肉部三画(一〇一二ジペー・下)

亠6 【京】〔8〕学2 キョウ・ケイ ケイ 漢 キョウ(キャウ) 呉 平 庚 jīng チン キン 唐 J 2194 補 U 4EAC

筆順 丶 亠 亠 亡 古 亨 京 京

亠7 【亰】〔9〕同字 J 4823 補 U 4EB0

意味 ①〈みやこ〉国の中心地。国都。②高く築いた丘。おか。③おおきい。さかん。④おおきな穀倉。⑤数の名で、兆の十倍、または万倍。⑥心配の去らないさま。「京京けいけい」⑦姓。

解字 会意。古い形で見ると、亯と丨を合わせた字。上の亯は、高を省略したもの。下の丨は高いことを示すもの。人が作った、高い土地。そこから、丘、大きい、また、天子の住居みやこの意味になった。一説に、上の亠は、高の省略、下の小は丘の省略で、丘のいちばん高い所という。

名前 あつ・ちか・おさむ・たかし・ひろし

姓 京極きょうごく 地名 京都きょうと｜みやこ

【京表】きょうおもて(きゃう) 国京都。表はところの意。

【京烏】きょうがらす(きゃう) 国①京都に住みなれてよく事情に通じている者。京雀きょうすずめ。②京都の商人。

【京劇】きょうげき(きゃう) 現⊖ 中国の古典劇の一種。⊜チンチュイ jīngjù

【京雀】きょうすずめ(きゃう) 「京烏きょうがらす」に同じ。

【京都】きょうと(きゃう) ①天子の住んでいるみやこ。京師けいし。②国京都府・京都市の略。

【京間】きょうま(きゃう) 国①おもに関西地方で用いる、へやの広さの尺度。曲尺かねじゃく六尺五寸(約一・九七メートル)を一間けんとする。②京都ふうのたたみを入れたへや。他の地方より少し広い。

【京尹】けいいん(ゐん) ①官名。首都の長官。「京兆尹けいちょういん」の略。②国江戸時代の京都所司代の称。京職きょうしょく。

【京華(華)】けいか(くわ) みやこ。花のみやこ。京師。

【京外】けいがい(ぐわい) みやこの外で、みやこに近接する地。

【京官】けいかん(くわん) みやこに勤める官吏で、大臣以下の者。内官。↔外官

【京観(觀)】けいかん(くわん) 敵兵の死体を積み重ねた上に築いたつか。戦争での功績を示すためのもの。

【京畿】けいき ①みやこの付近の地。畿内きない。②みやこ。京師。③唐の道名。今の陝西せんせい省の中部。④国京都に近い、山城やましろ・大和やまと・河内かわち・和泉いずみ・摂津せっつの国々。

【京口】けいこう 地名。今の江蘇こうそ省丹徒県。三国時代、呉の孫権そんけんが、一時都とした。

【京国(國)】けいこく みやこ。首都。

【京師】けいし 天子の住んでいるみやこ。京は大、師は衆の意で、多くの人のいるところの意。京洛けいらく。京都。

【京城】けいじょう(じゃう) ①天子がおすまいになる所。皇居。②みやこ。②宮城のあるみやこ。

【京兆】けいちょう(てう) ①昔の地名。今の陝西せんせい省西安市の付近。②京は土地の大きいこと、兆は人民の多いこと。③明みん・清しん時代の順天府。今の北京ペキンを中心とした一地方名。④「京兆尹」の略。【――尹】けいちょう(てう)のいん(ゐん) 「京尹けいいん」に同じ。

【京童】けいどう｜きょうわらべ(きゃう) 国みやこのこども。京都の若者たち。

【京坊】けいぼう(ばう) みやこの町々。

【京本】けいほん 地方で出版された本に対して、みやこで出版された本のこと。

【京邑】けいゆう(いふ) みやこ。

【京様】けいよう(やう) みやびやか。華美なすがた。みやこふう。

【京洛】⊖けいらく みやこ。洛は洛陽らくよう。洛陽にみやこがあったのでいう。京師。⊜きょうらく(きゃう) 国京都のこと。

【京輦】けいれん みやこ。京都。京師。

◆上京じょうきょう・帰京ききょう

亠6 【享】〔8〕常 キョウ キョウ(キャウ) 漢 呉 上 養 xiǎng シアン J 2193 補 U 4EAB

筆順 丶 亠 亠 亡 古 亨 享 享

意味 ①〈すす・める(――・む)〉㋐献上する。貢みつぐ。㋑供そなえる。祭る。㋒もてなす。②〈う・ける(―・く)〉受け取る。③当たる。かなう。

解字 会意。高を省略した亠と、日を合わせた字で構成される。高は、下から上に差し上げる意、日は、火を通した供え物の象形。神に供え物を差し上げる、献上するなどの意味を表す。亯が、後になって亨、享、烹の三字に分かれたといわれ、三字には意味上通じ合う部分がある。

名前 たか・つら・みち・ゆき・あきら・すすむ

【享宴】きょうえん(きゃう) ごちそうの酒盛り。＝饗宴

2画 二亠人(亻・𠆢)儿入八冂冖冫几凵刀(刂)力勹匕匚匸十卜卩(㔾)厂厶又

【享国(國)】きょう(きゃう)こく 国を受け保つ。国の君主として位にいた年数。在位年数。
【享祭】きょう(きゃう)さい 供えものをして神を祭ること。享祀きょうし。
【享祉】きょう(きゃう)し 幸いをうける。享福。
【享寿(壽)】きょう(きゃう)じゅ 天から受けた寿命じゅみょう。天寿。
【享受】■一 きょう(きゃう)じゅ ①うけとる。うける。②国芸術などを楽しみ味わう。■二 シアンショウ xiǎngshòu 現■一に同じ。
【享食】きょう(きゃう)しょく ①食物をすすめてもてなす。②封土ほうどを受ける。
【享年】きょう(きゃう)ねん 天から受けた寿命。生きながらえた年数。寿齢。行年こうねん・ぎょうねん。
【享福】きょう(きゃう)ふく ①しあわせをうけること。享祉。②天から与えられた幸福。
【享有】きょう(きゃう)ゆう(いう) 身に受けて持つ。
【享楽(樂)】きょう(きゃう)らく 楽しみを受ける。楽しむ。【――主義】きょう(きゃう)らくしゅぎ 主として肉体的な楽しみを求めることを、人生の第一目的とする生き方。快楽主義。快楽説。

亠6〖育〗↓肉部四画(一〇一三ジ・中)
亠6〖卒〗↓十部六画(一九五ジ・中)
亠6〖夜〗↓夕部五画(三一二ジ・下)

亠7【亭】〔9〕常 テイ

テイ漢 チョウ(チャウ)呉 平 青 tíng ティン
チン唐
J 3666 補 U 4EAD

筆順 亠 亠 亡 亡 亨 亭 亭 亭 亭

意味 ①しゅくば。宿駅。やどや。②ちん。四阿あずまや。③〈とどま・る〉〈とど・める(――・む)〉=停 ④たいらか。ひとしい。ひとしくする。ととのえる。⑤そびえるさま。「亭亭ていてい」⑥いたる。⑦育てる。⑧秦・漢の行政単位。

(亭②)

解字 形声。高と丁を合わせた字。高は、高の略で、高いたてものをいう。丁ていは、音を示すとともに、立ち止まる、安定する、という意味を持つ。亭は、また、たかどののある宿屋をいう。

【亭育】ていいく そだてやしなう。亭毒。存養。
【亭午】ていご 正午。まひる。
【亭候】ていこう 外敵を見張るため、辺境に築いた物見台。
【亭子】ていし ①あずまや。子は助詞。②晋しんの時代の低い官〔名。
【亭次】ていじ 昔の駅。宿場のこと。
【亭榭】ていしゃ あずまや。見晴らし台。うてな。ちん。亭台。
【亭主】ていしゅ ①あずまやを管理する人。②一家の主人。あるじ。③国㋐おっと。㋑茶の湯で、客をもてなすがわの人。主人。【――関(關)白】ていしゅかん(くゎん)ぱく 国①亭主が客よりも上座につくこと。②一家の中で主人が、絶対の権力をもっていばること。【――八杯客三杯】ていしゅはっぱいきゃくさんばい 国客をもてなすはずの主人が、客よりもかえって多く飲むこと。
【亭然】ていぜん 樹木などがまっすぐにのびているさま。亭亭。
【亭長】ていちょう(ちゃう) 宿場の長。宿駅の長。駅長。
【亭直】ていちょく 「亭亭」に同じ。
【亭亭】ていてい ①木などのまっすぐにのびているさま。亭然。亭直。②遠くはるかなさま。③美しい形容。④孤独なさま。⑤高くぬき出てそびえたつさま。⑥泰山たいざんの峰の一つ。
【亭毒】ていどく 「亭育」に同じ。毒は育てる意。
【亭坊】ていぼう(ばう) あるじの僧。住職。
【亭郵】ていゆう(いう) しゅくば。宿駅。亭駅。
◆料亭りょうてい・旅亭りょてい

亠7【亮】〔9〕人 リョウ漢呉 去 漾
(リャウ) liàng リアン
J 4628 補 U 4EAE

意味 ①〈あきらか〉㋐明るい。「明亮めいりょう」㋑音や声が高くすんでいる。㋒よく理解している。②〈まこと〉㋐誠実せいじつ。㋑誠実である。③ほんとうに。心から。④〈たす・ける(――・く)〉補佐する。国〈すけ〉昔の四等官の第二番め。長官の補佐役。

解字 会意。高と儿とを合わせた字。高は高の略で、たかいこと。儿は人。亮は、人が高い所にいる形で、明るいという意味になり、高く明るいところにいると、人を補佐することができるので、たすけるという意味になる。一説に、亮は、京と儿とを合わせた字で、儿は柔弱な人、京けいは、音を示すとともにやわらかい意味を持つから、亮は、からだが弱々しくやわらかいようすをいうと解する。

名前 ろ・あき・かつ・ふさ・よし・より・あきら・きよし・とおる

【亮陰】りょう(りゃう)あん 天子が父母の喪もに服する期間。=亮闇・諒闇・諒陰
【亮月】りょう(りゃう)げつ 明るい月光。明月。皎こう月。
【亮察】りょう(りゃう)さつ ①はっきり見抜く。明らかに察すること。②同情する。思いやる。=諒察
【亮然】りょう(りゃう)ぜん 明らかなさま。
【亮達】りょう(りゃう)たつ 明らかに道理に通じている。
【亮直】りょう(りゃう)ちょく 心が明らかで正しい。また、その人。
【亮抜】りょう(りゃう)ばつ 心が明らかで才能のすぐれていること。

亠7【京】〔9〕同 →京(五五ジ・中)
亠7【亯】〔9〕本 →亨(五五ジ・上)
亠7〖兗〗↓儿部七画(一二七ジ・上)
亠7〖哀〗↓口部六画(二四一ジ・中)
亠7〖帝〗↓巾部六画(四二一ジ・上)
亠7〖変〗↓夂部六画(三〇八ジ・中)

亠8【亳】〔10〕 ハク漢 バク呉 入 薬 bó ポー
J 4824 補 U 4EB3

意味 ①地名。殷いんの湯王とうおうの都。今の河南省商丘市にあった。②漢の時代の宿場しゅくばの名。今の陝西せんせい省西安市にあった。

亠8〖衰〗↓衣部四画(一一二二ジ・中)
亠8〖衮〗↓衣部四画(一一二二ジ・上)
亠8〖畝〗↓田部五画(八三七ジ・中)
亠8〖畜〗↓田部五画(八三六ジ・下)
亠8〖高〗↓高部〇画(一四〇九ジ・上)
亠9〖率〗↓玄部六画(八一一ジ・上)
亠9〖率〗↓玄部六画(八一一ジ・上)
亠9〖商〗↓口部八画(二五〇ジ・上)
亠9〖袞〗↓衣部五画(一一二三ジ・中)
亠9〖袠〗↓衣部五画(一一二四ジ・上)
亠9〖袤〗↓衣部五画(一一二四ジ・下)
亠9〖孰〗↓子部八画(三六〇ジ・上)
亠9〖毫〗↓毛部七画(六九一ジ・中)
亠10〖啻〗↓口部九画(二五五ジ・中)
亠10〖就〗↓尢部九画(三九一ジ・中)

亠11【亶】〔13〕 ■一 タン漢呉 ■一 上 旱 dǎn タン
■二 タン漢呉 ■二 上 旱 dàn タン
J 4825 補 U 4EB6

意味 ■一 ①倉に穀物が多い。②まことに。ほんとうに。③手あつい。■二 ①〈ただ〉ただに。ただし。②かたぬぐ。はだぬぐ。

【亶亶】たんたん 平らなさま。=坦坦
【亶父】たんぽ 周の文王の祖父。太王たいおう。亶甫たんぽ。古公亶父ここうたんぽ。

亠11〖棄〗↓木部九画(六五四ジ・上)
亠11〖裒〗↓衣部七画(一一二七ジ・上)

亠11【裛】↓衣部七画(一一二七ページ・中)
亠11【雍】↓隹部五画(一三四四ページ・上)
亠12【豪】↓家部七画(一二八一ページ・下)
亠12【裵】↓衣部八画(一一二八ページ・下)
亠12【裹】↓衣部八画(一一二七ページ・下)
亠12【膏】↓肉部十画(一〇二六ページ・上)
亠13【褒】↓衣部九画(一一三〇ページ・上)
亠13【褎】↓衣部九画(一一三〇ページ・中)
亠14【壅】↓土部十三画(三〇三ページ・下)
亠14【嬴】↓女部十三画(三五二ページ・中)
亠14【褱】↓衣部十画(一一三〇ページ・下)
亠15【襄】↓衣部十一画(一一三一ページ・中)
亠15【褻】↓衣部十一画(一一三一ページ・中)
亠15【褭】↓衣部十一画(一一三〇ページ・上)
亠16【甕】↓瓦部十三画(八二九ページ・上)
亠17【蠃】↓虫部十三画(一一一二ページ・下)
亠17【羸】↓羊部十三画(九九六ページ・上)
亠17【羶】↓羊部十三画(九九五ページ・下)
亠18【贏】↓貝部十三画(一一九六ページ・下)
亠19【臝】↓肉部十七画(一〇二九ページ・下)

亠20
【亹】〔22〕

[一]ビ㊖　[一]㊤尾 wěi ウエイ
[二]ボン㊖　[二]㊥元 mén メン
モン㊒
J②0120　補1634　U4EB9

意味 [一]①あきずにつとめるさま。②美しいさま。[二]両岸が水門のようにせまっている所。
【亹亹】①熱心につとめるさま。②進みゆくさま。③走るさま。

亠20【饔】↓食部十三画(一三九四ページ・中)

2画　人(亻・𠆢)部　ひと　にんべん　ひとがしら

【部首解説】「立っているひと」にかたどる。この部には、人間の状態や行為に関連するものが多く、「人・亻・𠆢」の形を構成要素とする文字が属する。偏になるときは「亻」、冠になるときは「𠆢」となる。

人0
【人】〔2〕

学1　ジン・ニン　ひと
ジン㊖　ニン㊒　㊥真 rén レン
J3145　補―　U4EBA

筆順　ノ人

意味 ①〈ひと〉㋐にんげん。「人類」㋑他人。ある人。㋒おとな。㋓すぐれた人。㋔人がら。性質。㋕たみ。人民。㋖性交。「人道」②〈ひとごとに〉一人一人に。ひとびとに。③人数をかぞえる語。「五人」④果実の種の中の柔らかい部分。さね。＝仁 ⑤思いやり。＝仁 ⑥姓。

解字  象形。人がうでと足をのばしている形。人間は、獣と違って、立っているところに価値があるから、立っている姿を横から見たそのままの形を表した。

名前 と・め・きよ・さわ・たみ・ふと・むと・ひとし　地名 人母・人吉　難読 大人・玄人・素人・仲人・一人・二人・若人・(付表)／人参

参考 偏に用いるときはイの形とする。

【人為(爲)】①人間のしわざ。人工。②つくりごと。かざり。【――淘汰】人工によって、ある生物を一定の方向に変化したり改良したりする。↔自然淘汰
【人員】[一] 人数。[二] rényuán 現要員。成員。

【人影】人のかげ。「人影在ㇾ地、仰見二明月一」(わが身の影が地面にうつっているのをみて、思わず明月をふりあおいだ。)〈蘇軾・後赤壁賦〉

【人役】他人に使われる身分の低い者。

【人煙】①人家のけむり。②人家。

【人屋】[一] 人の住む家屋。人家。[二] 国罪人をとじこめる建物。牢屋。

【人家】[一]①人のすむ家。②他人の家。[二] rénjiā 現 [一]に同じ。[三] rénjia 現他人。ひとさま。

【人我】他人と自分。

【人界】㊃人間のすむ世界。

【人海】多数の人の集まること。たくさんの人出。【――戦(戰)術】多数の人間を集め、その圧力で、ある目的をとげようとするやり方。労働争議などにとられる。

【人外】[一] 俗世間の外。出家の境地。人外境。[二] 国①人道にはずれた行いをする人。②人間以外のもの。【――遊】俗世間を離れた遊び。

【人格】①独立の個人としての資格。②人がら。人品。

【人間】[一] 世間。人間の世の中。[二] ひと。人類。【――性】人間の本性。人間らしさ。【――味】人間らしいあたたかみ。人情。【――相見是何年】この世の中でお目にかかれるのは、はたしていつのことやらわからない。〈白居易・与二微之一書〉【――到処(處)有二青山一】広い世間には、どこにでも自分の骨を埋める場所はある。郷里を出て自分の理想を広く天下におこなおうとする者の意気ごみをあらわした語。〈釈月性の詩・題ㇾ壁〉【――行路難】人生を生きぬいていくことはなまやさしいものではない。〈蘇軾の詩・魚蛮子〉【――万(萬)事塞翁馬】人生の幸・不幸は定めのないものであるとのたとえ。〈淮南子・人間訓〉↓「塞翁馬」(二九七ページ・上)

【人寰】人間の住む区域。人境。世間。

【人気(氣)】[一]①集まった人々の気配。②その地方の人々の気風。③人々の気うけ。世間の評判。[二] 国人のいるようす。人のけはい。

【人鬼】[一] 死んだ人のたましい。霊魂。[二] 国人間でありながら鬼のような心の者。[三] ㊃人間と鬼。

【人境】人間の住んでいる所。人界。世間。

【人君】きみ。君主。人主。【――之度】君主という立場にふさわしい度量。【――猶ㇾ盂】水が器によって形を変えるように、人民はその君主によって風俗習慣をどのようにも変えるものであることのたとえ。盂は、水を入れる器。〈韓非子・外儲説左上〉

【人径(徑)】人の通う小みち。

【人傑】多くの人のなかでとくにすぐれた人物。

【人権(權)】人格体としての人間にそなわっている権利。【――蹂躙】人間としての権利を無視した不当な扱いをしたり、不法な行為を加えたりすること。

【人言】①人のうわさ。人口。②人のことば。

【人後】①よその家のあとをつぐ者。②人のあと。他人のうしろ。③人に負ける。

【人語】①人のことば。②人のうわさ。

【人口】[一]①人数。人員。②人の口。うわさ。世間の評判。[二] rénkǒu 現 [一]の①に同じ。

【人工】[一] にんげんのしわざ。人為。「人工衛星」↔自然 [二] réngōng 現 [一]に同じ。

【人皇】[一] 中国太古の第三代の王の名。[二]

国神武天皇以後の天子(神代と区別していう)。

【人才】㊀ 才能のある者。有能の人物。人材。㊁ réncái 現㊀に同じ。

【人災】人の不注意からおこるわざわい。↔天災

【人材】役にたつ人物。人才。【──放出】現㊀の①に同じ。人材が多く他郷に遊学し散らばること。

【人士】㊀ ①教養や地位のある人。②人々。㊁ rénshì

【人事】①人間としてなすべき事。②人間社会の事がら。俗事。③個人の身分に関する事がら。④人間わざ。【──不省】まったく知覚を失った意識不明の状態。【──蓋レ棺定】一人の人間の価値は、その死後にはじめて正しく判断されるものであるという意。〈晋書・劉毅伝〉【尽(盡)ニ──一而待ニ天命一】ありったけの力を出して努力し、その結果については運命にまかせる。〈胡寅・読史管見〉

【人日】陰暦の正月七日。五節句の一つ。【──鳥】鳩のこと。

【人爵】人の定めた位。↔天爵

【人主】天子。人君。人牧。

【人寿(壽)】人間の寿命。

【人証(證)】法裁判で証人の述べることばを証拠とする方法。

【人蹤】人の歩いた足あと。「万径人蹤滅」〈柳宗元の詩・江雪〉

【人心】㊀ ①人のこころ。②民のこころ。③欲から発した私情。↔道心 ㊁ 国人情。愛情。【──難レ測】人の心はおしはかりにくいものである。〈史記・淮陰侯列伝〉【──如レ面】人の心のちがいは、顔のちがいとおなじようである。十人十色。〈左伝・襄公三十一〉

【人身】①人間のからだ。②個人の身分。

【人臣】臣下。家来。

【人世】世のなか。世間。

【人生】①人の一生。②人間の生命。③人間の生活。④人間。人。【──一世】人間の一生。生涯。【──観(觀)】人生の目的や価値についての見方、考え方。【──感ニ意気(氣)一】人は自分をほんとうに知ってくれる相手に感激し、その人のためには、身を犠牲にしても惜しまないのをいう。人間の、意気投合をいったことば。〈魏徴の詩・述懐〉【──幾何】人間の一生なんて、どれほど長いものであろうか。はなはだはかないものだ。〈白居易・与ニ微之一書〉【──自レ古誰無レ死】この世に生まれたからには昔からだれでも一度は死ぬ身である。〈文天祥の詩・過ニ零丁洋一〉【──得レ意須レ尽(盡)レ歓(歡)】この人生は、思いのままにふるまえる得意の時機にあっては、大いにたのしみを尽くすがよい。〈李白の詩・将進酒〉【──行楽(樂)耳】人生は短いのだから、おおいに楽しむがよい。〈漢書・楊惲伝〉【──五十愧レ無レ功】この世に五十年間を生きながら何一つ世のためになるような事をしていないのが恥ずかしい。〈細川頼之の詩・海南行〉【──七十古来(來)稀】人の命は短いもので、七十まで生きる者は昔からめったにない。古稀。〈杜甫の詩・曲江〉【──有レ情】人間はみな感情を持っている。〈杜甫の詩・哀江頭〉【──如ニ朝露一】人の一生は朝の露のように消えやすくはかない。〈漢書・蘇武伝〉【無レ意ニ於──一矣】この世に生きる望みを失ってしまった。〈韓愈・祭ニ十二郎一文〉【──如レ寄】人がこの世に生きているのは、一ときの仮住居のようなものである。〈魏文帝の詩・善哉行〉【──如ニ白駒過一レ隙】人の一生は、白馬が駆け過ぎるのを、壁のすきまからちらりと見るように、短くあっけなく過ぎるものである。〈荘子・知北遊〉〈史記・留侯世家〉【──如ニ風灯(燈)一】人の命は風に吹かれる灯火のようにはかない。〈遼史・耶律和尚伝〉

【人性】人間の本性。うまれつき。

【人迹】①人のあしあと。②他人のした事。‖人跡

【人跡】人の足あと。‖人迹【──未踏】人間がまだ足をふみ入れたことのない意。「人跡未踏の地」

【人踪】人の足あと。

【人造】㊀ 人間が製造する。㊁ rénzào 現㊀に同じ。

【人体(體)】㊀ 人間のからだ。㊁ 国人がら。人品。ふうてい。風采。

【人地】品格や学問と家柄。

【人知(「智」)】人間の知恵。

【人畜】①人間と家畜。②国人をののしることば。ひとでなし。冷血漢。

【人中】㊀ ①鼻と上くちびるの間にあるみぞ。②人間社会。㊁ 国①世間。②人の集まる所。【──獅子】仏ずばぬけてすぐれた人物。秀才。

【人腸】人のはらわた。人の心の中。

【人定】①夜がふけて人が寝しずまる時刻の意から、今の午後八時ごろ。一説に、午後十時ごろ。甲夜。②人がいっしょけんめいになること。

【人彘】人間を豚のような形にすること。また、豚のような人間。彘は、雌の豚の意。〈史記・呂后本紀〉

【人天】㊀ ①人と天。②君主。③食物。④人道と天道。㊁ 仏①人間界と天上界。②人間と天人。③人と天。

【人頭】㊀ ①人間のあたま。②人口。㊁ にんずう。

【人道】①人の守るべき道。②人の通行する道。歩道。↔車道 ③男女の交接。【──主義】人類の幸福をはかることをもって道徳の最上の目的とする主義。

【人徳】その人のもっている徳。

【人馬】人と馬。【──平安】人も馬もともに無事の意で、旅行の平安をいう。【──絡繹】人馬の往来がひっきりなくつづくさま。往来のはげしいさま。

【人表】①人の模範。他人の手本。②人の思いつかないこと。意表。意外。【出ニ于──一】多くの人から一段ととびぬけている。人よりもすぐれている。

【人品】①人がら。人格。②ようす。ふうさい。人体。

【人風】人民の風俗。民風。

【人物】㊀ ①人と物。②人柄。人品。③有能の人。人材。④人のすがた。㊁ rénwù 現㊀に同じ。【──主義】家柄や身分などよりも、人柄を第一の条件においた考え方。人物本位。

【人文】①人類の文明・文化。②すぐれた人物と文化の生産物。③人間のふみおこなうべきすじみち。人倫。【──科学(學)】文化科学。政治・経済や文芸・歴史など、人類の文化についての学問を総称した語。↔自然科学【──主義】十四世紀末から十六世紀ごろ、欧州諸国に行われた学説で、その理想を古代ギリシア・ローマにおき、人間性を尊重し、文化的教養を高めることを特色とした思潮。【──地理】各国の風俗・文化を研究する地理。

【人望】世間の人々が、その人に寄せる信頼や尊敬の念。

【人牧】①人民をおさめやしなう人。君主。②地方官。

【人民】㊀ ①たみ。国民。②官位についていない人。㊁ rénmín 現㊀の①に同じ。【──戦(戰)線】独裁政治に反対して一つにまとまった団体や個人の共同戦線。【──幣】rénmínbì 現人民元(中国の法定貨幣)。

【人命】①人間のいのち。②人ごろし。殺人。
【人面獣(獸)心】顔は人間でも心は獣の人。恩知らずの者をののしっていう。
【人面桃花】美人の顔と桃の花。前に会った場所で、二度とその佳人に会えない意。「人面桃花相映紅」(人面と桃花とがくれない色に照り映えていた。唐の小説、「人面桃花」の題はこの句による。)〈孟棨・本事詩〉
【人祆】①人間による不吉なこと。人災。祆は妖に同じ。〈荀子・天論〉②人の形をした化けもの。
【人籟】①楽器のように、人が鳴らす音のこと。↕天籟 ②人の世の物音。
【人吏】役人。官吏。
【人里】人の住む村里。
【人理】人間のふみおこなうべき道理。人道。↕天理
【人力】一①人間の力。人間業。②他人の力。二国人力車の略。
【人倫】①人間として守るべき道。②人間のあいだがら。③ひと。人間。④肉親。身内。
【人類】一人間をほかの動物と区別していうことば。二 rénlèi 現一に同じ。【——愛】人類に対する愛情。
【人霊(靈)】①人間のちえ。②人間。人類。
【人和】人間どうしが仲よくする。また、その和合。
【人情】人間が生まれながらに持っている愛情。なさけ心。【——冷暖】人情の冷たさと暖かさ。人情の移りかわり。【——本】国江戸時代末期の、とくに男女の愛情を写実的にえがいた一種の小説。
【人蔘】植セリ科に属し食用になる。人参。
【人非人】国人間らしい心のない人。
【人別】①人ごとにわりあてる。②各人。③戸籍。
【人商人】国人買い。人さらい。
【人払(拂)】国①人を遠ざけること。②昔、大名などの通行に、人をよけさせたさきばらい。
【人群】rénqún 現人のむれ。人ごみ。
【人們】rénmen 現人びと。
〖人琴之嘆(歎)〗人の死を強くかなしみいたむこと。晋の王献之の琴が、かれの死後には悲しみのために調子が狂ってきたという故事による。
〖人師難レ遇〗人の先生たるに足る人物はなかなか見つからないものであるということ。「経師易レ遇、人師難レ遇」〈資治通鑑・後漢紀〉
〖人焉廋哉〗人はどんなにかくそうとしても、その本心をかくせるものではない。〈論語・為政〉
〖人無二遠慮一必有二近憂一〗人に、遠い将来に対する深い思慮がないと、必ず近く心配事が起こるものである。〈論語・衛霊公〉
〖人衆者勝レ天〗人が多くてその意気のさかんなときには、さすがの天もこれに気負けして、天罰をくだすことができない。〈史記・伍子胥列伝〉
〖人各有レ耦〗人にはみんな、それぞれの身分に似合った妻または夫という配偶者がある。〈左伝・桓公六〉
〖人各有レ能、有二不能一〗人にはだれでも得意不得意、長所短所があるものである。〈左伝・定公五〉
〖人必自侮、然後人侮レ之〗とかく人は自ら自分をあなどって身を修めることをしないため、他人からあなどられるようなことになる。〈孟子・離婁上〉
〖人定亦能勝レ天〗人が決意していっしょけんめいになれば、どんな運命にもうち勝てる。人強勝レ天。〈帰潜志〉
〖人不レ知而不レ慍、不二亦君子一乎〗他人が自分の学徳を認めてくれなくても、心に怒りをふくんで、腹を立てるようなことをしない。こうした境地の人は、なんとりっぱな君子というべきではないか。〈論語・学而〉
〖為(爲)レ人〗一人がら。生まれつき。二他人に認められることを目あてに学問をする。〈論語・憲問〉↕為レ己
〖出レ人〗人より抜け出る。人よりすぐれている。
〖因レ人成レ事〗他人の力にたよって事をなしとげる。自分の力や自分の考えで事をなそうとする意気ごみがない。〈史記・平原君列伝〉
〖人之安宅〗人が安心して居られる場所。仁道にたとえていう。〈孟子・公孫丑上〉
〖乗(乘)二人之車一者、載二人之患一〗他人の恩恵を受ければ、いずれはその人の心配事も引き受けて骨を折らなければならなくなる。〈史記・淮陰侯列伝〉
〖仰二人鼻息一〗他人のはないきをうかがう。恐る恐る他人のきげんをうかがう。〈後漢書・袁紹伝〉
〖人之将(將)レ死、其言也善〗人が死のうとする際にもらすことばは、みんなその人の本心からのもので値うちがあるということ。〈論語・泰伯〉
〖人死留レ名〗虎や豹は死んでこの世に皮を残すが、人はその死後に名声を残すようにしたいものである。〈五代史・王彦章伝〉
〖人莫レ知二其子之悪(惡)一〗人間はとかく愛情に目がくらんで自分の子の悪いことには気がつかない。〈大学〉
〖人万(萬)物之霊(靈)〗人間はすべてのもののなかで最もすぐれた存在である。
〖人非二木石一〗人間は木や石とちがって感情をそなえている。〈白居易の詩・新楽府〉
〖人給家足〗人民という人民はすべて衣食住が十分にあてがわれ、家という家はすべて生活に満足している。〈史記・太史公自序〉
〖人一能レ之、己百レ之〗他人が一度でできることは、自分は百たびくりかえしてでも成しとげる。〈中庸〉
〖人皆有二不レ忍レ人之心一〗人間はだれでも、他人に対してむごいことのできない気持ちを持っている。〈孟子・公孫丑上〉
〖人莫レ躓二於山一、而躓二於垤一〗山にはつまずかないが、小さい蟻塚にはかえってつまずく意から、大事には自然に気をつけるから失敗もしないが、逆に小事はおろそかにしてかえって失敗をまねきやすいものであるとのたとえ。〈淮南子・人間訓〉
〖愛レ人者、人恒(恆)愛レ之〗他人に愛情をもって接すれば、他人は必ず愛情をもってその人に対するものである。〈孟子・離婁下〉
〖兼レ人〗①人をしのぐこと。②ひとりで二人前のことをやる。〈論語・先進〉
〖用レ人宜レ取二其所一レ長〗人をあげ用いるにあたっては、その人の長所をとりあげることがたいせつである。〈青山延寿・皇朝全鑑〉
〖以レ人為(爲)レ鑑〗他人の行いをみて自分の手本にする。人のふりみてわがふりなおす。〈唐書・魏徴伝〉
〖不二以レ人廃(廢)一言〗たとえどんな人のことばであろうとも、よいものは必ずこれをとりあげて参考にする。〈論語・衛霊公〉
◆▼小人・大人・才人・万人・夫人・天人・文人・巨人・代人・他人・令人・主人・囚人

2画 二亠人(亻・𠆢)儿入八冂冖冫几凵刀(刂)力勹匕匚匸十卜卩(㔾)厂厶又

2画

二亠人(亻・𠆢)儿入八冂冖冫几凵刀(刂)力勹匕匚匸十卜卩(㔾)厂厶又

囚人・犯人・氷人・本人・世人・白人・玄人・仲人・仲人(なこうど)・行人・老人・全人・同人・先人・成人・成人・名人・作人・住人・町人・狂人・良人・良人(おっと)・芸人・求人・佞人・防人・吾人・役人・佳人・家人・知人・若人・門人・俗人・故人・狩人・変人・科人・客人・軍人・美人・個人・俳人・浪人・浪人・党人・旅人・病人・粋人・素人・殺人・原人・原人・哲人・恩人・偉人・情人・異人・盗人・庶人・常人・貴人・落人・証人・衆人・囚人・勤人・廃人・閑人・雇人・超人・達人・蛮人・詩人・新人・罪人・愛人・歌人・賢人・隣人・職人・麗人・人非人・未亡人・令夫人・八方美人・月下氷人・財団法人

人0【亻】〔2〕 意味 部首の一つ。「にんべん」。 J②0121 補 U4EBB

人0【𠆢】〔2〕 意味 部首の一つ。「ひとやね」。 J②0122 補 U201A2

人1【亼】〔3〕 シュウ(シフ)漢 入 緝 ジュウ(ジフ)呉 jí チー J②0123 補 U4EBC

意味 あつまる。＝集。

人1【〔亻〕】→丨部二画(三〇ページ・中)

人2【介】〔4〕 常 カイ カイ漢 去 卦 jiè チエ J1880 補 U4ECB

筆順 ノ 𠆢 介 介

意味 ①はさまる。なかだちする。ひきあわせる。「紹介」②〈たす・ける(――・く)〉③ひとり。孤立する。孤立した。独特な。④区切りをつける。境界。⑤へだてる。わける。⑥因る。たよる。⑦よろい。兵甲。よろいを着る。「介冑」⑧動物の甲羅。こうらのある動物。「介虫」⑨おおきい。おおきくする。⑩ちいさい。＝芥。⑪ほとり。さかい。際。⑫しばいのしぐさ。⑬姓。国①〈すけ〉昔の地方官で、守の次の位。②貝。

解字  象形。人が堅固な鎧の中に入っている形。また、盾のあいだに人がいる形ともいう。一説には、会意として、八は分かれることで、人があいだに入って「分ける」意であるという。

名前 あき・ゆき・よし・かたし・たすく 姓 介

参考 片仮名「ケ」は介の省画。

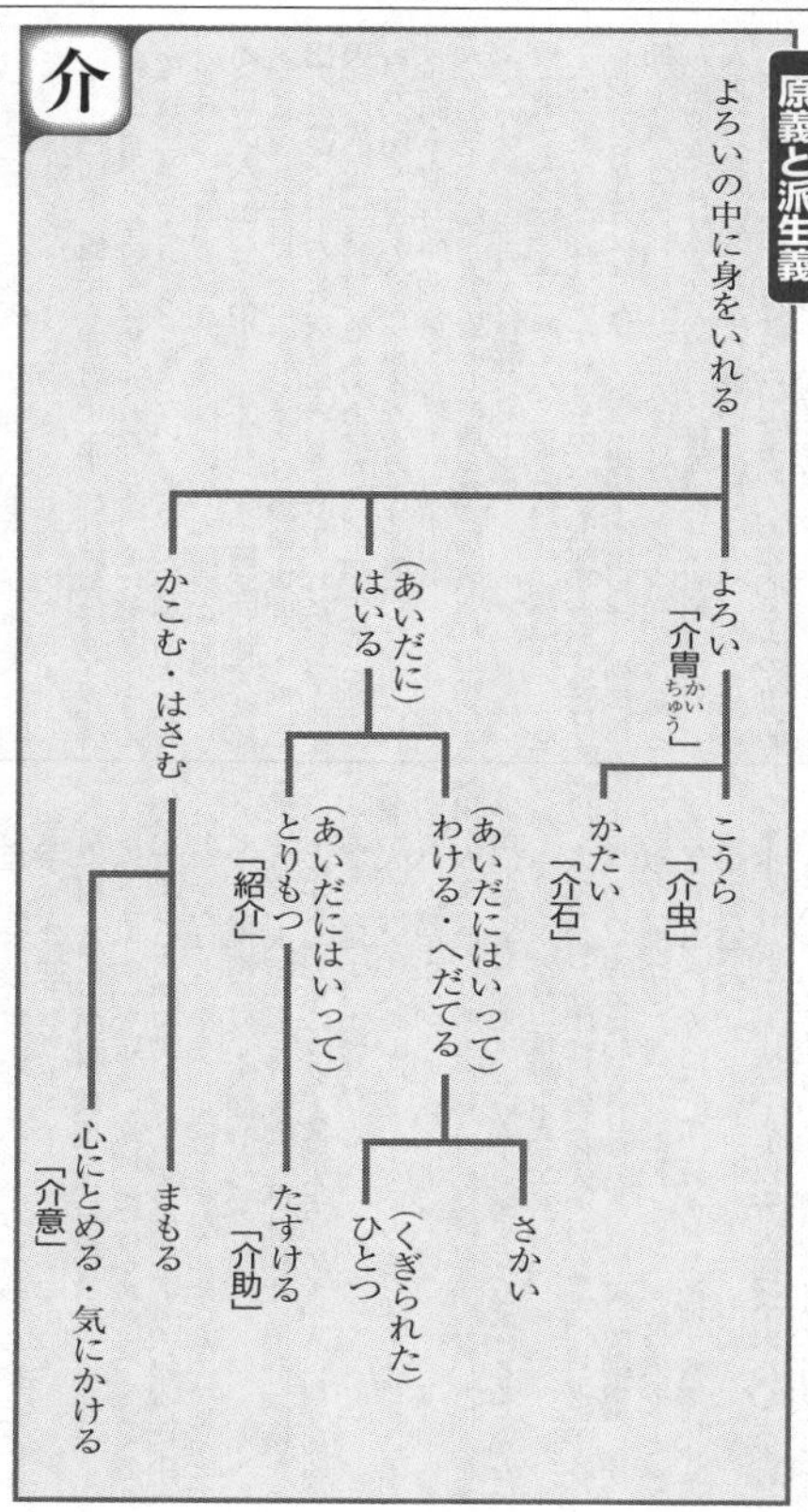

【介意】気にかかる。懸念する。介心。

【介介】①潔白で俗人と気の合わないさま。②有害なさま。

【介殻】貝がら。甲羅。

【介居】①あいだにはさまっている。介在。②孤立して援助のないこと。

【介護】国病人や年寄りなどの介抱や世話をすること。

【介甲】よろい。

【介在】あいだにはさまっている。介居。

【介士】①よろいをつけた武者。②志操の堅固な男子。

【介詞】文法用語。名詞・数詞・代名詞・句などの前に置かれて介詞句を作り、文の中で目的・場所・対象などを表す語。「与」「為」「於」など。前置詞ともいう。「与₌項羽₋別」(項羽と別れた。)「為₌大王₋危レ之」(大王さまのために心配する。)「戦₌於甘₋」(甘で戦う。)

【介字】「介詞」に同じ。

【介之推】人名。春秋時代の晋の文公の臣。介は姓、名は推、「之」は助詞。「介子推」とも書く。

【介錯】国①つきそい、世話をする。②切腹する者につきそってその首をはねる。また、その人。介錯人。

【介助】たすけ。介添え。

【介紹】一なかだち。紹介。二 jièshào 現一に同じ。

【介心】①堅実な心。②気にかける。介意。介懐。

【介石】節義を守る心が石のように堅いこと。

【介然】①堅固なさま。②しばらくの間。③孤立していて援助のないさま。④気にかかるさま。

【介添】国つきそい。手だすけ。

【介虫(蟲)】かたい殻で体をおおっている虫類。

【介冑】よろいかぶと。【――之族】(かいちゅう(ちう)の武士の一族。)

【介弟】他人の弟に対する尊称。

【介特】「介独」に同じ。

【介独(獨)】ひとりぼっち。孤立している人。介特。

【介入】中にはいる。事件や話などの中にわりこむ。

【介馬】武装した馬。

【介病】人の病気をかいほうする。

【介婦】①長男以外の者のよめ。②よめにつきそっていく女。そばめ。側室。

【介福】（かいふく） 大きなしあわせ。

【介抱】（かいほう） 国病人などのせわをする。看病。看護。

【介立】（かいりつ） ①ひとりだち。孤立のさま。②あいだにはさまって立つ。介在。③堅く操を守って、むやみに迎合しない。

【介鱗】（かいりん） ①甲羅と、うろこ。②貝類と魚類。

【介山之志】（かいざんのこころざし） 春秋時代、晋の介之推が、自分の功をほこらず、晋の文公の禄を辞退した高潔な志をいう。

◆一介・厄介・仲介・紹介・魚介・媒介

イ2【仇】〔4〕 標 一キュウ(キウ) 漢 一平 尤 chóu チョウ　二キュウ(キウ) 漢 二平 尤 qiú チウ　J 2156　U補 4EC7

意味 一①〈あだ〉〈あた〉〈かたき〉敵。「仇敵」②あだする。あだとする。かたきとしてにくむ。二①相手。つれあい。同類。「仇匹」②おごりたかぶるさま。「仇仇」③姓。

【仇隙】（きゅうげき） 不和。なかたがい。

【仇恨】（きゅうこん） あだ。うらみ。仇怨。変わりやすい心のたとえ。

【仇視】（きゅうし） かたきとしてみる。敵視。

【仇讐】（きゅうしゅう） あだ。かたき。仇敵。

【仇人】（きゅうじん） かたき。あだ。うらみのある人。仇家。讐人。讐敵。〔仮(假)二——斧一〕自分を害しようとしているかたきに、わざわざ便宜を与えてやる意。〈韓非子・揚権〉

【仇匹】（きゅうひつ） 同じ仲間。

◆恩仇

人2【今】〔4〕 学2 コン・キン いま　キン 漢 コン 呉 一平 侵 jīn チン　J 2603　U補 4ECA

筆順 ノ 入 亼 今

人3【今】〔5〕 俗字 J —　U補 —

意味 ①〈いま〉㋐現在。↔昨 ㋑今日。現代。↔古・昔 ㋒すぐに。ただちに。㋓仏現在の世。現世。②発語。もし。いまもし。仮定を表す。③姓。

解字 会意。上の亼は、△で、三方から人が集まっていること。下のフは乀で、及という字と同じ。人の集まっているところに、行ってまにあうということで、現在の時を表す。他の説に亼は、屋根で、家の下にかくれていることである。また、亼は、「ふた」で、時間を「ふた」でパッとおさえたことを表す、ものかげを表した象形文字で、にわかにという意味になる、など解する。

難読 今日・今朝・今年(付表)／今際・今宵

姓 今帰仁・今久留主　地名 今市・今立・今治・今金

【今者】 一（いま） 者は助詞。二字で「いま」(今)とよむ。いま。昨今。ちかごろ。二（きょう） 今日。

【今参(參)】（いままいり(まゐり)） 国①新しい奉公人。②新たに仕えること。また、その人。新入り。新米。新参者。

【今宮】（いまみや） 国近ごろおうまれになった皇子。【——祭】（いまみやまつり） 国陰暦五月九日の、山城国(京都府)今宮の祭り。

【今王】（きんおう(わう)） 現在の天子。

【今古】（きんこ・こんこ） いまとむかし。古今。【——奇観(觀)】 書名。明の抱甕老人が編集した四十巻の短編小説集。【——文】 経学の今文と古文。

【今愁古恨】（きんしゅう(しう)ここん） 今の人(自身をさす)のうれえと昔の人(もと住んでいた人々)の悲しみ。〈白居易の詩・題二霊巌寺一〉

【今上】（きんじょう(じゃう)） 今の世をおさめている天子。今帝。

【今世】（きんせい・こんせい） いまの世。現代。

【今体(體)】（きんたい） ①現代ふう。いまよう。②今体の詩。【——詩】（きんたいし） 唐代にあらたしくはじめられた絶句・律詩。近代詩。↔古体詩

【今代】（きんだい） ①いまの世。現代。②現在の君主。

【今文】（きんぶん） ①現代の文字。②漢の時代の文字で書かれた経書。↔古文

【今様】 一（きんよう(やう)） 今の。今どきの型。二（いまよう(やう)） 国①現代ふう。当世式。②今様歌。【——歌】（いまようた） 国①平安朝中期にはじめられた歌体の一種で、おもに七五調の四句からなる歌いもの。②はやり歌。流行歌。

【今隷】（きんれい） 楷書をいう。漢代の隷書を古隷というのに対し、魏晋以降の楷書を今隷という。

【今雨】（こんう） 新しい友だち。昨今の友人。

【今暁(曉)】（こんぎょう(げう)） けさ。今朝。

【今月】（こんげつ） ①この月。本月。②いま現に照っている月。

【今後】 一（こんご） 今から後。二（チンホウ） jīnhòu 現 一に同じ。

【今次】（こんじ） このたび。今回。今度。

【今茲】（こんじ・こんし） ①ことし。今年。②このとき。

【今時】（こんじ） いま。現在。

【今昔】 一（こんじゃく） いまとむかし。二（こんせき） ゆうべ。昨晩。【——物語】（こんじゃくものがたり） 国書名。平安末期ごろの説話集。源隆国の編といわれる。【——之感】（こんじゃくのかん） 今と昔とをくらべ、その移りかわりのはげしさにふかく心を動かされること。

【今春】 一（こんしゅん） ことしの春。二（こんぱる） 国能楽の流派の一つ。金春流。

【今宵】（こんしょう(せう)） こよい。こんや。今夕。

【今生】（こんじょう(じゃう)） ①この世。②生きているあいだ。

【今人】（こんじん・きんじん） 現在生きている人。↔古人

【今夕】（こんせき） こんや。こよい。今晩。「今夕復何夕」(今夜という今夜は、またなんとすばらしい夜であることよ。)〈杜甫の詩・贈二衛八処士一〉

【今旦】（こんたん） けさ。今朝。

【今日】（こんにち） ①きょう。②このごろ。③いま。

【今年】 一（こんねん） ことし。二（チンニエン） jīnnián 現 一に同じ。

【今般】（こんぱん） 国このたび。こんど。今回。

【今来(來)】（こんらい） ①いままで。②ただいま。【——古往】（こんらいこおう(わう)） 昔から今におよぶまで。古往今来。

【今天】（チンティエン） jīntiān 現きょう。本日。現在。

【今之学(學)者為(爲)レ人】（いまのがくしゃはひとのためにす） 今どきの学ぶ者は、人に知られるために学問をしている。〈論語・憲問〉

【覚(覺)二今是而昨非一】（いまのぜにしてさくのひなるをさとる） 現在の生き方が正しくて、昨日までのものはまちがいであったことに気がつく。今是昨非。〈陶潜・帰去来辞〉

◆古今・只今・当今・即今・昨今・現今

人2【什】〔4〕 一シュウ(シフ) 漢 ジュウ(ジフ) 呉 一入 緝 shí シー　二ジュウ 慣 二— shén シェン　J 2926　U補 4EC0

意味 一①十に同じ。とお。②十等分。③軍隊の単位。十人一組で編成される。④戸籍の単位。十戸をいう。⑤詩歌または詩編の称。「詩経」の雅と頌の各十編を什というのに由来する。⑥種類や数が多い。⑦日用の雑器。二 什麼・シェンモは、疑問を表すことば。何。どんな。

【什一】（じゅういち(じふいつ)） ①十分の一。一割。②井田法で収穫の十分の一の地租をとりたてること。③地租。

【什器】（じゅうき(じふき)） 日常使用する道具。什具。什物。

【什具】（じゅうぐ(じふぐ)） 日用の道具。家具。什器。什物。

【什伍】（じゅうご(じふご)） ①十分の五。②十人または五人の兵卒のひと組。③五家、または十家ひと組の隣組制度。

【什襲】（じゅうしゅう(じふしふ)） 十重にかさねる。いくつもつつんで、たいせ

つにしまっておく。秘蔵する。

【什長】(じゅうちょう) 十人ひと組の兵卒の長。

【什二】(じゅうに) 十分の二。二割。十分の二の利益。商売の「利益。

【什伯】(じゅうひゃく) 「什佰」に同じ。伯は百の意。

【什佰】(じゅうひゃく) ①十人または百人の兵卒のひと組。②十倍または百倍。=什百 〖——之器〗(じゅうひゃくの) 普通の人の十倍、百倍すぐれた才能の持ち主。〈老子・八十〉

【什物】㊀(じゅうぶつ) 什具。㊁(じゅうもつ) 国たいせつにしまっておくたからもの。什宝。

【什宝(寶)】(じゅうほう) 国家宝として秘蔵する宝物。

【什麼】㊀(じゅうま)(そもいかん) 疑問の意味を示す俗語。いかん。いかなる。どんな。なに。甚麼。什麼生。㊁(シェンモ) shénme 現なに。なんの。〖——的〗(シェンモト) shénmede 現〖…など。

【什六】(じゅうろく) ①十分の六。②過半数。

人2【仉】〔4〕 ショウ 漢 上 養 (シャウ) zhǎng チャン J— 補— U4EC9
意味 姓。

人2【仍】〔4〕 ジョウ 漢 平 蒸 ニョウ 呉 réng ロン J4827 補 U4ECD
意味 ①〈よ・る〉もとのままにしたがう。踏襲する。②よりて。よって。③〈なお(なほ)〉やはり。そのうえ。依然として。④〈しきりに〉たびたび。続けて。かさねて。⑤〈すなわち(すなはち)〉つまり。そこで。⑥姓。

【仍旧(舊)】㊀(じょうきゅう) やはり。もとどおり。昔のまま。㊁(ロンチウ) réngjiù 現㊀に同じ。

【仍仍】(じょうじょう) ①失意のさま。②たびたび。しばしば。

【仍世】(じょうせい) 代々。累代。累世。

【仍孫】(じょうそん) 七代めの孫。玄孫の曽孫。

【仍然】(ロンラン) réngrán 現相変わらず。もと通り。

イ2【仁】〔4〕 学6 ジン・ニ ジン 漢 ニン 呉 ニ 慣 平 真 rén レン J3146 補 U4EC1

筆順 ノ イ 仁 仁

心2【忈】〔6〕 同字 補2926 U5FC8

意味 ①いつくしみ。あわれみ。おもいやり。めぐみ。②いつくしむ。親しむ。③儒家における根本の徳。人道の根本。④徳政。仁に基づいた政治。⑤徳の高い人。「仁者」⑥ひと。=人 ⑦果実の種。また、種の中の柔らかい部分。さね。

解字 仁 会意。イと二とを合わせたもの。二人である。自分一人でなく、相手がある生活には、したしみ合い、愛し合う心が第一であり、時には、社会のルールに従って、自分をおさえることも必要になる。そこから、仁は、愛することとか、己に克ち礼にかえるとかの意味になる。一説に、仁は、任と通じて、人がにもつをせおうことで、こらえる意味になるともいう。

名前 と・み・きみ・きむ・さと・さね・とよ・のり・ひと・まさ・よし・しのぶ・ただし・ひさし・ひと・ひとし・ひろし・まさし・めぐむ・やすし

姓 仁礼・仁見・仁村・仁和寺 地名 仁多

【仁義】(じんぎ) ①いつくしみの心と道理にかなったおこない。慈愛と正義。②道徳。③国㋐侠客や不良仲間の初対面におこなわれる特殊なあいさつ。㋑親分と子分との間の義理。〖——立〗(じんぎだて) 国親切なふりをする。〖——礼(禮)知(「智」)信〗(じんぎれいちしん) 人のとりまもるべき五つの徳。五常。

【仁君】(じんくん) ①情けぶかい君主。②他人に対する尊称。仁兄。

【仁兄】(じんけい) ①友人に対する尊称。②他人に対する尊称。

【仁恵(惠)】(じんけい) いつくしみめぐむ。仁恩。仁愛。仁慈。

【仁孝】(じんこう(かう)) いつくしみぶかく、孝行なこと。慈孝。

【仁厚】(じんこう) いつくしみの心がふかく、人に親切なこと。

【仁策】(じんさく) 仁政をおこなう方策。

【仁者】(じんしゃ) ①仁徳の高い人。②いつくしみの心のふかい人。〖——寿(壽)〗(じんしゃはいのちながし) 仁者は人の道を守り、心を安らかにしているので自然と長命である。〈論語・雍也〉〖——不レ憂〗(じんしゃはうれえ(うれへ)ず) 仁者は私心やましい気持ちがないから、心に心配というものもない。〈論語・子罕〉〖——必有レ勇〗(じんしゃはかならずゆうあり) 仁者は私利私欲を求める心がなく、正しい仁の道をおこなうだけであるから、なにものをもおそれない真の勇気を持っている。〈論語・子罕〉〖——安レ仁〗(じんしゃはじんにやすんず) 仁者は外物に心を動かされることなく、安んじて仁の境地に身をおき、あくまでも仁の徳をとり守る。〈論語・里仁〉〖——楽(樂)レ山〗(じんしゃはやまをたのしむ) 仁者は私利私欲にまよわず、天命に心をまかせているから、山のようにどっしりとしており、したがって自然に山を愛好するものである。〈論語・雍也〉

【仁寿(壽)】(じんじゅ) いつくしみの心があって、長生きすること。

【仁獣(獸)】(じんじゅう(じう)) なさけある獣。麒麟の別名。

【仁恤】(じんじゅつ) あわれみいつくしむ。

【仁術】(じんじゅつ) ①仁徳をおこなう方法。②医術。

【仁恕】(じんじょ) いつくしみぶかくて、おもいやりのあること。

【仁心】(じんしん) 仁愛のこころ。情けぶかい人。

【仁人】(じんじん) いつくしみぶかい人。仁徳をそなえた人。仁者。

【仁政】(じんせい) 情けぶかい政治。人民をいつくしむ政治。

【仁沢(澤)】(じんたく) めぐみ。うるおい。恩沢。徳沢。

【仁知(「智」)】(じんち) ①情けぶかくて知恵がある。②山と水。〖——不レ凡〗(じんちぼんならず) 情愛と知恵の両方とも、ふつうの人とはちがってすぐれた人。

【仁知居】(じんちのきょ) 「知者は水を楽しみ、仁者は山を楽しむ」〈論語・雍也〉から、山水のけしきのすぐれたすまいの意。

【仁道】(じんどう(だう)) 仁の道。人のふみおこなうべき道。

【仁篤】(じんとく) いつくしみぶかく親切なこと。

【仁風】(じんぷう) ①めぐみの風。②扇のこと。

【仁聞】(じんぶん) いつくしみがあるとの評判。

【仁暴】(じんぼう) 仁君と暴君。仁政と暴政。「華夏仁暴」〈資治通鑑・正閏論〉

【仁里】(じんり) 仁者のあつまっている村。風俗習慣の美しい村。

【仁王】(におう(わう)) 仏仏法を守る二体の神。寺の門の両わきに安置される金剛神。仁王尊。〖——立〗(におうだち) 国仁王尊のように勢いよく足をひろげて立つこと。

【依二於仁一】(じんによる) 常に仁の立場を根拠として、それから離れない。〈論語・述而〉

【仁人心也】(じんはひとのこころなり) 仁とは、人間だれもがもっている本心である。〈孟子・告子上〉

【賊レ仁】(じんをそこなう(そこなふ)) 仁の徳をそこないやぶる。どんな人でも生まれながらにその心にそなわっているはずの仁徳をすててかえりみない。〈孟子・梁恵王下〉

【輔レ仁】(じんをたすく) 友だちどうしがたがいに善をすすめあって、仁徳を増し加える。〈論語・顔淵〉

人2【仄】〔4〕 標 ショク 漢 ソク 呉 入 職 zè ツォー J4828 補 U4EC4
意味 ①かたむく。②かたわら。そば。③せまい。④いやしい。身分が低い。⑤落ち着かない。不安なさま。⑥漢字の音の四声の中で、平声以外の上声・去声・入声の総称。「平仄」 国〈ほのか〉〈ほのかに〉かすか。
【仄字】(そくじ) 仄声の漢字。↔平字
【仄日】(そくじつ) かたむいた太陽。夕日。斜陽。
【仄声(聲)】(そくせい) 漢字の音の四声のうち、平声以外の上声・去声・入声。
【仄聞】(そくぶん) ほのかに聞く。うわさに聞く。=側聞

【仄目】そくもく 目をそらす。正視しない。視線をさける。
【仄陋】そくろう 身分のいやしい人。＝側陋
【仄起】そっき(そく)・そくおこり 絶句・律詩の詩の第一句の二字めが仄字「のもの。⇕平起
【仄行】そっこう(そくかう) ①貴人に敬意をあらわして、道をわきによけて歩く。側行そっこう。②蟹かにのように、よこざまに歩く。
▽▼平仄ひょうそく

人2【仃】〔4〕 ㊀テイ㊥ ㊀㊥青 dīng ティン ㊁チョウ(チャウ)㊤ ㊁㊤迥 dǐng ティン J②0124 補1635 U4EC3
意味 ㊀伶仃れいていは、ひとりぼっちでさびしい。孤独。㊁酒にひどくよう。＝酊てい

人2【仈】〔4〕 ハツ㊥ ㊇黠 ハチ㊤ bā バー J②0125 補 U4EC8
意味 姓に用いる字。

人2【仆】〔4〕 ㊀フ㊥ ㊀㊦遇 pū プー、fù フー ㊁ホク㊥ ㊁㊇屋 ボク㊤ pū プー J4829 補 U4EC6
意味 ㊀㊁①〈たお・れる(たふ・る)〉㋐前につんのめる。㋑横たわる。②〈たお・す(たふ・す)〉③死ぬ。
参考 仆は「僕」(一一六ページ・上)の中国新字体としても使う。
【仆偃】ふえん たおれふす。仆伏ふふく。
【仆倒】ふとう(たう) たおれる。ころぶ。
【仆頓】ふとん たおれる。ころぶ。
【仆伏】ふふく たおれふす。たおれてねる。仆臥ふが。

イ2【仏】〔4〕学5 ブツ ほとけ ㊀フツ㊥ ㊀㊇物 fó フォー J4209 補 U4ECF
旧字 イ5【佛】〔7〕人 ブツ㊤ ㊁フツ㊥ ㊁㊇物 fú フー ㊂ヒツ㊥ ㊂㊇質 bì ビー ㊃ホツ㊥ ㊃㊇月 bó ボー ボツ㊦慣 J4839 補 U4F5B
筆順 ノ イ 仏 仏
意味 ㊀〈ほとけ〉①仏陀ぶっだの略。さとりをひらいた聖者。釈迦牟尼しゃかむにの尊称。②慈悲深い人。③仏教、また仏教徒。④仏像。㊁①はっきりしない。よく似ている。「仿仏ほうふつ」②〈もと・る〉逆らう。＝払ふつ ㊂①勇ましい。「仏仡ひっきつ」②たすける。＝弼ひつ ㊃突然に生じる。急におこる。＝勃ぼつ 国仏蘭西フランスの略称。
解字  形声。イが形を表し、弗ふつが音を示す。もともと髣髴ほうふつと同じく、「どうやら似ている」という意味の字であるが、梵ぼん語の Buddha (ほとけ)の音訳に、佛陀というように使われて、「ほとけ」を表すようになった。仏は六朝時代の僧が用いた俗字。
名前 さとる 姓 仏性ぶっしょう・仏明ぶつみょう 地名 仏子ぶし
難読 仏掌薯つくねいも・仏手柑ぶっしゅかん・仏桑花ぶっそうげ

【仏掌薯】つくねいも 国とろろいも。つくいも。
【仏供】ぶっく 国仏に物を供えること。また、その供えもの。
【仏宇】ぶつう 仏寺。寺院。仏堂。
【仏縁(緣)】ぶつえん 仏の導き。仏教信仰への縁。
【仏恩】ぶつおん 仏の慈悲のめぐみ。
【仏果】ぶっか(くわ) 仏の信仰によって得られるむくい。「成仏じょうぶつ。大往生だいおうじょう」
【仏家】ぶっけ(か) ①ぼうさん。僧。②寺。③仏のいる浄土じょうど。
【仏画(畫)】ぶつが(ぐわ) ①仏教関係の絵画。②仏の絵。
【仏閣】ぶっかく 寺の建物。寺。寺院。仏刹ぶっさつ。
【仏眼】ぶつげん(がん) ①仏像のまなこ。②仏の教えをさとった者の眼」〔識〕。
【仏龕】ぶつがん 仏像を安置する厨子ずし。
【仏経(經)】ぶっきょう(きゃう) お経きょう。仏教の経文きょうもん。
【仏教】ぶっきょう(けう) 紀元前五〇〇年ごろ、インドの釈迦しゃかによってはじめて説かれた教え。釈教しゃっきょう。仏法。
【仏偈】ぶつげ 仏の徳をほめたたえる詩。
【仏語】㊀ぶつご ①仏教のことば。②仏の教え。㊁ふつご 国フランス(仏蘭西)語の略称。
【仏工】ぶっこう 仏像づくり。仏師ぶっし。
【仏国(國)】㊀ぶっこく 仏の生まれた国。インドを指す。㊁ぶっこく・ふっこく 国フランス。
【仏骨】ぶっこつ 釈迦しゃかの遺骨。仏舎利ぶっしゃり。【論ニ――表】ぶっこつをろんずるのひょう(へう) 唐の韓愈かんゆの文章。儒教をすてて仏教を信ずることを諫いさめるために憲宗にたてまつったもの。
【仏座】㊀ぶつざ 仏像を安置する台。蓮台れんだい。㊁ほとけのざ 国草の名。春の七草の一つ。
【仏刹】ぶっさつ・ぶっせつ ①寺。寺院。②仏の国。極楽浄土ごくらくじょうど。
【仏子】ぶっし ①仏の弟子でし。仏教信者。②仏性ぶっしょうをそなえた者。すべての人。③しらみ、または蚊かの異名。
【仏祠】ぶっし 仏像を安置するほこら。寺院。

【仏師】ぶっし 仏像を刻むほりものし。仏工ぶっこう。
【仏事】ぶつじ 仏の供養くようの祭事。法事。法会ほうえ。法要。
【仏式】ぶっしき 仏教の法式。仏教の儀式。⇕神式
【仏舎】ぶっしゃ 仏堂。寺院。仏宇ぶつう。
【仏者】ぶっしゃ 仏の道の修行にはいった者。僧。
【仏舎利】ぶっしゃり (仏)釈迦しゃかの遺骨。
【仏性】ぶっしょう(しゃう) ①仏の本性。②仏になれる性質。③仏のような情けぶかい性格。
【仏餉】ぶっしょう(しゃう) 仏前の供え物。仏に供える米の飯。仏供。
【――田】ぶっしょうでん(しゃう) 仏に供える飯のためにつくられる田。
【仏生会(會)】ぶっしょうえ(しゃうゑ) 仏生日に、釈迦しゃかの像に甘茶あまちゃをかける法会ほうえ。灌仏会かんぶつえ。
【仏生日】ぶっしょうにち(しゃう) 釈迦しゃかの誕生日。陰暦四月八日。
【仏処(處)士】ぶっしょし お人よし。きわめておだやかな人。
【仏心】ぶっしん ①仏のもつ慈悲心。②仏さまのような情けぶかい心。③まよいのない心。さとった心。
【仏身】ぶっしん さとりをひらいて仏となった身。
【仏祖】ぶっそ 仏教をはじめて説いた人。釈迦しゃかをさす。
【仏葬】ぶっそう(さう) 仏式の葬儀。仏教の法式によるとむらい。
【仏像】ぶつぞう(ざう) 絵画・彫刻の仏の像。
【仏足石】ぶっそくせき 釈迦しゃかがなくなる前に残した蹠あしうらの跡形を石に刻んだもの。【――歌】ぶっそくせきのうた 国奈良なら薬師寺の国宝、仏足石歌碑に刻まれている二十一首の歌。
【仏陀】ぶつだ ①ほとけ。知者・覚者の意味の梵語ぼんごのあて字。略して「仏」。なまって、浮屠ふと・浮図ふと。②釈迦しゃか。
【仏壇】ぶつだん 仏像や位牌いはいなどを安置してまつる壇。
【仏頂面】ぶっちょうづら(ちゃう) 国ふくれづら。ぶあいそうな顔つき。
【仏天】ぶってん 仏の尊称。
【仏典】ぶってん 仏教関係の書物。仏書ぶっしょ。
【仏殿】ぶつでん 仏像をまつってある堂。仏堂。
【仏図(圖)】ぶっと ①ほとけ。仏陀ぶっだ。②寺。浮屠ふと。浮図ふと。
【仏徒】ぶっと 仏教の信者。仏弟子。仏教徒。
【仏土】ぶつど 仏のいるきよらかな国。浄土じょうど。
【仏堂】ぶつどう(だう) 寺。寺院。仏閣。
【仏法】ぶっぽう(ほふ) 釈迦の教え。仏教。【――僧(僧)】ぶっぽうそう(ほふ) ①三宝さんぼう。仏、仏の教え、僧の三つ。②鳥の名。㋐ブッポウソウ科の候鳥。㋑フクロウ科の鳥。このはずく。
【仏間】ぶつま 仏をまつってあるへや。
【仏名】ぶつみょう(みやう) ①仏の名。②「仏名会」の略。【――会

(會)】[国]昔、陰暦十二月十九日から三日間、宮中の清涼殿でおこなわれた仏事。御仏名。

【仏滅】①釈迦の死。②[国]仏滅日。陰陽道で、万事につけ大悪とされている日。

【仏門】仏の道。釈門。桑門。

【仏籬祖室】釈迦の宅の垣根と、禅宗の達磨大師のへや。仏の教えの意。

【仏老】①釈迦と老子。②仏教と道教。

【仏郎機】①フランキ。明の時代の中国人が、ポルトガル人などをさした呼び名。②仏狼機。フランキのもたらした大砲の意。

【仏蘭(蘭)西】[国]「フランス」のあて字。仏国。

【仏然】にわかにおこるさま。さかんにおこるさま。＝勃然。

◇▼大仏・石仏・成仏・念仏・金仏・神仏・崇仏・喉仏・儒仏・空念仏

人2
【仂】〔4〕

㊀ロク(漢)　㊀(入)職 lè ロー
㊁リョク(漢)　㊁(入)職 lì リー
リキ(呉)
J 4830　補 —　U 4EC2

[意味] ㊀①余り。余数。②十分の一。または三分の一。㊁つとめる。＝力 [国]「働」の誤用文字。

人2【仐】〔4〕[俗]↓傘(一一〇ジペー・中)

人2【从】〔4〕[本]↓従(四五九ジペー・下)

人2〖分〗(一五六ジペー・上)↓刀部二画

人2〖化〗(一八五ジペー・下)↓匕部二画

人3
【以】〔5〕[学]4

イ(漢)　イ(呉)　(上)紙 yǐ イー
J 1642　補 —　U 4EE5

[筆順] 丶 𠄌 𠄌丶 𠄌丶丿 以

己2【㠯】〔5〕本字　J ②0879　補 —　U —

己2【目】〔5〕同字　J —　補 —　U 382F

[意味] ①〈もち・いる(――・ふ)〉使う。②〈もって〉㋐…によって。…で。㋑接続の語。そして。にして。㋒でありながら。③〈ゆえに(ゆゑに)〉＝故 ④〈おも・う(――・ふ)〉〈おもんみるに〉〈おもえらく(おもへらく)〉考える。…と見なす。考えるに。⑤と。とも。ともに。＝与 ⑥ひきいる。⑦より。⑧はなはだ。⑨すでに。⑩やむ。＝已 ⑪似る。

[語法] ❶〈もって〉…によって。…をもって。手段・材料を示す。[例]「毋ニ文書一、以ニ言語一為ニ約束一」(〔匈奴には〕文書というものはなく、ことばによって取り決めをおこなった)〈史記・匈奴列伝〉▼「…をもってす」と訓読する場合がある。[例]「為レ善者天報レ之以レ福」(善を行うものには、天はそれに報いるのに福をもってする)〈史記・楽書〉

❷〈もって〉…を。対象・目的を示す。[例]「高漸離乃以レ鉛置ニ筑中一」(高漸離は鉛を筑〔楽器〕の中に仕込んでおいた)〈史記・刺客列伝〉

❸〈もって〉…によって。…のゆえに。根拠・理由を示す。[例]「斉使者如レ梁、孫臏以ニ刑徒一陰見説ニ斉使一」(斉の使者は梁へ行った。孫臏は罪人であったのでひそかに面会をし斉の使者に説いた)〈史記・孫子列伝〉

❹〈もって〉…の身で。資格・身分を表す。[例]「吾以ニ布衣一提ニ三尺剣一取ニ天下一」(わしは平民の身をもって三尺の剣をひっさげて天下を取ったのだ)〈史記・高祖本紀〉

❺〈もって〉それで…。前の文をうけて続ける。[例]「焚ニ百家之言一、以愚ニ黔首一」(百家の書物を焼いて、民衆を愚かにした)〈史記・秦始皇本紀〉

●句形●

(1)［以ニ…一為ニ〜一］〈…をもって〜となす〉❶…を〜とみなす。[例]「鮑叔不ニ以レ我為ニ不肖一」(鮑叔は私を愚か者とはみなさなかった)〈史記・管仲列伝〉❷…を〜にする。[例]「以ニ呂不韋一為ニ丞相一」(呂不韋を丞相にした)〈史記・呂不韋列伝〉

(2)❶［以為ニ…一］〈もって…となす〉…とする。[例]「分ニ天下一以為ニ三十六郡一」(天下を分けて三十六郡とした)〈史記・秦始皇本紀〉❷［以為］〈おもえらく(おもへらく)…と〉…とおもう。…と考える。[例]「項羽卒聞ニ漢軍之楚歌一、以為漢尽得ニ楚地一」(項羽の兵たちは漢軍が楚の歌を歌うのを聞いて、漢が楚の地をすべて手に入れたと思い込んだ)〈史記・高祖本紀〉▼❷は「もって…となす」と訓読してもよい。

(3)［是以］〈ここをもって／このゆえ(ゆゑ)に〉こういうわけで…。だから…。[例]「項羽乃敗而走、是以兵大敗」(項羽が敗れて逃げ出したので、楚軍は大敗した)〈史記・高祖本紀〉

(4)［何以］〈なにをもって／なんのゆえ(ゆゑ)に〉どうやって。どうして。なぜ。方法・理由を問う。[例]「子即反レ国、何以報ニ寡人一」(あなたがもしも国に戻られたら、わたしにどうやって報いてくださるかな)〈史記・晋世家〉

[解字] 𠂤　会意。この字は巳の反対の形で、㠯という字であった。もと巳は「やめる」ことで、その反対は、「する」こと、「用いる」ことになる。一説に指事。自分の意志を実行すること。また、この㠯は鼻の形で、私をさす。人と私と並べて、まねる、似ているの意味になるとも、また、すきを持つ人、すなわち、農夫の意味に用いるともいう。

[名前] これ・さね・しげ・とも・のり・もち・ゆき　[難読] 以為

【以往】これからのち。これよりあと。

【以下】これより下。㊁yǐxià [現]㊀に同じ。

【以外】そのほか。㊁yǐwài [現]㊀に同じ。

【以還】このかた。以来。以降。

【以後】これより後。㊁yǐhòu [現]㊀に同じ。

【以降】このかた。以来。これからさき。今後。

【以上】㊀①これより上。↕以下 ②文書や手紙文などの最後につけて、その終わりを示す語。㊁yǐshàng [現]㊀の①に同じ。

【以心伝(傳)心】(仏)ことばや文章によらずに、直接心から心に伝えること。不立文字。

【以前】㊀①これよりまえ。↕以後 ②まえ。さきごろ。むかし。往時。㊁yǐqián [現]㊀に同じ。

【以内】㊀これよりうち。↕以外 ㊁yǐnèi [現]㊀に同じ。

【以復】口答えする。

【以聞】天子に申し上げる。上聞。上奏。

【以来(來)】㊀①それから。その後。このかた。以降。以還。②これから。今後。以後。㊁yǐlái [現]㊀に同じ。

【以及】yǐjí [現]…と。その上。

〖以為(爲)〗㊀思うことには。思うよう。㊁yǐwéi [現]㊀に同じ。

◇▼所以

人3
【仟】〔5〕

㊀カン(漢)(呉)　㊀(上)旱 gǎn カン
㊁カン(漢)　㊁(去)翰 hàn ハン
ガン(呉)
J 1639　補 —　U 4EE0

[意味] ㊀長い。㊁守る。＝捍・扞

人3【仡】〔5〕

■一 キツ・ギツ 漢 コチ・ゴチ 呉 コツ・ゴツ 慣 ■二 ゴツ 漢 ■三 ―― | ■一 入 物 yì イー ■二 入 月 wù ウー ■三 ―― gē コー | J①1408 補1640 U4EE1

意味 ■一①いさましい。たくましい。②頭をあげる。③高くそびえるさま。■二舟のゆれ動くさま。■三 現 仡老 gēlǎo は、中国西南部の少数民族の名。

【仡仡】■一①いさましくさかんなさま。仡然。②高く大きいさま。■二船のゆれ動くさま。

人3【仚】〔5〕 ケン 漢 | 平 先 xiān シエン | J②0128 補1637 U4EDA

意味 ①人が山上にいるさま。②軽やかにあがるさま。③仙人。＝仙

亻3【仕】〔5〕 学3 シ・ジ つかえる | シ 漢 ジ 呉 | 上 紙 shì シー | J2737 U4ED5

筆順 ノ 亻 仁 什 仕

意味 ①〈つか・える(――・ふ)〉㋐官につく。㋑臣下となる。目上の人につき従う。②官につく者。＝士 ③観察する。国①〈つかまつ・る〉「する」「行う」の謙譲語。②〈し〉上につけて「行う」意を表す。「仕送」

解字 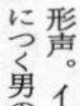 形声。亻が形。士が音。士には、学問教養を積んで官につく男の意味がある。それで、仕は、仕事・官職の意味から、学問、つかえることをいうようになった。

名前 まなぶ

【仕官】役人になってつかえる。官職につく。＝仕宦【――懸命地】主君につかえ、命をかけてつとめる地位。

【仕儀】国事のなりゆき。首尾。始末。

【仕進】官職につく。役人になる。仕官。奉職。就職。

【仕丁】――国昔、諸国から集められて宮中の雑役に服していた人。

【仕途】役人になる道。仕官のみち。官途。

『仕学(學)並(竝)長』役人としての手腕と学問の両方ともにすぐれていること。〈論語・子張〉

『致レ仕』官職をやめる。辞職する。致仕。

◆宮仕・出仕・奉仕・給仕

亻3【仔】〔5〕 入 標 シ 漢 | 上 紙 zǐ ツー、zǎi ツァイ | J2738 U4ED4

意味 ①任える。やりとおす。克つ。「仔肩」②こまか。③「子」「児」と同じに用いる。「仔豚」

【仔細】■一①くわしく。つまびらかに。②国㋐くわしい事情。㋑さしつかえ。わけ。＝子細 ■二 zǐxì 現 ■一の①に同じ。

人3【仢】〔5〕 ■一 シャク 漢 呉 ■二 ハク 漢 | ■一 入 薬 zhuó チュオ ■二 入 覚 báo パオ | 補1641 U4EE2

意味 ■一■二 仢約は、流れ星。＝彴

人3【仗】〔5〕 チョウ(チャウ) 漢 ジョウ(ヂャウ) 呉 | 去 漾 zhàng チャン | J4831 U4ED7

意味 ①武器。「兵仗」②杖。③つく。つえつく。④〈よ・る〉たのむ。⑤天子や、宮殿の護衛。儀衛。

【仗気(氣)】血気にはやる。血気にたよる。

【仗義】正義にもとづいて事を起こす。

【仗身】①護衛の武士。②国昔、五位以上の家に与えられた護衛の武士。

【仗馬】①儀式用の馬。②後のわざわいをおそれてなにも言わないこと。立レ仗之馬。

人3【仞】〔5〕 ジン 漢 | 去 震 rèn レン | J4832 U4EDE

人3〔仭〕〔5〕 俗字 | J4833 U4EED

意味 ①〈ひろ〉周代の長さの単位で八尺の長さ(一説に七尺また四尺)。(↓付録「度量衡名称」)「九仞」②はかる。高さや深さを測る。③満ちる。満たす。「充仞」④認める。

亻3【仙】〔5〕 常 セン | セン 漢 呉 | 平 先 xiān シエン | J3271 U4ED9

筆順 ノ 亻 仆 仙 仙

意味 ①仙人。不老長寿の術を体得した人。②俗気のない高尚な人。③仙人のように身軽くあがるさま。国〈セント〉アメリカの貨幣単位、セントのあて字。

解字  会意・形声。亻と山とを合わせた字で、山は音をも示す。仙は山の上にいる人を表し、山にかくれる仙人をいう。

名前 のり・ひさ・ひと・たかし 地名 仙北・仙台 難読 仙人掌

【仙掖】①宮中の庭。②翰林院の別名。

【仙液】仙界から流れ出る液。温泉をいう。

【仙家】仙人のすまい。

【仙菓】桃の異称。

【仙娥】①仙女。②美人をいう。

【仙駕】①仙人の乗る馬車。②天子の乗る馬車。

【仙界】仙人の住むところ。俗気のない、清浄な地。仙境。仙郷。

【仙客】①仙人。仙女。②鶴。または、ほととぎすの異名。

【仙楽(樂)】①仙人界の音楽。②すばらしく美しい音楽。

【仙境】俗世間をはなれた所。仙界。仙郷。

【仙禁】宮中。禁裡。

【仙窟】①仙人の住むいわや。②俗世間を離れた所。

【仙源】仙人の居所。

【仙山】仙人の住む山。

【仙術】仙人のおこなうふしぎな術。

【仙掌】漢の武帝が建てた仙人の像。手に盤をささげ、天の甘露を受けるようにしたもの。仙人掌。

【仙仗】天子を護衛する儀仗兵。

【仙逝】人間の死をいう。この世を去って仙界に行く意。仙遊。

【仙籍】①仙人の戸籍。②国㋐昔、宮中に仕える人の姓名をしるした札。日給簡。㋑蔵人頭の唐名。

【仙仙】ひらひらと舞うさま。僊僊。

【仙丹】仙人が練りつくった不老不死の薬。仙薬。

【仙洞】①仙人のすみか。②国太上天皇の尊称。③国太上天皇、すなわち上皇・法皇の御所。仙院。

【仙人】道家の理想的人間。不老不死の術を身につけ、神通力をもっているといわれる。仙公。【――掌】植さぼてん。

【仙筆】①特にすぐれた詩や文章。②能書家が用いる筆をいう。

【仙蹕】①仙人の通るときの先払い。②天子の行幸。

【仙風道骨】仙人や道士のようなすがたかたち。普通の人とちがった風格。

【仙袂】仙人の衣のたもと。〈白居易の詩・長恨歌〉

【仙薬(藥)】 飲めば仙人になるという、不老不死の薬。仙丹。
【仙遊】 ①仙人となって飛びあるく。②仙人のような清らかな遊び。③天子のおでかけ。行幸。④「仙逝」に同じ。
【仙路】 ①仙境へかよう道。②宮中・寺院などへ行く道。
【仙郎】 ①仙人。②尚書省各部の郎中・員外郎の美称。③国五位の蔵人の唐名。
【仙籙】 道教の書物。仙書。
◇水仙・神仙・歌仙

人 3
【仟】
〔5〕 セン 漢 平 先 具 qiān チエン
J 4834 補 U 4EDF

意味 ①千人を率いる長。②「千」に通用。③南北に通じるあぜ道。＝阡 ④草の生いしげるさま。
【仟仟】 草がしげるさま。＝芊芊
【仟佰】 ①千百。たくさん。②田の間の道。＝阡陌 ③千人の長と百人の長。
【仟眠】 草木のこんもりと生いしげっているさま。

イ 3
【他】
〔5〕 学 3 タ ほか
タ 漢 具 平 歌 tuō トゥオ、tā ター
J 3430 補 U 4ED6

筆順 ノ イ 仃 他 他

意味 ①〈ほか〉㋐よそ。よそごと。㋑別。別人。㋒ふたごころ。「他心」②彼。彼女。あれ。

解字  形声。イが形を表し、也は它と同じで、まむしの頭の形であるとともに、音を示す。蛇は、ふつうと違うので、「ほか」の意味になる。また、古代の人間が、蛇を恐れて、「あれはいないか」とたずねたことから、他が、第三者を指すことになったという。

名前 おさ・ひと 姓 他田 難読 他所

【他異】 ①別の考え。②ふたごころ。「無二他異一」〈日本外史・豊臣秀吉〉
【他意】 ①ふたごころ。②ほかの心。他心。
【他界】 ①よその世界。②国あの世へ行く。死ぬこと。死去の敬語。
【他郷(鄕)】 よその土地。異郷。
【他家】 ①他人の家。②彼。彼女。
【他見】 ①人に見られる。よそめ。②人にみせる。人目。
【他言】 一 ほかの人のことば。かげ口。二 ほかの人にもらし言う。
【他故】 ほかの事情。別のわけ。
【他行】 よそへ出てゆく。外出。他出。
【他山】 ほかの山。【――之石】 ほかの山から出る粗末な石でも、自分の貴重な玉をみがく役にたつ。不善な人も善人の徳をみがきあげる上に役だつたとえ。また、ちょっとした他人の言動も、自分の知徳を向上させるために役だつというたとえ。「他山之石可二以攻一レ玉」〈詩経・鶴鳴〉
【他日】 ①ほかの日。いつか。後日。②以前。
【他宗】 ほかの宗派。
【他所】 一 ほかのところ。二 よそ 国①ほかのところ。余所。②よそよそしいこと。③無関係のものごと。余所事。
【他生】 仏①現在以外のほかの世。過去・未来の世。↕今生 ②自分の作用でなく、他の原因で生ずること。【――縁(緣)】 仏前世で結ばれた縁。「多生の縁」の誤用ともいう。
【他心】 ①ふたごころ。異心。他意。②別の考え。
【他薦】 他人が推薦すること。↕自薦
【他端】 ほかの考え。ほかの手段。他の方策。
【他帙】 ほかの書物。帙は、本を包むおおい。
【他動】 他から働きかけること。または、他に働きかけること。↕自動 【――詞】 文法で、他動をあらわす動詞。↕自動詞
【他人】 ①自分以外の人。②国親族関係以外の人。【――行儀】 国よそよそしいふるまい。水くさい態度。
【他年】 ①ほかの年。②後の年。③前年。
【他念】 ①ほかの考え。②別の心。
【他聞】 他人に聞かれる。ひとぎき。外聞。
【他邦】 よその国。他国。異邦。
【他力】 ①仏阿弥陀如来が衆生を救うためにおこす願いの力。②他人の助力。たすけ。↕自力 【――宗】 仏阿弥陀の本願にすがって極楽往生を求める宗派で、浄土宗・真宗など。↕自力宗 【――本願】 仏①阿弥陀の本願にすがって成仏すること。②他人にたよって事をなすこと。
【他律】 自分の考えや判断によって行動せずに、他人の言うままに動かされること。↕自律
【他們】 tāmen 現かれら。
【無レ他】 ①ほかでもない。別の理由はない。②二心がない。
◇自他・利他・排他・愛他

人 3
【任】
〔5〕 一 タ 漢 一 去 禡 chà チャー
二 タク 漢 具 二 入 薬 tuō トゥオ
J 1638 補 U 4EDB

意味 一 ①ほこる。おごる。②少女。＝姹 二 まかせる。たよる。＝侂

イ 3
【代】
〔5〕 学 3 ダイ・タイ かわる・かえる・よ・しろ
タイ 漢 ダイ 具 去 隊 dài タイ
J 3469 補 U 4EE3

筆順 ノ イ 亻 代 代

意味 ①〈かわ・る(かは・る)〉〈か・える(―・ふ)〉 なりかわる。交代する。②かわるがわる。③㋐〈よ〉時世。人の生涯。㋑〈よよ〉代々。④春秋・戦国時代の国名。今の河北省蔚県の地。国〈しろ〉①あたい。ねだん。「酒代」②材料。③田地。「苗代」

解字 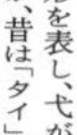 形声。イが形を表し、弋が音を示す。弋は、今の音は「ヨク」であるが、昔は「タイ」と通じたといわれる。前の人と、新しい人ととりかえることから、一般に、「かわる」ことに使う。世代の意味に使うようになったのは、唐代の避諱(付録参照)で、世のかわりに代を用いた時からであるという。

名前 とし・のり・より

【代価(價)】 ねだん。物のあたい。
【代官】 国①主君にかわって土地を支配する者。②江戸時代、幕府の直轄地をおさめた地方官。
【代議政体(體)】 代議士を選出することによって、国民を政治に参加させる政体。
【代言】 ①人にかわって言う。②国代言人。【――人】 国もと弁護士の称。↓「三百代言」(一五ジ・中)
【代耕】 耕作する代わりに俸給をもらい生活することをいう。㋐官吏の俸給。㋑仕官する。
【代講】 他人にかわって講義をする。
【代作】 ①他人にかわって詩や文章などを作る。また、その作品。②かわるがわる起こる。次々に出てくる。
【代参(參)】 国本人にかわって神社や寺などに参詣する。
【代赭】 ①赤鉄鉱の一種。絵の具の原料。②赤土

色。代赭色。新旧が入れかわる。新陳代謝。「する意。」

【代謝】上客をもてなす宿舎。代は、かわるがわる給仕する意。

【代舎】①人にかわって書く。代筆。②代書人。【──人】代書を職業とする人。

【代書】他人にかわって名を書く。また、その書いた名。

【代署】①順序にしたがって入れかわる。交代する。＝代叙　②他人にかわって序文を書く。

【代序】

【代償】①他人にかわって損害をつぐなう。②与えた損害の代価を払う。

【代診】主治医にかわって診察する。また、その人。

【代撰】他人にかわって文を作る。

【代租】年貢米のかわりに納める税。

【代替】㊀他のもので代える。㊁ダイティー dàitì 現㊀に同じ。

【代代】よよ。次々の世。歴代。累代。

【代人】かわりの人。代理の人。名代。

【代納】他人にかわって税をおさめる。

【代馬】中国北方の代の地に産する名馬。【──不レ思レ越】代馬は南の越の国を慕わない。だれでも、故郷をこそ慕うものであるとのたとえ。〈李白の詩・古風〉【──依二北風一】代馬は北風が吹いてくるとそのほうに身を寄せる。人はだれでも故郷をなつかしむとのたとえ。胡馬依二北風一。〈塩鉄論・未通〉

【代筆】本人にかわって書く。また、その書いたもの。

【代表】㊀多数のものにかわって、その意志を外部に表し示す。また、その人。㊁ダイビアオ dàibiǎo 現㊀に同じ。

【代物】㊀かわりのもの。代用品。㊁代物 国代金。ねだん。㊂代物 国材料。売買する品物。商品。

【代弁(辯・辨)】①他人にかわって言う。代言。②他人にかわって事を処理する。代理人。

【代歩】歩くことに代わるもの。車や馬、船などを指す。

【代用】かわりにつかう。

【代理】本人にかわって事を処理する。【──戦(戰)争】他国の軍隊を使って戦わせ、自国の軍隊によると同様の政治的効果をあげること。

◇▼上代・末代・古代・世代・世代・交代・先代・当代・後代・舌代・希代・近代・初代・身代・苗代・名代・前代・茶代・神代・時代・現代・誌代・総代・網代・歴代・縫代・参勤交代

イ3【付】〔5〕学 4　フ　つける・つく

フ 漢 呉 去 遇 fù フー

J 4153　補　U 4ED8

筆順　ノ　イ　仁　付　付

意味 ①〈つ・く〉〈つ・ける(―・く)〉②あたえる。さずける。わたす。「付与」③よせる。たのむ。まかす。④死者を先祖にあわせて祭る。＝祔　⑤まとまった物を数えることば。＝副　国〈つき〉①…のゆえに。②…に対して。③名詞にそえてようすを示す。「目付」

解字 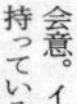 会意。イと寸とを合わせた字。イは人。寸は手に物を持っている形。付は、手に物を持って人に向かっていることで、与えるという意味になった。また、人の後ろから、手でくっつけることで、ピッタリとくっつくことをも表す。

名前 とも　難読 付子

参考 新表記では、「附」の代用字。ただし、法令を除く。

【付合】国㊀①まじわり。交際。②交際上の義理。㊁添えあしらう。料理で魚や肉に添えて盛るもの。㊂連歌・俳諧で句をつけあうこと。

【付木】国檜などをうすく切ったもののさきに硫黄をぬり、火をつけうつすときに使用するもの。

【付句】国俳諧で前の句につけた句。↕前句

【付状(狀)】国①人をさし向けたり物を届けるとき、その事情を書いてやる手紙。添え手紙。②直接貴人にさし出すことを遠慮し、その左右の人を宛名にした手紙。

【付出】国①帳簿などに書きはじめること。②書き出し。書きつけ。③代金を書きつけて請求する。

【付届】国①謝礼・依頼の気持ちをこめた贈り物。②賄「賂」

【付文】国①恋文。艶書。②恋文を直接相手に渡す。

【付焼(燒)刃】国①なまくらな刀にはがねだけをつけたもの。②一時のごまかし。③入れ知恵。

【付益】つけたす。増し、くわえる。＝附益

【付火】焼き捨てる。

【付加】つけくわえる。＝附加　【──税】国本税を基準にしてつけ加えられる旧地方税。

【付会(會)】①ばらばらのものを一つにする。②こじつける。「牽強付会」＝附会

【付議】会議にかける。

【付言】言いそえる。つけくわえて言う。また、そのことば。＝附言

【付梓】書物を出版すること。上梓。

【付嘱(囑)】①たのむ。依頼する。②言いつける。

【付随(隨)】つきしたがう。＝附随

【付贅】からだにくっついた瘤。無用のもの。＝附贅【──懸疣】くっついた瘤とぶらさがった疣。用のないもののたとえ。〈荘子・駢拇〉

【付箋】疑問点などの目じるしや、用件などを書いてはりつける小さい紙。はりがみ。＝附箋

【付蟬】せみの飾りをつけた冠。＝附蟬

【付葬】①同じ穴に葬る。合葬。②主たる墓の付近に付随させて葬る。＝附葬

【付則】あとにつけ足した規則。＝附則

【付属(屬)】つきしたがう。＝附属

【付帯(帶)】つきそう。つけそえる。「付帯工事」＝附帯

【付託】たのむ。まかせる。たのみ。委託。＝附託【──不レ効(效)】重い責任をまかされながら、その効果をあげることができない。

【付任】人にまかせたのむ。

【付与(與)】あたえる。さずけあたえる。＝附与

【付庸】大諸侯に付属している小国。庸は、小城五十里以内の国の意。＝附庸

【付録(錄)】①つけしるす。そえがき。②新聞・雑誌などで本誌以外につけて出す紙面または冊子の類。＝附録

【付和】①人の言にしたがってあいづちをうつ。②わけもなく他人の説に賛成する。＝附和　【──随(隨)行】自分としてのしっかりした考えなしに、他人の説に賛成して行動する。【──雷同】自分としてのしっかりした考えがなく、ただやたらに他人の説に賛成してしまう。

◇▼下付・心付・手付・目付・交付・気付・作付・受付・振付・紋付・納付・配付・家付・送付・添付・寄付・給付・備付・奥付・植付・割付・貸付・煮付・番付・焼付・裏付

人3【令】〔5〕学 4　レイ

㊀レイ 漢 リョウ(リャウ) 呉 ㊀ 去 敬 lìng リン

㊁レイ 漢 リョウ(リャウ) 呉 ㊁ 平 庚 líng リン

J 4665　補　U 4EE4

筆順　ノ　入　亼　今　令

意味 一 ①のり。おきて。法律。「律令」②いいつけ。いましめ。「命令」③法令を発布する。命令する。④季節。また、季節の行事。「時令」⑤よい。「令名」。⑥長官。「県令」⑦〈しむ〉〈せしむ〉…をして…させる。「使」と通用。使役を表す。⑧たとえ。「仮」と同意。「仮令」二 ①〈しむ〉〈せしむ〉一の⑦と同じ。②たとえ。一の⑧と同じ。③鳥の名。せきれい。＝鴒 ④姓。令狐は、複姓。

語法 ❶〈しむ〉〈せしむ〉使役。「令A…(Aをして…しむ)」の形で「Aに…させる」の意味。例「臣能令二君勝一」(わたくしがあなたを勝たせましょう)〈史記・孫子列伝〉▼Aは省略される場合もある。
❷〈しめば〉もし…させれば。もし…させても。例「嗟乎、令三冬月益展二一月一、足二吾事一矣」(ああ、冬をあと一か月長くできたら、わしの仕事はすっかり果たせるのに)〈史記・酷吏列伝〉▼「もしめば」あるいは「もし」「たとい(たとひ)」と訓読してもよい。また、「仮令」「如令」「縦令」「設令」「向令」「誠令」などはいずれも「もし…しめば」「たとい(たとひ)」と訓読し、「もし…であれば(であっても)」の意味。例「仮令二晏子而在一、余雖二為レ之執一レ鞭、所二忻慕一焉」(仮にいま晏子が生きていたとしたら、私は彼のために鞭をとる御者になったとしても、あおぎ慕うところである)〈史記・晏子列伝〉

解字  会意。上の亼は△で、三方から集まることを示す。下は卩で、証明書のことである。もとは竹札を用いた。天子が諸侯を集めて、方針を示して、新しく辞令を出すこと。一説に、卩は、人が屈伏する姿で、令は、人を集めて命令を下し、屈伏させることという。令は霊と通じて、「よい」という意味にも使われる。

名前 なり・のり・はる・よし

【令外】りょうげ(りやう) 国令外官の略。内大臣や中納言などのように大宝令に定められた以外の官。
【令義解】りょうのぎげ(りやう) 国書名。養老律令を解釈したもの。勅命により清原夏野・小野篁・菅原清公らが著した。
【令尹】れいいん(ゐん) ①周の時代の楚の国の官名で、最高位の大臣。②地方長官の別名。
【令胤】れいいん ①よいあとつぎ。令嗣。②他人の子の敬称。むすこさん。令息。御子息。
【令媛(媛)】れいえん(ゑん) 他人のむすめの敬称。令愛。令嬢。
【令兄】れいけい ①他人の兄の敬称。②よい兄。自分の兄の称。
【令閨】れいけい 他人の妻の敬称。令室。
【令月】れいげつ ①よい月。②陰暦二月の別名。
【令眷】れいけん 他人の妻の敬称。令正。
【令厳(嚴)】れいげん ①きびしい命令。②他人の父の敬称。令尊。
【令甲】れいこう(かふ) 最初のみことのり。
【令妻】れいさい ①よい妻。良妻。②他人の妻の敬称。令正。
【令子】れいし ①よい子。②他人の男の子の敬称。令息。令郎。
【令史】れいし 漢代にはじめられた下役で、文書関係の事務に当たった。庶民の達し得る最高の職。
【令旨】一 れいし 皇后・皇太后・太皇太后・中宮・親王の命令。二 りょうじ(りやう) 国東宮・皇后・太皇太后・中宮・親王の命令。
【令姉】れいし 他人の姉の敬称。
【令嗣】れいし よいあとつぎ。他人のむすこの敬称。令胤。「緒。令」
【令慈】れいじ 他人の母の敬称。令堂。
【令室】れいしつ 他人の妻の敬称。令正。令閨。令夫人。
【令日】れいじつ めでたい日。よい日がら。吉日。
【令主】れいしゅ よい君主。すぐれたとのさま。
【令終】れいしゅう よい終わり。りっぱな死にかた。
【令女】れいじょ(ぢょ) ①よい女子。②他人の女の子の敬称。
【令称(稱)】れいしょう よい評判。令名。
【令丞】れいじょう 地方官。令は県の長官、丞は次官。
【令状(狀)】れいじょう(じやう) 役所からの呼び出し書。とくに、裁判所から出される出頭、差し押さえ、強制処分などの書状。
【令嬢(孃)】れいじょう(ぢやう) 他人のむすめの敬称。令媛。令愛。
【令色】れいしょく ①にこにこ顔をして、他人の気に入るようにする。「巧言令色」〈論語・陽貨〉②うつくしい顔色。
【令辰】れいしん めでたい日。令日。吉日。吉辰。佳節。令節。
【令人】れいじん ①よい人。りっぱな人。「我無二令人一」(われわれこどもの中には、りっぱな者がいない。)〈詩経・凱風〉②美人。
【令正】れいせい ①他人の妻に対する敬称。正は政で、家政の意。令妻。令夫人。令室。令閨。②文書や命令文を作ることにあたった官の長。
【令婿】れいせい よいむこ。他人のむこの敬称。
【令節(節)】れいせつ 「令辰」に同じ。また、重陽の節句。
【令息】れいそく 他人の男の子の敬称。令子。令郎。
【令孫】れいそん 他人の孫の敬称。
【令尊】れいそん 他人の父の敬称。
【令弟】れいてい ①他人の弟の敬称。②よい弟。自分の弟の称。
【令姪】れいてつ 他人の甥・姪の敬称。
【令典】れいてん りっぱな法典。
【令堂】れいどう(だう) 他人の母の敬称。
【令徳】れいとく よい徳。すぐれた人格。
【令伯】れいはく 他人のおじ・おばの敬称。
【令夫人】れいふじん よい夫人。他人の妻、または貴人の妻の敬称。
【令聞】れいぶん よい評判。よいほまれ。令名。「令聞不レ已」(よい評判が絶えない。)〈詩経・文王〉【――広(廣)誉(譽)】れいぶんこうよ(くわう) 世間にひろまったよい評判。
【令母】れいぼ 他人の母の敬称。
【令望】れいぼう(ばう) すぐれた人望。よい評判。令名。令聞。
【令妹】れいまい ①他人の妹の敬称。②自分の妹を呼ぶ語。
【令名】れいめい よい評判。名誉。令聞。令誉。
【令猷】れいゆう(いう) よいはかりごと。
【令誉(譽)】れいよ よいほまれ。名誉。令名。
◆司令・号令・辞令・伝令・法令・命令・政令・勅令・指令・律令・禁令・至上命令

人3【仨】〔5〕 sā サー U4EE8 補 J1642
意味 現三個。三つ。

人3【仫】〔5〕 mù ムー U4EEB 補 J②0127
意味 現仫佬族は、中国広西壮族自治区の少数民族の名。

人3【仐】〔5〕 俗 ↓今(六一ページ・上)

人3【仝】〔5〕 同 ↓同(一四一ページ・中)

人3【仚】〔5〕 古 ↓信(九二ページ・下)

人3〘四〙↓口部二画(二七一ページ・上)

人4【佤】〔6〕 アイ 漢 去 卦 エ 呉 ài アイ U4F0C 補 J1655
意味 くるしむ。なやむ。

亻4【伊】〔6〕 人 イ 漢 平 支 呉 yī イー U4F0A 補 J1643
意味 ①これ。この。是。②人を指す。㋐第三人称。かれ。かの。彼。㋑第二人称。あなた。③ただ。これ。＝惟・維 ④(…ではなくて)…である。⑤川の名。河南省にある伊水。

⑥姓。国イタリアのあて字。「伊太利」の略。

解字 会意。イと尹とを合わせた字。尹は治める、伊は天下を治める人という意味である。

名前 いさ・これ・ただ・よし・おさむ・ただし

姓 伊丹・伊平・伊吉・伊豆・伊波・伊香・伊砂・伊庭・伊集・伊達・伊良波・伊良皆・伊是名・伊集院・伊福部・伊蘇志

地名 伊予・伊丹・伊佐・伊豆・伊那・伊波・伊東・伊具・伊香・伊都・伊賀・伊勢・伊万里・伊平屋・伊太利・伊良部・伊是名・伊勢崎・伊勢原・伊予三島

難読 伊弉諾・伊邪那岐・伊弉冉・伊邪那美・伊蘇普・伊部焼・伊達

【伊尹】いいん 人名。殷の宰相。湯王を助けて夏の桀王を討った賢臣。【――負レ鼎】いいん かなえをおう 伊尹がかなえを背負い、料理人となって殷の湯王に仕え、ついに最初の願いどおり宰相となった故事。〈史記・殷本紀〉【――太公之謀】いいん たいこうのはかりごと 殷の伊尹や周の太公望呂尚のような賢臣の、天下を治める方策。二人はともに国をおこした功臣。伊呂。伊望。

【伊鬱】いうつ ①気のふさがるさま。気がくしゃくしゃするさま。②むし暑いさま。

【伊潁】いえい 伊水と潁水。いずれも河南省にある。

【伊吾】いご ①読書の声。また、うめく声、歌をうたう声のさま。＝咿唔 ②地名の伊吾盧の略で、現在の新疆ウイグル自治区哈密市。もと匈奴の呼衍王の領地。

【伊弉諾尊】いざなぎのみこと 国女神の伊弉冉尊とともに、日本の国土をひらき、諸神を生んだとされる国造りの男神。

【伊昔】いせき 昔。その昔。在昔。

【伊川】いせん ①伊水の流域の地。②北宋の学者程頤の号。伊川先生と称した。

【伊藤(藤)仁斎(齋)】いとうじんさい 人名。江戸時代の儒者。字は源佐、名は維楨。京都堀川に塾を開いて教授、堀川古義学派をはじめる。著書は「論語古義」「孟子古義」など。(一六二七～一七〇五)

【伊藤(藤)東涯】いとうとうがい 人名。江戸時代の儒者。伊藤仁斎の長男で、名は長胤、字は原蔵。父のあとをつぎ、「制度通」「用字格」など多くの著書がある。(一六七〇～一七三六)

【伊藤(藤)五蔵(藏)】いとうのごぞう 伊藤仁斎の五男子がいずれもすぐれた儒者で、その名まえが原蔵・重蔵・正蔵・平蔵・才蔵だったところから、伊藤の五蔵と称された。

【伊輩】いはい あの人たち。かれら。

【伊望】いぼう 伊尹と太公望。→伊尹太公之謀

【伊蒲饌】いほせん 僧にさしあげる食物。〈後漢書・楚王英伝〉

【伊洛】いらく ①伊水と洛水。②宋の程子や朱子のとなえた儒教。【――淵源録(錄)】いらくえんげんろく 書名。十四巻。南宋の朱熹の著。周敦頤・程明道・程伊川、その他、宋学の代表者の言行録。【――竭】いらくつく ①伊水と洛水の水がかれてなくなる。②国家の滅亡する前ぶれ。

【伊児(兒)汗国(國)】イルかんこく 国名。元の太祖の孫、旭烈兀の建てた国で、蒙古四大汗国の一つ。

【伊達】だて 国はでにふるまう。みえを張る。おとこぎをたてる。【――競阿国(國)戯(戲)場】だてくらべおくにかぶき 国仙台の城主伊達家のお家騒動を脚色した浄瑠璃。【――者】だてしゃ 国だてな身なりの好きな人。みえを張る人。【――姿】だてすがた 国いきに飾りたてた姿。

△▼木乃伊ミイラ

イ4 【仮】〔6〕 学5 カ・ケ かり　J 1830 補 U 4EEE

旧字 人9 【假】〔11〕　J 4881 補 U 5047

一 カ漢 ケ呉 一上 馬 jiǎ チア
二 カ漢 ケ呉 二去 禡 jià チア
三 カ漢 三去 禡 xià シア
四 カク漢 四入 陌 gé コー

筆順 ノ イ 仁 仮 仮 仮

意味 一①〈かり〉㋐いつわり。㋑代わり。㋒一時の。「仮寐かび」②〈か・りる(―・る)〉人から物を借りる。③〈か・す〉人に物を貸す。貸し与える。④見のがす。ゆるす。「寛仮かんか」⑤〈かりに〉〈もし〉もしも。仮定を表す。「仮令たとい」⑥大きい。二〈いとま〉休み。＝暇 三よい。＝嘉 四〈いた・る〉とどく。到着する。＝格

解字 形声。イが形を表し、叚かが音を示す。イは人。叚には借りる意味がある。假は、人と、借りることを合わせて、「ほんものでない」ことを表す。また、叚は物の上をおおうことで、假は、真相をおおいかくす意味から、「にせもの」をいうとする説もある。

難読 仮名かな(付表)／仮字かな・仮令たとい・たとえ

【仮王】かおう(わう) 正式に位についていない、かりの王。

【仮寓】かぐう かりずまい。寓居。

【仮髻】かけい 頭にかぶる、つくった髪形。かつら。仮頭かとう・かつら。

【仮言】かげん ①うそいつわり。虚言。②意味のふかいことば。

【仮根】かこん 植苔や海藻の類の、俗に根といわれるところ。外観は細い根のように見えるが実は根ではない。

【仮山】かざん 築山つきやま。庭園にきずいた小山。

【仮死】かし 一時的に意識不明で死んだような状態になること。人事不省じんじふせいのひどい状態。

【仮字】かじ 「仮名」の二に同じ。

【仮司馬】かしば 周代の官名。司馬(部隊長)の次の武官。副部隊長。

【仮借】かしゃ・かしゃく ①漢字の六書りくしょの一つで、それにあてはまる漢字のないときに同音の他の漢字を借用するもの。②ゆるす。見のがす。大目にみる。

【仮称(稱)】かしょう 一時的な呼び名。かりにつけた名まえ。

【仮寝(寢)】一かしん うたたね。仮睡。二かりね 国かりまくら。旅寝たびね。旅枕たびまくら。

【仮睡】かすい かりね。うたたね。

【仮設】一かせつ かりにもうける。二たとい(たとひ) もし。かりに。

【仮説】かせつ かりにたてた説。

【仮装(裝)】かそう(さう) かりにあるものや人のすがたをまねる。かりの扮装ふんそう。「仮装行列」

【仮貸】かたい ①借りる。②借りと貸し。③ゆるす。見のがす。

【仮托】かたく 「仮託」に同じ。

【仮託】かたく かこつける。ことよせる。

【仮定】かてい ①かりにきめる。②仮説。【――形】かていけい 国口語動詞活用の第五の形。仮定の条件を示す形。

【仮泊】かはく 船が臨時に、しばらくある場所にとまること。

【仮寐】かび うたたね。かりね。

【仮母】かぼ ままはは。継母。

【仮名】一かめい・けみょう(みやう) 本名のほかの仮の名まえ。⇔本名ほんみょう 二かな 国日本でつくった表音文字。かたかな。ひらがな。⇔真名まな・本字ほんじ。【――草子】かなぞうし(ざうし) 国江戸時代初期の短編小説の一種。啓蒙的・教訓的な物語、あるいは小説。【――手本】かなでほん 国①いろは歌をかなで書いた習字の手本。②いろは歌のこと。

【仮面】かめん ①顔の形につくってかぶる面。面。マスク。②ほんとうのことをかくして表面をごまかすこと。【――劇】かめんげき 能楽・里神楽さとかぐらなど、仮面をかぶって演じる劇。

【仮庵】かりお・かりほ 国「かりいほ」の約。粗末な、かりのいおり。

【仮枕】かりまくら 国①かりね。うたたね。②たびね。野宿のじゅく。

【仮寧】けにょう(にやう) 国むかし官吏に与えた休暇。

【仮令】たとい(たとひ) もし。かりに。よしや。仮如。仮使。仮設。仮若。

【仮如】(たとい) 「仮令」に同じ。
【仮若】(たとい) 「仮令」に同じ。
【仮条(條)】 jiàtiáo 現 欠席届。休暇願い。

人4【伙】〔6〕 カ(クヮ) huǒ フォ 　U補J 4F19 1660

意味 なかま。グループ。
参考 伙は「夥」の中国新字体としても使う。

人4【会】〔6〕 学2 カイ・エ あう 　U補J 4F1A 1881
[一] カイ(クヮイ) 漢 [一] 去 泰 huì ホイ
エ(ヱ) 呉
旧字 曰9【會】〔13〕 [二] カイ(クヮイ) 漢 [二] 去 泰 kuài コワイ 　U補J 6703 4882

筆順 ノ 人 亽 亼 会 会

意味 [一]①〈あ・う(―・ふ)〉 ㋐であう。人にあう。「会見」 ㋑ひとつになる。一致する。②集まる。集める。集まり。「会合」 ③かなめ。要点。「達人解二其会一」(物事の道理をよく知っている人は、その要点を理解している。)〈陶潜の詩・飲酒〉 ④とき。おり。「機会」 ⑤さとる。理解する。⑥〈たまたま〉 ちょうどその時。⑦〈かならず〉 きっと。⑧大都市。「広会」 ⑨できる。[二]①合計する。「会計」 ②会稽は、浙江省紹興市東南にある山の名。

語法 ❶〈たまたま〉 おりしも。ちょうどその時。うまい具合に。あるできごとに偶然出くわすという意。例「会天大雨、道不レ通、度已失レ期」(たまたま大雨が降って道が通じなくなり、計算してみるとすでに期限には間に合わなくなっていた)〈史記・陳渉世家〉
❷〈かならず〉 きっと。「鴛鴦会双死」(相思相愛のおしどりは必ずつがいで死ぬ)〈孟郊の詩・列女操〉 ▼「会応…」「会当…」は「かならずまさに…すべし」、「会須…」は「かならずすべからく…すべし」と訓読する。

解字  会意。亼と曽を合わせた字。曽は曾を略した形で、増と同じく、「ます」「ふやす」の意味がある。亼はあわせる形。會は、合わせてふやすことである。一説に、會は、こしき(せいろう)で、會は、せいろうにふたをすることであるという。
参考 ①「曾」は別字。②会は「會」の中国新字体としても使う。
姓 会加 地名 会津・会津若松
応用例 剑(劊)

【会式】 国①寺院で行う法会。②日蓮宗で、日蓮の命日である十月十三日に行う祭り。おえしき。
【会釈(釋)】 ①のみこむこと。理解。②国心をくみとる。③国おじぎ。あいさつ。
【会者定離】 仏会うものは必ず離れる運命にある。世のはかないことをのべたもの。「生者必滅会者定離」
【会得】 すっかり理解する。よくのみこむ。
【会意】 六書の一種で、二つ以上の漢字の形と意味を組み合わせて一つの漢字を作る方法。たとえば信(人と言)・明(日と月)など。(↓付録「漢字について」)
【会飲】 集まって酒を飲むこと。
【会館】 ①他国で生活している同郷の人たちが集まるために作った集会所。②同じ職業に従事する人たちの集会所。③国集会をするために作られた建物。
【会期】 ①会議や集会の時期。②開会から閉会までのあいだ。
【会議】 [一] 会合して評議すること。[二] huìyì 現 [一]に同じ。
【会遇】 出あう。対面する。
【会計】 ①金銭の出入を計算、管理すること。また、それを行う役の人。②代金のしはらい。勘定書き。【――年度】 国会計のつごうできめた期間。ふつうは四月一日から翌年の三月三十一日まで。
【会稽】 会稽山の略。浙江省紹興市の東南にある山の名。夏の禹王がここに巡視して死んだ。また、春秋時代に越王勾践が呉王夫差にかこまれてとじこもった所。【――之恥】 戦国時代越王勾践が呉王夫差に負けて、会稽山でとらえられた故事から、決して忘れることができないはずかしめをいう。〈史記・越世家〉
【会見】 [一] 日時をきめて人にあう。[二] huìjiàn 現 [一]に同じ。
【会元】 会試に一番で合格した者。→会試
【会悟】 さとる。＝解悟
【会合】 集まる。よりあう。集まり。よりあい。
【会撮】 まげ。もとどり。「会撮指レ天」(もとどりが天の方を向いている。くびを前方にのばしたさま。)〈荘子・人間世〉
【会試】 昔、官吏採用試験で各省ごとの試験に合格した者を都に集めて行った最終試験。
【会所】 ①集まる場所。②国町の人々がより集まって相談すること。
【会商】 集まって相談すること。
【会場】 [一] 会のある場所。[二] huìchǎng 現 [一]に同じ。
【会食】 集まって食事をする。
【会心】 気にいる。思うようにいって満足すること。
【会真(眞)記】 唐代の小説の名。「西廂記」のもとになったもの。「鶯鶯伝」ともいう。
【会席】 国①集まって会をする席。②会席料理のこと。酒宴に出す料理。会席膳を使う上等な料理。
【会戦(戰)】 敵と味方が出あって戦う。
【会葬】 葬式に参列する。とむらいによりあう。
【会談】 [一] 会って話をする。[二] huìtán 現 [一]に同じ。
【会頭】 会のいちばん上の人。
【会同】 ①昔、諸侯が集まって天子にお目にかかること。②より集まること。よせ集めること。
【会堂】 ①おおぜい集まるための建物。②キリスト教の礼拝堂。
【会読(讀)】 何人か集まって本などを読みあう。
【会弁】 弁という冠のまん中にある縫いめ。ここに宝石をはめこんで光らせる。「会弁如レ星」〈詩経・淇奥〉
【会盟】 集まってちかいをむすぶこと。
【会面】 顔を合わせる。会う。面会。「会面安可レ知」(いつになったら会えるものやら。)〈文選・古詩十九首〉
【会友】 ①友を集める。②集まった友。③会員どうし。
【会猟(獵)】 ①集まって狩りをすること。②敵と味方が出あって戦うこと。猟を戦争にたとえたことば。
【会話】 [一] 互いに相対して話すこと。また、その話。[二] huìhuà 現 [一]に同じ。
【会客】 huìkè 現 客に会う。
◆入会・大会・司会・市会・休会・再会・来会・村会・社会・参会・例会・夜会・学会・国会・協会・茶会・面会・県会・発会・流会・宴会・閉会・都会・密会・商会・理会・教会・盛会・開会・集会・節会・散会・照会・総会・歌会・機会・

議会・委員会・園遊会・灌仏会

人4【价】〔6〕　カイ 漢 去 卦　jiè チエ、jià チア　J 4835　U補 4EF7

意味 ①よい。一説に、大きい。「价人」　②取りつぎをする人。③使用人。「价婦」　④よろいをつけた人。「价人」

参考 价は「價」(八五ジ・上)の中国新字体としても使う。

人4【企】〔6〕　常 キ　くわだてる　キ 漢 上 紙 呉　qǐ チー　J 2075　U補 4F01

筆順 ノ 𠆢 个 仐 企 企

意味 ①つま先で立つ。立つ。②〈くわだ・てる(くはだ・つ)〉計画する。③〈くわだて(くはだて)〉計画。④待ちこがれるさま。「企望」

解字 会意。人と止を合わせた字。止は足のこと。とくに、かかとに対し、つまさきをいう。企は、人の下に足がある形で、人が足を「つまだて」て、背のびをすることである。背のびをして遠くを見ようとする気持ちが、「くわだてる」ことに通じる。

名前 もと

【企画(畫)】くわだてはかる。計画する。はかりごと。くわだて。＝企劃

【企及】くわだておよぶ。できる。なし得る。

【企業】国①事業を計画し始める。②計画した事業。中 qǐyè 現 国 に同じ。

【企踵】「企望」に同じ。

【企図(圖)】国もくろむ。くわだてはかる。企画。計画。中 qǐtú 現 国 に同じ。

【企望】つまだちして待ちのぞむ。強く願望する。

イ4【伎】〔6〕　常 キ　J 2076　U補 4F0E

旧字 人4【伎】〔6〕　キ 漢 上 紙　ギ 呉　jì チー

筆順 ノ イ 仁 什 付 伎

意味 ①なかまをつくる。②わざ。うでまえ。はたらき。＝技　③〈わざおぎ(わざをぎ)〉歌舞をする女。＝妓　④歌舞音曲。

解字 会意・形声。イと支とを合わせた字。支きが音をも示す。イは人、支は細かいわざを意味し、伎は、わざを演じる人、わざおぎ(俳優)の意となる。

2画

二亠人(イ・𠆢)儿入八冂冖冫几凵刀(刂)力勹匕匚匸十卜卩(㔾)厂厶又

【伎楽(樂)】国古代のインド・チベット地方の仮面劇。奈良時代、百済をへてわが国に伝わった。

【伎伎】ゆっくり歩くさま。

【伎戯(戲)】しばい。

【伎巧】わざ。たくみ。テクニック。＝技巧

【伎能】うでまえ。わざ。技量。＝技能

【伎癢】腕が鳴る。腕がむずむずする。

【伎倆】うでまえ。てなみ。＝技量

◆歌舞伎

イ4【休】〔6〕　学1　キュウ　やすむ・やすまる・やすめる　一 キュウ(キウ) 漢　ク 呉　一 平 尤 xiū シウ　二 上 遇 xǔ シュイ　J 2157　U補 4F11

筆順 ノ イ 仁 什 休 休

意味 一 ①〈やす・む〉〈やす・める(――・む)〉〈いこ・う(――・ふ)〉㋐休息する。㋑仕事を休む。②〈やすま・る〉㋐止める。㋑辞職する。③〈やすみ〉休息。休暇。④〈や・める(――・む)〉⑤〈よ・い(――・し)〉うつくしい。すばらしい。「休明」⑥よろこび。さいわい。二 いたむ。なげく。「燠休」

解字 会意。イと木とを合わせた字。イは人。休は人が木によりかかっている形で、やすむという意味を表す。

名前 たね・のぶ・よし・やすし

【休謁(謁)】休暇をもらうこと。賜暇。

【休暇】休み。休業。

【休嘉】めでたい。また、そのこと。

【休会(會)】①会議を休む。②国株式の取引所の立ち会いを休む。

【休学(學)】①学問の研究をしばらくやめる。②病気などで、ある期間、学校を休む。

【休刊】新聞・雑誌などの発行を一時やめる。

【休休】①道を楽しんで心安らかなさま。②つつましやかなさま。③美しく大きいさま。④心のおおらかなさま。⑤つとめをやめて休息する。

【休咎】よろこびとわざわい。禍福。

【休憩】休む。休息。

【休歇】休む。休息。

【休光】大功。大きなてがら。

【休校】学校がある期間授業を休む。

【休講】講義を一時休む。

【休告】①官吏の休暇。告は暇の意。②辞職をねがい出る。

【休止】やむ。やめる。休む。とまる。

【休祉】しあわせ。幸福。

【休舎】休息。休むこと。

【休祥】よいしあわせ。休祐。

【休場】国興行などを休むこと。

【休心】気を休める。安心。休神。休意。

【休神】精神を休める。気が安まる。安心する。＝休心

【休戚】よろこびとうれい。喜憂。

【休戦(戰)】両方の合意で、戦争を一時中止する。

【休息】国休む。休憩。中 xiūxi 現 国 に同じ。

【休題】話を一時やめる。話を転じる。「題」(一三一八ジ・中)→「閑話休題」

【休沢(澤)】大きなめぐみ。すばらしい恩恵。

【休兆】めでたいしるし。よいことのある前ぶれ。吉兆。

【休暢】大いにのびる。美しく栄える。

【休徴】よい前知らせ。めでたいしるし。

【休図(圖)】すぐれたはかりごと。

【休徳】りっぱな徳。

【休寧】気を休める。

【休命】天または天子の命令。

【休沐】①頭髪を洗うための休暇。漢の時代には五日ごと、唐の時代には十日ごとに与えられた沐浴のための休暇。②官吏の休暇。

【休養】①心身を休める。保養。②税を軽くして、人民の財産を豊かにする。

【休暦(曆)】平和な世。天下太平の世。

【休烈】すぐれたてがら。大功。休光。

【休和】世の中が平和で安泰なさま。天下太平。

◆公休・定休・昼休・運休・臨休・不眠不休

人4【伋】〔6〕　キュウ 漢 入 緝 (キフ)　jí チー　J ①1412　補 1654　U 4F0B

意味 ①いつわるさま。②きびしい。③人名。孔子の孫の子思。

イ4【仰】〔6〕　常 ギョウ・コウ　あおぐ・おおせ　ギョウ(ギャウ) 漢　ゴウ(ガウ) 呉 上 養 yǎng ヤン　コウ(カウ) 慣　J 2236　U補 4EF0

筆順 ノ 亻 亻' 㐰 仰

意味 ①〈あお・ぐ(あふ・ぐ)〉 ㋐首をあげる。見上げる。㋑うやまう。あがめる。慕う。「信仰」 ㋒毒を飲む。②公文書で、上から下への慣用語。…するように。③〈おおせ(おほせ)〉言いつけ。④たよる。たのむ。

解字  会意・形声。亻と卬を合わせた字。卬はまた音をも示す。卬は、左に人が立っているのを右の人がひざまずいて、仰ぎみている形で、出むかえる形でもある。あおぐことを「仰」、出むかえることを「迎」で表した。

名前 たか・もち 難読 仰有る

【仰臥】ぎょうが(ぎやうぐわ) あおむきにねる。

【仰感俯愧】ぎょうかんふき(ぎやうかんふき) 頭をあげて、君主の恵みの厚さに心打たれ、頭をたれて、自分の身をはずかしく思うこと。

【仰企】ぎょうき(ぎやうき) あおぎしたう。企は、つまだちする。

【仰欽】ぎょうきん(ぎやうきん) あおぎうやまう。

【仰山】■ぎょうざん(ぎやうざん) 山の名。■ぎょうさん(ぎやうさん) 国①わずかのことをおおげさにいう。誇大。針小棒大。②程度、数量の甚だしいさま。

【仰止】ぎょうし(ぎやうし) あおぎしたう。見上げる。止は助詞。

【仰視】ぎょうし(ぎやうし) あおぎみる。

【仰事俯畜】ぎょうじふちく(ぎやうじふちく) 上は父母につかえ、下は妻子を養う。父母に孝をつくし、妻子を養い育てる。仰事俯育。〈孟子・梁恵王上〉

【仰韶】ぎょうしょう(ぎやうせう) 河南省澠池県の村落名。新石器時代の遺物の発掘で考古学上有名となる。「仰韶文化」

【仰羨】ぎょうせん(ぎやうせん) 慕いこがれる。あおいで、うらやましく思う。

【仰瞻】ぎょうせん(ぎやうせん) あおぎみる。仰視。

【仰訴】ぎょうそ(ぎやうそ) 上にむかってうったえる。

【仰嘆(「歎」)】ぎょうたん(ぎやうたん) 天をあおいで、ためいきをつく。

【仰天】ぎょうてん(ぎやうてん) ①天をあおぐ。あおむく。㋐嘆息するさま。㋑大いに笑うさま。②国びっくりする。

【仰眄】ぎょうべん(ぎやうべん) あおぎみる。仰視。仰観。

【仰望】ぎょうぼう(ぎやうばう) あおぎのぞむ。尊敬し慕う。仰恋。

【仰秣】ぎょうまつ(ぎやうまつ) 馬が首をあげてまぐさを食うこと。琴の名手伯牙のかなでる妙音には、まぐさを食べている馬まで聞きほれたという故事。〈荀子・勧学〉

【仰仰】ごうごう(がうがう) 軍の士気が高いさま。勇ましいさま。

『仰レ薬(藥)』くすりをあおぐ(あふぐ) 思いきりよく毒薬を飲む。

◆大仰・信仰・俯仰・渇仰

人4 【仱】〔6〕 ■キン 漢 ゴン 呉 ■平 侵 qín チン ■キョウ 漢 ■平 蒸 jīn チン U補J ②0129 4EF1 1644

意味 ■古代中国北方の少数民族の音楽の名。■ほこる。つつしむ。＝矜

人4 【伒】〔6〕 キン 漢 コン 呉 去 問 jìn チン U補J 1656 4F12

意味 たすける。

人4 【众】〔6〕 ■ギン 漢 ゴン 呉 ■平 侵 yín イン ■シュウ ■zhòng チョン U補J 1659 4F17

意味 ■大勢の人が立ちならぶさま。＝乑 ■現「衆」(一一五ジペー・中)の中国新字体として使う。

亻4 【件】〔6〕 学5 ケン ケン 漢 上 銑 jiàn チエン U補J 2379 4EF6

筆順 ノ 亻 亻' 亻' 仁 件

意味 ①わける。区別する。②ことがら。「事件」③ものごとを数える量詞。「三件」国〈くだん〉くだり。前に書きしるしたことがら。「如レ件」

解字 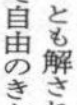 会意。家畜の牛であるとも、すじみちの立っている物事とも解されている。他の説に、件は、牽(ひく)の俗字で、つながれて自由のきかない奴隷のことであるとも、件は、伴のまちがいであるともいう。

名前 かず・なか・わか

【件件】けんけん あの件この件。あの事この事。

【件数(數)】けんすう 事がらの数。事件の数。

『如レ件』くだんのごとし 国前に書きつけたとおりである。以上に述べたとおりである。

◆用件・条件・物件・事件・要件・雑件

亻4 【伍】〔6〕 人 ゴ 漢 呉 上 麌 wǔ ウー U補J 2464 4F0D

意味 ①五人を一組とする軍隊の単位。②五家を一組とする戸籍の単位。③行列。④仲間になる。⑤いりまじる。⑥姓。

解字  形声。亻が形を表し、五が音を示すとともに、いつつの数を表す。五人を伍という。

名前 いつ・あつむ・たすく・ひとし

参考 書きかえやまちがいを防ぐため五に代用される。

【伍子胥】ごししょ 人名。戦国時代、楚の人。名は員、子胥はその字。父および兄が平王に殺されたため呉に亡命し、ともに楚を討ったが、後に、ざん言を信じた呉王夫差から自殺を命じられた。

【伍籍】ごせき 五人一組の隣組の戸籍。

【伍長】ごちょう(ちやう) ①軍隊の五人組のかしら。②五家一組の組長。③国もと陸軍の階級。下士官で軍曹の次の位。

【伍伯】ごはく ①軍隊の五人組のかしら。伍長。②下級の役人。列の先導役や刑の執行人などをいう。

【伍列】ごれつ ①五人一組の隊列。②隊を組む。また、組。「伍隊」

◆落伍・隊伍

人4 【仵】〔6〕 ゴ 漢 上 麌 wǔ ウー U補J ②0130 4EF5 1646

意味 ①同じである。匹敵する。②〈さから・う(――・ふ)〉そむく。＝忤 ③検屍する。「仵作」(死体を検視する役人) ④姓。

人4 【伉】〔6〕 ■コウ(カウ) 漢 ■去 漾 kàng カン ■コウ(カウ) 漢 ■平 陽 gāng カン U補J 4836 4F09

意味 ■①たぐい。あいて。夫婦。「伉儷」②ならぶ。③はりあう。あたる。手むかう。＝抗 ④おごり高ぶる。⑤強い。⑥姓。■すなおなさま。正直なさま。

【伉俠】こうきょう(かうけふ) つよい男だて。おとこぎ。

【伉行】こうこう(かうかう) おごりたかぶったふるまい。

【伉直】こうちょく(かう) 意地っ張り。がんこ。

【伉礼(禮)】こうれい(かう) 差別せずに対等の礼で人をもてなす。

人4 【伀】〔6〕 ショウ 漢 シュ 呉 平 冬 zhōng チョン U補J ②0131 4F00 1650

意味 ①民衆を思いやる。②夫の兄、また、夫の父。③おそれてパニックとなる。「伀矇」

人4 【伈】〔6〕 シン 漢 上 寝 xǐn シン U補J 1653 4F08

意味 おそれるさま。「伈伈」

人4 【全】〔6〕 学3 ゼン まったく・すべて セン 漢 ゼン 呉 平 先 quán チュワン U補J 3320 5168

旧字 入4 【仝】〔6〕 U補J

筆順 ノ 入 𠆢 今 仝 全

入3【全】〔5〕本字 J 補 U 34B0 ―― ―― 意味 ①〈まった・し〉完全である。②〈まったく〉〈すべて〉みな。全部の。すべての。③まっとうする。完全にたもつ。④病気がなおる。＝痊 ⑤姓。

解字 全 会意。入は、集まることで、多くの人手をさす。王は玉と同じで、全は玉が多くの人手にかかり完全になること。

名前 うつ・たけ・とも・はる・まさ・また・みつ・やす・あきら・たもつ

【全員】すべての人々。全部の人員。

【全快】完全に病気がよくなる。全治。

【全壊(壞・「潰」)】全部こわれる。まるつぶれ。

【全額】全部の金額。総額。

【全局】全体の局面。全体のなりゆき。

【全景】①全体の風景。②映画で、場面の背景全体を画面にとりいれたもの。

【全権(權)】①いっさいの権限または権利。②「全権委員」の略。全権の委任状をもち、国家を代表して派遣される委員。

【全甲】①一兵も戦死させない。②完全に武装した者。甲は、よろい。③国全科目の成績が甲であること。

【全功】偉大な功労。大きなてがら。

【全紙】①紙面全体。②まだ裁断しない完全なさまの紙。

【全集】①ある人、または同じ種類、同じ時代の作品を全部集めた書物。全書。②全部そろった書物。

【全書】①完全にそろっている書物。全集。②著作をもれなく集めて一部の書物としたもの。③多くの人の著書を集めたもの。

【全象】全体の形。

【全勝】全試合に勝つ。完全に勝つ。完勝。↕全敗
【全焼(燒)】すっかりやける。まるやけ。

【全真(眞)】自然の本性を完全に保つ。【――教】道教の一派。宋代に全国の道士王嚞が始めた。

【全人】①人格の完全な人。聖人。②からだの完全な人。③人民の生活を不足ないようにする。

【全盛】①栄華をきわめること。まっさかり。②血気ざかり。③よくはやる。客の多いこと。

【全石】①全部の石。②全部が石でできている。

【全節(節)】①完全にみさおを守る。②使いの役めをりっぱにはたす。

【全然】まったく。そっくり。まるで。

【全体(體)】㊀①すべて。みな。②からだの全部。全身。③もともと。もとより。元来。㊁チュワンティー quántǐ 現㊀の①に同じ。【――主義】個人の存在よりも社会や国家のほうを重く考えて、個人の自由をおさえる主義。↕個人主義
【全治】①病気やけがが完全になおる。全快。②すっかり治まる。

【全知全能】①すべてのことに通じている知恵と、何事でもできる能力。完全な知識能力。②神の完全な知能。

【全通】どんな道理にも通じている。

【全都】㊀都の全体。都じゅう。㊁チュワントウー quándōu 現みな。すべて。

【全土】①国全体。全国。②土地全体。

【全唐詩】書名。九百巻。清の康熙帝の勅命でできた唐人の詩集。

【全唐文】書名。千巻。唐および五代の文を、清の董誥らが勅命によって集めたもの。

【全徳】完全無欠な徳。

【全能】完全な能力。なんでもできる働き。

【全敗】すっかり負ける。まるまけ。完敗。↕全勝
【全廃(廢)】全部やめる。すっかり用いない。

【全般】残らず。全体。総体。

【全美】完全で美しい。全体として統一されるところにみられる美しさ。

【全備】じゅうぶんにそなわる。少しも不足がない。

【全豹】①豹のからだ全体。②全体のありさま。↕一斑
【全部】㊀みんな。ありったけ。㊁チュワンプー quánbù 現㊀に同じ。

【全幅】①布のはばいっぱい。②あらんかぎり。

【全福】①ずっと幸福でとおす。②完全な幸福。

【全文】一つの文章のはじめからおわりまで。

【全編】ひとつの詩文や書物などの全部。

【全貌】全体のようす。全部のすがた。

【全滅】すっかり滅びる。

【全面】㊀すべての面・方向。㊁チュワンミエン quánmiàn 現全体。全面的である。全面的に。

【全訳(譯)】ある書物の原文全部をほんやくすること。また、そのほんやく。↕抄訳
【全癒】病気が完全になおる。全治。

【全邑】村全体。村じゅう。

【全用】完全な使いみち。

【全容】①全体のすがた。②全体の内容。

【全力】力いっぱい。もっているすべての力。
◇▼十全・万全・安全・完全・保全・健全

人4【仯】〔6〕㊀ソウ(サウ)㊥ ショウ(セウ)㊥ ㊀㊤ chào チャオ 効
㊁ビョウ(ベウ)㊥ ミョウ(メウ)㊥ ㊁㊤ miǎo ミアオ 篠
U 4EEF 補 J 1643

意味 ㊀①小さい。幼児。「仯仯」②こだわる。＝慅 ㊁①まばたきをする。②片目。片目が見えない。＝眇

亻4【仲】〔6〕学 4 チュウ なか
チュウ(チウ)㊥㊥ ㊤ 送 zhòng チョン
U 4EF2 補 J 3571

筆順 ノ 亻 亻 仲 仲 仲

意味 ①〈なか〉㋐中。㋑三つのなかのまん中。各季節の三か月を「孟・仲・季」と分ける。②兄弟のなかで、第二番目の者。また、第二番目。③姓。国〈なか〉あいだがら。

解字 会意・形声。亻と中を合わせた字で、中は音をも示す。まんなかの人。兄弟の順序を表すには、伯・仲・季を用いる。この場合、仲は二番めとなる。

名前 なかし 姓 仲真・仲村渠・仲宗根・仲栄真

地名 仲多度 難読 仲人(付表)

【仲夏】夏三か月の、まん中の月。陰暦五月。＝中夏
【仲介】なかだち。両方の間に立って、はしわたしをすること。媒介。

【仲弓】人名。孔子の弟子。冉雍。徳行にすぐれ、孔門の十哲の一人。

【仲兄】二番めの兄。次兄。

【仲間】国㊀武家の召使の男。＝中間 ㊁なかま「組。とも。」

【仲裁】争いの中にはいって、両方を仲なおりさせる。調停。【――裁判】法国家間に争いがおきて解決しないときに、第三者がはいって判決する国際的な裁判。

【仲子】なかの子。次子。次男。中子。

【仲尼】孔子の字。【――之徒】孔子の弟子たち。孔門の人々。

【仲秋】秋三か月の、まん中の月。陰暦八月。＝中秋
【仲春】春三か月の、まん中の月。陰暦二月。＝中春

【仲冬】ちゅうとう(ちう) 冬三か月の、まん中の月。陰暦十一月。‖中冬

【仲人】(なこうど)(なかうど) 国 ━ ちゅうにん(ちう) ①仲裁人(ちゅうさいにん)。②なかだちの人。━ 結婚のなこうど。

【仲父】ちゅうほ(ちう) ①叔父。②斉(せい)の賢臣、管仲(かんちゅう)(ちう)の尊称。

【仲由】ちゅうゆう(ちういう) 人名。孔子の弟子(でし)で、字(あざな)は子路。季路ともいう。（前五四二～前四八〇）

【仲呂】ちゅうりょ(ちう) ①音律の名。十二律の一つ。②陰暦四月の「別称。

◆伯仲(はくちゅう)・恋仲(こいなか)

亻4 【伝】〔6〕 学4 デン つたわる・つたえる・つたう
━テン 漢 デン 呉 ━ 平 先 chuán チョワン
━テン 漢 デン 呉 ━ 去 霰 zhuàn チョワン
U補J 3733 4F1D

旧字 亻11 【傳】〔13〕 人 U補J 4903 50B3

筆順 ノ 亻 仁 伝 伝

意味 ━①〈つた・う(──・ふ)〉〈つた・える(──・ふ)〉㋐授ける。わたす。㋑受け継ぐ。続ける。㋒発布する。広める。㋓言い伝える。語り継ぐ。②〈つたわ・る(つたは・る)〉広まる。③捕らえる。━①宿場。はたごや。②宿場に用意された車馬。「駅伝(えきでん)」③割り符。手形。④言い伝え。古い記録。「伝説」⑤経書などの注解。「春秋左氏伝(しゅんじゅうさしでん)」 国①〈つて〉㋐ことづて。ことづけ。「伝言(でんごん)」㋑てづる。縁故(えんこ)。②〈でん〉しかた。やり方。

解字  形声。イが形を表し、専(せん)が音を示す。イは人。専は、書きつけ。傳は、書きつけを持って使いに走る者、飛脚(ひきゃく)をいう。また一説に、専は、はたおりに使うおもりで、まるくころがる意味をもつので、傳はつぎつぎと伝えることを表すともいう。音デンは、専の音センの変化したもの。

名前 ただ・つぐ・つた・のぶ・のり・よし・つたえ・つとむ

難読 手伝(てつだ)う・伝馬船(てんません)(付表)／伝手(つて)

【伝駅(驛)】でんえき 馬つぎ。宿場(しゅく)。

【伝家】でんか ①家業を子孫に伝える。②代々その家に伝わる。

【伝奇】でんき ①怪奇なことや珍しいことを伝える話の意。②唐代の文語体の短編小説や元(げん)・明(みん)の時代の南曲の類。③ひろく戯曲の意。【──小説】でんきしょうせつ(せう) 怪異な事件や珍しい事を題材にした小説。

【伝記】でんき 人の一生のことを書いた記録。一代記(いちだいき)。

【伝騎】でんき 馬に乗った伝令。

【伝教】でんきょう(けう) ①教えを伝える。②仏仏道を人に伝えおしえる。【──大師】でんぎょうだいし(げう) 国僧、最澄(さいちょう)のおくり名。

【伝言】━でんげん 言葉に出す。━でんごん 国ことづて。ことづけ。伝語。

【伝呼】でんこ ①次から次へと呼び伝える。②貴人の行列のさき「ばらい。

【伝語】でんご ことづて。ことづけ。伝言(でんごん)。

【伝国(國)璽】でんこくじ 国家をうけついで帝位につく者がゆずりうける印(いん)。秦(しん)の始皇帝(しこうてい)にはじまるという。伝国宝(でんこくのほう)。

【伝賛(贊)】でんさん 歴史家がある人物の伝記を書いて、そのあと「に書きそえる評論。

【伝写(寫)】でんしゃ つぎつぎに伝えて写しとる。

【伝車】でんしゃ 宿(しゅく)つぎの車。宿場から宿場へと伝えつぐ車。

【伝舎】でんしゃ ①宿場(しゅくば)のはたごや。やどや。②戦国時代、斉(せい)の孟嘗君(もうしょうくん)が食客を住まわせた宿舎。

【伝受】でんじゅ つたえうける。うけつたえる。

【伝授】でんじゅ ①伝えさずける。②奥義・秘伝を伝える。

【伝習】でんしゅう(しふ) 伝えならう。【──録(錄)】でんしゅうろく(しふ) 書名。三巻。明(みん)の王陽明(おうようめい)の言行を書いたもの。

【伝述】でんじゅつ 後世に伝えのべる。「靡レ所ニ伝述一(でんじゅつするところなし)」〈後漢書(ごかんじょ)・西域(さいいき)伝論〉

【伝承】でんしょう 古くからのものをうけつぐ。また、人から人へと受「け伝えること。

【伝称(稱)】でんしょう 言い伝えてほめたたえる。

【伝唱】でんしょう(しゃう) ①人の口から口へと言い伝える。②伝えられたものを口に出してとなえる。‖伝誦

【伝乗(乘)】でんじょう ①車を乗りつぐ。②宿駅(しゅくえき)にある車。

【伝説】でんせつ 昔から言い伝えられている説話。言い伝え。

【伝染】でんせん ①うつり染まる。②病気がうつる。

【伝奏】━でんそう とりついで天子に申し上げる。━てんそう 国武家から朝廷への奏上をとりつぐ役。

【伝送】でんそう 伝え送る。宿場(しゅくば)から宿場へと伝え送る。

【伝達】でんたつ 伝え知らせる。

【伝単(單)】でんたん 広告宣伝のびら。ちらし広告。

【伝逓(遞)】でんてい 宿場でうけついで次へ送る。逓伝(ていでん)。

【伝灯(燈)】でんとう 仏法灯(ほうとう)を受け伝える。祖師から伝わる仏法の系統。【──録(錄)】でんとうろく 書名。宋(そう)の僧、道原の著で、釈迦(しゃか)以来の仏教の伝受を記述したもの。

【伝統】━でんとう ①系統をうけつぐ。また、その系統。②古くから伝わってきた考え方やしきたり、様式。━チョワントン chuántǒng 現━に同じ。

【伝道】でんどう(だう) ①教えを伝える。②キリスト教を伝えとく。布教。【──師】でんどうし(だう) キリスト教の教義を伝えひろめる人。布教師。宣教師。牧師。

【伝導】でんどう(だう) ①伝えみちびく。②理熱や電気などの伝わり「流れる現象。

【伝馬】━でんば 宿(しゅく)つぎの馬。はやうま。━てんま 国荷運びの小舟。伝馬船(てんません)。

【伝播】━でんぱ 伝わり広がる。世間にひろまる。━チョワンポー chuán-「bō 現━に同じ。

【伝発(發)】でんぱつ 命令を伝えて出発させる。

【伝聞】でんぶん ①人づてに聞く。②伝え聞いたうわさ。【──不レ如ニ親見一】でんぶんはしんけんにしかず 人づてに聞いたことよりは、何といっても直接自分の目でみたことのほうがたしかである。百聞は一見にしかず。「伝聞不レ如ニ親見一(でんぶんはしんけんにしかず)、視レ影不レ如レ察レ形(かげをみるはかたちをさっするにしかず)」〈後漢書(ごかんじょ)・馬援(ばえん)伝〉

【伝法】━でんぽう(ぽふ) ①方法を伝えさずける。②秘伝の方法。━でんぼう(ぼふ) ①仏仏法を受け伝える。②国見世物(みせもの)などに押し入り無料で見物する意から、悪ずれして乱暴をすること。また、その人。ならず者。【──肌】でんぼうはだ(ぼふ) 国①荒っぽい気風。②いさみはだ。多く女子にいう。

【伝来(來)】でんらい ①よそから伝わってくる。渡来(とらい)。②代々つたえる。相伝(そうでん)。

【伝令】でんれい 命令をとりつぎ伝える。また、その人。

【伝録(錄)】でんろく 書きしるして伝える。「君為レ我伝録(きみわがためにでんろくせよ)」〈李景亮(りけいりょう)・人虎(じんこ)伝〉

◆小伝(しょうでん)・口伝(こうでん|くでん)・史伝(しでん)・自伝(じでん)・列伝(れつでん)・言伝(ことづて|いいつたえ)・初伝(しょでん)・所伝(しょでん)・直伝(じきでん)・俗伝(ぞくでん)・相伝(そうでん)・宣伝(せんでん)・皆伝(かいでん)・家伝(かでん)・秘伝(ひでん)・略伝(りゃくでん)・誤伝(ごでん)・駅伝(えきでん)・遺伝(いでん)・一子相伝(いっしそうでん)

亻4 【任】〔6〕 学5 ニン まかせる・まかす
━ジン 漢 ニン 呉 ━ 去 沁 rèn レン
━ジン 漢 ニン 呉 ━ 平 侵 rén レン
U補J 3904 4EFB

筆順 ノ 亻 仁 仁 仟 任

意味 ━①〈にな・う(──・ふ)〉㋐あたる。担当する。㋑負(お)う。責任をもつ。②〈た・える(─・ふ)〉こらえる。できる。③〈まか・せる(──・す)〉〈まか・す〉㋐委(ゆだ)ねる。㋑やくめをさずける。㋒ほしいままにする。④つとめ。やくめ。「任務」⑤才能。⑥負担。荷物。━①ねじけている。②姙。

解字  形声。イが形、壬(じん)が音を示す。壬は妊と同じで、子をはらんでいる形。そこから、「たもつ」意味を表し、さらに、

すべてを負担することを指す。また、任は、人が袋に入れた荷物をせおっていることであるとも解する。
名前 と・たえ・たか・ただ・たね・とう・のり・ひで・よし・あたる・たかし・たもつ・まかし・まこと 姓 任田

【任人】①心のねじけた人。佞人。②その人物を保証して役人にする。③ふだん政治をとる人。

【任委】まかせゆだねる。まかせる。委任。

【任意】思いのまま。気まま。随意。

【任官】官職につく。役を申しつける。↕免官
【任気(氣)】意気さかんにふるまう。

【任期】つとめの期間。つとめる期間。

【任侠】おとこだて。弱いものを助け、強いものをくじくこと。また、その人。

【任国(國)】国役人となっていく国。任地。

【任子】父のおかげで官に任ぜられる子。蔭子。

【任使】すっかりまかせきって人を使う。任用。

【任所】役人となっていく土地。任地。

【任縦(縱)】わがまま。放縦。任放。

【任率】①やりっぱなし。②自然のままでかざらない。

【任他】ままよ。さもあらばあれ。遮莫。「ない。

【任達】かってにふるまう。気ままで礼儀や節度をかえりみ」

【任地】①土地の特徴に従って作物を植えたり、賦税を課したりする。②国つとめの場所。勤務地。赴任地。

【任負】①背負う。になう。②重い荷をのせる。

【任放】①わがまま。気まま。②まかせっきりにしておく。③さもあらばあれ。「現一に同じ。

【任務】一つとめ。職務。責任のある役め。二 rènwu」

【任命】①運命に従う。②役職を申しつける。

【任免】任用と免職。

【任用】役につかせて用いる。

【任那(那)】朝鮮半島の南部、弁韓の地におこった国。神功皇后の新羅派兵のとき、この地に日本府を置いた。

【任何】rènhé 現どんな…でも。

『任重而道遠』任務は重大で、それを実現する道のりは、はなはだ遠い。〈論語・泰伯〉
◆一任・大任・主任・再任・在任・初任・担任・放任・委任・信任・後任・退任・重任・専任・背任・赴任・前任・帰任・留任・兼任・責任・転任・現任・常任・就任・解任・新任・辞任・歴任・適任・連帯責任

亻4 【伐】〔6〕常 バツ　ハツ 漢　バツ 呉 入 月 fá ファー　J 4018 補 U 4F10
人10 【傠】〔12〕同字 J 1809 補 U 50A0
筆順 ノ 亻 亻 代 伐 伐
意味 ①〈う・つ〉㋐敵を討つ。攻撃する。「征伐」㋑たたく。つづみをならす。②〈き・る〉㋐斬る。刺す。㋑木をきる。③〈ほこ・る〉「願無伐善」（自分の能力をじまんしないようにしたい。）〈論語・公冶長〉④てがら。功績。⑤除く。⑥盾。
解字  会意。亻と戈を合わせた字。亻は人で、戈は「ほこ」である。伐は、人がほこ（武器）を持っていること、あるいは、ほこで打つことを表し、悪人を討つ意味になる。
名前 のり
【伐閲】①手がらや過去の経歴。②家がら。門閥。
【伐柯】斧の柄にする木をきる。その長さ大きさのころあいは、現に使っている斧の柄を標準にすればよいということから、人の手本はすぐ身近にあるもので、わざわざ遠くにさがしもとめる必要はない意。〈詩経・伐柯〉
【伐採】木などをきりとる。
【伐善】自分の善を人にほこり示す。
【伐木】立ち木をきりたおす。【――丁丁】伐木の音。木をきりたおす斧のひびき。〈詩経・伐木〉
『伐性之斧』人の本性を傷つけるおの。女色やみだらな音楽にふけることをいう。
『伐氷之家』卿大夫のような高貴の家がら。昔、卿大夫以上の家だけが喪祭に氷を用いたことによる。
◆征伐・殺伐・討伐・採伐・盗伐・濫伐

人4 【仳】〔6〕 一 ヒ 漢 一 上 紙 pǐ ピー　二 ヒ 漢 二 平 支 pí ピー　J 1645 補 U 4EF3
意味 一はなれる。別れる。「仳離」二みにくい女性の名。また、みにくい。「仳倠」

人4 【份】〔6〕 一 ヒン 漢 呉 一 平 真 bīn ピン　二 フン 漢 二 去 問 fèn フェン　J ①1409 補 1647 U 4EFD
意味 一内容と外観が揃ってりっぱなさま。＝彬 二重さの単位。（→付録「度量衡名称」）

人4 【伕】〔6〕 フ 漢 平 虞 fū フー　J 1657 補 U 4F15

意味 ①娘のむこ。女婿。②現労役に従う人。

亻4 【伏】〔6〕常 フク　ふせる・ふす　一 フク 漢 ブク 呉 一 入 屋 fú フー　二 フ 漢 二 去 宥 fù フー　J 4190 補 U 4F0F
筆順 ノ 亻 亻 什 伏 伏
意味 一①〈ふ・す〉〈ふ・せる（―・す）〉㋐うつむく。㋑横になる。寝る。㋒かくれる。待ちぶせする。㋓したがう。服従する。「降伏」②陰暦六月の時令の名。極暑の時節。↓「三伏」（一五ページ・中）③姓。二鳥が卵をあたためる。

解字 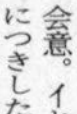 会意。亻と犬とを合わせた字。亻は人で、伏は、犬が人につきしたがっている形で、からだを低くし、様子を見ながら服従していることを表す。また、犬が人を見てほえることともいう。

名前 ふし・やす 姓 伏丸 地名 伏見
【伏謁(謁)】ひれふしてお目にかかる。

【伏羲】中国古代の伝説上の帝王の名。＝宓羲・伏犧・伏戯
【伏甲】待ちぶせの武装兵。伏兵。

【伏行】うつむいてあるく。

【伏在】表に現れずに、ひそみかくれて存在する。

【伏罪】罪に伏する。罪を受ける。伏刑。

【伏竄】ふしかくれる。姿をかくす。

【伏尸】うちたおれた死体。＝伏屍
【伏士】待ちぶせの兵。伏兵。

【伏屍】①たおれふした死体。＝伏尸 ②死体の上にたおれふす。

【伏事】①秘密の事がら。②ひれふし仕える。仕える。

【伏日】三伏の日。まなつ。盛夏。

【伏暑】陰暦六月の暑さ。真夏のひどい暑さ。

【伏線】国①後の準備のためあらかじめ前に述べておくもの。②小説・戯曲などで、後に出てくる事がらを前もってそれとなく知らせておくこと。

【伏奏】平伏して天子に申し上げる。

【伏蔵(藏)】①ふしかくれる。②こっそりかくす。「伏匿」

【伏弩】①かくしておいた石ゆみ。②弓をもった伏兵。

【伏匿】ふしかくれる。かくれひそむ。伏蔵。

【伏拝(拜)】ふしおがむ。ひれふしおがむ。

【伏波将(將)軍】①漢の武帝のときの武官名。

その威力が風波をしずめる意で、水上部隊将官の称。②後漢の馬援のこと。
【伏兵】ふくへい 待ちぶせの兵士。ふせぜい。伏甲。伏士。
【伏魔】ふくま 悪魔を降参させる。【―殿】ふくまでん ①悪魔のかくれている所。②秘密や悪者のひそんでいるあやしい家。魔窟。③陰謀の根拠地。
【伏竜(龍)】ふくりゅう(りよう) ①まだ世に知られずにかくれすんでいる大人物のたとえ。臥竜。潜竜。蟄竜。②諸葛亮の称。【―鳳雛】ふくりゅう(りよう)ほうすう じっと動かずにかくれている竜と、おおとりのひな。いずれも、まだ世に知られていない大人物のたとえ。〈十八史略・東漢〉
【伏流】ふくりゅう(りう) 地上の流水が地下にもぐって流れるもの。地下をくぐり流れる水。
【伏櫪】ふくれき 馬がうまやのねだ板の中に伏していることから、人がその才能をあらわさないでいるたとえ。＝伏歴
【伏臘】ふくろう(らふ) 夏まつりと冬まつり。
【伏屋】ふせや 国低く小さい家。みすぼらしい家。
【伏火】ふくか(くわ) 国灰の中に埋めた炭火。埋み火。
【伏剣(劍)】ふっけん 剣にうつぶして自殺する。伏刃。
【伏虎】ふっこ ①うずくまっているとら。②おまる。おかわ。便器。虎子。
【伏寇】ふっこう 身をかくしているかたき。
【伏哭】ふっこく 死体にとりすがって泣く。
【伏惟】ふしておもんみる つつしんで考えてみる。
◆山伏・平伏・折伏・屈伏・降伏・待伏・俯伏・起伏・馴伏・説伏・匍伏・潜伏

人4【仿】〔6〕 一ホウ(ハウ) 漢 一 上 養 fǎng ファン 二ホウ(ハウ) 漢 二 平 陽 páng パン J①1410 補1649 U4EFF
意味 一①よく似ている。②ならう。＝倣 二さまよう。ぶらつく。
【仿偟】ほうこう(はうくわう) あてもなくさまよう。行きつもどりつする。＝彷徨
【仿宋本】ほうそうぼん 宋刊本に似せてつくった本。
【仿仏(佛)】一ほうふつ ①ぼんやりと見えるさま。②よく見わけがつかない。似ているさま。＝彷彿・髣髴 二fǎngfú 現一に同じ。
【仿佯】ほうよう(はうやう) さまよう。ぶらつく。徘徊する。＝彷徉

人4【优】〔6〕 ユウ(イウ) 漢 平 尤 yōu ユー J― 補― U4F18
意味 穀物を精白すること。
参考 优は「優」(一一九ジ・下)の中国新字体としても使う。

人4【伃】〔6〕 ヨ 漢 平 魚 yú ユイ J①1411 補1652 U4F03
意味 ①うつくしいさま。＝好 ②倢伃は、漢代の女官名。＝婕妤

人4【伢】〔6〕 yá ヤー J― 補― U4F22
意味 現伢子 yázi は、こども。

人4【伜】〔6〕 俗 ↓倅(一〇〇ジ・上)

人4【仾】〔6〕 俗 ↓低(八一ジ・上)

人4【伖】〔6〕 同 ↓帑(四二〇ジ・中)

人4【伂】〔6〕 同 ↓沛(七〇六ジ・上)

イ5【位】〔7〕 学4 イ くらい イ(ヰ) 漢 呉 去 寘 wèi ウエイ J1644 補― U4F4D
筆順 ノ イ 亻 亻 亻 位 位
意味 ①〈くらい(くらゐ)〉㋐位置。㋑官職の等級。㋒天子の地位。㋓身分。㋔方角。②〈くらい・する(くらゐ・す)〉㋐地位につく。㋑正しく位置する。いる。③人に対する敬語。「各位」④祭祀の時に用いる位牌。⑤現目上の人を数える量詞。国〈くらい(くらゐ)〉①ほど。ばかり。②品位。品格。
解字 会意。イと立とを合わせた字で、人が立っていることを示す。朝廷で官吏が君主の左右に、ずらりと並んで立つ席次を位という。そこから、身分・地位、その場所にいる意味になる。
名前 み・くら・たか・ただ・つら・なり・のり・ひこ・ひら・ただし
【位階】いかい 官位の等級。
【位官】いかん(くわん) 位階と官職。位と役。
【位記】いき その位に任命するということを書いた文書。
【位勲】いくん 位と勲等。勲位。
【位次】いじ 位の順序。席次。
【位序】いじょ 位の順序。位次。
【位田】いでん 国大宝令で定められたきまりで、五位以上の位の人にたまわった田地。
【位牌】いはい 死者の名や称号を書いて祭る木のふだ。
【位封】いふう 国諸王および三位以上の諸臣の位階に応じて〔賜った俸禄〕
【位望】いぼう(ばう) 地位と人望。

【位極二人臣一】くらい(くらゐ)じんしんをきわむ(きはむ) 臣下としての最高位につく。
【位卑而言高】くらい(くらゐ)ひくくしてげんたかし 低い位の身で、高い位の大臣などの政治をとやかく批評する。〈孟子・万章下〉
【窃(竊)レ位】くらい(くらゐ)をぬすむ 自分のつとめの責任を果たさずに、むだにその位についていること。〈論語・衛霊公〉
◆上位・下位・中位・水位・方位・本位・地位・在位・気位・各位・体位・即位・官位・学位・皇位・叙位・帝位・冠位・単位・品位・順位・禄位・勲位・爵位・譲位・従三位

人5【佚】〔7〕 一イツ 漢 一 入 質 yì イー 二テツ 漢 二 入 屑 dié ティエ J4837 補― U4F5A
意味 一①気ままに楽しむ。「安佚」②〈のが・れる(――・る)〉隠れる。世を避ける。③なくなる。失う。「散佚」④あやまち。⑤美しい。なまめかしい。⑥こえる。＝軼 二たがいに。かわるがわる。＝迭
参考 新表記では、「逸」に書きかえる熟語がある。
【佚女】いつじょ(ぢよ) 美人。
【佚存書】いつぞんしょ すでに中国には無くて、わが国にだけ残り伝わっている漢籍。
【佚道】いつどう(だう) 民をらくにさせる道。
【佚罰】いつばつ あやまち。つみ。
【佚民】いつみん 世をのがれている人。隠者。＝逸民
【佚遊】いつゆう(いう) きままに遊ぶ。漫遊。＝逸遊・佚游
【佚欲】いつよく かってな欲。ほしいままの欲望。
【佚楽(樂)】いつらく あそび楽しむ。＝逸楽
【佚老】いつろう(らう) ①世をのがれた老人。②老人を安らかにして「やる。」
【佚宕】てっとう(たう) ①こもごも害をなす。②しまりがない。だらしがない。＝佚蕩
【佚蕩】てっとう(たう) しまりがない。だらしがない。＝佚惕

イ5【何】〔7〕 学2 カ なに・なん 一カ 漢 ガ 呉 一 平 歌 hé ホー 二カ 漢 ガ 呉 二 上 哿 hè ホー J1831 補― U4F55
筆順 ノ イ 亻 仁 何 何 何
意味 一①〈なに〉〈なん〉〈なんぞや〉②〈いずれ(いづれ)〉〈いずく(いづく)〉どれ。どこ。どちら。いつ。③〈なんぞ〉〈いかんぞ〉〈いずくんぞ(いづくんぞ)〉〈いかでか〉反語の副詞。④〈なんとなれば〉なぜなら。⑤どれほど。「幾何」

⑥〈なんぞ〉なぜ。どうして。⑦とがめる。せめる。「誰何」＝訶 ⑧姓。■二 になう。＝荷

語法 ❶〈なに〉疑問・反語。事物に用いる。例「我何執。執レ御乎。執レ射乎」(わたしは何を専門としようか。馬をあつかうことだろうか。弓を射ることだろうか)〈論語・子罕〉例「子誠能脩二其方一、我何愛乎」(おまえが本当に方術を修めるのであればわしは何を物惜しみなどしようか)〈史記・武帝本紀〉▼名詞を修飾する場合「何人」のように「なん…」もしくは「なんの…」と訓読し、「どのような…」と訳す。例「我何面目見レ之」(どのつらさげて彼らに会えるというのか)〈史記・項羽本紀〉

❷〈いずく(いづく)〉〈いずくにか(いづくにか)〉どこ。場所を問う。例「軫不レ之レ楚何帰乎」(わたくし〔陳軫〕は楚に行かなければどこに身を寄せましょう)〈史記・陳軫列伝〉

❸〈いずれ(いづれ)〉㋐どこ。どの。場所を問う。例「屈原以二彼其材一、游二諸侯一、何国不レ容」(屈原が、〔もしほかの〕諸侯のところにいっていたら、どの国に受け入れられないことがあったろうか)〈史記・屈原列伝〉㋑いつ。いつの。時間を問う。例「天下紛紛、何時定乎」(天下は紛々と乱れているが、いつになったら定まるだろうか)〈史記・陳丞相世家〉㋒どれ。どちら。どの。選択する場合に用いる。例「如レ賜者宜二何歌一也」(わたくし〔子貢〕などにはどの歌があうでしょうか)〈史記・楽書〉

❹〈なんぞ〉㋐疑問・反語。どうして。なぜ。原因・理由を問う。例「天之亡レ我、我何渡為」(天がわしを滅ぼそうとしているのに、どうして河を渡っ〔て逃げ〕たりするものか)〈史記・項羽本紀〉㋑詠嘆。…だなあ。…であることだ。例「王将軍老矣、何怯也」(王将軍も年をとったなあ。なんて意気地無しなんだ)〈史記・王翦列伝〉

句形

(1)［如何・奈何・若何］〈いかんせん〉〈いかんぞ〉〈いかでか〉どうしたらよいか。手段・方法を問う。例「騅不レ逝兮可二奈何一」(騅が進まないのはどうしたらよいだろうか)〈史記・項羽本紀〉▼この場合、目的語は「奈二…一何」の形で「如」「奈」「若」と「何」の間に置かれる。例「陛下縦自軽、奈二宗廟太后一何」(陛下はたといご自身を軽率に扱われるとしても、宗廟や太后のことはどうなされるのですか)〈史記・酷吏列伝〉

(2)［幾何］〈いくばく〉どれほど。例「先生能飲幾何而酔」(先生はどれほど飲むと酔われますか)〈史記・滑稽列伝〉

解字  形声。イが形を表し、可が音を示す。イは人。可には、加と同じく、上にのせるという意味がある。何は、人が物をになう意味である。また、短くカッと発音することで、人の注意を引くことば、疑問の意味を持つようになった。

名前 いず

難読 何処・何時・何所・何方・何故・何為・何為者

【何如】どうであるか。何若。

【何其】■一 どのようか。■二 どうして。(反語または疑問。)

【何若】いかに。どんなであるか。性質や状態をたずねることば。何如。

【何方】どの方向。どの方面。どちら。

【何処(處)】どこ。

【何所】どこ。何処。

【何許】どこ。どのへん。

【何与(與)】この語の上下にある二つのものを比較して、どちらがどうかを問う形に用いる語。＝孰与

【何晏】人名。三国時代の魏の人。「論語集解」の著者。(一九〇〜二四九)

【何休】人名。後漢の学者。「春秋公羊伝」の注を書いた。

【何景明】人名。明代の古文辞派の学者。河南省信陽の人で、「大復集」(三十八巻)の著がある。

【何有】①なんのむずかしいことがあろうぞ。すこしもむずかしくない。②なにもない。

【何事】■一 ①どんなこと。なんということ。②いっさい。万事。■二 だれにつかえるか。〔――非レ君〕どんな君主につかえようとも、つかえれば君主である。〈孟子・公孫丑上〉

【何以】①どういうわけで。なんで。②なにものをもって。

【何為(爲)】■一 どうして。なぜ。「何為其然也」(どうして、そんなぐあいになるのか。)〈蘇軾・前赤壁賦〉■二 何をするのか。■三 何の役にたとうか、何の役にもたちはしない。反語。【――者】いかなるものぞ。何者であるか。

【何遽】どうして。疑問または反語。「何遽不レ為レ福乎」(どうしてしあわせとならなかろうか。必ずしあわせとなる。反語形。)〈淮南子・人間訓〉

【何不】どうして…しないのか。…してはどうか。＝盍

【何哉】なぜであろうか。なんであるか。

【何者】なぜならば。

【何則】なぜならばすなわち…ということである。

【何人】どういう人。どんなえらい人。

【何等】①どのような。どのようか。②なんと。どんなに。

【何謂也】どういう意味か。どういうことを言ったのか。〈論語・為政〉、〈里仁〉

【何偽(僞)之有】うそではない。なんのうそがあるものか。

△▼幾何・如何

イ5【伽】〔7〕人　カ漢　ガ呉　平 歌　qié チエ、jiā チア　J 1832　補 ―　U 4F3D

意味 ①梵語のカ・ガの音を表すのに用いる文字。②野菜の名。＝茄　国〈とぎ〉人の相手になって慰める。また、病人の看病。介抱。

解字 形声。イが形を表し、加が音を示す。梵語のカ・ガの音訳に用いた文字。

【伽陀】(仏)仏をたたえるうた。

【伽藍】寺。

【伽羅】■一 ①梵語、多伽羅の略。熱帯地方に産する香木から取った香の一種。沈香の別名。②国㋐濃い茶色。伽羅色。㋑禅宗で用いる袈裟。㋒よい品物をいう語。すぐれているもの。㋓江戸の遊郭で、金銭のことをいう。■二 国国名。上代、朝鮮半島の南部にあった任那をいう。＝加羅　【――女】国美人。【――者】国愛想のよい人。世渡りのうまい人。【――先代萩】国仙台の城主伊達家の家督相続争いを脚色した歌舞伎の脚本。また、時代物浄瑠璃の先代萩。

人5【佉】〔7〕■一 キョ漢 ■一 平 魚 qū チュイ　■二 キャ漢 ■二 平 歌 qiā チア　J ①1415　補 1673　U 4F49

意味 ■一 ①梵語の音訳字。②とり除く。＝祛　■二 ①神の名。②姓。

人5【佝】〔7〕 [一]コウ (漢) [一](去) 宥 [二]ク (呉) kòuコウ、gōuコウ [三]ク (漢) [三](平) 虞 jūチュイ　J 4840 補 U 4F5D

[意味] [一]①おろか。「佝瞀」②背が曲がっていること。音gōuコウ。[二]かかわる。＝拘

人5【估】〔7〕 コ (漢)(呉) (上) 麌 gūクー　J 4838 補 U 4F30

[意味] ①〈あたい(あたひ)〉代価。ねだん。②あきんど。商人。③値段をつける。見積もる。

【估価(價)】こか ①ねだん。相場。②みつもり。

【估客】こかく あきんど。商人。

【估券】こけん ①土地の所有権を証明する手形。②定価。売り値。③人のねうち。品位。体面。＝沽券

【估計】gūjì [現]見つもる。推定する。

亻5【佐】〔7〕 [学]4 サ サ (漢)(呉) (去) 箇 zuǒ ツオ　J 2620 補 U 4F50

筆順 ノ 亻 仁 仁 佐 佐 佐

[意味] ①〈たす・ける(――・く)〉手助けする。補佐する。②〈たすけ〉補佐官。③勧める。[国]〈すけ〉次官。

[解字] 形声。亻が形を表し、左が音を示す。亻は人。左は左手で右手をささえ助けること。佐は、人が手助けをすることを表す。

[名前] よ [姓] 佐々・佐伯・佐波・佐為・佐婆・佐應・佐自怒・佐奈宜・佐喜真

[地名] 佐久・佐用・佐伯・佐波・佐原・佐倉・佐野・佐渡・佐賀・佐世保

【佐保姫】さおひめ [国]秋をつかさどる女神の竜田姫に対して、春を支配する女神をいう。

【佐久間啓】さくまひらき 人名。江戸末期の兵学者。勤皇家。号は象山。「省諐録」を著す。(一八一一〜一八六四)

【佐弐(貳)】さじ 補佐の役。

【佐治】さじ(ち) 主君の政治を助けて国をおさめる。佐理。

【佐車】さしゃ ①そえぐるま。おつきの人の乗る車。弐車。副車。②狩りのとき、獲物を追い出す車と、これを迎え撃つ車。

【佐酒】さしゅ ①酒をのむたすけとする。酒のさかな。②酒を飲む相手をする。

【佐藤(藤)一斎(齋)】さとういっさい 人名。名は坦、号は一斎、または愛日楼。江戸時代の儒者で、「言志四録」をはじめとして多くの著書がある。(一七七二〜一八五九)

【佐幕】さばく ①将軍の陣中でこれを助けること。②[国]江戸時代末、勤皇派に対抗して、幕府を助けることを主義とした一派。

【佐命】さめい 天命を受けた人物を補佐して、天子の大業を完成「させること」。また、その臣。

【佐吏】さり 上役を助ける人。県の属官。

【佐理】さり 「佐治」に同じ。

【佐僚】さりょう(れう) 上官を助ける役。補佐官。

亻5【作】〔7〕 [学]2 サク・サ つくる [一]サク (漢)(呉) [一](入) 薬 zuò ツオ [二]サ (漢)(呉) [二](去) 箇 zuò ツオ　J 2678 補 U 4F5C

人9【做】〔11〕 俗字　J 4886 補 U 505A

筆順 ノ 亻 亻 作 作 作 作

[意味] [一][二]①〈つく・る〉㋐こしらえる。建築する。㋐つくりあげる。㋑書物や文章を書く。㋒耕作する。②〈な・す〉㋐行う。㋒表情を変える。③〈おこ・る〉〈おこ・す〉出現する。振興する。④〈た・つ〉立ちあがる。⑤しわざ。ふるまい。「動作」⑥作品。[国]〈さく〉製作物のできばえ。作柄。

[解字] 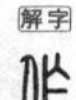 形声。亻が形を表し、乍が音を示す。亻は人。乍には物事を始めるという意味がある。作は、人の動作で、つくる、事を起こす、という意味になる。

[名前] あり・とも・なお・なり・ふか・つくり

[難読] 作麼生・作物司

【作業】さぎょう(げふ) [一]仕事。[二]zuòyè [現]①[一]に同じ。②宿題。

【作為(爲)】さくい(ゐ) [一]①つくる。こしらえる。②手をくわえる。たくらみ。③積極的行動をとる。[二]zuòwéi [現]①[一]に同じ。②…とする。…として。

【作意】さくい ①作ったときの心もち。②創作しようとする心。③[国]たくらみの心。

【作男】さくおとこ(をとこ) [国]やとわれて耕作に従事する下男。

【作柄】さくがら [国]農作物や芸術品などのできばえ。

【作詞】さくし 歌のことばをつくる。

【作詩】さくし 詩をつくる。詩作。

【作史三長】さくしさんちょう(ちゃう) 歴史書を著作する上で必要な三つの長所。才知・学問・識見をいう。

【作者】[一]さくしゃ ①制度をつくる人。②詩歌・文章・芸術品などをつくる人。[二]zuòzhě [現][一]の②に同じ。

【作色】さくしょく 怒って顔色を変える。いろをなす。

【作新】さくしん 民を教化して人心を一新する。

【作人】[一]さくじん 人材を養成する。[二]さくにん [国]①田を耕作する人。②工芸品などを制作する人。作手。

【作成】さくせい ①作りあげる。こしらえる。②世話する。

【作製】さくせい こしらえる。制作。製作。

【作戦(戰)】さくせん ①戦いの方法や計画。②勝負を争うための「くふう」。

【作付】さくつけ [国]作物を田畑に植えつけること。

【作輟】さくてつ ①仕事をしたりやめたりする。熱心に仕事に打ちこまない。②中止する。

【作動】[一]さくどう 動作。「作動態度」[二]さどう 機械の動き。

【作伐】さくばつ 結婚のなこうどをする。媒酌する。

【作病】さくびょう(びゃう) にせの病気。つくりやまい。仮病。

【作品】[一]さくひん 製作物。[二]zuòpǐn [現][一]に同じ。

【作風】[一]さくふう 制作にあらわれた作者の特徴。[二]zuòfēng [現]やりかた。

【作物】[一]さくぶつ ①製作物。刀剣・器物の類。②詩歌・文章・絵画などの制作物。[二]さくもつ [国]農作物。[三]さくもの [国]名工の制作物。名作もの。

【作文】[一]さくぶん 文を作ること。また、その文章。[二]さくもん [国]詩を作ること。また、作った詩。詩作。[三]zuòwén [現][一]に同じ。

【作法】[一]さくほう(はふ) ①作り方。やり方。②法律をつくる。[二]さほう(はふ) [国]①行儀作法。②しきたり。慣例。

【作毛】さくもう [国]稲の穂のみのり。稲のできばえ。

【作俑】さくよう ①殉死者のかわりに埋める木製の人形をつくる。②よくないことをしはじめる。悪例を開く。

【作略】さくりゃく はかりごと。たくらみ。＝策略

【作力】さくりょく 仕事につとめる。

【作労(勞)】さくろう(らう) 農耕の仕事のほねおり。

【作家】[一]さっか(さくか) ①家を治める。財産をたくわえる。②小説・戯曲などの文芸作品をつくる人。特に小説家。[二]zuòjiā [現][一]②に同じ。

【作気(氣)】さっき(さくき) 元気をふるいおこす。

【作曲】さっきょく(さくきょく) 詩歌にふしをつける。楽曲をつくる。

【作古】さっこ(さくこ) 死亡すること。

【作工】さっこう(さくこう) 品物の作り方。細工。

【作興】さっこう(さくこう) ①おこる。②ふるいおこす。振興。「たかぶらせる。③おごり」

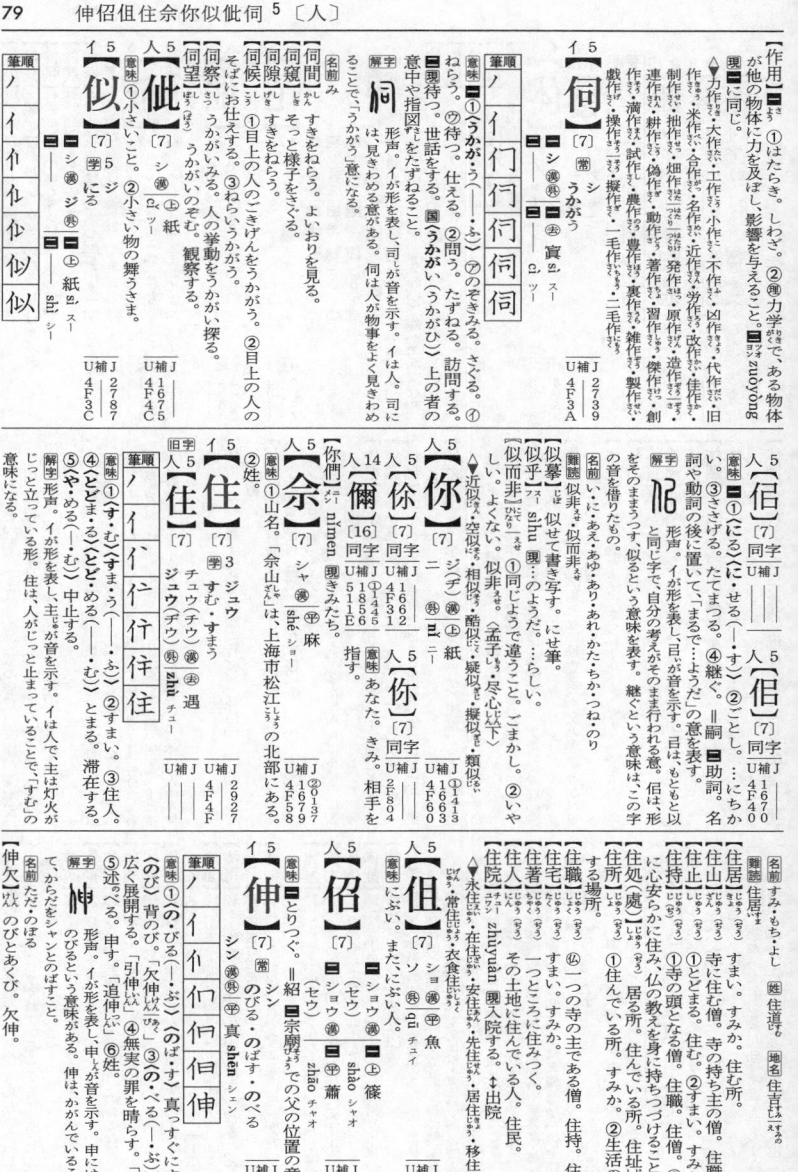

【作用】㊀さよう ①はたらき。しわざ。②㊔力学りきがくで、ある物体が他の物体に力を及ぼし、影響を与えること。㊁ツオヨン zuòyòng 現㊀に同じ。

◆力作りきさく・大作たいさく・工作こうさく・小作こさく・不作ふさく・凶作きょうさく・代作だいさく・旧作きゅうさく・米作べいさく・合作がっさく・名作めいさく・近作きんさく・労作ろうさく・改作かいさく・佳作かさく・制作せいさく・拙作せっさく・畑作はたさく・発作ほっさ・原作げんさく・造作ぞうさく・連作れんさく・耕作こうさく・偽作ぎさく・動作どうさ・著作ちょさく・習作しゅうさく・傑作けっさく・創作そうさく・満作まんさく・試作しさく・農作のうさく・豊作ほうさく・裏作うらさく・雑作ぞうさく・製作せいさく・戯作げさく・操作そうさ・擬作ぎさく・一毛作いちもうさく・二毛作にもうさく

イ5【伺】〔7〕常 シ うかがう　J 2739　U 4F3A

㊀シ 漢 呉 ㊀去 寘 sì スー　㊁── ㊁── cì ツー

筆順 ノ イ 亻 们 伺 伺 伺

意味 ㊀①〈うかが・う(──・ふ)〉㋐のぞきみる。さぐる。㋑ねらう。㋒待つ。仕える。②問う。たずねる。訪問する。㊁現待つ。世話をする。国〈うかがい(うかがひ)〉上の者の意中や指図さしずをたずねること。

解字 形声。イが形を表し、司しが音を示す。イは人。司には、見きわめる意がある。伺は人が物事をよく見きわめることで、「うかがう」意になる。

名前 み

【伺間】しかん すきをねらう。よいおりを見る。
【伺窺】しき そっと様子をさぐる。
【伺隙】しげき すきをねらう。
【伺候】しこう ①目上の人のごきげんをうかがう。②目上の人のそばにお仕えする。③ねらいうかがう。
【伺察】しさつ うかがいみる。人の挙動をうかがい探る。
【伺望】しぼう(ばう) うかがいのぞむ。観察する。

人5【佌】〔7〕 シ 漢 上 紙 cǐ ツー　補 1675　U 4F4C

意味 ①小さいこと。②小さい物の舞うさま。

イ5【似】〔7〕学5 ジ にる　J 2787　U 4F3C

㊀シ 漢 ジ 呉 ㊀上 紙 sì スー　㊁── ㊁── shì シー

筆順 ノ イ 亻 亻 仏 似 似

人5【佀】〔7〕同字

人5【佀】〔7〕同字　補 1670　U 4F40

意味 ㊀①〈にる〉〈に・せる(──・す)〉②ごとし。…にちかい。③ささげる。たてまつる。④継ぐ。＝嗣 ㊁助詞。名詞や動詞の後に置いて、「まるで…ようだ」の意を表す。

解字 形声。イが形を表し、㠯いが音を示す。㠯は、もともと以と同じ字で、自分の考えがそのまま行われる意。佀は、形をそのまままうつす、似るという意味を表す。継ぐという意味は、この字の音を借りたもの。

名前 い・に・あえ・あゆ・あり・あれ・かた・ちか・つね・のり

難読 似非えせ・似而非えせ

【似摹】じぼ 似せて書き写す。にせ筆。
【似乎】スーフ sìhu 現…のようだ。…らしい。
【似而非】にてひなり えせ ①同じようで違うこと。ごまかし。②いやしい。よくない。似非えせ。〈孟子もうし・尽心じんしん下〉

◆近似きんじ・空似そらに・相似そうじ・酷似こくじ・疑似ぎじ・擬似ぎじ・類似るいじ

人5【你】〔7〕 ジ(ヂ) 漢 ニ 呉 上 紙 nǐ ニー　J ①1413　補 1663　U 4F60

人5【伱】〔7〕同字　補 1662　U 4F31

人14【儞】〔16〕同字　J ①1445　補 1856　U 511E

人5【你】〔7〕同字　U 2F804

意味 あなた。きみ。相手を指す。

【你們】ニーメン nǐmen 現きみたち。

人5【佘】〔7〕 シャ 漢 平 麻 shé ショー　J ②0137　補 1679　U 4F58

意味 ①山名。「佘山しゃざん」は、上海市松江しょうこうの北部にある。②姓。

イ5【住】〔7〕学3 ジュウ すむ・すまう　J 2927　U 4F4F

旧字 人5【住】〔7〕

チュウ(チウ) 漢 ジュウ(ヂウ) 呉 去 遇 zhù チュー

筆順 ノ イ 亻 仁 住 住 住

意味 ①〈す・む〉〈すま・う(──・ふ)〉②すまい。③住人。④〈とどま・る〉〈とど・める(──・む)〉とまる。滞在する。⑤〈や・める(──・む)〉中止する。

解字 形声。イが形を表し、主しゅが音を示す。イは人で、主は灯火がじっと立っている形。住は、人がじっと止まっていることで、「すむ」の意味になる。

名前 すみ・もち・よし　姓 住道すむじ　地名 住吉すみのえ

難読 住居すまい

【住居】じゅうきょ(ぢゅう) すまい。すみか。住む所。
【住山】じゅうざん(ぢゅう) 寺に住む僧。寺の持ち主の僧。住職。
【住止】じゅうし(ぢゅう) ①とどまる。住む。②すまい。すみか。
【住持】じゅうじ(ぢゅう) ①寺の頭となる僧。住職。住僧。②この世に心安らかに住み、仏の教えを身に持ちつづけること。
【住処(處)】じゅうしょ(ぢゅう) 居る所。住んでいる所。住址じゅうし。
【住所】じゅうしょ(ぢゅう) ①住んでいる所。すみか。②生活の本拠とする場所。
【住職】じゅうしょく(ぢゅう) 仏一つの寺の主である僧。住持。住僧。
【住宅】じゅうたく(ぢゅう) すまい。すみか。
【住著】じゅうちゃく(ぢゅう) 一つところに住みつく。
【住人】じゅうにん(ぢゅう) その土地に住んでいる人。住民。
【住院】チューユワン zhùyuàn 現入院する。⇔出院

◆永住えいじゅう・在住ざいじゅう・安住あんじゅう・先住せんじゅう・居住きょじゅう・移住いじゅう・現住げんじゅう・常住じょうじゅう・衣食住いしょくじゅう

人5【伹】〔7〕 ショ 漢 ソ 呉 平 魚 qū チュイ　補 1667　U 4F39

意味 にぶい。また、にぶい人。

人5【佋】〔7〕 ㊀ショウ(セウ) 漢 ㊀上 篠 shào シャオ　㊁ショウ(セウ) 漢 ㊁平 蕭 zhāo チャオ　補 1674　U 4F4B

意味 ㊀とりつぐ。＝紹 ㊁宗廟そうびょうでの父の位置の意。＝昭

イ5【伸】〔7〕常 シン のびる・のばす・のべる　J 3113　U 4F38

シン 漢 呉 平 真 shēn シェン

筆順 ノ イ 亻 仃 们 伯 伸

意味 ①〈の・びる(──・ぶ)〉〈のば・す〉真っすぐにする。②〈のび〉背のび。「欠伸けんしん(あくび)」③〈の・べる(──・ぶ)〉さらに広く展開する。「引伸いんしん」④無実の罪を晴らす。「伸冤しんえん」⑤述のべる。申す。「追伸ついしん」⑥姓。

解字 形声。イが形を表し、申しんが音を示す。申には、のばす、のびるという意味がある。伸は、かがんでいることに対して、からだをシャンとのばすこと。

名前 ただ・のぼる

【伸欠】しんけん のびとあくび。欠伸。

【伸縮】しんしゅく のびたりちぢんだりする。
【伸長(「暢」)】しんちょう(ちゃう) ながくのびる。のばす。
【伸張】しんちょう(ちゃう) のばして広げる。おし広める。
【伸展】しんてん 発展する。のびる。
【伸眉】しんび まゆをのばす意で、心配が消えて明るくなること。
▼引伸いんしん・引伸ひきのばし・屈伸くっしん・追伸ついしん

人5【佂】〔7〕 セイ 漢 平 庚 ショウ(シャウ) 呉 zhēng チョン J 1671 U補 4F42
意味 征伀せいしょうは、おそれるさま。あわてふためくさま。また、急ぐさま。

人5【伳】〔7〕 セツ 漢 入 屑 セチ 呉 xiè シエ J 1664 U補 4F33
意味 ぜいたくをする。

人5【佗】〔7〕 一 タ 漢 呉 一 平 歌 tuō トゥオ、tā ター 二 タ 漢 呉 二 平 歌 tuó トゥオ 三 タ 漢 呉 三 去 箇 tuò トゥオ J 4841 U補 4F57
意味 一①ほか。＝他・它 ②彼かれ。二①美しい。②負う。になう。③姓。三加える。国①〈わ・びる(ー・ぶ)〉心がたのしまない。さびしい。つらい。②〈わび〉静かで簡素な趣。
【佗日】たじつ ①前の日。以前。②その日より後の日。後日ごじつ。
【佗佗】たた ゆったりとして美しいさま。
【佗髪】たはつ 髪が乱れて顔にかかる。髪を振り乱す。被髪。
【佗負】たふ 背にになう。せおう。
【佗住居】わびずまい(ずまひ) 国質素で物静かなすまい。閑居。

亻5【体】〔7〕 学 2 タイ・テイ からだ J 3446 U補 4F53
旧字 骨13【體】〔23〕 テイ 漢 上 薺 タイ 呉 tǐ ティー J 8183 U補 9AD4
筆順 ノ 亻 仁 什 休 休 体
骨10【𩪆】〔20〕 同字 U補 29A86
身13【軆】〔20〕 俗字 J 7729 U補 8EC6
身5【躰】〔12〕 俗字 J 7728 U補 8EB0
身10【𨉦】〔17〕 俗字 U補 28266
骨5【骵】〔15〕 俗字 J 7360 U補 9AB5
意味 ①〈からだ〉㋐身み。手・足・首・胴の総称。㋑手足。四肢。「四体」②かたち。㋐もの。物体。㋑すがた。㋒ものごとの形。きまり。㋓文章の形式。文体。③本質。↕用 ④行う。⑤身につける。⑥よる。のっとる。⑦分ける。解体、解剖する。⑧いけにえ。牲肉。⑨占卜せんぼくのおつげ。
解字  形声。骨が形を表し、豊れいが音を示す。豊には、分かれるという意味がある。體は、からだを十二の部分に分け、それをまとめて称するときにいう。動物のからだを骨つきで分けた場合の各部分、および、その総称である。体はもともと體の俗字で、イと本とを合わせた字。イは人。本は木の幹、本体をいう。体は、人の本体をいう。
名前 み・なり・もと
【体位】たいい(ゐ) 国①体格や健康の程度。「体位向上」②からだの位置。
【体育】一たいいく 健康なからだを作りあげるための教育。スポーツ。↕知育・徳育 二ティーユィ tǐyù 現一に同じ。【――場】ティーユィチャン tǐyùchǎng 現グラウンド。
【体解】たいかい ①いけにえを切りさく。②からだをばらばらに裂く。重い刑罰。
【体格】たいかく ①詩や書のすがたと品ひん。②骨ぐみ・肉づきなど、からだの組み立て。
【体軀】たいく からだ。
【体刑】たいけい ①からだに苦痛を与える刑罰。②国自由刑。懲役・禁固など。
【体系】一たいけい ①学説などの、まとめあげた組織。②哲部分と全体の間が、一つの原理によって組みたてられ、統一した知識。システム。二ティーシー tǐxì 現一に同じ。
【体形】たいけい ①具体的にあらわす。②からだのかたち。
【体験(驗)】たいけん ①自分で実際に経験する。また、その経験。②自分の心の動き。
【体言】たいげん 国語尾の活用しない独立語で、文の主語となれるもの。名詞・代名詞。
【体現】たいげん 具体的なものにあらわす。
【体行】たいこう(かう) ①実行する。自分でやってみる。②行い。人がらと行い。
【体質】たいしつ からだのなりたち。からだの性質。
【体制】たいせい ①かたち。ていさい。ありさま。②統一のある組織。しくみ。
【体勢】たいせい ようす。形勢。状態。
【体製】たいせい 詩文や絵画の構成。組み立て。骨ぐみ。
【体積】たいせき 物体の大きさ。たて・よこ・高さを持っているもののかさ。
【体操】たいそう(さう) からだの発達を助ける目的で合理的に行う運動。
【体大思精】たいだいしせい 包容力が大きく、考え方がくわしい。文章の内容がゆたかで、すぐれていることをほめることば。〈後漢書ごかんじょ・自序〉
【体統】たいとう ①文章の格式や構成。②制度。規範。
【体得】たいとく 経験して学びとる。
【体認】たいにん 自分で経験してしっかり心にのみこむ。
【体魄】たいはく からだに宿っているたましい。
【体膚】たいふ ①からだとはだ。②からだ。
【体貌】たいぼう(ばう) ①姿かたち。②礼儀正しいようす。うやうやしくする。
【体面】たいめん ①ていさい。②みえ。世間体せけんてい。③りっぱ。ていさいがよい。
【体用】たいよう ①物事の本体と作用。根本の物事と、そのはたらき。②国体言と用言。
【体要】たいよう(えう) ①簡単で言いつくしている。②たいせつな点。要点。
【体量】たいりょう(りゃう) ①生まれつきの人がら。②おしはかる。③体重。
【体力】たいりょく からだの能力。からだが仕事にたえられる力。
【体例】たいれい きめられた法式やていさい。
【体裁】たいさい・ていさい ①見たかたち。ようす。②詩や文章の格式。
【体会(會)】ティーホイ tǐhuì 現体得する。
◇▼一体いったい・人体じんたい|にんてい・大体だいたい・女体にょたい・天体てんたい・勿体もったい・文体ぶんたい・五体ごたい・仏体ぶったい・主体しゅたい・失体しったい・立体りったい・母体ぼたい・古体こたい・本体ほんたい・字体じたい・合体がったい・全体ぜんたい・老体ろうたい・気体きたい・肉体にくたい・団体だんたい・身体しんたい・車体しゃたい・男体なんたい・形体けいたい・具体ぐたい・固体こたい・実体じったい・物体ぶったい・法体ほったい・肢体したい・国体こくたい・事体じたい・風体ふうたい|ふうてい・姿体したい・重体じゅうたい・面体めんてい・変体へんたい・政体せいたい・容体ようたい|ようだい・個体こたい・流体りゅうたい・書体しょたい・胴体どうたい・液体えきたい・媒体ばいたい・詩体したい・裸体らたい・解体かいたい・導体どうたい・遺体いたい・機体きたい・軀体くたい・世間体せけんてい・幽玄体ゆうげんたい・一体全体いったいぜんたい

亻5【但】〔7〕 常 ただし 一 タン 漢 ダン 呉 一 去 翰 dàn タン 二 タン 漢 ダン 呉 二 上 旱 tǎn タン J 3502 U補 4F46
筆順 ノ 亻 亻 仴 但 但 但
意味 一①〈ただ〉ひとり。それだけ。もっぱら。②〈ただし〉しかし。③〈いたずらに(いたづらに)〉空しく。二上半身はだかになる。
解字 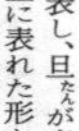 形声。イが形を表し、旦たんが音を示す。イは人。旦には、日が地平線上に表れた形から、「むき出し」の意味が

ある。但は、人がはだぬぎをして、からだをむき出しにする意であるが、そこから転じて、徒と同じく、「ただ」の意味に使われるようになった。今は、はだぬぎの意味には、袒を使う。

姓 但馬　地名 但馬

【但書】(ただしがき) 国本文の末に書きそえて、例外・条件などの説明をする文。そえ書き。

【但是】(タンシー) dànshì 現けれども。だが。

イ5 【佇】〔7〕 標 チョ 漢 上 語 zhù チュー　J 4842 U補 4F47

意味 ①〈たたず・む〉立ちどまる。＝竚 ②待つ。待ち望む。③積む。たくわえる。

【佇見】(ちょけん) たちどまって見る。佇眄。

【佇念】(ちょねん) たちどまって思う。

【佇眄】(ちょべん) たちどまって見る。たたずんでながめる。佇見。

【佇立】(ちょりつ) たちどまる。たたずむ。

イ5 【低】〔7〕 学 4 テイ ひくい・ひくめる・ひくまる　テイ 漢 平 斉 dī ティー　J 3667 U補 4F4E

筆順 ノ イ 亻 仾 仾 低 低

人4 【㐲】〔6〕 俗字　J 1648 U補 4EFE

意味 ①〈ひく・い(―・し)〉 ㋐低い。↕高 ㋑声が小さい。㋒値が安い。㋓身分がいやしい。②〈ひく・める〉〈ひく・ま・る〉低くする。③〈た・れる(―・る)〉さがる。うつむく。

解字  形声。イが形を表し、氐が音を示す。イは人である。氐は氏と一とを合わせたもので、氏が下の一にくっついた形。氏は、山の名ともいい、「さじ」ともいい、また土盛りの形であるともいう。そこから、氐は低いことを表す。低は人の背がみじかい、背がひくいことになる。

名前 ひら

参考 新表記では、「骶」の書きかえに用いる熟語がある。

【低音】(ていおん) ①低い音。②低い声。③音楽で、男性の声や楽器の音の最も低いもの。バス。

【低下】(ていか) さがる。低くなる。

【低回】(ていかい(くゎい)) ①さまよう。ぶらつく。②心に思うことがあって行ったり来たりする。＝低徊 【――顧望】(ていかいこぼう(くゎいこばう)) 行ったり来たりしながら、あたりを見まわすさま。【――趣味】(ていかいしゅみ(くゎいしゅみ)) 国俗世間の煩わしさを離れて、余裕のある気持ちで、人生を味わおうとする生き方。

【低徊】(ていかい(くゎい)) 「低回」に同じ。「低徊夷猶(ていかいいゆうすい)」(ためらいさまよう。)〈楚辞・九章、抽思〉

【低額】(ていがく) 少ない金額、または分量。↕高額

【低級】(ていきゅう(きふ)) 程度が低いこと。↕高級

【低吟】(ていぎん) 低く小さな声で詩や歌をうたう。

【低空】(ていくう) 低い空。↕高空

【低減】(ていげん) ①へる。価が安くなる。②価を安くする。へらす。

【低語】(ていご) 小声で話す。ささやく。

【低昂】(ていこう(かう)) 低くなったり高くなったりする。また、低いことと高いこと。高低。

【低首下心】(ていしゅかしん) 頭をたれて自分の心をおさえる。屈服し、従うさまをいう。

【低唱】(ていしょう(しゃう)) 低く小声でうたうこと。低吟。【――浅(淺)斟】(ていしょうせんしん(しゃう)) 低く小声でうたい、軽く酒を飲む。

【低垂】(ていすい) 低くたれる。たれさがる。

【低声(聲)】(ていせい) 低い声。小声。

【低調】(ていちょう(てう)) ①調子が低い。②調子が出ない。不振。

【低頭】(ていとう) ①頭をさげておじぎをする。②うなだれる。③恐れ入って頭をさげる。【――平身】(ていとうへいしん) 頭をさげ、身を平らに伏せてあやまる。平身低頭。

【低眉】(ていび) ①まゆがたれ下がっているさま。②まゆをたれる。伏し目になる。

【低迷】(ていめい) ①雲などが低くさまようさま。②もやもやして晴れないさま。ぼんやりしてはっきりしないさま。③うなだれてさまようさま。

【低落】(ていらく) さがる。低下。下落。

【低率】(ていりつ) ①低い割合。②安い利息。

【低劣】(ていれつ) 程度が低く、劣っている。

【低廉】(ていれん) ねだんが安い。安価。

【低弄】(ていろう) 低い声でさえずる。＝低哢

◆高低・最低

人5 【佔】〔7〕 一 テン 漢 一 平 塩 chān チャン　セン 漢　二 テン 漢 二 平 塩 diān ティエン　J ②0136 U補 4F54 1677

意味 一 ①見る。うかがう。②ささやく。二 ①たれる。②軽薄である。「佔佤(てんとう)」

【佔佔】(せんせん) ①ささやくさま。②着物のうごくさま。

【佔畢】(てんぴつ) ほんとうの意義を理解しないで、ただ文字だけを読むこと。

イ5 【佃】〔7〕 人 標 一 テン 漢 デン 呉 一 平 先 tián ティエン　二 テン 漢 デン 呉 二 去 霰 diàn ティエン　J 3649 U補 4F43

意味 一 ①農地を耕す。②狩りをする。二 ①土地をかりて耕す。また、小作人。②田にかかる税。国〈つくだ〉開拓した田。新田。

【佃煮】(つくだに) 国貝や海苔などを醤油で煮つめてつくった食品。

【佃客】(でんかく) 小作人。佃戸。

【佃漁】(でんぎょ) りょう。鳥獣をとることを佃といい、魚をとることを漁という。

【佃具】(でんぐ) 農具。田器。

【佃戸】(でんこ) 他人の田を借りて耕す人。小作人。佃客。

【佃作】(でんさく) 田を耕す。農業に従事する。

人5 【伮】〔7〕 ド 漢 ヌ 呉 平 虞 nú ヌー　J 1661 U補 4F2E

意味 ①力をこめる。＝努 ②能力に差がある。＝駑

人5 【佟】〔7〕 トウ 漢 平 冬 tóng トン　J ①1417 U補 4F5F 1680

意味 姓。

人5 【佞】〔7〕 デイ 漢 ネイ 慣 去 径 nìng ニン　J 5304 U補 4F5E

人6 【侫】〔8〕 同字　J 5305 U補 4FAB

意味 ①口がうまい。弁説が巧みである。②よこしま。口先で人をだます者。③〈おもね・る〉へつらう。おべんちゃらをいう。④才能のある者。

【佞悪(惡)】(ねいあく) 心がねじけていて、たちのよくない者。

【佞猾】(ねいかつ(くゎつ)) 口さきがうまくて悪がしこい。また、その者。佞給。狡猾。

【佞姦】(ねいかん) 口さきだけが達者で心のねじけた者。＝佞奸

【佞給】(ねいきゅう(きふ)) うまいことを言って、人のごきげんをとる。

【佞険(險)】(ねいけん) 口さきだけがうまくて内心の陰険なこと。

【佞言】(ねいげん) おべっか。こびへつらうことば。お世辞。

【佞巧】(ねいこう(かう)) ことばたくみに人にへつらうこと。

【佞幸(「倖」)】(ねいこう(かう)) へつらって、主君に気に入られている者。お気に入り。

【佞才】(ねいさい) 口さきがうまくこびへつらう才能。口才。また、口才のある人。佞人。

【佞邪】(ねいじゃ) ①心がねじけている。②口さきがうまく心のよこしまな人。

2画　二亠人(亻・𠆢)儿入八冂冖冫几凵刀(刂)力勹匕匚匸十卜卩(㔾)厂厶又

【佞臣】心のねじけた臣。口さきのじょうずな、誠意のない家来。
【佞人】①口がじょうずで人にこびへつらう人。②心のねじけた人。佞者。
【佞舌】①おしゃべり。②おべっか。
【佞弁(辯)】うまく調子を合わせて、相手の気に入るようにいうこと。
【佞諛】こびへつらうこと。へつらい口。

イ5【伯】〔7〕常 ハク
㊀ハク 漢呉 ㊀入 陌 bó ポー
㊁ハ 漢呉 ㊁去 禡 bà パー
㊂バク 漢 ㊂入 陌 mò モー
J 3976 補 U 4F2F

筆順 ノ イ 亻′ 伯 伯 伯

意味 ㊀①おさ。かしら。②長兄。③夫。④〈おじ〉(をぢ) 父の兄。⑤五等の爵位の第三番め。「公・侯・伯・子・男」⑥ある地域を治める人。⑦一芸にすぐれた者の称。「詩伯」「画伯」⑧百。＝佰。㊁諸侯の盟主。＝覇。㊂農地を東西に貫く小道。＝陌。

解字  形声。イが形を表し、白が音を示す。イは人。白は親ゆびを表し、大の意味を持つ。伯は、多くの人の中の大きな人、年長者を表す。一般に、父・夫などの音の字は、年長の男子を表すもので、パパ・ファーザー・パトロンなどの語感と通じている。

名前 お・く・ほ・おさ・たか・たけ・とも・のり・はか・みち

姓 伯太・伯耆・伯爾

地名 伯耆・伯林・伯済・伯剌西爾

難読 伯父・伯母(付表)／伯楽

【伯夷】人名。①舜帝の時代の礼官。②「伯夷叔斉」を見よ。【――叔斉(齊)】人名。伯夷と叔斉の兄弟。殷時代、孤竹君の二王子。潔白さで知られる。弟の叔斉をあとつぎにするという父の遺言にもかかわらず、二人は互いに譲りあって国を去り、周の文王を慕って周に行き、武王が殷の紂王を討ったとき、これをいさめて聞き入れられず、首陽山にこもって餓死した。〔――之廉〕伯夷・叔斉の二人が清廉潔白であったことをほめた語。

【伯牙】春秋時代の琴の名人。↓「知音」(八七九ページ・中)

【――絶弦(「絃」)】ほんとうに自分を知ってくれた人の死を悲しむ意。自分の琴を理解してくれていた鍾子期が死ぬと、伯牙はみずから琴の糸を切って、その後二度と琴をひかなかったという故事による。〈呂氏春秋・本味〉

〔――鼓レ琴而六馬仰秣〕伯牙が琴をならすと、その音の微妙さには、六頭だての天子の馬さえも、まぐさを食いながら耳をかたむけたという故事。伯牙が琴に巧みであったことのたとえ。〈荀子・勧学〉

【伯魚】人名。孔子の子。子思の父。名は鯉。孔子より先に死んだ。

【伯姉】いちばん年上の姉。長姉。

【伯爵】五等爵(公・侯・伯・子・男)の三番めの爵位。

【伯叔】①父の兄と父の弟。②兄と弟。

【伯仲】①兄と弟。②能力や技量などで優り劣りのないこと。甲乙をつけがたいこと。【――叔季】兄弟の順序。一番めを伯、二番めを仲、三番めを叔、末弟を季という。〔――之間〕どちらもすぐれていて、優劣のつけにくいこと。

【伯父】㊀父母の兄。伯母の夫。㊁bófù 現 ㊀に同じ。

【伯母】㊀父母の姉。伯父の妻。㊁bómǔ 現「㊀に同じ。

【伯兪】人名。姓は韓。伯兪は名。前漢時代、親孝行で有名。【――泣レ杖】伯兪が母に打たれたとき、あまり痛くないので、母の衰えに泣いた故事。〈蒙求〉

【伯楽(樂)】㊀①星の名。天馬をつかさどるという。②周の時代の孫陽という人。馬の鑑定で有名。③馬の素質をよく見分ける人。＝博労 ㊁国牛や馬の売り買いを職業とする人。【――一顧】①名馬が伯楽に見られてその真価を認められること。②有能な人物が、りっぱな主君や大臣に認められて手厚い待遇を受けること。

【伯主】諸侯のはたがしら。武力による支配者。

【伯迹】覇者の功績。諸侯のはたがしらの仕事。覇業。

【伯舅】①天子が姓のちがう諸侯に対し、また、諸侯が姓のちがう大夫に対して用いた敬称。②母の兄。

【伯兄】いちばん年上の兄。長兄。

【伯伯】bóbo 現 おじさん(父の兄)。また、年輩の人に対する敬称。

◇画伯・風伯

イ5【伴】〔7〕常 ハン・バン ともなう
㊀ハン 漢 バン 呉 ㊀上 旱 bàn バン
㊁ハン 漢 バン 呉 ㊁去 翰 pàn パン
J 4028 補 U 4F34

旧字 人5【伴】〔7〕
J ― 補 U ―

筆順 ノ イ 亻′ 亻′′ 伫 伴

意味 ㊀①〈とも〉つれ。「同伴」②〈ともな・う(――・ふ)〉つれだつ。同道する。「伴走」㊁ゆたか。ゆるやか。「伴奐」

解字  形声。イが形を表し、半が音を示す。イは人。半には、二つに分けた半分の意味がある。そこから、「つれ」「とも」の意味となる。また、胖と同じく、「おおきい」「ゆたか」の意味がある。

名前 すけ

難読 伴造・伴天連

【伴造】国上古、諸部をひきいる世襲の職名。

【伴天連】国ポルトガル語で師父の意。①室町時代末、伝道のため、わが国に来たキリスト教の宣教師の呼び名。②キリスト教、およびその信徒の別称。

【伴奐】ゆったりしているさま。

【伴偶】つれあい。つれあう。夫婦。

【伴食】①正客の相手でごちそうを食べる。②職にありながら、実権・実力がともなわないものをそしる語。【――宰相】高い地位にありながらいっしょに食事をする以外に能のない宰相。【――大臣】さほど重要視されていない大臣。

【伴随(隨)】つき従う。おともする。随伴。

【伴生】①他のものにともなっておこること。②哲一つの観念にともなって、他の観念が生ずること。

【伴接】客をもてなす。客を接待する。接伴。

【伴奏】主となる音楽をひきたたせるため、他の楽器で補助的に演奏する。

【伴僧(僧)】国葬式のとき、導師につきしたがう僧。

【伴侶】仲間。友人。つれ。

◇同伴・相伴・随伴

人5【伾】〔7〕ヒ 漢 平 支 pī ピー
J ②0135 補 U 4F3E 9

意味 ①力あるさま。また、群がるさま。「伾伾」②山名。③姓。

人5【佖】〔7〕ヒツ 漢 入 質 ビチ 呉 bì ビー
J ①1416 補 U 4F56 1678

意味 ①威儀のないさま。「佖佖」。一説に、威儀のあるさま。②しきつめる。ぎっしりとあふれる。

人5【佈】〔7〕 ホ 漢 去 遇　フ 慣 bù ブー　J①1414 補1672 U4F48

意味 ①広く行きわたる。＝布 ②現おおぜいの人に言いわたす。

人5【伻】〔7〕 ホウ(ハウ) 漢 平 庚　ヒョウ(ヒャウ) 呉 bēng ボン　J― 補1668 U4F3B

意味 ①つかう。つかい。使者。②〈しむ〉〈せしむ〉…させる。使役を表す。

イ5【佑】〔7〕 人 ユウ 漢 去 宥 (イウ) yòu ユー　J4504 補― U4F51

意味 ①〈たす・ける(――・く)〉守る。かばう。②たすけ。「天佑(てんゆう)」③副官。

解字 形声・会意。右(ゆう)は、手と口を合わせた形で、たすけかばうこと。みぎの意味に使われるようになったので、イを加えてたすけることを表した。

名前 すけ

【佑啓】ゆうけい(いう) 〔たすけひらく〕助けて教え導く。

【佑助】ゆうじょ(いう) たすける。たすけ。＝祐助

【佑命】ゆうめい(いう) 天の助け。佑助。天命。

人5【余】〔7〕 学5 ヨ あまる・あます　J4530 補― U4F59

旧字 食7【餘】〔16〕 ヨ 漢 平 魚 呉 yú ユィ　J8117 補― U9918

筆順 ノ 𠆢 亼 亼 仐 余 余

意味 ①〈あまり〉余分。残り。②なごり。ひま。③端数(はすう)。④〈あま・る〉〈あま・す〉残る。残す。⑤そのほかの。

解字  形声。食が形を表し、余(よ)が音を示す。余には、ゆとりがあるという意味がある。餘は、食物にゆとりのあることである。

姓 余目(あまるめ) 地名 余市(よいち) 難読 余波(なごり)・余所(よそ)

参考 「余(われ)」の用法は次項参照。「余(しゃ)」は別字。

【余哀】よあい ①あとまで消えずに残っている悲しみ。②なぐさめきれない悲しさ。

【余威】よい(ゐ) ①前代からの威光。②あまった勢力。余勢。

【余意】よい ことばには述べられていないところに含まれている意味。言外に含む意味。

【余音】よいん 音の消えたあとに、なおも残っているひびき。＝余韻「余音嫋嫋、不レ絶如レ縷(よいんじょうじょうとして、たえざることいとのごとし)」(音のひびきが細かすかにつづくようすは、まるで糸すじのようだ。)〈蘇軾(そしょく)・前赤壁賦(ぜんせきへきのふ)〉

【余陰】よいん 冬の気のなごり。

【余韻】よいん(ゐん) ①音の消えたあとに残るひびき。＝余音 ②詩歌などの余情。

【余蘊】ようん 余分のたくわえ。

【余栄(榮)】よえい(えい) ①死後に残るほまれ。②祖先が残した名誉。

【余裔】よえい ①末流。学派のながれ。②子孫。末裔(まつえい)。後裔(こうえい)。

【余贏】よえい あまり。残り。

【余炎】よえん ①消え残りのほのお。②残っている暑さ。残暑。

【余殃】よおう(あう) あとに残るわざわい。祖先のした悪事のむくいで受ける子孫の災難。↔余慶

【余花】よか(くわ) ①咲き残りの花。②国おそ咲きの花。

【余暇】よか あまった時間。ひま。余閑。

【余悔】よかい(くわい) あとに残るくやみ。後悔。

【余間】よかん ①ひま。余暇。②ゆったりとした静かさ。ゆとり。「虚室有二余間一(きょしつよかんあり)」(がらんとしたへやの中には、ゆったりとした気分がある。)〈陶潜(とうせん)の詩・帰二園田居一(えんでんのきょにかえる)〉

【余閑】よかん ひま。いとま。＝余間

【余寒】よかん 立春のあとの残寒。

【余暉】よき 残りの日の光。夕日。

【余技】よぎ 専門外の技芸。

【余儀】よぎ ①他の方法。②他の事。別の事情。

【余教】よきょう(けう) 昔から残っている教え。

【余興】よきょう ①ありあまる興趣。②行事や宴会などでおこなう演芸。③おまけ。

【余業】よぎょう(げふ) ①先人の残した功績。②残りの仕事。残業。本業以外の仕事。

【余薫(薰)】よくん あとに残った香り。

【余醺】よくん さめきらない酒の酔い。

【余計】よけい 国①必要以上のこと。②そのほか。それ以外。余分。③たくさんである。④無用。無益。⑤でしゃばり。【――者】よけいもの 国よけいな人、または物。あっては困るもの。

【余景】よけい 残っている光。

【余慶】よけい ①祖先の善行のおかげが子孫におよぶこと。②先祖のおかげによる幸福。③おかげ。余福。↔余殃

【余孽】よげつ ①滅びた者の子孫。②ひこばえ。

【余妍】よけん あふれるばかりの美しさ。

【余語】よご ことばの終わりの部分。

【余光】よこう(くわう) ①日没の空に残っている光。残光。②おかげ。余徳。

【余香】よこう(かう) あとに残ったかおり。うつりが。余芳。

【余財】よざい ①残っている財産。あまっている金銭。②その財産以外の財産。

【余罪】よざい ①つぐないきれない罪。②法その罪以外の罪。

【余算】よさん ①決算してあまった数。残りの数。②余生。余命。

【余子】よし ①そのほかの子。②あとつぎの同母弟。長男以外の子。③大夫の庶子(しょし)。

【余師】よし ①きまった先生以外の人で、同じように自分に感化を与えてくれる者。②師が多いこと。

【余事】よじ ①余力でする事がら。②それ以外のこと。

【余日】よじつ ①のこった日数。②ひまな時。

【余臭】よしゅう(しう) 残っているくさみ。

【余習】よしゅう(しふ) 前々からのならわし。「余習所レ牽(よしゅうのひくところ)」(ついひごろの習慣に引きずられて。)〈白居易(はくきょい)・与二微之一書(びしにあたうるしょ)〉

【余執】よしゅう(しふ) 心に残ってはなれない思い。

【余醜】よしゅう(しう) うちもらされた悪人ども。残党。

【余春】よしゅん 春の末。晩春。

【余情】よじょう(じゃう) あとまで残る、しみじみとした趣。なごりの風情(ふぜい)。

【余剰(剩)】よじょう あまり。残り。剰余。

【余饒】よじょう(ぜう) ありあまる。あまってゆたかなこと。

【余食贅行】よしょくぜいこう(かう) むだな食物や、よけいな行為。

【余人】よじん その他の人。ほかの人。

【余塵】よじん(ぢん) ①あとに立つ塵(ちり)。②古人の残した事のおもかげ。遺風。

【余燼】よじん ①やけのこり。もえさし。②残り者。敗残兵などのたとえ。

【余生】よせい 人生の残りの命。残りの生涯(しょうがい)。余命。残年。余年。

【余勢】よせい ①あまった勢い。はずみ。②盛んな気力。

【余腥】よせい 残ったなま肉。

【余喘】よぜん ①死にかけているときの、とぎれとぎれの呼吸。むしの息。②少ない残りの命。余命。

【余所】よそ 国①ほかの場所。他所。②よそよそしい。冷淡。③関係のうすい人やものごと。はた。

【余沢(澤)】よたく 先人の残した恩沢。先人のおかげ。余徳。

【余談】よだん ①本筋をはなれた話。②よけいな話。雑談。

【余地】よち ①あまった場所。②あまり。③ゆとり。

【余滴】よてき 残りのしずく。余瀝(よれき)。

【余党(黨)】よとう(たう) 残りの仲間。仲間のかたわれ。残党。

【余桃】よとう(たう) 食べ残しの桃。「啗我以余桃（われにくらわしむるによとうをもってせり）」（自分に余桃を食べさせた。）〈韓非子・説難〉

【余得】よとく 余分の利益。もうけ。

【余徳】よとく ①あとまで残っているめぐみ。余沢。②ありあまるめぐみ。「まるめぐみ。」

【余毒】よどく ①残りの害毒。②後々まで残るわざわい。

【余熱】よねつ ①あとに残っている熱。ほとぼり。②残暑。

【余年】よねん 生涯のうちの残りの年。残年。余齢。

【余念】よねん ほかの考え。他念。他意。

【余波】よは ①風がやんだあとに残る波。なごり。②後世または周囲に与える影響。

【余白】よはく 文字などを書いた紙の空白のところ。

【余病】よびょう(びゃう) 一つの病気にかかっているとき、同時におこるほかの病気。

【余夫】よふ 十六歳以上二十歳未満で、まだ世帯をかまえない者。

【余風】よふう ①大風のおさまったあと、なお残っている風。②前々からの風俗・習慣。遺風。

【余憤】よふん まだ消えない怒り。残っているうっぷん。

【余分】よぶん ①あまりの分。あまり。②よけいなもの。

【余聞】よぶん 本題以外の話。こぼれ話。余話。

【余弊】よへい 残っている悪いならわし。

【余芳】よほう(はう) ①あとに残ったかおり。余香。②死後に残る名誉。

【余民】よみん 生き残った民。遺民。

【余命】よめい 残り少ない命。老い先みじかい命。余生。

【余裕】よゆう ①ゆとりのあること。②ゆったり落ち着いていること。【――綽綽】しゃくしゃく 落ち着きはらって、ゆとりがあるさま。綽綽はゆったりしたさま。

【余楽(樂)】よらく ①ありあまる楽しみ。②あとに残る楽しみ。

【余流】よりゅう(りう) 本流のわかれ。支流。

【余力】よりょく ①あまった力。力のゆとり。②本業以外のことにふりむけられる余分の力。余暇。

【余類】よるい 残った仲間。残党。余党。

【余齢(齡)】よれい 残りのよわい。余命。余年。

【余瀝】よれき 杯の酒の残ったしずく。あまりのしたたり。

【余烈】よれつ ①祖先の残したてがら。または仁徳。遺烈。②あとに残した害毒。

【余論】よろん 本論以外のつけ加えた議論。

【余姚之学(學)】よよう(えう)のがく 明の王陽明の学派。王陽明は浙江省紹興府余姚の人であるところからいう。

◇▼有余・剰余・窮余

人5 【余】〔7〕 ヨ 漢 平 魚 呉 yú ユィ　J 4530 補 U 4F59

意味 ①〈われ〉自分。＝予 ②陰暦四月をいう。③あまり。＝餘(余) ④姓。

【余月】よげつ 陰暦四月の異名。

【余輩】よはい ①わがはい。自分。＝予輩 ②われら。

【負余】われにそむく 自分の意志にそむく。

人5 【佒】〔7〕 ヨウ(ヤウ) 漢 上 養 オウ(アウ) 呉 yǎng ヤン　J 1676 補 U 4F52

意味 ①まがった背。背のまがった人。②うつむくことができないさま。＝仰

亻5 【伶】〔7〕 入 レイ 漢 平 青 líng リン　J 4666 補 U 4F36

意味 ①〈わざおぎ〉(わざをぎ) 音楽を奏する人。楽人。役者。②さかしい。りこう。＝怜 ③めしつかい。④もてあそぶ。⑤ひとりぼっち。「伶仃」

解字 形声。亻が形を表し、令が音を示す。令は良と音が通じるので、伶は良い人。また、古の楽官の姓が伶であったので、楽人を伶ともいう。

【伶官】れいかん(くゎん) 音楽を演奏する役。楽官。伶人。

【伶工】れいこう 楽人をいう。伶人。伶官。

【伶人】れいじん ①音楽をつかさどる官。伶官。②楽人。③役者。

【伶仃】れいてい ①ひとりぼっちなさま。孤独。＝伶丁・零丁 ②瘤のたれているさま。

【伶俜】れいへい ①おちぶれてさまようさま。②ひとりぼっちのさま。

【伶優】れいゆう(いう) 役者。俳優。

【伶俐】れいり かしこい。りこう。＝伶利・怜悧

【伶倫】れいりん 人名。上古の黄帝の臣下で、音楽の基礎を定めたといわれる。後世、転じて楽師をいう。

人5 【佣】〔7〕 ヨン yōng　J 1681 補 U 4F63

意味 現 佣金(ヨンジン) yòngjīn は、紹介料。手数料。

参考 佣は「傭」(一一四ページ・下)の中国新字体としても使う。

人5 【佤】〔7〕 ワー wǎ　J ②0133 補 U 4F64

意味 佤族(ワぞく)は、雲南省西南の辺境に居住する少数民族。

人5 【伵】〔7〕 同→侐(八六ページ・下)

人5 【佀】〔7〕 同→似(七九ページ・上)

人5 【侣】〔7〕 同→似(七九ページ・上)

人5 【伷】〔7〕 同→冑(一四三ページ・中)

人5 【佩】〔7〕 俗→佩(八九ページ・上)

亻5 【佛】〔7〕 旧→仏(六三ページ・上)

人5 〖巫〗(四一五ページ・中)→工部四画

人5 〖坐〗(二八四ページ・上)→土部四画

人5 〖攸〗(五五七ページ・中)→攴部三画

人6 【侒】〔8〕 アン 漢 平 寒 呉 ān アン　J ②0145 補 1707 U 4F92

意味 やすらか。気持ちをゆったりさせる。＝安

亻6 【依】〔8〕 常 イ・エ　J 1645 U 4F9D

一 イ 漢 エ 呉 一 平 微 yī イー
二 イ 漢 エ 呉 二 上 尾 yǐ イー

筆順 ノ イ 亻' 亻亠 亻ナ 依 依

意味 一 ①〈よ・る〉㋐たよる。㋑もたれる。㋒助けあう。㋓就く。したがう。②そのまま。もとのまま。「依然」③樹木の茂っているさま。二 ①やすんずる。②たとえる。たとえ。

解字 形声。亻が形を表し、衣が音を示す。亻は人。衣には、からだをおおいかくす意味がある。依は、人が衣の下にからだをかくすことから、たよることを表す。一説に、この字の音には、かたむく意味を含むから、依は、からだのかたむいたかたちを表し、よりかかる意味になるともいう。

名前 より　地名 依田　難読 依怙地・依蘭苔・依羅

【依阿】いあ へつらって身をよせる。おもねり従う。

【依依】いい ①木の枝のしなやかなさま。②なごりおしくて離れられないさま。心のひかれるさま。③おどおどしたさま。④遠くてぼんやりとしているさま。「依依墟里煙」(むらざとの煙が、遠くゆるやかにたなびいている。)〈陶潜・帰園田居〉

【依倚】いい よりかかる。もたれかかる。たよりにする。依頼。

【依違】いい(ゐ) どっちつかず。態度がはっきりしない。

【依因】いいん たよる。もとづく。

【依縁(緣)】いえん たよる。

【依願免官】いがんめんかん(くゎん) 国 本人の願い出によって官職をやめさせること。

【依帰(歸)】いき 一 ①たよる。よりすがる。依倚。②降服してくる。二 仏 一心に信仰する。

【依稀】いき ①よく似ているさま。②ぼんやりとしているさま。はっきりしないさま。髣髴ほうふつ。＝依俙
【依旧(舊)】いきゅう(きう) 昔のまま。もとのまま。
【依拠(據)】いきょ ①たよること。②よりどころ。また、よりどころにする。
【依恃】いじ たよる。よりたのむ。
【依畳(疊)】いじょう(でふ) 積みかさねる。
【依嘱(囑)】いしょく 仕事をたのむ。依倚いい。
【依棲】いせい 住みつく。
【依然】いぜん ①もとのまま。昔のまま。②こいしたうさま。③樹木がさかんに茂るさま。
【依存】いそん|いぞん 他のものによりかかって存在する。他のものにたよる。
【依託】いたく ①かこつける。仮託する。②たよる。たのむ。
【依遅(遲)】いち とぼとぼとゆっくり行くさま。
【依投】いとう たよって身を寄せる。
【依微】いび おぼろなさま。
【依憑】いひょう たよる。たのみにする。依頼。
【依付】いふ よりすがる。たよりつく。＝依附
【依約】いやく ①あわせて縒よりむすぶ。むすびつける。②ほのかなさま。③よく似ているさま。依稀いき。
【依頼】いらい ①たのむ。たよりにする。②国ことづける。たのみ願う。「依頼心」
【依怙】えこ ①たよる。また、たよるもの。父母。②国不公平。偏頗へんぱ。③仏たよりにするもの。【―地】えこじ(ぢ) 国意地っぱり。かたいじ。頑固がんこ。【―贔屓】えこひいき 国一方だけにひいきすること。かたびいき。不公平。
【依靠】イーカオ yīkào 現あてにする。たよる。
◆帰依きえ

人6【佾】〔8〕 イツ漢 入 質 yì イー J①1420 補1691 U4F7E

意味 周代の舞人の一列。舞は縦横同人数で、天子の舞には八佾六十四人、諸侯は六佾三十六人、大夫は四佾十六人と定められていた。一説に、一列は常に八人。

イ6【価】〔8〕 学5 カ あたい J1833 補― U4FA1
旧字 イ13【價】〔15〕 人 カ漢 去 禡 ケ呉 jià チア J4911 補― U50F9

筆順 ノ亻亻亻価価価価

意味 ①〈あたい(あたひ)〉㋐ねだん。㋑ねうち。②あたいする。ねうちがある。③名声。

解字 價 形声。イが形を表し、賈かが音を示す。イは人。賈は西と貝とを合わせた字で、たからをおおっている形である。そこから賈は品物を用意して、客が来ると売ることを表す。これにイを加えて、「ねだん」「商人」の意味に使ったもの。

【価格】かかく ⊟値うち。値段。相場。⊟チアコー jiàgé 現⊟に同じ。
【価額】かがく あたい。値段。
【価値】かち ⊟①値うち。値段。②哲人間の精神的要求や経済的、生活的必要を満足させるため、ある事物に対して認められる値うち。⊟チアチー jiàzhí 現⊟に同じ。
【価銭(錢)】チアチエン jiàqian 現値段。
【不ㇾ二ㇾ価】あたい(あたひ)をにせず 相手によって二とおりの値段をつけない。かけ値をしない。
【待ㇾ価而沽】あたい(あたひ)をまちてうる 値上がりの時期を待って売る意から、機会を待ちかまえて行動すること。〈論語・子罕しかん〉
◆代価だいか・市価しか・地価ちか・安価あんか・有価ゆうか・米価べいか・売価ばいか・声価せいか・定価ていか・物価ぶっか・単価たんか・時価じか・特価とっか・真価しんか・原価げんか・高価こうか・現価げんか・減価げんか・評価ひょうか・廉価れんか・薬価やっか・原子価げんしか

イ6【佳】〔8〕 常 カ カイ漢 ケ呉 平 佳 カ慣 jiā チア J1834 補― U4F73

筆順 ノイ仁什仕佳佳佳

意味 〈よ・い(―・し)〉①よろしい。②美しい。すばらしい。

解字 佳 形声。イが形を表し、圭けいが音を示す。イは人。圭は、かどがあって目だつ宝玉。佳は、目だって美しい、よい人。

【佳音】かいん ①よい声。②よいしらせ。吉報。③よい便り。よい返事。
【佳雨】かう ちょうどよい時期に降るけっこうな雨。
【佳菓】かか(くわ) ①味のよいくだもの。②おいしいくだもののなる木。
【佳会(會)】かかい(くわい) ①よい会合。②風流の集まり。
【佳気(氣)】かき めでたい気。めでたいようす。清い気。
【佳期】かき ①よい時節。佳節。佳辰かしん。②美人と会う日。③結婚の成り立つ日。成婚の吉日。
【佳器】かき ①よいうつわ。②有能の人。りっぱな人物。
【佳客】かきゃく|かかく ①よい客。②とくい先。華客。
【佳境】かきょう(きゃう) ①よい所。②おもしろい所。妙処。③けしきのよい所。
【佳句】かく ①うまくできた文句。②国よくできた俳句。
【佳恵(惠)】かけい よいいただきもの。りっぱなたまわりもの。
【佳景】かけい よいながめ。よいけしき。好景。
【佳言】かげん よいことば。善言。＝嘉言
【佳肴】かこう(かう) おいしいさかな。ごちそう。＝嘉肴
【佳作】かさく よくできた詩文の意で、主として芸術品についていう。
【佳士】かし りっぱな人物。教養ある人物。
【佳日】かじつ ①天気のよい日。②めでたい日。＝嘉日
【佳趣】かしゅ よいおもむき。よいけしき。
【佳什】かじゅう(じふ) よい詩文。佳編。
【佳勝】かしょう ①名声が世間に知れわたった人。②よい風景。
【佳城】かじょう(じゃう) よい城の意から、人間の墓地のこと。
【佳醸(釀)】かじょう(ぢゃう) よい酒。
【佳辰】かしん よい時。よい日。めでたい日。
【佳人】かじん ①美しい女。美人。②忠義の臣。賢臣。良臣。③りっぱな男子。④よい友。⑤妻が夫をいう。⑥臣下が主君をさしていう。⑦うたいめ。娼妓しょうぎ。【佳人薄命】かじんはくめい 美人にはとかく不運なことの多い意。「自ㇾ古佳人多二薄命一いにしえよりかじんはくめいおおし」〈蘇軾そしょく・薄命佳人詩〉
【佳婿】かせい りっぱなむこ。よいむこ。佳倩かせい。
【佳夕】かせき よいゆうべ。けしきが美しいゆうべ。良夜。
【佳節(節)】かせつ めでたい日。祝日。
【佳絶】かぜつ すぐれてりっぱなこと。
【佳饌】かせん よい食べ物。ごちそう。
【佳致】かち よいおもむき。すぐれた風致。
【佳配】かはい よい配偶者。佳偶かぐう。
【佳美】かび りっぱでうつくしい。＝嘉美
【佳品】かひん よい品物。すぐれた品物。
【佳賓】かひん よいお客。佳客。
【佳聞】かぶん よい評判。よいきこえ。
【佳兵】かへい ①鋭利な武器。②戦争を好む。
【佳編(篇)】かへん よい作品。好編。
【佳朋(朋)】かほう よい友。良友。良朋。
【佳木】かぼく 青々とした美しい木。葉のよく茂った木。
【佳墨】かぼく よいすみ。
【佳味】かみ よいあじ。うまいあじ。美味。
【佳妙】かみょう(めう) 美しくすばらしいこと。美妙。
【佳名】かめい よいほまれ。よい名。
【佳茗】かめい よい茶。
【佳友】かゆう(いう) ①よい友。②菊きくの異名。
【佳容】かよう 美しい姿。よいかたち。

2画 二亠人(亻・𠆢)儿入八冂冖冫几凵刀(刂)力勹匕匚匸十卜卩(㔾)厂厶又

【佳良】かりょう(りゃう) よい。よろしい。
【佳例】かれい よい前例。りっぱなしきたり。吉例。嘉例かれい。
【佳麗】かれい すばらしくうるわしい。顔やけしきの美しいこと。
【佳話】かわ よい話。人に知られたりっぱな話。美談。

人6【侉】〔8〕 カ 漢 平 麻 (クヮ) kuǎ コワ　J 1702 補 ― U 4F89
意味 ①〈おご・る〉〈ほこ・る〉 ②つかれ弱ったときの声。③なまる。

人6【佪】〔8〕 一 カイ 漢 一 平 灰 (クヮイ) huái ホワイ　二 カイ 漢 二 平 灰 (クヮイ) huí ホイ　J ①1418 補 1682 U 4F6A
意味 一めぐる。さまよう。「徘佪はいかい(=徘徊はいかい)」二暗いさま。はっきりしないさま。「佪佪かいかい」

人6【侅】〔8〕 カイ 漢 平 灰 ガイ 呉 gāi カイ　J ②0144 補 1701 U 4F85
意味 ①飲食でのどがつまりそうになる。むせる。②奇侅きがいは、ふつうではないさま。

人6【佸】〔8〕 カツ 漢 入 曷 (クヮツ) huó フオ　J ②0140 補 1687 U 4F78
意味 ①〈あ・う(―・ふ)〉会う。あつまる。②〈いた・る〉③会計をいう。

亻6【侃】〔8〕 人 カン 漢 上 旱 kǎn カン　J 2006 補 ― U 4F83
意味 ①つよく正しい。剛直。②和らぎ楽しむさま。
解字  会意。㐰(信の異体字)と川(かわ)とを合わせた字。川の水が流れて、昼夜やまぬように、いつまでも変わらぬ、強い(剛直)意を表す。一説に、口(くち)と彡(彡は、あや模様)とを合わせた字で、美しいことばのことで、やわらぐ意となるという。
名前 あきら・すなお・ただし・つよし
【侃諤】かんがく 剛直で、権勢けんせいに対抗して正しい意見を主張するさま。侃侃諤諤。
【侃侃】かんかん ①強くまっすぐなさま。②和らぎ楽しむさま。【―諤諤】かんかんがくがく ①剛直で遠慮せずに正しいと思うことを言うさま。②口やかましく議論するさま。【―如】かんかんじょ 和らぎ楽しむさま。〈論語・郷党きょうとう〉

人6【佹】〔8〕 キ 漢 上 紙 guǐ コイ　J 1688 補 ― U 4F79
意味 ①かさなる。②正しくない。奇異。=詭「佹弁きべん」③そむく。さからう。④ささえる。

人6【佶】〔8〕 キツ 漢 入 質 jí チー　J 4843 補 ― U 4F76
意味 ①すこやか。強健。②正しい。
【佶屈聱牙】きっくつごうが 佶屈は、かたくるしいこと。聱牙は、耳に聞きにくいこと。むずかしくて理解しにくい文章のさま。
【佶栗】きつりつ 寒さがきびしく、ふるえあがるさま。

亻6【供】〔8〕 学6 キョウ・ク そなえる・とも　一 キョウ 漢 ク・グ 呉 一 去 宋 gòng コン　二 キョウ 漢 ク・グ 呉 二 平 冬 gōng コン　J 2201 補 ― U 4F9B
筆順 ノ 亻 仁 什 卄 供 供 供
意味 一①〈そな・える(―・ふ)〉㋐設ける。㋑すすめる。たてまつる。②〈そなえ(そなへ)〉そなえもの。供物くもつ。③自分から事情を述べる。「口供こうきょう」二①支給する。あてがう。②うやうやしい。=恭 国〈とも〉従者。「子供こども」
解字  形声。亻が形を表し、共きょうが音を示す。亻は人。共には人々が手をそろえて仕事をする意味がある。供は、人が手をそろえてそなえる、足してやることを表す。
参考 新表記では、「饗」の書きかえに用いる熟語がある。
【供(「饗」)応(應)】きょうおう ①必要な物品。②需要に応じる。供給する。③人にごちそうする。もてなし。
【供給】一きょうきゅう(きふ) 求めに応じて品物をさし出す。↔需要じゅよう 二コンチー gōngjǐ 現 一に同じ。【―之人】きょうきゅう(きふ)のひと お供の人々。供勢ともぜい。
【供御】一きょうぎょ 天子の御用にあてる。二くご・くぎょ 国天子の飲食物。【―之地】くごのち 国朝廷に年貢米ねんぐまいをおさめるべき土地。天領。公領。供御の邑ゆう。
【供具】一きょうぐ 宴会の用具。ごちそうの用意。二くぐ 仏供物くもつを供えるための道具。また、供えもの。
【供出】きょうしゅつ ①白状する。②国政府に物を売り渡すこと。
【供述】きょうじゅつ ①事がらについて申し述べる。②法裁判所で尋問に答えて申し立てる。
【供進】きょうしん・ぐしん ①天子に食事を供えすすめる。②神に幣帛へいはくを供える。
【供薦】きょうせん 神仏などにものを供える。
【供膳】一きょうぜん 食膳しょくぜんに供える。二かしわで(かしはで) 国上代、宮中でごちそうの食膳のことをつかさどった人。膳夫かしわで。その役所を膳司かしわでのつかさといった。
【供待】きょうたい 料理を出してもてなす。供給接待の略。
【供託】きょうたく 国金銭や有価証券を定められた機関にあずける。
【供張】きょうちょう(ちゃう) ①宴会のためにいろいろの設備をし、幕などを張ること。供帳きょうちょう。②ごちそう。酒や料理を用意してもてなすこと。
【供奉】一きょうほう ①兵力・食糧などを供給して不自由のないようにする。②天子・貴人のそばにいて用をつとめる。また、その役。従官。二ぐぶ 国天子のお出かけのときお供をする。また、その人。【―僧(僧)】ぐぶそう 国①寺や神社につかえる僧、または社僧。②内供奉ないぐぶ。宮中の内道場に奉仕の、すぐれた僧。内供ないぐ。内供奉僧ないぐぶそう。
【供米】一きょうまい 国政府の命令で農家から出す米。供出米。二くまい 国神仏に供える米。
【供養】一きょうよう(やう) ①飲食物をととのえて親を養う。②祖先の廟びょうに食物を供える。③飲食物で自分の体を養う。④欲望を満たすようにする。⑤徳を養い育てること。二くよう(やう) 仏仏や死者の霊前に物をささげること。
【供覧(覽)】きょうらん 多くの人に観覧させる。
【供華(華)】くげ・くうげ ①仏や死者の霊前に花を供えること。また、その花。供花くげ。②餅もちや菓子を供える仏具。供笥くげ。
【供物】くもつ 国神仏に供える品物。
◆子供こども・提供ていきょう・人身御供ひとみごくう

人6【侐】〔8〕 キョク 漢 入 職 xù シュイ　J 1706 補 ― U 4F90
人5【伵】〔7〕 同字　J ― 補 1665 U 4F35
意味 しずかでさびしい。

人6【佼】〔8〕 一 コウ 漢 一 上 巧 (カウ) jiǎo チアオ　二 コウ 漢 二 平 肴 (カウ) jiāo チアオ　J 2483 補 ― U 4F7C
意味 一①みめよい。うつくしい。=好 ②わるがしこい。=狡こう 二まじわる。交際する。=交
【佼黠】こうかつ(かう) 悪がしこい。ずるい。=佼猾
【佼佼】こうこう(かうかう) ①美しいさま。②非常にすぐれているさま。
【佼人】こうじん(かう) 美しい人。美人。佳人。
【佼童】こうどう(かう) ①美少年。②ずるがしこい若者。

人6【佮】〔8〕 コウ 漢 呉 入 合 (カフ) gé コー　J 1684 補 ― U 4F6E
意味 合う。ひとつに合わせる。助けあう。

人6【侊】〔8〕 コウ(クヮウ) 漢呉 平 陽 guāng コワン　J ①1421 補 1703 U 4F8A
意味 おおきい。りっぱなさま。＝觥

人6【佷】〔8〕 ㊀コウ 漢 ㊀平 蒸 héng ホン ㊁コン 漢 ㊁上 阮 hěn ヘン　J ②0139 補 1686 U 4F77
意味 ㊀佷山は、漢代、武陵に置かれた県の名。今の湖北省長陽土家族自治県。㊁〈もと・る〉そむく。＝很 「佷子」(親の言いつけにそむく子)

亻6【使】〔8〕 学3 シ つかう　J 2740 補 ― U 4F7F
旧字 人6【使】〔8〕 シ 漢呉 上 紙 shǐ シー　J ― 補 ― U ―
筆順 ノ亻仁仨佢佢使使
意味 ①〈つか・う(――・ふ)〉用いる。はたらかせる。②〈しむ〉〈せしむ〉…させる。使役を表す。③〈つかい(つかひ)〉使者。④つかわす。派遣する。⑤若し。仮定を表す。

語法 ❶〈しむ〉〈せしむ〉使役。…させる。例「布=告天下一、使=明知=朕意一」(天下に布告して、明らかに朕が意を知らしめよ)〈史記・孝文本紀〉
▼「使=A…一」(Aをして…しむ)」は「Aに…させる」と訳す。例「呉王使=太子夫差伐=楚」(呉王は太子の夫差に楚を攻めさせた)〈史記・呉太伯世家〉
❷〈しめば〉〈しむとも〉仮定。…させれば。…させたとしても。例「使=仁者而必信一、安有=伯夷叔斉一」(仁ある者がかならず人に信じられるのであればどうして伯夷・叔斉が餓死したようなことがおころうか)〈史記・孔子世家〉

解字 形声。イが形を表し、吏が音を示す。イは人。吏には仕事をする人、治める人の意味がある。使は、人に使われて仕事をする人、また、人に仕事をさせるという意味になる。

【使役】しえき つかう。つかわれる。はたらかせる。はたらかされる。
【使駅(驛)】しえき ①使者の通訳。使訳。②駅使。はや馬にのって急ぐ使い。はゆまづかい。はやうち。
【使気(氣)】しき ①血気にはやって意気ごむ。②まっすぐな志を述べる。「をいう。」
【使鬼銭(錢)】しきせん 鬼をも使いうる意から、金銭の大きな威力」
【使君】しくん ①天子の命で四方の国に使いにいく者の尊称。②漢代の刺史の役の人のこと。また、刺史と同格の地位の人にもいう。③国中世、地方の守護・守護代等への尊称。【――子】しくんし 草の名。常緑のつる草の一種。
【使者】ししゃ 主人の命を受けて使いにいく者。使人。
【使酒】ししゅ 酒に酔って気ままにふるまう。
【使臣】ししん ①主君の命令で外国に使いにいく者。②漢代の刺」「史しの称。
【使節(節)】しせつ ①天子の使いであることの証明の手形。符節。②君主または国家の代表として他国にさしむけられる使者。使臣。
【使嗾】しそう 人をけしかけて使う。指嗾の誤用。
【使丁】してい―しちょう(ちゃう)―じちょう(ちゃう) 召し使いの男。雑役夫。
【使徒】しと ①キリスト教で、神の教えを広く人々に伝える弟子。キリストの十二人の弟子。十二使徒。②神聖な事業に」「身をささげる人。
【使途】しと 金銭や物の使いみち。
【使聘】しへい 使いをやって安否を問う。使いをやって贈り物をとどけること。
【使幣】しへい 使者と贈り物。使者の持参する礼物。
【使命】しめい ①使いの役め。②使いの人。使者。③その人に与えられたつとめ。天職。
【使令】しれい ①使う。さしずして用事をさせる。②さしずをうけてたち働く。また、その人。使役人。③…させる。
◇▼大使・公使・天使・行使・労使・国使・勅使・虐使・急使・副使・密使・駆使・遣唐使

人6【佽】〔8〕 シ 漢 去 寘 cì ツー　J ②0142 補 1690 U 4F7D
意味 ①はやい。すばしっこい。②ならぶ。＝次 ③たすける。

人6【侈】〔8〕 シ 漢呉 上 紙 chǐ チー　J 4844 補 ― U 4F88
意味 ①〈おご・る〉たかぶる。②おごり。「奢侈しゃし」③ひろい。ひろげる。④多い。大きい。⑤ほしいまま。「邪侈じゃし」⑥度が過ぎる。

【侈傲】しごう(がう) おごりたかぶる。
【侈侈】しし ゆたかで多いさま。
【侈奢】ししゃ おごる。ぜいたく。
【侈僭】しせん 自分の身分や立場をこえて心のおごること。
【侈泰】したい おごり。ぜいたく。侈泰し。
【侈靡】しび 身分不相応のおごり。おごってみだりがましい。
【侈袂】しべい ①たもとの広い服。②たもとを広くする。【――執圭】しべいしっけい 広いたもとの服を着、圭(玉の礼式の器)を持つ。貴人のりっぱな服装。「侈袂執圭之貴」〈昭明太子・陶淵明集序〉
【侈放】しほう(はう) おごってわがままなこと。高慢で気ままなこ」「と。奢放。
【侈麗】しれい 広く美しい。りっぱ。

亻6【侍】〔8〕 常 ジ さむらい　シ 漢 去 寘 shì シー ジ 呉　J 2788 補 ― U 4F8D
筆順 ノ亻亻什仕侍侍侍
意味 ①〈はべ・る(はべ・り)〉〈さぶら・う(――・ふ)〉目上の人のそばに仕える。「近似きんじ」②貴人の側近に仕える者。おつき。③養う。④たよる。＝恃 ⑤まつ。＝待 国①〈さむらい(さむらひ)〉武士。②〈はべ・り〉対話のときの丁寧語。

解字 形声。イが形を表し、寺しが音を示す。イは人。寺は手を動かして仕事をする意味がある。侍は、奉仕する人、君主のそばで身のまわりの仕事をする人という。

名前 ひと

【侍医(醫)】じい 天子のそばにつかえる医師。
【侍飲】じいん 目上の人と同席して酒を飲む。
【侍衛(衞)】じえい(ゑい) 天子のそばで護衛すること。また、その」「武官。
【侍御】じぎょ ①官名。天子のそばにつかえる人。侍従。②米の良質のもの。【――史】じぎょし 官名。宮中の図書をつかさどる官。【――師】じぎょし 官名。天子のそばづきの侍医官。
【侍講】じこう(かう) 天子、または皇太子について講義する役。侍」「読じどく。
【侍座】じざ 貴人のそばにすわる。
【侍子】じし 人質になる子。質子ちし。
【侍史】じし ①漢の時代の官女の名で、雑役にしたがっていた。②貴人のそばにつかえる書き役。祐筆ゆうひつ。③手紙のあて名のわきに添え書きして敬意を示す語。直接本人にさしあげることを遠慮して、おそばの書き役にさしだす意。
【侍児(兒)】じじ こしもと。こまづかい。侍女。
【侍者】じしゃ ①貴人のそばにつかえる者。②仏長老の身近につかえて雑役にしたがう者。
【侍豎】じじゅ 貴人の身近につかえるこども。小姓こしょう。侍童。「侍僮じどう。」
【侍従(從)】じじゅう ①天子のそばにつかえる。②国天皇のそばで世話をする人。侍従職(宮内庁に属する)の職員。
【侍女】じじょ(ぢょ) おそばにつかえる女。こしもと。侍婢じひ。
【侍臣】じしん そばにつかえる家来。
【侍人】じじん 貴人のそばにつかえる人。そばづかえ。近侍きんじの人。
【侍中】じちゅう(ちう) 官名。君主の身近につかえて政務の相談をうける役。【━郎】じちゅう(ちう)ろう(らう) 官名。侍従職の長官。天子のそばづかえ。漢代では本官の上に加えられる名誉職。

【侍僮】じどう 給仕として貴人のそばで雑役にしたがうこども。侍豎じじゅ。＝侍童

【侍読(讀)】じどく ①主君のそばにつかえて書物の講義をする官。②国天皇につかえて学問を教授する学者。後の侍講〔じこう〕。

【侍婢】じひ 「侍女」に同じ。

【侍養】じよう(やう) そばについていろいろと世話する。

【侍立】じりつ 君主のそばに立つこと。

【侍郎】じろう(らう) 官名。漢代では黄門侍郎、唐代では門下侍郎といって、侍中に次ぎ、宰相の職となった。天子の身近につかえた高官。

人6 **【佴】**〔8〕 一ジ 漢 二ダイ 漢 | 一 去 寘 èr アル 二 去 隊 nài ナイ U補J 4F74 ― ―

意味 一①〈ならぶ〉②〈たすける(――く)〉③たすけ。「佴次じじ」④地名。二姓。

人6 **【侄】**〔8〕 シツ 漢 | 入 質 zhí チー U補J 4F84 1694 ―

意味 ①〈かたい(――し)〉堅固。②進まない。「侄佐しっきつ」③おろかなさま。④「姪」(三四四ジー・下)の俗字。

人6 **【舍】**〔8〕 学5 シャ U補J 820E ― 2843

旧字 舌2 **【舍】**〔8〕 一シャ 漢 呉 二シャ 漢 呉 三セキ 漢 | 一 去 禡 shè ショー 二 上 馬 shě ショー 三 入 陌 shì シー U補J 820D ― 7150

筆順 ノ 入 亼 今 全 全 舎 舎

意味 一①いえ。②やど。㋐かりにとまる所。「旅舎」㋑星のやどり。星宿。③〈やど・る〉とまる。身をよせる。④軍隊が一日に歩くみちのり。三十里。⑤いこう。やすむ。二①〈す・てる(―・つ)〉＝捨「舎レ生せいをすつ」②やめる。③〈お・く〉そのままにしておく。④ゆるす。⑤はなす。はなれる。三手にとる。

解字  会意。亼・中・口を合わせた字。亼は集まること。中は屋根が見える形。口はかこいで、区域をいう。舎は町中の住居をいう。また、舎は余と口を合わせた字で、口が形を表し、余よが音を示すとする。余にはゆるめる意味があるから、舎は、口の呼吸をゆるめることとも言い、からだをゆるめてくつろぐ場所をいうとも解する。

名前 や・いえ 姓 舎人とねり 難読 田舎いなか(付表)／舎密セイミ

参考 舎は「捨」(五三六ジー・中)の中国新字体としても使う。その場合は、音 shě ショー。

【舎営(營)】しゃえい 軍隊が、民家などにとまること。↕野営

【舎監】しゃかん 寄宿舎の監督をする人。

【舎館】しゃかん(くわん) 旅館。宿屋。

【舎兄】しゃけい 自分の兄。家兄。↕舎弟

【舎次】しゃじ 軍隊が宿泊する。舎は一泊、次は三泊。

【舎人】一しゃじん ①天子のそばづきの役人。②王侯貴族の家の食客。門客。③宿屋の主人。④貴族の子弟の敬称。二とねり 国①昔、天皇・皇族の雑役をしたそばづきの者。②牛車ぎっしゃの牛飼い。また、馬かた。

【舎弟】しゃてい 自分の弟。家弟。↕舎兄

【舎匿】しゃとく 宿泊させて、かくまう。

【舎利】しゃり ①仏釈迦しゃかや聖者の遺骨。仏骨。仏舎利。②死体を火葬にしたあとの骨。③米つぶ。【━弗】しゃりほつ 仏釈迦の十大弟子でしの一人。舎利子。

【舎密】セイミ 化学のこと。オランダ語 chemie の音訳。

【舎采(采)】せきさい ①昔、学校に入学するとき、先師(文王・孔子ら、学徳高い古代の聖人)にささげる礼物として、もって行った野菜。②野菜をそなえて孔子を祭ること。

【舎然】せきぜん 迷いがなくなりはっきり悟るさま。釈然。

【舎奠】せきてん 天子が諸国視察から帰って、父祖の廟びょうなどで行う祭り。＝釈奠

◇▼田舎でんしゃ・いなか・庁舎ちょうしゃ・官舎かんしゃ・学舎がくしゃ・茅舎ぼうしゃ・校舎こうしゃ・病舎びょうしゃ・宿舎しゅくしゃ・獄舎ごくしゃ・寮舎りょうしゃ・館舎かんしゃ

人6 **【侏】**〔8〕 シュ 漢 | 平 虞 zhū チュー U補J 4F8F ― 4845

意味 ①小さい人。こびと。「侏儒しゅじゅ」②みじかい柱。③太っているさま。

【侏儒】しゅじゅ ①こびと。②昔、背の低い者は多く芸人になったことから、俳優のことをいう。③蜘蛛くも。④つかばしら。

【侏離】しゅり ①西方の異民族の音楽。②むずかしくてわかりにくい外国のことばを悪くいう語。

人6 **【侚】**〔8〕 シュン 漢 ジュン 慣 | 去 震 xùn シュン U補J 4F9A 1712 ②0146

意味 ①〈とな・う(――・ふ)〉示す。②〈したが・う(――・ふ)〉＝徇しゅん・殉しゅん ③はやい。すみやか。

人6 **【侞】**〔8〕 ジョ 漢 ニョ 呉 | 平 魚 rú ルー U補J 4F9E 1713 ―

意味 等しい。平等にする。

人6 **【侁】**〔8〕 シン 漢 | 平 真 shēn シェン U補J 4F81 1692 ―

意味 ①行くさま。②多いさま。「侁侁しんしん」

人6 **【佺】**〔8〕 セン 漢 | 平 先 quán チュワン U補J 4F7A 1689 ②0141

意味 偓佺あくせんは、仙人の名前。

人6 **【侟】**〔8〕 セン 漢 呉 | 去 霰 jiàn チエン U補J 4F9F 1714 ―

意味 ①すすめる。＝薦せん ②＝存そん

亻6 **【侘】**〔8〕 標 タ 漢 | 去 禡 chà チャー U補J 4F98 ― 4846

意味 ①おごる。ほこる。②失意のさま。「侘人」 国①〈わびし・い(わび・し)〉㋐なげかわしい。㋑さびしくてつらい。「侘住わびずまい」「侘人わびびと」㋒まずしい。②〈わ・びる(―・ぶ)〉〈わび〉㋐つらく思う。㋑静かで簡素な趣。

人6 **【侂】**〔8〕 タク 漢 呉 | 入 薬 tuō トゥオ U補J 4F82 1693 ②0143

意味 ①〈よ・せる(―・す)〉まかせる。＝托たく・託たく ②こわす。

人6 **【侜】**〔8〕 チュウ 漢 (チウ) | 平 尤 zhōu チョウ U補J 4F9C ― ―

意味 あざむく。だます。「侜張ちゅうちょう」

人6 **【佻】**〔8〕 一チョウ(テウ) 漢 二チョウ(テウ) 漢 三ヨウ(エウ) 漢 | 一 平 蕭 tiāo ティアオ 二 平 蕭 tiáo ティアオ 三 平 蕭 yáo ヤオ U補J 4F7B ― 4847

意味 一①かるい。軽薄けいはく。「軽佻けいちょう」②こっそりぬすむ。二ひとり行くさま。三ゆるめる。

【佻険(險)】ちょう(てう)けん 軽薄で陰険なこと。

【佻巧】ちょう(てう)こう(かう) うわべだけたくみに飾っているさま。

【佻佻】ちょう(てう)ちょう(てう) ①ひとり行くさま。②あさはか。③うれいにうまく立ちまわる。「沈むさま。」軽薄で

【佻薄】ちょう(てう)はく かるがるしい。軽薄。軽佻浮薄けいちょうふはく。

人6 **【侙】**〔8〕 チョク 漢 チキ 呉 | 入 職 chì チー U補J 4F99 1711 ―

人6【侗】〔8〕 一トウ漢 一平 東 tōng トン　二トウ漢 二平 東 tóng トン　三トウ漢 三去 送 dòng トン　J ①1423 補 1710 U 4F97

意味 一大きいさま。二①おろか。無知。②愚か者。未熟者。三まこと。かざりけがない。「侗然（とうぜん）」　意味 おそれる。びくびくする。

人6【佩】〔8〕 人5【佩】〔7〕 俗字　ハイ漢 去 隊 pèi ペイ　J 4848 補 ― U 4F69

意味 ①天子や高官が帯につけた飾りの玉。②〈お・びる（―・ぶ）〉㋐身につける。腰にさげる。㋑持つ。㋒心にとめて忘れない。「感佩（かんぱい）」③川がかこむ。

【佩韋】はいい（ゐ）　やわらかな韋（なめしがわ）を身につける意で、西門豹（さいもんひょう）がいつも韋を身につけて自分の短気をなおそうとつとめた故事。〈韓非子（かんぴし）・説林（ぜいりん）〉

【佩環】はいかん（くわん）　貴人が腰につける飾りの玉の輪。おびだま。

【佩玉】はいぎょく　礼服を着たときなどに、大帯につけて飾りとしたたま。おびだま。天子は白玉、公使は玄玉というように、位により玉の種類がちがう。

【佩剣（劍）】はいけん　剣を腰につける。また、腰につける剣。佩刀。

【佩弦】はいげん　弓づるを身につける意で、心がゆるまないように戒めるためのもの。張りつめた弦は、緊張した心にたとえる。

【佩紫】はいし　紫の印綬（いんじゅ）を身につける。高い官位につくこと。

【佩綬】はいじゅ　印綬（いんじゅ）（官位のしるしのひも）を身につけることで、任官すること。また、任についていること。

【佩刀】はいとう（たう）　腰に刀をつける。また、腰につける刀。

【佩犢】はいとく　刀を腰につけるのをやめて子牛を飼う。武力による争いを止めさせ農業に従事させる。

【佩服】はいふく　一①身につける。②心にとどめて忘れない。二ペイフ pèifú 現 感心する。尊敬する。

【佩文韻府】はいぶんいん（ゐん）ぷ　書名。四百四十四巻。二字・三字・四字の熟語・成語を末字の韻（いん）によって分類配列した書物。詩作の上の参考を主眼に、清（しん）の康熙（こうき）年間、勅命によって張玉書ら七十六人が編集した。

【佩用】はいよう　身につける。

人6【佰】〔8〕 一ハク漢 一入 陌 bó ポー、bǎi パイ　二バク漢 二入 陌 mò モー　J 4849 補 ― U 4F70

意味 一①百（ひゃく）。②百人の長。かしら。二田地の東西の境界。また、あぜ道。＝陌（はく）

亻6【侮】〔8〕 常　ブ　あなどる　亻7【侮】〔9〕 人　旧字　ブ漢 上 麌 wǔ ウー　J 4178 補 ― U 4FAE　J ①1424 補 ― U FA30

筆順 ノ亻亻亻仁佑侮侮

意味 ①ぶじょくする。②〈あなど・る〉軽んじる。見下す。「軽侮（けいぶ）」③〈あなどり〉④しのぐ。⑤からかう。

解字 形声。亻が形を表し、毎（ぶ）が音を示す。亻は人。毎には、どんどん生長する意味がある。侮は、務（ぶ）と同じく、人をあなどる意味になる。

【侮易】ぶい　ばかにして相手を軽くみる。けいべつする。

【侮翫】ぶがん（ぐわん）　あなどりもてあそぶ。

【侮謔】ぶぎゃく　あなどりたわむれる。

【侮狎】ぶこう（かふ）　ばかにする。人をばかにした、なれなれしい態度をとる。

【侮視】ぶし　ばかにした目でみる。みさげる。

【侮笑】ぶしょう（せう）　けいべつしあざ笑う。冷笑。

【侮辱】ぶじょく　あなどりはずかしめる。

【侮罵】ぶば　人をばかにしてののしる。

【侮蔑】ぶべつ　ばかにする。

【侮慢】ぶまん　いばって人をばかにする。

【侮弄】ぶろう　からかう。ばかにする。

亻6【併】〔8〕 常　ヘイ　あわせる　人8【倂】〔10〕 旧字　ヘイ漢 去 敬 bìng ピン　J 4227 補 ― U 4F75　J ①1428 補 ― U 5002

筆順 ノ亻亻亻仁亻伫併

意味 ①〈あわ・せる（あは・す）〉一つにする。「合併（がっぺい）」②〈なら・ぶ〉つらなる。せりあう。③〈ならびに〉一緒に。みな。④〈しりぞ・ける（―・く）〉捨てる。とり除く。国〈しかし〉〈しかしながら〉

解字 形声。亻が形を表し、并（へい）が音を示す。亻は人、并には並ぶ意味がある。併は、「並べる」「合わせる」の意味を表す。

【併起】へいき　並びおこる。きそい立つ。

【併肩】へいけん　肩を並べる。まさりおとりがない。比肩（ひけん）。

【併行】へいこう（かう）　①並んで行く。②二つが同時に行われる。

【併合】へいごう（がふ）　あわせて一つにする。

【併出】へいしゅつ　並んで出る。両方出す。

【併称（稱）】へいしょう　あわせとなえる。並べていう。

【併進】へいしん　両方並びすすむ。いっしょにすすむ。

【併置】へいち　二つを同時に置く。二つをあわせて置く。

【併呑】へいどん　あわせのむ。みんなあわせて一つにする。

【併発（發）】へいはつ　両方同時におこる。重なって生じる。

【併有】へいゆう（いう）　あわせもつ。両方所有する。

【併用】へいよう　両方用いる。いっしょに使う。

【併立】へいりつ　並び立つ。両方ともに立つ。

【併且】ビンチエ bìngqiě 現 しかも。また。

人6【侔】〔8〕 ボウ漢 平 尤 móu モウ　ム慣　J ①1422 補 1709 U 4F94

意味 ①〈ひとし・い（ひと・し）〉そろっている。均等（きんとう）。②稲虫（いなむし）。＝蟊（ぼう）・蛑（ぼう）

人6【命】〔8〕 学3　メイ・ミョウ　いのち　ベイ漢 ミョウ（ミャウ）呉 去 敬 mìng ミン　メイ慣　J 4431 補 ― U 547D

筆順 ノ人亼合合合命命

意味 ①いいつける。②いいつけ。「命令」③おしえ。いましめ。また、いましめる。④めぐり合わせ。天命。「運命」⑤生まれつき。⑥〈いのち〉生命。「寿命」⑦名籍。戸籍。「亡命」⑧ちかいのことば。「誓命（せいめい）」⑨官服・爵位を賜ること。「命服（めいふく）」⑩〈なづ・ける（―・く）〉名前をつける。

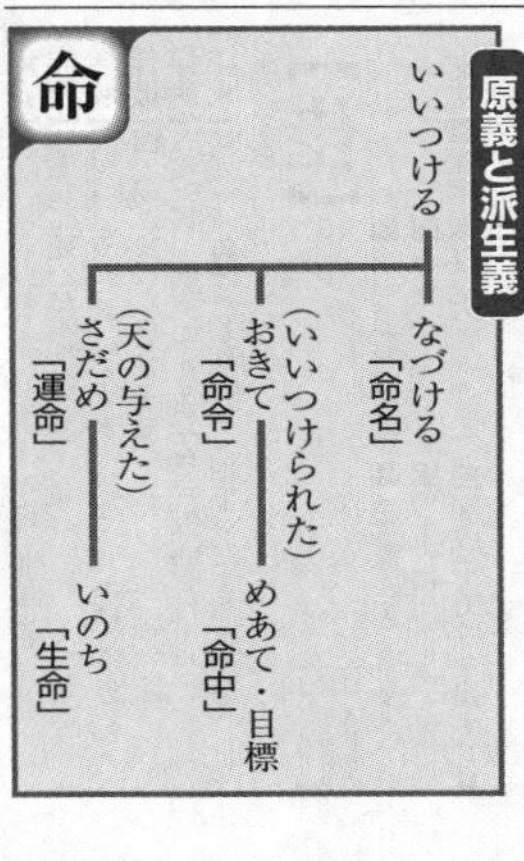

2画　二亠人(亻・𠆢)儿入八冂冖冫几凵刀(刂)力勹匕匚匸十卜卩(㔾)厂厶又

「命名」国〈みこと〉 神、または、貴人の名につけた敬称。「大国主命」

解字 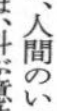 会意。口と令を合わせた字。令は王者が号令し、さしずすること。それを口で告げるのが命である。天の命じたものが、人間のいのちであるとして、生命や運命の意味にもなる。一説に、令は、叫ぶ意味で、命は、それに口を加え、口で声をあげて叫ぶことを表した字であるともいう。

名前 な・や・かた・とし・なが・のぶ・のり・みち・もり・あきら・まこと

【命意】くふう。考え。着想。

【命運】[一] めぐりあわせ。運命。[二] mìngyùn 現 [一]に同じ。

【命士】王の命令により、位や冠服を授けられた士。

【命日】[一] 日限を決める。[二] 国人の死んだ日に当たる毎月のその日。忌日。

【命数(數)】①いのちの長さ。天命。寿命。②めぐりあわせ。天からさずかった運命。命運。

【命世】その時代にとびぬけて有名な人。【――才】その時代にとびぬけてすぐれた才能。また、その持ち主。

【命題】①題を出して文を作らせること。②題名をつけること。また、その題。名題。③哲判断をことばで表したもの。

【命中】ねらった所に正しく当たる。的中。

【命途】めぐりあわせ。運命。

【命婦】[一] 封号を受けた婦人をいう。宮内の封号を受けた妃嬪などの内命婦と、公主・王妃・夫から封号を受けた郡君・県君・夫人・孺人などの外命婦とがある。[二] 国①四位・五位の女官、および五位以上の官人の妻。②宮中の下級の女官。昭和に廃止。③稲荷神の使いのきつね。

【命服】古代、官吏の階級は一命から九命に分かれていて、それに応じて与えられた官服。

【命脈】①いのちのつな。いのち。玉の緒。②転じて重要な事物をいう。

【命名】名をつける。名づける。

【命令】[一] 言いつけ。さしず。[二] mìnglìng 現 [一]に同じ。

〖命長、多レ辱〗長生きをすると、恥をかくことが多い。「寿則多レ辱」(三八二ページ・下)に同じ。

〖命軽(輕)ニ於鴻毛一〗命はおおとりの毛よりも軽い。時と場合によっては、自分の命をやすやすと捨てる意。〈司馬遷・報ニ任少卿一書〉

〖命在ニ旦夕一〗今にも死にそうなこと。

〖安レ命〗天から与えられた自分の運命に満足している。〈韓詩外伝〉

〖命在レ天〗人の寿命や運命は天の定めによるもので、人力ではどうしようもない。〈史記・高祖本紀〉

〖将(將)レ命〗命令を実行する。

〖不レ知レ命、無ニ以為(爲)一君子一〗天命を知らないような者に君子たる資格はない。〈論語・尭曰〉

〖知レ命〗天から自分に与えられた使命を自覚する。〈左伝・文公〉

〖知レ命者不レ立ニ乎巌(巖)牆之下一〗天命を知った者は自己をたいせつにするから、くずれかけた石垣の下に立つような危険なことはしない。〈孟子・尽心上〉

〖不レ用レ命〗いうことを聞かない。天子の命令に従わない。〈十八史略・殷〉

◆下命・亡命・天命・本命・生命・立命・用命・任命・存命・助命・余命・寿命・受命・使命・拝命・延命・長命・宣命・革命・致命・宿命・救命・復命・落命・短命・絶命・運命・薄命・厳命・懸命・露命・一所懸命・安心立命

亻6 【侑】〔8〕 入 ユウ(イウ) 漢 去 宥 ウ 呉 yòu ユー | J 4850 補 U 4F91

意味 ①〈すす・める(――・む)〉 ㋐飲食を勧める。㋑お相伴する。②ゆるやか。ゆるす。=宥 ③報いる。お返しをする。報酬。

解字  形声。イが形を表し、有が音を示す。有は、右や友と音が通じて、助けささえる意がある。侑はすすめること。

名前 あつむ・ゆき

【侑觴】酒をすすめる。杯をすすめる。侑酒。侑飲。

【侑食】①貴人のそばでいっしょに食事する。陪食。相伴。②飲食をすすめる。

人6 【佯】〔8〕 ヨウ 漢 平 陽 (ヤウ) yáng ヤン | J 4851 補 U 4F6F

意味 ①〈いつわ・る(いつは・る)〉 だます。ふりをする。「詐佯」②さまよう。「彷佯」

【佯狂】いつわって狂気をよそおう。

【佯愚】ばかなふりをする。

【佯言】いつわり。うそのことば。=陽言

【佯死】死んだふりをする。

【佯尊】うわべだけたっとぶ。まつりあげる。

【佯敗】まけたふりをする。

【佯病】病気のふりをする。仮病。

【佯北】負けたふりをして相手をだまし逃げる。北は逃げる意。

人6 【佬】〔8〕 [一] リョウ(レウ) 漢 [一] 平 蕭 liáo リアオ [二] ロウ [二] ―― lǎo ラオ | J ①1419 補 U 4F6C

意味 [一] 僗佬は、大きいさま。[二] 現 成年男性を指す。見下げたいいかた。

人6 【侖】〔8〕 [一] リン 漢 [一] 平 真 lún ルン [二] ロン 漢 [二] 平 元 lún ルン | J 4853 補 U 4F96

意味 [一] ①〈おも・う(――・ふ)〉 すじみちを立てる。②山名。崐崘と同じ。[二] 昆侖は、①天のようにまるい形。②〈つい・でる(――・づ)〉

亻6 【例】〔8〕 学 4 レイ たとえる | レイ 漢 去 霽 呉 lì リー | J 4667 補 U 4F8B

筆順 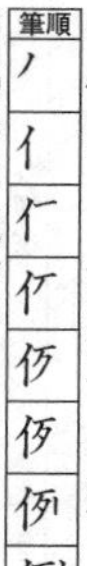

意味 ①たぐい。同類。②きまり。ならわし。「慣例」③〈おおむね(おほむね)〉 たいがい。④おきて。さだめ。国①〈たと・える(――・ふ)〉 ②〈たとえば(たとへば)〉 ③いつもの。

解字  形声。イが形を表し、列が音を示す。イは人。列にはならべる意味がある。例は、人が並んでいることから、「たぐい」とか、「ならべあげる」の意味となる。音レイは、列の音レツの変化。

【例会(會)】いつもきまった時期に開く会。

【例外】一般の規則にはずれること。また、そのもの。

【例言】書物などのはじめにつけた、あらましの注意書き。凡例。

【例刻】きまった時刻。いつもの時刻。定刻。

【例祭】毎年、または毎月、日をきめておこなう祭り。↕大祭

【例示】実例をあげて示すこと。

【例式】きまりとなっているやり方。いつもの方式。

【例出】役人が犯罪のため、規則に従い、中央から地方に

転出させられること。

【例証(證)】①例としてあげる証拠。②例をあげて証明する。

【例典】例となってきまっている式典。

【例年】いつもの年。毎年。

【例話】実例として話すはなし。たとえばなし。

【例子】lìzi [現]例。ためし。ならわし。

【例如】lìrú [現]たとえば。
◇一例・凡例・不例・引例・文例・月例・比例・用例・吉例・好例・先例・作例・条例・判例・法例・定例・実例・事例・恒例・前例・特例・通例・常例・異例・悪例・違例・慣例・適例・範例・類例・反比例

人6【侓】〔8〕 ロツ(漢)(入) 月 ロチ(呉) lù ルー　J ― 補 1708 U 4F93
[意味] 侓魁は、大きいさま。

人6【侌】〔8〕 [古]↓陰(一三三〇ページ・中)
人6【侭】〔8〕 [俗]↓儘(一一九ページ・上)
人6【侎】〔8〕 [同]↓敉(五六〇ページ・上)
人6【來】〔8〕 [旧]↓来(六二三ページ・上)
人6『凭』↓几部六画(一五〇ページ・下)
人6【侠】〔8〕 [俗]↓俠(本ページ・中)
人6【侫】〔8〕 [同]↓佞(八一ページ・下)
人6【佱】〔8〕 [古]↓法(七一二ページ・下)
人6【倆】〔8〕 [俗]↓倆(一〇四ページ・下)

イ7【俄】〔9〕 [人][標] ガ(漢)(平) 歌 é オー　J 1868 U 4FC4
[意味] ①〈にわか(にはか)〉急に。たちまち。②〈かたむ・ける(――・く)〉③たかまる。④[現]ロシアのあて字、俄羅斯 éluósī(オロシア)の略。[国]〈にわか(にはか)〉俄芝居の意で、一種の茶番劇。

【俄頃】しばらく。俄刻。

【俄刻】しばしの間。しばらく。俄頃。

【俄爾】にわかに。たちまち。ふいに。俄然。

【俄然】にわかに。ふと。急に。

【俄狂言】[国]洒落・滑稽を主とした即興の演劇。のちに寄席芸となった。一種の茶番狂言。仁輪加。

【俄分限】[国]急に金持ちになること。また、その人。にわか成金。にわか長者。にわか大尽。

【俄坊主】[国]急に思い立って出家する人。にわか道心。

【俄文】éwén [現]ロシア語。俄語。

人7【俙】〔9〕 キ(漢)(平) 微 xī シー　J ― 補 ― U 4FD9
[意味] ①〈うった・える(――・ふ)〉②感動するさま。「俙然」

人7【俅】〔9〕 キュウ(キウ)(漢)(平) 尤 qiú チウ　J ②0150 補 1724 U 4FC5
[意味] ①冠の飾りのあるさま。②頭にのせる。③うやうやしいさま。「俅俅」

イ7【俠】〔9〕 [人][標] キョウ(ケフ)(漢)(入) 葉 xiá シア　J ①1426 補 1734 U 4FE0
人6【侠】〔8〕 俗字　J 2202 U 4FA0
[意味] ①おとこだて。おとこぎ。「勇俠」②美人。③もつ。さしはさむ。=挟 [国]〈きゃん〉おてんば。御俠。

【俠客】義俠心のある人。おとこだて。

【俠気(氣)】おとこぎ。おとこだて。義俠心。

【俠骨】おとこぎ。おとこだての気性。

【俠士】おとこぎのある人。

【俠侍】そば近くはべる。また、その人。=夾侍
【俠者】おとこぎのある者。俠客。

【俠女】義俠心のある女。いさみはだの女。俠婦。

【俠勇】義俠心があって勇ましい。また、その人。

【俠烈】義俠心が強くてはげしい気性。
◇遊俠・義俠

人7【侹】〔9〕 [一]キョウ(キャウ)(漢)[一](上) 養 guǎng コワン [二]キョウ(キャウ)(漢)[二](去) 漾 guàng　J ― 補 ― U 4FC7
[意味] [一]あわただしい。心せわしい。「侹侹」[二]遠く行く。

人7【侷】〔9〕 キョク(漢)(入) 沃 jú チュイ　J 1716 U 4FB7
[意味] ①曲がる。背がひくい。「侷促」②せまる。=跼

人7【俁】〔9〕 グ(漢)(上) 麌 yǔ ユイ　J ②0162 補 1723 U 4FC1
人8【俣】〔10〕 同字　J 3468
[意味] すがたかたちの大きいこと。「俁俁」

イ7【係】〔9〕 [学]3 ケイ かかる・かかり ケイ(漢)(去) 霽 xì シー　J 2324 U 4FC2
[筆順] 亻 … 係
[意味] ①〈かか・る〉〈かかわ・る(かかは・る)〉関与する。関連がある。②つなぐ。しばる。むすぶ。③〈か・ける(―・く)〉結びつける。関連づける。④継ぐ。[国]〈かかり〉①うけもち。②費用。
[解字]  形声。イが形を表し、系が音を示す。イは人。系は、糸をつなぐことで、係は、人と人とのつながりをいう。
[名前] たえ
[参考] 新表記では、「繫」の書きかえに用いる熟語がある。
【係羈】つなぐ。つなぎとめる。
【係嗣】あとつぎ。よつぎ。=継嗣
【係踵】次々とおこる。
【係数(數)】①代数で、符号と数字でできた積の場合、符号に対して数字をその係数という。②ある量の単位に対する大きさ。
【係紲】なわでつなぐ。=係緤
【係争(爭)】①あらそい。②[法]訴訟当事者間のあらそいとなること。=繫争【――物】[法]訴訟当事者間の争いの原因となったもの。訴訟の目的物。
【係蹄】なわで獣の蹄をひっかける、わなの一種。
【係風捕景】風をつなぎとめ、影をとらえるように、不可能なこと。また、とりとめもないことのたとえ。
【係虜】①とらわれて捕虜になる。②とらえて捕虜にする。
【係累】①つなぎしばる。=係纍 ②自由を束縛するもの。足手まとい。③自分が世話をする家族。家累。
◇関係

人7【俔】〔9〕 [一]ケン(漢)[一](去) 霰 qiàn チエン [二]ケン(漢)[二](上) 銑 xiàn シエン　J 4855 U 4FD4
心7【悓】〔10〕 同字　J 2983 U 6093
[意味] [一]①〈たと・える(――・ふ)〉②〈うかが・う(――・ふ)〉のぞき見る。スパイ。②おそれつつしむさま。「俔俔」[二]①まわしもの。

人7【俉】〔9〕 ゴ(漢)(呉)(去) 遇 wǔ ウー　J ①1425 補 1727 U 4FC9
[意味] 〈あ・う(―・ふ)〉であう。むかえる。=迕

亻7
【侯】〔9〕常 コウ
コウ 漢 ㊥ 尤 hóu ホウ
J 2484 補 U 4FAF

筆順 亻 亻' 亻' 亻' 亻' 仔 侯

矢4【矦】〔9〕本字 J ②8222 補 U 77E6
人8【㑴】〔10〕同字 J ②0162 補 U 3468

意味 ①〈まと〉弓の的。②侯爵。五等爵(公・侯・伯・子・男)の第二位。③諸侯。④王城を離れること五百里の土地。「侯服」⑤〈うかが・う(―・ふ)〉＝候 ⑥うつくしい。⑦これ。ここに。文頭に置き、語調を整える。⑧なに。なんぞ。⑨すなわち。そこで。⑩姓。

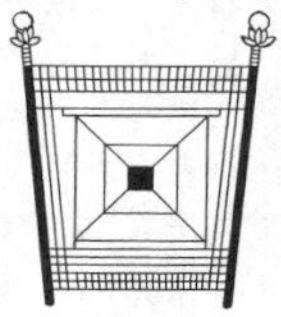
(侯 ①)

解字 会意。古い形で見ると、人・厂・矢を合わせた字。厂はがけのように、布の幕を垂れた形で、それにむかって人が矢を射る。侯は、そこから「まと」を表す。毎年春に、村の老人を招いて宴会をもよおすとき、天子・諸侯が弓を射る競技を行う。君主・大名の意味もそこから生じた。

名前 きぬ・きみ・とき・よし

参考 「候」は別字。

【侯嬴】(こうえい) 人名。戦国時代、魏の信陵君の食客となり、隣国趙が秦に攻められたとき、これを助けようとした信陵君のために、死んで約束を果たした。〖――重二一言一〗侯嬴は一言の約束を重んじた。〈魏徴の詩・述懐〉

【侯王】(こうおう(わう)) 諸大名。君主。

【侯家】(こうか) 王侯・貴族の家。大名の家。

【侯畿】(こうき) 侯服に属する五百里四方の地。

【侯弓】(こうきゅう(きう)) 侯を射るのに用いる弓。

【侯鵠】(こうこく) 弓のまと。十尺四方のものを侯、四尺四方のものを鵠という。

【侯爵】(こうしゃく) もと五等爵の第二位の爵位。

【侯甸】(こうでん) 侯服と甸服(王城の周囲五百里以内の地を甸服、さらにその外五百里を侯服という)。すなわち、王城に近い外地。

【侯伯】(こうはく) 一 ①侯爵と伯爵。②諸侯。諸大名。二(こうは) 諸侯の旗がしら。伯は長の意。

【侯服】(こうふく) 王城の周囲五百里から一千里におよぶ間の地。

【侯牧】(こうぼく) 一地方の君主となって民を養うこと。牧は養う。

◇▼王侯・列侯・諸侯

人7
【俘】〔9〕
コウ(カウ) 漢 キョウ(ケウ) 呉 ㊥ 肴 xiāo シアオ
J ②0149 補 U 4FBE

意味 おおきいさま。「俘佬」

人7
【俒】〔9〕
コン 漢 ゴン 呉 ㊤ 願 hùn フン
J ②0153 補 U 4FD2

意味 〈まった・い(――・し)〉 完全である。すべてそろっている。

人7
【俟】〔9〕
一 シ 漢 一 ㊤ 紙 sì スー
二 キ 漢 二 ㊥ 微 qí チー
J 4856 補 U 4FDF

意味 一 ①〈ま・つ〉たのみにする。期待する。②おおきい。③姓。二 万俟は、複姓。

亻7
【俊】〔9〕常 シュン
シュン 漢 呉 ㊤ 震 jùn チュン
J 2951 補 U 4FCA

筆順 亻 亻' 亻' 仏 伱 佟 俊

意味 ①すぐれる。秀でる。また、その人。「才俊」②たかい。おおきい。

解字 形声。亻が形を表し、夋が音を示す。亻は人。夋にはすらりと高い意味がある。俊は、多くの人から抜け出たすぐれた人を表す。

名前 とし・よし・すぐる・たかし・まさり・まさる

参考 新表記では、「駿」の書きかえに用いる熟語がある。

【俊異】(しゅんい) 才知が人なみ以上にすぐれていること。また、その人。

【俊偉】(しゅんい(ゐ)) 才能がひいでて道理によく通じている。

【俊逸(逸)】(しゅんいつ) 多くの人にぬきんでた才能を持っている。また、その人。

【俊英】(しゅんえい) 多くの人にすぐれた者。百人にすぐれた者を俊、千人にすぐれた者を英という。

【俊穎】(しゅんえい) 才知がすぐれ、ぬけ出た人。

【俊乂】(しゅんがい) すぐれた才能の人物。俊艾。雋乂。

【俊器】(しゅんき) すぐれた才能をもった人物。＝雋器

【俊慧(慧)】(しゅんけい) すぐれて賢い。また、その人。俊賢。

【俊傑】(しゅんけつ) 才能や人格が多くの人よりすぐれている者。＝俊桀・儁傑

【俊賢】(しゅんけん) すぐれて賢い。また、その人。俊慧。

【俊彦(彥)】(しゅんげん) 才知のすぐれた人。彦は男子の美称。

【俊語】(しゅんご) すぐれたことば。りっぱなことば。

【俊(「駿」)才】(しゅんさい) すぐれた才能。また、その人。

【俊材】(しゅんざい) すぐれた才能の持ち主。俊才。

【俊士】(しゅんし) ①才知のすぐれた人。俊人。②周代の学制で、庶人の子弟で、特に道徳にすぐれ、大学に入学を認められた者。

【俊秀】(しゅんしゅう(しう)) 才知が人にすぐれている。また、その人。

【俊爽】(しゅんそう(さう)) 容姿などがすっきりしてすぐれている。

【俊達】(しゅんたつ) 才能がすぐれてえらい。また、その人。

【俊哲】(しゅんてつ) すぐれて賢い。また、その人。英哲。俊彦。

【俊童】(しゅんどう) すぐれて賢いこども。仙童。神童。

【俊徳】(しゅんとく) すぐれた徳。大徳。

【俊抜】(しゅんばつ) 多くの人より、すぐれぬきんでていること。

【俊敏】(しゅんびん) 才知がすぐれていて理解のすばやいこと。

【俊弁(辯)】(しゅんべん) すぐれた弁論。雄弁。

【俊法】(しゅんぽう(ぱふ)) きびしい法律。厳法。

【俊邁】(しゅんまい) 人よりとびぬけてすぐれていること。また、その人。

【俊民】(しゅんみん) 官に仕えないで民間にいるすぐれた人。

【俊茂】(しゅんも|しゅんぼう) 才知や学問のすぐれていること。また、その人。茂は秀の意。＝雋茂

【俊雄】(しゅんゆう(いう)) すぐれておおしい人。

◇▼才俊・英俊

人7
【徐】〔9〕
一 ショ 漢 ジョ 慣 一 ㊥ 魚 xú シュイ
二 ショ 漢 呉 二 ㊥ 魚 shū シュー
J 1725 補 U 4FC6

意味 一 ①ゆるやか。＝徐 ②姓。二 地名。徐州。

人7
【俏】〔9〕
一 ショウ(セウ) 漢 一 ㊤ 嘯 xiào シアオ
二 ショウ(セウ) 漢 二 ㊤ 嘯 qiào チアオ
三 ショウ(セウ) 漢 三 ㊥ 蕭 xiāo シアオ
J ②0152 補 U 4FCF 1731

意味 一 似る。＝肖 二 美しい。みめよいさま。三 琴をひきならす音。「俏然」

亻7
【信】〔9〕学4 シン
一 シン 漢 呉 一 ㊤ 震 xìn シン
二 シン 漢 呉 二 ㊥ 真 shēn シェン
J 3114 補 U 4FE1

筆順 亻 亻' 亻' 亻' 亻' 信 信 信

3 人【㐰】〔5〕古字 U補J 3430 ――
4 子【㞢】〔7〕同字 U補J 2631 5B5E
4 言【訫】〔11〕同字 U補J 6148 8A2B

意味 ■①〈まこと〉真実。誠実。②〈まことに〉本当に。③信じる。真実と思いこむ。④しるし。あかし。証明。「信験」⑤たより。「音信」⑥〈まか・せる(――・す)〉⑦二晩泊まり。⑧使者。■①〈の・びる(―・ぶ)〉のばす。＝伸「信使」②〈の・べる(―・ぶ)〉明らかにする。＝申 ③からだ。＝身

解字 会意。イと言とを合わせた字。イは人。信は人の言(ことば)をいう。人と人との口約束は、うそをつかないのが正しい社会ではあたりまえのことである。それで、誠実の意味となる。一説に、人は音を示すもので、申と通じて、重ねるという意味を含むから、信は、ことばが意(こころ)に重なり合うことをいうと解する。

名前 あき・こと・さだ・さね・しげ・しの・ただ・ちか・とき・とし・まさ・みち・あきら

姓 信乃・信太・信夫・信田・信多・信楽

地名 信覚・信濃

難読 信天翁・信太鮨

【信貴山縁(緣)起】(しぎさんえんぎ) 国奈良県信貴山の朝護孫子寺に保存されている有名な絵巻物。藤原末期、鳥羽僧正の作として伝えられている。国宝。

【信愛】(しんあい) 信用して、大事にする。

【信印】(しんいん) うそいつわりのないしるし。

【信義】(しんぎ) 約束を守り、相手に対する道義的な務めを果たすこと。

【信教】(しんきょう(けう)) 宗教を信じること。

【信禽】(しんきん) 雁をいう。

【信験(驗)】(しんけん) ①しるし。あかし。②ききめ。

【信口】(しんこう) 口から出まかせを言う。

【信仰】(しんこう(かう)) 神仏を尊んでこれにたよりすがること。

【信号(號)】(しんごう(がう)) あいず。

【信士】■(しんし) ①信義の士。信実心のある人。信人。②金を寄付した人。■(しんじ) ①俗人で仏門にはいった男子。優婆塞。②仏式で、葬った男子の法名につける語。↕信女

【信使】(しんし) 使者。通信を持って行く人。

【信璽】(しんじ) しるし。天子の印。

【信実(實)】(しんじつ) まこと。うそいつわりがないこと。

【信者】(しんじゃ) 宗教を信仰する人。信徒。

【信宿】(しんしゅく) 二泊。再宿。

【信書】(しんしょ) 手紙。書状。書簡。

【信証(證)】(しんしょう) しるし。あかし。証拠。

【信条(條)】(しんじょう(でう)) かたく信じている事がら。

【信賞必罰】(しんしょうひつばつ) 賞罰をはっきりさせる。てがらがあれば必ず賞を与え、罪があれば必ず罰すること。信は必と同意。

【信人】(しんじん) まことがあってあざむかない人。

【信心】■(しんじん) ①信仰する心。②国神仏を信仰して祈ること。■ xìnxīn 現自信。確信。

【信兆】(しんちょう(てう)) たより。消息。しらせ。「杳無二信兆一」(全然たよりがない。)〈聊斎志異〉

【信天翁】(しんてんおう(をう)) 海鳥の名。あほうどり。特別天然記念物。国際保護鳥。

【信徒】(しんと) 信者。信仰する人。

【信女】(しんにょ) ①俗人で仏門にはいった女子。優婆夷。②仏式で葬った女子の法名につける語。↕信士

【信任】(しんにん) 信用してまかせる。【――状(狀)】(しんにんじょう(じゃう)) 法一国の元首または外務大臣が、大使・公使などの外交官をさし向けるときに、その人を信任する意志を相手国の元首、または外務大臣に知らせるために差し出す文書。

【信念】(しんねん) ①信仰する心。②心にかたく信じている事がら。

【信否】(しんぴ) ほんとうか、うそか。

【信憑】(しんぴょう) 信用してたよりにする。信頼。憑信。

【信風】(しんぷう) ①北東の風。②季節風。

【信服】(しんぷく) 相手を信じてしたがう。心服。

【信望】(しんぼう(ばう)) 信用と人望。

【信奉】(しんぽう) 信じてだいじにする。

【信用】(しんよう) ①信じて用いる。②信じて疑わない。③人望がある。評判がいい。

【信頼】(しんらい) 信用してたよる。

【信陵君】(しんりょうくん) 人名。戦国時代、魏の昭王の子。賢者として有名。

【信息】(シンシー) xìnxī 現たより。情報。

【信筒】(シントン) xìntǒng 現郵便ポスト。

【信封】(シンフォン) xìnfēng 現封筒。

【信言不レ美、美言不レ信】(しんげんはびならず、びげんはしんならず) 真実味のあることばは、決して美しく飾ったものではなく、美しく巧みに飾ったことばには、真実味がない。〈老子・八十一〉

【信而見レ疑】(しんにしてうたがわ(うたがは)る) 信実をもって仕えながらも、主君から疑われる。〈史記・屈原列伝〉

◇▼不信・自信・妄信・返信・来信・私信・受信・往信・盲信・発信・迷信・音信・通信・書信・電信・誤信・確信

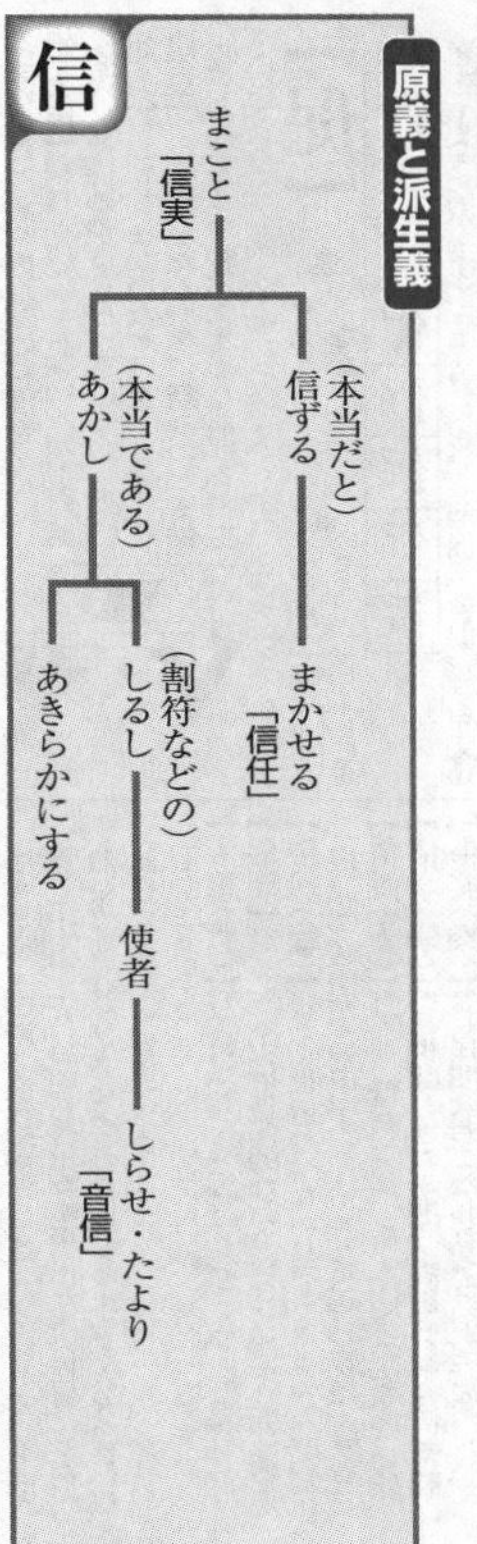

イ 7【侵】〔9〕常 シン おかす U補J 3115 4FB5
旧字 人 7【侵】〔9〕 ■シン 漢 具 ■平 侵 qīn チン ■シン 漢 具 ■上 寝 qǐn チン U補J ――

筆順 イ 仁 仨 伊 伊 㑴 侵 侵

意味 ■①〈おか・す(をか・す)〉㋐攻め入る。㋑しだいに入りこむ。㋒そむく。そこなう。②接近する。近づく。③凶作の年。「大侵」■〈みにく・い(――・し)〉みすぼらしい。

解字 会意。イ・⺕・又を合わせた字。イは人。⺕は帚の略で、ほうきのこと、又は手である。侵は人がほうきを手に

持って、ゆっくりと掃除してゆくことで、だんだんと人の領分にはいりこむことをいう。

【侵淫】(しんいん) しだいに進む。

【侵害】(しんがい) 他人の利益や権利などを、おかしそこなう。

【侵漁】(しんぎょ) 漁師が魚を捕らえるように、片はしから他人の物を奪いとる。

【侵撃(擊)】(しんげき) 敵地に侵入し攻撃する。

【侵寇】(しんこう) 他国に攻め入って害をくわえる。

【侵攻】(しんこう) 攻めとる。人の土地に攻めこむ。

【侵削】(しんさく) ①おかしけずり取る。②おかされて減る。

【侵残(殘)】(しんざん) おかしそこなう。侵害。

【侵擾】(しんじょう(ぜう)) おかしみだす。

【侵食(「蝕」)】(しんしょく) ①はいりこむ。しだいしだいにくいこむ。②しだいに人の領分にくいこむ。

【侵早】(しんそう(さう)) 朝早く。早朝。侵朝。

【侵奪】(しんだつ) おかしうばう。攻めこんで奪い取る。

【侵地】(しんち) ①攻め取った土地。②敵に攻め取られた土地。

【侵入】(しんにゅう(にふ)) むりにはいる。攻めこむ。人の土地に攻め入る。

【侵伐】(しんばつ) 人の土地に攻め入る。

【侵犯】(しんぱん) ①他国の領土や権利などをおかす。②他人の権限をおかす。

【侵分】(しんぶん) ─よせ 国囲碁や将棋の終盤戦。互いにわずかの利益を得ながら、勝負をきめてゆくこと。

【侵冒】(しんぼう) おかす。横取り。侵犯(しんぱん)。

【侵暴】(しんぼう) 攻め入って乱暴を加える。

【侵略】(しんりゃく) 一 攻め取る。他国に攻め入ってその土地を奪い取る。＝侵掠 二 qīnlüè (チンリュエ) 現 一 に同じ。【──主義】(しんりゃくしゅぎ) 他国を侵略して領土を広げることを方針とする政治のやり方。

【侵陵】(しんりょう) おかしはずかしめる。＝侵凌

◁▼不可侵(ふかしん)

人 7 【侲】 〔9〕 シン 漢 去 震 zhèn チェン J ②0148 補 1715 U 4FB2

意味 ①わらべ。こども。②善い。「侲子(しんし)」(善い子) ③馬をかう人。

人 7 【俎】 〔9〕 ショ 漢 上 語 ソ 呉 zǔ ツー J 4857 補 — U 4FCE

交 5 【爼】 〔9〕 俗字 J 6412 補 — U 723C

意味 ①つくえの形をした祭器。牲(いけにえ)をそなえる台。②〈まないた〉魚や肉などの料理台。

（俎 ①）

【俎上肉】(そじょう(じゃう)のにく) まないたの上にある肉。運命のつきたたとえ。

【俎刀】(そとう(たう)) まないたとほうちょう。

【俎豆】(そとう) ①俎とたかつき。祭りのとき供物(くもつ)を盛るうつわ。②まつりあげる。主人にする。

イ 7 【促】 〔9〕 常 ソク うながす ソク 呉 入 沃 cù ツー J 3405 補 — U 4FC3

筆順 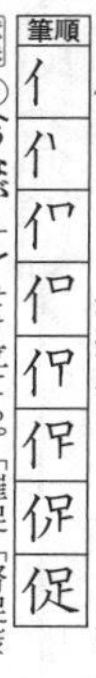

意味 ①〈うなが・す〉せき立てる。「催促」「督促(とくそく)」②〈せま・る〉㋐近くなる。短くなる。㋑おしつまる。切迫(せっぱく)する。㋒窮屈になる。せわしくなる。

解字  形声。イが形を表し、足(そく)が音を示す。イは人。足は、あしで、あるくという意味を持つとともに、縮(しゅく)と音が通じて、ちぢむという気持ちを含む。促は、せかせかと歩くこと、あるいは、背の低い人、ということを表し、近づく、せまるという意味になる。

名前 ちか・ゆき

【促座(「坐」)】(そくざ) 窮屈につめあってすわる。

【促膝】(そくしつ) 膝をつきあわせて座る。相手と親密であるさま。また、きゅうくつに座るさま。

【促織】(そくしょく) こおろぎ(今のきりぎりす)の異名。ぎっちょ。はたおり。寒くなるから、はたおりを急げと鳴く虫の意。

【促進】(そくしん) 一 うながしすすめる。せきたてて進める。二 cùjìn (ツーチン) 現 一 に同じ。

【促成】(そくせい) いそがせて早くできあがらせる。

【促促】(そくそく) ①あくせくするさま。こせつくさま。②短いさま。③きちんとしているさま。

【促迫】(そくはく) ①うながしせまる。いそぐ。②きびしい。

【促歩】(そくほ) せわしく歩く。

【促急】(そっきゅう(そくきふ)) ①せきたてる。いそがせる。②せっかち。気短。「短気」

イ 7 【俗】 〔9〕 常 ゾク ショク 漢 ゾク 呉 入 沃 sú スー J 3415 補 — U 4FD7

筆順 

意味 ①ならい。ならわし。「風俗(ふうぞく)」②世間。世の中。「世俗(せぞく)」③仏門にはいった人に対して、世間の人。④なみ。あたりまえのこと。「凡俗(ぼんぞく)」⑤程度が低い。いやしい。

解字  形声。イが形を表し、谷(こく)が音を示す。イは人。谷は「たに」で、わき出た水が、土と水の性質にしたがって、自然に川に流れこむものである。俗は、その土地の人々が習い伝えて自然にできあがった習慣である。

名前 よ・みち

【俗悪(惡)】(ぞくあく) いやしくて、みにくいこと。俗陋(ぞくろう)。

【俗韻】(ぞくいん(ゐん)) ①俗世間的なおもむき。②下品な調子。

【俗縁(緣)】(ぞくえん) ①世俗のつながり。うきよの人間関係。塵縁。②仏僧がまだ出家しなかった当時の親類・縁者。

【俗画(畫)】(ぞくが(ぐゎ)) 低級な絵。俗人向きの安っぽい絵。

【俗学(學)】(ぞくがく) 世間むきの学問。高尚(こうしょう)でない学問。

【俗楽(樂)】(ぞくがく) 民間におこなわれる低俗な音楽。

【俗眼】(ぞくがん) 世間一般の人の見方。俗人の目のつけどころ。

【俗議】(ぞくぎ) 世俗の議論。通俗の議論。俗論。

【俗劇】(ぞくげき) 通俗な演劇。

【俗言】(ぞくげん) ①日ごろ俗世間で用いることば。下品なことば。俗語。↕雅言(がげん) ②世間のうわさ。

【俗諺】(ぞくげん) ことわざ。俚諺(りげん)。

【俗語】(ぞくご) ①ふだん使っていることば。②文や歌の用語とは異なることば。口語。③ことわざ。

【俗才】(ぞくさい) 世わたりの才能。世才(せさい)。処世の才。

【俗士】(ぞくし) ①普通の人。②見識の低いつまらない人。

【俗耳】(ぞくじ) ①一般の人の耳。②俗世間の人の考え方。【──針砭】(ぞくじのしんぺん) 俗世間の人の戒めとすべきもの。

【俗字】(ぞくじ) 世間で使われている、字画の正しくない漢字。恥を耻、館を舘、と書く類。

【俗事】(ぞくじ) 世間のわずらわしい雑事。

【俗主】(ぞくしゅ) 普通の君主。くだらない天子。

【俗儒】(ぞくじゅ) 見識が狭く、道にはずれた学者。つまらない儒者。「↕雅儒(がじゅ)」

【俗臭】(ぞくしゅう(しう)) 俗っぽい気風。品のない趣。

【俗習】(ぞくしゅう(しふ)) 俗世間のならわし。世間の習慣。

【俗衆】(ぞくしゅう) ①俗人たち。一般の世間人。②出家していない人々。「人々」

【俗書】(ぞくしょ) ①世間に通用している書物。②低級な書物。③卑しい筆跡。俗筆。

【俗姓】(ぞくしょう(しゃう)) 一ぞくせい 僧が出家するまえの姓。俗名(ぞくみょう)。

【俗称(稱)】(ぞくしょう) ①世間での通り名。②俗名(ぞくみょう)。

【俗情】(ぞくじょう(じゃう)) ①俗世間の人の心。②名誉・利益などにあこがれる心。「名誉・利益などにあこがれる心」

【俗心】(ぞくしん) 名誉や利益にひかれる心。俗念。

【俗信】(ぞくしん) 教養の低い人々の間におこなわれる、うらないやま

じないなどの迷信的なもの。

【俗人】①普通の人。凡庸。②僧以外の一般人。出家しない人。③風流を理解しない人。④世慣れた人。⑤金や名誉に心を動かされる人。欲心の多い人。

【俗塵】うきよのちり。世間のわずらわしい雑事。世累。

【俗世】この世の中。世間。【──間】①仏けがれたこの世の中。うきよ。↔出世間。②俗人の世。人の世。

【俗説】一般世間におこなわれている説。

【俗僧(僧)】名誉や利益をたいせつにする僧。

【俗体(體)】①風趣がない詩の体。②世間で使う正しくない字体。③世間の俗人の身なり。④無風流なさま。

【俗諦】仏世間の実際のことをとりあげて人々にわかりやすく説いた道理。手近な道理。↔真諦。

【俗談】世間のことに関する話。世間ばなし。

【俗知(「智」)】俗世間のことについての知識。つまらないことに向ける知恵。

【俗調】俗世間に行われる調子。上品でない調子。

【俗伝(傳)】世間の言い伝え。

【俗難】国世間からの非難。世評。

【俗念】名誉・利益などに動かされる、いやしい心。

【俗輩】俗人の仲間。俗人たち。

【俗筆】俗っぽい下品な筆跡。まずい筆跡。

【俗評】①世間の評判。②つまらない批評。

【俗物】①心のいやしい人間。②世間なみの人。つまらない人。

【俗文】①通俗でわかりやすい書き方の文。↔雅文 ②くだらない文章。

【俗本】世間に読まれているつまらない書物。通俗本。

【俗名】一 ①仏僧になる前の名。②仏教徒の生存中の名。↔法名・戒名 ③国世間での通り名。通称。二 俗悪な評判。

【俗務】世間のわずらわしいつとめ。塵務。

【俗用】①俗世間で用いること。②国世間のわずらわしい雑事。俗事。

【俗謡(謠)】小唄や流行歌のような、民間のはやりうた。俗歌。俗曲。

【俗吏】つまらない役人。教養の低い小役人。官吏をけなしていう語。

【俗流】①つまらない人間の仲間。一般人の仲間。②世間のいやしいならわし。

【俗了】平凡になる。俗化する。

【俗累】俗世間のわずらわしいこと。

【俗陋】下品でいやしい。

【俗論】世間一般のくだらない議論。

【俗話】世間の話。世間話。俗談。

【俗化】①俗っぽくなる。②風俗と教化。

【俗歌】世間でうたわれる歌。流行歌。はやりうた。

【俗戒】仏出家しない俗人の守るべき戒め。殺生・偸盗・邪淫・妄語・飲酒など。

【俗界】俗人の住む世界。俗世間。

【俗解】①わかりやすく解くこと。②俗人の理解。

【俗間】①俗人の仲間。②民間。世間。

【俗気(氣)】俗世間の気風。俗臭。

【俗忌】世間でいみきらう事がら。

【俗客】風雅のわからない客。無風流な客。

【俗境】①下品な土地。卑俗な場所。俗界。②俗人の生涯。俗人の世界。

【俗曲】俗世間にうたわれる歌曲。いやしい歌。俗謡。

【俗見】世俗の考え。俗人の考え。

【俗骨】①平凡な顔だちや才能。②俗っぽい気質。

【称(稱)レ俗】世間の風習につりあう。

【適二俗韻一】俗世間に適合するような素質。

▼風俗・土俗・世俗・民俗・里俗・俚俗・卑俗・通俗・習俗・雅俗・還俗・離俗

人7【侻】[9] 一 タイ 漢 去 泰 tuì トイ 二 タツ 漢 入 曷 tuō トゥオ　J 1718 補 U 4FBB

意味 一〈かな・う(──・ふ)〉合う。二 ①簡易である。②軽々しい。③みにくい。「侻陋」

人7【俀】[9] タイ 漢 上 賄 ツイ 呉 tuǐ トイ　J 1722 補 U 4FC0

意味 よわよわしい。

人7【俋】[9] チュウ 漢 入 緝 (チフ) yì イー　J ②0151 補 1728 U 4FCB

意味 ①強くいさましいさま。②耕すさま。「俋俋乎」

人7【侹】[9] テイ 漢 上 迥 チョウ(チャウ) 呉 tǐng ティン　J 1717 補 U 4FB9

意味 ①〈なが・い(──・し)〉ながいさま。まっすぐなさま。=挺 ②地面によこになる。③交代する。

人7【俘】[9] フ 漢 平 虞 fú フー　J 4858 補 U 4FD8

意味 ①とりこ。捕虜。②とりこにする。いけどる。

【俘獲】敵兵をいけどる。いけどり。生擒。

【俘馘】敵をいけどりにして、その左耳をそぎとる。

【俘級】俘虜と首級。いけどりにした敵と、討ちとった敵の首。

【俘囚】捕虜。俘虜。

【俘醜】捕虜たち。醜は衆の意。

【俘虜】とりこ。捕虜。俘囚。

人7【俌】[9] フ 漢 上 麌 fǔ フー　J 1729 補 U 4FCC

意味〈たす・ける(──・く)〉人を補佐する。=輔

人7【俜】[9] ヘイ 漢 平 清 ヒョウ(ヒャウ) 呉 pīng ピン　J 1733 補 U 4FDC

意味 信義を第一に行動する者。任俠。=俠

亻7【便】[9] 学4 ベン・ビン たより　J 4256 補 U 4FBF

旧字 人7【便】[9]

一 ヘン 漢 ベン 呉 ビン 慣 去 霰 biàn ビエン　二 ヘン 漢 ベン 呉 平 先 pián ピエン

筆順 亻 亻 仁 佢 佰 佰 便 便

人9【𠊳】[11] 字 本 J ── 補 ── U 202B3

意味 一 ①都合がよい。便利である。②機会。てだて。③慣れる。習熟している。④〈たより〉音信。⑤〈すなわち(すなはち)〉…するとすぐに。⑥大小便。⑦→便便 二 ①くつろぐ。安らぐ。②口がうまい。

語法 ❶〈すなわち(すなはち)〉…するとすぐに。…するとはやくも。ふたつの事態が間を置かずにおこることを示す。例「挙レ筆便成、無レ所二改定一」(筆を執るとたちまち書きあがり、改めるところもなかった)〈三国志・王粲伝〉▼「容易に」「たやすく」という語感が含まれる場合がある。❷〈すなわち(すなはち)〉つまり。とりもなおさず。同一であることを確認・強調する。例「匡廬便是逃レ名地」(廬山こそは世俗の名利を忘れるのにふさわしい地である)〈白居易の詩・香炉峰下新卜山居詩〉↓付録・同訓異義要覧「すなわち」

2画 二亠人(亻・𠆢)儿入八冂冖冫几凵刀(刂)力勹匕匚匸十卜卩(㔾)厂厶又

解字 会意。亻は人、更は改めること。便は、人がつごうの悪いところを改めて、ぐあいよくすること。安らかになる、便利になる意を表す。一説に、便は人に仕えるいやしい人をいうと解する。

名前 やす 難読 便追

【便状(狀)】たよりの書状。手紙。

【便乗(乘)】国①ついでに乗る。同乗する。②うまく利用する。

【便船】つごうよく出る船。幸便の船。

【便箋】手紙を書く紙。レターペーパー。書簡箋。

【便衣】①ふだん着。平服。②短くて袖を小さくした手がるな衣服。便服。【——隊】もと中国で、軍服を着ないで敵地にはいり、スパイ行動に従事した部隊。ゲリラ隊。

【便易】てがるで便利なこと。

【便益】便利で役にたつこと。

【便嫁】①つてを得て嫁入りする。②すぐさまとつぐ。「便嫁莫留住」(つてを得て結婚し、わが家に残るな。)〈陳琳・飲馬長城窟行〉

【便宜】㊀①つごうがよい。便利。②利益のため。つごう上。③適当なとりはからい。㊁ piányi 現ねだんが安い。【——主義】しっかりした考えや一定の主義もない、その場その時のつごうしだいのやりかた。

【便計】都合が良い計略。

【便娟】①美しくあでやかなさま。②舞うさま。③雪が軽く飛び舞うさま。

【便言】口さきがうまい。雄弁。

【便口】すらすらとものをいう。口さきがうまい。

【便巧】①動作がすばやいこと。②へつらってきげんをとること。

【便座(「坐」)】①気楽に休む別のへや。休息のへや。②くつろいですわる。

【便私】自分につごうのよいようにはかる。利己。

【便辞(辭)】口さきだけのことば。おせじ。

【便室】①休憩所。控室。②便所。

【便習】慣れる。熟練する。

【便章】①その才能に応じて、人民を公平に治める。平章。②平常服。

【便捷】すばやい。便敏。

【便人】世間の事になれた人。経験家。

【便旋】①さまよいめぐる。行きつもどりつする。②小便する。

【便体(體)】からだがしなやかなこと。


【便地】便利な土地。

【便殿】①休息のために設けた御殿。②国行幸・行啓のさい天皇・皇后らの休息される建物や部屋。

【便榻】寝いす。

【便道】便利な道。近道。便路。

【便佞】口さきばかりうまくて、まごころのない者。

【便美】てがるでおいしい。

【便秘(祕)】大便の通じがない。

【便敏】すばやい。便捷。

【便風】①ぐあいのよい風。おいかぜ。②たより。

【便服】ふだんぎ。平服。

【便腹】大きい腹。たいこ腹。

【便嬖】君主のお気に入り。便辟。

【便辟】人のごきげんをとる。また、その人。お気に入り。=便嬖
【便便】①腹部の肥えふとっているさま。②ことばつきのはっきりしているさま。弁舌のうまいさま。③よく治まるさま。④上品なさま。⑤国むだに時をすごすさま。

【便法】まにあわせのやりかた。

【便面】昔、顔をおおいかくすのに用いられた扇の一種。

【便蒙】初歩向きにわかりやすく書いた本。

【便門】通用門。裏門。勝手口。

【便覧(覽)】てがるにわかる便利な薄い本。パンフレット。

【便利】①つごうがよい。かってがよい。②すばやい。自由自在。③たより。つごう。④大小便のこと。

【便路】便利な道。近道。便道。

【便条(條)】biàntiáo 現書きつけ。書き置き。


◁▶不便・方便・幸便・音便・船便・郵便・検便・軽便・穏便・簡便・促音便

人7【俛】〔9〕㊀ベン漢 ㊁メン慣 ㊂フ漢 ㊀㊤銑 miǎn ミエン ㊂㊤麌 fǔ フー J 4859 補― U 4FDB

意味 ㊀つとめる。=勉 ㊂〈ふ・せる(—・す)〉うつむく。=俯

【俛仰】うつむくこととあおむくこと。=俯仰【——之間】頭をうつむけ、あおむける間ほどの、ほんのわずかの間。

【俛詘】ふしかがむ。

【俛首】頭を下げる。=俯首【——帖耳】頭を下げ、耳をたれる。あわれみをこうさま。

【俛眄】頭をさげて見る。うつむいて見る。

【俛僂】身をかがめる。せぐくまる。=俯僂
【俛焉】①努力するさま。②他をかえりみないさま。

【俛起】①伏したり起きたりする。②生活する。

【俛勉】努力する。黽勉。

亻7【保】〔9〕学5 ホ たもつ ホウ漢県 ホ県 ㊤皓 bǎo パオ J 4261 補― U 4FDD

筆順
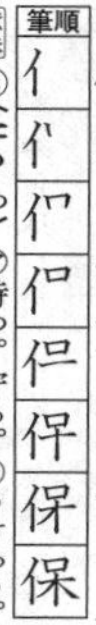

意味 ①〈たも・つ〉㋐持つ。守る。㋑うけあう。責任をもつ。②〈やすん・じる(—・ず)〉㋐育てやしなう。㋑護る。かばう。③世話係。つきそい。「保姆」④官名。宮中の教育をおこなう。「太保」⑤やとわれ人。⑥とりで。要塞。=堡 ⑦おむつ。むつき。=褓 ⑧昔の中国の戸籍の組単位で、十戸を保と称した。

解字 形声。亻が形を表し、呆が音を示す。亻は人。呆は、古い形で見ると、子の下に八がある形で、八は、赤子を入れるむつき、ねんねこである。保は、人が子どもを、むつきに包みかくすようにしておぶうことを表す。

名前 お・もち・もり・やす・より・まもる・やすし 姓 保科 地名 保谷 難読 保ち合い

【保安】社会の安全・平和を保つこと。

【保育】乳幼児を保護し、育てること。

【保鑾】天子を守る兵。鑾は、天子の車の上につける鈴。禁兵。親兵。

【保介】①農事を世話する周代の官。②武器を持って兵車の右にいる武士。車右。③かいぞえ。世話役。

【保管】保護管理の略。ある条件、または約束で、他人の金銭・物品をあずかり保存すること。

【保宮】漢代の官名。のち、獄の名に用いられた。

【保挙(擧)】能力がある者を推薦によって官吏に登用すること。

【保険(險)】①けわしい土地にたてこもる。②からだや財産について、思いがけない事故から生じる損害を保証すること。「生命保険」

【保元】㊀人民を安らかにする。㊁国第七十七代、後白河天皇時代の年号(一一五六〜一一五九)。

【保護】㊀かばい守る。庇護。㊁ bǎohù 現㊀に同じ。

【保甲】(ほこう(かふ)) 宋の王安石が定めた新しい制度の一つ。十家を保とし、保丁(保の中の成年男子)に兵器を与えて訓練し、その土地を守らせたもの。

【保塞】(ほさい) ①とりで。②とりでを守る。

【保氏】(ほし) 周代の官制の一つで、王をいさめ、貴族の子弟の教育を役目とした。

【保持】(ほじ(ぢ)) 保ち続ける。持ちこたえる。 ▣ bǎochí 現▣に同じ。

【保社】(ほしゃ) 互いに保護しあい、助けあう組合。

【保釈(釋)】(ほしゃく) 法裁判で判決を受ける前に、被告人が一定の保証金を納めて、一時釈放されること。

【保守】(ほしゅ) ①保ち守る。②前からのきまりや習慣をそのまま守りつぐ。【――主義】(ほしゅしゅぎ) 歴史・伝統・慣習をたいせつに考え、今までの状態を守っていこうとする主義。↕進歩主義

【――退嬰】(ほしゅたいえい) 古い習慣やしきたりを守り、新しいことには、しりごみをすること。

【保証(證)】▣(ほしょう) ①請け合う。引き受ける。②法他人の身分や行いの上に事故がおこったり、他人が借りた金の返済をしない場合は、その責任を引き受けること。 ▣ bǎozhèng 現▣に同じ。

【保障】(ほしょう(しゃう)) ①とりで。要塞。保は堡で、小さい城。障は、とりで。＝保鄣 ②相手の立場や権利などを保証する。

【保身】(ほしん) 自分の身の安全を守りつづけること。

【保真(眞)】(ほしん) 持って生まれた本性を持ち続けて失わないこと。

【保全】(ほぜん) 保護して安全に保ちつづける。

【保息】(ほそく) 心安らかに人民をさかえさせる。

【保卒】(ほそつ) 残された生涯を無事に終えること。

【保存】▣(ほぞん) いつまでももとのままに保つ。失わないようにたいせつに保つ。 ▣ bǎocún 現▣に同じ。

【保定】(ほてい) 無事安泰。安らかな状態に身をおくこと。

【保任】(ほにん) ①保ち続ける。②保証する。③朝廷に推薦した人物に責任をもつ。

【保傅】(ほふ) 天子や貴族の子弟を教育するもり役。

【保母】(ほぼ) ①こどもを世話する婦人。②国保育所で幼児の保育にあたる女性。③国幼稚園の女の先生の旧称。＝保姆

【保民】(ほみん) 民の生活を安定させる。

【保有】(ほゆう(いう)) ①現在持っている。②持ち続ける。【――米】(ほゆうまい) 国農家が手もとに持っている米。

【保宥】(ほゆう(いう)) 政治をゆるやかにして民を安んずる。

【保祐(祐)】(ほゆう(いう)) 守り助ける。＝保佑・保右

【保庸】(ほよう) やとい人。雇用人。＝保傭

【保養】(ほよう(やう)) ①からだを休めて健康にする。養生。②心をなぐさめ楽しませる。

【保留】▣(ほりゅう(りう)) ①残しとどめる。②自分の主張を捨てたり改めたりしないことを表しておく。③あとまわし。 ▣ bǎoliú 現▣に同じ。

【保衛(衞)】 ▣ bǎowèi 現防衛する。守る。

▽担保・留保・確保

人7【侼】〔9〕 ホツ 漢 入 月 ボチ 呉 bó ポー　J ― U補 4FBC 1719

意味 ①しいる。むりをとおす。②うらむ。

人7【俑】〔9〕 ヨウ 漢 上 腫 yǒng ヨン　J 4860 U補 4FD1

意味 ①ひとがた。殉死者のかわりに土中に埋める人形。②いたむ。いたみ。

(俑①)

【俑人】(ようじん) 人形。偶人。

【作レ俑】(ようをつくる) 悪い前例をつくること。木偶を作り、墓に埋めたことから、殉死の悪習が生まれたとすることによる。〈孟子・梁恵王上〉

イ7【俐】〔9〕 入 リ 漢 去 寘 lì リー　J 4862 U補 4FD0

心7【悧】〔10〕 同字 J 5606 U補 60A7

意味 さかしい。小りこう。「伶俐」

人7【俚】〔9〕 リ 漢 上 紙 lǐ リー　J 4861 U補 4FDA

意味 ①いやしい。いなかびている。②民間の歌謡。はやり歌。③たのむ。頼る。④南方の少数民族。蛮の別称。

参考 新表記では、「里」に書きかえる熟語がある。

【俚歌】(りか) いなかびた歌。俚謡。俗歌。俗謡。

【俚言】(りげん) いやしいことば。俗っぽいことば。俚辞。俚語。↕雅言

【俚諺】(りげん) 俗世間のことわざ。

【俚語】(りご) 世俗のいやしいことば。俚言。

【俚耳】(りじ) いやしい人の耳。高尚なことのわからぬ民衆の耳。俗耳。

【俚俗】(りぞく) いやしいこと。いやしい風習。

【俚鄙】(りひ) いなかくさくていやしい。

【俚婦】(りふ) いなかの女。

【俚謡(謠)】(りよう(えう)) いなかうた。俗謡。民謡。俚歌。＝「里謡」

イ7【侶】〔9〕 常 リョ　リョ 漢 ロ 呉 上 語 lǚ リュイ　J 4623 U補 4FB6

筆順 亻 亻 个 伫 㑚 俖 侶

意味 ①〈とも〉ともがら。なかま。「侶伴」②〈ともと・する(――・す)〉ともに遊ぶ。仲間になる。

解字 形声。亻が形を表し、呂が音を示す。呂は背骨で、つらなるの意味がある。侶は、同列に並ぶ人、ともの意となる。

名前 かね

【侶行】(りょこう(かう)) いっしょにつれていく。同行。

【侶儔】(りょちゅう(ちう)) とも。なかま。つれ。侶伴。

【侶伴】(りょはん) みちづれ。伴侶。

人7【俍】〔9〕 リョウ(リャウ) 漢 平 陽 ロウ(ラウ) 呉 liáng リアン　J ― U補 4FCD 1730

意味 よい。すぐれている。うでが良い。

イ7【俤】〔9〕 標 国字　J 4863 U補 4FE4

意味 〈おもかげ〉かおつき。容貌。ようす。

人7【俥】〔9〕 国字　J 4864 U補 4FE5

意味 〈くるま〉人力車。

イ7【俣】〔9〕 人 標 国字　J 4383 U補 4FE3

人8【俁】〔10〕 同字 J ②0162 U補 3468

意味 〈また〉わかれまた。主に地名や姓名に用いられる。

人7【俈】〔9〕 同 ↓嚳(二六七ジベ・下)

人7【侽】〔9〕 俗 ↓男(八三五ジベ・上)

イ7【侮】〔9〕 旧 ↓侮(八九ジベ・中)

人7【臾】〔〕(一〇三五ジベ・上) ↓臼部二画

人7【修】〔9〕 古 ↓修(一〇〇ジベ・中)

人7【侼】〔9〕 俗 ↓儔(一一九ジベ・上)

人7【俞】〔9〕 同 ↓兪(一二九ジベ・上)

人8【倚】〔10〕 ▣イ 漢 ▣ 上 紙 yǐ イー ▣キ 漢 ▣ 平 支 jī チー　J 4865 U補 501A

意味 ▣①〈よ・る〉もたれる。よりかかる。②たのむ。たよる。すがる。③かたよる。④調子を合わせる。⑤姓。▣①ふしぎなさま。＝奇 ②そろっていないこと。また、奇数。↕

偶(ぐう)
【倚愛(いあい)】たよりにし、かわいがる。
【倚几(いき)】①よりかかる机。②机によりかかる。
【倚恃(いじ)】たよりにする。
【倚藉(いしゃ)】たよって力とする。
【倚相(いしょう(しゃう))】春秋時代、楚(そ)の霊王の時の史官の名。
【倚信(いしん)】信用してたよりにする。
【倚託(いたく)】たよりにしてまかせる。倚恃(いじ)。＝依託
【倚頓(いとん)】①中国、戦国の世の大金持ちの名。倚頓の富。②ぶらぶらして休息する。徙倚(しい)。
【倚馬(いば)】馬にもたれかかること。【――七紙(いばしちし)】馬にもたれかかって立っている間に、七枚もの長い文章を書きあげたという晋(しん)の袁虎(えんこ)の故事から、すばやくてすぐれている文才の意。倚馬之才(いばのさい)。〈世説新語(せせつしんご)・文学〉
【倚伏(いふく)】幸と不幸はかわるがわるに生じること。「禍兮福之所倚、福兮禍之所伏(かはふくのよるところ、ふくはかのふくするところ)」〈老子・五十八〉
【倚門(いもん)】門によりかかる。【倚門望(いもんのぼう(ばう))】母親が門によりかかって、わが子の帰りを待ちわびる。母が子を思う情(じょう)。倚閭望(いりょのぼう)。〈戦国策・斉(せい)〉
【倚頼(いらい)】たよる。たのむ。依託。＝依頼
【倚閭(いりょ)】村の入口の門によりかかる。閭は、村里の門。親が村の門によりかかってわが子の帰りを待ちわびること。【――望(いりょのぼう(ばう))】「倚門望(いもんのぼう)」に同じ。
【倚廬(いろ)】親の喪(も)の期間中に住む仮小屋。
【倚魁(きかい(くわい))】ふしぎで怪しげなこと。奇怪。〈荀子(じゅんし)・修身〉
【倚人(きじん)】からだが不自由な人。
【倚楹之戚(いえいのうれい(うれひ))】魯(ろ)国の女子が柱によりかかって国をうれい、人をいたましがった故事。〈後漢書(ごかんじょ)・盧植(ろしょく)伝〉

イ8 【俺】〔10〕 常 おれ
㊀アン 漢 ㊀ 上 旱 ǎn アン
㊁エン 漢 ㊁ 去 豔 yàn イエン
J 1822 補 U 4FFA

筆順 

意味 ㊀〈おれ〉われ。自分。㊁おおきい。

解字  形声。イが形を表し、奄(えん)が音を示す。音を示す奄は、俺と通じて用いられ、覆う、大きいという意味を表す。俺もまた大きい、余裕があるという意味である。この俺が、一人称のわたし、わたしたちの意味を表すようになるのは、後になってのことで、意味の違いによって字音にも違いが生まれた。

人8 【倇】〔10〕 エン(ヱン) 漢 上 阮 wǎn ワン J 1744 補 U 5007
意味 ①心からよろこぶ。②勧める。

人8 【俰】〔10〕 ワ 呉 カ(クヮ) 漢 去 箇 huò フオ J 1736 補 U 4FF0
意味 なごやかなさま。

人8 【倌】〔10〕 カン 漢 平 寒 (クヮン) guān コワン J 1746 補 U 500C
意味 ①馬車を管理する下級の役人。また、広く使用人をいう。「倌人(かんじん)」②茶店や酒屋の使用人。

人8 【倝】〔10〕 カン 呉 漢 去 翰 gàn カン J 1754 補 U 501D
意味 ①かがやく。太陽がのぼった時のかがやき。②用いる。

人8 【倛】〔10〕 キ 漢 平 支 qī チー J 1752 補 U 501B
意味 ①鬼を追いはらう行事のときにかぶるお面(めん)。「蒙倛(もうき)」②あざむく。＝欺

人8 【倠】〔10〕 キ 漢 平 支 suī ソイ 補 U 5020
意味 容貌がみにくい。

人8 【倨】〔10〕 キョ 漢 去 御 jù チュイ J 4866 補 U 5028
意味 ①〈おご・る〉たかぶる。②足を投げ出してすわる。うずくまる。③まっすぐである。また、曲がる。

【倨気(氣)(きょき)】おごりたかぶる気色(けしき)。ごうまんな気分。

【倨倨(きょきょ)】①おごりたかぶるさま。②ごろごろ寝てばかりいて考えないさま。

【倨傲(きょごう(がう))】おごり高ぶる。ごうまんでいばる。

【倨視(きょし)】おごりたかぶって人を見さげる。

【倨色(きょしょく)】おごった顔つき。たかぶるさま。ごうまんなさま。

【倨侮(きょぶ)】心がおごって他人をあなどる。

【倨慢(きょまん)】おごってほしいままにする。ごうまんで、人を軽んじる。いばって気ままである。

人8 【俽】〔10〕 キン 漢 平 文 コン 呉 xīn シン J 1739 補 U 4FFD
意味 よろこぶ。うれしい。＝欣(きん)

イ8 【俱】〔10〕 人 標 ク 漢 平 虞 グ 呉 jù チュイ J ①1401 補 U 4FF1

人8 【倶】〔10〕 本字 J 2270 補 U 5036
意味 ①〈ともに〉みな。いっしょに。②〈ともに・する(――・す)〉つれだつ。ともなう。③〈そなわ・る(そなは・る)〉そろっている。②③は、旧音 jū チュイ。

名前 とも・ひろ・もろ 地名 倶知安(くっちゃん)

【倶舎宗(くしゃしゅう)】仏 日本の仏教八宗の一つ。また、南都六宗の一つ。「倶舎論」(仏典の名)をよりどころとする小乗仏教。諸宗を通じて仏教の入門として研修される。

【倶生神(くしょう(しゃう)じん)】仏 インド神話で、人が生まれると同時に、その両肩の上につき添って、その善悪の行動を記録するという男女の二神。

【倶存(ぐそん)】ともに存在する。二つのものが、同時に存在すること。

【倶発(發)(ぐはつ)】①いっしょに出かける。②同時に事をおこす。また、おこる。③法 同一人の種々の犯罪が、同時に成立すること。一時に発覚すること。

【倶楽(樂)部】㊀(クラ) 英語 club を音訳したあて字。研究や社交など、共通の目的のために組織する団体。また、その集会所。㊁(チュイロープー) jùlèbù 現 ㊀に同じ。

【倶利伽羅(くりから)】仏 竜(りゅう)の名。黒色の竜が剣にまといついた形で、不動明王の化身(けしん)とされている。倶梨伽羅王。倶梨迦羅・古力迦羅とも書く。

【倶不レ生(ともにいきず)】両方とも生きられない。両方とも死ぬ。

人8 【倔】〔10〕 クツ 漢 入 物 jué チュエ J 4867 補 U 5014
意味 ①つよい。強情(ごうじょう)である。②突出しているさま。
【倔起(くっき)】急に起こる。崛起。
【倔強(くっきょう(きゃう))】強情で他人のいうことに従わない。＝屈強

人8 【倞】〔10〕 ㊀ケイ 漢 ㊀ 去 敬 jìng チン ㊁リョウ(リャウ) 漢 ㊁ 去 漾 liàng リアン J ②0160 補 1755 U 501E
意味 ㊀〈つよ・い(――・し)〉㊁①〈もと・める(――・む)〉②〈きそ・う(――・ふ)〉③あきらか。

人8 【倪】〔10〕 ゲイ 漢 平 斉 ní ニー J 4868 補 U 502A
意味 ①幼児。②きわ。かぎり。③区切り。区分。④横目で見る。＝睨 ⑤姓。
【倪黄(げいこう(くゎう))】元代の画家、倪瓚(げいさん)と黄公望(こうこうぼう)のふたりをいう。

【倪瓚】人名。元代末の画家で、詩にも長じていた。字は元鎮。号は雲林。

亻8【倹】〔10〕常 ケン　J 2380 U補 5039

旧字 亻13【儉】〔15〕人 ケン 漢 上 琰 jiǎn チエン　J 4913 U補 5109

筆順 亻…倹

意味 ①つつましい。むだをはぶく。「節倹」②すくない。まずしい。③穀物のみのらないこと。④相手にへりくだる。⑤けわしい。‖険

解字 形声。亻が形を表し、僉が音を示す。亻は人。僉には集めてまとめる意味がある。儉は、人が物をまとめて引きしめることから、むだをしない意味となる。

【倹勤】つつましく仕事にはげむ。

【倹歳】穀物の不作の年。凶年。

【倹嗇】倹約で物惜しみをする。倹客。

【倹省】物事をつつましくして、出費をはぶくこと。

【倹素】じみでおごらない。倹約質素。

【倹徳】つつましく、おごらない人格。

【倹薄】倹約でとぼしいこと。そまつなものでがまんして、ぜいたくをしない。

【倹朴】つつましくてかざりけがない。倹素。

【倹約】おごらないこと。むだづかいをしない。じみにする。

【倹吝】①物惜しみをする。しみったれ。②倹約とけち。

◇節倹・恭倹・勤倹

亻8【倦】〔10〕人 標 ケン 漢 去 霰 呉 juàn チュワン　J 2381 U補 5026

力6【劵】〔8〕古字　J 5005 U補 52B5

人9【⿱人卷】〔11〕同字　J ― U補 ―

意味 ①〈う・む〉〈あ・きる(―・く)〉なまける。②つかれる。疲労する。③うずくまる。

【倦厭】飽きていやになる。

【倦憩】疲れてやすむ。飽きてやすむ。

【倦困】困っていやになる。

【倦色】飽きたようす。うんざりした顔つき。

【倦怠】いやになっておこたる。飽き飽きしてなまける。

【倦憊】飽きてつかれる。くたびれていやになる。

【倦夜】たいくつな夜。長い夜。

【倦労(勞)】疲れていやになる。飽きて疲れる。倦憊。

亻8【個】〔10〕学 5 コ　カ 漢 去 箇 コ 慣 gè コー　J 2436 U補 500B

筆順 亻…個

意味 ①物を数える語。‖个「五個」②全体に対して、「一つ」または「ひとり」の意。③かたよる。

解字 形声。亻が形を表し、固が音を示す。古い字は箇で、個は俗字。亻は人。固には固定している意味がある。個は、特定の人、個人をさすとともに、一こ・二こと数えることばにもなる。

【個条(條)】一つ一つの項目。また、とりたてていう条項。‖箇条
【個個】一つ一つ。めいめい。

【個人】[一]国家や社会に対して、それを構成するひとりひとりの人間をいう。一個人。[二] gèrén 現①[一]に同じ。②私。自分。【――主義】①個人の権利・自由を重んじ、個人をもとにして国家や社会のすべての行動を規定しようとする主義。②教育で、個性をのばすことを主眼とする行き方。③個人の利益だけを考えて、国家・社会のことをかえりみない利己的な考え方。

【個数(數)】かず。物のかず。数量。

【個性】①一つ一つの性質。②個人個人の特性。③他人とちがった特徴のある性質。

【個体(體)】[一]①独立して存在する有機体。②完全な機能を有する生物の最小単位。③個人。[二] gètǐ 現[一]に同じ。

【個別】[一]一つ一つ。それぞれに。[二] gèbié 現[一]に同じ。

【個子】gèzi 現せたけ。大きさ。

◇各個・別個

人8【俿】〔10〕[一]チ 漢 ジ(ヂ) 呉 [一] 平 支 chí チー　[二]コ 漢 グ 呉 [二] 上 麌 hǔ フー　J 1740 U補 4FFF

意味 [一]車輪。[二]〈とら〉‖虎

亻8【候】〔10〕学 4 コウ そうろう　コウ 漢 去 宥 hòu ホウ　J 2485 U補 5019

筆順 亻…候

人9【𠊱】〔11〕本字　J ― U補 202B1

意味 ①〈うかが・う(―・ふ)〉㋐さぐる。「斥候」㋑たずねる。機嫌を問う。「伺候」㋒仕える。㋓うらなう。②敵の状況をさぐる人。③賓客を送迎する官。「候人」④〈ま・つ〉迎える。⑤きざし。「兆候」⑥鳥獣草木の状態で季節の変化を知るために、一年を七十二分した一。⑦気候。時節。「季候」国①〈そうろ・う(さふら・ふ)〉「あり」「居り」の謙譲語。②〈そうろう(さふらふ)〉「候文」「居候」

解字 形声。亻が形を表し、矦が音を示す。亻は人。矦は、弓のまと。候は人が侯に対する形となり、うかがう、のぞむ、の意味になる。

名前 そろ・とき・みよ・よし

【候火】①のろし。烽火。②客を出迎えるための火。

【候館】①物見のやぐら。②宿場で送付文書を扱う建物。

【候雁】がん。かり。かりがね。時候によって去ったり来たりするところからいう。

【候騎】物見の騎兵。馬に乗って敵のようすをさぐる兵。

【候伺】うかがう。ごきげんをうかがう。

【候視】①うかがいみる。ようすをさぐりみる。②見舞う。きげんをうかがう。伺候。

【候時】時機をうかがう。

【候者】見張りのもの。物見の役。

【候人】①敵のようすをさぐりみる人。斥候。②周の時代の官名。客を道の途中で、送迎する役。

【候省】見舞い。ごきげんうかがい。〈沈既済・枕中記〉

【候鳥】季節によって、住む土地を替える鳥。渡り鳥。↕留鳥
【候風】①風見。②風を見て占う官。

【候兵】物見の兵士。斥候。

【候補】①ある地位につく資格のあること。また、その人。②ある地位を得たいと望むこと。また、その人。③官吏が任命を待つこと。候選。

【候望】遠くのようすをさぐりみる。

【候問】ごきげんをうかがう。おとずれる。見舞う。

【候吏】①物見の役人。斥候。②出迎えの役人。

【候文】国近世になって使用された手紙の文体。一句の終わりを候という補助動詞で結ぶ。

◇天候・斥候・気候・兆候・時候・測候・徴候

イ8 【倖】〔10〕 人 コウ(カウ) 漢 上 梗 xìng シン U補J 2486 5016

意味 ①〈さいわいに(さいはひに)〉運良く。幸い。「僥倖ぎょうこう」②へつらう。③気に入る。寵愛ちょうあいする。

解字 会意・形声。イと幸とを合わせた字。幸こうは音をも示す。幸は罪人の手に、上下から手かせをはめる形で、危いところをやっとまぬかれるという意味があり、これにイ(人)を加え、思いもよらぬ幸運の意になる。

参考 新表記では、「幸」に書きかえる熟語がある。

【倖曲】こうきょく(かう) へつらい、よこしまなこと。
【倖臣】こうしん(かう) お気にいりの家来。＝幸臣
【倖嬖】こうへい(かう) 君主から特別なかわいがりをうけている女性。愛妾あいしょう。
【倖利】こうり(かう) 思いがけないさいわい。こぼれざいわい。

人8 【倥】〔10〕 一コウ 漢 一平 東 kōng コン 二コウ 漢 二上 董 kǒng コン U補J 4869 5025

意味 一おろか。無知。二①いそがしい。「倥偬こうそう」②くるしい。国ぬかる。しそこなう。ぬかり。

【倥偬】こうそう ①忙しいさま。あわただしい。②うれい苦しむさま。③苦しめる。
【倥侗】こうとう おろかなさま。無知。また、その人。

人8 【倄】〔10〕 コウ(カウ) 漢 キョウ(ケウ) 呉 平 肴 yáo ヤオ U補J 1743 5004

意味 ①つきさす。②痛くてうめく声。

人8 【𠉣】〔10〕 コン 漢 平 元 hūn フン U補J 20263

意味 〈くら・い(――・し)〉うすぐらい。＝惛こん

人8 【倅】〔10〕 一サイ 漢 一去 隊 cuì ツォイ 二ソツ 漢 二入 月 zú ツー U補J 4870 5005

意味 一①そえ。たすけ。②副長官。副官。二百人一組の兵士。国〈せがれ〉むすこ。

人4 【伜】〔6〕 俗字 U補J 4871 4F1C

【倅車】さいしゃ お供の人が乗る車。そえぐるま。ひかえぐるま。副車。
【倅馬】さいば そえうま。ひかえうま。副馬。

人8 【倳】〔10〕 シ 漢 去 寘 zì ツー U補J 1761 5033

意味 ①刺さす。さしはさむ。②立てる。

イ8 【借】〔10〕 学4 シャク かりる U補J 2858 501F

筆順 亻 仁 仕 仳 供 借 借 借

一シャ 漢 一去 禡 jiè チエ 二セキ 漢 シャク 呉 二入 陌 jiè チエ

意味 一二①〈か・りる(―・る)〉②貸す。③助ける。④よりどころとする。⑤かりに。仮令たとい。仮定を表す。

解字 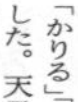 形声。イが形を表し、昔せきが音を示す。イは人。昔には、重ねる意味がある。人が金や力を重ねることから、「かりる」「かす」の意味となる。また、古くは藉の字が、借りる意味を表した。天子の田を、民の力を借りて耕すことである。一説に、昔の音は作と通じて、ふりをする意味があるから、借は、ふりをする人、仮の人の意味であるという。

参考 借は「藉」(一〇八八ジ・下)の中国新字体としても使う。

【借上】かりあげ 国①借りあげる。②昔の高利貸のこと。かしあげ。③江戸時代、財政に苦しんだ各藩が、やむをえず家臣の俸禄ほうろくを減らしたり、また支給を一時中止したこと。
【借方】かりかた 国①借りたがわの人。借手。②借りる方法。③簿記の用語。複式簿記で、資産の増加、負債や資本の減少、損害の発生などを書きいれる部分。↕貸方かしかた
【借債】しゃくさい 借り。借りた金。借金。おいめ。
【借財】しゃくざい 借金。借銭。
【借重】しゃくじゅう(ちょう) 他人の名声や地位を借りる。
【借商】しゃくしょう(しゃう) 金持ちから金を借りること。〈唐書とうじょ・食貨志論〉
【借地】しゃくち ①土地を借りる。②借りた土地。
【借問】しゃもん(しゃくもん) たずねる。ちょっとうかがう。
【借用】しゃくよう 借りる。借りて使用すること。
【借覧(覽)】しゃくらん 本などを借りて見る。
【借料】しゃくりょう(れう) 借り賃。物を借りる代金。
【借款】しゃっかん(くゎん) ①国と国との間の貸借たいしゃく。②金を借りること。借金。
【借金】しゃっきん 金を借りる。また、借りた金。借財。
【借景】しゃっけい 庭園外の景色を、庭のながめの背景にとり入れること。
【借如】たとい(たとひ) もしも。万一…なら。仮如たとい。仮令たとい。

◆又借またがり・仮借かしゃく・かり・間借まがり・賃借ちんがり・拝借はいしゃく・前借ぜんしゃく・まえがり・租借そしゃく・貸借たいしゃく・賃貸借ちんたいしゃく

イ8 【修】〔10〕 学5 シュウ・シュ おさめる・おさまる シュウ(シウ) 漢 シュ 呉 ス 慣 平 尤 xiū シウ U補J 2904 4FEE

筆順 亻 亻 𠆢 仆 伦 攸 修 修

人7 【俢】〔9〕 古字 U補J 1735 4FE2

意味 ①〈おさ・める(をさ・む)〉㋐正す。ととのえる。㋑整理する。修理する。②〈おさま・る(をさま・る)〉③かざる。④つくろう。修理する。⑤つくる。建設する。⑥書物を編纂へんさんする。⑦学ぶ。修行する。⑧長い。⑨美しい。⑩姓。

解字  形声。攸と彡を合わせた字で、彡が形を表し、攸ゆうが音を示す。彡は、手入れをする、飾りをつけること。攸には長く伸びる意味がある。修は、飾ること、おさめる意味を表し、また、長いという意味にもなる。音シウは、攸の音イウの変化。

名前 おさ・さね・なお・なが・のぶ・のり・ひさ・まさ・みち・もと・もろ・やす・よし・あつむ・ながき・ながし・よしみ

参考 「脩しゅう」は元来別字であるが、通用させている。

【修改】一しゅうかい(しう) ①まちがいを改めなおす。改訂する。②改築する。二 シウカイ xiūgǎi 現 一の①に同じ。
【修学(學)】しゅうがく(しう) 学問を習いおさめる。おさめ学ぶ。
【修業】しゅうぎょう(しうげふ)・しゅぎょう(げふ) 学業や技芸などをおさめ習う。
【修禊】しゅうけい(しう) みそぎをする。上巳じょうし(陰暦三月三日)に水辺で身体を清める行事。
【修古】しゅうこ(しう) 上古。上世。「聖人不レ期ニ修古一せいじんはしゅうこをきせず」(聖人は上古に行われたことをそのまま行おうとは考えない)〈韓非子かんぴし・五蠹ごと〉
【修交】しゅうこう(しうかう) 国と国とが親しく交際すること。＝修好
【修好】しゅうこう(しうかう) ①国と国とが仲よく交わること。＝修交 ②なかよくする。親しく交際する。
【修行】一しゅうこう(しうかう) 学問や道徳などを身におさめ行う。二しゅぎょう(ぎやう) ①仏仏道をおさめて、行いをりっぱにする。②学問や技芸にはげむ。
【修己治人】しゅうこちじん(しう) おのれをおさめて、人を治める。まず、自身を修養し、そののちに他人を正しくすること。儒教の根本精神。
【修士】しゅうし(しう) ①品行が清潔で正しい人。②国大学院の修士課程をおさめ終わった人に与えられる学位。
【修史】しゅうし(しう) 歴史を編集すること。
【修祀】しゅうし(しう) 礼をととのえて祭ること。
【修辞(辭)】しゅうじ(しう) ことばや文章を修飾して、巧みに美しく表現すること。言語・文章を飾って、味わいをゆたかにすること。【――学(學)】しゅうじがく(しう) 語句の修飾についての法則や

技術を研究する学問。レトリック。【——法】(しゅうじほう) ことばや文章の修飾に関する法則。

【修修】(しゅうしゅう) ①きちんとととのっているさま。②風が樹木に吹きあたる音の形容。「樹木何修修」〈古詩・古〔歌〕〉

【修習】(しゅうしゅう) 学業などをおさめ習う。

【修葺】(しゅうしゅう) おさめつくろうこと。また、家をつくろいなおすこと。家の手入れをする。補葺。

【修熟】(しゅうじゅく) おさめ学んでそのことに熟達する。

【修飾】(しゅうしょく) ①美しくととのえかざる。②修繕する。③自分の行いをおさめつつしむ。④文法で、あることばが、他の語句の前について、その意味・内容をかぎり、また限定する用法。『——辺(邊)幅』(へんぷくをしゅうしょくす) 外見をつくろう。みえをはる。顔かたちや姿をかざる。

【修身】(しゅうしん) ①身をおさめること。行いを正しくする。②国戦前の学校教育の科目の一つ。

【修正】(しゅうせい) ①まちがいや正しくないところをなおし正す。②正しい道をおさめる。

【修省】(しゅうせい) 自分を反省して行いをただす。

【修整】(しゅうせい) ①おさめ整える。②行いを整えて正しくする。③写真の原板などに手を入れてなおす。

【修撰】(しゅうせん) ①文書を作る。書物を編集する。②歴史を編集する官職の名。

【修繕】(しゅうぜん) つくろい直す。つくろい。

【修短】(しゅうたん) 長いと短い。長短。＝脩短

【修竹】(しゅうちく) 幹の長い竹。＝脩竹

【修築】(しゅうちく) つくろいきずく。家・橋・道路などを修理し「てつくりあげる。」

【修飭】(しゅうちょく) おさめととのえる。身をおさめ慎む。

【修道】(しゅうどう) ①人としての道をおさめること。②道路をなおす。道ぶしんをする。【——院】(しゅうどういん) キリスト教信者が、神のきびしい戒律を守りながら修行する所。

【修得】(しゅうとく) おぼえこむ。修めて身につける。

【修徳】(しゅうとく) じぶんの徳をおさめととのえること。

【修復】(しゅうふく) こわれ破れたところをつくろいなおす。

【修福】(しゅうふく) ㊐死後の幸福を祈って仏道を修めること。

【修文】(しゅうぶん) ①文化を盛んにする。②法律を整える。③文人の死をいう。

【修補】(しゅうほ) なおして、ふじゅうぶんなところをおぎなう。

【修法】㊀(しゅうほう) 正しい道を習いおさめること。㊁(ずほう) ㊐密教で、加持祈禱を行うこと。

【修明】(しゅうめい) おさめて明らかにする。りっぱにする。

【修容】(しゅうよう) ①自分の容姿や態度をととのえ、つつしむ。②心をゆったりとさせる。③魏の時代の女官の名。

【修養】(しゅうよう) 道を修め徳を養う。精神をきたえて人格の完成につとめること。

【修理】㊀(しゅうり) こわれたところを直しつくろう。㊁ xiūlǐ 現㊀に同じ。

【修練】(しゅうれん) 修めきたえる。武道や技芸などをみがき、心身をきたえる。＝修錬

【修験(驗)者】(しゅげんじゃ) 国修験道にはいって修行する人。「山伏(やまぶし)。」

【修験(驗)道】(しゅげんどう) ㊐密教の一派の修行法。仏教の教理を研究せずに、けわしい山中の難行苦行をとおして仏道をおさめる。役小角(えんのおづの)を開祖とする山伏の道。

【修証(證)一等】(しゅしょういっとう) 修行し信心して、真理をさとることが、第一等のことである。道元の曹洞(そうとう)宗の教義。

【修羅】(しゅら) ①㊐阿修羅の略。インドの悪神で、闘争を好み、仏法を滅ぼそうとする。②修羅車(しゅらぐるま)の略。大きな木や石を運ぶ車。③石をのせる船。平田船。④木材を滑らせるための木造のしかけ。【——事】(しゅらごと) 国能楽で、武将の亡霊がシテ(主役)となるもの。【——場】国㊀(しゅらじょう) 阿修羅王と帝釈天(たいしゃくてん)とが戦った場所の意から、戦争や乱闘の場所をいう。修羅のちまた。㊁(しゅらば) 芝居や講談などで、戦いや乱闘の場面をいう。荒れ場。【——道】(しゅらどう) ①㊐阿修羅道の略。インドの悪鬼、阿修羅の住む所。②修羅場(しゅらじょう)。【——物】(しゅらもの) 国能楽で、修羅事を内容とした作品。

◇▼必修(ひっしゅう)・改修(かいしゅう)・補修(ほしゅう)・監修(かんしゅう)・編修(へんしゅう)

人8【俶】〔10〕 ㊀シュク ㊗ ㊀㊅屋 chù チュー　J 4872 補— U 4FF6
㊁テキ ㊗ ㊁㊅錫 tì ティー

意味 ㊀①始め。はじまり。②おこす。はじめる。なす。③ととのえる。おさめる。④〈よ・い(—・し)〉 ㊁すぐれているさま。

【俶爾】(しゅくじ) ①たちまち。＝倏爾 ②動くさま。

【俶装(裝)】(しゅくそう) 身じたくする。

【俶儻】(てきとう) ①才気が高くすぐれていること。②大きな志をもつ人。

人8【倏】〔10〕 シュク ㊗ ㊅屋 shū シュー　J 6439 補— U 500F

人8【條】〔10〕 俗字　J ②0157 補1748 U 5010

意味 ①〈たちまち〉すみやか。＝儵 ②犬のはやく走るさま。

【倏忽】(しゅっこつ) たちまちに。

人8【倘】〔10〕 ㊀トウ(タウ) ㊗ ㊀㊤養 tǎng タン　J ①1430 補1751 U 5018
㊁ショウ(シャウ) ㊗ ㊁㊥陽 cháng チャン

意味 ㊀①たちまち。②茫然(ぼうぜん)自失のさま。③〈もし〉もしも。㊁→倘佯(しょうよう)

【倘佯】(しょうよう) さまよう。行きつもどりつする。徘徊(はいかい)する。＝徜徉

人8【倡】〔10〕 ㊀ショウ(シャウ) ㊗ ㊀㊥陽 chāng チャン　J 4873 補— U 5021
㊁ショウ(シャウ) ㊗ ㊁㊧漾 chàng チャン

意味 ㊀①〈わざおぎ(わざをぎ)〉芸人。役者(やくしゃ)。俳優。楽人。「優倡(ゆうしょう)」②遊女。芸妓。③みだれる。くるう。㊁①〈とな・える(——・ふ)〉㋐最初に歌い出す。㋑歌う。＝唱「一倡三嘆(いっしょうさんたん)」②先導する。③最初にいう。

【倡家】(しょうか) 倡婦の家。遊女屋。＝娼家

【倡伎】(しょうぎ) うたいめ。歌や舞などの芸で宴席をにぎわす女。倡女。＝娼妓

【倡女】(しょうじょ) 「倡伎(しょうぎ)」に同じ。

【倡随(隨)】(しょうずい) 夫婦の間がなごやかなこと。夫が唱えて妻がこれに従うこと。＝唱随

【倡道】(しょうどう) 先に立って唱えること。また、唱え導く。「＝唱道」

【倡俳】(しょうはい) 役者。俳優。

【倡門】(しょうもん) 遊女のいる家。妓楼(ぎろう)。

【倡優】(しょうゆう) 役者。わざおぎ。女の役者を倡、男の役者「を優という。」

【倡楼(樓)】(しょうろう) 遊女屋。

【倡和】(しょうわ) ひとりが歌い、他のひとりがこれに和すこと。互いに調子を合わせる。＝唱和

『倡而不レ和』(となえ(となへ)てわせず) ある事を言い出して導こうとしても、多くの人がついてこないこと。〈李覯(りこう)・袁州州学記(えんしゅうしゅうがくき)〉

人8【倢】〔10〕 ショウ(セフ) ㊗ ㊅葉 jié チエ　J ②0161 補1756 U 5022

意味 ①すこやか。②はやい。＝捷 ③→倢伃(しょうよ)

【倢伃】しょうよ（せふ） 漢代の女官の名。＝婕妤

人 8
【倕】〔10〕
スイ 漢 平 支 chuí チョイ
U 5015 補 — J —

意味 ①重い。②古代の名工の名。

人 8
【倩】〔10〕
一 セン 漢 一 去 霰 qiàn チエン
二 セイ 漢 二 去 敬 qìng チン
U 5029 補 — J 4874

意味 一 ①男子の字（あざな）に添える美称。②うるわしい。口もとの愛らしいさま。二 ①かりる。②婿（むこ）。③雇（やと）う。国〈つら〉つくづく。

【倩兮】せんけい 口もとの愛らしいさま。〈詩経・碩人〉
【倩粧】せんしょう（しゃう） 美しいよそおい。
【倩倩】せんせん うつくしいさま。うるわしいさま。
【倩盼】せんべん かわいい口もとと、美しい目もと。美人の形容。

人 8
【倉】〔10〕 学 4
ソウ くら
一 ソウ（サウ） 漢 呉 一 平 陽 cāng ツァン
二 ショウ（シャウ） 漢 二 去 漾 chuàng チョワン
U 5009 補 — J 3350

筆順 𠆢 亼 今 今 今 倉 倉 倉

意味 一 ①〈くら〉穀物を入れる倉庫。「穀倉（こくそう）」②急に。あわてる。あわただしい。「倉卒（そうそつ）」③青い。＝蒼 ④姓。
二 かなしみいたむさま。＝愴「倉兄（しょうきょう）」

解字 倉 会意。𠆢と口とを合わせた字。𠆢は、食の略。口は囗で、くらの形を示す。そこから、穀物のくらを表す。一説に、倉という、穀物ぐらの形をそのまま表したものという。この場合は象形。

地名 倉吉（くらよし）・倉敷（くらしき）
参考 新表記では、「蒼」「艙」の書きかえに用いる熟語がある。

【倉敷】くらしき 国 他人のくらに預けた荷物の預け賃。倉敷料。
【倉出】くらだし 国 くらに入れてある貨物を引き出すこと。
【倉荷】くらに 国 くらに入れてある荷物。
【倉渡】くらわたし 国 売買した商品の受け渡しを、倉庫で行うこと。
【倉海君】そう（さう）かいくん 黄海方面の土地の君主。東夷の酋長（しゅうちょう）。「東見二倉海君一（ひがしのかたそうかいくんにまみゆ）」〈史記・留侯世家〉
【倉囷】そう（さう）きん ①穀物のくら。倉は四角、囷は円形の米ぐら。②穀物ぐらと米ぐら。
【倉頡】そう（さう）けつ 中国古代伝説中の人。黄帝の臣で、はじめて文字を作ったといわれる人。＝蒼頡
【倉庫】そう（さう）こ くら。米ぐらと宝物（ほうもつ）ぐら。倉は穀物ぐら、庫は道具のくら。
【倉公】そう（さう）こう 人名。漢代の名医。扁鵲（へんじゃく）と並び称される。
【倉庚】そう（さう）こう（かう） うぐいすの一種。唐（から）うぐいす。
【倉皇】そう（さう）こう（くわう） あわてるようす。あたふた。＝蒼惶
【倉倉】そう（さう）そう（さう） 音の響きの形容。やや、すごみを帯びた声。
【倉粟】そう（さう）ぞく くらにしまってあるもみ米。
【倉卒】そう（さう）そつ 急なさま。忙しくあわただしい。にわか。
【倉猝】そう（さう）そつ あわただしく忙しい。にわかに。＝倉卒
【倉頭】そう（さう）とう 召し使い。従者（じゅうしゃ）。青色の布を頭に巻いたことからいう。＝蒼頭
【倉府】そう（さう）ふ 米ぐらと金ぐら。倉帑（そうど）。
【倉庾】そう（さう）ゆ 米ぐら。倉囷（そうきん）。
【倉竜（龍）】そう（さう）りゅう（りう）｜そう（さう）りょう 八尺（周尺で約一・八メートル）以上の背たけの馬。＝蒼竜
【倉廩】そう（さう）りん 米ぐら。〖倉廩実（實）而囹圄空〗そう（さう）りんみちてれいごなし 米ぐらがいっぱいになると、牢獄（ろうごく）はからっぽになる。生活を豊かにすれば悪人は自然になくなるたとえ。〈管子・五輔（ごほ）〉〖倉廩実（實）則知二礼（禮）節（節）一〗そう（さう）りんみちてれいせつをしる 人は財産が豊かになって、はじめて礼儀作法を知るものである。〈管子・牧民〉
◇▼米倉（こめぐら）・胸倉（むなぐら）・船倉（せんそう｜ふなぐら）・営倉（えいそう）・穀倉（こくそう｜こくぐら）

人 8
【倧】〔10〕
ソウ 漢 平 冬 zōng ツォン
U 50277 補 17571 J ①1431

意味 上古の時代の神の名。

人 8
【倯】〔10〕
ソウ 漢 去 送 zòng ツォン
U 5070A 補 1745 J —

意味 倥倯（こうそう）は、苦しむさま。＝傯（そう）

人 8
【倬】〔10〕
タク 漢 入 覚 zhuō チュオ
U 502C 補 — J 4875

意味 ①おおきい。②あきらか。いちじるしい。③際立っている。

【倬詭】たくき 他にまさって一段ときわだっている。

人 8
【倓】〔10〕
タン 漢 平 覃 tán タン
U 50143 補 1749 J ②0158

意味 やすらかなさま。静かなさま。

亻 8
【値】〔10〕 学 6
チ ね・あたい
チ 漢 呉 去 寘 zhí チー
U 5024 補 — J 3545

筆順 亻 亻 仁 什 什 佰 佰 値 値 値

意味 ①〈あ・う（―・ふ）〉〈あた・る〉㋐遭遇する。㋑かなう。一致する。相当する。②手に持つ。③〈あたい・する（あたひ・す）〉ねうちがある。④〈あたい（あたひ）〉〈ね〉ねうち。ねだん。

解字 値 形声。亻が形を表し、直（ち）が音を示す。亻は人。直には、まっすぐ立つ意味がある。値は、人がぴたりと位置にあてはまることで、「あたる」「あう」の意味になる。お金が品物にぴたりと合うことが、「ねだん」「あたい」である。

名前 あき・あきら

【値遇】ちぐう ①出会う。偶然に行き合う。②国 人から値うちを認められて重く待遇される。てあつい待遇。＝知遇 ③仏 前世の縁によって、現世で出会う。
【値宿】ちしゅく 宿直する。
【値得】チート zhíde 現…するねうちがある。
◇▼付値（つけね）・安値（やすね）・売値（うりね）・価値（かち）・底値（そこね）・捨値（すてね）・数値（すうち）・近似値（きんじち）

人 8
【倁】〔10〕
チ 漢 呉 平 支 zhī チー
U 50001 補 17412 J ①1427

意味 行く。

人 8
【倀】〔10〕
一 チョウ（チャウ） 漢 一 平 陽 chāng チャン
二 チョウ（チャウ） 漢 二 平 庚 chéng チョン
U 50001 補 17041 J ②0156

意味 一 ①狂（くる）う。②まよう。「倀倀（ちょうちょう）」二 ひとり立つさま。

人 8
【倜】〔10〕
テキ 漢 入 錫 tì ティー
U 501C 補 1753 J ②0159

意味 ①物事にこだわらないさま。②高くぬきんでるさま。「倜然」

【倜然】てきぜん すぐれているさま。また、高くあがるさま。
【倜儻】てきとう（たう） ①才気が高くすぐれていること。②気持ちが大きく、ものにこだわらないこと。

人 8
【倎】〔10〕
テン 漢 上 銑 tiǎn ティエン
U 500E 補 1747 J ①1429

意味 〈あつ・い（――・し）〉手あつい。ていねい。＝腆（てん）

亻 8
【倒】〔10〕 常
トウ たおれる・たおす
一 トウ（タウ） 漢 呉 一 上 皓 dǎo タオ
二 トウ（タウ） 漢 呉 二 去 号 dào タオ
U 5012 補 — J 3761

筆順

意味 一①〈たお・れる(たふ・る)〉〈たお・す(たふ・す)〉「転倒」②失敗する。二①〈さかしま〉〈さかさま〉さかさまにする。ひっくり返す。②逆らう。③だます。④かえって。

解字 形声。イが形を表し、到が音を示す。イは人。到の至は、矢がさかさまに落ちる形で、到には、さかさまになるという意味がある。倒は人がさかさまになることで、たおれる意味になる。

【倒影】とう(たう)えい さかさまにうつったかげ。倒景。

【倒戈】とう(たう)か(くわ) ほこを味方に向ける。うらぎりをする。敵に内通すること。

【倒壊(壞)】とう(たう)かい(くわい) 倒れこわれる。倒れつぶれる。＝倒潰
【倒句】とう(たう)く 意味を強め、また調子を整えるために、位置を逆にした句。倒語。

【倒景】とう(たう)けい ①太陽が沈んでからのちに、日の光が下から上へ照り返す。また、その影。夕日。②さかさにうつるかげ。倒影。

【倒懸】とう(たう)けん ①手足をしばって、からだをさかさにつるす。さかづり。②非常なくるしみのたとえ。

【倒語】とう(たう)ご 文の意味や調子を強めるために、普通の位置とさかさまの順序にした語。倒句。倒装。

【倒行】とう(たう)こう(かう) 道理にさからって行動する。さかさまなおこない。【――逆施】とう(たう)こう(かう)ぎゃくし 無理を押して実行する。道理にさからって行う。〈史記・伍子胥列伝〉

【倒錯】とう(たう)さく 上下がさかさまに入りまじる。

【倒産】とう(たう)さん ①財産をすっかりなくする。破産。②赤んぼうが足のほうから生まれること。また、その赤んぼう。逆子。逆産。

【倒蘸】とう(たう)さん 水中にさかさまにかげがうつること。また、うつすこと。蘸は水にひたす。

【倒死】とう(たう)し 倒れ死ぬ。行き倒れ。

【倒屣】とう(たう)し あわてて履物を逆にはいて客を出迎える。心から歓迎することをいう。

【倒植】とう(たう)しょく さかさに立つ。また、さかさに立てる。

【倒生】とう(たう)せい ①さかさにはえる。②草木のこと。草木は、首(根)を下に、足(枝)を上に生えるところからいう。

【倒装(裝)】とう(たう)そう(さう) 文の意味や調子を強めるために、語の順序を逆にする表現法。倒置。倒語。

【倒置】とう(たう)ち ①さかさまに置く。位置が逆になる。②本末をあやまる。③文の意味や調子を強めるために、語の順序を普通とは逆にして用いること。倒置法。

【倒顛】とう(たう)てん ひっくりかえる。さかさまにする。転倒。

【倒幕】とう(たう)ばく 国幕府を倒す。江戸時代末期の勤王の志士たちが唱えたことば。↔佐幕
【倒霉】タオメイ dǎoméi 現運が悪い。
◆打倒・圧倒・卒倒・昏倒・面倒・転倒・絶倒・貸倒・傾倒・踏倒・罵倒・将棋倒・七転八倒・主客転倒・抱腹絶倒

人 8 【倲】〔10〕トウ 漢 平 東 dōng トン J 1760 補 U 5032

意味 ①おろかなさま。②姓。

イ 8 【俳】〔10〕学 6 ハイ ハイ 漢 平 佳 呉 pái パイ J 3948 補 U 4FF3

筆順

意味 ①〈わざおぎ(わざをぎ)〉芸人。俳優。②おどけ。滑稽。また、滑稽な言葉あそび。「俳諧」③さまよう。うろつく。行きつもどりつする。「俳徊(＝徘徊)」国俳句の略。

解字 形声。イが形を表し、非が音を示す。イは人。非には二つに分かれそむく意味がある。俳は、舞台で演技をする役者たちをいう。一説に、俳は、背中の曲がった男で、貴族の宴会で芸をした者という。音ハイは、非の音ヒの変化。

難読 俳優

【俳歌】はいか ①役者が舞いながらうたう歌。②国俳句・俳諧のこと。
【俳画(畫)】はいが(ぐわ) 国俳句的な味わいをもった日本画の一種。俳諧画。墨絵または淡彩でさっぱりと描き、その上に俳句を書き添える場合が多い。
【俳徊】はいかい さまよう。ぶらぶらと歩き回る。徘徊。
【俳諧】はいかい ①おどけ。たわむれ。こっけい。②国㋐おかしみ・おもしろみを主とした和歌の一体。俳諧歌の略。㋑俳諧連歌の略で、発句・連句の総称。
【俳謔】はいぎゃく じょうだん。ざれごと。おどけばなし。戯言。
【俳句】はいく 国詩の形式の一つ。五・七・五の三句十七音節から成る短い日本独特の詩で、連歌・俳諧の第一句である発句が独立してできたもの。
【俳号(號)】はいごう(がう) 国俳人の用いる風流な別名。雅号。俳名。
【俳倡】はいしょう(しゃう) 俳優。役者。わざおぎ。また、滑稽なしぐさ。
【俳人】はいじん 国俳句を作る人。
【俳体(體)】はいたい おもしろみやおかしさを主とした詩文。
【俳談】はいだん 国①俳諧・俳句についての話。②おどけばなし。こっけいなたわむればなし。
【俳壇】はいだん 国俳句を作る人たちの社会。俳句のなかま。
【俳風】はいふう 国①俳句の作風。②俳句的なおもむき。
【俳文】はいぶん 国江戸時代に俳句の味わいを生かして作った、簡潔で洒落のゆたかな文章。
【俳味】はいみ 国俳句的な味わい。あっさりとして、世俗を脱していながら庶民性のある趣。俳諧味。
【俳名】はいめい・はいみょう(みやう) 国①俳号。②俳人としての名声。
【俳友】はいゆう(いう) 国俳句ともだち。俳句を作る仲間。
【俳優】はいゆう(いう) ①おどけたことを演ずる人。道化役者。②役者。

イ 8 【倍】〔10〕学 3 バイ ハイ 漢 上 賄 バイ 呉 bèi ペイ J 3960 補 U 500D

筆順

意味 ①〈そむ・く〉反する。離れる。裏切る。「倍反」②暗誦する。「倍文」③〈ま・す〉増加する。倍にする。④〈ますます〉

解字 形声。イが形を表し、咅が音を示す。イは人。音は否定することで、倍は、人にそむくことをいう。また、反覆することから、「ます」「増加する」の意味になる。音バイは、音の音ホウの変化。

名前 ます・やす 難読 倍良

【倍加】ばいか ①二倍にふえる。倍増。②増し加わる。増し加える。③今までより以上に。
【倍旧(舊)】ばいきゅう(きう) 今までより以上に。今までにまして。
【倍蓰】ばいし 数量が、多く加わりふえること。数倍する意。倍は二倍、蓰は五倍をいう。
【倍日并行】ばいじつへいこう(かう) 二日分を一日で行くこと。昼夜をとおして急いで行くこと。昼夜兼行。
【倍道】ばいどう(だう) ①倍の道のりを進む。②道理にそむく。
【倍徳】ばいとく 人の恩をうらぎる。めぐみにそむく。また、徳行に反すること。
【倍反】ばいはん そむく。むほん。
【倍文】ばいぶん 暗唱する。

人8【俾】〔10〕 ㊀ヒ 漢呉 ㊀上 紙 bǐ ビー ㊁ヘイ 漢 ㊁去 霽 pì ピー　J 4876　補　U 4FFE

意味 ㊀①〈しむ〉〈せしむ〉…させる。②したがう。㊁にらむ。横目で見る。＝睥へい

語法 〈しむ〉〈せしむ〉使役。…させる。類使・遣・令・教 例「義之不レ図はかられざれば、俾二君子怠一くんしをしておこたらしむ」（もし義をもとめなければ、君子でさえも怠りがちにさせる）〈史記・三王世家〉

【俾益】ひえき 増す。たすける。おぎなう。＝裨益

【俾倪】へいげい ①ひめがき。城壁の上の低い垣かき。②にらむ。横目でみる。しりめにみる。＝睥睨

イ8【俵】〔10〕 6 ヒョウ たわら　ヒョウ(ヘウ) 漢呉 去 嘯 biào ピアオ　J 4122　補　U 4FF5

筆順 亻 仁 仕 佳 佳 俵 俵 俵

意味 分けあたえる。国〈たわら〉(たはら)

解字 形声。イが形を表し、表へうが音を示す。イは人。表には、おもてへはじけて出る意味がある。俵は、人が物を分けて与える意味を表す。

【俵子】たわらご 国なまこの別名。形が俵に似ているのでいう。

【俵散】ひょうさん 多くの人に分け与える。

【俵分】ひょうぶん 山分けにすること。平均に分ける。

【俵養】ひょうよう 手分けをして養う。

◆土俵どひょう・米俵こめだわら・炭俵すみだわら

イ8【俯】〔10〕 標 フ 漢呉 上 麌 fǔ フー　J 4877　補　U 4FEF

意味 ①〈ふ・す〉かがむ。うつむく。↕仰 ②かくれる。とじこもる。

【俯瞰】ふかん 見おろす。高い所から下を見おろす。【――図(圖)】ふかんず 上から見おろしたふうに描いた地図。鳥瞰図ちょうかんず。

【俯仰】ふぎょう(ぎゃう) ①うつむくことと、あおむくこと。うつむいたり、仰いだり。②たちいふるまい。身のこなし方。ようす。③他人のいうままになってさからわないこと。【――低回】ふぎょうていかい(ぎゃうていくわい) 空を仰いだり下を向いたり、行ったりもどったりする。考えにふけって歩きまわるさま。【――不レ愧二天地一】ふぎょうてんちにはじず あおむいては天に対し、伏しては地に対してすこしも恥じることころがない。心にすこしのやましいところもないこと。「仰不レ愧二於天一、俯不レ怍二於人一あおいではてんにはじず、ふしてはひとにはじず」〈孟子・尽心上〉【――之間】ふぎょう(ぎゃう)のかん ほんのわずかな間。たちまち。〈王羲之・蘭亭集序〉

【俯就】ふしゅう(しう) ①自分をまげて他人に従うこと。②先生が弟子でしを導くため、自分の気持ちをおさえて、相手の親しみやすいようにしてやること。③下の者の意見に従うこと。④あやまること。⑤いやしい職につくこと。

【俯蹐】ふせき 身をかがめ、足をちぢめて行く。

【俯聴(聽)】ふちょう(ちゃう) うつむき、耳をすまして聞く。

【俯伏】ふふく うつむく。ひれふす。下をむいて顔をあげない。

人8【倵】〔10〕 ブ 漢 上 麌 ム 呉 wǔ ウー　J 1762　補　U 5035

意味 三国時代の人の名。

イ8【俸】〔10〕 常 ホウ　ホウ 漢 去 宋 fèng フォン　J 4280　補　U 4FF8

筆順 亻 仁 仨 仨 佬 俸 俸 俸

意味 ①給料。手当。禄ろく。「俸給」②姓。

解字 形声。イが形を表し、奉ほうが音を示す。イは人。奉は、両手で物をささげる形を表す。俸は、官庁から支給される金品を、両手をささげて受け取ることを表す。

【俸給】ほうきゅう(きふ) てあて。扶持ふち。一定の期間内にきまって受ける給料。

【俸銭(錢)】ほうせん 俸給として給与される金銭。給金。

【俸秩】ほうちつ 務めに対して支給される米や金銭。

【俸米】ほうまい 昔、職務に対して支給された米。扶持米ふちまい。

【俸廩】ほうりん 昔、役人に対して給与された米や金銭。

【俸禄(祿)】ほうろく 昔、役人に対して支給された米や金銭。

◆月俸げっぽう・本俸ほんぽう・年俸ねんぽう・減俸げんぽう・増俸ぞうほう

イ8【倣】〔10〕 常 ホウ ならう　ホウ(ハウ) 漢呉 上 養 fǎng ファン　J 4279　補　U 5023

筆順 亻 仁 仿 仿 仿 仿 倣 倣

意味 ＝仿 ①〈なら・う(――・ふ)〉まなぶ。まねる。「模倣もほう」②依よる。準拠する。

解字 形声。イが形を表し、放ほうが音を示す。イは人。放には、ならう、たよる、という意味がある。また、仿という字は、「似る」という意味である。倣は、人が他に似ている、あるいは、人が他にならう、まねる、という意味を表す。

名前 より

【倣傚】ほうこう(はうかう) まねをする。ならう。

【倣模】ほうも まねをする。ならう。模倣。

◆模倣もほう

人8【倗】〔10〕 ㊀ホウ 漢 ㊀平 蒸 péng ポン ボウ 呉 ㊁ホウ 漢 ㊁上 迥 pěng ポン ボウ 呉　J 1750　補　U 5017

意味 ㊀①助ける。補助ほじょする。②まかせる。③ともだち。＝朋ほう ㊁承知しない。

人8【們】〔10〕 モン 慣 平 元 mén,men メン　J 4878　補　U 5011

意味 おもに人称代名詞につけて複数をあらわす接尾辞。「我們」(私たち)

人8【倮】〔10〕 ラ 漢 上 哿 luǒ ルオ　J ①1432　補 1758　U 502E

意味 はだか。＝裸ら

人8【倆】〔10〕 ㊀リョウ 漢 ㊀上 養 liǎng リアン (リャウ) ㊁―― ㊁―― liǎ リア　J 4879　補　U 5006

意味 ㊀たくみ。わざ。うでまえ。「技倆ぎりょう」㊁現 ふたつ。

人6【俩】〔8〕 俗字　J ②0138　補　U 20213

参考 新表記では、「量」に書きかえる熟語がある。

人8【倰】〔10〕 ㊀リョウ 漢呉 ㊀平 蒸 líng リン ㊁ロウ 漢呉 ㊁去 径 lèng ロン　J 1759　補　U 5030

意味 ㊀いじめる。相手を越える。㊁倰僜ろうとうは、①歩きつかれたさま。②弦楽器の音の形容。

イ8【倫】〔10〕 常 リン　リン 漢呉 平 真 lún ルン　J 4649　補　U 502B

筆順 亻 仆 仒 伶 伶 倫 倫 倫

意味 ①たぐい。同類。②順序。次第。「天倫」③すじみち。条理。「倫理りんり」④並ぶ。匹敵する。⑤一致する。

解字  形声。イが形を表し、侖りんが音を示す。イは人。侖には、順序よく並ぶという意味がある。倫は人のならぶこ

と、人のすじみちを表すので「なかま」「人の守るべき道」の意味となる。

名前 しな・つぐ・つね・とし・とも・のり・ひと・みち・もと・おさむ・ひとし

地名 倫敦ロンドン

【倫紀】りんき 人のよりどころとすべき道。人の実行すべき道。人倫。倫常。

【倫次】りんじ 身分の順序・次第。

【倫序】りんじょ 順序。次第。

【倫常】りんじょう(じゃう) 人として行うべき道。倫紀。

【倫比】りんぴ ①なかま。むれ。②同等。

【倫匹】りんぴつ ①仲間。同輩。ともがら。②妻。配偶者。

【倫理】りんり ①人が常に守るべき道。人の道。②㊄道徳のよりどころとなる原理。③「倫理学」の略。【――学(學)】りんりがく ㊄善悪の標準、道徳の本質、人間関係の正しいあり方などについて研究する学問。エシックス。

【倫類】りんるい ①ともがら。仲間。②人の道。人倫。人間。

▲▽人倫じんりん・不倫ふりん・絶倫ぜつりん

亻8

【倭】〔10〕 人

㊀ワ 漢 呉 ㊀ 平 歌 wō ウオ　J 4733

㊁イ 漢 呉 ㊁ 平 支 wēi ウエイ (ヰ)　補 ―　U 502D

意味 ㊀〈やまと〉日本国の呼び名。「倭人」㊁①道が曲がりくねって遠いさま。②みにくい。

解字 (篆書) 会意・形声。亻と委とを合わせた字。委ゐが音をも示す。禾は垂れた穂で、女はすなおな意をもち、したがって倭は従順の意味となる。また、矮わいと音が通じ、背の低い人の意ともなる。

名前 かず・しず

姓 倭漢やまとのあや　地名 倭やまと　難読 倭文しず

【倭遅(遲)】いち(ゐ) 道が曲がりくねって続くさま。＝逶遅いち

【倭文】しず(しづ) 国昔の織物の名。麻のような植物繊維の横糸を赤や青などに染めて、乱れ模様に織ったもの。しずはた。倭文織しずおり。【――機】しずはた(しづ) 国①倭文のこと。②倭文を織る機はた。【――機衣】しずはたごろも(しづ) 国倭文機で織りあげた衣服。

【倭夷】わい 「倭奴わど」に同じ。

【倭寇】わこう 室町時代に、中国大陸・朝鮮半島の沿海を荒らしまわった日本人の賊。

【倭人】わじん 昔、中国人が日本人を呼んだ呼び方。

【倭船】わせん 昔、中国人が日本人の船をさしていった呼び方。

【倭堕(墮)】わだ　い(ゐ)だ 切り下げ髪。結んでたらした髪の型。「倭堕髻わだのけい」(髻は、まげ。)

【倭奴】わど 昔、中国人が日本人を呼んだ呼び方。倭夷わい。

【倭名類聚抄】わみょう(みやう)るいじゅうしょう(せう) →「和名類聚抄」(二四一ジー・上)

人8 【倄】〔10〕 俗 ↓䍃(一四一五ジー・下)

人8 【儕】〔10〕 俗 ↓儕(一一八ジー・中)

人8 【併】〔10〕 旧 ↓併(八九ジー・中)

人8 【俁】〔10〕 同 ↓俁(九一ジー・中)

人8 【㑥】〔10〕 同 ↓侯(九二ジー・上)

人8 【俣】〔10〕 同 ↓俣(九七ジー・下)

人8 【㑩】〔10〕 俗 ↓傚(一一〇ジー・中)

人8 【俻】〔10〕 俗 ↓備(一一〇ジー・下)

人9

【偓】〔11〕

アク 漢 入 覚 wò ウオ　J ②0166　補 1773　U 5053

意味 物事にこだわる。拘泥こうでいする。

【偓促】あくさく・あくそく・あくせく 物事にこだわるさま。こせこせする。＝齷齪

【偓佺】あくせん 伝説上の仙人の名。

人9

【偊】〔11〕

ウ 漢 ク 慣 上 麌 yǔ ユイ　J ―　補 1768　U 504A

意味 ①ひとりで歩くさま。②つつしむさま。「偊偊うう」③身をかがめ歩くさま。「偊旅うりょ・くりょ」

【偊偊】うう ①ひとりで行くさま。みちづれのない形容。②からだをかがめるさま。つつしみおそれるさま。

人9

【偃】〔11〕

エン 漢 上 阮 yǎn イエン　J 4880　補 ―　U 5043

意味 ①〈ふ・す〉あおむいて臥ふせる。寝る。たおれる。②休む。やめる。「偃武えんぶ」③せく。せきとめる。＝堰えん ④かわや。便所。⑤姓。

【偃戈】えんか(くわ) ほこをふせて使わない。戦争をやめること。偃甲。

【偃臥】えんが(ぐわ) うつぶせになって寝る。

【偃蓋】えんがい 笠を伏せたような姿。蓋は、かさ。

【偃月】えんげつ ①ゆみはり月。まだ半月に達しない月。②ひたいの骨のさま。骨相学で、身分の貴い女性の相そう。③半円形のものの形態。【――刀】えんげつとう(たう) なぎなた。

(偃月刀)

【偃蹇】えんけん ①高いさま。②おごり高ぶるさま。いばる。③多く盛んなさま。④舞うさま。また、しなやかなさま。⑤岩石がそびえるさま。また、めずらしい形をした石の形容。

【偃甲】えんこう(かふ) 武器をしまう。戦いをやめること。

【偃仰】えんこう(かう)・えんぎょう(ぎやう) ①うつむいたり、あおむいたりする。②寝たり起きたりする。③ひまでぶらぶらしているさま。④運がよくなったり悪くなったりする。【――屈信】えんぎょう(ぎやう)くっしん 伏したり、仰いだり、縮んだり、伸びたり、健康のために体操する。〈王褒おうほう・聖主得二賢臣一頌せいしゅけんしんをうるしょう〉

【偃師】えんし 人名。周の穆ぼく王に人形を献じた人という。転じて、人形つかい。

【偃然】えんぜん 安らかなさま。

【偃草】えんそう(さう) 草が風になびくように、人民が上に立つ者の教えにすっかりしたがうたとえ。

【偃竹】えんちく 横ばいになった竹。

【偃仆】えんぷ 倒れふすこと。また、倒れること。

【偃武】えんぶ 戦争をやめる。武器をふせて使わない意で、太平の世の形容。偃革えんかく。偃甲。

【偃松】はいまつ(はひ) 国①松の一種。高山の地上にはってはえる。這松はいまつ。②地をはっているような松。

【偃鼠飲レ河不レ過二満(滿)腹一】えんそかわ(かは)にのむもまんぷくにすぎず もぐらは河水を飲んでも、腹いっぱいを限度とする。人も無制限に欲ばらずに、適当にしなくてはいけないということのたとえ。〈荘子そうじ・逍遥遊しょうようゆう〉

人9

【偣】〔11〕

エン 漢 平 塩 yān イエン　J ②0168　補 1779　U 5063

意味 女性の考えが誠実でない。また一説に、きよらかである。

人9

【偕】〔11〕

カイ 漢 平 佳 jiē チエ、xié シエ　J 4883　補 ―　U 5055

意味 ①つよいさま。②〈ともに〉一緒に。③ともなう。同伴する。④〈かな・う(―・ふ)〉ととのう。調和する。⑤ひとしい。同じにする。

【偕偕】かいかい 強壮なさま。つよくさかん。

【偕偶】かいぐう つれそう。また、つれあい。夫婦。配偶。

【偕行】かいこう(かう) ①ともどもに行く。②ともに行われる。

【偕楽(樂)】かいらく 多くの民とともに楽しむ。「古之人与レ民偕楽、故能楽也いにしえのひとは、たみとともにたのしむ、ゆえによくたのしむなり」〈孟子もうし・梁恵王りょうのけいおう上〉【――園】かいらくえん(ゑん) 国水戸市にある公園で、徳川斉昭なりあきの開いたもの。後楽こうらく園(岡山)・兼六けんろく園(金沢)と共に、日本三名園の一つ。

【偕老同穴】かいろう(らう)どうけつ ①生きてはいっしょに年をとり、死ん

2画　二亠人(亻・𠆢)儿入八冂冖冫几凵刀(刂)力勹匕匚匸十卜卩(㔾)厂厶又

では同じ墓穴に葬られる。かたい夫婦のちぎり。②カイロウドウケツ科の海綿動物。その体内に、小海老(こえび)の住んでいることが多く、二匹の場合を夫婦に見たてて「偕老同穴」と名づけ、のちに、海綿の名となる。

イ9 **【偽】**〔11〕常 ギ いつわる・にせ 一ギ 漢呉 一去 寘 wěi ウエイ J2122 補 U507D

旧字 イ12 **【僞】**〔14〕人 二カ 漢 (クヮ) 二平 歌 é オー J4906 補 U50DE

筆順 亻 … 偽 偽 偽

意味 一①**〈いつわり(いつはり)〉〈にせ〉** ㋐うそ。にせ。「真偽(しんぎ)」 ㋑つくりごと。作為。㋒正統でないもの。②**〈いつわ・る(いつは・る)〉** だます。ふりをする。二①変わる。改められる。＝訛(か) ②舟がゆれるさま。

解字 形声。イが形を表し、爲(い)が音を示す。イは人。爲には作りなす意味がある。偽は人が後天的に作りなすこと。とくに悪い方の意味が強くなって、「いつわり」の意味になった。音ギは爲の音ヰの変化。

【偽印】(ぎいん) にせいん。にせはん。偽造した印。偽判。
【偽学(學)】(ぎがく) その時代に正しいと認められなかった学問。
【偽器】(ぎき) ①にせのうつわ。②国三種の神器のにせもの。
【偽宮】(ぎきゅう(きう)) ①にせの御殿。御殿のようにりっぱな建物。②いつわって国主と名のる人のりっぱなすまい。
【偽君子】(ぎくんし) うわべだけ君子らしく見せた人。
【偽計】(ぎけい) いつわりのはかりごと。
【偽経(經)】一(ぎけい) 二(ぎきょう(きやう)) 一後世の人が偽造した経(けい)書。偽作の経書。二偽造の経文(もん)。
【偽言】(ぎげん) いつわりのことば。そらごと。いつわり。
【偽孔伝(傳)】(ぎこうでん) 東晋(しん)の元帝のとき、梅賾(ばいさく)が献上した偽作「古文尚書(しょう)」の注で、漢の大儒者孔安国(こうあんこく)の作といつわり称したもの。
【偽国(國)】(ぎこく) 偽朝。正しい系統でない国。かってに乗っ取って、国号を称している国。
【偽詐】(ぎさ) いつわりあざむく。詐偽(さぎ)。
【偽作】(ぎさく) まねて作る。また、まねて作ったもの。にせもの。偽作物。
【偽史】(ぎし) にせの歴史。うその歴史。記事が正しくない史書。
【偽書】(ぎしょ) ①偽作した書物。にせ本。②にせの手紙。③内容のでたらめな本。④書類を偽造する。
【偽称(稱)】(ぎしょう) いつわりの名称。偽名。
【偽証(證)】(ぎしょう) ①いつわりの証拠・証言。②法裁判所で証人となっていつわりの証言をする。
【偽詔】(ぎしょう(せう)) にせのみことのり。いつわりのみことのり。また、偽朝のみことのり。
【偽酔(醉)】(ぎすい) よっぱらったふりをすること。
【偽善】(ぎぜん) うわべだけの善。本心からでない見せかけの善行。
【偽装(裝)】(ぎそう(さう)) いつわりよそおう。また、他のものとまぎらわしくして、あいての目をごまかすこと。
【偽造】(ぎぞう(ざう)) にせてつくる。にせものをつくる。
【偽態】(ぎたい) いつわりのさま。まことでないさま。他を欺くさま。
【偽朝】(ぎちょう(てう)) ①その時代の正統の朝廷でない、いつわりの朝廷。②じぶんが仕える朝廷でない、敵がわの朝廷をさす語。
【偽定】(ぎてい) ①かりに天下を定める。②いつわって天下を定める。
【偽判】(ぎはん) にせはん。偽印。
【偽版】(ぎはん) 偽作の版木。また、それを使用した出版物。にせばん。偽本。
【偽筆】(ぎひつ) 他人の書きぶりをまねて書いた字や絵。
【偽朋(朋)】(ぎほう) ほんものでない交わり。正しくない交わり。利害関係で結ばれた交友。
【偽本】(ぎほん) ①著者の名をいつわって作った本。偽作の書。②著者や出版者の許可なしに出版された本。
【偽名】(ぎめい) ①うその名まえ。つくり名。また、氏名を偽ること。②うその評判。
【偽妄】(ぎもう(まう)・ぎぼう(ばう)) いつわる。いかさま。うそ。にせ。
【偽戻】(ぎれい) でたらめで道理にはずれている。
◆真偽(しんぎ)・虚偽(きょぎ)・詐偽(さぎ)

イ9 **【偶】**〔11〕常 グウ ゴウ 漢 グ 呉 上 有 ǒu オウ グウ 慣 J2286 補 U5076

筆順 亻 … 偶 偶 偶

意味 ①木や土で作った人形。でく。「土偶(どぐう)」②**〈なら・ぶ〉** そろう。向かい合う。「偶座(ぐうざ)」③つれあい。「配偶(はいぐう)」④同類。なかま。⑤匹敵する。かなう。⑥**〈あ・う(―・ふ)〉** 会う。遭遇する。＝遇 ⑦偶数。↔奇 ⑧**〈たまたま〉** 思いがけず。＝遇

解字 形声。イが形を表し、禺(ぐう)が音を示す。イは人。禺には、寓と同じく、宿る意味がある。偶は、木にやどる人で、木製の人形をいう。また、禺は耦と同じで、二つ並ぶことを表し、偶は、つれあいの意味になるともいう。

名前 ます

【偶詠】(ぐうえい) 「偶吟(ぐうぎん)」に同じ。
【偶会(會)】(ぐうかい(くわい)) たまたま出会う。偶然ゆき会う。
【偶感】(ぐうかん) ふと心に感じる。ふと頭に浮かんだ感想。
【偶吟】(ぐうぎん) 思いがけなくできた詩や歌。偶成の詩歌。偶詠。
【偶見】(ぐうけん) 思いがけなく見る。
【偶語】(ぐうご) ふたりでかたりあう。さしむかいで話をする。
【偶合】(ぐうごう(がふ)) ①思いがけなく出会う。②思いがけず一致する。
【偶座(「坐」)】(ぐうざ) 向かいあってすわる。さしむかい。
【偶作】(ぐうさく) ①ふとした思いつきで作る。偶然にできる。②偶然にできたもの。思いがけなくできた詩歌など。偶成。
【偶視】(ぐうし) 向かいあって見る。見合う。
【偶日】(ぐうじつ) 偶数の日。丁(ちょう)の日。↕奇日
【偶処(處)】(ぐうしょ) いっしょにいる。同居する。
【偶人】(ぐうじん) 木ぼりのにんぎょう。ひとがた。
【偶成】(ぐうせい) 詩歌がふとできあがる。また、その作品。
【偶然】(ぐうぜん) 思いがけなくそうなること。思いがけなく。はからずも。↕必然
【偶像】(ぐうぞう(ざう)) ①金・石・土・木などで人間の形に似せて作った像。でく。②礼拝するため、神仏にかたどって作った像。
【偶対(對)】(ぐうたい) ①詩文の対句。②思いがけなく向かい合う。同席する。
【偶題】(ぐうだい) ①その場で出す問題。②偶然につくる。即興の詩。題は、詩文をつくる意。↕宿題
【偶値】(ぐうち) たまたま出会う。偶然ぶつかる。
【偶配】(ぐうはい) つれあい。夫婦。配偶。偶匹。
【偶発(發)】(ぐうはつ) 思いがけなくおこる。たまたま発生する。
【偶匹】(ぐうひつ) つれあい。配偶。
◆土偶(どぐう)・木偶(もくぐう)・でく・対偶(たいぐう)・配偶(はいぐう)

イ9 **【偈】**〔11〕標 一ケツ 漢 一入 屑 jié チエ 二ケイ 漢 二去 霽 qì チー 三ゲ 慣 三去 霽 jì チー J4885 補 U5048

意味 一①はやい。②すこやか。③精を出すさま。「偈偈(けつけつ)」④勇気がある。二いこう。やすむ。＝憩(けい) 三(仏)仏力をほめ

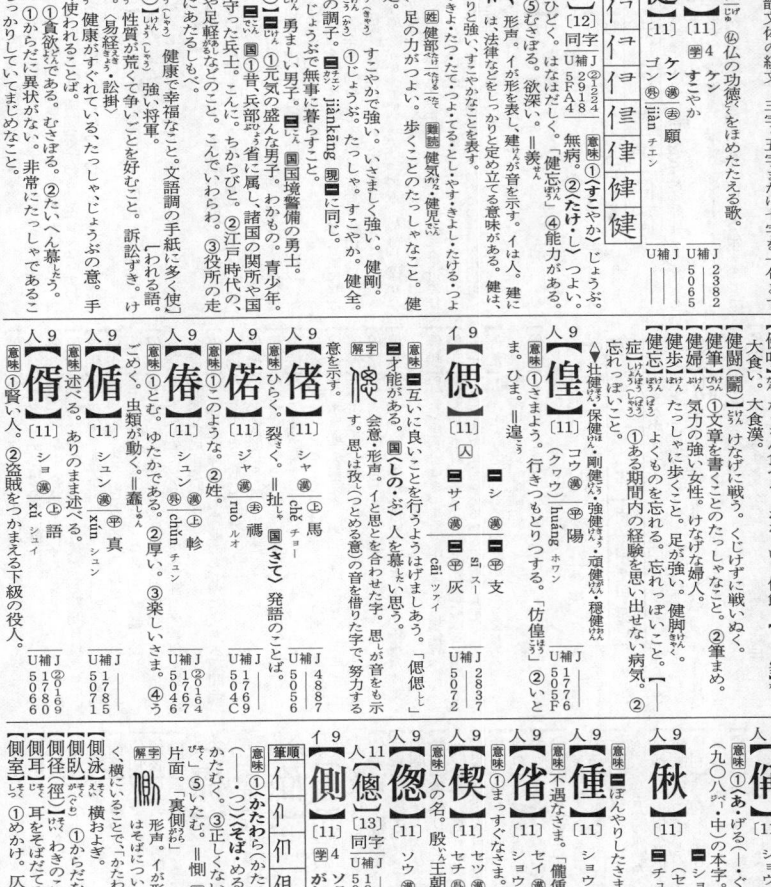

たたえた韻文体の経文。三字・五字または七字を一句とする。

【偈頌】(げしょう|げじゅ) 仏 仏の功徳をほめたたえる歌。

イ 9 【健】〔11〕 学 4 ケン すこやか　U補J 2382 5065

旧字 人 9 【健】〔11〕 ケン 漢 去 願 ゴン 呉 jiàn チエン　U補J ―

筆順 亻 亻 亻 亻 亻 律 律 健 健

イ 9 【徤】〔12〕 同字 U補J ②1224 2918 5FA4

意味 ①〈すこやか〉じょうぶ。無病。②〈たけ・し〉つよい。③よく。ひどく。はなはだしく。「健忘(けんぼう)」④能力がある。腕きき。⑤むさぼる。欲深い。＝羨(せん)

解字  形声。イが形を表し、建(けん)が音を示す。イは人。建には、法律などをしっかりと定め立てる意味がある。健は、人がしっかりと強い、すこやかなことを表す。

名前 かつ・きよ・たつ・たて・つよ・てる・とし・やす・きよし・たける・つよし・まさる　姓 健部(たけべ|たけるべ|たてべ)　難読 健気(けなげ)・健児(こんでい)

【健脚】(けんきゃく) 足の力がつよい。歩くことのたっしゃなこと。健歩。健足。

【健強】(けんきょう(きゃう)) すこやかで強い。いさましく強い。健剛。

【健康】(けんこう(かう)) [一] ①じょうぶ。たっしゃ。すこやか。健全。②からだの調子。[二] チエンカン jiànkāng 現 [一]に同じ。

【健在】(けんざい) じょうぶで無事に暮らすこと。

【健士】(けんし) [一] 勇ましい男子。[二] (こんし) 国 国境警備の勇士。

【健児(兒)】(けんじ) [一] ①元気の盛んな男子。わかもの。青少年。②兵士。[二] (こんでい) 国 ①昔、兵部(ひょうぶ)省に属し、諸国の関所や国府などを守った兵士。こんに。ちからびと。②江戸時代の、中間(ちゅうげん)や足軽(あしがる)などのこと。こんでいわらわ。③役所の走りづかいにあたるしもべ。

【健祥】(けんしょう(しゃう)) 健康で幸福なこと。文語調の手紙に多く使われる語。

【健将(將)】(けんしょう(しゃう)) 強い将軍。

【健訟】(けんしょう) 性質が荒くて争いごとを好むこと。訴訟ずき。けんかずき。〈易経(えききょう)・訟掛〉

【健勝】(けんしょう) 健康がすぐれている、たっしゃ、じょうぶの意。手紙に多く使われることば。

【健羨】(けんせん) ①貪欲(どんよく)である。むさぼる。②たいへん慕(した)う。

【健全】(けんぜん) ①からだに異状がない。非常にたっしゃであること。②しっかりしていてまじめなこと。

【健啖】(けんたん) たくさん食べる。おおぐい。健飯。【――家(けんたんか)】大食い。大食漢。

【健闘(鬭)】(けんとう) けなげに戦う。くじけずに戦いぬく。

【健筆】(けんぴつ) ①文章を書くことのたっしゃなこと。②筆まめ。

【健婦】(けんぷ) 気力の強い女性。けなげな婦人。

【健歩】(けんぽ) たっしゃに歩くこと。足が強い。健脚(けんきゃく)。

【健忘】(けんぼう(ばう)) よくものを忘れる。忘れっぽいこと。【――症(けんぼうしょう(ばうしゃう))】①ある期間内の経験を思い出せない病気。②忘れっぽいこと。

△▼壮健(そうけん)・保健(ほけん)・剛健(ごうけん)・強健(きょうけん)・頑健(がんけん)・穏健(おんけん)

人 9 【偟】〔11〕 コウ 漢 平 陽 (クヮウ) huáng ホワン　U補J 1776 505F

意味 ①さまよう。行きつもどりつする。「彷偟(ほうこう)」②いとま。ひま。＝遑(こう)

イ 9 【偲】〔11〕 人 [一] シ 漢 [一] 平 支 sī スー [二] サイ 漢 [二] 平 灰 cāi ツァイ　U補J 2837 5072

意味 [一] 互いに良いことを行うようはげましあう。「偲偲(しし)」[二] 才能がある。国〈しの・ぶ〉人を慕(した)い思う。

解字  会意・形声。イと思とを合わせた字。思(し)が音をも示す。思は孜(し)(つとめる意)の音を借りた字で、努力する意を示す。

人 9 【偖】〔11〕 シャ 漢 上 馬 chě チョー　U補J 4887 5056

意味 ひらく。裂(さ)く。＝扯(しゃ) 国〈さて〉発語のことば。

人 9 【偌】〔11〕 ジャ 漢 去 禡 ruò ルオ　U補J 1769 504C

意味 ①このような。②姓。

人 9 【偆】〔11〕 シュン 漢 シュン 呉 上 軫 chǔn チュン　U補J ②0164 1767 5046

意味 ①とむ。ゆたかである。②厚い。③楽しいさま。④うごめく。虫類が動く。＝蠢(しゅん)

人 9 【偱】〔11〕 シュン 漢 平 真 xún シュン　U補J 1785 5071

意味 述べる。ありのまま述べる。

人 9 【偦】〔11〕 ショ 漢 上 語 xǔ シュイ　U補J ②0169 1780 5066

意味 ①賢い人。②盗賊をつかまえる下級の役人。

人 9 【偁】〔11〕 ショウ 漢 平 蒸 chēng チョン　U補J ①1435 1764 5041

意味 ①〈あ・げる(―・ぐ)〉揚(あ)げる。挙げる。②「稱(称)」(九〇八ジ・中)の本字。

人 9 【偢】〔11〕 [一] ショウ 漢 [一] 去 嘯 (セウ) qiào チアオ [二] チュウ 慣 [二] ― chǒu チョウ　U補J 1778 5062

意味 [一] ぼんやりしたさま。[二] 見つめる。＝瞅(ちゅう)

人 9 【偅】〔11〕 ショウ 漢 去 宋 zhòng チョン　U補J 1766 5045

意味 不遇なさま。「儱偅(ろうしょう)」

人 9 【偗】〔11〕 セイ 漢 ショウ(シャウ) 呉 上 梗 shěng ション　U補J ②0167 1774 5057

意味 ①まっすぐなさま。②ながいさま。

人 9 【偰】〔11〕 セツ 漢 セチ 呉 入 屑 xiè シエ　U補J ②0171 1784 5070

意味 人の名。殷(いん)王朝の先祖。＝契(せつ)

人 9 【偬】〔11〕 ソウ 漢 上 董 zǒng ツォン　U補J 4888 506C

人 11 【傯】〔13〕 同字 U補J 1813 50AF

意味 倥偬(こうそう)は、①せわしいさま。②苦しむさま。

イ 9 【側】〔11〕 学 4 ソク がわ　ソク ショク 漢 ソク 呉 入 職 cè ツォー　U補J 3406 5074

筆順 亻 亻 们 侣 俱 俱 側 側

意味 ①〈かたわら(かたはら)〉わき。そば。②〈そばだ・てる(――・つ)〉〈そば・める(――・む)〉かたむける。そむける。かたむく。③正しくない。④身分が低い。いやしい。「側微(そくび)」⑤いたむ。＝惻 国〈がわ(がは)〉〈かわ(かは)〉ものの片面。「裏側(うらがわ)」

解字  形声。イが形を表し、則(そく)が音を示す。イは人。則には、はそばについている意味がある。側は、人がまん中でなく、横にいることで、「かたわら」「かたむく」の意味になる。

【側泳】(そくえい) 横およぎ。

【側臥】(そくが(ぐゎ)) ①からだを横にむけてねる。②そばにねる。添い寝(そいね)する。

【側径(徑)】(そくけい) わきのこみち。

【側耳】(そくじ) 耳をそばだてる。耳を傾けてよくきくこと。

【側室】(そくしつ) ①めかけ。仄室(そくしつ)。②正妻の子でない次男以下の

2画 二亠人(亻・𠆢)儿入八冂冖冫几凵刀(刂)力勹匕匚匸十卜卩(㔾)厂厶又

男子。③わきのへや。正殿のわきのへや。
【側身】そくしん ①おそれつつしんで身をそばめちぢめる。②寝がえりして、体を半ば側面に向ける。ゆっくり眠れないようす。
【側席】そくせき ①かたよって行儀わるくすわる。正しくないすわり方。②左の席をあけて、人を待つすわり方。③一つの座席だけ設ける。
【側聴(聽)】そくちょう(ちゃう) ①耳をそばだてて聞く。よく注意して聞くこと。②ぬすみぎき。
【側背】そくはい ①うしろとよこ。左右の両がわと後ろがわ。②ななめ横の後方。
【側微】そくび 身分がいやしいこと。側陋そくろう。微賤びせん。
【側聞】そくぶん 間接的に聞くこと。うわさに聞く。よそながら聞く。=仄聞
【側壁】そくへき よこがわの壁。側面のかべ。
【側面】そくめん ①横のほう。外がわ。↕正面 ②角柱または角錐かくすいの底面以外の面。左右の表面。【——観(觀)】そくめんかん(くわん) 側面からする客観的なみかた。
【側目】そくもく ㊀①目をそばめる。伏目ふしめになって、まともに見ない。②驚いて見る。③ねたんで横目に見る。嫉視しっし。にくんで見る。㊁そばめ 国かたわらにいて見ること。
【側陋】そくろう ①身分がいやしい。また、その人。側微。②かたよって心が狭い。
【側近】そっきん(そく) ①そば近く。ごく近いところ。②そば近く仕えること。また、その人。
【側行】そっこう(そくかう) けんそんや敬意を表すために、道のかたわらに寄りそって行くこと。斜行。=仄行

△▼片側かたがわ・両側りょうがわ・縁側えんがわ・反対側はんたいがわ

人9【偄】〔11〕 ダン 漢 去 輸 ナン 慣 ruǎn ロワン　J ―― 補 ―― U 5044

意味 ①弱い。「偄弱だんじゃく(なんじゃく)」 ②あざむく。

亻9【停】〔11〕 学5 テイ テイ 漢 平 青 tíng ティン　J 3668 補 ―― U 505C

筆順 亻 亻' 亻亠 亻亠口 亻亠口 亻亠口冖 停

意味 ①〈とど・まる〉とまる。②〈とど・める(――・む)〉とめる。③とどこおる。④やすむ。

解字  形声。亻が形を表し、亭ていが音を示す。亻は人。亭には、安定して止まる意味がある。停は、人が止まることである。

参考 新表記では、「碇」の書きかえに用いる熟語がある。

【停雲】ていうん ①とどまって動かない雲。②親しい友を思うこと。③行く雲をとどめるほど美しい歌声。
【停会(會)】ていかい(くゎい) 会議を中止すること。
【停学(學)】ていがく 学校が、学生・生徒をある期間登校させない罰則。
【停午】ていご 正午。=亭午
【停止】ていし ㊀①とまる。とどまる。一時さしとめる。②中途でとまる。また、とめる。㊁ティンチー tíngzhǐ 現㊀に同じ。
【停車】ていしゃ 車をとめること。「停レ車坐愛楓林晩くるまをとどめてそぞろにあいす、霜葉紅二於二月花一」(車をとめて、うっとりとかえで林の夕景色に見とれた。)〈杜牧とぼくの詩・山行さんこう〉
【停職】ていしょく 官吏に職務上の失敗のあったとき、ある期間その職務をとりあげる懲戒ちょうかい処分。
【停船】ていせん 船の航行を一時とめること。
【停戦(戰)】ていせん 戦争を一時やめること。戦争の中止。
【停蘇】ていそ 仮死状態。
【停滞(滯)】ていたい とどこおってはかどらない。遅滞ちたい。渋滞じゅうたい。
【停蓄】ていちく 水を深くたたえる。学問が深いことの形容。
【停停】ていてい ①とまって動かない。②高いさま。③美しいさま。
【停電】ていでん 送電がとまる。また、送電をとめること。
【停当(當)】ていとう(たう) ①落ち着いているさま。②物事がうまくいく。
【停頓】ていとん とどまる。ゆきづまる。中止する。頓挫とんざ。
【停年】ていねん 官吏・会社員などが、一定の年齢になると退官・退職すること。また、そのやめるべき年齢。=定年
【停泊】ていはく ①とどまる。やどる。②船がいかりをおろしてとまる。船が港にとまる。=碇泊
【停留】ていりゅう(りう) とまる。とどまる。

△▼調停ちょうてい

亻9【偵】〔11〕 常 テイ テイ 漢 平 庚 zhēn チェン　J 3669 補 ―― U 5075

筆順 亻 亻' 亻⺊ 亻⺊ 偵 偵 偵 偵

意味 ①〈うかが・う(――・ふ)〉様子をさぐる。②まわしもの。スパイ。「探偵たんてい」 ③占って問う。=貞てい

解字  形声。亻が形を表し、貞ていが音を示す。亻は人。貞は、うらないをして、様子を問うことである。偵は、人が様子をうかがうことである。

【偵騎】ていき 敵のようすをうかがう騎兵。斥候せっこうの騎兵。
【偵候】ていこう ようすをうかがう。うかがいさぐる。また、うかがいさぐる者。偵人。
【偵察】ていさつ ようすをさぐる。
【偵伺】ていし うかがいさぐること。偵探。
【偵人】ていじん ①まわしもの。間者。探偵。偵候。間諜かんちょう。スパイ。②みはり番。番兵。斥候せっこう。
【偵探】ていたん 敵のようすをさぐること。偵察。
【偵知】ていち ようすをさぐって知る。
【偵諜】ていちょう(てふ) 偵候ていこう。間諜かんちょう。スパイ。
【偵吏】ていり めあかし。探偵たんてい。

人9【偍】〔11〕 テイ 漢 去 霽 タイ 呉 dì ティー　J 1775 補 ―― U 5059

意味 偍僀ていけいは、行きづまり、どうにもならないさま。

人11【僀】〔13〕 同字　J 1818 補 ―― U 50C0

人9【偸】〔11〕 トウ 漢 チュウ(チウ) 慣 平 尤 tōu トウ　J 4889 補 ―― U 5078

意味 ①〈ぬす・む〉どろぼうする。②かりそめ。いいかげん。「偸安とうあん」 ③〈うす・い(――・し)〉情が薄い。④ひそかに。

人9【偷】〔11〕 同字　J ―― 補 ―― U 5077

【偸安】とうあん その場かぎりの安楽にふける。一時のがれをする。
【偸看】とうかん ぬすみ見をする。こっそり見る。ぬすみ見。
【偸間】とうかん すこしのひまをぬすむ。ひまを求めてなまける。
【偸閑】㊀とうかん ひまをぬすむ。ひまをみつけてはなまける。=偸間 ㊁あからさま 国かりそめに。ついちょっと。
【偸眼】とうがん ①人目をぬすむ。②こっそりぬすみ見をする。
【偸合】とうごう(がふ) 他人に迎合する。
【偸刻】とうこく 軽薄で残酷。かるがるしくうすっぺらで、情け知らず。
【偸児(兒)】とうじ ぬすびと。どろぼう。
【偸生】とうせい 生命をぬすむ。死ぬべきときに死なないで、むだに生き長らえていること。偸活。
【偸惰】とうだ なまける。ほねおしみする。
【偸盗】㊀とうとう(たう) ぬすむ。また、ぬすびと。偸窃とうせつ。㊁ちゅうとう(ちうたう) 仏五つの悪業あくごうの中の一つ。ぬすみ。
【偸薄】とうはく 人情が薄い。薄情。
【偸眠】とうみん ちょっとのひまに眠る。ひまをぬすんで眠る。
【偸利】とうり 利をぬすむ。不正な方法で利益を得ること。また、その利益。
【偸偸】とうとう tōutōu 現こっそりと。人知れず。

人9【傷】〔11〕 トウ 漢 上 養 (タウ) tǎng タン　J 1772 補 ―― U 5052

意味 ①まっすぐ。②長いさま。③思うままにする。＝蕩(とう)

人9【偑】〔11〕フウ 漢 平 東 呉 fēng フォン　J — 補 1771 U 5051
意味 ①地名。②姓。

人9【偪】〔11〕フク 漢 入 職 ヒツ 慣 bī ピー　J ②0170 補 1782 U 506A
意味 ①〈せま・る〉さしせまる。切迫(せっぱく)。＝逼「偪促(ふくそく|ひっそく)」②きゃはん。③みちる。④姓。
【偪狭(狹)】(ふくきょう(けふ)) かたよって狭い。
【偪側】(ふくそく|ひっそく) すぐそばにせまること。＝逼側

イ9【偏】〔11〕常 ヘン かたよる　J 4248 補 — U 504F
旧字 人9【偏】〔11〕ヘン 漢 平 先 piān ピエン　J — 補 — U —

筆順
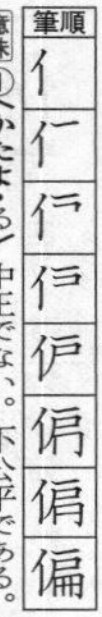

意味 ①〈かたよ・る〉中正でない。不公平である。②片田舎(かたいなか)。辺鄙(へんぴ)な。③かたむく。④かたがわ。かたはし。半分。⑤不完全な。そろっていない。⑥部下。⑦漢字の左側の部分。「偏旁冠脚(へんぼうかんきゃく)」⑧〈ひとえ・に(ひとへに)〉㋐もっぱら。ひたすら。㋑思いがけず。逆に。㋒ただ。単に。⑨戦車二十五両をいう。⑩歩兵五十人をいう。

解字  形声。亻が形を表し、扁(へん)が音を示す。亻は人。扁には、片よる、半分、の意味がある。偏は、人の頭がかたむいていることで、広く、片よるという意味になった。

名前 つら・とも・ゆき

【偏愛】(へんあい) ①かたよって愛する。不公平な愛し方。えこひいき。②極端に愛すること。

【偏安】(へんあん) かたいなかに落ち着いている。

【偏倚】(へんい) 一方にかたよる。＝偏依
【偏介】(へんかい) 性質がかたよってがんこなこと。へんくつ。

【偏奇】(へんき) ふつうとは異なるさま。風変わりなさま。

【偏諱】(へんき) 君主や親などの名が二字のとき、その一方の字を遠慮して使わないこと。

【偏狭(狹)】(へんきょう(けふ)) ①かたよって狭い。また、小さい。②がんこで人を受け入れる心がせまい。へんくつ。⇔寛容
【偏曲】(へんきょく) かたよる。かたよりまがって普通でない。

【偏屈】(へんくつ) ねじけてすなおでない性質。かたいじ。＝偏窟
【偏見】(へんけん) かたよった考え・意見。公平でない見方。

【偏険(險)】(へんけん) 一方にかたよって陰険なこと。⇔中正
【偏枯】(へんこ) からだの半分が不自由になること。半身不随。

【偏向】(へんこう(かう)) ものの考え方などが一方にかたより、中正でないこと。

【偏在】(へんざい) かたよって存在する。

【偏私】(へんし) 自分の気に入った特定の人だけに好意をよせること。えこひいき。不公平。

【偏師】(へんし) ①一部の軍隊。⇔全軍・全師 ②兵車二十五両。

【偏辞(辭)】(へんじ) かたよったことば。中正でない議論。

【偏執】(へんしつ|へんしゅう(しふ)) ①いじを張って動かない。一つの考えにとらわれて、変えようとしない。かたいじ。偏屈。②ある一つの事だけに極端に熱中すること。マニア。

【偏小】(へんしょう(せう)) かたよって小さいこと。

【偏将(將)】(へんしょう(しゃう)) ①大将の補佐。副将。偏将軍。②一方の大将。また、全軍の中の一部分の軍の大将。

【偏信】(へんしん) 一方だけを信じる。

【偏説】(へんせつ) かたよった意見。中正でない学説。

【偏側】(へんそく) かたより傾くこと。

【偏袒】(へんたん) ①かたはだをぬぐ。力を出す。②えこひいき。

【偏重】(へんちょう) かたよって、一方だけ重んじる。

【偏土】(へんど) かたいなか。都から遠い土地のこと。僻地(へきち)。

【偏党(黨)】(へんとう(たう)) かたよる。かたよって一方につく。

【偏陂】(へんぱ) えこひいき。かたよって不公平なこと。不公平。＝偏頗(へんぱ)

【偏頗】(へんぱ) かたよって不公平なこと。えこひいき。＝偏陂
【偏廃(廢)】(へんぱい) 一方だけを捨てること。また、一方だけすたれること。

【偏僻】(へんぺき) ①心がかたよっていてひがむこと。「偏僻蔽固(へんぺきへいこ)」(心がかたより、とらわれている。) ②都から遠く離れたいなか。かたいなか。

【偏旁】(へんぼう(ばう)) 漢字のへんとつくり。

【無偏無党(黨)】(偏(へん)無く党(とう(たう))無し) どちらにもかたよることなく、中正公平なこと。〈書経(しょきょう)・洪範(こうはん)〉
△▼不偏(ふへん)・頗偏(はへん)

人9【偭】〔11〕ベン 漢 上 銑 メン 慣 miǎn ミエン　J — 補 1783 U 506D
意味 ①そむく。②むかう。

人9【偠】〔11〕ヨウ 漢 呉 上 篠 (エウ) yǎo ヤオ　J — 補 1777 U 5060
意味 女性の姿の美しい形容。「偠紹(ようしょう)」

人9【偎】〔11〕ワイ 漢 平 灰 wēi ウエイ　J ②0165 補 1770 U 504E
意味 ①はっきりしない。ぼんやり見える。②親しむ。③よりかかる。近づく。

人9【倻】〔11〕yē イエ　J ①1434 補 1786 U 503B
意味 現 伽倻琴(チアイエチン) jiāyēqín は、朝鮮(ちょうせん)の弦楽器の名。かやきん。

人9【偉】〔11〕旧 ↓偉(本ページ・下)
人9【假】〔11〕旧 ↓仮(六九ページ・中)
人9【倦】〔11〕同 ↓倦(九九ページ・上)
人9【做】〔11〕俗 ↓作(七八ページ・中)
人9【傪】〔11〕俗 ↓参(三三一ページ・中)
人9『條』↓木部七画(六二一ページ・中)
人9【偀】〔11〕同 ↓英(一〇四九ページ・上)
人9【偐】〔11〕同 ↓贋(一一九六ページ・下)
人9【候】〔11〕本 ↓候(九九ページ・中)
人9【偂】〔11〕同 ↓前(一六四ページ・上)
人9【便】〔11〕本 ↓便(九五ページ・下)
イ9『脩』↓肉部七画(一〇二二ページ・中)

イ10【偉】〔12〕常 イ えらい　J 1646 補 — U 5049
旧字 人9【偉】〔11〕イ 漢 呉 上 尾 (ヰ) wěi ウエイ　J — 補 — U —

筆順
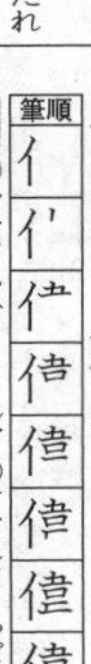

意味 ①〈えら・い(――・し)〉㋐すぐれてりっぱである。卓越(たくえつ)している。㋑大きくてりっぱである。②異とする。素晴らしいと見なす。③姓。

解字  形声。亻が形を表し、韋(ゐ)が音を示す。亻は人。韋には、目だっている意味がある。偉は、目だってすぐれた人を表す。

名前 たけ・より・いさむ・おおい

【偉観(觀)】(いかん(ゐくわん)) りっぱなながめ。すばらしい光景。

【偉器】(いき(ゐ)) すぐれた人徳。また、すぐれたはたらきのある人物。大人物。大器。

【偉挙(擧)】(いきょ(ゐ)) すぐれたふるまい。りっぱな企て。

【偉業】(いぎょう(ゐげふ)) りっぱな事業。偉大な業績。

【偉勲】(いくん(ゐ)) すぐれてりっぱな功績。大きなてがら。偉功。

【偉彦】いげん すぐれた男性。
【偉才】いさい 非常にすぐれた才能。また、その人。偉材。
【偉丈夫】いじょうふ（ゐぢゃうふ） ①からだが大きくりっぱな男。たくましい人物。②すぐれた人物。大人物。大丈夫だいじょうぶ。
【偉人】いじん すぐれた大人物。えらい人。
【偉績】いせき 大きなてがら。すぐれた業績。りっぱな功績。
【偉餞】いせん りっぱなはなむけ。りっぱな送別。
【偉大】いだい 一 すぐれていて大きい。非常にすぐれている。二 ウェイター wěidà 現 一に同じ。
【偉徳】いとく すぐれた徳。偉大な徳。
【偉容】いよう 堂々としてりっぱな姿。
◇▼雄偉ゆうい・魁偉かいい

人10 **【傊】**〔12〕 ウン 漢 具 去 問 yùn ユン
意味 まさる。すぐれている。
U補J 508A 1791 ―

人10 **【傟】**〔12〕 オウ（アウ） 漢 具 上 講 yǎng ヤン
意味 もとる。そむく。ひねくれる。
U補J 509F 1808 ―

人10 **【傢】**〔12〕 カ 慣 平 麻 jiā チア
意味 家具。家財道具。
U補J 50A2 1811 ―

人10 **【傀】**〔12〕 一 カイ（クヮイ） 漢 一 平 灰 guī コイ 二 カイ（クヮイ） 漢 二 上 賄 kuǐ コイ
意味 一 ①おおきい。②もののけ。わざわい。二 あやつり人形。からくり人形。
難読 傀儡くぐつ
【傀然】かいぜん（くゎいぜん） ①大きいさま。偉大なさま。②ひとりいるさま。独居するさま。
【傀儡】かいらい（くゎいらい） ①あやつり人形。②他人の思うままにあやつられる者。人の手先に使われる者。【――師】かいらいし（くゎいらいし） くぐつし ①人形つかい。②人を思うままにあやつる者。
U補J 5080 ― 4890

人10 **【傕】**〔12〕 カク 漢 具 入 覚 jué チュエ
意味 中国人の姓や名に用いる。
U補J 5095 ― ②0176

人10 **【傄】**〔12〕 カツ 漢 ケチ 具 入 黠 xiā シア
意味 傄傄かつかつは、①元気なさま。②こだわりのないさま。
U補J 5084 1789 ―

人10 **【傒】**〔12〕 ケイ 漢 平 斉 xī シー
意味 ①〈ま・つ〉待ち望む。＝徯けい ②こみち。＝蹊けい ③古代、東北地域の少数民族の名。④しばりつける。＝繫けい
U補J 5092 1801 ②0174

人10 **【傔】**〔12〕 ケン 漢 去 豔 qiàn チエン
意味 ①はべる。したがう。つかえる。②おつきの者。従者。
【傔従(從)】けんじゅう おそばづきの家来。従者。
【傔人】けんじん 召使。また、使者のおつき。
【傔卒】けんそつ つき従う兵卒。衛兵。
U補J 5094 1803 ①1436

人10 **【傆】**〔12〕 ゲン 漢 ガン（グヮン） 具 去 願 yuàn ユワン
意味 さとい。人にうまく合わせる。ずるい。
U補J 5086 1790 ―

人10 **【傚】**〔12〕 コウ（カウ） 漢 去 効 xiào シアオ
人8 **【俲】**〔10〕 俗字 U補J 4FF2 1737 ②0155
意味 ＝効こう ①ならう。まねる。まなぶ。「傚古こうこ」②おしえる。
【傚古】こうこ（かうこ） 昔のまねをする。
【傚慕】こうぼ（かうぼ） まねをする。
U補J 509A ― 4891

人10 **【傐】**〔12〕 コウ（カウ） 漢 上 皓 hào ハオ
意味 中国北方の地名。
U補J 5090 1794 ―

人10 **【傞】**〔12〕 サ 漢 平 歌 suō スオ
意味 ①傞傞ささは、酔って舞うさま。②ふぞろいなさま。
U補J 509E 1807 ―

人10 **【傘】**〔12〕 常 サン かさ サン 漢 上 旱 sǎn サン
筆順 𠆢 仌 仒 仒 仒 仒 仒 傘
人2 **【仐】**〔4〕 俗字 U補J 4ED0 1636 ②0126
意味 〈かさ〉車のおおいがさ。また、あまがさ、ひがさ。
解字 象形。布を張って雨を避ける道具の形を表した字。
【傘連判】からかされんぱん 国からかさを開いたような形に、多くの人が署名すること。団結を意味した署名のやり方。
【傘下】さんか 一つかさの下の意から、ある中心人物のもとに多くの人が集まること。また、その人たちのこと。配下はいか。部下。同志。
【傘寿(壽)】さんじゅ 国八十歳の賀寿。傘の略字仐さんによる。
◇▼日傘ひがさ・雨傘あまがさ・番傘ばんがさ・落下傘らっかさん
U補J 5098 ― 2717

人10 **【㑳】**〔12〕 一 シュウ（シウ） 漢 一 去 宥 zhòu チョウ 二 ス 漢 二 平 虞 zhū チュー
意味 一 ①〈はら・む〉妊娠する。②やとわれる。③美しい。④凶暴である。二 㑳傷そうすは、小人のさま。
U補J 3473 ― ―

人10 **【傓】**〔12〕 セン 漢 去 霰 shàn シャン
意味 〈あお・る（あふ・る）〉あおり立てる。＝煽せん
U補J 5093 1802 ②0175

人10 **【傃】**〔12〕 ソ 漢 去 遇 sù スー
意味 ①〈むか・う（――・ふ）〉②守る。③通常。＝素
U補J 5083 1788 ―

人10 **【傖】**〔12〕 ソウ（サウ） 漢 平 庚 cāng ツァン
意味 ①いやしい。いなかもの。②いやしい者。いやしい人。教養も地位もない人。
【傖人】そうじん（さうじん） ①いなかもの。いなかおやじ。②人をいやしんでいう語。
【傖父】そうふ（さうふ）
U補J 5096 1804 ②0177

人10 **【傁】**〔12〕 ソウ 漢 上 有 sǒu ソウ
意味 おきな。老人の敬称。
U補J 5081 1787 ―

人10 **【傏】**〔12〕 トウ（タウ） 漢 具 平 陽 táng タン
意味 ぶつかる。相手の立場を犯す。「傏偀とうとつ」
U補J 508F 1793 ―

イ10 **【備】**〔12〕 学5 ビ そなえる・そなわる ヒ 漢 ビ 具 去 寘 bèi ペイ
U補J 5099 ― 4087
筆順 亻 亻 亻 俳 俳 借 備 備
人11 **【備】**〔13〕 同字 U補J ― ― ―
人8 **【俻】**〔10〕 俗字 U補J 4FFB ― ―
人10 **【僃】**〔12〕 俗字 U補J 50C3 1819 ―
人10 **【偹】**〔12〕 俗字 U補J 5079 ― ―
意味 ①〈そな・える（――・ふ）〉 ㋐攻撃にそなえる。㋑用意する。ととのえる。㋒数に加える。㋓しまいこむ。②〈そな・わる（そなは・る）〉 十分である。③〈そなえ（そなへ）〉 ㋐用意。㋑防御。④〈つぶさに〉 みな。ことごとく。

解字 形声。イが形を表し、𤰇(び)が音を示す。イは人。𤰇は、苟の略した形と、用とを合わせた字。苟は慎重に口をきくことで、𤰇はじゅうぶんに用意することを表す。備は、用意してある人のことで、そなえる意味になる。一説に、𤰇は矢を立てる道具で、備は、人が矢立てに矢をそろえて準備することで、そなえる、おぎなう、の意味になるという。

名前 よ・たる・とも・なが・なり・のぶ・まさ・みつ・みな・よし・より

地名 備中(びっちゅう)・備前(びぜん)・備後(びんご)　難読 備長炭(びんちょうずみ)

【備員】びいん(ゐん) 数の中に加え入れること。

【備考】びこう(かう) ①参考のためにそなえる。また、そのもの。②本文の説明またはおぎないとしてつける語句。

【備荒】びこう(くわう) みのりの悪い年、または災害に備えること。また、その備え。用意。【――貯蓄】びこう(くわう)ちょちく みのりのない年に備えて、ふだんから金銭や穀物をたくわえておくこと。

【備悉】びしつ くわしくてととのっている。備具。

【備品】びひん ①品をそろえる。また、そなえつけの品物。②ながく保存すべき物品。↔消耗品

【備忘】びぼう(ばう) 忘れたときのための用意。【――録(錄)】びぼう(ばう)ろく 忘れないために書いておく覚え書き。メモ。ひかえ。

〖有レ備無レ患〗そなえあれば(そなへ)うれいなし(うれひ) 前もって準備しておけば、心配事は起こらない。〈書経(しょきょう)・説命(えつめい)中〉〈左伝・襄公(じょうこう)十一〉

〖無レ求二備於一人一〗そなわる(そなは)ことをいちにんにもとむるなかれ ひとりの人間に、何もかも備わった、いわゆる完全無欠ということを期待してはいけない。〈論語・微子(びし)〉

◇不備(ふび)・予備(よび)・守備(しゅび)・完備(かんび)・防備(ぼうび)・兵備(へいび)・具備(ぐび)・軍備(ぐんび)・兼備(けんび)・配備(はいび)・設備(せつび)・常備(じょうび)・装備(そうび)・準備(じゅんび)・整備(せいび)・警備(けいび)

人10【傅】〔12〕 一フ漢 一去 遇 fù フー　二フ漢 二平 虞 fū フー　J 4892　補　U 5085

意味 一①守役(もりやく)。後見。②〈つ・く〉㋐かしずく。つきそう。㋑近づく。㋒くっつく。㋓こじつける。③教え導く。補佐する。④姓。二①敷(し)く。のべる。②塗る。

参考「傳」は別字。

【傅育】ふいく 世話をして育てる。まもりそだてる。

【傅奕】ふえき 人名。唐の学者。仏教に反対して、「高識編」を作った。

【傅説】ふえつ 人名。殷(いん)の高宗の賢臣。高宗が夢に見た人物で、道路修理中の人夫の中から見つけ出したという。

【傅会(會)】ふかい(くわい) ①こじつける。こじつけ。＝付会 ②つけ合わせる。くっつける。③文章が初めから終わりまでできあがること。

【傅佐】ふさ 人をたすける人。また、そのこと。

【傅子】ふし 書名。一巻。晋(しん)の傅玄(ふげん)の著。儒教的な政治論を述べてある。

【傅相】ふしょう(しやう) もりやく。つきそい。後見(こうけん)。

【傅婢】ふひ 付き添いの女。こしもと。女の召使。おもり。

【傅母】ふぼ 人の子を世話して育てる守(も)り役の女性。保母。

亻10【傍】〔12〕 常 ボウ かたわら　一ホウ(ハウ)漢 ボウ(バウ)呉 一平 陽 páng パン　二ホウ(ハウ)漢 ボウ(バウ)呉 二去 漾 bàng パン　J 4321　補　U 508D

筆順 亻 亻亠 亻立 亻产 亻卒 亻咅 亻旁 傍

意味 一＝旁 ①〈かたわら(かたはら)〉そば。ほとり。「路傍(ろぼう)」②つくり。漢字の右側の部分。↔偏(へん) 二〈そ・う(―・ふ)〉寄り添う。近づく。

解字 形声。イが形を表し、旁(ほう)が音を示す。イは人。旁には、両側の意味がある。傍は人のそば・かたわらの意味を表す。一説に、旁には舟の意味があるから、傍は船頭をいうと解する。

名前 かた

【傍観(觀)】ぼうかん(ばうくわん) よそめ。かたわらで見る。その事に関係しない。手だしをしない。【――者】ぼうかんしゃ(ばうくわん) そばで見ている人。その事に無関係な立場で見る人。傍目(おかめ)。〖――者審〗ぼうかんしゃはつまびらかなり(ばうくわん) はたで見ていると、事のようすがよくわかるものである意。おかめ八目(はちもく)。

【傍訓】ぼうくん(ばう) ①経書のわきの小さな注。②国㋐漢字のそばにつける訓。ふりがな。よみがな。㋑漢文の右側につける訓読文のふりがな。

【傍系】ぼうけい(ばう) 親子のような直系の血すじに対し、兄弟・おじおばのような枝葉の血すじ。＝旁系

【傍若無人】ぼうじゃくぶじん(ばう) そばに人がいないかのように、人を人とも思わないような態度、ふるまいをすること。＝旁若無人

【傍証(證)】ぼうしょう(ばう) 間接の証拠。助けとなる証拠。

【傍人】ぼうじん(ばう) ①かたわらの人。②他人。第三者。

【傍注(「註」)】ぼうちゅう(ばうちう) 本文のわきに書き入れる注解。＝旁注

【傍聴(聽)】ぼうちょう(ばうちやう) 会議・演説・裁判の公判などを、かたわらできく。

【傍輩】ぼうはい(はう) ＝朋輩(ほうばい) 同じ師につくなかま、同じ家に奉公するなかまなど。友だち。同僚。同輩。

【傍晩】バンワン bàngwǎn 現夕方。

人10【傛】〔12〕 一ヨウ漢 ユウ呉 一上 腫 yǒng ヨン　二ヨウ漢 ユウ呉 二平 冬 róng ロン　J ―　補 1805　U 509B

意味 一ゆらゆらとゆれるさま。二①傛華(ようか)は、漢代の女官名。②傛傛(ようよう)は、㋐女性の美しさ。㋑病気がちのさま。

人10【傈】〔12〕 リツ漢 入 質 lì リー　J ―　補 ②0173　U 5088

意味 ①廟(びょう)の位牌(はい)。廟主。また、その材料となる木。＝栗 ②現傈僳(リス)は、少数民族の名。

人10【傣】〔12〕 dǎi タイ　J ―　補 ②0172　U 50A3

意味 現少数民族の名。傣(タイ)族。

人10【僅】〔12〕 俗 ↓僅(一一二ジベー・上)

人10【傑】〔12〕 旧 ↓傑(一一二ジベー・中)

人10【傎】〔12〕 同 ↓顚(一三八〇ジベー・中)

人10【㑴】〔12〕 同 ↓伐(七五ジベー・中)

人10【傛】〔12〕 俗 ↓備(一一〇ジベー・下)

人10【傜】〔12〕 同 ↓徭(四六五ジベー・上)

人10【竝】〔12〕 同 ↓竝(三〇ジベー・上)

人10〖堡〗(二九五ジベー・下) ↓土部九画

人11【傴】〔13〕 ウ漢 上 麌 yǔ ユィ　J 4893　補　U 50B4

意味 ①かがむ。背をまげる。腰を折る。②うやうやしくつつしむさま。③背が曲がっていること。ねこぜ。

疒11【瘟】〔16〕 同字　J ②8170　補　U 24E6A

【傴背】うはい 背が曲がっていること。

【傴拊】うふ いつくしみ愛する。

【傴僂】うる(ろう) ①かがむ。荷物をせおって前かがみになる。②うやうやしくするさま。③背が曲がっていること。

人11【傿】〔13〕 エン漢 平 先 yān イエン　J ―　補　U 50BF

意味 ①県名。「鄢(えん)」(一二六八ジベー・上)に同じ。②国名。③姓。

亻11【僅】〔13〕常 キン わずか　キン 漢 jǐn チン 去 震　J 2247 U 50C5

人10【僅】〔12〕俗字 U補J ——

筆順 亻 仁 仕 借 僅 僅 僅 僅

意味 ①〈わずか(わづか)〉すこし。②〈わずかに(わづかに)〉かろうじて。やっと。③ちかい。差はほとんどない。

解字 形声。イが形を表し、堇きんが音を示す。堇にはまた、とぼしいの意味がある。僅は、才能が劣る意となる。

名前 よし

【僅僅】(きんきん) 一わずか。ほんの少し。たった。二チンチン jǐnjǐn 現 一に同じ。

【僅少】(きんしょう(せう)) わずか。すこし。すくないこと。

亻11【傾】〔13〕常 ケイ かたむく・かたむける　一ケイ 漢 キョウ(キャウ) 呉 平 庚 qīng チン　二ケイ 漢 キョウ(キャウ) 呉 上 梗 qǐng チン　J 2325 U 50BE

筆順 亻 化 化 化 佰 傾 傾 傾

意味 一①〈かたむ・く〉㋐かたよる。斜めになる。㋑無くなる。尽きる。㋒心を向ける。帰服する。㋓聞く。耳をそばだてる。㋔弱らせる。危うくする。㋕酒を飲む。「傾杯はい」②〈かたむ・ける(——・く)〉 二＝頃けい ①わずかの時間。「傾刻」②土地の面積。百畝ほ(約一・七ヘクタール)。

解字 会意・形声。イと頃を合わせた字で、頃けいは音をも示す。イは人。頃は頭のかたむく状態。傾は人のからだがかたむくことを表す。

【傾河】(けいが) ①河の水を飲みつくす。②天の川をいう。

【傾家】(けいか) 破産する。

【傾蓋】(けいがい) 偶然に出会い、車のほろをかたむけて親しく語りあったという、孔子と程子ていとの故事から、偶然出会っただけですっかり親密になること。〈孔子家語こうしけご・致思〉

【傾危】(けいき) ①傾いてあぶない。②弁舌が巧みで国を危険な状態にする。また、危険人物。傾危の士。③高くそびえる。

【傾月】(けいげつ) 西の空に傾いた月。沈みかけた月。落月。

【傾巧】(けいこう(かう)) 巧みにへつらうこと。人の気に入るよう、うまくおべっかをつかう。

【傾向】(けいこう(かう)) ①かたむき。かたよる。②心をよせる。③重んじる。たよりにする。④事のなりゆき。いきおい。

【傾国(國)】(けいこく) ①国を傾けつくす。国を危うくする意。②世にもまれな美人。傾城せい。③国じゅうの人を動員する。

【傾座】(けいざ) 同席の人々の心を引きつけること。

【傾斜】(けいしゃ) ①傾いてななめになる。②傾き。こうばい。

【傾觴】(けいしょう(しゃう)) ①杯を傾ける。酒を飲むこと。傾杯。②杯を傾けて酒をささげる。

【傾城】一(けいじょう(じゃう)) 城全体。全市内。二(けいせい) ①美女が男を迷わせて、国を危うくする。また、それほどの美人。傾国。②国遊女のこと。【——狂】(けいせいぐるい(ぐるひ)) 国遊女あそびにふけること。遊女狂い。

【傾心】(けいしん) 心を傾けよせる。一つのことに熱中すること。

【傾頽】(けいたい) かたむき、くずれる。ほろびる。「此、後漢所ｨ以傾頽ｨ也これごかんのけいたいせしゆえんなり」(これが、後漢のほろびた理由である)〈諸葛亮しょかつりょう・出師表すいしのひょう〉

【傾注】(けいちゅう(ちう)) ①一つのことに心をむける。②いきおいよく流れこむ。③雨がさかんに降る。④液体を器にうつし注ぐ。

【傾聴(聽)】(けいちょう(ちゃう)) 耳を傾けて聞く。熱心に聞く。

【傾倒】(けいとう(たう)) ①傾き倒れる。傾け倒す。②深く心をよせる。思いつめる。③一つのことに夢中になる。④余すところなく言いつくす。⑤酒を飲みつくす。大いに酒を飲むこと。【——之歳】(けいとう(たう)のとし) 老年のこと。頽齢たいれい。

【傾頭】(けいとう) かしらを傾ける。くびをひねる。考えこむさま。思案する。

【傾翻】(けいはん) ひっくりかえす。

【傾覆】(けいふく) かたむきひっくりかえる。くつがえる。

【傾慕】(けいぼ) 心を向けてしたう。心をよせる。

【傾盆】(けいぼん) 盆の水をかたむける。急に激しく降る大雨の形容。

◆右傾けい・左傾けい・斜傾けい

人11【傹】〔13〕 ケイ 漢 キョウ(キャウ) 呉 去 敬 jìng チン　U補J 1815 50B9

意味 ①〈おわ・る(をは・る)〉完結する。＝竟けい ②つよい。＝倞けい

亻11【傑】〔13〕常 ケツ　J 2370 U 5091

旧字 人10【傑】〔12〕 ケツ 漢 入 屑 jié チエ　U補J ——

筆順 亻 𠆨 𠆨 𠆨 𠆨 𠆨 傑 傑

木4【杰】〔8〕同字 U補J 5931 6770

意味 ①〈すぐ・れる(——・る)〉ぬきんでる。②すぐれた人。大人物。「人傑じん」③力をだす。

解字 形声。イが形を表し、桀けつが音を示す。イは人。桀には、高くかかげる意味がある。傑は、人なみすぐれた人をいう。

名前 たかし・たけし

【傑作】(けっさく) すぐれてできばえのよい作品。名作。

【傑士】(けっし) 人なみすぐれたりっぱな人物。

【傑出】(けっしゅつ) すぐれぬきんでる。ずばぬけてすぐれる。

【傑人】(けつじん) すぐれた人。ずばぬけた人物。

【傑然】(けつぜん) ずばぬけてすぐれているさま。

【傑物】(けつぶつ) ①人なみすぐれた人物。②すぐれた物。

◆女傑じょけつ・快傑かいけつ・豪傑ごうけつ

亻11【傲】〔13〕常 ゴウ　ゴウ 漢 (ガウ) 去 号 ào アオ　U補J 4894 50B2

筆順 亻 仁 仕 仕 侍 傍 傍 傲

意味 ①〈おご・る〉ほこる。たかぶる。「傲吏ごうり」②あなどる。見下す。③〈おごり〉おごる心。④さわがしい。おしゃべり。「傲囋ごうさん」

解字 形声。イが形を表し、敖ごうが音を示す。敖には、放浪する、きままにふるまうの意味がある。傲は、おごるの意味となる。

【傲岸】(ごうがん(がう)) おごりたかぶって、人に頭をさげない。たかくかまえて、いばっている。気位が高い。「傲岸不遜ふそん」

【傲頑】(ごうがん(がうぐわん)) おごりたかぶってがんこなこと。

【傲気(氣)】(ごうき(がう)) おごりたかぶって人にしたがわない意気。高慢。

【傲睨】(ごうげい(がう)) ①人を人とも思わずいばったさま。②おごりたかぶって、人をにらみつけること。

【傲語】(ごうご(がう)) えらぶって言うことば。意気盛んなことば。「豪語。」

【傲骨】(ごうこつ(がう)) 自らをほこって他人に屈しない性格。李白の腰には傲骨があるので、身を屈することができないと世に評された故事による。

【傲侈】(ごうし(がう)) たかぶりおごる。侈傲。

【傲世】(ごうせい(がう)) 世人に負けない意気を持つこと。世の中を軽くみる。

【傲然】(ごうぜん(がう)) おごりたかぶるさま。傲慢。

【傲霜】(ごうそう(がうさう)) 霜にあっても屈しない菊の形容。また、権力に屈さない正義感の強い人をいう。

【傲慢】おごりたかぶって人をあなどる。高慢で、人を人とも思わないこと。

【長レ傲飾レ非】おごりの心を増長させ、まちがいをかざりたててごまかす。〈佐藤一斎・言志耋録〉

【寄レ傲】だれにも遠慮のない自由な心を、ほしいままにする。「倚二南牕一以寄レ傲」（南側の窓によりかかり、だれはばかることなく、のびのびした気持ちになる。）〈陶潜・帰去来辞〉

人11 【傻】〔13〕 サ 漢 上 馬 shǎ シャー　J ②0183 U補 50BB

人13 【儍】〔15〕 同字　J 1847 U補 510D7

意味 ①小利口なさま。②情愛がうすい。③現 愚か。

イ11 【催】〔13〕 常 サイ もよおす　サイ 漢 平 灰 cuī ツォイ　J 2637 U 50AC

筆順 亻 𠆢 伫 伻 伻 伻 催 催

意味 〈もよお・す（もよほ・す）〉①うながす。せきたてる。②きざす。おきる。国〈もよおし（もよほし）〉①行事。興行。②きざし。計画。

解字 形声。イが形を表し、崔が音を示す。イは人。崔には、がけの突き出ているさまの意味がある。催は、積極的になにかをしようとすることで、「もよおす」「うながす」の意味になる。

名前 とき

【催科】税を納めるようせきたてる。催租。

【催花雨】春雨のこと。花が早く咲くようにうながしている雨の意。〈華幼武の詩・曲林春雪〉

【催促】うながしせめたてる。せきたてる。

【催馬楽（樂）】国古代の歌謡の一種。もとは奈良時代の馬を引くときの民謡で、平安時代になって雅楽の中にとり入れられた。

【催眠】ねむけをもよおさせること。また、ねむけをもよおす。ねむくなる。

△▼主催・共催・開催

イ11 【債】〔13〕 常 サイ　サイ 漢 去 卦 zhài チャイ　J 2636 U 50B5

筆順 亻 亻+ 亻+ 俳 倩 倩 借 債

意味 ①かり。借金。「負債」②かし。貸金。かけ。③果たすべき責め。責任。④〈か・りる（―・る）〉⑤求める。

解字 形声。イが形を表し、責が音を示す。イは人。責には貸した金をとり立てる意味がある。債は、責任の意味の責と区別して、貸した金をさいそくすることに使う。

【債鬼】借金とり。鬼のようになさけもなく取りたてるところからいう。

【債券】①借用の証文。②政府・銀行・会社などが、金を借りた証拠として発行する有価証券。

【債権（權）】貸した人が借りた人に対してもっている権利。貸したものを取りたてる権利。

【債主】貸しぬし。貸している人。債家。

【債台（臺）】借金の多い者が逃げる場所。

【債人】借り手。借りぬし。負債者。

【債務】借金を返す義務。借り。【―者】借りた金を返す義務がある者。かりて。

△▼公債・社債・国債・負債

人11 【傪】〔13〕 一サン 漢 呉 一 平 覃 cān ツァン　二サン 漢 呉 二 去 勘 càn ツァン　三シン 漢 呉 三 平 侵 sēn セン　J ②0179 U補 50AA2

意味 一よい。美しい。＝掺　二鼓の曲名。三よろこぶ。人が多い。

イ11 【傷】〔13〕 学6 ショウ きず・いたむ・いためる　ショウ（シャウ） 漢 呉 平 陽 shāng シャン　J 2993 U 50B7

筆順 亻 亻 作 佰 佴 傌 傷 傷

意味 ①〈きず〉けが。負傷。②〈きずつ・く〉③〈いた・む〉〈いた・める（―・む）〉心をいためる。かなしむ。④〈やぶ・る〉やぶれる。⑤〈そこな・う（―・ふ）〉㋐きずつける。㋑そしる。

解字 形声。イと𥎦を合わせた字。イは人。𥎦は𥏻の略で音を示す。𥏻は矢でうけたきず。傷は、人のからだに受けたきずを表す。

難読 傷手

【傷痍】けが。きず。

【傷懐（懷）】心をいためて思う。

【傷害】傷つける。けがをさせる。けが。

【傷割】傷つけ、わる。

【傷寒】腸チフス。

【傷泣】悲しんで泣く。

【傷魂】心をいためる。せつなく悲しい思い。傷心。断魂。

【傷心】一 ①心をいためる。悲しむ。②きずついた心。二 shāngxīn 現 一に同じ。

【傷神】心をいためる。＝傷心

【傷創】きずつくこと。また、きず。

【傷惻】いたみ悲しむ。

【傷嘆（「歎」）】悲しみなげく。いたみなげく。

【傷悼】いたみ悲しむこと。

【傷悲】いたみ悲しむ。悲傷。

【傷病】けがと病気。傷つき病む。

【傷目】見ていて、痛々しい思いにさせられる。見て悲しくなること。

【傷風】shāngfēng 現 かぜ。感冒。

『傷弓之鳥』一度弓矢できずつけられた鳥の意から、前のことにこりて、その後は非常におくびょうになることのたとえ。傷禽。〈戦国策・楚〉

△▼刃傷・火傷・中傷・生傷・死傷・哀傷・負傷・食傷・重傷・凍傷・挫傷・殺傷・裂傷・創傷・損傷・愁傷・感傷・打撲傷・致命傷

人11 【傽】〔13〕 ショウ（シャウ） 漢 平 陽 zhāng チャン　J 1817 U補 50BD

意味 ①おどろきおそれるさま。「傽偟」②夫の兄。＝嫜

人11 【傱】〔13〕 ショウ 漢 上 腫 sǒng ソン　J ②0181 U補 50B1

意味 傱傱は、速く走るさま。風が吹きぬけるさま。また、多いさま。

人11 【僉】〔13〕 セン 漢 平 塩 qiān チエン　J 4901 U補 50C9

意味 ①〈みな〉ことごとく。②人々。③昇進する。＝遷　④署名する。＝簽　⑤姓。

【僉議】みんなで相談する。僉謀。衆議。

人11 【僊】〔13〕 セン 漢 平 先 xiān シエン　U補 J

人12 【僲】〔14〕 同字　J 1849 U補 50F29

人13 【僲】〔15〕 俗字　J ①1438 U補

人12 【僊】〔14〕 俗字　J 4902 U補 50CA

意味 ①仙人。＝仙　②軽く舞うさま。③うつる。

2画　二亠人(イ・𠆢)儿入八冂冖冫几凵刀(刂)力勹匕匚匸十卜卩(㔾)厂厶又

＝遷せん
【僊僊】せんせん ①軽く舞うさま。＝仙仙 ②立ったりすわったりするさま。
【僊人】せんにん 不老不死の人。＝仙人

イ11【僧】〔13〕常 ソウ U補J 3346 50E7
旧字 イ12【僧】〔14〕人 ソウ 漢 平 蒸 sēng ソン U補J ①1441 FA31

筆順 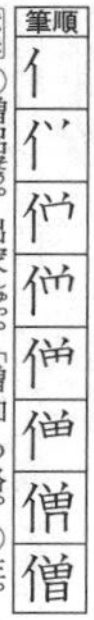

意味 ①僧侶そうりょ。出家しゅっけ。「僧伽」の略。②姓。

解字  形声。イが形を表し、曾そうが音を示す。イは人。梵語ぼんごの sangha（サンギャ）のあて字として、後世作られた字である。

【僧庵】そうあん 僧の住むいおり。僧舎。僧廬そうろ。
【僧衣】そうい 僧が着るころも。
【僧院】そういん（ゐん） てら。寺院。仏寺。
【僧伽】そうか（そうぎゃ） ①多くの僧。僧徒。②ひとりの僧。
【僧家】そうか（そうけ） ①僧の住む家。⇔俗家 ②僧。
【僧官】そうかん（くわん） 僧の官職。僧正そうじょう・僧都そうず・律師など。
【僧形】そうぎょう（ぎゃう） 国僧の身なり、すがた。
【僧巾】そうきん 僧がかぶるずきん。
【僧供】そうぐ 僧に出すごちそう。
【僧綱】そうごう（がう） 国高級な僧の官位。（官では僧正そうじょう・僧都そうず・律師、位では法印・法眼ほうげん・法橋ほっきょう）
【僧社】そうしゃ てら。寺院。僧寺。
【僧正】そうじょう（じゃう） 国僧官の最上位。
【僧職】そうしょく 僧の職務。
【僧都】そうず（づ） 国僧の官位で、僧正そうじょうに次ぐもの。
【僧雛】そうすう 小僧。
【僧籍】そうせき 僧・尼としての籍。僧・尼の身分。
【僧俗】そうぞく 僧と、僧でない人。出家と在家。
【僧徒】そうと ①僧の仲間。②僧。坊さん。僧侶そうりょ。
【僧堂】そうどう（だう） てら。僧院。
【僧尼】そうに 男の僧と女の僧。比丘びくと比丘尼びくに。
【僧兵】そうへい 国平安時代の末以後、延暦えんりゃく寺などの大きな寺で仏法保護に名を借りて、戦いに従事させた武装の僧侶。
【僧坊】そうぼう（ばう） 僧や尼の寝起きする、寺院付属の建物。＝僧房
【僧房】そうぼう（ばう） 「僧坊そうぼう」に同じ。
【僧侶】そうりょ ①僧の仲間。②僧。
【僧臘】そうろう（らふ） 僧侶となってからの年数。出家後の年月。
【僧敲月下門】そうはたたくげっかのもん 月夜にたずねてきた僧が寺の門をとんとんとたたく。〈賈島かとうの詩・題二李凝幽居一りぎょうのゆうきょにだいす〉
◆小僧こぞう・尼僧にそう・老僧ろうそう・売僧まいす・高僧こうそう・禅僧ぜんそう・愚僧ぐそう・仏法僧ぶっぽうそう・虚無僧こむそう

人11【傺】〔13〕 テイ 漢 去 霽 chì チー U補J ②0182 1816 50BA
意味 ①とどまる。同じところにいる。②接続する。＝際さい ③侘傺ていは、ひどくがっかりする。

イ11【働】〔13〕学4 国字 ドウ はたらく ドウ dòng トン U補J 3815 50CD

筆順 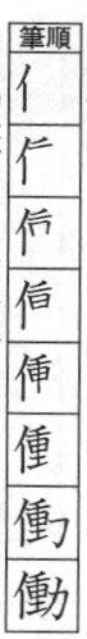

意味 ①〈はたら・く〉仕事をする。②〈はたらき〉㋐動作。機能。㋑うでまえ。手腕しゅわん。かせぎ。㋒ほねおり。てがら。功労。
解字 会意・形声。イと動を合わせた字で、動どうは音をも示す。イは人。動はうごくこと。働は人がうごくことで、「はたらく」意味を表す。
参考 日本で作った、いわゆる国字であるが、中国でも用いられたことがある。
◆労働ろうどう・実働じつどう・就働しゅうどう・稼働かどう

人11【僈】〔13〕 バン 漢 去 諫 マン 呉 màn マン U補J 50C8
意味 ①あなどる。②みだす。③おこたる。

人11【僄】〔13〕 ヒョウ 漢 去 嘯（ヘウ） piào ピアオ U補J ②0184 1820 50C4
意味 ①かるい。かるがるしい。②すばやい。身軽い。
イ11【徱】〔14〕同字 U補J 2922 5FB1
【僄悍】ひょうかん（へう） すばやくてあらあらしい。
【僄軽（輕）】ひょうけい（へう） すばやくて身軽なこと。
【僄狡】ひょうこう（へうかう） 身軽ですばやい。身軽で強い。

人11【𠌸】〔13〕 ㊀ヘイ 漢 ㊀上 梗 bǐng ビン ㊁ヘイ 漢 ㊁去 敬 bìng ビン U補J 20338
意味 ㊀しりぞける。㊁ひっそりしている。

人11【傰】〔13〕 ホウ 漢 平 蒸 bēng ポン U補J 1814 50B0
意味 ①不平不満をもって集まった仲間。②姓。

イ11【傭】〔13〕人 標 ㊀ヨウ 漢 ㊀平 冬 yōng ヨン ㊁チョウ 漢 ㊁平 冬 chōng チョン U補J 4535 50AD
意味 ㊀①〈やと・う（――・ふ）〉〈やとわ・れる（やとは・る）〉雇用する。雇用される。②〈やとい（やとひ）〉雇人やといにん。③賃金。④平凡な。＝庸 ㊁ひとしい。公平である。
参考 新表記では、「用」に書きかえる熟語がある。
【傭役】ようえき やとって使う。また、やとわれて使われる。
【傭客】ようかく 「傭人」に同じ。
【傭工】ようこう やとわれた職人。やとい職人。
【傭耕】ようこう（かう） やとわれて田畑を耕す。小作こさく。
【傭作】ようさく やとわれて作る。やとわれて働くこと。
【傭者】ようしゃ ①やとわれた者。②やとい主。やとった人。
【傭書】ようしょ 人にやとわれて文書の書きうつしをする。たのまれて筆耕ひっこうをする。
【傭賃】ようちん やとい賃。やとった人にはらう賃金。
【傭人】ようにん（じん） やとい人。やとっている人。
【傭夫】ようふ やとわれている男。
【傭婦】ようふ やとわれた女。下女。
【傭兵】ようへい 給料を与えてやとう兵隊。⇔徴兵
【傭保】ようほ やとう。
【傭僕】ようぼく 下男。ボーイ。

人11【僌】〔13〕 ヨウ 漢 平 蒸 yíng イン U補J ①1437 1822 50CC
意味 おさめる。整理する。

人11【僇】〔13〕 ㊀リク 漢 ㊀入 屋 lù ルー ㊁リュウ 漢（リウ） ㊁去 宥 liù リウ U補J ②0185 1821 50C7
意味 ㊀①恥はじ。はずかしめ。②ころす。＝戮りく ㊁ゆっくり行動するさま。
【僇死】りくし 刑罰で殺す。＝戮死
【僇人】りくじん はずかしめを受けた人。罪人。

人11【僂】〔13〕 ㊀ロウ 漢 ㊀平 尤 lóu ロウ ㊁ル 漢 ㊁上 麌 lǚ リュイ U補J 4904 50C2
意味 ㊀①かがむ。背を曲げる。②つつしむさま。③急ぐ。速い。
【僂背】ろうはい（るはい） 背が曲がっていること。せぐくまる。
【僂傴】ろうう ①背を曲げる。②背が曲がっている「こと。」

【僂指】(ろうし) ①指を折って数えること。指おり数える。②盗賊の手下(てした)。

【僂儸】(ろうら) ①ずるくてすばしこい。②盗賊の手下。＝嘍囉

人11【傯】〔13〕同→傯(一〇七ページ・下)

人11【傡】〔13〕同→俤(一〇八ページ・下)

亻11【傳】〔13〕旧→伝(七四ページ・上)

人11【傰】〔13〕同→備(一一〇ページ・下)

人11【僤】〔13〕同→蹕(一二一〇ページ・下)

人11【〖僐〗】→糸部七画(九七〇ページ・下)

人12【僩】〔14〕カン 漢 上 濳 xiàn シエン　J ②0193 補 1835 U 50E9
意味 ①ゆったりしたさま。②美しいさま。③勇ましいさま。④ねらう。うかがう。＝瞯

人12【僖】〔14〕キ 漢 平 支 xī シー　J 4905 U 50D6
意味 ①よろこぶ。たのしむ。＝喜 ②姓。

人12【僛】〔14〕キ 漢 平 支 qī チー　U 50DB
意味 酔って舞うさま。「僛僛(きき)」

人12【僟】〔14〕キ 漢 平 微 jī チー　補 1830 U 50DF
意味 ①つつしむ。心をこめる。②近い。ほとんど…に近い。＝幾

亻12【僑】〔14〕標 キョウ 漢 平 蕭(ケウ) qiáo チアオ　J 2203 U 50D1
意味 ①たかい。＝喬 ②他郷にかりずまいする。また、その人。③国外に住む人。「華僑(かきょう)」④旅。でかせぎ。

【僑居】(きょうきょ) 仮ずまい。仮の宿。

【僑寓】(きょうぐう) 仮ずまい。僑居。

【僑士】(きょうし) たびびと。僑人。僑民。

【僑商】(きょうしょう) 旅あきんど。商旅。行商(ぎょうしょう)。

【僑人】(きょうじん) ①たびびと。他郷に一時寄留している人。寄寓者。僑士。②高い竿(さお)に足をからませて踊る人。

人12【僥】〔14〕キョウ(ケウ) 漢 上 篠 ギョウ(ゲウ) 呉 jiǎo チアオ　J 4907 U 50E5
意味 利益をもとめる。幸運をねがう。

【僥冀】(ぎょうき) こいねがう。のぞみねがう。

【僥倖】(ぎょうこう) ①思いがけない幸い。こぼれざいわい。ま

た、それを求めること。②欲の深いさま。③天子の行幸する所。

人12【僙】〔14〕コウ(クヮウ) 漢 呉 平 陽 guāng コワン　J ②0191 U 50D9
意味 りきむ。強いようすをする。「僙僙(こうこう)」

人12【僦】〔14〕シュウ(シウ) 漢 去 宥 jiù チウ　J ①1440 補 1833 U 50E6
意味 ①金を出して借りる。家を借り受ける。②やとう。

【僦舎】(しゅうしゃ) 借家ずまい。僦居(しゅうきょ)。

人12【僘】〔14〕ショウ(シャウ) 漢 呉 上 養 chǎng チャン　補 1827 U 50D8
意味 広い。広びろしている。ゆったりしている。＝敞

人12【僳】〔14〕ス sù スー　J ②0186 U 50F3
意味 「傈僳(リス)」は、雲南省に居住する少数民族の名。

人12【僎】〔14〕セン 漢 上 銑 zhuàn チョワン　J ②0188 補 1823 U 50CE
意味 ①そなわる。②よいこと。＝詮 ③かず。かぞえる。④ととのえる。⑤持つ。

人12【僭】〔14〕㊀セン 漢 呉 ㊀ 去 豔 jiàn チエン ㊁シン 漢 ㊁ 去 沁 zèn ツェン　J 4908 U 50ED
意味 ㊀①まねる。借りる。②おかす。身分を越えて、上の者のまねをする。また、身分不相応におごる。③たがう。④いつわる。いつわり。㊁せめる。そしる。＝譖
参考 「僭(せん)」は元来別字であるが、現在は「僭」に誤用されている。

【僭越】(せんえつ) 自分の身分を考えずに、身分以上のまねや権限を越えたふるまいをすること。

【僭偽(僞)】(せんぎ) 上の身分をおかして、正しくない地位につく。また、その人。

【僭号(號)】(せんごう) 臣下の身分で帝王を名乗ること。僭称(せんしょう)。

【僭恣】(せんし) 身分を越えてかってにふるまうこと。

【僭師】(せんし) 師としてのねうちがないのに、かってに自分を師と称する。また、その者。

【僭称(稱)】(せんしょう) 自分かってに、帝号や王号など、身分を越えた称号を名のる。また、その名称。僭号。

【僭縦(縱)】(せんしょう) 身分を越えたわがままをする。

【僭上】(せんじょう) 身分を越えて上位の者のまねをすること。

【僭賞濫刑】(せんしょうらんけい) むやみやたらに賞罰を行うこと。

【僭踰】(せんゆ) 身分を越えたことをする。僭越。

人12【僝】〔14〕㊀サン 漢 ㊀ 平 刪 chán チャン ㊁セン 漢 ㊁ 去 霰 zhuàn チョワン　補 1829 U 50DD
意味 ㊀にくみのしる。また、なやみうれう。「僝僽(せんしゅう)」㊁①あらわししめす。②そなわる。③弱小。

人12【僐】〔14〕セン 漢 ゼン 呉 上 銑 shàn シャン　J ①1439 補 1824 U 50D0
意味 つくる。相手に気にいられるような姿、態度をする。

亻12【像】〔14〕学5 ゾウ ショウ(シャウ) 漢 ゾウ(ザウ) 呉 上 養 xiàng シアン　J 3392 U 50CF

筆順 亻 … 像

意味 ①〈かたち〉似すがた。「肖像」②似ている。③〈かたど・る〉似せて写す。④従う。⑤手本。のり。

解字 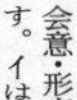 会意・形声。亻と象とを合わせた字。象(しょう)は音をも示す。亻は人。象は、かたどる、のっとる、の意味。像は、人をかたどったもの、似すがた。また、人の身振りをすること。

名前 み・かた・すえ・のり

【像形】(しょうけい) 物の形をかたどる。似た形。＝象形

【像教】(ぞうきょう) 偶像(神仏にかたどって作った像)をたて崇拝する宗教。偶像教。仏教などをいう。＝象教

【像型】(ぞうけい) 像のいがた。

【像賛(贊)】(ぞうさん) 肖像画に書き添えた語句や文章。人物画の上の賛。＝像讃

【像生花】(ぞうせいか) 造花のこと。

◁▼木像(もくぞう)・仏像(ぶつぞう)・巨像(きょぞう)・肖像(しょうぞう)・受像(じゅぞう)・画像(がぞう)・映像(えいぞう)・胸像(きょうぞう)・偶像(ぐうぞう)・彫像(ちょうぞう)・現像(げんぞう)・塑像(そぞう)・想像(そうぞう)・銅像(どうぞう)

人12【僔】〔14〕ソン 漢 上 阮 zǔn ツン　J ②0190 補 1826 U 50D4
意味 ①集まる。②多いさま。「僔僔(そんそん)」③うずくまる。＝蹲(そん) ④へりくだってつつしむ。

人12【僓】〔14〕㊀タイ 漢 ㊀ 平 灰 tuí トイ ㊁タイ 漢 ㊁ 上 賄 tuǐ トイ　補 1825 U 50D3
意味 ㊀①くずれるさま。「僓然(たいぜん)」＝隤(たい) ②すなおなさま。

三上品である。また、長いさま。

人12【僤】〔14〕 一タン 漢 ダン 呉 一 上 旱 dàn タン 二セン 漢 ゼン 呉 二 上 銑 shàn シャン U補J 1832 50E4

意味 一①風のように速い。②動く。③心がこもっている。二①説きあかす。＝闡 ②動くさま。「婉僤」③春秋時代、魯の地名。今の山東省にあった。

人12【僜】〔14〕 一チョウ 漢 呉 一 平 蒸 chēng チョン 二トウ 漢 呉 二 平 蒸 dēng トン 三トウ 漢 呉 三 平 蒸 téng トン U補J 1828 50DC

意味 一酔ってふらふら歩く。二①〈のぼ・る〉車に乗る。＝登 ②倰僜は、㋐歩きつかれたさま。㋑弦楽器の音の形容。三長い。＝儯

人12【僣】〔14〕 一テツ 漢 一 入 屑 tiě ティエ 二セン 漢 呉 二 去 豔 jiàn チエン U補J 4909 50E3

意味 一悪がしこい。狡猾。二＝僭(一一五ページ・中)

人12【僮】〔14〕 トウ 漢 ドウ 呉 平 東 tóng トン U補J 4910 50EE

意味 ①わらべ。こども。未成年のわかもの。②しもべ。召使。③おろか。かたくな。④つつしむさま。「僮僮」

【僮子】こども。わかもの。
【僮然】無知なさま。おろかなさま。
【僮僮】おそれつつしむさま。
【僮僕】しもべ。召使。ボーイ。

人12【僨】〔14〕 フン 漢 去 問 fèn フェン U補J 1834 50E8

意味 ①〈たお・れる(たふ・る)〉 ②やぶれる。やぶる。くつがえす。「僨事」③うごく。④死ぬ。

人12【僰】〔14〕 ホク 漢 ボク 呉 入 職 bó ポー U補J 50F0

意味 ①僰道は、漢代の県名。今の四川省宜賓市西南。②中国西南地方に住んでいた少数民族。③姓。

イ12【僕】〔14〕 常 ボク ホク 漢 ボク 呉 入 沃 pú プー U補J 4345 50D5

筆順 亻 亻ᐟ 亻ᐟᐟ 亻丵 亻丵 僕 僕 僕

人13【僕】〔15〕 同字 U補J ②0194 3492

意味 ①しもべ。召使。「下僕」②馬車の御者。③わたし。われ。謙遜の自称。④なかま。⑤つく。したがう。⑥つかさどる。官職名に用いる。「僕射」

解字 会意・形声。イと菐とを合わせた字で、菐は音をも示す。菐は、丵と廾を合わせた字で、丵は雑草のむらがり伸びた形、廾は両手で、菐は雑多な仕事をいう。僕は雑役をつとめる人である。

【僕御】①馬を扱う者。②しもべや御者。
【僕使】しもべ。召使。下男。
【僕従(從)】しもべ。家来。召使。
【僕妾】下男と下女。僕婢。
【僕賃】召使いになって賃金をもらう。
【僕僮】こどもの召使。
【僕婢】下男と下女。僕妾。
【僕夫】①召使の男。しもべ。②馬車を扱う者。③馬をつかさどる官。
【僕僕】わずらわしくうるさいさま。僕僕爾。
【僕射】①官名。尚書省の次官。②唐代では尚書省の長官。
【僕隷(隸)】召使。しもべ。僕従。
◇▼下僕・忠僕・婢僕

イ12【僚】〔14〕 常 リョウ 一リョウ(レウ) 漢 呉 一 平 蕭 liáo リアオ 二リョウ(レウ) 漢 呉 二 上 篠 liǎo リアオ U補J 4629 50DA

筆順 亻 亻一 亻大 亻夶 亻㚊 亻尞 亻尞 僚

意味 一①役人。官僚。②いっしょに官についている人。同役。③身分の低い役人。下役。④なかま。友。二みめよい。美しい。

解字 形声。イが形を表し、尞が音を示す。イは人。尞には、かがり火の意味がある。明るく、絶えず燃えつづける、そこで、僚は、明るい意味から、「顔の美しいこと」を、つづく意味から、「なかま」を表す。一説に、僚は労と音が通じるので、いっしょにはたらく人をいうとする。

名前 とも・あきら

【僚官】したやく。属官。
【僚佐】たすけ役。補佐役。
【僚属(屬)】部下の役人。したやく。
【僚友】同じ職場のなかま。同僚。僚輩。
◇▼同僚・官僚・幕僚・閣僚

人12【僯】〔14〕 一リン 漢 呉 一 去 震 lìn リン 二リン 漢 呉 二 上 軫 lǐn リン U補J

人13【𠍵】〔15〕 俗字 U補J 1836 50EF

意味 一旅にくるしむ。二はずかしい思いをする。

人12【僄】〔14〕 国字 音義未詳。 U補J ②0187 20381

参考 漫画家の白土三平が、漫画の題名「栬鼲僄潰」の「み」にあてた、創作漢字。

人12【〓】〔14〕 本↓僾(本ページ・下)
人12【〓】〔14〕 俗↓儌(一一七ページ・中)
人12【僱】〔14〕 俗↓雇(一三四一ページ・下)
人12【〓】〔14〕 同↓僊(一一三ページ・下)
人12【僢】〔14〕 同↓舛(一〇三七ページ・上)

イ12【僞】〔14〕 旧↓偽(一〇六ページ・上)
人12【僡】〔14〕 俗↓恵(四七九ページ・中)
人12【〓】〔14〕 同↓集(一三四一ページ・下)
人12【〓】〔14〕 俗↓僊(一一三ページ・下)
イ12【僧】〔14〕 旧↓僧(一一四ページ・上)

人13【僾】〔15〕 アイ 漢 去 隊 ài アイ U補J 1840 50FE0

人12【𠎹】〔14〕 本字 U補J 203B9

意味 ①ほのか。かすかに見える。「僾然」②むせぶ。かなしむ。③かくれる。

イ13【億】〔15〕 学4 オク ヨク 漢 オク 呉 入 職 yì イー U補J 1815 5104

旧字 人13【億】〔15〕 U補J

筆順 亻 亻亠 亻立 亻产 亻音 亻音 億 億

意味 ①数の単位。万の一万倍。また、古代は十万を指した。②数が多い意。「巨億」③はかる。おしはかる。考えをめぐらす。＝臆「億中」④やすんじる。⑤満足する。

解字 形声。イが形を表し、意が音を示す。イは人。意には、人の心が中にいっぱいこもって、つかえている意味がある。億は意に人を加えて、数がいっぱいあることを表した。

名前 やす・はかる 難読 億劫

【億劫】㊀おくごう（こふ） 仏きわめて長い時間。無限に長い時間。⇔刹那。㊁おっくう（おくこふ） 国めんどうくさい。やっかいなこと。
【億測】心の中でおしはかる。億度。＝臆測
【億度】おしはかる。億測。
【億断（斷）】自分の心でおしはかって、断定する。＝臆断
【億中】（ちう） 心でおしはかったことがよく当たること。〈論語・先進〉
【億兆】（てう） ①きわめて大きな数。②人民。万民。
【億年】非常に長い年月。億載。

人13【儈】〔15〕カイ 漢 去 泰 (クワイ) kuài コワイ　J②0301 補1844 U5108
意味 ①仲買人。周旋人。ブローカー。②商人。「商儈」

イ13【儀】〔15〕常 ギ　ギ 漢 平 支　ギ 呉 yí イー　J2123 補 U5100
筆順 亻 亻' 亻'' 佯 佯 佯 儀 儀
意味 ①〈のり〉法度。手本。作法。「礼儀」②〈のっと・る〉かたどる。手本にする。③はかる。くわだてる。④善い。⑤なぞらえる。似せる。⑥天体測量の器械。「渾天儀」⑦つれあい。配偶者。

解字  形声。イが形を表し、義が音を示す。イは人。義にはすじみちが通って正しい意味がある。儀は、人の動作にすじみちやきまりのあることで、手本の意味になる。

名前 よし・きたる・ただし　姓 儀保・儀間
【儀羽】飾りとなる羽の意で、人の手本となるりっぱな姿をいう。

【儀衛（衞）】（ゑい） 儀仗の兵士。儀式に参列する儀仗の護衛兵。

【儀矩】きまり。てほん。礼法上のきまり。＝儀型
【儀刑】のっとる。手本とする。また、のり。手本。典型。

【儀式】㊀①のっとる。②のり。おきて。③礼儀のしかた。定まった作法。㊁国祭日などに行われる、作法の整った式。

【儀仗】（ぢゃう） 刀や弓矢などの、儀式に使う武器。装飾的な武器。【――兵】（ぢゃう） 天皇・皇族、あるいは外国の賓客のためにつけられる、儀礼・警護の兵隊。

【儀状（狀）】（じゃう） ①品行。おこない。行儀。②すがたかたち。容儀と形状。

【儀制】儀式についてのきまり。

【儀則】法則。手本。儀法。

【儀態】とりつくろった様子。また、礼儀にかなった態度。儀容。

【儀注】（ちう） ①天文観測の方法。②礼の制度。

【儀狄】①人名。夏の時代に、はじめて酒をつくった人。②酒の異名。

【儀的】①標的。②目標。

【儀刀】（たう） 儀式のときに身につける飾り刀。

【儀同三司】職名。三公と同じ諸式待遇を受ける者。「儀、三司(三公)に同じ」の意。

【儀範】手本。のり。礼儀のかた。

【儀表】（へう） ①手本。模範。礼儀にかなった姿。②外見。みかけ。③日時計。

【儀服】儀式に用いる衣服。礼服。式服。

【儀文】①儀式の作法やきまり。②公用文。儀式ばった文章。

【儀法】（はふ） きまり。おきて。手本。

【儀容】礼儀にかなった姿。きちんとした態度。

【儀礼（禮）】㊀礼式。儀式。作法。㊁書名。十七巻で、三礼の一つ。周代の冠婚葬祭などについてくわしくしるしたもの。

【儀器】yíqì 現ものを計る器械。
◆内儀・仕儀・礼儀・行儀・律儀・祝儀・風儀・威儀・流儀・葬儀・難儀・地球儀

人13【僵】〔15〕キョウ 漢 平 陽 (キャウ) jiāng チアン　J4912 補 U50F5
意味 ①〈たお・れる（たふ・る）〉あおむけに倒れる。②〈たお・す（たふ・す）〉③硬直する。こわばる。＝殭
【僵屍】倒れふした死体。
【僵仆】倒れる。倒れふす。
【僵斃】①倒れる。②死ぬ。
【僵落】倒れ落ちる。

人13【儌】〔15〕キョウ 漢 上 篠 (ケウ) jiǎo チアオ　J 補1846 U510C
意味 ①行く。②うかがいもとめる。③儌倖は、「徼倖」(四六六ジ・下)に同じ。

人13【儆】〔15〕ケイ 漢 上 梗 jǐng チン　J― 補― U―
人12【儆】〔14〕俗字　J①1442 補1842 U5106
意味 ①〈いまし・める（――む）〉＝警 ②いましめ。③急を要する事態。＝絅

人13【儇】〔15〕ケン 漢 平 先 xuān シュワン　J 補1843 U5107
意味 ①こざかしい。軽薄である。②はやい。

【儇慧（慧）】悪がしこい。小りこう。

【儇子】利口ぶって軽薄な者。小才子。

【儇佻】（てう） はやく走る。すばやい。

人13【儎】〔15〕サイ zài ツァイ　J 補1848 U510E
意味 舟や車に荷物をのせて運ぶ。また、その荷物。＝載

人13【僿】〔15〕シ 漢 去 寘 sài サイ　J 補 U50FF
意味 ①情がうすい。軽薄である。ねんごろでない。「文之蔽小人以僿」(文明がすすむにつれて、つまらない人間は誠実さがなくなってくる。)〈史記・高祖本紀〉②粗野な。③ふさぐ。＝塞

人13【儁】〔15〕シュン 漢 去 震 jùn チュン　J4914 補 U5101
人16【儶】〔18〕同字 J 補 U349E
意味 すぐれる。まさる。また、すぐれた人。＝俊
【儁異】すぐれてまさっていること。また、その人。
【儁逸（逸）】すぐれてひいでること。また、その人。秀逸。＝俊逸
【儁傑】すぐれてひいでること。また、その人。＝俊傑
【儁才】すぐれた働き。すぐれた才能。また、その人。＝俊才

人13【僺】〔15〕ショウ 漢 呉 去 嘯 (セウ) qiào チアオ　J 補1839 U50FA
意味 僺僺は、長いさま。

人13【儃】〔15〕㊀タン 漢 上 旱 tǎn タン ㊁セン 漢 平 先 chán チャン　J①1443 補1841 U5103
意味 ㊀おもむろ。ゆるやか。「儃儃」㊁①たたずむ。さまよう。②すがた。

人13【儋】〔15〕タン 漢 平 覃 dān タン　J①1444 補1845 U510B
意味 ①になう。かつぐ。＝擔(担) ②かめ。首の長いつぼ。③量の単位。二石。
【儋石之儲】（たくはへ） わずかなたくわえ。すこしの貯蓄。〈漢書・揚雄伝〉

人13【儂】〔15〕ドウ 漢 平 冬 ノウ 呉 nóng ノン　J4915 補 U5102

2画 二亠人(亻・𠆢)儿入八冂冖冫几凵刀(刂)力勹匕匚匸十卜卩(㔾)厂厶又

意味 ①〈わし〉われ。わたくし。「儂家」②かれ。③あなた。

人13【僶】〔15〕 ビン 漢 上 軫 mǐn ミン　J1838 補 U50F6

意味 つとめはげむ。

【僶俛】①はげみつとめる。②しばらくの間。

イ13【僻】〔15〕 標 ヘキ 漢 入 陌 ヒャク 呉 pì ピー　J4240 補 U50FB

意味 ①さける。②かたよる。「僻見」③へんぴな土地。かたいなか。「僻地」④〈ひが・む〉よこしま。⑤いやしい。⑥かるがるしい。気まま。「放僻」⑦くせ。＝癖

【僻目】国①ひとみが正常でない目。やぶにらみ。すがめ。②見誤り。見そこない。

【僻遠】土地がかたよって遠いこと。へんぴ。

【僻王】悪い君主。

【僻境】遠くかたよった土地。かたいなか。僻地。

【僻隅】かたすみ。かたほとり。

【僻見】かたよった見方。かたよった考え。ひがみ。偏見。

【僻好】好みがかたよっていること。

【僻在】①かたよった遠い所にいる。②片すみにいる。

【僻事】正しくない事柄。心得ちがいなこと。ひがごと。

【僻邪】よこしま。心がねじけている。邪僻。＝辟邪

【僻処(處)】①かたよった場所。いなか。②いなかに住む。いなかずまい。③かたよった場所にいる。

【僻壌(壤)】かたいなか。へんぴな土地。僻地。

【僻心】ひがみ心。

【僻陬】かたいなか。かたよった土地。僻地。

【僻説】かたよって正しくない説。道理に合わない議論。

【僻地】へんぴな土地。かたいなか。

【僻土】かたいなか。僻地。

【僻陋】①かたよって卑しいこと。②へんぴな土地。

【僻論】かたよった議論。中正を欠いた意見。

◇偏僻

人13【舗】〔15〕 常 ホ　J4262 補 U8217

旧字 舌9【舖】〔15〕 一 ホ 漢 平 虞 pū プー 二 ホ 漢 去 遇 pù プー　J7152 補 U8216

筆順 𠆢 𠆢 舎 舎 舗 舗 舗 舗

意味 一 ①門環(ドアノッカー)を取りつける台座。②〈し・く〉つらねる。並べる。③病む。苦しむ。二 ①みせ。「店舗」「商舗」②宿屋。③寝台。

解字 形声。舗は、舗の俗字。舗は、金が形を表し、甫が音を示す。甫には、敷くという意味がある。舗は門につける金属の飾りである。

難読 老舗(付表)

参考 新表記では、「鋪」の書きかえに用いる熟語がある。

【舗錦】にしきをつらねる。美しい言葉をならべて文章を作ること。

【舗石】敷き石。道路に敷いた石。

【舗設】座席などをもうける。

【舗陳】敷き並べる。詳しくのべる。

イ13【價】〔15〕 旧 ↓価(八五ページ・上)

人13【儉】〔15〕 旧 ↓倹(九九ページ・上)

人13【儂】〔15〕 同 ↓儂(一一三ページ・上)

人13【僢】〔15〕 俗 ↓舛(一〇三七ページ・上)

人13【僊】〔15〕 俗 ↓僊(一一三ページ・下)

人13【僸】〔15〕 俗 ↓僸(一一九ページ・中)

人13【僕】〔15〕 同 ↓僕(一一六ページ・上)

人13【僯】〔15〕 俗 ↓僯(一一六ページ・下)

人14【儗】〔16〕 一 ギ 漢 呉 上 紙 nǐ ニー 二 ギ 漢 呉 去 寘 yì イー　J②0303 補 U5117 1851

意味 一 ①〈なぞら・える(——・ふ)〉身分を越えて上の者のまねをする。②くらべる。二 とどこおるさま。「佁儗」

人14【儝】〔16〕 ケイ qióng チョン　J1855 補 U511D

意味 待つ。

人14【儙】〔16〕 ケン 漢 去 霰 qiàn チエン　J1852 補 U5119

意味 開く。

人14【儕】〔16〕 サイ 漢 平 佳 セイ 慣 chái チャイ　J4917 補 U5115

人8【侪】〔10〕 俗字　J②0154 補 U346A

意味 ①〈ともがら〉なかま。②ひとしく。ともに。③つれあわせる。めあわせる。

【儕等】同じ仲間。等輩。

【儕輩】同じ仲間。ともがら。儕類。

【儕類】同じ仲間。儕輩。

イ14【儒】〔16〕 常 ジュ ジュ 漢 平 虞 rú ルー　J2884 補 U5112

筆順 亻 仁 佢 伻 俉 俉 儒 儒

意味 ①学者。②孔子の思想を受けつぐ学派。また、その学問。③やさしい。おだやかな。④よわい。柔弱。⑤背がひくい。「侏儒」

解字 形声。イが形を表し、需が音を示す。イは人。需には、じめじめとしめっている意味がある。儒は、決断力を欠いてぐずぐずする人、柔弱な人をいう。儒教の儒の意味も、人がらにうるおいのあるという善意の見かたと、決断にとぼしい学問という、悪意の見かたがあるようだ。

名前 はか・ひと・みち・やす・よし　難読 儒艮

【儒衣】儒者の衣服。学者の衣服。

【儒家】①儒者。②儒者の家がら。③儒教の学派。儒家者流。

【儒雅】①正しい儒学。②儒学をおさめ、徳行の正しい人。りっぱな儒者。

【儒学(學)】儒教を研究する学問。孔子の説を祖とし五経などを経典とする学派。

【儒官】儒学を専門にして仕える者。儒臣。儒員。

【儒冠】儒者のかぶるかんむり。

【儒教】孔子を祖とする学派の教えで、仁義道徳を説き、身を修め、人を治めることを目的とした。孔孟の教え。

【——破壊(壞)論】中華民国の呉虞・陳独秀等の唱えた学説で、儒教が現代社会に適しないことを論じたもの。

【儒経(經)】儒学関係の書物。四書・五経などの、儒者の経典。

【儒効(效)】儒教教育の効果。儒家の教えの功。

【儒士】儒学を学びおさめた人。儒者。

【儒者】儒学を修めた学者。また、儒学を講義する人。儒家。

【儒弱】よわよわしい。懦弱。惰弱。

【儒術】儒家のやり方。儒教で主張するてだて。

【儒書】儒学関係の書物。

【儒臣】儒学を専門として仕える家来。儒官。

【儒生】儒者。経書を修得した人。

【儒宗】儒者の中でとくにその中心となる学者。

【儒道】①儒家のやり方。儒教で説く道。儒術。②儒教と道教。

【儒服】儒者が着る衣服。儒衣。

【儒仏(佛)】儒教と仏教。儒釈。

【儒墨】孔子の教えと墨子の教え。儒家と墨家。

【儒門】①儒学者の家がら。②儒者のなかま。

【儒林】儒者の仲間。儒者の社会。【━外史】清代の小説。呉敬梓作。「水滸伝」「紅楼夢」などと並び称される代表的作品。【━伝(傳)】儒者の伝記。

【儒名而墨行】儒者と称しながら、その実際の行動は墨子の道に従っていること。〈韓愈・送浮屠文暢師序〉
◇朱儒・俗儒・腐儒・焚書坑儒

イ14【儘】〔16〕標 シン漢上 軫 ジン呉 jǐn チン J 4854 U補 5118
6 人【侭】〔8〕俗字 J 4389 U補 4FAD
意味 ①みな。ことごとく。②まかせる。③〈まま〉ままよ。国〈まま〉①そのまま。②思いどおり。
【儘教】ままよ。さもあらばあれ。遮莫。
【儘収(收)】極力、租税の徴収に努力すること。
【儘管】jǐnguǎn 現かまわずに。いくらでも。
◇気儘・我儘

人14【儔】〔16〕チュウ(チウ)漢平 尤 chóu チョウ J 4918 U補 5114
人7【俦】〔9〕俗字 J②0147 U補 4FE6
意味 ①〈とも〉たぐい。なかま。「儔類」②等しい。匹敵する。③誰。
【儔匹】同じなかま。同じたぐい。
【儔侶】同じなかま。同じたぐい。儔倫。儔類。

人14【儜】〔16〕ドウ(ダウ)漢平 庚 níng ニン J 1854 U補 511C
意味 ①気おくれする。②体がよわい。「儜弱」③標準とはちがうしゃべり方。「傖儜」
【儜愚】よわよわしくおろか。
【儜人】からだの弱い人。

人14【儐】〔16〕 一ヒン漢去 震 bìn ビン 二ヒン漢平 真 bīn ピン J 1850 U補 5110
意味 一①主人をたすけて来客を案内する人。②案内する。みちびく。③つらねる。④すてる。しりぞける。=擯 二①うやまう。つつしむ。②眉をひそめる。=顰
【儐者】主人をたすけてお客を案内する役となる人。
【儐笑】眉をしかめたり、笑ったりするさま。

人14【儛】〔16〕ブ漢上 麌 ム呉 wǔ ウー J ― U補 ―
人15【儛】〔17〕俗字 J②0304 U補 511B
意味 舞う。まい。=舞

人14【儚】〔16〕ボウ漢平 蒸 méng モン J 4919 U補 511A
人13【儚】〔15〕俗字
意味 ①暗い。迷う。=懵 ②はじる。国〈はかない(━・し)〉たよりにならない。無常。
【儚儚】心がくらいさま。迷うさま。

人14【儖】〔16〕ラン漢平 覃 lán ラン J 4916 U補 5116
意味 儖儳は、容貌がみにくいさま。

人14【𠏹】〔16〕国字 J②0302 U補 203F9
意味〈ほとけ〉地名に用いる。𠏹沢は、青森県の地名。

人14【儞】〔16〕同→你(七九ページ・中)

人14〖憊〗→心部十二画(五〇〇ページ・中)

人14〖翰〗→羽部十画(九九九ページ・上)

人15【儣】〔17〕コウ(クヮウ)漢上 養 kuǎng コワン J 1857 U補 5123
意味 儣俍は、平らでないさま。

イ15【償】〔17〕常 ショウ つぐなう ショウ(シャウ)漢呉平 陽 cháng チャン J 2994 U補 511F
筆順 亻 亻' 亻" 亻"' 償 償 償 償
意味 ①〈つぐな・う(━・ふ)〉あがなう。うめあわせする。「賠償」②〈つぐない(つぐなひ)〉あがない。③返す。もどす。④回答する。⑤実現する。

解字 形声。イが形を表し、賞が音を示す。イは人。賞には、てがらをたてた人にむくいるために与える財貨という意味がある。償は、人が功労にお返しをする、つまり、「つぐなう」意味を表す。一説に奴隷にされた人を取り返すために金を払うことという。

【償還】①つぐない返す。借りた金を返す。償却。②公債などを返すこと。

【償却】①弁償してかえす。つぐないかえすこと。償還。②減価償却の略。時がたったり、使ったりしたため、物の価格がさがるのを、決算期ごとに記帳すること。

【償金】つぐないとして支払う金。つぐないの金。

【償債】借金を返すこと。負債を返済する。

【償罪】罪のつぐないをする。贖罪。
◇代償・弁償・補償・賠償

人15【儬】〔17〕セイ漢去 敬 ショウ(シャウ)呉 qìng チン J 1860 U補 512C
意味 つめたい。寒い。

人15【儦】〔17〕ヒョウ(ヘウ)漢平 蕭 biāo ピアオ J ― U補 5126
意味 ①人または禽獣の多いさま。「儦儦」②こばしりに歩く。

イ15【優】〔17〕学6 ユウ やさしい・すぐれる ユウ(イウ)漢 ウ呉平 尤 yōu ユー J 4505 U補 512A
筆順 亻 亻' 佰 佰 佴 優 優 優
意味 ①〈ゆたか〉多い。厚い。②のびやか。ゆるやか。③〈やさし・い(やさ・し)〉なごやかである。調和する。④ぐずつく。決断力に欠ける。「優柔」⑤〈すぐ・れる(━・る)〉〈まさ・る〉↔劣 ⑥たわむれる。おどける。⑦〈わざおぎ(わざをぎ)〉役者。芸人。「俳優」

解字 形声。イが形を表し、憂が音を示す。イは人。憂には、ゆるやかでやわらぐ意味がある。優は、人の心がゆったりとすること。また、しなやかな動作をする役者を表すとともに、人よりすぐれる意味になる。

名前 かつ・ひろ・まさ
【優曇華(華)】①仏優曇波羅華の略語。優曇は三千年に一度花が開くという想像上の植物の名。開花のときに金輪王(須弥山の四州を治める最高の帝王)が現れるという。②仏にあいがたいことや、きわめてまれなことのたとえ。千載一遇。③動くさかげろうの卵。

【優婆夷】仏出家しないで仏門にはいった女子。

【優婆塞】仏出家しないで仏門にはいった男子。

【優渥】きわめて厚いこと。厚いおめぐみ。主として天子のめぐみについていう。

【優位】①すぐれた位置。上位。②対立遺伝子間の関係が優性であること。

【優異】手あつくもてなす。厚遇する。

【優越】他のものよりすぐれてまさること。すぐれひいでる。

【優婉】やさしくてしとやかなこと。

2画
二亠人(イ・𠆢)儿入八冂冖冫几凵刀(刂)力勹匕匚匸十卜卩(㔾)厂厶又

【優雅】(ゆうが) やさしく上品で、みやびやかなこと。

【優遇】(ゆうぐう) 特別によくもてなすこと。優待。

【優者】(ゆうしゃ) すぐれている人。まさっている者。

【優主】(ゆうしゅ) てあつくもてなして泊める。歓迎して宿泊さ「せる。」

【優秀】㊀(ゆうしゅう) すぐれひいでる。非常にすぐれていること。㊁ユーシウ yōuxiù 現㊀に同じ。

【優柔】(ゆうじゅう) ①やさしくておとなしい。②ゆったりしたさま。また、ゆったりさせる。③あせらずにじっくりと学ぶこと。④決断力がたりない。無気力。ぐずぐずしている。【―不断(斷)】(ゆうじゅうふだん) 思い切りが悪くてぐずぐずしていること。無気力。

【優倡】(ゆうしょう) 俳優。役者。優伶(ゆうれい)。

【優詔】(ゆうしょう) 天子のねんごろなおことば。優渥(ゆうあく)な詔勅。

【優勝】(ゆうしょう) ①もっともすぐれていること。②第一位で勝つこと。③すぐれたものが勝つこと。また、その勝利。【優勝劣敗】(ゆうしょうれっぱい) ①すぐれた者は勝ち、劣った者は負けること。②生存競争で、強い者は栄えて、弱い者は衰えること。

【優諚】(ゆうじょう) 国天子のありがたいおことば。優詔。

【優勢】(ゆうせい) 勢いがまさっている。すぐれた勢い。

【優生学(學)】(ゆうせいがく) 悪質の遺伝を避け、よい遺伝によって人類の素質を高めることを研究する学問。

【優先】(ゆうせん) 他よりもさきにする。【―権(權)】(ゆうせんけん) 法他に先んじて実行することのできる権利。

【優然】(ゆうぜん) ゆったりと落ち着いているさま。

【優待】(ゆうたい) 特別によくもてなす。てあつくもてなすこと。「優遇。」

【優長】(ゆうちょう) ①すぐれひいでる。優等。②国ゆったりとして気の長いこと。=悠長
【優等】(ゆうとう) ①他のものより特にすぐれていること。②すぐれた等級。また、すぐれた成績。

【優美】㊀(ゆうび) やさしく美しい。みやびやかで品がよい。㊁ユーメイ yōuměi 現㊀に同じ。

【優游】(ゆうゆう) ①ゆったりとしたさま。=優遊 ②ぐずぐずするさま。にえきらない。優柔。③ひまのあるさま。④みずから満足するさま。⑤世のなりゆきや運命に身をまかせる。

【――涵泳】(ゆうゆうかんえい) 落ち着いた気持ちで、学問や芸術などを深く味わう。〈朱熹(しゅき)・論語集注(ろんごしっちゅう)〉【――自適】(ゆうゆうじてき) ゆったりとして気のむくままに日を送るさま。悠悠自適。〈青山佩弦斎(はいげんさい)・大高源吾訣レ母書(ははにわかるるしょ)〉

【――不断(斷)】(ゆうゆうふだん) 「優柔不断」に同じ。〈漢書(かんじょ)・元帝紀賛(げんていきさん)〉

【優優】(ゆうゆう) ゆったりと和らぐさま。のびやか。しとやかな「さま。」

【優楽(樂)】(ゆうらく) ゆったりと楽しむ。

【優良】㊀(ゆうりょう) 他のものよりまさって、よい。㊁ユーリアン yōuliáng 現㊀に同じ。

【優伶】(ゆうれい) 役者。俳優。伶は、楽人のこと。優倡(ゆうしょう)。

【優麗】(ゆうれい) しとやかでうるわしい。

【優劣】(ゆうれつ) ①まさりおとり。②すぐれたものと、おとったもの。

【優点(點)】ユーティエン yōudiǎn 現長所。メリット。
▽△女優(じょゆう)・名優(めいゆう)・男優(だんゆう)・俳優(はいゆう)

人15【儡】〔17〕 ㊀ライ 漢 ㊀平 灰 léi レイ ㊁ライ 漢 ㊁上 賄 lěi レイ　J 4920　U補 5121
意味 ㊀①ぼろぼろになる。②つかれたさま。③おちぶれたさま。㊁でく。人形。「傀儡(かいらい)」
【儡身】(らいしん) 失敗して用いてくれる人もなくおちぶれた身。

人15【儹】〔17〕 俗 ↓儧(一二一ページ・上)
人15【儥】〔17〕 同 ↓賣(一二九二ページ・中)
人15【儲】〔17〕 俗 ↓儲(本ページ・中)
人15【儛】〔17〕 俗 ↓儛(一一九ページ・上)

人16【儭】〔18〕 ㊀シン 漢 ㊀去 震 chèn チェン ㊁シン 漢 呉 ㊁去 震 qìn チン　U補 5126 J 1861
意味 ㊀①お坊さんにお金を施す。また、そのお金。布施(ふせ)。②きわだたせる。=襯(しん) ㊁①近づく。②おそれる。

亻16【儲】〔18〕 人 標 チョ 漢 平 魚 chǔ チュー　J 4457　U補 5132
人15【儲】〔17〕 俗字　U補 J
意味 ①〈たくわ・える(たくは・ふ)〉貯(た)める。②君位の継承者。皇太子。「儲君(ちょくん)」③そえ。ひかえ。国〈もう・ける(まう・く)〉〈もうけ(まうけ)〉とくをする。とく。利益。
名前 そえ
【儲位】(ちょい(ゐ)) 太子のくらい。
【儲君】(ちょくん) 君位の継承者。皇太子。東宮。儲弐(ちょじ)。儲嗣。
【儲皇】(ちょこう(くわう)) 皇太子。
【儲嗣】(ちょし) 太子。あとつぎの君。儲君。
【儲弐(貳)】(ちょじ) 「儲嗣(ちょし)」に同じ。
【儲胥】(ちょしょ) ①たくわえ。②かきね。さく。③宮殿の名。
【儲水】(ちょすい) 水をためておく。また、ためた水。=貯水
【儲蔵(藏)】(ちょぞう(ざう)) たくわえおさめる。=貯蔵
【儲粟】(ちょぞく) 穀物のたくわえ。
【儲蓄】(ちょちく) たくわえる。たくわえ。=貯蓄
【儲邸】(ちょてい) くら。朝廷のくら。
【儲妃】(ちょひ) 皇太子の妃。
【儲利】(ちょり) もうけ。利益。

人16【儯】〔18〕 トウ 漢 平 蒸 téng トン ドウ 呉　U補 512F J 1862
意味 倰儯(ろうとう)は、長いさま。=倰(とう)

人16【儱】〔18〕 ロウ 漢 上 董 lǒng ロン　U補 5131 J 1863
意味 ①未熟なさま。「儱侗(ろうどう)」②老いぼれたさま。「儱偅(ろうしょう)」③おとるさま。「儱倲(ろうとう)」

人16【儰】〔18〕 同 ↓儰(一一七ページ・下)
人16〖儵〗(一四二二ページ・上) ↓魚部七画

人17【儳】〔19〕 ㊀サン 漢 ザン 呉 ㊀平 咸 chán チャン ㊁サン 漢 ザン 呉 ㊁去 陥 chàn チャン　U補 5133 J 1864
意味 ㊀①そろわない。ととのわない。②みにくい。㊁①はやい。②ことばがかろがろしいさま。さしでぐちをきく。「儳言(ざんげん)」③態度がいやしい。
【儳越】(ざんえつ(ゑつ)) 身分や立場を越えて出しゃばる。さしでること。僭越(せんえつ)。
【儳言】(ざんげん) さしでぐち。わきからことばをはさむこと。

人17【儵】〔19〕 シュク 漢 入 屋 shū シュー　U補 5135 J ①1466
意味 ①あおぐろい色。②くろい。③はやい。「倏(しゅく)」の本字。④光。閃光(せんこう)。⑤南海の帝の名。

人17【儴】〔19〕 ㊀ジョウ(ジャウ) 漢 ニョウ(ニャウ) 呉 ㊀平 陽 ráng ラン ㊁ショウ(シャウ) 漢 ㊁平 陽 xiāng シアン　U補 5134 J 1865
意味 ㊀よる。たよる。㊁儴佯(しょうよう)は、ぶらぶら歩きまわるさま。さまよう。

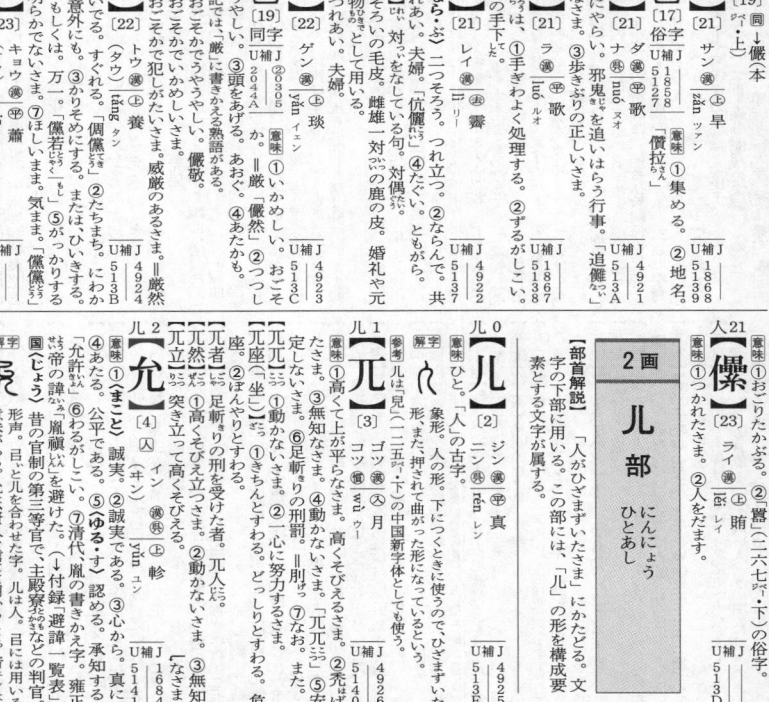

人17【𠑊】〔19〕同 ↓儼(本ページ・上)

人19【儹】〔21〕サン 漢 上 旱 zǎn ツァン 意味 ①集める。②地名。 U補J 1868 5139

人15【儧】〔17〕俗字 U補J 1858 5127 「儹拉」

人19【儺】〔21〕ダ 漢 平 歌 ナ 呉 nuó ヌオ 意味 ①おにやらい。邪鬼を追いはらう行事。「追儺」②すなおなさま。③歩きぶりの正しいさま。 U補J 4921 513A

人19【儸】〔21〕ラ 漢 平 歌 luó ルオ 意味 僂儸は、①手ぎわよく処理する。②ずるがしこい。また、盗賊の手下。 U補J 1867 5138

人19【儷】〔21〕レイ 漢 去 霽 lì リー 意味 ①〈なら・ぶ〉二つそろう。つれ立つ。②ならんで。共に。③つれあい。夫婦。「伉儷」④たぐい。ともがら。 U補J 4922 5137

【儷辞(辭)】対句をなしている句。対偶。

【儷皮】そろいの毛皮。雌雄一対の鹿の皮。婚礼や元服の引出物として用いる。

【儷匹】つれあい。夫婦。

人20【儼】〔22〕ゲン 漢 上 琰 yǎn イエン 意味 ①いかめしい。おごそか。＝厳「儼然」②つつしむ。うやうやしい。③頭をあげる。あおぐ。④あたかも。 U補J 4923 513C

人17【𠑊】〔19〕同字 U補J ②0305 2044A

参考 新表記では、「厳」に書きかえる熟語がある。

【儼恪】おごそかでうやうやしい。儼敬。

【儼乎】おごそかでいかめしいさま。

【儼然】おごそかで犯しがたいさま。威厳のあるさま。＝厳然

人20【儻】〔22〕トウ 漢 上 養 (タウ) tǎng タン 意味 ①ひいでる。すぐれる。「倜儻」②たちまち。にわかに。また、意外にも。③かりそめにする。または、ひいきする。④〈もし〉もしくは。万一。「儻若」⑤がっかりするさま。⑥明らかでないさま。⑦ほしいまま。気まま。「儻儻」 U補J 4924 513B

人21【𠑪】〔23〕キョウ 漢 平 蕭 (ケウ) xiāo シアオ 意味 ①おごりたかぶる。②「囂」(二六七ページ・下)の俗字。 U補J 2046A

人21【儽】〔23〕ライ 漢 上 賄 lěi レイ 意味 ①つかれたさま。②人をだます。 U補J 513D

2画 儿部 にんにょう ひとあし

【部首解説】「人がひざまずいたさま」にかたどる。文字の下部に用いる。この部には、「儿」の形を構成要素とする文字が属する。

儿0【儿】〔2〕ジン 漢 平 真 ニン 呉 rén レン 意味 ひと。「人」の古字。 U補J 4925 513F

解字 象形。人の形。下につくときに使うので、ひざまずいた形、また、押されて曲がった形になっているという。

参考 儿は「児」(一二五ページ・下)の中国新字体としても使う。

儿1【兀】〔3〕ゴツ 漢 入 月 コツ 慣 wù ウー 意味 ①高くて上が平らなさま。高くそびえるさま。②禿げたさま。③無知なさま。④動かないさま。「兀兀」⑤安定しないさま。⑥足斬りの刑罰。＝刖 ⑦なお。また。 U補J 4926 5140

【兀兀】①動かないさま。②一心に努力するさま。

【兀座(「坐」)】①きちんとすわる。どっしりとすわる。危座。②ぼんやりとすわる。

【兀者】足斬りの刑を受けた者。兀人。

【兀然】①高くそびえ立つさま。②動かないさま。③無知なさま。

【兀立】突き立って高くそびえる。

儿2【允】〔4〕人 イン 漢呉 上 軫 (キン) yǔn ユン 意味 ①〈まこと〉誠実。②誠実である。③心から。真に。④あたる。公平である。⑤〈ゆる・す〉認める。承知する。「允許」⑥わるがしこい。⑦清代、胤の書きかえ字。雍正帝の諱「胤禛」を避けた。(↓付録「避諱一覧表」) 国〈じょう〉昔の官制の第三等官で、主殿寮などの判官。 U補J 1684 5141

解字 形声。㠯と儿を合わせた字。儿は人。㠯には用いる意味がある。允は、賢人を信じて用いること。音キンは、㠯の音イの変化。また、背中の出た、えらい人とか、柔軟な人と解する説もある。

名前 おか・こと・すけ・ただ・ちか・のぶ・まさ・みつ・よし

【允可】許す。許可する。允許。允准。

【允懐(懷)】①本心からしたがう。心服する。②本心から思う。

【允許】㊀許可する。㊁yǔnxǔ 現㊀に同じ。

【允協】心から仲よくする。

【允恭】本心からつつしむ。

【允若】心からしたがう。允はまこと、若はしたがう意。

【允当(當)】正しくあたる。正しく道理にかなう。

【允文允武】天子に文武の徳の兼ね備わるのをほめたことば。まことに文、まことに武。〈詩経・泮水〉

儿2【元】〔4〕学 2 ゲン・ガン もと ゲン 漢 ガン(グワン) 呉 平 元 yuán ユワン U補J 2421 5143

筆順 一 二 テ 元

意味 ①人間のあたま。②〈はじめ〉第一。③年号。「改元」④善い。「元良」⑤〈もと〉根本。万物のもとになるもの。⑥おさ。かしら。君主。⑦たみ。人民。「元元」⑧大きい。⑨王朝の名。蒙古の成吉思汗の孫、忽必烈が建てた。⑩清朝末期以来の貨幣の単位。日本の円にあたる。⑪清代、玄の書きかえ字。康熙帝の諱「玄燁」を避けた。(↓付録「避諱一覧表」)⑫姓。

解字 形声。一が形を表し、兀が音を示す。一は物の始めのこと。兀には人の首の意味がある。元は、「はじめ」「頭」の意味を表す。またこの字を象形と見て、元は人の頭とからだと足の形を表したもので、「首」の意味であるともいう。あるいは、会意と見て、元は二と儿とを合わせた字で、二は上、儿は人であるから、上の人、つまり天子のことともいう。

名前 あさ・ちか・なが・はる・まさ・ゆき・よし・つかさ

【元日】一月一日。元朔。【—草】福寿草の別名。

【元旦】一月一日の朝。元朝。

【元朝】㊀一月一日の朝。「元旦」に同じ。㊁元の朝廷のこと。

【元年】はじめの年。帝王即位の第一年。また、年号が改まった第一年。

【元悪(惡)】大悪人。悪人のかしら。

2画 二亠人(亻・𠆢)儿入八冂冖冫几凵刀(刂)力勹匕匚匸十卜卩(㔾)厂厶又

【元遺山】人名。名は好問、字は裕之、遺山は号。金・元時代の詩人。「遺山集」「中州集」「続夷堅志」等を著した。元好問。（一一九〇～一二五七）
【元化】自然による造化。
【元気(氣)】①万物の根本をなす精気。天地の気。②人の精気。心身のさかんな力。③国勇気。威勢。④国すこやか。健康。【――横溢】元気がみちあふれる。
【元九】人名。唐の元稹(元微之)をさす。元氏の家系の中で、排行が第九の人という意。→元稹
【元凶】悪人のかしら。元悪。＝元兇
【元曲】元代におこった戯曲。北曲。↔南曲(明代の)〔戯曲〕
【元君】道教の女の仙人。
【元勲】国家をおこすことにつくした大功。また、その功績のあった人。元功。建国の功臣。
【元軽(輕)白俗】元稹の詩は軽薄で重厚味がなく、白居易の詩は卑俗であるという意。「元軽白俗郊寒島痩」(孟郊の詩はうるおいがなく、賈島の詩はやせて力がない。)唐代四人の詩風を批評した語。〈蘇軾・祭柳子玉文〉
【元結】㊀人名。唐の武昌の人。字は次山。中唐の文章家で、古文復興のさきがけをなした。「元次山詩集」などがある。（七二三～七七二）㊁国髪を結ぶのに用いる細いひも。
【元元】①おおもと。根本。②愛すべきもの。たみ。万民。元元の民。③善意。【――本本】はじめをはじめとし、もとをもととする。大本にさかのぼること。〈漢書・叙伝〉
【元功】大きなてがら。元勲。
【元后】①おおきみ。天子。②天子の正妻。第一皇后。
【元寇】国元の忽必烈の兵が、文永十一年（一二七四）、弘安四年（一二八一）の二回、わが国に攻めて来たこと。
【元亨釈(釋)書】書名。三十巻。京都東福寺の僧、虎関師錬（一二七八～一三四六）の著。推古天皇から後醍醐天皇までの七百余年間にわたる仏教関係のことをしるした書。
【元好問】→元遺山
【元朔(朔)】①元日。元旦。②漢の武帝の年号。（前一二八～前一二三）
【元策】すぐれたはかりごと。
【元子】①天子や諸侯の嫡子。②長子。
【元史】元の正史。二百十巻。明の宋濂らの著。
【元祀】①はじめの年。第一年。元年。②大祭のこと。

【元始祭】国一月三日、天皇みずから、賢所・皇霊殿・神殿の三所で天地の神々と歴代の天子の霊をまつる祭事。

【元首】①国のかしら。天子。大統領。②はじめ。もと。根本。③年のはじめ。④こうべ。頭。

【元戎】①周代に用いられた大型兵車。②大部隊の「兵士」。

【元宵】①陰暦、正月十五日の夜。家ごとに仕事を休み、灯節というちょうちんをつけて祝った。元夕。②元宵の夜にたべる団子の名。

【元霄】大空。天空。

【元稹】人名。中唐の詩人。字は微之。唐の河南の人。白居易と親交があり、元白と並称された。（七七九～八三一）→元白
【元人雑(雜)劇】元時代の作家の作った戯曲。元雑劇。元曲。

【元帥】①総大将。②国旧軍隊で、元帥府に列せられた者の称号。

【元正】一月一日。元日。

【元夕】上元（陰暦一月十五日）の夜。元宵。元夜。

【元祖】㊀先祖。㊁国①ものごとを最初にはじめた人。鼻祖。②ある商品をはじめて売り出した家元。

【元素】①もと。②理化学的方法では、それ以上簡単な物質に分解できない物質。酸素・水素など。化学元素。

【元徳】大きな徳。

【元世祖】元の第一代皇帝。忽必烈。燕京（今の北京）を都とし、日本を攻撃して敗退した。（一二一五～一二九四）

【元太祖】名は鉄木真。成吉思汗と号した。蒙古第一代の皇帝。（一一六二？～一二二七）

【元配】第一番めのきさき。本妻。

【元白】唐の中ごろの詩人、元稹と白居易とを並べていう。二人は親友で、ともにわかりやすい詩風を特色とした。→元軽白俗
【元妃】①天子の第一夫人。②最初に結婚した本妻。

【元微之】→元稹
【元服】昔、男子が成年になったとき、はじめておとなの衣服にあらため、冠をつけた儀式。成人式。加冠。

【元本】㊀①物事の根本。②元代に版にした書物。㊁国もときん。元金。

【元良】①善良。よい。②非常によい。③太子。

【元老】①官位・人望の高い人。②国家に功労のあった老臣。③長年一事を続けて、てがらのあった人。

◇中元・身元・単元・紀元・根元・清元・貸元・腰元・復元・還元・襟元

儿2【先】〔4〕二ページ・下 同→簪(九四

儿3【兄】〔5〕学2 ケイ・キョウ あに
㊀ケイ 漢 キョウ(キャウ) 呉 ㊀平 庚 xiōng ション
㊁キョウ(キャウ) 漢 ㊁去 漾 kuàng コワン
J 2327 補 U 5144

筆順 丨 口 口 尸 兄

意味 ㊀①〈あに〉㋐先に生まれた男子。㋑一族中で同世代の男子の年長者。②男子の親しい友人への敬称。「学兄」㊁①いわんや。ますます。＝況 ②おそれる。うれえる。＝怳 国〈え〉十干の兄。「木兄」「火兄」など。

解字  会意。口と儿を合わせた字。儿は立って動作をする人を表す。口は、たえず話をするところから、兄はどんどん成長する意味を表し、さきに生まれた人――「あに」をいうようになったとする。一説に、人の口をそのまま表した象形文字ともいい、また、大きい人を表すものともいい、あるいは、口と大を合わせたもので、大声を表すともいう。

名前 ね・えだ・これ・さき・しげ・ただ・よし
難読 兄さん(付表)／兄矢

【兄事】兄でない人を兄のように敬い仕える。礼をもって他人に仕える。

【兄嫂】兄と、あによめ。

【兄弟】㊀①兄と弟。②すぐれたものと劣ったもの。③広く他人を親しんでいう呼び方。④特に弟をいう。㊁ xiōngdi 現①弟。②わたくし(けんそんした言い方)。③仲間を親しんでいう呼び方。あなた。【――鬩于牆】(兄弟鬩于牆、外禦其務)①兄弟が垣のなかで争う。兄弟のうちわげんかはするが、外部からのあなどりには協力して防ぎとめる。これが兄弟というものである。なお、「務」の字が、左伝では「侮」を用いている。②仲間どうしの争い。〈詩経・常棣〉【――之国(國)】①仲のよい国。②祖先が兄弟どうしの国。または、婚姻による親類関係の国。

【兄子】国女が自分の夫や兄弟、その他の男性を親しんでいう語。

【難レ兄難レ弟】兄弟そろって優劣なくすぐれている

こと。〈書言故事・兄弟類〉

【難レ為(爲)レ兄難レ為(爲)レ弟】まさり劣りがない。優劣がつかない。伯仲。〈世説新語・徳行〉

◇▼父兄・令兄・学兄・従兄・貴兄・義兄・賢兄

儿3【充】〔5〕旧↓充(本ページ・下)

儿3【兂】〔5〕俗↓簪(九四二ページ・下)

儿4【兇】〔6〕キョウ 漢 平 冬　ク 呉 xiōng ション　J 2204　補 ―　U 5147

意味 ①わるい。わるもの。「元兇」②おそれる。「兇兇」

参考 新表記では、「凶」に書きかえる。

【兇懼】恐れる。恐れ。

【兇荒】飢饉。不作。＝凶荒

儿4【光】〔6〕学2 コウ　ひかる・ひかり　コウ(クワウ) 漢 呉 平 陽 guāng コワン　J 2487　補 ―　U 5149

筆順 丨 ⺌ 业 业 光 光

火2【灮】〔6〕本字　J ②7957　補 4137　U 706E

火4【炗】〔8〕同字　J ②7963　補 4147　U 7097

火4【烇】〔8〕俗字　J ―　補 4149　U 709B

意味 ①〈ひか・る〉輝く。明るい。②〈てら・す〉明るくする。輝かす。③〈ひかり〉「灯光」④日・月・星を指す。⑤けしき。「風光」⑥ほまれ。名誉。「光栄」⑦めぐみ。恩恵。⑧時間。「光陰」⑨大きい。広い。⑩敬語。「光臨」⑪現…だけ。相手の動作を光がさすことにたとえる。

解字 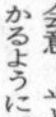 会意。⺌と儿とを合わせた字。⺌は、古い形で見るとわかるように、火の形である。儿は人が立って行動する形で、作用を表す。光は、火の作用を表したもので、ひかりの意味になる。一説に、儿は尪で音を示し、大の意味を含むから、光は、大きい火のことであるという。

名前 あき・あり・かね・かぬ・かね・てる・ひこ・ひろ・みつ・あきら・さかえ・ひろし・みつる　地名 光

【光陰】としつき。時間。光は昼、陰は夜。「光陰者百代之過客」(月日は、過去から未来へと永遠の旅をつづける旅人のようなものである。)〈李白・春夜宴二桃李園一序〉【――如レ矢】月日は弦を離れた矢のように、はやく過ぎ去って、再び帰ることがないとのたとえ。光陰如レ箭。光陰如レ梭。

【光栄(榮)】㊀名誉。ほまれ。めんぼく。㊁ guāng-róng 現㊀に同じ。

【光映】照りはえる。

【光炎】①光とほのお。②燃え光るほのお。③盛んな勢い。＝光焔

【光華(華)】①ひかり。美しい光。②ほまれ。名誉。

【光暉】光り輝く。＝光輝

【光熙(熙)】光り輝く。

【光輝】㊀光り輝く。また、輝く光。輝き。㊁ guānghuī 現㊀に同じ。

【光儀】美しい姿。りっぱな容姿。

【光景】①ありさま。けしき。②ひかり。また、恩徳・威厳のあるさま。

【光慶】めでたいこと。

【光顕(顯)】はっきりと現れる。

【光毫】仏仏の三十二相の一つ。仏の眉間にあって、白い光をはなつという毛。眉間白毫。白毫。

【光彩】①つや。光。②鮮やかな美しい色。＝光采【――陸離】光が入り乱れて、美しくきらめくさま。

【光昭】①光り輝く。②明らかに照らし出す。

【光色】いろつや。光沢。

【光閃】光のひらめき。

【光線】㊀ひかり。光のすじ。㊁ guāngxiàn 現㊀に同じ。

【光宅】徳が天下にあまねく及ぶ。

【光沢(澤)】いろつや。つや。

【光背】仏像の背後についている、光や火炎をかたどった装飾。後光。

【光発(發)】光り輝く。

【光被】徳の光が、広く世の中にゆきわたる。

【光風】①春の日に気持ちよく吹く風。②雨が晴れた後に吹く風。草木が日を受けて光るからいう。【光風霽月】①うららかに吹く風と、雨あがりの晴れ渡った空の月。②心の清らかに澄みきったさまにたとえる。③よく治まった世のさま。

【光武帝】後漢の初代の皇帝。姓は劉。名は秀。字は文叔。王莽を破り即位。都を洛陽に移し、後漢をたてた。(前五〜後五七)

【光復】以前の国土・統治や、事業などを回復する。

【光芒】きらきらする光。光線。

【光名】①美しい名。②輝かしい名声。誉れ。

【光明】㊀①明らかな光。あかり。②光りかがやく。③大いに明らかにする。㊁ こうみょう ①仏の徳から出る光。②希望。成功する見込み。㊂ guāngmíng 現㊀に同じ。【光明正大】心が潔白で、正しく大きい。少しのやましさ、後ろ暗さもない。雄大な心のさま。

【光有】大いに保つ。広く統治する。

【光耀】光り輝く。光暉。光燿。

【光来(來)】「光臨」に同じ。他人の来ることの敬語。

【光臨】他人の来訪の敬語。おでまし。光来。

【光烈】大きないさお。りっぱなてがら。光勲。

【光禄(祿)勲】宮殿の宿衛をつかさどる長官。九卿の一つ。部下に虎賁中郎将・五官中郎将・光禄大夫等が属する。

【光禄(祿)大夫】漢代の官名。宮中の顧問役。

【光禄(祿)池台(臺)】前漢の光禄大夫、曲陽侯、王根のやしきが豪壮であったことから、みごとな建物のこと。「光禄池台開二錦繍一」(光禄大夫のやしきのようなすばらしい邸宅で、にしきやぬいとりぎぬのとばりを張りめぐらして遊んだ。)〈劉廷芝の詩・代下悲二白頭一翁上〉

『韜レ光』すぐれた才徳をつつみかくす。

◇▼日光・月光・旭光・底光・後光・栄光・威光・陽光・風光・発光・閃光・採光・眼光・脚光・極光・電光・燭光・観光

儿4【充】〔6〕常 ジュウ　あてる　シュウ(シウ) 漢 平 東　ジュウ 慣 chōng チョン　J 2928　補 ―　U 5145

旧字 儿3【充】〔5〕　J ―　補 ―　U FA74

筆順 丶 亠 ⺄ 厶 𠫓 充

意味 ①〈み・ちる(―・つ)〉〈みた・す〉②ふさぐ。おおう。③〈あ・てる(―・つ)〉あたる。あてがう。「充当」④肥える。やしなう。⑤大きい。

解字 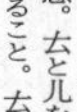 会意。𠫓と儿を合わせた字。儿は人が立って動作をしていること。𠫓は、育の略で音を示すとともに、高くそだつ意味をもつ。充は、人が育って成人になることから、「みちる」意味になる。

名前 み・あつ・みち・たかし・まこと・みつる　難読 充行扶持

【充位】ただその位に居るだけで、責任を尽くさないこと。

【充溢】満ちあふれる。

【充盈】①太っている。豊満。②いっぱいになる。

【充虚(虛)】じゅうきょ ①飢えを満たす。②満ちることと空っぽなこと。

【充血】じゅうけつ 血がからだの一か所にこり集まる。

【充耳】じゅうじ 耳飾り。冠から耳のところへたらした宝玉。塞耳(そくじ)。

【充実(實)】じゅうじつ みちる。いっぱいになる。中身がゆたかである。

【充牣】じゅうじん みちみちている。充満(じゅうまん)。

【充斥】じゅうせき 満ちはびこる。

【充積】じゅうせき ①みちつもる。②満たし積む。

【充足】㊀じゅうそく 満ちたりる。満たす。㊁チョンツー chōngzú 現㊀に同じ。

【充塞】じゅうそく いっぱいにふさがる。ふさぐこと。

【充塡】じゅうてん いっぱいにつめる。あてはめる。

【充当(當)】じゅうとう(たう) あてはめる。あてがう。わりあてる。

【充棟】じゅうとう 積み上げると棟木(むなぎ)にまで届く意で、蔵書が非常に多いことのたとえ。→「汗牛充棟(かんぎゅうじゅうとう)」(七〇〇ページ・下)

【充美】じゅうび 満ちたりてりっぱなこと。

【充備】じゅうび じゅうぶんにそなわる。また、そなえる。

【充分】㊀じゅうぶん 分量が満ちたりるさま。いっぱい。=十分 ㊁チョンフェン chōngfēn 現㊀に同じ。

【充満(滿)】㊀じゅうまん 満ちて、いっぱいになる。㊁チョンマン chōngmǎn 現㊀に同じ。

【充用】じゅうよう あてがう。あてはめ用いる。

◆拡充(かくじゅう)・補充(ほじゅう)・塡充(てんじゅう)

儿4 **【先】** 〔6〕 学1 セン さき ｜ セン 呉漢 平 先 xiān シエン ｜ J 3272 補 — U 5148

筆順 ノ 𠂉 ⺧ 生 𠂒 先

意味 ①まえにすすむ。②〈さき〉㋐はじめ。第一。㋑まえ。㋒むかし。↔後 ③さきんじる。さきだつ。④さきがけ。「天下之先(てんかのさき)」⑤〈まず(まづ)〉さしあたり。第一に。⑥死んだ父。また、死んだ人につける語。「先君(せんくん)」⑦祖先。⑧みちびく。てびきする。⑨姓。

解字  会意。㞢と儿とを合わせた字。㞢は之で、出る、行くの意味。儿は人が立って行動すること。先は人が前進すること、さきに行くことを表す。一説に、この字の音は遷と通じ、死んだ人を表すという。

名前 ひろ・ゆき・すすむ

参考 新表記では、「尖」の書きかえに用いる熟語がある。

【先塋】せんえい 先祖の墓所。

【先鋭】せんえい ↓「尖鋭(せんえい)」(三九〇ページ・上)

【先覚(覺)】せんかく ①他よりさきに道を悟る。また、その人。学問修行の上での先輩。②昔の大学者。先知。

【先漢】せんかん 「前漢」(一六四ページ・中)に同じ。

【先客】せんきゃく ①前から来ている客。②前約のお客。

【先居】せんきょ 前からためてあった。先代の積みおいた。「先居之財」〈列子・天瑞(てんずい)〉

【先駆(驅)】せんく ①行列のさきがけ。前導。②いくさのさきがけ。先鋒(せんぽう)。

【先君】せんくん ①先代の君主。②死んだ父。③祖先。

【先決】せんけつ 他よりもさきにきめる。

【先見】せんけん 遠い先のことを見通すこと。予知。【――明】せんけんのめい 将来のことまで見抜くすぐれた知恵。

【先賢】せんけん むかしの賢人。

【先厳(嚴)】せんげん 死んだ父。亡き父。先考。先君。

【先古】せんこ ①先祖。②昔。③上古。

【先後】㊀せんご ①さきとあと。前後。どれがさきで、どれがあとか。「知レ所ニ先後一(せんごするところをしる)」〈大学〉②兄弟の妻どうしの呼び方。③助け導く。㊁シエンホウ xiānhòu 現①㊀に同じ。②前後して。相次いで。【――生】せんこうせい 先に生まれた者と、あとから生まれた者。〈韓愈(かんゆ)・師説(しせつ)〉

【先公】せんこう 死んだ自分の父。=先考

【先考】せんこう(かう) 死んだ父。亡父。先公。↔先妣(せんぴ)

【先刻】せんこく 国①さきほど。さっき。②かねて。前から。

【先子】せんし ①亡父。先人。②先祖。③死んだしゅうと。

【先師】せんし ①いにしえの聖人の徳業を助け成した人。先代の賢人。先聖。②孔子。③先生。④死んだ先生。

【先史時代】せんしじだい 考古学の時代区分の一つで、記録上の資料の全然残っていない古い時代。↔原始時代・歴史時代

【先手】せんて ①人より先に手をつけること。②碁・将棋などで、先に石をおき、または、駒(こま)を動かす人。

【先主】せんしゅ ①前代の主君。②一般に、三国時代の蜀漢(しょくかん)の劉備(りゅうび)をさしていう。↔後主(こうしゅ)

【先儒】せんじゅ 昔の儒者。昔の学者。

【先住】せんじゅう(ぢゅう) ①先に住むこと。「先住民」②前の住職。

【先緒】せんしょ ①先人のやり残した仕事。②前代の人たちの残したりっぱな仕事。遺業。

【先唱】せんしょう(しゃう) 先に言いだす。

【先蹤】せんしょう ①先人のした事のあと。前人の事跡(じせき)。②先人の歩いたあしあと。前例。

【先臣】せんしん ①死亡した臣下。②君主に対して、自分の亡父をいうことば。

【先秦】せんしん 秦(しん)の始皇帝以前の時代。春秋戦国の時代。

【先進】㊀せんしん ①学問・年齢・官位などが自分よりも上の人。先輩。②文化や経済の進歩・発展の度合いが、他に先んじていること。「先進国」↔後進 ㊁シエンチン xiānjìn 現㊀の②に同じ。

【先人】せんじん ①先祖。②なくなった人。③昔の偉い人。④昔の人。過去の人。

【先陣】せんじん(ぢん) 国①前の方にある陣地。②戦いのさきがけ。一番のり。

【先世】せんせい ①前の世。②先祖。③死んだ父。

【先生】㊀せんせい ①先に生まれる。また、その人。年上の人。②父兄。③教師。師匠(ししょう)。④学問や技芸が自分よりもすぐれた人。先輩。⑤目上の人に対する敬称。⑥国他人をからかう気持ちでよぶ語。㊁シエンション xiānsheng 現①㊀の③⑤に同じ。②…さん。だんな。おっと。

【先正】せんせい 前代の賢人。

【先聖】せんせい ①昔の聖人。②孔子。

【先代】せんだい ①前の代。②死んだ父。③国前の代の主人。

【先達】㊀せんたつ ①学問・官位などが自分より先に進んだ人。②高僧。㊁せんだち 国①修験者(しゅげんじゃ)が修行のため山にはいるとき、先導となる人。②案内人。③導き教えてくれる人。㊂せんだって 国さきごろ。先日。

【先端】せんたん ↓「尖端(せんたん)」(三九〇ページ・上)

【先知】せんち ①世間の人よりも早く知る。②一般の人より先に道を悟る。また、その人。③予告者。

【先着】せんちゃく ①人よりさきに到着する。②さきに手をつける。=先著(せんちゃく)

【先朝】せんちょう(てう) 前の御代(みよ)。先代の朝廷。

【先帝】せんてい 前代の天子。

【先哲】せんてつ 昔の賢い人。昔の偉い人。先正。先賢。【――叢談】せんてつそう(さう)だん 国書名。八巻。原善の著。藤原惺窩(せいか)以下七十二人の、儒者や文人の人がらや行いを記したもの。

【先天】せんてん ①生まれつき持っている。②天帝の命に先だって事をおこなう。【――的】せんてんてき 経験によることなく、生まれながら身に備わったもの。

【先途】せんど 国①命の終わり。死をいう。②運命の最後のなりゆき。せとぎわ。

【先登】せんとう ①さきに登る。②まっさきに行くこと。また、その人。さきがけ。

【先導】せんどう(だう) 先にたって導く。また、その人。道案内。

【先入】せんにゅう(にふ) さきに耳に聞いたこと。【――観(觀)】せんにゅうかん(くゎん) はじめに持ってしまった考え。先入観念。【――主】せんにゅうしゅ さきに耳に聞いたことが頭にこびりついて、それ

から離れられないこと。「先入為レ主」〈漢書・息夫躬伝〉

【先王】①昔のりっぱな天子。②前代の王。諸侯の先君。【——之志】先王の残された志。先王の遺志。〈荘子・斉物論〉

【先輩】①年齢・学問・地位などが自分より上の人。先進。②唐代、科挙で同時に進士に合格した者どうしが互いに用いる敬称。③妻が夫をいう語。

【先発(發)】他より先に出発する。

【先般】さきほど。さきごろ。過般。

【先妣】①死んだ母。なき母。↔先考 ②先祖の母。

【先非】過去の悪事。以前の過失。前非。

【先便】さきに出した手紙。前便。

【先府君】亡父の敬称。府君。先君子。

【先鞭】人よりも先に、ものごとに着手する。他人に先んじて馬にむちうち、さきがけの功名を立てる。

【先亡】なくなった父。亡父。先代。

【先鋒】軍のさきがけ。先陣。

【先務】第一になすべきつとめ。急務。

【先明】夜あけ。

【先憂後楽(樂)】①人民に先だってうれえ、人民におくれて楽しむ。志士や仁者などが、国家や人民の事を思う情。②心配ごとを先に考え、楽しみごとはあとまわしにする。「先二天下之憂一而憂、後二天下之楽一而楽」〈范仲淹・岳陽楼記〉

【先容】推薦する。とりもちをする。

【先即(卽)制レ人】すべて相手に先んじて事をおこなえば有利になる意。早いが勝ち。「先即制レ人、後則為二人所一レ制」〈史記・項羽本紀〉

【先従(從)レ隗始】↓「従レ隗始」(一三三七ページ・下)

◆互先・自先・幸先・祖先・帥先・真先・率先・勤先・筆先・筒先・腕先・穂先・機先・優先

儿4 【兆】〔6〕 学4 チョウ きざす・きざし　チョウ(テウ) 漢 上 篠 zhào チャオ　J 3591 補 U 5146

筆順 ノ 丬 㣺 兆 兆 兆

意味 ①〈きざ・す〉徴候があらわれる。おこりはじめる。②〈きざし〉前ぶれ。③うらなう。④占形。亀甲を焼いてできる割れ目。⑤はじめる。⑥墓地。=垗 ⑦多数の。⑧数の単位。億の十倍。また、億の万倍。(命数法に、十進と万進とがある。)⑨姓。

解字 会意。古い形で見ると、八を二つ合わせた形である。兆は二つにわれることを表す。また、昔は亀の甲を焼いて、そのひびわれのぐあいによって、うらないをしたことから、うらないの意味を表すようになった。

名前 とき・よし

【兆域】墓場。墓のある場所。

【兆見】①兆候が現れる。②あらかじめ知る。予知。

【兆候】きざし。前ぶれ。しるし。=徴候

【兆占】うらなう。うらない。占形。

【兆民】多くの人民。万民。

◆凶兆・吉兆・前兆・瑞兆

儿4 【兌】〔6〕 俗 ↓兌(一二六ページ・上)

儿5 【克】〔7〕 常 コク　コク 漢 入 職 kè コー　J 2578 補 U 514B

筆順 一 十 十 古 古 声 克

意味 ①〈よく〉〈よく・する(——・す)〉㋐能力がある。㋑たえる。②〈か・つ〉㋐うちかつ。㋑抑制する。「克服」③完成する。④現(重量)グラム。

解字 象形。やねの下で木をきざんでいる形という。肩で仕事をささえるという気持ちから、「になう」「堪える」の意味になる。また、重い頭をささえて、足が曲がっている形であるともいう。一説に、克は人がかぶとをかぶっている形で、重さが肩にかかることから、堪えるという意味になるという。

名前 なり・よし・いそし・かつみ・すぐる・まさる

参考 新表記では、「剋」の書きかえに用いる熟語がある。また、克は「剋」の中国新字体としても使う。

【克似】よく似ている。克肖。

【克捷】①敵にうち勝つ。②勝ちいくさ。

【克倒】克服する。うちかつ。

【克伐怨欲】克(好んで人に勝とうとする)・伐(人に自分をほこる)・怨(天をうらみ、人をとがめる)・欲(利欲を貪る)の四つの悪徳。〈論語・憲問〉

【克服】㊀①苦難にうちかつ。②敵に勝って従わせる。㊁ kèfú 現㊀に同じ。

【克復】もとのように取りかえす。=剋復

【克明】①じゅうぶんに明らかにする。きわめてはっきりしていること。②よく君主としての道を尽くす。③国まじめ。こまかく念を入れること。

【克励(勵)】私情をおさえてよく物事にはげみつとめる。「=剋励」

【克己】自分の欲にうちかつこと。私情をおさえること。自制。【——復礼(禮)】己の私欲私情を抑えて、社会の秩序・法則に合致するようにする。〈論語・顔淵〉

【克期】期限をきめること。=剋期

◆相克

儿5 【児】〔7〕 学4 ジ・ニ　J 2789 補 U 5150

旧字 儿6 【兒】〔8〕 入 ジ 漢 平 支 ニ 呉 ér アル　J 4927 補 U 5152

筆順 丨 Ⅱ 𠂋 旧 旧 児 児

意味 ①〈こ〉㋐男の幼い子。㋑(親子としての)男の子。㋒(男女の)幼い子。②若い男。③親に対する子の自称。④物や人の名につけて、小さいとか、いやしめる意味を示す。「蜂児」⑤姓。

儿6 【皃】〔8〕 古字 J —— 補 U 20486

解字 会意。臼と儿とを合わせた字。下の儿は人の形。上の臼は、幼児の頭の形で、頭の骨がまだかたまらず、よく合っていないことを表す。それで、児は幼い子どもをいう。この字全体を、子どもの形と見れば、象形ということになる。一説に、児は背の曲がった、弱々しい小人をいうと解する。

名前 る・のり・はじめ 姓 児野 地名 児玉・児島・児湯

難読 稚児(付表)/児手柏

【児戯(戲)】①こどものたわむれ。②取るにたりないことのたとえ。

【児女】①男の子と女の子。②むすことむすめ。③こどもら。④男女ら。【——花】萱草の花。【——節(節)】実家で、嫁いだ娘を迎える日で、陰暦九月九日をいう。【——態】児女のようにめめしい態度。【——之債】こどもの教育や結婚の支出のような、避けられないことのための借金をいう。

【児曹】こどもたち。

【児息】じそく こども。男の子。
【児孫】じそん ①子や孫。②子孫。「不下為二児孫一買中美田上」（じそんのためにびでんをかわず）（子孫のためにりっぱな遺産をのこしておくことをしない。それは独立独歩の精神をそこなうことになるから。）〈西郷隆盛さいごうたかもりの詩・偶成〉
【児童】じどう 一①こども。②国小学校の生徒。二アルトン értóng 現一の①に同じ。
【児輩】じはい ①こどもたち。②人をばかにしていう。
【児子】アルツ érzi 現むすこ。
◆小児しょうに・幼児ようじ・若児わかご（おさなご）・乳児にゅうじ・育児いくじ・孤児こじ・胎児たいじ・健児けんじ・豚児とんじ・産児さんじ・稚児ちご・遺児いじ・嬰児えいじ（みどりご）・寵児ちょうじ・双生児そうせいじ・風雲児ふううんじ・混血児こんけつじ

儿5 【兌】〔7〕
一タイ 漢 一 去 泰 duì トイ
ダ 慣
二エイ 漢 二 去 霽 ruì ロイ
U補J 4928 514C

儿4 【兊】〔6〕俗字 U補J ①1447 1870 514A

意味 一①〈か・える（―・ふ）〉交換する。「兌換だかん」②あな。耳目鼻口をいう。③直なおい。まっすぐ。④とおる。達する。⑤よろこぶ。＝悦えつ ⑥易えきの卦かの名。二するどい。＝鋭

【兌換券】だかんけん（くゎん） 正貨と取り換える約束のもとに発行される銀行券。兌換紙幣だかんしへい。

儿5 【兎】〔7〕 人 標 ト 漢 去 遇 tù トゥー U補J 3738 514E
旧字 儿6 【兔】〔8〕 U補J 2080F
儿6 【兔】〔8〕同字 U補J 4929 5154
儿6 【兎】〔8〕俗字 U補J

意味 ①〈うさぎ〉②うさぎの伝説から、月の別名。
難読 兎とに角かく
参考 「免めん」は別字。
【兎耳】うさぎみみ 国①うさぎのように長い耳。②よく他人の隠しごとを聞き出すこと。また、その人。
【兎烏】とう 「烏兎うと」（七六九ページ・中）に同じ。
【兎影】とえい 月光。月。
【兎園冊】とえん（ゑん）さつ ①俗語で書いた通俗書。もと、いなかの塾じゅくで児童に読ませた書物を兎園冊と言ったことによる。②自分の著書をけんそんしていう語。
【兎角】とかく ①うさぎのつの。②国あれこれ。なにやかや。③国ややもすれば。ともすれば。④国とにかく。【―亀（龜）毛】とかくきもう うさぎに角つのが生じ、亀かめに毛がはえる意で、この世にあるはずのないもののたとえ。
【兎欠（缺）】とけつ 上くちびるが縦に裂けている状態。兎唇としん。
【兎糸（絲）】とし 草の名。ねなしかずら。他の草木に寄生して生ずる草。
【兎罝】としゃ ①うさぎを捕らえる網あみ。②民間に賢者の多いこと。
【兎走烏飛】とそううひ 月日の過ぎ去ることのはやいさま。兎は月、烏は日。〈荘南傑そうなんけつの詩・傷歌行〉
【兎子】トゥーツ tùzi 現うさぎ。
〖兎死狐悲〗うさぎししてきつねかなしむ 同じ仲間の不幸を悲しむこと。他人のわざわいと同じことが、いつ自分にもふりかかるかわからないというたとえ。狐死兎泣きつねししてうさぎなく。〈宋そう史・李全りぜん伝〉

儿5 【兏】〔7〕 同 →長（一三二一ページ・中）
儿5 【兎】〔7〕 旧 →免（本ページ・下）
儿5 〖壳〗（三〇六ページ・下） →士部四画

儿6 【尭】〔8〕 人 ギョウ 漢 呉 平 蕭 yáo ヤオ（ゲウ） U補J 2238 5C2D
旧字 土9 【堯】〔12〕 人 U補J 8401 582F

意味 ①高い。至高の。②人名。陶唐とうとう氏の号、帝尭。③姓。

解字  会意。垚と兀を合わせた字。垚は土を三つ重ねて高い意味。それが兀(台)の上に載っているので、いっそう高いことを表す。

名前 あき・たか・のり・たかし
【尭尭（堯堯）】ぎょうぎょう（げうげう） 非常に高いさま。

【尭舜（堯舜）】ぎょうしゅん（げう） 中国古代の聖天子である尭帝と舜帝。転じて、聖天子。

【尭天】ぎょうてん（げう） 尭帝のような聖天子。

【尭典】ぎょうてん（げう） 書経の編名。尭帝の言行を記した編。

【尭風舜（舜）雨】ぎょうふう（げう）しゅんう 風雨の恵みのように、尭帝・舜帝の仁徳が、あまねく人民にゆきわたったこと。尭雨舜風。

儿6 【兕】〔8〕 シ 漢 上 紙 ジ 呉 sì スー U補J ①1449 1873 5155

意味 獣の名。一本角つので牛に似た動物。また、雌の犀さい。

【兕虎】じこ ①猛獣の名。②勇猛な兵士のたとえ。

【兕甲】じこう（かふ） 兕の皮で作ったよろい。

【兕觥】じこう（くゎう） 兕の角で作った酒を入れる器。兕爵。

〖匪レ兕匪レ虎率二彼曠野一〗じにあらずこにあらずかのこうやにしたがう（くゎう）（したがふ） 野牛でも虎とらでもないのに野原をさまよい歩く。賢者が災難にあいながら流浪るろうの旅をする嘆き。〈詩経しきょう・何草不黄かそうふこう〉

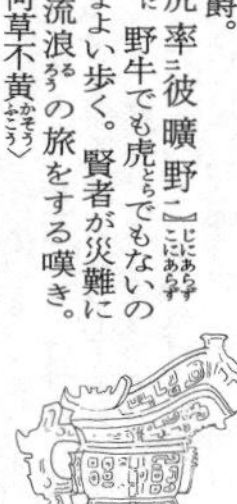
（兕 觥）

儿6 【兟】〔8〕
一シン 漢 呉 一 平 侵 jìn チン
二サン 漢 呉 二 去 翰 zàn ツァン
U補J

儿8 【兟】〔10〕俗字 U補J 1872 5153

意味 一〈するど・い（―・し）〉①兟兟しんしんは、心を集中させる。②先がとがっている。また、きり。二人が助けあう。

儿6 【免】〔8〕 常 メン まぬかれる
ベン 漢 上 銑
メン 呉 miǎn ミエン
U補J 4440 514D

旧字 儿5 【免】〔7〕 U補J ①1448 FA32

筆順 ノ ㇒ 𠂊 ⺈ 缶 㝍 免

意味 ①〈まぬか・れる（―・る）〉のがれる。離れる。②やめる。やめさせる。「免官」③〈ゆる・す〉自由にする。罪や義務をゆるしのぞく。「免除」④脱ぬぐ。⑤こどもを生む。＝娩べん

解字  会意。⺈と儿とを合わせた字。⺈は女がお産をしている形。儿は、流れ出る羊水の形という。免は、分娩の娩と同じく、お産のことで、抜け出る、まぬかれる意味にもなる。一説に、免は、人がからだをうつむいて屈服させられている形で、俛と同じであるという。

【免身】べんしん こどもを産む。
【免役】めんえき 徴兵の義務や懲役ちょうえきを許すこと。
【免疫】めんえき ①伝染病にかからないようにする。②病気にかからなくなる性質。③ものごとに慣れて平気なこと。
【免官】めんかん（くゎん） 官吏をやめさせる。免職。
【免許】めんきょ 国ゆるす。ゆるし。許可。【―皆伝（傳）】めんきょかいでん 国武芸・芸術などの奥義を師匠から弟子でしに残らず伝え授けること。【―状（狀）】めんきょじょう（じゃう） 国資格を免許するしるしとして、官庁・学校または師匠から与えられる証書。【―代言】めんきょだいげん 国弁護士の旧称。
【免罪】めんざい つみを許す。【―符】めんざいふ 十五、六世紀ごろ、ローマ法王が発行した免罪の証書で、これを手に入れたものは、

その罪悪の一部または全部が許された。免罪券。

【免囚】刑期を終えて出所した人。

【免除】国①義務や責任を許しのぞく。②法債権者の意志によって債務者の義務をのぞいてやること。

【免状(狀)】国①免許の証書。②卒業証書。

【免職】職務をやめさせること。

【免税】租税の納入を免除する。免租。

【免黜】職務をやめさせる。罷免。

【免得】miǎnde 現避ける。…しないように。

『免而無レ恥』法律や刑罰に触れさえしなければ、なにをやってもよいと考えて、悪に対して恥じる心がなくなる。〈論語・為政〉

◆任免・放免・赦免・罷免

儿6【兗】〔8〕俗↓兗(本ページ・上)

儿6【兒】〔8〕旧↓児(一二五ページ・下)

儿6【兔】〔8〕古↓兎(一二五ページ・下)

儿6【兎】〔8〕旧↓兎(一二六ページ・上)

儿6【免】〔8〕同↓兎(一二六ページ・上)

儿6【兎】〔8〕俗↓兎(一二六ページ・上)

儿6『兕』↓口部五画(二三七ページ・中)

儿7【兗】〔9〕エン 漢 上 銑 yǎn イエン　J ①1450 補 1874 U 5157

儿6【兖】〔8〕俗字　J ― 補 ― U 5156

意味 ①川の名。兗水。もと、沇水と書いた。②古代中国の九州の一つ。兗州。今の山東省から河北省一帯。③矢はず。矢の上端。

参考「衮」は別字。

儿7【兘】〔9〕同↓始(三四一ページ・中)

儿8【党】〔10〕学6 トウ　J 3762 補 ― U 515A

旧字 黑8【黨】〔20〕一トウ(タウ) 漢 呉 一 上 養 dǎng タン　二トウ(タウ) 漢 呉 二 上 養 tǎng タン　J 8362 補 ― U 9EE8

筆順 丶 丷 丷 尚 尚 尚 党 党

意味 一①むら。㋐周代の制度で、五百軒の村里。「郷党」㋑ふるさと。生まれ故郷。②ところ。場所。③〈なかま〉〈たむら〉ともがら。やから。グループ。=攩。「徒党」④みうち。親類。親属。⑤なかまを組む。親しみあう。⑥へつらう。おもねりあう。⑦助けあって悪事を隠しあう。⑧かたよる。不公平。⑨正しい。よい。=讜　二=儻　①〈たまたま〉②もし。あるいは。

解字 [篆文] 形声。尚と黑とを合わせた字で、黑が形を表し、尚が音を示す。黑は暗いこと。尚には高いという意味があり、音も幬と通じて、おおうという意味を含むという。黨は、黒色が日月をおおって光のないこと、高いところが暗く、あざやかでないことをいう。攩のかわりに、助ける、なかまの意味にもなる。

名前 とも・まさ・あきら

参考 党は「黨」の中国新字体としても使う。

応用例 傥(儻)

【党引】仲間どうしが引きあって組をつくる。

【党員】一党に属する人。二 dǎngyuán 現 一に同じ。

【党禍】党派間の争いからおこるわざわい。

【党魁】「党首」に同じ。

【党規】党の規則。党則。

【党議】①党を代表する意見。②みだりに仲間を組んだ者たちを罰する会議。

【党禁】党人を禁固する。

【党見】しきりに現れる。たまたま現れる。

【党首】党のかしら。集団の代表者。

【党庠術序】町村の学校。党は五百家、術は一万二千五百家の村。庠と序はともに古代の学校。〈礼記・学記〉

【党人】①仲間を組んで政治に口を出す学者。②同じ村の人。

【党正】①正しくよいことば。②周時代の官名。五百戸の村の長。

【党勢】党の勢力。

【党籍】①党員としてしるしてある帳面。②党員としての資格。

【党争(爭)】党派の間の争い。

【党則】党の規則。党規。

【党同】利害関係を同じくする者どうしが集まって組を作ること。【――伐異】同じ仲間には何でも賛成し、ちがう相手には反対して攻めたてる。

【党派】国主義主張を同じくする人々の仲間。

【党輩】同じ仲間の人たち。

【党閥】国利害関係や目的を一つにする人たちが、自分たちの勢力をひろめ他の進出をさまたげようとしてつくったあつまり。

【党弊】国①党の内部での欠点。②党を組んで争うためにひきおこされる悪い点。

【党与(與)】組を作っている仲間。

【党類】同じ仲間の者。

【党論】その党派の主張する議論。

『党錮之禍』後漢時代、宦官の悪い政治を改革しようとして結束した学者たちの仲間が、死刑や終身禁固にされた事件。

◆与党・郎党・朋党・政党・徒党・残党・郷党・野党・族党・悪党・結党・脱党

儿8【兟】〔10〕俗↓兟(一二ページ・下)

儿9【兜】〔11〕標 入 トウ 漢 呉 平 尤 dōu トウ　J 1985 補 ― U 515C

儿10【兠】〔12〕俗字　J ②0306 補 ― U 5160

意味 ①〈かぶと〉②かぶりもの。帽子。女の頭巾。③かぶせる。おおう。④招く。引き起こす。⑤まよう。とまどう。

【兜鍪】かぶと。=兜牟

【兜率天】①道家で、太上老君のいる所を称した。②仏兜率。欲界六天の第四天で、欲界の浄土。ここに弥勒菩薩がいるという。

儿10【兟】〔12〕シン 漢 平 真 shēn シェン　J ― 補 1876 U 515F

意味 進んでいく。

儿10【兠】〔12〕俗↓兜(本ページ・下)

儿12【競】〔14〕キョウ 漢 呉 平 蒸 jīng チン　J 4930 補 ― U 5162

意味 ①おそれつつしむ。=矜「競業」②かたくてじょうぶなさま。③わななく。動く。

参考 新表記では、「恐」に書きかえる熟語がある。

【競戒】恐れ戒める。

【競悸】ふるえ恐れる。

【競競】①心をはらはらさせて、戒めつつしむさま。恐恐。②堅く強いさま。【――業業】恐れあやぶむ。いましめつつしみ、恐れあやぶむ。〈詩経・雲漢〉〈書

経しょきょう・皐陶謨こうようぼ〉

【兢惶】きょうこう(くゎう) つつしみ恐れる。＝恐惶

【兢惕】きょうてき 恐れつつしむさま。

儿19【⿰光廣】〔21〕同 ↓晃(五九二ジペー・下)

2画 入部 にゅう いる

【部首解説】「上から下にさがるさま」にかたどり、「中にはいること」を表す。この部には、「入」の形を構成要素とする文字が属する。

入0【入】〔2〕学1 ニュウ いる・いれる・はいる

ジュウ(ジフ)漢 ニュウ(ニフ)呉 ジュ慣 入 緝 rù ルー

J 3894 補 U 5165

筆順 ノ入

意味 ①〈い・る〉〈い・れる(―・る)〉〈はい・る(はひ・る)〉↔出 ㋐中にはいる。㋑おさめる。手にいれる。受けいれる。㋒あずかる。加わる。㋓宮中に仕える。㋔合致する。「入時にゅうじ」②〈いり〉収入。利益。③漢字の四声しせいの一つで、入声にっしょうをいう。国①〈いり〉㋐興行のときなどの入場者数。㋑ある時期の始まり。「彼岸の入り」②〈しお(しほ)〉染色のとき、染料につける度数をかぞえる。「一入ひとしお」

解字  指事。上から下にさがって、はいってゆくことを形で表したもの。一説に、草木の根が地中にはいっていることを表すともいい、穴の住居、あるいは家屋の入り口の形であるともいう。

姓 入善にゅうぜん・入膳にゅうぜん・入来院いりきいん・入波平いりなみひら・入野屋にゅうのや

地名 入間いるま

【入江】いりえ 国海や湖などの陸地にはいりこんでいる所。

【入墨】いれずみ 国①皮膚を傷つけて文字や絵模様をほりつけ、墨や朱で着色すること。ほりもの。文身。刺青。②昔の五刑の一つ。皮膚に墨を刺して前科のしるしとしたもの。

【入魂】㊀じっこん―じゅこん―じゅっこん 国親しく心やすいこと。ねんごろ。懇意。昵懇じっこん。㊁にゅうこん(にふこん) 国①㊀に同じ。②精魂をかたむけること。③あるものに神仏や霊を呼び入れること。

【入内】じゅだい 国昔、皇后や中宮などに決定した婦人が内裏だいりにはいること。

【入声(聲)】にっしょう(しゃう)―にゅうしょう(にふしゃう) 漢字の四声の一つ。語尾が -p, -t, -k などの子音で終わるもの。

【入院】にゅういん(にふゐん) ①庭にはいる。②治療のため病院にはいる。③仏僧が寺院にはいって住職となること。

【入荷】にゅうか(にふ) 港・市場などに遠方から物の着くこと。

【入格】にゅうかく(にふ) ①ある型にはまること。②及第すること。及格。

【入閣】にゅうかく(にふ) ①役所にはいる。②天子が政殿にはいること。③国国務大臣に任命されて内閣にはいること。

【入学(學)】にゅうがく(にふ) ①初めて学問にこころざす。②初めて学校にはいる。

【入官】にゅうかん(にふくわん) ①官につく。役人になる。②所有権不明の物品を国家のものとすること。

【入棺】にゅうかん(にふくわん) 死体を棺に入れること。納棺。

【入御】にゅうぎょ(にふ)―じゅぎょ 国天皇が奥御殿にはいること。

【入京】にゅうきょう(にふきやう) 都にはいる。入洛にゅうらく。入府。

【入観】にゅうきん(にふ) 宮中にはいって天子にお目にかかること。

【入貢】にゅうこう(にふ) 外国からみつぎものを持って来る。

【入寇】にゅうこう(にふ) 外敵が攻め寄せてくる。

【入国(國)】にゅうこく(にふ) ①領主がその領地にはいること。②外国へはいること。

【入山】にゅうざん(にふ) ①山にはいる。②隠れて世間に交わらないこと。③仏出家すること。④僧が住むべき寺にはいること。入寺。【――符】にゅうざんふ(にふ) 山にはいるとき、身につけていれば災難を免れるという護符ごふ。

【入室】にゅうしつ(にふ) ①室内にはいる。②学問や芸術の奥義に達したこと。③人の妻となること。④仏㋐師から仏道の奥義を伝えられること。㋑師僧の弟子でしとなること。

【入寂】にゅうじゃく(にふ) 仏僧が死ぬことをいう。入滅。帰寂きじゃく。

【入手】にゅうしゅ(にふ) ①手に入れる。うけとる。②とりかかる。

【入相】㊀にゅうしょう(にふしやう) 朝廷にはいって宰相さいしょうとなること。㊁いりあい(あひ) 国①日暮れがた。夕暮れ。②「入相いりあいの鐘かね」の略。日暮れの合図の鐘。

【入定】にゅうじょう(にふぢやう) ①仏禅定ぜんじょうにはいる。精神を統一してしずかに真理を考えること。②聖者や高僧の死。入滅。

【入城】にゅうじょう(にふじやう) ①城中にはいる。町にはいる。②敵の城にはいる。

【入植】にゅうしょく(にふ) 植民地や開墾地にはいって住む。

【入蜀記】にゅうしょくき(にふ) 書名。六巻。宋そうの陸游りくゆう(一一二五～一二〇九)の紀行文。

【入神】にゅうしん(にふ) ①技芸が神技といわれるほどに上達すること。②夢中になる。【――之作】にゅうしんのさく(にふ) 神技と思われるような、すぐれた創作品。

【入津】にゅうしん(にふ) 船が港にはいること。入港。

【入水】㊀にゅうすい(にふ) 水にはいる。㊁じゅすい 水に身を投げて死ぬ。投身自殺。

【入籍】にゅうせき(にふ) ①出生または縁組みによって、その家の戸籍にはいる。②外国人が帰化した国の国籍にはいる。

【入朝】にゅうちょう(にふてう) ①外国の使臣などが来て、天子にお目にかかる。参内さんだい。②朝になる。

【入唐】にゅうとう(にふたう)―にっとう(たう) 国昔、中国に行くこと。【――判官】にっとうはんがん(たうぐわん) 国遣唐使の、大使・副使に次ぐ第三等官。【――使】にゅうとうし(にふたう)―にっとうし(たう) 昔、日本から唐につかわした使者。遣唐使けんとうし。

【入湯】にゅうとう(にふたう) 国①湯にはいる。入浴。②温泉にはいる。

【入道】にゅうどう(にふだう) ①道を求めて進み入ること。②僧や尼あまになること。③国㋐仏道にはいった三位さんみ以上の人の称。㋑坊主頭の人をいう。

【入念】にゅうねん(にふ) 国念入り。念を入れる。

【入梅】にゅうばい(にふ) ①つゆの入り。つゆの季節にはいること。②俗に、つゆの期間。

【入費】にゅうひ(にふ) かかり。ついえ。費用。

【入府】にゅうふ(にふ) ①都入り。入京。②諸侯が自分の領地にはいること。

【入木】㊀にゅうぼく(にふ)―じゅぼく ①木の中につっこむ。②晋しん代の書の大家、王羲之おうぎしの書く字は、勢いがあって墨が木にしみこんだという故事から、書道の意。㊁いれぎ 国彫刻などの埋め木。

【入滅】にゅうめつ(にふ) 仏聖者が死ぬこと。入寂にゅうじゃく。

【入門】にゅうもん(にふ) ①門内にはいる。②師につく。弟子でしとなること。③初心者のための手びき。

【入用】にゅうよう(にふ) ①必要。いりよう。②国入費。出費。

【入洛】にゅうらく(にふ) ①都にはいる。入京。入府。洛は、中国の、後漢ごかんや晋しんの都が洛陽であったことによる。②国京都にはいること。

【入流】にゅうりゅう(にふりう) ①官位が九品外の者が九品以上の正式な官につくこと。②ある水準に達したと認められること。

【入臨】人の喪にのぞむ。家にはいって弔問すること。
【入牢】ろうやにはいる。入獄。
【入則孝、出則弟】内にあっては父母に孝行をつくし、外にあっては目上の人にすなおにしたがう。〈論語・学而〉
【失レ入失レ出】裁判で公正をうしなうこと。入は罪を重くする。出は罪を軽くする。〈唐書・徐有功伝〉
▽介入・手入・収入・仕入・先入・吸入・乱入・注入・突入・侵入・浸入・記入・納入・紙入・差入・混入・移入・飛入・転入・挿入・婿入・買入・搬入・嫁入・歳入・綿入・潜入・導入・編入・輸入・購入・繰入・泣寝入・四捨五入・単刀直入

入1【亾】〔3〕本↓亡(五三ページ・上)
入2【内】〔4〕旧↓内(一三八ページ・中)
入3【仝】〔5〕本↓全(七二ページ・下)
入4【全】〔6〕旧↓全(七二ページ・下)
入6【兩】〔8〕旧↓両(二八ページ・下)

入7【兪】〔9〕
一ユ 漢 呉 一 平 虞 yú ユィ
二ユ 漢 呉 二 上 麌 yù ユィ
J 4933 補 U 516A

人7【俞】〔9〕同字 J ― 補 ― U 4FDE

意味 一①〈しか・り〉はい。応答の語。②〈こ・える(―・ゆ)〉＝踰。③たのしむ。＝愉。「兪然」④姓。二①〈いよいよ〉ますます。＝愈。②いえる。病気が治る。＝癒・愈。③やわらぎくつろぐさま。

【兪樾】人名。清の学者。字は曲園、号は春在堂。著書に「春在堂全集」五百余巻があり、わが国の文士・学者とも文通した。(一八二一～一九〇六)
【兪兪】やわらぐ。ゆったりとくつろいださま。
【兪扁之術】昔の名医といわれる兪跗と扁鵲との医術の意から、名医の治療のこと。
【兪扁之門】名医の門。→兪扁之術

入10【舒】↓舌部六画(一〇三六ページ・下)
入11【愈】↓心部九画(四九四ページ・中)
入11【鳰】↓鳥部二画(一四二八ページ・中)

2画

八部　はち　はちがしら

【部首解説】「分かれること」を表す。この部には、「八」の形を構成要素とする文字が属する。

八0【八】〔2〕学1　ハチ　や・やつ・やっつ・よう
ハツ 漢　ハチ 呉｜入 黠 bā パー
J 4012 補 U 516B

筆順 ノ 八

意味 ①〈やつ〉〈やっつ〉〈や〉〈よう(やう)〉㋐八番めの数。㋑八個。②〈やたび〉八回。③〈やたび・す〉八回する。④わける。わかれる。

解字 指事。物が二つにわかれている形。基本数の中で二で割り切れる一ばん大きい数で、数字に八を用いたという。

名前 かず・わかつ

姓 八下・八太・八戸・八居・八国府・八月一日・八女・八戸・八代・八尾・八東・八雲・八幡・八頭・八千代・八日市・八王子・八重山・八幡浜・八日市場

地名

難読 八百長・八百屋(付表)／八仙花・八幡船・八寸・八尺瓊・八洲・八十・八咫・八岐大蛇

【八佾】周代の天子の舞楽。八人ずつ八列に並んで行われたもの。佾は舞の列。

【八音】①八種の鳴り物。金・石・糸・竹・匏・土・革・木。②音楽のこと。

【八垓】国の八方のはて。垓は界の意。八垠。

【八逆】国大宝律で定められた八つの大罪。謀反・謀大逆・謀叛・悪逆・不道・大不敬・不孝・不義。

【八元八愷】八元と八愷。元は善、愷は和または楽の意。古代の十六人の才子。

【八字憲法】毛沢東がまとめた、農業増産のための方法で、土壌改良(土)・合理的施肥(肥)・農地かんがい(水)・品種改良(種)・合理的密植(密)・病虫毒防除と作物保護(保)・作物管理(管)・農具改良(工)の八つ。

【八字低】まゆが八の字にたれさがる。また、そのさま。


【八十八夜】国立春から八十八日めの日。陽暦の五月一日ごろ。農家では種まきの時期とする。

【八条(條)目】「礼記」大学篇で説く、修養のための八つの条目。格物・致知・誠意・正心・修身・斉家・治国・平天下の順序で行う。

【八朶】八つに分かれたはなびら。

【八代】①順に伝えた八人の世。②後漢・魏・晋・宋・斉・梁・陳・隋の八世。③晋・宋・斉・梁・陳・周・隋・唐の八世。④漢・魏・六朝の八世。⑤三王と五帝の世。【――集】国八時代の勅撰和歌集。「古今」「後撰」「拾遺」「後拾遺」「金葉」「詞花」「千載」「新古今」。

【八大家】→八家
【八大地獄】仏灼熱の責め苦を受ける八つの大きな地獄。等活・黒縄・衆合・叫喚・大叫喚・焦熱・大焦熱・無間。八熱地獄。炎熱地獄。

【八大竜(龍)王】仏八体の竜王。難陀・跋難陀・娑伽羅・和修吉・徳叉迦・阿那婆達多・摩那斯・優鉢羅。

【八道】①もと、朝鮮半島を八つに区分した、京畿・江原・咸鏡・平安・黄海・忠清・慶尚・全羅の八道。②国日本を八つに区分した、東海・東山・北陸・北海・山陰・山陽・南海・西海の八道。「八つの欠点。」

【八難】①八つの災難。飢・渇・寒・暑・水・火・刀・兵。②
【八幡】国応神天皇を祭神とする弓矢の神で、八幡大菩薩と称した。国源義家のこと。八幡太郎。八幡神の略。【――公】【――船】国室町時代末、倭寇の乗っていた船。八幡大菩薩と書いた旗を船旗にしたところからいう。はちまんぶね。

【八面】①八つの顔。②八方。あらゆる方面。【――玲瓏】①どの方面から見ても明るくすきとおって美しいこと。②心中になんのわだかまりもないさま。③心が明るく、どんな人とも円満に交わること。【八面六臂】①仏像などの、八つの顔と六つのひじ。②各面で大いに手腕をふるうさま。

【八家】唐宋八大家。八大古文家。唐・宋二代の八人の古文章家。唐の韓愈・柳宗元、宋の欧陽脩・蘇洵・蘇軾・蘇轍・曽鞏・王安石。【――文】八家の文章。

【八旗】正黄・正白・正紅・正藍・鑲黄・鑲白・鑲紅・鑲

2画
二亠人(亻・𠆢)儿入八冂冖冫几凵刀(刂)力勹匕匚匸十卜卩(㔾)厂厶又

藍の八色をいう。清代の軍制。清代の旗本。

【八極】世界の八方のはて。

【八苦】仏人生の八つの苦しみ。生苦・老苦・病苦・死苦・愛別離苦・怨憎会苦・求不得苦・五陰盛苦。

【八卦】①八種(乾・兌・離・震・巽・坎・艮・坤)の卦。易の算木にあらわれる八つのすがた。②うらない。易道。易。卜筮。【──置】国易者。うらないしゃ。八卦見。

【八景】八つのよいけしき。①瀟湘八景。平沙落雁・遠浦帰帆・山市晴嵐・江天暮雪・洞庭秋月・瀟湘夜雨・煙寺晩鐘・漁村夕照。②国近江八景。堅田落雁・矢走帰帆・粟津晴嵐・比良暮雪・石山秋月・唐崎夜雨・三井晩鐘・瀬田夕照。

【八犬伝(傳)】国書名。「南総里見八犬伝」。曲亭馬琴の小説。「水滸伝」の影響を受けたといわれる。

【八口】家族八人。「八口之家可二以無一レ飢矣」(八人家族が飢えをまぬかれよう。)〈孟子・梁恵王上〉

【八荒】国の八方のはて。

【八紘】①八方のすみ。四方と四すみ。②天下。全世界。【──為(爲)宇】国八紘を掩って宇と為すの意で、全世界を一つにまとめて一軒の家のように和合させること。八紘一宇。

【八股文】文体の名。明以後清末までの科挙(官吏登用試験)に用いられた文体。対句法によって八つに分けて一編の文章に論じさせた。多く経書の句などを抜き出して出題されたところから四書文ともいう。

【八朔(朔)】陰暦八月一日。朔は、月の第一日。

【八索九丘】①中国の古伝説に見える古書の名。八索は八卦に関する書。九丘は九州の記録。いずれも現在は残っていない。②三墳五典とともに、古書の意。三墳五典八索九丘。

【八史】中国での八つの正史。漢書・隋書・唐書(新唐書・旧唐書)・宋史・遼史・金史・元史・明史。

【八州】①中国全土。②国㋐大八洲の国。わが国の古い呼び名。本州・四国・九州・淡路・壱岐・対馬・隠岐・佐渡の八島。㋑関東八州。武蔵・相模・安房・上総・下総・常陸・上野・下野の八か国。

【八宗】国仏日本に伝わった仏教の八宗派。倶舎・成実・律・法相・三論・華厳・天台・真言。【──兼学(學)】①八宗の教義をすべてまなびおさめること。②物事に広く通じること。

【八洲】国日本全土。八州。

【八省】国大宝令で定められた八つの中央行政官庁。中務・式部・兵部・治部・刑部・民部・大蔵・宮内。【──院】国八省の百官が政務をとった所。その正殿を大極殿という。朝堂院。

【八節(節)】一年じゅうで八つの気候のかわりめ。立春・春分・立夏・夏至・立秋・秋分・立冬・冬至。

【八相】一 仏釈迦がその生涯で示した八つの変化の姿。住胎・嬰孩・愛欲・楽苦行・降魔・成道・転法輪・入滅の称。八相成道。二 唐の玄宗の時の八人の宰相。

【八体(體)】①人のからだの八体。首・腹・足・股・耳・目・手・口。②漢字の八つの書体。㋐大篆・刻符・小篆・虫書・摸印・署書・殳書・隷書。㋑古文・大篆・小篆・隷書・章草・飛白・八分・行書。

【八達】①八方に通じる。四通八達。交通がきわめて便利なさま。②八人のすぐれた人物。

【八珍九鼎】多くのめずらしいごちそう。〈昭明太子・陶淵明集序〉

【八表】①八方の遠いはて。②全世界。

【八分】一 漢字の書体の一つ。八分書。秦の始皇帝のとき作った新字体といわれる。二 国①八ぶんめ。八分どおり。②「村八分」の略。村じゅうが申し合わせて、ある家だけをのけものにすること。③杉原紙の一種。三 ①八つに分ける。②十分の八。

【八方】四方と四すみ。あらゆる方角。【──美人】国①どの方向から見ても美しい人。②だれに対してもあいそよくふるまう人。【──塞】国①陰陽家の語で、どの方向に向かって事をしても、よい結果にならないこと。②だれからも信用されなくなってしまうこと。

【八百万(萬)】国きわめて数の多いこと。【──神】国もろもろの神々。

【八尺鳥】国「息」にかかる枕詞。「との形容。「八尺」は、長いこ」

【八尺瓊勾玉】国三種の神器の一つ。八坂瓊曲玉。

【八入】国幾回も染液に浸して濃く染めること。また、染めたもの。

【八潮路】国多くの潮路。遠い海路。はるかな潮「路。」

【八十川】国たくさんの川。八十国・八十島・八十神などのように、「八十」は数の多いこと。

【八咫鏡】国三種の神器の一つ。伊勢の皇大神宮の御神体。

【八衢】国八つにわかれるつじ。

八 2
【兮】
〔4〕 ケイ 漢 平 斉 xī シー
J 4934 補 U 516E

意味 語気を示す助詞。①音調をととのえる。②韻文の句末または中間につけて、語気を一時止め、さらにもりあげる役をする。③句末につけて語勢を強める。

> 語法 韻文の句間や句末に置かれ、語調を整えたり、詠嘆を強調する。訓読の時はふつう読まずに置き字として扱う。例「力抜レ山兮気蓋レ世、時不レ利兮騅不レ逝。騅不レ逝兮可二奈何一、虞兮虞兮奈レ若何」(力は山を引き抜くほど気は世を覆うほどである。時機にめぐまれず〔愛馬の〕騅は進まなくなった。騅が進まないのをどうしたらよいか。虞よ虞よおまえのことはどうしたらよいのか)〈史記・項羽本紀〉

八 2
【公】
〔4〕 学 2 コウ おおやけ 漢 平 東 gōng コン
J 2488 補 U 516C

旧字 八 2 【公】〔4〕 ク 呉
J ― 補 U ―

筆順 ノ 八 公 公

意味 ①〈おおやけ(おほやけ)〉↕私 ㋐正しくてかたよっていない。公平である。㋑おもてだつこと。こそこそしない。「公然」㋒朝廷。政府。㋓役所。役所の仕事。公務。㋔社会。公衆。公共。㋕共同の。みなの。「公約」②五等爵(公・侯・伯・子・男)の第一位。③〈きみ〉㋐諸侯の通称。「文公」㋑朝廷の最高官位。「三公」㋒年長者の敬称。㋓同輩の敬称。④肉親の敬称。㋐祖父。㋑父。㋒夫の父。㋓夫の兄。⑤自分の呼称。「乃公」⑥功労。＝功 ⑦動物のおす。「公牛」⑧姓。公羊・公孫・公冶は、複姓。国〈こう〉相手軽視の呼称。「熊公」

〔解字〕 会意。八とムを合わせた字。八は、わかれる、そむくの意味。ムは私である。公は私にそむくことから、おおやけの意味を表す。天子の下で、公務員の最高の人という意味で、きみ、公(爵位)の意味ともなる。一説に、ムは口で、かこむことであるから、公は「自分だけでかこんで独占することの反対」という意味になるという。

〔名前〕 きん・さと・たか・ただ・とも・なお・ひと・ひろ・まさ・ゆき・あきら・いさお・ただし・とおる　〔難読〕 公孫樹・公司・公魚

【公羊伝(傳)】 書名。十一巻。「春秋公羊伝」の略。斉の公羊高の書いた、「春秋」の注釈書。「左氏伝」「穀梁伝」とあわせて春秋三伝という。

【公安】 ①湖北省の県名。明代の文人袁宏道の生地で、彼と兄弟を中心とした詩人の流派を公安派という。②一般社会が無事で安らかなこと。社会の安寧。

【公案】 ①法律によって処理する役所の文書。②〔仏〕禅宗で、修行者の心を練り鍛えるために考えさせる問題。

【公役】 国家や公共団体の命によるつとめ。兵役など。

【公益】 世間一般の利益。

【公園】 〔一〕①君主の庭園。②公共の庭園。〔二〕gōngyuán 〔現〕〔一〕に同じ。

【公家】 〔一〕君主の家。公室。〔二〕〔国〕①おおやけ。朝廷。②殿上に出勤する人。大臣・納言・参議・三位以上の朝臣たち。

【公課】 ①租税以外で国家や地方自治体から割り当てられる金銭・物品・労役などの負担。②おおやけのつとめ。役目。

【公開】 〔一〕一般のために開放する。↕非公開　〔二〕gōngkāi 〔現〕〔一〕に同じ。

【公館】 ①諸侯の離宮や別館。②官舎。③外国の使者を泊める宿舎。

【公義】 おおやけの義理。公平な義理。「れる正義。おおやけに認めら」

【公儀】 〔国〕①表向き。②将軍家。幕府。③朝廷。

【公議】 ①公平な議論。②世間が当然として認める正論。③政府など、おおやけの機関の評議。

【公共】 社会一般。共同所有。【――事業】 社会一般の幸福や利益のための事業。【――汽車】 gōnggòng qìchē 〔現〕バス。

【公卿】 〔一〕中国で、公と卿の官。三公と九卿。高位高官の人。〔二〕〔国〕①摂政・関白・大臣と大納言・中納言および三位以上との総称。②殿上人の総称。

【公言】 ①世間一般に通じることば。②公然ということ。

【公行】 ①公然とおこなわれる。②昔の官名。天子の行列のときの兵車のことをあつかう役。

【公告】 広く世間に知らせること。

【公算】 ある現象がおこりうる割合。確率。

【公子】 ①諸侯の子。②貴族の子。③他人の子の敬称。【――王孫】 貴族の子弟のこと。〈劉廷芝の詩・代下悲二白頭一翁上〉

【公使】 大使に次ぐ外交官で、外国に駐在し、自国を代表して外交事務にあたる。

【公示】 広く一般の人に示す。

【公事】 〔一〕おおやけの事がら。朝廷の仕事。〔二〕〔国〕①表だった事がら。朝廷の政務や儀式。おおやけごと。②訴訟。うったえ。【――方】 〔国〕江戸時代の警察や裁判をつかさどった役人。

【公式】 〔国〕①おもてだった方式。正式。↕非公式　②計算の法則を文字で示す式。

【公室】 天子の家がら。君主の一族。

【公車】 ①君主の兵車。②役所の車。③漢代の役所の名。

【公爵】 五等爵(公・侯・伯・子・男)の第一。

【公主】 ①天子のむすめ。皇女。②諸侯のむすめ。

【公衆】 一般の人々。社会の人々。大衆。

【公輸班】 人名。魯の有名な工匠。雲梯を作った。公輸子。

【公署】 ①役所。官署。役人が事務をとる所。②公共団「体の機関。

【公相】 「三公」(一三ページ・上)と宰相。「万乗之公相」(天子の宰相。)

【公称(稱)】 おもてむきの発表。おおやけの名称。

【公上】 役所。政府。おかみ。「取以給二公上一」〈唐書・食貨志論〉

【公職】 おおやけの職務。官公吏・議員などのつとめ。

【公人】 ①公職についている人。やくにん。官人。②国家または社会の機関としての人。↕私人

【公正】 ①私心がなくて正しい。②明白で正しい。

【公西華(華)】 人名。孔子の弟子。名は赤。

【公設】 政府または公共団体で設立すること。↕私設

【公選】 ①公平に選ぶ。②一般国民による選挙。

【公然】 おもてむき。一般に知れ渡ったさま。おおっぴら。

【公族】 王侯の一族。

【公孫衍】 人名。戦国時代、魏の政論家。

【公孫鞅】 人名。戦国時代の衛の人。商鞅。秦の孝公に仕えて、富国強兵の実をあげ、商君とよばれた。「商子」五巻を著したという。

【公孫僑】 人名。春秋、鄭国の大夫。字は子産。四十年間、鄭の威信を保った。

【公孫弘】 人名。漢の武帝につかえた儒学者。「春秋」に通じていた。(前二〇〇～前一二一)

【公孫樹】 イチョウ科の落葉喬木。実をぎんなんと言い、食用になる。銀杏。

【公孫述】 人名。後漢の人。字は子陽。王莽の末年、蜀と自称し、国を成と号したが、光武帝に殺された。

【公孫丑】 ①人名。中国戦国時代の斉の人で、孟子の弟子。②孟子の書物の編名。

【公孫竜(龍)】 人名。①春秋時代、楚の人。孔子の弟子の一人。②戦国時代、趙の人。堅白同異の弁を唱えた。諸子百家の中で、名家に属する。

【公退】 役所から下がる。退庁。

【公達】 〔一〕〔国〕政府からのたっし。ふれ。〔二〕〔国〕①諸王のこと。②貴族の家がらの子。【――受領】 〔国〕公達で地方官に任じられた人。

【公庁(廳)】 おおやけの役所。やくば。

【公定】 おおやけのさだめ。政府または公共団体のさだめ。

【公程】 公用の道程。公用で旅する道すじ。

【公田】 〔一〕昔の中国の井田法の制度で、九分した中央の田。この公田を周囲の八家が協力して耕作し、そこからの収入を租税とした。〔二〕〔国〕上代、位田・職田・賜田・口分田・墾田などの私田以外の田。乗田。

【公堂】 ①学校。②裁判所。③役所。

【公道】 ①片寄らない正しい道。②公平な道。③公衆の通行のために作られた道。↕私道

【公徳】 ①社会一般の利害のために守るべき道徳。公衆道徳。②私心がない公明な徳。

【公認】 国家・社会・公共団体・政党などが認めること。

【公売(賣)】 ①〔法〕差し押さえた財産を、一般に入札またはせり売りすること。②官庁関係で行う売却。

【公判】 〔法〕刑事裁判で、犯罪の有無を公開の法廷で裁判す「ること。」

2画　二亠人(亻・𠆢)儿入八冂冖冫几凵刀(刂)力勹匕匚匸十卜卩(㔾)厂厶又

【公表】(こうひょう(へう)) 世間一般に発表する。

【公評】(こうひょう(ひゃう)) ①公平な批評。②公衆に示す批評。

【公布】(こうふ) ①一般に知らせる。②[法]法律・命令・予算などを一般の人に告げ知らせる。

【公府】(こうふ) ①役所。天子・三公の役所。②三公。内閣。

【公武】(こうぶ) [国]公家(くげ)と武家。朝廷と幕府。【――合体(體)】(こうぶがったい) [国]江戸幕府の末期、朝廷と幕府との和合を図って国事を処理しようとしたこと。

【公憤】(こうふん) 正義のための怒り。義憤。おおやけの物事についてのいきどおり。↕私憤

【公文】[一](こうぶん) ①おおやけの文書。②役所から出す文書。[二](くもん) [国]①昔、中央の諸官庁関係の公的文書。②鎌倉(かまくら)幕府、室町幕府から出された公文書。③荘園(しょうえん)の領家(りょうけ)の文書役。④鎌倉時代の公文所(くもんじょ)の雑役係。

【公文書】(こうぶんしょ) 官庁から出される書類。

【公平】(こうへい) 平等でかたよらない。えこひいきや不正がない。

【公平無私】(こうへいむし) 公平で私心のないこと。

【公辺(邊)】(こうへん) ①朝廷または政府。②おもてむき。おもてざた。

【公方】[一](こうほう(はう)) 公平で正しい。[二](くぼう(ばう)) [国]①おおやけ。公事。②朝廷や幕府の称。③天皇や征夷大将軍の称。【――衆】(くぼうしゅう) [国]幕府方の人々。

【公法】(こうほう(はふ)) ①おおやけのおきて。②国家の行為または事業などに関する法律。憲法・行政法・刑事訴訟法など。

【公報】(こうほう) ①官庁から国民に発表する報告。②官庁発行の一種の新聞。③正式のしらせ。

【公僕】(こうぼく) 国民に奉仕する者。公務員など。

【公民】(こうみん) ①国政に参加する資格を持つ国民。②市町村の住民のうち、公務につく権利・義務を持ったもの。【――権(權)】(こうみんけん) [法]選挙権などのような、公民としての資格や権利。

【公明正大】(こうめいせいだい) [国]公平で私心がなく、少しのやましさもないこと。

【公約】(こうやく) ①社会に発表した約束。②多くの国家が協議してきめた条約。

【公冶長】(こうやちょう(ちゃう)) ①人名。孔子の門人で、春秋時代の斉(せい)の国の学者。②「論語」の編名。

【公有】(こうゆう(いう)) おおやけの所有。

【公用】(こうよう) ①共同の使用。②おもてむきの費用。国家・公共団体の費用。③おおやけの用事。公務。↕私用【――電話】(コンヨンティエンホワ) gōngyòng diànhuà [現]公衆電話。

【公養】(こうよう(やう)) 君主が賢者を養う礼。【――之仕】(こうようのつかえ(やうのつかへ)) 手厚い公養に感激して、賢者が出向いて仕えること。

【公吏】(こうり) ①公務を取り扱う役人。②地方公務員。

【公理】(こうり) ①おおやけの道理。だれにも通じる道理。②数学や論理学で、証明しなくても正しいと認められ、他の問題の前提となる真理。

【公廉】(こうれん) 公正で清廉である。

【公論】(こうろん) ①公平な議論。社会一般の認める議論。②おおやけに論議する。

【公公】(コンコン) gōnggong [現]おっとの父。しゅうと。

【公社】(コンショー) gōngshè [現]人民公社の略称。

【公司】(コンスー) gōngsī [現]会社。

【公尺】(コンチー) gōngchǐ [現]メートル。

【公鶏(鷄)】(コンチー) gōngjī [現]おんどり。

【公斤】(コンチン) gōngjīn [現]キログラム。

【公元】(コンユワン) gōngyuán [現]西暦紀元。

【公里】(コンリー) gōnglǐ [現]キロメートル。

【公路】(コンルー) gōnglù [現]自動車道路。道路。

△▼奉公(ほうこう)・郭公(かっこう)・貴公(きこう)・主人公(しゅじんこう)

八2 【六】 〔4〕 [学]1 ロク む・むっ・むっつ・むい　J 4727 補 U 516D

リク [漢] ロク [呉] [入] 屋 liù リウ、lù ルー

筆順
丶
亠
亣
六

[意味] ①〈むっ〉〈むっつ〉〈む〉〈むい〉㋐六番めの数。㋑六個。②〈むたび〉六回。③易(えき)で陰爻(いんこう)(⚋)をいう。↕九(陽爻(ようこう)⚊) ④姓。

[解字]  会意。亠と八とを合わせた字。亠は入で、八は八を表す。易(えき)で、偶数は陰の数とされるが、八が変化して一段と奥へはいったのが六であるという。

[姓] 六人部(むとべ) [地名] 六日市(むいかいち)

【六月祓】(みなづきばらえ(ばらへ)) ↓「水無月祓(みなづきばらえ)」(六九八ジ・上)

【六一詩話】(りくいっしわ) 書名。北宋(ほくそう)の欧陽脩(おうようしゅう)の著。詩についての随筆・評論を集めたもの。一巻。

【六骸】(りくがい) 頭・胴体・両手・両足のこと。

【六気(氣)】(りくき|ろっき(ろく)) 天地間の六つの気。①陰・陽・風・雨・晦(かい)(きり)・明。②人の六つの感情。好・悪(お)・喜・怒・哀・楽。③[仏]病気をなおす六つの気。吹・呼・嬉(き)・呵(か)・嘘(きょ)・呬(し)。

【六義】(りくぎ) 「詩経(しきょう)」の詩の三種の体裁と三種の作法。風・雅・頌(しょう)・賦・比・興(きょう)。

【六逆】(りくぎゃく) 道にはずれた六つの行い。

【六軍】(りくぐん) 天子の軍隊。七万五千人。一軍は一万二千五百人。六師(りくし)。

【六芸(藝)】(りくげい) ①士が学ぶべき六種の教養。礼・楽・射・御(馬術)・書・数。②↓六経(りっけい)

【六言六蔽】(りくげんのりくへい) 六つの徳を表すことばと、その一面にともなう弊害。仁・知・信・直・勇・剛の六徳を好んでも、学問をしないと、それぞれ、愚(まぬけ)・蕩(とう)(しまりがない)・賊(傷つける)・絞(こう)(ゆとりがない)・乱(らんぼう)・狂(思い上がり)の欠点を生ずる。〈論語・陽貨(ようか)〉

【六合】(りくごう(がふ)) 東・西・南・北・上・下の六つの方角。

【六師】(りくし) 天子の軍隊。六軍(りくぐん)。

【六書】(りくしょ) ①漢字を構成する六つの法。象形・指事・会意・形声・転注・仮借(かしゃ)。②漢代の六種の書体。古文・奇字・篆(てん)書・隷書・繆篆(びゅうてん)・虫書。六体(りくたい)。

【六情】(りくじょう(じゃう)) 六つの感情で、喜・怒・哀・楽・愛・悪(お)。

【六親】(りくしん|ろくしん) 六種の親族。父・母・兄・弟・妻・子。または、父・子・兄・弟・夫・婦。【――不レ和、有二孝慈一】(りくしんわせずしてこう(かう)じあり) 六親が仲よく、一家がおさまっていれば、孝行の子だとか、慈愛ぶかい親だとかは問題にならない。孝子・慈父が出るということは、一家がうまくおさまっていないからである。〈老子・十八〉

【六尺】[一](りくせき) ①一尺の六倍。②年齢十五の者。一尺は二歳半。[二](ろくしゃく) [国]昔、身分の高い人のかごをかついだ者。かごかき。＝陸尺(ろくしゃく) 【――之孤】(りくせきのこ) ①十四、五歳になるみなしご。「可三以託二六尺之孤一」(もって、りくせきのこをたくすべし)(父に死に別れた十四、五歳の幼君を、安心して頼むことができる。)〈論語・泰伯(たいはく)〉 ②年若い君主。〈論語・泰伯(たいはく)〉

【六籍】(りくせき) 「六経(りっけい)」に同じ。

【六朝】(りくちょう(てう)) 三国時代の呉、および南北朝時代の東晋(とうしん)・宋(そう)・斉(せい)・梁(りょう)・陳の六王朝。

【六韜三略】(りくとう(たう)さんりゃく) ①書名。「六韜」と「三略」。ともに中国古代の兵書。②とらのまき。

【六徳】(りくとく) ①人の守るべき六つの徳。知・仁・聖・義・忠・和。また、礼・仁・信・義・勇・知。②人の妻の守るべき六つの徳。柔順・清潔・不妬(ふと)・倹約・恭謹・勤労。

【六博】(りくはく) すごろくに似た遊戯。六つのこまを持ち、六つの箸をさいころのかわりに投げて遊ぶ。

【六府】(りくふ|ろっぷ(ろく)) ①水・火・金・木・土・穀。府は財用の出る所の意。②六つの内臓。↓六腑(ろっぷ)

【六部】㊀①六つの組。②昔の中央行政官庁の六つの部分け。吏部・戸部・礼部・兵部・刑部・工部。㊁「六十六部」の略。

【六方】㊀①天の命・禍・福と、人の醜・紼絻・斧鉞。②東・西・南・北・上・下の六つの方面。㊁国①六方組。江戸の代表的侠客の六団体。②侠客。③歌舞伎で、俳優が花道から揚げ幕にはいるとき、手を振り、高く足ぶみして歩く勇壮な動作。

【六法】㊀①六種の規準。規・矩・権・衡・準・縄。②六種の画法。③官吏の勤務成績をきめる六つの標準。㊁仏安楽の境地にはいるための六つの思念。念仏・念法・念僧・念戒・念施・念天。㊂国六つの法律。憲法・刑法・商法・民法・刑事訴訟法・民事訴訟法。

【六味】苦・酸・甘・辛・鹹・淡の六つの味。

【六諭衍義大意】国書名。室鳩巣が、将軍吉宗の命を受けて書いた。「六諭」は明の太宗が、民衆教化のために定めた六か条の教訓で、明末の范鋐がこれをわかりやすく説明したのが「六諭衍義」である。「六諭衍義大意」はさらにそれを解説したもの。江戸時代に広く読まれた。

【六律】十二律のうち、陽の声に属する音律。黄鐘・大蔟・姑洗・蕤賓・夷則・無射の六つ。→六呂
【六呂】十二律のうち、陰の声に属する音律で、夾鐘・仲呂・林鐘・南呂・応鐘・大呂の六つ。→六律
【六竜(龍)】①六頭の馬。②天子の車を引く六頭の馬。転じて、天子の車。

【六礼(禮)】①人間社会における六つのたいせつな礼。冠・昏(婚)・喪・祭・郷飲酒・相見。②結婚のときの六種の礼。納采・問名・納吉・納徴・請期・親迎。

【六花】雪の別名。六葩。葩は、花の意。

【六家】漢初の六大学派。陰陽・儒・墨・名・法・道。

【六宮】①宮中の奥向き。大奥。②昔の皇后の六つの宮殿で、正寝一、燕寝五。

【六経(經)】六種の経書。「詩」「書」「易」「春秋」「礼」「楽」。六籍。

【六卿】①周代の六大臣。冢宰・司徒・宗伯・司馬・司寇・司空。②宋代の六大臣。右師・大司馬・司徒・左師・司城・大司寇。

【六行】孝・友・睦・姻・任(人のために力を尽くす)・恤(人の困窮をあわれむ)。

【六国(國)】戦国時代の六大国。韓・魏・趙・燕・斉・楚。【――史】国書名。奈良時代から平安時代につくられた勅撰の六つの国史。「日本書紀」「続日本紀」「日本後記」「続日本後記」「文徳実録」「三代実録」の六部で、漢文で書かれている。

【六穀】六つの穀類。稲・黍・稷・粱・麦・苽。

【六衛(衞)府】国奈良・平安時代の六つの衛府(宮中警護の役所)。左近衛府・右近衛府・左衛門府・右衛門府・左兵衛府・右兵衛府。

【六十六部】国①回国巡礼の一つ。日本六十六か国の寺にお参りして一部ずつ法華経を納めてあるく。②諸国行脚の僧。巡礼。雲水。六部。

【六大】①六つの大官。大宰・大宗・大史・大祝・大士・大卜。②仏万物をかたちづくる六種の根本要素。地・水・火・風・空・識。六界。

【六道】仏人の死後、生前の善悪のおこないの報いとして必ず行かなければならない六つの迷いの世界。地獄・餓鬼・畜生の三悪道と、修羅・人間・天上の三善道。【――銭(錢)】仏死者を葬るとき、六道の旅費として棺の中に入れる銭。【――能化】仏六道にさまよう人々を教え導く菩薩で、地蔵菩薩をさす。

【六幺】唐代の琵琶の楽曲の名。

【六欲(「慾」)】①生・死・耳・目・口・鼻の六つに生じる欲情。②仏色欲・形貌欲・威儀姿態欲・言語欲・細滑欲・人相欲。

【六歌仙】国平安時代はじめの有名な六人の歌人。在原業平・僧正遍昭・喜撰法師・大伴黒主・文屋康秀・小野小町。

【六甲】①時日の干支。甲子・甲寅・甲辰・甲午・甲申・甲戌。②道教の六柱の神の名。③マレー半島の中央部にあった地名。六昆。山田長政の封ぜられた地。

【六根】①六つの根。目・耳・鼻・口・心・知。②仏人が迷いを生ずる六つの官能。眼・耳・鼻・舌・身・意。【――清浄(淨)】仏六根からの迷いを断ち切って、心身を清らかなものにすること。

【六腑】漢方医学の語で、腹内にある六つの内臓。大腸・小腸・胆・胃・三焦・膀胱。「五臓六腑」

【六十而耳順】六十歳ごろになると、相手の言うことが、すなおに聞けて理解できる境地になった。「耳順」(一〇〇六ページ・上)に同じ。〈論語・為政〉
◆丈六・双六・甚六

八3 【叭】→口部二画(二二四ページ・上)

八4 【共】〔6〕学4 キョウ とも　J 2206　補 ―　U 5171

㊀キョウ漢 グ呉　㊀去 宋 gòng コン
㊁キョウ漢 グ呉　㊁平 冬 gōng コン
㊂キョウ漢　㊂上 腫 gǒng コン

筆順 一 十 廿 卄 共 共

意味 ㊀①〈とも〉〈ともに〉いっしょに。②ともにする。共同で所有する。③もろもろ。みな。㊁①そなえる。=供 ②うやうやしい。=恭 ③昔の国名。④昔の地名。今の河南省輝県市。㊂①むかう。まわりをまわる。②〈こまぬく〉両手を前にあわせる。=拱 国〈とも〉〈ども〉複数またはけんそんの意を示す接尾語。「手前共」

解字  会意。廿と廾を合わせた字。廿は廿で、庶の廿と同じく、おおぜいを表すし、数の二十でもある。廾は、古い形を見てもわかるように、両手をあげている形。共は、多くの人が両手をささげていることで、共同・協力の意味となる。また、廿を品物と見て、両手でともに品物をささげていることから、「ともに」の意味になるともいう。

名前 たか

【共允】つつましくて誠実なこと。

【共栄(榮)】互いにさかえる。そろってさかえる。

【共益】共同の利益。お互いの利益。

【共学(學)】①ともに学ぶ。②国男女がいっしょに学校で学ぶ。

【共感】他人の主張・意見に同感して、共鳴する。

【共己】自らをつつしむ。=恭己〈荀子・王覇〉

【共議】ともに相談する。

【共倹(儉)】うやうやしくてつつしみ深いこと。=恭倹
【共工】①尭のとき、洪水を治めることに当たった官。②舜のとき、百工のことをつかさどった官。③漢代、少府の官。④天神の名。

【共行】慎んで行う。=恭行
【共済(濟)】力を合わせて、互いに助け合う。

【共産】財産を共有にすること。【――主義】資本

主義的な階級制度と財産の私有を否定して、個人の平等と財産の共有という共産社会を理想とし、また、労働者を解放して政治・経済の実権をその手におさめようとする社会主義。マルクス主義。【——党(黨)宣言】一八四八年二月、マルクスとエンゲルスによって書かれた最初の「共産主義綱領」。

【共斟】ともに酒をくむ。同斟。

【共存】互いに助け合ってともに生存すること。【——共栄(榮)】互いに助け合ってともに生存し、ともに栄える。運命をともにする。

【共通】どれにもあてはまる。どちらにも通用する。

【共同】㊀いっしょに仕事をすること。㊁gòngtóng 現①㊀に同じ。②共通の。共同で。【——一致】二人以上が力をあわせ心を一つにしてすること。【——戦(戰)線】共通の目的のために、互いに共同して利害の相反する第三者に立ちむかうこと。

【共犯】①二人以上が共同して罪をおかす。②共犯の「の。「も」

【共謀】ぐるになる。心を合わせて悪事をたくらむこと。

【共鳴】①理静止している発音体が、他の音波を受けて自然に鳴りだす現象。ともなり。②他人の意見や主張などに感動して、同感・賛成の気持ちをおこすこと。

【共有】①共同して所有する。②だれもが持つこと。

【共養】備え養う。養成する。

【共立】①ともにたっている。②二人以上の者が共同して立てる。共同の設立。

【共和】①西周のとき、周公・召公が協議して行った政治。②ふたり以上の合議によって政治を行う。③人民の中から選挙された大統領が、ある期間、国の政治を処理する政体。【——国(國)】国家の意志が、ふたり以上の最高地位者の合議、または人民の選出した大統領によって決定される政体の国。

『共為(爲)二脣歯(齒)一』両者が、くちびると歯のように密接な関係で、互いに助けあうこと。〈蜀志・鄧芝伝〉

『不二共戴一レ天』同じ天の下に、いっしょに生きることをしない意。恨みの深い敵は必ず殺す。親のかたきをいう。＝不二倶戴一レ天〈礼記・曲礼〉

▽反共・公共・容共

八 4

【关】〔6〕

J ②0307 | 補 U 20509

意味 漢字の字形を構成する要素。巻(巻の旧字体)、券(券の旧字体)などを構成。

八 4

【关】〔6〕

J ②0308 | 補 U 5173

意味 (关は漢字の字形を構成する要素。朕・送などを構成)「笑」(九二九ページ・上)の同字。

参考 关は、「関・關」の中国新字体としても使う。

八 5

【兵】〔7〕

学 4 ヘイ・ヒョウ

ヘイ 漢 ヒョウ(ヒャウ) 呉 | 平 庚 bīng ピン

J 4228 | U 5175

筆順 ノ 亻 亻 斤 丘 乒 兵

意味 ①兵器。武器。「甲兵」②〈つわもの(つはもの)〉兵士。軍隊。③たたかい。いくさ。戦争。④軍事。戦術。⑤武器で殺す。きる。⑥あだ。わざわい。わざわいする。

解字 会意。斤と廾とを合わせた字。斤は、武器のおのを表す。廾は、両手で持っている形。兵は武器を持って力を合わせることであり、また武器を持つ兵士の意味になる。

名前 たけ・ひと・むね

難読 兵児帯

【兵糧】①軍隊の食糧。＝兵粮 ②人の活動力のさえになるもの。【——攻】国敵の食糧を運ぶ道を断ちふさぐことによって勝とうとする戦術。食攻。

【兵威】軍隊の威力。

【兵営(營)】軍隊の宿営している所。兵舎。

【兵衛(衞)】㊀兵士の護衛。護衛兵。番兵。㊁国昔の官名。宮門や、行幸の行列などのことをつかさどり、督・佐・尉・志の四階級がある。【——府】国兵衛の役所。左右二府がある。

【兵役】①兵士となること。②国民の義務として軍務に服すること。③戦争。

【兵戈】①刃物とほこ。②戦争。干戈。

【兵火】戦争でおこる火事。戦火。転じて、戦争。

【兵家】①兵法によく通じている人。兵法家。②諸子百家の中の一家。兵法・軍事を講じたが、多くは戦争を避ける方法を説くことに主眼があった。周の孫武・呉起・尉繚など。③戦争に従事する人。軍人。

【兵械】いくさに用いる道具。武器。

【兵革】①戦争の道具。兵は武器。革はよろい。②戦争の意。『——之事』戦争。『——之士』戦士。兵隊。

【兵学(學)】兵法や戦いに関する学問。

【兵艦】いくさぶね。軍艦。

【兵気(氣)】①いくさのはじまるきざし。②兵士の元気。士気。

【兵器】いくさに使われる道具。武器。

【兵機】用兵の機会。戦争の機略。

【兵権(權)】①軍隊を動かす権力。②用兵上の計略。③兵書。

【兵庫】武器を入れる倉。兵器庫。

【兵伍】軍隊。兵隊。伍は五人で、軍隊の最小単位。

【兵甲】①戦争道具の総称。兵は武器。甲はよろい。②兵士。③戦争。

【兵寇】①軍隊の侵入。攻めこんでくる兵。②戦乱。

【兵事】軍事に関する事がら。

【兵車】戦争に用いる車。戦車。【——行】杜甫の詩の題名。戦争にかりたてられて困苦する人民のようすをうたったもの。【——蹂躙】兵車がふみにじりけたてること。また、その被害にあうこと。〈李格非・書二洛陽名園記後一〉『——之会(會)』兵車を率い、武力によって諸侯を会合させること。兵車の属。

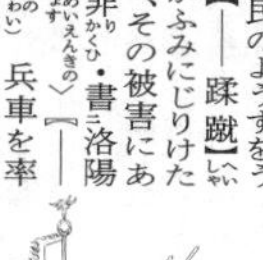

(兵 車)

【兵戎】①兵士。②兵器。③戦争。戦乱。

【兵術】戦争のしかた。兵法。

【兵書】兵法について書いた書物。戦術書。

【兵象】武器のかたち。

【兵仗】㊀武器。兵器。いくさ道具。㊁国①随身の持った護衛の武器。②随身。内舎人。

【兵刃】戦いに使うはもの。武器。

【兵制】軍事上の制度。

【兵勢】軍兵のいきおい。軍隊の形勢。兵士の多少。

【兵籍】①兵卒関係の帳簿。②軍人としての身分。

【兵船】いくさぶね。軍艦。軍船。

【兵争(爭)】武力の争い。戦争。

【兵曹】①漢代、軍事をつかさどった官。②兵部の役人。③国もと、海軍下士官の階級の名の一つ。

【兵卒】最下級の兵士。兵隊。

【兵站】陣地の後方にあって、弾薬・兵器の補給や食糧の輸送などに当たる機関。

【兵端】戦いのいとぐち。戦争の動機。戦端。

【兵団(團)】いくつかの師団を集め、そして、独立の作戦力を持つように編成した部隊。

【兵馬】①武器と軍馬。②いくさ。戦争。【――倥偬】戦争のために世の中があわただしく多事なさま。【――司】官名。①元の時代におかれ、都の盗賊や悪者の事を取り締まる役。②国昔、牧馬や駅馬など全国の馬の数を知って、戦争の場合のために準備した官。【――権(權)】軍事に関する権力。兵権。

【兵備】いくさの備え。戦争の用意。軍備。

【兵符】①軍隊を出動させるときに使う割り符。虎符。②用兵に関する記録。

【兵部】一 行政上の六部の一つ。軍隊・兵馬などのことをつかさどる役所。長官を兵部尚書という。隋以後、六部の一つとなり、清末に陸軍部となった。二 国兵部省の略。【――省】国昔の太政官八省の一つ。内外の武官の成績や階級、兵士の訓練・徴発などの仕事に当たった。【――卿】国兵部省の長官。

【兵変(變)】軍隊が反乱を起こすこと。

【兵法】①いくさをする方法。戦術。②兵法を書いた書物。兵書。③国剣道・柔道などの武術。

【兵鋒】①兵器の先端。刀のきっ先。②軍隊の勢い。

【兵乱(亂)】戦争によって世の中が乱れること。戦乱。

【兵略】いくさのはかりごと。戦いのかけひき。戦略。

【兵力】①兵士の数。②軍隊や武器の数。

『兵者詭道也』戦争はもともと正道をゆくものではなく、勝つためには敵をだましあざむくべきものなのである。詭は、不正の意。〈孫子・始計〉

『兵者凶器』戦争は人をそこなうもので、凶器にたとえられる不吉なものである。〈国語・越語下〉

『兵死地也』戦争というものは、危険な生命のやりとりの場である。〈史記・趙奢列伝〉

『兵貴ニ神速一』戦争では、兵の動かしかたのすばやいことが第一に貴ばれる。〈魏志・郭嘉伝〉

『兵聞ニ拙速一』戦場で兵を動かすには、やり方はまずくともすばやいことがよいと聞いている。〈孫子・作戦〉

『兵猶レ火』戦争は火事と同じで、すべてのものを滅ぼしてしまう。〈左伝・隠公四〉

『兵者不祥之器』兵器はめでたくないうつわである。武器は好ましくない道具である。〈老子・三十一〉

『挙(擧)レ兵』軍隊を動かす。

『按レ兵』軍隊をおさえとめて前進させないようにする。

『観(觀)レ兵』兵力を見せつける。

『点(點)レ兵』兵士の名簿を点検する。兵士を召集する。「可汗大点レ兵」(可汗〔西域諸国の王〕は大々的に兵士を召集する。)〈楽府詩集・木蘭詩〉

『曳レ兵』武器を引きずって逃げ走る。「棄レ甲、曳レ兵而走」〈孟子・梁恵王上〉

『勒レ兵』①軍隊を法規や威力によっておさえととのえる。②軍隊の隊列を整理して気分を引きしめる。③兵士を訓練して部局をきめる。

△▼水兵・伏兵・歩兵・哨兵・番兵・僧兵・徴兵・練兵・精兵・閲兵・騎兵

八5【皃】〔7〕八三ページ・中　同↓貌(一一

八5『弟』(四四七ページ・下)↓弓部四画

八5『呉』(二三一ページ・下)↓口部四画

八5『兌』(一二六ページ・上)↓儿部五画

八6【其】〔8〕人 標

一 キ 漢　ゴ 呉　一 平 支 qí チー
二 キ 漢　ゴ 呉　二 平 支 jī チー

J 3422
補 ―
U 5176

意味 一 ①〈その〉〈それ〉人や物事を指示する。②〈それ〉助詞。㋐語意を強める。そのように。㋑発語。そもそも。＝夫 ㋒疑問や反語を表す。＝豈 ㋓ほとんど。たぶん。㋔ねがわくは。二 ①疑問を表す。②語調をととのえる。

語法 ❶〈それ〉強意。疑問・反語・詠嘆などの語気を強める。例「非ニ文王一其誰能為レ此也」(文王でなければいったい誰にそんなことができようか)〈史記・孔子世家〉
❷〈それ〉推測・推定。あるいは…だろうか。だいたい…だろうか。例「易之興也、其於ニ中古一乎」(易がさかんになったのはあるいは中古〔殷の末期〕のことだったのだろうか)〈易経・繫辞下〉
❸〈それ〉希望・請願。…であれ。…せよ。例「帝其修レ徳」(帝よ、どうか徳を修められますように)〈史記・殷本紀〉
❹〈それ〉反問・詰問。例「国無レ主、其能久乎」(国に主がいなくてどうして長く続くことがあろうか)〈史記・呉太伯世家〉
❺〈それ〉仮定。もし…であれば。例「王其欲レ覇、必親ニ中国一以為ニ天下枢一以威ニ楚趙一」(王様がもし天下の覇者となりたいのであればかならず中原の国々と親しんで枢要となり、それによって楚・趙を威嚇するのがよろしいでしょう)〈史記・范雎列伝〉
❻〈それ〉選択。あるいは。もしくは。それとも。例「秦誠愛レ趙乎、其実憎レ斉乎」(〔秦が趙と同盟するのは〕秦が本当に趙を愛するからでしょうか。それとも本当に斉を憎むからでしょうか)〈史記・趙世家〉

名前 とき・もと

難読 其奴・其処・其処許・其方・其方此方

【其殆】おおかた。ほとんど。其も殆も、ほとんどの意。

【其実(實)】qíshí 現実は。

【其他】qítā 現その他。ほかの。

【其中】qízhōng 現その中。

【其次】qícì 現その次。

【其余(餘)】qíyú 現残り。ほかの。

『知ニ其一、未レ知ニ其二一』一面はわかっているが、他の面がわかっていない。〈史記・高祖本紀〉

『其麗不レ億』数の非常に多いことをいう。麗は数の意。〈詩経・文王〉

『其帰(歸)一也』結果として落ち着くところは一つである。その帰着するところは同じである。〈史記・韓生列伝〉

『其揆一也』その計画する道は、同じである。〈孟子・離婁下〉

『入ニ其国(國)一者、従(從)ニ其俗一』その国にはいれば、その土地の風俗に従うがよい。郷に入っては郷に従え。〈淮南子・斉俗訓〉

『不レ知ニ其子一、視ニ其友一』その子の人がらの不

明などきは、その友人をみれば自然にわかる。交わる友によってその人の善悪も判断できる。〈荀子・性悪〉

〖無ㇾ出₂其右₁〗(そのみぎにいずる(いづる)なし) その上に出る者がない。いちばんすぐれていること。右は、上の意。〈史記・田叔列伝〉

〖其身正、不ㇾ令而行〗(そのみただしければ、れいせずしておこなわる(おこなはる)) 上に立つ者がその身を正しく修めるならば、特に命令をくださなくても、人民は自然に意図どおりに行うようになる。〈論語・子路〉

〖後₂其身₁而身先〗(そのみをあとにしてみさきだつ) 自分のことをあとまわしにすると、かえって人より先に立つようになる。〈老子・七〉

〖其然、豈其然乎〗(それしかり、あにそれしからんや) そうかもしれないが、まさかそうでもあるまい。〈論語・憲問〉

八 6 【具】〔8〕 学3 グ　J 2281 U 5177

旧字 八 6 【具】〔8〕 グ ク 呉漢 去 遇 jù チュイ　J ― 補 ― U ―

筆順 丨 冂 冃 月 目 且 具 具

意味 ①〈そな・える(――・ふ)〉 もうける。準備する。②〈そなわ・る(そなは・る)〉 そろう。③〈そなえ(そなへ)〉 ㋐用意。設備。㋑食べ物。酒食。④うつわ。道具。⑤力。才能。⑥ともに。すべて。＝倶。⑦つぶさに。こまかに。くわしく。

解字 会意。目と廾とを合わせた字。目は、貝の略で、貨幣のこと。廾は両手で持つこと。具は、貨幣を両手で持つ形で、そなえて置くということを表す。

名前 とも 姓 具下塚(ぐげづか)・具志頭(ぐしちゃん)・具志堅(ぐしかみ)・具志堅(ぐしけん) 地名 具志川(ぐしかわ)

【具案】(ぐあん) ①草案などを書きしるすこと。②一定の計画や方法を備えること。

【具眼】(ぐがん) 物事の道理を見分ける力を持っていること。見識がある。【――者】(ぐがんしゃ) しっかりした見識を持った人。

【具慶】(ぐけい) ①両親のどちらも生きている喜び。②みんなで君主の健在を祝う。

【具現】(ぐげん) ①全体にわたって詳しくあらわす。②実際にあらわす。また、あらわれてくる。

【具象】(ぐしょう(しゃう)) 形をそなえている。形に現れている。具体。【――的】(ぐしょう(しゃう)てき) 形をそなえてはっきりしているさま。具体的。↕抽象的

【具上】(ぐじょう(じゃう)) 詳しく申し上げる。

【具状(狀)】(ぐじょう(じゃう)) 事のありさまをしるしてさしだすこと。

【具申】(ぐしん) こまかに申し上げる。

【具臣】(ぐしん) 定員の中にはいっているだけの、役にたたない臣。

【具足】(ぐそく) ①じゅうぶんに備わっている。そろっている。②器物の総称。調度。道具。③国よろい・かぶと。【――親】(ぐそくおや) 国昔、男子が元服してはじめてよろい・かぶとを着るとき、それを着せてやる役の人。【――戒】(ぐそくかい) 仏僧・尼僧の守るべき戒め。具足衆戒。具戒。【――櫃】(ぐそくびつ) 国よろい・かぶとを入れておくはこ。

【具体(體)】(ぐたい) ①全部を完全に備えている。②形に現れてはっきりわかること。具象。↕抽象 中 jùtǐ 現 中 に同じ。【――的】(ぐたいてき) 形をそなえていて、はっきりとわかるさま。具象的。

【具陳】(ぐちん) 事こまかにのべること。

【具備】(ぐび) ものごとが完全にそろっている。もれなく備わっている。具足。 中 jùbèi 現 中 に同じ。

【具文】(ぐぶん) 形式だけを備えた文。形式だけととのって、内容の「ない文。」

【具有】(ぐゆう(いう)) 備わっている。備え持つ。中 jùyǒu 現 中 に同じ。

〖治ㇾ具〗(ぐをちす) ごちそうの準備をする。具は酒食の道具。

◆仏具・玩具・夜具・表具・武具・雨具・要具・建具・馬具・家具・船具・道具・寝具・農具・漁具・器具・小道具・文房具・飛道具

八 6 【典】〔8〕 学4 テン　J 3721 U 5178 テン 呉漢 上 銑 diǎn ティエン

8 支 【敟】〔12〕 本字　J 3348 補 ― U 655F

筆順 丨 冂 巾 巾 曲 曲 典 典

意味 ①ふみ。書物。「古典」②みち。おしえ。③〈のり〉法律。手本。「典式」④大きな儀式。「国典」⑤故事などのよりどころ。「典故」⑥〈つかさど・る〉 治める。⑦正しく上品である。「典雅」⑧借金のかた。質。質ぐさ。質にいれる。「典当」⑨姓。

解字 会意。冊と丌を合わせた字。冊は冊で、書物のこと。丌は机。典は机の上に載せた尊い書物の形で、昔の五帝の書物をさすという。一説に、下の丌は大で、偉大な書物の意味ともいう。人の手本とすべきりっぱな書物の意味から、法則・道を表すようになった。

名前 おき・すけ・つね・ふみ・もう・よし・より・つかさ

参考 新表記では、「奠」の書きかえに用いる熟語がある。

【典衣】(てんい) ①官名。君主の衣服をつかさどる役。また、君主の左右にいて衣服をつかさどる。②衣服を質入れする。

【典委】(てんい(ゐ)) ①しなやかなさま。②水の曲がり流れるさま。

【典押】(てんおう(あふ)) ①さしおさえる。かたに取る。②質に入れる。抵当にする。

【典雅】(てんが) ①正しくみやびやかなこと。きちんとして上品なこと。②典墳雅頌(てんぷんがしょう)の略で、古い書物のこと。

【典楽(樂)】(てんがく) 官名。音楽のことをつかさどる。

【典冠】(てんかん(くわん)) 官名。天子の冠をつかさどる役。「兼₃罪典衣与₂典冠₁」(典衣と典冠との両方を処罰した。)〈韓非子・二柄〉

【典儀】(てんぎ) ①のり。きまり。手本。②官名。中国南北朝時代に、朝廷の儀式のことをつかさどった。③国平安朝のころ、天皇の即位礼などに、儀式をつかさどった官。おもに少納言がこれに当たった。

【典拠(據)】(てんきょ) 正しい証拠。まちがいのないよりどころ。

【典訓】(てんくん) おしえ。人道のおしえ。

【典刑】(てんけい) ①古来から伝わった手本とすべきおきて。②常ののり。模範。③定まっていてかわらぬ刑罰。常刑。

【典型】(てんけい) ①手本。模範。②鋳型。【――的】(てんけいてき) 手本のような。模範的。

【典経(經)】(てんけい) 聖人の作った書物。経書。

【典憲】(てんけん) 憲法。規律。

【典故】(てんこ) よりどころとなる故事。しきたり。

【典午】(てんご) ①馬のことをつかさどる官。司馬。②晋のことをいう。晋の天子は司馬氏であるからいう。

【典誥】(てんこう(かう)) ①「書経」の、尭典・舜典と湯誥・康誥などの編。②古書。③みことのり。誥命。

【典獄】(てんごく) ①官名。裁判のことをつかさどる。②ろうやあずかり。③国もと、刑務所の長官の職名。

【典座】(てんざ―てんぞ) 仏禅宗で炊事などの雑事に当たる役僧。「座」は唐音。

【典侍】(てんじ―ないしのすけ) 国①内侍司の次官。②宮中につかえる高級女官。

【典式】(てんしき) のり。さだめ。

【典章】(てんしょう(しゃう)) 制度や規則。おきて。

【典掌】(てんしょう(しゃう)) つかさどる。仕事に当たる。

【典常】(てんじょう(じゃう)) 常に守りしたがうべき道。常法。

【典制】(てんせい) ①つかさどる。②手本とすべきおきて。

【典籍】(てんせき) ①書物。書籍。②法典規則。

【典膳】(てんぜん) ①天子の食膳をつかさどる官。典膳郎。②国㋐内膳司(うちのかしわでのつかさ)の判官(はんがん―ほうがん)(第三等官)。天子の食膳のこ

とをつかさどる。㋑膳司の次官（第二等官）。宮中の食膳のことをつかさどる。

【典則】のり。おきて。典法。

【典属(屬)国(國)】官名。漢の武帝のとき設けられ、異民族の降服者のことをつかさどった。

【典当(當)】①質もの。抵当。②質屋。

【典範】のり。規則。手本。

【典墳】「三墳五典」の略。↓「三墳五典八索九丘」（一五ページ・下）

【典法】①のり。おきて。法則。②手本。

【典薬(藥)寮】国昔、宮中で医薬をつかさどった役所。その長官は典薬頭。

【典要】①一定のきまり。定まったおきて。要は規約。②正しく上品で、しかもあっさりとしている。

【典律】定まったおきて。法律。

【典令】①法律や命令。②先例。

【典礼(禮)】①一定の儀式。礼儀作法。②官名。儀式をつかさどる役。

【典例】定まったきまり。法則。

【典麗】正しく美しいこと。

【典論】書名。三国、魏の文帝著。五巻あったというが、今は文選に論文一編がのっているだけである。

◇▼仏典・古典・出典・字典・式典・宝典・法典・事典・祝典・香典・恩典・祭典・聖典・辞典

八7〘酓〙↓酉部二画（一二七〇ページ・上）

八8【兼】〔10〕常 ケン かねる　U補J 2383 517C

旧字 八8【兼】〔10〕ケン 呉漢 平 塩 jiān チエン　U補J

筆順 丷 䒑 … 兼

八8【兼】〔10〕同字 U補J 20525
八10【兼】〔12〕同字 U補J

意味 ①〈か・ねる（―・ぬ）〉あわせる。あわせて。いっしょに。二つながら。かけもつ。②〈かねて〉あわせて。③倍にする。④しのぐ。勝る。「由也兼人」（由は他人をしのごうとする。）〈論語・先進〉⑤〈と〉…と。国①〈かねて〉以前から。前もって。②…しかねる。できそうにない。

解字 会意。⺍と⺕とを合わせた字。⺍は、秝で、二本のいねを並べた形。⺕は手である。兼は、手で二本の禾をつかむことから、二つをかねる意味を表す。

名前 かず・かた・とも　姓 兼次

【兼愛】戦国時代の墨子の説。広く一般の人々を差別しないで、平等に愛すること。【――交利】人と人とが、互いに自他の区別をはなれて愛し合い、ともどもに利益を受けること。〈墨子・兼愛〉

【兼衣】重ね着。重ねた着物。

【兼該】兼ねそなえる。合わせて持つ。

【兼官】本官以外の、ほかの官職をかけもつ。また、その官。

【兼業】二つ以上の職業をもつ。また、その職業。

【兼金】価が普通の倍の上質な金。

【兼行】①昼夜休まずやる。二日の行程を一日で行く。兼程。②二つの事をかね行う。

【兼資】文武の才をあわせ持っていること。

【兼日】①期日より以前の日。②ことが数日間にわたること。

【兼職】本職以外に他の職を持つこと。また、その職。

【兼人】負けん気。勝ち気。人に勝つことをこのむ。『――之勇』人にまさる勇気。

【兼摂(攝)】本職以外に、他の職の事務をも代理として行う。兼職。

【兼帯(帶)】①「兼職」に同じ。②国一つの物をふたり以上で使う。兼用。

【兼題】国和歌や俳句の会などで、前から題を出しておくこと。また、その題。

【兼聴(聽)】多くの人の説を合わせ聞く。ひろく人の説を聞きとる。

【兼珍】とりあわせて珍しい。珍味をかねそなえる。

【兼呑】一つに合わせのむ。合わせとる。併呑。

【兼任】一人で同時に二つ以上の職務を兼ねること。兼務。↔専任

【兼売(賣)】かねて売る。あわせて売る。

【兼備】兼ねそなえる。二つ以上のことを同時にそなえている。また、そなえたもの。兼存。

【兼幷】兼ね合わせて一つにする。合わせて取る。『――之地』兼ね合わせて所有している領地。

【兼味】二種類以上のおかず。いろいろなごちそう。ぜいたくな食事。〈春秋穀梁伝・襄公二十四年〉

【兼有】合わせ持つ。併有。

【兼用】①合わせ用いる。二つ以上のものをいっしょに用いる。②人や物を、本来の使いみち以外の事に合わせ使う。

【兼領】兼ねて治める。領は、高い官位にいて低い官職を兼ねること。

【兼六園】国金沢にある、加賀藩主前田侯の庭園。広大・幽邃・人力・蒼古・水泉・眺望の六つを兼ねそなえているところからこの名がつけられた。後楽園（岡山）・偕楽園（水戸）と共に日本三名園の一つ。

八8〘真〙↓目部五画（八七〇ページ・下）

八10【兼】〔12〕同 ↓兼（本ページ・上）

八10〘曾〙↓曰部八画（六〇六ページ・中）

八10〘奠〙↓大部九画（三三三ページ・上）

八11【巽】〔13〕同 ↓冀（本ページ・下）

八11〘豢〙↓豕部六画（一一八一ページ・下）

八11〘與〙↓臼部六画（一一一ページ・上）

八12〘爾〙↓爻部十画（七八八ページ・下）

八14【冀】〔16〕キ 呉漢 去 寘 jì チー　U補J 4935 5180

八11【巽】〔13〕同字 U補J 1879 517E

意味 ①〈こいねが・う（こひねが・ふ）〉のぞみねがう。「冀望」「冀願」②〈こいねがわくは（こひねがはくは）〉ねがうことには。③地名。冀州は、古代の九州の一つ。現在の山西省と河北・河南・遼寧省の一部。④河北省の別称。

【冀闕】宮門のそばについている高い物見台。冀は記で、門の上に法令を記するのでいう。

【冀北】冀州の北方。良馬の名産地。

八14〘輿〙↓臼部九画（一〇三五ページ・下）

2画　冂部　まきがまえ　けいがまえ

【部首解説】「遠方の国境」を表す。この部には、「冂」の形を構成要素とする文字が属する。

2画　二亠人(亻・𠆢)儿入八冂冖冫几凵刀(刂)力勹匕匚匸十卜卩(㔾)厂厶又

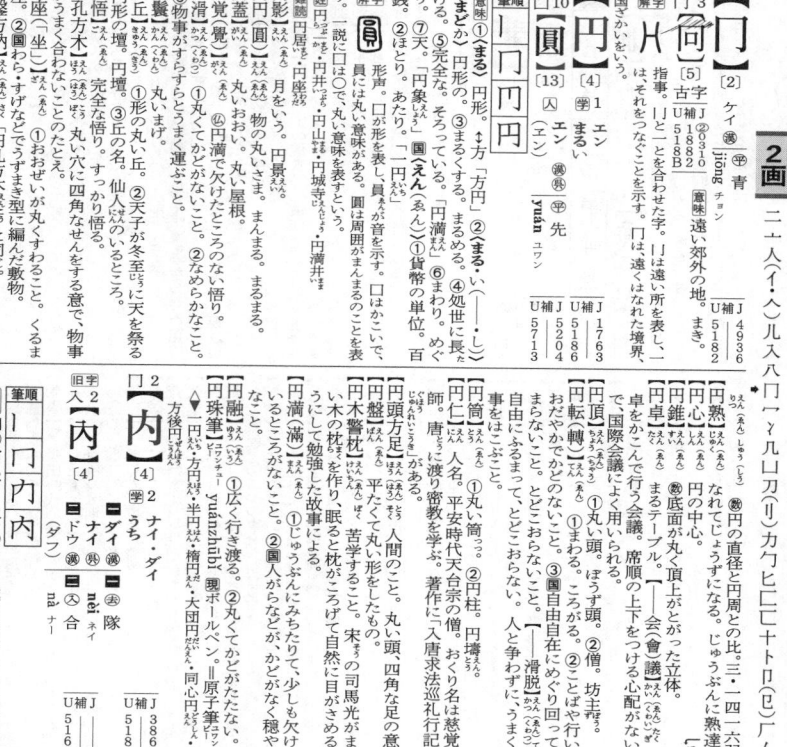

冂 0 【冂】〔2〕 ケイ 漢 平 青 jiōng チョン J 4936 補 U 5182

冂 3 【冋】〔5〕 古字 J 2-03-10 補 1882 U 518B 意味 遠い郊外の地。まき。

解字 指事。冂と一とを合わせた字。冂は遠い所を表し、一は、それをつなぐことを示す。冂は、遠くはなれた境界、国ざかいをいう。

冂 2 【円】〔4〕 学1 エン まるい 漢 呉 平 先 yuán ユワン J 1763 補 U 5186

旧字 口 10 【圓】〔13〕 人 エン（ヱン） J 5204 補 U 5713

筆順 丨 冂 ⺆ 円

意味 ①〈まる〉円形。↕方「方円」 ②〈まる・い（――・し）〉〈まどか〉円形の。③まるくする。まるめる。④処世に長ける。⑤完全な。そろっている。「円満」 ⑥まわり。めぐり。⑦天。「円象」 国〈えん（ゑん）〉①貨幣の単位。「一円」 ②ほとり。あたり。

解字 形声。口が形を表し、員が音を示す。口はかこいで、員には丸い意味がある。圓は周囲がまんまるのことを表す。一説に口は○で、丸い意味を表すという。

姓 円一・円井・円山・円城寺・円満井

難読 円居・円座

【円影】えん（ゑん）えい 月をいう。円景。

【円円（圓）】えん（ゑん）えん（ゑん） 物の丸いさま。まんまる。まるまる。

【円蓋】えん（ゑん）がい 丸いおおい。丸い屋根。

【円覚（覺）】えん（ゑん）がく 仏円満で欠けたところのない悟り。

【円滑】えん（ゑん）かつ（くわつ） ①丸くてかどがないこと。②なめらかなこと。③物事がすらすらとうまく運ぶこと。

【円鬟】えん（ゑん）かん（くわん） 丸いまげ。

【円丘】えん（ゑん）きゅう（きう） ①形の丸い丘。②天子が冬至に天を祭る円形の壇。円壇。③丘の名。仙人のいるところ。

【円悟】えん（ゑん）ご 完全な悟り。すっかり悟る。

【円孔方木】えん（ゑん）こう ほう（はう）ぼく 丸い穴に四角なせんをする意で、物事がうまく合わないことのたとえ。

【円座（坐）】えん（ゑん）ざ ①おおぜいが丸くすわること。くるま座。②国わら・すげなどでうずまき型に編んだ敷物。

【円鑿方枘】えん（ゑん）さく ほう（はう）ぜい 「円孔方木」に同じ。

【円周】えん（ゑん）しゅう（しう） 円のまわり。円のまわりの長さ。【――率】えん（ゑん）しゅう（しう）りつ 数円の直径と円周との比。三・一四一六弱。

【円熟】えん（ゑん）じゅく なれてじょうずになる。じゅうぶんに熟達する。

【円心】えん（ゑん）しん 円の中心。

【円錐】えん（ゑん）すい 数底面が丸く頂上がとがった立体。

【円卓】えん（ゑん）たく まるテーブル。【――会（會）議】えん（ゑん）たく かい（くわい）ぎ 円卓をかこんで行う会議。席順の上下をつける心配がないので、国際会議によく用いられる。

【円頂】えん（ゑん）ちょう（ちゃう） ①丸い頭。ぼうず頭。②僧。坊主。

【円転（轉）】えん（ゑん）てん ①まわる。ころがる。②ことばや行いがおだやかでかどのないこと。③国自由自在にめぐり回って止まらないこと。とどこおらないこと。【――滑脱】えん（ゑん）てん かつ（くわつ）だつ 自由にふるまって、とどこおらない。人と争わずに、うまく物事をはこぶこと。

【円筒】えん（ゑん）とう ①丸い筒。②円柱。円壔。

【円仁】えんにん 人名。平安時代天台宗の僧。おくり名は慈覚大師。唐に渡り密教を学ぶ。著作に「入唐求法巡礼行記」がある。

【円頭方足】えん（ゑん）とう ほう（はう）そく 人間のこと。丸い頭、四角な足の意。

【円盤】えん（ゑん）ばん 平たくて丸い形をしたもの。

【円木警枕】えん（ゑん）ぼく けいちん 苦学すること。宋の司馬光がまるい木の枕を作り、眠ると枕がころげて自然に目がさめるようにして勉強した故事による。

【円満（滿）】えん（ゑん）まん ①じゅうぶんにみちたりて、少しも欠けているところがないこと。②国人がらなどが、かどがなく穏やかなこと。

【円融】えん（ゑん）ゆう（いう） ①広く行き渡る。②丸くてかどがたたない。

【円珠筆】ユワンチュービー yuánzhūbǐ 現ボールペン。＝原子筆ユワンツービー

▼一円・方円・半円・楕円・大団円・同心円・前方後円

冂 2 【内】〔4〕 学2 ナイ・ダイ うち 一ダイ 漢 去 隊 nèi ネイ 二ナイ 呉 二ドウ 漢 入 合 nà ナー（ダフ） J 3866 補 U 5185

旧字 入 2 【內】〔4〕 J ―― 補 ―― U 5167

筆順 丨 冂 内 内

意味 一①〈うち〉↕外 ㋐ある区域のなか。㋑あいだ。期間内。㋒宮中。「内侍」 ㋓自分の妻。身内。㋔部屋。室内。㋕腹の中。こころ。②ひそかに。こっそり。③したしむ。重んじる。二①いれる。納める。②素朴である。＝訥

解字 会意。冂と入を合わせた字。冂は、おおうもの。入は、中にはいること。内は、外から中にはいることで、それから、はいる場所をさすようになり、「うち」の意味を生じた。

名前 ただ・ちか・のぶ・はる・まさ・みつ

姓 内海うつみ・うちみ・うちのうみ

難読 内耗うちべり・内障そこひ・内匠たくみ

【内祝】うちいわい（いはひ） 国親しい者だけでの内々の祝い。また、そのしるしの贈り物。

【内裏】だいり 天子の宮殿。宮城。禁裏。

【内匠寮】たくみりょう（れう） 国①中務省に属して、宮中の建築・装飾などをつかさどった所。うちのたくみのつかさ。内匠頭はその長官。②もとの宮内省の一部局で、宮殿その他の建築や土木の方面をつかさどった。現在の宮内庁管理部。

【内意】ないい ①心中の考え。したごころ。②秘密の意向。

【内衛（衞）】ないえい（ゑい） 国左右近衛府のこと。

【内閲】ないえつ ①内々で見る。②下見する。

【内謁（謁）】ないえつ ①内々にお目見えする。その家人にとりいって面会する。②面会のとき、取り次ぎをたのむ。

【内苑】ないえん（ゑん） ①宮中の御苑。禁苑。内園。②神社の奥庭。

【内宴】ないえん ①うちわの宴会。私宴。②国昔、宮中で正月二十一日に仁寿殿で行われた公事。

【内縁（緣）】ないえん ①仏意識の中で諸現象を認識すること。②国法律上の手続きを正式に済ませていない夫婦関係。

【内応（應）】ないおう ①こっそり敵に通じる。うらぎり。内通。②こっそり助ける。

【内奥】ないおう（あう） 内部。奥むき。心のおくそこ。

【内科】ないか（くわ） 内臓の病気を手術をしないでなおす医術。↕外科

【内海】ないかい 陸地にかこまれた海。

【内外】ないがい（ぐわい） ①うちと、そと。内部と外部。②国内と国外。【――伝（傳）】ないがい（ぐわい）でん ①本伝とそれ以外の伝。②韓詩の内伝と外伝。③「春秋」の内伝（左氏伝）と外伝（国語）。【――艱】ないがい（ぐわい）かん 国や家の内と外の災難。【――典】ないげてん 仏仏家で、仏教の経典を内典、儒教の経典を外典とよぶ。

【内閣】ないかく ①妻のいる所。奥御殿。②役所。③官名。④明以後、政治の実権を持った官。⑤国行政の最高機関。

【内学(學)】ないがく ①讖緯の学。②仏教の学。
【内官】ないかん(くわん) ①宮中または京都に在勤している守護の官。②宦官。③宮中の女官。
【内宦】ないかん(くわん) 宮中の奥御殿に仕える役人。宦官。
【内患】ないかん(くわん) ①国内の乱れ。②内部におこる心配。
【内翰】ないかん ①宋代、翰林学士をいう。内相。②清代、内閣中書をいう。中翰。
【内艱】ないかん 母の喪。
【内観(觀)】ないかん(くわん) ①反省する。内省する。②(仏)心を静め、雑念を去って仏道の真理を考えること。
【内記】ないき ①[国]昔、中務省に属していた官吏。天子の詔の草案や宮中いっさいの記録のことをつかさどった役。↕外記 ②(仏)禅宗の僧職で、書状の書き役。
【内規】ないき ①部内の規則。②内々の定め。
【内儀】ないぎ [国]①身分の高い人の妻。②おかみさん。町家の妻。
【内挙(擧)】ないきょ 自分の縁故者をあげ用いる。内称。
【内教】ないきょう(けう) ①婦人の教え。内訓。女訓。②仏教または道教の人々が他の教えに対して自分のほうの経典をいう。内法。③仏教のこと。
【内宮】ないくう [国]伊勢の皇大神宮。↕外宮
【内訓】ないくん ①婦人に対する教え。内教。②書名。一巻。明の仁孝文皇后著。③[国]官省の長官から、その部下に申し渡す内密の命令。内達。
【内兄弟】ないけいてい ①母の兄弟の子。②妻の兄弟。
【内郤】ないげき うちわもめ。内訌。
【内庫】ないこ 宮中の物品を収めておくくら。内蔵。
【内顧】ないこ ①ふり返ってみる。②妻子のことを気にかける。一家の生計のことに心をくばる。
【内向】ないこう(かう) 心の働きが自分の内部にばかり向かうこと。内気。↕外向
【内行】[一]ないこう(かう) ①ふだん家庭にいるときの行い。②国内の秘密。[二]ネイハン nèiháng [現]くろうと。
【内攻】ないこう ①敵を内部からきりくずす。②病気や気持ちが内「にこもる。」
【内冓】ないこう 宮中の奥のへや。また、その中の秘密ごと。
【内済(濟)】ないさい おもてむきにせず、内々で話をつける。
【内子】ないし ①おくがた。卿大夫の正妻。②身分の高い人の妻。③自分の妻。
【内示】ないし|ないじ 非公式にみせる。内々で示す。

【内史】ないし ①官名。㋐国の法典をつかさどる官。㋑帝都を治める官。㋒宮中の記録をつかさどる官。書記官。㋓王国の民政を担当する官。地位は郡の太守に相当する。②都のこと。畿内。京師。③鳥の名。鷓鴣の別名。④[国]㋐内記の唐名。中務省の役人で、天子の詔勅、宮中の記録などをつかさどった。↕外記 ㋑禅宗の僧職。書状を「書く役。」
【内旨】ないし うちわのさた。内々の達し。
【内事】ないじ ①宗廟のまつりごと。②宮中のことがら。③うちわごと。
【内侍】[一]ないじ ①宮中で天子のおそばにつかえる。また、その官。②隋・唐時代の官名。内侍省の雑役係。のちの、宦官のこと。[二]ないし [国]内侍司に属する女官。後宮の事務をつかさどった。【――宣】ないしせん [国]勾当の内侍が天子のみことのりを受けて伝達する文書。内宣。【――所】ないしどころ [国]①宮中の御殿の一つで、八咫鏡を奉安してあった所。いまの賢所。②八咫鏡のこと。【――司】ないしのつかさ [国]宮内省に属し、奥御殿のことをつかさどった役。
【内室】ないしつ ①貴人の妻。おくがた。②他人の妻の敬称。令室。③女房。④なかの室。内舎。⑤勝手の部屋。⑥寝室。
【内実(實)】ないじつ ①家のたいせつな宝。②妻妾をいう。③ありのままの事実。④内部の実情。
【内舎】ないしゃ ①へやの中。②妻のいるへや。家内。
【内主】ないしゅ ①君主のむすめ。または夫人。②裏切り者。
【内柔外剛】ないじゅう(じう)がいごう(ぐわいがう) 内心は弱いくせに、外見を強そうに見せかけること。〈易経・彖伝〉↕外柔内剛
【内緒】ないしょ 「内証」のなまり。→内証
【内助】ないじょ ①内部から助ける。②妻が家庭をうまくおさめて夫を助ける。
【内相】ないしょう(しゃう) ①翰林学士のこと。内翰。②妻がよく家を治めること。また、その妻。③もと、内務大臣の略称。
【内称(稱)】ないしょう 身内の縁故者を官に推薦する。内は親戚の意。内挙。『――不ㇾ避ㇾ親』ないしょう、しんをさけず すぐれた賢者を官に推薦するについては、身内の者だからといって遠慮するにおよばないこと。〈礼記・儒行〉
【内証(證)】ないしょう ①内密の証拠。②(仏)仏教の真理を自分の心に悟ること。③[国]㋐内密。ないしょ。㋑くらしむき。㋒人の妻または妾。㋓みうち。うちわ。㋔女郎屋の主人。また、主人の居室。
【内情】ないじょう(じゃう) ①心の内。②内部の事情。

【内職】ないしょく ①宮中の奥むきの仕事。②地方官に対して朝廷の官職をいう。
【内心】ないしん 心のうち。心中。
【内臣】ないしん ①外国が服従してきて臣としての礼をとること。②天子の身近につかえる臣。宦官。③[国]内大臣の別名。
【内親】ないしん ①心の中で親しむ。②朝廷内で親しむ。
【内人】ないじん ①妻。②宮女。③女御。
【内陣】ないじん(ぢん) [国]神社の本殿や寺の本堂で、神体または本尊の安置されている所。
【内親王】ないしんのう(わう) [国]①皇族の女子。②皇室直系の女子。
【内省】[一]ないせい ①深く自分をかえりみる。②宮中。禁中。[二]ないしょう(しゃう) わが国のもとの内務省にあたる役所の名。
【内政】ないせい ①国内の政治。②家政。③後宮のまつりごと。④他人の妻の敬称。
【内戚】ないせき ①天子の身近につかえる婦人の親近者。②父方の「親類。」↕外戚
【内争(爭)】ないそう(さう) うちわもめ。仲間どうしの争い。内訌。
【内奏】ないそう 内々で天子に申し上げる。
【内蔵(藏)】ないぞう(ざう) ①心中にたくわえる。②[国]宮中の官庫。③[国]機器の内部に組み込まれていること。【――寮】うちのくらのつかさ|くらりょう(れう) [国]宮内省の中にあって宮中いっさいの財宝についての事務をとった役所。その長官を内蔵頭と言った。
【内疎外親】ないそがいしん(ぐわい) 内心ではうとんじながら、うわべは親「密なように見せかける。」
【内則】[一]ないそく 家のうちで定めたきまり。家憲。[二]だいそく 「礼記」の編名。家庭内の礼法を書きしるしたもの。
【内息】ないそく 一戸を構えずに同居すること。同居。
【内属(屬)】ないぞく 他国が服従してきて属国となる。臣属。
【内大臣】ないだいじん ①官名。清朝の最高の武官。②[国]㋐昔、太政大臣の旧名。左大臣・右大臣とともに政務に参与。内相府。㋑戦前、内大臣府をおさめた親任官で、天皇を補「佐した。内府。」
【内談】ないだん うちわの話。下ばなし。
【内地】ないち ①本国。②国内。③海岸からずっと内部に入った所。内陸。国の中央部。
【内治】ないち ①国内の政治。②家の内のつとめ。婦人の仕事。
【内朝】ないちょう(てう) 周代、天子や諸侯が政務を行ったり、休息したりする御殿をいう。外朝では儀式を行った。
【内寵】ないちょう ①君主や諸侯の気に入りの婦人。内嬖。②宮中の奥に仕える臣下の中で権力のあるお気に入り。
【内通】ないつう ①裏切る。ひそかに敵方に通じる。②男女がこっ

そり通じ合う。密通。


【内廷】(ないてい) 宮廷の内部。禁廷。

【内定】(ないてい) 内々に決まる。また、内々で決める。

【内偵】(ないてい) 国内々に探る。こっそりうかがい調べる。

【内的】(ないてき) 国内面的。精神的。【――生活】(ないてきせいかつ(くわつ)) 精神生「活。

【内典】(ないてん) ①仏教の経典。↕外典(げてん) ②中国で、道教の術について書かれた、外部に出さない本。③内地の書物。

【内転(轉)】(ないてん) ①地方から中央政府の官職にうつること。②内々に転じること。

【内伝(傳)】(ないでん) 経書を精細に注解したもの。↕外伝
【内殿】(ないでん) ①神社の本殿。②皇居の奥御殿。

【内帑】(ないど) ①天子の金銭・財物を入れた倉。②天子の所有する財貨。【――金】(ないどきん) 天子のおてもときん。

【内徳】(ないとく) ①心のうちに備わっている徳。②后妃の徳。坤徳(こんとく)。③后妃のこと。

【内付】(ないふ) なついて来る。その国に来てつきしたがうこと。服「属。＝内附
【内府】(ないふ) ①みつぎ物の貨幣や兵器などを入れておく宮中の倉庫。また、それをつかさどる官。②国右大臣の別名。

【内傅】(ないふ) うば。保母。傅は、つきそい・もりやく。

【内部】一(ないぶ) 内がわ。↕外部 二(ネイブー) nèibù 現一に同じ。

【内服】(ないふく) ①王畿以内の地。②医薬を飲むこと。内用。【――薬(藥)】(ないふくやく) のみぐすり。

【内福】(ないふく) ①精神的な幸福。②表面はさほどに見えないが、実際には生活のゆたかなこと。

【内紛】(ないふん) 内部のごたごた。うちわもめ。

【内聞】(ないぶん) そっと耳にいれる。内々に聞く。

【内嬖】(ないへい) 君主のかわいがっている婦人。内寵(ないちょう)。

【内法】一(ないほう(はふ)) ①うちのり。内側の寸法。②伝家の教え。③道教の教え。④宮中の内部の製酒のきまり。また、つくられた酒。二(ないほう(ほふ)) 仏他の宗教に対して仏教のことをいう。

【内坊】(ないぼう(ばう)) 皇太子のきさきの宮殿。

【内幕】(ないまく|うちまく) うちわの事情。

【内密】(ないみつ) ないしょ。こっそり。

【内務】(ないむ) ①国内の政務。②警察・土木・衛生などの内務行政。③宮廷内の事務。④屋内の仕事。

【内命】(ないめい) 内々の命令。

【内面】(ないめん) ①内がわ。②心中。精神。

【内約】(ないやく) 非公式の約束。うちわの約束。

【内憂】(ないゆう(いう)) ①心中の憂い。心配ごと。②国内の騒ぎ。内乱。③母の喪。【内憂外患】(ないゆうがいかん(いうぐわいくわん)) 内からの心配と外からの災難。国内でおこる心配ごとと、外国から攻められる心配ごと。

【内用】(ないよう) 国①うちわの用事。②秘密の用事。③薬を飲む。「内服。

【内容】一(ないよう) なかみ。二(ネイロン) nèiróng 現一に同じ。

【内欲】(ないよく) 内心の欲望。

【内乱(亂)】(ないらん) ①国の内部の乱れ。うちわもめ。↕外寇(がいこう) ②家庭のなかの悪行。

【内覧(覽)】(ないらん) 内々で見る。内見。

『内無二怨女一、外無二曠夫一』(うちにえん(ゑん)じょ(ぢょ)なく、そとにこう(くわう)ふなし) 内には夫に離れてやるせない思いにさせられている婦人がなく、外には戦争にかりたてられて孤独をなげいている男子がない。太平の世をいう。〈孟子・梁恵王下〉

◆▼以内・体内・身内・参内・室内・胎内・案内・家内・湾内・圏内・幕内・境内・構内・不案内

冂2
【冃】〔4〕
ボウ 漢 去 号
モウ 呉 mào マオ
J②0309 補1880 U5183

意味 帽子。子供や未開人のかぶりもの。＝帽

冂2
【冄】〔4〕
本↓冉(本ページ・下)

冂3
【冊】〔5〕 学6
サツ・サク
J2693 U518A

旧字 冂3
【册】〔5〕
サク 漢 入 陌
サツ 慣 cè ツォー
J4938 U518C

筆順 丨 冂 冂 冊 冊

意味 ①ふみ。文書。書物。②書物を数える語。「三冊」③はかりごと。＝策 ④天子の文書。詔書。⑤爵位・封禄をさずけるときの詔。「封冊」⑥皇后などを立てる。「冊立」

解字 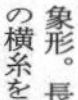 象形。長短のある竹の長方形の札を並べたものに、二本の横糸を通してとじた形。このたんざくは諸侯が天子から授けられる辞令書である。一説に、うらないに使う大小の亀の甲に穴をあけてつないだ形という。

名前 なみ・ふん 難読 冊子(そうし)

【冊勲】(さくくん) てがらを記録に残す。功績を賞して、文書にする。論功行賞。

【冊書】(さくしょ) ①書物一冊。②文書。記録。③勅命書。爵位や封禄を授けるときの天子の書。

【冊拝(拜)】(さくはい) 勅書を与えて、官に任ずる。

【冊文】(さくぶん) 勅命書の文句。

【冊命】(さくめい) 皇太子・皇后などを立てるとき詔を書いて命ず「ること。

【冊立】(さくりつ) 詔で皇后などを立て定めること。

【冊子】(さっし|そうし) ①書物。草紙。②とじ本。帳面。【――合】(そう(さう)しあわせ(あはせ)) 国草紙の絵・詞・歌などのよいわるいを競争した平安時代の遊戯。

【冊府元亀(龜)】(さっぷげんき) 書名。宋の王欽若らが勅を奉じて、上古からの史実を部門別に記したもの。宋代類書の代表。

◆▼小冊・大冊・分冊・短冊

冂3
【冉】〔5〕
ゼン 漢 上 琰
rǎn ラン
J　補　U

冂2
【冄】〔4〕 本字
補1881 U5184

冂3
【冉】〔5〕 俗字
J4939 U5189

意味 ①すすみゆく。月日のたつさま。「冉冉」②たれ下がるさま。③しなやかなさま。④姓。

【冉求】(ぜんきゅう(きう)) 人名。春秋時代の魯の人。孔子の弟子で、孔門十哲の一人。字は子有。

【冉冉】(ぜんぜん) ①進みゆくさま。②しなやかなさま。③年月の過ぎてゆくさま。

【冉伯牛】(ぜんはくぎゅう(ぎう)) 人名。名は耕、伯牛はその字。春秋時代、魯の人。孔子の門人で、徳行にすぐれていた。

【冉雍】(ぜんよう) 人名。春秋時代の魯の人。字は仲弓。孔子の弟子で、孔門十哲の一人。

冂3
【冋】〔5〕
古↓回(二七一ページ・下)

冂3
【冋】〔5〕
古↓冂(一三八ページ・上)

冂3
【册】〔5〕
旧↓冊(本ページ・中)

冂4
【冎】〔6〕
カ(クヮ) 漢 上 馬
guǎ コワ
補1883 U518E

意味 ①人の肉をえぐって骨から分けとる刑罰。②わける。えぐる。

冂4
【再】〔6〕 学5
サイ・サ
ふたたび
サイ 漢呉 サ 慣 去 隊
zài ツァイ
J2638 U518D

筆順 一 丅 冂 币 再 再

意味 ①〈ふたたび〉二度。かさねて。「再思」②ふたたび

する。くり返す。③ふたつ。

解字  会意。一と冉を合わせた字。冉は、冓の略で、構と同じく木材を組み立てること。再は、一つあるものに、もう一つ加えることから、「ふたたび」の意味になる。一説に冉は物をのせる台。

難読 再従兄弟・再従姉妹

【再応(應)】国ふたたび。いま一度。

【再往】国①二度行く。②ふたたびくり返す。

【再嫁】二度めの結婚をすること。再婚。再縁。

【再会(會)】ふたたびめぐり会う。

【再開】①ふたたび開く。②ふたたび始める。

【再起】①一度失敗したものが、ふたたび立ちあがること。②重い病気がなおってふたたび事をやり出すこと。

【再議】ふたたび会議する。相談をしなおす。

【再挙(擧)】①ふたたび事をおこなう。②ふたたびとびあがる。③ふたたび試験する。④ふたたび兵をおこす。

【再建】■一 ふたたび建てる。たて直す。■二 神社や寺などをふたたび建てること。

【再現】ふたたびあらわれる。また、ふたたびあらわす。

【再顧】①ふたたび顧みる。二度ふりむく。②くりかえして、ていねいに尋ねる。【——傾二人国(國)一】美人が科をつくって愛敬をふりまくさま。ふたたびふりむかれると、その色香の美しさに心うばわれて、君主も国政を忘れ国を滅ぼしてしまう意。〈漢書・孝武李夫人伝〉

【再考】考え直す。もう一度考える。

【再校】①ふたたび調べる。②二度めの校正。

【再興】ふたたびおこる。ふたたびおこす。

【再婚】二度めの結婚。再縁。再嫁。

【再再】国しばしば。たびたび。

【再昨日】おととい。一昨日。

【再三】二度も三度も。いくたびも。【——再四】三度も四度も。いくたびも。

【再従(從)兄弟】またいとこ。祖父母の兄弟の孫。いとこどうしの子。

【再宿】二晩どまり。信宿。

【再醮】①二度酒をつぐ。醮は、元服や婚礼の際の飲酒の儀式。②再婚する。

【再審】①二度めの調べ。②㊟判決の確定により終了した事件について、特に不当な誤認のあることを理由に、裁判所が審理し直すこと。


【再生】①生きかえる。よみがえる。②絶望の状態から新しくたちあがること。新生。③失われた生物体の一部が、再びつくられること。④廃物が、同じ質の他のものに新しく作り出されること。【——父母】①よみがえらせてくれる父母。君主の徳を、民がほめたたえた語。②自分の父母の生まれ変わり。

【再製】こしらえ直す。

【再説】ふたたび言う。くり返して説明する。

【再祚】一度退位した後、ふたたび帝位につくこと。「重祚」

【再造】①造り直す。②衰えたものが、ふたたび盛んになる。生き返る。復興。【——之恩】死んだはずのところを救ってもらった恩。衰えたものをもりかえしてくれた恩。再生の恩。〈宋書・王僧達伝〉

【再誕】生まれかわる。再生。

【再訂】文書などをふたたび直す。二度、改めただす。

【再度】二度。ふたたび。

【再読(讀)】二度読む。くり返して読む。再誦。【——文字】国漢文の訓読で、「未」を「いまだ…ず」、「将」を「まさに…す」のように、一字を二度読む文字。

【再任】ふたたびその職に任じる。

【再燃】①ふたたび燃えあがる。②衰えたものがふたたび盛んになる。

【再拝(拜)】①二度おじぎをする。②ていねいにおがむ。③手紙の末に書くあいさつのことば。

【再発(發)】■一 ①二度矢を放つ。②病気をぶり返す。■二 国ふたたびおこる。

【再版】①同じ書物の二度めの版。②同じ書物をふたたび作って印刷発行する。

【再変(變)】①ふたたび変わる。②二度にわたる変事。

【再来(來)】①二度来る。②ふたたびこの世に生まれでる。生まれかわり。

【再見】zàijiàn 現さようなら。

冂4【同】〔6〕学2 ドウ・トウ 漢 平 東｜ドウ 呉｜tóng トン｜J 3817｜U補 540C
おなじ

筆順 丨 冂 冂 同 同 同

人3【仝】〔5〕同字｜J 0124｜U補 4EDD

意味 ①〈おなじ〉ひとしい。↕異 ②〈おなじく・する（——・す）〉ともにする。一つにする。③なかまになる。ぐるになる。「雷同」④なかま。「同輩」⑤〈ともに〉㋐一緒に。「同学」㋑みな。すべて。⑥あつまる。あつめる。⑦銅製の酒器。⑧銅製の楽器。⑨諸侯が天子に会見する周代の礼。「会同」⑩やわらぐ。「大同」⑪周代の制度で、百里四方の地。⑫姓。

解字  会意。上の冂は、おおうものが二重に重なっている形。口がみな、同じおおいの下にあることから、おなじの意味になるという。一説に、同は、凡と口とを合わせたものとする。凡は板で、それに穴をあけた形が同である。つきぬけた穴は、上下が同じであるから、「おなじ」の意味が出たという。

名前 あつ・とも・のぶ・あつむ・ひとし　難読 同胞

【同悪(惡)】■一 ともに悪事を行う。また、その仲間。■二 ともににくむ。同じ相手をきらう。

【同位】地位または位置が同じであること。

【同異】同じことと違うこと。異同。

【同意】■一 ①同じ考え。同じ意見。賛成。②同じ意味。同じ意義。③賛成する。承知する。■二 tóngyì 現■一に同じ。

【同一】①おなじ。おなじもの。②ひとしいこと。【——視】同じとみなす。平等に扱う。【——律】㊕論理学の基礎になる原理の一つ。思考のために用いられる一つの概念は、その途中にあってはつねに同じ意味に用いられなければならないという原則。同一法。自同法。

【同寅】互いに謹んで公事に奉ずる意から、同僚・同役・同官。

【同音】①音や声が同じであること。②同じ字音。③口をそろえて同じことを言う。「異口同音」

【同化】①性質の違うものを、自分と同じものにしてしまう。他人を感化して、自分と同じようにすること。②栄養として外界からとったものを、自分の成分に変化させること。③人間が、外からとり入れたものを完全に自分のものにすること。

【同格】同じ資格。同一の格式。

【同学(學)】■一 同じ先生または学校で学んだもの。同門。■二 tóngxué 現■一に同じ。

【同感】同じように感じる。同じ考え。賛成。

【同気(氣)】①同じ気質。また、それを持つもの。②兄弟。同胞。【——相求】同じ気持ちの者どうしは、互いに求めあって集まるものである。同類相求。〈易経・乾卦〉

【同軌】①天下の車がわだちの幅を同じくする。②統一された天下のもとで、同一の文物・制度を用いる諸国。

【同期】(どうき) 同じ時期。同じ年。

【同義】(どうぎ) 同じ意義。同じ意味。同意。【──語】(どうぎご) 形と音とはちがうが、意味の同じ語。同意語。シノニム。

【同帰(歸)殊途】(どうきしゅと) 帰り着く所は同じでも、その行く道は異なっている。目的は同じでも、その行う方法は異なっているということ。

【同級】(どうきゅう(きふ)) ①同じ等級。同じ階級。②同じ組。同学級。

【同居】(どうきょ) ①いっしょに住む。②二家族以上が一つの家に住むこと。

【同郷(鄉)】(どうきょう(きゃう)) 同じ故郷。故郷が同じであること。同国。

【同業】(どうぎょう(げふ)) 同じ職業。同じ営業。また、その人。

【同契】(どうけい) ①割り符を合わせる。全く一致する。＝同符 ②深いよしみを結ぶ。

【同慶】(どうけい) ともどもに、めでたくよろこばしいこと。

【同穴】(どうけつ) 夫婦が、死後同じ墓のあなに葬られること。夫婦の仲がよいたとえ。「偕老同穴」

【同権(權)】(どうけん) 権利が互いに同じであること。同等の権利。

【同工】(どうこう) 細工が同じであること。同じ手ぎわ。同じ技量。

【──異曲】(どうこういきょく) ①音楽の手ぎわが同等で、ただ、調子や味わいの違うこと。②詩文などで、手ぎわが同じであるが、作品の趣は違うこと。違っているようで実は同じ手ぎわである。異曲同工。〈韓愈・進学解〉③大同小異。

【同甲】(どうこう(かふ)) おないどし。同じ年齢。同年。甲は干支の甲。＝同庚
【同行】(どうこう(かう)) [一] いっしょに行く。また、その人。同道。[二] (どうぎょう(ぎゃう)) ①(仏)心を同じくして仏道を修行する者。禅宗では「どうあん」という。②[国]巡礼・寺参りなどのつれ。道づれ。仲間。[三] tóngh____ [現]同じ職業。同業者。

【同庚】(どうこう(かう)) 同じ年齢。同年。＝同甲
【同好】(どうこう(かう)) 趣味が同じであること。同じ好み。また、好みが同じな人。「同好会」

【同根】(どうこん) ①同じ根。②兄弟。

【同罪】(どうざい) ①同じつみ。同一の犯罪。同じ刑罰。②同じ責任。

【同産】(どうさん) 兄弟。はらから。同生。

【同士】(どうし) [国]①つれ。なかま。②他の語の下につけて、なかまの意を添える接尾語。【──討】(どうしうち) [国]なかまどうしの争い。味方どうしの試合。同士打ち。

【同志】(どうし) [一] こころざしを同じくする。また、その人。仲間。[二] tóngzhì [現]①[一]に同じ。②…さん。「王同志」


【同時】(どうじ) [一] ①同じ時。②ともに。いっしょに。③同じ時代。[二] tóngshí [現][一]に同じ。

【同室】(どうしつ) ①同じへや。②室を同じくすること。また、その人。③一家。また、夫婦をいう。

【同日】(どうじつ) ①同じ日。また、同じ時。②同じ基準。同じ立場。【──論】(どうじつのろん) ①同じ時に話す。②同じように考えて論じること。差別をしないで扱うこと。

【同社】(どうしゃ) 近隣の人々。社は土地の神。

【同舟】(どうしゅう(しう)) ①同じ舟。②同じ舟にいっしょに乗ること。また、その人。「呉越同舟」『──相救』(どうしゅうあいすくう) 利害を同じくする者どうしは、だれでも互いに救い合うというたとえ。〈戦国策・燕〉『──共済(濟)』(どうしゅうともにわたる) 互いに利害や困難を一つにして、ともに喜び、ともに苦しみ合うたとえ。〈淮南子・兵略訓〉

【同臭味】(どうしゅうみ) ①同じくさみ。②人間の趣味や傾向などの共通していること。同類。

【同宿】(どうしゅく) ①同じ宿屋。②同じ宿にいっしょに泊まる。

【同乗(乘)】(どうじょう) いっしょに乗る。

【同情】(どうじょう(じゃう)) [一] ①同じ心をもつ。②おもいやり。[二] tóngqíng [現][一]に同じ。

【同床異夢】(どうしょういむ) 「同牀各夢」に同じ。

【同心】(どうしん) ①同じ心。②心を同じくすること。心をあわせる。③ちぎりを結ぶ。④中心を同じくすること。⑤[国]江戸時代に、与力の下で警察事務にあたった下級の役人。【──結】(どうしんのけつ) 固くてほどけない結び方。夫婦の固いきずなをいう。『──之言、其臭如蘭』(どうしんのげんはそのしゅう(しう)らんのごとし) 心が合う者どうしの言葉は、蘭のようにかぐわしい。〈易経・繫辞伝上〉

【同人】(どうじん・どうにん) ①同じ人。同一人物。②志や趣味の同じ人。心のあう友。なかま。同門の人。③易の卦の名。

【同仁】(どうじん) 広く平等に愛すること。「一視同仁」

【同塵】(どうじん(ぢん)) 俗世間をきらったり避けたりしないで、人々と調子を合わせていくこと。「和光同塵」

【同姓】(どうせい) ①同じ名字。②祖先を同じくするもの。同族。

【同性】(どうせい) ①性の同じなこと。また、その者どうし。女と女、男と男。②同じ性質。

【同棲】(どうせい) ①同じ家に住む。②[国]男女がいっしょに生活すること。

【同儕】(どうせい・どうさい) 同じ仲間。同輩。

【同勢】(どうぜい) [国]いっしょにつれだつ人々。また、一行の人数。

【同声(聲)異俗】(どうせいいぞく) 人間は、生まれたときの泣き声はみな同じであるが、成長につれて、風俗や言語・習慣がちがってくる意。人間の本性は同一だが、その後の教育で違いが生じてくるというたとえ。〈荀子・勧学〉

【同席】(どうせき) ①同じ座席。②座席を同じくする。同じ席に列する。

【同然】(どうぜん) 同じさま。同様。同じであること。

【同素】(どうそ) 同一の素質。同じもと。

【同窓】(どうそう(さう)) ①同じ学校でいっしょに学ぶ。また、その人。②同期の卒業。また、その人。

【同族】(どうぞく) [国]①同じ一族。一門。②同じ種族。

【同属(屬)】(どうぞく) 同じものに属すること。また、そのもの。

【同断(斷)】(どうだん) [国]同じこと。同様。前のとおり。

【同中書門下平章事】(どうちゅうしょもんかへいしょうじ) 「同平章事」に同じ。

【同調】(どうちょう(てう)) ①同じ調子。②調子を合わせる。③同じ行動をとる。

【同等】(どうとう) ①同じ等級。差別がないこと。②ひとしい。同じである。

【同道】(どうどう(だう)) ①同じ道による。同じ法則に従う。②つれだって行く。同行。同伴。

【同年】(どうねん) ①同じ年。その年。②同じ年齢。③同じ年に官吏登用試験に及第した仲間。

【同輩】(どうはい) 同じ地位のなかま。ともがら。

【同伴】(どうはん) みちづれ。つれだっていっしょに行く。同行。

【同筆】(どうひつ) 同じ人の筆跡。同じ人の書いた書画。

【同風】(どうふう) ①風俗が同じになる。天下が統一される。②風格を同じくする。

【同腹】(どうふく) ①同じ母の腹から生まれること。また、その人。同母の兄弟姉妹。②腹を合わせること。同じ考えをもつこと。心を合わせる。また、その人。同志。

【同文】(どうぶん) ①使う文字や言語が共通であること。②転じて天下が統一されていること。③同じ文面。「以下同文」【──同種】(どうぶんどうしゅ) 使用する文字も、民族の種類も同じであること。

【同平章事】(どうへいしょうじ) 官名。「同中書門下平章事」の略称。唐・宋時代に宰相の実権をにぎった要職。

【同朋(朋)】(どうほう・どうぼう) ①友だち。②[国]昔、武家の殿中で雑役に使われた僧形の小役人。

【同胞】(どうほう(はう)・どうぼう(ばう)) ①同じ腹から生まれた者。兄弟姉妹。はらから。②同じ国民。同族の民。

【同袍】(どうほう) 親しい友だち。一枚の袍を貸し合って、互いに助けあう仲の意。「同袍有ㇾ友自相親」(仲のよ

い友だちがいつともなくできて互いに助け励ましあうようになる。」〈広瀬建の詩・桂林荘雑詠示諸生(けいりんそうざつえいしょせいにしめす)〉
【同夢】どうむ 同じ夢を見る。夫婦が仲睦まじいことをいう。
【同盟】どうめい ①諸侯がちかいを結ぶ。②共通の目的を達成するために、互いに同じ行動をとることを約束する。また、その約束。【——罷業】どうめいひぎょう(げふ) 国労働者が自分たちの要求を通すため、全員が同時に作業をやめること。ストライキ。スト。同盟罷工。
【同門】どうもん ①同じ門。②同じ先生の門人。同じ学校の出身者。同学。
【同様】㊀どうよう(やう) 同じさま。同じ。㊁トンヤン tóngyàng 現「㊀に同じ。」
【同流】どうりゅう(りう) ①同じ流れ。②同じ流派。同類。③同じ血筋。④世俗につき従うこと。
【同僚】どうりょう(れう) 同じ職場の人。仲間。同役。
【同類】どうるい ①同じ種類。②同じ仲間。③同じ姓の親族。同姓。【——対(對)】どうるいつい ①対偶法の一つ。花葉・珠玉のように、同類が相対しているもの。②いくつかの同じ類のもの。③同じような者。【——相求】どうるいあい(あひ)もとむ 同じ種類・性質のものは互いに求め合い、引き合うものである。同気相求どうきそうきゅう。〈史記・伯夷はくい列伝〉
【同列】どうれつ ①同じ列。同じならび。②同役の人。同僚。同じ地位。③仲間。つれだつこと。
【同屋】トンウー tóngwū 現同室者。ルームメイト。
【同事】トンシー tóngshì 現同僚どうりょう。
【同而不レ和】どうじてわせず 表面は調子を合わせて親しんでいるように見えて、内心はうちとけないこと。小人の交わりをいう。〈論語・子路しろ〉↔和而不レ同わしてどうせず
【同牀各夢】どうしょう(しやう)おのおのゆめむ 同じ寝床の夫婦が、別々の夢をみる意から、いっしょにいながら、気持ちの上にくいちがいがあること。または、ともに一つの事をしながら、意見のちがうことのたとえ。同床異夢。〈陳亮ちんりょう・与朱元晦書しゅげんかいにあたうるしょ〉
【同病相憐】どうびょう(びやう)あい(あひ)あわれむ(あはれむ) ①同じ病気で悩んでいる者が、互いにいたわりあうこと。②同じ苦しみや悩みをもっている人は、互いに同情しあう。〈呉越春秋・闔閭内伝こうりょないでん〉
◆一同いちどう・不同ふどう・共同きょうどう・合同ごうどう・協同きょうどう・帯同たいどう・異同いどう・混同こんどう・雷同らいどう・賛同さんどう・付和雷同ふわらいどう

冂5【冏】〔7〕 ケイ 漢 上 梗 jiǒng チョン J 4940 U補 518F
意味 ①あきらかなさま。＝囧けい「冏冏けいけい」②鳥のとぶさま。

冂6【冐】〔8〕俗 →冒(八七〇ページ・上)
冂6〖岡〗→山部五画(四〇三ページ・下)
冂6〖罔〗→网部三画(九八八ページ・下)
冂6〖周〗→口部五画(二三七ページ・中)

冂7【冑】〔9〕標 チュウ(チウ) 漢 去 宥 zhòu チョウ J 4941 U補 5191
人5【伷】〔7〕同字 J ②0134 補 1666 U 4F37
意味〈かぶと〉兵士が頭にかぶるもの。国〈よろい(よろひ)〉
参考「胄ちゅう」(肉部五画)は別字。甲冑かっちゅうは、よろい・かぶと。わが国では、甲を「かぶと」、冑を「よろい」と誤読している。
【冑纓】ちゅうえい(ちう) かぶとの緒お(むすびひも)。
【冑甲】ちゅうこう(ちうかふ) かぶとと、よろい。
【冑臍】ちゅうせい(ちう) かぶとの星。かぶとの鉢はちの中央のあな。
【冑題】ちゅうだい(ちう) かぶとの正面。題は額ひたい。

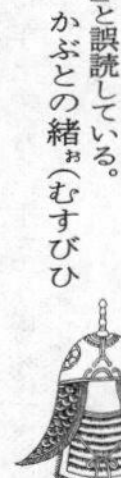
(冑)

冂7【冒】〔9〕旧 →冒(八七〇ページ・上)
冂7〖禺〗→内部四画(九〇四ページ・上)

冂8【冓】〔10〕 コウ 漢 去 宥 gòu コウ J ― 補 ― U ―
冂8【冓】〔10〕俗字 J 4942 U補 5193
意味 ①木を組み立てる。‖構こう ②中冓ちゅうこうは、宮中の奥のへや。

冂9【㒼】〔11〕 バン 漢 平 寒 mán マン / マン 呉 J ②0311 U補 34BC
意味 ①つりあう。つりあいがとれている。②ぴったりとおおわれている。

冂9【冕】〔11〕 ベン 漢 上 銑 miǎn ミエン J 4943 U補 5195
意味 かんむり。天子・諸侯・大夫が着用する礼装の冠。おもに天子の冠をいう。

(冕)

【冕衣裳者】べんいしょう(しやう)しゃ 冠をつけ、礼服を着た人。衣冠をととのえた、高い身分の人。〈論語・子罕しかん〉
【冕者】べんしゃ 冠をつけた身分の高い人。
【冕服】べんふく 貴人が礼服用につける冠と衣服。
【冕旒】べんりゅう(りう) 冕の前後にたれ下げる飾りの玉。天子は十二旒、諸侯は九旒、上大夫だいふは七旒、下大夫は五旒。

2画 冖部 わかんむり

【部首解説】「おおいかぶせるさま」にかたどる。この部には、「冖」の形を構成要素とする文字が属する。

冖0【冖】〔2〕 ベキ 漢 入 錫 mì ミー / ミャク 呉 J 4944 U補 5196
意味 おおう。布で物をおおう。＝冪べき
解字 象形。上からおおう形を表す。

冖2【冘】〔4〕 ㊀イン 漢 呉 ㊀平 侵 yín イン / ㊁ユウ(イウ) 漢 ユ 呉 ㊁平 尤 yóu ユー J ②0312 U補 1884 5198
意味 ㊀①すすむ。行進する。②深くつきさす。㊁ぐずぐずして決められない。「冘豫ゆうよ」

冖2【冗】〔4〕常 ジョウ 漢 ジョウ 上 腫 rǒng ロン J 3073 U補 5197
筆順 冖 冗 冗
宀2【宂】〔5〕本字 J ― U補 5B82
意味 ①むだ。余分。無用。「冗費」②おとる。③わずらわしい。繁雑はんざつ。④さまよう。流浪るろう。「流冗りゅうじょう」
解字 会意。冖と几とを合わせた字。冖は宀の略で家のこと。几は人、とくに労働のできない、弱い人をいう。冗は、弱い人間が家の中でなにもしないでぶらぶらしていることを表し、「むだ」の意味になる。
【冗員】じょういん(ゐん) 国むだな人。不必要な人員。
【冗官】じょうかん(くわん) 国むだな役人。また、必要のない官職。
【冗散】じょうさん 無用で、ひまなこと。
【冗冗】じょうじょう ①入りまじるさま。②忙しいさま。③くだくだし

2画
二亠人(亻・𠆢)儿入八冂冖冫几凵刀(刂)力勹匕匚匸十卜卩(㔾)厂厶又

いさま。わずらわしいさま。

【冗舌】(じょうぜつ) 国むだばなし。

【冗長】(じょうちょう(ちゃう)) だらだらと長たらしいこと。いたずらに長い。

【冗費】(じょうひ) ①むだな費用。②むだづかい。

【冗文】(じょうぶん) むだな文句。長たらしい文章。冗漫(じょうまん)な文章。

【冗漫】(じょうまん) くだくだしくてしまりのないこと。

冖3【写】〔5〕 学3 シャ うつす・うつる 2844 U補J 5199

㊀シャ 漢具 ㊀上 馬 xiě シエ

旧字 宀12【寫】〔15〕 ㊁シャ 漢具 ㊁去 禡 xiè シエ 5377 U補J 5BEB

筆順 丶 冖 冖 写 写

冖11【冩】〔13〕 俗字 U補J

冖12【冩】〔14〕 俗字 U補J 4948 51A9

意味 ㊀①〈うつ・す〉㋐置きかえる。㋑字や絵を書きうつす。㋒表現する。②〈うつ・る〉③とりのぞく。④尽くす。⑤気持ちを述べる。吐露(とろ)する。⑥現書く。㊁①そそぐ。＝瀉(しゃ) ②おろす。＝卸(しゃ) ③もらす。＝泄(せつ)

解字 形声。宀が形を表し、舄(しゃ)が音を示す。宀は安で、おちつくこと。舄は、卸(しゃ)と同じく、物を移す意味を含む。寫は物をこちらからあちらへ移し置いて、おちつかせること。また、宀は屋内で、寫は、屋内へ移すことであるともいう。

【写意】(しゃい) ①誠意を尽くす。まごころをそそぐ。②事物の外形でなく、内部の心を写そうとする画法。

【写経(經)】(しゃきょう(きゃう)) 仏供養などのために、経文を書き写す。

【写字】(しゃじ) 文字を写す。文を書く。

【写実(實)】(しゃじつ) 事実をありのままに写す。【——主義】(しゃじつしゅぎ) 空想や想像によらずに、自然や人生を客観的に、ありのままに描写しようとする芸術上の一主義。リアリズム。

【写照】(しゃしょう(せう)) 人物を描く。また、その描いたもの。

【写真(眞)】(しゃしん) ①ありのままを写しとる。②肖像画をかくこと。また、肖像画。③国写真機で写しとった像。

【写生】(しゃせい) 実物をありのままに写しとる。【——文】(しゃせいぶん) 国自然や人事を、客観的に描こうとする文章。正岡子規が唱えはじめた。

【写本】(しゃほん) ①書き写した書物。筆写本。⇔刊本・板本 ②本の内容を書き写す。

【写霧】(しゃむ) そそぐように湧き出る霧。「写」は、そそぐ意。

◆手写(しゅしゃ)・浄写(じょうしゃ)・映写(えいしゃ)・書写(しょしゃ)・速写(そくしゃ)・描写(びょうしゃ)・透写(とうしゃ)・転写(てんしゃ)・筆写(ひっしゃ)・試写(ししゃ)・模写(もしゃ)・誤写(ごしゃ)・複写(ふくしゃ)・謄写(とうしゃ)・縮写(しゅくしゃ)・声帯模写(せいたいもしゃ)

冖4【肎】→肉部二画(一〇一四ペ・上)

冖5【宜】〔7〕 同→宜(三六五ペ・下)

冖5【罕】→网部三画(九八八ペ・下)

冖7【冠】〔9〕 常 カン かんむり 2007 U補J 51A0

㊀カン(クヮン) 漢具 ㊀平 寒 guān コワン

㊁カン(クヮン) 漢具 ㊁去 翰 guàn コワン

筆順 丶 冖 冖 冖 冗 完 冠 冠 冠

意味 ㊀①〈かんむり〉②かんむり状のもの。「鶏冠(けいかん)」 ㊁①かんむりをつける。かぶる。おおう。②男子の元服の礼。冠礼。成人式。③第一等。最上。また、その地位にいる。

(冠㊀①)

解字 会意・形声。冖・元・寸を合わせた字で、元(げん)は音をも示す。冖はかぶること、元は首、寸は手であり、寸法・制度を示す。冠は、身分や職のきまりに従って、頭にかぶるもので、「かんむり」をいう。また、手は、かんむりに手をそえる意味にすぎないともいう。

難読 冠者(かじゃ)・冠木門(かぶきもん)

【冠木門】(かぶきもん) 国二本の柱の上に一本の横木をわたした門。そまつな門。

【冠位】(かんい(くゎんゐ)) ①かんむりとくらい。②国昔、群臣の身分の上下をあらわすために授けた冠の階級。

【冠纓】(かんえい(くゎん)) かんむりのひも。

【冠蓋】(かんがい(くゎん)) かんむりと、車のかさ。高貴の人々をいう。【——相望】(かんがいあいのぞむ(くゎんがいあひのぞむ)) 使者のかんむりと、車の上のおおいとが前後に相望む。使者が道路に引きつづくさま。冠蓋相属。〈戦国策・魏(ぎ)〉

【冠軍】(かんぐん(くゎん)) ㊀①軍中で功績や名声が一番である。②将軍の名。前漢の霍去病(かくきょへい)は冠軍侯に封ぜられ、南北朝時代には冠軍将軍が置かれた。㊁コワンチュン guànjūn 現優勝。優勝者。

【冠笄】(かんけい(くゎん)) ①冠は、男子が二十歳で元服する礼、笄は、女子が十五歳でこうがい(かんざしの一種)をさす礼。男女の成人式。②冠をとめるこうがい。

【冠婚葬祭】(かんこんそうさい(くゎんこんさうさい)) 昔からの四大礼式といわれている、元服・婚礼・葬式と祖先の祭り。

【冠辞(辭)】(かんじ(くゎん)) ①冠礼のときに用いる祈りのことば。②国まくらことば(枕詞)。おもに和歌で、一つのことばの前に添えて修飾し、または語調をととのえる語。

【冠者】(かんじゃ(くゎん)・かじゃ) ①元服をすませた男子。元服した若者。②雨ごいの祭りの楽人。③国㋐昔、六位で官のない人をいう。㋑年の若い召使。

【冠序】(かんじょ(くゎん)) はしがき。序文。

【冠水】(かんすい(くゎん)) 国大水で、水をかぶる。

【冠省】(かんせい(くゎん)) 国手紙で、前文を省略するとき、冒頭につける語。前略(ぜんりゃく)。

【冠絶】(かんぜつ(くゎん)) 最もすぐれている。最もひいでている。「冠前絶後。」

【冠族】(かんぞく(くゎん)) よい家がら。また、その血筋の人たち。

【冠帯(帶)】(かんたい(くゎん)) ①かんむりとおび。②かんむりをつけ、おびをむすぶ。③礼装をする。④礼服をつける身分。有位者。紳士。官吏。⑤礼儀の厚い風俗。【——縉紳之人】(かんたいしんしんのひと) 礼服をつけた、身分の高い人。【——之国(國)】(かんたいのくに) 礼儀の厚い国。中国をいう。

【冠弁】(かんべん(くゎん)) 冠の一種。弁に似た冠で、諸侯が朝廷に出るときにつける。

【冠冕】(かんべん(くゎん)) ①かんむり。②首位。第一等。第一位。③官職。地位。④外面をかざること。

【冠履】(かんり(くゎん)) ①かんむりとくつ。②上と下。【——倒易】(かんりとうえき(くゎんりたうえき)) 上下の位置が逆になること。冠履転倒(てんとう)。〈後漢書(ごかんじょ)・楊賜(ようし)伝〉【貴——、忘頭足】(かんりをたっとびてとうそくをわする) 頭あっての冠、足あっての履(くつ)であるのに、冠履を尊重して頭足を軽くみる意。根本を軽んじて、末をたいせつにすることのたとえ。〈淮南子(えなんじ)・泰族訓(たいぞくくん)〉

【冠礼(禮)】(かんれい(くゎん)) 男子がおとな(二十歳)になって冠をつける儀式。冠事。元服の礼式。

【挂ㇾ冠】(かんをかく(くゎんを)) 後漢(ごかん)の逢萌(ほうぼう)が、冠を都の門にかけて、官職をやめた故事から、自分から辞職することをいう。挂冠(けいかん)。解ㇾ冠(かんをとく)。〈後漢書(ごかんじょ)・逢萌(ほうぼう)伝〉

【弾(彈)ㇾ冠】(かんをはじく) 冠を指ではじいて、ほこりを落とす。「新

沐者必弾レ冠（あらたにもくするものはかならずかんむりをはじく）〈屈原・漁父辞〉
◇王冠・衣冠・花冠・宝冠・栄冠・挂冠・弱冠

冖7【冦】〔9〕俗→寇（三七四ページ・中）

冖7〔軍〕→車部二画（一二一五ページ・下）

冖8【冤】〔10〕標　エン 漢（エン）平 元　yuān ユワン　J4945　U補51A4

冖8〔冤〕〔10〕俗字　J―　U補―　宀8〔寃〕〔11〕俗字　J5367　U補5BC3

意味 ①無実の罪。ぬれぎぬをきる。②うらみ。あだ。

【冤枉】えんおう（わう） 無実の罪。枉は、事実をまげる意。
【冤刑】えんけい 無実の罪で刑に処されること。
【冤繋】えんけい 無実の罪で捕らえられる。また、その人。冤囚（えんしゅう）。
【冤恨】えんこん 無実の罪をうけた恨み。
【冤魂】えんこん 無実の罪で死んだ人の亡霊。冤鬼。
【冤罪】えんざい 無実の罪。
【冤死】えんし 無実の罪におちいって死ぬ。
【冤傷】えんしょう（しゃう） 無実の罪であることをいたみ悲しむ。
【冤訴】えんそ 無実の罪を訴える。
【冤伏】えんぷく 無実の罪におちいること。
【冤憤】えんぷん 無実の罪におとされた憤り。
【冤尤】えんゆう（いう） とがめ。
【冤抑】えんよく 無実の罪におとされる。罪がなくてとがめられる。

冖8【冢】〔10〕　チョウ 漢 上 腫　zhǒng チョン　J4947　U補51A2

勹8〔冢〕〔10〕本字　J―　U補―

意味 ①つか。大きく高い墓。②〈おか（をか）〉山頂。＝塚　③おおきい。地位が高い。④あとつぎ。嫡子。

参考 「冡（ぼう）」は別字。

【冢君】ちょうくん 大君。仲のよい国の諸侯に対する敬称。
【冢卿】ちょうけい 最高位の家来。重臣。
【冢壙】ちょうこう（くわう） つか穴。墓穴。冢蔵。
【冢宰】ちょうさい 官名。周代の六官の長で、天子をたすけて百官をすべおさめた役。
【冢子】ちょうし ①太子。②あとつぎ。長子。
【冢祀】ちょうし 先祖のまつり。
【冢嗣】ちょうし あとつぎ。
【冢次】ちょうじ 墓のある所。
【冢社】ちょうしゃ 土地の神のやしろ。
【冢樹】ちょうじゅ 墓に植えた木。松や柏（このてがしわ）などを植える。
【冢嫡】ちょうてき 冢子。あとつぎ。本妻の生んだ長男。嫡子。嫡嗣。
【冢土】ちょうど 土地の守り神として王が人民のために建てた社。

冖8【冥】〔10〕常　メイ・ミョウ　J4429　U51A5
ベイ 漢　ミョウ（ミャウ）呉　平 青　míng ミン
メイ 慣

筆順 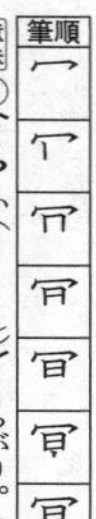

解字  会意。冖はおおい、六は古い字形では廾で、両手を表し、両手でおおいをかけ、日をかくす意。冥は、くらいの意となる。

意味 ①〈くら・い（──・し）〉くらがり。やみ。②おろか。③おく深い。④遠い。離れている。⑤空（そら）。⑥海。＝溟「北冥（ほくめい）」⑦神の名。「玄冥（げんめい）」⑧死後の世界。「冥府（めいふ）」

【冥加】みょうが（みゃうが） 仏知らない間にうける神仏のお守り。神仏のおかげ。冥助。冥利。【──金】みょうが（みゃうが）きん ①仏冥加をうけるため、または受けた礼として神仏にさしあげるお金。冥加銭。②国恩がえしのために領主などにおさめる金。後には幕府の財政をおぎなう必要からおさめさせられる営業課税にもいう。
【冥利】みょうり（みゃうり） ①仏善行の報いとして受ける利得。②国好運。めぐみ。
【冥応（應）】めいおう・みょう（みゃう）おう 神仏の加護。ごりやく。
【冥晦】めいかい（くわい） まっくら。
【冥感】めいかん まごころが神仏に通じること。
【冥頑】めいがん（ぐわん） 道理にくらくてがんこなこと。頑冥。
【冥鬼】めいき 冥土の鬼。
【冥行】めいこう（かう） ①くらやみの道をさぐりながら行くこと。②むこうみずに行くこと。
【冥鴻】めいこう ①高く飛ぶおおとり。②俗世を避ける隠者。
【冥合】めいごう（がふ） 知らないうちに合致する。自然に一致する。
【冥婚】めいこん 死んだ男女を結婚させること。幽婚。
【冥数（數）】めいすう 人間の知恵では知ることのできない運命。
【冥想】めいそう（さう） じっと考える。目をつぶって深く考える。
【冥土】めいど 仏死後の世界。あの世。よみじ。冥界。冥境。冥府。冥途。冥路。
【冥途】めいど 「冥土」に同じ。
【冥罰】めいばつ・みょう（みゃう）ばつ 仏死後にあの世でうける神仏の罰。
【冥府】めいふ ①死んでから行くところ。あの世。冥土。②地獄の閻魔大王の王庁。
【冥福】めいふく 死後の幸福。
【冥報】めいほう 後の世での恩返し。【──記】めいほうき 書名。三巻。唐の唐臨著。仏の因果応報の奇跡に関する説話集。
【冥冥】めいめい ①かすかで暗いさま。②遠く奥深いさま。「薄暮冥冥（夕方のうす暗いさま。）」③人の目につかないこと。④暮夜。⑤無知なさま。【──之志】めいめいのこころざし 人目につかないところでまじめに努力する心。〈荀子・勧学〉
【冥蒙】めいもう 奥深く、暗いさま。冥濛。
【冥濛】めいもう 暗いさま。＝冥蒙
【冥佑】めいゆう（いう） 神仏のおたすけ。冥助。
【冥霊（靈）】めいれい 亀の別名。冥海（くらい大海原）にすむ霊亀の意。

冖8【冡】〔10〕　ボウ 漢　モウ 呉　平 東　méng モン　J1886　U補51A1

意味 ①おおう。②物事にくらい。＝蒙

冖8【冦】〔10〕俗→寇（三七四ページ・中）
冖8【取】〔10〕本→最（六〇七ページ・上）
冖9【冨】〔11〕俗→富（三七七ページ・下）
冖10【幂】〔12〕同→冪（本ページ・下）
冖11【冩】〔13〕俗→寫（一四四ページ・上）
冖12【冩】〔14〕俗→寫（一四四ページ・上）

冖14【冪】〔16〕　ベキ 漢 入 錫　mì ミー　J4949　U補51AA

冖10【幂】〔12〕同字　J―　U補5E42　网14【羃】〔19〕同字　J7018　U補7F83

意味 ①おおう。布で物にかぶせる。②ものをおおう布。たれぬの。③数べき。同じ数を何度もかけ合わせた数。＝冖（べき）　累乗（るいじょう）。

【冪冪】べきべき 雲が空一面をおおうようす。陰惨なさま。

2画　冫部　にすい

【部首解説】「水が凍った形」にかたどる。この部には、冷たさや寒さに関連するものが多く、「冫」の形を構成要素とする文字が属する。

冫0【冫】〔2〕　ヒョウ 漢 平 蒸　bīng ピン　J4950　U補51AB

意味 凍る。こおり。

解字 象形。こおりの形で、こおりとか、つめたいことを表す。古い形では、水がこおりはじめたときのすじといい、また、水が両がわからこおりはじめて、まんなかでピンと合わさる形という。

冫3 【仌】〔5〕 古 →泰(七一〇ページ・下)

冫3 【冬】〔5〕 旧 →冬(三〇七ページ・下)

冫4 【冱】〔6〕 コ 漢 去 遇 ゴ 呉 hù フー J 4952 U 51B1

冫4 【冴】〔6〕 俗字 J — 補 — U 205B1

意味 ①こおる。冷える。②寒い。国〈さ・える(―・ゆ)〉澄みわたる。

【冱寒】(ごかん) 寒くて物がちぢこまる。きびしい寒気。

【冱涸】(ごこ) 寒くてこおる。

冫4 【冲】〔6〕 チュウ 漢 平 東 (チウ) chōng チョン J 4953 U 51B2

意味 ①やわらぐ。②〈むなし・い(むな・し)〉空(から)である。=盅(ちゅう) ③ふかい。④おさない。「冲人(ちゅうじん)」⑤突き上げる。上にのぼる。国〈おき〉

参考「沖」に同じ。なお、冲は「衝」(一一一九ページ・上)の中国新字体としても使う。

【冲虚(虛)】(ちゅうきょ) 奥深くてむなしいこと。虚心平気。

【――真(眞)経(經)】(ちゅうきょしんきょう) 書名。「列子(れっし)」の別名。

【冲譲(讓)】(ちゅうじょう) 心をむなしくし、やわらげてへりくだること。

【冲人】(ちゅうじん) 幼い人の意で、幼い者が自分をさしていうけんそんの語。

【冲静(靜)】(ちゅうせい) 無心で、安らかに静かなさま。

【冲淡】(ちゅうたん) ①心が無欲でさらさらしていること。②やわらかでさっぱりしていること。=冲澹(ちゅうたん)

【冲冲】(ちゅうちゅう) ①氷を割る音のさま。②たれさがるさま。③憂えるさま。=忡忡

【冲天】(ちゅうてん) 天にのぼる。天をつく。

【冲漠無朕】(ちゅうばくむちん) 天地がぼうっとしていて、なんのきざしも見られないさま。朕は兆(きざ)し。

【冲融】(ちゅうゆう) 和らぐ。

【冲和】(ちゅうわ) やわらいでいる。調和がとれている。

冫4 【沃】〔6〕 国字 J ②0315 U 34C7

意味 〈ただ〉人名に用いる字。「沃野(ただの)」

参考「沃(よく)」は別字。

冫4 【冴】〔6〕 旧 →冴(本ページ・中)

冫4 【决】〔6〕 俗 →決(七〇三ページ・中)

冫4 【冰】〔6〕 本 →氷(六九九ページ・上)

冫4 〖次〗 →欠部二画(六七三ページ・中)

冫5 【冴】〔7〕 人 J 2667 U 51B4

旧字 冫4 【冴】〔6〕 コ 漢 去 遇 ゴ 呉 hù フー J — 補 — U —

意味 ①こおる。冷える。②さむい。国〈さ・える(―・ゆ)〉澄みわたる。

解字 正字は冱。形声。冫が形を表し、互(こ)が音を示す。冫は氷。互も牙も、くいちがうとか、かみあわせる意味を含む。冱は、氷が張りつめて冷たいこと。

名前 さえ

参考 本来は「冱」(本ページ・上)が正字であるが、わが国では書写の際、この字を用いることが多い。人名用漢字の字体も「冴」である。

冫5 【冸】〔7〕 ハン 漢 去 翰 pàn パン J 1889 U 51B8

意味 とける。氷がとける。=泮(はん)

冫5 【冶】〔7〕 常 ヤ | ヤ 漢 上 馬 yě イエ J 4474 U 51B6

筆順 丶 冫 冫 冫 冶 冶 冶

意味 ①鋳(い)る。金属をとかす。②金属器を鋳造(ちゅうぞう)する人。鋳物師(いものし)。③ねりあげる。精錬(せいれん)する。④なまめかしい。「妖冶(ようや)」⑤野原。=野(や)

解字 会意・形声。台と冫とを合わせた字。台(い)が音をも示す。台には、人工を加える、作業するの意があり、冫は、本来は氷の意で、氷がとけることを意味する。この両者を合わせ、人手を加えて金属をとかす意となる。

難読 鍛冶(かじ)(付表)

参考「治」は別字。

【冶杏】(やきょう) なまめいて美しい花のあんず。

【冶金】(やきん) ①ふきわけ。鉱石から金属を採る技術。②金属を精製加工する技術。【――匠】(やきんしょう) いかけ屋。鍛冶(かじ)職。

【冶工】(やこう) 鋳物(いもの)師。かじ屋。冶匠(やしょう)。

【冶春】(やしゅん) いろいろの花の咲き乱れる春の時節。

【冶匠】(やしょう) 「冶工」に同じ。

【冶鋳(鑄)】(やちゅう) 金属をふきわけること。

【冶遊】(やゆう) 心がとろけるほどの楽しい遊びの意で、芸者あそびのこと。遊冶(ゆうや)。

【冶容】(やよう) なまめかしいようす。

【冶錬】(やれん) きたえ、ねる。

【冶郎】(やろう) ①酒色などにふけって身持ちの悪い男。②なまめかしく化粧したやさ男。うわき男。

冫5 【冷】〔7〕 学4 レイ つめたい・ひえる・ひや・ひやす・ひやかす・さめる・さます
レイ 漢 リョウ(リャウ) 呉 上 梗 lěng ロン J 4668 U 51B7

筆順 丶 冫 冫 冫 冷 冷 冷

意味 ①〈ひ・える(―・ゆ)〉〈さ・める(―・む)〉つめたくなる。↕熱 ②〈ひや・す〉〈さま・す〉つめたくする。③〈つめた・い(―・し)〉〈ひややか〉㋐すずしい。さむい。㋑情がうすい。㋒さびしい。「冷落(れいらく)」④〈ひやか・す〉あざける。さげすむ。「冷笑」⑤ひまな。「冷官」⑥突然。国①〈ひや〉つめたいもの。「冷酒(ひやざけ)」②〈ひえ〉腰から下がひえる病気。

解字 形声。冫が形を表し、令(れい)が音を示す。冫は氷。令には、きびしくつめたい、ふるえる、という意味を含む。冷は、氷がこおってつめたく、身がひきしまることである。

参考「泠(れい)」は別字。

【冷艶(艷)】(れいえん) つめたいあでやかさ。

【冷灰】(れいかい) ①火の気(け)のない灰。②名誉や利益を求めない、無欲な心のたとえ。

【冷汗】(れいかん|ひやあせ) 恥ずかしいときや恐ろしかったときなどに出る汗。

【冷官】(れいかん) ひまな官職。低い官職。閑職。冷職。

【冷眼】(れいがん) ①冷たい目。同情心がないようす。②老人のまなこ。老眼。【――下瞰】(れいがんかかん) 白目でじろりと相手を見おろす。

【冷気(氣)】(れいき) 冷たい空気。

【冷却】(れいきゃく) ①冷たくする。②冷たくなる。

【冷遇】(れいぐう) 冷淡な待遇。ひどいあしらい。

【冷血漢】(れいけつかん) 薄情な人。不人情な人。

【冷語】(れいご) ひややかなことば。冷淡なことば。

【冷光】(れいこう) 冷たい光。

【冷巷】(れいこう) 人気(ひとけ)がなく寂しい町なか。

【冷酷】(れいこく) むごたらしいこと。不人情。無慈悲。

【冷斎(齋)夜話】(れいさいやわ) 書名。十巻。宋(そう)の恵洪(えこう)著。詩話を主とした随筆。

2画 二 亠 人(亻・𠆢) 儿 入 八 冂 冖 →冫 几 凵 刀(刂) 力 勹 匕 匚 匸 十 卜 卩(㔾) 厂 厶 又

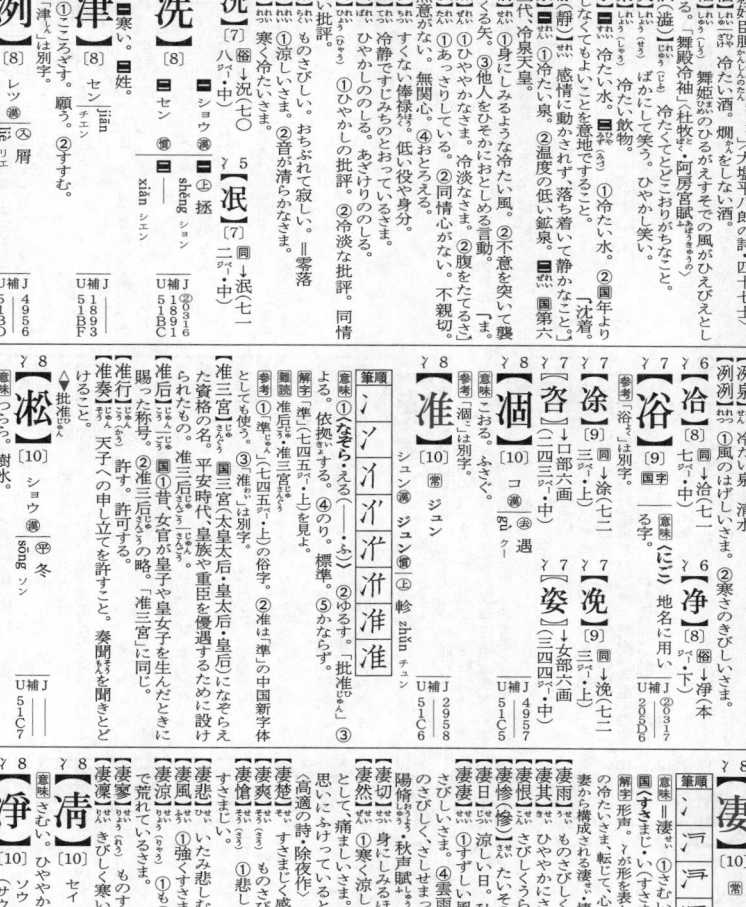

【冷殺】ぞっとさせる。ひやりとさせる。殺は助詞。「凜然冷殺奸臣胆」〈大塩平八郎の詩・四十七士〉

【冷酒】冷たい酒。燗をしない酒。

【冷袖】舞姫のひるがえすその風がひえびえとしている。「舞殿冷袖」〈杜牧・阿房宮賦〉

【冷渋(澁)】冷たくてとどこおりがちなこと。

【冷笑】ばかにして笑う。ひやかし笑い。

【冷漿】冷たい飲物。

【冷水】㊀冷たい水。㊁①冷たい水。②国年よりが、しなくてもよいことを意地でするること。

【冷静(靜)】感情に動かされず、落ち着いて静かなこと。沈着。

【冷泉】㊀①冷たい泉。②温度の低い鉱泉。㊁国第六十三代、冷泉天皇。

【冷箭】①身にしみるような冷たい風。②不意を突いて襲ってくる矢。③他人をひそかにおとしめる言動。

【冷然】①ひややかなさま。冷淡なさま。②腹をたてるさま。

【冷淡】①あっさりしている。②同情心がない。不親切。③熱意がない。無関心。④おとろえる。

【冷秩】すくない俸禄。低い役や身分。

【冷徹】冷静ですじみちのとおっているさま。

【冷罵】ひやかしののしる。あざけりののしる。

【冷評】①ひやかしの批評。②冷淡な批評。同情のない批評。

【冷落】ものさびしい。おちぶれて寂しい。＝零落
【冷冷】①涼しいさま。②音が清らかなさま。

【冷冽】寒く冷たいさま。

冫5【况】〔7〕俗→況(七〇八㌻・中)

冫5【泯】〔7〕同→泯(七一二㌻・中)

冫6【冼】〔8〕㊀ショウ㊇㊀㊤拯 shěng ション　㊁セン㊄㊁―― xiǎn シエン　J②0316 U51BC
意味 ㊀寒い。㊁姓。

冫6【津】〔8〕セン jiān チエン　J1893 U51BF
意味 ①こころざす。願う。②すすむ。
参考「津」は別字。

冫6【洌】〔8〕レツ㊇㊅屑 liè リエ　J4956 U51BD
意味 ①さむい。つめたい。②さむい風。「洌風」
【洌泉】冷たい泉。清水。
【洌洌】①風のはげしいさま。②寒さのきびしいさま。

冫6【洽】〔8〕同→洽(七一七㌻・中)

冫6【浄】〔8〕俗→淨(本㌻・下)

冫7【浴】〔9〕国字　J②0317 U205D6
意味〈にご〉地名に用いる字。
参考「浴」は別字。

冫7【涂】〔9〕同→涂(七二三㌻・上)

冫7【浼】〔9〕同→浼(七二三㌻・上)

冫7〔咨〕→口部六画(二四三㌻・中)

冫7〔姿〕→女部六画(三四四㌻・中)

冫8【凅】〔10〕コ㊇㊄遇 gù クー　J4957 U51C5
意味 こおる。ふさぐ。
参考「涸」は別字。

冫8【准】〔10〕常　ジュン　シュン㊇ジュン㊄㊤軫 zhǔn チュン　J2958 U51C6
筆順 冫 … 准
意味 ①〈なぞら・える(――・ふ)〉依拠する。②ゆるす。「批准」③よる。④のり。標準。⑤かならず。

解字「準」(七四五㌻・上)を見よ。

難読 准后・准三宮
参考 ①「準」(七四五㌻・上)の俗字。②准は「準」の中国新字体としても使う。③「淮」は別字。

【准三宮】国三宮(太皇太后・皇太后・皇后)になぞらえた資格の名。平安時代、皇族や重臣を優遇するために設けられたもの。准三后。

【准后】国①昔、女官が皇子や皇女子を生んだときに賜った称号。②准三后の略。「准三宮」に同じ。

【准行】許す。許可する。

【准奏】天子への申し立てを許すこと。奏聞を聞きとどけること。

◁▷批准

冫8【淞】〔10〕ショウ㊇㊥冬 sōng ソン　J―― U51C7
意味 つらら。樹氷。
参考「淞」は別字。

冫8【凄】〔10〕常　セイ　セイ㊇㊥斉 qī チー　J3208 U51C4
筆順 冫 … 凄
意味 ＝淒 ①さむい。冷たい。②さびしい。身にしみる。

国〈すさまじ・い(すさま・じ)〉はげしい。すごい。

解字 形声。冫が形を表し、妻が音を示す。冫は、氷の意。凄は、氷の冷たいさま、転じて、心のさびしいこと、悲痛の感をいう。音を示す妻から構成される淒・悽と意味が通じる。

【凄雨】ものさびしく冷たい雨。

【凄其】ひややかにさびしいさま。其は助詞。

【凄恨】さびしくうらめしい気持ち。

【凄惨(慘)】たいそうむごく痛ましいこと。

【凄日】涼しい日。秋の日。凄辰。

【凄凄】①すずしい風。②風雨の冷たく寒いさま。③ものさびしいさま。④雲雨のおこるようす。【――切切】ものさびしく、さしせまって強い。すさまじく、身にせまる。〈欧陽脩・秋声賦〉

【凄切】身にしみるほど悲しい。非常にさびしい。

【凄然】①寒く涼しいさま。②ものさびしいさま。③寒々として、痛ましいさま。「客心何事転凄然」(旅の思いにふけっていると、なぜかむやみに悲しくなってくる。)〈高適の詩・除夜作〉

【凄楚】すさまじく感じること。痛ましく思うこと。

【凄爽】ものさびしくさわやかなこと。

【凄愴】①悲しみ痛む。痛ましい。ものさびしい。②すさまじい。

【凄悲】いたみ悲しむ。

【凄風】①強くすさまじい風。②西南の風。

【凄涼】①ものさびしいこと。ぞっとする。②そまつで荒れているさま。

【凄寥】ものすごくてさびしい。

【凄凜】きびしく寒い。身にしみて寒い。

冫8【凊】〔10〕セイ㊇㊄敬 qìng チン　J①1454 U51CA
意味 さむい。ひややか。すずしい。「夏凊」

冫8【淨】〔10〕ソウ(サウ)㊇㊥庚 chēng チョン　J1901 U51C8

冫6〔净〕〔8〕俗字 U補J 51C0 ― 意味①〈つめた・い(――・し)〉冷たいさま。②(jìng チン)〈きよ・い(――・し)〉＝浄(じょう)

冫8【凋】〔10〕チョウ(テウ) 漢 平 蕭 diāo ティアオ U補J ―

冫8〔凋〕〔10〕俗字 U補J 3592 51CB 意味①〈しぼ・む〉草木がしなびる。＝彫(ちょう)・雕(ちょう) ②やつれる。生気がなくなる。弱る。③そこなう。いためる。いたむ。

【凋枯】ちょう(てう)こ しぼんで生気がなくなる。
【凋槁】ちょう(てう)こう(かう) しぼみかれてしまう。槁は枯れる意。
【凋残(殘)】ちょう(てう)ざん ①枯れのこり。また、枯れそこなう。②弱り衰える。また、その人。
【凋謝】ちょう(てう)しゃ ①しぼみ落ちる。②死ぬ。
【凋傷】ちょう(てう)しょう(しゃう) しぼみいたむ。みるかげもなく衰える。＝「彫傷」
【凋尽(盡)】ちょう(てう)じん しぼんでしまう。すっかり衰えはてる。弱りきる。
【凋衰】ちょう(てう)すい しぼみ衰える。
【凋悴】ちょう(てう)すい やせ衰える。
【凋霜】ちょう(てう)そう(さう) 霜にあたってしぼむ。
【凋年】ちょう(てう)ねん くれゆく年。
【凋兵】ちょう(てう)へい 弱り疲れた兵隊。
【凋落】ちょう(てう)らく ①しぼみ落ちる。②おちぶれる。やせ衰える。③死ぬ。
【凋零】ちょう(てう)れい ①花がしぼみ落ちる。凋落。②死ぬこと。
【――磨滅】ちょう(てう)れいまめつ しぼみ落ちて、あとかたもなくほろびてしまうこと。〈新唐書(しんとうじょ)・芸文志(げいもんし)〉

冫8【凍】〔10〕常 トウ こおる・こごえる
トウ 漢 去 送 dòng トン U補J 3764 51CD

筆順
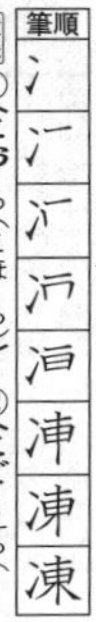

意味①〈こお・る(こほ・る)〉②〈こご・える(――・ゆ)〉さむい。③こおり。また、こおりのように透明なもの。

解字  形声。冫が形を表し、東(とう)が音を示す。冫は氷。東には、通(とう)と同様に、つきとおる意味がある。凍は、こおりかたがはげしい状態をいう。また、東の音には、あつまる意味があるから、凍は氷がこりかたまることを表すともいう。

参考「涷(とう)」は別字。

【凍雨】とうう ①冬の雨。ひさめ。寒雨。②はげしい雨。
【凍雲】とううん 冬の冷え冷えとした雲。
【凍餓】とうが 飢えこごえる。
【凍飢】とうき こごえ飢える。寒さとひもじさ。凍飢(とうき)。
【凍結】とうけつ ①凍りつく。氷結。②資産・資金などの、動かすことを禁じられてしまった状態。
【凍硯】とうけん 氷の張ったすずり。
【凍合】とうごう(がふ) 氷にとざされる。
【凍死】とうし 寒さでこごえ死ぬ。こごえじに。
【凍皴】とうしゅん 寒さのためにひびがきれる。ひび。あかぎれ。
【凍傷】とうしょう(しゃう) 強い寒さのために皮膚や筋肉がおかされること。また、その部分。しもやけ。凍瘡(とうそう)。
【凍餒】とうだい こごえ飢える。衣食の乏しいこと。＝凍餧(とうだい)
【凍土】とうど 夏季に表面の一部分がとけて湿地となる以外は、地下の大部分が一年じゅう凍ったままの地。ツンドラ。凍原。凍野。
【凍風】とうふう ①凍るようなつめたい風。②しもやけ。凍傷。
【凍梨】とうり 老人の顔のさま。また、九十歳の老人。しみの出ている老人の顔が、凍った梨(なし)の皮に似ていることからいう。
◇▼冷凍(れいとう)

冫8【凌】〔10〕人 リョウ 漢 平 蒸 呉 líng リン U補J 4631 51CC

意味①こおり。厚ごおり。②〈しの・ぐ〉㋐越える。㋑おかす。③ふるえおののく。④のぼる。上がる。⑤姓。

解字  会意・形声。冫と夌を合わせた字で、夌(りょう)が、音をも示す。冫は氷の意で、夌は陸(＝坴)と足(夊)とを合わせた字で、凌はしのぎ越える意となる。

【凌陰】りょういん ひむろ。氷室。凌室。
【凌雨】りょうう はげしく降る雨。＝陵雨
【凌雲】りょううん ①雲をしのいで高くそびえる。また、高く飛ぶ。②世間をはなれて高く超越する。【――居士】りょううんこじ 竹のこと。【――集】りょううんしゅう(しふ) 国書名。一巻。嵯峨(さが)天皇の勅命で、小野岑守(おののみねもり)らが編集した、わが国最初の勅撰(ちょくせん)漢詩集。『――之志』りょううんのこころざし 俗世間を遠く離れて別天地に遊びたい心。〈後漢書(ごかんじょ)・馮衍(ひょうえん)伝〉
【凌烟】りょうえん ①雲をしのいで高く飛ぶ。②凌烟閣の略。【――閣】りょうえんかく 唐の長安の宮殿内の建物の名。太宗が功臣二十四人の肖像を描かせた。
【凌駕】りょうが 人をおしのけてその上に出る。他人よりもまさっている。＝陵駕
【凌虐】りょうぎゃく おしのけ苦しめる。＝陵虐
【凌遽】りょうきょ 恐れおののく。
【凌室】りょうしつ ひむろ。氷を貯蔵する室。
【凌霄】りょうしょう(せう) 空をしのぐ。志の高いたとえ。凌雲。【――花】りょうしょうか(くわ) のうぜんかずら。つる性の落葉植物。『――之志』りょうしょう(せう)のこころざし 大空をもしのぐ高遠な心。凌雲之志。
【凌辱】りょうじょく ①人をおしのけはずかしめる。②国 女を暴力で犯す。
【凌人】りょうじん ①周代の官名。氷室をつかさどる役。②人をしのぐ。人を軽べつする。
【凌侮】りょうぶ おしのけてばかにする。＝陵侮
【凌乱(亂)】りょうらん 乱れもつれる。秩序のないさま。＝陵乱
【凌厲】りょうれい しのぎすぐれていること。はげしくて強いさま。

冫8【凉】〔10〕俗 ↓涼(七三五ページ・上)

冫9【减】〔11〕俗 ↓減(七三七ページ・下)

冫9【凑】〔11〕俗 ↓湊(七三九ページ・下)

冫9〖飡〗↓食部二画(一三九一ページ・中)

冫10【凔】〔12〕ソウ(サウ) 漢 平 陽 cāng ツァン U補J 51D4 ―

意味 さむい。ひややか。「凔熱(そうねつ)」

【凔凔】そうそう(さうさう) ひややかなさま。

冫10【凕】〔12〕メイ 漢 上 梗 ミョウ(ミャウ) 呉 mǐng ミン U補J 1906 51D5

意味①寒いさま。「凕冷(めいれい)」②凍っているさま。

参考「溟(めい)」は別字。

冫10【凓】〔12〕リツ 漢 入 質 lì リー U補J 1905 51D3

意味①さむい。「凓冽(りつれつ)」②身ぶるいがする。

冫10【凒】〔12〕同 ↓皚(八五九ページ・上)

冫10【凖】〔12〕同 ↓準(七四五ページ・上)

冫10〖馮〗↓馬部二画(一三九八ページ・上)

冫12【凘】〔14〕シ 漢 平 支 sī スー U補J 1907 51D8

意味〈こおり(こほり)〉とけて流れくだるこおり。

参考「澌(し)」は別字。

冫12【潔】〔14〕俗 ↓潔(七五三ジペー・上)

冫13【凜】〔15〕人 リン 漢 呉 上 寝 lǐn リン
冫13【凛】〔15〕人
水13【澟】〔16〕同字

J 8405 補 ― U 51DC ／ J 4959 補 ― U 51DB ／ J ②7929 補 4079 U 6F9F

意味 ①さむい。②恐れつつしむさま。③きりっとひきしまったさま。りりしい。おごそかなさま。

解字 形声。冫が形を表し、㐭(りん)が音を示す。冫は氷の意。ひどい寒さで身がひきしまること。もとの形は癛で、广は屋根の形。作物をまとめ納める倉。ひき締める意となる。

難読 凜凜(りり)しい

【凜寒】きびしい寒さ。

【凜気(氣)】冷たい大気。

【凜兢】寒くてふるえる。

【凜厳(嚴)】寒さのきびしいこと。また、威光のきびしいこと。

【凜乎】①寒さのはげしいさま。②きりっとしたさま。りりしいさま。③恐れおののくさま。

【凜秋】きびしい秋の季節。

【凜森】すさまじい。身にしみてぞっとする。

【凜然】「凜乎」に同じ。

【凜慄】寒いさま。ふるえおそれるさま。

【凜凜】①寒さが身にしみるさま。②恐れつつしむさま。③心がぴりっとひきしまるさま。りりしいさま。

【凜冽】寒さのきびしいさま。＝凜烈
【凜烈】寒さのはげしいさま。＝凜冽

冫14【凝】〔16〕常 ギョウ ギョウ 漢 呉 平 蒸 níng ニン　こる・こらす

J 2237 補 ― U 51DD

筆順 冫 冫⺈ 冫⺈ 凝 凝 凝 凝 凝

意味 ①〈こ・る〉こおる。かたまる。②〈こら・す〉かためる。集める。集中する。③ある形になる。さだまる。国〈こ・る〉①筋肉がかたくなる。こり。②熱中する。

解字 形声。冫が形を表し、疑(ぎ)が音を示す。冫は氷。疑には定まるという意味がある。凝は、氷が固定することで、氷がこおって動かない状態をいう。音ギョウは、疑の音ギの変化。

難読 凝(しこ)り

【凝雨】雪をいう。

【凝議】熱心に相談する。

【凝結】①こり固まる。集まりかたまる。②理 気体が冷却されたり、圧力を加えられたりして液体となること。

【凝固】①こり固まる。②理 気体・液体が固体になる。凝縮。

【凝思】思いをこらす。じっと考える。凝念。

【凝脂】かたまったあぶら。白く滑らかな美人の肌にたとえる。「温泉水滑洗二凝脂一」(滑らかな温泉の湯水が、かたまったあぶらのようにやわらかく白い美人の肌に注ぎかかる。)〈白居易の詩・長恨歌〉

【凝視】じっとみつめる。凝眺。

【凝集】こり固まって集まる。

【凝愁】①むすぼれた思い。②もの思いに沈む。

【凝妝】装いをこらす。盛装する。

【凝神】精神をこらす。心を一点に集める。

【凝絶】①流れがとまる。②音などが途中でつまっては絶えてしまう。

【凝然】①じっとして動かないさま。「集中して動かないさま。②心が一つのことに」

【凝想】思いをこらす。じっと考える。

【凝霜】こり固まったしも。こおって固まったしも。

【凝滞(滯)】①はかどらない。②かたまる。③かかわる。なずむ。拘泥する。「聖人不三凝二滞於物一」(聖人は物事にこだわらない。)〈屈原・漁父辞〉

【凝湛】①たまり水の清いこと。②清く静かな心のたとえ。

【凝佇】じっとたちどまる。

【凝閉】霜がおりて地が凍る。また、凍って閉じる。

【凝碧】濃い青色。【――池】池の名。陝西省西安市にあった、唐の宮城内の池。ここで安禄山が、部下と宴を開いたので有名。

【凝眸】ひとみをこらす。じっと見つめる。

【凝立】じっと身動きもしないで立つ。

冫14【凞】〔16〕同 ↓熙(七八一ジペー・中)

冫14〖憑〗↓心部十二画(五〇〇ジペー・中)

2画
几部　つくえ きにょう

【部首解説】「腰かけ」にかたどる。この部には、「几」の形を構成要素とする文字が属する。

几0【几】〔2〕標 キ 漢 呉 上 紙 jī チー

J 4960 補 ― U 51E0

意味 ①〈つくえ(つくゑ)〉「浄几」②ひじかけ。脇息。③几几は、㋐くつの飾りのさま。㋑盛んなさま。この場合、中国語音は jǐ チー。

解字 象形。上が平らで、脚がついている台の形。腰かけをいう。この部に属する字のうち、几が上にある場合は、風を略した几である。

(几②)

参考 几は「幾」(四三二ジペー・中)の中国新字体としても使う。

【几案】つくえ。

【几筵】①ひじかけと敷物。几席。②祭りのときの犠牲をのせる机と地にしく敷物。

【几格】食卓や棚。

【几閣】つくえとたな。

【几硯】つくえとすずり。

【几上】つくえの上。＝机上
【几杖】ひじかけとつえ。老人が身体をささえるもので、敬老の品として贈られることもあった。

【几席】ひじかけと敷物。

【几帳】国 昔、貴人の室内で、座のわきにたてて隔てとしたもの。木のわくに布をかけたもので、衝立の一種。【――面】①机や盆などの細工で、四隅の角をおとしてまるみをつけて、半円のきざみめを一すじ入れたもの。②国 行いが厳格で、規律正しいこと。

几0【𠘨】〔2〕意味 漢字の部首の一。「几」が上にある場合の形。風・凰などを構成。
◇▼床几・書几

J ②0318 補 2062 U ―

几1【凡】〔3〕常 ボン・ハン

J 4362 補 ― U 51E1

旧字 几1【凢】〔3〕ハン 漢 平 咸 ボン 呉 fán ファン

J ― 補 ― U ―

筆順 丿 几 凡

2画　二亠人(亻・𠆢)儿入八冂冖冫几凵刀(刂)力勹匕匚匸十卜卩(㔾)厂厶又

几1【凡】〔3〕俗字 J①1456 補1909 U51E2

意味 ①〈およそ〉おおよそ。あらまし。「凡要」②〈すべて〉みな。あわせて。いずれも。③なみ。普通の。「平凡」④世俗の。「凡心」

解字 会意。二と𠂈とを合わせた字。二は数の多いこと。𠂈は及という字で、しめくくること。凡は、数の多いものをしめくくることである。もっと古い字形では、H となっていて、平らな板などの形を表している。それで、凡は、平らにならしておおうことでもあるといい、また「盤」と同じで、水を受ける平らな器であるともいう。

名前 ちか

姓 凡・凡海・凡河内

【凡例】巻頭のはしがきで、その書物の内容のあらましや編集の要領・方針などを述べた文。

【凡下】①なみ。平凡な人。②いやしい人。俗人。

【凡眼】見識の低いこと。また、その人。

【凡器】平凡な器量。普通なみの才能・力量。また、その人。つまらない人物。

【凡愚】平凡で愚かなこと。また、その人。

【凡骨】①普通のからだ。②平凡な能力の者。

【凡才】平凡な才能。つまらない人物。凡材。

【凡手】平凡な技量。平凡な腕まえ。凡技。

【凡書】①普通の書物。②平凡な筆跡。

【凡人】①なみの人。普通の人。平凡人。②他人。③㊋俗人。

【凡俗】①下品で卑しい。②普通の人。凡人。

【凡百】①いろいろ。もろもろ。かずかず。あらゆる。②もろもろの人々。人民。

【凡夫】①平凡な人。普通の男。常人。②㊋仏道の悟りを得ないで迷っている人。俗人。

【凡凡】なみ。普通。「平平凡凡」

【凡民】普通の人々。庶民。

【凡庸】①なみ。ありふれた。平凡な。②平凡人。凡俗。

【凡流】普通の階級。ただの人。ひとどおりのもの。

◇▼平凡・非凡

几2〖冗〗→冖部二画(一四三ジ・下)

几3【凥】〔5〕キョ 漢 平 魚 jū チュイ J— 補1910 U51E5

意味 〈お・る(を・り)〉 ＝居

几3【処】〔5〕学6 ショ J2972 U51E6

㊀ショ 漢 ソ 呉 ㊀上 語 chǔ チュー

㊁ショ 漢 ソ 呉 ㊁去 御 chù チュー

旧字 虍5【處】〔11〕 J4961 補8655

筆順 ノ ク 夂 夂 処

意味 ㊀①〈お・る(を・り)〉㋐その場所にいる。㋑とどまる。住む。㋒おちつく。㋓るすいをする。②〈お・く〉その場所に置く。③〈や・む〉中止する。④男の仕えてないもの、また、女の未婚のもの。⑤きりもりする。「処置」⑥罰する。⑦定める。決める。㊁①〈ところ〉㋐場所。地方。㋑とき。㋒地位。㋓部分。②役所の一部門。③つね。常。国〈ところ〉①場合。折。②…した結果。接続助詞的に用いる。

解字 会意・形声。虍・夂・几を合わせた字。虍が音を示す。夂は足を引っぱる形で、止まること。几はこしかけ。虍は虎で、落ちつく気持ちを含む。處は、進もうとして、こしかけのところで止まり、落ちつくことを表し、几によってすわる、「いる」という意味になる。音ショは虍の音コの変化。

【処刑】刑罰を加える。死刑を執り行う。

【処決】①処置する。②国覚悟をきめる。自殺する。

【処裁】「処置」に同じ。

【処士】教養があっても官につかえない人。民間の人物。「処士横議」(横議は、かって気ままに論議する。)〈孟子・滕文公下〉

【処子】①「処女」に同じ。むすめ。②「処士」に同じ。

【処事】事がらをとりはからう。

【処守】るすばん。るすを守る。

【処処(處)】①ところどころ。②いる場所。【――全真(眞)】目につくところ、どこでも真実そのものである。〈碧巌録〉

【処所】居場所。居どころ。＝処処

【処暑】二十四気の一つ。陽暦八月二十三、四日ごろ。

【処女】①まだ嫁に行かない女。おとめ。きむすめ。↕童貞 ②けがれていない女。男に接したことのない女。③はじめて物事をするたとえ。人が手をつけていないたとえ。④おとなしいたとえ。「始如二処女一」〈孫子・九地〉

【処心積慮】心をとめ、思いをかさねる。計画をじゅうぶんにねること。〈春秋穀梁伝・隠公元年〉

【処世】世わたり。世の中に暮らしてゆくこと。【――訓】世わたりの役にたつ教訓。

【処静(靜)】心を静める。静かに暮らす。

【処断(斷)】処置をつける。はっきりさばきをつける。

【処置】①とりはからう。②さばき。とりきめ。

【処罰】刑罰を加える。

【処分】㊀①とりはからう。②かたづける。しまつする。③さばきをつける。罪にあてて処置する。身のふり方をきめる。㊁ chǔfèn 現㊀に同じ。

【処弁(辨)】「処置」に同じ。

【処方】①処置のしかた。②病気に応じた薬の調合。【――箋】国処方②の書きつけ。

【処約】貧しく苦しい暮らしをしている。

【処理】㊀「処置」に同じ。㊁ chǔlǐ 現㊀に同じ。

◇▼出処・何処・対処・居処・彼処・随処・善処・僻処

几3【凧】〔5〕人 標 国字 J3492 U51E7

意味 〈たこ〉いかのぼり。

几4【凩】〔6〕国字 J4962 U51E9

意味 〈こがらし〉秋の末から初冬にかけて吹きすさぶ風。

几4【凪】〔6〕人 国字 J3868 U51EA

意味 ①〈な・ぐ〉風が止んで波がおさまる。②〈なぎ〉「朝凪」

解字 会意。几と止とを合わせた字。几は風を略した形、止はとまる意で、凪は風がやむこと。

几4〖机〗→木部二画(六一八ジ・下)

几4〖夙〗→夕部三画(三一一ジ・下)

几5【凬】〔7〕同 →風(一三八一ジ・下)

几6【凭】〔8〕ヒョウ 漢 平 蒸 píng ピン J4963 U51ED

意味 〈よ・る〉もたれる。よりかかる。

参考 凭は「憑」(五〇〇ジ・中)の中国新字体としても使う。

几12【凴】〔14〕同字 J②0320 補1914 U51F4

几6【凿】〔8〕俗 →鼠(一四五一ジ・上)

几6【凮】〔8〕古 →風(一三八一ジ・下)

几 6 【凬】〔8〕 俗 ↓風(一三八一ジペー・下)

几 7 『凮』↓風部〇画(一三八一ジペー・下)

几 9 【凰】〔11〕 人 標 コウ(クヮウ) 漢 平 陽 オウ(ワウ) 呉 huáng ホワン J 4964 補 U 51F0

意味 〈おおとり(おほとり)〉 鳳凰ほうおうの雌めす。

几 10 【凱】〔12〕 人 カイ 漢 上 賄 ガイ 慣 kǎi カイ J 1914 補 U 51F1

意味 ①やわらぐ。おだやか。「凱風がいふう」 ②たのしむ。③かちどき。また、かちいくさの音楽。

解字 会意・形声。几と豈とを合わせた字。豈がいが音をも示す。几は神前に供え物をのせる台で、豈は豆とう、すなわち、たかつきにのせた供え物である。そこで凱は、神前に戦勝を告げる意味となる。

名前 とき・よし・たのし

【凱歌】がいか 勝ちいくさを祝う歌。凱旋軍歌。

【凱帰(歸)】がいき 戦いに勝って帰る。

【凱旋】がいせん ①戦争に勝って帰って来る。②戦勝の歌をうたってひきあげる。【――門】がいせんもん 凱旋の軍隊を歓迎し、戦勝を記念するために都市に建てられた門。

【凱沢(澤)】一がいたく 平和の恩恵。二がいえき なごやかに楽しむ。

【凱弟】がいてい 楽しみやわらぐ。＝愷悌がいてい

【凱風】がいふう ①そよ風。②南風。「凱風自南がいふうみなみよりす」(暖かい風が南から吹いてくる。)〈詩経しきょう・凱風がいふう〉『――寒泉之思』がいふうかんせんのおもい(おもひ) 母がわが子を養い育てるための心配。〈詩経しきょう・凱風がいふう〉

几 10 【凬】〔12〕 俗 ↓飆(三九二ジペー・下)

几 11 『凫』↓鳥部二画(一四二八ジペー・上)

几 12 【凳】〔14〕 トウ 漢 去 径 dèng トン J ②0319 補 U 51F3

意味 ふみ台。腰掛け。また、ひじ掛けの一種。

木 14 【櫈】〔18〕 同字 J 3745 補 U 6AC8

【凳子】とうし 腰かけ。

几 12 【凴】〔14〕 同 ↓凭(一五〇ジペー・下)

几 12 『鳳』↓鳥部三画(一四二八ジペー・中)

2画

凵部　かんにょう うけばこ

【部首解説】 「口を開いた形」にかたどる。この部には、「凵」の形を構成要素とする文字が属する。

凵 0 【凵】〔2〕 カン 漢 上 豏 kǎn カン J 4965 補 U 51F5

意味 口を大きくひろげる。

解字  象形。口を開いて、中がへこんでいる形を表す。

凵 2 【凼】〔4〕 オウ 漢 上 有 ǒu オウ J ―― 補 U 20676

意味 山名。凼山。江蘇こうそ省宜興ぎこう県にある。

凵 2 【凶】〔4〕 常 キョウ キョウ 漢 ク 呉 平 冬 xiōng ション J 2207 補 U 51F6

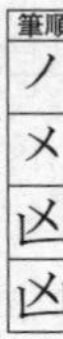

意味 ①わるい。よくない。↕吉 ②〈わざわい(わざはひ)〉 ③ききん。五穀がみのらない。「凶年きょうねん」 ④よこしま。⑤わかじに。⑥おそれる。

解字  会意。メと凵とを合わせた字。メはたがいちがいになること。凵は穴。凶は、人が穴に落ちこんで交差している形で、悪い状態を表す。一説に、凵は口を開いている形で、口を開いても食物がないことであるという。

参考 新表記では、「兇」(一二三ジペー・上)の書きかえに用いる。なお、凶は「兇」の中国新字体としても使う。

【凶悪(惡)】きょうあく 非常に悪いこと。また、その人。大悪。＝兇悪

【凶音】きょういん 悪い知らせ。不吉なたより。凶報。

【凶患】きょうかん(くわん) わざわい。災害や心配事。

【凶漢】きょうかん わるもの。悪漢。他人に危害を加えた者。＝兇漢

【凶器】きょうき ①人を殺傷するのに使った道具。＝兇器 ②凶事につかう器。葬式に使う道具。

【凶虐】きょうぎゃく 心がねじけていてむごいこと。また、その人。

【凶逆】きょうぎゃく 心がねじけていて道理に逆らう。また、その人。悪逆あくぎゃく。

【凶凶】きょうきょう ①ことばや態度のあらっぽいさま。②あらそうさま。③ひどくこわがるさま。

【凶桀】きょうけつ 心が悪くてあらあらしい。悪強い。＝兇行

【凶行】きょうこう(かう) 凶悪な行い。人を殺傷するなど手荒い悪行。

【凶荒】きょうこう(くわう) 穀物が実らないこと。不作。ききん。＝兇荒

【凶狡】きょうこう(かう) 心がねじけていてずるい。凶猾きょうかつ。

【凶作】きょうさく 国 作物が実らないこと。不作。

【凶札】きょうさつ ①飢饉ききんと疫病。②五穀が実らず、疫病のはやる年。

【凶事】きょうじ 死亡などの不吉な事。不祥な事。↕吉事

【凶邪】きょうじゃ 心がねじけていること。また、その人。

【凶手】きょうしゅ ①わるもののしわざ。②わるもの。直接、人を殺した当人。殺人の下手人げしゅにん。＝兇手

【凶状(狀)】きょうじょう(じゃう) 国 罪を犯すこと。＝兇状 【――持】きょうじょう(じゃう)もち 国 前科者ぜんかもの。

【凶人】きょうじん 悪人。

【凶宅】きょうたく 縁起の悪い家。たたりのある家。

【凶徒】きょうと わるものども。わるものの仲間。凶党。＝兇徒

【凶党(黨)】きょうとう(たう) わるものども。ならずものたち。凶悪の徒党。逆徒ぎゃくと。＝兇党

【凶徳】きょうとく 悪い性質。悪徳。また、悪行。

【凶年】きょうねん ①作物の実らない年。不作の年。凶歳。②災害の多い年。

【凶服】きょうふく ①喪中の着物。喪服。また、それを着ること。②不吉な服装。武装。また、それを着ること。

【凶聞】きょうぶん 「凶問きょうもん」に同じ。

【凶変(變)】きょうへん ①不吉な事件。いやな、かわったできごと。＝兇変 ②死亡の知らせ。凶聞。凶音きょういん。

【凶報】きょうほう 悪くてあらあらしいこと。＝兇暴

【凶暴】きょうぼう 悪くてあらあらしいこと。＝兇暴

【凶夢】きょうむ 不吉な夢。いやな夢。

【凶問】きょうもん 不吉な報告。死去の知らせ。＝凶聞

【凶礼(禮)】きょうれい 死者をあつかう礼。喪もの礼。

【凶戻】きょうれい 手荒い。荒々しい。乱暴。

◇▼吉凶きっきょう

凵 3 【凹】〔5〕 常 オウ オウ(アフ) 漢 入 洽 āo アオ、wā ワー J 1790 補 U 51F9

意味 ①〈ぼこ〉 なかくぼ。↕凸とつ ②〈くぼ・む〉〈へこむ。へこます。

2画　二亠人(亻・𠆢)儿入八冂冖冫几凵刀(刂)力勹匕匚匸十卜卩(㔾)厂厶又

解字 象形。中央がくぼんでいる形を表した字。

【凹処(處)】(おうしょ) くぼんでいるところ。くぼみ。

【凹心硯】(おうしんけん) 中央がくぼんでいるすずり。

【凹凸】(おうとつ) でこぼこ。たかひく。【――花】(おうとつか) 遠くからみれば、でこぼこがあるようだが、近くでみると平らな絵のこと。唐の張彦遠の描いた額の故事。

◁▶凸凹(でこぼこ)

凵3
【出】
〔5〕 学1 シュツ・スイ でる・だす
一 シュツ 漢呉 入 質 chū チュー
二 スイ 漢呉 去 寘 chū チュー
J 2948 補 ― U 51FA

筆順 丨 ㇄ 屮 出 出

意味 一 二 ①〈でる(い・づ)〉㋐中から外に出る。↕入「外出」㋑現れる。表に見える。「出名」㋒生まれる。発生する。㋓仕える。「出処(しゅっしょ)」㋔こえる。はずれる。「出レ険(けんを)」②与える。③離れる。去る。「出郷(しゅっきょう)」④〈だ・す(いだ・す)〉捨てる。追い出す。「出レ妻(つまをいだす)」⑤妹の子をいう。⑥劇の一くぎり。一幕。‖齣(しゅつ) 国〈で〉出身。産地。

解字  象形。草木がしげって上に出る形である。一説に、屮と凵とを合わせた字とする。凵は穴(あな)。出は、屮で、草のこと、あるいは、之で、行くことを表し、穴から上に出て行くことであるともいう。また、出は、足にくつをはいた形で、出て行くことを表すとも解する。

姓 出水(いずみ)・出石(いずし)・出田(いでた)・出羽(いでわ)・出庭(いでわ)・出雲(いずも)
地名 出水(いずみ)・出石(いずし)・出羽(でわ)・出雲(いずも) 難読 出梅(つゆあけ)・出鱈目(でたらめ)
参考 出は「齣」(一四五五ページ・上)の中国新字体としても使う。

【出位】(しゅつい(ゐ)) 自分の地位を越えた行いをする。

【出捐】(しゅつえん) ①他人を助けるために金を寄付すること。②投げ出す。

【出火】(しゅっか(くわ)) 国火事を出す。また、火事。

【出荷】(しゅっか) 商品を出す。

【出棺】(しゅっかん(くわん)) 死者の棺を送り出すこと。

【出願】(しゅつがん(ぐわん)) 願い出る。願い出。

【出御】(しゅつぎょ) 天子がおでましになること。

【出京】(しゅっきょう(きやう)) ①都を出て地方に行く。②国都に出る。上京。

【出勤】(しゅっきん) 勤めに出る。

【出家】(しゅっけ) ①仏仏門にはいること。②国僧侶(そうりょ)。坊主。

【出撃(擊)】(しゅつげき) 敵陣の中にうって出る。

【出欠(缺)】(しゅっけつ) 官職についていた者がその任を離れ、地位が空いていること。

【出血】(しゅっけつ) ①血を出す。血が出る。また、出る血。②ぎせいを出すこと。損失すること。

【出現】(しゅつげん) 一 世にあらわれ出る。二 chūxiàn チューシエン 現一に同じ。

【出口】(しゅっこう) 一 ①言葉が口から出る。②外に出る口。↕入口 二 chūkǒu チューコウ 現輸出する。二(でぐち) 国外に出る口。

【出向】(しゅっこう(かう)) ①出向く。出かける。②出張。役人などが命令で他の場所の仕事につくことにもいう。

【出獄】(しゅつごく) 罪を許されたり、刑期を終えたりした者が刑務所から出ること。

【出谷遷喬】(しゅっこくせんきょう(けう)) 春になって鳥が谷間から高い木にとびうつることから、人の出世にたとえる。「出レ自ニ幽谷一、遷ニ于喬木一(ゆうこくよりいでて、きょうぼくにうつる)」〈詩経(しきょう)・伐木(ばつぼく)〉

【出塞】(しゅっさい) 国境の要塞(ようさい)から国外へ出る。とりでを出る。

【出山】(しゅっさん) ①隠者がふたたび世の中に出て仕えること。②悟りを開いて寺から出てくること。

【出仕】(しゅっし) ①仕える。役人になる。②出勤する。

【出資】(しゅっし) 資金を出す。もとでを出す。

【出自】(しゅつじ) 出どころ。生まれどころ。

【出狩】(しゅっしゅ) ①出かけて狩りをする。②兵乱などの難を避けて、天子が都を出ること。

【出処(處)】(しゅっしょ) ①出て官に仕えることと、退いて民間にいること。②もののでどころ。事のおこるところ。由来。‖出所 ③生まれたところ。出生地。【出処(處)進退】(しゅっしょしんたい) 世間に出て役人になることと、退いて家にいること。自分の身のふり方。

【出所】(しゅっしょ) ①事のでどころ。‖出処 ②生まれた場所。③国刑務所から出ること。

【出生】(しゅっしょう(しゃう)) ―(しゅっせい) 一 ①子が生まれる。出産。②その土地の生まれであること。二 chūshēng チューション 現一の①に同じ。

【出色】(しゅっしょく) 他よりぬき出ている。ひときわすぐれて目だつ。

【出身】(しゅっしん) ①身を投げ出して国家や君主のためにつくすこと。②官職につくこと。③国生まれた土地。出身地。④国卒業した学校。出身校。

【出陣】(しゅつじん(ぢん)) いくさに出る。戦場に出る。

【出塵】(しゅつじん(ぢん)) ①うき世からのがれる。現社会から脱する。②仏煩悩(ぼんのう)の世界から出る。

【出世】(しゅっせ) ①この世に生まれ出る。②成功する。立身する。③俗世間を離れる。④仏衆生(しゅじょう)を救うために、仏が現世に現れ出ること。【――魚】(しゅっせうお(うを)) 国①その成長につれて呼び名のかわる魚。ぼら・すずき・ぶりなど。②鯉(こい)の別名。

【出征】(しゅっせい) 戦地へ出て行くこと。

【出贅】(しゅつぜい) 男性が結婚の際、女性の家に婿(むこ)入りする。

【出席】(しゅっせき) 一 会合に出る。二 chūxí チューシー 現一に同じ。

【出世間】(しゅっせけん) ①仏世をのがれて仏の道に入る。出世。②世間との交わりを断ちきって、超然としていること。③僧侶(そうりょ)のふむべき道。出世間道。↕世間(せけん)

【出走】(しゅっそう) ①逃げ出す。②競走などに出て走ること。また、走るもの。

【出題】(しゅつだい) 問題を出すこと。試験の題を出すこと。

【出立】(しゅったつ) 国旅に出る。旅立ち。かどでする。鹿島(かしま)立ち。出発。発足(ほっそく)。

【出張】(しゅっちょう(ちゃう)) 国職務上でよその土地に行く。

【出陳】(しゅっちん) 一 ①古い物を出す。陳は古い意。②展覧会などに物品を出して並べる。二(しゅつじん(ぢん)) 兵士が戦場に出かける。陳は陣の意。‖出陣
【出廷】(しゅってい) 国法廷に出る。

【出典】(しゅってん) ①出てつかさどる。②言い伝えやしきたりなどの根拠。故事・引用句などの出どころ。典拠。

【出土】(しゅつど) 考古学上の資料などが土の中から出ること。

【出頭】(しゅっとう) ①他よりもすぐれてあらわれる。頭角を出す。②その場に出向く。出席する。③国官庁などに出向く。

【出動】(しゅつどう) 出かけて行動する。

【出入】(しゅつにゅう(にふ)) 一 ①ではいり。②出し入れ。③外務官(武官)となり、内務官(文官)となる。④支出と収入。出納(すいとう)。⑤往来。⑥とついだ者と家にいる者。二(でいり) 国①ではいり。②ゆきき。③余りと不足。④支出と収入。⑤争いごと。

【――之計】(しゅつにゅう(にふ)のけい) 収入、支出のかんじょう。

【出馬】(しゅつば) ①馬を出す。②戦場に出る。③馬に乗って出かける。

【出発(發)】(しゅっぱつ) 一 目的地に向かって出かける。二 chūfā チューファー 現一に同じ。

【出帆】(しゅっぱん) 船が港を出ること。

【出版】(しゅっぱん) 一 本を印刷して世に出す。刊行。発行。二 chūbǎn チューパン 現一に同じ。

【出費】(しゅっぴ) ①費用を出す。②費やした金。費用。

【出品】(しゅっぴん) ①品物を陳列に出す。また、その品。②産物。③すぐれた品。出色の品物。

【出府】(しゅっぷ) ①田舎(いなか)から都会に出ること。②府庁に出向くこと。

【出母】(しゅっぽ) 離縁された母。

【出亡】(しゅつぼう(ばう)) 逃げる。逃げてあとをくらます。逃亡。出奔。亡命。

【出没】(しゅつぼつ) 現れたりかくれたりする。見えたり見えなくなったりする。隠見。【――望平原】(しゅつぼつしてへいげんをのぞむ) 平原が見えたりかくれたりしてながめられる。〈魏徴の詩・述懐〉

【出奔】(しゅっぽん) よそに逃げ出る。他国に逃げてゆくえをくらます。

【出遊】(しゅつゆう(いう)) ①家を出て遊ぶ。②遊学などで他国にさすらう。

【出来(來)】㊀(しゅつらい) 出て来ること。国①おこる。発生する。②できる。できあがる。㊁(でき) 国①㊀の①に同じ。②できぐあい。③農作物のみのり。収穫。④売買取引の成立すること。【――秋】(できあき) 国①稲のよくみのった秋。②秋。【――心】(できごころ) 国偶然におこった心。【――高】(できだか) 国株式市場用語で、売買取引の成立した株数。【――分限】(できぶげん) 国にわかなりきん。成金。

【出離】(しゅつり) 仏①俗世間を離れ出ること。世をのがれすてる。②出家の身となること。【――生死】(しゅつりしょうじ) 仏いろいろの迷いや生死の苦しみの世を離れて、いつも安楽な仏の世界にはいること。【――雲】(しゅつりのくも) 仏迷った人間を悟りにみちびくめぐみの雲。

【出漁】(しゅつりょう(れふ)・しゅつぎょ) 魚をとりに出る。

【出力】(しゅつりょく) ①力を出す。尽力する。②電気器具や発動機の「馬力」。

【出倫】(しゅつりん) 仲間の者よりぬきんでてすぐれる。出類。抜群。

【出廬】(しゅつろ) 草のいおりを出る。世間から隠れてくらしていた人が、ふたたび世間に出て官職につくこと。

【出師】(すいし) 軍隊を出すこと。出兵。【――表】(すいしのひょう(へう)) 三国時代、蜀の宰相諸葛亮が出陣にあたって後主劉禅にたてまつった文章。忠義の心のあふれた名文として有名。

【出納】㊀(すいとう(たふ)) 出し入れ。金銭・物品の出し入れ。収入と支出。㊁(しゅつのう(なふ)) 国蔵人所の属官で、雑事、雑具の出し入れをつかさどった職。

【出合】(であい(あひ)) 国①会合する。②男女が密会する。

【出開帳】(でかいちょう(ちゃう)) 国本尊の仏像を臨時によそに出して、広く人々に拝ませること。↕居開帳

【出稼】(でかせぎ) 国ある期間、よそに出かけていって働くこと。

【出花】(でばな) 国①入れたての味のよいお茶。いればな。②物の初めの、最もよいところ。

【出鼻】(でばな) 国①出たところ。突き出たところ。②しはじめ。やりはじめ。

【出放題】(でほうだい) 国出まかせ。口にまかせて、いいかげんなことを言いちらす。

【出事】(チューシー) chūshì 現事故が起こる。

【出租汽車】(チューツーチーチョー) chūzū qìchē 現タクシー。ハイヤー。

【出院】(チューユワン) chūyuàn 現退院する。↕住院

【出将(將)入相】(いでてはしょう(しゃう)いりてはしょう(しゃう)) 外地へ出るならば将軍、朝廷にはいるならば大臣になる。〈沈既済・枕中記〉

【出藍之誉(譽)】(しゅつらんのほまれ) 藍(草の名)を原料としてとった青色が、もとの藍よりも青いように、弟子が、やがてその師よりもすぐれた者になるたとえ。〈荀子・勧学〉

◆日出・支出・抄出・供出・突出・析出・抽出・呼出・放出・派出・思出・流出・浸出・案出・振出・書出・排出・移出・産出・脱出・張出・進出・転出・船出・傑出・提出・揚出・検出・貸出・買出・搬出・裸出・続出・歳出・演出・摘出・算出・噴出・選出・輩出・輸出・醸出・露出・門外不出

凵3 【凸】〔5〕 常 トツ | トツ 漢 入 月 tū トゥー　J 3844 補 U 51F8

筆順 丨 ㇗ 卂 凸 凸

意味 ①〈でこ〉なかが高い。中高。↕凹 ②まわりより高い。突き出る。

解字 象形。まん中が突き出た形を表した字。

難読 凸凹(でこぼこ)(付表)／凸柑(ポンカン)

【凸凹】(とつおう(あふ)・でこぼこ) 凸と凹。たかひく。

【凸起】(とっき) なかが突き出ている。また、そのところ。

◆凹凸

凵3 【凷】〔5〕 本↓塊(二九六ページ・下)

凵6 【画】〔8〕 学2 ガ・カク　J 1872 補 U 753B

旧字 田7 【畫】〔12〕 ㊀ カク(クヮク) 漢 呉 入 陌 huà ホワ　㊁ カイ(クヮイ) 漢 エ(ヱ) 呉 ガ(グヮ) 慣 去 卦 huà ホワ　J 6533 補 U 756B

田8 【畵】〔13〕 本字　J ― 補 U 7575

筆順 一 丅 冂 币 帀 亩 画 画

意味 ㊀①〈かぎ・る〉㋐区分する。くぎる。㋑とどまる。②〈はか・る〉計画する。「画策(かくさく)」③〈はかりごと〉④ととのえる。⑤漢字の横線。また、漢字をかくとき一筆でかくべき点や線。⑥文。㊁①〈えが・く(ゑが・く)〉絵をかく。②絵画。「画商」「画集」③文書の署名や花押(かおう)。

解字 畫 会意。聿と画とを合わせた字。聿は、筆でふでのこと。画は、田の四方を囲んだ形。畫は、筆で田の四方にくぎりをつけることで、くぎる意味になる。

参考 ①「書(昼)」は別字。②新表記では「劃」の書きかえに用いる。

【画架】(がか) ①カンバスをささえる三脚の台。②画布を張りつけたわく。

【画家】(がか) 絵かき。

【画舸】(がか) 美しい色に塗った船。

【画角】(がかく) 楽器の名。絵がかかれている笛。

【画閣】(がかく) 絵画で飾った高殿。

【画鶴】(ががく) 絵に描いたつる。

【画学(學)】(ががく) ①絵をかく技術。②絵画を研究する学問。

【画竿】(がかん) 模様のある竿(さお)。

【画一】(かくいつ) ①一の字を引いたように、きちんと、ととのえる。②すべてを、同じように取り扱う。差別をつけない。=劃一

【画策】(かくさく) 計画をたてること。

【画数(數)】(かくすう) 漢字を形づくっている点・線の数。

【画然】(かくぜん) はっきりとしたさま。=劃然

【画定】(かくてい) 区画(くかく)をかぎり定める。=劃定

【画袴】(がこ) 美しく色どったはかま。

【画工】(がこう) 絵かき。画人。画手。

【画彩】(がさい) 絵の色どり。

【画賛(贊)】(がさん) 絵にかきそえるほめことば。=画讃

【画手】(がしゅ) 絵かき。画工。

【画趣】(がしゅ) 絵になるようなおもしろみ。絵にかいたようなおもしろみ。

【画匠】(がしょう) 絵かき。

【画商】(がしょう) 絵画を売買する商人。

【画帖】(がじょう) 絵を集めて一冊の本にしたもの。画帳。画集。

【画脂鏤氷】(がしろうひょう) あぶらに絵をかき氷に彫刻する。いくら苦労しても成果が得られないことをいう。

【画聖】(がせい) 非常にすぐれた絵かき。

【画船】(がせん) 色を塗った遊覧船。

【画仙紙】がせんし 大判の紙の一種。書画をかくのに用いる。
【画像】がぞう 絵にかいた姿。肖像画。
【画(「劃」)期的】かっきてき 国新時代を開くような。それ以前と、状況がすっかり変わるさま。エポックメーキング。
【画図(圖)】がと 絵と図。または、絵。
【画棟】がとう 絵をかいたり、塗ったりしたむなぎ。
【画伯】がはく 画家の敬称。伯は、かしらになる人の意。
【画眉】がび ①まゆずみでまゆをかくこと。また、そのまゆ。②美人。③鳥の名。ほおじろ。
【画布】がふ カンバス。絵をかく布。
【画譜】がふ ①画家の系譜をかいたもの。②絵を分類・編集した本。
【画風】がふう 絵のかきぶり。
【画幅】がふく 絵のかけもの。
【画屏】がへい 絵のかいてある屏風。
【画餅】がべい ものが実用にならぬたとえ。絵にかいた餅は食べられないことから。魏の文帝が人の名声は画餅と同じとした故事による。餅に帰す。「名如₂画レ地作₁餅」〈魏志・盧毓伝〉
【画癖】がへき 絵をかくことを好むくせ。
【画法】がほう 絵のかき方。
【画報】■がほう グラフ雑誌。■ホワバオ huàbào 現■に同じ。
【画舫】がぼう 絵をかいたり、色を塗ったりした遊覧船。
【画面】がめん ①顔に入れ墨をする。②国絵のおもて。
【画梁】がりょう 色美しく塗りたてた梁。梁は家のはり。
【画竜(龍)点(點)睛】がりょうてんせい 最後の仕上げをすること。竜をかき、最後に睛を入れると、たちまち天に上ったという故事による。〈水衡記〉
【画廊】がろう 絵を陳列する所。ギャラリー。
【画楼(樓)】がろう ①色どり美しく飾った、高い建物。②絵にかいたような、美しい建物。画閣。
『画中有レ詩』がちゅうしあり 絵の中に詩の趣をたたえている。〈東坡志林〉
△▼仏画・区画・名画・企画・字画・図画・版画・南画・計画・俗画・映画・洋画・書画・俳画・絵画・総画・壁画・漫画・戯画・日本画・水彩画

凵6【凾】〔8〕 入 標 ■カン 漢 ■平 覃 hán ハン ■カン 漢 ■平 咸 hán ハン J 4001 補 U 51FD

凵6【函】〔8〕俗字 J 補 U
凵7【凾】〔9〕俗字 J 4966 補 U 51FE

意味 ■■①中にいれる。ふくむ。②〈よろい(よろひ)〉③〈はこ〉小さな箱。④はこに収める。⑤はこに収めた手紙や本を数える。⑥地名。函谷関の略。⑦姓。
名前 すすむ 地名 函館

【函関(關)】かんかん ①→函谷 ②国箱根の関所。
【函谷】かんこく 関所の名。函谷関。函関。その峻険さを函にたとえて名づけられた。新旧二関あって、旧関は戦国時代、秦の設けたもの。今の河南省霊宝市の西南にある。新関は漢の武帝のときに移されたもの。今の河南省新安県の東北にある。
【函使】かんし 手紙を届ける使い。ふみづかい。
【函丈】かんじょう ①師の席と自分の席との間に、一丈の余地をおくこと。②先生への手紙の脇付。
【函人】かんじん よろい・かぶとを製造する人。具足師。
【函嶺】かんれい 国箱根の山。函は箱。
△▼投函・私書函

凵7【凾】〔9〕俗 →函(本ページ・上)
凵7『幽』→幺部六画(四三一ページ・下)

2画 刀(刂)部 かたな りっとう

【部首解説】「かたな」にかたどる。この部には、刀を使った行為や、刃の状態などを表すものが多く、「刀・刂」の形を構成要素とする文字が属する。旁になるときは多く「刂」となる。

刀0【刀】〔2〕 学2 トウ かたな トウ(タウ) 漢 呉 ■平 豪 dāo タオ J 3765 補 U 5200

筆順 フ 刀

金2【釖】〔10〕同字 J 7859 補 U 91D6

意味 ①〈かたな〉はもの。刀銭。②「刀布」③小舟。=舠 ④姓。
解字  象形。刃が曲がっている刀の形をそのまま表したもの。
難読 竹刀・太刀(付表)/刀自・刀豆

【刀鍛冶】かたなかじ 国刀を鍛えつくる工匠。刀工。
【刀狩】かたながり 国武士以外の者の刀剣所有を禁じ、これを没収すること。
【刀架】とうか かたなかけ。
【刀貨】とうか 「刀幣」に同じ。
【刀鋸】とうきょ ①刀とのこぎり。ともに昔の刑罰の道具。②転じて、刑罰。【——鼎鑊】とうきょていかく ①昔の刑罰の具。鼎鑊は人をかまゆでにするときのかま。②刑罰の意。【——之余(餘)】とうきょのよ 刑罰によって不具の身になるも、余命を長らえている者。また、宦官をいう。
【刀圭】とうけい ①薬をもる匙。薬匙。②医術。【——家】とうけいか 刀圭を用いる人。医者。医師。
【刀剣(劍)】とうけん かたなやつるぎ。刀は片刃、剣は諸刃のもの。
【刀工】とうこう 刀を作ることを職業にする人。かたなかじ。
【刀痕】とうこん 刀で切られた傷あと。かたなきずのあと。また、かたなきず。刀創。
【刀山剣(劍)樹】とうざんけんじゅ 刀の山とつるぎの林。むごたらしい刑罰。
【刀子】■とうし 小刀。ナイフ。■タオツ dāozi 現■に同じ。
【刀自】■とうじ 老母。■とじ 国主婦。家母。また、老婦人の尊称。
【刀室】とうしつ 刀のさや。刀鞘。
【刀匠】とうしょう かたなかじ。刀工。
【刀鞘】とうしょう 刀のさや。刀室。
【刀身】とうしん 刀のなかみ。
【刀刃】とうじん 刀の刃。かたな。はもの。
【刀錐】とうすい ①刀と錐。先端の細くするどいもの。②わずかな利益。
【刀尺】とうせき ①はさみとものさし。裁縫。②任免。
【刀山】とうせん 仏地獄にあるという剣の山。
【刀俎】とうそ ①ほうちょうとまないた。②料理をする準備がととのった意から、危険な場所のこと。
【刀創】とうそう 刀で切られたきず。かたなきず。
【刀槍】とうそう 刀とやり。
【刀鎗】とうそう 刀や、やり。
【刀欛】とうは 刀のつか。刀柄。=刀把
【刀背】とうはい 刀の背。刀のみね。
【刀匕】とうひ 小刀と匙。

2画 二亠人(亻・𠆢)儿入八冂冖冫几凵刀(刂)力勹匕匚匸十卜卩(㔾)厂厶又

【刀筆】とう(たう)ひつ ①昔、竹や木のふだに字をしるした筆と、その誤りをけずり取るための小刀。転じて、筆。②文書。てがみ。③「刀筆吏」の略。【━━吏】とう(たう)ひつのり 文字を書き写すだけの小役人。刀筆。

（刀筆①）

【刀布】とう(たう)ふ ぜに。かね。通貨。刀も布も昔の貨幣をあらわす。刀幣。

【刀兵】とう(たう)へい 武器。兵も武器の意。

【刀柄】とう(たう)へい かたなのつか。刀把とうは。

【刀幣】とう(たう)へい 周代に用いた、刀の形をした貨幣。刀貨。

【刀墨】とう(たう)ぼく 額ひたいに入れ墨をする刑罰。

【刀銘】とう(たう)めい 刀にきざみつけた刀工の名、または銘文。

（刀幣）

【刀禰河】とねがわ(がは) 国利根川。

【刀折矢尽(盡)】かたなおれ(をれ)やつく 激戦に力を出しつくして、これ以上戦えなくなったさま。〈後漢書・段熲伝〉

【鼓レ刀】とう(たう)をこす 刀を使う。

◆小刀しょうとう・こがたな・太刀たち・木刀ぼくとう・名刀めいとう・両刀りょうとう・抜刀ばっとう・宝刀ほうとう・佩刀はいとう・長刀ちょうとう・なぎなた・剃刀ていとう・かみそり・軍刀ぐんとう・剪刀せんとう・執刀しっとう・短刀たんとう・日本刀にほんとう

刀0【刂】〔2〕 J②0321 U補5202 7
意味 「刀」(前項)の別体字。立刀りっとう。旁つくりとして用いられる。

刀0【刁】〔2〕 J①1458 U補1916 5201
チョウ(テウ) 漢 平 蕭 diāo ティアオ
意味 ①銅鑼どらの一種。鍋なべと警戒の銅鑼を兼ねた昔の軍用具。刁斗ちょうと。②かすかに動きゆれるさま。「刁刁ちょうちょう」③だます。わるがしこい。④姓。

刀1【刃】〔3〕 常 ジン は J3147 U補5203
旧字 刀1【刅】〔3〕 ジン 漢 ニン 呉 去 震 rèn レン U補J ― ― ―

筆順 フ 刀 刃

刀1【刄】〔3〕 俗字 J4967 U補5204
意味 ①〈は〉〈やいば〉刀の切れるところ。②はもの。刀かたな。「自刃じじん」③きる。きりころす。
解字 指事。刀に「は」のついている形を表したもの。
参考 元来は、「刃」は、「刄」の俗字。「刅そう」は別字。

【刃傷】じんしょう(しゃう)・にんじょう(じゃう) ①刃もので人を傷つけること。②かたなきず。

【刃創】じんそう(さう) かたなきず。刀創とうそう。

【刃鋩】じんぼう(ばう) 刃もののきっさき。

【遊レ刃有ニ余(餘)地一】じんをあそばすによちあり 肉を料理する時、刃ものを骨にあてずに、すき間を通って切り分ける巧みな腕前。転じて、物事がゆとりをもって処理されることをいう。

◆出刃でば・白刃はくじん・氷刃ひょうじん・自刃じじん・付焼刃つけやきば

刀1【刄】〔3〕 俗 ↓刃(本ページ・上)

刂2【刈】〔4〕 常 かる J2002 U補5208
ガイ 漢 去 隊 カイ 慣 yì イー
筆順 ノ メ 乂 刈

艸4【苅】〔8〕 俗字 J2003 U補82C5
意味 ①〈か・る〉草をかる。かりとる。②断たつ。③ころす。「砕刈」④かま。「刈鉤がいこう」
解字 会意。メと刂を合わせた形。刂は刃物。刈は、かまなどの刃物で左右に切りはらうことを表す。メは左右を交差させた字。
姓 刈田かりた 地名 刈田かった・刈羽かりわ・刈谷かりや

【刈穫】がいかく(くわく) 穀物をかりとること。取り入れ。

【刈除】がいじょ(ぢょ) ①草などをかりとる。②悪人をのぞきはらう。

【刈田】かりた 国稲をかりとったあとの田。

【刈萱】かるかや 国植物の名。すすきに似ている。

刀2【切】〔4〕 学2 セツ・サイ きる・きれる J3258 U補5207
一 セツ 漢 セチ 呉 一 入 屑 qiē チエ
二 セツ 漢 セチ 呉 二 入 屑 qiè チエ
三 セイ 漢 サイ 呉 三 去 霽 qì チー

筆順 一 七 切 切

刀3【切】〔5〕 同字 U補2F850 J ―
意味 一 ①〈き・る〉〈き・れる(―・る)〉たちきる。さく。②みがく。こする。「切磋せっさ」二 ①せまる。近づく。②ねんごろ。心がこもる。「懇切こんせつ」③きびしい。きびしく。④せいいっぱいに。深く。⑤ぴったり合う。「適切てきせつ」⑥かなめ。主要な。⑦脈を診みる。「切脈せつみゃく」⑧二字を合わせて音を表す。「反切はんせつ」三 ①多い。また、すべて。「一切いっさい」②敷石。石段。また、石をつむ。＝砌せい 国〈きれ〉①反物の布地。②切ったものを数える語。「一切ひときれ」
解字 形声。刀が形を表し、七しつが音を示す。七には切断の意味がある。切は、刀で切断することである。また、七には、こまごましたものという意味を含んでいるから、切は、刀でこまかく切ることを表すともいう。
難読 切符きっぷ・切支丹キリシタン

【切子】きりこ 国「切籠きりこ」に同じ。

【切籠】きりこ 国①四角な物の、かどを切り落とした形。＝切子 ②「切籠灯籠」の略。【━━灯(燈)籠】きりこどうろう 多角形のわくに紙をはり、尾をたらした灯籠。

【切支丹】キリシタン 国①昔、キリスト教、または、その信徒をいったことば。②魔術。魔法。＝吉利支丹

【切能】きりのう 国当日の最後に演じられる能のう。尾能きりのう。

【切場】きりば 国①鉱石や石炭などの採掘場。＝切羽・切端 ②連続講談などで、次回にまわすために切るところ。

【切生】きりふ 国「切斑きりふ」に同じ。

【切斑】きりふ 国弓矢に用いる鷹たかの尾の白い羽で、数条の黒い斑模様まだらもようのあるもの。切生。

【切雲】せつうん ①雲にせまる。雲に近づく。高くそびえるさま。「②冠の名。」

【切開】せっかい ①切り開く。②医治療のために患部を切りひらく。

【切諫】せっかん きびしくいさめる。

【切言】せつげん ①思いきっていう。②ねんごろにいう。親切にいう。③心にせまることば。痛切なことば。

【切磋琢(琢)磨】せっさたくま 骨や象牙ぞうげを刀で切り、やすりで磋みがき、宝石を原石からうち出し、砂石で磨みがく。学友・同僚などが互いに励まし合って学問・修養にはげみ、人格をみがくこと。「如レ切如レ磋、如レ琢如レ磨せっするがごとく、さするがごとく、たくするがごとく、まするがごとし」〈詩経しきょう・淇奥きいく〉

【切実(實)】せつじつ ①適切で、実際によくあてはまる。②まこと。「ねんごろ。③確実。」

【切歯(齒)扼腕】せっしやくわん 歯をくいしばり、腕をにぎりしめる。激しく怒るさま。また、くやしがるさま。

【切手】せっしゅ ①拳法けんぽうの手の一つで、平手で相手を打つ法。②拳法。③物事を手ばやく処理する人。敏腕家。

【切峻】せっしゅん さしせまってきびしい。ひどくきびしい。「詔書切峻」〈李密りみつ・陳情表〉

【切切】せつせつ ①親切で行きとどくさま。ねんごろなさま。②しきりに。③きびしく責めるさま。④思いのせまるさま。⑤悲しくさびしげなさま。⑥ひそひそ語るさま。【━━偲偲】せつせつしし

まごころこめて善に進むよう互いに励まし合うこと。〈論語・子路〉

【切断(斷)】せつだん きりはなす。たち切る。

【切迫】せっぱく さしせまること。おしつまること。

【切腹】せっぷく 国①自分で腹を切って死ぬ。はらきり。②江戸時代、武士に命じた死罪。

【切望】せつぼう(ばう) しきりに願う。つよく希望する。

【切要】せつよう(えう) きわめてたいせつなこと。適切で重要なこと。肝腎。肝要。

【切問而近思】せつにといてちかくおもう(とひ)(おもふ) まださとり知らない事、また、何か事に遭っては、いたずらに高遠な道理に走らずに、身近な実際問題として考えるようにする。切問近思。〈論語・子張〉

◇▼一切・大切・反切・品切・指切・封切・首切・飛切・歯切・痛切・貸切・腹切・読切・適切・踏切・親切・懇切

刀 2【分】〔4〕 学2 ブン・フン・ブ わける・わかれる・わかる・わかつ

J 4212 補 U 5206

一 フン漢 ブン呉 一 平 文 fēn フェン ブ慣
二 フン漢 ブン呉 二 去 問 fèn フェン ブ慣

旧字 刀 2【分】〔4〕 J ― 補 ― U ―

筆順 ノ 八 分 分

意味 一 ①〈わ・ける(―・く)〉〈わか・つ〉〈わか・る〉 ア割く。イくばる。与える。「分配」ウ区別する。②〈わか・れる(―・る)〉 ばらばらになる。③なかば。半分。④二十四気の一つ。「春分」「秋分」⑤十分の一。一割。⑥貨幣の単位。文の十分の一。現在は一角の十分の一。⑦重さの単位。一両の百分の一。⑧長さの単位。一寸の十分の一。⑨角度の単位。一度の六十分の一。⑩時間の単位。一時間の六十分の一。(↓付録「度量衡名称」) 二 ①全体の中の一部分。＝份 ②身分。分際。③本分。職責。「職分」④性質。人がら。⑤分とする。あまんじる。

解字  会意。八と刀を合わせた字。八は二つに分けること。分は、刀で二つにすることから、すべて物を分ける意味となる。

名前 ちか・わか・くまり 姓 分瀬 難読 大分

【分陰】ふんいん わずかの時間。短い時間。寸陰。

【分韻】ぶんいん(ゐん) 二人以上が集まり、互いに韻字を分け合いながら、それを用いて即席に詩を作ること。分匀。

【分化】ぶんか(くゎ) ①同質のものが、異質のものに分かれる。②分かれて進化すること。

【分解】ぶんかい ①細かく解き分ける。部分に分ける。②理化合物や合成物が分離して、二種以上の物質となる。

【分外】ぶんがい(ぐゎい) ①身のほどをこえること。身分不相応。過分。②程度をこえる。とりわけ。

【分割】ぶんかつ 分ける。分かちさく。

【分轄】ぶんかつ 分けて管轄する。分けて支配する。分管。

【分岐】ぶんき ①別離。②えだ。また。わかれ。

【分拠(據)】ぶんきょ ①分かれて陣をとる。②別々に控える。

【分禁】ぶんきん 宮中の勤め場所が分かれていること。禁は宮中。

【分家】ぶんけ 家族の者が分かれて別に一家をつくること。また、その家。

【分遣】ぶんけん 本隊から分けて出す。手分けして派遣する。

【分権(權)】ぶんけん 権力を分ける。政治の権限を下部の諸機関に分けること。↕集権

【分限】ぶんげん 一 ①かぎり。限度。程度。ほど。身分のほど。②身分。二 ぶげん 国ア一身の地位。身分。イ金持ち。資産家。富豪。国金持ち。分限者。

【分毫】ふんごう(がう) きわめてわずか。ほんの少し。寸毫。

【分際】ぶんざい ①限度。けじめ。②身のほど。身分。分限。

【分散】ぶんさん 分かれてばらばらになる。また、分けて散らす。

【分子】ぶんし 一 ①分家の子孫。②婚礼や葬式などにおくる金。③いくつかの原子の結合体で、化学的な性質をもった最小の構成単位。④数分数で、割られるほうの数。被除数。↕分母 ⑤国団体の中の一員。二 fènzi 現 一 の②に同じ。三 fēnzi 現 一 の③④に同じ。四 fènzǐ 現 ある種の人びと。「知識分子」

【分司】ぶんし 仕事を分けてつかさどる。

【分手】ぶんしゅ 人と別れる。

【分掌】ぶんしょう(しゃう) 仕事を分けて受け持つこと。分担。

【分譲(讓)】ぶんじょう(じゃう) 分けてゆずる。分けて人にやる。ゆずりわたす。

【分身】ぶんしん ①身を分ける。身がいくつかに分かれる。また、その分かれた身。②子を生むこと。また、その子。③仏仏がいろいろの形に身をかえて現れるすがた。権化。

【分水界】ぶんすいかい 二つ以上の川の流れを分ける境界。分水線。

【分水嶺】ぶんすいれい 分水界となっている山脈。分水山脈。

【分寸】ふんすん ①一分と一寸。②わずかなこと。

【分析】ぶんせき 一 ①分かちさく。分かれる。②分家する。③複雑な物事を分解して要素に分け、その性質をはっきりさせる。④理化合物・溶液・混合物の成分を、構成する元素に分解してはっきりさせる。⑤哲概念の内容を構成する諸要素を、各個に分けて明らかにすること。↕総合 二 fēnxī 現 一に同じ。

【分疏】ぶんそ 言いわけする。申しひらき。弁解。

【分隊】ぶんたい ①本隊から分かれた隊。支隊。②軍隊で兵を分ける単位で、小隊の下。

【分担(擔)】ぶんたん 手分けして一部分を受け持つ。分けて負担する。

【分段】ぶんだん くぎり。段落。

【分地】ぶんち ①領分の土地。②土地を分けること。また、分け与える土地。

【分庭伉礼(禮)】ぶんていこう(かう)れい 主人と客が庭の東西に立ち、対等な立場で礼を行って対面すること。

【分銅】ふんどう はかりのおもり。

【分統】ぶんとう 分担して指揮する。

【分内】ぶんない 本分のうち。つとめるべき本分の範囲内。身分相応。

【分派】ぶんぱ ①分かれること。分かれ出たもの。えだ。②流儀・学説などの、元から分かれ出たもの。流派。

【分配】ぶんぱい 一 ①わかちくばる。わけること。②生産に参加した割合に応じて、その所得を受けること。割り当て。二 fēnpèi 現 ①一に同じ。②割り当てる。配属する。

【分泌】ぶんぴつ｜ぶんぴ ①汁がにじみ出ること。②腺細胞の作用で体内から特殊な液汁を出すはたらき。体外に出る外分泌と血液や淋巴液のなかに出る内分泌がある。

【分秒】ふんびょう(べう) 一分一秒。きわめて短い時間。

【分布】ぶんぷ ①分かれてひろがる。②分けてひろめる。③分かれて所々にある。

【分袂】ぶんべい たもとを分かつ。人と別れること。

【分別】ぶんべつ 一 分ける。仕分ける。区別。区分。二 ふんべつ 考える。わきまえる。判断。思慮。三 fēnbié 現 ①一に同じ。②別れる。③それぞれ。別々に。

【分娩】ぶんべん 子を産むこと。出産。分身。

【分母】ぶんぼ 数分数で、割るほうの数。↕分子

【分捕】ぶんぽ 一 手分けして罪人をとらえる。二 ぶんどり 国①戦場で、敵の物を奪う。②他人の物を奪い取る。

【分封】ぶんぽう 地を分けて封ずる。天子が土地を分け与えて諸侯

を立てること。

【分崩離析】国民がちりぢりばらばらになる。分は民の心が離れる、崩は逃げ出そうとする、離析はばらばらになること。〈論語・季氏〉

【分明】はっきりとわかること。あきらか。

【分野】①区域。範囲。②星座に当てた土地の区分。

【分与(與)】分け与える。

【分離】分かれはなれる。分けはなす。

【分流】①分かれて流れる。②本流から分かれた流れ。支流。

【分量】①めかた。かさ。容積。②程度。ほど。

【分類】種類別に分ける。種類わけ。

【分列】分かれて並ぶ。分けて並べる。

【分裂】分かれさける。

『安レ分』自分の身分に満足している。身のほどを知って欲に走らない。

『守レ分』身のほどを守る。

▽▼十分・子分・寸分・内分・天分・水分・区分・本分・処分・充分・名分・存分・成分・気分・多分・応分・何分・余分・身分・性分・夜分・草分・秋分・約分・春分・剖分・配分・通分・部分・野分・幾分・随分・検分・等分・過分・塩分・微分・節分・裾分・領分・養分・糖分・親分・村八分

刀2【刅】〔4〕本↓創(一七〇ジ・上)

刂3【刊】〔5〕学5 カン　カン 漢平 寒 呉 kān カン　J 2009 補— U 520A

筆順 一 二 千 刊 刊

意味 ①けずる。削除する。②きる。③木や石に彫りきざむ。④出版する。また、出版物。「新刊」⑤改める。

解字  形声。刂が形を表し、干が音を示す。木をけずることから、一般に文字などをきざみこむことを表す。一説に、木に字をきざむとき、刃物で木くずを掘り出すことであるともいう。

【刊行】文書・著書などを印刷して世に出すこと。出版。発行。上梓。

【刊校】「刊定」に同じ。

【刊定】不用の文字を削り去って、誤りをきちんとただす。「刊校。」

【刊本】①出版した本。印刷した本。②木版本。

▽▼夕刊・日刊・月刊・未刊・休刊・旬刊・近刊・季刊・既刊・週刊・創刊・朝刊・廃刊・新刊

刀3【刋】〔5〕セン 漢 去 霰 qiàn チエン　J 4968 補— U 520B

意味 ①切る。②〈けず・る(けづ・る)〉

参考 「刊」は別字。

【刋改】板木をきざみ改める。訂正。

【刋刪】けずる。えらぶ。

刀3【㓛】〔5〕俗↓功(一七四ジ・上)

刀3【切】〔5〕同↓切(一五五ジ・中)

刀3〖召〗↓口部二画(二二二ジ・下)

刀3〖另〗↓口部二画(二二八ジ・中)

刀3〖叨〗↓口部二画(二二三ジ・下)

刀4【划】〔6〕カ(クワ) 漢 平 麻 huá ホワ　J ②0322 補 1919 U 5212

意味 ①さおをさして舟を進める。②小舟。「划子」

参考 划は「劃」(一七一ジ・上)の中国新字体としても使う。この場合は、huà ホワと発音する。

刀4【刓】〔6〕ガン(グワン) 漢 平 寒 wán ワン　J ①1460 補 1920 U 5213

意味 ①けずる。角をとってまるくする。②つぶれる。摩滅する。

【刓削】けずりとる。角をけずって丸くする。

【刓琢(琢)】けずりみがく。

刂4【刑】〔6〕常 ケイ　ケイ 漢 ギョウ(ギャウ) 呉 平 青 xíng シン　J 2326 補— U 5211

筆順 一 二 于 开 开 刑

刀6【𠛬】〔8〕本字 J— 補— U 206EC

意味 ①罰。しおき。「死刑」②罪する。罰する。③ころす。④〈のり〉きまり。法典。「典刑」⑤〈のっと・る〉手本とする。模範となる。⑥おさめる。ただす。⑦成る。⑧かたち。＝形

解字  会意・形声。幵と刂とを合わせた字。幵は井で、法の意味を表し、音をも示す(現在のいどを表す井は、もとは丼と書いた)。刂は刀。刑は法律を執行するのに、刀を使うことから、罪人を罰する意味になる。一説に、刀できずをつけることという。

【刑官】刑罰をつかさどる役。

【刑期】刑罰を受ける期間。

【刑具】刑罰に用いる道具。刑器。

【刑死】刑に処せられて死ぬこと。

【刑事】①刑法によって論じられるべき犯罪事件。②刑事巡査の略。

【刑賞】刑罰と賞与。

【刑場】死刑を行う場所。しおきば。

【刑人】①刑を受けた人。囚人。②しもべ。

【刑政】①刑罰とよい政治。②罪人をさばく法。③犯罪予防の政策。

【刑徒】刑の執行をうけている者。罪人。囚人。

【刑徳】刑罰とめぐみ。

【刑罰】①とがめ。こらしめ。②国家が犯人に加えるしおき。制裁。

【刑部】㊀六部の一つ。律令刑罰などをつかさどった官庁。㊁国昔の八省の一つ。刑部省で、今の法務省にあたる。㊂国地名または姓氏。

【刑辟】刑罰。

【刑法】①犯罪人を罰する規則。刑律。②法六法の一つ。犯罪および刑罰についての法律。

【刑名学(學)】名実一致の学説。刑は形で、刑名は名実の意。名は群臣の説くところ、実はその実際の功績。名によって実を見、言行の一致を要求し、それによって臣下をとりしまってゆくことを説く。韓非・商鞅・申不害らの学説。

【刑余(餘)】①刑罰を受けて身体が不自由になった者。前科者。②宦官。宮刑を受けた役人。③僧侶。

【刑戮】①刑法によって罪人を罰する。また、刑罰をうける。②死刑。

『刑不レ上ニ大夫一』刑罰は大夫の身分には加えない。もし大夫が罪を犯した場合でも、自らの良心による制裁にまかせた。

▽▼火刑・処刑・死刑・体刑・私刑・求刑・流刑・減刑・極刑・酷刑・銃刑・厳刑・終身刑

刂4【刖】〔6〕ゲツ 漢 入 月 yuè ユエ　J ②0323 補 1922 U 5216

意味 ①〈あしき・る〉②あしきり。足を断ちきる刑罰。刖足。＝刖脚

【刖脚】罪のために足を断ち切られること。また、その者。

【刖罪】足のすじを切る刑罰。足切りの刑。

【刖者】足切りの刑を受けた罪人。

2画
二亠人(亻・𠆢)儿入八冂冖冫几凵刀(刂)力勹匕匚匸十卜卩(㔾)厂厶又

刀4【刎】〔6〕 ブン 漢 上 吻 / フン 慣 wěn ウエン　J4970 補 U520E

意味 ①首をはねる。首をきる。②きる。断つ。

【刎死】自ら自分の首をはねて自殺すること。

【刎頸之交】首をはねられても悔いないほどの、親しいまじわり。生死をともにする親交。〈史記・廉頗藺相如列伝〉

刀4【刕】〔6〕 リ 漢 平 支 / 呉 lí リー　J①1461 補1921 U5215

意味 中国人の姓。

参考 「劦」は別字。

刂4【列】〔6〕 学3 レツ 漢 入 屑 / レツ 呉 liè リエ　J4683 補 U5217

筆順 一 ア 万 歹 歹 列

意味 ①〈つらな・る〉ならぶ。仲間にはいる。②〈つら・ねる(──・ぬ)〉ならべる。③分ける。＝裂。④ならび。行列。⑤地位。ついで。順序次第。「序列」⑥軍隊の隊伍。⑦多くの。「列国」

解字  形声。刂が形を表し、歹が音を示す。刂は刀。歹は、水が分かれる形。また、ちぎれる形。列は、刀で分解する意味。そこから転じて、並ぶことになった。

名前 つら・とく・のぶ

【列壑】つらなり並ぶ谷。多くの谷。

【列観(觀)】①並んで見る。また、その人々。満座。②宮殿。列は多数ある意。観は高い建物。③ならびつらなる物見台。

【列記】並べてしるす。ひとつひとつつらねて書く。

【列挙(擧)】数えあげる。ならべあげる。ひとつひとつ順にあげ示す。

【列強】多くの強大な国々。

【列禦寇】人名。戦国時代、鄭の国の学者。その学説は道家に属し、「列子」八巻の著者といわれる。

【列欠(缺)】①天空の裂けめ。②いなずま。雷光。天空の裂けめから発せられると考えられていた。

【列侯】諸侯。漢代で、異姓の諸侯。また、多くの大名。

【列国(國)】①諸侯の国々。②多くの国々。

【列座(坐)】並んですわる。いならぶ。また、その座席。

【列子】書名。八巻。戦国時代の列禦寇の著といわれる。その説くところは老・荘の思想と一致する。

【列次】ついで。順序。次第。序列。

【列車】①並べ連ねた車。また、車を並べること。②機関車に、何台かの客車または貨車をつないだもの。

【列叙(敍)】並べて記録する。

【列将(將)】将軍の位にある者。

【列女伝(傳)】書名。漢の劉向の著。古来のすぐれた女性の伝説を分類してしるしたもの。七巻。

【列世】世々。代々。歴代。歴世。

【列星】つらなる星。多くの星。

【列聖】①代々の天子。歴代の天皇。②多くの聖人。

【列席】その席にならぶ。席につらなる。並んで席につく。また、出席すること。列座。

【列仙伝(傳)】書名。二巻。漢の劉向の著と称されている。七十人の仙人の伝をしるしたもの。

【列祖】代々の先祖。歴代の祖先。

【列伝(傳)】①多くの人々の伝記をひとりずつ書き並べたもの。②歴史書の中で、人々の事跡を並べて書いた部分で、漢の司馬遷の「史記」にはじまる。↔本紀・世家

【列島】連なり並んだ島々。多くの島が長く並んでいるもの。

【列立】並んで立つ。【──拝(拜)謁】並び立って、目上の人にお目にかかる。

【列寧】lièníng 現 人名。レーニン。

◆行列・同列・序列・系列・参列・並列・直列・陳列・隊列・整列・羅列

刀4【刔】〔6〕 同→抉(五一七ジ・中)

刀4【刘】〔6〕 同→劉(一七二ジ・上)

刀5【删】〔7〕 サン 漢 平 删 shān シャン　J4972 補 U522A

刀5【刪】〔7〕 字 同　J── 補 U5220

意味 ①〈けず・る(けづ・る)〉文字・文章をけずり改める。「删去」②取捨してさだめる。選定する。「删拾」

【删改】字句をけずり、改める。文章を直すこと。

【删詩】詩をけずる。三千余編あった古代の詩を、孔子が整理して三百五編を選び、今の「詩経」を編んだこと。

【删修】余分の字句をけずり去って、文章を整理すること。删正。删定。

【删潤】文章の語句をけずったり足したりして修飾する。

【删除】けずり取ること。

【删正】文章の字句をけずり正す。改めなおす。

【删節(節)】不用の語句をけずり、ほどよい文章にする。

【删定】「删修」に同じ。

【删補】不要な字句をけずり、必要な字句をおぎなう。「増補删削」

刀5【初】〔7〕 学4 ショ はじめ・はじめて・はつ・うい・そめる / ソ 漢 ショ 呉 平 魚 chū チュー　J2973 補 U521D

筆順 丶 ラ ネ ネ ネ 初 初

意味 ①〈そ・める(──・む)〉はじめる。②〈はじめ〉㋐はじまり。おこり。㋑以前。昔。㋒もと。根本。③〈はじめて〉㋐やっと。㋑はじめから。④〈はつ〉〈うい(うひ)〉最初の。第一の。「初雪」

解字 会意。衤と刀を合わせたもの。衤は衣で、初はきれを刀で裁ち、着物をつくること。そこから物事のはじめの意味を表す。

名前 もと 難読 初心

【初陣】国はじめて戦場に出ること。初出陣。

【初衣】㊀まだ官に仕えないとき着た衣服。㊁国生まれた子にはじめて着せる着物。産着。

【初一】陰暦で、その月の第一日め。

【初一念】国いちばんはじめに思いこんだ考え。初念。初志。

【初夏】①夏のはじめ。②陰暦四月の別称。

【初会(會)】①はじめて人に会うこと。初対面。②第一回の会合。最初の集まり。

【初学(學)】学問・技芸をはじめて学ぶこと。学びはじめ。初歩。

【初寒】初冬の寒さ。

【初期】はじめの時期。↔末期

【初九】①易の卦の中で最下位の陽爻。②その月の第九日め。

【初級】㊀いちばん低い等級。㊁チュー chūjí 現㊀に同じ。

【初句】①漢詩の第一句。起句。②短歌・俳句の第一句。

【初月】三日月。新月。

【初見】①はじめて見る。②人とはじめて会うこと。最初の会見。

【初爻】易の卦の中で最下位の爻の名。

【初更】五更の最初の時刻。一更。現在の午後八時ごろ。↓「五更」(四九ジ・上)

【初校】印刷物の最初の校正。

【初婚】しょこん 国はじめての結婚。↕再婚

【初産】しょさん・はつざん・ういざん(うひ―) はじめて子を産むこと。最初のお産。

【初志】しょし はじめていだいた志、または希望。最初の考え。

【初秋】しょしゅう(しう)・はつあき ①秋のはじめ。②陰暦七月の別称。

【初春】しょしゅん・はつはる ①春のはじめ。②正月。新春。③陰暦正月の別名。孟春。初春月(はつはるづき)。

【初旬】しょじゅん 月のはじめの十日間。上旬。

【初心】しょしん ①初めに思いたった考え。もとからの気持ち。世間慣れしないこころ。初志。うぶ。②国まだ物事に慣れ熟していないこと。未熟。しんまい。

【初審】しょしん 第一回の裁判。最初の審理。一審(いっしん)。

【初代】しょだい 第一代。ある系統の最初の人。また、その人の時代。

【初段】しょだん ①最初の段。②武道・碁・将棋など技芸の免状で、最初に与えられる段位。

【初潮】しょちょう(てう) 月経がはじめて起こること。また、初めての月経。

【初手】しょて 国初めて手を下すこと。てはじめ。はじめ。

【初伝(傳)】しょでん ①最初の伝授。②初歩段階の伝授。↕奥伝(おくでん)

【初冬】しょとう・はつふゆ ①冬のはじめ。②旧暦十月の異名。

【初唐】しょとう(たう) 唐代の詩についての時代区分の一つで、四期(初・盛・中・晩)の最初。唐初から開元の初めまでの約百年間。【――四傑】しょとうしけつ 初唐時代のすぐれた四人の詩人。王勃(おうぼつ)・楊炯(ようけい)・盧照鄰(ろしょうりん)・駱賓王(らくひんのう)。

【初等】しょとう 国いちばん低い等級。はじめての等級。初歩。「初級」

【初頭】しょとう いちばんはじめ。最初(さいしょ)。

【初七日】しょなぬか 人が死んでから七日めの日。

【初日】一 しょじつ あさひ。日の出。二 しょにち 国①物事を始める最初の日。②興行の第一日。③すもうで、力士がその場所ではじめて勝つこと。三 はつひ 国①あさひ。日の出。②元日の朝の太陽。

【初任】しょにん はじめて官に任ぜられること。

【初年】しょねん 物事の最初の年。第一年。

【初念】しょねん 「初一念」に同じ。

【初発(發)】しょはつ ①はじめて開く。花などの開きはじめ。②国㋐はじめて発すること。おこりはじめ。㋑汽車・電車などの、その日の最初の発車。また、その汽車・電車。始発。㋒汽車・電車などが開通後はじめて発車すること。

【初犯】しょはん はじめて罪を犯すこと。また、その人。また、その罪。

【初版】しょはん 書物の、最初に印刷発行したもの。第一版。

【初筆】しょひつ・しょふで いちばんはじめに書くこと。

【初伏】しょふく 三伏のはじめ。夏至の後の三番目の庚(かのえ)の日。

【初服】しょふく ①王が新たに即位して、はじめて教化を行う。②まだ官に仕えない時の衣服。

【初歩】一 しょほ 国①最初の一歩。歩きはじめの第一歩。②学問・技芸の習いはじめ。手ほどき。手はじめ。二 チューブー chūbù 現一に同じ。

【初夜】しょや・そや ①第一夜。②夕方から夜中までの間。↕後夜 ③初更(しょこう)。④国結婚した第一夜。

【初陽】しょよう(やう) 朝日。「初陽満レ店霜已乾(しょようみせにみちてしもすでにかわく)」(店先には朝日がいっぱいにさしこんで、霜はすっかりかわいてしまった。)〈頼山陽の詩・送レ母路上短歌(ははをおくるろじょうのたんか)〉

【初老】しょろう(らう) 国四十歳の異称。また、老境にさしかかった年ごろ。

【初六】しょりく 易(えき)の卦(か)の中で最下位の陰爻(いんこう)。

【初午】はつうま 国①陰暦二月の最初のうまの日。②初午の日に行う稲荷(いなり)神社の祭り。

【初音】はつね 国はじめて鳴く鳥の声。うぐいすなどの、その年の鳴きはじめにいう。

【初穂(穗)】はつほ 国①その年はじめて実った稲の穂。②その年はじめてできた野菜・果実・穀物など。初物(はつもの)。③神仏や朝廷に供える、新穀や初物。④初穂の代わりに神仏に供える金銭。⑤はじめて食べる食物。⑥少しばかりのもの。

◇▼当初(とうしょ)・書初(かきぞめ)・最初(さいしょ)

刂5 【判】〔7〕 学5 ハン・バン

ハン 漢 呉　バン 慣　去 翰　pàn パン　U補J 5224 4029

旧字 刀5 【判】〔7〕 ホウ(ハウ) 慣　U補J

筆順 丶 丷 䒑 兰 半 半 判

意味 ①〈わか・れる(――・る)〉離れる。②〈わ・ける(―・く)〉区別する。③さばく。裁決する。「裁判」④きめる。⑤かたわれ。かた一方。夫婦の一方。⑥裁決の文書。⑦高い官の人が、低い官を兼ねる。⑧官名。「通判(つうはん)」国〈はん〉①印形(いんぎょう)。印章。②昔の金貨。「大判」「小判」③紙面の大きさ。「B6判」

解字 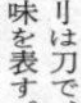 形声・会意。半と刂とを合わせた字。刂は刀で、形を表し、半(はん)が音を示すとともに、半分の意味を表す。判は、刀をもって半分に分けること。判決・判断のように、甲乙を区別することになる。また、昔の証書は、二つに分けて片方ずつ持ち、いざというときに、二つを合わせて、正しいものとした。そこから印判の意味にも用いる。

名前 さだ・ちか・なか・ゆき　難読 判官(ほうがん・じょう)

【判押】はんおう(あふ) 書き判(はん)。花押(かおう)。

【判官】一 はんがん(ぐゎん) ①唐代の官名。節度使・観察使などの属官。②裁判官。法官。③国平安時代の官名。四等官の第三位、次官の下で主典(さかん)の上。尉(じょう)の別名。二 ほうがん(はうぐゎん) 国平安時代、尉(じょう)の別名。特に、検非違使(けびいし)の尉(じょう)の別名。【――贔屓】ほうがんびいき・はんがんびいき 国弱い者に味方する気持ち。【――物】ほうがんもの・はんがんもの 国源義経(よしつね)伝説を材料にした謡曲。

【判決】はんけつ ①物事のよしあしをわけ定める。さばき。②法裁判所が、法律に従って訴訟事件を調べ、そのさばきをつけること。【――例】はんけつれい 「判例」に同じ。

【判事】はんじ 法裁判官の官名の一つ。訴訟をさばくことをつかさどる官吏。

【判正】はんせい さばきをつける。善悪・正邪を判定する。

【判然】はんぜん はっきりしたさま。瞭然(りょうぜん)。

【判断(斷)】一 はんだん ①物事のよしあしを考えきめる。判定。②うらない。二 パントワン pànduàn 現一の①に同じ。

【判定】はんてい よく見わけてきめる。とりきめ。判断。

【判読(讀)】はんどく わかりにくい文章や読みにくい文字を、推察し判断しながら読む。はんじ読み。推読。

【判人】はんにん 国①判を押して証人となる人。証人。②江戸時代、遊女または雇い人の紹介業。口入れ屋。

【判別】はんべつ 区別する。見わける。

【判明】はんめい はっきりとわかる。

【判例】はんれい 法よく似た事件、または訴訟事件の判決の先例。判決例。

◇▼小判(こばん)・大判(おおばん)・公判(こうはん)・血判(けっぱん・ちはん)・印判(いんばん)・批判(ひはん)・割判(わりばん)・裁判(さいばん)・評判(ひょうばん)・審判(しんぱん)・談判(だんぱん)・四六判(しろくばん)

刂5 【別】〔7〕 学4 ベツ わかれる

ヘツ 漢　ベチ 呉　ベツ 慣　入 屑　bié ビエ　U補J 5225 4244

筆順 丶 ㄇ 口 口フ 另 另丨 別

意味 ①〈わか・れる(――・る)〉㋐離れる。㋑人とわかれる。「離別」㋒枝分かれする。②〈わ・ける(―・く)〉〈わか・つ〉区別する。区分する。わきまえる。「分別(ふんべつ)」③〈わかれ〉いとまごい。④わかち。へだて。区別。ちがい。⑤ほかに。

べつに。⑥姓。⑦現…してはいけない。…するな。

解字 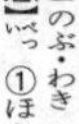 会意。另と刂を合わせた字。刂は刀。另は冎(か)で、骨と肉とを分けること。別は、刀で分解することを表す。

名前 のぶ・わき 姓 別(わけ) 地名 別府(べっぷ)・別海(べつかい)

【別意】(べつい) ①ほかの考え。他意。②別れを惜しむ心。離別の心。

【別院】(べついん(ゐん)) ①別に建てた建物。はなれ。別宅。②国本寺のほかに建てた寺。支院。↕総本寺

【別宴】(べつえん) 別れのさかもり。送別の宴会。＝別筵

【別駕】(べつが) 官名。州の刺史を補佐し、諸部局を総轄する役。駕は乗り物で、刺史と乗り物を別にする意。

【別記】(べっき) 本文のほかにしるすこと。また、別にしるした記録。

【別居】(べっきょ) 夫婦や家族がわかれて別々の家に住む。

【別業】(べつぎょう(げふ)) ①「別荘」に同じ。②別の職業。

【別家】(べっけ) 国本宅から分かれて、別に一家の生計をたてているもの。分家。

【別乾坤】(べつけんこん) 俗世間とちがう世界。別天地。

【別個】(べっこ) ①べつべつ。②他と異なっていること。

【別項】(べっこう(かう)) べつの条項。

【別恨】(べっこん) 別離のうらみ。別れの悲しみ。

【別魂】(べっこん) ①別れの悲しい気持ち。②肉体から離れ去ったたましい。

【別懇】(べっこん) 国特別にしたしいこと。また、特別なしたしみ。

【別才】(べっさい) 特別の才能。

【別裁】(べっさい) 区別して不要のものを断ち切る。よしあしをよりわけて、いらないものを捨てる。「別裁集」

【別子】(べっし) 諸侯の正妻が生んだ次男以下の男子。また、側室(そくしつ)が生んだ男子にも用いる。

【別紙】(べっし) ①ほかの紙。別の紙。②本書のほかにそえた書面。

【別字】(べつじ) ①意味のちがうほかの文字。②別のあざな。別号。

【別事】(べつじ) ほかのこと。

【別時】(べつじ) 別れの時。

【別辞(辭)】(べつじ) ①別れのことば。別れのあいさつ。送別の辞。②ほかのことば。

【別趣】(べっしゅ) 格別の趣。ふつうとちがったよいおもむき。

【別集】(べっしゅう(しふ)) 個人別の詩文集。↕総集。

【別条(條)】(べつじょう(でう)) 国常とかわったことがら。異常。

【別状(狀)】(べつじょう(じゃう)) かわったようす。異状。

【別人】(べつじん) 一 別な人。二 ビエレン biérén 現 一 に同じ。

【別荘(莊)】(べっそう(さう)) 本宅以外の屋敷。別邸。別宅。別墅(べっしょ)。

【別体(體)】(べったい) ①からだを別にすること。また、ほかのからだ。②漢字の正字以外の俗字・略字・古字・異体字などの総称。

【別宅】(べったく) 本宅以外の家。別邸。別荘。↕本宅

【別段】(べつだん) 国ことさら。かくべつ。とりわけ。特別。

【別邸】(べってい) 本宅以外の屋敷。別宅。

【別天地】(べってんち) 俗世間を離れたところ。別世界。別乾坤(べつけんこん)。

【別伝(傳)】(べつでん) 正史の本伝の他に、その人物の逸話を集めた伝記。

【別途】(べっと) ①ちがうみち。ほかの方法。②別のつかいみち。

【別当(當)】(べっとう(たう)|べとう(たう)) 国①検非違使(けびいし)・政所(まんどころ)・蔵人所(くろうどどころ)などの長官。本官をもった人が、兼職でその職を担当したのでいう。②盲人の官位の一つで、検校(けんぎょう)の次位。③親王家の職員の首席。④乗馬の口取り。馬丁。

【別派】(べっぱ) ほかの流派。別の流派。他派。

【別品】(べっぴん) 国①特別によい品。②美人。＝別嬪

【別封】(べっぷう) 国①別にそなえた書状。②別々に封をすること。

【別離】(べつり) ①はなれること。②人とわかれること。別れ。

【別涙】(べつるい) 別れのときに流す涙。別れの涙。

【別路】(べつろ) 別れてゆく路。離別する路。

【別的】(ビエド) biéde 現別の(もの、こと)。

△▼大別(たいべつ)・戸別(こべつ)・分別(ふんべつ|ぶんべつ)・区別(くべつ)・各別(かくべつ)・死別(しべつ)・判別(はんべつ)・泣別(きゅうべつ|なきわかれ)・哀別(あいべつ)・送別(そうべつ)・格別(かくべつ)・特別(とくべつ)・差別(さべつ)・惜別(せきべつ)・種別(しゅべつ)・餞別(せんべつ)・贈別(ぞうべつ)・類別(るいべつ)・識別(しきべつ)・離別(りべつ)・鑑別(かんべつ)

刀5 【刨】〔7〕 ホウ(ハウ) 漢 平 肴 páo パオ、bào パオ J1925 U補5228

意味 ①〈けず・る(けづ・る)〉②現へらす。③現掘る。

刂5 【利】〔7〕 学4 リ きく リ 漢 去 寘 lì リー J4588 U5229

筆順 ノ 二 千 千 禾 利 利

意味 ①〈と・し〉するどい。↕鈍(どん)「鋭利」②よい。つごうがよい。「利便(りべん)」③すばやい。④有利である。⑤とく。利益。「営利」⑥もうける。もうけさせる。めぐむ。⑦金銭の利息。⑧むさぼる。⑨げり。＝痢(り) 国〈きき〉〈き・く〉①技量がある。得意である。「左利(ひだりきき)」②ききめがある。

解字  会意。禾と刂を合わせた字。禾は和、刂は刀。声が相和して、一致すると、ずばり切れる。利は、本来農具の「すき」のことであるが、転じて、するどい意味になった。一説に、禾は穀物の「のぎ」で、刀は農具。するどく切れる意味になるという。

名前 と・かが・かず・さと・のり・まさ・みち・よし・より・とおる・みのる 姓 利生(りふ)・利田(かがた) 地名 利尻(りしり)・利別(としべつ)・利根(とね)

難読 砂利(じゃり)(付表)／利鎌(とがま)

参考 新表記では、「悧」の書きかえに用いる熟語がある。

【利益】 一(りえき) ①もうけ。②ためになる。とくになる。二(りやく) 仏 神や仏のめぐみ。ごりやく。冥利(みょうり)。三(リーイー) lìyì 現 一 に同じ。

【利害】 一(りがい) 利益と損害。得失。利病(りへい)。二(リーハイ) lìhai 現ひどい。たいへんな。

【利器】(りき) ①鋭い刃物。鋭利な兵器。②すぐれた才能。りっぱな人物。③便利な器械や道具。「民多利器、国家滋昏(たみりきおおくして、こっかますますくらし)」(人民の間に便利な道具が多くなると、それにつれて国家はごたごたするようになる。)〈老子〉④帝王の権力。軍隊を自由に動かす権力。

【利剣(劍)】(りけん) 鋭いつるぎ。切れのよい刀。

【利権(權)】(りけん) ①利益を得る権利。ある利益をひとり占めにする権利。②利益と権利。

【利己】(りこ) 自分ひとりの利益やつごうばかりを考えること。自利。↕利他 【――主義】(りこしゅぎ) 自分本位の考え方。自分の利益・幸福だけを考える主義。エゴイズム。

【利口】(りこう) ①口先がじょうずなこと。②国賢いこと。気がきく。利発。＝利巧・悧巧

【利巧】(りこう(かう)) すばしっこく、うまい。かしこい。機転がきく。〔＝利口〕

【利根】(りこん) 生まれつきりこうなこと。↕鈍根

【利札】(りさつ|りふだ) 公債証書や債券などについている札で、引きかえに利息を受けとるもの。

【利子】(りし) 貸した元金または預金に、報酬(ほうしゅう)としてつく金。利息。利銭。

【利觜】(りし) するどいくちばし。

【利潤】(りじゅん) ①もうけ。利益。②企業から生じる利益。潤益(じゅんえき)。

【利殖】(りしょく) 利子に利子がついて、金がふえること。また、ふやすこと。

【利心】(りしん) 利益を追い求める心。

【利水】(りすい) 水をよく流通させること。水利。

【利息】(りそく) 「利子」に同じ。

【利鏃】(りぞく) 鋭いやじり。

【利他】(りた) ①私利をすてて他人の利益・幸福をはかること。↕利己 ②仏人々に功徳(くどく)・利益(りやく)を施してやること。

【利沢(澤)】(りたく) 利益とめぐみ。沢は恩沢。

【利達】偉くなること。身分がよくなる。立身出世。〔達。栄〕

【利敵】敵に有利なようにすること。

【利得】もうけ。利益。とく。

【利鈍】①刃物の鋭いものと、にぶいもの。②りこうとばか。③運のよいことと、悪いこと。

【利発(發)】国利口発明。かしこい。りこう。

【利兵】鋭利な刃物や兵器。利器。

【利病】①利益と弊害。利害。得失。②長所と短所。③病気にききめがある。【―得失】利害損得。

【利弊】利益と弊害。利害。

【利便】つごうがよいこと。便利。

【利碼竇】人名。イタリア人、マテオ＝リッチ（Matteo Ricci）の中国名。明代に中国に来て伝道に従事し、世界地理その他を紹介した。（一五五二～一六一〇）

【利用】■①うまく使う。役にたつように用いる。②だしに使うこと。③つごうよく応用する。■ lìyòng 現■に同じ。【―厚生】物を役だたせて使って、日常生活をゆたかにさせる。

【利欲(「慾」)】利益をむさぼる心。

【利率】元金に対する利息の割合。

【放₌於利₋而行多₌怨】自分の利益ばかり考えて物事をすると、人のうらみを受ける場合が多い。〈論語・里仁〉

【漁₌利者害多】むやみに利益をさがし求めると、害が多い。〈申涵光・荊園小語〉

【見₌利思₌義】利益を目の前にしては、それを得ることが果たして道にかなっているかどうかを考える。〈論語・憲問〉

◆小利・不利・巨利・元利・水利・月利・功利・地利・年利・有利・低利・実利・舎利・便利・砂利・栄利・単利・冥利・勝利・営利・福利・徳利・複利・権利・鋭利・暴利・薄利・仏舎利

刀5 【剣】〔7〕 レイ 漢 平 青 リョウ(リャウ) 呉 líng リン U補J 5222 1924

意味 ①頭のさえた人。「剣利」②刃物ですぱっと切る。

刀5 【刲】〔7〕 五ジ・上 同→劫(一七

刀5 【刼】〔7〕 五ジ・上 同→劫(一七

刀6 【刮】〔8〕 カツ 漢 入 黠 (クヮツ) guā コワ U補J 522E 4973

意味 ①〈けず・る(けづ・る)〉 ②する。こする。③あばく。④風が吹く。⑤現剃る。

参考 刮は「颳」(一三八四ジ・中)の中国新字体としても使う。

【刮垢】洗いこすってあかを落とすこと。

【刮摩】①器物をすりみがいて光沢を出す。＝刮磨 ②やめる。なくする。③学問修養をする。

【刮目】目をこすってよく見る。注意してみる。【―相待】じっと注目しながら、将来の結果を期待すること。

刀6 【剖】〔8〕 カツ 漢 入 黠 qià チア U補J 34E4

意味 剝ぐ。顔の皮膚をはぐ。

刀6 【刲】〔8〕 ケイ 漢 平 斉 kuī コイ U補J 5232 1927

意味 ①さく。②さす。さし殺す。③えぐる。

刀6 【券】〔8〕 学6 ケン U補J 5238 2384

旧字 刀6 【劵】〔8〕 ケン 漢 去 願 quàn チュワン U補J

筆順 丶 丷 亠 兰 乎 关 券 券

意味 ①売り買いや、借金の証拠。二つに分けて、双方が持って証拠とした。②てがた。わりふ。③きっぷ・印紙・切手・証文の類。

解字 形声。刀が形を表し、𢍏が音を示す。𢍏は、𢍏の略で、爪と八と両手を合わせた形。つめで二つに分け、両手で持つことを表す。券は、木の札に刀でほりつけ、二つに分けて持つことを示し、「わりふ」の意味になる。一説に、𢍏は巻くことで、約束の手形をひもで巻いて持つことという。

【券契】約束手形。わりふ。要契。約束のしるしにする札。

【券書】契約の書きつけ。証書。証文。券状。

【券状(狀)】手形。証文。券書。

【券面】証書のおもて。手形の表面。

【折₌券】借金の証文を破りすてる。相手が借金を返さなくてもよいことにしてやる意。昔は木札に書いたので「折る」という。〈史記・高祖本紀〉

◆株券・旅券・馬券・証券・債券・入場券・乗車券・商品券

刀6 【剞】〔8〕 コ 漢 平 虞 kū クー U補J 5233 4974

意味 ①〈さ・く〉切りひらく。「剞剔」②〈えぐ・る(ゑぐ・る)〉くりぬく。

【剞割】牛・豚などを殺して裂くこと。

【剞心】私心を取りのぞくこと。

【剞剝】動物を殺して肉を切りわける。

【剞腹】腹をきる。割腹。剞剔。

【剞木】①木をくりぬく。②木をくりぬいて造った舟。

刂6 【刻】〔8〕 学6 コク きざむ U補J 523B 2579

旧字 刀6 【刻】〔8〕 コク 漢 入 職 呉 kè コー U補J

筆順 丶 亠 亥 亥 亥 亥 刻 刻

意味 ①〈きざ・む〉 ㋐ほる。ちりばめる。「彫刻」 ㋑心にきざみこむ。②きざんだもの。彫ったもの。③はぐ。はぎとる。④苦しめる。「刻民」⑤きびしい。むごい。「苛刻」⑥深い。「深刻」⑦時間の単位。一昼夜を百刻とした。「漏刻」⑧とき。時間。「刻蠟」⑨現十五分。

解字 形声。刂が形を表し、亥が音を示す。刂は刀。亥はぶたのほねぐみの形である。刻は、ぶたを刀できざむことから、「きざむ」意味になる。一説に亥の音は画と通ずるので、刻は、刀で木にくぎりをつけることをいうと解する。

【刻意】心をけずる。ひどく心を苦しめる。一心に考えること。

【刻印】①印判を彫り刻む。また、その印判。②書物を印刷すること。

【刻鵠類鶩】白鳥を彫ろうとして、失敗してもあひるには似る。立派な人を手本に学べば、同じ程度には達しなくても、それに近い人になれる。

【刻削】①けずる。きざみけずる。②するどくそびえる山の形容。③むごいこと。しいたげ苦しめる。残酷。

【刻字】文字を彫り刻む。また、その文字。

【刻日】期日を定める。刻期。

【刻舟】一つのことにばかり心を奪われていて、変化を知らないがんこな人。融通のきかない人。航行中の舟から剣を落とした者が、落としたふなばたにしるしをきざみつけ、舟の止まったあとでそのしるしの下の水中に剣を捜したという故事。刻₌舟求₌剣。〈呂氏春秋・察今〉

【刻石】こくせき 石に文字をきざむ。また、その石。
【刻薄】こくはく むごくて情がうすい。＝酷薄
【刻本】こくほん 版にきざんだ本。印刷して出版した書物。刊本。版本。⇔写本しゃほん
【刻銘】こくめい 銘の文を彫り刻むこと。また、その銘文。
【刻励(勵)】こくれい 骨おりはげむ。苦しんで努力する。
【刻漏】こくろう 水どけい。細いあなから漏れ落ちる水の量によって時間をはかるしくみの時計。漏刻。
【刻鏤】こくろう 刻みほりこむ。彫り刻む。
【刻露清秀】こくろせいしゅう 木の葉が落ちて山はだがむきだしに現れ、またそのけしきの清く秀麗な意で、秋のけしきのすがすがしくさっぱりとしたさま。〈欧陽脩おうようしゅう・豊楽亭記ほうらくていき〉
【刻下】こっか ただいま。現在。目下。現下。このごろ。
【刻急】こっきゅう(こくきょう) むごくてきびしい。
【刻苦】[一]こっく(こく) 非常に苦労する。大いに努力する。【――勉励(勵)】こっくべんれい 心身を苦しめて、つとめはげむ。[二]クー kèkǔ 現[一]に同じ。
【刻骨】こっこつ(こく) 恩や恨みを、骨に刻みつけるように深く心にとどめて忘れないことをいう。
◆寸刻すんこく・印刻いんこく・先刻せんこく・即刻そっこく・定刻ていこく・苛刻かこく・時刻じこく・深刻しんこく・彫刻ちょうこく・遅刻ちこく・複刻ふっこく

刂6 【刷】〔8〕 学4 サツ する
サツ 漢 入 黠 shuā ショワ J2694 補 U5237

筆順 コ 尸 尸 月 吊 吊 刷 刷

意味 ①〈す・る〉〈は・ら・う〉(――・ふ) ぬぐう。きよめる。こする。「掃刷そうさつ」②髪かみをととのえるもの。ブラシ。③こすりつける。ぬりつける。④追求する。

解字 形声。刂が形を表し、㕞は㕞さつの略で、音を示す。刂は刀。㕞は、尸(屋)と、巾(きれ)と、又(手)を合わせたもので、家の中で、きれを手に持って、ぬぐい清める意味がある。そこで刷は、刀でけずり去ってきれいにすること。すりつける意味から、印刷などの意味に使う。

名前 きよ 難読 刷毛はけ・刷子はけ・ブラシ
【刷新】さっしん 新しくする。昔からの悪いところを払いのけて、面目を一新する。革新。
【刷恥】さっち 恥をすすぐ。
【刷毛】さつもう ①羽毛をぬぐいととのえる。②国はけ。ブラシ。「刷子。」
◆色刷いろずり・印刷いんさつ・縮刷しゅくさつ

刂6 【刹】〔8〕 常 サツ・セツ
サツ 漢 セチ 呉 セツ 慣 入 黠 chà チャー J4975 補 U5239

筆順 ノ メ 㐅 千 杀 杀 刹 刹

意味 梵語ぼんごの音訳語「刹多羅せったら」の略。①仏の国。仏の地。②寺。寺院。「名刹めいさつ」③塔とう。④僧が法を得たとき旗を立てる柱。

解字 形声。刂が形を表し、殺さつを省略した杀が音を示す。梵語ぼんごの kṣetra(仏教徒が寄進する旗の柱)の音訳に用いる。

【刹鬼】せっき 仏鬼。悪魔。
【刹那(那)】せつな 仏ごく短い時間。束つかの間ま。瞬間。【――主義】せつなしゅぎ その時々の気分にまかせて生活を楽しむ主義。
【刹摩】せつま 仏①国土。くに。②悔い改めること。ざんげ。
◆巨刹きょさつ

刂6 【刺】〔8〕 常 シ さす・ささる
[一]シ 漢 呉 [一]去 寘 cì ツー
[二]セキ 漢 [二]入 陌 qì チー
J2741 補 U523A

筆順 一 冂 冂 市 市 朿 朿 刺

意味 [一]①〈さ・す〉突きさす。さし殺す。②〈ささ・る〉③根こそぎ取りのぞく。④とげ。はり。のぎ。⑤ほこさき。⑥〈そし・る〉なじる。そしり。「風刺ふうし」⑦責める。罪をしらべる。⑧採とる。⑨縫ぬう。⑩船をさおさす。⑪さぐる。「刺探したん」⑫名札。「名刺」[二]あくせくするさま。「刺促せきそく」

解字 会意・形声。朿と刂を合わせた字で、朿しは音をも示す。刂は刀。朿はとげのあること。刺は刀でさすことを表す。

難読 刺草いらくさ・刺青いれずみ
参考 「剌らつ」は別字。
【刺客】しかく(せっかく) 暗殺を行う人。暗殺者。【――列伝(傳)】しかくれつでん 「史記」の列伝の一つで、刺客五人の伝記から成る。
【刺撃(擊)】しげき つき刺してうつ。
【刺激(戟)】しげき ①目や鼻などの感覚器官に作用して、その反応を感覚中枢に伝えること。②精神を興奮させること。
【刺股】しこ 股またを刺す。戦国時代、蘇秦そしんが読書中に眠くなると錐きりで自分の股を刺して眠気ねむけを払った故事より、懸命に勉学にはげむことをいう。
【刺骨】しこつ ①骨をさす。寒さのきびしいさま。②つよく心にひびくさま。③刀を骨にさしこんで行う手術。
【刺殺】しさつ さし殺す。
【刺史】しし 官名。漢・唐時代の地方官。州の長官。大守。
【刺紙】しし 名刺。なふだ。
【刺繡】ししゅう(しう) 布地に、模様や絵などを糸でぬいつづること。ぬいとり。
【刺鳥】しちょう(てう) 竿さおの先端にとりもちをつけて鳥をとること。また、その人。刺捕差さいとり。
【刺刀】しとう(たう) ①短い腰刀。②脇差わきざしの鞘さやの外側にさす小刀。小柄こづか。③細工用の小刀。
【刺青】しせい 皮膚に絵や字を彫りつけること。ほりもの。刺文。→「文身ぶんしん」(五六八ジ・下)
【刺刺】しし ①くどくどと口数の多いさま。②はやいさま。はげしいさま。
【還レ刺】しをかえす(かへす) 名刺をかえす。面会をことわる意。
【通レ刺】しをつうず 名刺をさし出して面会を求める。
◆名刺めいし・風刺ふうし

刀6 【刵】〔8〕 ジ 漢 去 寘 ěr アル J1928 補 U5235

意味 みみをきる。耳切りの刑罰。

刂6 【制】〔8〕 学5 セイ
セイ 漢 呉 去 霽 zhì チー J3209 補 U5236

筆順 ノ 𠂉 䒑 牛 伟 伟 制 制

意味 ①きる。たつ。②〈つく・る〉制作する。③〈おさ・える〉(――・ふ) とめる。禁止する。「抑制よくせい」④〈さだ・める〉(――・む) 法をつくる。制定する。⑤さだめ。規則。法則。⑥ほどよくする。制御する。「節制」⑦天子のみことのり。勅命。また、勅命を伝える文書。⑧かた。かたち。⑨つとめ。職務。⑩父母の喪に服すること。⑪一丈八尺の長さ。

解字 会意。𠂤と刂からなる。𠂤は枝が重なった木をかたどる。刂は刀。制は、余分な枝を刃物で断ち落とす意であり、そこから、ととのえる、おさえるの意をもつ。

名前 さだ・すけ・ただ・のり・いさむ・おさむ
参考 制は「製」(一一二八ジ・中)の中国新字体としても使う。
【制圧(壓)】せいあつ おさえつける。
【制可】せいか 天子からお許しが出る。また、そのお許し。勅許。

【制科】天子自身が題を出して試験する、臨時の官吏登用試験。制挙。

【制御(「馭」)】おさえつけておさめる。おさえて思うとおりにする。支配する。＝制禦
【制限】きめられた限界。また、限界をきめる。

【制誥】みことのり。詔勅の文。詔命。制詔。

【制獄】①宮中の獄。天子直轄の刑務所。②天子の命を受けて罪をさばくこと。詔獄。

【制裁】①道徳や規則などをやぶった者に罰を加えること。こらしめる。また、こらしめ。しおき。②法律を犯した者に、国家が与える処罰。

【制作】①作る。こしらえる。②制度・文物などのこと。

【制札】国禁止の事がらを書いた立札。禁制の掲示札。

【制止】おさえる。ひきとめる。

【制使】天子の使い。勅使。

【制詞】①いましめのことば。②天子のことば。③国歌学の上で、使ってならないことば。せいのことば。

【制書】①制度に関する詔勅。②みことのり。三公と尚書令が印を押し、地方に公布する。天子の言を制、その言を記録したものを書という。

【制詔】みことのり。詔勅。

【制帥】唐・宋時代の官名。不便な土地の軍隊をつかさどる。制置使。

【制肘】他人のひじをおさえる。他の行動に干渉して自由にさせないこと。＝掣肘
【制定】[二] つくりさだめる。とりきめる。[二] zhìdìng〕「現[二]に同じ。

【制度】[二] ①きめられたおきて。法則。のり。②社会生活上のきまり。[二] zhìdù 現[二]に同じ。

【制動】動いているものをとめる。ブレーキをかけること。

【制覇(霸)】国①相手を押さえつけて覇者(はたがしら)になること。②競技などで優勝する。

【制服】①服装を制定する。②喪に服するきまり。③おさえてしたがわせる。「制₂服群雄₁」〈日本外史〉④国きまりの服。定められた服装。

【制法】法をさだめる。また、制定した法律。おきて。

【制約】①物事の成立に必要な規定・条件。②制限をつけること。条件づけること。

【制欲(「慾」)】欲望をおさえる。

【制令】制度や法令。法度。

【制訂】チーティン zhìdìng 現立案する。
◇▼王制・市制・圧制・旧制・自制・体制・抑制・学制・専制・強制・牽制・統制・禁制・新制・節制・幣制・編制・全日制・定時制

刀6【刱】〔8〕ソウ(サウ) 漢 去 漾 chuàng　J 1926 補 ― U 5231
刀7〔剏〕〔9〕同字　J 4976 補 ― U 524F
刀8〔刅〕〔10〕同字　J ― 補 ― U 5259
意味 ＝創 ①はじめる。はじめ。「刱造」②きずつく。やぶれる。そこなう。

刀6【剁】〔8〕タ 漢 去 箇 duò トゥオ　J ― 補 ― U 5234
意味 切る。ほうちょうでたたくようにして切りきざむ。

刂6【到】〔8〕常 トウ　トウ(タウ) 漢 呉 去 号 dào タオ　J 3794 補 ― U 5230
筆順 一 ㄹ 厶 𠫔 至 至 到 到
意味 ①〈いた・る〉㋐来る。とどく。㋑ゆきつく。②ゆきとどく。「周到」③あざむく。④さかさまになる。＝倒 ⑤〈かえって(か〈へって))〉逆に。＝倒 ⑥姓。
解字 形声。至が形を表し、刂が音を示す。刂は刀。至は行きつくことを表す。また、至は鳥が高い所から下りること、あるいは、矢が落ちてさかさに立つ形であるから、到は、倒と同じく、さかさまの意味になる。
名前 ゆき・よし　地名 到津
【到達】[二] とどく。行き着く。[二] dàodá 現[二]に同じ。
【到着】いたりつく。とどく。行きつく。＝到著
【到底】[二] ①底まで行きつく。②国㋐とても。どうしても。㋑つまり。つまるところ。ついに。[二] dàodǐ 現[二]に同じ。
【到頭】①つまるところ。けっきょく。②最上の。最大の。③ついに。はたして。
【到来(來)】①いたりつく。やって来る。到着。②国他人からの贈り物が着く。贈り物をもらうこと。「到来物」
【到処(處)】タオチュー dàochù 現いたるところ。あちこち。
◇▼周到・殺到

刀6【刑】〔8〕本 ↓刑(一五七ページ・中)
刀6【刧】〔8〕同 ↓劫(一七五ページ・上)
刀6〖兎〗↓儿部六画(一二六ページ・上)

刀7【剄】〔9〕ケイ 漢 上 迥 jǐng チン　J 4977 補 ― U 5244
意味 〈くびき・る〉刑罰として、また自分でくびを切る。「自剄」

刂7【剋】〔9〕標 コク 漢 呉 入 職 kè コー　J 4978 補 ― U 524B
力7〔尅〕〔9〕本字　J ②0339 補 ― U 52CA
寸7〔尅〕〔10〕同字　J 5381 補 ― U 5C05
力7〔勀〕〔9〕本字　J ― 補 1969 U 52C0
意味 ①〈か・つ〉勝つ。＝克 ②よくする。できる。③かたく約束する。期限を決める。「剋期」④きびしい。「厳剋」⑤けずる。さく。＝刻「相剋」
参考 新表記では、「克」に書きかえる熟語がある。
【剋意】心をこめてやる。専心。
【剋心】心にきざむ。
【剋薄】きびしくてむごい。
【剋勉】私欲をおさえて、事をつとめはげむ。克励。

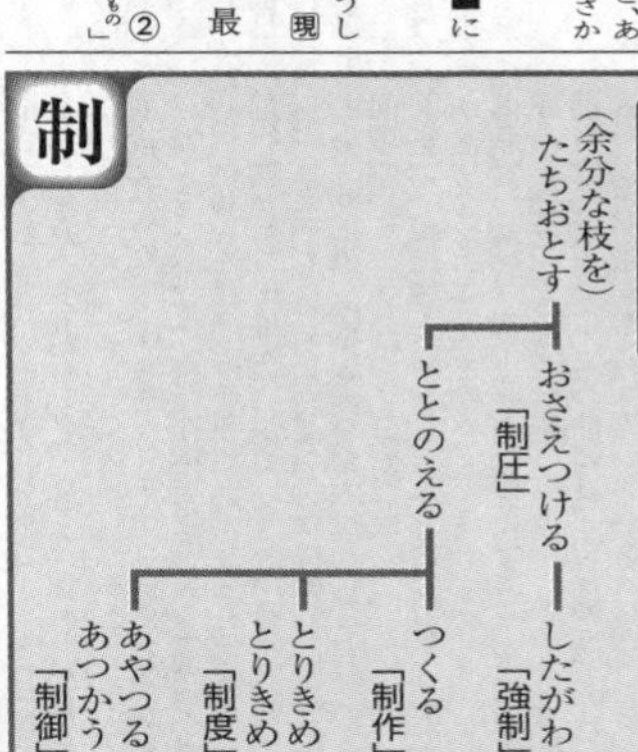

2画
二亠人(亻・𠆢)儿入八冂冖冫几凵刀(刂)力勹匕匚匸十卜卩(㔾)厂厶又

【剋励(勵)】こくれい 欲望をおさえて事をつとめはげむ。剋勉。‖克励

刀7 **【剉】**〔9〕 サ 漢 去 箇 ザ 慣 cuò ツオ J ①1462 補 1931 U 5249

意味 ①きる。押しきる。②くじく。くじける。「剉折ざせつ」③飼料。‖莝ざ

【剉碓】ざたい 押し切り包丁。まぐさなどを切る道具。

刂7 **【削】**〔9〕 常 サク けずる J 2679 補 U 524A

旧字 刀7 **【削】**〔9〕 U 補 J ――

一 シャク 漢 一 入 薬 サク 呉 xiāo シアオ、xuē シュエ
二 ショウ 漢 二 平 蕭 (セウ) qiào チアオ

筆順 丨 ⺌ ⺌ 肖 肖 肖 肖 削

意味 一①〈けず・る（けづ・る）〉〈そ・ぐ〉㋐はぐ。へらす。㋑うばう。とる。㋒割さく。分割ぶんかつする。㋓けずる。のぞく。㋔弱める。②竹簡や木簡に書いた文字をけずりとる小刀。③けわしいさま。二刀のさや。

(削 二②)

解字 形声。刂が形を表し、肖しょうが音を示す。刂は刀。肖には、小と同じく、小さくする意味がある。削は刀でけずって小さくすることを表す。また、肖は、容と音が通ずるので、削は、刀を容いれるもの、刀のさやのことであるともいう。

参考 新表記では、「鑿」の書きかえに用いる熟語がある。

【削減】さくげん けずり減らす。減らす。
【削除】さくじょ(ぢょ) けずり去る。とり除く。省く。
【削正】さくせい 詩文の字句を削って直す。刪正さんせい。添削てんさく。
【削迹】さくせき 足跡を消しかくす。身を隠す。ゆくえをくらます。‖削跡
【削髪】さくはつ ①髪をそる。②髪をそって僧になる。出家する。
【削立】さくりつ 削り立ったように、けわしくそびえること。
◆添削てんさく

刂7 **【前】**〔9〕 学 2 ゼン まえ J 3316 補 U 524D

旧字 刀7 **【前】**〔9〕 セン 漢 平 先 ゼン 呉 qián チエン U 補 J ――

筆順 、 丷 䒑 产 前 前 前 前 前

止6 **【歬】**〔10〕 字 本 J ②1591 補 U 6B6C
人9 **【偂】**〔11〕 字 同 J ②0163 補 1765 U 5042

意味 ①〈まえ（まへ）〉これから先の時間や場所を示す。㋐さき。前方。↕後「前列ぜんれつ」㋑ゆくて。「前途ぜんと」㋒あらかじめ。②過ぎ去った時間やことがら。むかし。もと。「前世ぜんせ」「前例」③みちびく。「前行ぜんこう」④〈すす・む〉前方にいく。国〈まえ（まへ）〉①神仏や身分の高い人を指す。「御前おまえ・ごぜん」②相当する分量。「一人前いちにんまえ」

解字 会意・形声。歬と刂を合わせた字。刂は刀。歬は歬せんで、音を示すとともに、進む意味を持っている。前は、進むことに刀を加えて、切りそろえること、または、進んで足をそろえる意味になる。一説に、くつをはいて道路を進むことであるともいう。

名前 くま・ちか 姓 前部まえべ・せんぶ 地名 前橋まえばし

【前因】ぜんいん 前世からの因縁いんねん。前の世からの約束。前縁。
【前楹】ぜんえい 座敷の正面にある柱。堂の前の丸柱。
【前衛(衞)】ぜんえい(ゑい) ①前方を警戒すること。②行軍の間、本隊の前方に出して警戒に当たらせる部隊。③芸術思潮や社会運動などで、その時代の最先端に立つこと。また、その人。
【――派】ぜんえい(ゑい)は 第一次世界大戦のころからヨーロッパにおこった革新的な芸術運動で、それまでの観念や伝統・流派を否定し、独自の新しいものをうちたてようとした一派。アバンギャルド。
【前燕】ぜんえん 五胡ごこ十六国の一つ。鮮卑せんぴ族の慕容儁ぼようしゅんが帝位につき、都を鄴ぎょうに置いた。(三五二～三七〇)
【前科】ぜんか(くわ) 以前に罪を犯して、刑をうけたこと。以前の処罰。【――者】ぜんかもの(くわ) 国前科の経歴をもった人。
【前過】ぜんか(くわ) 前に犯した過失。前失。
【前漢】ぜんかん 王朝の名。劉邦りゅうほうが建国、長安(今の西安市)に都した。のち王莽おうもうに奪われた。先漢。西漢。(前二〇六～後八)【――書】ぜんかんじょ ↓「漢書じょ」(七四三ジ・下)
【前記】ぜんき ①前に書いてあること。↕後記 ②昔の記録。
【前期】ぜんき ①所定の時期の前。②予定の期限。③前の時期。ある時期を二分したとき、その前半をいう。↕後期
【前駆(驅)】ぜんく 馬に乗って先を走ること。また、その人。さきがけ。先駆。さきばらい。
【前渓(溪)】ぜんけい 前の谷川。
【前賢】ぜんけん 昔のすぐれてかしこい人。昔の賢者。
【前言】ぜんげん ①前に述べたことば。②古人のことば。

【前古】ぜんこ むかし。以前。ずっと昔。【――未曾(曾)有】ぜんこみぞう 昔から、まだ一度もためしがないこと。昔からいまだかつてない。
【前後】ぜんご・まえうしろ(まへ) ①まえとうしろ。さきとあと。②あとさきになること。前後の順序が逆になること。【前後不覚(覺)】ぜんごふかく 前後を忘れる。なにもかもわからなくなるさま。
【前行】ぜんこう(かう) ①進んで行く。②さきに行く。③以前の行為。まえのおこない。④さきがけ。先鋒せんぽう。⑤先駆。先ばらい。⑥前列。⑦国案内。案内役。
【前項】ぜんこう(かう) さきにあげた個条。
【前座】ぜんざ 国講談・落語などで、おもな出演者より前に登場して演ずること。また、その人。
【前栽】ぜんさい・せんざい 国①庭前に植え込んだ草木。植え込み。②植え込みのある庭。庭園。
【前日】ぜんじつ・まえび(まへ) ①その前の日。②きのう。昨日。③先日。過去の日。せんだって。
【前者】ぜんしゃ 二つのうちの前のほうのもの。↕後者
【前述】ぜんじゅつ 前に述べたこと。
【前書】一ぜんしょ ①前代の書物。②以前に書いた文。③前の手紙。④『前漢書ぜんかんじょ』の略称。二まえがき(まへ) 国本文の前に書きそえること。また、その文句。
【前生】ぜんしょう(しゃう) 仏現世に生まれ出る前の世。前世。↕後生ごしょう「生」
【前哨】ぜんしょう(せう) 軍隊が宿営するとき、警戒のため前方に出しておく部隊。【――戦(戰)】ぜんしょうせん(せう) 前哨の部隊のする戦い。大きな戦いの前の小ぜりあい。
【前蜀】ぜんしょく 五代十国の一つ。四川しせんの節度使であった王建が今の四川省成都市に建てた。(九〇七～九二五)
【前身】一ぜんしん ①仏この世に生まれ出る前の身。②以前の状態・身分。二まえみ(まへ) 国衣服の身ごろの前の部分。
【前秦】ぜんしん 五胡ごこ十六国の一つ。氐てい族の苻建ふけんが建てた。都は長安(今の西安市)。(三五一～三九四)
【前進】一ぜんしん 前にむかって進む。↕後退 二チエン qiánjìn 現〔一に同じ。〕
【前人】ぜんじん ①昔の人。古人。先人。②先輩。【――未踏】ぜんじんみとう(たふ) 国今まで人がまだ足をふみいれていない。また、だれもまだ手がけていないこと。
【前世】一ぜんせ・ぜんぜ 仏生まれてくる前の世。前生ぜんしょう。↕現世・後世ごせ 二ぜんせい むかし。前の時代。『――粗疎之験(驗)』ぜんせいそそのけん 先祖が粗末なものでしんぼうしてきた証拠。
【前跡】ぜんせき 前代の遺跡。

【前赤壁賦】(ぜんせきへきのふ) 宋の蘇軾の作った韻文の名。↓「赤壁賦」(一一九八ジ・中)

【前説】(ぜんせつ) ①前人の説。②前に述べた意見。

【前代】(ぜんだい) ①前の時代。↕後代 ②この前の主人。先代。

【前代未聞】(ぜんだいみもん) 今までに、まだ聞いたことがない。

【前兆】(ぜんちょう(てう)) 事の起ころうとする前ぶれ。きざし。前知ら【せ。

【前朝】(ぜんちょう(てう)) ①前の日の朝。②前の王朝。

【前趙】(ぜんちょう(てう)) 五胡十六国の一つ。匈奴の劉淵が建国。(三〇四～三二九)

【前程】(ぜんてい) 行く先の道中。これからの路。前途。

【前提】(ぜんてい) ①ある物事をなす場合に、そのもととなる仮定条件。②話などの前おき。③㊕推理の基礎となる判断。三段論法では、大概念を含む前提を大前提、小概念を含む前提を小前提という。

【前哲】(ぜんてつ) 前の時代の哲人。昔の知徳のすぐれた賢人。先「哲。

【前途】(ぜんと) 一①行く先の道のり。行くて。「天明登二前途一」(夜明けに出発する。)〈杜甫の詩・石壕吏〉②将来。これからのち。二 qiántú 現一に同じ。

【──遼(遼)遠】(ぜんとりょう(れう)えん(ゑん)) 行く先がはるかに遠いこと。将来の望みが達せられるのはまだはるかさきである。『──程遠』(ぜんとほどとおし(とほし)) 行く先はまだ遠い。前途遼遠。〈和漢朗詠集・餞別〉

【前渡】(ぜんと) 一 進み渡ること。二(まえ(まへ)わたし) 国①金品などを約束の期日前に渡すこと。前払い。②手つけ金。手金。

【前頭】(ぜんとう) 一①頭のまえのほう。②まえ。さき。以前。二(まえ(まへ)がしら) 国すもうで、横綱・三役に次ぐ幕内力士。

【前任】(ぜんにん) 前に、その任務についていたこと。また、その人。「↕後任」

【前年】(ぜんねん) 一①すぐその前の年。昨年。去年。②往年。過ぎ去った年。二 qiánnián 現おととし。一昨年。

【前輩】(ぜんぱい) ①先輩。先達。②唐代、進士に及第した者どう「しの敬称。

【前半】(ぜんはん・ぜんぱん) 前の半分。↕後半

【前非】(ぜんぴ) 以前にした悪事。前にしたあやまち。

【前文】(ぜんぶん) ①前人の文章。②前のほうに書かれた文章。本文の前に書いてある文。③手紙などで、時候、相手の安否などをしるす前書き。④前に出した手紙。

【前坊】(ぜんぼう(ばう)) 国前の東宮。さきの皇太子。先坊。

【前方】(ぜんぽう(ばう)) 一 まえのほう。前面のほう。二(まえ(まへ)かた) 国①以前。②あらかじめ。まえもって。③時代おくれ。

【──後円(圓)墳】(ぜんぽうこうえん(ゑん)ふん) 国古墳の一形式で、墳丘の前方を方形に、後方を円形に造ったもの。

【前面】(ぜんめん) 一 前のほう。おもてのほう。二 qiánmian 現「一に同じ。

【前夜】(ぜんや) 前の晩。前宵。

【前略】(ぜんりゃく) ①文章の初めの一部分を省略すること。前文省略。②国手紙文で、初めのあいさつを省くときに用いる語。

【前涼】(ぜんりょう(りゃう)) 五胡十六国の一つ。涼州の刺史であった張軌が基礎をおき、孫の張駿が王位につく。(三〇一～三七六)

【前例】(ぜんれい) ①まえにあった例。②古いしきたり。先例。

【前歴(歷)】(ぜんれき) 以前の経歴。

【前聯】(ぜんれん) 律詩の第三、四句。この両句は対をなすきまりから、聯といい、第五、六の後聯に対する。

【前路】(ぜんろ) これから先の道のり。前途。「問二征夫一以二前路一」(旅人に、先の道のりをたずねる。)〈陶潜・帰去来辞〉

【前録】(ぜんろく) ①昔の記録。②前代の予言書。

【前置】(まえ(まへ)おき) 国本論に入る前に述べる言葉。前口上。

【前掛】(まえ(まへ)かけ) ↓前垂

【前髪】(まえ(まへ)がみ) 国①昔、婦人や元服前の少年が、額の上の毛をたばねて結んだもの。ぬかがみ。ひたいがみ。②元服前の少年。前髪立。

【──立】(まえ(まへ)がみだて) 国①昔、男の前髪をたてていること。男子のまだ元服しないまえ。また、その少年。②前髪を高く張り出すための髪具で、鯨の骨で作られたもの。

【前句】(まえ(まへ)く) 国連歌・俳諧の付合で、その句の前の句をいう。↕付句【──付】(まえ(まへ)くづけ) 国俳諧で、七・七の下の句に、五・七・五の上の句をつけること。

【前景気(氣)】(まえ(まへ)けいき) 国事がまだ始まらない前の景気。

【前口上】(まえ(まへ)こうじょう(じゃう)) 国本題にはいる前に述べるあいさつ。

【前仕手】(まえ(まへ)じて) 国中入のある能楽で、その前半に出る仕手。↕後仕手

【前垂】(まえ(まへ)だれ) 国着物のよごれを防ぐために、膝にかける「布。前掛。

【前弾(彈)】(まえ(まへ)びき) 国琴・三味線などで、歌いはじめるまえに楽器だけをひくこと。前奏。

【前触(觸)】(まえ(まへ)ぶれ) 国まえもって知らせること。前兆。

【前綫】(チエンシエン) qiánxiàn 現前線。

【前天】(チエンティエン) qiántiān 現おととい。一昨日。

【前辺(邊)】(チエンビエン) qiánbian 現前の方。前。

『前事之不レ忘後事之師』(ぜんじのわすれざるはこうじのし) 前に行ったことを忘れないのは、後のことを処置するうえによい参考となる。〈史記・秦始皇本紀〉

『前車覆後車戒』(ぜんしゃのくつがえる(くつがへる)はこうしゃのいましめ) 前の車がひっくりかえったときは、うしろの車がひっくりかえらないように気をつける戒めとなる。前人の失敗を、後人は自分の戒めとすべきであるとのたとえ。〈漢書・賈誼伝〉

『前門拒レ虎、後門進レ狼』(ぜんもんとらをこばみ、こうもんおおかみ(おほかみ)をすすむ) 一つの災難をはらいのけたと思ったとたんに、また別の災難に見まわれるたとえ。前虎後狼。前狼後虎。〈趙雪航評史〉

◇▼仏前・午前・以前・目前・生前・空前・直前・事前・後前・持前・建前・面前・風前・庭前・窓前・御前・産前・割前・腕前・錠前・霊前

刂 7

【則】

〔9〕 学 5　ソク　ソク 漢 入 職　呉　zé ツォー

J 3407　補　U 5247

筆順 丨 冂 月 目 貝 貝 則 則

意味 ①〈のり〉㋐法則。模範。「則度」㋑礼法。大道。㋒制度。方式。②〈のっと・る〉手本としてしたがう。③文章などを数える。④〈すなわち(すなはち)〉上の文を受けて下の文をおこす接続詞。㋐…ならば。…すると。ふつう「レバ則」と称し因果の関係を表す。㋑そこで。そこではじめて。㋒もし。仮定を表す。⑤副詞。㋐…こそ。つまり。㋑…については。㋒ただ。…のみ。

語法 ❶〈すなわち(すなはち)〉㋐判断を強調する。…なのである。(～こそ)…だ。類乃・即 例「此則寡人之罪也」(これはつまりわたしの罪なのだ)〈孟子・公孫丑下〉㋑ただ。わずかに。ある限られた範囲にあることを示す。例「口耳之間則四寸耳」(口と耳の間はわずかに四寸に過ぎない)〈荀子・勧学〉㋒すぐに。ただちに。そこで。ある状況をうけて、それから間もないことを示す。例「沛公則置二車騎一、脱レ身独騎」(沛公はそこで車騎はそのままにして、逃げ出すためにひとりだけ馬に乗った)〈史記・項羽本紀〉

❷〈すなわち(すなはち)〉上下を結んで両者の関係を示す。㋐原因・仮定と結果・結論。…ならば～。例「学而不レ思則罔、思而不レ学則殆」

」(学んでも考えなければものごとに暗いままであり、考えても学ばなければ危なっかしい)〈論語・為政〉 ④ある行為とそれにより発生・判明する新状況。…してみると(すでに)～であった。例「至則高祖已崩」(〔長安に〕着いてみると高祖はすでに崩じていた)〈史記・樊噲列伝〉 ⑤逆接の関係。(…ではあるがしかし～。例「欲レ戦則不レ得、攻レ城則力不レ能」(戦おうにも思うに任せず、城を攻めようにも力が足りない)〈史記・黥布列伝〉

❸〈すなわち(すなはち)〉仮定・譲歩。もしも。たとい。例「今則来、沛公恐不レ得レ有レ此」(今もしも〔項羽が〕やってきたら、沛公はおそらくこの地を保てないだろう)〈史記・高祖本紀〉▼「たとい(たとひ)」「もし」と訓読することがある。例「則漢欲レ挑レ戦、慎勿ニ与戦一」(もし漢が挑戦してきても慎んでともに戦ってはならぬ)〈史記・項羽本紀〉

↓付録・同訓異義要覧「すなわち」

句形

(1)〔…則～、…則～〕〈…すなわち(すなはち)～、…すなわち(すなはち)～〉…の場合は～。…については～。例示・対比。例「弟子入則孝、出則悌」(年少者は家では親のためにつくし、外では年長者にしたがう)〈論語・学而〉

(2)〔然則〕〈しからばすなわち(すなはち)〉それならば。そうすると。例「狙公賦レ芧、曰、朝三而暮四。衆狙皆怒。曰、然則朝四而暮三」(猿をかっている老人が猿にとちのみをやるのに、朝に三つ晩に四つやろうというと、猿たちはみな怒った。それならば朝に四つ晩に三つやろうと言った)〈荘子・斉物〉

(3)〔何則〕〈なんとなればすなわち(すなはち)〉どうしてかといえば。なぜならば。例「百仞之山任負車登焉、何則陵遅故也」(百仞もある山の上にでも荷物を積んだ車を引きあげることができる。なぜかといえば〔いくら高いと言っても〕勾配が緩やかだからである)〈荀子・宥坐〉

解字 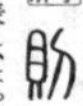 会意。貝とリを合わせた字。貝は、昔の貨幣。リは刀で、物を切り分けること。則は、貨幣を等分に分けることを表し、はっきりと区別する意味となって、「のり」「きまり」「てほん」をいう。「すなわち」という訓は、仮借。

名前 つね・とき・みつ

【則天去私】国天にのっとり、私心を去る。我を捨てて、自然の大道にしたがう。夏目漱石が晩年に到達した境地。

【則天武后】人名。唐の第三代、高宗の皇后。高宗の死後、権力をふるい、みずから帝位について国号を周と改めた。

【則効(效)】模範としてならう。手本にする。

【則哲之明】人を知ることのあきらかな意。則哲。

【則闕之官】①官位は設けられているが、適任者がいなければ欠員にしておく官職。唐代では、太師・太傅・太保。②国太政大臣の別称。

◆反則・四則・付則・犯則・会則・法則・学則・典則・変則・校則・通則・原則・細則・規則・鉄則・罰則・総則

リ7【剃】〔9〕 標 テイ 漢 去 霽 / タイ 呉 tì ティー J3670 U5243
髟7【鬀】〔17〕本字 J7391 U9B00

意味〈そ・る〉髪や毛をそる。

【剃度】仏頭をそって仏道にはいること。僧・尼となる。「剃髪得度」の略。

【剃刀】①髪やひげをそる刃物。小刀。②国才気の鋭いことのたとえ。

【剃頭】「剃髪」に同じ。

【剃髪】頭の髪をそりおとす。出家する。仏門にはいる。

刀7【剌】〔9〕 ラツ 漢 入 曷 là ラー J4979 U524C

意味 ①もとる。そむく。②よこしま。不正。③物音。風の音。「剌剌」

参考「剌」は別字。

【剌謬】道理にそむき、まちがっている。

【剌戻】くいちがう。

刀7【剅】〔9〕 ロウ 漢 平 尤 dōu トウ J1930 U5245

意味 ①裂く。割る。②小さい割れ目。堤の排水のための小さい穴。

刀7【剏】〔9〕 同↓刱(一六三ジ・中)

刀7〖契〗↓大部六画(三三一ジ・上)

刀8【剡】〔10〕 一エン 漢 上 琰 yǎn イェン / 二セン 漢 上 琰 shàn シャン J①1464 補1939 U5261

意味 一①するどい。②けずる。③ほさき。きっさき。④光るさま。「剡剡」⑤挙げる。二県名。秦の置いた剡県。今の浙江省嵊州市。また、川の名。

【剡裁】文章や語句をけずりとる意から、手紙のこと。

【剡手】手をすばやくする。また、すばやい手並み。

刀8【剞】〔10〕 一キ 漢 上 紙 jǐ チー / 二キ 漢 平 支 jī チー J4980 U525E

意味 一二①きざむ。ほる。②彫刻用の小刀。③おどし取る。

【剞劂】①彫刻用のまがった小刀。②木版本を作る。印刷する。

刀8【剘】〔10〕 キ 漢 平 支 qí チー 補1934 U5258

意味 ①相手に勝つ。②切り落とす。③信じる。

リ8【剣】〔10〕 常 ケン つるぎ J2385 U5263

旧字 リ13【劍】〔15〕 人 ケン 漢 去 豔 / ケン 呉 jiàn チエン J4988 U528D

筆順 ノ 𠂉 亽 今 合 争 㑒 剣 剣

刀13【劎】〔15〕古字 U528E

刀9【剱】〔11〕俗字 J4991 U5271

刀8【𠝏】〔10〕俗字 J②0324 U2074F

金3【釼】〔11〕俗字 J7863 U91FC

刀14【劒】〔16〕本字 J4990 U5292

刀14【劔】〔16〕俗字 J4989 U5294

金3【釰】〔11〕俗字

意味 ①〈つるぎ〉両刃の武器。②つるぎで突き殺す。③つるぎをつかう法。剣術。

解字  形声。リが形を表し、僉が音を示す。リは刀。僉は、けわしいという意味を含む。剣は、刀の刃先がするどいものを表す。音ケンは、険などと同様に、僉という字に、ケンの音が

あったのではないかともいう。

名前 はや・あきら・つとむ　地名 剣橋　難読 剣呑

【剣花】 剣と剣とが相うち合って散る火花。

【剣外】 剣閣(剣門関)の南側。四川省剣閣県のあたりをさす。

【剣客】 剣術にすぐれた人。剣士。

【剣閣】 剣門関ともいう。長安から四川省の蜀に至る道にあって、昔からけわしい場所として有名。閣道(木を渡してかけはしにした道)が通じているのでいう。

【剣俠】 剣道に通じていて、しかもおとこぎのある人。

【剣鋏】 つるぎのつか。剣把。

【剣戟】 ①つるぎとほこ。②兵器の総称。③いくさ。

【剣劇】 国立ち回りを主にした、演劇や映画。ちゃんばらも〔の。〕

【剣光】 つるぎの光。剣影。

【剣士】 剣術を深く身につけた人。剣術を専門に修業した人。剣客。

【剣璽】 ①帝位の証拠として天子が持つつるぎと宝玉。②国三種の神器の中の、天叢雲剣(草薙剣)と八坂瓊曲玉。

【剣樹】 ①刑罰の名。剣をさかさに立て並べた上を渡らせる酷刑。②仏十六地獄の一つ。剣樹地獄。つるぎの林。つ〔るぎの山。〕

【剣術】 剣を使う術。剣法。剣道。

【剣盾】 つるぎとたて。＝剣楯

【剣刃】 つるぎの刃。

【剣道】 ①蜀のけわしい剣閣山の道。②剣術。また、剣術を通じて人間を練ること。

【剣南】 地名。四川省剣閣以南、長江以北のけわしい地。唐の貞観の時代にはじめて置かれた道の名。【──詩稿】書名。八十五巻。宋の陸游の詩集。

【剣難】 国刃物で傷つけられたり殺されたりする災難。

【剣把】 つるぎのつか。

【剣佩】 剣と腰におびた玉。

【剣抜】 剣の先のようにぬけ出る。

【剣舞】 ①剣を持って舞うこと。また、その舞。②国剣を持ち、詩歌の吟唱にあわせて舞う勇ましい舞。

【剣法】 剣を使う方法。剣術。

【剣鋒】 つるぎの穂先。きっ先。剣鋩。

『杖ㇾ剣』 剣を杖につく。

『剣一人敵』 剣術はひとりの敵を相手にするだけのものにすぎない。学ぶ値うちがない意。楚の項羽が言ったことば。「書足ㇾ以記ニ名姓ㇾ而已、剣一人敵、不ㇾ足ㇾ学」〈史記・項羽本紀〉

『按ㇾ剣』 剣のつかに手をかけて抜こうとする。〈史記・蘇秦列伝〉

『売(賣)ㇾ剣買ㇾ牛』 武器をすてて(戦いの事から身を退いて)農事にしたがうこと。

△▼刀剣・木剣・宝剣・佩剣・真剣・短剣・銃剣・懐剣・手裏剣

刂8

【剛】〔10〕 常 ゴウ

コウ(カウ) 漢 呉 平 陽
ゴウ(ガウ) 慣 gāng カン

U 525B　補 ─　J 2568

筆順
丨
冂
冂
冈
岡
岡
剛

意味 ①〈こわ・い(こは・し)〉かたい。↕柔 ②〈つよ・い(──・し)〉くじけない。「内剛」③さかん。④〈まさに〉㋐今しがた。ちょうど。㋑ようやく。㋒おりわるく。あいにく。⑤ただ。⑥奇数を表す。「剛日」⑦おす牛。

解字 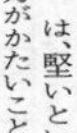 形声。刂が形を表し、岡が音を示す。刂は刀。岡には、堅いという意味がある。剛は、刀で強く切ること、または、刀の刃がかたいことを表し、「かたい」「つよい」の意味になった。

名前 かた・たか・たけ・つよ・ひさ・まさ・よし・たかし・たけし

【剛鋭】 気性が強くて鋭いこと。

【剛果】 気性が強く、決断力のすぐれていること。「毅果断」〔剛〕

【剛気(氣)】 何物にもくじけない強い気性。

【剛毅】 盛んで強い。気性が強く意志が堅い。【──木訥】 気性がしっかりしていて、飾りけがなくて口先がへた。「剛毅木訥近ㇾ仁」〈論語・子路〉

【剛強】 ①盛んで強いこと。また、非常に強いこと。②人をおかし、世の中のきまりにしたがわないこと。また、その人。「柔弱勝ニ剛強ニ」(柔弱なものが剛強なものに打ち勝つ。)〈老子・三十六〉

【剛健】 ①気性が強くてしっかりしている。②強くてたゆまないこと。③書や文章の力強いこと。

【剛日】 奇数の日。十干で日を表す際、甲・丙・戊・庚・壬にあたる陽の日をいう。剛辰。

【剛者】 正義を守り通す強い意志を持つ人。「吾未ㇾ見ニ剛者ㇾ」〈論語・公冶長〉

【剛柔】 ①堅いものと柔らかいもの。強いものとやさしいもの。②男と女。③陽と陰。④昼と夜。

【剛胆(膽)】 国きもったまの強いこと。豪胆。大胆。

【剛腸】 胆力がしっかりしている。度胸があって物事に屈しないこと。

【剛直】 気が強く自分の信じるところをとおすさま。

【剛愎】 気が強く片いじなこと。気が強くて、人のいうことをきかない。剛戻。

【剛猛】 強くて、あらあらしい。剛悍。〔い。〕

【剛勇】 強くて勇気があること。たけだけしくいさまし〔い。〕

【剛力】 国①強い力。力が非常に強いこと。また、その人。②修験者の荷物を背負ってついてゆく人。③登山者の荷物を持ち、また、案内する人。山男。＝強力

【剛戻】 強情で人にさからう。【──自用】 剛戻で、他人の言うことを聞き入れず、自分の才知だけで事をする。〈史記・秦始皇本紀〉

【剛剛】 gānggāng 現たったいま。…したばかり。

【剛才】 gāngcái 現先ほど。いましがた。

刂8 旧字 刀14

【剤】〔10〕 常 ザイ 【劑】〔16〕

セイ 漢 去 霽
ザイ 呉 jì チー

U 5264　補 ─　J 2662
U 5291　補 ─　J 4993

筆順
亠
ナ
文
斉
斉
斉
剤

意味 ①きりそろえる。②てがた。わりふ。売買の証書。③ととのえる。調和させる。④まぜあわせる。薬を調合する。「調剤」⑤調合した薬。「錠剤」

解字 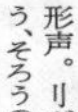 形声。刂が形を表し、齊が音を示す。齊には、ととのう、そろうの意味がある。劑は、刀で切りそろえたように、きちんとそろうこと。

△▼下剤・調剤・薬剤・錠剤・防腐剤・清涼剤・強心剤・覚醒剤・催眠剤

刀8

【剳】〔10〕

サク 漢 入 薬
cuò ツオ

U 5252　補 ─　J ─

意味 ①斬る。②みがく。

刀8

【剗】〔10〕

サン 漢 上 潸
セン 呉 chǎn チャン

U 5257　補 1933　J ①1463

意味 ①〈けず・る(けづ・る)〉②ならす。平らにする。③ほろぼす。④刈る。取り去る。⑤シャベルの類。⑥ただ。⑦

2画
二亠人(亻・𠆢)儿入八冂冖冫几凵刀(刂)力勹匕匚匸十卜卩(㔾)厂厶又

かえって。

【剟削消磨】①岩石などが風雨におかされてすりへること。②だんだんに滅亡すること。

【剟地】①土地をならす。②たちまち。③目前に。一面に。

【剟除】刈りとる。切り除く。

刀8 【剚】〔10〕 シ 漢 去 寘 zì ツー U補J 5 2 5 A 1 9 3 5

意味 ①さしこむ。つきさす。「剚刀」②物を置く。

刀8 【剟】〔10〕 タツ 漢 入 屑 duó トゥオ U補J 5 2 5 F 1 9 3 7

意味 ①けずる。「剟材」②刺す。「剟刺」③切りとる。

刀8 【剔】〔10〕 一 テキ 漢 入 錫 tī ティー 二 テイ 漢 去 霽 tì ティー U補J 5 2 5 4 4 9 8 1

意味 一 ①〈えぐ・る(ゑぐ・る)〉ほじくる。解剖する。骨や肉を切り離す。「剔抉」②取り去る。のける。二 ①(毛を)そる。＝剃 ②おどろく。＝惕

【剔出】切開して取りのぞく。えぐり出す。

【剔去】取り去る。のぞき去る。

刂8 【剝】〔10〕 常 ハク U補J 5 2 5 D ① 1 5 9 4

一 ハク 漢 入 覚 bō ボー、bāo パオ 二 ホク 漢 入 屋 pū プー

はがす・はぐ・はがれる・はげる

筆順 ㇗ ㇉ 彐 彑 录 录 剝 剝

刀8 【剥】〔10〕 同字 U補J 5 2 6 5 3 9 7 7

意味 一 ①〈はが・す〉〈は・ぐ〉はぎとる。むく。②〈はが・れる〉〈は・げる〉はげおちる。③さく。④そこなう。きずつける。⑤易の卦の名。⑥不運。⑦音の形容。二 打つ。たたく。＝撲

解字 形声・会意。刂が形を表し、彔が音を示す。彔には、また、ぼろぼろとはがれるの意味がある。剝は、刀で獣の皮をはぐ意となる。一説に、彔は、水をくむつるべの象形ともいう。

【剝製】動物の皮をはぎ、肉を取り、綿などを詰めて縫い合わせ、もとの姿に似せて作った標本。

【剝啄(啄)】「剝剝」に同じ。

【剝脱】はげおちる。はぎおとす。けずりおとす。剝落。

【剝奪】はぎ取る。奪い取る。

【剝剝】人の訪れる足音や戸をたたく音。音の形容。「こつ。こつ」

【剝復】ともに易の卦の名。剝は、陰が増長して陽が消えかかるさま、復は、陰の中に初めて陽が起こるさまで、治乱・興亡などの意。奪ったり与えたり。

【剝落】はげおちる。剝脱。

【剝廬】家の屋根をはぎ取る。極めて困窮していることをいう。〈易経・剝卦〉

【剝削】bōxuē 現 搾取する。しぼりとる。

△▼追剝

刀8 【剕】〔10〕 ヒ 漢 去 未 fèi フェイ U補J 5 2 5 5 1 9 3 2 ② 0 3 2 5

意味 あしをきる。五刑の一つ、あしきりの刑。膝蓋骨を切りとる刑。

刂8 【剖】〔10〕 常 ボウ U補J 5 2 5 6 4 3 2 2

旧字 刀8 【剖】〔10〕 ホウ 漢 上 有 ボウ 慣 pōu ポウ U補J

筆順 丶 亠 亣 立 咅 咅 咅 剖

意味 ①〈わ・ける(──・く)〉わる。折半する。②〈さ・く〉切り開く。③〈わか・れる(──・る)〉④あきらかにする。

解字 形声。刂が形を表し、咅が音を示す。刂は刀。咅には、そむいて二つに分かれる意味がある。剖は、刀で二つに切りさくことを表す。

【剖決】よしあしを決める。判断する。裁決。

【剖散】ばらばらに切り開く。解剖する。

【剖心】①胸を裂く。むかし、殷の比干が、紂王に胸を裂き破られたこと。②真心を示す。

【剖析】わかちさく。解決する。

【剖断(斷)】わかち決める。正しいこととまちがったことを、判決する。

【剖判】分かれ開ける。天と地のひらけ始め。開闢。

【剖符】割り符を二つに分けて、一方を官に置き、他の一方を与えること。臣下の任命や爵位を与えるときなどの証拠として行われた。

【剖分】わける。わかれる。

【剖弁(辯)】弁解する。弁明する。申し開きをする。

△▼解剖

刀8 【剜】〔10〕 ワン 漢 平 寒 wān ワン U補J 5 2 5 C 1 9 3 6 ② 0 3 2 6

意味 えぐる。えぐりとる。けずる。

刀8 【剷】〔10〕 同 ↓闡(一三二ページ・中)

刀8 【剏】〔10〕 同 ↓刱(一六三ページ・中)

刀8 【剠】〔10〕 同 ↓黥(一四四七ページ・下) 同 ↓掠(五四〇ページ・下)

刀8 【掣】↓手部六画(五二九ページ・上)

刀8 【剣】〔10〕 俗 ↓劍(一六六ページ・下)

刀8 【剥】〔10〕 同 ↓剝(本ページ・上)

刀9 【剮】〔11〕 カ 漢 上 馬 (クヮ) guǎ コワ U補J 5 2 6 E 1 9 4 1

意味 さく。とく。骨と肉とを解きわける。

刂9 【剰】〔11〕 常 ジョウ U補J 5 2 7 0 3 0 7 4

旧字 刂10 【剩】〔12〕 人 ショウ 漢 ジョウ 呉 去 径 shèng ション U補J 5 2 6 9 4 9 8 4

筆順 一 二 三 乒 乒 乖 乗 剰

意味 ①〈あま・る〉〈あま・す〉②あまり。「剰余」③〈あまつさえ(あまつさへ)〉おまけに。その上。

解字 形声。刂が形を表し、乗が音を示す。刂は刀。乗には上にあがる意味がある。剰は、上にはみ出ているものを刀で断つことで、あまる意味になる。一説に、貨幣を贈与することともいう。

【剰哀】事が過ぎてしまった後に、まだ残る悲しみ。余哀。

【剰員】あまった人数。むだな人員。余分な数。

【剰金】つり銭。また、あまったかね。剰余金。剰銭。

【剰語】むだぐち。

【剰水残(殘)山】戦争で荒れはてた山水。

△▼余剰・過剰

刀9 【剪】〔11〕 セン 漢 呉 上 銑 jiǎn チエン U補J 5 2 6 A 4 9 8 2

羽9 【翦】〔15〕 本字 U補J 7 F E 6 7 0 4 0

意味 ①はねが生えそろう。そろう。②〈き・る〉断ち切る。③鋏できりそろえる。④殺ぐ。けずる。⑤のぞく。ほろぼす。⑥全部。ことごとく。⑦あさはか。こりこうで心がせまい。「剪剪」

【剪夷】①切りたいらげる。②うち滅ぼす。

【剪裁】①布などを切り裁つ。着物を仕立てる。剪断。剪截。②花などの美しいさま。③手を入れる。文章を直す。

【剪綵】①あやぎぬを裁って、衣服をつくる。②造花のこ

と。

【剪取】せんしゅ　切りとる。
【剪除】せんじょ(ぢょ)　切り除く。
【剪截】せんせつ　切りたつ。剪断。剪裁。
【剪剪】せんせん　①へつらうさま。②知識が狭く、劣っているさま。短く浅い。③風がうすら寒い形容。④そろうさま。⑤心を同じくするさま。
【剪断(斷)】せんだん　たち切る。
【剪定】せんてい　①討ち滅ぼし平定する。②国かりこみ。植物の生育やみのりをよくし、または形をととのえるために、枝や葉の一部を切りとること。
【剪屠】せんと　切り殺す。
【剪刀】せんとう(たう)　はさみ。鋏刀。
【剪灯(燈)新話】せんとうしんわ　書名。四巻。明代の短編の怪談集。瞿祐の著。江戸時代の怪談に多くの影響を与えた。
【剪灯(燈)余(餘)話】せんとうよわ　書名。四巻。「剪灯新話」と同じく明代の短編の怪談集。李禎の著。「剪灯新話」よりは教訓的で、内容もすぐれている。
【剪伐】せんばつ　①木を切る。②うち滅ぼす。
【剪滅】せんめつ　きりほろぼす。うちほろぼす。
【剪余(餘)】せんよ　きれはし。切り取った端。
【剪子】チエンツ　jiǎnzi　現はさみ。

刀9
【剬】〔11〕
㊀タン漢呉 | ㊀平 寒 duān トワン
㊁セン漢 | ㊁上 銑 tuán トワン
㊂セイ漢呉 | ㊂去 霽 zhì チー
J ②0327　補 —　U 526C

意味 ㊀〈き・る〉切ってそろえる。㊁〈き・る〉細く切る。‖剸　㊂「制」(一六二ページ・下)の同字。

刂9
【副】〔11〕 学4 フク
㊀フク漢呉 | ㊀去 宥 fù フー
㊁フク漢呉 | ㊁入 屋 pì ピー
J 4191　補 —　U 526F

筆順　一　戸　昌　畐　畐　畐　畐　副

意味 ㊀①〈そ・う(―・ふ)〉㋐つきそう。たすける。㋑適合する。②つきそい。補佐。↕正「副使」③写し。ひかえ。④かもじ。女性のそえがみ。⑤現ひと組のものを数える。㊁さく。分ける。

解字 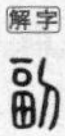 形声。刀が形を表し、畐が音を示す。畐は富と同じで、ゆたか、みちるの意味がある。副は、ゆたかなものを二つに分けること。二つになることから、つきそう意味を生じた。

名前 すえ・すけ・つぎ・ます　姓 副島

【副因】ふくいん　主ではない、第二次的原因。↕主因
【副業】ふくぎょう(げふ)　本業のほかに、収入を得るためにする職業。〔内職。〕
【副君】ふくくん　皇太子。副后。
【副作用】ふくさよう　医用いた薬が、目的以外に起こす悪い作用。
【副産物】ふくさんぶつ　①ある生産物を製造するとき、それといっしょにできる産物。②ある事にともなっておこってくる物事。
【副使】ふくし　正使に付き添う助け役の使者。かいぞえ。↕正使
【副詞】ふくし　品詞の一つ。おもに用言または他の副詞の意味を、修飾・限定する語。
【副弐(貳)】ふくじ　①付き添いとなって助ける。また、その人。長官の補佐役。②うつし。控え。副本。③妾のこと。④王侯の髪飾り。
【副車】ふくしゃ　そえ車。天子の車の後ろに用意する補助の車。
【副署】ふくしょ　国天皇の名を必要とする公文書で、国務大臣が天皇の名に添えて署名すること。また、その署名。
【副将(將)】ふくしょう(しゃう)　主将を助ける将。
【副賞】ふくしょう(しゃう)　本賞に添えて与える賞。
【副将(將)軍家】ふくしょう(しゃう)ぐんけ　国徳川幕府で、とくに水戸「家をいう。」
【副題】ふくだい　書籍・論文などの表題にそえた題目。副標題。サブタイトル。
【副刀】ふくとう(たう)　国大刀にそえてさす小刀。わきざし。
【副本】ふくほん　正本にそえる本。正本のうつし。控え。謄本。
【副官】ふっかん(ふくくゎん)　国もと、軍隊・司令部などで、隊長をたすけ、軍事上の事務にあたった武官。
【副急涙】ふっきゅう(ふくきふ)るい　間に合わせのなみだ。そら泣き。
【副啓】ふっけい(ふく)　そえ書き。追って書き。手紙を書き終わってから、さらに書き加えるときしるすことば。二伸。追啓。
【副食】フーシー　fùshí　現副食物。
◇▼正副・儲副

刀9
【剱】〔11〕 俗 ↓剣(一六六ページ・下)

刀10
【剴】〔12〕 カイ漢 | 平 灰
ガイ慣 | kǎi カイ
J 4983　補 —　U 5274

意味 ①こする。②よくあてはまる。的を射ている。③諷刺する。④ちかい。ちかづく。⑤大きな鎌。

【剴切】がいせつ　「剴切」①する。
【剴切】がいせつ　しっくりあてはまる。急所にあたる。ぴったりあたる。適切。
【剴到】がいとう(たう)　よくあてはまってゆきわたる。適切に行き届く。

刂10
【割】〔12〕 学6 カツ　わる・わり・われる・さく
J 1968　補 —　U 5272

旧字 刀10
【割】〔12〕 カツ漢 | 入 曷 gē コー
J —　補 —　U 2F822

筆順　丷　宀　宀　宀　宝　害　害　割

意味 ①〈わ・る〉〈わ・れる(―・る)〉〈さ・く〉㋐切る。断つ。㋑分ける。分け与える。②断絶する。③そこなう。④やぶる。やぶれる。⑤わざわい。国①〈わり〉㋐わりあい。比率。㋑一割。十分の一。②〈わ・る〉㋐こわす。㋑除する。割り算をする。㋒まぜあわせる。

解字  形声。刂が形を表し、害が音を示す。刂は刀。害には、きずつける意味がある。割は、刀で切りさくことを表す。

名前 さき　難読 割賦(かっぷ)

【割愛】かつあい　惜しみながら手ばなす。しのんで思いきる。
【割拠(據)】かっきょ　めいめいが一方面の土地をわけ取って立てこもること。
【割譲(讓)】かつじょう(じゃう)　土地をさきゆずる。領土の一部をわけ「てやる。」
【割正】かっせい　①むごい政治。民をそこなう政治。正は政に同じ。②正しくとりさばく。
【割勢】かっせい　去勢する。また、その刑罰。
【割席】かっせき　座を別にすること。同座しない。絶交。一枚のむしろを半分にさいて、別々にすわった管寧と華歆との故事。〈世説新語・徳行〉
【割線】かっせん　数円周または曲線を、二つ以上の点で切る直線。
【割地】かっち　①領土の一部をさき与える。また、その土地。②領土を奪う。わかち取る。また、その土地。
【割剝】かっぱく　①切ったり裂いたりする。②しいたげる。苦しめそこなう。
【割飛】かっぴ　まっ二つに切りとばす。
【割符】かっぷ　㊀二つ合わせると、相合うようにつくった木などの札。一方をとりおき、他方を与えて後日の証拠とするもの。符節。符契。㊁国わりふ　鎌倉時代に用いた為替手形。また、銭の預かり証文。
【割腹】かっぷく　国腹を切る。腹を切って死ぬ。切腹。

【割烹】肉を切って煮る。食物の調理。料理。

【割与(與)】わけ与える。割授。

【割裂】さいて分ける。「割裂州国」〈曹冏・六代論〉

【割合】国①物と物との比例。比率。歩合。②わりかた。比較的。わりに。③思いのほかに。案外に。

【割当(當)】国わりふること。分配。わけてあてがうこと。

【割印】国ひき合わせて証拠とするために、二枚の書面へかけて印を押すこと。また、その印。割り判。

【割算】数二つの数の一方が、他の数の何倍に当たるかを知るための計算方法。また、その計算。除法。↔掛算
【割注(「註」)】国本文の途中に、二行に割って小さく書き入れる注釈。

【割付】国①割り当て。②新聞・雑誌などを編集するとき、記事・写真・絵の配置や大きさを決めて組むこと。

【割判】「割印」に同じ。
◆分割・桃割れ・掘割

刂10 【創】〔12〕学6 ソウ つくる J 3347 U補 5275
一 ソウ(サウ) 漢 呉 一 平 陽 chuāng チョワン
二 ソウ(サウ) 漢 呉 二 去 漾 chuàng チョワン

筆順 ノ 𠂉 今 今 令 倉 倉 創

刀2 【刅】〔4〕字 本 J 1918 U補 5205
刀12 【剙】〔14〕字 同 U補 207D0

意味 一①〈きず〉「刀創」②〈きずつ・く〉きずを負う。きずつける。二①〈はじ・める(――・む)〉「草創」②〈つくる〉はじめて作り出す。③こりる。こらしめる。

解字 刅 形声。刂が形を表し、倉が音を示す。古い形では刅と書き、井げたに、はもので切りこむ仕事を表した会意文字。そこから、「はじめる」「きず」の意味を表す。後に、倉の音符に、刀を表す刂を加えて、創の字を使うようになった。

【創痍】①かたな傷。切り傷。創夷。②受けた損害。「――未レ瘳」戦争で受けた傷がまだなおっていない。戦後まだ日の浅いこと。

【創意】新しく考え出す。新しい考えや思いつき。新しいくふう。【創意工夫】国まだ人の考えつかなかった事を、いろいろと思いめぐらして考え出す。

【創刊】新聞や雑誌などを、はじめて発行すること。

【創業】①新しく事業をはじめる。②基礎をつくる。③帝王として国の基を建てること。【――守成】国の基をはじめてつくることと、さらにそのでき上がったものを守りつづけてゆくこと。【――守文】「創業守成」に同じ。文は文物制度。

【創見】①新しい考え。はじめて出された意見・学説。②はじめて現れること。

【創建】はじめてたてる。創立。創設。

【創作】一①はじめて作り出す。作りはじめる。創造。②自分の思想や感動を芸術作品として表現し、作り出すこと。また、その作品。二 chuàngzuò 現 一に同じ。

【創残(殘)餓羸】負傷して生き残った者と飢え疲れた者。

【創始】はじめる。はじめ。

【創傷】きずつく。きず。

【創世】神がはじめて世界をつくる。世界のできはじめ。【――記】「旧約聖書」の最初の巻。天地のできはじめと万物の生まれてくる神話が物語られている。

【創制】①はじめて作る。②はじめておきてを作る。制度をはじめる。

【創設】はじめて設ける。創立。創建。

【創草】①新しくはじめる。②原稿をつくる。起草する。

【創造】一①はじめてつくる。創作。↔模倣 ②神が宇宙の万物をつくること。二 chuàngzào 現 一に同じ。【――主】天地万物をつくった神。

【創痛】傷のいたみ。

【創定】はじめて定める。はじめて定まる。

【創病】傷ついた者と病人。

【創立】一 学校や会社・団体などを、はじめてつくること。創設。創建。二 chuànglì 現 一に同じ。
◆刀創・独創・傷創・銃創

刀10 【剳】〔12〕トウ(タフ) 漢 入 合 dá ター J 4985 U補 5273
意味 ①鉤。②鎌。
参考 「剳」は別字。

刂10 【剩】〔12〕旧 →剰(一六八ページ・下)
刀10 【棼】→木部八画(六五一ページ・下)
刀10 【韌】→韋部三画(一三六七ページ・中)

刀11 【剷】〔13〕サン 漢 上 潸 chǎn チャン J ②0328 1942 U補 5277
意味 けずる。たいらにする。刈りのぞく。「剷薙」
【剷刈】刈り取る。

刀11 【剿】〔13〕一 ショウ(セウ) 漢 一 上 篠 jiǎo チアオ 二 ソウ(サウ) 漢 二 平 肴 chāo チャオ J 4986 U補 527F
意味 一〈た・つ〉ころす。ほろぼす。二 悪がしこい。かすめとる。
刀11 【勦】〔13〕字 同 U補 207B0
参考 「勦」と通用する。
【剿滅】残らずほろぼす。＝勦滅・掃滅

刀11 【剸】〔13〕一 セン 漢 一 平 先 zhuān チョワン 二 タン 漢 二 平 寒 tuán トワン J 1943 U補 5278
意味 一①〈き・る〉首をきる。②割く。断つ。二＝専 ①ほしいまま。きまま。②もっぱら。
【剸決】かってにきめる。自分の考えだけできめる。
【剸行】かって気ままに行う。＝専行

刀11 【剽】〔13〕一 ヒョウ(ヘウ) 漢 呉 一 去 嘯 piào,piāo ピアオ 二 ヒョウ(ヘウ) 漢 二 上 篠 biǎo ピアオ J 4987 U補 527D
意味 一①おどす。おびやかす。「剽攻」②かすめとる。「剽賊」③わける。さく。④かるい。すばやい。⑤あらい。いさましい。二すえ。さき。

【剽悍】すばしこくて荒々しい。また、悪くて強い。＝剽捍
【剽劫】おびやかす。脅迫。

【剽禽】すばしこい鳥。

【剽軽(輕)】一①すばやい。②かろがろしい。③荒々しくて軽薄なこと。二 国気軽でおどけた性質。また、その人。

【剽狡】悪賢い。また、その人。狡猾。

【剽疾】すばやい。

【剽窃(竊)】①かすめ盗む。剽賊。②他人の文章・

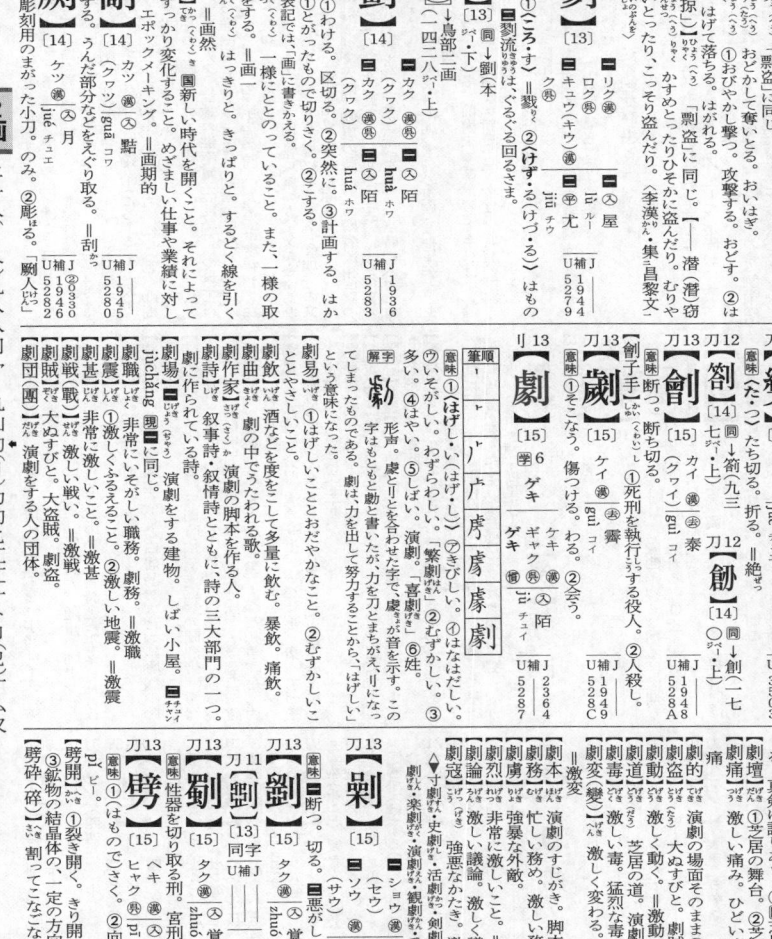

文句などを著者にことわりなしにそっくりまねること。

【剽奪】「剽盗」に同じ。

【剽盗】おどかして奪いとる。おいはぎ。

【剽剝】①おびやかし撃つ。攻撃する。おどす。②はぎとる。はげて落ちる。はがれる。

【剽略（「掠」）】「剽盗」に同じ。【――潜（潛）窃（竊）】かすめとったりひそかに盗んだり。むりやりに奪いとったり、こっそり盗んだり。〈李漢・集昌黎文序〉

刀11【剹】〔13〕 一リク漢 ロク呉 二キュウ（キウ）漢 ク呉 一入屋 lù ルー 二平尤 jiū チウ　U 5279 補 1944 J ―

意味 一①〈ころ・す〉＝戮。②〈けず・る（けづ・る）〉はもので削る。二剹流は、ぐるぐる回るさま。

刀11【剷】〔13〕同→剗（本ページ・下）

刀11〘鳪〙（一四二八ページ・上）→鳥部二画

刀12【劃】〔14〕 一カク（クヮク）漢呉 二カク（クヮク）漢呉 一入陌 huà ホワ 二入陌 huá ホワ　U 5283 補 1936 J ―

意味 一①わける。区切る。②突然に。③計画する。はかる。二①とがったもので切りさく。②こする。

参考 新表記では、「画」に書きかえる。

【劃一】一様にととのっていること。また、一様の取り扱いをする。＝画一

【劃然】はっきりと。きっぱりと。するどく線を引くように。＝画然

【劃期的】国新しい時代を開くこと。それによって情勢がすっかり変化すること。めざましい仕事や業績に対していう。エポックメーキング。＝画期的

刀12【剮】〔14〕 カツ漢（クヮツ） 入黠 guā コワ　U 5280 補 1945 J ―

意味 けずる。うんだ部分などをえぐり取る。＝刮

刀12【劂】〔14〕 ケツ漢 入月 jué チュエ　U 5282 補 1946 J ②0330

意味 ①彫刻用のまがった小刀。のみ。②彫る。「剞劂」

刀12【劈】〔14〕 セツ漢 入屑 juē チュエ　U 3503 補 ― J ―

意味〈た・つ〉たち切る。折る。＝絶

刀12【劄】〔14〕同→劄（九三七ページ・上）

刀12【劅】〔14〕同→創（一七〇ページ・上）

刀13【劊】〔15〕 カイ漢（クヮイ） 去泰 guì コイ　U 528A 補 1948 J ―

意味 断つ。断ち切る。

【劊子手】①死刑を執行する役人。②人殺し。

刀13【劌】〔15〕 ケイ漢 去霽 guì コイ　U 528C 補 1949 J ―

意味 ①そこなう。傷つける。わる。②会う。

刂13【劇】〔15〕 学6 ゲキ　ケキ漢 ギャク呉 ゲキ慣 入陌 jù チュイ　U 5287 補 ― J 2364

筆順
⼁
⺊
⼫
𠂆
虍
豦
豦
劇

意味 ①〈はげし・い（はげ・し）〉㋐きびしい。㋑はなはだしい。㋒いそがしい。わずらわしい。「繁劇」②むずかしい。③多い。④はやい。⑤しばい。演劇。「喜劇」⑥姓。

解字 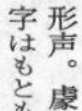 形声。豦とリとを合わせた字で、豦が音を示す。この字はもともと勮と書いたが、力を刀とまちがえ、リになってしまったものである。劇は、力を出して努力することから、「はげしい」という意味になった。

【劇易】①はげしいこととおだやかなこと。②むずかしいこととやさしいこと。

【劇飲】酒などを度をこして多量に飲む。暴飲。痛飲。

【劇曲】劇の中でうたわれる歌。

【劇作家】演劇の脚本を作る人。

【劇詩】叙事詩・叙情詩とともに、詩の三大部門の一つ。劇に作られている詩。

【劇場】一演劇をする建物。しばい小屋。二チュイチャン jùchǎng 現一に同じ。

【劇職】非常にいそがしい職務。劇務。＝激職

【劇震】①激しくふるえること。②激しい地震。＝激震

【劇甚】非常に激しいこと。＝激甚

【劇戦（戰）】激しい戦い。＝激戦

【劇賊】大ぬすびと。大盗賊。劇盗。

【劇団（團）】演劇をする人の団体。

【劇談】①いそいで話す。激しくものをいう。②大いにかたる。真剣に語りあう。③国芝居の話。

【劇壇】①芝居の舞台。②芝居関係の社会。劇界。

【劇痛】激しい痛み。ひどい痛み。また、急な痛み。＝激痛

【劇的】演劇の場面そのままのさま。強く感動させられる「ようす。」

【劇盗】大ぬすびと。劇賊。大盗賊。

【劇動】激しく動く。＝激動

【劇道】芝居の道。演劇に関する事がら。

【劇毒】激しい毒。猛烈な毒。＝激毒

【劇変（變）】激しく変わる。急激な変化。ひどい変化。＝激変

【劇本】演劇のすじがき。脚本。

【劇務】忙しい務め。激しい務め。＝激務

【劇虜】強暴な外敵。

【劇烈】非常に激しいこと。＝激烈

【劇論】激しい議論。激しく議論する。＝激論

【劇寇】強悪なかたき。激しいあだ。大敵。

◆寸劇・史劇・活劇・剣劇・惨劇・喜劇・悲劇・新劇・楽劇・演劇・観劇・受難劇・悲喜劇

刀13【剿】〔15〕 一ショウ漢（セウ） 二ソウ漢（サウ） 一上篠 jiǎo チアオ 二平肴 chāo チャオ　U 528B 補 ― J ―

意味 一断つ。切る。二悪がしこい。かすめとる。

刀13【劅】〔15〕 タク漢 入覚 zhuó チュオ　U 20807 補 ― J ②0331

意味〈き・る〉おのなどで、木をきる。＝斲

刀11【劅】〔13〕同字　U ― 補 ― J ―

刀13【劅】〔15〕 タク漢 入覚 zhuó チュオ　U 5285 補 1947 J ―

意味 性器を切り取る刑。宮刑。

刀13【劈】〔15〕 ヘキ漢 ヒャク呉 入錫 pī ピー　U 5288 補 ― J 4992

意味 ①（はもので）さく。②向かって。③破る。わる。音 pǐ ピー。

【劈開】①裂き開く。きり開く。②ひびがはいって割れる。③鉱物の結晶体の、一定の方向に割れやすい性質。

【劈砕（碎）】割ってこなごなにすること。割り砕く。

【劈断(斷)】たちわる。切断する。

【劈頭】①最初。まっさき。第一番に。②さけ口。

【劈歴(歷)】雷が急に鳴り響くこと。＝霹靂

刂13【劉】〔15〕人 標 リュウ 漢 （リウ）平 尤 liú リウ　J 4613 補 ― U 5289
刀4【刘】〔6〕同字 J ― 補 1923 U 5218
意味 ①〈ころ・す〉人を殺す。③樹木が落葉してまばらなさま。②つらねる。ならべる。④まさかり。おの。⑤姓。
名前 のぶ・みずち　姓 劉

【劉安】人名。前漢の淮南厲王劉長の長子で、父の死後、淮南王となった。著書に「淮南子」がある。

【劉禹錫】人名。中唐の詩人。字は夢得。白居易と交わった。

【劉基】人名。①三国時代、呉の人。父の喪にあたって子としての礼をつくし、孫権に愛された。②明の文人、字は伯温。太祖を助けて帝業を固くした。

【劉希夷】人名。初唐の詩人。河南省汝州の人。名は庭芝、また廷芝。希夷は字。よく従軍の詩、閨情の詩を作り、その哀調をもって、当時の人々にもてはやされた。

【劉義慶】人名。南朝、宋の王族。「世説新語」を著す。（四〇三～四四四）

【劉向】人名。前漢末の儒学者で、字は子政。著書に「列女伝」「説苑」「新序」などがある。宮室の図書を校勘して「別録」を残した。

【劉勰】人名。字は彦和。梁の人で、「文心雕竜」の著者。

【劉歆】人名。前漢末の古文学者、劉向の子。字は子駿。「七略」の著者。（？～後二三）

【劉玄徳】→劉備
【劉項】漢の劉邦(高祖)と楚の項羽。

【劉子驥】人名。六朝、晋の隠士。名は驎之、子驥はその字。

【劉秀】人名。王莽が前漢の帝位を奪うとただちに、兵を起こしてこれを討ち、のち即位して、洛陽に都し、後漢の始祖となった。その諡は光武帝。

【劉禅(禪)】人名。蜀漢の二代めの帝、劉備の子。在位四十一年。のち、魏に降服して安楽公に封ぜられた。

【劉宋】劉氏の宋、すなわち南朝の宋のこと。

【劉知幾】人名。唐代の史学者で、字は子玄。著書に「史通」がある。

【劉長卿】人名。唐の詩人。随州の刺史となり、劉随州ともいわれる。その詩は「唐詩選」にも多くとられている。

【劉廷芝】→劉希夷
【劉白】劉禹錫と白居易。ともに唐代の詩人の名。

【劉備】人名。三国時代、蜀漢の昭烈帝。字は、玄徳。後漢の霊帝の末年、黄巾の賊を討って功をたて、のち、蜀にはいって帝位につき、成都に都した。名臣、諸葛亮と水魚の交わりを結び、魏・呉と相争ったが、白帝城に病死した。

【劉邦】人名。漢の高祖。字は季。秦王の子嬰をうちやぶって漢王となり、さらに項羽を垓下に破って帝位につく。在位十二年。

【劉夢得】→劉禹錫
【劉覧(覽)】あまねく見る。広く見る。通覧する。

【劉喨】声がはっきりとよく通るさま。明るくさえた音の形容。＝嚠喨
【劉伶】人名。晋の詩人で、字は伯倫。酒を好み、阮籍・嵆康らと交わった。竹林七賢の一人。【――之鍤】劉伶はつねに、従者にすきを持って随行させ、自分が死んだらその場に埋めてくれと頼んでいたという故事。〈徳川光圀・梅里先生碑〉

刀13【劕】〔15〕俗 ↓劕(本ジ・中)
刀13【劔】〔15〕古 ↓剣(一六六ジ・下)
刂13【劍】〔15〕旧 ↓剣(一六六ジ・下)
刀14【劐】〔16〕カク 漢 （クヮク）入 薬 huō フオ　J ― 補 ― U ―
刀13【劐】〔15〕俗字 J ― 補 ― U 5290
意味 ①裂く。切る。②刈り入れる。③土を掘りおこす農具の一種。また、土を掘りおこす。
刀14【劓】〔16〕ギ 漢 去 寘 yì イー　J ①1465 補 1950 U 5293
意味 ①鼻を切る。鼻切りの刑。②割く。切る。
刀14【劒】〔16〕本 ↓剣(一六六ジ・下)
刀14【劔】〔16〕俗 ↓剣(一六六ジ・下)
刀14【劑】〔16〕旧 ↓剤(一六七ジ・下)
刀14【辦】↓辛部九画(四四三ジ・中)
刀14【賴】↓貝部九画(一三七六ジ・下)
刀15【劕】〔17〕一 シツ 漢 シチ 呉 入 質 zhì チー　二 チ 漢 去 寘 zhì チー　J ― 補 1951 U 5295
意味 一 物を抵当に入れて借金する。＝質 二 物を抵当に入れた時の証拠のふだ。＝質
刀17【劖】〔19〕サン 漢 ゼン 呉 平 咸 chán チャン　J ― 補 1952 U 5296
意味 ①鋭利な道具で、穴をあけたり、けずったりする。また、その道具。②つき刺す。
刀19【劗】〔21〕サン 漢 ザン 呉 平 寒 zuān ツォワン　J ― 補 1953 U 5297
意味 〈そ・る〉髪をそる。髪を切る。
刀19【劘】〔21〕バ 漢 マ 呉 平 歌 mó モー　J ②0332 補 1954 U 5298
意味 ①〈けず・る(けづ・る)〉削りとる。切る。②〈みが・く〉〈と・ぐ〉砥石で、とぐ。③接近する。
刀21【劚】〔23〕チョク 漢 トク 呉 入 沃 zhú チュー　J ― 補 1955 U 529A
意味 ①農具の一種、くわ。②ほる。ほりおこす。耕す。③きる。削る。

2画

力部 ちから

【部首解説】「盛り上がった筋肉の形」にかたどる。この部には、力を使うことや、働くことに関連するものが多く、「力」の形を構成要素とする文字が属する。

力0【力】〔2〕学 1 リョク・リキ ちから　リョク 漢 リキ 呉 入 職 lì リー　J 4647 補 ― U 529B
筆順 フ 力
意味 ①〈ちから〉㋐体力。㋑はたらき。作用。「眼力」㋒い

2画　二亠人(亻・𠆢)儿入八冂冖冫几凵刀(刂)力勹匕匚匸十卜卩(㔾)厂厶又

きおい。「勢力」㋓おかげ。ききめ。「効力」㋔うでまえ。「能力」②〈つと・める(──・む)〉努力する。また、つとめて。③はなはだしい。④しもべ。労役。人夫。⑤つわもの。兵士。国①〈りき〉力の量の名。「十人力」②〈りき・む〉力を出す。

解字  象形。人の筋肉の形を表したもの。筋肉のはたらきを力という。

名前 お・か・ちか・よし・いさお・いさむ

【力役】①力仕事。筋肉労働。あらしごと。②政府から人民に課せられた、税のかわりの無償の労働。夫役。【──征】政府から課せられた労働。夫役。力政。

【力士】㊀①力の強い男。大力のある人。②仏金剛力士の略。仏法を守る役の力持ち。金剛神。③国すもうとり。㊁骨折りつとめる人。

【力漕】力いっぱい舟をこぐ。

【力説】力をこめて説く。強く主張する。

【力点(點)】①てこで物を動かすときに、力のはいる所。↔支点 ②物事の重点。

【力闘(鬭)】力いっぱいたたかう。力戦。

【力量】㊀①力の分量。力。②うでまえ。能力。㊁リーリアン lìliang 現㊀の②に同じ。

【力行】①努力して行う。②実際に行う。実行につとめる。躬行。

【力学(學)】㊀努め学ぶ。勉学。㊁理物理学の一部門。力と、その結果である運動との関係を研究する学問。

【力作】㊀努力してこしらえる。努め働く。いっしょけんめい作業する。㊁国心をこめて作った作品。

【力疾】①病気をおしてがんばる。②動作がすばやい。

【力臣】①主君のために力を尽くす家来。②勇気のある臣。

【力征】①武力による征伐。②税として課する労役。

【力政】①武力で政治を行うこと。武断政治。②武力で征伐する。力征。③↓力役征。

【力戦(戰)】力のかぎり戦う。力いっぱい戦う。「力闘」

【力争(爭)】①武力で争う。②強くいさめる。激しくいさめる。力諫。苦諫。

【力田】①農事につとめはげむ。力耕。力稼。②地方官の名。地方の民を導き、農事を奨励する役。

【力労(勞)】いっしょけんめい働く。

【力稼】農事につとめはげむこと。力田。

【力彊】努める。いっしょけんめいに努力する。〔力強〕

【力耕】「力田」の①に同じ。

【力気(氣)】リーチー lìqi 現ちから。

【力抜ㇾ山兮気(氣)蓋ㇾ世】力は山をひき抜くほど強く、意気は一世をおおうほどに盛んである。英雄などの気力のすぐれたさま。〈史記・項羽本紀〉

【角ㇾ力】力を比べる。

【恃ㇾ力】①武力にたよる。②自分の力を頼みにして、人をばかにする。

【以ㇾ力仮(假)ㇾ仁】実際には武力によって勢力をひろげながら、表面は、いかにも仁道によるかのように見せかけること。覇道を行う人々のやり方を述べたことば。〈孟子・公孫丑上〉

【労(勞)ㇾ力者治二於人一】体力を使って働く立場の一般人民は役人によって治められるべきものである。社会の分業性を説く。〈孟子・滕文公上〉

◆人力・与力・引力・他力・主力・圧力・全力・尽力・合力・有力・死力・気力・兵力・体力・助力・努力・余力・角力・労力・協力・学力・底力・効力・実力・怪力・武力・苦力・迫力・活力・独力・神力・重力・威力・風力・浮力・能力・畜力・財力・通力・速力・馬力・動力・眼力・強力・視力・惰力・握力・極力・筆力・腕力・無力・弾力・蛮力・勢力・微力・資力・電力・磁力・精力・総力・権力・暴力・魅力・魔力・金剛力・原子力・原動力・遠心力

力 1 【劜】〔3〕 アツ 漢 入 黠　エチ 呉 yà ヤー　J 1956 補 U 529C

意味 強い。また、力強いさま。

力 3 【加】〔5〕 学 4 カ　くわえる・くわわる　カ 漢 呉 平 麻 jiā チア　J 1835 補 U 52A0

筆順 フ カ か 加 加

意味 ①〈くわ・える(くは・ふ)〉〈くわ・わる(くはは・る)〉㋐ふやす。足す。あわせる。㋑かさねる。㋒着(つ)ける。着る。㋓ほどこす。㋔しのぐ。㋕ある地位にいる。担当する。②くわえて。その上に。③〈ますます〉さらに。④数足し算。「加減乗除」

解字 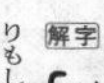 会意。力と口を合わせた字。力はつとめること、口は言語を表す。加は、積極的に話をしかけることで、とくにありもしないことを言って人を罪におとす意味である。そこから、上に加えることを表す。

名前 ます・また　姓 加宜・加賀・加那原・加治工　地名 加古・加西・加佐・加東・加茂・加美・加賀・加須・加古川・加世田・加奈陀・加爾各答

難読 加答児・加農砲・加之

【加害者】他人に危害または損害を加えた者。↔被害者

【加冠】元服すること。また、元服。男子が、はじめて冠をつけ、おとなになる儀式。

【加笄】①十五歳で婚約して笄を髪にさすことから、女子の十五歳をいう。②二十歳になれば笄を髪にさすきまりから、女子の二十歳にもいう。

【加減】①加えることと減らすこと。②加法と減法。たし算とひき算。③国㋐ぐあい。あんばい。程度。㋑ものごとを調整する。

【加護】①注意してまもる。②神仏が助け守る。天佑。

【加工】㊀手を加える。細工する。㊁チアコン jiāgōng 現㊀に同じ。

【加算】①数に入れる。加えて計算する。②数を加え合わせる法。たし算。加法。

【加餐】食物をたくさんとる。栄養を多くとって、からだをたいせつにする。養生。

【加持】①仏真言宗で仏の加護をねがってする祈禱やまじない。②国祈願。まじない。

【加除】①加えることと除くこと。②加法と除法。たし算とわり算。

【加勢】国勢力を加える。すけだちをする。助力。援助。また、助けてくれる人。

【加増(增)】①加え増す。多くする。増加。②国武士の禄高・封地をふやす。

【加待】特別に待遇する。

【加答児(兒)】胃や腸などの粘膜の滲出性炎症。

【加担(擔)】加勢して仲間になる。味方する。

【加点(點)】①文章を修正する。直す際に点を打って消

すことからいう。②国漢文に訓点をほどこす。

【加入】①仲間に加わる。②加え入れる。

【加必丹】①徳川時代、長崎におかれたオランダ商館の長。②船長。隊長。

【加筆】国詩や文章などに筆を加えて直す。添削。

【加璧】璧を加える。贈り物をするときに璧を添え、相手の徳をたたえること。

【加法】①刑罰を与える。②二つ以上の数または数式を合わせて、その和を求める算法。たし算。寄せ算。↕減法
【加俸】国①給料を増すこと。また、その給料。②本俸以外に特別に支給する俸給。

【加味】国①食品に味をつけ加える。②他のものをまぜ加える。含める。

【加盟】同盟に加入する。

【加養】養生すること。摂生。加餐。

【加労(勞)】官位や封禄を増して手厚くねぎらうこと。

【加以】jiāyǐ 現①…を行う。…する。②その上。

【加強】jiāqiáng 現強める。強化する。

『加之』そればかりでなく。おまけに。さらにまた。
△▼付加・参加・奉加・追加・倍加・冥加・添加・累加・増加

力3
【功】〔5〕 学 4
コウ 漢 ク 呉 平 東 gōng コン | コウ・ク | J 2489 補 U 529F

筆順 一 丅 工 玎 功

刀3【㓛】〔5〕俗字 J ①1459 補 U 34DB

意味 ①〈いさお(いさを)〉てがら。いさおし。「勲功」②てがらをほこる。③できあがり。成果。④こと。仕事。⑤たくみ。よい。⑥麻のあらい布の服をつける喪の名。「大功」

解字 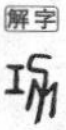 形声。力が形を表し、工が音を示す。工には仕事の意味があり、功は、ほねおって国家の安定につくすこと。

名前 あう・あつ・いさ・かた・かつ・なり・なる・のり・つとむ 姓 功力

【功過】てがらとあやまち。功罪。

【功課】①仕事のできあがりの程度。仕事の成績。②学生の課業。学課。

【功業】てがら。りっぱな事業。

【功勲】てがら。いさお。勲功。

【功効(效)】てがら。功績。

【功最】いちばんのてがら。第一の功績。

【功罪】てがらと、つみ。よい点と悪い点。功過。

【功実(實)】仕事の実績。また、実績をあげた者。

【功臣】てがらをたてた家来。

【功績】てがら。いさお。

【功曹】官名。漢代、地方の属官。書記のしごとをする。

【功田】昔、国に功労のあった人に与えられた田地。

【功徳】一 功績と徳行。いさおとりっぱな人格。二 ①仏仏道をおさめたてがら。神仏のめぐみ。ごりやく。②国他人のためにする善行。【――兼隆】成しとげた功績と、その人の徳とが、ともにさかんなこと。【――碑】その人の功業と人がらを書きしるして、ながく記念するための石碑。

【功能】①働き。腕まえ。技量。能力。器量。②ききめ。=効能
【功伐】敵を攻め討って、たてたてがら。

【功閥】てがら。=功伐
【功夫】一 ①仕事。つとめ。②方法。やりかた。二 国思いめぐらす。方法を考える。考え。くめん。=工夫 三 gōngfu 現①一 二に同じ。②カンフー(中国拳法)。

【功簿】功績を書きとどめておく帳簿。

【功名】てがらと名誉。てがらによる名誉。功誉。

【功用】一 ①働き。ききめ。実用。効用。②てがら。成績。二 仏身・口・意の動作。

【功庸】功績。功は国に対するてがら、庸は民に対するてがらをいう。

【功利】①てがらと利益。②幸福と利益。【――主義】快楽説の一つ。利益と幸福をはかることを人生の主目的とする考え方で、自己の利益幸福、他人の利益幸福、最大多数の最大幸福を道徳の基準としようとする三つの学派に分かれる。実利主義。功利説。

【功力】一 ①ききめ。働き。効験。②ちから。功業。③人工。人間の力。二 仏功徳の力。修行によって身につけた力。

【功烈】大きなてがら。大功。功伐。功業。

【功労(勞)】てがら。ほねおり。

『功遂身退、天之道也』功績を成し遂げたときにその地位から身を退くことは、天道にかなった人の道である。〈老子・九〉

『功成、事遂』仕事をなしとげる。〈老子・十七〉

『通レ功易レ事』仕事を分け合ってする。〈孟子・滕文公下〉
△▼年功・成功・戦功・勲功

力4
【劦】〔6〕
キョウ(ケフ) 漢 ギョウ(ゲフ) 呉 入 葉 xié シエ | J ②0335 補 U 52A6

意味 ①力を合わせる。=協 ②いそぐ。③姓。
参考 「刕」は別字。

力4
【劥】〔6〕
コウ(カウ) 漢 キョウ(キャウ) 呉 平 庚 kēng コン | J 1958 補 U 52A5

意味 力があるさま。

力4
【劧】〔6〕
シ 漢 上 紙 zhǐ チー | J 1960 補 U 52A7

意味 しごとをきちんとする。

力4
【劣】〔6〕 常
レツ おとる | レツ 漢 入 屑 liè リエ | J 4684 補 U 52A3

筆順 亅 ⺌ 小 少 劣 劣

意味 ①〈おと・る〉↕優 ㋐よわい。「劣勢」㋑ひくい。いやしい。「下劣」㋒すくない。「浅劣」㋓おろか。つたない。「拙劣」②おとる者。弱小者。③〈わずか(わづか)〉わずかに。

解字  会意。少と力とを合わせた字。劣は、力が少ないことを表し、そこから、「おとる」の意味になる。

【劣悪(惡)】おとっていて悪い。↕優良
【劣才】おとった才能。
【劣勢】勢力がおとっていること。また、おとっている勢力。
【劣等】おとっている。程度がひくい。
【劣敗】力のおとっている者が争いに負ける。「優勝劣敗」
△▼下劣・低劣・拙劣・卑劣・愚劣・優劣

力4
【𠠺】〔6〕 国字
J ②0333 補 U 2083A

意味 「こう・つよし・ちから」など、人名に用いられた字。

力4
【劤】〔6〕
同 ↓勁(一七七ジ・中)

力5
【劬】〔7〕
ク 漢 平 虞 qú チュイ | J 5002 補 U 52AC

意味 ①つかれる。苦労する。②しばしばする。いそがしくする。「劬勤」③ねぎらう。

【劬勤】ほねおりつとめる。

【劬劬】忙しく苦労するさま。

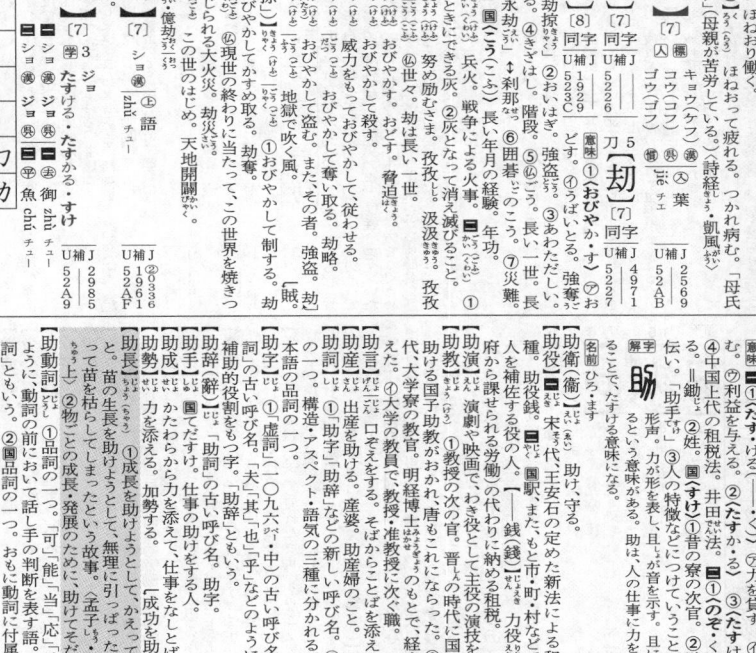

【劬力】（くりょく） ほねおり働く。ほねおって疲れる。つかれ病む。「母氏劬労(勞)（くろう(らう)）」（母親が苦労している。）〈詩経（しきょう）・凱風（がいふう）〉

力5【劫】〔7〕 標 人 キョウ(ケフ) 漢 入 葉 コウ(コフ) 呉 ゴウ(ゴフ) 慣 jié チエ J2569 補— U52AB

力5【刦】〔7〕同字 J— 補— U5226

刀6【刧】〔8〕同字 J— 補1929 U523C

刀5【刼】〔7〕同字 J4971 補— U5227

意味 ①〈おびやか・す〉㋐おどす。㋑うばいとる。強奪（ごうだつ）する。「劫掠（きょうりゃく）」②おいはぎ。強盗（ごうとう）。③あわただしい。さしせまる。④きざはし。階段。⑤㊋ごう。長い一世。長い時間。「永劫（えいごう）」↔刹那（せつな） ⑥囲碁（いご）のこう。⑦災難。「劫災（ごうさい）」 国〈こう(こふ)〉長い年月の経験。年功。

【劫灰】 一（きょうかい(けふくわい)） 兵火。戦争による火事。 二（ごうかい(ごふくわい)） ①㊋劫火のときにできる灰。②灰となって消え滅びること。

【劫劫】 一（きょうきょう(けふけふ)） 努め励むさま。孜孜（しし）。汲汲（きゅうきゅう）。孜孜汲汲。 二（ごうごう(ごふごふ)） ㊋世々。劫は長い一世。

【劫脅】（きょうきょう(けふけふ)） おびやかす。おどす。脅迫（きょうはく）。

【劫殺】（きょうさつ(けふ)） おびやかして殺す。

【劫制】（きょうせい(けふ)） 威力をもっておびやかして、従わせる。

【劫奪】（きょうだつ(けふ)—ごうだつ(ごふ)） おびやかして奪い取る。劫略。

【劫盗】（きょうとう(けふたう)） おびやかして盗む。また、その者。強盗。〔劫賊。〕

【劫風】（きょうふう(けふ)—ごうふう(ごふ)） 地獄で吹く風。

【劫略(「掠」)】（きょうりゃく(けふ)—ごうりゃく(ごふ)） ①おびやかして制する。劫制。②おびやかしてかすめ取る。劫奪。

【劫火】（ごうか(ごふくわ)） ㊋現世の終わりに当たって、この世界を焼きつくすと信じられる大火災。劫災（ごうさい）。

【劫初】（ごうしょ(ごふ)） この世のはじめ。天地開闢（かいびゃく）。

△▼永劫（えいごう）・億劫（おくごう—おっくう）

力5【劯】〔7〕 ショ 漢 ㊤ 語 zhǔ チュー J②0336 補1961 U52AF

意味 強い。

力5【助】〔7〕 学3 ジョ たすける・たすかる・すけ J2985 補— U52A9
一 ショ 漢 ジョ 呉 一 ㊋ 御 zhù チュー
二 ショ 漢 ジョ 呉 二 ㊥ 魚 chú チュー

筆順 丨 冂 月 月 且 助 助

意味 一 ①〈たす・ける（——・く）〉㋐力を貸す。㋑物をめぐむ。㋒利益を与える。②〈たすか・る〉 ③〈たすけ〉補助。④中国上代の租税法。井田（せいでん）法。 二 ①〈のぞ・く〉除去する。＝鋤（じょ） ②姓。 国〈すけ〉①昔の寮の次官。②助力。手伝い。「助手（すけて）」③人の特徴などにつけていうことば。

解字  形声。力が形を表し、且（しょ）が音を示す。且には、かさねるという意味がある。助は、人の仕事に力をかさねてやることで、たすける意味になる。

名前 ひろ・ます

【助衛(衞)】（じょえい(ゑい)） 助け、守る。

【助役】 一（じょえき） 宋（そう）代、王安石の定めた新法による租税の一種。助役銭。 二（じょやく） 国駅、また、もと市・町・村などで、長たる人を補佐する役の人。

【——銭(錢)】（じょえきせん） 力役（りきえき—りょくえき）（政府から課せられる労働）の代わりに納める租税。

【助演】（じょえん） 演劇や映画で、わき役として主役の演技を助けること。

【助教】（じょきょう(けう)） ①教授の次の官。晋（しん）の時代に国子博士を助ける国子助教がおかれ、唐もこれにならった。②国㋐古代、大学寮の教官。明経博士（みょうぎょうはかせ）のもとで、経書（けいしょ）を教えた。㋑大学の教員で、教授・准教授に次ぐ職。

【助言】（じょげん—じょごん） 口ぞえをする。そばからことばを添えて助けること。

【助産】（じょさん） 出産を助ける。産婆。助産婦のこと。

【助詞】（じょし） ①「助字」「助辞」などの新しい呼び名。②現品詞の一つ。構造・アスペクト・語気の三種に分かれる。③国日本語の品詞の一つ。

【助字】（じょじ） ①「虚詞」（一〇九六ページ・中）の古い呼び名。②「助詞」の古い呼び名。「夫」「其」「也」「乎」などのように、文中で補助的役割をもつ字。「助辞」ともいう。

【助辞(辭)】（じょじ） 「助詞」の古い呼び名。助字。

【助手】（じょしゅ） 国てだすけ。仕事の助けをする人。

【助成】（じょせい） かたわらから力を添えて、仕事をなしとげさせる。〔成功を助けること。〕

【助勢】（じょせい） 力を添える。加勢する。

【助長】（じょちょう(ちゃう)） ①成長を助けようとして、かえって害すること。苗の生長を助けようとして、無理に引っぱったため、かえって苗を枯らしてしまったという故事。〈孟子（もうし）・公孫丑（こうそんちゅう）上〉②物ごとの成長・発展のために、助けてそだてる。

【助動詞】（じょどうし） ①品詞の一つ。「可」「能」「当」「応」「敢」などのように、動詞の前において話し手の判断を表す語。「能願動詞」ともいう。②国品詞の一つ。おもに動詞に付属して叙述の意味を助け補う語。

【助命】（じょめい） ①運命を助ける。②国命を助ける。

【助力】（じょりょく） 助ける。力を添える。手つだい。援助。

【助郷(鄉)】（すけごう(がう)） 国江戸時代、宿駅の人馬が不足したとき、その補充のために人馬を供出するように決められた村。また、その制度。

△▼互助（ごじょ）・内助（ないじょ）・扶助（ふじょ）・救助（きゅうじょ）・補助（ほじょ）・援助（えんじょ）・雲助（くもすけ）

力5【劭】〔7〕 ショウ(セウ) 漢 ㊋ 嘯 shào シャオ J5003 補— U52AD

意味 ①勧（すす）める。②つとめる。努力する。③よい。美しい。「劭美（しょうび）」

力5【努】〔7〕 学4 ド つとめる ド 漢 ヌ 呉 ㊤ 麌 nǔ ヌー J3756 補— U52AA

筆順 ㄑ 女 女 女 奴 奴 努 努

意味 ①〈つと・める（——・む）〉はげむ。②突き出る。③書法の一つ。永字八法（えいじはっぽう）で縦（たて）の一画をいう。国〈ゆめ〉ゆめゆめ。禁止の意味を示す副詞。決して。絶対に。

解字 形声。力が形を表し、奴（ど）が音を示す。奴は、女のどれいであって、やさしいが力も強く、労働をする。努は、力をこめてねばる意味である。

【努目】（どもく） 怒ってかっと目を見張る。張目（ちょうもく）。

【努力】 一（どりょく） 一心につとめること。精を出すこと。「努力加二餐飯一（どりょくしてさんぱんをくわえよ）」（どうぞ、できるだけ食事をとって、じょうぶになってください。）〈文選（もんぜん）・古詩十九首〉↓「加餐（かさん）」（一七三ページ・下） 二（ヌリー） nǔlì 現 一に同じ。

【努努】（ゆめゆめ） 国①ぜひぜひ。きっと。②ゆめにも。さらさら。

力5【劰】〔7〕 バク 漢 入 覚 マク 呉 mò モー J— 補1962 U52B0

意味 つとめる。はげむ。はたらく。

力5【励】〔7〕 常 レイ はげむ・はげます J4669 補— U52B1

旧字 力15【勵】〔17〕 レイ 漢 ㊋ 霽 lì リー J— 補5015 U52F5

筆順 一 厂 厂 厉 厉 厉 励

意味 ①〈はげ・む〉努力する。「勉励（べんれい）」②〈はげま・す〉すすめる。「奨励（しょうれい）」③姓。

解字  形声。力が形を表し、厲（れい）が音を示す。力は力を入れること。厲はといしで、はげしいという意味を持つ。勵は、みがくのにつとめる、はげしく力を入れることで、はげむ意味になる。

古い形では勱という字で、バイの音であった。

名前 つとむ

【励行】 ①はげみ行う。つとめて行う。②規則や命令のとおりに、きっちりと実行する。
【励志】 こころざしをはげます。心をふるいたたせる。
【励声(聲)】 声を張りあげる。＝厲声
【励精】 心をはげましてつとめる。精神をふるいたたす。「精励。」
【励勉】 はげみ、つとめる。勉励。
◇▼勉励・奨励・督励・奮励・激励

力5【労】〔7〕 学4 ロウ
一ロウ 漢 呉 一 平 豪 láo ラオ
（ラウ）
U補J 52B4 4711

旧字 力10【勞】〔12〕
二ロウ 漢 呉 二 去 号 lào ラオ
（ラウ）
U補J 52DE 5009

筆順 丶 ｀ ｀ ⺍ ⺍ 学 労

意味 一①つとめる。はたらく。②《つか・れる(――・る)》骨を折る。「労苦」③心をいためる。うれえる。「労心」④仕事。つとめ。⑤功績。⑥病気の名。⑦姓。二①《いたわ・る(いたは・る)》《ねぎら・う(――・ふ)》苦労をなぐさめる。②農業につとめる。「労農」③土地をならす農具。

解字 会意。労は、勞の略体で、𤇾と力からなる。𤇾は、さらに熒の省略であり、かがり火の意。勞は、火がさかんに燃えるように、力をつくしてはたらきつとめる意。

名前 もり

【労逸(逸)】 苦労と安楽。
【労役】 ほねをおって働く。ほねおり仕事。苦役。「力役。」
【労咳】 結核。＝労欬
【労勤】 ほねおりつとめる。精を出す。
【労銀】 労働によって受ける賃銀。労賃。
【労苦】 ①心身をいためること。苦労。②ほねおりをいたわること。
【労倦】 疲れてあきること。疲れて気力がなくなる。
【労剣(劍)】 使いふるした刀。
【労困】 疲れ苦しむ。疲れ。くたびれ。
【労作】 ①ほねをおって仕事をする。②ほねをおって作ったもの。力作。
【労使】 ①追い使う。こき使う。ほねをおらせる。②国働く人と使う人。労働者と使用者。
【労酒】 ねぎらいの酒。
【労心】 心をいためる。心配する。
【労人】 心配ごとをもった人。
【労瘁】 苦労して疲れる。
【労旋】 凱旋した軍隊をねぎらう、天子の宴会。
【労働】 国①体力を使って働くこと。②人が心身をつかれさせること。③経人間が、生活に役だつ物を生産するために、心身を働かせること。肉体的労働と精神的労働。
【労農】 農業につとめる。
【労務】 ①働きつとめる。「勤務。」②経賃銀を得るための労働。
【労問】 いたわり見舞う。ねぎらいなぐさめる。
【労来(來)】 一①ねぎらいはげます。②恵みをほどこし慕って来させる。二来た人をねぎらう。
【労力】 力を使う。また、使う力。ほねおり。
【労労(勞)】 一①疲れたさま。②なごりを惜しむさま。③遠いさま。二ほねおりに報いる。「労として認める。苦労を苦」
【労駕】 láojià 現ごくろうさま。
【労動】 láodòng 現はたらく。【――節(節)】láodòngjié 現メーデー。
『労而不レ怨』 一（孝子は）親に苦労させられてもうらまない。〈論語・里仁〉 二人民に勤労させても、人民からうらまれることがない。〈論語・尭曰〉
『労而無レ功』 ほねをおるばかりで効果のないこと。
『施レ労』 面倒な仕事を人におしつける。「無レ施レ労」（骨折り仕事を人におしつけることのないようになりたい。）〈論語・公冶長〉
◇▼心労・功労・苦労・徒労・疲労・過労・慰労

力5『男』（八三五ジ・上）→田部二画

力6【勎】〔8〕 アイ 漢 平 佳
エ 呉 wā ワー
U補J 52B8 1965

意味 せまる。おどす。

力6【劾】〔8〕 常 ガイ
カイ 漢 去 隊
ガイ 呉 hé ホー
U補J 52BE 1915

旧字 力6【劾】

筆順 丶 亠 㐅 亥 亥 亥 劾 劾

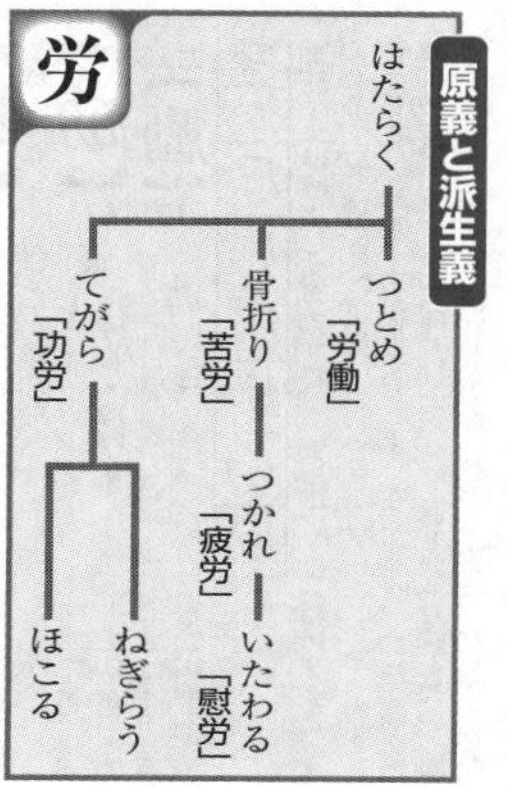

意味 ①きわめる。追求する。罪をしらべる。「弾劾」②罪人をしらべた調書。告訴状。③お札や呪文で悪鬼を調伏する。

解字 形声。力が形を表し、亥が音を示す。劾には、戒と同様に、いましめひきしめる意味を含む。劾は、法律をもって力を加え、罪人をとりしまること。

【劾按】 他人の罪を調べて告発する。＝劾案
【劾状(狀)】 他人を法によってさばいてもらうように願い出る文書。弾劾書。
【劾奏】 官吏の罪を天子に申し上げること。
【劾弾(彈)】 人の罪をあばき出すこと。弾劾。
◇▼弾劾

力6【劼】〔8〕 カツ 漢 入 黠
jiē チエ
U補J 52BC 5004

意味 ①つつしむ。②固い。③努力する。

力6【劻】〔8〕 キョウ 漢 平 陽
（キャウ） kuāng コワン
U補J 52BB 1967 ②0338

意味 劻勷は、あわてふためくさま。また、さしせまったさま。

力6【効】〔8〕 学5 コウ
きく
U補J 52B9 2490

旧字 攴6【效】〔10〕 コウ 漢 去 効
（カウ） xiào シアオ
U補J 6548 5835

筆順 丶 亠 六 六 交 交 効 効

意味 ①《なら・う(――・ふ)》まなぶ。まねる。＝傚 ②

2画
二亠人(亻・𠆢)儿入八冂冖冫几凵刀(刂)力勹匕匚匸十卜卩(㔾)厂厶又

〈いた・す〉㋐力をつくす。「効力」㋑さずける。「効官」㋒とどける。献上する。㋓明らかにする。③〈き・く〉ききめがある。ききめ。「効果」④てがら。「効績」

解字　形声。古い形は效である。攵が形を表し、交が音を示す。攵は、物事をさせる意味。交には、たがいにまじわるという意味がある。效は、たがいに接触させること、転じてまねをさせる、ならわせることになる。効は、その俗字で、まじわる意味の交に力を加えて、ねじってしぼる意味も表す。

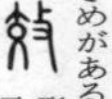

名前　かず・かた・なり・のり・いたる・すすむ

参考　元来は「效」の俗字。

【効果】㊀①ききめ。しるし。効能。②てがら。できばえ。しあげ。㊁xiàoguǒ 現㊀に同じ。

【効愚】真心を尽くすことを、けんそんしていう語。

【効験(驗)】しるし。ききめ。

【効死】死にいたる。死をいたす。命をおとす。また、死力を尽くしてがんばることをいう。

【効績】てがら。いさお。功績。

【効能】はたらき。ききめ。効力。効験。

【効顰】むやみに人のまねをすること。昔、西施という美人が顔をしかめたのを見て、みにくい村の女たちが、そのようにすれば美人に見られると思い、みな顔をしかめたという故事。顰にならう。効矉。〈荘子・天運〉

【効命】命を捨てる。全力をつくす。

【効用】①使い道。用途。②ききめ。はたらき。効能。③㊎人間の欲望を満足させる財貨の力。

【効率】㊀仕事の能率。㊁xiàolǜ 現㊀に同じ。

【効力】①ききめ。はたらき。効験。効用。②ほねをおる。

◆失効・有効・即効・実効・時効・特効・無効・薬効

力6【劶】〔8〕コウ㊞漢㊤有　ク㊞呉　kǒu コウ　U 52B6 補 1963 J —

意味　劶励は、力をいれるさま。

力6【劺】〔8〕ボウ㊞漢㊦尤　ム㊞呉　móu モウ　U 52BA 補 1966 J ②0337

意味　①つとめる。せいいっぱい努力する。②強い。

力6【劷】〔8〕ヨウ㊞漢呉㊦陽　(ヤウ)　yáng ヤン　U 52B7 補 1964 J —

意味　すすめる。さそう。

力6【劽】〔8〕レツ㊞漢㊇入屑　レチ㊞呉　liè リエ　U 52BD 補 1968 J —

意味　力がある。

力6【劵】〔8〕古→倦(九ページ・上)

力6〖協〗↓十部六画(一九五ページ・上)

力7【勁】〔9〕入　ケイ㊞漢㊦去敬　jìng チン　U 52C1 補 — J 5006

力4【劤】〔6〕同字　U 52A4 補 1957 J ②0334

意味　①〈つよ・い(──・し)〉じょうぶ。力強い。「勁弓」②強くする。③かたい。剛直な。④現ちから。精神力。態度。音 jìn チン。

解字　会意・形声。巠と力を合わせた字。巠は音をも示す。巠は上下のわくの間に糸を強く張った形で、力はちからの意。そこで勁は、張りつめてゆるみがない、力の強いことを意味する。

【勁悍】強くて荒々しい。＝勁捍

【勁騎】強い騎兵。

【勁健】強くて屈しないこと。強くてじょうぶ。

【勁士】勇気のある強い人。気概があって正直な人。

【勁疾】強くてすばやいこと。勁捷。

【勁秋】草木を枯らす、きびしい秋。

【勁駿】①強くてすぐれた馬。はやい馬。②文章がすぐれていて力強いこと。遒勁。

【勁捷】強くてすばやい。勁疾。

【勁箭】じょうぶな矢。強い矢。勁矢。

【勁草】①強い草。②操の堅い人物のたとえ。

【勁卒】強い兵士。

【勁直】強くてまがらない。強くて正しい。剛直。

【勁敵】強い敵。強敵。

【勁弩】強いいしゆみ。

【勁抜】強くて、多くの人にぬきんでている。

【勁兵】鋭利な武器。転じて、強い兵士。

【勁利】強く鋭いこと。勁鋭。

【勁旅】強い軍隊。勁兵。

力7【勅】〔9〕常　チョク　U 52C5 補 — J 3628

旧字 攴7【敕】〔11〕チョク㊞漢　㊞呉　㊇入職　chì チー　U 6555 補 — J 5837

筆順　一 冂 冃 申 束 束 剌 勅

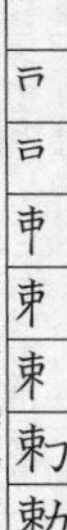

意味　①〈みことのり〉天子のことば。「詔勅」②いましめる。いましめ。③つつしむ。④おさめる。ととのえる。

解字　会意。束と力を合わせた字。もともとは敕であったが、攵の代わりに力を使うようになった。攵は、手で打つ動作を表し、束は、たばねることを表す。敕は、たばねる動作の意から、「いましめる」ことになる。一説に、地面にさしこむことを表すともいい、杖で打ってまっすぐにすることともいう。

名前　て・とき　姓　勅使河原

【勅額】勅命で寺を建立するときに賜る、天子の書かれた額。

【勅願】勅命による祈願。

【勅語】①みことのり。勅言。綸言。②国もとの「教育勅語」の略。

【勅裁】天子のご裁決。

【勅旨】天子のおおせ。

【勅使】天子のおつかい。天皇の使者。

【勅書】天子のみことのりをしるした文書。

【勅撰】①天子がみずから、詩歌・文章などを選ばれること。②天子の命令で、臣下が書物をまとめあげること。また、その書物。②勅撰和歌集のこと。【──集】国①勅撰による和歌・詩文の集。②勅撰和歌集のこと。【──和歌集】国勅命で作られた歌集。延喜五年(九〇五)の「古今和歌集」以下、「新続古今和歌集」に至る二十一代集がある。

【勅選】国天皇がみずから選抜すること。

【勅題】国①天皇出題の和歌の題。②天皇の書かれた額。【──詠草】国勅題を詠んだ和歌の草稿。

【勅断(斷)】天子のさばき。天子みずからのご決定。勅裁。

【勅答】①天子が臣下に答えられること。②臣下が天子にお答えすること。【──使】勅答を伝えるためにつかわされる使者。

【勅任】①勅命によって官職に任ぜられること。また、その官職。②国㋐昔、天皇が大納言以上、弁官・諸長官などを任命されたこと。㋑戦前の官吏の階級。親任官の次、奏任官の上。

【勅命】天子の命令。みことのり。

【勅諭】天子がおさとしになる。また、そのおさとし。詔諭。

【勅令】①天子の命令。②戒め命じる。③国もと、帝国議会の協賛を経ずに、天皇の大権で発せられた命令。

【勅勒】バイカル湖の南、陰山山脈の北方に住んでいた遊

2画

二亠人(亻・𠆢)儿入八冂冖冫几凵刀(刂)力勹匕匚匸十卜卩(㔾)厂厶又

牧民族。また、その地域。

【勅勘】ちょっかん（ちょく） 国天皇のおとがめを受けること。勅命による勘当。

【勅許】ちょっきょ（ちょく） 天子のおゆるし。勅免。

▽奉勅ほうちょく・詔勅しょうちょく

力7【勃】〔9〕常 ボツ ホツ 漢 入 月 ボツ 慣 bó ポー J4354 U補52C3

筆順 一 十 十 土 孛 孛 孛 勃 勃

意味 ①〈にわか（にはかに）〉急に。「勃然ぼつぜん」 ②興おこる。さかんにおこる。「勃興ぼっこう」 ③顔色をかえる。怒るさま。 ④おしひらく。 ⑤もとる。そむく。＝悖ぼつ ⑥姓。

解字 形声。力が形を表し、孛ぼつが音を示す。孛には、また、草木が勢いよく伸びる意味がある。勃は、力をこめて、急に興おこる意味を表す。

名前 ひら・ひろ

【勃海】ぼっかい 遼東りょうとう半島と山東半島の間に入りこんでいる海の名。＝渤海・勃解

【勃起】ぼっき 急に立ち上がる。おこり立つ。むくりと頭をもちあげる。興起。勃興。

【勃谿】ぼっけい 争い、じゃまをしあう。

【勃興】ぼっこう 盛んに起こる。にわかに盛んになる。

【勃如】ぼつじょ 「勃然」に同じ。

【勃然】ぼつぜん ①急に起こるさま。盛んに興起するさま。②顔色を変えてむっとするさま。

【勃発(發)】ぼっぱつ 急に起こる。にわかに始まる。突然発生する。

【勃勃】ぼつぼつ ①盛んにわきあふれるさま。②勢いの盛んなさま。③においのよいさま。

▽鬱勃うつぼつ

力7【勇】〔9〕学4 ユウ いさむ J4506 U補52C7

旧字 力7【勇】〔9〕 ヨウ 漢 上 腫 ユウ 呉 yǒng ヨン U補FA76

筆順 マ マ 乃 丙 而 甬 甬 勇 勇

7 力【勈】〔9〕本字 J①1466 U補52C8

7 心【恿】〔11〕古字 J②1244 U補2976 U607F

意味 ①〈いさまし・い（いさま・し）〉勢いが強く、おおしい。「勇敢ゆうかん」 ②〈いさ・む〉いさみ立つ。 ③つよい。するどい。たけだけしい。 ④思い切りがよい。 ⑤兵士。兵卒。 国〈いさまし・い（いさま・し）〉威勢がよい。

解字 形声。力が形を表し、甬ようが音を示す。甬は、踊ようと同様に、おどるように勢いのある意味を含む。勇は、気力が充実して、勢いのいいさま。一説に甬は涌と同じく、わくという意味を持つから、勇は、力がわき出ることであるともいう。

名前 お・さ・よ・いさ・そよ・たけ・とし・はや・いさお・いさみ・たけし

姓 勇山いさやま 地名 勇払ゆうふつ・勇留ゆうどめ

【勇往】ゆうおう（わう） いさみ行く。勇ましく進んで行く。【――邁進】ゆうおうまいしん 困難をものともせず、わきめもふらずに勇み進むこと。勇往直前ゆうおうちょくぜん。

【勇悍】ゆうかん 勇ましくたけだけしい。勇ましく強い。

【勇敢】ゆうかん 勇気があって、物事を進んでする。 ■ヨンカン yǒng-gǎn 現■に同じ。

【勇気(氣)】ゆうき 物事を恐れない勇ましい心。すぐれた度胸。胆力。 ■ヨンチー yǒngqì 現■に同じ。

【勇俠】ゆうきょう（けふ） 勇気があって、おとこ気に富んでいること。また、その人。おとこだて。

【勇士】ゆうし ①勇気がある人。勇者。②武技にすぐれた人。

【勇姿】ゆうし 勇ましいすがた。

【勇者】ゆうしゃ 勇気のある人。勇士。

【勇将(將)】ゆうしょう（しゃう） 勇気のある大将。勇ましい大将。【――下無二弱卒一】ゆうしょうのもとにじゃくそつなし 勇将の部下には、弱い兵士はいない。しっかりした上級者のもとには、自然といいかげんな下級者はいない。

【勇戦(戰)】ゆうせん 勇ましく戦う。

【勇壮(壯)】ゆうそう（さう） 勇ましくて盛んなこと。

【勇退】ゆうたい いさぎよく身をひく。思いきりよく官職などをやめる。

【勇断(斷)】ゆうだん 思いきりよく決断すること。勇決。

【勇武】ゆうぶ 勇ましくて強い。勇ましくて武芸にすぐれていること。武勇。

【勇憤】ゆうふん ①いさみ憤る。力りきみ怒る。②勇気といきどおり。

【勇名】ゆうめい 勇気があるという評判。勇者としての評判。

【勇猛】ゆうもう（まう） 勇気があってたけだけしい。【――精進】ゆうもう（まう）しょうじん（しゃうじん） ①仏心を強くして、一心に仏道を修行する。②困難に屈することなく、一心に励み進む。【――心】ゆうもう（まう）しん 勇ましくて、ものに屈しない強い心。

【勇躍】ゆうやく 勇んでおどりあがる。心がはずむ。

【勇略】ゆうりゃく 勇気と知恵。勇気があって計略に富むこと。

【勇力】ゆうりょく ①勇ましい力。強い力。②勇気と腕力。

【有レ勇無レ義為(爲)レ乱(亂)】ゆうありてぎなければらんをなす 勇気だけで、義の心がないと、乱をおこすようなことになる。〈論語・陽貨ようか〉

【勇動多レ怨】ゆうどうはうらみおおし（おほし） 勇気をたのんで行動するだけだと、どうしても他人のうらみをかいやすい。

【勇而無レ礼(禮)則乱(亂)】ゆうにしてれいなければすなわち（すなはち）らんす 勇気だけで、礼儀をわきまえないと、乱暴ざたに陥る。〈論語・泰伯たいはく〉

【鼓レ勇】ゆうをこす 勇気をふるいおこす。

▽武勇ぶゆう・剛勇ごうゆう・豪勇ごうゆう

力7【勆】〔9〕 ロウ 漢 呉 平 陽（ラウ） láng ラン J1971 U補52C6

意味 力がある。

力7【勊】〔9〕本→剋(一六三ページ・下)

力7【勄】〔9〕同→敏(五六〇ページ・上)

力7【勈】〔9〕本→勇(本ページ・上)

力7【觔】→角部二画(一一四三ページ・上)

力7【勀】〔9〕本→剋(一六三ページ・下)

力7【勉】〔9〕旧→勉(本ページ・下)

力8【勍】〔10〕 ケイ 漢 平 庚 qíng チン J5007 U補52CD

意味 勢いがさかんで、つよい。たけだけしいさま。「勍敵けいてき」

力8【勌】〔10〕 ケン 漢 去 霰 juàn チュワン J①1468 U補52CC (J1973)

意味 ①〈う・む〉あきる。つかれる。＝倦けん ②つとめる。

【勌惰】けんだ 物事にあきて、だらける。＝倦惰

【勌怠】けんたい 物事にあきて、なまける。＝倦怠

【勌罷】けんぴ あきあきして疲れる。＝倦罷

力8【勉】〔10〕学3 ベン J4257 U補52C9

旧字 力7【勉】〔9〕人 ベン 漢 上 銑 メン 呉 miǎn ミエン J①1467 U補FA33

筆順 ク 各 各 各 名 免 免 勉

意味 ①〈つと・める（――・む）〉はげむ。すすめはげます。「勉励」 ②〈つとめて〉㋐努力して。㋑強しいる。無理やりに。

解字 形声。力が形を表し、免べんが音を示す。免は、女がお産をしている形で、子を生む、むりをする、という意味を含む。勉は、お産をするときに力むことから、力を出してつとめることを表す。

名前 かつ・ます・まさる

【勉学(學)】べんがく 学問に励むこと。努めまなぶ。勉強。

【勉強】㊀べんきょう(きやう) ①精を出す。②無理じいする。安いねだんで売る。③国㋐学問に励む。㋑ねだんを安くする。㊁ミエンチアン miǎnqiǎng 現むりに。

【勉勉】べんべん たえず努め励むさま。孜孜汲汲(ししきゅうきゅう)。

【勉励(勵)】べんれい 努め励む。また、すすめはげます。

【勉厲】べんれい せいを出す。努め励む。＝勉励

◆勤勉(きんべん)

力8【勏】〔10〕 ホウ 漢 ㊤ 有 ／ ブ 呉 bù プー　J 1974 補 U 52CF

意味 勏劥(ほうこう)は、力をいれるさま。

力8【勑】〔10〕 ㊀ライ 漢 ㊀去 隊 lài ライ ㊁チョク 漢 ㊁入 職 chì チー　J ②0341 補 1975 U 52D1

意味 ㊀①いたわる。ねぎらう。②つとめる。㊁①ただす。おさめる。②したがう。③みことのり。＝勅(ちょく)「勑使(ちょくし)」

参考「勑」と「勅」「敕」は本来別字であるが、通じ用いられる。

力8【勢】〔10〕 同→勢(一八二ページ・上)

力8【勐】〔10〕 同→猛(八〇四ページ・下)

力8【〔哿〕】→口部七画(二四五ページ・上)

力9【勘】〔11〕 常 カン　カン 呉 漢 ㊄去 勘 kān カン　J 2010 補 U 52D8

筆順 一 卄 甘 甘 其 甚 甚 勘 勘

意味 ①〈かんが・える(――・ふ)〉㋐てらしあわせてしらべる。㋑文字の異同をしらべる。「校勘(こうかん)」②罪人をしらべる。

国〈かん〉第六感。

解字 会意。甚と力とを合わせた字。甚は、ふける、深入りするという意味がある。勘は、力をこめて深入りすることで、調べる意味になる。また、甚は任と音が通じて、堪える意味を持つ。勘は、力を入れて堪えることで、堪と同じ意味になる。

名前 さだ・のり・さだむ　姓 勘解由小路(かげゆのこうじ・かでのこうじ)

【勘解由】かげゆ 国 勘解由使(かげゆし)の略。昔、国司の交替のとき前任者から後任者に引きつぐ財政上の書類を審査する役。

【勘文】㊀かんもん 国 かんがえぶみ。勘状。平安時代以後、博士・儒家・陰陽師(おんようじ)などから、天変地異などの吉凶を考え、意見を書きしるして、朝廷や将軍家などの問いに答えた意見書。㊁かんもん 国 解由(げゆ)の勘定の文書。平安時代、国司交替のとき、前任者が後任者に引き継いだ財政上の書類。

【勘案】かんあん 考えること。考え。考慮。

【勘気(氣)】かんき 国 目上の人の怒りにふれて、縁をきられること。勘当。

【勘検(檢)】かんけん 考えしらべる。

【勘考】かんこう(かう) よく考え調べる。思案する。熟考。考慮。

【勘校】かんこう(かう) くらべあわせて誤りを正す。校勘。

【勘合】かんごう(がふ) ①くらべ合わせて調べる。②割り符を調べ合わせる。③割り符。外国交通許可証として授けたもの。符契。【――符】かんごうふ(がふ) 国 室町時代、貿易船と海賊船とを区別するため、正式の貿易船に対して明(みん)政府から交付された割り符。

【勘査】かんさ 考え調べること。調査。

【勘書】かんしょ 書物の文字の異同についてくらべ合わせて調べる。

【勘審】かんしん くわしく調べること。

【勘定】㊀かんてい 考え定めること。㊁かんじょう(ぢやう) 国 ①計算する。計算。②勘定書(かんじょうがき)の略。計算書。③予定。見積もり。

【勘当(當)】㊀かんとう(たう) 罪を考え調べて、法にあてて処罰する。㊁かんどう(だう) 国 ①お叱(しか)りを受ける。②江戸時代、子が親の、臣下が君主の、弟子(でし)が師の怒りにふれて、それぞれの間の縁を断たれること。勘気。勘事。義絶。

【勘弁(辨)】かんべん ①考えきめる。②国 過失を許す。かんにんする。

【勘簿】かんぼ 帳簿を調べること。

【勘問】かんもん 問いただす。調べ問う。

◆割勘(わりかん)

力9【勖】〔11〕 キョク 漢 ㊅入 沃 xù シュイ　J ①1470 補 1976 U 52D6

意味〈つと・める(――・む)〉つとめはげます。努力する。「勖勉(きょくべん)」

力9【勗】〔11〕 俗字　J 5008 補 U 52D7

力9【動】〔11〕 学3 ドウ うごく・うごかす　トウ 漢 ドウ 呉 ㊤上 董 dòng トン　J 3816 補 U 52D5

筆順 ニ 亍 旨 乕 重 重 重 動 動

意味 ①〈うご・く〉㋐うつる。ゆく。「不動心(ふどうしん)」㋑落ち着かない。↔静 ㋒ゆれる。ふるえる。㋓事をする。おこなう。㋔はたらく。「労動」㋕感応(かんのう)する。感動する。②〈うご・か・す〉③うごき。④生きもの。動物。⑤〈やや〉〈ややもすれば〉ともすれば。⑥気づかぬうちに。

解字 形声。力が形を表し、重(ちょう)が音を示す。重には、おもいという意味がある。動は、力をこめて、重いものを動かすことから、うごかす、はたらく、という意味になる。一説に、この字の音は、揺と通じて、ふるう意味を持ち、動は、力をふるい出すことであるという。音ドウは、重の音チョウの変化。

名前 いづ

【動員】㊀どういん(ゐん) 国 ①軍隊の編成を、平時のものから戦時のものに切りかえること。②戦時に、国内の資源・工場などを、政府の管理下におく体制にすること。③ある目的のために、多くの人々を集めること。㊁トンユワン dòngyuán 現 ㊀に同じ。

【動悸】どうき ①心臓がはげしく鼓動すること。②胸騒ぎ。どきどきすること。

【動機】どうき ①事の起こるきっかけ。はずみ。機会。②哲 ある行動の起こってくる直接の原因。行動しようとする心の働き。【――論】どうきろん 哲 ある行為を道徳的に判断するとき、現れた結果よりも動機を重くみる説。↔結果論

【動向】どうこう(かう) ①心の動き。②行動の方向。行動や情勢の動き向かう傾向。③ようす。状態。

【動作】㊀どうさ たちいふるまい。行動。挙動。㊁トンツオ dòngzuò 現 ㊀に同じ。

【動産】どうさん その形を変化せずに移すことのできる財産。金銭・有価証券の類。↔不動産

【動止】どうし ①動くことと止まること。②たちいふるまい。行動。動作。挙止(きょし)。

【動詞】どうし 品詞の一つ。事物の働き・存在・状態などを言い表すことば。

【動静(靜)】どうせい ①動くことと静かなこと。②物の移り変わり。③たちいふるまい。動作。行動。④人のようす。消息。安否(あんぴ)。⑤治まることと乱れること。⑥動物と植物。

【動騒】どうそう(さう) うごきさわぐ。さわぎまわる。

【動態】どうたい 動く状態。変動の実態。↔静態

【動物】㊀どうぶつ ①生物の二大区分の一つ。人間、鳥獣虫魚の類の総称。↔植物 ②人間以外の動物、特に獣。㊁トンウー dòngwù 現 ㊀に同じ。

【動脈】どうみゃく 心臓から出る血液を全身に送る血管。↔静脈(じょうみゃく)

【動容】どうよう ①たちいふるまいのようす。②感動していずまいを改める。

【動揺(搖)】どうよう(えう) ①うごく。ゆれる。ゆれうごく。②心がぐらつく。不安。「歯牙動揺(しがどうよう)す」(歯がぐらぐらになる。)〈韓愈(かんゆ)・祭十二郎文(じゅうにろうをまつるぶん)〉

【動乱(亂)】どうらん 動き乱れる。世の中の乱れ。騒ぎ。騒動。「騒乱」

【動力】どうりょく 理 機械を運転させる力。物体を動かす力。【――資源】どうりょくしげん 石炭・石油・水などのように、動力をつくるもの

2画　二亠人(亻・𠆢)儿入八冂冖冫几凵刀(刂)力勹匕匚匸十卜卩(㔾)厂厶又

となるもの。

【動輪】(どうりん) ①車を動かす。発車する。②走行用動力によって「機関車を走らせる車輪。」

【動身】(トンシェン) dòngshēn 現出発する。旅立つ。

【動手】(トンショウ) dòngshǒu 現手をつける。手でさわる。なぐる。

【動人】(トンレン) dòngrén 現感動する。感動させる。

【動必縁(緣)レ義】(うごくこと、かならずぎによる) 行動はすべて義をよりどころにしてする。〈呂氏(りょし)春秋・高義〉

【動不レ失レ時】(うごくこと ときをうしなわ(うしなは)ず) 行動がすべて適当な時期にかなっている。〈淮南子(えなんじ)・人間訓(にんげんくん)〉

【動中有レ静(靜)】(どうちゅう(ちう)せいあり) 動きの中に静けさがある。↕静中有レ動〈詩人玉屑(しじんぎょくせつ)〉

【動輒得レ咎】(ややもすればすなわち(すなはち)とがをう) ともすれば事をするごとに他からとがめを受ける。

◇▼不動(ふどう)・反動(はんどう)・出動(しゅつどう)・地動(ちどう)・行動(こうどう)・妄動(ぼうどう|もうどう)・言動(げんどう)・制動(せいどう)・波動(はどう)・活動(かつどう)・律動(りつどう)・胎動(たいどう)・発動(はつどう)・変動(へんどう)・浮動(ふどう)・流動(りゅうどう)・振動(しんどう)・挙動(きょどう)・脈動(みゃくどう)・扇動(せんどう)・移動(いどう)・運動(うんどう)・微動(びどう)・感動(かんどう)・鼓動(こどう)・鳴動(めいどう)・衝動(しょうどう)・暴動(ぼうどう)・震動(しんどう)・激動(げきどう)・騒動(そうどう)・躍動(やくどう)・一挙一動(いっきょいちどう)

力9【勔】〔11〕 ベン 漢 メン 慣 上 銑 miǎn ミエン

U補J 5 2 D 4 / 1 9 7 6

意味 ①つとめる。努力する。②すすめる。

力9【務】〔11〕 学5 ム つとめる・つとまる

一 ブ 漢 ム 呉 一 去 遇 wù ウー
二 ブ 漢 ム 呉 二 上 麌 wǔ ウー

U補J 5 2 D 9 / 4 4 1 9

筆順 マ ヌ 予 矛 矛 敄 務 務

意味 一 ①〈つと・める(——・む)〉〈つとま・る〉「君子務レ本(くんしもとをつとむ)」(立派な人物は根本に力をいれる。)〈論語・学而(がくじ)〉㋐はげむ。仕事をする。㋑追い求める。②〈つとめ〉仕事。職分。「任務」③〈つとめて〉努力して。かならず。二 あなどる。あなどり。=侮(ぶ)

解字  形声。敄(ぼう|む)と力を合わせた字。力が形を表し、敄が音を示す。敄はほこで打つことで、むりにつとめる意味がある。務は、力を加えてむりにつとめる、困難をおかして努力することを表す。

名前 かね・ちか・つよ・なか・みち

【務光】(むこう(くわう)|ぼうこう(ばうくわう)) 人名。殷(いん)の湯王が王位を譲ろうとしたが受けず、石を背負って川に沈んだという。

◇▼用務(ようむ)・任務(にんむ)・労務(ろうむ)・事務(じむ)・服務(ふくむ)・急務(きゅうむ)・政務(せいむ)・専務(せんむ)・兼務(けんむ)・庶務(しょむ)・責務(せきむ)・執務(しつむ)・勤務(きんむ)・債務(さいむ)・業務(ぎょうむ)・煩務(はんむ)・義務(ぎむ)・総務(そうむ)・雑務(ざつむ)・劇務(げきむ)・繁務(はんむ)・職務(しょくむ)

力9【勒】〔11〕 標 ロク 漢 呉 入 職 lè ロー、lēi レイ

U補J 5 2 D 2 / 8 0 5 3

意味 ①おもがい。くつわがついている馬の頭につけるひも。②おさえる。制御(せいぎょ)する。③とりしまる。④ほる。きざむ。⑤強(し)いる。また、しいて。⑥書法の一つ。永字八法で横画をいう。⑦しばる。しめる。音 lēi レイ。「勒死(ろくし)」

【勒住】(ろくじゅう(ぢう)) 押さえとどめる。ひきとめる。抑止。

【勒停】(ろくてい) 無理に官職をやめさせること。罷免(ひめん)する。

【勒兵】(ろくへい) 軍隊をととのえ指揮する。

【勒銘】(ろくめい) 金属や石に銘文を彫りつけること。また、その彫りつけた銘文。

力9【勖】〔11〕 俗 ↓勗(一七九ジベー・中)

力10【勜】〔12〕 オウ 漢 (ヲウ) 上 董 wěng ウォン

U補J 5 2 D C / 1 9 7 9

意味 勜㔔(おうあつ)は、力が強い。

力10【勤】〔12〕 学6 キン・ゴン つとめる・つとまる

力11【勤】〔13〕 人 旧字 キン 漢 ゴン 呉 平 文 qín チン

U補J 5 2 E 4 / 2 2 4 8
U補J F A 3 4 / ①1 4 7 2

筆順 一 艹 廿 苷 苩 菫 菫 勤

意味 ①〈つと・める(——・む)〉はたらく。はげむ。②〈つとま・る〉③〈つとめて〉努力して。④〈つとめ〉仕事。勤務。⑤願う。⑥ねんごろ。「殷勤(いんぎん)」⑦相手のことを心配する。⑧しばしば。⑨姓。

解字  形声。力が形を表し、堇(きん)が音を示す。堇には、ねん土の意味があり、勤は、それに力を加えて、しっかりと力を用いること、つとめることを表す。また、堇には、「わずか」「とぼしい」の意味を含んでいるので、勤は力を使い果たして、余力がとぼしくなることともいい、堇の音は筋(きん)に通じるので、勤は、筋肉の力を使うことであるともいう。

名前 いそ・とし・のり・いそし

【勤恪】(きんかく) つとめつつしむ。勤慎(きんしん)。

【勤学(學)】(きんがく) つとめ学ぶ。学問に励む。

【勤勤】(きんきん) まごころこめて、つくすさま。つとめはげむさま。

【勤苦】(きんく) ほねおり苦しむ。つとめ苦しむ。勤労。

【勤倹(儉)】(きんけん) よく働いて、費用を倹約する。勤勉倹約。

【勤行】一(きんこう(かう)) つとめ行う。二(ごんぎょう(ぎゃう)) 仏仏前での読経や回向(えこう)を毎日きちんと行うこと。仏前のつとめ。「つとめる。

【勤慎(愼)】(きんしん) つとめつつしむ。

【勤続(續)】(きんぞく) 引き続いて同じ所に勤務すること。継続して

【勤惰】(きんだ) 精を出すことと、だらけること。勤怠(きんたい)。

【勤怠】(きんたい) 精を出すことと、なまけること。勤惰(きんだ)。

【勤王】(きんのう(わう)) ①王事に励む。王室のことに力をつくす。帝王の業を助ける。②国皇室や天子のためにつくすこと。勤皇。【——攘夷】(きんのう(わう)じょうい(じゃうい)) 国皇室に忠義をつくし、夷狄(いてき)(外国人)を追い払う。江戸時代の末期に、佐幕開港(さばくかいこう)に反対して唱えたことば。尊王攘夷(そんのうじょうい)。

【勤皇】(きんのう(わう)) 国王事にはげむ。天皇に忠義をつくす。=勤「王」

【勤番】(きんばん) 国①順番でするつとめ。②江戸時代、諸国の大名・小名の家来が、交代で江戸屋敷に勤務したこと。

【勤勉】(きんべん) まじめに努力する。よくつとめる。勉強。

【勤務】(きんむ) つとめる。職務につとめ励む。また、つとめ。

【勤労(勞)】(きんろう(らう)) 働く。ほねをおってつとめる。力をつく「す。

【勤快】(チンコワイ) qínkuai 現よく働く。

◇▼欠勤(けっきん)・出勤(しゅっきん)・夜勤(やきん)・皆勤(かいきん)・恭勤(きょうきん)・通勤(つうきん)・転勤(てんきん)・精勤(せいきん)

力10【勝】〔12〕 学3 ショウ かつ・まさる

力10【勝】〔12〕 旧字

一 ショウ 漢 呉 一 去 径 shèng ション
二 ショウ 漢 呉 二 平 蒸 shēng ション

U補J 5 2 D D / 3 0 0 1

U補J ——

筆順 丿 刀 月 月' 月ᐟ 胖 朕 勝

意味 一 ①〈か・つ〉相手を負かす。おさえる。↕負 ②〈まさ・る〉〈すぐ・れる(——・る)〉③すぐれた場所。「名勝」④滅ぼされた。「勝国(しょうこく)」二 ①〈た・える(——・ふ)〉こらえる。もちこたえる。「勝任(しょうにん)」②〈あげて〉残らず。こぞって。③かなう。つり合う。④姓。

解字  形声。力が形を表し、朕(ちん)が音を示す。朕には、舟板の合わせめの意味があり、水の圧力にたえてふせぐことを表す。それに力を加えて、勝は「あげる」「たえる」「かつ」の意味となる。音ショウは、朕の音チンの変化。

名前 とう・のり・まさ・ます・よし 姓 勝(かつ)・勝呂(すぐろ)・勝間田(かつまた) 地名 勝山(かつやま)・勝田(かつた)・勝成(よしなり)・勝連(かつれん)・勝浦(かつうら)

【勝鬨】(かちどき) 国戦いに勝ってあげる、ときの声。勝ちいくさの喜びの声。

【勝男木】(かつおぎ) 国「鰹木(かつおぎ)」(一四二五ページ・下)に同じ。

【勝木】(かつき・かちのき) 国木の名。ぬるで。

【勝手】(かって) 国①つごうのよいこと。便利なこと。②わがまま。きまま。③台所。くりや。④家計。暮らしむき。⑤ようす。

【勝引】(しょういん) すぐれたよい友。良友。引は、徳を進めやしなう意。勝友。

【勝因】(しょういん) ①仏他よりすぐれた因縁(いんねん)。②勝利の原因。

【勝会(會)】(しょうかい) すばらしい会合。

【勝槩】(しょうがい) すぐれたおもむき。よいけしき。

【勝気(氣)】 一(しょうき) すぐれた気性。 二(かちき) 国負けん気。負けず嫌い。

【勝機】(しょうき) 勝つべき機会。

【勝義】(しょうぎ) 仏もっともすぐれた意味。

【勝区(區)】(しょうく) けしきのすぐれた名所。勝地。

【勝景】(しょうけい) すぐれたよいけしき。

【勝広(廣)】(しょうこう) 陳勝と呉広。秦の末に、反乱を起こして、秦を滅ぼすさきがけになった人々。

【勝国(國)】(しょうこく) 攻めほろぼされた国。亡国。

【勝算】(しょうさん) ①勝つみこみ。勝てる見通し。②勝つための計画。

【勝事】(しょうじ) 物事のりっぱなこと。すばらしいこと。

【勝状(狀)】(しょうじょう) すぐれたさま。けしきのすぐれたようす。

【勝心】(しょうしん) 人に勝とうとする欲ごころ。

【勝迹】(しょうせき) 有名な古跡。すぐれた事跡。＝勝跡・勝蹟

【勝絶】(しょうぜつ) ①他にくらべもののないほどすぐれていること。②けしきが非常によいこと。また、そういうけしき。③国日本の十二律の一つ。

【勝餞】(しょうせん) りっぱな送別の宴。

【勝訴】(しょうそ) 訴訟に勝つ。また、勝った訴訟。勝ち公事(くじ)。

【勝地】(しょうち) ①けしきのよい土地。地形のすぐれた所。勝区。②必ず勝つべき地。

【勝致】(しょうち) すぐれたおもむき。すぐれた風致。勝槩(しょうがい)。

【勝敗】(しょうはい) かちまけ。勝負。【——之数(數)】(しょうはいのすう) 勝つか負けるかの運命。

【勝負】(しょうぶ) ①勝つことと負けること。勝ち負け。勝敗。②勝ち負けを争うこと。

【勝兵】(しょうへい) ①すぐれた強い兵。②戦いに勝った兵。

【勝報】(しょうほう) 勝ったという知らせ。勝利の報知。

【勝友】(しょうゆう(いう)) すぐれた友。勝引。「勝友如レ雲(しょうゆうくものごとし)」(すぐれた友人たちが、雲のようにむらがり集まる。)〈王勃(おうぼつ)・滕王閣序(とうおうかくのじょ)〉

【勝遊】(しょうゆう(いう)) すばらしい旅。

【勝利】 一(しょうり) ①戦いに勝つ。勝負や競争に勝つ。また、勝ち。②利を得る。成功する。成功。③すぐれた利益。 二(ションリー) shènglì 現一に同じ。

【勝流】(しょうりゅう(りう)) すぐれた人々。上流階級。

〖不レ可二勝数(數)一〗(あげてかぞう(かぞふ)べからず) 一々数えあげることができない。非常に多い。〈史記・項羽本紀(こううほんぎ)〉

〖乗(乘)レ勝〗(かちにじょうず) 勝利の勢いにのる。

〖決二勝千里之外一〗(かちをせんりのそとにけっす) 敵から遠く離れたところに身をおきながら、はかりごとをたてて勝利を決定的なものにする。〈漢書(かんじょ)・高祖紀(こうそき)〉

△▼大勝(たいしょう)・圧勝(あっしょう)・全勝(ぜんしょう)・名勝(めいしょう)・決勝(けっしょう)・奇勝(きしょう)・殊勝(しゅしょう)・連勝(れんしょう)・健勝(けんしょう)・探勝(たんしょう)・景勝(けいしょう)・絶勝(ぜっしょう)・優勝(ゆうしょう)・黒目勝(くろめがち)・連戦連勝(れんせんれんしょう)

力10【募】〔12〕 常 ボ つのる | J 4271 補 | U 52DF

旧字 力11【募】〔13〕 ボ 漢 モ 呉 | 去 遇 | mù ムー | U 補 J

筆順 一 艹 芇 苗 莒 莫 莫 募

意味 ①〈つの・る〉よびかけて集める。「応募(おうぼ)」②臓腑(ぞうふ)の気が集まる胸のつぼ。「募兪(ぼゆ)」(胸と背のつぼ) 国〈つの・る〉ひどくなる。増長(ぞうちょう)する。

解字 形声。力が形を表し、莫(ぼ)が音を示す。莫は日暮れで、物が見えないことから、「無い」の意味を持つ。募は、見えないものを、力をこめて、さがしもとめることを表す。一説に、莫の音は捕(ほ)に通じて、手に入れることであるから、募は、手に入れることをつとめる意味であるという。

【募金】(ぼきん) 金を募り集める。寄付金を集める。

【募集】(ぼしゅう(しふ)) 募り集める。

【募兵】(ぼへい) ①兵士を募る。②募り集めた兵士。

△▼公募(こうぼ)・応募(おうぼ)

力10【勛】〔12〕 古 ↓勳(一八二ページ・下)

力10【勞】〔12〕 旧 ↓労(一七六ページ・上)

力11【勧】〔13〕 常 カン すすめる | J 2011 補 | U 52E7

旧字 力18【勸】〔20〕 ケン 漢 カン(クヮン) 呉 | 去 願 | quàn チュワン | U 補 J

力17【勧】〔19〕 俗字 | J 5016 補 | U 52F8

筆順 𠂉 𠂉 午 午 午 奔 奞 勧

意味 ①〈すす・める(――・む)〉 ㋐教えみちびく。㋑はげます。㋒助ける。②ます。くわわる。③つとめる。

解字 形声。力が形を表し、雚(くゎん)が音を示す。雚は鳥の名であるが、合わせそろえる意味を持つ。勸は、合わせそろうように力をつくすことで、「つとめる」「すすめる」の意味になる。一説に、雚の音は、強いという意味を含んでいるので、勸は、つとめて進む意味になるともいう。

名前 ゆき 姓 勧修寺(かじゅじ)

【勧戒】(かんかい(くゎんかい)) 善を勧め、悪を戒める。＝勧誡

【勧誡】(かんかい(くゎんかい)) ↓勧戒

【勧学(學)】(かんがく(くゎんがく)) 学問を勧める。学問をするように励ます。【――院】(かんがくいん(くゎんがくゐん)) 国弘仁十二年(八二一)に、藤原冬嗣(ふゆつぐ)が、藤原氏一族の子弟教育のために建てた学校。【――田】(かんがくでん(くゎんがくでん)) 国昔、学問奨励のため、大学寮・勧学院などに付属させて、学生の食料・費用にあてたところの租税免除の田。【――院雀囀二蒙求一】(かんがくいん(くゎんがくゐん)のすずめはもうぎゅう(ぎう)をさえずる(さへずる)) 昔、勧学院の庭の雀は、「蒙求(もうぎゅう)」(書名)を読む声を聞きおぼえ、その文句をさえずった意から、ふだんから見慣れ聞き慣れると、自然にその事が身につくたとえ。〈八幡(はちまん)愚童訓〉

【勧諫】(かんかん(くゎんかん)) いさめる。忠告する。

【勧業】(かんぎょう(くゎんげふ)) ①産業を勧め励ます。②しごとを勧め励ます。

【勧化】(かんげ(くゎんげ)) 仏①邪悪な考えの者を説いて、仏の道にはいらせること。②寺院の建立(こんりゅう)や修理にあたり、信者に勧めてその費用を寄付させること。勧進(かんじん)。

【勧工】(かんこう(くゎんこう)) 工業を奨励すること。

【勧告】(かんこく(くゎんこく)) わけを話して、説き勧める。勧めさとす。

【勧相】(かんしょう(くゎんしゃう)) 勧め助ける。

【勧奨(獎)】(かんしょう(くゎんしゃう)) 励ましすすめる。奨励する。

【勧請】(かんじょう(くゎんじゃう)) 仏仏をわれわれの目の前に移し迎えてお祭りする。

【勧進】 一(かんしん(くゎんしん)) さそい勧める。 二(かんじん(くゎんじん)) ①仏寺院などを建てるため、信者に金品の寄付を勧めること。また、その人。勧化(かんげ)。②仏善行を勧めて仏の道に入らせる。③乞食(こじき)。④国興行物などの観覧料を、ある資金にあてること。

【──相撲】かんじんずもう(くわんぢんまふ) 国①勧進のために行う相撲。②木戸銭を取って興行する相撲。【──帳】かんじんちょう(くわんぢんちやう) 国①寺院などを建てるため、金品の寄付をつのる趣旨を書きしるした帳面。②歌舞伎十八番の一つ。【──舞】かんじんまい(くわんぢんまひ) 国神社や寺で、勧進のためにもよおす舞。【──元】かんじんもと(くわんぢん) 国①勧進のために行う芝居やすもうなどの興行主。②あることを言い出して、その世話をする人。発起人。

【勧説】かんぜい(くわん) 説き勧める。

【勧善懲悪(惡)】かんぜんちょうあく(くわん) よい事を勧め、悪い事をこらしめる。

【勧懲】かんちょう(くわん) 「勧善懲悪」の略。

【勧農】かんのう(くわん) 農業を奨励する。農業をすすめ励ます。

【勧勉】かんべん(くわん) 勧め励ます。奨励。

【勧侑】かんゆう(くわんいう) 飲食をすすめる。

【勧誘】かんゆう(くわんいう) 勧めさそう。勧める。

力11【勥】〔13〕 キョウ(キャウ) 漢 上 養 qiǎng チアン ゴウ(ガウ) 呉 U補J 52E5 1981

意味 ①力ずくでせまる。しいる。＝強 ②強暴なさま。

力11【勢】〔13〕 学5 セイ いきおい セイ 漢 呉 去 霽 shì シー U補J 52E2 3210

筆順 十 土 夫 坴 坴丿 埶 埶 勢

力8【势】〔10〕同字 U補J 351F ②0340

意味 ①〈いきおい(いきほひ)〉 ㋐さかんな力。活動力。㋑権力。威力。「勢位」 ㋒ありさま。かたち。「形勢」 ㋓おり。機会。②男子の性器。「去勢」 ③人数。衆。また、兵士の集団をいう。

解字  会意。埶と力とを合わせた字。埶は、また坴と丸を合わせたもので、坴は、陸、丸は手で持つこと。埶は木を持って土に植えることである。勢は、植木に力を加えた字で、いきおいの意味にした。

名前 なり 姓 勢至・勢理客 地名 勢多

【勢威】せいい(ゐ) 勢力や威力。勢い。

【勢援】せいえん(ゑん) 勢いをつけ助ける。力添えする。しり押し。

【勢家】せいか 権勢の強い家がら。勢門。権門。

【勢権(權)】せいけん 勢い。勢力と権力。権勢。

【勢子】 一せいし 囲碁で盤の中央と、四隅に置いた碁石をいう。二せこ 国狩猟のとき、鳥や獣などを追い出す人。

【勢至菩薩】せいしぼさつ 仏阿弥陀如来の右側にいる仏で、知恵の菩薩。

【勢望】せいぼう(ばう) 勢力と人望。勢いと評判。また、よい評判。

【勢門】せいもん 「勢家」に同じ。↕寒門

【勢利】せいり 権勢と利益。【──之交】せいりのまじわり(まじはり) 権勢や利益のための交際。

【勢力】せいりょく ①勢い。力。威力。②はばをきかせる権力。【──範囲(圍)】せいりょくはんい(ゐ) 勢力の行き届く地域。なわばり。

【乗(乘)レ勢】いきおい(いきほひ)にじょうず 勢いにつけいる。機会につけこむ。〈孟子・公孫丑上〉

【勢不ニ両(兩)立一】いきおい(いきほひ)りょう(りやう)りつせず ふたりの勢力者は、同時に並び立つことはできない。〈史記・孟嘗君列伝〉

◆火勢・加勢・去勢・市勢・多勢・地勢・守勢・劣勢・同勢・形勢・助勢・攻勢・国勢・姿勢・威勢・軍勢・時勢・衰勢・病勢・情勢・虚勢・運勢・態勢・総勢・語勢・優勢・擬勢・趨勢

力11【勣】〔13〕 セキ 漢 入 錫 jī チー U補J 52E3 5010

意味 ＝績 ①いさお。功績。②わざ。事業。

力11【勦】〔13〕 一ショウ 漢 一 上 篠 jiǎo チアオ (セウ) 二ソウ 漢 二 平 肴 chāo チャオ (サウ) U補J 52E6 5011

意味 一①つかれる。つかれさせる。②絶つ。ほろぼす。「勦討」 二①かすめ取る。②すばやい。

【勦除】しょうじょ(せうぢょ) 征伐してとりのぞく。

【勦絶】しょうぜつ(せう) 絶つ。絶やす。ほろぼしつくす。勦滅。

【勦誅】しょうちゅう(せうちう) 攻め絶やす。勦滅。

【勦滅】しょうめつ(せう) 残らずほろぼす。勦絶。＝剿滅・掃滅

【勦剛】そうごう(さうがう) すばやくて強い。

【勦襲】そうしゅう(さうしふ) ①ぬすみ取る。②他人の学説を盗み取って、自分の説にしてしまうこと。勦説。

【勦説】そうせつ(さう) 他人の説を盗んで、自分の説とすること。

力11【勡】〔13〕 ヒョウ 漢 呉 去 嘯 piào ピアオ (ヘウ) U補J 52E1 1980

意味 力ずくで、人から金や物をうばう。＝剽

力11【勠】〔13〕 リク 漢 入 屋 lù ルー U補J 52E0 5013

意味 あわせる。力をあわせる。

【勠力】りくりょく 力を一つにする。協力する。＝戮力

力11【勤】〔13〕 旧↓勤(一八〇ページ・中)

力11【募】〔13〕 旧↓募(一八一ページ・中)

力11〖舅〗↓臼部七画(一〇三五ページ・下)

力11〖耡〗↓耒部七画(一〇〇五ページ・上)

力12【勩】〔14〕 エイ 漢 去 霽 yì イー U補J 52E9 1983

意味 つかれる。つかれ。労苦。くるしみ。

力12【勬】〔14〕 ケン 漢 平 先 juān チュワン U補J 52EC 1985

意味 ①つとめる。骨惜しみしない。②つよい。健康である。

力12【勷】〔14〕 ショウ(シャウ) 漢 ゾウ(ザウ) 呉 上 養 xiàng シアン U補J 52E8 1982

意味 ①夫役がゆるやかである。②つとめる。がんばる。③うごく。

力12【勪】〔14〕 同↓蹻(一二一一ページ・上)

力13【勰】〔15〕 キョウ 漢 入 葉 xié シエ (ケフ) U補J 52F0 ①1473 1986

意味 ①かなう。合う。②人名。劉勰は、南朝、梁の学者、その著に「文心雕竜」。

力13【勲】〔15〕 常 クン U補J 52F2 2314

旧字 力14【勳】〔16〕 人 クン 漢 平 文 xūn シュン U補J 52F3 5014

筆順 二 亓 旨 甬 重 動 勳 勲

力10【勛】〔12〕 古字 U補J 52DB ①1471 1978

意味 ①〈いさお(いさを)〉〈いさおし(いさをし)〉 大きなてがら。功績。「功勲」 ②率いる。③姓。

解字  形声。熏と力とを合わせた字。力が形を表し、熏が音を示す。熏にはくすぶる意味がある。勲は、煙のにおいが立ちこめることに力を加えて、りっぱなしごと、「いさお」の意味になった。特に、王のために尽くすことを勲という。また、熏の音は、耺と通じて、多いという意味を含むから、勲は、多くの努力をいうとも解する。

名前 いさ・いそ・こと・ひろ・つとむ

【勲位】くんい(ゐ) ①勲功を賞するために与えられる位。②勲等と位階。

【勲官】くんかん(くわん) 功績によって与えられる位。

【勲旧(舊)】(くんきゅう(きう)) 功績のある代々の臣。てがらのあった古い家がら。

【勲功】(くんこう) 大きなてがら。功労。

【勲章】(くんしょう(しゃう)) 国家に尽くした勲功を表彰して与える記章。

【勲賞】(くんしょう(しゃう)) てがらをほめたたえること。勲功に対するほうび。

【勲状(狀)】(くんじょう(じゃう)) てがらをほめて、大将などから賜る感状。

【勲臣】(くんしん) 勲功のある臣下。てがらをたてた家来。

【勲績】(くんせき) てがら。いさお。功績。

【勲等】(くんとう) 国てがらを表す等級。勲章の等級。

【勲徳】(くんとく) 勲功と仁徳。

【勲門】(くんもん) 勲功のある家がら。勲閥(くんばつ)。

【勲労(勞)】(くんろう(らう)) てがら。いさお。功労。
◆叙勲(じょくん)・殊勲(しゅくん)・偉勲(いくん)

力13【勱】〔15〕 バイ 漢 去 卦 mài マイ　J 1987　補 ―　U 52F1
意味 つとめる。つとめはげむ。
【勱相】(ばいしょう(しゃう)) 励まし助ける。

力14【勳】〔16〕 旧 ↓勲(一八二ページ・下)

力14〖辦〗(一二二七ページ・下) ↓辛部九画

力15【𠢹】〔17〕 カク 漢 入 陌 kè コー　J ②0342　補 ―　U 208B9
意味 まじめに働く。

力15【勶】〔17〕 テツ 漢 テチ 呉 入 屑 chè チョー　J ―　補 1989　U 52F6
意味 ①発射する。②取りのぞく。‖撤(てつ) ③中まで通じる。‖徹(てつ) ④車輪。‖轍(てつ)

力15【勴】〔17〕 リョ 漢 去 御 lǜ リュイ　J ―　補 1988　U 52F4
意味 助ける。教え導く。

力15【勵】〔17〕 旧 ↓励(一七五ページ・下)

力17【勷】〔19〕 ジョウ 漢 平 陽 (ジャウ) ráng ラン　J ②0343　補 1990　U 52F7
意味 ①〈はし・る〉走るさま。②劻勷(きょうじょう)は、あわてふためくさま。あせるさま。

力17【勧】〔19〕 俗 ↓勧(一八一ページ・下)

力18【勸】〔20〕 旧 ↓勧(一八一ページ・中)

2画　勹部　つつみがまえ

【部首解説】 「人がからだを曲げてつつみこむさま」にかたどり、「かかえる」「包む」ことを表す。この部には、「勹」の形を構成要素とする文字が属する。

勹0【勹】〔2〕 ホウ 漢 平 肴 (ハウ) bāo パオ　J 5017　補 ―　U 52F9
意味 包む。「包」の本字。
解字 象形。人がからだを曲げてつつみこんでいる形。包む意味に使う。

勹1【勺】〔3〕 人 ㊀シャク 漢 入 薬 sháo シャオ ㊁シャク 漢 入 薬 zhuó チュオ　J 2859　補 ―　U 52FA

旧字 勹1【勺】〔3〕　J ―　補 ―　U 2F828

意味 ㊀①ひしゃく。水や酒などをくむのに使う杓(しゃく)。②容量の単位。一合の十分の一。約〇・〇一八リットル。（↓付録「度量衡名称」）③姓。㊁①酒や水をくむ。また、酒。‖酌(しゃく) ②楽舞の名。周公が制定したといわれる。国土地の面積の単位。一坪の百分の一。約〇・〇三三平方メートル。

(勺㊀①)

解字 象形。ますでなにかを汲(く)みとっている形を表したもの。

参考 もと常用漢字。二〇一〇年告示の改定「常用漢字表」で削除。

【勺飲】(しゃくいん) ひしゃく一杯の飲み物。少量の飲料。

【勺薬(藥)】(しゃくやく) ①植物の名。芍薬(しゃくやく)。②味の調和しているさま。〖――之贈(贈)〗(しゃくやくのぞう) ①男女が互いに芍薬をおくりあって思いを結ぶ。②別れのおくりもの。

【勺子】(シャオツ) sháozi 現 さじ。スプーン。

勹2【勻】〔4〕 ㊀イン 漢 ㊀平 真 yún ユン ㊁キン 漢 ㊁平 真 jūn チュン　J ①1474　補 ―　U 52FB

勹2【匀】〔4〕 俗字　J ①1475　補 1991　U 5300

意味 ㊀①すくない。②わかれる。③〈ととの・う(――・ふ)〉平均化する。④あまねし。⑤「韵」「韻」に通じ用いる。㊁ひとしい。‖均(きん)
【勻偏】(いんべん) まんべんなくする。

勹2【勾】〔4〕 常 コウ　㊀コウ 漢 ク 呉 ㊀平 尤 gōu コウ　㊁コウ 漢 ク 呉 ㊁去 宥 gòu コウ　J 2491　補 ―　U 52FE

筆順 ノ 勹 勾 勾

意味 ㊀①まがる。②かぎ。かぎじるし(レ)をつけ、読書の目印としたり文字の誤りを示す。③とらえる。‖拘(こう) ④ひく。さそう。㊁①処理する。②じゅうぶんである。‖彀(こう)
解字 形声。ムが形を表し、勹が音を示す。勹は丩(きゅう)と同じで、曲がる意味を示す。勾は、もともと句と書かれ、曲がったものを表した。後になって、勾は、曲がる、かぎ、ひっかけるという意味を表し、句は、ことばの一区切りという意味を表すように、意味のちがいによって書き分けられるようになった。
名前 にお・まがり　難読 勾玉(まがたま)
【勾引】(こういん) ①引きよせる。かどわかす。誘拐(ゆうかい)する。②ひっかける。とらえる。③法裁判所が被告人または関係者を尋問のために強制的に引きつれてくること。‖拘引
【勾践(踐)】(こうせん) 人名。春秋時代、越の王。周の敬王の二十六年(前四九六)、呉王夫差に捕らえられたが、のち許されて帰り、忠臣范蠡(はんれい)と力を合わせて呉を滅ぼした。
【勾当(當)】(こうとう(たう)) ①任務に当たる。事務を担当する。引き受けて処理する。‖句当 ②仏真言宗・天台宗などで、庶務を扱った役僧。③国⑦勾当の内侍(ないし)の略。掌侍(ないしじょう)の第一位にある女官で、奏請・伝奏をつかさどった。長橋の局(つぼね)。長橋殿。④国④摂政・関白家で、別当の下の事務官。盲人の官名。検校(けんぎょう)の下、座頭の上に位した。
【勾配】(こうばい) 国傾斜の程度。傾きの度合い。また、傾斜。
【勾萌(萌)】(こうぼう(ばう)) ―こうほう(はう) ①先の曲がった芽。②若芽。
【勾欄】(こうらん) ①宮殿・橋などの、端のそり曲がったてすり。らんかん。‖鉤欄 ②中国で、役者や妓女(ぎじょ)

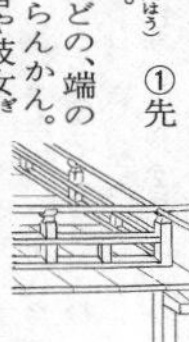
(勾欄①)

2画
二亠人(亻・𠆢)儿入八冂冖冫几凵刀(刂)力勹匕匚匸十卜卩(㔾)厂厶又

のいる所。妓楼。

【勾留】とらえてとどめる。＝拘留

【勾玉】国古代の装飾具の一種。＝曲玉

【勾結】gōujié 現ぐるになる。

（勾玉）

勹2【勿】〔4〕人 標 ブツ漢 モチ呉 入 物 wù ウー　J 4462　補 ―　U 52FF

意味 ①〈なかれ〉禁止の意の語。するな。②〈な・い(―・し)〉㋐…しない。㋑…がない。否定の意の語。③にわか。急に。④つとめるさま。

語法 ❶〈なかれ〉禁止。…するな。例「勿レ憂」（心配なさるな。わたしがもう毒酒を準備して待っているのだから）〈史記・蘇秦列伝〉
　吾已作＝薬酒＝待レ之矣

❷〈なし〉ない。例「不レ如レ勿レ受」（受けないほうがよい）〈史記・白起列伝〉

句形 ［勿＝復…＿］〈また…するなかれ〉もう（二度と）…しないでくれ。例「始皇謝曰、已矣、勿＝復言＿」（始皇帝は謝っていった、やめてくれ。将軍よ、二度とそれをいってくれるな、と）〈史記・王翦列伝〉

名前 な　地名 勿来

難読 勿忘草

【勿勿】①急なさま。あわただしいさま。急遽。倉皇。②たえず努力するさま。孜孜汲汲。

【勿罔】①ぼんやりしているさま。はっきりしないさま。②広大なさま。

【勿論】国いうまでもなく。むろん。もとより。

【勿怪】国思いがけない。予期しない。案外。意外。

【勿体(體)】国もののしいさま。尊大なさま。【――顔】国もったいぶった顔つき。

勹2【匂】〔4〕常 国字　におう　J 3887　補 ―　U 5302

筆順 ノ 勹 勺 匂

意味 ①〈にお・う(にほ・ふ)〉㋐かおる。㋑うつる。映じる。照りはえる。㋒つやがあって美しく見える。②〈におい(にほひ)〉香気。芳香。

解字 国字。よい香りの意味を表すため、ととのう、均整がとれるの意の匀の「二」を「ニホヒ」の「ヒ」に改めたもの。

名前 にお

勹2【匁】〔4〕人 国字　J 4472　補 ―　U 5301

意味 〈もんめ〉①重さの単位。一貫の千分の一。三・七五グラム。②江戸時代の貨幣の単位。小判一両の六十分の一。

解字 文メ（もんめ）をくずしてできた字という。

参考 もと常用漢字。二〇一〇年告示の改定「常用漢字表」で削除。

勹3【匃】〔5〕カツ漢 去 泰　カイ漢 gài カイ　J 1992　補 5303　U 5303

勹3【匄】〔5〕同字　J ―　補 ―　U 5304

意味 ①請う。もとめる。②あたえる。

参考 「匈」は別字。

勹3【匆】〔5〕ソウ漢 平 東 cōng ツォン　J 5018　補 ―　U 5306

勹3【匇】〔5〕同字　J ①1476　補 ―　U 5307

意味 ①いそがしい。あわただしい。②あわてる。いそぐ。「匆卒」

参考 「怱」と通じている。

【匆匆】①あわただしいさま。②手紙の末につける、略式のあいさつのことば。

勹3【包】〔5〕学4 ホウ つつむ　J 4281　補 ―　U 5305

一 ホウ漢（ハウ） 一 平 肴 bāo パオ
二 ホウ漢（ハウ） 二 平 肴 páo パオ

旧字 勹3【包】〔5〕　J ―　補 ―　U ―

筆順 ノ 勹 勹 句 包

意味 一 ①〈つつ・む〉㋐くるむ。かこむ。㋑ふくむ。入れる。②〈か・ねる(―・ぬ)〉③つつみ。④はらむ。身ごもる。⑤木がしげる。＝苞 ⑥姓。二 台所。＝庖

解字  象形。母親の腹の中にいる未完成の児の形を表した字。胎児を子宮が包む形から、包む意味になる。

名前 かた・かつ・かね・しげ

難読 包子

参考 新表記では、「庖」「繃」の書きかえに用いる熟語がある。

【包囲(圍)】まわりをとりまく。とりかこむ。

【包裹】包む。くるむ。また、包み。

【包懐(懷)】①包みいだく。②ひとり胸の中で思う。

【包括】一 合わせてひとつにくくる。ひとまとめにする。総括。二 bāokuò 現 一に同じ。

【包含】包みふくむ。あわせもつ。包有。

【包犠(犧)】中国の伝説上の帝王の名。伏羲。

【包挙(擧)】包んで持ち上げる。全部取ってしまう。「包＝挙宇内＿」（世界を取り収める。）〈賈誼・過秦論〉

【包荒】①汚れたものを包み入れる。人を受けいれる度量がある。②欠点を包み隠すこと。

【包子】一 銀銭を包んで封じたもの。二 bāozi 現 あんこまたは肉のはいった中華まんじゅう。

【包装(裝)】①包みまとめる。②うわ包み。③荷造り。

【包蔵(藏)】包みかくす。心にいだく。

【包茅】昔、酒をそそいで、祭りのときに供えた茅。転じて、みつぎもの。

【包容】①包み入れる。②心が広く、人を受けいれ、理解する。寛容。宏量。

【包袱】bāofu 現 ふろしき。ふろしき包み。荷物。
◇▼小包・梱包

勹3【匇】〔5〕同 ↓匆（本ページ・中）

勹3〔句〕↓口部二画（二一八ページ・中）

勹4【匈】〔6〕標 キョウ漢 平 冬 ク呉 xiōng ション　J 5019　補 ―　U 5308

意味 ①むね。＝胸 ②乱れさわぐ。＝訩 ③おそれる。＝兇 ④匈奴。古代北方の少数民族の名。⑤現 匈牙利の略。

【匈臆】心の中。胸のうち。＝胸臆

【匈匈】①かまびすしくさわぐさま。②やかましく議論する声のさま。③さわがしく不安なさま。

【匈中】胸のうち。＝胸中

【匈奴】少数民族の名。秦・漢の時代の北方の強大な遊牧民族。その王を単于といい、蒙古地方を根拠に、常

に中国に侵入して漢民族をなやまし、万里の長城はこれにそなえて築かれた。秦の蒙恬、漢の衛青・霍去病らはこの匈奴討伐に功を立て、その勢力をおさえていた。のち、北魏の時代になって、匈奴は漢人に同化した。

勹4【旬】→日部二画（五八四ページ・上）　勹5【甸】→田部二画（八三五ページ・下）

勹6【匊】〔8〕 キク 漢 入 屋 jū チュイ　U補J ②0344 5 1993 330A
意味 ①両手ですくう。むすぶ。②両手の中。
参考「掬」の古字。

勹6【匌】〔8〕 コウ 漢 入 合 (カフ) gé コー　U補J 2001 5300C
意味 周囲をぐるりとかこむ。めぐる。

勹6【匋】〔8〕 トウ 漢 平 豪 (タウ) táo タオ　U補J ②0345 5 1994 530B
意味 ①焼物を焼く。＝陶 ②焼物。陶器。
参考「陶」の古字。

勹7【匍】〔9〕 ホ 漢 平 虞 pú プー　U補J 5021 530D
意味 ①〈はらば・う（――・ふ）〉地面に手をついて動く。②前にたおれる。伏す。
【匍伏】はう。はらばいになる。
【匍匐】①はらばう。地に手をついて行く。②前に倒れ伏す。③走りつまずきながら急ぐ。力のかぎり急ぐさま。

勹7【耇】→老部五画（一〇〇二ページ・下）　勹7【訇】→言部二画（一一四六ページ・下）

勹8【匑】〔10〕 本 →冢（一四五ページ・上）

勹9【匐】〔11〕 ホク 漢 入 職 フク 慣 fú フー　U補J 5022 5310
意味〈はらば・う（―・ふ）〉。はう。「匍匐」

勹9【匏】〔11〕 ホウ 漢 平 肴 (ハウ) páo パオ　U補J 5023 530F
意味 ①〈ひさご〉ふくべ。瓜の一種。②ひさごで作った容器。ひょうたん。③楽器。笛の一種。④星の名。匏瓜。
【匏瓜】①ひさご。ふくべ。なりひさご。②星の名。
【匏繫】食べられずにたれさがっているふくべ。役にもたたない、無用な人間のたとえ。
【匏樽】ひさごで作った酒だる。「挙二匏樽一以相属（匏樽を挙げて、もって相属す）」〈蘇軾・前赤壁賦〉（ひさごで作った酒器を持ちあげて、相手にすすめる。）＝匏尊
【匏竹】楽器。匏と竹で、竹は笛の類。
【匏土】楽器。匏はひさごをくりぬいて作った笙のふえ。土はつちを焼いて作った楽器。

勹10【盒】〔12〕 オウ 漢 入 合 (アフ) è オー　U補J 3529
勹10【躬】〔12〕 キュウ(キウ) 漢 平 東 ク 呉 gōng コン　U補J 2002 5311
意味 婦人の髪かざり。髻飾。
勹14【躳】〔16〕 同字　U補J 5314
意味 躬躬は、身をかがめて敬意を表すさま。かしこまる。

勹10【詔】〔12〕 トウ 漢 入 合 (タフ) dá ター　U補J 5312
意味 石などのかさなりあうさま。「詔詔」

勹11【餲】〔13〕 キュウ(キウ) 漢 去 宥 ク 呉 jiù チウ　U補J 2003 5313
意味 ①あきる。まんぞくする。②はかる。相談する。

勹14【躬】〔16〕 同 →躬（本ページ・中）

2画　匕部　ひ　さじ

【部首解説】「人を反対向きにした形」、また「さじ」の形にかたどる。この部には、「匕」の形を構成要素とする文字が属する。

匕0【匕】〔2〕 ヒ 漢 上 紙 bǐ ピー　U補J 5024 5315
意味 ①匙。さじ。②鏃。やじり。③あいくち。短剣。④ならべる。
解字 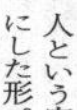 人という字を反対向きにした形。①くらべること。＝比 ②女。＝妣 ③さじ。＝匙
 人という字が倒れた形。死ぬこと、変化することを表す。＝化

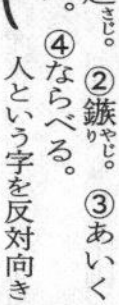
（匕①）

参考「七」（「化」の古字）は、別字。
【匕首】あいくち。頭がさじの形でつばのない短刀。短剣。懐剣。【――会（會）】清朝時代の秘密結社の一つ。匕首党。
【匕筯】さじとはし。＝匕箸
【匕箸】さじとはし。食事道具。【失二――一】匕箸を思わずとり落とす。驚くさま。〈蜀史・先王伝〉

匕0【七】〔2〕 古 →化（本ページ・下）

匕2【匂】→勹部二画（一八四ページ・上）　匕2【比】→比部〇画（六九〇ページ・上）　U補J 1829 5316

匕2【化】〔4〕 学 3 カ・ケ ばける・ばかす
旧字 匕2【化】〔4〕 カ（クワ） 漢 去 禡 ケ 呉 huà ホワ　U補J
筆順 ノ イ 亻 化

匕0【七】〔2〕 古字　U補J 2090E
意味 ①かわる。かえる。あらたまる。「変化」②〈ば・ける（―・く）〉〈ばか・す〉姿をかえる。なりかわる。「変化」③生まれる。④死ぬ。「遷化」⑤自然のうつりかわりの原理。また、自然が万物を育成する力。「造化」⑥おしえる。おしえ。「教化」⑦焼く。とかす。⑧風俗。⑨道観の別称。⑩手品。魔法。「化人」⑪姓。⑫現とける。
解字  会意・形声。亻と七とを合わせた字。亻は人。七は人が倒れて死ぬ形で、変化することを表すとともに、音をも示す。化は、人が変わることで、教育によって人間がよい方へ変化すること。また、ばける意味になる。一説に、化の音は僞（偽）と通じて、にせものになることを表すという。
名前 のり
【化育】自然が物を生じ育てること。
【化雨】雨がうるおすように、人を教化する。
【化外】天子の政治や教化の行きとどかないところ。
【化工】自然のわざ。造化（宇宙万物を創造した神）のたくみ。天工。
【化合】理 ちがった二種以上の元素が、結合して新物質をつくる現象。
【化言】ねなしごと。根拠のない話。化は訛の誤り。
【化者】①死者。②変化するもの。

【化城】かじょう(くわじゃう) 寺のこと。仏が疲れた衆生をはげまし導くために、幻の城を前方に現出させたという故事。

【化生】━ かせい(くわ) ①生まれ出る。②生長する。③生物の器官・機能が、普通といちじるしく変化すること。━ けしょう(しゃう) ①仏㋐母胎や卵からでなく、突然に生まれ出ること。㋑形を変えてあらわれること。化身。②ばけること。ばけもの。へんげ。妖怪。

【化成】かせい(くわ) ①よいほうに改める。また、改まる。改善。②新しいものを作りあげる。育てて成長させる。③国化合して他の物質を作る。

【化膿】かのう(くわ) 傷やはれものがうみをもつこと。うむ。

【化理】かり(くわ) 教化によって民を治める。化治。

【化現】けげん 仏仏、菩薩が衆生を救うため、形を変えてこの世に現れること。

【化粧】けしょう(しゃう) 国おしろいやべにをつけて顔をよそおい飾る。

【化身】けしん ①仏衆生を救うため、仏が身を人間のすがたに変えて、この世に現れること。また、その生まれかわりの仏身。変化身。②芝居に出てくるばけもの。

【化験(驗)】ホワイエン huàyàn 現化学検査。化学分析。

『乗(乘)レ化』かにじょうず 自然のなりゆきにまかせる。「聊乗レ化以帰レ尽」(まあまあ自然のなりゆきに身をまかせて、一生を終わることにしよう。)〈陶潜・帰去来辞〉

◇文化・同化・気化・欧化・俗化・浄化・美化・退化・変化・風化・消化・帰化・悪化・教化・強化・進化・転化・軟化・硬化・開化・道化・感化・電化・酸化・緑化・孵化・権化・千変万化

匕3 【北】〔5〕 学2 ホク きた　J 4344 補 ─ U 5317

━ ホク 漢呉 ━ 入 職 běi ペイ
━ ハイ 漢呉 ━ 去 隊 bèi ペイ

筆順
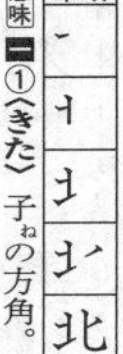

意味 ━ ①〈きた〉子ねの方角。↔南 ②〈きたのかた〉北方。③〈きた・する(──・す)〉北にいく。④〈に・げる(─・ぐ)〉敗れる。「敗北」⑤おもに複姓に用いられる。「北宮」
━ ①〈そむ・く〉たがう。仲たがいする。=背 ②分ける。
国北の方かた。貴人の正妻。

解字  会意。人が背中合わせに立っている形で、そむく意味を表す。南方の陽の気にそむく、陰の気の方向なので、北方をさすことになる。昔の家は、南向きに建てられていたので、背の方向を北といったとも解する。

地名 北上・北郷・北条・北見・北畠・北中城・北牟婁・北宇和・北佐久・北葛城・北設楽・北都留・北諸県・北松浦・北葛飾・北足立・北安曇・北蒲原

難読 北叟笑ほくそえむ

【北京】ペキン 河北省にあり、中国政府直轄の大都市。現在、中華人民共和国の首都。遼・金・元・明・清の時代にも都であった。旧名北平ペーピン。↓「大都」(三一八ページ・下)・「燕京」(七八三ページ・上)

【北魏】ほくぎ 国名(三八六～五三四)。南北朝の北朝の最初の王朝。後魏。十一代、百四十九年間。

【北画(畫)】ほくが(ぐわ) →北宗画

【北史】ほくし 書名。北朝の正史。百巻。唐の李延寿編。二十四史の一つ。

【北寺】ほくじ 宦官の役所。また、宦官をいう。

【北周】ほくしゅう(しう) 国名。南北朝の一国で、後周ともいう。始祖は宇文覚。長安(今の西安)に都して五代二十五年間続いた。

【北宗画(畫)】ほくしゅうが(ぐわ)・ほくそうが(ぐわ) 東洋画の一流派。北画。唐代の李思訓によってはじめられたもので、わが国には、鎌倉時代に伝わり、室町時代に盛んになった。雪舟派・狩野派などはこの派に属する。↔南宗画

【北上】ほくじょう(じゃう) ①北へ行くこと。②北の都へ行く。

【北食】ほくしょく 北方の食物。北方の料理。↔南食

【北辰】ほくしん 北極星。

【北垂】ほくすい 北のはて。北方のへんぴな土地。北辺。=北陲

【北斉(齊)】ほくせい 国名。南北朝の一国。始祖は高洋で、鄴(今の河南省安陽)に都し、六代二十八年間続いた。

【北征】ほくせい ①北方を征伐する。②北方に行く。

【北宋】ほくそう 国名。宋が都を汴京に置いてから、江南の臨安に移るまで、約百六十余年続いた。

【北叟】ほくそう 北方の塞のほとりにすむ翁。「塞翁」に同じ。

【北窓】ほくそう(さう) 北むきの窓。【──三友】ほくそう(さう)のさんゆう(いう) 酒・琴・詩のこと。〈白居易の詩・北窓三友〉

【北総(總)】ほくそう 国下総の国。現在の千葉県北部。

【北朝】ほくちょう(てう) ①中国で、江北の後魏が江南の宋に対立して天下が南北の両朝に二分されてから、のちに隋が両者を統一するまでの百七十年間(四二〇～五八九)を南北朝時代と呼び、その北方の朝廷。↔南朝 ②国足利氏が京都に立てた朝廷のこと。吉野にあった南朝に対していい、五代五十七年間続いた。↔南朝

【北狄】ほくてき 北方の蛮族。中国で匈奴をさす。

【北斗】ほくと 北斗星。北斗七星のこと。【──七星】ほくとしちせい 北の空にある大熊座の星。七曜星。北斗。北斗星。斗杓の形に七つの星が並んで見えるところからいう。【──之尊】ほくとのそん 北斗星がほぼ天の中心に位置するところから、きわめて尊いもののたとえ。

【北堂】ほくどう(だう) ①母屋の北にあり、儀式などで、主婦のいる所。②主婦。③転じて、母。特に他人の母の敬称。母堂。④廟の中の神主を置く所。⑤国大学寮の一講堂。

【北風】ほくふう ①きたかぜ。②寒い風をいう。

【北平】ペーピン 北京の旧名。

【北辺(邊)】━ ほくへん 北の地方。北のはて。北方の国境。━ ペイビエン běibiān 現━に同じ。

【北邙】ほくぼう(ばう) ①河南省洛陽市の東北にある山の名。邙山。漢代以来の墓地。②転じて、墓場。墓地。=北芒

【北芒】ほくぼう(ばう) 地名。=北邙

【北夢瑣言】ほくむさげん 書名。二十巻。宋の孫光憲の著。唐以後の逸話類をしるしたもの。光憲は夢沢の北に住んだので北夢といった。

【北冥】ほくめい 北方の大海。=北溟

【北溟】ほくめい 「北冥」に同じ。

【北面】━ ほくめん ①北向き。②臣下として君に仕えること。天子は南向きに、臣下は北向きにすわったことによる。③弟子となる。師は南面、弟子は北面することによる。④国「北面の武士」の略。昔、院の御所を警護した武士をいう。院の御所の北方に詰めていたことによる。北おもて。━ ペイミエン běimiàn 現北の方。北側。

【北牖】ほくゆう(いう) 北むきの窓。

【北里】ほくり ①北方の村里。②殷の紂王が作らせたみだらな舞の名。③遊郭。色町。④国江戸時代、吉原遊郭をいう。北郭。

【北虜南倭】ほくりょなんわ 明代中期以後、明を苦しめた、北方侵略の蒙古族と南方侵略の倭寇のこと。

【北嶺】ほくれい ①北方の山。②国比叡山の別名。また、南都北嶺と称して、南方、奈良の興福寺に対し、比叡山延暦寺をいう。

【北海】ほっ(ほく)かい ①北方の海。②渤海ぼっかいの一名。③北京ペキンの旧宮城内の池の名。④漢代には、シベリアのバイカル湖をいった。
【北客】ほっ(ほく)かく 北方から来た旅人。
【北郭】ほっ(ほく)かく(くゎく) ①北側の外部。都城に接して、その北方外側にある町。②洛陽らくようの北方の意から墓地をいう。北邙ほくぼう。③[国]江戸時代、吉原遊郭ゆうかくをいう。＝北廓
【北漢】ほっ(ほく)かん ①五胡十六国の一つ。匈奴の劉淵りゅうえんが今の山西省に建てた。後に都を長安に移し、国号を趙と改めた。②五代十国の一つ。劉崇りゅうすうが今の山西省に建てた。(九五一〜九七九)
【北嚮】ほっ(ほく)きょう(きやう) 北にむかう。北むきに位置する。＝北郷
【北曲】ほっ(ほく)きょく 北方系の音曲。また、それを用いた戯曲をいう。元代に発達した雑劇・散曲など。↕南曲
【北極】ほっ(ほく)きょく ①地球の中心を南北につらぬく軸の北の端、また天球軸(地軸を天球へ延長したもの)の北端。↕南極 ②天の北極にある星の名。天子の位にたとえられる。【——星】ほっ(ほく)きょくせい 北極の延長上に、もっとも近く位置する星。北極にあるため位置が変わらない。子ねの星。北辰ほくしん。
【北闕】ほっ(ほく)けつ ①宮城の北門。②宮中。
【北国(國)】ほっ(ほく)こく ①北方の国。②[国]北陸道ほくりくどうの諸国。
【北方】[一]ほっ(ほく)ぽう(ぱう) 北。北方地区。[二]ペイファン běifāng [現][一]に同じ。
◇西北せいほく・東北とうほく・南北なんぼく・敗北はいぼく

匕3〖尼〗↓尸部二画(三九四ページ・上)
匕3〖叱〗↓口部二画(二二二ページ・中)
匕4【北】〔6〕[本]↓丘(二六ページ・上)
匕4〖此〗↓止部二画(六七九ページ・下)
匕4〖死〗↓歹部二画(六八二ページ・中)
匕5〖壱〗↓士部四画(三〇五ページ・下)
匕7【頃】〔9〕[古]↓廏(二〇七ページ・上)
匕8〖能〗↓肉部六画(一〇二〇ページ・上)
匕8〖鬯〗↓鬯部〇画(一四一四ページ・下)

匕9【匙】〔11〕シ[漢]㊥支 ジ[呉] chí チー　J 2692 補 ― U 5319
[意味] ①〈さじ〉 ②かぎ。音 shi シー。

匕9【匘】〔11〕[本]↓腦(一〇二二ページ・中)
匕9〖頃〗↓頁部二画(一三七一ページ・上)
匕11〖肆〗↓聿部七画(一〇一一ページ・下)
匕14〖冀〗↓八部十四画(一三七ページ・下)

2画　匸部　はこがまえ

【部首解説】「物を入れる箱」にかたどる。この部には、「匸」の形を構成要素とする文字が属する。新字体では匸部の文字を「匚」に改め、両者を区別しない。

匸0【匸】〔2〕ホウ[漢]㊥陽 (ハウ) fāng ファン　J 5025 補 ― U 531A
[意味] 物を入れる器。
[解字] 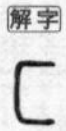 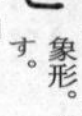 象形。四角い箱を横から見た形で、物を入れる器を表す。

匸2【区】〔4〕[学]3 ク　J 2272 補 ― U 533A
[旧字] 匸9【區】〔11〕
[一]ク[漢]㊥虞 qū チュイ
[二]オウ[漢]㊥尤 ōu オウ
[三]コウ[漢]㊥尤 gōu コウ
ク[呉]　J 5031 補 ― U 5340
[筆順] 一 フ ヌ 区
[意味] [一]①こわけ。さかい。「区域くいき」②しきる。くぎる。「区分くぶん」③すまい。④まちまち。べつべつ。⑤小さいさま。「区区くく」⑥かくす。[二]①容量の単位。十六升。(↓付録「度量衡名称」)②かくす。③姓。[三]曲がってはえる。
[解字] 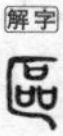 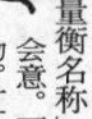 会意。匸と品とを合わせた字。品はこまごまとした品物。匸はかこい。區はこまかい品物を、かこいの中にしまっておくことを表し、くぎる意味になる。一説に両方のわきの下の狭いところを表すともいう。
[難読] 区区まちまち
[参考] 区は「區」の中国新字体としても使う。

[応用例] 呕(嘔)
【区脱】おうだつ 北方の異民族が、遠い国境の地にもうけた斥候用の土室。
【区冶】おうや 人名。昔の有名な刀かじ。欧冶とも書く。
【区域】くいき(ゐき) くぎりをつけた境界。しきりのうち。
【区宇】くう ①くぎりのうち。区内。宇内。②さかい。土地のくぎり・さかい。区画。
【区画(畫・「劃」)】くかく(くゎく) ①場所をしきること。しきり。境界。②わける。くぎる。
【区区(區)】くく ①小さい。わずかの。②まちまち。いろいろ。③とるにたりないさま。また、こせこせしたさま。④得意のさま。志をえたさま。⑤つとめるさま。努力する。⑥いつくしむさま。いろいろと心をくだくさま。【——之心】くくのこころ つまらない心。自分の心をけんそんしていう。【——之地】くくのち せまい、わずかばかりの土地。
【区処(處)】くしょ ①それぞれに部分けして処置する。②すまい。根拠とする所。③とりはからい。さばき。
【区内】くない ①天下。領内。②ある地域の中。
【区分】くぶん しきりをつけて分ける。別々に分かれる。
【区別】[一]くべつ わける。分類する。けじめ。類別。[二]チュイビエ qūbié [現][一]に同じ。
◇市区しく・地区ちく・猟区りょうく・管区かんく

匸2【匹】〔4〕[常] ヒツ ひき　J 4104 補 ― U 5339
[旧字] 匸2【匹】〔4〕
ヒツ[漢]㊇質 ヒキ[慣] pǐ ピー　J ― 補 ― U ―
[筆順] 一 厂 兀 匹
[意味] ①〈ひき〉㋐布四丈の長さ。二端にたん。(↓付録「度量衡名称」)㋑牛馬などを数える語。②〈たぐい(たぐひ)〉なかま。③〈なら・ぶ〉つれそう。㋑比べる。④〈たぐ・う(——・ふ)〉㋐かなう。つり合う。㋑比べる。⑤ひとり。転じて、卑いやしい。[国]〈ひき〉一人前の男子をさす語。「男一匹」
[解字] 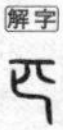 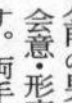 会意・形声。匸と八とを合わせた字で、八はっは音をも示す。両手をひろげた長さを五尺とし、それを八回数えると、四十尺(四丈)になる。匹は四丈の布で、匸は、八回数えた意味を含むという記号である。一説に、八とは二つに分かれることで、「夫婦別あり」ということから、つれあい・夫婦を表すという。また、反物は、両側から巻くので、一つが二巻きになる。それぞれを反たんといい、二巻き

2画
二亠人(亻・𠆢)儿入八冂冖冫几凵刀(刂)力勹匕匚匸十卜卩(㔾)厂厶又

合わせたものを匹というとも解する。音ヒツは、八の音ハツの変化。

名前 あつ・とも

参考 匹は「疋」(八四一ページ・中)の中国新字体としても使う。

【匹偶】ひつぐう ①つれあい。配偶。匹配。＝匹耦ひつぐう ②ならぶ。つれあう。

【匹雛】ひっすう ①一匹のひな鳥。②あひるのひな。

【匹儔】ひっちゅう(ちう) ①つれあい。②たぐい。仲間。③相手。

【匹敵】ひってき ①つりあう。②つりあう相手。対等の相手。③つれあい。配偶者。

【匹馬】ひつば 一頭の馬。一馬。【――丘牛】ひつばきゅうぎゅう(きう)(ぎう) 一丘(四つの村)の土地から供出する、軍馬一頭と牛三頭。【――隻輪無レ反】ひつばせきりんかえる(かへる)なし まったくの敗戦で、一頭の馬、一個の車輪さえも国にかえらない。〈公羊くよう伝・僖公きこう三十三〉

【匹配】ひっぱい ①並ぶ。つれあう。②つれあい。対偶。配偶。

【匹帛】ひっぱく わずかの絹。

【匹夫】ひっぷ ①ひとりの男。②身分の低い人。つまらない者。【――匹婦】ひっぷひっぷ ひとりの男とひとりの女。平凡な男女。身分の低い夫婦。一夫一婦。〈論語・憲問けんもん〉【――之勇】ひっぷの 血気にはやる勇気。腕力本位の勇気。小勇。〈孟子もうし・梁恵王りょうけいおう下〉

【匹婦】ひっぷ ①ひとりの婦人。②身分のいやしい婦人。

【匹練】ひつれん ①一匹の白いねり絹。②白く細長いところから、滝の形容。③白い馬。

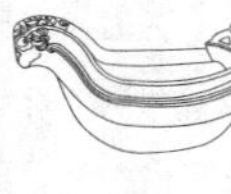

(匜)

匚2 【巨】(四一三ページ・下)→工部二画

匚3 【匜】〔5〕 イ 漢 平 支 yí イー J①1477 補2006 U531C

金5 【鉇】〔13〕字 同 J②9058 補6760 U9247 意味 はんぞう。把手とってのついた、手洗い用の水をいれる容器。手に注いで洗う。

匚3 【匝】〔5〕 ソウ(サフ) 漢 入 合 zā ツァー J3357 補―― U531D

意味 ①周囲をかこむ。めぐらす。②かこんだ状態を数える。めぐり。「囲レ之数匝これをかこむことすうそう」(いくえにもとりかこむ。)〈荘子そうじ・秋水〉③あまねく。あたりいちめんに。

姓 匝瑳そうさ 地名 匝瑳そうさ

参考 「帀」の俗字。

匚3 【匛】〔5〕 同→柩(六三二ページ・上)

匚3 【匞】〔5〕 同→匠(本ページ・中)

匚3 【叵】(二二四ページ・上)→口部二画

匚4 【匡】〔6〕 人 キョウ(キャウ) 漢 平 陽 kuāng コワン J2209 補―― U5321

匚7 【匩】〔9〕字 同 J―― 補2012 U5329

意味 ①〈ただ・す〉正し改める。②助ける。救う。③おそれる。＝恇きょう ④はこ。飯びつ。＝筐きょう ⑤地名。春秋時代の衛えいの地。今の河南省睢すい県。⑥まぶた。＝眶きょう ⑦姓。

解字 形声。匚が形を表し、王おうが音を示す。匚は箱。王には草木がむやみに生える意味がある。匡は、食器を入れる箱であるが、でたらめなことを箱にしまうことから、正す意味にもなるし、曲がるという意味にもなる。

名前 ただ・まさ・たすく・ただし・まさし

【匡救】きょうきゅう(きゃうきう) 正し救う。正し救って、悪をやめさせる。

【匡矯】きょうきょう(きゃうけう) 正しなおす。矯正。

【匡言】きょうげん(きゃう) 正していう。いさめる。

【匡済(濟)】きょうさい(きゃう) たすけすくう。正し救って善にみちびく。

【匡持】きょうじ(きゃう) 正してまもる。

【匡正】きょうせい(きゃう) 正す。正しくする。

【匡復】きょうふく(きゃう) 危機にある国を救い、復興する。

【匡補】きょうほ(きゃう) 正しおぎなう。

【匡輔】きょうほ(きゃう) 正したすける。匡翼。

【匡廬】きょうろ(きゃう) 廬ろ山の別名。昔、匡裕きょうゆうという仙人せんにんがここに住んでいたので、名づけられたという。

匚4 【匠】〔6〕 常 ショウ ショウ(シャウ) 漢 去 漾 jiàng チアン J3002 補―― U5320

筆順 一 ア 𠂆 斤 匠

匚3 【匞】〔5〕字 同 J2007 補―― U531E

意味 ①〈たくみ〉技術者の総称。大工だいく、細工師、職人など。「匠人しょうじん」②ある方面にとくにすぐれた人。「画匠がしょう」③工夫くふうしてなにかを作ること。「匠心しょうしん」「意匠」

解字 会意。匚と斤とを合わせた字。匚は四角い箱、または四角い「じょうぎ」。斤はおので、工作の道具。匠は箱の中に大工道具を持つことで、工作をする職人、とくに大工をいう。

名前 なる

【匠意】しょうい(しゃう) 考え。くふう。考案。もくろみ。意匠。

【匠家】しょうか(しゃう) 大工を業とする家。

【匠気(氣)】しょうき(しゃう) 芸術家などが、技巧を人に示そうとする気持ち。

【匠師】しょうし(しゃう) 周代の官名。葬礼に、百工(種々の技術者)を監督する職。

【匠者】しょうじゃ(しゃう) 大工。

【匠手】しょうしゅ(しゃう) すぐれた職人。立派なうでまえ。「鬼工匠手きこうしょうしゅ」(すばらしいうでの職人。)

【匠心】しょうしん(しゃう) 芸術をつくり出そうとする意欲。

【匠人】しょうじん(しゃう) ①周代の官名。百工のことをつかさどる職。②だいく。たくみ。木匠。匠氏。

【匠伯】しょうはく(しゃう) ①人名。匠石。昔の名工で、伯はその字あざな。②大工のかしら。棟梁とうりょう。

◆刀匠とうしょう・木匠もくしょう・巨匠きょしょう・巧匠こうしょう・名匠めいしょう・師匠ししょう・意匠いしょう・鵜匠うしょう・鷹匠たかじょう

匚4 【匟】〔6〕 同→炕(七六五ページ・下)

匚4 【匢】〔6〕 同→匫(一八九ページ・上)

匚5 【医】〔7〕 学3 イ J1669 補―― U533B

旧字 酉11 【醫】〔18〕 ■イ 漢 平 支 yī イー ■イ 漢 上 紙 yǐ イー J7848 補―― U91AB

筆順 一 ア 三 三 矢 医

意味 ■①〈いや・す〉病気をなおす。②いしゃ。くすし。「医人いじん」「医者いしゃ」③弊害をとりのぞく。すくう。■あまざけ。＝醷い

解字 会意。殹と酉を合わせた字。殹は病人の状態で、みにくい姿、あるいは、うなる声を表す。酉は酒。醫は、酒を用いて病気をなおす人をいう。他の説に、醫は、きびのかゆをかもして作った酒ともいい、また、酒つぼに梅などを入れた薬酒で病人をなおす人ともいう。殹えいは、音を示すとして、形声文字と見る説もある。

名前 おさむ

参考 「医い」と「医えい」とは、発音・用法とも異なる。

【医院】■いいん(ゐん) 医者が病人を治療する所。■イーユワン yīyuàn 現 病院。

【医王】いおう(わう) 仏 ①菩薩ぼさつ。②薬師如来やくしにょらい。

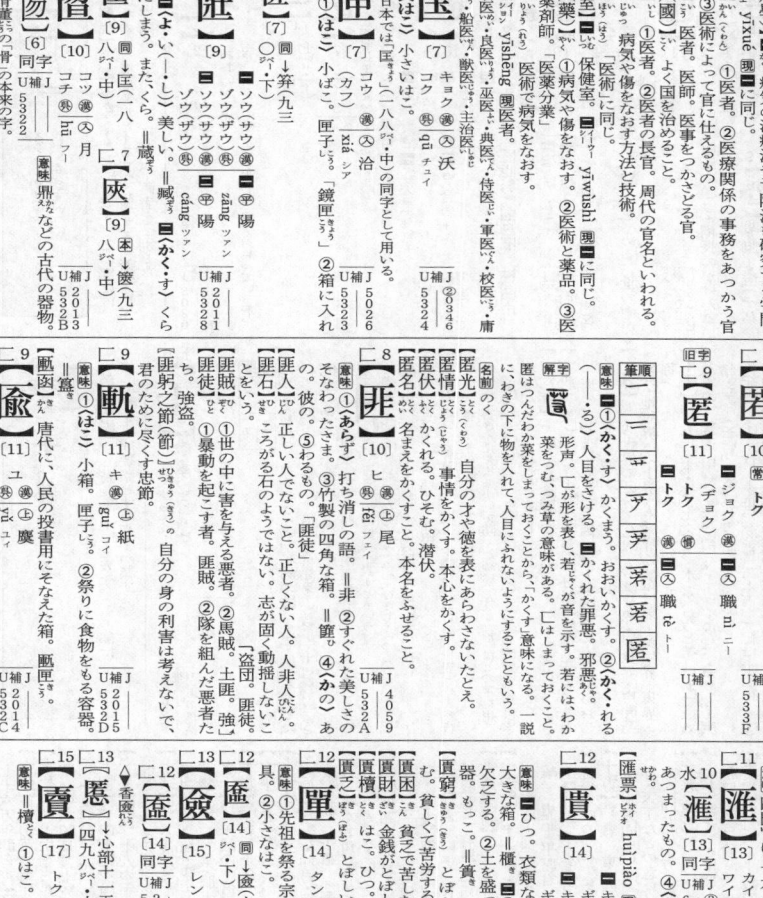

【医学(學)】一 いがく 病気の治療法や予防法を研究する学問。二 yīxué (現)一に同じ。
【医官】いかん(いくわん) ①医者。②医療関係の事務をあつかう官吏。③医術によって官に仕えるもの。
【医工】いこう 医者。医師。医事をつかさどる官。
【医国(國)】いこく よく国を治めること。
【医師】いし ①医者。②医者の長官。周代の官名といわれる。
【医術】いじゅつ 病気や傷をなおす方法と技術。
【医方】いほう(はう) 「医術」に同じ。
【医務室】一 いむしつ 保健室。二 yīwùshì (現)一に同じ。
【医薬(藥)】いやく ①病気や傷をなおす。②医術と薬品。③医師と薬剤師。「医薬分業」
【医療】いりょう(れう) 医術で病気をなおす。
【医生】yīshēng (現)医者。
◇▼名医・良医・巫医・典医・侍医・軍医・校医・庸医・船医・獣医・主治医

匚5【匤】〔7〕 キョク(漢) コク(呉) (入) 沃 qū チュイ J②0346 補 U5324
意味 〈はこ〉 小さいはこ。
参考 日本では「匤」(一八八ページ・中)の同字として用いる。

匚5【匣】〔7〕 コウ(カフ)(漢)(入) 洽 xiá シア J5026 補 U5323
意味 ①〈はこ〉 小ばこ。匣子。「鏡匣」②箱に入れる。

匚5【匨】〔7〕 同↓粧(九三〇ページ・下)

匚7【匨】〔9〕 一 ソウ(サウ)(漢) ゾウ(ザウ)(呉) 一(平) 陽 zāng ツァン 二 ソウ(サウ)(漢) ゾウ(ザウ)(呉) 二(平) 陽 cáng ツァン J2011 補 U5328
意味 一〈よ・い(―・し)〉 美しい。＝臧 二〈かく・す〉 くらなどにしまう。また、くら。＝蔵

匚7【匩】〔9〕 同↓匡(一八八ページ・中)

匚7【匧】〔9〕 本↓篋(九三〇ページ・中)

匚8【匫】〔10〕 コツ(漢) コチ(呉) (入) 月 hū フー J2013 補 U532B
意味 鼎などの古代の器物。

匚4【匢】〔6〕 同字 J―― 補 U5322
参考 骨董の「骨」の本来の字。

匚8【匿】〔10〕 (常) トク 一 ジョク(漢) (ヂョク) 一(入) 職 nì ニー 二 トク(慣) トク(漢) 二(入) 職 tè トー J3831 補 U533F

旧字 匚9【匿】〔11〕 U―― 補―― J――

筆順 一 ｢ 卄 ヰ 芓 若 若 匿

意味 一①〈かく・す〉 かくまう。おおいかくす。②〈かく・れる(――・る)〉 人目をさける。二かくれた罪悪。邪悪。

解字 形声。匚が形を表し、若が音を示す。若には、わか菜をつむ、つみ草の意味がある。匚はしまっておくこと。匿はつんだわか菜をしまっておくことから、「かくす」意味になる。一説に、わきの下に物を入れて、人目にふれないようにすることともいう。

名前 のく

【匿光】とくこう(くわう) 自分の才や徳を表にあらわさないたとえ。
【匿情】とくじょう(じゃう) 事情をかくす。本心をかくす。
【匿伏】とくふく かくれる。ひそむ。潜伏。
【匿名】とくめい 名まえをかくすこと。本名をふせること。

匚8【匪】〔10〕 ヒ(漢) (上) 尾 fěi フェイ 呉 J4059 補 U532A
意味 ①〈あらず〉 打ち消しの語。＝非 ②すぐれた美しさのそなわったさま。③竹製の四角な箱。＝篚 ④〈かの〉 あの。彼の。⑤わるもの。「匪徒」
【匪人】ひじん 正しい人でないこと。正しくない人。人非人。
【匪石】ひせき ころがる石のようではない。志が固く動揺しないことをいう。
【匪賊】ひぞく ①世の中に害を与える悪者。②馬賊。土匪。「盗団。匪徒。強」
【匪徒】ひと ①暴動を起こす者。匪賊。②隊を組んだ悪者たち。強盗。
【匪躬之節(節)】ひきゅう(きう)のせつ 自分の身の利害は考えないで、君のために尽くす忠節。

匚9【匭】〔11〕 キ(漢) (上) 紙 guǐ コイ J2015 補 U532D
意味 ①〈はこ〉 小箱。匣子。②祭りに食物をもる容器。＝簋

匚9【匬】〔11〕 ユ(漢) 呉 (上) 麌 yǔ ユイ J2014 補 U532C
【匭函】きかん 唐代に、人民の投書用にそなえた箱。匭匣。

意味 甌匬は、十六斗入る古代の容器。

匚11【匯】〔13〕 カイ(クワイ)(漢) ワイ(慣) (上) 賄 huì ホイ J5027 補 U532F
水10【滙】〔13〕 同字 J②7907 補 U6ED9
意味 ①容器の名。②川が合流する。③あつまる。また、あつまったもの。④〈めぐ・る〉 ぐるぐるまわる。⑤(現)為替。
【匯票】huìpiào (現)為替券。

匚12【匱】〔14〕 一 キ(漢) ギ(呉) 一(去) 寘 guì コイ 二 キ(漢) ギ(呉) 二(去) 寘 kuì コイ J5028 補 U5331
意味 一ひつ。衣類などを入れる大きな箱。＝櫃 二①とぼしい。欠乏する。②土を盛ってはこぶ容器。もっこ。＝蕢

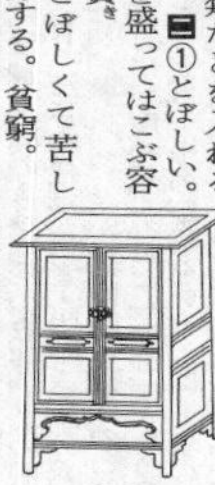
(匱一)

【匱窮】ききゅう(きう) とぼしくて苦しむ。貧しくて苦労する。貧窮。
【匱困】きこん 貧乏で苦しむ。とぼしくて困る。
【匱財】きざい 金銭がとぼしいこと。
【匱櫝】きとく はこ。ひつ。
【匱乏】きぼう(ぼふ) とぼしいこと。たりない。貧窮。貧困。

匚12【匰】〔14〕 タン(漢) 呉 (平) 寒 dān タン J2016 補 U5330
意味 ①先祖を祭る宗廟で、位牌(木主)をのせる器具。②小さなはこ。

匚12【匲】〔14〕 同↓匳(本ページ・下)

匚13【匳】〔15〕 レン(漢) (平) 塩 lián リエン J5029 補 U5333
匚12【匲】〔14〕 同字 J2017 補 U5332
意味 くしげ。化粧箱。櫛や鏡などを入れる箱。＝奩
◇▼香匳

匚13【匴】↓心部十一画(四九八ページ・中)

匚13【甌】↓支部十一画(一三九九ページ・上)

匚15【匵】〔17〕 トク(漢) (入) 屋 dú トゥー J②0347 補 U5335 J2018
意味 ＝櫝 ①はこ。ひつ。②小さい棺。

2画 匸部 かくしがまえ けいがまえ

【部首解説】「物をかくすこと」を表す。この部には、「匸」の形を構成要素とする文字が属する。新字体では匸部の文字を「匚」に改め、両者を区別しない。

匸0 【匸】〔2〕ケイ [漢] [上] 薺 xì シー　J 5030 補 — U 5338

[意味] かくす。おおいかくす。

[解字] 会意。かこいの中に物をかくし、ふたでおおっている形。

匸2 【匹】〔4〕[旧]→匹(一八七ページ・下)

匸5 【医】〔7〕エイ [漢] [去] 霽 yì イー　J — 補 — U —

[意味] 弓や矢をしまっておく容器。＝翳えい

[参考] 「医えい」と「医い」とは、発音・用法とも異なる。

匸6 【匼】〔8〕[一]コウ(カフ) [漢] [入] 合 kē コー [二]コウ(カフ) [漢] [入] 合 ē オー [三]アン [漢] [上] 感 ǎn アン　J — 補 2019 U 533C

[意味] [一]とりかこむ。めぐる。「匼匝こうそう」[二]烏匼うこうは、頭巾ずきんの名。[三]へつらう。こびる。

匸7 【匽】〔9〕[一]エン [漢] [上] 阮 yǎn イェン [二]エン [漢] [去] 願 yǎn イェン　J — 補 2020 U 533D

[意味] [一]①ふす。ふせる。なびく。＝偃えん ②かくす。③姓。[二]どぶ。みぞ。＝堰えん

【匽武】えんぶ 武器をしまう。転じて、いくさをやめる。世の中が平和になること。匽兵。＝偃武

匸9 【匾】〔11〕ヘン [呉] [漢] [上] 銑 biǎn ビエン　J ②0348 補 2021 U 533E

[意味] ①うすくてひらたい。「匾平へんぺい」②横長のかけがく。「匾額へんがく」③まるくて浅い竹のかご。

匸9 【區】〔11〕[旧]→区(一八七ジー・中)

匸9 【匿】〔11〕[旧]→匿(一八九ジー・中)

2画 十部 じゅう

【部首解説】「数字の十」を表す。この部には、「十」の形を構成要素とする文字が属する。

十0 【十】〔2〕[学]1 ジュウ・ジッ とお・と　シュウ(シフ) [漢] ジュウ(ジフ) [呉] ジッ [慣] [入] 緝 shí シー　J 2929 補 — U 5341

[筆順] 一 十

[意味] ①〈とお(とを)〉〈と〉㋐十番めの数。㋑十個。②〈とたび〉十回。③十倍。十倍する。④多い数。「十目じゅうもく」⑤完全である。「十分」

[解字] 十 指事。一が東西、|が南北を表し、十で十方のこととなる。一説に、十は針はりを表すともいう。

[名前] そ・かず・しげ・じつ・ただ・とみ・みつ・ひさし・みつる

[姓] 十川とがわ・そがわ・十市とおち・十河そごう・そがわ・十亀とがめ・そがめ・十七夜かのう

[地名] 十勝とかち・十日町とおかまち・十和田とわだ

[難読] 十重二十重とえはたえ・二十はた・二十歳はたち・二十日はつか(付表)／十六夜いざよい・十八番おはこ・十姉妹じゅうしまつ・十露盤そろばん

[参考] ①書きかえやまちがいを防ぐために、「什」・「拾」などの字を用いる。②音「ジッ」は「ジュッ」とも読む。二〇一〇年の改定「常用漢字表」で「ジュッ」の読みが許容された。

【十六夜】いざよい [国]陰暦十六日の夜。また、その夜の月。

【十戒(「誡」)】じっかい ①[仏]沙弥しゃみ・沙弥尼が修行上守るべき十の戒め。②キリスト教で、神がモーゼに与えた十か条のおしえ。モーゼの十誡。

【十界】じっかい [仏]世界の区分。仏界・菩薩ぼさつ界・縁覚界・声聞しょうもん界・地獄界・天上界・人間界・修羅しゅら界・畜生界・鬼界の称。

【十干】じっかん 五行(木・火・土・金ごん・水)を、兄えと弟とにあてはめたもの。普通、甲きのえ・乙きのと・丙ひのえ・丁ひのと・戊つちのえ・己つちのと・庚かのえ・辛かのと・壬みずのえ・癸みずのとと書き表す。

【十紀】じっき ①十代。十世。②百二十年。一紀は十二年。③中国の神話の人皇氏から、魯ろの哀公の十四年までの、二百七十六万年間を十に区分したもの。

【十金】じっきん ①黄金十斤。②黄金二百両。③黄金十両。

【十死】じっし ①生きる見込みがほとんどないこと。②[国]陰陽道おんようどうの大凶日。十死日じっしび。【—一生】じっしいっしょう(しゃう)「九死一生きゅうしいっしょう」(四〇ジー・中)に同じ。

【十駟】じっし 四十頭の馬。駟は一車につけた四頭の馬。

【十手】[一]じっしゅ 十人の手。多くの人の手。[二]じって [国]昔、罪人を捕らえるときに使った短い金属の棒。

【十宗】じっしゅう [仏]倶舎くしゃ・成実じょうじつ・律・法相ほっそう・三論・天台・華厳けごん・真言・禅・浄土の十宗派をいう。

【十襲】じっしゅう(しふ) 衣服十着。襲は、ひとそろい。

【十千】じっせん 千銭の十倍。一万銭。

【十霜】じっそう(さう) 十年。十秋。

【十中八九】じっちゅう(ちう)はっく 十のうちで、八九。おおかた。だいたい。

【十哲】じってつ ①孔子の高弟十人のこと。顔淵がんえん・閔子騫びんしけん・冉伯牛ぜんはくぎゅう・仲弓・宰我・子貢・冉有ぜんゆう・季路・子游しゆう・子夏。孔門の十哲。②[国]芭蕉ばしょうの弟子でしで十人のすぐれた人。榎本其角えのもときかく・服部嵐雪はっとりらんせつ・森川許六・向井去来・各務支考かがみしこう・内藤丈草ないとうじょうそう・立花北枝・河合曽良かわいそら・志田野坡しだやば・越智越人おちえつじん。蕉門の十哲。

【十徳】じっとく ①十の美徳。②王の十徳。仁・知・義・礼・信・楽・忠・天・地・徳。③[国]羽織のような形の衣服。この服は鎌倉かまくら末期にはじまり、江戸時代は、儒者・医師・絵師などが礼服として着用した。

【十風五雨】じっぷうごう 十日に一度の風、五日に一度の雨という意から、順調な天候のこと。

【十歩】じっぽ ①十あし。また、十歩の距離をいう。②一歩の十倍。歩は土地の広さの単位。【—之内】じっぽのうち わずかな距離。〈史記・平原君へいげんくん列伝〉【—之詩】じっぽのし 北魏ほくぎの王勰おうきょうが、十歩あるく間に詩を作りあげたという故事から、詩の才能のゆたかな意。〈北史・彭城王勰ほうじょうおうきょう伝〉

【十方】じっぽう(ぱう) 東・西・南・北・西南・東北・東南・上・下の十方向をいう。転じて、あらゆる方角・方面。宇宙・世界・天下などの意につかう。【—世界】じっぽうせかい [仏]「十方」に同じ。十万世界。全世界。

【十悪(惡)】じゅうあく(じふ) ①人として最も重い十種の罪。②[仏]人として禁ずべき十種の罪悪。殺生・偸盗ちゅうとう・邪淫・妄語もうご・悪口・両舌・綺語きご・貪欲とんよく・邪見・瞋恚しんい。

【十一】じゅういち(じふ) ①数の十一。②十一たび。③十分の一。④十分の一の税。十一税。＝什一

【十雨】 十日に一度雨が降ること。ほどよい雨。「五風十雨」

【十駕】 十たび車をつける。十日走る。おそい馬でも、十日間つづけて走れば、一日に千里を行く名馬に追いつけるように、才能のおとる人でも努力をつづければ必ず成功するというたとえ。〈荀子・勧学〉【──之術】 才能のおとった者が、努力をかさねることによって成功しようとする方法。

【十義】 人として実行すべき十種の道。

【十九】 ①十九歳。また、数の十九。②十分の九。＝什九

【十五夜】 国陰暦八月十五日の夜。月見の節。〔五節。三〕

【十三】 数の十三。【──回忌】 国死後十三年目の命日。十三年忌。【──経(經)】 十三種の経書。「周易」「尚書」「毛詩」「周礼」「儀礼」「礼記」「春秋左氏伝」「春秋公羊伝」「春秋穀梁伝」「論語」「孝経」「爾雅」「孟子」。【──紅】 国閏年に咲く牡丹の花。中世の説で、閏年には花弁を十三つけるという。【──夜】 国①陰暦九月十三日の夜の月。月見の節の一つ。②陰暦で毎月十三日の夜。【──陵】 北京の郊外にある、明代の天子の御陵。

【十字】 ①十の字。また、十の字の形。②十文字。よつつじ。③饅頭の別名。【──架】 ①木材を十字形に組んだもの。②罪人をはりつけにした柱。③キリスト教信者の間で信仰のしるしとされているもの。④星宿の名。【──街】 よつつじ。十字路。【──軍】 西欧諸国のキリスト教徒がエルサレムの聖地を回教徒からとりかえすために、十一世紀末から百数十年間、七回にわたって行った遠征軍。

【十七帖】 晋の王羲之の草書手本の名。「十七日」の字で書きはじめているところからいう。

【十七条(條)憲法】 国推古天皇の十二年に、聖徳太子が制定し、群臣に示された十七条の戒め。憲法十七条。

【十姉妹】 カエデチョウ科の小鳥。

【十全】 ①完全なこと。②安全なこと。

【十善】 ①十人のよい友。②仏十悪を犯さないこと。③前世での十善の果報によって現世で受けられる帝王の位。十善位。十善君。

【十二支】 暦で、十干と組み合わせて時日・時刻・方角などにつける呼び名。子・丑・寅・卯・辰・巳・午・未・申・酉・戌・亥。

【十二州】 中国全土を十二に大別した呼び名。

【十二獣(獸)】 十二支にあてはめた十二種の動物。

【十二章】 昔、天子の服につけた飾りもよう。

【十二単(單)】 国昔の女官の正装をいう。

【十二牧】 舜帝のときの十二州の長官。

【十二律】 十二の音律。「六律」(一三三ページ・上)と「六呂」(一三三ページ・上)。日本では、壱越・断金・平調・勝絶・下無・双調・鳧鐘・黄鐘・鸞鏡・盤渉・神仙・上無。

【十二郎】 ①一族のうちで、十二番めの男の子。②国猿楽を演ずる人。【祭ニ──一文】 唐代の文豪韓愈が、自分を養育してくれた兄夫婦の子の死をなげき悲しみ、その霊をなぐさめるために作った文の題名。「唐宋八家文読本」「韓昌黎集」所収。

【十人十色】 国人の考えや好みは、ひとりひとりみな違うこと。

【十念】 仏南無阿弥陀仏を十度唱えること。

【十能】 国炭火をのせて持ち運ぶ金属製の道具。

【十八公】 松の異名。松の字を分解していったことば。「十八公栄霜後露」(松の緑のすばらしさは、霜がおりて他の木々のしぼみ落ちたときに、いっそう目に立つ。)〈和漢朗詠集・松〉

【十八番】 国①歌舞伎十八番の略。歌舞伎の十八種の当たり狂言。②転じて、得意な芸。おはこ。

【十八史】 中国の十八種の正史。「史記」「漢書」「後漢書」「三国志」「晋書」「宋書」「南斉書」「梁書」「陳書」「後魏書」「北斉書」「周書」「隋書」(以上が十三史)、「南史」「北史」「唐書」「五代史」(以上が十七史)、「宋史」。【──略】 書名。元の曾先之が「史記」をはじめとして宋代にいたるまでの十八種の正史の要点をかいつまんで初学者向きの一書としたもの。

【十分】 ①物事の満ち足りること。②十に分けること。 ■ shífēn 現非常に。

【十万(萬)億土】 仏極楽。極楽は西方十万億の仏土のかなたにあるといわれることによる。

【十目】 十人の目。多くの人の目。【──十手】 十人の目と十人の手。多くの人々の批判。十人の目が観察し、十人の手が指摘する。多くの人々の批判。「十目所ㇾ視、十手所ㇾ指、其厳乎」(多くの人々による批判は、まことにきびしいものである。)〈大学〉

【十夜】 ①十の夜。十晩。②仏十夜念仏。浄土宗で陰暦十月六日から十五日まで、十日十夜の間行う特別の念仏。御十夜。

【十有五】 十五歳。有は、又の意。「十有五而志ニ於学一」〈論語・為政〉

【十有三春秋】 国十三年。春秋は、一年のこと。「十有三春秋、逝者已如ㇾ水」(十三年の歳月が、流れる水のように過ぎ去ってしまった。)〈頼山陽の詩・癸丑歳偶作〉

【十翼】 ①孔子が作ったといわれる、「易経」の十の注釈書。「易経」の羽翼となるの意味で翼と称した。上彖伝・下彖伝・上象伝・下象伝・上繋伝・下繋伝・文言伝・説卦伝・序卦伝・雑卦伝。②十のつばさ。

【十六羅漢】 仏いろいろの煩悩をすっかり捨て去った十六人のえらい尊者。

【十露盤】 国①計算用具の一種。算盤。②計算。勘定。損得。

【十千万(萬)】 国数のきわめて多いこと。十千。巨万。【──堂】 国尾崎紅葉の別号。

【十寸鏡】 国①ますみのかがみの略。真澄鏡。②「清し」「照る」などの枕詞。

〖十室之邑〗 家数が十軒ぐらいのごく小さな村。〈論語・公冶長〉

〖十行倶下〗 十行を一度に読みくだす。書物を読む速度が速いさまをいう。

〖十日之菊〗 九月九日の菊の節句の翌日の菊。機会を失ったことのたとえ。六菖十菊(六日の菖蒲、十日の菊)。

〖十年磨ニ一剣(劍)一〗 十年間ひとふりの剣をみがく。長い間厳しい鍛錬を積むことをいう。

十 1 【千】 〔3〕 学 1 セン ち | セン 漢 平 先 呉 qiān チエン | J 3273 補 U 5343

筆順
丿
二
千

意味 ①〈ち〉 ㋐千番めの数。百の十倍。㋑千人。千個。②〈ちたび〉 千度。千回。③〈ちたび・す〉 千回する。④数が多い。何度も。たくさん。ちぢ。さまざま。「千山」 ⑤農

地の南北に通じるみち。あぜみち。＝阡 ⑥草木の茂るさま。＝芊

解字  形声。人と十を合わせた字。十が形を表し、上の人が音を示す。千は十の百倍で、数の多いことを表す。音センは、人の音ジンの変化。一説に、人と一とを合わせた字ともいう。

名前 かず・ゆき 姓 千・千寿・千保・千頭和 地名 千住 難読 千草・千種・千千・千尋・千葉・千歳

参考 書きかえやまちがいを防ぐために、「阡」または「仟」の字を用いる。

【千鎰】①二万四千両の目方。→鎰（一三〇四ページ・中）②〔多くの金額。〕

【千悔】深く後悔すること。

【千岳（嶽）万（萬）峰】多くの山々。連山。

【千官】多くの役人。百官。

【千麾万（萬）旗】たくさんの旗。多くの軍隊。〈元結・大唐中興頌〉

【千客万（萬）来（來）】国たくさんのお客が、入れかわりたちかわりやってくる。

【千金】①多額の金。②非常に高いねだん。③金持ち。【――家】金持ちの家。富豪の家。【――貨】高価な品物。また、大金。【――軀】たいせつなからだ。【――寿（壽）】千金にも値する貴重な寿命。他人の長寿を祝うことば。『――之裘非二一狐之腋一』高価な皮ごろもは、ただ一匹のきつねの腋の下の皮だけでつくられたものではない。国をうまく治めるためには、多くの人の力が必要であるとのたとえ。〈説苑・建本〉『――之子』大金持ちの家の息子。『――之子、不レ死二於盗賊一』金持ちの家の子は、盗賊と争って命をおとすようなばかなことはしない。大望を持つ者は、つまらぬ事のために死ぬようなむちゃはせず、身を大事にするたとえ。〈蘇軾・留侯論〉『――之子不レ垂レ堂』金持ちの家の子は、堂の端にすわり、墜落するようなばかなことはしない。自分を大切にすべきことを知っているたとえ。〈史記・袁盎列伝〉

【千鈞】非常に重いこと。一鈞は三十斤。

【千金丹】丸薬の名。

【千軍万（萬）馬】①たくさんの兵士や馬。千兵万馬。②戦いになれていること。」

【千戸】①千の家。千軒。②官名。元・明時代に置かれた、護衛の役人の長。【――侯】千戸の広い土地を領有する大名。

【千古】①遠い昔。太古。②とこしえ。永遠。永久。また、永久の別れ。死を婉曲にいう。③遠い後世。いつまでも。【――名】永遠に消えない名誉。【――不易】永遠にかわらないこと。【――不磨】永遠に伝わる。不磨は、すりへらないこと。不朽。

【千呼万（萬）喚】なんべんも呼びたてる。〈白居易の詩・琵琶行〉

【千歳】千年のこと。【――一時】千年に一度の好機。めったに得られない機会。千載一遇。【――憂】千年も先のことについての心配。千年も生きられるつもりでいつもあれこれ心配していること。「生年不レ満レ百、常懐二千歳憂一」〈文選・古詩十九首〉『――之人』千年も長生きをする人。永遠に生きている人。

【千載】千年。【千載一遇】千年に一度あう。容易にあうことのできない好機。千歳一時。〈袁宏・三国名臣序賛〉【――一会（會）】「千載一遇」に同じ。〈王褒・聖主得二賢臣一頌〉→千載一遇『――之功』『――之会（會）』千年の後までも消えることのない功績。『――之任』千年もの長い期間にわたって天下を平和にさせるという任務。

【千差万（萬）別】さまざまに違うこと。いろいろ。

【千山】①すべての山。②多くの山。「千山鳥飛絶」（山という山には、鳥一羽飛んでいない。）〈柳宗元の詩・江雪〉【――万（萬）壑】多くの山や谷。【――万（萬）水】①多くの山や川。②旅行の道のりが長く、いろいろの困難にあうたとえ。

【千日酒】一度飲むと千日間も酔いのさめない酒。非常にこくのある酒。

【千思万（萬）考】いろいろと思いをめぐらすこと。

【千紫万（萬）紅】種々さまざまの花の色。千紅万紫。

【千字文】書名。一巻。梁の周興嗣著。魏の鍾繇の千字文にもとづいて、順序を正したものという。「天地玄黄」から「焉哉乎也」まで、一千字を二百五十句の四言古詩に編集したもの。古事記にでてくる千字文は、それ以前の文字学の書であろうといわれる。

【千秋】千年。長い年月。千載。【――節（節）】天子の誕生日の祝い。唐の玄宗の時に始まり、後に天長節と改めた。【――人物】永久に名声の残る人。【――雪】長い年月を消えずに残っている雪。万年雪。【――万（萬）古】千年万年。非常に長い年月。〈劉廷芝の詩・公子行〉【――万（萬）歳】①千年万年。②千年も万年もの長生きを祝うことば。【――万（萬）歳後】死後。死んだ後。〈史記・梁孝王世家〉【――楽（樂）】①唐の玄宗の誕生日の千秋節に演奏した曲の名。②法会のときの雅楽でその最後に演奏される曲の名。③国㋐演劇・すもうなどの興行の最終日。㋑物事の最後。【――令節（節）】皇后または皇太子の誕生日。

【千愁】多くのうれい。多くの悲しみ。

【千手観（觀）音】①仏二十七の顔と四十本の手を持ち、地獄の救いをつかさどる観音。②虱の別名。

【千乗（乘）】①兵車千台。②千乗の車、十万人の士卒を出すことのできる諸侯。【――万（萬）騎】たくさんの乗り物と騎馬。天子のお供の行列のさま。『――之家』兵車千台を出すことのできるほどの領地を持っている、大諸侯の家老の家。『――之国（國）』兵車千台を出すことのできる大国。

【千緒万（萬）端】数々の事がら。煩わしい雑事。

【千仞】きわめて高い。また、非常に深い形容。一仞は八尺（約二・五メートル）。一説に七尺。『――之山』千仞もある高い山。

【千尋】①八千尺。一尋は八尺。②非常に高いさま。「また、深いさま。」

【千辛万（萬）苦】さまざまのつらい苦しみ。かずかずの艱難辛苦。

【千石】①多くのめかた。一石は百二十斤。②多くのますめ。一石は一斗の十倍。

【千村万（萬）落】たくさんの村々。落も、村の意。「千村万落生二荊杞一」（多くの村々は荒れはてて、いばらやくこがおい茂っている。）〈杜甫の詩・兵車行〉

【千代】千年。永遠。千世。

【千段巻】国刀や槍の柄を籐ですきまなく巻いて漆〔うるしを塗ったもの。〕

【千日手】国将棋の勝負で、次の手をさしたほうが不利になるので両方とも打つ手がなくなった状態をいう。

【千年】長い年月のこと。ちとせ。千秋。千歳。『――一清』黄河の濁流が千年に一度澄む意から、あてにならないことを期待するたとえ。百年待二河清一。

【千葩万（萬）蕊】たくさんの花。葩ははなびら、蕊は花のしべ。「千葩万蕊争二紅紫一」〈朱熹の詩・春日

偶作〉

【千百】せんひゃく　なん百なん千。あまた。たくさん。多数。

【千編(篇)一律】せんぺんいちりつ　①詩や文などがすべて同じ調子で、変化の少ないこと。②単調で変化の見られないこと。

【千変(變)万(萬)化】せんぺんばんか(くわ)　さまざまに変化する。

【千峰】せんぽう　多くのみね。連山。

【千万(萬)】せんまん・せんばん　㊀①千と万。②数量の多いこと。ちよろず。③巨万の富。④状態がさまざまなこと。⑤くれぐれも。必ず。念を入れるさま。㊁チエン qiānwàn 現㊀の②⑤に同じ。【――無量】せんまんむりょう(りやう)　はかりきれないほど多い。

【千門】せんもん　①多くの家々。②多くの門。宮門。

【千里】せんり　①一里の千倍。非常に遠い所。②千里四方。【――眼】せんりがん　①千里の先まで見ることができる目。②目に見えない事物をよく見ぬく能力。③船に祭る神。④国望遠鏡のこと。【――同風】せんりどうふう　①遠くまで同じ風が吹きわたる意から、天下がおだやかによく治まっていること。②千里四方にわたり風俗が同じであること。【――足】せんりのあし　①一日に千里も走る名馬。千里の馬。千里の駒。「願馳二千里足一」（千里の馬に乗って飛びまわりたい。）〈楽府詩集・木蘭詩〉②才能ある人物をいう。【――馬】せんりのうま　一日に千里も走る名馬。駿馬。千里駒。【――客】せんりのきゃく　はるばる遠方から来た客。【――任】せんりのにん　地方官のこと。千里の遠い所に出向いて事務をとる任務。【――光】せんりのひかり　㊀月光。㊁せんりこう(くわう)　①あわびのから。②草の名。【――目】せんりのめ　はるか遠方をながめること。また、その視界。「欲レ窮二千里目一更上一層楼」（遠く千里のかなたまで眺めようとして、さらにもう一階高くのぼる。）〈王之渙の詩・登二鸛鵲楼一〉【――比隣】せんりひりん　千里の遠方もすぐ隣のように思われること。交通の便利がよいたとえ。『――鶯啼緑(綠)映レ紅』せんりうぐいす(うぐひす)ないてみどりくれない(くれなゐ)にえいず　千里四方いたるところにうぐいすが鳴いて、緑の葉と紅い花とがみごとにうつりはえている。〈杜牧の詩・江南春〉『――之行始二於足下一』せんりのこう(かう)もそっ(そく)かよりはじまる　遠く千里の旅路も、最初の第一歩から始まる。遠大な事業も、ごく手近なところから着手されるもの、一足とびには成就しないものであることのたとえ。〈老子・六十四〉『――江陵一日還』せんりのこう(かう)りょういちじつにしてかえる(かへる)　千里も離れている江陵まで、ほんの一日で帰ってしまった。長江の流れのきわめて速いことをいう。〈李白の詩・早発二白帝城一〉『――之外』せんりのそと　千里も遠い所。

【千両(兩)役者】せんりょう(りやう)やくしゃ　国①千両の給金をもらう役者の意で、演技のすぐれた俳優のこと。②芸のすぐれた人。

【千慮一失】せんりょのいっしつ　知者も、たまには思いちがいをすることがある。弘法も筆の誤り。↕千慮一得

【千慮一得】せんりょのいっとく　おろかな者にも、たまにはよい考えがある。「↕千慮一失」

【千木】ちぎ　国上古の建築で、家屋の棟木の上に左右交差して取りつけた材木。＝知木・鎮木

（千木）

【千入】ちしお(しほ)　国何度も染料に入れて染めること。

【千鳥】ちどり　国①多くの鳥。②鳥の名。③ジグザグの形容。【――足】ちどりあし　国酒に酔った人のよろよろ歩きのこと。

『千丈堤以二螻蟻之穴一潰』せんじょう(ぢやう)のつつみも、ろうぎのあなをもってついゆ(つひゆ)　千丈の高さのつつみでも、小さな螻や蟻の穴からくずれる。大事も、小事をおろそかにするちょっとした不注意から、破れてしまうたとえ。〈韓非子・喩老〉

『千羊皮不レ如二一狐腋一』せんよう(やう)のかわ(かは)はいっこのえきにしかず　千枚の羊の皮も、たった一枚のきつねの腋の下の皮に及ばない。多くの凡人も、ひとりの賢人に及ばないたとえ。〈史記・商君列伝〉

◆一騎当千

十 1【廿】〔3〕俗↓廿(四四三ページ・中)

十 1【卂】〔3〕本↓迅(一二三〇ページ・中)

十 2【午】〔4〕学2　ゴ　ゴ　漢 呉 上 麌 wǔ ウー　J 2465　補 ―　U 5348

筆順　ノ　𠂉　𠂉　午

意味　①〈うま〉十二支の第七位。㋐方角では、南。正南。㋑時刻では、まひる。正午。また、午前十一時から午後一時。㋒動物では、馬。②さからう。そむく。＝忤　③十文字にまじわる。④姓。

解字　　象形。矢じりの形。陰陽の関係で、四月は陽の月であるが、五月は陰の気が、陽の気にさからって、地上に出てくるという。そこから、さからうという意味と、陰陽がたがいに交わることから、まじわる意味が生じた。端午の午は、五月のことである。一説に、午は「きね」の形ともいう。

名前　ま

【午陰】ごいん　日中の木かげ。

【午下】ごか　ひるさがり。ひるすぎ。午後。

【午間】ごかん　ひるのあいだ。

【午鶏(鷄)】ごけい　ひるごろに鳴くにわとり。

【午月】ごげつ　①端午の月。五月。さつき。②午夜の月。〔夜の十二時の月。〕

【午刻】ごこく　うまの刻。正午。

【午餐】ごさん　昼飯のこと。午食。午飯。

【午時】ごじ　ひるどき。正午。

【午日】ごじつ　端午の日。陰暦の五月五日。

【午睡】ごすい　昼寝。午寝。

【午熱】ごねつ　日中の暑さ。

【午砲】ごほう(はう)　国明治・大正時代に、正午を知らせるために鳴らした号砲。ドン。

【午夜】ごや　夜中の十二時。真夜中。

【午飯】ウーファン wǔfàn 現昼食。ひるめし。

◆正午・初午・端午

十 2【升】〔4〕常　ショウ　ショウ　漢 呉 平 蒸 shēng ション　ます　J 3003　補 ―　U 5347

筆順　ノ　丿　チ　升

3【枡】〔7〕同字　J 3359　補 ―　U 6598

意味　①容量の単位。十合。日本では、一・八リットル。（↓付録「歴代度量衡変遷表」）②〈ます〉一升ます。③よみ。布のたて糸八十本。④すすむ。献上する。⑤〈のぼ・る〉上がる。⑥みのる。成熟する。⑦易の卦の名。

（升②）

解字　　会意。チとーとを合わせた字。チは斗で、ますのこと。ーはその柄。升は十合入りのますを表す。十升入りを斗という。柄つきのますで汁を汲み上げることから、のぼるの意味にもなった。

参考　升は「陞」(一三二九ページ・中)・「昇」(五八六ページ・下)の中国新字体としても使う。

【升遐】しょうか　天子が死去する。崩御。

【升学(學)】しょうがく　上級学校に入学すること。進学。

【升級】しょうきゅう(きふ)　①学級が進む。進級。②官位が高くなる。昇級。昇進。

【升降】しょうこう(かう)　①上り下り。登降。②盛んであるのと衰える。「のと。盛衰。」

【升斛】しょうこく ます。ます目。斗斛とこく。
【升勺】しょうしゃく 一升または一勺。わずかな分量のこと。
【升進】しょうしん 官位がのぼり進む。=昇進
【升遷】しょうせん のぼる。のぼり進む。
【升沈】しょうちん ①のぼることと、沈むこと。②栄えることと、衰えること。うきしずみ。栄枯。盛衰。浮沈ふちん。
【升殿】しょうでん ①御殿にのぼる。②「昇殿」(五八七ジべー・上)に同じ。
【升騰】しょうとう のぼりあがる。とびあがる。
【升堂】しょうどう(だう) ①庭から建物の表座敷に上がる。〈儀礼ぎらい・郷射礼きょうしゃれい〉②学問・技芸が進み、かなりの程度に達すること。「升堂入室」〈論語・先進せんしん〉
【升聞】しょうぶん 天子の耳にはいる。天子に聞こえる。上聞。
【升平】しょうへい ①穀物がよくとれて、その値段が安定すること。②平和な世の中。=昇平
【升竜(龍)降竜(龍)】しょうりゅう(りう)こう(かう)りゅう(りう) のぼり竜とくだり竜。旗やのぼりのもように使うもの。
【以ㇾ升量ㇾ石】しょうをもってこくをはかる 一升のますで一石の量をはかる。愚者の心では賢者の心は推しはかれないたとえ。〈淮南子えなんじ・繆称訓びゅうしょうくん〉

十2【卅】〔4〕 ソウ 漢 入 合 sà サー
J 5033 補 ― U 5345
意味 ①〈さんじゅう(さんじふ)〉三十。②貝八十枚。

十4【丗】〔6〕 同字 J ― 補 ― U 20983

十2【斗】〔4〕 国字 J ②0350 補 ― U 2097C
意味 〈とと〉人名に用いる。「斗木ととき」

十2【卆】〔4〕 俗 ↓卒(一九五ジべー・中)

十3【卉】〔5〕 標 キ 漢 去 未 呉 huì ホイ
J 5035 補 ― U 5349
意味 ①草くさ類の総称。②草木くさき。「卉木きぼく」
【卉衣】きい 草織の衣服。未開の地の人の衣服をいう。卉服きふく。卉裳きしょう。

十4【卉】〔6〕 正字 J ― 補 ― U 2F82C

十3【卌】〔5〕 シュウ 漢 入 緝 (シフ) xì シー
J 2023 補 ― U 534C
意味 四十。

十5【卌】〔7〕 同字 J ― 補 ― U 2099C

十3【半】〔5〕 学 2 ハン なかば
J 4030 補 ― U 534A

旧字 十3【半】〔5〕 一 ハン 漢 呉 一 去 翰 bàn パン 二 ハン 漢 呉 二 去 翰 pàn パン
J ― 補 ― U ―

筆順 、 丷 䒑 兰 半

意味 一 ①〈なかば〉㋐はんぶん。「半百はんひゃく」㋑まんなか。「夜半やはん」㋒不完全。不十分。②〈なかば・する(―・す)〉㋐二分する。「折半せっぱん」㋑半々である。二 板状の大きなもの。大片。国 〈はん〉奇数。↕丁ちょう

解字  会意。八と牛を合わせた字。牛は牛の略。八は分けることであり、牛は大きな物で、二つに分ける意味を表すのに適当であるから、半が二つに分けることになる。

名前 なか・なからい 姓 半井なからい・なかい・半嶺なかみね 地名 半田はんだ

【半跏】はんか 仏あぐらをくみ、片方の足首を他方の足のももの上にのせるすわりかた。半結跏はんけっか。
【半開】はんかい ①半分開く。②少し晴れる。③半分咲く。
【半解】はんかい ①なまわかり。「一知半解」②半分に分ける。
【半額】はんがく ①ひたいの中ほど。②国半分の値。半値。
【半可通】はんかつう 国なまはんかなものしり。なまかじり。
【半漢】はんかん 天馬の勇むさま。
【半眼】はんがん 国目を半分開くこと。目をわずかに開いた状態。
【半規】はんき 半円。まるい物の半分。半輪。規はコンパス。
【半旗】はんき 国弔意のため、旗ざおの三分の二ほどの高さに揚げるはた。弔旗ちょうき。
【半弓】はんきゅう(きう) ①弓形。半円形。②国弓の一種。大弓の半分ほどの長さのもの。
【半句】はんく わずかなことば。「一言いちごん半句」
【半衢】はんく かたがわまち。場末のさびしい町。片がわの町。
【半空】はんくう なかぞら。中空。空間の中央。
【半夏】はんげ ①薬草の名。からすびしゃく。②半夏生はんげしょうの略。七十二候の一つ。夏至げしから十一日目。半夏(からすびしゃく)のはえるころの意。③仏夏安居げあんごの結夏けっかと夏解げあきとの間。
【半頃】はんけい 五十畝ぼの田。転じて、少しばかりの田地。頃は百畝のこと。
【半月】はんげつ ①弓張り月。弦月。②弦月の形をした半円形。③一月の半分。はんつき。
【半載】はんさい 半年。=半歳
【半作】はんさく 作物のできが平年作の半分であること。
【半子】はんし むこ。なかば、子にあたるという意。
【半死】はんし ①死にかかっている状態。②枯れかけていること。
【――半生】はんしはんしょう(しゃう) 半分死に、半分生きている状態。死にかかっていること。生死のさかい。
【半菽】はんしゅく わずかな豆。少しの食糧。
【半宵】はんしょう(せう) ①まよなか。②一夜の半分。
【半晌】はんしょう(しゃう) しばらくの間。片時かたとき。
【半畳(疊)】はんじょう(でふ) 国①一畳の半分のたたみ。②昔、芝居しばいで見物人が敷いていた小さなたたみを投げて悪口を言ったことから、悪口、または非難の意。③からかいのことば。
【半身】はんしん 全身の半分。【――像】はんしんぞう(ざう) 上半身の肖像。【――不随(隨)】はんしんふずい 左右どちらかの半身の神経がまひして、半身の自由を失っている病状。
【半人】はんじん・はんにん ①一人まえの半分。半人まえ。②人の半分しかない。③一人まえの職人の半分の賃銀。
【半信半疑】はんしんはんぎ なかば信じ、なかば疑う。ほんとうかどうか迷う。
【半酔(醉)】はんすい 少し酔う。ほろ酔い。
【半睡】はんすい うつらうつらする。夢うつつのさま。
【半生】はんせい・はんしょう(しゃう) ①一生の半分。人生のなかば。②死にかかっていること。枯れかかっていること。半死半生。③半ば起こりはじめる。【――半熟】はんせいはんじゅく ①半分は生なまで半分は煮えていること。②技芸がまだうまくならない状態。
【半晴】はんせい 少し晴れる。なかば雨がやむ。
【半切】はんせつ 一 唐紙とうし・画仙紙がせんしなどを縦に半分に切ったもの。=半折 二 はんぎれ 国手紙を書く紙。巻紙。
【半折】はんせつ ①半分に分ける。折半せっぱん。②半分がだめになる。③半分に折れる。④「半切はんせつ」の一に同じ。
【半濁音】はんだくおん 国パ・ピ・プ・ペ・ポの五音をさす。
【半直】はんち 半分のねうち。ねだん。半値。半額。直は値。
【半天】はんてん ①天の半分。②天の中ほど。中空。③半日。
【半点(點)】はんてん ①なかば開く。半開。②少しばかり。
【半纏】はんてん 国羽織に似て、まちも襟えりの折り返しもない上着。
【半途】はんと ①道の途中。②仕事の途中。
【半塗】はんと ①道の途中。②仕事の途中。=半途
【半島】はんとう(たう) 一 海に突きでている細長い陸地。二 バンタオ bàndǎo 現 一に同じ。
【半道】はんどう(だう) 一 途中。はんま。二 はんみち 国 一里の半分。
【半端】はんぱ 国①はした。足りなくて役にたたない事物。②気のきかないこと。また、その人。
【半白】はんぱく ①半分白いこと。②しらがまじりの髪。斑白はんぱく。頒白はんぱく。
【半帆】はんぱん かた帆。途中まであげた帆。

【半臂】袖の短い女性用の上着。

【半幅】一幅の半分。半切。また、それに書いた書画。

【半璧】①半円形の璧玉。②ゆみはりづき。半月。

【半面】①顔の半分。②物の片がわ。③物事の一面。④半面識。

半面識。半面の識。ちょっとした知り合い。

【半夜】一 ①まよなか。夜半。②一夜の半分。二〔bàn-yè〕現 一 に同じ。

【半輪】半円形。半円形の月。

【半嶺】山のなかば。山腹。

【半路】道のなかば。途中。半途。
◆一半・大半・折半・夜半・前半・後半・過半

十3〖平〗(四二八ページ・上)↓干部二画

十3〖叶〗(二一八ページ・中)↓口部二画

十4【卍】〔6〕 バン 漢 去 願 ／ マン 呉 wàn ワン　J 5036 ／ U補 534D
意味〈まんじ〉もと如来の胸前の吉祥のしるし。唐の則天武后の時、「万」と音をきめた。国〈まんじ〉雪などが縦横に入りみだれるさま。「卍巴」
姓 卍山下

十4【卉】〔6〕 正 ↓卉(一九四ページ・上)

十4【卋】〔6〕 同 ↓世(二七ページ・上)

十4【卅】〔6〕 同 ↓卅(一九四ページ・上)

十4〖早〗(五八四ページ・中)↓日部二画

十5【卌】〔7〕 同 ↓卌(一九四ページ・上)

十5〖克〗(一二五ページ・中)↓儿部五画

十6【協】〔8〕 学 4 キョウ ｜ キョウ 漢 入 葉 (ケフ) xié シエ　J 2208 ／ U補 5354

筆順

十6【𠦢】〔8〕 俗字 J ―― ／ U補 209A2
意味 ①〈かな・う(――・ふ)〉あう。②あわせる。ひとつにする。「協和」③やわらぐ。和合する。「協気」④したがう。⑤たすける。
解字  会意。十と劦を合わせた字。十は、大ぜいの人を表し、劦は、人々が力を合わせることを表す。協は、力を合わせる、和合する意味。

名前 やす・かのう
参考「恊」(忄部六画)は別字。混用しやすい。

【協韻】①韻をふむ。押韻する。②「詩経」「楚辞」などの古い韻文の韻字が後世の韻と合わない場合、発音を読み変えて韻を合わせること。また、変えた発音。

【協議】①相談してきめる。話し合う。②話し合い。相談。

【協恭】互いに心を合わせて敬う。

【協合】仲よくする。和合する。

【協賛(贊)】力を合わせて助ける。協扶。＝協讚
【協商】①協議してとりはからう。②国際間の、商業上その他のとりきめ。アンタント。

【協心】心を合わせる。【――戮力】心を一つにして、力を合わせる。

【協奏】種々の楽器をいっしょに演奏する。合奏。

【協調】力を合わせて互いに調和する。一つ心で助け合う。協同調和。

【協定】協議してきめる。相談してきめる。

【協同】互いに心を合わせて事をする。【――一致】多くの人が力を合わせて、心を一つにする。

【協比】①仲良くする。親しくする。②ぐるになる。③調和させる。

【協約】①話し合いの上で約束すること。②二つ以上の国と国との間で、文書をとりかわして結ぶ略式の条約。

【協律】①音律を調える。②漢代、音楽のことをつかさどる官。協律都尉。

【協和】やわらぎあう。心を合わせて仲よくする。

【――音】同時に鳴らされた二つ以上の楽音が、互いによくとけ合ったときの和音。
◆妥協

十6【卒】〔8〕 学 4 ソツ ｜ 一 ソツ 漢 一 入 月 zú ツー ／ 二 ソツ 漢 二 入 月 cù ツー ／ 三 シュツ 漢 三 入 質 zú ツー　J 3420 ／ U補 5352

筆順

十2【卆】〔4〕 俗字 J 5032 ／ U補 5346
意味 一 ①しもべ。召使。下役。「卒史」②歩兵。③軍隊で百人の兵士をいう。④三百戸をいう。三〈にわかに(にはかに)〉急に。あわただしい。「倉卒」 二 ①〈おわ・る(をは・る)〉〈お・える(を・ふ)〉「卒業」②〈ついに(つひに)〉③死ぬ。貴人の死で、中国では大夫、日本では、四、五位の人の死にいう。④ことごとく。

解字  会意。衣と一を合わせたもの。衣は着物、一は目じるしの記号。昔、人のめしつかいは、着物に目じるしをつけたので、卒は、しもべをいう。卒の音は淬に通じ、着色する意味を持つから、卒の目じるしは、衣を色に染めたものであるともいう。

名前 たか 難読 卒塔婆
【卒業】①事業をなしとげる。〈荀子・仲尼〉②定められた課業を修め終える。

【卒年】①一年の終わり。②死んだ年。没年。

【卒去】国 昔、四位および五位の人の死をいう。

【卒遽】にわか。あわてる。突然。急遽。

【卒伍】①周代の人民の編制。五人一組を伍、百人一組を卒といった。②兵卒の組。③ひらざむらい。④身分の低い人。

【卒歳】①終歳。一年じゅう。②年の暮れ。年末。

【卒史】官名。漢代、身分の低い書記。

【卒爾】「卒然」に同じ。

【卒乗(乘)】歩兵と兵車。兵士。

【卒然】にわかに。だしぬけに。突然。

【卒卒】あわてふためくさま。急遽。

【卒中】脳血管に障害が生じて、昏睡状態におちいったり、半身不随になったりする症状。卒中風。

【卒度】国 わずか。少しばかり。

【卒倒】突然意識を失って倒れる。急に人事不省になって倒れる。

【卒読(讀)】最後まで読む。読み終わる。

【卒都婆】仏 ①梵語 stūpa の音訳。仏舎利を安置する仏塔で、地・水・火・風・空の五層に築かれる。＝率塔婆・卒塔婆 ②死者の供養のため、墓のうしろに立てる塔の形をした木標。塔婆。
◆兵卒・従卒・弱卒・軽卒・新卒

十6【卓】〔8〕 常 タク ｜ タク 漢 入 覚 ／ 呉 zhuō チュオ　J 3478 ／ U補 5353

筆順
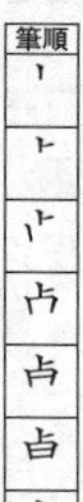

木6【桌】〔10〕 同字 J ②1466 ／ U補 684C
意味 ①〈たか・い(――・し)〉すぐれる。高くぬきんでる。

2画
二亠人(亻・𠆢)儿入八冂冖冫几凵刀(刂)力勹匕匚匸十卜卩(㔾)厂厶又

「卓絶」②はるか遠い。③立てる。立つ。④ひたいの白い鳥。⑤つくえ。＝棹 ⑥姓。

[解字] 𦥑(篆文) 会意。⺊と早とを合わせた字。⺊は人。早は日が昇ることで、高いという意味。卓は、高くぬきんでている人を表す。一説に、卓は足の不自由な人のことをいい、そのために、からだの偏高なことから、高い意味になったという。

[名前] たか・つな・とお・もち・すぐる・まこと・まさる

[難読] 卓袱・卓袱台

【卓異】ずばぬけて、他と異なる。卓殊。卓詭。

【卓偉】ずばぬけて偉い。ずばぬけて立派なこと。

【卓逸(逸)】ひときわすぐれている。

【卓午】まひる。正午。

【卓才】ひときわすぐれた才能。また、その人。

【卓子】[一] 机。テーブル。[二] zhuōzi [現][一]に同じ。＝桌子

【卓爾】そびえ立つさま。

【卓出】ひときわ高くひいでる。

【卓上】机の上。食卓の上。【——演説】宴会や集会のとき、自分の席で行う気軽な短い演説。テーブルスピーチ。

【卓説】すぐれて立派な説。卓論。高説。

【卓絶】とびはなれてすぐれていること。卓越。

【卓然】高くぬき出ているさま。

【卓踔】高くすぐれているさま。

【卓抜】とくにすぐれていること。すぐれてぬきんでる。

【卓筆】すぐれた筆跡。または、文章。

【卓文君】人名。漢の富豪、卓王孫の娘。司馬相如が自分の気持ちを琴によせて言い寄り、妻とした。後、相如が茂陵のある女を妾にしようとしたとき、文君は離婚の意志をこめて「白頭吟」の詩を作ったといわれている。

【卓犖】高く抜き出る。非常にすぐれていること。

【卓立】ずばぬけて高く立つこと。

【卓論】立派な議論。すぐれた意見。

【卓見】すぐれた意見。すぐれた考え。

【卓行】すぐれた、立派な行い。

◆円卓・食卓

十6【卓】〔8〕 [意味] 漢字の字形を構成する要素。朝・幹・乾などを構成。単独では用いられない。 J②0351 U補2099D

十6【協】〔8〕 [俗] ↓協(一九五ジベー・上)

十6【卑】〔8〕 [旧] ↓卑(一九八ジベー・中)

十6【畁】〔8〕 [同] ↓卑(一九八ジベー・中)

十6〖直〗↓目部三画(八六五ジベー・下)

十7【単】〔9〕 [学]4 タン J3517 U5358

旧字 口9【單】〔12〕 [人] J5137 U55AE

[一]タン漢県 [一]平 寒 dān タン
[二]タン漢県 [二]上 旱 dǎn タン
[三]セン漢 ゼン県 [三]上 銑 shàn シャン
[四]セン漢 ゼン県 [四]平 先 chán チャン

筆順 、 ⺍ ⺌ 𫩏 肖 尚 単

[意味] [一]①〈ひとり〉㋐ひとつの。㋑孤独な。②〈ひとえ〉に〈ひとへに〉〉 ことごとく。すべて。＝殫 ③〈ひとえ(ひとへ)〉裏地のない着物。「単衣」④うすい。弱い。「単弱」⑤まじりけがない。⑥奇数。⑦〈ただ〉たんに。⑧大きい。ゆたか。⑨書きつけ。「伝単」[二]〈まこと〉まことに。手あつい。「単厚」[三]姓。[四]①単于は、匈奴の王の称。②年の名。古代の紀年法で用いた。「単閼」③めぐりめぐって。＝禅

[解字] 單(篆文) 会意・形声。吅と甲とを合わせた字。吅は叫ぶ意味で、音をも示す。甲はなにか大きいものであるらしい。單は、大言の意味である。一説に、單は、狩りの道具の一種で、「さすまた」のような武器の象形といい、また、星の名ともいう。音タンは、吅の音ケンの変化。

[名前] いち [難読] 単衣

【単于】匈奴の王の呼び名。広大の意。

【単衣】①ひとえの着物。②ひとえの礼服。

【単位】[一] ①数量を計算する基準となるもの。②物事の比較の基礎となるもの。③[国]学習の分量を測る基準。[二] dānwèi [現]①[一]の①②に同じ。②機関・団体の各部門。

【単一】①ただ一つ。②まじりもののないこと。③複雑で「ないこと。」③勤め先。

【単価(價)】[国]一つあたりの値段。単位ごとの価額。

【単舸】一隻のはや舟。はしけ。

【単記】①その事だけを記す。②[国]一枚の投票用紙に候補者を一名だけ書き入れること。↕連記

【単騎】①ただひとり馬に乗ること。②ひとりの騎兵。「たった一騎。」

【単衾】一枚の夜着。薄いふとん。

【単元】①ただ一つの根本。②首尾まとまって一体をなしているもの。③[国]ユニットの訳。学習活動のために考えられた、生活経験や教材のひとまとまり。

【単語】①ただ一つの語。②文法上の意味・職能を持つ語で、文を構成する上での最小単位のもの。

【単行】ひとりで行く。独行。

【単作】[国]同じ耕地に年一回、作物をつくること。「一毛作」

【単辞(辭)】①片方だけの言いぶんで、証拠とはならないことば。偏辞。②中正を得ない、かたよったことば。

【単子牌面】料理の種類を書きつけたふだ。メニュー。

【単車】①ただ一台だけの車。②ただひとりで車に乗ること。単独。③[国]一人乗りの車。オートバイなど。

【単純】①まじりけがない。②簡単なこと。こみいっていないこと。純一。↕複雑

【単色】単一の色。光の七色の原色をいう。

【単身】①ただひとり。②ひとり身。独身。

【単線】①一本の線。②[国]単線軌道の略。往復ともに同一の線路を通る一すじの鉄道。↕複線

【単調】①変化のない調子。一本調子。②物事に変化のないこと。

【単艇】小舟。ボート。＝端艇

【単伝(傳)】①一人の師の学説のみ受け継ぎ、他の説を交えない。②㊀禅において、真理を言葉を用いず心に直接伝えること。以心伝心。

【単刀】①ひとふりの刀。②ただひとり。【単刀直入】①ただひとふりの刀をたよりに、まっしぐらに敵陣にきりこむこと。②前おきなしに、いきなり要点にはいること。遠まわしでなしに、直接急所をつくこと。〈伝灯録〉

【単独(獨)】ただ一つ。ただひとり。

【単兵】ひとりの兵。応援のない孤立の軍隊。孤軍。

【単弁(瓣)】ひとえの花びら。また、その花。

【単門】地位や身分の低い家柄。寒門。

【単利】元金だけに対する利子。↕複利

【単詞】dāncí [現]単純語。単語。

◆簡単

十7【南】〔9〕 2 ナン・ナ みなみ
ダン漢 ナン呉 ナ慣 平 覃 nán
J 3878 補 U 5357

筆順 一 十 ⺊ 冂 冇 冇 南 南 南

意味 ①〈みなみ〉午の方角。↔北 ②〈みなみ・する（――す）〉南に向かって行く。③南方の少数民族の音楽。④「詩経」の周南・召南二篇をいう。⑤五等爵位の一つ。＝男 ⑥姓。国中世、中国を指していった。「南船」「南紙」

解字 形声。冂と羊とを合わせた字。冂は宋で、草木がさかんに茂る形。羊は音を示すとともに、進むという意味を持つ。南は草木がさかんに生長する方向で、南をいう。他の説に、冂は草木をまくでかこみ、保温している形で、暖かいという意味を持つから、南は日当たりの暖かい方向になるという。

名前 あけ・なみ・みな・よし 地名 南巨摩・南宇和・南牟婁・南佐久・南河内・南風原・南魚沼・南都留・南蒲原・南松浦・南安曇・南足柄

難読 南瓜・南風

【南無】仏梵語 namas の音訳。仏・菩薩・経文などに対して絶対の信頼をよせる意。【――阿弥（彌）陀仏（佛）】仏一心に阿弥陀如来に帰依してその救いを願う意。浄土教では、六字の名号という。【――三宝（寶）】①仏仏・法・僧の三宝に帰依すること。②国失敗したときに発する感嘆の語。しまった。たいへんだ。南無三。

【――妙法蓮（蓮）華（華）経（經）】仏日蓮宗で唱える題目。一心に妙法蓮華経に帰依する意。七字の題目。

【南粤】「南越」に同じ。

【南越】越の国。昔の百越の地、今の広東・広西・ベトナム北部の地。越の国は南方にあるのでいう。【――鳥】鳥の名。鸚鵡の別名。

【南苑】①宮殿の南にある御苑。②北京の永定門外の南にある御苑で、歴代天子の狩猟の所。

【南下】①南の方へ行く。また、南の方に来る。②北の国が南の国へ進出する。

【南華（華）】①「南華真経」の略で「荘子」の別名。②国㋐うそつき。変人。㋑おろか者。野暮。

【――真（眞）人】人名。荘周の別名。

【南河】川の名。黄河。堯帝の都の南方にあったため、南河と呼ばれたという。

【南画（畫）】「南宗画」に同じ。

【南海】①南方の海。②南中国海。また、その沿岸地方。③国南海道、すなわち紀伊・淡路・四国の称。

【南柯記】①唐の李公佐作の短編小説。②明の湯顕祖作の戯曲。南柯夢。

【南岳（嶽）】①南方の山。②五岳の一つ。衡山をいう。

【南柯夢】①えんじゅの木の下で寝て、蟻の国の重臣になった夢を見た故事。→「槐安」（六五八ページ・中）②ゆめ。③はかない物事のたとえ。

【南橘北枳】江南の橘を江北に移植すると、枳に変化する。人間も環境しだいで善にも悪にもなるたとえ。

【南嚮】南のほうに向く。＝南郷

【南曲】明時代の戯曲。崑曲。↔北曲

【南極】①地球の南のはて。②理地軸の延長が南方で天球と交わる点。【――星】星の名。常に天空の南極に近い恒星。人の寿命をつかさどるといわれ、また、これが現れると天下がよく治まると伝えられた。老人星。寿老人。

【南去北来（來）】南に北に、忙しく行き来する。東奔西走。

【南金】南方の江蘇省から湖北・湖南省で採れる金。転じて、貴重なものをいう。

【南薫（薰）】①南風。温和で生物を育てる南の風。薫風。②「南風之詩」に同じ。③唐の宮殿の名。

【南京】①地名。長江の南岸にある都市。旧称は建業・建康、別称は金陵・白下。②国㋐中国方面から渡来したものにつけて用いる語。㋑珍しいもの、または小さく愛らしいものにつけて用いる語。㋒唐茄子の別名。㋓「南京人」または「南京焼」の略。【――玉】国陶製またはガラス製の小さい玉で、糸を通して飾り物にするもの。ビーズ。【――焼（燒）】国中国、清朝時代の磁器。

【南郊】①南の郊外。南の町はずれ。②天をまつるお祭り。昔、南郊で立夏の日に天をまつったことによる。

【南行北走】あちこち忙しくかけまわること。東奔西走。

【南山】①南方の山。②長安の南方にある山の名。終南山ともいう。秦嶺。「伐レ薪焼レ炭南山中」〈白居易の詩・売炭翁〉【――不落】終南山がいつまでもあるように、いつまでも落城しない。【――之寿（壽）】終南山が永久不変であるように命が長い。人の長寿を祝う語。【――可レ移、判不レ可レ揺（搖）】南山は移し動かせても、いったん決まった判決は、絶対に変更しえない。〈唐書・李元紘伝〉

【南子】人名。春秋時代、衛国の君、霊公の夫人。品行が悪く、ために内乱のたねともなった。「子見二南子一」〈論語・雍也〉

【南史】書名。八十巻。唐の李延寿の編。中国南朝の宋・斉・梁・陳の四代、百七十年間の正史。

【南至】太陽が南方の極点に達する意から、冬至をいう。

【南枝】南方にのびた枝。

【南宗】①仏禅宗の一派。達磨の後、五世を経て南北の二派に分かれ、南宗は慧能を祖とした。南宗禅。②「南宗画」の略。③金の劉海蟾を始祖とした道家の一派。【――画（畫）】唐の王維を祖とする東洋画の一派。気韻を尊び、墨絵山水を主とする主観的写実を特色とした。南画。↔北宗画

【南巡】天子が南方に巡狩（または巡守）すること。巡狩は、地方を視察してまわる意。

【南食】南方の食物。南方の料理。↔北食

【南斉（齊）書】書名。五十九巻。梁の蕭子顕の編。南斉の歴史。

【南船北馬】中国では、南方は船で、北方は馬で旅行するのを常としたところから、絶えずほうぼうを忙しくかけまわること。東奔西走。

【南宋】王朝名（一一二七～一二七九）。北宋の高宗が金の威勢をおそれて臨安に都をおいてから、宋が滅びるまでの百五十三年間。

【南巣】地名。今の安徽省巣湖市の東北。夏の暴君桀が殷の湯王によって追放されていた所。

【南窓】南向きの窓。＝南牕

【南牕】南がわの窓。＝南窻・南窓

【南中】①南方の土地。②五嶺の南方、広東・広西地方の一帯。

【南朝】①南北朝時代の南朝。宋・斉・梁・陳の四代。都は建康（今の南京）。②国吉野朝。後醍醐・後村上・長慶・後亀山の四帝の時代。

【南天】①南方の天。②庭木の名。冬に赤・白の実がなる。

【南殿】㊀南の御殿。南宮。㊁国紫宸殿をいう。

目 国①南向きの御殿。正殿。みなみおもて。②鎌倉時代、南六波羅探題の敬称。

【南斗】南天の星座の名。南斗六星。

【南都】①南方の都。②今の河南省南陽市。洛陽の南にあるから名づけられた。③国奈良の別称。南方にある古い都であるからいう。【――北嶺】国奈良の興福寺と、京都比叡山の延暦寺。

【南渡】①川を渡り、南へ行く。②南の渡し場。③国都が長江を渡り、南方に移ること。

【南陌】南の街路。

【南八男児(兒)】南家の八番めの男子。唐の南霽雲をさす。霽雲は、字を八男といい、安禄山の乱に、張巡らとともに睢陽の城を守り、城が落ちても屈せず、壮烈な戦死をした。(?～七五七)

【南蛮(蠻)】①南方の未開人。②国㋐室町末期から江戸時代にかけてわが国が、ルソン・ジャワ・タイその他の南洋諸島方面をさして用いた呼称。また、そこに植民地をもつポルトガル、スペインをもさしていう。㋑西洋から渡来してきた文物・技芸などの称。㋒とうもろこし・とうがらしの別名。【――鴃舌】①意味のわからない外国人のことばをいやしんでいう。②意味のわからない南蛮人のことば。【――船】国室町時代の末から江戸時代にかけて、わが国に渡来した南蛮の船。スペイン・ポルトガル・オランダなどの外国船。【――鉄(鐵)】国室町時代の末以来、南蛮からわが国に渡来した精錬鉄。くろがね。【――文学(學)】国室町時代の末ごろから江戸時代にかけ、日本文をもって書かれ、または翻訳されたキリスト教文学。切支丹文学。『――北狄之教』仏教のこと。

【南蕃】南方のかたいなか。南藩。

【南風】①みなみ風。温和で、生物を育てる風。「南風之薫兮、可㆔以解㆓吾民之慍㆒兮」(そよそよと快い南風が吹きわたると、わが人民たちの不平不満も自然に解消してしまう。)〈十八史略・五帝〉②夏の風。薫風。③古詩の名。南風の詩。『――不㆑競』①南方の詩の音調が弱くて活気がない意から、南方の国の勢力がふるわないことのたとえ。〈左伝・襄公〉②国南北朝時代の、南朝の勢力の衰え傾いたこと。『――之詩』舜帝の時、この詩を歌って天下が自然に治まったという作。南風歌。

【南浦】地名。江西省南昌市の西南にある。

【南畝】①南向きの理想的な畑。②田畑。

【南北朝】①東晋末から隋の統一に至るまでの、南北対立の間(四二〇～五八九)の称。南朝は宋・斉・梁・陳、北朝は魏(東魏・西魏)・北斉・北周。②国後醍醐天皇が延元元年(一三三六)、吉野に遷幸され、足利氏が光厳院を京都に擁立してから、後小松天皇のとき統一されるまでの約六十年間。吉野を南朝、京都を北朝と称した。

【南冥】南の方の大海。＝南溟

【南溟】「南冥」に同じ。

【南面】一①南の方に向く。南向き。南嚮。②天子の位につくこと。天子の座は南に向いていたことからいう。③人君。二 nánmiàn 現南の方。南側。【――王】人君。天子。「吾安能棄㆓南面王楽㆒而復為㆓人間之労㆒乎」(私はどうして、天下の王者の楽しみにもまさるこの楽しみをすてて、ふたたび人間世界の苦労などをしましょうか。)〈荘子・至楽〉

【南容】人名。孔子の弟子。姓は南宮、名は适。人がらを見こまれて、孔子のめいを妻とした。「南容三㆓復白圭㆒」(南容は「詩経」の白圭の章をくり返し読んで、ことばのいましめとした。)〈論語・先進〉

【南陽】地名。①春秋時代晋の地。今の河南省獲嘉県の地。②秦代の郡名。今の河南省南陽市。【――菊水】南陽にある、飲めば長寿を保つという川。

【南呂】音律の名。十二律の一つ。

【南嶺】①南方の山。②湖南、江西、広東省にかけて東北から西南に続く山脈。長江と珠江の分水嶺。

【南辺(邊)】nánbian 現南の方。南側。

◇▼西南・江南・東南・城南・指南

十7【卑】〔9〕常 ヒ いやしい・いやしむ・いやしめる　U補J 4060

旧字 十6【卑】〔8〕人 一ヒ 漢呉 一平 支 bēi ペイ　二ヒ 漢呉 二上 紙 bǐ ピー　U補J ①1478 5351

筆順

十6【𤰞】〔8〕同字 U補J 24C1E FA35

意味 一①〈いやし・い(いや・し)〉〈ひく・い(――・し)〉㋐低い。↕高 ㋑低俗である。劣っている。「野卑」②〈いやし・む〉〈いやし・める(――・む)〉見さげる。あなどる。③へつらう。へりくだる。二…をして…せしむ。…させる。使役を表す。＝俾

解字  会意。甶と十とを合わせた字。甶は甲で、人の頭。十は左手。昔は右を尊び、左をいやしんだので、いやしいことになる。卑は、仕事をするいやしい人。一説に、甶は柄のついた平らな酒器の形で、卑は、それを手で持っている形を表す。低く平らなということから、身分の低い者をさすとみる。

参考 新表記では、「鄙」の書きかえに用いる熟語がある。

【卑屋】①低い家。②いやしい家。

【卑官】①身分の低い官職。②官吏の自称。

【卑怯】①勇気がない。おくびょう。②気だてのいやしいこと。卑劣。

【卑近】手近な。ありふれた。

【卑金属(屬)】理空気中で水分や炭酸ガスなどのために化学変化を受けやすい金属。

【卑屈】心がいじけていること。いくじのないこと。無気力。

【卑下】①土地がひくい。②身分がひくい。③人をいやしめる。見くだす。④自分をひくくしてへりくだる。

【卑見】①つまらない考え。②自分の意見をけんそんしていう語。愚見。

【卑語】①いやしいことば。②ことわざ。＝鄙語

【卑行】自分より目下の親族。行は親族の中での順序。→卑属

【卑湿(濕)】①土地が低くて湿気の多いこと。また、その土地。「江陵卑湿足㆓秋陰㆒」(江陵〔湖北省にある地名〕は土地が低くて湿気が多く、秋空もくもりがちであろう。)〈白居易の詩・八月十五日夜、禁中独直、対㆑月憶㆓元九㆒〉②へりくだる。③心が下劣なこと。

【卑弱】かよわい。低く弱い。消極的で柔軟な態度。

【卑称(稱)】自分または相手をいやしめていう言い方。

【卑職】①いやしい職。②官吏の自称。

【卑辱奥渫】いやしく、恥ずかしめられ、隠れて人に知られず、人からばかにされる。世間に認められないこと。〈王褒・聖主得㆓賢臣㆒頌〉

【卑人】①心のいやしい人。②身分のいやしい人。

【卑浅(淺)】心がいやしくあさはかなこと。

【卑賤】身分が低い。

【卑俗】①いやしい風俗。②いやしいこと。下品。

【卑属(屬)】㊟自分の子と同列以下の世代にある血族。子・孫・甥・姪など。卑行。卑属親。↕尊属
【卑適】自分を卑下して、すなおに人の言にしたがう。〈韓非子・八経〉
【卑卑】①つとめはげむさま。②取るに足りないさま。
【卑鄙】身分が低い。
【卑微】①衰える。②身分が低い。
【卑弥(彌)呼】わが国古代の政治的中心地であった耶馬台の女王に対する、中国の呼称。姫子。〈魏志・倭人伝〉
【卑劣】心がいやしく、下品なこと。【――漢】人がらや行動が低級で劣っている男。
【卑陋】①心がいやしく狭い。下品。②身分がいやしい。③ひくくて粗末。
【卑猥】心が下品でけがらわしいこと。
『卑レ礼(禮)』高貴の地位をもかえりみずに、礼をつくして人物をもてなすこと。
◇▼下卑・自卑・野卑・尊卑・男尊女卑

十7〖剋〗↓刀部七画(一六三ジ・下)
十8〖真〗↓目部五画(八七〇ジ・下)
十8〖隼〗↓隹部二画(一三四一ジ・上)

十9【斟】〔11〕シュウ㊥㊕㊇ 緝 jí チー　U補J 2025 5359
意味 ①斟斟は、さかんなさま。また、多く集まるさま。②子孫が栄える。

十9〖率〗↓玄部六画(八一一ジ・上)
十9〖章〗↓立部六画(九二五ジ・中)

十10【博】〔12〕学4 ハク・バク　U補J 3978 535A
旧字 十10【博】〔12〕ハク㊥㊕㊇ 薬 bó ポー
バク㊨　U補J

筆順 博

心10【慱】〔13〕同字　U補J 5641 613D
意味 ①〈ひろ・い(――・し)〉㋐はばひろい。「博学」㋑大きい。「博大」㋒多い。②ひろさ。③ひろめる。ひろまる。④取る。かちとる。⑤ばくち。双六。また、それらをする。「博局」⑥取り換える。⑦姓。

解字  会意・形声。十と尃を合わせた字。十は、多い意味。尃は、広く敷くの意味で、音も示す。博は、ひろくゆきわたることを表す。
名前 はか・とおる・ひろむ　地名 博多　難読 博士(付表)

【博愛】広く愛すること。平等に愛すること。

【博飲】賭博をして酒をのむこと。

【博引旁証(證)】事を論じるのに、多くの書物から材料を引き出し、関係のあることは広くさがし求めること。論文などで、他の資料を豊富に示していること。

【博弈】①勝負を争う遊戯。すごろく・囲碁など。②ばくち。賭博。

【博雅】①学問が広く、人がらが立派なこと。また、その人。②書名。「広雅」(四三三ジ・下)の別名。

【博学(學)】広くいろいろの学問に通じている。学問が広い。【――宏詞】唐の時代に始められた、人材登用の科目の名。博学宏辞。＝博学鴻詞【――審問】広く学び、つまびらかに問いきわめる。「中庸」にのべられている学問研究の方法。「博学レ之、審問レ之」〈中庸〉【――而篤志】広くいろいろの学問をし、自分の目的に対しては、熱心に追求する。〈論語・子張〉

【博言学(學)】国「言語学」の古い呼び名。

【博塞】すごろく。さいころ勝負。

【博山】①香炉の名。博山爐。②県名。㋐漢代に置く。今の河南省。㋑清代に置く。今の山東省にある。

【博士】㊀①古代の官名。学問または技術をつかさどった学者。②国学位の一つ。博士論文の審査に合格した者に対し、各大学から授与される。「はかせ」はその俗称。㊁国①王朝時代の官名。大学寮・陰陽寮の教授。②「節博士」の略。【――命婦】国昔の女官の中で、文書のことをつかさどった者。女史とも称した。

【博施】①広く施す。②広くゆきわたる。【――済(濟)衆】民に広く恵みをほどこし、多くの人を苦しみから救う。〈論語・雍也〉

【博識】広く物事を知ること。また、その人。物知り。

【博贍】知識の広く豊かなこと。

【博捜(搜)】広くさがし求めること。

【博大】広く大きい。【――真(眞)人】老子の敬称。

【博徒】ばくちを打つ人。ばくちうち。

【博物】①広くものごとに通じていること。物知り。②いろいろの事物。百科。③博物学の略。動物・植物・鉱物・生理の学。【――志】書名。十巻。世界の事物を雑記したもの。もと晋の張華の著といわれる。

【博文】広く学問を修め、物事の道理をきわめる。【――約礼(禮)】広く学問を修めて道理をきわめ、礼儀をもってこれを締めくくり実行すれば、道にそむくことがないという教え。「君子博学二於文一、約レ之以レ礼」〈論語・雍也〉

【博聞】広く聞き知る。【――強記】見聞が広く、記憶力が強い。

【博望】漢の武帝が太子のためにつくった御苑の名。

【博覧(覽)】書物や物事をたくさん見ること。【博覧(覽)強記】広く古今、東西の書物・物事を見て、よくこれを記憶する。

【博陵】地名。今の河北省蠡県の南。ここにいた崔氏は、後漢以来の名門で、六朝から唐にかけて、天子よりも勢力の大きい、第一流の家がらであった。「博陵崔護」〈孟棨・本事詩〉

【博労(勞)】㊀①昔よく馬を鑑定した名人。伯楽。②国牛馬を売買する商人。＝馬喰 ㊁鳥の名。もず。

【博浪沙】地名。河南省原陽県の東南にある。張良が力士に秦の始皇帝を殺させようとした所。＝博狼沙
【博古】①古代のことに非常にくわしい。②古代の器物。

【博洽】①広くゆきわたること。②いろいろな学問に通じていること。

『博者不レ知』広くあれもこれもに通じている人は、実はほんとうの知者とはいえない。〈老子・八十一〉
◇▼文博・医博・理博・該博・賭博

十10〖傘〗↓人部十画(一一〇ジ・中)
十10〖喪〗↓口部九画(二五六ジ・下)
十11〖準〗↓水部十画(七四五ジ・上)
十11〖幹〗↓干部十画(四三〇ジ・下)
十12〖兢〗↓儿部十二画(一二七ジ・下)
十12〖斡〗↓斗部十画(五七一ジ・中)
十14〖翰〗↓羽部十画(九九九ジ・上)
十19【鞸】〔21〕同↓率(八一一ジ・上)

2画 卜部 ぼく

【部首解説】「吉凶を占うため、亀の甲を焼いた時に生じたひび割れ」にかたどり、「占い」を表す。この部には、「卜」の形を構成要素とする文字が属する。

卜0 【卜】〔2〕 標 人 ホク 漢 呉 入 屋 ボク 慣 bǔ プー J 4346 補 ― U 535C

意味 ①〈うらな・う(――・ふ)〉亀の甲を焼いてその割れ目の形で吉凶を判断する。「亀卜(きぼく)」 ②〈うらない(うらなひ)〉「占卜(せんぼく)」 ③えらぶ。選定する。「卜居(ぼっきょ)」 ④与える。⑤推しはかる。⑥姓。

解字 卜 象形。亀の甲に、焼けひばしを当ててできた割れ目。うらなうことをいう。

名前 うら 難読 卜部(うらべ)

【卜部(うらべ)】国 昔、神祇官に属して、うらないのことをつかさどった職。また、その子孫の姓氏。

【卜祀(ぼくし)】吉凶をうらなって祭る。

【卜師(ぼくし)】①周代の官名。亀の甲を焼いてうらなう役。②うらない師。卜筮者(ぼくぜいしゃ)。

【卜辞(辭)(ぼくじ)】①亀の甲にあらわれたうらないのことば。②甲骨文字。

【卜日(ぼくじつ)】日の吉凶をうらなう。

【卜人(ぼくじん)】①古代の官名。うらないの補佐役。②うらないをする人。易者。卜者。

【卜筮(ぼくぜい)】うらない。卜は亀の甲を焼いてうらない、筮はめどき(筮竹(ぜいちく))を使ってうらなう。

【卜占(ぼくせん)】うらない。占卜。八卦(はっけ)。

【卜相(ぼくそう(さう))】①うらないみる。②人相・手相をみること。

【卜宅(ぼくたく)】都・住宅・墓場などの候補地のよしあしをうらなう。

【卜定(ぼくてい|ぼくじょう(ぢゃう))】うらなってきめる。

【卜居(ぼっきょ(ぼく))】①うらなって住居をきめる。②住居をきめる。

卜2 【卝】〔4〕 一 カン 漢 一 去 諫 guàn コワン (クワン) 二 コウ 漢 二 上 梗 kuàng コワン (クヮウ) J ― 補 ― U 535D

意味 一 ①あげまき。総角。こどもの髪形。②いとけない。二 あらがね。鉱石(こうせき)。＝礦(こう)

卜2 【卞】〔4〕 ヘン 漢 去 霰 ベン 呉 biàn ピエン J 5038 補 ― U 535E

意味 ①のり。きまり。②さわがしい。かるがるしい。短気。③素手でたたかう。④姓。

【卞和(べんか(くわ))】春秋時代、山中ですばらしい璧(たま)を見つけ出し、楚(そ)王に献じた人。

卜3 【卡】〔5〕 カ 慣 qiǎ チア kǎ カー J ①1479 補 2027 U 5361

意味 現 ①ぴったりとはさむ。音 qiǎ チア。②ものが、つまる。音 qiǎ チア。③卡子(チアツ) qiǎzi は、㋐物を挟むもの。㋑関所。検問所。④外来語の音訳に用いられる。音 kǎ カー。「卡路里(カロリー)」「卡片(カーピエン)(カード)」「卡車(カーチョー)(トラック)」「卡拉OK(カラオケ)」

卜3 【占】〔5〕 常 セン しめる・うらなう 一 セン 漢 呉 一 去 豔 zhàn チャン 二 セン 漢 呉 二 平 塩 zhān チャン J 3274 補 ― U 5360

筆順 丨 卜 ⺊ 占 占

意味 一〈し・める(――・む)〉自分のものにする。領有する。「独占(どくせん)」 二 ①〈うらな・う(――・ふ)〉②うらない。③〈うかが・う(――・ふ)〉みる。観察する。④口述する。⑤姓。

解字 占 会意。卜と口とを合わせた字。卜はうらないで、口は、くちで説明すること。占は、うらないの結果を口で説明することを表す。また、うらないの結果を口で問うことであるともいう。

名前 しめ 地名 占守(シュムシュ)

参考 占は「佔」(八一ページ・中)の中国新字体としても使う。

【占拠(據)(せんきょ)】ある場所を、自分のものとしてたてこもる。

【占験(驗)(せんけん)】うらないがぴたりと当たること。

【占候(せんこう)】天体や雲気を観測し、それによって吉凶を占う。

【占守(せんしゅ)】その土地を占有して守る。

【占術(せんじゅつ)】うらないの術。

【占筮(せんぜい)】①うらなう。②易(えき)の占い。

【占星術(せんせいじゅつ)】星のめぐりを見て国家の治乱や人事の吉凶を判断する術。

【占奪(せんだつ)】人の物を奪い取って自分のものにする。

【占兆(せんちょう(てう))】亀の甲に現れたうらないの文。

【占卜(せんぼく)】うらなう。うらない。卜占。

【占有(せんゆう(いう))】自分の所有とすること。ひとり占めする。

【占領(せんりょう(りゃう))】①ある場所を自分のものにする。②戦争で敵地や物品を奪いとって支配する。

◆卜占(ぼくせん)・神占(しんせん)・辻占(つじうら)・独占(どくせん)・星占(せいせん|ほしうらない)・買占(かいしめ)・夢占(ゆめうらない|ゆめうら)・寡占(かせん)

卜3 〖外〗→夕部二画(三一〇ページ・中)

卜5 【卣】〔7〕 ユウ 漢 上 有 (イウ) yǒu ユー J ①1480 補 2028 U 5363

意味 先祖を祭るための青銅製のさかだる。酒を入れるつぼ。

(卣)

卜6 【卦】〔8〕 カイ(クヮイ) 漢 ケ 呉 カ(クヮ) 慣 去 卦 guà コワ J 2321 補 ― U 5366

意味 ①うらなう。②うらかた。易(えき)の判断のもとになる形で、陰陽の二爻(こう)(陽は⚊、陰は⚋)の配列ぐあいで種々に表される。組み合わせには、三爻の八卦(はっか)と、それを重ねた六爻の六十四卦(か)とある。

【卦辞(辭)(かじ(くわ))】易(えき)の卦の意味を説明したもの。彖辞(たんじ)。

卜6 【卤】〔8〕 古 →西(一一三四ページ・上)

卜6 〖咎〗→口部五画(二三六ページ・中)

2画 卩(㔾)部 ふしづくり わりふ

【部首解説】「割り符」にかたどる。一説に、「人がひざまずく形」にかたどるともいう。この部には、「卩・㔾」の形を構成要素とする文字が属する。脚になるときは「㔾」となる。

卩0 【卩】〔2〕 セツ 漢 入 屑 jié チエ J 5039 補 ― U 5369

意味 しるし。てがた。わりふ。＝節(せつ)

解字 㔾 象形。①わりふの形。②杖の形。③ひざまずいている人のひざの形。

卩 2
【卬】〔4〕
㊀ゴウ（ガウ）㊉㊀㊥陽 áng アン　㊁ギョウ（ギャウ）㊉㊁㊤養 yǎng ヤン
J②0353 補2030 U536C

意味 ㊀①われ（我）。②あがる。高くなる。③のぞむ。遠くを見る。④姓。㊁①あおぐ。＝仰。②待ち望む。③信頼する。

卩 3
【卮】〔5〕
シ ㊉㊆㊥支 zhī チー
J5040 補― U536E

己 4
【巵】〔7〕同字
J5466 補― U5DF5

意味 ①〈さかずき（さかづき）〉四升入りの大さかずき。②ばらばら。＝支 ③臨機応変。「卮言」④植物の名。くちなし。＝梔

（卮①）

【卮言】①時と場合に応じた、気のきいたことば。美言。②とりとめのないことば。

【卮酒】さかずきについだ酒。杯酒。

卩 3
【卯】〔5〕人
ボウ（バウ）㊉㊤巧 mǎo マオ
J1712 補― U536F

戸 3
【丣】〔7〕本字
J― 補― U623C

卩 3
【夘】〔5〕俗字
J5041 補― U5918

意味 ①〈う〉十二支の第四位。㋐方角では、東。㋑時刻では、明け六つ。午前六時ごろ。また、午前五時から七時。㋒動物では、兎。②枘を受ける穴。「卯眼」③期限。④姓。

解字 象形。古い形で見ると、門が開いていることを表す。旧暦二月に、万物が地面を押し開いて出てくることから、冒（おかす）の意味になる。他の説に、刀が二つ並んで立っている形とも、馬のくつわをはさむ輪（くつわかがみのこと）ともいう。

名前 しげ・あきら　難読 卯木・卯月

【卯杖】国昔、宮中のけがれをとり去るため、正月の最初の卯の日に、大学寮から朝廷に奉った、桃・梅などの木の杖。【――祝】（祝いことば）。国卯杖を朝廷に奉るときに申し上げる寿詞

【卯槌】国昔、正月の最初の卯の日に、糸所から朝廷に奉った桃の木の槌。昼御座の西南にかけ、邪気を払ったもの。

【卯花腐】国卯の花をくさらせる意から、五月雨の別称。梅雨。

【卯花月】国陰暦四月の称。

【卯花月夜】国卯の花のまっしろに咲きみだれたさまを月の光に見たてて言ったことば。

【卯金刀】劉字を分解して、劉姓の人を間接的に示したいいかた。

【卯月】㊀陰暦二月の別称。㊁国陰暦四月の別称。

【卯酒】卯の時刻に飲む酒。朝ざけ。

【卯睡】朝寝。晨眠。

【卯飯】朝めし。早朝の食事。

【卯簿】役所の出勤簿。役所の仕事は卯の刻にはじまるきまりだったことによる。

卩 3
【卭】〔5〕俗
↓邛（一二六〇ジ・上）

卩 3
【夘】〔5〕俗
↓卯（本ジ・上）

卩 4
【印】〔6〕学 4
イン　しるし　イン ㊉㊆㊤震 yìn イン
J1685 補― U5370

筆順 ノ 亻 F E 印 印

意味 ①はん。印形。②〈しるし〉記号。③あと。あとをつける。④印刷物。また、印刷する。⑤㊃修行のしるしとして指先でつくった種々の形。⑥一致する。⑦姓。国〈しるし〉①ほんのわずか。形だけの気持ち。②紋所。③証拠。

解字 会意。Eと卩とを合わせた字。古い形とくらべるとわかるように、Eは爪で、手の先で持つことを表す。卩は節で、役人が、公務を与えられた証拠に、たずさえるわりふ。印は、職務を表すために、手先で持つしるしである。一説に、卩は、人がひざまずいている形で、印は、人を上から右手で押さえつけてひざまずかせていることを表し、そこから手で押す「はん」をいうのであると解する。

名前 あき・おき・おし・かね・しる　姓 印牧　地名 印南・印旛

【印影】紙などに押した印のあと。

【印可】①㊃師が弟子のさとりを認め許すこと。②芸道「上の許し。」

【印花】模様のついた紙（印花紙）を用いた書きつけ。印紙や検査証紙など。

【印鑑】国①昔、関所などを通過するときに使った、印の押してある手形。②役所や関係先に前もってとどけておく印影。「印鑑証明」③印。はんこ。

【印形】㊀紙などにおした印の跡。印影。㊁「印判」に同じ。

【印検（檢）】印を押して封ずる。封印する。

【印行】印刷して発行する。刊行。

【印刻】しるしきざむ。印材や印板にほること。

【印材】印をつくる材料。

【印刷】㊀版にした文字や図画の面にインキをつけ、紙や布などに刷り写して複製をつくること。㊁ yìnshuā 現㊀に同じ。

【印紙】①昔、官庁から発行した用紙。②国収入印紙。税金や手数料を納めるかわりに使う切手の一種。③国郵便切手。

【印璽】しるし。天子の印。

【印綬】昔、官吏が任命のしるしに天子から賜った印章と印のひも。「解二印綬一」（官吏の職をやめる。）

【印書】印刷した本。文書の印刷。印本。

【印章】印。はん。

【印象】㊀物事が心に与える感覚。心にうつり残る感じ。㊁㊃はんを押したように、物の形がはっきり現れること。㊂ yìnxiàng 現㊀に同じ。【――主義】事物から受けた直接の印象をとくに重くみて、これを作品に表現することを第一義的に考える芸術上の主義。

【印信】印。はん。はんこ。

【印税】国著者が発行を認めた書物の部数に応じて、発行者から著者に支払う金。

【印判】国印。はん。はんこ。印形。

【印板】書物の版木。また、版木で印刷すること。＝印版

【印譜】いろいろの印影を集めた書物。

【印封】文書に印をおして封をする。また、その封書。

【印籠】国昔、印や印肉を入れて腰につけて歩いた小箱。江戸時代には、薬をいれた。

【結レ印】まじないのため、指先で形をつくる。

◆代印・朱印・実印・封印・契印・消印・烙印・割印・検印・焼印・認印・調印

巳 4
【危】〔6〕学 6
キ　あぶない・あやうい・あやぶむ
ギ ㊉㊆㊥支 wēi ウエイ
J2077 補― U5371

旧字 卩 4
【危】〔6〕
キ 慣
J― 補― U―

筆順 ノ ⺈ 厃 ⺈ 危 危

意味 ①〈あやう・い（あやふ・し）〉〈あぶな・い（――・し）〉〈あやぶ・む〉㋐高い。㋑心配する。㋒危険である。②むずかし

い。③そこなう。害する。④今にも死にそうである。ほとんど。もう少しで。⑥〈たか・い(──・し)〉⑦正しい。きちんとしている。「危行(きこう)」⑧はげしい。⑨だます。⑩星座の名。二十八宿の一つ。⑪姓。⑤〈あやうく(あやふく)〉

解字 会意。⺈と㔾とを合わせた字。⺈の⺈は人で、厂はがけ。人ががけの上に立っている危険な形を表す。㔾は卩、つまり節で、おさえ止めること。一説に、人がしゃがんでいる形。危は、高くて恐れるようすを表し、あやういことになるとも、厂は广で、屋上を表すともいう。

【危害(きがい)】 ①生命や身体を傷つけること。②危険と損害。 ウェイハイ wēihài 現 に同じ。

【危巌(巖)(きがん)】 ①いまにもくずれ落ちそうな岩。②高くそびえた岩。「えた岩。」

【危機(きき)】 あぶない場合。危険なとき。 ウェイチー wēijī 現 に同じ。【危機一髪(ききいっぱつ)】今にも危険なことがおこりそうな状態。

【危急(ききゅう)(きふ)】 危険がさしせまっていること。また、その状態。「危急存亡之秋(ききゅうそんぼうのとき)」(滅びるかどうかの大事な時期。)〈諸葛亮(しょかつりょう)・出師表(すいしのひょう)〉

【危苦(きく)】 あやうくて苦しいこと。危困。

【危懼(きく)】 あやぶみ恐れる。危惧(きぐ)。

【危惧(きぐ)】 あやぶむ。不安。危懼(きく)。

【危険(險)(きけん)】 ①あぶない。あぶなくけわしい。②要害の地。 ウェイシエン wēixiǎn 現 に同じ。【──思想(きけんしそう)(さう)】国家・社会の秩序を害するような激しい思想。

【危懸(きけん)】 あぶなっかしくたれかかる。

【危言(きげん)】 ①きちんとしたことばづかいをすること。また、そのことば。〈論語・憲問(けんもん)〉②身の危険を恐れずに強くいさめること。

【危行(きこう)(かう)】 行いを高潔にして、身をけがさない。また、そのような行い。奇行。危は、高くけわしい意。〈論語・憲問(けんもん)〉

【危国(國)(きこく)】 危険にさらされている国。危邦。

【危座(「坐」)(きざ)】 きちんとすわる。端座(たんざ)。正座。「正レ襟危坐(えりをただしてきざす)」(衣服のみだれをなおして、きちんとすわる。)〈蘇軾(そしょく)・前赤壁賦(ぜんせきへきのふ)〉

【危桟(棧)(きさん)】 あぶないかけ橋。

【危峻(きしゅん)】 高くけわしい。

【危礁(きしょう)(せう)】 水中にかくれている鋭い岩。

【危檣(きしょう)(しゃう)】 高いほばしら。「危檣独夜舟(きしょうどくやのふね)」(高い帆柱の舟のなかに、今宵(こよい)わたくしは、ただ独り目をさましている。)〈杜甫(とほ)の詩・旅夜書レ懐(りょやおもいをしょす)〉

【危城(きじょう)(じゃう)】 高くそびえる城。

【危旌(きせい)】 高くかかげた旗。

【危石(きせき)】 高くそそり立つ岩。

【危浅(淺)(きせん)】 落ちやすく抜けやすい。もろくはかない。

【危然(きぜん)】 きちんとした態度をとるさま。

【危巣(きそう)(さう)】 高い場所にある鳥の巣。

【危殆(きたい)】 あやうい。あぶない。危険。

【危地(きち)】 あぶない所。危険な土地。

【危惙(きてつ)】 ①あやぶみ心配する。また、その状態。②危篤。病気が重い。「危惙之際(きてつのさい)」(重病で、生きるか死ぬかのせ【とぎわ。)】

【危道(きどう)(だう)】 あぶない道。また、危険なやり方。

【危篤(きとく)】 国 病気が非常に重く、命があぶない。瀕死(ひんし)。

【危独(獨)(きどく)】 ひとりだけ危険にさらされること。

【危難(きなん)】 危険なわざわい。

【危邦(きほう)(はう)】 乱れかかった、いまにもほろびようとする国。『──不レ入、乱(亂)邦不レ居』(きほうにはいらず、らんぽうにはおらず)、危邦には立ち寄らないし、乱国には身をおかない。自分の身を正しく持する意。〈論語・泰伯(たいはく)〉

【危峰(きほう)】 高くそびえる峰。

【危亡(きぼう)(ばう)】 国が衰え、または滅びること。

【危欄(きらん)】 高いてすり。

【危慄(きりつ)】 あやぶみ恐れる。

【危楼(樓)(きろう)】 高くそびえた建物。高楼。

『危如二朝露一』(あやうきことちょうろのごとし) 朝つゆがたちまち朝日にかわいてしまうように、危険な運命にせまられているたとえ。〈史記・商君列伝〉

『危如二累卵一』(あやうきことるいらんのごとし) 積み重ねた卵のように、非常に不安定で危険なさま。〈史記・范雎(はんしょ)列伝〉

『見レ危致レ命』(あやうきをみてめいをいたす) 国家や主君の一大事に、進んで一命をなげ出す。「見レ危授レ命(あやうきをみてめいをさずく)」に同じ。〈論語・子張(しちょう)〉

卩5【却】〔7〕 常 キャク
キャク 漢 入 薬 què チュエ
U補J 2149 5374

筆順 一 十 土 去 去 去了 却

卩7【卻】〔9〕 本字 U補J 5042 537B
卩6【𨚫】〔8〕 同字 U補J 3541

意味 ①〈しりぞ・ける(──・く)〉 ㋐節制(せっせい)する。㋑おしかえす。拒(こば)む。「却老(きゃくろう)」②のぞく。はらう。③〈しりぞ・く〉下がる。後へ引く。「退却(たいきゃく)」④返る。ふり返る。⑤〈かえって(かへって)〉 ㋐反対に。逆接を示す。㋑また。㋒ちょうど。ひとえに。⑥動詞につけて、終了する意味を示す。…してしまう。「忘却(ぼうきゃく)」

解字 形声。古い形の卻が正しい字で、卩が形を表し、𧮫(こく)が音を示す。卩は、節と同じで、節制すること。𧮫には、逆と同じで、しりぞくという意味がある。卻は、自分を抑えてしりぞくことである。一説に、卩は、人がひざまずいている形で、卻は、人が屈伏し、そのまま後ろへさがることを表すという。却は俗字で、人が自分を押さえて去ることを表す。音キャクは、𧮫の音コクの変化。

【却回(きゃくかい)(くわい)】 もとの所にもどる。帰る。

【却月(きゃくげつ)】 月が西に傾き、半月形になること。半月。

【却座(「坐」)(きゃくざ)】 後ろにさがってすわりなおす。

【却収(收)(きゃくしゅう)(しう)】 しまいこむ。

【却説(きゃくせつ)】 さて ところで。話題をかえる接続詞。

【却走(きゃくそう)】 退却する。逃げ出す。

【却掃(きゃくそう)(さう)】 ①掃除する。②世間との交わりを絶つ。

【却足(きゃくそく)】 あとずさり。却行。却歩(きゃくほ)。

【却立(きゃくりつ)】 あとずさりして立ちはだかる。

【却流(きゃくりゅう)(りう)】 さかさまに流れる。逆流。

【却下(きゃっか)】 ①さげおろす。②国 願いや訴えを取りあげずに、さしもどす。

【却行(きゃっこう)(きゃくかう)】 あとずさりする。うしろにさがる。
▲▼冷却(れいきゃく)・困却(こんきゃく)・忘却(ぼうきゃく)・売却(ばいきゃく)・没却(ぼっきゃく)・退却(たいきゃく)・消却(しょうきゃく)・脱却(だっきゃく)・焼却(しょうきゃく)・閑却(かんきゃく)・滅却(めっきゃく)・償却(しょうきゃく)

卩5【卲】〔7〕 ショウ 漢 去 嘯 shào シャオ (セウ)
U補J 2032 5372
意味 〈たか・い(──・し)〉 すぐれる。

卩5【即】〔7〕 常 ソク
U補J 3408 5373

旧字 卩7【卽】〔9〕 人 ソク 呉 漢 入 職 jí チー
U補J ①1481 537D

筆順 ㇆ ヨ ヨ 艮 艮 艮了 即

卩7【卽】〔9〕 同字 U補J 4624 7682
白4【皀】〔9〕 同字 U補J 7668 2D4
意味 ①〈つ・く〉 ㋐食物をたべる。㋑地位につく。㋒近づく。くっつく。㊁死ぬ。「即世」②〈すなわち(すなはち)〉㋐ただちに。「即時」㋑とりもなおさず。㋒そこで。③したがう。後をおう。④〈もし〉万一。仮定を表す。⑤〈たとい(たとひ)〉…であっても。⑥もえさし。⑦姓。

語法 ❶〈すなわち(すなはち)〉㋐とりもなおさず。つまり。同一の事物・人物であることを示す。例「約為二兄弟一、吾翁即若翁」(わしらは兄弟の契りを結んでいるのだから、わしの親父はつまりおまえの親父ということだ)〈史記・項羽本紀〉㋑ただちに。すぐに。即座に。ある出来事をうけて間を置かずに起こることを示す。例「項王許レ之、即帰二漢王父母妻子一」(項王はそれをゆるし、すぐに漢王の父母妻子を帰した)〈史記・項羽本紀〉㋒〜であれば…となる。〜ならば…である。ある条件のもとでは必然的にそうなるという結果を示す。例「先即制レ人」(人に先立てば、人を制することができる)〈史記・項羽本紀〉
↓付録・同訓異義要覧「すなわち」
❷〈もし〉仮定。万一。かりに。もしも…ならば。例「子即反レ国、何以報二寡人一」(あなたがもしも国に戻られたら、わたしにどうやって報いてくださるかな)〈史記・晋世家〉

解字 会意・形声。皀と卩を合わせた字。卩は音をも示す。皀は、食事のこと。卩は、節でほどよく押さえること。即は、食事をつつしんでほどよいところで止めることから、「止まる所」「すなわち」の意味となった。一説に、卩は人がしゃがんだ形で、即は、人がしゃがんで食事につくことから「つく」意味になったという。

名前 あつ・ただ・ひと・みつ・より・ちかし

【即位】①天子または諸侯の位につく。②席につく。着席。

【即応(應)】ぴったりあてはまる。

【即吟】国その場で即座に詩歌などをつくる。また、その詩歌。即席の詩歌。

【即座】その場。すぐそのとき。

【即死】①その場ですぐ死ぬ。②死につく。死ぬ。

【即事】①目の前の風景やできごと。②その事にとりかかる。③目の前の事物をよむ詩の題。「湘南即事」(戴叔倫の詩の題名)

【即時】その時すぐ。即刻。

【即日】①その日。当日。②そのうち。近日。

【即戎】戦争におもむく。また、戦争を行う。

【即身成仏(佛)】㊕真言密教の教義で、人が生きている身のままで仏になれること。即身菩提。

【即身是仏(佛)】㊕生きているこの身がそのまま仏であること。

【即世】世を去る。人の死ぬこと。

【即席】①席につく。②その席。その場。③手間をかけないで、その場ですぐにつくる。インスタント。「即席料理」④その場のまにあわせ。

【即題】国①その場で題を出されて作る詩歌や文章の題。また、そのようにして作ること。↕宿題 ②即席に作曲しながらピアノなどを演奏すること。

【即断(斷)】その場ですぐに決断または判断する。

【即答】その場で返答する。すぐ答える。

【即物】物事に即して考える。〈大学章句・補伝〉

【即墨】地名。今の山東省平度市の東南にあった。

【即妙】国すぐその場でうまく働く才能。きてん。

【即目】目にふれる。また、直接に、目でみたもの。

【即夜】すぐその夜。当夜。

【即興】①その場でおこる興味。おりにふれてのおもしろみ。②即座に詩歌・俳句などを作ること。即吟。【——詩人】国①その場の感興を即座にうたう詩人。②作品名。森鷗外訳、デンマークのアンデルセン原作の小説。

【即景】目の前に見るけしき。眼前の光景。

【即決】その場ですぐきめる。

【即効(效)】国すぐにきくこと。また、そのききめ。

【即刻】その時すぐ。すぐさま。即時。

【即今】ただいま。目下。

【即使】jíshǐ 現たとえ…しても。

卩 5【卵】〔7〕学 6 ラン
ラン 漢呉 上 旱 luǎn ロワン
たまご
J 4581 補 — U 5375

筆順 ノ 𠂎 𠂎 卯 卯 卯 卵

意味 ①〈たまご〉鳥や虫・魚のたまご。②そだてる。③大きい。国〈たまご〉修業中の人。まだ、半人前の者。

解字 象形。魚のたまごを表したものという。一般に哺乳類でない動物のたまごを総称する。

【卵育】そだてる。

【卵殻】たまごのから。

【卵生】卵の形で母体外に生み出されること。↕胎生
【卵塔】鳥の卵形の石塔。そとば。わが国では多く禅僧の墓に用いられる。＝蘭塔 【——場】国墓場。墓地。

【卵白】卵のしろみ。

【卵翼】鳥が卵をつばさの下にかかえてかえすようにはぐくみ育てること。

『卵与(與)レ石闘(鬭)』勝敗のきわめてはっきりしているたとえ。

『以レ卵投レ石』もろい卵を、堅い石に投げつける。砕けやすいこと、やぶれやすいことのたとえ。〈荀子・議兵〉
◇排卵・累卵・産卵・孵卵・鶏卵

卩 6【卺】〔8〕キン 漢 上 吻 jǐn チン
J ②0354 補 — U 537A
意味 ひょうたんを半分に割った婚礼用の酒器。

己 6【巹】〔9〕同字
J 2803 補 — U 5DF9

【卺席】よろこびの酒宴。

巳 6【巻】〔8〕旧 ↓巻(四一七ページ・中)
卩 6【卸】〔8〕旧 ↓卸(本ページ・下)
卩 6【却】〔8〕同 ↓却(二〇二ページ・中)
卩 6【卹】〔8〕本 ↓恤(四八〇ページ・下)

卩 7【卼】〔9〕ゴツ 漢 入 月 wù ウー
J — 補 — U 537C
意味 あやうい。あぶないさま。「䠒卼」

卩 7【卸】〔9〕常 おろす・おろし
J 1823 補 — U 5378

旧字 卩 6【卸】〔8〕シャ 漢 去 禡 xiè シエ
J — 補 — U —

筆順 𠂉 𠂉 午 午 午 金 釒 卸

意味 ①〈おろ・す〉㋐車から馬を解きはなす。㋑解く。脱ぐ。㋒下ろす。「卸肩」②おちる。枯れる。国〈おろし〉問屋が小売商に品物を売る。「卸値」

解字 会意・形声。午・止・卩を合わせた字で、午は音を示す。止はとまる。卩は節度あること。午には、馬を養う意味がある。卸は、馬車の荷物をおろして取り除き、馬を解くのに節

度のあることをいう。一説に、卸が、馬を養うこと、止は進行することで、卸は、道路を、飼い馬が進行することであるとする。卸にイ(行く)を加えた字が「御」で、馬を進めることを表す。

【卸売(賣)】(おろしうり) 国生産者その他から大量の商品を仕入れ、小売商人に売り渡す商業。【——市場】(おろしうりしじょう) 国卸売商と小売商とが集まって、品物の取り引きをする市場。

【卸冠】(しゃかん) かんむりをぬぐ。

【卸責】(しゃせき) 責任をのがれる。

【卸頭】(しゃとう) 婦人が頭の飾りを取り去ること。

【卸任】(しゃにん) 辞職する。

◇店卸(たなおろし)・棚卸(たなおろし)

卩7 【卻】〔9〕 本↓却(二〇二ジ・中)

卩7 【卽】〔9〕 同↓即(二〇二ジ・下)

卩7 【卽】〔9〕 旧↓即(二〇二ジ・下)

卩7 〖昂〗↓日部四画(五八六ジ・上)

卩8 【卿】〔10〕 同↓卿(本ジ・上)

卩9 【鄂】〔11〕 ガク 漢 | 入 薬 e' オー | U補J 5 3 7 E 2 0 3 4

意味 うわあご。

卩10 【卿】〔12〕 人 標 ケイ 漢 キョウ(キャウ) 呉 | 平 庚 qīng チン | U補J 5 3 7 F 2 2 1 0

旧字 卩10 【卿】〔12〕 | U補J 2F833

卩8 【卿】〔10〕 同字 | U補J

意味 ①天子や諸侯に仕えて政治をおこなう高官の呼称。大臣。長官。「九卿(きゅうけい)」 ②〈きみ〉 人への尊称。㋐すぐれた人を呼ぶ。「荀卿(じゅんけい)」 また、親しみをこめて呼ぶ。㋑君が臣を呼ぶ。㋒爵位の同等以下の者を呼ぶ。㋓妻が夫を、夫が妻を呼ぶ。③めでたい。=慶(けい) ④姓。

名前 あき・あきら・のり

【卿尹】(けいいん(ゐん)) 宰相をいう。

【卿雲】(けいうん) 太平の世に現れるという、めでたい雲。「卿雲爛兮(けいうんらんたり)」(めでたい雲が、美しくかがやく。)〈十八史略・五帝〉 =慶雲・景雲

【卿卿】(けいけい) 妻が夫をよぶ称。

【卿子】(けいし) 人を尊んでいう語。公子。

【卿相】(けいしょう(しゃう)) ①天子を助けて政治を行う大臣。公卿・宰相。②国卿と大臣。官が大臣・大納言(だいなごん)・中納言(ちゅうなごん)・参議で、位が三位以上(参議は四位以上)のもの。【——雲客】(けいしょううんかく) 国卿相と殿上人(てんじょうびと)。宮中の殿上(てんじょう)の間(ま)にのぼることを許された人々。雲の上人(うえびと)。

【卿曹】(けいそう(さう)) きみら。諸君。君主が臣下の者たちを呼ぶ時などに用いられた。

【卿大夫】(けいたいふ) 卿と大夫。天子・諸侯の臣下の中で、国政をつかさどる最高位の者。

【卿輩】(けいはい) きみら。あなたがた。卿等(けいら)。

【卿輔】(けいほ) 「卿相(けいしょう)」に同じ。

卩14 〖䣝〗↓自部十画(一〇三三ジ・下)

2画 厂部 がんだれ

【部首解説】 「がけの形」にかたどる。この部には、岩やがけの状態を示すものが多く、「厂」の形を構成要素とする文字が属する。

厂0 【厂】〔2〕 カン 漢 | 去 翰 hǎn ハン | U補J 5 3 8 2 5 0 4 4

厂3 【厈】〔5〕 古字 | U補J 5 3 8 8 2 0 3 7

意味 山の際(きわ)にある人の住める岩穴。

解字 厂 象形。山の際(きわ)を表した字。山の際(きわ)にある岩の、人が住むことのできるものという。

厂2 【产】〔4〕 一 ギ 漢 呉 | 一 上 紙 wěi ウエイ 二 セン 漢 呉 | 二 平 塩 zhān チャン 三 エン 漢 呉 | 三 平 塩 yán イエン | U補J 5 3 8 3 2 0 3 5

参考 厂は「敵」(四四〇ジ・下)の中国新字体としても使う。

意味 一二①〈あお・ぐ(あふ・ぐ)〉 高く見あげる。②〈あぶな・い(——・し)〉 =危(き) ③〈のき〉 屋根のひさし。三〈のき〉 屋根のひさし。=檐(えん)

厂2 【厄】〔4〕 常 ヤク | アク 漢 ヤク 呉 | 入 陌 è オー | U補J 5 3 8 4 4 4 8 1

筆順 一 厂  厄

意味 ①わざわい。災難。「災厄(さいやく)」 ②くるしむ。くるしめる。③左右が切りたったがけにはさまれた所。④馬車のくびき。=軛(やく) 国〈やく〉 よくないまわりあわせ。「厄年(やくどし)」

解字 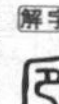 仮借。厄はもともと、グワの音で、木のでっぱり、人のせなかの突起、あるいは、おおいつつむということを表す字。戹(やく)と通じて使われる。戹は、戸と乙とを合わせた字で、戸から出にくいことを表す。一説に、牛や馬のくびを上からおさえる、くびきのことという。

【厄落】(やくおとし) 国身にめぐりあった災難を払いのけること。

【厄窮】(やくきゅう(きう)) 災難にあって苦しむ。厄勤。

【厄年】(やくどし) 国陰陽道(おんようどう)で、人の一生の中、災難にあいやすいといわれる年齢で、男は二十五・四十二・六十、女は十九・三十三をいう。

【厄難】(やくなん) わざわい。災難。厄災。

【厄日】(やくにち|やくび) 国①陰陽家(おんようけ)で、災難があるとして、忌(い)みきらう日。②農家で、二百十日などのような天災のおこる日。③不吉なことのおこる日。

【厄払(拂)】(やくはらい(はらひ)) 国①神仏に祈って災厄を払いのける。やくおとし。②昔、大みそかや節分の夜、災厄を払いのけることばを唱えて銭をもらって歩いた者。

【厄除】(やくよけ) 国神仏に祈って災難をのぞくこと。

【厄介】(やっかい(やくかい)) 国①世話をする。②わずらわしい。めんどう。めいわく。また、世話になる。【——者】(やっかいもの) 国①世話をやかせる人。困り者。②いそうろう。

厂2 〖反〗↓又部二画(二一一ジ・中)

厂2 〖仄〗↓人部二画(六二ジ・下)

厂3 【厇】〔5〕 タク 漢 | 入 陌 zhé チョー | U補J 5 3 8 7 2 0 3 6

意味 ①〈ひら・く〉 ひらたく開く。はりつけにする。②=宅(たく)

厂3 【厉】〔5〕 俗↓厲(二〇七ジ・中)

厂3 【厈】〔5〕 古↓厂(本ジ・中)

古↓岸(四〇三ジ・中)

厂3 〖圧〗↓土部二画(二八〇ジ・上)

厂4 〖危〗↓卩部四画(二〇一ジ・下)

厂5 【厎】〔7〕 シ 漢 | 上 紙 zhǐ チー | U補J 5 3 8 E 2 0 3 8

意味 ①といし。「厎石(しせき)」 =砥(し) ②とぐ。=砥(し) ③たいら

にする。④いたる。いたす。＝至・致

【底厲】参考「底」は別字。とぎみがく。学問にはげみ、修養につとめる。＝砥礪

厂5〔励〕↓力部五画（一七五ジ・下）

厂6【厓】〔8〕ガイ 漢 平 佳 yá ヤー　J ①1482　補 2039　U 5393

意味 ①川や山の際。川辺や山辺。＝崖 ②かぎり。はて。③まなじり。＝睚 国 がけ。

【厓眥】じろっとにらむ。＝睚眦

【厓山】地名。広東省新会市の南の海中にある島。＝「崖山」

厂6【厔】〔8〕一 シツ 漢 一 入 質 shì シー　二 チツ 漢 二 入 質 zhì チー　J —　補 2040　U 5394

意味 一 家の中。＝室 二 ＝庢 ①水の湾曲して入りくんだ所。くま。②さえぎりとめる。

厂7【厚】〔9〕学 5 コウ あつい　コウ 漢 コウ(カウ) 呉 上 有 hòu ホウ　J 2492　補 —　U 539A

筆順 一 厂 厂 厂 戸 戸 厚 厚 厚

曰3【旱】〔7〕本字　J ②1422　補 —　U 3AD7

土6【垕】〔9〕古字　J 2364　補 —　U 5795

意味 ①〈あつ・い(——・し)〉↕薄 ㋐大きい。多い。重い。長い。こい。㋑手厚い。ねんごろ。「篤厚」②あつくする。㋐大きくする。深める。ます。㋑重んずる。③あつさ。④〈あつく〉大いに。⑤おくれる。あとにする。＝後 ⑥姓。

解字 会意。厂は、山のがけ。下のほうは、旱で、亯のさかさまの形である。亯は、神に手厚くおそなえすること。そのさかさまの形は、自分に手厚くすることを表す。山の盛りあがってあつい感じと合わせて、厚はすべて、あつみのあることを表す。

名前 ひろ・ひろし　姓 厚東・厚海・厚木・厚田・厚床・厚岸・厚狭・厚沢部　難読 厚朴　地名 厚木・厚田・厚床

【厚司】国 ①アイヌの人たちが衣服に用いる生地の名。おひょうの木の繊維で作る。＝厚子 ②厚い木綿織りの名。

【厚恩】厚い恵み。深い恩恵。

【厚顔】あつかましい。つらの皮が厚い人。【——無恥】あつかましく、恥ずべきことも恥としない。恥しらず。

【厚誼】厚いよしみ。心からの親切。

【厚業】豊かな事業。豊かな財産。

【厚遇】①手厚いもてなし。親切な待遇。②手厚くもてなす。↕冷遇

【厚幸】大きな幸い。

【厚載】地は厚くてよく物を載せるところから、大地のこと。

【厚志】厚い志。親切な心。厚意。厚情。

【厚実(實)】大きな利益。

【厚謝】心をこめて礼をいう。

【厚酬】手厚くお礼をする。

【厚情】厚い情。親切な心。厚志。↕薄情

【厚生】①人間の生活をよりよくする。②健康を維持または増進する。

【厚葬】手厚く葬る。ねんごろな葬儀。

【厚沢(澤)】手厚い恵み。厚恩。

【厚秩】よい給料。高禄。

【厚徳】①厚い徳。大きな徳。②りっぱな人格。

【厚幣】①手厚い贈り物。②贈り物をじゅうぶんにする。

【厚望】強く期待する。

【厚味】①よい味。ごちそう。②濃い味。また、濃い味の食物。

【厚利】大きな利益。たくさんのもうけ。↕薄利

【厚斂】重い税金を課す。

【厚禄(祿)】高額の俸禄。高い俸給。厚秩。

◇◆敦厚・温厚・濃厚

厂7【厙】〔9〕シャ 漢 去 禡 shè ショー　J 2041　補 —　U 5399

意味 ①村名に用いられる。②姓。

厂7【厖】〔9〕ボウ 漢 (バウ) 平 江 páng パン、máng マン　J —　補 —　U —

厂7【厐】〔9〕俗字　J 5045　補 —　U 5396

广7【庬】〔10〕俗字　J ②1205　補 2842　U 5EAC

意味 ①おおきい。「厖然」②厚い。③ゆたか。④みだれまじる。＝尨

【厖雑(雜)】参考 新表記では、「膨」に書きかえる熟語がある。ごたごたといりまじったさま。

【厖大】非常に大きい。＝膨大

厂7【厘】〔9〕常 リン　一 リ 漢 呉 一 平 支 lí リー　リン 慣　二 テン 漢 二 平 先 chán チャン　J 4650　補 —　U 5398

筆順 一 厂 厂 戸 戸 戸 厘 厘 厘

意味 一 ①長さの単位。一分の十分の一、一尺の千分の一。②重さの単位。一分の十分の一、一両の千分の一。③面積の単位。一分の十分の一、一畝の百分の一。④利率の単位。年利一厘は元金の百分の一。＝釐（↓付録「度量衡名称」）二 一戸の家族が住む所。＝廛 国〈りん〉①貨幣の単位。一銭の十分の一。②小数の単位。一の百分の一。

解字「釐」（一二八二ジ・中）の略字。

参考 厘は「釐」（一二八二ジ・中）の中国新字体としても使う。

【厘毛】国 ①ごくわずかの金額。②わずか。

【厘米】límǐ 現 センチメートル。

厂8【原】〔10〕学 2 ゲン はら　ゲン 漢 ゲン 呉 平 元 yuán ユワン　J 2422　補 —　U 539F

筆順 一 厂 厂 厂 戸 厂 原 原 原 原

厂9【原】〔11〕本字　J 2043　補 —　U 53A1

意味 ①〈もと〉㋐根本。みなもと。＝源「川原」㋑もともと。②〈もとづ・く〉由来する。③〈たず・ねる(たづ・ぬ)〉もとを推しはかる。もとをきわめる。「原本」④ふたたび。かさねて。「原廟」⑤〈ゆる・す〉罪を軽くする。⑥つつしむ。すなお。＝愿 ⑦文体の名。根本をたずねて論じる文。⑧〈はら〉広くて平らな地。「平原」⑨姓。

解字 会意。厂と泉とを合わせた字。厂はがけ。泉は泉の略で、いずみ。原は、がけの下にいずみがわき出る所で、みなもと(源)をいう。後には高く平らな所、平野の意味に使う。

名前 おか・はじめ　地名 原町　難読 海原・河原・川原（付表）

【原案】①会議にはかられたもとの議案。②もとになる案。

【原因】一 物事の起こるもと。起こり。↕結果 二 yuányīn 現 一 に同じ。

【原過】あやまちの根本を尋ね窮める。原は、「尋ね窮める」の意。

【原毀】唐の韓愈の文章の名。人のそしりの起こるもとを論じた文。

【原形】もとの形。もとのすがた。原状。

【原型】国 彫刻などのもとの型。

【原憲】人名。孔子の弟子。春秋時代、魯の人。字は子思。無欲で貧乏を苦にせず道を楽しんだ。「雨湿二原憲之枢一」（雨は原憲のあばら屋のとびらを、びっしょりとぬらしている。枢は、ひらき戸を開閉する軸のところ。）〈和漢朗詠集・草〉【——貧】原憲が清貧に満足し

ていた故事から、清貧の意。

【原語】翻訳語のもとの外国語。

【原告】㊫民事訴訟で訴訟をおこした人。↕被告
【原罪】①キリスト教で、人類の祖先であるアダムとイブが神の命にそむき、禁断の木の実を食べた結果、人間が生まれながらに持つ罪。②罪をゆるして処罰しない。

【原作】①もとの著書や作品。②脚色された脚本・シナリオなどの作品に対して、素材になった小説や戯曲。

【原子】㊫各元素の特性を失わずに分割することのできる最小限の微粒子で、その中心に原子核がある。一個あるいは数個の原子が集まって分子を構成する。【――核】㊫原子の中心にある核。【――力】㊫原子核の分裂や核反応の際に発生する巨大なエネルギー。

【原始】①はじめをたずねる。②はじめ。起こり。根源。③大昔のままで、変化または進化のないこと。【――時代】人類がはじめて地球に現れて、自然のままの生活をしていた時代。【――林】昔から植林や伐採をしない、自然のままの森林。

【原紙】国①こうぞの皮をすいて作った和紙の一種。②謄写版の原版に使う、ろうびきの紙。

【原隰】高原と湿地帯。

【原書】①もとの本。原本。②外国の書物。翻訳のもとになる書物。

【原状(狀)】もとのままのありさま。以前の形。

【原色】①野原の色。②赤・青・黄の三色。あらゆる色彩のもとになるところからこの三色を三原色という。

【原人】①人類の進化を四段階(猿人―原人―旧人―新人)に分けた場合、第二の段階に位置するもの。「北京原人」②つつしみ深く、まじめな人。③唐の古文家、韓愈の文章の題名。人間の在り方をたずね論じる。

【原心定罪】犯罪を行った心理を追及して罪を決定する。〈漢書・哀帝紀〉

【原籍】戸籍のある場所。本籍。

【原泉】①水のわき出るみなもと。②物事のもと。=源泉
【原則】一 根本の法則。もとになる法則。原理。二 yuánzé 現 一 に同じ。

【原頭】原のほとり。原。

【原道】①もとの道。②道義の本源をたずねる。③唐の古文家、韓愈の文章の題名。

【原動力】①機械を動かすもとになる力。②物事の活動をおこすもとの力。

【原爆】原子爆弾。【――症】原爆のために起こる病気。

【原版】①もとの版。②活字を組んだままの印刷版。③初「版。

【原廟】正廟の他に建てられた廟。一説に、正廟の上に重ねて建てられた廟をいう。

【原文】①もとの文章。↕引用文 ②翻訳しないもとの文章。↕訳文 ③もと書いたままの手を入れない文章。

【原簿】①写しをとったものに対して、もとの帳簿。②簿記の元帳。

【原本】①事物の起こるもと。②もとづく。③謄本や抄本などのもとになる文書や書物。

【原夢】夢の吉凶をうらなうこと。ゆめうら。

【原由】事の起こり。もと。原因。

【原宥】罪をゆるす。

【原理】①おおもとの道理。②いろいろの事実に共通する普遍的な法則。

【原料】一 もとの材料。二 yuánliào 現 一 に「同じ。

【原善】人名。号は念斎。江戸幕府に仕えた儒者で、「先哲叢談」の著者。(一七七四～一八二〇)

【原子能】yuánzǐnéng 現放射能。

【原来(來)】yuánlái 現①もとは。②意外にも。

【原諒】yuánliàng 現ゆるす。かんべんする。
◆川原・中原・平原・河原・海原・草原・荒原・根原・高原・野原・雪原・語原・燎原

厂8
【厝】〔10〕 一 サク 漢 一 入 莝 cuò ツオ 二 ソ 漢 二 去 遇 cuò ツオ 三 セキ 漢 三 入 陌 jí チー J①1483 補2042 U539D
意味 一 ①砥石。②まじる。=錯 二 置く。=措 三 ①漢代の県名。②姓。
【厝火積薪】積み重ねた薪の下に火をおくこと。急には燃えあがらないばかりに気をゆるめやすいことから、まだ表面に現れ出ないでいる災害にたとえる。

厂9
【原】〔11〕 本 ↓原(二〇五ページ・下)

厂9
【厠】〔11〕 俗 ↓廁(四三八ページ・下)

厂9
【厢】〔11〕 俗 ↓廂(四三八ページ・下)

厂10
【厥】〔12〕 一 ケツ 漢 一 入 月 jué チュエ 二 クツ 漢 二 入 物 qū チュイ J5048 補― U53A5
意味 一 ①〈その〉〈それ〉②突く。ぶつける。③のぼせる病気。また、ひえ症。④掘る。⑤石。二 突厥は、少数民族の名。匈奴の一種族。

厂10
【厨】〔12〕 人 標 J3163 補― U53A8

旧字 广12
【廚】〔15〕 チュウ 漢 平 虞 chú チュー J5504 補― U5EDA

厂12
【厨】〔14〕 同字 U補J 3551 ― ―
意味 ①〈くりや〉炊事場。②料理人。③料理。④とだな。=櫥
【厨下】台所。料理場。
【厨子】一 料理人。二 国 ①書画などを入れる二枚とびらのひつ。②神仏の像を入れる堂形の、二枚とびらの箱。
【厨人】「厨夫」に同じ。
【厨夫】料理人。コック。厨人。
【厨房】一 台所。勝手。くりや。二 chúfáng 現 一 に同じ。

厂10
【厤】〔12〕 レキ 漢 入 錫 リャク 呉 lì リー J②0355 補2044 U53A4
意味 ①〈おさ・める(をさ・む)〉調える。=歴 ②「曆」(六〇〇ページ・上)の同字。

厂10
【厦】〔12〕 俗 ↓廈(四三九ページ・下)

厂10
【厩】〔12〕 俗 ↓廄(二〇七ページ・上)

厂10
【雁】(一三四一ページ・中) ↓隹部四画

厂11
【厪】〔13〕 キン 漢 去 震 jǐn チン J― 補2045 U53AA
意味 ①小さい家屋。②わずか。=僅 「厪厪」

厂11
【廐】〔13〕 俗 ↓廏(二〇七ページ・上)

厂11
【廄】〔13〕 同 ↓廏(四四〇ページ・中)

厂11
【歴】〔13〕 俗 ↓歷(六八一ページ・下)

厂12
【厭】〔14〕 標 J1762 補― U53AD
一 エン 漢 オン 呉 一 去 豔 yàn イエン
二 ヨウ(エフ) 漢 二 入 葉 yā ヤー
三 ユウ(イフ) 漢 三 入 緝 yì イー
四 エン 漢 呉 四 上 琰 yǎn イエン

犬8
【猒】〔12〕 本字 J②8038 補4308 U7312
意味 一 ①〈あ・きる(―・く)〉足りる。満足する。②〈い

と・う(——・ふ)〉〈う・む〉 いやになる。にくむ。③うるわしい。美しい。④ふさぐ。■①〈お・す〉＝壓(圧)　㋐おさえる。㋑しずめる。抑制する。㋒おしつぶす。②まじなう。邪鬼をはらう。③合う。かなう。④したがう。服す。⑤せまる。＝壓(圧)　■うるおうさま。「厭浥」　四①しまいこむ。②悪いゆめ。

【厭厭】①安らかで静かなさま。②植物が生い茂るさま。③灯火などがかすかなさま。また、気力がわかないさま。

【厭悪(惡)】いやがりにくむ。

【厭嫌】きらう。いやがる。

【厭世】世の中がいやになる。死にたく思う。【——主義】人生はつらいことや苦しいことが多く、これをのがれるには死んでこの世を離れるべきであるとする考え方。

【厭足】満ち足りて、あきる。満足する。

【厭魅】①相手の心をとろかす女の媚。②災いがあるように祈る。のろう。

【厭飽】飽きていやになる。

【厭飫】①たべあきる。②満足する。③いやがる。あいそをつかす。

【厭離】㊤けがれたこの世をきらって、離れ去る。世を捨てる。【——穢土】この世をけがれたものとして、きらい離れる。↕欣求浄土

【厭禳】病気などをよけるため、おはらいをする。

【厭然】①したがい服するさま。②深くとじこもるさま。＝黶然

【厭翟】雉の羽で作った車の飾り。また、その飾りをつけた車。皇后の乗るもの。「じく。」

【厭難折衝】一国の難儀をしずめ、外敵をふせぎく」

【無厭】あきない。満足しない。「好善無厭」〈荀子・修身〉

▲倦厭

厂12【厩】〔14〕 人 標　キュウ 漢 上 有 jiù　U補J 1725 53A9

旧字 广11【廏】〔14〕 (キウ)　U補J 5494 5ECF

匕7【㲃】〔9〕 古字　U補J 20919

广11【廐】〔14〕 俗字　U補J

厂11【廐】〔14〕 俗字　U補J 5493 5ED0

广11【厩】〔13〕 俗字　U補J

厂10【厩】〔12〕 俗字　U補J

意味〈うまや〉①馬小屋。「厩舎」②家畜小屋。

【厩人】うまやを守る役人。

【厩丁】うまやの番人。

厂12【厮】〔14〕 同→廝(四四〇ジペー・下)

厂12【厰】〔14〕 俗→廠(四四〇ジペー・下)

厂12【厨】〔14〕 同→廚(二〇六ジペー・下)

厂12【歴】→止部十画(六八一ジペー・下)

厂12【愿】→心部十画(四九五ジペー・中)

厂12【暦】→日部十画(六〇〇ジペー・上)

厂12【劂】→刀部十二画(一七一ジペー・上)

厂13【厲】〔15〕 ■レイ 漢 ■去 霽 lì リー ■ライ 漢 ■去 泰 lài ライ　U補J ①1484 2048 53B2

厂3【厉】〔5〕 俗字　U補J 5389

意味 ■①あらい質のといし。②といしでとぐ。きたえる。③〈はげし・い(はげ・し)〉おごそか。きびしい。④はげむ。はげます。＝励 ⑤〈あやう・い(あやふ・し)〉⑥はやい。猛烈な。「疾厲」⑦たたりをする悪鬼。「厲鬼」⑧病む。なやむ。なやます。「厲民」⑨はやり病。疫病。⑩裾をまくって水をわたる。⑪姓。■ハンセン病。

【厲疫】悪病。伝染病。

【厲鬼】やく病神。

【厲行】①きびしく行う。はげみ行う。＝励行 ②行いをみがき励む。

【厲志】志を奮いおこしてはげむ。

【厲疾】■①激しくはやい。高くてはやい。②流行病。■ハンセン病。

【厲色】きびしい顔つきをする。

【厲声(聲)】大声をはりあげる。声をあららげる。

【厲精】まじめに努力する。精を出す。精励。＝励精

【厲石】①きめの荒い石。②きめの荒いといし。あらと。

【厲然】きびしくて激しいさま。

【厲風】①大風。烈風。②西北の風。

【厲兵】とぎすました武器。

【厲民】民を疲らせ苦しめること。

【厲利】とぎみがいて鋭くする。

【厲害】lìhai 現ひどい。たいへんな。

厂13【鴈】→鳥部四画(一四二九ジペー・中)

厂14【曆】→日部十二画(六〇〇ジペー・上)

厂14【歷】→止部十二画(六八一ジペー・下)

厂15【勵】→力部十五画(一七五ジペー・下)

厂15【壓】→土部十四画(二八〇ジペー・上)

厂16【釐】→里部十一画(一二八二ジペー・中)

厂16【櫪】→木部十四画(六七〇ジペー・中)

厂17【厴】〔19〕 エン 漢 呉 上 琰 yǎn イエン　U補J ②0356 2049 53B4

意味 ①カニの腹側の甲。②巻き貝の殻の口にあるふた。

厂17【贋】→貝部十二画(一一九六ジペー・下)

厂24【黶】→黒部十四画(一四四八ジペー・中)

厂28【𠫂】〔30〕 同→源(七四四ジペー・上)

2画　ム部　む

【部首解説】「自分の物を囲んでいる形」を表す。この部には、「ム」の形を構成要素とする文字が属する。

ム0【ム】〔2〕 ■シ 漢 ■平 支 sī スー ■ボウ 漢 ム 呉 ■上 有 mǒu モウ　U補J 5051 53B6

意味 ■私的な。個人的な。「私」の古字。■〈なにがし〉特定できない国や人をいう。＝某 国〈ござ・る〉ございます。

解字 指事。「私」と同じ。自分のこと。自分の物をかこんでいる形を表す。

ム1【𠫓】〔3〕 トツ 漢 入 月 tū トゥー　U補J

亠2【㐬】〔4〕 俗字　U補J ②0357 20AD3

意味 異常なことやものが突然出現する。＝突

ム1【幺】→丿部二画(四三一ジペー・上)

ム2【厹】〔4〕 キュウ 漢 平 尤 qiú チウ (キウ)　U補J 53B9

口2【叴】〔5〕 同字　U補J ②0366 53F4

意味 ①刃が三方にとがった形のほこ。「厹矛」②厹

2画　二亠人(亻・𠆢)儿入八冂冖冫几凵刀(刂)力勹匕匚匸十卜卩(㔾)厂ム又

2画
二亠人(亻・𠆢)儿入八冂冖冫几凵刀(刂)力勹匕匚匸十卜卩(㔾)厂ム又

由ゆうは、春秋時代の国名。今の山西省陽泉市。③厹猶きゅうゆうは、漢代の県名。江蘇こう省宿遷しゅくせん市にあった。

ム2【厷】〔4〕本↓肱(一〇一四ジ・上)

ム2【厸】〔4〕古↓隣(一三三九ジ・下)

ム2【云】↓二部二画(四七ジ・下)

ム2【允】↓儿部二画(一二一ジ・中)

ム2【公】↓八部二画(一三〇ジ・下)

ム2【勾】↓勹部二画(一八三ジ・下)

ム3【去】〔5〕学3 キョ・コ さる J2178 補 U53BB

一キョ漢 コ呉 一去 御 qù チュイ
二キョ漢 二上 語 jǔ チュイ

筆順 一 十 土 去 去

ム3【厺】〔5〕同字 J補2053 U53BA

意味 一①〈さ・る〉㋐離れる。㋑へだてる。㋒行く。↔来 ②過ぎ去った時。「去歳きょさい」③とりのぞく。「去穢きょあい」④〈す・てる(―・つ)〉⑤うしなう。⑥四声の一つ。去声。二〈おさ・める(をさ・む)〉しまいこむ。＝弆きょ

解字  形声。土とムとを合わせた字。土は大で、人の形を表す。ムは凵きょで、音を示すとともに、弁当箱を表す。去は、人が、弁当箱がへこんでいるように、ひっこむことを表す。一説に、大は箱のふたで、去は、箱のふたを取りのけて、中の品物を出すことから、取りのけることをいうとも解する。

名前 なる 難読 去年こぞ

【去穢】きょあい ①汚れを取り除く。害毒を取り去る。②僧衣。袈裟けさ。

【去帰(歸)】きょき ひまをもらって故郷に帰ること。告帰。

【去去】きょきょ ①さあ、出かけよう。さあ、出かけなさい。②歳月の過ぎ去るさま。【――日】きょきょじつ おととい。一昨日。

【去月】きょげつ 前の月。前月。先月。

【去歳】きょさい ①去年。昨年。②先年。

【去私】きょし 私心を捨てさること。「則天そく去私」

【去思】きょし 人の去ってしまったあとで、その人を慕う。

【去事】きょじ 過ぎ去った事がら。昔の事。往事。已往いおう。

【去秋】きょしゅう(しう) 去年の秋。

【去就】きょしゅう(しう) 去ることと、とどまること。離れることと、つき従うこと。進退。

【去住】きょじゅう(ぢう) 去ることと、とどまること。去ってしまった者と、とどまり残っている者。「去住彼此無消息きょじゅうひしょうそくなし」(蜀しょくのほうに去られた玄宗と、渭い水のほとりでなくなられた楊貴妃とは、いまはすっかりたよりも絶えてしまった。)〈杜甫とほの詩・哀江頭あいこうとう〉

【去処(處)】きょしょ ①行くべきところ。②場所。ところ。

【去声(聲)】きょせい・きょしょう(しゃう) 四声の一つ。漢字の発音の中で、初めが強く、末の弱いもの。

【去勢】きょせい ①権勢を捨てさる。②生殖機能をとりのぞく。

【去年】一きょねん 昨年。二チュイニエン qùnián 現一に同じ。

【去帆】きょはん 去りゆく舟。

【去来(來)】きょらい ①行ったり来たりする。往来。②去ることと、来ること。また、一度去ってまた来る。③物を得ることと、失うこと。④去ってからこの方。⑤いざ。さあ。誘いかけることば。【――物】きょらいのもの 雲の形容。行ったり来たりして、一か所にとどまらないもの。【――非我】きょらいはわれにあらず 物を得ると得ないとは天運であり、自分のかってにはならない。〈列子・仲尼ちゅうじ〉

【去留】きょりゅう(りう) ①去ることと、とどまること。②事の成功と失敗。③死と生。「曷不委心任去留なんぞこころをゆだねてきょりゅうにまかせざる」(欲をすてて、自然の運命にまかせようではないか。)〈陶潜とうせん・帰去来辞ききょらいのじ〉

【去者日疎】さるものはひびにうとし ①死んだ者は、日ごとに忘れられる。〈文選もんぜん・古詩十九首〉②遠く離れたものは、しだいに縁えんがうすくなる。

◆辞去じきょ・死去しきょ・退去たいきょ・除去じょきょ・逝去せいきょ・過去かこ・撤去てっきょ・薨去こうきょ

ム3【厹】〔5〕同↓去(本ページ・上)

ム3【弁】↓廾部二画(四四三ジ・中)

ム3【台】↓口部二画(二二三ジ・上)

ム4【厽】〔6〕ルイ 漢呉 上 紙 lěi レイ J補2054 U53BD

意味 積みかさねる。土を積んでかきねを作る。＝累るい

ム4【牟】↓牛部二画(七九三ジ・上)

ム5【矣】↓矢部二画(八七九ジ・上)

ム6【参】〔8〕学4 サン まいる J2718 U53C2

旧字 ム9【參】〔11〕 J補5052 U53C3

一サン 漢呉 一平 覃 cān ツァン
二サン 漢呉 二平 覃 sān サン
三シン 漢呉 三平 侵 shēn シェン
四シン 漢呉 四平 侵 cēn ツェン

筆順 ㄥ ム 厶 𠫓 矣 叄 参 参

ム10【曑】〔12〕俗字 J補2056 U53C5

意味 一①〈まじ・わる(まじ・はる)〉入りまじる。「参錯さんさく」②加わる。かかわる。「参与さんよ」③ならぶ。匹敵する。つり合う。④〈まい・る(まゐ・る)〉もうでる。君主や長上に謁見えっけんする。⑤ためす。くらべる。「参験さんけん」⑥不徳の官吏を追放する。弾劾だんがいする。二みつ。みっつ。＝三さん 三①西方にある星座の名。からすき。二十八宿の一つ。オリオン座の三つ星に当たる。②薬用のにんじん。「人参にんじん」四①むらがり立つさま。「参参しんしん」②長短ふぞろいのさま。「参差しんし」国〈まい・る(まゐ・る)〉①神仏や墓にもうでる。②負ける。閉口する。弱る。③「行く」「来る」の謙譲語。

解字  形声。厽が形を表し、㐱しんが音を示す。厽は、古い形は晶で、オリオン座の三つの星を示す。㐱は、三つ星とその区域を表す。参は三つ星のことで、数の三に通じて使われる。一説に、参は、女の頭にさしたかんざしの玉を表す字で、玉が三個あることから、三になるという。

名前 み・かず・ちか・なか・ほし・みち・みつ 姓 参河みかわ

参考 参は「參」の中国新字体としても使う。

応用例 惨(慘)

【参夷】さんい ひとりの罪によってその三族まで皆殺しにする刑罰。

【参謁(謁)】さんえつ 身分の高い人の所に行ってお目にかかる。

【参加】一さんか 仲間になる。列に加わる。二ツァンチア cānjiā 現一に同じ。

【参賀】さんが 宮中に出向いて、お喜びを申し上げる。

【参会(會)】さんかい(くわい) ①いろいろのものがまじり集まる。②三つの者が一か所に集まる。③会に出席すること。

【参画(畫)】さんかく(くわく) 計画に関係する。参議。参謀。

【参学(學)】さんがく ①学問にたずさわる。②参禅して学ぶ。〔学を学ぶ。禅〕

【参看】さんかん 照らし合わせて見る。参照。

【参観(觀)】一さんかん(くわん) ①照らし合わせて見る。②その場に行って見る。見学する。見物する。二ツァンコワン cānguān 現一

に同じ。
【参議】さんぎ ①相談にあずかる。参画。②元・明みん時代の官名。③国昔、太政だいじょう官の職員で、大・中納言なごんについで政治に関係した四位以上の官。宰相。【――院】さんぎいん（ゐん） 国衆議院とともに国会をつくる、立法上の最高機関。参院。
【参究】さんきゅう（きう） ①あれこれと、とりあわせて研究する。②罪を調べあばいて問いただす。
【参共】さんきょう いっしょに。共に事をする。
【参勤交代】さんきんこう（かう）たい 国江戸時代、諸国の大名が毎年、交代で江戸に来てつとめた制度。＝参覲交替
【参宮】さんぐう 国神社に参拝する。とくに、伊勢神宮に参ること。
【参軍】さんぐん ①官名。軍事に関する顧問役。②唐代、官吏に扮ふんした俳優。【――戯（戲）】さんぐんぎ 唐・五代ごろ行われた滑稽こっけい劇。
【参詣】さんけい ①行く。訪問する。②国神社・寺におまいりする。
【参決】さんけつ 相談に加わって決定する。
【参検（檢）】さんけん あれこれ交え考える。いろいろ参考にして取り調べる。＝参験
【参験（驗）】さんけん ①証拠。調べ考える材料。②あれこれ考え合わせる。
【参伍】さんご ①三つと五つ。②入りまじるさま。三つのものがまじるのを参、五つのものがまじるのを伍という。
【参考】さんこう（かう） 照らし合わせて考える。＝参校
【参候】さんこう ①行って、ようすをうかがう。②国出向いて、ごきげんをうかがう。③国もと、宮内省御歌所おうたどころの役人。
【参座（「坐」）】さんざ 出席する。
【参錯】さんさく いりまじる。ごたごたする。
【参賛（贊）】さんさん ①参加して補佐する。②清しん朝の官名。
【参仕】さんし 国参上して仕えること。
【参酌】さんしゃく 照らし合わせて、よいほうをとり、悪いほうを捨てること。しんしゃく。
【参署】さんしょ いろいろの意見を参考として書きしるす。「看。
【参照】さんしょう（せう） ひきあわせてみる。照らし合わせてみる。参」
【参上】さんじょう（じゃう） 国「参る」「おとずれる」「行く」の敬語。
【参乗（乘）】さんじょう 目上の人のおともをして車に乗る。また、その人。陪乗ばいじょう。＝驂乗さんじょう
【参省】さんせい 三度反省する。転じて、幾度も反省する。＝三省
【参政】さんせい ①政治に参加する。政務に関係する。②官名。宋そうの参知政事の略で、宰相の補佐役。

【参禅（禪）】さんぜん ①禅の道にはいって修行する。②座禅をする。座禅をする人の仲間入りをする。
【参内】さんだい 国宮中にまいる。朝廷に参上する。
【参朝】さんちょう（てう） 朝廷に参上する。参内さんだい。
【参天】さんてん ①天に届くほど高いさま。②天を望む。③人の徳が天・地と並ぶほどである。
【参殿】さんでん 国他人の御殿にまいる。参堂。
【参堂】さんどう（だう） ①表座敷にゆく。②仏僧になった者がはじめて僧堂にはいること。③国他家を訪れることの敬語。「道。
【参道】さんどう（だう） 国神社や寺に参拝する道。参詣さんけい人が通る」
【参同契】さんどうけい 書名。漢の魏伯陽ぎはくようの著。易えきに借りて道術を説いている。
【参拝（拜）】さんぱい 神社や寺に行っておがむこと。おまいり。参詣さんけい。
【参謀】さんぼう ①はかりごとにあずかる。②国高級指揮官のもとで、作戦・用兵などの計画をたてる将校。
【参与（與）】さんよ ①その事に関係する。あずかる。＝参予 ②学識経験者を行政事務にあずからせるときの職名。
【参洛】さんらく 国京都に上る。京都を中国の洛陽にたとえていったもの。上洛。
【参列】さんれつ 参加し、列席する。
【参籠】さんろう 国神社・仏閣にこもって祈ること。おこもり。
【参差】しんし ①長短ふぞろいなさま。参参しんしん。「参差荇菜しんしたるこう（かう）さい」（さまざまな長さの水草）〈詩経しきょう・周南・関雎かんしょ〉②互いに入りまじるさま。③並び続くさま。④ちらばるさま。⑤近いさま。似ているさま。「雪膚花貌参差是ゆきのはだえ（はだへ）はなのかんばせしんしとしてこれなり」（雪のような肌、花のような顔は、あの方のようだ）〈白居易はくきょいの詩・長恨歌〉
【参商】しんしょう（しゃう） ①参星しんせいと商星のこと。参は西方、商は東方にある星。この二星は、同時に同じ空に現れることがないところから、遠く離れて互いに会いがたいことのたとえ。②仲の悪いことのたとえ。
【参辰】しんしん 参星と水星。この二星は同時に見えることがないので、別れて長く会わないものや、兄弟の仲たがいにたとえる。
【参参（參）】しんしん ①長くさかんなさま。②群がりたつさま。③ふぞろいなさま。参差しんし。
△▼日参にっさん・古参こさん・早参そうさん・朝参ちょうさん｜あさまいり

ム6【叀】〔8〕 セン 漢 平 先 呉 zhuān チョワン　J②0359 補2055 U53C0

意味 ①まゆから絹糸を引く道具。「紡叀ぼうせん」②ひっかける。③もっぱら。＝専せん

ム7〖枲〗↓木部五画（六三三ページ・中）
ム8【畚】〔10〕同 ↓畚（八三七ページ・中）
ム8〖畚〗↓田部五画（八三七ページ・中）
ム9【參】〔11〕旧 ↓参（二〇八ページ・中）
ム14〖曇〗↓日部十二画（六〇一ページ・下）
ム8〖能〗↓肉部六画（一〇二〇ページ・上）
ム10【叅】〔12〕俗 ↓参（二〇八ページ・中）

2画　又部　また

【部首解説】「右手」をかたどる。この部には、手を使った動作を表すものが多く、「又」の形を構成要素とする文字が属する。

又0【又】〔2〕常 また　ユウ（イウ）漢 去 宥 ウ 呉 yòu ユー　J4384 補― U53C8
旧字 又0【又】〔2〕　J― 補― U―

筆順 フ ヌ

意味 ①手。右の手。②〈また〉ふたたび。さらに。③ふたたびする。再度現れる。④ゆるす。＝宥ゆう ⑤ある。＝有ゆう

解字 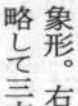 象形。右手の形を表した字。古い形では、五本の指を略して三本で表した。右手はかばう、おおうの意味を含み、また、仕事をする、さらに加える意味にもなり、動詞であることを示す記号の役もする。

名前 すけ・やす

【又従（從）兄弟】またいとこ 国親どうしが従兄弟いとこであるときの、子どうしの関係。ふたいとこ。いやいとこ。再従兄弟。
【又貸】またがし 国借りた物を、さらに他人に貸す。
【又借】またがり 国人が借りているものを、さらに借りる。
【又聞】またぎき 国聞いた人から、さらに聞くこと。

2画　二亠人（亻・𠆢）儿入八冂冖冫几凵刀（刂）力勹匕匚匸十卜卩（㔾）厂ム又

又1【叉】〔3〕 標 人 サ 漢 シャ 呉 平 麻 chā チャー　J 2621 補 U 53C9

意味 ①指を組む。まじえる。②突き刺す。③また。ふたまた。④やす。魚を刺してとる道具。⑤さすまた。

難読 叉焼（チャーシュー）

参考 新表記では、「差」に書きかえる熟語がある。

【叉手】（さしゅ） 一 ①両手をこまぬく。腕組みする。拱手。②手出しをしないこと。二（さで）国魚をすくいとる網。叉手網。三（さす）国昔の茅ぶきの屋根で、梁の上に丸太などを合掌形に組ませたもの。

【叉子】（チャーツ） chāzi 現フォーク。

又2【収】〔4〕 学6 シュウ おさめる・おさまる　J 2893 補 5832 U 53CE

旧字 攵2【收】〔6〕 人 シュ 呉 シュウ（シウ） 漢 平 尤 shōu ショウ　U 6536

筆順 丨 丩 屮 収

意味 ①〈おさ・める（をさ・む）〉㋐つかまえる。㋑とりいれる。刈りいれる。㋒集める。合わせる。㋓税金をとる。㋔とる。人から手に入れる。㋕受け入れる。「収容」㋖しまっておく。㋗ととのえる。㋘やめる。②〈おさま・る（をさま・る）〉③収穫物。

解字 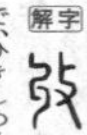 形声。攵が形を表し、丩が音を示す。攵は打つことで、動作することである。丩は、なわをより合わせた形であり、ひきしめる、とりしまるという意味を含む。收は、罪人を、むちをもってとりしまり、捕らえることを表し、また、とり集めて手ににぎることにもなる。音シウは丩の音キウの変化。

名前 かず・さね・なか・なお・のぶ・もと・もり・もろ・すすむ

参考 新表記では、「蒐」の書きかえに用いる熟語がある。

【収益】しゅう（しう）えき 利益を得ること。また、得た利益。

【収瓜】しゅう（しう）か（くわ） 実ったうりをとり入れる。「六月収瓜」〈古詩・孤児行〉

【収穫】一 しゅう（しう）かく（くわく） 成熟した農作物をとりいれること。また、その農作物。二 ショウフオ shōuhuò 現 一に同じ。

【収割】しゅう（しう）かつ 穀物を刈り入れる。

【収監】しゅう（しう）かん ろうやに入れる。刑務所に入れる。投獄。

【収繫】しゅう（しう）けい 捕らえて監獄にいれる。

【収結】しゅう（しう）けつ ①しめくくりをつける。しめくくり。②みかたにする。

【収載】しゅう（しう）さい おさめてのせる。

【収支】しゅう（しう）し 収入と支出。

【収授】しゅう（しう）じゅ おさめることと、さずけること。受けとることと、与えること。

【収拾】一 しゅう（しう）しゅう（しふ） ①ひろいおさめる。②みだれているものをまとめること。二 ショウシ shōushi 現かたづける。

【収集】しゅう（しう）しゅう（しふ） おさめ集める。よせ集めること。コレクション。＝蒐集

【収縮】しゅう（しう）しゅく ①ちぢまる。ちぢめる。②ひきしめる。

【収税】しゅう（しう）ぜい 租税をとりたてること。年貢をとり集めること。

【収蔵（藏）】しゅう（しう）ぞう（ざう） ①だいじにしまっておく。②たくわえた品物。

【収束】しゅう（しう）そく ①集めつかねる。②おさまりがつくこと。

【収族】しゅう（しう）ぞく ①一族をとりまとめる。②一族全部をとりおさえる。

【収帑】しゅう（しう）ど 罪人または捕虜の妻子を国家の奴隷にすること。＝収孥

【収得】しゅう（しう）とく ①受けいれて自分のものにする。②収穫。

【収贖】しゅう（しう）とく 金をおさめて罰を許してもらうこと。

【収入】一 しゅう（しう）にゅう（にふ） ①とりいれる。とりこむ。②所得。二 ショウルー shōurù 現 一に同じ。

【収納】しゅう（しう）のう（なふ） おさめいれる。

【収縛】しゅう（しう）ばく つかまえて、しばる。

【収容】しゅう（しう）よう 受けいれる。ひきとる。

【収攬】しゅう（しう）らん 人心などをとりおさめる。おさめ保つ。

【収斂】しゅう（しう）れん ①とりおさえる。とり集める。②租税をとりたてる。③ひきしめる。収縮。

【収録（錄）】しゅう（しう）ろく 記録にとどめる。

【収賄】しゅう（しう）わい わいろをとる。わいろをもらう。

【収音機】ショウインチー shōuyīnjī 現ラジオ受信機。

◆月収・回収・年収・没収・吸収・押収・拾収・査収・買収・減収・増収・徴収・領収

又2【双】〔4〕 常 ソウ ふた　J 3348 補 5054 U 53CC

旧字 隹10【雙】〔18〕 ソウ（サウ） 漢 呉 平 江 shuāng ショワン　U 96D9

筆順 フ ヌ 双 双

意味 ①二羽の鳥。②〈なら・ぶ〉〈ならび〉匹敵する。「無双」③〈ふた〉ふたつ。対。偶。④姓。⑤現一対の ものを数える量詞。国すごろく。

解字  会意。隹を二つ並べ、又を加えた字。隹はとり。又は手。雙は、鳥二羽を手で持っている形で、ならぶ、ふたつ、の意味となる。

名前 ふ　地名 双三・双葉　難読 双六

参考 双は「雙」の中国新字体としても使う。

応用例 扨（搜）

【双蛾】そう（さう）が ①婦人のまゆげ。②美人。

【双檜】そう（さう）かい（くわい） 二本並んだひのき。

【双鬟】そう（さう）かん（くわん） あげまき。こどもの髪の形。双角。

【双丸】そう（さう）がん（ぐわん） 二つのたま。【――塞耳】そう（さう）がん（ぐわん）みみをふさぐ 二つのたまが耳をふさぐ。まるきり聞こえないこと。

【双眼】そう（さう）がん 右と左の目。両眼。【――鏡】そう（さう）がんきょう（きやう） 両方の目にあてて見る、とおめがね。

【双関（關）法】そう（さう）かん（くわん）ほう（はふ） 文章構成上の一方法。対になった句を並べて作りあげるもの。双扇法。

【双曲線】そう（さう）きょくせん 数平面上で、二つの定点からの距離の差が一定の長さになる点を結んでできる曲線。↕楕円

【双闕】そう（さう）けつ 宮殿の門の両がわにある高い台。

【双肩】そう（さう）けん ①二匹の獣。②両方の肩。

【双勾】そう（さう）こう 「双鉤」の①に同じ。

【双鉤】そう（さう）こう ①書道で、ひとさし指と中指とを、軸にかけて書くこと。②筆跡を写すとき、輪郭を細い線で、中だけ白くなった文字を書くこと。かごうつし。

【双紙】そう（さう）し 国①とじた書物。②下書き。③習字練習用の紙。手ならいぞうし。④女・こどもの読むやさしい本。＝草紙

【双七】そう（さう）しち 陰暦の七月七日。たなばた。

【双日】そう（さう）じつ 偶数の日。二・四・六・八・十の日。↕隻日

【双翅目】そう（さう）しもく 動こん虫類の一つ。四枚の羽の中で、後ろの二枚が退化してしまったもの。蚊や蠅など。

【双手】そう（さう）しゅ 両手。もろて。↕隻手

【双珠】そう（さう）しゅ ①一対の真珠。二つそろった宝玉。②ふたりそろってすぐれているたとえ。双璧。

【双樹】そう（さう）じゅ ①二本並んだ木。②娑羅双樹。釈迦の死ぬとき、色を変えたといわれる木。

【双袖】そう（さう）しゅう（しう） 左右のたもと。両そで。

【双十節（節）】そう（さう）じゅう（じふ）せつ 中華民国の建国記念日。一九一一年十月十日、革命軍の起こったのを記念した。国慶日。「双十」は、十月十日と、十が二つ重なるのでいう。

【双宿双（雙）飛】そう（さう）しゅくそう（さう）ひ 男女がいっしょに生活して離れ

ないこと。

【双杵】そう(さう)しょ　きぬた。石の上に布をのせて、両側から棒でたたき、布のほこりをとり、つやを出す。また、その音。「新月猶懸双杵鳴」〈杜甫の詩・夜〉

【双子葉】そう(さう)しよう(えふ)　植芽を出すとき、二枚の子葉を生ずる植物。あぶらな・あさがお・きくなど。↕単子葉

【双照】そう(さう)しょう(せう)　ふたりが並んで月に照らされる。

【双生】そう(さう)せい　ふたご。ふたごを産む。「双生児」

【双声(聲)】そう(さう)せい　熟語の上下の字が、同じ子音ではじまること。漂泊(h音)・吹唱(s音)の類。↕畳韻

【双星】そう(さう)せい　牽牛星と織女星。【――節(節)】そう(さう)せいせつ　七月七日の節句。たなばた。

【双栖】そう(さう)せい　「双棲」に同じ。

【双棲】そう(さう)せい　①おすとめすがいっしょに住む。また、そのもの。②夫婦が離れずにいっしょに住む。‖双栖

【双扇】そう(さう)せん　両開きの門の戸。【――法】そう(さう)せん(はふ)　「双関法」に同じ。

【双線】そう(さう)せん　より糸。二本合わせた糸。

【双全】そう(さう)ぜん　二つともそろう。どちらも完全。

【双双(雙)】そう(さう)そう(さう)　二つずつ。一対ずつ。

【双蝶】そう(さう)ちょう(てふ)　二匹のちょう。

【双調】そう(さう)ぢょう(でう)　国日本の十二律の一つ。

【双丁二陸】そう(さう)ていにりく　魏時代の、丁儀・丁廙と、晋時代の陸機・陸雲の兄弟。どちらも文学にすぐれていた兄弟が有名な人物であることをいう。

【双頭】そう(さう)とう　からだが一つで頭が二つあるもの。両頭。

【双瞳】そう(さう)どう　①一つの目に二つのひとみがある。奇人の人相。重瞳。②馬の二つの目。【――剪水】そう(さう)どうせんすい　二つの目が水を切る。女の目の美しく澄んでいる形容。〈李賀の詩・唐児歌〉

【双発(發)】そう(さう)はつ　エンジンが二つある。また、その飛行機。

【双飛】そう(さう)ひ　①鳥が雌雄並んで飛ぶ。②夫婦がむつまじいたとえ。【――鳥】そう(さう)ひちょう(てう)　おすとめすが並んで飛ぶ鳥。双飛翼。

【双眉】そう(さう)び　両方のまゆ。

【双美】そう(さう)び　①どちらも美しい。②ふたりの美人。

【双廟】そう(さう)びょう(べう)　ふたりそろった忠臣を、いっしょに祭った神社。

【双髩】そう(さう)びん　両ほほのひげ。両方のびんの毛。‖双鬢

【双鬢】そう(さう)びん　両方のびんの毛。‖双髩

【双幅】そう(さう)ふく　国一対になっている掛け軸。

【双斧孤樹】そう(さう)ふこじゅ　二本のおので一本の木を切る。酒と女と両方におぼれてからだをこわすたとえ。〈元史・阿沙不花伝〉

【双斃】そう(さう)へい　①両方とも倒れ死ぬ。②男女がいっしょに死ぬ。心中。

【双璧】そう(さう)へき　①二つの宝玉。一対の玉。②両方そろってすぐれているもの。

【双方】㊀そう(さう)ほう(はう)　こちらとあちら。両方。㊁ショワンファン shuāngfāng 現㊀に同じ。

【双峰】そう(さう)ほう　二つならんだ山の峰。

【双鳳】そう(さう)ほう　①つがいの鳳凰。②ふたりそろってすぐれた人物。

【双眸】そう(さう)ぼう　両方のひとみ。両目。

【双泯】そう(さう)みん　双方をほろぼす。有無、是非などの相対する考えを超越する。

【双靨】そう(さう)よう(えふ)　両方のえくぼ。両靨。

【双翼】そう(さう)よく　二つのつばさ。両翼。

【双鯉】そう(さう)り　①二匹のこい。②手紙。二匹のこいの中から手紙が出た故事によるともいい、昔の手紙の結び方が、こいの形であったからともいう。双魚。

【双六】そう(さう)りく|すごろく　国①昔の室内遊戯の名。さいころをふって駒を敵の陣に送りこむ。‖双陸　②さいころをふって目的地へ早く上がる競争をする遊戯。

【双陸】そう(さう)りく|そう(さう)ろく　国すごろく。

【双涙】そう(さう)るい　両眼から出る涙。

◆無双

又2

【反】〔4〕　学3　ハン・ホン・タン　そる・そらす

J 4031　補 U 53CD

㊀ハン 漢　ホン 呉	㊀上 阮	fǎn	ファン
㊁ハン 漢　ホン 呉	㊁平 元	fān	ファン
㊂ハン 漢　ホン 呉	㊂去 願	fàn	ファン
㊃タン 慣	㊃―		

筆順　一　厂　𠂆　反

意味　㊀①〈かえ・す(かへ・す)〉㋐くつがえす。「反手」㋑くりかえす。㋒もどす。もとにかえす。「反正」②〈かえ・る(かへ・る)〉㋐くつがえる。㋑もどる。帰る。‖返　③〈かえって(かへって)〉逆に。④〈そむ・く〉さからう。‖叛「反逆」⑤かえりみる。反省する。「反求」⑥考える。おしはかる。⑦姓。㊁①ひるがえす。‖翻「平反」②容器をたおして中からだす。③漢字の反切。㊂ものを売る。‖販　㊃↓国

国①〈たん〉㋐段。田地の面積、三百歩(約九・九一七アール)。㋑端。布の長さ。鯨尺の二丈八尺(約一〇メートル)。幅九寸または一尺。㋒昔の距離の単位。六間(約一一メートル)。②〈そ・る〉〈そら・す〉弓なりに曲がる。曲げる。

解字　　会意。厂と又を合わせたもの。又は手。反は手をおおうものに対して、それを押しかえす形。そこから、かえす、そむくの意味になる。また、厂が音を示す形声文字であるともいう。

姓　反町・反橋　難読　反吐・反古・反故

参考　「タン」は国訓。新表記では、「叛」の書きかえに用いる。

【反意】はんい　①謀反の気持ち。②意に反する。

【反映】㊀はんえい　反射してうつる。色などが互いにうつり合うこと。反照。㊁ファンイン fǎnyìng 現①㊀に同じ。②伝達する。評判。

【反影】はんえい　①反射した光。日が西に傾いて、その光が返り映ること。返影。‖反景　②ある事に応じて現れる他の現象。

【反歌】はんか　国万葉集などの長歌の終わりにつけた短歌で、長歌の大意をくり返したり、または補ったもの。

【反汗】はんかん　出た汗をひっこめる。転じて、一度出した号令や命令をすぐひっこめること。

【反間】はんかん　①いつわって敵国の人となり、敵状を探り味方に知らせること。また、その者。スパイ。②敵のスパイを逆に利用すること。

【反感】はんかん　相手に反抗する感情。

【反眼】はんがん　「反目」に同じ。

【反旗】はんき　①むほん人の立てる旗。②むほん。‖叛旗

【反逆】はんぎゃく　①そむく。むほん。‖叛逆　②逆になる。

【反求】はんきゅう(きう)　事の原因を自分の側に求める。反省。

【反響(響)】はんきょう(きゃう)　①音が他の物に当たってはねかえり聞こえる現象。山びこ。こだま。②ある言論や行動の影響を受けて、同じような状態がおこること。

【反訓】はんくん　漢字の意味が、もとの意味とまったく反対になったもの。たとえば「乱」を「おさめる」、「離」を「つく」「かかる」と読むなど。

【反撃(擊)】はんげき　守勢から攻勢に転ずる。

【反古】㊀はんこ　①昔にかえる。②祖先のお祭りをする。㊁ほご　国「反故」に同じ。

【反故】はんこ|ほご|ほぐ　①使った紙を裏がえす意から、不用になった紙のこと。ほうぐ。ほんご。②不用になったものごと。③取り消し。無効。

【反顧】はんこ　①ふり返って見る。②故郷を思う。③そむく。

【反語】はんご　①表面の意味とは反対の意味をふくませた言い方。②疑問の形で、打ち消しの意を表す言い方。

【反抗】㊀ てむかう。たてつくこと。㊁ファンカン fǎnkàng 現㊀に同じ。

【反骨】権勢に頭をさげない根性。＝叛骨

【反魂香】香料の名。この香をたくと煙の中に死者が姿を現すという。漢の孝武帝が、死んだ夫人の姿を、この香煙の中にみたという故事による。返魂香〈白居易の詩・李夫人〉

【反作用】一つの作用に対して、同じ力で反対方向に働こうとする力。

【反射】①理光線や音波が、他の物にぶつかって反対の方向にはねかえること。②知覚神経のうけた刺激によって、無意識におこる運動。反射運動。

【反将(將)】むほんをくわだてた将軍。

【反証(證)】国裁判で、相手側の申し立てた事実または証拠を打ち消すための証拠。

【反照】①照り返し。反映。反射。②夕ばえ。夕焼け。反景。返照。

【反心】むほんを企てる心。＝叛心

【反身】㊀わが身に反省してみる。反躬。㊁そり 国からだを少しそらすこと。

【反臣】むほんを企てた家来。逆臣。＝叛臣

【反脣】くちびるをそらす。口をとがらせる。不満の気持ちを表す。

【反芻】①牛などの草食動物が、一度のみこんだ食物をまた口にもどしてかみかえす。②経験したことをさらにくり返ししっかり身につける。【——類】牛や羊などのように、草食性で、反芻する動物。

【反正】㊀①正しい道にかえる。また、かえす。②もとの平和な世の中にたちかえらせる。「撥乱反正」㊁ファンチョン fǎnzheng 現どうせ。どっちみち。

【反省】自分のしたことが正しかったかどうかを考える。

【反噬】かみつく。恩をうけた者が、そむいて害をなす。

【反切】漢字の発音を示す方法。発音のよく知られた漢字二字の上字の声母(語頭音)と下字の韻母(語中・語末音)を使って、ある漢字の未知の発音を表す方法。たとえば、「冬」は「都宗切(反)」と表記され、「冬」は「都 dū」の声母(d-)と「宗 zōng」の韻母と声調(-ōng)とを合せた dōng という音であることを示す。後漢から魏・晋以後、それまでの直音(同音の他の字によって示す)に代わって広く用いられるようになった。

【反舌】①鳥の名。百舌。②異民族のことば。鴃舌。また、そのことばを話す異民族。

【反戦(戰)】戦争に反対すること。

【反走】背を向けて逃げる。

【反則】規則をおかす。法令に違反する。＝犯則

【反側】①ひっくりかえることと、横になること。②寝返りをうつ。「輾転反側」③心安らかでないさま。④変化の多いさま。

【反賊】むほんにん。逆賊。＝叛賊

【反対(對)】㊀①あべこべ。逆。②さからう。⇔賛成 ㊁ファントイ fǎnduì 現㊀の②に同じ。

【反坫】①周代、諸侯の会見のとき、宴会に用いた杯を返して置く土製の台。さかずき台。②外に向いている室。

【反転(轉)】①ひっくりかえる。向きをかえる。②糸まき車。

【反徒】むほんをする者ども。むほんにん。＝叛徒

【反動】㊀国①ゆりかえし。②歴史の流れにさからい進歩をはばもうとする保守的な動き。㊁ファントン fǎndòng 現㊀に同じ。

【反応(應)】㊀①うらぎりをする。内通。②理物質間の化学変化。③刺激によって起こる運動。④手ごたえ。㊁ファンイン fǎnyìng 現㊀に同じ。

【反駁】他人の意見または批評の弱点をついて攻撃する。

【反縛】うしろ手にしばる。

【反発(發・撥)】国はねかえす。負けずに強く出る。

【反比例】数一つの量が他の量の逆数に比例すること。二つの数が反対の比で増減すること。反比。逆比。

【反服】そむくことと、従うこと。＝叛服

【反復】㊀①上がることと下がること。昇降。②くり返す。③そむく。㊁ファンフー fǎnfù 現①㊀の②に同じ。②ふらふらする。ゆれ動く。

【反覆】①もとにもどす。かえす。かえる。②裏がえす。③くつがえる。④そむく。うらぎる。⑤くりかえす。反復。⑥往復する。⑦あがりさがりする。

【反哺】①食物を口移しにして食べさせて、養育してくれた者に恩がえしすること。②親に恩をかえすこと。【——心】親の恩に報いようとする心。〈白居易の詩・慈烏夜啼〉【——之孝】烏の子は、自分が育てられた恩返しに、成長してから食物を親に口移ししてあげる意で、親の恩にむくいて孝養をつくすことのたとえ。

【反本】①根本にたちかえる。②天や父母を思う。

【反命】①使者がもどってきて報告する。復命。②命令にそむく。

【反面】反対側の面。他の面から見た場合。他面。

【反目】にらみ合い。仲が悪いこと。反眼。

【反問】問い返す。

【反乱(亂)】むほんのためにおこる乱。むほん。＝叛乱

【反戻】まちがったことをする。そむく。

【反論】他の非難に対して言い返す議論。

◆背反・違反・謀反・離反

又2 【㕛】〔4〕 フク 漢 入 屋 ブク 呉 fú フー　U補J ②0360 20B1D

意味 おさめる。仕事に従事する。＝服

又2 【友】〔4〕 学2 ユウ とも ユウ(イウ) 漢 ウ 呉 上 有 yǒu ユー　U補J 4507 53CB

筆順 一 ナ 方 友

意味 ①〈とも〉ともだち。「朋友」②ともとする。友人としてまじわる。また、親しむ。「友好」③兄弟の仲のよいこと。④仲がよい。助け合う。⑤姓。

解字  会意。手が二つある形を表した字。互いに手だすけし合うことを表し、そこから、こころざしを同じくする友人をいう。

名前 すけ　姓 友利　難読 友達(付表)

【友引】国友引日の略。陰陽道で、相引きで勝負なしとする日。後に、友を引くというので、この日に葬式をすることを避けるようになった。

【友愛】①兄弟の間の情愛。②友だちに対する愛情。友情。

【友于】兄弟の仲がよいこと。〈書経・君陳〉

【友誼】㊀友人としてのよしみ。友だちとしての心づかい。友好。友情。㊁イー yǒuyì 現㊀に同じ。

【友軍】国味方の軍隊。

【友好】㊀①友だちのよしみ。②仲がよいこと。③親善。㊁ハオ yǒuhǎo 現㊀に同じ。

【友執】友だち。親友。同志。執友。

【友情】友だちの間の情愛。友だちどうしの親しみ。

【友生】①友だち。友人。②門下生に対する自称。

【友禅(禪)】国友禅染めの略。絹地などに花鳥山水の模様をあざやかな色で染め出したもの。

【友弟】兄弟仲がよい。＝友悌

【友党(黨)】仲のよい党派。仲間の党派。

【友邦】ゆうほう（いうはう） ①親しい関係の国。②交わりを結んでいる国。
【友睦】ゆうぼく（いう） 仲がよい。仲よくつきあうこと。＝友穆
【友穆】ゆうぼく（いう） 「友睦」に同じ。
〖友レ直友レ諒友二多聞一益〗なおきをともとし、まことをともとし、たぶんをともとするはえきなり 正直な人、誠実な人、見聞の広い人を友人とするのは有益である。〈論語・季氏〉
◆旧友・交友・良友・知友・朋友・学友・畏友・校友・師友・悪友・盟友・戦友・僚友・親友

又 2【及】〔4〕 旧→及(三七ページ・上)

又 3【叏】〔5〕 本→夬(三二〇ページ・中)

又 4【叒】〔6〕 ジャク 漢 入 薬　ニャク 呉 ruò ルオ　J 2058　補 U 53D2
意味 ①叒木じゃくぼくは、古代神話で、太陽が東から昇るところにある木。若木じゃくぼく。②したがう。すなおである。＝若

又 4【叓】〔6〕 本→史(二二一ページ・上)

又 5【叕】〔7〕 古→事(四五ページ・上)

又 5【叓】〔7〕 古→事(四五ページ・上)

又 6【取】〔8〕 学 3 シュ　とる　シュ 漢 上 麌 qǔ チュイ　J 2872　補 U 53D6
筆順 一 丅 F F E 耳 取 取
意味 ①〈と・る〉㋐自分のものにする。得る。㋑手にもつ。㋒受けとる。㋓よいとする。採用する。「取舎しゅしゃ」②攻めおとす。攻略する。③めとる。妻をもらう。④治おさめる。
解字  会意。耳と又を合わせたもの。又は手。戦場で敵を打ちとると、左の耳を切り取って証拠とした。そこで取は、耳を手でつかみとる形を表し、「とる」意味になった。一説に、獣を捕らえることであるともいう。
姓 取石とれし　地名 取手とりで
【取義】しゅぎ ①正しい道を選ぶ。②意味を理解する。「断章取義だんしょうしゅぎ」
【取材】しゅざい ①物事をうまく処理する。②ある物事から材料または題材を取る。③材料を集める。
【取次】しゅじ 一 ①しだいに。つぎつぎに。②しばらく。まにあわせに。③勝手に。 二 とりつぎ 国 人と人との間で、物事を伝える。また、その人。
【取舎】しゅしゃ ①取り入れることと、捨て去ること。＝取捨 ②進むことと、止まること。
【取捨】しゅしゃ ①取ったり捨てたり。選択。②善を取り悪をすてる。＝取舎【取捨選択(擇)】しゅしゃせんたく 良いものを取り、悪いものをすてる。
【取得】一 しゅとく 自分の物にする。 二 とりえ 国 長所。よいところ。
【取友】しゅゆう（いう） 友だちを選択する。
【取予】しゅよ 取ることと与えること。金銭・物品のやりとり。〖取与〗
【取掠】しゅりゃく かすめとる。奪い取る。
【取舵】とりかじ（かぢ） 国 ①船を左のほうに進めるときの、かじのとり方。↔面舵おもかじ ②左舷さげん。
【取締】とりしまり 国 とりしまること。また、その人。【──役】とりしまりやく 国 株式会社の重役。会社の業務をとり行う者。
◆弓取ゆみとり・段取だんどり・窃取せっしゅ・採取さいしゅ・進取しんしゅ・婿取むことり・詐取さしゅ・間取まどり・摂取せっしゅ・搾取さくしゅ・嫁取よめとり・跡取あととり・奪取だっしゅ・関取せきとり・横取よことり・縫取ぬいとり・頭取とうどり・聴取ちょうしゅ

又 6【受】〔8〕 学 3 ジュ　うける・うかる　シュウ(シウ) 漢 ジュ 呉 上 有 shòu ショウ　J 2885　補 U 53D7
筆順 ノ ⺈ ⺈ 爫 爫 爫 受 受
意味 ①〈う・ける(─・く)〉㋐うけとる。もらう。㋑きき入れる。㋒こうむる。「受難じゅなん」㋓うけつぐ。②買い入れる。③入れる。収める。④…される。動作の受け身を示す。「受レ侮あなどらる」⑤〈さず・ける(さづ・く)〉＝授しゅう 国 ①〈うけ〉人気。評判。②〈うか・る〉合格する。
解字  形声。爪つめ、冖(舟の略)、又(手)の三つを合わせたもの。舟しゅうが音を示す。舟はふねで、物を乗せて渡すもの。爪も手の動作を表す。受は、こちらの手から、あちらの手へと物を渡す動作を表す。渡すほうを授(さずける)といい、受け取るほうを受(うける)という。
名前 おさ・しげ・つく
【受太刀】うけだち 国 ①切りこまれてきた太刀を受けとめること。また、その刀。②受け身になること。③負けそうになること。
【受戒】じゅかい ①戒めを受ける。②仏 師から戒律を受けて仏門にはいること。僧になる。
【受教】じゅきょう（けう） 教えをうけること。
【受業】じゅぎょう（げふ） ①師について学業を学ぶ。②弟子でしの師に対する自称。③仕事を命じられる。
【受刑】じゅけい 刑罰をうける。
【受経(經)】じゅけい 経書の講義を聞く。
【受検(檢)】じゅけん 検査をうける。検定試験を受ける。
【受験(驗)】じゅけん 試験をうける。
【受講】じゅこう（かう） 講義をうける。
【受降城】じゅこうじょう（かうじやう） 匈奴きょうど(北方の異民族)の兵士で降服して来た者を受け入れるとりで。漢の武帝が築いた。
【受持】じじ（ぢ） 仏 心にさとって忘れないこと。
【受授】じゅじゅ 受けることと、授けること。受け渡し。
【受賞】じゅしょう（しやう） 賞を受ける。ほめられる。↔授賞じゅしょう〖受賞〗
【受診】じゅしん 医者の診察を受ける。
【受禅(禪)】じゅぜん 譲りを受ける。転じて、天子の位を譲りうけること。
【受祚】じゅそ ①天子の位を受けつぐこと。②幸いを受ける。
【受像】じゅぞう（ざう） 国 放送のテレビ電波を受けて、それを像にかえて画面にうつす。
【受胎】じゅたい 子をはらむ。みごもる。懐妊かいにん。妊娠にんしん。
【受託】じゅたく 頼みを受ける。
【受諾】じゅだく 承知する。引き受ける。
【受動的】じゅどうてき 他から働きかけられるさま。受け身であるさま。↔能動的のうどうてき
【受難】じゅなん ①困難に出会う。災難を受ける。②キリストが十字架にかけられたこと。【──劇】じゅなんげき 救世主のイエス＝キリストの誕生から昇天までの生涯を脚色した演劇。
【受納】じゅのう（なふ） 受けいれる。受けおさめる。
【受命】じゅめい ①君主の命を受ける。②天命を受ける。【──之君】じゅめいのきみ 天命を受けて天子の位につく人。
【受理】じゅり 受けおさめる。受けとる。
【受領】一 じゅりょう（りやう） 受け取る。 二 ずりょう（りやう）｜ずろう（らう） 国 ①国司の官職。国司に任命される。②国守の別称。
【受禄(祿)】じゅろく ①幸いを受ける。受福。②俸給ほうきゅうをもらう。
◆口受こうじゅ・甘受かんじゅ・伝受でんじゅ・忍受にんじゅ・拝受はいじゅ・享受きょうじゅ・荷受にうけ・授受じゅじゅ・軸受じくうけ・感受かんじゅ

又 6【叔】〔8〕 常 シュク　シュク 漢 入 屋 shū シュー　J 2939　補 U 53D4
筆順 丨 ト 上 才 未 未 叔 叔
意味 ①おじ。父の兄弟で父より年下の者。②弟。兄弟の中で伯・仲・叔・季のうち三番めの者。③こじゅうと。妻

4 廾【尗】〔7〕 俗字　J ──　補 U 20991

2画
二亠人(亻・𠆢)儿入八冂冖冫几凵刀(刂)力勹匕匚匸十卜卩(㔾)厂厶又

から夫の弟をさしていう。④すえ。末世。⑤拾う。⑥よい。＝俶・淑。⑦豆。＝菽。⑧姓。

解字 形声。又が形を表し、尗が音を示す。又は手。尗はまめの類をいう。叔は、豆やいもの類をつぎつぎと手で拾い取るように、物を取り入れることをいう。尗を象形文字とみて、叔を会意文字とみる説もある。叔は、少の仮借として、年少者の意味にもなる。

名前 よし・はじめ 難読 叔父・叔母(付表)

【叔舅】①天子が異姓の小諸侯をよぶ語。②おじ。父母の弟。

【叔季】①末の弟。末弟。②末の世。末世。

【叔世】末の世。末世。叔代。

【叔斉(齊)】人名。周の人。孤竹君の子で、伯夷の弟。→「伯夷叔斉」(三八ページ・上)

【叔孫通】人名。前漢の政治家。前漢の朝儀を制定した。

【叔伯】①おじ。親より年下のおじと、年上のおじ。②兄弟。③年下の臣と年上の臣。

【叔父】㊀父の弟。㊁国父母の弟。

【叔母】㊀父の弟の妻。㊁国父母の妹。

【叔梁紇】人名。春秋時代の魯の人で、孔子の父。鄹邑の大夫で武力にすぐれた。妻の顔徴在とともに、尼丘の山に祈り、孔子が生まれたという。孔子が三歳のとき没した。

【叔叔】shūshu 現①おじ(父の弟)。②(年少者が年長者に対して)おじさん。

又 6
【㕞】〔8〕
セツ 漢 入 屑 shuā ショワ
U補J ②0362 355E
意味 ぬぐう。ふいたり、はいたりしてきれいにする。＝刷

又 6
【叕】〔8〕
㊀テツ 漢 ㊀入 屑 zhuó チュオ
㊁イ 漢 ㊁上 紙 yǐ イー
U補J ②0363 53D5
意味 ㊀〈つづ・る〉つなぎあわせる。＝綴 ㊁あみを張ったさま。

又 7
【叚】〔9〕
㊀カ 漢 ㊀上 馬 jiǎ チア
㊁カ 漢 ㊁平 麻 xiá シア
U補J ②0364 53DA1
意味 ㊀仮。①〈か・りる(――・る)〉 ②〈か・す〉 ㊁①玉のきず。＝瑕 ②姓。

又 7
【㕟】〔9〕
キュウ(キフ) 漢 入 緝 jí チー
U補J 2062 53DD
意味 急いで行く。

又 7
【叙】〔9〕 常 ジョ
U補J 2986 53D9

旧字 攴 7
【敍】〔11〕 人
ショ 漢 上 語 ジョ 呉 xù シュイ
U補J 5838 654D

攴 7
【敘】〔11〕 同字
U補J 5839 6558

筆順 丿 𠆢 亼 今 乍 余 叙 叙

意味 ①〈つい・でる(――・づ)〉 ㋐順序をつける。㋑位階・官職を授ける。②〈ついで〉 順序。しだい。③はし。いとぐち。＝緒 ④〈の・べる(――・ぶ)〉 順序だててのべる。⑤はしがき。序文。＝序

解字 形声。攴が形を表し、余が音を示す。攴は打つことで、動作をさせることを表す。余には、ゆるやかにのびてゆく気持ちがある。敍は、だんだんと順序を追ってゆくことを表す。

参考 新表記では、「抒」の書きかえに用いる熟語がある。

【叙位】国①位を賜ること。②昔、五位以上の位階を賜ること。

【叙勲】国勲記や勲章を授けられること。

【叙景】けしきについて、述べしるすこと。

【叙次】ついで。次第。順序。＝序次

【叙事】事件や事実をありのままに述べること。【――詩】神々や英雄のしたことがらをよんだ詩。エピック。劇詩・叙情詩とともに詩の三大部門。

【叙爵】①もと、爵位を授けられたこと。②国昔、はじめて従五位の下に任ぜられたこと。

【叙述】述べる。説く。話す。

【叙(「抒」)情】自分の感じ・感情を述べ表すこと。【――詩】作者の感情を表現した詩。リリック。↕叙事詩・劇詩

【叙説】順序をたてて説明すること。また、その文章。

【叙任】官職に任ずること。

【叙録(錄)】①順序を立てて記録する。また、その記録。②漢代の劉向が古書を整理して、一書ごとに作った解題。

【叙論】①順序正しく説いた議論。②本論にはいる手がかりの議論。＝序論

◆自叙・昇叙・追叙・略叙

又 7
【叛】〔9〕 標
ハン 漢 去 翰 ホン 呉 pàn パン
U補J 4032 53DB

又 7
【㕡】〔9〕 俗字
U補J

意味 ①〈そむ・く〉 手むかう。謀反する。②乱れる。③明るくかがやく。④分ける。＝判

参考 新表記では、「反」に書きかえる熟語がある。

【叛渙】そむき離れる。

【叛逆】むほん。＝反逆

【叛骨】①むほん心。②権力に屈しない根性。＝反骨

【叛臣】むほんをする家来。逆臣。＝反臣

【叛跡】むほんをくわだてた形跡。＝反跡

【叛賊】むほん人。＝反賊

【叛徒】むほんしたともがら。反逆の徒党。＝反徒

【叛服】そむいたり服従したりする。＝反服

【叛乱(亂)】そむいておこす乱。むほんしてさわぎを起こす。＝反乱

又 7
【変】〔9〕 本 →叟(二一四ページ・下)

又 7
【叜】〔9〕 俗 →叟(二一四ページ・下)

又 8
【叟】〔10〕 標
㊀ソウ 漢 ㊀上 有 sǒu ソウ
㊁シュウ(シウ) 漢 ㊁平 尤 sōu ソウ
U補J 5055 53DF

又 7
【叜】〔9〕 本字
U補J 53DC

又 7
【叟】〔9〕 俗字
U補J

意味 ㊀①おきな。年より。②老人の尊称。②蜀の別名。「叟兵」 ㊁①米をあらう音。「叟叟」

又 8
【㕟】〔10〕 同 →尉(三八五ページ・下)

又 8
〖隻〗 →隹部二画(一三四一ページ・上)

又 8
〖桑〗 →木部六画(六四一ページ・下)

又 9
〖曼〗 →曰部七画(六〇七ページ・上)

又 10
〖最〗 →曰部八画(六〇七ページ・上)

又 11
【叠】〔13〕 俗 →疊(八三九ページ・下)

又 14
【叡】〔16〕 人
エイ 漢 呉 去 霽 ruì ロイ
U補J 1735 53E1

目 9
【睿】〔14〕 古字
U補J 6647 777F

土 16
【壡】〔19〕 古字
U補J 2459 58E1

又 14
【㕡】〔16〕 俗字
U補J 20B89

意味 ①かしこい。道理にあかるい。「叡知」 ②天子

2画 二亠人(亻・𠆢)儿入八冂冖冫几凵刀(刂)力勹匕匚匸十卜卩(㔾)厂厶又

に対する敬語。「叡聖」

解字 （篆文）会意。奴と谷と、目を合わせた字で、奴は穿つ意、谷は深い意、目は見ることを意味する。そこで叡は、深く物事をさぐり見る意で、かしこい意となる。

名前 とし・あきら・さとし・とおる

参考 新表記では、「英」に書きかえる熟語がある。

【叡感】(えいかん) 天子の感動。天子のおほめ。

【叡才】(えいさい) すぐれた才能。

【叡算】(えいさん) ①すぐれた考え。②天子のおとし。

【叡旨】(えいし) ①すぐれた考え。②天子の命令。

【叡聖】(えいせい) 知徳がすぐれて道理に明るいこと。また、その人。ふつう、天子の徳をたたえていう。

【叡藻】(えいそう(さう)) 天子や皇后の作った詩文。

【叡知】(えいち) すぐれた知性。また、その人。「聡明叡知」〈戦国・趙策〉

【叡哲】(えいてつ) 広くて深いちえ。

【叡聞】(えいぶん) 天子のお耳にはいること。

【叡謨】(えいぼ) ①かしこいはかりごと。②天子のすぐれたはかりごと。

【叡覧(覽)】(えいらん) 天子がごらんになること。天覧。

【叡慮】(えいりょ) 天子のみ心。天子のお考え。聖慮。宸慮。
◇比叡(ひえい)

又15 〖壡〗→土部十四画(三〇三ページ・下)

又16 【叢】〔18〕 人 標 ソウ 漢 平 東 cóng ツォン　J 3349 U補 53E2
木12 【樷】〔16〕 同字 J 3702 U補 6A37

意味 ①〈むらが・る〉あつまる。あつめる。「叢生」②〈くさむら〉草や木が群生しているところ。「竹叢」③むらがり。あつまり。④数が多く、ごちゃごちゃしている。⑤姓。

名前 しげ・むら

【叢雲】(そううん) 群がり集まった雲。むら雲。

【叢菊】(そうぎく) 群がりはえた菊。「叢菊両開他日涙(そうぎくふたたびひらくたじつのなみだ)」（群がりはえた菊の花の咲くのを、今年もまた目にするにつけ、過ぎ去った旅の空の日々のことが思いかえされて、涙は流れる。）〈杜甫の詩・秋興八首〉

【叢棘】(そうきょく) ①群がりはえているいばら。②牢屋。牢獄。逃げられないように、いばらで囲いをしたことによる。

【叢篁】(そうこう(くわう)) たけやぶ。たかむら。

【叢雑(雜)】(そうざつ) 生い茂る。また、むらがる。

【叢至】(そうし) どっと押し寄せて来る。

【叢祠】(そうし) 木の茂った中に建てられたほこら。

【叢集】(そうしゅう(しふ)) 群がり集まる。叢萃。＝叢聚
【叢書】(そうしょ) ①書物を集める。また、集めた書物。②同種類の書を集めて大きく一部にしたもの。③一定の形式によって、継続して刊行する出版物。双書。シリーズ。

【叢篠】(そうしょう(せう)) おい茂った細かい竹。ささはら。

【叢生】(そうせい) 群がり生える。

【叢談】(そうだん) いろいろの物語を集めのせた書。

【叢竹】(そうちく) 群がってはえている竹。竹やぶ。

【叢帖】(そうちょう(てふ)) 古今の法帖(ほうじょう)を集めて版にしたもの。法帖は習字の手本。

【叢芳】(そうほう(はう)) 群がりはえたかおりのよい草。

【叢茂】(そうも) 群がり、しげる。

【叢莽】(そうもう(まう)) 生い茂った草むら。

【叢林】(そうりん) ①木の群がっている林。②仏僧の集まり住む所。「寺」

【叢話】(そうわ) いろいろな話を集めること。また、その書物をいう。

又16 〖雙〗→隹部十画(一二一〇ページ・中)

3画　口部　くち　くちへん

【部首解説】「くちの形」にかたどる。この部には、声を発したり、飲食など口を使う動作を表すものが多く、「口」の形を構成要素とする文字が属する。

口0 【口】〔3〕 学1 コウ・ク　くち　コウ 漢　ク 呉　上 有 kǒu コウ　J 2493 U補 53E3

筆順 丨 冂 口

意味 ①〈くち〉㋐口腔(こうこう)。㋑出し入れ口。また、出入り口。㋒左右からせばまった地形。「山口(さんこう)」②飲食(いんしょく)。また、飲食する。「口腹(こうふく)」③弁。議論。また、口にする。しゃべる。「口舌(こうぜつ)」④〈くちずから(くちづから)〉直接口うつしに。「口伝(こうでん)(くでん)」⑤刀剣の刃。⑥量詞。㋐刀剣類を数える。ふり。「剣一口」㋑人数を数える。「八口(はっこう)之家」⑦中国医学で、手首の脈を取るところ。「寸口(すんこう)」 国〈くち〉先。④栓(せん)。⑤寄付・株などの単位。②たぐい。種類。わけまえ。わりあて。③仕事①ものの端(はし)。はじめ。

解字 （甲骨文）象形。口の形をそのまま表したもの。ことばをいい、食事をするものであることから、人の数を数える単位ともなる。また、口の形から、穴(あな)をも表す。

名前 あき・ひろ　難読 口説(くど)く・口惜(くや)しい

【口金】(くちがね) 国器物の口にはめる金具(かなぐ)。

【口利】(くちきき) 国①口才(こうさい)のある人。②談判や仲裁などのうまい人。③調停者。とりもち役。あっせん役。

【口火】(くちび) 国①爆薬などの火薬につける火。②物事をおこすきっかけとなるもの。きっかけ。つけ火。

【口目】(くちめ) 国目方の名で、二百匁(もんめ)を一斤とするもの。

【口調】(くちょう(てう)) 国ことばの言いまわし。話す調子。

【口分】(くぶん) ①人数にわりあてる。頭わり。②くいしろ。食料。③国「口分田」の略。【――田】(くぶんでん) 国大化の改新後、国民ひとりずつに、規定に従って分け与えた田地。

【口演】(こうえん) 口で述べる。

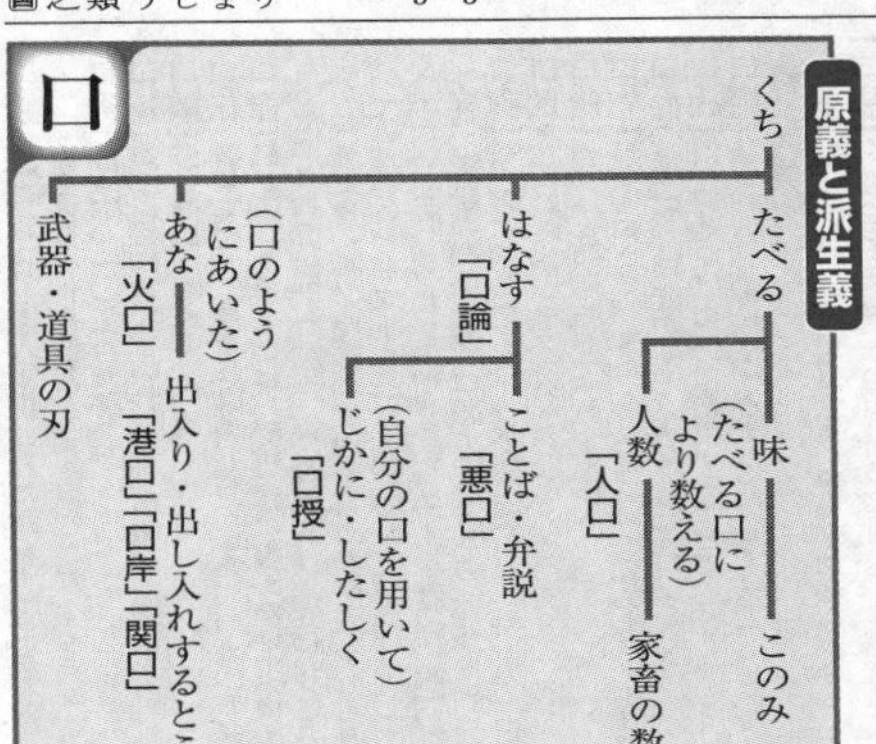

3画
口囗土士夂(夊)夕大女子宀寸小尢(尣・兀)尸屮山巛(川)工已巾干幺广廴廾弋弓彐(彑・ヨ)彡彳⺍

【口過】こうか(くゎ) ことばのあやまち。言いすぎ。失言。
【口外】こうがい(ぐゎい) ①口の外。②北方、万里の長城の外。口北。③[国]口に出していう。しゃべる。ほかの人に話す。
【口蓋】こうがい 上あご。
【口角】こうかく ①口先。口のはた。②口論すること。『――流レ沫』口先につばきを飛ばして議論する。議論の激しいさま。口角飛レ沫。
【口岸】こうがん みなと。
【口気(氣)】こうき ①口から出る気。②物の言い方。口ぶり。
【口義】[一]こうぎ 経書などの意味を口述する。また、その書。[二]くぎ 「口訣こうけつ|くけつ」に同じ。
【口給】こうきゅう(きふ) 口先がうまいこと。口達者。
【口供】こうきょう ①口頭で述べること。②裁判官の尋問に対して、被告人・証人などが申し立てをすること。また、それを記録したもの。供述。口述書。
【口業】[一]こうぎょう(げふ) 詩や文章を作ること。文学の仕事。[二]くごう(ごふ) (仏)三業の一つ。口によって作られる罪。妄語・綺語・悪口・両舌をいう。
【口吟】こうぎん ①口ずさむ。また、口ずさみ。②どもって、ことばがはっきりしないこと。
【口径(徑)】こうけい 銃や器物の口のさしわたし。直径。
【口訣】こうけつ|くけつ 口授の秘伝。口伝えの奥義。
【口語】[一]こうご ①口で言うことば。言ったことば。②そしり。③[国]日常のはなしことば。↔文語 [二]コウユィ kǒuyǔ [現][一]の③に同じ。
【口腔】こうこう(かう)|こうくう 口の中の空所。消化管の、口からのどに連なる部分。
【口号(號)】[一]こうごう(がう) ①くちずさむ。口吟。②詩題の一つで、文字に書かずに、心に思い浮かぶままをすぐ吟じること。[二]コウハオ kǒuhào [現]スローガン。
【口講指画(畫)】こうこうしかく(かうくわく) 口で説明し、指でえがき示す。ていねいに教えること。
【口才】こうさい ことばがうまい。口先のじょうずな才能。
【口算】こうさん 人別または頭数にかける税。人頭税。
【口耳】こうじ 口と耳。【――四寸】こうじしすん 口と耳との間の距離はわずか四寸である。↓口耳之学 『――相属(屬)』こうじあいぞくす 口と耳とをつけあって、互いにひそひそ話をする。〈日本外史・北条氏〉『――之学(學)』こうじのがく 耳で聞いたことをすぐそのまま口に出す、浅薄な学問。聞いたことをよく理解せずにすぐ人に告げるだけで、少しも自分の益にならない学問。

耳学問。「小人之学也、入二乎耳一、出二乎口一、口耳之間、則四寸耳」〈荀子・勧学〉
【口実(實)】こうじつ ①言いわけ。言いぐさ。かこつけ。②話のたね。語りぐさ。③食物。④口先だけのことば。⑤俸禄。⑥死者にくわえさせる玉。
【口受】こうじゅ|くじゅ ①人の教えを直接うけること。②人の話を直接聞き取る。
【口授】こうじゅ|くじゅ 直接に話して伝えさずける。直接に教える。
【口述】こうじゅつ 口で述べること。「口述筆記」
【口書】こうしょ|くちがき ①取り調べのときの申し立てを筆記した文書。口供。②口に筆をくわえて書画を書くこと。③はしがき。
【口承】こうしょう 口から口へことばによって受け伝えること。【――文学(學)】こうしょうぶんがく 文字によって記録せずに、口から口へ伝えられている文学。口碑文学。
【口唱(「誦」)】こうしょう(しゃう) くちずさむ。口吟。
【口上】こうじょう(じゃう) [国]①口頭で用向きを述べること。②興行などのとき、客に対して、襲名の披露や興行物のしくみなどを説明すること。また、その人。口状。③「口上書」の略。【――書】こうじょうがき [国]①口上の次第を述べた文。②江戸時代、裁判での供述を筆記したもの。
【口数(數)】[一]こうすう ひとかず。人数。[二]くちかず [国]①ことばの数。口を開いて物をいうかず。②人数。③事件の数。
【口跡】こうせき [国]ことばづかい。言いぶり。こわいろ。=口蹟
【口説】[一]こうせつ ことば。[二]くぜつ [国]口争い。言いあい。[三]くどき [国]①自分の意に従わせようと、言い迫ること。また、説得すること。②くどくどいうこと。愚痴をこぼすこと。③口説節の略。【――節(節)】くどきぶし [国]俗曲の一つで、主に盲目の女などが世間の情事を三味線にあわせてうたったもの。
【口舌】[一]こうぜつ ①口と舌。②口先。弁舌。ことば。[二]くぜつ [国]①おしゃべり。口先。②言い争い。いさかい。口説。【――労(勞)】こうぜつのろう(らう) 弁舌でたてた功績。
【口占】[一]こうせん ①口ずさむこと。「歳旦口占」(元旦の口ずさみ。)〈成島柳北の詩の題〉②詩や文章を、書きしるさずに直接口から伝えること。くちうつし。[二][国]くちうら 他人のことばによって吉凶をうらなうこと。また、相手の言い方によって胸の中を推察すること。
【口宣】[一]こうせん ①天子の命令を、直接口で述べ伝える。②宋代の文体の名。[二]くせん [国]昔、五位以上の官位を授けるとき、頭弁とうのべんが勅旨を口で述べたこと。

【口銭(錢)】こうせん|くちぜに ①人頭税。人の頭かずによって課する税金。②[国]売買の仲だちをした手数料。コミッション。

【口沢(澤)】こうたく 口をふれた跡。

【口達】こうたつ 直接に口で言いわたす。口頭で通達する。

【口談】こうだん 談論する。しゃべる。

【口伝(傳)】こうでん|くでん 語り伝える。言い伝え。口うつしに伝えること。

【口頭】こうとう ①口先。ことば。②書類に書かないで、口で述べること。「口頭試問」【――禅(禪)】こうとうぜん 実行のともなわない、口先だけの禅。座禅の理屈を言うだけで、少しも身についていないこと。【――交】こうとうのまじわり(まじはり) 口先ばかりで、真実さのない交際。うわべのつきあい。【――弁(辯)論】こうとうべんろん (法)法廷で訴訟の関係者が、口頭で申し立てを述べること。

【口碑】こうひ 碑に刻したように、永遠に残る言い伝え。伝説。

【口風琴】こうふうきん ハーモニカのこと。

【口腹】こうふく 口と腹。転じて、飲食をいう。

【口吻】こうふん ①口さき。②ことばつき。口ぶり。言いぶり。

【口弁(辯)】こうべん 口先がじょうずなこと。口才。

【口約】こうやく 口約束。口上で約束すること。

【口糧】こうりょう(りゃう) ①兵士・人夫などに与えるふちまい。②食糧。兵糧。

【口論】こうろん ①口で論ずる。②言い争い。口争い。

【口袋】コウタイ kǒudai [現]ふくろ。ポケット。

【口琴】コウチン kǒuqín [現]ハーモニカ。

『口不レ二レ価(價)』くち、あたい(あたひ)をにせず かけ値をいわない。〈後漢書・韓康伝〉

『口尚乳臭』くちなお(なほ)にゅう(にう)しゅう(しう)あり 口がまだ乳くさい。年若く、経験にとぼしいこと。〈漢書・高帝紀上〉

『藉レ口』くちにしく 言いわけの材料とする。口実にする。

『口無レ択(擇)言』くちにたくげんなし 口から出るところのことばが、すべて善言ばかりである。〈孝経・卿大夫章〉

『口有レ蜜、腹有レ剣(劍)』くちにみつあり、はらにけんあり ことばは親切そうだが、心は恐ろしいこと。外面は親切に見えて、内心は陰険なことのたとえ。〈唐書・李林甫伝〉

『口者心之門戸也』くちはこころのもんこなり 口は、その人の心のよく現れ出る門である。口はじゅうぶんつつしまなければならないの意。〈鬼谷子・捭闔〉

『口禍之門』くちはわざわい(わざはひ)のもん 口はわざわいの基である。ことばは、じゅうぶん慎まなければならないことのいましめ。

『節(節)レ口』くちをせっす 飲食物を節約する。〈蘇軾・論積欠状〉

『守レ口如レ瓶(甁)』かめが水をもらさぬように、口をかたくとじ、発言を慎重にする意。〈朱熹・敬斎箴〉

【口体(體)之奉】身体を養う、飲食・衣服の類。

【口中雌黄】発言をすぐ改めること。誤字を訂正する雌黄(顔料)が口の中にあるかのようだということ。

【口中蝨】逃げ場のないこと。

◆人口・火口・戸口・合口・利口・表口・門口・虎口・後口・悪口・陰口・閉口・港口・軽口・開口・裏口・糊口・鶏口・讒口・非常口・昇降口・幽霊人口

口2 【右】〔5〕学1 ウ・ユウ　ユウ(イウ)漢 ウ呉｜上 有 yòu ユー　J 1706｜補｜U 53F3

筆順 ノ ナ ナ 右 右

意味 ①〈みぎ〉⇔左 ②みぎする。右のほうに行く。右のほうに向く。③西の方角をいう。「山右」④身近。「座右」⑤〈たっと・ぶ〉〈とうと・ぶ〉(たふと・ぶ) 重んずる。「右武」⑥かみ。上位。古代には右を尊んだことに由来する。「右職」⑦〈たす・ける〉(――・く) 補佐する。＝佑 ⑧酒食をすすめる。＝侑 国〈みぎ〉①文書で、前文のことがらをさしていう。②保守的思想。右翼的思想。⇔左

解字 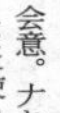 会意。ナと口とを合わせた字。ナは右手で、物をかばうことに使う。右は、手だけでなく、口ぞえしてたすけることも表す。

難読 右手(めて)

【右往左往】国右へ行ったり左へ行ったりする。うろたえ歩くさま。しどろもどろ。混乱のさま。

【右岸】川の下流に向かって右がわの岸。⇔左岸

【右舷】船首に向かって右がわのふなべり。

【右顧左眄】右を見たり左を見たりする。ためらうさま。左顧右眄。

【右拾遺】唐代の官名。天子の過失をいさめる役。

【右相】国右大臣の唐名。右府。

【右大臣】国太政官の長官で、左大臣の次の位。

【右党(黨)】国①議会で、議長席から見て右側に位置を占める党派。②保守派的政党。⇔左党

【右派】保守派のこと。⇔左派

【右倍】右か後ろ。

【右府】国右大臣の唐名。右相。

【右辺(邊)】一 右がわ。二 ユービエン yòubian 現一に同じ。

【右翼】①右のつばさ。右の羽。②本隊の右側にいる軍隊。右の陣。③国政治で、保守派をいう。④国同じ階級の中で成績のすぐれた者。⑤国野球で外野の右翼手。ライト。

【右軍】①三軍の右に位置する軍。②晋の書家、王羲之のこと。右軍将軍であったためにいう。③鵞鳥のこと。王羲之が愛したことからいう。

【右券】右のほうの割り符。証書。証文。昔、木片に書いた証文を左右に両分し、右券を債権者が、左券を債務者がもち、後日合わせて証拠とした。

【右賢】①賢者をたっとぶ。②右賢王のこと。匈奴の貴族の称号。

【右校】宮中の土木をつかさどる官。

【右史】官名。天子のそばにいてそのことばを記録した役。⇔左史(天子の行動を記録する役)

【右職】地位の高い職務。高い官職。高官。

【右姓】尊い家がら。勢力のある家がら。名門。名族。右族。

【右族】勢力のある家がら。右姓。

【右大将(將)】一 右賢王。匈奴の貴族の封ぜられるときの称号。二 国右近衛の大将の略。昔、宮中警護の、右近衛府の長官。⇔左大将

【右筆】国かきやく。昔、貴人のそばにいて、書記の役目をつとめた人。＝祐筆

【右武】武を尊び重んじる。尚武。

【右扶風】漢代、首都周辺の行政地区のひとつ。左馮翊・京兆尹とあわせて三輔という。

【右文】①文を尊ぶ。学問を尊び重んじる。②漢字の右半分。旁のこと。【――左武】文を右にし武を左にする。文武両道をもって天下を治めること。左文右武。

◆左右・座右

口2 【呇】〔5〕エン 漢 上 銑 yǎn イエン　J ②0365｜補｜U 3563

意味 ①山あいの泥沼地。②古代の州の名。九州の一。＝兗

口2 【可】〔5〕学5 カ　一 カ 漢呉 上 哿 kě コー　二 コク 慣 入 陌 kè コー　J 1836｜補｜U 53EF

筆順 一 丆 丆 可 可

意味 一①〈よ・い(――・し)〉よろしい。賛成する。②よいところ。よいこと。美点。善。③〈べし〉㋐義務・可能・決意・推量・命令などの意を示す語。㋑現副詞。動詞・形容詞の前につけて、強い語気を表す。④〈き・く〉ききいれる。ゆるす。「許可」⑤あたる。向かい合う。⑥概数を示す。ばかり。ほど。⑦逆接を表す。かえって。二可汗は、蒙古・鮮卑・突厥・回紇などの君主の称。「かかん」とも読む。

語法 ❶〈べし〉…できる。能力・条件などにより可能であると認定する。例「詩書雖レ欠、然虞夏之文可レ知也」(『詩経』や『書経』は欠けてはいるが、それでも虞〔の舜〕・夏〔の禹〕時代の輝かしい様子は知ることができる)〈史記・伯夷列伝〉

❷〈べし〉…してよい。許容・許可。例「秦王以ニ十五城一請レ易ニ寡人之璧一、可レ予不」(秦の王は十五城をもってわしの璧と交換したいといっているが、与えてよいか、いけないか)〈史記・藺相如列伝〉

❸〈べし〉…したほうがよい。適当であると認め、勧める。例「汝可ニ疾去一矣、且レ見レ禽」(おまえははやく立ち去ったほうがよい、虜にされてしまうぞ)〈史記・商君列伝〉

❹〈べし〉…すべきである。…しなければならない。義務。当然であるとの判断を示す。例「諸侯皆曰、紂可レ伐也」(諸侯はみな、紂は征伐すべきですといった)〈史記・斉太公世家〉

❺〈べし〉…であろう。推量。軽い判断を示す。例「楚因撃レ之、可ニ以有一レ功」(楚が機会に乗じてこれ〔蔡〕を攻撃すれば、成功することができましょう)〈史記・管蔡世家〉

❻〈べし〉…しよう。意志・決意を示す。例「籍曰、彼可ニ取而代一也」(項籍は、彼に

取って代わってやるぞ、といった〈史記・項羽本紀〉
↓付録・同訓異義要覧「べし」

解字 会意・形声。口と丂(か)を合わせたもの。丂は、丂の反対向きの形。丂は、気がふさがることで、丂は、その反対の、気が通ずることを表す。可は、ことばが、曲がりなりにも出てゆくことで、まあまあよろしいといって認める意味を表す。

名前 あり・とき・よく・より 姓 可知(かじ)・可部(かべ) 地名 可児(かに)

難読 可惜(あたら)・可笑(おか)しい・可愛(かわい)い・可哀相(かわいそう)・可漆(うるし)(ベク)・可杯(さかずき)(べく)・可内(べくない)

【可惜】[一](あたら) 国惜しくも。あったら。[二](コーシー) kěxī 現惜しい。

【——身】(あたらみ) 国惜しむべき身。

【可是】[一](おかし) 国おかしい。こっけいだ。[二](コーシ) kěshi 現しかし。だが。

【可及的】(かきゅうてき) できるだけ。できるかぎり。

【可決】(かけつ) ①よいときめる。②提出された議案を、よいと認めて決定すること。↕否決

【可人】(かじん) よい人物。みどころのある人物。

【可中】(かちゅう(ちう)) [一](もし) もしも。かりに。

【可能】[一](かのう) できる。することができる。[二](コーノン) kěnéng 現可能。…かも知れない。【——性】(かのうせい) できそうな性質。

【可否】(かひ) ①よしあし。是非。②許すことと許さないこと。

【可不可】(かふか) よしあし。可否(かひ)。

【可憐】(かれん) ①かわいそう。あわれ。②かわいい。愛らしい。③惜しい。うらめしい。④ああ。感嘆のことば。

【可汗】(こくかん|かかん) モンゴル語を音訳したもので、王の意。=可寒

【可愛】(コーアイ) kě'ài 現かわいらしい。親しみやすい。

【可以】(コーイー) kěyǐ 現よろしい。できる。

【可靠】(コーカオ) kěkào 現信頼できる。

【可笑】(コーシアオ) kěxiào 現おかしい。

【可怕】(コーパー) kěpà 現恐ろしい。

〖可在レ楽(樂)レ生、可在レ逸(逸)レ身〗(かなるは、せいをたのしむにあり、かなるは、みをいっするにあり) 人と生まれては、大いに生を享楽するがよいし、また、何もせずに身を安楽に過ごすがよろしい。〈列子・楊朱〉

〖無レ可無ニ不可一〗(かもなくふかもなし) ①言行に行き過ぎも不足もなく、中道にかなっている。過不及(かふきゅう)がない。〈論語・微子〉②良くも悪くもない。毒にも薬にもならない。〈後漢書・光武紀〉

◆不可(ふか)・許可(きょか)・裁可(さいか)・認可(にんか)・生半可(なまはんか)

口2 【另】〔5〕 カ(漢)|(上)馬 (クワ)|guǎ コワ

U補J 2066 53E7

意味 肉をけずる。肉をさいて骨と分ける。

参考 「另(れい)」は別字。

口2 【叱】〔5〕 カ(漢)|(去)禡 (クワ)|huà ホワ

U補J 2824 53F1

意味 口をあいたさま。

参考 「叱(しっ)」は別字であるが、混用される。

口2 【叶】〔5〕 人 キョウ(漢)|(入)葉 (ケフ)|xié シエ

U補J 1980 53F6

意味 ①〈かな・う(——・ふ)〉合う。調和する。=協(きょう) ②ともに。また、ともにする。③やわらぐ。「叶比(きょうひ)」 国〈かな・う(——・ふ)〉願いが実現する。

解字 会意。口と十とを合わせた字。十人の口が合う。多くの人の意見が一つになるということから、かなう、和合するの意となる。

名前 かの・かない・かのう

参考 「協」の古字。また、叶は「葉」(一〇七一ページ・下)の中国新字体としても使う。音 yè イエ。

【叶韻】(きょういん(けふゐん)) 詩を音読する際、他の句とよく押韻するように、臨時に発音を変えること。

【叶賛(贊)】(きょうさん(けふ)) 力を合わせて助ける。=協賛

【叶泰】(きょうたい(けふ)) やわらぎ、安らかなこと。

【叶比】(きょうひ(けふ)) やわらぐ。やわらげる。

【叶和】(きょうわ(けふ)) なごむ。和合する。=協和

口2 【句】〔5〕 学5 ク

[一]ク(漢)(呉)|[一](去)遇 jù チュイ
[二]コウ(漢)|[二](平)尤 gōu コウ
[三]コウ(漢)|[三](去)宥 gòu コウ

U補J 2271 53E5

筆順 ノ 勹 勺 句 句

意味 [一]①言語・文章のひとくぎり。②詩文中の一小節。「絶句(ぜっく)」[二]①まがる。かがまる。=勾(こう) ②へりくだる。つつしむ。③直角三角形で直角をはさむ二辺のうちの短い辺。「句股(こうこ)」④姓。[三]句当(こうとう)は、①任務を担当する。②官名。③ことがら。国〈く〉俳句をいう。

解字 形声。口が形を表し、勹が音を示す。勹は丩(きゅう)と同じで、曲がる意味を示す。句は曲がったものを表すから、「句爪(こうそう)」といえば、タカなどのするどく曲がったつめを意味する。また句は、かぎのかたちを示し、文にかぎのしるしをつけてくぎることを表した。後になって、句は、ことばのくぎり、勾(こう)は、曲がる、鉤(こう)は、先のまがった道具というふうに、意味のちがいによって書き分けられるようになった。

【句意】(くい) 一句の意味。文章の中の語や句の意味。

【句集】(くしゅう(しふ)) 国俳句を集めた書物。

【句題】(くだい) 国①漢詩の一句、または三代集などの和歌の一句を取り出し、歌の題にするもの。②俳句の題。

【句調】(くちょう(てう)) 文章の書きぶりや調子。

【句点(點)】(くてん) 文の切れめなどにつける点。「。」を用いる。

【句読(讀)】(くとう) ①文章の句のきりと、読みのきり。②読み方。③素読(そどく)のこと。④「句読点」の略。【——点(點)】(くとうてん) 句点と読点。句のきりに「。」をつけ、読みのきりに「、」をつける。

【句碑】(くひ) 国俳句を刻みつけた石碑。

【句風】(くふう) 国①文章の中の語や句の作りぶり。②俳句の作りぶり。俳句のおもむき。俳句の風格。

【句法】(くほう(はふ)) 詩文などの文句の組みたてかた。句格。

【句杞】(こうき) ナス科の落葉小低木。枸杞(くこ)。〔ページ・下〕

【句践(踐)】(こうせん) 人名。春秋、越の国の王。=「勾践」(一八三ページ・下)

【句当(當)】(こうとう(たう)) ①取り扱う。任務を引き受けて処理する。②宋(そう)の官名。公事を処理し、また派遣にそなえた職。③国㋐官名。掌侍(ないしのじょう)四人の中の第一位にいる句当の内侍(ないし)の略。㋑真言(しんごん)宗・天台宗などで、庶務をつかさどった、別当の下の職。㋒盲人の官名。検校(けんぎょう)の次、座頭の上。=勾当

【句欄】(こうらん) ①宮殿・社寺などの縁(えん)や廊下などについている、端の反(そ)ったてすり。欄干。=勾欄 ②宋(そう)代は演劇をする所。のちに役者や妓女(ぎじょ)のいる所。

【句子】(チュイツ) jùzi 現文。センテンス。

◆文句(もんく)・成句(せいく)・狂句(きょうく)・対句(ついく)・秀句(しゅうく)・佳句(かく)・発句(ほっく)・甚句(じんく)・俳句(はいく)・挙句(あげく)・隻句(せっく)・章句(しょうく)・転句(てんく)・揚句(あげく)・結句(けっく)・詩句(しく)・禁句(きんく)・節句(せっく)・語句(ごく)・類句(るいく)・警句(けいく)・麗句(れいく)

口2 【古】〔5〕 学2 コ

コ(漢)(呉)|(上)麌 gǔ クー

ふるい・ふるす

U補J 2437 53E4

筆順 一 十 十 古 古

意味 ①〈いにしえ(いにし(へ))〉昔。↕今「上古(じょうこ)」②〈ふ

る・い(――・し)〉㋐流行を追わない。㋑ふるめかしい。㋒ひさしい。↕新 ③昔の人。先人。「古人」 ④昔の法。昔の事物。「考古」 ⑤古体詩の略称。⑥姓。国〈ふる・す〉古くする。「使い古す」

解字 古 会意。十と口を合わせた字。昔のことを知るのは、ことばによる。古は、十代も前のことを言い伝えることから、大昔をさし、ふるいという意味にもなる。一説に古は頭蓋骨の象形。枯れて固くなったもの、死人をいう。あるいは、古代信仰で神として祭る、白いされこうべ、または、その模造品をいう、と解する。

名前 たか・ひさ 姓 古郡・古謝・古波津・古波倉・古波蔵 地名 古川・古平・古志・古宇・古河

【古意】①古めかしいようす。②むかしを懐しむ心。③詩の題。擬古。倣古。

【古音】秦・漢以前の漢字の音韻。＝古韻

【古韻】①周漢時代に用いられた漢字の音韻。↕今韻 ②昔のおもむき。古気。古意。

【古往】むかし。いにしえ。【――今来(來)】昔から今まで。古来。〈杜牧の詩・九日斉山登ㇾ高〉

【古屋】古い建物。古びた家屋。

【古歌】古い歌。古人の歌。

【古雅】古びて趣があること。

【古怪】①ふしぎ。②変わり者。変人。

【古格】昔のしきたり。昔の格式。

【古学(學)】①古代の学芸を研究する学問。②先秦の古文の経典に基づく漢の学問。③国㋐わが国儒学の一派。宋学に対し、漢・唐の古注によった学派。山鹿素行・伊藤仁斎・荻生徂徠の三派がある。㋑江戸時代に起こった和学の一派。わが国の古典を研究する学問。

【古賀精里】人名。江戸末期の儒者。名は樸。佐賀藩の人。のち江戸の昌平黌の教官となり、寛政の三博士の一人に数えられた。(一七五〇～一八一七)

【古活字本】国古い活字本。特に文禄から慶安年間に出された活字本。

【古希(「稀」)】七十歳のこと。昔から七十歳まで生きる人はまれである意。「人生七十古来稀」から出た語。〈杜甫の詩・曲江〉

【古記】古い記録。旧記。

【古稀】→古希

【古義】①古い解釈。②昔の正しい道理。【――学(學)】国伊藤仁斎が唱えた古学。昔の正しい道。堀川学派。＝古誼

【古誼】昔の正しい道理。昔の正しい道。＝古義

【古丘】古い丘。荒れはてたおか。また、土を盛りあげた古い墓。

【古京】古いみやこ。旧都。＝故京

【古郷(鄕)】ふるさと。郷里。＝故郷

【古琴友】自分をよく理解してくれる友。知音。知己。「伯牙絶弦」(八二ページ・上)をふまえた語。〈土井晩翠の詩・星落秋風五丈原〉

【古訓】①昔の教え。古人のいましめ。②古代のよみ方。昔からのよみ方。

【古蹊】以前来たことのあるこみち。＝故蹊

【古言】①古人のことば。②むかし用いられたことば。古語。

【古原】古い高原。

【古諺】古いことわざ。

【古語】①古いことば。古言。②昔の話。

【古豪】国ながねんの経験をつんだ、すぐれた人。「わもの。ふるつ」

【古公亶父】周の文王の祖父。古公は号、亶父は名。岐山の南に周を建国。武王の時に太王と追号された。

【古今】①昔と今。②今も昔も。昔から今まで。【――注】書名。晋の崔豹撰。輿服・音楽・鳥獣など八編に分類して古今の名物を考証したもの。【――図(圖)書集成】書名。一万巻。清の康熙帝が編纂させた一大叢書。古来の文献を集めて分類編修したもの。【――独(獨)歩】昔から今までに、比べるものがないこと。古今無双。【――未曽(曾)有】昔から今まで、あったためしがないということ。【――無双(雙)】「古今独歩」に同じ。【――無比】古今にわたって比べるにたりるものがないこと。古今無双。

【古刹】古い寺。

【古参(參)】古くからそのつとめまたは仕事をしていること。また、その人。ふるがお。↕新参

【古址】昔の建物があった所。歴史上の遺跡。旧跡。

【古祠】古いやしろ。

【古詩】①古代の詩。②漢詩の一体。唐代に完成した近体詩に対し、それ以前の詩を言い、近体詩よりも平仄や句数が自由である。古体詩。古体。【――紀】書名。明の馮惟訥撰。上代から隋に及ぶまでの古詩の総集。【――源】書名。十四巻。清の沈徳潜の著で、太古から隋までの詩を時代順・作者別にえらび集めたもの。【――十九首】書名。二十二巻。清の張玉穀著。上古から隋までの詩を選んで集めたもの。

【古字】昔の文字。古代の文字。

【古事】①ふるごと。昔あったこと。古代の事実。②いわれある古いこと。先例。由来。故事。【――記】国書名。三巻。和銅五年(七一二)に完成。わが国現存の最古の史書。神代から推古天皇までの歴史と伝説を、太安万侶が編集記載したもの。【――記伝(傳)】国書名。四十八巻。本居宣長の著した、古事記の注釈書。

【古時】むかし。古昔。

【古式】昔の儀式。昔からのしきたり。先例。

【古者】むかし。往事。昔者。

【古戍】古びたとりで。古い関所。「古戍鶏(関所あとに鳴くにわとりの声。)〈文華秀麗集〉

【古書】①昔の書物。古文書。②古い文字。古代文字。古字。③他人の読みふるした書物。古本。

【古色】古い色。古びた色。長い間たって、さびのついた色あい。【――蒼然】いかにも古びたさま。古びた趣のはっきり現れたさま。

【古人】①昔の人。いにしえの人。↕今人 ②死んだ人。＝故人 『――今人如二流水一』昔の人も今の人も、人間は流れる水のように死に去って帰らないということ。〈李白の詩・把ㇾ酒問ㇾ月〉『――之糟魄』いる古聖賢のことばや著書は、かすのようなものだということ。ことばや文章では道の神髄を伝えることはできないとする考え。〈荘子・天道〉

【古錐】㊀古くなり、先端が丸くなった錐。転じて、円熟しているが、鋭い指導をする師をいう。「老古錐」

【古制】昔のきまり・おきて。古い制度。

【古昔】むかし。往昔。

【古跡(「蹟」)】昔、物事のあったあと。旧跡。＝古迹

【古拙】古美術品などが、技巧こそないが、すぐれた趣のあること。

【古戦(戰)場】昔、戦争のあった場所。『弔二――一文』唐の李華の作った文。古戦場を描

3画
口口土士夂(夊)夕大女子宀寸小尢(尣・兀)尸中山巛(川)工己巾干幺广廴廾弋弓彐(彑・ヨ)彡彳⺍

いて、戦争の悲惨さをしるしたもの。「古文真宝後集」に収められている。

【古体(體)】①古風。古い体裁。②古体の詩や文のこと。【——詩】唐以前の形式の詩。近体詩よりも句数・平仄などの点で自由。古詩。↕近体詩

【古代】■一 ①むかし。上代。いにしえ。②国 ふるめかしい。■二 gǔdài 現 ■一の①に同じ。

【古壇】古びた祭壇。

【古注(「註」)】①古い時代の注釈。②先秦の経書に漢・唐時代の儒者がつけた注釈。主として字句を解釈したもの。↕新注

【古調】①古い調子。②古めかしいこと。

【古典】①昔の書物・記録。②長く後世の模範となる書物。③昔の儀式・作法。また、芸術上の傾向など。

【古伝(傳)】昔から伝わってきたこと。また、昔からの言い伝え。

【古都】①古いみやこ。②古くからのみやこ。③旧都。

【古刀】①昔の刀。②国 慶長以前の刀。↕新刀

【古道】①昔の道徳。昔の賢人・聖人の道。②古く荒れはてた道。旧道。↕新道【——少二人行一】古く荒れた小道には人通りが少ない。〈耿湋の詩・秋日〉

【古陂】古びた土手。

【古風】①むかしふう。古人のふう。②詩の一体。唐以前の、平仄や句数の自由な古風の詩。古体の詩。③古代の詩。

【古墳】昔のつか。土を盛りあげて丘状にした古代の墓。

【古文】①中国の古い文字または文章。②漢代に発見された、先秦時代の文字。また、その文字で書かれた書物。当時通用の文字で書かれた今文の対。③文体の名。唐宋以来の人が、駢文発生以前の文体をいった称。韓愈が駢文を排斥して唱えた。↕駢儷文 ④国 平安時代の文法によって書かれた文。↕現代文【——学(學)】先秦の古い字体で記された経書を重視、研究する学問。前漢末、劉向からさかんになり、後漢の馬融・鄭玄らが完成させた。↕今文学【——辞(辭)学(學)】明の李攀竜・王世貞らが、詩文を作るには先秦を手本とせよと主張して、宋学を排斥したもの。わが国では、荻生徂徠がこれにならった。【——尚書】書名。四十六巻。漢代、魯の恭王が孔子の旧宅の壁中から得た、蝌蚪文字で書かれた経書のうちの、「尚書」をいう。↕今文尚書【——辞(辭)類纂】書名。七十五巻。清の姚鼐の編。古文の模範となるものを集めたもの。【——真(眞)宝(寶)】書名。宋の黄堅の編という。前集十巻は詩、後集十巻は文を集めたもの。【——復興】六朝時代盛んであった四六駢儷文が、外形の美ばかりを追って、内容をおろそかにする傾向に走ったことをなげき、達意・道徳を主眼においた先秦時代の古文にかえそうとした運動をいう。韓愈・柳宗元らがその運動の代表である。

【古墓】古い墓。【——犂為(爲)レ田】古い墓は、いつしかすきで掘りかえされて、田圃となってしまう。〈文選・古詩十九首〉

【古貌】昔の人のような顔かたち。

【古本】①古代の書籍。②古い書物。ふるほん。

【古文書】歴史の資料として価値のある昔の記録。古い文書。

【古謡(謠)】昔の歌。古歌。

【古来(來)】昔から今に至るまで。昔から。「古来征戦幾人回」(昔から、遠征に出かけた者の中の幾人が生きてかえっただろうか。)〈王翰の詩・涼州詞〉

【古流】①古風の流儀。②国 ㋐茶道で千利休の始めたふうを受けつぐ一派。㋑生け花で、宝暦・明和のころに起こった一派。

【古陵】古いみささぎ。古い御陵。「古陵松柏吼二天飆一」(古陵に植えられた松や柏が、空吹く風に、ほえるように鳴っている。)〈藤井啓の詩・芳野〉

【古礼(禮)】昔の礼式または作法。

【古例】①上代の典礼。②昔からの慣例。

【古老】■一 ①年寄り。老人。②物知りの年寄り。昔のことを知っている年寄り。＝故老 ■二 gǔlǎo 現 古めかしい。

【古論】先秦の古い字体で記された『論語』。前漢の景帝の時、孔子の旧宅の壁中から出たという。

【古巣】国 ①もとの巣。②もとの住所。

『古之学(學)者為(爲)レ己』いにしえの学者は己のためにす 昔の学問をする人は、自分の人格をみがくために学問をした。「古之学者為レ己、今之学者為レ人」〈論語・憲問〉

『好レ古』いにしえをこのむ いにしえの道を愛する。

『不レ師レ古』いにしえをしとせず 昔のことを手本にしない。歴史を手本として行動を考えることをしない。〈史記・項羽本紀〉

『是レ古非レ今』いにしえをぜとしいまをひとす 古代の聖王の道を正しいものとして、現在の政治を批判し、そしる。〈漢書・元帝紀〉

『以レ古制レ今者、不レ達二事之変(變)一』いにしえをもっていまをせいするものは、ことのへんにたっせず 昔を規範にして今のことを治めようとする者は、時代の移りかわりに適応できない。〈戦国策・趙〉

『以レ古為(爲)レ鑑』いにしえをもってかがみとなす 昔のことを鏡にたとえ、それを現在の手本とする。〈唐書・魏徴伝〉

『無レ古無レ今』こなくこんなし 昔もなく今もない。いっさいが無であること。〈荘子・知北遊〉

◇▼千古・上古・中古・反古・太古・往古・尚古・復古・稽古・懐古・擬古

口 2

【叩】〔5〕 標 コウ 漢 去 宥 kòu コウ

J 3501 補 U 53E9

意味 ①〈たた・く〉㋐うつ。㋑問う。たずねる。㋒ひらく。啓発する。②ぬかずく。「叩頭」③〈ひか・える(——・ふ)〉たずなを引いて馬をとめる。

【叩叩】①たたく音のさま。②まごころのこもったさま。

【叩首】「叩頭」に同じ。

【叩頭】ひたいを地面にうちつける礼法。ぬかずく。叩首。

【叩門】門戸をたたいて人を訪れる。

◇▼袋叩・蠅叩

口 2

【号】〔5〕 学 3 ゴウ

旧字 虍 7 【號】〔13〕

■一 コウ(カウ) 漢 ゴウ(ガウ) 呉 平 豪 háo ハオ

■二 コウ(カウ) 漢 ゴウ(ガウ) 呉 去 号 hào ハオ

J 2570 補 U 53F7

J 7343 補 U 865F

筆順
丶
㇇
口
旦
号

意味 ■一〈さけ・ぶ〉〈な・く〉①大声でさけぶ。②とらや動物がほえる。③大声でなきさけぶ。■二①〈よ・ぶ〉〈め・す〉㋐呼びよせる。㋑世間でいいふらす。②〈なづ・ける(——・く)〉となえる。③〈な〉よびな。㋐本名以外の呼び名。㋑文人がみずからつける呼び名。「雅号」④うわさ。ひょうばん。⑤あいず。「信号」⑥いいつけ。「号令」⑦しるし。記号。⑧順序や配列。⑨店。⑩陽暦の日付。⑪楽器。ラッパ。「号筒」

解字  会意・形声。号と虎とを合わせた字。号は、口と丂を合わせた字。丂は息が曲がって伸びないことを表し、号は、声がかすれる、泣きさけぶ意味とともに、音をも示す。虎はとら。號は、心を痛めて、とらがほえるように泣きさけぶことである。

【号位】ごうい（がうゐ）　称号と爵位。

【号火】ごうか（がうくわ）　あいずのためにたく火。のろし。

【号外】ごうがい（がうぐわい）　臨時に発行する新聞・雑誌。

【号泣】ごうきゅう（がうきふ）　大声で泣き叫ぶ。

【号救】ごうきゅう（がうきう）　救いを求めて叫ぶ。

【号叫】ごうきょう（がうけう）　大声で叫ぶ。泣き叫ぶ。

【号呼】ごうこ（がう）　大声で呼ぶ。また、泣き叫ぶ。

【号哭】ごうこく（がう）　大声をあげて泣き悲しむ。

【号召】ごうしょう（がうせう）　㊀①呼びだす。召し出す。②大声で人を呼び集める。㊁ハオチャオ hàozhào 現㊀に同じ。

【号鐘】ごうしょう（がう）　①あいずのかね。②昔の有名な琴の名。

【号笛】ごうてき（がう）　あいずのふえ。サイレン。

【号慟】ごうどう（がう）　泣き叫んで、身がふるえる。

【号砲】ごうほう（がうはう）　あいずの大砲。

【号令】ごうれい（がう）　①さしず。命令。②大声でさしずする。【―如レ山】ごうれい（がう）やまのごとし　指揮官の命令は動かせないこと。

【号碼】ハオマー hàomǎ 現番号。ナンバー。
◆年号・名号・別号・改号・叫号・国号・呼号・屋号・信号・怒号・負号・俳号・記号・称号・商号・符号・雅号・番号・暗号・驚号・赤信号

口2【史】〔5〕学5　シ　　U補J 2743
旧字 口2【史】〔5〕　シ　漢呉　上紙　shǐ シー　U補J 53F2

筆順　丶　ㄇ　口　中　史

4 又【叓】〔6〕本字　U補J 355C

意味 ①ふびと。史官。天子の言行や国家の大事を記録・管理する役人。②〈ふみ〉記録。歴史。③文章にたずさわる人。また、画家。「画史」④かざりが多すぎる。⑤姓。国〈さかん（さくゎん）〉太政官・神祇官などの第四等官。

解字  会意。古い形で見ると、中と又を合わせた字。上は中、下は手を表す。中は中正で、左右にかたよらないこと。手は、持つことである。記録をつかさどる官吏は、中正を守って書かなければならない。それで、史は書記の官吏をさし、また、記録をいう。一説に、中は竹札で、史官が竹札を手に持っている形とも、竹札を読み数える仕事をする人とも解する。

名前 み・ちか・ひと・ふの・ちかし　姓 史
【史佚】しいつ　人名。周の重臣。成王の教育に功があった。
【史院】しいん（ゐん）　詔勅の起草などを扱う役所。翰林院。
【史家】しか　①歴史を研究している人。歴史家。②歴史にくわしい人。
【史学（學）】しがく　歴史を研究する学問。
【史官】しかん（くわん）　①昔、中国で記録を担当した役人。天子の左右に侍し、その言行を記録した役人。②官命で史書を作る人。朝廷の記録文書をつかさどる官。
【史漢】しかん　司馬遷の「史記」と班固の「漢書」。ともに紀伝体の中国の代表的な史書。
【史館】しかん（くわん）　史書を編修する所。修史館。修史局。
【史記】しき　①史官の残した記録。②書名。百三十巻。前漢の司馬遷が著した中国の代表的な古い歴史書。上古の黄帝から漢の武帝までを紀伝体でしるした通史。十二本紀（歴代天子の事跡）・十表（年代表）・八書（制度史）・三十世家（諸侯の事跡）・七十列伝（個人の伝記など）からなる。正史の筆頭におかれ、後世、史書の模範とされた。もとの名を太史公書という。南朝宋の裴駰の史記集解、唐の司馬貞の史記索隠、張守節の史記正義の三家の注を史記の基本注釈とする。
【史詩】しし　歴史上の事実を材料とした詩。
【史実（實）】しじつ　歴史上のたしかな事実。
【史思明】ししめい　人名。唐の玄宗のとき、安禄山に続いて乱を起こしたが、のちその子の史朝義に殺された。
【史書】ししょ　歴史をしるした書物。歴史の本。
【史上】しじょう（じゃう）　歴史上。歴史のうえで。
【史乗（乘）】しじょう　歴史の書物。史書。乗は記録。
【史跡（「蹟」）】しせき　歴史的な施設の遺跡。歴史に関係のある「所。
【史籍】しせき　歴史に関する書物。
【史談】しだん　①歴史上の物語。史話。②司馬遷の父、司馬談のこと。「しばだん」
【史籀】しちゅう（ちう）　人名。周の宣王時代の太史（歴史官）ともいい、秦時代のうらないの官ともいう。姓氏は不詳。それまでの古文を改めて、大篆という書体の文字を作った。
【史通】しつう　書名。唐の劉知幾著。二十巻。史書のあり方について論じている。
【史伝（傳）】しでん　①歴史を記すこと。また、歴史に伝えられた記録。②歴史と伝記。
【史筆】しひつ　歴史の記し方、筆法。また、その方法論。また、史官や史書をいう。
【史部】しぶ　経・史・子・集からなる四部分類（伝統的書籍・学問分類）の一つ。歴史書・地理書などを含む。
【史料】しりょう（れう）　歴史の研究や編集の参考になる材料。
【史論】しろん　歴史の理論。歴史についての評論。
【史話】しわ　歴史に関係する話。
◆女史・外史・侍史・哀史・歴史

口2【司】〔5〕学4　シ　U補J 2742 53F8
㊀シ 漢　ス 呉　㊀平 支 sī スー
㊁シ 漢　㊁去 寘 sì スー

筆順　㇆　㇆　司　司　司

意味 ㊀①〈つかさど・る〉責任をもつ。管理する。統率する。「司牧」②〈つかさ〉㋐つとめ。やくめ。㋑役所の名。㋒官職の名。「有司」③主人。④姓。㊁うかがう。様子を見る。＝伺

解字  会意。后の字を反対向きに書いた形。后は君で、内にあって政治をする人。それに対して臣下は、外にあって、仕事をする。それで、司は官吏をいい、また、つかさどる意味になる。一説に、后は、後ろの穴で、しりのあなをいい、司は、前の穴で、子を生むあなをいうと解する。

名前 かず・もと・もり・おさむ・つとむ
【司会（會）】しかい（くわい）　①周代の官名。財政経済をつかさどった。②国会の進行をつかさどる。また、それを受け持つ人。「司会者」

【司教】しきょう（けう）　カトリック教の僧職。大司教の次で、司祭の「上。

【司業】しぎょう（げふ）　隋の煬帝の時、はじめて国子監におかれた官で、今の大学教授。国子司業。【――祭酒】しぎょうさいしゅ（げふ）　今の大学総長に当たる。官名。

【司空】しくう　①周代の六卿の一つ。土地・人民をつかさどった官名。司城。②漢代の三公の一つ。③魏の時代の牢獄の称。

【司寇】しこう　周代の六卿の一つ。刑罰・盗難など警察の事をつかさどる役。

【司戸参（參）軍】しこさんぐん　唐時代の官名。州の属官。戸籍や土地のことを扱う。

3画　口囗土士夊（夂）夕大女子宀寸小尢（兀・兀）尸屮山巛（川）工己巾干幺广廴廾弋弓彐（彑・ヨ）彡彳⺍

【司戸掾】地方の属官。戸籍などに関する事務を扱う。

【司祭】カトリック教の僧職。教会の儀式・典礼をつかさどる。神父。

【司書】①周代の官名。今の書記。司会の補佐官。②図書館で、書籍の整理・保管・閲覧などを取り扱う人。

【司織吏】周代の牧畜をつかさどった役人。

【司直】法律によって正邪をさばく人。裁判官。直は公明正直の意。

【司天台（臺）】昔、天文を観測し暦を作製した役所。天文台。

【司徒】周代の六卿の一つ。教育をつかさどる官。

【司農】官名。農事を扱う。漢の九卿の一つ。

【司馬】①周代の官名。六卿の一つ。軍事を受け持った官。唐代では、各州ごとに置かれた。②人の姓氏。【――懿】三国時代の魏の人。字は、仲達。曹操・曹丕に仕え魏の建国を助ける一方で、実権を握り、晋建国の流れを作った。（一七九～二五一）→「死諸葛走生仲達」（六八三ページ・上）【――睿】東晋の初代皇帝。元帝。字は景文。西晋滅亡後、建康（現在の南京）で即位した。司馬懿の曽孫。（二七六～三二二）【――炎】西晋の初代皇帝。武帝。字は、安世。司馬懿の孫。魏に禅譲を行うよう仕むけ、帝位に即く。後に、呉を滅ぼして天下を統一した。（二三六～二九〇）【――温公】→司馬光【――徽】三国時代の人。劉備に諸葛亮を推薦した隠者。【――牛】孔子の弟子。名は、犂。あるいは耕。【――光】北宋の政治家・学者。字は、君実。号は斉物子。諡は文正。また、温公、涑水先生とも呼ばれる。神宗の時、王安石と対立して政界を去り「資治通鑑」の編纂にはげむ。後に政界に復帰すると新法を廃し、旧体制に戻した。死後、太師温国公の号を贈られた。（一〇一九～八六）【――相如】前漢の文人。成都の人。字は、長卿。賦の名手として武帝に重用された。「子虚賦」「上林賦」などで有名。【――遷】前漢の歴史家。父の談を継いで太史令となり、その遺嘱をうけて史書執筆を志した。やがて、匈奴に降った友人の李陵を弁護したために武帝の怒りに触れ、宮刑に処せられるも、屈辱に耐え、時勢を痛憤して、ついに「史記」百三十巻を完成させた。（前一四五、または前一三五～前八六？）【――彪】西晋の学者。字は紹統。「荘子注」「続漢書」などを撰した。


【司法】①官名。刑法をつかさどる。②法律にしたがって民事・刑事の裁判をすること。また、それに関する国家行政。司法権行動。立法・行政に対していう。

【司牧】①人民をおさめる。②地方長官の別名。

【司命】①人の命を左右するもの。②運命を左右するもの。③星の名。④医者。

【司令】①さしずする。さしずする人。②軍隊や艦隊を指揮する。また、その人。司令官。【――塔】①軍艦の甲板上の一室。艦長・司令官などがいて命令を下す所。②飛行場で、離着陸する飛行機に指令を出す所。

【司禄（祿）】①周代の官名。俸禄に関する事をつかさどった。②星の名。

【司機】スーチー sījī 現運転手。
◆上司・行司・祭司

口2【只】〔5〕入 ㊀シ 漢 ㊀上 紙 zhǐ チー J 3494
㊁シ 漢 ㊁平 支 zhī チー U補 53EA

意味 ㊀①助詞。㋐句末において感嘆を示す。㋑句末において限定を示す。のみ。㋒句中において語調を整える。これ。②〈ただ〉…だけ。わずかに。㊁①ただ。ちょうど。②もと。③現量詞。一対のうちの一つ。動物や鳥などに用いる。国〈ただ〉無料。

解字  会意。口と八とを合わせた字。只は、口から気が下に引いている形で、ことばの終わりに余韻を引く助詞である。

難読 只管

参考 只は「隻」（一三四一ページ・上）・「祇」（八九五ページ・下）の中国新字体としても使う。

【只管】㊀ひとすじに。ただそのことばかりに心を用いること。㊁国①㊀に同じ。②まったく。完全に。
【只今】①現在。②国㋐すぐ。たったいま。㋑外出から帰ったときのあいさつのことば。
【只尺】近いこと。只は咫で、八寸の長さ。＝咫尺
【只是】チーシー zhǐshì 現ただ…だ。ただし。
【只好】チーハオ zhǐhǎo 現…するほかない。しかたなく。
【只要】チーヤオ zhǐyào 現…しさえすれば。
【只有】チーユー zhǐyǒu 現…だけが…だ。…でなければ…できない。

口2【叱】〔5〕常 シツ しかる
シツ 漢 入 質 chì チー J ①4752 U補 20B9F

筆順 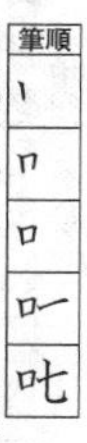

意味 ①〈しか・る〉どなる。「叱嗟」②責める。ののしる。③よぶ。④呼びかける声。「叱叱」

解字  形声。口が形を表し、七が音を示す。七は、鋭い刃物で切りつけること。また、舌うちの音ともいう。叱は、口で厳しくしかりつける意味を表す。

参考「叱」は別字であるが、混用される。


【叱呵】しかりつける。叱咄。

【叱叱】①しかる声。舌うちの音。②大声でののしる声。

【叱正】①しかりただす。②詩文の批評などを人にたのむとき、けんそんしていうことば。③動物を追う声。

【叱斥】しかってしりぞける。

【叱責】しかりせめる。

【叱咤】しかる。大声でしかりつける。大声ではげます。また、その声。

【叱罵】しかりののしる。

口2【召】〔5〕常 ショウ めす
㊀ショウ（セウ）漢呉 ㊀去 嘯 zhào チャオ J 3004
㊁ショウ（セウ）漢呉 ㊁去 嘯 shào シャオ U補 53EC

筆順 

意味 ㊀①〈め・す〉よびよせる。②〈めし〉目上、特に君主に招かれること。③〈まね・く〉＝招 ㋐招待する。㋑悪い結果を引き起こす。㊁①地名。今の陝西省岐山県の地。＝邵 ②姓。国〈め・す〉飲む・食う・着る・為すなどの尊敬語。

解字 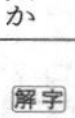 形声。口が形を表し、刀が音を示す。召は、号と同じく、呼ぶことであるが、号が下を向いてよぶのに対し、召は、みこなどが、上を向いて、神をよび寄せることであるという。

名前 よし・よぶ 難読 召人

【召会（會）】呼び集める。召集。

【召喚】①呼び出す。②法被告人・証人・弁護士などを、一定の日時に一定の場所に呼び出すこと。【――状】①官庁からの呼び出し状。②法裁判長または予審判事からの出頭を命ずる令状。

【召還】呼びかえす。呼びもどす。

【召見】呼びよせて面会する。

【召呼】しょう(せう)こ　呼びよせる。＝招呼
【召公】しょう(せう)こう　周の政治家。姓は姫、名は奭(せき)。文王の子。周の国を建てた兄・武王の死後、兄・周公旦とともに幼少の成王を補佐した。召伯。

【召幸】しょう(せう)こう(かう)　召し出して、特別にかわいがる。

【召集】しょう(せう)しゅう(しふ)　呼び集める。召し集める。

【召聚】しょう(せう)しゅう　召し集める。＝召集
【召書】しょう(せう)しょ　呼び出しの文書。めしぶみ。

【召致】しょう(せう)ち　呼びよせる。まねきよせる。召しよせる。＝招致
【召南】しょう(せう)なん　「詩経(しきょう)」の国風の編名。召は地名。河南地方の召公の子孫の領地から採集した歌謡で、召公の徳をよんだ十四編の詩。「詩経」の最初に出てくる周南と合わせて「二南」という。

【召伯】しょう(せう)はく　↓召公(しょうこう)

【召発(發)】しょう(せう)はつ　兵士や人夫などを召し集める。召集。徴発。

【召辟】しょう(せう)へき　任用のために呼び出す。

【召募】しょう(せう)ぼ　①召し募る。呼び集める。②兵隊を募る。

【召馬】めしうま　国高貴の人の乗用馬。御料馬。

【召人】めしうど　国①舞楽の奉仕のために呼び出された人。②和歌所(わかどころ)の寄人(よりゅうど)。③召使。めかけ。

【召料】めしりょう(れう)　国身分の高い人の用いる物。

【召開】チャオカイ　zhàokāi　現(会議を)召集する。

【不召之臣】めさざるのしん　君主のほうから出向いて相談するほどの賢臣。〈孟子(もうし)・公孫丑(こうそんちゅう)下〉
▽応召(おうしょう)・思召(おぼしめし)

口2【台】〔5〕 学2　ダイ・タイ　J3470　U補53F0

旧字 至8【臺】〔14〕　タイ 漢 平 灰　ダイ 呉　tái タイ　J7142　U補81FA

筆順　㇜　ム　ム　台　台

土5【坮】〔8〕同字　J補2339　U576E
至7【䑓】〔13〕俗字　J①9057　U4453

意味 ①うてな。高楼。「楼台(ろうだい)」②物をのせる道具。「燭台(しょくだい)」③高くてたいらな土地。台地。④中央政府の役所。また、そこの高官の者。「御史台(ぎょしだい)」⑤人をよぶ敬称。「台下(だいか)」⑥下役(したやく)。下僕(げぼく)。⑦草の名。すげ。⑧姓。⑨現機械などを数える量詞。

解字 臺　会意・形声。士と⺆と至を合わせた字。士(し)が音を示す。⺆は高を略したもの。至は行きついて止まる所。士は之で、行くという意味がある。臺は、高くて、四方が見えるようにきずかれた、四角形の物見台である。また、士は土であるとか、屮で、遠くから抜き出ている姿が見えることを表すなどといい、至は、土台が固定していることを表す、台に落ちつく場所があることであるなどという。台(次項)の字は、怡と同じく、よろこぶことで、別字である。

姓 台(うてな)　難読 台詞(せりふ)

参考 ①「臺(たい)」と次項の「台(たい)」とは別字であるが、古くから「臺」に代えて「台」を用いることがあった。②新表記では、「颱」の書きかえに用いる熟語がある。なお、台は「臺」・「檯」(六七〇ページ・中)・「颱」(一三八四ページ・中)の中国新字体としても使う。

【台下】だいか　①うてなの下。②尊敬する相手に対する敬称。
【台閣】たいかく(だいかく)　①政治を行うところ。尚書(しょうしょ)省の中台。内閣。②宮殿や楼閣。【――体(體)】たいかくたい　詩風の名。明(みん)の永楽・成化年間に流行し、楊士奇(ようしき)・楊栄・楊溥(ようふ)らの閣僚が中心になった。
【台諫】だいかん　君をいさめる役。
【台観(觀)】だいかん(くゎん)　ものみ台。高殿(たかどの)。
【台座】だいざ　①物を載せる台。②仏像などをすえておく座。
【台詞】だいし・せりふ　国①舞台で、役者がいうことば。科白(せりふ)。②きまりきったことば。儀式ばったことば。
【台榭】だいしゃ　うてな。高殿(たかどの)。屋根のある、ものみ台。
【台省】だいしょう(しゃう)　①尚書(しょうしょ)省のこと。②御史台と礼部省。または、御史台と尚書省。③内閣。
【台卓】だいたく　食卓。テーブル。
【台地】だいち　平らで、いくらか他よりも高くなっている土地。
【台帳】だいちょう(ちゃう)　国①商店の元帳(もとちょう)。大福帳(だいふくちょう)。②物事の土台となる帳簿。原簿。③脚本。台本。正本。
【台殿】だいでん　たかどの。
【台頭】たいとう　頭をもたげる。群を抜いて現れる。＝擡頭
【台所】だいどころ　国料理場。調理場。だいどこ。勝手。
【台秤】だいばかり　国台に載せて、重さを量るはかり。↔さお秤
【台盤】だいばん　国昔、宮中や貴族の家で、食物を盛った大皿(おおざら)をのせるために使った四脚の台。【――所】だいばんどころ　国①台盤を置く所。食膳(しょくぜん)をととのえる所。②食事をととのえる意から、貴人の妻をいう。みだいどころ。
【台(「颱」)風】たいふう　夏から秋にかけ、北太平洋西部に発生して、日本・中国などを襲う熱帯性低気圧にともなう暴風雨。
【台北】たいほく・タイペイ　地名。台湾の北部の大都会。
【台本】だいほん　演劇の脚本。映画撮影のもとになる本。シナリオ。
【台湾(灣)】たいわん・タイワン　島の名。わが国の西南方にあり、台湾海峡を隔てて中国の福建・広東(カントン)の二省に対している。
◆土台(どだい)・式台(しきだい)・灯台(とうだい)・見台(けんだい)・屋台(やたい)・高台(たかだい)・砲台(ほうだい)・飯台(はんだい)・番台(ばんだい)・寝台(しんだい)・舞台(ぶたい)・踏台(ふみだい)・燭台(しょくだい)・露台(ろだい)

口2【台】〔5〕　一タイ 漢 一平 灰 tái タイ　ダイ 呉　二イ 漢 二平 支 yí イー　J3470　U補53F0

意味 一星の名。三台(上台・中台・下台)の六星。これを三公の位になぞらえ、さらに転じて、敬意を示す語となる。「台候(たいこう)」二①よろこぶ。＝怡(い)「台台(いい)」②〈われ〉わたし。③なに。如台(いかん)は、「如何(いかん)」に同じ。

【台台】いい　やわらぎよろこぶさま。＝怡怡
【台徳】いとく　①わが徳。台は我。②君主の徳。
【台槐】たいかい(くゎい)　三公のこと。台は三台星。槐は三槐。台位。
【台翰】たいかん　人の手紙の敬称。台書。台墨(たいぼく)。
【台司】たいし　三公の位。台位。台座。
【台書】たいしょ　お手紙。人の手紙に対する敬語。台翰(たいかん)。
【台鼎】たいてい　三公のこと。鼎(かなえ)は脚が三本あるのでいう。
【台命】たいめい　ご命令の意。①三公の命令。②目上の人の命令。仰せ。③国皇族の命令。
【台覧(覽)】たいらん　国①「見る」の敬語。ごらんになる。貴人が見る。②皇族がごらんになること。
【台臨】たいりん　三后や皇族がおいでになること。
【台嶺】たいれい　①天台山。浙江(せっこう)省台州天台県にあり、天台宗の大本山。②国比叡(ひえい)山の唐風の呼び名。

口2【叮】〔5〕　テイ 漢 平 青　dīng ティン　J5058　U補53EE

意味 ねんごろに言う。念を入れて言う。＝丁(てい)「叮嚀(ていねい)」

参考 新表記では「丁」に書きかえる熟語がある。

口2【叨】〔5〕　トウ 漢 平 豪 (タウ)　tāo タオ　J5059　U補53E8

意味 ①むさぼる。思いのままする。②身分不相応である。③恐れおおい。「叨承(とうしょう)」④おしゃべりである。音 dāo タオ。

【叨恩】とうおん(たう)　過分の恩恵をうける。

【叨窃（竊）】とう（たう）せつ ①自分にふさわしくないものを手にいれる。②高い地位につくことをへりくだっていう。

【叨叨】とう（たう）とう（たう） ①まこと。②おしゃべり。多言。

【叨冒】とう（たう）ぼう 欲が深い。どん欲。

【叨穢】とう（たう）わい 欲が深い。けがらわしいこと。

口2【叭】〔5〕ハ 漢 入 黠 pā パー、bā パー　J 5060 補 — U 53ED
参考「叺かます」は別字。
意味 ①口を開けたさま。②喇叭らっぱは、軍隊の楽器。

口2【叵】〔5〕ハ 漢 上 呉 哿 pǒ ポー　J ②0367 補 2067 U 53F5
意味 ①〈かた・い（――・し）〉むずかしい。できない。「不可」の音を合わせた字。「叵測はかる」②そこで。そして。

口2【另】〔5〕レイ 漢 去 径 lìng リン　J — 補 2065 U 53E6
意味 ①わかれて住む。別居する。②さく。③別の。別に。④ひとりぼっち。「孤另れい」
【另行】れいこう（かう） 別に行う。
【另匣】れいこう（かふ） 別の箱。
【另日】れいじつ 別の日。他日。異日。
【另外】リンワイ lìngwài 現 別に。ほかの。

口2【叼】〔5〕 diāo ティアオ　J — 補 — U 53FC
意味 現 口にくわえる。

口2【叻】〔5〕 lè ロー　J — 補 — U 53FB
意味 現 石叻シーロー shílè は、新嘉坡シンガポールをさす。叻埠ローフー lèfù ともいう。

口2【叺】〔5〕 国字　J 5061 補 — U 53FA
意味〈かます〉藁わらなどでつくった袋。
参考「叭は」は別字。

口2【㕣】〔5〕 同→公(二〇七ページ・下)

口2【叫】〔5〕 旧→叫(二二五ページ・中)

口2〖占〗→卜部三画(二〇〇ページ・中)

口2〖兄〗→儿部三画(一一二ページ・下)

口3【吓】〔6〕カ 慣 xià シア　J — 補 2069 U 5413
意味 おどかす。おどろく。
参考 吓は「嚇」(二六六ページ・上)の中国新字体としても使う。

口3【各】〔6〕学 4 カク　おのおの　カク 漢 入 呉 薬 gè コー　J 1938 補 — U 5404

筆順 ノ ク 夂 夂 各 各

意味 ①〈おのおの〉それぞれ。めいめい。べつべつ。「各自かくじ」②いたる。＝格かく

解字 会意。夂と口とを合わせた字。夂は、人が行こうとするのを引きとめられて、思うように進行しないことを表し、各は、めいめいのいうことが違って思うように進行しないことを表し、「おのおの」の意味になる。一説に、口は、石ころのような硬い物を表し、夂は足が下を向いている形で、降と同じく、「くだる」意味であり、口こうが音を示して、空から降り止まることを表すと解する。

名前 まさ 姓 各務かが 地名 各務原かかみがはら

【各位】かくい（ゐ） みなさん。みなさまがた。多くの人を呼ぶ敬語。
【各月】かくげつ まいつき。つきづき。
【各自】かくじ おのおの。めいめい。各人かくじん。各員かくいん。
【各種】かくしゅ いろいろ。さまざま。各般。「各種各様」
【各層（層）】かくそう それぞれの階層。各階層。いろいろの階級。
【各地】かくち それぞれの地。各所。
【各派】かくは それぞれの党派・流派。
【各般】かくはん いろいろ。各種。
【各部】かくぶ ①それぞれの部分。②それぞれの部門。
【各別】かくべつ ①それぞれちがっている。②国とりわけ。格段。＝格別 ③国ともかく。とにかく。
【各様】かくよう（やう） さまざま。いろいろ。
【各論】かくろん こまかく分けた部分の一つ一つについて論じる。また、その論説。↔総論
【各戸】かっこ（かくこ） めいめいの家。家々。
【各個】かっこ（かくこ） それぞれ。めいめい。ひとつひとつ。

口3【吉】〔6〕常 キチ・キツ　キツ 漢 キチ 呉 入 質 jí チー　J 2140 補 — U 5409

筆順 一 十 士 士 吉 吉

口3【𠮷】〔6〕俗字　J — 補 — U 20BB7

意味 ①〈よ・い（――・し）〉㋐かしこい。「吉人きつじん」㋑利がある。②めでたい。さいわい。↔凶きょう「吉祥きっしょう」③陰暦のついたち。朔日さくじつ。「初吉しょきつ」④姓。

解字 会意。士と口とを合わせた字。士は、学力識見の高い役人、才徳のある人。そういう人の言うことは、善良である。それで、吉は、善の意味を表す。一説に、士は物のふたの形で、吉は、口をふたでおさえ、中が充実していることを表すとも、食物を口に満たして食べることで、喪を終わって、だんだん日常の食事にもどることを表すともいう。

名前 よ・とみ・はじめ 姓 吉良きら・吉香きっこう・吉備きび・吉師部きしべ
地名 吉舎きさ・吉城よしき・吉部きべ・吉備きび・吉敷よしき
難読 吉方えほう・吉師きし・吉左右きっそう・吉利支丹キリシタン

【吉方】えほう（はう） 「恵方えほう」(四七九ページ・中)に同じ。

【吉師】きし ①三韓さんかんのころの官名。②韓人かんじんでわが国に帰化したものに使う尊称。＝吉士
【吉凶（兇）】きっきょう ①よいことと、悪いこと。さいわいと、わざわい。②吉礼と凶礼。婚礼と葬礼。【吉凶（兇）禍福】きっきょうかふく めでたいことと、不吉なこと。わざわいと、しあわせ。人間の幸・不幸。

【吉慶】きっけい めでたい事。祝い事。

【吉月】きつげつ ①月はじめ。ついたち。②よい月。

【吉行】きっこう（かう） よい旅。喜びの旅。

【吉士】きっし ①りっぱな人物。りっぱな教養人。②「吉師きし」に同じ。

【吉事】きつじ（きちじ） ①めでたいこと。よろこびごと。②祭り。祭祀さいし。「吉事尚ㇾ左、凶事尚ㇾ右きつじはひだりをたっとび、きょうじはみぎをたっとぶ」(よろこびごとには、左を上位にし、不吉なことには、右を上位にする。)〈老子・三十一〉

【吉日】きちじつ（きちにち・きつじつ） ①よい日。めでたい日。吉辰。②ついたち。【――良辰】きちじつりょうしん よい日がら。めでたい日。

【吉祥】㊀きっしょう（しゃう） ①めでたいしるし。よいきざし。吉瑞きつずい。②さいわい。よろこび。㊁きちじょう（じゃう）・きっしょう（しゃう） 国昔の衛士えじの長。吉上。【――天女】きちじょうてんにょ 仏女神めがみ。美しい容姿をし、天衣・宝冠をつけ、左手に如意珠にょいじゅをささげている。人々に福徳を授けるといわれる。吉祥天。

【吉辰】きっしん よい日。吉日。

【吉人】きつじん ①善良な人。②福にめぐまれた人。

【吉瑞】きつずい・きちずい めでたいしるし。吉相。吉祥。

【吉左右】きっそ（さ）う 国①よいたより。吉報。②善悪いずれかの「たより」。

【吉相】きっそう（さう） ①よいことの前知らせ。②よい人相。

【吉旦】きったん ①よい日。②ついたち。

【吉兆】きっちょう（てう） ①よいきざし。めでたいことの前知らせ。②安全な場所。

【吉徴】きっちょう ①めでたいきざし。吉兆。②めでたいお召し。

【吉報】きっぽう よいたより。めでたい知らせ。吉左右きっそう。

3画 ➡口囗土士夂(夊)夕大女子宀寸小尢(兀・兀)尸屮山巛(川)工己巾干幺广廴廾弋弓彐(彑・⺕)彡彳⺌

【吉夢】よいゆめ。めでたい夢。↕凶夢・悪夢

【吉礼(禮)】①めでたい儀式。冠礼や婚礼のこと。②祭りの礼。

【吉例】めでたいしきたり。めでたいためし。えんぎのよい前例。

【吉備真(眞)備】人名。奈良時代、留学生・遣唐副使として入唐し、中国文化を移入した。(六九三〜七七五)

【吉利支丹】国ポルトガル語 christão の音訳。①天文年間にわが国に伝えられた天主公教。また、その信者。②キリシタンの布教に用いられた理化学技術。転じて、魔術をさす。‖切支丹

【吉田松陰】江戸末期の学者。長州(山口県)の人。名は矩方、字は義卿、通称は寅次郎。松陰は号。海外密航を企てて入獄。後、萩に松下村塾を開き、多くの人材を輩出した。安政の大獄で刑死。「講孟劄記」などの著がある。(一八三〇〜五九)

◇◆大吉・小吉・不吉

口 3

【吃】

〔6〕 標　㊀キツ㊅ ㊀㊇ 物 chī チー、jí チー　J 2141 補 U 5403

㊁キツ㊅ ㊁㊇ 物 qī チー

意味 ㊀①〈ども・る〉ことばがつかえる。「口吃」②たべる。くらう。‖喫 ③すらすらと進まない。しぶる。㊁吃吃は、笑うさま。

参考 新表記では、「喫」に書きかえる熟語がある。

【吃烟】たばこをすう。‖喫煙

【吃音】どもる音声。

【吃吃】きゃっきゃっと笑うさま。

【吃逆】しゃっくり。さくり。

【吃驚】㊀おどろく。びっくりする。‖喫驚 ㊁チーチン chījīng 現㊀に同じ。

【吃緊】たいせつ。緊急。

【吃水】船体などで、水中に隠れている部分。また、その水面下に沈む度合い。‖喫水

口 3

【吸】

〔6〕 学 6　キュウ　すう　J 2159 補 U 5438

旧字 口 4 【吸】〔7〕　キュウ㊅㊄ (キフ) ㊇ 緝 xī シー　補 U ―

筆順 丶 ロ ロ 吖 吸 吸

意味 ①〈す・う(―・ふ)〉息をすう。↕呼 ②のむ。すする。③引きよせる。④雲の動くさま。「吸吸」

解字  形声。口が形を表し、及が音を示す。及には、追いつく意味がある。吸は、口ですいついて離れないこと、いきを口の中に入れることを表す。

【吸引】㊀①吸いこむ。②味方に引き入れる。㊁シーイン xīyǐn 現引きつける。

【吸気(氣)】吸う息。はいる息。↕呼気

【吸吸】①雲の動くさま。②悲しむさま。

【吸収(收)】㊀吸いとる。吸いこむ。とり入れる。㊁シーショウ xīshōu 現㊀に同じ。

【吸入】吸い入れる。吸いこむ。

【吸盤】①動動物が筋肉などの働きによって他のものに吸いつくための器官。②物体をタイルなどの壁面に固定させる、さかずき形の器具。

【吸風飲露】風を吸い露を飲む。仙人の生活ぶりをいう。〈荘子・逍遥遊〉

【吸物】国魚の肉や野菜などを入れたすまし汁。

◇◆呼吸

口 3

【叫】

〔6〕 常　キョウ　さけぶ　J 2211 補 U 53EB

旧字 口 2 【叫】〔5〕　キョウ㊅㊄ (ケウ) ㊇ 嘯 jiào チアオ　J ― 補 U 2F839

口 4 【呌】〔7〕 俗字　J ― 補 U 544C

筆順 丶 ロ ロ 口丨 口ㄐ 叫

意味 ①〈さけ・ぶ〉㋐大声によぶ。わめく。「絶叫」㋑鳴く。笛などをならす。②さけび声。③遠くきこえる声のさま。「叫叫」④現…させる。…される。

解字  形声。口が形を表し、丩が音を示す。丩には糸などがねじれ曲がっている意味がある。叫は、口から出る声が、しぼられているようなことをいい、「さけぶ」の意味を表す。音ケウは、丩の音キウの変化。

【叫聒】やかましく泣く。さけぶ。

【叫喚】さけび呼ぶ。どなる。わめく。仏八大地獄の一つ。亡者が熱湯や猛火に責められて、苦しみわめくという世界。【――地獄】

【叫叫】①大声を出すさま。②遠く聞こえる声。

【叫呼】①大声で呼ぶ。②あざ笑う。

【叫号(號)】さけび呼ぶ。大声で泣きさけぶ。

【叫囂】やかましくどなる。やかましく呼ぶ。

【叫然】声をたてて呼ぶさま。

【叫断(斷)】①泣きやむ。②泣きさけぶ。「断」は助詞。

【叫天子】鳥の名。ひばり。叫天児。叫天雀。

【叫呶】泣きさけぶ。がなりたてる。

【叫罵】大声で悪口をいう。

【叫做】jiàozuò 現…と呼ばれる。…という。‖叫作

◇◆号叫・絶叫

口 3

【吁】

〔6〕　㊀ク㊅ ㊀㊆ 虞 xū シュイ　J 5062 補 U 5401

㊁ウ㊅ ㊁㊃ 遇 yù ユィ

意味 ㊀①ああ。嘆息の声。「吁嗟」②なげきうれえる。「吁吁」③息をはく。「吁呼」㊁返事の声。はい。そのとおり。

参考 吁は「籲」(九四六ページ・上)の中国新字体としても使う。

口 3

【后】

〔6〕 学 6　コウ　コウ㊅ ゴ㊄ ㊤ 有 hòu ホウ　J 2501 補 U 540E

筆順 ノ 厂 𠂆 斤 后 后

意味 ①〈きみ〉天子や諸侯をいう。「后王」②〈きさき〉皇后。「后妃」③地の神。「后土」④のち。うしろ。‖後「午后」⑤姓。

解字  会意。𠂆と口とを合わせた字。上の𠂆は、人が反対に向いている形で、下の口は、四方に号令することを表す。后は天下に号令する君主をさす。また、后は後と通じて、あと、うしろの意味でもある。したがって、后は、君に対して、正統でない君主をさすし、また、きさきの意味にもなる。一説に后は、人間の肛門の形、しりの穴で、後の意味になるという。

参考 后は「後」(四五七ページ・中)の中国新字体としても使う。

【后王】天子。君主。

【后宮】㊀①宮中で女官のいる所。‖後宮 ②北極星の第四星。㊁国きさき。皇后。皇后宮。

【后稷】①古代の官名。農事をつかさどったもの。②人名。周王朝の始祖。名は棄。尭に仕え、農業技術を広めたという。

【后土】①地の神。社。地祇。②土地。国土。

【后妃】皇后。きさき。

【后補(「輔」)】君のたすけ。君主の補佐。

口 3

【向】

〔6〕 学 3　コウ　むく・むける・むかう・むこう　J 2494 補 U 5411

■一 キョウ(キャウ)漢 コウ(カウ)呉 ■一 去 漾 xiàng シアン
■二 ショウ(シャウ)漢呉 ■二 去 漾 xiàng シアン

筆順 ノ ｨ 冂 向 向 向

意味 ■一 ①北向きの高窓。②〈む・く〉〈むか・う(――・ふ)〉〈む・ける(―・く)〉㋐面する。対する。㋑行く。㋒近よる。近づく。…になんなんとする。㋓心がむく。たっとぶ。「向慕」③〈むき〉方向。④〈さきに〉以前。昔。＝郷・嚮 ⑤今しがた。⑥方向・位置を示す前置詞。㋐…に。おいて。「会向瑶台月下逢」〈李白・清平調詞〉 ㋑…に対して。㋒…から。…より。■二 ①春秋時代の国名。今の山東省莒南県の東北。②地名。㋐周の地名。今の河南省済源市の南。㋑春秋時代の鄭の地名。今の河南省尉氏県の西南。③姓。国①〈む・く〉〈むき〉適応する。「婦人向」②〈むかい(むかひ)〉〈むこう(むかふ)〉正面。

解字  会意。宀と口とを合わせた字。宀は家の形。口はまどの形。向は、家の北がわにある小さい窓を表す。南がわの入り口からはいって向こうに見えるもの、あるいは、通風口として、風の向かう方向ということから、「むかう」という意味を表す。

名前 ひさ・むか・むけ 姓 向田・向坂 地名 向日
難読 向日葵
参考 向は「嚮」(二六七ページ・上)の中国新字体としても使う。

【向日】■一 きょう(きゃう)じつ さきの日。先日。＝嚮日 ■二 こう(かう)じつ 太陽に向かう。【――葵】こう(かう)じつき ひまわり(ひまはり) 花の名。キク科の一年草。夏、大型で黄色の花が咲く。

【向前】きょう(きゃう)ぜん 以前。さき。

【向来(來)】きょう(きゃう)らい ①従来。これまで。②以前から。

【向学(學)】こう(かう)がく 学問にはげむ。

【向寒】こう(かう)かん 寒さに向かうこと。

【向後】こう(かう)ご―きょう(きゃう)こう このの ち。今後。これから。

【向暑】こう(かう)しょ 暑さに向かうこと。

【向上】こう(かう)じょう(じゃう) ①のぼる。②上に向かって進む。上達進歩しようと努力すること。

【向背】こう(かう)はい ①前向きと、後ろ向き。②従うことと、そむくこと。付くことと、離れること。③なりゆき。ようす。

【向秀】しょう(しゃう)しゅう(しう) 人名。西晋の文人。竹林七賢の一人。

【向使】もし―たとい(たとひ) ①もしも…ならば。②たとえ…であっても。
◆一向・回向・表向・風向―風向・差向・動向・転向・傾向・意向・趣向・趨向

口3
【合】〔6〕 学2 ゴウ・ガッ・カッ あう・あわす・あわせる

■一 コウ(カフ)漢 ゴウ(ガフ)呉 カッ・ガッ慣 ■一 入 合 hé ホー
■二 コウ(カフ)漢 ゴウ(ガフ)呉 ■二 入 合 gě コー
J 2571
補
U 5408

筆順 ノ 人 ㇇ 亼 合 合

意味 ■一 ①〈あ・う(―・ふ)〉㋐重なる。とじる。㋑かなう。㋒あつまる。「会合」㋓つれそう。夫婦となる。「配合」㋔まじわる。「交合」②〈あわ・せる(あは・す)〉〈あわ・す(あは・す)〉㋐重ね合わせる。㋑合致させる。㋒結びつける。協力する。③つれあい。配偶者。④〈あわせて(あはせて)〉すべて。全部で。⑤〈まさに…べし〉当然…しなければいけない。⑥箱。＝盒「鈿合」⑦戦う。また、戦いの回数。⑧姓。■二 容量の単位で一升の十分の一(約〇・一八リットル)。(↓付録「度量衡名称」) 国〈ごう(がふ)〉①土地の面積の単位で、一坪の十分の一(約〇・三三平方メートル)。②山の高さの十分の一。「五合目」

解字  会意。亼と口とを合わせた字。亼は、三つのものが集まっている形で、集まることを表す。合は、多くの人のことばが集まって一致することから、「あわせる」意味になる。一説に、合は、答と同じく、問に対してこたえることであるという。

名前 かい・はる・よし 難読 合羽・合歓木

【合作】がっさく ①ふたり以上で一つの物を作る。また、そのできたもの。②詩や文章が法式に合っていること。格にかなった作品。佳作。③共同経営する。

【合算】がっさん いっしょに計算する。あわせて計算する。

【合従(從)】がっしょう 中国の戦国時代に、韓・魏・趙・燕・楚・斉の六国が、同盟して西方の強大な秦に対抗したこと。蘇秦のとなえた説。「従」は「縦」と同じで、南北を意味し、ここでは六国をさす。〈戦国策・秦〉【合従(從)連衡】がっしょうれんこう(かう) 合従と連衡。転じて、利害の一致する者同士が同盟を結ぶこと。↓「連衡」(一二四二ページ・下)

【合唱】がっしょう(しゃう) 多人数で歌う。コーラス。↕独唱
【合掌】がっしょう(しゃう) ①手のひらを合わせる。②両手を合わせて拝む。③木造建築で、材木を山形に組み合わせたもの。合掌組。④詩文の対句で同じ意味のもの。合掌対。

【合戦(戰)】かっせん たたかい。いくさ。

【合奏】がっそう 二種以上の楽器を同時に演奏する。↕独奏
【合葬】がっそう(さう) いっしょにほうむる。

【合体(體)】がったい ①ひとつになる。いっしょになる。②心を合わせる。

【合致】がっち ぴったりとよく合う。一致する。

【合点(點)】■一 がってん 国①和歌や俳句に評点をつける。②承知する。納得する。■二 がてん 国■一の②に同じ。

【合羽】かっぱ 国ポルトガル語 capa の音訳。①雨天用のマント。雨着。②荷物の雨おおいに用いる油紙。

【合評】がっぴょう(ぴゃう) 数人が集まって、いっしょに批評する。また、その批評。

【合併(併)】がっぺい 一つになる。合わせる。合同。

【合壁】がっぺき 壁一つ隔てたとなりの家。隣家。

【合本】がっぽん ①二冊以上の本をとじ合わせて一冊にしたもの。②二種以上の内容の書物をとじて一冊にしたもの。

【合囲(圍)】ごう(がふ)い(ゐ) ①四方から取り囲む。②ひとかこえの大きさ。

【合意】ごう(がふ)い ①心を合わせる。②互いの意思が一致すること。

【合一】ごう(がふ)いつ 一つにあわせる。また、あわさって一つになる。

【合格】ごう(がふ)かく ①一定の格式や条件によくあっている。②試験や検査に及第する。

【合歓(歡)】ごう(がふ)かん(くわん) ①いっしょによろこびあう。楽しみあう。②男女の共寝。③「合歓木」の略。

【合議】ごう(がふ)ぎ ふたり以上のものが集まって、相談し決めること。

【合鏡】ごう(がふ)きょう(きゃう) 離婚した夫婦が、再びもとのさやにおさまること。↕破鏡
【合金】ごう(がふ)きん 二種以上の金属を物理的に合わせてつくった金属。アロイ。

【合卺】ごう(がふ)きん 結婚する。夫婦になる。卺は、ふくべを二つにさいたさかずきで、婚礼のとき新婚夫婦がとりかわすもの。

【合契】ごう(がふ)けい 合致する。一致する。あう。

【合計】ごう(がふ)けい ①合わせ数える。②合わせた額。総計。

【合口】■一 ごう(がふ)こう ①口先をすぼめる。②味などが口にあう。■二 あいくち(あひ―) 国①物と物とが密着するところ。②つばのない短刀。匕首。③話が互いによく合う。また、話のよく合う人。

【合合】ごう(がふ)ごう(がふ) 脈のさかんなさま。

【合祭】ごう(がふ)さい―がっさい ①先祖をすべて始祖の廟にあわせ祭る。祫祭。②天地の神々をあわせ祭る。

【合子】ごう(がふ)し｜ごう(がふ)す ①蓋のついている小箱。盒子。②蓋と身の合う椀の類。

【合祀】ごう(がふ)し ①合わせまつる。合祭。②[国]二柱以上の神を一つの神社に合わせまつること。

【合成】ごう(がふ)せい ①二つ以上のものを合わせて一つにすること。②[理]元素から化合物を人工的につくり出すこと。

【合族】ごう(がふ)ぞく ①同族の者を集める。②異なる族のものを自分の一族に入れる。

【合著】ごう(がふ)ちょ ふたり以上が、協力して一つの著述をすること。また、その著作。共著。

【合伝(傳)】ごう(がふ)でん 数人の人の伝記を、あわせて一編にしたもの。

【合殿】ごう(がふ)でん 宮殿全体。

【合同】[一]ごう(がふ)どう ①合う。あわせる。②二つ以上のものが一つになる。[二]ホートン hétong [現]契約書。

【合判】[一]ごう(がふ)はん [国]二人以上が印判を並べ押すこと。連判。[二]あいはん(あひ) [国]ある帳簿や書類を他とひき合わせるために押す印。あいじるし。合印。

【合璧】ごう(がふ)へき｜がっぺき ①二つの美しいものが一緒になること。②二つのものを対照できるように並べること。

【合弁(「辧」)】ごう(がふ)べん 共同で事業を経営すること。

【合弁(瓣)】ごう(がふ)べん 合弁花冠の略。花弁の一部または全部がくっついている花冠。

【合抱】ごう(がふ)ほう ひとかかえ。両手でかかえるほどの太さ。【――之木、生於毫末】ごう(がふ)ほうのきも、ごう(がう)まつよりしょう(しゃう)ず ひとかかえもあるような大木も、わずかな若芽からしだいに生長する意で、最初から大きいものはないことのたとえ。〈老子・六十四〉

【合法】ごう(がふ)ほう(はふ) 法律または規範にかなう。↕非法・違法・非合法
【合名】ごう(がふ)めい 名まえを書き連ねること。

【合理】[一]ごう(がふ)り 道理に合うこと。[二]ホーリー hélǐ [現][一]に同じ。

【――化】ごう(がふ)りか(くわ) ①物事を道理に合うようにする。②物事を科学的に考え、むだのないようにする。

【合流】ごう(がふ)りゅう(りう) ①二つ以上の流れが一つの流れになる。また、その流れ。②一つになる。一つにまとまる。

【合力】[一]ごう(がふ)りょく 人と力を合わせる。協力。[二]ごう(がふ)りき [国]①助ける。援助。②金品をめぐんでやること。ほどこし。

【合適】ホーシー héshì [現]ぐあいがいい。ぴったりしている。
◆工合・化合・付合・会合・沖合・投合・迎合・併合・果合・和合・糾合・待合・乗合・度合・校合・配合・混合・接合・張合・符合・組合・頃合・都合・割合・場合・集合・統合・筋合・暗合・話合・試合・幕合・鳩合・複合・総合・適合・調合・請合・縫合・融合・顔合・不都合・信用組合・意気投合

口3
【吊】〔6〕[標] チョウ(テウ)（漢）（去）嘯 diào ティアオ　U5 40A 補 J3663

[意味]①〈つ・る〉つるす。「吊レ橋」②ぜに一さし。ぜに一千を孔になわを通してたばねたもの。③とむらう。‖弔

口3
【吐】〔6〕[常] ト はく
[一]ト（漢）（呉）[一]（上）麌 tǔ トゥー
[二]ト（漢）（呉）[二]（去）遇 tù トゥー
U5410 補 J3739

筆順 丨 ロ 口 口一 叶 吐

[意味][一]①〈は・く〉はき出す。「吐棄」②あらわす。あらわれる。③述べる。「吐露」④花が咲く。「吐花」[二]①〈は・く〉意図せずに吐き出す。‖嘔「吐血」②はき出したもの。へど。

[解字]  形声。口が形を表し、土が音を示す。土は地で、万物をはき出すものという意味がある。吐は、口からはき出すこと。

[姓]吐山はくやま｜はやま・吐田とだ｜はんだ・吐師はじ｜はぜ
【吐握】とあく 賢人を求めることに努力すること。吐捉。↓吐哺捉髪
【――之労(勞)】とあくのろう(らう) 賢人を手に入れようと努力する苦労。〈王褒・聖主得二賢臣一頌〉
【吐息】といき [国]ためいき。「青息吐息」
【吐気(氣)】[一]とき ①気をはき出す。また、はき出した気。②思うぞんぶん気を晴らすこと。[二]はきけ [国]食べた物をはき出したい気分。
【吐血】とけつ 胃などから血を吐く。
【吐月峰】とげっぽう [国]たばこ盆の灰おとし。静岡市の吐月峰(山の名)でとれる竹を用いたからという。はいふき。
【吐瀉】としゃ 吐いたりくだしたりする。嘔吐と下痢。
【吐納】とのう(なふ) ①呼吸。道家の修練の術の一つで、腹中の悪い気を吐き出し、新鮮な気を吸い入れること。今でいう深呼吸の類。②出すことと、入れること。出納。
【吐蕃】とばん 国名。唐代ごろに栄えたが、清朝以後藩属国となる。現在のチベット自治区の地。‖吐番
【吐哺捉髪】とほそくはつ 士を迎えるに、食事中でも口中の食物を吐き、髪を洗っているときでも髪を握ってすぐに出迎える。周公旦が賢士を優待することに努力した故事。吐握。〈史記・魯世家〉
【吐沫】とまつ ①あわをふく。また、そのあわ。②つば。唾液。
【吐谷渾】とよくこん 国名。西晋のころ、鮮卑族が甘粛・青海の一帯に建てた。唐代六三三年に吐蕃に破れ衰亡した。
【吐露】とろ 心中をうちあけて語る。思っていることをすっかり言う。
◆嘔吐

口3
【吋】〔6〕
[一]トウ（漢）[一]（上）有 dǒu トウ
[二]スン（慣）[二]―― cùn ツン
U540B 補 J1705

[意味][一]しかる。‖叱 [二]〈インチ〉英国の尺度(約二・五センチメートル)のあて字。

口3
【吂】〔6〕 ボウ(バウ)（漢） モウ(マウ)（呉）（平）陽 máng マン　U5402 補2068

[意味]相手に拒否の意を示す返事のことば。

口3
【名】〔6〕[学]1 メイ・ミョウ な
ベイ（漢） ミョウ(ミャウ)（呉）（平）庚
メイ（慣） míng ミン
U540D 補 J4430

筆順 ノ ク タ タ 名 名

[意味]①〈な〉㋐ことがらや物の名まえ。㋑人の名まえ。姓氏。②評判。きこえ。功績。「名声」③うわべ。外見上の形式。↕実 ④人倫上、身分上などで使う、父子・君臣・尊卑・貴賤などの名称。「名分」⑤名づける。⑥なのる。名をよぶ。⑦よく知られている。有名な。すぐれた。「名医」⑧人数をかぞえる語。「五名」⑨文字。

[解字]  会意。夕と口を合わせた字。夕は夕方、口はものを言うこと。夕方は、暗くて人の見分けがつきにくい。そこで自分から名を言って知らせることを名という。また、夕の音は、大声の意味を含むから、名は、口から出る声をいうとも解する。

[名前]かた・もり・あきら
[姓]名越・名護・名渡山・名嘉山・名嘉真・名嘉元・
[地名]名西・名取・名東・名賀・名張・名寄・名瀬・名古屋
[難読]仮名・名残(付表)
【名残(殘)】なごり [国]「余波」の意の転じた語。①強風が静まったあとの波立ち。②ものごとが過ぎ去ったあとに、まだ残っている様子や心持ち、気分。余情。余韻。③別れるときの

心残り。④子孫。

【名題】なだい 国①氏名や物の名を表題にかかげること。また、表題。②有名なこと。＝名代 ③脚本などの題名。外題。④名題役者の略。幹部級の役者。

【名乗(乘)】なのり 国①自分から自分の名をいう。②昔、男子が元服のときに、通称のほかに新しくつけた実名。③役者が登場してすぐに自分の名や役割を自己紹介的に述べること。

【名代】一みょうだい(みゃう) 国かわり。代理。代理人。二なだい 国有名なこと。名高い。評判。＝名題 三なしろ 国昔、天皇や皇后などの御名を後の世まで伝えるために、その御名をつけた私領の部民。みなしろ。

【名案】めいあん すぐれた考案。よい思いつき。

【名位】めいい(ゐ) ①名声と地位。②官名と官位。

【名医(醫)】めいい 名高い医者。すぐれた医者。

【名園】めいえん(ゑん) 名高い庭園。すぐれた庭園。＝名苑

【名王】めいおう(わう) すぐれた君主。特に匈奴の諸王で位の高い王をいう。

【名花】めいか(くわ) ①有名な花。すぐれて美しい花。②美人。

【名家】めいか ①代々続いた、名高い家がら。名門。②有名な人。③周代諸子百家の一つ。名目と実際との関係を明らかにする学派。また、その学者。論理学者。

【名歌】めいか すぐれた歌。有名な歌。

【名画(畫)】めいが(ぐわ) ①名高い絵。すぐれた絵。②国すぐれた映画。

【名学(學)】めいがく ①大学者。②哲論理学。ギリシア語 logike の訳。

【名宦】めいかん(くわん) ①名誉と官職。②尊い位。高い官位。③りっぱな役人。

【名貫】めいかん(くわん) 姓名と本籍。

【名器】めいき ①名高い器物。すぐれた器物。②爵位と車や衣服。

【名義】めいぎ ①名と義理。名分。②名聞。③国表だった名まえ。公式の名。名目。＝名儀

【名教】めいきょう(けう) 名分に関する教え。儒教をさす。君臣・父子といった人倫や仁・義・礼・智などの名分を正し秩序を保つための教え。無名を説く老荘の教えに対していう。

【名吟】めいぎん ①すぐれた詩や歌。②たくみな吟詠。

【名区(區)】めいく 有名な区域。古来有名な地方。

【名句】めいく ①特にすぐれて名高い文句。②国すぐれた俳句。

【名君】めいくん 知徳のすぐれた君主。すぐれて名高い君主。＝明君

【名卿】めいけい 有名な高官。

【名月】めいげつ ①陰暦八月十五夜の月。また、陰暦九月十三夜の月。②明るい月。美しい月。

【名賢】めいけん りっぱな人物。すぐれた有名な人物。

【名言】めいげん よく知られたことば。すぐれてよいことば。

【名工】めいこう 特にうでのよい、工芸品の制作者。名匠。

【名号(號)】一めいごう(がう) ①名まえ。名目。②評判。名誉。③地位を表す呼び名。二みょうごう(みゃうがう) 仏仏の名と称号。念仏。南無阿弥陀仏。

【名公賢佐】めいこうけんさ すぐれてりっぱな君主と賢い家来。

【名作】めいさく 名高い作品。すぐれた作品。

【名刹】めいさつ 有名な寺。由緒ある寺。

【名産】めいさん その土地のすぐれた有名な産物。名物。

【名山】めいざん 名高い山。すぐれた山。

【名士】めいし ①才徳の、世に知られた人。②有名な人。

【名刺】めいし 姓名を書きしるした紙きれ。後世は、住所・身分などもしるす。

【名詞】めいし 事物の名を表す品詞。

【名字】一めいじ ①名とあざな。中国で、実名と、またそのかわりに使う別の名。②名称。③名誉。④もと、文法上の、名詞。二みょうじ(みゃう) 国①氏の名。姓。苗字。②仏名号。三ミンツ míngzi 現①一の②に同じ。②名。名前。

【名辞(辭)】めいじ 哲概念を言語で表したもの。

【名実(實)】めいじつ ①表面上の名声と実際。名称と内容。②名誉と実利。③言と行。

【名手】めいしゅ すぐれたうでまえ。また、技芸や能力がすぐれている人。名人。

【名主】一めいしゅ すぐれた君主。名君。二なぬし 国江戸時代、村・町のかしらとして地方の民政を扱ったもの。庄屋。東北・北陸では、きもいり、京都では、雑色と称した。

【名儒】めいじゅ 名高い儒者。すぐれた学者。

【名所】めいしょ 有名な場所。名高い場所。名勝。

【名匠】めいしょう(しゃう) すぐれた芸術家・大工。名工。

【名将(將)】めいしょう(しゃう) 有名な武将。すぐれた武将。

【名称(稱)】めいしょう ①誉れ。名誉。②名まえ。呼び名。

【名勝】一めいしょう ①けしきのよい所。よいけしき。名所。②名高くすぐれた人。名士。二ミンション míngshèng 現一の①に同じ。

【名状(狀)】めいじょう(じゃう) ①名まえと実状。名まえと形。②ものの状態を言い表す。形容する。

【名城】めいじょう(じゃう) 有名な城。

【名臣】めいしん すぐれた家来。名高い家臣。

【名人】めいじん ①技術や能力の特にすぐれている人。名手。②有名な人。名士。③国碁・将棋界で、名人戦の勝者の称号。

【名数(數)】めいすう ①戸籍。名籍。②単位名を添えた数。三円・五人・十枚など。③数字の備わっている名詞。四書・三役など。

【名世】めいせい 世に名高い。世間に名が知られた。また、その人。その時代に名の知れた賢者。大賢人。

【名声(聲)】めいせい 評判。名誉。誉れ。名聞。

【名姓】めいせい 名と姓。姓名。

【名跡】一めいせき すぐれたおこない。＝名迹 二みょうせき(みゃう) 国代々受けつがれる家名や称号。名字の跡目。

【名籍】めいせき｜みょうせき(みゃう) ①戸籍。②名札。名簿。

【名節(節)】めいせつ 名誉と節操。ほまれとみさお。

【名説】めいせつ 名高い説。すぐれた説。卓説。

【名僧(僧)】めいそう 知徳のすぐれた僧侶。高僧。

【名族】めいぞく 名高い家がら。名門。右族。

【名著】めいちょ 有名な著作。すぐれた著書。

【名馬】めいば りっぱな馬。

【名筆】めいひつ ①よい筆。②すぐれた筆跡。りっぱな書・画。③名高い書家や画家。

【名品】めいひん ①すぐれた階級。②すぐれたよい品物。逸品。

【名物】めいぶつ ①その土地の有名な産物。名産。②有名なもの。③品物の名と種類。

【名分】めいぶん ①名まえと、それにともなう内容。職分。②身分と、それにともなう本分。

【名聞】一めいぶん 評判。二みょうもん(みゃう) ①世間のきこえ。評判。②名誉をてらうこと。

【名編(「篇」)】めいへん すぐれた文章や詩。すぐれた名高い書物。

【名簿】一めいぼ 人の名を書き並べたもの。二みょうぶ(みゃう) 国昔、目上の人にさし出すために、官位・姓名・生年月日などを書きしるした名ふだ。＝名符

【名宝(寶)】めいほう 有名な宝。

【名法】めいほう(はふ) ①名と法。本分。②優れた方法。

【名望】めいぼう(ばう) 名声が高く、人望があること。誉れと人望。

【名木】めいぼく ①由緒のある名高い木。②すぐれた香木。

【名目】めいもく｜みょうもく(みゃう) ①呼び方。表むきの名。名まえ。②口実。理由。

【名門】めいもん 名高い家がら。代々続いたりっぱな家がら。名家。右族。

【名訳(譯)】めいやく すぐれた翻訳。

【名優】めいゆう(いう) 名高い俳優。すぐれた俳優。

【名誉(譽)】めいよ ①すぐれたものとして評価されること。よい評判。ほまれ。名声。②じょうず。③尊敬の意味で与えら

れる名称。【―教授】（めいよきょうじゅ） 国大学で、教育上・学術上の功のあった人に贈る退官後の称号。【―職】（めいよしょく） 国俸給の支給されない、名誉ある公務。

【名利】（めいり・みょうり） 名誉と利益。

【名流】（めいりゅう） 名望のある人の仲間。一流の人。

【名論】（めいろん） ①↓名望。②すぐれた議論。「名論卓説」

【名浮二於行一】（なおこないにすぐ） 評判が実際よりも上になっている。評判だおれ。名過レ実。〈礼記・表記〉

【名正、言順】（なただしければ、げんじゅんなり） 物事の名と実とを一致させるようにすれば、ことばが事実と食い違わなくなる。〈論語・子路〉

【名実不副】（なとじつとそわず） 名目と実際があっていない。

【名者実(實)之賓】（なはじつのひん） 名は実質に従属するものである。〈荘子・逍遥遊〉

【喜レ名者必多レ怨】（なをこのむものはかならずうらみおおし） 名誉を好む人は必ず他人からうらみを買いやすいものである。〈韓詩外伝・巻一〉

【垂二名竹帛一】（なをちくはくにたる） 名誉を歴史にしるして後世に伝え残すこと。竹帛は、竹の札と絹のきれで、どちらも紙のなかった時代に記録に用いた。〈後漢書・鄧禹伝〉

【釣レ名弋レ利】（なをつりりをよくす） 名誉や利得をあさり求める。

【逃レ名地】（なをのがるるのち） 世間的な名声から身を逃避させる土地である。〈白居易の詩・重題〉

◆大名・幼名・仏名・文名・氏名・功名・本名・名・芳名・芸名・売名・呼名・命名・姓名・宛名・仮名・合名・汚名・有名・戒名・改名・俗名・品名・指名・勇名・変名・美名・送仮名・匿名・家名・浮名・病名・記名・除名・連名・高名・偽名・悪名・虚名・著名・異名・御名・尊名・署名・題名・襲名・片仮名・平仮名

口3
【吆】〔6〕 ヨウ(エウ) 漢 平 蕭 yāo ヤオ　U補J 5406
意味 ①小さい声。「吆吆」②現吆喝 yāohe は、物売りの呼び声。また、人あるいは家畜にかける大声。

口3
〖吆〗〔6〕 俗字 U補J 2F83B

口3
【吏】〔6〕 常 リ　U補J 4589 540F

旧字 口3
【吏】〔6〕 リ 漢 県 去 寘 lì リー　U補J

筆順 一 ㇐ 㠯 㠯 吏 吏

意味 ①つかさ。役人の通称。「官吏」②小役人。下役。「吏卒」

解字 会意・形声。一と史とを合わせた字で、史は音をも示す。一は、役人の守るべき道をさし、史は記録をつかさどる職である。吏は民を治める役人をいう。音リは、史の音シの変化。一説に、事と同じ字で、仕事をいうとする。

名前 さと・おさ 難読 吏道・吏読

【吏員】（りいん） ①官吏。役人。②属官。③官吏の数。

【吏隠】（りいん） 官職にありながら隠者のように暮らすこと。

【吏幹】（りかん） 官吏としての才能。吏才。吏能。

【吏議】（りぎ） ①役人の話し合い。②司法官の合議上の判決。

【吏才】（りさい） 官吏としての才能。役人としての能力。吏能。

【吏事】（りじ） 官吏としての事務。役人の仕事。

【吏者】（りしゃ） 役人。

【吏人】（りじん） 吏員。役人のこと。

【吏卒】（りそつ） 地位のひくい官吏。下級の役人。小役人。

【吏治】（りち） 官吏の扱う政務。まつりごと。政治。

【吏道】（りどう(だう)） 一 役人として、政務に携わる心得。吏術。二（りと） 古く朝鮮に使われていた一種のかな。漢字の音訓を利用して朝鮮語を書き表したもの。吏道文字。吏吐。吏読。

【吏部】（りぶ） 昔の中央行政官庁の名。六部（吏・戸・礼・兵・刑・工）の一つで、文官の選考・賞罰などをつかさどった。【―尚書】（りぶしょうしょ） 官名。①吏部の長官。②国式部卿の唐名。【―侍郎】（りぶじろう） 官名。①吏部の次官。②国式部大輔の唐名。

【吏民】（りみん） 官吏と人民。役人と一般の人。官民。

【吏務】（りむ） 官吏の職務。役人としてのつとめ。

【吏僚】（りりょう） 役人なかま。諸役人。

◆公吏・俗吏・税吏・獄吏・官公吏・執達吏

口3
【吒】〔6〕 本↓咤(二四三ページ・下)

口3
〖回〗(二七一ページ・下)↓囗部三画

口4
【吽】〔7〕 一 コウ 漢 一 上 有 hǒu ホウ　二 ゴウ 漢 二 平 尤 óu オウ　三 ウン 慣 三 平 庚 hōng ホン　U補J 5063 543D
意味 一 ほえる。牛が鳴く。＝吼 二 犬のかみあう声。「吽呀」「吽牙」三 仏 梵語 hūṃ の音訳で、呪文に用いる。阿吽は、息の出入りをいい、阿が口を開いて出す声であるのに対して、吽は口を閉じて出す声をいう。

口4
【呍】〔7〕 ウン 慣 hōng ホン　U補J ①1487 2082 544D
意味 呍は、「吽」(本ページ・中)の三として用いる。

口4
【吪】〔7〕 ガ(グワ) 漢 平 歌 カ(クワ) 漢 é オー　U補J 2074 542A
意味 ①うごく。②かえる。教化する。＝化 ③あやまったことば。なまりことば。また、あやまり。

口4
【呀】〔7〕 一 カ 漢 一 平 麻 xiā シア　二 ガ 漢 二 平 麻 yā ヤー　U補J 5064 5440
意味 一 ①口をあける。②口をあけて笑うさま。③中がうつろなさま。二 あ。ああ。感嘆の声。

【呀呀】（がが） ①口を張るさま。②猛獣が口を開いて牙をむき出すさま。③笑う声。

【呀坑】（がこう(かう)） 灘の流れ口をいう。口を開いたさまに似ているところからいう。

【呷呷】（がこう(かふ)） ①口をあけてののしる。また、口を開くさま。②大波が荒れくるうさま。

【呀然】（がぜん） 中ががらんとしているさま。谷などの形容にいう。

口4
【吤】〔7〕 カイ 漢 去 卦 jiè チエ　U補J ②0369 5424
意味 〈こえ(こゑ)〉のどからしぼりだすようにして出す声。「吤吤」

口4
【含】〔7〕 常 ガン ふくむ・ふくめる　一 カン 漢 ゴン 呉 ガン 慣 一 平 覃 hán ハン　二 カン 漢 ゴン 呉 ガン 慣 二 去 勘 hàn ハン　U補J 2062 542B

筆順 ノ 人 𠆢 今 今 含 含

意味 一〈ふく・む〉①口に入れる。②中にもつ。「含羞」③心におもう。④こらえる。耐えしのぶ。「含垢」二 ふくみだま。死者の口中にふくませる玉。国〈ふく・める(――・む)〉言いきかせて承知させる。あきらめさせる。

解字 形声。口が形を表し、今が音を示す。今には、ふうじこめる意味がある。含は、口の中に物をふくむことを表す。音ガンは、今の音キンの変化。

名前 もち 難読 含嗽・含羞草・含羞

【含英】（がんえい） 花などの美しいものをふくみもつ。光を帯びる。【―咀華(華)】（がんえいしょか） 文章や学説などのすばらしいところをよくかみ味わって、自分の胸の中におさめておくこと。

【含玉】(がんぎょく) 昔、死者の口の中につめた玉。ふくみだま。「含珠。」〈韓愈・進学解〉

【含胡】(がんこ) はっきりしないこと。はきはきしない。‖含糊

【含糊】(がんこ) はっきりしないこと。にえきらない。あいまいなさま。

【含垢】(がんこう) 恥をしのぶ。‖含詬

【含羞】(がんしゅう) 恥じらう。はずかしがる。はにかむ。【――草】(がんしゅうそう) 植物の名。おじぎそう。ねむりぐさ。

【含笑】(がんしょう) ①えがおを作る。ほほえむ。②花が咲きはじめる。笑は、花の咲く意。

【含情】(がんじょう) ①風情があること。②感情を胸におさめて、それとなく思うことを示す。

【含嗽】(がんそう) くちをすすぐ。うがいをする。うがい。

【含蓄】(がんちく) ①中にふくみをもつ。②深い味わいのあること。意味深長で、ろこつでないこと。ふくみ。

【含怒】(がんど) 怒りたい心をじっとこらえている。

【含哺】(がんぽ) 食物を口にふくむ。哺は食物。【――鼓腹】(がんぽこふく) 人民が生活食物を口に入れ、腹つづみを打って拍子をとる。を楽しむ平和なさま。〈荘子・馬蹄〉

【含味】(がんみ) ①口の中にふくんで味わう。かみしめ味わう。②事の意味をよく考える。

【含有】(がんゆう) ふくみ持つ。ふくむ。包含。

【含霊(靈)】㊀(がんれい) ①霊妙な徳を持つ。②人間。人類。㊁(がんりょう) ㊋霊魂を持つもの。有情。含識。

【含糲】(がんれい・がんらい) 玄米の飯を食べること。糲は玄米。

口4 【㕳】〔7〕 キョウ 漢 ㊤ 腫 xiōng ション　J― 補― U3573

意味 かまびすしい。「㕳㕳(きょうきょう)」

口4 【呌】〔7〕 キョウ(ケウ) 漢呉 ㊄ 嘯 jiào チアオ　J― 補― U544C

意味 「叫」(二二五ページ・中)の俗字。国英米の容量単位、パック(二ガロン)の略号。

口4 【听】〔7〕 ㊀キン 漢 ㊀㊤ 軫 yǐn イン　㊁チョウ 慣 ㊁― tīng ティン　J5065 補― U542C

意味 ㊀口をあけてわらうさま。「听然(きんぜん)」㊁聴く。‖聴 国〈ポンド〉英国の重さの単位(約四五四グラム)および貨幣の単位(一〇〇ペンス)。「封度」「磅」とも書く。

参考 听は「聽」(一〇〇九ページ・下)の中国新字体としても使う。

口4 【吟】〔7〕 常 ギン　㊀ギン 漢呉 ㊀㊥ 侵 yín イン　㊁キン 漢 ㊁㊄ 沁 jìn チン　J2267 補― U541F

筆順 丨 ㇑ 口 口' 口𠆢 口今 吟

言4 【訡】〔11〕 同字 J②8855 補― U8A21

意味 ㊀①〈うた・う(――・ふ)〉詩歌を吟じる。「朗吟」②詩歌の形。「梁父吟(りょうほぎん)」③なげく。うめく。「吟嘆」④どもる。⑤鳴く。㊁口をつぐむ。‖噤

解字  形声。口が形を表し、今が音を示す。口と今とが上下になったのが含で、吟も含も、口にふくむ意味がある。その中で、吟は、音を出す意味を加えて、「うめく」ことをいう。

名前 おと・こえ・あきら

【吟詠】(ぎんえい) 詩歌をうたう。吟嘯。‖吟咏

【吟哦】(ぎんが) 詩歌を口ずさむ。歌う。吟詠。

【吟懐(懷)】(ぎんかい) 詩歌を作りたいという思い。吟心。吟情。

【吟客】(ぎんかく) 詩歌を作る。また、詩人。歌人。

【吟叫】(ぎんきょう) 泣き叫ぶ。

【吟興】(ぎんきょう) 詩歌を作りたいと思う気持ちがおこること。詩歌を作る興味。詩興。

【吟月】(ぎんげつ) 月を見ながら詩歌を口ずさむこと。

【吟行】(ぎんこう) ①詩歌などをうたいながら歩く。②国作歌・句作のため、同好者で野外や名所などに出かけて行くこと。

【吟魂】(ぎんこん) 詩歌を作る心。吟心。

【吟唱(「誦」)】(ぎんしょう) 詩歌を声高らかに歌う。

【吟嘯】(ぎんしょう) ①詩歌を声高くうたう。吟詠。②時世を悲しみなげいて出す声。

【吟杖】(ぎんじょう) ①詩人のつえ。②詩を考えながらついて歩くつえ。

【吟醸(釀)】(ぎんじょう) 国原料を念入りに吟味して、酒などを醸造すること。

【吟心】(ぎんしん) 詩歌を作る心もち。うたごころ。吟情。吟懐。詩情。

【吟呻】(ぎんしん) うめく。うなる。呻吟。

【吟諷】(ぎんぷう) 詩歌をうたう。「吟諷賛嘆」

【吟風弄月】(ぎんぷうろうげつ) 現実を忘れて、風月などの自然に接し詩歌に詠むこと。

【吟鞭】(ぎんべん) 詩人のもつむち。

【吟味】(ぎんみ) ①詩歌を口ずさみながらその趣を味わう。②よく調べて選ぶ。物事をよく選び分ける。③味をじゅうぶんに味わう。④国罪を問いただす。詮議する。

【吟余(餘)】(ぎんよ) 詩を吟じたあと。

【吟謡(謠)】(ぎんよう) うたう。また、詩歌。

◇低吟・呻吟・苦吟・朗吟・詩吟

口4 【君】〔7〕 学3 クン きみ　クン 漢呉 ㊥ 文 jūn チュン　J2315 補― U541B

筆順 ㇆ ⺕ ヨ 尹 尹 君 君

意味 ①〈きみ〉㋐天子。皇帝。㋑諸侯・公卿・大夫。㋒つかさ。主宰者。②他に対する敬称。㋐先祖。「先君」㋑父母。「父君」㋒神。「湘君」㋓目上の人。③他に対する呼称。㋐夫が妻に対し、また、妻が夫に対する呼称。「夫君」㋑人を呼ぶ。目上から目下、また相互に用いられる。④つかさどる。統治する。国〈きみ〉遊女。

解字  会意。尹と口を合わせた字。尹は治めること、口は号令を出すこと。君は、号令を出し、世を治める人で、尊い人、君主の意味になる。

名前 こ・きん・すえ・なお・よし　地名 君津　難読 君達

【君達】(きんだち) 国親王や摂家など高貴な家の子息。‖公達

【君冤】(くんえん) 主君の無実の罪。

【君恩】(くんおん) 主君から受けた恩。主君のめぐみ。

【君公】(くんこう) ①諸侯。②主君。自分が仕える君に対する尊称。

【君侯】(くんこう) ①諸侯の尊称。殿様。②貴人をよぶ称。

【君国(國)】(くんこく) ①君主と国家。②君主の統治する国。

【君子】(くんし) ①学問・見識にすぐれ、徳行の備わった人物。りっぱな人。↕小人 ②高位・高官の人。↕小人 ③君主。為政者。④女性が夫・恋人を呼ぶことば。⑤竹・蘭・梅などの植物の別称。【――国(國)】(くんしこく) ①風俗善良で礼儀の正しい国。②わが国の美称。東海の中にあるという。【――花】(くんしか) ①蓮の別名。②菊の別名。【――自重】(くんしじちょう) 現君子自重せよから、小便するなの意。小便無用。【――儒】(くんしじゅ) りっぱな学者。真の儒者。よく自己を修め、また、国が平和に治まるのを心がける学者。【君子豹変(變)】(くんしひょうへん) ①りっぱな人があやまちを改めるときは、ひょうの皮のまだらな模様がはっきりしているように、迷わずすぐに善にうつる。君子が善にうつることの非常にはっきりしていること。〈易経・革卦〉②態度や主張を急に変えること。【――去ㇾ仁、悪(惡)乎成ㇾ名】(くんしじんをさりて、いずくにかなをなさん) 君子は仁

道を離れては、どこに君子たるの名を成し得ようか。君子が世に名を成すには、必ず仁道においてすべきである。〈論語・里仁〉【──有三三楽(樂)一】君子には、三つの楽しみがある。父母が健在で兄弟に事故のないこと、自身の行いに恥じるところがないこと、英才を教育し学問を伝えること。〈孟子・尽心上〉【──之徳風】人の上に立つ者の徳は、たとえば風のようなものであり、下の者はその風になびく草のようなもので、自然にその感化をうけてなびきしたがう。〈論語・顔淵〉【──之交淡若レ水】徳の高い人の交際は、水のように、あっさりしているが、それでいて長く変わらない。〈荘子・山木〉【──無レ所レ争(爭)】徳のある人は、人と争うことをしない。しいて争うとすれば、礼にかなった射芸だけである。〈論語・八佾〉【──不レ愧三于屋漏一】徳のある人は、人の見ていない奥のへやにひとりでいても、良心に恥じるような行動はしない。屋漏は室の西北の隅で、もっとも人目につかない場所の意。〈詩経・抑〉【──必慎(愼)三其独(獨)一】君子はひとりでいるときも、その行いをつつしむ。慎独。〈大学〉【──不レ器】徳のある人は、ただ一技一芸に通じるだけではない。器物はそれぞれ一つの用途に適するだけにすぎないが、徳のある人は、ただ一技一芸に通じるだけではない。〈論語・為政〉【──喩三於義一、小人喩三於利一】君子は、ある事に出あったとき、つねに道義のほうに向かって考えてゆくが、小人はこれに反して、絶えず利欲のほうに考えを向けてゆくものである。〈論語・里仁〉【──欲下訥三於言一而敏中於行上】君子たる者は、たとえ口は達者でなくとも、行動には勤勉・敏速であることを心がける。〈論語・里仁〉【──求三諸己一】君子は何事につけても、自分に関することはすべて自分の責任として受けとる。〈論語・衛霊公〉【──上達、小人下達】徳の高い君子は道にしたがうので、いよいよりっぱになり、小人は利欲に迷うので、さらに堕落してしまう。〈論語・憲問〉【──盛徳、容貌若レ愚】君子はりっぱな徳があっても、それを外に現して自慢したりしないから、ちょっと見ると愚者のようにみえる。〈史記・老子列伝〉【──不レ責レ備】君子は他人に対して、何もかも完全にそなわっていることを要求しない。〈論語・微子〉【──貴三其全一】君子たる者は、学問・徳行を完全に修めることがたいせつである。〈荀子・勧学〉【──成三人美一】人はとかく他人の善事をけなしたりぶちこわしたりするが、徳のある人は、他人の善事をみれば誘いすすめてそれを成就するようにさせる。〈論語・顔淵〉【──遠三庖厨一】仁の心のある君子は、料理される鳥獣の悲鳴を聞くに忍びないので、調理場には近寄らない。〈孟子・梁恵王上〉【──交絶不レ出三悪(惡)声(聲)一】徳のある人は、人と絶交したのちも、その人の悪口を言ったりはしない。〈史記・楽毅列伝〉【──憂レ道不レ憂レ貧】君子は、道にそむきはしないかということは憂えるが、貧乏などは気にかけない。〈論語・衛霊公〉【──学(學)レ道則愛レ人】人の上に立つ者が、儒教の礼楽の道を学べば、民を愛する良い君主になる。〈論語・陽貨〉

【君事】君主に関する事がら。

【君主】①国家の元首。天子。皇帝。②天子のむすめ。【──政体(體)】一国の主権が、代々受けつがれる君主にある政体。↕共和政体

【君上】天子。君主。

【君臣】①君主と臣下。君と家来。②君の家来。君の臣下。③君主と臣下の間の道徳。【──水魚】君臣の間が、水と魚との関係のように親密なこと。蜀の劉備と諸葛亮の交情の故事。水魚之交。【──相遇】明君とこれを助ける賢臣とが、うまく出会うこと。君臣遇合。〈貞観政要〉【──有レ義】君と臣との関係は義が第一である。義とは正しい道をいう。「父子有レ親、君臣有レ義」〈孟子・滕文公上〉

【君親】君主と親。

【君側】①君主のそば。②君主の左右につきそう臣。

【君長】①君主。かしら。②君主と目上の人。③部族のかしら。酋長。

【君寵】君主の寵愛。君の気に入りの人。

【君王】①一国の君。君主。②諸侯と天子。

【君父】君主と父。

【君民】君主と人民。

【君命】君主の命令。【──無レ二】君主の命令は絶対である。〈左伝・僖公二十四〉【不レ辱三──一】主君の命をうけて外国へ行き、使者としての任務を完全に果たすこと。〈論語・子路〉

【君臨】君主として国を治める。人民の上に立って支配する。

【君君、臣臣】君主は君主としての道をつくし、臣は臣としての道をつくすこと。〈論語・顔淵〉

【君之視レ臣如三手足一】君主が、臣下を自分の手足のように大事にする。〈孟子・離婁下〉↕君之視レ臣如三土芥一

【君辱臣死】主君が他から侮辱されるようなことがあれば、臣たる者は、命をなげ出してもこの恥をそそぐ。〈国語・越語〉

【思レ君不レ見下三渝州一】もう一度君(月をさす)を見たいと思っても、両岸がけわしくて見ることができず、そのまま渝州(今の重慶)まで長江をくだって行く。〈李白の詩・峨眉山月歌〉

【無レ君】主君をないがしろにする。主君を無視する。「無レ父、無レ君、是禽獣也」(父をないがしろにし、主君をないがしろにするのは、獣の行為である。)〈孟子・滕文公下〉

▽▼人君・主君・名君・明君・若君・細君・庸君・貴君・聖君・諸君・暴君

口4【咨】〔7〕ケイ 漢 上 薺 qǐ チー　U 5447 補 ― J 2081

意味 ①明るい星。②金星。③つづけて。

口4【呉】〔7〕常 ゴ　U 5449 補 ― J 2466

旧字 口4【吳】〔7〕ゴ 呉 漢 平 虞 wú ウー　U 5433 補 ― J ―

筆順 丨 ㄇ 口 吕 吕 呉 呉

口4【吴】〔7〕俗字　U 5434 補 ― J 2077

意味 ①国名。㋐春秋時代に勢力をひろげたが、越にほろぼされた国。㋑三国時代、孫権の建てた国で、建業に都した。㋒五代時代、楊行密の建てた国。②地名。現在の江蘇省一帯の地。③かまびすしい。さわがしい。④姓。国①〈くれ〉古代の中国に対する呼称。「呉服」②〈く・れる(──・る)〉与える。やる。

解字  会意。口と夨とを合わせた字。夨は、かたむくこと。口は言うこと。呉は、道理からはずれた、あるいは、ふつうと

違うことばをいう。おおげさなことばの意味にもなる。

【呉越】名前 くに 姓 呉服・呉服 地名 呉・呉妹・呉服里 ①呉と越の地方。今の江蘇省の一帯。②春秋時代に争いを続けた二国の名。転じて、仲の悪いかたきどうしをいう。【――春秋】書名。十巻。後漢の趙曄の著。春秋時代の呉・越二国の興亡の史書。

【呉越同舟】仲の悪い者どうしが一つ所にいること。同舟は、同じ舟に乗る意。〈孫子・九地〉【――之争】↓「臥薪嘗胆」(一〇三〇ページ・中)

【呉音】①呉の地方で用いられた発音。また、言語。②呉の音楽。③わが国で用いられる漢字音の一種。長江下流地域で用いられていた発音が奈良時代に伝わったもので、その伝来は漢音より古く、仏教関係の語に多くみられる。

【呉会(會)】呉の都会。呉は、荊州と楊州の会するところの都会なのでいう。

【呉下阿蒙】いつまでたっても学問の進歩しない人。つまらないもの。阿は人名につける接頭辞。三国時代、呉の呂蒙が主君にすすめられて学問に励み、のちに魯粛がその学識に感心して、あなたはもう呉下の阿蒙でないといった故事。〈呉志・呂蒙伝〉

【呉姫】呉の国の美人。

【呉起】人名。中国の戦国時代の兵法家。衛の人で魏の文侯に仕え、後、楚に仕えててがらをたてた。著書に「呉子」(一巻)がある。

【呉牛】中国の南方、呉の地方の牛。『――喘レ月』呉は暑い土地であるために、牛が月を太陽と見まちがえてあえぐということから、ひどく恐れ入るさまにたとえる。「呉牛見レ月而喘」に同じ。〈世説新語・言語〉

【呉競】唐の人。経史に通じ、「貞観政要」を編纂した。

【呉吟】呉の人が呉の歌をうたう意から、故郷を恋い慕うこと。

【呉敬梓】人名。字は文木。清の乾隆期の文学者。小説「儒林外史」の作者として有名。

【呉広(廣)】秦末の人。字は叔。陳勝とともに挙兵し、秦滅亡のきっかけをつくった。

【呉三桂】人名。明末の武将。賊の李自成の軍を破り、帝を名乗ったが、孫の代に清に滅ぼされた。

【呉子】①戦国時代の兵法家、呉起の尊称。②書名。一巻。呉起の著と伝えられる兵法の書。

【呉承恩】人名。明の万暦年間の人。「西遊記」の作者といわれている。号は射陽山人。(一五〇〇～一五八二)

【呉楚】①呉の地方と、楚(今の浙江省)の地方。②隔たっていることのたとえ。

【呉中】地名。今の江蘇省蘇州市。太湖流域一帯。春秋時代の呉が都をおいた所。呉県・姑蘇ともいう。

【呉道玄】人名。唐代の画人。呉道子。道子はその字。画聖といわれ仏画の名人。

【呉服】国①呉の国の方法によって織った布。くれはとり。②織物の総称。反物。

【呉榜】呉地方の人の作りはじめた、舟のかい。

『呉市吹レ簫』簫を吹きながら物乞いをしてまわること。伍子胥の故事。〈史記・范雎列伝〉

口 4

【吾】

〔7〕 人 ゴ 漢 呉 平 虞 wú ウー

J 2467 補 U 543E

意味 ①〈われ〉自分。②〈わが〉自分の。③ふせぐ。とどめる。＝御・禦 ④敬愛する者をさすときに添えて親しみを示す。「吾子」 ⑤読書の声。「伊吾(＝咿唔)」 ⑥漢代の官吏が用いた棒の名。⑦姓。

解字  形声。口が形を表し、五が音を示す。五には交互という意味がある。吾は、語と同じく、ことばをかわすことであるが、我の音と通じて、自分をいうようになった。

名前 あ・みち・わが 地名 吾川・吾妻・吾妻 【東・吾嬬】

【吾妻】国①東方の諸国。②関東。③へんぴな場所。＝

【吾伊】読書の声。咿唔。伊吾。

【吾家】自分の家。わがや。

【吾兄】わが兄の意で、親しい友をさしていう語。

【吾子】一 ①あなた。きみ。友人が互いに親しんでいう称。②わが子。二 国 一 に同じ。

【吾人】①われわれ。われら。②じぶん。吾輩。

【吾曹】われわれ。曹は仲間・輩の意。

【吾儕】わがともがら。われわれ。吾曹。

【吾属(屬)】われら。われわれの仲間。

【吾徒】自分の仲間。また、自分の門人をいう。

【吾党(黨)】①わが仲間。同志。②自分の故郷。『――之小子』郷里の若者。

【吾輩】①われわれ。②わたくし。われ。吾曹。

【吾門標秀】自分の家のすぐれた子。

【吾木香】バラ科の多年草。

『吾道一以貫レ之』わたしの道は、一つのことでつらぬき通している。孔子が門人の曽子に言ったことば。一つのこととは、「忠恕」をさす。〈論語・里仁〉

『吾喪レ我』自分で自分を忘れる。心を俗世間からはなれた境地に遊ばせること。〈荘子・斉物論〉

『視レ吾如レ人』他人も自分も区別がないこと。自分を他人と同じようにみる意。〈列子・仲尼〉

口 4

【吭】

〔7〕 コウ 漢 平 陽 (カウ) háng ハン

J 5066 補 U 542D

意味 ①鳥のくび。また、のど。＝頏 ②要。要所。③声を出す。音 kēng コン。

口 4

【吼】

〔7〕 標 コウ 漢 上 有 ク 呉 hǒu ホウ

J 5067 補 U 543C

意味 ①〈ほ・える(―・ゆ)〉人や動物が大声で叫ぶ。わめきたてる。②大きな音をたてる。

【吼号(號)】大声をあげて泣く。

【吼擲】ほえつく。

【吼天氏】天でほえる人の意から、風のこと。

【吼怒】怒り、ほえる。

【吼噴】音を立ててふきだす。

口 4

【告】

〔7〕 学 5 コク つげる

J 2580 補 U 544A

旧字 口 4 【告】〔7〕

補 U 543F

一 コウ(カウ) 漢 ゴウ(ガウ) 呉 一 去 号 gào カオ
二 コク 慣
三 コク 漢 呉 三 入 沃 gù クー

筆順 ノ ⺧ 牛 生 牛 告 告

意味 一 ①〈つ・げる(―・ぐ)〉 ㋐申し上げる。㋑布告する。＝誥 ㋒話す。㋓教える。示す。㋔うったえる。告発する。「誣告」 ㋕休暇を請う。官吏の休暇。「告帰」 ②さとす。また、告げることば。＝誥 三 告朔は、毎月の初めに天子が諸侯に暦を分け与える儀式。また、諸侯が毎月の初めにそれを祭ること。

解字  会意。牛と口を合わせた字。牛の角に当たってけがをしないように、横木を渡し、人に告げ知らせること。一説

に、牛は祭りのとき神にそなえる動物で、これをそなえて、神に祈りのことばをいうので、牛と口を合わせたという。また、形声文字として、牛は音を示し、進める意味があるから、告は、進言する、申しあげる意味であるともいう。

名前 つぐ・しめす　難読 告天子・告文

【告引】自分の罪をのがれようとして、互いに他人の悪事をひきあいに出す。

【告天子】ヒバリ科の小鳥。雲雀。

【告罄】①祭祀の終了を告げる。②物が尽きる。

【告朔(朔)】毎月の初めに、天子や諸侯が先祖のおたまやでお祭りをして、その月の暦を下げてきて自国に分け与える儀式をいう。告朔については諸説がある。【――餼羊】告朔にそなえるいけにえの羊。魯の文公のとき、告朔の礼が形式だけの虚礼になってしまったが、孔子は、これをも廃してはいけないと言ったことから、礼はたとえ形式だけでも、これを保存すべきであるということ。また、形式だけの虚礼のたとえ。〈論語・八佾〉

【告子】人名。名は不害。中国戦国時代の思想家。孟子とほぼ同時代。性に善・不善のないことを説いた。

【告示】①告げ知らせる。②官庁が、広く一般に告げ知らせる文書。

【告辞(辭)】①告げ述べる。また、そのことば。②いとまごいする。

【告身】唐代に、官に任じられた者が上から受けた文書。今の辞令書。告命。

【告成】①完成を報告する。②完成する。

【告訴】□一①事情を訴えて請い願う。②法 犯罪の被害者やその法定代理人から、検察官・警察官に犯罪の事実を申し出て、犯人の処罰を願い出る。□二 gàosu 現 告げる。

【告愬】うったえ告げる。＝告訴

【告知】広く一般に告げ知らせる。

【告天】①帝王が天を祭って即位を報告すること。②天に訴える。③鳥の名。ひばり。告天子。

【告寧】①官吏が服喪のため休暇を願い出て故郷に帰る。↕告帰　②乱の平定を報告する。

【告白】かくさずに、ありのままに言う。打ち明ける。また、そのことば。

【告発(發)】①あばいて訴える。②法 被害者以外の人が検察官や警察官に申告して、犯人の処罰を求める。

【告文】□一 文書で告げる。また、その文書。□二 国①神に告げる文。②天子が臣下に告げさとす文。

【告別】□一 別れをつげる。いとまごい。□二 gàobié 現 □一に同じ。【――式】死者に別れをつげるための式。

【告諭】人民に告げさとす。＝告喩

【告老】老年を理由にして、辞職を申し出る。

【告仮(假)】①休暇をとる。②官職をやめる。

【告帰(歸)】①官吏が吉事のために休暇を願い出て故郷に帰る。②引退して故郷に帰る。③辞去する。↕告寧

【告急】危険な状態を告げて救いを求める。

【告レ往知レ来(來)】すでに言ったことを聞いて、まだ言わないことを早くも察知する。また、過去の事を聞いて、将来の事を察知する。一を聞いて二を知る。推理力のきわめて鋭敏なこと。〈論語・学而〉

◆上告・公告・予告・布告・広告・申告・戒告・忠告・宣告・原告・被告・通告・密告・報告・勧告・論告・敷告・警告

口4【呇】〔7〕コク 漢 入 職 gě コー　U補J 5444 2080

意味 財産が多い。

口4【吱】〔7〕シ 漢 呉 平 支 zhī チー　U補J 5431 2076

意味 ①人の声や音にたとえる。②現 ねずみ・小鳥の鳴き声。音 zī ツー。

口4【呏】〔7〕ショウ 慣 shēng ション　U補J 544F 2083

意味 〈ガロン〉英・米の容量の単位(英ガロンは約四・五五リットル、米ガロンは約三・八リットル)のあて字。

口4【吢】〔7〕シン 漢 去 沁 qìn チン　U補J 5422

口4【吣】〔7〕同字　U補J 5423

意味 犬や猫がたべものを吐く。

口4【吹】〔7〕常 スイ ふく　□一 スイ 漢 呉 平 支 chuī チョイ　□二 スイ 漢 呉 去 寘 chuì チョイ　U補J 5439 3165

筆順
丨
𠃍
口
口ノ
口⺈
口⺈丿
吹

龠4【龡】〔21〕同字　U補J 9FA1 7764

意味 □一〈ふ・く〉①口をとがらせて息をはき出す。②風がふく。③吹奏楽器をふく。④広がる。散らばる。⑤現 大言をはく。□二 吹奏楽器。国〈ふ・く〉金属をとかして器物を鋳る。

解字  会意。口と欠とを合わせた字。欠は口を大きく開くこと。吹は口を開いて息を急にふき出すことである。

名前 ふ・かぜ・ふき・ふけ　地名 吹田

難読 息吹・吹雪(付表)／吹聴

【吹烟】たばこをすう。たばこの煙をふく。＝吹煙

【吹管】①笛を吹く。吹笛。②化学・鉱物学などで用いる実験用具。火をふきつけるくだ。

【吹挙(擧)】人をすすめあげる。＝推挙

【吹嘘】①息をふきかける。②人をほめあげる。吹挙。③互いに助ける。

【吹笙】①笙の笛をふく。②そっとすりこむこと。

【吹奏】笛などを吹きかなでる。管楽器を鳴らす。

【吹断(斷)】ふきちぎる。ふき絶つ。「北風吹断天山草」(北風が天山山脈の草を吹きちぎっている。)〈岑参の詩・胡笳歌送三顔真卿使赴二河隴一〉

【吹弾(彈)】吹竹弾糸の意。笛を吹き、琴をひく。音楽を奏すること。また、音楽。

【吹竹】笛を吹くこと。吹管。

【吹笛】笛をふく。吹竹。吹管。

【吹鳴】ふきならす。

【吹毛】①毛を吹く。たやすいことのたとえ。②吹きかけた毛も断ち切るほどの名剣。③しいて他人の欠点をさがすこと。→「吹レ毛求レ疵」(六九二ページ・上)

【吹聴(聽)】国①広く他人にいいふらす。②宣伝。

【吹雪】国はげしい風とともに降る雪。風雪。【――月】国陰暦五月の別名。

【吹螺】①大型の巻貝。②ほらがいで吹き鳴らすように細工したもの。法螺貝。

【吹灰之力】灰を吹くほどのわずかな力。

◆息吹・鼓吹・霧吹

口4【呎】〔7〕セキ 慣 chǐ チー　U補J 544E 5072

意味 〈フィート〉英国の尺度の単位(三〇・四八センチメートル)のあて字。

口4【吮】〔7〕セン 漢 上 銑 シュン 漢 shǔn シュン　U補J 542E 5068

【意味】①〈す・う（―・ふ）〉吸いとる。②ねぶる。なめる。
【吮血】せんけつ 血を吸う。吸血。
【吮瘡】せんそう（さう） 腫はれもののうみを吸う。吮疽せんしょ―そ。
【吮癰舐痔】せんようしじ（ぢ） 癰よう（悪性のできもの）のうみを口で吸いとり、痔をなめる。人にこびへつらうことのひどいたとえ。〈朱子・論語集注ろんごしっちゅう〉
【吮疽之仁】せんしょのじん 大将が手厚く部下をいたわること。戦国時代に、呉起が部下の兵士の疽（腫物はれもの）のうみを吸い取った故事。〈史記・呉起ごき列伝〉

口4【呈】〔7〕常 テイ　J 3672　補　U 5448
旧字 口4【呈】〔7〕 テイ 漢 平 庚 chéng チョン　J　補　U
筆順 丶 ㄇ 口 旦 早 早 呈
意味 ①〈しめ・す〉あらわす。あらわれる。「呈露ていろ」②さしあげる。また、下から上に出す公文書。「進呈しんてい」③きまり。はかりの基準。＝程てい ④思いのままする。＝逞てい
解字 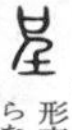 形声。口が形を表し、壬ていが音を示す。壬には、広く平らな意味がある。呈は、口で平らに述べることで、「しめす」意味になる。一説に壬の音は、示すという意味を含んでいるから、呈は、口で明白に言い示すことであるという。
名前 しめ
【呈巻】ていかん（くわん） ①書類や文書をさし出すこと。②試験の答案をさし出す。
【呈形】ていけい ①詩文や絵画などの描写が実際のようすにそっくりなこと。②形を備えていること。また、そのもの。人類。
【呈示】ていじ さし出して見せる。あらわし示す。
【呈上】ていじょう（じゃう） 相手に物をさしあげる。献ずる。進呈。贈呈。
【呈進】ていしん 他人に物をさしあげること。進呈。
【呈露】ていろ あらわす。あらわれる。むき出しにする。
◆進呈しんてい・献呈けんてい・謹呈きんてい・贈呈ぞうてい・露呈ろてい

口4【呐】〔7〕 ドツ 漢 入 月 トツ 慣 nè ノー　J 5069　補　U 5436
意味 ①口ごもる。＝訥とつ ②さけぶ。わめく。音 nà ナー。
【呐喊】とっかん ①ときの声をあげる。②ときの声をあげて、敵陣に攻めこむこと。③書名。魯迅ろじんの作品集の名。「狂人日記」「故郷」「阿Qアキュー正伝」などが収められている。
【呐吃】とっきつ ①口ごもる。②物事がはかどらないこと。

【呐呐】とつとつ 口ごもるさま。

口4【吨】〔7〕 トン 漢 平 元 tūn トゥン　J ②0370　補 2073　U 5428
意味 ①ことばがめいりょうでない。「吨吨とんとん」②現（重量）トン。音 dūn トゥン。
参考 吨は「噸」（二六六㌻・上）の中国新字体としても使う。

口4【呑】〔7〕 人 標 トン 漢 平 元 ドン 慣 tūn トゥン　J ①4794　補　U 541E
同字 口4【吞】〔7〕　J 3861　補　U 5451
意味 〈の・む〉①のみこむ。②表にあらわさない。かくし持つ。「呑恨どんこん」③かろんずる。かるくみる。④滅ぼす。
難読 呑気のんき
【呑海】どんかい 大海をのみこむ意で、志の大きいこと。
【呑恨】どんこん うらみを外にあらわさない。
【呑蝕】どんしょく ほろぼし、むしばむ。他をおかししのぐ。
【呑声（聲）】どんせい ①声を出さない。だまる。沈黙。②声を出さないようにして泣く。しのび泣く。
【呑噬】どんぜい ①のみ、かむ。②他国を侵略すること。
【呑炭】どんたん 戦国時代、予譲がかたきを討つため、炭をのんで口がきけないようになった故事から、復讐ふくしゅうの苦心をいう。〈史記・刺客しかく列伝〉
【呑敵】どんてき 敵をのむことで、敵を恐れない意。
【呑吐】どんと のむこととはくこと。のんだりはいたりする。
【呑牛之気（氣）】どんぎゅう（ぎう）のき 牛を丸ごとのみこむくらい、気持ちの大きいこと。
【呑舟之魚】どんしゅう（しう）のうお（うを） ①舟をのんでしまうほどの大魚。②大物おおもの。大人物。大悪人。
◆丸呑まるのみ・水呑みずのみ・併呑へいどん・鯨呑げいどん

口4【吧】〔7〕 ハ 漢 平 麻 bā バー　J ①1486　補 2072　U 5427
意味 ①吧吧はは、おしゃべりするさま。②現推量・勧告などを表す文末の語気助詞。音 ba バ。

口4【吠】〔7〕 標 ハイ 漢 バイ 呉 去 隊 ベイ 慣 fèi フェイ　J 4342　補　U 5420
意味 ①〈ほ・える（―・ゆ）〉犬が鳴く。②鳥やかえるが鳴く。
難読 吠陀ベーダ
【吠尭（堯）】はいぎょう（げう） 盗跖とうせき・桀けつ王の犬が聖天子の尭にほえる。悪者の犬は聖人に対してもほえる意で、理屈ぬきで主君に忠実なことのたとえ。〈史記・淮陰侯わいいん列伝〉

【吠日之怪】はいじつのかい（くわい） 四川省は、雨が多く、太陽が出ると犬が怪しんでほえるとのことから、珍しいものに驚くたとえ。「罕見而驚、曰レ有二吠日之怪一まれにみておどろくを、はいじつのかいありという」〈書言故事・天文類〉

口4【否】〔7〕 学6 ヒ いな　J 4061　補　U 5426
一 フ 漢 呉　ヒ 慣　一 上 有 fǒu フォウ
二 ヒ 漢 呉　二 上 紙 pǐ ピー
筆順 一 ア 不 不 不 否 否
意味 一①〈いな〉いや。いいえ。不同意を示す。②〈しからず〉そうでない。③〈いな・む〉拒否する。二①よくない。「臧否ぞうひ」②ふさがる。閉じる。「否閉ひへい」③易えきの卦かの名。国〈いなや〉すぐに。

語法 ❶〈ず〉〈しからず〉 打ち消し。…でない。例「或朝或否あるいはちょう（てう）し あるいはしからず」（ある者は朝廷に参り、ある者はそうしなかった）〈史記・秦始皇本紀〉▼「不」と同じく打ち消しの意を示すが、「（あるもの）は…し、（あるもの）は…しない」「そうか、そうではないか」など、肯定形の後に対比的に置かれることが多く、その場合「否」の後の述語は省略される。
❷〈いな〉〈しからず〉 そうでない。いや。いいえ。違います。多くは、返答に用いられ前述の文や句をうけてそれを否定する。例「曰、自織レ之与いわく（いはく）、みずから（みづから）これをおるやと、曰、否いわく（いはく）、いなと」（〔孟子は〕自分でこれを織ったのか、とたずねた。〔許行はこたえて〕いいえと言った）〈孟子・滕文公とうぶんこう上〉
❸〈しからずんば〉〈しからざれば〉 さもないと。そうでなければ。例「否、必為二二子所一レ禽矣しからずんば、かならずにしのとりこととするところとならん」（でないと、きっとやつら二人に捕らえられることになるでしょう）〈史記・淮陰侯わいいん列伝〉
❹〈いなや〉 疑問文の文末に用いられ、「…か、…でないか」とたずねる。例「丞相可レ得レ見否じょうしょう（しゃう）みることをうべきやいなや」（丞相には会えるか会えないか）〈史記・秦始皇本紀〉

解字  会意・形声。口と不を合わせたもので、不ふは、そうでないことを表すとともに音をも示す。否は、そうでないと口でうち消すこと。音ヒは、不の音フの変化。

3画 ➡ 口囗土士夂(夊)夕大女子宀寸小尢(尣・兀)尸屮山巛(川)工己巾干幺广廴廾弋弓彐(彑・ヨ)彡彳⺍

【否応(應)】いやおう 国断ることと、承知すること。不承知と承知。

【否運】ひうん 不運。運命がとじて開けないこと。悪いめぐりあわせ。

【否隔(隔)】ひかく ふさがって通じないさま。

【否決】ひけつ 議案を不可と議決すること。↕可決

【否臧】ひぞう(ざう) 悪と善。臧否。是非。

【否塞】ひそく ①つかえふさがる。②ふしあわせになること。

【否泰】ひたい ふさがることと通じること。不運と幸福。否・泰ともに易えきの卦かの名。

【否定】㊀ひてい そうでないときめること。打ち消すこと。↕肯定 ㊁フォウティン fǒudìng 現㊀に同じ。

【否徳】ひとく 正しくない徳。徳が少ないこと。不徳。

【否認】ひにん ①よくないとする。②承認しないこと。事実をうち消して認めない。↕是認ぜにん

【否否】ひひ いやいや。否定することば。

【否則】フォウツォー fǒuzé 現さもなければ。もし、そうでなかったら。

【否者】しからざれば さもなければ。もし、そうでなかったら。

◆可否かひ・正否せいひ・安否あんぴ・当否とうひ・成否せいひ・拒否きょひ・許否きょひ・適否てきひ・諾否だくひ・賛否さんぴ

口4【吡】〔7〕 ㊀ヒツ 漢 ㊀(入) 質 bì ピー ㊁ヒ 漢 ビ 呉 ㊁㊤ 紙 bǐ ピー　J 2071 補 — U 5421

意味 ㊀吡吡ひひは、鳥のなき声。㊁①そしる。人のわるぐちをいう。②くらべる。＝比

口4【吵】〔7〕 ㊀ビョウ(ベウ) 漢 ㊀㊤ 篠 miǎo ミアオ ㊁ソウ(サウ) 漢 ㊁㊤ 巧 chǎo チャオ　J 2078 補 — U 5435

意味 ㊀雉きじが鳴く。㊁①ののしる。口争いをする。②やかましい。

口4【吺】〔7〕 フ 漢 ㊤ 麌 fǔ フー 呉　J ②0371 補 — U 356E

意味〈か・む〉 吺咀ふしょは、薬材を飲みやすく口でかみくだく。かみくだく。吟味する。

口4【吻】〔7〕 標 ブン 漢 ㊤ 吻 人 フン 慣 wěn ウエン　J 4213 補 — U 543B

意味 ①くちびる。くちもと。「口吻こうふん」②棟木むなぎの両端の突き出たところ。③ぴったり合う。＝脗

【吻合】ふんごう(がふ) ①上下のくちびるがぴったり合う。②物事がぴったり合うこと。しっくりすること。

【吻士】ふんし 議論ずきの人。

口4【吩】〔7〕 フン 漢 (去) 願 pèn ペン　J 5070 補 — U 5429

意味 ①ふく。はく。＝噴 ②現いいつける。申しつける。音 fēn フェン。

【吩咐】フェンフ fēnfu 現いいつける。

口4【呆】〔7〕 標 ㊀ホウ 漢 ㊀㊤ 晧 bǎo パオ ボウ 慣 ㊁タイ 漢 ㊁(平) 灰 dāi タイ　J 4282 補 — U 5446

意味 ㊀＝保(九六ジ・下) ㊁＝獃 ①愚おろか。②現ぼんやりする。じっとしている。音 ái アイ。国〈あき・れる(――・る)〉ひどいさまに驚く。

参考 ①呆は「獃」(八〇七ジ・中)の中国新字体としても使う。②本来は杲(木部三画)がおろかの意であったが、現在は混同して呆を通用する。

【呆気(氣)】あっけ 国意外で、驚きあきれること。

【呆然】ぼうぜん あっけにとられているさま。あきれるようす。

口4【吥】〔7〕 ホウ 漢 (平) 尤 pōu ポウ　J — 補 — U 5425

意味 ①吸う。②噴吥プーコンは、カンボジアの地名。音 bù プー。

口4【呃】〔7〕 ㊀ヤク 漢 ㊀(入) 陌 è オー ㊁アイ 漢 ㊁(去) 卦 ài アイ　J ②0372 補 2079 U 5443

意味 ㊀①にわとりの声。②しゃっくり。㊁悲しみの声。

口4【吝】〔7〕 リン 漢 呉 (去) 震 lìn リン　J 5071 補 — U 541D

意味 ①〈おし・む(をし・む)〉もの惜しみをする。「吝嗇りんしょく」②〈やぶさか〉けち。③むさぼる。④悔くやむ。⑤はじる。⑥うらむ。

【吝愛】りんあい もの惜しみする。吝惜。

【吝驕】りんきょう(けう) けちとおごり。元気のない心と思い上がった心。

【吝情】りんじょう(じゃう) 惜しむ心。吝心。

【吝嗇】りんしょく もの惜しみする。けち。

【吝惜】りんせき もの惜しみすること。けち。

口4【呂】〔7〕 常 ロ リョ 漢 ロ 呉 ㊤ 語 lǚ リュイ　J 4704 補 — U 5442

筆順 丨 ㄇ 口 㕣 吕 呂

意味 ①せぼね。②音楽の調子。陰に属する音律。↕律「六呂りくりょ」③長い。④国名。周の時代の姜きょう姓の国。今の河南省南陽市。⑤春秋時代の地名。㋐晋しんの地。今の山西省霍州かくしゅう市。㋑宋そうの地。今の江蘇省徐州じょしゅう市。⑥姓。

解字 象形。背骨の形を表した文字である。この字は、甲骨文、金文にも□を二つかさねた形で見えるが、中をつなぐ棒がない。砕いた鉱石の塊の象形で、鋁りょのもとの字ではないかといわれる。祭の名、金属の塊、国名などを表す。

名前 おと・とも・なが・ふえ 難読 呂律ろれつ

【呂翁枕】りょおう(をう)のまくら 唐の開元年中、盧生ろせいが邯鄲かんたんの宿で呂公りょこうの枕を借りて一眠りする間に栄華の一生を送った夢をみたが、目が覚めると、まだ粟あわが煮えていなかったという故事。一炊之夢いっすいのゆめ。邯鄲之夢かんたんのゆめ。盧生之夢ろせいのゆめ。〈沈既済しんきせい・枕中記ちんちゅうき〉

【呂后】りょこう 前漢の高祖(劉邦)の皇后。名は雉ち。字あざなは娥姁がく。高祖の死後、実権を握った。

【呂氏春秋】りょししゅんじゅう(じう) 書名。二十六巻。秦しんの呂不韋りょふいが家臣や客分に命じて作らせたもの。呂覧。

【呂尚】りょしょう(しゃう) 人名。字あざなは子牙しが。渭水いすいでつりをしていて、文王に認められ、その師となり、武王の周建国を助けたという。太公望。師尚父。

【呂祖謙】りょそけん 人名。宋そう代の学者で金華の人。字あざなは伯恭、号は東萊とうらい。朱熹しゅきの友人で、「古周易こしゅうえき」「春秋左氏伝説」などの著書がある。

【呂洞賓】りょどうひん 人名。唐の詩人。名は喦がん、洞賓はその字あざな。また、呂祖と称した。道を修めて仙人せんにんになったという。八仙の一人と伝えられる。著に「呂祖全書」がある。

【呂布】りょふ 人名。後漢ごかんの人。はじめ、董卓とうたくについたが、卓を殺し、のち転々として曹操そうそうに滅ぼされた。

【呂不韋】りょふい(ゐ) 人名。秦しんの荘襄そうじょう王に仕えて文信侯となる。始皇帝の実父で、「呂氏春秋りょししゅんじゅう」を著す。

【呂本中】りょほんちゅう(ちう) 人名。宋そう代の学者。詩人。字あざなは居仁。「春秋集解」「紫微雑説」などの著がある。

【呂律】㊀りょりつ 音楽の調子。陽に属する律と、陰に属する呂。㊁ろれつ 国ことばの調子。

【呂宋】ルソン フィリピン諸島中、最も北にある大きな島の名。

口4【吚】〔7〕 同 →咿(二四二ジ・上)

口4【呕】〔7〕 俗 →嘔(二六〇ジ・上)

口4【吸】〔7〕 旧 →吸(二二五ジ・上)

口4【启】〔7〕 本 →啓(二四八ジ・下)

3画 口囗土士夊(夂)夕大女子宀寸小尢(尣・兀)尸屮山巛(川)工己巾干幺广廴廾弋弓ヨ(彑・彐)彡彳⺍

口4【亜】→二部五画（五二ページ・中）

口5【咏】〔8〕 エイ 漢 去 敬 yǒng ヨン U補J 548F 5073
意味 声を長く引いてうたう。うた。＝詠
【咏嘆(歎)】声を長くして嘆息する。＝詠嘆

口4【杏】→木部三画（六二〇ページ・中）

口5【呭】〔8〕 エイ 漢 去 霽 yì イー U補J 546D 2091
意味 ①しゃべる。くどくどいう。「呭呭」 ②楽しむ。

口5【咉】〔8〕 オウ 漢 平 陽 （アウ） yāng ヤン U補J 5489 2105
意味 ①応答の声。②咉咽は、ふさがって水が流れないようす。また、悲しむさま。

口5【呵】〔8〕 標 カ 漢 呉 平 歌 hē ホー U補J 5475 5074
意味 ①〈しか・る〉責める。とがめる。＝訶 ②わらう。大声で笑うさま。③ふく。息を吹きかける。はく。

【呵呵】声高く笑うさま。からからと笑うさま。「呵呵大笑」

【呵喝(喝)】大声でしかりとめる。

【呵禁】しかって禁止する。

【呵欠】あくび。

【呵硯】「呵凍」に同じ。

【呵止】しかってとめる。しかってやめさせる。

【呵叱】しかりつける。大声でしかる。

【呵責】きびしくせめしかる。折檻する。＝苛責
【呵凍】凍った筆や硯に息を吹きかけて暖める。呵筆。

【呵罵】しかりののしる。

【呵筆】「呵凍」に同じ。

【呵問】①とがめること。②呼びとめて相手の姓名を聞く。「誰何」

口5【咍】〔8〕 カイ 漢 平 灰 hāi ハイ U補J 548D 2106 ②0377
意味 ①〈わら・う(——・ふ)〉あざけりわらう。「咍笑」 ②たのしむ。よろこぶ。「咍咍」

口5【咁】〔8〕 ■カン 漢 ■平 咸 xián シエン ■カン 漢 呉 ■平 覃 hán ハン U補J 5481 2101
意味 ■口にふくむ。＝嗛 ■子を生む。

口5【呬】〔8〕 キ 漢 去 寘 xì シー U補J 546C ②0375
意味 ①息をはく。②休息する。

口5【呮】〔8〕 キ 漢 去 寘 qì チー U補J 546E 2092
意味 台などに足を垂らしてこしかける。＝跂

口5【咎】〔8〕 標 キュウ 漢 上 有 （キウ） jiù チウ U補J 548E 5075
意味 ①〈とが〉〈とがめ〉 ㋐災難。わざわい。やまい。㋑にくしみ。憎悪。㋒罪。過失。②〈とが・める(——・む)〉 ㋐責める。そしる。㋑にくむ。 国〈とが・める(——・む)〉 ①傷がうむ。②あやしんで問いただす。

口5【〔咎〕】〔8〕 同字 U補J
「天咎」

【咎殃】わざわい。災難。

【咎科】とが。とがめ。罪。

【咎戒】とがめいましめる。

【咎悔】とがめと悔い。

【咎徴】わざわいのきざし。

【咎誉(譽)】とがめとほまれ。罪科と名誉。

口5【呿】〔8〕 キョ 漢 平 魚 qū チュイ U補J 547F 2094 ①1491
意味 ①口をひらく。②あくびをする。
【呿吟】口を開いたり閉じたりする。＝呿唫

口5【呺】〔8〕 ■キョウ 漢 （ケウ） ■平 蕭 xiāo シアオ ■コウ(カウ) 漢 ゴウ 慣 ■平 豪 háo ハオ U補J 547A
意味 ■大きくうつろなさま。「呺然」 ■①大声でさけぶ。②風の荒れくるうさま。「怒呺」
【呺然】木の根などがうつろで大きいさま。

口5【呴】〔8〕 ■ク 漢 呉 ■上 麌 xǔ シュイ ■コウ 漢 ク 呉 ■上 有 hǒu ホウ ■コウ 漢 ク 呉 ■去 宥 gòu コウ 四コウ 漢 四平 尤 gōu コウ U補J 5474 2093 ①1490
意味 ■①息をはく。息をはきかけてあたためる。また、しめらせる。②呴呴は、柔順なようす。■ほえる。＝吼 ■キジの鳴き声。四呴犂湖は、匈奴の単于の名。

口5【呟】〔8〕 標 ケン 漢 上 銑 juǎn チュワン ゲン 慣 U補J 545F 5076
意味 大声の形容。国〈つぶや・く〉ぶつぶつと独り言をいう。

口5【呼】〔8〕 学 6 コ よぶ ■コ 漢 呉 ■平 虞 hū フー ■カ 漢 ■去 箇 hè ホー ■キョ 漢 ■平 魚 xū シュイ U補J 547C 2438

筆順
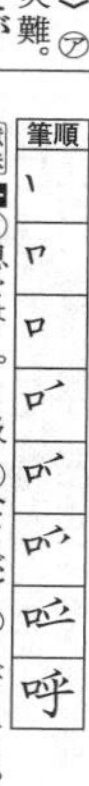

意味 ■①息をはく。↕吸 ②〈よ・ぶ〉 ㋐よびよせる。㋑叫ぶ。「呼喚」 ㋒…と名をいう。■ああ。怒って発する声。■ああ。つかれて出す声。

解字  形声。口が形を表し、乎が音を示す。乎は、ことばの終わりに、語気のぐあいで自然に出てくる声である。呼は、口から出る息である。

名前 おと・こえ

【呼応(應)】①一方の者が呼べば、相手がそれに答える。よびあう。②互いにしめしあわせる。気脈を通じる。③文章法の名。上のことばと下のことばが、互いに関係しあう語法。係り結びなど。照応。

【呼喝】大声でしかる。声をあげて注意する。

【呼韓邪単(單)于】前漢の匈奴の王。漢の助けを得て匈奴を統一。王昭君が漢の後宮から嫁いだ。

【呼気(氣)】吐く息。出す息。↕吸気
【呼吸】■①いき。出す息と、すう息。生物が酸素を体内に取り、炭酸ガスを出す作用をいう。②きわめて短い時間。③国物事を行うこつ。ぐあい。はずみ。調子。要領。■hūxī 現■の①に同じ。

【呼嘘】呼吸。

【呼吟】低い声でうなる。声を出してうめく。

【呼号(號)】呼び叫ぶ。大きな声で呼ぶ。

【呼集】呼び集める。

【呼称(稱)】①よび名。また、名づけて呼ぶ。②国体操のときのかけ声。

【呼唱】呼び唱えること。

【呼声(聲)】■呼ぶ声。呼びたてる声。■国①呼び名。名称。②聞こえ。評判。

【呼命】呼びよせる。

【呼子】国人を呼ぶ笛。合図の笛。呼び子笛。【——鳥】国郭公の別称。

【呼名】国①実名に対して、日常よんでいる名。通称。仮

名。②平安時代、宮中の女官に官名や国名などをつけて呼んだ名。弁内侍・讃岐典侍などの類。

【呼水】よびみず（みづ） 国①水が出ないポンプに、水を導き出すために注ぎこむ水。②引き入れる、きっかけを作ること。

『呼不レ給レ吸』こすることきゅうするにいとまあらず　驚きのために、息をはいても吸うことができない。急なことにめんくらって、うまく処置できないたとえ。〈淮南子・兵略訓〉

◁▶点呼・連呼・喚呼・歓呼

口5【呱】〔8〕 コ 漢 平 虞 gū クー、guā コワ　J ―　補 ―　U ―

口6【呱】〔9〕 俗字　J 5077　U補 5471　意味 泣く。赤子の泣く声。「呱呱」

口5【咕】〔8〕 コ 慣 gū クー　J ②0378　補 2108　U 5495

意味 ①ぼそぼそとつぶやく。②現 咕嘟 gūdū は、㋐水流または、お湯の煮えたぎる音。㋑口をとがらせて怒るさま。

口5【呷】〔8〕 コウ 漢（カフ）入 洽 xiā シア　J 5078　U補 5477

意味 ①吸う。飲む。②かまびすしい。③鴨の鳴く声。「呷呷」国〈あお・る（あふ・る）〉ひと息に飲む。

口5【咋】〔8〕 [一] サク 漢 [一] 入 陌 zé ツォー　[二] サ 漢 [二] 去 禡 zhà チャー　J 2680　U補 548B

意味 [一]①〈くら・う（―・ふ）〉かむ。②大声をあげる。[二] 突然。=乍

【咋咋然】さくさくぜん　大声を出すさま。わあわあ叫ぶさま。

【咋唶】さくしゃく　ひなうた。俗歌。

【咋噬】さくぜい　かんで、食べる。

口5【呰】〔8〕 [一] シ 漢 呉 [一] 上 紙 zǐ ツー　[二] シ 漢 呉 [二] 平 支 cī ツー　[三] セキ 漢 シャク 呉 [三] 入 陌 jī チー　J 5079　U補 5470

意味 [一]①責める。とがめる。そしる。②弱い。なまける。「呰窳」[二] 欠点。短所。「呰災」[三] 助詞。これ。この。

口5【呵】〔8〕 シ 漢 平 支 shī シー　J 2084　U補 545E

口5【呢】〔8〕 ジ（ヂ）漢 ニ 慣 平 支 ní ニー　J ②0373　補 2085　U 5462

意味 牛が反芻する。

意味 ①小声でおしゃべりをする。「呢喃」②毛織物の一種。羅紗の類。③現 疑問・持続などを表す文末の語気助詞。音 ne ノ。

口5【呪】〔8〕 常 ジュ のろう　シュウ（シウ）漢 去 宥 シュ 呉 ジュ 慣 zhòu チョウ　J 2886　U補 546A

筆順

口5【咒】〔8〕 同字　J 5080　U補 5492

意味 ①〈のろ・う（―・ふ）〉のろいのことばをいう。また、のろい。「呪詛」②まじなう。まじない。③いのる。「呪延」

解字 形声。口が形、祝を省略した兄が音を示す。呪は、もと、祝と同じく、神前で祈ることをいったが、のち、不幸を祈る、のろうの意に分化した。

【呪禁】じゅきん　まじないをして災いをはらう。

【呪詛】じゅそ　のろう。まじなう。また、のろい、まじない。

【呪文】じゅもん　まじないの文句。

口5【周】〔8〕 学4 シュウ まわり　シュウ（シウ）漢 平 尤 シュ 呉 zhōu チョウ　J 2894　U補 5468

旧字 口5【周】〔8〕　J ―　補 ―　U 2F83F

筆順

意味 ①ゆきとどく。細やかである。「周知」②〈あまね・し〉広く行きわたる。「周知」③まこと。忠信。④私心なく人と親しむ。「比周」⑤いたる。もっとも。「周親」⑥〈めぐ・る〉〈めぐら・せる（―・す）〉とり囲む。⑦〈まわり（まはり）〉〈めぐり〉⑧かなう。ととのう。適している。⑨救う。⑩くま。曲がった所。⑪国名。㋐武王が殷をほろぼして建てた三十七代、八百六十七年間の王朝。鎬京に都し、のちに洛邑にうつる。㋑北周。南北朝のとき、宇文覚が西魏のあとをうけて建てた国。㋒唐の則天武后が一時称した国。㋓後周。郭威の建てた、五代の最後の王朝。三代十年間。⑫姓。⑬現 ㋐週。週間。㋑周波。サイクル。

解字 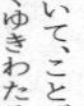 会意。用と口とを合わせた字。口をよく用いて、ことばをつくすことから、周は、こまかいこと、ひろくゆきわたることを表す。一説に周は田と口とを合わせたもので、田の中に、苗をいっぱいにゆきわたらせた形といい、また、堅く口をつぐんで発言しないことを表すともいう。

名前 かた・かぬ・かね・ちか・なり・のり・あまね・いたる・ちかし・ひろし　姓 周布・周防・周東・周西・周防・周南・周桑・周智　難読 周章てる　地名 周西・周防・周南・周桑

参考 周は「週」（二二四四ページ・中）の中国新字体としても使う。

【周囲（圍）】[一] しゅうい（しうゐ）まわり。めぐり。[二] 現 zhōuwéi に同じ。

【周易】しゅうえき（しうえき）周の文王や孔子によって大成されたといわれる占いの書。のち、道義の書とされ、儒教の経典として五経の一つとなった。易経。

【周縁（緣）】しゅうえん（しうえん）まわりのふち。めぐり。まわり。周辺。

【周回（「廻」）】しゅうかい（しうくわい）①まわりをぐるりと囲むこと。②まわり。めぐり。周囲。

【周忌】しゅうき（しうき）国 死後毎年まわってくるその人の命日。「回忌」

【周期】しゅうき（しうき）①ひとまわりする期間。②理 一定の間をおいて、同じ現象が同じようにくりかえされる時間。

【周急】しゅうきゅう（しうきふ）危急を救う。

【周孔】しゅうこう（しうこう）周公と孔子。

【周公】しゅうこう（しうこう）人名。姓は姫、名は旦。文王の子で武王の弟。武王の子の成王を助けて、礼楽・制度を定め周王朝の基礎を築いた聖人。孔子が理想とした。【――三笞】しゅうこうのさんち　周公が、わが子の伯禽および弟の康叔を三度笞打った故事から、よく子弟を教育するたとえ。〈説苑・建本〉

【周甲】しゅうこう（しうかふ）満六十歳のこと。

【周行】しゅうこう（しうかう）①道路。大道。②周王朝の家臣。③めぐり行く。④行きわたる。

【周航】しゅうこう（しうかう）船でめぐること。また、方々をめぐる航海。

【周誥殷盤】しゅうこういんばん（しうかう）「書経」の周書の大誥・康誥・酒誥・召誥・洛誥の五編と、商書の盤庚上・中・下三編のこと。すなわち、殷代・周代の古典。

【周興嗣】しゅうこうし（しう）人名。詩文にたくみで、梁の武帝の命で、「千字文」を著した。（？～五二〇）

【周口店】しゅうこうてん（しう）地名。北京の南西にあたり、北京市房山区に属する地。一九二七年、北京原人（ホモ=エレクトゥス=ペキネンシス）といわれる人類の骨が発掘された。

【周歳】しゅうさい（しう）まる一年。満一年。周年。

【周室】しゅうしつ（しう）周の王室。

3画
口囗土士夂(夊)夕大女子宀寸小尢(尣・兀)尸屮山巛(川)工己巾干幺广廴廾弋弓彐(彑・ヨ)彡彳⺌

【周悉】あまねく行き渡る。広く行き渡る。

【周樹人】近代中国の文学者、魯迅の本名。

【周惇頤】人名。周敦頤に同じ。宋の英帝の諱を避けて敦頤に改めた。

【周書】①書名。五十巻。北朝の周の正史。唐の令狐徳棻の著。②「書経」のうち、周代のことを書いた部分をいう。

【周章】①あわてる。②あちらこちら遊ぶ。周流。

【――狼狽】うろたえさわぐこと。

【周頌】「詩経」の編名。周の王室が宗廟を祭る時の歌、三十一編が収められている。

【周情孔思】周公旦や孔子のような聖人の、りっぱな心。「周情孔思、日光玉潔」〈李漢・集昌黎文序〉

【周慎(愼)】すべてのことに、つつしみ深い。

【周親】ごく親しい身うち。周は、たいそうの意。

【周星】①木星が天をひとまわりする間。十二年。②転じて一か年。

【周旋】①立ち居ふるまい。また、立ちまわる。②ぐるぐるまわる。また、追いかけあう。③たずさわる。事を執り行う。④世話する。とりもつ。きもいり。

【周匝】①めぐり回る。②ゆきわたる。周到。

【周遭】①まわりをかこむ。②かこい。

【周知】①あまねく知る。よく知れ渡っている。②あまねく知らせる。【――徹底】知らぬ者のないように、じゅうぶんに行きとどかせる。

【周程張朱】宋代の代表的大儒の、周敦頤・程顥・程頤・張載・朱熹。

【周甸】周王朝の領土。周の国土。

【周到】㊀よく行きとどくこと。ておちがない。㊁ zhōudào 現㊀に同じ。

【周道】①周の国都に通じる道路。また、人の往来する道。大道。大路。②周代の政教。

【周敦頤】人名。北宋の学者で、字は茂叔。住んでいた地名にちなんで濂渓先生と呼ばれた。諡は元公。著作に「太極図説」などがある。(1017～1073)

【周南】「詩経」の編名。周代の初期、周公旦の治めた南方諸国の民謡。「詩経」の最初の十一編で、主に王や妃の徳をたたえる。次の「召南」と合わせて「二南」という。「南」は国名ともいい、楽曲の名ともいう。

【周年】まる一年。満一年。

【周武王】人名。周の第一代の天子で文王の子。姓は姫、名は発。殷の暴君紂王を討って帝位につき、鎬(今の西安市の西南の地)に都をおいた。

【周文王】人名。中国古代の天子で、姓は姫、名は昌。武王の父。徳望が高く、天下の三分の二を治めたという。武王の時、王号を奉った。

【周弼】人名。宋の詩人。墨絵にも長じ、特に「三体詩」の編者として有名。

【周必大】人名。南宋の政治家で詩人。蘇軾の流れをくんで、江西派の大家といわれている。著書に「平園集」二百巻がある。(1126～1204)

【周布】あまねくしく。まんべんなくゆきわたる。「竹木周布」〈仲長統・楽志論〉

【周文】周の文王。

【周辺(邊)】まわり。めぐり。あたり。

【周勃】人名。漢の人。高祖の名臣。絳侯に封ぜられた。のち、呂氏の乱をたいらげ、文帝のとき、右丞相になった。

【周密】①こまかくゆきとどいている。手落ちがないこと。②人名。宋代の詩人。号は草窓。詩集のほかに「癸辛雑記」「武林旧事」などの随筆集を著す。

【周瑜】人名。三国の呉の名将。字は公瑾、周郎とよばれた(郎は若い男子への敬称)。孫権の武将となり、曹操の大軍を赤壁に破った。(175～210)

【周遊】めぐり遊ぶ。あまねく旅行して歩くこと。

【周覧(覽)】あちらこちらをよく見て歩く。

【周流】①めぐり流れる。②広く行き渡る。諸方をあまねくめぐる。さまよい歩く。

【周濂渓(溪)】→周敦頤
【周郎】人名。→周瑜
【周礼(禮)】書名。十三経の一つ。周代の官制を書いたもので、周公旦の作といわれる。

【周而不比】人々と広く公平に親しみ交わって、片寄ることがない。「君子周而不比、小人比而不周」〈論語・為政〉

『周雖旧(舊)邦、其命維新』周は古い国だが、新しく天命を受けて天子になる。〈詩経・文王〉〈大学〉

【宗周】周王朝を正しい天子として尊ぶ。
◆一周・円周

3画

口囗土士夂(夊)夕大女子宀寸小尢(尣・兀)尸屮山巛(川)工己巾干幺广廴廾弋弓彐(彑・⺕)彡彳⺍

口5【呫】〔8〕 ㊀チョウ(テフ) 漢 ㊀入 葉 tiè ティエ ㊁ショウ(セフ) 漢 ㊁入 葉 chè チョー　J ①1489 補 2090 U 546B

意味 ㊀なめる。すする。㊁①ささやく。②話がくどい。③小さいさま。「呫呫」

【呫嚅】ささやきしゃべること。

【呫囁】ささやく。ひそひそと話す。

【呫呫】①小さいさま。また、つまらないさま。②ささやきの声。

口5【呻】〔8〕 標 シン 漢 平 真 shēn シェン　J 5081 補 ― U 547B

意味 ①うたう。吟じる。②〈うめ・く〉うなる。「呻喚」

【呻吟】①歌う。②苦しみうめく。

【呻呼】苦しんでうなる。

口5【咀】〔8〕 ショ 漢 ソ 慣 上 語 jǔ チュイ　J 5082 補 ― U 5480

意味 ①〈か・む〉かみくだく。②かみわける。かみあじわう。

【咀嚼】①食物をよくかみくだく。②文章の意味を深く味わい知る。

【咀啖】たべる。

口5【咂】〔8〕 ソウ(サフ) 漢 呉 入 合 zā ツァー　J ― 補 ― U 5482

意味 ①吸う。②味わう。③現舌打ちする。喜びや感嘆を表す。

口5【咜】〔8〕 タ 漢 平 歌 tuō トゥオ　J ― 補 2102 U 5483

意味 仏典の音訳に用いる字。梵字の ṭha の音節を表す。

口5【呧】〔8〕 テイ 漢 上 薺 dǐ ティー　J ― 補 2088 U 5467

意味 〈しか・る〉〈そし・る〉責める。＝詆

口5【呶】〔8〕 ドウ(ダウ) 漢 ド 慣 平 肴 náo ナオ　J 5083 補 ― U 5476

意味 かまびすしい。やかましい。くどくどやかましくいう。「呶呶」

口5【咄】〔8〕 標 トツ 漢 入 月 duō トゥオ　J 5084 補 ― U 5484

意味 ①〈しか・る〉責めとがめる。また、舌うちする声。②悲しみ嘆く声。ああ。③おどろきあやしむときの声。おやまあ。
国〈はなし〉物語。落語。「咄家(はなしか)」

【咄呵(とっか)】舌打ちする。

【咄嗟(とっさ)】①すぐさま。②嘆息する声。③しかる。

【咄啐(とっさい)】しかりつける。

【咄咄(とつとつ)】①意外なことに驚いて発する声。おやおや。②舌打ちする音。【――逼人(とつとつひとにせまる)】①作品などのすばらしさに驚くこと。〈世説新語(せせつしんご)・排調下〉②急に事のせまり近づくこと。

口5【呸】〔8〕ハイ 漢 平 灰 | pēi ペイ | U 5478 補 ― J ―
意味 相手を責めたり、ののしるときの声。

口5【㕹】〔8〕ハツ 漢 入 月 バツ 慣 | fá ファー | U 3579 補 ― J ―
意味 盾(たて)。＝伐

口5【咐】〔8〕フ 漢 平 虞 | fù フー | U 5490 補 ― J 5085
意味 ①息をふく。②現 吩咐(フェンフー) fēnfù は、言いつける。

口5【咈】〔8〕フツ 漢 入 物 | fú フー | U 5488 補 2104 J ①1492
意味 ①もとる。たがう。＝拂(払(ふつ))②怒る。＝艴(ふつ)

口5【咆】〔8〕ホウ(ハウ) 漢 平 肴 | páo パオ | U 5486 補 ― J 5086
意味 ①〈ほ・える(―・ゆ)〉猛獣がたけりほえる。②怒る。たけだけしい。
【咆哮(ほうこう(はうかう))】①獣がほえる。たけりほえる。②どなる。大声でよばわる。

口5【咅】〔8〕ホウ 漢 上 有 フ 呉 | pǒu ポウ | U 5485 補 2103 J ―
意味 (つばを吐く音から)不同意を表す。＝否(ひ)

口5【味】〔8〕学 3 ミ あじ・あじわう ビ 漢 ミ 呉 去 未 | wèi ウエイ | U 5473 補 ― J 4403

筆順 丶 ㄇ ロ ロ一 ロニ 吽 味 味

意味 ①〈あじ(あぢ)〉あじわい。②〈あじわ・う(あぢは・ふ)〉㋐味を感じる。㋑体得する。「味道(みどう)」③うまみ。おもむき。おもしろみ。「妙味」④におい。「香味(こうみ)」⑤食べ物。

解字 [篆文] 形声。口が形を表し、未(び)が音を示す。未は木の実が熟して、こってりした味になる意味がある。味は、おいしくなった果実を口であじわうことを表す。一説に、未は木の上の細い小枝で、味は微妙なあじわいをいうとする。

名前 ちか・うまし 姓 味酒(うまさけ)・味酒(うまざけ) 地名 味真(あじま)・味生(みお)・味生(あじゅう)

難読 三味線(しゃみせん)(付表)／味酒(うまさけ)・味噌(みそ)・味醂(みりん)

【味解(みかい)】意味を味わいながら理解すること。

【味覚(覺)(みかく)】国 味を知る感覚。

【味方(みかた)】国 ①自分の仲間。わが党。②加勢をする。肩をもつ。

【味官(みかん(くゎん))】国 味を感じとる器官。味覚器官。

【味到(みとう(たう))】じゅうぶんに味わう。理解するだけでなく情をよく味わう。味得。

【味道(みどう)】一 道の奥深さを体得する。二 ウエイタオ wèidao 〔現味。〕おもむき。

【味得(みとく)】「味到」に同じ。

【味読(讀)(みどく)】内容を味わいながら読むこと。

◆一味(いちみ)・正味(しょうみ)・正味(せいみ)・加味(かみ)・地味(じみ)・地味(ちみ)・気味(きみ)・気味(きび)・吟味(ぎんみ)・芳味(ほうみ)・妙味(みょうみ)・辛味(からみ)・辛味(しんみ)・毒味(どくみ)・玩味(がんみ)・美味(びみ)・風味(ふうみ)・珍味(ちんみ)・情味(じょうみ)・渋味(しぶみ)・涼味(りょうみ)・滋味(じみ)・無味(むみ)・意味(いみ)・新味(しんみ)・厭味(いやみ)・酸味(さんみ)・趣味(しゅみ)・賞味(しょうみ)・薬味(やくみ)・興味(きょうみ)

口5【呦】〔8〕ユウ(イウ) 漢 平 尤 | yōu ユー | U 5466 補 2087 J ②0374
意味 ①鹿(しか)の鳴く声。②鳥や獣が鳴く声。「呦嚶(ゆうおう)」③泣きむせぶ声。④低く沈んだ音のさま。
【呦咽(ゆうえつ(いう))】①泣きむせぶ。②泉がむせび泣くように流れるさま。
【呦呦(ゆうゆう(いういう))】①鹿(しか)の鳴く声。②むせび泣く声。

口5【呤】〔8〕レイ 漢 平 青 | líng リン | U 5464 補 2086 J ―
意味 呤呤(れいれい)は、ささやく。

口5【和】〔8〕学 3 ワ・オ やわらぐ・やわらげる・なごむ・なごやか
一 カ(クヮ) 漢 ワ 呉 オ(ヲ) 唐 | 一 平 歌 hé ホー
二 カ(クヮ) 漢 ワ 呉 | 二 去 箇 hè ホー
U 548C 補 ― J 4734

筆順 ノ 二 千 千 禾 和 和 和

口5〔咊〕〔8〕本字 U 548A 補 ― J ②0376
龠5〔龢〕〔22〕本字 U 9FA2 補 7765 J ①9489

意味 一 ①かなう。あわせる。調和する。②〈やわら・ぐ(やはら・ぐ)〉〈なご・む〉〈なごやか〉㋐おだやかになる。「温和」㋑仲よくなる。争わない。むつまじい。「和解」③〈やわら・げる(やはら・ぐ)〉④交易する。⑤車の鈴。⑥楽器の名。⑦軍門。⑧数 足し算。⑨姓。⑩現 ㋐…と。㋑そして。 二 ①こたえる。応ずる。②調子を合わせる。③他人の詩に、韻

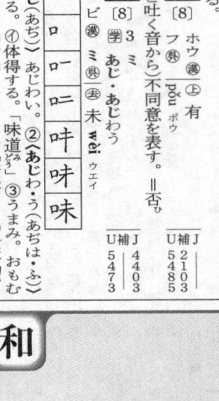

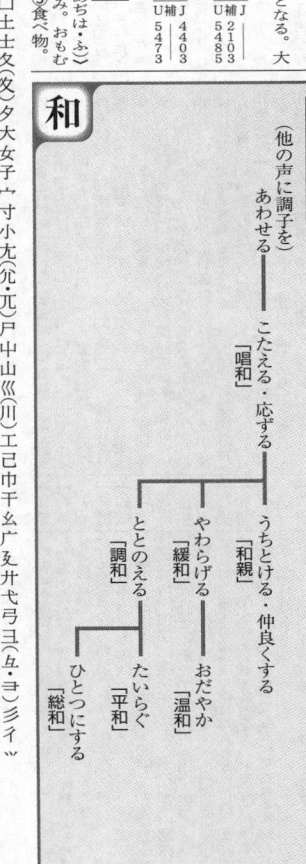

和 原義と派生義

- (他の声に調子を)あわせる ―― こたえる・応ずる「唱和」
  - うちとける・仲良くする「和親」
  - やわらげる「緩和」 ―― おだやか「温和」
  - ととのえる「調和」
    - たいらぐ「平和」
    - ひとつにする「総和」

3画 口囗土士夂(夊)夕大女子宀寸小尢(兀・尣)尸屮山巛(川)工己巾干幺广廴廾弋弓彐(彑・ヨ)彡彳⺌

を合わせて答える。「和韻」 国〈わ〉やまと。日本。‖倭「和漢」

解字 咊・龢 咊と龢とは、もとは別字であった。咊は形声。口が形を表し、禾が音を示す。禾は稲の穂で、やわらかくまるみをおびた気持ちを持っている字である。和は、声を合わせてうたうことを表すとともに、やわらぐ、なごやかの意味になる。また、禾の音は、加と通じて、加えるという意味を持つから、和は、一つの声に対して、さらに声が加わることで、人の声にあわせる意味を表すと解する。龢は形声。龠が形を表し、禾が音を示す。龠は竹で作った笛。竹笛を吹いて、音楽を合わせ、舞いなどをリードする。ここから、ととのえる、調和する意となる。

名前 な・あい・かず・かた・かつ・たか・ちか・とし・とも・まさ・ます・やす・やわ・よし・より・かのう・のどか・ひとし・みきた・やすし・やわら・わたる 姓 和山・和仁・和太・和田・和気・和南・和泉・和珥・和爾・和邇・和井内・和布刈 地名 和気・和光・和泉・和賀・和蘭・和歌山・和蘭陀

難読 日和・大和(付表)／和音・和気・和栲・和毛・和布刈・和音・和布

【和璧】「和氏之璧」に同じ。

【和妙】国昔の、織り目の細かな布の総称。‖和栲

【和韻】漢詩の一体。他人の詩と同じ韻を用い、その詩に合わせた心で詩を作ること。

【和悦】和らぎ喜ぶこと。うちとけ喜ぶ。和懌。

【和音】国①漢字の漢音・呉音に対して、わが国での漢字の音。②平安時代、正音(漢音)に対しての呉音。やまとごえ。③国語の五十音図の音。④二つ以上の高低の音を、同時に響かせたときの全体のひびき。

【和歌】国①わが国古来の定型詩。短歌・旋頭歌・長歌・片歌などがある。やまとうた。みそひともじ。②こたえうた。かえしうた。③特に、短歌をさす。

【和解】仲直りする。

【和諧】和らぎ調和すること。

【和学(學)】国わが国固有の学問。わが国で発達した文学・歴史などを研究する学問。国学。

【和漢】国①日本と中国。②和学と漢学。③和文と漢文。【——混交(「淆」)文】国和文の中に漢語をとり入れた文体。和文中に漢語をたくさんまぜた漢文口調の文、漢字で表した日本語を含む漢字ばかりの文、和語が多いが、訓読用文章をとり入れた文などをいう。【——三才図(圖)会(會)】国書名。百五巻。寺島良安の撰で、中国の王圻の「三才図絵」にならい、天地人三才の事物を図示し、説明したもの。【——薬(藥)】国西洋医術に対し、和漢の医術で用いられた薬。【——洋】国①日本と中国と西洋。②和学と漢学と洋学。【——朗詠集】国書名。二巻。平安時代の後期、藤原公任の撰。中国・日本の漢詩文および和歌の中から朗詠に適したものを集める。漢詩文約五九〇句、和歌約二二〇首から成り、もとは朗詠のためのものであったが、後には読書・習字の教科書となった。略して、「和漢朗詠抄」「倭漢抄」「朗詠集」などともいう。

【和気(氣)】①なごやかな気分。②のどかな気候。【和気(氣)靄(「藹」)靄(「藹」)】和気の満ち満ちたさま。

【和議】仲直りの相談。講和の相談。

【和協】①うちとけて親しくする。なかよく力を合わせる。②音声が調和すること。

【和煦】おだやかで暖かい。春の日ののどかなこと。

【和訓】国漢字に日本語をあてて読む読み方。漢字にあてた日本語。国訓。

【和敬】和らぎつつしむこと。また、心を和らげて敬う。【——清寂】国和らぎ。つつしみ。清らかさ。静かさ。茶道の上で重んじられる精神。禅語。

【和寇】わが国の鎌倉時代から室町時代にかけて、朝鮮半島や中国の沿岸を荒らしまわった日本人の海賊に対する中国の呼び名。‖倭寇

【和羹】①いろいろな肉・野菜を入れ、味をうまく調えた吸い物。②君主を補佐し、政務を調整する宰相。

【和合】①仲よく親しむ。②結婚させる。③和合神。中国の婚礼の神。④調和する。⑤まぜ合わせる。

【和光同塵】①自分の知恵の光を和らげ隠してあらわさずに、俗世間の中に交わっていること。〈老子・五十六〉②仏が衆生を救うために、塵のような人間界に光を隠し、姿を変えてあらわれること。

【和魂】一①魂を和らげる。②国日本人固有の精神をいう。やまとだましい。二国柔和・情熱などの徳を持った神霊。【——漢才】国①日本人固有の精神と中国伝来の学問。②精神は大和魂、才知は漢学によるのがよい。日本固有の精神を失わずに、中国の文化・思想をうまく利用していくべきことをいう。〈菅家遺誡〉

【和琴】国わが国特有の六弦の琴。やまとごと。東琴。

【和算】国①わが国に昔からある数学。↔洋算 ②そろばんのこと。珠算。

【和讃】仏国語で仏の功徳をほめたたえた歌。

【和紙】国日本紙。↔洋紙

【和字】国①わが国で作られた文字。国字。かな。②わが国で作った漢字。国字。↔漢字 ③その字の本来の意味とは別に、わが国で特別の訓をつけて読む漢字。嘸・掟・錆の類。

【和臭】国①日本、または日本人らしい特性。②「和習」②の誤用。

【和習】①歌にあわせて練習する。〈史記・高祖本紀〉②国日本人の作った漢詩文などに見られる特殊な傾向。日本人の作品らしさ。

【和酬】他人の詩歌にあわせて自作の詩歌をおくること。

【和淳】おだやかで飾りけのないこと。

【和順】①おとなしく柔順なこと。②気候がおだやかなこと。

【和書】国①日本文で書いた書物。②日本で出版された本。③和装本のこと。和本。↔洋書・漢書・漢籍

【和上】僧の敬称。‖和尚

【和尚】仏①修行をつんだ高僧。禅宗では「おしょう」、天台宗では「かしょう」、真言宗・律宗では「わじょう」という。②僧の敬称。③住職。

【和食】国日本風の食事。日本料理。↔洋食

【和親】仲よくして親しむ。【——条(條)約】国と国とが親しく交際をするための条約。

【和声(聲)】①二つ以上の音が同時にひびいて調和した感じを与えるもの。ハーモニー。②おだやかな声。

【和製】国わが国で製作する。また、その物。↔舶来【——漢語】国日本で作られた、漢字の熟語。

【和戦(戰)】平和と戦争。仲直りとけんか。

【和衷協同】心の底から和らぎ合って力を合わせること。

【和暢】心が和らいでのどかなこと。「恵風和暢(春風がのどかに吹く。)」〈王羲之・蘭亭序〉

【和適】おだやかで、ほどよい。気持ちがよい。

【和糴】政府が人民と協定して米を買い上げること。

【和蕃公主】異民族を懐柔するための政略結婚で、塞外の君主に嫁がされる公主。公主とは、天子または諸侯のむすめのこと。

【和布】一①和らぎ、ひろがる。②国地の柔らかな布。三国若布の別名。

【和風】(わふう) ①穏やかな風。暖かい風。②春風の形容。③国日本ふう。わが国固有の様式。日本らしさ。↕洋風 ④国木の葉を動かす程度のそよ風。
【和服】(わふく) 国日本の着物。↕洋服　「典。古典の文。
【和文】(わぶん) 国①日本語の文章。↕漢文・欧文 ②日本の古」
【和平】(わへい) 一 ①おだやかでたいらか。②戦乱がおさまって平和になること。二 héping 現一に同じ。「和解。
【和睦】(わぼく) ①仲よくする。和らぎむつむ。和合。②仲直り。」
【和本】(わほん) 国①和紙を使って和風に製本した書物。和装本。②日本でできた本。↕洋本・唐本
【和名】(わめい｜わみょう) 国わが国で用いる名称。日本語でのよび名。【――類聚抄】(わみょうるいじゅうしょう) 国書名。本来は「倭名類聚抄」と書く。「倭名抄」「和名抄」と略称する。承平年間に醍醐天皇の皇女勤子内親王の命で源順が著したわが国最古の漢和辞書。漢語を分類して、万葉がなで訓をつけ、音・意味を漢文で注している。
【和鳴】(わめい) ①鳥が声をあわせて鳴く。②楽器が調和して鳴る。③夫婦が仲むつまじい。
【和約】(わやく) 仲直りの約束。戦争をやめる和平の条約。
【和訳(譯)】(わやく) 国外国文を日本文になおす。また、その文。
【和裕】(わゆう) 心安らかにゆったりしていること。
【和洋】(わよう) 国日本と西洋。和風と洋風。【――折衷】(わようせっちゅう) 国日本の様式と西洋の様式とを適当に取り合わせること。
【和楽(樂)】一(わらく) 仲よく楽しむこと。二(わがく) ①音楽の調子を調べる。②調子の整った音楽。③国日本音楽。邦楽。↕洋楽
『和氏之璧』(かしのへき) 春秋時代に卞和が楚の山中で発見したという宝玉。楚の厲王に献じたが、石と判断されて卞和は左足を切られ、次の武王に献じて、また右足を切られ、文王のときはじめて宝玉であることが知れた。和璧。〈韓非子・和氏〉
『和而不レ唱』(わしてしょうせず) 他人の説には賛成するが、自分の説はあえて主張しない。〈荘子・徳充符〉
『和而不レ同』(わしてどうぜず) 立派な人は、人と仲よくはするが、媚びて上べだけ調子を合わせるというようなことはしない。「君子和而不レ同、小人同而不レ和」(くんしはわしてどうぜず、しょうじんはどうじてわせず)〈論語・子路〉
『以レ和為(爲)レ貴』(わをもってとうとし(たふとし)となす) 和合の道を守ることが最もたいせつである。〈礼記・儒行〉

◆不和・日和・中和・付和・平和・共和・同和・協和・調和・英和・柔和・唱和・温和・漢和・飽和・和・緩和・融和・講和

口5【咖】〔8〕 kā カー｜gā カー　J ①1493 補 2109 U 5496
意味 現咖啡 kāfēi は、コーヒー。咖喱 gālí は、カレー。

口5【吖】〔8〕 音未詳。　J ― 補 2107 U 5491
意味 地名に用いる字。

口5【哷】〔8〕 同↓嗐(二五九ジ・上)
口5【呪】〔8〕 同↓呪(二三七ジ・中)
口5【咜】〔8〕 俗↓咤(二四三ジ・下)
口5【咊】〔8〕 本↓和(二三九ジ・下)
口5『尚』↓小部五画(三九一ジ・上)
口5『知』↓矢部三画(八七九ジ・中)

口6【哀】〔9〕 常 アイ　あわれ・あわれむ　J 1605 補 ― U 54C0
アイ 漢 呉 ― 平 灰 āi アイ

筆順 丶 亠 亠 古 亨 亨 哀 哀

意味 ①〈かなし・い(かな・し)〉いたましい。②〈あわれ・む(あはれ・む)〉㋐ふびんに思う。いつくしむ。㋑かなしむ。いたむ。③かなしみ。④父母の喪中。⑤姓。国〈あわれ(あはれ)〉①ふびん。②おもむきが深い。すぐれている。

解字  形声。衣と口とを合わせた字で、口が形を表し、衣が音を示す。哀は、なげき悲しむ声を表したものである。

【哀哀】(あいあい) 悲しむさま。

【哀衣】(あいい) 忌中にきる着物。喪服。

【哀咽】(あいえつ) 悲しんでむせび泣く。

【哀怨】(あいえん) かなしみ、うらむ。

【哀音】(あいおん｜あいいん) 悲しげなねいろ。悲しい音調。

【哀歌】(あいか) ①悲しい気持ちで歌う。②悲しい気持ちをうたった歌。③人の死を悲しむ歌。哀詩。

【哀歓(歡)】(あいかん) 悲しみとよろこび。

【哀願】(あいがん) 事情をうちあけて、心から頼みこむ。哀請。「嘆願。哀訴。」

【哀毀骨立】(あいきこつりつ) 父母の喪などで、なげき悲しみ、やせおとろえるさま。

【哀泣】(あいきゅう) 悲しんで泣く。傷泣。

【哀矜】(あいきょう) 悲しみあわれむ。かわいそうに思う。

【哀吟】(あいぎん) 悲しんで詩歌をよむ。また、その詩歌。

【哀公】(あいこう) 人名。春秋時代の魯の君。定公の子で、名は蔣。

【哀江頭】(あいこうとう) 唐の詩人杜甫の七言古詩。「江頭に哀しむ」意の題で、玄宗皇帝が安禄山の乱で都をのがれていたとき、杜甫が賊に占領された長安(今の西安)で、昔をしのんで作ったもの。

【哀哭】(あいこく) 悲しんで、声をあげて泣く。哀泣。

【哀子】(あいし) ①父母の喪に服している子。②母をなくし、父だけいる子のこと。

【哀史】(あいし) ①あわれな物語。②いたましい史実の書かれた書。③悲しい身の経歴。

【哀詞】(あいし) 文体の名。死者を悲しみいたむ文章。追悼文。「弔辞。哀辞。」

【哀詩】(あいし) ①人の死を悲しむ詩歌。②悲しくあわれな事をよんだ詩歌。「詞。」

【哀辞(辭)】(あいじ) 文体の名。死をいたみ悲しむ内容の文。哀」

【哀糸(絲)豪竹】(あいしごうちく) 哀しい音色の琴(弦楽)と、勇壮な音色の笛(管楽)。

【哀愁】(あいしゅう) 悲しみ憂える。

【哀詔】(あいしょう) 天子の死を、後継者が国じゅうに布告するみことのり。

【哀傷】(あいしょう) 悲しみいたむ。哀悼。

【哀情】(あいじょう) 悲しい気持ち。あわれな心。

【哀心】(あいしん) 悲しむ心。

【哀戚】(あいせき) かなしみいたむ。哀悼。

【哀惜】(あいせき) 悲しみおしむ。

【哀訴】(あいそ) 悲しみ訴える。なげき訴える。なきつく。

【哀弔】(あいちょう) かなしみとむらう。哀悼。

【哀痛】(あいつう) 悲しみいたむ。

【哀転(轉)】(あいてん) 音がひびき伝わる。

【哀悼】(あいとう) 悲しみいたむ。人の死を悲しみとむらう。「悼。哀痛。悲」

【哀慟】(あいどう) 悲しんでひどく嘆くこと。悲しみ嘆く。

【哀悲】(あいひ) あわれみ悲しむ。悲しみ。

【哀憫】(あいびん) 悲しみあわれむこと。かわいそうに思うこと。あわれみ。

【哀別】(あいべつ) 悲しい別れ。

【哀慕】(あいぼ) 悲しみ慕う。

【哀鳴】(あいめい) ①悲しんで鳴く。②鳥の悲しげな鳴き声。「哀鳴啾啾」(あいめいしゅうしゅう)〈白居易・与ニ微之一書〉

【哀楽(樂)】(あいらく) 悲しみと楽しみ。

【哀憐】(あいれん) あわれむ。あわれみいつくしむ。かわいそうに思う。

『銜レ哀』(あいをふくむ) 悲しみの心をいだく。

3画
口囗土士夂(夊)夕大女子宀寸小尢(允・兀)尸屮山巛(川)工己巾干幺广廴廾弋弓ヨ(彑・彐)彡彳⺍

口6【哇】〔9〕 一アイ(漢)｜一(平)佳 wā ワー 二ワ(漢)｜二(平)麻 wā ワー U補J 5 4 C 7 / 5 0 8 7
意味 一二①へつらう声。②みだらな音楽。③こどもの声。④〈は・く〉吐く。⑤叫ぶ。泣き叫ぶ。⑥(現)感嘆を表す文末の語気助詞。音 wa ワ。
【哇哇】(わわ) 笑うさま。また、小児の声。

口6【咹】〔9〕 一アツ(漢)｜一(入)曷 è オー 二アン(漢)｜二(去)翰 àn アン U補J 5 4 B 9 / 2 1 2 1
意味 一①言いよどむ。どもる。②ささやく。二言いよどむ。どもる。

口6【咿】〔9〕 イ(漢)｜(平)支 yī イー U補J 5 4 B F / ②0 3 8 5

口4〔吚〕〔7〕 同字 U補J 5 4 1 A / 2 0 7 0
意味 ①擬声語。笑い声、車や舟をこぐ音、動物や虫の声など広く用いる。

【咿啞】(いあ) ①小児がことばを学ぶ声。②なげき悲しむ。かたこと交じり。②舟の櫓(ろ)のきしる音。

【咿喔】(いあく) ①鶏などの鳴き声。②へつらい笑う声。おせじ笑い。③櫓(ろ)をこぐ音。

【咿唔】(いご) 書物を読む声。

口6【咦】〔9〕 イ(漢)｜(平)支 yí イー U補J 5 4 A 6 / ②1 3 8 0 3
意味 ①吐息(といき)。ため息。②(現)驚きや疑問を表す声。③(仏)禅宗で、師家が門人に接するときに発することば。

口6【哊】〔9〕 イク(漢)｜(入)屋 yòu ユー U補J 5 4 C A / 2 1 2 6
意味 ①ものを吐く。②吐く声。また、うめき声。

口6【咽】〔9〕 (常) イン 一エン(漢)(呉) イン(慣)｜一(平)先 yān イエン 二エン(漢)(呉) イン(慣)｜二(去)霰 yàn イエン 三エツ(漢)｜三(入)屑 yè イエ U補J 5 4 B D / 1 6 8 6

筆順
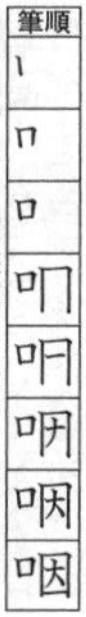

意味 一①のど。咽喉(いんこう)。②要所。要害。二のむ。三①〈ふさが・る〉②〈むせ・ぶ〉むせび泣く。「嗚咽(おえつ)」

解字 咽 形声。口が形を表し、因(いん)が音を示す。因には、また、押しひろげて通す意味がある。咽は、ものをのむ「のど」の意となる。

【咽喉】(いんこう) ①のど。のどぶえ。②急所。大事なところ。緊要の地。

【咽咽】(えんえん・いんいん) つづみの音の遠くまで響く様子。

【咽咽】(えつえつ) ①むせび泣くさま。②音のくぐもるさま。

【咽下】(えんか) 飲みくだす。飲みこむ。＝嚥下

口6【咼】〔9〕 一カイ(漢)｜一(平)佳 wāi ワイ (クヮイ) 二カ(漢)｜二(平)歌 guō クオ (クヮ) U補J 5 4 B C / 5 1 0 5
意味 一口がゆがむ。二①「和氏(かし)」の「和」と同じ。「咼氏之璧(かしのへき)」②姓。

口6【咵】〔9〕 カ(漢)｜(上)馬 kuǎ コワ (クヮ) U補J 5 4 B 5
意味 ことばに、なまりがあるさま。

口6【咳】〔9〕 (標) 一カイ(漢) ガイ(慣)｜一(平)灰 hái ハイ 二カイ(漢) ガイ(慣)｜二(去)隊 kài カイ、ké コー U補J 5 4 B 3 / 1 9 1 7

口6〔欬〕〔9〕 正字 U補J
意味 一＝孩(がい) ①幼児がにこりとわらう。「咳哫(がいてい)」②幼児。こども。②感嘆の声を表す。音 hāi ハイ。二①〈せき〉〈しわぶき(しはぶき)〉「謦咳(けいがい)」②しわぶき。しわぶき。三(コー・ソウ) késou (現)二に同じ。

【咳嬰】(がいえい) 笑いはじめた子。みどりご。

【咳嗽】(がいそう) せき。しわぶき。

【咳唾】(がいだ) ①せきと、つばき。しわぶき。②長上のことばを敬っていう語。【——成レ珠(たまをなす)】①せきやつばきが、珠玉のようにありがたがられる。権力・勢力の高く強いさま。②一言一句が、珠玉のようなことばになる。詩や文章の才能のあるさま。欬唾成レ珠(がいだたまをなす)。〈淵鑑類函(えんかんるいかん)・文学〉

口6【咯】〔9〕 一カク(漢)｜一(入)陌 gē コー 二ラク(漢)｜二(入)薬 luò ルオ U補J 5 4 A F / 5 1 3 0
意味 一①雉(きじ)の声。②吐く。音 kǎ カー。＝喀(かく) 二①言い争う。②(現)感嘆を表す文末の語気助詞。音 lo ロ。
参考 「咯(かく)」は別字であるが、現在は通用されている。

口6【咟】〔9〕 カク(漢) (クヮク)｜(入)陌 huò フオ U補J 5 4 9 F / 2 1 1 1
意味 さけぶ。どなる。

口6【咢】〔9〕 ガク(漢)｜(入)薬 è オー U補J 5 4 A 2 / 5 0 8 8
意味 ①言い争う。②つづみを打つ。③おどろく。＝愕(がく) ④おそれずに直言するさま。⑤刀剣の刃の部分。＝鍔(がく)
【咢咢】(がくがく) ①高くつき出るさま。②直言するさま。＝諤諤 ③やかましく言い争うさま。

口6【咸】〔9〕 (標) カン(漢) ゲン(呉)｜(平)咸 xián シエン U補J 5 4 B 8 / 5 0 8 9
意味 ①〈みな〉ことごとく。②おなじ。③和睦(わぼく)する。④あまねし。いきわたる。⑤易(えき)の卦(か)の名。⑥(現)塩からい。

参考 咸は「鹹」(一四三九ジ・上)の中国新字体としても使う。

【咸宜園】(かんぎえん(ゑん)) (国)広瀬建(ひろせけん)が豊後(ぶんご)(大分県)の日田に開いた塾の名。

【咸京】(かんけい) 秦(しん)の都咸陽のこと。また、長安(今の西安)のこともいう。

【咸告】(かんこく) 全部告げる。

【咸池】(かんち) ①太陽が水浴するという天上の池。天池。②中国の古代、堯(ぎょう)帝の時に用いたという音楽の名。黄帝の作という。＝咸韶(かんち) ③天の神。④五穀の事をつかさどる星の名。

【咸寧】(かんねい) みな安らかなこと。

【咸念】(かんねん) みんながおもう。

【咸陽】(かんよう(やう)) 地名。秦(しん)の都。今の陝西(せんせい)省咸陽市の東北にあたる。秦の孝公から始皇帝の時代まで続いた。【——宮】(かんようきゅう(やうきう)) 秦の孝公が築いた宮殿。のち楚(そ)の項羽に焼かれた。「咸陽宮殿三月紅(かんようのきゅうでんさんげつくれないなり)」(咸陽宮の火事は、三か月にわたって燃えつづけた。)〈曽鞏(そうきょう)の詩・虞美人草(ぐびじんそう)〉

【咸和】(かんわ) みんな和らぐ。みなごやかになる。

口6【咭】〔9〕 一キツ(漢)｜一(入)質 xī シー 二カツ(漢)｜二(入)黠 qià チア U補J 5 4 A D / ②1 7 0 3 8 1
意味 一咭咭(きつきつ)は、喜んで笑うようす。二ネズミの鳴き声。

口6【咻】〔9〕 一ク(漢)｜一(上)麌 xǔ シュイ 二キュウ(漢) (キウ)｜二(平)尤 xiū シウ U補J 5 4 B B / 2 1 2 3
意味 一心の痛みや病気でうめく声。「噢咻(うく)」二①うめく声。②やかましい。また、それをなぐさめる声。

口6【咺】〔9〕 一ケン(漢)｜一(上)阮 xuǎn シュワン 二ケン(漢)｜二(平)元 xuān シュワン U補J 5 4 B A / ②2 0 2 3 8 4
意味 一こどもが泣きつづける。二①威儀や容貌(ようぼう)のきわだつさま。②おそれる。

口6【咬】〔9〕 標 ■一コウ(カウ)漢 キョウ(ケウ)呉 ■一平 肴 jiāo チアオ ■二コウ(カウ)漢 キョウ(ケウ)呉 ■二上 巧 yǎo ヤオ J5091 補 U54AC

意味 ■一鳥のさえずる声。鳥の鳴き声。「咬咬こうこう」 ■二〈か・む〉かみつく。かじる。

【咬咬】こう(かう)こう(かう) 鳥の鳴き声。

【咬菜】こう(かう)さい ①野菜を食べる。②粗末な食事に満足するたとえ。

【咬嚼】こう(かう)しゃく ①かみこなす。②文字をよく味わいながら読むこと。

口6【㖃】〔9〕 コウ漢 上 有 hòu ホウ J3583 補 U —

意味 ①怒る。「㖃罵こうば」②吐く。

口6【哄】〔9〕 ■一コウ漢 ■一去 送 hòng ホン ■二コウ漢 ■二平 東 hōng ホン ■三コウ慣 ■三— hǒng ホン J5092 補 U54C4

意味 ■一やかましい。にぎやかだ。■二いっしょに声をあげる。■三からかう。だます。

参考 哄は「鬨」(一四一四ジ・中)の中国新字体としても使う。

【哄笑】こうしょう(せう) 大口をあけて笑う。大笑い。

【哄然】こうぜん どっと声をあげて笑うさま。また、ときの声をあげるさま。

【哄導】こうどう(だう) おとも。おつきの家来。

口6【哈】〔9〕 ■一ゴウ(ガフ)漢 ■一入 合 hā ハー ■二ソウ(サフ)漢 ■二入 洽 shà シャー ■三ハ慣 ■三— hǎ ハー J5093 補 U54C8

意味 ■一①魚の多いさま。②魚が口をうごかすさま。③笑う声。「哈哈」④現息をはあと吐く。■二すする。飲む。■三哈爾浜ハルピン・哈密瓜ハミうりなど、音訳に用いる。

地名 哈爾浜ハルピン

口6【哉】〔9〕 入 サイ漢呉 平 灰 zāi ツァイ J2640 補 U54C9

意味 ①〈かな〉詠嘆を表す。②〈や〉〈か〉感嘆・疑問・反語などを表す文末の語気助詞。③〈はじめ〉はじめる。はじめて。

語法 ❶〈かな〉詠嘆。「…であるなあ。なんと…なのだろう」。例「嗚呼哀哉ああかなしきかな」(ああ、なんと悲しいことであろう)〈史記・司馬相如列伝〉▽強調のため主述が倒置されることがある。例「賢哉けんなるかな、回也かい(くゎい)や」(なんと賢いのだろう、顔回は)〈論語・雍也ようや〉

❷〈や〉〈か〉疑問・反語。「…であろうか」。例「句践可レ不レ謂二賢哉一こうせんはけんといわざるべけんや」(句践は賢者といわずにすまされようか)〈史記・越王句践世家〉

❸〈よ〉命令。「…せよ。…であれ」。例「夫子勉哉ふうしつとめよ」(将士らよ、つとめよ)〈史記・周本紀〉

解字 形声。口が形を表し、𢦏さいが音を示す。𢦏には切断するという意味がある。哉は、ことばの切れめをいう。

名前 か・き・えい・すけ・ちか・とし・はじめ

口6【咱】〔9〕 サツ漢 入 曷 zán ツァン、zá ツァー J2119 補 U54B1

意味 ①わたし。われ。自称。②命令や願望を表す文末の語気助詞。③現(相手をも含めて)われわれ。「咱們ツァンメン」

口6【咨】〔9〕 シ漢 平 支 zī ツー J5094 補 U54A8

意味 ①〈はか・る〉問う。相談する。=諮し「咨訪」②〈なげ・く〉悲しむ。③〈ああ〉ほめたたえる声。④これ。この。=茲し

【咨怨】しえん(ゑん) 嘆き恨むこと。

【咨嗟】しさ ためいきをついてなげく。

【咨詢】しじゅん 問いあわせる。相談すること。

【咨嘆(歎)】したん ためいきをついてなげく。

【咨美】しび 深く感心してほめる。

【咨稟】しひん 上級の者の指示を仰ぐ。=諮稟

【咨謀】しぼう 相談をかける。

口6【咫】〔9〕 シ漢呉 上 紙 zhǐ チー J5101 補 U54AB

意味 ①周代の長さの単位。八寸。(→付録「度量衡名称」)②わずかな距離のたとえ。近い。短い。③わずかな。少しの。④〈すなわち(すなはち)〉 国〈あた〉上代の尺度で、親指と中指(一説に人さし指)とを広げた長さ。「八咫鏡やたのかがみ」

【咫顔】しがん 天子にお目にかかること。

【咫尺】しせき ①きわめて近い距離。咫は八寸。尺は十寸。②簡単なこと。わずか。③天子にお目にかかること。【——万(萬)里】しせきばんり わずかな画面に遠い万里のかなたの景色を描く意から、絵画を見ながら遠い土地に遊ぶ思いになれること。〈南史・斉竟陵王昭冑せいきょうりょうおうしょうちゅう伝〉【——之書】しせきのしょ かんたんな書状。尺書。〈史記・淮陰侯わいいんこう列伝〉【——之地】しせきのち わずかばかりの土地。【不レ弁(辨)二——一】しせきをべんぜず ごく近い所も見えない。ひどく暗いこと。〈土屋鳳州ほうしゅう・広瀬中佐伝〉

口6【哆】〔9〕 シ漢 上 紙 chǐ チー J①1502 補2125 U54C6

意味 ①大口を開く。②おおきいさま。③寛大なさま。「哆然」④ほしいまま。=侈し ⑤現哆嗦トゥオスオ duōsuo は、(からだが)ぶるぶるふるえる。

口6【咡】〔9〕 ジ漢 去 寘 èr アル J①1494 補2112 U54A1

意味 ①口と耳の間。くちもと。②蚕かいこが糸を口から吐く。国〈ささや・く〉「囁じょう」に同じ。

口6【咠】〔9〕 シュウ(シフ)漢 入 緝 qì チー J②0379 補 U54A0

意味 ①耳もとでささやく。②人を悪くいっておとしいれる。

口6【咲】〔9〕 常 さく J2673 補 U54B2

旧字 口6【咲】〔9〕 ショウ(セウ)漢呉 去 嘯 xiào シアオ U補J —

筆順 口 口 口' 口'' 口⺌ 口𠁼 口𭕄 咲 咲

意味 〈わら・う(——・ふ)〉=笑 国〈さ・く〉花のつぼみが開く。

解字 形声。口が形を表し、芺ようが音を示す。芺は、古い形を見るとわかるように、笑で、笑と同じである。咲は、口をすぼめて、しなをつくって笑うことで、花の咲くことにもたとえる。

参考「笑」の古字。

▶返咲かえりざき・狂咲くるいざき

口6【哂】〔9〕 シン漢 上 軫 shěn シェン J5102 補 U54C2

意味 ①〈わら・う(——・ふ)〉ほほえむ。②あざわらう。あざわらい。

【哂笑】しんしょう(せう) あざ笑う。

【哂嘆(歎)】しんたん 笑いと嘆き。

口6【咤】〔9〕 標 ■一タ漢 ■一去 禡 zhà チャー ■二タ漢 ■二去 禡 chà チャー J5103 補 U54A4

口3【吒】〔6〕 本字 J①1485 補 U5412

口5【咜】〔8〕 俗字 J①1488 補2110 U549C

3画

口囗土士夂(夊)夕大女子宀寸小尢(兀・尣)尸屮山巛(川)工己巾干幺广廴廾弋弓彐(彑・ヨ)彡彳⺌

意味 ㊀①しかる。おこる。「叱咤しった」②音をたてながら食べる。③なげき悲しむ。㊁＝詫た ①ほこる。②おどろく。

【咤叱】たしつ 舌打ちしてしかる。大声でしかる。叱咤。

【咤食】たしょく 音をたてて食べる。

【咤咤】たた 怒る声の形容。

口6【咥】〔9〕 ㊀チツ漢 ㊀入 質 xì シー ㊁テツ漢 ㊁入 屑 dié ティエ J 5090 補 U 54A5

意味 ㊀大笑いする。笑うさま。㊁かむ。くらう。

口6【咮】〔9〕 チュウ漢 去 宥 zhòu チョウ (チウ) J ②0382 補 2118 U 54AE

意味 ①くちばし。鳥の口。②星座の名。二十八宿の一つ、柳宿りゅうしゅくの別名。

口6【咷】〔9〕 ㊀トウ漢 ㊀平 豪 táo タオ (タウ) ㊁チョウ漢 ㊁去 嘯 tiào ティアオ (テウ) J ②0383 補 2120 U 54B7

意味 ㊀〈なく〉泣く。こどもが泣きつづける。㊁歌声。嗷咷ちょうは、大声で歌う。また、楚その歌。

口6【哃】〔9〕 トウ漢 ドウ呉 平 東 tóng トン J ②0386 補 U 54C3

意味 ①でたらめをいう。②おどしつける。＝恫どう

口6【品】〔9〕 学3 ヒン漢 ホン呉 上 寝 pǐn ピン しな J 4142 補 U 54C1

筆順 丨 冂 口 口丨 口冂 口口 品丨 品冂 品

意味 ①もろもろの。多い。「品庶ひんしょ」②〈しな〉㋐もの。しなもの。㋑性質。人がら。「品望」㋒等級。くらい。「九品きゅうひん」㋓たぐい。種類。㋔のり。基準。法則。③しなさだめする。品評する。「品茗ひんめい」④区別する。国〈ほん〉親王にたまわった位で、一品いっぽんから四品しほんまで。

解字  会意。口を三つ合わせて、おおぜいの口を表したもの。また、多くの品物をも表す。

名前 かつ・かず・ただ・のり・ひで

姓 品知ほんち・品治ほんじ・品遅ほんち

【品位】㊀ひんい ①しな。くらい。人がら。品格。②国金・銀の地金じがね、または貨幣の中に含まれている金・銀の割合。㊁ほんい 国大宝令たいほうりょうで定められた親王の位。一品いっぽんから四品までである。

【品彙】ひんい 種別。種類。

【品格】ひんかく ①しながら。②ひん。気品。人がら。

【品行】ひんこう(かう) 行い。身持ち。【──方正】ひんこう(かう)ほうせい 行いがまじめで正しい。

【品詞】ひんし 単語を、その意味・形態・働きなどの上から分類した文法上の種別。名詞・動詞など。

【品質】ひんしつ 品物の性質・たち。しながら。

【品騭】ひんしつ 品定め。品評。騭は定める意。

【品種】㊀ひんしゅ ①たぐい。品物の種類。②作物さくもつや家畜などで遺伝的な形や質の同じもの。作物・家畜の種類。㊁ピンチョン pǐn-zhǒng 現㊀に同じ。

【品庶】ひんしょ 人民。

【品性】ひんせい 人品。人がら。人がらと性格。人格。

【品俗】ひんぞく 世俗の人々。世俗。

【品題】㊀ひんだい 人物の値うちを批評する。人物批評。品定め。品評。㊁ほんだい 仏経の内容を品ほんに分類したときの各品の題目。

【品等】ひんとう ①品位と等級。②品しなのよしあし。品の等級。品定め。

【品評】ひんぴょう(ひゃう) 批評してよしあしをきめる。優劣をつける。

【品物】㊀ひんぶつ 物。万物。㊁しなもの 国しな。物品。

【品名】ひんめい 品物の名まえ。

【品茗】ひんめい お茶の味を品評する。

【品目】ひんもく ①品物の目録。品物の種類。②品定め。批評。

【品流】ひんりゅう(りう) 家がら。家すじ。

【品類】ひんるい ①種類。②分類する。③万物。草木鳥獣のすべて。

【品田】ほんでん 国昔、親王や内親王に与えられた田。品は位をあらわす。品位田ほんいでん。

◆上品じょうひん・じょうぼん・下品げひん・げぼん・小品しょうひん・気品きひん・作品さくひん・売品ばいひん・物品ぶっぴん・洋品ようひん・珍品ちんぴん・現品げんぴん・粗品そひん・そしな・逸品いっぴん・商品しょうひん・備品びひん・景品けいひん・絶品ぜっぴん・製品せいひん・賞品しょうひん・薬品やくひん・非売品ひばいひん・遺留品いりゅうひん

口6【咧】〔9〕 レツ漢 入 屑 liè リエ J 2114 補 U 54A7

意味 ①鳥の声。「咧咧れつれつ」②現口を「へ」の字にまげる。音 liě リエ。③現完了や状況の変化を表す文末の語気助詞。「了」と同じ。音 lie リエ。

口6【咾】〔9〕 ロウ漢 上 皓 lǎo ラオ (ラウ) J 5104 補 U 54BE

意味 物音を表す語。国①咾別いかんは、北海道幕別町に戦前あった地名。②咾分おとなは、佐賀県佐賀市の地名。

口6【哎】〔9〕 āi アイ J 2128 補 U 54CE

意味 現①嘆息の声。また、呼びかけの声。②句中に置いてリズムを整える助字。

口6【哐】〔9〕 kuāng コワン J 補 U 54D0

意味 現かたい物がぶつかって、鳴りひびく音。

口6【咪】〔9〕 mī ミー J 2116 補 U 54AA

意味 現①猫の鳴き声。②メートル。音 mǐ ミー。

口6【哞】〔9〕 mōu モウ J 補 U 54DE

意味 現牛の鳴き声。

口6【哘】〔9〕 国字 J 5106 補 U 54D8

意味 ①〈さそ・う(──・ふ)〉一緒に行こうと誘う意。②哘崎さそざきは、青森県上北郡の地名。

口6【响】〔9〕 俗 →響(一三七〇ページ・中)

口6【呱】〔9〕 俗 →呱(二三一ページ・上)

口6【咩】〔9〕 俗 →哶(二四七ページ・下)

口6〖架〗→木部五画(六三一ページ・下)

口6〖亟〗→二部七画(五二ページ・下)

口7【唉】〔10〕 アイ漢 平 灰 āi アイ J ②0394 補 2141 U 5509

意味 ①ああ。おお。応こたえる声。②なげく声。

【唉呀】アイヤー āiyā 現おやっ。あらっ。

口7【員】〔10〕 学3 イン ㊀エン(ヱン)漢 イン(ヰン)慣 平 先 yuán ユワン ㊁ウン漢 去 問 yùn ユン ㊂ウン漢 平 文 yún ユン J 1687 補 U 54E1

筆順 口 尸 月 目 貝 員

意味 ㊀①〈かず〉物または人の数。「官員」②かかり。役人。③まるい。＝圓(円)えん ④まわり。めぐり。「幅員ふくいん」㊁①めぐる。まわる。＝運うん ②姓。㊂①多い。②増す。ふやす。③助詞。ここに。これ。＝云うん

貝2【貟】〔9〕 同字 J 補 U 8C9F

解字 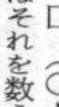 形声。貝が形を表し、口えん(〇・圓の原字)が音を示す。貝は昔の貨幣で、口はそれを数える場合の単位である。

3画 口囗土士夂(夊)夕大女子宀寸小尢(尣・兀)尸屮山巛(川)工己巾干幺广廴廾弋弓彐(彑・⺕)彡彳⺍

員は、品物の数をいい、人の数をもいう。一説に、かなえの口の円形のもののことであるともいう。

名前 さだ　地名 員弁

【員外】①数のほか。定員外の官。②「員外郎」の略。【――官】国大宝令で定められた定員以外の官。①正規の定員以外の官。いんげ。【――郎】②定員のほかに設けた官。

【員数(數)】人のかず。もののかず。

【員石】まるい石。円石。

【備レ員】数の中にはいる。員数に加わる。

◇▼工員・欠員・吏員・団員・会員・役員・定員・委員・店員・係員・要員・客員・動員・教員・満員・復員・雇員・隊員・増員・総員・館員・職員・議員・超満員

口7
【哥】〔10〕 カ 漢 呉 平 歌 gē コー　J 5107 補 ― U 54E5

意味 ①人の声。うた。②歌をうたう。③兄。また、父・友など年長者への敬称。「大哥」

地名 哥倫比亜(コロンビア)

参考 「歌」の古字。

【哥哥】■ ①兄。②他人を呼ぶ敬語。③唐代、父が子に対する自称。■ gēge 現■の①に同じ。

口7
【哿】〔10〕 カ 漢 呉 上 哿 gě コー　J ①1503 補 2136 U 54FF

意味 ①〈よ・い(―・し)〉よいとする。②めでたい。＝嘉 ③女子の頭の飾り。＝珈

口7
【啊】〔10〕 カ 漢 平 歌 hē ホー　J ②0388 補 2131 U 54EC

意味 大勢の人の声。＝訶

口7
【哦】〔10〕 ガ 漢 平 歌 é オー　J 5108 補 ― U 54E6

意味 ①うたう。詩や歌を吟じる。②現驚きやいぶかしさを表す文末の語気助詞。音 ó オー。

口7
【哧】〔10〕 ■カク 漢 ■入 陌 xià シア ■セキ 漢 ■入 陌 chī チー　J ― 補 ― U 54E7

意味 ■いかる。おどす。＝嚇 ■笑ってプッと息を吹き出す音。噗哧 pūchī。

口7
【唍】〔10〕 カン 漢 (クヮン) 上 潸 wǎn ワン　J ― 補 2143 U 550D

意味 「唍爾」は、にっこりとほほえむようす。＝莞・莧

口7
【唅】〔10〕 ■カン 漢 ■平 覃 hán ハン ■カン 漢 ■去 勘 hàn ハン　J ― 補 2139 U 5505

意味 ■①口に含む。②手づかみで食べる。■玉、貝、米などを死者の口に含ませる。また、その含ませるもの。

口7
【唏】〔10〕 キ 漢 上 尾 xī シー　J 5109 補 ― U 550F

意味 ①笑う。②なげく。いたみかなしむ。「唏嘘」

口7
【哯】〔10〕 ケン 漢 上 銑 xiàn シエン　J ②0389 補 2132 U 54EF

意味 〈は・く〉①はき気をもよおさずにはく。②赤子が乳をはく。

口7
【唁】〔10〕 ゲン 漢 去 霰 yàn イエン　J ②0393 補 2138 U 5501

意味 〈とむら・う(――・ふ)〉見舞う。たずねなぐさめる。

口7
【唔】〔10〕 ゴ 漢 呉 平 虞 wú ウー　J 5110 補 ― U 5514

意味 ①読書の声。「唔咿」「咿唔」②「吾」(一三二一ページ・中)の俗字。

口7
【哮】〔10〕 コウ (カウ) 漢 平 豪 xiào シアオ　J 5112 補 ― U 54EE

意味 ①〈ほ・える(―・ゆ)〉野獣がほえる。「咆哮」②さけぶ。③のどの病気。ぜんそく。

【哮闞】怒りさけぶ。ほえる。

【哮吼】ほえたてる。咆哮。

【哮噬】①たけりたってかみつくこと。②賊軍の威力が猛烈なこと。

【哮咆】ほえる。咆哮。

口7
【哽】〔10〕 コウ (カウ) 漢 上 梗 gěng コン　J 5111 補 ― U 54FD

意味 ①〈むせ・ぶ〉むせび泣く。②ふさがる。つまる。

【哽咽】①むせび泣く。②食物がのどにつかえる。

【哽恨】むせび泣きして恨む。

【哽塞】①悲しんで胸や喉がふさがる。②道路がふさがる。＝梗塞

口7
【哼】〔10〕 コウ (カウ) 漢 平 庚 hēng ホン　J ― 補 2134 U 54FC

意味 ①うめき声を出す。うめく。②むやみにおびえるさま。③現フンと鼻声を出す。また、その音。音 hng フン。

口7
【皓】〔10〕 コウ(カウ) 漢 ゴウ(ガウ) 呉 去 号 hào ハオ　J ― 補 2129 U 54E0

意味 よくしゃべる。「皓皓」

口7
【哭】〔10〕 標 コク 漢 呉 入 屋 kū クー　J 5113 補 ― U 54ED

意味 ①〈な・く〉大声で泣く。号泣。②人の死をいたんでなげく礼。「哭臨」

【哭雨風】夏至のころ、にわかに吹いてくる南西の風。にわか雨を伴うところからいう。

【哭笑】泣いたり笑ったりする。【――無レ端】泣いたり笑ったり、きりがない。

【哭声(聲)】泣きさけぶ声。

【哭嘆(「歎」)】大声で泣きなげく。

【哭臨】葬式で、おおぜいの者が大声を出して泣くこと。

【哭泣】泣き叫ぶ。

口7
【唆】〔10〕 常 サ 漢 平 歌 suō スオ　J 2622 補 ― U 5506

サ
そそのかす

筆順
口
口ᐟ
口ム
口ム
口允
口夋
唆
唆

意味 〈そそのか・す〉すすめる。けしかける。「教唆」

解字 形声。口が形を表し、夋が音を示す。夋の音は、使と通ずる。唆は、口でさそって、物事をさせること、けしかけることである。音サは、夋の音シュンの変化。

◇▼示唆

口7
【哨】〔10〕 標 人 ショウ 漢 呉 (セウ) 去 効 shào シャオ　J 3005 補 ― U 54E8

口7【啃】〔10〕俗字　J ― 補 ― U ―

意味 ①兵士が見張る。パトロールをする。また、その兵士。「哨探」②見張りをする場所。③兵士百人をいう。④せまい。細い。⑤中に物が入らない。口がゆがんでいる。⑥口やかましい。「哨哨」

解字  形声。口が形を表し、肖が音を示す。肖には、ちいさくする意味がある。哨は、口が小さくて物が入らない意味を表す。一説に入り口をせばめて見張る意ともいう。

【哨戒】国見張りをして警戒する。

【哨艦】国見張りの軍艦。敵艦の動静をさぐる軍艦。哨船。

【哨兵】国見張りの兵。歩哨。

◇▼歩哨

口7 **【呢】**〔10〕 ショク 漢 入 沃 ソク 慣 zú ツー U補J 54EB

意味 こびる。へつらう。「呢訾」

口7 **【唇】**〔10〕 常 シン くちびる シン 漢呉 平 真 zhēn チェン U補J 5507 3116

筆順 一 厂 戸 戸 后 辰 辰 唇

意味 ①おどろく。＝震 ②〈くちびる〉 音 chún チュン。＝脣

解字 形声・会意。口が形を表し、辰が音を示す。辰は蜃で、はまぐり。唇は貝が出す舌のような形のもので、くちびるをいう。正しい字は脣である。

参考 「くちびる」は本来「脣」（一〇二一ページ・下）で、「唇」はその俗字。なお、唇は「脣」の中国新字体としても使う。

【唇音】くちびるで調音される音。両唇音と歯唇音とに分けられる。

【唇脂】口べに。

【唇歯（齒）】①くちびると歯。②唇と歯との関係のように、互いに利害関係が密接な間がらのたとえ。「唇亡則歯寒」【――輔車】「唇歯」の②に同じ。輔は頰骨、車ははぐきの意。〈左伝・僖公五〉

【唇頭】くちびるの先。くちさき。

【唇読（讀）】声に出さずに、くちびるが軽く動く程度に読む。また、その読み方。

〖揺（搖）レ唇鼓レ舌〗やたらに人を批判すること。〈荘子・盗跖〉

◆口唇・朱唇・花唇・紅唇

口7 **【唲】**〔10〕 一 セツ 漢 セチ 呉 一 入 屑 shuō シュオ 二 エツ 漢 二 入 屑 yuè ユエ U補J 54FE 2135

意味 一口でなめる。二銅唲は、魚の名。

口7 **【唣】**〔10〕 ソウ 慣 zào ツァオ U補J 5523

意味 ①腹を立てた時の声。②囉唣 luózào は、さわぎたてる。

口7 〔啅〕〔10〕 同字 U補J 5515 2145

口7 **【啄】**〔10〕 人 U補J 5544 3479

旧字 口8 **【啄】**〔11〕 一 タク 漢 一 入 覚 zhuó チュオ 二 チュウ 漢（チウ） 二 去 宥 zhòu チョウ U補J

意味 一①〈ついば・む〉鳥がくちばしでえさをとる。鳥がくちばしでつつく。②かむ。③こつこつとたたく音。「啄啄」 二くちばし。＝咮

解字 会意・形声。口と豕とを合わせた字で、豕は音をも示す。豕は豚の足を一か所で縛る形を示し、一か所に止まる意となる。そこで啄は、鳥が一か所をつつく意で、つつく、ついばむ意となる。

【啄害】ついばんで傷つける。

【啄啄（啄）】①鳥が物をついばむ音。②戸をたたく音。

【啄木】①鳥の名。きつつき。啄木鳥。②国琵琶の秘曲の名。

口7 **【哳】**〔10〕 タツ 漢 入 黠 zhā チャー U補J 54F3 ②0391

意味 きれぎれに聞こえる人の声や鳥の鳴き声。「嘲哳」「啁哳」

口7 **【啢】**〔10〕 一 タン 漢 ダン 呉 一 平 寒 xián シエン 二 エン 漢呉 二 平 先 yán イエン 三 タン 漢 ダン 呉 三 上 旱 dàn タン U補J 550C 2142

意味 一①嘆息しながら話す。②よだれ。二「啢啢」は、くりかえし人のわるくちをいう。三だます。でたらめをいう。＝誕

口7 **【哲】**〔10〕 常 テツ テツ 漢 入 屑 zhé チョー U補J 54F2 3715

筆順 一 十 才 扌 扩 扩 折 哲

口15 〔嚞〕〔18〕 古字 U補J 569E 2261 ①1527

口8 〔晢〕〔11〕 俗字 U補J 5560 2165 ②0407

口9 〔喆〕〔12〕 同字 U補J 5586 2172 ①1510

意味 ①〈さと・い（――・し）〉かしこい。②さとくかしこい人。道理にあかるい人。「哲王」③知る。知っている。

解字 形声。口が形を表し、折が音を示す。折は、おので草を断ち切ることで、すっきりする意味がある。哲は口で言うことがはっきりとしていることから、「あきらか」「さとい」の意味になる。音テツは、折の音セツの変化。

名前 あき・さと・のり・よし・あきら・さとる

【哲学（學）】一 宇宙間の根本の原理・原則を研究する学。二 zhéxué 現一に同じ。

【哲彦（彥）】知徳のすぐれた男。彦は男子の美称。哲夫。

【哲匠】①道理に明るい人。②大臣。③文人。画家。

【哲人】物事の道理に明らかな人。識見のすぐれた人。哲士。

【哲聖】才も徳も完全な人。聖人。天子。

【哲夫】知徳のすぐれた男。哲士。〖――成レ城、哲婦傾レ城〗知徳のすぐれた男は、城をさかんにするが、逆に、すぐれた女は、城をほろぼしてしまう。女が、りこうすぎるとかえって禍いを招くことのたとえ。〈詩経・瞻卬〉

【哲理】①奥深い道理。②哲学上の道理。

◆先哲・聖哲・賢哲

口7 **【唐】**〔10〕 常 トウ から U補J 5510 3766

旧字 口7 **【唐】**〔10〕 トウ（タウ） 漢呉 平 陽 táng タン U補J

筆順 丶 亠 广 广 庐 庐 唐 唐

意味 ①ほら。大言。でたらめ。「荒唐」②広い。③むなしい。むなしく。④つつみ。土手。＝塘 ⑤廟または庭の中の道。⑥あぶってかわかす。⑦中国の王朝の名。㋐尭帝の王朝。陶唐。㋑李淵が隋を滅ぼして建てた国（六一八～九〇七）。君主の姓が李であるため、李唐ともいう。㋒五代の唐。後唐。⑧姓。国〈から〉もろこし。中国。

解字 形声。庚と口とを合わせた字。庚は庚の略で音を示すとともに、大きいという意味をも持つ。唐は、大きなことをいうことから、大きい意味になる。音タウは、庚の音カウの変化。

地名 唐津

難読 唐棣花・唐土・唐黍

【唐草】国①「唐草模様」の略。②草の名。うまごやしの別名。【――模様】国つる草が絡み合ってのびている形を描いた模様。唐草。織物・彫刻・陶器などに用いる。

【唐衣】一国①昔の中国風の衣服。②りっぱな衣服。③「着る」の枕詞。二国昔の婦人の礼服の表衣。綾や錦で作った丈の短い袷で、上着の上に着た。背子。

【唐獅子】国①外国産の獅子を、わが国のしし（いのしし・しかのこと）と区別していう語。②獅子を美術的に装飾

3画 ⇒口囗土士夂(夊)夕大女子宀寸小尢(尣・兀)尸屮山巛(川)工己巾干幺广廴廾弋弓彐(彑・ヨ)彡彳⺌

化したもの。

【唐櫃】国①脚のある中国風の長持。②からうど。かろうど。棺の意。

【唐門】国神社や寺などの、中国風の建築の門。

【唐様】国①中国ふう。からぶり。②中国人の書風に似た書体。唐様書。

【唐音】①漢字音の一つ。漢音・呉音以外の漢字音。宋代以後に伝わった南方音で、行灯・提灯・行脚の類。古くは宋音といい、のちに唐音と総称した。②書名。十五巻。元の楊士弘の編。唐人の詩を集め、始音・正音・遺響に分類したもの。

【唐花】温室で咲かせた花。季節はずれの花。

【唐虞】太古の聖人といわれた二帝。唐は尭帝（姓は陶唐氏）、虞は舜帝（姓は有虞氏）。

【唐賢】唐代の賢人。

【唐庚】人名。北宋の詩人。字は子西、魯国先生と呼ばれた。「唐子西集」の著がある。

【唐才子伝（傳）】書名。十巻。唐代の詩人の伝記集。元の辛文房の著。

【唐山】①中国を指す。唐土。②地名。

【唐桟（棧）】国綿織物の一種。舶来の桟留縞の意。桟留は、木綿の名産地であるインドのコロマンデル地方をいう。

【唐紙】□一 国中国産の紙の一種。黄色の書画用紙。□二 国唐紙障子。厚紙ばりの建具。ふすま。

【唐詩】①唐時代の詩。②中国の詩。【──紀事】書名。八十一巻。宋の計有光著。唐の詩人の伝記・逸話や、名作をしるしたもの。【──三百首】書名。六巻。清の乾隆中、蘅塘退士の編。唐詩三百二十首を選び、塾生のテキストとした。【──選】書名。七巻。明の李攀竜の編といわれる。唐代百二十六人の詩を古詩・律・排律・絶句に分けて収載したもので、わが国でも江戸時代中期以後ひろく愛読されている。【──別裁】書名。清の沈徳潜の著。唐詩を形式別に分類して集めたもの。

【唐順之】人名。明の古文家。荊川と号し、「荊川集」の著がある。（一五〇七～一五六〇）

【唐書】①「旧唐書」二百巻。後晋の劉昫らが編集した唐代の正史。②「新唐書」二百二十五巻。宋の欧陽脩・宋祁が、勅命で「旧唐書」を改編したもの。

【唐人】□一 唐代の人。□二 国①唐土の人。中国人。②外国人。言葉のわからない人。③わけのわからないことを話す人を、ののしっていう言葉。「唐人の寝言」【──笛】国チャルメラ。嗩吶。【──屋敷】国江戸時代初めに、長崎の出島に設けられた中国人の居留地。

【唐船】□一 国①昔の中国の船。②外国船。③古代中国の船に似せて造った船。

【唐宋詩醇】書名。清の乾隆帝の勅撰詩集。李白・杜甫・白楽天・韓愈・蘇軾・陸游らの詩を集めている。四十七巻。

【唐宋伝（傳）奇集】書名。八巻。魯迅編。唐代・宋代の伝奇（空想的な物語をしるした短編小説の一種）四十五編を集めたもの。

【唐宋八大家】唐・宋二代の八人の大文章家。唐代の韓愈・柳宗元、宋代の欧陽脩・蘇洵・蘇軾・蘇轍・曽鞏・王安石をいう。【──文鈔】書名。百六十四巻。明の茅坤の編。唐宋八大家の古文を編集した書。【──文読（讀）本】書名。三十巻。清の沈徳潜の編。唐宋八大家の古文を集め、編ごとに批評を加えて、初めて文章を学ぶ者の模範とした。唐宋八家文読本。

【唐棣】すももの一種。にわうめ。あまなし。【──之華（華）偏其反而】にわうめの花がひるがえる意から、いったん別れた兄弟が互いに慕い合うたとえ。また、男女互いに相思うたとえ。最初は道にはずれ、後に本道に立ちかえるたとえともいう。「而」は文末の助詞。〈論語・子罕〉

【唐天】国舶来のビロード。別珍。

【唐土】国中国。から。唐山。

【唐突】①つきあたる。荒らし回る。②だしぬけ。突然。

【唐玄宗】唐、第六代の天子。名は隆基、睿宗の第三子。文武ともにすぐれて天下をよく治め、「開元の治」と称された。後に楊貴妃の愛におぼれて政治を怠ったため、安禄山の乱をまねき、蜀（今の四川省）にのがれた。乱の平定後、長安に帰り、位を譲って太上皇帝とよばれた。（六八五～七六二）

【唐太宗】唐、第二代の天子。姓は李、名は世民。内政に専心し、学問・文芸を奨励し、人材を登用して、天下がよく治まったので、世に「貞観の治」と称されている。（五九八～六四九）

【唐筆】国中国製の筆。

【唐物】□一 国中国および諸外国からの、舶来の衣類や雑貨。平安時代には「からもの」、江戸時代には「とうもつ」と称した。□二 国①□一に同じ。②唐織物のこと。③古道具。【──屋】国①唐物を売買する店。とうぶつや。②古道具屋。

【唐紅】□一 国中国から渡来したべに。□二 国美しい濃い赤色。

【唐木】国もと、中国を経て渡来した熱帯産の木材で、紫檀・黒檀・白檀などの類。

【唐本】国中国から渡って来た本。

【唐六典】書名。三十巻。唐の玄宗皇帝が李林甫らに命じ、唐代の官制をくわしく記述させたもの。

【唐話学（學）】中国語学。

◆中唐・初唐・晩唐・盛唐

口7 【哶】〔10〕 バ 漢 上 馬 miē ミエ　J ―　補 2133　U 54F6

口6 【咩】〔9〕 俗字　J ①1501　補 2115　U 54A9

意味 羊の鳴き声。

口7 【唄】〔10〕 常 うた　ハイ 漢 去 卦　バイ 呉 bài パイ　J 1720　補 ―　U 5504

筆順 口 口 叩 叩 唄 唄 唄

意味 ①仏の徳をほめたたえた歌。また、その歌をとなえる。②現当然だという気持ちを表す文末の語気助詞。音 bei ペイ。国〈うた〉俗謡。民謡。

解字 形声。口が形を表し、貝が音を示す。梵語の pāthaka の音を訳するのに用いた字。仏徳をたたえる歌のこと。

【唄音】仏読経の声。お経を読む声。

【唄賛（贊・「讚」）】仏仏の功徳をほめたたえる歌。梵唄。

◆小唄・長唄・梵唄・端唄

口7 【哺】〔10〕 常 ホ　ホ 漢 去 遇 bǔ ブー　J 5114　補 ―　U 54FA

筆順 口 口一 叮 叮 哺 哺 哺

意味 ①口にふくむ。食べる。②口中にふくんだ食物。「吐哺とほ」 ③親鳥がひなにえさをやる。やしなう。「哺養ほよう」

解字  形声。口が形を表し、甫ほが音を示す。甫は、多い意。哺は、咀そと音も意味も通じて、口のなかでものをくりかえしよくかむこと。また、かんだものを口移しに食べさせる意味にもなる。

参考 新表記では、「保」に書きかえる熟語がある。

【哺食】ほし ①食物を口に入れて養う。②賄料まかない。

【哺乳】ほにゅう(にう) 乳を飲ませて育てる。「哺乳瓶」

【吐レ哺迎二国(國)士一】ほをはきてこくしをむかう たべかけの食物を吐き出して、すぐれた人物を迎えいれる。真剣に人物を求めるさま。吐哺捉髪とほそくはつ。〈後漢書ごかんじょ・馬援ばえん伝〉

【含レ哺鼓レ腹】ほをふくみはらをこす 満腹して腹つづみをうつ意で、天下がよく治まり、人民が泰平を楽しむたとえ。〈荘子そうじ・馬蹄ばてい〉

口7【哱】〔10〕 一ホツ 漢 一 入 月 bō ポー 二ハイ 漢 二 去 隊 bèi ペイ U補J 54F1 ②0390

意味 一①息をホッとはく音。②哱囉ほっらは、軍隊で用いる角笛の一種。二乱れたようす。＝悖はい

口7【唈】〔10〕 ユウ 漢 入 緝 (イフ) yì イー U補J 5508 2140

意味 なげく。ゆううつである。むせび泣く。「唈僾ゆうあい」

口7【唀】〔10〕 ユウ(イウ) 漢 上 有 ユ 呉 yǒu ユー U補J 5500 2137 ②0392

意味 さそってだます。

口7【哩】〔10〕 入 リ 漢 去 寘 lǐ リー U補J 54E9 4373

意味 ①詞や曲に用いられる置き字。②現肯定や強調などを表す文末の語気助詞。音 li リ。③現〈マイル〉 mileのあて字。距離の単位で、一マイルは約一・六キロメートル。音 lǐ リー。

口7【唎】〔10〕 リ 漢 去 寘 lì リー U補J 550E 2144 ①1504

意味 文末の語気助詞。国〈き・く〉きき酒をする。

口7【哢】〔10〕 ロウ 漢 去 送 lòng ロン U補J 54E2 5115

意味 〈さえず・る(さへづ・る)〉鳥が鳴く。また、鳥の鳴き声。

口7【唗】〔10〕 dōu トウ U補J 5517

意味 現近世の小説または戯曲中に見える感嘆詞。さあ。ほれ。

口7【哪】〔10〕 nǎ ナー U補J 54EA 2130

意味 現①どれ。どの。どこ。②持続・感嘆などを表す文末の語気助詞。音 na ナ。③哪吒 nézha は、伝説中の神の名。音 né ノー。

【哪個】nǎge 現どれ。どの。

【哪些】nǎxiē 現どれとどれ。どれくらい。

【哪怕】nǎpà 現たとえ…としても。

【哪裏】nǎli 現どこ。どうして。＝哪里

【哪兒(兒)】nǎr 現どこ。どうして。

口7【哑】〔10〕 簡→啞(本ページ・中)

口7【唳】〔10〕 俗→唳(二五二ページ・下)

口8【啊】〔11〕 ア 漢 去 箇 ē オー U補J 554A 2157 ②0405

意味 ①好悪の声。②現感嘆・疑問・反語などを表す文末の語気助詞。音 a ア。

口8【啞】〔11〕 標 一ア 漢 呉 一 上 馬 yǎ ヤー 二ア 漢 呉 二 去 禡 yā, yà ヤー 三アク 漢 三 入 薬 è オー U補J 555E 2164 ①1508

口7【唖】〔10〕 簡慣 U補J 5516 1602

意味 一①ものが言えない人。②音がはっきりしない。二①鳥などの鳴き声。②子どものかたこと。三笑い声。

【啞咽】あえつ すすり泣き。

【啞嘔】ああおう ①こどものことば。かたこと。②櫓ろの音。

【啞啞】一あくあく 笑い語る声。二ああ ①こどものかたこと。②からすなどの鳴く声。「啞啞吐二哀音一ああとしてあいいんをはく」(鳥がかなしい声で鳴いている。)〈白居易はくきょいの詩・慈烏夜啼じうやてい〉

【啞子】あし 口のきけない人。【――夢】あしのゆめ 言いたいことがうまく表現できないたとえ。

【啞然】一あぜん おどろきあきれて、ものも言えないさま。二あくぜん ①語る声。②わっと笑うさま。

【啞咤】あた ①人声のさわがしいさま。②鳥の愛らしい声。

◆盲啞もうあ・聾啞ろうあ

口8【唵】〔11〕 アン 漢 呉 上 感 ǎn アン U補J 5535 2149 ①1506

意味 ①ふくむ。ほおばる。②手づかみでたべる。③仏呪まじないのときの発声のことば。

口8【啘】〔11〕 エツ 漢 イツ 呉 入 屑 yè イエ U補J 5558 2161

意味 はき気をもよおす。

口8【唹】〔11〕 ヨ 漢 オ(ヲ) 慣 平 魚 yū ユイ U補J 5539 5116

意味 笑う。笑うさま。

口8【啝】〔11〕 カ(クワ) 漢 ワ 呉 平 歌 hé ホー U補J 555D 5127

意味 ①子供が泣く。②〈したが・う(――・ふ)〉

口8【啀】〔11〕 ガイ 呉 漢 平 佳 yá ヤー U補J 5540 5117

意味 ①いがむ。犬などが歯をむき出してかみ合う。②言いあらそう。③吸う。飲む。

口11【嘊】〔14〕 同字 U補J 560A 2212

口8【喝】〔11〕 常 カツ U補J 559D 1969

旧字 口9【喝】〔12〕 一カツ 漢 カチ 呉 一 入 曷 hè ホー 二アイ 漢 二 去 卦 yè イエ 三カツ 慣 三 —— hē ホー U補J FA36 ①1512

筆順 

意味 一①〈おど・す〉㋐おびやかす。㋑しかる。どなりつける。「喝命」②大声でよぶ。③仏禅宗で、修行者をしかりつけて励まし導くときの叫び声。二声がかれる。三水・茶・酒などを飲む。

解字  形声。口が形を表し、曷かつが音を示す。曷には、かれるという意味がある。喝は、声がかれること、かすれること。

【喝采(采)】かっさい ほめはやす。「拍手喝采」

【喝道】かつどう(だう) ①先払い。貴人の通行するとき、一般人の通行を禁止する役。②大声で呼ぶ。

【喝破】かっぱ ①大声でしかる。どなりつける。②他の説をうち破って真理を説き明かすこと。

◆一喝いっかつ・大喝たいかつ・恐喝きょうかつ・脅喝きょうかつ

口8【唫】〔11〕 一キン 漢 一 上 寝 jìn チン 二ギン 漢 二 平 侵 yín イン U補J 552B 2147 ①1505

意味 一①〈ども・る〉②口をつぐむ。口をとじる。二①うたう。＝吟ぎん ②なげく。

口8【啓】〔11〕 常 ケイ U補J 5553 2328

旧字 口8【啓】〔11〕 ケイ 漢 呉 上 薺 qǐ チー U補J

3画 ➡ 口囗土士夂(夊)夕大女子宀寸小尢(允・兀)尸屮山巛(川)工己巾干幺广廴廾弋弓彐(彑・ヨ)彡彳⺍

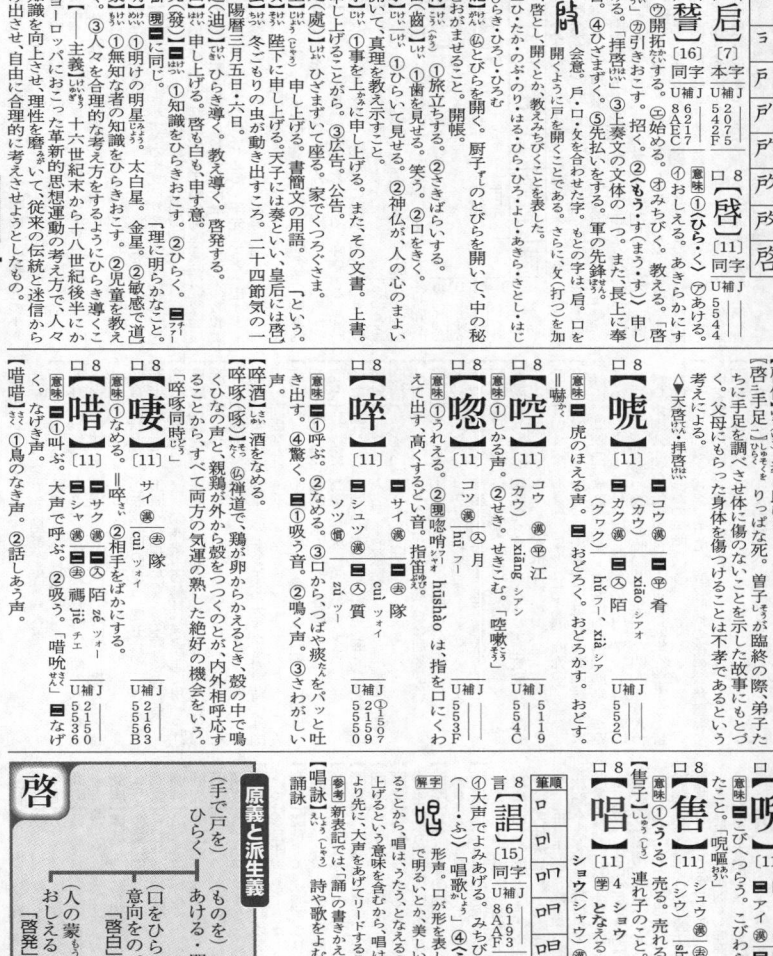

筆順 一 ㇒ 戸 戸 戸 所 所 啓

口4【启】〔7〕本字 U補J 2075 542F

言9【䡮】〔16〕同字 U補J 6217 8AEC

口8【啓】〔11〕同字 U補J 5544

意味 ①〈ひら・く〉 ㋐あける。 ㋑おしえる。 あきらかにする。 ㋒開拓する。 ㋓始める。 ㋔みちびく。 教える。「啓蒙」 ㋕引きおこす。 招く。 ②〈もう・す(まう・す)〉 申し上げる。「拝啓」 ③上奏文の文体の一つ。 また、長上に奉る書。 ④ひざまずく。 ⑤先払いをする。 軍の先鋒。

解字 会意。戸・口・攴を合わせた字。もとの字は、启。口を開くように戸を開くことである。さらに、攴(打つ)を加えて、啓とし、開くとか、教えみちびくことを表した。

名前 ひ・たか・のぶ・のり・はる・ひら・ひろ・よし・あきら・さとし・はじめ・ひらき・ひろし・ひろむ

【啓龕】 ㋫とびらを開く。 厨子のとびらを開いて、中の秘仏をおがませること。 開帳。

【啓行】 ①旅立ちする。 ②さきばらいする。

【啓歯(齒)】 ①歯を見せる。 笑う。 ②口をきく。

【啓示】 ①ひらいて見せる。 ②神仏が、人の心のまよいを開いて、真理を教え示すこと。

【啓事】 ①事を上に申し上げる。 また、その文書。 上書。 ②申し上げることがら。 ③広告。 公告。

【啓処(處)】 ひざまずいて座る。 家でくつろぐさま。

【啓上】 申し上げる。 書簡文の用語。

【啓奏】 陛下に申し上げる。天子には奏といい、皇后には啓」という。

【啓蟄】 冬ごもりの虫が動き出すころ。 二十四節気の一つ。 陽暦三月五日・六日。

【啓迪(迪)】 ひらき導く。 教え導く。 啓発する。

【啓白】 申し上げる。 啓も白も、申す意。

【啓発(發)】 一 ①知識をひらきおこす。 ②ひらく。「理に明らかなこと。 二 qǐfā 現 一に同じ。

【啓明】 ①明けの明星。 太白星。 金星。 ②敏感で道」

【啓蒙】 ①無知な者の知識をひらきおこす。 ②児童を教え導く。 ③人々を合理的な考え方をするようにひらき導くこと。【――主義】 十六世紀末から十八世紀後半にかけ、ヨーロッパにおこった革新的思想運動の考え方で、人々の知識を向上させ、理性を磨いて、従来の伝統と迷信から抜け出させ、自由に合理的に考えさせようとしたもの。

【啓佑】 導き助ける。

【啓手足】 手足を調べさせ体に傷のないことを示した故事にもとづく。 父母にもらった身体を傷つけることは不孝であるという考えによる。 りっぱな死。 曾子が臨終の際、弟子たちに

◆天啓・拝啓

口8【唬】〔11〕 一 コウ 漢 (カウ) 一 ㊥ 肴 xiāo シアオ 二 カク 漢 (クヮク) 二 ㊀ 陌 hǔ フー、xià シア U補J 552C

意味 一 虎のほえる声。 二 おどろく。 おどろかす。 おどす。 ＝嚇

口8【啌】〔11〕 コウ 漢 (カウ) ㊥ 江 xiāng シアン U補J 5119 554C

意味 ①しかる声。 ②せき。 せきこむ。「啌嗽」

口8【唿】〔11〕 コツ 漢 ㊀ 月 hū フー U補J 553F

意味 ①うれえる。 ②現 唿哨 hūshào は、指を口にくわえて出す、高くするどい音。 指笛。

口8【啐】〔11〕 一 サイ 漢 一 ㊧ 隊 cuì ツォイ 二 シュツ 漢 ソツ 慣 二 ㊀ 質 zú ツー U補J ①1507 2159 5550

意味 一 ①呼ぶ。 ②なめる。 ③口から、つばや痰をパッと吐き出す。 ④驚く。 二 ①吸う音。 ②鳴く声。 ③さわがしい声。

【啐酒】 酒をなめる。

【啐啄(啄)】 ㋫禅道で、鶏が卵からかえるとき、殻の中で鳴くひなの声と、親鶏が外から殻をつつくのとが、内外相呼応することから、すべて両方の気運の熟した絶好の機会をいう。「啐啄同時」

口8【喓】〔11〕 サイ 漢 ㊧ 隊 cuì ツォイ U補J 2163 555B

意味 ①なめる。 ＝啐 ②相手をばかにする。

口8【喈】〔11〕 一 サク 漢 二 シャ 漢 一 ㊀ 陌 zé ツォー 二 ㊧ 禡 jiè チエ U補J 2150 5536

意味 一 ①叫ぶ。 大声で呼ぶ。 ②吸う。「喈吮」 二 なげく。 なげき声。

【喈喈】 ①鳥のなき声。 ②話しあう声。

口8【咒】〔11〕 一 ジ 漢 二 アイ 漢 一 ㊥ 支 ér アル 二 ㊥ 佳 wā ワー U補J 2148 5532

意味 一 こびへつらう。 こびわらい。「嚅咒」 二 子どものかたこと。「咒嘔」

口8【售】〔11〕 シュウ 漢 (シウ) ㊧ 宥 shòu ショウ U補J 5120 552E

意味 ①〈う・る〉 売る。 売れる。 ②行う。 流行する。

【售子】 連れ子のこと。

口8【唱】〔11〕 学 4 ショウ となえる ショウ(シャウ) 漢 呉 ㊧ 漾 chàng チャン U補J 3007 5531

言8【誯】〔15〕同字 U補J 6193 8AAF

筆順 口 口 叩 叩 叩 唱 唱 唱

意味 ①〈とな・える(――・ふ)〉 ㋐まっ先に言い出す。 ㋑大声でよみあげる。 みちびく。 ②演奏する。 ③〈うた・う(――・ふ)〉「唱歌」 ④〈うた〉

解字 形声。口が形を表し、昌が音を示す。昌には、盛んで明るいとか、美しいことばの意味があり、それを口にすることから、唱は、うたう、となえるの意味を表す。また、昌の音は高く上げるという意味を含むから、唱は、声を高くあげること、あるいは、人より先に、大声をあげてリードすることであるという。

参考 新表記では、「誦」の書きかえに用いる熟語がある。

【唱詠】 詩や歌をよむ。 また、声をあげてうたう。 ＝誦詠

原義と派生義

啓

(手で戸を)ひらく ― (ものを)あける・開放する ―― 先払い・先導
(口をひらいて)意向をのべる・申す ― 上申書・公文書「啓白」
(人の蒙をひらいて)おしえる・理解させる「啓発」

3画

口囗土士夂(夊)夕大女子宀寸小尢(尣・兀)尸屮山巛(川)工己巾干幺广廴廾弋弓彐(彑・⺕)彡彳⺌

【唱歌】しょう(しゃう)か ①歌をうたうこと。唱曲。②国もとの小学校の教科目の一つ。

【唱凱】しょう(しゃう)がい 凱歌をとなえる。

【唱義】しょう(しゃう)ぎ 人にさきだって正しい道をとなえる。

【唱叫】しょう(しゃう)きょう(けう) うた。歌謡。

【唱酬】しょう(しゃう)しゅう(しう) 詩歌・文章などのやりとり。唱は言いやる。酬は返事する意。

【唱酢】しょう(しゃう)しゅう(しう) ①さかずきのやりとりをする。②詩文のやりとりをする。

【唱随(隨)】しょう(しゃう)ずい 夫婦の道。夫唱婦随。

【唱題成仏(佛)】しょう(しゃう)だいじょう(じゃう)ぶつ 仏「南無妙法蓮華経」の題目を唱えれば、救われて仏になる。日蓮宗の教義。

【唱道】しょう(しゃう)どう(だう) ①となえはじめる。率先して言い出す。＝唱導・倡道 ②言い広めること。③人を導く。

【唱本】しょう(しゃう)ほん 歌の台本。

【唱名】しょう(しゃう)みょう(みゃう) 仏仏を信仰し、名号を唱える。南無阿弥陀仏をとなえること。念仏。

【唱和】しょう(しゃう)わ ①互いに調子を合わせる。呼応する。②詩歌を互いに贈答し合う。③相手の詩歌の韻に合わせて詩をつくる。

【唱片】チャンピエン chàngpiàn 現レコード。
◇▼三唱・主唱・合唱・伝唱・首唱・独唱・復唱・提唱・暗唱・愛唱・輪唱・覆唱・二重唱

口8【商】〔11〕 学3 ショウ あきなう U補J 3006
旧字 口8【商】〔11〕 ショウ(シャウ) 漢 呉 平 陽 shāng シャン U補J 5546

筆順 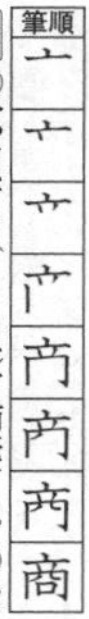

意味 ①〈あきな・う(――・ふ)〉商売する。②あきんど。商人。③〈はか・る〉見つもる。「商権」④五つの音階の二番目。「宮・商・角・徴・羽」⑤王朝の名。殷。都は亳。今の河南省商丘市。⑥秋。秋風。⑦西の方角。⑧星座の名。二十八宿の一つ。心宿。⑨数割り算の答え。⑩姓。

解字  形声。立と冏とを合わせた字。立は章の略で、音を示すとともに、明らかという意味を含む。冏は内々で語ること。商は、内で話していることが外から明らかにわかることで、おしはかる意味となり、また、おしはかって商売することにもなる。他の説に、冏は高い台地を表したもので、殷の国を商といったのも、高い台地に都したからであるといい、また、商は、辛の略と、冂と口を合わせた字で冏は女のしりの形で、冏は子を生むあなを表すともいう。この場合、辛が音を示すとする。

名前 あき・あつ・ひさ 姓 商長 難読 商人

【商意】しょう(しゃう)い 秋のけはい。秋気。

【商鞅】しょう(しゃう)おう(あう) 人名。公孫鞅。春秋時代、衛の人。秦の孝王に仕えて法治主義をとなえた。商に封ぜられたので商鞅という。

【商音】しょう(しゃう)おん ①殷の国の音楽。②五音の一つ。商声。

【商家】しょう(しゃう)か ①殷の朝廷をいう。②商業を営む家。

【商会(會)】しょう(しゃう)かい(くわい) ①商業上の結社。②商店に用いる呼び名。

【商客】しょう(しゃう)かく 旅商人。行商人。

【商権】しょう(しゃう)かく はかりさだめる。ひきくらべて考えさだめる。＝商摧・商確
【商館】しょう(しゃう)かん(くわん) 商業をいとなむ家の大きなもの。特に外国人の商店などにいう。

【商機】しょう(しゃう)き ①商業上のよい機会。②商業上の秘密。

【商議】しょう(しゃう)ぎ 相談。話し合い。評議。

【商況】しょう(しゃう)きょう(きゃう) 商業の状況。商売のありさま。

【商業】■しょう(しゃう)ぎょう(げふ) 商品を売買する事業。■シャンイエ shāngyè 現■に同じ。

【商君】しょう(しゃう)くん 人名。→商鞅
【商估】しょう(しゃう)こ あきんど。商人。

【商賈】しょう(しゃう)こ あきんど。商は行商、賈は店あきない。

【商工】しょう(しゃう)こう ①商業と工業。②商人と職人。

【商校】しょう(しゃう)こう(かう) はかりくらべる。

【商港】しょう(しゃう)こう(かう) 商船が出入りする港。貿易港。

【商号(號)】しょう(しゃう)ごう(がう) 商業上に用いる家の名。屋号。

【商魂】しょう(しゃう)こん 国商売をうまくやろうとする気構え。商売のことでいっぱいな心。商人根性。

【商才】しょう(しゃう)さい あきないにすぐれた才能。商売の才。

【商山】しょう(しゃう)ざん 山名。①山東省桓台県の東南にある山。鉄山。②陝西省商州市の東南にある山。四皓が秦の乱をさけて隠れた山。商嶺。南山。【――四皓(皓)】しょう(しゃう)ざんのしこう(かう) 漢の高祖の時、商山に隠れた四人の老人の意。東園公・綺里季・夏黄公・甪里先生の四老人で、皆ひげもまゆも白かったので皓という。

【商子】しょう(しゃう)し 書名。五巻。春秋時代の衛の公孫鞅の著書と伝えられる。法律の書。

【商秋】しょう(しゃう)しゅう(しう) あき。

【商女】しょう(しゃう)じょ(ぢょ) ①女の行商人。②妓女。遊女。

【商声(聲)】しょう(しゃう)せい ①五音の一つ。悲しい旋律。商音。②秋の声。虫の声や風の音。

【商度】しょう(しゃう)たく はかり考える。商量。

【商定】しょう(しゃう)てい はかり定める。

【商敵】しょう(しゃう)てき ①はかりくらべる。②国商売上の競争相手。商売敵。

【商店】■しょう(しゃう)てん 品物を売り買いする店。■シャンティエン shāngdiàn 現■に同じ。

【商討】しょう(しゃう)とう(たう) 相談する。討議する。

【商牌】しょう(しゃう)はい かんばん。

【商売(賣)】しょう(しゃう)ばい ①あきない。売り買い。②職業。営業。

【商舶】しょう(しゃう)はく あきないぶね。商船。

【商販】しょう(しゃう)はん あきなう。商売する。

【商標】しょう(しゃう)ひょう(へう) 国他社の製品と区別するため、自社の商品につける目印。トレードマーク。登録商標。

【商品】■しょう(しゃう)ひん 売買される品物。■シャンピン shāngpǐn 現■に同じ。

【商埠】しょう(しゃう)ふ 外国と通商する港。開港場。

【商風】しょう(しゃう)ふう 秋のかぜ。西風。

【商舗】しょう(しゃう)ほ あきないみせ。商店。

【商暮】しょう(しゃう)ぼ 秋の末。

【商法】しょう(しゃう)ほう(はふ) ①あきない。②商売の方法。③商業や商業上の取り引きに関する法律。

【商略】しょう(しゃう)りゃく ①商売上のかけひき。②計画を立てる。はかりごと。③討論する。④くらべはかる。品定めする。

【商旅】しょう(しゃう)りょ ①たびあきんど。行商。商客。②商人と旅人。「山岳潜レ形、商旅不レ行」(悪天候のため)山々の形も見えず、旅商人の往来する姿も見られない。〈范仲淹・岳陽楼記〉【――野宿】しょう(しゃう)りょのじゅくす 世の中がよく治まり、盗賊に襲われる心配もないため、旅商人も安心して野宿ができる。

【商量】■しょう(しゃう)りょう(りゃう) ①はかり考える。②協議する。相談する。■シャンリアン shāngliang 現■に同じ。【――多】しょう(しゃう)りょう(りゃう)た 宋の欧陽脩の、作文三多(作文上達の三つの要件。)の一つ。じゅうぶんに思索して作文する。→「三多」(一四ページ・下)

【商論】しょう(しゃう)ろん はかり論ずる。協議する。

【商場】シャンチャン shāngchǎng 現マーケット。デパート。
◇▼行商・豪商・士農工商・画商・卸商・通商・隊商・農商・

口8【唽】〔11〕 セキ 漢 シャク 呉 入 錫 xī シー U補J 2153 553D

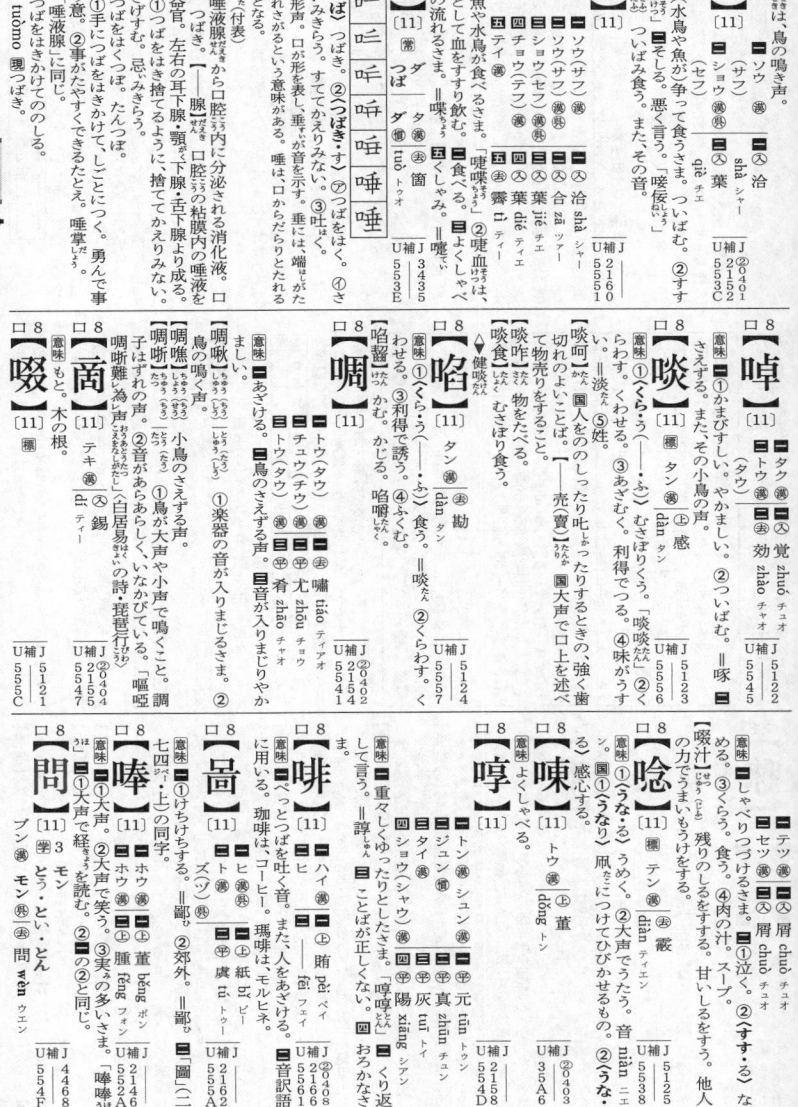

意味 哳哳は、鳥の鳴き声。

口8 【唼】〔11〕
[一] ソウ(サフ)(漢) [一](入) 洽 shà シャー
[二] ショウ(セフ)(漢)(呉) [二](入) 葉 qiè チエ
J ②0401 補 2152 U 553C
意味 [一]①（水鳥や魚が）争って食うさま。ついばむ。②すする。「唼血」 [二]そしる。悪く言う。「唼佞」

口8 【啑】〔11〕
[一] ソウ(サフ)(漢) [一](入) 洽 shà シャー
[二] ソウ(サフ)(漢)(呉) [二](入) 合 zā ツァー
[三] ショウ(セフ)(漢)(呉) [三](入) 葉 jié チエ
[四] チョウ(テフ)(漢) [四](入) 葉 dié ティエ
[五] テイ(漢) [五](去) 霽 tì ティー
J — 補 2160 U 5551
【唼喋】 ついばみ食う。また、その音。
意味 [一]①魚や水鳥が食べるさま。「啑喋」②啑血は、盟約の証として血をすすり飲む。[二]食べる。[三]よくしゃべる。[四]血の流れるさま。‖喋 [五]くしゃみ。‖嚏

口8 【唾】〔11〕(常)
ダ つば
タ(漢) (去) 箇 tuò トゥオ
ダ(慣)
J 3435 補 — U 553E

筆順 口 … 唾 唾

意味 ①〈つば〉つばき。②〈つばき・す〉㋐つばをはく。㋑さげすむ。いみきらう。すててかえりみない。③吐く。

解字  形声。口が形を表し、垂が音を示す。垂には、端がたれさがるという意味がある。唾は、口からだらりとたれる「つば」の意となる。

難読 固唾(付表)

【唾液】 唾液腺から口腔内に分泌される消化液。つば。つばき。【——腺】 口腔の粘膜内の唾液を分泌する器官。左右の耳下腺・顎下腺・舌下腺より成る。
【唾棄】 ①つばをはき捨てるように、捨ててかえりみない。②ひどくさげすむ。忌みきらう。
【唾壺】 つばをはくつぼ。たんつぼ。
【唾手】 ①手につばをはきかけて、しごとにつく。勇んで事をおこなう意。②事がたやすくできるたとえ。唾掌。
【唾腺】 「唾液腺」に同じ。
【唾罵】 つばをはきかけてののしる。
【唾沫】 tuòmo (現)つばき。

口8 【啅】〔11〕
[一] タク(漢) [一](入) 覚 zhuó チュオ
[二] トウ(タウ)(漢) [二](去) 効 zhào チャオ
J 5122 U 5545
意味 [一]①かまびすしい。やかましい。②ついばむ。‖啄 [二]さえずる。また、その小鳥の声。

口8 【啖】〔11〕(標)
タン(漢) (上) 感 dàn タン
J 5123 U 5556
意味 ①〈くら・う（——・ふ）〉むさぼりくう。「啖啖」②くらわす。くわせる。③あざむく。利得でつる。④味がうすい。‖淡 ⑤姓。
【啖呵】 (国)人をののしったり叱ったりするときの、強く歯切れのよいことば。【——売（賣）】 (国)大声で口上を述べて物売りをすること。
【啖咋】 物をたべる。
【啖食】 むさぼり食う。
◇健啖

口8 【啗】〔11〕
タン(漢) (去) 勘 dàn タン
J 5124 U 5557
意味 ①〈くら・う（——・ふ）〉食う。‖啖 ②くらわす。くわせる。③利得で誘う。④ふくむ。
【啗齧】 かむ。かじる。啗嚼。

口8 【啁】〔11〕
[一] トウ(タウ)(漢) [一](去) 嘯 tiáo ティアオ
[二] チュウ(チウ)(漢) [二](平) 尤 zhōu チョウ
[三] トウ(タウ)(漢) [三](平) 肴 zhāo チャオ
J ②0402 補 2154 U 5541
意味 [一]あざける。[二]鳥のさえずる声。[三]音が入りまじりやかましい。
【啁啾】 ①楽器の音が入りまじるさま。②鳥の鳴く声。
【啁噍】 小鳥のさえずる声。
【啁哳】 ①鳥が大声や小声で鳴くこと。調子はずれの声。②音があらあらしく、いなかびている。「嘔啞嘲哳難為聴」〈白居易の詩・琵琶行〉

口8 【啇】〔11〕
テキ(漢) (入) 錫 dí ティー
J ②0404 補 2155 U 5547
意味 もと。木の根。

口8 【啜】〔11〕(標)
[一] テツ(漢) [一](入) 屑 chuò チュオ
[二] セツ(漢) [二](入) 屑 chuò チュオ
J 5121 U 555C
意味 [一]しゃべりつづけるさま。[二]①泣く。②〈すす・る〉なめる。③くらう。食う。④肉の汁。スープ。
【啜汁】 残りのしるをすする。甘いしるをすう。他人の力でうまいもうけをする。

口8 【唸】〔11〕(標)
テン(漢) (去) 霰 diàn ティエン
J 5125 U 5538
意味 ①〈うな・る〉うめく。②大声でうたう。音 niàn ニエン。(国)①〈うなり〉凧につけてひびかせるもの。②〈うな・る〉感心する。

口8 【㖦】〔11〕
トウ(漢) (上) 董 dǒng トン
J ②0403 U 35A6
意味 よくしゃべる。

口8 【啍】〔11〕
[一] トン(漢) シュン(漢) [一](平) 元 tūn トゥン
[二] ジュン(慣) [二](平) 真 zhūn チュン
[三] タイ(漢) [三](平) 灰 tuī トイ
[四] ショウ(シャウ)(漢) [四](平) 陽 xiāng シアン
補 2158 U 554D
意味 [一]重々しくゆったりとしたさま。「啍啍」[二]くり返して言う。‖諄 [三]ことばが正しくない。[四]おろかなさま。

口8 【啡】〔11〕
[一] ハイ(漢) [一](上) 賄 pěi ペイ
[二] ヒ [二] —— fēi フェイ
J ②0408 補 2166 U 5561
意味 [一]ぺっとつばを吐く音。また、人をあざける。[二]音訳語に用いる。珈琲は、コーヒー。瑪啡は、モルヒネ。

口8 【啚】〔11〕
[一] ヒ(漢)(呉) [一](上) 紙 bǐ ピー
[二] ト(漢) ズ(ヅ)(呉) [二](平) 虞 tú トゥー
補 2162 U 555A
意味 [一]①けちけちする。‖鄙 ②郊外。‖鄙 [二]「圖」(二七四ページ・上)の同字。

口8 【唪】〔11〕
[一] ホウ(漢) [一](上) 董 běng ポン
[二] ホウ(漢) [二](上) 腫 fěng フォン
補 2146 U 552A
意味 [一]①大声。②大声で笑う。③実の多いさま。「唪唪」[二]①大声で経を読む。②[一]の②と同じ。

口8 【問】〔11〕(学)3
モン
とう・とい・とん
ブン(漢) モン(呉) (去) 問 wèn ウエン
J 4468 U 554F

3画 口囗土士夂(夊)夕大女子宀寸小尢(尣・兀)尸屮山巛(川)工己巾干幺广廴廾弋弓彐(彑・ヨ)彡彳⺍

筆順 丨 ｢ ｣ 門 門 門 門 問

意味 ①〈と・う(―・ふ)〉㋐きく。たずねる。「質問」㋑しらべる。罪をただす。「問罪」㋒おとずれる。見舞う。「慰問」②〈とい(とひ)〉③言いつけ。命令。④きこえ。評判。⑤たより。知らせ。⑥物をおくる。国〈とん〉「問屋」

解字 形声。口が形を表し、門が音を示す。門には、入り口、通りぬけるなどの意味がある。また、門の中はわからない。そこで、口でわかろうとするのを問といい、耳でわかろうとするのを聞という。一説に門の音には、おかすという意味を含むから、問は、罪人に自白させるために、ことばで攻め問うことを表すという。

名前 よ・ただ

【問屋】 国①船商人の宿所で、兼ねて貨物の売買や運送も取り扱う商店。問丸。②おろし売り商。③自分の名で、他人のために品物の売買または買入れをする者。【――駕籠】 国問屋場で、旅人の使用にそなえたかご。【――場】 国江戸時代、街道の宿駅で、人馬の継ぎ立てなどをする所。とんやば。

【問遺】 安否をたずねて食物などを送りとどける。

【問学(學)】 問い学ぶこと。学問。

【問語】 聞いたり話したりする。

【問候】 一時候見舞い。候問。二 wènhòu 現あいさつする。

【問罪】 罪を問いただす。罪を責める。【――之師】 罪を問いただすためにさしむける軍隊。

【問心】 心に問う。心にかえりみる。

【問津】 渡し場のある所を尋ねる。転じて、学問への入門を教えてほしいと頼むこと。てびき。〈論語・微子〉

【問訊】 ①問い尋ねる。問いただす。問討。訊問。尋問。②訪れる。③㊄合掌すること。また、合掌して口で安否をうかがう一種の敬礼。④国閉口する。降参する。

【問責】 責任を責めただす。

【問対(對)】 ①受け答え。問答。応対。②文体の一つ。問答体の文章。

【問題】 一解決を必要とする物事。二 wèntí 現「一に」同じ。

【問注所】 国鎌倉幕府の役所の名。訴訟を裁決する所。今の裁判所にあたる。

【問難】 ①問い尋ねる。②問いただし、なじる。

【問目】 質問の題目。

【問労(勞)】 苦労をねぎらう。

【問好】 wènhǎo 現ごきげんをうかがう。…によろしくいう。

【問₌鼎軽(輕)重₋】 (王権の象徴である)鼎(祭器)の大小・重量をたずねる。天下への野心があるたとえ。〈左伝・宣公三〉

◇▼不問・反問・弔問・学問・拷問・査問・訪問・設問・喚問・尋問・詰問・試問・愚問・審問・慰問・質問・諮問・顧問

口8 【唯】〔11〕 常 ユイ・イ

一 イ(ヰ)漢 ユイ呉 一上 紙 wěi ウエイ
二 イ(ヰ)漢 ユイ呉 二平 支 wéi ウエイ

J 4503 補 ― U 552F

筆順 口 口 叮 吖 吖 吖 唯 唯

意味 一はい。承諾の意。「諾唯」 二①〈ただ〉ひとり。それだけ。②〈いえども(いへども)〉譲歩を表す。…とはいえ。＝雖 ③〈これ〉語調を整える。＝惟・維

語法 ❶〈ただ〉限定。ただ…だけ。ひとり…のみ。類惟 例「方今唯秦雄₌天下₋」(いまやただ秦のみが天下に雄たる存在である)〈史記・魯仲連列伝〉
▼訓読においては「ただ…のみ」のように呼応することが多い。
❷〈ただ〉原因・理由を強調する。まさに…のために。…だからこそ。例「唯不ㇾ信故質₌其子₋」(信用できないからこそ、彼の子を人質にとったのだ)〈左伝・昭公二十〉
❸〈ただ〉希望・請願。どうか。どうぞ。例「唯将軍令ㇾ之」(どうぞ将軍ご下命ください)〈史記・淮陰侯列伝〉
❹〈いえども(いへども)〉逆接・譲歩。…ではあるが。…とはいえ。…だとしても。類雖 例「唯ㇾ禹不ㇾ知₌仁義法正₋」(〔聖人の〕禹でさえも仁義や規範がわからない〔ということになる〕)〈荀子・性悪〉
↓付録・同訓異義要覧「ただ」

解字 形声。口が形を表し、隹が音を示す。唯は、父が名を呼んだ時に、ハイとすなおに答える声を表したことば。

【唯唯】 ①ていねいに承知することば。はいはい。②他人の意にこびしたがうさま。【唯唯諾諾】 事のよしあしにかかわらず二つ返事で従うこと。

【唯諾】 はいという承諾の返事。

【唯一】 一ただ一つ。これだけ。二 wéiyī 現一に同じ。【――神教】 ただ一つの神を信仰する宗教。キリスト教・マホメット教・ユダヤ教など。一神教。↕多神教 【――神道】 国神道の一派。わが国固有の神道で、儒教を交えないもの。後土御門天皇のとき、京都吉田の神官吉田兼倶に始まる。宗源神道。

【唯我独(獨)尊】 ①「天上天下唯我独尊」の略。天地間に我のみが尊いの意。釈迦が誕生したとき、自ら言ったという語。②自分だけがすぐれているとすること。

【唯心論】 哲世界の本体を精神的であると考える立場。プラトン、ヘーゲルなどがその代表。↕唯物論

【唯美主義】 十九世紀後半に起こった思潮の一つ。もっぱら美的なものを求めることに最高の価値を置いた処世上および芸術論上の考え方。

【唯物史観(觀)】 哲マルクス主義の歴史観。物質的、経済的生活関係を、歴史的発展の原動力と考える立場。史的唯物論。

【唯物論】 哲究極の実在を物質と考え、精神的・観念的なものをすべてこれによって説明する立場。↕唯心論

【唯名論】 哲知識はすべて経験にもとづくもので、神とか教義というような普遍的なものは、単なる名称にすぎない空虚なものであるとする考え。西洋中世思想の一つ。ノミナリズム。↕実念論

口8 【啉】〔11〕 ラン漢 平 覃 lán ラン

J 2156 補 ― U 5549

意味 ①酒が宴席を一巡する。②かまびすしい。③むさぼる。

口8 【唳】〔11〕 レイ漢 去 霽 lì リー

J ― 補 ― U ―

口7 〔唳〕〔10〕 俗字 J 5126 補 ― U 5533

意味 〈な・く〉鶴・雁がなく。また、そのなき声。「風声鶴唳」

口8 【唻】〔11〕

一 レイ漢 一平 皆 lái ライ
二 ライ呉 ライ漢 二去 隊 lài ライ

J 2151 補 ― U 553B

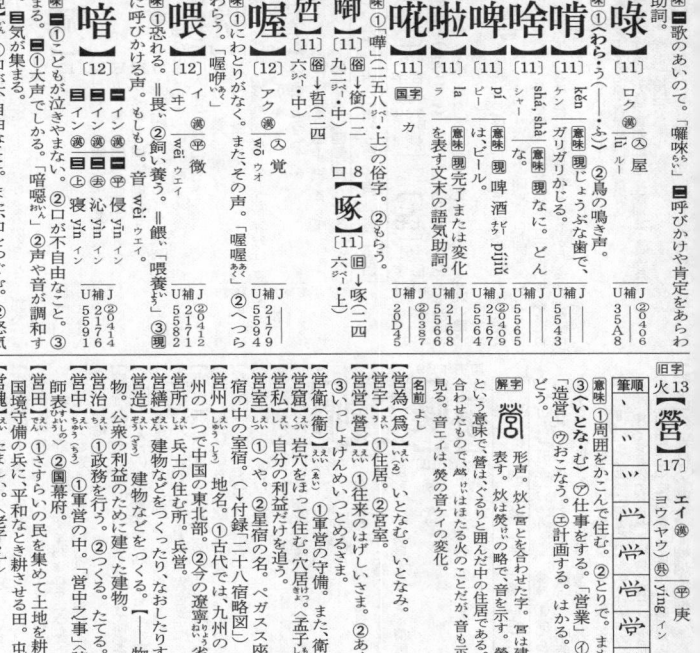

意味 ㊀歌のあいのて。「囉唻（らい）」 ㊁呼びかけや肯定をあらわす助詞。　U補J ②0406 35A8

口8【㖨】〔11〕 ロク 漢 入屋 lù ルー　意味 ①〈わら・う（──・ふ）〉 ②鳥の鳴き声。　U補J 5543

口8【啃】〔11〕 kěn ケン　意味 現じょうぶな歯で、ガリガリかじる。　U補J 5565

口8【啥】〔11〕 shá, shà シャー　意味 現なに。どんな。　U補J ②0409 2167 5564

口8【啤】〔11〕 pí ピー　意味 現 啤酒（ピーチウ） píjiǔ は、ビール。　U補J 2168 5566

口8【啦】〔11〕 la ラ　意味 現完了または変化を表す文末の語気助詞。　U補J ②0387 20D45

口8【𠵅】〔11〕 国字 カ　意味 ①「嘩」（二五八ページ・上）の俗字。 ②もらう。

口8【啣】〔11〕 俗 ↓銜（一二九二ページ・中）

口8【啄】〔11〕 旧 ↓啄（二二六ページ・上）

口8【啠】〔11〕 俗 ↓哲（二二六ページ・中）

口9【喔】〔12〕 アク 漢 入覚 wō ウオ　意味 ①にわとりがなく。また、その声。「喔喔（あくあく）」 ②へつらいわらう。「喔咿（あくい）」　U補J 2179 5594

口9【喂】〔12〕 イ（ヰ） 漢 平微 wēi ウエイ　意味 ①恐れる。＝畏（い） ②飼い養う。＝餵（い）「喂養（いよう）」 ③現人に呼びかける声。もしもし。音 wèi ウエイ。　U補J ②0412 2171 5582

口9【喑】〔12〕 ㊀イン 漢 平侵 yīn イン ㊁イン 漢 去沁 yìn イン ㊂イン 漢 上寝 yǐn イン　意味 ㊀①こどもが泣きやまない。 ②口が不自由なこと。 ③だまる。 ㊁①大声でしかる。「喑噁（いんお）」 ②声や音が調和する。 ㊂気が集まる。　U補J ②0414 2176 5591
【喑唖（いんあ）】①口が不自由なこと。また、口をつぐむ。 ②怒気をふくむ。また、怒りを吐きだす。喑唖（いんお）。
【喑畏（いんい（ゐ））】おそれだまる。

口9【営】〔12〕 学 5 エイ いとなむ　U補J 1736 55B6

旧字 火13【營】〔17〕 エイ 漢 ヨウ（ヤウ） 呉 平庚 yíng イン　U補J 5159 71DF

筆順 丶 〃 ⺍ 㣺 ⺌ 営 営 営 営

意味 ①周囲をかこんで住む。 ②とりで。まもり。「軍営（ぐんえい）」 ③〈いとな・む〉 ㋐仕事をする。「営業」 ㋑作る。建てる。「造営」 ㋒おこなう。 ㋓計画する。はかる。 ④まどわす。まどう。

解字 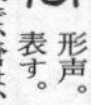 形声。炏と宮とを合わせた字。宮は建物のことで、形を表す。炏は熒（けい）の略で、音を示す。熒は、まるい火の光という意味で、營は、ぐるりと囲んだ中の住居である。一説に炏（けい）と呂を合わせたもので、炏ははたる火のことだが、音も示し、呂は宮の略と見る。音エイは、熒の音ケイの変化。

名前 よし

【営為（爲）（えいい（ゐ））】いとなむ。いとなみ。

【営宇（えいう）】①住居。 ②宮室。

【営営（營）（えいえい）】①往来のはげしいさま。 ②あくせく働くさま。 ③いっしょけんめいつとめるさま。

【営衛（衞）（えいえい（ゑい））】①軍営の守備。また、衛兵。

【営窟（えいくつ）】岩穴をほって住む。穴居（けっきょ）。〈孟子（もうし）・滕文公（とうぶんこう）〉

【営私（えいし）】自分の利益だけを追う。

【営室（えいしつ）】①へや。 ②星宿の名。ペガスス座付近。二十八宿の中の室宿。（↓付録「二十八宿略図」）

【営州（えいしゅう（しう））】地名。①古代では、九州の一つ。また、十二州の一つで中国の東北部。 ②今の遼寧（りょうねい）省朝陽市の地。

【営所（えいしょ）】兵士の住む所。兵営。

【営繕（えいぜん）】建物などをつくったり、なおしたりする。

【営造（えいぞう（ざう））】建物などをつくる。【──物】（えいぞうぶつ（ざう））建物。公衆の利益のために建てた建物。

【営治（えいち）】①政務を行う。 ②つくる。たてる。

【営中（えいちゅう（ちう））】①軍営の中。「営中之事」〈諸葛亮（しょかつりょう）・出師表（すいしのひょう）〉 ②国幕府。

【営田（えいでん）】①さすらいの民を集めて土地を耕させること。 ②国境守備の兵に、平和なとき耕させる田。屯田（とんでん）。

【営魄（えいはく）】たましい。〈老子・十〉

【営門（えいもん）】兵営の門。

【営養（えいよう（やう））】①生計。くらしむき。 ②養分をとってからだをじょうぶにし、生活力をたもつこと。また、その養分になる要素。＝栄養。

【営落（えいらく）】陣営や村里。落は村落・村里の意。

【営利（えいり）】利益をえようとはかる。金もうけ。「営利事業」

【営理（えいり）】いとなみ。おさめる。仕事をする。

【営林（えいりん）】国山林を経営する。「営林署（えいりんしょ）」

【営塁（壘）（えいるい）】じんや。とりで。

【営惑（えいわく）】まどわす。＝営或
◆屯営（とんえい）・本営（ほんえい）・市営（しえい）・兵営（へいえい）・夜営（やえい）・県営（けんえい）・陣営（じんえい）・造営（ぞうえい）・経営（けいえい）・露営（ろえい）

口9【喈】〔12〕 カイ 漢 平佳 jiē チエ　意味 ①たくさんの鳥が声を合わせて鳴く声。「喈喈（かいかい）」 ②やわらぐ。 ③鐘の音。 ④泣き声。 ⑤風雨の強いさま。　U補J ②0413 2173 5588

口9【喙】〔12〕 カイ 漢 去隊 huì ホイ　意味 ①〈くちばし〉 ②人の口。ことば。「容喙（ようかい）」 ③器物の先端。 ④くるしむ。 ⑤息がはあはあいう。　U補J 5128 5599
【喙息（かいそく）】くちで息をする。鳥や獣などをさす。

口9【喎】〔12〕 カイ（クワイ） 漢 平佳 wāi ワイ　意味 ①口がゆがむ。＝咼（かい） ②かたむいたさま。＝咼（かい）　U補J ①1511 2174 558E

口9【喀】〔12〕 標 カク 漢 入陌 kè コー、kā カー　意味 ①吐（は）く。「喀痰（かくたん）」 ②擬音語。嘔吐（おうと）やせきの声。　U補J 5129 5580
参考 「咯（かく）」は別字であるが、「喀」に通用させている。
【喀喀（かっかく（かく））】口から物をはき出す音。
【喀血（かっけつ（かく））】肺などから血をはく。＝咯血

口9【喚】〔12〕 常 カン　カン（クヮン） 漢 呉 去翰 huàn ホワン　U補J 2013 559A

筆順 口 口′ 口ケ 口ク 口ㄑ 口夕 喚 喚

意味 ①〈さけ・ぶ〉わめく。「叫喚（きょうかん）」 ②〈よ・ぶ〉呼び寄せる。「喚取（かんしゅ）」 ③鳴く。

解字  形声。口が形を表し、奐（くゎん）が音を示す。奐は、女性がしゃがんで、胎児を手で取り出している形で、スルリと抜けることを表す。喚は、口で呼び出すことを表し、「よぶ」「さけぶ」の意味となる。一説に、奐の音には、なきわめくという意味を含んでいるので、喚は、わめく意味になるという。

【喚起（かんき（くゎんき））】①呼び起こす。 ②鳥の名。百舌（もず）の別名。

3画　◆口囗土士夂（夊）夕大女子宀寸小尢（尣・兀）尸屮山巛（川）工己巾干幺广廴廾弋弓彐（彑・ヨ）彡彳⺍

【喚叫】かん（くわん）きょう（けう） わめく。なき叫ぶ。叫喚。
【喚呼】かん（くわん）こ 呼ぶ。大声で叫ぶ。
【喚春鳥】かん（くわん）しゅんちょう（てう） 国鳥の名。百舌。喚起鳥。
【喚声（聲）】かん（くわん）せい 呼び声。叫び声。
【喚問】かん（くわん）もん 呼び出して問いただす。
【喚子鳥】よぶこどり 国鳥の名。①つつどり。②かんこどり。郭公。
◇召喚・叫喚

口9 【喊】〔12〕 J5131 U558A
一カン 漢 一上 感 hǎn ハン
二カン 漢 二平 咸 jiān チエン
三カン 漢呉 三去 勘 kàn カン
意味 一①〈さけ・ぶ〉鬨の声をあげる。「吶喊」②味をみる。二とじる。口をつぐむ。三せめる。
【喊声（聲）】かんせい 大きな叫び声。ときの声。

口9 【喭】〔12〕 J②0411 U557D
ガン 漢 ゴン 呉 平 覃 àn アン
意味 ①いびき。寝言。②だまる。③喭弄は、鳥の声。

口9 【喜】〔12〕 学5 キ よろこぶ J2078 U559C
一キ 漢呉 一上 紙 xǐ シー
二シ 漢 二去 寘 chì チー

筆順								
一	十	士	吉	吉	吉	吉	壴	喜

欠12 【歖】〔16〕古字 J①8633 U6B56
一5 【𠮷𠮷】〔6〕俗字 J①1403 U3402

意味 一①〈よろこ・ぶ〉たのしむ。②〈よろこび〉めでたいこと。⇔悲 ③このむ。すく。④…になりやすい。⑤姓。二酒食。＝饎

解字  会意。壴と口を合わせた字。壴は楽器の一種で、太鼓のこと。喜は、音楽を聞いて、口を開き笑いたのしむことから、「よろこぶ」意味を表す。一説に、壴は、豆（たかつき）の上に料理を盛った形で、喜は、おいしい料理を食べることから、よろこぶ意味になるという。

名前 のぶ・はる・ひさ・ゆき・よし・もし・たのし
姓 喜納・喜友名・喜屋武・喜舎場
地名 喜多・喜多方・喜如嘉・喜茂別・喜屋武
参考 俗字の「𠮷𠮷」は国字。

【喜雨】きう ほどよいときに降る雨。作物のためになる雨。
【喜慍】きうん 喜びと怒り。喜怒。【――色】きうんのいろ 喜びや怒りの顔色。「不見喜慍色一」（喜びや怒りの感情を、顔に現さない。）〈森田益・節斎遺稿〉
【喜悦】きえつ 喜びうれしがること。
【喜懼】きく 喜びと恐れ。喜んだり恐れたりする。
【喜慶】きけい 喜ぶ。喜び。
【喜劇】きげき 国①こっけいなおもしろさをねらいにしてしくんだ演劇。⇔悲劇 ②思わず笑わされるようなできごと。
【喜捨】きしゃ 仏進んで寺や仏に寄付したり、他人に施したりする。浄捨。
【喜寿（壽）】きじゅ 国七十七歳。「喜」の草体「㐂」が七十七に見えることからいう。喜字齢。なお、その賀宴を、「喜宴」または「喜字宴」という。
【喜色】きしょく うれしそうな顔色。「喜色満面」
【喜怒】きど ①喜びと怒り。②怒り。立腹。【喜怒哀楽（樂）】きどあいらく 喜びと怒りと、悲しみと楽しみ。人の感情。
【喜躍】きやく 喜んでおどりあがる。
【喜憂】きゆう（いう） 喜びと憂い。
【喜歓（歡）】xǐhuan シーホワン 現よろこぶ。…がすきだ。
◇狂喜・欣喜・悲喜・随喜・感喜・歓喜・驚喜

口9 【喟】〔12〕 キ 漢 去 寘 kuì コイ J5132 U559F
意味 ①なげく。ため息をつく。②ため息。
【喟喟】きき 嘆息の声。しきりに感心するさま。
【喟然】きぜん ため息をついて嘆息するさま。喟爾。

口9 【喫】〔12〕 常 キツ J2142 U55AB
旧字 口9 【喫】〔12〕 U補J
ケキ 漢 キツ 慣 入 錫 chī チー

筆順								
口	口'	口+	口±	口丰	口刧	口刧	口㓞	喫

口12 【嚱】〔15〕俗字 J2233 U5643

意味 ①〈くら・う（――・ふ）〉食う。「喫飯」②飲む。③すう。④受ける。「喫苦」⑤受身を表す。…される。

解字 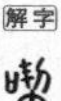 形声。口が形を表し、契が音を示す。契は「わりふ」で、二つに割るとか、ちぎる意味がある。喫は、口で割るように食うことを表す。音ケキは、契の音ケツの変化。キツは俗よみ。
参考 新表記では、「吃」の書きかえに用いる熟語がある。

【喫煙】きつえん たばこを吸う。＝喫烟・吃烟
【喫虧】きっき ①損をする。喫虚。②人に言いまかされる。③はずかしい思いをさせられる。
【喫驚】一きっきょう（きゃう） びっくりする。＝吃驚 二 chījīng チーチン 現一に同じ。
【喫緊】きっきん かんじんかなめ。たいせつなこと。
【喫茶】きっさ・きっちゃ ①茶を飲むこと。＝吃茶 ②縁組をとりきめる。結納。茶の木はいちど植えると移植がきかないことから、女が婚約したら二度と結納を受けない意にたとえる。
【喫水】きっすい ①船の、水に沈み入る程度。ふなあし。＝吃水 ②水を飲む。【――線】きっすいせん ふなあしの、水中にはいる分界線。＝吃水線
【喫飯】きっぱん ①飯をたべる。②生活する。
【喫著不尽（盡）】きっちゃくしてつきず 食べきれない。衣食のじゅうぶん足りている意。
◇満喫

口9 【喬】〔12〕 人 キョウ 漢呉 平 蕭 qiáo チアオ（ケウ） J2212 U55AC
意味 ①〈たか・い（――・し）〉高くそびえる。②高くて上へまがった枝。③おごる。＝驕 ④姓。

解字 会意・形声。夭と高を合わせた字。夭は曲がっていること。高は高の略。喬は、高くて上が曲がっているもの。高が、音を示すともいう。

名前 すけ・たか・ただ・もと
【喬岳（嶽）】きょう（けう）がく ①高い山。峻嶺。＝嶠岳 ②泰山の別称。
【喬志】きょう（けう）し おごり高ぶる心。＝驕志
【喬松】きょう（けう）しょう ①高い松の木。②二人の仙人の名。王子喬と赤松子。【――之寿（壽）】きょう（けう）しょうのじゅ 長命・長寿の意。王子喬・赤松子ともに不老不死の仙人。〈戦国策・秦〉
【喬遷】きょう（けう）せん ①高所に移る。②人の転宅を祝っていう。③栄転する。遷喬。
【喬然】きょう（けう）ぜん おごり高ぶるさま。
【喬木】きょう（けう）ぼく ①高い木。②幹が堅くて、たけの高くなる木。

口9 【喁】〔12〕 ギョウ 漢 平 冬 yóng ヨン J①1509 U2170 U5581
意味 ①〈あぎと・う（――・ふ）〉魚が水面で呼吸する。「噞喁」②仰ぎしたう。渇仰。
【喁喁】ぎょうぎょう ①君主の徳を仰ぎしたうさま。②多くの人がよろこぶさま。③待ちこがれるさま。④魚が口を上に向けて開閉するように、何かを求めているだけで為すところのないさま。⑤声の多いさま。

口9【喣】〔12〕ク 漢 上 麌 xǔ シュイ　J 2181 補 U 55A3

意味 ①息いき。呼吸。②あたためる。やしなう。＝煦く ③へつらい笑うさま。「喣喣くく」

口9【喗】〔12〕グン 漢 上 吻 ギン 漢 yǔn ユン　J 2180 補 U 5597

意味 大きい口。また、歯を大きくむきだすさま。

口9【喧】〔12〕人 標 ケン 漢 平 元 xuān シュワン　J 2386 U 55A7

意味 ①〈かまびすし・い（かまびす・し）〉うるさい。やかましい。②さかんなさま。＝咺けん・烜けん ③驚いて叫ぶ。

名前 はる

【喧嘩】けんか（くゎ） ①やかましくさわぐ。②国言い争い。

【喧豗】けんかい（くゎい） やかましい声。ときの声。喧聒けんかつ。

【喧聒】けんかつ（くゎつ） かまびすしい。やかましい。喧噪けんそう。喧騒。

【喧喧囂囂】けんけんごうごう（がうがう） わいわいがやがやいうさま。

【喧呼】けんこ やかましく呼びたてる。

【喧囂】けんごう（がう） 口やかましくさわぎたてる。喧噪けんそう。

【喧轟】けんごう（ぐゎう） やかましくひびきわたる。

【喧啾】けんしゅう（しう） やかましく鳴く。

【喧擾】けんじょう（ぜう） さわがしく乱れる。大さわぎする。

【喧静（靜）】けんせい やかましいことと、静かなこと。

【喧然】けんぜん やかましいさま。

【喧争（爭）】けんそう（さう） 大声で言い争う。

【喧噪】けんそう（さう） やかましい。さわがしい。喧嘩。＝喧譟けんそう

【喧闐】けんてん やかましく鳴りひびく。

【喧伝（傳）】けんでん やかましく伝える。世間に言いはやし伝える。〔＝諠伝けんでん〕

【喧呶】けんど かまびすしい。やかましい。

【喧閙】けんどう（だう） やかましくさわがしい。そうぞうしくする。

口9【喭】〔12〕一ゲン 漢 一 去 霰 yàn イエン 二ガン 漢 二 去 翰 àn アン　J ①1513 補 2183 U 55AD

意味 一①とむらう。見舞う。＝唁げん ②俗語。ことわざ。＝諺げん 二あらあらしい。また、いやしい。礼儀を欠く。「喭喭がんがん」

口9【㗅】〔12〕コ 漢 平 虞 ゴ 呉 hú フー　J ②0415 U 35C5

意味 ①㗅㗅かんこは、怒るさま。また、ことばがはっきりしない。②けものの、たれ下がったあごの肉。＝胡こ ③どうして。＝胡こ

口9【喉】〔12〕常 コウ のど　コウ 漢 平 尤 hóu ホウ　J 2502 U 5589

筆順 口 … 喉

意味 ①〈のど〉「咽喉いんこう」②かなめ。急所。

口9【㗋】〔12〕本字 J — 補 U 35CB

解字 形声。口が形を表し、侯こうが音を示す。侯には、的まとをうかがうの意味があり、喉は、外からみえる「のどぼとけ」の意となる。また、侯を、のどの鳴る音とする説、穴あなの意とする説もある。

【喉衿】こうきん ①のどとえり。②要害の地。けわしい所。③要点。眼目がんもく。中心となるたいせつなところ。

【喉舌】こうぜつ ①のどと舌。②ことば。③君主のことばを下の者に伝える役。宰相。喉舌之官こうぜつのかん。

【喉頭】こうとう のどの上端。のどくび。咽頭。

【喉吻】こうふん ①のどと口もと。②重要な所。

【喉嚨】こうろう のど。喉咽こういん。

【喉鼓】のどつづみ 国食欲がさかんにおこるとき、のどが鳴ること。

【喉笛】のどぶえ 国のどの気管の通じる所。

【喉仏（佛）】のどぼとけ 国のどの中間にある甲状軟骨の突起したところ。喉骨のどぼね。

【喉元】のどもと 国のどのねもと。のど首。

【放レ喉】のどをはなつ のどいっぱいに声を出す。

【扼レ喉】のどをやくす ①のどをしめつける。②要害の地を占領する。

◆咽喉いんこう・えんこう

口9【喤】〔12〕コウ（クヮウ） 漢 平 庚 huáng ホワン　J 2182 U 55A4

意味 ①こどもの泣きわめく声。②いかる。③鐘や太鼓などの楽器がひびきわたる。④やかましい。

口9【喰】〔12〕人 標 サン 漢 平 寒 cān ツァン　J 2284 U 55B0

意味 〈くら・う（――・ふ）〉食べる。＝餐さん 国①〈く・う（―・ふ）〉〈くら・う（――・ふ）〉食べる。「食」と同じ。②喰代ほうじろは、三重県伊賀市の地名。

口9【喒】〔12〕一サン 漢 一 上 感 zǎn ツァン 二サン 漢 二 平 覃 zán ツァン　J 2177 U 5592

意味 一喒喒さんさんは、味わう。二わたし。わたしたち。＝咱さつ

口9【啻】〔12〕シ 漢 去 寘 chì チー　J 5133 U 557B

意味 〈ただ〉〈ただに〉打ち消しの語の下につき、「そればかりではなく」の意となる。参考「不啻…」で、「ただ（に）…のみならず…」と訓読。

口9【喏】〔12〕ジャ 漢 上 馬 rě ロー　J 2175 U 558F

意味 ①揖ゆうの礼を行う時に発する声。②はい。返事の声。「喏喏じゃじゃ」

口9【啾】〔12〕シュウ（シウ） 漢 平 尤 jiū チウ　J 5134 U 557E

意味 ①こどもの声。②多くの声のさま。③くちずさむ声。

【啾喧】しゅうけん（しう） こどもの声のさわがしいさま。

【啾号（號）】しゅうごう（しうがう） 泣き叫ぶ。

【啾啾】しゅうしゅう（しうしう） ①虫の鳴き声。②鳥の鳴き声。③馬のいななき。「燕山胡騎鳴啾啾えんざんのこきなくことしゅうしゅう」（燕山［モンゴルにある抗愛山のこと］の異民族の乗る馬が、ものがなしく鳴いている。）〈楽府がふ詩集・木蘭詩もくらんの し〉④猿さるの鳴き声。「山猿谷鳥哀鳴啾啾さんえんこくちょうあいめいしゅうしゅう」（山にすむ猿さる、谷にすむ鳥が、かなしげに鳴きさけんでいる。）〈白居易はくきょい・与二微之一書びしにあとうるしょ〉⑤鈴や笛の音。⑥死者の亡霊の悲しい泣き声。「天陰雨湿声啾啾てんかげりあめうるおうときこえしゅうしゅう」（空がくもり、雨でしめると［亡者もうじゃの］泣き声がシクシク聞こえる。）〈杜甫とほ・兵車行へいしゃこう〉

【啾喞】しゅうしょく（しう） ①鳥の鳴き声。②おおぜいの話し声。

口9【喞】〔12〕ショク 漢 入 職 ソク 慣 jī チー　J — 補 U —

口9【喞】〔12〕同字 J 5136 補 U 559E

意味 ①きれぎれの声。また、騒がしい声。②そそぐ。水を流しこむ。国〈かこ・つ〉嘆き言う。ぐちを言う。

【喞喞】しょくしょく ①虫のしきりに鳴く声。②嘆息の声。③ねずみの鳴く声。④鳥の声。⑤小さくかすかな声。

【喞筒】そくとう・しょくとう 水鉄砲。ポンプ。

口9【善】〔12〕学 6 ゼン よい　ゼン 呉 セン 漢 上 銑 shàn シャン　J 3317 U 5584

筆順 … 善

言13【譱】〔20〕本字 J 7033 補 U 8B71

意味 ①〈よ・い（―・し）〉㋐正しい。㋑うつくしい。㋒すぐれている。㋓なかがよい。㋔じょうずである。②〈よく・する（――・す）〉㋐うまくできる。㋑親しくする。「親善しんぜん」③〈よく〉㋐たくみに。㋑しばしば。ともすれば。㋒親切に。④よい人。よいこと。よい行い。⑤〈よみ・する（――・す）〉

3画
口囗土士夂(夊)夕大女子宀寸小尢(兀・兀)尸屮山巛(川)工已巾干幺广廴廾弋弓彐(彑・彐)彡彳⺍

よいとする。ほめる。⑥おしむ。たいせつにする。⑦姓。

解字  会意。古い形を見ると、羊と誩とを合わせた字。羊は、祭りや食用にするめでたい動物である。誩は、言を重ねた形で、ことばである。善は、羊を三つ重ねた形に、口を加えたもので、よいことばを表す。そこから、「よい」「多い」の意味になった。

名前 さ・たる・ただし 地名 善通寺 難読 善知鳥

【善意】①よい心。りっぱな心。②親切な心。好意。「通二善意一」(自分の好意を相手に知ってもらう。)

【善因】㊋よい結果を得る原因となる行い。善根。↔悪因 【──善果】㊋よい行いには心ずよい報いが来るということ。↔悪因悪果

【善果】㊋よい報い。よい行いから得るよい結果。

【善賈】㊀①よい価。高価。②商売がうまい。㊁よい商売人。大商人。

【善感】㊐よく感染する。種痘などがじゅうぶんにつくこと。

【善御】すぐれた御者。

【善遇】手厚くもてなす。厚遇。優遇。善待。

【善言】りっぱなことば。ためになることば。

【善後】あと始末をよくする。【──策】失敗をとりかえすべきはかりごと。あとをうまく始末するくふう。

【善行】①巧みな歩行。②よい行い。りっぱな行動。【──無二轍迹一】じょうずに行く人は、車の輪の跡や足の跡を残さない意で、ほんとうの善行というものは、人目にたたないことのたとえ。〈老子・二十七〉

【善根】「善因」に同じ。

【善才】①唐代の琵琶の名手。②転じて、唐代、琵琶師をいう。

【善哉】㊀ほめたり、祝ったりするとき発することば。よいかな。㊁①㊋神仏の現れたときなどに唱えることば。ありがたや。②国関西で、つぶしあんのしるこ。

【善歳】作物のよくとれた年。豊年。

【善士】りっぱな人。善人。

【善柔】うまく人にこびへつらうだけで、誠実さのないこと。また、その人。

【善処(處)】国適当な処置。うまくしまつすること。

【善書】①内容も校訂もよい本。②文字にたくみな人。また、たくみな字。③庶民に道徳を説く書物。

【善祥】よいしるし。吉祥。

【善心】①よい心。良心に恥じない心。②㊋悟りの世界にはいろうと志す心。菩提心。

【善声(聲)】①よい声。美声。②よい評判。名誉。

【善政】りっぱな政治。よい政治。

【善戦(戰)】国実力を出し尽くして力いっぱい戦うこと。

【善知識】㊋人を仏道に導く、徳の高い僧。高僧。名僧。大徳。

【善道】①よいほうに導く。善に導く。＝善導 ②よい道。正しい人道。「諮二諏善道一」(正しい道を問いはかる。)③㊋極楽浄土。

【善導】よいほうに導く。

【善男善女】㊋仏教をかたく信じている男女。

【善人】善良な人物。「与二善人一居、如レ入二芝蘭之室一」(善人といっしょにいると、ちょうど香りのよい草のあるへやにはいったときのようなもので、最初はその香りに気づくが、やがて感じなくなる。交わっているうちに、いつともなく善人に同化されてしまうたとえ。芝蘭之化。)〈孔子家語・六本〉

【善美】①善と美。②よくて美しい。③非常に美しい。

【善否】よいか悪いか。

【善謀】よいはかりごと。すぐれたはかりごと。善計。

【善本】①内容や文字・校訂・印刷・装丁・状態などの点から価値のある書物。貴重な書物。②㊋よい結果をもたらす行い。善因。善根。

【善喩】①よくさとす。ていねいに教える。②うまいたとえ。

【善用】うまく使う。よく用いる。

【善良】正直ですなおなこと。良善。

【善隣】隣の人や隣の国と親しみまじわる。

【善類】善良な人々。善人の仲間。

【善于】shànyú 現…にすぐれている。

【勿下以二善小一而不上レ為(爲)】小さな善だからといって、これをなさないようなことがあってはいけない。〈蜀志・先主劉備伝注〉

【勧(勸)レ善懲レ悪(惡)】善を行うように励まし勧め、悪事をこらしめること。勧懲。〈左伝・成公〉

【責レ善朋(朋)友之道也】よいことをするように要求しすすめるのは、友人としての道である。〈孟子・離婁下〉

【善レ善悪(惡)レ悪(惡)】①善と悪とをはっきり区別して扱うこと。〈後漢書・楊修伝〉②歴史家などが、善悪をありのままに書くこと。

【見レ善如レ不レ及】善を見ては、ちょうど、逃げる人をあとから追いかけて、追いつけないときのような気持ちで、ひたすら善を追い求める。〈論語・季氏〉

【善游者溺】泳ぎのうまい者は、かえっておぼれることがある意で、一芸にひいでた者は、それを鼻にかけ、長所がかえって災いをまねくたとえ。善騎者堕。〈淮南子・原道訓〉

【善戦(戰)者、致レ人而不レ致二於人一】戦いのうまい人は、あいてをこちらへ引き寄せて、あいてのほうへは引き寄せられない。〈孫子・虚実〉

◆不善・改善・独善・偽善・最善・慈善・親善

口9 【喘】〔12〕 標 セン 漢 上 銑 ゼン 慣 chuǎn チョワン J5135 U補5598

意味 ①〈あえ・ぐ(あへ・ぐ)〉息切れする。「喘気」②せきこむ。せきの出る病気。③気息。息。④ささやく。

【喘噎】せきこんで、息がつまること。

【喘汗】息を切らし、汗をかく。

【喘喘】あえぐさま。呼吸の絶えないさま。

【喘息】①あえぐ。②息がつまってせきの出る病気。

【病レ喘】ぜんそくの病気にかかる。

口9 【喪】〔12〕 常 ソウ も ㊀ソウ(サウ) 漢 呉 ㊀去 漾 sàng サン ㊁ソウ(サウ) 漢 呉 ㊁平 陽 sāng サン J3351 U補55AA

筆順 一 十 卄 卌 㗊 丧 喪

意味 ㊀①〈うしな・う(──・ふ)〉㋐なくす。「喪志」㋑死なれる。㋒忘れる。②〈ほろ・びる(──・ぶ)〉ほろぼす。③逃げる。㊁①〈も〉人の死んだとき、その縁故者が一定の期間悲しみの心をもって身をつつしむ礼。②柩。③しかばね。死体。

解字  会意。㗊と亾とを合わせた字。㗊は哭で、ひどく泣くこと。亾は亡で人が死ぬこと。喪は、死んだ人を哭することから、「も」「うしなう」の意味になる。亡は音を示すともいう。一説に、喪は、噩と亡とを合わせた字とする。噩は、木の葉が落ちて枝だけになる状態で、喪は、死人を雨ざらしにし、肉が落ちて白骨だけになり、死体がなくなることであるという。

【喪家】①家を失う。②死者のある家。喪中の家。

【──之狗】①喪中の家の飼い犬。喪中の家では悲しみのため飼い犬をかまっていられないので、自然に犬もや

せ衰える意から、人がひどくやつれてみるかげもなくなったたとえ。〈史記・孔子世家〉②宿無し犬。喪狗（そうく）。

【喪祭】そう（さう）さい　葬式とまつり。「冠婚喪祭」

【喪死】そう（さう）し　死者をとむらいまつる。

【喪志】そう（さう）し　志を捨てる。本心を見失う。喪心。

【喪失】そう（さう）しつ　失う。なくす。喪亡。

【喪主】そう（さう）しゅ　—も　葬式をとり行う主人公。施主（せしゅ）。

【喪所】そう（さう）しょ　葬式の場所。

【喪心】そう（さう）しん　①本心をなくす。正気を失う。②気を失う。失心。

【喪人】そう（さう）じん　本国から逃亡して他国にいる者。亡人。

【喪服】■一 そう（さう）ふく　喪中に着る麻製の衣服。期間によって斬衰（ざんさい）（三年）・斉衰（しさい）（一年）・大功（九か月）・小功（五か月）・緦麻（しま）（三か月）の五種類がある。凶服。■二 もふく　国喪中に着る衣服。ふつう、うす墨色・黒色のものを用いる。もぎぬ。

【喪亡】そう（さう）ぼう（ばう）　①ほろびてなくなる。②死ぬ。

【喪明】そう（さう）めい　①盲目になる。失明する。②転じて、子に死なれること。孔子の弟子の子夏が、子を失って失明した故事による。〈礼記（らいき）・檀弓（だんぐう）〉

【喪乱（亂）】そう（さう）らん　人が多く死んだり、災いがおこったりして世が乱れること。また、国が滅び、人民が離散すること。

【喪礼（禮）】そう（さう）れい　①葬式や喪に服するときの礼法。②葬式。

【喪章】もしょう（しゃう）　喪に服していることを表す黒色のしるし。

『喪与（與）二其易一也寧戚』そう（さう）はそのおさめ（をさめ）んよりはむしろいためと　喪礼は形式がととのっていることよりも心から悲しむことの方が大切だ。

△▼送喪（そうそう）・意気沮喪（いきそそう）

口9【啿】〔12〕　タン 漢 上 感 dàn タン　U補J 2169 557F
意味 ①啿啿（たんたん）は、豊かなさま。②食べる。＝噉（たん）・啖（たん）

口9【喋】〔12〕 人 標　■一 チョウ（テフ）漢 ■一 入 葉 dié ティエ　■二 トウ（タフ）漢 ■二 入 洽 zhá チャー　■三 キョウ（ケフ）漢 ■三 入 葉 qiè チエ　U補J 3593 558B
意味 ■一 ①ぺちゃくちゃとしゃべる。「喋喋（ちょうちょう）」②ふむ。③血の流れるさま。「喋血（ちょうけつ）」■二（水鳥や魚が）くらう。ついばむ。「唼喋（しょうとう）」■三 どもる。

【喋聒】ちょう（てふ）かつ（くわつ）　ぺちゃぺちゃしゃべったり、がやがや騒いだり。やかましくさわぐ。

口9【啼】〔12〕 標　テイ 漢 平 斉 tí ティー　U補J 5138 557C
口9【嗁】〔12〕 正字　U補J ―
意味〈な・く〉①悲しみ嘆いて泣く。②鳥や虫が鳴く。

【啼泣】ていきゅう（きふ）　涙を流して泣くこと。

【啼血】ていけつ　鳴いて血を吐く。ほととぎすの鳴く悲しげな声のようす。

【啼哭】ていこく　大声をあげて泣く。泣き叫ぶ。

【啼鳥】ていちょう（てう）　鳴く鳥。さえずる鳥。

『啼不レ住』なきてとどまらず　鳴きやまない。鳴き声がまだ終わらない。〈李白（りはく）の詩・早発二白帝城一（つとにはくていじょうをはっす）〉

口9【喃】〔12〕　ダン 漢 平 咸 nán ナン　ナン 呉　U補J 5139 5583
意味 ①小声でしゃべる声。②鳥の鳴く声。③読書の声。国〈のう（なう）〉呼びかけの声。もしもし。

【喃語】なんご　①ぺちゃぺちゃしゃべる。②男女が仲よくおしゃべりする。③乳児が発する、まだことばにならない音声。

【喃喃】なんなん　①ぺちゃぺちゃしゃべるさま。「喃喃教二言語一（なんなんとしてげんごをおしう）」（ぺちゃぺちゃと、しゃべり方を教える。）〈白居易（はくきょい）の詩・燕詩（えんし）〉②読書の声。

口9【喩】〔12〕 常 ユ　■一 ユ 漢 呉 ■一 去 遇 yù ユィ　■二 ユ 漢 呉 ■二 平 虞 yú ユィ　U補J 5140 55A9

筆順
ロ
ロ
ロ/
吖
吣
呤
喩
喩

意味 ■一＝諭 ①〈さと・す〉教える。「喩教（ゆきょう）」②さとる。知る。③〈たと・える（――・ふ）〉たとえ。「比喩（ひゆ）」「譬喩（ひゆ）」④姓。■二 よろこぶ。＝愉（ゆ）「喩喩（ゆゆ）」

解字 形声。口が形を表し、兪（ゆ）が音を示す。兪は、丸木舟で、舟が行く、すっきりとおすという意味がある。喩は、ことばで、わかりやすく教える意となる。

【喩言】ゆげん　たとえ話。

【喩法】ゆほう（ほふ）　仏法の理を説きあかす。

【喩喩】ゆゆ　喜ぶさま。

口9【喓】〔12〕　ヨウ（エウ）漢 平 蕭 yāo ヤオ　U補J 2178 5593
意味 虫の鳴く声。「喓喓（ようよう）」

口9【喇】〔12〕　ラツ 漢 入 曷 lǎ ラー　ラ 唐　U補J 5141 5587
意味 喝喇（かつらつ）は、はやくち。ことばが急ではげしい。

【喇叭】らっぱ　金属製の管楽器。＝喇吧

【喇嘛教】ラマきょう（けう）　チベットを中心に、モンゴル・中国東北地方・ネパール地方に行われる仏教の一派。

口9【𠷈】〔12〕　リツ 漢 入 質 lǜ リュイ　U補J ― 20DC8
意味 鳴く。

口9【喨】〔12〕　リョウ（リャウ）漢 去 漾 liàng リアン　U補J 5142 55A8
意味 ①高らかに鳴りひびく声。「嘹喨（りょうりょう）」「嚠喨（りゅうりょう）」②泣いて声がかすれる。

口9【喳】〔12〕　chā チャー　zhā チャー　U補J ― 2F849
意味 現 喳喳（チャーチャー） chāchā, zhāzhā は、ひそひそ話す声。また、鳥の鳴き声。

口9【喵】〔12〕　miāo ミアオ　U補J ― 55B5
意味 現 猫の鳴き声。

口9【喲】〔12〕　yō ヨー　U補J 2184 55B2
意味 現 軽い驚きを表す声。あれっ。おやっ。

口9【𠷡】〔12〕 国字　U補J ②0410 20DE1
意味〈ゆり〉人名に用いる。「百合（ゆり）」二字の合字。

口9【喝】〔12〕 旧 ↓喝（二四八ページ・下）

口9【喞】〔12〕 同 ↓唧（二五五ページ・下）

口9【單】〔12〕 旧 ↓単（一九六ページ・中）

口9【喆】〔12〕 同 ↓哲（二四六ページ・中）

口9『斝』↓斗部八画（五七一ページ・上）

口9『晷』↓日部八画（五九五ページ・中）

口10【嗗】〔13〕　アツ 漢 入 黠 wā ワー　U補J 2202 55D7
意味 飲みこむ音。

口10【𠹤】〔13〕　イ 漢 呉 去 寘 wèi ウエイ　U補J ②0426 20E64
意味 怒り恨む声。

口10【嗌】〔13〕　■一 エキ・アク 漢 ■一 入 陌 yì イー　■二 アイ 漢 ■二 去 卦 ài アイ　U補J ②0421 2191 55CC
意味 ■一 ①のど。咽喉。「嗌痛（えきつう）」②こびへつらう声。「嗌喔（あくあく）」③無理に笑うさま。■二 むせぶ。むせる。「嗌嘔（あいおう）」

3画　口囗土士夂(夊)夕大女子宀寸小尢(尣・兀)尸屮山巛(川)工己巾干幺广廴廾弋弓彐(彑・⺕)彡彳⺍

口10【嗚】〔13〕 標 ■一 オ(ヲ) 漢 ウ 呉 ■一 平 虞 wū ウー ■二 オ(ヲ) 漢 ウ 呉 ■二 去 遇 wù ウー U補J 5143 55DA

意味 ■一 ①〈ああ〉㋐嘆息の声。㋑歌う声。また、泣き声。「嗚嗚」②ほおずりする。■二なげく。心をいためる。

【嗚呼】■一 嘆息のことば。＝烏乎・嗚嘑 ■二 愚かなこと。烏滸。

【嗚軋】つの笛の声の形容。

【嗚咽】むせび泣く。＝嗚噎

【嗚嗚】①声をはりあげて歌う声。②悲しげな音のさま。

【――然】嘆きむせぶような声の形容。「其声嗚嗚然、如レ怨、如レ慕、如レ泣、如レ訴」(〔洞簫の〕ねいろがブーブーと鳴り、まるでうらみ、したい、泣き、うったえるかのようだ。)〈蘇軾・前赤壁賦〉

口10【嗡】〔13〕 オウ(ヲウ) 漢 平 東 wēng ウォン U補J 55E1

意味 ①牛の声。また、虫の声。②ブンブン、またはワーンと鳴りひびく音。

口10【嗢】〔13〕 オツ(ヲツ) 漢 入 月 wà ワー U補J ②0425 2206 55E2

意味 ①むせぶ。むせる。「嗢咽」②笑う。「嗢噱」

口10【嘩】〔13〕 人 標 U補J 1862 5629

旧字 口12【嘩】〔15〕 カ(クヮ) 漢 平 麻 huá, huā ホワ U補J

意味 ①さわがしい。やかましい。＝譁 ②水の流れる音。③現さわがしい物音を表す。ガーガー。ザーザー。

口10【嗃】〔13〕 ■一 カク 漢 ■一 入 薬 hè ホー ■二 コウ(カウ) 漢 ■二 平 肴 xiāo シアオ U補J 2187 55C3

意味 ■一 きびしいさま。または、よろこび楽しむ。「嗃嗃」■二 ①大声で叫ぶ。②笛の音。

口10【嗝】〔13〕 カク 漢 入 陌 gé コー U補J

口10〔嗝〕〔13〕 同字 U補J ②0423 55DD

意味 ①きじ、または鶏の鳴き声。②現げっぷ、または、しゃっくり。

口10【嗐】〔13〕 カツ 漢 入 黠 hài ハイ U補J 55D0

口10【嗅】〔13〕 常 キュウ かぐ キュウ(キウ) 漢 去 宥 xiù シウ U補J 5144 55C5

意味 ①大きく口を開く。②嘆息落胆の声。

筆順
㇆ 口 口′ 口宀 口白 口自 嗅 嗅

意味 〈か・ぐ〉鼻でにおいをかぐ。「嗅覚」国〈か・ぐ〉ようすをさぐりうかがう。

解字 齅 会意・形声。嗅は、もと、齅と書き、鼻で臭いをかぐの意。臭は、また、音を示す。のちに鼻を口に変えて、嗅となった。

【嗅覚(覺)】においをかぎ分けるはたらき。嗅感。

口10【嗋】〔13〕 キョウ 漢 入 葉 xié シエ (ケフ) U補J 2190 55CB

意味 ①合う。閉じる。②吸う。呼吸する。「嗋呷」

口10【嗘】〔13〕 ケイ 漢 平 斉 jī チー U補J 2203 55D8

意味 嗘嗘は、人の声を表す擬声語。

口10【嗛】〔13〕 ■一 カン 漢 ■二 ケン 漢 ■三 キョウ(ケフ) 漢 ■一 平 咸 xián シエン ■二 上 琰 qiǎn チエン ■三 入 葉 qiè チエ U補J 2204 55DB

意味 ■一 ①口にふくむ。ほおばる。②うらむ。■二 ①足りない。すくない。②猿や鼠などが頬に食物をふくむこと。また、その場所。③へりくだる。＝謙「嗛約」■三 足りる。あき足りる。こころよい。＝慊

【嗛志】満ちたりた心。満足した気持ち。

【嗛然】こころよいさま。満足するさま。

【嗛嗛】①小さいさま。②へりくだるさま。③足りないさま。④こらえしのぶさま。

【嗛退】へりくだること。＝謙退

口10【嗑】〔13〕 ■一 コウ(カフ) 漢 ■一 入 合 kè コー ■二 コウ(カフ) 漢 ■二 入 合 hé ホー ■三 コウ(カフ) 漢 ■三 入 洽 xiā シア U補J ②0422 2193 55D1

意味 ■一 おしゃべりなさま。「嗑嗑」■二 ①合う。閉じる。②易の卦の名。■三 笑う声。「嗑然」

口10【嗊】〔13〕 ■一 コウ 漢 ■一 上 董 hǒng ホン ■二 ― ■二 ― gòng コン U補J 55CA

意味 ■一 ①嗊嗃は、だます。②囉嗊は、古代の歌曲の名。■二 現嗊吥 gòngbù は、カンボジアの南岸にある都市名。

口10【嗄】〔13〕 サ 漢 去 禡 shà シャー U補J 5146 55C4

意味 ①〈か・れる(―・る)〉声がかれる。「嗄声」②ああ。疑問や了解を表す声。

口10【嗟】〔13〕 標 シャ 漢 サ 慣 平 歌 juē チュエ、jiē チエ U補J 5145 55DF

意味 ①〈なげ・く〉㋐悲しむ。㋑感嘆する。②〈ああ〉感嘆の声。「嗟乎」「嗟哉」「嗟夫」

【嗟夫】嘆きの声。

【嗟乎】嘆息することば。＝嗟呼

【嗟嗟】①感嘆して発する声。②嘆き悲しむ声。③海中の怪物の鳴く声。

【嗟訝】感心し、ふしぎに思う。

【嗟泣】深くなげいて泣く。声をしのんでなげく。

【嗟咨】嘆く。嗟嘆。咨嗟。

【嗟称(稱)】感嘆してほめる。＝嗟賞

【嗟嘆(「歎」)】①感嘆する。嗟咨。②感動して、声をあわせてうたう。

【嗟悼】嘆き悲しむ。傷悼。

【嗟惋】嘆き恨む。

〖嗟来(來)之食〗人をいやしむ態度で、「来て食え」と与える食物。嗟来は「さあこい」の意。〈礼記・檀弓〉

口10【嗩】〔13〕 サ 漢 上 哿 suǒ スオ U補J ②0427 2207 55E9

意味 嗩吶は、楽器の名。①ウイグル族の使用する吹奏楽器。②チャルメラ。

口10【嗍】〔13〕 サク 漢 入 覚 shuò シュオ U補J 55CD

意味 〈す・う(―・ふ)〉すいとる。＝嗽

口10【嗣】〔13〕 常 シ シ 漢 去 寘 sì スー U補J 2744 55E3

筆順
口 ⼝冂 ⼝月 ⼝冊 嗣 嗣 嗣 嗣

意味 ①〈つ・ぐ〉あとを承けつぐ。②あとつぎ。相続人。子孫。「家嗣」③次の。「嗣歳」④姓。

解字 嗣（篆文）会意・形声。口・冊・司を合わせた字で、司(し)は音を示す。口は言うこと、一説に国のこと。冊は重要文書。司は役人で、治める意味を持つ。嗣は、諸侯が国の後継者を定めることを表す。そこから、「あとつぎ」の意味になる。また、竹の札(文書)をまとめて、つなぎ合わせることであるとも解する。

名前 さね・つぎ・ひで

【嗣音(しおん)】①音信を絶やさない。②りっぱな徳や事業を受け継ぐ。

【嗣君(しくん)】①世継ぎの君。皇太子。②前人の徳業をうけつぐ人。

【嗣後(しご)】そののち。将来。

【嗣子(しし)】あとつぎの息子。嗣人(しじん)。

口10【嗜】〔13〕 標 シ 漢 ㊀去 寘 shì シー　J 5147 補 ― U 55DC

口5〔呩〕〔8〕同字　J ― 補 2089 U 5469

意味 ①〈たしな・む〉㋐好み愛する。「嗜好(しこう)」㋑好んで食う。②むさぼる。 国〈たしなみ〉心得。つつしみ。心がけ。

【嗜愛(しあい)】たしなみ好む。嗜好。

【嗜玩(しがん(ぐゎん))】好んで、もてあそぶ。道楽(どうらく)。

【嗜好(しこう(かう))】たしなむ。すき好む。好み。

【嗜酒(ししゅ)】酒をたしなむ。酒ずき。

【嗜癖(しへき)】かたよってすき好む。好み。＝嗜僻

【嗜眠(しみん)】①むやみに眠りたがる。②高熱や衰弱によるまったくの睡眠状態。

【嗜欲(「慾」)(しよく)】むさぼり好む心。欲。

口10【嗤】〔13〕 シ 漢 ㊀平 支 chī チー　J 5148 補 ― U 55E4

意味 ①〈わら・う(――・ふ)〉さげすみわらう。嘲笑する。②わらい。冷笑(れいしょう)。「笑嗤(しょうし)」③おろか。＝蚩(し)「嗤呆(したい)」④ものを破く音。

【嗤駭(しがい)】おろかなさま。

【嗤笑(ししょう(せう))】あざけり笑う。

【嗤詆(してい)】あざ笑いののしる。

【嗤侮(しぶ)】あざけり、ばかにする。

口10【嗞】〔13〕 シ 漢 ㊀平 支 zī ツー　J ― 補 2205 U 55DE

意味 ①泣きやまない。②うれえなげく。＝咨(し) ③わらう。④歯をむきだす。

口10【嗆】〔13〕 ショウ 漢 ㊀平 陽 qiāng チアン (シャウ)　J ― 補 2188 U 55C6

意味 ①鳥がついばむ。②愚かなさま。③現 水などが気管に入ってむせる。音 qiàng チアン。

口10【嗇】〔13〕 ショク 漢 ㊀入 職 sè ソー　J 5207 補 ― U 55C7

意味 ①〈おし・む(をし・む)〉㋐けちけちする。節約する。「嗇気(しょくき)」㋑大切にする。②やぶさか。けち。「吝嗇(りんしょく)」③むさぼる。④穀物(こくもつ)をとりいれる。＝穡(しょく) ⑤つまる。

【嗇事(しょくじ)】農事。＝穡事

【嗇夫(しょくふ)】①低い官。②農民。穡夫(しょくふ)。③漢代の官名。訴訟・租税のことにあたった。

口10【嗔】〔13〕 ㊀テン 漢 ㊀平 先 tián ティエン ㊁シン 漢 ㊀平 真 chēn チェン　J 5149 補 ― U 55D4

意味 ㊀盛大である。㊁①〈いか・る〉おこる。いかり。＝瞋(しん) ②とがめる。「嗔怪(しんかい)」

【嗔恚(しんい)】怒る。怒り。＝瞋恚

口10【嗉】〔13〕 ソ 漢 ㊀去 遇 sù スー　J ②0420 補 2189 U 55C9

意味 ①鳥ののどにある食物をためるふくろ。「嗉嚢(そのう)」②星の名。張宿(ちょうしゅく)をいう。

口10【嗓】〔13〕 ソウ 漢 ㊀上 養 sǎng サン (サウ)　J ― 補 2201 U 55D3

意味 のど。声。

口10【㮚】〔13〕 ㊀ソウ 漢 ㊀去 号 zào ツァオ (サウ) ㊁ショウ 漢 ㊁平 蕭 qiāo チアオ (セウ)　J ②0419 補 2185 U 55BF

意味 ㊀さわがしい。鳥が群れて鳴く。＝噪(そう)・譟(そう) ㊁農具の名。すき。くわ。＝鍬(しょう)

口10【嘆】〔13〕 常 タン なげく・なげかわしい 漢 ㊀去 翰 tàn タン　J 3518 補 ― U 5606

旧字 口11【嘆】〔14〕 人 タン 呉 漢　J ① 1515 補 ― U FA37

筆順 口 口一 口廿 口苎 口莒 口喆 嘆 嘆

意味 ①〈なげ・く〉ためいきをつく。＝歎(たん) ②〈なげかわし・い(なげかは・し)〉③なげき。嘆息。④ほめる。称賛する。「嘆称(たんしょう)」

解字 嘆（篆文）形声。口が形を表し、菓(たん)が音を示す。菓は歎(たん)の略で、感心してうなることを表す。嘆は、感動して、声をのんでうめくことである。歎は、喜ばしい場合に使い、嘆は、悲しい場合に使ったが、両方同じに用いられることも多い。

参考 新表記では、「歎」の書きかえに用いる。

【嘆願(たんがん(ぐゎん))】よくわけを話してお願いする。哀訴。＝歎願

【嘆恨(たんこん)】なげきうらむこと。

【嘆嗟(たんさ)】なげく。嗟嘆(さたん)。嘆慨(たんがい)。慨嘆(がいたん)。

【嘆傷(たんしょう(しゃう))】なげきいたむ。嘆嗟(たんさ)。

【嘆賞(たんしょう(しゃう))】感心してほめること。＝嘆称

【嘆声(聲)(たんせい)】①ため息。なげく声。②感心してほめる声。

【嘆逝(たんせい)】年月の過ぎゆくことをなげく。

【嘆惜(たんせき)】なげき惜しむ。

【嘆訴(たんそ)】なげきうったえる。哀訴。愁訴。

【嘆息(たんそく)】①ため息をついてなげく。②ひどく感心する。「嘆息痛恨(つうこん)」＝歎息

【嘆悼(たんとう(たう))】なげきいたむ。嘆傷。

【嘆服(たんぷく)】感心して従う。嘆伏(たんぷく)。

【嘆誉(譽)(たんよ)】感心してほめる。嘆賞。

【嘆惋(たんわん)】なげきおどろく。「言レ所レ聞、皆嘆惋(きくところをいうに、みなたんわんす)」〈陶潜(とうせん)・桃花源記〉

◆三嘆(さんたん)・長嘆(ちょうたん)・慨嘆(がいたん)・悲嘆(ひたん)・詠嘆(えいたん)・愁嘆(しゅうたん)・感嘆(かんたん)・賞嘆(しょうたん)・驚嘆(きょうたん)・一嘆(けいたん)

口10【嗁】〔13〕 テイ 漢 ㊀平 斉 tí ティー　J ― 補 2186 U 55C1

意味 ①〈な・く〉いたみ泣く。＝啼(てい) ②呼ぶ。「嗁呼(ていこ)」

【嗁粧(ていしょう(しゃう))】男の気をひくため、目の下のおしろいをうすくして、泣いたあとに見せかける化粧(けしょう)のしかた。

口10【嗒】〔13〕 トウ 漢 ㊀入 合 tà ター (タフ)　J ②0416 補 2194 U 55D2

意味 ①我を忘れるさま。無我の境地にあるさま。また、失意のさま。「嗒然(とうぜん)」②現 馬のひづめの音。また、機関銃の発射音。音 dā ター。

口10【嗎】〔13〕 バ 慣 マ 慣 mà マー　J ①1514 補 2192 U 55CE

意味 ①「罵(ば)」(九九〇ページ・中)の俗字。②現 嗎啡(マーフェイ) mǎfēi は、モルヒネの音訳。③現 疑問を表す文末の語気助詞。音 ma マ。

3画
口囗土士夂(夊)夕大女子宀寸小尢(兀・兀)尸屮山巛(川)工己巾干幺广廴廾弋弓彐(彑・ヨ)彡彳⺍

口10
【嘌】〔13〕 リツ 漢 | lì リー 入 質 | J ②0424 補 U 35DA
意味 嘍嘌は、話がくどい。

口10
【嗰】〔13〕 一 リュウ 一 liū リウ | 二 リョウ 二 liáo リアオ | J ②0417 補 U 20E95
意味 一擬声語。バラバラと物がとびちる音など。二嗰喨は、すんだ音が響きわたるさま。＝嘹

口10
【嗦】〔13〕 suō スオ | J — 補 — U 55E6
意味 現哆嗦 duōsuo は、からだがぶるぶるふるえる。

口10
【嗨】〔13〕 hāi ハイ | J — 補 — U 55E8
意味 現呼びかけや驚きの声。ねえ。ほう。＝嘿

口10
【嗯】〔13〕 ng ン | J — 補 — U 55EF
意味 現返事・疑問・意外さなどを表す感嘆の声。ん。え？ ふーん！

口10
【嗬】〔13〕 国字 | J ②0418 補 U 20E6D
意味〈く〉〈こ〉 外来語を漢字で表記する際の音訳文字。「嗬囉仿謨」など。

口11
【嘔】〔14〕 標 一 オウ 漢 一 平 尤 ōu オウ | 二 オウ 漢 二 上 有 ǒu オウ | 三 ク 漢 三 平 虞 xū シュイ | J 5150 補 U 5614
4 口【呕】〔7〕 俗字 | J ②0368 補 U 5455
意味 一 ①歌う。＝謳 ②物の音。鼓笛や車のきしる音。また、子どものかたこと。「嘔啞」 ③なごやかなさま。④よろこぶさま。二〈は・く〉 口から吐く。もどす。三＝煦 ①よろこび言う。②慈愛のこもった声。
【嘔啞】 ①鳴りものがやかましいさま。②車が走る音。③こどもの話し声。④ががやがやした音声のさま。【──嘲哳】 歌や鳴りものが、さわがしくひびくさま。〈白居易の詩・琵琶行〉
【嘔嘔】 一 ①喜ぶさま。②ことばのやさしいさま。③物がきしる音。二 おだやかな慈愛の声。
【嘔気(氣)】 歌い吟じる。国吐きたい気持ち。
【嘔吟】 歌い吟じる。
【嘔血】 胃などから血を吐く。吐血。
【嘔吐】 へどを吐く。もどす。
【嘔喩】 喜ぶさま。

口11
【嘉】〔14〕 入 カ 漢 平 麻 jiā チア | J 1837 補 U 5609
意味 ①〈よ・い(ー・し)〉 ㋐すぐれている。善良。㋑うつくしい。うまい。㋒めでたい。「嘉瑞」 ②〈よみ・する(──・す)〉 ほめる。好む。③たのしむ。よろこぶ。④さいわい。よろこび。「嘉慶」 ⑤姓。
解字 形声。壴が形を表し、加が音を示す。壴は楽器を立て並べた形。加には増すという意味がある。嘉は、よい音楽を加えることで、美しい、善いという意味になる。一説に、壴はごちそうをたかつきに盛った形で、加は、上にのせる、あるいは可と同じく、善いという意味を含むから、嘉は、おいしいごちそうをうずたかく盛ることであるという。
名前 ひろ・よしみ・よみし 姓 嘉納・嘉麻・嘉数・嘉手川・嘉手苅・嘉味元・嘉味田 地名 嘉穂・嘉手納
【嘉宴】 めでたい酒盛り。嘉筵・嘉讌 ＝佳宴
【嘉音】 ①よい便り。また、人からの便り。②よいねいろ。
【嘉禾】 穂の多くついたりっぱな穀物。嘉穀。
【嘉会(會)】 ①りっぱな人や物の集まり。②めでたい会合。佳筵。＝佳会 ③よいめぐりあわせ。
【嘉卉】 美しい草木。
【嘉気(氣)】 めでたいけはい。瑞気。＝佳気
【嘉貺】 りっぱないただきもの。人からの贈り物をほめていうことば。嘉賜。＝嘉況
【嘉耦】 よいつれあい。よい配偶。
【嘉恵(惠)】 ありがたい恵み。
【嘉慶】 ①めでたい事。よろこびごと。②清代、仁宗皇帝のときの年号。(一七九六～一八二〇) ③国南北朝時代、北朝の後小松院の年号。(一三八七～一三八九) 【──本】 清の嘉慶二十年に、阮元が出版した十三経注疏本。阮元本。
【嘉月】 陰暦三月の別称。
【嘉言】 りっぱなことば。善言。＝佳言
【嘉好】 よしみ。親しい交際。また、会合。
【嘉肴】 よいさかな。おいしい料理。＝嘉殽・佳肴
『雖レ有ニ──一、不レ食不レ知ニ其旨一』 うまい料理があっても、実際に食べてみなければ、そのよい味はわからない。りっぱな道があっても、自分から学んでみなければ、そのすばらしさはわからない。〈礼記・学記〉
【嘉穀】 ①よい穀物。りっぱな穀物。②めでたい穀物で、稲のこと。嘉禾。
【嘉歳】 よい年。豊年。
【嘉祉】 さいわい。しあわせ。嘉福。
【嘉賜】 ①よしみを賜る。②下賜品。嘉錫。
【嘉時】 よい日。めでたい時節。
【嘉羞】 りっぱな供え物。よいさかな。
【嘉淑】 よい。よろしい。善良。嘉良。
【嘉尚】 ほめたたえる。賛美する。
【嘉招】 立派な招き。お招き。
【嘉祥】 めでたいしるし。吉祥。吉兆。
【嘉称(稱)】 ①よい名。ほまれ。美称。＝佳称 ②ほめたたえる。
【嘉奨(獎)】 ほめて奨励する。「嘉嘆。
【嘉賞】 ほめたたえる。また、ほめたたえることば。」
【嘉醸(釀)】 よい酒。＝佳醸
【嘉辰】 よい日。めでたい日。＝佳辰
【嘉靖(靖)】 ①天下をよく治めて民の心を安らかにする。安和。②明代、世宗のときの年号。(一五二二～一五六六) 【──本】 明の李元陽の出版した十三経注疏本。閩本ともいう。
【嘉績】 よいいさお。りっぱなてがら。嘉勲。
【嘉節(節)】 めでたい日。吉日。＝佳節
【嘉饌】 ①りっぱな料理。ごちそう。②みごとな供え。盛饌。＝佳饌
【嘉祚】 さいわい。
【嘉蔬】 ①よい野菜。②稲の別名。
【嘉藻】 りっぱな文章。
【嘉沢(澤)】 ①よい恵み。②ほどよい時に降る雨。慈雨。嘉恵。嘉澍。
【嘉禎(禎)】 さいわい。しあわせ。
【嘉遯】 ①義理を守り、正しい志をもちこたえるために世をのがれること。②適当な時機に身をひく。
【嘉納】 喜んで受け入れる。
【嘉賓】 ①よい客。気の合ったよい客。佳客。＝佳賓 ②雀の別名。
【嘉福】 さいわい。しあわせ。幸福。
【嘉聞】 よい評判。
【嘉平】 ①陰暦十二月の祭りの名。臘祭。②十二月をいう。師走。極月。

3画
口口土士夂(夊)夕大女子宀寸小尢(尣・兀)尸屮山巛(川)工己巾干幺广廴廾弋弓彐(彑・ヨ)彡彳⺌

【嘉謨】かぼ りっぱなはかりごと。嘉謨かぼ。嘉猷かゆう。
【嘉木】かぼく りっぱな木。珍しい木。珍木。嘉樹。
【嘉名】かめい ①美しい名まえ。美名。②よい評判。ほまれ。
【嘉祐(祐)】かゆう(いう) ①さいわい。嘉福。嘉祉。②宋そうの仁宗の年号。（一〇五六〜一〇六三）
【嘉猷】かゆう(いう) りっぱなはかりごと。
【嘉誉(譽)】かよ ほまれ。よい評判。
【嘉楽(樂)】■からく 喜び楽しむ。■かがく 声律に合った正しい音楽。
【嘉礼(禮)】かれい ①五礼(吉・凶・軍・賓・嘉)の一つ。婚礼や冠礼(元服)。②めでたい儀式。
【嘉例】かれい めでたいしきたり。よい前例。吉例。

口11 【嘏】〔14〕 カ 漢 上 馬 gǔ クー、jiǎ チア　J —　補 2215　U 560F
意味 ①大きい。「嘏命かめい」②とおい。長い。③さいわい。④祭りのときの祝福のことば。「嘏辞かじ」

口11 【嘅】〔14〕 カイ 漢 去 隊 ガイ 慣 kǎi カイ　J —　補 2210　U 5605
意味 なげく。なげき。

口11 【嘎】〔14〕 カツ 漢 入 黠 gā カー　J ①1517　補 2214　U 560E
意味 ①嘎嘎かつかつは、鳥の鳴き声。②現嘎巴カーパ gāba は、ねばりつく。また、ねばりついた物。

口11 【嘄】〔14〕 ■キョウ 漢 ■平 蕭 jiāo チアオ (ケウ) ■キョウ 漢 ■去 嘯 jiào チアオ (ケウ)　J —　補 —　U 5604
意味 ■よろこびの声。■叫ぶ。

口11 【嘒】〔14〕 ケイ 漢 去 霽 huì ホイ　J —　補 2218　U 5612
意味 ①声のせわしく急なさま。②声のなごやかなさま。③声のかすかに小さいさま。④かすかに光るさま。
【嘒嘒】けいけい ①声のせわしいさま。②声がやわらいでいるさま。③声のかすかなさま。「残声蟬嘒嘒こえをのこしてせみけいけいたり」(秋おそくまで声を残して鳴く蟬は、いかにも弱々しくかすかな声である。)〈橘在列たちばなのありつら・廻文詩〉

口11 【嘑】〔14〕 ■コ 漢 ■平 虞 hū フー ■コ 漢 ■去 遇 hù フー　J —　補 2217　U 5611
意味 ■さけぶ。呼ぶ。謼こ。■舌うちする。あらあらしく言う。「嘑爾こじ」
【嘑哭】ここく 大声で泣く。

口11 【嘐】〔14〕 ■コウ 漢 ■平 肴 xiāo シアオ (カウ) ■コウ 漢 ■平 肴 jiāo チアオ (カウ)　J ②0431　補 2216　U 5610
意味 ■志や言うことが大きい。大げさである。「嘐嘐然」■①鳥の鳴く声。「嘐嘎こうかつ」②ねずみのかむ音。
【嘐嘐】こうこう(かうかう) ①志もことばも大きいこと。②鳥の鳴く声。③ねずみのかむ音。

口11 【嗷】〔14〕 ゴウ (ガウ) 漢 平 豪 áo アオ　J 5151　補 —　U 55F7
口11 【嗸】〔14〕同字　J —　補 —　U 55F8
意味 ①憂うれいの声。②かまびすしい。騒がしい。「嗷騒ごうそう」
【嗷嗷】ごうごう(がうがう) ①やかましく呼ぶ声。②多くの人が憂えるさま。③雁かりの鳴く声。
【嗷然】ごうぜん(がう) 人々の憂え騒ぐさま。
【嗷訴】ごうそ(がう) 無理に訴え出る。徒党を組んで訴え出る。

口11 【嘖】〔14〕 サク 漢 入 陌 zé ツォー　J 5152　補 —　U 5616
意味 ①大声で呼ぶ。②声高く言い争うさま。③かまびすしい。口数が多い。④深い。また、深さ。＝賾さく
【嘖嘖】さくさく ①言い争うさま。②やかましくうわさする。③鳥の声の形容。

口11 【嘀】〔14〕 サク 漢 入 陌 dí ティー　J —　補 —　U 5600
意味 ①だしぬけに発する声。②現嘀咕ティーク dígu は、ひそひそ話をする。また、不安に思うさま。

口11 【嘇】〔14〕 ■サン 漢 ■平 咸 shān シャン ■サン 漢 ■去 勘 càn ツァン ■シン 漢呉 ■上 寝 shěn シェン　J ②0430　補 —　U 5607
意味 ■口の中にものを含む。「啗嘇たんさん」■声。■噤嘇きんしんは、身震いする。

口11 【嗻】〔14〕 ■シャ 漢 ■去 禡 zhè チョー ■シャ 漢 ■平 麻 zhē チョー ■シュ 漢 ■去 御 zhù チュー　J —　補 —　U 55FB
意味 ■①相手の話をさえぎる声。一方的にしゃべる。②昔、使用人が主人に返事する声。はい。■ひどい。きびしい。■まわりくどい。

口11 【嘁】〔14〕 ■ソウ 漢 ■入 合 zā ツァー (サフ) ■シュク 漢 ■入 屋 cù ツー　J —　補 —　U 5601
意味 ■なげく。■①はじる。「嘁咨しゅくし」②現嘁嘁チーチー qīqi は、ぶつぶつ声を出すさま。

口11 【嘗】〔14〕 人 標 ショウ 漢 (シャウ) ジョウ 呉 (ジャウ) 平 陽 cháng チャン　J 3008　補 —　U 5617
甘8 【甞】〔13〕同字　J 6519　補 —　U 751E
意味 ①〈な・める(ーー・む)〉＝嚐しょう ㋐味わう。味をみる。㋑経験する。②〈こころ・みる(ーー・む)〉ためす。③こころみに。ためしに。④〈かつて〉以前。⑤秋の祭り。「嘗祭しょうさい」⑥〈つねに〉いつも。＝常じょう

> 語法 〈かつて〉 これまで。以前。ある時。過去の経験・出来事を示す。例「吾嘗終日不レ食（われかつてしゅうじつくらはず）、終夜不レ寝（しゅうやいねず）、以思（もっておもふ）、無レ益（えきなし）、不レ如レ学也（まなぶにしかざるなり）」（わたしは以前に一日中食事もせず、一晩中寝もしないで考えたことがあったが、むだであった。学ぶのにはおよばない）〈論語・衛霊公〉→付録・同訓異義要覧「かつて」
>
> ●句形
> (1)［未二嘗…一］〈いまだかつて…ず〉 これまで…したことがない。例「自レ古及レ今（いにしへよりいまにおよぶまで）、未二嘗聞一也（いまだかつてきかざるなり）」（〔君子がいるのに国が乱れるなどということは〕古来まだ一度も聞いたことがない）〈荀子・王制〉
> (2)［未三嘗不二…一］〈いまだかつて…ずんばあらず〉 これまで…しなかったことはない。かならず…した。例「客至（かくいたれば）、未三嘗不二置酒一（いまだかつてちしゅせずんばあらず）」（来客があればこれまで酒を出さなかったことはない）〈蘇軾そしょく・書二東皐子伝後一〉

【嘗試】しょう(しゃう)し ①ためす。ためしに。②ためしにやってみる計画・計略。
【嘗烝】しょうじょう(しゃう) 天子や諸侯が祖先の霊をまつる祭り。
【嘗食】しょうしょく(しゃう) 味わいをみる。食物の毒味どくみをする。
【嘗膳】しょうぜん(しゃう) 食事の毒味どくみをする。親にさしあげる食物

を、まず子が食べてみること。

【嘗胆(膽)】しょう(しゃう)たん →「臥薪嘗胆」(一〇三〇ページ・「中」)

【嘗禘】しょう(しゃう)てい 春秋の祭り。四季の祖先の祭り。

【嘗味】しょう(しゃう)み なめ味わう。

口11 【嗽】〔14〕 一 ソウ漢 二 シュウ(シウ)漢 ソウ慣 三 ソク漢 ソウ慣 四 サク漢 | 一 去 宥 sòu ソウ 二 去 宥 shù シュー 三 入 屋 shuò シュオ 四 入 覚 shuò シュオ | U補J 5 5 F D 5 1 5 4

意味 一 咳せく。せき。二 くちすすぐ。うがいする。＝漱「嗽薬そうやく」 三四 吸すう。口ですする。

【嗽咳】そうがい せき。しわぶき。咳嗽。

口11 【嗾】〔14〕 ソウ漢 上 有 sǒu ソウ | U補J 5 5 F E 5 1 5 3

意味 ①犬をけしかける。②そそのかす。扇動する。「嗾使そうし」 △指嗾しそう

口11 【嘈】〔14〕 ソウ(サウ)漢 平 豪 cáo ツァオ | U補J 5 6 0 8 ①1 5 1 6 2 2 1 1

意味 さわがしい。声のうるさいさま。「嘈嗷そうごう」

【嘈嘈】そう(さう)そう(さう) がやがやいう声。嘈嗷そうごう。

口11 【嗿】〔14〕 タン漢 上 感 tǎn タン | U補J 5 5 F F 2 2 0 9

意味 多くの人が飲み食いする音。

口11 【嘙】〔14〕 ハ漢 バ呉 平 歌 pó ポー | U補J 5 6 1 9 2 2 1 9

意味 サンスクリットを漢語に音訳する際に用いた文字。意味はない。

口11 【嗶】〔14〕 ヒツ漢 入 質 bì ピー | U補J 5 5 F 6 2 2 0 8

意味 ①声の出るさま。②嗶嘰ひっきは、毛織物の一種。サージ・セルの類。

口11 【嘌】〔14〕 ヒョウ漢(ヘウ) 平 蕭 piāo ピアオ | U補J 5 6 0 C

意味 ①はやいさま。②ゆれうごくさま。③みだれる。節度がなくなる。「嘌嘌ひょうひょう」

口11 【嘛】〔14〕 マ慣 má マー | U補J 5 6 1 B 5 1 5 5

意味 ①喇嘛ラマは、ラマ教の高僧。②現当然だろうという気持ちを表す文末の語気助詞。音 ma マ。

口11 【嗹】〔14〕 レン漢 平 先 lián リエン | U補J 5 5 F 9 5 1 5 6

意味 嗹嘍れんろうは、話のまわりくどいさま。国印刷用紙を数える単位。一〇〇〇枚(古くは五〇〇枚)を一嗹とする。英語 ream の音訳。＝連

口11 【嘍】〔14〕 ロウ漢 平 尤 lóu ロウ | U補J 5 6 0 D 2 2 1 3

意味 ①おしゃべりでうるさいさま。「嗹嘍れんろう」②嘍囉ろうらは、盗賊の手下。③現感嘆を表す文末の語気助詞。音 lou ロウ。

口11 【噝】〔14〕 国字 | U補J 2 0 F 5 F ②0 4 2 9

意味 〈つき〉 姓名に用いる。

口11 【嗺】〔14〕 同 →唾(二四八ページ・下)

口11 【嘯】〔14〕 俗 →嘯(二六五ページ・中)

口11 【嘆】〔14〕 旧 →嘆(二五九ページ・中)

口11 『鳴』(一四二九ページ・上) →鳥部三画

口11 【嘘】〔14〕 俗 →嘘(二六三ページ・中)

口11 【噌】〔14〕 俗 →噌(二六三ページ・下)

口11 【嘟】〔14〕 俗 →嘟(二六四ページ・下)

口12 【噁】〔15〕 一 オ漢 二 アク漢 | 一 去 遇 wù ウー 二 入 薬 wò ウオ | U補J 5 6 4 1 2 2 3 1

意味 一 怒る。また、怒るさま。「喑噁いんお」 二 鳥の声。「噁噁あくあく」

口12 【噎】〔15〕 エツ漢 イツ漢 入 屑 yē イエ | U補J 5 6 4 E 5 1 5 7

意味 ①〈むせ・ぶ〉〈む・せる(―・す)〉 のどがつまる。②ふさがる。おおう。心がふさがって晴れない。「噎鬱えつうつ」

【噎下】えっか おおいふさぐ。

【因レ噎廃(廢)レ食】えつによりてしょくをはいす 食事中むせたことにこりて、食事をとらなくなる。小さなことにこりて、たいせつなことをやめることにたとえる。〈淮南子えなんじ・説林訓ぜいりんくん〉

口12 【嘳】〔15〕 カイ(クヮイ) 漢 去 卦 kuì コイ | U補J 5 6 3 3 2 2 2 2

意味 ①あわれむ。②嘆息する。

口12 【嗰】〔15〕 ガン漢 ゲン呉 平 刪 yán イエン | U補J

意味 ①犬が争う。②「嗰嗰がんがん」は、争うさま。

口12 【嗰】〔15〕 同字 | U補J 3 5 F 4 ②0 4 3 4

原義と派生義

器

いれもの「容器」 ― 道具「器械」 ― はたらき「器官」

度量・才能「器才」 ― (才能をみとめて)重んじる「器重」

口12 【器】〔15〕 学4 キ うつわ | U補J 5 6 6 8 2 0 7 9

旧字 口13 【器】〔16〕 人 キ漢 呉 去 寘 qì チー | U補J F A 3 8 ①1 5 2 2

口12 【器】〔15〕 同字 | U補J 5 6 5 0 5 1 5 8

筆順 丶 口 吅 吅 哭 哭 器

意味 ①〈うつわ(うつは)〉 ㋐いれもの。容器。㋑道具。器具。㋒器官。はたらき。㋓地位・爵位を記すもの。㋔才能。「才器さいき」 ㋕度量。心の広さ。②うつわにする。その才能にしたがって人を使う。「器使きし」 ③尊重する。有用の人として重んじる。④有形のもの。無形である「道みち」と対比していう。

解字  会意。四つの口と犬を合わせたもの。㗊はうつわの口で、犬がこれを守る形が器であるという。一説に、皿さらの上に犬の肉を置き、おおぜいで食べることといい、また、夏に犬が口をあけて呼吸することで、口の中が空虚になることから、物を入れるものの意味になるともいう。

名前 かた

【器宇】きう 心の広さ。度量。

【器械】きかい ①うつわ。道具。器財。②武器。器はよろい・かぶと、械はほこ・弓の類。③理単純な原理で、一定の働きをする装置。「光学器械」

【器楽(樂)】ききがく 国楽器を使って演奏する音楽。⇔声楽

【器官】きかん(くゎん) 生物体が生活作用をする機関。耳・目・鼻・口・内臓の類。

【器幹】ききかん 才能。はたらき。

【器局】ききょく 器量。

【器才】きさい 心の広さと頭のよさ。

【器使】きし 才能に応じて人を使うこと。

【器識】しき 器量と見識。
【器質】しつ ①りっぱな素質。②器量と生まれつき。
【器什】じゅう(じふ) うつわ。器物。什器。
【器重】じゅう 才気を認めて重く用いる。
【器度】きど 才気と度量。心が広くゆったりしていること。度量。
【器物】きぶつ 一①いれもの。道具。②武器。二うつわもの 国①ものを入れるもの。②事をなしとげることのできる才能。
【器分】ぶん 生まれつきの人がら・才能。
【器皿】べい ①食物を盛る器。②台所道具。
【器用】よう ①役にたつ道具類。②働き。また、働きのある人物。③国手先がよくきく。たくみ。じょうず。
【器略】りゃく 器量と才略。
【器量】りょう(りゃう) ①役にたつはたらき。才器と度量。②一定の量。③国顔かたち。
【不レ器】ならず これときまった一つの器ではない。どの方面にも役だつ才能を持っていること。「君子不レ器(くんしはきならず)」〈論語・為政(いせい)〉
【不レ成レ器】きをなさず 一つの用途をそなえた器として完成されない。完全なものにできあがらないたとえ。「玉不レ琢不レ成レ器(たまみがかざればきをなさず)」〈礼記(らいき)・学記〉
◆大器(たいき)・土器(どき)・什器(じゅうき)・凶器(きょうき)・石器(せっき)・用器(ようき)・兵器(へいき)・武器(ぶき)・便器(べんき)・茶器(ちゃき)・神器(しんき・じんぎ)・酒器(しゅき)・容器(ようき)・庸器(ようき)・祭器(さいき)・陶器(とうき)・鈍器(どんき)・楽器(がっき)・漆器(しっき)・磁器(じき)・受話器(じゅわき)・陶磁器(とうじき)・聴診器(ちょうしんき)

口12 【嘻】〔15〕 キ 漢 平 支 xī シー J ①1518 補 2226 U 563B
意味 ①〈ああ〉感嘆の声。②〈つらい笑う。③楽しみ笑う。④満足なさま。
【嘻嘻】きき ①満足するさま。②楽しみ笑うさま。
【嘻笑】きしょう(せう) ①むりに笑う。わざと笑う。つくり笑い。②よろこび笑う。
【嘻尽(盡)レ之矣】ああ、これをつくせり ああ、あまりに取りつくしてしまう。少しものがれる余地がない。〈十八史略・殷(いん)〉

口12 【嘰】〔15〕 キ 漢 平 微 jī チー J ②0432 補 2221 U 5630
意味 ①少し食う。②泣く。なげく。③嗶嘰(ひっき)は、毛織物の一種。サージ・セルの類。

口12 【噏】〔15〕 キュウ(キフ) 漢 入 緝 xī シー J — 補 2238 U 564F
意味 ①〈す・う(―・ふ)〉②おさめる。おさまる。

口12 【嘼】〔15〕 一キュウ(キウ) 漢 ク 呉 一 去 宥 chù チュー 二キク 漢 二 入 屋 xù シュイ 三シュウ(シウ) 漢 シュ 呉 三 去 宥 shòu ショウ J — 補 2227 U 563C
意味 一家畜。=畜 二家畜をかう。=畜(きく) 三けもの。=獣

口12 【噓】〔15〕 標 キョ 漢 平 魚 xū シュイ J ①8407 U 5653
口11 【嘘】〔14〕 俗字 J 1719 U 5618
意味 ①〈ふ・く〉口をすぼめて息を長くはく。うそぶく。「嘘気(きょき)」②泣く。嘆息の声。「嘘嚱(きょあ)」国〈うそ〉そらごと。
【嘘呵】きょか 息をふきかける。
【嘘唏】きょき ①ため息をついて嘆く。②すすり泣く。=歔欷
【嘘嚱】きょき ①ああ。嘆息の声。②嘆くさま。
【嘘吸】きょきゅう(きふ) 息をする。息。呼吸。
【嘘言】きょげん 国うそ。=虚言

口12 【嘵】〔15〕 キョウ(ケウ) 漢 平 蕭 xiāo シアオ ギョウ(ゲウ) 慣 J — 補 2223 U 5635
意味 ①恐れる。恐れて声を発する。「嘵嘵(ぎょうぎょう)」②くどくどと話す。③言い争うさま。「嘵咋(ぎょうさく)」

口12 【嘷】〔15〕 コウ(カウ) 漢 平 豪 háo ハオ J ②0433 補 2224 U 5637
意味 ①けものがほえる。さけぶ。「嘷叫(こうきょう)」②こどもが大声でなく。

口12 【嘬】〔15〕 サイ 漢 去 卦 chuài チョワイ J — 補 2220 U 562C
意味 ①くらう。かむ。②一気に食いつくす。

口12 【噆】〔15〕 サン 漢 上 感 zǎn ツァン J — 補 — U —
口14 【噆】〔17〕 俗字 J — 補 2234 U 5646
意味 ①口に物をふくむ。②かむ。

口12 【嘴】〔15〕 標 シ 漢 上 紙 zuǐ ツォイ J 5160 U 5634
意味 ①〈くちばし〉「嘴爪(しそう)」②突き出てとがっている所。③現くち。
◆砂嘴(さし)・断嘴(だんし)・鴨嘴(かものはし)・鶴嘴(つるはし)

口12 【噍】〔15〕 一ショウ(セウ) 漢 一 去 嘯 jiào チアオ 二シュウ(シウ) 漢 二 平 尤 jiū チウ 三ショウ(セウ) 漢 三 平 蕭 jiāo チアオ J — 補 2237 U 564D
意味 一①齧(か)む。②生きている人や動物。人間。「噍類(しょうるい)」③責める。二鳥の声。=啾「噍噍(しゅうしゅう)」三せきたてるような音、また音楽。
【噍殺】しょう(せう)さい 声がせせこましくて低いこと。
【噍咀】しょう(せう)しょ かみ、食う。咀嚼(そしゃく)。

口12 【嘱】〔15〕 常 ショク J 3092 U 5631
旧字 口21 【囑】〔24〕 ショク 漢 ゾク 呉 入 沃 zhǔ チュー J 5186 U 56D1
筆順 口 口コ 口尸 口尸 口尸 嘱 嘱 嘱
意味 〈たの・む〉たくす。言いつける。「嘱付(しょくふ)」
解字 形声。口が形を表し、屬(しょく)が音を示す。屬には、くっつく、つながるという意味がある。囑は、口をきいてくっつくことで、口でいいつけること、たのむことという意味になる。
【嘱寄】しょくき たのむ。まかせる。
【嘱言】しょくげん ①ことづて。②あとのことを頼むこと。
【嘱託】しょくたく ①頼みまかせる。②正式の任命ではなく、一時的にある仕事を頼まれた人。
【嘱付】しょくふ ①たのむ。②申しつける。
【嘱目】しょくもく 目をつけてよく見ること。
◆依嘱(いしょく)・委嘱(いしょく)

口12 【嘶】〔15〕 セイ 漢 平 斉 sī スー J 5161 U 5636
意味 ①〈いなな・く〉馬がなく。②むせびなく。虫や鳥がさびしげに鳴く。③しわがれる。声がかれる。「嘶酸(せいさん)」

口12 【噌】〔15〕 人 標 一ショウ 漢 二ソウ(サウ) 漢 ソ 慣 一 平 蒸 cēng ツォン 二 平 庚 chēng チョン J 3325 U 564C
口11 【噌】〔14〕 俗字 J — 補 — U —
意味 一かまびすしい。やかましい。うるさい。「泓噌(おうしょう)」二鐘や太鼓の音などのさま。「噌吰(そうこう)」国味噌(みそ)は、調味料

3画
←口囗土士夂(夊)夕大女子宀寸小尢(兀・尣)尸屮山巛(川)工己巾干幺广廴廾弋弓彐(彑・ヨ)彡彳⺍

の一つ。

口12【噂】〔15〕人 標 ソン 漢 上 阮 zǔn ツン U補J 1729 5642
参考「噲(かい)」は別字。

口12【噂】〔15〕俗字 U補J
意味 多くの人があつまり語る。あれこれ意見が分かれる。「噂沓(そんとう)」 国〈うわさ(うはさ)〉うわさする。
【噂話】(うわさばなし) 国うわさ。世間話。

口12【噀】〔15〕ソン 呉 漢 去 願 xùn シュン U補J ②0437 2230 5640
意味 水や酒などを吐き出す。

口12【嘽】〔15〕一タン 漢 一 平 寒 tān タン 二セン 漢 二 平 先 chān チャン 三セン 漢 三 上 銑 chǎn チャン U補J ②0435 2228 563D
意味 一 ①あえぐ。息を切らす。②多いさま。③よろこびあうさま。④ゆとりのあるさま。二 おそれる。三 ゆったりしているさま。「嘽緩(せんかん)」
【嘽諧】(せんかい) 調子がゆったりしてやわらかいこと。和楽の声。
【嘽嘽】(たんたん) ①牛馬などのあえぐさま。②盛んなさま。③多いさま。④ゆとりのあるさま。

口12【噉】〔15〕タン 漢 上 感 dàn タン U補J ①1519 2235 5649
意味 ①〈くら・う(――・ふ)〉食う。＝啖(たん) 「噉飯(たんぱん)」 ②叫ぶ。＝喊(かん)
【噉食】(たんしょく) 食事をする。
【噉飯】(たんぱん) 飯を食べるほかに才能のない人。

口12【嘾】〔15〕タン 漢 上 感 dàn タン U補J
意味 口いっぱいにふくむ。

口12【嘾】〔15〕同字 U補J 563E

口12【嘲】〔15〕常 チョウ あざける トウ(タウ) チョウ(テウ) 呉 漢 平 肴 cháo チャオ U補J 5162 5632

筆順 口 口一 口十 咕 咭 啅 嘲 嘲

口12【嘲】〔15〕俗字 U補J
意味 ①〈あざけ・る〉そしる。わらう。「自嘲(じちょう)」 ②あざけり。③たわむれる。からかう。④吟ずる。うたう。⑤鳥が鳴く。

解字 嘲 形声。口が形を表し、朝(てう)がぺちゃくちゃとしゃべる音を示す。嘲は、やかましくいいたてる、あざけるの意味を表す。一説に、朝は、鳥がさえずる音という。
【嘲諧】(ちょうかい(てうかい)) あざけりおどける。嘲謔(ちょうぎゃく)。からかう。
【嘲戯(戲)】(ちょうぎ(てうぎ)) あざけりたわむれる。からかう。
【嘲謔】(ちょうぎゃく(てうぎゃく)) あざけりそしる。
【嘲詬】(ちょうこう(てうこう)) からかう。ふざける。
【嘲笑】(ちょうしょう(てうせう)) あざけり笑うこと。あざわらい。
【嘲哳】(ちょうたつ(てうたつ)) ①鳥のペチャペチャさえずる声。②調子はずれの音。舌たらずの声。
【嘲難】(ちょうなん(てうなん)) あざけり非難する。
【嘲罵】(ちょうば(てうば)) あざけりののしる。嘲詈(ちょうり)。
【嘲弄】(ちょうろう(てうろう)) あざけりからかう。さげすみけなしてからかうこと。

口12【噔】〔15〕トウ 漢 平 蒸 dēng トン U補J 2239 5654
意味 ①人名。②現太鼓(たいこ)の音。また、重い物が地に落ちた音。

口12【噇】〔15〕トウ(タウ) ドウ(ダウ) 呉 漢 平 江 chuáng チョワン U補J ②0438 5647
意味 食べる。むさぼり食う。

口12【[口+敦]】〔15〕一トン 漢 一 平 元 tūn トゥン 二カク(クワク) 漢 呉 二 入 薬 kuò クオ U補J 2236 564B
意味 一 [口+敦][口+敦](とんとん)は、重くのろいさま。＝啍(とん) 二 たたく音。

口12【噃】〔15〕ハン 漢 平 元 ホン 呉 fān ファン U補J 2232 5643
意味 声。音。

口12【嘸】〔15〕ブ 漢 上 麌 fǔ フー U補J 5163 5638
意味 はっきりしないさま。いぶかしいさま。＝憮(ぶ) 「嘸然(ぶぜん)」 国〈さぞ〉さぞかし。さだめし。

口12【噴】〔15〕常 フン ふく ホン 漢 呉 平 元 フン 慣 pēn ペン U補J 4214 5674

旧字 口13【噴】〔16〕 U補J 2F84F

筆順 口 口一 口十 口土 口卉 口卉 嘖 噴

意味 ①〈ふ・く〉ふき出す。「噴泉(ふんせん)」 ②声あらく言う。しかる。③くしゃみをする。「噴嚏(ふんてい)」
解字 噴 形声。口が形を表し、賁(ふん)が音を示す。賁には、わきあがる意味がある。噴は怒ること、鼻を鳴らすこと、口からふき出すことをいう。
【噴煙】(ふんえん) 煙をふき出す。また、その煙。
【噴激】(ふんげき) ①激しくふき上げる。②ひどくふんがいする。＝憤激
【噴出】(ふんしゅつ) ふき出る。ふき出す。
【噴石】(ふんせき) 火山のふき出した石。噴火石。
【噴泉】(ふんせん) 高くふき出す泉水。
【噴騰】(ふんとう) ガス体・液体などが高くふきあがること。
【噴飯】(ふんぱん) 思わず口中の飯をふき出すこと。おかしくてたまらないさま。

口12【嘿】〔15〕ボク 漢 入 職 モク 慣 mò モー U補J ②0436 2229 563F
意味 ①だまる。しずか。＝默(ぼく) ②現呼びかけや驚きを表す声。音 hēi ヘイ。

口12【嘹】〔15〕リョウ 漢 (レウ) 平 蕭 liáo リアオ U補J 2225 5639
意味 ①鳴く。②遠くまで聞こえる澄んだ声。「嘹喨(りょうりょう)」

口12【嘮】〔15〕一トウ 漢 一 平 肴 (タウ) chāo チャオ 二ロウ 漢 二 平 豪 (ラウ) láo ラオ U補J 562E
意味 一 かまびすしい。「嘮呶(どうど)」 二 ①くどくどしゃべる。「嘮叨(ろうとう)」 ②音や声。

口12【嘟】〔15〕トゥー dū U補J

口11【嘟】〔14〕俗字 U補J 561F
意味 現嘟嚕(トゥール) dūlu は、ぶどうの実などが、ふさふさと連(つら)なり集まっているさま。

口12【噗】〔15〕プー pū U補J 5657
意味 現プッと笑い出すさま。また、その音。強く吹く音。

口12【嘩】〔15〕旧 ↓嘩(二五八ページ・上)

口12【噐】〔15〕同 ↓器(二六二ページ・下)

口12【[口+間]】〔15〕同 ↓[口+閒](二六二ページ・中)

口12【[口+絜]】〔15〕俗 ↓喫(二五四ページ・中)

口12【噛】〔15〕(簡)→嚙(二六六ページ・下)

口13【噯】〔16〕アイ (漢) (去) 泰 ǎi アイ　U補J ①1523 2248 566F
(意味) ①息。②いや。反対や否定の声。③おくび。げっぷ。「噯気」

口12【噂】〔15〕(俗)→噂(二六四ページ・上)

口13【噫】〔16〕㊀イ (漢)(呉) ㊀(平) 支 yī イー　㊁アイ (漢)(呉) ㊁(去) 卦 ài アイ　U補J 5164 566B
(意味) ㊀〈ああ〉感嘆の声。「噫乎」「噫嘻」 ㊁①おくび。げっぷ。＝噯 ②吹く。吐く。
【噫乎】嘆息または哀痛の声。＝噫嘻
【噫嘻】㊀①ほめたたえて感嘆する声。②不満の声。㊁「詩経」の編名。
【噫噎】むせぶこと。
【噫気(氣)】①吐き出す息。呼気。②(国)おくび。げっぷ。

口13【噢】〔16〕㊀ウ (漢) ㊀(上) 麌 yǔ ユィ　㊁ウ (漢) ㊁(去) 遇 yù ユィ　U補J 2243 5662
(意味) ㊀①うめく。痛がって声を出す。②痛みをなぐさめる。㊁つらい。悲しい。
【噢咻】あわれみいたむ声。かわいそうだと思いやる声。〈漢尉氏令鄭季宣碑〉

口13【噦】〔16〕㊀エツ (漢) (エツ) ㊀(入) 月 yuě ユエ　㊁カイ (漢) (クヮイ) ㊁(去) 泰 huì ホイ　U補J ①1521 2245 5666
(意味) ㊀①しゃっくり。②吐いても物が出ない状態。㊁①噦噦は、㋐鳥の声。㋑ゆっくりとリズムのある音。②あかるいさま。

口13【㗻】〔16〕カ(クヮ) (漢) (平) 歌 gē コー　U補J 35FB
(意味) こどもの語りあう声。「㗻㗻」

口13【噲】〔16〕カイ(クヮイ) (漢) (去) 卦 kuài コワイ　U補J ①1525 2250 5672
(意味) ①のど。②くち。くちばし。「噲息」③すする。④ひろびろとして気持ちよいさま。「噲然」
(参考)「噌」は別字。

口13【噩】〔16〕ガク (漢) (入) 薬 è オー　U補J 2246 5669
(意味) ①おどろく。＝愕 ②おごそかなさま。③(現)悪い。不吉な。「噩耗 èhào」
【噩夢】①驚いたため見る夢。＝愕夢 ②不吉な夢。

口13【噶】〔16〕カツ (漢) (入) 曷 gé コー、gá カー　U補J ①1520 5676
(意味) ①ガーという音の擬声語。②外来語の漢語音訳に用いる字。「喀什噶爾」

口13【噱】〔16〕キャク (漢) (入) 薬　キョ (慣) jué チュエ　U補J ①1524 2249 5671
(意味) ①〈わら・う(——・ふ)〉大笑いするさま。「噱然」②口の中。また、口をあけあえぐ。

口13【噭】〔16〕㊀キョウ (漢)(呉) (ケウ) ㊀(去) 嘯 jiào チアオ　㊁キョウ (漢) (ケウ) ㊁(去) 嘯 qiào チアオ　U補J ②0441 2247 566D
(意味) ㊀①〈さけ・ぶ〉ほえる。鳴く。②大声で泣くさま。「噭然」 ㊁くち。馬の口。
【噭応(應)】叫びこたえる。
【噭噭】泣き声。鳴く声。【——然】声をあげて悲しみ泣くさま。〈荘子・至楽〉
【噭哮】ほえる。叫びほえる。咆哮。

口13【噤】〔16〕キン (漢) (去) 沁 jìn チン　U補J 5165 5664
(意味) ①〈つぐ・む〉口を閉じる。「噤口」「噤閉」②閉じる。「噤門」

口13【噙】〔16〕キン (慣) qín チン　U補J 5659
(意味) 口にふくむ。また、目になみだをためる。

口13【噞】〔16〕ゲン (漢) (上) 琰 yǎn イエン　U補J ②0439 2240 565E
(意味)〈あぎと・う(——・ふ)〉魚が水面で呼吸する。「噞喁」

口13【噻】〔16〕サイ (慣) sāi サイ　U補J 567B
(意味) ①口を閉じる。②(現)噻唑 sāizuò は、(理)チアゾール。

口13【嘯】〔16〕ショウ(セウ) (漢)(呉) (去) 嘯 xiào シアオ　U補J 5166 562F
欠13【歗】〔17〕古字　U補J 6B57
口11【嘨】〔14〕俗字　U補J ②0428 5628
(意味)〈うそぶ・く〉①口をすぼめて声を出す。②節をつけてうたう。くちずさむ。「長嘯」③声を長くのばしてうなる。ほえる。(国)〈うそぶ・く〉そらとぼける。
【嘯詠】うそぶき歌う。
【嘯傲】うそぶきおごる。自由でしばられない心境。「嘯傲東軒下」(部屋の東側の軒のもとで、のびのびと解放された思いにひたる。)〈陶潜の詩・飲酒〉
【嘯集】よび集める。＝嘯聚
【嘯風】①風に吹かれながらうそぶく。②風を呼びおこす。【——子】虎の別名。【——弄月】風にうそぶき、月をもてあそぶ意で、詩歌・風流に心を楽しませること。

口13【噬】〔16〕セイ (漢) (去) 霽　ゼイ (呉) shì シー　U補J 5167 566C
(意味) ①〈か・む〉くらう。「噬犬」②のみこむ。③侵す。④およぶ。＝逝
【噬齧】かむ。
【噬嗑】易の卦の一つ。口の中に物のあるかたちで、かむ、また、とらわれるなどの意をもつ。
【噬臍】ほぞをかむ。〈へそはかもうとしても届かない意で、後悔してもしかたのないこと。また、今さらどうにもならないことを後悔することのたとえ。

口13【噡】〔16〕セン (漢) (平) 塩 zhān チャン　U補J 2242 5661
(意味) ①しゃべる。べらべら言う。②たわごと。

口13【噪】〔16〕ソウ(サウ) (漢) (去) 号 zào ツァオ　U補J 5168 566A
(意味) ①〈さわ・ぐ〉さわがしい。②虫や鳥が鳴く。「噪鴉」③ののしる。
【噪聒】やかましい。さわがしい。
【噪急】口やかましく、気が短い。
【噪蟬】やかましく鳴きたてるせみ。

口13【噠】〔16〕タツ (漢) (入) 曷 dā ター　U補J ②0440 2241 5660
(意味) ①馬の足音などの擬声語。「噠噠」②嚈噠は、南北朝時代の西域にあった国名。

口13【噣】〔16〕㊀チュウ(チウ) (漢) ㊀(去) 宥 zhòu チョウ　㊁タク (漢) ㊁(入) 覚 zhuó チュオ　U補J 2244 5663
(意味) ㊀①くちばし。＝咮 ②星の名。柳星。㊁鳥がついばむ。＝啄

口13【噵】〔16〕 トウ(タウ) 漢 ドウ(ダウ) 呉 上 皓 dào タオ
意味 いう。話す。＝道(どう) U補J 5675 2251 —

口13【噥】〔16〕 ドウ 漢 平 冬 nóng ノン
意味 ①多弁でたらめをいう。②味がこい。＝濃(のう) ③ささやく。 U補J 5665 — —

口13【噹】〔16〕 dāng タン
意味 現金属のふれあう音。かあん。ごおん。 U補J 5679 — —

口13【噸】〔16〕 国字 トン dūn トゥン
意味〈トン〉①重さの単位。㋐千キログラム。㋑二千二百四十ポンド。㋒二千ポンド。②船舶の容積の単位。毎百立方フィートを一噸とする。（ただし、貨物の積量は毎四十立方フィートが一噸） U補J 5678 — 3853

口13【噺】〔16〕 標 国字
意味〈はなし〉ものがたり。「お伽噺(とぎばなし)」
参考 国字だが、中国でも用いられる。 U補J 567A — 4024

口13【嚄】〔16〕 俗↓嚄(本ジー・上)

口13【器】〔16〕 旧↓器(二六二ジー・下)

口13【噴】〔16〕 旧↓噴(二六四ジー・中)

口14【嚇】〔17〕 常 カク
一 カク 漢 一 入 陌 hè ホー
二 カ 漢 二 去 禡 xià シア U補J 5687 — 1937

筆順 口 叶 吐 哧 哧 嚇 嚇 嚇

意味 一①いかる。しかる。激しくしかる。「嚇怒(かくど)」②〈おど・す〉おどかす。「威嚇(いかく)」③ひらく。二①笑う声。「嚇嚇(かか)」②一の②に同じ。
解字 形声。口が形を表し、赫(かく)が音を示す。赫は火が燃えさかることで、カッカとしている状態を表す。嚇は、怒ってしかること、口でおどかす意味である。一説に、口でさからうことを表すともいう。

口14【嚄】〔17〕 カク 漢 入 陌 (クヮク) huò フオ U補J — — —
意味 ①嚄唶(かくさく)は、㋐よぶ。さけぶ。㋑かまびすしい。うるさい。㋒大笑いする。㋓元気がいい。負けぬ気。老いてますます盛んなさま。矍鑠(かくしゃく)。「嚄唶宿将(かくさくたるしゅくしょう)」〈史記・信陵君列伝〉㋔鳥がなく。②ああ。驚きの声。
【嚄咋】(かくさく)(くわくさく) さるのなき声。
【嚄嚄】(かくかく)(くわくくわく) ぶたのなき声。

口13〔嚄〕〔16〕 俗字 U補J 5684 2252 —

口14【嚆】〔17〕 コウ 漢 平 肴 (カウ) hāo ハオ
意味 ①さけぶ。よぶ。②鳴りひびく。 U補J 5686 — 5169
【嚆矢】(こうし)(かうし) ①かぶらや。②事のはじまり。昔は戦いを始めるとき、まずかぶら矢を射たのでいう。〈荘子(そうじ)・在宥〉

口14【嚎】〔17〕 コウ 漢 平 豪 (カウ) háo ハオ
意味 ①大きな声。②大声で泣き叫ぶ。「嚎哭(こうこく)」 U補J 568E — —

口14【嚅】〔17〕 ジュ 漢 平 虞 rú ルー
意味 ①おしゃべり。②へつらいわらう。「嚅呪(じゅじ)」③囁嚅(じょうじゅ)は、㋐こっそりとささやく。㋑つぐむ。言いかけてやめる。 U補J 5685 2253 —

口14【嚌】〔17〕
一 セイ 漢 一 去 霽 jì チー
二 カイ 漢 二 平 佳 jiē チエ U補J 568C 2256 ②0444
意味 一①なめる。ちょっと味わう。②吸う。二①うらみをこめた声。「嚌咍(かいかい)」②嚌嚌(かいかい)は、㋐たくさんの鳥の鳴き声。㋑楽器の音。

口14【嚋】〔17〕
一 チュウ 漢 一 平 尤 (チウ) chóu チョウ
二 チュウ 漢 二 平 尤 (チウ) zhōu チョウ U補J 568B 2255 —
意味 一〈だれ〉二だます。

口14【嚀】〔17〕 ディ 漢 ネイ 慣 平 青 níng ニン U補J 5680 — 5170
意味 叮嚀(ていねい)は、ねんごろにさとす。＝寧
参考 新表記では、「寧」に書きかえる熟語がある。

口14【嚊】〔17〕 ヒ 漢 去 寘 pì ピー U補J 568A — 5171
意味 あえぐ声。国〈かかあ〉かか。女房(にょうぼう)。＝嬶(国字)
【嚊天下】(かかあでんか) 国主婦が権力をふるって一家を支配すること。↕亭主関白(ていしゅかんぱく)

口14【嚈】〔17〕
一 ヨウ 漢 一 入 葉 (エフ) yè イエ
二 エン 漢 呉 二 去 霰 yàn イエン U補J 5688 2254 ②0443
意味 一嚈噠(ようたつ)は、南北朝時代の西域(せいいき)にあった国名。二のむ。＝咽(えん)

口14【嚓】〔17〕 cā ツァー chā チャー U補J 5693 — —
意味 現①硬(かた)い物がこすれあう音を表す。ぎいっ。②嚓嚓(チャーチャー)は、ひそひそ話。

口14【嚌】〔17〕 同↓衜(二二九ジー・中)

口14【嚔】〔17〕 俗↓嚏(本ジー・下)

口14【嚐】〔17〕 俗↓嚐(二六三ジー・中)

口15【嚚】〔18〕 ギン 漢 平 真 yín イン U補J 569A 2259 ②0446
意味 ①おろか。「嚚闇(ぎんあん)」②ことばに誠意がない。「嚚訟(ぎんしょう)」③口がきけない。
【嚚訟】(ぎんしょう) 言うことにうそが多く、好んで言い争いをする。

口15【嚙】〔18〕 標
一 ゴウ 漢 一 上 巧 (ガウ) yǎo ヤオ
二 ゲツ 漢 二 入 屑 niè ニエ U補J 5699 2258 ①1526
意味 一二①〈か・む〉かじる。②口にくわえる。

口12〔嚙〕〔15〕 簡慣 U補J 565B — 1990

口15【嚝】〔18〕 コウ 漢 平 庚 (クヮウ) hōng ホン U補J 569D 2260 ②0447
意味 ①〈なげ・く〉大声でなげく。感嘆する。また、その声。②鐘や太鼓の音。

口15【嚔】〔18〕 テイ 漢 去 霽 tì ティー U補J 5694 — 5173
意味 ①くしゃみ。②くしゃみする。

口14〔嚔〕〔17〕 俗字 U補J 568F — 5174

口15【嚜】〔18〕
一 ビ 漢 一 去 寘 mèi メイ
二 ボク 漢 モク 呉 二 入 職 mò モー U補J 569C — —
意味 一あざむく。いつわる。「嚜屎(びち)」二①満足しないさま。「嚜嚜(もくもく)」②現「嘛」(二六二ジー・上)の②と同じ用法に用いられる。音 me モ。

口15【嚟】〔18〕 リ 平 支 lí リー U補J 569F 2262 —
意味 音訳語。「梨(り)」という音にあてた。

口15【嚠】〔18〕 リュウ 漢 平 尤 (リウ) liú リウ U補J 56A0 — 5172

意味 嚠喨(りゅうりょう)は、楽器の音などが、たからかにひびきわたるさま。＝瀏亮(りゅうりょう)

口15【嚕】〔18〕 ロ 漢 上 麌 lū ルー　U補J 5695 2257 ②0445
意味 ①だらだらしゃべる。②へつらう。③嘟嚕(トゥール) dūlu は、ぶどうの実などが連なり集まっているさま。

口15【嚞】〔18〕 古 →哲(二四六ページ・中)

口15【嚢】〔18〕 俗 →囊(二六八ページ・上)

口15〖臨〗→臣部十一画(一〇三〇ページ・下)

口16【嚥】〔19〕 標 エン 呉 漢 去 霰 yàn イエン　U補J 56A5 ― 5175
意味 のむ。のみこむ。＝咽(えん)「嚥下(えんか)」「嚥気(えんき)」

口16【𡃧】〔19〕 キョ 漢 平 魚 xū シュイ　U補J 210E7 ― ―
意味 泣く。むせび泣く。＝歔(きょ)

口16【嚮】〔19〕 ■一 キョウ(キャウ) 漢 ■一 去 漾 xiàng シアン　コウ(カウ) 呉　■二 キョウ(キャウ) 漢 ■二 上 養 xiǎng シアン　コウ(カウ) 呉　U補J ― ― ―

口16【嚮】〔19〕 同字　U補J 56AE ― 5176
意味 ■一 ①〈むか・う(――・ふ)〉むく。おもむく。近づく。＝向(きょう)「嚮服(きょうふく)」②〈さき〉さきに。以前に。③〈もし〉仮に。④窓。■二 ①受ける。もてなしを受ける。また、もてなす。＝享(きょう)・饗(きょう) ②ひびく。ひびき。＝響(きょう)
参考 新表記では、「向」に書きかえる熟語がある。
【嚮景】(きょうえい(きゃう)) 声と姿。嚮は響に同じく、景は影に同じ。「応＝嚮景＝(きょうえいにおうず)」(相手の声を聞いたり姿を見たりすると、すぐ反応をおこす。)〈荘子(そうじ)・達生(たっせい)〉
【嚮応(應)】(きょう(きゃう)おう) 響きが声に応ずるように、すぐに応じて動き出すこと。嚮は響に通じて用いる。＝響応
【嚮日】(きょう(きゃう)じつ) ①太陽に向かう。＝向日 ②先ごろ。先日。
【嚮者】(きょう(きゃう)しゃ) さきに。前に。＝向者
【嚮然】(きょう(きゃう)ぜん) 音のひびくさま。
【嚮道】(きょう(きゃう)どう(だう)) 道案内をする。また、案内者。＝嚮導
【嚮背】(きょう(きゃう)はい) 味方になることと、敵になること。＝向背・郷背
【嚮赴】(きょう(きゃう)ふ) ひびきのように、あとにつく。

口16【嚫】〔19〕 シン 漢 去 震 chèn チェン　U補J 56AB 2267 ―
意味 僧侶に布施(ふせ)を与える。また、布施。

口16【嚪】〔19〕 タン 漢 上 感 dàn タン　U補J 56AA ― ―
意味 食う。くらう。くらわす。＝啖(たん)・啗(たん)

口16【嚩】〔19〕 ハク 漢 バク 呉 入 薬 mó モー　バ 慣　U補J 56A9 2266 ①1528
意味 サンスクリット Va の漢訳語。

口16【嚭】〔19〕 ヒ 漢 上 紙 pǐ ピー　U補J 56AD 2269 ②0449
意味 ①大きい。②伯嚭(はくひ)は、人名。呉の国の太宰。

口16【嚬】〔19〕 ヒン 漢 平 真 pín ピン　U補J 56AC 2268 ①1529
意味 〈ひそ・める(――・む)〉まゆをひそめる。顔をしかめる。＝顰(ひん)・矉(ひん)「嚬笑(ひんしょう)」
【嚬蹙】(ひんしゅく) まゆをひそめ、鼻すじにしわを寄せる。心配または不愉快に思うときのようす。
【嚬瘁】(ひんすい) まゆをひそめて憂える。嚬蹙(ひんしゅく)。
【嚬眉】(ひんび) まゆをひそめる。嚬蹙(ひんしゅく)。

口16【嚦】〔19〕 レキ 漢 リャク 呉 入 錫 lì リー　U補J 56A6 2263 ―
意味 ①鳥のすんだ鳴き声。②凶悪なさま。③歌のあいので。

口16【嚧】〔19〕 ロ 漢 呉 ル 慣 平 虞 lú ルー　U補J 56A7 2264 ―
意味 ①豚を呼ぶ声。「嚧嚧(ろろ)」②呼嚧(ころ)は、笑う。③仏典などの漢訳語。「嚧遮那(るしゃな)」

口16【嚨】〔19〕 ロウ 漢 平 東 lóng ロン　U補J 56A8 2265 ②0448
意味 喉(のど)。「嚨喉(ろうこう)」「嚨胡(ろうこ)」

口16【嚮】〔19〕 同 →嚮(本ページ・上)

口17【嚶】〔20〕 オウ(アウ) 漢 平 庚 yīng イン　U補J 56B6 ― 5177
意味 ①鳥がたがいに調子をあわせて鳴く。また、その声。「嚶鳴(おうめい)」「嚶嚶(おうおう)」②友人が励まし合う声。
【嚶鳴】(おう(あう)めい) 鳥が声をそろえて鳴く。【――館詩集】(おう(あう)めいかん(くわん)ししゅう(しふ)) 国 書名。三巻。江戸後期の儒者、細井平洲(へいしゅう)の詩集。

口17【嚱】〔20〕 キ 漢 平 支 xī シー　U補J 56B1 2270 ―
意味 〈ああ〉感嘆の声。

口17【嚳】〔20〕 コク 漢 入 沃 kù クー　U補J 56B3 2271 ①1530
人7【俈】〔9〕 同字　U補J 4FC8 1726 ―
意味 ①告げる。急ぎ告げる。②古代帝王の名。帝嚳(ていこく)。

口17【嚷】〔20〕 ジョウ 慣 rǎng ラン　U補J 56B7 2272 ―
意味 ①大声でわめく。②現 嚷嚷(ランラン) rāngrang は、大声でさわぐさま。

口17【嚲】〔20〕 タ 漢 上 哿 duǒ トゥオ　U補J 56B2 ― ②0450
意味 ①垂れさがる。②ぐったりする。③広い。濃い。④身をかくす。＝躱(た)

口17【嚴】〔20〕 旧 →厳(五六六ページ・中)

口18【嚾】〔21〕 ■一 カン(クヮン) 漢 呉 ■一 去 翰 huàn ホワン　■二 カン(クヮン) 漢 呉 ■二 平 寒 huān ホワン　U補J 56BE 2273 ―
意味 ■一 よぶ。さけぶ。＝喚(かん)「嚾呼(かんこ)」■二 かまびすしい。また、そのさま。「嚾嚾(かんかん)」

口18【囂】〔21〕 ■一 ゴウ(ガウ) 漢 ■一 平 蕭 xiāo シアオ　キョウ(ケウ) 漢　■二 ゴウ(ガウ) 漢 ■二 平 豪 áo アオ　U補J 56C2 ― 5179

口18【嚻】〔21〕 同字　U補J 56BB ― ―
意味 ■一 ①やかましい。さわがしい。「囂喧(ごうけん)」「囂嘩(ごうか)」②ほしいままにふるまう。③浮わついている。「囂浮(ごうふ)」④心静かで無欲なさま。■二 ①うれえるさま。②皆が悪口をいうさま。③山のくぼみ。
【囂埃】(ごう(がう)あい) 騒がしい俗世間。
【囂囂】(ごう(がう)ごう(がう)) ①声のやかましいさま。②満足して無欲なさま。③なげき心配するさま。
【囂然】(ごう(がう)ぜん) ①人々のうらみ心配する声。②さわがしいさま。③静かなさま。④飢えるさま。⑤自得のさま。

口18【嚼】〔21〕　U補J 56BC ― 5180

3画
口囗土士夂(夊)夕大女子宀寸小尢(兀・兀)尸屮山巛(川)工己巾干幺广廴廾弋弓彐(彑・ヨ)彡彳⺍

3画
口囗土士夂(夊)夕大女子宀寸小尢(尣・兀)尸屮山巛(川)工己巾干幺广廴廾弋弓彐(彑・⺕)彡彳⺍

シャク ㊤|㊅ 藥 jué チュエ、jiáo, jiào チアオ

意味 ①〈か・む〉かみくだく。②味わう。③酒を飲みほす。

【嚼齧】かむ。

【嚼残(殘)】かみのこす。食べのこす。

口18【囁】〔21〕 標 ジョウ ㊤㊥|㊅ 葉 (ゼフ) niè ニエ J 5181 補 U 56C1

意味 ①〈ささや・く〉②みだりにものをいう。

【囁嚅】①こっそりとささやくさま。②ものを言いかけて口をつぐむさま。

口18【囃】〔21〕 標 ソウ ㊤|㊅ 合 (サフ) cà ツァー J 5182 補 U 56C3

意味 ①〈はやし〉拍子をとり、踊りを助ける声。②話す。

国〈はや・す〉①おはやしを奏する。②はやしたてる。声をそろえてからかう。③おだてる。

口18【囀】〔21〕 標 テン ㊤㊥|㊦ 霰 zhuàn チョワン J 5183 補 U 56C0

意味 ①〈さえず・る(さへづ・る)〉鳥がきれいな声で鳴く。②うっとりさせる歌いかた。

口19【囈】〔22〕 ゲイ ㊤|㊦ 霽 yì イー J 5184 補 U 56C8

意味 ①ねごと。うわごと。とりとめのないことば。「囈語」②くしゃみをする。

口19【囋】〔22〕 一 サツ ㊤|一 ㊅ 曷 zá ツァー 二 サン ㊤|二 ㊦ 翰 zàn ツァン J ― 補 2277 U 56CB

意味 一①鼓の音。「嘈囋」②がやがや言う。二①そしる。あざける。②たすける。＝讚 ③食う。

口19【囅】〔22〕 テン ㊤|㊤ 銑 chǎn チャン J ②0451 補 2274 U 56C5

意味 大いに笑うさま。「囅然」

口19【囊】〔22〕 標 ドウ(ダウ) ㊤ ノウ(ナウ) ㊥|㊥ 陽 náng ナン J ①1532 補 2276 U 56CA

口15【嚢】〔18〕 俗字 J 3925 補 ― U 56A2

意味 ①〈ふくろ〉㋐大きいふくろ。㋑さいふ。㋒入れもの。②ふくろに入れる。つつむ。③姓。

【囊括】つつみくくる。袋の中に入れて、その口をくくる。残らず包み取ること。

【囊空】さいふが空になること。

【囊装(裝)】①包んだもの。②旅支度。

【囊橐】①底のある袋と、底のない袋。②大きい袋と小さい袋。

【囊中】①袋の中。②さいふの中。【――無一物】さいふの中に一文もない。【――之錐】袋の中のきりは先がすぐ外に出るように、賢い人は多くの人の中にいても、その才能が自然に現れ出るたとえ。〈史記・平原君列伝〉【探――物】袋の中の物をさぐり取るように、非常に容易なこと。〈五代史・南唐世家〉

【囊底】ふくろの底。【――智】「の知恵。

【囊沙之計】漢の韓信が土囊で川の上流をせきとめ、敵が川を渡ろうとしたのを見はからって、一度に水を流し、大いにこれを破ったという計略。〈史記・淮陰侯列伝〉

◇▼土囊・砂囊

口19【囉】〔22〕 ラ ㊤㊥|㊥ 歌 luō, luó ルオ J ①1531 補 2275 U 56C9

意味 ①歌の調子をたすける声。②声が入りみだれる。「囉唣」③こどもの声。④おしゃべり。

口19【囎】〔22〕 国字 J 5185 補 ― U 56CE

意味 囎唹は、鹿児島県の郡名。現在は曽於と書く。

口20【囐】〔23〕 一 サツ ㊤|一 ㊅ 曷 zá ツァー 二 ゲツ ㊤|二 ㊅ 屑 niè ニエ 三 ゲン ㊤|三 ㊦ 願 yàn イエン J ― 補 2279 U 56D0

意味 一嘈囐は、音楽や人の声がうるさい。＝囋 二罪をきめる。三弔問する。＝唁

口20【囌】〔23〕 sū スー J ― 補 2280 U 56CC

意味 現 囉囌 luósu は、くどくどしゃべる。

＝嚕囌

口20【囑】〔23〕 同 →矚(二四一四ページ・中)

口20【𡅏】〔23〕 古 →艱(一〇四二ページ・中)

口21【囍】〔24〕 キ xǐ シー J ②0452 補 2281 U 56CD

意味 結婚などの祝い事に用いられる記号。双喜字。

口21【囓】〔24〕 同 →齧(一四五五ページ・中)

口21【囑】〔24〕 旧 →嘱(二六三ページ・下)

口22【囔】〔25〕 nāng ナン J ― 補 ― U 56D4

意味 現 嘟囔 dūnang は、ひそひそ話をする。ぐちをこぼす。

3画 囗部 くにがまえ

【部首解説】「囲む」形にかたどる。この部には、「囗」の形を構成要素とする文字が属する。

囗0【囗】〔3〕 一 イ ㊤|一 ㊥ 微 wéi ウエイ (ヰ) 二 コク ㊤|二 ㊅ 職 guó クオ J 5188 補 ― U 56D7

意味 一「圍」(二七三ページ・中)の古字。二「國」(二七五ページ・中)の古字。

解字 [囗] 象形。ぐるりととりまく形。また、かこいの形を表した字。

囗2【四】〔5〕 学1 シ ㊤㊥|㊦ 寘 sì スー J 2745 補 ― U 56DB

シ よ・よつ・よっつ・よん

筆順 丨 ㄇ 𠃍 四 四

二2【亖】〔4〕 古字 J 1630 補 ― U 4E96

意味 ①〈よ〉〈よつ〉〈よっつ〉〈よん〉㋐四番めの数。㋑四人。四個。②〈よたび〉〈よたび・す〉四回。また、四回する。③よも。四方。「四海」④音階の一つ。国〈よつ〉昔の時刻の名。巳の刻。今の午前十時ごろ。また、およそ午前九時から十一時までの時刻。

解字 [四] 指事。口と八とを合わせた字。口は国で、四方を、八は分けることを表す。四は、四方に分けることから、四つの意味となる。一説に、四は、口と舌といきとを表した字で、いきをすることを表し、肆の仮借で、四つ並べる意味という。

名前 ひろ・もち 姓 四十九院・四方田・四戸・四月一日 地名 四日市・四条畷・四街道

難読 四阿・四十雀

【四阿】壁がなく、四本柱に屋根を取り付けた家。

【四悪(惡)】一 四つの悪。虐(教化せずに民を殺す)・暴(事前の注意なく不意に成果を検査する)・賊(いいかげんに命令しておいて期日は厳守させる)・有司(賞を与えるのに出し惜しみする)をいう。〈論語・尭曰〉 二 四つのいやなもの。憂労・貧賤・危墜(危険になる)・滅絶(子孫が

絶えてなくなる)の四つ。
【四夷】しい ①四方の蛮族。東夷・西戎・南蛮・北狄。②異民族の総称。
【四囲(圍)】しい(ゐ) ①まわり。ぐるり。周囲。②四方を囲む。四方から囲む。
【四維】しい(ゐ) ①四方のすみ。乾(西北)・坤(西南)・艮(東北)・巽(東南)をいう。②国家を維持するのに必要な大綱。礼・義・廉・恥。
【四裔】しえい 四方のはて。四方の国境。裔は、衣服のすそ。
【四筵】しえん 宴席の人々。満座の人々。
【四恩】しおん 仏①四種の恩。㋐僧がこうむる父母・師友・国王・施主の恩。㋑全ての人がこうむる父母・衆生(民衆)・国王・三宝の恩。②恩を施す四つの方法。布施・慈愛・化導・共歓。
【四科】しか(くわ) 孔子が門人に教えた四つの学科。徳行・言語・政事・文学。
【四海】しかい ①中国の四方を取りまく四つの海。転じて天下、世界をいう。②国じゅう。【──兄弟】しかいけいてい すべての人は、兄弟のように分けへだてなく親しむべきだという意。四海同胞。〈論語・顔淵〉【──同胞】しかいどうほう ↓四海兄弟【──波静(靜)】しかいなみしずか(しづか) 天下泰平なこと。【──為(爲)レ家】しかいをいえ(いへ)となす ①天下を自分の家のようにする。王者の事業の広大なことをいう。〈史記・高祖本紀〉②住所が不定なこと。世界のどこにも家がある意。
【四岳(嶽)】しがく ①中国の四方の名山。泰山(東)・華山(西)・衡山(南)・恒山(北)。②中国の伝説時代である尭・舜の頃の官名。四方の諸侯を治めた。四人とも一人ともいう。
【四気(氣)】しき ①四季の気候。温(春)・熱(夏)・冷(秋)・寒(冬)。②四季に対応する感情。喜(春)・楽(夏)・怒(秋)・哀(冬)。
【四季】しき 春・夏・秋・冬。四時。
【四畿】しき 四方の国境。
【四器】しき 物の形を正しく描くのに必要な道具。規(円を描く器・コンパス)・矩(方形を描く器)・準(水平をきめる器)・縄(直線を描く器)の四つをいう。
【四虚(虛)】しきょ ①四方の大空。②詩体の一。律詩の中四句の対句がすべて具体的に述べず、抽象的な観念を詠じたもの。
【四凶(「兇」)】しきょう 尭の時代の四人の悪人。共工・驩兜・三苗・鯀。

【四教】しきょう(けう) ①詩・書・礼・楽の教え。〈礼記・王制〉②文・行・忠・信の教え。〈論語・述而〉③女の四つの教え。言・徳・容(すがた)・功(わざ)をととのえること。④家を治める四つの教え。勤・倹・恭・恕。

【四境】しきょう(きゃう) 四方の国境。

【四疆】しきょう(きゃう) 四方の境。＝四境
【四極】しきょく 四方のはて。四方のはての国。

【四苦】しく 仏人生の四つの大きな苦しみ。生・老・病・死。

【四苦八苦】しくはっく 仏たえがたい、非常な苦しみ。すべての苦しみ。八苦は四苦に、愛別離苦・怨憎会苦・求不得苦・五陰盛苦の四苦を加えていう。

【四衢八街】しくはちがい 大通りがいくつもある大市街。「四通八達」の地。

【四君】しくん 戦国時代の斉の孟嘗君、趙の平原君、楚の春申君、魏の信陵君の四人をいう。四公子。四賢。【──子】しくんし 蘭・菊・梅・竹のこと。気品があるので君子にたとえていう。

【四芸(藝)】しげい 琴・碁・書・画の四つの芸。

【四弦(「絃」)】しげん ①楽器の四本の糸。②琵琶。【──一声(聲)】しげんいっせい 琵琶の四本の弦を、同時に一回鳴らす。

【四庫】しこ 唐の玄宗が書物を、甲(経書)・乙(歴史)・丙(諸子)・丁(詩文集)に分類しておさめた書庫。【──書目】しこしょもく 唐の四庫に収容した書物の目録。【──全書】しこぜんしょ 書名。清の乾隆帝が編修させた大叢書。古来の名著を国内に求め、経・史・子・集の四庫に収めた。【──全書総(總)目提要】しこぜんしょそうもくていよう(えう) 書名。二百巻。清の乾隆帝の命をうけて、紀昀らが著したもので、四庫全書の目録を書き、それぞれの解題をしている。【──分類】しこぶんるい 四部分類ともいい、漢籍の代表的な分類法。経・史・子・集の四つに分ける。

【四顧】しこ ①四方を見まわす。②四方。あたり。

【四更】しこう(かう) 五更の第四の時刻。現在の午前二時ごろ。↓「五更」(四九ジ・上)

【四劫】しこう(こふ) 仏世界の成立から滅亡までの四つの時期。成劫(成立)・住劫(安住)・壊劫(壊滅)・空劫(空虚)。

【四荒】しこう(くわう) 国の四方のはて。四裔。

【四郊】しこう(かう) 都の四方の郊外。

【四皓(皓)】しこう(かう) 漢代の初めの年老いた四人の隠者。↓「商山四皓」(二五〇ジ・中)

【四国(國)】しこく ①四方の諸侯の国々。国内。②四か国。③国阿波(徳島県)・讃岐(香川県)・伊予(愛媛県)・土佐(高知県)の四つの国。

【四五子】しごし 酒の隠語でチュウと読み、古くから中国の知識階級の間で使われた。数の四と五を加えれば九(「チュウ」)となり、酒の音「チュウ」に通ずるための隠語。

【四言】しごん 古体の詩の一種。一句が四字から成るもので「詩経」に多い。【──教】しごんきょう(けう) 明の王陽明が、弟子に教えるために書いた四句の教訓。四句教。

【四座(「坐」)】しざ ①四方の席。満座。座中全体。②多くの人々。

【四散】しさん 四方に散る。ちりぢりになる。

【四子】しし ①四人の子。②四人の名臣。③四人の賢者。④孔子の四人の弟子。顔回・子貢・子路・子張。⑤老子・荘子・文子・列子。⑥四人の賢者の著書。㋐四子書。㋑老子・荘子・文子・列子。【──書】ししょ 四人の賢者に関係のある書。四書の別名。孔子「論語」、曽子「大学」、子思「中庸」、孟子「孟子」。

【四支】しし 両手両足。四体。＝四肢
【四史】しし 中国の四つの歴史書。「史記」「前漢書」「後漢書」「三国志」。

【四始】しし ①元旦。歳・時・月・日の初めの意。②詩の四体。風・小雅・大雅・頌の四つをいう。

【四肢】しし ①二本の手と二本の足。＝四支 ②からだ。身体。

【四詩】しし ①四家詩。前漢に伝えられた四種の「詩経」の異本。「斉詩」「魯詩」「韓詩」「毛詩」の四つをいい、現存するのは「毛詩」のみ。②「詩経」の中の詩の四体。風・大雅・小雅・頌をいう。＝四始
【四時】しじ(しい) ①春夏秋冬。四季。②一日じゅうの四つの時。朝・昼・夕・夜のこと。

【四実(實)】しじつ 詩体の一つ。律詩の中四句の対句がすべて景色・事物の描写であるもの。

【四周】ししゅう(しう) ①ぐるり。まわり。②四方をとりまく。

【四集】ししゅう(しふ) 四方から集まってくる。

【四十雀】しじゅうから シジュウカラ科の小鳥。

【四十九日】しじゅうくにち 仏人の死後四十九日め。また、四十九日めに行う法事。その間は、死者の霊魂がその家を離れないという。七七日。

【四獣(獸)】しじゅう(じう) ①虎・豹・熊・羆。②四つの星座。青竜(東)・白虎(西)・朱雀(南)・玄武(北)。③四方。東西南北。

【四書】ししょ 「大学」「中庸」「論語」「孟子」の四種の書物の総称。宋の朱熹(一一三〇～一二〇〇)が「論語」「孟子」に、「礼記」中から「大学」「中庸」を取りだし、合わせて儒教の基本文献とした。【——章句集注】ししょしょうくしっちゅう 書名。「四書集注」とも。宋の朱熹が著した四書の注釈書。【——大全】ししょたいぜん 書名。三六巻。明の永楽年間に天子の命で胡広らが編集した四書の注釈書。
【四序】しじょ ①春夏秋冬の順序。②孟・仲・叔・季の順序。
【四職】ししょく ①四種の官職。御正・納言・内史・大夫。②四種の職業。士・農・工・商。③国㋐昔の四つの官名。左京職・右京職・大膳職・修理職。㋑室町時代、侍所所司の、山名・一色・京極・赤松の四家。
【四箴】ししん 宋代の儒者、程頤が書いた文。視(見ること)・聴(きくこと)・言(話すこと)・動(ふるまい)の四つの注意・いましめ。
【四神】しじん 天の四方の神。青竜(東)・朱雀(南)・玄武(北)・白虎(西)の四つの星座の形になぞらえた。
【四陲】しすい 国の四方のはて。四方の辺境。四裔。
【四声(聲)】しせい 漢字を発音するときの四つの声調。高低・長短のアクセント。平声・上声・去声・入声。
【四姓】しせい ①インドにあったカースト制度での四つの階級。バラモン・クシャトリア・ベーシャ・シュドラ。現在、憲法では否認。②国四つの姓。源氏・平氏・藤原氏・橘氏。
【四世同堂】しせいどうどう(だう) 書名。中国の小説家、老舎の代表的な作品。日中戦争中、日本軍の占領する北京に住む知識人たちのレジスタンスを書いたもの。第一、二部は重慶で、第三部はアメリカで執筆した。
【四川】しせん スーチョワン 中国の省名。昔の蜀の地で、長江の上流、中国西部にある。
【四聡(聰)】しそう 天子が四方のことを耳ざとく聞くこと。
【四則】しそく ㊜加・減・乗・除の四つの算法。たす・ひく・かける・わる。
【四塞】しそく ①四方ともにふさがること。②四塞之地のこと。『——之地』しそくのち 四方のふさがった要害の地。守りやすく、攻めにくい。
【四体(體)】したい ①両手両足。からだ。四肢。②文字の四つの書体。古文・篆・隷・草。【——百骸】したいひゃくがい からだ全体。
【四大】しだい ①四つの大きなもの。とくに老子では、道・天・地・王の四つをいう。②㊖㋐四大種の略。いっさいの物質を作る地・水・火・風の四つの元素。㋑人の身体。
【四代】しだい 中国の虞・夏・殷・周の四つの時代。
【四大奇書】しだいきしょ 明・清時代に作られた四大小説。「水滸伝」「三国志演義」「西遊記」「金瓶梅」。
【四大節(節)】しだいせつ 国昭和二十年(一九四五)以前の四つの祝日。四方拝(元日)・紀元節(二月十一日)・天長節(天皇誕生日)・明治節(十一月三日)をいう。
【四沢(澤)】したく 四方の湿地。「春水満二四沢一」〈陶潜の詩・四時詩〉
【四達】したつ ①すみずみまでとどく。②道が四方に通じる。四通八達。
【四端】したん 仁・義・礼・知の徳に到達する四つのいとぐち。【——説】したんせつ 孟子の学説。惻隠(同情する)・羞悪(はずかしく思う)・辞譲(へりくだる)・是非(善悪をわきまえる)の四つの心は、仁・義・礼・知の徳のいとぐちであり、人間みんなが持っている心であるから、人の性は善であると説いた。「人之有二是四端一也、猶三其有二四体一也」(人間にこの四つのいとぐちのあるのは、人間に四本の手足があるようなものだ。)〈孟子・公孫丑上〉
【四知】しち 秘密はいつか必ずあらわれるということ。後漢の楊震に、王密がこっそり金を贈ろうとしたとき、震は、天・地・自分・相手の四者が知っているではないかと言って、断った故事。〈後漢書・楊震伝〉
【四眺】しちょう(てう) 四方をながめる。また、四方のながめ。
【四通八達】しつうはったつ 道が四方八方に通じていること。交通が便利なこと。
【四諦】したい 四聖諦。迷いと悟りの因果を説く四つの真理。苦(現世の苦悩)・集(肉体・物質への執着)・滅(安楽の境地)・道(実践修行)。
【四天】してん ①四季の空。蒼天(春)・昊天(夏)・旻天(秋)・上天(冬)。②四方の大空。【——王】してんのう(わう) ①㊖東・西・南・北の四方の仏法および仏教徒を保護する四人の神で、帝釈天の部下。持国(東)・広目(西)・増長(南)・多聞(北)の四天王。②臣下・部下などの中で最もすぐれた四人をいう。
【四道】しどう(だう) ①君子の四つの道。恭・敬・恵・義。②四つの進む方向。③国昔、大学寮に設けた四学科。紀伝(歴史と詩文)・明経(経義)・明法(律令格式)・算道(算術)。
【四瀆】しとく 中国の四大河。長江・黄河・淮水・済水。
【四鄙】しひ 四方のいなか。四方のへんぴなところ。
【四百四病】しひゃくしびょう(びゃう) あらゆる病気。
【四百八十寺】しひゃくはっしんじ 中国で、南朝の時代に仏教をたいせつにしたため、江南の地方に仏寺が非常にたくさんあったことをいう。〈杜牧の詩・江南春〉
【四百余(餘)州】しひゃくよしゅう(しう) 中国全土の称。
【四表】しひょう(へう) 国の四方の外。
【四府】しふ ①四つの倉の意。㋐春・夏・秋・冬の四季をいう。㋑四つの書、「易経」「書経」「詩経」「春秋」をいう。②国昔、皇居をまもった四つの役所。左近衛・右近衛・左兵衛・右兵衛。
【四房】しぶさ 国大ずもうの土俵の屋根の四方にさがっている房。
【四部叢刊】しぶそうかん 漢籍の叢書名。経・史・子・集の四部の主要書二一〇一冊を集収。上海の商務印書館刊行。
【四分五裂】しぶんごれつ ばらばらに分裂する。
【四壁】しへき ①四方の壁。周囲のかこい。②四方の壁だけでほかにはなにもない貧しい家。③国となり。近所。
【四辺(邊)】しへん ①あたり。近所。②四方の辺境。
【四牡】しぼ 馬車を引かせる四匹の牡馬。
【四方】しほう(はう) ①東西南北。②あらゆる方面。四方八方。天下の国々。「会有二四方之事一」(たまたましほうのことあり)③周囲。あたり。【——拝(拜)】しほうはい 国四方拝式の略。皇室の四大節の一つ。元旦に、天皇が天地四方の諸神・山陵をおがみ、天下の平安、五穀の豊作を祈られる儀式。『使二於——一、不レ辱二君命一』(しほうにつかいして、くんめいをはずかしめず) 君の命を受け、一国の代表として外国に使して、立派に外交交渉をなしとげる。〈論語・子路〉【——之志】しほうのこころざし ㊀天下を広くめぐって経営しようとする志。四方を征伐しようとする野心。㊁しほうの 諸国の記録。
【四望】しぼう(ばう) ①四方のながめ。②四方をながめる。
【四民】しみん ①人民の四つの階級。士・農・工・商。②人民。民衆。
【四溟】しめい 四方の海。四海。
【四面】しめん 前後左右。まわり。
【四面楚歌】しめんそか ①楚の項羽が、垓下で漢の高祖の軍に包囲されたとき、まわりの漢軍の中で盛んに楚の歌をうたうのを聞き、楚の人民がすでに漢軍に降服したのかと嘆いた故事。〈史記・項羽本紀〉②転じて、周囲みな敵。孤立無援の状態をいう。

【四目】(しもく) 天下の実情を見る目。

【四門】(しもん) ①四方の門。②四つの部門の意。③「四門学」の略。【――学(學)】(しもんがく) 後魏の時代、一般人のために国子学(大学)の四方の門のそばに建てた学校。元代に廃された。【――博士】(しもんはくし) 四門学の教官。

【四野】(しや) 四方の平野。

【四友】(しゆう(いう)) ①四人の友。特に特定の人物の四友をさす場合もある。たとえば孔子の四友ならば、顔回・子貢・子張・子路。②文房具の四種。筆・墨・紙・硯をいう。

【四欲】(しよく) 四つの欲望。①佚楽・富貴・存安・生育。②寿・安・栄・逸。③[仏]情・色・食・婬。

【四隣】(しりん) ①周囲の国々。四方の隣国。②となり近所。近所。「隣。」

【四礼(禮)】(しれい) 四つの重要な儀式。冠(元服)・婚・喪・祭。

【四六時中】(しろくじちゅう(ちう)) [国]一日中。いつも。二六時中。

【四六判】(しろくばん) [国]①印刷用原紙の寸法の一つ。縦〇・七九メートル、横一・〇九メートル。②書物・雑誌の寸法の一つ。四六判の用紙を三十二に切った大きさ。B6判よりやや大きく、戦前に多く見られた。

【四六文】(しろくぶん) 漢文の文体の一種。四字句、六字句を連ねて調子をととのえ、対句を用いた華美な文体。魏・晋のころから盛んになり、斉・梁の時代より初唐にかけて最も盛んであった。四六。四六駢儷文。駢文。

【四韻之詩】(しいん(ゐん)のし) 四か所に韻をふんだ詩。律詩のこと。

【四十而不レ惑】(しじゅう(じふ)にしてまどわ(まどは)ず) 孔子が四十歳になったときは物事の道理によく通じ、何事にも疑い惑うことがなかったこと。〈論語・為政〉→「不惑」(二一五ページ・下)

【四戦(戰)之地】(しせんのち) 防ぎ守る要害がないため、四方から攻めくる敵と戦わねばならない土地。
◇再三再四・朝三暮四

囗2
【囚】
〔5〕 [常] シュウ
シュウ(シウ) [漢] シュ [呉] [平] 尤 qiú チウ
J 2892 U補 56DA

[筆順] 丨 冂 冈 闪 囚

[意味] ①〈とら・える(――・ふ)〉牢獄につなぐ。とらえられる。②束縛される。③罪人。とがにん。④とりこ。俘虜。

[解字] 会意。囗と人とを合わせた字。囚は、人が囲いの中にいる形で、ろうやにいる罪人。

[難読] 囚獄・囚人

【囚繋】(しゅう(しう)けい) ①牢につなぐ。②罪人。とらわれ人。

【囚獄】(しゅう(しう)ごく) 罪人を捕らえて入れておく所。ろうや。監獄。

【囚首喪面】(しゅう(しう)しゅそう(さう)めん) 身なりにかまわないこと。囚人のように髪をとかさず、喪のときのように顔を洗わない。

【囚人】(しゅう(しう)じん) 罪でろうやにつながれている人。囚徒。

【囚徒】(しゅう(しう)と) 「囚人」に同じ。

【囚縛】(しゅう(しう)ばく) つかまえてしばる。捕らえること。

【囚俘】(しゅう(しう)ふ) とりこ。捕虜。囚虜。

【囚虜】(しゅう(しう)りょ) とりこ。捕らえられた人。俘虜。
◇女囚・獄囚

囗2
【囜】
〔5〕 ジン [漢] [平] 真 nín ニン
J 2283 U補 56DC

[意味] かしこい。

囗2
【囙】
〔5〕 [俗] →因(本ページ・中)

囗3
【因】
〔6〕 [学]5 イン よる
イン [漢] [呉] [平] 真 yīn イン
J 1688 U補 56E0

[筆順] 丨 冂 冃 冄 因 因

[意味] ①〈よ・る〉㋐つく。㋑もとづく。ちなむ。㋒したがう。「因襲」㋓たよる。たのむ。②〈よって〉よりて。そこで。そうして。そのために。③ちなみ。ゆかり。因縁。関係。④わけ。理由。「因由」⑤姓。[国]〈ちなみに〉それにつけて。ついでに。

囗2
【囙】
〔5〕 俗字 J 2282 U補 56D9

[解字] 会意。囗と大とを合わせたもの。囗は、一定の区域で、因は、区域を大きく広げること。すべて土台があれば、それによって広げて大きくすることができることから、「よる」の意味になった。一説に大は人で、人がかこいの中にいることによって、安心していられることをさすとも、また、人がふとんに寝ている形とも、他家にいそうろうすることともいう。

[名前] なみ・よし [地名] 因島・因幡

【因依】(いんい) ①頼る。よりかかる。②原因。いきさつ。③方法。手段。

【因縁(緣)】 [一](いんねん) ①[仏]物事が生じる直接の原因である因と、それを外から助ける間接の原因である縁。②因縁によって結ばれた関係。ゆかり。③[国]いいがかり。 [二](いんえん)

【因果】(いんが(ぐわ)) ①原因と結果。②[仏]因縁と果報。前世でおかした罪のむくい。③[国]不幸。悪い運命。【――応(應)報】(いんがおうほう) [仏]よい行為にはよいむくいが、悪い行為には悪い結果というように、因と果とはあい応ずるものであること。〈法華経・方便品〉【――律】[哲]自然界の現象には必ずその原因があるという法則。

【因業】(いんごう(ごふ)) ①[仏]因縁となる悪事。②[国]がんこで冷酷。ごうつくばり。

【因子】(いんし) ①ある事を生みだし、または形づくるもととなる要素。要因。②[数]代数の因数。

【因爾】(いんじ) そこで、それを機会に。それがもとで。

【因習】(いんしゅう(しふ)) 昔からのしきたり。古来のならわし。＝因襲
【因襲】(いんしゅう(しふ)) 古くからの風習を守って改めないこと。＝因習
【因循】(いんじゅん) ①昔からの習慣にしたがって、改めないこと。②態度がはっきりしないこと。ぐずぐずして煮えきらない態度。

【――苟且】(いんじゅんこうしょ) ぐずぐずとして、いいかげんのことをする。

【――姑息】(いんじゅんこそく) 古い習慣になれて改めず、一時のまにあわせですますこと。

【因明】(いんみょう(みゃう)) [仏]インドに起こった古代の論理学。物事の正邪や真偽を考え論証する法。

【因由】(いんゆう(いう)) 事のおこり。原因。由来。わけ。

【因而】(インアル) yīn'ér [現]従って。だから。

【因為(爲)】(インウエイ) yīnwèi [現]…のために。なぜならば。

【因素】(インスー) yīnsù [現]要素。要因。

【因此】(インツー) yīncǐ [現]それで。そのため。

【因レ噎廃(廢)レ食】(えつによってしょくをはいす) むせたために物を食べるのをやめる。小さな障害のために肝要なことをやめることのたとえ。

【因レ勢利導】(せいによりてりどう(だう)す) 物事の成り行きを見極め、有利な状況にみちびく。
◇主因・成因・原因・病因・起因・副因・敗因・勝因・遠因・業因・縁因

囗3
【回】
〔6〕 [学]2 カイ・エ まわる・まわす
カイ(クワイ) [漢] エ(ヱ) [呉] [平] 灰 huí ホイ
J 1883 U補 56DE

[筆順] 丨 冂 冋 冋 回 回

冂3
【囘】
〔5〕 古字 J 4937 U補 56D8

囗4
【囬】
〔7〕 俗字 U補 56EC

[意味] ①〈めぐ・る〉〈まわ・る(まは・る)〉＝廻・迴 ㋐回転する。㋑とり囲む。㋒曲がりくねる。「回遠」②〈めぐら・す〉

〈まわ・す（まは・す）〉＝廻・迴 ㋐向きをかえる。㋑改める。「回心」③〈かえ・る（かへ・る）〉もとにもどる。＝廻・迴「回復」④めぐり。まわり。周囲。⑤〈よこしま〉ねじけている。「回邪」⑥たがう。そむく。⑦まどわす。⑧避ける。「回避」⑨回数をはかる。⑩イスラム教をいう。↓回回教 ⑪姓。

〔解字〕 0 会意。大きな口と小さな口と、みな回転している形を表す。回は、うずを巻くこと、まわること。また、とりまくこともいう。

〔地名〕回土 〔難読〕回回教

〔参考〕①新表記では、「廻」「蛔」「恢」の書きかえに用いる。②回は「廻」（四四二ページ・下）の中国新字体としても使う。

【回（「廻」）向】〔仏〕自分のよい行いの結果を他人に向ける意で、読経・念仏などにより死者の冥福を祈ること。

【回（「廻」）光返照】①夕映え。夕日の反射で空が輝くこと。②死の直前に一瞬意識がはっきりすること。

【回隠（隱）】さけかくれる。ほうぼうへ逃げ隠れる。

【回（「廻」）迂】めぐりまわる。

【回（「廻」）紆】めぐりまわる。まがりくねる。＝回迂

【回（「廻」）縈】まわりめぐる。

【回遠】道などがまがりくねって遠い。

【回回】①ぐるぐるまわるさま。めぐりめぐるさま。②光明があるさま。光り輝く。③たびたび。いつでも。④大きなさま。＝廻廻 ⑤回教のこと。回回教。イスラム教。

【回改】改めたものを、もとにもどす。

【回（「廻」）看】かえり見る。ふりかえって見る。

【回翰】手紙の返事。返事の手紙。回信。

【回岩】まがりくねった岩。

【回雁】①春、北方に帰る雁。帰雁。②返事の手紙。回書。

【回忌】①きらってさける。回避。②〔国〕年回忌の略。人の死後、年ごとにまわってくる忌日。年忌。周忌。③〔国〕年回忌に行う仏事。

【回帰（歸）】ひとまわりして、また、もとへもどること。【──線】地球の赤道を中心にして南北へそれぞれ二三・二七度の所に引いた緯線。【──熱】一定の時間をおいて熱が出る伝染病。【──年】春分から次の春分までの時日。太陽年。分点年。

【回教】→回回教

【回訓】国外にいる全権大使・公使の問いに対する本国政府の回答。

【回（「廻」）渓（溪）】まがりくねった谷川。

【回（「廻」）顧】ふり返って考える。過去を思う。追想。回想。

【回（「廻」）航】諸方の港をまわって航海すること。

【回国（國）】①国に帰る。帰国。②〔国〕諸地方をめぐり歩く。＝廻国 ③〔国〕巡礼となって諸国の霊場を歩く。

【回（「廻」）紇】西域の部族の名。今のウイグル族。中国の歴史上しばしば名をあらわす。別名、高車部・勅勒。＝回鶻

【回（「廻」）鶻】「回紇」に同じ。

【回視】ふり返って見る。

【回邪】よこしま。ねじけ。

【回（「廻」）首】ふり返って見る。

【回収（收）】とりもどす。もとへ返しおさめる。

【回春】①春がめぐってくること。②若返ること。③病気がよくなること。

【回書】手紙の返事。回信。回章。

【回翔（翔）】①輪を描いて飛ぶ。②鳥が飛びまわる。廻翔。

【回（「廻」）状（狀）】まわしぶみ。ほうぼうへ回覧させる文章。回章。

【回繞】めぐる。めぐらす。めぐりまとう。

【回心】㊀キリスト教などで、人間の罪を悔い改めて、神への信仰に心を向けること。㊁〔仏〕俗ごころを改めて、仏の道に帰依すること。発心。

【回診】病院で、医者が病室をまわって診察して歩く。

【回水】回って流れる水。うずをまく水。

【回数（數）】度数。たびかず。

【回生】生きかえる。元気をとりもどす。蘇生。

【回（「廻」）旋】ある点を中心として回る。

【回（「廻」）船】①舟を回す。②旅客や貨物を輸送する船。

【回（「廻」）送】①先方へまわしとどける。②もとの所に送りもどす。

【回想】昔のことを思いだす。過去のことを思いかえす。

【回（「廻」）漕】船で荷物を運ぶこと。【──問屋】〔国〕荷物を送る人と運搬にあたる海運業者との間で、荷物運送の取り次ぎをする店。

【回腸】いらだつ。不安になる。【──蕩気（氣）】深く感動するさま。

【回勅（敕）】ローマ法王が司教のもとに送るラテン語の手紙。

【回天】①勢いをもりかえすこと。②天下の形勢をよいほうに一変する。【──事業】天地を動かし変えてしまうほどの大事業。

【回（「廻」）転（轉）】ぐるぐるまわる。また、まわす。転回。

【回答】㊀返事。返答。㊁huídá 〔現〕㊀に同じ。

【回塘】まがった堤。湾曲した土手。

【回磴】まがりくねった石段。

【回読（讀）】ある本を順送りに読む。まわし読み。

【回（「廻」）避】①よけさける。②きらって身をひく。

【回付】まわしとどける。

【回（「廻」）風】つむじ風。旋風。

【回（「恢」）復】①病気がなおる。②もとの状態になる。③失ったものをとり戻す。

【回（「廻」）文】①漢詩の一体。上から読んでも下から読んでも平仄韻字の法則にあっているもの。回文詩。②まわしぶみ。回章。回状。③回答の文。④〔国〕上下どちらから読んでも同じ読みかたになる句や文。

【回報】返事。回答。また、返信。

【回望】首をめぐらして見る。ふりかえり見る。

【回遊】ほうぼうをまわり歩く。まわり道する。

【回（「廻」）覧（覽）】①あちらこちらをまわって見物する。②次々にまわして見る。

【回（「廻」）鑾】①天子がほうぼうを巡行すること。②天子の車をあとに返す。天子が帰ること。

【回流】うずまき流れる。また、その流れ。

【回礼（禮）】①お礼まわり。②年始まわり。

【回暦（曆）】①新年になること。こよみが一まわりする意。②回教で使う暦。

【回廊】①建物の外まわりにつけた、長い廊下。廻廊。②〔国〕宇宙船や人工衛星が軌道から地上に回収されるときの安全な経路。③〔国〕ある国の領土が他国の領土内に帯状にのびている地帯。

【回禄（祿）】①火の神。②火災。火事。

【回回教】マホメットの開いたアラビアの宗教。回教。イスラム教。

【回憶】huíyì 現思い出。
【回信】huíxìn 現返信。返事。
【回頭】huítóu 現のちほど。
◆今回・次回・巡回・低回・初回・迂回・空回・挽回・旋回・転回・裾回・撤回・輪回・

囗 3
【囝】〔6〕
[一]ケン 漢 [一]上 銑 jiǎn チエン
[二]ゲツ 漢 [二]入 月 yuè ユエ
[三]―― [三]―― nān ナン
J 2284 補 ―― U 56DD

囗 3 〔囡〕〔6〕同字 J 2286 補 ―― U 56E1
意味 [一]子。子供。[二]「月」に同じ。則天武后が造った文字の一つ。[三]現方言で、子供をさす。音 nān ナン、または、zǎi ツァイ。

囗 3
【囟】〔6〕
シン 漢 去 震 xìn シン
J ②0453 補 2285 U 56DF

頁 10 〔顖〕〔19〕同字 J ①9394 補 7216 U 9856
意味 〈ひよめき〉幼児の頭蓋骨前頂の、呼吸するたびに動く部分。頂門。「囟門」

囗 3
【団】〔6〕学 5
ダン・トン
J 3536 補 ―― U 56E3

旧字 囗 11
【團】〔14〕人
タン 漢
ダン 呉 平 寒
トン 唐 tuán トワン
ドン 慣
J 5205 補 ―― U 5718

筆順 丨 冂 冃 冃 団 団

意味 ①まるい。まんまるいさま。「団団」②まるめる。あつめる。③あつまり。かたまり。「一団」④かこむ。⑤軍隊の組織。三百人を一団とする。⑥商店をいう。⑦量詞。まとまったものを数える。「一団糸」⑧現(軍隊)連隊。

解字  形声。囗が形を表し、専が音を示す。囗はかこい。専にはまるい意味がある。團は、まるいかたまりを表す。一説に囗は○で、まるいことを表すともいう。

名前 あつ・まる・まどか
難読 団扇・団居

【団円(圓)】①まるい。まる。②まるくおさまる。円満にまとまること。【――節(節)】昔、北京地方で、陰暦の八月十五日をいう。この日は、里帰りしていた婦人が、かならず夫の家に帰るため、こういう。

【団結】[一]①唐・宋時代に、地方の住民を秋冬の二季に兵として集めた制度をいう。また、その兵。②心を合わせて人々が行動を共にすること。③団体をつくる。なかまをつくる。④一つにまとまること。[二]tuánjié 現[一]の②③④に同じ。

【団座(「坐」)】大勢が円形にすわること。まどい。車座。
【団雪】まるめた雪。
【団扇】うちわ。【――歌】歌の名。晋代の王珉が、兄嫁の家の女中となかよくなったため、兄嫁は女中をむちで打った。そのとき女中がうたった歌。団扇は、うちわ。王珉が、いつも白いうちわを手にしていたことによる。
【団団(團)】①丸いさま。②露が多く集まるさま。
【団長】[一]団体のかしら。[二]tuánzhǎng 現連隊長。
【団匪】非合法の武装集団。馬賊など。
【団欒】①親しい人たちの楽しい集まり。まどい。②まるいさま。
◆集団・楽団・劇団・少年団・青年団

囗 3 〔囧〕〔6〕同→囲(本ページ・上)

囗 4
【囲】〔7〕学 5
イ
かこむ・かこう
J 1647 補 ―― U 56F2

旧字 囗 9
【圍】〔12〕(韋)
イ 漢 呉 平 微 wéi ウエイ
J 5203 補 ―― U 570D

筆順 丨 冂 冃 冃 囲 囲

意味 ①〈かこ・む〉〈かこ・う(――・ふ)〉とりまく。めぐる。「囲繞」②〈かこみ〉〈かこい(かこひ)〉㋐まわり。めぐり。「周囲」㋑狩り場。「囲場」③まもる。④区切り。区域。

解字 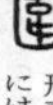 形声。囗が形を表し、韋が音を示す。囗はかこいで、韋にはとりまく意味がある。圍は、まわりをぐるりとかこむこと。

名前 もり

【囲碁】碁。碁を打つこと。
【囲繞】[一]とりまく。ぐるりととりかこむ。[二]wéirào 現①[一]に同じ。②…を中心として。…をめぐって。
【囲炉(爐)裏】国床を低くして造った火をたく所。炉。
◆四囲・外囲・包囲・周囲・胸囲・範囲

囗 4
【囮】〔7〕
[一]カ(クヮ)漢 [一]平 歌 é オー
[二]ユウ(イウ)漢 ユ 呉 [二]平 尤 yóu ユー
J 5189 補 ―― U 56EE
意味 [一][二]①〈おとり(をとり)〉㋐他の鳥を誘いよせるための生きた鳥。㋑誘いよせるために利用する者。②変化する。「囮育」

囗 4
【园】〔7〕
[一]ガン 漢 (グヮン) [一]平 寒 wán ワン
[二]エン(ヱン)漢 オン(ヲン)呉 [二]平 元 yuán ユワン
J 2294 補 ―― U 56ED
意味 [一]角を削って円くする。＝刓 [二]「園」(二七八ページ・上)の俗字。
参考 园は、「園」の中国新字体としても使う。

囗 4
【囧】〔7〕
ケイ 漢 上 梗 jiǒng チョン
J 2290 補 ―― U 56E7
意味 ①まど。②あかるい。「囧然」③ひかる。＝冏

囗 4
【囥】〔7〕
コウ 漢 呉 (カウ) 去 漾 kàng カン
J 2288 補 ―― U 56E5
意味 かくす。しまう。

囗 4
【囫】〔7〕
コツ 漢 入 月 hú フー
J 2293 補 ―― U 56EB
意味 完全である。まるまる全部。「囫圇」

囗 4
【困】〔7〕学 6
コン
こまる
コン 漢 呉 去 願 kùn クン
J 2604 補 ―― U 56F0

筆順 丨 冂 冃 円 困 困 困

意味 ①〈こま・る〉〈くるし・む〉②ゆきづまる。きわまる。③まずしい。とぼしい。④くるしみ。難儀。「困難」⑤つかれる。⑥のがれる。隠居する。⑦易の卦の名。進退に窮した象。⑧現ねむくなる。「困眠」

解字 会意。囗と木とを合わせた字。囗はかこい。困は、かこいの中に木がある形で、小屋を表す。親代々引きつがれた家の中で、人が仕事をしていることで、行きづまること、苦しむことになる。一説に、木をたばねてつつみこむことであるとも、梱と同じく、門の扉をまん中で止める小さい木で、かぎることをいうとも解する。

参考 困は「睏」(八七三ページ・下)の中国新字体としても使う。

【困学(學)】①苦労して学ぶこと。②行きづまってからはじめて学ぶこと。〈論語・季氏〉③貧乏に苦しみながら学ぶ

こと。【──紀聞(こんがくきぶん)】書名。二十巻。宋の王応麟が、経史子集について考証した随筆。

【困却(こんきゃく)】苦しむ。すっかり困ってしまう。

【困急(こんきゅう(きふ))】困り苦しむ。行きづまる。危急。

【困窮(こんきゅう(きう))】①困りはてる。②貧乏で苦しむ。

【困窘(こんきん)】ひどく苦しむ。苦しみ行きづまる。困窮。

【困苦(こんく)】①苦しむ。悩む。②苦しみ。なやみ。③貧乏で苦しむ。

【困窶(こんく)】貧乏で苦しむ。困苦。

【困竭(こんけつ)】難儀し、貧乏する。貧乏で苦しむ。困絶。困乏。

【困蹶(こんけつ)】苦しみつまずく。困りなやむ。困躓。

【困辱(こんじょく)】苦しめ、はずかしめられる。また、苦しめ、はずかしめる。

【困絶(こんぜつ)】物資がなくなって苦しむ。困乏。

【困殆(こんたい)】苦しみ疲れる。疲れ切る。困頓。

【困餒(こんたい)】苦しみうえる。貧しくて食べる物がないこと。

【困躓(こんち)】困りつまずく。行きづまってくじける。

【困知勉行(こんちべんこう(かう))】苦心して道理を知り、努力して物事を行う。〈中庸〉

【困頓(こんとん)】困りきる。苦しみはてる。困憊。困弊。

【困難(こんなん)】㊀困る。なやむ。また、そのこと。なんぎ。㊁クンナン kùnnán 現㊀に同じ。

【困憊(こんぱい)】苦しみ疲れる。「疲労困憊」

【困縛(こんばく)】しばって苦しめる。

【困病(こんぺい)】疲れる。疲れはてる。

【困敝(こんぺい)】苦しみ疲れる。

【困弊(こんぺい)】苦しみ疲れる。＝困敝
【困乏(こんぼう(ぼふ))】①貧しくとぼしい。②疲れよわる。

【困厄(こんやく)】①苦しむ。なやむ。なんぎする。②災難。わざわい。

【困阨(こんやく)】①苦しみなやむ。②災難。わざわい。

【困約(こんやく)】苦しい境遇。貧乏に苦しむ。

【困惑(こんわく)】困り迷う。困りきる。
△▼貧困・窮困

囗 4
【図】〔7〕 学 2 ズ・ト はかる
旧字 囗 11 【圖】〔14〕 ト 漢 平 虞 ズ(ヅ) 呉 tú トゥー
U補J 3162 56F3 / U補J 5206 5716
囗 11 【圗】〔14〕 俗字 U補J 5717

筆順 丨 冂 冂 冂 冈 図 図

意味 ①〈はか・る〉㋐考える。くふうする。㋑計算する。㋒相談する。「図議」㋓得ることをたくらむ。「図利」②はかりごと。③〈えが・く(ゑが・く)〉うつす。絵にかく。「図画」④絵。⑤書物。「図書」⑥地図。⑦のり。法度。

解字 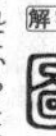 会意。囗と啚とを合わせたもの。啚は出し惜しみをすることから、困難の意味がある。囗は、わくの中にかぎられていること。圖は、計画のむずかしい状態を表す。むずかしければ、いろいろこまかいプランを練らなければならない。そこから、「はかる」の意味のほかに、図画の意味も生じた。一説に、圖は、かぎられた土地の中の、地形や田畑の区分を書いたものという。

名前 のり・みつ 難読 図図しい・図体

【図案(ずあん)】絵模様の下書き。また、模様。

【図会(會)(ずえ(ゑ)・ずかい(くわい))】図や絵を主とした書籍。「三才図会」

【図画(畫)(ずが(ぐわ))】㊀①絵。②絵をかくこと。㊁とかく(くわく) 図または絵で説明すること。また、そのもの。

【図解(ずかい)】図または絵で説明すること。

【図鑑(ずかん)】動植物その他いろいろな物を、絵図を用いてわかりやすく説明した書物。

【図工(ずこう)】①絵かき。絵師。②製図工。③国小学校教科の一つ、「図画工作」の略称。

【図賛(贊・「讃」)(ずさん)】絵画に書きそえた詩や文。また、ほめことば。画賛。

【図書(ずしょ・としょ)】①書物。②地図と書物。③印章。私印。④「河図洛書(かとらくしょ)」(七〇八ページ・上)の略。【──寮(ずしょりょう(れう))】国図書の収集・保管、国史の編集などをつかさどった役所。【──館(としょかん(くわん))】㊀多くの書物その他の資料を集めて、人々に見せたり、貸し出したりする施設。㊁トゥーシューコワン túshūguǎn 現㊀に同じ。

【図象(ずしょう(しやう))】①形を図にとる。②絵すがた。図像。

【図譜(ずふ)】①動植物などを実物の絵で説明し、系統的に分類したもの。②韻文の平仄を表示した書。

【図星(ずぼし)】国①弓の的の中心の黒点。②ねらいをつけた所。思うつぼ。③予想がぴったりあたること。

【図面(ずめん)】国絵図。絵図のおもて。

【図緯(とい(ゐ))】河図と緯書。未来のことや、占いのことを記した書物。

【図議(とぎ)】図って議論する。相談すること。

【図讖(としん)】王者の運命や世の中の事についての未来の吉凶をしるした書。未来記。

【図籍(とせき・ずせき)】①土地の図面と、人民や金銭・穀物のありかをしるしたもの。②書籍。図書。

【図南(となん)】おおとりが遠く南海にはばたき行くことを企てるという「荘子」の故事から、大事業を計画すること。〈荘子・逍遥遊〉【──鵬(鵬)翼(となんのほうよく)】大事業または遠征をしようとする大野心。図南翼。〈高啓の詩・望海〉

【図章(トゥーチャン)】túzhāng 現はんこ。印鑑。
△▼合図・企図・地図・壮図・作図・系図・海図・版図・指図・掛図・略図・絵図・一図・雄図・意図

囗 4
【囪】〔7〕 ㊀ソウ(サウ) 漢 ㊀平 江 chuāng チョワン ㊁ソウ(サウ) 漢 ㊁平 東 cōng ツォン
U補J 2292 56F1
意味 ㊀＝窓 ①てんまど。あかりとり。②まど。㊁①煙突。「囪突」②いそがしいさま。あわただしいさま。＝悤・怱・匆「囪囪」

囗 4
【囤】〔7〕 トン 漢 上 阮 dùn トゥン
U補J 2287 56E4
意味 ①小さな米ぐら。②ざる。③現品物や食糧を保存する。音 tún トゥン。

囗 4
【囨】〔7〕 ヘン 呉 漢 平 先 piān ピエン
U補J ②0454 2291 56E8
意味 つばをはく音。

囗 4
【囦】〔7〕 古 ↓淵(七三六ページ・中)

囗 4
【囯】〔7〕 俗 ↓國(二七五ページ・中)

囗 4
【囬】〔7〕 俗 ↓回(二七一ページ・下)

囗 5
【囷】〔8〕 キン 漢 平 真 qūn チュン
U補J ②0456 2302 56F7
意味 ①円形の米倉。②まがりくねっているさま。「輪困」
【困困(きんきん)】まがりくねったさま。
【困倉(きんそう(さう))】穀物を入れる倉。倉困。
【傾レ困(きんをかたむく)】倉にしまってある穀物を出しつくす。倒困。
【倒レ困(きんをさかしまにす)】あるだけの財産をみな持ち出す。傾困。
△▼倉困・廩困

囗 5
【固】〔8〕 学 4 コ かためる・かたまる・かたい コ 漢 呉 去 遇 gù クー
U補J 2439 56FA

筆順 丨 冂 冂 冂 冃 冏 固 固

意味 ①〈かた・い(──・し)〉じょうぶ。つよい。「堅固」

②〈かたま・る〉〈かた・める(――・む)〉つよくする。安定させる。③かたくな。「頑固」④かため。そなえ。守備。要害。⑤〈かたく〉強く。かならず。しっかりと。「固辞」⑥〈もとより〉㋐元来。「固有」㋑いうまでもなく。まことに。㋒しばらく。⑦すでに。‖故。⑧まず。とりあえず。⑨姓。

解字  形声。囗が形を表し、古が音を示す。囗は國と同じく、四方のさかいを表す。古には、古びて固くなっている意味がある。固は、四方のとりでがしっかりとしてすきまのないことで、固い意味となる。

名前 み・たか・もと 難読 固唾

【固諫】強くいさめること。

【固畜】古くから養ってきたもの。

【固宮】①守りの堅固な宮殿。②建築が堅固な宮殿。

【固窮】①非常に困る。②どんなに苦しくとも、道を信じて気節を保つこと。「君子固窮」(君子ももちろん困難に陥る。)〈論語・衛霊公〉【――節(節)】ひどい苦しみにあっても、自分の主義主張を守りとおす意気ごみ。「不レ頼二固窮節一」〈陶潜の詩・飲酒〉

【固形】質が堅くて、一定の形に固まっていること。また、そのもの。

【固塞】堅固なとりで。

【固持】①堅くしっかり持ちこたえる。②堅く守って心を動かさない。固執。

【固辞(辭)】堅く辞退する。強くことわる。

【固疾】長い間なおらない病気。

【固執】自分の主張・考えなどを、堅く守り通す。固持。

【固守】堅く守る。堅くたもつ。

【固請】強く頼む。しきりに願う。

【固然】もとのまま。本来の姿のまま。〈荘子・養生主〉

【固体(體)】理一定の形と体積とをもつ物体。↕液体・気体

【固着】しっかりつく。かたまりついて離れない。

【固定】①一定の場所にあって、その位置の変わらないこと。②変化しないこと。一定していること。【――資本】経土地・家屋・機械などのように、何回もくりかえして使うことができ、長い間役にたつ資本。↕流動資本

【固有】①もとからある。②そのものだけにあること。特有。【――名詞】地名・人名など、一つのものしかない名称をあらわす名詞。↕普通名詞

【固牢】堅くて、がっちりしていること。牢固。

【固陋】見聞が狭くてかたくななこと。また、頑固で心がいやしいこと。

△▼拳固・確固・凝固・堅固・断固・強固・警固・歯固・禁固・頑固

囗5 【国】〔8〕 学2 コク くに　U補J 2581 56FD

旧字 囗8 【國】〔11〕 人 コク 漢 入 職 呉 guó クオ　U補J 5202 570B

筆順 丨 冂 冂 冃 冃 用 国 国

囗6 【圀】〔9〕 同字　U補J 5191 5700

囗4 【囗】〔7〕 俗字　U補J 56EF

囗5 【囶】〔8〕 同字　U補J ②0455 2301 56F6

意味 ①〈くに〉㋐国家。㋑諸侯の領地。㋒ふるさと。㋓地方。「山国」㋔都。首府。②本朝の。その王朝の。「国初」③〈くに・す〉国をたてる。④姓。国〈くに〉地理や行政上から分けられた一地域。「武蔵国」

解字  会意。囗と或とを合わせた字。或は、戈を持って国境の土地を守る形で、くにの意味がある。これに、四方の境界を表す囗を加えて、國が「くに」を表し、或は、「あるいは」の意味だけに使うようになった。

名前 とき 姓 国主・国栖・国巣(巣)・国樔・国府台

地名 国分・国立・国後・国頭・国縫・国分寺・国府

難読 国栖・国造・国府

【国替】国①中古、諸国の下級の役人に任じられた者が、その地を希望しないため、他国に転任させられたこと。②封建時代、大名に領地の移しかえをさせたこと。

【国構】国漢字の部首の名称の一つ。国・困などの外側の囲い。

【国尽(盡)】国日本じゅうの旧国名を書き並べて、調子よくつづり、おぼえやすくしたもの。江戸時代から明治の初めまで使用された、習字手本の一つ。

【国詰】国江戸時代、諸侯がその領地に、また、家臣がその君主の領地にいたこと。↕江戸詰

【国造】国わが国古代の世襲の地方官。一国または一郡の長。

【国見】国高い所に登って、国の形勢を見わたすこと。

【国威】国の威力・勢力。国の威光。

【国維】国を維持する根本。法令や秩序。

【国運】国の運命。国のなりゆき。

【国営(營)】国の経営。国 guóyíng 現国に同じ。

【国恩】国の恩。国家や君主から受けた種々の恩義。

【国衙】国司の役所。

【国学(學)】①国子学。②自国のことを研究する学問。③国㋐奈良・平安時代に国々におかれ、経学や医学を教えた学校。㋑わが国の古典や固有の精神・思想などを研究する学問。江戸時代から盛んになった。↕漢学・洋学

【国技】その国に特有な、国民の好みに合った技芸・競技。

【国語】①その国のことば。②書名。二十一巻。周の左丘明の編といわれ、春秋時代の八国の歴史が書かれている。③国わが国固有のことば。日本語。

【国号(號)】国の名。国の名称。

【国故論衡】書名。清末の革命家、章炳麟の著。西洋の新知識によって中国古典を説いた名著。

【国際】国 guójì 現国と国との交際、または関係。国に同じ。【――語】各国家の間または、国語の違う異民族間で共通に使用することを目的としたことば。世界語。エスペラントなど。【――主義】世界の各国民が、自国の利害だけを考えずに、世界平和を目的にして互いに協調しようとする主義。【――法】国と国との関係について、きめた法律。条約および国際慣習上のきまりから成り立つ。【――連(「聯」)合】第二次世界大戦ののち、世界の平和維持と国際間の友好のため成立した諸国家の団体。もとの国際連盟に代わるもので、一九四五年十月二十四日に成立した。国連。【――連(「聯」)盟】第一次世界大戦後の一九二〇年に成立した諸国家の団体。国際間の平和維持を目的としたが、強制力をもたなかったために失敗し、一九四六年四月解散。

【国策】①国の政策。②書名、「戦国策」の略。

【国産】①ある国の産物。②国わが国の産物。↕外国産

【国士】①国の中ですぐれた人物。名士。②国家のために自己をすててつくす人。憂国の士。【――無双(雙)】一国の中でくらべる者のないほどにすぐれた人物。

【国子】昔、中国で公卿・大夫の子弟をさす。【――学(學)】晋以後、貴族の子弟や、全国の秀才を教育した学校。都にあった大学。国子監。【――祭酒】国子学の長官。【――司業】国子学の教官。国子祭酒の補佐。国子直講。

【国史】(こくし) ①自国の歴史。②一王朝の歴史。③[国]わが国の歴史。日本歴史。

【国司】(こくし) [国]昔、諸国に配置された地方官。受領(ずりょう)。

【国志】(こくし) 国の歴史。国の記録。＝国史
【国使】(こくし) 国の使者。国家の代表として他国へつかわされる人。

【国師】(こくし) ①国の軍隊。②官名。天子の師。王莽(おうもう)のとき置く。③(仏)天子に仏教を伝えた禅僧に対する称号。④禅宗の高僧の称号。⑤国民の手本となるほどのえらい人。⑥[国]奈良(なら)時代の僧官で、諸国の僧尼を監督したもの。

【国字】(こくじ) ①国内で通用する文字。②その国特有の文字。③[国]㋐わが国で漢字の字体にならって作った文字。峠・辷(すべる)・畑など。㋑かな文字。

【国事】(こくじ) 国家の政治。国家に関係した事がら・事件。【——犯】(こくじはん) 国家や政府に対して犯した罪。国の政治にそむく犯罪。また、その罪を犯した者。

【国璽】(こくじ) 国の表章として用いる印章。

【国手】(こくしゅ) ①すぐれた医者。名医。②医師に対する敬称。③碁の名人。

【国主】(こくしゅ) ①一国の君主。天子。皇帝。②[国]大名。【——大名】(こくしゅだいみょう(みゃう)) [国]江戸時代、一国または一国以上を領有した大名。国持(くにもち)。

【国守】(こくしゅ) [国]国司の長官。くにのかみ。守(かみ)の下に介(すけ)・掾(じょう)・目(さかん)・史生(ししょう)の属官があった。

【国初】(こくしょ) 本朝の初め。その王朝が成立してまもないころ。

【国書】(こくしょ) ①国家・政府・君主から、その国の名で出す公式の文書。②国と国との間でやりとりする文書。③[国]わが国固有の著書。④[国]日本語の書物。和書。

【国殤】(こくしょう(しゃう)) ①国に殉じた人。②楚辞(そじ)・九歌の一章。

【国情】(こくじょう(じゃう)) 国のありさま・内情・情勢。

【国色】(こくしょく) ①国中第一の美人。絶世の美人。②牡丹(ぼたん)の別名。

【国辱】(こくじょく) 国家の恥。国民の恥。国恥。

【国人】(こくじん) ①城邑(じょうゆう)の中に住む人。②普通の人。ただの人。「臣視レ君如二国人一(しんのきみをみることこくじんのごとし)」(臣下も君主のことをただの路傍の人なみにみる。)〈孟子(もうし)・離婁(りろう)下〉

【国粋(粹)】(こくすい) その国の国民固有の、物質上・精神上の美点・長所。【——主義】(こくすいしゅぎ) 自国の歴史や文化を他国のどれよりもすぐれたものとして重んじ尊び、もっぱらその維持・保存につとめようとする考え方。

【国是】(こくぜ) その国の世論が認める国家の政策や方針。


【国政】(こくせい) 国の政治。

【国勢】(こくせい) 国の情勢。国の人口・資源・産業など、国力のもとになるものの総合的な状態。【——調査】(こくせいちょう(てう)さ) 国の人口やそれに関する種々な実態を、一定の時期に全国いっせいに調査すること。

【国籍】(こくせき) あるひとりの人がある国家に所属している関係。

【国姓爺】(こくせんや) 鄭成功(ていせいこう)のこと。明の唐王に仕えてその王室の姓「朱」を賜ったため。

【国祚】(こくそ) ①国家の幸福。国の栄える運命。②王の位。帝位。

【国葬】(こくそう(さう)) 国家の特別功労者に対し、国家の費用で行う葬式。

【国俗】(こくぞく) 一国の風俗習慣。国のならわし。

【国賊】(こくぞく) 国を害する人。国家の不利益になることをくわだてて実行する人。

【国体(體)】(こくたい) ①国のなりたち。国がら。②国家の形態。③[国]国民体育大会の略。

【国儲】(こくちょ) ①国君の後継者。皇太子。②国家のたくわえ。

【国定】(こくてい) 国がさだめる。また、そのもの。「国定公園」

【国典】(こくてん) ①国の法律。国のおきて。②国家の儀式。③[国]国文で書いた書物。また、国の古典。

【国都】(こくと) 一国の首府。首都。

【国蠹】(こくと) 国の利益を害する者。

【国土】(こくど) ①一国の統治権が行われる範囲の領土。②国家。郷土。ふるさと。

【国帑】(こくど) ①国の財貨を収めておくくら。②国の財産。

【国道】(こくどう(だう)) 国家の費用で建設し、管理・維持する道路。

【国難】(こくなん) 国家の重大な危難。国艱(こっかん)。

【国表】㊀(こくひょう(へう)) 国の手本。㊁(くにおもて) [国]くにもと。ふるさと。

【国賓】(こくひん) ①君主から賓客として特別に待遇される老臣や諸侯。②国家から特別に優遇される外国の客。

【国府】(こくふ) ①中華民国国民政府の略称。②[国]㋐昔、国司の役所。こくぶ。こう。国衙(こくが)。㋑昔、地方の行政府があった所。

【国風】(こくふう) ①国の風俗・風習。②地方の歌。民謡。③「詩経(しきょう)」の詩の一体。諸国の民謡。④[国]和歌のこと。

【国文】(こくぶん) [国]①日本語で書いた文章・文学。②「国文学」の略。【——学(學)】(こくぶんがく) [国]日本語で作られた文学。また、それを研究する学問。日本文学。

【国分寺】(こくぶんじ) [国]聖武天皇が国ごとにたてた寺。

【国分尼寺】(こくぶんにじ) [国]聖武天皇が国ごとにたてた尼寺。


【国柄】㊀(こくへい) 国の政権・権力。㊁(くにがら) [国]①その国の特殊性・特色。②国の性格。③その国の成立事情。

【国歩】(こくほ) 国家の運命。国勢。国家が進んでゆく足どり。

【国母】(こくぼ・こくも) ①皇太后。②皇后。

【国宝(寶)】(こくほう) ①国の宝。②[国]文部科学大臣が国宝として指定した建造物・美術工芸品・古文書など。

【国法】(こくほう(はふ)) 国の法律・おきて。

【国防】(こくぼう(ばう)) 外国の侵入に対する防備。

【国本】(こくほん) ①国のもとい。建国の基礎。②太子。③人民。

【国民】(こくみん) ①国家の統治権のもとにある人民。②その国の国籍を持った人民。③一国内の人民。【——外交】(こくみんがいこう(かう)) 外交官による各国政府間の公式外交のほかに、国民と国民の間の文化交流によって国家間の友好親善をはかること。【——性】(こくみんせい) ①その国の国民性・国民文化のよく表された独特の文学。②その国独自の文学。【——文学(學)】(こくみんぶんがく) 特にその国民に共通する性質。

【国務】(こくむ) 国の政務。国家の政治上の仕事。【——院】(こくむいん(ゐん)) [現]中華人民共和国の最高行政機関。各国の内閣に相当する。

【国命】(こくめい) 国家の命令。国の政事。

【国門】(こくもん) ①国都の門。②国境の門。

【国有】(こくゆう(いう)) 国家の所有。国のもの。

【国邑】(こくゆう(いふ)) ①漢代、諸侯の領地をいう。②みやこ。

【国用】(こくよう) ①国家の費用。国費。②国の役にたつ。また、そういう人。

【国立】(こくりつ) 国家が設立すること。「国立学校」

【国利民福】(こくりみんぷく) 国家の利益と人民の幸福。

【国力】(こくりょく) ①一国の経済力。②国の兵力。③国家の経済力・軍事力などの総合的な力。

【国老】(こくろう(らう)) ①国の老臣。元老。②昔、中国で、卿大夫(けいたいふ)を退官したもの。③[国]大名の家老。

【国論】(こくろん) 国民全体の世論。国民一般の意見。

【国花】(こっか(こくくわ)) ①その国で最も愛し重んぜられる代表的な花。わが国の桜、中国のぼたんの類。②[国]桜をさす。

【国家】㊀(こっか(こくか)) ①くに。邦家(ほうか)。②一定の土地と統治組織をもった人民のあつまり。「国家昏乱有二忠臣一(こっかこんらんしてちゅうしんあり)」(国家が乱れて、はじめて忠臣が出るものであり、したがって、忠臣の出現は、必ずしも尊ぶべきものではない。)〈老子・十八〉㊁(クオチア) guójiā [現]㊀に同じ。【——主義】(こっか(こくか)しゅぎ) 個人の考えや利益よりも、国家や国民全体を第一とする主義。

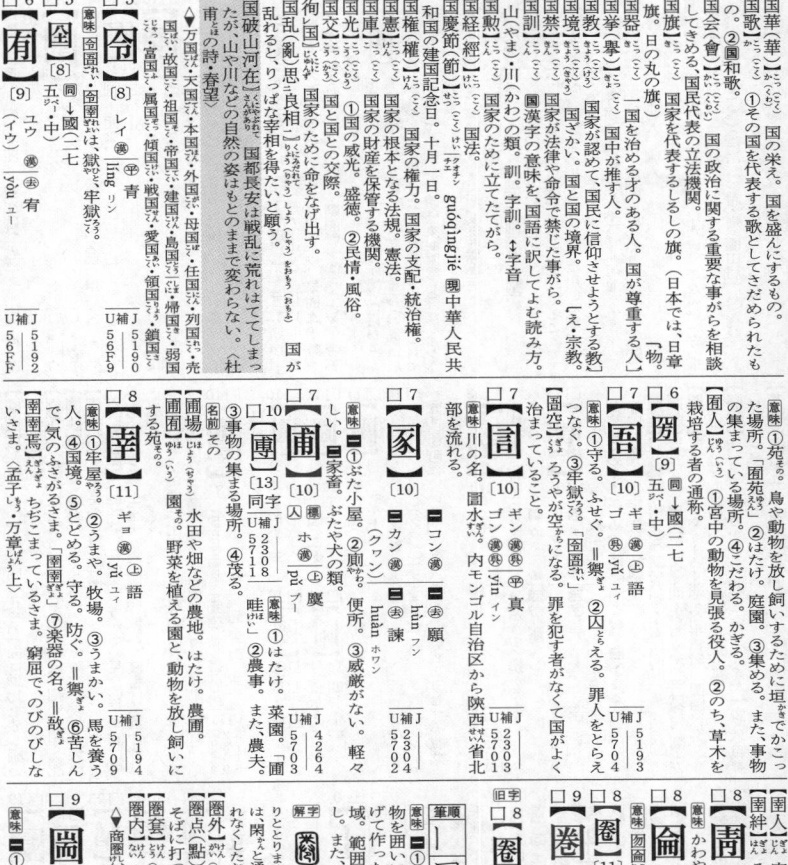

【国華(華)】国の栄え。国を盛んにするもの。

【国歌】①その国を代表する歌としてさだめられたもの。②国和歌。

【国会(會)】国の政治に関する重要な事がらを相談してきめる、国民代表の立法機関。

【国旗】国家を代表するしるしの旗。(日本では、日章旗。日の丸の旗。)

【国器】一国を治める才のある人。国が尊重する人「物。

【国挙(擧)】国中が推す人。

【国教】国家が認めて、国民に信仰させようとする教え・宗教。

【国境】国ざかい。国と国の境界。

【国禁】国家が法律や命令で禁じた事がら。

【国訓】国漢字の意味を、国語に訳してよむ読み方。山(やま)・川(かわ)の類。訓。字訓。↕字音

【国勲】国家のために立てたてがら。

【国経(經)】国法。

【国慶節(節)】guóqìngjié 現中華人民共和国の建国記念日。十月一日。

【国権(權)】国家の権力。国家の支配・統治権。

【国憲】国家の根本となる法規。憲法。

【国庫】国家の財産を保管する機関。

【国光】①国の威光。盛徳。②民情・風俗。

【国交】国と国との交際。

【徇レ国】国家のために命をなげ出す。

【国乱(亂)思二良相一】国が乱れると、りっぱな宰相を得たいと願う。

【国破山河在】国都長安は戦乱に荒れはててしまったが、山や川などの自然の姿はもとのままで変わらない。〈杜甫の詩・春望〉

◆万国・天国・本国・外国・母国・任国・列国・売国・故国・祖国・帝国・建国・島国・帰国・弱国・富国・属国・傾国・戦国・愛国・領国・鎖国

囗 5
【囹】〔8〕 レイ 漢 平 青 líng リン
U補J 5190 56F9
意味 囹圄は、獄や、牢獄。

囗 5
【図】〔8〕 同 ↓國(二七五ページ・中)
U補J 5192 56FF

囗 6
【囿】〔9〕 ユウ(イウ) 漢 去 宥 yòu ユー

意味 ①苑。鳥や動物を放し飼いするために垣でかこった場所。「囿苑」②はたけ。庭園。③集める。また、事物の集まっている場所。④こだわる。かぎる。

【囿人】①宮中の動物を見張る役人。②のち、草木を栽培する者の通称。

囗 6
【圀】〔9〕 同 ↓國(二七五ページ・中)

囗 7
【圄】〔10〕 ギョ 漢 ゴ 呉 上 語 yǔ ユイ
U補J 5193 5704
意味 ①守る。ふせぐ。＝禦 ②囚える。罪人をとらえつなぐ。③牢獄。「囹圄」

【圄空】ろうやが空になる。罪を犯す者がなくて国がよく治まっていること。

囗 7
【圁】〔10〕 ギン 漢 呉 ゴン 漢 呉 平 真 yín イン
U補J 2303 5701
意味 川の名。圁水。内モンゴル自治区から陝西省北部を流れる。

囗 7
【圂】〔10〕 一 コン 漢 去 願 hùn フン 二 カン(クヮン) 漢 去 諌 huàn ホワン
U補J 2304 5702
意味 一 ①ぶた小屋。②厠。便所。③威厳がない。軽々しい。二 家畜。ぶたや犬の類。

囗 7
【圃】〔10〕 人 標 ホ 漢 上 麌 pǔ プー
U補J 4264 5703
意味 ①はたけ。菜園。「圃畦」②農事。また、農夫。③事物の集まる場所。④茂る。

囗 10
【圑】〔13〕 同字
U補J 2308 5711

名前 その

【圃場】水田や畑などの農地。はたけ。農圃。

【圃囿】園。野菜を植える園と、動物を放し飼いにする苑。

囗 8
【圉】〔11〕 ギョ 漢 上 語 yǔ ユイ
U補J 5194 5709
意味 ①牢屋。②うまや。牧場。③うまかい。馬を養う人。④国境。⑤とどめる。守る。防ぐ。＝禦 ⑥苦しんで、気のふさがるさま。「圉圉」⑦楽器の名。＝敔

【圉圉焉】ちぢこまっているさま。窮屈で、のびのびしないさま。〈孟子・万章上〉

【圉人】官名。周代、馬のせわをする役。

【圉絆】ろうやに入れられること。

囗 8
【圊】〔11〕 セイ 漢 平 庚 qīng チン
U補J ①1533 2306 570A
意味 かわや。便所。「圊厠」「圊溷」

囗 8
【圇】〔11〕 リン 漢 平 真 lún ルン
U補J 2305 5707
意味 囫圇は、完全であるさま。

囗 8
【圏】〔11〕 旧 ↓圈(本ページ・下)
U補J 2387 570F

囗 8
【國】〔11〕 旧 ↓国(二七五ページ・中)

囗 9
【圈】〔12〕 常 ケン 一 ケン 漢 上 阮 juàn チュワン 二 ケン 漢 平 先 quān チュワン
U補J 5201 5708

旧字 囗 8
【圏】〔11〕 人

筆順 丨 冂 冖 罒 罙 圏 圏 圏

意味 一 ①動物を飼育する場所。檻。「圈牢」②動物を囲いに入れる。③閉じこめる。二 ①まげもの。木を曲げて作った杯。＝棬 ②まるいもの。輪。③限られた区域。範囲。また、区切る。囲う。「圈地」④丸いしるし。また、丸いしるしをつける。「圈点」

解字  形声。囗が形を表し、巻が音を示す。囗はかこいで、巻には、まるくとりまく意味がある。圈は、まわりをぐるりととりまくことで、家畜を飼っておくかこいを表す。一説に巻の音は、閑と通じ、さえぎり防ぐ意味があるから、圈は、四方を囲んで出られなくしたおりをいうと解する。

【圈外】あるくぎりの外。範囲外。↕圈内

【圈点(點)】文章の中の妙所・要点を示すために、文字のそばに打つ点や丸いしるし。傍点。

【圈套】①鳥獣を捕らえるわな。②術策。

【圈内】ある限られたくぎりの内。ある範囲内。↕圈外

◆商圈・北極圈・成層圏・南極圈・首都圏

囗 9
【圌】〔12〕 一 セン 漢 平 先 chuán チョワン 二 スイ 漢 呉 平 支 chuí チョイ
U補J 2307 570C
意味 一 ①竹や草で編んだ穀物を入れる容器。＝篅 ②

3画
口囗土士夂(夊)夕大女子宀寸小尢(兀・尣)尸屮山巛(川)工己巾干幺广廴廾弋弓彐(彑・ヨ)彡彳⺌

円形。円形のもの。＝団たん ■江蘇こうそ省にある山の名。圜山ざん。

口9【圁】〔12〕国字 コク J②0457 U21201
意味〈くに〉皇国こうを表した造字。人名にも用いる。

口9【圂】〔12〕旧→囲(二七三ジ・中)

口10【園】〔13〕学2 エン その エン(エン)漢 平 元 オン(ヲン)呉 yuán ユワン J1764 U5712

筆順

艹13【薗】〔16〕人 J1782 U8597　艸13【薗】〔17〕同字 U補J ―

意味 ①〈その〉㋐かきねでかこまれたはたけ。果樹・木・野菜などが栽培されている。㋑庭。「園囿えんゆう」②みささぎ。帝王の墓。「園陵」③畑のかこい。

解字  形声。口が形を表し、袁えんが音を示す。口はかこい。袁には、ゆったりと広いという意味が含まれる。園は広いはたけを囲むかきねをいう。圃ほはふつうの野菜畑であるが、かきねで囲むのは、果樹を植えてあるからで、園は、果樹園のことになり、広く、「その」の意味となる。

参考 新表記では、「苑」の書きかえに用いる熟語がある。

【園苑】えんえん その。庭園。
【園葵(葵)】えんき はたけの野菜。園蔬えんそ。園菜。
【園墟】えんきょ 庭。その。墟も、庭の意。
【園芸(藝)】えんげい 国野菜・草花・果実などをつくること。
【園寝(寢)】えんしん 陵墓の近くに建つ祭りに用いる廟。
【園宅】えんたく 庭園と住宅。やしき。
【園池】えんち 庭園と池。庭園と泉水。＝苑池
【園丁】えんてい ①植木屋。庭師。庭つくり。②公園や植物園などのせわをする人。園人。
【園亭】えんてい 園内のあずまや。
【園田】えんでん ①庭とはたけ。②はたけ。いなか。「守レ拙帰二園田一せつをまもってえんでんにかえる」(世渡りのへたな心をたいせつにかかえて、いなかにもどる。)〈陶潜とうせんの詩・帰二園田居一えんでんのきょにかえる〉
【園廟】えんびょう 天子の御陵ごりょうのそばにあるみたまや。
【園邑】えんゆう 陵墓を守る人々の住む村落。
【園囿】えんゆう その。庭。園は花その、囿は動物を放し飼いにする所。
【園遊会(會)】えんゆうかい 客を広い庭園に招いて開く宴会。
【園陵】えんりょう 陵墓。みささぎ。
【園生】そのう 国その。庭。庭園。
【不レ窺レ園】えんをうかがわず 庭園をうかがい見ない。学問に専念すること。「三年不レ窺レ園さんねんえんをうかがわず」〈漢書かんじょ・董仲舒とうちゅうじょ伝〉

◆公園こうえん・田園でんえん・庄園しょうえん・学園がくえん・荘園そうえん・庭園ていえん・造園ぞうえん・御園ぎょえん・菜園さいえん・梨園りえん・楽園らくえん・果樹園かじゅえん・動物園どうぶつえん

口10【圕】〔13〕 túshūguǎn トゥーシューコワン J②0458 補2309 U5715
意味 図書館。「図書館」を一字で表したもの。

口10【圓】〔13〕旧→円(一三八ジ・上)
口10【團】〔13〕同→圃(二七七ジ・中)
口11【圖】〔14〕旧→図(二七四ジ・上)
口11【圙】〔14〕俗→圖(二七四ジ・上)
口11【團】〔14〕旧→団(二七三ジ・上)

口12【圚】〔15〕カイ漢 去 隊 (クヮイ) huì ホイ U補J 571A 2310 ―
意味 ①町にはいる門。②人をおとしいれようとする謀略。「圏圚けんかい」

口13【圛】〔16〕エキ漢 入 陌 yì イー U補J 571B 2311 ―
意味 ①曲がりくねりすすむ。②雲がうすくかかるさま。

口13【圜】〔16〕■カン漢 ■平 刪 (クヮン) huán ホワン ■エン漢 ■平 先 (エン) yuán ユワン U補J 571C ― 5208
意味 ■〈めぐ・る〉めぐらす。かこむ。■①まるい。円形。＝円 ②天。③牢屋ろうや。「圜室えんしつ」
【圜丘】えんきゅう 「円丘」(一三八ジ・上)に同じ。
【圜牆】えんしょう 周囲をまるく囲んだろうや。牢獄ろうごく。圜土。
【圜土】えんど ろうや。まるく囲んだ牢獄。圜牆えんしょう。
【圜方】えんぽう ①円と四角。＝円方 ②天と地。
【圜視】かんし 四方からとり囲んで見る。また一説に、目を見張って驚き見る。
【圜繞】かんじょう ぐるりととり囲む。

口19【圝】〔22〕ラン漢 平 寒 luán ロワン U補J 571D 2312 ―
意味 まるい。＝欒らん「團圝だんらん」

口23【圞】〔26〕俗字 U補J 571E ― ―
口23【圞】〔26〕俗→圝(本ジ・下)

3画 土部 つち つちへん

【部首解説】「二」と「｜」が合わさり、「地中から草木が突き出る」ことを示し、「つち」の意味を表す。この部には、地面や土の状態に関連するものが多く、「土」の形を構成要素とする文字が属する。

土0【土】〔3〕学1 ド・ト つち ト漢 上 麌 ド呉 tǔ トゥー U補J 571F ― 3758

筆順 一 十 土

土1【圡】〔4〕同字 U補J 5721 ― ①1535
土1【圠】〔4〕俗字 U補J 2123D ― ①1534

意味 ①〈つち〉地。どろ。陸。②土地。領地。「国土」③平地。④ふるさと。いどころ。「郷土」⑤その土地の。地方的な。「土俗ぞく」⑥地の神。「后土こう」⑦五行ぎょうの一つ。方位では中央、季節では土用、色では黄。⑧土製の楽器。⑨土地を測はかる。⑩居いる。⑪姓。国〈ど〉七曜の一つ。「土曜日」の略。

解字 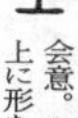 会意。上の一は地上、下の一は地中を表し、｜は下から万物の生まれそだつもとである「つち」をさす。一説に、土が積み重なって平地から出ている形を表すという。

名前 ただ・つつ・のり・はに・ひじ
姓 土方ひじかた・土生はぶ・土原はら・土師はじ・はにし・はせ・土御門つちみかど・土々呂木とどろき
地名 土岐とき・土気とけ・土器かわらけ・土佐とさ・土浦うら・土耳古トルコ
難読 土産みやげ(付表)／土器かわらけ・土筆つくし・土師はにし・土竜もぐら

【土埃】どあい 土ほこり。
【土域】どいき ①国土。領土。②土地。
【土宇】どう ①土地と住居。また、住民。②国土。領土。③

故郷。ふるさと。
【土音】どおん|どいん ①地方特有の発音。なまり。②五音の一つ。宮きゅう。五行で土にあたる音。
【土芥】どかい ①土とごみ。②値うちのない、取るにたらないもの。
【土階】どかい 土で築いた階段。つちのきざはし。【――三等】どかいさんとう 家の入り口の土の階段が、わずか三段だけという意ですまいの質素なさま。〈史記・五帝本紀〉【――茅(茅)茨】どかいぼうし 土の階段と、端を切りそろえない茅かやぶきの屋根。すまいの質素なさま。〈唐書・薛収伝〉
【土塊】どかい(くわい) 土のかたまり。つちくれ。
【土管】どかん(くわん) 国粘土を焼いて作った管。
【土器】どき 土で作ったすやきの器物。かわらけ。
【土簋】どき かわらけ。簋は祭器。
【土宜】どぎ ①その土地に育つのに適した農作物。②その土地の産物。みやげ。土産。
【土牛木馬】どぎゅう(ぎう)もくば 土で作った牛と木で作った馬。形だけで、内容のないもの。家がらはよいが、才能のない人。
【土居】㊀どきょ 土を掘って作ったすまい。㊁どい(ゐ) 国つつみ。どて。㊂つちい(ゐ) 国土で作ったへい・かきね。
【土偶】どぐう|でく どろ人形。土製の人形。土偶人。
【土窟】どくつ あなぐら。つちあな。土のほらあな。穴。
【土圭】どけい 中国上代の玉器で、日の影をはかる。【――針】どけいしん 磁石の針。
【土語】どご その土地の言語。方言。土話。
【土工】どこう ①焼き物師。陶工。②土木工事。③土木工事に従事する人。
【土公】どこう|どくう|つちぎみ 土をつかさどる神。春はかまど、夏は門、秋は井戸、冬は庭にいるという。土公神どくじん。
【土功】どこう 土木事業。ふしん。
【土貢】どこう その土地のみつぎ物。
【土寇】どこう 土着の民が起こした乱。
【土梗】どこう(かう) ①土人形。でく。土偶どぐう。②粗悪なもの。
【土豪】どごう(がう) 土地の豪族。その地方で勢力ある金持ち。「土豪劣紳れっしん」
【土砂】どしゃ|どさ 土と砂。＝土沙どしゃ
【土産】㊀どさん その土地に産すること。また、産物。㊁国みやげ|どさん 旅先から持ち帰るその土地の産物。また、贈物。
【土師】㊀どし 昔の官名。「司空」の別名。㊁はにし|はじ 国昔、はにわなどの土器を作ることを職とした家の氏うじ。

【土質】どしつ 土の性質。土のたち。土地の性質。
【土習】どしゅう(しふ) その土地の習慣。土俗。
【土処(處)】どしょ 土の中に住むこと。穴居。
【土壌(壤)】どじょう(じやう) ①土。つちくれ。②作物がそだつ土地。③くに。国土。
【土神】どしん ①土地の神。産土神うぶすながみ。②五行でいう土の神。
【土人】どじん ①古くから、その土地に住みついている人。土着の人。②土で造った人形。はにわ。③未開の原住民をさげすんでいった語。
【土星】どせい 太陽系中の惑星の一つ。木星の次に大きく、周囲に巨大な環わをもっている。
【土葬】どそう(さう) 死体を火で焼かずに、そのまま土の中にほうむること。
【土蔵(藏)】どぞう(ざう) ①土でおおいかくす。②脾臓ひぞうのこと。③国つちぐら。四面を土で厚くぬりこめた倉庫。土庫。
【土足】どそく 国①はきものをはいたままの足。②土がついたままの足。
【土俗】どぞく その土地の風俗。その土地の習慣。「民風土俗」
【土台(臺)】どだい ①土で築いた高台。②国㋐建築物の重みを支える基礎。石やコンクリートなど。㋑物事のもと。根本。㋒元来。本来。もともと。
【土代】㊀どだい 国昔、文書の下書きをいう。㊁ついしろ 国地上に敷く敷物。
【土地】㊀とち ①土。地面。②所。その地方。③領土。④その土地の神。㊁トゥーティー tǔdì 現①㊀の①②③に同じ。②田畑。耕地。【――収(收)用】とちしゅうよう 国家が公共の必要から、個人の土地を強制的に買いあげて使用すること。
【土着】どちゃく ある土地に長く住みつく。＝土著どちゃく
【土嚢】どのう(なう) ①土を入れたふくろ。水防などに用いる。②土中の大穴。
【土蕃】㊀どばん その土地に住みついている未開人。㊁とばん「吐蕃」(二二七ジ・中)に同じ。
【土匪】どひ 武装して、悪事をする土着民。匪賊。土寇どこう。
【土筆】㊀どひつ 木の先を焼いた、絵の下がき用の筆。やきふで。㊁つくし 国すぎなの胞子茎の呼び名。形が筆に似ているので、土筆と書く。つくづくし。
【土俵】どひょう(へう) 国①土を入れたたわら。②すもうをとる場所。土豚どとん。
【土風】どふう ①その土地の風俗。②その土地の歌謡。
【土物】どぶつ その土地の産物。土産。
【土方】㊀どほう(はう) ①土地の方角。②殷いん時代、北方にいた異民族の名。③周の官名。国内の土地の測量・建設にあたる。④堤に使う一立方尺の四角い土。㊁どかた 国土を掘ったり運んだりする労働者。㊂ひじかた(ひぢ) 国人の姓。

【土崩】どほう ①土がくずれる。②土がくずれるようにもろくくずれる。【――瓦解】どほうがかい 土がくずれ落ち、瓦かわらがばらばらに離れてこわれるように、物事が根本からくずれて手がつけられないさま。
【土木】どぼく ①木や土石などを使ってする工事。普請ふしん。②土と木。③自然のままで飾らないこと。粗野。ぶこつ。
【土間】どま 国家の中で、床板ゆかいたを張らず、地面がそのまま出ているところ。
【土饅頭】どまんじゅう(ぢゅう) 土をまるく、饅頭形に盛った墓。
【土民】どみん ①その土地の人。土着の民。②国鎌倉かまくら・室町時代に農民を呼んだ称。【――一揆】どみんいっき 国室町時代のころ、近畿きんきを中心に、毎年おこった農民の一揆。土一揆つちいっき。
【土毛】どもう ①土に生える作物。②その土地の産物。
【土用】どよう 国①立春・立夏・立秋・立冬の前の各十八日間。②特に立秋の前の十八日間は、夏の土用で、最も暑さのきびしいとき。【――三郎】どようさぶろう(らう) 国夏の土用の第三日め。この日の天候によって農家ではその年が豊作か凶作かをうらなうという。【――波】どようなみ 国夏の土用のころの、うねりの高い波。【――乾】どようぼし 国夏の土用のころにする衣類の虫ぼし。＝土用干どようぼし
【土竜(龍)】どりょう|どりゅう(りう) ①昔、雨ごいに用いた土製の竜。②もぐら。③みみずの別名。
【土瀝青】どれきせい アスファルト。
【土牢】どろう(らう) 土の中に作ったろう。岩石などを掘って作ったろうや。
【土豆】トゥトウ tǔdòu 現じゃがいも。ばれいしょ。
【積土成山】つちをつみてやまとなす わずかの土でも多く積めば、高い山となる。ちりもつもれば山となるの意。〈荀子じゅんし・勧学〉
【食於土者】どにしょくするもの 農民。
【列土】どをつらぬ たがいに領土を並べる。いずれも諸侯になること。「姉妹弟兄皆列土しまいていけいみなどをつらぬ」〈白居易はくきょいの詩・長恨歌ちょうごんか〉
◆寸土すんど・尺土せきど・本土ほんど・全土ぜんど・沃土よくど・国土こくど・肥土ひど・浄土じょうど・荒土こうど・風土ふうど・冥土めいど・粘土ねんど|ねばつち・盛土もりつち・黄土こうど・郷土きょうど・焦土しょうど・塵土じんど・領土りょうど・壌土じょうど・糞土ふんど・十万億土じゅうまんおくど

土1【圠】〔4〕 アツ 漢 入 黠　エチ 呉 yà ヤー　J 2313　補 U 5720
意味 ①山すその曲がった所。②かたい地面。③「坱圠おうあつ」

は、はてしないさま。

土1【圡】〔4〕 同 ↓土(二七八ジ・下) U補J 5727 1621 (U5727)

土1【圡】〔4〕 俗 ↓土(二七八ジ・下) U補J 5258 (J1621)

土2【圧】〔5〕 学5 アツ
旧字 土14【壓】〔17〕 オウ(アフ) 漢 入 洽 yā ヤー アツ 慣 U補J 5727 1621 / 58D3 5258

筆順 一 厂 圧 圧 圧

意味 ①くずす。くずれる。②ふさぐ。③〈お・す〉〈おさ・える(——・ふ)〉 ㋐おさえつける。おしつぶす。「抑圧」 ㋑しずめる。「鎮圧」 ④せまる。「圧境」 ⑤相手よりまさる。こえる。

土3【压】〔6〕 俗字 U補J 538B

解字 形声。土が形を表し、厭が音を示す。厭には、押さえる意味がある。壓は、土で押さえることで、押さえる、くずすの意味となる。

難読 圧状・圧面

【圧巻】他を圧倒するすぐれた詩文。転じて、いちばんすぐれたもの。昔、官吏登用試験で最優秀の文を、他の答案のいちばん上にのせたのでいう。

【圧境】敵が国境にせまる。

【圧搾】①押してしめつける。押して汁を絞る。②容積を押しつめる。「圧搾空気」

【圧殺】押しつぶして殺す。

【圧死】押しつぶされて死ぬ。

【圧縮】押しちぢめる。

【圧勝】①邪気を押さえのぞく。②国試合などで一方的に勝つ。圧倒的勝利の略。【——銭(錢)】めでたいことばや図を彫りきざんだ銭。金もうけのためのまじないにする。

【圧制】①むりやりに押しつける。②権力を利用して自由を押さえる。

【圧尺】紙などのおもしにのせる文房具。ぶんちん。

【圧塞】押さえふさぐ。

【圧倒】①押し倒す。押さえつけて屈伏させる。②すぐれて他を負かす。きわだってすぐれる。

【圧迫】□押しせまる。強く押しつける。自由にさせない。□ yāpò 現□に同じ。

【圧服】押さえつけ服従させる。むりに従わせる。=圧伏

【圧力】①押しつける力。②圧迫。

◆水圧・気圧・抑圧・制圧・威圧・重圧・高圧・検圧・弾圧・電圧・鎮圧・低気圧・高気圧

土2【圣】〔5〕 □コツ 漢 □ 入 月 kū クー □セイ 漢 □ 去 敬 shèng ション U補J 5723 2315 ②0459

意味 □力いっぱい農作業をする。=掘 □「聖」(一〇〇七ジ・中)の俗字。

参考 圣は、「聖」の中国新字体としても使う。

土2【圢】〔5〕 テイ 漢 上 迥 チョウ(チャウ) 呉 tǐng ティン U補J 5722 2314

意味 平らである。

土2【圥】〔5〕 リク 漢 入 屋 ロク 呉 lù ルー U補J 5725 2317

意味 菌圥は、きのこの名。

土2【圦】〔5〕 国字 U補J 5726 5209

意味 〈いり〉水を通すために堤に埋めた樋。

地名 圦先・圦沢・圦ノ前

土2【圤】〔5〕 同 ↓墣(三〇一ジ・下)

土2〖去〗〔二〇八ジ・上〕→ム部三画

土3【圯】〔6〕 イ 漢 呉 平 支 yí イー U補J 572F 2322 ①1536

意味 土の橋。土橋。「圯橋」

参考 「圮」は別字。

【圯橋書】漢の張良が圯上で黄石公から授かったといわれる太公望の兵法書。

【圯上】土橋の上。【——老人】下邳の土橋で漢の張良に兵法を授けたという老人。黄石公。

土3【圩】〔6〕 ウ 漢 平 虞 yú ユイ、wéi ウエイ U補J 5729 2318 ②0461

意味 ①低地を水害から守るつつみ。②くぼむ。「圩頂」

【圩頂】頭のてっぺんがへこんでいること。

土3【圬】〔6〕 オ 漢 (ヲ) 平 虞 wū ウー U補J 572C 2320

意味 ①壁に泥をぬる鏝。②鏝でぬる。=杇

土3【圪】〔6〕 ギツ 漢 入 質 yì イー U補J 572A 2319

意味 ①垣根の高いさま。②高く盛った土。=仡 ③現圪墶 gēda は、平面よりもりあがったもの。たとえば、おでき、岡、心のしこりなど。

土3【圭】〔6〕 入 ケイ 漢 平 斉 guī コイ U補J 572D 2329

意味 ①玉で作った礼器。天子が諸侯を封じたしるしとしてさずける、かどのある玉器。=珪 ②かどばる。「圭角」 ③清らか。潔白な。④日時計の柱。「圭表」 ⑤容積の単位。一升の十万分の一。(↓付録「度量衡名称」) ⑥ごく少量。わずか。

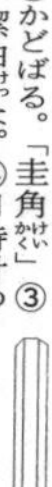
(圭①)

解字 会意。土を重ねた字。圭は天子が諸侯に土地を与える証拠の玉のことで、上がまるくとがっており、下は四角いものという。この玉により土地を諸侯の土地とするしるしとしたので、土を重ねた。一説に圭は「あぜ」で、田と田の境界であるという。

名前 か・かど・きよ・よし・きよし

難読 圭冠

【圭角】①玉のとがったかど。②ことばや動作などがかどばって、人ととけあわない意。

【圭玉】かどのある玉。

【圭臬】①日時計。②基準。法度。標準。

【圭撮】きわめて少ない量の意。

【圭勺】①天子から有爵者に与える、圭玉で作った杯。②「栄達・名誉の意。

【圭璋】儀式のとき、飾りに用いる玉。転じて、人がらの上品なたとえ。

【圭復】人からの手紙をくりかえして読むこと。孔子の弟子の南容が「詩経」の白圭の編をくりかえし読んだという故事による。

【圭壁】①圭と璧。五等の諸侯が天子に対面するとき手に持つ玉ともいわれる。②人品のすぐれているたとえ。

【圭竇】くぐり戸。門のそばの小さい戸。形が圭に似ているのでいう。

土3【在】〔6〕 学5 ザイ ある サイ 漢 上 賄 ザイ 呉 zài ツァイ U補J 5728 2663

筆順 一 ナ 才 た 存 在

意味 ①〈あ・る(——・り)〉 ㋐…にいる。存在する。㋑生きている。㋒…による。原因や目的を示す。②みる。あきらか

3画

口囗土士夂(夊)夕大女子宀寸小尢(尣・兀)尸屮山巛(川)工己巾干幺广廴廾弋弓彐(彑・ヨ)彡彳⺍

にする。③たずねる。見舞う。④…に。…で。場所を表す。⑤現…しつつある。国①〈ざい〉いなか。むら。②〈いま・す〉居る・行く・来るの尊敬語。

解字 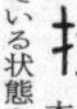 形声。土が形を表し、左の才さいが音を示す。才には、草木が芽を出しはじめる意味がある。在は、土の上に芽が出ている状態から、「そこにある」「存在する」の意味を表す。一説に、才は、せきとめることで、在は、土で流れをせきとめることから、そこに止まっていることを表すともいい、また、川が土でせきとめられて起こるわざわいをいうとも解する。

名前 あき・すみ・とお・まき・あきら・みつる　姓 在原ありはら

【在位】ざいい(ゐ)　天子の位についている。位についているあいだ。

【在家】[一]ざいか　①自分の家にいる。②卿けい大夫の家に仕える。[二]ざいけ　①在俗の人。つまり、世間一般の人。↕出家　②国いなか。いなかの家。

【在外】ざいがい(ぐわい)　外国にいる。国外に在留する。また、地方にいる。

【在方】ざいかた　国いなかのほう。いなか。在ざい。

【在官】ざいかん(くわん)　官吏の職についている。

【在京】ざいきょう(きやう)　都にいる。

【在郷(鄕)】[一]ざいきょう(きやう)　ふるさとにいる。[二]ざいごう(がう)　①[一]に同じ。②国いなか。ざい。ざいご。在所。また、いなか者。

【――軍人】ざいごう(がう)ぐんじん　ふだんは郷里にいて、非常の際召集される予備または後備こうびの軍人。

【在勤】ざいきん　国勤務についている。勤務中。在職。在任。

【在庫】ざいこ　国倉にしまってある。手もち。

【在在】ざいざい　①ところどころ。②ここかしこ。あちこちの村々。いたるところ。各地。【――所所】ざいざいしょしょ

【在三】ざいさん　人が尊ぶべき三者。父・師・君。

【在室】ざいしつ　①部屋にいる。②未婚の女性。③出戻りの女性。

【在住】ざいじゅう(ぢう)　国住んでいる。

【在宿】ざいしゅく　国外出しないで家にいる。在宅。

【在所】[一]ざいしょ　①人のいる所。ありか。すみか。②国㋐いなか。農村。郷里のいなか。くにもと。㋑知行ちぎょう所。[二]ありどころ　国物のある所。人のいどころ。

【在職】ざいしょく　国職務についている。在勤。

【在世】ざいせい　①この世に生きている。生存。存命。②世に生きている間。

【在昔】ざいせき　いにしえ。むかし。往昔おうせき。

【在籍】ざいせき　国①本籍にいる。出身地にいる。②ある団体などに所属していること。また、その人。「在籍生徒数」

【在草】ざいそう(さう)　出産する。分娩ぶんべんの際、草を敷いたことから。

【在俗】ざいぞく　㊕出家しゅっけせずに家にいること。また、その人。在家ざいけ。

【在宅】ざいたく　国自分の家にいる。在宿。↕留守るす

【在中】ざいちゅう(ちう)　中にある。なかに物がはいっている。

【在朝】ざいちょう(てう)　朝廷に仕えていること。↕在野

【在廷】ざいてい　①朝廷に出ている。朝廷に仕えている。在朝。②国法廷に出向いていること。

【在天】ざいてん　天上にある。天にいます。

【在野】ざいや　①野外にいる。郊外にいる。②官に仕えないで民間にいること。また、その人。↕在朝

【在宥】ざいゆう(いう)　あるがままに任せる。〈荘子そうじ・在宥〉

【在来(來)】ざいらい　国今までどおり。ありきたり。昔から。

【在留】ざいりゅう(りう)　国①一時とどまってすむ。逗留とうりゅう。②一時、外国にとどまっている。

◆不在ふざい・介在かいざい・伏在ふくざい・存在そんざい・自在じざい・近在きんざい・実在じつざい・所在しょざい・点在てんざい・偏在へんざい・健在けんざい・現在げんざい・散在さんざい・滞在たいざい・潜在せんざい・駐在ちゅうざい・自由自在じゆうじざい

土3【均】〔6〕シャク 漢 入 薬 zhuó チュオ　J①1538 補2324 U5734

意味 あと。土跡。

参考「均きん」は別字。

土3【圳】〔6〕シン 漢 去 沁 ／ セン 慣 zhèn チェン　J①1537 補2323 U5733

意味 ①田畑のなかの溝みぞ。②広東カントン省の地名に用いられる。「深圳しんせん」

土3【地】〔6〕チ 漢 ジ(ヂ) 呉 去 寘 dì ティー　学2 チ・ジ　J3547 U5730

筆順 一 十 土 坎 圠 地

意味 ①〈つち〉大地。地上。↕天てん・あめ ②土地。国土。③農地。「園地えんち」④ところ。居所。⑤立場。身分。「地位」⑥したじ。「素地そじ」⑦地の神。「地祇ちぎ」⑧語尾につく助詞。「特地」⑨現床ゆか。国〈じ(ぢ)〉①郷土。その土地。「地酒じざけ」②ものの本性。「地金じがね」③文章の中の会話以外の部分。地じの文。④事実。実際。

解字  形声。土が形を表し、也やが音を示す。也は女を表す字で、陽に対する陰、天に対する地に当たる。それで地は、大地の意味になる。一説に也は「へび」で、へびのいる土ということ、あるいは、へびのように平らにのびた土地のこととも いう。音チは也の音ヤ、または夕の変化。

難読 意気地いくじ・心地ここち(付表)／地銭ぜにごけ

【地謡(謠)】じ(ぢ)うたい(うたひ)　国謡曲の地の部分を多人数でうたうこと。また、そのうたい。

【地口】じ(ぢ)ぐち　国一つの文句を、同じ音おんまたは似かよった音で意味の違う他の文句に作りかえることばのしゃれ。「蛙かえる」と「帰かえる」の類。

【地獄】じ(ぢ)ごく　①㊕生存中に悪事を働いた者が、死後落ちこんで、責め苦しめられるという所。②国㋐苦しい所。恐ろしい所。㋑火山や温泉地帯などで、噴煙・熱湯の吹き出している所。㋒劇場の舞台の床下。【――耳】じ(ぢ)ごくみみ　国①一度聞いたら忘れないこと。記憶力のよいこと。②他人の秘密などをすぐに聞きこむ耳。

【地震】じ(ぢ)しん　地殻ちかく内の急激な変化によって地面が震動する現象。

【地蔵(藏)】じ(ぢ)ぞう(ざう)　①地中にかくれる。②地中の穴ぐら。③㊕地蔵菩薩じぞうぼさつの略。慈悲の心を持ち、こどもを守るという仏。

【地鎮(鎭)祭】じ(ぢ)ちんさい　国土木事業をおこすとき、基礎工事に着手する前に安全完成を祈って、土の神をまつる祭り。

【地鳴】じ(ぢ)なり　「地響じひびき」に同じ。

【地肌】じ(ぢ)はだ　国①大地の表面。地表。②ものの表面。また、化粧をしていない、そのままのはだ。

【地盤】じ(ぢ)ばん　国①大地の表面。②土台。建物などの土台になっている土地。③立脚地。活動する足場となる所。足場。④なわばり。勢力の範囲。

【地響(響)】じ(ぢ)ひびき　国①大地が鳴り響くこと。地鳴り。②重い物が落ちて地面が響き動くこと。

【地面】[一]じ(ぢ)めん　①大地の表面。②土地。地所。[二]ティーミエン dìmiàn　現①[一]に同じ。②床ゆか。③地域。当地。【――師】じ(ぢ)めんし　国他人の土地を自分の所有のようにいつわって売りつけるペテン師。

【地衣】ちい　①地上に敷く敷物。毛氈もうせんの類。②植「地衣類」に同じ。菌類と藻そう類とが共生している植物群。地衣植物。③国こけを衣にたとえていう。

【地位】[一]ちい(ゐ)　①場所。②いどころ。③身分。④立場。[二]ティーウェイ dìwèi　現[一]に同じ。

【地異】ちい　地上に起こった変事。地変。「天変てんぺん地異」

【地維】ちい(ゐ)　大地を四すみでつなぎ支えていると考えられていた綱つな。転じて、大地。

3画
口囗土士夂(夊)夕大女子宀寸小尢(尣・兀)尸屮山巛(川)工己巾干幺广廴廾弋弓彐(彑・ヨ)彡彳⺍

【地域】ちいき(ゐき) 一定の、くぎられた土地。【――社会(會)】ちいき(ゐき)しゃかい(くわい) 一定の土地で、利害を共通にしている共同社会。
【地温(溫)】ちおん(をん) 大地の温度。
【地下】■ちか ①大地の下。②死後の世。あの世。冥土めいど。③社会的、政治的な運動で非合法的な立場をいう。「地下にもぐる」■じげ(ぢ) 国①昔、殿上てんじょうにあがることを許されなかった官人。地下人。↕殿上 ②身分の低い人。
【地階】ちかい 国建築物の下層で、床が地盤面より低い所。地下室。
【地角】ちかく ①地のすみ。地のはて。②岬みさき。地嘴ちし。【――天涯】ちかくてんがい 地のはてと天のはて。はるか遠い場所をいう。〈蘇軾そしょくの詩・老人行〉
【地核】ちかく 地球の内部。
【地殼】ちかく 地球の外殻。地表。地皮。
【地学(學)】ちがく 地球と、その構成物質に関することを研究する学問の総称。
【地官】ちかん(くわん) 官名。周礼しゅらいに示された六職りくしょくの一つ。土地・人事に関する政務をつかさどる人。
【地祇】ちぎ 土の神。地の神。くにつかみ。↕天神
【地久】ちきゅう(きう) 大地が永久に存続すること。【――節(節)】ちきゅうせつ(きう) 国もと、皇后の誕生日を祝う日。↕天長節
【地球】■ちきゅう(きう) われわれ人間が住んでいる天体。太陽系に属する惑星の一つ。■ディーチウ dìqiú 現■に同じ。【――儀】ちきゅうぎ(きう) 地球の小模型。表面に海や陸、緯線・経線などが書いてあり、回転させて見られるようになっている。
【地峡(峽)】ちきょう(けふ) 水と水にはさまれ、二つの陸地をつないでいる狭く細い陸地。
【地金】■ちきん 地中の金。■じがね(ぢ) 国①めっきの下地の金属。②ものの本来の性質。
【地区(區)】■ちく ある土地の区域。■ディーチュイ dìqū 現■に同じ。
【地形】■ちけい 土地の状態。山や川などの高低・傾斜など。■じぎょう(ぢぎやう) 国家などを建てる前に、その地面を平らにうち固めること。地ならし。地固め。【――図(圖)】ちけいず(づ) 地形の高低の状態を縮尺して表した地図。
【地券】ちけん 官庁から渡される土地所有の証書。地券状。
【地坐】ちざ 地の上にすわる。土下座どげざ。
【地子】■ちし 唐代に、貧民に与えた種まき用の穀物。■じし(ぢ) 国①昔、公田のあまった土地を人民に貸し与え、秋に収穫物を納めさせた税金の一種。②室町時代に、土地に課した雑種税。
【地志】ちし 地理書。＝地誌

【地誌】ちし 地理を書きしるしたもの。＝地志
【地軸】ちじく(ぢく) ①大地をささえていると想像された軸。②地球の自転の回転軸。地球の南北両極間の直径。

【地磁気(氣)】ちじき 理地球がもつ磁力。

【地質】ちしつ 土地の性質。地殼かくを組みたてている岩石・地層などの状態・性質。【――学(學)】ちしつがく 地殼かくの成立・組織・性質、および地球上の変動などを研究する学問。

【地主】■ちしゅ ①その土地の人。土着の人。②諸侯の会合を催す土地の領主。③土地の所有者。④地の神。くにつかみ。■じぬし(ぢ) 国土地の所有者。【――神】じ(ぢ)ぬしのかみ・とこぬしのかみ 国土地をつかさどる神。じしゅのかみ。

【地上】ちじょう(じゃう) 地面。土地の表面。

【地図(圖)】■ちず(づ) 地理・地勢を平面に表した図。■ディートゥー dìtú 現■に同じ。

【地水火風】ちすいかふう(くわ) 仏宇宙を作る根本の元素であるといわれる四大元素。

【地勢】ちせい ①土地の状態。②立場。地位。いどころ。

【地積】ちせき 国土地の面積。地面の広さ。

【地租】ちそ 土地についての租税。地税。

【地相】ちそう(さう) 国①土地のありさま。②住宅建築などの際の土地のよしあし。

【地層(層)】ちそう 国地皮のかさなり。砂礫されき・粘土などが低い所へ流され堆積してできるもの。

【地大物博】ちだいぶつはく 国土は広く産物は豊かである。中国を賛美していう。〈韓愈かんゆ・平淮西碑〉

【地点(點)】■ちてん 地上のある一か所。■ディーティエン dìdiǎn 現■に同じ。

【地頭】■ちとう 位置。地位。■じとう(ぢ) 国鎌倉かまくら時代の地方官。荘園管理や租税・軍事・警察事務にあたる。

【地動】ちどう ①土地がうごくこと。地震。②地球の自転および公転。【――儀】ちどうぎ 中国古代の地震計。【――説】ちどうせつ 理太陽を中軸にして地球がその周囲を回転するという、アリスタルコスおよびコペルニクスの学説。↕天動説
【地道】■ちどう(だう) 地中に作った道。坑道。地下道。トンネル。■ディータオ ①dìdào 現■に同じ。②dìdao 現本場ほんもの。きっすいの。たしかな。■じみち(ぢ) 国①じみで着実なこと。かけひきのないやりかた。②馬をふつうの速度で歩かせること。ふつうの速度。

【地徳】ちとく ①万物を産み育はぐくむ大地の徳。②穀物。

【地熱】ちねつ・じねつ(ぢ) ①地球内部の固有の熱。②地面が熱いこと。

【地表】ちひょう(へう) 地球の表面。
【地府】ちふ 死者を裁く冥土めいどの役所。
【地符】ちふ 地上に現れるめでたいしるし。↕天瑞てんずい
【地膚】■ちふ 草の名。ははきぎの別名。■じはだ(ぢ) 「地肌」に同じ。
【地物】ちぶつ ①土地に産するもの。土産。②地上にあるもの。建物・立木・岩石など。
【地文】ちぶん・ちもん ①地上の状態・現象。大地のようす。山・川・海など。↕天文 ②「地文学」の略。【――学(學)】ちもんがく 地球上の諸現象および地球と天体との関係などを研究する学問。↕天文学
【地平】ちへい ①地が平安におさまること。②土地が平らなこと。【――線】ちへいせん 陸地と天とが接して見える部分の水平な一直線。天地のさかい。
【地変(變)】ちへん 地上に起こった変事。地震など。地異。
【地歩】ちほ ①場所。②身分。③立場。立脚地。
【地方】■ちほう(はう) ①四角い大地。古代中国では天は円形、大地は方形と考えられていた。「天円地方」②土地の広さをいう時の一辺の長さ。「地方千里ちほうせんり」(土地の広さは千里四方ある。)〈史記・項羽本紀こううほんぎ〉③ある一帯の土地。④いなか。■ディーファン ①dìfāng 現■に同じ。②dìfang 現ところ。場所。■じかた(ぢ) 国①室町幕府の職名で、京都内外の土地・家屋・道路などの内政をつかさどった。②江戸時代、町方まちかた・府中に対し、いなか、またはいなかの人をいう。③舞踊で音楽を受け持つ人々。また、その音楽。④舟乗りが、沖に対して陸に近いほうをいう。【――色】ちほうしょく(はう) 国その土地の特色。ローカルカラー。【――分権(權)】ちほうぶんけん(はう) 国地方機関に、ある程度の自治権を認め与える政治体制。↕中央集権
【地望】ちぼう(ばう) 家柄と評判。
【地味】■ちみ 土質のよしあし。土地の生産力の度合い。■じみ(ぢ) 国質素で飾り気がないこと。↕派手はで
【地脈】ちみゃく ①地層の連続したすじみち。②地中を流れる水の通路。水脈。
【地目】ちもく 国土地の種類。その利用上から区別したもの。農地・宅地・山林など。
【地輿】ちよ 大地。輿は、車の物を載せる部分。大地が万物を載せることから。坤輿こんよ。輿地。
【地籟】ちらい ①地上で発するすべてのひびき。②地上の音楽。↕天籟・人籟

【地利】ちり ①地勢の有利な状態。要害の地勢。便利な地形。②土地から産する利益。生産物や地代など。【――不レ如二人和一】ちのりはひとのわにしかず 地形の有利ということは、人の心の団結にはかなわない。人の和合の力の強さをいう。〈孟子・公孫丑下〉

【地理】ちり ①土地の高低広狭などの状態。地勢。②地球上の水・陸・気候・生物・人口・都市・産業・交通・政治などの状態。③土地の様子。④地理学の略。

【地力】ちりょく 土地の生産力。

【地歴(歷)】ちれき 国地理と歴史。

【地址】ティー dìzhǐ 現所在地。あて名。

【地板】ティーパン dìbǎn 現ゆか板。

【莫レ富ニ於地一】ちよりとめるはなし 万物を生じる大地より、富んだものはない。〈荘子・天道〉

【易レ地】ちをかう ①土地をとりかえる。②立場・境遇をかえること。【――皆然】ちをかうればみなしかり 人間は境遇や立場がちがうために、その行うところも変わっているのである。境遇や立場をかえれば、みな同じである。〈孟子・離婁下〉

【塗レ地】ちにまみる 倒れて泥まみれになること。完敗すること。また、敗れ滅ぶこと。

【画(畫)レ地而趨】ちをかく(くわく)してはしる 地面に線を引いて、その中を走りまわる。自分達で勝手に定めた礼や法に束縛される不自由をあわれむことば。〈荘子・人間世〉

【掃レ地】ちをはらう ①地をはらって清める。②座る場をととのえる。③すべてなくなること。

◆内地・天地・尺地・凹地・平地・田地・生地・辺地・任地・宅地・各地・危地・死地・見地・余地・沼地・実地・荒地・畑地・盆地・借地・陣地・料地・素地・耕地・基地・転地・陸地・産地・測地・湿地・極地・属地・奥地・墓地・意地・路地・農地・戦地・緑地・領地・僻地・敵地・敷地・窮地・築地・露地・別天地・底意地・植民地・遊園地・意気地・跼天蹐地・震天動地・驚天動地

土3【圮】〔6〕ヒ 漢 上 紙 呉 pǐ ピー　J 2321 補 U 572E

意味 ①〈やぶ・れる(――・る)〉くずれる。こわす。「圮裂(ひれつ)」「圮毀(ひき)」②たおれる。

参考「圯(い)」は別字。

【圮毀】ひき こわれくずれる。やぶれる。

土3【圷】〔6〕国字　J 5210 補 U 5737

意味〈あくつ〉①低い土地。②地名。③姓。

土3【𡉕】〔6〕国字　J ②0460 U 21255

意味〈くろ〉小高い土地。地名に用いる。三ッ𡉕(みつくろ)は、岡山県の地名。

土3【圸】〔6〕国字　J 5211 補 U 5738

意味〈まま〉①がけ。②圸の上(ままのうえ)は、山形県長井市の地名。

土3【圧】〔6〕俗 →壓(二八〇ページ・上)

土3【寺】→寸部三画(三八一ページ・上)

土3【至】→至部〇画(一〇三三ページ・下)

土3【考】→老部二画(一〇〇一ページ・下)

土4【圿】〔7〕カツ 漢 入 黠 jiá チア　J 2327 補 U 573F

意味 あか。よごれ。

土4【坎】〔7〕カン 漢 上 感 呉 kǎn カン　J 5212 補 U 574E

土8【埳】〔11〕同字　J ― 補 U 57F3

意味 ①〈あな〉くぼみ。「坎穽(かんせい)」「坎阱(かんせい)」②墓穴。③穴をほる。④けわしい。険難(けんなん)。⑤志を得ないでなやむ。くるしむ。⑥易(えき)の卦(か)の名。水を象徴し、陥ちる、かくれる、悩むなどの意味がある。⑦物を打つ音。「坎坎(かんかん)」

【坎坷】かんか ①平らでないことから、行きなやむのをいう。②ふしあわせ。不遇で志を得ない。世に用いられない。＝坎軻

【坎軻】かんか 「坎坷」に同じ。

【坎坎】かんかん ①力をいれて木を伐る音。②鼓をうつ音。③なやみ苦しむさま。④喜ぶさま。

【坎井】かんせい ①くずれた古井戸。②浅い井戸。【――之鼃】かんせいのあ 浅い井戸に棲すんでいる蛙。見聞のせまいことのたとえ。井底の蛙。

【坎穽】かんせい おとし穴。＝坎阱・陥穽

【坎壈】かんらん わざわいにあって苦しむ。

土4【圻】〔7〕一キ 漢 一平 微 qí チー 二ギン 漢 二平 真 yín イン　J 5213 補 U 573B

意味 一王城を中心とした千里四方の地。＝畿(き) 二さかい。境界。はて。＝垠(ぎん)

土4【圾】〔7〕キュウ 漢 入 緝 jī チー　J 2326 補 U 573E

意味 あやうい。あぶないさま。＝岌(きゅう)「圾圾(きゅうきゅう)」

土4【均】〔7〕学 5 キン　一キン 漢 呉 一平 真 jūn チュン 二ウン 漢 イン(キン) 慣 二去 問 yùn ユン　J 2249 補 U 5747

筆順 一 十 土 圴 均 均 均

意味 一①〈ひとし・い(ひと・し)〉㋐同じである。同じにする。「均一(きんいつ)」㋑平等な。公平な。②〈ひとしく〉みな。いちように。③たいら。たいらにする。ならす。④ととのう。調和する。「均通(きんつう)」⑤土器をつくるのに用いるろくろ。＝鈞(きん) 二①ひびき。＝韻「音均(おんいん)」②楽器を調律する道具。

解字 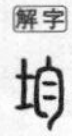 会意・形声。土と匀を合わせた字で、匀(きん)は音をも示す。匀は、あまねくゆきわたる意味がある。均は、土があまねく平らであることを表し、ならすこと、等しくする意味にもなる。

名前 お・ただ・なお・なり・ひら・まさ

参考「圴(しゃく)」は別字。

【均一】きんいつ(きんいち) 等しい。同じ。差別がない。

【均衡】きんこう(かう) つりあい。平衡。

【均斉(齊)】きんせい ①等しい。均一。②よくつりあいがとれていること。＝均整

【均整】きんせい 物事がよくつりあい、整っていること。＝均斉

【均停】きんてい 平均した割合。同じような配分。

【均霑】きんてん 平均にうるおう。同じように利益を受ける。

【均田】きんでん ①漢代、身分に応じて田地を与える制度。また、その田地。②北朝より行われた、家族構成に応じて田地を与える制度。

【均当(當)】きんとう(たう) 等しくなるように割り当てる。

【均等】きんとう 等しいこと。区別がなく同じであること。

【均服】きんぷく そろいの服装。制服。軍服。

【均分】きんぶん 同じにわける。等分。

【均平】きんぺい ①等しく平らにする。公平。②平和になる。

【均輸法】きんゆほう(はふ)(きんしゅほう(はふ)) ①前漢の武帝の経済政策。各地に均輸官を置いて、土地の産物を税として徴収、それを不足している土地で売り、利益を得るとともに物価の調節をはかるもの。②王安石の新法の一つ。

3画
口囗土士夂(夊)夕大女子宀寸小尢(允・兀)尸屮山巛(川)工己巾干幺广廴廾弋弓ヨ(彐・彑)彡彳⺍

土4【坅】〔7〕 キン㋕ ㊤寝 qǐn チン J②0463 補2328 U5745

意味 あな。

土4【坑】〔7〕常 コウ
コウ(カウ)㋕ キョウ(キャウ)㋚ ㊥庚 kēng コン J2503 補— U5751

筆順 一 十 土 圹 圹 坑 坑

意味 ①〈あな〉㋐くぼんだ所。㋑鉱山。「銀坑」㋒便所。②〈あなに・する(——・す)〉穴に生き埋めにする。「坑殺」「坑儒」③ほり。みぞ。④人をおとしいれる。⑤高い所。

解字 形声。土が形を表し、亢が音を示す。もとの字は阬で、阝は、おかを表す。亢には高い意味と、うつろの意味がある。坑は、高い丘、高い門、あるいは、土に掘った大きな穴をいう。

参考「抗」は別字。

【坑口】①穴の入り口。②鉱山などの坑道の入り口。
【坑殺】生き埋めにして殺す。坑戮。
【坑儒】儒者を穴埋めにする。→「焚書坑儒」(七七四ページ・中)
【坑穽】①深い穴。②落とし穴。③わな。
【坑道】①鉱山などの坑内の通路。②要塞戦で、敵に近づくため地下に掘った通路。
【坑夫】鉱山・炭坑などの労働者。

土4【坐】〔7〕標 人 サ㋕ ㊦箇 ザ㋚ zuò ツオ J2633 補— U5750
土5【𡊣】〔8〕俗字 J— 補— U3634

意味 ①〈すわ・る〉腰をおろす。②すわる場所。座席。＝座 ③いながらに。なにもせずに。たやすく。④〈そぞろに〉なんとはなしに。⑤罪にとわれる。「連坐」⑥軍勢が守る。⑦にわかに。たちまち。⑧むなしく。いたずらに。⑨もとづく。…によって。国〈おわ・す(おは・す)〉ある・居る・行く・来るの敬語。

名前 います・ます

参考「坐」と「座」とは、もと同字。後に、「座」は名詞に、「坐」は動詞に用いて区別するようになる。新表記では「座」に書きかえる。熟語は「座」(四三六ページ・中)をも見よ。


【坐臥行歩】たちいふるまい。進退動作。

【坐起】起き上がってすわる。起坐。

【坐繫】まきぞえの罪でろうやにつながれる。連座。繫囚。

【坐作】一すわったり立ったり。立ちいふるまい。日常の動作。二国すわってする囚人の作業。坐作の役。【坐作進退】たちいふるまい。行儀。

【坐視】①すわってみる。②何の手出しもせずにみている。座視。③ぼんやりみる。無心にみる。

【坐次】①すわる場所。休憩所。②座席の順序。

【坐食】働かないで遊んで暮らす。

【坐睡】いねむりをする。

【坐像】すわった姿勢の像。＝座像 ↕立像
【坐致】骨を折らずに物を手に入れること。

【坐忘】雑念を去って差別を超えた境地にはいること。無我の心境になること。〈荘子・大宗師〉

【坐来(來)】すわっているうちに。いつともなしに。

『坐以待旦』夜中から起きたままで、すわって夜明けを待つ。待ちこがれること。〈書経・太甲〉

土4【址】〔7〕標 シ㋕ ㊤紙 zhǐ チー J5214 補— U5740

意味 ①もとい。土台。いしずえ。はじめ。「基址」②場所。＝阯「故址」

土4【坍】〔7〕タン㋕ ㊥覃 tān タン J②0466 補2331 U574D

意味 ①水が岸をくずす。②くずれた岸。③くずれる。くずれ倒れる。

土4【坏】〔7〕一ハイ㋕ 一㊥灰 pī ピー 二ハイ㋕ 二㊥灰 péi ペイ J5215 補— U574F
土5【坯】〔8〕同字 J②0469 補2340 U576F

意味 一①一重の山やおか。②まだ焼かない陶器や瓦。かわら。＝坯 二①ふさぐ。とじる。②家のうしろ側の壁。＝培

姓 坏作

参考 坏は「壞」(三〇二ページ・中)の中国新字体としても使う。＝阫

土4【坂】〔7〕学3 さか ハン ハン㋕ ㊤阮 bǎn パン J2668 補— U5742

筆順 一 十 土 圵 圷 坂 坂

意味 ①〈さか〉山の斜面。②つつみ。土手。＝阪

解字 形声。土が形を表し、反が音を示す。もとの字は、阪で、阝が陸地の意味を表した。反には、そむくとか、かたむくの意味がある。坂は、沢地のつつみとか、山の斜面とか、かたむいた土地を表す。

姓 坂合部

地名 坂井・坂戸・坂出・坂田

【坂東】国関東。足柄・箱根から東の国。国利根川の別名。坂東第一の川の意。【——太郎】

◇急坂・登坂

土4【坒】〔7〕ヒ㋕ ㊦寘 ビ㋚ bì ビー J— 補2332 U5752

意味 ①ならびつらなる。②きざはし。階段。＝陛

土4【坋】〔7〕フン㋕ ㊤吻 fěn フェン J— 補— U574B

意味 ①塵。②ちりが舞いあがる。また、舞い落ちる。③大きな堤。

土4【坌】〔7〕ホン㋕ ㊦願 フン㊥ bèn ペン J②0465 補2330 U574C

意味 ①集まる。ならぶ。②わきでるさま。③ちり。＝坋

【坌集】おおぜいがいちどに群がり集まる。

【坌涌】盛んにわき出る。＝坌湧

土4【坊】〔7〕常 ボウ・ボッ
一ホウ(ハウ)㋕ ボウ(バウ)㋚ 一㊥陽 fāng ファン ボッ㊥
二ホウ(ハウ)㋕ ボウ(バウ)㋚ 二㊥陽 fáng ファン
J4323 補— U574A

筆順 一 十 土 圵 圹 坊 坊

意味 一①〈まち〉ちまた。市街。「坊市」②はなれ。別棟。＝房 ③役所の名。「左春坊」④僧のすまい。坊舎。「僧坊」⑤みせ。商店。⑥小規模な製造所。「酒坊」⑦姓。二〈ふせ・ぐ〉守る。用心する。＝防「坊欲」国〈ぼう(ばう)〉①僧。坊さん。②男の子。

解字 形声。土が形を表し、方が音を示す。方には、妨・防でわかるように、ふせぐ意味がある。坊は、土でふせぎとめることを表す。

【坊間】民間。まちの中。まち。俗世間。

【坊市】まち。市街。坊間。

【坊主】国①坊さん。僧。出家。②住職。③髪をそった頭。また、その人。④男の子。⑤茶坊主。武家の茶湯をつかさどった者。⑥毛髪・草木などがはえていないさま。

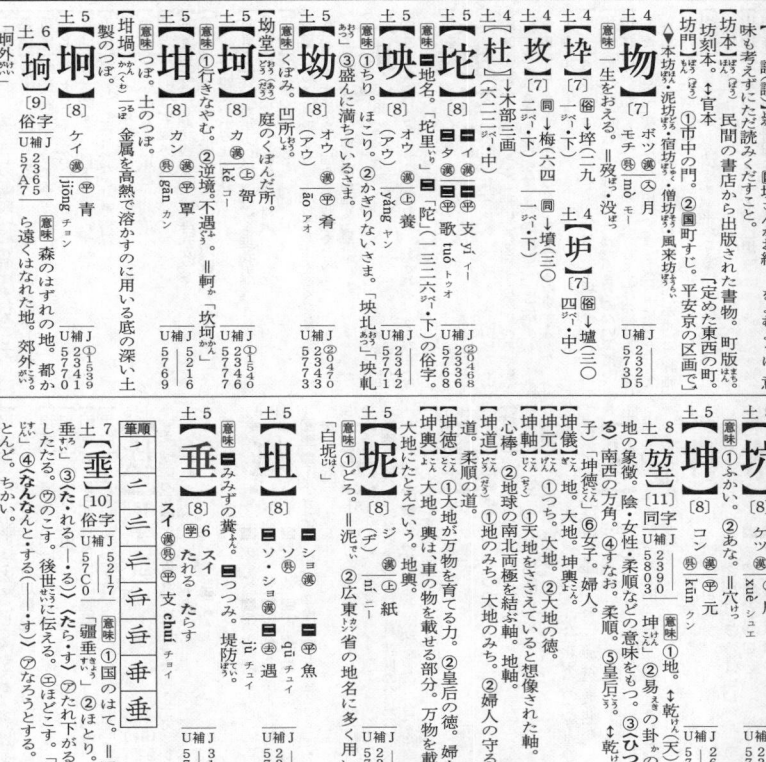

【――読(讀)】(ぼう)(ぼう)ず 国坊さんがお経をよむように、意味も考えずにただ読みくだすこと。

【坊本】(ぼう)(ぼう) 民間の書店から出版された書物。町版。坊刻本。↕官本

【坊門】(ぼう)(ぼう) ①市中の門。②国町すじ。平安京の区画で「定めた東西の町。

▽▼本坊・泥坊・宿坊・僧坊・風来坊

土4【㘬】〔7〕 ボツ 漢 入 月　モチ 呉 mò モー　U 5733D 補 2325 J ―

意味 一生をおえる。＝歿・没

土4【坲】〔7〕 俗 ↓埣(二九一ページ・下)

土4【坆】〔7〕 同 ↓梅(六四二ページ・下)　同 ↓墳(三〇一ページ・下)

土4【坧】〔7〕 俗 ↓壚(三〇四ページ・中)

土4〖杜〗(六二二ページ・中)↓木部三画

土5【坨】〔8〕 ㊀イ 漢 平 支 yí イー　㊁タ 漢 平 歌 tuó トゥオ　U 5768 補 2336 J ②0468

意味 ㊀地名。「坨里」 ㊁「陀」(一三二六ページ・下)の俗字。

土5【坱】〔8〕 オウ 漢 上 養　(アウ) yǎng ヤン　U 5771 補 2342 J ―

意味 ①ちり。ほこり。②かぎりないさま。「坱圠」「坱軋」③盛んに満ちているさま。

土5【坳】〔8〕 オウ 漢 平 肴　(アウ) āo アオ　U 5773 補 2343 J ②0470

意味 くぼみ。凹所。

【坳堂】(おう)(どう)(あう)(だう) 庭のくぼんだ所。

土5【坷】〔8〕 カ 漢 上 哿　kě コー　U 5777 補 2346 J ①1540

意味 ①行きなやむ。②逆境。不遇。＝軻「坎坷」

土5【坩】〔8〕 カン 漢 呉 平 覃　gān カン　U 5769 J 5216

意味 つぼ。土のつぼ。

【坩堝】(かん)か(くわ) ―るつぼ 金属を高熱で溶かすのに用いる底の深い土製のつぼ。

土5【坰】〔8〕 ケイ 漢 平 青　jiōng チョン　U 5770 補 2341 J ①1539

意味 森のはずれの地。都から遠くはなれた地。郊外。「坰外」

土6【垧】〔9〕 俗字　U 57A7 補 2365 J ―

土5【坑】〔8〕 ケツ 漢 入 屑　xué シュエ　U 5779 補 2347 J ―

意味 ①ふかい。②あな。＝穴

土5【坤】〔8〕 コン 漢 平 元　呉 kūn クン　U 5764 J 2605

土8【堃】〔11〕 同字　U 5803 補 2390 J ―

意味 ①地。↕乾(天)「乾坤」②易の卦の名。地の象徴。陰・女性・柔順などの意味をもつ。③〈ひつじさる〉南西の方角。④すなお。柔順。⑤皇后。↕乾(天子)「坤徳」⑥女子。婦人。

【坤儀】 地。大地。坤輿。

【坤元】 ①つち。大地。②大地の徳。

【坤軸】(ぢく) ①天地をささえていると想像された軸。地の心棒。②地球の南北両極を結ぶ軸。地軸。

【坤道】(だう) ①地のみち。大地のみち。②婦人の守るべき道。柔順の道。

【坤徳】 ①大地が万物を育てる力。②皇后の徳。婦人の「徳。

【坤輿】 大地。輿は、車の物を載せる部分。万物を載せる大地にたとえていう。地輿。

土5【坭】〔8〕 ジ 漢 上 紙　(ヂ) ní ニー　U 576D 補 2338 J ―

意味 ①どろ。＝泥 ②広東省の地名に多く用いる。「白坭」

土5【坦】〔8〕 ㊀ショ 漢 平 魚　ソ 呉 qū チュイ　㊁ソ・ショ 漢 去 遇 jù チュイ　U 5765 補 2334 J ―

意味 ㊀みみずの糞。㊁つつみ。堤防。

土5【垂】〔8〕 学6 スイ たれる・たらす　スイ 漢 呉 平 支 chuí チョイ　U 5782 J 3166

筆順 丿 二 三 乒 乖 垂 垂 垂

土7【埀】〔10〕 俗字　U 57C0 J 5217

意味 ①国のはて。＝陲「辺垂」②ほとり。「路垂」③〈た・れる(―・る)〉〈たら・す〉㋐たれ下がる。㋑したたる。㋒のこす。後世に伝える。㋓ほどこす。「垂仁」④〈なんなんと・する(――・す)〉㋐なろうとする。㋑ほとんど。ちかい。

解字 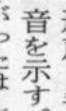 形声。𠂹と土とを合わせた字。土が形を表し、𠂹が音を示す。𠂹には、たれさがるという意味がある。垂は土地のたれさがったはしの意味で、遠い国境を表す。

名前 たり・たれ・しげる　姓 垂水　地名 垂水

難読 垂尾・垂乳根・垂木・垂氷

【垂恩】 恩恵を施す。

【垂下】 たれさがる。

【垂戒】 いましめをたれる。垂誡。

【垂泣】(きふ) 涙を流して泣く。垂涕。

【垂拱】 ①たもとをたれ、手を腹の上で組み合わせてする敬礼。②腕ぐみして、なにもしないこと。『――之治』天子の徳によって、何をしなくとも臣下・人民が自然に感化され天下がよく治まること。垂教之化。

【垂教】(けう) 教えをたれる。教訓を伝える。垂示。垂訓。

【垂示】 ①教えをたれる。教え示す。垂教。垂訓。②仏 禅宗で、弟子に仏道の要義を教え示すこと。垂教。

【垂死】 死にかかる。瀕死。

【垂糸(絲)】 柳の枝などのたれさがること。また、その枝。

【垂翅】 つばさをたれる。転じて、失敗し、うちしおれること。

【垂跡】 仏 仏・菩薩が人々を救うために姿をかえて、かりにこの世に出現すること。＝垂迹

【垂準】 すみなわの端におもりをつけてさげ、物のゆがみを調べて正すもの。さげずみ。垂直器。

【垂象】(しやう) 天が地上に示すさまざまの現象。

【垂裳】(しやう) ①衣服の制を定め貴賤を正す。②無為にして天下を治める。

【垂条(條)】(でう) たれさがった小枝。また、枝をたれる。

【垂仁】 恵みをたれる。情をかける。

【垂水】 ㊀ 滝。瀑布。㊁ 国たれ落ちてくる水。滝の「古語。

【垂垂】 ①たれさがるさま。②ようやく。しだいに。

【垂涎】 ①たべたくてよだれをたらす。②非常に物をほしが「る形容。

【垂橐】 袋をたれる。荷物を持つ。

【垂釣】(てう) つり糸をたれる。垂綸。

【垂髫】(てう) おさげ髪。転じて、こども・幼児。

【垂直】 まっすぐにたれていること。

【垂天】 空一面にたれひろがる。空からたれさがる。『――之雲』天からたれさがった雲。大きい形容。切望。

【垂統】 天下統治の基礎を定めて子孫に伝えること。

3画　口囗土士夂(夊)夕大女子宀寸小尢(兀・兀)尸屮山巛(川)工已巾干幺广廴廾弋弓彐(彑・ヨ)彡彳⺍

【垂堂】(すいどう(だう)) 堂のはしの、階段に近い所にすわることから、危険をおかす意。

【垂白】(すいはく) しらがになりかかる。

【垂範】(すいはん) 模範を示す。手本を後世に残す。

【垂名】(すいめい) 名をなす。名をあげる。

【垂問】(すいもん) 下問する。目下の者にたずねる。

【垂楊】(すいよう(やう)) しだれやなぎ。垂柳(すいりゅう)。

【垂綸】(すいりん) つり糸をたれる。魚をつる。垂釣。

【垂憐】(すいれん) かわいそうに思う。同情する。

【垂老】(すいろう(らう)) 老境に近づくこと。

【垂乳男】(たらちお(を)) [国]父親。父。↕垂乳女(たらちめ)

【垂乳根】(たらちね) [国]①母親。②父母。両親。「たらちねの」は、母または親にかかる枕詞(まくらことば)。

【垂乳女】(たらちめ) [国]生みの母。母。↕垂乳男(たらちお)

【垂木】(たるき) [国]棟(むね)から軒に渡す材木。

【垂氷】(たるひ) [国]つららのこと。

『垂簾之政』(すいれんのまつりごと) すだれをたれて政事をきく。幼い天子に代わって、太后・皇太后などが政治をとること。
◇▼直垂(ひたたれ)・雨垂(あまだれ)・前垂(まえだれ)・懸垂(けんすい)・胃下垂(いかすい)

土5 **【坼】**〔8〕 タク(漢)(入)陌 chè チョー　U 577C 補 2350 J ①1541

[意味] ①〈さ・ける(―・く)〉割れる。分かれる。②〈ひら・ける(―・く)〉ほころびる。
【坼裂】(たくれつ) 割れ裂ける。破裂する。

土5 **【坦】**〔8〕 [標][入] タン(呉)(漢)(上)旱 tǎn タン　U 5766 補 — J 3519

[意味] ①〈たいら(たひら)〉「平坦」②やすらか。ゆるやか。③明らかなさま。あらわなさま。④娘むこ。⑤姓。

[名前] あきら・かつ・しずか・ひら・ひろ・ひろし・ひろむ・やす・ゆたか
[参考] 「担」「垣」は別字。

【坦夷】(たんい) 平らなこと。なだらかなこと。平坦。

【坦懐(懷)】(たんかい(くわい)) さっぱりした、わだかまりのない気持ち。

【坦牀】(たんしょう(しゃう)) むこ。むすめの夫。むこ選びの使者が訪問した際、晋の王羲之は、腹を出したまま、ベッドにねころんで食事をしていた。そのとりつくろわない様子がかえって評価され、むこに選ばれたという故事から。坦婿(たんせい)。

【坦然】(たんぜん) こせこせしないさま。平らなさま。また、あっさりしているさま。坦坦。

【坦坦】(たんたん) 平らで広いさま。「大道坦坦」

【坦途】(たんと) 平らな道路。坦道。平路。

【坦蕩】(たんとう(たう)) ①平らで広々としているさま。②心がゆったりする。こせこせしない。坦蕩蕩(たんとうとう)。

【坦腹】(たんぷく) 寝ころぶ。はらばいになる。

【坦平】(たんぺい) 平ら。平坦。

【坦克】(タンコー) tǎnkè [現]タンク。戦車。

【坦白】(タンパイ) tǎnbái [現]かくしだてがない。公平で潔白である。告白する。

土5 **【垁】**〔8〕 チ(漢)(上)紙 zhǐ チー　U 5781 補 2352 J —

[意味] 城壁の面積を計る単位。長さ三丈、高さ一丈。＝雉(ち)

土5 **【坾】**〔8〕 チョ(漢)(上)語 zhù チュー　U 577E 補 2351 J —

[意味] 積もった塵(ちり)。

土5 **【坻】**〔8〕 [一]チ(漢)[一](平)支 chí チー　[二]シ(漢)[二](上)紙 zhǐ チー　[三]テイ(漢)[三](上)薺 dǐ ティー　U 577B 補 2349 J ②0473

[意味] [一]①小さな島。州(す)。②岸。[二]とどまる。とまる。[三]坂。＝阺(てい)

土5 **【坫】**〔8〕 テン(漢)(去)豔 diàn ティエン　U 576B 補 2337 J —

[意味] ①杯(さかずき)をのせる土製の台。昔、諸侯の会見のとき、杯をかわしあう献酬(けんしゅう)の礼のあとで、杯を置いた台。②室内につくった土製の食物を置く台。

土5 **【坡】**〔8〕 ハ(漢)(呉)(平)歌 pō ポー　U 5761 補 — J 5219

[意味] ①傾斜地。坂。②〈つつみ〉土手(どて)。

【坡下】(はか) つつみの下。どての下。

【坡塘】(はとう(たう)) つつみ。堤防。

【坡頭】(はとう) つつみのほとり。

【坡老】(はろう(らう)) 蘇東坡(そとうば)さん。坡は北宋(ほくそう)の文学者の蘇軾(そしょく)のこと。老は親しみ呼ぶことば。坡公。坡仙。

土5 **【坺】**〔8〕 ハツ(漢) バツ(呉)(入)月 bá パー　U 577A 補 2348 J —

[意味] ①土をすきおこす。＝撥(はつ)・垡(はつ) ②ほこりや塵(ちり)のたつさま。③旗。＝旆(はい)

土5 **【坢】**〔8〕 ハン(漢)(上)旱 pǎn パン　U 5762 補 2333 J —

[意味] ①たいら。平坦。②地をひらく。③山頂。

土5 **【坿】**〔8〕 [一]フ(漢)[一](去)遇 fù フー　[二]フ(漢)[二](平)虞 fú フー　U 577F 補 — J 5220

[意味] [一]増す。つける。＝附(ふ) [二]白坿(はくふ)は、石英・水晶の類。

土5 **【坪】**〔8〕 [常] つぼ　ヘイ(漢)(平)庚 píng ピン　U 576A 補 — J 3658

[旧字] 土5 **【坪】**〔8〕　U — 補 — J —

[筆順]
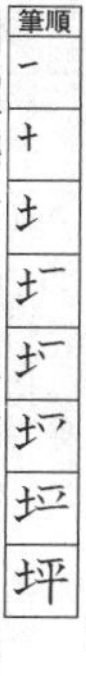

[意味] ①平地。ひらち。②[現]平坦(へいたん)な草地。[国]〈つぼ〉①土地の面積の単位。約三・三一平方メートル。〇・〇三三アール。②体積の単位。六尺立方。
[解字]  会意・形声。土と平を合わせた字。平(へい)は音をも示す。坪は平らな土地のこと。
【坪刈】(つぼがり) [国]一坪の稲を刈りとり、これをもとにして全体の収穫高を算定すること。
◇▼立坪(たてつぼ)・建坪(たてつぼ)

土5 **【垉】**〔8〕 ホウ(ハウ)(漢)(平)肴 páo パオ　U 5789 補 — J 5221

[意味] 「竜龕手鑑(りゅうがんしゅかん)」にみえるが、意味は示されていない。
[国] 垉六(ほうろく)は、愛知県豊田市の地名。

土5 **【坴】**〔8〕 リク(漢) ロク(呉)(入)屋 lù ルー　U 5774 補 2344 J ②0471

[意味] 土のかたまりの大きいさま。

土5 **【垃】**〔8〕 lā ラー　U 5783 補 2353 J —

[意味] [現]垃圾(ラーチー) lājī は、ごみ。

土5 **【垈】**〔8〕 [国字]　U 5788 補 — J 5218

[意味] 〈ぬた〉泥田。また、泥。
[地名] 垈(ぬた)・大垈(おおぬた)・相垈(あいぬた)・藤垈(ふじぬた)

土5 **【坵】**〔8〕 [俗]↓丘(二六ページ・上)

土5 **【坐】**〔8〕 [俗]↓坐(二八四ページ・上)

土5 **【坧】**〔8〕 [同]↓墌(二九九ページ・下)

土5 **【坮】**〔8〕 [同]↓臺(二三三ページ・上)

土5 **【坯】**〔8〕 [同]↓坏(二八四ページ・中)

土5 〖幸〗↓干部五画(四三〇ページ・上)

土5 〖卦〗↓卜部六画(二〇〇ページ・下)

土5 〖者〗↓老部四画(一〇〇二ページ・上)

土6 **【垔】**〔9〕 イン(呉)(漢)(平)真 yīn イン　U 5794 補 2355 J —

意味 ふさぐ。うずめる。＝堙・陻

土6
【垣】〔9〕常 エン(ヱン)漢 平 元 yuán ユワン　かき　J 1932 補 U 57A3

筆順 十 土 圵 圹 垣 垣 垣 垣 垣

意味 ①〈かき〉低いかきね。かこい。②役所。「諫垣(かんえん)」③星の位置。④姓。

解字 形声。土が形を表し、亘(せん)が音を示す。亘には、ゆっくり回る意味がある。垣は、長くとりまく、低い土のかきねである。音エンは、亘の音センの変化。

姓 垣内(かいと)・垣内(かいつ)・垣内(かきと)・垣谷(えんや)・垣谷(はんや)・垣見(かきみ)・垣見(かけみ)・垣東(かいとう)・垣替(かきかえ)・垣内田(かきつだ)

【垣下】一 えん(ゑん)か　かきねのもと。二 えん(ゑん)が　一 え(ゑ)が　国①垣下座(えんがのざ)の略で、昔、主人を助けて来賓を接待した人。とりもち役。また、舞楽などで、舞人や楽人の着座する所。垣下の所。②垣下舞(えんがのまい)の略。垣下座でする舞楽。

【垣牆】えん(ゑん)しょう(しゃう)　かき。かこい。

【垣籬】えん(ゑん)り　まがき。かきね。かき。

【垣間見】かいまみ　国かきねの隙間(すきま)からのぞくように、すきみすること。すきみ。また、ちらりと見ること。

【垣網】かきあみ　国魚を一方向に導くため、垣のように長く張る網。

【垣内】かきつ｜かいと　国垣根の中。かきうち。

【垣破】かきやぶり　国しゃにむに押しとおそうとすること。よこがみ破り。

土6
【垓】〔9〕カイ漢 平 灰　ガイ慣 gāi カイ　J 5222 補 U 5793

田6【畡】〔11〕同字 J 4526 補 U 7561

意味 ①はて。国のはて。②かぎり。境界。③数の名。京の十倍、または万倍。④重ねた階段。きざはし。＝陔(かい)

【垓下】がいか　地名。今の安徽(あんき)省霊璧(れいへき)県の東南の地。楚(そ)の項羽が、漢の高祖の軍に囲まれた所。【――歌】がいかのうた　楚の項羽が、垓下で漢軍に囲まれ、形勢の悪化を嘆いて作った詩。

土6
【垝】〔9〕キ漢 上 紙 guǐ コイ　J ②0478 補 U 579D

意味 ①やぶれる。くずれる。「垝垣(きえん)」②高くけわしいところ。

土6
【垚】〔9〕ギョウ漢 平 蕭 (ゲウ) yáo ヤオ　J ②0477 補 U 579A

意味 ①土の高いさま。②＝尭(堯)(一二六ページ・中)

土6
【垠】〔9〕ギン漢 平 真 yín イン　J 5223 補 U 57A0

意味 ①かぎり。はて。さかい。「垠鍔(ぎんがく)」「垠界(ぎんかい)」②岸。

【垠崖】ぎんがい　がけ。きりたつようにそびえて立った岸。

【垠際】ぎんさい　はて。かぎり。

土6
【型】〔9〕学5 ケイ　かた　ケイ漢 平 青 xíng シン　J 2331 補 U 578B

筆順 一 二 チ 开 刑 刑 刑 型 型

意味 ①〈かた〉いがた。②てほん。のり。模範。国〈かた〉①サイズ。②模様(もよう)。③柔剣道や演劇などで、基本となる一定の動作・所作(しょさ)。

解字 形声。土が形を表し、刑(けい)が音を示す。刑は、井と刀を合わせたもので、刃物をもって、わくの形どおりに作る意味がある。型は、土をもって「いがた」を作ることで、そこから「かた」「てほん」の意味を表す。なお、木の型を模といい、竹のかたを範という。

【型紙】かたがみ　国①模様を切りぬいた紙。②洋裁などで、布を裁つために、その型を紙で切り抜いたもの。

【型録(錄)】カタログ　国英語 catalogue の音訳。商品目録。

◆木型(きがた)・定型(ていけい)・典型(てんけい)・原型(げんけい)・紙型(しけい)・模型(もけい)・鋳型(ちゅうけい)｜しゅけい｜いがた・類型(るいけい)

土6
【垢】〔9〕標 コウ漢 上 有　ク呉 gòu コウ　J 2504 補 U 57A2

意味 ①〈あか〉よごれ。ちり。②よごれる。けがれる。「無垢(むく)｜こう」③はじ。恥辱(ちじょく)。＝詬(こう)

【垢穢】こうあい　あかがついて汚れる。けがれ。

【垢汚】こうお(を)　あかがついて汚れる。＝垢汙(汙は汚の俗字)

【垢滓】こうし　あかとかす。汚れの意。

【垢膩】こうじ(ぢ)　あかや汗あぶらで汚れる。あぶらじみること。垢脂。

【垢塵】こうじん(ぢん)　①あかとちり。②からだの汚れ。

【垢弊】こうへい　あかで汚れ、ぼろぼろになる。また、その着物。

【垢離】こり　国神仏に願をかけるとき、水をあびて、身心を清めることをいう。水垢離(みずごり)。

『刮レ垢磨レ光』あかをけずり(けづり)ひかりをみがく　欠点を除き、才能をみがく。〈韓愈(かんゆ)・進学解〉

『含レ垢』はじ(はぢ)をふくむ　人の欠点をとがめたてない。『――忍レ恥』はじ(はぢ)をふくみはじ(はぢ)をしのぶ　恥をたえ忍ぶ。〈胡銓(こせん)・上高宗封事(こうそうにたてまつるほうじ)〉

土6
【垬】〔9〕コウ漢 平 東 hóng ホン　J ②0476 補 U 57AC

意味 土で作った堰(せき)。土手。

土6
【垙】〔9〕コウ漢呉 平 陽 (クヮウ) guāng コワン　J 2357 補 U 5799

意味 あぜみち。農地の中の小道。

土6
【城】〔9〕学4 ジョウ　しろ　J 3075 補 U 57CE

旧字 土7【城】〔10〕セイ漢 ジョウ(ジャウ)呉 平 庚 chéng チョン　J ―― 補 U 2F852

筆順 十 土 圵 圹 圻 坘 城 城 城

意味 ①〈しろ〉㋐敵を防ぐため町の周囲に石やれんがで築いた壁。中を城、外を郭という。「城郭(じょうかく)」㋑城壁をめぐらした町。都市。「都城」㋒くに。天子・王・大夫の居所。「傾城(けいじょう)」㋓要塞。②きずく。城をつくる。国〈しろ〉〈き〉とりで。外界とさえぎったり、外敵などを防ぐ構築物。

解字 会意・形声。土と成とを合わせた字で、成(せい)は音をも示す。成には、できあがる、みちるという意味がある。城は、人が満ちている土地で、都市を表す。また、成には土を盛るという意味があるから、土を盛り上げてきずいた壁、城壁をいうとも解する。

名前 さね・なり・むら　姓 城(じょう)・城内(きのうち)・城所(きどころ)・城間(しろま)

地名 城辺(ぐすく)・城崎(きのさき)・城陽(じょうよう)・城端(じょうはな)

【城陰】じょう(じゃう)いん　城壁のかげ。

【城下】じょう(じゃう)か　①城の下。②城壁の下。③城の近く。城の外。城のそば。④国昔、大名の城のある町。城市。【――町】じょう(じゃう)かまち　国大名の居城を中心に発達した町。『――之盟』じょう(じゃう)かのちかい(ちかひ)　敵の城の下まで攻め入って講和を結ばせる。また、城下まで攻め入られて講和を結ばされること。降参のちかい。屈辱の講和。

【城郭(「廓」)】じょう(じゃう)かく(くわく)　①城の周囲の囲い。②都市。③城のこと。内にあるのを城、外にあるのを郭という。

【城隅】じょう(じゃう)ぐう　城壁のかたすみ。「俟二我於城隅一(われをじょうぐうにまつ)」(私を城壁のすみのひっそりしたところで待っている。)〈詩経(しきょう)・静女〉

【城闕】じょう(じゃう)けつ　①城の門。闕は門の通路。その上に物見台をつくる。②宮城。皇居。帝王の居所。

【城隍】じょう(じゃう)こう(くわう)　①城の堀。②城隍神の略。都市を守る神。

【城濠】じょう(じゃう)ごう(がう)　城のまわりの堀。城池。＝城壕

【城国(國)】じょう(じゃう)こく ①都城。城郭にかこまれた町。②城と国。
【城砦】じょう(じゃう)さい とりで。要塞。城塞。城寨。
【城狐社鼠】じょう(じゃう)こしゃそ 城内に棲むきつねと、社やしろに巣くうねずみ。主君のそばにいる悪者にたとえていう。〈韓非子・外儲説〉
【城塞】じょう(じゃう)さい 国城とりで。＝城寨
【城寨】じょう(じゃう)さい 城。とりで。＝城塞
【城市】一じょう(じゃう)し 城壁をめぐらした町。まち。市街。中国では、町が城壁に囲まれているのでいう。都会。二チョンシー chéngshì 現 一に同じ。
【城址】じょう(じゃう)し 城のあったあと。城跡。＝城趾
【城趾】じょう(じゃう)し 城あと。＝城址
【城主】じょう(じゃう)しゅ ①一城のあるじ。②国江戸時代、居城を持つ大名。藩主。
【城守】じょう(じゃう)しゅ ①城にたてこもって防ぐ。②国江戸時代、城を有する大名。＝城主
【城代】じょう(じゃう)だい 国大名のるすの間、城を守り号令をくだす役。
【城旦】じょう(じゃう)たん 刑罰の名。城壁修築の労役にあたる。
【城池】じょう(じゃう)ち 城の周囲の池。ほり。
【城頭】じょう(じゃう)とう ①城壁の上。②城のほとり。
【城府】じょう(じゃう)ふ ①都市。みやこ。②都市のかこい。③仕切り。隔て。④人に対する警戒心のたとえ。
【城壁】じょう(じゃう)へき ①城のかべ。城の外がこい。②城のこと。
【城門】じょう(じゃう)もん 城の門。城闕じょうけつ。
【城邑】じょう(じゃう)ゆう(いふ) みやこ。城壁でかこまれ、人々が多く住み、家も多い町。城市。都邑。
【城裏】じょう(じゃう)り 城のうち。城中。城内。
【城塁(壘)】じょう(じゃう)るい 城。とりで。城砦じょうさい。
【城楼(樓)】じょう(じゃう)ろう 城のやぐら。ものみ。
【不レ設二城府一】じょう(じゃう)ふをもうけ(まうけ)ず 人に接するとき、警戒する気持ちを持たないこと。〈宋史・傅尭兪伝〉
【傅レ城】しろにつく 城にくっつける。「傅レ城火レ之」〈日本外史・楠氏〉
◆王城おうじょう・牙城がじょう・古城こじょう・孤城こじょう・宮城きゅうじょう・根城ねじろ・落城らくじょう・登城とじょう・傾城けいせい・築城ちくじょう・籠城ろうじょう

土6【垜】〔9〕 タ 漢 上 哿 duǒ トゥオ U 579C 補 2359 J ①1542
意味 ①門の両側の部屋。②塀の外や上に突き出た部分。③弓の的まとを立てかける築地ついじ。あずち。④積み重ねる。盛りあがったもの。音 duǒ トゥオ。＝埵た

土6【垛】〔9〕 同字 U 579B

土6【垞】〔9〕 タ 漢 平 麻 chá チャー U 579E 補 2361 J ②0479
意味 ①おか。②昔の地名。現在の江蘇こう省徐州じょしゅう市付近。

土6【垗】〔9〕 チョウ(テウ) 漢 上 篠 zhào チャオ U 5797 補 2356
意味 ①四方を土手でかこんだ祭壇。また、そこで祭りを行うこと。②墓。

土6【垤】〔9〕 テツ 漢 入 屑 dié ティエ U 57A4 J 5225
意味 ①ありづか。蟻封ぎほう。②つか。丘おか。「垤堄てつげい」
◆阜垤ふてつ・蟻垤ぎてつ

土6【垌】〔9〕 トウ 漢 上 董 tǒng トン U 578C 補 2354
意味 ①つぼ。②姓。

土6【垈】〔9〕 ハツ 漢 入 月 fá ファー U 57A1 補 2363
意味 ①たがやす。②たがやした土。

土6【㘺】〔9〕 同字 U 363A

土6【垟】〔9〕 ヨウ(ヤウ) 漢 呉 平 陽 yáng ヤン U 579F 補 2362
意味 ①土地にすむ怪物。「墳垟ふんよう」②農地。地名に用いられる。

土6【垮】〔9〕 kuǎ コワ U 57AE
意味 現①くずれる。倒れる。②だめになる。

土6【垳】〔9〕 国字 U 57B3 J 5224
意味 垳がけは、埼玉県八潮やしお市の地名。

土6【垰】〔9〕 国字 U 57B0 J 5227
意味〈たお(たを)〉山の尾根のたわんだところ。峠。鞍部あんぶ。
姓 垰田たおだ 地名 垰たお

土6【垧】〔9〕 俗→坰(二八五ページ・上)
土6【垨】〔9〕 同→守(三六二ページ・下)
土6【垩】〔9〕 俗→聖(一〇〇七ページ・中)
土6【垕】〔9〕 古→厚(二〇五ページ・上)
土6【垪】〔9〕 俗→垪(二九一ページ・中)
土6【垴】〔9〕 同→壜(三〇三ページ・下)

土6【(土+尽)】〔9〕 同→墟(三〇四ページ・上)
土6〖哉〗(二四三ページ・上)→口部六画
土6〖封〗(三八三ページ・下)→寸部六画
土6〖奎〗(三三一ページ・中)→大部六画

土7【埃】〔10〕 標 アイ 漢 平 灰 āi アイ U 57C3 J 5228
意味〈ほこり〉〈ちり〉「塵埃じんあい」「埃壒あいあい」
【埃壒】あいあい ①ほこり。ちり。②ほこりが立って、暗くなる。
【埃靄】あいあい ①砂ぼこりが立ちこめ、もやのように見えること。②けがれ。
【埃塵】あいじん ちり。ほこり。塵埃。
【埃滅】あいめつ ほこりのように消えてなくなる。
【埃及】エジプト 国名。今のエジプト・アラブ共和国。
◆土埃つちぼこり・砂埃すなぼこり・塵埃じんあい

土7【埏】〔10〕 一エン 漢 平 先 yán イェン 二セン 漢 平 先 shān シャン U 57CF 補 2374 J ①1548
意味 一①地のはて。②墓穴の道。墓道。「埏隧えんすい」二①水で土をこねる。「埏埴せんしょく」②水でこねた土。

土7【埆】〔10〕 一カク 漢 入 覚 què チュエ 二カク 漢 入 覚 jué チュエ U 57C6 J 5229
意味 一土地がやせている。荒れ地。二①訴訟そしょう。②判定する。

土7【垸】〔10〕 カン(クワン) 漢 平 寒 huán ホワン U 57B8 補 2369 J ①1545
意味 ①うるしと骨の灰とをまぜて塗る。②垣を修理する。③現垸子ユワンツ yuànzi は、湖南省・湖北省などの湖沼こしょう地帯で、水流をせきとめる施設をいう。

土7【垽】〔10〕 ギン 漢 ゴン 呉 去 震 yìn イン U 57BD 補 2370
意味 おり。沈澱物ちんでんぶつ。かす。

土7【埂】〔10〕 コウ(カウ) 漢 上 梗 gěng コン U 57C2
意味 ①小さな坑あな。②つつみ。「埂堤こうてい」③畦あぜ。

土7【埈】〔10〕 シュン 漢 去 震 jùn チュン U 57C8 補 2372 J ①1547
意味 たかくけわしい。＝峻しゅん

土7【埕】〔10〕 テイ 慣 chéng チョン U 57D5 補 2375

意味 ①酒のつぼ。②塩田。③現蟶埕 chēngchéng は、福建・広東の沿海地方で、蟶(あげまき貝)を養殖する設備をいう。

土7【埧】〔10〕 一ハイ 漢 一 去 泰 bèi ペイ 二ハ 漢 二 去 禡 bà バー　J — 補 — U 57BB
意味 一土手。つつみ。二①流れの緩やかな川。②堰。ダム。

土7【埔】〔10〕 ホ 慣 bù ブー pǔ プー　J 5230 補 — U 57D4
意味 ①大埔は、広東省の県の名。音 bù ブー。②黄埔は、広東省の地名。音 pǔ プー。

土7【埋】〔10〕 常 マイ うめる・うまる・うもれる　バイ 漢 マイ 呉 平 佳 mái マイ　J 4368 補 — U 57CB
筆順 十 扌 㘾 坦 坦 坦 埋 埋
意味 ①〈うず・める(うづ・む)〉〈う・める(―・む)〉 ㋐土中におさめる。㋑おおいかくす。㋒死者を葬る。②〈うずま・る(うづま・る)〉〈うま・る〉〈うも・れる(―・る)〉 かくれている。落ちぶれている。国〈う・める(―・む)〉 つぐなう。
解字  形声。土が形を表し、里が音を示す。里の音には、おおうという意味を含む。埋は、動物が土をかぶっている形で、古代の文字を参照すると、牛か犬を穴の中に入れ、土をかぶせることを表す。音バイは、里の音リの変化。古い形では、艹がついているから、草をかぶせて隠すことになる。
名前 うめ　難読 埋み火
【埋木】一うめき 国すきまに木片を埋めこむこと。寄木。二うもれぎ 国①大昔から土中に埋まって黒ずみ、化石のように堅くなった木。②世の中から見すてられ顧みられないたとえ。
【埋草】うめくさ 国①城を攻めるとき、堀を埋めるのに用いた草。②あいている所や、たりない所を埋めるもの。③雑誌などの紙面の空白を埋めるための短文。
【埋玉】まいぎょく 玉を地中にうずめる。美人や秀才の死をいたんでいうたとえ。
【埋骨】まいこつ 遺骨を墓の中に埋める。
【埋照】まいしょう(せう) 才能や徳をつつみかくす。
【埋葬】まいそう(さう) 死体を土中に埋める。ほうむる。
【埋蔵(藏)】まいぞう(ざう) ①地面に埋める。うずめ隠す。②物が土中に埋もれていること。
【埋没】まいぼつ ①うずまって見えなくなる。うずもれかくれる。「生レ男埋没随二百草一」(男の子を生むと、兵役にとられて戦死し)土の中にうめられて、いろいろな草の下になるだけだ。草むすかばねとなってしまうだけだ。)〈杜甫の詩・兵車行〉 ②世に用いられないこと。世間に用いられない。

土7【埇】〔10〕 ヨウ 漢 ユウ 呉 上 腫 yǒng ヨン　J ①1546 補 2371 U 57C7
意味 おきつち。道に土をもる。

土7【埒】〔10〕 標 レツ 漢 ラチ・ラツ 慣 入 屑 liè リエ　J 5231 補 — U 57D2
意味 ①〈かこい(かこひ)〉 低い垣。ませがき。「埒垣」②あぜ道。つつみ。③くぎり。しきり。さかい。④ひとしい。⑤山の上の水流。国〈らち〉馬場の囲い。「埒外」

土7【垺】〔10〕 俗字　J 5232 補 — U 57D3

土7【埌】〔10〕 ロウ 漢 (ラウ) 去 漾 làng ラン　J ②0483 補 2373 U 57CC
意味 ①墓。②壙埌は、野原の広いさま。

土7【峪】〔10〕 国字　J ①1543 補 — U FA0F
意味 〈さこ〉〈えき〉 谷の行きづまり。山あいの谷。前峪は、岡山県の地名。

土7【埖】〔10〕 国字　J ②0482 補 — U 212FD
意味 〈はけ〉 丘陵や山地の崖。地名に用いる。埖下は、埼玉県の地名。

土7【城】〔10〕 旧 ↓城(二八七ジ・下)
土7【垂】〔10〕 俗 ↓垂(二八五ジ・中)
土7【埗】〔10〕 同 ↓埠(二九二ジ・下)
土7【𡋽】〔10〕 同 ↓陛(一三三〇ジ・上)
土7【堅】〔10〕 同 ↓野(一二八〇ジ・下)
土7【埓】〔10〕 俗 ↓埒(本ジ・中)
土7〔恚〕↓心部六画(四七七ジ・下)

土8【堊】〔11〕 アク 漢 ア 慣 入 薬 è オー　J 5233 補 — U 580A
意味 ①白土で壁を塗る。②しろつち。しっくい。「白堊」③いろつち。色を帯びた土。「黄堊」
【堊慢】あくまん ＝堊漫 ①白土で塗る。②よごす。
【堊室】あくしつ うわ塗りをしていない、あらかべの家。喪に服する者が住むところ。
【堊筆】あくひつ はくぼく。チョーク。

土8【域】〔11〕 学6 イキ　ヨク 漢 イキ(ヰキ) 呉 入 職 yù ユィ　J 1672 補 — U 57DF
筆順 十 扌 圹 坷 坷 域 域 域
意味 ①〈さかい(さかひ)〉 くぎり。「地域」②くに。領土。「異域」③墓地。④くぎる。⑤いる。存在する。
解字  会意。土・戈・口・一を合わせた字。戈はほこ、口はかこい。一は土地ともいい、境界線のしるしともいう。旁の或は、自分の領分を武器で守ることで、国を表す。これに土を加えた域も同じことで、くにざかいの意味である。一説に、或は、目じるしを立てて、田畑の境界を表すことで、域は定められた区域のことであると解する。
名前 むら
【域中】いきちゅう(ゐきちう) ①天下。世の中。②一定の地域の内。
【域内】いきない(ゐき) 一定の場所のうち。区域のうち。
◇区域・地域・音域・流域・聖域・領域

土8【堉】〔11〕 イク 漢 呉 入 屋 yù ユィ　J ①1554 補 2393 U 5809
意味 肥えた土地。

土8【場】〔11〕 エキ 漢 入 陌 yì イー　J ②0490 補 2386 U 57F8
意味 ①あぜ。農地の境界。②くにざかい。
参考 「場」は別字。

土8【埡】〔11〕 オ 漢 (ヲ) 去 遇 wù ウー　J — 補 2394 U 57E1
意味 ①村里。＝塢 ②白く塗る。＝堊 ③湖南・湖北・四川各省で、地名に用いる。音 yà ヤー。

土8【基】〔11〕 学5 キ もと・もとい　キ 漢 呉 平 支 jī チー　J 2080 補 — U 57FA
筆順 一 卄 甘 甘 其 其 基 基
意味 ①〈もと〉〈もとい(もとゐ)〉 ㋐家やかきねなどの土台。㋑はじめ。㋒根本。②〈もとづ・く〉 土台とする。③はじめる。④鋤。
解字  形声。其と土とを合わせた字。土が形を表し、其が音を示す。其は、箕で、もみがらやぬかをふるう四角い道

具。基は、塀(へい)をきずく四角い土台をいう。そこから、物事のはじめ、もとい、の意味を表す。

名前 のり・はじむ　姓 基肆(きい)

難読 基督(キリスト)

【基因】(きいん) 国①物事の原因。おこり。②もとづく。

【基宇】(きう) ①心の広さ。器量。度量。②広さ。規模。③国政の基盤。もとい。

【基観(觀)】(きかん(くわん)) 道教の寺の土台。

【基業】(きぎょう(げふ)) ①基となる事業。②先祖から伝わる財産。

【基址】(きし) もとい。いしずえ。土台。基礎。＝基趾(きし)・基阯

【基準】(きじゅん) もと。標準となるべきもの。

【基緒】(きしょ) もととなる事業。

【基数(數)】(きすう) 基礎となる数。つまり、一から九までの整数。

【基石】(きせき) 国土台いし。礎石。

【基礎】(きそ) 一 ①いしずえ。土台。建物の土台。②物事のもとい。根底。二 jīchǔ 現 一 に同じ。

【基地】(きち) 国軍隊・探検隊などが活動するための根拠地。

【基兆】(きちょう(てう)) 土台。基礎。もとい。また、はじめ。

【基調】(きちょう(てう)) ①音楽で音階の第一音。また、一つの楽曲の中の中心になる音階。②思想・行動や作品の根本となるもの。③根本。本質。

【基本】(きほん) 一 物事のよりどころになるもと。もとい。基礎。二 jīběn 現 一 に同じ。

【基督教】(キリストきょう(けう)) キリスト教。キリストを祖とする宗教。世界三大宗教の一つ。耶蘇(やそ)教。

【基層(層)】 jīcéng 現 基礎になる階層。下部。

◇▼開基(かいき)・塩基(えんき)

土8【埼】〔11〕 学4 さい　キ 漢 平 支 qí チー　U補J 2675 ― 57FC

筆順 一 十 土 … 埼

意味 一 〈さき〉①みさき。きし。＝崎・碕 ②山の端。二 〈さい〉埼玉県に用いる。

解字 形声。土が形を表し、奇(き)が音を示す。奇には、また、かたよるの意味がある。埼は、川岸の突き出た所をいう。

地名 埼玉(さいたま)

土8【堇】〔11〕 一 キン 漢 平 文 qín チン　二 キン 漢 去 震 jìn チン　U補J ― ― 5807

意味 一 ねばつち。粘土(どねん)。二 ①塗る。＝墐(きん) ②わずか。音 jǐn チン。＝僅(きん) 「堇堇(きんきん)」

参考「堇(きん)」は別字。

土8【埧】〔11〕 ク 漢 去 遇　グ 呉 jù チュイ　U補J ― ― ―

意味 つつみ。堤防(ていぼう)。

土8〔埧〕〔11〕 俗字　U補J 2380 57E7

土8【堀】〔11〕 常 ほり　クツ 漢 呉 入 月 kū クー　U補J 4357 ― 5800

筆順 十 土 … 堀

意味 ①あな。むろ。いわや。＝窟(くつ) ②穴をほる。国〈ほり〉掘った川や池。濠(ごう)。「堀江(ほりえ)」

解字 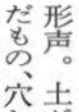 形声。土が形を表し、屈(くつ)が音を示す。屈には、へこんだもの、穴という意味がある。堀は、土の穴をいう。

【堀室】(くっしつ) 地下室。あなぐら。また、いわや。窟室。

【堀川】(ほりかわ(かは)) 国土を掘って水を通した人工の川。堀江。

【堀川学(學)派】(ほりかわ(かは)がくは) 国伊藤仁斎(じんさい)の学派。仁斎学派。仁斎の塾が京都の堀川の近くにあったところからいう。古義派ともいう。→「古学」(二二九ページ・上)

【堀割】(ほりわり) 国地を掘って水を通した所。運河。ほり。＝掘割

土8【埶】〔11〕 一 ゲイ 漢 去 霽 yì イー　二 セイ 漢 去 霽 shì シー　U補J ①1552 2385 57F6

意味 一 ①植える。②わざ。＝藝(げい) 二 いきおい。＝勢(せい)

土8【堄】〔11〕 ゲイ 漢 去 霽 nì ニー　U補J ②0493 2391 5804

意味 ひめがき。城壁の上のついじ。「埤堄(へいげい)」

土8【堌】〔11〕 コ 漢 去 遇 gù クー　U補J ― 2401 580C

意味 ①土塁。②堤防。③昔の墓。

土8【堈】〔11〕 (カウ) コウ 漢 呉 平 陽 gāng カン　U補J ― 2392 5808

意味 ①水や酒などを貯めるかめ。＝缸(こう) ②小高い丘。＝隴(ろう)

土8【埰】〔11〕 一 サイ 漢 呉 上 賄 cǎi ツァイ　二 サイ 漢 呉 去 隊 cài ツァイ　U補J ②0488 2383 57F0

意味 一 墓(はか)。二 卿大夫(けいたいふ)の領地。＝采(さい)

土8【執】〔11〕 常 シツ・シュウ　とる　シュウ(シフ) 漢 呉　シツ 慣 入 緝 zhí チー　U補J 2825 ― 57F7

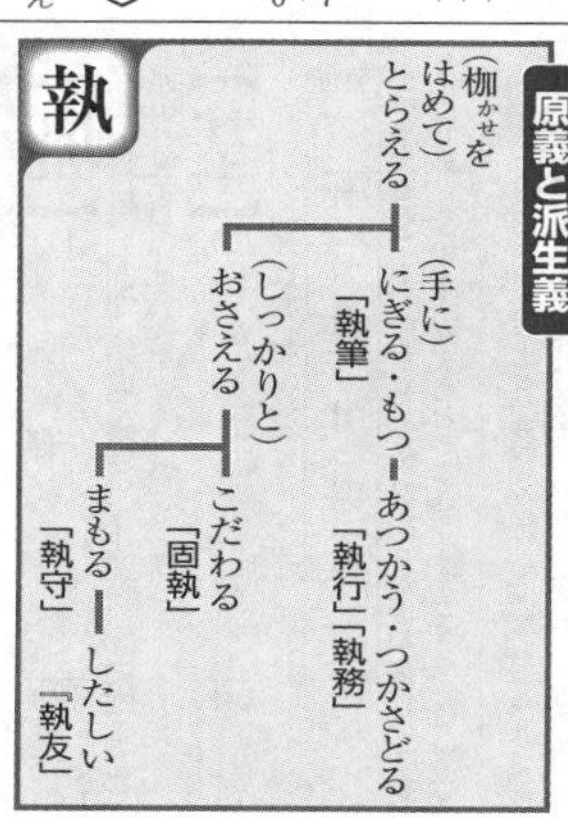

筆順 十 土 … 執 執

禾3【秇】〔8〕 同字　U補J ②8280 4886 79C7

意味 ①〈とら・える(――・ふ)〉つかまえる。②〈と・る〉㋐手に持つ。とりあげる。㋑守る。㋒あつかう。行う。「執政(しっせい)」㋓こだわる。「固執(こしつ|こしゅう)」③まじわる。また、友人。④おそれて服従(ふくじゅう)する。「執勇(しつゆう)」

解字 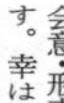 会意・形声。幸と丸とを合わせた字で、幸(じょ)は音をも示す。幸は罪人のてかせ、丸は両手をさし出している形。執は、両手にてかせをはめることを表し、「とらえる」意味になる。

名前 もり

【執一】(しついつ) ①ひとつのことに専念する。〈荀子(じゅんし)・尭問〉②根本をとらえる。③ひとつのことにとらわれ融通がきかないさま。〈孟子(もうし)・尽心上〉

【執拗】(しつおう(あう)|しつよう(えう)) 自分の考えを、がんこにどこまでも押し通そうとすること。しつこい。かたいじ。いっこく。

【執金吾】(しっきんご) 漢代、武器をとって宮門を警衛し、非常事態に備えた役人。

【執権(權)】(しっけん) ①政治の権力を握ること。政治上の権力家。②国㋐鎌倉(かまくら)時代、将軍を助けて政務を執り行った役。㋑室町時代の管領の別称。

【執行】 一 (しっこう(かう)) ①実行する。とり行う。②法 役人が職権により法律に定められたことを実行する。二 (しゅぎょう(ぎゃう)) ①事務をとる。また、事務をとる人。②仏 寺の事務をとり行う

役。目 zhíxíng 現一に同じ。【—官】(しっこうかん) 法地方裁判所に所属する役人。当事者からの申し立てにより、手数料をとって、強制執行・競売などに関する事務を取り扱う。【—猶予(豫)】(しっこうゆうよ) 法罪の情状により、一定期間刑の執行を延期し、その期間中に他の罪を犯さなければ、その刑の執行を中止すること。

【執事】(しつじ) ①事をとり行う。②貴人の家で雑務をとり行う人。③貴人のあて名の下に添えて書くことば。④国キリスト教で、教会の事務をうけもつ者。⑤国昔、院庁の長官。⑥国鎌倉・室町時代の職名の一つ。管領の前称。

【執守】(しっしゅ) ①しっかりまもる。②行いを正しくする。

【執政】(しっせい) ①政治をとる。政治のありかた。「以論ニ執政一」〈左伝・襄公〉 ②政治をとり行う人。③国参議以上の官をいう。④国江戸時代の老中。

【執奏】(しっそう) 臣下の意見書などをとりついで、天子に申し上げる。

【執達】(しったつ) 国文書をとりつぐ。伝達すること。【—吏】(しったつり) 法「執行官」の旧称。

【執中】(しっちゅう) 行き過ぎも不足もなく、中正を守る。〈孟子・尽心上〉

【執刀】(しっとう(たう)) 国医者がメスをとって手術する。

【執筆】(しっぴつ) ①筆をとって文書を作る。②文字・文書を書く。また、その人。

【執柄】(しっぺい) ①政治の実権をにぎること。②国摂政・関白の別名。

【執鞭】(しつべん) ①むちを持つ。御者をいう。②むちをとって貴人の行列の先払いをすること。【—之士】(しつべんのし) 御者。むちをとって、貴人の馬車をあやつる者。転じて、卑しい仕事に従う者。〈論語・述而〉

【執務】(しつむ) 事務をとる。

【執友】(しつゆう(いう)) 親しい友。同志。

【執礼(禮)】(しつれい) 日常の礼法。また、それについてしるした書物。「儀礼」など。「執礼皆雅言也」(礼式については、みな正しい音で読んだ。)〈論語・述而〉

【執心】(しゅうしん(しふ)) ①堅く自分の心を守る。②深く思いつめる。堅く心に思いこむ。熱中する。

【執着】(しゅうちゃく(しふ)・しゅうじゃく(しふぢゃく)) 仏物事を深く思いこんで忘れない。精神をそそぎこむ。とりついて離れない。＝執著

【執念】(しゅうねん(しふ)) 国思いこんで動かない、つきつめた心。執着して離れない心。

【執ニ牛耳一】(ぎゅうじをとる) ①諸侯の盟主となる。〈左伝・定公八年〉 ②先頭に立って行う。

◆妄執・固執・偏執

土8【埾】〔11〕 シュ 漢 ジュ 呉 去 遇 jù チュイ　U 57FE 補 2388

意味 あつまり積もった土。＝聚

土8【埻】〔11〕 一 シュン 漢呉 上 軫 zhǔn チュン　二 タイ 漢 ツイ 呉 平 灰 duī トイ　三 カク(クヮク) 漢呉 入 陌 guō クオ　U 57FB J ②0491

意味 一①＝準。㋐的。㋑土を盛って的を懸ける所。㋒規準。②堤。二身分の高い人のかりもがりの際に、棺の上にかぶせる覆い。三埻端は、昔の国名。

土8【垪】〔11〕 ジョウ 漢 上 腫 rǒng ロン　U 補 J

土6【垪】〔9〕 俗字　U 57AA J 5226

意味 「竜龕手鑑」にみえるが、意味は示されていない。国垪和は、岡山県久米郡美咲町の地名。また、姓氏。

土8【埴】〔11〕 人 標 ショク 漢 入 職 zhí チー　U 57F4 J 3093

意味 ①〈はに〉ねばつち。粘土。②土地。③かたい。

姓 埴生

【埴土】(しょくど) 粘土。はに。石英・長石が風化分解してできたねばりけのある土。

【埴師】(はにし) 国昔、埴輪を製造した職人。はじ。＝土師

【埴瓮】(はにべ) 国埴で造ったかめ。

【埴馬】(はにま) 国埴輪の瓦製の馬。

【埴生】(はにゅう(にふ)) 国①埴土のある土地。②埴生小屋の略。あばらや。陋屋。いやしい民家。

【埴輪】(はにわ) 国古墳時代に、埴土で造った人や動物などの像。墓の周囲に埋めて殉死に代えた。

土8【埽】〔11〕 ソウ(サウ) 漢 上 皓 sǎo サオ　U 57FD 補 2387 J ②0492

意味 はく。はらう。けがれをのぞき去る。＝掃

土8【埩】〔11〕　U 57E9 補 2381

土8【埣】〔11〕 一 ソウ(サウ) 漢 ショウ(シャウ) 呉 平 庚 zhēng チョン　二 ソウ(サウ) 漢 平 庚 chéng チョン　三 サイ 漢 去 隊 suì ソイ　四 ソツ 漢 入 月 sù スー　U 57E3 J 5235

意味 一土地をたがやす。二魯の国の北門にあった池の名。三ねばりけのない土。四土がくずれ落ちる。国〈そね〉石まじりのやせ地。

土4【𡉻】〔7〕 俗字　U 2127B J ②0462

地名 上埣(かみぞね)・中埣(なかぞね)・倉埣(くらぞね)

土8【埵】〔11〕 タ 漢呉 上 哿 duǒ トゥオ　U 57F5 補 2384 J ①1551

意味 ①かたい土。②高く盛った土。＝垜 ③つつみ。堤防。④ふいごの筒。⑤仏薩埵は、梵語 sattva の音訳。生命あるもの、または菩薩を指す。

土8【堆】〔11〕 常 タイ　タイ 漢 ツイ 呉 平 灰 duī トイ　U 5806 J 3447

筆順

土5【𠂤】〔6〕 本字　U 200A4 J ②0114

意味 ①丘。「堆阜」②〈うずたか・い(うづたか・し)〉高く積む。また、積もっているもの。「堆積」

解字 形声。土が形を表し、隹が音を示す。隹は、尾の短い、ずんぐりした鳥の象形で、ずっしりと重い意がある。堆は、うずたかく盛りあがった丘を表す。

名前 おか・たか・のぶ

【堆金積玉】(たいきんせきぎょく) 金銀宝石を高く積む。金持ちのたとえ。

【堆髻】(たいけい) 髪を頭の上にもりあげてゆうこと。「堆髻様」〈白居易の詩・時世粧〉

【堆畳(疊)】(たいじょう(でふ)) うずたかく積み重なる。累積。

【堆積】(たいせき) うずたかく積む。うずたかく積もる。

【堆朱】(ついしゅ) 国朱のうるしを厚く塗り重ねて、これに模様を浮き彫りにした細工物。堆紅。

土8【埭】〔11〕 タイ 漢 去 隊 dài タイ　U 57ED 補 2382 J ①1550

意味 ①堰。いせき。「埭堰」②通行する船に課税する所。③石埭は、安徽省南部の地名。

土8【㙊】〔11〕　U 364A J ②0489

一チョウ(チャウ)漢 一平陽 cháng チャン
ジョウ(ヂャウ)呉
二チョウ(チャウ)漢呉 二去漾 zhàng チャン

意味 一神を祭る地。＝場じょう 二砂が盛りあがるさま。

土8【埿】〔11〕 一デイ漢 一平斉 ní ニー
ナイ呉
二デイ漢 二去霽 nì ニー
ナイ呉

J ①1553 補 2389 U 57FF

意味 一①ぬかるみ。＝泥でい ②川の名。易水えきすいの支流。二①前にすすまない。②建物の壁に泥や石灰などを塗る。＝泥でい

土8【堍】〔11〕 ト慣 tù トゥー

補 2402 U 580D

意味 橋の両端の、陸に近い場所をいう。

土8【堂】〔11〕 学5 ドウ

トウ(タウ)漢 ドウ(ダウ)呉 平陽 táng タン

J 3818 U 5802

筆順 丨 ⺌ ⺍ 𫩏 尚 尚 尚 堂 堂

意味 ①おもてざしき。建物南側の庭に面した広間。②建物。「講堂」③特に大きな建物。「堂閣」④高いさま。⑤さかん。りっぱなさま。「堂堂どうどう」⑥相手の母に対する敬称。「尊堂」⑦祖父が同じである親族。

解字 堂 形声。尚と土とを合わせた字。土が形を表し、尚しょうが音を示す。尚には、高いという意味があり、堂は、高く土の上に建てた建物で、宮殿をいう。

名前 たか

【堂宇】どう(だう)う ①お堂の建物。お堂。②堂ののき。宇は、のき。

【堂奥】どう(だう)おう(あう) ①堂の奥まった所。座敷の奥。②奥深いたとえ。③学問などの奥深いところ。奥義。

【堂屋】どう(だう)おく(をく) ①殿堂のやね。②大きな家。③屋室。おもて「ごてん」。

【堂兄弟】どう(だう)けいてい 父方のいとこ。

【堂皇】どう(だう)こう(くわう) ①広く立派な建物。堂隍どうこう。②役所。③立派なさま。

【堂構】どう(だう)こう 父祖の仕事を受けつぐこと。

【堂室】どう(だう)しつ 堂と室。堂は、家の中央以南の平土間で、客人用のおもてざしき。室は、中央以北の小べやに仕切った居間用の奥ざしき。

【堂叔】どう(だう)しゅく 同族のおじ。

【堂上】一どう(だう)じょう(じゃう) ①堂の上。宮殿の上。②父母。堂上に居るところからいう。③長官の称。二どう(だう)しょう(しゃう)｜どう(だう)じょう(じゃう) 国①昔、御殿に上がることを許された、四位以上の官人。殿上人てんじょうびと。⇔地下じげ ②後には広く公卿くぎょうの称。【――三百戸】どう(だう)じょう(じゃう)さんびゃくこ 三百軒の家をいれるくらいに大きな堂のこと。

【堂前】どう(だう)ぜん ①堂のまえ。②婦人の尊称。

【堂塔】どう(だう)とう(たふ) ①堂と塔。②寺のこと。

【堂堂】どう(だう)どう(だう) ①いかめしくりっぱなさま。雄大なさま。②公明正大なさま。【――巡】どう(だう)どう(だう)めぐり 国①寺社の堂のまわりをぐるぐるまわり神仏に祈ること。②同じ場所をぐるぐるまわること。議論がどこまでも尽きないこと。③議会で議員が順番に投票してゆくこと。

【堂廡】どう(だう)ぶ 座敷。また、ひさし。廡は堂のまわりの廊下。

【堂房】どう(だう)ぼう(ばう) 表座敷と居間。また、家の中。

【升レ堂入レ室】どう(だう)にのぼりしつにいる 最初に堂にのぼり、次に室にはいる。しだいに学問の進んでゆくさま。〈論語・先進〉

◆七堂しちどう・本堂ほんどう・令堂れいどう・母堂ぼどう・金堂こんどう・食堂しょくどう・祠堂しどう・聖堂せいどう・殿堂でんどう・講堂こうどう・公会堂こうかいどう・礼拝堂らいはいどう

土8【埝】〔11〕 一テン漢 一去豔 diàn ティエン
二ネン漢 二去豔 niàn ニエン

補 2376 U 57DD

意味 一土地が低い。＝墊てん 二土で築いた堤つつみ。どて。

土8【培】〔11〕 常 バイ つちかう

一ハイ漢 バイ慣 一平灰 péi ペイ
二ホウ漢 二上有 pǒu ポウ

J 3961 U 57F9

筆順 十 土 土' 圵 垆 垃 垃 培 培

意味 一①〈つちか・う(――・ふ)〉㋐ます。土をもる。㋑やしない育てる。②重ねる。または、たよる。乗る。「培風ばいふう」 二①つか。丘。②田のあぜ。

解字 𡎽 形声。土が形を表し、咅ほうが音を示す。咅には、つみかさねる意味がある。培は、土を積み重ねること、両方から土を寄せ集めて根元につける意味を表す。音バイは咅の音ホウの変化。

【培植】ばいしょく ①つちかい植える。②人材を養成する。

【培風】ばいふう 厚く重なりあった風。また、風の上に乗る意とも、風によって翼の力をます意ともいう。

【培養】ばいよう(やう) ①そだてる。草木のせわをして養いそだてる。②物事を助けて発達させる。③理微生物や動植物の組織などを人工的に発育・増殖させること。「培養液」

【培擁】ばいよう やしないそだてる。培養。〈伝習録〉

【培塿】ほうろう 小高い丘。小さい丘。

◆栽培さいばい・促成栽培そくせいさいばい

土8【埤】〔11〕 一ヒ漢 一平支 pí ピー
二ヘイ漢 二去霽 pì ピー

J ①1549 補 2378 U 57E4

阜13【隦】〔16〕同字 補 7076 U 96A6

意味 一①益ます。おぎなう。②厚くする。③低い垣かき。④低くてじめじめした地。二城壁の上に作られた低い垣。

【埤益】ひえき ①多く増し加える。②たすけとなる。ためになる。＝裨益

【埤湿(濕)】ひしつ 低くてしめりけの多い土地。

【埤堄】へいげい 城壁の上のついじ。ひめがき。

土8【埠】〔11〕 フ漢 去遇 bù プー

J 4154 U 57E0

土7【埗】〔10〕同字 J ②0481 U 57D7

意味 ①波止場はとば。船着き場。「埠頭ふとう」②水ぎわ。

土8【堋】〔11〕 一ホウ漢 一去径 bèng ポン
二ホウ漢 二平蒸 pēng ポン

J 5236 U 580B

意味 一①うずめる。②川水を分流させるつつみ。③棺ひつぎを土に埋める。二①あずち。弓を射いる時、的をささえるための盛り土。②とも。＝朋ほう

土8【埦】〔11〕 ワン漢呉 上旱
オウ(ワウ)慣 wǎn ワン

J ②0487 補 2379 U 57E6

意味 椀わん。＝盌わん

【埦飯】おう(わう)ばん 国①わんに盛もった飯。②平安時代、公卿が殿上に集会のとき、一人または数人に命じて、衆人にごちそうさせたこと。【――振舞】おう(わう)ばんぶるまい(まひ) 国①江戸時代、民間で親戚知人を招き盛大にごちそうしたこと。大盤振舞。②思いきりよく物をくれたり、おごったりすること。

土8【埖】〔11〕 国字

J 5234 U 57D6

意味 〈ごみ〉①ちり。ほこり。②埖渡ごみわたりは、青森県三戸さんのへ郡の地名。

土8【𡍄】〔11〕 国字

J ②0485 U 21344

意味 〈どい(どゐ)〉「土居」二字の合字。姓名に用いる。

3画 口囗土士夂(夊)夕大女子宀寸小尢(尣・兀)尸屮山巛(川)工己巾干幺广廴廾弋弓彐(彑・⺕)彡彳⺌

土8【埖】〔11〕国字　J ②0484　U 21336
意味〈はが〉姓名に用いる。

土8【垎】〔11〕同→坎(二八三ページ・中)

土8【埞】〔11〕同→堤(二九四ページ・下)

土8【埜】〔11〕同→野(一二八〇ページ・下)

土8【堃】〔11〕同→坤(二八五ページ・中)

土8【堵】〔11〕俗→堵(二九四ページ・下)

土9【堙】〔12〕イン 漢 平 真 yīn イン　J 5237　U 5819
意味 ①〈ふさ・ぐ〉ふさがる。②うもれる。没する。③ほろびる。ほろぼす。④敵城を攻めるために、土を積みあげる。また、築山(つきやま)。

【堙鬱(いんうつ)】気分が沈んで晴れない。心がむすぼれふさがる。

【堙塞(いんそく)】ふさがって通じない。

【堙滅(いんめつ)】うずもれて消える。あとかたのないように消す。「湮滅(いんめつ)」。湮」

土9【堰】〔12〕人 標 エン 漢 呉 去 霰 yàn イエン　J 1765　U 5830
意味 ①〈せき〉いせき。堤防(ていぼう)。②せく。水をせきとめる。

土9【堝】〔12〕カ(クヮ) 漢 平 歌 guō クオ　J 5238　U 581D
意味 金属をとかす時に用いられる土のつぼ。「坩堝(かんか)」

土9【堺】〔12〕人 標 カイ 漢 呉 去 卦 jiè チエ　J 2670　U 583A
意味〈さかい(さかひ)〉くぎり。土地の境界。＝界(かい)

土9【堦】〔12〕カイ 漢 平 佳 jiē チエ　補 2407　U 5826
意味 きざはし。＝階(かい)「堦前(かいぜん)」

土9【堪】〔12〕常 カン 漢 呉 タン 慣 平 覃 kān カン　たえる　J 2014　U 582A
筆順 扌 圹 坩 坩 堪 堪 堪 堪
意味 ①地面の突き出たところ。②〈た・える(―・ふ)〉㋐こらえる。もちこたえる。がまんする。㋑…することができる。③天。天の道。「堪輿(かんよ)」④すぐれる。
解字 形声。土が形を表し、甚(じん)が音を示す。甚には、深入りする、はなはだしいという意味を含む。堪は、土がひどく突き出ていることを表し、すぐれるという意味にもなる。また、勘(かん)に通じて、もちこたえるという意味をも表す。音カンは甚の音シンの変化。
名前 たえ
【堪忍(かんにん)】①こらえしのぶ。②国他人のあやまちを許す。【―世界(かんにんせかい)】仏憂(う)き世の苦しみを、仏が衆生(しゅじょう)に代わってこらえしのんでくれている世界。娑婆世界(しゃばせかい)。【―袋(かんにんぶくろ)】国他人の過失を許す広い心を袋にたとえていう語。
【堪能】㊀(かんのう)才能・技術がすぐれていること。また、その人。㊁(たんのう)国「かんのう」の慣用。①満足する。じゅうぶんに味わう。②技芸に上達すること。
【堪輿(かんよ)】①天地。あめつち。乾坤(けんこん)。②天地の神。③墓地としての適否を占い定める人。堪輿家。

土9【堿】〔12〕カン 漢 上 感 kǎn カン　J 2412　U 583F
意味 ①貯水池。②土中の塩分。音 xián シエン。＝鹹(かん)

土9【堅】〔12〕常 ケン 漢 呉 平 先 jiān チエン　かたい　J 2388　U 5805
筆順 丨 厂 厂 戸 臣 臤 堅 堅
意味 ①〈かた・い(―・し)〉つよい。しっかりしている。「堅強(けんきょう)」②かたくする。かためる。③かたく。しっかりと。あくまでも。④姓。

解字 会意。臤と土とを合わせた字。臤(けん)は音をも示すという。臤はかたいこと。堅は、かたい土のことである。

名前 み・かき・かた・すえ・たか・よし　姓 堅祖(けそ)　難読 堅魚(かつお)

参考 臣を六画に数え、土部八画とする場合もある。

【堅磐(かきわ(は))】国堅固な岩。いつまでも変わらないことを祝っていう語。常磐(ときわ)。

【堅気(氣)(かたぎ)】国①堅実な性質。律義(りちぎ)。↔浮気(うわき) ②まじめな職業。

【堅唾(かたず(づ))】国事のなりゆきを気づかい、息をこらしているときなど、口中にたまるつば。「堅唾を呑(の)む」

【堅革(けんかく)】堅い皮で作ったよろい。

【堅強(けんきょう(きゃう))】堅くて強い。堅剛。【―者死之徒、柔弱者生之徒(けんきょうなるものはしのと、じゅうじゃくなるものはせいのと)】かたくて強いものは、死んでゆく仲間であり、柔弱なものは生きてゆく仲間である。〈老子・七十六〉

【堅固(けんご)】①堅いこと。じょうぶなこと。堅硬。堅牢(けんろう)。②心がしっかりしている。③国㋐すこやか。健全。㋑きっと。かならず。㋒たしかなこと。

【堅甲(けんこう(かふ))】堅固なよろい。堅くて刃物が通らないよろい。【―利兵(けんこうりへい)】堅いよろいと、鋭い武器。転じて、強い兵力。

【堅硬(けんこう(かう))】堅くてじょうぶなこと。

【堅剛(けんごう(がう))】①堅くて強いこと。②意志が強いこと。しっかりしている。

【堅持】㊀(けんじ(ぢ))堅く保持する。堅くまもってゆずらない。㊁(チエンチー) jiānchí 現㊀に同じ。

【堅実(實)(けんじつ)】①堅い果実。②国しっかりしていて、あぶなげない。たしかでまちがいがないこと。てがたい。

【堅車(けんしゃ)】りっぱな車。

【堅勝(けんしょう)】からだのじょうぶなこと。＝健勝
【堅城(けんじょう(じゃう))】守りが堅く、容易におちない城。

【堅陣(けんじん(ぢん))】守りの堅い陣。

【堅塞】㊀(けんそく)堅くふさぐ。はいりこめない。㊁(けんさい)堅固なとりで。堅塁。

【堅致(けんち)】堅くて細かい。堅密。＝堅緻
【堅貞(けんてい)】堅くじょうぶなこと。堅くて正しい。

【堅忍(けんにん)】堅くたえしのぶ。がまん強い。【―不抜(けんにんふばつ)】堅く耐え忍んで心を変えない。

【堅氷(けんぴょう)】堅く厚くはった氷。

【堅冰(けんぴょう)】「堅氷」に同じ。

【堅密(けんみつ)】堅くて緻密(ちみつ)である。堅緻(けんち)。

【堅利(けんり)】堅くて鋭い。

【堅塁(壘)(けんるい)】守りの堅いとりで。

【堅牢(けんろう(らう))】堅くてじょうぶなこと。堅固。

【堅決(チエンチュエ)】jiānjué 現きっぱりとしている。

【堅定(チエンティン)】jiāndìng 現しっかりしている。

【堅白同異之弁(辯)(けんぱくどういのべん)】戦国時代、趙(ちょう)の公孫竜(こうそんりゅう)の唱えた論理。堅い白い石という、複合概念の分析を扱ったもので、後には、もっぱら詭弁(きべん)のように言われるが、その実は、元来、きわめて正統な論理学に属する。〈公孫竜子・堅白論〉→「白馬非馬論」(八五四ページ・下)

【被レ堅執レ鋭(けんをこうむりえいをとる)】堅いよろいを着、鋭い武器を手にとる。武装して戦うこと。
◆中堅(ちゅうけん)・剛堅(ごうけん)・強堅(きょうけん)

土9【堠】〔12〕コウ 漢 去 宥 hòu ホウ　J ②0501　補 2406　U 5820
意味 ①一里塚(いちりづか)。道のりを示すため、街道に作った塚。五里、また一里おきともいう。②ものみ台。「堠火(こうか)」
【堠槐(こうかい(くわい))】①一里塚の代わりに植えたえんじゅの木。②一里塚。

3画
口囗土士夂(夊)夕大女子宀寸小尢(兀・兀)尸屮山巛(川)工己巾干幺广廴廾弋弓彐(彑・ヨ)彡彳⺍

【堠樹】こうじゅ 里程を表すために植えた木。
【堠程】こうてい 旅の道のり。
【堠碑】こうひ 一里塚に立てた里程標の石。堠子こうし。

土9 【堭】〔12〕 コウ(クヮウ)漢 平 陽 huáng ホワン　J 2409　補 ―　U 582D

意味 ①大きな建物。殿堂。＝皇こう。「堂堭どうこう」②城壁のまわりのからぼり。＝隍こう。

土9 【場】〔12〕 学2 ジョウ ば　チョウ(チャウ)漢 ジョウ(ヂャウ)呉 平 陽 cháng, chǎng チャン　J 3076　U 5834

筆順

意味 ①〈ば〉㋐神を祭るために清めた地。㋑ばしょ。ところ。㋒空き地。広場。②はたけ。③穀物を干す平らな場所。④科挙の試験場。「場屋」⑤くぎり。一区画。また、劇の一場面。⑥回数を数える。一回。ひとしきり。

解字 形声。土が形を表し、昜ようが音を示す。昜には、開くとか、あがるの意味がある。場は開けた土地をいい、神を祭る場所、まだがやしてない山のはたけ、穀物を植えるはたけなどをさす。また、昜の音は除じょと通じて、除くという意味があるから、場は、土地のじゃま物を取り除いて平らにしたものをいうとも解する。

難読 波止場はとば(付表)

【場屋】じょう(ぢゃう)おく(をく) ①官吏登用試験の試験場。貢院。②芝居小屋。「木屋。」
【場師】じょう(ぢゃう)し 庭園を管理する役人。転じて、庭作り。植木屋。
【場圃】じょう(ぢゃう)ほ ①菜園。②脱穀場。③庭。④収穫。
【場裏】じょう(ぢゃう)り 場中。その事の行われる場のなか。
【場騎】にわ(には)のり 国庭などで馬を乗り慣らすこと。＝庭乗
【場当(當)】ばあたり 国①その場でうまく気をきかして、人気を得ること。②その場の思いつきで、うまくやろうとすること。

◆工場こうじょう|こうば・市場しじょう|いちば・立場たちば・刑場けいじょう・式場しきじょう・会場かいじょう・来場らいじょう・役場やくば・足場あしば・牧場ぼくじょう|まきば・持場もちば・相場そうば・急場きゅうば・浴場よくじょう・酒場さかば・宿場しゅくば・帳場ちょうば・現場げんじょう|げんば・盛場さかりば・満場まんじょう・渡場わたしば・道場どうじょう・登場とうじょう・戦場せんじょう・農場のうじょう・漁場ぎょじょう|ぎょば・磁場じじょう|じば・劇場げきじょう・職場しょくば・波止場はとば

土9 【堲】〔12〕 ショク漢 入 職 jí チー　J ②0503　補 2410　U 5832

意味 ①にくむ。②ともしびのもえかす。

土9 【堧】〔12〕 一ゼン漢 一平 先 ruán ロワン　二ダ漢 二去 箇 nuò ヌオ　J ②0502　補 2408　U 5827

意味 一①城郭のまわりの土地。＝壖ぜん ②宮殿の外壁。二砂地。

土9 【堕】〔12〕 常 ダ　一タ漢 ダ呉 一上 哿 duò トゥオ　J 3436　U 5815
旧字 土12 【墮】〔15〕 二キ漢 二平 支 huī ホイ　J 5256　U 58AE

筆順

土12 【墯】〔15〕 本字　U 21426　補 ―　J ―

意味 一①〈お・ちる(―・つ)〉〈おと・す〉「堕落」②おこたる。なまける。＝惰だ 二①〈やぶ・れる(―・る)〉〈こぼ・つ〉こわれる。くずれる。「堕壊だかい」②ささげる。献上する。

解字 形声。土が形を表し、隋だが音を示す。隋には、くずれる、こわれるという意味がある。墮は土が上からくずれ落ちることを表す。

【堕弱】だじゃく 気力が弱い。
【堕胎】だたい 胎児を人為的に流産させること。
【堕落】だらく ①おちる。②やぶれる。③身をもちくずす。④仏信仰心を失って、悪い道へ落ちること。

土9 【塚】〔12〕 常 つか　チョウ漢 上 腫 zhǒng チョン　J 3645　U 585A
旧字 土10 【塚】〔13〕　J ①1555　U FA10

筆順

意味 〈つか〉①墓。②もりつち。丘。③山の頂上。

解字 形声・会意。土が形を表し、冢ちょうが音を示す。冢はもともと、高く土を盛った墓のことであり、土を加えて塚とした。

参考 もと、「冢ちょう」の俗字。また、「塜ちょう」は別字。

土9 【堞】〔12〕 チョウ(テフ)漢 入 葉 dié ティエ　J ②0494　補 2404　U 581E

意味 ひめがき。城の上の低い物見の塀。

土9 【堹】〔12〕 チョウ漢 去 宋 zhòng チョン　J ②0504　補 2411　U 5839

意味 池のつつみ。

土9 【堤】〔12〕 常 テイ つつみ　テイ漢 平 斉 dī ティー　J 3673　U 5824

筆順

土8 【埞】〔11〕 同字　J ②0486　補 2377　U 57DE

意味 ①〈つつみ〉どて。「堤防ていぼう」②つぼの底。＝隄

解字 形声。土が形を表し、是しが音を示す。是には、まっすぐという意味がある。堤はまっすぐにのびたどてを表す。一説に、是の音テイは、是の音シの変化。是の音は、止しと通じ、止まる意味を含むから、堤は、土がとどこおり止まることを表すともいう。

【堤堰】ていえん つつみと、せき。
【堤塘】ていとう(たう) どて。つつみ。堤防。

◆突堤とってい・防波堤ぼうはてい

土9 【堟】〔12〕 テン漢 上 銑 zhuàn チョワン　J 2405　U 581F

意味 ①土地を耕す。②農地をかこむ土手どて。

土9 【堵】〔12〕 人 標 ト漢 上 麌 dǔ トゥー　J 3740　U 5835
土8 【堵】〔11〕 俗字　U ―　補 ―　J ―

意味 ①〈かき〉土のかきね。「堵墻としょう」②すまい。住居。③物をさしていう語。この。その。「阿堵あと」④〈ふさ・ぐ〉ふせぐ。さえぎる。⑤姓。

【堵列】とれつ かきねのように人がおおぜい立ちならぶ。人垣ひとがきをきずく。
〖安レ堵〗とにやすんず ①現在の居所に、何事もなく安心していること。②安心。安堵あんど。
〖如レ堵〗とのごとし ↓堵列

土9 【塔】〔12〕 常 トウ　トウ(タフ)漢呉 入 合 tǎ ター　J 3767　U 5854
旧字 土10 【塔】〔13〕　U ―　補 ―　J ―

筆順

土11 【墖】〔14〕 同字　U 5896　補 2438　J ―

意味 ①とうば。そとば。梵語ぼんごの卒塔婆そとばを略して、塔婆・塔という。舎利・仏典などを納めるための建物。②仏殿に付属した三重、五重の高い建物。③仏寺の塔のように高い建物。

解字 形声。土が形を表し、荅とうが音を示す。荅には、厚いという意味がある。塔は、土を厚く積み重ねた塚という意

味がある。直接には、梵語 stūpa の音訳「卒塔婆」の塔をとったものである。

【塔頭】たっちゅう｜とう(たふ)とう　㊫①塔の先。②禅宗で、宗祖や高僧の死後、その徳を慕ってその塔のそばに建てた庵。③大きな寺の境内にある子院。境内にある末寺。

【塔影】とう(たふ)えい　塔のかげ。

【塔婆】とう(たふ)ば　㊫①「卒塔婆」の略。仏舎利をおさめる所に築いた塔。②供養のため墓に立てる、塔形の板または〔柱。

【塔廟】とう(たふ)びょう(べう)　寺の塔と、みたまや。

◇仏塔・石塔・五重塔・金字塔

土9
【塩】〔12〕
ヒョク ㊥ ㊇ 職 pì ピー
U補J 5810B 2403

意味〈つちくれ〉土のかたまり。

土9
【塀】〔12〕
常 国字 ― ヘイ
U補J 5840 4229

旧字 土11
【塀】〔14〕
ヘイ
U補J FA39 ①1558

筆順 土 圹 圹 坍 坍 垪 垪 塀 塀

意味〈へい〉かこい。かき。

解字 形声・会意。土が形を表し、屏が音を示す。屏はついたてのことで、土を加えて土べいのこととした。

◇土塀・板塀・練塀・築地塀

土9
【報】〔12〕
学 5 ホウ
ホウ ㊥ ㊇ ㊡ 号 bào パオ
むくいる
U補J 5831 4283

筆順 土 キ 圭 幸 幸 幸 郣 報 報

意味 ①罪人をさばく。「報囚」②〈むく・いる(――・ゆ)〉㋐こたえる。返礼する。「報恩」㋑仕返しする。「報恨」③〈むくい〉㋐恩返し。㋑仕返し。④しらせる。しらせ。⑤昔の祭祀の名。⑥現新聞。

解字 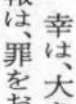 会意。幸と𠬝とを合わせた字。幸は、大きな罪をさし、𠬝は、罪にあてることを表す。報は、罪をおかして罰せられる人を表し、そこから、「むくいる」意味と、さばくこと、また、それを知らせることをさすようになる。

名前 お・つぐ

【報応(應)】ほうおう　㊫人間のなす行為の善悪に応じて、それぞれのむくいがあるということ。因果応報。報い。

【報恩】ほうおん　恩に報いる。恩返し。また、めぐみに報いる。【―講】ほうおんこう　㊫真宗で毎年、開祖である親鸞の命日に行う法会。お七夜。

【報仇】ほうきゅう(きう)　あだうち。かたきをとる。

【報効(效)】ほうこう(かう)　①恩にむくい、力をつくす。②国家のために自分の財産を投げ出すこと。

【報告】ほうこく　㊀①告げ知らせる。知らせ。②与えられた仕事のようすや結果などを述べること。㊁ bàogào 現㊀に同〔じ。

【報国(國)】ほうこく　国の恩に報いる。

【報祭】ほうさい　①お礼祭り。願いが成就したお礼に神仏を祭ること。②秋に、五穀の神に感謝するための祭り。礼祭。報祀。＝報賽

【報施】ほうし　報いほどこす。善行に対して福を与える。＝報嗣

【報謝】ほうしゃ　①恩に報いること。恩返し。②㊫仏事を修行した僧や巡礼に、金銭物品などを施すこと。

【報酬】ほうしゅう(しう)　①お礼。おかえし。②働いたことに対するお礼の金銭や物品。また、それらを贈ること。

【報春鳥】ほうしゅんちょう(てう)　春をつげる鳥。

【報書】ほうしょ　①知らせの手紙。②返事の手紙。

【報章】ほうしょう(しゃう)　返事。返書。答書。

【報奨(獎)】ほうしょう(しゃう)　①損害をつぐなうこと。つぐない。うめ合わせ。②しかえし。むくい。

【報償】ほうしょう(しゃう)　国ほうび。善行に対するむくい。

【報知】ほうち　知らせる。知らせ。

【報恥】ほうち　はじをそそぐ。

【報答】ほうとう(たふ)　①返事。答え。回答。②むくい。しかえし。

【報道】ほうどう(だう)　㊀①通知する。告げ知らせる。報告。知らせ。②新聞などのニュース。㊁ bàodào 現㊀に同じ。

【報徳】ほうとく　めぐみや徳に報いる。恩返し。

【報復】ほうふく　①かたきをうつ。しかえしする。②返礼。③応答。④㊌国際間で、ある国の非友誼的な行為に対し、同様な手段でしかえしをし、反省を求めること。

【報聞】ほうぶん　申し上げる。

【報聘】ほうへい　他国からの儀礼的な訪問に答えて、こちらからする〔訪問。

【報本反始】ほうほんはんし　もとに報い、はじめにかえる。大本である天地や祖先の恩に報いる。

【報命】ほうめい　使者が命ぜられた仕事の結果を、帰って報告する。〔復命。

【報社】パオショー bàoshè 現新聞社。

【報到】パオタオ bàodào 現到着を報告する。出頭する。

【報紙】パオチー bàozhǐ 現新聞。新聞紙。

【報名】パオミン bàomíng 現申しこむ。応募する。

『報レ怨以レ徳』うらみにむくゆるにとくをもってす　うらみを受けた相手に、恩恵をほどこす。〈老子・六十三〉

◇凶報・公報・予報・弘報・吉報・旬報・年報・快報・応報・返報・果報・官報・訃報・急報・時報・速報・情報・悪報・週報・悲報・勝報・詳報・彙報・電報・誤報・警報・因果応報

土9
【堡】〔12〕
ホウ ㊥ ㊤ 皓
ホ 慣 bǎo パオ
U補J 5821 5240

意味 ①土で築いたとりで。「堡塁」に同じ。②つつみ。どて。

【堡砦】ほうさい｜ほさい　とりで。堡塁。

【堡障】ほうしょう(しゃう)｜ほしょう(しゃう)　とりで。堡柵。堡砦。堡障。

【堡塁(壘)】ほうるい｜ほるい

土9
【埜】〔12〕
ボウ ㊥ ㊇ 尤 móu モウ
U補J 5825

意味 ①小さい丘。「埜敦」②土のかま。③すやきの容器。

土9
【塁】〔12〕
常 ㊀ルイ
㊀ルイ ㊥ ㊇ ㊤ 紙 lěi レイ
U補J 5841 4661

旧字 土15
【壘】〔18〕
人 ㊁ルイ ㊥ ㊇ ㊁ ㊥ 支 léi レイ
U補J 58D8 5262

筆順 冂 冂 田 田 畕 畕 畾 壘 塁

意味 ㊀①とりで。「堡塁」②かさねる。つむ。③たくましいさま。「魁塁」④姓。㊁①つながり続くさま。「塁塁」②しばる。③大きなさま。国野球のベース。「盗塁」

解字  形声。畾と土とを合わせた字。土が形を表し、畾は靁の略で、音を示す。畾には、累と同じく、重なり合う意味がある。壘は、土を重ね合わせてきずいた「とりで」をいう。音ルイは、靁の音ライの変化。

名前 かさ・たか

【塁塊】るいかい(くわい)　胸中のわだかまり。心中の不平。

【塁砦】るいさい　城。とりで。塁堡。塁城。

【塁嶂】るいしょう(しゃう)　重なり、そばだった山。

【塁壁】るいへき　①とりでのかべ。城のかこい。城壁。②とりで。〔城。

【塁堡】るいほう　とりで。塁砦。

3画
口囗土士夊(夂)夕大女子宀寸小尢(兀・兀)尸屮山巛(川)工己巾干幺广廴廾弋弓彐(彑・ヨ)彡彳⺍

【塁門】るいもん 城門。軍門。とりでの門。
【塁塁(壘)】るいるい ①岩石などがごろごろしているさま。②墓などが続くさま。
【堅レ塁】るいをかたくす とりでをかたく守る。
【摩レ塁】るいをます ①敵のとりでに迫る。②相手の水準に近づく。
◇本塁・走塁・孤塁・残塁・盗塁・満塁

土9【塅】〔12〕 duàn トワン 意味 現 面積の広い平地をいう。地名にも用いる。 U補J 5845 ― ―

土9【塄】〔12〕 léng ロン 意味 現 方言で、田畑のまわりのどて。 U補J 5844 ― ―

土9【堯】〔12〕 旧 →尭(一二六ジ・中)

土9【堽】〔12〕 同 →岡(四〇三ジ・下)

土9【埜】〔12〕 同 →野(一二八〇ジ・下)

土9【裁】→衣部六画(一一二五ジ・上)

土9【胾】→肉部六画(一〇一九ジ・下)

土9〖塉〗→土部九画(三四八ジ・下)

土10【塧】〔13〕 アイ 漢 去 卦 ài アイ 意味 せまい。けわしい。＝隘 U補J 5867 2422 ②0508

土10【塋】〔13〕 エイ 漢 平 庚 yíng イン 意味 ①はか。つか。墓地。「塋土」②はかる。＝営 U補J 584B ― 5242

【塋域】えいいき 墓場。墓地。兆域。塋地。
【塋田】えいでん 墓場。墓地。塋墓。

土10【塩】〔13〕 学4 エン しお ㊀エン 漢 平 塩 yán イエン ㊁エン 漢 去 豔 yàn イエン U補J 5869 ― 1786

旧字 鹵13【鹽】〔24〕 U補J 9E7D ― 8337

筆順 一 十 土 圹 圻 垆 塩 塩

臣10【臨】〔16〕 同字 U補J 268EA ― ②8556

意味 ㊀①〈しお(しほ)〉 海水を煮つめた人造の塩。↔鹵 ②理 化合物の名。酸類と金属の化合物。㊁①〈しお・する(しほに・す)〉 しおづけにする。②うらやむ。＝艶 ③曲調の名。

解字 鹽 形声。鹵と監を合わせた字で、鹵が形を表し、監かんが音を示す。鹵は、しおの粒がかごの中にある形。監には調べ見る意味を含む。鹽は、天然のしおを精製したものである。また、監の音は、苦と通ずるから、鹽は、にがいしおともいう。

地名 塩山・塩尻・塩谷・塩釜・塩竈

【塩花】㊀えんか 花の形をした塩。㊁しおばな 国①きよめに使う塩。②波の白い形容。
【塩官】えんかん ①塩の税を扱う役人。②塩の専売を監督する役人。
【塩戸】えんこ 塩つくりの家。製塩所。
【塩豉】えんし みそ・納豆の類。
【塩商】えんしょう 塩を売る人。
【塩井】えんせい 塩水のわき出る井戸。
【塩税】えんぜい 食塩にかける税。
【塩粟】えんぞく 塩と穀物。
【塩鉄(鐵)】えんてつ 塩と鉄。【――論】えんてつろん 書名。十二巻。漢の桓寛かんかん著。塩・鉄などの専売制度に関する討論集。【――之利】えんてつの 塩・鉄の専売で政府の得る利益。
【塩田】㊀えんでん ㊁しおだ ①塩けのある土地。②海水を蒸発させて塩をとる砂地。
【塩梅】㊀えんばい ①味をかげんする。②ほどよく調和する。③うめぼし。㊁あんばい 国①ほどよく調和する。②ぐあい。③健康状態。
【塩賦】えんぷ 「塩税」に同じ。
【塩分】えんぶん 塩け。
【塩冶】えんや 塩や鉄をつくる。
【塩辛】しおから 国海産物の肉・はらわたなどを塩づけにして発酵させた食物。
【塩首】しおくび 国やりの穂先の柄えに接している部分。
【塩尻】しおじり 国①塩田で、砂を山のようにきずいて、海水をそそぐもの。②すりばち。
【塩谷世弘】しおのやせいこう 人名。江戸末期の儒者。水野忠邦の顧問や昌平黌しょうへいこうの儒官をつとめた。号は宕陰とういん。
◇米塩・岩塩・食塩・焼塩

土10【塢】〔13〕 オ 漢 上 麌 wù ウー (ヲ) 意味 ①つつみ。土手。②小さいとりで。＝隖 ③村。集落。④山のくま。くぼ地。 U補J 5862 ― 5241

【塢壁】おへき どてを築いて作った小さなとりで。

土10【塕】〔13〕 オウ 漢 上 董 wěng ウォン (ヲウ) U補J 5855 2418 ―

意味 ①風が起こるさま。②塵ちりがあがる。
【塕薆】おうあい 草木のさかんなさま。
【塕然】おうぜん 風の起こるさま。

土10【塊】〔13〕 常 カイ かたまり カイ(クヮイ) 漢 去 卦 kuài コワイ U補J 584A ― 1884

筆順 土 扌 圹 圹 坰 坤 坤 塊 塊

凵3【凷】〔5〕 本字 U補J 51F7 1915 ―

意味 ①〈つちくれ〉 土のかたまり。「塊蘇」②〈かたまり〉「塊肉」③孤独なさま。④落ち着いているさま。⑤現 貨幣「元」の通称。「一塊銭」

解字 塊 形声。土が形を表し、鬼くゐが音を示す。鬼には、大きな丸い頭の意味がある。塊は土のまるいかたまりを表す。

【塊茎(莖)】かいけい 植 地下茎の一つ。地中の茎が養分をたくわえて、かたまりになったもの。じゃがいもなど。
【塊根】かいこん 植 蘭らん・ダリア・さつまいもなどのように、養分をたくわえておくため、かたまりになっている根。
【塊然】かいぜん ①ひとりでいるさま。②安らかなさま。
【塊炭】かいたん 国かたまりになっている石炭。↔粉炭
【塊独(獨)】かいどく ひとりぼっち。また、ひとりだち。

土10【塏】〔13〕 カイ 漢 上 賄 ガイ 慣 kǎi カイ 意味 高台で乾燥したところ。 U補J 584F 2416 ―

土10【塨】〔13〕 キョウ 漢 平 冬 ク 呉 gōng コン 意味 中国で人名に用いる。 U補J 5868 2423 ―

土10【塤】〔13〕 ケン 漢 平 元 xūn シュン 意味 ①土でつくった楽器。つちぶえ。＝壎 ②姓。 U補J 5864 2421 ①1557

【塤篪雅奏】けんちがそう 兄弟の仲のよいたとえ。↓「壎篪相和けんちあいわす」(三〇四ジ・上)

土10【塙】〔13〕 入 ㊀カク 漢 ㊀入 覚 què チュエ ㊁コウ(カウ) 漢 ㊁平 肴 qiāo チアオ U補J 5859 ― 4025

意味 ㊀①かたい。②土が高い。㊁石の多いやせ地。国〈はなわ(はなは)〉①小高い所。山のさし出た所。②姓。「塙保己一はなわほきいち」

3画 口囗土士夂(夊)夕大女子宀寸小尢(尣・兀)尸屮山巛(川)工己巾干幺广廴廾弋弓彐(彑・ヨ)彡彳⺌

土10
【塞】〔13〕常 サイ・ソク ふさぐ・ふさがる

一 ソク 漢呉 一 入 職 sè ソー、sāi サイ
二 サイ 漢呉 二 去 隊 sài サイ

J 2641 補 — U 585E

筆順 宀 宀 宀 宑 実 寒 寨 塞

意味 一 ①〈ふさ・ぐ〉㋐とざす。せきとめる。㋑補う。㋒満たす。②〈ふさが・る〉㋐閉じる。㋑満ちる。③不運。逆境。 二 ①〈とりで〉「塞外(さいがい)」②国境地帯。「辺塞」③すごろく。すごろくのさいころ。＝賽 ④へだてる。

解字 形声。土が形を表し、寒が音を示す。寒は、ふさぐ、みたす意。塞は、土でふさぐ意となり、転じて、敵をふせぐとりでの意となる。

名前 せき

【塞翁馬】(さいおう(をう)がうま) 人生の幸・不幸は定まりのないもので、絶対の幸・不幸などは、考えられないということのたとえ。国境のとりで近くに住む老人が、養っていた馬が国境の外に逃げ出したことから、いろいろの幸いやわざわいを経験したという故事に基づく。〈淮南子・人間訓〉

【塞翁失馬】(さいおう(をう)しつば) 塞翁が馬を失う意で、「塞翁馬」と同じ。中国では四字句として、この表現が用いられる。

【塞下】(さいか) ①とりでのそば。②長城の下。

【塞外】(さいがい(ぐわい)) ①とりでの外。②国境付近の遠い土地。万里の長城以北。辺土。

【塞上】(さいじょう(じやう)) とりでのほとり。要塞の付近。

【塞鴻】(さいこう) 国境のとりでの上を飛ぶ雁。塞雁。

【塞北】(さいほく) 北方。辺境の地。辺土。

【塞虜】(さいりょ) 国境地帯に住む異民族。

【塞源】(そくげん) みなもとをふさぐ。原因となる点をふさぎ止めること。

【塞塞】(そくそく) 心がふさがって、安らかでないさま。

【塞閉】(そくへい) ふさがる。とじる。とじふさぐ。閉塞。

◇充塞・防塞・要塞・閉塞・優婆塞

土10
【塒】〔13〕 シ 漢 平 支 ジ 慣 shí シー

J 5245 補 — U 5852

意味〈ねぐら〉壁をえぐって作ったにわとりのねどころ。

土10
【塍】〔13〕 ショウ 漢 平 蒸 chéng チョン

J 2415 補 — U 584D

意味 あぜ。くろ。「塍陌」

田9
【塖】〔14〕同字

J 4531 補 — U 757B

土10
【塉】〔13〕 セキ 漢 ジャク 呉 入 陌 jí チー

J ②0506 補 2413 U 5849

意味 やせた土地。

土10
【塑】〔13〕常 ソ

J 3326 補 — U 5851

旧字 土10
【塐】〔13〕 ソ 漢 去 遇 sù スー

J — 補 — U —

筆順 丷 丷 䒑 屰 朔 朔 塑

土10
【塐】〔13〕同字

J 2417 補 — U 5850

意味 ①土をこねて人や物の形をつくる。「彫塑」 ②でく。土の人形。土偶。「塑像」

解字 形声。土が形を表し、朔が音を示す。朔には、さかのぼる、よみがえるの意味がある。塑は、土で人の形をよみがえらせ、こねあげることで、土人形をいう。一説に朔の音はかたどる意味を含むから、塑は、どろで物の形をかたどることという。

【塑像】(そぞう(ざう)) 粘土などでつくった像。今は主として彫刻の原型に用いる。

【塑料】(スーリアオ) sùliào 現 プラスチック。

◇彫塑

土10
【塡】〔13〕常 テン

一 テン 漢 一 平 先 tián ティエン
二 チン 漢 二 去 震 zhèn チェン

J ①1556 補 2420 U 5861

筆順 一 扌 扌 圹 垍 塡 塡

土10
【塡】〔13〕俗字

J 3722 補 — U 586B

意味 一 ①〈うず・める(うづ・む)〉㋐ふさぐ。ふさがる。「塡塞(てんそく)」㋑おぎなう。②〈み・ちる(―・つ)〉いっぱいである。③したがう。④太鼓の音。「塡然」 二 ①しずめる。しずまる。＝鎮 ②土星。「塡星」

解字 形声。土が形を表し、眞が音を示す。眞には、また、ものを充たす意がある。塡は、土で穴をふさぐこと、ものをうずめる意となる。

名前 さだ・ます・みつ・やす

【塡撫】(ちんぶ) しずめおさめる。＝鎮撫

【塡咽】(てんえつ) ふさがる。また、ひしめく。＝塡噎

【塡詞】(てんし) 漢詩の一体。楽府に合うように文字をうずめて歌詞を完成させたところからいう。宋末には詩余、明代には塡詞と称した。

【塡充】(てんじゅう) うずめ満たすこと。満たし補う。充塡。

【塡然】(てんぜん) 鼓や太鼓の音の盛んなさま。

【塡足】(てんそく) おぎないたす。補足。

【塡塞】(てんそく) ふさぐ。いっぱいに満ちふさがること。

【塡塡】(てんてん) ①真心をこめ、手厚いさま。②鼓が盛んに鳴り続くさま。③満足なさま。④車馬の多いさま。⑤規律正しくたちならぶさま。⑥雷の鳴りひびく音。

【塡補】(てんぽ) ①埋め合わせ補う。補塡。②記入する。

土10
【塗】〔13〕常 ト ぬる

ト 漢 ズ(ヅ) 呉 平 虞 tú トゥー

J 3741 補 — U 5857

筆順 氵 氵 汄 汵 泠 涂 涂 塗

意味 ①〈ぬ・る〉㋐ぬりふさぐ。㋑ぬりかざる。㋒ぬり消す。なする。「塗改」②〈まみ・れる(―・る)〉きたなくなる。けがす。よごす。③〈どろ〉④〈みち〉㋐道路。＝途「塗路」㋑方向。方針。㋒すじみち。⑤ぬかるみ。

解字 形声。土が形を表し、涂が音を示す。もともと余には、舒、つまりのびのびとする気持ちがあり、涂には、のびた道の意味がある。塗は土をのばしてぬることを表す。一説に涂にはどろの意味があるから、塗は壁につけるどろ土をいうと解する。

【塗改】(とかい) 文字をぬりつぶして書き改める。

【塗巷】(とこう(かう)) 町なか。『―之人(とこうのひと)』町なかのつまらない人。

【塗人】(とじん) ①道を往来する人。②見知らぬ人。他人。＝途人

【塗説】(とせつ) ①聞いた事をそのまま、人に受け売りして話す。②道ばたなどでのうわさ話。「道聴塗説」

【塗炭】(とたん) ①泥とすみ。きたないもののたとえ。②泥水にまみれ、火に焼かれる。非常な苦しみのたとえ。『―之民(とたんのたみ)』塗炭の苦しみを受ける人民。

【塗地】(とち) ①倒れて泥まみれになる。②ひどい状態になる。

【塗中】(とちゅう(ちう)) ①道路のなか。途上。②道を歩いている間。中途。

【塗布】(とふ) 国 一面にぬる。べったりぬる。

【塗抹】(とまつ) ①ぬり消す。②ぬりつける。

【塗料】(とりょう(れう)) 国 物の表面にぬってそれを美しくしたり、保護したりするための材料。ペンキ・ニスなど。

【塗籠】(ぬりごめ) 国 ①平安時代、周囲を壁でぬりかため、あかりとりの小窓をつけて、器物をおさめたり、また、寝室にしたへや。②土で厚くぬりこめた、おくのへや。③幹を籐で巻き、すっかり漆でぬった弓。

【塗師】ぬりし｜ぬし 国漆塗り。塗りの職人。漆工。
【塗物】ぬりもの 国漆塗り。塗りの器物。漆器。
〖塗之人〗とのひと 通りすがりの人。転じて、ふつうの人間。尋常の人。〈荀子・性悪〉
〖殊レ塗同レ帰(歸)〗みちをことにしきをおなじゅうす(おなじうす) 行く道は異なるが、落ち着くところは同じである。〈易経・繫辞下〉
〖塗不レ拾レ遺〗みち、おちたるをひろわ(ひろは)ず 道路の落とし物を拾ってしまうような人がいない意で、世の中がよく治まっているたとえ。〈戦国策・秦〉

◇上塗うわぬり・漆塗うるしぬり・糊塗こと

土10【塘】〔13〕 トウ 漢 平 陽 ｜táng タン
意味 ①〈つつみ〉どて。堤防。「塘岸とうがん」②いけ。ためいけ。用水池。「塘池とうち」
【塘坳】とうおう(たうあう) 水のたまった低いくぼ地。「下者飄転沈二塘坳一」(ひくきものは、ひょうてんしてとうおうにしずむ)(低く飛んだものは、ひらひらところがって、水のたまったくぼ地に沈んだ。)〈杜甫の詩・茅屋為二秋風所一レ破歌ぼうおく、しゅうふうのやぶるところとなるのうた〉
U補J 3768 / 5858

土10【塌】〔13〕 トウ 漢 (タフ) 入 合 ｜tā ター
意味 ①土地が落ちくぼんでいる。②おちる。おとす。③倒れる。くずれる。
U補J ②0507 / 2414 / 584C

土10【塓】〔13〕 ベキ 漢 入 錫 ｜mì ミー
意味 〈ぬ・る〉壁土をぬる。
U補J 5853

土10【墓】〔13〕 学5 ボ はか
旧字 土11【墓】〔14〕 ボ 漢 去 遇 ｜mù ムー
U補J 4272 / 5893

筆順 一 艹 艹 苩 荁 莫 墓 墓

意味 〈はか〉おくつき。土を盛りあげたものを墳ふんといい、土を盛らないものを墓ぼという。また、はかば。葬所。「墳墓ふんぼ」「墓地ぼち」

解字  形声。土が形を表し、莫ぼが音を示す。莫には暮と同じく、くらい、見えない意味がある。墓は、中が暗くて見えない。墓を、親を思慕するの慕や、規模の模と関係づけて考える説もある。

【墓穴】ぼけつ はかあな。「墓穴を掘る」(みずから破滅の道を選ぶたとえ。)
【墓碣】ぼけつ 墓地に建てる丸い石碑。墓じるしの石。
【墓参(參)】ぼさん｜はかまいり(まゐり) 国墓まいり。墓にもうでる。
【墓誌銘】ぼしめい 墓誌(死者の業績などを後世に伝えるため、金石にきざんだ文章)と銘(墓誌の後につけた韻文)。
【墓所】ぼしょ はかば。墓地。
【墓石】ぼせき はかいし。
【墓田】ぼでん 墓を造るための土地。墓場。墓地。
【墓畔】ぼはん 墓場のほとり。
【墓碑】ぼひ 墓じるしに立てる四角い石。
【墓表】ぼひょう(へう) ①文体の名。死者の略歴などを刻んで、墓に立てるいしぶみ。②墓標。
【墓標】ぼひょう(へう) 墓のしるしに立てる木や石。墓表。
【墓林】ぼりん 墓地の林。
〖墓間之事〗ぼかんのこと 葬式。埋葬や墓まいりの儀式。
〖墓木已拱〗ぼぼくすでにきょうなり 墓の木が両手で囲むほどの大きさに生長したという意から、長い年月がたつこと。〈左伝・僖き公〉

◇陵墓りょうぼ・墳墓ふんぼ・丘墓きゅうぼ

土10【塚】〔13〕 ホウ 漢 上 董 ｜péng ポン
意味 塵ちりがまきおこる。また、塵。
参考 「塚ちょう」は別字。
U補J 585C

土10【塱】〔13〕 ｜lǎng ラン
意味 現元塱ユワンランyuán-lǎng は、広東カントン省の地名。
U補J 365F

土10【塰】〔13〕 国字
意味 〈あま〉①海でさかなを捕ったり、海藻を焼いて塩を作ったりする人。海人あま。②塰泊あまどまりは、鹿児島県西之表にしのおもて市の地名。
U補J 5243 / 5870

土10【塲】〔13〕 国字 ｜ソ
意味 姓名に用いる。
U補J ②0505 / 213C4

土10【塐】〔13〕 同 ↓塑(二九七ジベー・中)

土10【塡】〔13〕 俗 ↓塡(二九七ジベー・中)

土10【塚】〔13〕 旧 ↓塚(二九四ジベー・中)

土10【塔】〔13〕 旧 ↓塔(二九四ジベー・下)

土11【塸】〔14〕 オウ 漢 上 有 ｜ǒu オウ
意味 ①墓はか。②積もった砂。③かめ。＝甌おう ④さかい。
U補J 2424 / 5878

土11【墉】〔14〕 カ 漢 去 禡 ｜xià シア
意味 すきま。裂さけている部分。＝罅か 区域。＝区く
U補J 3664

土11【墈】〔14〕 カン 漢 去 勘 ｜kàn カン
意味 ①けわしい岸。＝坎かん ②盛り土。
U補J 2430 / 5888

土11【墍】〔14〕 キ 漢 去 寘 ｜xì シー
土12【墍】〔15〕 俗字
意味 ①〈ぬ・る〉壁を塗る。②取る。③休む。＝呬き
U補J ②0511 / 2434 / 588D1

土11【境】〔14〕 学5 キョウ・ケイ さかい
旧字 土11【境】〔14〕 ケイ 漢 キョウ(キャウ) 呉 上 梗 ｜jìng チン
U補J 2213 / 5883

筆順 扌 扌 扌 扌 扌 㙟 墥 境

意味 ①〈さかい(さかひ)〉くぎりめ。「境界」②ところ。場所。「仙境せんきょう」③めぐりあわせ。状態。身分。「逆境」

解字  形声。土が形を表し、竟けいが音を示す。竟は音と人を合わせたもの。音楽の終わり、切れめを表す。境は、土地の切れめで、区切り、さかいの意となった。

参考 新表記では、「疆」の書きかえに用いる熟語がある。

【境域】きょういき(きやうゐき) ①さかい。境界。さかいのうち。②境内けいだいの地。

【境場】きょうえき(きやう) さかい。国境。

【境界】一きょうかい(きやう) ①さかい。くぎり。かぎり。②場所。境地。二けいがい ①仏因果いんがの道理によって各人が受けるところの境遇。②国境遇。地位。

【境涯】きょうがい(きやう) ①さかい。くぎり。②身のおきどころ。境遇。

【境遇】きょうぐう(きやう) ①環境。場所。②身の上。めぐりあわせ。

【境地】きょうち(きやう) ①さかい。場所。②国身の置きどころ。③国心境。

【境内】一きょうない(きやう) ①さかいの内。区域の内。②国内。二けいだい 国神社や寺の敷地の中。

【境目】さかいめ(さかひ) 国わかれめ。きわ。

◇人境じんきょう・心境しんきょう・仙境せんきょう・辺境へんきょう・佳境かきょう・苦境くきょう・国境こっきょう・逆境ぎゃっきょう・異境いきょう・進境しんきょう・越境えっきょう・順境じゅんきょう・環境かんきょう

土11【墐】〔14〕 キン 漢 去 震 ｜jìn チン
U補J ②0513 / 2436 / 5890

3画 口囗土士夂(夊)夕大女子宀寸小尢(尣・兀)尸屮山巛(川)工己巾干幺广廴廾弋弓彐(彑・⺕)彡彳⺌

意味 ①塗る。②埋める。③溝のほとりの道。

土11【墔】〔14〕サイ (漢) (平) 灰 cuī ツォイ　U 5894 補 ②0514 J 2437

意味 墔堆は、土が高く積もったさま。

土11【塹】〔14〕セン (漢) (去) 豔 qiàn チエン / ザン (慣)　U 5879 補 ― J 5247

土11【𡐛】〔14〕同字　U 2141B 補 ― J ―

土14【壍】〔17〕同字　U 58CD 補 ②0520 J 2451

意味 ①ほり。城のほり。「塹濠」②あな。③あなを掘る。

【塹壕】①城の周囲のほり。②国陸戦のとき、敵の攻撃をふせぎながら、射撃するためのほり。＝塹濠

【塹柵】ほりと、さく。ほりと、さかもぎ。

【塹塁(壘)】ほりと、とりで。とりで。

土11【塾】〔14〕常 ジュク　シュク (漢) ジュク (呉) (入) 屋 shú シュー　U 587E 補 ― J 2946

筆順 亠 古 亨 享 享' 孰 孰 塾

意味 ①朝廷の門の両側のへや。臣下が天子に会う所。②個人が門弟をあつめて教える所。学舎。「私塾」

解字 形声。土が形を表し、孰が音を示す。孰は熟で、つらつらという意味がある。塾は、門のそばの建物で、家へ入る前に熟思するところという。一説に、矢のまとを置く盛り土。また、享は城郭の内外に相対する建物で、塾は門側についじをつくって建てたへやともいう。

【塾舎】①学業を修める家。塾堂。②塾生の寄宿舎。

【塾頭】塾のかしら。塾生の監督・取り締まりをする人。

◆私塾・義塾・郷塾

土11【墅】〔14〕一 ショ (漢) (上) 語 shù シュー 二 ヤ (漢) (上) 馬 yě イエ　U 5885 補 ― J 5248

意味 一①田舎家。「村墅」②別荘。「別墅」③村里。二はら。郊外。＝野

土11【塲】〔14〕一 ショウ(シャウ) (漢) (平) 陽 shāng シャン 二 チョウ(チャウ) (漢) ジョウ(ヂャウ) (呉) (平) 陽 cháng チャン　U 5872 補 ― J 5239

意味 一①ありやもぐらが掘り起こした土。②耕したばかりの土。二ばしょ。ところ。＝場

土11【墒】〔14〕ショウ(シャウ) (漢) (平) 陽 shāng シャン　U 5892 補 ― J ―

意味 ①耕したばかりの土。②田畑の土のしめりぐあい。

土11【墏】〔14〕ショウ(シャウ) (漢) (上) 養 qiǎng チアン / ソウ(サウ) (呉)　U 588F 補 ②0512 J 2435

意味 もとい。基礎。

土11【墇】〔14〕ショウ(シャウ) (漢) (呉) (去) 漾 zhàng チャン　U 5887 補 ― J 2429

意味 ふさぐ。せきとめる。＝障

土11【墋】〔14〕シン (呉) (漢) (上) 寑 chěn チェン　U 588B 補 ②0510 J ―

意味 ①つち。②食物中に土が混じる。③濁ったさま。

土11【塵】〔14〕標 チン (漢) ジン(ヂン) (呉) (平) 真 chén チェン　U 5875 補 ― J 3148

意味 ①〈ちり〉ごみ。ほこり。②けがれ。けがれる。けがす。③俗事。俗世間。「塵外」④あと。足跡。「遺塵」⑤(仏)仏道のさまたげとなるいろいろの欲望。「六塵」

【塵埃】①ちりほこり。②この世の汚れ。この世。「安能以二皓皓之白一、而蒙二世俗之塵埃一乎」(この潔白なからだに、俗世間のけがれなど、かぶってたまるものか。)〈屈原・漁父辞〉

【塵穢】ちりほこりの汚れ。よごれ。ちりほこりで汚れる。

【塵衣】よごれてきたない衣服。

【塵纓】よごれた冠のひも。俗世の官職とさげすんでいう。

【塵煙】煙のように立ちのぼるちり。砂けむり。塵霧。

【塵縁(緣)】この世のかかわりあい。世の中のわずらわしい関係。

【塵汚】けがれ。ちりほこりのよごれ。

【塵灰】ちり。ほこり。「満面塵灰煙火色」(顔じゅうほこりだらけで、すすけた色をしている。)〈白居易の詩・売炭翁〉

【塵芥】ちりあくた。

【塵界】けがれた世の中。塵世。

【塵外】世俗の外。この世のそと。けがれた世を離れたところ。

【塵寰】ちりの世。人間世界。

【塵境】けがれた世の中。塵界。塵世。

【塵涓】①ちりと、しずく。非常に小さいもののたとえ。②自分の行為をけんそんしていうことば。

【塵劫】①(仏)非常に長い時間。永劫。②非常に小さな数と非常に大きな数。

【塵垢】一①ちりと、あか。②世の中のけがれ。俗世間。二(仏)煩悩をいう。【――嚢】塵垢を入れたふくろ。晋の支遁が、王坦之のことをあざけり笑っていった語。〈世説新語・軽詆〉

【塵囂】世の乱れや、さわがしさ。

【塵雑(雜)】世間の雑事。

【塵滓】よごれ。けがれ。ちりと、かす。

【塵事】世の中のわずらわしい事がら。世事。俗事。

【塵習】世の中のうるさいならわし。わずらわしい風俗習慣。

【塵心】俗世間のちりにまみれた心。名利の心。俗な考え。

【塵世】けがれた世の中。塵界。塵境。

【塵俗】①ちりの世の中。俗世間。②世渡り。

【塵土】①ちりと土。②とるにたりないもののたとえ。③この世。けがれた世の中。俗世界。

【塵念】俗な考え。けがれた考え。名利を求める心。俗念。

【塵表】うき世の外。俗世間を離れた所。塵外。

【塵氛】よごれけがれた気。俗気。

【塵務】俗世間のわずらわしいつとめ。世務。俗務。

【塵網】けがれた世の中。世の中。「誤落二塵網中一」(まちがって俗世間の中にふみこんでしまった。)〈陶潜の詩・帰二園田居一〉

【塵慮】名誉や利益を求める欲心。俗念。俗心。

【塵累】世間のうるさい関係。世間のわずらわしさ。

【塵露】ちりと、つゆ。きわめて小さいもの、また、はかないもののたとえ。

【塵労(勞)】①(仏)人間の心を迷わす煩悩。②俗世間のわずらわしい苦労ごと。

【望レ塵知レ敵】砂ぼこりの上がりぐあいを望み見て、敵兵の数の多少を察知する。〈五代史・唐臣伝〉

◆俗塵・砂塵・埃塵・黄塵・微塵

土11【墌】〔14〕一 セキ (漢) (入) 陌 zhí チー 二 シャク (漢) (入) 薬 zhuó チュオ　U 5883 補 ― J 2433

意味 一もとい。基礎。二土を築いて土台を作る。

土5【坧】〔8〕同字　U 5767 補 ― J 2335

土11
【塼】〔14〕

一 セン 漢 一 平 先 zhuān チョワン
二 タン 漢 二 平 寒 tuán トワン

J ①1559 補 2425 U 587C

意味 一 かわら。＝甎(せん)「塼甓(せんぺき)」 二 まるめる。＝摶(たん)

【塼仏(佛)】(せんぶつ) 仏 仏像の一形式で、粘土を型に押しつけたあとに焼いたレリーフ(浮き彫り)状の像。寺院の金堂や塔の内部を飾っていた。

土11
【増】〔14〕 学 5

旧字 土12 【增】〔15〕 人

ゾウ
ます・ふえる・ふやす

一 ソウ 漢 一 平 蒸 zēng ツォン
二 ゾウ 呉 ソウ 漢 二 平 蒸 céng ツォン

J 3393 U 5897
J ①1561 U 589E

筆順 扌 圹 圹 坳 坳 埗 増 増 増

意味 一 ①〈ま・す〉〈ふ・える(―・ゆ)〉〈ふや・す〉 くわわる。くわえる。「増加」 ②〈ますます〉 ③おおい。 二 かさなる。かさねる。＝層(そう)

解字 形声。土が形を表し、曾(そう)が音を示す。曾には、かさねる、ますという意味がある。增は土を重ねる意味である。曾が「かつて」の意味に使われるようになって、增が、「ます」「ふえる」の意味を表すようになった。

名前 ま・なが　地名 増毛(ましけ)

【増員】(ぞういん(ゐん)) 人数をふやす。

【増益】(ぞうえき) 増し加える。増加。

【増援】(ぞうえん(ゑん)) 人員などを増して助ける。加勢する。

【増加】(ぞうか) 一 ふえる。また、ふやす。 二 チアツォン zēngjiā 現 一 に同じ。

【増価(價)】(ぞうか) ①ねうちを増す。②値段をあげる。値段を高くする。値があがる。

【増減】(ぞうげん) 増すことと、へらすこと。ふえたりへったりする。損益。増損。

【増耗】(ぞうこう(かう)) 増すことと、減ること。加減。

【増収(收)】(ぞうしゅう(しう)) 収入・収穫がふえること。

【増修】(ぞうしゅう(しう)) ①徳を増し修める。②書物の内容を増したり改めたりする。③建て増しをする。

【増上慢】(ぞうじょう(じゃう)まん) ①仏 悟りを得ていないのに、得たと思い込み高慢になること。②自身の才能などを過信して威張ること。

【増殖】(ぞうしょく) ふやす。ふえる。

【増進】(ぞうしん) 増しすすめる。増し加わる。だんだん進歩する。

【増水】(ぞうすい) 降雨や雪どけなどによって、河川や湖などの水量が増す。

【増勢】(ぞうせい) 勢力を増す。ふえてゆくようす。

【増税】(ぞうぜい) 税金を高くする。税金を増す。↕減税
【増設】(ぞうせつ) 設備をふやす。

【増増(增)】 一 (ぞうぞう) 数の多いさま。 二 (ますます) 国 いやましに。さらに。いよいよ。

【増損】(ぞうそん) ふやすことと、へらすこと。ふえることと、へること。

【増大】(ぞうだい) ふえ、まして大きくなる。

【増築】(ぞうちく) 建て増し。現在ある建物につけたして建てる。増減。

【増注(「註」)】(ぞうちゅう(ちう)) ①書物の注釈を増して詳しくする。②あとからつけ加えた注解。補注。

【増長】 一 (ぞうちょう(ちゃう)) ①しだいにふえる。②仏 四天王の中の南方天の名。増長主。増長天。③国 つけあがる。ずにのる。 二 ツォンチャン zēngzhǎng 現 増大する。高める。

【増訂】(ぞうてい) 増補訂正の略。不足を補ったり、誤りを正したりする。

【増年】(ぞうねん) 年齢がふえる。

【増派】(ぞうは) 兵士などの人数をふやして、あとから送ってやる。

【増倍】(ぞうばい) ふえて二倍になる。倍増。

【増発(發)】(ぞうはつ) ①さらに増しおこす。②国 列車・電車などを、ふだんより多く出す。

【増補】(ぞうほ) 増し補う。たりないところを補う。補足。

【増俸】(ぞうほう) 給料をふやす。俸給がふえる。増秩(ぞうちつ)。

▽急増(きゅうぞう)・倍増(ばいぞう)・割増(わりまし)・激増(げきぞう)

土11
【墊】〔14〕

テン 漢 去 豔 diàn ティエン

J ②0509 補 2432 U 588A

意味 ①おちいる。沈みこむ。②土地が低い。③掘り下げる。④なやむ。苦しむ。⑤家がかたむく。

【墊隘】(てんあい) ①土地が低く、しめっていて狭い。②疲れ苦しむこと。

【墊溺】(てんでき) 水におぼれる。

【墊没】(てんぼつ) さがり沈む。落ちこむ。

土11
【墨】〔14〕 常

旧字 土12 【墨】〔15〕 人

ボク
すみ

ボク 漢 モク 呉 入 職 mò モー

J 4347 U 58A8
J ①1562 U FA3A

筆順 冂 冃 甲 甲 里 里 黒 墨

意味 ①〈すみ〉 書画に用いるすみ。②くろい。くろずむ。③けがれ。貪欲(どんよく)な。「墨吏(ぼくり)」 ④書画。「墨客(ぼっかく)」 ⑤すみなわ。木や石に直線を引く道具。⑥刑罰の名称。いれずみの刑。五刑の一つ。⑦尺度の名。五尺。(→付録「度量衡名称」) ⑧墨家(ぼくか)の略。墨子の学派。⑨現 墨西哥(メキシコ)の略称。「墨国」

解字 会意・形声。黑と土とを合わせた字で、黑(こく)は音をも示す。黑はくろいこと。墨は黒い土で、「すみ」のこと。音ボクは、黒の音コクの変化。

姓 墨俣(すのまた)　地名 墨西哥(メキシコ)

【墨染】(すみぞめ) 国 黒く染める。「墨染の衣(ころも)」は、僧衣。

【墨戯(戲)】(ぼくぎ) 書画をいう。

【墨罪】(ぼくざい) 五刑の一つで、ひたいにいれずみをする刑。

【墨子】(ぼくし) ①墨翟(ぼくてき)の尊称。②書名。墨翟の著書。〖――泣レ糸(絲)〗(ぼくしいとになく) 墨子が、白い糸がどんな色にも染まるのを知ってなげき泣いたところから、人は習慣しだいで、善人にも悪人にもなるたとえ。〈淮南子(えなんじ)・説林訓(ぜいりんくん)〉

【墨守】(ぼくしゅ) ①堅く自分の説をとり守って改めない。墨子がよく城を守りとおした故事による。墨翟之守(ぼくてきのまもり)。②がんこで融通のきかないこと。

【墨汁】(ぼくじゅう(じふ)) すみの汁(しる)。墨水。

【墨丈】(ぼくじょう(ぢゃう)) わずかな長さ。墨は五尺、丈は十尺。

【墨場】(ぼくじょう(ぢゃう)) 文人・書家や画家のなかま。また、その集まる場所。

【墨色】(ぼくしょく) すみの色。すみ色。

【墨水】(ぼくすい) ①すみの汁(しる)。墨汁(ぼくじゅう)。②学問。③国 東京の隅田(すみだ)川の漢語的な呼び名。

【墨跡(「蹟」)】(ぼくせき) ①すみのあと。筆跡をいう。②禅僧の書いた筆跡。

【墨池】(ぼくち) ①すずりの、すったすみをためるくぼんだ所。②すみつぼ。

【墨竹】(ぼくちく) ①墨絵の竹。②竹の一種。

【墨堤】(ぼくてい) 国 隅田(すみだ)川の土手(どて)。

【墨翟】(ぼくてき) 人名。中国の戦国時代の思想家。墨子。兼愛・非戦・節倹を主張した。(前四六八?～前三七六?) 〖――之守〗(ぼくてきのまもり) 「墨守(ぼくしゅ)」に同じ。〈戦国策・斉(せい)〉

【墨斗】(ぼくと) すみつぼ。やたて。

【墨梅】(ぼくばい) 墨絵に描かれている梅。

【墨辟】(ぼくへき) いれずみの刑罰。墨罪。辟は刑罰。

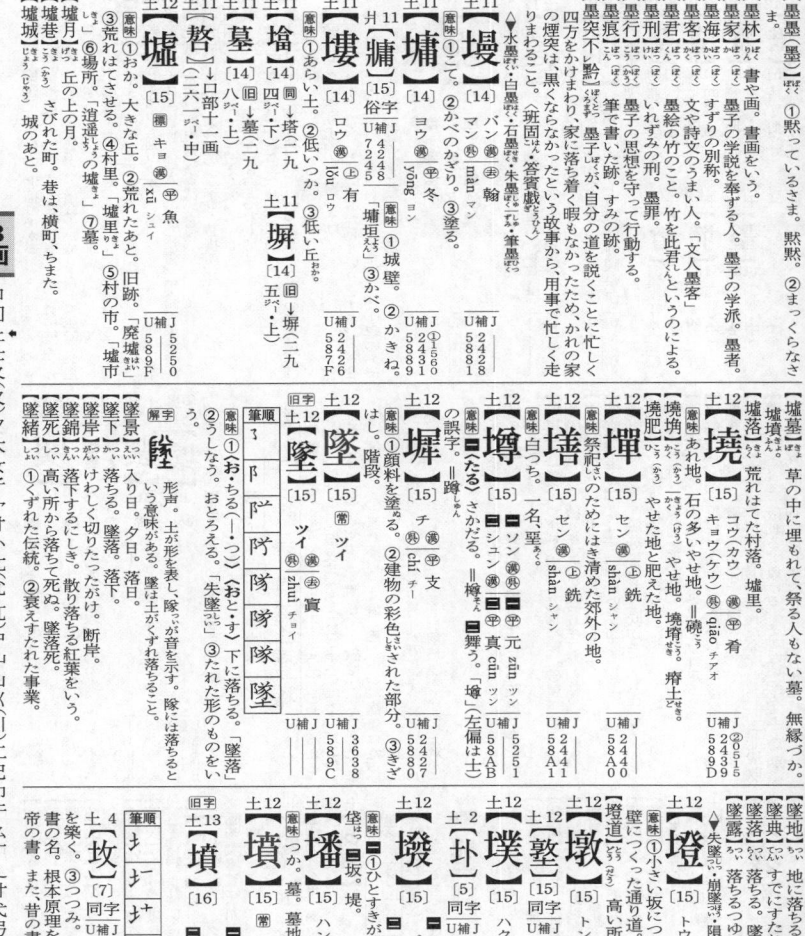

【墨墨(墨)】①黙っているさま。黙黙。②まっくらなさま。

【墨林】書や画。書画をいう。

【墨家】墨子の学説を奉ずる人。墨子の学派。墨者。

【墨海】すずりの別称。

【墨客】文や詩文のうまい人。「文人墨客」

【墨君】墨絵の竹のこと。竹を此君というのによる。

【墨刑】いれずみの刑。墨罪。

【墨行】墨子の思想を守って行動する。

【墨痕】筆で書いた跡。すみの跡。

【墨突不レ黔】墨子が、自分の道を説くことに忙しく四方をかけまわり、家に落ち着く暇もなかったため、かれの家の煙突は、黒くならなかったという故事から、用事で忙しく走りまわること。〈班固・答賓戯〉
◆水墨・白墨・石墨・朱墨・筆墨

土11【墁】〔14〕 バン 漢 去 翰 マン 呉 màn マン　U 5881 補 2428 J —
意味 ①こて。②かべのかざり。③塗る。

土11【墉】〔14〕 ヨウ 漢 平 冬 yōng ヨン　U 5889 補 2431 J ①1560
意味 ①城壁。②かきね。③かべ。「墉垣」

爿11〔牅〕〔15〕 俗字　U 7245 補 4248 J —

土11【塿】〔14〕 ロウ 漢 上 有 lǒu ロウ　U 587F 補 2426 J —
意味 ①あらい土。②低いつか。③低い丘。

土11【墖】〔14〕 同 ↓塔(二九四ジー・下)

土11【塲】〔14〕 旧 ↓塀(二九五ジー・上)

土11【墓】〔14〕 旧 ↓墓(二九八ジー・上)

土11〔嗸〕〔二六一ジー・中〕 ↓口部十一画

土12【墟】〔15〕 標 キョ 漢 平 魚 xū シュイ　U 589F 補 — J 5250
意味 ①おか。大きな丘。②荒れたあと。旧跡。「廃墟」③荒れはてさせる。④村里。「墟里」⑤村の市。「墟市」⑥場所。「逍遥の墟」⑦墓。

【墟月】丘の上の月。

【墟巷】さびれた町。巷は、横町、ちまた。

【墟城】城のあと。

【墟墓】草の中に埋もれて、祭る人もない墓。無縁づか。

【墟落】荒れはてた村落。墟里。

墟墳。

土12【墝】〔15〕 コウ(カウ) 漢 平 肴 キョウ(ケウ) 呉 qiāo チアオ　U 589D 補 2439 J ②0515
意味 あれ地。石の多いやせ地。＝磽
【墝埆】やせ地。墝埆。瘠土。
【墝肥】やせた地と肥えた地。

土12【墠】〔15〕 セン 漢 上 銑 shàn シャン　U 58A0 補 2440 J —
意味 祭祀のためにはき清めた郊外の地。

土12【墡】〔15〕 セン 漢 上 銑 shàn シャン　U 58A1 補 2441 J —
意味 白つち。一名、堊。

土12【墫】〔15〕 一 ソン 漢 呉 一 平 元 zūn ツン　二 シュン 漢 二 平 真 cūn ツン　U 58AB 補 — J 5251
意味 一〈たる〉さかだる。＝樽 二舞う。「墫」(左偏は土)の誤字。＝蹲

土12【墀】〔15〕 チ 漢 呉 平 支 chí チー　U 5880 補 2427 J —
意味 ①顔料を塗る。②建物の彩色された部分。③きざはし。階段。

土12【墜】〔15〕 常 ツイ　U 589C 補 — J 3638
旧字 土12【墬】〔15〕 ツイ 漢 呉 去 寘 zhuì チョイ　U — 補 — J —

筆順 阝 阝 阝丷 阝亠 隊 隊 隊 墜

意味 ①〈お・ちる(―・つ)〉〈おと・す〉下に落ちる。「墜落」②うしなう。おとろえる。「失墜」③たれた形のものをいう。

解字 形声。土が形を表し、隊が音を示す。隊には落ちるという意味がある。墜は土がくずれ落ちること。

【墜景】入り日。夕日。落日。

【墜下】落ちる。墜落。落下。

【墜岸】けわしく切りたったがけ。断岸。

【墜錦】落下するにしき。散り落ちる紅葉をいう。

【墜死】高い所から落ちて死ぬ。墜落死。

【墜緒】①くずれた伝統。②衰えすたれた事業。

【墜地】地に落ちる。転じて、衰え滅びるさま。

【墜典】すでにすたれて、行われなくなった法律や儀式。

【墜落】落ちる。墜下。落下。

【墜露】落ちるつゆ。つゆ。
◆失墜・崩墜・隕墜

土12【墱】〔15〕 トウ 漢 去 径 dèng トン　U 58B1 補 2445 J ②0517
意味 ①小さい坂につけた石段。＝隥 ②桟道。
【墱道】断崖絶壁につくった通り道。高い所に続く石段。

土12【墩】〔15〕 トン 漢 平 元 dūn トゥン　U 58A9 補 2444 J ①1563
意味 ①丘。平地の小高くなった所。②土台。

土12〔墪〕〔15〕 同字　U 58AA 補 — J ②0516

土12【墣】〔15〕 ハク 漢 入 覚 pú プー　U 58A3 補 — J —
意味 つちくれ。塊。

土2〔圤〕〔5〕 同字　U 5724 補 2316 J —

土12【墢】〔15〕 一 ハツ 漢 一 入 月 bá パー　バツ 呉　二 ハイ 漢 呉 二 去 隊 fèi フェイ　U 58A2 補 2442 J —
意味 一①ひとすきが掘り起こした土。②たがやす。＝坺・垡 二坂。堤。

土12【墦】〔15〕 ハン 漢 平 元 fán ファン　U 58A6 補 2443 J —
意味 つか。墓。墓地。「墦間」

土12【墳】〔15〕 常 フン　一 フン 漢 呉 一 平 文 fén フェン　二 フン 漢 呉 二 上 吻 fěn フェン　U 58B3 補 — J 4215
旧字 土13【墳】〔16〕　U FA7D 補 — J —

筆順 扌 扌一 扌十 扌土 扌土 墳 墳 墳

土4【坟】〔7〕 同字　U 5746 補 2329 J ②0464
意味 一①はか。つか。「古墳」②土を高く盛ってはかを築く。③つつみ。堤防。④おおきい。「墳首」⑤古書の名。根本原理を書きしるした意味で、伏羲・神農・黄帝の書。また、昔の書物をいう。「三墳」⑥したがう。⑦

3画
口囗土士夂(夊)夕大女子宀寸小尢(尣・兀)尸屮山巛(川)工己巾干幺广廴廾弋弓彐(彑・⺕)彡彳⺍

分ける。 ㊁①肥こえた土。②盛りあがる。

解字 墳 形声。土が形を表し、賁ふんが音を示す。賁には、ふくれあがる意味がある。墳は土が盛り上がって、饅頭まんじゅう型になった墓をいう。

【墳塋】ふんえい ①墓場。墓。墳墓。墳壟ふんろう。②故郷。
【墳衍】ふんえん 水ぎわのがけと平地。
【墳起】ふんき こんもりと盛り上がる。
【墳策】ふんさく 古代の書物。聖人ののこした書。墳籍。墳素。
【墳史】ふんし 古書と歴史書。古代の書物。
【墳寺】ふんじ 自分の家の墓のある寺。菩提所ぼだいしょ。
【墳樹】ふんじゅ 墓のところに植えた木。
【墳上】ふんじょう(じゃう) 墓のほとり。墓の上。
【墳井】ふんせい 墓と井戸。転じて、故郷をいう。
【墳典】ふんてん ①「三墳五典さんぷんごてん」の略。三皇・五帝の書の総称。②古い書物。
【墳頭】ふんとう 墓の盛り土の上。墓のそば。
【墳墓】ふんぼ はか。「省二墳墓一ふんぼをせいす」(墓まいりをする。)〈韓愈かんゆ・祭二十二郎一文じゅうにろうをまつるぶん〉【——地】ふんぼのち ①墓のある所。②先祖代々の墓のあるところ。故郷。
◆円墳えんぷん・古墳こふん

土12【墲】〔15〕 ㊀ボ 漢 ㊀平 虞 mú ムー モ 呉 ㊁ブ 漢 ㊁平 虞 wú ウー ム 呉 U補J J2446/U58B2
意味 ㊀墓の形をととのえる。㊁はか。墓場。

土12【墶】〔15〕 dá ター U補J 2143F
意味 現圪墶コーター gēda は、平面よりもりあがったもの。たとえば、おでき、岡、心のしこりなど。

土12【墹】〔15〕 国字 U補J J5249/U58B9
意味 〈まま〉①がけ。②墹之上ままのうえは、静岡県伊豆の国市の地名。

土12【墜】〔15〕 俗 →墜(二九八ページ・下)
土12【墮】〔15〕 旧 →堕(二九四ページ・中)
土12【墪】〔15〕 同 →墩(三〇一ページ・下)
土12【壄】〔15〕 古 →野(一二八〇ページ・下)
土12【增】〔15〕 旧 →増(三〇〇ページ・上)
土12【墯】〔15〕 本 →墮(二九四ページ・中)
土12【墨】〔15〕 旧 →墨(三〇〇ページ・中)

土13【墺】〔16〕 ㊀オウ(アウ) 漢 ㊀去 号 ào アオ ㊁イク 漢 ㊁入 屋 ào アオ U補J J5252/U58BA
意味 ㊀㊁①人が住める場所。②みずぎわの地。きし。くま。③現墺太利オーストリアの略称。

土13【壊】〔16〕 常 カイ こわす・こわれる U補J J1885/U58CA
旧字 土16【壞】〔19〕 人 ㊀カイ(クヮイ) 漢 ㊀去 卦 huài ホワイ ㊁エ(ヱ) 呉 カイ(クヮイ) 漢 ㊁上 賄 huì ホイ U補J J5253/U58DE

筆順
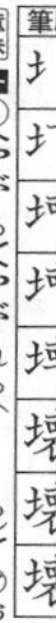

意味 ㊀①〈やぶ・る〉〈やぶ・れる(——・る)〉㋐おとろえる。㋑戦いに負ける。「壊敗かいはい」②〈こわ・す(こは・す)〉〈こわ・れる(こは・る)〉くずす。くずれる。「破壊はかい」③免官される。④殺す。⑤現わるい。↔好 ㊁なやむ。病気になる。＝瘣かい「壊木かいぼく」

解字 壞 形声。土が形を表し、褱くゎいが音を示す。褱には、こぼれる、やぶれるの意味がある。壊は、土がくずれやぶれること。

名前 つち

参考 新表記では、「潰」の書きかえに用いる熟語がある。

【壊色衣】えしきえ(ゑ) 仏袈裟けさ。壊色は、袈裟の染色とされている木蘭色もくらんじき。
【壞屋】かいおく(くゎいをく) くずれた家。こわれた家。破屋。
【壞毀】かいき(くゎい) 破りそこなう。破れそこなわれる。＝壊隳
【壞決】かいけつ(くゎい) くずれる。破れる。＝潰決
【壞座(「坐」)】かいざ(くゎい) いずまいをくずす。胡座あぐら。
【壞散】かいさん(くゎい) ①戦いに敗れて、兵がちりぢりになる。②こわし散らす。＝潰散
【壞陣】かいじん(くゎいぢん) 戦いにやぶれる。壊陣。
【壞走】かいそう(くゎい) 大敗してにげ走る。くずれ走る。
【壞俗】かいぞく(くゎい) 風俗をみだす。また、みだれた風俗。
【壞頽】かいたい(くゎい) 破れくずれる。壊崩。
【壞道】かいどう(くゎいだう) こわれた道。すたれた道。「＝潰敗
【壞敗】かいはい(くゎい) 敗れる。負ける。そこないやぶる。壊崩。」
【壞廃(「廢」)】かいはい(くゎい) 破れすたれる。くずれすたれる。
【壞壁】かいへき(くゎい) くずれた壁。
【壞崩】かいほう(くゎい) くずれる。破れくずれる。＝潰崩
【壞滅】かいめつ(くゎい) こわれほろびる。やぶれほろびる。＝潰滅
【壞乱(「亂」)】かいらん(くゎい) ①やぶれ乱れる。②風俗がひどく乱れる。
【壞爛】かいらん(くゎい) 破れただれる。こなごなにこわれる。＝潰爛
【壞裂】かいれつ(くゎい) 破れさける。
◆全壊ぜんかい・決壊けっかい・倒壊とうかい・破壊はかい・崩壊ほうかい・偶像破壊ぐうぞうはかい

土13【𡑡】〔16〕 カン(クヮン) 漢 平 刪 huán ホワン U補J 21461
意味 環堵かんとは、四面各一丈の垣かき。また、住居。小さな室。＝環かん

土13【墼】〔16〕 ケキ 漢 入 錫 jī チー U補J J2448/U58BC
意味 ①れんが。②焼いていないれんが。③練炭れんたん。

土13【墾】〔16〕 常 コン 漢 上 阮 kěn ケン コン 呉 U補J J2606/U58BE

筆順
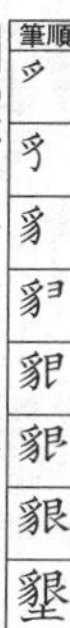

意味 ①〈ひら・く〉たがやす。荒地を開墾かいこんする。②おさめる。③つとめる。④いたむ。そこなわれる。

解字 墾 形声。土が形を表し、貇こんが音を示す。貇の音は、艱かんと通じて、むずかしい、という意味がある。墾は、ねん土が固くて、掘り起こしにくく、非常に骨を折ることをいう。

名前 つとむ

【墾荒】こんこう(くゎう) 荒れ地をきりひらいて、耕す。
【墾耕】こんこう(かう) 土地をひらきたがやす。
【墾植】こんしょく 土地を開墾し、植えつけをする。
【墾草】こんそう(さう) 草地をかり、土地をひらく。
【墾田】こんでん 土地をひらいて耕地とする。また、その田地。
【墾辟】こんぺき 「墾闢こんぺき」に同じ。
【墾闢】こんぺき 荒地をきりひらいて耕地とする。＝墾辟
◆開墾かいこん

土13【壌】〔16〕 常 ジョウ U補J J3077/U58CC
旧字 土17【壤】〔20〕 ㊀ジョウ(ジャウ) 漢 ㊀上 養 rǎng ラン ㊁ジョウ(ジャウ) 漢 ㊁平 陽 ráng ラン U補J J5265/U58E4

3画 ロ口土士夊(夂)夕大女子宀寸小尢(尣・兀)尸屮山巛(川)工己巾干幺广廴廾弋弓彐(彑・ヨ)彡彳⺍

筆順 扌 扩 扩 扩 扩 拵 垵 壤

意味 一 ①〈つち〉㋐肥えた土地。耕地。㋑地。「天壌無窮（てんじょうむきゅう）」 ②国土。領土。区域。③みだれる。二 みのる。＝穣（じょう）

解字 形声。土が形を表し、襄（じょう）が音を示す。襄には、やわらかいという意味がある。壌は、やわらかい土のことである。

【壌壌（壤）】じょうじょう（じやうじやう） 入り乱れるさま。＝攘攘

【壌地】じょうち（じやう） ①土地。土壌。②国土。国。

【壌奠】じょうてん（じやう） 祭りの際に供える農作物。

【壌土】じょうど（じやう） ①つち。土地。②農作物に適した土地。

【壌墳】じょうふん（じやう） ①肥えた土地。②墓。

△▼土壌（どじょう）

土13 【壇】〔16〕 常 ダン・タン　タン 漢　ダン 呉 ｜ 平 寒 tán タン　J 3537 補 — U 58C7

筆順 扌 扩 扩 垧 垧 墒 壇 壇

意味 ①土を小高く盛りあげてつくった祭場。②庭に築いた平らな台。また、庭。中庭。③土台。基礎。④ある一つの社会のなかま。「文壇（ぶんだん）」「教壇」「演壇」 国〈だん〉一段高くした所。

解字 形声。土が形を表し、亶（たん）が音を示す。亶には、厚い、ゆったりしているの意味がある。壇は土をきずいて作った高い台をいう。一説に亶は平らな意味があり、平らな台を壇という。

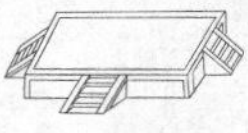
（壇①）

【壇位】だんい（ゐ） 土盛りをして造った壇。

【壇域】だんいき（ゐき） ①壇のある区域。転じて、中心。壇宇（だんう）。②「壇上」に同じ。

【壇宇】だんう 壇と室。転じて、範囲・おきて・きまり。

【壇上】だんじょう（じやう） だんの上。演壇の上。祭壇の上。

【壇場】だんじょう（ぢやう） ①お祭り、または、同盟の誓いをするために設けた壇。壇兆。壇域。②大将を拝するために設けた壇。③㋫仏の教えを説く所。

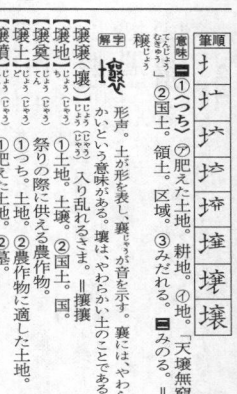

△▼文壇（ぶんだん）・仏壇（ぶつだん）・花壇（かだん）・祭壇（さいだん）・教壇（きょうだん）・楽壇（がくだん）・詩壇（しだん）・歌壇（かだん）・演壇（えんだん）・劇壇（げきだん）・論壇（ろんだん）

土13 【壂】〔16〕 テン 漢 去 霰　デン 呉 ｜ diàn ティエン　J 2449 補 — U 58C2

意味 ①大きくて立派な建物。＝殿（てん） ②土台。礎。③しきつめる。④へどろ。＝澱（てん）

土13 【壁】〔16〕 常 ヘキ かべ　ヘキ 漢　ヒャク 呉　ビャク 慣 ｜ 入 錫 bì ピー　J 4241 補 — U 58C1

筆順 コ 尸 尸 尸 居 居 辟 壁

意味 ①れんがを積んで作ったかき。塀（へい）。②〈かべ〉家のかべ。③城壁（じょうへき）。とりで。④がけ。「絶壁（ぜっぺき）」⑤星座の名。なまめ。二十八宿の一つ。「東壁（とうへき）」

解字 形声。土が形を表し、辟（へき）が音を示す。辟には法とか、避（さ）けるの意味がある。壁は、風や寒さを避けるため平らに切り立てた土のかべを表す。

難読 壁蝨（だに）

【壁画（畫）】へきが（ぐわ） ①建物の壁面などに、装飾用にかいた絵。②壁に掛けた絵。

【壁間】へきかん ①壁の間。②壁の表面。

【壁魚】へきぎょ 紙魚（しみ）の別名。衣魚（しみ）。

【壁経（經）】へきけい 壁中から発見された古文の経書。→壁中書

【壁光】へきこう（くわう） 苦学すること。漢の匡衡（きょうこう）が、灯油が買えないので壁に穴をあけて、隣家からもれてくる灯火で読書した故事。〈漢書（かんじょ）・匡衡（きょうこう）伝〉

【壁書】へきしょ ①壁に書いた文字・文章。②国㋐戦国時代、諸侯の家法をしるしたもの。㋑人民に知らせる掲示・はり札。かべがき。

【壁蘚】へきせん 壁にはえたこけ。

【壁中書】へきちゅう（ちう）のしょ 前漢の武帝の末に、魯（ろ）の恭王が、孔子の家の壁の中から発見したといわれる、古代文字でしるされた経書。「古文尚書」「古文孝経」などの書をいう。

【壁門】へきもん とりでの門。軍門。

【壁立】へきりつ ①壁のように立つ。岩石などが垂直にきり立つさま。②壁が立っているだけで、家財が何もないこと。貧乏ぐらしのたとえ。

【壁塁（壘）】へきるい とりで。

【壁有ㇾ耳】かべにみみあり どこで人が聞いているかわからない意で、とかく秘密はもれやすいことのたとえ。〈博文録〉

【鑿ㇾ壁読（讀）ㇾ書】かべをうがちてしょをよむ 貧乏とたたかいながら学問するたとえ。漢の匡衡（きょうこう）の故事。〈西京雑記〉→壁光

△▼土壁（どへき・つちかべ）・鉄壁（てっぺき）・周壁（しゅうへき）・岸壁（がんぺき）・岩壁（がんぺき）・城壁（じょうへき）・胃壁（いへき）・崖壁（がいへき）・絶壁（ぜっぺき）・障壁（しょうへき）

土13 【壅】〔16〕 ヨウ 漢 ｜ 平 冬 yōng ヨン　J 5257 補 — U 58C5

意味 ①〈ふさ・ぐ〉閉じる。堰（せ）きとめる。さまたげる。②ふさがる。つまる。③つちかう。肥料をやる。④防ぐ。⑤積む。

【壅隔】ようかく ふさぎへだてる。うとんじて近づけない。

【壅絶】ようぜつ ふさがり、たえる。ふさがって、通じない。

【壅塞】ようそく ふさぐ。ふさがる。

【壅滞（滯）】ようたい ふさがりとどこおる。とどこおって自由に動かない。

【壅閉】ようへい ふさぎとじる。ふさがる。壅塞。

【壅蔽】ようへい ふさぎおおう。君主の耳にはいらないようにする。

【壅離】ようり ふさいでさえぎる。「壅ㇾ離其水一（そのみずをようりす）」〈韓非子（かんぴし）・内儲説（ないちょせつ）上〉

土13 【壈】〔16〕 ラン 漢 ｜ 上 感 lǎn ラン　J 2450 補 — U 58C8

意味 志がとげられない。失意のさま。「坎壈（かんらん）」

土13 【壝】〔16〕 国字　J ②0518 補 — U 2146D

意味 〈くれ〉姓名・地名に用いる。壝切場（くれきりば）は、宮城県の地名。

土6 【垥】〔9〕 同字　J ②0475 補 — U 212D7

土13 【壥】〔16〕 国字 ソク　J ①1564 補 — U 2146E

意味 奈良時代に中国から伝来した漆工技術。「夾紵（きょうちょ）」「乾漆（かんしつ）」ともいう。

土13 【壃】〔16〕 同 ↓疆（八四一ページ・上）

土13 【墻】〔16〕 同 ↓牆（七八九ページ・下）

土13 【壔】〔16〕 俗 ↓嶹（六八二ページ・中）

土13 【墳】〔16〕 旧 ↓墳（三〇一ページ・下）

土14 【壒】〔17〕 アイ 漢 ｜ 去 泰 ài アイ　J ①1565 補 2454 U 58D2

意味 ①ちり。土ぼこり。②ほこりが立つ。

土14 【壑】〔17〕 カク 漢　ガク 慣 ｜ 入 薬 hè ホー　J 5259 補 — U 58D1

意味 ①〈たに〉谷間。②ほり。③土のあな。また、いわや。

土14 【壎】〔17〕 一 ケン 漢 ｜ 一 平 元 xūn シュン　二 クン 慣 ｜ 二 去 問 xùn シュン　J ①1566 補 2452 U 58CE

意味 ━楽器の名。土笛。＝塤 ━はち。わん。

【壎篪相和】兄弟の仲がよいたとえ。壎・篪は、ともに楽器。兄が壎を吹き、弟が篪を吹いて合奏するという詩句による。〈詩経・何人斯〉

土14【壕】〔17〕 標 人 コウ(カウ) 漢 平 豪 ゴウ(ガウ) 呉 háo ハオ　J 2572 補 ― U 58D5

意味 ほり。城のまわりのほり。＝濠

土14【壐】〔17〕 シ 漢 上 紙 ジ 慣 xǐ シー　J ― 補 2453 U 58D0

意味 王のしるし。印。＝璽

土14【壖】〔17〕 ゼン 漢 平 先 ruán ロワン　J ― 補 2456 U 58D6

意味 ①岸。②垣にそったまわりの低い土地。

土14【壔】〔17〕 トウ(タウ) 漢 上 皓 dǎo タオ　J ①1567 補 2455 U 58D4

意味 ①土のとりで。②高く盛った土。おか。③つつみ。国 つつがた。筒状。＝筒「円壔形」

土14【壗】〔17〕 国字　J 5260 補 ― U 58D7

意味 〈まま〉 ①がけ。②壗下は、神奈川県南足柄市の地名。

土6【圸】〔9〕 同字　J ②0474 補 ― U 212E4

土14【壓】〔17〕 旧 ↓圧(二八〇ページ・上)

土14【壍】〔17〕 同 ↓塹(二九九ページ・上)

土15【壙】〔18〕 標 コウ(クヮウ) 漢 去 漾 kuàng コワン　J 5261 補 ― U 58D9

意味 ①〈あな〉 ほらあな。墓のあな。②のはら。原野。③むなしい。空の。④永遠。

【壙穴】死者を葬るための穴。墓穴。

【壙壙】①野原などの広々としたさま。茫茫。②がらんとしたさま。

土15【壥】〔18〕 同 ↓廛(四四〇ページ・下)

土15【壘】〔18〕 旧 ↓塁(二九五ページ・下)

土15〖翹〗(九九九ページ・下) ↓羽部十二画

土16【壝】〔19〕 イ(ヰ) 漢 上 紙 ユイ 呉 wěi ウエイ　J 2458 補 ― U 58DD

意味 ①祭壇のまわりにめぐらす低い土手。②土を盛って築いた祭壇。

土16【壜】〔19〕 タン 漢 平 覃 ドン 呉 tán タン　J 5264 補 ― U 58DC

意味 酒がめ。国〈びん〉 ガラス製の徳利型をした入れもの。＝瓶「薬壜」

土16【壢】〔19〕 レキ 漢 入 錫 リャク 呉 lì リー　J ②0521 補 2460 U 58E2

意味 あな。地面に掘った穴。

土16【壚】〔19〕 ロ 漢 平 虞 lú ルー　J ①1568 補 2457 U 58DA

意味 ①くろつち。黒くあらい土。②いろり。＝炉 ③酒つぼをおく場所。転じて、酒店。

土4【圵】〔7〕 俗字　J ②0467 補 ― U 21274

土16【壟】〔19〕 リョウ 漢 ロウ 漢 上 腫 lǒng ロン　J 5266 補 ― U 58DF

意味 ①つか。墓。②土地の小高い所。③あぜ。④うね。畑に土を盛って作物をうえる所。

土16【壠】〔19〕 本字　J ①1569 補 ― U 58E0

【壟塋】つか。土盛りして築いた墓。

【壟上】耕地の間のあぜ道のほとり。

【壟竈】①移動のできる小型のかまど。②地を掘って作ったかまど。

【壟断(斷)】①高い所。丘。②昔、ある商人が高い所に登って市場を見わたし、安い物を買い占め、高く売って利益を得た故事から、うまく利益を独占する意。ひとりじめ。＝竜断〈孟子・公孫丑下〉

【壟畝】はたけ。転じて、いなかの意。

土16【壡】〔19〕 古 ↓叡(二二四ページ・下)

土16【壞】〔19〕 旧 ↓壊(三〇二ページ・中)

土16【壠】〔19〕 本 ↓壟(本ページ・中)

土16〖疆〗(八四一ページ・上) ↓田部十四画

土16〖黿〗(一四四九ページ・上) ↓黽部六画

土17【壤】〔20〕 旧 ↓壌(三〇二ページ・下)

土17【壥】〔20〕 同 ↓廛(四四〇ページ・下)

土21【壩】〔24〕 ハ 漢 去 禡 bà パー　J ①1570 補 2461 U 58E9

意味 ①堰。いせき。②堤防の工事。③平地。

3画 士部 さむらい

【部首解説】「十」と「一」が合わさり、仕事を表す。仕事ができる人物を「士」と称し、また「男性」を表す。この部には、「士」の形を構成要素とする文字が属する。

士0【士】〔3〕 学 5 シ 漢 上 紙 ジ 呉 shì シー　J 2746 補 ― U 58EB

筆順 一 十 士

意味 ①事を処理する者。男子をいう。㋐天子・諸侯の家臣で、大夫の下に位置する者。㋑一般に官吏をいう。㋒裁判をつかさどる役人。「士師」㋓学問・人格のすぐれた人。知識階級。「士人」㋔兵士。「甲士」②未婚の青年男子の通称。③男子の美称。④仕事。＝事 ⑤〈つか・える(――・ふ)〉 仕官する。＝仕 ⑥姓。国①〈さむらい(さむらひ)〉 武士。②称号に用いる語。「学士」

解字 士 会意。十と一とを合わせた字。一から十までということで、仕事を表す。よく仕事をする人をも士という。一説に士は、男の性器が立っている形で、「おとこ」を表したものという。

名前 お・と・あき・こと・さち・ただ・のり・ひと・あきら・おさむ・つかさ・まもる　地名 士別　難読 海士・居士・博士(付表)

【士官】①古代の裁判官。②兵士を指揮する人。将校。

【士気(氣)】①兵士の元気。意気ごみ。②武士の気風。

【士規】国士たる者の守るべき心得。【――七則】国士たる者としての、七か条の規範。吉田松陰の作。

【士君子】学問もあり、人格も高い人。紳士。

【士子】①官職にある人。官吏。②科挙(官吏登用試験)の受験準備をしている読書人。③男生徒。

【士師】官名。周代の司法官。士吏。

【士女】①男と女。②美人。

【士人】①学徳をつんだりっぱな人。②将士。③人民。

【士操】士たる人の守るべきみさお。

【士族】①教養人の家がら。②国もと、身分階級の一つ。

華族と平民との中間にあった階級。江戸時代の武士の直系。

【士卒】しそつ ①軍人。②下士官と兵卒。

【士大夫】したいふ ①貴族。上流階級。身分のある人。②官職にある人。③知識人。また、人格者。④軍師。将校。

【士道】しどう(だう) 国侍のふみ行うべき道。

【士農工商】しのうこうしょう(しゃう) 封建時代、職業別に分けられた人民の四階級。士農工賈しのうこうか。

【士馬】しば ①兵卒と軍馬。②軍隊。

【士夫】しふ ①年の若い人。②修養を積んだ人。士大夫。③男子の通称。【——画(畫)】しふが(ぐわ) 書家の絵。

【士風】しふう ①武士の気風。②学者の風習。③一般人士の気風。

【士分】しぶん 国侍の身分。武士の資格。

【士民】しみん ①人民。人々。②道徳・学芸を修める人。

【士友】しゆう(いう) 士大夫の友人。

【士林】しりん ①りっぱな人々。教養ある読書人のなかま。②国侍の仲間。士類。

『士為(爲)ニ知レ己者ニ死』しは、おのれをしるもののために しす 士たる者は、自分をほんとうに知ってくれる者のためには、命をも惜しまずなげ出す。〈史記・刺客列伝〉

『士不レ可レ不ニ以弘毅ニ』しは、もってこうきならざるべからず 士たる者は、志が広大に、意志強固でなければならない。〈論語・泰伯〉

『士別三日、即更刮目相待』し、わかれてみっか、すなわち(すなはち)さらにかつ(くわつ)もくしてあい(あひ)まつ 士たる者は、別れて三日後は、目をぬぐってよくこれを見るがよい(必ず進歩しているはずであるから)。男子たる者、日々に向上してやまないことのたとえ。〈呉志・呂蒙伝〉

『取レ士』しをとる 人物を採用する。官吏を登用する。

△▼力士りきし・文士ぶんし・弁士べんし・名士めいし・志士しし・兵士へいし・学士がくし・武士ぶし・居士こじ・信士しんじ・勇士ゆうし・剣士けんし・烈士れっし・紳士しんし・博士はくし・はかせ・義士ぎし・騎士きし・代議士だいぎし・弁護士べんごし・一言居士いちげんこじ・いちごんこじ

士1

【壬】

〔4〕 標 人　ジン 漢 平 侵　ニン 呉 rén レン　J 3149　補 U 58EC

意味 ①〈みずのえ(みづのえ)〉十干の第九番目。五行では水。方角では北。②おもねる。へつらう。「壬人じんじん」③おおきい。④姓。

名前 あきら・おおい・つぐ・み・みず・よし　姓 壬生にぶ・にゅう・みぶ

地名 壬生川にゅうがわ

参考 「壬てい」は別字。

【壬人】じんじん おもねりへつらう人。佞人ねいじん。

【壬佞】じんねい 心がねじけている。

士3

【壮】

〔6〕 常 ソウ　J 3352　補 U 58EE

旧字 士4 【壯】 〔7〕 人　ソウ(サウ) 漢　ショウ(シャウ) 呉　去 漾　zhuàng チョワン　J 5267　補 U 58EF

筆順 丨 丬 丬 丬一 壮 壮

意味 ①背の高い男。②大きい。③〈さかん〉りっぱ。また、りっぱだと認める。「壮大」④つよい。たくましい。⑤〈わか・い(——・し)〉㋐働きざかり。三十歳。「丁壮ていそう」㋑としがわかい。年少。⑥成人する。成長する。⑦陰暦八月の称。

解字 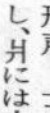 形声。士が形を表し、爿しょうが音を示す。士は男を表し、爿には大きいという意味がある。壮は大きい男を表す。一説に、爿はまさかりで、武器を表し、壮は武器を持った男をいうとする。

名前 お・あき・たけ・まさ・もり・さかり・たけし

【壮意】そうい(さうい) 盛んな意気。

【壮快】そうかい(さうくわい) 意気が盛んで気持ちがよい。

【壮漢】そうかん(さうかん) 元気な男。壮年の男。

【壮観(觀)】そうかん(さうくわん) 壮大なながめ。偉観。

【壮気(氣)】そうき(さうき) いさましい心。男らしい元気。

【壮挙(擧)】そうきょ(さうきょ) 意気盛んな計画。すばらしい事業。

【壮健】そうけん(さうけん) 元気で健康なこと。年が若くてすこやかなこと。

【壮言】そうげん(さうげん) 意気盛んなことば。大言壮語。

【壮語】そうご(さうご) 元気にまかせ、えらそうに大げさなことを言う。また、そのことば。壮言。「大言壮語」

【壮行】そうこう(さうかう) ①出発を盛んなものにする。「壮行会」②盛大な出発。③幼時学んだことを壮年になって実行する。

【壮歳】そうさい(さうさい) 働きざかりの年頃。壮年。

【壮士】そうし(さうし) ①気力の盛んな男子。壮夫。②元気な若者。青年。③国一定の職業がなく、腕力を売りものにしている人。

【壮志】そうし(さうし) おおしく、盛んな志。

【壮思】そうし(さうし) いさましい考え。おおしい気持ち。

【壮歯(齒)】そうし(さうし) 壮年。歯は年齢。

【壮児(兒)】そうじ(さうじ) 元気盛んな若者。青年。

【壮者】そうしゃ(さうしゃ) 元気の満ち満ちている者。

【壮絶】そうぜつ(さうぜつ) すぐれて盛ん。

【壮大】そうだい(さうだい) 大きくてりっぱなこと。

【壮丁】そうてい(さうてい) ①若ざかりの男子。壮夫。②国もと、満二十歳の、徴兵検査適齢者。

【壮図(圖)】そうと(さうと) 大きな計画。意気の盛んな計画。

【壮途】そうと(さうと) 意気盛んな門出。いさましい出発。

【壮年】そうねん(さうねん) 働きざかりの年ごろ。三、四十歳ごろ。壮齢。

【壮美】そうび(さうび) 壮大な美しさ。

【壮夫】そうふ(さうふ) ①壮年の男。壮士。②血気盛んな者。

【壮勇】そうゆう(さうゆう) ①意気盛んで勇ましい。②血気盛んな若者。

【壮猷】そうゆう(さういう) 大きな謀略。

【壮容】そうよう(さうよう) ①若者の元気な様子。②美しい容貌。

【壮厲】そうれい(さうれい) 血気盛んで、はげしい性格のさま。

【壮麗】そうれい(さうれい) すばらしくて、うるわしい。

【壮烈】そうれつ(さうれつ) 勇ましくはげしい。おおしくてりっぱ。

△▼少壮しょうそう・老壮ろうそう・勇壮ゆうそう・強壮きょうそう・雄壮ゆうそう・悲壮ひそう・豪壮ごうそう

士4

【壱】

〔7〕 常 イチ　J 1677　補 U 58F1

旧字 士9 【壹】 〔12〕　イツ 漢　イチ 呉　入 質　yī イー　J 5269　補 U 58F9

筆順 一 十 士 𠂉 声 壱 壱

意味 ①〈いつに〉㋐もっぱら。ひとえに。㋑すべて。みな。㋒まことに。②〈ひとつ〉一の大字だいじ。＝一　③〈ひとたび〉㋐一度。㋑もし。④〈いつに・する(——・す)〉㋐専一にする。㋑統一する。同じにする。

解字  形声。古い形で見ると、壺と吉とを合わせた字。壺は「つぼ」で、形を表し、吉きっは音を示すとともに、善の意味を持つ。壹は、つぼの中に良いことをつめてあることを表し、「もっぱら」の意味になる。一説に、吉の字自身が詰めることを示すもので、壹は、ひとまとめにすることとも、つぼの中に酒を詰めて、もれないようにしたものともいう。

名前 かず・さね・もろ　姓 壱岐いき　地名 壱岐いき

参考 書きかえやまちがいを防ぐために、「一」の字に代用される。

【壱意】いちい 一つの事に心を集中する。専心。

【壱槩】いちがい すべて平らかにする。おしなべる。ひっくるめる。

【壱越】いちこつ・いちこち 国日本の十二律の一つ。【——調】いちこつちょう(てう) 国壱越を主音とする雅楽の調子。

【壱鬱】いつうつ 腹がたって気がふさぐ。うれいいきどおる。「子独壱鬱いつうつたり」〈賈誼かぎ・弔ニ屈原一賦くつげんをとむらうふ〉

【壱匡】いっきょう(きゃう) ひとつに正す。

【壱是】いっさい。もっぱら。すべて。壱切。

士4【声】〔7〕学2 セイ・ショウ こえ・こわ　J 3228 補 ― U 58F0

旧字 耳11【聲】〔17〕セイ ショウ(シャウ) 漢 呉 平 庚 shēng ション　J 7065 補 ― U 8072

殳7【殸】〔11〕同字 J ― 補 3816 U 6BB8

筆順 一 十 士 韦 韦 声 声

意味 ①〈こえ(こゑ)〉〈こわ〉㋐人や動物が口から出す音。「肉声」㋑ひびき。㋒ことば。②評判。名誉。「名声」③音楽。音律。「声音」④音信。⑤のべる。宣言する。ならす。⑥漢字の四声。平・上・去・入の四種の声調。

解字 形声。耳が形を表し、殸が音を示す。殸は磬といい楽器の意味を含む。聲は、楽器の出す音のように、耳にはいる音をいう。音という字が、調節された音声をさすのに対し、なまの音声を聲という。

名前 な・おと・かた・ちか・のぶ・もり

【声威】①大げさな評判でおどす。②世間の評判と威勢。

【声咽】①声がつまって、むせぶ。②むせび泣く。

【声援】声をかけてはげます。

【声音】㊀①楽器による音曲。②声のようす。こわね。音声。㊁shēngyīn 現声。音。

【声価(價)】世間の評判。うわさ。「声誉。

【声華(華)】①はなやかなこと。②よい評判。ほまれ。」

【声楽(樂)】①音楽。②人の肉声で表現する音楽。歌。↕器楽
【声気(氣)】①声と気持ち。②意気ごみ。いきおい。

【声妓】うたいめ。宴席で歌をうたい、興をそえることを職業にする女。芸者。

【声教】天子が人民を教え導くめぐみ。風声教化。

【声曲】歌のふし。音曲。

【声偶】漢文で、四声をととのえ、対句をとること。【―摘裂】文章を作るとき、ことばの四声が法にかなうようにし、また対句を並べ、古人の句を応用したりして、形式を飾る。〈欧陽脩・蘇氏文集序〉

【声訓】①声威による教化。②音の類似から字義を説く方法。「日、実也」「政、正也」の類。

【声言】一般の人々に広く言いふらす。声明。

【声詩】①音楽や詩。②詩を音楽に合わせること。

【声実(實)】ある物事についての評判と、その物事の実状。

【声称(稱)】りっぱな評判。名声。

【声色】㊀①声と顔色。②ようす。③音楽と婦人のいろけ。「声色飲食、不ㇾ好二其美一」(音楽や婦人、それに飲食物などは、とくに善美なものを好むということはしない。)〈徳川光圀・梅里先生碑〉㊁こわいろ 国①声の調子。②役者や有名人などの声や、特徴のある口調をまねすること。

【声声(聲)】一声一声。

【声勢】①威勢。気勢。また、文章などの調子。②権勢。③連携しあう軍事行動。

【声嘶】①声がふるえる。②声をあげて泣く。

【声跡】よい評判。名声。

【声績】りっぱなてがら。

【声帯(帶)】のどにある発声器官。

【声調】㊀①声の調子。②四声。㊁shēngdiào 現㊀に同じ。

【声病】詩文を作るのに、平仄(漢字の発音・アクセントの種類)や声調ばかりにこだわる弊害。

【声聞】㊀世間のきこえ。評判。ほまれ。声誉。㊁しょうもん 仏説教を聞いて道をさとること。

【声望】よい評判と、世間の人気。

【声貌】声と顔かたち。声色。音容。

【声名】よいうわさ。ほまれ。名声。

【声明】㊀①ことばに出して言う。言いふらす。②意見を一般に発表する。ステートメント。㊁しょうみょう 仏①ことばの音韻・文法・意味などを研究する学問。②仏教の法会などでうたう、仏の徳をたたえる歌。梵唄。

【声問】たより。おとずれ。消息。声息。

【声誉(譽)】よい評判。世間からもてはやされること。声称。声聞。

【声容】声と姿。音容。

【声利】よい評判と利益。

【声律】①四声(漢字の発音の四つの種類、平・上・去・入)。②四声の規則にかなった詩文。

【声涙】声と涙。【―倶下】涙をこぼしながら話す。〈晋書・王彬伝〉

『聴(聽)二於無一ㇾ声』ことばを聞かないでも、相手の意志を察する。こどもが親の意志をよく理解して、これに仕えること。〈礼記・曲礼上〉

『声為(爲)ㇾ律、身為(爲)ㇾ度』言語・音声がそのまま音律の標準となり、進退動作はそのまま道徳の手本となる。言語動作がきちょうめんで、人々の模範となる。〈十八史略・夏〉

『声動二梁塵一』歌う声がうつばりの上のちりを動かす。歌のすばらしくじょうずなたとえ。〈劉向・別録〉

『呑ㇾ声』①黙って声を出さないこと。②すすり泣き「して嘆く。

『柔ㇾ声』静かな声で、ものやわらかに話す。

『寄ㇾ声』人にたよりを送る。〈漢書・趙広漢伝〉
◆四声・名声・肉声・地声・形声・呼声・和声・奇声・音声・発声・涙声・笑声・産声・喚声・喊声・感声・蛮声・嘆声・裏声・鼻声・歓声

士4【売】〔7〕学2 バイ うる・うれる　J 3968 補 ― U 58F2

旧字 貝8【賣】〔15〕人 バイ マイ 漢 呉 去 卦 mài マイ　J 7646 補 ― U 8CE3

筆順 一 十 士 𡉚 𡉚 声 売

意味 ①〈う・る〉㋐品物をうる。㋑名声をひろめる。宣伝する。㋒うらぎる。あざむく。②〈う・れる(―・る)〉③〈うり〉④〈うれ〉

解字 会意・形声。出と買とを合わせた字。買はまた、音をも示す。売ることと買うことは、二人の間で、お金と品物を交換する点では同じ行為である。そこで、品物を受け取るほうの「買」と区別して、品物を出す行為を「賣」というのである。

【売価(價)】売るねだん。売りね。
【売官】金と引きかえに官職を与える。【―鬻爵】金で官職や爵位を売る。
【売却】売り払う。
【売剣(劍)買牛】剣を売りはらって、牛を買う。帰農するたとえ。〈漢書・循吏伝〉
【売国(國)】自分の国をうらぎる。自分の利益のために国の秘密を敵に知らせる。
【売子】㊀子を売ること。㊁「売僧」に同じ。㊂うりこ 国「売り物」
【売春】国女が金でからだを男にまかせること。「売春婦」
【売俏】女が男にこびる。しなを作る。
【売笑婦】国売春婦。

3画 口囗土士夂(夊)夕大女子宀寸小尢(尣・兀)尸屮山巛(川)工己巾干幺广廴廾弋弓彐(彑・⺕)彡彳⺌

【売炭翁】ばいたんおう ①炭売りの老人。②唐とう代の白居易はくきょいの作の、楽府がふの題名。朝廷の物資徴発に苦しむ庶民の苦しみを歌ったもの。「白氏文集はくしもんじゅう」に収録。
【売餳】ばいとう(たう) あめを売る。あめ屋。
【売買】ばいばい・うりかい(かひ) 売ることと、買うこと。
【売文】ばいぶん 文章を書いて得た金で生活する。
【売卜】ばいぼく うらないを職業として生活する。
【売名】ばいめい 自分の名声を世にひろめる。自分の名を宣伝す「る。
【売力】ばいりょく 労力を売って生活する。また、労働者。
【売弄】ばいろう ①権力をふりまわす。②じまんにする。いばってみせびらかす。
【売峭】ばいしょう(せう) 仏美しさをひけらかす。きりょうじまん。
【売僧(僧)】まいす 僧をののしっていうことば。
◆▼公売こうばい・卸売おろしうり・専売せんばい・前売まえうり・故売こばい・特売とくばい・販売はんばい・掛売かけうり・捨売すてうり・転売てんばい・発売はつばい・密売みつばい・商売しょうばい・貸売かしうり・量売はかりうり・廉売れんばい・競売きょうばい(けいばい)・委託販売いたくはんばい・薄利多売はくりたばい

士4【壯】〔7〕旧→壮(三〇五ページ・中)

士5【壳】〔8〕俗→殼(六八七ページ・上)

士6【壴】〔9〕チュウ(チウ) 漢 去 遇 zhù チュー J ②0523 補 U 58F4
意味 ①楽器を並べる。②鼓をかける台。③立てる。＝豎じゅ

士8【壷】〔11〕同→壺(本ページ・上)

士8【壷】〔11〕同字 J 3659 補 U 58F7

士9【壺】〔12〕標 コ 漢 平 虞 hú フー J 5268 補 U 58FA
意味 ①〈つぼ〉飲食物を入れる礼器。②飲料を入れる容器。③ひさご。ひょうたん。④つぼに矢をなげ入れる遊び。「投壺とうこ」⑤水時計。「壺人」⑥姓。国〈つぼ〉①灸きゅうをすえる場所。②ものの急所。③見込み。④中庭。へや。＝坪
参考「壼こん」は別字。

(壺①)

【壺漿】こしょう(しゃう) 壺つぼに入れた飲み物。「簞食たんし壺漿」(九四三ページ・上)
【壺觴】こしょう(しゃう) 酒壺さかつぼとさかずき。「引壺觴以自酌こしょうをひいてもってみずからくむ」(酒壺とさかずきを引き寄せて、手酌てじゃくで飲む。)〈陶潜とうせん・帰去来辞ききょらいのじ〉
【壺人】こじん 水時計をつかさどる人。時もり。

【壺飧】こそん 壺つぼに盛った食物。水かけめし。壺餐こさん。
【壺中天】こちゅう(ちう)のてん 漢代、費長房が、薬売りの老人壺公にさそわれて、店頭にかけてあった壺つぼの中にはいり、その中の美酒を飲みつくし、ごちそうを食べつくした故事。転じて、別世界・別天地のこと。壺天。壺中天地こちゅうのてんち。〈漢書かんじょ・費長房伝〉
【壺天】こてん 別天地。壺中天こちゅうのてん。
【壺飾】つぼかざり 国茶道さどうで、秘蔵の茶壺ちゃつぼを封印のままで飾ること。
【壺装(裝)束】つぼしょう(しゃう)ぞく 国女のよそおいの名。市女笠いちめがさをかぶり、薄絹を着る。

士9【壹】〔12〕旧→壱(三〇五ページ・下)

士9【壻】〔12〕本→婿(三四八ページ・下)

士9【喜】→口部九画(二五四ページ・上)

士10【壼】〔13〕コン 漢 上 阮 kǔn クン J 5271 補 U 58FC
意味 ①宮廷内の通り道。また、宮廷。「壼政こんせい」②広い。広くする。③宮廷内の婦人の居室。転じて、婦人。
【壼奥】こんおう(あう) ①宮中の奥深く。②物事の根底。奥義。
【壼訓】こんくん 婦女のしつけ。

士11【壽】〔14〕旧→寿(三八二ページ・上)

士11【嘉】→口部十一画(二六〇ページ・中)

士11【橐】→木部十画(六六七ページ・下)

3画 夂部 ふゆがしら 夊部 すいにょう

【部首解説】「夂」は「後ろからついてゆくさま」、「夊」は「ゆっくり歩くさま」にかたどる。元来両者は別の部首であったが、新字体では「夂」にまとめているため、便宜上同じ場所に示した。この部には、「夂・夊」の形を構成要素とする文字が属する。

夂0【夂】〔3〕㊀チ 漢 ㊁シュウ 漢 ㊀上 紙 zhǐ チー ㊁平 東 zhōng チョン J 5273 補 U 5902
意味 ㊀あとからついて行く。㊁「終」(九六三ページ・上)の古字。
解字 象形。人の両足に後ろからついてゆく形。退と同じ。

夊0【夊】〔3〕スイ 漢 平 支 suī ソイ J 5274 補 U 590A
意味 ゆく。ゆっくりゆく。のんびりゆく。＝綏すい「夊夊すいすい」
解字 象形。ゆっくり歩くこと。両足を引きずってゆく形。
参考 夂(ふゆがしら)は文字の上部にあることが多く(例・降)、夊(すいにょう)は下部につく(例・夏)。

夂2【冬】〔5〕学2 トウ 漢 平 冬 dōng トン ふゆ J 3763 補 U 51AC
旧字 夂3【冬】〔5〕 補 U 2F81A
筆順 ノ ク 夂 冬 冬
意味 ①〈ふゆ〉冬季。冬至とうじから立春りっしゅんの間。旧暦十・十一・十二月。②終わる。③門をたたく音。「冬冬とうとう」④姓。
解字 会意・形声。夂と冫とを合わせた字。夂は終しゅうと同じで、おわりの意味とともに音をも示す。冫は氷のこと。冬は、四季の終わり、物のこおる時、「ふゆ」を表す。音トウは、終の音シュウの変化。一説に夂は食物をぶらさげてたくわえている形で、物をたくわえる季節を表すとする。この場合は会意。
名前 かず・とし 難読 冬青そよご・冬瓜がん・冬葱わけぎ
参考 冬は「鼕」(一四五〇ページ・下)の中国新字体としても使う。
【冬衣】とうい ふゆぎ。冬の衣服。
【冬栄(榮)】とうえい(ゑい) 冬に花が咲くこと。また、冬咲く花。冬花。
【冬営(營)】とうえい ①冬の陣営。また、陣営で冬を過ごすこと。②冬ごもり。また、そのすまい。
【冬温(溫)夏凊】とうおん(をん)かせい 冬は暖かにし、夏は涼しくしてやる意で、親に孝をつくすこと。〈礼記らいき・曲礼きょくらい上〉
【冬瓜】とうか(くゎ)・とうが(ぐゎ) うりの一種。とうがん。
【冬学(學)】とうがく 農事の暇な冬季に開く村塾そんじゅく。「冬期の学」校。
【冬官】とうかん(くゎん) ①官名。周の時代の六官(天・地・春・夏・秋・冬の各官)の一つ。土木・工作のことをつかさどる。②唐代の工部省をいう。
【冬季】とうき 冬の季節。冬時。冬期。
【冬月】とうげつ ①冬。冬季。②冬の夜の月。

【冬山】①冬枯れのさびしい山。②冬、高山へ登ること。冬の登山。

【冬至】二十四節気の一つ。十二月二十二、三日ごろ。北半球で昼が最も短く夜が最も長い。↕夏至
【冬日】①冬の日。②冬の日光。〖——可レ愛〗冬の太陽は愛すべきである。穏やかな人柄のたとえ。〖——之温(溫)〗冬の日の光のあたたかさ。君主の恩愛のたとえ。

【冬青】もちの木。常緑樹。

【冬扇夏炉(爐)】冬の扇と、夏の火ばち。時節に合わない無用の物のたとえ。夏炉冬扇。〈論衡・逢遇〉

【冬蔵(藏)】①冬、穀物などを納めたくわえること。②冬ごもりすること。

【冬冬】とんとんと門をたたく音。

【冬眠】動物が、冬のあいだ地中にこもり、食物をとらずに過ごすこと。

【冬雷】冬に鳴るかみなり。季節はずれの不吉な現象。「冬雷震震」〈古詩・上邪〉

【冬天】dōngtiān 現冬。

〖冬冰可レ折〗水は冬になって氷となれば、くだくことができる。物事は時期が大事なたとえ。「冬冰可レ折、夏木可レ結」(固い木も、夏になれば結び合わすことができる。物事の本性も、時期によって変化する。前の句と同じく、すべて物事に大事なのは時期であるということのたとえ。)〈淮南子・説林訓〉
◇▼立冬・仲冬・初冬・晩冬

夂2 〖処〗↓几部三画(一五〇ページ・中)

夂3 【夅】〔6〕 同↓降(一三二八ページ・中)

夊4 【夋】〔7〕 シュン 呉漢 平 真 qūn チュン
意味 ①ゆっくり進む。②おごる。
J ②0526 補 2465 U 590B

夂4 【夆】〔7〕 ホウ 漢 平 冬 ブ 呉 féng フォン
意味 ①〈あ・う(―・ふ)〉である。②厚い。厚大である。
J ②0525 補 2464 U 5906

夂4 【夅】〔7〕 俗↓降(一三二八ページ・中)

夂4 〖条〗↓木部三画(六二一ページ・中)

夊5 【麦】〔8〕 リョウ 呉漢 平 蒸 líng リン
意味 ①〈こ・える(―・ゆ)〉しのぐ。超越する。②侵犯する。あなどる。国植物の名。麦白(まこも)。
J ①1571 補 2466 U 590C

夊6 【复】〔9〕 フク 漢 入 屋 fù フー
意味 もときた道を行く。かえる。‖復
参考 复は、「復」「複」の中国新字体としても用いる。
J ②0527 U 590D

夂6 【変】〔9〕 学4 ヘン かわる・かえる
旧字 言16 【變】〔23〕 ヘン 呉漢 去 霰 biàn ピエン
J 4249 U 5909 / 補 5846 U 8B8A

筆順 亠 ナ 亣 亦 亦 亦 亦 変

意味 ①〈かわ・る(かは・る)〉㋐違ったようすになる。あらたまる。「変化」㋑移りかわる。㋒動く。②〈か・える(―・ふ)〉㋐あらためる。「変更」㋑とりかえる。かわらせる。③そむく。謀反をおこす。④〈かわり(かはり)〉㋐かわること。かわったこと。㋑ふしぎなこと。わざわい。㋒突然起こる事件。㋓むほん。兵乱。⑤便宜的なやり方。⑥もののけ。ばけもの。⑦唐代の俗文学。「変文」
解字 變 形声。攴が形を表し、䜌が音を示す。䜌には、乱れる、ひっくりかえるという意味がある。攴は、打つことで、「〜させる」ということを表す。變は、変化させることである。

【変異】①あやしいできごと。②同じ種類の生物の間の違い。「突然変異」

【変移】うつりかわり。

【変易】かわる。かえる。

【——生死】仏菩薩が、仏になるまでに何回も生死の変化をすること。

【変化】■かわる。■①ばけもの。②神仏が人のすがたになってあらわれる。権化。■biànhuà 現■に同じ。

【変改】うつりかわる。かえあらためる。

【変革】古い制度などをかえて新しくする。

【変格】①ふつうとかわった形式。②文法で、「変格活用」の略。【——活用】国動詞の語尾変化が、比較的不規則なもの。

【変却】変化させる。かえてもとの形にする。

【変形】①形がかわること。②かわった形。

【変幻】まぼろしのように消えたりあらわれたりする。

【変現】かわったようすであらわれる。

【変故】事変。非常のできごと。

【変更】かわる。かえる。「予定変更」

【変詐】いつわり、だますこと。

【変死】ふつうでない死に方。「変死体」

【変事】①おもいがけないできごと。②さわぎ。

【変辞(辭)】いつわりのことば。

【変質】①性質をかえる。また、その性質。②性質が異常なこと。「変質者」

【変種】同じ種からでたもので、形がふつうとちがっているもの。かわりだね。

【変症】病気のようすがかわる。また、その病気。

【変称(稱)】名称をかえる。また、その名称。

【変象】ふつうと違った現象。

【変状(狀)】ふつうとかわった状態。

【変色】色がかわること。

【変心】考え方がかわる。心がわり。

【変人】性質のかわっている人。かわりもの。

【変衰】かわり衰える。「草木揺落而変衰」〈楚辞・九弁〉

【変成】■形がかわってできあがる。形をかえてつくる。■仏仏の功徳で他に姿を変え、生まれ変わること。■biànchéng 現…に変わる。

【変性】性質がかわる。また、その性質。

【変節(節)】①みさおをかえる。②主義・主張をかえる。③季節の変化。【——漢】節操をかえた男。

【変遷】うつりかわり。

【変相】①極楽・地獄の、いろいろのかわったようすを描き示した図。②顔や形をかえる。また、かえたすがた。

【変装(裝)】みなりをかえる。

【変造】形や内容をつくりかえる。「変造紙幣」

【変則】ふつうのきまりにはずれていること。

【変速】速度をかえる。【——装置】速度を変化させるしかけ。自動車のギアなど。

【変体(體)】ふつうとちがった形。【——仮(假)名】国かわった形のひらがな。

【変態】①かわった態度。②精神状態がふつうでない。③動動物が卵から成体になるまでに、時期によって成体とは非常に異なる形態をとること。【——百出】いろいろに変化すること。〈唐書・芸文志〉

【変置】 とりかえておく。おきかえる。
【変調】 ①かわった調子。また、調子がかわること。調子をかえること。↕正調 ②[国]体調が正常でなくなること。
【変通】 ①できごとにあたって、それに応じたとりさばきをする。②自由自在に適応していく。「変通自在」
【変転(轉)】 うつりかわる。
【変文】 唐代に流行した通俗文学の一つ。韻文と散文のまじった物語文学。敦煌で発見された。
【変貌】 ①顔色をかえる。②姿・形をかえる。
【変法】 法律をかえる。また、その法律。【──自強】法律を改革して、自国を強くする。清末に康有為らが、政治の改革をはかったときの運動方針。
【変報】 かわったできごとのしらせ。悪いことのしらせ。
【変名】 ①名をかえる。②いつわりの名をつける。
【変乱(亂)】 世の中がみだれる。さわぎ。
◇▼大変・不変・天変・凶変・再変・地変・応変・事変・政変・神変・豹変・異変・劇変・激変・滄桑変・臨機応変

夂7【夏】〔10〕[学]2 カ・ゲ なつ
[一]カ[漢] ゲ[呉] [一][去] 禡 xià シア
[二]カ[漢] ゲ[呉] [二][上] 馬 xià シア
J 1838 補 ─ U 590F

[筆順] 一 丆 丙 百 百 頁 夏 夏

夊16【夓】〔19〕同字 J 2468 補 ─ U 5913

[意味] [一]〈なつ〉四季の第二番目。陰暦では四月から六月。「夏雲」 [二]①漢民族の自称。中国。また、中国人。中華。「華夏」②中国古代の、禹王から桀王までの王朝名。③あや。青・黄・赤・白・黒の五色。④さかん。おおきい。「夏屋」⑤[仏]〈げ〉夏の九十日間の室内修行。⑥木の名。こひさぎ。むちにする。音 jiǎ チア。＝檟「夏楚」⑦姓。

[解字] 会意。頁と臼と夊を合わせたもの。頁は人間の頭。臼は両手の爪で、両手を表す。夊は両足のこと。夏は、人間のりっぱな姿を表すもので、野蛮人に対して、中国の人をいい、また、元気さかんなことから、「なつ」の意味になるという。一説に、夏は大きな仮面をかぶって夏に行う舞であるといい、また、人が暑い夏に手足を投げ出した形ともいう。

[難読] 夏越

【夏禹】 夏の初代の天子禹王。
【夏屋】 ①大きな家。大廈。②大いにごちそうを供えること。
【夏官】 官名。周代、六官の一つ。軍政をつかさどる。〔官。
【夏季】 夏の季節。
【夏期】 夏の期間。
【夏珪】 人名。南宋の画家。字は禹玉。山水画の代表者。わが国の室町時代の画風に大きな影響を与えた。
【夏畦】 夏の暑さの中で田畑を耕すこと。転じて、苦労して労働すること、また、人。
【夏桀】 夏の桀王。殷の紂王とともに中国伝説中の代表的暴君の一人。殷の湯王に滅ぼされる。
【夏月】 ①夏の月。②夏の時期。
【夏諺】 中国の夏の時代のことわざ。
【夏口】 地名。今の湖北省武漢市武昌区の西、黄鵠山にある。
【夏后氏】 禹の国号。禹ははじめ夏伯に封ぜられたので、国号を夏といった。后は君主の意。
【夏蚕(蠶)】 夏に卵からかえった蚕。
【夏時】 ①夏王朝の暦法。②夏の時代。③季節の夏。
【夏日】 ①夏の季節。夏の昼。②夏の太陽。転じて、きびしく恐ろしいもののたとえ。【──斑】[国]人の顔などの皮膚にできる小さな斑点。＝雀斑 【──可レ畏】夏の太陽にたとえて、きびしくおそるべき人物をいう。〈左伝・文公〉
【夏首】 夏の初め。初夏。
【夏小正】 書名。もと、「大戴礼」の中の一編。上代、人民に四時の行事を指示したもの。
【夏正】 中国で、夏の時代の暦。夏暦。
【夏清】 夏に、暑さをやわらげるために涼しくすること。清は涼しい。親孝行の一つ。「冬温夏清」
【夏節(節)】 ①夏の時節。②旧暦五月五日の節句。端午。〔節。
【夏楚】 昔、学校でなまける生徒をこらすために用いたむち。夏は木の名。楚はいばら。転じて、きびしく教訓すること。
【夏台(臺)】 ①夏の時代の獄の名。②獄舎。牢屋。
【夏虫(蟲)】 夏の虫。氷を知らないことから、世間知らずの人のたとえ。【──疑レ氷】夏の虫は、氷の存在を信じない意から、見聞の狭い者が、むやみに事を疑うたとえ。〈孫綽・遊ニ天台山一賦〉【──不レ可ニ以語ニ於氷一】夏の虫に氷の話をしても、わからせられない。〈荘子・秋水〉
【夏天】 [一] 夏の空。夏の日。[二] xiàtiān [現]夏。
【夏半】 旧暦四月の別名。卯月。
【夏盟】 大同盟の意。夏は大の意。
【夏暦(曆)】 中国、夏の時代の暦。陰暦の意。
【夏臘】 僧侶の年齢。臘は冬。僧は夏冬の二期を安息の時とするので、夏臘で一年とする。
【夏炉(爐)冬扇】 夏の火鉢と冬の扇の意で、無用のものごとにたとえる。
【夏安居】 [仏]僧が陰暦四月十六日から七月十五日まで、一室にとじこもってする修行。安居。夏行。夏籠。
【夏経(經)】 [仏]夏安居のときの読経。また、そのおり書写したお経。
【夏至】 北半球で、一年のうち昼が最も長い日。六月二十二日ごろ。↕冬至
【夏越】 [国]夏越の祓の略。毎年六月の晦日に行われる神事。夏祓。
◇▼立夏・仲夏・初夏・常夏・猛夏・盛夏・晩夏

夂10『愛』（四八九ジ・中）↓心部九画

夊11【敻】〔14〕 [一]ケン[漢] [一][去] 霰 xuàn シュワン
[二]ケイ[漢] [二][去] 敬 xiòng ション
J 5275 補 ─ U 5910

支11【敻】〔15〕本字 J ─ 補 ─ U 22FCC

[意味] [一]求める。[二]はるか。遠い。「敻然」
【敻古】 遠い昔。
【敻絶】 遠く隔たり離れるさま。懸隔。

夂12『憂』（四九八ジ・下）↓心部十一画

夊16【夒】〔19〕 ドウ(ダウ)[漢] ノウ(ナウ)[呉] [平] 豪 náo ナオ
J 2467 補 ─ U 5912

[意味] 獣の名。テナガザルの一種。＝猱

夊16【夓】〔19〕[同] ↓夏(本ジ・上)

夊17【夔】〔20〕 キ[漢] [平] 支 kuí コイ
J ②0528 補 2469 U 5914

夊20【夔】〔23〕同字 J ①1572 補 2470 U 8641

[意味] ①一本足の怪獣。②つつしみおそれるさま。「夔夔」③人名。舜の臣下で音楽をつかさどった人。

【夔竜(龍)】(きりょう) 聖天子舜の家来であった、夔と竜の二人。

〖夔憐蚿〗(きげんをうらやむ) 一本足の怪獣である夔が、蚿(やすで)の足の多いのをうらやむということから、自分の劣っていることをなげいて、とかく他人のことをうらやましがるたとえ。〈荘子・秋水〉

夊20
【虁】〔23〕 同 ↓夔(三〇九ジペー・下)

3画

夕部 ゆうべ

【部首解説】 「半分見えている月の形」にかたどり、「夕暮れ」を表す。この部には、「夕」の形を構成要素とする文字が属する。

夕0
【夕】〔3〕 学1 セキ ゆう ｜ セキ 漢 入 陌 xī シー ｜ J 4528 補 ― U 5915

筆順 ノ ク 夕

意味 ①〈ゆう(ゆふ)〉〈ゆうべ(ゆふべ)〉 ㋐日ぐれ。↕朝 「夕暮(せきぼ)」 ㋑夜。 ②年末または月末。「月夕(げっせき)」 ③夕方に君主に謁見(えっけん)する。④斜めである。かたむいている。「夕室(せきしつ)」 ⑤眠る。⑥むかし。=昔(せき)

解字  指事。月が半分見えている形で、ゆうぐれを表す。また、夕の音は、白く明らかな意味を含むから、月光の白いことを表すともいう。もともと、月と夕とは同じ字であるともいい、夕を使った文字で月を表す例もある。

地名 夕張(ゆうばり) 難読 七夕(たなばた)(付表)／夕星(ゆうずつ)・(ゆうつづ)

【夕靄】(せきあい) 夕方のもや。夕嵐(せきらん)。

【夕陰】(せきいん) ①夕暮れ。②夕方のくらがり。「朝暉(ちょうき)夕陰」〈范仲淹(はんちゅうえん)・岳陽楼記(がくようろうのき)〉

【夕映】(せきえい) 一 夕焼け。また、夕日に照りはえる。 二 (ゆう(ゆふ)ばえ) 国 夕焼け。夕日が雲に反射して、空が赤く見えること。

【夕影】(せきえい) 一 夕日の光。夕日。 二 (ゆう(ゆふ)かげ) 国 夕日に映る形。

【夕燄】(せきえん) 赤々と照り輝く夕日。

【夕曛】(せきくん) 夕日。夕日影。夕暉(せっき)。

【夕月】(せきげつ) ①宵の月。ゆうづき。②昔、天子が秋分に月を拝む礼。月に夕(せき)す。【――夜】(ゆう(ゆふ)づきよ)｜(ゆう(ゆふ)づくよ) 国 ①夕月のある宵。夕方だけ月のある夜。②夕月のころの月。

【夕室】(せきしつ) ①墓地。②ななめに傾いた部屋。

【夕照】(せきしょう(せう)) ①夕日。斜陽。②夕ばえ。夕日の照りかえし。

【夕吹】(せきすい) 夕ぐれの風。

【夕素】(せきそ) 夕方のうすぐらいさま。

【夕爽】(せきそう(さう)) 夕方のすがすがしいさま。

【夕殿】(せきでん) 夕方の宮殿。「夕殿蛍飛思悄然(せきでんほたるとんで、おもいしょうぜん)」(夕方の御殿の庭にほたるの飛ぶのをながめながら、しょんぼりともの思いにしずむ。)〈白居易(はくきょい)の詩・長恨歌(ちょうごんか)〉

【夕暮】(せきぼ)｜(ゆうぐれ) ①たそがれどき。②老境。

【夕霧】(せきむ)｜(ゆう(ゆふ)ぎり) 夕方に立つ霧。夕霏(せきひ)。

【夕陽】(せきよう(やう)) ①夕日。②山の西。③老年のたとえ。

【夕嵐】 一 (せきらん) 夕方のもや。夕靄(せきあい)。 二 (ゆう(ゆふ)あらし) 国 夕方吹く強風。

【夕輪】(せきりん) 夕方の月。夕月。

【夕麗】(せきれい) 夕焼けの美しさ。

【夕露】(せきろ) 夕方おりるつゆ。「夕露沾我衣(せきろ、わがころもをうるおす)」〈陶潜(とうせん)の詩・帰園田居(えんでんのきょにかえる)〉

【夕霞】(せっか) 夕方のもや。ゆうがすみ。暮霞。晩霞。

【夕暉】(せっき) 夕日のひかり。↕朝暉(ちょうき)

【夕景】 一 (せっけい) 暮れ方。夕方の景色。 二 (せきえい) 夕日。

【夕餉】(ゆう(ゆふ)げ) 国 夕食。

【夕凪】(ゆう(ゆふ)なぎ) 国 ①夕方、波風のおだやかになること。②夕方、海岸に見られる一時的な無風の状態。夕和(ゆうなぎ)。

【夕闇】(ゆう(ゆふ)やみ) 国 夕方月が出ないときの暗さ。よいやみ。

◆一夕(いっせき)・七夕(しちせき)｜(たなばた)・今夕(こんせき)｜(こんゆう)・日夕(にっせき)・旦夕(たんせき)・佳夕(かせき)・宿夕(しゅくせき)・終夕(しゅうせき)・朝夕(ちょうせき)｜(あさゆう)・一朝一夕(いっちょういっせき)

夕2
【外】〔5〕 学2 ガイ・ゲ そと・ほか・はずす・はずれる ｜ ガイ(グヮイ) 漢 去 泰 ゲ 呉 ウイ 唐 wài ワイ ｜ J 1916 補 ― U 5916

筆順 ノ ク 夕 夘 外

意味 ①〈そと〉〈と〉〈ほか〉 ↕内 ㋐外部。㋑うわべ。外見。「外貌(がいぼう)」 ㋒よそ。他国。「外国」 ②〈はず・す(はづ・す)〉〈そとに・する(――・す)〉 ㋐遠ざける。㋑とりのける。③そむく。④地方。民間。↕朝 ⑤公事。⑥女方(母方または妻方)の身内。「外戚(がいせき)」 ⑦〈はず・れる(はづ・る)〉 そらす。それる。 国 ①〈はず・す(はづ・す)〉 ②

解字  会意。夕とトを合わせたもの。トはうらないのことで、ふつう朝行う。夕方にうらないをするのは、はずれているから、外は「そと」「はずれる」の意味になる。一説に夕は月のかわりに用いたもので、月は闕(けっ)に通じて、欠けること、外は、うらないに使う亀の甲が、内側をえぐって、外側だけ残すことからいうとする。

名前 と・との・ひろ・ほか 姓 外間(ほかま)

難読 外郎(ういろう)・外方(そっぽ)・外様(とざま)・外国(とつくに)

【外夷】(がい(ぐわい)い) 外国人を軽視していう言葉。【――之患】(がい(ぐわい)いのうれえ(うれへ)) 外国から侵略される心配。

【外易】(がい(ぐわい)えき) 外にあって、君主の命令をかってに変更すること。

【外苑】(がい(ぐわい)えん(ゑん)) 御所(ごしょ)・神社などの外側に設けられた庭園。↕内苑

【外家】(がい(ぐわい)か) ①皇后または皇妃の生家。②母または妻の身内。③外科(げか)の医者。

【外貨】(がい(ぐわい)か(くわ)) ①外国の貨幣。②外国から来る物資。外国品。舶来品(はくらいひん)。

【外界】(がい(ぐわい)かい) ①環境。まわりの状態。②哲 自分の体以外の事物。客観的世界。

【外学(學)】 一 (がい(ぐわい)かく) ①宋代の学校の名。②儒教の経書研究。後漢の時、緯書(いしょ)研究を内学といったのに対し、経書の研究を外学といった。 二 (げがく) 仏 仏学を内学というのに対して、儒学をいう。

【外殻】(がい(ぐわい)かく) 外側のから。

【外郭(「廓」)】(がい(ぐわい)かく(くわく)) ①そとぐるわ。そとまわり。②赤道の南。

【外官】(がい(ぐわい)かん(くわん)) ①政府の役人。内官(宮中の役人)に対していう。

【外患】(がい(ぐわい)かん(くわん)) ①外からくる心配。②外国との間におこったごたごた。↕内憂(ないゆう)

【外間】(がい(ぐわい)かん) 世の中。世間。

【外艱】(がいかん) ①父の喪。②外部からくるうれえ。

【外観(觀)】(がい(ぐわい)かん(くわん)) うわべ。外見。

【外議】(がい(ぐわい)ぎ) ①朝廷以外での議論。②世間のうわさ。

【外宮】 一 (がい(ぐわい)きゅう(きう)) 別の宮殿。離宮。 二 (げぐう) 国 伊勢神宮のうちの豊受大神宮(とようけだいじんぐう)。げくう。↕内宮

【外舅】(がい(ぐわい)きゅう(きう)) 妻の父。しゅうと。

【外厩】(がい(ぐわい)きゅう(きう)) ①宮殿の外にあるうまや。②天子・諸侯が、外国産の馬を飼っておく所。↕内厩

【外禦】(がい(ぐわい)ぎょ) 外からの侵略を防ぐ。外敵を防ぐ。

【外勤】(がい(ぐわい)きん) 国 事務所の外に出て働くつとめ。

【外兄】(がい(ぐわい)けい) ①おばの子で、自分より年長の者。②同母

異父の兄。

【外兄弟】がいけいてい(ぐわい) ①おばの子。②同母異父の兄弟。

【外見】がいけん(ぐわい) ①みかけ。うわべ。②外部にあらわれる。

【外姑】がいこ(ぐわい) しゅうとめ。妻の母。

【外向】がいこう(ぐわいかう) とかく関心が、自分の内部へよりは、外部のものごとに向かう傾向。「外向性」↕内向
【外交】がいこう(ぐわいかう) ①外国との交際。外国との交渉。②世間の交際。③国社外・店外で勧誘販売などの仕事をする人。

【外寇】がいこう(ぐわい) 国外から攻め寄せてくる敵。外敵。

【外濠】がいごう(ぐわいがう) 城のそとぼり。=外壕
【外国(國)】㊀がいこく(ぐわい) よその国。㊁ワイクオ wàiguó 現㊀に同じ。

【外氏】がいし(ぐわい) 母親の生家。舅家(きゅうか)。

【外史】がいし(ぐわい) ①民間で歴史を書く人。また、その歴史記録。私記。野史。②中国の官名。外国へ出す文書を担当した者。【――氏】がいし(ぐわい)し ①外史を書く人。②国「日本外史」の著者、頼山陽(らいさんよう)をいう。

【外司】がいし(ぐわい) 地方官。

【外師】がいし(ぐわい) ①外国の軍隊。②外国との戦い。

【外事】がいじ(ぐわい) ①外国に関するもの。②外国の事情。③家庭以外のこと。④世間のこと。

【外舎】がいしゃ(ぐわい) ①皇后の実家。外家。②貴族の子弟の学校。小学。

【外集】がいしゅう(ぐわいしふ) ①正集以外の文集。後人が編んだり、正集にいれられないもの。②僧侶の詩文集。

【外柔内剛】がいじゅうないごう(ぐわいじうがう) 外面はものやわらかな態度で、心のうちは強い。

【外城】がいじょう(ぐわいじやう) ①本城の外に設けた城。でじろ。②内城の周囲をさらにかこむ城。外ぐるわ。

【外心】がいしん(ぐわい) ふた心。むほんの心。

【外臣】がいしん(ぐわい) ①他国の人。②他国の君主に対する自称。

【外人】がいじん(ぐわい) ①外国人。②他人。よその人。外部の人。③自分の仲間または門人以外の人。

【外陣】がいじん(ぐわいぢん)―げじん(ぢん) 神社や寺院の内陣の外にあって、参拝者がはいっておまいりする所。

【外征】がいせい(ぐわい) ①外国へ出兵する。②外国で戦うこと。

【外戚】がいせき(ぐわい) 母方の親類。妻の一族。天子の母または皇后の一族。

【外祖】がいそ(ぐわい) 母方の祖父母。

【外孫】がいそん(ぐわい) 他家にとついだ娘の生んだ子。そとまご。

【外地】㊀がいち(ぐわい) ①よその土地。②国外の土地。㊁ワイティー wàidì 現㊀に同じ。

【外治】がいち(ぐわい) 朝廷の表向きの政治。外政。

【外庁(廳)】がいちょう(ぐわいちやう) おもて座敷。

【外朝】がいちょう(ぐわいてう) ①外国の朝廷。②国家の大事件に際し、天子が民衆を集めて意見を聞く場所。

【外廷】がいてい(ぐわい) ①外国の朝廷。②表向きの役所。

【外伝(傳)】がいでん(ぐわい)―げでん ①正史以外に、別に記録した伝記。②本文のほかにつけたした記録。

【外套】がいとう(ぐわいたう) 服の上に着るオーバー。

【外道】㊀がいどう(ぐわいだう) 外側の道。㊁げどう(だう) 仏①仏教以外の教え。②真理にはずれた道。③国人を邪道におとしいれる悪魔。

【外泊】がいはく(ぐわい) よそで泊まる。

【外藩】がいはん(ぐわい) ①大名。諸侯王。②自国の守りとなる関係にある属国。③国外様大名(とざまだいみょう)。

【外賓】がいひん(ぐわい) 外国から来た客。

【外府】がいふ(ぐわい) ①官名。周代に国費の出入をつかさどった。②国外にある蔵。③国の財産を収めておく蔵。④地方の役場。

【外傅】がいふ(ぐわい) 外にあって教える人。学校教師など。

【外侮】がいぶ(ぐわい) ①外国からうけるあなどり。②他人から軽視されること。③外国をあなどる。

【外物】がいぶつ(ぐわい) ①自分の心身以外のもの。富貴や名利などをさす。②物欲を自分の心から絶ち切ること。

【外聞】がいぶん(ぐわい) ①世間の評判。②国㋐ほまれ。㋑みえ。

【外嬖】がいへい(ぐわい) 君主の気に入りの男。

【外慕】がいぼ(ぐわい) ほかのことを願う。名誉や利欲をのぞむ。

【外貌】がいぼう(ぐわいばう) ①うわべ。外見。②顔かたち。

【外睦】がいぼく(ぐわい) 表面だけ仲良くする。

【外務】がいむ(ぐわい) ①外交関係の政務。「外務省」②世間のつとめ。③俗世間のつまらないことがら。

【外面】㊀がいめん(ぐわい)―げめん そとがわ。うわべ。外見。㊁そとも 国家のそと。戸外。㊂ワイミエン wàimian 現㊀㊁に同じ。

【外遊】がいゆう(ぐわいいう) 外国に旅行する。

【外用】がいよう(ぐわい) ①外の用事。②体の外部に使うこと。

【外洋】がいよう(ぐわいやう) ①外国。②陸地に囲まれていない海。そとうみ。外海。↕内海 ③外国の貨幣。

【外来(來)語】がいらいご(ぐわい) 国国語に同化した外国語。

【外郎】㊀がいろう(ぐわいらう) ①官名。漢の中郎の正員以外のもの。散郎。②下級官吏。㊁ういろう(らう) 国①外郎薬(ういろうぐすり)の略。礼部員外郎であったという、元(げん)の帰化人が売り始めた薬の名。②外郎餅(ういろうもち)の略。菓子の一種。ういろう。

【外縁(緣)】げえん 仏①外から欲望を引き起こすもの。②仏が衆生を救うため外から与える縁。

【外記】げき 国昔の官名。太政(だいじょう)官の主典(さかん)。少納言の下で、詔書・上奏文の起草・記録などをつかさどった役人。

【外題】げだい 国①表紙に書いた名。標題。②語り物や芝居などの題目。

【外典】げてん 仏仏書以外の書物。おもに儒教の書物をいう。↕「内典」

【外様】とざま 国鎌倉(かまくら)幕府以来、将軍の一門またはその家臣以外の大名や将士を称したことば。↕譜代(ふだい)

【外文】ワイウエン wàiwén 現外国語。

【外公】ワイコン wàigōng 現おじいさん(母の父)。

【外頭】ワイトウ wàitou 現外。

【外号(號)】ワイハオ wàihào 現あだな。

【外行】ワイハン wàiháng 現しろうと。

【外辺(邊)】ワイピエン wàibian 現外。表。よそ。

【外語】ワイユィ wàiyǔ 現外国語。

【外言不レ入ニ於梱ニ】がいげん(ぐわい)こんにいらず 公務に関することは家庭では口にしない。梱は、家と外とをしきる、しきい。

【衒レ外】そとをてらう(てらふ) 外面を飾って自慢すること。
◇▼口外(こうがい)・中外(ちゅうがい)・内外(ないがい)・心外(しんがい)・以外(いがい)・号外(ごうがい)・在外(ざいがい)・言外(げんがい)・例外(れいがい)・法外(ほうがい)・洛外(らくがい)・室外(しつがい)・郊外(こうがい)・案外(あんがい)・除外(じょがい)・渉外(しょうがい)・望外(ぼうがい)・野外(やがい)・圏外(けんがい)・疎外(そがい)・意外(いがい)・欄外(らんがい)

夕3 【夙】〔6〕 シュク 漢 入 屋 | シク 呉 | sù スー | J 2940 | 補 | U 5919

意味 ①朝。↕夜 ②〈つとに〉㋐朝早く。㋑むかし。むかしから。③朝早くから仕事をする。④つつしむ。
【夙意】しゅくい 前々からの考え。夙志。
【夙怨】しゅくえん(ゑん) 古くからのうらみ。宿怨。
【夙慧(慧)】しゅくけい 幼くて賢いこと。夙悟。夙敏。
【夙悟】しゅくご 幼い時から賢いこと。夙敏。
【夙志】しゅくし 早くからの志。夙心(しゅくしん)。宿志。【――違】しゅくしたがう(たがふ) 年来の志が、そのとおりに達成されない。
【夙儒】しゅくじゅ 年老いた学者。老儒。=宿儒
【夙心】しゅくしん 早くからの心。まえまえからの志。夙志。
【夙成】しゅくせい 幼少なのに才学がおとなびている。早熟。
【夙昔】しゅくせき ①昔から。以前から。②昔。=宿昔
【夙素】しゅくそ 平生からの願い。=宿素
【夙茂】しゅくぼう 年若いのに才がすぐれていること。

【夙夜】①朝早くから夜おそくまで。②早朝。【――憂】朝早くから夜おそくまで、休みなしの心配。【――夢寐】朝早くから夜おそくまで。寝てもさめても。〖――匪レ懈〗早朝から夜おそくまで、怠ることなく公事に努める。〖――無レ已〗朝から晩まで、休むひまもないであろう。〈詩経・陟岵〉

【夙齢(齡)】若いころ。年少のころ。

【夙起】朝早く起きる。

〖夙興夜寐〗朝は早く起き出し、夜はおそく寝る。日夜政務に励みつとめること。

夕3

【多】

〔6〕 学2 タ おおい ― タ 漢 呉 平 歌 duō トゥオ ― J 3431 補 U 591A

筆順 ノ ク タ 多 多 多

夕3【夛】〔6〕俗字 J 5276 補 U 591B

意味 ①〈おお・い(おほ・し)〉↕少・寡 ②多く。厚く。③増す。④まさる。こえる。⑤戦功。⑥ほめる。多とする。重んずる。⑦まさに。ただ。⑧現㋐よけいに。㋑…あまり。

解字 多 会意。夕が重なっている形。いく夜もつづくことから、多は「おおい」の意味になる。一説に、夕は肉で、肉を重ねた意味であるという。

名前 な・おお・かず・とみ・なお・まさ・おおの 姓 多気・多米・多胡・多遅麻 地名 多久・多可・多気・多紀・多野・多賀・多摩・多禰・多治見・多賀城・多武峰

【多寡】①多いことと、少ないこと。多少。②分量。

【多感】ものごとに感じやすいこと。

【多岐】①道がいくすじにも分かれていること。②いろいろな方面。【多岐亡羊】逃げた羊を追う者が、分かれ道の所にきてついに羊を見失ったという故事から、学問の道が多く分かれると、なかなか真理をつかみにくいことのたとえ。〈列子・説符〉

【多義】①一つのことばに多くの意味があること。②ことばの意味がぼやけてはっきりしないこと。

【多芸(藝)】①多種類の芸能。②多くの芸能に通じていること。「人。

【多血漢】①感激しやすい性質の人。②おとこぎのある」

【多言】口数が多いこと。〖――数(數)窮〗口数が多いと、とかく行きづまるものである。〈老子・五〉

【多元論】哲宇宙の現象は、多数の独立した実在から成立するとの考え方。↕一元論・二元論

【多祜】多幸。多福。

【多口】口が多いこと。おしゃべり。多言。【――阿師】仏おしゃべりの人。

【多幸】幸いが多い。多福。

【多恨】①うらみくやむ気持ちの多いこと。あわれみぶかいこと。「多情多恨」②なごり惜しいこと。

【多才】才能や知識の豊かなこと。

【多彩】①色彩が多くて美しいこと。②変化があってにぎ「やかなこと。

【多罪】①つみが多い。②無礼をわびるけんそんのことば。

【多産】たくさんこどもを産むこと。

【多士】多くのりっぱな人物。【多士済(濟)済(濟)】すぐれた人物の、たくさんいるさま。〈詩経・文王〉

【多次】たびたび。しばしば。

【多事】①仕事が多くて忙しい。②むずかしい事件が多い。③よけいなことをする。【――多患】事件が多ければ、自然心配事も多いこと。【多事多端】仕事が多くて「忙しいこと。

【多時】長い間。久しい期間。

【多謝】①厚く礼をいう。厚謝。②ふかくおわびする。

【多趣】おもむきの多いこと。

【多種多様】いろいろさまざまであること。

【多趣味】国趣味の多いこと。

【多少】①多いと、少ない。②多い。たくさん。「多少楼台煙雨中」(多くの高楼が春雨に煙っている)〈杜牧の詩・江南春〉③どのくらい。いかほど。④国いくらか。若干。

【多情】①愛情が深い。②心に感じることが多い。③国うわき。うつり気。【――多恨】物事に感じやすく、心をいためることの多いこと。多情多感。【――仏(佛)心】物事に感じやすいことが、そのまま仏の慈悲心である。

【多神教】国多くの神を崇拝する宗教。原始宗教や古代宗教に多くみられる。↕一神教

【多数(數)】■①数が多いこと。②ほかより数が多いこと。■duōshù 現■に同じ。【――決】種々の意見のある中で、同意者の最も多いものを全体の意見とする方法。

【多多】①数が多い。たくさん。②多ければ多いほど。【――許】たくさん。非常に。〖多多益辦〗「多多益善」に同じ。〈漢書・韓信伝〉〖――益善〗①多ければ多いほどうまくやってのける。②多ければ多いだけよい。〈史記・淮陰侯列伝〉

【多大】非常に多い。たくさん。

【多端】することが多い。忙しい。「多事多端」

【多党(黨)化】国選挙の結果、有力な政党が多数並「び出ること。

【多難】災難や難儀が多いこと。

【多能】才能の豊かなこと。多芸。

【多半】大部分。過半。

【多病】①病気が多い。②病気がちであること。

【多分】①たくさん。多い。②国おそらく。おおかた。

【多聞】■多く聞く。また、見聞の広い人。■仏多聞天。七福神また四天王の一つ。福徳を守り、北方の天を支配する、毘沙門天。【――多雑(雜)】多く聞けば混乱して真実のことがわからなくなる。

【多弁(辯)】口数が多いこと。おしゃべり。

【多方】①多くの国々。②多くの方法。③いろいろの「方向。

【多忙】いそがしい。いそがしい。

【多用】用事が多い。多用。

【多欲(「慾」)】欲がふかい。↕寡欲

【多麼】duōme 現どんなに。なんとまあ…。

【多余(餘)】duōyú 現あまり。よけい。

〖多生之縁(緣)〗何度も生死を繰り返す間に結ばれた因縁のこと。

〖多銭(錢)善賈〗資本金の多い者は商売がうまくゆく。すべて資本を多く持っている者は成功しやすいという意。多財善賈。〈韓非子・五蠹〉

〖以レ多問ニ於寡ニ〗多くのことを知っているにもかかわらず、少ししか知らない者にまでたずねる。謙虚に人から学びとること。〈論語・泰伯〉

△▼幾多・滅多・数多・雑多

夕3【夛】〔6〕俗 ↓多(本ページ・上)

夕5【姓】〔8〕 セイ 漢 平 庚 qíng チン ― J 2471 補 U 591D

意味 空に雲がない。晴れる。＝晴

夕5

【夜】

〔8〕 学2 ヤ よ・よる ― ヤ 漢 去 禡 yè イエ ― J 4475 補 U 591C

筆順 丶 亠 广 广 疒 夜 夜 夜

意味 ①〈よ〉〈よる〉↕昼「夜色」②〈よわ(よは)〉よなか。③よい。夕ぐれ。④くらやみ。「夜台」⑤あけがた。

解字 形声。この字は、夕と亦の省略した形を合わせたもので、夕が形を表し、亦が音を示す。亦には、わきの下の意味があり、夕は月のこと。夜は、月が立っている人のわきの下あたりにかくれるころ、昼に対して、わきにあるという意味、あるいは、人がみな家にはいって休む時間をいう。

名前 やす　難読 夜業

【夜陰】①夜。②夜のくらがり。

【夜雨】夜の雨。よさめ。【――対(對)牀】夜の雨音を聞きながら、寝台を並べて寝ている意で、兄弟や親友の親しさをいう。〈蘇軾の詩・雨中作示二子由一〉【――寄レ北】夜の雨を聞きながら、北方の長安にいる妻に寄せる。〈李商隠の詩・夜雨寄レ北〉【――聞レ鈴腸断(斷)声(聲)】夜の雨の中に鈴の鳴る音を耳にしては、はらわたも断ち切られるような悲しいひびきを感じさせられる。〈白居易の詩・長恨歌〉【――之奇】夜の雨のすばらしいおもむき。

【夜営(營)】夜、陣営をはる。また、その陣営。

【夜宴】夜の宴会。夜、宴をひらく。

【夜猿】夜鳴く猿。＝夜猨

【夜客】夜のどろぼう。盗人。

【夜鶴】①夜のつる。鶴が夜に鳴くさま。②鶴は夜寝ないで子を守るので、愛情の深いことにたとえる。

【夜寒】①夜の寒いこと。②秋の末ごろに夜の寒くなること。また、その季節。

【夜気(氣)】①夜の空気。夜の気配。②夜の静かな気持ち。

【夜禁】夜、人が出歩くのを禁ずること。

【夜警】夜、番をすること。またその人。夜番。

【夜光】①蛍の別名。②月の別名。③夜光る玉。夜光の珠。④夜、光ること。また、夜の光。【――珠】暗やみの中に光を放つ名玉。夜光璧。【――杯】名玉でつくったさかずき。夜中に光りかがやくところからいう。「葡萄美酒夜光杯」(西域地方の名産であるおいしいぶどう酒を、夜光のさかずきに、なみなみとみたす。)〈王翰の詩・涼州詞〉

【夜行】①夜道を歩く。夜、行く。②夜まわり。③夜行列車の略。【――被レ繡】せっかく、ぬいとりをした美しい着物を着て歩いても、夜ではだれも知ってくれないことから、せっかく功名を成しとげても、故郷に帰らなくては、知ってくれる者がないことのたとえ。〈蘇武・報二李陵一書〉

【夜作】夜業。よなべ。

【夜市】夜に開かれるいち。よいち。夜店。＝夜肆

【夜思】夜のものおもい。また、夜間に精神の修養をすること。

【夜肆】よみせ。夜市。

【夜叉】仏インドの鬼神。容姿がみにくく、すばしこくて、威力があり、人を害するが、仏法を守るといわれた悪鬼。【――檑】城によじのぼる敵をうつための防具。

【夜珠】夜光のたま。

【夜襲】夜、敵の不意をついて攻める。夜討ち。

【夜誦】夜中に書を読む。夜読。

【夜色】夜の景色。夜景。

【夜食】①夜、食事をとる。また、その食事。②月食。

【夜深】よふけ。夜がふける。

【夜前】国きのうの夜。昨夜。前夜。

【夜台(臺)】墓の穴。墳墓。壙穴。

【夜柝】夜まわりの打つ拍子木。

【夜直】夜、宮中に宿直すること。宿直。

【夜砧】夜聞くきぬたの音。

【夜熱】夜の暑さ。

【夜泊】①夜、船の中にとまること。「楓橋夜泊」②夜、船が停泊する。また、その船。

【夜魄】夜の寂しい心。

【夜半】よなか。よわ。半夜。

【夜分】①夜中。夜半。②よる。

【夜蚌】夜のはまぐり。はまぐりは、胎内に珠をもち、光を発すると考えられた。

【夜夜】毎夜。よなよな。

【夜遊】夜遊び。

【夜邏】夜間、警戒に見まわる。また、その人。よまわり。

【夜来(來)】①夜になる。②夜間に来る。③昨夜。「夜来風雨声」〈孟浩然の詩・春暁〉

【夜郎】①国名。漢代に、中国西南にあった小国。②地名。昔の夜郎国のあった所。【夜郎自大】小国の夜郎侯が、漢の強大さを知らずに、その使者に自国の大を誇った故事から、自分の力を知らずに、他に対していばること。

【夜漏】夜の時間。漏は漏刻(水どけい)。

【夜話】夜の対話。よばなし。また、それを書いた本。「夜談。

【夜討】国①夜、不意に敵を襲いうつこと。夜討掛。夜襲。②夜、人家を襲ってぬすみをすること。夜盗。

【夜伽】国①夜どおし付き添うこと。②女が夜どおし男に付き添って寝ること。

【夜宮】国祭日の前夜に催す小祭り。宵祭。前夜祭。

【夜目】国①夜見ること。また、夜見る目。②夜、眠っている間。【夜目遠目】国夜見るのと、遠方から見るのと。「夜目遠目笠の内」

【夜御殿】国清涼殿にある天皇の寝所。

【夜裏】yèli 現夜。よなか。

【夜晩】yèwǎn 現夜。晩。

『冒レ夜』夜になっても事をつづけること。

『夜以継(繼)レ日』昼も夜も仕事に励むこと。

『専レ夜』女性が、主人の愛を一身にうけ、つねに夜をともにすること。〈白居易の詩・長恨歌〉

◇▼日夜・月夜・白夜・夙夜・初夜・良夜・星夜・昼夜・前夜・昨夜・連夜・通夜・除夜・深夜・終夜・常夜・短夜・暗夜・聖夜・静夜・徹夜・霜夜・十六夜・星月夜

夕6 『怨』(四七三ページ・下)→心部五画

夕8 【夠】〔11〕 コウ 漢 去 宥 gòu コウ　U補J 5920

夕8 【够】〔11〕同字　U補J 591F

意味 ①あつまる。②多い。③現たりる。十分だ。

夕8 【梦】〔11〕俗→夢(本ページ・下)

夕9 【夥】〔12〕 キ 漢 去 寘 qì チー　U補J 2472 5921

意味 多い。

夕9 『飧』(一三八八ページ・上)→食部三画

夕10 【夢】〔13〕 学5 ム ゆめ　一 ボウ 漢 ム 呉　一 去 送 mèng モン　二 ボウ 漢 ム 呉　二 平 東 méng モン　U補J 4420 5922

旧字 夕11 【夢】〔14〕

筆順 一 艹 艹 苎 苎 苜 莔 夢 夢

3画
口囗土士夂(夊)夕大女子宀寸小尢(兀・尣)尸屮山巛(川)工己巾干幺广廴廾弋弓彐(彑・ヨ)彡彳⺌

3画 口囗土士夂(夊)夕大女子宀寸小尢(尣・兀)尸屮山巛(川)工己巾干幺广廴廾弋弓彐(彑・⺕)彡彳⺍

夕11【夢】〔14〕同字 J2473 補— U5923

夕8【梦】〔11〕俗字 J5277 補— U68A6

意味 一 ①〈ゆめ〉㋐睡眠中の心理現象。↕覚 ㋑はかないもの。現実的でないもの。↕現 ②ゆめみる。③湖の名。雲夢沢をいう。④姓。二 ①くらい。②思い乱れる。「夢夢」 ③夢雨は、こまかい雨。

解字  形声。𦭝と夕とを合わせた字。𦭝は瞢の略で音を示す。夕は月のことで、瞢には、暗いという意味がある。夢は、もともと「明らかでない」ことを表すが、後に㝱の代わりに「ゆめ」の意味に使われるようになった。

【夢魘】むえん 夢にうなされる。夢をみておびえる。

【夢境】むきょう(きゃう) 夢。夢中。

【夢渓(溪)筆談】むけいひつだん 書名。二十六巻、「補筆談」二巻、「続筆談」一巻。宋の沈括の著。故事・楽律・人事・官政など十七門に分かれている。

【夢見】一むけん 夢にみる。二ゆめみ 国夢をみる。また、みた夢。

【夢幻】むげん｜ゆめまぼろし ①夢とまぼろし。②非常にはかないもののたとえ。【――泡影】むげんほう(はう)えい 仏夢と幻と水泡と物の影。つかまえどころがなく、はかないことのたとえ。

【夢魂】むこん｜ぼうこん 夢をみている魂。夢にまで思いつづける心。

【夢死】むし なにもせずに、むなしく死んでいくこと。「酔生夢死」

【夢想】むそう(さう) ①夢の中でまで思うこと。②国㋐あてもない思い。空想。㋑夢の中の神仏のお告げ。

【夢中】むちゅう(ちう) ①夢の中。②国熱中してわれを忘れるさま。有頂天。一所懸命。一心不乱。【――夢】むちゅう(ちう)のゆめ ①夢の中の夢。②人生のはかないことのたとえ。

【夢兆】むちょう(てう) 夢の知らせ。

【夢枕】一むちん ①それをして寝ると、夢をみることができるというまくら。②夢をみている枕もと。二ゆめまくら 国眠っている間に、枕もとに神仏があらわれて、何かを告げること。

【夢寐】むび 寝ていて夢をみる。眠って夢をみる間。

【夢卜】むぼく ①夢占い。②夢によって占う。ゆめうら。夢判断。

【夢遊】むゆう(いう) ①夢をみていてその夢の世界に遊ぶこと。②睡眠中に急に起きあがり、無意識に歩きまわったりすること。「夢遊症」

【夢裏】むり 夢の中。

【夢現】ゆめうつつ 国①夢か現実か、区別しにくいこと。ぼんやりしてはっきりしないさま。②寝ている時と、起きている時と。

【夢語】ゆめがたり 国①夢にみたことをさめてから話すこと。また、その物語。②夢のようにはかない物語。夢物語。③夢の中で話し合うこと。

【夢路】ゆめじ(ぢ) 国夢の中で行き来する道。また、夢にみること。

【夢浮橋】ゆめのうきはし 国①夢の中の危い道。②世の中の、はかなく暮らしにくいこと。③「源氏物語」の巻名。

『夢中又占二其夢一』むちゅう(ちう)、またそのゆめをうらなう(うらなふ) 夢の中でみた夢を、夢の中で考える。転じて、人の世のはかないことのたとえ。夢中夢。〈荘子・斉物論〉

◇▼凶夢・正夢・吉夢・初夢・逆夢・悪夢・酔夢・瑞夢

夕11【夤】〔14〕イン 漢 平 真 yín イン J②0529 補2474 U5924

意味 ①〈つつし・む〉おそれる。②おおきい。③遠い。深い。④まつわりつく。⑤背中の肉。

【夤縁(緣)】いんえん ①つらなる。②まつわりつく。③よりすがる。④縁故などにたよって職を求める。てづる。つて。

夕11【夥】〔14〕カ(クワ) 漢 上 哿 huǒ フォ J5278 補— U5925

夕11【㚌】〔14〕本字 J— 補— U368C

意味 ①〈おびただし・い(おびただ・し)〉ゆたか。多い。「夥多」「夥夥」 ②集まる。③くみ。なかま。「夥党」

【夥伴】かはん(くゎ) つれ。仲間。

【夥食】フオシ huǒshí 現(共同の)食事。まかない。

夕11【夢】〔14〕旧 →夢(三一三ページ・下)

夕11【夣】〔14〕同 →夢(三一三ページ・下)

3画 大部 だい

【部首解説】「人が立っているさま」にかたどる。この部には、「大」の形を構成要素とする文字が属する。

大0【大】〔3〕学1 ダイ・タイ おお・おおきい・おおいに J3471 補— U5927

一 タイ 漢 ダイ 呉 一 去 箇 dà ター
二 タイ 漢 二 去 泰 tài タイ
三 タ 漢 ダ 呉 三 去 泰 dài タイ

筆順 一 ナ 大

意味 一 ①〈おおき・い(おほき・い)〉〈おおい・なり(おほい・なり)〉↕小 「大国」㋐形が大きい。㋑広い。㋒ながい。久しい。㋓すぐれている。りっぱな。㋔重要な。㋕はなはだしい。はげしい。②おごる。たかぶる。「尊大」 ③たっとぶ。重んじる。④〈おおいに(おほいに)〉さかんに。たいへんに。広く。⑤おおまかに。だいたい。「大略」 ⑥他人を尊敬して上につける語。「大人」 ⑦兄弟や同世代の一族の中で一番年長の者をいう。「大男」 ⑧現大夫 dài-fu は、医者。音 dài タイ。二 おおきい。三 はなはだしい。最高である。=太・泰「大初」 国〈おお(おほ)〉広大・尊敬、またはほめる意の接頭語。「大御所」

解字  象形。人間の立っている形を表したもの。正面から見たのが大で、横からみた形が人である。人は万物の中ですぐれて偉大であるとして、とくに、首や手足がととのっている形を、大とし、「おおきい」意味にした。大を使う字においては、大が人の意味を表していることが多い。

名前 お・き・おい・とも・なが・はる・ひろ・ふと・まさ・もと・たかし・たけし・はじめ・ひろし・ふとし・まさる・ゆたか

姓 大・大仏・大友・大内・大宅・大伴・大辛・大和・大神・大草・大前・大倭・大庭・大家・大喜・大掾・大隈・大給・大嵩・大辟・大館・大類・大工廻・大日向・大多和・大見謝・大私部・大宜味・大河内・大斯波・大養徳・大炊御門

地名 大口・大子・大川・大月・大分・大田・大曲・大竹・大町・大里・大村・大阪・大和・大東・大沼・大府・大洲・大津・大垣・大宮・大原・大島・大雪・大隅・大飯・大館・大樹・大田原・大牟田・大歩危・大宜味・大船渡・大野城・大堰川・大和郡山・大和高田

難読 大人(おとな)・大和(やまと)(付表)／大人(うし)・大凡(おおよそ)・大鋸屑(おがくず)・大臣(おとど)・大原女(おはらめ)・大蛇(おろち)・大夫(たゆう)・大角豆(ささげ)・大刀(たち)・大口魚(たら)・大蒜(にんにく)

【大歌】おおうた(おほ) 国昔、節会や宮中の儀式に用いた歌。↕小歌 【――所】おおうたどころ(おほ) 国大歌の教習や管理をした役所。

【大江朝綱】おおえのあさつな(おほ) 人名。平安中期の公卿、文学者。玉淵の子。「新国史」「坤元録」「和注切韻」「後江相公集」などの著書がある。(八八六～九五七)

【大江匡房】おおえのまさふさ(おほ) 人名。平安後期の漢学者・歌人。著

る。（一〇四一～一一一一）

に「江家次第」「本朝神仙伝」「江談抄」などがあ

【大奥】国江戸城の中で、将軍の夫人や奥女中のいた所。

【大御所】国①親王や将軍などの隠居所。また、隠居した親王や将軍の敬称。②その道の第一人者。権威者。

【大潮】国一か月の中で、干満の差の最も大きくなる潮のこと。新月・満月の二、三日後におこる。↕小潮

【大塩（鹽）平八郎】人名。江戸後期の陽明学者。号は中斎。天保七年（一八三六）の飢饉に蔵書を売り払って窮民を救った。翌年兵を起こして大坂城を攻め、敗れて死んだ。（一七九三～一八三七）

【大時代】国大時代狂言の略。非常に古風なこと。

【大田錦城】人名。江戸中期の儒者。加賀（石川県）の人。折衷学派を大成。「論語大疏」「梧窓漫筆」などの著がある。（一七六五～一八二五）

【大槻清崇】人名。江戸末期の漢学者。仙台の人。蘭学・西洋医術に精進した磐水の次子で、字は士広、号は磐渓。西洋の砲術を研究し、開港論を主張。著書に「近古史談」がある。（一八〇一～一八七八）

【大筒】国大砲。

【大詰】国①多幕物の芝居狂言の最終場面。②物事の終わり。

【大手】国①城の前門。大手門。②敵をその正面から攻撃する部隊。↕搦手

【大年寄】国豊臣時代の五大老。および江戸幕府の大老の別称。↓大老

【大殿油】国正殿にともした灯火。

【大祓】国罪・けがれを払うために、六月・十二月末に行われる神事。

【大政所】国①摂政・関白の母の敬称。②とくに、豊臣秀吉の母の称。

【大御酒】国酒の尊敬語。神に供えるお酒。

【大御食】国天子の食物。天皇の召しあがり物。

【大御身】国天子のおからだ。玉体。

【大宮人】国宮中に仕えている人。

【大向】国①劇場の立見席。また、立見席の一般観客。②一般の見物人。

【大目付】国江戸幕府の職名。老中の下にあって、幕政を監督し、諸大名の行動の見張りをした。

【大八州（「洲」）】国日本の古名。本州・四国・九州・淡路（兵庫県）・壱岐（長崎県）・対馬（長崎県）・隠岐（島根県）・佐渡（新潟県）の八つの島。

【大様】国①動作などがゆったりとしてこせつかないこと。②寛大。③おおよそ。

【大童】国①おとなの、冠をつけない姿。②結んだ髪がとけ乱れ、眉にかかるさま。③熱心に事をするさま。

【大安】大安日の略。陰陽道で何事にも良いといわれる吉日。

【大位】①天子の位。②高い官位。

【大医（醫）】①宮中の侍医。＝太医 ②名医。

【大尉】①官名。漢・唐代に兵事をつかさどった。②国もと陸・海軍の士官の階級の一つ。

【大意】〖一〗おおよその意味。〖二〗dàyi 現うっかりしている。

【大一】①非常に広大なこと。②天地がまだわかれない前の混沌とした気。

【大威徳】仏大威徳明王の略。西方を守る神。

【大尹】首都の長官。

【大陰】①地。大地。②北極。

【大隠（隱）】悟りきった隠者。【――隠（隱）朝市】真にさとった隠者は、山林などに隠れず、むしろ町中でふつうに生活する。〈白居易の詩・中隠〉

【大宇】宇宙。天下。

【大禹】中国古代伝説上の夏の禹王。

【大瀛】大海。

【大越】国名。①インドシナ半島の東岸に位置した。宋代に李公蘊が建てた国。（一〇一〇～一二二五）②明代に黎利が建てた国。（一四二八～一七八九）

【大閲】軍用の車馬を検閲する。

【大役】〖一〗国家の大工事。〖二〗重い役目。

【大液】漢の武帝がつくらせた池の名。＝太液

【大宛】漢代、西域の国名。今のウズベキスタン。

【大圜】天。そら。

【大円（圓）】①大きな円。②天をいう。天空。

【大衍】五十。占いに用いる蓍の数。天地の依る十日・十二辰・二十宿に象る。

【大燕皇帝】唐の安禄山が自ら称した帝号。かれの根拠地が燕にあったことによる。

【大翁】和船などを操る人。船頭。

【大王】〖一〗①偉大な王。②君主の敬称。③周の古公亶父のこと。④晋の王羲之のこと。

【大往生】安らかに死ぬこと。

【大王父】曽祖父。王大父。

【大火】①大火事。②夏の暑さ。③星の名。アンタレス。

【大化】①高い人徳で、他人を感化させること。②国わが国、最初の年号。（六四五～六五〇）

【大哥】①長兄。大兄。②仲間の中のかしらぶん。あにき。

【大夏】①夏王朝の美称。②夏の禹が作った舞楽。③夏の盛り。

【大家】〖一〗①学問や技芸の特にすぐれた人。②富貴の家。③大きな家。〖二〗①大金持ち。②身分の高い家がら。勢力のある家がら。〖三〗女子の尊称。「曹大家」〖四〗dàjiā 現おおぜいの人。みなさん。〖五〗国①本家。②貸家の持ち主。

【大過】①大きなあやまち。②易の卦の名。盛大にすぎるさま。③度をこえて大きいこと。

【大廈】大きな家。【――高楼（樓）】大きな建物。「物や、高い建て物。

【大牙】天子・将軍の本陣にたてる旗。大きな象牙を飾りにつけるのでいう。

【大我】①哲宇宙の本体。↕小我 ②仏小さな自己の狭い見解や執着などをはなれて、自由自在な働きをするさとりの境地。

【大雅】①「詩経」の詩の一体。饗宴のときの楽歌。②すぐれて正しくみやびやかなこと。また、その人。③学識のゆたかな人。転じて、文人に対する敬称。【――之辞（辭）】正しく、みやびやかなことば。〈新書・傅職〉

【大駕】天子の乗り物。

【大会（會）】〖一〗多くの人の集会。〖二〗dàhuì 現〖一〗に同じ。

【大戒】①大いにいましめる。②犯すことのできない大法則。

【大塊】①大きなかたまり。②大地。③造物主。

【大魁】①ある勢力の頭目。親玉。②科挙（官吏登用試験）の最優秀合格者。状元。

【大蓋】大きな日がさ。

【大概】〖一〗おおよそ。ほとんど。たぶん。〖二〗dàgài 現〖一〗に同じ。

【大壑】海。海洋。

【大覚（覺）】〖一〗仏①悟りを開く。②仏。〖二〗大いに悟る。

【大較】大略。あらまし。

【大濩】殷の湯王の音楽の名。

【大学（學）】㊀だいがく ①書名。四書の一つ。儒教の経書。②国学校教育法によって規定され、専門的な学術・技芸を教える最高学府。③国「大学寮」の略。㊁ターシュエ dàxué 現大学。総合大学。【——諺解】だいがくげんかい 国書名。仮名文で「大学」を解釈したもの。江戸時代の学者、林道春（羅山）の著。【——章句】だいがくしょうく 書名。一巻。宋の朱熹の著。【——寮】だいがくりょう 国天智天皇のとき創立した大学校。文章・紀伝（歴史）・音（漢字の発音）・算・明経・明法などを教えた。

【大喝（喝）】だいかつ ①大声でしかる。「大喝一声」②大きなかけ声。

【大旱】たいかん 大ひでり。

【大官】たいかん 宮中で料理をつかさどる職。大膳職。

【大患】たいかん ①重い病気。大病。②大きな心配。③大きな欠点。

【大関（關）】㊀たいかん 拷問に用いた刑具。㊁おおぜき 国力士の階級で横綱の次。

【大窾】たいかん 関節の部分にある、大きな穴。〈荘子・養生主〉

【大簡】たいかん ①大いにいさめる。大諫。②ひどく簡略なこと。③大きな文書。

【大観（觀）】たいかん ①だいたいのようす。②壮大なけしき。広大な眺望。③物事の道理を先まで見通す。

【大願】たいがん ①大きな願い。②この世の衆生を救おうとする仏の大きな願い。

【大寒】だいかん|たいかん ①厳しい寒さ。②二十四気の一つ。一月二十日ごろから節分までの期間。【——索ㇾ裘】たいかんにきゅうをもとむ 大寒になって皮ごろもを求める。事がおこってから、あわてることのたとえ。〈法言・寡見〉

【大帰（歸）】たいき ①嫁入りした女が離縁で実家にもどること。②根元に帰る。死ぬこと。また、万物の根元。

【大逵】たいき 大きなよつつじ。大道。

【大器】たいき ①偉大な才能。すぐれた才能を持つ人。②大きな器。転じて、天子の位、国の権力などにいう。【——小用】たいきしょうよう せっかくの大きな才能の持ち主を、つまらない地位に置いておくことのたとえ。大才小用。【大器晩成】たいきばんせい 大きなうつわは、かんたんにはできあがらない。大人物は、すぐにはできあがらないが、ついにはその偉大さを現すことのたとえ。〈老子・四十一〉

【大機】たいき 天下の政治。

【大諱】たいき ①大いにいむべきもの。②天子の崩御。

【大偽（僞）】たいぎ つくりごと。偽は、人為・作為の意。

【大義】たいぎ ①人の行うべき正しい道。②だいたいの筋道。【——名分】たいぎめいぶん 臣下として守るべき大きな節操と本分。【——滅ㇾ親】たいぎしんをめっす 君国に対する大きな道義のためには、小さな親兄弟に対する道を犠牲にすることもいとわない。〈左伝・隠公〉

【大儀】たいぎ ①重大な儀式。②万物のおおもと。大道。③国㋐ねぎらうことば。ご苦労。㋑疲れて気が進まないさま。

【大期】だいき 子の生まれる月。臨月。

【大吉】たいきち|だいきち ①非常にめでたい前兆。②たいへんによいこと。

【大噱】たいぎゃく 大いに笑う。

【大逆】たいぎゃく 君主や父を殺すなど、はなはだしく人道にそむいたおこない。【——無道】たいぎゃくむどう はなはだしく人の道にそむき、道理を無視した行為。むほん。

【大虐】たいぎゃく ①大きな災い。②残虐な行為。

【大裘】たいきゅう 昔、中国で天子が天を祭るときに着た服。

【大挙（擧）】たいきょ ①多人数でくり出す。②大きな計画。

【大虚（虛）】たいきょ ①大空。②万物の根源。③宇宙。＝太虚

【大去】だいきょ 去って二度と帰らないこと。

【大凶】たいきょう ①凶作。②死滅すること。

【大教】たいきょう ①りっぱな教え。②他人からの教え。

【大轎】たいきょう 高官用のりっぱなかご。

【大饗】たいきょう ①盛大な宴会。②昔、朝廷で臣下に酒食をたまわった公事。

【大業】たいぎょう ①大きな仕事。②帝王の事業。③高く深い「学業。」

【大経（經）師】だいきょうじ 国①昔、経文・仏画などを表装した朝廷の御用職。②表具師。

【大局】たいきょく 囲碁の盤面のだいたいの形勢をいう。転じて、物事のだいたいのなりゆき。また、天下の大勢をいう。

【大極】たいきょく 哲易学から発生し、宋代に完成した中国の哲学での根本原理で、宇宙間の万物の生じた根元をいう。＝太極【——殿】だいごくでん|たいきょくでん 国昔、内裏の中央にあって、天皇が政治をとられた御殿。旧称、大安殿。

【大昕】たいきん 夜明け。早朝。

【大琴】たいきん 琴の大きなもの。二十七弦の琴。

【大鈞】たいきん ①天。大自然。鈞はろくろ。万物を生みだす働きをたとえる。造化。②五立の宮・商。

【大禁】たいきん 犯してはならない国家の禁令。

【大区（區）】たいく 天地の内。天地の間。

【大宮司】だいぐうじ 国格の高い神社の事務をつかさどる神職の長。

【大君】たいくん ①おおきみ。天子。②天神をいう。③国江戸時代、外国に対して用いた将軍の尊称。

【大勲】たいくん 大きなてがら。

【大勲位】だいくんい 国わが国最高の勲位で勲一等の上の位。

【大兄】たいけい ①いちばん上の兄。長兄。②男性の友人に対する敬称。

【大系】たいけい 系統的に大きくまとめたもの。

【大計】たいけい 大きなはかりごと。大計画。

【大経（經）】たいけい ①人のふみ行うべき道。大道。常道。②科挙（官吏登用試験）で、長さによって経書を大・中・小の三種に分け、唐代は「礼記」「左伝」を大経とし、宋代は「詩経」「礼記」「周礼」「左伝」を大経とした。

【大慶】たいけい 大きな喜び。

【大決】たいけつ 厳重に処分すること。

【大権（權）】たいけん ①大きな権力。②天子の持つ統治権。

【大憲】たいけん 重いおきて。大法。

【大言】たいげん ①りっぱなことば。②おおげさにいう。豪語。

【大言壮（壯）語】たいげんそうご 大きなことをいう。

【大原】たいげん おおもと。根本。根元。

【大賢】だいけん すぐれて賢い人。

【大譴】だいけん 非常に重いつみ。大罪。

【大限】だいげん 生命の終わり。

【大戸】たいこ ①金持ち。②大酒飲み。上戸。

【大故】たいこ ①大事件。②大きな不幸。父母の死などにいう。③大悪事。むほん。

【大瓠】たいこ 大きなひょうたん。

【大悟】たいご 大いに悟る。迷いからぬけて悟りを開く。

【大軱】だいこ 大きな、骨の関節。〈荘子・養生主〉

【大工】㊀たいこう すぐれたうでの職人。㊁だいく 国①家屋を造る職人。②昔、木工寮で、営造のことを受け持った役人。

【大公】たいこう ①至極公平なこと。②「太公望」（三二一ページ・上）のこと。

【大功】たいこう ①すばらしいてがら。②喪服の名。九か月間の喪に服するときに着る服。↕小功

【大考】たいこう 三年ごとに、官吏の勤務状態や能力を調べること。

【大江】たいこう ①大きな川。②長江の別名。長江。

【大行】たいこう ①さかんに行われる。②りっぱな行為。③大事業。④天子が崩御してまだ諡を贈られない間の呼び名。「大行皇帝」「今大行未ㇾ発」〈史記・李斯列伝〉⑤山名。「太行」（三二一ページ・上）に同じ。【——不ㇾ顧ニ

3画 口囗土士夂(夊)夕大女子宀寸小尢(尣・兀)尸屮山巛(川)工己巾干幺广廴廾弋弓彐(彑・ヨ)彡彳⺍

細謹ニ】大事を行うにあたっては、些細な礼儀などは気にかけないこと。〈史記・項羽本紀〉

【大荒】世界のはて。海外。

【大郊】王が天をまつること。

【大侯】①大国の諸侯。②弓の的まで、天子が燕射の礼に用いるもの。③諸侯の用いる弓の的。

【大窖】大きな穴ぐら。

【大綱】①おおづな。②おおもと。

【大洽】大いにやわらぎ治まる。

【大鴻臚】官名。漢代、外国の賓客の迎接をつかさどった。

【大獄】重大な犯罪事件。また、それにより大勢が捕らえられること。

【大黒】①「大黒天」の略。②〔国〕僧の妻の俗称。③〔国〕地引き網のいちばん奥の網袋につけた浮き木。【――天】(仏)最初は戦闘の神、後に福の神、台所の神とされた。三宝(仏・法・僧)を愛し、飲食を豊かにするという神。【――柱】〔国〕①家の中央の太い柱。②家や国などの中心人物。

【大婚】天子の婚礼。

【大閽】①宮殿。②門番の長官。

【大差】大きな違い。ひどい差。

【大宰】㊀官名。①宰相。大臣。②春秋時代の諸侯の家老職。＝太宰 ㊁→大宰府
【大札】①大流行病。大疾。②人の手紙への敬称。お手紙。

【大散関(關)】関所の名。一名、散関。陝西省宝鶏市の西南の、大散嶺の上にある。

【大士】㊀①徳行のすぐれた人。②周代の官名。裁判をつかさどる。③権勢のある人。㊁(仏)仏道に心を寄せる人。如来。菩薩。㊂〔国〕強い男子。

【大史】周代の官名。祭祀・天文・暦数等をつかさどった宮の長。太史。

【大旨】あらまし。およその意味。

【大姉】㊀①いちばん上の姉。②姉の敬称。㊁(仏)女子の戒名に添える語。

【大始】①天地の開け初め。太初。②初めを尊ぶ。

【大使】①国家または君主を代表する最高の使者。②〔国〕一国を代表して外国に駐在する外交官。

【大師】㊀①おおぜいの軍隊。大軍。②官名。周、楽工の長。③天子の補佐役。三公の一つ。④大学者。⑤太政大臣の中国名。㊁(仏)①朝廷から高僧にたまわる称号。②弘法大師の称。


【大児(兒)】①年上の男の子。「阿爺無二大児一」(おとっつあんには、年のいったむすこがいない。)〈楽府詩集・木蘭詩〉②ふたりの賢者のうち、すぐれているほうの賢者。その次のものを小児という。

【大事】①大きな行事。㋐祭礼。㋑葬式。㋒戦争。㋓同盟。㋔王位の継承。㋕民を労役に使うこと。㋖農業。②大きな事業。「定二大事一」(りっぱな事業をやりとげる。)③〔国〕たいせつ。ていねい。④〔国〕大きな事件。おおごと。

【大司空】官名。周代、土地や民事をつかさどる官の長。

【大司寇】官名。周時代の刑罰をつかさどる官の長。

【大自在天】(仏)インドの最高神。万物を創造したという。大千世界の主。自在天。

【大慈大悲】非常に大きないつくしみとあわれみ。観世音菩薩の徳をたたえた語。→大悲
【大室】①祖廟の中央の室。②大きい室。

【大瑟】大きな琴。二十七弦で、長さ八尺一寸、幅一尺八寸。

【大司徒】官名。周代、教育をつかさどる官の長。

【大司農】官名。漢代、農事をつかさどる官の長。

【大司馬】官名。周代、軍事をつかさどる官の長。

【大胾肥牲】大きな肉の切れと、神に供えるよく肥えた獣肉。〈欧陽脩・憎二蒼蠅一賦〉

【大車】①平地で用いる、牛がひく車。②大夫の車。

【大社】①国土の神。②〔国〕もと、官幣大社・国幣大社の称。③〔国〕出雲大社。

【大赦】恩赦の一つ。国家的に大きな喜びがあるとき、罪人の刑の執行をゆるしてやること。

【大蛇】大きな蛇。

【大主】①大恩人。②皇帝のおば。

【大守】郡の長官。＝太守
【大樹】①大きな木。②大樹将軍の略で、将軍の別名。後漢の馮異という将軍はけんそんで、他の人たちが軍功を論じあうときは、つねに木の下にかくれたという故事による。〈後漢書・馮異伝〉

【大儒】偉大な儒学者。すぐれた学者。

【大受】大事に任じること。

【大衆】㊀①多数の人々。民衆。②〔国〕勤労階級者の総称。㊁(仏)おおぜいの僧たち。

【大戎】大きな兵車。


【大醜】①悪人のかしら。②大きな恥。

【大手筆】①国家の重要な文章。②すぐれた文章を書く腕前。また、その腕前のある人。

【大暑】①厳しい暑さ。②二十四気の一つ。七月二十日ごろから立秋までの期間。

【大序】①「詩経」の全体の序文。②〔国〕㋐義太夫節時代物の第一段の最初の部分。㋑歌舞伎で、㋐にならって演じる時代狂言の序幕。

【大匠】①すぐれた職人。②大工の棟梁。

【大祥】人の死後、二十五か月めに行う祭り。三回忌。三周忌。

【大将(將)】①軍の総指揮官。②〔国〕㋐昔の近衛府の長官。㋑もと軍隊の階級の一。中将の上で、最高位の武官。

【大象】①易で、ひとつの卦について、そのかたちについて説明した部分。②非常に大きな形。「大象無レ形」(きわめて大きなものはその形が認識できない。)〈老子・四十一〉③天地間におこる現象。④大きな法則。

【大上】①最上・最高のもの。②天子。至尊。③太古。＝太上
【大常】①日月と竜を描いた天子の旗。②漢代御霊屋の儀式をつかさどった役人。＝大定

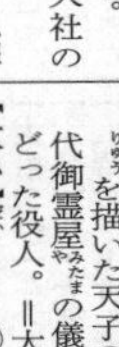
(大常①)

【大小】①大と小。②大きさ。寸法。③〔国〕長短一対の腰刀。大刀とわきざし。

【大乗(乘)】(仏)仏教の深玄な教理を説いたもの。慈悲・博愛の精神ですべての人間を救う意。乗は衆生をのせて彼岸に達する船の意。【――的】目先のことや感情などにとらわれない大きな立場から、物事を判断し処理すること。

【大嘗会(會)】〔国〕大嘗祭。天皇が即位礼の後、最初に行う新嘗祭。天皇みずからその年の新穀を神々にささげ祭る行事。

【大相国(國)】〔国〕太政大臣のことを、唐時代の呼び方にならっていう語。

【大丈夫】㊀意志が堅固でりっぱな人物。ますらお。㊁〔国〕①㊀に同じ。②たしかである。まちがいない。

【大辱】たいじょく ①大きなはじ。「大辱之積志」(捕虜になったはじをそそごうとする、ふだんのこころざし。)〈資治通鑑・漢紀〉②死刑にして、死体をさらしものにすること。
【大織冠】たいしょっかん [国]平安時代、最高の位の者がつけた冠。
【大心】たいしん ①たかぶった心。②心の大きいこと。
【大身】[一]たいしん 身分の高い人。[二]おおみ [国]大きく長いもの。
【大秦】たいしん 国名。①漢・唐代に中国人がローマ帝国を呼んだ称。②十六国の一つ。㋐苻健の建てた前秦。㋑姚萇の建てた後秦。
【大人】[一]たいじん ①人格の高い人。有徳者。②君主。③他人を呼ぶ尊称。④子が親を呼ぶ語。また、母・家長・伯叔父をいう。[二]おとな [国]成長した人。[三]うし [国]①領主や貴人の称。②学者などに使う尊称。先生。[四]ターレン dàren [現][一]に同じ。
【――虎変(變)】たいじんこへん 有徳者が天下を変革するときは、虎の毛皮のしま模様のようにその理由がはっきりしていることをいう。〈易経・革卦〉
【大進】だいしん ①大いに進む。②[国]昔、中宮職・皇太后宮職・東宮坊・大膳職などの判官の長。
【大尽(盡)】だいじん [国]①旧暦の大の月の最終の日。②金持ち。長者。
【大臣】だいじん ①高い官職にある臣下。②清代の官名。行政官庁の長官。
【大水】たいすい ①洪水。②大きな河川・湖・海。
【大数(數)】たいすう ①自然の法則。②運命。③寿命。④大きな計画。⑤大勢。たくさん。⑥おおよその数。
【大頭脳(腦)】だいず(づ)のう(なう) きわめてたいせつなこと。
【大成】たいせい ①完全に成し遂げる。りっぱに成功する。②大きな和平。【――殿】たいせいでん 孔子を祭った廟の正殿。聖廟。
『――之人』たいせいのひと 徳の完全にできあがった人。老子をさしていう。〈荘子・山本〉『――若レ欠(缺)』たいせいはかくるがごとし ほんとうに完成した人物は、ちょっと見たところでは、不完全な人のように見えるものである。〈老子・四十五〉
【大声(聲)】たいせい 大きな声。【大声(聲)一喝(喝)】たいせいいっかつ ひと声大きな声をはりあげて、しかりつける。『大声(聲)不レ入ニ於里耳一』たいせいはりじにいらず 高尚な音楽は俗人に理解されない。高尚な言論は俗人に理解されないたとえ。〈荘子・天地〉
【大姓】たいせい 権力のある家がら。
【大政】たいせい 国の政治。【――奉還】たいせいほうかん(くわん) [国]一八六七年、十五代将軍徳川慶喜が、政治の実権を天皇にかえしたこと。

【大勢】[一]たいせい だいたいのなりゆき。[二]おお(おほ)ぜい 多人数。
【大聖】[一]たいせい ①最高の聖人。至聖。②帝王。[二]だいしょう ㊕悟りをひらいた人。
【大切】[一]たいせつ [国]①非常にだいじなこと。②ていねい。[二]おお(おほ)ぎり [国]①芝居で、その日最後に上演する狂言。②ものごとの終わり。
【大雪】たいせつ ①おおゆき。②二十四気の一つ。十二月七、八日ごろ。
【大節(節)】たいせつ ①たいせつな事がら。大事な職分。②国家の大事変。「臨ニ大節一而不レ可レ奪也」(国家が興るか滅びるかの一大事にあたって、その人の節操をうばいとることができない。)〈論語・泰伯〉③しっかりした心構え。「少有ニ大節一」(若い時から、しっかりした心構えを持っていた。)〈小学・善行〉④だいたい。
【大全】たいぜん 整って欠けるところがない。
【大漸】たいぜん 天子の病気の重いこと。
【大膳職】だいぜんしき [国]昔の官名。天皇の食事のことをつかさどる官。
【大千世界】だいせんせかい ㊕須弥山を中心とする、広くかぎりない世界。三界。三千世界。三千大千世界。
【大蘇】たいそ 宋の文豪蘇軾をいう。↔小蘇(蘇轍)
【大壮(壯)】たいそう(さう) ①大いに盛んなこと。②易の卦の名。君子の道が勝つさま。
【大宗】たいそう ①おおもと。大本。②始祖の直系の長男。③ものの初め。④天子。⑤権勢のある一族。
【大喪】たいそう(さう) ①天子・皇后・世子の喪。②親の喪。③天子が大行天皇・太皇太后・皇太后・皇后の喪に服されること。
【大葬】たいそう(さう) ①天子の葬式。②君臣の礼を尽くして行われるりっぱな葬式。
【大簇】たいそう ①中国音楽の十二律の一つ。②陰暦正月の別名。
【大造】たいぞう(ざう) ①大功績。②天地。大自然。
【大蔵(藏)経(經)】だいぞう(ざう)きょう(きやう) 仏典の全集。経・律・論の三蔵の集大成。一切経。
【大僧(僧)正】だいそうじょう(じやう) ㊕最高位の僧官。
【大宗伯】だいそうはく 周代、祭事・典礼をつかさどった官。
【大息】たいそく 大きなため息をつく。ため息。「長大息」
【大率】たいそつ―おお(おほ)むね あらまし。大略。＝太率
【大儺】たいだ―たいな おにやらい。冬至後三回目の戌の日の前日に行う悪鬼払いの行事。追儺。
【大体(體)】だいたい ①あらまし。②大きなからだ。③完備した徳。素朴。「古人之大体」〈荘子・天下〉④大きな本体。

【大内裏】だいだいり [国]①古代の宮城。②昔、宮城を中心にして諸官省の置かれた区域一帯をいう。おおうち。
【大沢(澤)】だいたく ①大きな湿地帯。広い沼地。②大きなめぐみ。沢は恩沢。
【大胆(膽)】[一]だいたん ①度胸のあること。②おうちゃくなこと。[二]ターダン dàdǎn [現][一]の①に同じ。【大胆(膽)不敵】だいたんふてき 度胸がすわっていて、敵を敵とも思わない。
【大団(團)円(圓)】だいだんえん(ゑん) 終わり。最終。
【大知(「智」)】たいち 偉大な知恵。知恵をそなえた人。
【大痴(癡)】たいち たいへん愚かなこと。大愚。
【大地】だいち 広大な土地。地面。
【大畜】だいちく 易の卦の名。身にたくわえた徳の大きいさま。
【大中】だいちゅう(ちう) 中正の道。過不足のない正しい道。
【大虫(蟲)】だいちゅう(ちう) ①回虫。②虎の異名。
【大著】たいちょ ①大部の著書。②他人の著書の敬称。高著。
【大椿】だいちん 上古の大木の名。八千年を春とし、八千年を秋としたという故事から、人の長寿を祝う意のことば。〈荘子・逍遥遊〉『――之寿(壽)』だいちんのじゅ 長生きのこと。〈書言故事・慶誕類〉
【大通】たいつう ①大いに通る。②物事に通じること。③万物を生成する大いなる道。
【大弟】たいてい 男性が年少の友人を呼ぶことば。
【大抵】たいてい ①おおよそ。大凡。②[国]ひととおり。普通。
【大帝】たいてい ①天。②歴代帝王のうち、特にすぐれた帝王のこと。
【大禘】だいてい 先祖のまつり。
【大典】たいてん ①たいせつな古典。②国家のたいせつな儀式。
【大篆】だいてん 漢字の書体の名。周の宣王の時代に史籀が古文を改めて作ったという。籀書。籀文。↔小篆
【大天狗】だいてんぐ ①大きな天狗。②[国]ひどく自慢すること。
【大斗】たいと ①大きなひしゃく。②大きなます。③大量。
【大都】たいと ①大都市。②元の都。③あらまし。すべて。
【大蠹】たいと 大きな害。
【大度】たいど 大きな度量。心の広いこと。
【大東】だいとう ①東のはて。極東。②[国]日本の別名。【――世語】だいとうせいご [国]書名。五巻。服部南郭が、「世説新語」にならって記したもの。
【大唐】だいとう(たう) ①唐の美称。②尭をたたえた歌。大章。『――西域記』だいとう(たう)せいいきき 唐の玄奘の旅行記。インドへの取

経の旅の見聞録。十二巻。

【大盗】①大どろぼう。②天下をねらう野心家。

【大統】①大きな血筋の意で、天子の血筋。皇統。②国家統一という大事業。

【大纛】①節度使の立てて行く旗。②天子のみ旗。

【大同】①多少の違いはあってもだいたい同じである。②財産・権利・王位などの世襲がまだなかったころの、公平で平和な太古の時代。無為自然の大道の行われたとする理想の世の中。③地名。山西省大同市にあり、城外の武周山には雲崗の石仏がある。【大同小異】少しの違いはあるにしても、だいたいは同じであること。【――団(團)結】多くの党派が、一つの目的のために集まって団結すること。

【大道】①大きな道路。②人のふみ行うべき真の道。③宇宙の本体。「大道廃有仁義」(宇宙の本体たる大道がすたれて、世に行われなくなったために、小さな仁愛とか道義とかの必要性が生まれた。)〈老子・十八〉

【大徳】㊀①りっぱな徳。②大きなはたらき。③高大なめぐみ。④高い位。㊁(仏)①高僧の称。②仏。【――滅小怨】大きな恩恵を施せば、小さな恨みは忘れさせることになる。

【大内】㊀①天子の寝所。②天子のくら。㊁[国]宮中のこと。内裏。【――山】[国]①皇居。おおうち。②京都、仁和寺の北方の山。宇多天皇の離宮の跡。【――記】[国]昔の官名。中務省に属して、詔勅宣命の草稿を作り、宮中の記録にあたった役人。

【大納言】[国]太政官の次官。

【大難】大きな災難。

【大弐(貳)】[国]官名。大宰府の次官。

【大日如来(來)】(仏)梵語ビルシャナの漢訳語。日の神。

【大日本史】[国]書名。三百九十七巻。神武天皇から後小松天皇までの歴史で、徳川光圀らの編著。

【大任】㊀重いつとめ。㊁周の王季の妃で、文王の母。

【大年】寿命の長い者。〈荘子・逍遥遊〉↔小年

【大破】①相手を大いに破ること。また、相手にうち破られること。②[国]ひどく損傷すること。

【大旆】日月と、上り竜・下り竜を描いた天子の旗。

【大白】①大きな杯。②罰杯。③きわめていさぎよい。また、その人。④太白星。

【大漠】広いさばく。

【大凡】およそ。おおむね。

【大半】①ほとんど。過半数。②三分の二をいう。

【大盤石】①大きな岩。②堅固なことのたとえ。＝大磐石

【大般若経(經)】書名。六百巻。唐の玄奘三蔵が訳した仏教の経文。

【大范老子】北宋の范雍のこと。

【大比】①三年ごとの人口調査。②役人の成績考査。③科挙のこと。

【大尾】物事の終わり。結末。

【大悲】(仏)いっさいの生物を愛する大慈悲心。観世音の功徳。

【大廟】天子の祖先をお祭りした御霊屋。

【大賓】尊い客。

【大父】父母の父。祖父。

【大夫】㊀①周代の官名。②広く官位を有する者をいう。③松の異名。大夫樹。④諸侯の家老。⑤五位の人の通称。㊁[国]職の長官。㊂ dàifu [現]医者。㊃[国]①能役者のおもなもの。②芸人の名の下につける称。③上等の遊女。④歌舞伎の女形。【――樹】松の別名。秦の始皇帝が、太山で松の下に雨宿りをし、後にその木を五大夫に封じたという故事。【――元】[国]演芸の興行元。座元。

【大府】①朝廷および政府の文書や財物を入れておく蔵。②上級の官庁。

【大阜】大きな丘。

【大風】①強風。②ハンセン病。【――歌】漢の高祖が、淮南王を撃っての帰路、故郷で歌ったといわれる詩。楚の項羽の「垓下歌」とともに七言詩の起源とされている。〈史記・高祖本紀〉【――気(氣)】病気の名。中風のたぐい。【――有隧】大風が吹いてくるにはその道すじがあるように、人の行いの善悪も、必ずそのもとづくところがあること。〈詩経・桑柔〉

【大分】㊀だいたいのきまり。㊁[国]よほど。かなり。

【大兵】㊀多くの兵。大軍。㊁[国]大きなからだ。【――肥満(滿)】[国]からだが大きく、ふとっている。

【大柄】㊀大きな権力。㊁[国]①体格の大きいこと。②模様の大きいこと。

【大辟】①重い罪。②死をいう。

【大別】大きな区別。大きく区分する。

【大変(變)】①大きな変事。②おおごと。③[国]非常に。

【大輔】㊀天子の補佐役。㊁[国]昔の官名。各省の次官。

【大母】父母の母。祖母。

【大方】㊀①大きな四角。②大地。③正しい道。また、その人。㊁[国]あらまし。だいたい。㊂ dàfang [現]ゆったりした。おおような。【――之家】世間の見識ある人々。〈荘子・秋水〉

【大宝(寶)】①貴い宝物。至宝。②天子の位。③自分自身。

【大法】㊀①重要なおきて。②あらまし。大略。㊁(仏)大乗の仏法をいう。【――小廉】大官はおきてを守り、小官は潔白である。上下の臣下たちが、みんなまじめで善良なこと。

【大鵬(鵰)】想像上の鳥。おおとり。

【大望】①大いに恨む。望は恨む意。②大きな望み。

【大謀】大きな計画。

【大僕】官名。中国、周代に、天子の服装などのことをつかさどった官。＝太僕

【大本】おおもと。根源。

【大麻】①麻。②[国]㋐神にささげるぬさ。おおぬさ。御幣。㋑神社からさずかる神符。

【大枚】[国]金額が大きいこと。

【大明神】[国]神の尊称。

【大明日】[国]陰陽家でいわれる最上の吉日。

【大明一統志】書名。明の天順年間、英宗の命を受けて李賢らが著した地理の書。

【大夢】㊀長い間の夢。人生のまよいにたとえていう。㊁大きな沢の名。雲夢の沢。

【大名】㊀①大きな名誉。高い名声。②相手の名を尊んでいう。㊁[国]①諸侯。②江戸時代、知行一万石以上を領有する諸侯の称。

【大命】①天子の命令。②天位につく命。天命。③寿命。

【大明】㊀①太陽。太明。②日月のこと。③知徳の明らかなこと。㊁「大明国」の略。明朝を尊んでいう。㊂「大明日」の略。

【大冶】①すぐれた鋳物職人。②造物主。造化。

【大夜】①死の世界。黄泉。②火葬の前夜。逮夜。

【大約】おおよそ。大略。

【大有】易の卦の名。盛大で豊かな象とする。【――年】非常な豊年。

【大勇】正しい道理にもとづいた勇気。まことの勇気。

【大猷】大きなはかりごと。

【大用】一 ①天子にお目にかかったときの賜り物。②重要な仕事に任じ用いる。③大きな使いみち。有用。二 大便。↕小用
【大要】①あらまし。だいたい。②おおもと。

【大賚】大きな宝物。「周有㆓大賚㆒」〈論語・尭曰〉

【大乱(亂)】世の中の大騒乱。

【大理】①大きな道理。②官名。中国古代の司法官の名。法務大臣。③地名。今の雲南省あたりにあった国。④国検非違使の別当の敬称。【──石】白く堅い石灰岩。雲南省の大理府で多く産することから、この名がついた。

【大陸】一 ①広大な陸地。②わが国でアジア大陸、特に中国の地域をよんでいう。「大陸文化」 二 dàlù 現一に同じ。

【大戮】大きな刑罰。死刑。「為㆓世大戮㆒」(世の見せしめのため死刑に処し、死体をさらしものにする。)〈資治通鑑・漢紀〉

【大略】①おおよそ。あらまし。②すぐれた計画。

【大呂】①音律の名。十二律の一つ。②陰暦十二月の異名。③周の宗廟の大きな鐘の名。

【大梁】①大きなうつばり。②戦国時代の魏の都。今の河南省開封市。

【大量】一 ①たくさん。多量。②大きなます。③広い心。大きな度量。二 dàliàng 現一に同じ。

【大僚】身分の高い役人。高官。大官。

【大倫】人のふみ行うべき道。人倫の大道。大事な人間関係。父子・君臣・夫婦・長幼・朋友。五倫。

【大輪】①大きな輪。②国菊などの花の大きいもの。

【大礼(禮)】①朝廷の重大な礼式。②君臣の間の大きな礼。③大きな法則。④一生の中でもっともたいせつな礼式。【──服】もと、官吏・軍人などが重大な儀式のときに着た正式の礼服。『──不㆑辞(辭)㆓小譲(讓)㆒』大きな礼節を行うためには、些細な礼節はあえて問題にしない。〈史記・項羽本紀〉

【大烈】大きなてがら。

【大廉】きわめて潔白なこと。

【大輅】天子の車。‖大路
【大老】①すぐれた老人。老年の賢者。②祖父。③国江戸時代、老中の上に置いた最高位の役職。

【大牢】「太牢」(三二二ページ・上)に同じ。

【大宰帥】国大宰府の長官。

【大宰府】国昔、筑前の国(福岡県)に置かれた役所の名。九州・対馬・壱岐を治め、国防、外交をつかさどった。太宰。大宰。

【大戴礼(禮)】書名。前漢の儒者戴徳の著。周代以来の諸家の礼説を集めたもの。

【大和】国①近畿地方の一国。現在奈良県。‖倭・大倭 ②日本国の古い呼び名。おおやまと。③大和打の戸。【──打】国塀などで、板を一枚ずつ横木の内外に重ねつけてゆく打ち方。また、そのもの。【──絵(繪)】国①日本の風物を描いた絵。↕唐絵 ②日本画の一流派。↕唐絵 ③浮世絵。【──魂】国日本民族固有の精神。やまとごころ。【──撫子】国①「撫子」(五五〇ページ・下)のこと。②わが国の女性に対する美称。

【大衣】dàyī 現外套。オーバー。

【大街】dàjiē 現大通り。

【大批】dàpī 現大口の。大量の。

【大伙児(兒)】dàhuǒr 現みんな。一同。

【大米】dàmǐ 現米。

【大門】dàmén 現正門。

『大巧若㆑拙』真に巧妙なものは、一見すると稚拙にみえる。〈老子・四十五〉

『治㆓大国(國)㆒若㆑烹㆓小鮮㆒』大国の政治のやり方としては、ちょうどくずれやすい小魚を煮るときのように、やたらにかきまわさずに、大きく自然にまかせるのがよい。〈老子・六十〉

『大弁(辯)若㆑訥』本物の雄弁家は、むやみに口をひらかないので口べたにみえる。〈老子・四十五〉

◁▼巨大・広大・弘大・壮大・拡大・肥大・重大・偉大・強大・莫大・盛大・細大・絶大・過大・最大・尊大・雄大・寛大・誇大・遠大・増大・膨大・等身大・公明正大・針小棒大

大0 【夨】〔3〕 ショク 漢 入 職 ソク 呉 zè ツォー
J — 補 2475 U 5928
意味 頭をかたむける。また、かたむける。

大1 【夬】〔4〕
J — 補 5279 U 592C

又3 【叏】〔5〕 本字
J — 補 2057 U 53CF
一 カイ(クヮイ) 漢 一 去 卦 guài コワイ
二 ケツ 漢 二 入 屑 jué チュエ
意味 一 ①きめる。わかちきめる。「夬夬」②易の卦の名。二 ゆがけ。弓を射るとき指が痛くないようにはめる器具。‖決
【夬夬】思いきりのよいさま。

大1 【太】〔4〕 学 2 タイ・タ ふとい・ふとる
J 3432 補 — U 592A
タイ 漢 呉 タ 慣 ダ 慣 去 泰 tài タイ
筆順 一 ナ 大 太
意味 ①〈はなはだ〉はなはだしい。②おおきい。‖大・泰 ③はじめ。「太初」④身分の高い人への尊称。「太后」国①〈ふと・い(──・し)〉㋐ふとっている。㋑ずぶとい。㋒大胆。②〈ふと・る〉体重がふえる。
解字  泰の俗字。泰(七一〇ページ・下)を見よ。また、太は夳の略で、大を重ねたものともいう。「大きい上にも大きい」「はなはだ」の意味に使う。
名前 と・み・うず・おう・しろ・たか・ひろ・ます・もと
姓 太・太宰・太秦 地名 太田・太宰府
難読 太刀(付表)/太夫
【太田全斎(齋)】人名。名は方。全斎は号。江戸天明期の音韻学者。福山藩士。「韓非子翼毳」などの著がある。(一七五九～一八二九)
【太阿】中国古代の宝剣の名。
【太医(醫)】皇室の侍医。
【太尉】官名。軍事をつかさどり、秦代から明代まで置かれていた。
【太一】①宇宙の始まるもと。②いちばん初め。大初。③天神の名。天帝。‖太乙 ④終南山の別名。
【太陰】①月。②冬。【──暦(曆)】月の満ちかけを標準にして作ったこよみ。旧暦。陰暦。
【太易】宇宙混成以前の何も存在するもののない状態。
【太液】池の名。大液池。漢代には、長安の建章宮の北にあり、唐では、長安(今の西安)の大明宮中にあった。『──芙蓉未央柳』太液の池に咲くはすの花と未央宮の柳。〈白居易の詩・長恨歌〉
【太華(華)】山の名。中国五岳の一つ。華山。陝西省華陰市の南。

【太河】たいが 黄河の別名。
【太学(學)】たいがく 都にある最高の学校。首都の国立大学。
【太官】たいかん(くわん) 官名。宮中の料理や食事を扱う。【——丞】たいかんじょう 太官の長。
【太監】たいかん 官名。遼の太府の長官。宮中で天子に仕える官。後に宦官をいう。
【太虚(虛)】たいきょ ①大空。天。②宇宙のもととなる気。＝大虚
【太極】たいきょく ①天地・万物を生成する陰陽二元気の根元。＝大極。②仙界。【——拳(拳)】たいきょくけん 中国の伝統的な拳法の一つ。【——図(圖)】たいきょくず(づ) 宇宙の根元である太極から、万物が生成する過程を図解したもの。北宋の周敦頤が、太極図説を著してこれに解説を加えた。【——殿】たいきょくでん 天子が居住する宮中の正殿。大極殿。
【太鈞】たいきん 造物主。鈞はろくろ。万物をうみだす働きを大いなるろくろにたとえていう。
【太空】たいくう 大空。虚空。
【太君】たいくん ①役人の母で、領地を有する者。②他人の父。
【太玄】たいげん 書名。前漢の揚雄の著。十巻。易経にならって宇宙万物の生成を論じる占いの書。
【太原】たいげん 地名。昔の太原郡・県・国・府。山西省の省都太原市。
【太古】たいこ 大昔。上古。
【太湖】たいこ 江蘇・浙江両省にまたがる湖の名。
【太鼓】たいこ 打楽器の一種。【——医(醫)者】たいこいしゃ 国お世辞ばかりうまい医者。【——腹】たいこばら 国まるく張り出た腹。【——判】たいこばん 国大きなはんこ。確かな保証のたとえ。【——持】たいこもち 国①太鼓を持つ人。②遊び客のきげんをとっておもしろがらせる男。幇間。③人のきげんをとる者。

（太鼓）

【太公】たいこう ①父の称。②祖父。③相手の父の敬称。④曽祖父の称。【太公望】たいこうぼう ①周の文王の師、呂尚の称。周の文王が狩りに出て、つりをしている呂尚にあい、これこそ太公(文王の父)が待ち望んでいた賢人であるとし、太公望と称した。②つり人。
【太甲】たいこう(かふ) ①「書経」の中の編名。②殷の第二代の王。太宗。
【太后】たいこう ①天子の母。②先代の皇后。皇太后。
【太行】たいこう(かう) 中国の山脈の名。山西・河南・河北三省にまたがる。
【太昊】たいこう(かう) 中国の伝説上の帝王の伏羲のこと。太皞。
【太閤】たいこう(かふ) 国①摂政・太政大臣の敬称。②関白を隠退した人。③豊臣秀吉の称。
【太羹】たいこう(かう) 昔、祭りに用いた肉の汁。調味料を用いない肉の汁。＝大羹
【太皇太后】たいこう(くわう)たいこう ①天子の祖母。太皇。②二代前の皇后。
【太宰】⊟たいさい 官名。百官の中の第一位にあたる官。今の総理大臣。冢宰。⊟だざい 国「大宰府」のこと。
【太歳】たいさい 木星の別名。
【太山】たいざん 山の名。中国五岳の一つ。＝泰山【——不レ譲二土壌(壤)一】たいざんはどじょう(じゃう)をゆずらず 太山がすぐれて高大なのは、少しの土壌をも捨てることなく受け入れたためであるの意。他人の小さな意見をもよく受け入れて、度量を広くもつべきだ、というたとえ。〈戦国策・秦〉【挟(挾)二——一超二北海一】たいざんをわきにはさみてほっかいをこゆ 太山(泰山)をこわきにかかえ、北海(渤海)を飛びこえる。やろうとしてもできないことのたとえ。〈孟子・梁恵王上〉
【太子】たいし ①古い時代は、天子・諸侯の長男。↔皇太子 ②漢では諸王の子。③金・元では天子の庶子。【——侍講】たいしじこう(かう) 太子に侍して、その学業を教授する官。太子侍読。【——太傅】たいしたいふ 漢代に皇太子の教育を担当した官。
【太史】たいし ①国の記録を取り扱う官。②天文・暦を取り扱う官。【——公】たいしこう 太史の敬称。転じて、その官にあった司馬遷(「史記」の著者)、またはその父、司馬談をいう。【——簡】たいしのかん 誰にも憚らず、事実をありのままに記すこと。春秋時代、斉の崔杼が君主の荘公を殺した時、太史が身の危険を顧みず、事実を簡牘に記したことから。【——令】たいしれい 官名。朝廷の記録をつかさどる。のちに、太史の長官をいう。
【太師】たいし 周代の官名。三公の一つ。天子を助け、政治を行う官。
【太守】たいしゅ ①一郡の長官。②国㋐親王の任国と定められていた上総・常陸・上野の三か国の守。㋑国守大名。
【太初】たいしょ 物事のはじめ。太一。太始。
【太上】たいじょう(じゃう) ①最上のもの。至極。②太古。三皇五帝の世。③天子。④皇后。⑤太上皇。【——皇】⊟たいじょうこう(じゃうくわう) 天子の父。⊟だじょうこう(じゃうくわう) 国位を譲られた天皇に対する尊称。上皇。太上天皇。【——皇后】たいじょうこうごう 皇太后。
【太常】たいじょう(じゃう) ①官名。唐代、礼儀や祭事を取り扱った。②日・月・星辰・蛟竜をあしらい描いた天子の旗。
【太政官】⊟だいじょうかん(くわん) 国昔、八省の諸司および諸国を取り締まった役所。その長官は太政大臣。⊟だじょうかん(くわん) 国①⊟に同じ。②明治二年(一八六九)に設置された最高官庁。今の内閣にあたる。
【太甚】たいじん はなはだしい。ひどい。
【太清】たいせい ①道。天の道。②天。
【太祖】たいそ ①初代の皇帝。②物事の初め。原始。
【太宗】たいそう ①事物の根本。②歴代帝王中、太祖につぐ功徳のある皇帝のみたまやの名。③唐、第二代の名君。→「貞観之治」(一一八四ページ・下)
【太倉】たいそう(さう) 都にある政府の米蔵。【食二——之粟一】たいそうのぞくをはむ 仕えて俸禄を受ける。【——陳陳相因】たいそう(さう)ちんちんあい(あひ)よる 世の中が平和で、豊作のため、政府の米倉の米が積み重なるほどにあり余っている。〈史記・平準書〉
【太簇】たいそう 音律の名。十二律の一つ。
【太早計】たいそうけい はやまる。はやがてん。＝大早計
【太息】たいそく ①ためいき。②ためいきをつく。
【太率】たいそつ だいたい。あらまし。おおむね。＝大率
【太孫】たいそん 天子の孫。皇孫。
【太中大夫】たいちゅう(ちう)たいふ 官名。天子のそばにいて、相談にあずかる役。光禄大夫の下、中散大夫の上の地位。
【太弟】たいてい 天子の弟。
【太寧】たいねい ①はなはだやすらかなこと。＝大寧 ②大地をいう。＝泰寧
【太白】たいはく ①きわめて潔白なこと。②星の名。金星。宵の明星。③唐の詩人李白の字。【——山】たいはくざん 陝西省太白県東南にある終南山。太一。太乙。【——捉レ月】たいはくつきをとらう 太白(李白)が南京に近い采石磯で酒に酔い、水上の月を捕らえようとしておぼれ死んだという伝説。〈侯鯖録〉
【太廟】たいびょう(べう) ①先祖の初代の霊を祭る所。②国伊勢大神宮のこと。
【太父】たいふ 祖父。おおじ。
【太傅】たいふ 周代の三公の一つ。天子を補佐する官。
【太夫人】たいふじん ①亡父のあとをついで諸侯になった子の、母に対する敬称。②老母。
【太平】たいへい 世の中が安らかに治まっていること。【——楽】⊟たいへいがく 楽府の題名。⊟たいへいらく 国①雅楽の一つ。②気ままかって。のんきにしている。【——御覧(覽)】たいへいぎょらん 書名。千巻。宋の太平興国二年(九七七)に太宗の勅命で

李昉らが編集した百科全書。【——広（廣）記】書名。五百巻。宋の太平興国二年（九七七）に、李昉らが勅命により作った。漢代から五代までの小説・伝奇を集めたもの。【——天国（國）】清の咸豊・同治にわたり、洪秀全がキリスト教の信仰を基として建てた国の名。

【太保】①官名。周代、三公・三師の一つ。天子の徳を保ち安んじるの意。②廟を祭る官。

【太母】①祖母。②天子の母。

【太朴】太古の時代の純朴さ。大道。

【太僕】官名。天子の車馬・牧畜・行幸の行列などをつかさどる。

【太洋】大きな海。おおうなばら。大瀛。

【太陽】㊀①太陽系の中心をなす恒星。日。日輪。②夏。㊁taiyáng 現㊀の①に同じ。【——系】理太陽を中心に運行している天体の一集団。太陽・惑星・衛星などから成る。【——暦（曆）】地球が太陽の周囲を一回転する期間（約三百六十五日）をもって一年と数える暦。新暦。陽暦。『——照二桑乾河一』書名。中国の作家、丁玲の作。土地改革をテーマとした小説。一九四八年発表。

【太牢】①牛・羊・家の三種がそろったごちそう。②非常なごちそう。

【太宰春台（臺）】人名。儒者。名は純、字は徳夫。信濃の人。荻生徂徠に学んだ。（一六八〇～一七四七）

【太宰帥】↓「大宰帥」（三二〇ジ・中）

【太宰府】↓「大宰府」（三二〇ジ・中）

【太刀】国かたな。つるぎ。

【太占】国神代に行われたうらないの一種。

【太太】tàitai 現奥さん。

△丸太・図太・音太

大1 【天】〔4〕 学1 テン 漢県平 先 tiān ティエン あめ・あま
J 3723 補 — U 5929

筆順 一 二 チ 天

意味 ①そら。おおぞら。↕地 ②人の力の及ばないもの。「天災」③万物の支配者。天帝。造物主。神。「天罰」④天子。君主。⑤自然。また、自然の道理。⑥運命。「天運」⑦うまれつき。「天性」⑧天体。また、その運行。「天文」⑨時節。気候。⑩人の頭。⑪いれずみの刑罰。⑫現一日。「天天」国〈あめ〉〈あま〉「天地」

解字 会意。一と大を合わせたもの。一はこの上ないこと。この上なく大きいのが天。一説に、大は人で、一は人の上にあることを表し、天は人の上にあるものの意味で、脳天のことともいう。

名前 かみ・たか・たかし 姓 天生・天海・天羽・天明・天城 地名 天田・天売・天草・天竜・天理・天童・天満・天塩・天美・天下野 難読 天晴れ・天邪鬼・天牛・天皇・天柱・天蚕糸・天辺・天麩羅・天鵞絨

【天衣】①天人の着物。②天子の衣。【天衣無縫】天女の衣服には縫いめがないということから、詩文などが、手ぎわよく自然にすらりとできたことのたとえ。〈霊怪録〉

【天位】①天子の位。②天の与える官位。

【天為（爲）】天のしわざ。神わざ。

【天威】①天の威光。②天子の威光。③自然にそなわった威厳。

【天意】①天の心。天帝の意志。②天子の意志。帝意。

【天維】①天を支える大綱。②国の綱紀。

【天一】①星の名。天帝の神。天乙。②天の数。一は陽をあらわす。

【天韻】①天子の作った詩。②自然な作風の人柄。

【天宇】①大空。天空。②天下。③帝都。

【天運】①自然のめぐりあわせ。運命。天命。②天体の運行。

【天役】天から授けられた役め。天職。

【天淵】①天とふち。非常にへだたっていること。

【天殃】天のとがめ。天咎。

【天恩】①天のお恵み。②天子の恩。君恩。

【天下】①あめがした。世界。「天下之大道」（人のふみ行うべき道の中で、天下で、最も大なるもの。義をさす。）〈孟子・滕文公下〉「天下之正位」（いずれにも偏ることのない、天下で最も正しい地位。礼をさす。）〈孟子・滕文公下〉②一国全体。また、国の政権。③自分の思いのままにふるまうこと。④国㋐江戸時代、将軍の称。㋑気ままにふるまうこと。「嬶天下」【——一品】天下にただ一つしかないもの。すぐれた品物。【——三分】天下三世紀ころ、中国が魏・呉・蜀にわかれて対立したこと。【——太平】天下がよく治まって平和なこと。＝天下泰平【——事】天下の政治。【——先】天下の人々の先達。【——士】天下に名高い人。【——母】①万物を生み出す根元。道家で、道をいう。②国母。皇后。【——模楷】世の手本。【——無双（雙）】天下に並ぶものがない。『居二——之広（廣）居一』仁を身にとり守って行うこと。広居は、広くゆったりとした住居で、仁にたとえる。〈孟子・滕文公下〉『——柔弱、莫レ過二於水一』世の中で、水より柔らかで弱いものはない。〈老子・七十八〉『後二——之楽（樂）一而楽（樂）』世の人々が楽しんでのちに、はじめてそれを楽しむ。人民の上に立って、世の中を治める立場の人としての心構え。〈范仲淹・岳陽楼記〉↓「先憂後楽」（一二五ジ・上）『——之禄（祿）』天下の富。

【天火】㊀天災による火事。㊁国むし焼き器。

【天花】＝天華 ①雪の別名。②仏天上の花。天から降ってくる花。

【天河】あまのがわ。銀河。天漢。雲漢。

【天海】①天と海。また、非常にへだたっていること。②大空。

【天界】㊀大空。㊁仏天にある世界。天上界。

【天階】①天に登る階段。②宮殿の階段。朝廷。③星の名。三台星。

【天外】①きわめて高い所。②非常に遠い所。③思いもかけないこと。「奇想天外」

【天涯】①天のはて。②きわめて遠いところ。【——孤独（獨）】遠く故郷を離れて、ひとりでいること。【——地角】天のはてと地のすみ。遠く離れていること。

【天蓋】①地をおおう空。天。②国㋐仏具の名。仏像・棺などの上にかざすきぬがさ。㋑虚無僧のかぶる深編笠。

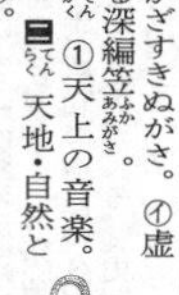

（天蓋②㋐）

【天楽（樂）】㊀①天上の音楽。②宮中の音楽。㊁天地・自然と和合する楽しみ。

【天官】①官名。周代の六官の一つで、長官は、今の総理大臣。②天子に仕える官吏の称。③天文。

【天漢】天の川。銀河。雲漢。天潢。

【天眼】①千里眼をいう。②痙攣のために眼球がつりあがること。【——鏡】国①望遠鏡の昔の呼び名。②易者の使う大きなレンズ。【——通】仏すべてのものを自在に見抜く不思議な力を持つこと。千里眼。神通力。

【天顔】天子の顔。竜顔。

【天気（氣）】㊀①天の気。↕地気 ②空模様。③国空が晴れること。㊁tiānqì 現㊀の②に同じ。【——祭】

国雨つづきのとき晴天をいのる祭り。日和申(ひよりもうし)。↕雨乞祭(あまごいまつり)

【天紀】(てんき) 天の綱紀(こうき)。日月星辰(せいしん)などをきちんと運行させている大自然の法則。

【天機】(てんき) ①天の秘密。造化の働き。または、意志。②生まれつきの機能。③国の重要な仕事。④天子の位。⑤国天子のごきげん。

【天弓】(てんきゅう(きう)) ①虹(にじ)の別名。②星の名。

【天休】(てんきゅう(きう)) 天の善道。天子のめぐみ。

【天穹】(てんきゅう(きう)) おおぞら。天空。

【天咎】(てんきゅう(きう)) 天のとがめ。

【天球】(てんきゅう(きう)) 理地球上の観測者を中心として、天空を球形とみなしていうことば。【――儀】(てんきゅうぎ) 天球を小さな模型にして、恒星・星座などを示したもの。

【天鏡】(てんきょう(きゃう)) 天のかがみの意から、月をいう。また、湖水のこと。

【天極】(てんきょく) ①天道の極まるところ。②星の名。北極星。③自然の道。

【天鈞】(てんきん) ①自然のように平等な理。②北極の極寒の地。③楽器の名。

【天空】(てんくう) 空。おおぞら。【――海闊】(てんくうかいかつ(くゎつ)) ①天や海が広々としていること。②気持ちがさっぱりとして、心の広いこと。

【天刑】(てんけい) ①天罰。②自然のきまり。

【天啓】(てんけい) 天のみちびき。天が人の運命などをひらくこと。

【天慶】(てんけい) 天からさずかったよろこび。

【天月】(てんげつ) 天にかかっている月。

【天眷】(てんけん) 天帝または天子の恵み。

【天険(險)】(てんけん) ひどくけわしい所。天阻(てんそ)。

【天譴】(てんけん) 天のとがめ。

【天元】(てんげん) ①君主のこと。②万物が生育するもと。③碁盤(ごばん)の目の九つの星のうちで、中央の星。

【天鼓】(てんこ) ①かみなり。②星の名。

【天工】(てんこう) ①自然のしわざ。‖天巧 ②天下を治める仕事。

【天公】(てんこう) 天帝。また、天子。【――主】(てんこうしゅ) 回紇(かいこつ)(ウイグル)の可汗(かかん)の妻の呼称。

【天功】(てんこう) 天帝のわざ。自然のはたらき。‖天工

【天巧】(てんこう(かう)) 自然のわざ。‖天工

【天后】(てんこう) ①天子。②天子の母。③唐の高宗の皇后、則天武后(そくてんぶこう)の号。

【天行】(てんこう(かう)) 天体の運行。天地自然の移りゆき。【――健】(てんこうけんなり) 天体の運行が順序正しい。転じて、たえず修養につとめること。〈易経(えききょう)・乾卦(けんか)〉【――有レ常】(てんこうつねあり) 天行には、一定不変の法則がある。〈荀子(じゅんし)・天論〉

【天狗】(てんこう) ㊀①星の名。②怪獣の名。㊁国(てんぐ) ①深山に住むという想像上の怪物。②自慢する人のたとえ。鼻が高い。高慢。【――風】(てんぐかぜ) 国急に空中から吹きおろしてくるつむじかぜ。【――物】(てんぐもの) 国能楽で、天狗を主役にしくんだ作品をいう。【――連】(てんぐれん) 国その道の第一人者だと自慢している人々。

【天皇】(てんこう(かう)・てんのう(わう)) ①天帝。天の神。②古代の天子の称。三皇(天皇・地皇・人皇)のひとつ。③国(てんのう・すめらぎ) 日本の天子。

【天荒】(てんこう(くゎう)) ①地の果て。②天地未開の時の混沌としたさま。

【天香】(てんこう(かう)) ①天上のかおり。②新年・節句などに天を敬って、香(こう)をたくこと。

【天溝】(てんこう) 宮中のみぞ。みかわ水。「独歩天溝岸(ひとりあるくてんこうのきし)」〈唐宋(とうそう)伝奇集〉

【天潢】(てんこう(くゎう)) 天の川。天漢(てんかん)。【――之派】(てんこう(くゎう)のは) 皇族のこと。皇族を天の川の支流にたとえた語。

【天国(國)】(てんごく) キリスト教でいわれる、天上にある国。信者が死後に行くと考えられる神の世界。天堂。

【天獄】(てんごく) 天然の牢獄。地形が険しいたとえ。

【天才】(てんさい) うまれつきの優れた才能。また、その人。

【天災】(てんさい) 自然に起こるわざわい。地震・津波など。↕人災

【天宰】(てんさい) 百官の長。宰相。

【天裁】(てんさい) 天子のおさばき。勅裁。親裁。

【天際】(てんさい) 天のはて。天涯(てんがい)。天末。

【天産】(てんさん) 天然の産物。

【天山】(てんざん) 天山山脈の略。新疆(しんきょう)ウイグル自治区南部の大山脈。

【天士】(てんし) 天文に通じている人。

【天子】(てんし) 天帝の子の意で、天命を受けて一国を統治する君主。【――之気(氣)】(てんしのき) 天子、または天子となるべき者のおるところに立ちのぼる雲気。【――之吏】(てんしのり) 直接、天子の指図(さしず)を受ける臣。大臣・侍臣など。

【天使】(てんし) ①天帝の使者。日月・流星をいう。②皇帝の使者。③キリスト教で、神の使者。エンゼル。④仏老・病・死。

【天姿】(てんし) ①生まれつきのすがた。②生まれつきの性質。天性。

【天時】(てんじ) 天の時。自然の運行の推移をいう。

【天竺】(てんじく(ぢく)) インドの古称。

【天日】(てんじつ) ①太陽。日輪。②天子。【――之表】(てんじつのひょう(へう)) 太陽が万物を照らすように、慈悲の深い人相。〈唐書(とうじょ)・太宗紀〉【指二――一】(てんじつをさす) 太陽をさし、かたく約束すること。〈韓愈(かんゆ)・柳子厚墓誌銘(りゅうしこうぼしめい)〉【見二――一】(てんじつをみる) ①天子が位に戻ること。②罪人が許されること。③盲目の人が視力を回復すること。〈旧唐書(くとうじょ)・中宗韋庶人(ちゅうそういしょじん)伝〉

【天爵】(てんしゃく) 天からさずかった爵位の意で、自然に備わったその人の徳をいう。↕人爵

【天主】(てんしゅ) ①神の名。②キリスト教の神。③仏諸天の帝。④天主閣の略。「天守閣」に同じ。【――教】(てんしゅきょう(けう)) ローマ法王を教主と仰ぐ、キリスト教の旧教一派。

【天守】(てんしゅ) ①自然の道を保ち守る。②天守閣の略。【――閣】(てんしゅかく) 城の本丸(ほんまる)の中央または一隅に築いた高い物見やぐら。

【天寿(壽)】(てんじゅ) 自然に定まった寿命。天年。

【天授】(てんじゅ) 天からさずかること。生まれつき。

【天書】(てんしょ) 天子のくだす文書。

【天縦(縱)】(てんしょう) 天からさずかった性質。

【天上】(てんじょう(じゃう)) ①そら。天空。②天界。天国。③天にのぼる。昇天。【――天下唯我独(獨)尊】(てんじょう(じゃう)てんげゆいがどくそん) 仏釈迦(しゃか)が、誕生のとき言ったといわれることば。天地間で、自分にまさる者はないという意。〈伝灯(でんとう)録〉【――謫仙人】(てんじょう(じゃう)のたくせんにん) 天上からこの地上に流された仙人(せんにん)。〈唐書(とうじょ)・李白(りはく)伝〉

【天仗】(てんじょう(ぢゃう)) 天子のお出かけのときの護衛兵。天子の儀仗隊。

【天常】(てんじょう(じゃう)) 自然に人間に与えられている、不変の道。

【天壌(壤)】(てんじょう(じゃう)) 天と地。天地。【――無窮】(てんじょう(じゃう)むきゅう(きう)) 天地とともに、きわまることがなく永久に続くこと。

【天職】(てんしょく) ①天の職分。②天から命ぜられた職務。その人の尽くすべき職分。③その人に適した職。

【天心】(てんしん) ①天帝の心。天意。②大空の中心。最も高い所。

【天津】(てんしん・ティエンチン) 河北省にあり、中国政府直轄(ちょっかつ)の大都市。

【天神】㊀(てんしん) 天の神。㊁(てんじん) 国菅原道真(すがわらみちざね)をまつった神社。天満宮。【――地祇】(てんしんちぎ) 天地の神々。

【天真(眞)】㊀(てんしん) 自然のままで飾りけのないこと。天から与えられたままの本性。㊁(ティエンチエン) tiānzhēn 現①無邪気。②人がよすぎる。【天真(眞)爛漫】(てんしんらんまん) 飾らずに、気持ちをそのまま表にあらわすこと。率直(そっちょく)。〈輟耕録(てっこうろく)・狷潔(けんけつ)〉

【天人】㊀(てんじん) ①天と人。②人間を超越した、すぐれた人。③天子。④道を修めた、才学のすぐれた人。⑤美人。㊁(てんにん) ①

3画 口囗土士夂(夊)夕大女子宀寸小尢(尣・兀)尸屮山巛(川)工己巾干幺广廴廾弋弓彐(彑・ヨ)彡彳⺍

㊀天上界に住む人。②天上界に住むという、空想上の美女。天女。あまつおとめ。【――感応(應)】天道と人道が互いに影響しあうこと。天人合一。【――冥合】人と天とが、偶然一致すること。人の言行が正しければ、自然と天の意志に合致すること。【――之際】天道と人道との関係。

【天水】①あまみず。②空と水。水天。③中国の昔の郡名。

【天井】一①屋根裏の、いげたの形に木を組んだところ。②日月星辰をいう。天象。③中庭。二国①屋根裏の張り板。②もののいちばん高い所。③相場や物価の最高の限度。

【天生】生まれつき。天賦。

【天成】①生まれつき。②自然にできる。

【天性】生まれつきの性質。天分。

【天阻】天然の要害の地。

【天祖】国天皇の先祖。皇祖。

【天祚】天子の位。天位。皇祚。

【天宗】①日・月・星・辰。②天子の一族。

【天窓】一 採光または煙を出すために屋根にあけた窓。

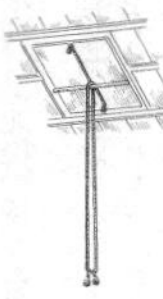
(天窓)

【天造】天然につくられたもの。天工。

【天則】天地自然の法則。

【天属(屬)】天然の関係。親子の間がら。

【天孫】①天子の孫。②織女星の別名。たなばた。③国天照大神の子孫。

【天尊地卑】天は高く、地は低い。転じて、君臣の上下の分が定まっていること。

【天台】①山の名。一名桐柏山。浙江省天台県の東北にある、仏教の霊地。②㊀天台宗。桓武天皇の時、伝教大師(最澄)が天台山の智者大師について学び、後に、比叡山で広めた。

【天沢(澤)】天のめぐみ。また、天子のめぐみ。

【天壇】①天子が天を祭るときの祭壇。②山頂のたいらな所。

【天地】①天と地。あめつち。「動二天地一感二鬼神一」(天地の神々および諸神の心を感動させる。)〈古今和歌集・序〉②世の中。世界。③大きな違いがあるときのたとえ。雲泥。月とすっぽん。④国上と下。【――一指】天地は一本の指である。あれやこれやの区別など無意味で、天地・万物は、本来、斉同・一体であるということのたとえ。〈荘子・斉物〉【――玄黄】天地の色。天の色は玄(黒)、地の色は黄。〈易経・坤卦〉【――霄壌(壤)】「天地」に同じ。霄壌も天地の意。【――神明】天地の神々。【――母】天子の母のこと。【――父母】天子のこと。万民を子のようにいつくしむものという意による。【――剖判】天地が、はじめてわかれること。天地開闢。【――者万(萬)物之逆旅】天地は、万物が現れては消えてゆく所なので、ちょうど旅人を迎え送る宿屋のようなものである。逆旅は宿屋の意。〈李白・春夜宴二桃李園一序〉

【天池】①海。②星の名。

【天中】①天のまん中。②中国を尊んでいう。「天中恋二明主一」〈阿倍仲麻呂の詩・銜レ命使二本国一〉③山名。河南省汝南県北にある。

【天衷】天の善意。天意。

【天柱】①天が落ちないようにささえているという柱。崑崙山にあるという。②世の中の秩序をささえる道義。③星の名。

【天誅】天にかわって悪人を討ち滅ぼすこと。

【天朝】朝廷の尊称。

【天長節(節)】国もと、天皇の誕生を祝った祝日。↔地久節

【天長地久】天地は永遠で、尽きる時期がない。天地長久の意。〈老子・七〉「天長地久有レ時尽」(天地は永遠だといっても、いつかは滅び尽きるときがある。)〈白居易の詩・長恨歌〉

【天帝】①天を支配する神。造物主。中国古代の人々は天の支配者である天帝によって万物が創造されたと考えていた。②㊀帝釈天。【――外臣】仙人が自分を称した語。

【天庭】①天帝の宮廷。②天子の宮廷。

【天敵】ある動物にとって宿命的に、害敵となっている動物。

【天怒】①天の怒り。災害。②天子の怒り。

【天統】①天の正しいすじみち。自然の法則。②天子の血統。

【天堂】①天上界にあるといわれる想像上の殿堂。②㊀極楽浄土。

【天道】一①天地自然の道理。天理。②天地万物に通ずる道理。③天。二国①天地を支配する神。②太陽。【――無レ親】天は公平で特定の人にひいきをしない。〈老子・七十九〉【――是耶非耶】よい行いをすれば福を得、悪い行いをすれば災いを得るのが天道なのに、世間では必ずしもそうでない。それで、天道は正しいのか、正しくないのか疑わしい意。〈史記・伯夷列伝〉

【天徳】①万物を恵み育てる自然の働き。②天子の徳。

【天女】①天上界の仙女。②美人。③㊀めがみ。「吉祥天女」

【天年】天からうけた寿命。〈荘子・山木〉

【天然】人力の加わらない自然そのままの状態。

【天王】①天子の称。②星の名。心宿の最も輝きの強い星。③「牛頭天王」(七九二ペ・下)の略。

【天王山】国①山名。京都府の南部にある。天正十年(一五八二)、羽柴秀吉と明智光秀が戦ったことで有名。②①の戦いで天王山の占領が両軍の勝敗を左右したことから、勝敗や運命の大きな分かれ目をいう。

【天馬】①天帝が乗って、空を駆ける馬。②すぐれた馬。③獣の名。黒頭で白犬に似、人を見ては飛び去るといわれる。④白狐の毛皮。⑤手のこと。⑥虫の名。かまきり。【――子】大宛国に産する名馬。天子の馬の血すじを引くといわれるところからいう。

【天杯】天子から賜るさかずき。

【天罰】天のとがめ。自然にくる悪事のむくい。「天罰覿面」

【天半】天の中ほど。中天。中空。

【天引】国①あらかじめ引き去る。②貸し金の中からその利子を前もって引き去ること。

【天平】国奈良朝、聖武天皇の時代の年号。

【天表】①天のそと。天外。②天子の儀容。

【天飈】空高く吹きすさぶ風。=天飆

【天秤】①はかりの一種で、物をのせる皿と分銅をのせる皿とを、両方につりあわせ、重さを測るもの。②国㋐釣針の一種。てんびんづり。㋑二つの物事が互いにひとしいこと。㋒ふたまたかけること。㋓くらべあわせること。「両天秤。」

【天稟】生まれつきの性質・才能。天資。

【天府】①天然の倉の意。地味が肥えて、産物の尽きない土地。②天然の要害の地。③学問の深いこと。④天子のくら。⑤周代の官名。祭器や宝物の守り番。【――之土】地味が肥えて自然の宝庫となり、かつ要害の土地。

【天賦】生まれつき。天分。天稟。天資。

【天風】ぷう 空に吹く風。天の風。

【天覆】ぷう ①天がおおうかぎりのその下。天下。②天が万物をおおうように、恵みが広くゆきわたること。【――地載】てんぷうちさい 天は上にあって万物をおおい、地は下にあって万物をのせる。広大な仁徳の意。〈中庸・三十一〉【――之心】てんぷうのこころ 人民の上に広くゆきわたる仁愛の心。〈説苑・至公〉

【天物】ぶつ 天が造った物。

【天分】ぶん ①生まれつきの才能。②天からさずかった運命。

【天平地成】てんぺいちせい 天下が太平に治まっているさま。

【天兵】ぺい ①天子の兵。官軍。王師。②天意をうけて戦う正義の軍兵。【――四臨】てんぺいしりん 天子の軍隊が、四方から攻め入ること。

【天辺(邊)】ぺん ①空のはて。天際。天涯。②遠くへだたった地。③いただき。頂上。てっぺん。

【天変(變)】ぺん 天空にあらわれる変事。風・雷・日食など。

【天変(變)地異】てんぺんちい 天地の間に起こる変事。地異とは地震・水害など。

【天歩】ぽ 天の運行。時の巡り。運命。

【天魔】ま 仏人を悪にさそう天上の悪魔。人の心を迷わせる天上の悪鬼。

【天幕】まく ①天井から下げる飾り幕。②テント。

【天末】まつ 空のはて。天涯。天辺。天際。

【天民】みん ①天理のままに生活する人。②天地自然の道理に従う人。③天の生じた民。人民。④道理を身につけた人。

【天命】めい ①天から授かった運命。天運。②寿命。③天帝の命令。

【天明】めい ①夜明け。あけがた。「天明登前途」(夜明け方、これから先の旅路につく)〈杜甫の詩・石壕吏〉②天の明らかな道。③天にある、明らかなもの。日月。④天命。

【天目】もく ①浙江省臨安市の西北の名山。道教・仏教の聖地。②抹茶用の茶わんの一種。天目茶わん。

【天文】もん 空のようす。天体の現象。【――台(臺)】てんもんだい 天文を観測し、研究するための施設。司天台。

【天門】もん ①天の入り口。天帝の御殿。②宮殿の門。③道教で鼻の穴をいう。【――山】てんもんざん 安徽省当塗県にある二つの山。梁山と博望山とが、長江をはさんでそびえているさまが、あたかも門の形に見えるところからいう。

【天佑】てんゆう(いう) 天の助け。天助。＝天祐 【――神助】てんゆうしんじょ「天佑」に同じ。天の守り、神の助け。佑助。

【天与(與)】てんよ 天から授けられたもの。生まれつき。

【天籟】らい ①自然のひびき。自然に鳴る風の音。②詩文などの調子が、すばらしく美しいことのたとえ。

【天覧(覽)】らん 天子・天皇がごらんになること。「天覧相撲」

【天吏】り 天の命を受けて、これを行う者。天道を行う有徳の人。王者。

【天理】り ①天地自然の原理・法則。天道。〈荘子・天運〉②天が与えた人間の本性。③天道と人道を貫き、秩序づける原理。

【天領】てんりょう(りゃう) 国①天皇の領地。②江戸時代、幕府の直轄の領地。

【天力】りょく ①天子の仁徳。②天の力。自然の力。

【天倫】りん ①人と人との間の、自然の順序。親子・兄弟のこと。②天の道理。「序天倫之楽事」(身うちの者だけが集まって、楽しい宴をひらく。)〈李白・春夜宴桃李園序〉

【天暦(曆)】一 てんれき 天の暦数。二 てんりゃく 国平安期、第六十二代村上天皇の時の年号。

【天路】ろ ①天上の道。天への道。②天子の政道。③天の法則。

【天狼】てんろう(らう) 星の名。大犬座のシリウス。東方に出る。天上界の悪い将軍といわれる。

【天禄(祿)】ろく ①天からさずかった幸福。②天が賢人に与える給与。

【天天】ティエンティエン tiāntiān 現毎日。

【天淵之差】てんえん(ゑん)のさ 天と、川のふちほどのちがい。物事の差のはなはだしいことのたとえ。雲泥の差。

【天莫空勾践(踐)、時非無范蠡】(てん、こうせんをむなしゅうするなかれ、ときにはんれいなきにしもあらず) 児島高徳が桜の木に題した句。天よ、天皇を見すてずに助けたまえ、いかに賊が多い世とはいえ、ときには范蠡のような忠臣が出ないわけではないのだから。後醍醐天皇を越王勾践に、自分をその忠臣の范蠡に比している。〈太平記〉

【天知、地知、我知、子知】(てんしる、ちしる、われしる、ししる) 天も地も私もあなたも知っている。誰も知らない秘密などなく、隠しごとはかならずばれるということ。悪事に対するいましめ。→「四知」(二七〇㌻・中)

【局天蹐地】(てんにせぐくまり ちにぬきあしす) 天は高いのに背をかがめて立ち、地は厚いのにぬき足さし足で歩く。たいへん恐れつつしむたとえ。〈詩経・正月〉

【天無二日】(てんにじつなし) 天に二つの太陽は存在しないように、一国を治める天子は一人に限るということのたとえ。〈孟子・万章上〉

【天作孽猶可違、自作孽不可活】(てんのなせるわざわい(わざはひ)はなおさくべきも、みずから(みづから)なせるわざわい(わざはひ)はいくべからず) 天がくだした災いは、なんとかさけられるが、自分で原因を作った災いは、さけることができない。〈孟子・離婁上〉

【天之美禄(祿)】てんのびろく 酒のこと。天から与えられたみごとなたまものの意。〈漢書・食貨志下〉

【天之暦(曆)数(數)】てんのれきすう 帝王となる天運。天子の位を受けつぐ自然の順序。天暦。天歴。〈書経・大禹謨〉

【天実(實)為(爲)之】(てん、まことにこれをなす) 天がほんとうにこういうことをしたのだ。〈詩経・北門〉〈白居易・与微之書〉

【天旋、地転(轉)】(てんめぐり ちてんず) 天下のようすが一変すること。また一説に、月日の経過することをいう。〈白居易の詩・長恨歌〉

【天網恢恢疎而不失】(てんもう(まう)かい(くわい)かい(くわい)、そにしてうしなわず) ①天の張るあみの目はいかにも粗く見えるが、しかし何物をも取りにがすことがない。自然のいとなみは、おおまかのようで実は精密なしくみを持って運行している。〈老子・七十三〉②悪人がいくらはびこっても、最後には、天はにがさずにつかまえる。悪の必ず滅びること、自然の制裁の確かさをいう。

【仰天而唾】(てんをあおぎ(あふぎ)てつばす) 天にむかってつばをすればそのまま自分の顔にかえってくる意で、他人に害を加えようとすれば、かえって自分自身をきずつけることになるたとえ。〈雲笈七籤〉

【不怨天、不尤人】(てんをうらまず、ひとをとがめず) 自分が世の中からもてはやされなくとも、天をも人をも、うらんだり責めたりはしないで、ますます修業につとめる。〈論語・憲問〉

【楽(樂)天】(てんをたのしむ) ①天命に満足する。天の道理を楽しむ。②人生を悲観的に考えず楽観すること。〈孟子・梁恵王下〉
◆干天・中天・昇天・炎天・雨天・青天・荒天・南天・蒼天・梵天・脳天・満天・晴天・暁天・寒天・楽天・衡天・碧天・衝天・曇天・露天・有頂天

大1
【夫】〔4〕 学 4 フ・フウ おっと
一 フ 漢 ブ 呉 フウ 慣 一 平 虞 fū フー
二 フ 漢 二 平 虞 fú フー
J 4155 補 U 592B

筆順 一 二 夫 夫

意味 ㊀①おとこ。成人の男子。②〈おっと(をっと)〉結婚している男子をいう。③おおやけの労役に出る男。壮丁。④古代、井田で、一人の男子の耕す広さ。百畝の農地。㊁①〈それ〉いったい。発語の辞。②〈かの〉〈かれ〉あれ。あの。その。③〈かな〉〈か〉〈や〉感嘆・疑問の語。「逝者如斯夫」(去りゆくとはこのことか。)〈論語・子罕〉

語法 ❶〈かの〉あの…。その…。例の…。遠称の指示代詞。物理的・心理的に距離のあるものを指し示す。例「夫蜀、西僻之国也」(かの蜀は西方僻遠の国です)〈史記・張儀列伝〉

❷〈それ〉そもそも…。いったい。…については。文頭に置かれ、話題を提示したり、相手の注意を促す。例「夫学者載籍極博、猶考信於六芸」(およそ学問に関しては文献がきわめて多いが、その真偽はやはり六経〔詩・書・礼・楽・易・春秋〕に照らして考えるべきである)〈史記・伯夷列伝〉

❸〈かな〉…であるなあ。文末に置かれ、感嘆・詠嘆を表す。例「莫我知也夫」(わたしを理解してくれる人などいないのだなあ)〈論語・憲問〉

❹〈か〉〈や〉疑問。例「吾歌、可夫」(私は〔自分の意を歌で〕歌ってもよいだろうか)〈史記・孔子世家〉

句形

(1)［也夫］〈なるかな〉詠嘆・感嘆。例「斯人也而有斯疾、命也夫」(このような人物にこのような疾病があろうとは。これが運命なのだろうか)〈史記・仲尼弟子列伝〉

(2)［且夫］〈かつそれ〉そもそも。いったい。文頭に置かれ話題を提示したり相手の注意を促す。例「且夫天与弗取、反受其咎」(そもそも天が与えているのにそれを受け取らないとかえってその災いを受けるのである)〈史記・越世家〉

解字  会意。一と大とを合わせたもの。大は人で、夫は、人の頭の部分にかんざしをさした形。男子は二十歳で成人式をあげ、かんむりをかぶり、かんざしをさす。そこで夫は一人前の男子を表す。

名前 お・あき・すけ 難読 夫婦(めおと・みょうと)

【夫子】(ふうし) ①古くは、男子の通称。②官位にある人に対する敬称。③年長者、目上の人。④孔夫子の略。孔子の敬称。「夫子之道」(先生〔孔子〕の教えられる道。)〈論語・里仁〉⑤先生の意。⑥妻が夫を尊敬していうことば。

【夫婦】(ふうふ) 結婚した男女。めおと。夫と妻。夫妻。『――有別』夫と妻には、それぞれ定まった役割や礼儀がある。〈孟子・滕文公上〉

【夫役】(ふえき・ぶやく) ①公共の仕事のため、人民を強制的に使役すること。夫課。②公共の仕事に使役される人民。

【夫家】(ふか) ①男女。②夫と妻。③夫の家。『――之征』周代に、農民夫婦の一組に課す税に相当する額を、定職をもたず遊んでいる者に罰金として課したことをいう。

【夫君】(ふくん) ①妻が夫をよぶ敬称。②友人。③国他人の夫の敬称。

【夫差】(ふさ) 人名。春秋時代、呉の国王。越を攻め、父闔閭のかたきを討ち覇者となったが、のち、越王勾践に会稽で滅ぼされた。

【夫椒】(ふしょう(せう)) 山名。江蘇省蘇州市呉中区西南、太湖の中にあり、春秋時代、呉王夫差が越を破ったところ。「呉王夫差、敗越於夫椒」〈左伝・哀公〉

【夫唱婦随(随)】(ふしょう(しゃう)ふずい) 夫が言い出し、妻がそれに従うこと。＝夫倡婦随

【夫人】㊀(ふじん) ①貴人の妻に対する敬称。②皇后。また、皇后の次の、後宮の婦人。③古くは、他人の母の敬称。④国他人の妻の敬称。奥様。㊁(フーレン) fūrén 現㊀の④に同じ。

【夫婿】(ふせい) おっと。妻が夫を呼ぶ称。

『夫里之布』(ふりのふ) 中国古代の税法の一つ。夫布と里布。布は銭の意。夫布は、無職の者から取りたてる税。里布は、桑・麻を宅地に植えない者から取る税。

◇▼人夫・凡夫・工夫・丈夫・大夫・火夫・水夫・匹夫・坑夫・車夫・情夫・猟夫・農夫・漁夫・士大夫・大丈夫・偉丈夫

大1

【夭】〔4〕 ㊀ヨウ(エウ) 漢 呉 ㊀上 篠 yǎo, yǎo ヤオ ㊁ヨウ(エウ) 漢 呉 ㊁平 蕭 yāo ヤオ J 5280 補 U 592D

意味 ㊀①屈する。曲げる。曲がる。②わかじに。若くして死ぬ。「夭没」③やつれる。顔色が悪い。㊁①〈わか・い(――・し)〉おさない。②わかく美しい。「夭夭」③草の盛んにしげるさま。④わざわい。＝殀

【夭閼】(ようあつ) ふさぎとどめる。

【夭札】(ようさつ) わか死に。札は流行病で死ぬもの。

【夭死】(ようし) わか死に。夭没。夭枉。夭傷。

【夭寿(壽)】(ようじゅ) わか死にと、長生き。

【夭傷】(ようしょう) わか死に。傷は二十歳未満で死ぬこと。

【夭逝】(ようせい) 「夭死」に同じ。

【夭折】(ようせつ) わか死に。夭没。

【夭桃】(ようとう) 若々しい桃。

【夭夭】(ようよう) ①若く美しいさま。「桃之夭夭、灼灼其華」(桃のようようたる、しゃくしゃくたりそのはな)〈詩経・桃夭〉②盛んなさま。心や顔かたちのおだやかでのびのびしているさま。「棘心夭夭、母氏劬労」〈詩経・凱風〉【――如】(ようようじょ) 桃の花などが美しいさま。にこにこしてゆたかな姿の形容。〈論語・述而〉

【夭厲】(ようれい) 疫病。流行病。

大2

【央】〔5〕 学3 オウ ㊀ヨウ(ヤウ) 漢 オウ(アウ) 呉 ㊀平 陽 yāng ヤン ㊁エイ 漢 ㊁平 庚 yīng イン J 1791 補 U 592E

筆順 丨 冂 口 央 央

意味 ㊀①〈なかば〉㋐まんなか。「中央」㋑中途。②つきる。やむ。③久しい。遠い。④ひろいさま。「央央」②あざやかなさま。㊁①声の調和しているさま。「央央」

解字  会意。冂と大とを合わせた字。冂は、わくで、大は人。央は、人がわくの中にきちんとある形で、中を表す。一説に、央は一人の首と肩をわくでおさえつける形で、まんなかがおさえられてへこむことであるとも、央は、冂が人の体の上にある形で頸と通じて、くびを表し、くびがからだの中心にあるから中を表すともいう。

名前 ちか・てる・なか・ひさ・ひろ・あきら・ひさし・ひろし

【央央】㊀(えいえい) ①声の調和しているさま。②あざやかなさま。㊁(おうおう) 広いさま。鈴の音。

大2

【夯】〔5〕 コウ(カウ) 漢 上 養 hāng ハン J 2476 補 U 592F

意味 ①声をあわせて力をだす。②地面をたたき固める。「夯

3画 口囗土士夂(夊)夕 ➡大 女子宀寸小尢(尣・兀)尸屮山巛(川)工己巾干幺广廴廾弋弓彐(彑・⺕)彡彳⺌

大2

【夰】〔5〕 コウ（カウ）㊥㊤ 皓 gǎo カオ

J —— 2477 補 U 5930

意味 ①はなつ。分散する。思うままにする。②空中の大気。「碋夰」＝昊

大2

【失】〔5〕 学4 シツ うしなう

㊀シツ㊥ シチ㊤ ㊀㊅ 質 shī シー
㊁イツ㊥ イチ㊤ ㊁㊅ 質 yì イー

J 2826 補 —— U 5931

筆順 丿 𠂉 𠂉 㐄 失

意味 ㊀①〈うしな・う(――・ふ)〉㋐無くする。「亡失」㋑わからなくなる。㋒のこす。忘れる。「遺失」㋓見のがす。㋔見うしなう。②まちがえる。あやまち。「過失」㊁①逃げる。②ほしいままにする。＝佚

解字 形声。㐄と乀とを合わせた字。㐄は手。乀は乙で音を示す。乙は逸と同じく、抜け出す意味がある。失は、手から物が抜け落ちることを表し、「うしなう」意味になる。音シツは、乙の音イツの変化。一説に乙は音の関係はなく、ただ意味だけをとったものという。この場合には会意。

【失意】①思うようにならない。失望。②志がとげられず、心の楽しくないこと。

【失火】過失による火事。

【失格】一定の資格をなくす。

【失脚】①足をふみはずす。②失敗して立場や地位を失う。

【失御(「馭」)】馬の扱い方法をあやまる。転じて、国家や部下を統御する方法をあやまる。

【失禁】大・小便をもらすこと。

【失計】計画をあやまる。しくじり。

【失敬】①礼儀にはずれる。失礼。②国男子のあいさつ語。

【失言】あやまって、言ってはならぬことを言う。言いそこなう。言いすぎ。

【失効(效)】効力をなくす。無効になる。

【失策】計画をしくじる。方法をあやまる。

【失錯】あやまち。しくじる。

【失守】①節操を失う。②守るべき事物を失う。③恐れでたえられなくなる。

【失笑】おかしさをこらえきれず、思わず笑ってしまう。

【失色】顔いろをかえる。ひどく恐れる。

【失職】①職務上の過ちを犯すこと。②職や地位を失う。③気絶する。

【失心】①正気を失う。喪神。②気がくるう。＝失神
【失身】①身を持ちくずす。不義をする。②生命を失う。

【失真(眞)】真相をあやまる。まことの道を失う。

【失政】政治をあやまる。また、あやまった政治。

【失節(節)】節操を失う。身をあやまる。

【失踪】人のゆくえがわからなくなる。人の住所・生死が不明なこと。

【失態】①体裁を失う。面目を失う。②しくじり。失敗。

【失墜】①しくじる。②おとす。うしなう。

【失当(當)】当を失う。正当でない。道理にあわない。

【失徳】道徳にはずれた行いをする。

【失念】忘れる。忘却する。

【失敗】㊀やりそこなう。㊁shībài 現㊀に同じ。

【失費】費用のかかること。かかり。ものいり。

【失望】あてがはずれる。希望を失う。

【失名】人の名がわからない。人の名を忘れる。

【失命】命を失う。死ぬ。

【失明】目がみえなくなる。

【失礼(禮)】①礼儀にはずれる。不作法。②わかれるときや、あやまるときのあいさつのことば。失敬。

【失路】①道に迷う。②出世しそこなう。③処置をあやまる。

【失レ鹿】帝位を失う。鹿は天子の位のたとえ。
◆小失・亡失・自失・消失・流失・紛失・得失・焼失・過失・喪失・損失・遺失・一得一失

大2

【本】〔5〕 ㊀トウ(タウ)㊥ ㊀㊥ 豪 tāo タオ ㊁ホン㊥㊤ ㊁㊤ 阮 běn ペン

J 5281 補 —— U 5932

意味 ㊀はやく進む。㊁「本」(六一五ジ・下)の俗字。

大2

【夾】〔5〕

J ②0530 補 —— U 215D7

意味 漢字の字形を構成する要素。意味・音を示さない。春・奏などを構成する。

大2

【夳】〔5〕 古 ↓泰(七一〇ジ・下)

大3

【夷】〔6〕 標 人 イ㊥㊤ ㊥ 支 yí イー

J 1648 補 —— U 5937

意味 ①〈えびす〉㋐東方の異民族。㋑異民族の蔑称。㋒外国。遠方の地。②〈たいら・げる(たひら・ぐ)〉㋐平定する。㋑滅ぼす。みな殺しにする。③〈たいらか(たひらか)〉㋐平坦。㋑おだやか。④おおきい。⑤〈つね〉人の守るべき道。⑥たぐい。ともがら。⑦きず。きずつける。＝痍「傷夷」⑧足を投げ出してすわる。傲れるさまをいう。⑨よろこぶ。＝怡 ⑩〈ただ〉〈ここに〉発語の辞。国①〈えびす〉えみし。「蝦夷」②えびすさま。七福神の一つ。

名前 ひな・ひら 地名 夷隅 難読 夷振り

【夷悦】喜ぶ。夷は怡(よろこぶ)の意。夷愉。夷懌。

【夷夏】中国と異民族の国。文化の高い国と低い国。

【夷歌】異民族の歌。

【夷踞】うずくまる。片ひざを立ててすわる。不作法な態度。

【夷険(險)】①土地の平らな所とけわしい所。②順調な境遇と、不遇な境遇。険夷。【――一節(節)】国家のさかんなときと衰えたときとにかかわらず、臣下としてのみさおを変えないこと。〈欧陽脩・昼錦堂記〉

【夷三族】ひとりの罪に対して、同時にその父・母・妻の三族をも罰すること。

【夷叔】伯夷と叔斉。周の武王が、時の天子殷の紂王を攻めるときに、いさめて用いられず、首陽山で餓死した兄弟。「夷叔在二西山一」〈陶潜の詩・飲酒〉

【夷傷】傷つく。きず。

【夷斉(齊)】人名。周の賢人、伯夷と叔斉。

【夷跖】①伯夷と盗跖。伯夷は周代の清廉な人。盗跖は春秋時代の大どろぼう。②善人と悪人のたとえ。

【夷然】平気なさま。平然。

【夷則】①陰暦七月の別名。②音律の名。十二律の一つ。

【夷俗】えびすの風俗。

【夷蹲】うずくまる。蹲踞。

【夷坦】平らかなこと。平坦。

【夷狄】未開の蛮族。特に夷は東、狄は北の蛮族。＝夷翟【――之道】礼儀にはずれた未開人のやり方。

【夷塗】平らかな道。

【夷蕩】平安なこと。安らかで穏やかなこと。

【夷貊】東北方にいた異民族の名。＝夷貉
【夷蛮(蠻)戎狄】中国周辺の異民族の意。東方を夷、南方を蛮、西方を戎、北方を狄という。

【夷服】九服のひとつ。蛮服の外、方五百里。

【夷滅】たいらげ滅ぼす。

【夷愉】よろこぶ。↓夷悦

3画 口囗土士夂(夊)夕大女子宀寸小尢(尣・兀)尸屮山巛(川)工己巾干幺广廴廾弋弓彐(彑・ヨ)彡彳⺌

【夷由】いゆう（いう） ①ためらう。躊躇ちゅうちょする。②むささびの別名。
【夷猶】いゆう（いう） ぐずぐずする。猶予ゆうよ。
【夷戮】いりく たいらげ滅ぼすこと。
【夷虜】いりょ えびす。東方の異民族。
【夷陵】いりょう 地名。今の湖北省宜昌ぎしょう市の東南。もとは春秋時代の楚その王の墓の名。
〖以レ夷攻レ夷〗いをもっていをせむ 外敵を利用して、外敵を攻略するという兵法の策。他人の力をたくみに利用して自らの利得をはかること。「兵法所謂以レ夷攻レ夷（いわゆるいをもっていをせむるなり）」〈王安石・梅侍読神道碑〉
◆東夷とうい（あずまえびす）・征夷せいい

大3【夵】〔6〕 ㊀エン 漢 ㊀上 琰 yǎn イェン ㊁トウ（タウ）漢 ㊁平 豪 tāo タオ J ―― 補 2479 U 5935
意味 ㊀上が大きく、下が小さい形をいう。㊁進む。＝夲とう

大3【夸】〔6〕 ㊀コ 慣 カ（クワ）漢 ㊀平 麻 kuā コワ ㊁コ 慣 カ（クワ）漢 ㊁去 禡 kuà コワ J 5282 補 ―― U 5938
意味 ㊀①〈ほこ・る〉おごる。自慢じまんする。大言をはく。「夸矜こきょう」②美しいさま。㊁またがる。かねる。＝跨こ
参考 夸は「誇」(一一五五ページ・上)の中国新字体としても使う。
【夸言】こげん 事実を大きく飾って語ること。大げさな話。
【夸者】こしゃ 権勢にほこりたかぶる人。名誉を好む人。
【夸大】こだい（かだい） ①おおげさ。＝誇大 ②高慢にかまえる。
【夸耀（燿）】こよう（えう） 功を大げさに言ってほこること。

大3【夶】〔6〕 古→比(六九〇ページ・上)
大3『尖』→小部三画(三九〇ページ・上)
大3【⿱彐大】〔6〕 俗→靈(一三五三ページ・中)

大4【夾】〔7〕 ㊀コウ（カフ）漢 キョウ（ケフ）呉 ㊀入 洽 jiā チア ㊁キョウ（ケフ）漢 ㊁入 葉 jiā チア J 5283 補 ―― U 593E
意味 ㊀①〈はさ・む〉さしはさむ。左右から持つ。＝挟きょう ②はさむ道具。③はさまる。まじる。④近い。近づく。⑤助ける。輔佐ほさする。「夾輔きょうほ」⑥せまい。音 xiá シア。＝狭 ㊁刀のつか。

【夾撃（擊）】きょうげき（けふ） 両方から同時に攻める。はさみうち。夾攻。＝挟撃
【夾巷】きょうこう（けふかう） 狭苦しいちまた。小路。

【夾谷】きょうこく（けふ） 地名。孔子が魯ろの定公を助けて、斉せいの景公と会見した所で、その場所は三説ある。一説には、莒きょの地、今の江蘇そ省贛楡かんゆ県の西。

【夾雑（雜）】きょうざつ（けふ） 入りまじる。【――物】きょうざつぶつ（けふざつ） まじりもの。

【夾廁】きょうし（けふ） 物の間にはさまりまじる。夾雑。

【夾侍】きょうじ（けふ） ①左右につきそう。また、その人。②仏中心となる仏像の左右に安置する像。

【夾鐘】きょうしょう（けふ） 音律の名。十二律の一つ。

【夾帯（帶）】きょうたい（けふ） ①他の荷物に隠して持ち込む。②科挙(官吏登用試験)などで携行禁止のものを隠し持つこと。

【夾袋】きょうたい（けふ） 衣服のポケット。

【夾竹桃】きょうちくとう（けふ（たう）） 常緑低木。竹に似た葉で、夏、紅または白の花をつける。有毒な木。

【夾輔】きょうほ（けふ） 左右から助ける。補佐する。【――之勲】きょうほのくん 天子補佐のてがら。幼い君主を補佐する勲功。

大4【夽】〔7〕 グン 呉 漢 ㊤上 吻 yǔn ユン J ②0532 補 ―― U 593D
意味 ①大きい。②高い。

大4【夿】〔7〕 ハ 漢 ㊥平 麻 へ 呉 bā パー J 2481 補 ―― U 593F
意味 ①大きい。②地名に用いる字。

大5【奄】〔8〕 人 標 ㊀エン 漢 ㊀上 琰 yǎn イェン ㊁エン 漢 ㊁平 塩 yān イェン J 1766 補 ―― U 5944
意味 ㊀①〈おお・う（おほ・ふ）〉㋐かぶせる。㋑占有する。㋒しまう。かくす。②〈にわか（にはか）〉たちまち。突然に。「奄然えんぜん」③暗いさま。④同じく。ことごとく。⑤いこう。休息する。㊁①去勢した男性。宦官かんがん。＝閹えん ②ひさしい。しばらくとどまる。＝淹えん「奄留えんりゅう」
名前 ひさ 姓 奄智あんち 地名 奄芸あんき・奄美あまみ
【奄奄】えんえん ①息が絶え絶えになるさま。虫の息。「気息奄奄」②暗いさま。
【奄忽】えんこつ たちまち。すぐに。
【奄人】えんじん 「宦官かんがん」(三七二ページ・上)をいう。
【奄然】えんぜん ①ぴったりと合うさま。②おおわれて暗いさま。③急なさま。奄忽えんこつ。④息が絶えそうなさま。奄奄。⑤休息するさま。
【奄有】えんゆう（いう） 土地を全部所有してそこの主となること。
【奄留】えんりゅう（りう） ながく滞在する。逗留とうりゅう。＝淹留えんりゅう

大5【㚙】〔8〕 カ 漢 ㊥平 麻 jiā チア J ②0533 補 ―― U 3699
意味 義未詳。国伊㚙留我いかるがは、三重県の地名。

大5【奇】〔8〕 常 キ ㊀キ 漢 呉 ㊀平 支 qí チー ㊁キ 漢 呉 ㊁平 支 jī チー J 2081 補 ―― U 5947
筆順 一 ナ 大 … 奇
立4【竒】〔9〕 俗字 J 5284 補 ―― U 7AD2
意味 ㊀①〈めずらし・い（めづら・し）〉㋐変わっている。「奇服きふく」㋑すぐれている。②〈あやし・い（あや・し）〉ふしぎ。「神奇しんき」③ひそか。予想外の。「奇計」④めずらしいと思う。驚く。㊁①奇数。⇔偶 ②ふしあわせ。不運。「数奇すうき」③あまり。はした。④姓。
解字  会意・形声。大と可を合わせた字。可かは、また音をも示す。可には、じゅうぶんでないという意味がある。大は人。奇は、人がかたよっていること、一本足で立っていることを表し、あやしいとか、かわっているの意味になる。音キは、可の音カの変化。
名前 あや・くす・すく・より 難読 数奇屋すきや(付表)
参考 新表記では、「畸」の書きかえに用いる。また、「綺」の書きかえに用いる熟語もある。
【奇異】きい ふつうと違って珍しい。不思議。
【奇偉】きい（ゐ） すぐれてりっぱ。
【奇穎】きえい すぐれて賢い。
【奇縁（緣）】きえん 思いがけない因縁。
【奇貨】きか（くわ） ①珍しい品物。②うまい金もうけ。【――可レ居】きかおくべし（きくわ） 珍しい品物は買っておいて値上がりを待てば、ひともうけできる意で、よい機会に乗ずること。秦しんの商人呂不韋りょふいは、趙ちょうに人質となっていた秦の王子子楚しそをみて、奇貨はたいせつにすべしとして、これを助けた。のち、子楚は秦の荘襄そうじょう王となり、呂不韋は大臣に任じられたという故事。〈史記・呂不韋りょふい列伝〉
【奇禍】きか（くわ） 思いもかけない災難。
【奇怪】㊀きかい（くわい） ①怪しい。不思議な。②ふつごうな。㊁

【奇画(畫)】きかい(くわい) 国けしからぬ。 ■一きかく(くわく) すぐれた計画。奇抜な計画。 ■三チーコワイ qíguài 現■一に同じ。 ■二きが(ぐわ) 珍しい絵。
【奇観(觀)】きかん(くわん) 珍しいながめ。 かわったみもの。
【奇岩】きがん 変わった形をした岩石。
【奇奇怪怪】ききかいかい(くわいくわい) 「奇怪」を強調したことば。 ひどく奇怪なさま。 ひじょうに不思議な。
【奇矯】ききょう(けう) 普通の人と変わった言行をすること。
【奇遇】きぐう 思いがけず出会う。 珍しいめぐりあい。
【奇崛】きくつ ①山がけわしくて、変化のあるさま。 ②詩や文章が奇抜ですぐれているさま。
【奇(「畸」)形】きけい ①珍しい形。異様な形。②普通とはちがっ「た生物の形態。」
【奇計】きけい ①変わったはかりごと。 ②すぐれたはかりごと。
【奇警】きけい すぐれてすばしこい。
【奇傑】きけつ 珍しくすぐれた人物。
【奇譎】きけつ たくらんで、他人をだます。 たくらみ。
【奇言】きげん 珍しいことば。 奇語。
【奇古】きこ 珍しくて古めかしい。
【奇語】きご 珍しい話。 奇談。 珍談。
【奇功】きこう 珍しくすぐれた功績。
【奇巧】きこう(かう) ①珍しい技巧。 ②すぐれたうでまえ。 ③ごまかしのたくらみ。
【奇効(效)】きこう(かう) 不思議なききめ。 奇験きけん。
【奇骨】きこつ すぐれた意気。 変わった性格。
【奇才】きさい 人なみ以上にすぐれた才知。 また、その人。
【奇策】きさく 珍しいはかりごと。 奇計。 【――縦(縱)横】きさくじゅうおう(わう) 奇抜なはかりごとを思うがままに考え出して使う。
【奇士】きし すぐれた人物。
【奇字】きじ 書体の一つ。 古文に似ている珍しい形の文字。
【奇趣】きしゅ 珍しい風趣。 変わったおもむき。
【奇秀】きしゅう(しう) すばらしくすぐれていること。
【奇習】きしゅう(しふ) 珍しい習慣。 変わった風習。
【奇襲】きしゅう(しふ) 敵の不意をついて攻めこむ。
【奇獣(獸)】きじゅう(じう) 珍しいけもの。 異獣。
【奇術】きじゅつ ①珍しい技術。 ②国てじな。
【奇峭】きしょう(せう) 山などのけわしくそびえたつさま。
【奇捷】きしょう(せふ) 思いがけない勝利。 不意をついて敵に勝つ。「奇捷」=奇勝
【奇勝】きしょう ①すぐれた景色。 ②奇計を用いて敵に勝つ。 =」

【奇状(狀)】きじょう(じゃう) めずらしいようす。 ふしぎなさま。
【奇人】きじん ①性質・行動などが、一般人と変わっている人。 変人。 ②必要以外の人。 ひまな人。 奇は「余り」の意。
【奇瑞】きずい 不思議なめでたいしるし。 異瑞いずい。
【奇声(聲)】きせい 妙な声。 奇抜な声。
【奇跡(「蹟」)】きせき 不思議な現象。 珍しいできごと。
【奇節(節)】きせつ 人なみすぐれたみさお。
【奇絶】きぜつ すぐれて珍しい。
【奇想】きそう(さう) 変わった思いつき。 珍しい考え。 【奇想天外】きそうてんがい(さうてんぐわい) 普通の人の考えつかないような思いつき。 奇抜な着想。
【奇態】きたい ①珍しい形。 ②国ふしぎ。 奇妙。
【奇(「綺」)談】きだん 珍しい話。 =奇譚
【奇知(「智」)】きち すぐれた知恵。 普通の人の考えつかないような考え。 頓知とんち。
【奇致】きち いっぷう変わった珍しい趣。 奇趣。
【奇蹄類】きているい 動哺乳ほにゅう動物の一つで、後ろ足の指が奇数の草食獣。 馬・ばく・さいなど。 ↕偶蹄類ぐうているい
【奇特】■一きとく 特にすぐれていること。 ■二きとく|きどく 国①感心な心がけや行為。 ②不思議なしるし。
【奇抜】きばつ ①特にすぐれている。 ②いっぷう変わっておもしろい。 ③思いがけないこと。
【奇筆】きひつ すばらしくすぐれた筆跡。
【奇服】きふく 変わった服装。 あやしい服装。
【奇福】きふく 思いがけない幸福。 ↕奇禍
【奇物】きぶつ 不思議な品物。 珍しい品物。
【奇聞】きぶん 珍しい話。 奇談。 珍談。
【奇兵】きへい ①奇計をもって敵中に攻めこむ軍隊。 ②一つの武器。 ③小指のこと。
【奇癖】きへき 人と変わった珍しい癖。
【奇峰】きほう 珍しい形の峰。
【奇妙】きみょう(めう) ①珍しく不思議なこと。 ②なみはずれて巧みなこと。 ③珍しくすぐれたこと。 ④思いがけなく、考えたとお「りになる。」
【奇利】きり 思いもかけない利益。
【奇麗】きれい すぐれてうるわしい。 妙麗。 =綺麗
◆伝奇でんき・怪奇かいき・珍奇ちんき・猟奇りょうき・新奇しんき・数奇すうき|さっき|すき

大5
【奞】〔8〕
ケン 漢 | 上 阮 juàn チュワン
U 5946 補 2483 J ②0534
意味 はなはだ大きい。

大5
【臭】〔8〕
■一コウ(カウ) 漢 県 | ■一 上 晧 gǎo カオ
■二タク 漢 県 | ■二 入 陌 zé ツォー
U 3696 J ②0535
意味 ■一まっ白。 純白。 ■二「澤」(七〇四ページ・下)の古字。

大5
【奝】〔8〕
テイ 漢 | 平 斉
タイ 県 | dī ティー
U 5943 補 2482
意味 ①推量を表すことば。 おおよそ。 ②姓。

大5
【奈】〔8〕 学4
ナ
■一ダイ 漢 ナイ 県 | ■一 去 泰 nài ナイ
■二ダ 漢 ナ 県 | ■二 去 箇 nài ナイ
U 5948 J 3864

筆順 一 ナ 大 太 夳 夻 夻 奈

意味 ■一■二①〈いかん〉 どのように。「奈何いかん」 ②〈いかんせん〉 どうする。 ③〈いかんぞ〉 どうして。 なぜ。 ④果樹の名。 りんごの類。 からなし。 =柰だい

解字  形声。 木が形を表し、示しが音を示す。 柰だいは、りんごに似た実のなる木。 この柰が、奈の本来の字といわれるが、両字は音も字形も似ていることから、もともと混用されていたのかもしれない。

姓 奈葵なき 地名 奈良なら・奈井江ないえ・奈半利なはり

【奈何】いかん いかに。 どのようにしよう。 なぜ。
【奈落】ならく ①仏奈落迦ならくかの略で、地獄のこと。 =那落 ②国㋐どんぞこ。 ㋑劇場の舞台や花道の下の地下室。

大5
【奉】〔8〕 常
ホウ・ブ
たてまつる
ホウ 漢 ブ 県 | 上 腫 fèng フォン
U 5949 J 4284

筆順 一 二 三 丰 夫 夫 叁 奉

意味 ①承うける。 うけたまわる。「奉命」 ②〈たてまつ・る〉 ㋐ささげる。 献上する。 ㋑ささげ持つ。 ③助ける。「奉賛」 ④仕つかえる。 ⑤したがう。 ⑥やしなう。 ⑦みつぎもの。 献上物。 ⑧禄ろく。 給料。 =俸ほう

解字  会意・形声。 古い形で見ると、丰・廾・手を合わせた字。 丰ほうが音を示す。 廾は両手の形で、奉は、両手で品物をさしあげていることを表し、「たてまつる」の意味になる。 これに対し、承は受け取る形である。

名前 な・うけ・とも・よし

【奉安】(ほうあん) ①帝王のひつぎを葬ること。 ②御神体や仏像などを、一定の場所にすえ置くこと。安置。

【奉加】(ほうが) 寺院や神社などに、金品を寄付すること。奉納。

【──帳】(ほうがちょう(ちゃう)) ①神仏に寄付する金品にそえて出す文書。②神仏に寄付した人名や、その金高を書いた帳面。

【奉還】(ほうかん(くゎん)) つつしんでお返しする。「大政奉還」

【奉迎】(ほうげい) 君主、または貴人を、お迎え申し上げる。

【奉献(獻)】(ほうけん) 「奉呈」に同じ。

【奉公】(ほうこう) ①おおやけの仕事に力をつくす。②主人につかえる。③国使用人として、主人の家に住みこんでつかえる。

【奉行】(ほうこう(かう)) 一 君の命令を受けて事を行う。また、その人。二(ぶぎょう(ぎゃう)) 国①上の命をうけ、下に行うこと。②武家政治時代の職名で、一部局の長官。

【奉候】(ほうこう) 貴人のごきげんをおうかがいする。

【奉朔(朔)】(ほうさく) 天子の統治下に入り、その政令に従うこと。天子の定めた正朔(こよみ)に従う意。

【奉賛(贊)】(ほうさん) ①つつしんで助ける。②たたえる。

【奉仕】(ほうし) ①主人につつしんでつかえる。②他人のために私利をすててつくす。

【奉伺】(ほうし) おうかがいする。「天機奉伺」「御機嫌奉伺」

【奉祀】(ほうし) 神をまつる。

【奉祠】(ほうし) ①神をお祭りする。②宋代、功臣や学者で病気や老年になった者に対し、各地にある道教の寺を管理させて俸給を与え、余生を送れるようにした特典。

【奉事】(ほうじ) 目上の人におつかえ申し上げる。

【奉侍】(ほうじ) 目上の人のそばにいてつかえる。

【奉持】(ほうじ(ぢ)) ささげ持つ。つつしんで持つ。＝捧持
【奉祝】(ほうしゅく) お祝い申し上げる。

【奉書】(ほうしょ) ①君主の文書をたずさえること。②国㋐室町時代、将軍の命をうけて、奉行などからくだした書きつけ。㋑江戸時代、将軍の命を受けて、老中のくだした書きつけ。㋒奉書紙(ほうしょがみ)の略。上質で儀式上の文書などに用いる大判の紙。

【奉承】(ほうしょう) ①おおせをつつしんで承諾する。②おつかえする。奉侍。③こびへつらう。

【奉上】(ほうじょう(じゃう)) ①主君に忠をつくす。②さしあげる。贈呈する。③国手紙のあて名のわきに添える語。

【奉職】(ほうしょく) 官職につく。

【奉送】(ほうそう) 貴人をお見送りする。


【奉体(體)】(ほうたい) 主君の意をうけて、つつしんで行う。

【奉戴】(ほうたい) うやうやしくおしいただく。

【奉勅(敕)】(ほうちょく) 天子の命令をお受けする。勅命をうけたまわる。

【奉呈】(ほうてい) つつしんでさしあげる。献上する。

【奉読(讀)】(ほうどく) つつしんで読む。

【奉納】(ほうのう(なふ)) 社寺に金品を寄付する。

【奉幣】(ほうへい) 神に幣帛をささげる。神を祭る。

【──使】(ほうへいし) 国天皇が神社に幣帛をたてまつるときの勅使。

【奉報】(ほうほう) 恩返しをする。「殺レ身奉報」〈陳玄祐・離魂記〉

【奉養】(ほうよう(やう)) ①父母や目上の人につかえて世話する。②日常の飲食・起居。

【奉禄(祿)】(ほうろく) 官吏の給料。

大 5
【奔】
〔8〕 常 ホン
U 5954 / 補 ― / J 4359

旧字 大 6
【奔】
〔9〕 一 ホン 漢 呉 一 平 元 bēn ペン 二 ホン 漢 呉 二 去 願 bèn ペン
U FA7F / 補 ― / J ―

筆順 一 ナ 大 太 本 夲 奔 奔

意味 一 ①〈はし・る〉㋐かける。㋑にげる。「出奔」㋒追う。求める。野合。 ②はやい。「奔流」 ③正式でない結婚をする。野合。 ④落ちる。くずれ落ちる。 二 ①おもむく。めざす。②力いっぱいに。

解字 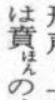 形声。大と卉を合わせた字。大は人で、形を表す。卉は賁(ほん)の略で、音を示すとともに、ふき出す意味をもっている。奔は、人が勢いよく走ることを表す。

【奔逸(逸)】(ほんいつ) ①走りのがれる。②走りまわる。

【奔雲】(ほんうん) 空を速く流れる雲。「奔雲滾滾」〈桟雲峡雨日記〉

【奔営(營)】(ほんえい) 生活のためにあくせく走りまわる。「有レ心ニ奔営一者」〈慶滋保胤・池亭記〉

【奔竄】(ほんざん) 走りのがれる。逃げかくれる。遁竄。

【奔衝】(ほんしょう) 速く走り進んでつきあたること。奔突。

【奔趨】(ほんすう) 走りおもむく。

【奔星】(ほんせい) 夜間に飛ぶ流星。

【奔走】(ほんそう) ①忙しく走りまわる。②世話をする。③ほねをおる。

【──人】(ほんそうのひと) 道路を忙しく走り歩く人。俗人のことをいう。

『──之友』(ほんそうのとも) いろいろと尽力してくれる友人。〈後漢書・何顒伝〉

【奔喪】(ほんそう(さう)) 他郷で親の死を知り、急ぎ帰って喪に服すること。

【奔湊】(ほんそう) 走り集まる。いそぎ集まる。

【奔湍】(ほんたん) 水の走り流れるところ。早瀬。

【奔馳】(ほんち) 速くかけまわる。馬や水流などの速いこと。奔駛。

【奔注】(ほんちゅう(ちう)) 勢いよく流れ注ぐ。

【奔濤】(ほんとう(たう)) 激しくうち寄せる大波。奔浪。

【奔騰】(ほんとう) ①走りあがる。②物の値段などが急に高くなる。

【奔南狩北】(ほんなんしゅほく) 天子が戦乱をさけるため、あちこちに逃げ走る。

【奔馬】(ほんば) 勢いよく走る馬。逃げ走る馬。

【奔波】(ほんぱ) ①はげしく打ちよせる波。速く流れる水。②奔走する。苦労する。

【奔訃】(ほんぷ) 死のしらせに、急いで行くこと。＝奔赴
【奔放】(ほんぽう(ぱう)) ①勢いよく走る。②水の流れの速いこと。③文章などの筆力のあるさま。④思いのままに行動すること。

【──肆大】(ほんぽうしだい) ①水の勢いがはげしく、思うままに流れ広がること。②筆力が強く雄大なこと。

【奔北】(ほんぼく) 戦争に負け、走り逃げる。北は逃げる意。

【奔命】(ほんめい) 君主の命令で忙しく走りまわる。

【奔雷】(ほんらい) ①激しく鳴りひびくかみなり。②急流の水音がかみなりのように激しいさま。

【奔流】(ほんりゅう(りう)) 速い流れ。急流。
◆出奔・狂奔・驚奔・逬奔

大 6
【奕】
〔9〕 エキ 漢 ヤク 呉 入 陌 yì イー
U 5955 / 補 ― / J 5285

意味 ①大きいさま。②かさなる。かさねる。「奕世」③うつくしいさま。しなやかなさま。軽く舞うさま。④うれえるさま。⑤囲碁。＝弈

参考 「弈」は別字だが、混用されることも多い。

【奕奕】(えきえき) ①美しいさま。②大きいさま。③憂えるさま。④光り輝くさま。

【奕楸】(えきしゅう(しう)) 碁盤。棋盤。

【奕世】(えきせい) 代々。累代。奕葉。

【奕棋】(えっき(えきき)) 碁をうつ。また、そのわざ。囲碁。

大 6
【奓】
〔9〕 カイ 漢 平 灰 kāi カイ
U 5952 / 補 2484 / J ―

意味 大きいさま。

大 6
【奐】
〔9〕 カン(クヮン) 漢 呉 去 翰 huàn ホワン
U 5950 / 補 ― / J 5286

意味 ①あきらか。ひかりかがやくさま。＝煥「奐乎」

3画
口囗土士夂(夊)夕大女子宀寸小尢(允・兀)尸屮山巛(川)工己巾干幺广廴廾弋弓彐(彑・彐)彡彳⺍

②おおいさま。さかんなさま。③取りかえる。＝換(かん)

大6【契】〔9〕[常] ケイ ちぎる　J 2332　U補 5951

[旧字] 大6【契】〔9〕 [一]ケイ 漢 [一][去] 霽 qì チー　[二]セツ 漢 [二][入] 屑 xiè シエ　[三]ケツ 漢 [三][入] 屑 qiè チエ　[四]キツ 漢 [四][入] 物 qì チー　J ―　U補 ―

[筆順] 一 十 丰 㓞 㓞 㓞 契 契 契

[意味] [一]①わりふ。てがた。「契券」②〈ちぎ・る〉㋐約束する。㋑交わりを結ぶ。③〈ちぎり〉約束。④合う。合わせる。「契合(けいごう)」⑤亀甲や獣骨に文字をきざむ。また、その道具。⑥絶つ。⑦うれえる。「契契(けいけい)」[二]人名。殷(いん)の湯王(とうおう)の祖先。[三]①苦しみはげむ。苦労する。②ひさしく会わない。「契闊(けつかつ)」[四]国名。契丹(きったん)。

[解字] 形声。大が形を表し、㓞(かい)が音を示す。㓞は、刀で竹や木にきずをつけて二つに割ること、つまり、わりふをいう。契は、大きいわりふ。わりふは約束を示すものであるから、「ちぎる」の意味になる。一説に、㓞には、かみ合わせるという意味があるから、契は大きく合わせることで、まとめる、要約する意味を表し、それを木に書きつけたものをもいう。

[名前] ひさ　[難読] 契丹(きったん)

【契丹】(きったん・タイ) ①異民族の名。中国東北部に住んでいた。②国名。後梁(こうりょう)の時、耶律阿保機(やりつあぼき)が、今の内モンゴル自治区に建てた国。宋(そう)代に遼(りょう)と号し、のち、金に滅ぼされた。

【契印】(けいいん) 後の証拠とするために、二枚の紙面にまたがらせて「おす印。割り印。

【契機】(けいき) ①物事のきっかけ。動機。②[哲]モメント。物の運動・変化・発展の過程を決定する本質的要素。

【契兄】(けいけい) 兄弟の約束をして、兄となったもの。義兄。

【契券】(けいけん) 割り符。符節。契符。

【契合】(けいごう)(がふ) 割り符を合わせたように一致する。符合。

【契嵩】(けいすう) 人名。宋(そう)の高僧。字(あざな)は仲霊。号は明教大師。

【契勅(敕)】(けいちょく) 割り符と詔(みことのり)。

【契刀】(けいとう)(たう) 漢の王莽(おうもう)の造った刀の形をした貨幣。

【契父】(けいふ) 養父。義父。

【契符】(けいふ) 割り符。符節(ふせつ)。

(契刀)

木片などに文を書き、中央に証印を押して、二つに割り、一片を相手に与え、他の一片を後日の証拠のため、とっておくもの。契券。

【契文】(けいぶん) ①→「甲骨文字(こうこつもじ)」(八三四ページ・中)・「亀甲獣骨文字(きっこうじゅうこつもじ)」(一四五八ページ・中) ②契約の書。

【契盟】(けいめい) 誓いを結ぶ。

【契約】(けいやく) ①約束。約契。②[法]二人以上の当事者の意志が一致して、一定の法律上の効果を生じること。

【契闊】(けつかつ)(くわつ) ①苦労する。②会うことと離れること。また、離散する。③したう。④堅く約束する。ちぎる。

◆券契(けんけい)・書契(しょけい)・符契(ふけい)・黙契(もっけい)

大6【奎】〔9〕[入] ケイ 漢 [平] 斉 kuí コイ　J 5287　U補 594E

[意味] ①星座の名。二十八宿の一つで文章をつかさどる。②また。またぐら。

[解字] 形声。大が形を表し、圭(けい)が音を示す。大は、人が足をひろげた形で足の両もも間の意。一説に、両足を開いた形が三角形であるのをいうとも。

[名前] ふみ

【奎運】(けいうん) 学問の気運。文芸の発達。文運。

【奎文】(けいぶん) 学問や文物。

大6【奓】〔9〕 [一]タ・シャ 漢 [一][去] 禡 zhà チャー　[二]シャ 漢 [二][平] 麻 shē ショー　J 2485　U補 5953

9 人【偧】〔11〕 俗字　J 1781　U補 5067

[意味] [一]①張(は)る。②開(あ)ける。「奓戸(しゃこ)」[二]おごる。＝奢(しゃ)。「奓心(しゃしん)」

大6【奏】〔9〕[学]6 ソウ かなでる　[一]ソウ 漢 [一][去] 宥 zòu ツォウ　[二]ソウ 漢 [二][去] 宥 còu ツォウ　J 3353　U補 594F

[筆順] 二 三 夫 夫 奏 奏 奏 奏

[意味] [一]①〈すす・める(――・む)〉献上する。②上に申し上げる。「上奏(じょうそう)」③皇帝に進言する文体。上書。④〈かな・でる(――・づ)〉音楽を演奏する。「奏レ鼓(こをそうす)」⑤なしとげる。⑥走る。急いで行く。＝走　[二]あつまる。あつめる。＝湊(そう)

[解字] 会意。古い形で見ると、中・廾・本を合わせた字。中は上に進めること。廾は両手。本は進めること。奏は上に進めることを表し、申しあげるという意味になった。一説に、本は神にささげる動物で、奏は、動物を両手で神に供えることであるといい、また、動物の腹を両手でさいて、神に供えて白骨になったものであるという。

[名前] かな

【奏案】(そうあん) ①上奏文をならべる机。②天子に申し上げて罪を調べる。奏按(そうあん)。③上奏文の下書き。

【奏可】(そうか) 上奏された事柄を裁可する。

【奏劾】(そうがい) 天子に申し上げてその人の罪をただす。奏弾(そうだん)。

【奏楽(樂)】(そうがく) 音楽を奏する。また、その音楽。

【奏議】(そうぎ) 文体の名。天子に意見を申し上げる。また、その意見書。上奏文。

【奏曲】(そうきょく) 音楽をかなでる。

【奏功】(そうこう) ①てがらをたてる。②事が成就する。③事の成功を君主に奏上する。

【奏効(效)】(そうこう)(かう) ①てがらを天子に申し上げる。②効果があらわれる。

【奏書】(そうしょ) 天子に申し上げる文書。奏疏(そうそ)。

【奏章】(そうしょう)(しゃう) 天子に申し上げる文書。上奏文。奏疏。奏書。

【奏上】(そうじょう)(じゃう) 天子に申し上げる。

【奏請】(そうせい) 天子に上奏して、おさしずを仰ぐ。

【奏疏】(そうそ) ①文体の名。臣下が天子に意見などを述べる上奏文の類。②天子にたてまつる文書。

【奏対(對)】(そうたい) 天子にお答え申し上げる。

【奏弾(彈)】(そうだん) 人の罪を天子に申し上げる。奏劾(そうがい)。

【奏任】(そうにん) [国]もと、官吏任命形式の一つ。天皇直接の任命である勅任に対して、高等官三等以下八等までの、内閣総理大臣が奏上して、天皇が任命する形のもの。

【奏稟】(そうひん) 天子に申し上げることと、天子の命令を受けること。

【奏鳴曲】(そうめいきょく) 器楽曲の一形式。ソナタ。

【奏聞】(そうもん) 臣下が天子に申し上げる。上奏。

◆上奏(じょうそう)・合奏(がっそう)・伴奏(ばんそう)・吹奏(すいそう)・独奏(どくそう)・演奏(えんそう)・讒奏(ざんそう)

大6【奔】〔9〕[旧]→奔(三三〇ページ・中)

大6〖臭〗→自部三画(一〇三三ページ・上)

大6〖耎〗→而部三画(一〇〇三ページ・下)

大6〖类〗(一三七九ページ・下)→米部三画

大7【奚】〔10〕ケイ 漢 平 斉 xī シー　J 5288 U 595A

意味 ①〈なに〉何。②〈なんぞ〉〈いずくんぞ(いづくんぞ)〉どうして。なぜ。③〈いずれ(いづれ)〉どれ。どこ。疑問または反語の語。④召使。しもべ。⑤姓。

語法 ❶〈なに〉〈いずれ(いづれ)〉なに。どちら。事物を問う。類 何 例「衛君待レ子而為レ政、子将ニ奚先一」(衛の王があなたをお迎えして政治をなさることになれば、まず何を先になさいますか)〈論語・子路〉▼場所をたずねる場合、「いずこ(いづこ)」「いずく(いづく)」と訓読する場合もある。また、目的語となる場合、ふつう動詞・介詞などの前に倒置される。例「晨門曰、奚自」(門番は、どちらから、とたずねた)〈論語・憲問〉
❷〈なんの〉どのような。どういう。事物の状態・性質を問う。例「此奚疾哉」(これはどんな病気か)〈列子・仲尼〉
❸〈なんぞ〉〈いずくんぞ(いづくんぞ)〉疑問・反語。どうして。なぜ。理由・原因を問う。例「子奚不レ為レ政」(先生はどうして政治をなさらないのか)〈論語・為政〉

【奚若】どんなか。いかがか。＝何如
【奚奴】しもべ。召使。
【奚童】こどもの召使。小僧。僮僕。
【奚以】なぜ。どうして。
【奚為】なぜ。どうして。
【奚疑】どうして疑う必要があろうか、何も疑うことはない。「楽ニ夫天命一復奚疑」(あの天命を楽しんで、何の疑うところもない。)〈陶潜・帰去来辞〉
【奚啻】どうしてただ…だけであろうか。

大7【奘】〔10〕ソウ(サウ) ジョウ(ジャウ) 漢 慣 上 養 zàng ツァン　J 5289 U 5958

意味 ①さかん。②大きい。ふとい。③人名。玄奘三蔵

廾7【弉】〔10〕俗字　J 5518 U 5F09

大7【套】〔10〕人 標 トウ(タウ) 漢 去 号 tào タオ　J 3769 U 5957

意味 ①かさねる。先例にならう。②おおいかぶせる。また、おおい。③長い。④くま。地形のまがった所。「河套」⑤組になっている事物を数える量詞。セット。⑥わなにかける。また、わな。計略。

名前 なが
【套印本】多色刷りの書物。
【套語】古くさいことば。きまり文句。常套語。
◆外套・旧套・常套

大7【𦰩】〔10〕意味 漢字の字体記述要素。嘆・難などを構成する。　J ②0536 U 26C29

大7【奄】〔10〕同 ↓畚(八三七ページ・中)

大8【奛】〔11〕コウ(クヮウ) 漢 上 養 huǎng ホワン　J ②0537 補 2487 U 595B

意味 光がさしこんで明るい。

大8【奞】〔11〕シュン 漢 シン 呉 去 震 xùn シュン　補 2489 U 595E

意味 鳥が羽を広げて、飛び立とうとするさま。

大8【奝】〔11〕チョウ(テウ) 漢 呉 平 蕭 diāo ティアオ　J ①1573 補 2488 U 595D

意味 ①おおきい。②おおい。

大8【奟】〔11〕ホウ(ハウ) 漢 平 庚 bēng ポン　J ②0538 補 2490 U 595F

意味 大きな力。大きいさま。

大8〖爽〗(七八八ページ・下)→爻部七画

大8〖匏〗(一八五ページ・上)→勹部九画

大9【奥】〔12〕常 オウ おく　一 オウ(アウ) 漢 去 号 ào アオ　二 イク 漢 入 屋 yù ユイ　J 1792 U 5965

旧字 大10【奧】〔13〕人　J 5292 U 5967

筆順 ノ 冂 冂 冋 冋 冋 奥 奥

意味 一 ①〈おく〉㋐へやの西南の隅。神をまつる所。㋑内部深くはいった所。㋒おくざしき。寝所。㋓あるじ。主人。「奥主」②おく深い。「奥義」③深く茂った。たけが高い。二 ①あたたか。＝燠 ②〈くま〉湾曲した流れの内がわ。＝澳 ③にごる。④塩につける。国〈おく〉①貴人の妻。夫人。「奥方」②奥州。東北地方。「陸奥」③おそく実る稲。転じて成熟のおくれている人を指す。「奥手」

解字  会意。宀と釆と廾とを合わせた字。宀は上からおおう形。釆は、かがむ意味ともいい、米をまき散らしたところに両手を添えた形ともいう。奥は、室の中に人や物があることを表し、「おく」の意味となる。一説に奥は、おおわれた中の暖かいことを表し、屋の深い奥で、暖かいところをいうと解する。

名前 うち・おき・すみ・ふか・むら 姓 奥津

地名 奥尻・奥入瀬・奥武山

【奥衍】文章の意味の奥深いこと。

【奥義】学問・技芸などの奥深い道理。【──抄】国書名。三巻。藤原清輔撰の歌学書。

【奥旨】奥深い意味。学問・技芸などの奥義。

【奥草】深くはえしげった草むら。

【奥博】知識・学問が深くひろい。

【奥妙】①「奥義」に同じ。②奥深くすぐれている。

【奥印】国①奥書に押す印。②事実の証明に書類の終わりに押す印。

【奥書】国①巻物や書物の終わりにつけた由来書。②師匠が弟子に奥義を伝授した事を証明する文書。

【奥津城】国墓所の古語。はかば。

【奥付】国書物の終わりの、著者名・発行年月日・発行者名などをしるしたところ。＝奥附
【奥勤】国昔、貴人の家に使われ、奥向きに勤めたこと。また、その人。

【奥手】一 国①おそくみのる稲。晩稲。⇔早稲 ②みのりのおそいもの、または人。二 国①肱。二の腕。②ふだん隠して現さない得意の手段、または技芸。

【奥院】国仏寺や神社の奥のほうにあって、霊像を安置したところ。

【奥向】国①家の奥のほう。②家事に関する事がら。

【奥右筆】国江戸幕府の職名。若年寄の下で機密の公文書や記録を扱った役。
◆内奥・心奥・玄奥・胸奥・深奥・堂奥

大9【奣】〔12〕オウ(ワウ) 漢 上 梗 wěng ウォン　補 2492 U 5963

大9【奡】〔12〕ゴウ(ガウ) 漢 去 号 ào アオ J 2491 補 — U 5961

意味 ①空が明るい。②人名・地名に用いる。

意味 ①おごる。＝傲。②力がつよい。③人名。夏の時代の人。④叫ぶ。＝囂。

大9【奢】〔12〕標 シャ 漢 平 麻 shē ショー J 5290 補 — U 5962

意味 ①〈おご・る〉〈おごり〉分に過ぎる。ぜいたくをする。↔倹 ②たかぶる。ほこる。③まさる。こえる。④豊かな。⑤姓。

【奢佚】ぜいたくをして遊びくらす。

【奢華(華)】おごってはなやか。

【奢傲】おごりたかぶる。

【奢侈】ぜいたく。おごり。【——文弱】ぜいたくにふけって、武事を忘れ、弱々しくなる。

【奢恣】おごって気ままにふるまうこと。

【奢肆】おごって自分かってにふるまうこと。＝奢恣

【奢僭】身分不相応にぜいたくをする。

【奢蕩】ぜいたく。「性頗奢蕩」〈沈既済・枕中記〉

【奢靡】ぜいたくではなやか。

【奢放】ぜいたくな生活をし、したいほうだいにする。

【奢欲(「慾」)】おごりを好む欲。

◆華奢・豪奢・驕奢

大9【奠】〔12〕テン 漢 去 霰 デン 呉 diàn ティエン J 5291 補 — U 5960

意味 ①酒食を神・祖先に供えて祭る。「釈奠」②ささげる。たてまつる。③そなえもの。④〈さだ・める(——・む)〉きめる。位置づける。「奠位」⑤置く。

参考 新表記では、「典」に書きかえる熟語がある。

【奠菜】神前に野菜を供えること。

【奠都】都を定める。

『布レ奠傾レ觴』供物を供え、酒を注いで死者を弔い祭る。〈李華・弔二古戦場一文〉

大9【業】〔12〕ホク 漢 入 屋 pú プー J ②8628 補 5626 U 83D0

意味 わずらわしい。

大9【䖱】〔12〕同 →鈌(六七三ジー・上)

大10【奨】〔13〕常 ショウ J 3009 補 — U 5968

旧字 大11【奬】〔14〕入 ショウ(シャウ) 漢 上 養 jiǎng チアン J 5293 補 — U 596C

筆順 丨 丬 丬 丬 丬 将 将 奨

犬11【獎】〔15〕本字 J 6450 補 — U 734E　廾11【弉】〔14〕同字 J — 補 — U 38A1

意味 ①〈すす・める(——・む)〉㋐すいせんする。㋑はげます。②ほめる。③たすける。

解字 形声。正字は奬で、犬が形を表し、將が音を示す。將には、助けるとか、おくるとか、動作を示す意味がある。また音が嗾と通じて、けしかけるという意味を含む。奬は、犬をけしかけてはげますことで、すべて、つとめはげます意味になった。

名前 つとむ

【奨慰】ほめて苦労をねぎらう。

【奨掖】助けはげます。

【奨学(學)】学問をすすめはげますこと。【——院】国平安時代、元慶四年(八八〇)に在原行平が、藤原氏の勧学院にならって京都にたてた私立学校。

【奨勧(勸)】はげましすすめる。奨励。

【奨監】すすめ戒める。＝奨鑒

【奨金】一 奨励のために出す金銭。奨励金。二 jiǎngjīn 現 ①賞金。②ボーナス。

【奨訓】すすめ教える。

【奨飾】奨励する。ほめはげます。

【奨進】人をすすめて官につかせる。

【奨率】はげましてひきいる。＝奨帥

【奨飭】いましめる。指導する。

【奨導】助け導く。

【奨励(勵)】すすめはげます。

◆推奨・報奨・勧奨

大10【奥】〔13〕旧 →奥(三三二ジー・中)

大11【奪】〔14〕常 ダツ うばう タツ 漢 ダチ 呉 ダツ 慣 入 曷 duó トゥオ J 3505 補 — U 596A

筆順 一 大 衣 夲 夲 奞 奪 奪

意味 ①〈うば・う(——・ふ)〉㋐無理やりにとりあげる。「強奪」㋑圧倒する。㋒目をくらませる。「奪目」②時期を失う。③順序を乱す。④決定する。

解字 会意。大・隹・寸を合わせた字。大は人。隹は鳥。寸は手に物を持っている形。奪は、人が抱えている鳥を手で抜き取ることであるとも、人の手から鳥が飛び抜けることであるともいい、うばうという意味になる。

【奪還】取りもどす。うばいかえす。

【奪錦】①詩文の優秀さで他人の名誉をうばう。唐の武后が宋之問の詩のすばらしいのを見て、いったん人に与えた錦の衣を、かれに与えかえたという故事。〈唐書・宋之問伝〉②官吏の登用試験に合格すること。

【奪取】うばい取る。

【奪将(將)】うばい取る。将は助詞。

【奪胎】古人の詩文の内容をとって、その形式だけをかえること。つくりかえ。やきなおし。「換骨奪胎」

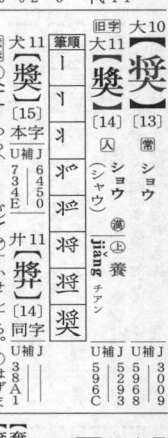

【奪目】目をうばう。強い光線のため目がくらむ。

【奪略(「掠」)】うばい取る。略奪。

『弗レ能レ奪』とりあげることができない。

◆与奪・予奪・争奪・剝奪・略奪・強奪

大11【奩】〔14〕レン 漢 平 塩 lián リエン J 5294 補 — U 5969

竹17【籢】〔23〕本字 J — 補 — U 7C62

意味 〈はこ〉香ばこ。また、化粧ばこ。＝匲

【奩子】小箱。

(奩)

大11【奬】〔14〕旧 →奨(本ジー・中)

大12【奫】〔15〕イン(ヰン) 漢 平 真 yūn ユン J 2493 補 — U 596B

意味 水の深く広いさま。「奫奫」

【奫泫】①深い底から湧き出し流れるさま。②文章にうるおいがあり、深い味わいのあること。

【奫淪】水の深くはてしないさま。

大12【奭】〔15〕セキ 漢 入 陌 shì シー J ①1574 補 2494 U 596D

大14【奭】〔17〕古字 J — 補 — U 21690

意味 ①さかんなさま。②いかるさま。③赤い色。④消滅

3画 口囗土士夂(夊)夕大女子宀寸小尢(兀・兀)尸屮山巛(川)工己巾干幺广廴廾弋弓ヨ(彐・ヨ)彡彳⺍

3画 口囗土士夊(夂)夕大女子宀寸小尢(尣・兀)尸屮山巛(川)工己巾干幺广廴廾弋弓彐(彑・ヨ)彡彳⺍

する。「奭然」 ⑤人名。周の武王の名臣、召公奭。

大12 〖器〗→口部十二画(二六二ページ・下)

大12 〖樊〗→木部十一画(六六四ページ・中)

大13 【奯】〔16〕 カツ(クヮツ)漢 入 曷 ― カチ(クヮチ)呉 huò フォ ― J 2501 補 U 596F

意味 ①空間が大きい。一説に、穴が大きい。②目を大きく開く。

大13 【奮】〔16〕 学 6 フン ふるう ― フン 漢 去 問 呉 fèn フェン ― J 4219 補 U 596E

筆順 大 夲 夲 夲 奞 奮 奮 奮

意味 ①〈ふる・う(――・ふ)〉 ㋐鳥がはばたきする。㋑ふるいたつ。意気ごむ。㋒おこす。発揚する。「奮起」 ②振る。③怒る。いきどおる。

解字 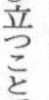 会意。奞と田を合わせた字。隹は、とりで、奞は、鳥がつばさを張ってふるい立つさま。奮は、鳥が田で大きく飛び立つことで、ふるう意味になる。

【奮起】 勇みたつ。ふるいたつ。奮発。
【奮撃(擊)】 ふるいたって攻撃する。
【奮激】 はげしく、ふるいたつ。はげしく怒る。
【奮乎】 ふるいたつさま。
【奮呼】 ふるいたって、大声でさけぶ。
【奮迅】 勢いはげしくふるいたつこと。「獅子奮迅」
【奮戦(戰)】 ふるいたたかう。できるだけの力を出して戦う。
【奮然】 ふるいたつさま。
【奮怒】 憤りおこる。＝忿怒
【奮闘(鬭)】 ■ 勇みたってたたかう。奮戦。■ fèndòu 現■に同じ。
【奮発(發)】 ①ふるいおこす。②もれ出る。③国思いきりよく金品を出す。
【奮躍】 ふるいおどる。勇み進む。
【奮励(勵)】 ふるいはげむ。勇みたつ。「奮励努力」
◆発奮・興奮

大14 【奭】〔17〕 古 →奭(三三三ページ・下)

大15 【奰】〔18〕 ヒ 漢 去 寘 ― bì ビー ― J ― 補 ― U 5970

意味 ①怒る。②せまる。③さかん。

大15 〖類〗→頁部九画(一三七九ページ・下)

大21 【轛】〔24〕 ■タ 漢 ■ 上 哿 duǒ トゥオ ■シャ 漢 ■ 上 馬 chě チョー ― J 2502 補 U 5972

意味 ■①豊かなさま。②物が重く、垂れているさま。■広々している。

3画 女部 おんな おんなへん

【部首解説】 「ひざまずく女性」にかたどる。この部には、女性の性質や婚姻などに関連するものが多く、「女」の形を構成要素とする文字が属する。

女0 【女】〔3〕 学 1 ジョ・ニョ・ニョウ おんな・め ― ■ジョ(ヂョ)漢 ニョ呉 ■ 上 語 nǚ ニュイ ニョウ慣 ■ジョ(ヂョ)漢 ニョ呉 ■ 上 語 rǔ ルー ■ジョ(ヂョ)漢 ニョ呉 ■ 去 御 nǜ ニュイ ― J 2987 補 U 5973

筆順 く 女 女

意味 ■①〈おんな(をんな)〉 ↕男 ②〈むすめ〉〈め〉 ㋐女の子ども。㋑未婚の女性。③かよわい。やわらかい。「女桑」 ④星座の名。二十八宿の一つ。うるき。■〈なんじ(なんぢ)〉 おまえ。＝汝 ■〈めあわ・す(めあは・す)〉 よめにやる。

解字  象形。婦人が、手とひざを曲げている形で、すなおなようすを表したもの。

名前 こ・め・たか・よし 姓 女川・女良・女部田 地名 女方・女連・女満別 難読 海女・乙女・早乙女(付表)／女将・女郎花・女形・女衒

【女謁(謁)】 ①女が君主の愛をたのしみにして請い求める願い。婦謁。②婦人にこび頼んで君主に近づくこと。
【女垣】 低い垣根。ひめがき。女牆。
【女王】 ①女の天子。女帝。②内親王以外の皇族の姫君。
【女家】 ■ 嫁のさと。嫁の生家。■ おまえのとつぐ夫の家(母が嫁にゆく娘に対していう)。
【女禍】 女関係のことでおこる災い。女難。
【女戒】 女色におぼれないためのいましめ。
【女誡】 書名。一巻。後漢の班昭(班固・班超の妹で曹世叔の妻)の著。女子の道を説く。
【女楽(樂)】 ①女子の楽人。うたいめ。②女子が奏する音楽。
【女媧氏】 ①中国古伝説中の帝王の名。伏羲氏の妹。五色の石を練って天の割れた所を補い、大がめの足を切って、天を支える柱を立てたといわれる。女希氏。媧皇。②禹王の皇妃。
【女官】 宮中に仕える婦人。
【女牛】 織女星と牽牛星。
【女御】 ■ 周代に、天子の食事・寝所につきそった女官。■ 国昔、天子のそば近く仕えた女官。皇后・中宮の次の位。【――屋】 国女御の住むつぼね。
【女君】 ①側室が夫の正妻を呼ぶ称。②皇后。女王。
【女訓】 婦人に対する教え。
【女兄】 姉のこと。
【女系】 母方の血筋。
【女傑】 男まさりの女。女の豪傑。
【女権(權)】 女子の権利。
【女工】 ①女子の仕事。＝女功 ②女子の労働者。
【女功】 女のわざ。女の仕事。＝女工
【女紅】 女子の仕事。
【女校書】 うたいめ。妓女。芸妓。芸者。
【女士】 ■ りっぱな行いがある女子。■ nǚshì 現女性に対する一般的な敬称。
【女史】 ①後宮の記録をつかさどる女官。②女の姓名の下につける敬称。③学問・芸術などで世に知られた女。
【女児(兒)】 ■ ①女の子。②蚕の俗称。■ nǚ'ér 現むすめ。
【女孺】 召使の小女。おんなわらわ。
【女将(將)】 ①婦人の将軍。女将軍。②国客商売の家の主婦。おかみ。
【女倡】 女の役者。
【女牆】 低いかきね。ひめがき。女垣。
【女丈夫】 男まさりの女。男性的な女。
【女色】 ①女の顔かたち。②情事。いろごと。
【女神】 女の神さま。
【女真(眞)】 種族の名。ツングース族に属し、北宋の時、金国を建て、のちに元に滅ぼされた。清を建てた満州族はその一族。

【女婿】①女子の夫。娘の夫。

【女装(裝)】①女子のよそおい。②男が女の服装をすること。

【女寵】女性に対する寵愛。

【女直】「女真」に同じ。遼の興宗の名が宗真であったので、遼人は、真の字を避けて直にした。

【女弟】いもうと。

【女姪】めい。兄・弟・姉・妹の娘。

【女徒】罪をおかしたため奴隷になった女。

【女童】女のこども。

【女徳】①女子の行うべき道徳。婦徳。②女性の性情。また、色香。③㊄尼。女僧。

【女伴】つれの女。

【女夫】㊀娘の夫。㊁国夫婦。みょうと。

【女巫】神に仕えて舞やお祈りをし、また、神のお告げを伝える女。みこ。

【女房】㊀女のへや。㊁国①宮中でへやをもらっていた高位の女官。宮仕えの女。②女。婦人。③妻。家内。【――詞】国昔、宮仕えの婦人たちの用いた特別のことば。

【女妹】①いもうと。女弟。②夫のいもうと。

【女優】女の役者。女倡。

【女羅】蔦の一種。さるおがせ。ひかげのかずら。

【女流】①女の仲間。②女性。「女流作家」

【女郎】㊀①少女のこと。②男子のように才気のある女。郎は男子の意。③国遊女。娼妓。㊁①女の子。②婦人をいやしめていう語。【――花】㊀秋の七草のひとつ。【――花月】陰暦七月の称。

【女衒】国江戸時代、女を遊女に売ることを商売にした者。衒は、なかだちをして売る意。女儈。

【女院】国天皇の生母・女御・内親王などで、仏門にはいり門院の号のある人。

【女護島】国①女だけが住むという想像上の島。②八丈島の別称。

【女人】㊀おんな。女子。「女人禁制」㊁①現㊀に同じ。② nǚren 現妻。女房。

『女子与(與)小人難養』女子と小人とは養いがたし　女子やしもべたちは(親しむとなれやすく、遠ざけるとうらみやすく)とかく扱いにくい。〈論語・陽貨〉

◆乙女・才女・王女・天女・仙女・処女・児女・男女・侍女・官女・信女・海女・皇女・美女・貞女・烈女・淑女・悪女・婦女・醜女・織女

女 2

【奶】

〔5〕　ダイ漢 ⓤ 蟹 nǎi ナイ

J②0541　補2504　U5976

意味 ①ちち。乳。②乳母。③乳を与える。④現奶奶 nǎinai は、㋐婦人の尊称。㋑祖母(父の母)。

女 2

【奵】

〔5〕　㊀テイ漢 チョウ(チャウ)呉 ㊀ⓤ 迥 dǐng ティン　㊁テイ漢 チョウ(チャウ)呉 ㊁ⓟ 青 dīng ティン　㊂テン漢 ㊂ⓤ 銑 tiǎn ティエン

J②0540　補2503　U5975

意味 ㊀顔が平たいさま。㊁女性の名に用いる。㊂美しいさま。

女 2

【奴】

〔5〕 常 ド　ド漢 ヌ呉 ⓟ 虞 nú ヌー

J3759　U5974

筆順 く 女 女 奴 奴

意味 ①奴隷。㋐罪人として労役に従事する男女。㋑下男。②奴隷とみなす。③自分をへりくだっていう語。「奴家」④他人に対する賤称。「胡奴」⑤動植物や什器の接尾語。「猫奴」「青奴」国①〈やっこ〉㋐昔、武家に奉公した下男。㋑四角なもの。やっこ豆腐の類。②〈やつ〉あいつ。人をののしっていう俗語。

解字 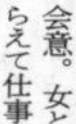 会意。女と又とを合わせた字。又は手のこと。奴は捕らえて仕事をさせる女のどれいのことであるが、後には男女を問わず、広くどれいをさすようになった。一説に、又は力の字であり、奴は、女が音を示す形声文字で、女の音には従うという意味を含むから、奴は、労力に従事することを表すともいう。

地名 奴国

【奴官】しもべ。地位の低い役人。

【奴才】①劣った才能。②人をののしることば。③自分をけんそんしていうことば。

【奴視】しもべに対するように見下げる。けいべつする。

【奴畜】召使のようにけいべつして養う。

【奴輩】①召使たち。しもべたち。②わたくしども。てまえども。③あいつら。やつら。人を卑しんでいう。

【奴婢】①男のしもべと女のしもべ。②昔、刑の軽い罪人を役所に集めて雑役に使用したもの。

【奴僕】しもべ。下男。

【奴隷】①下男。しもべ。②昔、売買されてこき使われた人。③権力や金銭のために自由を失った人間。【――人】しもべ。

◆匈奴・守銭奴

女 3

【奸】

〔6〕 標　㊀カン漢 ㊀ⓟ 寒 gān カン　㊁カン漢 ㊁ⓟ 刪 jiān チエン

J5301　補　U5978

意味 ㊀=干 ①〈おか・す(をか・す)〉侵害する。②〈もと・める(――・む)〉求める。㊁=姦 ①〈よこしま〉いつわり。邪悪。②みだらな行いをする。また、だます。③悪漢。

【奸悪(惡)】心が正しくなく悪い。=姦悪

【奸猾】悪賢いこと。また、その人。狡猾。

【奸黠】①悪賢い。②ずるい悪者。

【奸凶(「兇」)】悪者。「攘除奸凶」(悪者をはらいのぞく。)

【奸曲】心が悪くよこしまなこと。

【奸計】悪だくみ。奸策。=姦計

【奸譎】悪く、いつわりが多い。奸詐。

【奸詐】いつわり。詐欺。奸譎。

【奸才】悪知恵のあること。また、その人。

【奸細】①心がよこしまでうそをつく小人物。②まわし者。間者。

【奸邪】①悪い。②よこしまなこと。また、そのような人。

【奸臣】心の正しくない家来。=姦臣

【奸人】よこしまな人物。わるもの。奸物。=姦人

【奸知(「智」)】「奸才」に同じ。

【奸佞】①悪い。②心が正しくなくへつらう。また、そのような人。

【奸謀】よこしまなはかりごと。悪い計略。

【奸雄】悪知恵のある英雄。

【奸吏】よこしまな役人。悪い役人。

女 3

【好】

〔6〕 学4 コウ　このむ・すく　㊀コウ(カウ)漢呉 ㊀ⓤ 皓 hǎo ハオ　㊁コウ(カウ)漢呉 ㊁㊄ 号 hào ハオ

J2505　補　U597D

筆順 く 女 女 好 好 好

意味 ㊀①〈よ・い(―・し)〉㋐美しい。㋑よろしい。このまし

3画
口囗土士夂(夊)夕大女子宀寸小尢(尣・兀)尸屮山巛(川)工己巾干幺广廴廾弋弓彐(彑・ヨ)彡彳⺍

い。㋒すぐれている。㋓むつまじい。「好友」②〈よしみ〉親善。③…しやすい。④〈よく〉はなはだ。⑤よし。軽く肯定する意味の助詞。■二①〈この・む〉〈す・く〉すきである。よろこぶ。②〈よく〉ともすれば。③璧や貨幣の孔。↕肉

解字 会意。女と子とを合わせた字。女の子は美しいから、「うつくしい」の意味になった。また、女が子を大事に育てていることから、「このむ」ことを表すという。一説に、好は、子が音を示す形声文字で、子の音には美しいという意味があるから、好は、美しい女を表すという。

名前 み・この・すみ・たか 姓 好島よしま・よしじま・好間よしま

【好意】こう(かう)い 親切な心。厚情。

【好雨】こう(かう)う よいときに降る雨。

【好悪(惡)】こう(かう)お(を) 好むことと、憎むこと。好き嫌い。

【好音】こう(かう)おん｜こう(かう)いん ①よい声。②よいたより。

【好花】こう(かう)か(くわ) 美しい花。＝好華
【好会(會)】こう(かう)かい(くわい) 仲よくなるための会。

【好学(學)】こう(かう)がく 学問を好む。

【好下物】こう(かう)かぶつ うまい、酒のさかな。

【好感】こう(かう)かん 国気持ちよい感じ。

【好漢】こう(かう)かん 役にたつよい男。りっぱな男。快男子。

【好機】こう(かう)き つごうのよい機会。

【好誼】こう(かう)ぎ したしみ。よしみ。親切。

【好奇心】こう(かう)きしん ものずきな心。奇異なことを好む心。

【好仇】こう(かう)きゅう(きう) よい相手。よい仲間。

【好逑】こう(かう)きゅう(きう) よい配偶者。つれあい。＝好仇
【好況】こう(かう)きょう(きゃう) 景気がよいこと。よい景気。

【好遇】こう(かう)ぐう よいもてなし。よい待遇。

【好逆】こう(かう)げき 好意をもってむかえる。「逆」はむかえる意。

【好古】こう(かう)こ 古いものを愛し好む。いにしえのことを好む。

【好個】こう(かう)こ ほどよい。適当な。個は助詞。

【好合】こう(かう)ごう(がふ) 気が合う。仲がよい。

【好好爺】こう(かう)こう(かう)や 国人のよいおじいさん。気だてのよい老人。

【好在】こう(かう)ざい ごきげんよう。別れのときのあいさつ。

【好事】■一こう(かう)じ ①よいこと。②よいおこない。善事。③めでたいこと。慶事。■二こう(かう)ず 国ものずきな人。かわった物事を好むこと。ものずき。【――家】こう(かう)ずか 好奇心の強い人。好事者こうずしゃ。『――多レ魔』こう(かう)じ まおおし(おほし) よいことには、とかく妨害がはいりやすい。＝好事多レ磨『――不レ出レ門、悪事行二千里一』こう(かう)じもんをいでず、あくじせんりをゆく 善事はなかなか知れわたらないが、逆に悪事はすぐに世間に広まってしまうものである。〈伝灯録でんとうろく〉

【好辞(辭)】こう(かう)じ ①よいことば。好言。妙語。②好んで「文章を書く。」

【好手】こう(かう)しゅ 技術のすぐれた人。じょうず。

【好取】こう(かう)しゅ 好ましい。うれしい。取は助辞。

【好羞】こう(かう)しゅう(しう) おいしい食物。ごちそう。

【好尚】こう(かう)しょう(しゃう) ①好み。②好み尊ぶこと。

【好笑】こう(かう)しょう(せう) ①好んで笑う。②非常におかしい。

【好色】こう(かう)しょく ①色ごのみ。女色を好む。女ずき。②美人。【――家】こう(かう)しょくか ①色ごのみ。すきもの。②遊女屋。

【好信】こう(かう)しん よいたより。

【好人物】こう(かう)じんぶつ 気だてのよい人物。

【好鳥】こう(かう)ちょう(てう) 美しい鳥。

【好調】こう(かう)ちょう(てう) 国①よい調子。②景気がよい。

【好都合】こう(かう)つごう(がふ) 国つごうがよい。おりがよい。

【好敵手】こう(かう)てきしゅ よい相手。不足のない相手。

【好評】こう(かう)ひょう(ひゃう) よい評判。よい批評。【好評嘖嘖】こう(かう)ひょう(ひゃう)さくさく よい評判が、口々に言いはやされる。

【好風】こう(かう)ふう 気持ちよい風。

【好物】こう(かう)ぶつ ①よいもの。②国すきな食物。

【好文】こう(かう)ぶん ①学問を好む。②好文木の略。梅うめの別名。

【好楽(樂)】■一こう(かう)らく 好み楽しむ。道楽。■二こう(かう)がく 音楽を好む。■三こう(かう)ごう(がう) 好み願う。

【好看】ハオカン hǎokàn 現きれいな。

【好像】ハオシアン hǎoxiàng 現まるで…のようだ。

【好些】ハオシエ hǎoxiē 現たくさん。どっさり。

【好吃】ハオチー hǎochī 現おいしい。

【好久】ハオチウ hǎojiǔ 現長い間。

【好処(處)】ハオチュ hǎochu 現利益。好意。

【好聴(聽)】ハオティン hǎotīng 現(聞いて)耳に快い。

【好好児(兒)】ハオハオル hǎohāor 現しっかりと。きちんと。

【好容易】ハオロンイ hǎoróngyì 現やっとのことで。

【好玩児(兒)】ハオワル hǎowánr 現おもしろい。あいきょうがある。
◇▼友好ゆうこう・同好どうこう・良好りょうこう・相好そうごう・恰好かっこう・修好しゅうこう・通好つうこう・絶好ぜっこう・嗜好しこう・愛好あいこう・横好よこずき

女3【她】〔6〕 ■一シャ 漢 ■二タ 慣 ■一㊤ 馬 jiě チエ ■二―― tā ター J ―― 補 2505 U 5979
意味 ■一＝姐(三四二ページ・上) ■二現女性の第三人称。彼女。
【她們】ターメン tāmen 現かの女たち。

女3【妁】〔6〕 シャク 漢 ㊇ 薬 shuò シュオ J 5302 補 ―― U 5981
意味 結婚のなこうど。「媒妁ばいしゃく」

女3【如】〔6〕 常 ジョ・ニョ ジョ 漢 ニョ 呉 ㊥ 魚 rú ルー J 3901 補 ―― U 5982
筆順 く 女 女 如 如 如
意味 ①したがう。「如約」②〈ごとし〉似ている。…のようだ。おなじ。③〈ごとく・する(――・す)〉…ようにする。④〈し・く〉及ぶ。匹敵ひってきする。⑤〈ゆ・く〉いたる。⑥〈いかん〉〈いかんせん〉どのような。どのようにするか。「如何」「何如」の形で、疑問や反語を表す。⑦〈もし〉万一。仮定の語。⑧〈もしくは〉あるいは。⑨形容詞に添えて調子を助ける語。「突如」⑩姓。

語法 ❶〈ごとし〉…のようだ。相似・比喩。類若・猶・似・譬 例「百姓悲哀如レ喪二父母一ひゃくせいひあいすることふぼをうしなう(うしなふ)がごとし」(民の悲しみようは、まるで父母をなくしたかのようであった)〈史記・五帝本紀〉▼「如是」「如此」「如斯」「如之」は、いずれも「かくのごとし」と訓読する。
❷〈しく〉対比。「…不レ如レ～(…は～にしかず)」の形で「…は～にかなわない」と、…の程度が～より低いことを表す。例「吾不レ如二老農一われろう(らう)のうにしかず」(わしは年老いた農夫にかなわない)〈論語・子路〉
❸〈もし〉もし…であったら。文頭・文中に置いて仮定条件を表す。類若・即・且・仮使・仮令 例「如彼豎子用二臣之計一もしかのじゅしんのはかりごとをもちい(もちひ)ば、陛下安得二而夷一レ之乎へいかいずくんぞ(いづくんぞ)これをたいらぐ(たひらぐ)るをえんや」(もしもあの小僧が私の策を用いていたならば、陛下はどうしてあいつを捕まえて一族皆殺しにすることなどできたでしょうか)〈史記・淮陰侯わいいんこう列伝〉▼「如使」「如其」「如令」は、いずれも「もし」と訓読する。

●句形●
(1)［何如］〈いかん〉状況をたずねる。どうか。例「以レ徳報レ怨とくをもってうらみにむくいば、何如いかん」(恩徳によって恨みに報いるのはどうですか)〈論語・憲問〉
(2)［与二其…一、不レ如二～一］〈その…より～にしかず〉…

するくらいなら～のほうがましだ。例「与ニ其得ニ百里于燕一、不レ如レ得ニ十里于宋一」（燕で百里の土地を獲得するより、宋で十里の土地を獲得したほうがよい）〈戦国策・燕〉
(3)［莫（無）レ如ニ…一］〈…にしくはなし〉（～に関しては）…にまさるものはない。例「相レ人多矣、無レ如ニ季相一」（〔私は〕人相をずいぶんとみてきましたが、あなたの人相におよぶものはありませんでした）〈史記・高祖本紀〉

解字  会意・形声。女と口とを合わせた字。口は、話すこと。女は、従順の意味とともに、音をも示す。如は、女が男にハイハイと従うことで、そこから、「ゆく」「～のようである」の意味に使った。

名前 いく・すけ・なお・もと・ゆき・よし

難読 如何か・如何なる・如何に・如月・如雨露

【如何】一 ①どうであるか。②どうして。反語の辞。③どうしよう。いかんせん。④どうだ。人を詰問する語。二 rúhé 現一に同じ。

【如月】陰暦二月の別称。

【如今】いま。ただ今。「如今人方為ニ刀俎一、我為ニ魚肉一」（今しも、人〔項羽をさす〕はほうちょうであり、まないたであり、こちらはそれで料理される魚や肉のようなものである。）〈史記・項羽本紀〉

【如如】一 ①したがうさま。②かわらないさま。二 仏思慮分別を加えない、ありのままのすがた。真如。

【如上】前に述べたとおり。右のとおり。

【如意】①思うとおりにする。②道教の僧が持つ道具の一つ。木・玉・鉄などで作る。③説教のときなどに用いた仏具の一つ。如意杖。鉄・木竹などで作った平らな棒で、先端が太く曲がって蕨のような形をしている。【――宝（寶）珠】仏尊い珠。これをもてば願い事がかなえられるという。如意珠。【――輪】仏①自由自在に法の功徳をあらわすこと。②六つの手があり、如意宝珠を持っている観世音の像。如意輪観音。

【如実（實）】①仏真理そのまま。②そのまま。さながら。

【如是我聞】仏仏教の経文の冒頭のことば。「かくのごとくわれ聞く」で、このように自分は聞いている意。

【如法】①仏㋐仏法に従ってそのとおりに行う。㋑型のとおりにする。㋒柔和なこと。②国もとより。いうまでもなく。

【如来（來）】仏仏の尊称。【――暗夜】まっくらやみ。「大日如来」

【如果】rúguǒ 現もしも。

◇一如・欠如・突如・躍如

女3【姹】〔6〕 一 タ 漢 上 馬 チャ 呉 chà チャー
意味 ＝姹 ①美しい女性。②若い娘。
U 597C 補 ②0542 J 2507

女3【妠】〔6〕 ダン 漢 平 刪 ネン 呉 nuán ノワン
意味 ①争う。言い争う。②愚かである。
U 597B 補 2506 J ―

女3【妃】〔6〕 常 ヒ
一 ヒ 漢 呉 一 平 微 fēi フェイ
二 ハイ 漢 二 去 隊 pèi ペイ
U 5983 補 ― J 4062

筆順 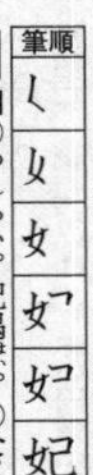

意味 一 ①つれあい。配偶。②〈きさき〉㋐天子の妻で、皇后の次の位のもの。㋑皇太子の正妻。③女神。「宓妃」二 つれあう。結婚する。＝配 国〈ひ〉皇族の妻。

解字 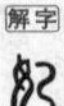 会意。女と己とを合わせた字。己はおのれで、自分のこと。妃は自分につれそって並ぶ女のことで、「つれあい」「きさき」の意味になる。一説に、己は配と同じく、並ぶ意味があるから、妃は、夫につれそって並ぶ女ということを表すという。

名前 ひめ

【妃耦】つれあい。妃偶。

【妃匹】つれあい。配偶者。

【妃妾】天子の側室。

【妃殿下】国皇族の妻の敬称。

【妃嬪】①天子につきそう女官。皇后の次を妃、妃の次を嬪という。②女官。身分の高いのを妃嬪、低いのを媵嬙という。

◇王妃・后妃

女3【妄】〔6〕 常 モウ・ボウ
一 ボウ（バウ）漢 モウ（マウ）呉 一 去 漾 wàng ワン
二 ボウ（バウ）漢 モウ（マウ）呉 二 平 陽 wáng ワン
U 5984 補 ― J 4449

旧字 女3【妄】〔6〕
U ― 補 ― J ―

筆順 

意味 一 ①でたらめである。道理に合わない。いいかげんである。「妄言」②〈みだりに〉㋐むやみに。㋑でたらめに。きままに。③おおよそ。広く。二 ない。なかれ。＝亡

解字  形声。女が形を表し、亡が音を示す。亡は失うという意味がある。妄は、女のために、自分を失ってしまうこと。

参考 新表記では、「盲」に書きかえる熟語がある。

【妄議】口から出まかせのでたらめな議論。

【妄挙（擧）】①むやみに人をあげ用いる。②あとさきをよく考えない行動。妄動。③でたらめな計画。

【妄言】一 ①うそのことば。でたらめなことば。妄語。②無遠慮なことば。二 仏いいかげんなことをいうこと。十悪の一つ。

【妄語】一 でたらめをいう。いつわりのことば。でまかせ。妄談。二 仏五戒の一つ。うそ。いつわり。虚言。妄言。【――児（兒）】うそつき。

【妄作】でたらめ。むちゃくちゃなしわざ。

【妄信】むやみに信じこむ。

【妄説】でたらめな言説。

【妄誕】でたらめ。いつわり。

【妄動】あとさきをよく考えない、みだりな行動。妄挙。「軽挙妄動」

【妄批】①いいかげんな批評。②自分の批評をさす語。妄評。

【妄轡】あばれ走る馬のたづな。

【妄評】いいかげんな批評。

【妄用】むやみやたらに使う。

【妄改】根拠もなくみだりにあらためること。

【妄執】仏思いこんだ物事にいつまでも執着すること。無分別な執心。

【妄人】わけのわからない人。考えのない人。

【妄想】一 ないことに対して、みだりに誤った考えをいだく。「誇大妄想」（自分の現在の状態を誇大に空想すること。）二 仏正しくない考え。よりどころのない想像。

【妄念】仏みだりな考え。迷いの心。妄想。

【妄発（發）】考えなしに、でたらめに発する。

【妄費】むだづかい。浪費。

『妄称（稱）』いいかげんに言う。でたらめを言う。

【妄自菲薄】みだりに、みずから(みづから)ひはくにす 自分をむやみに卑下ひげし、徳のうすいつまらぬ者と考える。〈諸葛孔明・出師表すいしのひょう〉

女4【妟】〔7〕 アン 漢 去 諫 yàn イェン　J ②0543 補 2514 U 599F
[意味] ①〈やすん・じる(――・ず)〉やすらかにする。②「晏あん」(五九二ページ・中)に通用。

女4【妎】〔7〕 [一]カイ 漢 [一]去 泰 ガイ 呉 hài ハイ [二]カイ 漢 [二]去 卦 jiè チエ　J ― 補 2510 U 598E
[意味] [一]①嫉妬しっとする。②はっきりしない。③わずらわしい。[二]女性の名に用いる。

女4【妧】〔7〕 [一]ガン 漢 [一]去 翰 (グヮン) wàn ワン [二]ゲン 漢 [二]平 元 yuán ユワン　J ― 補 2516 U 59A7
[意味] [一]女性の美しいさま。[二]女性の名に用いる。

女4【妓】〔7〕 標 キ 漢 上 紙 ギ 呉 jì チー　J 2124 補 ― U 5993
[意味] ①まいひめ。うたいめ。女芸人。②あそびめ。遊女。「娼妓しょうぎ」③たおやめ。美しい女。

【妓楽(樂)】ぎがく 芸者の奏する音曲。
【妓女】ぎじょ(ぢょ) ①芸者。うたいめ。舞姫。②色を売る女。〔遊女。〕
【妓情】ぎじょう(じゃう) 芸者や遊女の心持ち。
【妓夫】ぎふ 遊女屋の客引きをする男。牛太郎ぎゅうたろう。
【妓楼(樓)】ぎろう 遊女屋。倡家しょうか。娼楼しょうろう。

女4【妗】〔7〕 キン 漢 去 沁 jìn チン　J ― 補 2513 U 5997
[意味] おば(母の兄弟の妻)。舅母きゅうぼ。

女4【妝】〔7〕 ソウ(サウ) 漢 平 陽 ショウ 呉 (シャウ) zhuāng チョワン　J 5303 補 ― U 599D

女7【𡝂】〔10〕同字　J ②0554 補 ― U 21742
女7【娤】〔10〕同字　J ― 補 2553 U 5A24
米11【糚】〔17〕同字　J ― 補 5137 U 7CDA
[意味] ＝粧しょう ①〈よそお・う(よそほ・ふ)〉化粧をする。かざる。②よそおい。かざり。

【妝幺】しょう(しゃう)よう(えう) 作り話をする。虚話。
【妝匣】そう(さう)こう(かふ) 化粧箱。妝奩そうれん。
【妝靚】そう(さう)せい 化粧し飾る。
【妝梳】そう(さう)そ しょう(しゃう)そ 化粧する。また、化粧。

女4【姘】〔7〕 セイ 漢 上 梗 ジョウ(ジャウ) 呉 jìng チン　J ― 補 2509 U 598C
[意味] 女性が貞潔である。しとやかである。

女4【妥】〔7〕 常 ダ　J 3437 補 ― U 59A5
[旧字] 女4【妥】〔7〕 タ 漢 上 哿 ダ 慣 tuǒ トゥオ　J ― 補 ― U ―
[筆順] ノ … 妥
[意味] ①おちついてすわる。②やすらかである。おだやかである。「妥妥だだ」③〈た・れる(―・る)〉おちる。＝堕だ「妥視だし」

[解字]  会意。爪と女とを合わせた字。爪は手のこと。妥は、女が手もとにいることを表し、落ちつく意味になる。妥と安とは同じ宀(やね)の下にいるのが安で、手もとにいるのが妥。他の説に、妥は、女がいきり立っているのを、マアマアとおさえる形ともいい、妥は委と通じて、女のなよなよとして美しい姿を表すともいう。

[名前] やす

【妥協】だきょう(けふ) 国互いにゆずりあって、おだやかに話をつける。おりあう。
【妥結】だけつ 国互いにゆずりあい円満に約束を結ぶ。
【妥帖】だちょう(てふ) 詩文の字句の、穏当で適切なこと。
【妥当(當)】[一]だとう(たう) 国よくあてはまる。おだやかで適切なこと。穏当おんとう。[二]トゥオタン tuǒdang 現[一]に同じ。

女4【妞】〔7〕 ジュウ(ヂウ) 漢 上 有 チュウ(チウ) 慣 niū ニウ　J ― 補 ― U 599E
[意味] ①娘。少女。「妞妞」②姓。

女4【妕】〔7〕 チュウ 漢 呉 去 送 (チウ) zhòng チョン　J ― 補 2512 U 5995
[意味] 女性の名に用いる。

女4【妊】〔7〕 常 ニン ジン 漢 去 沁 ニン 呉 rèn レン　J 3905 補 ― U 598A
[筆順] く … 妊
女6【姙】〔9〕同字　J 5312 補 ― U 59D9
[意味] 〈はら・む〉みごもる。懐妊かいにんする。

[解字]  会意・形声。女と壬とを合わせた字で、壬にんはまた、音をも示す。壬には、みごもる意味がある。妊も、女が胎児をみごもること。

[名前] さね・もつ

【妊娠】にんしん 子をみごもること。懐妊。
【妊婦】にんぷ 妊娠した女。子をみごもっている婦人。
△▼不妊ふにん・懐妊かいにん・避妊ひにん

女4【妣】〔7〕 ヒ 漢 上 紙 bǐ ビー　J 5306 補 ― U 59A3
[意味] ①祖母より上の女性の先祖。②母親。③亡くなった母親。↕考こう

女4【妋】〔7〕 [一]フ 漢 [一]平 虞 fū フー [二]ユウ(イウ) 漢 [二]平 尤 yōu ユー　J ①1575 補 2508 U 598B
[意味] [一]①欲ふかいさま。②女らしいさま。[二]恨めしい表情。国①〈なせ〉あなた。②〈みょうと(めうと)〉夫婦。

女4【姅】〔7〕 ホウ 漢 平 冬 fēng フォン　J ― 補 ― U 59A6
[意味] 美しくて豊かなさま。

女4【妨】〔7〕 常 ボウ さまたげる ホウ(ハウ) 漢 呉 平 陽 ボウ(バウ) 慣 fáng ファン　J 4324 補 ― U 59A8
[筆順] く … 妨
[意味] ①〈さまた・げる(――・ぐ)〉㋐じゃまをする。㋑さしつかえる。②〈さまたげ〉邪魔じゃま。障害。③そこなう。害を与える。

[解字]  形声。女が形を表し、方ほうが音を示す。方には、四角い、並ぶ、などの意味がある。妨は、女が手を広げてじゃまをすることで、そこなうとか、さまたげるの意味になる。一説に、方は謗と同じく、そしる意味を含んでいるから、妨は、女が悪口をいうことを表すという。

【妨遏】ぼうあつ(ばうあつ) さまたげ止める。妨止。
【妨害】ぼうがい(ばうがい) ①さまたげ害を与える。②じゃま。
【妨碍】[一]ぼうがい(ばうがい) 「妨害」に同じ。[二]ファンアイ fáng'ài 現[一]に同じ。
【妨止】ぼうし(ばうし) じゃまをして止める。

女 4

【妙】

〔7〕 常　ミョウ

一 ビョウ(ベウ) 漢　一 去 嘯
ミョウ(メウ) 県　miào ミアオ
二 ビョウ(ベウ) 漢　二 上 篠
ミョウ(メウ) 県　miǎo ミアオ

J 4415
補
U 5999

筆順　く 女 女 女丨 女刂 女ト 妙

4 玄【玅】〔9〕 本字　J ②8057　補 4348　U 7385

意味 一 ①〈たえ(たへ)〉 ㋐うつくしくよいこと。「妙麗」 ㋑おくぶかいこと。「妙理」 ②としわかい。「妙齢」 ③すぐれる。たくみである。「妙手」 二 ＝眇 ①非常に小さい。②遠い。

解字 形声。女が形を表し、少が音を示す。少には、わかいという意味がある。妙は、わかい女で美しく良いことを表す。また、妙はもともと玅という字で、おくぶかいこと、かすかなことを表すともいう。

名前 ただ・たう・たゆ

【妙案】みょう(めう)あん　すばらしい思いつき。名案。

【妙遠】みょう(めう)えん(ゑん)　深遠で計り知れない。

【妙解】みょう(めう)かい　不思議なほど、よく理解する。

【妙技】みょう(めう)ぎ　すばらしい技術。

【妙境】みょう(めう)きょう(きやう)　ことばでいいあらわせない、すばらしい境地。

【妙曲】みょう(めう)きょく　すぐれた音楽。

【妙句】みょう(めう)く　できのよい句。うまい文句。

【妙計】みょう(めう)けい　すぐれたはかりごと。うまい考え。妙策。

【妙訣】みょう(めう)けつ　すばらしい方法。うまい奥の手。

【妙見】みょう(めう)けん　仏 菩薩の名。国土を守り、貧民を救い、諸願をなしとげさせる仏。

【妙悟】みょう(めう)ご　じゅうぶんにさとる。深く会得する。

【妙工】みょう(めう)こう　すぐれた細工。すぐれたわざ。また、その人。

【妙思】みょう(めう)し　すぐれた考え。

【妙手】みょう(めう)しゅ　①すぐれた腕まえ。また、その人。②碁・将棋などで、すぐれた手。

【妙趣】みょう(めう)しゅ　すばらしいおもむき。妙味。

【妙処(處)】みょう(めう)しょ　すぐれた所。

【妙所】みょう(めう)しょ　ことばに言いあらわせないすばらしい妙味のあるところ。

【妙絶】みょう(めう)ぜつ　非常にすぐれたこと。絶妙。

【妙想】みょう(めう)そう(さう)　すぐれた思想。すばらしい考え。妙案。

【妙態】みょう(めう)たい　美しい姿。妙姿。

【妙択(擇)】みょう(めう)たく　よく選ぶこと。精選すること。妙選。

【妙致】みょう(めう)ち　すぐれた趣。妙趣。

【妙諦】みょう(めう)てい　―みょう(めう)たい　秘訣。奥義。妙簡。

【妙筆】みょう(めう)ひつ　じょうずな書画や筆跡。

【妙舞】みょう(めう)ぶ　じょうずに舞う。じょうずな踊り。

【妙法】一 みょう(めう)ほう(はふ)　すぐれた方法。二 みょう(めう)ほう(ほふ)　仏 すぐれた仏の道。すぐれた仏法。特に「妙法蓮華経」をさす。

【――蓮(蓮)華(華)経(經)】みょう(めう)ほう(ほふ)れんげきょう(きやう)　①仏教の経典の一つ。七巻(または八巻)。天台宗・日蓮宗の根拠とする深遠な妙法の説かれている「法華経」。②「南無妙法蓮華経」の略。

【妙味】みょう(めう)み　すぐれた味。すばらしい趣。妙趣。

【妙薬(藥)】みょう(めう)やく　ふしぎなほどによくきく薬。神薬。霊薬。

【妙誉(譽)】みょう(めう)よ　すばらしいほまれ。すぐれてよい評判。

【妙用】みょう(めう)よう　①不思議な働き。②じょうずな使い方。

【妙理】みょう(めう)り　①すぐれた道理。②不思議な道理。

【妙力】みょう(めう)りき　仏 不思議な力。

【妙齢(齡)】みょう(めう)れい　年若い。うらわかい。おもに婦人の場合にいう。妙歯。

【妙麗】みょう(めう)れい　顔かたちが、すぐれてきれいなこと。美麗。

◆巧妙・即妙・奇妙・珍妙・神妙・美妙・絶妙・軽妙・微妙・霊妙

女 4

【妤】

〔7〕　ヨ 漢　平 魚　yú ユィ

J ①1577
補 2515
U 59A4

意味 ①うつくしい。うるわしい。②漢代の女官。「婕妤」「倢妤」

女 4

【妖】

〔7〕 常　ヨウ　あやしい

ヨウ(エウ) 漢 県　平 蕭　yāo ヤオ

J 4537
補
U 5996

筆順　く 女 女 女ノ 女ニ 妖 妖

意味 ①なまめかしい。うつくしい。「妖冶」 ②〈あやし・い〉奇怪な。「妖星」 ③ばけもの。もののけ。「妖怪」 ④わざわい。「妖災」

解字 形声。女が形を表し、夭が音を示す。妖は、もと媄と書いた。女が形を表し、夭は、人が走る時、両うでをふりうごかす象形、一説に、身をくねって舞う姿の象形。妖は、なまめかしくもあやしい女性のさまを意味する。

【妖異】よう(えう)い　①不思議なできごと。②怪しげなもの。化け物。

【妖雲】よう(えう)うん　怪しげな雲。

【妖婉】よう(えう)えん(ゑん)　なまめかしく美しい。

【妖艶(艷)】よう(えう)えん　心をとろかしなやますような美しさ。

【妖訛】よう(えう)か(くわ)　①でたらめな行動。②流言。

【妖怪】よう(えう)かい(くわい)　化け物。妖異。

【――変(變)化】よう(えう)かい(くわい)へんげ　怪しい化け物。

【妖気(氣)】よう(えう)き　怪しいけはい。悪気。妖氛。

【妖凶(「兇」)】よう(えう)きょう　悪魔。

【妖孽】よう(えう)げつ　①災いの起こるきざし。②わざわい。不祥。③妖怪。化け物。④女の色気。

【妖幻】よう(えう)げん　怪しい術を用いて人をまどわすこと。

【妖言】よう(えう)げん　世の人をまよわす怪しいうわさ。

【妖蠱】よう(えう)こ　人を惑わすほどに美しくあでやかなこと。

【妖倖】よう(えう)こう(かう)　気に入りの美人。妖幸。

【妖災】よう(えう)さい　わざわい。

【妖姿媚態】よう(えう)しびたい　あでやかなすがたとなまめかしい態度。

【妖術】よう(えう)じゅつ　あやしい術。魔術。

【妖女】よう(えう)じょ(ぢょ)　①なまめかしい女。妖媛。②心の悪い女。毒婦。妖婦。

【妖彗】よう(えう)すい　ほうき星。彗星。

【妖星】よう(えう)せい　①怪しい星。不吉な事のおこる前兆と信じられていた星。②彗星。ほうき星。

【妖精】よう(えう)せい　怪しい精霊。化け物。仙女。

【妖態】よう(えう)たい　なまめかしくこびる態度。

【妖童】よう(えう)どう　こびを売る少年。美少年。

【妖氛】よう(えう)ふん　①不吉な事がおこりそうなけはい。②転じて、戦乱をいう。

【妖魔】よう(えう)ま　人を害する怪しい魔物。

【妖霧】よう(えう)む　①災害を起こす悪い霧。②悪い風習。

【妖妄】よう(えう)もう(まう)　怪しく、でたらめなこと。

【妖冶】よう(えう)や　あでやか。人をまどわすほど美しい。

【妖惑】よう(えう)わく　怪しいことばで人を惑わす。

『妖不レ勝徳』よう(えう)はとくにかたず　化け物も徳には勝てない。正しい徳を持っていれば、怪しい現象はおこらないということ。〈史記・殷本紀〉

『妖因レ人興』よう(えう)はひとによりておこる　怪事は人が原因でおこる。人の心がよこしまだと怪しい現象がおこるということ。〈左伝・荘公十四年〉

女 4

【妍】

〔7〕 同 ↓妍(三四四ページ・上)

女 4

【姉】

〔7〕 本 ↓姉(三四一ページ・中)

女 4【妛】〔7〕同 ↓孃(三五〇ページ・上)

女 4【妒】〔7〕同 ↓妬(三四二ページ・中)

女 4〘努〙↓力部五画(一七五ページ・下)

女 5【委】〔8〕学 3 イ ゆだねる

一 イ(ヰ) 漢 呉 | 一 上 紙 wěi ウエイ
二 イ(ヰ) 漢 呉 | 二 平 支 wēi ウエイ

J 1649 補 — U 59D4

筆順 ノ 二 千 禾 禾 秂 委 委

意味 一 ①〈ゆだ・ねる(——・ぬ)〉まかす。たくす。「任委」②〈くわし・い(くは・し)〉つぶさ。つぶさに。くわしく。「委細」③〈す・てる(—・つ)〉すておく。見すてる。④やすらか。やすんじる。⑤置く。さし出す。⑥しおれる。‖萎 ⑦また、たくわえ。⑨役所の倉庫番。「委吏」⑩末(すえ)。↕源 ⑪まことに。⑫曲がりくねる。二 動作のゆったりしたさま。また、美しいさま。「委委(いい)」「委蛇(いい)」

解字 形声。女が形を表し、禾(くゎ)が音を示すという。禾は、いねが穂(ほ)をたれている形でやわらかい感じを表す。委は、女がくねくねとやわらかいことから、人にまかせてしたがうこと、そのままにすること、こまやかな気持ちを表す。音ヰは、禾の音クヮの変化。

名前 くつ・つく・とも・もろ 姓 委文(しとり) 難読 委曲(つばら)

【委委】いい(ゐゐ) 起居動作のゆったりとしたさま。【——佗佗(いいたた)】動作のゆったりとして美しいさま。〈詩経(しきょう)・君子偕老(かいろう)〉

【委蛇】一 いい(ゐ) ①落ち着いたさま。ゆったりしたさま。②うねうねとまがるさま。身をくねらせるさま。③斜めに進むさま。④腹ばいに進むさま。⑤すなおに従うさま。⑥長いさま。二 いだ(ゐ) どじょうの別名。

【委捐】いえん(ゐ) 物を捨てる。委棄。

【委棄】いき(ゐ) ①捨てる。うっちゃる。②うち捨てておいてかまわない。③自分の権利を捨てて他人の自由にまかす。

【委曲】いきょく(ゐ) ①曲がりくねる。②詳しい事情。委細(いさい)。委悉(いしつ)。③いきとどく。④まわりくどい。⑤まかせ従う。

【委形】いけい(ゐ) 天から与えられたからだの意。〈荘子(そうじ)・知北遊(ちほくゆう)〉

【委瑣】いさい(ゐ) ①細かい。さまつ。②品性が劣る。

【委細】いさい(ゐ) ①詳しくこまかいこと。詳細。②詳しい事情。つぶさ。委曲。③すべて。すっかり。

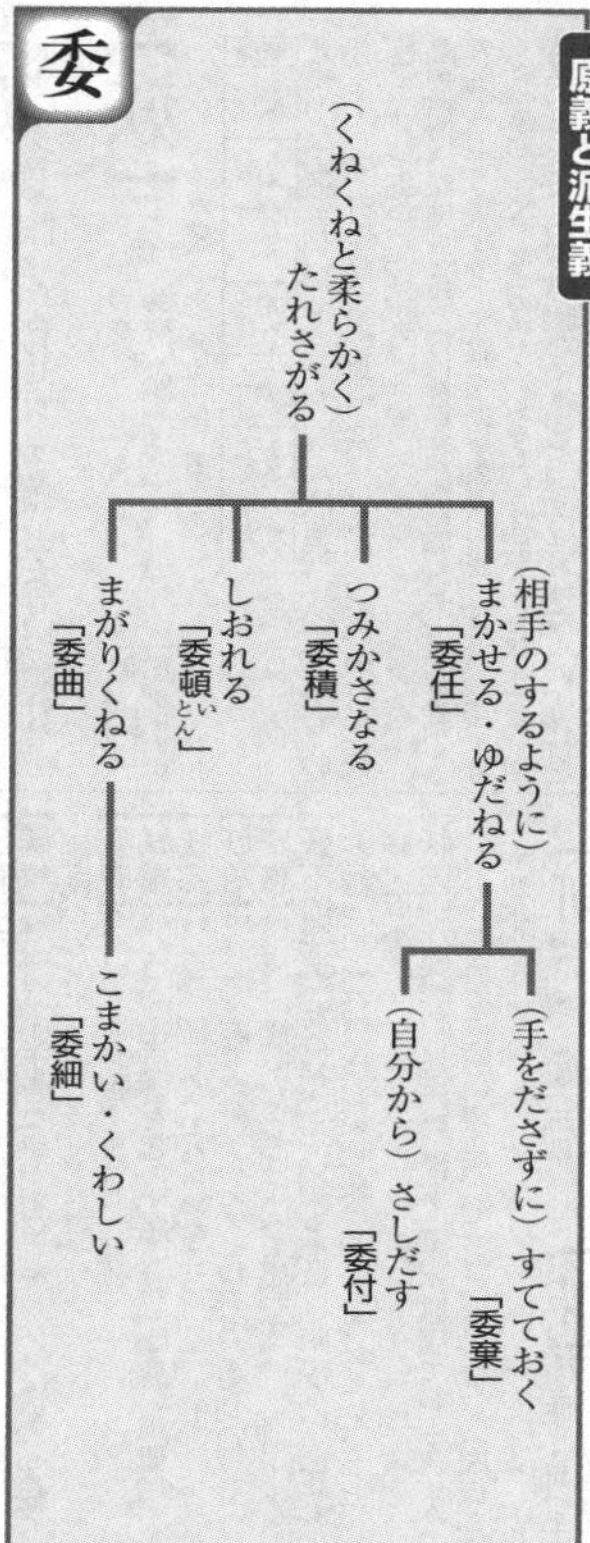

【委質】いし(ゐ) 初めて官につかえること。質(し)は贄(し)で、礼物。

【委積】いし(ゐ) ①つみたくわえる。②米をたくわえて、凶年にそなえる。備荒儲蓄(びこうちょちく)。

【委署】いしょ(ゐ) 職務を捨てる。他人に任せておく。

【委譲(讓)】いじょう(ゐじゃう) ゆずりまかせる。

【委囑(囑)】いしょく(ゐ) まかせ頼む。委託。

【委蛻】いぜい(ゐ) 蛇(へび)・蟬(せみ)などのぬけがら。

【委虵】いだ(ゐ) 身を伏して進むさま。

【委託】いたく(ゐ) ゆだねまかせる。あずけ頼む。委囑(いしょく)。‖委托

【委地】いち(ゐ) ①地に捨てる。地に置く。②地にたれる。

【委遅(遲)】いち(ゐ) からだが疲れ弱って、はかばかしく歩けないさま。

【委頓】いとん(ゐ) 力が抜ける。くじける。疲困。

【委任】いにん(ゐ) ①まかせる。一任する。②法 民法で、法律行為の代理を相手方に一任し、相手がこれを承諾することによって成立する契約。【——状(狀)】いにんじょう(ゐにんじゃう) 委任したことを証明するためのかきつけ。

【委珮】いはい(ゐ) 地にまで垂れた佩玉(はいぎょく)。珮は腰につける玉。

【委靡】いび(ゐ) 衰えよわる。ふるわない。‖萎靡

【委付】いふ(ゐ) ①まかせる。ゆだねたのむ。②法 自分の所有物または権利を相手方に渡して、お互いの間の責任・権利等の法律上の関係をなくすこと。‖委附

【委吏】いり(ゐ) 倉庫を監督し、穀物の出納(すいとう)にあたる官吏。

女 5【姁】〔8〕

一 ク 漢 | 一 上 麌 xǔ シュイ
二 ク 漢 | 二 平 虞 xū シュイ

J — 補 2525 U 59C1

意味 一 ①〈おうな〉老女。②心がやわらぎ楽しむさま。「姁姁(くく)」 二 美しいさま。「姁媮(くゆ)」

【姁媮】くゆ ①美しいさま。②心のやわらぎ喜ぶさま。

女 5【姑】〔8〕標 コ 漢 | 平 虞 gū クー

J 2440 補 — U 59D1

意味 ①〈しゅうとめ(しうとめ)〉夫または妻の母。②おば。父の姉妹。③夫の姉妹。④女性の通称。⑤〈しばらく〉ともかく。かりそめに。「姑且(こしょ)」⑥虫の名。螻蛄(ろうこ)。

【姑舅】こきゅう(きう) しゅうとめと、しゅうと。夫の父母。

【姑子】こし 嫁入り前の女。

【姑且】こしょ しばらく。かりそめ。

【姑嫜】こしょう(しゃう) しゅうとめと、しゅうと。夫の両親。

【姑娘】一 こじょう(ぢゃう) ①父の姉妹。②めかけをいう。二 クーニアン gū-niang 現 むすめさん。

【姑洗】こせん 音律の名。十二律の一つ。

【姑蘇】こそ ①地名。春秋戦国時代、呉の国の都。今の江蘇省蘇州市。②山名。姑蘇山。山上に姑蘇台がある。江蘇省呉江(ごこう)市西南。【——台(臺)】こそだい 台の名。春秋時代、呉王の闔閭(こうりょ)が造り、その子の夫差が、美人西施(せいし)と遊んだ建物。

【姑息】こそく ①一時のがれ。②婦人・こどものこと。姑は婦女、

3画 口囗土士夂(夊)夕大女子宀寸小尢(允・兀)尸屮山巛(川)工己巾干幺广廴廾弋弓彐(彑・⺕)彡彳⺍

息はこども。

【姑夫】こふ ①父の姉妹の夫。姑婿。②夫の姉妹の夫。

【姑射山】こやさん ①仙人の住むという山。②国上皇の御所。藐姑射山。

【姑姑】クークー gūgu 現おば(父の姉妹)。

女5
【妻】〔8〕 学5 サイ つま

一 セイ 漢 サイ 呉 一 平 斉 qī チー
二 セイ 漢 サイ 呉 二 去 霽 qì チー

U 59BB 補 ― J 2642

筆順 一 ヨ ヨ ヨ 圭 圭 妻 妻

意味 一〈つま〉夫の配偶者。↕夫 二〈めあわ・す(めあは・す)〉娘を嫁にやる。国〈つま〉①つれあい。夫婦の一方。②刺身などのあしらいにつけるもの。

解字 会意。屮と彐と女を合わせたもの。屮は、ほうき。彐は手に持つことで、ほうきを手に持つ女が妻の形である。夫のつれあいで家事をおこなう女を「つま」という。また、女が成人して、髪に「こうがい」をさしている形ともいう。

【妻子】さいし 一 ①妻。②妻とこども。二 qīzi チーツ 現 一の②に同じ。三 qīzǐ チーツー 現 一の①に同じ。【―眷属(屬)】さいしけんぞく 妻子と親類。一家一門。

【妻女】さいじょ(ぢょ) ①妻。②妻と娘。

【妻妾】さいしょう(せふ) 妻とめかけ。【―之奉】さいしょう(せふ)のほう 妻とめかけを養う生活費。

【妻嫂】さいそう(さう) 妻と兄嫁。

【妻帯(帶)】さいたい 妻を持つ。男が結婚すること。

【妻孥】さいど 妻と子。=妻帑

【妻党(黨)】さいとう(たう) 妻の親類。

【妻恋(戀)】つまごい(こひ) 国つれあいを恋いしたうこと。また、恋いしたって呼ぶ声。

【妻戸】つまど 国①寝殿造りの四すみにある両開きの板戸。②家の端のほうにある開き戸。現在の開き戸。

【妻無草】つまなしぐさ 国蓮の別名。

【妻廂】つまびさし 国入り口などにつき出した小さい屋根。

◇人妻・令妻・先妻・前妻・後妻・稲妻

女5
【姍】〔8〕 サン 漢 平 刪 shān シャン

U 59CD 補 ② 2530 J 0547

意味 ①そしる。誹謗する。=訕 ②かおかたちが美しい。③ゆっくりと歩くさま。「姍姍」

【姍姍】さんさん 女子がゆっくりと歩くさま。

【姍笑】さんしょう(せう) そしり笑う。あざ笑う。嘲笑。

女5
【始】〔8〕 学3 シ はじめる・はじまる

シ 漢 呉 上 紙 shǐ シー

U 59CB 補 ― J 2747

筆順 く 女 女 女' 女ム 女台 始 始

乙5【乨】〔6〕同字 U 4E68 補 1623 J ―

儿7【兘】〔9〕同字 U 5158 補 1875 J ―

意味 ①〈はじ・める(――・む)〉〈はじま・る〉着手する。②〈はじめて〉㋐最初に。㋑やっと。③〈はじめ〉㋐おこり。発端。㋑以前。④姓。

解字 形声。女が形を表し、台が音を示す。台には、よろこぶの意味があり、始は、女が初めてよろこぶことを表す。転じて、広く物事をはじめることをいう。一説に台の音には最初という意味があるから、始は、女のはじめをいうと解する。

【始元】しげん 物事のはじめ。おこり。根元。=始原

【始原】しげん 物事の初め。おこり。=始元

【始皇】しこう(くわう) 秦の第一代の天子。名は政。在位十年。匈奴を黄河の北に追放して、万里の長城を増築し、また咸陽宮・阿房宮などを築いた。(前二五九～前二一〇)

【始終】一 しじゅう ①始めと終わり。終始。②始めから終わりまで。いつも。絶えず。③国ついには。結局は。二 shǐzhōng シーチョン 現 一の②に同じ。

【始祖】しそ 初代の先祖。鼻祖。

【始末】しまつ ①物事のはじめと末。本末。②事の来歴。③国整えおさめる。④国しめくくり。かたづけ。⑤国倹約する。

【―書】しまつしょ 国過失を起こしたとき、その事情を書いて、目上の人や官庁にさし出す書きつけ。

〔有レ始無レ終〕はじめありておわり(をはり)なし 事を始めるけれども、成功しない。節操のない人にいう。

〔始如二処(處)女一後如二脱兎一〕はじめはしょじょ(ぢょ)のごとくのちはだっとのごとし 始めはおとめのようにおとなしくて相手に油断させ、後には、逃げるうさぎのようにすばしこくふるまう。〈孫子・九地〉

◇年始・原始・終始・創始・開始

女5
【姉】〔8〕 学2 シ あね

シ 漢 呉 上 紙 zǐ ツー

U 59C9 補 ― J 2748

筆順 く 女 女 女' 女亠 女市 姉 姉

女4【姊】〔7〕本字 U 59CA 補 2529 J ―

意味 ①〈あね〉↕妹「姉姐」②女を親しみまたは敬っていう語。③はは。

解字 形声。女が形を表し、市が音を示す。市には、いちばん上の意味がある。姉は、女のきょうだいの年上をいう。一説に、市には、草の芽が初めて出る意味を含むから、姉は初めに生まれた女の意味になるとも、市には長短そろっていない意味があって、姉は、年上の女きょうだいであるともいう。

名前 え 難読 姉さん(付表)

【姉姉】しし ①乳母の称。②母。③あね。

【姉妹】しまい ①あねといもうと。②女のきょうだい。③遊女。④国同じ性格のものの、二つまたは二つ以上。「姉妹編」

◇大姉・従姉

女5
【姒】〔8〕 シ 漢 上 紙 sì スー ジ 慣

U 59D2 補 2531 J ① 1579

女7【娰】〔10〕同字 U 5A30 補 2558 J ―

意味 ①あによめ。兄の妻。↕娣 ②姉。③姓。

女5
【妮】〔8〕 ジ 漢 平 支 nī ニー (デ)

U 59AE 補 2518 J ② 0544

意味 ①下女。はしため。「妮子」②女のあざな。③現妮子 nīzi は、女の子。

女5
【妾】〔8〕 標 ショウ 漢 呉 入 葉 qiè チエ (セフ)

U 59BE 補 ― J 3010

意味 ①女の奴隷。②〈めかけ〉正妻以外に愛し養う女。そばめ。側室。③〈わらわ(わらは)〉女性が自分をへりくだっていう語。

【妾御】しょう(せふ)ぎょ めかけ。

【妾侍】しょう(せふ)じ こしもと。召使。

【妾出】しょう(せふ)しゅつ めかけから生まれた子。めかけばら。妾腹。

【妾宅】しょう(せふ)たく めかけを住まわせる家。

【妾婦】しょう(せふ)ふ めかけ。そばめ。妾嬖。妾媵。

【妾腹】しょう(せふ)ふく 「妾出」に同じ。

【妾媵】しょう(せふ)よう 貴人のそばに仕える女性。

◇侍妾・妻妾・婢妾・愛妾・蓄妾・寵妾

女5
【姓】〔8〕 常 セイ・ショウ

セイ 漢 ショウ(シャウ) 呉 去 敬 xìng シン

U 59D3 補 ― J 3211

筆順 く 女 女 女' 女一 女牛 姓 姓

意味 ①〈かばね〉㋐血族関係を示すもの。㋑氏と混用し、家がらを示すもの。②官位にある人。「百姓（ひゃくせい）」③庶民。国上古、家筋による職名、または尊卑を示したもの。

解字 会意・形声。女と生とを合わせた字で、生（せい）はまた、音をも示す。生は、うまれること。姓は、女から生まれて、一家を立てることで、家すじを表すことばである。太古には父はわからなくて、母だけがはっきりしていたので、女へんをつけたともいい、古代には姓をつけて呼ぶのは女だけであったから、女へんをつけたともいう。

【姓系】（せいけい）氏族の系統を示す表。系図。
【姓氏】（せいし）かばねとうじ。名字（みょうじ）。
【姓字】（せいじ）①うじとあざな。②姓名。
【姓譜】（せいふ）祖先からの家系を書きしるした記録。
【姓名】（せいめい）㊀名字（みょうじ）と名。㊁シンミン xìngmíng 現㊀に同じ。
【冒レ姓】（せいをおかす）他の姓をなのること。
◆小姓（こしょう）・氏姓（しせい）・旧姓（きゅうせい）・同姓（どうせい）・百姓（ひゃくしょう）（ひゃくせい）・改姓（かいせい）・俗姓（ぞくしょう）（ぞくせい）

女5【姃】〔8〕 セイ 漢 ショウ（シャウ） 呉 平 庚 zhēng チョン　J ①1578 補 2526 U 59C3
意味 ①女性の容貌（ようぼう）が整っているさま。②女性の名に用いる。

女5【姐】〔8〕 シャ 漢 上 馬 ソ 慣 jiě チエ　J 1625 U 59D0
意味 ①はは。②姉（あね）。③女子の通称。国①〈ねえや〉女中などの呼称。ねえさん。②〈あねご〉やくざなどの親分の妻。「姐御（あねご）」
【姐姐】（チエチエ）jiějie 現 姉。ねえさん。

女5【妳】〔8〕 ㊀ダイ 漢 ナイ 呉 上 蟹 nǎi ナイ ㊁ニ ― nǐ ニー　補 2521 U 59B3
意味 ㊀母。＝嬭（だい）㊁女性に対する二人称。あなた。＝你（に）

女5【妲】〔8〕 タツ 漢 入 曷 ダツ 慣 dá ター　J 5307 U 59B2
意味 女の字（あざな）。妲己（だっき）は、殷（いん）の紂（ちゅう）王の妃。

女5【妯】〔8〕 ㊀チク 漢 入 屋 zhóu チョウ ㊁チュウ 漢 平 尤 （チウ） chōu チョウ　補 2519 U 59AF
意味 ㊀相嫁（あいよめ）。兄弟の妻どうし。「妯娌（ちくり）」㊁①うごく。②いたむ。

女5【妷】〔8〕 ㊀チツ 漢 入 質 ジチ（ヂチ） 呉 zhí チー ㊁イツ 漢 入 質 yì イー　補 2522 U 59B7
意味 ㊀めい。＝姪（てつ）㊁思いのままをする。

女5【妰】〔8〕 チャク 漢 入 薬 タク 呉 zhuó チュオ　補 2520 U 59B0
意味 ①女性のしとやかなさま。②分ける。

女5【妬】〔8〕 常 ト ねたむ　ト 漢 去 遇 dù トゥー　J 3742 U 59AC

筆順 く 夂 女 女 女 妬 妬 妬

女4【妒】〔7〕 同字　J ①1576 補 2511 U 5992

意味 〈ねた・む〉①そねみにくむ。②やきもちをやく。「嫉妬（しっと）」

解字 形声。女が形を表し、石（せき）→（と）が音を示す。石には、ひろがる、ぶつかるという意味がある。妬は、女性が、相手に負けまいとねたむの意となる。一説に石は、興奮して赤くなることで、積もりたくわえられる意ともいう。

【妬害】（とがい）ねたんでそこなう。
【妬忌】（とき）そねみ、いやがる。
【妬猜】（とさい）ねたむ。そねむ。
【妬嫉】（としつ）ねたみ憎む。やきもちをやく。＝妬疾
【妬情】（とじょう）そねみの心。嫉妬心。
【妬婦】（とふ）ねたみぶかい女。

女5【妭】〔8〕 ハツ 漢 入 曷 バチ 呉 bá バー　補 2517 U 59AD
意味 ①美しい女性。②天子が射（い）る。③ひでりをおこす女神の名。

女5【妺】〔8〕 バツ 漢 入 曷 マツ 慣 mò モー　補 2523 U 59BA
意味 女の字（あざな）。妺嬉（ばっき）（まっき）は、夏（か）の桀（けつ）王の妃。「妺喜」に同じ。
参考 「妹（ばい）（まい）」は別字。

女5【妼】〔8〕 ヒツ 漢 入 質 ビチ 呉 bì ビー　J ②0545 補 2524 U 59BC
意味 女性の容貌（ようぼう）とふるまいが美しい。国〈こしもと〉侍女。

女5【姆】〔8〕 ボ 漢 上 麌 モ 慣 mǔ ムー　J 5308 U 59C6
意味 ①女性に道徳を教育する婦人。＝姥（ぼ）②〈うば〉子供につきそい世話をする女性。「保姆（ほぼ）」③あによめ。「姆姆（ぼぼ）」
参考 新表記では、「母」に書きかえる熟語がある。

女5【妹】〔8〕 学2 マイ いもうと　バイ 漢 去 隊 マイ 呉 mèi メイ　J 4369 U 59B9

筆順 く 夂 女 女 女 奸 妹 妹

意味 〈いもうと〉↔姉 国〈いも〉女を親しんでいう語。

解字 形声。女が形を表し、未（み）が音を示す。未には、小さいとか、後から出るの意味があり、妹は、女のきょうだいの年下をいう。音マイは、未の音ミの変化。一説には、未はつづくという意味があるから、妹は、後につづく女の意味であるともいう。

姓 妹尾（せのお）　地名 妹背牛（もせうし）
参考 「妺（ばつ）（まつ）」は別字。

【妹背】（いもせ）国①男と女。②兄と妹。③姉と弟。④夫婦。
【――鳥】（いもせどり）国①ほととぎすの別名。②せきれいの別名。
【――盃】（いもせのさかずき）国三々九度のさかずき。夫婦盃（めおとさかずき）。
【妹婿】（まいせい）いもうとの夫。＝妹聟
【妹妹】（メイメイ）mèimei 現 妹。
◆姉妹（しまい）・従妹（じゅうまい）・十姉妹（じゅうしまつ）

女5【姄】〔8〕 ミン 呉 平 真 ビン 漢 mín ミン　補 2527 U 59C4
意味 女性の名に用いる。

女5【姈】〔8〕 レイ 漢 平 青 リョウ（リャウ） 呉 líng リン　J ②0546 補 2528 U 59C8
意味 ①女性が聡明である。②女性の名に用いる。

女5【妳】〔8〕 同 →嬭（三五三ジ・上）

女5〖孥〗→子部五画（三五八ジ・上）

女5〖弩〗→弓部五画（四四八ジ・中）

女5〖帑〗→巾部五画（四二〇ジ・中）

女6【娃】〔9〕 人 アイ 漢 平 佳 wá ワー　J 1603 U 5A03
意味 ①うつくしい。みめよい。②美人。「娃鬟（あいかん）」③少女。④くぼんだ丸い目。
【娃姣】（あいこう）美人。姣も美しい意。

3画 口囗土士夂（夊）夕大女子宀寸小尢（尣・兀）尸屮山巛（川）工己巾干幺广廴廾弋弓彐（彑・ヨ）彡彳⺍

【娃娃】ワーwáwa 現①赤ん坊。②人形。

女6【姲】〔9〕アン漢去諫 エン呉 yàn イエン　J― 補2541 U59F2
意味 女性の名に用いる。

女6【威】〔9〕常 イ　イ漢呉平微 wēi ウエイ　J1650 補― U5A01
筆順 丿 厂 仄 反 反 威 威 威
意味 ①〈いきおい(いきほひ)〉勢力。「威力」②おごそか。「威厳」③〈おど・す〉おびやかす。「威脅」④おそれる。＝畏　⑤しゅうとめ。夫の母。

解字 （篆文）形声。女が形を表し、戌が音を示す。戌の音は畏に通ずる。畏はおそろしいという意味がある。威は、おそろしい女で、夫の母、しゅうとめをいう。一説に、威は、戉と、女(妥の略)を合わせた字で、ほこで女をおどかすことであるという。

名前 たか・たけ・つよ・とし・なり・のり・あきら・たける・おどし
地名 威海衛
【威圧(壓)】威光や威力で、人をおさえつける。

【威嚇】威力でおどしつける。威脅。

【威儀】①おもおもしいようす。②礼式にかなった、いかめしい動作・儀式。③礼の細則。④行列のおとも。【――不レ類】動作やふるまいにつつしみがなく、よろしくないこと。〈詩経・瞻卬〉

【威恵(惠)】威光と恩恵。刑罰と恩賞。

【威厳(嚴)】威光があっておごそかなこと。

【威光】人に、恐れと敬いとの気持ちをおこさせる力。おかしがたい威厳。

【威信】①威光と信用。貫禄。②威厳があって忠実なこと。

【威神】威厳があってけだかいこと。

【威勢】①威光と勢力。人を恐れさせる力。②たけく勇ましい勢い。③勢い。④ようす。

【威沢(澤)】威力と恵み。

【威霆】①激しい雷。②盛んな威光。

【威徳】①おごそかで犯しがたい徳。②威力と恩徳。罰と恩恵。

【威武】①威力と武力。②非常に勇ましい力。武勇。

【――軍】唐代の行政区画の名。【――大将(將)軍】明の武宗をいう。【――不レ能レ屈】威力や武力をもってしても、屈服させえない。〈孟子・滕文公下〉

【威風】威厳のあるさま。おかしがたい姿。

【威服】①威力でおどし、従わせる。②威光に服従する。

【威福】他人を威光でおどかしたり、恩を着せて圧迫したりすること。

【威望】威光と人望。声望。

【威名】①威力と名誉。②威光がすぐれているという評判。威声。声威。

【威容】威厳のある姿。おごそかな姿。

【威利】威力と利益。

【威稜】①神の威力。②天子の御威光。

【威力】他人を恐れさせ、したがわせる力。

【威令】①威光と命令。②威厳がある命令。

【威霊(靈)】いかめしくふしぎな威光。威勢のある神霊。

【威烈】さかんな威光。

『威而不レ猛』威厳はあるが、恐ろしいところはない。〈論語・述而〉

『霽レ威』怒りをしずめる。きげんを直す。
◇▼示威・国威・脅威・猛威・緋威・権威・暴威・霜威

女6【姨】〔9〕イ漢呉平支 yí イー　J5309 補― U59E8
意味 ①〈おば(をば)〉母の姉妹。②妻の姉妹。③父の妾。
【姨子】母の姉妹の子。
【姨母】おば。母の姉妹。

女6【姻】〔9〕常 イン　イン漢呉平真 yīn イン　J1689 補― U59FB
筆順 く 女 女 如 妅 姻 姻 姻 姻
女9【婣】〔12〕古字　J― 補2567 U5A63
意味 ①とつぎ先。②えんぐみ。「婚姻」③結婚による親類。「姻戚」④むこの父。↔婚(妻の父)
解字 （篆文）会意・形声。女と因とを合わせた字で、因はまた、音をも示す。因はたよるという意味がある。姻は、女のよるところということで、むこの家の意味である。
【姻婭】姻戚関係。姻は、むこの父、婭は、むこどうしをいう。＝姻亜
【姻家】縁組をした家。みうち。姻戚。
【姻旧(舊)】親族や古い知りあい。
【姻兄】親類中で、自分より年うえの男子。
【姻媾】①親類の間で結婚すること。また、その縁組。②「親類。」
【姻私】縁組をすることにより、自分の利益をはかる。
【姻戚】婚姻によって結ばれた親族。
【姻友】親類と友人。
◇▼婚姻

女6【㛃】〔9〕エツ(ヱツ)漢入月 ケツ漢 yuè ユエ　J②0553 補― U21706
意味 肥えているさま。国〈よね〉遊女。

女6【姶】〔9〕オウ漢入合 (アフ) è オー　J1608 補― U59F6
意味 ①みめよい。②しずか。③女性の字。④姓。
地名 姶良

女6【姱】〔9〕カ漢平麻 (クヮ) kuā コワ　J2540 補― U59F1
意味 ①うつくしい。うるわしい。「姱姿」②大きい。③ほこる。＝誇

女6【姟】〔9〕カイ漢平灰 gāi カイ　J2534 補― U59DF
意味 数の名。数の単位で最大のもの。十兆の十倍。百兆。＝垓

女6【姦】〔9〕標 カン漢平删 jiān チエン　J2015 補― U59E6
女6【奸】〔9〕俗字　J②0551 補2537 U59E7
意味 ①〈よこしま〉いつわり。不義不正。邪悪。②みだらな行いをする。男女が密通する。③そむく。④悪人。国〈かしまし・い(かしま・し)〉やかましい。かまびすしい。

【姦穢】よこしまでけがれている。

【姦婬】男女の道にはずれたいろごと。＝姦淫
【姦回】よこしま。悪人。回は邪。姦邪。

【姦猾】ずるがしこい。姦獪。

【姦宄】心がよこしまな者。

【姦凶(「兇」)】よこしまな悪者。

【姦驕】心がねじけて、おごりたかぶる。

【姦曲】心がよこしまである。奸曲。

【姦険(險)】心がねじけていて悪いこと。

【姦行】不正な行い。

【姦狡】悪がしこい。

【姦詐】心がねじけていて、人をだます。

【姦邪】①不正なこと。②悪人。姦回。

【姦臣】心のまがった悪い臣下。

【姦賊】わるもの。＝奸賊
【姦知(「智」)】悪知恵。わるだくみ。
【姦通】夫のある女が、他の男と関係すること。密通。
【姦盗】ぬすびと。
【姦佞】心がまがって悪がしこい。また、その人。
【姦夫】①わるもの。②他人の妻にひそかに通ずる男。間男。↔姦婦
【姦謀】悪がしこい、はかりごと。
【姦民】よこしまな民。＝奸民
【姦雄】悪がしこい英雄。
【姦利】不正な利得。
【姦隷】心のねじけた家来。

女6【姞】〔9〕キツ 漢 入 質 ゴチ 呉 jí チー　J②0548 補2533 U59DE
意味 ①つつしむ。つつしみ深い。②姓。

女6【姜】〔9〕キョウ 漢 平 陽 (キャウ) jiāng チアン　J5310 補 U59DC
意味 ①姓。㋐炎帝神農氏の姓。㋑斉国の姓。②陝西省にある川の名。姜水。③生薑。④つよい。＝彊
参考 姜は「薑」(二〇八四ページ・下)の中国新字体としても使う。
【姜維】人名。三国時代、蜀の将軍。諸葛亮の後継者。(二〇二～二六四)

女6【㛃】〔9〕ケツ 漢 入 屑 jié チエ　J 補 U36C3
意味 清らかである。

女6【姸】〔9〕標 ゲン 漢 平 先 ケン 慣 yán イエン　J①9490 補 U59F8
女4【妍】〔7〕同字　J5311 補 U598D
意味 ①すぐれた知恵をもつ。「妍捷」②みめよい。うつくしい。↕媸
【妍好】①顔かたちがよい。みめよい。＝娟好 ②けしきが美しい。
【妍蚩】美しいのと、醜いのと。美醜。＝妍媸
【妍粧】美しいよそおい。
【妍冶】美しくてあだっぽい。
【妍麗】美しく、うるわしい。

女6【姣】〔9〕一 コウ 漢 上 巧 jiǎo チアオ (カウ) 二 コウ 漢 平 肴 xiáo シアオ (カウ)　J②0549 補2535 U59E3
意味 一①うつくしい。②なまめかしい。二みだら。淫乱。
【姣好】顔かたちが美しい。みめよい。
【姣冶】①美しくなまめかしい。②上品な美しい女性。
【姣僚】顔が美しい。美しい。

女6【姤】〔9〕コウ 漢 去 宥 gòu コウ　J②0550 補2536 U59E4
意味 ①みめよい。②遇う。③易の卦の名。

女6【姮】〔9〕コウ 漢 平 蒸 héng ホン　J②0552 補2538 U59EE
意味 姮娥は、①月世界にいるという美人の名。②月の異名。
参考 姮娥の姮字は、漢の文帝の名の恒を避けて、嫦と記され、後になって姮娥・嫦娥が通用するようになった。
【姮娥】「嫦娥」「常娥」と同じ。①月の女神。姮娥は、太古の羿の妻で、夫の羿が西王母から授かった不死の薬を盗んで飲んで、月に逃げ、月の精になったという。②月の異名。

女6【姯】〔9〕コウ 漢 平 陽 (クヮウ) guāng コワン　J2539 補 U59EF
意味 ①女性のうるわしいさま。②女性の名に用いる。

女6【姿】〔9〕学6 シ すがた　シ 呉 漢 平 支 zī ツー　J2749 補 U59FF
旧字 女6【姿】〔9〕　J 補 U
筆順 冫 冫 冫 次 次 次 姿 姿
意味 ①〈すがた〉㋐なり。さま。「容姿」㋑ようす。②才能。資質。「姿才」③すがたをつくる。かたちづくる。
解字  形声。女が形を表し、次が音を示す。次は資と同じで、もとで、もちまえの意味がある。姿は、女のもちまえのすがたをいう。一説に、次にはなまめかしいようすという意味を含んでいるから、姿は、女のなまめかしいすがたを表すという。
名前 かた・しな・たか
【姿儀】①姿。様子。②堂々とした姿。
【姿質】容姿と性質。外見と内面。
【姿色】すがた。顔やすがたの美しさ。
【姿勢】からだつき。からだのかまえ。
【姿態】すがた。からだつき。
【姿媚】しなをつくってこびる。
【姿貌】すがた。かたち。
【姿容】すがたかたち。容姿。
◆後姿・勇姿・風姿・容姿・絵姿・雄姿・艶姿

女6【姝】〔9〕シュ 漢 平 虞 shū シュー　J①1580 補2532 U59DD
意味 ①うつくしい。みめよい。「姝麗」②柔順なさま。したがうさま。「姝姝」③ういういしい。
【姝姫】美しい女。美人。

女6【娀】〔9〕シュウ 漢 平 東 (シウ) sōng ソン　J 補2544 U5A00
意味 ①姓氏。有娀氏。②国名。有娀。

女6【姹】〔9〕一 タ 漢 上 馬 chà チャー 二 タ 漢 去 禡 chà チャー　J 補 U59F9
意味 一二①ほこる。＝咤・詫 ②おとめ。美しい女。
【姹女】①おとめ。美女。②水銀。

女6【姪】〔9〕人 標 テツ 漢 入 屑 zhí チー　J4437 補 U59EA
人6【侄】〔8〕俗字　J1694 補 U4F84
意味 ①〈めい(めひ)〉兄弟・姉妹の娘。②〈おい(をひ)〉自分の姉妹のむすこ。③友人の子どもへの呼称。
国〈めい(めひ)〉自分の兄弟姉妹の娘。
【姪孫】おいの子。兄弟の孫。

女6【姥】〔9〕人 標 ボ 漢 上 麌 モ 呉 mǔ ムー　J1724 補 U59E5
意味 ①おばあさん。老婆。②母親。③女性に道徳を教える婦人。＝姆 ④現 姥姥 lǎolao は、母方の祖母。外祖母。
名前 おけ・とめ

女6【姷】〔9〕ユウ(イウ) 漢 去 宥 ウ 呉 yòu ユー　J2543 補 U59F7
意味 互いに助け合う。

女6【姚】〔9〕ヨウ 漢 平 蕭 (エウ) yáo ヤオ　J5313 補 U59DA
意味 ①みめよい。うつくしい。②はるか。「姚遠」③姓。
【姚遠】はるかに遠いこと。＝遥遠
【姚江】今の浙江省余姚市の南にある川の名。明の王陽明の生地。【――学(學)派】王陽明の学派。余姚の学ともいう。
【姚姒】古代の天子、舜帝(姚)と禹王(姒)の姓。

【姚秦】(ようしん) 五胡十六国の一つ。姚萇の建てた秦国を他の時代の秦国と区別するための称。

【姚鼐】(ようだい) 人名。清の古文辞派の文人。安徽省桐城の人。桐城派の中心人物。「古文辞類纂」「今体詩鈔」などの著がある。(一七三一～一八一五)

【姚萇】(ようちょう) 人名。五胡十六国の後秦初代の君主。字は景茂、諡は武昭帝。前秦の苻堅に仕え、のちに堅を殺して位を奪い、長安(今の西安)に都して国を大秦と称した。

【姚冶】(ようや) あだっぽく、美しいさま。

女6【㛂】〔9〕 レツ 漢 入 屑 レチ 呉 liè リエ　J 2542 補 ― U 59F4

意味 美しいさま。

女6【姫】〔9〕 旧 ↓姫(本ジ・中)

女6【娍】〔9〕 俗 ↓娟(本ジ・中)

女6【姙】〔9〕 同 ↓妊(三三八ジ・中)

女6【娄】〔9〕 俗 ↓婁(三四八ジ・上)

女6【要】(一一三五ジ・下) ↓西部三画

女6【恕】(四七七ジ・上) ↓心部五画

女6【拏】(五二四ジ・上) ↓手部五画

女6【姫】(本ジ・中) ↓女部七画

女7【娭】〔10〕 一 キ 漢 一 平 支 xī シー　二 アイ 漢 二 平 灰 āi アイ　J ②0560 補 2557 U 5A2D

意味 一 ①たわむれる。楽しみ遊ぶ。②心から喜ぶ。③女性の蔑称。二 召使いの女。

女7【娥】〔10〕 ガ 漢 平 歌 é オー　J 5314 補 ― U 5A25

意味 ①娥皇は、帝堯の娘。舜の妻となった。②みめよい。うつくしい。③美人。

【娥影】(がえい) ①月光。月かげ。娥は嫦娥。嫦娥は古代の伝説で、月世界に住むという美人の名。また、月の別名。↓「嫦娥」(三五一ジ・上) ②鏡に映る美人の影。

【娥娥】(がが) 女子の顔かたちの美しいさま。

【娥皇】(がこう) 堯の娘。妹の女英とともに舜に嫁いだ。↓「湘君」(七三九ジ・中)

【娥眉】(がび) ①美しいまゆ。②美人。＝蛾眉

女7【娨】〔10〕 カン 漢 去 諫 xiàn シエン　J 2555 補 ― U 5A28

意味 おごりたかぶる。いばる。

女7【姫】〔10〕 常 ひめ　J 4117 補 ― U 59EB

旧字 女6【姬】〔9〕 キ 漢 平 支 呉 jī チー　J ― 補 ― U 59EC

筆順 ㇛ 夕 女 女 如 姫 姫 姫 姫

意味 ①姓。㋐黄帝の姓。㋑周の王室の姓。②〈ひめ〉婦人の美称。③妾。側室。④漢代、宮中の女官を称した。⑤本。国〈ひめ〉①貴人のむすめ。②身分のある女の名につける敬称。③小さく愛らしい意の接頭語。「姫百合」

解字 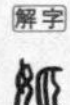 形声。女が形を表し、𦣝が音を示す。女は姓を表す。黄帝は姫姓、炎帝は姜姓で、その子孫に美女が多かったので、姫は美女をいう。また、周の后稷も姫姓。当時、女には名を呼ばず姓をつけて「―姫」といったのが、高貴な女や妃たちをいうようになったという。

地名 姫路

参考 ①もと、「姫」と「姬」は別字であるが、普通「姫」を「姬」の旧字体扱いにしている。②臣を六画に数え、総画数を九画とする場合もある。

【姫姜】(ききょう) ①大国の姫君。また、宮中の女性。姫は周の姓、姜は斉の姓。ともに大国であることから。②美しい女性。姫・姜の両姓に多く美女がでたことから。

【姫周】(きしゅう) 周をいう。姫は周の姓。

【姫妾】(きしょう) めかけ。姫媵。

【姫垣】(ひめがき) 国 低いかきね。女墻。

【姫御前】(ひめごぜん) 国 ①身分の高い人の娘の敬称。ひめぎみ。②若い女の敬称。

【姫宮】(ひめみや) 国 皇女。内親王。姫御子。

◇▼乙姫・王姫・舞姫・歌姫

女7【娍】〔10〕 キュウ 漢 平 尤 (キウ) qiú チウ　J ②0555 補 ― U 36CF

意味 女性の名に用いる。

女7【娎】〔10〕 ケツ 漢 入 屑 ケチ 呉 xiè シエ　J 2548 補 ― U 5A0E

意味 ①思いどおりになる。②よろこぶ。

女7【娟】〔10〕 ケン 漢 平 先 エン(エン) 漢 juān チュワン　J 5315 補 ― U 5A1F

女6【娟】〔9〕 俗字 J ― 補 ― U 59E2

意味 ①美しい。みめよい。②しなやか。軽く舞うさま。「便娟」「嬋娟」③おく深いさま。

【娟雅】(けんが) 美しくて上品なさま。

【娟娟】(けんけん) ①月光の清く明るいさま。②うつくしいさま。③幽遠。かすかに遠いさま。④蝶の飛ぶさま。

【娟好】(けんこう) 顔かたちが美しい。

【娟秀】(けんしゅう) 美しく、すぐれている。

女7【娯】〔10〕 常 ゴ　J 2468 補 ― U 5A2F

旧字 女7【娛】〔10〕 ゴ 漢 呉 平 虞 yú ユィ　J ― 補 ― U 5A1B

筆順 ㇛ 夕 女 如 娯 娯 娯 娯

意味 ①〈たのし・む〉よろこぶ。「歓娯」②たのしみ。③なぐさめる。「娯憂」

解字 形声。女が形を表し、呉が音を示す。呉は語と通じて、かたるという意味を含む。娯は女と語り合うことで、たのしい意味になる。

【娯喜】(ごき) たのしみよろこぶ。娯嬉。

【娯遊】(ごゆう) 楽しみ遊ぶこと。

【娯楽(樂)】(ごらく) たのしみ。喜び楽しむこと。

◇▼歓娯

女7【娪】〔10〕 一 ゴ 漢 グ 呉 一 平 虞 wú ウー　二 ゴ 漢 二 去 遇 wù ウー　J 2556 補 ― U 5A2A

意味 一 美しい女性。二 女性。

女7【娑】〔10〕 標 サ 漢 平 歌 シャ 呉 suō スオ　J 5316 補 ― U 5A11

意味 ①舞うさま。②衣のひるがえるさま。「娑娑」③あるきまわるさま。「婆娑」

【娑婆】一 (さば) ①舞うさま。婆娑。②ゆったりしたさま。③まばらなさま。二 (しゃば) 仏 この世。人間の世界。人間のいろいろの苦しみを堪え忍ぶ所の意。

【娑羅双(雙)樹】(しゃらそうじゅ・さらそうじゅ) 釈迦が、その下でなくなったといわれる木の名。二本の娑羅の木が合して一本のようになっているので、双樹という。

女7【娘】〔10〕 常 むすめ　J 4428 補 ― U 5A18

ジョウ(ヂャウ) 漢 平 陽 niáng ニアン

筆順 ㇛ 夕 女 女 妒 妒 娘 娘 娘

意味 ①〈むすめ〉女性をいう。未婚の女性。②母。↕爺

国〈むすめ〉自分の女の子ども。
解字 形声。女が形を表し、良(りゃう)が音を示す。良には、うつくしいという意味がある。娘は、美しい女のことで、むすめを表す。音ヂャウは、良の音リャウの変化。
名前 ら
【娘家】じょうか(ぢゃうか) 嫁に行った女が実家をさす語。
【娘子】じょうし(ぢゃうし) ①むすめ。少女。②母。③妻。【――軍】じょうしぐん(ぢゃうしぐん) ①女子だけで組織した軍隊。唐の平陽公主が組織したもの。②婦女子の集団をいう。
【娘娘】じょうじょう(ぢゃうぢゃう) ①母。②皇后。王妃。
◇小娘(こむすめ)・生娘(きむすめ)・藤娘(ふじむすめ)・箱入娘(はこいりむすめ)

女7 【娠】〔10〕 常 シン シン (漢)(呉) (平)真 shēn シェン | U 5A20 補 ― J 3117

筆順 ㇛ 女 女 女ｰ 女戸 女厂 娠 娠

意味 〈はら・む〉みごもる。懐胎(かいたい)する。「妊娠(にんしん)」
解字 (篆文) 形声。女が形を表し、辰(しん)が音を示す。辰には、震と同じく、動くという意味がある。娠は女がみごもって、腹の子が動くことを表す。一説に辰は身と同じく、重なる意味があり、娠は、女の腹中に子がいて、身が二つということを表すという。

女7 【娍】〔10〕 [一]セイ(漢) ジョウ(ジャウ)(呉) [一](平)庚 chéng チョン [二]セイ(漢) ジョウ(ジャウ)(呉) [二](去)敬 shèng ション | U 5A0D 補 2547 J ②0557

意味 [一]女性の名に用いる。[二]背が高くて美しいさま。

女7 【娜】〔10〕 ダ(漢) ナ(呉) (上)哿 nuó, nuǒ ヌオ | U 5A1C 補 ― J 5317

意味 ①しなやか。なよなよとして美しいさま。「婀娜(あだ)」 ②木の枝などがかぼそいさま。「娜娜(だだ)」
【娜娜】だだ ①ゆれ動くさま。②柔らかで長いさま。

女7 【娧】〔10〕 タイ(漢) (去)泰 tuì トイ | U 5A27 補 2554 J ②0559

意味 美しいさま。

女7 【娞】〔10〕 [一]ダイ(漢) ナイ(呉) [一](上)賄 něi ネイ [二]スイ(漢) [二](平)支 suī ソイ | U 5A1E 補 2551 J ―

意味 [一]うつくしい。[二]やすらか。＝綏(すい)

女7 【娣】〔10〕 テイ(漢) (上)薺 dì ティー | U 5A23 補 2552 J ①1582

意味 ①いもうと。②夫(おっと)の弟のよめ。「娣婦(ていふ)」
【娣姒】ていじ ①妹と姉。姉妹。②弟の嫁と兄の嫁。娣は弟の嫁、姒は兄の嫁。
【娣妾】ていしょう(せふ) 側室。めかけ。

女7 【娗】〔10〕 [一]テイ(漢) [一](上)迥 tǐng ティン [二]テン(漢) [二](上)銑 tiǎn ティエン | U 5A17 補 ― J ②0558

意味 [一]①婦人病の名。子宮が脱する病気。②背が高く美しい。[二]①しまりがないさま。②だます。

女7 【娚】〔10〕 ダン(漢) ナン(呉) (平)咸 nán ナン | U 5A1A 補 ― J 5319

意味 ＝喃(なん)・諵(なん) 詀娚(てんなん)は、①ぺちゃくちゃしゃべるさま。②鳥のさえずるさま。
地名 娚杉(めおとすぎ)

女7 【娓】〔10〕 ビ(漢) (上)尾 wěi ウエイ | U 5A13 補 2550 J ①1581

意味 ①したがうさま。すなお。②美しいさま。③努める。「娓娓(びび)」

女7 【娉】〔10〕 ヘイ(漢) (去)敬 pìn ピン | U 5A09 補 ― J 5318

意味 ①〈と・う(―・ふ)〉女の名を問う。転じて妻に迎える。②召す。迎える。＝聘(へい) ③みめよいさま。音 pīng ピン。「娉婷(へいてい)」

女7 【娩】〔10〕 人 標 [一]ベン(漢) [一](上)阮 miǎn ミエン [二]バン(漢) ベン(慣) [二](上)阮 wǎn ワン | U 5A29 補 ― J 4258

意味 [一]①産(う)む。出産する。「分娩(ぶんべん)」 ②跳(と)ぶ。[二]

女8 【娩】〔11〕 俗字 U ― 補 ― J ―

①すなお。柔順。「娩順(べんじゅん)」 ②容貌が美しい。
【娩沢(澤)】べんたく 美しくて顔色のつややかなこと。
【娩痛】べんつう お産のときの腹痛。陣痛。
◇分娩(ぶんべん)

女7 【娒】〔10〕 [一]ボ(漢) モ(呉) [一](上)麌 mǔ ムー [二]ブ(漢) ム(呉) [二](上)麌 wǔ ウー | U 5A12 補 2549 J ―

意味 [一]未婚の女性を教育する女性。＝姆(ぼ) [二]軽んじあなどる。＝侮(ぶ)

女7 【娌】〔10〕 リ(漢) (上)紙 lǐ リー | U 5A0C 補 2546 J ②0556

意味 妯娌(ちくり)は、兄弟の妻を合わせていうことば。

女7 【娰】〔10〕 同→姒(三四一ページ・下)

女7 【姍】〔10〕 同→妝(三三八ページ・上)

女7 【娤】〔10〕 同→妝(三三八ページ・上)

女7 【娬】〔10〕 同→嫵(三五二ページ・上)

女7 〖挐〗(五三〇ページ・下) ↓手部六画

女7 〖恕〗(四八〇ページ・下) ↓心部六画

女8 【婀】〔11〕 ア(漢) (上)哿 ē, ě オー | U 5A40 補 ― J 5320

女8 【娿】〔11〕 本字 U 5A3F 補 ― J ―

意味 しなやか。たおやか。なよなよとしてうつくしいさま。「婀娜(あだ)」「婀嬌(あきょう)」
【婀嬌】あきょう(けう) ①なよなよとしてなまめかしい姿。②美人。
【婀娜】あだ 美人のからだのしなやかなさま。

女8 【婭】〔11〕 [一]ア(漢) [一](去)禡 yà ヤー [二]ア(漢) [二](上)馬 yǎ ヤー | U 5A6D 補 2570 J ①1584

意味 [一]①あいむこ。妻の姉妹の夫。②結婚による親戚。[二]婭姹(あだ)は、①なまめかしい。②鳥の鳴く声。

女8 【婬】〔11〕 イン(漢) イン(呉) (平)侵 yín イン | U 5A6C 補 ― J 5321

意味 ①みだら。＝淫 ②たのしむ。たわむれる。

女8 【婉】〔11〕 標 エン(漢) (エン) (上)阮 wǎn ワン | U 5A49 補 ― J 5322

意味 ①したがう。すなお。しとやか。②わかく美しいさま。「婉如(えんじょ)」 ③遠まわしに言う。「婉曲(えんきょく)」 ④親密である。
【婉婉】えんえん(ゑんゑん) ①すなおなさま。②しなやかなさま。③美しいさま。
【婉曲】えんきょく(ゑんきょく) ①柔らかく遠まわしにいうこと。②やさしくしとやかなこと。
【婉言】えんげん(ゑんげん) ①婉曲にいうこと。②婉曲にいうことば。
【婉淑】えんしゅく(ゑんしゅく) 美しくやさしい。
【婉順】えんじゅん(ゑんじゅん) しとやかで従順なこと。
【婉然】えんぜん(ゑんぜん) すなおで美しいさま。
【婉転(轉)】えんてん(ゑんてん) ①すらりとして美しいさま。＝宛転(えんてん) ②まといからまる。③おもむきがあって、種々に変化する。
【婉娩】えんべん(ゑんべん) 女らしく、おとなしくてすなおなこと。温順。【――聴(聽)従(從)】えんべんちょうじゅう(ゑんべんちやうじゆう) おとなしくすなおで婉順。

で、よく年長者のいうことを聞く。〈礼記・内則〉
【婉約】すなおで控えめなこと。
【婉容】おとなしい態度。すなおな顔つき。
【婉麗】しとやかで美しいさま。
【婉孌】年若く美しい。
◇妖婉

女8【婅】〔11〕 キク 漢 入 屋 jú チュイ　J ― 補 2560 U 5A45
意味 女性の名に用いる。

女8【婞】〔11〕 ケイ 漢 ギョウ(ギャウ) 呉 上 迥 xìng シン　J ― 補 2566 U 5A5E
意味 ①強情である。人のいうことをきかない。②思いがけない幸せ。＝幸。

女8【婚】〔11〕 常 コン　コン 漢 呉 平 元 hūn フン　J 2607 補 ― U 5A5A
筆順 〈 女 女 女' 妊 妊 婚 婚 婚
女9【婚】〔12〕 同字 J ― 補 ― U 36F0
意味 ①さと。妻の実家。②嫁をもらう。結婚する。③結婚。縁組。④妻の父。↕姻
解字 会意・形声。女と昏とを合わせた字で、昏はまた、音をも示す。昏は夕暮れのこと。よめとりの式は、夕暮れに、むこがよめの家に迎えにゆくのが昔の礼であった。婚は嫁の実家をいう。一説に、婚の音は、根・門と通じ、男女の性器を表すものという。
【婚姻】㊀結婚する。夫婦になる。㊁ hūnyīn 現㊀に同じ。
【婚家】嫁または、婿となって行った先の家。↕実家
【婚嫁】嫁入り。帰嫁。
【婚宦】結婚と仕官。結婚して官に就っく。
【婚期】結婚に適した年ごろ。結婚の時期。
【婚儀】結婚の儀式。結婚式。婚礼。
【婚媾】夫婦の縁組をする。媾は親類間の縁組。
【婚戚】結婚の縁組によってできた親戚関係。姻戚。
【婚牘】結婚に関する書類。
【婚約】結婚の約束。
【婚星】国流星。＝夜這星
◇早婚・成婚・再婚・初婚・既婚・晩婚・結婚・新婚・離婚

女8【婇】〔11〕 サイ 漢 上 賄 cǎi ツァイ　J ― 補 2561 U 5A47
意味 ①宮中に仕える女性。②女性の名に用いる。

女8【婥】〔11〕 シャク 漢 入 薬 chuò チュオ　J ②0562 補 2568 U 5A65
意味 しなやかでうつくしい。
【婥約】しなやかで美しいさま。＝綽約

女8【娵】〔11〕 ㊀ソウ 漢 ㊀上 有 cǒu ツォウ　㊁シュ 漢 ㊁シュウ 慣 ㊁平 虞 jū チュイ　J 5323 補 ― U 5A35
意味 ㊀うつくしい女。㊁①星座の名。「娵訾」②帝嚳の妃の姓。③さかな。「娵隅」国〈よめ〉①息子の妻。②自分の妻。

女8【娶】〔11〕 標 シュ 漢 去 遇 qǔ チュイ　J 5324 補 ― U 5A36
意味〈めと・る〉よめをもらう。

女8【婌】〔11〕 シュク 漢 ジュク 呉 入 屋 shú シュー　J ― 補 2563 U 5A4C
意味 宮廷の女官の職名。

女8【娼】〔11〕 標 ショウ 漢 (シャウ) 平 陽 chāng チャン　J 3011 補 ― U 5A3C
意味 あそびめ。遊女。妓女。
【娼家】遊女を置いて商売をする家。女郎屋。娼楼。
【娼妓】あそびめ。遊女。娼女。
【娼婦】遊女のこと。娼女。

女8【婕】〔11〕 ショウ 漢 (セフ) 入 葉 jié チエ　J ②0561 補 2565 U 5A55
意味 ①うつくしい。②婕妤は、漢代の女官の名。＝倢伃

女8【婧】〔11〕 セイ 漢 ジョウ(ジャウ) 呉 去 敬 jìng チン　J ①1583 補 2569 U 5A67
意味 ①きちんと立つさま。②才徳のある女性。③女性の貞潔なさま。④弱々しいさま。⑤すこやかなさま。

女8【婆】〔11〕 常 バ　ハ 漢 バ 呉 平 歌 pó ポー　J 3944 補 ― U 5A46
筆順 氵 氵 氵 波 波 波 婆 婆
意味 ①〈ばば〉㋐老女。㋑老母。㋒祖母。②夫の母。③婆娑は、舞うさま。
解字 形声。女が形を表し、波が音を示す。古い形では媻となっている。婆の波は、媻の般と音が通じて、大きいという意味を持つ。婆は大きく構えている女のことで、おごる、張るという意味になる。また、波は皤(白い)と通じるので、婆は、白髪の老女の意味になるという。
【婆娑】①舞うさま。②衣のすそがひるがえるさま。③歩きまわるさま。④ゆったりしたさま。⑤琴の声が細くて抑揚のあるさま。⑥乱れるさま。⑦しおれるさま。
【婆心】①老女の心。老婆のように親切な心。②親切すぎる心。老婆心。
【婆羅門】①インドの四階級(僧・武士・平民・奴隷)の最上位。バラモン教の僧族で、絶対的な権力を持ち、宗教・学問をつかさどる。梵語 Brāhmaṇa の音訳。②釈迦以前におこったインドの宗教の名。
【婆婆】pópo 現おっとの母。しゅうとめ。
◇老婆・鬼婆・産婆・塔婆・卒都婆

女8【婢】〔11〕 ヒ 漢 ビ 呉 上 紙 bì ビー　J 5325 補 ― U 5A62
意味 ①はしため。下女。罪人として仕事をさせられる女奴隷。「下婢」②女が自分をへりくだっていう語。わらわ。
【婢媼】召使の女や老婆。
【婢子】①わらわ。女がけんそんして自分をいう語。②下女。
【婢女】はしため。下女。
【婢妾】下女とめかけ。
【婢僕】下女と下男。婢僮。
◇奴婢・僕婢

女8【婊】〔11〕 ヒョウ 漢 (ヘウ) 上 篠 biǎo ピアオ　J ― 補 ― U 5A4A
意味 ①女のあざな。②遊女。「婊子」

女8【婦】〔11〕 学5 フ　フ 漢 ブ 呉 上 有 fù フー　J 4156 補 ― U 5A66
旧字 女8【婦】〔11〕 J ― 補 ― U ―
筆順 〈 女 女 女ヲ 妇 妇 婦 婦 婦
意味 ①他家に嫁いだ女性。転じて、女性を指す。「婦人」②〈つま〉㋐自分の妻。㋑既婚の女性。③息子の妻。④しとやか。うつくしい。

解字 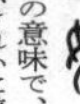 会意。女と帚とを合わせたもの。帚は箒と同じで、ほうきのこと。婦は、家の中でそうじなどをして、きれいにするは、きれいに着飾って清浄になった女のことであると解する。一説に、婦

地名 婦負ねい

【婦翁】ふおう（をう） 妻の父。婦公。岳父がく。
【婦嫗】ふおう 主婦と老婆。主婦と老母。
【婦言】ふげん ①女のことば使いの心得。②女のことば。
【婦姑】ふこ 嫁と、しゅうとめ。
【婦功】ふこう 女の仕事。妻としてなすべき仕事。
【婦子】ふし 妻とこども。
【婦寺】ふじ 宮中の婦人やそばづかえの小臣。女官や小姓。
【婦孺】ふじゅ 女やこども。孺は幼児。
【婦女】■一 ふじょ（ぢょ） おんな。婦人。■二 フーニュイ fùnǚ 現■一に同じ。
【婦女子】ふじょ（ぢょ）し ①おんな。女子。②女やこども。③弱い者。
【婦人】ふじん ①おんな。女子。女性。②嫁入りした女。
【婦道】ふどう（だう） 女として守らなければならない道。
【婦徳】ふとく ①女としてそなえるべき徳。②女として守るべき道徳。
【婦容】ふよう 女としてのみだしなみ。

△▼夫婦ふうふ・匹婦ひっぷ・主婦しゅふ・妊婦にんぷ・貞婦ていふ・情婦じょうふ・産婦さんぷ・新婦しんぷ・農婦のうふ・寡婦かふ・賢婦けんぷ・看護婦かんごふ

女 8 【婄】〔11〕 ■一 ホウ 漢 ■一 上 有 pǒu ポウ ／ フ 呉 ／ ■二 ハイ 漢 ■二 平 灰 ／ バイ 呉 pēi ペイ　U補J 5A44 2559

意味 ■一 女性らしいようす。■二 みにくい。

女 8 【婪】〔11〕 ラン 漢 平 覃 lán ラン　U補J 5A6A 5326

意味 ①〈むさぼ・る〉欲ふかくほしがる。「貪婪たんらん（どんらん）」②つつしみがない。③占いの結果をいつわる。

女 8 【婈】〔11〕 リョウ 漢 平 蒸 líng リン　U補J 5A48 2562

意味 女性の名に用いる。

女 8 【婁】〔11〕 ■一 ル 漢 ■一 平 虞 lú リュイ ／ ■二 ル 漢 ■二 去 遇 lǜ リュイ ／ ■三 ロウ 漢 ■三 平 尤 lóu ロウ　U補J 5A41 4712

女 6 【娄】〔9〕 俗字　U補J 5A04 2545

意味 ■一 ①衣のすそをひく。②おろかなさま。■二 ①牛をつなぐ。しばる。②しばしば。＝屢る ■三 ①星座の名。二十八宿の一つ。たたらぼし。「婁宿ろうしゅく」②中が空からである。③姓。

女 8 【婐】〔11〕 ワ 漢 上 哿 wǒ ウォ　U補J 5A50 2564

意味 ①〈はべ・る（――・り）〉女性が仕える。②女性のなよなよしたさま。③思いきって。＝果か

女 8 【娩】〔11〕 俗 ↓娩（三四六ページ・中）

女 9 【媙】〔12〕 イ 漢 平 微 wēi ウエイ （ヰ）　U補J 5A99 2579

意味 美しい女性。女性の美しいさま。

女 9 【嫈】〔12〕 ■一 イ 漢 ■一 平 支 yí イー ／ ■二 キ 漢 ■二 平 支 xī シー　U補J 5A90 2576

意味 ■一 ①喜ぶ。②つれあい。配偶者。＝妃ひ ■二 よい。

女 9 【媖】〔12〕 エイ 漢 平 庚 yīng イン ヨウ（ヤウ） 呉　U補J 5A96 2578

意味 女性の美称。

女 9 【媛】〔12〕 学 4 エン　U補J 5A9B 4118

旧字 女 9 【媛】〔12〕 エン 漢 去 霰 yuàn ユワン （エン）　U補J

筆順 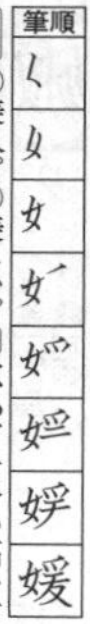

意味 ①美人。②美しい。国〈ひめ〉身分の高い女にいう。

解字 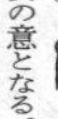 会意・形声。女と爰を合わせた字。爰エンは、音をも示す。爰は引く意で、媛は女に心が引きよせられる意で、美女の意となる。

難読 愛媛えひめ

△▼才媛さいえん

女 9 【媧】〔12〕 カ 漢 平 佳 wā ワー （クヮ）　U補J 5AA7 2585 ①1589

意味 女媧氏じょかしは、古代伝説上の神女。

女 9 【媓】〔12〕 コウ（クヮウ） 漢 平 陽 huáng ホワン オウ（ワウ） 呉　U補J 5A93 2577

意味 ①帝舜しゅんの妻の名。②母。

女 9 【婼】〔12〕 ■一 シャク 漢 ■一 入 薬 chuò チュオ ／ ■二 ジ 漢 ■二 平 支 ruò ルオ　U補J 5A7C

意味 ■一 ①さからう。②姓。■二 国名。「婼羌じきょう」

女 9 【媋】〔12〕 シュン 漢 平 真 chūn チュン 呉　U補J 5A8B 2575 ②0564

意味 ①女性の容貌が美しい。②女性の名に用いる。

女 9 【婿】〔12〕 常 セイ むこ セイ 漢 去 霽 xù シュイ　U補J 5A7F 4427

筆順 

士 9 【壻】〔12〕 本字　U補J 58FB 5270

耳 8 【聟】〔14〕 俗字　U補J 805F 7061

意味 ①〈むこ〉むすめの夫。女婿じょせい。②おとこ。

解字  会意。女と胥とを合わせた字。胥は才知のある人。婿は女のつれあいになる才子ということで、「むこ」をいう。

【婿屋】せいおく（をく） 婿の住む家。
【婿名跡】むこみょう（みゃう）せき 国 婿を迎え自分の跡継ぎにすること。

△▼女婿じょせい（にょせい）・花婿はなむこ

女 9 【媟】〔12〕 セツ 漢 入 屑 xiè シエ　U補J 5A9F 2582 ②0566

意味 ①あなどる。②〈な・れる（――・る）〉なれしたしむ。③けがれる。けがす。

【媟近】せっきん なれ近づく。

女 9 【媠】〔12〕 タ 漢 上 哿 duò トゥオ ダ 慣　U補J 5AA0 2583 ②0567

意味 ①うつくしい。②おこたる。＝惰「媠嫚だまん」

女 9 【婻】〔12〕 ダン 漢 去 勘 nàn ナン ナン 呉　U補J 5A7B 2573

意味 ①美しいさま。②少しふとっている。

女 9 【婷】〔12〕 テイ 漢 平 青 tíng ティン ジョウ（ヂャウ） 呉　U補J 5A77 2571 ①1585

意味 女性の顔かたちが美しい。

女 9 【媞】〔12〕 ■一 テイ 漢 ■一 平 斉 tí ティー ／ ダイ 呉 ／ ■二 シ 漢 ■二 上 紙 shì シー ／ ■三 シ 漢 ■三 平 支 zhī チー　U補J 5A9E 2581 ①1588

意味 ■一 ①安らかで、ゆったりしている。②かしこい。■二 ①はっきりさせる。■三 さいわいにめぐまれる。②美しい。

女 9 【媜】〔12〕 テイ 漢 平 庚 zhēng チョン チョウ（チャウ） 呉　U補J 5A9C 2580 ②0565

意味 女性の名に用いる。

女9 【媮】〔12〕 ■一 トウ 漢 ■一 平 尤 tōu トウ ■二 ユ 漢 ■二 平 虞 yú ユィ　J ①1586 補 2574 U 5A7E

意味 ■一 ①ぬすむ。＝偸とう ②悪がしこい。③ごまかす。④かりそめに。⑤うすい。⑥あなどる。■二 たのしむ。＝愉

【媮合】とうごう(がふ) 他人の気にいるようにする。おもねる。

【媮惰】とうだ かりそめの安易をむさぼる。一時しのぎをする。

【媮薄】とうはく かるはずみで、誠意がない。うすっぺら。軽薄。浮薄。

【媮風】とうふう 軽薄な風俗。

【媮楽(樂)】とうらく ゆらく 一時の楽しみをむさぼる。＝偸楽

女9 【媒】〔12〕 常 バイ　バイ 漢 平 灰 méi メイ　J 3962 補 U 5A92

筆順 女 女 女 姘 婠 媒 媒 媒

意味 ①なこうど。結婚の仲介人。「媒妁ばいしゃく」②なかだち。とりもち。仲介。③さそい出すはたらきをするもの。おとり。「媒翳ばいえい」④紹介する。招く。「媒怨ばいえん」

解字 （篆文） 形声。女が形を表し、某ぼうが音を示す。某は謀で、計画する意味がある。媒は、男女の間をいろいろとりもつことで、なこうどの意味になる。一説に某は子を生むことで、媒は男女のなかだちをして、子を生ませることという。

【媒介】ばいかい 両者の間で、はしわたしをする。なかだち。とりもち。

【媒孽】ばいげつ ①酒こうじ。②だまして罪におとしいれる。

【媒氏】ばいし ①周の官名。男女の結婚をつかさどる。②なこうど。媒酌人。

【媒辞(辭)】ばいじ 哲三段論法の大前提・小前提の両方に共通する観念をことばで表したもの。媒語。媒名辞。

【媒酌】ばいしゃく 結婚をとりもつ。また、その人。＝媒妁ばいしゃく

【媒人】ばいじん|ばいにん なこうど。媒酌人。

【媒鳥】ばいちょう(てう) 他の鳥をおびきよせるのに使う鳥。囮おとり。

◆虫媒ちゅうばい・風媒ふうばい・溶媒ようばい・触媒しょくばい・霊媒れいばい

女9 【媚】〔12〕 標 ビ 漢 去 寘 mèi メイ　J 5327 補 U 5A9A

意味 ①〈こ・びる(ー・ぶ)〉へつらう。②〈こび〉へつらい。③うつくしい。みめよい。④なまめく。あでやかなさま。⑤いつくしむ。好む。⑥したがう。

【媚子】びし 寵愛される人。賢臣。

【媚辞(辭)】びじ 相手のきげんをとるお世辞。媚語びご。

【媚笑】びしょう(せう) こびて笑う。お世辞笑い。

【媚態】びたい こびるようす。なまめかしいさま。

【媚付】びふ こびへつらって従う。阿付あふ。＝媚附

【媚二於竈一】そう(さう)にこぶ かまどの神にこびる。実力者にへつらうたとえ。〈論語・八佾はちいつ〉

◆明媚めいび

女9 【媄】〔12〕 ビ 漢 ミ 呉 上 紙 měi メイ　J ①1587 補 U 5A84

意味 〈うつくし・い(うつく・し)〉美しい。容貌ようぼうがすぐれている。

女9 【婺】〔12〕 ブ 漢 ム 慣 去 遇 wù ウー　J ②0563 補 2572 U 5A7A

意味 ①婺女ぶじょは、星座の名。二十八宿の一つ。②隋の置いた州の名。③したがわない。④女の美しいさま。

女9 【媬】〔12〕 ホウ 漢 ホ 呉 上 皓 bǎo パオ　J 補 2586 U 5AAC

意味 保母ほぼ。貴族の子どもを世話する女性。

女9 【媢】〔12〕 ボウ 漢 去 号 mào マオ　J ②0568 補 2584 U 5AA2

意味 ①〈ねた・む〉そねむ。「媢嫉ぼうしつ」②にらむ。

【媢怨】ぼうえん(ゑん) ねたみ恨む。

女9 【婣】〔12〕 古→姻(三四三ページ・中)

女9 【婚】〔12〕 同→婚(三四七ページ・上)

女9 【媪】〔12〕 俗→媼(本ページ・中)

女9 【嫂】〔12〕 俗→嫂(三五〇ページ・中)

女10 【嫈】〔13〕 ■一 エイ 漢 ヨウ(ヤウ) 呉 ■一 平 庚 yīng イン ■二 ケイ 漢 ■二 平 青 xīng シン ■三 エイ 漢 ■三 平 庚 yíng イン　J 2603 補 U 5AC8

意味 ■一 ①小心なさま。②よい。■二 女性のけがれないさま。■三 漢代の国名。

女10 【媼】〔13〕 オウ (アウ) 漢 上 皓 ǎo アオ　J 5328 補 U 5ABC

意味 ①〈おうな〉老女。「老媼ろうおう」②はは。③地の神。「媼神」

女9 【媪】〔12〕 俗字　J 補 U 5AAA

【媼媼】おうおう(あう) 年よりの女。ばば。老媼ろうおう。

女10 【嫁】〔13〕 常 カ よめ・とつぐ　カ 漢 去 禡 jià チア　J 1839 補 U 5AC1

筆順 女 女 女 女 女 妒 嫁 嫁

意味 ①〈とつ・ぐ〉よめいりする。よめにゆく。②往ゆく。③罪を他人になすりつける。「嫁禍かか」国〈よめ〉①息子の妻。②自分の妻。

解字 （篆文） 形声。女が形を表し、家かが音を示す。家には「いえ」の意味がある。嫁は女がとつぐために家から出ることをいう。一説に、女がとついで他家の人となることといい、また、家の音は仮と通じ、りっぱに化粧して着飾った女のことともいう。

【嫁禍】かか(くゎ) 自分の災難を、他人になすりつける。

【嫁帰(歸)】かき 嫁にゆく。「嫁」も「帰」も、とつぐ意。

【嫁期】かき 嫁入りに適した年ごろ。婚期。嫁齢。

【嫁鶏(鷄)随(隨)鶏(鷄)】かけいずいけい 鶏に嫁入りしたら、鶏のやりかたに従う。亭主の好きな赤えぼし。嫁レ狗従レ狗いぬにとつがば いぬにしたごう。

【嫁資】かし 嫁入りのしたく。嫁ぐための費用。

【嫁取】■一 かしゅ 嫁入りと、嫁取り。＝嫁娶 ■二 よめとり 国むすこに妻を迎えること。また、その儀式。

【嫁娶】かしゅ 嫁入りと、嫁取り。＝嫁取

【嫁女】■一 かじょ(ぢょ) 娘を嫁入りさせる。■二 よめじょ(ぢょ) 国よめ。よめご。

【嫁粧】かしょう(しやう) 嫁入り道具。＝嫁妝・嫁装

【嫁母】かぼ 父の死後、他家に再婚した母。

◆花嫁はなよめ・許嫁いいなずけ・転嫁てんか

女10 【媿】〔13〕 キ 漢 去 寘 kuì コイ　J ②0573 補 2594 U 5ABF

意味 ＝愧き ①はじる。はずかしめる。②はじ。「媿恥きち」

女10 【嫌】〔13〕 常 ケン・ゲン きらう・いや　ケン 漢 ゲン 呉 平 塩 xián シエン　J 2389 補 U 5ACC

旧字 女10 【嫌】〔13〕　U 補 J

筆順 女 女 女 女 姘 姘 嫌 嫌

意味 ①〈きら・う(ー・ふ)〉〈いや〉にくむ。不満である。「嫌悪けんお」②うたがう。うたがい。「嫌疑けんぎ」③うらみをもつ。④近い。まぎらわしい。「嫌名けんめい」

解字 （篆文） 形声。女が形を表し、兼けんが音を示す。兼は二つ並ぶ意味がある。嫌は、女があれこれ迷うことから、不満足・うたがう意味を表す。

【嫌畏】けんい(ゐ) きらい恐れる。
【嫌厭】けんえん きらいいやがる。いやになる。
【嫌悪(惡)】けんお(を) きらい憎む。
【嫌忌】けんき 忌みきらう。
【嫌疑】けんぎ うたがい。
【嫌隙】けんげき 疑って仲が悪い。疑って遠ざかる。
【嫌猜】けんさい きらい疑う。疑いにくむ。
【嫌名】けんめい まぎらわしい人名。天子の名と声音が似かよっていて、まぎらわしい名。
◆機嫌きげん

女10【嫄】〔13〕 ゲン漢平元 yuán ユワン U補J 5AC4 2601 ①1590
意味 女子の人名。姜嫄きょうげんは、周の祖先、棄き(后稷こうしょく)の母。

女10【媾】〔13〕 コウ漢去宥 gòu コウ U補J ――
女10【媾】〔13〕俗字 U補J 5ABE 5329
意味 ①身内どうしの縁組。②まじわる。交接する。③なかなおりする。和睦わぼくする。「媾和こうわ」④いつくしむ。もてなす。
参考 新表記では、「講」に書きかえる熟語がある。
【媾解】こうかい 仲なおりする。講解。
【媾和】こうわ 仲直りする。交戦国が和を結ぶ。＝講和

女10【媸】〔13〕 シ漢平支 chī チー U補J 5AB8 2591
女4【妛】〔7〕同字 U補J 599B 5412
意味 ①あなどる。②みにくい。↔妍けん「媸妍しけん」

女10【嫉】〔13〕常 シツ | シツ漢入質 シチ呉 jí チー U補J 5AC9 2827
心10【愱】〔13〕同字 U補J 6131 3042
意味 ①〈ねた・む〉やきもちを焼く。そねむ。②ねたみ。そねみ。③〈にく・む〉きらう。うらむ。
筆順 女 女 女亠 女广 女疒 女疒 女疒 女疒 嫉
解字 形声。嫉は、もと㑵と書いた。女が形を表し、疾しつが音を示す。疾は、矢傷、あるいは、急な病気、はやりやまいをいう。嫉の古い字体は㑵で、人に対するねたみの意。のちにイが女に変えられた。
【嫉視】しっし ねたみ見る。そねみ見る。
【嫉妬】しっと そねむ。ねたむ。ねたみ。

女10【嫋】〔13〕 ジョウ(デウ)漢上篠 niǎo ニアオ U補J 5ACB 5330
女13【嬝】〔16〕同字 U補J 5B1D 2621
意味 ①〈たおやか〉なよなよと美しいさま。「嫋娜じょうだ」②ゆれ動くさま。そよぐさま。③音の小さく長くつづくさま。
【嫋嫋】じょうじょう(でうでう) ①弱い。②風のそよぐさま。③しなやかに長いさま。④なよなよとして美しいさま。⑤音声が細くつづいてとぎれないさま。「余音嫋嫋、不レ絶如レ縷たえざることいとのごとし」(音の絶えたあとの響きが細くかすかに、糸のように続く。)〈蘇軾そしょく・前赤壁賦ぜんせきへきのふ〉
【嫋娜】じょうだ(でう) しなやかで美しい。たおやか。

女10【媳】〔13〕 セキ漢入陌 xí シー U補J 5AB3 2589 ②0570
意味 〈よめ〉むすこの妻。「媳婦せきふ」
【媳婦】xífù 現むすこの妻。嫁。

女10【嫂】〔13〕 ソウ(サウ)漢上皓 sǎo サオ U補J ――
女9【嫂】〔12〕俗字 U補J 5AC2 5331
意味 〈あによめ〉兄の妻。
【嫂嫂】sǎosao 現兄よめ。
【嫂子】sǎozi 現兄よめ。

女10【嫐】〔13〕 ドウ(ダウ)漢上皓 nǎo ナオ U補J 5AD0 5344
意味 なぶる。たわむれる。からかう。

女10【媻】〔13〕 ハン漢平寒 pán パン U補J 5ABB 2593
意味 ①おごる。②よろめく。「媻珊はんさん」③行き来する。「媻媻はんばん」

女10【媺】〔13〕 ビ漢上紙 měi メイ U補J ――
女10【媺】〔13〕俗字 U補J 5ABA 2592 ②0572
意味 〈うつくし・い(うつく・し)〉美しいさま。＝美び

女10【媲】〔13〕 ヘイ漢去霽 pì ピー U補J 5AB2 2588
意味 ①つれあい。妻。「媲偶へいぐう」②ならぶ。

女10【媽】〔13〕 ボ漢上麌 mā マー U補J 5ABD 5332
女14【嬤】〔17〕同字 U補J 5B24 ――
意味 ①はは。②老年の女中。③牝馬ひんば。めすの馬。
【媽媽】māma 現おかあさん。

女10【媵】〔13〕 ヨウ漢去径 yìng イン U補J 5AB5 2590 ②0571
意味 ①〈おく・る〉㋐嫁入りにつきそう人。㋑見送る。②つきそい。嫁入りにつきそう。③妾めかけ。側室そくしつ。「妾媵しょうよう」
【媵御】ようぎょ こしもと。侍女。
【媵侍】ようじ 嫁入りする女子について行き、よめとともに先方の人となる侍女。
【媵妾】ようしょう(せふ) 貴人の嫁についていった女。侍女。
【媵嬙】ようしょう(しゃう) 女官の名。官女。

女10【嫆】〔13〕 ヨウ漢 ユウ呉平冬 róng ロン U補J 5AC6 2602
意味 女性の名に用いる。

女10【媱】〔13〕 ヨウ(エウ)漢平蕭 yáo ヤオ U補J 5AB1 2587 ②0569
意味 ①舞いすがた。②美しい。みめよいさま。③遊びたわむれる。

女10【嫏】〔13〕 ロウ(ラウ)漢平陽 láng ラン U補J 5ACF 2604
意味 嫏嬛ろうかんは、天帝の書物を蔵するところ。

女11【嫣】〔14〕 エン漢 呉平先 yān イエン U補J 5AE3 5333
意味 ①背が高く美しいさま。②にこやかに笑うさま。「嫣然えんぜん」③色あざやかなさま。④つらなる。続く。
【嫣紅】えんこう あでやかな赤い色。

女11【嫗】〔14〕 ㊀ウ漢 オウ慣 去遇 yù ユイ ㊁ウ漢 オウ慣 上麌 yǔ ユイ U補J 5AD7 5334
意味 ㊀〈おうな〉①はは。②老女。③女性の通称。㊁①鳥が卵をあたためる。②いつくしむ。はぐくむ。育てる。
【嫗煦】うく(おう く) 暖め育てる。母親が子をいつくしみ育てるように、人民を愛しかばうたとえ。

女11【嫮】〔14〕 コ漢 グ呉 去遇 hù フー U補J 5AEE 2610 ②0579
意味 ①うつくしい。②うつくしい女性。③嫉妬しっとする。

女11【嫯】〔14〕 ゴウ(ガウ)漢去号 ào アオ U補J 5AEF ――

女11【嫐】〔14〕同字｜U補J 371C｜ 意味 おごる。あなどる。

女11【嫜】〔14〕ショウ 漢 平 陽 zhāng チャン｜U補J ②0575 2606 5ADC
意味 ①〈しゅうと(しうと)〉夫の父親。②夫の兄。

女11【嫦】〔14〕ショウ(シャウ) 漢 平 陽 ジョウ(ジャウ) 呉 cháng チャン｜U補J 5335 5AE6
意味 ＝姮(三四四ジ・中)
【嫦娥】じょう(じゃう)が ①「姮娥こうが」に同じ。月の女神。太古の羿げいの妻で、夫の羿が、西王母から授かった不死の薬を盗み飲んで、月に逃げ、月の精になったという。②月の異名。
参考 嫦娥は、もとは姮娥であったが、漢の文帝の名の恒こうを避けて、嫦娥と記され、読みも「じょうが」「こうが」が並用されることになった。

女11【嫥】〔14〕 一 セン 漢 一 平 先 zhuān チョワン 二 タン 漢 二 平 寒 tuán トワン｜U補J ②0577 2608 5AE5
意味 一 ①もっぱら。専一。＝専せん ②愛らしいさま。③くるくるまわる。まるめる。＝摶せん 二 うつくしい。

女11【嫡】〔14〕常 チャク｜U補J 3568 5AE1
旧字 女11【嫡】〔14〕テキ 漢 入 錫 チャク 呉 dí ティー｜U補J ―
筆順 女 女 女' 女' 婂 嫡 嫡 嫡
意味 ①本妻ほんさい。正妻。②本妻の子。あとつぎ。「嫡子」
解字  形声。女が形を表し、啇てきが音を示す。啇は適で、ゆくこと。女がよめに行って、夫の家におさまることで、正夫人をいう。一説に、啇の音は、足を止めてつつしむ意味を含むから、嫡は、女がつつしむ態度を表すともいう。
【嫡妻】ちゃくさい｜てきさい 本妻。正妻。嫡配ちゃくはい｜てきはい。
【嫡子】ちゃくし｜てきし ①本妻の生んだ子で家を継ぐ者。あととり。嫡男。＝嫡嗣 ②本妻の生んだ子。↕庶子
【嫡嗣】ちゃくし｜てきし 本妻の子で家のあとつぎとなる者。
【嫡出子】ちゃくしゅつし 本妻が生んだ子。
【嫡庶】ちゃくしょ｜てきしょ 嫡子と庶子。本妻の子とめかけの子。
【嫡女】ちゃくじょ(ぢょ)｜てきじょ(ぢょ) 本妻が生んだ長女。
【嫡孫】ちゃくそん｜てきそん 家をつぐべき孫の意で、嫡子の本妻が生んだ子。
【嫡嫡】ちゃくちゃく｜てきてき 正しい血筋を次々に伝える。
【嫡長】ちゃくちょう(ちゃう) 本妻の生んだ長男。嫡長子。
【嫡伝(傳)】ちゃくでん 正しい血統を伝えること。
【嫡男】ちゃくなん｜てきだん 本妻が生んだ長男。
【嫡派】ちゃくは 正統の流派。正系。
【嫡母】ちゃくぼ｜てきぼ 父の正妻。めかけの子がいうことば。
【嫡流】ちゃくりゅう(りう)｜てきりゅう(りう) 本家の血すじ。正系。正統。

女11【嫩】〔14〕ドン 漢 去 願 nèn ネン｜U補J 5336 5AE9
女11【嫰】〔14〕俗字｜U補J ②0578 5AF0
意味 ①〈わか・い(――・し)〉よわい。やわらかい。②経験が浅い。③色がうすい。④わずかな。「嫩寒どんかん」
【嫩芽】どんが 草木のわかめ。新芽。
【嫩寒】どんかん うすら寒い。薄寒。
【嫩日】どんじつ あさひ。旭日きょくじつ。
【嫩草】どんそう(さう) 若草。
【嫩晴】どんせい 長雨のあとで久しぶりに晴れはじめること。
【嫩緑(綠)】どんりょく 若葉の緑。

女11【嫖】〔14〕ヒョウ 漢 平 蕭 (ヘウ) piāo ピアオ｜U補J 5337 5AD6
意味 ①身がかるい。すばしこい。②うかれる。女色におぼれる。音 piào ピアオ。
【嫖子】ひょう(へう)し 遊女。うかれめ。「嫖客ひょうかく」
【嫖姚】ひょう(へう)よう(えう) ①強くすばやいさま。軽疾。②漢代の将軍、霍去病かくきょへいのこと。武帝の時、嫖姚校尉となり匈奴きょうどを討伐して武功をたてた。【――定遠不レ可レ期】ひょう(へう)よう(えう)ていえん(ゑん)きすべからず 霍去病や定遠侯(後漢ごかんの名将、班超はんちょう)のような武将としての功績をたてることは、望んでもできないことである。〈藤田東湖の詩・述懐〉

女11【嫫】〔14〕ボ 漢 平 虞 mó モー｜U補J 5AEB
意味 みにくい。醜女しゅうじょ。「嫫母ぼぼ」

女11【嫚】〔14〕バン 漢 去 諫 マン 呉 màn マン｜U補J ②0574 2605 5ADA
意味 ①あなどる。見さげる。「嫚言」②けがす。③おこたる。なまける。＝慢
【嫚罵】まんば 侮りののしる。＝慢罵

女11【嫠】〔14〕リ 漢 平 支 lí リー｜U補J ②0576 2607 5AE0
意味 〈やもめ〉夫をなくした女。寡婦かふ。「嫠婦りふ」

女11【嫘】〔14〕ルイ 漢 平 支 léi レイ｜U補J 5AD8
意味 ①姓。嫘祖るいそは、西陵氏の女むすめで、黄帝の妻。養蚕をはじめたといわれる。②「累」(九六四ジ・下)に通用。

女11【嫪】〔14〕 一 ロウ(ラウ) 漢 一 去 号 lào ラオ 二 ロウ(ラウ) 漢 二 平 豪 láo ラオ｜U補J 2609 5AEA
意味 一 ①恋いしたう。心ひかれる。②むずかしい。③姓。二 嫉妬しっとする。

女11〖翯〗(九九八ジ・中)→羽部八画

女12【嫺】〔15〕カン 漢 平 刪 xián シエン｜U補J 5338 5AFA
女12【嫻】〔15〕同字｜U補J 5339 5AFB
女12【嫺】〔15〕俗字｜U補J 2183
意味 ①みやびやか。上品。「嫺雅かんが」「嫺都かんと」②〈なら・う(――・ふ)〉なれる。じょうずになる。「嫺熟かんじゅく」
【嫺雅】かんが みやびやか。上品。嫺都かんと。
【嫺習】かんしゅう(しふ) ならう。よく熟練する。

女12【嬉】〔15〕人 キ 漢 呉 平 支 xī シー｜U補J 2082 5B09
意味 ①たのしむ。あそびたのしむ。「嬉娯きご」②美しい。国〈うれし・い(うれ・し)〉よろこばしい。
解字 会意・形声。女と喜を合わせた字で、喜きは音をも示す。喜は壴と口とを合わせた字で、壴は太鼓、口はくちの意で、口を開いて笑う意。そこで、嬉は女性と遊び、たのしむ意となる。
名前 よし
【嬉嬉】きき よろこび笑うさま。
【嬉戯(戲)】きぎ 遊びたわむれる。
【嬉笑】きしょう(せう) たわむれ笑う。
【嬉遊】きゆう(いう) 楽しみ遊ぶ。遊嬉。【――笑覧(覽)】きゆう(いう)しょう(せう)らん 国書名。十二巻。喜多信節のぶよの随想集。近世の風俗・歌舞に関する事柄を集めて、叙述・考証したもの。

女12【嫣】〔15〕キ 漢 平 支 guī コイ｜U補J ②0581 2614 5B04
意味 ①川の名。山西省永済市。②姓氏。舜しゅんが尭帝ぎょうていのむすめを嫣汭きぜいでめとったことから、その子孫の姓となる。

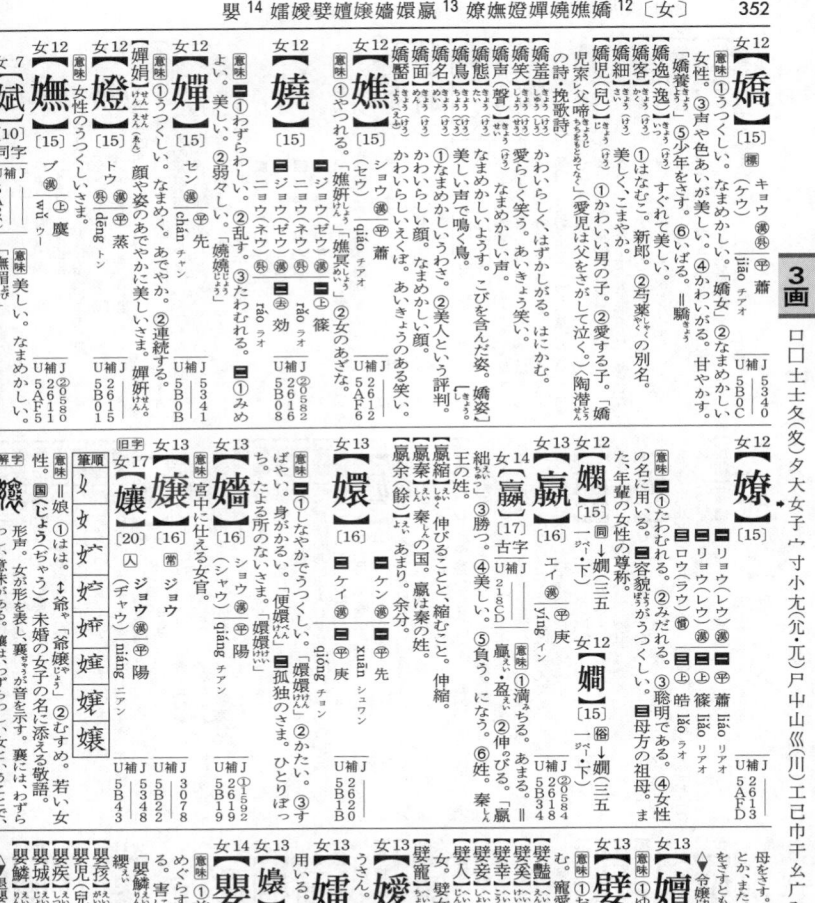

女12【嬌】〔15〕 標 キョウ 漢 呉 (ケウ) | 平 蕭 jiāo チアオ　U補J 5B0C —— 5340

意味 ①うつくしい。なまめかしい。「嬌女」②なまめかしい女性。③声や色あいが美しい。④かわいがる。甘やかす。「嬌養」⑤少年をさす。⑥いばる。＝驕

【嬌逸(逸)】(きょういつ) すぐれて美しい。
【嬌客】(きょうかく) ①はなむこ。新郎。②芍薬の別名。
【嬌細】(きょうさい) 美しく、こまやか。
【嬌児(兒)】(きょうじ) ①かわいい男の子。②愛する子。「嬌児索レ父啼」(愛児は父をさがして泣く。)〈陶潜の詩・挽歌詩〉
【嬌羞】(きょうしゅう) かわいらしく、はずかしがる。はにかむ。
【嬌笑】(きょうしょう) 愛らしく笑う。あいきょう笑い。
【嬌声(聲)】(きょうせい) なまめかしい声。
【嬌態】(きょうたい) なまめかしいようす。こびを含んだ姿。嬌姿(きょうし)。
【嬌鳥】(きょうちょう) 美しい声で鳴く鳥。
【嬌名】(きょうめい) ①なまめかしいうわさ。②美人という評判。
【嬌面】(きょうめん) かわいらしい顔。なまめかしい顔。
【嬌靨】(きょうよう) かわいらしいえくぼ。あいきょうのある笑い。

女12【嫶】〔15〕 ショウ 漢 | 平 蕭 qiáo チアオ (セウ)　U補J 5AF6 2612

意味 ①やつれる。「嫶妍」「嫶冥」②女のあざな。

女12【嬈】〔15〕 一 ジョウ(ゼウ) 漢 一 上 篠 rǎo ラオ　二 ニョウ(ネウ) 呉　二 ジョウ(ゼウ) 漢 二 去 効 rào ラオ　ニョウ(ネウ) 呉　U補J 5B08 2616 ②0582

意味 一 ①わずらわしい。②乱す。③たわむれる。二 ①みめよい。美しい。②弱々しい。「嬈嬈」

女12【嬋】〔15〕 セン 漢 | 平 先 chán チャン　U補J 5B0B —— 5341

意味 ①うつくしい。なまめく。あでやか。②連続する。
【嬋娟】(せんけん) 顔や姿のあでやかに美しいさま。嬋妍。

女12【嬁】〔15〕 トウ 漢 呉 | 平 蒸 dēng トン　U補J 5B01 2615 ——

意味 女性のうつくしいさま。

女12【嫵】〔15〕 ブ 漢 | 上 麌 wǔ ウー　U補J 5AF5 2610 ②0580

女7【娬】〔10〕 同字　U補J 5A2C —— ——

意味 美しい。なまめかしい。「嫵媚」

女12【嫽】〔15〕 一 リョウ(レウ) 漢 一 平 蕭 liáo リアオ　二 リョウ(レウ) 漢 二 上 篠 liǎo リアオ　三 ロウ(ラウ) 慣 三 上 皓 lǎo ラオ　U補J 5AFD 2613 ——

意味 一 ①たわむれる。②みだれる。③聡明である。④女性の名に用いる。二 容貌がうつくしい。三 母方の祖母。また、年輩の女性の尊称。

女12【嫻】〔15〕 同 →嫺(三五一ページ・下)

女12【嫺】〔15〕 俗 →嫺(三五一ページ・下)

女13【嬴】〔16〕 エイ 漢 | 平 庚 yíng イン　U補J 5B34 2618 ②0584

女14【𡣍】〔17〕 古字　U補J 218CD —— ——

意味 ①満ちる。あまる。＝嬴・盈 ②伸びる。「嬴絀」③勝つ。④美しい。⑤負う。になう。⑥姓。秦王の姓。

【嬴縮】(えいしゅく) 伸びることと、縮むこと。伸縮。
【嬴秦】(えいしん) 秦の国。嬴は秦の姓。
【嬴余(餘)】(えいよ) あまり。余分。

女13【嬛】〔16〕 一 ケン 漢 一 平 先 xuān シュワン　二 ケイ 漢 二 平 庚 qióng チョン　U補J 5B1B 2620 ——

意味 一 ①しなやかでうつくしい。「嬛嬛」②かたい。③すばやい。身がかるい。「便嬛」二 孤独のさま。ひとりぼっち。たよる所のないさま。「嬛嬛」

女13【嬙】〔16〕 ショウ 漢 | 平 陽 qiáng チアン (シャウ)　U補J 5B19 2619 ①1592

意味 宮中に仕える女官。

女13【嬢】〔16〕 常 ジョウ　U補J 5B22 —— 3078

旧字 女17【孃】〔20〕 人 ジョウ 漢 | 平 陽 niáng ニアン (ヂャウ)　U補J 5B43 —— 5348

筆順 女 女 女' 女亠 女六 女辛 女亜 嬢

意味 ＝娘 ①はは。↕爺 「爺嬢」②むすめ。若い女性。国〈じょう(ぢゃう)〉未婚の女子の名に添える敬語。

解字  形声。女が形を表し、襄が音を示す。襄には、わずらわしい意味がある。嬢は、わずらわしい女ということで、母をさす。一説に、襄はしなやかという意味で、嬢はやさしい女をいうとか、また、襄には上の意味があるから、一家の上の女ということで、母をさすともいう。

◆令嬢・老嬢

女13【嬗】〔16〕 セン 漢 | 去 霰 shàn シャン　U補J 5B17 2617 ②0583

意味 ①ゆずる。＝禅 ②移りかわる。

女13【嬖】〔16〕 ヘイ 漢 | 去 霽 bì ビー　U補J 5B16 —— 5342

意味 ①お気に入りの家来、または女。「嬖臣」②いつくしむ。寵愛する。

【嬖艶】(へいえん) 君主の寵愛している美人。
【嬖奚】(へいけい) 気に入りの召使。
【嬖幸】(へいこう) 君主の気に入りの家臣。＝嬖倖
【嬖妾】(へいしょう) 気に入りの女。嬖媵。
【嬖人】(へいじん) 君主の気に入りの臣。嬖臣。また、気に入りの女。嬖女。
【嬖寵】(へいちょう) 君主にかわいがられている者。

女13【嬡】〔16〕 ài アイ　U補J 5B21 2622 ——

意味 現 令嬡は、相手の娘の敬称。お宅のおじょうさん。令愛に同じ。

女13【嬬】〔16〕 国字　U補J 218BD —— ①1591

意味 「嬬神」の当て字として歌舞伎の外題に用いる。「嬬髪歌仙桜」

女13【嬶】〔16〕 同 →嬶(三五〇ページ・中)

女14【嬰】〔17〕 標 エイ 漢 | 平 庚 yīng イン　U補J 5B30 —— 1737

意味 ①首かざり。②首にかける。身につける。③めぐる。めぐらす。まとわりつく。「嬰城」④〈かか・る〉こうむる。害にあう。⑤〈ふ・れる(—・る)〉さわる。罪にふれる。「嬰鱗」⑥みどりご。赤ん坊。「嬰孩」⑦冠のひも。＝纓

【嬰孩】(えいがい) 「嬰児」に同じ。孩はあかごが初めて笑うさま。
【嬰児(兒)】(えいじ) 生まれたばかりの幼児。乳のみご。
【嬰疾】(えいしつ) 病気にかかる。
【嬰城】(えいじょう) 城をめぐらして堅く守る。嬰守。
【嬰鱗】(えいりん) 君主の怒りをかう。逆鱗にふれる。

◆退嬰

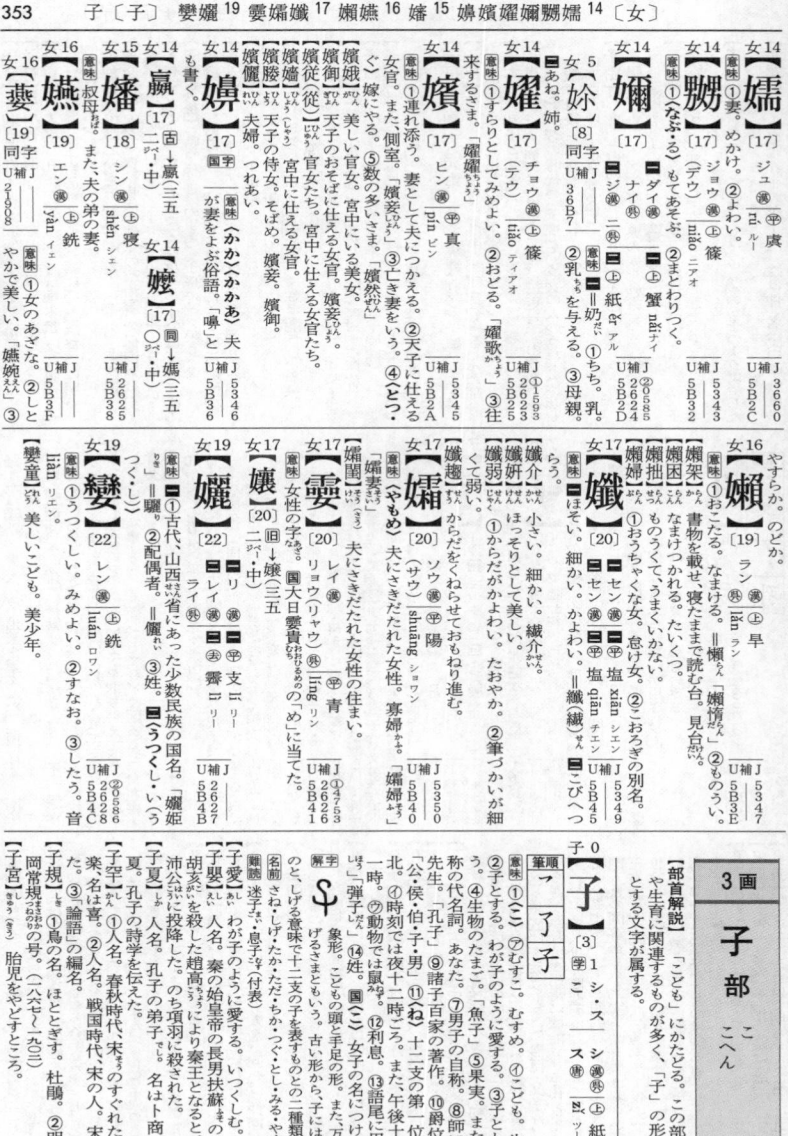

女14 【嬬】〔17〕 ジュ(漢) (平)虞 rú ルー　U補J 5B2C 3660
意味 ①妻。めかけ。②よわい。

女14 【嬲】〔17〕 ジョウ(漢) (デウ) (上)篠 niǎo ニアオ　U補J 5B32 5343
意味 ①〈なぶ・る〉もてあそぶ。②まとわりつく。

女14 【嬭】〔17〕 [一]ダイ(漢) ナイ(呉) [一](上)蟹 nǎi ナイ [二]ジ(漢) ニ(呉) [二](上)紙 ěr アル　U補J 5B2D 2624 ②0585
女5 【妳】〔8〕 同字　U補J 36B7
意味 [一]＝奶。①ちち。乳。②乳を与える。③母親。[二]あね。姉。

女14 【嬥】〔17〕 チョウ(漢) (テウ) (上)篠 tiǎo ティアオ　U補J 5B25 2623 ①1593
意味 ①すらりとしてみめよい。②おどる。「嬥歌」③往来するさま。「嬥嬥」

女14 【嬪】〔17〕 ヒン(漢) (平)真 pín ピン　U補J 5B2A 5345
意味 ①連れ添う。妻として夫につかえる。②天子に仕える女官。また、側室。「嬪妾」③亡き妻をいう。④〈とつ・ぐ〉嫁にやる。⑤数の多いさま。「嬪然」

【嬪娥】美しい官女。宮中にいる美女。

【嬪御】天子のおそばに仕える女官。嬪妾。

【嬪従(從)】官女たち。宮中に仕える女官たち。

【嬪嬙】宮中に仕える女官。

【嬪媵】天子の侍女。そばめ。嬪妾。嬪御。

【嬪儷】夫婦。つれあい。

女14 【嬶】〔17〕 国字　U補J 5B36 5346
意味 〈かか〉〈かかあ〉夫が妻をよぶ俗語。「嚊」とも書く。

女14 【嬴】〔17〕 古→嬴(三五二ジ・中)

女14 【嫤】〔17〕 同→嫣(三五〇ジ・中)

女15 【嬸】〔18〕 シン(漢) (上)寝 shěn シェン　U補J 5B38 2625
意味 叔母。また、夫の弟の妻。

女16 【嬿】〔19〕 エン(漢) (上)銑 yàn イエン　U補J 5B3F
女16 【嬽】〔19〕 同字　U補J 21908
意味 ①女のあざな。②しとやかで美しい。「嬿婉」③やすらか。のどか。

女16 【孄】〔19〕 ラン(漢)(呉) (上)旱 lǎn ラン　U補J 5B3E 5347
意味 ①おこたる。なまける。＝懶。「孄惰」②ものうい。

【孄架】書物を載せ、寝たままで読む台。見台。

【孄困】なまけつかれる。たいくつ。

【孄拙】ものうくて、うまくいかない。

【孄婦】①おうちゃくな女。怠け女。②こおろぎの別名。


女17 【孅】〔20〕 [一]セン(漢) [一](平)塩 xiān シエン [二]セン(漢) [二](平)塩 qiān チエン　U補J 5B45 5349
意味 [一]ほそい。細かい。かよわい。＝纖(纎)。[二]こびへつらう。

【孅介】小さい。細かい。纎介。

【孅妍】ほっそりとして美しい。

【孅弱】①からだがかよわい。たおやか。②筆づかいが細くて弱い。

【孅趨】からだをくねらせておもねり進む。

女17 【孀】〔20〕 ソウ(漢) (サウ) (平)陽 shuāng ショワン　U補J 5B40 5350
意味 〈やもめ〉夫にさきだたれた女性。寡婦。「孀婦」「孀妻」
【孀閨】夫にさきだたれた女性の住まい。

女17 【孁】〔20〕 レイ(漢) リョウ(リャウ)(呉) (平)青 líng リン　U補J 5B41 2626 ①4753
意味 女性の字。国大日孁貴の「め」に当てた。

女17 【孃】〔20〕 旧→嬢(三五〇ジ・中)

女19 【孋】〔22〕 [一]リ(漢) [二]レイ(漢) ライ(呉) [一](平)支 lí リー [二](去)霽 lì リー　U補J 5B4B 2627
意味 [一]①古代、山西省にあった少数民族の国名。「孋姫」＝驪。②配偶者。＝儷。③姓。[二]〈うつくし・い(うつく・し)〉

女19 【孌】〔22〕 レン(漢) (上)銑 luán ロワン　U補J 5B4C 2628 ②0586
意味 ①うつくしい。みめよい。②すなお。③したう。音 liàn リエン。
【孌童】美しいこども。美少年。

3画 子部 こ こへん

【部首解説】「こども」にかたどる。この部には、子孫や生育に関連するものが多く、「子」の形を構成要素とする文字が属する。

子0 【子】〔3〕 学1 シ・ス こ　シ(漢)(呉) ス(唐) (上)紙 zǐ ツー　U補J 5B50 2750
筆順 ㇖ 了 子
意味 ①〈こ〉㋐むすこ。むすめ。㋑こども。生物のこども。②子とする。わが子のように愛する。③子として親にしたがう。④生物のたまご。「魚子」⑤果実。また、種。⑥二人称の代名詞。あなた。⑦男子の自称。⑧師に対する敬称。先生。「孔子」⑨諸子百家の著作。⑩爵位の第四番め。「公・侯・伯・子・男」⑪〈ね〉十二支の第一位。㋐方角では北。㋑時刻では夜十二時ごろ。また、午後十一時から午前一時。㋒動物では鼠。⑫利息。⑬語尾に用いる。「房子」「弾子」⑭姓。国〈こ〉女子の名につけて用いる。
解字 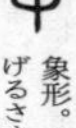 象形。こどもの頭と手足の形。また、万物が生長してしげるさまともいう。古い形から、子には、こどもを表すものと、しげる意味で十二支の子を表すものとの二種類があったという。
名前 さね・しげ・たか・ただ・ちか・つぐ・とし・みる・やす・しげる
難読 迷子・息子(付表)

【子愛】わが子のように愛する。いつくしむ。

【子嬰】人名。秦の始皇帝の長男扶蘇の子。二世皇帝胡亥を殺した趙高により秦王となると、趙高を殺して沛公に投降した。のち項羽に殺された。

【子夏】人名。孔子の弟子。名は卜商、字は子夏。孔子の詩学を伝えた。

【子罕】①人名。春秋時代、宋のすぐれた大夫。姓は楽、名は喜。②人名。戦国時代、宋の人。宋の簡公を殺した。③「論語」の編名。

【子規】①鳥の名。ほととぎす。杜鵑。②明治の俳人、正岡常規の号。(一八六七〜一九〇二)

【子宮】胎児をやどすところ。

3画
口囗土士夂(夊)夕大女子宀寸小尢(兀・兀)尸屮山巛(川)工己巾干幺广廴廾弋弓彐(彑・ヨ)彡彳⺍

【子金】利息。利子。子銭。↕母金・母銭

【子衿】男性の服のえり。転じて、書生・学生をいう。

【子貢】人名。孔子の弟子。姓は端木、名は賜、字は子貢。孔門十哲のひとり。言語に巧みで、経済に明るく金持ちであった。

【子細】①詳しい事情。②めんみつ。こまか。＝仔細

【子産】人名。春秋時代の鄭の政治家、公孫僑の字。

【子思】人名。孔子の孫で、名は伋、字は子思。「中庸」の作者という。

【子子孫孫】孫子のすえ。子孫の続く限り。

【子爵】爵位の一つ。五爵(公・侯・伯・子・男)の第四位。

【子女】①むすことむすめ。②こども。③女の子。

【子銭】利子。↕母銭

【子息】①せがれ。むすこ。②利息。

【子張】人名。孔子の弟子。姓は顓孫、名は賜、字は子張。陳の人。

【子弟】①子と弟。②若者。年少者。↕父老 ③弟子。

【子程子】宋の学者程顥・程頤に対する尊称。

【子婦】①むすこやむすめ。②子と嫁。③子の嫁。

【子部】中国で、書物分類のための四部(経・史・子・集)の一つ。儒家・道家・法家などの思想書や技術書の部類をいう。

【子母】利子と元金。元金を母銭、利子を子銭という。

【子房】①植植物の雌しべの下部のふくらんだ部分。②人名。漢の高祖の重臣、張良の字。

【子本】利子と元金。

【子夜】子の刻。夜の十二時。三更。丙夜。【—呉歌】晋の時代の、子夜という女の人のうたった、悲しい歌。以後、その楽曲にあわせた後人の作にもいう。たとえば李白の「子夜呉歌」など。

【子由】「蘇轍」(一〇九二ページ・上)の字。

【子游】人名。春秋、呉の人。姓は言、名は偃、字は子游。孔子の弟子。文学の才で知られた。

【子輿】人名。孔子の弟子。姓は曽、名は参。子輿はその字。親孝行で有名。その思想を伝えるものに「孝経」がある。

【子養】①子としてやしなう。②わが子のようにやしなう。

【子路】人名。孔子の弟子。姓は仲、名は由、字は子路または季路。勇を好み、信義を重んじた。衛に仕えて南子の乱で死んだ。

〖子欲レ養而親不レ待〗子が親孝行をしたいと思うときまで、親は待っていてくれるものではない。〈孔子家語・致思〉〈韓詩外伝・巻七〉

〖易レ子析レ骸〗互いに子を取り替えて食べ、骸骨をさいて炊事する。籠城してひどく困ること。〈左伝・宣公十五〉

〖知レ子莫レ若レ父〗父親ほど、その子のことをよく知っている者はいない。〈管子・大匡〉

△▼才子・太子・王子・父子・分子・氏子・冊子・令子・因子・団子・舟子・利子・君子・弟子・里子・男子・赤子・呼子・拍子・店子・長子・柑子・皇子・迷子・胞子・面子・振子・格子・息子・原子・扇子・鬼子・捨子・庶子・帽子・菓子・張子・粒子・曹子・椅子・硝子・貰子・碍子・獅子・嗣子・電子・様子・種子・嫡子・障子・踊子・銚子・舞子・撫子・養子・厨子・調子・諸子・又弟子・小冊子・中間子・水菓子・京鹿子・烏帽子・案山子・貴公子・愛弟子・駄菓子

子 0 【孑】〔3〕 一ケツ 漢 入 屑 jié チエ　J 5351 補 — U 5B51

意味 一①左うでがない。②短い。二ぼうふら。「孑孑」

子 0 【孒】〔3〕 一ケツ 漢 入 月 jué チュエ 二キョウ 漢 上 腫 gǒng コン　J ②0587 補 2629 U 5B52

意味 ①右うでがない。②ひとり。ひとつ。③小さい。④あまる。のこす。「孑遺」⑤兵器。ほこ。⑥ぼうふら。

【孑遺】のこり。余り。

【孑孑】①ぬきん出ているさま。孤立しているさま。②小さいこと。③俗にぼうふらの意に誤用されている。

【孑然】ひとりぼっちのさま。孤独のさま。

【孑立】ただひとりで立つ。孤立。

子 1 【孔】〔4〕 常 コウ　コウ 漢 上 董 kǒng コン ク 呉　J 2506 補 — U 5B54

筆順 フ 了 子 孔

意味 ①とおる。つき抜ける。②〈あな〉㋐くぼみ。すきま。「孔竅」㋑ほら穴。③大きい。「孔徳」④奥深いさま。⑤〈はなはだ〉非常に。⑥姓。

解字  会意。子と乚とを合わせた字。乚は乙で、つばめのこと。つばめは子をさずける、えんぎのよい鳥である。孔は、つばめが来て子ができることで、「よい」「めでたい」ことを表し、さらにすすんで「はなはだ」の意味になる。また、つき抜ける穴の意味ともいい、子を生む穴の意味であるともいう。

名前 うし・ただ・みち・よし　姓 孔王部　難読 孔雀

【孔雀】鳥の名。熱帯産のキジ科の鳥。

【孔叢子】書名。孔子と、その子孫についての記録を集めた書。秦の孔鮒の撰といわれているが、不詳。

【孔穎達】人名。字は仲達。初唐の学者。「五経正義」を作る。

【孔安国(國)】人名。孔子より十二代めの子孫。漢の武帝のときの博士で、著書に「古文孝経伝」「論語訓解」「孔安国伝古文尚書」がある。

【孔懐(懷)】①はなはだしく思いしたう。②兄弟同士の愛情。

【孔顔】孔子と顔子。顔子は、孔子の最もすぐれた弟子「である顔回のこと。

【孔教】孔子の教え。儒教。

【孔竅】あな。竅は、耳・目・口・鼻など、からだにある「穴。

【孔子】人名。名は丘、字は仲尼。子は、男子の美称。儒教の祖。春秋時代、魯の人。初め魯の国に仕え、のち去って、天下の諸侯に道を説いたが用いられず、ふたたび魯に帰り、子弟の教育に従事した。仁(他者に対するいつくしみ)を根底にすえるとともに、君臣・父子などの人間関係を明らかにし、社会を円滑に機能させる礼を重視した。著書に「春秋」があり、世界四聖のひとりとして仰がれている。(前五五一～前四七九)【—家語】書名。十巻。孔子の言行や門人との問答をしるしたもの。著者は明らかでないが、魏の王粛の偽作であるという。【—世家】史記、三十世家の一編。孔子の事績を記載する。〖—無二黔突一〗孔子は、教えを天下に説きまわって、わが家に落ちつく暇がなかったので、かまどの煙突が黒くならなかった意。〈淮南子・修務訓〉

【孔周】孔子と周公。周孔。

【孔昭】はなはだ明らかなこと。

【孔章】はなはだ明らかなこと。＝孔彰

【孔聖】こうせい 孔子の尊称。大聖。
【孔静(靜)】こうせい 非常に静かなこと。
【孔道】こうどう(だう) ①広い道。大道。②孔子の教え。
【孔徳】こうとく ①老子の唱えた虚無の大徳。孔は大の意。②フランスの哲学者、コントの当て字。
【孔版】こうはん 謄写版のことで、原紙をタイプライターで打つものと鉄筆で切るものとの二種がある。
【孔夫子】こうふうし 孔子のこと。夫子は先生に対する敬称。
【孔墨】こうぼく 孔子と墨子。
【孔明】こうめい ①非常に明らかである。②三国の蜀しょくの名相諸葛亮しょかつりょうの字あざな。【――臥竜(龍)】こうめいがりょう(ぐわ) 「蒙求もうぎゅう」の標題。諸葛亮がまだ仕えずにいた時、徐庶じょしょが劉備りゅうび(昭烈帝)に、「孔明は臥竜がりょうなり」と、かれが人物たることを進言した故事による。
【孔孟】こうもう(まう) 孔子と孟子。【――学(學)】こうもうのがく(まう) 孔子・孟子の説いた学問。儒学。
【孔門】こうもん 孔子の門人たち。【――十哲】こうもんのじってつ 孔子の弟子の中で特にすぐれた十人。徳行では、顔淵がんえん・閔子騫びんしけん・冉伯牛ぜんはくぎゅう・仲弓、言語では宰我さいが・子貢、政治では冉有ぜんゆう・季路(子路)、学問では、子游しゆう・子夏。【――四科】こうもんのしか 孔子が弟子の長所を評した時の四つの科目。徳行・言語・政事・文学。
【孔鯉】こうり 人名。孔子の子。字あざなは伯魚はくぎょ。孔子より先に死んだ。
【孔林】こうりん 孔子および孔家代々の墓地。至聖林しせいりんともいい、山東省曲阜きょくふ市の北方にある。
【孔老】こうろう(らう) 孔子と老子。また、その道。
【孔席不レ暇レ煖】こうせきあたたまるにいとまあらず 孔子は、天下を歩き回って教えを説いていたために、席のあたたまる暇がなかったこと。〈韓愈かんゆ・与孟尚書一書もうしょうしょにあたうるしょ〉
◆毛孔けあな・気孔きこう・眼孔がんこう・鼻孔びこう・瞳孔どうこう

子²【孕】〔5〕 標 ヨウ 漢 去 径 yùn ユン　J 5352　補 U 5B55
意味 ①〈はら・む〉妊娠する。②育てる。③中にふくむ。
【孕乳】ようにゅう(にう) 妊娠し、こどもを生むこと。
【孕婦】ようふ 妊婦。妊娠している女。

子³【孖】〔6〕 シ 漢 平 支 zī ツー　J ①4754　補 2630　U 5B56
意味 ①双子。②ふたつ。対つい。③草木がしげる。＝滋じ 国〈ままこ〉

子³【字】〔6〕 学 1 ジ あざ　シ 漢 去 寘　ジ 呉 zì ツー　J 2790　補 U 5B57
筆順 丶 ハ 宀 宁 字 字
意味 ①生む。②はらむ。妊娠する。＝孳じ ③いつくしむ。愛する。＝慈じ「字民じみん」④養う。育てる。＝滋じ「字育じいく」⑤文字。⑥手紙。⑦〈あざな〉中国で、男子が成年のとき、女子が婚約のときつける別名。⑧婚約する。⑨重さの単位。一銭の四分の一。(→付録「度量衡名称」) 国〈あざ〉町村内の小区分。
解字  会意・形声。宀と子とを合わせた字。宀は家。子しは子どもで、音をも示す。字は家の中に子どもがいることを表し、生まれた子に乳をのまし、やしなうことをいう。また、子が生まれて多くなるように、文字もつぎつぎとふえるので、文字の意味にもなった。
名前 な
【字彙】じい(ゐ) ①字典。②書名。明みんの梅膺祚ばいようそが表した字典。画引き、十二巻。
【字育】じいく いつくしみ育てる。
【字音】じおん 漢字の音。⇔字訓
【字解】じかい 文字の意味の解説。
【字画(畫)】じかく(くわく) 漢字を構成している点や線。
【字眼】じがん 句の中で最も重要な文字。
【字義】じぎ 文字の意味。
【字訓】じくん 漢字の日本語としての読み方。⇔字音
【字号(號)】じごう(がう) ①文字を符号にして使うこと。②商店の商号。屋号。③あざなと号。④活字の大きさを示す番号。
【字書】じしょ 漢字の意味・読み方・形などを知るため、調べやすく配列した書物。字典。字引き。辞典。
【字体(體)】じたい ①文字のかたち。②文字の書体。楷書かいしょ・行書ぎょうしょ・草書などをいう。
【字態】じたい 字のかっこう。文字のようす。
【字典】じてん 「字書」に同じ。
【字乳】じにゅう(にう) 乳をのませて養う。字育。
【字母】じぼ ①漢字の諸音を代表する文字。②アルファベット。③活字を鋳いるもとになる型。
【字幕】じまく 映画で、題名や配役・説明などを文字で写し出す部分。
◆文字もじ・もんじ・国字こくじ・苗字みょうじ・和字わじ・俗字ぞくじ・活字かつじ・点字てんじ・細字さいじ・ほそじ・略字りゃくじ・梵字ぼんじ・黒字くろじ・脱字だつじ・検字けんじ・植字しょくじ・ちょくじ・漢字かんじ・数字すうじ・置字おきじ・誤字ごじ・題字だいじ・一丁字いっていじ・花文字はなもじ・横文字よこもじ・音標文字おんぴょうもじ

子³【存】〔6〕 学 6 ソン・ゾン　ソン 漢　ゾン 呉 平 元 cún ツン　J 3424　補 U 5B58
筆順 一 ナ ナ 冇 存 存
意味 ①〈と・う(ー・ふ)〉みまう。なぐさめる。「存問」②〈あ・る(ー・り)〉㋐存在する。㋑いのちがある。生きながらえる。「存亡」③〈たも・つ〉とっておく。保存する。「存身」④とどまる。やめる。⑤思う。⑥つぶさに見る。国〈ぞん・ずる(――・ず)〉思う。承知している。
解字  会意。才と子とを合わせた字。才は在を略したもので、「ある」という意味である。存は、子どもをそっとしておくことから、いたわってたずねる意味を表し、ながらえることにもなる。一説に、存は土が高く積もることを表すともいう。
名前 あり・さだ・つぎ・なが・のぶ・まさ・やす・あきら・ありや・すすむ・たもつ・やすし
【存外】ぞんがい(ぐわい) 国思いのほか。案外。意外。
【存在】そんざい ㊀実際に、あること。㊁ツンツァイ cúnzài 現㊀に同じ。
【存恤】そんじゅつ 慰問し恵む。ねぎらいあわれむ。
【存心】そんしん 本心を失わないこと。⇔放心【――養性】そんしんようせい(やうせい) 天から与えられ、生まれながらにして有している良心・善性を保ち育てること。〈孟子もうし・尽心じんしん上〉
【存身】そんしん 身をまっとうし、たもつこと。生きながらえること。
【存神】そんしん 本心を失わぬこと。＝存心
【存全】そんぜん 生きながらえる。
【存続(續)】そんぞく なくさずに続ける。
【存知】ぞんち・ぞんじ 知る。心得る。
【存著】そんちゃく 身に備える。著は助詞。
【存廃(廢)】そんぱい 保存と廃止。残しておくことと、すてること。
【存否】そんぴ ①あるか、ないか。残っているか、いないか。②生きているか、いないか。③健在であるかどうか。安否。
【存問】そんもん 安否をうかがう。たずねて見舞う。
【存亡】そんぼう(ばう) ①存立と滅亡。「危急存亡」②生と死。生死。③滅びようとするものを助けて存立させる。【――枢(樞)機】そんぼうのすうき 存するか滅びるかの、大事なかなめ。【――之迹】そんぼうのあと 人や国の、存亡興廃の歴史。
【存命】ぞんめい 生きながらえる。命があること。
【存養】そんよう(やう) ①「存心養性」の略。②保護する。

3画
口囗土士夂(夊)夕大女子宀寸小尢(尣・兀)尸屮山巛(川)工已巾干幺广廴廾弋弓彐(彑・ヨ)彡彳⺍

【存立】 滅びないで自立すること。保持して生存させること。

『存者且偸レ生』 生きている者は、まあどうにかその日その日を送っている。〈杜甫の詩・石壕吏〉

◆一存・生存・共存・依存・所存・保存・残存・異存・温存

子4 【孝】〔7〕 学6 コウ
コウ(カウ) 漢 去 効
キョウ(ケウ) 呉 xiào シアオ
J 2507 補 U 5B5D

筆順 一 十 土 耂 耂 考 孝

意味 ①よく父母につかえること。「孝行」 ②祖先に供え物をしてまつること。「孝享」 ③喪に服していること。また、その人。「孝假」

解字  会意。耂と子とを合わせた字。耂は老の略で、老人のこと。孝は、子が年老いた父を上にしてささえていることを表し、よく父母に仕えることをいう。一説に、孝は老人を養うことであるという。

名前 あつ・たか・なり・のり・みち・もと・ゆき・よし・たかし

【孝感】 よく父母に仕える子の徳行が、神や人を感動させる。

【孝経(經)】 書名。儒教の経典の一つ。主として孝道について論じた書。著者については諸説あるが、ふつう曽子またはその門人の作とされている。

【孝敬】 父母を大事にし、目上の者を敬うこと。

【孝行】 よく父母に仕えること。

【孝子】 ①孝行な子。②父母の喪に服している子の自称。③父母の祭りをするときの、子の自称。

【孝慈】 よく父母に仕えて、子孫をかわいがる。慈は愛。また、父母に孝を尽くして、いつくしむ。

【孝孫】 ①よく祖先に仕える孫。②孫が祖先の祭りに称する自称。

【孝鳥】 からすの別名。孝烏。

【孝弟】 よく父母に仕え、目上の人に従うこと。=孝悌『――也者、其為(爲)レ仁之本与(與)』 親に孝行であること、年長者に柔順であることは、仁を行う基本であろうか。「孝弟也者、其為二仁之本一与」(親に孝行であること、年長者に柔順であることは仁の根本であるか)とする解釈もある。〈論語・学而〉

【孝貞】 よく父母に仕えることと、夫に誠を尽くすこと。

【孝道】 親孝行の道。

【孝友】 よく父母に仕え、兄弟仲良くすること。

【孝養】 一 孝を尽くし、よく父母を養う。 二 国①一に同じ。こうよう。②人の死後、その追善供養をする。

【孝烈】 とりわけすぐれて孝行なこと。

【孝廉】 ①孝行で心の清らかな人。②前漢以来の官吏登用試験の科目の一つ。州から秀才、郡からは孝廉の人物をあげて中央政府の官吏にした。

◆不孝・忠孝・二十四孝

子4 【孜】〔7〕 人 シ 漢 平 支 zī ツー
J 2758 補 U 5B5C

意味 ①〈つと・める(――・む)〉 つとめはげむ。勤勉。「孜孜」 ②いつくしむ。

名前 あつ・すすむ・ただす・つとむ・はじめ

子4 【孛】〔7〕
一 ハイ 漢 一 去 隊 bèi ペイ
二 ホツ 漢 二 入 月
ボツ 慣 bó ポー
J 5354 補 U 5B5B

意味 一二 ①草木がおい茂るさま。②ほうきぼし。彗星。「孛星」 ③光が四方を照らすさま。一説に、暗くはっきりしないさま。「孛孛」 ④顔色を変えるさま。=勃「孛然」

【孛星】 ほうきぼし。ははきぼし。孛彗。

子4 【孚】〔7〕
一 フ 漢 呉 一 平 虞 fū フー
二 フ 漢 呉 二 平 虞 fú フー
J 5353 補 U 5B5A

意味 一 =孵 ①卵をかえす。②はぐくむ。育てる。 二 ①〈まこと〉 まごころ。「孚信」 ②合う。③つつむ。おおう。

【孚化】 卵がかえる。=孵化

【孚甲】 種子の外皮。表皮。

【孚信】 まこと。まごころ。

【孚乳】 鳥が卵を抱いてかえす。

子4 【孝】〔7〕 俗 ↓學(本ページ・下)

子4 【忎】〔7〕 同 ↓信(九二ページ・下)

子4 『李』↓木部三画(六二四ページ・上)

子5 【学】〔8〕 学1 ガク まなぶ
J 1956 補 U 5B66

旧字 子13 【學】〔16〕 カク 漢 入 覚 ガク 呉 xué シュエ
J 5360 補 U 5B78

筆順 、 ｀ ｀｀ ⺍ 学 学 学 学

子4 【斈】〔7〕 俗字
J 5361 補 U 6588

意味 ①〈まな・ぶ〉 ならう。まねる。勉強する。②まなぶ人。学者。③まなび。学問。学説。④まなびや。学校。

解字  会意・形声。臼・冖・季を合わせた字。臼は音を示すとともに、両手という意味を持つ。冖はおおうことで道理に暗い意味。季は、ならうこと、学ぶこと。學は、道理のわからない子どもが、ならってさとることである。一説に、冖は学校の建物の形であるという。音ガクは、臼の音キウの変化。一説に季の音カウの変化。

名前 さと・さね・たか・のり・ひさ・みち・あきら・さとる

【学院】 一 ①学校の別称。②主として宗教関係の学校。 二 xuéyuàn 現 単科大学。

【学園】 学校。=学苑

【学芸(藝)】 ①学問と芸術。②学問。文学。

【学才】 学問上の才能。学問で得た才。

【学士】 ①学ぶ人。学者。②唐代の官名。③国大宝令に定められた官職の名。④国大学の卒業者に与えられる称号。

【学識】 学問と見識。学問と知識。

【学者】 ①学問をする人。②学問にすぐれた人。

【学舎】 まなびや。学校の建物。校舎。

【学修】 学問をおさめる。修学。

【学習】 一 勉強する。学ぶ。 二 xuéxí 現 一に同じ。

【学術】 一 ①学問と芸術。学芸。②学問研究。③学問とそれを応用した技術。 二 xuéshù 現 一に同じ。

【学匠】 ①学者。物知り。②仏道を修めて師匠たる資格のある者。

【学殖】 学力。学問の素養。

【学箴】 学問をする上の戒め、注意。

【学生】 一 ①大学に在籍して勉学する人。②学問をする若い人。学徒。 二 ①仏教で、仏典以外のものを学ぶ者。②国昔、大学寮・国学にはいって学んだ者。 三 xuésheng 現(学校で学ぶ)児童・生徒・学生。

【学制】 学校教育に関する事を定めた制度。

【学政】 ①教育行政。②官名。清代の提督学政のこと。

【学省】 大学。辟雍。

【学説】 学問上の意見。論説。

【学窓】がくそう 国学問をする所。学校。

【学僧(僧)】がくそう(さう) ①修業中の僧。②学問の深い僧。

【学徒】がくと 一 学問をする者。学生。教え子。二 シュエトゥー xuétú 現徒弟。見習い。

【学童】がくどう ①学問をする児童。②国小学校の生徒。

【学徳】がくとく 学問と徳行。

【学派】がくは 学問上の流派。

【学閥】がくばつ 国学校または学問上の党派。同じ学校の出身者が集まり、他校の出身者を排斥しようとする派閥。

【学費】がくひ 一 学問をするための費用。授業料。二 シュエフェイ xuéfèi 現一に同じ。

【学府】がくふ ①学校。②学問の中心地。③学問の大家。

【学風】がくふう ①学問の傾向、やり方。②学校の気風。校風。

【学僕】がくぼく 学者の家や塾などで、働きながら学問をする若者。

【学務】がくむ 学校教育に関する事務。

【学名】がくめい ①漢代に一家を立てた学の名をいう。②動植物に対して、学問的につける世界共通の名称。

【学問】がくもん 一 学び習うこと。学芸を修めること。二 シュエウエン xuéwèn 現一に同じ。

【学友】がくゆう(いう) ①学校の友だち。同級生。②学問上の友人。

【学理】がくり 学問上の道理。原理。

【学侶】がくりょ ①学問上の仲間。②仏修行僧。学僧。

【学林】がくりん ①学者が集まる所。②仏教の学校。③学校付属の林野。

【学会(會)】がっかい(がくくわい) 学問研究のための団体。

【学界】がっかい(がく) 学問の世界。学者の仲間。

【学海】がっかい(がく) ①川の水が昼夜流れてやまず、ついに海にはいるように、学問する人は、絶えず学問に励むべきであるとのたとえ。②学問の広大なさまを海にたとえていう語。

【学官】がっかん(がくくわん) ①漢以後の大学の講座をいう。②学校の建物。学舎。③学校の職員。

【学館】がっかん(がくくわん) 学校。学問をする場所。

【学究】がっきゅう(がくきう) ①学問を奥底まで学びきわめる。「学究的」②学問を研究する人。学者。

【学窮】がっきゅう(がくきう) ①学問だけをしていて、役にたたない学者。②困窮している学者。

【学兄】がっけい(がく) 国学友に対する敬称。姓の下にもつける。「学問上の先輩の意。」

【学功】がっこう(がく) 学問の成績。学業。

【学行】がっこう(がくかう) 学問徳行。学問も行いもりっぱ。学徳。

【学校】がっこう(がくかう) 一 学問や技術・芸術を学びおさめる所。学は国学、校は郷校の意。学館。学舎。学堂。二 シュエシアオ xuéxiào 現一に同じ。

〖古之学者為(爲)レ己〗いにしえ(いにしへ)のがくしゃはおのれのためにす 昔は、学問をする人は、自分の成長のために学んだものである。〈論語・憲問〉

〖今之学者為(爲)レ人〗いまのがくしゃはひとのためにす 今は、学問をする人は、人に評価されようとして学んでいる。〈論語・憲問〉

〖思而不レ学則殆〗おもい(おもひ)てまなばざればすなわち(すなはち)あやうし(あやふし) 勝手な思いこみばかりで、知識のうらづけがないとあぶなっかしい。〈論語・為政〉

〖学如レ不レ及〗がくはおよばざるがごとくす 学問をするには、ちょうど逃げる人を追って追いつかないときのように、少しも心をゆるめずにつとめるべきである。〈論語・泰伯〉

〖学須レ静(靜)〗がくはすべからくせいなるべし 学問は、心を静めて専念しなければならない。

〖学貴三以レ漸日進一〗がくは、ぜんをもってひにすすむをたっとぶ 学問は、順序を追って一日一日と進んでゆくことがたいせつである。〈慎思録〉

〖学莫レ便三乎近二其人一〗がくは、そのひとにちかづくよりべんなるはなし 学問をするには、直接すぐれた先生についてその教えを受けるのが、いちばん早道である。〈荀子・勧学〉

〖学至三乎没二而後止〗がくは、ぼっするにいたってのちやむ 学問は、生涯のもの。死んではじめてやめるべし。〈荀子・勧学〉

〖学者如レ登レ山〗がくはやまにのぼるがごとし 学問は山に登るように、登れば登るほど高くなることをいう。〈中論・治学〉

〖学問之道無レ他、求二其放心一而已矣〗がくもんのみちはたなし、そのほう(はう)しんをもとむるのみ 学問の方法はほかでもない、その逃がしている自分の本心を求めて、自分に立ちかえらせるだけのことである。〈孟子・告子上〉

〖絶レ学無レ憂〗がくをたてばうれえ(うれへ)なし 学問をいっさいやめてしまえば、めんどうはなくなる。〈老子・二十〉

〖学而不レ思則罔〗まなびておもわ(おもは)ざればすなわち(すなはち)くらし 人の説を聞くだけで、自分から考えることをしなければ、道理を明らかにわきまえることはできない。〈論語・為政〉

〖学而時習レ之〗まなんで、ときにこれをならう(ならふ) 学問をして、その学んだことを機会あるごとに復習する。〈論語・学而〉

◇▼入学・力学・大学・工学・化学・心学・文学・光学・休学・地学・医学・私学・見学・国学・夜学・官学・苦学・浅学・後学・科学・修学・哲学・留学・通学・勉学・停学・転学・視学・進学・博学・暦学・晩学・碩学・就学・語学・遊学・篤学・漢学・蘭学・勧学・奨学・数学・

子 5

【季】

〔8〕 学 4 キ キ 漢 去 寘 呉 jì チー J 2108 補 — U 5B63

筆順 一 二 千 千 禾 季 季 季

意味 ①《すえ(すゑ)》末。㋐兄弟のなかの末の弟。すえっこ。「伯・仲・叔・季」㋑衰えた末年。末世。②春夏秋冬それぞれの終わりの月。また、転じて、時節の意。「四季」③若い。「季女」④ちいさい。ほそい。⑤姓。

解字  会意・形声。禾と子とを合わせたもの。禾は稚を略した形で、音を示すとともに、いねの「おくて」の意味がある。季は、おくれて生まれた子どもで、末子、わかい、おさないの意味を表す。

名前 とき・とし・ひで・みのる

【季夏】きか 夏の末。晩夏。陰暦六月。

【季感】きかん その季節の特別の感じ。季節感。

【季月】きげつ ①一年の最後の月。十二月。②四季それぞれの終わりの月。

【季語】きご 国俳諧・連歌などで、季節感を出すために用いる特定の語。季題。

【季候】きこう 時候。時節。とき。おり。

【季札】きさつ 人名。春秋時代の呉王寿夢の子。信義にあつく、徐君の墓に剣を贈った故事で有名。〖――挂レ剣(劍)〗きさつけんをかく 信義を重んじることのたとえ。季札は、心の中で自分の宝剣をさしあげると決めた相手の徐君が、すでに死んでしまったにもかかわらず、その墓の木に宝剣をかけて約束を果たしたという故事による。〈史記・呉太伯世家〉

【季子】きし ①末子。②戦国、蘇秦の字。③春秋時代、呉の季札をいう。

【季秋】きしゅう(しう) 秋の末。晩秋。陰暦九月。

【季叔】きしゅく 年若い人。若者。

【季春】きしゅん 春の末。晩春。陰暦三月。

【季女】きじょ(ぢょ) ①年若い女。②末娘。

【季節(節)】きせつ 一 時節。時。おり。気候。二 チーチエ jìjié 現一に同じ。【――感】きせつかん 季節の影響で起こる特別の感じ。季感。【――風】きせつふう 毎年季節によって一定の方向に吹く風。季候風。モンスーン。

【季孫氏】きそんし 春秋時代の魯の大夫の家がら。三桓(孟孫・叔孫・季孫)のひとつ。権勢をふるったが、孔子の時、陪臣の陽虎によって衰えた。

【季題】国「季語」に同じ。

【季冬】冬の末。晩冬。陰暦十二月。

【季年】末の年。終わりごろの数年。晩年。

【季父】末のおじ。父の兄弟じゅうで末の弟。おとおじ。

【季布】人名。戦国末期、楚の人。初め項羽の将、後に高祖に仕えた。任侠をもって知られている。【——無二諾一】季布は、一度ひき受けたことは、重ねて返事をすることなく実行した。〈魏徴の詩・述懐〉

【季寄】国俳句の季語(季題)を集めて分類した書。歳時記。

【季路】人名。孔子の弟子、仲由の字。また、子路とも「字する。
◇▼四季・冬季・年季・雨季・春季・秋季・夏季

子 5 【孥】〔8〕 ド 漢 平 虞 nú ヌー J 5355 補 U 5B65
意味 ①子ども。②妻子。③しもべ。奴隷。俘虜。
=奴

【孥稚】幼いこども。

【孥戮】罪人の妻子までいっしょに殺すこと。

〖不レ孥〗刑罪を妻子にまで及ぼさない。〈孟子・梁恵王下〉

子 5 【孟】〔8〕 入 ボウ(バウ) 漢 去 敬 モウ(マウ) 慣 mèng モン J 4450 補 U 5B5F
意味 ①兄弟の最年長者。長男・長女をいう。②はじめ。四季それぞれの初めの月。「孟春」③努める。④大きい。⑤とりとめがない。おろそか。「孟浪」⑥姓。「孟軻」

解字  形声。子が形を表し、皿が音を示す。皿にはさらの意味がある。孟は、子どもがおおいの上に出ていることで長男。

名前 おさ・たけ・とも・たけし・つとむ・はじめ 地名 孟買

【孟夏】夏の初め。陰暦四月。

【孟軻】孟子をいう。軻は孟子の名。

【孟月】四季のはじめの月。陰暦の、正月・四月・七月・十月をいう。

【孟郊】人名。字は東野。中唐の詩人で韓愈と「親交があった。

【孟浩(浩)然】人名。名は浩、浩然は字。盛唐の詩人で、王維とともに自然派詩人として有名。

【孟子】①人名。戦国の学者。名は軻、字は子輿。子は敬称。孔子の教えをつぎ、亜聖とよばれる。性善説を主張し、仁義を根底にすえて、王道政治を説いた。②書名。七編。孟子の学を学んだ者が、孟子の言行をしるしたもの。四書の一つ。【——集注】書名。宋の朱熹が、宋儒の諸説をもととして、「孟子」に解釈・説明を加えたもの。四巻。

【孟秋】秋の初め。陰暦七月。

【孟春】春の初め。陰暦正月。

【孟荀】孟子と荀子。

【孟嘗君】人名。戦国時代、斉の公族、田文の別称。食客数千人を養った。秦の昭王に招かれ、捕らわれたとき、「鶏鳴狗盗」(一四三三ページ・中)の食客のおかげで難をのがれた。斉の宰相となり、のち薛に自立した。戦国四公子のひとり。

【孟蜀】国名。五代十国の一つ、後蜀のこと。五代のとき、孟知祥が建てた蜀を、同じく五代の王建の建てた蜀と区別していう。

【孟津】地名。周の武王が殷の紂王を討つとき会盟した場所。今の河南省の地。盟津。

【孟陬】正月の別称。孟陽。

【孟宗】①人名。三国時代の呉の人。字は恭武。孝子として有名。二十四孝の一人。②孟宗竹の略。日本の竹の中でもっとも大形のもの。筍は食用。中国原産。江南竹。

【孟冬】冬の初め。陰暦十月。

【孟武伯】人名。春秋時代の魯の大夫、孟彘。

【孟母三遷】孟子の母が、環境が孟子に及ぼす悪影響を恐れ、三たび居を移した故事。まず、墓地近くに住み、次に市中へ、最後に学校の近所へ移った。〈列女伝〉

【孟母断(斷)機】孟子が遊学の途中で帰宅したとき、母が織りかけのはたを断ち切って、学問を途中でやめるのはこれと同じことだといましめた故事。〈列女伝〉

【孟浪】①とりとめのないこと。おろそかなこと。②放浪する。

子 5 【孤】〔8〕 旧 ↓孤(本ページ・下)

子 6 【孩】〔9〕 カイ 漢 平 灰 ガイ 呉 hái ハイ J 5356 補 U 5B69
意味 ①赤ん坊が笑うさま。②ちのみご。赤ん坊。③幼い。

【孩嬰】みどりご。孩子。

【孩子】一 みどりご。二、三歳のこども。嬰児。孩嬰。二 háizi 現こども。児童。

【孩児(兒)】ちのみご。みどりご。孩子。

【孩笑】みどりごのわらい。

【孩虫(蟲)】生まれたばかりの虫。幼虫。

【孩提】二、三歳の幼児。孩は、赤子の笑い、提は、抱きかかえられるの意。提孩。【——者】二、三歳の幼児。〈韓愈・祭十二郎文〉〖——之童、無下不レ知レ愛二其親一者上〗二、三歳の幼児でも、自分の親を愛することを知らないものはない。〈孟子・尽心上〉

【孩抱】あやされて笑ったり抱かれたりする年ごろの幼児。

子 6 【孤】〔9〕 常 コ J 2441 補 U 5B64
旧字 子 5 【孤】〔8〕 コ 漢 平 虞 呉 gū クー U 補 J

筆順 了 孑 孑 孒 孤 孤 孤 孤

意味 ①〈みなしご〉父のない子ども。後に、両親をなくした子どもをいう。②ひとり。ひとつ。助けのないこと。③抜きん出ているさま。「孤秀」④〈そむ・く〉期待を無にする。⑤王侯が自分をへりくだっていう自称。

解字  形声。子が形を表し、瓜が音を示す。瓜はコロリとした一つのかたまりの意味である。孤は、父のない子のことで、「ひとり」の意味にもなる。

名前 かず・とも

【孤鞍】一つのくら。ただ一騎の意。「孤鞍衝レ雨叩二茅茨一」(ただ一騎、雨の中を出かけて、あばら屋を訪れた。)〈大槻清崇の詩・題二道灌借レ簑図一〉

【孤雲】一片の離れ雲。

【孤影】ひとりぼっちのさびしい姿。「孤影悄然」

【孤往】ひとり行くこと。独行。

【孤寡】①みなしごとやもめ。②王侯が自分をへりく「だっていう語。

【孤霞】一ひらの朝焼け雲。また、夕焼け雲。霞は、朝夕に日光が雲に映ずるもの。

【孤介】心がせまくて他人となじまないこと。

【孤客】ひとり旅の人。

【孤鶴】一羽のつる。ひとりぼっちのつる。

【孤雁】群れから離れた一羽のかり。

【孤羇】ひとり旅。孤客。

3画 口囗土士夂(夊)夕大女子宀寸小尢(尣・兀)尸屮山巛(川)工己巾干幺广廴廾弋弓彐(彑・ヨ)彡彳⺍

【孤苦】こく　ひとりで苦労する。
【孤軍】こぐん　助ける者なく孤立した軍隊。孤立無援の軍勢。【――奮闘(鬪)】こぐんふんとう　援軍もなく、孤立して、ふるい戦う。他の助けもなく、ひとりで力を奮って努力するさま。
【孤月】こげつ　ものさびしげな月。孤月輪。
【孤剣(劍)】こけん　ひとふりの剣。
【孤懸月】こけんのつき　ぽつんとさびしく空にかかっている月。「唯余天際孤懸月」〈文華秀麗集〉
【孤高】ここう(かう)　ひとりかけ離れて超然としているさま。
【孤鴻】ここう　なかまから離れた大雁。
【孤国(國)】一ここく　孤立状態の国。二このくに　諸侯が自分の国をいう語。
【孤座(「坐」)】こざ　ひとりぼっちですわる。独座。
【孤山】こざん　山の名。浙江省杭州市の、西湖中の小さい丘の名。宋の詩人林逋が隠れ住んだ所。梅花の名所。
【孤子】こし　①みなしご。孤児。②父の喪中にある子。③王事に死んだ者の子。【――鉤】こしのこう　みなしごの帯がね。これを飾りとした琴は、悲しい音を出すという。
【孤児(兒)】こじ　両親のない子。みなしご。孤子。
【孤弱】こじゃく　幼くて親のない者(孤)と年少者(弱)。
【孤舟】こしゅう(しう)　ただ一つの舟。孤帆。「孤舟蓑笠翁」(一そうの小舟にのった、みのかさ姿の老翁。)〈柳宗元の詩・江雪〉「泣㆓孤舟之嫠婦㆒」(あまりの悲しさに孤舟に乗っているやもめを泣かせてしまう。)〈蘇軾・前赤壁賦〉
【孤嶼】こしょ　一つぽつんと離れた島。孤島。
【孤妾】こしょう(せふ)　ひとりぼっちの女。孤独な妻。
【孤松】こしょう　一本だけ離れて立っている松の木。一本松。「撫㆓孤松㆒盤桓」(一本松をなでながら、その場を立ち去りがたく歩きまわる。)〈陶潜・帰去来辞〉
【孤城】こじょう(じゃう)　孤立している城。応援のない離れ城。【――落日】こじょうらくじつ　孤立して助けのない城に、没しようとする夕日が力なくさしている意で、ひどく心細くたよりない情景のたとえ。〈王維の詩・送㆓韋評事㆒〉
【孤臣】こしん　①君に見すてられた臣。また、主君から遠く離れている臣。②家来が自分をけんそんしていう語。
【孤生】こせい　ただ一人の人生。
【孤棲】こせい　ひとりで住んでいる。
【孤絶】こぜつ　ただ一人、他と関係を絶つ。
【孤孀】こそう(さう)　みなし子(孤)とやもめ(孀)。
【孤村】こそん　一つぽつんとある村。他の町村とかけ離れたいなかの村。
【孤忠】こちゅう(ちう)　他人の助けなしに、ひとりでつくす忠義。
【孤灯(燈)】ことう　一つのともしび。
【孤島】ことう(たう)　離れ島。
【孤棹】ことう(たう)　一そうの小舟。孤舟。
【孤特】ことく　ひとりぼっち。孤立して助けのないこと。また、その者。
【孤独(獨)】こどく　①ひとりぼっちでさびしいこと。②父のないみなしご(孤)と子のない老人(独)。
【孤抜】こばつ　群を抜く。
【孤帆】こはん　一そうの帆かけ船。孤舟。
【孤標】こひょう(へう)　①ひとり高くそびえていること。②特にすぐれた容姿・品格。
【孤飄】こひょう(へう)　助けもなく落ちぶれること。
【孤負】こふ　そむく。
【孤憤】こふん　自分ひとり忠義をつくして世にいれられないいきどおり。
【孤墳】こふん　せわする人のいない墓。無縁塚。
【孤蓬】こほう　ちぎれて、ひとり風にとばされるよもぎ。「孤蓬万里征」(ひとりぼっちで、あてもなく遠い旅路に出かける友人を、風にふかれてただよう一本のよもぎにたとえている。)〈李白の詩・送㆓友人㆒〉
【孤篷】こほう　いっそうのとま船。
【孤本】こほん　二つとない貴重な書物。
【孤立】こりつ　味方がなく、ひとりだけである。【――語】こりつご　言語の形態的分類の一つ。中国語やチベット語のように、単語に語形変化がなく、その語順によって文法的機能の果たされる言語。位置語。
【孤塁(壘)】こるい　援軍の来ない、孤立したとりで。
【孤陋寡聞】ころうかぶん　世間からかけ離れていて、見聞がせまく、知識の浅いこと。
『不㆑孤』こならず　孤立することがない。「徳不㆑孤」〈論語・里仁〉
『孤之有㆓孔明㆒、猶㆓魚之有㆒㆑水也』このこうめいあるは、なおうおのみずあるがごとし　三国時代、蜀の劉備が言ったことばで、わたしに孔明(諸葛亮)がついているのは、魚に水がつきものと同じようなものだ、という意。切っても切れない、親しい間柄をさす。〈蜀志・諸葛亮伝〉
『託㆑孤寄㆑命』こをたくしめいをよす　幼君の後見をまかせ、国政を委任する意で、大事をまかせること。託寄。〈論語・泰伯〉

子6 【孨】〔9〕　J ②0588　補 2632　U 5B68

一セン漢　二ジュウ(ジフ)漢 ｜ 一上 銑 zhuǎn チョワン　二入 緝 nì ニー

意味 一①〈よわ・い(――・し)〉か弱い。＝孱 ②身をつつしむ。＝孱 ③孤児。二集まるさま。

子6 『耔』→耒部三画(一〇〇四ページ・中)

子7 【孬】〔10〕　カイ(クワイ)漢 ｜ 去 卦 huài ホワイ　J ―　補 ―　U 5B6C

意味 ①みにくい。悪い。よくない。＝壊 ②現よくない。くたびれている。音 nāo ナオ。

子7 【孫】〔10〕 学4 ソン まご　J 3425　補 ―　U 5B6B

一ソン 漢呉 ｜ 一平 元 sūn スン
二ソン 漢呉 ｜ 二去 願 xùn シュン

筆順

意味 一①〈まご〉子の子。②同じ血すじの孫以降の世代。③植物のひこばえ。④姓。二＝遜 ①ゆずる。②〈したが・う(――・ふ)〉従順な。へりくだったさま。「孫心」③のがれる。

解字  会意。子と系とを合わせたもの。系はつづくという意味で、孫は、子からつづくことを表し、子の子、まごをいう。

名前 さね・ただ・ひこ・ひろ

【孫詒譲(讓)】そんいじょう(じゃう)　人名。清末の儒学者。文字学に造詣が深い。「周礼正義」等の著者。(一八四八～一九〇八)
【孫炎】そんえん　人名。三国時代の魏の学者。字は叔然。「爾雅音義」を作り、反切法を始めた。
【孫卿】そんけい　荀子のこと。
【孫堅】そんけん　人名。三国時代の呉の孫権の父。
【孫権(權)】そんけん　人名。字は仲謀。三国時代の呉国を建てた人。孫策の弟。孫堅の次子。呉の大帝という。
【孫呉】そんご　①孫武と呉起。ともに春秋時代の兵法家。②孫武と呉起の兵法書。「孫子」と「呉子」。【――之略】そんごのりゃく　孫武と呉起の戦略。
【孫康】そんこう(かう)　人名。東晋の学者。【――映雪】そんこうえいせつ　孫康が、貧乏で油が買えず、雪あかりで勉強し、後に御史大夫になったという故事。〈芸文類聚〉
【孫策】そんさく　人名。三国時代の呉の人。孫権の兄。
【孫子】一そんし　①まご。子孫。②人名。名は武。→孫武 ③

書名。一巻。孫武の著した兵法の書。㊁まご 国孫と子。

【孫叔敖】人名。春秋時代の楚の賢い大臣。幼少のとき、両頭の蛇を見て、これを見た人は死ぬということを知っていたのでその蛇を殺した話で有名。

【孫登嘯】魏の隠士、孫登のうそぶく声が鳳の鳴き声の谷間にひびくのに似ていたという故事により、世俗を離れて心を澄ますたとえ。

【孫王】帝王の孫。王孫。

【孫臏】人名。戦国時代、斉の兵法家。孫武の子孫。

【孫武】人名。戦国時代の兵法家。孫子として知られている。斉・呉に仕え、著書に「孫子」がある。

【孫文】人名。民国の人で、字は逸仙、または載之。号は中山。早くから革命運動に従い、清の滅亡後、一時大総統となり、後、国民党を結成した。三民主義を唱えて中国の民主化に努めた。(一八六六～一九二五)

【孫謀】子孫のために将来のはかりごとをなすこと。また、そのはかりごと。

△▼子孫・曽孫

子8【孰】〔11〕 シュク 漢 ジュク 呉 入 屋 shú シュー (J 5357 / 補 — / U 5B70)

意味 ①煮る。煮える。②成熟する。③周到に。よく。④〈たれ〉だれ。だれか。⑤〈いずれ(いづれ)〉なに。どれ。どちら。‖熟

語法 ❶〈たれ〉疑問・反語。だれが…だろうか。だれを…だろうか。例「四体不レ勤、五穀不レ分、孰為二夫子一」(体は動かさず、穀物は作らずに、だれを先生というのだ)〈論語・微子〉▼「だれも…ない」という意味で用いられることが多い。また、「孰」が文中において主語の場合は「たれか」と訓読し、目的語の場合は「たれをか」と訓読する。
❷〈いずれ(いづれ)〉選択。どちらが…か。例「父与レ夫孰親」(父親と夫ではどちらがより近しい間柄か)〈史記・鄭世家〉

【孰与(與)】いずれ(いづれ) どちらがまさっているのか。‖孰如・孰若 「陛下観二臣能一、孰二与蕭何賢一」(陛下はわたくしの能力をごらんになって蕭何とどちらが賢いと思われますか)〈史記・曹相国世家〉

【孰如】いずれ(いづれ)「孰与」に同じ。

【孰若】いずれ(いづれ)「孰与」に同じ。

【孰諫】ねんごろにいさめる。‖熟諫

【孰視】じっと見つめる。‖熟視

【孰慮】よくよく考える。‖熟慮

〖孰謂〗たれかおもわん(おもはん)や 思いがけないことに。……とは思いもよらないことだ。

〖孰能無レ惑〗たれかよくまどい(まどひ)なからん だれがまよいなしでいられようか。まよいのない人はありえない。〈韓愈・師説〉

子8【孮】〔11〕 ソウ 漢 ゾウ 呉 平 冬 cóng ツォン (J 2633 / 補 — / U 5B6E)

意味 子孫が繁栄する。

子8【孯】〔11〕 俗 ↓掔(五三五ジ・下)

子9【孱】〔12〕 セン 漢 平 先 chán チャン (J 5403 / 補 — / U 5B71)

意味 ①せまい。②〈よわ・い(――・し)〉おくびょうな。か弱い。「孱王」③けわしい。高く抜き出たさま。「孱顔」④つつしむ。

【孱顔】山が高くそびえて、けわしいさま。

【孱困】よわり苦しむ。

【孱夫】よわい人。おくびょう者。

【孱羸】かよわい。羸もよわい意。孱弱。

子9【孳】〔12〕 同 ↓孳(本ジ・中)

子10【孶】〔13〕 シ 漢 ジ 呉 平 支 zī ツー (J — / 補 — / U 5B76)

子9〔孳〕〔12〕 同字 (J 5358 / 補 — / U 5B73)

意味 ①うむ。子をもつ。②〈しげ・る〉ふえる。繁殖する。③つとめる。‖孜 「孳孳」

【孳育】子を生んで育てる。

【孳孳】休みなくつとめはげむさま。‖孜孜【――】せっせとつとめはげむさま。‖孜孜 汲汲

【孳生】生長繁殖すること。

【孳息】生まれふえる。繁殖する。

【孳孕】はらんで子を生むこと。

子11【孵】〔14〕 標 フ 漢 平 虞 fū フー (J 5359 / 補 — / U 5B75)

意味 ‖孚 ①卵からかえる。卵をかえす。②そだてる。

【孵化】卵がかえる。卵をかえす。

【孵卵器】国鶏や魚の卵を人工的にかえすための戸棚式の用具。

子13【學】〔16〕 旧 ↓学(三五六ジ・中)

子14【孺】〔17〕 ジュ 漢 去 遇 rú ルー (J 5362 / 補 — / U 5B7A)

意味 ①ちのみご。幼児。「孺嬰」②幼い。③〈した・う(――・ふ)〉したしむ。④つきしたがう者。

【孺孩】おさなご。

【孺子】①おさなご。わらべ。②未熟の者を卑しんでいうことば。小僧。③おさない相続人。④妾をいう。

【孺歯(齒)】おさなご。こども。

【孺人】①大夫の妻の称。②妻の通称。

【孺慕】こどもが親をしたうように、深くしたうこと。

【孺褓】おさなご。こども。

子16【孼】〔19〕 ゲツ 漢 入 屑 niè ニエ (J — / 補 — / U —)

子16〔孼〕〔19〕 同字 (J ②0590 / 補 2635 / U 5B7C)

子17〔孽〕〔20〕 同字 (J ①4755 / 補 2636 / U 5B7D)

意味 ①正妻ではない女性から生まれた子。庶子。②〈わざわい(わざはひ)〉災厄。③ひこばえ。‖櫱

【孼遺】①忘れがたみ。②のこり。あまり。

【孼芽】ひこばえ。芽生え。いとぐち。

【孼孼】①りっぱに飾るさま。②いまにもこわれそうなさま。

【孼根】わざわいのもと。

【孼子】庶子。めかけから生まれた子。

【孼臣】わるい家来。姦臣。

【孼党(黨)】悪者ども。姦党。

子17【孾】〔20〕 エイ 漢 平 庚 yīng イン (J — / 補 2637 / U 5B7E)

意味 みどりご。赤ん坊。‖嬰

子17【孽】〔20〕 同 ↓孼(本ジ・下)

子19【孿】〔22〕 レン 漢 平 先 luán ロワン (J ②0591 / 補 2638 / U 5B7F)

意味 ふたご。双生児。「孿子」

3画 口囗土士夂(夊)夕大女子宀寸小尢(尣・兀)尸屮山巛(川)工己巾干幺广廴廾弋弓彐(彑・⺕)彡彳⺍

3画　宀部　うかんむり

【部首解説】「屋根に覆われている家」にかたどる。この部には、家屋に関連するものが多く、「宀」の形を構成要素とする文字が属する。

宀0 【宀】〔3〕ベン 漢 平 先 mián ミエン　J 5363 補 U 5B80
意味 屋根を東西南北に垂れた広い家。

宀2 【宄】〔5〕キ 漢 上 紙 guǐ コイ　J ②0593 補 U 5B84
解字  象形。屋根がおおいかぶさっている形を表した字。深くおおわれて見えない意味にもなる。
意味 よこしま。内部の者の悪事。「姦宄」

宀2 【它】〔5〕タ 漢 平 歌 tā ター、tuō トゥオ、shé ショー　J 5364 補 U 5B83
意味 ①へび。「蛇」の古字。②よそ。ほか。「佗」「他」の古字。「它人」③現 あれ。それ。
参考 它は「牠」(七九三ページ・中)の中国新字体としても使う。
【它故】ほかの事情。＝他故
【它志】他に思う心があること。ふたごころ。＝他志
【它道】他の道。ほかの道。
【它們】tāmen 現 あれら。それら。

宀2 【宁】〔5〕チョ 漢 上 語 zhù チュー　J ②0592 補 U 5B81
意味 ①たたずむ。②門と塀の間の庭。古代中国の君主が政務を行うときに立った場所。
参考 宁は「寧」(三七九ページ・下)の中国新字体としても使う。音 níng, nìng ニン。
応用例 泞(濘)
【宁立】たたずむ。＝佇立

宀2 【宂】〔5〕本 →冗(一四三ページ・下)

宀3 【安】〔6〕学 3 アン やすい　J 1634 補 U 5B89

筆順 丶 丶 宀 安 安 安

アン 漢 呉 平 寒 ān アン

意味 ①〈やす・い(――・し)〉〈やすん・じる(――・ず)〉 ㋐やすらか。㋑静か。おだやか。㋒定まる。落ち着かせる。㋓楽しむ。気楽な。㋔置く。㋕慣れる。あまんじる。②〈いずくに(いづくに)〉〈いずくにか(いづくにか)〉〈いずくんぞ(いづくんぞ)〉どうして。どこに。疑問・反語を表す。＝何 ③姓。国〈やす・い(――・し)〉①値がやすい。②たやすい。容易だ。

語法 ❶〈いずくに(いづくに)〉〈いずくにか(いづくにか)〉疑問詞。㋐どこ。場所を問う。例「項王曰、沛公安在」(項羽は、沛公はどこにいるのか、といった)〈史記・項羽本紀〉▼「安所」は「いずれ(いづれ)のところにか」と訓読し「どこに」と訳す。例「民安所措其手足」(民はどこにその手足を置けましょうか〔安心して置くことなどできなくなります〕)〈史記・張釈之列伝〉㋑なに。事物をたずねる。例「安帰乎、帰於富厚也」(なにに帰着するのだろうか。結局は富に帰着するのである)〈史記・貨殖列伝〉▼この場合「なにをか」「なににか」と訓読してもよい。
❷〈いずくんぞ(いづくんぞ)〉㋐どうして。方法・理由を問う。例「君安与項伯有故」(きみはどうして項伯と知り合いなのか)〈史記・項羽本紀〉㋑どうして…であろうか(いやそうではない)。反語。例「燕雀安知鴻鵠之志哉」(つばめやすずめ〔のような小人物〕におおとりの〔ような大きな〕志がどうしてわかろうか)〈史記・陳勝世家〉▼文末には多くは疑問を表す「乎」「也」「哉」「邪」などが置かれる。

●句形
(1)［安得…］〈いずくんぞ(いづくんぞ)…するをえんや〉どうして…できるのか。例「君安得高枕而臥乎」(あなたはどうして枕を高くして寝ていられるのですか)〈史記・留侯世家〉
(2)［安能…］〈いずくんぞ(いづくんぞ)よく…せんや〉どうして…できようか。例「安能邑邑待数十百年以成帝王乎」(どうして不安のまま数十百年も待って帝王の道が成就できようか)〈史記・商君列伝〉

解字  会意。宀と女とを合わせた字。宀は家で、安は、家の中に女がいる形で、家庭がしずかにおちついている意味から、安らかなことを表す。一説に、女が月経の期間、家の奥に隠れ、労働をしないで、静かに過ごした習慣から、安が静かとか、安らかという意味になったという。

名前 さだ 姓 安士・安田・安生・安宅・安良・安那・安芸・安房・安拝・安東・安保・安勅・安室・安倍・安部・安宿・安達・安幕・安曇・安謝・安蘇・安仁屋・安心院・安次嶺・安次富・安谷屋・安居院

地名 安八・安土・安中・安田・安佐・安芸・安来・安房・安波・安城・安食・安達・安積・安蘇・安孫子

難読 安居・安穏

【安安】天性のままで、少しも勉強しないさま。
【安易】①くつろぐ。②国 ㋐たやすい。手軽。㋑軽はずみ。なげやり。
【安慰】一 ①安んじなぐさめる。慰安。②落ち着き安んじる。二 ānwèi 現 一に同じ。
【安佚】安らかに遊び楽しむ。安楽。＝安逸
【安逸(逸)】①安らかに遊び楽しむ。安楽。②何もせず楽をしている。＝安佚
【安臥】安らかにねる。安眠。
【安間】「安閑」の①に同じ。
【安閑】①心身が安らかで静かなさま。＝安間 ②何もしないで安楽なさま。
【安危】安全と危険。興亡。「安危不可知」(いつ危険な目にあうか、わからない。)「安危在此一挙」(国が安らかになるか危うくなるかは、この一戦によって決定する。)〈史記・項羽本紀〉
【安徽】アンホイ 地名。中国の省の名。
【安期生】人名。秦の時代、東方の海辺で薬を売り、千歳翁といわれた長寿の人。
【安居】一 安らかに暮らす。二 仏 四月十五日から九十日間、外出しないで僧徒がいっしょに修行すること。
【安駆(驅)】馬を静かに走らせる。〈楚辞・九歌〉
【安言】ゆっくりと落ち着いてものを言う。

3画 口囗土士夂(夊)夕大女子宀寸小尢(尣・兀)尸屮山巛(川)工己巾干幺广廴廾弋弓彐(彑・⺕)彡彳⺍

【安国(國)】安らかな国。平和な国。

【安座(「坐」)】①なにもしないですわっている。②安らかにすわる。③あぐらをくむ。

【安車】老人・女子用の、すわって乗る車をいう。【――蒲輪】老人を手厚くもてなす意。蒲輪は、地面とのきしりをやわらげるために、かばという草で車輪をつつんだもの。〈漢書・儒林伝〉

【安住】国①落ち着いて住む。②ある境遇・心境に「落ち着いていること。

【安舒】安らかで静かなこと。安閑。

【安詳】落ち着いていて、ていねいなこと。

【安心】一不安のないこと。安堵。＝安神 二仏信仰によって心を落ちつけること。三 ānxīn 現①気持が落ちつく。②たくらむ。【――立命】信仰により天命を知り、心を安らかに落ちつけること。

【安神】①心を落ちつける。②不安のないこと。＝安心
【安西】地名。今の甘粛省の地。唐代に、ここに都護府があった。亀茲と高昌とがある。

【安靖(靖)】「安泰」に同じ。「現一に同じ。

【安静(靜)】一静かにしている。落ちつく。二 ānjìng」

【安石榴】植物の名。石榴の一種。「同じ。

【安全】一安らか。危険がない。二 ānquán 現一に」

【安禅(禪)】静かに座禅に入ること。「安禅制毒竜」(静かに座禅をくみながら、おのれの煩悩をおさえている。)〈王維の詩・過香積寺〉

【安息】①安らかにいこう。②地名。紀元前三世紀、イラン族の建てた国パルチアに対する中国人の呼称。【――日】国①キリスト教徒がキリスト復活の日曜日を休息日として仕事を休み、宗教的儀式を行ったことから、日曜日をいう。②ユダヤ人の聖なる日とした土曜日。

【安泰】安らかでゆたかなこと。平和に治まる。安康。安「寧。

【安宅】一①身を置くのに最も安全な場所。安らかなすまい。②仁のたとえ。二国地名。加賀の国(石川県)にあった。安宅の関。

【安置】①安らかにすえおく。②寝る。③神仏の像をすえてまつる。④宋代、罪で大臣を遠くに流すこと。

【安堵】①それぞれの人が、垣の中に安んじること。②心配ごとがないこと。安心。＝案堵 ③国鎌倉・室町時代、旧知行の領地をそのまま授けられること。また、その文書。


【安南】地名。現在のベトナム社会主義共和国に対して、かつて中国人・フランス人などが用いた呼称。

【安寧】①世の中が安らかなさま。安泰。②冬の別名。【――秩序】安らかで、順序次第がきちんとしているこ「と。

【安穏(穩)】①おだやか。安らか。

【安排】一①物のあるがままに安んじる。②ぐあいよく並べる。ほどよく加減する。＝按排・案配 二 ānpái 現一に「同じ。

【安否】無事かどうか。

【安謐】安らかで静かなこと。安寧。

【安撫】人民を安心させ、落ち着かせる。

【安歩】ゆるゆると歩行する。

【安眠】安らかにねむること。安臥。【――妨害】やかましく騒いで、他人の眠りを妨げる。

【安陽】地名。①河南省の県名。殷が都を置いた所といわれ、甲骨文字その他殷代の遺品の出土で有名。殷墟。②山東省曹県東にあった。

【安楽(樂)】安んじ楽しむ。【――国(國)】仏極楽浄土をいう。【――死】助かる見込みのない病人を、注射などで楽に死なせること。

【安禄(祿)山】人名。唐の玄宗の信任を得て胡人の身から節度使になった。のち、内乱を起こし、最後にその子の慶緒に殺された。

【安和】安らかでおだやかなこと。

【安井息軒】人名。日向、飫肥の人。江戸末期の漢学者。名は衡、字は仲平、息軒はその号。昌平黌の教授となり、明治九年(一八七六)没。享年七十八。著書に「論語集説」その他がある。

『安史之乱(亂)』唐の玄宗の時代に起こった安禄山・史思明の反乱。九年間続いた。

『安如二泰山一』安らかでどっしりとしていることが泰山のようである。〈漢書・厳助伝〉

『居レ安思レ危』平安のときも、油断することなく、危難のときのことを思っていましめつつしむ。〈左伝・襄公〉

『偸レ安』目先の安楽、一時の平穏をはかる。偸安。

『老者安レ之』老人には安心してもらいたい。「朋友信レ之、少者懐レ之」(友人には信じられ、年少の者にはしたってもらいたい)と続く。〈論語・公冶長〉
◆大安・公安・不安・平安・目安・治安・保安・格安・硫安・慰安・一路平安

宀 3
【宇】〔6〕 学 6

ウ 呉 漢 ㊤ 麌 yǔ ユィ

J 1707 補 ― U 5B87

筆順 丶 丷 宀 宀 宇 宇

宀 9 【寓】〔12〕 古字 J ②0805 補 ― U 3762

宀 3 【宇】〔6〕 俗字 J ②0594 補 ― U 219C3

意味 ①ひさし。のき。②家。③住まい。④天地四方。天の下。⑤国土。⑥人の器量。品性。「宇量」⑦宇文は、複姓。

解字  形声。宀が形を表し、于が音を示す。宀は家のやね。于には、迂と同様に、曲がる意味がある。宇は大きく曲がった家の部分で、四方のひさしをさす。また、大きくおおうことから、天地四方の空間をもいう。

名前 うま・たか 姓 宇内・宇努・宇夫方 地名 宇土・宇佐・宇治・宇陀・宇部・宇摩・宇和島・宇都宮

【宇下】①のきした。他人の庇護下にあるたとえ。②部「下。

【宇賀神】国穀物の神。転じて、福の神。

【宇県(縣)】中国の別称。宇は宇宙。県は赤県神州の意。

【宇内】天下。世界。海内。「寓二形宇内一復幾時」(この世に生きていられるのも、いつまでのことであろうか。)〈陶潜・帰去来辞〉

【宇宙】①ひさしと、はり。②天地四方と古今。〈淮南子・原道〉③天地。全世界。〈荘子・譲王〉④天下。国家。⑤理すべての天体とそれを含む全空間。
◆気宇・眉宇

宀 3
【宄】〔6〕

キュウ 漢 ㊄ 宥 jiù チウ
(キウ)

J ― 補 ― U 374C

意味 ①貧之。②なやみ。なやむ。

宀 3
【守】〔6〕 学 3 シュ・ス まもる・もり

一 シュウ(シウ) 漢 シュ 呉 ス 慣 一 ㊤ 有 shǒu ショウ
二 シュウ(シウ) 漢 シュ 呉 ス 慣 二 ㊄ 宥 shòu ショウ

J 2873 補 ― U 5B88

筆順 丶 丷 宀 宀 守 守

土 6 【垨】〔9〕 同字 J ②0480 補 2366 U 57A8

意味 一 ①〈まもり〉〈もり〉 ㋐役人のつとめ。㋑防備。

「守備」㋒節操。②〈まも・る〉㋐保つ。もちこたえる。㋑従う。「守法」㋒おさめる。つかさどる。㋓保護する。㋔見張る。③姓。■①地方長官。「郡守」②諸侯が地方を守ること。＝狩。「守土」③守備兵。国①〈まもり〉神仏の守り札。②〈まも・る〉見つめる。③〈もり〉子もり。おもり。④〈かみ〉一国の長官。「国守」

解字 会意。宀と寸とを合わせた字。宀は家の形で、役所をいう。寸は法度、きまりを表す。守は、役所できまりをまもることから、「まもる」という意味になる。一説に、寸は肘、つまりうでのことで、守は、うでもちこたえることであるともいう。

名前 え・ま・さね・もり・もれ 姓 守藤 地名 守口・守山

【守一】一事に専心する。

【守旧(舊)】①昔からのやり方を守る。②もとの姿を保つ。

【守宮】いもり。一説に、やもり。または、とかげ。

【守御】城をまもり敵を防ぐ。＝守禦

【守業】まもりつとめる。

【守愚】かしこぶらないこと。

【守護】①まもる。まもり。②国鎌倉時代の守護職の略。国司に属して軍事・司法を扱った役人。

【守歳】暮れの大みそかの夜、一晩中眠らないで楽しく過ご「すこと。」

【守死】死ぬ覚悟で事にあたる。死守。

【守株】古い習慣にこだわって、融通のきかないこと。昔、宋国の農夫が、うさぎが偶然切り株につまずいて死んだのを見て、また同じようにしてうさぎが手にはいるものと思い、耕作をやめて毎日その切り株を見つめていたが、むだだったという故事による。株を守る。〈韓非子・五蠹〉

【守戍】辺境をまもる。また、辺境をまもる人。

【守成】すでにできあがったものをまもり固める。↕創業

【守勢】まもり防ぐ立場。うけみ。↕攻勢

【守拙】つたなくとも、あくまでも自分の分をまもって、要領よくたちまわることをしない。

【守戦(戰)】①城をまもること。②野に戦うこと。

【守銭(錢)奴】卑しいくらいに金銭をためこむだけで、必要なことにも金を出さない人。けちんぼ。守銭虜。

【守蔵(藏)吏】倉番の役人。倉庫番。

【守祧】廟をまもる役人。

【守文】①伝承された文化をまもって国を治める。文をまもり、武を用いない。②古い制度や文物をまもる者。【──君】先君のあとをつぎ、ただその法度をまもってゆくだけの君。

【守望】攻撃してくる敵を防ぐためのものみ。見張り「台。」

【守令】郡守と県令。

◇死守・攻守・固守・保守・看守・留守・渡守・遵守・鎮守

宀3

【宅】

〔6〕学 6 タク タク 呉 漢 入 陌 zhái チャイ J 3480 補 ― U 5B85

筆順 丶 丷 宀 宀 宅 宅

意味 ①すまい。身をおく場所。「安宅」②すむ。居る。③官位につける。④定める。安定させる。⑤はかあな。墓穴。

解字 形声。宀が形を表し、乇が音を示す。宀は家のこと。乇には、まかせる、おちつくという意味がある。宅は、自分の身をおちつける家のことである。一説に、乇の音は拓と通じ、ひらくという意味があるから、宅は、穴を切り開いて家にしたものをいうと解する。

名前 いえ・おり・やか・やけ

【宅宇】家。すまい。

【宅地】屋敷・すまいの敷地。屋敷。

【宅兆】墓場。墓所。

【宅辺(邊)】家のまわり。

『徙レ宅而忘ニ其妻一』転居に、あわてて自分の妻を忘れてきた。もの忘れのひどい例。〈資治通鑑・唐紀〉

『卜レ宅』①居住の場所をうらない定める。②都とすべき土地、または墓場などを選び定める。

◇本宅・旧宅・自宅・住宅・別宅・社宅・私宅・拙宅・舎宅・居宅・邸宅・帰宅・転宅・新宅

宀3 【宇】〔6〕俗 ↓宇(三六二ページ・下)

宀3 【穹】〔6〕同 ↓穹(九一八ページ・中)

宀3 〔字〕↓子部三画(三五五ページ・中)

宀4

【完】

〔7〕学 4 カン カン(クヮン) 漢 平 寒 wán ワン J 2016 補 ― U 5B8C

筆順 丶 丷 宀 宀 宀 完

意味 ①〈まった・い(──・し)〉そなわる。かけたところがない。②〈まっとう・する(まったう・す)〉㋐完全に果たす。㋑完全に保つ。㋒租税を納める。「完租」③姓。④現終わる。

解字 形声。宀が形を表し、元が音を示す。元には、首の意味があり、初めとか、ととのっていることがらに使う。完は家の中がしっかりととのっていることから、完全・完了の意味を表す。一説に、完は家のまわりをとりまくかきねのことともいう。

名前 さだ・なる・ひろ・まさ・みつ・たもつ・ひろし・またし・ゆたか

姓 完道

【完裙】ちゃんとしたスカート。「出入無ニ完裙一」(家の出はいりに着る、ちゃんとしたスカートも、持っていない。)〈杜甫の詩・石壕吏〉

【完計】完全な計画。手落ちのないはかりごと。

【完結】りっぱにできあがること。

【完遂】完全に目的を達しとげること。

【完成】■なしとげる。できあがる。■ wánchéng 現■に同じ。

【完全】■欠けたところがなく、じゅうぶんなこと。■ wánquán 現■に同じ。【──雇用】働く意志と能力ある者は、すべて就職できること。【──無欠(缺)】完全で少しも欠けたところがないこと。

【完足】じゅうぶんに満足すること。

【完投】国野球で投手が最終回まで完全に投げとお「すこと。」

【完備】物事が不足なくそなわっていること。

【完膚】①傷のない完全な肌。②傷のない個所や部分。「完膚無からしむ」(他人の言動を徹底的に非難してやりこめること。)

【完璧】①借りたものをきずつけずに返すたとえ。藺相如が、璧を秦の国から無事に持ちかえった故事による。②国きずのない玉。転じて、完全で欠けたところのないさまをいう。

【完本】全部そろっている本。↕欠本・端本

【完理】完全に修理し終わること。

【完了】すっかり終わる。まったく終わる。完成。完結。

【完整】wánzhěng 現まとまっている。

◇未完

宀4

【宏】

〔7〕入 コウ(クヮウ) 漢 平 庚 hóng ホン J 2508 補 ― U 5B8F

意味 ①〈ひろ・い(──・し)〉広く大きい。②広く大きくする。「恢宏」③広める。

3画 口囗土士夊(夂)夕大女子宀寸小尢(兀・尣)尸屮山巛(川)工己巾干幺广廴廾弋弓彐(彑・ヨ)彡彳⺍

解字 形声。宀が形を表し、厷（くわう）が音を示す。宀は家。厷にはひじを張るという意味がある。宏は家が奥深く広いことを表す。

名前 あつ・ひろ

参考 新表記では、「広」に書きかえる熟語がある。

【宏遠】こうえん（くわうゑん） ①広く遠い。②度量が広く、才知が遠大。

【宏闊】こうかつ（くわうくわつ） ひろびろとし、ゆったりとしていること。

【宏器】こうき（くわうき） 大きな器量。大人物。

【宏才】こうさい（くわうさい） 大才。広く、大きい才能。

【宏儒】こうじゅ（くわうじゅ） すぐれた儒者。大学者。

【宏敞】こうしょう（くわうしゃう） 広くて平らかなこと。＝広敞
【宏壮（壯）】こうそう（くわうさう） 大きくてりっぱなこと。＝宏荘
【宏達】こうたつ（くわうたつ） 心が広く、物事の道理に通達している。

【宏知（「智」）】こうち（くわうち） 知識の深い人。

【宏図（圖）】こうと（くわうと） ①大規模な計画。宏猷こう。宏謨こう。②模範となる人。

【宏富】こうふ（くわうふ） 広くゆたか。

【宏弁（辯）】こうべん（くわうべん） 雄大な弁論。

【宏謨】こうぼ（くわうぼ） 広大な計画・はかりごと。宏図。宏猷こう。

【宏放】こうほう（くわうはう） 心が広く、小さいことにこだわらないこと。おおらかで、かってきまま。

【宏猷】こうゆう（くわういう） 大きなはかりごと。計画。宏謨こう。

宀4 【宑】〔7〕 セイ 漢 上 梗 / ショウ（シャウ） 呉 jǐng チン　J 2645 補 U 5B91

意味 屋内にある井戸。

宀4 【宋】〔7〕 人 標 ソウ 漢 去 宋 sòng ソン　J 3355 補 U 5B8B

意味 ①国名。㋐春秋時代の列国の一つ。殷いんの微子びしが封ぜられたもので、現在の河南省商丘市の地。㋑南北朝時代の南朝の一王朝。劉裕りゅうの建てたもので、建康に都を置く。（四二〇～四七九）㋒五代の後、趙匡胤ちょうきょういんが建てたもので、汴べんに都を置く。（九六〇～一二七九）②姓。

名前 おき・くに

【宋音】そうおん 宋代に用いられた漢字の字音。宋代の禅僧がわが国に多く伝えたもの。行灯あん・鈴りんの類。
【宋開府】そうかいふ 唐の政治家宋璟そうえいのこと。開府儀同三司の地位にあったのでいう。（六六三～七三七）
【宋学（學）】そうがく 周敦頤しゅうとんい・程顥ていこう・程頤ていい・朱熹しゅきら宋代の学者たちによって大成された儒学の一派。経書の字句の注釈（訓詁）を中心とする漢学に対していう。天理（宇宙の原理）と人性（人間の本性）とを統一的・体系的にとらえようとする。性理学、程朱学、朱子学ともいう。
【宋玉】そうぎょく 人名。字あざなは子淵しえん。戦国時代の楚その詩人で、屈原の弟子でし。
【宋弘】そうこう 人名。後漢の長安の人。字あざなは仲子。光武帝に仕え、心のきれいな官吏として知られている。
【宋史】そうし 書名。四百九十六巻。宋代、三百十七年間の歴史の書。元の托克托トクトが勅命をうけて編修した。
【宋之問】そうしもん 人名。字あざなは延清。初唐の詩人。
【宋社】そうしゃ 宋の国家。社は、社稷しゃしょく（国家）の意。
【宋書】そうじょ 書名。南北朝の宋の正史。梁の沈約しんやくの著。
【宋徽宗】そうのきそう 北宋第八代の天子。芸術を理解し、書画に巧みであった。
【宋太祖】そうのたいそ 北宋第一代の天子。趙匡胤ちょうきょういん。在位九六〇年―九七六年。
【宋太宗】そうのたいそう 北宋第二代の天子。太祖の弟。明君として知られる。在位九七六年―九九七年。
【宋人】そうひと ①春秋戦国時代の宋国の人。周に征服された殷いんの子孫で、愚か者の例にひかれる。②宋代の人。
【宋版】そうはん 「宋本」に同じ。＝宋板
【宋本】そうほん 宋代に出版した書物。宋版。宋板。
【宋襄之仁】そうじょう（じゃう）のじん 宋の襄公が行った仁。つまらない仁。行きすぎたあわれみ。襄公が楚そと戦ったとき、敵陣が整わぬうちに攻めようという臣下の進言を退け、かえって負けた故事による。〈左伝・僖公きこう二十二〉

宀4 【宊】〔7〕 一トツ 漢 一 入 月 / 二トチ 呉 tū トゥー / 二カ 漢 二 平 麻 jiā チア　J 2642 補 U 5B8A

意味 一つき出る。＝突とっ 二いえ。＝家か

宀4 【宍】〔7〕 ジク 漢 入 屋 / ニク 呉 ròu ロウ　J 2821 補 U 5B8D

意味 〈しし〉にく。「肉」の俗字。

姓 宍人しし・宍戸しし　地名 宍粟そう

宀4 【宎】〔7〕 ヨウ（エウ） 漢 上 篠 yǎo ヤオ　J 2643 補 U 5B8E

意味 ①へやの東南のすみ。②おくぶかいところ。③風が穴を吹きとおるときの音。

宀4 【宐】〔7〕 本 →宜（三六五ページ・下）

宀4 【牢】 →牛部三画（七九三ページ・上）

宀5 【宛】〔8〕 常 あてる　一エン（ヱン） 漢 一 上 阮 wǎn ワン / 二エン（ヱン） 漢 二 平 元 yuān ユワン / 三ウン 漢 三 上 吻 yùn ユン　J 1624 補 U 5B9B

筆順 丶 丷 宀 宀 宂 宆 宛 宛

意味 一①まげる。かがむ。②〈あたかも〉さながら。まるで…のようだ。③へこむ。④ゆれうごく。⑤小さいさま。二大宛だいえんは、漢代の西域せいいきの国の名。「宛馬」 三つむ。たくわえる。＝蘊うん「宛蔵ぞう」 国①〈あ・てる〉〈あて〉「宛名な」②〈ずつ（づつ）〉

解字 形声。宀が形を表し、夗えんが音を示す。夗には、まるくなる、かがむ意味がある。宛は、家の中で、身をまるめて寝ころび、くつろぐ意味となる。

【宛宛】えんえん（ゑんゑん） ①竜りゅうが伸び縮みするさま。②柔らかく、しなやかなさま。

【宛虹】えんこう（ゑんこう） にじ。

【宛然】えんぜん（ゑんぜん） ①あたかも。ちょうど。まるで。②そっくりそのまま。依然。③譲り避けるさま。へりくだるさま。

【宛転（轉）】えんてん（ゑんてん） ①ころぶさま。②ゆるやかにまわるさま。③変化するさま。④蛾がの眉まゆが美しく曲がるさま。みかづきまゆ。⑤玉がころがるさま。⑥柔らかく自由に動くさま。

【――蛾眉】えんてんたるがび ①美しい形の眉まゆ。②美人。〈白居易はくきょいの詩・長恨歌ちょうごんか〉

宀5 【官】〔8〕 学4 カン　カン（クヮン） 漢 呉 平 寒 guān コワン　J 2017 補 U 5B98

筆順 丶 丷 宀 宀 宁 宁 官 官

意味 ①〈つかさ〉㋐役人。「官吏」㋑役目。「官職」㋒役所。②おおやけ。朝廷。政府。「官民」③役人にとりたてる。任用する。④つかさどる。役目を果たす。⑤きみ。天子。「官家」⑥耳・目・鼻・口などのはたらき。「五官」⑦のっとる。…にならう。

解字 会意。宀と目を合わせたもの。宀は家で、役所をいう。目は師と同じく、もろもろ、おおぜいの意味。官は、役所にいて、おおぜいの民を治める人のことで、役人をいう。また、

3画 口囗土士夂（夊）夕大女子 ➡宀 寸小尢（尣・兀）尸屮山巛（川）工己巾干幺广廴廾弋弓彐（彑・ヨ）彡彳⺍

おおぜいいる役人をさすともいう。一説に、目の音は幹と通じて、仕事の意味を含むから、官は、仕事をする家のことともいう。

名前 これ・たか・のり・ひろ・おさ

【官位】かんい(くゎんゐ) 官職と位階。

【官員】かんいん(くゎんゐん) 官吏。役人。

【官家】かんか(くゎんか) ①朝廷。②天子。

【官衙】かんが(くゎんが) 役所。官庁。

【官戒】かんかい(くゎんかい) 官吏の守るべきいましめ。官吏への注意。

【官界】かんかい(くゎんかい) 役人なかま。官吏社会。

【官海】かんかい(くゎんかい) 「官界」に同じ。

【官学(學)】かんがく(くゎんがく) 官立の学校。↔私学
【官宦】かんかん(くゎんくゎん) 役人。

【官紀】かんき(くゎんき) 官吏を取り締まる規則。

【官妓】かんぎ(くゎんぎ) 政府おかかえの妓女。

【官許】かんきょ(くゎんきょ) 政府のゆるし。免許。

【官金】かんきん(くゎんきん) 政府・官庁の所有する金銭。

【官軍】かんぐん(くゎんぐん) 政府軍。天子の軍勢。↔賊軍
【官権(權)】かんけん(くゎんけん) 政府の権力。権限。

【官憲】かんけん(くゎんけん) ①役人。官吏。②警察官。③国家、または政府のおきて。

【官公吏】かんこうり(くゎんこうり) 官吏と公吏。国家公務員と地方公務員。政府の役人と都・道・府・県・市・区・町・村の役人。

【官差】かんさ(くゎんさ) 官命による使者。

【官作】かんさく(くゎんさく) 官の工事。おかみのしごと。「官作自有レ程」(かんさくおのずからていあり)(おかみの工事は、仕事の日程がきまっていて変更できない。)〈陳琳(ちんりん)の詩・飲馬長城窟行(いんばちょうじょうくつこう)〉

【官私】かんし(くゎんし) おおやけとわたくし。公事と私事。

【官事】かんじ(くゎんじ) 役所の事務。

【官実(實)】かんじつ(くゎんじつ) 官長。官吏の長。長官。

【官舎】かんしゃ(くゎんしゃ) 官吏のすまいとして政府が与える建物。官宅。官邸。

【官爵】かんしゃく(くゎんしゃく) 官職と爵位。

【官守】かんしゅ(くゎんしゅ) 職務上の責任。職責。

【官書】かんしょ(くゎんしょ) 政府の公文書。公務上の書類。官文書。

【官女】かんじょ(くゎんぢょ) 宮中に奉職する女。女官。

【官情】かんじょう(くゎんじゃう) 官吏になりたいと思う気持ち。＝宦情
【官場】かんじょう(くゎんぢゃう) ①役所。また、役人の社会。②官立の市場。③三人で毬(まり)をける遊戯。

【官職】かんしょく(くゎんしょく) 官吏の職務。職分。

【官人】かんじん(くゎんじん) 官吏。役人。


【官制】かんせい(くゎんせい) 行政機関の組織・定員・権限などをきめた規則。

【官製】かんせい(くゎんせい) 政府で作ったもの。↔私製
【官設】かんせつ(くゎんせつ) 政府が設立する。国家が作る。

【官銭(錢)】かんせん(くゎんせん) 公金。政府の銭。

【官選】かんせん(くゎんせん) 政府でえらび出す。↔民選
【官撰】かんせん(くゎんせん) 政府で編集する。

【官曹】かんそう(くゎんさう) ①役所。②役人。

【官族】かんぞく(くゎんぞく) ①世襲の職によって与えられた姓氏。②多くの官吏。

【官属(屬)】かんぞく(くゎんぞく) ①属官。役人につき従う部下。②官吏のなかま。

【官尊民卑】かんそんみんぴ(くゎんそんみんぴ) 政府・官吏を尊んで、民間・人民を卑しとする考え。

【官知】かんち(くゎんち) 五官(耳・目・舌・鼻・皮膚)の知覚。

【官治】かんち(くゎんち) ①政治。官庁の行うまつりごと。②国家が、官庁に直接に行政をやらせること。

【官秩】かんちつ(くゎんちつ) ①官吏の給料。官禄(かんろく)。②官位。

【官廷】かんてい(くゎんてい) 朝廷。また、官庁をもいう。

【官邸】かんてい(くゎんてい) ①官で建てて官吏に与えるすまい。官舎。＝官第 ②国特に大臣・長官などの高級官吏の官舎。

【官展】かんてん(くゎんてん) 国政府の経営する展覧会。戦前は文展、戦後は日展(日本美術展)と称する。

【官途】かんと(くゎんと) ①役人になる道。②官吏の地位・職務。

【官等】かんとう(くゎんとう) 官職の等級。

【官能】かんのう(くゎんのう) ①官吏としての才能。②国生物がもっている生理上の働き。耳・目・鼻・口などの働き。③国肉体的な快感をうける働き。

【官版】かんぱん(くゎんぱん) 政府や官庁で出版した書物。

【官費】かんぴ(くゎんぴ) 政府から出る費用。↔私費
【官武】かんぶ(くゎんぶ) 文官と武官。文武両官。

【官府】かんぷ(くゎんぷ) 政府。役所。官庁。

【官符】かんぷ(くゎんぷ) 朝廷の命令書。

【官物】かんぶつ(くゎんぶつ) 公のもの。政府の物品。

【官文書】かんぶんしょ(くゎんぶんしょ) 政府・官庁の公文書。

【官兵】かんぺい(くゎんぺい) ①官軍。天子の軍。↔賊軍 ②政府の軍隊。

【官幣社】かんぺいしゃ(くゎんぺいしゃ) 国戦前の神社の格式の一つ。祭礼に宮内省(昔は神祇官(じんぎかん))から供え物をたまわる神社。

【官辺(邊)】かんぺん(くゎんぺん) 役所むき。おかみ。政府すじ。

【官房】かんぼう(くゎんばう) ①公務を執り行うへや。②国各省および諸官庁で、その長官に直属し、機密の事務などを取り扱う部局。


【官法】かんぽう(くゎんぱふ) 官吏の職務規程。公務員法。

【官俸】かんぽう(くゎんぽう) 役人の俸給。

【官報】かんぽう(くゎんぽう) ①政府発行の日刊の公報。②役所または官吏が公務で発する電報。

【官没】かんぼつ(くゎんぼつ) ①人民の所有物を政府に没収する。②昔、人の自由を奪って官の奴隷(どれい)としたことをいう。

【官民】かんみん(くゎんみん) 官吏と一般国民。政府と民間。

【官命】かんめい(くゎんめい) 政府の命令。

【官有】かんゆう(くゎんいう) 国家の所有。

【官遊】かんゆう(くゎんいう) ①官吏として仕えるため郷里を出る。②官吏となり遠方に勤める。

【官吏】かんり(くゎんり) 役人。官人。

【官理】かんり(くゎんり) 国家の政治。

【官立】かんりつ(くゎんりつ) 政府の費用で設立し維持していくこと。国立。

【官柳】かんりゅう(くゎんりう) ①役所に植えた柳。②役所で管理する街路樹。

【官僚】かんりょう(くゎんれう) 役人の仲間。同役。【――政治】かんりょうせいじ(くゎんれう) 特に官僚が権力をにぎって行う政治。

【官禄(祿)】かんろく(くゎんろく) ①官位と俸禄(ほうろく)。②政府からもらう俸禄。

【官話】かんわ(くゎんわ) 清(しん)代以前の標準語。役所などで使われたことば。北京(ペキン)官話。

【侵レ官】かんをおかす(くゎんをおかす) 決められている自分の職分を越えて、他人の領域にまで手を出す。「侵レ官之害、甚於寒」(かんをおかすのがいは、さむさよりもはなはだし)(官を侵すことの弊害は、寒さの害よりもひどい。)〈韓非子(かんぴし)・二柄(にへい)〉
◆士官(しかん)・五官(ごかん)・仕官(しかん)・代官(だいかん)・左官(さかん)・次官(じかん)・任官(にんかん)・位官(いかん)・判官(はんがん・ほうがん)・教官(きょうかん)・器官(きかん)・警官(けいかん)・事務官(じむかん)

宀5 **【宜】**〔8〕常 ギ　ギ 漢 呉 平 支 yí イー　J 2125 補 ― U 5B9C

筆順 丶 丷 宀 宀 宁 宜 宜 宜

宀4 【宐】〔7〕本字　J ― 補 2644 U 5B90
冖5 【冝】〔7〕同字　J ①1452 補 1885 U 519D

意味 ①〈よろし・い(よろ・し)〉㋐都合(つごう)がよい。㋑ふさわしい。「宜適」㋒むつまじい。②〈むべ〉〈うべ〉もっともである。③〈よろしく…べし〉〈べし〉…すべきである。…したほうがよい。④おおむね。⑤土地神などを祭る。⑥姓。

語法 ❶〈よろしく…べし〉適当・当然。…するのがよい。…ふさわしい。…するべきである。再読文字。例「功宜

為レ王」(「将軍は自ら鎧をまとい武器を手にして無道・暴虐な秦を討ち、楚国の社稷を再建しました」その功績からいえば王になられるべきでございます)〈史記・陳渉世家〉

❷〈よろしく…べし〉推測。…のはずである。再読文字。
例「今誠以二吾衆一詐自称二公子扶蘇項燕一、為二天下唱一、宜レ多二応者一」(今もしわれわれの一行を率いて、いつわって自らを公子扶蘇・項燕だと名のって天下のさきがけとなれば、応ずる者も多いにちがいない)〈史記・陳渉世家〉
↓付録・同訓異義要覧「べし」

解字 会意・形声。古い形を見ると、宀・夕・一を合わせた字。宀はやね、一は地面。夕は多の略で音を示すとともに、多い意味を持つ。宜は、神殿のやねの下、地面の上に、供物をたくさんそなえてある形で、よい場所におちつくことをいう。一説に、宜は、宀と且を合わせた字で、俎と同じことを表すとする。それによると、宜は、まないたの上にのせた酒のさかなのことである。

名前 すみ・たか・なり・のぶ・のり・のる・まさ・やす・よし
姓 宜保
地名 宜寸川・宜野座・宜野湾
【宜春】①立春の日の飾り。②宜春宮。長安付近にあった秦の離宮、漢の宮殿、庭園の名。陝西省長安県南。
△▼便宜・時宜・適宜

宀5【弦】〔8〕 コウ(クヮウ)(漢) オウ(ワウ)(呉) (平)庚 hóng ホン
J ②0801 補 2648 U 5B96
意味 ①屋内がこだまするほど広い。＝宏。②やすらか。

宀5【実】〔8〕 (学)3 ジツ み・みのる
旧字 宀11【實】〔14〕 (人) シツ(漢) ジチ(呉) (入)質 shí シー ジツ(慣)
J 2834 補 ― U 5B9F
J 5373 補 ― U 5BE6

筆順 丶 丷 宀 宀 宀 宀 実 実

意味 ①〈み・ちる(―・つ)〉富む。豊かである。②〈みた・す〉いっぱいにする。ふさぐ。「充実」③財産。物資。④〈み〉草木の実や種。⑤〈みの・る〉結実する。⑥〈まこと〉㋐本当のありさま。「実状」㋑まごころ。「誠実」⑦明らかにする。証明する。⑧〈まことに〉本当に。じつに。＝寔 国〈じつ〉愛情。真実心。

解字 会意。宀と貫とを合わせた字。宀は家、貫は貨物・財産を表す。實は、家の中に品物がつまっていることで、ゆたかにみちている意味になる。一説に貫は、田と貝を合わせたもので、田が音を示し、みたすという意味を含み、貝はたからを表す形声文字であるともいう。

名前 ま・これ・さね・ちか・つね・なお・のり・みる

【実学(學)】理論よりも現実の事実を重んじ、実際に役だつ学問。実用の学問。

【実偽(僞)】まこととりつわり。

【実業】①農・工・商・漁などの、実利に関する事業。②実際のしごと。

【実検(檢)】実地に物事を検査する。

【実権(權)】実際の権力。

【実験(驗)】①実地に調べてたしかめる。②実地の経験。③(理)自然現象を人為的作業を通して観察すること。

【実現】■ ①実際にあらわす。出現させる。②実際にあらわれる。表面に出る。■ shíxiàn 現■に同じ。

【実行】■ 実際に行う。■ shíxíng 現■に同じ。

【実効(效)】①実際の効力。②まことのしるし。

【実語教】国昔の児童向き教訓書。一巻。儒教の古典の中から格言などを抜き出して、暗唱しやすく作ってある。

【実才】ほんとうの才能。

【実際】■ 実地のありさま。■ shíjì 現■に同じ。

【実在】■ 実際に存在する。■ shízài 現まったく。たしかに。

【実子】生みの子。ほんとうの子。↔養子
【実詞】「虚詞」(一〇九六ページ・中)に対して、名詞・動詞・形容詞など、自立語を一括した呼び名。

【実字】①「虚字」(一〇九六ページ・中)に対して、名詞・代名詞などを一括した古い呼び名。②「実詞」の古い呼び名。

【実事】本当のこと。【――求是】■ 清朝の考証学派の学風。物事の真相・真理を、事実に基づいて求めたずねる。■ shíshì-qiúshì 現■に同じ。

【実質】中味。正味。本質。

【実正】国ほんとう。まこと。たしかなこと。真実。

【実証(證)】①たしかな証拠。確証。②実地に証明する。

【実情】①実際のありさま。実況。＝実状 ②まことの心。

【実績】実際の成績。功績。実際に行ってきた事がら。

【実践(踐)】■ ①自分から行う。②実地に行う。■ shíjiàn 現■に同じ。【――躬行】所信を実際に自分でやってみる。【――哲学(學)】理論や実践的なものを対象とする哲学。狭くは倫理学・道徳論などを意味し、広くは政治・法律・経済などの、社会の現実生活についての哲学的考察を意味する。

【実相】①実際のすがた。ありのままの形。②(仏)万物の真実の姿。真相。

【実存】①現在高。②(哲)現実的存在。自覚した存在としての人間。

【実体(體)】①まことの形体。正体。真実の姿。②(哲)本質。常に変わらぬ内容。

【実態】国実際のありさま。ありのままのすがた。

【実地】国①実際。ほんとう。②実際の土地。

【実直】国まじめで正直。

【実否】まこととうそ。本当か、うそか。

【実物】ほんもの。実際のもの。現物。現品。

【実夢】事実とぴったり合う夢。まさゆめ。↔逆夢
【実用】■ 実際に使用する。■ shíyòng 現■に同じ。

【実歴(歷)】①ほんとうの経歴。②実地に見聞きしたこと。

【実廉】ほんとうに清潔な役人。「進二真賢一挙二実廉一」(ほんとうにすぐれた人物や潔白な人物を採用する。)〈漢書・貢禹伝〉

【実録(錄)】事実をありのままに記録した書物。
△▼口実・不実・切実・史実・写実・充実・如実・名実・事実・忠実・果実・信実・故実・貞実・真実・堅実・現実・情実・虚実・結実・着実・無実・誠実・篤実

宀5【宔】〔8〕 シュ(漢) ス(呉) (上)麌 zhǔ チュー
J ― 補 2647 U 5B94
意味 古代の宗廟で、先祖の位牌をおさめる石の箱。

宀5【宗】〔8〕 (学)6 シュウ・ソウ ソウ(漢) シュウ(呉) (平)冬 zōng ツォン
J 2901 補 ― U 5B97

筆順 丶 丷 宀 宀 宀 宇 宗

意味 ①祖先の廟。②祖先。③同じ祖先から出た一族。同姓。④あとつぎ。長子。「宗子」⑤〈むね〉㋐おおもと。根本。「宗旨」㋑長。かしら。⑥中心にむかう。⑦〈たっと・ぶ〉〈とうと・ぶ(たふと・ぶ)〉むねとする。かしらとして尊びあがめる。「宗師」⑧同じみなもとから出た流派。また、その学説や教義。「宗派」⑨姓。

解字 会意。宀と示とを合わせた字。宀は家で、神殿のこと。示は神に関することをいう。宗は、先祖の霊を祭った「みたまや」の意味から、尊い、おおもと、本家を表す。

名前 かず・とき・とし・のり・ひろ・もと・たかし

姓 宗我部　地名 宗谷・宗像

【宗教】神・仏など絶対的存在を信仰して慰安・幸福を得ようとするもの。

【宗祖】仏 一宗派の開祖。

【宗徒】一 宗教の信者。信徒。二 国 頼みになる臣。〔おもだった家来。〕

【宗彝】祭器。宗廟で用いる。

【宗家】一 一族。一門。二 国 ①一門の本家。②家元。

【宗国(國)】本家の国。先祖の後を直接につぐ国。

【宗子】あとつぎ。長男。

【宗之】人名。唐の酒豪、崔成輔の字。〈杜甫の詩・飲中八仙歌〉

【宗旨】一 主旨。おもな意味。二 仏 ①その宗教が本旨とするところ。②宗門。仏教の一宗派。

【宗祀】尊び祭る。

【宗枝】本家と分家。

【宗師】尊んで師と仰ぐ人。また、尊び手本とすること。

【宗室】①先祖のみたまや。宗廟。②一族の本家。③王族。④君主の一族。⑤大もと。

【宗社】①宗廟と社稷。祖先をまつるやしろと、土地・穀物の神の意。②天下。国家。

【宗主】①みたまやの位牌。②人が尊び仰ぐもの。おさ。③本家のあととり。【——権(權)】ある国が、他国の内政・外交を支配する権利。

【宗周】①周代の都。天下の宗とする所の意。②周〕「の国。〕

【宗匠】①大工のかしら。棟梁。②世間から仰がれる学者・人物。③国 俳句・和歌・茶道などの師匠。

【宗尚】たっとぶ。

【宗臣】①重い役について世間から尊敬されている家来。②君と同族の臣。重臣。

【宗人】一族の者。同族。

【宗正】官名。皇族の籍や祭りのことをつかさどる。

【宗戚】一門。みうち。

【宗族】一家。一門。本家と分家。

【宗派】一 ①宗族から分かれでた一族。②学芸における流派。二 ある宗教の中の分派。

【宗廟】①祖先をまつるみたまや。宗室。②国家。「天下。」

【宗法】一 宗族の規則。二 仏 宗門のおきて。

【宗盟】天子と諸侯との盟い。

【宗門】一 一族。宗族。二 仏 同じ宗派。【——改】国 江戸時代、キリスト教の信者かどうかを見分けるため、人々の信仰する宗教を調べたこと。

【宗老】一族の中で、長老として尊敬されている者。

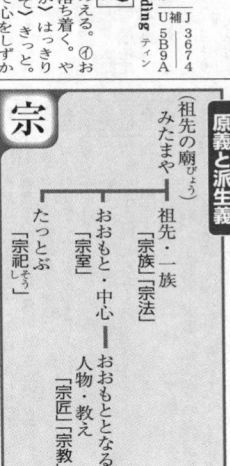

△▼真宗・禅宗・日蓮宗・曹洞宗・臨済宗

宀5

【宙】

〔8〕 学6 チュウ

チュウ(チウ) 漢 去 宥 zhòu チョウ

J 3572 / 補 — / U 5B99

筆順 丶 丷 宀 宀 宁 宙 宙 宙

意味 ①棟木とのきの間。②時間。過去から未来までの無限の時間。↕宇 ③そら。大空。国〈そら〉暗記。

解字 形声。宀が形を表し、由が音を示す。宀はおおうこと。由には、出てくることの意味がある。宙はこの世の長い時間を表す。宇が空間を表すので、宇宙は、空間・時間を含んだものである。音チウは、由の音イウの変化。一説に、由の音は、頭、または頭をおおうものという意味を含むから、宙は、屋根の上部のおおいをいうと解する。

名前 おき・みち・ひろし

△▼宇宙

宀5

【定】

〔8〕 学3 テイ・ジョウ さだめる・さだまる・さだか

テイ 漢 ジョウ(ヂャウ) 呉 去 径 dìng ティン

J 3674 / 補 — / U 5B9A

筆順 丶 丷 宀 宀 宇 宇 定 定

意味 ①〈さだ・める(——・む)〉㋐きめる。ととのえる。㋑おさめる。平らげる。「平定」②〈さだま・る〉落ち着く。やすらぐ。③〈さだめ〉きまり。「規定」④〈さだか〉はっきりしている。決まっている。不動の。⑤〈さだめて〉きっと。必ず。⑥額。⑦仏 じょう。雑念を断ちきって心をしずかにする修行。「入定」⑧星座の名。二十八宿の一つ。営室。

解字 形声。宀が形を表し、正が音を示す。宀は家。正はきちんとしてただしい意味がある。定は、家のなかに、正しくいるという意味から、きちんとしている、おちついていることを表す。音テイは、正の音セイの変化。一説に、定は、家をととのえることであるという。

名前 つら・また・やす　姓 定詰　地名 定山

【定石】①囲碁で、攻守ともに最善の、基本的な形の打ち方。②きまったやり方・順序。

【定僧(僧)】座禅をくみ、無念無想の境地にある僧。「いっている僧。」

【定中】禅定の境地にある僧。座禅には「いっている僧。」

【定離】仏 必ず別れなければならない。「会者定離」(会う者は必ず別離という運命を持っている。)

【定遠侯】後漢の班超の封号。西域の五十余国を平定したため。

【定格】きまった格式。事物のきまり。

【定款】国 会社・銀行などの、組織およびその業務上の規定。

【定規】一 一定の規則・規約。定則。二 国 ①定木。②てほん。模範。三 dìngguī 現 きめる。

【定義】物事の意味をはっきりときめて述べる。また、その述べたもの。

【定業】一 きまった職業。二 仏 前世からきまっている報い。

【定型】国 一定のきまった型。【——詩】国 漢詩の律詩や絶句、および わが国の和歌・俳句などのように、伝統的に

原義と派生義

宗

(祖先の廟) みたまや

├ 祖先・一族 「宗族」「宗法」
├ おおもと・中心 ─ おおもととなる人物・教え 「宗匠」「宗教」
│ 「宗室」
└ たっとぶ 「宗祀」

きまった形をもっている詩。↕自由詩

【定見】一定の見解。さだまった考え。変わらない見込み。

【定婚】婚約をとりきめる。

【定在】きちんときまった場所にある。「衰栄無二定在一」（盛衰は、きちんときまっているものではない。）〈陶潜の詩・飲酒〉

【定策】①策略を定める。また、定めた策。②皇帝を擁立する。【——功】天子の位につかせた手がら。天子を位に立てることを策（竹の札）に書いて、宗廟に告げることにもとづく。〈漢書・杜延年伝〉

【定式】きまったやり方。

【定日】きまっている日。約束の期日。

【定主】定まった君主。きまった主人。「民有二定主一」〈曹冏・六代論〉

【定情】男女が互いに契りを結ぶこと。

【定神】精神を落ち着ける。心を凝らす。

【定数（數）】①きめられた数。②きまった運命。

【定省】晩には定、すなわちねどこを敷いて休ませ、朝には省、すなわち安否をたずね問う。子が親に仕える礼。【——温（溫）清】親孝行をいう。温はあたためる、凊は涼しくする。〈礼記・曲礼〉

【定席】国①きまった座席。②いつも開いている寄席。③一定の会合。

【定説】さだまった説。一定不変の理論。定論。

【定則】きめられた規則。

【定端】①定まった時。②定まった数。③ある特定の場所。

【定置】国一定のところにおく。「定置網」

【定着】国①きちんとさだめつける。また、さだまりつく。②密着して離れない。固着。③写真で、現像した乾板・フィルム・印画紙などに残る感光性をなくす操作。

【定鼎】首都をさだめる。鼎は王位継承の宝器。「奠都」（三三三ジ・上）に同じ。

【定評】世間一般の共通した批評。一定した評判。

【定分】①君臣・父子・夫婦などの定まった身分。②自然に定まっている運命。定数。③一定の制限。④地位・身分を定めること。

【定本】標準になるテキスト。異本の多い古典などについて、その本文を校訂してつくった正確なもの。↕異本

【定命】一 きまった運命。宿命。二 （仏）さだまった寿命。

【定理】正しいと証明された理論。永久に変わらない真理。

【定律】きまった法律・法則。

【定論】さだまった論。動かすことのできない説。定説。

◆一定・不定・予定・平定・未定・必定・仮定・安定・判定・決定・否定・協定・制定・治定・固定・国定・肯定・指定・品定・査定・既定・限定・特定・推定・勘定・設定・断定・規定・測定・検定・評定・欽定・裁定・認定

宀5 【宕】〔8〕 標 トウ 漢 去 漾 dàng タン 人 （タウ） J 3770 U補 5B95

意味 ①流れる。過ぎる。＝蕩 ②程度をこす。ほしいままにする。「佚宕」③ほらあな。いわや。

【宕陰存稿】国書名。十三巻。塩谷世弘（宕陰）の漢文集。明治三年（一八七〇）刊行。

【宕子】道楽むすこ。家を出たまま妻のところへ帰らない男。放蕩者。＝蕩子

宀5 【宓】〔8〕 一 ビツ 漢 ヒツ 慣 一 入 質 mì ミー 二 フク 漢 二 入 屋 fú フー J ①4756 2646 U補 5B93

意味 一 やすらか。しずか。ひそか。＝密 二 人名。＝伏「宓羲」

【宓羲】古代の帝王。三皇の一人。＝伏羲・宓犧

【宓妃】伏羲のむすめ。洛水の神となったという。

宀5 【宝】〔8〕 学 6 ホウ たから J 4285 U補 5B9D

旧字 宀17 【寶】〔20〕 ホウ 漢 呉 上 皓 bǎo パオ J 5379 U補 5BF6

筆順 丶 丶丶 宀 宀 宁 宇 宝 宝

宀10 【寚】〔13〕 古字 J 2667 U補 5BDA　宀16 【寳】〔19〕 俗字 J 5380 U補 5BF3

意味 ①〈たから〉㋐めずらしく価値の高いもの。㋑金銀珠玉の類。②たっとぶ。おもんじる。③貴重な。尊い。④皇帝や仏教・道教に関する事物につける接頭語。「宝算」「宝塔」⑤相手の持ち物につけてていねいな気持ちを示す。「宝眷（ご家族）」⑥貨幣をいう。「元宝」

解字 寶 会意・形声。宀・王（玉）・缶・貝を合わせた字。缶が音を示す。宀はやね。寶はやねの下に玉や貝のたからがある形を表す。音ホウは缶の音フの変化。

名前 かね・たか・たけ・とみ・とも・みち・よし・たかし

地名 宝飯・宝塚・宝土山

【宝愛】たいせつにする。宝として愛する。

【宝位】天子の位。たかみくら。宝祚。

【宝化】国天子の恵み。

【宝駕】天子ののりもの。

【宝蓋】宝玉で飾った天蓋。天蓋は仏像などの上にかざす、飾りのかさ。

【宝冠】①玉で飾ったかんむり。②国昔、天子が重大な儀式でかぶったかんむり。

【宝鑑】①手本となることがらを書いた教訓書。②宝物の鏡。

【宝玉】貴重なたま。尊いたま。

【宝剣（劍）】貴重なつるぎ。たからとする剣。

【宝庫】①宝物を入れたくら。②産物の多く出る土地。

【宝座】①天子のいますところ。宝位。②（仏）仏の座。

【宝算】天子の年齢。

【宝璽】尊い印。天子の御印。

【宝珠】一 宝のたま。宝玉。二 ①（仏）思うものを出すふしぎな玉。如意宝珠。②宝珠の玉の形。擬宝珠。

【宝樹】宝の木。すぐれた子弟。

【宝瑞】めでたいしるし。

【宝前】神や仏のまえ。

【宝祚】天子の位。皇祚。宝位。

【宝蔵（藏）】①宝物を収める倉。②宝物。③宝としてしまう。④多くの物資を産する土地。⑤（仏）仏の教え。

【宝典】①尊い書物。貴重な本。②非常に役にたつ書物。③（仏）仏典の美称。

【宝鈿玉釵】宝玉で飾った美しいかんざしやこうがい。美しい髪飾り。

【宝灯（燈）】仏前のともしびの美称。

【宝塔】①（仏）①寺の塔。②宝で飾った塔。③仏塔の一種。多宝塔。

【宝馬】すぐれた名馬。

【宝璐】美しい玉。宝玉。璐は美しい玉。

【宝貴】bǎoguì 現とてもたいせつな。

◆名宝・至宝・国宝・重宝・家宝・秘宝・財宝・南無三宝

宀5 【宷】〔8〕 同 →寀（三七三ジ・中）

宀5〖突〗↓穴部三画(九一九ジ・下)

宀5〖帘〗↓巾部五画(四二〇ジ・下)

宀5〖空〗↓穴部三画(九一八ジ・中)

宀6【宧】〔9〕イ 漢 平 支 yí イー　J — 補 — U —

宀7〖宧〗〔10〕同字　J — 補 — U 5BA7

意味 ①台所。室の東北のすみ。②あかりとり。日光のはいるところ。③やしなう。＝頤

参考 「宧かん」は別字。

宀6【客】〔9〕学 3　キャク・カク　カク 漢 キャク 呉 入 陌 kè コー　J 2150 補 U 5BA2

筆順 丶 丷 宀 宂 岁 安 客 客

意味 ①まろうど。別の所の出身者。↕主 ②旅にある人。「客人かくじん|きゃくじん」③いそうろう。貴族などに寄寓するもの。「食客」④身を寄せる。⑤お客として厚くもてなす。⑥物を買う人。⑦外敵。⑧ある特別な技わざをもつ人を指していう。「剣客」⑨過去の。「客歳」

解字 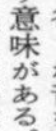 形声。宀が形を表し、各かくが音を示す。宀は家。各には、別であることを表す意味がある。客は、よその家にせわになることである。賓客という場合、賓は尊敬される人で、客はいそうろうをさす。一説に、各は格と通じて、至るという意味があるから、客は、家に来た人をいうとも解する。

名前 ひと・まさ

【客衣】かくい　たびごろも。旅装。
【客意】かくい　旅人の心。旅に出ている気持ち。
【客計】かくけい　旅の予定。旅の計画。
【客語】かくご|きゃくご　①他動詞の目的となる語。↕主語 ②通訳のこと。
【客行】かくこう(かう)　旅。旅行。
【客恨】かくこん　旅のうれい。旅人の嘆き。
【客作】かくさく　人にやとわれて働く。
【客子】かくし　①たびびと。②遊説家。
【客死】かくし|きゃくし　旅先で死ぬ。他郷で死ぬ。
【客使】かくし|きゃくし　外国から来た使者。
【客思】かくし　旅の思い。旅愁。
【客次】かくじ　①来客に応接する所。②旅のやどり。旅館。
【客舎】かくしゃ|きゃくしゃ　旅館。やどや。旅舎。
【客主】かくしゅ|きゃくしゅ　①客と主人。②敵と味方。主客。
【客舟】かくしゅう(しう)　旅の舟。旅中の舟。
【客愁】かくしゅう(しう)　旅中のうれい・心配。旅愁。
【客将(將)】かくしょう(しやう)　①他所から来て大将の位置を占めた人。客人待遇の将軍。②副将。
【客情】かくじょう(じやう)　旅の思い。旅情。
【客心】かくしん　旅人の心。他郷にいるさびしい気持ち。旅情。客思。
【客人】一 かくじん|きゃくじん　①旅人。②行商人。二 コーレン kèren 現お「客。旅客。
【客体(體)】かくたい|きゃくたい　①意志や行為の目的となるもの。②哲主観の作用とは関係なく存在すると考えられるもの。自然や世界の類。↕主体
【客待】一 かくたい　客として待遇する。二 きゃくまち　国運転手などが客を待つこと。また、客を待つ所。
【客地】かくち　旅行先。出征先。他国。他郷。
【客中】かくちゅう(ちう)　旅にあるあいだ。
【客土】かくど|きゃくど　①旅の地。他郷。②他所から運んだ土。
【客年】かくねん|きゃくねん　去年。昨年。客歳。
【客鬢】かくびん　旅にやつれた鬢髪びんぱつ(耳ぎわの毛)。
【客夢】かくむ　旅先で見る夢。
【客遊】かくゆう(いう)　旅人となって四方の地に遊ぶ。流浪する。巡り歩く。＝客游
【客涙】かくるい　旅先で流す涙。
【客礼(禮)】かくれい|きゃくれい　客としての待遇。賓客あつかい。
【客路】かくろ　旅路たびじ。
【客気(氣)】一 かっき(かくき)　①はやり気。血気。から元気。わか気。②しかつめらしい気分。二 コーチー kèqi 現えんりょぶかい。ていねいな。
【客居】かっきょ(かくきょ)　たびずまい。
【客遇】きゃくぐう　客としてもてなす。
【客船】きゃくせん|かくせん　①旅の人をのせる船。「夜半鐘声到二客船一やはんのしょうせいかくせんにいたる」〈張継の詩・楓橋夜泊ふうきょうやはく〉②旅にある船。
【客分】きゃくぶん　国客として待遇される身分。また、その人。
【客観(觀)】きゃっかん(きゃくくわん)　自分の意識に対するいっさいの外物。↕主観

◇▼上客じょうきゃく・主客しゅかく・正客せいかく|しょうきゃく・先客せんきゃく・来客らいきゃく・佳客かきゃく|かかく・刺客しかく|せっきゃく・門客もんきゃく・侠客きょうかく・相客あいきゃく・珍客ちんかく|ちんきゃく・政客せいかく|せいきゃく・孤客こかく・剣客けんかく|けんきゃく・酒客しゅきゃく・旅客りょかく|りょきゃく・酔客すいきゃく・常客じょうきゃく・碁客ごきゃく・遠客えんきゃく・論客ろんかく|ろんきゃく・賓客ひんかく|ひんきゃく・観客かんきゃく・顧客こかく|こきゃく

宀6【室】〔9〕学 2　シツ・むろ　シツ 漢 シチ 呉 入 質 shì シー　J 2828 補 U 5BA4

筆順 丶 丷 宀 宀 宀 宀 宰 室 室

意味 ①へや。建物の中央後部のへや。前部を堂どうという。②いえ。すまい。③一家。家族。④妻。「令室れいしつ」⑤家の財産。⑥墓。墓のあな。⑦星座の名。二十八宿の一つ。営室。国〈むろ〉①土の中に掘ったあな。「石室いしむろ」②貯蔵庫。「氷室ひむろ」

解字 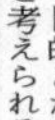 形声・会意。宀が形を表し、至しが音を示す。宀は家で、至には、いたる、ゆきどまりまで行くという意味がある。室は、いちばん奥のへやをいう。また、室は、実と音が同じく、人がその中に実みちているということから、へやをさすともいう。一説に、至には止まる意味を含むから、室は、人の止まる屋をいうと解する。

名前 や　地名 室戸むろと・室町むろまち・室蘭むろらん

【室家】しっか　①すまい。家。②家族。③夫婦。家庭。「宜二其室家一そのしっかによろしからん」(嫁ぎ先の家庭に調和して、幸せにやってゆくであろう。)〈詩経しきょう・桃夭とうよう〉④妻。
【室女】しつじょ(ぢょ)　嫁入り前の女性。
【室人】しつじん　①主人。②妻妾さいしょうのこと。③家人。家族。
【室廬】しつろ|しつりょ　住宅。家屋。室家。
【室老】しつろう(らう)　家老。また、国老。
【室鳩巣】むろきゅうそう(きうさう)　人名。江戸中期の朱子学派の学者。幕府の儒官となり、将軍吉宗に信任された。著書に「駿台雑話すんだいざつわ」がある。(一六五八〜一七三四)
〖入レ室〗しつにいる　学芸を究めているたとえ。「由也升レ堂、未レ入二於室一ゆうやどうにのぼれり、いまだしつにいらず」(由〔子路〕の瑟しつ〔楽器〕の腕前は、家にたとえるなら、堂〔表座敷〕にはあがっている。ただ室〔奥座敷〕にはまだ入っていない。)〈論語・先進〉

◇▼丈室じょうしつ・王室おうしつ・氷室ひょうしつ|ひむろ・令室れいしつ・私室ししつ・居室きょしつ・客室きゃくしつ・茶室ちゃしつ・皇室こうしつ・帝室ていしつ・浴室よくしつ・宮室きゅうしつ・病室びょうしつ・控室ひかえしつ・密室みっしつ・庵室あんしつ・産室さんしつ・教室きょうしつ・温室おんしつ・暗室あんしつ・寝室しんしつ

宀6【宣】〔9〕学 6　セン　セン 漢 呉 平 先 xuān シュワン　J 3275 補 U 5BA3

筆順 丶 丷 宀 宀 宁 宁 宣 宣 宣

意味 ①天子の正殿。②〈の・べる(―・ぶ)〉㋐考えを表す。㋑広く行きわたらせる。㋒あきらかにする。㋓広く知らせ

3画

口囗土士夊(夂)夕大女子宀寸小尢(尣・兀)尸屮山巛(川)工已巾干幺广廴廾弋弓彐(彑・ヨ)彡彳⺌

る。③〈の・る〉天子が命じる。④みことのり。⑤通す。⑥大きい。⑦しらがまじりの髪。⑧姓。

[解字] 形声。宀が形を表し、亘が音を示す。宀は建物であり、亘にはうずまきの意味がある。宣は、まわりをまるくとりまいた形の建物のことで、昔、天子の正殿がそういう形であったので、宣室といった。ここで天子が政治をとり、みことのりをくだしたので、宣は、のべる、しく、明らかにするなどの意味を表す。一説に、亘は、音が垣と通じて、かきねの意味を持つから、宣は、かきねをめぐらした建物で、獄(刑務所)をいうと解する。

[名前] すみ・つら・のり・ひさ・ふさ・むら・よし・しめす

【宣下】[一] 詔をくだす。[二] [国]臨時に、任官の命令のくだること。【――官】[国]臨時の宣下によって任命された官。

【宣言】①意見をおもてむきに述べる。②方針や主張を公衆に向かって言いふらす。

【宣行】いきわたる。流布する。

【宣告】①広くしらせる。②申しわたす。

【宣旨】[一] みことのり。天子の仰せ。[二] [国]勅旨を宣べ伝えること。また、その公文書。

【宣示】述べ示す。広く天下に知らせる。

【宣室】漢時代、未央宮の正殿。漢の文帝が、左遷した賈誼を呼び返してここで面会した。

【宣誓】ちかいを述べたてる。

【宣託】神のおつげ。託宣。

【宣伝(傳)】[一] ①上から下に述べ伝える。②[国]広く世間に伝え知らせる。[二] xuānchuán [現][一]に同じ。

【宣統帝】清朝最後の皇帝、溥儀の称号。のち満州国の皇帝となり、第二次大戦後、旧ソ連に捕らわれ、のち中国に帰った。一公民として、愛新覚羅溥儀と呼ばれた。(一九〇六～一九六七)

【宣撫】為政者の意向を伝えて、人民を安心させる。【――使】唐代にはじまった官名。上意をのべ伝えて、人民を安んじさせる役の意。主として軍事をつかさどる。

【宣布】[一] ①広く告げる。②ゆきわたる。[二] xuānbù [現][一]に同じ。

【宣命】[一] 詔。また、みことのりを伝える。[二] [国]奈良・平安時代、宣命体で記したみことのりの文書。【――使】宮中の儀式のときに宣命を読む人。【――体(體)】[国]宣命の文体。漢字の音訓を使って国語を書き下し、万葉がなで小さく助詞などをしるした。

【宣明】述べて明らかにする。声明。

【宣揚】述べあげる。広く天下に表す。

【宣露】秘密をもらす。あらわにする。

宀6 【宨】〔9〕 チョウ(テウ) (漢)(上) 篠 | tiǎo ティアオ | J — 補2649 U5BA8

[意味] 軽はずみでほしいままにふるまう。

宀6 【宥】〔9〕 [人] ユウ(イウ) (漢)(去) 宥 | yòu ユー | J 4508 補— U5BA5

[意味] ①ゆったりしている。②〈ゆる・す〉おおめにみる。③すすめる。酒をすすめる。＝侑 ④たすける。＝祐 ⑤みぎ。＝右 ⑥かぎる。＝囿

[解字] 会意・形声。宀と有とを合わせた字で、有は音をも示す。宀は家のやね、有はあるの意で、宥は家の中にゆとりがあり、広く、ゆるやかな意を表し、転じて、ゆるす意となる。

[名前] ひろ・ゆたか

【宥赦】罪をゆるす。宥免。赦免。

【宥恕】ゆるす。みのがす。宥免。

【宥免】ゆるす。おおめにみる。宥恕。宥赦。

【宥和政策】事に対して寛大にし、心を和らげながら治めようとする政治方針。融和政策。

【宥坐之器】身近に置いていましめとする道具。

宀6 【来】〔9〕 [同]→屎(三九七ページ・上)

宀7 【宴】〔10〕 [常] エン | エン (漢)(去) 霰 (呉) | yàn イエン | J 1767 補— U5BB4

筆順 、 ハ 宀 宀 宁 宫 宴 宴 宴

[意味] ①やすらかな。気楽な。②休む。くつろぐ。③楽しむ。④〈うたげ〉酒食で客をもてなす。＝讌「酒宴」

[解字] 形声。宀が形を表し、旻が音を示す。宀はへや。旻はあでやかな女がいて安らかなこと。宴は、美しい女のいるへやで、仕事もなく、気楽にくつろげる環境をいう。

[名前] もり・やす・よし

【宴安】何もしないで遊びくらす。安んじ楽しむ。

【宴飲】「燕飲」(七八二ページ・下)に同じ。

【宴歌】酒盛りをして、歌い楽しむ。

【宴会(會)】[一] 酒食を設けてくつろぐ集まり。[二] yànhuì [現][一]に同じ。

【宴酣】宴会がたけなわになること。

【宴居】家にいて、暇なこと。＝燕居

【宴饗】天子が酒盛りをして群臣・賓客をもてなす。

【宴見】君主が暇なときに、お目にかかること。

【宴寝(寢)】くつろぐへや。ふだん生活する家の奥座敷。

【宴餞】送別の宴をひらくこと。

【宴息】くつろいで休む。安息。

【宴遊】酒盛りをして遊び楽しむ。＝宴游・燕遊

【宴楽(樂)】[一] ①さかもりを開いて楽しむ。②遊びにふけり、つまらぬ人間と親しむ。[二] 酒宴と音楽。

△▼小宴・祝宴・酒宴・嘉宴・饗宴

宀7 【家】〔10〕 [学]2 カ・ケ いえ・や | [一] カ (漢) ケ (呉) | [一] (平) 麻 jiā チア | [二] コ (漢) | [二] (平) 虞 gū クー | J 1840 補— U5BB6

筆順 、 ハ 宀 宀 宁 宇 家 家 家

[意味] [一] ①〈いえ(いへ)〉〈や〉㋐すまい。㋑家族。㋒家がら。「良家」㋓くらし。資産。㋔店。「酒家」②結婚する。家族を養う。③夫または妻。④自分のみうちの者をいうときの謙遜語。「家父」「家兄」⑤卿・大夫。また、その領地。⑥専門の学問の流派。また、その学者。「儒家」⑦家で飼う動物や鳥。[二] ＝姑(三四〇ページ・下)

[解字] 形声。宀と家とを合わせたもの。宀はやね。家は豭の略字で、音を示すという。また、家はぶたで、家は、ぶた小屋のことであるともいい、昔は、ぶたは大きな財産であって、人間といっしょに家の中にいたから、家は「いえ」をいうとの説もある。一説に、豭の音は、暇と通じて、ゆったりする意から、家は、ゆったりとするすみかをいうと解する。

[名前] え・お・やか [姓] 家内 [難読] 母家(付表)／家鴨

[参考] 家は「傢」(一一〇ページ・上)の中国新字体としても使う。

【家刀自】[国]主婦。奥さま。刀自は婦人の敬称。

【家鴨】あひる。

【家学(學)】その家に専門として代々伝わった学問。

【家居】[一] ①家に引きこもっている。②宮仕えせずに家にいること。[二] [国]①いえ。住居。②家にいる。

【家郷(鄉)】[一] ふるさと。くにもと。[二] jiāxiāng [現][一]に同じ。

【家君】①他人に対して、自分の父をいう。②[国]主人。だんな。

【家訓】かくん　子孫・家臣などに与える先祖からの、その家の教え。家戒(誡)。庭訓ていきん。

【家計】かけい　暮らしむき。一家の収入・支出の経済。

【家憲】かけん　家のおきて。家のきまり。家法。

【家厳(嚴)】かげん　自分の父。↕家慈

【家口】かこう　①家族。②家族の人数。

【家公】かこう　家の主人。また、父・祖父・外祖父のこと。

【家宰】かさい　主人を助けて、一家の管理をする家臣の長。家老。〔番頭。〕

【家祭】かさい　祖先の祭り。

【家財】かざい　①家の財産。②家の中の衣類・家具などのいっさい。家産。

【家作】かさく　①自分の家で作る。②国㋐家屋。貸家。㋑家を「建てる。」

【家産】かさん　家の財産。身代しんだい。

【家山】かざん　故郷の山。

【家貲】かし　家の中の財産。家財。

【家資】かし　家の資産。家産。

【家事】かじ　①一家の私事。②一家を治めるのに必要ないっさいの事。家政。③家具。

【家慈】かじ　自分の母。↕家厳

【家室】かしつ　①夫婦。家庭。室家。「宜二其家室一そのかしつによろしからん」〈詩経・桃夭とうよう〉→「室家」(三六九ページ・下)　②すまい。住居。

【家主】㊀かしゅ　①一家の長。②国を治める者、あるいは個人に対して、家を治める者をさす。「家主相愛、則不二相簒一かしゅあいあいすれば、すなわちあいうばわず」(家を治める者がお互いに愛しあえば、お互いに奪いあうようにはならない。)〈墨子ぼくし・兼愛〉　㊁やぬし　国家の持ち主。貸家の所有者。おおや。

【家集】かしゅう(しふ)　個人が作った詩文の作品集。勅撰ちょくせん集に対して、私家集・家集などという。

【家什】かじゅう(じふ)　家財。家の中で日常使う道具。

【家叔】かしゅく　自分の叔父しゅくふ。自分のおじ。

【家塾】かじゅく　個人の家に設けた学舎。私塾。

【家書】かしょ　家族からのたより・手紙。

【家相】㊀かしょう(しやう)　家臣の長。㊁かそう(さう)　国家の方角・位置などで吉凶を占うこと。

【家乗(乘)】かじょう　家の記録。家の歴史。

【家常茶飯】かじょう(じやう)さはん　①ありあわせの食事。②ありふれた、平凡なこと。日常茶飯にちじょうさはん。

【家臣】かしん　家に仕える家来。公臣に対して、一家に仕える臣〔をいう。〕

【家信】かしん　家からのたより。家書。

【家人】㊀かじん　①家の者。②召使。③一般人民。④易えきの卦かの名。㊁けにん　国①氏族の奴隷。②平安時代、貴族や武士の首領につかえた臣。③「御家人ごけにん」(四六三ページ・上)に同じ。

【家声(聲)】かせい　一家の名誉。評判。家名。

【家政】かせい　①家内のとりまかない。②家庭生活処理の方法。

【家族】かぞく　家の人。いっしょに暮らしている家人たち全部。

【家中】かちゅう(ちう)　①家の中。②家族。③国江戸時代、大名などの家来の総称。

【家長】かちょう(ちやう)　一家のあるじ。戸主。現在の戸籍筆頭人。

【家庭】㊀かてい　家族が生活する所。㊁チアティン　jiātíng　現㊀に同じ。

【家伝(傳)】かでん　①その家に先祖代々伝わってきたこと。②そ「の家の代々の記録。」

【家道】かどう(だう)　①家庭内の道徳。家の方針。②家の暮らしむき。家政。【――育鞠】かどう(だう)いくきく　家庭生活のきりまわしや、こどもの教育。

【家僮】かどう　召使。こどもの召使。

【家督】かとく　①家をつぐ長男。あとつぎ。②一家の主人の身分に伴う権利義務。

【家内】かない　①家の中。②家族全員。③国夫が妻をいうことば。女房にょうぼう。

【家父】かふ　自分の父。

【家扶】かふ　国旧皇族・華族の家事を管理した人。家令の次。

【家風】かふう　家のしきたり。一家に伝わるならわし。

【家圃】かほ　自分の家の畑。

【家宝(寶)】かほう　家に代々伝えられたたから。家珍かちん。

【家法】かほう(はふ)　①師弟が伝えるその学派の学問。②家のおきて・きまり。家憲。

【家名】かめい　①その家の名。②一家の名誉。評判。

【家門】かもん　①家の門。②一家。一族。③家がら。家系。

【家累】かるい　妻子や召使。

【家令】かれい　①一家の者の守るべき定め。家憲。②一家を取り締まる上位の家来。③官名。太子の家務をつかさどる。④国旧皇族・華族の家事を管理した人。

【家老】かろう(らう)　①一族の長老。②大夫たいなどの、家臣の長。③国江戸時代、大名だいみょう・小名の重臣。家臣全部の長。

【家並(竝)】㊀やなみ　㊁いえ(いへ)なみ　国家が建ち並んでいるさま。町筋の家の並び方。

『家給人足』いえ(いへ)ごとにきゅう(きふ)し ひとごとにたる　どの家もどの人も裕福で満ちたりている。〈淮南子えなんじ・人間〉

『家貧思二良妻一』いえ(いへ)まずしくしてりょう(りやう)さいをおもう(おもふ)　家が貧しくなると、立派な妻を得たいと考えるようになる。

『傾レ家』いえ(いへ)をかたむく　①財産をつかいはたす。②家をほろぼす。③一家を挙げて。

『斉レ家』いえ(いへ)をととのう(ととのふ)　一家を治める。「大学」の「八条目」(一二九ページ・下)のひとつ。

『作レ家』いえ(いへ)をなす　①家をおさめる。②財をなす。

『厭二家鶏(鷄)一愛二野雉一』かけいをいとい(いとひ)てやちをあいす　慣れ親しんだものを捨て、目新しいものにはしるたとえ。

◆大家たいか・たいけ・おおや・大家たいこ・分家ぶんけ・出家しゅっけ・本家ほんけ・旧家きゅうか・民家みんか・名家めいか・作家さっか・良家りょうけ・実家じっか・国家こっか・武家ぶけ・画家がか・借家しゃくや・しゃっか・商家しょうか・廃家はいか・貸家かしや・かしいえ・農家のうか・諸家しょか・隣家りんか

宀 7

【害】

〔10〕学4　ガイ　J 1918　補 U 5BB3

旧字 宀 7

【害】

〔10〕　㊀カイ 漢　㊀ 去 泰　hài ハイ　ガイ 呉　㊁カツ 漢　㊁ 入 曷　hé ホー　J ―　補 ―　U ―

筆順　丶　丷　宀　宀　宔　宔　害　害

意味　㊀①〈そこな・う(――・ふ)〉きずつける。ころす。「殺害」②さまたげる。じゃまをする。「妨害」③わざわい。「災害」④防ぐに有利で攻めるに不利な所。「要害」⑤ねたむ。憎む。㊁〈なんぞ〉どうして。なぜ。＝曷かつ

解字　　形声。宀と丯と口を合わせたもの。宀は家、口はことば、丯かいは音を示す。丯には草が散り乱れる意味がある。害は、乱を起こすのは、家の中の言いあらそいがもとであることから、そこなう意味を表す。一説に、口の上にかぶせるものがあって、おさえつける形で、ふさがり止まる意味であるという。

参考　新表記では、「碍」の書きかえに用いる熟語がある。

【害悪(惡)】がいあく　他に害を与える悪事。害毒。

【害意】がいい　他人に害を与えようとする考え。害心。

【害心】がいしん　人をそこなおうとする悪い心。害意。

【害鳥】がいちょう(てう)　樹木や作物などに害を与える鳥。↕益鳥

【害毒】がいどく　そこない害する。人や物に与える害。

【害馬】がいば　①馬を害するもの。転じて、害となるもの。②心の迷い。③政治のじゃまとなるもの。

【害羞】ハイシウ　hàixiū　現はずかしがる。

【害処(處)】ハイチュ　hàichu　現弊害へいがい。悪い点。

3画　ロ囗土士夂(夊)夕大女子宀寸小尢(尣・兀)尸屮山巛(川)工己巾干幺广廴廾弋弓彐(彑・ヨ)彡彳⺍

【害怕】ハイ hàipà 現こわがる。
◆水害・自害・百害・危害・冷害・利害・災害・妨害・阻害・迫害・毒害・侵害・被害・殺害・惨害・傷害・損害・障害・弊害

宀7 【宦】〔10〕 標 カン 漢 去 諫 (クヮン) huàn ホワン J 5365 補 U 5BA6

意味 ①つかえる。仕官する。②仕官。③官位。④官吏の仕事をまなぶ。⑤奴隷になる。⑥去勢して宮中に仕える人。「宦官」

参考 「宧」は別字。

【宦学(學)】①仕官の道を学ぶ。②宮仕えする。

【宦官】昔、中国で宮刑(去勢)に処せられた男が採用された、後宮の役人。後には、自分から志願してなった宦者。宦人。

【宦寺】①宦官の役所。②宦官。宦官に、宦人と寺人があり、その両者をいう。

【宦事】官に仕える。宦も事も、ともに仕える意。

【宦情】①仕官したい気持ち。②役人となって束縛されている思い。

【宦達】官吏として出世する。

【宦遊】仕官して他郷に住む。

宀7 【宮】〔10〕 学3 キュウ(キウ) 漢 ク 呉 平 東 グウ 慣 gōng コン みや J 2160 補 U 5BAE

筆順 丶 丷 宀 宀 宁 宫 宫 宮

意味 ①〈みや〉㋐いえ。㋑皇帝の住居。「宮城」㋒宮殿。㋓みたまや。祖先をまつる廟。②五音(宮・商・角・徴・羽)の一つ。③宮刑。生殖機能をとり去る極刑。死刑に次ぐ。④かこむ。⑤暦法で、天宮の三百六十度を三十度ずつ十二に分けたその範囲。国〈みや〉①やしろ。神社。②皇族。③皇妃・皇女の呼び名。

解字 形声。宀と呂とを合わせた字。宀は家。呂は躳の略で、音を示すとともに、からだの意味を持つ。宮は、家の中にからだのある形。また、呂は、からだの中にある背骨のことで、中の意味を持つとして、宮は家の中を表すともいう。一説に、呂は、へやがいくつも曲がり曲がって続いている形ともいう。もとは宮と室とは同じ意味であったが、のちに、宮は、宮殿をいうようになった。

名前 たか 姓 宮良・宮迫・宮館
地名 宮古・宮城・宮津・宮崎

【宮娃】美しい宮女。

【宮闈】奥御殿。宮掖。

【宮掖】奥御殿。また、宮城。

【宮怨】後宮に仕えた女性の、なげきの心。

【宮垣】宮殿の築地。または、かきね。

【宮閣】宮殿や高殿。宮殿楼閣の略。

【宮観(觀)】宮殿。観は建物の一種。

【宮禁】宮殿の内。内裏。

【宮刑】五刑の一つ。外科処置で生殖機能を奪う死刑に次ぐ酷刑。腐刑。

【宮闕】宮殿。天子のすまい。

【宮司】㊀きゅうし 後宮(妃などのいる所)をつかさどる役人。㊁ぐうじ 国①もと、神社の神官の長。②伊勢神宮の祭主に次ぐ大宮司・少宮司の称。

【宮市】昔、宮中に設けた市場。

【宮使】宮中から出された使者。

【宮室】①天子のすまい。御殿。②家。すまい。③妻子。

【宮車】①宮殿と車。②天子の車。

【宮女】宮中に仕える女。女官。御殿女中。

【宮妾】宮中の女官。

【宮商】五音のうちの基本となる宮と商の二音。転じて、音楽・楽曲をいう。

【宮牆】家のまわりを囲むかきね。土べい。

【宮城】天子の住居。王宮。帝城。

【宮人】㊀きゅうじん ①宮中に仕える人。大宮人。②宮中に仕える婦人。宮女。㊁みやびと 国神社につとめる人。

【宮省】宮中の役所。

【宮扇】宮中で用いる大扇。天子が玉座につくまで左右からこれで天子の姿をおおいかくす。

【宮中】①家の中。②ごしょ。禁中。「宮中府中、俱為二一体一(宮中も府中(大将軍のいる役所)も、みな一つのものである。)」〈諸葛亮・出師表〉

【宮廷】天子がふだんおられるところ。宮城。

【宮殿】天子の住む御殿。皇居。

【宮府】①宮中と役所。②役所。③官名。太子づきの家来。

【宮裏】宮殿のなか。

【宮居】みやい 国①神社。お宮のある所。②宮城。皇居。
◆王宮・内宮・外宮・後宮・神宮・迷宮・遷宮・竜宮・離宮

宀7 【宭】〔10〕 クン 漢 平 文 グン 呉 qún チュン J 2652 補 U 5BAD

意味 ①集まって住む。②苦しむ。ゆきづまる。＝窘

宀7 【宯】〔10〕 コウ(カウ) 漢 平 肴 キョウ(ケウ) 呉 xiāo シアオ J 2653 補 U 5BAF

意味 気が立ちのぼって蒸発する。

宀7 【宺】〔10〕 コウ 漢 上 養 (クヮウ) huǎng ホワン J 2657 補 U 5BBA

意味 広い。

宀7 【宱】〔10〕 サ 漢 去 禡 ジャ 呉 zhà チャー J 2654 補 U 5BB1

意味 ①ゆったりしている。広い。②満ちる。

宀7 【宰】〔10〕 常 サイ 漢 上 賄 サイ 呉 zǎi ツァイ J 2643 補 U 5BB0

筆順 丶 丷 宀 宀 宁 宇 宰 宰

意味 ①〈つかさど・る〉とりしきる。おさめる。「主宰」②官吏の通称。「大宰」③貴族の家臣。「家宰」④諸侯の所有地の長官。「邑宰」⑤天子を補佐する官。「宰相」⑥肉を料理する。料理人。⑦いけにえを殺す。⑧つか。墓。

解字 会意。宀と辛とを合わせた字。宀は家。辛は罪人のこと。宰は、屋内に罪人がいる形で、それをとりしまる役人をいう。一説に辛には切る意味があり、宰とは屋内にあって万事を切り盛りする役人をいう。

名前 かみ・すず・ただ・おさむ

【宰割】主になって事をきりもりする。宰制。

【宰執】「宰相」の①に同じ。

【宰匠】①主宰する。②国権を握る人。

【宰相】①国の政治を行う最高の官職。首相。②唐代、御史をいう。③国㋐参議。㋑総理大臣。

【宰臣】権力のある役人。重臣。

【宰制】①肉をさいたり切ったりする。料理する。②きりもりする。中心となってとりはからう。宰割。

【宰府】①宰相の役所。②国九州の大宰府の略称。

【宰輔】天子の補佐をする人。大臣。宰相。

【宰牧】国の宰相と地方の長官。

【宰予】人名。春秋時代の魯の人で孔子の門人。字は子我。宰我ともいった。言語にすぐれ、孔門十哲の一人。

【宰領】①取り締まる。取り締まり。②国荷物の運送を取り締まる人。
△▼主宰

宀7 【宵】〔10〕常 ショウ よい　J 3012 補 5BB5 U
旧字 宀7 【宵】〔10〕ショウ(セウ) 漢 呉 平 蕭 xiāo シアオ　J ― 補 ― U ―

筆順 丶 丷 宀 宀 宀 宵 宵

意味 ①〈よい(よひ)〉㋐夜半前。㋑夜。②ちいさい。取るに足らない。＝小「宵人」③似る。＝肖

解字 形声。宀が形を表し、肖が音を示す。宀はやね。肖は、消える、細くなる、という意味を持つ。宵は、日が大地の下になって、光が暗い時刻、あるいは、家の中の光が消える時刻をいう。

【宵衣】①黒いきぬの祭服。礼服。②「宵衣旰食」の略。【――旰食】天子が政務にはげむさまのたとえ。朝は、夜の明けないうちから起きて正服を着、夜は太陽が没してからおそく食事をする。旰は、夜のおそい意。宵旰。〈唐書・劉蕡伝〉

【宵旰】↓宵衣旰食
【宵月】一 夜の月。二よい 国十五夜以前の宵のうちに見える美しい月。

【宵行】①よる行く。夜歩き。②ほたるの別名。

【宵晨】夜と朝。

【宵寝(寢)】一 夜が更けてからねること。二国よい 夜の早いうちにねること。早寝。

【宵人】つまらない人。小人。

【宵越】国一夜を経過すること。

【宵明星】国日没後、西の空に輝く金星。ゆうずつ。太白星。↕明明星
【宵宮】国神社で、祭礼の前夜に行う儀式。宵祭。夜宮。

【宵闇】国陰暦の十六日から二十日ごろまでの、月が出るまでの宵の暗さ。ゆうやみ。
△▼今宵・春宵・徹宵

宀7 【宸】〔10〕標 シン 漢 平 真 chén チェン　J 5366 補 5BB8 U

意味 ①のき。屋根。②北極星。③天子の住まい。また、天子にたとえる。「宸怒」④おおぞら。虚空。

【宸幄】野外に幕を張ってもうけた御座所。

【宸翰】天子の書かれた文書。天子自筆の手紙。

【宸鑒】天子の鑑識。天子のおめがね。天子の御覧。

【宸居】天子のすまい。

【宸極】北極星。

【宸襟】天子のみこころ。宸慮。宸念。

【宸眷】天子の心。また、天子の寵愛。

【宸章】天子の作った詩文。御製。

【宸悼】天子がみずから悲しみなげくこと。

【宸筆】天子の自筆・直筆。宸翰。

【宸遊】天子の遊幸。天子のみゆき。

【宸慮】天子のお考え。みこころ。宸襟。

宀7 【宬】〔10〕セイ 漢 平 庚 chéng チョン　J ②0802 補 2651 U 5BAC

意味 ①くら。倉庫。②書庫。

宀7 【宲】〔10〕ホウ 漢 上 皓 bǎo パオ　J ― 補 2655 U 5BB2

意味 おさめる。

宀5 【宊】〔8〕同字　J ― 補 219D6 U ―

宀7 【容】〔10〕学5 ヨウ ヨウ 漢 呉 平 冬 róng ロン　J 4538 補 5BB9 U

筆順 丶 丷 宀 宂 宂 宊 容 容

意味 ①〈い・れる(―・る)〉㋐盛る。おさめる。㋑聞きいれる。ゆるす。②よろこぶ。③なかみ。「内容」④〈かたち〉すがた。「容貌」⑤〈かたちづく・る〉身なりをつくる。化粧をする。⑥飾り。⑦ゆったりとする。「従容」⑧たやすい。「容易」⑨〈まさに…べし〉…するべきである。⑩姓。

解字 形声。宀が形を表し、谷が音を示す。宀はいえ。谷は、中があいていること。容は、家が大きく、受け入れるゆとりがあることをいう。音ヨウは谷の音ヨクの変化。

名前 おさ・かた・なり・ひろ・まさ・もり・やす・よし・ひろし

難読 容気・容易い

【容易】一 やさしい。たやすい。二 róngyì 現一に同じ。
【容隠(隱)】肉親間の罪の隠し立て、かばい合いは許されるという特別の扱い。
【容悦】こびへつらう。気に入られるようにする。
【容喙】くちばしを容れる。差し出口をする。
【容顔】顔かたち。顔だち。
【容儀】礼儀正しい態度。きちんとした、たちいふるまい。
【容光】美しい顔かたち。きれいな容貌。
【容止】たちいふるまい。身のこなし。
【容姿】すがたかたち。きりょうとすがた。
【容膝】ひざを入れるだけの小さい室。せまい場所。
【容質妝服】顔かたちやみなり。
【容赦】①許す。許可。②国手かげんする。控えめにする。斟酌。仮借。
【容臭】においぶくろ。香料を入れた装飾用のふくろ。
【容色】みめかたち。きりょう。
【容飾】態度や動作を美しく飾ること。＝容飭
【容体(體)】①すがたかたち。ようす。②国病気のようす。
【容態】一 すがた。ようす。態度。二 国病気のようす。病状。容体。
【容忍】許してがまんする。
【容認】許しみとめる。
【容範】すがたかたち。容姿。
【容鬢】顔だちやびんの毛。顔や髪。顔かたち。
【容服】すがたや服装。きちんとした服装。
【容貌】顔かたち。すがた。みめ。
【容与(與)】ゆったりとしているさま。満足しているさま。
【容量】器物の中に入れることのできる分量。容積。
〖動レ容〗顔色を変える。
△▼内容・収容・包容・形容・美容・威容・従容・許容・寛容・認容

宀7 【宧】〔10〕同 ↓宧(三六九ジ・上)

宀7 【宷】〔10〕古 ↓審(三八〇ジ・中)

宀7 〖案〗(六三六ジ・下) ↓木部六画

宀7 【寇】〔10〕同 ↓寇(三七四ジ・中)

宀8 【寅】〔11〕人 イン 漢 平 真 yín イン　J 3850 補 5BC5 U

意味 ①〈つつし・む〉うやまう。「寅畏」②寅車は、兵車の名。③〈とら〉十二支の第三位。㋐時刻では、午前四時ごろ。また、午前三時から五時。㋑方角では、東北東。㋒動物では、虎。㋓陰暦正月。

解字 会意。宀と寅とを合わせた字。宀はやねでおおうもの。寅はのびること。寅は、正月に、陽気が上ろうとして、上の強い陰気におおわれているために出られず、みみずのように横にのびひろがることである。一説に寅は、まっすぐな矢の形、あるいは矢をまっすぐにのばす形であるという。

名前 つら・とも・のぶ・ふさ

【寅畏】いんい(ゐ) 恐れつつしむ。
【寅月】いんげつ 陰暦正月の別名。陰暦では、十一月を建子けんしし、十二月を建丑けんちゅうとあてて、正月が建寅けんいんとなる。
【寅念】いんねん つつしんで思う。

宀8【寄】〔11〕 学5 キ 漢 呉 去 寘 jì チー よる・よせる J 2083 U補 5BC4

筆順 宀 宀 宀 宊 宊 宑 寄 寄

9 宀【寄】〔12〕 俗字 J — U補 —

意味 ①〈よ・せる(―・す)〉㋐まかせる。たのむ。㋑向ける。「寄心きしん」㋒やる。おくる。ことづける。②〈よ・る〉たよる。あてにする。③宿る。かりずまいする。「寄寓きぐう」④現郵送する。国①〈よ・せる(―・す)〉㋐集める。「寄木細工よせぎざいく」㋑加える。「寄算よせざん」②〈よ・る〉㋐近づく。㋑集まる。③〈よせ〉寄席よせ。

解字 形声。宀が形を表し、奇きが音を示す。奇は倚と同じく、よりかかる意味がある。宀は家のことで、寄は、家の中に身をよせることを表し、あずける、まかせるの意味になる。

名前 より 難読 数寄屋すきや・最寄もより・寄席よせ(付表)／寄居虫やどかり・寄生木やどりぎ・寄越よこす・寄人よりゅうど

【寄款】きかん(くゎん) ①真心を寄せる。②金を送る。
【寄居】日ききょ 仮ずまい。身をよせてしばらくすむ。旅ずまい。日より(る) 国中世の城下町がさびれて農村に変わり、一集落となったものをいう。
【寄寓】きぐう 仮ずまい。一時的に他所に住む。また、その住んで〔いる所。〕
【寄言】きげん ことづてをする。伝言。寄語きご。
【寄港】きこう(かう) 船が港にたち寄る。＝寄航
【寄稿】きこう(かう) 新聞・雑誌などに原稿を送る。
【寄傲】きごう(がう) 気ままな、だれにも遠慮しない気持ちを寄せる。だれ憚はばかるところのない自由な気持ちでいる。
【寄宿】きしゅく ①他家に仮ずまいする。②寄宿舎の略。
【寄書】日きしょ ①手紙を送る。②新聞や雑誌に載せるために書く文。日よせがき 国おおぜいが一枚の紙に、おのおの名まえや短いことばを書きこむこと。また、その書いた紙。
【寄食】きしょく 他家に身を寄せて生活する。居候いそうろう。
【寄進】きしん 国①社寺などに金品を寄付すること。喜捨きしゃ。奉納。②他人に施し与える。
【寄生】きせい ①生物が他の生物にとりついて、その養分を吸い取って生きてゆく。②自分は何もしないで、他人をたよっていること。【――虫(蟲)】きせいちゅう(ちう) 回虫などのように他の生物に寄生して生活する動物。
【寄迹】きせき 身を寄せる。身をおく。寄寓きぐう。
【寄贈(贈)】きぞう|きそう 贈り与える。贈寄。
【寄題】きだい 直接その地に行かずに、遠方から題を設けて詩をつ〔くること。〕
【寄託】きたく 預け頼む。たのみこむ。
【寄付】きふ ①金品を与える。②公共事業や神社や寺などに金品を無償で贈る。③たのむ。たよる。＝寄附
【寄命】きめい ①政治を任せる。②いのちを任せ預ける。
【寄与(與)】きよ ①贈り与える。②国家や社会に利益・幸福をもたらす。
【寄留】きりゅう(りう) ①他郷や他所に住む。②国本籍地を離れて、一時的に他の土地に住む。

◆年寄としより・季寄きよせ・数寄すき

宀8【寇】〔11〕 コウ 漢 去 宥 kòu コウ J 5368 U補 5BC7

宀8【寇】〔11〕 同字 J — U補 21A25
冖8【冦】〔10〕 俗字 J 4946 U補 51A6
宀7【寇】〔10〕 同字 J 2658 U補 5BBC
冖7【冦】〔9〕 俗字 J — U補 34C2

意味 ①〈あだ〉㋐集団でうばいとること。㋑外敵。㋒かたき。②侵犯する。害をくわえる。おかす。③木を切る。④数が多い。⑤姓。

【寇讐】こうしゅう(しう) あだ。かたき。
【寇戎】こうじゅう(じう) 外敵。また、外敵による襲撃。
【寇擾】こうじょう(ぜう) 攻め入ってかき乱す。
【寇攘】こうじょう(じゃう) 攻め入ってぬすむ。かすめとる。
【寇賊】こうぞく ①わるもの。外敵。②寇と賊。おおぜいで攻めよせるのを寇といい、盗みを働いて人を殺傷するのを賊という。
【寇敵】こうてき ①あだ。かたき。②外敵。
【寇盗】こうとう(たう) おおぜいで乱暴を働き、盗みをする。
【寇偸】こうとう 他国に侵入して、乱暴や盗みを働く者。＝寇盗
【寇難】こうなん 外敵の侵入。
【寇乱】こうらん 外敵と内乱。
【寇略】こうりゃく 攻めかすめとる。寇攘こうじょう。＝寇掠
【藉二寇兵一】こうにへいをかす 敵に武器を貸し与える。敵を助けて自分を不利にするたとえ。〈史記・李斯りし列伝〉

宀8【寀】〔11〕 サイ 漢 上 賄 cǎi ツァイ J ②0804 補 2659 U 5BC0

意味 ①つかさ。官職。②卿大夫けいたいふの所領地。＝采さい「寀地」国うつぼ。矢を入れて腰につける用具。

宀8【寂】〔11〕 常 ジャク・セキ セキ 漢 ジャク 呉 入 錫 jì チー さび・さびしい・さびれる J 2868 U補 5BC2

筆順 宀 宀 宁 宁 宇 宋 宗 寂

意味 ①〈しずか(しづか)〉ひっそりして音もしないさま。②〈さびし・い(さび・し)〉がらんとしているさま。③仏死ぬこと。涅槃ねはん。「入寂にゅうじゃく」国①〈さび〉閑寂かんじゃくのおもむき。②〈さび・れる〉すたれる。

解字 形声。宀が形を表し、叔しゅくが音を示す。宀はやね。叔には小さくちぢまっている意味がある。寂は、やねの下でちぢまっていることで、人声のない、静かなことを表す。音セキは、叔の音シュクの変化。

名前 しず・ちか・やす

【寂心】じゃくしん 俗世間を離れて、幽寂な境地を求める心。

【寂黙】じゃくもく 静かでさびしい。

【寂如】じゃくじょ ひっそり。静かなさま。

【寂静(靜)】日せきせい 俗世間を離れて静かなこと。日じゃくじょう(じゃう) 仏俗人の迷いがなくなること。

【寂寂】せきせき|じゃくじゃく ものさびしいさま。寂然。

【寂然】せきぜん|じゃくねん ひっそりとして静かなさま。

【寂念】せきねん|じゃくねん さびしく静かな思い。寂然。

【寂漠】せきばく しんかんとして静か。

【寂寞】せきばく|じゃくまく ひっそりとしてものさびしいさま。＝寂漠
【寂滅】日せきめつ 物が自然に消えうせる。日じゃくめつ 仏①現世の迷いをぬけ出て生死を超越する。「寂滅為楽いらく」②人の死。死ぬこと。

【寂寥】せきりょう(れう) 人気ひとけがなくさびしいさま。

【寂歴(歷)】せきれき ひっそりとしてさびしいさま。寂寞せきばく。

◆閑寂かんじゃく・静寂せいじゃく

宀8
【宿】〔11〕学3　シュク　やど・やどる・やどす

一 シュク漢　スク呉　一入 屋 sù スー
二 シュウ(シウ)漢　二去 宿 xiù シウ
シュク慣

J 2941
補 ―
U 5BBF

筆順 宀 宀 宀 宀 宀 宿 宿

意味 一 ①〈やど・る〉泊まる。「止宿しゅく」 ②〈やど・す〉㋐泊める。㋑とどめる。とどめておく。 ③〈やど〉㋐やどや。「旅館」㋑住まい。 ④守る。 ⑤前夜からの。 ⑥以前からの。長いあいだの。「宿願」 ⑦長年の経験をつんだ意。「宿老」 ⑧とのい。「宿直」 二 星座。「二十八宿」 国〈しゅく〉うまつぎ駅。駅。「宿場」

解字  形声。宀が形を表し、佰しゅくが音を示す。佰は夙と同じく、朝早くの意味がある。宀は家で、宿は、家の中に止まることを表す。また、佰は肅と同じく、ひきしまる意味があり、宿は、やねの下でちぢまっていることともいう。一説に、宿の音は、席と通じるから、宿は、人が夜になって、家の中の席につくことを表すと解する。

名前 いえ・すみ・おる　姓 宿毛すくも・宿尼すくに　地名 宿毛すくも

難読 宿月毛さびつきげ・宿禰すくね・宿直とのい・宿酔ふつかよい

【宿痾】しゅくあ　前々からの病気。持病。
【宿悪(惡)】しゅくあく　つもりつもった悪事。以前から重ねた悪事。
【宿因】しゅくいん／すくいん　仏前世からの因縁。宿縁。
【宿雨】しゅくう　①前日から降り続いている雨。②夜来の雨。「桃紅復含宿雨ももはくれないにしてまたしゅくうをふくむ」(くれないの桃の花は、宵ごしの雨に濡れている。)〈王維の詩・田園楽〉
【宿雲】しゅくうん　夜来の雲。昨夜から垂れこめている雲。
【宿運】しゅくうん　前世から定まっている運命。宿命。
【宿営(營)】しゅくえい　①軍隊が宿泊する所。②兵営。陣屋。
【宿衛(衞)】しゅくえい(ゑい)　宿直して守る。また、その人。
【宿駅(驛)】しゅくえき　国「宿場」に同じ。
【宿怨】しゅくえん(ゑん)　「宿恨しゅっこん」に同じ。
【宿縁(緣)】しゅくえん　仏前世からのきまり・約束ごと。前世の因縁。
【宿学(學)】しゅくがく　長い経験と研究を重ねたすぐれた学者。
【宿雁】しゅくがん　ねぐらに宿るかり。
【宿願】しゅくがん(ぐゎん)　かねてからの願い。長い間の願望。宿望。
【宿業】しゅくごう(ごふ)　仏前世のむくい。過去の応報。
【宿債】しゅくさい　前からの債務。ずっと前からの借金。宿負。
【宿止】しゅくし　宿る。とまる。
【宿志】しゅくし　かねてからの望み。宿望。宿心。
【宿舎】一しゅくしゃ　とまる所。やどや。旅館。宿舎。寮。二スーショー sùshè 現寄
【宿所】しゅくしょ　泊まっている所。泊まる所。
【宿将(將)】しゅくしょう(しゃう)　経験を積んだ将軍。老将。
【宿酔(醉)】しゅくすい　翌日まで酒の酔いが残ること。ふつかよい。
【宿世】しゅくせ／すくせ／すぐせ　仏①過去。過去の世。②前の世。前世。前世の因縁。
【宿夕】しゅくせき　①ひとばん。②わずかの間。【――之憂】しゅくせきのゆう(いう)　①夜をもって日につぐ心配。はなはだ深い憂え。②前々からの心配。平生からの心配ごと。
【宿昔】しゅくせき　①昔。昔から。②長い間。平生。
【宿膳】しゅくぜん　宿直者のための食事。
【宿鳥】しゅくちょう(てう)　ねぐらで眠っている鳥。
【宿直】一しゅくちょく　役所や会社などで、交代でとまる当直のこと。また、その人。二とのい(ゐ)　国①宮中や役所などで、宿泊して警戒にあたること。②天子の御寝所の奉仕。
【宿敵】しゅくてき　前々からのかたき。
【宿徳】しゅくとく　①ふだんから徳を積んだ人格。②有徳の老人。
【宿場】しゅくば　国昔、旅客を泊めたり、荷物運びの人夫や馬などの用意をしておいた所。駅。うまやじ。宿。
【宿麦(麥)】しゅくばく　麦のこと。麦は前年の秋に種をまき、年を越して後に収穫されるところからいう。
【宿氛】しゅくふん　久しい以前から続いている怪しいけはい。災い。
【宿弊】しゅくへい　前々からの弊害。長年の弊害。
【宿坊】しゅくぼう(ばう)　①寺院内にある宿泊所。②自分の信仰する寺をいうことば。③僧の住む建物。坊。‖宿房
【宿房】しゅくぼう(ばう)　①「宿坊」に同じ。②やどや。
【宿望】しゅくぼう(ばう)　①以前からの望み。長い間の希望。宿志。②かねてからの人望。長い間の人望。
【宿謀】しゅくぼう　前々からの計画。
【宿命】しゅくめい　前世からきまっている運命。宿運。【――観(觀)】しゅくめいかん(くゎん)　哲人の運命は生まれる前から定まっていてどうすることもできないとする考え方。宿命論。
【宿夜】しゅくや　一晩じゅう。よもすがら。
【宿料】しゅくりょう(れう)　宿賃。宿泊料。泊まった代金。
【宿老】しゅくろう(らう)　①経験をつんで世なれた人。②国武家時代、高位の職にあった長老。老中・家老など。
【宿恨】しゅっこん(しゅくこん)　前々からのうらみ。宿怨。
【宿根】しゅっこん(しゅくこん)　①植冬、根や地下茎が残り、春に芽を出す草。宿根草。②仏前世から定まっている素質。③生まれ。素姓すじょう。
【宿禰】すくね　国昔、臣下を親しんでよんだ称。のち、姓かばねの一つ」となった。
◇▼下宿げしゅく・合宿がっしゅく・投宿とうしゅく・定宿じょうやど・雨宿あまやどり・寄宿きしゅく・船宿ふなやど・無宿むしゅく・野宿のじゅく・露宿ろじゅく・木賃宿きちんやど

宀8
【寁】〔11〕

一 サン漢呉　一上 感 zǎn ツァン
二 ショウ漢　二入 葉 jié チエ
(セフ)

J 2660
補 ―
U 5BC1

意味 一二 すみやか。はやい。

宀8
【密】〔11〕学6　ミツ

ビツ漢　ミチ呉　入 質 mì ミー
ミツ慣

J 4409
補 ―
U 5BC6

筆順 宀 宀 宀 宓 宓 宓 密

意味 ①高い建物の形に似た山。②こまかい。すき間がない。「密林」 ③ゆきとどいた。周到な。「綿密」 ④かくす。もらさない。 ⑤〈ひそか〉〈ひそかに〉しずか。そっと。人知れず。「密約」 ⑥近づく。くっつく。親しい。「親密」 ⑦安らかな。静かな。 ⑧閉じる。ふさぐ。

解字 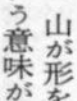 形声。山が形を表し、宓みつが音を示す。宓には、落ちつくという意味がある。密は並び立つ御殿のように、どっしりとしている深山。山々がびっしりつまっていることから、すきまがないという意味になる。

名前 たかし

【密雨】みつう　こまやかに降りしきる雨。
【密雲】みつうん　厚くかさなったくも。
【密画(畫)】みつが(ぐゎ)　線や色をこまかく、画面いっぱいに説明的に描いた絵画。
【密会(會)】みっかい(くゎい)　①秘密の会合。②国男女が人目をしのんでこっそり会う。あいびき。
【密議】みつぎ　ないしょの相談。秘密の会議。密談。
【密教】みっきょう(けう)　仏仏身の大日如来が自らの悟りを示したという教え。深遠で測りがたいため密教という。日本では東密(真言)と台密(天台)とがある。↕顕教
【密計】みっけい　秘密の計略。密謀。
【密語】みつご　ないしょ話。ひそひそ話。
【密行】みっこう(かう)　しのび歩く。こっそりと人に知られないように〔行く。
【密洽】みっこう(かふ)　仲がよい。親しい。
【密告】みっこく　ひそかに告げる。こっそり知らせる。

3画

口囗土士夂(夊)夕大女子宀寸小尢(兀・尢)尸屮山巛(川)工己巾干幺广廴廾弋弓彐(彑・ヨ)彡彳⺍

【密察】①こまかくみる。②こまかで明らかなこと。

【密旨】秘密の命令。＝密指
【密使】秘密に派遣された使者。

【密事】ないしょごと。秘密のこと。

【密邇】ごく接近している。近密。

【密室】①秘密のへや。②外から入ることのできないへや。③他人の入室を禁じたへや。

【密集】たくさんのものが、すきまなくぎっしり集まる。

【密書】秘密の手紙・文書。

【密詔】秘密の詔勅。天子の秘密のおおせ。

【密醸(釀)】法に反して酒などをかくれてつくる。密造。

【密生】草木などがすきまなくはえる。

【密雪】細かい雪。

【密接】①ぴったりとつく。すきまなく接する。②深い関係がある。

【密疏】内密の上書。内々の奏上。

【密奏】ひそかに奏上する。

【密葬】国表向きではない、内々の葬式。

【密造】秘密につくる。法律を破ってこっそりつくる。

【密談】ないしょばなし。秘密に相談する。

【密着】①ぴったりつく。②国写真の原板を印画紙にじかに焼きつけること。また、その印画。

【密通】男女がひそかに関係を結ぶこと。

【密度】①粗密の程度。②理物体のある単位の容積に含まれる質量の割合。

【密微】綿密細微。ゆきとどいて、こまやか。

【密封】厳重に封をする。

【密閉】すきまなく、ぴったりとざす。

【密謀】秘密の計画。密計。

【密密】①こっそりと。秘密に。②こまかなさま。

【密約】秘密に約束する。また、その約束。

【密林】すきまなく木が茂った森林。ジャングル。

【密切】mìqiè 現密接である。細かである。

〖密雲不ㇾ雨〗雲は厚いが雨はまだふらない。気配はあるものの実の伴わないたとえ。また、恩徳が十分に行き渡らないたとえ。〈易経・小畜卦〉
◇▼内密・周密・枢密・秘密・細密・隠密・綿密・緊密・精密・緻密・機密・親密

宀8【寃】〔11〕俗↓冤(一四五ページ・上)

宀8【寂】〔11〕同↓最(六〇七ページ・上)

宀9【寒】〔12〕学3 カン さむい　U補J 2008

旧字 宀9【寒】〔12〕カン 漢 平 寒 呉 hán ハン　U補J 5BD2

筆順 丶 宀 宀 宀 宀 宔 宲 寒

意味 ①〈さむ・い(――・し)〉㋐つめたい。㋑ぞっとする。恐れおののく。「寒心」㋒鳴き声がものさびしい。㋓さびしくしんとしている。「寒山」②〈こご・える(――・ゆ)〉寒さを感じる。③まずしい。身分が低い。自分についての謙譲語としても用いる。「貧寒」④寒の時節。小寒から大寒の終わりまでの約三十日間。⑤姓。

解字  会意。昔の字形を見ると、宀、茻、人、仌を合わせたもの。宀は家、茻は草、人は人間、仌は氷のこと。寒は、つめたい氷のあるところで、家の中の人が、上下から草におおわれて寒さをふせいでいる形。一説に、寒の音は宛と通じ、結ぶという意味を含むから、寒は氷が結ぶことであるという。

名前 ふゆ 姓 寒川・寒河江 地名 寒河江

【寒鴉】さむざむとしたからす。冬のからす。

【寒衣】寒さをふせぐ衣服。冬の着物。

【寒威】ひどい寒さ。

【寒燠】寒さと暑さ。寒気と暑気。＝寒奥
【寒雨】①冬の雨。②冷たい雨。③さびしく降る雨。

【寒雲】さむざむとした雲。冬の雲。

【寒駅(驛)】さびれた宿場。

【寒煙】ものさびしい感じのもや。＝寒烟
【寒温(溫)】①寒さと暖かさ。寒暖。②時候見舞いのあいさつ。

【寒花】寒いときに咲く花。

【寒家】貧しい家。寒門。

【寒官】位が低くひまな役人。

【寒気(氣)】一 さむさ。↔暖気 二 国①さむさ。②病気のために不快な寒さを感じること。悪寒。

【寒虚(虛)】さむぞら。虚は空。

【寒郷(鄕)】①寒い土地。寒国。②貧しくさびしい里。

【寒蛩】晩秋のこおろぎ。

【寒行】信仰のため、寒中に三十日間続ける修行。

【寒玉】①冷たい玉。②水の清いさま。③清く高尚な人がら。④竹の異名。

【寒苦】寒さの苦しみ。

【寒径(徑)】寒々とした小道。さびしい小道。

【寒渓(溪)】①さむざむとした谷川。冬の谷川。②ものさびしい谷川。

【寒閨】寂しい閨房。寒々とした女性の寝室。

【寒月】冬の月。寒空の月。

【寒暄】①寒さと暖かさ。寒い時と暖かい時。②四季。③気候。時候。

【寒光】①さむざむとした景色。②さむざむとした光。たとえば、冬日の光、月・刀・鏡などの光。「寒光照二鉄衣一」(さむざむとした月の光が、鉄のよろいを照らす。)〈楽府詩集・木蘭詩〉

【寒江】寒い冬の川。「独釣寒江雪」(たったひとりで、さむざむとした雪の川に釣糸をたれている。)〈柳宗元の詩・江雪〉

【寒更】寒い夜ふけ。ものさびしい夜ふけ。

【寒垢離】国寒中に水を浴び、身の垢をとって神仏に祈る修行。

【寒塞】寒さのきびしい国境地帯。

【寒酸】生活の貧しく苦しいさま。

【寒山】①人けのない山。ものさびしい山。「遠上二寒山一石径斜」(遠く人里離れた寒山に登ってみると、石の多い山道が、ずうっと斜めにつづいている。)〈杜牧の詩・山行〉②唐代、天台山にいたという隠士。寒山子。

【――詩】寒山が作ったといわれる詩。また、その詩集。

【――寺】江蘇省蘇州郊外にある寺の名。「姑蘇城外寒山寺」〈張継の詩・楓橋夜泊〉

【――拾得】寒山と拾得。天台山国清寺にいたといわれる、二人の隠士。禅画の題材にされている。

【寒士】貧しい人。特に、貧しい知識人。寒生。寒人。

【寒枝】葉が落ちつくしてさむざむとした枝。「芳心寂寞寄二寒枝一」(虞美人のかぐわしい魂が、さびしげに、虞美人草のさむざむとした枝に寄りそっている。)〈曽鞏の詩・虞美人草〉

【寒樹】さむざむとした冬の木。

【寒州(「洲」)】さむざむとした川の中州。

【寒杵】さむざむとした砧の音。

【寒暑】①寒さと暑さ。②夏と冬。

【寒宵】冬の寒い晩。

【寒色】寒い感じを与える色。青またはそれに近い色。↔温色・暖色
【寒食】冬至から百五日めに行う中国の行事。火を使わないので、煮たきをしない冷たいものを食べる。俗説に、春秋

3画 口囗土士夂(夊)夕大女子宀寸小尢(兀・尣)尸屮山巛(川)工己巾干幺广廴廾弋弓彐(彑・⺕)彡彳⺌

時代、晋の介子推が焼死したのを悲しみ、この日は火を用いないという。

【寒心】ぞっとする。驚き恐れる。

【寒水】冷たい水。冷たい川の水。

【寒生】貧しい書生。寒士。

【寒声(聲)】①冬の風の音。②冷たい水音。③寒々しい声。

【寒泉】水のつめたいいずみ。

【寒賤】貧乏で身分がいやしい。

【寒蟬】①秋のせみ。ひぐらし。「寒蟬嘯且驚」(ひぐらしは鳴いて、ぱっと飛び立ってゆく。)〈懐風藻〉②鳴かないせみ。おしぜみ。

【寒素】倹約で質素なこと。

【寒窓】①寒々とした冬のまど。②貧しいくらし。

【寒族】貧しくて家がらの低い家。寒門。

【寒村】貧しげなさびしい村。

【寒餒】寒さや飢え。衣食の足りない状態。

【寒柝】寒い夜の夜回りの拍子木。

【寒潭】つめたい水のふち。

【寒煖饑飽】暑さ寒さや、餓えや満腹。転じて、毎日の生活をさす。

【寒竹】竹の一種。めだけの類。

【寒中】寒のうち。寒の入りから立春までの約三十日間。

【寒砧】冬着の準備のためにうつ砧。寒杵。

【寒灯(燈)】寒夜のともしび。さびしい灯火。

【寒波】気温が急に下がって、ひどい寒さを送る気流の波。

【寒梅】寒中に咲く早咲き梅。「寒梅著レ花未」(寒梅はもう花が開きましたか、それともまだですか。)〈王維の詩・雑詩〉

【寒門】①貧しい家。貧しい家がら。寒族。②北極にあるという門。

【寒夜】①寒い夜。②冬の夜。

【寒慄】①寒さや恐怖で震える。②鳥肌。

【寒流】①冷たい水の流れ。②冬の川。③貧しく卑しい人。寒士。④国寒帯地方から赤道の方へ流れる海流。↕暖流
【寒林】冬枯れのさびしい林。

【寒冷】ひややか。寒く冷えること。

【寒烈】寒さが激しいこと。

【寒露】冷たい秋のつゆ。

【寒陋】貧乏で卑しいこと。

【寒漏】さむざむとした水時計の音。


【寒仮(假)】hánjià 現冬休み。
◇▼大寒・小寒・余寒・防寒・夜寒・耐寒・悪寒・極寒・酷寒・避寒・厳寒

宀9 **【寏】**〔12〕カン 漢 平 寒 (クヮン) huán ホワン　J ― 2662 補 ― U 5BCF
意味 集落のまわりを囲んでいる垣。また、集落。

宀9 **【寓】**〔12〕 標 人 グ 漢 呉 去 遇 グウ 慣 yù ユイ　J 2287 補 ― U 5BD3
广9 **〔庽〕**〔12〕同字　J 2845 補 ― U 5EBD
意味 ①〈よ・る〉泊まる。仮ずまいする。「寓居」②やど。仮ずまい。③〈よ・せる(―・す)〉かこつける。ことよせる。「寓意」④木で作った人や馬の人形。音 ǒu オウ。
＝偶

名前 より

【寓意】他の物事にかこつけて、思うことをほのめかす。
【寓懐(懷)】思いを寄せる。心をものに託する。
【寓居】かりずまいする。仮寓。
【寓形】この世に仮の身を置く。〈陶潜・帰去来辞〉
【寓言】物事にかこつけた教訓的なことばや話。たとえ話。
【寓宿】①やどる。②かりずまい。
【寓乗(乘)】他人の乗っている車に乗る。
【寓食】他人の家に寄食する。居候。
【寓直】宿直。とまり番。
【寓目】目をつけてみる。嘱目。
【寓話】教訓の意を含んだたとえばなし。寓言。
◇▼寄寓

宀9 **【寔】**〔12〕ショク 漢 入 職 shí シー　J 5370 補 ― U 5BD4
意味 ①〈まことに〉実際に。実に。＝実 ②〈これ〉この。＝是 ③〈お・く〉入れる。音 zhì チー。＝寘

宀9 **【寝】**〔12〕シン 漢 上 寝 qǐn チン　J ― 補 ― U 5BD1
意味 ①臥す。寝る。②廟の奥のへや。

宀9 **【寐】**〔12〕ビ 漢 去 寘 mèi メイ　J 5371 補 ― U 5BD0
意味 〈ねる(ぬ)〉〈い・ぬ〉ねむる。↕寤「夢寐」

【寐覚(覺)】ねむりからさめる。

【寐語】ねごと。たわごと。

【寐惚】①ねぼける。②ぼんやりする。

宀9 **【富】**〔12〕 学 4 フ・フウ とむ・とみ　フ 漢 呉 フウ 慣 去 宥 fù フー　J 4157 補 ― U 5BCC
冖9 **〔冨〕**〔11〕 人　J 4158 補 ― U 51A8

筆順

意味 ①〈と・む〉㋐満ちたりる。㋑財産がゆたかになる。↕貧 ②〈とみ〉金銭や財物。③余裕がある。

解字
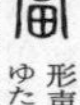
形声。宀が形を表し、畐が音を示す。畐は、厚い、ゆたかの意味がある。宀は家を表す。富は、家の中がゆたかな意味である。

名前 と・あつ・とよ・ひさ・ふく・よし・あつし・さかえ・みつる・ゆたか
姓 富来・富海・富取・富樫・富士根・富名腰
地名 富士・富山・富本・富岡・富津・富士見・富士宮・富田林・富良野・富士吉田

【富貴】財産と高位。金もあり、身分も高いこと。【―花】ぼたんの別名。『―在レ天』富貴は自然に定まって、人の力ではどうにもならないものだから、人は自分の環境に安んずるべきである。〈論語・顔淵〉『―不レ帰(歸)二故郷(鄉)一、如三衣レ繡夜行二』富貴の身になりながら故郷に帰らないのは、刺繡をした美しい衣服を着て、夜道を歩くにもひとしい。〈史記・項羽本紀〉『―不レ与(與)』富貴はその中にはいらない。無関係である。〈佐久間象山・君子有三五楽一〉『―不レ能レ淫』大金や高い地位によっても、その人の心を乱し迷わすことができない。〈孟子・滕文公下〉

【富家】金のある家。金持ち。

【富岳(嶽)】国富士山。

【富強】①富んでいて力が強い。②国が財政ゆたかで兵力が強いこと。

【富源】富を生じるもと。

【富賈】金持ちの商人。富商。

【富厚】富んでゆたかなこと。富裕。

【富豪】大金持ち。財産家。

【富国(國)】①国を富ませる。②財政・民力ゆたかな国。

【―強兵】国を富ませ、兵を強くする。国力を増すこと。

【富歳】豊年の年。みのりゆたかな年。

【富室】金持ち。富豪。

【富庶】①国が富み人民が多いこと。②物が多く、ゆたかで満ちたりること。

3画
口囗土士夂(夊)夕大女子宀寸小尢(尣・兀)尸屮山巛(川)工己巾干幺广廴廾弋弓彐(彑・ヨ)彡彳⺍

【富饒】ふじょう(ぜう) 富んでゆたかなこと。富裕。
【富盛】ふせい 富んで盛んなこと。
【富贍】ふせん ①ゆたかなこと。じゅうぶんにたりる。富裕。②文才などがじゅうぶんにあること。
【富弼】ふひつ 宋そうの政治家。字あざなは彦国げんこく。枢密使から宰相になって、仁宗の時代に活躍した。(一〇〇四〜一〇八三)
【富有】ふゆう(いう) 富んで財産がある。‖富裕
【富裕】ふゆう 富んでゆたかなこと。富厚。
【富力】ふりょく 富。富の力。財産力。
【富麗】ふれい|れい ゆたかでうるわしい。
『富潤レ屋、徳潤レ身』とみはおく(をく)をうるおし(うるほし)、とくはみをうるおす(うるほす) 富貴は、その家屋を自然にうるおいのある美しいものにするし、徳がそなわると、自然にその人の身は美しくうるおいのあるものになる。〈大学〉

宀9
【寎】〔12〕
一 ヘイ漢 ビョウ(ビャウ)呉 一 去 敬 bìng ビン
二 ヘイ漢 ビョウ(ビャウ)呉 二 上 梗 bǐng ビン
U補J ②0806 5BCE
◁▼貧富ひんぷ・豊富ほうふ
意味 一 脅えてよく眠れない病気。二 陰暦の三月。「寎月へいげつ」

宀9
【寄】〔12〕 俗 →寄(三七四ジペー・上)

宀9
【寓】〔12〕 古 →宇(三六二ジペー・下)

宀9
【盜】〔12〕 本 →寧(三七九ジペー・下)

宀9
〔甯〕→用部七画(八三三ジペー・中)

宀10
【寛】〔13〕 常 カン
U補J 2018 5BDB

旧字 宀12
【寬】〔15〕 カン(クヮン) 漢 呉 平 寒 kuān コワン
U補J

宀11
【寛】〔14〕 人
U補J ①4758 5BEC

筆順 丶 宀 宀 宁 宵 寛 寛 寛

意味 ①〈ひろ・い(――・し)〉 ㋐大きい。広い。㋑ゆったりしている。心が大きい。ゆとりがある。「寛容」②ゆるやか。ゆっくりする。大目に見る。↕厳「寛民」③〈くつろ・ぐ〉④はなれる。⑤いつくしむ。おしむ。

解字 形声。宀が形を表し、萈くゎんが音を示す。宀は家。萈は山羊やぎのことであるが、ゆったりとしたという意味を含む。寛は、家がゆったりと大きいことを表し、「ひろい」「ゆたか」の意味になる。

名前 お・おき・ちか・とう・とみ・とも・とら・のぶ・のり・ひと・むね・もと・よし

【寛仮(假)】かんか(くゎんか) おおめにみてゆるす。寛宥かんゆう。寛免。

【寛雅】かんが(くゎん) 心が大きく、のびのびしている。

【寛闊】かんかつ(くゎんくゎつ) ①広く果てない。②心がゆったりしている。

【寛閑】かんかん(くゎん) 広くて静かなこと。

【寛緩】かんかん(くゎんくゎん) ①心がひろい。②のんびりしている。

【寛簡】かんかん(くゎん) 心が広く、おおまか。

【寛厳(嚴)】かんげん(くゎん) ゆるやかなことときびしいこと。

【寛厚】かんこう(くゎん) 寛大で手厚い。気持ちが大きくて、親切なこと。

【寛窄】かんさく(くゎん) 広いのとせまいのと。

【寛赦】かんしゃ(くゎん) 心が広く、人のあやまちを許す。

【寛柔】かんじゅう(くゎんじう) 心がおだやかでやさしい。

【寛恕】かんじょ(くゎん) 心が広く、思いやりがある。

【寛舒】かんじょ(くゎん) 心がゆったりして、上品なこと。

【寛仁】かんじん(くゎん) 心が広くなさけ深い。

【寛貸】かんたい(くゎん) 人の過失をおおめにみて許す。刑罰をゆるやかにする。

【寛大】かんだい(くゎん) ①心が広く大きい。②国おおめにみる。

【寛典】かんてん(くゎん) ゆるやかなおきて・規則。

【寛博】かんぱく(くゎん) ①心がひろい。度量が大きい。②衣服がだらしない。身分の低い人の格好。

【寛平】かんぺい(くゎん) 心がゆるやかで公平なこと。

【寛猛】かんもう(くゎんまう) 寛大なことと、きびしいこと。

【寛宥】かんゆう(くゎんいう) 大目にみて許す。

【寛裕】かんゆう(くゎん) 気持ちが大きく、ゆったりしていること。

【寛容】かんよう(くゎん) ①心が広く、人のあやまちをとがめだてしないこと。②他人のことばを広い心で聞き入れること。

宀10
【寙】〔13〕 コ漢 上 麌 yǔ ユィ
U補J

宀12
【寙】〔15〕 俗字
U補J 2666 5BD9

意味 なまける。‖寙ゆ

宀10
【寘】〔13〕 シ漢 去 寘 zhì チー
U補J ①4757 2665 5BD8

意味 ①〈お・く〉入れる。納める。②止とめる。すてておく。③力をつくす。

【寘酒】ししゅ 酒の宴を開くこと。

宀10
【寝】〔13〕 常 シン ねる・ねかす
U補J 3118 5BDD

旧字 宀11
【寢】〔14〕 人 シン 漢 呉 上 寝 qǐn チン
U補J 5374 5BE2

筆順 丶 宀 宀 宇 宇 宣 寝 寝

意味 ①〈ねる(ぬ)〉〈い・ぬ〉㋐病んでねる。㋑よこになる。ふせる。㋒ねむる。②〈ねか・す〉③奥座敷。へや。④正殿。⑤みたまや。廟びょうの奥のへや。⑥帝王の陵の正殿。「陵寝りょうしん」⑦〈や・む〉中止する。⑧〈みにく・い(――・し)〉見苦しい。

解字 形声。寑と爿とを合わせた字。爿は寝台。寑は、寖しんの略で、音を示すとともに、奥のへや、神聖なへや、という意味を持つ。寝は、病気のために、奥のへやでベッドに寝ることから、広く、横になって「ねる」ことを表す。これに対し、まどろむことを「寐び」という。

地名 寝屋川ねやがわ・寝覚床ねざめのとこ 難読 寝穢いぎたない

【寝衣】しんい ねまき。
【寝園】しんえん(ゑん) 天子の墓所。山陵。寝陵。みささぎ。
【寝臥】しんが(ぐわ) 横たわる。横になって寝る。
【寝格】しんかく とどめて行わない。廃止する。
【寝具】しんぐ ふとん。夜具。
【寝室】しんしつ 寝るへや。ねま。寝所。
【寝所】しんじょ ねどこ。寝室。
【寝食】しんしょく 寝ることと食べること。
【寝褥】しんじょく ねどこ。褥は、しとね、ふとん。
【寝息】一 しんそく ①なくなる。②やすむ。寝る。二 いき 国寝ている間の呼吸。
【寝台(臺)】しんだい ねだい。ベッド。
【寝殿】しんでん ①天子のごてん。正殿。②おたまや。③寝るへや。【――造】しんでんづくり 国貴族の家の造り方の様式の名。
【寝寐】しんび 眠る。床について眠る。
【寝夢】しんむ 寝て見るゆめ。
【寝陋】しんろう 背が低くてみにくいこと。
『不レ忘ニ寝食ニ』しんしょくにわすれず 寝るときも食事のときも忘れられない。気にかかる物事のあるようす。
『忘ニ寝食ニ』しんしょくをわする 寝ることも食べることも忘れる。①心配事のあるようす。②熱中するたとえ。
『寝レ苫枕レ草』とまにいねくさをまくらにす 苫とまの上で寝て、草を枕にする。

親の喪に服する子供の態度。〈左伝・襄十七年〉

【寝レ苫枕レ干】苫の上で寝て、干をまくらにする。父母のかたきを討つ者の生活のたとえ。〈礼記・檀弓上〉

◇▼仮寝・昼寝・宵寝・就寝・朝寝

宀10【寖】〔13〕本↓浸(七二二ページ・中)

宀10【寚】〔13〕古↓寶(三六八ページ・中)

宀10【寗】〔13〕俗↓甯(八三八ページ・中)

宀11【寡】〔14〕常 カ　カ(クヮ) 漢 呉 上 馬 guǎ コワ　J 1841 補 ― U 5BE1

筆順 宀 宀 宀 宜 宣 寅 寡 寡

意味 ①〈すくな・い(―・し)〉↕多「多寡」②減らす。③やもめ。夫をなくした女性。④やもお。妻をなくした男性。⑤王侯が自分をけんそんしていう語。「寡人」⑥自分の君主を他国に対しけんそんしていう語。⑦弱い。

解字  会意。宀と寡を合わせた字。寡は頁と分を合わせたもので、横に並べれば須となる。須は分けること。宀は家。寡は、家の財産を分割することから、少ない意味になる。一説に、頁の音は、ひとりという意味を含み、寡は、家の下にひとりでいるところを、さらに分けることで、少ないという意味になるともいう。

【寡居】やもめぐらし。寡処。

【寡君】自国の君主をけんそんしていうことば。

【寡言】口数が少ない。無口。ことばが少ない。

【寡妻】①諸侯の正夫人。②諸侯が自分の妻をいう。③夫を失った女。やもめ。

【寡少】少ない。少なし。

【寡臣】臣下が自分をへりくだっていうことば。

【寡人】①諸侯が自分をけんそんしていうことば。徳の少ない人の意。②諸侯の夫人の自称。

【寡徳】①徳が少ない。②君主の自称。

【寡独(獨)】年老いて夫がない女と、子のない老人。ともにあわれなひとりものをいう。

【寡夫】妻を失った男。やもお。鰥夫。

【寡婦】夫を失った女。やもめ。寡女。

【寡聞】見聞がせまいこと。知識が浅いこと。

【寡兵】兵数が少ない。少数の兵。

【寡民】人民の少ないこと。「小国寡民」〈老子・八十〉

【寡黙】口数が少ない。②用事を少なくし、ことばをつつしむ。

【寡欲(「慾」)】欲をなくする。欲が少ない。

◇▼多寡・衆寡・鰥寡

宀11【寠】〔14〕 一 ク 漢 一 上 麌 jù チュイ　二 ロウ 漢 ル 呉 二 平 尤 lóu ロウ　J 2668 補 ― U 5BE0

意味 一 まずしくて住まいや行いが礼に合っていない。＝窶　二 せまい高台の土地。

宀11【㝬】〔14〕 コ 漢 hú フー　J ②0808 補 ― U 376C

意味 ①人の名。②地名、また国名。

参考 西周晩期の青銅器の銘文に見られる。

宀11【寤】〔14〕 ゴ 漢 去 遇 wù ウー　J 5372 補 ― U 5BE4

意味 ①〈さ・める(―・む)〉目ざめる。②さとる。理解する。＝悟 ③さかさ。

【寤言】①眠りがさめてひとりごとをいう。忘れがたいさまのたとえ。②向かい合って、共に話す。＝晤言

【寤生】①さかご。②目を開いて生まれる。

【寤寐】①目がさめることと、眠ること。②ねてもさめても。

【寤夢】昼間あったことを、夜、夢にみる。

宀11【寨】〔14〕 サイ 漢 去 卦 zhài チャイ　J 6045 補 ― U 5BE8

意味 ①とりで。＝塞・砦 ②まがき。防御のさく。

宀11【察】〔14〕学 4 サツ　サツ 漢 サチ 呉 入 黠 chá チャー　J 2701 補 ― U 5BDF

筆順 宀 宀 宀 宀 宀 宀 宀 察

意味 ①〈あきらか〉あきらかにする。つまびらかにする。②〈みる〉くわしく見る。しらべる。「観察」③知る。④見分ける。区別する。②〈さっし〉推量。国①〈さっ・する(―・す)〉おしはかる。推量する。

解字  形声。宀が形を表し、祭が音を示す。宀はおおうもの。祭は、大事な儀式行事であるので、くわしく通じていることが必要である。それで察は、全体をおおってくわしくしらべることを表す。一説に、察にはもともとしらべるという意味はなく、単に、家をおおうものを表すとも解する。

名前 み・あき・みる・あきら

【察見】はっきり知る。よく知る。

【察言】人のことばをよく察知する。

【察察】①潔白なさま。「安能以二身之察察一、受二物之汶汶者一乎」(きれいなこのからだに、きたないものなどつけられてたまるものか。)〈屈原・漁父辞〉②わずらわしく細かいさま。

【察知】①明らかに知る。②国推察して知る。くみとる。

【察納】よく調べてきき入れる。

【察問】くわしくたずねしらべる。

◇▼洞察・明察・拝察・偵察・推察・視察・検察・診察・観察・警察

宀11【寧】〔14〕常 ネイ　一 デイ 漢 ニョウ(ニャウ) 呉 一 平 青 níng ニン　ネイ 慣　二 デイ 漢 ニョウ(ニャウ) 呉 二 去 径 nìng ニン　ネイ 慣　J 3911 補 ― U 5BE7

旧字 宀11【寧】〔14〕　J ― 補 ― U ―

宀9【寍】〔12〕本字　J ― 補 2661 U 5BCD

筆順 宀 宀 宀 宀 宀 宀 宀 寧

意味 一 ①〈やす・い(―・し)〉落ち着いている。しずかである。「安寧」②やすんじる。しずめる。③嫁いだ娘が里帰りする。④父母の喪に服する。二 ①〈むしろ〉いっそ。②〈いずくんぞ(いづくんぞ)〉〈なんぞ〉あに。よもや。まさか。反語。③姓。

語法 ❶〈むしろ〉選択。いっそのこと。どちらかといえば。例「寧為二鶏口一、無レ為二牛後一」(いっそにわとりのくちばしにはなっても、牛の尻にはなるな)〈史記・蘇秦列伝〉

❷〈いずくんぞ(いづくんぞ)〉〈なんぞ〉反語。どうして…か。原因・理由を問う。類安・焉 例「王侯将相寧有レ種乎」(王侯や将軍・宰相になるのにどうして生まれが関係しようか)〈史記・陳渉世家〉▼「あに」と訓読する場合もある。

句形
(1) [与其…寧～]〈その…よりはむしろ～〉…よりは～のほうがよい。例「礼与其奢也、寧倹」(礼は贅沢にするよりもむしろ質素にせよ)〈論語・八佾〉
(2) [無寧]〈むしろ〉どちらかといえば。いっそ…のほうがよい。例「予与其死於臣之手也、無寧死於二三子之手乎」(わたしは[おまえたちが用意した]家臣の手で死ぬよりも、むしろおまえたちの世話になって死にたいのだ)〈論語・子罕〉▽「無寧…」で「むしろ…することなからんか」と訓読してもよい。

解字 形声。丁が形を表し、寍(ねい)が音を示す。丁は平らか。寍には、家の中が安らかな意味がある。寧は、家の中が平安なことで、俗世間に出るよりも、このほうを選ぶことから、「むしろ」「ねがう」の意味となった。もともと「寕」が、平静な呼吸という意味、「寍」が、家の中が安らかの意味で、寧はこれを合わせた字と考えられる。

名前 さだ・しず・やす

参考 新表記では、「嚀」の書きかえに用いる熟語がある。

【寧一】(ねいいつ) 世の中が安寧に統一され平和なこと。寧壱。

【寧居】(ねいきょ) 安心している。安らかに日をすごす。

【寧馨児(兒)】(ねいけいじ) このような子。特に、すぐれた若者に用いる。寧馨は、「このような」という意味の六朝時代の俗語。

【寧済(濟)】(ねいさい) 安んじ救う。

【寧歳】(ねいさい) 何事もなく無事な年。平和な歳月。

【寧日】(ねいじつ) 安らかな日。無事な日。

【寧順】(ねいじゅん) したがい服する。

【寧所】(ねいしょ) 落ち着いている。安んじている。

【寧靖(靖)】(ねいせい) 安らか。穏やか。安んじる。‖寧静
【寧静(靜)】(ねいせい) 安らかで静か。‖寧靖
【寧息】(ねいそく) 安らかに休む。

【寧泰】(ねいたい) 安らか。おだやか。安泰。寧康。

【寧楽(樂)】(ねいらく) ㊀安んじたのしむ。㊁(なら) 国奈良のこと。

【寧為(爲)鶏(鷄)口、無為(爲)牛後】(むしろけいこうとなるもぎゅう(ぎゅう)ごとなるなかれ) いっそ鶏の口ばしとなろうとも、牛のしりにはなるな。大きな者のしりにつくよりも、小さな者のかしらとなれとのたとえ。〈史記・蘇秦(そしん)列伝〉

◆丁寧(ていねい)・仮寧(けにょう)

宀11
【寞】
〔14〕 バク 漢 入 薬 / マク 呉 | mò モー | J 5375 / 補 / U 5BDE

意味 さびしい。しずか。寂寥(せきりょう)。「寂寞(せきばく)」

【寞然】(ばくぜん) もの静かなさま。さびしいさま。

【寞寞】(ばくばく) もの静かなさま。さびしいさま。寂寞。

宀11
【寥】
〔14〕 標 リョウ 漢 呉 平 蕭 (レウ) | liáo リアオ | J 5376 / 補 / U 5BE5

广15 【廖】〔18〕本字 | J 2859 / 補 / U 5EEB

意味 ①むなしい。うつろである。「寂兮寥兮(じゃくたりりょうたり)」(むなしく形もない。)〈老子・二十五〉②さびしい。しずか。③どこまでも広がっている。④そら。天空(てんくう)。⑤奥深い。

【寥郭(「廓」)】(りょうかく(れうくわく)) ①からりと広い。②がらんとしてむなしい。③遠く久しい。久遠。

【寥落】(りょうらく(れう)) ①まばらでさびしい。②あれはてたさま。③落ちぶれたさま。

【寥寥】(りょうりょう(れうれう)) ①さびしいさま。②数が少ないようす。③「うつろなさま。」

◆凄寥(せいりょう)・寂寥(せきりょう)

宀11 【寛】〔14〕 俗 ↓寛(三七八ページ・上)

宀11 【實】〔14〕 旧 ↓実(三六六ページ・上)

宀11 【寝】〔14〕 旧 ↓寝(三七八ページ・下)

宀11 〖蜜〗 (一一〇六ページ・下) ↓虫部八画

宀11 〖搴〗 (五四五ページ・上) ↓手部十画

宀11 〖賔〗 (一一九四ページ・上) ↓貝部七画

宀12
【審】
〔15〕 常 シン / シン 漢 呉 上 寝 | shěn シェン | J 3119 / 補 / U 5BE9

筆順 宀 宀 宀 宀 宷 審 審 審

宀7 【宷】〔10〕古字 | J 2656 / 補 / U 5BB7

意味 ①〈つまびらか〉くわしい。「審定(しんてい)」②つまびらかにする。はっきりさせる。③くわしく調べる。「審訊(しんじん)」④つつしむ。慎重にする。⑤たしかに。果たして。⑥姓。

解字 会意。宀と番とを合わせた字。宀は、おおうもの。番はこまかに見分けること。審は、全体をおおって、よく見わけることで、くわしく知る意味を表す。一説に、宀は家で、審は、家の中の深くてはっきりしないところまで見分けることであるという。

名前 あき・あきら

【審覈】(しんかく) 詳しく調べる。‖審核
【審議】(しんぎ) くわしく討議する。

【審合】(しんごう(がふ)) 比べ合わせて、よく調べる。くわしく考え合わせる。

【審査】(しんさ) くわしく調査して、よしあしや値うちを判断する。

【審察】(しんさつ) ①くわしく調べる。よく考える。②周密で、はっきりしている。

【審処(處)】(しんしょ) くわしく調べて処理する。

【審諦】(しんてい) ①明らか。②つまびらかにする。

【審読(讀)】(しんどく) つまびらかに読む。よく調べながら読む。「審読一過」〈言志録〉

【審判】㊀(しんぱん) 勝負や優劣を判定する。また、その人。「審判員」。㊁(シェンパン) shěnpàn 現裁判する。

【審美】(しんび) 美の本質をきわめ明らかにする。美醜を見わける。

【――学(學)】(しんびがく) 美の本質を研究する学問。

【審問】(しんもん) くわしく問いただす。↓「博学審問」(一九九ページ・中)

【審用】(しんよう) 注意して用いる。よく調べて用いる。

【審理】(しんり) ①くわしく取り調べて処理する。「取り調べ。」②裁判所で行う

◆不審(ふしん)・予審(よしん)・陪審(ばいしん)・誤審(ごしん)・検審(けんしん)

宀12
【寮】
〔15〕 常 リョウ / リョウ(レウ) 漢 呉 平 蕭 | liáo リアオ | J 4632 / 補 / U 5BEE

筆順 宀 宀 宀 宀 宀 宀 寮 寮

意味 ①小さい窓。「窓寮」②〈つかさ〉‖僚(りょう) ㋐官。官職。㋑同じ官職の人。同僚。③僧房。④多くの人がいっしょに住む所。⑤小さな建物。国寄宿舎。「寮舎」

解字 形声。宀と尞とを合わせた字で、尞(れう)が音を示す。宀は古い形で見ると穴である。尞は火をもやすことであって、明るいという意味がある。寮は、明かり窓のこと。また、宀は建物のことで、寮は、僚(仲間)が住む共同住宅をいうとも解する。

名前 いえ・とも・まつ

【寮佐】(りょうさ(れう)) 下役(したやく)。属官。

【寮属(屬)】(りょうぞく(れう)) 下役(したやく)。寮佐。

【寮友】(りょうゆう(れういう)) 同僚。同じ官職にあるもの。

◆学寮(がくりょう)・嫁御寮(よめごりょう)

宀12 【寛】〔15〕 旧 ↓寛(三七八ページ・上)

宀12 【寫】〔15〕 旧 ↓写(一四四ページ・上)

宀12 〖賓〗 (一一九三ページ・下) ↓貝部八画

宀12 【寙】〔15〕 俗 ↓寙(三七八ページ・中)

宀12 【寭】〔15〕 同 ↓寭(九二三ページ・中)

3画 口囗土士夂(夊)夕大女子宀寸小尢(尣・兀)尸屮山巛(川)工己巾干幺广廴廾弋弓彐(彑・ヨ)彡彳⺌

宀13 **【寰】**〔16〕 カン(クヮン) 漢 平 刪 huán ホワン　J 5378 補 ― U 5BF0

意味 ①天子の直轄領地。畿内。②天地。世界。「仙寰」③場所。区域。「人寰」④住む。

【寰宇】世界。天下。天地。

【寰海】天下。陸も海もすべて。

【寰区(區)】①世の中。②天地の間。③天子の直轄領地。

【寰中】①世界。②畿内。天子の領土。

【寰内】天子の領土全体。天下。世界。宇内。

宀13 **【寯】**〔16〕 シュン 漢 去 震 jùn チュン　J ― 補 2669 U 5BEF

意味 ①〈あつ・める(――・む)〉〈あつま・る〉②〈すぐ・れる(――・る)〉優秀である。また、その人。＝俊・儁・雋

宀13 〖憲〗→心部十二画(四九九ページ・下)

宀13 〖褰〗→衣部十画(一一三〇ページ・中)

宀14 **【寱】**〔17〕 ゲイ 漢 去 霽 yì イー　J ②0810 補 2670 U 5BF1

意味 ①ねごと。＝囈 ②おどろく。

穴14 【䆿】〔19〕 同字　J ②8323 補 ― U 41BF

宀14 〖謇〗→言部十画(一一七一ページ・上)

宀16 **【寴】**〔19〕 一 シン 漢 呉 平 真 qīn チン 二 シン 漢 呉 去 震 qìn チン　J ― 補 2671 U 5BF4

意味 一〈したし・い(した・し)〉＝親 二室内ががらんとしたさま。

宀16 **【寵】**〔19〕 人 標 チョウ 漢 上 腫 chǒng チョン　J 3594 補 ― U 5BF5

意味 ①尊ぶ。②めぐむ。いつくしむ。「寵愛」③めぐみ。いつくしみ。④君主のお気に入り。また、その婦人。「君寵」⑤ほまれ。栄誉。

名前 うつくし・よし

【寵愛】いつくしみ愛する。特別にかわいがる。

【寵異】他と異なって、特別に愛する。

【寵栄(榮)】君主の寵愛を受けて栄える。

【寵姫】君主の気に入りの女。寵妾。

【寵遇】てあついもてなし。

【寵顧】①目をかけて愛する。②てあついひいき。寵眷。

【寵光】君主のめぐみを受ける。また、そのめぐみ。

【寵幸(「倖」)】①特別に愛される。②ひいきにする。

【寵厚】特別に手厚くもてなすこと。特別に愛する。寵愛。

【寵児(兒)】①特別にかわいがられるこども。②時めく人。運のよい人。世間にもてはやされる人。はやりっこ。

【寵招】御招待。御招待をうける。

【寵辱】①名誉と恥辱。ほめられるのと、そしられるのと。②世にもてはやされることと、用いられずに恥の多いこと。

【寵臣】お気に入りの家来。

【寵任】かわいがって官職につける。

【寵嬖】①気に入って愛する。②お気に入りの家来。

【寵命】天子のいつくしみ深い命令。恩命。

△▼恩寵

宀16 **【寳】**〔19〕 俗 →寶(三六八ページ・中)

宀17 **【寶】**〔20〕 旧 →宝(三六八ページ・中)

宀17 〖騫〗→馬部十画(一四〇三ページ・下)

3画 寸部 すん

【部首解説】古い字形は「手」と「一」から成り、手首から指一本分下がった長さを「寸」で表す。この部には、「寸」の形を構成要素とする文字が属する。

寸0 **【寸】**〔3〕 学6 スン　ソン 漢 去 願　スン 慣 cùn ツン　J 3203 補 ― U 5BF8

筆順 一 寸 寸

意味 ①長さの単位。尺の十分の一。(→付録「度量衡名称」) ②すこし。わずか。「寸土」③中国医学で、脈をとる部位。国①とき。「時」の省体として用いる。②〈き〉馬のたけをはかる語。「二寸」

解字  会意。古い形で見ると、手と一を合わせた字である。手首から一寸さがったところの動脈を寸口といって、医者が脈をはかる所とする。それで、寸は、その間の長さをはかる単位となった。これは指一本で脈をおさえたときの、おさえる幅であるともいう。

名前 き・ちか・のり

【寸莎】国壁土にまぜる刻みわら。かべすさ。

【寸白】①さなだむし。②国婦人の生殖器病。こしけ。白帯下。

【寸陰】少しの時間。一寸の光陰。

【寸暇】わずかのひま。小暇。

【寸閑】少しばかりのひま。小閑。

【寸簡】短い手紙。寸書。

【寸隙】少しのすきま。わずかの間。

【寸劇】短い劇。ちょっとした芝居。

【寸功】①わずかなてがら。②自分のしたことをけんそんしていう語。

【寸毫】ごくわずか。少し。寸分。秋毫。

【寸刻】わずかの時間。寸時。

【寸志】①わずかな志。②心ばかりの贈り物。他人への贈り物をけんそんしていう。③自分の親切をけんそんしていうことば。寸心。

【寸紙】①小さな紙きれ。②短い手紙。寸書。

【寸時】わずかな時刻。ちょっとの間。寸刻。

【寸書】短い手紙。自分の手紙をけんそんしていうことば。

【寸壌(壤)】ごくわずかな土地。寸土。

【寸心】こころのこと。また、寸志。

【寸進尺退】進み方は少なく、退くほうが大きい。得る所が少なく、失うものが大きいことのたとえ。〈韓愈・上李侍御書〉

【寸寸】①ずたずたに。②少しずつ。③一寸ごとに。

【寸善尺魔】国世の中は、よいことは少なく、悪いことが多いたとえ。また、妨げが多くてよいことが成りがたいたとえ。〈甲陽軍鑑・九下〉

【寸草】①小草。野べの短い草。②わずかなこと。

【――心】子どもの親に対する情愛。春の日差しのような親の慈愛に対する子の報恩の心を、小さな草にたとえていう。

【寸断(斷)】ずたずたに切る。

【寸地】「寸土」に同じ。

【寸楮】短い手紙。寸書。

【寸腸】わずかばかりの真心。

【寸鉄(鐵)】①短い刀。小さい刃物。②短くて気のきいた警句。【――殺人】短小な武器で人を殺すことから、短いながら含みのあることばで、相手の急所を鋭くつくたとえ。

【寸土】ごくわずかな土地。寸地。

【寸胴】国①車夫の着る白い夏の法被。②「寸胴切」の略。【――切】国①竹でつくった花筒。②古木の

3画 口囗土士夂(夊)夕大女子宀寸小尢(尣・兀)尸屮山巛(川)工己巾干幺广廴廾弋弓彐(彑・ヨ)彡彳⺍

幹の上部を切ったもので、庭の観賞用にする。③ずんぎり。輪切り。

【寸馬豆人】(すんばとうじん) ①遠方・高所から見た人馬が小さくみえること。②画中の遠景の人馬が小さく描かれているさま。

【寸分】(すんぶん|すんぶん) 国ほんのわずか。少しばかり。

【寸歩】(すんぽ) 少しの歩み。

【寸法】(すんぽう(ぽふ)) 国①長短の度合い。尺度。②てだて。③あ「りさま。」

◇尺寸(しゃくすん|せきすん)・方寸(ほうすん)・燐寸(マッチ)

寸3

【寺】

〔6〕 学2 ジ てら | シ 漢 去 寘 ジ 呉 sì スー | J 2791 補 ― U 5BFA

筆順 一 + 土 土 寺 寺

意味 ①やくしょ。「太常寺」 ②宮廷内の小役人。宦官(かんがん)。「寺人(じじん)」 ③〈てら〉寺院。

解字 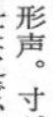 形声。寸が形を表し、士(し)が音を示す。寸は、きまり。士は之で、ゆく、行動をするという意味を持つ。寺は、朝廷で法制を行う所で、役所をいう。また、寸は手で、寺は、手を動かす動作で、仕事・事務を処理する所を表すともいう。この字が「てら」の意味になったのは、漢代に仏教が伝来したとき、僧を鴻臚寺(こうろじ)(外務省)に止め、そこに白馬寺と名づける建物を作ったことから始まる。

【寺宇】(じう) 寺。「宇」は建物。

【寺格】(じかく) 寺の格式。寺のくらい。

【寺観(觀)】(じかん(くわん)) 仏教や道教の寺院。観は、道教の寺「院。」

【寺局】(じけい) 寺のかんぬき。

【寺社】(じしゃ) お寺と神社。【――奉行】(じしゃぶぎょう(ぎやう)) 国江戸時代、三奉行の一つ。神社・仏閣について取り扱った職。

【寺人】(じじん) ①きさきたちのごてんの事をつかさどる小役人。②主君のそばに仕える小臣。

【寺塔】(じとう(たふ)) 寺の塔。

【寺廟】(じびょう(べう)) 寺と廟。

【寺子屋】(てらこや) 国江戸時代に、こどもに読み書きそろばんなどを教えた私塾(しじゅく)。そこに学ぶ生徒を寺子(てらこ)という。

◇山寺(やまでら)・仏寺(ぶつじ)・尼寺(にじ|あまでら)・国分寺(こくぶんじ)

寸3 〔団〕→口部三画(二七三ページ・上)

寸4

【寿】

〔7〕 常 ジュ ことぶき | J 2887 補 ― U 5BFF

旧字 士11 【壽】 〔14〕 人 シュウ(シウ) 漢 去 宥 ジュ 呉 ス 慣 shòu ショウ | J 5272 補 ― U 58FD

筆順 一 二 三 手 夫 寿 寿

意味 ①〈ひさし・い(ひさ・し)〉 ㋐〈いのちなが・し〉命が長い。長命。㋑長い年月を経(へ)ている。②いのち。生命。「寿命(じゅみょう)」 ③とし。年齢。「天寿」 ④〈ことぶき〉㋐長命。また、そのよろこび。「寿酒(じゅしゅ)」 ㋑よろこびのことば。祝詞。⑤〈ことほ・ぐ〉長命をよろこび祝う。⑥人の生命をつかさどるという星の名。「寿星」 ⑦生前に用意した葬儀に供する品を婉曲に指す語。「寿衣(じゅい)」 ⑧姓。

解字 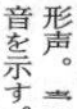 形声。耂と𠷎とを合わせた字で、耂が形を表し、𠷎(ちゅう)が音を示す。耂は、老の略である。𠷎には、長く伸びる意味がある。壽は、年老いて、いのちの長いことを表す。

名前 いき・かず・つね・とし・なが・のぶ・ひさ・ひで・ほぎ・よし・たもつ・ひろし・やすし・としなが 地名 寿都(すっつ)

難読 寿限無(じゅげむ)・寿司(すし)・寿言(ほぎごと)・寿詞(よごと)

【寿域】(じゅいき(ゐき)) ①天下太平の世。②生前につくる墓。寿宮。寿城。③長寿の境地。

【寿宴】(じゅえん) 長生きを祝う宴会。＝寿筵(じゅえん)

【寿賀】(じゅが) 長生きの祝い。ふつう、還暦(かんれき)(六十歳)・喜寿(きじゅ)(七十七歳)・米寿(べいじゅ)(八十八歳)・卆(卒の俗字)寿(そつじゅ)(九十歳)・白寿(はくじゅ)(九十九歳)の祝いなど。

【寿豈】(じゅがい) 長生きして楽しむ。豈は楽しむ意。

【寿器】(じゅき) 生前に準備しておく棺おけ。

【寿考】(じゅこう(かう)) 長生き。考は老の意。

【寿康】(じゅこう(かう)) 健康で長生きしていること。

【寿光客】(じゅこうかく(くわう)) 鏡の異名。寿光先生。

【寿山福海】(じゅさんふくかい) 人の長寿を祝うことば。

【寿死】(じゅし) 天寿をまっとうして、安らかに死ぬ。

【寿祉】(じゅし) 長生きして幸福なこと。

【寿詞】一(じゅし) 長生きを祝うことば。二(よごと) 国天皇の御代(みよ)の栄えを祝うことば。賀詞。

【寿昌】(じゅしょう(しやう)) 命長くして、さかえること。

【寿像】(じゅぞう(ざう)) 生前に作っておく記念の像。

【寿蔵(藏)】(じゅぞう(ざう)) 生前にたてておく墓。寿冢(じゅちょう)。

【寿冢】(じゅちょう) 「寿蔵」に同じ。

【寿徴】(じゅちょう) 生命の長いしるし。

【寿杯】(じゅはい) 祝いのさかずき。祝杯。

【寿福】(じゅふく) 長生きをして幸福なこと。また、長生きと幸福。

【寿命】(じゅみょう(みやう)) ①いのち。生命。寿量(じゅりょう)。②国物がこわれずに保つ期間。

【寿夭】(じゅよう(えう)) 長生きと若死に。

【寿楽(樂)】(じゅらく) 長生きして楽しむ。

【寿陵】(じゅりょう) 生前にたてておく御陵(ごりょう)。

【寿齢(齡)】(じゅれい) 長い命。長寿。

【寿老人】(じゅろう(らう)じん) 国七福神の一つ。長生きの神という。「南極老人。」

『寿則多レ辱』(いのちながければ、すなわち(すなはち)はじ(はぢ)おおし(おほし)) 人生いたずらに長生きすると、恥をうけることも多い。〈荘子(そうじ)・天地〉

『為(爲)レ寿』(じゅをなす) 年長者に杯を献じて、長寿を祝うこと。称レ寿(じゅをしょうす)。上レ寿(じゅをたてまつる)。〈史記・項羽本紀(こううほんぎ)〉

『養レ寿』(じゅをやしなう(やしなふ)) 天命を養って長生きする。〈史記・老子列伝〉

『仁者寿』(じんしゃはいのちながし) 仁徳の人は長命を保つ。〈論語・雍也(ようや)〉

◇天寿(てんじゅ)・米寿(べいじゅ)・老寿(ろうじゅ)・長寿(ちょうじゅ)・喜寿(きじゅ)・福寿(ふくじゅ)

寸4

【対】

〔7〕 学3 タイ・ツイ | J 3448 補 ― U 5BFE

旧字 寸11 【對】 〔14〕 タイ 漢 去 隊 ツイ 呉 duì トイ | J 5384 補 ― U 5C0D

筆順 丶 亠 ナ 文 文 対 対

意味 ①〈こた・える(――・ふ)〉「応対」 ②こたえ。返事。③文体の一種。天子の下問にこたえる文。「奏対(そうたい)」 ④〈むか・う(――・ふ)〉向かい合う。あたる。あいてになる。⑤相手。⑥つれあい。⑦量詞。二つで一組になったものを数える。「一対(いっつい)」 ⑧対句(ついく)。⑨現正しい。その通りだ。⑩現介詞。…について。…にとって。

解字 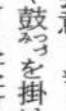 会意。丵・士・寸を合わせた字。丵は業の略字で、鐘(かね)や鼓(つづみ)を掛ける台座の形。士は事。寸はきまり・法度。對は、鐘鼓を大きくたたけば大きく鳴り、小さくたたけば小さく鳴るように、きちんと事実に対応するということで、「こたえる」「むかう」の意味となる。古い形では、士のところが口になっていた。漢の文帝が、口で答える人に誠実でない場合が多いので、口を士に変えたという。一説に對は、業(台座)が左右両がわに対立していることであるとも解する。

姓 対馬(つしま) 地名 対馬(つしま)・対島(たじま)

【対飲】(たいいん) 向かい合って酒を飲む。対酌。

【対応(應)】(たいおう) ①向き合う。②つり合う。③相手の出方に「応じる。」

【対岸】(たいがん) 向こう岸。

【対局】(たいきょく) 向かい合って、碁・将棋をする。

【対偶】(たいぐう|ついぐう) ①二つそろったもの。つい。②仲間。たぐい。

③つれあい。夫婦。
【対決】(たいけつ) ①両者が相対して、優劣・正否をはっきり決める。②法廷で原告と被告を向かい合わせて行うさばき。対審。

【対言】(たいげん) 二つの物事を並べ、比べて言う。

【対抗】(たいこう(かう)) ①向かい合う。②競争する。

【対座(「坐」)】(たいざ) 向かい合ってすわる。

【対策】(たいさく) ①漢時代の策問(官吏登用のため、政治や経書の問題を出してためしたもの)に対(こた)えること。策は問題を書いた札。②相手や事件に対する方策。

【対峙】(たいじ(ぢ)) 向かい合ってそびえる。相対して高く立つ。

【対者】(たいしゃ) 相手。向かい合う者。

【対酌】(たいしゃく) 相対して酒を飲むこと。対飲。

【対手】(たいしゅ) ①相手。敵手。対者。②勝負がない。

【対酬】(たいしゅう(しう)) 向き合って酒をくみかわす。

【対処(處)】(たいしょ) あるものごとに対して、それに応じた処置をすること。

【対称(稱)】(たいしょう) ①つりあうこと。「左右対称」②㊥数学で、二つの点・線・面などが、完全に向きあう位置にあること。シンメトリー。③文法で、第二人称のこと。

【対象】(たいしょう(しゃう)) ①目標となるもの。相手。②㊥主観に対する客観のように、我(われ)に対するもの。

【対照】(たいしょう(せう)) ①照らし合わせる。見比べて考える。②対立する二つの事物を並べかかげることによって、それぞれの特徴がいっそうはっきりすること。とりあわせ。コントラスト。

【対陣】(たいじん(ぢん)) 敵と向かい合って陣をとる。

【対蹠】(たいせき) 正反対。蹠は、足のうら。タイショと読むのは慣用読み。

【対談】(たいだん) 向かい合って話す。対話。

【対等】(たいとう) 二者の間に優劣や高下がないこと。

【対屋】(たいのや) 国寝殿造りで、正殿の両側または後方に造ったはなれ家。

【対比】[一](たいひ) ①比べる。てらしあわせて見る。②相対する。対照。[二](トイビー) duìbǐ 現[一]に同じ。

【対面】[一](たいめん) 顔をあわせる。面会。[二](トイミエン) duìmiàn 現向かいがわ。

【対問】(たいもん) 直接向かい合ってたずねる。

【対訳(譯)】(たいやく) 原文と対照させながら訳すこと。また、訳したもの。

【対立】(たいりつ) 両方が向かい合って立つ。

【対塁(壘)】(たいるい) 敵のとりでに対して、とりでを造って対抗すること。また、そのとりで。

【対話】[一](たいわ) さし向かいで話をする。また、その話。対談。[二](トイホワ) duìhuà 現[一]に同じ。


【対句】(ついく) ことばの種類・性質・機能などが相対する二つの句。同じ構成の相対した二つの句。

【対付】(トイフー) duìfu 現対処する。あしらう。

【対方】(トイファン) duìfāng 現相手。先方。

【対不起】(トイプチー) duìbuqǐ 現すみません。申しわけない。

【対(レ)牛弾(彈)(レ)琴】(うしにたいしてことをだんず) 牛にむかって琴をひく。愚か者に道理を説く無駄のたとえ。
◆反対・応対・相対・絶対・敵対

寸4 【寽】〔7〕 ラツ 漢 入 曷 ／ ラチ 呉 lǜ リュイ　J ②0811 補 2672 U 5BFD
意味 〈と・る〉 五本の指でつまむ。また、五本の指。

寸4 【村】(六二二ページ・上) →木部三画

寸5 【㝵】〔8〕 [一]トク 漢 呉 [一]入 職 dé トー ／ [二]ガイ 漢 ゲ 呉 [二]去 隊 ài アイ　J ②0812 U 3775
意味 [一]「得」(四六一ページ・下)の古字。[二]〈さまた・げる(——・ぐ)〉 じゃまをする。＝礙(がい)

寸6 【専】〔9〕 学 6 セン もっぱら　J 3276 U 5C02
旧字 寸8 【專】〔11〕 人 セン 漢 呉 平 先 zhuān チョワン　補 5383 U 5C08
筆順 
意味 ①〈もっぱら〉㋐いちずに。㋑単独に。㋒わがままに。②〈もっぱらに・する(——・す)〉㋐ひとりじめにする。㋑いちずになる。㋒わがままにふるまう。㋓とりしきる。㋔まじりけがない。③帳面。
解字  形声。寸が形を表し、叀(せん)が音を示す。寸は、きまり・法度。専は、長さ二尺六寸ときめられた書きつけをいう。一説に、専は、はたおりの機械に使うおもりで、寸は手であるとする。おもりが固定することから、「もっぱら」の意味になった。また、叀は、かわらを使った糸巻きで、赤子のおもちゃであり、赤子が独占したがることから、「もっぱら」の意味になるともいう。
名前 たか・もろ・あつし・あつむ
参考 「専ら」は別字。新表記では、「擅」の書きかえに用いる熟語がある。
【専一】(せんいつ) ①一様で変化がない。②第一。主要。③一つのことに集中する。いちず。
【専横】(せんおう(わう)) 気まま。わがまま。

【専業】[一](せんぎょう(げふ)) 専門の職業。[二](チョワンイエ) zhuānyè 現専攻。

【専決】(せんけつ) ひとりで勝手に決める。

【専権(權)】(せんけん) 自由に権力をふるう。

【専行】(せんこう(かう)) ひとりで勝手に判断・行動する。

【専攻】(せんこう) 一つのことを専門に研究する。

【専侈】(せんし) 気ままにぜいたくにすること。

【専恣】(せんし) ほしいままにふるまう。わがままかって。

【専修】(せんしゅう(しう)) 一つのことをもっぱら修める。【——念仏(佛)】(せんじゅねんぶつ) 仏南無阿弥陀仏(なむあみだぶつ)と、仏の名を唱えることを専心に行う。法然(ほうねん)らの浄土宗の教義。

【専諸】(せんしょ) 春秋時代の刺客。呉(ご)の公子の光のために呉王僚(りょう)を暗殺した。〈史記・刺客列伝〉

【専城】(せんじょう(じゃう)) 地方長官の意。【——伯】(せんじょう(じゃう)はく) 郡守をいう。

【専心】[一](せんしん) 心を一つのことに集中する。[二](チョワンシン) zhuānxīn 現[一]に同じ。

【専制】(せんせい) 思うままに処理する。自分だけの考えで事をとり行う。【——政治】(せんせいせいじ(ぢ)) 為政者が、民意や法律を無視して、思うままに行う政治。

【専政】(せんせい) ①ひとりで政治を行う。②専制政治。

【専属(屬)】(せんぞく) そのものだけに属すること。つききり。

【専対(對)】(せんたい) 独断で返答する。自分の考えだけで返事をする。

【専断(斷)】(せんだん) 自分の独断できめる。専決。＝擅断
【専任】(せんにん) その仕事だけを受けもつ。

【専念】(せんねん) ①心を一つのことに熱中させる。②仏いちずに念じること。

【専売(賣)】(せんばい) ①他人に売らせないで、自分だけで売る。一手販売。②政府が特定の商品について行う独占事業。【——特許】(せんばいとっ(とく)きょ) 発明品に対し、一定期間、特定の人に政府が製造・販売の権利を与えること。パテント(特許権)。

【専門】[一](せんもん) 一つのことをもっぱら研究・担当する。また、その仕事。[二](チョワンメン) zhuānmén 現①[一]に同じ。②特に。もっぱら。③特長。特色。

【専有】(せんゆう(いう)) 自分ひとりで持つ。ひとりじめ。独占。

【専用】(せんよう) ①それだけを使う。②自分たちだけで使う。③それだけに使う。

【専家】(チョワンチア) zhuānjiā 現専門家。

寸6 【封】〔9〕 常 フウ・ホウ ／ ホウ 漢 フウ 呉 平 冬 fēng フォン　J 4185 U 5C01

筆順 一 十 土 キ 圭 圭 封 封

意味 ①領地を与える。②諸侯の領地。領土。③さかい。境界。④土を盛る。土を盛って墓を作る。⑤盛り土。盛り土状のもの。墓。ありづか。⑥高山に土を盛って天の神を祭る儀式。「封禅ほうぜん」⑦手紙。上奏文。⑧手紙を数える語。通。⑨とじる。糊のりづけにする。「厳封げんぷう」「封緘ふうかん」(この意味のときは「フウ」とよむ。)⑩おおきい。⑪姓。

解字 [古字] 会意。土・土・寸を合わせた形。上の土は之の字である。「之土」は「この土」の意味で諸侯に、領地を与えることをさす。寸は、寸法というように、きまり・制度のこと。封は、天子が諸侯に命じて治めさせる土地をいう。また、封は、「盛り土」のことであるとも、葉の茂った木を植えて境界とすることであるとも解する。

名前 かね 難読 封度ポンド

【封印】ふういん 封じ目に押しあてる印。また、その印を押す。
【封緘】ふうかん 手紙を封じること。封筒を閉じる。
【封検(檢)】ふうけん ①封印。②封をした箱。
【封口】ふうこう 口をとじる。
【封鎖】ふうさ 出入り口をとじて、出はいりができないようにする。
【封事】ふうじ 天子だけに見せるため密封して提出する上奏書。封奏。封章。
【封書】ふうしょ 封をした手紙。封じぶみ。
【封題】ふうだい 手紙に封をして表書きをすること。
【封泥】ふうでい 昔、手紙を封ずるとき、粘土のかたまりを、とじたひも結びめにあてて、その上に印を押した。その封じた粘土をいう。
【封入】ふうにゅう(にふ) 封じこむ。入れて封をする。
【封閉】ふうへい 閉鎖し、封印する。「封閉宮室きゅうしつをふうへいす」(秦の宮殿を封じとざす。)〈史記・項羽本紀こううほんぎ〉
【封蠟】ふうろう(らふ) 封をしっかりさせるために、封じめに塗る一種の樹脂。
【封域】ほういき(ゐき) ①国境。②領土。領地。
【封界】ほうかい 土を盛りあげて国境とすること。また、その国境。封境。封域。
【封疆】ほうきょう(きゃう) 国境のどて。境界。＝封境・封畺
【封君】ほうくん ①諸侯に封ぜられた君。大名。②君の称号を受けて封ぜられた婦人。
【封建】ほうけん 一 天子が、諸侯に爵位と領土を与えて一国とし、兵・政の権を世襲的に認めること。二 フォンチエン fēngjiàn 現 一に同じ。【━時代】ほうけんじだい 封建制度の時代。日本では鎌倉時代から明治維新までをいい、ヨーロッパでは、六世紀から十五世紀の終わりごろまでをさす。【━社会(會)】ほうけんしゃかい 封建制度を根底とする社会。【━制度】ほうけんせいど ①天子の下に、多くの諸侯が土地を分けて所有し、領内の支配権をもつ制度。②ヨーロッパの領主制度。
【封侯】ほうこう 諸侯に封じること。また、封じられた諸侯。
【封溝】ほうこう どてや、みぞ。土を盛りあげたり、みぞを掘って水を通したりして、境界をはっきりさせる。
【封号(號)】ほうごう(がう) 諸侯に任命されて土地を与えられたときの称号。
【封冊】ほうさく 諸侯や王に封ずることを書いた天子の詔書。
【封事】ほうじ|ふうじ 上奏文の一種。他人に見られないように厳重に封をして、天子ひとりにみてもらうようにした意見書。
【封豕長蛇】ほうしちょうだ(ちゃう) 大きないのししと、長いへび。欲の深い悪人のたとえ。
【封氏聞見記】ほうしぶんけんき 書名。十巻。唐代の封演ほうえん著。見聞きした雑事を書きとめたもの。
【封殖】ほうしょく ①てあつくそだてて生長させる。②財産や物品を集めとりあげる。
【封人】ほうじん 国境を守る番人。
【封禅(禪)】ほうぜん 天子が行う天地の祭り。土を盛って天を祭るのが封、山川を祭るのが禅。
【封地】ほうち 諸侯の領地。封ぜられた土地。
【封伝(傳)】ほうでん 旅行券。駅や関所の通行券。
【封土】ほうど ①諸侯の領土。封地。②土を高く盛った祭壇。
【封拝(拜)】ほうはい 領地と官位を授けること。
【封禄(祿)】ほうろく ふち。知行ちぎょう。
【移レ封】ほうをうつす 領地を変える。国がえ。
◆分封ぶんぽう・同封どうふう・帯封おびふう・密封みっぷう・開封かいふう・緘封かんぷう

寸7 【射】〔10〕学6 シャ いる　J 2845 補 U 5C04

一 シャ 漢　一 去 禡 shè ショー
二 セキ 漢 シャ 慣　二 入 陌 shè ショー
三 ヤ 漢　三 去 禡 yè イエ
四 エキ 漢　四 入 陌 yì イー

筆順 ′ 亻 介 自 自 身 身 射 射

意味 一 二 ①弓をいる術。弓術。「礼・楽・射・御・書・数」②〈いる〉弓の矢をはなつ。ねらいあてる。的中する。③弓をいる人。④おしはかる。「射覆しゃふく」⑤ばくちに賭ける。三 ①官名。「僕射ぼくや」②草の名。木の名。また、獣の名。「射干やかん」 四 あきる。

解字 [古字] 会意。古い形では、䠶となっている。身と矢とを合わせた字。䠶は、弩いしゆみの矢が、弓の身(本体)から離れて、的まとにあたることを表す。一説に、身は弓の形が変化したもので、䠶は、弓に矢をつがえた形であるとも、また、射の寸は、手で持つこと、あるいは、法度に合っていることを表すもので、弓を手で引くこと、きまりに従って射ることであるなどと解する。

名前 い・いり 地名 射水いみず・射和いさわ・射添いそう

難読 射干しゃが・ひおうぎ・射干玉ぬばたま

【射向袖】いむけのそで 国 鎧よろいの左側の袖。
【射御】しゃぎょ 弓を射る術と馬を扱う術。昔の紳士のたいせつな教養。
【射芸(藝)】しゃげい 弓術。
【射撃(擊)】しゃげき 鉄砲や大砲でうつこと。
【射幸(倖)】しゃこう(かう) まぐれあたりの利益をねらうこと。【━心】しゃこう(かう)しん まぐれあたりをねらう心。
【射侯】一 しゃこう 矢の的。侯は十尺四方の布で、そのまん中に的がある。二 せきこう 的を射る。
【射殺】しゃさつ|せきさつ 弓矢で殺す。鉄砲やピストルでうち殺す。
【射手】しゃしゅ|いて 弓を射る人。鉄砲や大砲をうつ人。
【射出】しゃしゅつ ①矢や弾丸をうち出す。②勢いよく飛び出すこと。
【射場】しゃじょう(ぢゃう) 射術を練習する所。
【射垜】しゃだ 弓の的をかけるために、土を山形に築いたところ。あずち。的山まとやま。
【射程】しゃてい うち出した所から、矢や弾丸が届く所までの距離。
【射的】しゃてき ①的。②的を射る。
【射利】しゃり|せきり 利益を得ようとしてねらう。
【射策】しゃさく 漢代の官吏登用試験の一科目。内容を隠した複数の問題から任意に選び解答するもの。
【射覆】せきふく 中味をあてるあそび。
【射干】やかん ①植物の名。ひおうぎ。多年草で、その黒い小さな実を射干玉ぬばたまという。②木の名。西方の高山に生える短木。③きつねに似た木登りのうまい獣の名。
◆日射にっしゃ・反射はんしゃ・乱射らんしゃ・注射ちゅうしゃ・放射ほうしゃ・発射はっしゃ・掃射そうしゃ・速射そくしゃ・輻射ふくしゃ・条件反射じょうけんはんしゃ

寸7 【将】〔10〕学6 ショウ　J 3013 補 U 5C06

3画 口囗土士夂(夊)夕大女子宀寸小尢(尣・兀)尸屮山巛(川)工己巾干幺广廴廾弋弓彐(彑・ヨ)彡彳⺌

旧字 寸8

【將】〔11〕 人

一 ショウ(シャウ) 漢呉 一 去 漾 jiàng チアン
二 ショウ(シャウ) 漢呉 二 平 陽 jiāng チアン
三 ショウ(シャウ) 漢呉 三 平 陽 qiāng チアン

J 5382
補 —
U 5C07

筆順 丨 丬 丬 丬 丬 将 将

意味 一 ①〈ひき・いる(——・ゐる)〉 ②兵をひきいる人。大将。 二 ①たすける。支える。 ②うけたまわる。 ③やしなう。 ④〈すす・む〉〈すす・める(——・む)〉 ㋐前進する。おしすすめる。 ㋑相手にすすめる。 ⑤送る。 ⑥おこなう。 ⑦したがう。 ⑧ひきつれる。たずさえる。 ⑨〈もって〉もちいて。 ⑩〈まさに…せんと・す〉 ⑪〈もし〉もしも。 ⑫〈はた〉…それとも…。 ⑬〈と〉…と。 ⑭大きい。長い。 三〈こ・う(——・ふ)〉〈ねがわくは(ねがはくは)〉ねがう。

語法 ❶〈まさに…す〉再読文字。 ㋐今にも…しそうだ。やがて…しようとする。ある事態・行為が近い将来におこることを示す。 例「闔廬病レ創将レ死」(闔廬は傷がひどくなり今にも死にそうであった)〈史記・伍子胥列伝〉 ㋑…であろう。きっと…になるはずだ。可能性・必然性を示す。 例「不レ然将レ誅」(そうでなければきっと殺されることになるだろう)〈史記・伍子胥列伝〉 ㋒…しようとする。…したい。意志・意欲を示す。 例「天将下以二夫子一為中木鐸上」(天はあの方を〔人々を教えみちびく〕木鐸にしようとしています)〈論語・八佾〉 ㋓ほぼ…である。ほとんど…である。ある程度に近いことを示す。 例「今滕絶レ長補レ短将二五十里一也」(滕の国は〔国土の〕長い部分を切り取りそれで短い部分を補ったとすれば、ほぼ五十里〔四方の広さ〕である)〈孟子・滕文公上〉 ▼ ㋓の用法は、「…にちかし」「ほとんど」と訓読することもある。 ↓付録・同訓異義要覧「まさに」
❷〈はた〉選択。それとも。あるいは。 例「人生受二命於天一乎。将受二命於戸一邪」(人は命を天から受けて生まれるのでしょうか。それとも戸から受けて生まれるのでしょうか)〈史記・孟嘗君列伝〉 ▼「与」「邪」「歟」などが文末に置かれることが多い。
❸〈もって〉…によって。もちいて。方法・手段を示す。

例「肯将二衰朽一惜二残年一」(老いて衰えはてた身でもって残り少ない命をどうして惜しもうか)〈韓愈の詩・左遷至二藍関一示二姪孫湘一〉

解字 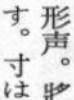 形声。爿と寸を合わせた字。爿は牆(しゃう)の略で、音を示す。寸はきまりのあること。牆には、味をととのえる意味がある。將は、法度(きまり)をもって、軍をきりもりすることで、「ひきいる」意味になる。一説に、中指のことを将指というように、いちばん長いことから、大将を表すといい、また、將は月(肉)と寸(手)と爿(しゃう)(音を示す)を合わせた字で、肉を手で持つことを表すという。

名前 すけ・のぶ・まさ・もち・ゆき・ただし・たもつ・ひとし

難読 将曹(さかん)・将監(じょう)

【将家】しょう(しゃう)か 将軍の家がら。

【将官】しょう(しゃう)かん(くわん) 国もと、陸軍・海軍の大将・中将・少将。

【将器】しょう(しゃう)き 将軍にふさわしいうつわ。大将になりうる器量。

【将棋】しょう(しゃう)ぎ 二人が盤上にこまを並べて攻め合う室内遊戯。【——倒】しょう(しゃう)ぎだおし(だふし) 国将棋のこまを一列に並べ、その一端を押し倒すと、こまが次々に倒れてゆくこと。物事が一角からくずれだしてとまらないさま。

【将軍】しょう(しゃう)ぐん ①一軍の長。総大将。 ②国鎮守府将軍・征夷大将軍の略称。 ③国もと、陸軍・海軍の将官の総称。

【将迎】しょう(しゃう)げい ①送ることと迎えること。 ②養い育てる。

【将監】しょう(しゃう)げん 国昔、近衛府(このえふ)の三等官。

【将護】しょう(しゃう)ご たすけまもる。

【将校】しょう(しゃう)こう(かう) ①軍の指揮官。 ②国もと、陸・海軍の少尉以上の軍人。

【将才】しょう(しゃう)さい 大将として兵を統率する才能。

【将士】しょう(しゃう)し 将校と兵士。大将と兵隊。

【将指】しょう(しゃう)し 手の中指。足の親指。将は、大の意。

【将種】しょう(しゃう)しゅ 将軍の血統。将軍の子孫。

【将順】しょう(しゃう)じゅん うけ従う。将は承。

【将相】しょう(しゃう)しょう(しゃう) 大将と大臣。【——器】しょう(しゃう)しょう(しゃう)のき 大将や大臣になる力量のある人物。将相之具(しょうしょうのぐ)。

【将将】しょう(しゃう)しょう(しゃう)・そう(さう)そう(さう) ‖鏘鏘 ①鐘・鈴・玉などの鳴る音の形容。 ②高大で雄壮なさま。 ③立派で美しいさま。

【将帥】しょう(しゃう)すい 全軍を率いる将軍。

【将星】しょう(しゃう)せい ①大将になぞらえた赤色の大星。 ②将軍の称。

【将聖】しょう(しゃう)せい ①ほとんど聖人に近い人。 ②大聖人。

【将息】しょう(しゃう)そく からだを養う。養生。

【将卒】しょう(しゃう)そつ 将校と兵卒。

【将門】しょう(しゃう)もん 将軍の家がら。大将の家がら。

【将与(與)】しょう(しゃう)よ 贈る。与える。

【将来(來)】一 しょう(しゃう)らい ①これから先。今後。未来。 ②持ってくる。もたらす。 二 チアンライ jiānglái 現 一の①に同じ。

【将略】しょう(しゃう)りゃく 大将としてのはかりごと。軍略。

【将領】しょう(しゃう)りょう(りゃう) 軍をひきいる将軍。将帥。

【将礼(禮)】しょう(しゃう)れい 将軍を任命する礼式。

【将要】チアンヤオ jiāngyào 現…しようとしている。

『将レ将』しょう(しゃう)にしょう(しゃう)たり 将軍の上に立つ器量がある。いくさ上手の韓信が、結局は劉邦にかなわず下った理由を述べたことば。〈史記・淮陰侯列伝〉

『将門有レ将』しょう(しゃう)もんにしょう(しゃう)あり 代々将軍の家にはまた将軍がでる。〈史記・孟嘗君列伝〉
◇▼大将(たいしょう)・王将(おうしょう)・主将(しゅしょう)・名将(めいしょう)・武将(ぶしょう)・部将(ぶしょう)

寸7

【尃】〔10〕 フ

漢 平 虞 fū フー 呉

J ②0813
補 —
U 5C03

意味〈し・く〉のべ広げる。あまねく行きわたる。 ‖敷(ふ)

寸7 【尅】〔10〕 同 ↓剋(一六三ページ・下)

寸7 【辱】(一二二八ページ・上) ↓辰部三画

寸8

【尉】〔11〕 常 イ

一 イ(ヰ) 漢呉 一 去 未 wèi ウエイ
二 ウツ 漢 二 入 物 yù ユイ

J 1651
補 —
U 5C09

筆順 ㇒ 尸 尸 尸 尸 尸 尉 尉

又8 【叞】〔10〕 同字

J 2063
補 —
U 53DE

意味 一 ①官名。 ㋐刑罰者をつかさどる官。 ㋑軍事をおさえる地方官。「軍尉(ぐんい)」 ②慰める。やすんじる。 ‖慰 ③布のしわをのばす。火斗(ひのし)。 ‖熨 ④姓。 二 尉遅(うっち)は、複姓。 国 ①〈い(ゐ)〉 ㋐もと、陸軍・海軍の将校の階級。「大尉(たい)・中尉・少尉」 ㋑自衛隊の自衛官の階級。「陸尉・海尉・空尉」 ②〈じょう〉 ㋐昔の衛門府(えもんふ)・兵衛府(ひょうえふ)の三等官。 ㋑翁。老翁(ろうおう)。

解字  会意。尸・小・寸を合わせた字。尸は仁で、手ずからという意味を持つ。小は火の略。寸は手で扱うこと。尉

3画 口囗土士夂(夊)夕大女子宀寸小尢(尣・兀)尸屮山巛(川)工己巾干幺广廴廾弋弓彐(彑・ヨ)彡彳ッ

は、手に火を持って上からおさえることで、ひのし、おさえる、の二つの意味を表す。

名前 やす・じょう　難読 尉鶲(じょうびたき)

【尉藉】(いしゃ) 慰める。

【尉斗】(いと) 布のしわをのばす。転じて、天下を安らかにす「る。

【尉繚子】(うつりょうし) ①戦国時代の兵法家。鬼谷子の弟子という。②書名。尉繚子の著といわれる兵法書。二十編。

寸8【將】〔11〕旧↓将(三八四ジベ・下)

寸8【專】〔11〕旧↓専(三八三ジベ・中)

寸9【尌】〔12〕 一シュ漢 ジュ呉 一去 遇 shù シュー　二チュウ(チウ)漢 二去 遇 zhù チュー　U 5C0C 補 J 2673

意味 一 ①「樹」(六六七ジベ・上)の本字。②わらべ。＝豎 二〈とどま・る〉馬が足をとめる。＝駐

寸9【尋】〔12〕常 ジン　たずねる　シン漢 ジン呉 平 侵 xún シュン、xín シン　U 5C0B 補 J 3150

旧字 寸9【尋】〔12〕 U 補 J

筆順 ヨ ヨ ヨ ヨ 君 昰 尋 尋

意味 ①〈ひろ〉長さの単位。㋐両手を左右にのばした長さ。㋑中国、周代の長さの単位で八尺。(↓付録「度量衡名称」) ②つね。なみ。「尋常」 ③〈たず・ねる(たづ・ぬ)〉㋐訪問する。㋑さがす。㋒ききただす。㋓筋をたどる。④あたためる。⑤もちいる。⑥〈つ・ぐ〉ひきつづく。⑦〈ついで〉まもなく。すぐに。⑧頼る。

解字 会意。ヨ・工・口・寸を合わせた字。ヨは手。工はたくみ。口は話すこと。寸は手。尋は、工と口に上下から手を加える形。巧みな口で乱れたものを、たずねておさめることである。一説に、尋の、手と工は左の字、手と口は右の字で、左右の手を広げた長さを尋というとする。長さをはかることから、「たずねる」意味を生じた。

名前 ちか・つね・のり・ひつ・みつ・ひろし　地名 尋来津(ひろきつ)

難読 尋め行(とめゆ)く

参考 新表記では、「訊」の書きかえに用いる熟語がある。

【尋引】(じんいん) ものさし。

【尋繹】(じんえき) ①道理をたずねきわめる。②くり返して行う。

【尋求】(じんきゅう) たずね求める。さがす。

【尋思】(じんし) たずね思う。いろいろと考える。

【尋春】(じんしゅん) 春をさがしたずねること。「尽日尋レ春不レ見レ春(じんじつ、はるをたずねてはるをみず)」(終日春を探しもとめて歩いたが、春はどこにも見かけない。)〈戴益の詩・探春〉

【尋常】(じんじょう) ①尋(八尺)と常(一丈六尺)。転じて、わずかな長さ、広さ。②なみ。普通。「尋常一様」③いつも。常々。「岐王宅裏尋常見(ぎおうのたくりじんじょうにみる)」(岐王の邸宅でいつもあなたを見ていた。)〈杜甫の詩・江南逢李亀年(こうなんにてりきねんにあう)〉④国㋐すなお。㋑けなげ。㋒りっぱ。

【尋訪】(じんぼう) 人を訪問する。「いただすこと。

【尋(訊)問】(じんもん) ①たずね問う。②法裁判官や警察官が問

【尋幽】(じんゆう) ①けしきの優れた所をさがす。②奥深い理をき「わめる。

【尋陽】(じんよう) 「潯陽」(七五四ジベ・上)に同じ。

【尋找】(シュンチャオ) xúnzhǎo 現探す。

寸9【尊】〔12〕学6 ソン　たっとい・とうとい・たっとぶ・とうとぶ　ソン漢 呉 平 元 zūn ツン　U 5C0A 補 J 3426

旧字 寸9【尊】〔12〕 U 補 J

筆順 丷 丷 㐄 酋 酋 酋 尊 尊

意味 ①祭祀や賓客をもてなす時に用いる酒器。＝樽 ②〈たっと・い(たふと・し)〉〈とうと・い(たふと・し)〉↕卑 ③〈たっと・ぶ〉〈とうと・ぶ(たふと・ぶ)〉あがめうやまう。たいせつにする。④目上の人。年上の人。⑤敬意を示す語。「尊父」「日本武尊(やまとたけるのみこと)」国〈みこと〉神や貴人に対する敬称。

(尊①)

解字 会意。酋と寸とを合わせた字。酋は酒を入れるうつわ。寸はきまり・法度があること。尊は、祭礼や、客をもてなす礼など、きちんとした儀式に使われるたっとい酒器なので、とうといという意味になった。一説に、尊は、すらりとして優美な形の酒器なので、「貴重な」という意味になったとする。

名前 たか・たかし

【尊意】(そんい) ①尊い考え。②他人の意思の敬称。お考え。

【尊栄(榮)】(そんえい) 身分が尊く栄えること。

【尊影】(そんえい) 他人の肖像・写真の敬称。おすがた。

【尊下】(そんか) 手紙のあて名の下につける敬語。

【尊簡】(そんかん) 他人の書簡の敬称。お手紙。尊書。尊札。

【尊顔】(そんがん) 他人の顔をいうときの敬称。お顔。

【尊鬼】(そんき) 尊神悪鬼。えらい神と悪い神。〈鄭還古(ていかんこ)・杜子「春伝(とししゅんでん)〉

【尊貴】(そんき) 尊いこと。

【尊君】(そんくん) ①他人の父に対する敬称。②相手に対する敬称。尊公。あなた。

【尊兄】(そんけい) ①他人の兄の敬称。②年長者の敬称。「同輩に対する敬称。③あなた。」

【尊敬】 一(そんけい) うやまう。 二 zūnjìng 現 一に同じ。

【尊顕(顯)】(そんけん) 位がたかく、名が現れること。

【尊厳(嚴)】(そんげん) 尊くおごそか。重々しく威厳がある。

【尊公】(そんこう) ①他人の父の敬称。②他人を呼ぶ敬称。貴公。あなた。

【尊榼】(そんこう) 酒をいれたたる。さかだる。尊も榼も、酒のた「るの意。

【尊号(號)】(そんごう) ①天子の称号。②他人の号の敬称。

【尊者】(そんじゃ) ①目上の人。尊長。②仏羅漢(らかん)。学徳のある僧の敬称。③国昔、大臣が招いた酒宴で正座にすわる人。

【尊爵】(そんしゃく) 尊いくらい。尊位。

【尊書】(そんしょ) 他人の手紙に対する敬称。おてがみ。尊簡。

【尊称(稱)】(そんしょう) 尊んで呼ぶ名称。

【尊奨(奬)】(そんしょう) 尊んでほめあげる。尊び助ける。

【尊俎】(そんそ) ①酒だると、まないた。②宴会の席。【──折衝(そんそせっしょう)】敵国の君臣や使節と会合し、酒盛りの間に外交交渉をやって、自国の勢力をのばすこと。〈戦国策・斉〉

【尊崇】(そんすう) 尊びうやまう。尊敬。「称。尊影。

【尊像】(そんぞう) ①尊い人の肖像。②他人の肖像に対する敬

【尊属(屬)】(そんぞく) ①親等上、自分より上位の血族。②法律上、父母と同列以上にある血族。尊族親。↕卑属

【尊体(體)】(そんたい) ①他人のからだの敬称。おからだ。②仏像などに対する敬称。

【尊大】(そんだい) ごうまん。高ぶる。おうへいに構えること。

【尊台(臺)】(そんだい) 目上の人に対する敬称。あなた。

【尊重】(そんちょう) 尊んでたいせつにする。

【尊堂】(そんどう) ①他人の母の敬称。尊母。令堂。②他人の家に対する敬称。③両親。

【尊王】(そんのう) ①王室を尊ぶこと。＝尊皇【尊王攘夷】(そんのうじょうい) ①王室を尊び、えびすを打ち払う。②国幕末の志士が唱えた言葉で、天皇を尊び、外国人を追い払う意。

【尊卑】(そんぴ) 身分の高いのと、ひくいのと。尊いのと卑しいのと。

【尊父】(そんぷ) 他人の父の敬称。

【尊名】(そんめい) ①帝号。②他人の名の敬称。③りっぱな名誉。

【尊命】そんめい 他人の命令に対する敬称。お申しつけ。
【尊容】そんよう 他人の顔かたちの敬称。お顔。
【尊来(來)】そんらい 他人が来ることの敬称。おいで。ご来訪。
【尊立】そんりつ(りゅう)(りふ) 尊い地位におし立てる。皇帝の位につかせる。
【尊慮】そんりょ 他人の考え・心づかいに対する敬称。御配慮。
◇▼三尊さんぞん・本尊ほんぞん・会尊かいそん・世尊せそん・釈尊しゃくそん・唯我独尊ゆいがどくそん

寸9〖博〗↓十部十画(一九九ページ・上)
寸11【對】〔14〕旧↓対(三八二ページ・下)
寸11〖奪〗↓大部十一画(三三三ページ・中)
寸11〖樹〗↓木部十画(六五九ページ・下)

寸12【導】〔15〕学5 ドウ みちびく　J 3819 補 U 5C0E
旧字 寸13【導】〔16〕 トウ(タウ) 漢 去 号 ドウ(ダウ) 呉 dǎo タオ　J ― 補 ― U ―

筆順 丷 䒑 首 道 道 道 導 導

意味 ①〈みちび・く〉㋐案内する。教える。「誘導」㋑川を通す。道を切り開く。②みちびき。案内。また、案内する人。

解字 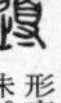 形声。寸が形を表し、道だうが音を示す。道はみちの意味。寸は、きまり・法度の意。導は、きまりに従って案内をすることで、みちびくことになる。一説に、寸は手で、導は、手を引くことという。

名前 おさ・みち

【導引】どういん(だう) ①道案内。②新鮮な空気を導いて体内に入れること。一種の深呼吸。道家の健康法。③もみりょうじ。

【導師】どうし(だう) 仏①死者に引導いんどうをわたす僧。②人々に仏教の教えを説いて、仏教信仰に向かわせる僧。

【導制】どうせい(だう) 善にみちびき、悪を制止する。

【導入】どうにゅう(だう)(にふ) ①みちびき入れる。②学習にはいる前の下準備としての指導。

【導訳(譯)】どうやく(だう) 案内人と通訳の者。

【導養】どうよう(だう)(やう) みちびきやしなう。道教の僧などが、特別の養生法で長寿をはかること。

【導演】タオイエン dǎoyǎn 現①演出する。②(映画)監督。

【導弾(彈)】タオタン dǎodàn 現ミサイル。
◇▼引導いんどう・伝導でんどう・先導せんどう・指導しどう・訓導くんどう・補導ほどう・誘導ゆうどう

寸13【導】〔16〕旧↓導(本ページ・上)
寸13〖樹〗↓木部十二画(六六七ページ・上)

3画 小部 しょう

【部首解説】「八」と「亅」が合わさり、「わずかであること」を表す。この部には、「小」の形を構成要素とする文字が属する。

小0【小】〔3〕学1 ショウ ちいさい・こ・お　ショウ(セウ) 漢 呉 上 篠 xiǎo シアオ　J 3014 補 U 5C0F

筆順 亅 亅 小

意味 ①〈ちいさ・い(ちひさ・し)〉↕大「小国」②すこし。わずか。「小破」③こまかい。④つまらない。くだらない。「小人」⑤かろんじる。⑥年わかい人。⑦けんそんを示す語。「小子」⑧正妻でない妻。国〈こ〉〈お(を)〉〈さ〉小の意の接頭語。①小さい。「小舟こぶね」「小川おがわ」②わずか。ほぼ。「小一時間こいちじかん」③軽く添える語。「小夜さよ」

解字  会意。八と亅を合わせたもの。亅はわずかなものの形、八はそれを分けること。そこから、小は、ちいさいことを指す。一説に、小さい点を三つつけて、こまかいものを表したとする。

名前 さき・ちいさ 姓 小子ちいさこ・小市おいち・小汀おばま・小豆おず・小知おち・小家おやけ・小渡おど・小椋おぐら・小山内おさない・小田切おだぎり・小豆沢あずさわ・小和田おわだ・小治田おはりだ・小波蔵こはぐら・小鳥遊たかなし・小弾正こだんじょう

地名 小山おやま・小仏こぼとけ・小平こだいら・小田おだ・小谷おたり・小豆しょうず・小松こまつ・小林こばやし・小牧こまき・小県ちいさがた・小城おぎ・小郡おごおり・小浜おばま・小笠おがさ・小野おの・小諸こもろ・小樽おたる・小千谷おぢや・小田原おだわら・小矢部おやべ・小金井こがねい・小松島こまつしま・小野田おのだ

難読 小豆あずき(付表)/小路こうじ・小女子こうなご・小筒ささえ・小石さざれいし・小夜さよ・小火ぼや

【小野妹子】おの(を)のいもこ 人名。飛鳥あすか時代の人。わが国最初の遣隋使けんずいし。
【小野篁】おの(を)のたかむら 人名。平安前期の漢詩人・歌人。岑守みねもりの子。「令義解りょうのぎげ」を著した。(八〇二～八五二)
【小野道風】おの(を)のとう(たう)ふう 人名。平安時代の書家。篁たかむらの孫。
【小野岑守】おの(を)のみねもり 人名。小野妹子いもこの玄孫。嵯峨さが天皇の勅を奉じて「凌雲集りょううんしゅう」を編集した。
【小夜】さよ 国よ。よる。「さ」は接頭語。【――時雨】さよしぐれ 国夜に降るしぐれ。
【小異】しょうい(せう) 少しばかりの違い。小差。「大同小異」
【小隠(隱)】しょういん(せう) 俗世を捨てきれていない隠者。↕大隠たいいん
【小宴】しょうえん(せう) ①小人数の宴会。②ささやかな宴会。「小さな宴会」
【小屋】一 しょうおく(せう)(をく) 小さな家。二 こや 国①そまつな建物。②芝居などの興行をする建物。農産物や家畜・炭などを入れておくところ。
【小過】しょうか(せう)(くわ) ①小さいあやまち。小失。↕大過 ②易えきの卦かの名。小事によろしきを得るかたち。
【小我】しょうが(せう) ①考えの狭い利己心。②自分一個にばかりとらわれた、小さな自我。↕大我
【小雅】しょうが(せう) 「詩経しきょう」の歌体の名。「詩経」は、大雅・小雅と二つにわかれ、小雅はおもに、天子が諸侯群臣をもてなす宴会の歌や、述懐の歌が多い。雅は、正の意で、宮中の正しい音楽をいう。
【小閣】しょうかく(せう) 小さな住まい。「小閣重レ衾不レ怕レ寒しょうかくにかさねてかんをおそれず」(小さな家に、夜具ふとんをたっぷり重ねて、寒さ知らずである。)〈白居易はくきょいの詩・香炉峰下、新トニ山居一、草堂初成、偶題ニ東壁一こうろほうかに、あらたにさんきょをぼくし、そうどうはじめてなり、たまたまとうへきにだいす〉
【小学(學)】一 しょうがく(せう) ①中国古代、王侯の子弟を教えた学校。②漢字の形や音や意味などを研究する学問。③書名。六編。宋そうの朱熹しゅきの命により、門人劉子澄りゅうしちょうが編した。大学(成人に対する政治教育)に対し、こどもに日常の起居言行を教えるもの。④国小学校の略。二 シアオシュエ xiǎoxué 現「小学校」。
【小官】しょうかん(せう)(くわん) ①位の低い官吏。小吏。②官吏が自分をけんそんしていうことば。
【小閑】しょうかん(せう) 少しのひま。小暇。寸暇。＝少閑
【小寒】しょうかん(せう) 二十四節気の一つ。
【小器】しょうき(せう) ①小さいうつわ。②器量のせまい小人物。↕大器
【小君】しょうくん(せう) 大名や諸侯の妻。北の方。
【小径(徑)】しょうけい(せう) 一こみち 細い道。小さい道。↕大径
【小奚】しょうけい(せう) 年少の下男。
【小慧(慧)】しょうけい(せう) こざかしい。少々の才知。小知。
【小憩】しょうけい(せう) しばらく休む。少し休む。小頓。＝少憩

3画
口囗土士夂(夊)夕大女子宀寸小尢(兀・兀)尸屮山巛(川)工己巾干幺广廴廾弋弓彐(彑・⺕)彡彳⺍

【小決】しょう(せう)けつ　川の堤防などを、少し切り開いて水を流す。

【小言】[一]しょう(せう)げん　口先だけのうまいことば。[二]こごと　国①いましめのことば。注意を与えることば。②ぶつぶついうこと。不平。苦情。③口やかましくいうことば。

【小戸】しょう(せう)こ　①小さな家。②「下戸」(二〇ページ・下)に同じ。

【小姑】[一]しょう(せう)こ　夫の妹。[二]こじゅうと(こじゅうとめ)　国夫または妻の姉妹。こじゅうと。

【小故】しょう(せう)こ　ちょっとしたでき事。小さい事がら。

【小口】[一]しょう(せう)こう　小さな口。小さな入り口。[二]こぐち　国①きりくち。②いとぐち。はし。③小額。④部門。一部。

【小功】しょう(せう)こう　①五か月間の服喪の際に着る衣服。②五か月間の喪。③小さなてがら。

【小巷】しょう(せう)こう(かう)　せまい通り。路地。

【小康】しょう(せう)こう(かう)　①政治がゆきとどき、世の中がしばらくの間無事であること。②国病気の容態が少しよいこと。「小康を保つ」

【小国(國)】しょう(せう)こく　小さい国。【――寡民】しょう(せう)こくか(くわ)みん　国が小さく、人民の少ないこと。老子の理想郷。戦争も起こらず、素朴で平和な生活が楽しめるという。〈老子・八十〉

【小才】しょう(せう)さい　――こさい　ちょっとした才気。

【小斎(齋)】しょう(せう)さい　小さな室。

【小策】しょう(せう)さく　こざかしい策略。つまらないはかりごと。

【小冊】しょう(せう)さつ　小型の書物。薄い書類。また、小冊子。小さな手帳。

【小察】しょう(せう)さつ　①せまい見方。②こまかくくだくだしい。

【小子】しょう(せう)し　①こども。幼い子。②弟子・門人に呼びかけることば。③自分をけんそんしていうことば。わたくし。④召使。⑤周代の官名。

【小史】しょう(せう)し　①周の官名。国の礼法の細かいことを扱う。有職故実の係。②下級の書記官。③簡単な歴史。④小姓。そばづかえのこども。

【小疵】しょう(せう)し　①小さなきず。②わずかなあやまち。小さな欠点。

【小詩】しょう(せう)し　短い詩。軽い内容の詩。

【小字】[一]しょう(せう)じ　①幼時の名まえ。②小さい文字。[二]こあざ　国字(町村内の小区分)をさらに小さく分けた部分。

【小児(兒)】しょう(せう)じ　――しょう(せう)に　①こども。幼児。②自分の子をけんそんしていうことば。③他人をいやしめていうことば。

【小辞(辭)】しょう(せう)じ　小話。「上レ廁則閲ニ小辞ー」(便所では軽い読み物に目を通す。)〈帰田録〉

【小児(兒)女】しょう(せう)じじょ(ぢよ)　幼いこどもたち。

【小失】しょう(せう)しつ　ちょっとした失敗。小過。

【小謝】しょう(せう)しゃ　南北朝時代、南斉の詩人謝恵連をいう。宋の謝霊運を大謝と称したことに対する。

【小弱】しょう(せう)じゃく　①ちいさくて弱い。弱小。②幼少。

【小豎】しょう(せう)じゅ　①こども。②人をいやしんでいうことば。青二才。豎子。

【小秋】しょう(せう)しゅう(しう)　秋の初め。初秋。

【小袖】[一]しょう(せう)しゅう(しう)　小さいそでのふだん着。[二]こそで　国絹の綿入れ。

【小醜】しょう(せう)しゅう(しう)　徳のない人。

【小銃】しょう(せう)じゅう　鉄砲。こづつ。

【小春】しょう(せう)しゅん　――こはる　陰暦十月の別名。【――日和】こはるびより　国陰暦十月ごろの、春のように暖かいひよりをいう。

【小暑】しょう(せう)しょ　二十四節気の一つ。

【小序】しょう(せう)じょ　短い序。詩や文章の短い前書き。↕大序

【小小】しょう(せう)しょう(せう)　①小さいさま。②年少。

【小相】しょう(せう)しょう(しゃう)　儀式のとき、君主の礼式を補佐する小役人。「願為ニ小相ー焉」〈論語・先進〉

【小祥】しょう(せう)しょう(しゃう)　人の死後一年めに行う祭り。一周忌。

【小照】しょう(せう)しょう(せう)　小さな肖像。小さな写真。

【小乗(乘)】しょう(せう)じょう　仏仏教の二大流派の一つ。方便を設けて人にわかりやすく、卑近に説かれた。小乗仏教。↕大乗

【小丈夫】しょう(せう)じょう(ぢやう)ふ　①心のいやしい男。小人物。②背の低い男。小がらな人。

【小心】しょう(せう)しん　①気が小さい。おくびょうなこと。②用心ぶかい。注意ぶかい。③つつしみ深いこと。【――文】しょう(せう)しんぶん　①細かい所まで気を使った文。【――翼翼】しょう(せう)しんよくよく　②びくびくするさま。〈詩経・大明〉

【小身】しょう(せう)しん　身分の低い人。給料の少ない人。

【小人】[一]しょう(せう)じん　①人格の低い人。徳のない人。②身分のいやしい人。庶民。③召使。④自分をけんそんしたことば。⑤[二]に同じ。[二]こびと　①背の低い人。②こども。【――儒】しょう(せう)じんのじゅ　利益や名誉を得ようとするいやしい学者。『――間居為(爲)ニ不善ー』小人は、することもなくひとりでいると、とかくよくないことをしがちなものである。〈大学〉『――窮斯濫矣』つまらない人間は、貧しくて苦しいと、かってなことをする。〈論語・衛霊公〉『――之過必文』小人はあやまちをおかすと、反省するよりも、とりつくろってあやまちをかくそうとする。〈論語・子張〉『――之勇』しょう(せう)じんのゆう　血気にはやる、考えの浅い男の勇気。匹夫の勇。〈荀子・栄辱〉『――求ニ諸人ー』小人は何事につけても、自分に関することを他人の責任として要求する。〈論語・衛霊公〉『――徇レ財』小人は、財利には目がなく、身をほろぼしてもこれを求めようとする。〈荘子・盗跖〉

【小尽(盡)】しょう(せう)じん　陰暦で、一か月の日数が二十九日の月。小の月。↕大尽

【小水】しょう(せう)すい　①小さな流れ。↕大水　②小便。小用。

【小生】しょう(せう)せい　①自分をけんそんしていうことば。②人をいやしめていうことば。未熟のもの。後輩。初学者。

【小成】しょう(せう)せい　ちょっとした成功。↕大成

【小姓】[一]しょう(せう)せい　身分の低い人の娘。[二]こしょう(しゃう)　国昔、貴人の近くに仕えた少年。

【小節(節)】しょう(せう)せつ　①小さな節義。わずかな節操。②国小さいふし。③国文章の小さい区切り。④国楽譜の五線上を縦線でくぎった部分。

【小説】[一]しょう(せう)せつ　①取るにたりない、つまらない説。②近代文学の形式の一つ。作者の想像力によって、事実を仮設して書く散文体の文学。③市中のできごとなどを、おもしろくしるしたもの。[二]シアオシュオ　xiǎoshuō　現[一]の②に同じ。

【小鮮】しょう(せう)せん　小魚。「治ニ大国ー若レ烹ニ小鮮ー」(大国を治めるには、小魚を煮るように、むやみにかきまわさず、自然にまかせることが肝要である。)〈老子・六十〉

【小善】しょう(せう)ぜん　少しばかりのよい行い。

【小前提】しょう(せう)ぜんてい　三段論法で、小概念をもつ前提。

【小槽】しょう(せう)そう(さう)　小さいおけ。槽は、かいばおけ。また、酒だる。

【小体(體)】しょう(せう)たい　①小さな体。②「心」を大体というのに対して、「耳目」の類をいう。

【小知(「智」)】しょう(せう)ち　ちょっとしたちえ。

【小畜】しょう(せう)ちく　易の卦の名。小事でもって畜えて時機をまつかたち。

【小弟】しょう(せう)てい　①年若い弟。自分の弟をけんそんしていうことば。②末の弟。③弟が兄に対して、また、自分が他人に対してけんそんしていうことば。↕大兄

【小艇】しょう(せう)てい　小舟。ボート。

【小篆】しょう(せう)てん　漢字の書体の一種。秦の始皇帝のとき、大臣の李斯が、周の大篆を改作して作ったという実用的な文字。↕大篆

【小伝(傳)】しょう(せう)でん　簡単な、概略の伝記。略伝。

【小杜】しょう（せう）と　杜甫(とほ)（盛唐の詩人）を大杜というのに対して、杜牧(とぼく)（晩唐の詩人）をいう。

【小刀】しょう（せう）とう（たう）　①小さな刀。②短刀。わきざし。③こがたな。ナイフ。【──子】しょう（せう）とう（たう）し　「小刀」に同じ。

【小偸】しょう（せう）とう　こそどろ。＝小盗
【小童】㊀しょう（せう）どう　①こども。②諸侯の夫人が自分をけんそんしていう語。わらわ。㊁こわっぱ・こわらべ　国こどもをばかにしていうことば。小僧。

【小道】しょう（せう）どう（だう）　①小さなせまい道。②人倫の大道に対して、農業・医薬・卜筮(ぼくぜい)など技芸の道。また、聖賢の道にはずれた異端ともいう。③小さい道義。↕大道
【小頓】しょう（せう）とん　小休止。中休み。小憩。

【小年】しょう（せう）ねん　①年若いこと。＝少年　②小一年。一年に近いこと。③寿命が短いこと。

【小脳（腦）】しょう（せう）のう（なう）　脳髄の一部。大脳のうしろにあって運動をつかさどる。

【小波】しょう（せう）は　さざなみ。静かな波。

【小品】しょう（せう）ひん　①小さな品物。②少さくまとまった作品。【↕大作(たいさく)】

【小夫】しょう（せう）ふ　つまらない人間。

【小民】しょう（せう）みん　しもじもの民。庶民。大衆。

【小名】㊀しょう（せう）めい　①つまらない名声。②小さいときの名。幼名。㊁しょう（せう）みょう（みやう）　国領地の小さい諸侯。↕大名
【小勇】しょう（せう）ゆう　血気にはやったつまらない勇気。感情的な一時の勇気。↕大勇
【小用】しょう（せう）よう　──こよう　①ちょっとした用事。②細かい仕事。③「小便。小水。ゆばり。」

【小恙】しょう（せう）よう（やう）　軽い病気。ちょっとした病気。微恙(びよう)。

【小籃】しょう（せう）らん　小さなかご。

【小吏】しょう（せう）り　下級官吏。丞(じょう)・尉の下になり、俸給(ほうきゅう)百石以下の書記階級の者。

【小立】しょう（せう）りつ　ちょっと立つ。しばらくたたずむ。

【小礼（禮）】しょう（せう）れい　小さな礼儀。わずかの義理。

【小話】しょう（せう）わ　──こばなし　①短い簡単な話。一口ばなし。②短い笑い話。小咄(こばなし)。

【小姐】シアオチエ　xiǎojie　現おじょうさん。他人の娘に対する敬称。

【小時】シアオシー　xiǎoshí　現一時間。

【小孩子】シアオハイツ　xiǎoháizi　現こども。

【小伙子】シアオフオツ　xiǎohuǒzi　現若者。

【小米】シアオミー　xiǎomǐ　現粟(あわ)。

『小隙沈レ舟』しょう（せう）げき ふねをしずむ（しづむ）　小さなすきまでも、そこから水がはいって舟を沈めてしまう。小さな事でも、ほうっておくと大事になることのたとえ。〈関尹子(かんいんし)・九薬〉

『小人之交甘若レ醴』しょう（せう）じんのまじわり（まじはり）は あまきことれいのごとし　小人の交際は甘酒のようにあまいが長くは続かない。〈荘子(そうじ)・山木〉→「君子之交淡若レ水(くんしのまじわりはあわきことみずのごとし)」（二三一ページ・上）
△▼大小(だいしょう)・弱小(じゃくしょう)・偏小(へんしょう)・微小(びしょう)・矮小(わいしょう)・縮小(しゅくしょう)

小 1
【少】
〔4〕 学 2　ショウ　すくない・すこし
㊀ショウ（セウ）漢 呉　㊀ 上 篠 shǎo シャオ
㊁ショウ（セウ）漢 呉　㊁ 去 嘯 shào シャオ
J 3015　補 ─　U 5C11

筆順　丿 小 小 少

意味 ㊀①〈すく・な・い（──・し）〉↕多 ㋐量がすくない。㋑時間がみじかい。②〈か・く〉へる。へらす。③かろんじる。④〈しばらく〉⑤〈やや〉〈すこし〉わずかに。⑥〈まれ〉
㊁①〈わか・い（──・し）〉わかもの。②そえ役。次官。「少師」③姓。少正(しょうせい)は、複姓。

解字 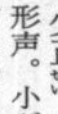　形声。小が形を表し、丿(ぴつ)が音を示すという。丿は片方にねじられている形で、少は、小がちいさい意味であるのに対し、多くないことを表す。一説に、小と丿との会意。丿は横に引くことを表し、少は、横にそぎ取って減らすことを表すとする。

名前 お・すく・まさ・まれ・すくな　姓 少輔(しょうほ)
難読 少女(おとめ)・少領(すけ)

【少焉】しょう（せう）えん　──しばらくして　しばらくして。ややあって。少頃(しょうけい)。

【少艾】しょう（せう）がい　美しい少年、少女。

【少概】しょう（せう）がい　あらまし。大略。

【少額】しょう（せう）がく　少しの金額。わずかなたか。↕多額
【少間】しょう（せう）かん　①少しのひま。②病気が少しなおること。③少しやすむ。

【少許】しょう（せう）きょ　少しばかり。ちょっと。

【少頃】しょう（せう）けい　しばらく。少しの間。また、しばらくして。

【少憩】しょう（せう）けい　しばらく休む。短い休息。＝小憩
【少昊】しょう（せう）こう（かう）　伝説上の帝王。黄帝の子。西方をつかさどる神とされる。金天氏。白帝。

【少佐】しょう（せう）さ　国もと、陸軍・海軍の武官の階級。佐官の最下級。

【少子】しょう（せう）し　末の子。末子(まっし)(ばっし)。↕長子
【少師】しょう（せう）し　①三公の副官。大師に属する。②大師に次ぐ楽官。③退官した士。

【少時】しょう（せう）じ　①年若いとき。②しばらくの間。少頃(しょうけい)。

【少者】しょう（せう）しゃ　年の若い者。「少者歿、而長者存(しょうしゃぼっして ちょうしゃそんす)」（年の若い者が死んで、年上の者が生きながらえている。）〈韓愈(かんゆ)・祭二十二郎一文(じゅうにろうをまつるぶん)〉

【少女】㊀しょう（せう）じょ（ぢょ）　年の若い女の子。㊁シャオニュイ shàonǚ　現㊀に同じ。

【少小】しょう（せう）しょう（せう）　①年が若く小さい。②こどものとき。幼時。

【少少】しょう（せう）しょう（せう）　少ないさま。すこし。いささか。些少(さしょう)。

【少将（將）】しょう（せう）しょう（しゃう）　国①昔の官名。近衛府(このえふ)の次官。中将の下。②もと、陸軍・海軍の武官の階級。中将の下。

【少食】しょう（せう）しょく　食事の量が少ないこと。＝小食
【少数（數）】㊀しょう（せう）すう　少ない数。㊁シャオシュー shǎoshù　現㊀に同じ。

【少選】しょう（せう）せん　しばらくして。まもなく。

【少壮（壯）】しょう（せう）そう（さう）　若くて元気のよいこと。血気ざかり。二、三十歳ごろ。『──幾時兮奈レ老何』しょう（せう）そう（さう）いくときぞ おいをいかんせん　若さはいつまで続くものか、年をとることだけはどうにもならない。〈漢武帝・秋風辞〉『──不二努力一、老大徒傷悲』しょう（せう）そう（さう）どりょくせずんば、ろう（らう）だいいたずら（いたづら）にしょう（しゃう）ひせん　若いうちに一生懸命にやっておかないと、年をとってからいたずらに痛み悲しむことになるであろう。〈楽府(がふ)詩集・長歌行(ちょうかこう)〉『──能幾時』しょう（せう）そう（さう）よくいくときぞ　若いころは、どれほど続くであろうか、いくらもない。〈杜甫(とほ)の詩・贈二衛八処士一(えいはちしょしにおくる)〉

【少長】しょう（せう）ちょう（ちゃう）　①こどもとおとな。年少者と年長者。②やや成長する。

【少帝】しょう（せう）てい　若い皇帝。

【少得】しょう（せう）とく　①少しの利益。②わずかな善徳。

【少納言】しょう（せう）なごん　国昔の官名。太政官(だいじょうかん)の判官(じょう)で中務(なかつかさ)省の侍従(じじゅう)をかねた官。

【少弐（貳）】しょう（せう）に　国昔、大宰府(だざいふ)の次官。

【少年】㊀しょう（せう）ねん　年が若いこと。若者。㊁シャオニエン shàonián　現㊀に同じ。『──易レ老学（學）難レ成』しょう（せう）ねんおいやすく がくなりがたし　月日は過ぎやすく、学問は完成しがたい。〈伝朱熹(しゅき)の詩・偶成〉

【少半】しょう（せう）はん　三分の一。三分の二を大半というのに対する。

【少婦】しょう（せう）ふ　若い妻。

【少陵野老】しょう（せう）りょう やろう（らう）　少陵出身の無官の老人の意で、杜甫(とほ)の号。杜甫は襄陽(じょうよう)の人、少陵に家を構えた。

【少老】しょう（せう）ろう（らう）　若どしより。

【少牢】しょう（せう）ろう（らう）　羊とぶたを供える祭り。また、そのごちそう。↕太牢(たいろう)

『少無二適レ俗韻一』わかくして、ぞくにてきするのいん（ゐん）なし　若いときから、世間に調子を合わせる気持ちを持っていない。〈陶潜(とうせん)の詩・帰二園田居一(えんでんのきょにかえる)〉
△▼幼少(ようしょう)・年少(ねんしょう)・希少(きしょう)・些少(さしょう)・最少(さいしょう)・減少(げんしょう)・軽少(けいしょう)・僅少(きんしょう)・微少(びしょう)・寡少(かしょう)・鮮少(せんしょう)

小 2 【尒】〔5〕 同 ↓爾（七八八ジペー・下）

小 2 【尔】〔5〕 俗 ↓爾（七八八ジペー・下）

小 3 【尖】〔6〕 人 標 セン 漢 ｜ 平 塩 jiān チエン ｜ J 3277 補 ― U 5C16

意味 ①〈とが・る〉ほそくするどい。②先端。とがったさき。③鋭敏である。斬新（ざんしん）である。④最もすぐれた人や物。

参考 新表記では、「先」に書きかえる熟語がある。

【尖鋭】（せんえい） 一 ①先が鋭くとがっている。②国思想や行動が激しく急進的なこと。＝先鋭 二 チエンロイ jiānruì 現①一の①に同じ。②（声や音が）かん高い。③激しい。【――分子】（せんえいぶんし） 急進的なはげしい思想を持った人々。

【尖角】（せんかく） とがっている先。

【尖新】（せんしん） とがった新芽。「桑葉尖新緑未レ成（そうようせんしんみどりいまだならず）」（くわの葉がとがった新芽を出しているが、まだじゅうぶんみどり色になりきっていない。）〈范成大（はんせいだい）の詩・春日田園雑興〉

【尖纖（纖）】（せんせん） とがって細いこと。

【尖端】（せんたん） ①とがった先。②最も新しいこと。時代や流行のさきがけ。＝先端

【尖塔】（せんとう（たふ）） 先のとがった塔。

【尖頭】（せんとう） ①先のとがった物の先端。②上のほうがとがっている頭。

△舌尖（ぜっせん）・肺尖（はいせん）・筆尖（ひっせん）

小 3 【当】〔6〕 学 2 トウ あたる・あてる ｜ 一 トウ（タウ） 漢 呉 一 平 陽 dāng タン ｜ J 3786 補 ― U 5F53

旧字 田 8 【當】〔13〕 二 トウ（タウ） 漢 呉 二 去 漾 dàng タン ｜ J 6536 補 ― U 7576

筆順 丨 丷 ⺌ 当 当 当

意味 一 ①〈あた・る〉〈あ・てる（―・つ）〉 ㋐むかいあう。㋑つりあう。㋒敵対する。㋓あてはまる。㋔任務につく。つかさどる。㋕その場、その時にあう。②〈べし〉〈まさに…べし〉 ㋐当然…しなければならぬ。㋑当然…なるはずである。 二 ①〈あた・る〉ちょうど適合する。一致する。②見なす。③質（しち）に入れる。また、質草（しちぐさ）。④発生した時間や場所。「当時（とうじ）」「当地（とうち）」 ⑤底。

語法 ❶〈まさに…べし〉再読文字。㋐当然。…しなければならぬ。…するべきである。例「吏不レ当レ若レ是邪（りはまさにかくのごとくなるべけんや）」（役人は本来こうあるべきではないのか）〈史記・張釈之（ちょうせきし）列伝〉 ㋑推定。…にちがいない。きっと…であろう。例「当レ有レ瑞（まさにずいあるべし）」（きっと瑞祥があらわれるでしょう）〈史記・暦書〉 ↓付録・同訓異義要覧「べし」「まさに」
❷〈もし〉仮定。もし…であれば。類 倘・儻 例「当使三虎豹失二其爪牙一（もしこひょう（へう）をしてそのそう（さう）をうしな（うしなは）しむれば）、則人必制レ之矣（すなわち（すなはち）ひとかならずこれをせいせん）」（もし虎や豹から爪牙を奪えば、人は必ず〔虎や豹をたやすく〕捕らえることができるだろう）〈韓非子・人主〉 ▼「当使」は二字で「もし」と訓読する場合もある。

解字 形声。田が形を表し、尚（しゃう）が音を示す。尚には、上に加える意味がある。當は、田と田がぴったり重ねたように合うことで、あたる意味になる。一説に、當は、田を質（しち）に置くことで、抵当（ていとう）の意味であるという。

名前 たえ・まさ・まつ

姓 当宗（まさむね）・当麻（たいま）・（たぎま）・当間（とうま）・当道（まさみち）・当銘（とうめ）

参考 当は、「當」・「噹」（二六六ジペー・上）の中国新字体としても使う。

応用例 档（檔）

【当為（爲）】（とう（たう）い（ゐ）） ①当然なすべきこと。②哲まさにそう在るべきこと。Sollen の訳語。

【当意即（卽）妙】（とう（たう）いそくみょう（めう）） その場にふさわしい機転をきかす。機転のきくさま。

【当下】（とう（たう）か） ①目下（もっか）。ただいま。②すぐに。即座に。

【当家】 一（とう（たう）か） ①この家。②一家の仕事をきりまわしている使用人。③一家の仕事を処理する。 二（とう（たう）け） 「また、その係。」 国自分の家。

【当該】（とう（たう）がい） ①この時。その事がら。②その事に当たる。「また、その係。」

【当局】（とう（たう）きょく） ①碁をうつこと。②その事に当たっていること。また、その役所。

【当月】（とう（たう）げつ） ①今月。この月。②その月。そのことのあった月。

【当今】 一（とう（たう）こん） 現今。 二（とう（たう）ぎん） 現在の天皇。今上（きんじょう）。

【当座】（とう（たう）ざ） 国①その場。その席で。②すぐに。即座に。③ここしばらくの間。当分。④その場でよむ歌。【――預金】（とう（たう）ざよきん） 銀行預金の一つで、預け主が要求すればいつでも引き出せるもの。小切手と引き替えるのが原則。

【当山】（とう（たう）ざん） ①この山。②この寺。

【当事】（とう（たう）じ） ①直接にその事件の処理にあたる。②ある事件にぶつかる。【――者】（とう（たう）じしゃ） その仕事に直接関係する者。当局者（とうきょくしゃ）。当路者。

【当時】 一（とう（たう）じ） ①目下（もっか）。現在。②そのころ。その時代。 二 タンシー dāngshí 現 一の②に同じ。

【当室】（とう（たう）しつ） 家督を継いで家事にあたる。また、跡継ぎ。

【当日】（とう（たう）じつ） ①その事の行われた日。その日。②当直（日直・宿直）の日。③むかし。

【当主】（とう（たう）しゅ） ①現在の主人。②国現在の世帯主。

【当初】（とう（たう）しょ） 最初のとき。はじめの時。

【当職】（とう（たう）しょく） その職を行う。転じて、その人。

【当世】（とう（たう）せい） ①今の世の中。現代。②国当世ふうの略。現代はやりのふう。【――才】（とう（たう）せいのさい） 現代一流の才人。その時代に第一等のすぐれた才能を有すること。「有二当世才一（とうせいのさいあり）」〈晋書（しんじょ）・嵆康（けいこう）伝〉

【当節（節）】（とう（たう）せつ） このとき。今の時節。

【当千】（とう（たう）せん） 一人で千人に相当する。「一騎当千」

【当選】（とう（たう）せん） 選び出される。↕落選

【当籤】（とう（たう）せん） くじに当たる。

【当然】 一（とう（たう）ぜん） そうあるべきこと。あたりまえのこと。 二 タンラン dāngrán 現①一に同じ。②もちろん。

【当代】（とう（たう）だい） ①その時代。そのころ。②今の主人。当主。↕先代（せんだい） ③今の世。当世。

【当地】 一（とう（たう）ち） この土地。ここ。こちら。 二 タンティー dāngdì 「現現地。当所。」

【当調】（とう（たう）ちょう（てう）） 官吏の選抜任命に当たる。任官する。

【当直】（とう（たう）ちょく） 日直または宿直の番に当たる。

【当途】（とう（たう）と） 重要な政治的地位にある人。当路。当道。「＝当塗」

【当道】（とう（たう）どう（だう）） 「当途」に同じ。

【当年】 一（とう（たう）ねん） ①そのころ。その当時。②年若い時。③ことし。現在。

【当番】（とう（たう）ばん） 番に当たる。また、当たった人。

【当否】（とう（たう）ひ） ①ある物事が、ねらいにうまく当たっていることと、はずれていること。②道理に当たっていることと、はずれていること。よしあし。可否。

【当分】（とう（たう）ぶん） 国さしあたり。しばらくの間。暫時（ざんじ）。

【当方】（とう（たう）ほう（はう）） ①その方面。②国私のほう。③国私。

【当面】（とう（たう）めん） ①目前に向き合っている。②国さしあたって。

【当夜】（とう（たう）や） ①今夜。②その夜。

【当用】（とう（たう）よう） ①ぜひ使わなければならない。②国さしあたっての用むき。③国さしあたって当分の間、使用する。「当用日記」【――漢字】（とう（たう）ようかんじ） 国日常使う漢字の範囲として

政府の定めた千八百五十字。昭和五十六年(一九八一)廃止。↓「常用漢字」(四二四ページ・中)

【当来(來)】とうらい(たうらい) ㋑未来。将来。

【当路】とうろ(たうろ) ①道をさえぎる。道にたちふさがる。②政治をとる立場にあること。政治上、重要な地位にあること。また、その人。要路。当局。「当路之人」

【当惑】とうわく(たうわく) どうしてよいか、思案にくれる。

【当做】タンツオ dàngzuò 現…とみなす。…と思う。

◆不当・正当・目当・弁当・尻当・均当・至当・充当・見当・妥当・抵当・肩当・担当・風当・相当・配当・勘当・場当・割当・順当・該当・適当・穏当・暑気当

小3【朩】〔6〕本 ↓菽(一〇六五ページ・下)

小3〘光〙(一二三ページ・上)↓儿部四画

小4〘肖〙(一〇一三ページ・上)↓肉部三画

小5【尚】〔8〕常 ショウ　U5C1A 補 J3016

旧字 小5【尙】〔8〕　U5C19 補 J—

㊀ショウ(シャウ) 漢 呉 ㊀ 去 漾 shàng シャン
㊁ショウ(シャウ) 漢 呉 ㊁ 平 陽 cháng チャン

筆順　丨　丷　⺌　⺌　尚　尚　尚　尚

意味 ㊀①〈たっと・ぶ〉〈とうと・ぶ(たふと・ぶ)〉おもんじる。よいと思う。「尚古」②〈たか・い(——・し)〉抜きん出ている。まさっている。「高尚」③〈くわ・える(くは・ふ)〉つけ加える。越え出る。④〈ひさし・い(ひさ・し)〉古い。むかし。＝上。「尚書」⑤天子の御物を管理する。⑥ほこる。⑦天子の女をめとる。⑧うけたまわる。⑨〈なお(なほ)〉㋐まだ。㋑…すら。⑩〈こいねがわくは(こひねがはくは)〉ねがう。⑪姓。㊁尚羊・尚佯は、ぶらぶらとさまよい歩く。

語法 ❶〈なお(なほ)〉㋐いまもなお。ある状況が依然として続いていることを示す。例「視二吾舌一尚在不」(わしの舌を見ろ、まだついているかどうか)〈史記・張儀列伝〉㋑さらに。そのうえ。状況がいちだんと進むことを示す。例「今已服、尚何求乎」(今やすでに敵を服従させたのだから、この上さらに何を求めようか)〈史記・鄭世家〉㋒…でさえ(そうなのだから)。…ですら。例「且庸人尚羞レ之、況於二将相一乎」(ふつうの人間ですら恥ずかしいと思うのですから、まして将軍宰相においてはなおさらです)〈史記・廉頗藺相如列伝〉▼「安」「況」「而況」「何」などが呼応して続くことが多い。また「尚猶」「猶尚」も「なお(なほ)」と訓読する。↓付録・同訓異義要覧「なお」

❷〈こいねがわくは(こひねがはくは)〉希望・命令。どうか…であってくれ。…せよ。例「尚明聴レ之哉」(どうかこれをしっかりきいてほしい)〈尚書・呂刑〉↓付録・同訓異義要覧「こいねがわくは」

❸〈もし〉仮定。…であれば。…なら。類 儻 例「尚欲三祖二述尭舜禹湯之道一、将不レ可三以不二尚レ賢」(もしも尭・舜・禹・湯などの〔聖人の〕道を祖述しようとするのなら、賢者を尊ばなければならない)〈墨子・尚賢上〉

句形 「A尚…、而況於二B一乎」〈Aすらなお(なほ)…、しかるをいわんや(いはんや)Bにおいてをや〉Aでさえ…なのだからましてやBではいうまでもない。例「天地尚不レ能レ久、而況於レ人乎」(天地ですら永久ではいられないのだから、ましてや人間ではなおさらである)〈老子・二十三〉

解字  形声。八と向を合わせた字で、向しょうは音を示す。八は気が分散すること。向にはむかうという意味がある。尚は上につみかさねることである。一説に、向は、への北壁についている通風口で、尚は、北窓から気が上へ立ちのぼることを表すという。

名前 さね・たか・なか・なり・ひさ・まさ・まし・ます・よし・より

【尚衣】しょうい(しゃうい) 天子の衣服をつかさどる役。

【尚絅】しょうけい(しゃうけい) 一錦の衣の上にうすぎぬを着て美しさを隠す。転じて、へりくだった様子をいう。

【尚賢】しょうけん(しゃうけん) 賢者をたっとぶ。

【尚古】しょうこ(しゃうこ) 古いものを尊ぶ。昔の文物を尊ぶ。崇古。

【——癖】しょうこへき(しゃうこへき) 昔を尊ぶくせ。

【尚志】しょうし(しゃうし) 志を高くする。志を高尚にする。

【尚歯(齒)】しょうし(しゃうし) 老人を敬う。歯は年齢。

【尚侍】しょうじ(しゃうじ) 国①昔の宮中の女官。ないしのかみ。②明治・大正時代、宮中の女官の最上級の官名。

【尚主】しょうしゅ(しゃうしゅ) 天子の女むすめをよめに迎える。主は公主。

【尚書】㊀しょうじょ(しゃうじょ) 「書経しょきょう」をいう。五経の一つ。上古の記録や帝王の詔勅を集めたもの。㊁しょうしょ(しゃうしょ) ①㊀に同じ。②官名。秦しん代、宮中で文書を発することをつかさどった。

【——省】しょうしょしょう(しゃうしょしゃう) 唐代の役所の名。三省の一つ。今の内閣にあたる。

【——令】しょうしょれい(しゃうしょれい) 尚書省の長官。今の大臣にあたる。

【——郎】しょうしょろう(しゃうしょらう) 官名。尚書省の事務官。晋しんの時代は地位が高く、次官に相当した。

【尚早】しょうそう(しゃうさう) 時期がまだ早いこと。「時期尚早」

【尚武】しょうぶ(しゃうぶ) ①武を尊ぶ。②軍備を盛んにすること。

【尚方】しょうほう(しゃうはう) ①天子の御物を造るところ。②天子の御物を管理する官。③宮中の医薬をつかさどる官。

【尚友】しょうゆう(しゃういう) 昔の賢人を友とする。

【尚論】しょうろん(しゃうろん) 昔にさかのぼって論じる。

〘尚饗〙こいねがわくはうけよ(こひねがはくはうけよ) どうかわたしのこの供え物をお受けください。死者の霊を慰める祭りの文の終わりにつけることば。

◆和尚わじょう・かしょう・おしょう・高尚こうしょう

小7〘党〙(一二七ページ・上)↓儿部八画

小8〘常〙(四二三ページ・下)↓巾部八画

小8〘堂〙(二九二ページ・上)↓土部八画

小9【尞】〔12〕　U5C1E 補 J①4765 ②2760
㊀リョウ(レウ) 漢 ㊀ 去 嘯 liào リアオ
㊁リョウ(レウ) 漢 ㊁ 平 蕭 liáo リアオ

意味 ㊀柴を燃やして天を祭る。＝燎りょう ㊁＝僚

小9〘棠〙(六五一ページ・中)↓木部八画

小9〘掌〙(五三六ページ・下)↓手部八画

小10【尟】〔13〕セン 漢 上 銑 xiǎn シエン　U5C1F 補 J2676

意味 〈すくな・い(——・し)〉＝鮮「尟少せんしょう」

小10〘尠〙〔13〕俗字　U5C20 補 J5386

小10【尠】〔13〕俗 ↓尟(本ページ・下)

小11〘嘗〙(二六一ページ・下)↓口部十一画

小12〘賞〙(一一九三ページ・上)↓貝部八画

3画

尢(尣・兀)部 おうにょう まげあし

【部首解説】「人の片足が曲がっているさま」にかたどる。この部には、「尢・尣・兀」の形を構成要素とする文字が属する。

尢0【尢】〔3〕オウ(ワウ) 漢 呉 平 陽 wāng ワン J 5387 補 — U 5C22

尢0〔尣〕〔4〕俗字 J ①4761 補 2677 U 5C23

意味 足や背中の曲がる病気。また、その人。‖尪(おう)

解字  指事。大の下部の一方が曲がっている形。大は人が立っている形で、その片足が曲がっていることを表し、左右ふぞろいの意味になる。

尢1【尤】〔4〕標 人 ユウ(イウ) 漢 平 尤 yóu ユー J 4464 補 — U 5C24

意味 ①〈とが〉あやまち。②〈とが・める(――・む)〉非難する。うらむ。③とくにすぐれている。④〈もっとも〉とりわけ。はなはだ。国〈もっとも〉①そのとおり。②ただし。とはいうものの。

名前 もつ・もと

【尤異】(ゆうい(いうい)) 非常にすぐれる。

【尤悔】(ゆうかい(いうくわい)) 過失と後悔。後悔すべき事柄。

【尤隙】(ゆうげき(いうげき)) いさかい。仲たがい。

【尤効(效)】(ゆうこう(いうかう)) 人のことを悪く言いながら、そのまねをすること。ためらいながらまねる。「尤而効レ之(とがめてこれにならう)」〈左伝・僖(き)公〉

【尤物】(ゆうぶつ(いう―)) ①すぐれたものや人。②美人。


尢3【尥】〔6〕リョウ(レウ) 漢 去 嘯 liào リアオ J — 補 — U 5C25

意味 ①足がもつれる。②現尥蹶子(リアオチュエツ) liàojuězi は、騾馬(らば)などが、跳(と)ぶようにして後足で物をけること。

尢3【尦】〔7〕リョウ(レウ) 漢 去 嘯 liào リアオ J — 補 2678 U 5C26

意味 足がもつれる。

尢4【尩】〔8〕オウ(ワウ) 漢 平 陽 wāng ワン J ②0814 補 2679 U 5C29

意味 足がもつれる。牛の後脚がもつれる。

尢4【尫】〔7〕同字 J ①4762 補 2680 U 5C2B

意味 ①足や背中の曲がる病気。また、その人。‖尢(おう) ②やせて弱々しい。「尫劣(おうれつ)」

【尫闇】(おうあん(わう―)) からだが弱く、知能が低い。また、その人。

【尫弱】(おうじゃく(わう―)) かよわい。虚弱。

尢4【尪】〔7〕同字 J — 補 — U 5C2A

尢4【尬】〔7〕カイ 漢 去 卦 gà カー J — 補 2681 U 5C2C

意味 ①歩行が正しく進まない。②尲尬(かんかい)は、歩行が正しくない、また、物事がごたつき、かたづかないさま。

尢4【尨】〔7〕J — 補 — U — ㊀ボウ(バウ) 漢 ㊀平 江 máng マン ㊁ボウ(バウ) 漢 ㊁平 東 méng モン ㊂ホウ 慣 ㊂ — páng パン

尢4【尨】〔7〕俗字 J 5388 補 — U 5C28

意味 ㊀①〈むくいぬ〉毛むくじゃらの犬。②雑色の。㊁尨茸(ぼうじょう)は、乱れるさま。㊂大きいさま。‖龐(ほう)

【尨犬】(ぼうけん(ぼう―)) むく犬。
【尨雑(雜)】(ぼうざつ(ぼう―)) 毛などが入りまじっているさま。
【尨茸】(ぼうじょう(ぼう―)) 毛などが乱れるさま。
【尨大】(ぼうだい(ぼう―)) むくむくと大きいさま。‖膨大
【尨眉】(ぼうび(ぼう―)) 白髪のまじったまゆ毛。老人のこと。

尢4【尪】〔7〕同 ↓尩(本ページ・上)

尢4【尪】〔7〕同 ↓尩(本ページ・上)

尢6【尮】〔9〕タ 漢 去 箇 duò トゥオ J — 補 2682 U 5C2E

意味 足が曲がっている。

尢6〖虺〗↓虫部三画(一〇九九ページ・上)

尢7〖豗〗↓豕部三画(一一八〇ページ・下)

尢9【就】〔12〕学 6 シュウ・ジュ つく・つける シュウ(シウ) 漢 ジュ 呉 去 宥 jiù チウ J 2902 補 — U 5C31

筆順 亠 古 亨 京 京 京 就 就

意味 ①〈つ・く〉〈つ・ける(――・く)〉㋐おもむく。むかう。㋑ちかづく。㋒つきしたがう。㋓終える。②〈な・る〉〈な・す〉できあがる。なしとげる。「成就(じょうじゅ)」③〈すなわち(すなはち)〉すぐに。④〈たとい(たとひ)〉かりに。⑤まいた状態のものを数える。ひとめぐり。⑥よい。国〈ついては〉さて。だから。おもに手紙用語としてつかう。

解字  会意。京と尤とを合わせた字。京は高く大きいこと。尤はふつうと違っていること。就は、ふつうと違ったりっぱなものを作りあげることで、成しとげる、仕事をする意味になる。一説に、尤は右手のことで、就は、湿気の多い低地から、台地へ引き上げて住まわせる動作を表したものとする。

名前 なり・ゆき

難読 就令(たとい)・就使(たとい)・就中(なかんずく)

【就学(學)】(しゅうがく(しう―)) ①学問を始める。②入学し教育をうけ始める。

【就吉】(しゅうきつ(しう―)) 結婚式。

【就業】(しゅうぎょう(しうげふ)) ①仕事にとりかかる。②学問を始める。「学。就」

【就国(國)】(しゅうこく(しう―)) ①封ぜられた領国に赴(おもむ)く。②領国に帰る。

【就床】(しゅうしょう(しうしゃう)) とこにつく。寝る。就寝。

【就職】(しゅうしょく(しう―)) 職業につく。勤め口を得る。

【就褥】(しゅうじょく(しう―)) ねどこにはいる。寝る。就床。

【就寝(寢)】(しゅうしん(しう―)) 寝る。就床。就眠。

【就正】(しゅうせい(しう―)) ①有徳の人に教えを請い、自身の是非をただすこと。②正道につき従う。③詩文の添削をたのむこと。

【就第】(しゅうてい(しう―)) 官職を辞め、家に帰る。

【就任】(しゅうにん(しう―)) 役につく。任務につく。

【就縛】(しゅうばく(しう―)) とらえられる。逮捕(たいほ)される。

【就木】(しゅうぼく(しう―)) 棺(かん)にはいる意から、死ぬことをいう。

【就眠】(しゅうみん(しう―)) 眠りにつく。寝る。就寝。

【就養】(しゅうよう(しうやう)) 親に仕えて孝行すること。

【就令】(しゅうれい(しう―)) 「就使」(次項)に同じ。

【就使】(しゅうし(しう―)・たとい(たとひ)・もし) ①もしも。かりに。②たとえ…であっても。

【就中】(しゅうちゅう(しう―)・なかんずく(なかんづく)) ことに。たくさんの中でとりわけ。

【就是】(シーチウ) jiùshì 現①ごもっともです。②どうしても。③…だけ。④たとえ…でも。

【就レ緒】(しょにつく) ①本業に従事する。②事業が軌道にのる。
◆去就(きょしゅう)・成就(じょうじゅ)

尢9【尰】〔12〕ショウ 漢 上 腫 zhǒng チョン J ②0815 補 2683 U 5C30

意味 足がはれる病気。‖瘇(しょう)

尢10【尲】〔13〕カン 漢 平 咸 gān カン J — 補 2684 U 5C32

尢14【尶】〔17〕俗字 J —— 補2686 U5C36
意味 ①歩行が正しく進まない。②くいちがう。③尲尬かんかいは、歩行が正しくない。また、物事がごたつき、かたづかないさま。

几10【凲】〔12〕俗字 J —— 補1912 U51F2

尢10〖髡〗（一四一一ページ・下）→髟部三画

尢12【尵】〔15〕タイ 漢 平 灰 tuí トイ J —— 補2685 U5C35
意味 虺尵かいたいは、馬が病んでいるさま。また、病気で立てない。

尢14【尷】〔17〕俗 →尲（三九二ページ・下）

3画 尸部 しかばね

部首解説 この部には、「人が横たわっているさま」にかたどる。「尸」の形を構成要素とする文字が属する。

尸0【尸】〔3〕シ 漢 呉 平 支 shī シー J5389 補 —— U5C38
意味 ①〈しかばね〉〈かばね〉死体。＝屍 ②死体をさらす。③祖先をまつる時、死者の霊のかわりとなって祭りを受ける人。形代かたしろ。④つかさどる。⑤ならべる。ひろげる。⑥おこたる。うまいしるをすう。「尸位しい」⑦姓。
解字  象形。人が横たわっている形。頭をうつぶせにして、背の曲がっているさまであるといい、また、死後硬くなっている状態ともいう。人・しかばね・しり・かたしろ・主人、およびつらねる意味に使う。
【尸位】しい(ゐ) むなしくその位についているだけで、責任をはたさないこと。【——素餐】しい(ゐ)そさん その位にいながら、むだに禄ろくばかりもらって、責任を尽くさないこと。ろくぬすびと。尸利しり。尸素。尸禄。
【尸解】しかい 道家の術で、肉体を残して魂だけ抜け去る術。神仙しんせんの死についていう。
【尸官】しかん(くわん) 禄ろくばかりをもらって、責任を尽くさない役人。尸禄。尸位素餐しいそさん。
【尸諫】しかん 死んだ後もなお、その君主をいさめること。衛の大夫たい史魚が、その主君である霊公をいさめたが聞かれなかったので、死ぬときに、子に命じて自分を葬らせないで霊公をいさめさせた故事による。〈韓詩外伝かんしげでん・巻七〉＝屍諫
【尸柩】しきゅう(きう) 死体を入れたひつぎ。
【尸祝】ししゅく ①神官。かたしろ（尸）とかんなぎ（祝）。②礼拝する。
【尸政】しせい 政治をつかさどる。
【尸素】しそ 「尸位素餐しいそさん」の略。尸利。尸官。尸禄。
【尸禄（祿）】しろく 「尸官」に同じ。
〖鞭レ尸〗しにむちうつ 死体をむちで打ってうらみをはらす。

尸1【尹】〔4〕標 イン 漢 上 軫 （ヰン） yǐn イン J5390 補 —— U5C39
意味 ①治める。つかさどる。②〈おさ（をさ）〉つかさ。かみ。長官。「令尹れいいん」③姓。
【尹喜】いんき(ゐんき) 人名。中国の戦国時代、秦しんの人。函谷かんこく関の関守せきもりの長。西方に旅行した老子から、「道徳経五千言」を授けられたという。
【尹祭】いんさい(ゐんさい) 宗廟そうびょうに供えるほじし（乾肉）。乾肉を正方形にさいて供えた。

尸1【尺】〔4〕学 6 シャク セキ 漢 シャク 呉 入 陌 chǐ チー J2860 補 —— U5C3A
筆順 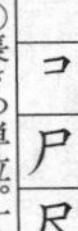
意味 ①長さの単位。一寸の十倍。（→付録「度量衡名称」）②六尺りくせきは、㋐十五歳、あるいはそれに満たぬ男子。㋑成年男子。③さし。ものさし。④尺脈。漢方で、脈をみるためにおさえる手首の部位。⑤わずか。すこし。「尺土せきど」
解字  会意。尸と乙とを合わせた字。尸はかたしろで、人を表す。乙は、書物の読みかけのところにつけるめじるし。尺は、人の背中に、これだけとめじるしをつけた長さを表し、十寸の単位とする。一説に、尺は、長さをはかるとき、手を開いた姿を横から見た象形文字ともいい、尺は屈の仮借で、手指で物の長さをはかるとき、指を曲げる形になることともいう。
名前 かね・さか・さく
【尺八】しゃくはち ①たて笛の一種。一尺八寸の竹に、表に六つ、横に一つ穴をあけたもの。②国たて笛の一種。表に四つ、裏に一つ穴をあけたもの。
【尺一】せきいつ 天子の詔勅。漢代、詔勅は一尺一寸の木札に書かれたことによる。
【尺簡】せきかん 手紙。尺牘せきとく。
【尺玉】㊀せきぎょく さしわたしが一尺もある宝玉。大きくたっといたま。㊁せきだま 国直径が三〇センチメートルほどの打ちあげ花火のたま。
【尺口】せきこう 幼児。赤子。
【尺書】せきしょ 手紙。簡単な手紙。尺素せきそ。
【尺寸】せきすん ①わずか。少し。②短い距離。また、わずかの面積。③ものさし。尺度。【——之功】せきすんのこう 少しのてがら。〈戦国策・燕えん〉【——之兵】せきすんのへい 短い武器。
【尺素】せきそ 手紙。素は、昔の文字を書く絹。尺牘せきとく。
【尺沢（澤）】せきたく 小さい池。【——之鯢】せきたくのげい 見解が狭いこと。井の中の蛙かわず。鯢は、さんしょううおという。〈宋玉そうぎょく・対楚王問そおうのといにこたう〉
【尺地】せきち わずかの土地。尺土せきど。
【尺鉄（鐵）】せきてつ 短い刃もの。短い武器。尺兵せきへい。
【尺土】せきど わずかの土地。
【尺度】せきど・しゃくど ①長さ。たけ。寸法。②ものさし。
【尺刀】せきとう(たう) 短い刀。
【尺牘】せきとく 手紙。一尺四方の木版の意で、昔はそれに書きつけた。
【尺兵】せきへい 短い武器。
【尺璧】せきへき 直径が一尺もある宝石。
〖尺蠖之屈、以求レ信也〗せきかく(くわく)のくっするは、もってのびんことをもとむるなり 尺蠖（しゃくとり虫）が体をまげるのは、あとで伸びようとするためである。のちに成功を得るために、しばらくは身をかがめていることのたとえ。〈易経えききょう・繋辞けいじ下〉
〖枉レ尺而直レ尋〗せきをまげてじんをなおくす(なほくす) 長い尋（八尺）をまっすぐに伸ばすためには、短い尺（一尺）のほうはまげることをもいとわない。大事の前に小事を犠牲にすることのたとえ。〈孟子もうし・滕文公とうぶんこう〉
◆三尺さんじゃく・曲尺きょくじゃく・かねじゃく・鯨尺くじらじゃく

尸2【尻】〔5〕常 しり コウ 漢 平 豪 （カウ） kāo カオ J3112 補 —— U5C3B
筆順 
意味 〈しり〉①臀部でんぶ。けつ。②底そこ。すそ。根もと。
解字  形声。尸が形を表し、九きゅうが音を示す。九には、曲がりくねる、また、きわまりの意味がある。尻は、人体の末端にある、しりの穴、しりの意となる。
難読 尻尾しっぽ（付表）
【尻坐】こうざ(かう) しりをつけてすわる。うずくまる。

尸3【㞍】〔6〕同字 J①4763 補 —— U378D
国 〈しり〉①うしろ。すえ。②おわり。

3画 口囗土士夂(夊)夕大女子宀寸小尢(尣・兀)尸屮山巛(川)工己巾干幺广廴廾弋弓彐(⺕・ヨ)彡彳⺌

【尻当(當)】しりあて 国①ひとえの着物の尻に当たる部分へ、補強のために付ける布。②腰からさげて、尻に敷く毛皮。
【尻馬】しりうま 国①人の乗っている馬の後にのること。②人の後ろについて、その力を利用すること。便乗すること。
【尻押】しりおし 国①うしろから手助けする。②かげでおだてる。
【尻目】しりめ 国横目。流し目。相手をさげすんだ見方。
◆長尻ながじり・帳尻ちょうじり

尸2【尼】〔5〕常 ニ あま
㊀ジ(ヂ)(漢) ニ(呉) ㊀(平) 支 ní ニー
㊁ジツ(ヂツ)(漢) ㊁(入) 質 nì ニー
J 3884 補 U 5C3C

筆順 ㇆ コ 尸 尸 尼

意味 ㊀①やわらぐ。②〈あま〉女僧。「僧尼」 ㊁①ちかづく。親しむ。＝昵 ②とどめる。定める。国〈あま〉女をののしって呼ぶ俗語。↕野郎

解字 形声。尸が形を表し、匕ひが音を示す。匕は比で、ならぶ意味がある。尸は人で、尼は後ろから人が近づくことを表し、親しむの意味になる。音ニは比の音ヒの変化。あまという意味は、梵語で、女の僧を比丘尼というので、その下の字の尼にあてた訓。

名前 さだ・ただ・ちか 地名 尼崎あまがさき

【尼丘山】じきゅうざん 山の名。山東省泗水県西南にある。尼山。孔子は父母がこの山に祈って生まれたという。孔子の名が丘、字が仲尼というのは、この山にちなむ。〈史記・孔子世家〉
【尼父】じほ 孔子の敬称。
【尼公】にこう 国尼になった貴婦人に対する敬称。尼君。
【尼寺】にじ・あまでら 尼僧のいる寺。尼院。
【尼僧(僧)】にそう あま。比丘尼。女僧。
◆比丘尼びくに・陀羅尼だらに

尸3【尽】〔6〕常 ジン つくす・つきる・つかす
㊀シン(漢) ジン(呉) ㊀(上) 軫 jìn チン
J 3152 補 U 5C3D

旧字 皿9【盡】〔14〕人
㊁シン(漢) ジン(呉) ㊁(上) 軫 jǐn チン
J 6624 補 U 76E1

筆順 ㇆ コ 尸 尺 尽 尽

意味 ㊀①〈つ・きる(―・く)〉㋐すっかり無くなる。㋑おわる。㋒死ぬ。②〈つく・す〉無くす。ささげる。出しきる。③〈つか・す〉 ④〈ことごとく〉みな。すっかり。すべて。⑤月がおわる。「大尽」 ㊁①まかせる。②たとえ…としても。＝儘

解字 形声。皿が形を表し、 聿じんが音を示す。皿は、さら。 聿は、火の燃えかすという意味である。盡は、皿の上のものがなくなることを表す。

参考 新表記では、「甚」の書きかえに用いる熟語がある。なお、尽は「盡」・「儘」(二一九ペ・上)の中国新字体としても使う。

応用例 烬(燼)

【尽皆】じんかい ことごとく。すべて。全部。
【尽言】じんげん ①できるかぎりのことばをつくしていさめる。②言いつくす。じゅうぶんに説きつくす。極言。
【尽日】じんじつ ①一日じゅう。終日。朝から晩まで。②月の末日。みそか。
【尽心】じんしん こころをつくす。ある物事のため、あれこれと考える。〈孟子・梁恵王上〉
【尽瘁】じんすい 非常にほねをおる。心をつくしてほねをおる。
【尽性】じんせい 生まれつきの本性を研究しつくす。
【尽夕】じんせき 一晩じゅう。夜どおし。
【尽忠報国(國)】じんちゅうほうこく 忠義をつくして、国の恩にむくいる。〈北史・顔之儀伝〉
【尽年】じんねん 天から与えられた寿命を全うする。
【尽命】じんめい 命をささげる。死ぬ。
【尽力】じんりょく ある限りの力を出す。力をつくす。
【尽漏】じんろう 漏刻がつきる。夜のふけることをいう。
【尽管】jǐnguǎn 現…にかまわずに。
【尽量】jìnliàng 現思う存分。
【尽信レ書則不レ如レ無レ書】ことごとくしょをしんずれば、すなわち(すなはち)しょなきにしかず ①「書経」の記事をすべて信ずるなら、いっそ「書経」はないほうがました。(「書経」にも誤りはある。) ②書物の記事を、すべて信じてはならない、の意。〈孟子・尽心下〉
【尽二人事一而待二天命一】じんじをつくしててんめいをまつ やるべき事はやり、結果は運命にまかせる。
◆大尽だいじん・無尽むじん・理不尽りふじん・一網打尽いちもうだじん・縦横無尽じゅうおうむじん

尸3【屄】〔6〕同→尻(三九三ペ・下)

尸4【局】〔7〕学3 キョク
キョク(漢) (入) 沃 jú チュイ
J 2241 補 U 5C40

筆順 ㇆ コ 尸 月 局 局 局

意味 ①小分け。一部分。しきり。②へや。はこ。③役所の名。「尚食局」「郊祠局」 ④まげる。せぐくまる。＝跼 ⑤せまい。せばまる。⑥形勢。「時局」 ⑦度量。「器局」 ⑧碁・将棋などの盤。また、その一勝負。「対局」 国〈つぼね〉宮中などで、女官の私室。また、へやずみの女官。

解字 会意。尺と口とを合わせたもの。尺はものさしで長さを定めることで、くぎる意味を持つ。局は、尺の下に口がある形で、口を封じること、口をすぼめること、口をつつしむことを表し、そこから、しきる、まげるの意味になる。一説に碁盤の形を表す象形文字ともいい、背中が曲がっている形であるともいう。

名前 ちか

【局外】きょくがい(ぐゎい) ①囲碁の対局者以外の人。傍目おかめ。②転じてその事に直接関係のない立場をいう。【――中立】きょくがい(ぐゎい)ちゅうりつ 交戦国のどちらにも味方せず、また敵対もせず、完全に第三国の立場をとること。
【局限】きょくげん かぎること。かぎり。しきり。
【局子】きょくし 碁盤と碁石。
【局識】きょくしき せまい見識。
【局所】きょくしょ ①全体の中の一部分。②からだの一部分。局部。
【局署】きょくしょ 役所。
【局蹐】きょくせき びくびくするさま。→局天蹐地
【局促】きょくそく ①器量がせまいさま。こせつく。②かがむ。小さくなる。局趣。局束。
【局趣】きょくそく 屈しかがむさま。趣は、ちぢむ意。局促。
【局天蹐地】きょくてんせきち 天は高いのに背をかがめ、地は厚いのにぬき足さし足で歩く。びくびくして、天地の間に身の置き所がないこと。局蹐。＝跼天蹐地
【局部】きょくぶ ①からだの一部分。②全体の中の一部分。局所。③陰部。
【局面】きょくめん ①碁・将棋などの盤のおもて。また、その勝負の変化のさま。②事件のなりゆき。
◆大局たいきょく・当局とうきょく・対局たいきょく・時局じきょく・政局せいきょく・終局しゅうきょく・棋局ききょく・結局けっきょく・戦局せんきょく・薬局やっきょく・難局なんきょく

尸 4
【尿】〔7〕常 ニョウ
一 ジョウ(デウ)漢 ニョウ(ネウ)呉　一 去 嘯 niào ニアオ
二 スイ慣　二 ― suī ソイ
J 3902 補 U 5C3F

筆順 ㇆ コ 尸 尸 尸 尿 尿

意味 一小便をする。二〈いばり〉〈ゆばり〉小便。小水。

解字  会意。尾を略した形の尸と水とを合わせた字。しりから出る水のことで、小便をいう。

△▼泌尿・糞尿

尸 4
【屁】〔7〕標 ヒ漢 去 寘 pì ピー
J 5391 補 U 5C41

穴 10
【𥧔】〔15〕同字 J ②8318 補 U 259D4

意味 ①〈へ〉おなら。「放屁」②人をののしることば。

【屁股】ピーグ pìgu 現 おしり。

尸 4
【尾】〔7〕常 ビ お
ビ漢 上 尾 wěi ウエイ
J 4088 補 U 5C3E

筆順 ㇆ コ 尸 尸 尸 尾 尾

意味 ①〈お(を)〉㋐しっぽ。㋑うしろ。「後尾」㋒おわり。「首尾」②あとからついてゆく。③鳥獣が交尾する。「孳尾」④星座の名。二十八宿の一つ。⑤魚を数える語。⑥姓。

解字 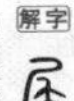 会意。尸と毛とを合わせたもの。尸は人間のからだ。尾は、人の着物のうしろに羽毛の飾りをつけている形で、物の先端の細いものをいう。そこから、しっぽ、うしろの意味になる。一説に、尸はしりで、尾は、人間のしりに毛のある形で、女子の陰部をいうと解する。

名前 すえ　姓 尾上　地名 尾久・尾立・尾西・尾張・尾道・尾鷲・尾札部・尾花沢・尾張旭

難読 尻尾(付表)

【尾根】お(を)ね 国山の高い所。稜線。峰。
【尾上】お(を)のえ(へ) 国山のみね。山のいただき。
【尾花】お(を)ばな 国すすきの穂。芒花。
【尾撃(擊)】びげき うしろから追いかけてうつこと。追いうち。〔追撃。〕
【尾端】びたん ①しっぽの先。②物のはし。
【尾閭】びりょ 大海の底にあって、絶えず水を排出すると信じられている所。尾はすべての川の出口、閭は水のあつまる所の意。〈荘子・秋水〉
【尾籠】びろう 国「おこ(をこ)」の当て字の音読み。①礼を失する。失礼。無作法。②きたないこと。けがらわしいこと。
【尾巴】ウェイバ wěiba 現 しっぽ。
【曳二尾於塗中一】お(を)をとちゅう(ちう)にひく 尾を泥の中に引きずりながら、生きながらえる。〈荘子・秋水〉
【尾生之信】びせいのしん 約束を固く守って変わらないこと。春秋時代に魯の尾生が、橋の下で会う約束をしたが、相手の婦人が時刻を過ぎても来ず、そのうちに川が増水してきて死んでしまったという故事。〈荘子・盗跖〉
【尾大不レ掉】びだいなればふるわ(ふるは)ず 動物の尾があまりに大きくては、自分の力では動かしにくい。臣下の勢力が強大すぎると、君主の自由にならないことのたとえ。〈左伝・昭公十一〉

△▼末尾・交尾・首尾・掉尾・船尾・語尾

尸 5
【届】〔8〕学 6 とどける・とどく
J 3847 補 U 5C4A

旧字 尸 5
【屆】〔8〕カイ漢 去 卦 jiè チエ
J 5392 補 U 5C46

筆順 ㇆ コ 尸 尸 届 届 届 届

意味 ①〈いた・る〉つく。とどく。②きわみ。はて。③現 第…次。第…期。国①〈とど・ける(――・く)〉わたす。お上に申し出る。②〈とど・く〉思いどおりになる。達する。ゆきとどく。③〈とどけ〉申し出の書類。

解字  形声。尸が形を表し、凷が音を示す。凷は塊と同じで、土のかたまり。尸は人のからだで、届は、土のかたまりがじゃまになるように人が行きなやむことを表す。そこから、やっと行きつくこと、とどく、きわまるの意味になる。一説に尸はからだの曲がっていることで、凷の音は足なえの意味を含むから、届は、からだの曲がった人が後ずさりして進まないことともいう。

名前 あつ・ゆき

△▼不届・付届・無届・不行届・欠席届

尸 5
【居】〔8〕学 5 キョ いる
J 2179 補 U 5C45
一 キョ漢　一 平 魚 jū チュイ
二 キ漢 コ呉　二 平 支 jī チー

筆順 ㇆ コ 尸 尸 居 居 居 居

意味 一①〈いる(ゐる)〉〈お・る(を・り)〉㋐座る。うずくまる。㋑ある地位や場所にある。㋒住む。㋓とどまる。㋔占める。②すまい。「住居」③〈お・く〉積む。たくわえる。④時間が経過する。「居有レ頃」⑤ふだん。平素。⑥姓。二〈や〉疑問・呼びかけを表す文末の助詞。

解字 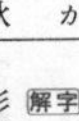 形声。尸が形を表し、古が音を示す。居は、うずくまること。この字はもともと凥で、人がいすにこしかけている形から、「いる」の意味を表したが、通じて居の字を用いるようになった。一説に、居は、たてひざでうずくまることであるともいう。

名前 おき・おり・さや・すえ・やす・より　姓 居田・居勢

難読 居士(付表)

【居待月】いまちづき 国陰暦十八日の月。すわって月の出をまつの意。
【居易】きょい 安らかな状態にある。
【居間】一きょかん 「居中」に同じ。二いま 国家族がふだん集まりすむへや。居室。
【居敬】きょけい 常に精神を集中して、起居動作を慎むこと。→「主一無適」(三四ページ・下)【居敬窮理】きょけいきゅうり 居敬と窮理。朱子学における修養法。居敬が心身の修養であるのに対し、窮理は広く天地・万物・人事の道理をきわめること。
【居恒(恆)】きょこう ふだん。居常。
【居室】きょしつ ①居間。住んでいるへや。②家にいること。
【居守】きょしゅ ①とどまり守る。留守居する。②留守居役を置く。
【居住】きょじゅう(ぢう) 住むこと。また、すまい。
【居処(處)】きょしょ・おる(をる)ところ ①いる場所。落ち着く所。執務していないとき。「居処恭」(身をおくところ、つねに慎しみを忘れない。)〈論語・子路〉②住む。住まわせる。「此非二吾所一以居二処子一也」(ここは、こどもを住まわせておくべきところではない。)〈列女伝〉
【居所】きょしょ・いどころ(ゐどころ) いるところ。すみか。住居。座席。‖居処
【居諸】きょしょ 「日居月諸」(五八二ページ・中)にもとづく。日月。歳月。
【居常】きょじょう(じゃう) ふだん。日常。へいぜい。居恒。
【居人】きょじん 「居民」に同じ。
【居生】きょせい くらし。生活すること。世の中に生きてゆくこと。「居生不レ楽」〈古詩・孤児行〉
【居然】きょぜん ①ひょっこりと。②にわかに。③どっしりと。④そのままに。⑤いながらに。⑥やすらかに。
【居多】きょた たくさんである。たくさんいる。大部分を占める。
【居宅】きょたく 住宅。住所。すまい。

3画 口囗土士夂(夊)夕大女子宀寸小尢(尣・兀)尸中山巛(川)工己巾干幺广廴廾弋弓彐(彑・⺕)彡彳⺍

【居中】きょちゅう（ちう） 二者の間に立って尽力すること。居間きょかん。

【――調停】きょちゅうちょうてい（ちうてう） 両方の中間に立って争いの仲裁をすること。

【居第】きょてい・きょだい やしき。居邸。

【居民】きょみん そこに住んでいる人。住民。土民。

【居留】きょりゅう（りう） ①一時的にある土地にとどまり住むこと。②外国で、特別に定められた地区に居住すること。

【居士】こじ ①学徳が高いのに、野にあって仕官しない人。②㊎僧ではないが、仏道に志す人。③法名または雅号の下に添える称号。

『居必択(擇)レ居』おる(をる)にはかならずきょをえらぶ 住居を定めるには、必ず住居とすべき場所を選択し決定する。〈晏子春秋〉

『居移レ気(氣)』きょはきをうつす 人は地位・境遇によって、その気持ちも変わる。居は、身を置く場所。〈孟子・尽心上〉

『居無レ求レ安』きょは、やすからんことをもとむるなし 修養をこころざす人は、りっぱで住みごこちのよいところに住みたいなどとは考えない。〈論語・学而〉

◇穴居・芝居・同居・住居・―すまい・別居・長居・皇居・起居・転居・寓居・窟居・雑居・隠居・敷居・鴨居

尸5

【屈】〔8〕 常 クツ

J 2294 / 補 ― / U 5C48

一 クツ 漢呉 ― 入 物 qū チュイ
二 クツ 漢呉 ― 入 物 jué チュエ

筆順 ㇕ ㇕ 尸 屶 屶 屈 屈 屈

意味 一 ①〈ま・げる(―・ぐ)〉〈かが・む〉 ②くじける。たわむ。③不当にあつかう。無理に強いる。④姓。二 ①つきる。②つよい。「屈強」

解字 （篆文） 形声。尸が形を表し、出しゅつが音を示す。出には「でる」意味がある。尸は尾または、しり。屈は、尾の短いこと、あるいはうしろに出ることで、ひっこむこと、かがむことを表す。一説に屈は、しりを取り去ることで、去勢をいうと解する。音クツは、出の音シュツの変化。

地名 屈斜路くっしゃろ

参考 新表記では、「窟」の書きかえに用いる熟語がある。

【屈起】くっき 立ちあがる。

【屈強】くっきょう（きゃう） ①いじが強くて人に屈しないこと。②非常に力が強いこと。＝屈彊

【屈彊】くっきょう（きゃう） 「屈強」に同じ。

【屈曲】くっきょく 折れまがる。まがりくねる。

【屈原】くつげん 人名。名は平、字あざなは原。春秋戦国時代の楚その貴族。国勢の回復をめざしたが、反対派の讒言ざんげんにあって三閭大夫さんりょたいふの地位を追放され、汨羅べきらで投身自殺した。「離騒りそう」以下の作品が、「楚辞そじ」に収められている。(前三四三?～前二七七?)

【屈指】くっし ①ゆびおり。有数。②数多い中で、十本の指で数えられるほど少数。特にすぐれていること。

【屈膝】くっしつ ひざをまげかがめる。人にへり下って従うこと。

【屈従(從)】くつじゅう 自分の考えをまげて他人に従うこと。

【屈辱】くつじょく 身を屈して、はずかしめを受けること。人に押さえつけられて、はずかしめを受けること。

【屈伸】くっしん かがむのと、のびるのと。のびちぢみ。伸縮。＝屈申。

【屈信】くっしん からだを曲げたり伸ばしたりする。＝屈伸

【屈折】くっせつ ①折れまがる。折れかがむ。②方向を変える。

【屈節(節)】くっせつ 節操をまげる。自分の主義をまげる。

【屈宋】くっそう 「屈原くつげん」(本ページ・中)と「宋玉そうぎょく」(三六四ページ・中)。

【屈託】くったく 国①物事にこだわり、くよくよと心配をする。気にかかって気が進まない。②くたびれて飽きる。③することがなくて苦しむ。

【屈致】くっち 屈服させて呼び寄せる。押さえつけて来させる。

【屈撓】くっとう（たう） たわむ。たわめる。また、恐れひるむ。

【屈伏】くっぷく ①恐れ従う。服従する。②うつぶせになる。

【屈服】くっぷく 恐れ従う。服従する。＝屈伏

【屈平】くっぺい 人名。→屈原くつげん

【屈抑】くつよく 押さえつける。みずから屈しおさえる。

◇不屈・卑屈・退屈・理屈・偏屈

尸5

【屉】〔8〕 テイ 漢 ― 去 霽 tì ティー

J ― / 補 ― / U 5C49

意味 ①馬の鞍の下に敷くもの。くらした。＝屜 ②現 抽屉チョウティ chōuti は、机などの引き出し。

尸5

【屄】〔8〕 ヒ 漢 ― 平 微 bī ピー

J ― / 補 ― / U 5C44

意味 女子の陰部。

尸5

【屆】〔8〕 旧 →届(三九五ページ・中)

尸5

【屇】〔8〕 俗 →屎(三九七ページ・上)

尸6

【屋】〔9〕 学3 オク や

J 1816 / 補 ― / U 5C4B

オク(ヲク) 漢呉 ― 入 屋 wū ウー

筆順 ㇕ 尸 尸 层 层 层 屖 屋

意味 ①いえ。すまい。②やね。むね。③おおい。ひろく覆おおうものをいう。④いえをかまえて住む。建物をおおう。⑤国〈や〉職業や屋号・雅号・書斎などに添えて呼ぶ語。「鈴屋すずのや」(本居宣長もとおりのりながの書斎の名。)

解字 （篆文） 会意。尸と至とを合わせた字。尸は人。至は、行きついて止まるところを表す。屋は人の止まる所ということから、いえの意味になる。また、尸は人が寝ている形、至は室で、屋は人が寝る室で、几帳きちょうでおおった全体をいったものであるとも解する。一説に尸は屋根の形であるともいう。

姓 屋我やが・屋良やら・屋宜やぎ・屋嘉やか・屋鋪やしき・屋比久やびく・屋富祖やふそ・屋慶名やけな

地名 屋富祖やふそ

難読 母屋おもや・部屋へや(付表)

【屋宇】おくう（をくう） 家。すまい。屋舎。

【屋簷】おくえん（をくえん） 家の軒のき。

【屋瓦】おくが（をくぐわ） 屋根のかわら。

【屋外】おくがい（をくぐわい） 家屋の外。戸外。↕屋内

【屋舎】おくしゃ（をくしゃ） 家。建物。屋宇おくう。

【屋上】おくじょう（をくじゃう） 屋根の上。

『――架レ屋』おくじょう（をくじゃう）におくをかす 「屋下架レ屋おくかにおくをかす」に同じ。〈世説新語せせつしんご・文学〉

【屋椽】おくてん（をくてん） 屋根のたるき。

【屋霤】おくりゅう（をくりう） 屋根の雨だれ。屋露おくろ。

【屋廬】おくろ（をくろ） すまい。住居。住宅。屋室。

【屋漏】おくろう（をくろう） ①室の西北のすみ。家のもっとも奥暗いところ。転じて、人の見ない所の意。②屋根から雨が漏ること。

『不レ愧ニ于――一』おくろうにはじず（をくろうにはぢず） 人目のないところでも良心に恥じるような行動をしないこと。〈詩経しきょう・抑〉

【屋形】やかた 国①身分の高い人の家。②かりに造った家。③船や牛車のやね。【――船】やかたぶね 国屋根つきの遊覧船。

（屋形船）

【屋号(號)】やごう（がう） 国店の名。また、役者の家の名。

【屋敷】やしき 国①家の敷地。②士族・上流階級の住宅。【――町】やしきまち 国屋敷が建ち並んだ町。商店街に対して住宅街をいう。

【屋台(臺)】やたい 国①屋台店の略。屋根がある露店。②戸外に設けられた、踊りなどをする台。【――骨】やたいぼね 国①屋台店などの骨組み。②一家を経済的にささえる資力。また、働き手。

【屋子】wūzi 現へや。

【屋烏之愛】人を愛するあまりに、その家の屋根にとまるカラスまで愛すること。偏愛のたとえ。

【屋下架レ屋】屋根の下に、また屋根を造る。むだな重複をするたとえ。また、まねをするだけで、創意のないたとえ。「屋上架レ屋」に同じ。〈顔氏家訓・序致〉
◆母屋・伏屋・庄屋・床屋・東屋・長屋・茶屋・草屋・茅屋・陋屋・酒屋・納屋・屑屋・部屋・問屋・廃屋・楽屋・質屋・寺子屋・船問屋

尸6【屍】〔9〕 標 シ 漢 平 支 呉 shī シー U補J 2751 5C4D
意味〈しかばね〉〈かばね〉死体。
参考 新表記では、「死」に書きかえる熟語がある。
【屍体(體)】死んだからだ。なきがら。＝死体

尸6【屎】〔9〕 標 一シ 漢 呉 上 紙 shǐ シー 二キ 漢 呉 平 支 xī シー U補J 5393 5C4E
意味 一糞。大便。「屎尿」(大小便) 二殿屎は、うめき声。

宀6【来】〔9〕 同字 U補J 2650 5BA9
尸5【戻】〔8〕 俗字 U補J 21C41

尸6【屌】〔9〕 チョウ 漢 上 篠 (テウ) diǎo ティアオ U補J 5C4C
意味 男子の陰部。

尸6【屎】〔9〕 国字 U補J ②0816 21C56
意味〈つび〉女性器。

尸6【屓】〔9〕 本→屭(三九九ページ・中)
尸6【屛】〔9〕 簡→屏(本ページ・下)
尸6【屖】〔9〕 俗→犀(七九六ページ・中)

尸7【屐】〔10〕 ケキ 漢 入 陌 ゲキ 慣 jī チー U補J 5401 5C50
意味 木のはきもの。あしだ。木履。

【屐歯(齒)】げたの歯。【――之折】喜びのはなはだしいさま。戦勝の報に、喜びのあまり小躍りしたが、下駄の歯の折れたことにも気づかなかったという晋の謝安の故事による。

【屐声(聲)】はきものの音。人が訪れて来る足音。屐響。

【屐履】木製のはきものと、皮製のはきもの。【――間】道を歩く間。ちょっとした動作・場合。

【屐痕】げたの歯の跡。人が往来した跡。

尸7【屑】〔10〕 人 標 セツ 漢 入 屑 xiè シエ U補J 2293 5C51
意味 ①〈くず(くづ)〉はしくれ。「木屑」②くだく。くだける。③こまごまと多い。④〈いさぎよ・い(――・し)〉⑦きよい。けがれがない。④快く思う。「不屑」⑤心にかける。かえりみる。⑥たちまち。
尸7【屑】〔10〕 俗字 U補J
名前 きよ
【屑雨】細かい雨。細雨。
【屑糗】くず米。貧民の食べ物。
【屑屑】①つとめはげむさま。忙しく働くさま。②こせこせするさま。煩細。③不安なさま。④雨などの細かく降るさま。
◆木屑・歌屑・鋸屑

尸7【展】〔10〕 学 6 テン テン 漢 上 銑 呉 zhǎn チャン U補J 3724 5C55
筆順 コ 尸 尸 屏 屈 屈 展 展
意味 ①〈の・びる(――・ぶ)〉進歩する。「発展」②〈の・べる(――・ぶ)〉⑦のばす。④ひらく。ひろげる。「親展」⑦つらねる。ならべる。③ころがる。「展転」④しらべる。つまびらかにする。⑤まことに。⑥姓。

解字 形声。尸と㠭を合わせた字。㠭は襄の略で音を示すとともに、赤いちぢみの衣服という意味がある。尸は人のからだで、展は、人のからだに布をくるくるまきつけることから、回転しかかることを表す。そこから、ころぶ、ひろげるの意味になる。一説に、尸はしりで、襄は、衣と、れんがを表す工を四つ重ねて、おもしにすること。展は、衣にしりをのせておし、平らにのばすことをいうとする。また、展はせなかの曲がった人のことであるともいう。

名前 のぶ・ひろ・まこと
【展開】一①のべひらく。くりひろげる。②広くちらばる。③いきづまりの状態がひらけて一変すること。二 zhǎnkāi 現一に同じ。

【展観(觀)】広げて見せる。広く一般に見せる。展覧。

【展示】ならべて見せる。

【展舒】のべ広げる。ひらく。

【展転(轉)】①眠れないで、寝返りをうつ。ころがりまわる。＝輾転〈潘岳・秋興賦〉②味方したり、そむいたりする。③めぐりうつる。【――思】夜も眠れずに、いくども寝がえりをうちながら、恋いしたう気持ち。〈白居易の詩・長恨歌〉【――反側】悩みがあって眠れず、いく度もねがえりをうつこと。＝輾転反側〈詩経・関雎〉

【展眉】眉をのばす。喜んで顔をほころばす。心配事のなくなること。開眉。

【展墓】墓まいりする。墓参。

【展望】遠く広くながめ渡す。見晴らし。

【展覧(覽)】一広げて見せる。書画などを並べて、多くの人に見せること。二 zhǎnlǎn 現一に同じ。

【展出】zhǎnchū 現展示する。
◆伸展・発展・院展・進展

尸7【屓】〔10〕 同→屭(三九九ページ・中)

尸8【屙】〔11〕 ア 漢 平 歌 ē オー U補J 2687 5C59
意味 大便や小便をする。

尸8【屜】〔11〕 テイ 漢 去 霽 tì ティー U補J 2689 5C5C
意味 くつの敷きわら、馬の鞍の下に敷くくらしたなど、もののすきまに敷くもの。＝屉

尸8【屛】〔11〕 標 一ヘイ 漢 ビョウ(ビャウ) 呉 平 青 píng ピン 二ヘイ 漢 ビョウ(ビャウ) 呉 上 梗 bǐng ピン 三ヘイ 漢 ビョウ(ビャウ) 呉 平 青 bīng ピン U補J ①9491 5C5B
尸6【屏】〔9〕 簡慣 U補J 5402 5C4F
意味 一①〈かき〉門の外、または内に立てられた目かくしの低いへい。②覆い。囲い。二①〈しりぞ・ける(――・く)〉しりぞける。のける。とりさる。②〈おお・う(おほ・ふ)〉覆いかくす。③さがる。ひっこむ。三→屛営
【屛幃】①ついたて。とばり。②室内。
【屛営(營)】①さまようさま。彷徨。②恐れるさま。③不安に思う。
【屛気(氣)】息をとめる。恐れ慎むこと。屛息。
【屛棄】退けすてる。すて去る。屛去。
【屛居】世の中から退いてひきこもる。隠居。
【屛語】ひそひそはなす。

【屏障】へいしょう(しゃう) しきり。めかくし。屏風・障子・ついたてなど。
【屏息】へいそく 息を殺して静かにする。恐れちぢこまる。屏気。
【屏黜】へいちゅつ しりぞける。
【屏当(當)】へいとう(たう)・びょう(びゃう) 品物をおさめかたづけること。
【屏風】へいふう・びょうぶ 室内に立てて、仕切り・風よけ・めかくし、装飾などに使う道具。ついたて。

(屏風)

【屏列】へいれつ びょうぶやついたてのようにならぶこと。

尸8【屠】〔11〕俗→屠(本ページ・中)

尸8【屚】〔11〕本→漏(七五二ページ・上)

尸9【属】〔12〕学5 ゾク J 3416 U補 5C5E

旧字 尸18【屬】〔21〕 ㊀ショク 漢 ゾク 呉 ㊀ 入 沃 zhǔ チュー ㊁ショク 漢 ゾク 呉 ㊁ 入 沃 shǔ シュー J 5404 U補 5C6C

筆順 

意味 ㊀①つづく。つらなる。②つける。おびる。③そそぐ。むける。注意する。「属目しょくもく」④つづる。文をつくる。「属文しょくぶん」⑤あつめる。あつまり。⑥たのむ。まかせる。ひきわたす。＝嘱しょく ⑦たまたま。このごろ。「属者」㊁①〈つ・く〉つきしたがう。②下役人したやくにん。けらい。部下。「属官」③同類。一味。みうち。「親属」国〈さかん(さくゎん)〉昔の官制で、第四等官。尉じょうの下。

解字  形声。尾と蜀を合わせたもの。尾が形を表し、蜀しょくが音を示す。蜀にはいもむしの意味がある。尾はからだにつながる意味で、屬はくねくねとつづくことを表す。一説に、蜀はじっと止まって離れないことで、屬は、くっついて離れないことを表すという。

名前 つら・まさ・やす

参考 属は「屬」の中国新字体としても使う。

応用例 嘱(囑)

【属意】しょくい 心を寄せる。望みをかける。属心。
【属引】しょくいん 音などが、長く余韻を引いて続く。「属引凄異せいい」〈酈道元れきどうげん・水経すいけい注〉
【属怨】しょくえん(ゑん) うらみをもつ。
【属厭】しょくえん あきたりる。あきる。
【属耳】㊀しょくじ 耳を傾けてよく聞く。㊁このごろ ついこのごろ。
【属者】しょくしゃ・ぞくしゃ ①ちかごろ。このごろ。近者きんしゃ。②従者。つき従う人。
【属酒】しょくしゅ・ぞくしゅ 杯をさす。酒をすすめること。
【属心】しょくしん 思いをよせる。望みをかける。属意。
【属託】しょくたく・ぞくたく ①たのむ。ゆだねる。依託。②仕事の受け持ちを頼むこと。また、頼まれる人。＝嘱託
【属望】しょくぼう(ばう) 望みをかける。期待する。＝嘱望
【属目】しょくもく 目をつける。注意して見る。＝嘱目
【属車】ぞくしゃ ①天子の後ろにつき従う車。副車。そえぐるま。②天子のこと。直接天子をさすことを遠慮していう。
【属性】ぞくせい もの本来の性質。特徴。
【属地】ぞくち ①付属している土地。②その地に属すること。
【属吏】ぞくり 下役。属官。地位の低い役人。
【属僚】ぞくりょう(れう) したやく。属吏。属官。
【属領】ぞくりょう(りゃう) ある国に付属した土地。
【属隷】ぞくれい 下につくこと。隷属。また、その家来。
【属官】ぞっかん(くゎん) ①部下の役人。②国戦前の判任の文官。
【属国(國)】ぞっこく 他国に付属して支配を受けている国。
【属于】シューユイ shǔyú 現…に属する。
【属鏤之剣(劍)】しょくるのけん 名剣の名。属鏤は地名。また、鋼鉄こうてつの糸を切る鋭さを意味するともいう。呉王夫差ふさが悪臣のざんげんを信じて賢臣である子胥ししょにこの剣をさずけ、かれに自殺することを暗示したという故事がある。〈十八史略・春秋戦国〉
◆付属ふぞく・同属どうぞく・所属しょぞく・直属ちょくぞく・金属きんぞく・専属せんぞく・卑属ひぞく・従属じゅうぞく・配属はいぞく・尊属そんぞく・親属しんぞく・隷属れいぞく・卑金属ひきんぞく

尸9【屠】〔12〕標 ㊀ト 漢 呉 ㊀ 平 虞 tú トゥー ㊁チョ 漢 ㊁ 平 魚 chú チュー J 3743 U補 5C60

尸8【屠】〔11〕俗字 J — U補 —

意味 ㊀①〈ほふ・る〉家畜をころす。また、ころす。②さく。きる。「屠腹とふく」③家畜をさばくことを業とする者。④姓。㊁休屠きゅうちょは、地名。

【屠割】とかつ 動物を殺し、肉を裂く。
【屠牛】とぎゅう(ぎう) 食用とする牛を殺す。
【屠狗】とく 食用とする犬を殺す。
【屠宰】とさい 料理する。かっぽう。
【屠殺】とさつ 「屠畜」に同じ。
【屠肆】とし 肉を売る店。
【屠所】としょ 食肉処理場。【――之羊】としょのひつじ 屠所に連れて行かれる羊。死が目前に迫った人。また、人生のはかないことのたとえ。〈涅槃経ねはんぎょう〉
【屠焼(燒)】としょう(せう) 人を殺し、家を焼く。
【屠蘇】とそ 正月に酒にひたして飲む薬の名。元旦に飲むと、一年の邪気を払うという。
【屠畜】とちく 食肉用として家畜を殺すこと。
【屠中】とちゅう(ちう) 食用の動物を殺して、肉などを売ることを業とする人の仲間。
【屠販】とはん 食肉用として処理したり、その肉類を売ったりすること。転じて、それを商売とする者。
【屠腹】とふく 腹を切って自殺する。切腹。割腹かっぷく。
【屠竜(龍)之技】とりょうのぎ 竜を殺す技術。役に立たない高度な技術をいう。〈列子・列禦寇れつぎょこう〉

尸9【屡】〔12〕俗→屢(三九九ページ・上)

尸9【屟】〔12〕本→屧(三九九ページ・上)

尸9【犀】↓牛部八画(七九六ページ・中)

尸9【孱】↓子部九画(三六〇ページ・中)

尸11【屣】〔14〕シ 漢 上 紙 xǐ シー J ②0818 2691 U補 5C63

意味 ①草を編んで作ったはきもの。ぞうり。わらじ。＝蹝・躧 ②ぞうりのようにつまらないもの。③はきものをつっかけて歩く。

【屣履】しり あわて急いでくつをつっかけて、ひきずりながら行くこと。
【倒屣】しをさかさまにす あわていそいで、はきものをさかさまにはく。客を歓迎する気持ちが熱心であるため、出迎えにあわてる形容。〈魏志ぎし・王粲おうさん伝〉

尸11【層】〔14〕学6 ソウ J 3356 U補 5C64

旧字 尸12【層】〔15〕人 ソウ 漢 平 蒸 céng ツォン J ①4765 U補 FA3B

筆順 

意味 ①〈かさな・る〉「層山そうざん」②かさなり。「地層」③二階以上の建物。高殿たかどの。「高層」④階段。階級。「階層」⑤建物の階をかぞえる。⑥かさねて。たびたび。

解字  形声。尸が形を表し、曾そうが音を示す。尸は屋根。曾には、つみかさなる意味がある。層は、屋根のかさなるこ

とで、二階屋をいう。


【層雲】①いくえにも重なった雲。②下層雲の一種。地面近く横になびいて現れる、層状をなした雲。

【層閣】幾階にも重なった高殿。重閣。高楼。層楼。

【層構】いくえにも重ねたかまえ。数階建て。

【層畳(疊)】かさなる。いくえにも重なる。層重。

【層層(層)】いくえにもかさなるさま。

【層重】いくえにも重なること。層畳。層累。

【層濤】いくえにも重なって打ちよせるなみ。

【層巒】いくえにも重なり連なった山。

【層累】いくえにも重なり積む。層重。

【層楼(樓)】なん階にも重なった高い建物。重楼。高楼。「層閣。」
△上層・下層・地層・断層・階層

尸11【屨】〔14〕 標 ル 漢 去 遇 呉 lǚ リュイ　J ①4764 補 2690 U 5C62
尸9【屡】〔12〕俗字 J 2840 U 5C61
意味 ①〈しばしば〉たびたび。つねに。②はやい。
【屨空】しばしば貧しくて、たびたび飲食物が欠乏すること。
【屨次】しばしば。たびたび。
【屨発(發)】たびたび起こる。

尸11〖鳰〗↓鳥部三画(一四二八ページ・中)

尸12【屧】〔15〕ショウ 漢 入 葉 (セフ) xiè シエ　J ②0819 補 2692 U 5C67
尸9【屟】〔12〕本字 J ②0817 U 5C5F
意味 ①木で作ったはきもの。②くつの敷きわら。③ふむ。あるく。

尸12【履】〔15〕 常 リ はく　リ 漢 呉 上 紙 lǚ リュイ　J 4590 U 5C65
筆順 ㇕ 尸 尸 屈 屌 履 履 履
意味 ①くつ。はきもの。「草履」②〈は・く〉はきものをはく。③〈ふ・む〉あるく。おこなう。実行する。「履行」④位につく。⑤諸侯の領地。⑥さいわい。＝禄「福履」⑦易の卦の名。
解字 (古字) 会意。尸・彳・舟・夊の四つを合わせた字。尸はからだ、彳は行くこと、舟は舟、夊は足を進めること。履は、舟形をして、人が足にはいて歩く道具で、「くつ」をいう。

(屨①)

一説に尸が音を示す形声文字で、履は、くつをはいて、かかとを上げないで、しずかに歩くことであるという。

名前 ふみ　難読 草履(付表)

【履行】①ふみ行う。ことばどおりに実行する。②おこない。品行。また、徳行。

【履痕】くつのあと。

【履践(踐)】①ふみ行う。実行する。②歩行する。

【履祚】天子の位につく。即位。践祚。

【履端】①暦法によって正月元日を定める。②新年。③即位して元号を定める。④物事の始まり。

【履薄】薄い氷を踏む。危険をおかすことのたとえ。履氷。

【履氷】薄い氷を踏む。危険をおかすことのたとえ。氷をふむ。履薄。

【履約】①倹約の道をふみ行う。②約束を実行する。

【履歴(歷)】①その人の学業・職業などの経歴。②経験してきた事跡。【――書】その人の履歴を書いた書きつけ。

【履霜之戒】霜がおりるのは、厚い氷がはるようになる前兆だから、あらかじめ、災いに対する備えをしなければならないというたとえ。〈唐書・高宗紀賛〉
△木履・草履

尸12【層】〔15〕旧 ↓層(三九八ページ・下)

尸14【屨】〔17〕ク 漢 去 遇 jù チュイ　J ②0820 補 2693 U 5C68
意味 ①くつ。はきもの。②皮で作ったはきもの。③ふむ。④しばしば。＝屢

尸15【屩】〔18〕キャク 漢 入 薬 juē チュエ　J ②0821 補 2694 U 5C69
意味 くつ。麻や草で作ったはきもの。わらぐつ。

尸18【屬】〔21〕旧 ↓属(三九八ページ・上)

尸18〖羼〗↓羊部十五画(九九六ページ・上)

尸21【屭】〔24〕キ 漢 去 寘 xì シー　J 2701 補 5C6D U ―
尸6【屓】〔9〕本字 J 5394 U 5C53
尸7【屓】〔10〕同字 J 3792 U ―
意味 ＝贔 ①力を出すさま。②力のあるさま。③きびしくさかんなさま。転じて、ひいきするさま。「贔屭」④いびき。

3画　**屮部**　てつ

【部首解説】「草木の芽が出るさま」にかたどる。この部には、「屮」の形を構成要素とする文字が属する。

屮0【屮】〔3〕 一テツ 漢 一 入 屑 chè チョー　二ソウ 漢 二 上 皓 cǎo ツァオ (サウ)　J ①4766 補 ― U FA3C
意味 一芽。草木が芽生える。二「艸」(一〇四三ページ・中)の古字。「屮木」
解字 (古字) 象形。草木の芽が出て、くきや枝の生えている形。草木の初めて出たことを表す。

屮0【屮】〔3〕サ 漢 上 哿 zuǒ ツオ　J 5405 U 5C6E
意味 左の手。＝左

屮1【屯】〔4〕 常 トン　一トン 漢 一 平 元 tún トゥン　二チュン 漢 二 平 真 zhūn チュン　J 3854 U 5C6F
筆順 一 ㄴ 屮 屯
意味 一①〈たむろ・する(――・す)〉㋐あつまる。㋑軍隊がとどまる。②たむろ。人または軍兵の多くあつまる所。集落。陣営。③おか。「陵屯」④姓。国〈トン〉＝噸 二①〈なや・む〉行きなやむ。②易の卦の名。
解字 (古字) 指事。一は地面。屮は草の芽が出かかったところ。その下が曲がっているのは、伸び悩む形である。屯は、つかえて伸び悩むこと。また、大きな穀物の器を表す笹の代わりとして、屯は人の集まる所をいう。
名前 みつ・むら・よそ　姓 屯田・屯倉
【屯困】なやみくるしむ。困屯。
【屯邅】なやみくるしむ。
【屯難】ひどくなやむ。屯険。屯蹇。屯邅。
【屯営(營)】兵隊のたむろすること。また、そのところ。屯所。屯衛。陣屋。
【屯食】国①折詰の類。弁当。②屯倉。

3画　口囗土士夊(夂)夕大女子宀寸小尢(尣・兀)尸屮山巛(川)工己巾干幺广廴廾弋弓彐(彑・ヨ)彡彳⺌

【屯戍】(とんじゅ) たむろしてまもる。また、その兵や兵営。陣屋。屯所(とんしょ)。

【屯集】(とんしゅう) 多くの人があつまる。＝屯聚(とんしゅう)。

【屯将(將)】(とんしょう(しゃう)) 陣営の大将。部隊長。

【屯倉】㊀(とんそう(さう)) くらに入れておく。㊁(みやけ) 国大和(やまと)朝廷のころ、諸国におかれた、御料地の収穫を入れておくくら。また、これをつかさどる官舎。屯家(みやけ)。屯食。

【屯長】(とんちょう(ちゃう)) 守備兵の隊長。営長。

【屯田】(とんでん) ①兵士がふだんは農業をしながら、非常の場合には戦う。また、その兵隊。「屯田兵」②国明治初年、北海道に、警備・開拓と、家族の移住奨励のために置かれた屯田制の兵。

屮3 【屰】〔6〕 ゲキ 漢 ⓧ 陌 nì ニー ｜ J②0822 補2702 U5C70
意味 〈さから・う(──・ふ)〉＝逆

3画 山部 やま やまへん

【部首解説】「高くそびえるやま」にかたどる。この部には、山の名前や形状に関連するものが多く、「山」の形を構成要素とする文字が属する。

山0 【山】〔3〕 学1 サン やま ｜ サン 漢 平 刪 セン 呉 shān シャン ｜ J2719 補 U5C71

筆順 丨 山 山

意味 ①〈やま〉㋐土地の高く隆起した所。㋑うずたかくもりあがったもの。㋒山のような形をしたもの。また、山のもよう。㋓山の中。僧や道士の住まい。②姓。国①〈やま〉㋐物事の最高潮。頂点。「山場(やまば)」㋑万一の幸運。㋒比叡(ひえい)山の延暦(えんりゃく)寺をいう。②お寺の山号。「成田山(なりたさん)」

解字  象形。石があって高くなっている、やまの形を表したもの。

名前 たか・のぶ・たかし 姓 山於(やまのうえ)・山背(やましろ)・山県(やまがた)・山鹿(やまが)・山入端(やまのは) 地名 山口(やまぐち)・山田(やまだ)・山本(やまもと)・山辺(やまべ)・山門(やまと)・山武(さんぶ)・山城(やましろ)・山県(やまがた)・山鹿(やまが)・山梨(やまなし)・山越(やまこし)

難読 山車(だし)・築山(つきやま)(付表)／山梔子(くちなし)・山茶花(さざんか)・山茱萸(さんしゅゆ)・山茶(つばき)・山毛欅(ぶな)・山羊(やぎ)・山原水鶏(やんばるくいな)・山桜桃(ゆすらうめ)・山葵(わさび)

【山茶花】(さざんか(くゎ)) 常緑亜喬木の一種。実(み)は油の原料。

【山阿】(さんあ) 山の曲がり込んだ所。山曲。山隈(さんわい)。

【山靄】(さんあい) 山のもや。山煙(さんえん)。

【山衣】(さんい) ①山で着る衣。隠者の衣。②山。

【山陰】(さんいん) ①山のかげ。②山の北側。↔山陽 ③国山陰道の略。

【山雨】(さんう) ①山中の雨。②山から降って来る雨。【──欲来(來)風満(滿)楼(樓)】(さんうきたらんとほっしてかぜろうにみつ) ①山からしぐれが降ってきそうなようすで、風が高い建物いっぱいに吹きこんでいる。②事件が起こりそうなけはいのすること。〈許渾(きょこん)の詩・咸陽(かんよう)城東楼〉

【山花】(さんか(くゎ)) 山中に咲く花。

【山果】(さんか(くゎ)) 山の木の実。

【山窩】(さんか(くゎ)) 国一定の住所を持たずに、山奥や川原などを渡り歩き、竹細工・狩猟などをしながら暮らしていた漂泊民。

【山歌】(さんか) いなか歌。ひな歌。また、舟歌。

【山河】(さんが) ①山と川。自然。②世の中。世の移り変わり。③遠く離れているたとえ。④高大なもののたとえ。⑤永久不変のたとえ。⑥人徳の高く深いたとえ。【──襟帯(帶)】(さんがきんたい) 山や川が、襟や帯のようにめぐっていること。地勢がけわしくて堅固なたとえ。【──之固】(さんがのかため) 山河にかこまれて、要害堅固なこと。

【山海】(さんかい) ①山と海。②隠遁(いんとん)の地。また、世間。【──経(經)】(せんがいきょう(きゃう)・さんがいきょう(きゃう)) 書名。十八巻。中国古代の原始的地理書。神話伝説や、遠方の地の、怪しい動植物などについてのべている。【──珍味】(さんかいのちんみ) 山や海の珍しい食品。

【山客】(さんかく) 山住まいの人。「鶯啼山客猶眠(うぐいすないてさんかくなおねむる)」〈王維の詩・田園楽〉

【山郭】(さんかく(くゎく)) 山にかこまれた村。郭は村ざとの外ぐるわ。

【山岳(嶽)】(さんがく) やま。

【山壑】(さんがく) 山と谷。山谷。

【山澗】(さんかん) 谷川。山あいの渓谷。

【山気(氣)】㊀(さんき) ①山の空気。②山間に生ずるもや。霧。㊁(やまけ) 国まぐれあたりのさいわいを好む心。投機心。

【山鬼】(さんき) ①山の精霊。②山中の怪物。

【山祇】(さんぎ) 山の神。やまつかみ。やまつみ。

【山脚】(さんきゃく) 山のふもと。山足。

【山丘】(さんきゅう(きう)) ①山と丘。②物の多いさま。③重い形容。④はか。墳墓。

【山居】(さんきょ) ①山中に住む。山住み。また、その住居。②隠居をいう。山処。


【山峡(峽)】(さんきょう(けふ)) 山と山との間の谷あい。やまかい。

【山隅】(さんぐう) ①山のふもと。②御陵の隅。

【山系】(さんけい) 二つ以上の山脈が近接して、ほぼ同一方向に走っているものの総称。

【山径(徑)】(さんけい) 山のこみち。やまみち。

【山渓(溪)】(さんけい) 山と谷。＝山谿
【山蹊】(さんけい) 山中の小みち。＝山径
【山鶏(鷄)】(さんけい) 山鳥。きじの類。

【山月】(さんげつ) 山上の月。

【山光】(さんこう(くゎう)) 日光を浴びた山の色。

【山行】(さんこう(かう)) ①山中の旅行。②山歩き。山遊び。

【山肴】(さんこう(かう)) 酒を飲むときに食べる山菜。わらび・竹の子など。【──野蔌】(さんこうやそく) 酒のさかなにする、山の料理と野の野菜。〈欧陽脩(おうようしゅう)・酔翁亭記(すいおうていのき)〉

【山皐(皋)】(さんこう(かう)) 山と沢。山地と湿地。

【山号(號)】(さんごう(がう)) 国寺院の名称の上につける呼び名。

【山谷】(さんこく) ①山と谷。②谷。【──之士】(さんこくのし) 「山林之士(さんりんのし)」に同じ。〈荘子(そうじ)・刻意〉

【山骨】(さんこつ) 土砂が落ちて、表面に出た岩石。

【山砦】(さんさい) 山の上のとりで。＝山塞・山寨
【山菜】(さんさい) 山でとれた野菜。「山菜料理」

【山師】㊀(さんし) 周代の官名。山林を管理する。㊁(やまし) 国①鉱山業。②山の木を売買する人。③投機の好きな人。④詐欺師(さぎし)。

【山寺】(さんじ) 山中の寺。やまでら。

【山紫水明】(さんしすいめい) ①山は紫色で水は清らかである。山水の景色のすぐれていること。②国京都の形容。東山と加茂川についてのことば。

【山車】(さんしゃ) 国(だし) 祭りのときの、装飾した車。

【山岫】(さんしゅう(しう)) ①山のいただき。②山のほら穴。

【山椒】(さんしょう(せう)) ①山のいただき。山頂。②植物の名。若葉は食用に、実(み)は薬用になる。

【山瘴】(さんしょう(しゃう)) 山中の悪気。山の毒気。

【山色】(さんしょく) 山の中のけしき。山光。【──空濛雨亦奇】(さんしょくくうもうとしてあめもまたきなり) 山の色が、ぼんやりとかすんで見える、雨の日のけしきもまたすばらしい。〈蘇軾(そしょく)の詩・飲湖上(こじょうにいんす)〉

【山人】(さんじん) ①山中に世を避けて住む人。世捨て人。②書家・画家・小説家などの号の下につける語。「風来山人(ふうらいさんじん)(平賀源内)」

【山水】(さんすい) ①山と水。②山と水とがあるけしき。③山中にあ

る水。やまみず。④にわ。庭園。

【山精】さんせい 山の神。山のぬし。山びこ。

【山川】さんせん ①山と川。「山川相繆」(山と川とが、いりくんでいる。)〈蘇軾・前赤壁賦〉②自然のけしき。山水。③山川の神。【――草木転(轉)荒涼】さんせんそうもくうたたこう(くわう)りょう(りやう) 山も川も、草木も、すべて戦争のために荒れはててしまっている。〈乃木希典の詩・金州城下作〉

【山蘚】さんせん 山のこけ。

【山相】さんそう(さう) 山の姿。山の外観。

【山陬】さんそう・さんすう 山のすみ。山奥。

【山藪】さんそう ①山とさわ。山沢。②山野にこもって、仕官しない。在野。「い。在野。仕官しな」

【山村】さんそん 山中の村。やまざと。山郭。山邑。

【山碓】さんたい 谷間などにかけた水車のうす。

【山中宰相】さんちゅう(ちう)さいしょう(しやう) ①山中に隠退しながら国事の相談をうける人物。②宰相の器量がありながら用いられない人物。

【山沢(澤)】さんたく 山とさわ。山や沼地。

【山重水複】さんちょうすいふく 山が重なり合い、川が入りくんでいる。〈陸游の詩・遊二山西村一〉

【山亭】さんてい ①山中の旅館。②山中のあずまや。③山中の休み場所。

【山巓】さんてん 山のいただき。山頂。

【山斗】さんと 泰山と北斗の略。人に仰ぎ慕われるもののたとえ。泰斗。

【山徒】さんと 国比叡山延暦寺の僧。

【山東】さんとう ①崤山または華山の東の地をいう。②戦国時代の斉・楚・燕・韓・魏・趙六国をいう。③太行山の東。④山東省。

【山濤】さんとう(たう) 人名。晋の政治家。字は巨源。竹林の七賢の一人。(二〇五～二八三)

【山堂】さんどう(だう) ①山の中の家。山の別荘。②山の中の寺。

【山童】さんどう ①山中に育った子。②山に住む子。

【山内】さんない ①山の中。②寺の境内。

【山伏】一さんぷく ①山中にかくれ臥す。②山中のすみか。二やまぶし 国①野山に寝ること。また、野山に寝起きして、仏道を修行する僧。②修験道を行う者。修験者。

【山腹】さんぷく 山の中腹。

【山姥】さんぼ・やまうば・やまんば 深山に住むと想像される、伝説的な女性の怪物。山女。鬼女。

【山房】さんぼう(ばう) ①山中にたててある家。山荘。②学者や文人が、書斎の号の下につける語。

【山脈】一さんみゃく 山々が長く続いているもの。やまなみ。特に、顕著な脈状をなす山地。「奥羽山脈」「断層山脈」 二シャンマイ shānmài 現一に同じ。

【山門】さんもん ①仏寺の門。②国比叡山延暦寺の別名。

【山野】さんや ①山と野。②いなか。

【山牖】さんゆう(いう) 山荘の窓。

【山容】さんよう 山のすがた。【――水態】さんようすいたい 山の形と水の姿。山水のけしき。〈元稹の詩・和三楽天重題二別一東楼一〉

【山陽】さんよう(やう) ①山の南側。山南。↕山陰 ②国山陽道の略。わが国八道の一つ。③人名。頼山陽。

【山籟】さんらい 山風の音。

【山巒】さんらん 山。山岳。峰。

【山立】さんりつ 山のようにつき立つ。

【山陵】さんりょう ①山と丘。②みささぎ。帝王や后妃の墓。

【山梁】さんりょう(りやう) 山川に渡した橋。「山梁雌雉」(山川に渡した橋のほとりにいる雌の雉こそは、飛び立つのも止まるのも、よく時にかなっている。)〈論語・郷党〉

【山林】さんりん ①山と林。②はやし。森林。【――之士】さんりんのし 世間をはなれて、山林中に隠れ住む人物。山谷之士。〈漢書・王吉伝賛〉

【山霊(靈)】さんれい 山の神。山のぬし。

【山麓】さんろく 山のふもと。

【山毛欅】ぶな ブナ科の落葉喬木。

【山羊】やぎ ウシ科の哺乳動物。野羊。

【山鹿素行】やまがそこう(かう) 人名。江戸前期の漢学者・兵学者。会津の人。林羅山に儒学を学び、北条氏長に兵学を学んだ。朱子学を疑って、赤穂に流された。「聖教要録」「中朝事実」などの著がある。(一六二二～一六八五)

【山賤】やまがつ 国きこりなど、山里で生活している人。

【山崎闇斎(齋)】やまざきあんさい 人名。江戸前期の漢学者。名は嘉、闇斎・垂加と号した。京都の人。初め僧となったが、谷時中に朱子学を学び、また、吉川惟足に神道を学んで、垂加神道を起こした。(一六一八～一六八二)

【山祇】やまつみ 国山をつかさどる神。山の神。

【山葵】わさび アブラナ科の多年草。根は香辛料となる。

【山区(區)】シャンチュイ shānqū 現山岳地帯。

【山上有レ山】さんじょう(じゃう)やまあり 山の上にまた山がある。「出」の字の隠語。

【破二山中賊一易、破二心中賊一難】さんちゅう(ちう)のぞくをやぶるはやすく、しんちゅう(ちう)のぞくをやぶるはかたし 山中の賊をうち破ることはたやすいが、自分の心中の悪をうち破ることはまことにむずかしい。人に勝つより自分に勝つことの困難を説いたことば。〈陽明全書〉

【山中無二暦(曆)日一】さんちゅう(ちう)れきじつなし 山中には暦がない。山中閑居の生活では、日月の推移するのも気がつかない。〈太上隠者の詩・答レ人〉

【山木自寇】さんぼくみずから(みづから)あだす 山の木は役に立つことがあるために切られてしまう。才能がかえって身をそこなうということ。〈荘子・人間世〉

【山高月小】やまたかくつきしょう(せう)なり 山が高くそびえ、その上に月が小さく照っている。〈蘇軾・後赤壁賦〉

【山高水長】やまたかくみず(みづ)ながし 人柄の潔く気高いことを、山の高く流れの長いのにたとえていう。〈范仲淹・厳先生祠堂記〉

【山以二陵遅(遲)一故能高】やまはりょうちをもってのゆえ(ゆゑ)によくたかし 山は裾野が広くひろがっているからこそ高いのである。何事も基礎が大切であるということ。〈説苑・談叢〉

△▼火山・本山・仰山・沢山・青山・金山・深山・遊山・銅山・築山・霊山・休火山・死火山・総本山・日下開山

山 1【𡴭】〔4〕　アツ 漢 yà ヤー　入 黠　J ②0823　補　U 21D2D

意味 山が湾曲しているところ。国〈たわ〉山の尾根が低くぼんだところ。

山 1【乢】〔4〕　国字　J 5406　補　U 4E62

意味〈たわ〉山の尾根のたわんだところ。鞍部。

地名 乢・乢山

山 2【屵】〔5〕　ガツ 漢 è オー　入 曷　J 2704　補　U 5C75

意味 ①河岸が高く切りたっている。②山が高いさま。

山 2【屴】〔5〕　リョク 漢 リキ 呉 lì リー　入 職　J 2703　補　U 5C74

意味 屴崱は、①山が高くけわしいさま。②態度が重々しいさま。

山 2【屶】〔5〕　国字　J 5407　補　U 5C76

意味〈なた〉①柄が短く幅の広い刃物。②屶柄は、山形県長井市の地名。③屶巻は、宮城県石巻市の地名。

山3 【屽】〔6〕 ■一カン漢 ■一去 翰 hàn ハン ■二ガン漢呉 ■二去 翰 àn アン U補J 5C7D 2708
意味 ■一山の名。 ■二「岸」(四〇三ページ・中)の同字。

山3 【屺】〔6〕 キ漢 上 紙 qǐ チー U補J 5C7A 2705 ①4768
意味 ①はげやま。↕岵。 ②屺岵は、父母を指す。
参考 「屺」(扆の古字)は別字。

山3 【屹】〔6〕 標 ギツ漢 入 物 キツ慣 yì イー U補J 5C79 5408
意味 ①〈そばだ・つ〉山がそびえたつ。 ②ゆるぎない。動かないようす。

【屹屼】はげ山の高いさま。

【屹然】山のけわしくそびえたつさま。

【屹度】国①きびしく。②たしかに。③すぐに。④じっと【して。

【屹立】山が高くそびえ立つ。

山3 【屼】〔6〕 ゴツ漢 入 月 コツ慣 wù ウー U補J 5C7C 2707 ②0825
意味 ①山がはげている。 ②山が高い。「屼立」

山3 【岃】〔6〕 ジン漢 去 震 ニン呉 rèn レン U補J 5C7B 2706
意味 山が高いさま。

山3 【岆】〔6〕 国字 U補J 216B4 ①4767
意味 〈あけん〉地名に用いられる。岆原は、滋賀県の地名。

山3 【岃】〔6〕 国字 U補J 21D45 ②0824
意味 〈ほき〉がけ。

山4 【岈】〔7〕 カ漢 平 麻 xiā シア U補J

山5 〔岈〕〔8〕 俗字 U補J 5C88 2710 ②0828
意味 山が奥深く、谷が雄大なさま。「岈然」

山4 【岏】〔7〕 ガン漢呉 平 寒 (グヮン) wán ワン U補J 5C8F 2712 ①4769
意味 巑岏は、①山がするどくとがったさま。②山がけわしくつらなるさま。

山4 【岐】〔7〕 学4 キ キ漢 平 支 ギ呉 qí チー U補J 5C90 2084
筆順 丨 𡴭 山 山一 山十 岐 岐
意味 ①ふたまたの路。わかれみち。‖岐 ②さとい。かしこい。「岐嶷」③陝西省にある山の名。岐山。④姓。

解字 岐 形声。山が形を表し、支が音を示す。支には分かれるという意味がある。岐は山の分かれるところを表す。

名前 みち・ふなど 姓 岐弥 地名 岐阜
【岐穎】すぐれて、多くの人に秀でること。

【岐嶷】幼時から、才知が人よりすぐれること。嶷は、さとい意。

【岐山】山の名。陝西省岐山県にある。周王朝の祖先の古公亶父がふもとに都をおいたという。天柱山。鳳凰山。岐周。

【岐周】西周のこと。周は古公亶父のとき、陝西省、岐山付近に国をたてたところからいう。

【岐出】小道が多く分かれる。

【岐路】わかれみち。えだみち。【――亡羊】
→「多岐亡羊」(三一二ページ・上)
〖哭岐泣練〗楊子は、別れ道に立って、本は一つなのにどちらへでも行ける点を悲しんで泣き、墨子は、白い糸をみて、どんな色にでも染まることをなげいて泣いたという故事から、本は一つなのに、末は別々になることを悲しみなげくたとえ。〈淮南子・説林〉
◇▼分岐・多岐

山4 【岌】〔7〕 ギュウ(ギフ)漢 入 緝 キュウ(キフ)慣 jí チー U補J 5C8C 5409
意味 ①山が高い。また、高いことをいう。②あやうい。あぶない。

【岌峨】山の高くそびえるさま。岌嶷。岌嶪。

【岌岌】①高いさま。②あやういさま。

【岌嶷】高くけわしい。

山4 【岒】〔7〕 ケン漢 平 塩 qián チエン U補J 5C92 2713
意味 岒峨は、高さがそろわないさま。

山4 【岇】〔7〕 ゴウ漢 平 陽 (ガウ) áng アン U補J 5C87 2709
意味 岇藏は、山が高いさま。

山4 【岑】〔7〕 シン漢 平 侵 cén ツェン U補J 5C91 5410
意味 ①山の高い所。峰。②山などがきりたっている。するどい。③きし。④さびしく、しずか。⑤姓。

【岑蔚】山の峰の、木の茂っているところ。

【岑峨】①高いさま。②高低のあるさま。そろわないさま。

【岑崟】山がするどく切りたっている。

【岑岑】頭の痛むさま。

【岑参(參)】人名。盛唐の詩人。天宝年間に進士となり、のち、嘉州の刺史となる。杜甫にならい、悲壮な国境情緒に富む詩を作った。(七一五?～七七〇?)

【岑寂】さびしくしずか。さびしげに高くそびえるさま。

【岑嶺】高い峰。高峰。

【岑楼(樓)】①高くするどい山。②山のように高い御殿。③峰と高い建物。

山4 【岊】〔7〕 セツ漢 入 屑 セチ呉 jié チエ U補J 5C8A 2711 ②0829
意味 ①山が曲がっているところ。くま。②山のみね。③山の高いさま。

山4 【岔】〔7〕 タ漢 去 禡 chà チャー U補J 5C94 5411
意味 ①みつまたの路。三叉路。②山脈のえだわかれした所。③話題をかえる。

山4 【岆】〔7〕 ヨウ漢 上 篠 (エウ) yǎo ヤオ U補J 5C86
意味 山の名。

山4 【岃】〔7〕 国字 U補J 21D62 ②0827
意味 〈なぎ〉岃下は、愛知県の地名。

山4 【岦】〔7〕 U補J 599B 5412
意味 「岦」(本ページ・上)の誤字か。
参考 「岦」(三五〇ページ・上)の俗字ともみられる。

山4 【岆】〔7〕 同→嶧(四一〇ページ・下)

山4 【岍】〔7〕 俗→岍(四〇四ページ・下)

山4 〖岫〗(六二四ページ・下)→木部三画

山5 【峡】〔8〕 ヨウ(ヤウ)漢 上 養 オウ(アウ)慣 yǎng ヤン U補J 5C9F 2715 ①4770
意味 ①山すそ。②山林が奥深い。③山の名。

山5 【岢】〔8〕 カ漢 上 哿 kě コー U補J 5CA2 2717 ②0834
意味 岢嵐は、山西省の県の名。また、山の名。

山5 〔岣〕〔8〕 同字 U補J 37B9

山5 【岳】〔8〕 常 ガク たけ U補J 5CB3 1957

旧字 山14【嶽】〔17〕ガク 漢 呉 入 覚 yuè ユエ　J 5454 補 U 5DBD

筆順 ノ 亻 仁 斤 丘 乒 岳 岳

意味 ①〈たけ〉高く大きい山。「五岳」②妻の父や母を指す語。「岳父」③中国の伝説時代である堯・舜の頃の官名。四方の諸侯を治めた。「四岳」④姓。

解字  形声。山が形を表し、獄が音を示す。獄には、かたいという意味がある。嶽は、かたい石でできた山をいう。一説に、獄の音は、とがって並ぶという意味を含むから、嶽は峰がとがって並ぶことであるという。音ガクは、獄の音ゴクの変化。常用漢字の岳は、嶽の古字で、丘と山の会意。丘の形をした高い山、また、山上にさらに丘があることを表す。

名前 おか・たか・たかし 姓 岳氷 難読 岳樺

参考 岳は「嶽」の中国新字体としても使う。

【岳影】(がくえい) 山のかげ。

【岳岳(嶽)】(がくがく) かどだっているさま。つき立つさま。

【岳飛】(がくひ) 人名。字は鵬挙。河南省湯陰の人。宋の名将。秦檜らの平和論に反対して、殺された。享年三十九。諡は武穆。「岳武穆集」の著がある。

【岳父】(がくふ) 妻の父。しゅうと。岳丈。岳翁。

【岳母】(がくぼ) 妻の母。しゅうとめ。

【岳牧】(がくぼく) 四岳と十二牧。中央や地方の長官。

【岳陽楼(樓)】(がくようろう) 湖南省岳陽市にある楼の名。後ろに巴陵をひかえ、前は洞庭湖に面する名所。【──記】宋代の范仲淹が、岳陽楼の改修を記念して、その由来と自分の信念とを述べた文。「古文真宝後集」「文章軌範」に収録。

山5【岩】〔8〕学2 ガン いわ　ガン 漢 呉 平 咸 yán イエン　J 2068 補 U 5CA9

筆順 丶 㞢 山 㞢 屵 岩 岩 岩

意味 〈いわ(いは)〉いわお。＝巖

解字  会意。山と石を合わせた字。山の中の固い石をいう。古い形は、嵒で、山のごろごろした石を表す。

名前 かた・せき・たか・いわお 姓 岩城・岩動

地名 岩内・岩手・岩代・岩国・岩沼・岩美・岩倉・岩宿・岩船・岩槻・岩瀬・岩見沢

難読 岩魚

参考 元来は、「嵒」「巖」の俗字。また、岩は「巖」(四一一ページ・中)の中国新字体としても使う。

【岩座】(いわざ) 国岩の形をした仏像の台座。

【岩戸】(いわと) 国①岩屋の入り口。②天の岩戸の略。【──神楽(樂)】(いわとかぐら) 国①天照大神が天の岩戸に隠れたとき、岩戸の前で神々が演奏したという神楽。②芝居のはやしの一種。

【岩室】(いわむろ) 国高い山などに石を積んで造った小屋。

【岩窟】(がんくつ) いわや。岩穴。

【岩礁】(がんしょう) 水中に隠れている岩。

【岩乗(乘)】(がんじょう) 国①特に強くじょうぶな馬。②転じて、人や物がじょうぶなこと。頑丈。＝岩畳
【岩頭】(がんとう) 岩の上。

【岩洞】(がんどう) 岩のほら穴。

【岩壁】(がんぺき) きり立ったようなけわしい岩。
◇奇岩・溶岩

山5【岸】〔8〕学3 ガン きし　ガン 漢 呉 去 翰 àn アン　J 2063 補 U 5CB8

筆順 丶 山 山 屵 屵 岸 岸 岸

厂3【厈】〔5〕古字　J 2037 補 U 5388 7
山5【岍】〔8〕同字　J ②0832 補 U 21D9C
山5【峆】〔8〕同字　J ②0830 補 U 37C1

意味 ①〈きし〉㋐川や海辺の高くきり立った所。「河岸」㋑高い所。㋒水ぎわ。なぎさ。②はて。きわ。③高くすぐれている。「雄岸」④ひとや。牢屋。＝犴「岸獄」⑤→岸幘

解字 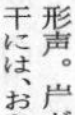 形声。屵が形を表し、干が音を示す。屵は山のがけ。干には、おかす意味がある。岸は、水ぎわにきり立っておかすようにそびえているがけをいう。

地名 岸和田

難読 河岸(付表)

【岸傑】(がんけつ) 体が大きくたくましいこと。

【岸幘】(がんさく) 頭巾をぬいでひたいをあらわす。威厳をつくろわずに親しみを出すさま。

【岸芷】(がんし) 岸べにはえているよろいぐさ。「岸芷汀蘭」(汀蘭は、水ぎわの蘭。芷・蘭ともに、かおりのよい草の名。)

【岸勢】(がんせい) 岸のようす。

【岸頭】(がんとう) 岸のほとり。岸辺。岸畔。

【岸畔】(がんぱん) 岸のほとり。岸辺。

【岸壁】(がんぺき) ①港にある、コンクリートまたは石でつくられた船着き場。②けわしい岸。

【岸辺(邊)】(がんぺん・きしべ) 岸のほとり。岸畔。
◇対岸・沿岸・河岸・彼岸・海岸・湖岸

山5【岠】〔8〕キョ 漢 上 語 jù チュイ　J ②0833 補 U 5CA0
意味 ①大きな山。②はなれる。＝距

山5【峴】〔8〕キョウ(キャウ) 漢 呉 去 漾 kuàng コワン　J 2721 補 U 5CB2
意味 山の名。

山5【岵】〔8〕コ 漢 上 麌 hù フー　J ②0839 補 U 5CB5 2723
意味 草木の茂っている山。しげやま。↕屺

山5【岬】〔8〕常 みさき　コウ(カフ) 漢 入 洽 jiǎ チア　J 4408 補 U 5CAC

筆順 丨 山 山 山 岬 岬 岬 岬

意味 ①山と山との間。やまあい。はざま。＝峡 ②〈みさき〉陸地の海中に突きでた所。

解字 形声。山が形を表し、甲が音を示す。甲は夾と通じて、わきばさむ意味がある。岬は水にはさまれている山で、みさきのこと。

山5【岡】〔8〕学4 おか　コウ(カウ) 漢 呉 平 陽 gāng カン　J 1812 補 U 5CA1

筆順 丨 冂 冂 冂 罓 罓 岡 岡

土9【堽】〔12〕同字　J 5246 補 U 583D

意味 ①〈おか(をか)〉小高い所。小山。丘陵。②山の背。または山の背の広く平らな所。

解字  形声。山が形を表し、网が音を示す。网は、亢に通じる。岡は、小高くもりあがった土の意となる。一説に、岡は、鋳型とする。

地名 岡山・岡谷・岡崎

参考 「罔」は別字。

【岡島冠山】(おかじまかんざん) 人名。江戸時代の学者。唐話学(中国語)を研究した。(一六七四〜一七二八)
【岡引】(おかっぴき) 国江戸時代の、とりての下役。目あかし。
【岡白駒】(おかはっく) 人名。江戸時代の学者。唐話学(中国

語)を研究した。(一六九二〜一七六七)

【岡阜】小高いおか。阜は土山。
【岡巒】丘と山。
【岡陵】おか。低いものを岡、大きいものを陵という。
『岡𡶶之野』や広々とした、さびしい原野。

山5【岣】〔8〕コウ㊥漢 ㊤有 gǒu コウ U補J ①4771 5CA3 2718
意味 岣嶁は、山の名。湖南省衡山の峰の一つ。禹の碑がある。

山5【岞】〔8〕サク㊥漢 ㊅薬 zuò ツオ U補J 5C9D 2714
意味 ①山の名。②岞崿は、山が高くけわしいさま。

山5【峅】〔8〕同字 U補J 5C9E

山5【岫】〔8〕シュウ㊥漢 ㊃宥 (シウ) xiù シウ U補J 5CAB 5413
意味 ①〈くき〉山のほらあな。②つらなった峰。
【岫雲】山の穴からわきおこる雲。
【岫幌】洞穴のとばり。雲や霧の出入りする所。「扃二岫幌一」〈孔徳璋・北山移文〉

山5【岨】〔8〕
━ ショ㊥漢 ソ㊥呉 ━ ㊥平 魚 jū チュイ
━ ショ㊥漢 ソ㊥呉 ━ ㊤上 語 zǔ ツー
━ ショ㊥漢 ソ㊥呉 ━ ㊤上 語 jǔ チュイ
U補J 5CA8 3327
意味 ━土をかぶった石の山。━〈そばだ・つ〉けわしい。━岨峿は、①山のかたち。②ちぐはぐ。＝齟齬
参考 新表記では、「阻」に書きかえる熟語がある。
【岨険(險)】けわしい山地。険岨。険阻。
【岨峻】山がけわしくそびえている。

山5【岱】〔8〕タイ㊥漢 ㊃隊 dài タイ U補J 5CB1 3450
意味 山の名。泰山の別名。「岱山」「岱宗」
【岱華(華)】泰山と華山。
【岱宗】「泰山」の別名。岱泰。

山5【岻】〔8〕チ㊥漢 ㊥平支 chí チー U補J 5CBB 5414
意味 山の名。

山5【岧】〔8〕チョウ㊥漢 ㊥平蕭 (テウ) tiáo ティアオ U補J ②0836 5CA7

山5【岹】〔8〕同字 U補J 5CB9
意味 岧岧・岧嶢は、山が高い。

山5【岶】〔8〕ハク㊥漢 ㊅陌 pò ポー U補J 5CB6 5415
意味 嶼岶は、竹や木などの密生したさま。＝漠泊
国〈さこ〉谷。谷の行きづまり。＝迫

山5【岷】〔8〕ビン㊥漢 ミン㊥慣 ㊥平真 mín ミン U補J 5CB7 5417
意味 ①山の名。四川・甘粛の両省の間にわたる山。長江と黄河の分水嶺となる。「岷山」②川の名。→岷江
【岷江】四川省にあり、岷山の北に発し、金沙江に合流する川の名。長江の水源と考えられていた。

山5【岪】〔8〕フツ㊥漢 ㊅物 fú フー U補J ①4772 5CAA 2720
意味 ①山の中腹の道。②山が高くでこぼこでけわしい。「岪鬱」

山5【㟴】〔8〕同字 U補J ②0837 21D92

山5【岦】〔8〕リュウ㊥漢 (リフ) ㊅緝 lì リー U補J ②0835 5CA6 2719
意味 岦岌は、山がそびえるさま。

山5【岭】〔8〕レイ㊥漢 ㊥平青 líng リン U補J ②0838 5CAD
意味 ①岭巆・岭峹は、山が深い。②岭嶙は、石をたたく音。③山の名。「岭中」
参考 岭は「嶺」(四一一ページ・中)の中国新字体としても使う。

山5【岺】〔8〕同字 U補J ①4773 5CBA 2724

山5【峂】〔8〕tóng トン U補J 5CC2
意味 現峂峪村は、北京市内の地名。

山5【峁】〔8〕mǎo マオ U補J 5CC1
意味 現中国西北部の黄土丘陵。また、その頂上。

山5【峅】〔8〕国字 U補J 5CC5 5418
意味 〈くら〉①谷。②岩峅寺・芦峅寺は、富山県中新川郡の地名。

山5【峠】〔8〕国字 U補J ②0831 21DA1
意味 〈さこ〉山あいの谷。

山5【岾】〔8〕国字 U補J 5CBE 5419
意味 〈やま〉地名、姓に用いられる字。広岾

山5【岼】〔8〕国字 U補J 5CBC 5416
意味 〈ゆり〉①山の中腹の小さい平地。②岼は、京都府福知山市の地名。は、京都市左京区の旧地名。

山5【岈】〔8〕俗 →岈(四二ページ・上)

山5【岍】〔8〕同 →岸(四〇三ページ・中)

山5【岏】〔8〕同 →岸(四〇三ページ・中)

山5【岖】〔8〕同 →嶇(四〇九ページ・下)

山5【岪】〔8〕同 →弗(本ページ・中)

山5【岺】〔8〕同 →岭(本ページ・中)

山6【峐】〔9〕カイ㊥漢 ㊥平灰 gāi カイ U補J ①4775 5CD0
意味 はげ山。＝屺

山6【峉】〔9〕ガク㊥漢 ㊅陌 è オー U補J ②0841 5CC9 2725
意味 山が高く大きいさま。「峉峉」

山6【峗】〔9〕
━ ギ㊥漢 ㊥呉 ━ ㊥平 支 wéi ウエイ
━ キ㊥慣 ギ㊥漢 ㊥呉 ━ ㊤上 紙 wěi ウエイ
U補J 5CD7 2729
意味 ━三峗は、山の名。甘粛省敦煌県の東南にあったと言われている。＝危 ━山が高くけわしいさま。

山6【峡】〔9〕常 キョウ U補J 5CE1 2214

旧字 山7【峽】〔10〕人 コウ(カフ)㊥漢 キョウ(ケフ)㊥呉 ㊅洽 xiá シア U補J 5CFD 5423

筆順 丨 山 山 山一 山冖 山亞 峡 峡

意味 ①〈はざま〉山と山との間。谷あい。②谷川。「三峡」
解字 形声。山が形を表し、夾が音を示す。夾には、はさむという意味がある。峡は、山と山にはさまれたところ、はざまをいう。
地名 峡田
【峡雨】谷あいに降りそそぐ雨。
【峡谷】深くけわしい谷。たに。渓谷。
【峡中】山と山との間。谷あい。峡間。
◆山峡・海峡

山6【岍】〔9〕ケン㊥漢 ㊥平先 qiān チエン U補J 2F87A
意味 岍山は、陝西省隴県の西南にある山の名。

山4【岍】〔7〕俗字 U補J 5C8D

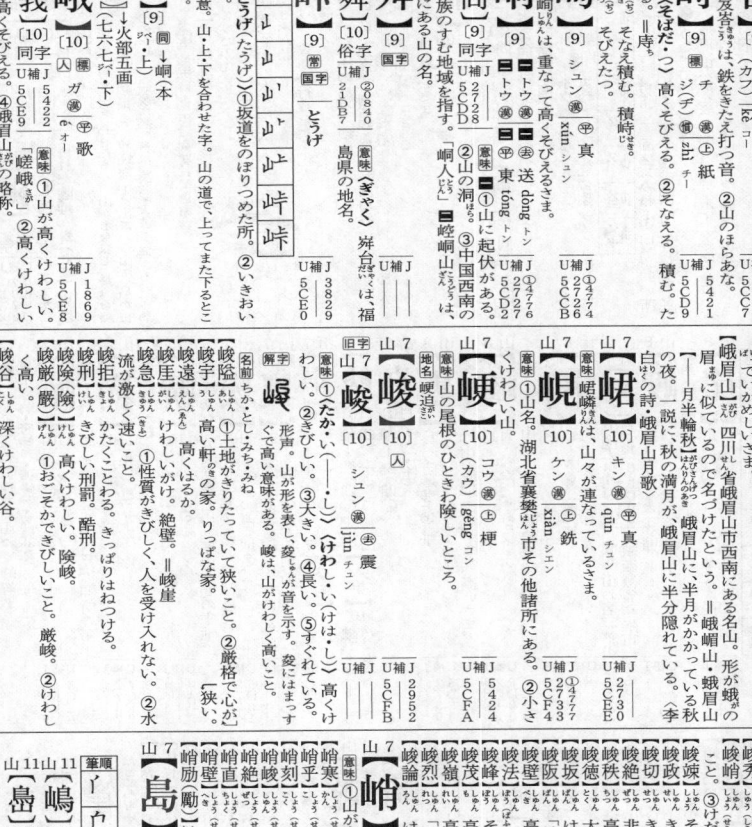

山6【峇】〔9〕 コウ漢 入 合 (カフ) kē コー J 5420 U補 5CC7
意味 ①岌峇(きゅうこう)は、鉄をきたえ打つ音。②山のほらあな。

山6【峙】〔9〕標 チ漢 上 紙 ジ(ヂ)慣 zhì チー J 5421 U補 5CD9
意味 ①〈そばだ・つ〉高くそびえる。②そなえる。積む。たくわえる。＝庤(ち)
【峙積】じ(ぢ)せき そなえ積む。積峙(せきじ)。
【峙立】じ(ぢ)りつ そびえたつ。

山6【峋】〔9〕 シュン漢 平 真 xún シュン J ①4774 補 2726 U 5CCB
意味 嶙峋(りんしゅん)は、重なって高くそびえるさま。

山6【峒】〔9〕 一 トウ漢 一 去 送 dòng トン 二 トウ漢 二 平 東 tóng トン J ①4776 補 2727 U 5CD2
意味 一 ①山に起伏がある。②山の洞(ほら)。③中国西南の少数民族のすむ地域を指す。「峒人(とうじん)」 二 崆峒山(こうどうざん)は、甘粛省にある山の名。

山6【峝】〔9〕同字 J 補 2728 U 5CDD

山6【峅】〔9〕国字 J — 補 — U —
意味〈ぎゃく〉 峅台(ぎゃくだい)は、福島県の地名。
山7【峅】〔10〕俗字 J ②0840 U 21DB7

山6【峠】〔9〕常 国字 とうげ J 3829 U 5CE0

筆順
丨 山 山' 山ㅏ 山上 峠 峠

意味〈とうげ(たうげ)〉①坂道をのぼりつめた所。②いきおいの絶頂。
解字 会意。山・上・下を合わせた字。山の道で、上ってまた下るところをいう。

山6【峝】〔9〕同 ↓峒(本ページ・上)
山6【炭】↓火部五画(七六七ページ・下)

山7【峨】〔10〕標 人 ガ漢 平 歌 é オー J 1869 U補 5CE8
意味 ①山が高くけわしい。②高くけわしい峰。③高くそびえる。④峨眉山(がびさん)の略称。「嵯峨(さが)」
山7【峩】〔10〕同字 J 5422 U補 5CE9

【峨峨】がが ①山のけわしくそびえたつさま。②姿かたちの立派でいかめしいさま。
【峨眉山】がびさん 四川(しせん)省峨眉山市西南にある名山。形が蛾(が)の眉(まゆ)に似ているので名づけたという。＝峨嵋山・蛾眉山
【――月半輪秋】がびさんげつはんりんのあき 峨眉山に、半月がかかっている秋の夜。一説に、秋の満月が、峨眉山に半分隠れている。〈李白(りはく)の詩・峨眉山月歌〉

山7【峮】〔10〕 キン漢 平 真 qūn チュン J 2730 U補 5CEE
意味 峮嶙(きんりん)は、山々が連なっているさま。

山7【峴】〔10〕 ケン漢 上 銑 xiàn シエン J ①4777 補 2733 U 5CF4
意味 ①山名。湖北省襄樊(じょうはん)市その他諸所にある。②小さくけわしい山。

山7【峺】〔10〕 コウ漢 上 梗 (カウ) gěng コン J 5424 U補 5CFA
意味 山の尾根のひときわ険しいところ。
地名 峺迫(がいさこ)

山7【峻】〔10〕人 シュン漢 去 震 jùn チュン J 2952 U補 5CFB
旧字 山7【峻】 J — U補 —
意味 ①〈たか・い(――・し)〉〈けわし・い(けは・し)〉高くけわしい。②きびしい。③大きい。④長い。⑤すぐれている。
解字 形声。山が形を表し、夋(しゅん)が音を示す。夋にはまっすぐで高い意味がある。峻は、山がけわしく高いこと。
名前 ちか・とし・みち・みね
【峻隘】しゅんあい ①土地がきりたっていて狭いこと。②厳格で心が狭い。
【峻宇】しゅんう 高い軒(のき)の家。りっぱな家。
【峻遠】しゅんえん(ゑん) 高くはるか。
【峻厓】しゅんがい けわしいがけ。絶壁。＝峻崖
【峻急】しゅんきゅう(きふ) ①性質がきびしく、人を受け入れない。②水流が激しく速いこと。
【峻拒】しゅんきょ かたくことわる。きっぱりはねつける。
【峻刑】しゅんけい きびしい刑罰。酷刑。
【峻険(險)】しゅんけん 高くけわしい。険峻。
【峻厳(嚴)】しゅんげん ①おごそかできびしいこと。厳峻。②けわしく高い。
【峻谷】しゅんこく 深くけわしい谷。
【峻酷】しゅんこく むごい。厳酷。＝峻刻
【峻秀】しゅんしゅう(しう) 高くひいでる。ぬきんでる。
【峻峭】しゅんしょう(せう) ①けわしくけずったように立つ。②はげしいこと。③けだかくぬきでる。峭峻。
【峻竦】しゅんしょう そびえる。そそり立つ。
【峻政】しゅんせい きびしい政治。
【峻切】しゅんせつ きびしくはげしい。峻烈。峻励。
【峻絶】しゅんぜつ 非常にけわしい。絶峻。
【峻秩】しゅんちつ 高い官位。
【峻徳】しゅんとく 大きな徳。大徳。高徳。
【峻坂】しゅんぱん けわしい坂。急坂。
【峻阪】しゅんぱん 「峻坂(しゅんぱん)」に同じ。
【峻壁】しゅんぺき 高くけわしい城壁。峻厓。俊崖。
【峻法】しゅんぽう(ぱふ) きびしい法律。厳法。
【峻茂】しゅんも 高く茂る。伸びしげる。
【峻峰】しゅんぽう そびえたつ峰。峻嶺(しゅんれい)。
【峻嶺】しゅんれい 高くけわしい峰。峻峰。
【峻烈】しゅんれつ 「峻切」に同じ。
【峻論】しゅんろん はげしい議論。また、はげしく論じあう。

山7【峭】〔10〕 ショウ漢 去 嘯 (セウ) qiào チアオ J 5425 U補 5CED
意味 ①山が高くけわしい。②きびしい。
【峭寒】しょう(せう)かん 寒さがきびしい。きびしく寒い。
【峭乎】しょう(せう)こ きびしいさま。
【峭刻】しょう(せう)こく きびしくてざんこく。
【峭峻】しょう(せう)しゅん けわしい。峻峭。
【峭絶】しょう(せう)ぜつ きりたったようにけわしい。
【峭直】しょう(せう)ちょく 気持ちがきびしくまっすぐなこと。真正直。
【峭壁】しょう(せう)へき 壁のようにけわしくそびえたつ。
【峭励(勵)】しょう(せう)れい きびしく激しい。＝峭厲

山7【島】〔10〕学 3 トウ しま トウ(タウ)漢 呉 上 皓 dǎo タオ J 3771 U補 5CF6

筆順
′ 卢 户 自 鳥 鳥 島 島 島

山11【嶋】〔14〕人 J 3772 U補 5D8B
山11【㠀】〔14〕本字 J ②0862 U補 3800
阜14【隯】〔17〕古字 J ②9176 U補 9607 U 96AF
山11【嶌】〔14〕同字 J 5426 U補 5D8C

3画 口囗土士夂(夊)夕大女子宀寸小尢(兀・尣)尸屮山巛(川)工己巾干幺广廴廾弋弓彐(彑・ヨ)彡彳⺍

山14【嶹】〔17〕同字 U補J ②0871 5DB9 2785
阜7【陦】〔10〕俗字 U補J 9666 8003
せんすいの中の築山。

解字 (古字) 形声。鳥と山を合わせたもの。山が形を表し、鳥を略した鳥が音を示す。島は、海中に出ている山で、鳥が止まって休むものをいう。一説に鳥の音は、濤(大波)と通ずるので、島は、大波の中の山を表すという。

阜11【隝】〔14〕同字 U補J ①9362 969D 7072
意味 〈しま〉四方が水でかこまれた陸地。 国〈しま〉泉水

姓 島津 地名 島尻・島田・島牧・島原

【島台(臺)】 国蓬萊島の形をまねた祝いのかざりもの。

(島 台)

【島夷】 ①島に住む野蛮人。②南北朝時代、北朝の人が南朝の人をいやしんで呼んだ語。

【島司】 国島の行政をとる役人。島庁の長官。

【島嶼】 大小の島々。嶼は、小さい島。
◇小島・半島・列島・群島・諸島

山7【㟪】〔10〕 トウ 漢 平 尤 tóu トウ U補J ②0842 21DE0
意味 山が高くけわしいさま。

山7【峱】〔10〕 ドウ 漢 (ダウ) 平 豪 náo ナオ U補J 5CF1 2731
【峱陽】 山東省臨淄県にある山の名。猱山の南。

山18【巎】〔21〕同字 U補J 5DCE 2790
山20【巙】〔23〕同字 U補J 5DD9 2792

山7【峰】〔10〕 常 ホウ みね ホウ 漢 ブ 呉 平 冬 fēng フォン U補J 5CF0 4286

筆順 丨 山 山' 山ク 山夂 峰 峰

山7【峯】〔10〕 人 U補J 5CEF 4287
意味 〈みね〉①山の高い所。②物の高い所。 みねの形をしたもの。 国〈みね〉刀の刃の背。

解字 (古字) 形声。山が形を表し、夆が音を示す。夆には、鋒のように、とがったものの意味がある。峰は、山の突端をいう。

【峰勢】 峰の形。山のようす。
【峰頭】 峰のいただき。峰頂。
【峰巒】 みねみね。連なる山々。峰嶂。
◇主峰・奇峰・孤峰・霊峰

山7【峪】〔10〕 ヨク 漢 入 沃 yù ユイ U補J 5CEA 5427
意味 ①谷。はざま。②嘉峪関は、関所の名。

山7【峲】〔10〕 リ 漢 上 紙 lǐ リー U補J 5CF2 2732

山7【峅】〔10〕 ロウ 漢 去 送 lòng ロン U補J 21DDF
意味 山々が続いているさま。

山7【峵】〔10〕 kǎn カン U補J 5D01 2734
意味 ①あな。穴。②現石山と石山の間の平地。
意味 現赤崁は、台湾にある地名。

山7【崀】〔10〕 làng ラン U補J 5D00
意味 現崀山は、湖南省にある地名。

山7【峷】〔10〕 俗 ↓峷(本ジ・中)

山7【峽】〔10〕 旧 ↓峡(四〇四ジ・下)

山7【峿】〔10〕 俗 ↓峿(四〇五ジ・上)

山7【峩】〔10〕 同 ↓峨(四〇五ジ・上)

山7【峯】〔10〕 本 ↓峰(本ジ・上)

山8【崣】〔11〕 イ 漢 呉 上 紙 wěi ウエイ (ヰ) U補J 5D23 2739
意味 崔崣は、山が高いさま。また、高いさま。

山8【崦】〔11〕 エン 漢 平 塩 yān イエン U補J ②0850 5D26 2741
意味 ①山。山の一角。②崦嵫は、山の名。神話で、太陽の沈む所という。

山8【崋】〔11〕 カ 漢 去 禡 (クヮ) huà ホワ U補J

山7【崋】〔10〕俗字 U補J 5D0B 5428
意味 山の名。華山のこと。陝西省華陰市にある。

山8【嵲】〔11〕 カイ 漢 上 賄 (クヮイ) wěi ウエイ U補J 21E16
意味 山が高くけわしい。=嵬

山8【崖】〔11〕 常 ガイ がけ ガイ 漢 呉 平 佳 yá ヤー U補J 5D16 1919

筆順 山 屵 岸 岸 崖 崖 崖 崖

山8【崕】〔11〕同字 U補J 5D15 5429
意味 ①〈がけ〉㋐山のへりの切りたった所。「断崖」㋑水辺の高く切りたった所。きし。②はて。さかい。きわ。=涯 ③他人と和合しないこと。へんくつ。

解字 崖 形声。山が形を表し、厓が音を示す。厓は、山の切り立ったところ。崖は山のきわ、また、川のきわの切り立ったところをいう。

【崖異】 ①きわだって異なる。②他人と交わらないこと。
【崖岸】 ①水辺のけわしいがけ。②へんくつで人となごやかにできないこと。
【崖谷】 谷あい。深い谷。
【崖涘】 川のきし。
【崖樹】 がけっぷちの木。
【崖畔】 がけのきわ。きしべ。
【崖壁】 きりたったけわしいがけ。絶壁。
【崖略】 あらまし。大略。=概略
◇断崖・懸崖

山8【峈】〔11〕 カン 漢 上 感 kǎn カン U補J 21E1E
意味 あな。=坎

山8【崎】〔11〕 学 4 さき キ 漢 平 支 qí チー U補J 5D0E 2674

筆順 丨 山 山 山一 山大 山本 崎 崎

山8【嵜】〔11〕同字 U補J ①4779 37E2
山9【埼】〔12〕俗字 U補J ①4782 FA11
山9【嵜】〔12〕俗字 U補J 5D5C 5431
意味 かたむいている。なだらかでない。 国〈さき〉海中に突き出た陸地。みさき。=埼・碕

解字 形声。山が形を表し、奇が音を示す。奇には、かたよる、正常でないという意味がある。

【崎崖】 けわしくきりたったさま。
【崎嶇】 山のけわしいさま。
【崎嵚】 けわしい峰。
【崎嶇】 ①道や土地の起伏のあるさま。②人生の困難なたとえ。③かたむく。
【崎陽】 国長崎の中国風に呼んだもの。

山8【崟】〔11〕 ギン 漢 平 侵 yín イン U補J 5D1F 5432
意味 ①山がするどく切りたっている。「岑崟」②崟崟

は、高くそびえるさま。

山8【崛】〔11〕クツ 漢 入 物 jué チュエ J 5433 U補 5D1B
意味 ①高くそびえる。「崛然」②突出している。「崛起」

山8【崫】〔11〕同字 J ②0846 補 2738 U 5D2B

【崛起】にわかに起こる。

【崛崎】①山のけわしくそびえること。聳立。屹立。②ひときわ、ぬけ出ていること。聳峙。

山8【崤】〔11〕コウ 漢 平 肴 (カウ) xiáo シアオ J ②0849 補 2740 U 5D24
意味 ①山の名。河南省洛寧県にある要害の地。②県名。河南省洛寧県の北。
【崤函】崤山と函谷関。ともに河南省にある、けわしい要害の地。

山8【崗】〔11〕標 一 コウ 漢 呉 (カウ) 一 平 陽 gāng カン 二 コウ 慣 二 —— gǎng カン J 5430 U 5D17
意味 一〈おか(をか)〉＝岡 二見はりをする場所。
【崗位】gǎngwèi 現 持ち場。ポジション。

山8【崆】〔11〕コウ 漢 平 東 (カウ) kōng コン J ②0844 補 2735 U 5D06
意味 ①山の高いさま。②崆峒山は、甘粛省にある山の名。

山8【崐】〔11〕コン 漢 平 元 kūn クン J ②0845 U 5D10
意味 山の名。崐崘山の略称。崐山。

山8【崑】〔11〕同字 J 5434 U 5D11

【崐曲】戯曲の名。明時代、蘇州地方から流行して清末まで盛んであった。南曲。↔北曲・元曲
【崐玉】①崐崘山に産する美しい玉。転じて、すぐれた詩文のこと。②人格の高潔であるたとえ。
【崐崘】①山の名。昔、中国の西方にあると考えられた聖山。「崑崙」「昆侖」とも書く。②山脈の名。
『崐山之片玉』崐崘山からとれた名玉中の一片。得がたい人物のたとえ。〈晋書・郤詵伝〉

山8【崔】〔11〕サイ 漢 平 灰 cuī ツォイ J 5435 U 5D14
意味 ①山が高いさま。また、高く大きいさま。「崔崔」②春秋時代、斉の邑の名。③姓。

【崔瑗】人名。後漢の人。文辞に巧みで、その座右の銘は有名である。

【崔嵬】岩のごろごろした、けわしい山。崔は、高くそびえていること。嵬は、けわしく危くてのぼりにくいこと。

【崔顥】人名。唐の詩人。「黄鶴楼」の詩の作者。河南省汴州の人。開元十一年、進士に合格した。(?～七五四)

山8【㟞】〔11〕サン 漢 上 潸 zhàn チャン U 37DE
意味 山がひときわ高い。＝棧

山8【崒】〔11〕一 シュツ 漢 一 入 質 zú ツー ソツ 慣 二 スイ 漢 二 去 至 cuì ツォイ J 2737 U 5D12
意味 一山が高くけわしい。「崒然」二あつまる。＝萃
【崒乎】高くそびえているさま。「崒乎泰山不足為高」(そびえ立つ泰山の高さも、くらべものにならない。)〈韓愈・伯夷頌〉

山8【崇】〔11〕常 シュウ 漢 ス 慣 スウ 慣 平 東 chóng チョン スウ J 3182 U 5D07

筆順
丶
山
屮
出
岜
峕
崇

意味 ①〈たか・い(——・し)〉「崇高」②〈たっと・ぶ〉〈とうと・ぶ(たふと・ぶ)〉〈あが・める(——・む)〉重んじる。尊敬する。「崇徳」③あつまる。かさねる。ます。④おわる。⑤〈み・ちる(—・つ)〉充実する。⑥かざり。⑦姓。

解字 形声。山が形を表し、宗が音を示す。宗には、本家とか、たっとぶの意味がある。崇は、大きくて高い山で、山の中でもっともたっとばれるものをいう。一説に、宗には重なるという意味を含むから、崇は、山が重なって高いありさまをいうと解する。

名前 し・かた・たか
【崇位】高い位。尊い位。崇班。

【崇廈】高く大きな建物。

【崇盛】位が高く、勢力がある。

【崇朝】夜明けから朝食までの間。崇は終。終朝。

【崇敬】あがめうやまう。尊敬。

【崇高】一けだかく尊い。二 chónggāo 現 一に同じ。

【崇厳(嚴)】尊くおごそかなこと。

【崇山峻嶺】高い山やけわしいみね。〈王羲之・蘭亭記〉

【崇祀】あがめ祭る。

【崇事】あがめ仕える。敬事。

【崇尚】あがめたっとぶ。尊崇。

【崇飾】りっぱに飾る。尊んで飾る。

【崇信】たっとび信ずる。

【崇台(臺)】高く見晴らしのよい建物。

【崇朝】夜明けから朝食までの間。短時間。終朝。

【崇徳】①自分の徳を修めて高くする。②徳のある人をたっとぶ。

【崇拝(拜)】①あがめうやまう。②神仏に帰依して信仰する。

【崇痺】高いことと低いこと。高下。

【崇仏(佛)】仏をあがめたっとぶ。

【崇文】文学を尊ぶ。【——館】役所の名。書籍の整理、校正をつかさどった。初め崇賢館と称したが、後に太子(李賢)の名を避けて文とした。

【崇門】高大な門。

【崇墉】高い垣根。

山8【崧】〔11〕スウ 漢 平 東 sōng ソン J ①4781 補 2742 U 5D27
意味 ①山が高い。＝嵩 ②山の名。嵩山。
【崧高】山の高くそびえるさま。＝嵩高

山8【崢】〔11〕ソウ 漢 平 庚 (サウ) zhēng チョン J 5436 U 5D22
意味 山が高くけわしい。
【崢嶸】①高くけわしい。高峻。②谷などの深くて危険なさま。③年月の積み重なるさま。

山8【崝】〔11〕ソウ(サウ) ショウ(シャウ) 漢 呉 平 庚 zhēng チョン J ②0847 U 5D1D
意味 高くけわしいさま。＝崢「崝嶸」

山8【崠】〔11〕一 トウ 漢 呉 一 平 東 dōng トン 二 トウ 漢 二 去 送 dòng トン J ②0848 U 5D20
意味 一山の名。二山の尾根。

3画
口囗土士夊(夂)夕大女子宀寸小尢(尣・兀)尸屮山巛(川)工己巾干幺广廴廾弋弓彐(彑・⺕)彡彳⺌

山8【崩】〔11〕常 ホウ くずれる・くずす 漢 ㊥ 蒸 bēng ポン U補J 5D29 4288

旧字 山8【崩】〔11〕ホウ 漢 呉 U補J

筆順 ' 山 山 屵 岓 峁 崩 崩

意味 ①〈くず・れる(くづ・る)〉㋐山がくずれる。㋑やぶれる。こわれる。㋒すたれる。ほろびる。②〈くず・す(くづ・す)〉③〈かく・れる(──・る)〉天子が死ぬ。おかくれになる。みまかる。

解字 形声。山が形を表し、朋ほうが音を示す。朋には二つならぶ意がある。崩は山が二つに割れて、くずれ落ちることで、くずれる意味になる。

難読 雪崩なだれ(付表)

【崩解】ほうかい ばらばらになる。崩析ほうせき。

【崩壊(壞・「潰」)】ほうかい(くわい) すっかりくずれる。くずれ落ちる。

【崩御】ほうぎょ 国天皇・太皇太后たいこうたいごう・皇太后・皇后の死を敬っていう。登遐とうか。晏駕あんが。升遐しょうか。殂落そらく。崩殂ほうそ。

【崩弛】ほうし 山がくずれ、地盤がゆるむ。

【崩殂】ほうそ 天子がなくなられる。殂は行くの意。崩御ほうぎょ。

【崩墜】ほうつい くずれ落ちる。

【崩落】ほうらく ①くずれ落ちる。②相場ががた落ちする。暴落。

山8【崍】〔11〕ライ 漢 ㊥ 灰 lái ライ U補J 5D0D ①4780 2736

意味 山の名。崍山らいざん。また、邛崍山きょうらいざんともいう。四川しせん省西部にある。

山8【崚】〔11〕人 リョウ 漢 ㊥ 蒸 léng ロン U補J 5D1A 5437

意味 崚嶒りょうそうは、山が高く重なるさま。

解字 会意・形声。山と夌を合わせた字で、夌は陸の略体と足との合字で、足の筋がきわだって見える様子を表すという。また夌りょうが音を示す。崚は山々のひだがくっきりと見える様子を表し、山々の重なる姿を意味する。

山8【崘】〔11〕ロン 漢 ㊥ 元 lún ルン U補J 5D18 5439

意味 崑崘山こんろんざんは、山の名。

山8〔崙〕〔11〕同字 U補J 5D19 5438

山8【崕】〔11〕同 ↓崖(四〇六ジ・中)

山8【峣】〔11〕俗 ↓嶢(四一〇ジ・中)

山8【崫】〔11〕同 ↓崛(四〇七ジ・上)

山8【崑】〔11〕同 ↓崐(四〇七ジ・上)

山8【崄】〔11〕俗 ↓嶮(四一一ジ・上)

山8【崙】〔11〕同 ↓崘(本ジ・上)

山8〖閊〗↓門部三画(一三二六ジ・上)

山9【崿】〔12〕ガク 漢 ㊇ 薬 è オー U補J 5D3F 2747

意味 山のへりのきり立った所。

山9【嵑】〔12〕㊀カツ 漢 ㊀㊇ 曷 kě コー ㊁ケツ 漢 ㊁㊇ 月 jié チエ U補J 5D51 2753

意味 ㊀山の岩が高くけわしい。㊁①山が高くそびえる。②いしぶみ。石碑せきひ。＝碣けつ

山9【嵁】〔12〕カン 漢 ㊥ 覃 kān カン U補J 5D41

意味 山がけわしく平らでないさま。「嵁巌かんがん」

山9【嵌】〔12〕標 カン 漢 ㊥ 咸 qiàn チエン U補J 5D4C 5440

竹9【篏】〔15〕同字 U補J 7BCF 6829

意味 ①山の奥深いさま。②山のほら穴。③おちくぼむ。④ぱっくりと開く。われる。⑤〈は・める(─・む)〉はめこむ。

「象嵌ぞうがん」

参考 新表記では、「眼」に書きかえる熟語がある。

【嵌金】かんきん 飾りとして器の表面に金線をはめこんだもの。

【嵌空】かんくう ①ほら穴。うつろ。②広々としたさま。③清らかで美しいさま。

【嵌工】かんこう 象眼ぞうがん・埋め木細工などをする職人。

【嵌谷】かんこく 山のほら穴。

【嵌巉】かんざん 山の、でこぼこでけわしいさま。

【嵌竇】かんとう うつろ。穴。

山9【嵈】〔12〕カン 漢 (クヮン) ㊤ 旱 huàn ホワン U補J 5D48 2751

意味 山の名。

山9【嵒】〔12〕ガン 漢 ㊥ 咸 yán イエン U補J 5D52 5441

山9〔嵓〕〔12〕同字 U補J 5D53 ①4785

意味 いわ。いわお。＝巌がん

山9【嵎】〔12〕グ 漢 ㊥ 虞 yú ユィ グウ 慣 U補J 5D4E 5442

意味 ①山のくま。すみ。②山が高い。「嵎峗ぐうき」

【嵎夷】ぐうい 中国の神話で、太陽がそこから出てくると想像された東方の地。＝嵎峡ぐうい・嵎銕ぐうい

〖負レ嵎〗ぐうをおう(おふ) 虎とらが、山の一角を背にして身がまえる。転じて、英雄が一地方にたてこもって勢力をふるうこと。負は、背にする意。(一説に、恃たのむ意。)〈孟子もうし・尽心じんしん下〉

山9【嵆】〔12〕ケイ 漢 ㊥ 斉 jī チー U補J 5D46 2750 ①4783

山9〔嵇〕〔12〕同字 U補J 5D47 ①4784

意味 ①山の名。㋐河南省修武県。㋑安徽あんき省渦陽かよう県。②姓。

【嵆康】けいこう 人名。三国、魏ぎの人。字あざなは叔夜。竹林の七賢のひとり。書画・音楽にすぐれ、老荘・神仙を好んだ。魏の公主を妻とし、中散大夫になったが、鍾会の中傷にあい、司馬昭に殺された。著書に「嵆中散集」がある。(二二三〜二六二)

山9【嵃】〔12〕ゲン 漢 ㊤ 銑 yǎn イエン U補J 5D43 2749

意味 山がけわしい。「栈嵃さんげん」

山9【嵖】〔12〕サ 漢 ㊥ 麻 chá チャー U補J

意味 嵖岈さがは、河南省遂平すいへい県にある山の名。

山9【崽】〔12〕サイ 漢 ㊥ 佳 zǎi ツァイ U補J 5D3D 2746

意味 ①子ども。②動物の子ども。③人をののしる語。「崽子さいし」

山9【崱】〔12〕ショク 漢 ㊇ 職 zè ツォー U補J 5D31 2743 ②0851

意味 山が高くけわしい。また、高いさま。

山9【嵕】〔12〕ソウ 漢 ㊥ 東 zōng ツォン U補J 5D55 2752

意味 ①いくつもの峰が高くそびえている山。②九嵕きゅうそうは、山の名。

山9【㟨】〔12〕タン 漢 呉 ㊥ 寒 duān トワン U補J 37E8 ②0854

意味 山の名。

山9【崹】〔12〕テイ 漢 タイ 呉 ㊥ 斉 tí ティー U補J 5D39 2745 ②0852

意味 崥崹ひていは、山が次第になだらかになるさま。また、なだらかなさま。

山9【嵋】〔12〕ビ漢平支 méi メイ 意味 =眉(八六九ジベー・中)→「峨眉山がびさん」(四〇五ジベー・中) U補J 5D4B / — / 5443

山9【嵛】〔12〕ユ漢平虞 yú ユィ 意味 嵛次山ゆじさんは、山西省にある山の名。 U補J — / — / —
山9【崳】〔12〕俗字 U補J 5D33 / — / —

山9【嵐】〔12〕常 あらし ラン漢平覃 lán ラン U補J 5D50 / — / 4582

筆順 丶 山 山 岚 岚 嵐 嵐 嵐

意味 ①山のみずみずしい気。山中の霧を含んだ風。②〈あらし〉はげしい風。烈風。つむじ風。③山西省にある県の名。

解字 会意。風と山とを合わせた字で、風は気を意味する。嵐は山にたちこめる薄青い気をいう。

【嵐陰らんいん】山もやのたちこめたかげり。
【嵐気(氣)らんき】水蒸気が多い山の気。
【嵐峡(峽)らんきょう(けふ)】国京都にある嵐山のこと。
【嵐光らんこう(くわう)】山の水蒸気が、日の光にあかるく照りはえること。
【嵐翠(翠)らんすい】水蒸気が立って、青々と見える山。
◆青嵐せいらん・あおあらし・翠嵐すいらん・磁気嵐じきあらし

山9【嵂】〔12〕リツ漢入質 lǜ リュイ 意味 嵂崒りっしゅつは、山が高くけわしいさま。 U補J 5D42 / 2748 / ②0853

山9【崴】〔12〕ワイ漢平灰 wēi ウエイ 意味 崴嵬・崴磈わいかいは、山がでこぼこでけわしいさま。 U補J 5D34 / 2744 / —

山9【嵙】〔12〕国字 意味〈やましな〉山と科との合字。 U補J 5D59 / 2754 / —

山9【嵓】〔12〕同→嵒(四〇八ジベー・中)
山9【嵜】〔12〕俗→崎(四〇六ジベー・下)

山9【﨑】〔12〕俗→崎(四〇六ジベー・下)

山10【嵡】〔13〕オウ漢上董 (ヲウ) wěng ウォン 意味 山のさま。 U補J 5D61 / 2758 / ②0855

山10【嵬】〔13〕カイ漢平灰 (クヮイ) wéi ウエイ U補J 5D6C / — / 5444
山10【㟴】〔13〕同字 U補J 37F4 / — / ②0857 意味 山が高いさま。
【嵬峨かい(くわい)が】①高くそびえるさま。嵬嵬かいかい。②声の高いさま。③酔ったさま。
【嵬説かい(くわい)せつ】怪しくでたらめな説。とるにたらない話。

山10【嵰】〔13〕ケン漢上琰 呉 qiǎn チエン 意味 山が高くけわしいさま。 U補J 5D70 / 2763 / ②0858

山10【嵪】〔13〕コウ漢呉平豪 (カウ) kāo カオ 意味 嵪嶅こうごうは、①地名。②山がけわしいさま。 U補J 5D6A / 2761 / ②0856

山10【嵯】〔13〕人 サ漢平歌 cuó ツオ 意味 嵯峨さがは、山が高くけわしいさま。 U補J 5D6F / — / 2623
山10【嵳】〔13〕同字 U補J 5D73 / — / 5445

解字 会意・形声。山と差とを合わせた字で、差さは音をも示す。差は違いのあることで、嵯は山の高低の違いがあり、けわしい意を表す。
姓 嵯峨さが 地名 嵯峨さが

山10【嵫】〔13〕シ漢平支 ジ慣 zī ツー 意味 ①崦嵫えんじは、甘粛省天水市にある山の名。②嵫釐じりは、高くけわしいさま。 U補J 5D6B / — / —
【嵫景じけい】崦嵫えんじの景色。崦嵫が太陽の沈むところとされることから、夕暮れの景色、また晩年を指す。

山10【嵊】〔13〕ショウ漢去径 ジョウ慣 shèng ション 意味 ①嵊山じょうざんは浙江せっこう省嵊州市にある山名。②県名。昔の嵊州。今の浙江省嵊州市。 U補J 5D4A / 2755 / ①4786

山10【嵩】〔13〕人 シュウ漢平東 スウ慣 sōng ソン 意味 ①〈たか・い(――・し)〉山が高い。また、高い。②山の名。→嵩山すうざん 国①〈かさ・む〉かさばる。ます。②〈かさ〉容量。容積。 U補J 5D69 / — / 3183

解字 会意。山と高とを合わせた字で、山が高いこと。崇と音義は同じ。
名前 たけ
姓 嵩山すせ

【嵩呼すうこ】嵩山の呼び声。臣民が君主の徳をたたえ万歳をとなえること。武帝が嵩山に登った際に万歳を三唱する声がきこえてきたという故事による。臣民が君主の万歳を唱えること。
【嵩高すうこう(かう)】①嵩山をさす。②山の高いこと。
【嵩山すうざん】山名。五岳の一つ。河南省にある。中岳。嵩岳。嵩高山。崧山すうざん。

山10【嵢】〔13〕ソウ漢呉平陽 (サウ) cāng ツァン 意味 山なみ。 U補J 5D62 / 2759 / —

山10【嵟】〔13〕タイ漢平灰 ツイ呉 duī トイ 意味 高いさま。=崔さい U補J 5D5F / 2756 / —

山10【嵮】〔13〕テン漢平先 tián ティエン U補J 2F87E / — / —
山10【嵮】〔13〕俗字 U補J 5D6E / — / — 意味 ①いただき。山頂。=巓てん ②みちる。ふさがる。=塡てん

山10【嵭】〔13〕ホウ漢平庚 (ハウ) bēng ポン 意味 くずれる。「崩嵭ほうほう」 U補J 5D6D / 2762 / ①4787

山10【嵶】〔13〕国字 意味〈たお(たを)〉①山の尾根のたわんだところ。鞍部あんぶ。②山の崩れやすいところ。③嵶たおは、岡山市の地名。 U補J 5D76 / — / 5446

山10【嵠】〔13〕同→溪(七二八ジベー・中)
山10【嵤】〔13〕同→嶸(四一一ジベー・上)

山11【嶈】〔14〕キョウ漢去漾 (キャウ) jiàng チアン 意味 嶈台きょうだい山は、青海・甘粛・四川省の境界にある山の名。西傾山せいけいざんともいう。 U補J 5D79 / 2764 / —

山11【嶇】〔14〕ク漢平虞 qū チュイ 意味 ①道がけわしい。「嶇路くろ」②あやうい。困難。「崎嶇きく」③嶇崟くぎん・嶇嶔くきんは、山がけわしい。 U補J 5D87 / — / 5447
山5【岴】〔8〕同字 U補J 5CB4 / 2722 / —

山11【嶊】〔14〕サイ漢上賄 呉 zuǐ ツォイ 意味 ①嶊嶉さいすいは、高くそびえるさま。②山に木が重なりあって茂っているさま。 U補J 5D8A / 2771 / —

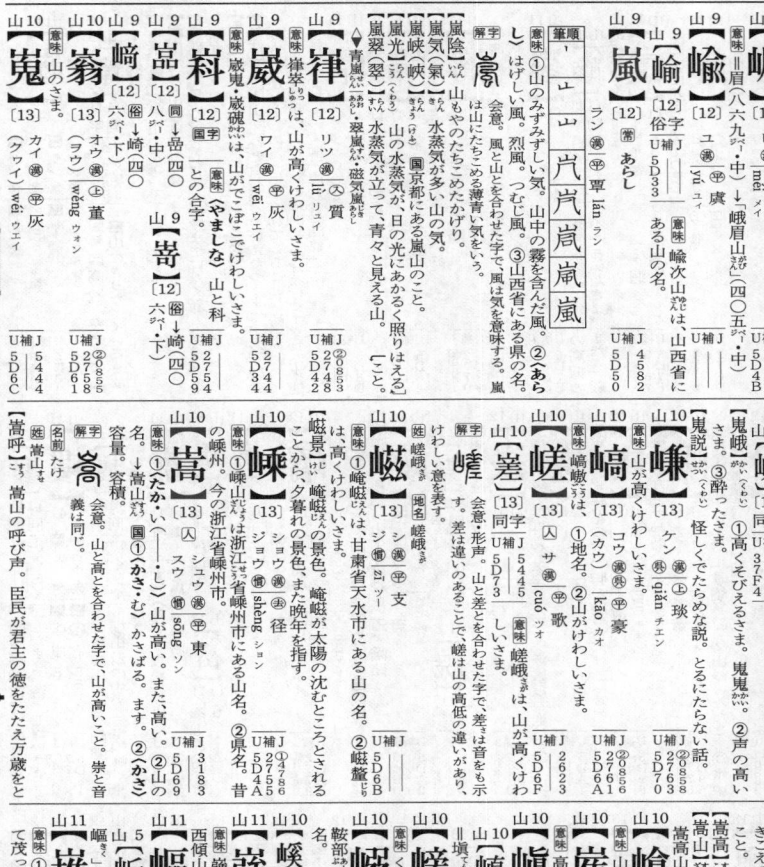

山11【嶃】〔14〕 ㊀セン㊌ ザン㊓ ㊁サン㊌ ザン㊐ ㊀㊤ zhǎn チャン ㊁㊥ chán チャン ㊀琰 ㊁咸 U補J 5D84 5448
意味 ㊀高い。ぬきんでる。㊁山のきりたっているさま。

山11【嶄】〔14〕同字 U補J 5D83 2769
【嶄巌(巖)】(ざんがん) 山のとがってするどいこと。
↓嶄巌(ざんがん)
【嶄崱】(ざんしょく) 山のけわしく高いさま。
【嶄新】(ざんしん) 思いつきやねらいが、今までになく新しいさま。＝斬新
【嶄絶】(ざんぜつ) 山の高くけわしいこと。峻絶。
【嶄然】(ざんぜん) ①山が、ひときわ高くそびえたつさま。②多くの人の中で、ひときわめだってすぐれていること。嶄嶄然(ざんざんぜん)。
〔──見₂頭角₁〕(ざんぜんとしてとうかくをあらわす) ずばぬけてすぐれた才能を示す。〈韓愈(かんゆ)・柳子厚(りゅうしこう)墓誌銘〉

山11【嶍】〔14〕 シュウ㊓ (シフ) xí シー U補J 5D8D
意味 嶍峨(しゅうが)は、雲南省の地名。

山11【嶂】〔14〕 ショウ㊌㊦ (シャウ) zhàng チャン 漳 U補J 5D82 5449
意味 屛(へい)のようにつらなったけわしい峰。

山11【嶈】〔14〕 ショウ㊌㊐㊥ (シャウ) qiāng チアン 陽 U補J 5D88 2770 ②0861
意味 嶈嶈(しょうしょう)は、①水の流れが石にぶつかる音。②山が高いさま。

山11【嵾】〔14〕 シン㊌㊥ cēn ツェン 侵 U補J 5D7E 2766
意味 嵾嵯(しんし)は、山の高低の不ぞろいなさま。また、一般的に不ぞろいなさま。

山11【嵺】〔14〕同字 U補J 3801

山11【嵿】〔14〕 テイ㊌ チョウ(チャウ)㊐㊤ dǐng ティン 迥 U補J 5D7F 2767
意味 ①山の名。②山の頂上。

山11【嶓】〔14〕 ヒョウ㊌㊐㊤ (ヘウ) biǎo ピアオ 篠 U補J 37FD ②0860
意味 山のいただき。

山11【嵺】〔14〕 リョウ㊌㊥ (レウ) liáo リアオ 蕭 U補J 5D7A 2765
意味 嵺廓(りょうかく)は、ひろびろとしたさま。はてしないさま。

山11【寥】〔14〕同字 U補J 21EEA

山11【嶁】〔14〕 ㊀ル㊌ ㊁ロウ㊌ ㊀㊤ lǚ リュイ 麌 ㊁㊤ lǒu ロウ 有 U補J 5D81 2768 ①4788
意味 ㊀山の名。岣嶁(こうる)は、衡山(こうざん)の中の一つの峰。禹王(うおう)の碑がある。㊁山のいただき。

山11【嶁】〔14〕同字 U補J 37FA

山11【嵾】〔14〕国字 U補J 21F1E ②0859
意味 〈せい〉 拵嵾(とせい)は、徳島県の地名。

山11【嶋】〔14〕 同 ↓島(四〇五ジ・下)

山11【嶌】〔14〕 同 ↓島(四〇五ジ・下)

山11【㠀】〔14〕 本 ↓島(四〇五ジ・下)

山12【嶠】〔15〕 ㊀キョウ㊌ (ケウ) ㊀㊍ jiào チアオ 嘯 ㊁キョウ㊌ (ケウ) ㊁㊥ qiáo チアオ 蕭 U補J 5DA0 2779 ①4789
意味 ㊀①するどく高い山。②やまみち。㊁高い。＝喬(きょう)
【嶠道】(きょうどう(けうだう)) 山中のけわしい道。嶠路。

山12【嶢】〔15〕 ギョウ㊌㊥ (ゲウ) yáo ヤオ 蕭 U補J 5DA2 5450
意味 高くはるかなさま。

山12【嶤】〔15〕同字 U補J 5DA4 ①4790

山8【峣】〔11〕俗字 U補J 21E33 ②0843

山12【嶔】〔15〕 キン㊌㊥ qīn チン 侵 U補J 5D94 2774 ②0864
意味 山や岩石がけわしくそびえる。「嶔巌(きんがん)」「嶔然(きんぜん)」

山12【嶡】〔15〕 ケツ㊌㊇ jué チュエ 月 U補J 5DA1
意味 供(そな)え物をのせる、脚のある台。

山12【嶘】〔15〕 サン㊌㊤ zhàn チャン 潸 U補J 5D98
意味 山がひときわ高い。高くきり立っている。

山12【嶕】〔15〕 ショウ㊌㊥ (セウ) jiāo チアオ 蕭 U補J 5D95 2775
意味 ①高くそびえる。「嶕嶢(しょうぎょう)」②山のいただき。③水中の岩。＝礁(しょう)

山12【嶒】〔15〕 ソウ㊌㊥ (サウ) céng ツォン 蒸 U補J 5D92 2772 ②0863

山12【嶟】〔15〕 ソン㊌㊐㊥ zūn ツン 元 U補J 5D9F 2778
意味 嶒崚(そうりょう)は、平らでないさま。

山12【隓】〔15〕 タ㊌ ダ㊓ ㊤ duò トゥオ 哿 U補J 5D9E
意味 山が高くけわしいさま。

山12【嶝】〔15〕 トウ㊌㊍ dèng トン 径 U補J 5D9D 5451
意味 狭くて長いかたちの山。「隓山(たざん)」

山12【嶓】〔15〕 ハ㊌㊥ bō ポー 歌 U補J 5D93 2773
意味 やまみち。さかみち。

山12【嶐】〔15〕 リュウ㊌㊥ (リウ) lóng ロン 東 U補J 5D90 5455
意味 嶓冢(はちょう)は、山の名。甘粛省天水市と礼県にまたがる。

山12【嶚】〔15〕 リョウ㊌㊥ (レウ) liáo リアオ 蕭 U補J 5D9A
意味 山の高くそびえるさま。

山12【嶛】〔15〕同字 U補J 5D9B 2777
意味 山の高く切りたったさま。「嶚峭(りょうしょう)」

山12【嶙】〔15〕 リン㊌㊥ lín リン 真 U補J
意味 嶙峋(りんしゅん)は、高くそびえる、また、幾重にもかさなっているさま。

山13【嶙】〔16〕俗字 U補J 5D99 2776 ②0866

山12【嶗】〔15〕 ロウ㊌㊥ (ラウ) láo ラオ 豪 U補J 5D97 ②0865
意味 山東省青島(チンタオ)市にある山の名。

山12【嶤】〔15〕 同 ↓嶢(本ジ・中)

山13【嶧】〔16〕 エキ㊌㊇ yì イー 陌 U補J 5DA7 2780 ①4791
意味 ①つらなった山。連山。②山の名。㋐山東省鄒城市の鄒山(すうざん)のこと。秦(しん)の始皇帝の立てた石碑の一つがここにあった。㋑江蘇省睢寧(すいねい)県の葛嶧山(かつえきざん)のこと。

山4【峄】〔7〕同字 U補J 21D78 ②0826

山13【嶴】〔16〕 オウ㊓ (アウ) ào アオ U補J 5DB4 2783 ②0869
意味 山あいの平地。盆地。地名に用いる。

山13【嶰】〔16〕カイ 漢 上 蟹 xiè シエ　J ②0867 補 2782 U 5DB0
意味 ①たに。はざま。②崐崘山（こんろんざん）北部の谷の名。

山13【嶨】〔16〕カク 漢 入 覚 ガク 慣 xué シュエ　J — 補 — U 5DA8
意味 大きな石の多い山。

山13【嶬】〔16〕ギ 漢 上 紙 yǐ イー　J 5452 補 — U 5DAC
阜13【隇】〔16〕同字 J ②9174 補 — U 49E7
意味 山が高くけわしい。

山13【嶪】〔16〕ギョウ 漢 入 葉 （ゲフ） yè イエ　J — 補 — U 5DAA
山13【嶫】〔16〕同字 J — 補 2781 U 5DAB
意味 山の高くそびえるさま。

山13【嶮】〔16〕ケン 呉 漢 上 琰 xiǎn シエン　J 5453 補 — U 5DAE
山8【崄】〔11〕俗字 J ①4778 補 — U 21E34
意味 〈けわし・い（けは・し）〉山や坂の傾斜が急である。＝険「阻嶮」
参考 新表記では、「険」に書きかえる熟語がある。
【嶮隘】けわしく狭い。
【嶮悪(惡)】けわしくわるい。
【嶮介】けわしい。けわしくふさがる。
【嶮岨】けわしい。けわしいところ。嶮難。＝険阻
【嶮難】けわしいこと。嶮岨。

山13【嶼】〔16〕ショ 漢 上 語 yǔ ユィ　J 5457 補 — U 5DBC
意味 水中の州。島。小島。「島嶼」

山13【嶙】〔16〕俗 →嶙（四一〇ページ・下）

山14【嶷】〔17〕一 ギ 漢 一 平 支 yí イー　二 ギョク 漢 二 入 職 nì ニー　J 5456 補 — U 5DB7
意味 一 九嶷は、湖南省寧遠県南にある山の名。舜の葬られたところという。二 ①ぬきんでる。ひいでる。②幼くしてかしこい。
【嶷然】高くぬきでるさま。
【嶷立】ひときわ高くそびえたつ。特立。

山14【嶸】〔17〕コウ（クヮウ） 漢 平 庚 エイ（エイ） 漢 róng ロン　J ①4792 補 2784 U 5DB8

山14【嶹】〔17〕ビ 呉 漢 去 霽 bì ビー　J ②0870 補 — U 21F76
山10【𡸴】〔13〕同字 J — 補 2760 U 5D64
意味 地名に用いる。赤嶹は、赤壁に同じ。国〈はな〉山の端。
意味 →「崢嶸」（四〇七ページ・下）

山14【嶺】〔17〕入 レイ 漢 リョウ（リャウ） 呉 上 梗 lǐng リン　J 4670 補 — U 5DBA
意味 ①〈みね〉〈ね〉山頂。「嶺上」②山みち。③さか。④山なみ。山脈。⑤五嶺のこと。中国南方の五つの山脈。
解字 形声。山が形を表し、領が音を示す。領にはえりくびの意がある。嶺は山のくびに当たる所。
【嶺雲】峰にかかる雲。
【嶺樹】山頂の木。
【嶺嶂】高くけわしいみね。峰嶂。
【嶺南】五嶺の南の地。嶺表。嶺外。
【嶺阨】山の頂上の、狭い地。
◆山嶺・高嶺・峻嶺・分水嶺

山14【嶽】〔17〕旧 →岳（四〇二ページ・下）
山14【嶹】〔17〕同 →島（四〇五ページ・下）
山15〖巂〗→隹部十画（一三四六ページ・上）

山16【巃】〔19〕ロウ 漢 平 東 lóng ロン　J — 補 2786 U 5DC3
山16【巄】〔19〕同字 J — 補 — U 5DC4
意味 巃嵸は、①山が高くけわしい。②ものが多くあつまるさま。ひしめきあうさま。

山17【巌】〔20〕入　J 2064 補 — U 5DCC
旧字 山20【巖】〔23〕入 ガン 漢 平 咸 yán イエン　J 5462 補 — U 5DD6
山20【巗】〔23〕同字 J ②0873 補 — U 5DD7
意味 ①水辺の切り立った所。②〈いわ（いは）〉〈いわお（いはほ）〉＝岩 ③いわや。いわあな。④みね。⑤けわしい。「巌険」
解字 嚴 形声。山が形を表し、嚴が音を示す。嚴には、ごつごつしたがけの意味がある。巌は、山腹のごつごつしたがけである。
名前 お・みち・みね・よし
【巌角】岩かど。巌稜。
【巌壑】①岩と谷。②いわや。
【巌巌(巖)】岩がかさなり合って高くけわしいさま。
【巌居】俗世を離れて岩穴に住む。巌処。
【巌崛】岩あな。いわや。
【巌窟】岩あな。岩屋。巌穴。岩洞。＝岩窟
【巌穴】岩あな。岩洞。【――之士】世をのがれて、山中の岩あなに住む人。巌岫士。山谷之士。〈韓非子・外儲説〉
【巌際】岩のきわ。岩のそば。
【巌岫】高くそびえる岩。【――士】巌岫の「巌穴之士」に同じ。
【巌処(處)】岩の中に住む。世間を逃れて、山野に隠れ住む。
【巌牆】高くそそり立つ土塀。危険な場所のたとえ。
【巌上】大岩の上。大きい岩のあたり。
【巌棲】岩屋に住む。世をのがれ隠れる。巌栖。【――伴】岩屋に住む隠者の仲間。〈韋荘の詩・贈=薛秀才一〉
【巌阻】けわしいところ。
【巌頭】岩のほとり。岩の上。＝岩頭
【巌畔】岩のほとり。
【巌壁】けわしくきり立った岩。びょうぶ岩。
【巌邑】地勢がけわしくて堅固な村。
【巌溜】岩から落ちる水のしずく。

山17【巇】〔20〕キ 漢 平 支 xī シー　J — 補 2787 U 5DC7
意味 ①山がけわしく、あぶないさま。②すき。機会。

山17【巋】〔20〕キ 漢 平 支 kuī コイ　J ①4793 補 2788 U 5DCB
意味 ①山の高く大きいさま。「巋崎」②多くの小山の連なるさま。
【巋然】一つだけ高くそびえるさま。

山17【巉】〔20〕サン 漢 平 咸 ザン 慣 chán チャン　J 5458 補 — U 5DC9
意味 山がきりたってけわしい。高くそびえる。
【巉崖】切り岸。がけ。
【巉巌(巖)】高くそびえたつ岩。
【巉峭】高くきりたってけわしい。

3画
口囗土士夂(夊)夕大女子宀寸小尢(兀・兀)尸屮山巛(川)工己巾干幺广廴廾弋弓ヨ(彑・彐)彡彳⺌

山18【巍】〔21〕ギ 漢 平 微 呉 wēi ウエイ　J 5459 補 U 5DCD

意味 山の高く大きいさま。

【巍峨】ぎが 山の高くそびえたつさま。

【巍巍】ぎぎ 高大なさま。巍乎ぎこ。【――乎】ぎぎこ 高大なさま。「巍巍乎唯天為レ大ぎぎこたりただてんをだいなりとなす」(高大なものとしては、天だけがその名に価する。)〈論語・泰伯たいはく〉【――然】ぎぎぜん ①高く大きいさま。②富貴で世に栄えているさま。「勿レ視二其巍巍然一そのぎぎぜんたるをみることなかれ」(貴人たちの富貴のようすを見て、劣等感をいだいてはならない。)〈孟子もうし・尽心じんしん下〉

【巍闕】ぎけつ 宮城の門外に設けられた二つの台。上に物見やぐらがある。

【巍乎】ぎこ 高く大きいさま。「巍乎天地不レ足レ為レ容也ぎこたるてんちもいるるとなすにたらざるなり」(広大な天地も、これに比べると広いとはいえない。)〈韓愈かんゆ・伯夷頌はくいしょう〉

【巍然】ぎぜん ①高大なさま。②人物がすぐれていること。

山18【巐】〔21〕チョウ(テウ) 漢 呉 上 篠 chǎo チャオ　J ―― 補 2789 U 5DD0

意味 ①山のさま。②呼吸のようす。

山18【巎】〔21〕同→猱(四〇六ページ・上)

山19【巑】〔22〕サン 漢 平 寒 cuán ツォワン　J ②0872 補 U 5DD1

意味 巑岏さんがんは、①山がするどくとがったさま。②山がけわしくつらなるさま。

山19【巓】〔22〕テン 漢 呉 平 先 diān ティエン　J 5460 補 U 5DD3

意味 =顚 ①いただき。山頂。「山巓さんてん」②ものの上端部。③落ちる。

【巓末】てんまつ 最初から終わりまでの、事のなりゆき。一部始終。=顚末

山19【巒】〔22〕ラン 漢 平 寒 luán ロワン　J 5461 補 U 5DD2

意味 ①とがった小山。②せまくて長いかたちの山。③まるい峰。④曲がりくねってつらなる山なみ。

【巒丘】らんきゅう(きう) 小高い山。

【巒巘】らんけん まがり続いた山の峰。山々。

山20【巘】〔23〕ゲン 漢 上 銑 ケン 慣 yǎn イェン　J ②0874 補 2791 U 5DD8

意味 ①するどくとがったみね。「巘鍔けんがく」②けわしい。③甑こしきに似た形の山。④小山。

【巘路】けんろ 峰の小みち。けわしい山の路。

山20【巖】〔23〕旧→巌(四一一ページ・中)

山20【巗】〔23〕同→巌(四一一ページ・中)

山20【巙】〔23〕同→猱(四〇六ページ・上)

3画 巛(川)部 かわ

【部首解説】「水の流れ」にかたどる。この部には、「巛・川」の形を構成要素とする文字が属する。

川0【川】〔3〕学 1 セン かわ　セン 漢 呉 平 先 chuān チョワン　J 3278 補 U 5DDD

筆順 丿 川 川

巛0【巛】〔3〕同字　J 5463 補 U 5DDB

意味 ①〈かわ(かは)〉水の流れ。②川の神。③はら。平原。「平川へいせん」④坑あな。穴をあける。=穿せん ⑤うがつ。⑥川川せんせんは、おもおもしいさま。⑦四川しせん省の略称。

解字 象形。水が流れている形。水の古い形は巜であるが、川は、つかえることなく、つきぬけてすらすら流れている形である。

姓 川乱かわみだれ 地名 川上かわかみ・川口かわぐち・川内せんだい・川辺かわべ・川西かわにし・川崎かわさき・川越かわごえ・川之江かわのえ 難読 川原かわら(付表)/川獺かわうそ

【川原】㊀せんげん ①水源。=川源 ②川と高原。広々として人影もみえないような所。③川の流れ。㊁かわら(かはら) 国川べの、砂や石の出ている広い所。=河原

【川上】㊀せんじょう(じゃう) 川のほとり。㊁かわかみ(かはかみ) 国川の上流。みなかみ。【――之嘆(歎)】せんじょう(じゃう)のたん 孔子が川のほとりで、流れゆく水を見つめながら、去っては二度とかえらない月日の流れに、また、次々と流転るてんしてはやまない万物のすがたに、深い嘆息をもらしたという故事。〈論語・子罕しかん〉

【川柳】せんりゅう(りう) ①川のほとりのやなぎ。②国江戸時代に行われた五・七・五の句。同じ形の俳句が、情を主とするのに対し、こっけい、風刺をねらいとする。

【川流】せんりゅう(りう) ①川の流れ。河流。②川の流れのようにうるおすこと。また、筋道が通って広まること。

◆小川おがわ・山川さんせん・支川しせん・谷川たにがわ・河川かせん・堀川ほりかわ

巛0【巛】〔3〕同→川(本ページ・中)

川3【州】〔6〕学 3 シュウ す　シュウ(シウ) 漢 ス 呉 平 尤 zhōu チョウ　J 2903 補 U 5DDE

筆順 丶 リ 丿丶 州 州 州

意味 ①〈す〉水に囲まれた陸地。しま。=洲 ②周代の制度で、二千五百家(一説に一万家)を一州とする。③行政上の一区画。大きさは時代によって異なる。④あつまる。住む。⑤姓。

解字 象形。川にとりまかれた土地を表す。川のなかにある、人が住める高い土地で、「なかす」の意味になる。

参考 新表記では、「洲」の書きかえに用いる。

【州学(學)】しゅうがく(しうがく) 州に置かれた官立学校。州序。

【州郡】しゅうぐん(しう) ①州と郡。②地方。いなか。

【州県(縣)】しゅうけん(しう) 州と県(町)。

【州宰】しゅうさい(しう) 州の長官。刺史しし。

【州司】しゅうし(しう) 州の役人。

【州処(處)】しゅうしょ(しう) 集まり住むこと。

【州将(將)】しゅうしょう(しうしゃう) 州の軍隊の司令官。部隊長。

【州俗】しゅうぞく(しう) 土地の風俗。土俗。

【州治】しゅうち(しう) 州の長官の駐在地。州役所の所在地。

【州(洲)島】しゅうとう(しうたう) 水中の陸。しま。

【州祭酒】しゅうさいしゅ(しう) 州の学事監督の長官。

【州部】しゅうぶ(しう) 地方。郡部。地方の州や郡。

【州牧】しゅうぼく(しう) 州の長官。

【州邑】しゅうゆう(しういふ) 国々の村。

【州里】しゅうり(しう) むらざと。州は二千五百家。里は二十五家〔ある集落。〕

【州閭】しゅうりょ(しう) 村ざと。閭は二十五家の村。

【州(「洲」)浜(濱)】すはま 国海に突き出た州すのある浜。

◆欧州おうしゅう・三角州さんかくす

巛4【巠】〔7〕ケイ 漢 キョウ(キャウ) 呉 平 青 jīng チン　J ②0875 補 2793 U 5DE0

意味 ①水の流れ。また、地下水の流れ。②まっすぐ立った

3画 口囗土士夂(夊)夕大女子宀寸小尢(兀・尢)尸屮山巛(川)工己巾干幺广廴廾弋弓彐(彑・ヨ)彡彳⺌

波。③「經」(九六〇ジ・下)の同字。

巛4【巡】〔7〕旧→巡(一二三〇ジ・上)

巛6【𡿺】〔9〕 意味 漢字の字体記述要素。惱(悩の旧字体)・腦(脳の旧字体)などを構成する。 J②0876 補— U 21FFA

巛8【巢】〔11〕旧→巣(六四五ジ・上)

川9【順】→頁部三画(一三七一ジ・下)

巛10【舝】→舛部七画(一〇三七ジ・中)

巛12【巤】〔15〕リョウ 漢 呉 (レフ) 入 葉 liè リエ J②0877 補2794 U 5DE4
意味 ①毛髪。②獣の首のところにはえている毛。たてがみ。

3画 工部 たくみ たくみへん

【部首解説】「人が大工道具を持っている」さまにかたどり、「仕事」や「工作」を表す。また、「定規」「おの」にかたどるともいう。この部には、「工」の形を構成要素とする文字が属する。

工0【工】〔3〕 学2 コウ・ク
コウ 漢 ク 呉 平 東 gōng コン J 2509 補— U 5DE5

筆順 一 丅 工

意味 ①〈たくみ〉㋐品物を作る人。職人。「士農工商」㋑じょうずな。＝巧 ②仕事。特にはたおり、ししゅう、彫刻など。「工房」③楽器を演奏する人。楽人。④古代の役人。「百工」⑤はたらき。成果。＝功「天工」⑥姓。

解字 工 会意。二と丨とを合わせた字。二は、みずもり。丨は、すみなわ。工は、人が大工道具を持っている形である。また、二は天と地、丨は人をさす。工は、人が天地の間にあって、規則正しい仕事をすることを表すともいう。またほかに、工は、じょうぎの形を示すとか、おのの形であるとか、上下の二つの線を、たての棒で突き抜いていることを示すなどという。

名前 ただ・のり・よし・つとむ 姓 工

難読 工合

【工夫】一 ①いろいろと頭を働かす。また、そうして考えついたよい方法。②精神をきたえること。＝功夫 二 国土木の工事で働く人。三 gōngfu 現 ①一①に同じ。②時間。ひま。

【工面】国①つごうをつける。②かねまわり。

【工役】土木事業。功役。普請。

【工械】器械。道具。

【工芸(藝)】一 ①手のこんだ品物を作る技術。②美術的な工作。「工芸品」二 gōngyì 現 一に同じ。

【工巧】①仕事がたくみなこと。また、たくみな人。②工芸の総称。③調子がいいこと。人情の軽薄なこと。

【工作】一 ①土木・建築などの仕事。②学科の一つ。工芸の基礎となる技術を学習する。③働き。働きかける。二 gōngzuò 現仕事。仕事をする。

【工師】①職人のかしら。②大工のかしら。

【工手】①職人。②仕事のじょうずな人。③鉄道・電気などの工事をする人。

【工女】①養蚕・はた織りなどの仕事をする女をいった語。②工場で働く女子。

【工匠】①職人。②大工。③品物のデザイン。

【工廠】一 工場。二 gōngchǎng 現 一に同じ。

【工人】一 ①品物を作ったり、さいくする人。職人。②大工。二 gōngrén 現労働者。

【工拙】上手と下手。また、うまさ。

【工緻】手がこんでいる。

【工程】①仕事の順序・手順。②仕事の進みぐあい。

【工費】工事をするために必要な費用。

【工部】官名。土木・開墾・治水などをつかさどった。

【工程師】gōngchéngshī 現技師。

【工資】gōngzī 現手間賃。工賃。給料。

【工会(會)】gōnghuì 現労働組合。

『工欲レ善ニ其事一、必先利ニ其器一』職人は仕事をりっぱに仕あげようとするとき、まず道具を鋭利に研ぎあげるものである。何事にも十分な準備が必要であるということのたとえ。〈論語・衛霊公〉

◁▼人工・刀工・大工・土工・木工・手工・石工・加工・名工・図工・画工・細工・商工・陶工・竣工・職工・不細工

工2【巨】〔5〕 常 キョ
工2 旧字【巨】〔5〕 キョ 漢 コ 呉 上 語 jù チュイ J 2180 補— U 5DE8 / J— 補— U—

筆順 丨 𠃍 𠃍 𠂤 巨

意味 ①さしがね。じょうぎ。＝矩 ②〈おおき・い(おほき・い)〉大きい。非常に大きい。③もっとも。きわめて。④〈なんぞ〉どうして。＝詎 ⑤姓。

解字 巨 会意。工とコを合わせた字。工は大工の持つものさし。コはそれを手で持っている形。巨は、「定規」のこと。おおきいという意味は、他の、おおきいという意味の字に通じて使った仮借。一説に工はおので、コはその穴を示すものであって、巨は、おのの穴をいうと解する。

名前 み・お・おう・なお・まさ 姓 巨智・巨椋・巨勢

難読 巨頭鯨

参考 巨は「鉅」(一二八八ジ・下)の中国新字体としても使う。

【巨魁】かしら。おやだま。大親分。

【巨漢】非常に大きな男。巨人。

【巨岩】非常に大きな岩。＝巨巌

【巨眼】非常に大きな目。

工

原義と派生義

(のみ・斧などの)工具 ― つくる
- 製造業「農工」
- すぐれた技術をもつ人・職人「陶工」「楽工」
- 技術
  - 精巧な「工緻」
  - しわざ・はたらき「天工」

3画 口囗土士夂(夊)夕大女子宀寸小九(尢・兀)尸中山巛(川)工已巾干幺广廴廾弋弓ヨ(彐・⺕)彡彳⺍

【巨巖(巖)】きょがん 「巨岩」に同じ。
【巨口】きょこう 非常に大きな口。【――細鱗】きょこうさいりん 口が非常に大きく、うろこが小さい。〈蘇軾・後赤壁賦〉
【巨細】きょさい ①非常に大きいこととこまかいこと。②大きいことも小さいことも。
【巨材】きょざい ①非常に大きな材木。②非常にすぐれた才能。また、その人。
【巨刹】きょさつ 非常に大きな寺。大寺院。
【巨子】きょし ①墨家で道を極めた人。鉅子。②学術上の権威者。
【巨視】きょし 国大きな立場からながめる。↔微視
【巨室】きょしつ ①大きな家。大きなへや。②先祖代々、主君につかえていて、大きな権力を持っている家がら。
【巨儒】きょじゅ 大学者。碩儒。
【巨匠】きょしょう 国非常にすぐれた芸術家、または学者。
【巨燭】きょしょく 非常に大きな灯火。大きなろうそく。
【巨人】きょじん ①からだの大きい人。②非常にすぐれた人。
【巨然】きょぜん 人名。南唐時代の僧。風景画がじょうずで、董源と並び称せられ、董巨といわれた。
【巨像】きょぞう 非常に大きなすがた。
【巨多】きょた 非常にたくさんの。
【巨大】きょだい 非常に大きい。
【巨頭】きょとう 国①大きなあたま。②ずばぬけてすぐれている指導者。大立者。
【巨擘】きょはく ①おやゆび。②かしらだつ者。かしら。
【巨筆】きょひつ ①非常に大きな筆。②非常にりっぱな文章。
【巨富】きょふ 非常にたくさんの財産。巨万の富。
【巨歩】きょほ ①非常に大またに歩く。また、その歩き方。②すばらしいてがら。
【巨砲】きょほう 大きな大砲。＝巨礮
【巨万(萬)】きょまん ①非常に大きなかず。②億。＝鉅万
【巨利】きょり 非常に大きな利益。
【巨塁(壘)】きょるい 非常に大きな城壁。

工2【巧】〔5〕常 コウ たくみ

コウ(カウ) 漢 上 巧 qiǎo チアオ
ギョウ(ゲウ) 呉
J 2510 補 U 5DE7

筆順 一 T I 工 巧

意味 ①〈たくみ〉㋐技術。㋑じょうずな。器用な。「巧手」②美しい。かわいらしい。「巧笑」③すばしっこい。ぬけめがない。④うわべだけで中身がない。いつわり。「巧言」⑤ちょうどよく。

解字 形声。工が形を表し、丂かが音を示す。工は工作。丂には、気がゆらゆら昇ろうとしてつかえる意味がある。巧は材料をあれこれ曲げて工作することで、技術・細工の意味を表す。一説に工はおので、丂には平らにするという意味があるから、巧は、おので木をたたいて平らにすることであるという。

名前 たえ・よし

【巧猾】こうかつ わるがしこい。ずるがしこい。＝狡猾
【巧宦】こうかん 世渡りのうまい役人。巧官。
【巧偽(僞)】こうぎ 巧みないつわり。また、いつわる。巧詐。
【巧芸(藝)】こうげい じょうずな芸。
【巧月】こうげつ 陰暦七月。七夕を巧夕ということから。
【巧言】こうげん 口先のうまいこと。また、そのことば。巧舌。
【巧言令色】こうげんれいしょく 口先がうまく、態度がやわらかで、人をそらさない。まごころのない人の形容。「巧言令色、鮮矣仁」(巧言令色の人には、人間味は少ないものだ。)〈論語・学而〉【――如ㇾ流】こうげんながるるがごとし まことしやかなことばは、おおぜいの人にすらっと受けいれられやすい。〈詩経・雨無正〉
【巧詐】こうさ うまくごまかす。【――不ㇾ如ニ拙誠ニ】こうさはせっせいにしかず うまくごまかすよりも、へたでもまごころのあるほうがよい。〈韓非子・説林〉
【巧詞】こうし 口先のうまいこと。また、そのことば。巧辞。巧言。
【巧辞(辭)】こうじ 口先のうまいこと。また、そのことば。巧言。
【巧者】こうしゃ 物事がじょうずにできる。また、その人。
【巧手】こうしゅ 仕事のじょうずな人。
【巧匠】こうしょう ①仕事のじょうずな大工。②芸のすぐれた人。
【巧笑】こうしょう かわいらしく笑う。
【巧夕】こうせき たなばた。陰暦七月七日の夕方。
【巧拙】こうせつ じょうずとへた。
【巧舌】こうぜつ 口先のうまいこと。巧言。
【巧知(「智」)】こうち ①じょうずなうえにりこう。②うまい考え。
【巧遅(遲)】こうち 仕事はじょうずだが時間がかかること。↔拙速【――者不ㇾ如ニ拙速ニ】こうちはせっそくにしかず じょうずで時間がかかるより、へたでも早いほうがよい。〈文章軌範・有字集小序〉
【巧緻】こうち じょうずで手がこんでいる。
【巧佞】こうねい 口先はうまいが気だての悪いこと。
【巧譬善導】こうひぜんどう じょうずにたとえを引いて、教え導く。よい例をあげて、うまく説明する。〈蘇軾・日喩〉
【巧婦】こうふ 料理や裁縫のじょうずな婦人。
【巧妙】こうみょう じょうずで、みごと。
【巧冶】こうや 仕事のじょうずな鍛冶屋。
◆技巧・精巧

工2【左】〔5〕学1 サ ひだり

一 サ 漢 呉 上 哿 zuǒ ツオ
二 サ 漢 呉 去 箇 zuò ツオ
J 2624 補 U 5DE6

筆順 一 ナ 𠂇 左 左

意味 一 ①〈ひだり〉㋐左の手。㋑左がわ。↔右 ㋒東がわ。「江左」㋓川の上流から下流に向かって左がわ。「左岸」㋔とけいの針の回りかたと反対の方向。「左廻」㋕車で貴人のすわる席。「虚ㇾ左」は、上席を空けて敬意を示すこと。㋖現急進的な思想。「左派」②低い地位。「左遷」③うとんじる。しりぞける。④不正な。「左道」⑤姓。
二 ①〈たす・ける(――・く)〉援助する。＝佐 ②証拠。「左証」

解字 会意。ナと工とを合わせた字。ナはひだり手。工は仕事。左は、ひだり手で仕事を助けること、あるいは、ひだり手が右手を助ける道具であることを表し、「たすける」の意味になる。後世、たすける意味は「佐」で表し、左は「ひだり」をいうようになった。

名前 すけ 姓 左右田そうだ
難読 左右さう・とかく・左見右見とみこうみ・左手ゆんで

【左尹】さいん 楚その国の官名。令尹れいいんの下。
【左掖】さえき 宮城正門の左側の小門。
【左官】さかん ①諸侯につかえる役人。②国壁を塗る職人。しゃかん。
【左義長】さぎちょう 国①昔、正月十五日に宮中で青竹などを焼いて厄ばらいをした儀式。②民間では、門松・しめ飾りなどを集めてもやし、その火で焼いた餅をたべれば、病気にかからないとされている。
【左丘明】さきゅうめい 人名。孔子と同じころの人で、「春秋左氏伝」を著したといわれる。
【左契】さけい 「左券」に同じ。
【左傾】さけい ①左にかたむく。②極端な進歩思想を信ずるようになる。↔右傾

【左券】二つに割った割り符の左のほう。証拠。左契。
【左験(驗)】そばで見たものの証言。証拠。
【左言】異民族のことば。左語。
【左舷】〈さきに向かって、左がわのふなべり。
【左降】①左の階段を降りる。②左遷。
【左顧右眄】左を見たり右を見たりする。あちこちに気をくばる。ようすをうかがう。右顧左眄。
【左国(國)史漢】「左伝」「国語」「史記」「漢書」の四種をさす。中国古代の代表的な歴史書。
【左思】晋の文学者。字は太沖。その作品「三都賦」が評判になり、写したがる人が多く、洛陽の町の紙の値段が上がったといわれる。→「三都賦」(一五ページ・上)
【左史右史】天子の左右に仕えた記録係。左史は天子の行動を、右史はことばを記録した。
【左氏伝(傳)】→「春秋左氏伝」(五九〇ページ・上)
【左司馬】軍事をつかさどる役の名。
【左手】(一)①左の手。②国左がわ。(二)国弓を持つほうの手。左の手。↕右手 〖——画(畫)レ方、右手画(畫)レ円(圓)〗左手は四角を描き、右手は円を描く。①同時に二つのことはなしがたいというたとえ。②同時にいくつものことができる才能をいう。
【左拾遺】官名。天子をいさめる役。
【左相】①官名。宰相。左大臣。②唐の李適之をいう。〈杜甫の詩・飲中八仙歌〉
【左証(證)】証拠。左券。左契。
【左衽】着物の左のえりを下にして着る。未開人の着物の着かた。＝左袵
【左遷】高い地位から低い地位に転任させる。
【左袒】左の片はだをぬぐ。転じて、加勢する。味方する。漢の周勃が、呂氏に味方しようとするものは右袒し、漢の天子劉氏に味方しようとするものは左袒せよ、と叫んだら、まわりのものはみな左袒した、という故事にもとづく。〈史記・孝文本紀〉
【左提右契】たがいに手を引きあって助ける。＝左提右携
【左伝(傳)】→「春秋左氏伝」(五九〇ページ・上)
【左纛】天子の車の左に立てる、羽で飾った大きな旗。
【左道】不正な方法。邪道。
【左僕射】官名。天子を助けて政治をつかさどる。
【左右】①左と右。②そば。わき。③そばにいてつかえる家来。近臣。④思うままに動かすこと。⑤相手を尊敬して、じかにその人をさすず、そばにつかえている人をさす言いかた。⑥連携すること。頼りとすること。【——逢原】左右どちらに進んでも源に出あう。道を体得した人の自由自在な境地をいう。〈孟子・離婁下〉〖——具宜〗いろいろなことにすぐれている。〈韓愈・進学解〉〖如レ失二左右手一〗まるで両腕をなくしたかのようである。頼りとなるものをなくした失意の様子。〈史記・淮陰侯列伝〉〖顧二——一而言レ他〗そばの家臣のほうをふりむいて、ほかのことを話す。問いつめられ、返答に困ってごまかすさま。〈孟子・梁恵王下〉
【左翼】①左のつばさ。②本隊の左がわにいる軍隊。③国急進的な思想を持つ人。また、そういう思想・主義・団体。④国野球の守備位置の一つ。レフト。

工2〖功〗→力部三画(一七四ページ・上)

工3【巩】〔6〕 キョウ 漢 上 腫 gǒng コン
J②0878 補2801 U5DE9
意味 いだく。腕でかかえもつ。

工3〖式〗→弋部三画(四四五ページ・上)　工3〖邛〗→邑部三画(一二六〇ページ・上)

工4【巫】〔7〕 標 入 ブ 漢 フ 慣 平 虞 wū ウー
J5464 補 U5DEB
意味 ①〈みこ〉〈かんなぎ〉㋐神につかえて舞いやお祈りをし、人に神のことばを伝える人。㋑女のみこ。↕覡 ②姓。
姓 巫部　難読 巫山戯る・巫女
【巫医(醫)】みこと、医者。また、医者。
【巫嫗】年寄りのみこ。
【巫咸】人名。人の生死を予言したといわれる古代のみこの名。
【巫峡(峽)】峡谷の名。四川省重慶市巫山県の東にある。西陵峡・瞿唐峡とともに長江上流の三大難所といわれた景勝の地。→「三峡」(一二ページ・中)
【巫覡】みこ。巫は、女のみこ。覡は、男のみこ。
【巫蠱】神に祈ったり、まじないをして人をのろうこと。
【巫口】みこのお告げ。「朝祈暮賽依二巫口一」(朝お祈りし、夕方にお礼参りするなど、すべて巫女のお告げをたよりにしている。)〈白居易の詩・黒潭竜〉
【巫山】四川省重慶市巫山県の東にある山の名。【——之夢】楚の襄王が巫山の神女と結ばれる夢を見たという故事から、男女の情交をさす。「巫山の雨」「巫山の雲」「雲雨の情」などともいう。〈宋玉・高唐賦〉
【巫史】神につかえて神事をつかさどるもの。
【巫祝】神につかえる者。みことかんぬし。
【巫術】みこの行う術。まじない。
【巫女】①みこ。②巫山の神女。→巫山
【巫匠】みこと、棺桶を作る大工。みこは神に祈って人を生かし、棺桶を作る大工は人の死ぬのを待つ。

工4〖攻〗→攴部三画(五五七ページ・上)　工4〖汞〗→水部三画(七〇一ページ・下)

工4〖杢〗→木部三画(六二四ページ・下)

工7【差】〔10〕 学 4 サ さす
J2625 補 U5DEE

一 サ 漢 シャ 呉	平	麻	chā チャー
二 シ 漢呉	平	支	cī ツー
三 サ 漢呉	平	佳	chāi チャイ
四 サイ 漢呉	去	卦	chài チャイ
五 サ 漢	去	禡	chà チャー

筆順
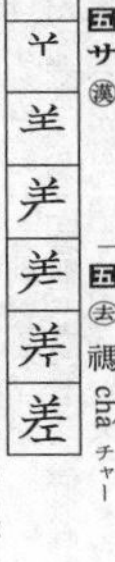

意味 (一)①〈たが・う(——・ふ)〉㋐くいちがう。㋑ちがう。②〈あやま・る〉まちがう。③ちがい。差別。④数の大小の差。⑤〈やや〉少し。いくぶん。(二)①等級を分ける。②ふぞろい。たがいちがい。「参差」「差池」(三)①〈えら・ぶ〉②〈つかわ・す(つかは・す)〉派遣する。(四)〈い・える(——・ゆ)〉病気がなおる。＝瘥 (五)①特異な。かわった。「差人」「差事」②劣る。国①〈さ・す〉㋐ゆびさす。㋑伸び出る。表に出てくる。㋒入れる。「水を差す」㋓現れる。「赤みが差す」㋔きざす。「眠気が差す」②〈さし〉接頭辞。強意を表す。「差し置く」「差し並ぶ」③〈ざし〉接尾辞。すがた、さまを表す。「眼差」「枝差」

解字  会意。𠂹と左を合わせたもの。𠂹はそむくこと。左は左手で手だすけをすること。差は手だすけがうまくゆかず、くいちがうことをいう。一説に𠂹は垂で、たれ下がること。左にはふぞろいの意味があるとして、差は、物のたれさがった先がふぞろいであることという。またこの字は形声で、𠂹が音を示すともいう。

名前 しな・すけ　難読 差し支える(付表)

3画 口囗土士夂(夊)夕大女子宀寸小尢(尣・兀)尸屮山巛(川)工己巾干幺广廴廾弋弓彐(彑・⺕)彡彳⺌

参考 新表記では、「叉」の書きかえに用いる熟語がある。

【差異】さい ちがい。区別。相違。

【差違】さい(ゐ) ちがい。区別。＝差異。

【差役】さえき 宋代、人民に課した労役。当番で租税の督促や犯罪者の捕縛を行った。

【差牙】さが くいちがい。まちがい。

【差肩】さけん ①肩がふれるほどにならぶ。②地位・水準などが近い。

【差遣】さけん 使いを出す。派遣する。

【差互】さご くいちがうこと。くいちがい。

【差錯】ささく ①交錯する。まじる。②くいちがう。

【差次】さじ 差別。等級。

【差支】さしつかえ(つかへ) 国じゃま。さしさわり。故障。ふつごう。

【差等】さとう ちがい。区別。等級。

【差配】さはい ①手分けして行うこと。②国㋐指図。㋑管理。

【差品】さひん 区別。等級。

【差別】さべつ ちがい。区別。わけへだて。

【差池】しち ふぞろいなさま。たがいちがいになるさま。

【差馳】しち 前になりあとになり、馬を走らせる。

【差点(點)児(兒)】チャーティアル chàdiǎnr 現もう少しで。あやうく。

【差不多】チャーブトゥオ chàbuduō 現だいたい。ほとんど…だ。

◆大差・小差・交差・状差・時差・脇差・落差・誤差

工7【恐】(四七八ページ・下)↓心部六画

工7【貢】(一二八五ページ・中)↓貝部三画

工9【項】(一三七一ページ・中)↓頁部三画

3画 己部 おのれ

【部首解説】「万物が隠れひそみ、湾曲しているさま」にかたどる。この部には、「己・巳・已」の形を構成要素とする文字が属する。

己0【己】〔3〕学6 コ・キ おのれ J2442 補 U5DF1

㊀キ 漢 コ 呉 ㊤紙 jǐ チー

㊁キ 漢 ㊤紙 qǐ チー

筆順 フ コ 己

意味 ㊀①〈おのれ〉自分。②〈つちのと〉十干の第六番目。㊁姓。国〈おのれ〉〈おれ〉①わたし。②相手をののしっていうことば。きさま。

解字 象形。万物がかくれひそんで、ギクシャクと曲がっている形。万物それぞれがはっきりした形を持っていて、見分けることができるということから、人と自分を区別する意味になる。一説に、自分を表す「おのれ」の意味は、已という字であるという。已は台(われ)と通じる字であるとし、己は、起の意味で、立ち上がることである。あるいは、己は紀で、長い糸のはしであるという。

名前 み 姓 己智こち・己斐こひ

参考 「已」「巳」は別字。古い歌で「ミ(巳)は上に、オノレ、ツチノト(己)下につき、スデニ、ヤム、ノミ(已)中ほどにつく」と字形のちがいを教えている。

【己身】きしん 自分のからだ。自分自身。

【克レ己復レ礼(禮)】おのれにかちてれいにかえる(かへる) 自分の欲望をおさえて、社会的な法則である礼に従ってゆく。克己復礼。〈論語・顔淵〉

【無レ友二不レ如レ己者一】おのれにしかざるものをともとすることなかれ (誠実さが)自分より劣っているものを友人にしてはいけない。〈論語・学而〉

【己所レ不レ欲、勿レ施二於人一】おのれのほっせざるところは、ひとにほどこすことなかれ 自分がいやだと思うことは、人にもしかけるな。〈論語・衛霊公〉

【枉レ己】おのれをまぐ 自分の守るべき道を曲げる。〈孟子・万章〉

◆自己・克己・利己・知己

己0【已】〔3〕人 標 イ 漢 ㊤紙 yǐ イー J5465 補 U5DF2

意味 ①〈や・める(―・む)〉㋐終わる。㋑とまる。とめる。㋒やすむ。休止する。㋓免職にする。②〈いや・す〉病気をなおす。③〈すでに〉㋐とっくに。もう。㋑やがて。④〈のみ〉確定の語気を表す文末の助詞。⑤〈はなはだ〉非常に。あまりにも。⑥〈もって〉＝以「已上いじょう」「已前いぜん」「已来いらい」⑦〈ああ〉感嘆の声。

語法 ❶〈すでに〉もう。ある事態がすでに発生・完了していることを示す。例「其人与レ骨皆已朽矣」(そのひととほねと みなすでにくちたり)(その身は骨とともにとっくに朽ち果ててしまっているのだ)〈史記・老子列伝〉▼「既已」「已業」はともに「すでに」と訓読する。↓付録・同訓異義要覧「すでに」

❷〈すでにして〉やがて。まもなく。ある事柄が終わって、やや時間が経過したことを示す。例「韓王成無二軍功一、項王不レ使レ之レ国、与倶至二彭城一、廃以為レ侯、已又殺レ之」(かんのうせいぐんこうなく、こう(かう)おう(わう)これをくににゆかしめず、ともにほう(はう)じょう(じゃう)にいたり、はいしてもってこうとなし、すでにしてまたこれをころす)(韓王の成は軍功がなかったので、項王は彼を国にはやらずに、彭城にまで一緒に連れてゆき、[王の身分を]廃して侯に落とし、やがて殺してしまった)〈史記・項羽本紀〉▼❷の用法は「已而」の形をとることが多く、その場合も二字で「すでにして」と訓読する。例「迺召レ湯而囚二之夏台一、已而釈レ之」(すなわち(すなはち)とう(たう)をめして、これをかだいにとらえ、すでにしてこれをゆるす)(そこで湯を召し出して夏台に幽閉したが、ほどなく釈放した)〈史記・夏本紀〉

❸〈のみ〉限定。…だけである。文末に置かれ、強調・断定する語気を示す。例「夫神農以前吾不レ知已」(それしんのういぜんは、われもしらざるのみ)(そもそも神農以前のことは私も知らないだけのことである)〈史記・貨殖列伝〉▼「已矣」「而已」「耳已」「而已矣」はいずれも「のみ」と訓読する。

❹〈はなはだ〉非常に。例「君欲已甚、何以堪レ之」(きみのよくは はなはだし、なにをもってかこれにたえ(たへ)ん)(わが君の望みはあまりにも大きすぎる。どうしてもちこたえることができようか)〈史記・宋微子世家〉

名前 すえ・よし

参考 「已」は「以」と同じに用いられることが多い。

【已往】いおう(わう) 過ぎ去った昔。以前。過去。「悟二已往之不一レ諫」(過ぎ去ったことは、今さらとやかく言ってもしかたがないことに気がつく)〈陶潜とうせん・帰去来辞ききょらいのじ〉

【已還】いかん(くわん) 以来。以後。その後。

【已降】いこう(かう) それから後。その後。＝以降

【已然形】いぜんけい 国文語文法の活用形の一つ。普通あとに助詞の「ば」「ど」「ども」などがつき、事がらの完了または確定を表す。例…「行けども」「受くれば」

【已経(經)】イーチン yǐjīng 現もう。とっくに。

【已業】すでに とっくに。もう。＝業已

【已甚】はなはだし あんまりだ。ひどすぎる。

【已乎】やんぬるかな もうだめだ。やめておこう。

【已矣】やんぬるかな もうだめだ。やめておこう。絶望の気持ちを表す。【――乎】やんぬるかな 「已矣」に同じ。

己0【巳】〔3〕入 シ漢 上紙 sì スー J4406 補 U5DF3

意味 〈み〉①十二支の第六位。㋐方角では南南東。㋑時刻では午前十時ごろ。また、午前九時から十一時。㋒動物では蛇(へび)。②陰暦四月。

解字 象形。へびが曲がりくねって、尾をたれている形という。これをもって、四月に陽気がすでに出て、陰気がかくれ終わったことを表すので、「すでに」「おわる」の意味となる。後世、巳は「み」、已は「すでに」と分けて書くが、もとは同字。一説に、巳は胎児(腹の中にある、人の子)の形であるともいう。

己1【巴】〔4〕入 ハ漢 平麻 bā バー J3935 補 U5DF4

意味 ①大蛇。「巴蛇(はだ)」②切望する。③ちかづく。④乾いて固まったもの。「泥巴(でいは)」⑤ほお。ほっぺた。⑥しっぽ。⑦国名。今の四川(しせん)省重慶市のあたりをさす。⑧姓。国〈ともえ(ともゑ)〉鞆(とも)(弓を射るとき左のひじにあてる皮)にかいた模様。「二つ巴」「三つ巴」

解字 象形。虫の形。象をくう蛇(へび)という。一説に人のはらばいになった姿。

名前 とも 姓 巴汶(はもん) 難読 巴布(パップ)

【巴利語】(パーリご) 古代インド語の一つ。小乗経(しょうじょうきょう)の原本の多くはこのことばで書かれている。

【巴猿】(はえん)(ゑん) 山の峡谷でなくさるの声。巴峡(はきょう)はさるが多いので有名。

【巴峡(峽)】(はきょう)(けふ) 四川(しせん)省重慶市東方の奉節県・巫山(ふざん)県あたりの長江上流の難所。

【巴蜀】(はしょく) 今の四川(しせん)省一帯をさす。巴は重慶のあたり、蜀は成都のあたりをいう。

【巴人】(はじん) 巴(四川(しせん)省重慶市のあたり)の人。転じて、いなか者。

【巴旦杏】(はたんきょう)(きやう) 植杏(あんず)の一種。アーモンド。

【巴調】(はちょう)(てう) ①巴人の歌うどろくさい調子。転じて、俗曲。②自分の作った詩や歌をさす。

【巴東】(はとう) 地名。四川(しせん)省の東部。

【巴拿馬】(パナマ) 中央アメリカの地名。Panama の音訳。

【巴里】(パリ) フランスの首府。Paris の音訳。

【巴黎】(パリ) 「巴里」に同じ。

【巴陵】(はりょう) ①湖南省岳陽(がくよう)市にある山の名。②地名。県名、郡名。今の岳陽市。

【巴爾幹】(バルカン) ヨーロッパ南部の地名。Balkan の音訳。

己2【㠯】〔5〕本↓以(六四ページ・上)

己2【目】〔5〕同↓以(六四ページ・上)

己3〖异〗↓廾部三画(四四四ページ・中)

己4【巵】〔7〕同↓卮(二〇一ページ・上)

己4〖改〗↓攴部三画(五五六ページ・中)

己6【巸】〔9〕イ漢 平支 yí イー J2802 補 U5DF8

意味 ①大きいあご。②広い。大きい。③成長する。④美しい。⑤よろこぶ。＝熙(き)

己6【巻】〔9〕学6 カン まく・まき J2012 補 U5DFB

旧字 己6【卷】〔8〕入 J5043 補 U5377

一 ケン漢 カン(クヮン)呉 上銑 juǎn チュワン
二 ケン漢 カン(クヮン)呉 去霰 juàn チュワン
三 ケン漢 平先 quán チュワン

筆順

意味 一 ①〈ま・く〉丸める。たばねる。＝捲(けん) ②おさめる。しまう。「巻懐(けんかい)」 二 ①〈まき〉㋐巻き物。書物。㋑書物を数える語。②科挙(官吏登用試験)の試験用紙。「試巻(しけん)」③姓。 三 ①曲がる。ひざが曲がる。②にぎりこぶし。または、小さいさまをいう。「巻石(けんせき)」③みめよい。美しい。④つつしむさま。「巻巻(けんけん)」

解字 形声。㔾が形を表し、𠔉(くゎん)が音を示す。𠔉には「にぎる」「まるい」の意味がある。㔾は節で、わりふ。一説に、人がしゃがんでいる形。巻は、わりふを持って巻くこと、あるいは、人がしゃがんでひざの曲がっている形で、「まく」意味を表す。

名前 まる 難読 巻繊(けんちん)

参考 巻は「捲」(五三五ページ・下)の中国新字体としても使う。

【巻軸】(かんじく)(くゎんぢく) ①巻き物の軸。②巻き物。書物。

【巻首】(かんしゅ)(くゎん) 巻物・書物の初めの所。

【巻子本】(かんすぼん)(くゎん) 巻き物につくった本。

【巻帙】(かんちつ)(くゎん) 書物のこと。巻き物を巻、綴本(とじほん)を帙という。書帙。

【巻中人】(かんちゅうのひと)(くゎん) 絵にかかれて書物の中におさめられている人。画中の人。

【巻頭】(かんとう)(くゎん) ①巻物・書物の初めの所。巻首。②すべて、ものの初め。【―言】(かんとうげん)(くゎん) 書籍・雑誌などで本文の最初にのせる文。

【巻末】(かんまつ)(くゎん) 巻き物や書物のおしまいの部分。

【巻阿】(けんあ) 曲がりくねった丘。

【巻雲】(けんうん) 毛髪または羽毛のような白い雲。上層雲の一つで平均九千メートル(メイトル)の高さにある。

【巻纓】(けんえい)(まきえい) 国冠のひもの一種。内に巻き、黒く塗った木ではさみとめるひも。昔の武官が用いた。

【巻懐(懷)】(けんかい)(くわい) 納めてふところにしまう。転じて、才能を隠して現さないこと。

【巻曲】(けんきょく) まがる。まがりくねる。〈荘子(そうじ)・逍遥遊(しょうようゆう)〉

【巻巻】(けんけん) ①つつしむさま。まごころのこもったさま。＝拳拳 ②おちぶれたさま。零落(れいらく)。

【巻甲】(けんこう)(かふ) よろいを巻きおさめる。武装を解くこと。

【巻耳】(けんじ) 草の名。はこべの類。みみなぐさ。いしみの。ナデシコ科の越年草本。「采ニ采巻耳ー(けんじをとりとる)」〈詩経(しきょう)・巻耳(けんじ)〉

【巻舒】(けんじょ) ①巻くことと、伸ばすこと。②盛んになったり衰えたり。③才能を外へ現すことと、内へかくすこと。

【巻石】(けんせき) にぎりこぶしくらいの大きさの石。

【巻舌】(けんぜつ) ①したをまく。驚嘆する。②星座の名。③もの言わぬさま。

【巻然】(けんぜん) 美しくしなやかなさま。

【巻土重来(來)】(けんどじゅうらい)(ちょうらい) 土煙をあげてやってくる意で、一度敗れたものが、再び勢いを盛り返して攻めて来ること。「江東子弟多ニ豪俊ー、巻土重来未レ可レ知(こうとうのしていごうしゅんおおく、けんどちょうらいいまだしるべからず)」〈杜牧(とぼく)の詩・題ニ烏江亭ー(うこうていにだいす)〉＝捲土重来(五三五ページ・下)

【巻紙】(まきがみ) 国手紙用に、半切(はんせつ)の紙を長く続け巻いたもの。

【巻狩】(まきがり) 国狩り場を四方から囲み、獣を中に追いこんで狩りをすること。

【巻添】(まきぞえ)(ぞへ) 国①他人の罪に関係して自分も罪をうけること。連座(れんざ)。②他人の事件によって、自分も損害をうけること。

【巻筆】(まきふで) 国色糸などで軸を巻いて飾った筆。

【巻本】(まきほん) 国巻き物にした書物。巻子本。

【巻物】(まきもの) 国①書画を横に長く表装した軸物(じくもの)。②軸に巻いた反物(たんもの)。

【掩レ巻】(かんをおおう)(くゎんをおほふ) 読みかけの書物をとじる。

【不レ釈(釋)レ巻】(かんをしゃくせず)(くゎんを) 書物を手から離さず、いつも読むこと。

【披ㇾ巻】かん(くわん)をひらく 書物を開いて読む。

◆万巻(ばんかん)・圧巻(あっかん)・全巻(ぜんかん)・別巻(べっかん)・胴巻(どうまき)・細巻(ほそまき)・渦巻(うずまき)・腰巻(こしまき)・腹巻(はらまき)・襟巻(えりまき)

己6 【巷】〔9〕 人 標 コウ 漢 (カウ) 去 絳 xiàng シアン J2511 U補5DF7

己6 【巷】〔9〕 俗字 U補J ─

意味 ①〈ちまた〉村ざとの中の道。家並みの間の路地。②家屋。「陋巷(ろうこう)」③姓。

名前 さと

【巷間】こう(かう)かん ①まちの中。②世間。

【巷議】こう(かう)ぎ ①往来に集まって人の批評をする。②世間のうわさ。

【巷衢】こう(かう)く 大通り。まち。

【巷語】こう(かう)ご 「巷説」に同じ。

【巷処(處)】こう(かう)しょ 官吏をやめて民間に住む。

【巷説】こう(かう)せつ 世間のうわさ。まちなかの評判。巷談。

【巷談】こう(かう)だん 「巷説」に同じ。

◆陋巷(ろうこう)

己6 【巹】〔9〕 同→巹(二〇三ページ・下)

己9 【巽】〔12〕 人 ソン 漢 去 願 xùn シュン J3507 U補5DFD

旧字 己9 【巽】〔12〕 U補J 2F884

意味 ①易(えき)の卦(か)の名。②〈たつみ〉東南の方位。③ゆずる。=遜(そん) ④うやうやしい。従順。⑤おくびょう。⑥姓。

解字 [篆文] 会意。巳と共とを合わせた字。巳は弓を二つそろえ並べた形、共の古い形は丌で、物をのせる台を意味する。そこで、巽は、きちんとそなえる意味となる。愻(そん)と音が通じるのでしたがう意に用い、また、遜とも音が通じるのでゆずる意にもなる。

【巽懦】そんだ ぐずでいくじなし。卑屈なおくびょう者。

【巽与(與)之言】そんよのげん おだやかにやさしく話す。「巽与之言、能無ㇾ説乎(そんよのげんは、よくよろこぶことなからんや)」(おだやかな話しぶりは、よろこばない者はいない。)〈論語・子罕(しかん)〉

3画 巾部 はば はばへん きんべん

【部首解説】 「冂」と「丨」が合わさり、「布」を表す。この部には、布や織物の形状を表すものが多く、「巾」の形を構成要素とする文字が属する。

巾0 【巾】〔3〕 常 キン キン 漢 平 真 jīn チン J2250 U補5DFE

筆順 丨 冂 巾

意味 ①ふきん。てぬぐい。②ずきん。③ものにまきつけたり、かぶせたりする布(ぬの)。④布(ぬの)をはった小箱。→巾笥(きんし) ⑤包む。おおう。国〈はば〉「幅」の略字として用いる。

解字 [篆文] 会意。冂と丨とを合わせた字。冂はおおうもの。丨は糸でつなぐこと。巾は布をいう。

難読 巾子(こじ)

【巾幗】きんかく(くわく) ①女の人の髪(かみ)飾り。②女の人が喪中(もちゅう)にかぶる冠(かんむり)。

【巾幘】きんさく 頭にかぶるぬの。ずきん。

【巾笥】きんし 布(ぬの)をはった小箱。書物や文書を入れる。巾箱(きんそう)。

【巾車】きんしゃ 飾りをつけた車。ほろをかけた車。

【巾舄】きんせき 頭巾(ずきん)と靴。

【巾箱】きんそう(さう) 布(ぬの)をはった小箱。【──本】きんそう(さう)ぼん こまかな字で書いた小型の本。

【巾着】きんちゃく 国おかねを入れる袋。さいふ。=巾著 【──切】きんちゃくきり 国さいふをすりとる人。すり。

(巾着)

【執二巾櫛一】きんしつをとる 手ぬぐいとくしを持って、夫(おっと)につかえる。人の妻や妾(めかけ)になる。〈左伝・僖公(きこう)〉

◆手巾(しゅきん)・布巾(ふきん)・角巾(かくきん)・茶巾(ちゃきん)・兜巾(ときん)・雑巾(ぞうきん)・頭巾(ときん|ずきん)・三角巾(さんかくきん)

巾1 【帀】〔4〕 ソウ 漢 (サフ) 入 合 zā ツァー J②0880 U補5E00 / J 2804

走4 【迊】〔8〕 同字 U補J ②8979 U補 8FCA / J 6526

意味 〈めぐ・る〉 とりまく。ひとまわり。=匝

巾1 【市】〔4〕 フツ 漢 入 物 fú フー U補J 5DFF

意味 ①ひざかけ。まえだれ。=韍(ふつ) ②草木が茂る。=芾(ふつ)

参考 「市(し)」は別字。

巾2 【市】〔5〕 学2 シ いち シ 漢 上 紙 shì シー J2752 U補5E02

筆順 丶 亠 亠 市 市

意味 ①〈いち〉人が集まって物を売り買いする所。②〈う・る〉売る。③〈か・う(──・ふ)〉買う。④交易する。⑤もとめる。⑥まち。にぎやかな場所。⑦行政上の単位。⑧姓。

解字 [篆文] 会意・形声。古い形で見ると、屮・冂・乁を合わせた字である。屮は出(之)(し)の略で、音を示すとともに、ゆくという意味を持つ。冂は、かこいで、店と店との間のかきね。乁は及と同じで、たがいに品物をまに合わせること。市は売買に出かけるための施設、市場。一説に、市は、兮と之を合わせた字で、兮が平という意味で形を表し、之(し)が止という意味とともに音を示す。つまり、市は物資の交換をする所で、つり合いがとれたところで止めることである。

名前 ち・なが・まち 姓 市往(いちき)・市庭(いちば)・市部郡(いちべごおり)

地名 市川(いちかわ)・市原(いちはら)

参考 「市(ふつ)」は別字。

【市河寛斎(齋)】いちかわ(かは)かん(くわん)さい 人名。江戸時代の詩人。名は世寧。寛斎は号。「日本詩紀」を著す。(一七四九〜一八二〇)

【市女笠】いちめがさ 国平安時代、身分の高い婦人が外出のときかぶった中高のかさ。かやで作り、漆(うるし)を塗ったもの。

【市尹】しいん(ゐん) 市の長官。市長。

【市隠(隱)】しいん 世をのがれて市中にかくれ住む。また、その人。

【市価(價)】しか 市場(しじょう)で売り買いされるねだん。

【市賈】しか ㊀ 品物の売り値(ね)。賈は、「価」に同じ。㊁しこ 商人。

【市街】しがい ①家が多くて、にぎやかな所。②町の大通り。

【市況】しきょう(きゃう) ①町のようす。②商品や株式の売り買いのようす。「経済市況」

【市虎】しこ 市場にとらがいるといううわさをする人がおおぜいいると、しまいには本当だと信じられてしまう。デマをとばして人をだますこと。〈戦国策・魏(ぎ)〉

【市沽】しこ 町で売っているもの。

【市肆】しし 町なかのみせ。商店。

【市上】しじょう(じゃう) 町の中。世間。

【市場】㊀しじょう(ぢゃう) 売り手と買い手とが規則的に取り引きを行う組織。㊁いちば 国日用品や食料品を売る店が一か所に集まっている場所。マーケット。㊂シーチャン shìchǎng 現㊀㊁に同じ。

【市人】しじん 町の人。商人。

【市井】しせい 町。昔、市や井戸のある所に人が多く集まったので

3画 口囗土士夂(夊)夕大女子宀寸小尢(尣・兀)尸屮山巛(川)工己巾干幺广廴廾弋弓彐(彑・ヨ)彡彳⺍

こういう。【――之徒】しせいの 町の人。市民。

【市勢】しせい 市の人口・産業・財政などの全体的なようす。

【市朝】しちょう(てう) ①町なか。②市と朝廷。③市の役所。【肆ニ――一】しちょう(てう)にさらす 罪人を殺し、公衆の面前に屍しかばねをさらしものにする。〈論語・憲問けんもん〉

【市亭】してい ①市場の役所。②市場内の休息場。

【市廛】してん ①店舗税をかけること。②店。

【市屠】しと 市場の屠殺業者。また、屠殺場。

【市道交】しどう(だう)のまじわり(まじはり) 商売上の交際。利益の関係だけの交際で、義理をわきまえない、軽薄な人間関係。

【市販】しはん 市中で売る。

【市部】しぶ 市に属する部分。↔郡部ぐんぶ

【市脯】しほ 市場で売っている干し肉。「沽酒市脯不レ食こしゅしほはくらわず」(沽酒は、外で売っている酒。)〈論語・郷党きょうとう〉

【市木】しぼく 市場で売る材木。

【市民】しみん 町に住む人。市しに住む人。

▲花市はないち・都市とし・朝市あさいち・競市せりいち

巾2【布】〔5〕学5 フ ぬの ― ホ 漢 去 遇 フ 呉 bù ブー　J 4159 補 U 5E03

筆順 ノ ナ 𠂇 冇 布

意味 ①〈ぬの〉㋐麻・葛くずなどの繊維せんいで織ったきれ。㋑織物の総称。②〈し・く〉ひろげる。ならべる。行きわたる。③〈の・べる(―・ぶ)〉述べる。告げる。④ぜに。銭。⑤姓。

(布④)

解字 形声。古い形は父と巾を合わせたもの。巾が形を表し、父ふが音を示す。布は麻あさで織ったぬののことで、広く織物の総称に用いられる。父は敷・薄などと通じて、うすくてぴたりと付く意味があるから、布もそういうぬのをいうとする。また、父の音は、石のおので打つという意味があるから、布は、打って作ったぬので、麻布をいうとも解する。

名前 しき・たえ・のぶ・よし 姓 布志ぬのし 地名 布哇ハワイ

参考 布は「佈」(八三ページ・上)の中国新字体としても使う。

【布肩衣】ぬのかたぎぬ 国 布で作った袖そでなしのうわぎ。昔、身分の低い者が用いた。

【布子】ぬのこ 国 もめんの綿入れ。

【布目】ぬのめ 国 ①布の織りめのかっこう。②布の織りめのような模様もよう。

【布衣】㊀ふい ㊁ほい ①布のそまつな着物。②官位のない人。庶民。国①布の狩衣かりぎぬ。②ふだん着ぎ。③江戸時代、武士の礼服の一種。また、その礼服を着る資格のある武士。【――之極】ふいのきょく 庶民として最高の出世しゅっせ。〈史記・留侯世家りゅうこうせいか〉【――之交】ふいのまじわり(まじはり) 身分や財産を気にかけない交際。〈史記・藺相如りんしょうじょ列伝〉

【布衍】ふえん 「布演」(次項)に同じ。

【布演】ふえん 意味をおし広める。＝敷衍・布衍

【布教】ふきょう(けう) 宗教をひろめる。

【布巾】ふきん 布きれ。

【布衾】ふきん 布で作った夜具。そまつな夜具。

【布告】ふこく ①一般に告げ知らせる。②政府から国民に広く告げ知らせる。また、その文章。＝佈告

【布衫】ふさん 布のひとえの着物。

【布施】㊀ふし 人に物をあげる。㊁ふせ 仏僧にあげる品物や金銭。

【布陣】ふじん(ぢん) ①戦いの陣地を作る。また、その陣地。②闘争・論争などの構え。

【布政】ふせい 政治をとり行う。

【布設】ふせつ とりつける。設備する。＝敷設

【布銭(錢)】ふせん 布と銭。どちらも古代の貨幣かへい。布泉。

【布袋】㊀ふたい 布で作った袋。㊁ほてい ①人名。後梁こうりょう時代の高僧。②国七福神しちふくじんのひとり。

【布達】ふたつ ①おおぜいの人に告げ知らせる。②政府が広く一般に告げ知らせる。

【布置】ふち ㊀ 物をいいぐあいにならべる。配置。㊁ブーチー bùzhì 現㊀に同じ。

【布陳】ふちん ずうっと敷きならべる。

【布奠】ふてん 霊前に供え物をならべる。

【布帛】ふはく ①布と絹織物。②織物の総称。

【布帆】ふはん 布で作った帆ほ。また、船をさす。

【布被】ふひ もめんの夜具やぐ・ふとん。質素な生活をさす。

【布匹】ひつ 布。もめんの織物。

【布片】ふへん 布きれ。きれ。

【布縷】ふる 布とより糸。昔、税として取り立てた。

【布令】ふれい 命令や法令を広くおおぜいの人に知らせる。

【布列】ふれつ 敷きならべる。

【布鞋】ブーシエ bùxié 現きれで作った中国ふうの短ぐつ。

▲分布ぶんぷ・公布こうふ・毛布もうふ・昆布こんぶ・画布がふ・発布はっぷ・配布はいふ・流布るふ・財布さいふ・湿布しっぷ・散布さんぷ・頒布はんぷ・塗布とふ・絹布けんぷ・綿布めんぷ・敷布しきふ・瀑布ばくふ

巾2【凧】(一五〇ページ・下)↓几部三画

巾2【匝】(一八八ページ・上)↓匚部三画

巾3【帇】〔6〕ジョウ 漢 入 葉 (デフ) niè ニエ　J 2805 補 U 5E07

意味 手先が器用である。

巾3【帆】〔6〕常 ハン ほ ㊀ハン 漢 ㊀平 咸 fān ファン ㊁ハン 漢 ㊁去 陷 fàn ファン　J 4033 補 U 5E06

筆順 丨 冂 巾 巾 帆 帆

意味 ㊀①〈ほ〉風をふくませて、船を進める道具。もめんや麻で作る。②ほかけぶね。㊁帆をかけて船を進める。

解字 形声。巾が形を表し、凡はんが音を示す。巾は布で、凡には広く平らな意味がある。帆は船のほをいう。一説に、凡は風を表し、帆は、風をはらむ布をさすという。

巾3【㠶】〔6〕字 同 J ②0881 補 U 3836　舟9【䑺】〔15〕字 同 J ②8578 補 U 447A

【帆影】はんえい ほかげ 遠くに見える船の帆の形。また、その船。

【帆竿】はんかん 帆ばしら。マスト。

【帆楫】はんしゅう(しふ) 船の帆と、かい。＝帆檝

【帆檣】はんしょう(しゃう) 帆ばしら。マスト。

【帆船】はんせん 帆かけ船。帆まえせん。

【帆走】はんそう 船が帆をあげて走る。

▲片帆かたほ・出帆しゅっぱん・白帆しらほ・真帆まほ

(帆　船)

巾3【师】〔6〕俗↓師(四二二ページ・中)

巾3【吊】(二二七ページ・中)↓口部三画

巾3【帆】〔6〕同↓帆(四一九ページ・下)

巾4【希】〔7〕学4 キ ― キ 漢 平 微 ケ 呉 xī シー　J 2085 補 U 5E0C

筆順 ノ メ 㐅 产 肴 希 希

意味 ①〈まれ〉すくない。めずらしい。＝稀き ②見る。＝睎き ③仰ぎ慕う。④迎合する。「希世」⑤〈ねが・う(――・ふ)〉〈こいねが・う(こひねが・ふ)〉希望する。⑥姓。

3画 口囗土士夂(夊)夕大女子宀寸小尢(允・兀)尸屮山巛(川)工己巾干幺广廴廾弋弓ヨ(彑・ヨ)彡彳⺍

解字 会意。㐅と巾とを合わせた字。㐅は㐅で、×印を重ねた形。巾は布。希は布に刺繡をすることを表す。稀と通じて、少ないという意味になる。

難読 希臘(ギリシア)・希伯来(ヘブライ)

参考 新表記では「稀(き)」の書きかえに用いる。

【希革(きかく)】鳥や獣の毛が少なくなって、はえ変わること。

【希冀(きき)】のぞみこいねがう。希望する。

【希求(ききゅう(きう))】希望し要求する。

【希覯(きこう)】まれに見ること。めったに出会わないこと。＝稀覯「希覯本(きこうぼん)」(非常に手にはいりにくい珍しい本。)

【希少(きしょう(せう))】非常に少ない。めったにない。

【希世(きせい)】㊀世にもまれな。めったに現れない。㊁世俗に迎合する。

【希代(きだい)】㊀世にもまれな。めったに現れない。㊁(きたい) 国ふしぎな。へんな。

【希薄(きはく)】目がつんでいない。薄い。＝稀薄

【希望(きぼう(ばう))】㊀願い望む。また、そのこと。㊁(シーワン) xīwàng 現㊀に同じ。

【希有(けう)】めったにない。めずらしい。ふしぎな。

◆古希(こき)

巾4【帍】〔7〕 コ 漢呉 | ㊤ 麌 hù フー | J 2806 補 — U 5E0D

意味 帍裱(こひょう)は、女性が肩にかける飾りの布。ショール。

巾4【帋】〔7〕 同 ↓紙(九五七ジペ・上)

巾5【帚】〔8〕 標 シュウ(シウ) 漢 ソウ(サウ) 慣 | ㊤ 有 zhǒu チョウ | J 5468 補 — U 5E1A

艸8【菷】〔12〕 俗字 | J 7240 補 — U 83F7

意味 ＝箒(そう) ①〈ほうき(ははき)〉そうじ道具の一つ。②〈は・く〉はき清める。＝掃

【帚木(ははきぎ)】国①植物の名。ほうきぐさ。②母の異称。③「源氏物語」の巻の名。

巾5【帙】〔8〕 チツ 漢呉 | ㊇ 質 zhì チー | J 5469 補 — U 5E19

意味 ①書物をつつむおおい。②帙入りの書物を数える単位。通常、一帙は数巻、数冊からなる。③書物。書物の数量。「巻帙(かんちつ)」

巾5【帖】〔8〕 入 標 | J 3601 補 — U 5E16

㊀チョウ(テフ) 漢呉 | ㊀㊇ 葉 tiè ティエ
㊁チョウ(テフ) 漢呉 | ㊁㊇ 葉 tiě ティエ
㊂チョウ(テフ) 漢呉 | ㊂㊇ 葉 tiē ティエ

意味 ㊀①絹布に文字を書きつけたもの。帛書(はくしょ)。②習字の手本。「法帖」 ③対聯(ついれん)。㊁①通知。告示。②書きつけ。③科挙の試験問題。㊂①おちつく。すなおになる。②はりつく。くっつく。＝貼(ちょう) ③〈た・れる(―・る)〉たれさがる。④しちぐさにする。国〈じょう(でふ)〉物を数える単位。一帖は、半紙は二十枚、美濃紙(みのがみ)は五十枚、海苔(のり)は十枚。

参考 新表記では、「帳」に書きかえる熟語がある。

【帖括(ちょうかつ(てふくわつ))】昔、官吏採用試験のとき、古典の中の何字かをかくして、これを書かせたので、受験者は難語・難句を集めて歌のようにして覚えた。これを帖括という。

【帖子(ちょうし(てふ))】帳面。帳簿(ちょうぼ)。

【帖装(装)(ちょうそう(てふさう))】書物の装丁のしかたの一種。横に長く継いだ紙を折りたたんで作る。折本(おりほん)。

【帖帖(ちょうちょう(てふてふ))】①落ち着いているさま。②物が垂(た)れさがっているさま。③感心するさま。

◆手帖(てちょう)・画帖(がじょう)・法帖(ほうじょう)

巾5【帑】〔8〕 | J 5470 補 — U 5E11

㊀トウ(タウ) 漢 | ㊀㊤ 養 tǎng タン
㊁ド 漢 | ㊁㊥ 虞 nú ヌー

人4【伖】〔6〕 同字 | J ②0132 補 1658 U 4F16

意味 ㊀①倉庫。②倉庫の中の金や絹織り物。㊁＝孥(ど) ①むすこ。②妻と子。③鳥の尾。

巾5【帛】〔8〕 標 ハク 漢 | ㊇ 陌 bó ボー | J 5471 補 — U 5E1B

意味 ①〈きぬ〉絹織物の総称。②〈ぬさ〉贈り物やお供えにつかう絹。③姓。

難読 帛紗(ふくさ)

【帛書(はくしょ)】うす絹に書きつけた文字。また、その手紙。

【帛縷(はくる)】衣服の織り糸。

巾5【帓】〔8〕 | J — 補 — U 5E13

㊀バツ 漢 | ㊀㊇ 黠 mò モー
㊁バツ 漢 | ㊁㊇ 月 wà ワー

意味 ㊀①ずきん。頭をつつむ布。②おび。㊁たび。足にまく布。

巾5【帕】〔8〕 | J ②0883 補 2809 U 5E15

㊀バツ 漢 | ㊀㊇ 黠 mò モー
㊁ハ 漢 | ㊁㊦ 禡 pà パー

意味 ㊀①かみをしばる布。ずきん。②つつむ。赤い布でかみをかざる。㊁手ぬぐい。＝帊(は)

巾5【帔】〔8〕 ヒ 漢 | ㊦ 寘 pèi ペイ | J ①8409 補 2808 U 5E14

意味 ①〈もすそ〉昔の着物の下の部分。スカート。②肩をおおう。かたかけ。国〈むしのたれぎぬ〉昔、女の人が外を歩くとき、かさのまわりに垂(た)らしたうすいきれ。

巾5【㡀】〔8〕 ヘイ 漢 | ㊦ 霽 bì ピー | J ②0884 補 — U 3840

意味 ＝敝(へい) ①ぼろぼろに破れた服。②破れる。こわれる。③くたくたにつかれる。④小さい。

巾5【帘】〔8〕 レン 漢 | ㊥ 塩 lián リエン | J ①8410 補 2810 U 5E18

意味 酒屋や茶店のかんばん用の旗。

参考 帘は「簾」(九四四ジペ・上)の中国新字体としても使う。

巾5【帒】〔8〕 同 ↓袋(一一二三ジペ・下)

巾6【帟】〔9〕 エキ 漢 | ㊇ 陌 yì イー | J ②0885 補 2811 U 5E1F

意味 〈ひらとばり〉平らにはって、上からのごみをふせぐ幕。

【帟幕(えきばく)】ひらとばりと幕。幕帟(ばくえき)。

巾6【帠】〔9〕 ゲイ 漢 | ㊦ 霽 yì イー | J 2812 補 — U 5E20

意味 きまり。方法。＝臬(げつ)

巾6【帥】〔9〕 常 スイ | J 3167 補 — U 5E25

㊀スイ 漢呉 | ㊀㊦ 寘 shuài ショワイ
㊁シュツ 漢 ソツ 慣 | ㊁㊇ 質 shuài ショワイ

筆順

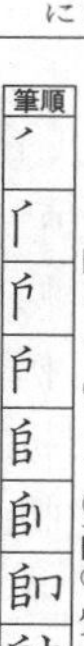

意味 ㊀①軍の指揮官。「将帥(しょうすい)」 ②地方の長官。③身につける布。㊁①〈ひき・いる(――・ゐる)〉引きつれる。②したがう。③したがえる。＝率 ②したがう。③姓。国〈そつ〉〈そち〉九州においた大宰府(だざいふ)の長官。

解字

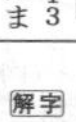

形声。巾が形を表し、自(つい)が音を示す。帥はもともと手ぬぐいのことであるが、後には、率と同じく、ひきいる意味に使われるようになった。音スイは、自の音ツイの変化。

参考 「師(し)」は別字。

【帥先(そっせん)】自分が先に立って人をみちびく。＝率先

◆元帥(げんすい)・将帥(しょうすい)・統帥(とうすい)

巾6【帝】〔9〕常 テイ　J 3675

旧字 巾6【帝】〔9〕テイ 漢 去 霽　タイ 呉　dì ティー　U補J 5E1D

筆順 丶亠亣产产产帝帝

意味 ①天の神さま。天帝。上帝。②〈みかど〉天下を治める人。君主。天子。「皇帝」③祭りの名。＝禘てい

解字 形声。二と帝とを合わせた字。二は上で、形を表す。帝は朿しで、音を示す。帝の音テイは、朿の音シの変化。帝は諦と同じく、つまびらかにすることで、天下万民の上に立つ王をいう。一説に帝は蔕で、花のがくを表すともいい、帝は締で、机の足を結びつけた形ともいい、上にあって、万事万物をとりまとめている神をいうとも解する。

名前 ただ

【帝釈(釋)天】たいしゃくてん 仏須弥山しゅみせんの頂上に住んで、仏法を守るといわれる神の名。

(帝釈天)

【帝位】ていい 天子の位。皇帝の位。
【帝威】ていい 天子の威力。
【帝禹】ていう 上代の天子。禹をさす。禹帝。
【帝王】ていおう 天子。国王。皇帝。天皇。
【帝畿】ていき 帝都と、その周辺の地域。畿内ない。
【帝郷(鄉)】ていきょう ①天帝のいる都。②仙人せんにんの住む所。「帝郷不レ可レ期ていきょうはきすべからず」(不老不死の仙人せんにんの住む国など、望んだところでかなうものではない。)〈陶潜とうせん・帰去来辞ききょらいのじ〉③天子のいる都。
【帝堯(堯)】ていぎょう 上代の天子、堯をさす。堯帝。
【帝業】ていぎょう 天子の行う事業。
【帝京】ていけい・ていきょう 天子のいる都。帝都。【──景物略】ていけいぶつりゃく 書名。八巻。明みんの劉侗りゅうとう・于奕正うえきせいらの編。都の北京ペキンの風物や生活をしるしたもの。
【帝闕】ていけつ 天子のいる城の門。また、その城をさす。
【帝号(號)】ていごう 天子の名称。帝という呼び名。
【帝国(國)】ていこく ①皇帝が治める国家。②国もと、大日本帝国の略称。
【帝嚳】ていこく 上代の天子、嚳をさす。
【帝子】ていし 皇帝の子。天子の子。皇子おうじ。
【帝師】ていし 天子の先生。帝傅ていふ。
【帝室】ていしつ ①天子の一族。②国もと、天皇の一家一族をさす。皇室。
【帝舜(舜)】ていしゅん 上代の天子、舜をさす。舜帝。
【帝女】ていじょ ①天子のむすめ。②天帝のむすめ。
【帝辛】ていしん 人名。殷いん時代の帝王。殷の紂ちゅう王のこと。
【帝制】ていせい 皇帝によって国を治める制度。
【帝政】ていせい 皇帝が政治をとる。また、その政治。
【帝祚】ていそ 天子の位。帝位。
【帝儲】ていちょ 天子の世つぎ。皇太子。
【帝都】ていと 天子のいる都。
【帝道】ていどう ①天子が国を安らかに治める方法。②理想的な国の治め方。↔「王道」(八一四ページ・中)
【帝徳】ていとく 天子の人格。天子のりっぱな行い。
【帝範】ていはん 書名。十二篇へん。唐の太宗たいそう李世民りせいみんの著。王者として学ぶべき事がらを書き集めたもの。
【帝傅】ていふ ①天子の先生。帝師。②宰相さいしょうをさす。
【帝謨】ていぼ 天子が国を治めるはかりごと。国王としての計画。帝猷ていゆう。
【帝猷】ていゆう(いう) 天子が国を治めるはかりごと。国王としての計画。
【帝力】ていりょく 天子の力。天子のめぐみ。

◆女帝にょてい・天帝てんてい・先帝せんてい・皇帝こうてい

巾6【帕】〔9〕バク 漢 入 陌　mò モー　U補J 5E1E

意味 ずきん。

巾7【帰】〔10〕学 2 キ　かえる・かえす　J 2102　U補J 5E30

旧字 止14【歸】〔18〕キ 漢 平 微 呉　guī コイ　U補J 6B78

筆順 リ リ リ リ 归 归 归 帰 帰 帰

4 白【皈】〔9〕同字　J 6607　U補J 7688

意味 ①〈とつ・ぐ〉嫁に行く。②〈かえ・る(かへ・る)〉もとにもどる。③〈かえ・す(かへ・す)〉もとにもどす。④おちつく。また、物事のいきつく先。「帰着」⑤死ぬ。⑥(ある方向・場所に)むかう。⑦服する。「帰順」⑧〈おく・る〉人に物を贈おくる。＝饋

解字 会意・形声。自・止・帚を合わせた字で、自たいが音を示す。自にはまた、ついてゆく、めぐるの意味がある。止はとまること、おちつくこと。帚は婦の略で、女のこと。帰は、女が嫁にゆくこと、また、男が女をもらってもどることを表し、とつぐ、かえるの意味になる。音キは、自の音クヮイの変化。

名前 もと・より　難読 帰去来かえりなんいざ

【帰意】きい 帰りたいと思う心。帰心。
【帰一】きいつ 分かれていたものが一つにまとまる。同じ所に帰着する。けっきょく同じになる。
【帰雲】きうん 夕方、山の方へ動いて行く雲。
【帰依】きえ 仏仏の威徳にたよる。仏を心から信仰する。
【帰燕】きえん 春に帰ってくる、つばめ。
【帰化】きか(くゎ) ①王の徳化をしたってなびき従う。②国外国人が永住しようとする国の国籍を得て、その国民となる。
【帰嫁】きか 嫁に行く。とつぐ。
【帰臥】きが(ぐゎ) ①自分の家に帰って休む。②官職をやめてふるさとに帰り、余生を送る。③隠居すること。
【帰客】きかく 家または故郷に帰る旅人たびびと。
【帰還】きかん(くゎん) 帰ってくる。もとの所に帰る。
【帰館】きかん(くゎん) やかたに帰る。家に帰る。帰宅。
【帰雁】きがん ①春、北方に帰る雁かり。②夕方、巣に帰って行く雁。
【帰期】きき 帰る時期。
【帰休】ききゅう(きう) ①家に帰って休む。②死ぬこと。
【帰去】ききょ 帰って行く。【──来(來)】かえりなんいざ(かへりなんいざ) さあ帰ろう、という意。来は、語調をととのえる助詞。【──来(來)辞(辭)】ききょらいのじ 晋しんの陶潜とうせんの文章の題。役人をやめて田園に帰り、自然を友としてゆったりした生活を送ろうという考えを述べたもの。
【帰京】ききょう(きゃう) ①都に帰ること。②国東京に帰ること。
【帰郷(鄉)】ききょう(きゃう) ふるさとに帰る。帰省きせい。
【帰結】きけつ 落着らくちゃくする。おわり。結着。とどのつまり。
【帰向】きこう(かう) 心を寄せる。なつき従う。
【帰降】きこう(かう) 降服する。投降。
【帰航】きこう(かう) 船の帰り道の航海。帰り道についた船。
【帰鴻】きこう 北へ帰る雁かり。帰雁がん。
【帰国(國)】きこく 自分の本国またはふるさとに帰る。
【帰参(參)】きさん 国①帰ってくる。②つとめをやめていた家来や使用人が、ふたたびもとの主人に仕えること。
【帰山】きざん ①ふるさとに帰る。②国僧が自分の寺に帰る。
【帰思】きし ふるさとに帰ろうと思う心。帰心。帰志。
【帰順】きじゅん なつき従う。帰伏。
【帰橈】きじょう(ぜう) 帰って行く舟。橈は、船のかい。

【帰心】わが家やふるさとに帰りたいと思う心。

【帰人】家へ帰る人。

【帰震川】人名。明代の儒者、帰有光。震川先生と称された。(一五〇六～一五七一)

【帰趨】①落ち着く所。帰着する所。行きつく所。②むね。おもむき。

【帰省】①ふるさとに帰り、父母の安否をたずねる。②ふるさとや実家などへ帰る。

【帰巣】国動物が遠く離れたところから、またもとの巣や繁殖地・生息地にもどってくること。「帰巣本能」

【帰葬】死体をふるさとに持ち帰ってほうむる。

【帰属(屬)】①つき従うこと。②自然または当然に、ある者の所有になること。③そのものの属するところ。所属。

【帰着】①帰りつく。②一つのところに落着する。一つのことにきまる。‖帰著
【帰朝】外国から本国に帰る。

【帰田録(錄)】書名。二巻。宋の欧陽脩著。自分の見聞をしるした随筆。

【帰途】帰る途中。帰りみち。帰路。

【帰任】国官吏が自分のつとめている地にもどる。

【帰寧】とついだ女が帰って父母の安否を問うこと。さとがえり。

【帰年】ふるさとに帰る年。

【帰納】国特殊な事物から、共通の一般的原理をぬきだす。↔演繹
【帰農】職のない者や他の官職・職業をやめた者が農民になる。また、その農民。

【帰帆】帰ってくる帆船。帰って行く帆船。

【帰伏】心をよせて、つき従う。‖帰服
【帰服】「帰伏」に同じ。

【帰命】一心からなついて、従うこと。二仏身命をささげて仏の教えに従うこと。【――頂礼(禮)】仏心から仏法を信仰し、自分の頭を仏の足につけておがむこと。また、仏をおがむときとなえる句。

【帰与(與)】帰ろうかなあ。「与」は、感嘆を表す文末の助詞。「論語」公冶長篇の孔子のことば、「帰与、帰与」にもとづく。【――之情】ふるさとに帰りたいという嘆き。【――嘆(歎)】「帰与嘆」に同じ。

【帰養】故郷へ帰って父母を養う。帰郷して父母に孝養をつくす。

【帰洛】国京都に帰ること。

【帰路】帰り道。帰る途中。帰途。

『賜レ帰』天子に休暇をもらって帰省する。
◇回帰・復帰

巾 7
【師】〔10〕学5 シ ― シ 漢平 支 呉 shī シー J 2753 補 ― U 5E2B

筆順 ノ 亻 𠂆 户 𠂤 𠂤一 師 師

巾 3 【师】〔6〕俗字 J ― 補 ― U 5E08

意味 ①軍隊。周代では二千五百人の軍隊。②〈もろもろ〉おおぜいの人。③いくさ。④人を教え導く人。人の手本となる人。「師門」⑤ならう。手本とする。⑥ある技術を持っている人。「医師」⑦役人。長官。「師尹」⑧楽器の演奏をつかさどる官。⑨易の卦の名。⑩姓。

解字 師 会意。自と帀を合わせたもの。自は村で、人数の多いこと。帀はあまねくゆきわたること。師はおおぜいの意味で、二千五百人の軍団をいう。一説に、自はおかで、昔の貴族が丘の上に住み、軍隊をかかえていたことから、師は、軍隊のいる丘の上という意味をさすという。

名前 かず・のり・みつ・もと・もろ・つかさ 難読 師走(付表)

参考 「帥」は別字。

【師恩】先生から受けた恩。

【師君】師の敬称。

【師訓】先生のいましめ。先生の教え。

【師曠】人名。字は子野。春秋時代、晋の国に仕え、音律を聞き分け、吉凶をうらなったという。

【師子】①猛獣の名。ライオン。‖獅子 ②古代の国の名。現在のスリランカ。

【師資】師。先生。資は、人に手助けをすることをいう。

【師摯】春秋時代、魯国の楽官の長の摯という人。

【師事】先生としてつかえる。

【師受】師に教えを受ける。先生について勉強する。

【師儒】学問や技芸を教える人。先生。

【師匠】①先生。②国芸能を教える人。

【師承】先生から教えを受け伝えること。

【師襄】人名。春秋時代、琴の名人といわれ、孔子も教えを受けたと伝えられている。

【師尚父】周の文王の師となった太公望呂尚をさす。

【師臣】天子の師である臣下。

【師説】①師の主張する説。先生の説。②文章の名。唐の韓愈の作。当時の教学の乱れをなげき、正しい師道を説いたもの。

【師宗】師としてうやまう。先生として尊ぶ。

【師僧(僧)】先生として教える僧侶。

【師団(團)】国もと、陸軍の部隊単位の一つ。

【師長】先生、または目上の人。

【師弟】先生と生徒。師匠と弟子。

【師徒】①軍隊。士卒。②先生と弟子。

【師道】①先生として守るべき道。②先生について学ぶ態度。

【師範】①世の中の手本、模範となる人。②国㋐芸能や武術を教える人。㋑もと、師範学校の略称。

【師表】世の中の手本、模範となる人。

【師父】①先生と父親。②父のように尊敬し親しむ先生。

【師傅】一①太師と太傅。どちらも天子を教え導く官名。②先生。おもり役。二 shīfu 現師匠。おやかた。

【師風】先生の人がら、または学問のおさめかた。

【師保】天子を教え導く人。

【師謨】手本として学ぶ。

【師法】①手本。もはん。てほん。②先生が伝えさずける学問。③先生と法則。

【師友】①先生と友だち。②先生として尊敬する友だち。

【師旅】①軍隊。昔、二千五百人を師、五百人を旅といった。②戦争。

【師走】国陰暦十二月の別称。

『師不三必賢二於弟子一』先生はかならず弟子より人物がすぐれているとはかぎらない。〈韓愈・師説〉
◇仏師・旧師・医師・技師・京師・法師・牧師・祖師・恩師・経師・教師・禅師・漁師・箱師・講師・傀儡師・道化師・影法師

巾 7
【帩】〔10〕ショウ(セウ) 漢去 嘯 qiào チアオ J ― 補 ― U 5E29

意味 髪をつつむずきん。はちまき。
【帩頭】髪を包む布。帽子の下につけるはちまき。「脱レ帽著二帩頭一」〈古詩・陌上桑〉

巾 7
【帨】〔10〕セイ 漢去 霽 ゼイ 慣 shuì ショイ J 2814 補 ― U 5E28

意味 ①女の人がもちあるく手ぬぐい。②手をふく。

巾 7
【席】〔10〕学4 セキ ― セキ 漢入 陌 シャク 呉 xí シー J 3242 補 ― U 5E2D

筆順 丶 亠 广 广 产 庐 庴 席

3画 口囗土士夂(夊)夕大女子宀寸小尢(尣・兀)尸屮山巛(川)工己巾干幺广廴廾弋弓彐(彑・ヨ)彡彳⺍

意味 ①〈むしろ〉草や竹をあんで作った敷物。ござ。②〈しく〉敷物をしいて席を作る。③すわる場所。位置。「席次」④宴会。酒席。⑤船の帆。「席帆」⑥〈よ・る〉たよる。⑦姓。国〈せき〉娯楽演芸場。よせ。

解字 席 形声。广と巾を合わせたもの。巾が形を表し、广は庶の略で音を示す。巾は布のこと。庶の音は、しく、かさねるの意味を含む。席は、むしろ。巾の字を含んでいるのは、むしろのへりを布でつつんだからであるともいう。

名前 すけ・のぶ・やす・より　難読 寄席(付表)

参考 席は「蓆」(一〇七五ページ・中)の中国新字体としても使う。

【席箕】北方に生じる草の名。

【席次】①座席の順序。②国成績の順序。

【席勝】戦勝の勢いに乗じる。

【席上】集会の場所。また、その席。

【席巻】むしろをまくように、かたっぱしから攻め取る。「=席捲」

【席不レ暇レ暖】すわっている場所があたたまるだけのひまもない。忙しいことの形容。→「孔席不レ暇レ暖」(三五五ページ・上)

◆欠席・主席・出席・末席・列席・会席・次席・即席・定席・首席・客席・茶席・宴席・酒席・陪席・寄席・貸席・着席・隣席・臨席・譲席

巾7 【帯】〔10〕学 4 タイ おびる・おび　J 3451　U補 5E2F

旧字 巾8 【帶】〔11〕人 タイ 呉漢 去 泰 dài タイ　J 5472　U補 5E36

筆順 一 十 卄 卅 卅 卅 带 帯 帯

意味 ①〈おび〉㋐衣服の上から腰のまわりにまきつける布、または皮のベルト。㋑おびの形をしたもの。②〈お・びる(―・ぶ)〉㋐腰につける。身につける。持つ。㋑ふくむ。「帯レ憤」㋒かこまれる。「帯レ河」③ひきいる。「帯レ兵」④ひとつづきの地域。「地帯」

解字 帶 会意。𢂇と帀とを合わせた字。𢂇は、役人がおびにつける飾りの玉をひもでつないだ形。帀は巾を二つ重ねた形で、布を表す。帯は、腰のまわりに布を巻いてたれたところに、かざりを結んだことを表し、大おびをいう。一説に、帀の上の冖は、やはり、おびるものの一種で、巾が布を表すともいう。

名前 よ・たらし　姓 帯刀　地名 帯広　難読 帯刀

【帯締】国女の人の帯がとけないように、その上にしめる細いひも。

【帯留】国女の人の帯がとけないように、その上にしめる細いひも。両はしに金具があって掛け合わされる。

【帯封】国郵便物に細長い紙をまきつけて、それにあて名を書くこと。また、その紙。

【帯金】①刀のさやにつけた金属製の丸い環。これにひもを通して、腰にさげる。

【帯下】婦人病の一種。こしけ。

【帯剣(劍)】刀を身につける。刀をさす。また、その刀剣。「帯刀。」

【帯甲】よろいを着た兵士。

【帯鉤】おびがね。皮帯の両はしにつけて掛け合わせたもの。

【帯出】外に持ち出す。

【帯刀】㊀刀を身につける。刀を腰にさす。また、その刀。㊁国昔、刀をさして皇太子を守った役人。【――御免】国江戸時代、武士以外の者に家柄または、特別のてがらによって、刀をさすことを許したこと。

【帯同】いっしょに連れて行く。同行。

【帯佩】①剣や玉を腰につける。また、帯びたもの。②山のまわりに川がめぐり流れていること。

◆一帯・世帯・付帯・声帯・束帯・所帯・妻帯・連帯・寒帯・温帯・携帯・腹帯・熱帯

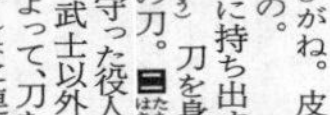
(帯鉤)

巾7 【帬】〔10〕本 →裙(一一二六ページ・中)

巾7 【帮】〔10〕俗 →幫(四二七ページ・上)

巾8 【帷】〔11〕標 イ 漢 平 支 (ヰ) wéi ウエイ　J 5473　U補 5E37

意味 ①〈とばり〉四方を囲む幕。「帷宮」②〈かたびら〉しきりの幕。たれぎぬ。

参考 「惟」は別字。

【帷幄】①幕をはりめぐらした場所。②作戦計画をたてる場所。③国戦争のとき、天皇がいる大本営をさす。【――之臣】天子や将軍のそばにいて計略をめぐらす家来。

【帷裳】①縫いめのないスカート。昔、出勤または祭りのときに着たもの。②婦人の車にかける幕。

【帷帳】①たれ絹。幕。②幕をはりめぐらした場所。

【帷幕】①カーテン。幕。②作戦計画をたてる場所。③婦人の居間。

【帷房】うす絹のカーテンをおろした女性のへや。

【帷簾】たれ幕とすだれ。

【帷子】国①昔、几帳などにかけてカーテンにしたうす絹。②ひとえの着物。

【下レ帷】①カーテンをおろす。②家にひきこもって読書する。転じて、塾を開いて生徒に教える。〈漢書・董仲舒伝〉

巾8 【㡉】〔11〕ゲン 呉 平 先 xián シエン　J ―　U補 3849

意味 ①昔の県名。今の山東省黄県の西南にあった。②㡉県の名産の布の名。

巾8 【常】〔11〕学 5 ジョウ つね・とこ ショウ(シャウ) 漢 平 陽 ジョウ(ジャウ) 呉 cháng チャン　J 3079　U補 5E38

筆順 丨 〃 ⺌ 𫩏 尚 尚 尚 常 常

意味 ①旗の名。日月のもようを描いた旗。②〈つね〉㋐いつまでも変わらない。㋑きまり。㋒人の守るべき道。倫理。「五常」㋓なみの。あたりまえの。㋔ふだん。日常。③長さの単位。尋(八尺)の二倍。(→付録「度量衡名称」)④木の名。常棣の略称。にわうめ。⑤〈かつて〉前に。以前。=嘗 ⑥姓。国〈とこ〉永遠を表す接頭辞。「常夏」

解字 常 形声。尚と巾を合わせた字。巾が形を表し、尚が音を示す。巾は布。尚には、加えるとか、久しいの意味がある。常はもともと「裳」と同じであった。ツーピースの衣服で、上部を衣、下部を裳という。尚の、「加える」という意味からは、裳は、衣の上に重ねて着けることであり、「久しい」の意味では、「長いもすそ」のことになる。常も、長い、久しい、つね、の意味になる。一説に、常も裳も、長い布をいうが、常は旗、裳はスカートであるという。

名前 つら・とき・のぶ・ひさ・ときわ・ひさし　姓 常石・常世・常葉・常磐　地名 常呂・常陸・常滑・常陸太田

難読 常夏・常節

【常員】ふつうのときの人員。
【常温(溫)】①いつも一定している温度。②一年じゅうの平均温度。
【常娥】月の異名。=嫦娥・姮娥
【常軌】常にふみ行うべき道。ふつうのやり方、または考え方。
【常期】決まった期限。一定の限度。定期。

3画 口囗土士夂(夊)夕大女子宀寸小尢(尣・兀)尸屮山巛(川)工己巾干幺广廴廾弋弓彐(彑・ヨ)彡彳⺍

【常客】じょうきゃく(じゃう)　①いつも来る客。②いつも買う客。得意。

【常業】じょうぎょう(じゃうげふ)　定まった仕事。

【常君】じょうくん(じゃう)　定まった君主。

【常経(經)】じょうけい(じゃう)　いつまでも変わらない法則。

【常行】じょうこう(じゃうかう)　昔から行われてきた道。古来の慣行の道。「不レ法ニ常行一」(昔からのしきたりをそのまま手本とはしない。)〈韓非子・五蠹〉

【常山蛇勢】じょうざんのだせい(じゃう)　昔、中国の常山(地名)にいたへびは、頭を攻めると尾がおそいかかり、尾を攻めると頭がおそい、腹を攻めると頭と尾がおそいかかったという故事から、どこから見てもすきや欠点のない姿、かまえをいう。〈孫子・九地〉

【常師】じょうし(じゃう)　ちゃんときまった先生。特定の先生。師としてついて学ぶきまった人。「何常師之有」(特定の師について学んだということはない。)〈論語・子張〉

【常事】じょうじ(じゃう)　①きまった事がら。②ふつうの事がら。

【常侍】じょうじ(じゃう)　官名。侍従。天子のそばにいて、雑用をつとめる者。散騎常侍。

【常時】じょうじ(じゃう)　①いつも。たえず。ふだん。②ぶじなとき。↔非常時
【常識】じょうしき(じゃう)　①ふつうの人が持っている、また持っているべき知識・考え。②浅い考え。ありふれた知識。

【常疾】じょうしつ(じゃう)　不治の病気。持病。

【常州】じょうしゅう(じゃうしう)　隋以後の地名。今の江蘇省に属す。

【常住】じょうじゅう(じゃうぢう)　①いつもそこに住んでいる。②ひごろ。ふだん。③仏変化なく、いつも存在する。【——坐臥】じょうじゅうざが(じゃうぢうぐわ)　すわるにも寝るにも。ふだん。いつでも。

【常宿】じょうしゅく(じゃう)　—じょうやど(じゃう)　国いつもとまりつけの宿屋。

【常勝】じょうしょう(じゃう)　いつも勝つ。勝ち続ける。

【常常】じょうじょう(じゃうじゃう)　一①いつも。つねに。ふだん。②無心のさま。二チャンチャン chángcháng 現一の①に同じ。

【常情】じょうじょう(じゃうじゃう)　ふつうの人情。

【常食】じょうしょく(じゃう)　①ふだんたべる食事。主食。②きまったたべもの。

【常心】じょうしん(じゃう)　一定不変の心。〈老子・四十九〉＝恒心
【常人】じょうじん(じゃう)　ふつうの人。

【常数(數)】じょうすう(じゃう)　①ある一定の数。②自然の運命。③数その値の変わらない数や量。定数。↔変数
【常世】じょうせい(じゃう)　一世の中。また、そういう世界。二とこよ　国①永久に不変のこと。②仙人の住む国。③死後の国。

【常設】じょうせつ(じゃう)　いつも設けてある。

【常態】じょうたい(じゃう)　①ふだんのようす。②きまった状態。

【常置】じょうち(じゃう)　いつも置いてある。備えつけの。

【常途】じょうと(じゃう)　平常のみち。あたりまえのやりかた。ふつうのこと。

【常度】じょうど(じゃう)　①不変の法則。定まったきまり。②いつものきまり。毎日の規則。③ふつうの態度。ふだんのようす。

【常套】じょうとう(じゃうたう)　きまったやり方。ありふれたやり方。「常套手段」

【常道】じょうどう(じゃうだう)　①いつまでも変わらない道。人として守るべき道。②ふつうのやりかた。

【常任】じょうにん(じゃう)　いつもその任務についている。また、その人。

【常馬】じょうば(じゃう)　ふつうの馬。↔駿馬
【常備】じょうび(じゃう)　いつも備えてある。ふだんから準備してある。「常備薬」

【常服】じょうふく(じゃう)　ふだん着。平服。

【常平倉】じょうへいそう(じゃうさう)　国奈良時代、米のねだんを調節するために設けられた役所。豊作のときは買いあげておき、凶作のときは安く売り出した。

【常法】じょうほう(じゃうはふ)　①一定の法則。②ふつうのやり方。

【常務】じょうむ(じゃう)　①ふつうの仕事。②国常務取締役の略称。株式会社の一般の仕事を受け持つ重役。

【常夜灯(燈)】じょうやとう(じゃう)　国ひと晩じゅうつけておく灯火。

【常与(與)】じょうよ(じゃう)　ふだんの居所。いつもいるよりどころ。「吾失ニ我常与一」〈荘子・外物〉

【常用】じょうよう(じゃう)　ふだん用いる。いつも使う。【——漢字】じょうようかんじ(じゃう)　国日常生活でこれだけあれば用がたりる目やすとして、昭和五十六年(一九八一)に政府がきめた一九四五字の漢字。平成二十二年(二〇一〇)に改定され、新たに一九六字が追加、五字が削除され二一三六字となった。→「当用漢字」(三九〇ページ・下)

【常理】じょうり(じゃう)　ふつうの道理。きまった道理。

【常緑(綠)】じょうりょく(じゃう)　植物の葉が一年じゅう緑色をしていること。また、その植物。「常緑樹」

【常鱗凡介】じょうりんぼんかい(じゃう)　普通の魚やありふれた貝類。平凡な人物のたとえ。

【常例】じょうれい(じゃう)　いつもの例。ふだんのやり方。

【常連】じょうれん(じゃう)　国①いつもいっしょにいる仲間。②いつも同じ場所で顔を合わせる客なかま。＝定連
【常磐】一ときわ(ときは)　国いつまでも変わらないこと。二じょうばん(じゃう)　国常陸の国と磐城の国。茨城県と福島県とのさかい一帯をさす。【——木】ときわぎ(ときは)　国一年じゅう緑色の葉をつけている植物。常緑樹。

【常夏】とこなつ　国①熱帯地方のように一年じゅう夏であること。＝床夏　②野生のなでしこの別名。

【常闇】とこやみ　国①永遠にまっくら。②いつまでも世の中が乱れていること。
◇▼日常・正常・平常・非常・恒常・通常・異常・無常・尋常・諸行無常

巾 8
【帳】〔11〕学3　チョウ　チョウ(チャウ)　漢呉｜去　漾 zhàng チャン　J 3602｜補｜U 5E33

筆順　口 巾 巾 帄 帐 帐 帳 帳

意味　①〈とばり〉㋐しきりの幕。カーテン。かや。㋑陣幕。テント。②金銭の出入りの記録。帳簿。＝賬　国〈はり〉幕を数えるときの単位。

解字　形声。巾が形を表し、長が音を示す。長は張と同じく、大きくはりひろげる意味がある。巾は布きれ。帳は布を張り広げて、たれてあるもの、とばりをいう。

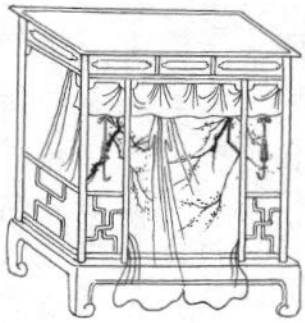
(帳①㋐)

名前　はる　難読　蚊帳(付表)

参考　「張」は別字。新表記では、「帖」の書きかえに用いる熟語がある。

【帳帷】ちょうい(ちゃうゐ)　とばり。カーテン・幕の類。

【帳飲】ちょういん(ちゃう)　野外に幕をはって送別の宴会を開く。「帳ニ飲東都一、送ニ客金谷一」〈江淹・別賦〉

【帳額】ちょうがく(ちゃう)　とばりの上部のふちどり。

【帳皇】ちょうこう(ちゃうくわう)　広く大きくする。大きく広げる。

【帳尻】ちょうじり(ちゃう)　国①帳簿の終わりの部分。②帳簿の決算の結果。差し引き勘定。

【帳台(臺)】ちょうだい(ちゃう)　国昔、室内に一段高い台を作り、そのまわりにカーテンをおろした場所。高貴の人が居間または寝室に用いた。

【帳付】ちょうづけ(ちゃう)　国①帳面に書きこむ。また、その人。②品物を帳面に書きつけておき、あとでまとめて代価を払うこと。＝帳附

【帳殿】とばりをめぐらした、仮の宮殿。天子の行幸のときに用いる。
【帳場】国商店や旅館などで、帳簿をつけたり会計をする場所。
【帳簿】事務上必要な事がらを書きこむ帳面。
【帳房】①幕をはりめぐらした部屋。②会計。帳場。
◇几帳・手帳・台帳・画帳・記帳・蚊帳・蠅帳・日記帳・写生帳

巾8【帲】〔11〕ヘイ漢 平青 píng ピン　U補J 2815 5E32
意味 帲幪は、しきりの幕。テント。おおう。

巾8【帵】〔11〕ワン漢 平寒 wān ワン　U補J 2816 5E35
意味 布を裁断して余った切れはし。「帵子」

巾8【帶】〔11〕旧↓帯(四二三ジ・上)

巾9【幄】〔12〕アク漢 入覚 wò ウオ　U補J 5474 5E44
意味 幕をはりめぐらした場所。テント。
【幄舎】国神事や儀式などで、参列者のために幕をはった小屋。あくのや。
【幄幕】陣中に用いる幕。

巾9【幃】〔12〕イ漢 平微 wéi ウエイ　U補J 5475 5E43
意味 ①ふくろ。かおりぶくろ。②〈とばり〉幕。かや。=帷

巾9【幝】〔12〕コン漢 平元 kūn クン　U補J 3853
意味 パンツ。さるまた。

巾9【帿】〔12〕一ショウ漢 一平蕭 qiāo チアオ　二ショウ漢 二上篠 jiǎo チアオ　U補J 3851
意味 一帿頭は、かみの毛をたばねる布。二喪中にかけるかみかざり。

巾9【幀】〔12〕トウ(タウ)漢 去敬 zhèng チョン　テイ慣　U補J 5476 5E40
意味 ①絹地に描いた絵。また、それをわくにはりつけること。「装幀」②絵を数える単位。一幅。

巾9【幍】〔12〕ト漢 上麌 dǔ トゥー　U補J ②0887 2817 5E3E
参考 新表記では、「丁」に書きかえる熟語がある。
意味 ①棺をおおう赤い布。=褚 ②〈はた〉旗。しるし。

巾9【幅】〔12〕常 フク　はば　U補J 4193 5E45
一フク漢呉 一入屋 fú フー　二ヒョク漢 二入職 bī ピー
筆順 ㄇ 巾 巾一 巾戸 幅 幅 幅 幅
意味 一①〈はば〉㋐布の横の長さ。昔、二尺二寸を一幅とした。(→付録「度量衡名称」)㋑物の横の長さ。②へり。ふち。③紙や布。④掛け物の絵。また、それを数える単位。二歩きやすいようにすねにまく布。きゃはん。国〈はば〉はぶり。威勢。
解字 形声。巾が形を表し、畐が音を示す。巾は布。畐には、いっぱいになる、ぴったりとくっつく、の意味がある。幅は、からだにぴったりつく布で、布のはじからはじまでのはばをいう。また、幅は、布のはじからはじまで、両辺の間いっぱいの間隔のことであるともいう。
【幅員】広さ。はばと、まわり。
【幅裂】布がさけるように破れる。分裂する。
【幅巾】ずきん。隠士のかぶりもの。
◇辺幅・全幅・振幅・横幅・震幅

巾9【帽】〔12〕常 ボウ　U補J 4325 5E3D
旧字 巾9【帽】〔12〕ボウ漢 去号 mào マオ　モウ呉　U補J
筆順 ㄇ 巾 巾冂 巾冃 帽 帽 帽 帽
意味 ①ぼうし。頭にかぶるもの。「帽子」②ぼうしの形をしたもの。上からかぶせるもの。
解字 形声。巾が形を表し、冒が音を示す。巾は布。冒は、目の上におおいをかぶせた形である。帽は、布でできた、ぼうしのことをいう。
難読 帽額
【帽子】一頭にかぶるもの。二 màozi 現①一に同じ。②レッテル。
【帽章】帽子につける記章。
◇赤帽・角帽・制帽・学帽・脱帽・着帽

巾9【幉】〔12〕国字　U補J ②0888 2820 5E49
意味〈たずな(たづな)〉馬をあやつる綱。

巾9【幇】〔12〕同↓幫(四二七ジ・上)

巾10【幌】〔13〕入 標 コウ漢 (クワウ) 上養 huǎng ホワン　U補J 4358 5E4C
意味 ①とばり。カーテン。②酒屋の看板にする旗。③ゆれ動く。国〈ほろ〉車のおおい。
名前 あきら　地名 幌別・幌泉

巾10【幐】〔13〕トウ漢 平蒸 téng トン　U補J 2819 5E50
意味〈ふくろ〉食物などを入れて持ち歩く袋。また、匂い袋。

巾10【幣】〔13〕ハン漢 平寒 pán パン　バン呉　U補J 2818 5E4B
意味 ①大きな布。②ずきん。③ふくろ。

巾10【幎】〔13〕ベキ漢 入錫 mì ミー　U補J 5477 5E4E
意味 ①物をおおう布。②〈おお・う(おほ・ふ)〉おおいかぶせる。③均一なさま。
【幎冒】死んだ人の顔をおおいかくす物。

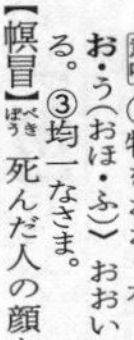
(幎冒)

巾10【幕】〔13〕学6 マク・バク　U補J 4375 5E55
旧字 巾11【幕】〔14〕一バク漢 マク呉 一入薬 mù ムー　二バン漢 マン呉 二去翰 màn マン　U補J
筆順 一 艹 节 苩 荁 莫 幕 幕
巾11【幙】〔14〕同字　U補J 5E59
意味 一①天幕。屋根がわりの幕。②テント。③幕府の略称。④〈おお・う(おほ・ふ)〉おおいかぶせる。⑤うでやすねをおおうよろい。⑥卵などのから。⑦うすかわ。=膜 ⑧砂漠。=漠 二銭の裏面。=漫 国〈まく〉①芝居の幕。転じて、芝居の休憩時間。②場面。場合。③終わり。④すもうの番付での上位。
解字 形声。巾が形を表し、莫が音を示す。巾は布。莫には、おおいかくして、見えなくする意味がある。幕は、上か

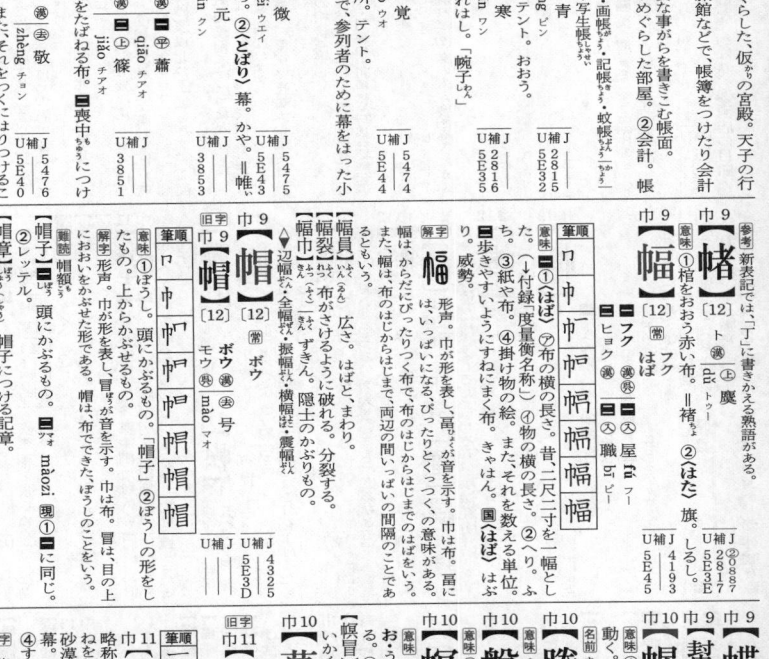

3画
口囗土士夂(夊)夕大女子宀寸小尢(尣・兀)尸屮山巛(川)工己巾干幺广廴廾弋弓彐(彑・ヨ)彡彳⺍

らたらしておおうまくをいう。 地名 幕別

【幕営(營)】 国①幕をはって作った陣営。②将軍の本陣。

【幕燕】 幕の上に巣をつくっているつばめの意で、きわめて危険なたとえ。〈左伝・襄公〉

【幕朔(朔)】 ゴビ砂漠の北方。朔は北の意。漠北。

【幕井】 幕営地に掘った井戸。

【幕府】 ①陣中で将軍のいる場所。必要に応じ、幕をはって陣営としたためといわれる。②国鎌倉・室町・江戸時代、将軍が政治をとった所。また、将軍をさす。

【幕北】 砂漠の北。ゴビ砂漠以北の土地をさす。＝漠北

【幕友】 昔、地方長官の相談相手になった人。

【幕僚】 ①将軍または地方長官の相談相手になる人。②国もと軍隊で、参謀や副官をさす。

【幕下】 ①将軍のひざもと。将軍に直属する家来。②将軍をさす。

【幕客】 政治・軍事上の相談役。

◆入幕・天幕・字幕・佐幕・序幕・見幕・段幕・討幕・除幕・終幕・黒幕・閉幕・開幕・暗幕・煙幕・幔幕・銀幕

巾11【幗】〔14〕 カク 漢 入 陌 (クヮク) guó クオ U 5E57 補 — J 5478
意味 ①女の人が頭にかぶる飾り。②女の人が喪中にかぶるずきん。

巾11【徽】〔14〕 キ 漢 平 微 huī ホイ U 5E51 補 2821 J —
意味 ①身分を示すための背につけた目じるしの絹布。②旗。

巾11【幘】〔14〕 サク 漢 入 陌 zé ツォー U 5E58 補 2823 J ①8411
意味 頭をつつむきれ。ずきん。

巾11【幓】〔14〕 一 セツ 漢 一 入 屑 xiè シエ 二 セツ 漢 二 入 屑 xuě シュエ U 385C 補 — J ②0889
意味 一〈かかう(かかふ)〉 破れてぼろぼろになった絹布。二 絹を細長く裂いて作った花。「幓縷」

巾11【幖】〔14〕 ヒョウ 漢 呉 平 蕭 (ヘウ) biāo ピアオ U 5E56 補 2822 J ②0890
意味 ①しるし。＝標 ②はた。のぼり。③酒店の目印のはた。④文字やもので示す。

巾11【幔】〔14〕 バン 漢 マン 呉 去 翰 màn マン U — 補 — J —
意味 幕を張りめぐらした場所。テント。

巾11【幔】〔14〕 同字 U 5E54 補 — J 5479

【幔帷】 まく。とばり。

【幔城】 幕を城のように張りめぐらした幕。

【幔幕】 ぐるっとはりめぐらした仮屋かり。

巾11【幛】〔14〕 zhàng チャン U 5E5B 補 2824 J —
意味 現 中国では人の慶弔に、布や絹地に詩や文を書いて贈る習慣がある。その贈り物を「幛」または「幛子」という。

巾11【幕】〔14〕 旧 →幕(四二五ページ・下)

巾11【幙】〔14〕 同 →幕(四二五ページ・下)

巾12【幜】〔15〕 ケイ 漢 キョウ(キャウ) 呉 上 梗 jǐng チン U 5E5C 補 2825 J —
意味 ①きぬの布。②女性が外出する時、ほこりをよけるため衣服の上にはおるもの。

巾12【幠】〔15〕 コ 漢 平 虞 hū フー U 5E60 補 — J —
意味 ①おおい。つつみ。②大きいさま。③あなどる。

巾12【幟】〔15〕 標 シ 漢 呉 去 寘 zhì チー U 5E5F 補 — J 5480

巾12【幟】〔15〕 正字 U — 補 — J —

方12【旘】〔16〕 同字 U 65D8 補 — J 3376
意味 ①〈のぼり〉旗。②しるし。目じるし。「旗幟鮮明」

巾12【幝】〔15〕 セン 漢 上 銑 chǎn チャン U 5E5D 補 — J —
意味 幝幝は、古びてこわれているさま。

巾12【幢】〔15〕 一 トウ(タウ) 漢 ドウ 呉 一 平 江 chuáng チョワン 二 トウ(タウ) 漢 ドウ 呉 二 去 絳 zhuàng チョワン U 5E62 補 — J 5481
意味 一 ①〈はた〉 儀式のときに儀仗兵がもつ羽根飾りのついた旗。②仏 お経を彫った石柱。「経幢」③→幢幢 二 ①〈ほろ〉 車や舟のかさ状のおおい。②建物を数える量詞。

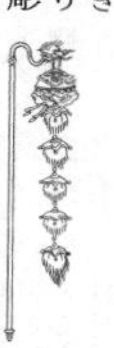
(幢一①)

【幢幢】 ①はっきりしないさま。②ゆれ動くさま。③旗の羽毛のたれたさま。

【幢幡】 一 旗。二 仏 仏堂に飾る旗。

巾12【幡】〔15〕 入 標 ハン 漢 マン 慣 ホン 呉 平 元 fān ファン U 5E61 補 — J 4008
意味 ①〈はた〉 垂直につるす細長い旗。＝旛 ②ひっくりかえる。変わる。＝翻 ③帳簿。

姓 幡文・幡羅 地名 幡多・幡豆

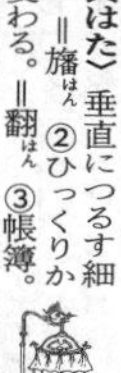
(幡①)

【幡羅】 ひるがえり飛ぶさま。〈司馬相如・上林賦〉

【幡幟】 はたじるし。

【幡然】 さらっと変化するさま。

【幡幡】 ①しきりにひるがえるさま。〈詩経・巷伯〉②威厳のないさま。〈詩経・賓之初筵〉

◆八幡

巾12【幣】〔15〕 常 ヘイ U 5E63 補 — J 4230

旧字 巾12【幣】〔15〕 ヘイ 漢 去 霽 bì ピー U — 補 — J —

筆順 丶 ⺌ 㡀 㡀 㡀 敝 幣 幣

巾12【㡀】〔15〕 俗字 U 5E64 補 — J 5482

意味 ①〈ぬさ〉〈みてぐら〉 神にそなえる絹。②贈り物。みつぎ物。③たから。ぜに。「貨幣」 国ごへい。幣束。

解字  形声。巾が形を表し、敝が音を示す。巾は布。敝は、おおう意味がある。幣は、からだをおおう布を表す。布は、進物や税に使うので、貨幣の意味になった。

名前 しで 姓 幣原

参考 「弊」は別字。

【幣袋】 国昔、旅行者が途中で神に安全を祈るために用意したささげ物を入れる袋。

【幣貢】 天子へのみつぎ物。

【幣使】 一 みつぎ物または贈り物を持って行く使者。二 国天皇が神社に奉納する品物を持って行く使者。

【幣制】 貨幣の制度。

【幣束】 国①神前にそなえる物。ぬさ。②ごへい。裂いた麻や白紙をたらし、細長い木ではさんだもの。

(幣束②)

で、神の祭りに用いる。

【幣殿(へいでん)】国神社の本殿と拝殿との間にある建物で、幣帛(へいはく)をそなえる所。

【幣帛(へいはく)】①神にそなえる絹。②天子や客に贈る絹。

【幣物(へいぶつ・へいもつ)】①贈り物。進物(しんもつ)。②国神にささげる品物。みてぐら。ぬさ。

【幣聘(へいへい)】人に贈り物をして来てもらう。

『厚レ幣(へいをあつくす)』ていねいな贈り物をする。

▽皮幣(ひへい)・重幣(ちょうへい)・紙幣(しへい)・造幣(ぞうへい)・貨幣(かへい)・御幣(ごへい)・聘幣(へいへい)

(幞)

巾12【幞】〔15〕 ホク 漢 入 沃／ボク 呉 fú フー　U 5E5E　補 2826　J ①8412

意味 頭をつつむ布。ずきん。「幞頭(ぼくとう)」

巾12【㡡】〔15〕 同 ↓幮(本ページ・中)

巾12【幤】〔15〕 俗 ↓幣(四二六ページ・下)

巾13【幨】〔16〕 セン 漢 平 塩 chān チャン　U 5E68　補 2827　J ―

意味 車のかさにたらすとばり。‖襜(せん)

巾13【幩】〔16〕 フン 漢 平 文 fén フェン　U 5E69　補 ―　J ―

意味 馬のくつわにつけた飾りの布。

巾13【幦】〔16〕 ベキ 漢 入 錫 mì ミー　U 5E66　補 ―　J ―

意味 車の前の風塵(ふうじん)よけのおおい。

巾14【幬】〔17〕 一 チュウ 漢 平 尤 (チウ) chóu チョウ ／ 二 トウ 漢 去 号 (タウ) dào タオ　U 5E6C　補 2830　J ②0893

意味 一 ①蚊帳(かや)。②車のとばり。③車軸をおおう革。二 おおう。

【幬帳(ちゅうちょう)】蚊帳(かや)。

巾14【幫】〔17〕 ホウ 漢 呉 平 陽 (ハウ) bāng パン　U 5E6B　補 2829　J ②0892

巾9【幇】〔12〕 同字　U 5E47　補 ―　J 5483

巾7【帮】〔10〕 俗字　U 5E2E　補 2813　J ②0886

意味 ①くつのへり。②手つだう。力をかす。たすける。③くみ。なかま。

【幫間(ほうかん)】宴会で客のきげんをとり結ぶ商売の男。たいこもち。

【幫助(ほうじょ)】一 手つだう。手助けする。二 bāngzhù 現 一に同じ。

【幫忙(バンマン)】bāngmáng 現 手つだう。

巾14【幪】〔17〕 一 ボウ 漢 ／ モウ 呉 平 東 méng モン ／ 二 ボウ 漢 ／ モウ 呉 上 董 měng モン　U 5E6A　補 2828　J ―

意味 一 ①〈おお・う(おほ・ふ)〉 ②罪人の顔をおおう布。二 幪幪(もうもう)は、草木がおいしげるさま。「墨幪(ぼくぼう)」

巾14【幭】〔17〕 俗 ↓幭(本ページ・中)

巾15【幮】〔18〕 チュウ 漢 平 虞 (チウ) chú チュー　U 5E6E　補 2832　J ②1201

巾12【㡡】〔15〕 同字　U 3861　補 ―　J ②0891

意味 〈とばり〉 垂(た)れ幕。カーテン。

巾15【幭】〔18〕 ベツ 漢 入 屑 miè ミエ　U ―　補 ―　J ―

巾14【幭】〔17〕 俗字　U 5E6D　補 2831　J ②0894

意味 ①〈おおい(おほひ)〉 おおいかぶせる布の総称。②おおい。車のおおい。‖幎・幦(べき)

巾16【幰】〔19〕 ケン 漢 上 阮 xiǎn シエン　U 5E70　補 2833　J ―

意味 ①〈ほろ〉 車のとばり。「軽幰(けいけん)」②くるま。

巾18【𢅻】〔21〕 ソウ 漢 呉 平 江 (サウ) shuāng ショワン　U 2217B　補 ―　J ②1202

意味 まだ張られていない帆。

3画　干部　かん

【部首解説】「一」と「干(丫の古い形)」が合わさり、「犯すこと」を表す。この部には、「干」の形を構成要素とする文字が属する。

干0【干】〔3〕 学 6　カン　ほす・ひる　U 5E72　補 ―　J 2019

カン 漢 呉 平 寒 gān カン

筆順 一 二 干

意味 ①〈おか・す(をか・す)〉 さからう。ぶつかる。②〈もと・める(――・む)〉 ほしがる。「干禄」③〈たて〉 矢をふせぐ道具。④〈ふせ・ぐ〉 守る。‖扞(かん) ⑤〈あずか・る(あづか・る)〉 関係する。「干渉(かんしょう)」⑥河岸。⑦いくつか。「若干(じゃっかん)」⑧〈ほ・す〉 かわかす。‖乾 ⑨〈ひる〉 かわく。⑩〈えと〉 十干のこと。↓「十干」(一九〇ページ・中)・「十二支」(一九一ページ・中) ⑪姓。⑫現(仕事を)する。やる。音 gàn カン。

(干③)

解字 𐀀 会意。一と丫を合わせたもの。丫は古い形では丫で、入をさかさまにした字である。干は、一の横棒に対して、さかさまにはいることを表し、さからう、おかす、の意味になる。一説に、干は、象形文字で、「たて」のことであるとも、木の枝で作った突き刺す武器であるともいう。

名前 たく・もと　難読 干支(えと)

参考 ①「于(う)」は別字。②新表記では、「旱」の書きかえに用いる熟語がある。③干は「乾」(四三ページ・中)、「幹」(四三〇ページ・下)の中国新字体としても使う。従って、「幹」の代わりに用いたときは、gàn カンと発音する。

【干羽(かんう)】①昔、舞うときに持ったたてと鳥の羽。②夏(か)の禹(う)王のときに作られたという舞の名。

【干戈(かんか(くゎ))】①たてとほこ。②兵器の総称。転じて、戦い。戦争。【――倥偬(こうそう)】いくさで忙しい。倥偬は、忙しいさま。『倒(とう(たう))載(さい)――(かんか(くゎ)を)』戦いが終わる。平和な世の中になる。〈礼記(らいき)・楽記(がっき)〉『倒(とう(たう))置(ち)――(かんか(くゎ)を)』武器をさかさまにしておく。転じて、世の中が平和であること。〈史記・留侯世家(りゅうこうせいか)〉

【干(「旱」)害(かんがい)】ひでりによるわざわい。

【干支】一 かんし 「十干・十二支」の略。↓「十干」(一九〇ページ・中)・「十二支」(一九一ページ・中) 二 えと 国兄(え)と弟(おと)の意。

【干珠(かんじゅ)】海中に投げこむと潮がひくという伝説の玉。しおひるたま。↔満珠

【干渉(かんしょう(せふ))】①かかりあう。②他人のことに、口だしや手だしをする。さしでぐち。

【干城(かんじょう(じゃう))】たてと城。転じて、国家を守る軍人・武士。

【干将(將)莫邪(かんしょう(しゃう)ばくや)】干将も莫邪も昔の名剣の名。転じて名剣を意味する。〈呉越春秋〉

3画　口囗土士夂(夊)夕大女子宀寸小尢(兀・兀)尸屮山巛(川)工己巾干幺广廴廾弋弓彐(彑・ヨ)彡彳⺍

【干戚】①たてとまさかり。②兵器。武器。③武の舞。

【干拓】国海や湖、沼などの水をほして耕地にする。

【干潮】しお(ちょう)が引く。引きしお。↕満潮
【干天】①夏の空。②長い間、雨の降らない空。ひでり。＝旱天
【干犯】人の領分に立ちいったり、人の権利をおかす。

【干宝(寶)】人名。晋の時代の人で、博学で有名。「捜神記」の著者と伝えられる。

【干満(滿)】潮のみちひ。干潮と満潮。

【干与(與)】関係する。その事にあずかる。参与。

【干禄(祿)】禄を求めること。仕官すること。干は求める意で、禄は俸禄。地位について、俸給をもらうこと。

【干魚】国魚のほしたもの。乾魚。

【干物】国魚や貝のほしたもの。乾物。

【干浄(淨)】「乾浄」(四三ページ・中)に同じ。

【干燥】「乾燥」(四三ページ・中)に同じ。

【干脆】「乾脆」(四三ページ・下)に同じ。

【干部】「幹部」(四三〇ページ・下)に同じ。

【干活児(兒)】「幹活児」(四三〇ページ・下)に同じ。

【干杯】「乾杯」(四三ページ・中)に同じ。
◆十干・虫干・若干・梅干・潮干・欄干

干2【平】〔5〕 学3 ヘイ・ビョウ たいら・ひら J 4231 U 5E73

旧字 干2【平】〔5〕 U補J

一 ヘイ 漢 ビョウ(ビャウ) 呉 ヒョウ(ヒャウ) 慣 一 平 庚 píng ピン
二 ヘン 漢 ベン 呉 二 平 先 pián ピエン

筆順 一 ｢ ｢ 亚 平

意味 一 ①〈たいら(たひら)〉㋐高低がない。でこぼこがない。㋑やすらか。「太平」「平穏」㋒平均している。②〈たいら・げる(たひら・ぐ)〉㋐平らにならす。㋑おさめる。平和にする。③〈たいらぎ(たひらぎ)〉仲なおり。和睦。④〈ひらた・い(――・し)〉やさしい。ふつうの。「平常」⑤議論して優劣を決める。＝評 ⑥四声の一つ。平声。↕仄 ⑦姓。二きちんとととのっているさま。分け治める。＝辨 国〈ひら〉①なみ。②ひらに。ひたすら。せつに。

解字 会意。于と八とを合わせた字。于は、気が上に昇ろうとしてつかえている形。八は分かれること。平は、いきが昇って、二つに分かれ、すらりと通ることで、ことばがなめらかなこと、すべてたいらなことを表す。一説に、浮き草の葉が水に浮かんでたいらな形であるとする。

名前 さね・たか・つね・とし・なり・なる・ひら・もち・よし・おさむ・はかる・ひとし・まさる 姓 平子・平地・平良・平敷・平安名・平秩 地名 平戸・平田・平良・平泉・平城・平鹿・平塚・平良川 難読 平伏す

【平起】絶句・律詩の第一句の第二字が平声の字になっていること。ひょうおこり。↕仄起
【平声(聲)】四声の一つ。音の高さがほぼ一定のもの。宋代以後、上平・下平に分かれた。

【平仄】①平声の字と仄声の字。平声は、上平・下平を、仄声は、上声・去声・入声をさす。②国前後の連絡。つじつま。

【平等】一①わけへだてのない。②えこひいきのない。二 píngděng 現一に同じ。

【平等院】国京都府宇治市にある寺の名。藤原頼通が建てたもので、平安時代の代表的な建築。

【平仮(假)名】国漢字の草体から変形した仮名。草仮名。↕片仮名
【平安】一①安らか。無事。②国平安京。二 píng'ān 現一の①に同じ。

【平安京】国桓武天皇の延暦十三年(七九四)から明治元年(一八六八)までの帝都。今の京都市。京都の古い呼び名。

【平易】①やさしい。たやすい。②おだやか。安らか。

【平王】①天下を正しく治めた王。②周の十三代めの王。犬戎という北方異民族に攻められたため、都を豊から、東方の雒邑に移した(前七七〇)。これを「平王の東遷」という。これ以後の周を東周という。③春秋時代、楚国の王。

【平穏(穩)】おだやか。静か。「平穏無事」

【平価(價)】①普通のねだん。②ねだんを普通にとめて、高くさせないこと。③経金本位の国と国との間の為替相場で、単位貨幣に含まれる純金の量によってくらべた値。

【平闊】平らで広々している。

【平気(氣)】①平和な気。②落ち着いた気持ち。③国何とも思わないこと。気にしないこと。

【平居】ふだんの生活。いつも。

【平羌江】四川省の峨眉山の下を流れて岷江にはいる川の名。

【平曲】国琵琶にあわせて、「平家物語」をかたる音曲。「平家琵琶」

【平均】①ひとしいこと。②ならすこと。③平定。統一。④数同種の中から中間的な値を出すこと。また、その数。

【平家】一国①平氏の別称。②「平家物語」・平家琵琶の略。二国一階だての家。＝平屋
【平原】一①平らな野原。②漢代、山東省内の郡の名。二 píngyuán 現一の①に同じ。

【平原君】戦国時代、趙の公子、趙勝をさす。多数の食客を家に置いたので有名。

【平午】昼の十二時。正午。＝平昼
【平語】①ふだんのことば。ふつうのことば。②国「平家物語」の略称。

【平行】①途中が安全なこと。無事な旅行。②数同一平面上の二直線、空間の二平面、または一直線と一平面とがいくら延ばしても出会わないこと。

【平康】①安らか。平安。②唐の長安の花街。

【平衡】①正しいはかり。衡は、はかりのさお。②力のつりあいがとれている。

【平曠】平らで広々している。平闊。

【平沙】平らで広い砂漠。〈岑参の詩・磧中作〉

【平時】一①平和で何事もないとき。②ふだん。平常。二 píngshí 現一に同じ。

【平日】①ふだん。平生。日常。②日曜・祝日以外の日。ウィークデー。

【平準】①物価を安定させる。物価が安いときには政府が買い入れ、高いときにはそれを売り出して調節すること。②平らか。平均。

【平叙(敍)】①ありのまま、ふつうに述べる。②疑問・感嘆・命令以外のふつうの文。「平叙文」

【平常】一①ひごろ。へいぜい。平素。②国普通。二 píngcháng 現一に同じ。

【平城京】国元明天皇の和銅三年(七一〇)から七十数年間の帝都。今の奈良市。

【平心】①落ち着いた心。静かな気持ち。②心をおだやかにする。

【平身】国両手をついて相手に頭をさげる。「平身低頭」

【平信】①無事を知らせる手紙。②ふだんのたより。

【平水】ふだんの水かさ。【――韻】十三世紀に平水(山西省)の人、劉淵により成ったとされる韻の分類。

宋代の韻書「広韻」などが二百六韻に分類していたのを、発音の変化に合わせて百七韻とした。のちには百六韻(「詩韻」)となり、作詩における韻の基準となる。↓付録「韻目表」

【平静(靜)】㊀(へいせい) 落ち着いて、静か。㊁ píngjìng 現 ㊀に同じ。

【平生】(へいぜい) ふだん。ひごろ。つねづね。平常。

【平昔】(へいせき) むかし。以前。かつて。

【平然】(へいぜん) 落ち着きはらったさま。平気なさま。

【平素】(へいそ) ①ふだん。ひごろ。平生。②もとから。前から。

【平俗】(へいぞく) 世間なみ。ぎょうぎょうしくない。手がるな。

【平旦】(へいたん) 夜明け。あけがた。あかつき。平明。【——之気(氣)(へいたんのき)】夜明けのすがすがしい気持ち。〈孟子(もうし)・告子(こくし)上〉

【平坦】(へいたん) 平ら。土地が平らなこと。

【平淡】(へいたん) あっさりとしている。

【平澹】(へいたん) 「平淡」に同じ。

【平地】(へいち) ①平らな地面。②土地を平らにならす。【——起二波瀾一(へいちにはらんをおこす)】おだやかな所に、むりに波風をおこす。わざとごたごたをおこす。〈劉禹錫(りゅううしゃく)の詞・竹枝詞(ちくしし)〉

【平治】(へいち) 世の中を安らかに治める。また、安らかに治まる。

【平調】㊀(へいちょう(てう)) ①平穏で調和する。②平らな調子。㊁(ひょうじょう(ひゃうでう)) 国日本の十二律の一つ。

【平定】(へいてい) 乱を平らげる。また、乱が治まり平静になる。

【平田】(へいでん) たいらな田畑。

【平頭】(へいとう) 漢詩を作るとき、避けなければならない事がらの一つ。同じ四声の字を同じ句に多く用い過ぎることをさす。

【平熱】(へいねつ) 健康な人のふつうの体温。三十六～七度ぐらい。

【平年】(へいねん) 国①閏(うるう)のない年。一年が三百六十五日の年。②農作物のとり入れが多くも少なくもない年。

【平版】(へいはん) 国印刷の版の表面がほとんど平らで、化学的作用によって印刷するもの。↕凸版(とっぱん)・凹版(おうはん)

【平板】(へいばん) ①平らな板。②国なんの変化もおもしろみもないこと。③国畑をならす農具の一種。

【平蕪】(へいぶ) 雑草のしげった野原。

【平伏】(へいふく) ひれふす。両手をつき、頭を地につけておがむ。

【平服】(へいふく) 国①ふだんぎ。↕礼服・制服 ②洋服ではふつう背広(せびろ)をさす。

【平復】(へいふく) 病気がなおる。平癒。治癒(ちゆ)。

【平平】㊀(へいへい) ①平らで、片よらない。②平凡。㊁(べんべん) きちんとととのっているさま。【——凡凡(へいへいぼんぼん)】非常に平凡なさま。

【平方】㊀(へいほう(はう)) (数)同じ数を二つ掛け合わせること。また、その積。「平方米(メートル)」㊁ píngfāng 現 ㊀に同じ。

【平凡】(へいぼん) 普通。なみ。ごくあたりまえ。

【平脈】(へいみゃく) ふだんの脈。異状のない脈。

【平民】(へいみん) ①身分のない一般の人民。②国旧制の族称(皇族・華族・士族・平民)の一つ。

【平明】(へいめい) ①夜明けがた。平旦。②簡単ではっきりしている。簡明。③偏りがない。公平。【——之治(へいめいのち)】公平で明るい政治。【——之理(へいめいのり)】公平な、明るい筋道。

【平面】(へいめん) ①平らなこと。②(数)一つの面上の任意の二点を通る直線を常に含む面。

【平癒】(へいゆ) 病気がすっかりなおる。＝平愈
【平陽】(へいよう(やう)) 地名。①尭(ぎょう)帝の住んだ都。②春秋時代の魯(ろ)の国にあった。

【平陸】(へいりく) ①平らな陸地。②地名。春秋時代、斉(せい)国の町の名。今の山東省汶上(ぶんじょう)県西北。

【平和】(へいわ) ①平らで、おだやかなこと。無事。②戦争や争いのないこと。和平。

【平話】(へいわ) 語り物。宋(そう)・元(げん)以来の芸能の一種。講釈師が批評を加えながらやさしいことばで語るもの。

【平章】(べんしょう(しゃう)) ①公平に治める。②公平に優劣を決める。
◇▼不平(ふへい)・公平(こうへい)・太平(たいへい)・水平(すいへい)・扁平(へんぺい)・泰平(たいへい)・源平(げんぺい)

干3 【幵】〔6〕 ケン 漢 平 先 jiān チエン | J 5484 補 — U 5E75
意味 ①平らかなさま。②漢代の一部族の名。③姓。

干3 【年】〔6〕 学1 ネン とし | デン 漢 平 先 ネン 呉 nián ニエン | J 3915 補 — U 5E74
筆順 ノ 𠂉 [illegible] [illegible] [illegible] 年
禾3 【秊】〔8〕 本字 | J ①8938 補 4888 U 79CA
意味 ①〈みの・る〉作物(さくもつ)がよくみのる。②〈みのり〉作物がよくみのること。③〈とし〉㋐十二か月。㋑年齢。よわい。④とき。ころ。「当年」⑤年号。⑥姓。

解字  形声。古い形で見ると、禾と千を合わせた字。禾が形を表し、千(せん)が音を示すとともに、数が多い意味を持つ。禾は穀物のこと。秊は、穀物がたくさんみのることを表し、一年間かかってとり入れることから、「とし」の意味になる。音ネンは、千の音センの変化。また、下の千は人で、音ニンの変化と見る説もある。

名前 と・かず・ちか・とせ・すすむ 難読 今年(ことし)(付表)／年魚(あゆ)

【年寄】(としより) 国①年をとった人。②政治にたずさわった身分の高い武士。③江戸時代、町内の世話をした人。④力士その他が引退して、日本相撲(すもう)協会の役員になった者。

【年華(華)】(ねんか(くゎ)) ①としつき。年月。②年齢。③若さ。

【年賀】(ねんが) ①長寿の祝い。②国新年の祝い。

【年額】(ねんがく) 年間の金額。また、収支・生産高など一年間を総計した額。

【年月日】(ねんがっぴ(ぐゎっ)) 何年何月何日という日づけ。

【年鑑】(ねんかん) ある事がらに関する一か年間の統計・一覧表などをのせ、毎年発行する刊行物。

【年顔】(ねんがん) 年齢に応じた顔かたち。

【年忌】(ねんき) 国①やくどし。②人の死後、その月日にあたる毎年の同じ月日。また、その日に行う法事をいう。回忌。

【年季】(ねんき) 国①奉公人(ほうこうにん)をやとう約束の期限。「年季奉公」②長い年月の修業(しゅぎょう)。

【年紀】㊀(ねんき) ①年号。②年数。③年齢。㊁ niánjì 現 ㊀の③に同じ。

【年期】(ねんき) ①一年を単位としてきめた期間。②国＝年季
【年給】(ねんきゅう(きふ)) 国一年間を単位にした給料。年俸(ねんぽう)。

【年魚】(ねんぎょ) 鮎(あゆ)の別名。香魚(こうぎょ)。

【年月】(ねんげつ) ①としつき。時代。②何年何月という日づけ。

【年限】(ねんげん) きめた年の期間。期限。定めた年数。

【年功】(ねんこう) ①長い間ほねおってきたてがら。②多年の熟練。「年の功。」

【年光】(ねんこう(くゎう)) つきひ。年月。年華。

【年号(號)】(ねんごう(がう)) 明治・大正・昭和のように、年代につける称号。中国では前漢の武帝の建元(前一四〇)がはじめ。日本では孝徳天皇の大化(六四五)がはじめ。

【年始】(ねんし) 国①としのはじめ。新年。年頭。↕年末 ②新年の祝い。年賀。

【年歯(齒)】(ねんし) とし。年齢。

【年次】(ねんじ) 年の順序。毎年。

【年首】(ねんしゅ) としのはじめ。年始。

【年収(收)】(ねんしゅう(しう)) 一年間の収入・収穫。

【年所】(ねんしょ) 年数。年月。

【年少】(ねんしょう(せう)) としが若い。↕年長
【年祚】(ねんそ) 人の寿命。

【年代】㊀(ねんだい) ①すぎてきた時代。②紀元から数えた年数。③時代。年。㊁ niándài 現 ㊀に同じ。【——記(ねんだいき)】年代順に事件をしるした記録。【——物(ねんだいもの)】国非常に古くなった品物。

【年中】㊀(ねんちゅう(ちう)) 一年の間。㊁(ねんじゅう(ぢう)) 国①一年じゅう。②いつも。たえず。あけくれ。【——行事(ねんじゅう(ぢう)ぎょう(ぎゃう)じ)】国毎年しきたりとして、きまって行われる儀式や催し物。

【年長】(ねんちょう(ちゃう)) としうえ。としうえの人。↕年少

3画 口囗土士夂(夊)夕大女子宀寸小尢(尣・兀)尸屮山巛(川)工己巾干幺广廴廾弋弓ヨ(彑・彐)彡彳⺍

【年頭】ねんとう 年のはじめ。↕年末
【年内】ねんない そのとしのうち。
【年年歳歳】ねんねんさいさい 毎年毎年。「年年歳歳花相似（ねんねんさいさいはなあいにたり）」（来る年も来る年も咲く花は似ている。〔しかし、それを見る人間は一年一年ちがっている。〕）〈劉廷芝（りゅうていし）の詩・代下悲二白頭一翁上（はくとうをかなしむおきなにかわる）〉
【年輩】ねんぱい 年のころ。年かっこう。年配。
【年百年中】ねんびゃくねんじゅう（ぢう） 国 明けくれ。絶えず。毎日。いつも。年中（ねんじゅう）。
【年表】ねんぴょう（ぺう） 年代順に事がらを書いた表。
【年譜】ねんぷ ある事がらやある人の生涯（しょうがい）について年を追って書いた記録。
【年貌】ねんぼう（ばう） 年齢と顔つき。
【年芳】ねんぽう（ぱう） 春の美しい花。
【年俸】ねんぽう 一年間を単位にした給料。年給。
【年報】ねんぽう 一年間のことを取りまとめた報告。
【年末】ねんまつ としのくれ。歳末（さいまつ）。↕年始・年頭
【年余（餘）】ねんよ ①一年あまり。②冬。→「三余（さんよ）」（一六ページ・上）
【年来（來）】ねんらい としごろ。数年以来。
【年輪】ねんりん ①樹木の断面に一年ごとに一本ずつふえる輪の形をした層。②長い間の経験のつみかさね。
【年齢（齡）】■一 ねんれい 年。よわい。年歯（ねんし）。■二 ニエンリン niánlíng 現 ■一に同じ。
【年暦（曆）】ねんれき としつき。歳月。歴史。
【年級】ニエンチー niánjí 現 学年。
【年青】ニエンチン niánqīng 現 若い。＝年軽
【年軽（輕）】ニエンチン niánqīng 現 若い。＝年青
◆丁年（ていねん）・少年（しょうねん）・中年（ちゅうねん）・凶年（きょうねん）・厄年（やくどし）・今年（こんねん｜ことし）・去年（きょねん）・生年（せいねん）・平年（へいねん）・永年（ながねん）・光年（こうねん）・成年（せいねん）・多年（たねん）・壮年（そうねん）・行年（こうねん｜ぎょうねん）・忘年（ぼうねん）・来年（らいねん）・青年（せいねん）・享年（きょうねん）・例年（れいねん）・若年（じゃくねん）・往年（おうねん）・定年（ていねん）・弱年（じゃくねん）・停年（ていねん）・晩年（ばんねん）・越年（えつねん｜おつねん）・新年（しんねん）

干3【并】〔6〕 簡 ↓幷（本ページ・中）

干4〖罕〗（九八八ページ・下）↓网部三画

干5【幸】〔8〕 学3 コウ さいわい・さち・しあわせ
コウ（カウ） 漢 呉 上 梗 xìng シン
J 2512 補 U 5E78

筆順 一 十 土 𡈼 𡉀 𡉉 𡉊 幸

意味 ①〈さいわい（さいはひ）〉〈さち〉〈しあわせ（しあはせ）〉 ㋐しあわせ。幸福。㋑思いがけない幸運。＝倖（こう） ㋒運よく。㋓わざわざ。相手の行為への感謝を示す。②〈こいねが・う（こひねが・ふ）〉希望する。③気にいる。かわいがる。④〈みゆき〉天子の外出・訪問。「行幸（ぎょうこう）」⑤姓。国〈さち〉海や山でとれる食物。

解字 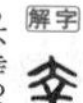 会意。土と羊とを合わせた字。土は夭で、若死にすること。羊は屰（逆）で、さからうこと。幸は、若死にするという不幸の逆の意味で、さいわいということになる。一説に、幸は、罪人の手に、上下から手かせをはめる形で、危ういところをやっとまぬかれる意味で、さいわいということになるという。

名前 さい・さき・たか・たつ・とみ・とも・ひで・むら・ゆき・よし
姓 幸良（こうら）・幸徳（こうとく） 難読 幸先（さいさき）
参考 新表記では「倖（こう）」の書きかえに用いる熟語がある。

【幸位】こうい（かうゐ） 実力や徳がないのに幸運だけで地位を得ること。〈荀子（じゅんし）・王制（おうせい）〉

【幸運】こううん（かう） よいめぐりあわせ。しあわせな運命。↕不運
【幸姫】こうき（かう） お気に入りの女。愛妾（あいしょう）。

【幸慶】こうけい（かう） さいわい。しあわせ。おめでた。

【幸舎】こうしゃ（かう） 昔、楚（そ）の国で賢者をもてなすために用意した中級の宿舎。上級は代舎、下級は伝舎という。

【幸臣】こうしん（かう） お気に入りの家来。

【幸甚】こうじん（かう） 非常にしあわせに思う。何よりもありがたい。

【幸生】こうせい（かう） ①なまけて幸運で生きている。②しあわせにもうまれる。

【幸福】■一 こうふく（かう） しあわせ。さいわい。↕不幸 ■二 シンフー xìngfú 現 ■一に同じ。

【幸民】こうみん（かう） つとめをおこたりながら、幸運によって生きている民。

【幸臨】こうりん（かう） ①天子がある場所に出席する。臨幸。②転じて、人の出席にいう敬語。
◆不幸（ふこう）・多幸（たこう）・巡幸（じゅんこう）・御幸（ぎょこう｜みゆき｜ごこう）・薄幸（はっこう）

干5【幷】〔8〕 標
■一 ヘイ 漢 ヒョウ（ヒャウ） 呉 ■一 去 敬 bìng ピン
■二 ヘイ 漢 ヒョウ（ヒャウ） 呉 ■二 上 梗 bǐng ピン
■三 ヘイ 漢 ヒョウ（ヒャウ） 呉 ■三 平 庚 bīng ピン
J ①9492 補 U 5E77

干3【并】〔6〕 簡 慣
J 5485 補 U 5E76

意味 ■一 ①〈あわ・せる（あは・す）〉ひとつにする。あつめる。＝併 ②〈ならびに〉ともに。いっしょに。＝並 ③〈もっぱら〉いちずに。■二〈しりぞ・ける（――・く）〉とりさる。すてる。＝屛 ■三 大昔の州の名。現在の山西省の北部一帯。

【幷合】へいごう（がふ） 一つにする。合わせる。＝併合
【幷呑】へいどん 一つにして飲みこむ。転じて、他国を合わせて自国の領地とすること。＝併呑
【幷有】へいゆう（いう） 合わせもつ。＝併有

干7〖栞〗（六三八ページ・上）↓木部六画

干10【幹】〔13〕 学5 カン みき
■一 カン 漢 呉 ■一 去 翰 gàn カン
■二 カン 漢 呉 ■二 平 寒 hán ハン
J 2020 補 U 5E79

木10【榦】〔14〕 本字 J ②1523 補 3660 U 69A6

筆順 十 古 直 卓 𠦝 𠦝 𠦝 幹

意味 ■一 ①〈みき〉木が地中から上に出て枝を出す部分。②からだ。胴体。「軀幹（くかん）」③物事のたいせつな部分。④人の才能。はたらき。「才幹」⑤（仕事を）する。担当する。⑥事務員。■二 井戸の木わく。

解字  形声。倝と干とを合わせた字。干が形を表し、倝（かん）が音を示す。古い形では榦である。倝と木とを合わせた字。倝には、高い、上に届くという意味がある。榦は、上まで届く木で、土塀を作るとき、両はじに立てる木の柱をいう。幹は榦の俗字で、意味は同じである。また、木のみきをいう。

名前 き・み・えだ・から・くる・たる・つね・とし・とも・まさ・もと・よし・よみ・より・たかし・もとき
参考 「斡（あっ）」は別字。

【幹枝】かんし みきとえだ。
【幹事】かんじ ①事をりっぱになしとげる。②国 事務を受け持つこと。また、その人。③国 集会などのせわをする人。
【幹線】かんせん 道路・鉄道などのおもな線。本線。↕支線
【幹部】■一 かんぶ ①団体の中心となる人。首脳部。②木のみきの部分。■二 カンプー gànbù 現 ■一の①に同じ。
【幹活児（兒）】カンフォル gànhuór 現 仕事をする。
◆主幹（しゅかん）・本幹（ほんかん）・枝幹（しかん）・根幹（こんかん）・骨幹（こっかん）・語幹（ごかん）

3画 幺部 いとがしら

【部首解説】「生まれたてのこどものさま」にかたどり、「小さいこと」を表す。一説に、「糸の半分の形」を表すともいう。この部には、「幺」の形を構成要素とする文字が属する。

幺0
【幺】〔3〕ヨウ(エウ) ㊇㊥ 蕭 yāo ヤオ　J 5486 補 U 5E7A

丿2
〔幺〕〔3〕俗字　J ②0110 補 U 4E48

意味 ①小さい。②年が小さい。＝幼 ③ひとつ。一。

解字  象形。こどもの生まれたての形を表したもの。他の説に、糸を半分にした形で、細かい、小さい、奥深い、という意味を表すという。

【幺弱】(ようじゃく)(えう) おさなくかよわい。おさないもの。

幺1
【幻】〔4〕常 ゲン まぼろし　カン(クヮン) ㊇ ゲン ㊍ ㊤ 諫 huàn ホワン　J 2424 補 U 5E7B

筆順 く 纟 幺 幻

意味 ①〈まぼろし〉ありもしないものがふっと見えてすぐに消えること。「幻境」②〈まどわ・す(まどは・す)〉だます。③変化。「変幻(へんげん)」④てじな。奇術。

解字  指事。古い形で見ると、予の字をさかさまにした形である。予には、与えるという意味がある。こちらから与えるのでなく、その逆ということで、いつわる、くらます、の意味となる。また、予は、機(はた)のおさを右手で押しやることで、幻はその反対に左から押し返すことを表すともいう。一説に、幻は幺と𠃌を合わせた字。幺は細い糸、𠃌はそれが揺れることで、幻は、細い糸の先をあいまいにちらつかせて人をだますことであるとする。

【幻影】(げんえい) ①まぼろし。はかないもの。②㊉知覚の誤りからうまれる現象。転じて、実現不可能な願いや望み。

【幻化】(げんか)(くゎ) ①まぼろしのように移り変わる。「人生似二幻化一(じんせいげんかににたり)」〈陶潜(とうせん)・帰二園田居一(えんでんのきょにかえる)〉②人の死をいう。

【幻覚(覺)】(げんかく) 実在しないものをあるかのように感ずる感覚。

【幻戯(戲)】(げんぎ) 奇術。手品。魔術。

【幻出】(げんしゅつ) まぼろしのように現れる。ぼんやりと出る。

【幻術】(げんじゅつ) 手品。魔法。

【幻人】(げんじん) 手品師。幻術を行う人。

【幻世】(げんせい) まぼろしのようにはかない世。この世。

【幻想】(げんそう)(さう) とりとめのない考え。空想。

【幻灯(燈)】(げんとう) 写真・絵などに強い光線をあてて、大きく映写幕にうつす機械。また、うつすこと。幻灯機。

【幻沫】(げんまつ) まぼろしと水のあわ。はかないもののたとえ。

【幻滅】(げんめつ) まぼろしのような想像からさめて、現実にたちかえる。「幻滅の悲哀」

【幻惑】(げんわく) 人の目をくらまし、心を迷わす。＝眩惑

◇変幻(へんげん)・夢幻(むげん)

幺2
【幼】〔5〕学6 ヨウ おさない　㊀ユウ(イウ) ㊇ ㊀㊤ 宥 yòu ユー　ヨウ(エウ) ㊍　㊁ヨウ(エウ) ㊇ ㊁㊤ 嘯 yào ヤオ　J 4536 補 U 5E7C

筆順 く 纟 幺 幻 幼

意味 ㊀①〈おさな・い(をさな・し)〉年が小さい。②こども。「幼弱」③いつくしむ。かわいがる。㊁幼妙・幼眇(ようびょう)は、微妙に屈折するさま。こまやかなさま。

解字  会意。幺と力とを合わせた字。幺は生まれたての子、あるいは、糸の半分で、小さい、細かいことを表す。幼は、力の小さい、弱いことで、おさない子をいう。十歳を幼という。

名前 わか

【幼艾】(ようがい)(えう) ①おさなくて美しい。少年、少女。②老人と【わかもの。】

【幼孩】(ようがい)(えう) おさなご。ごく小さいこども。

【幼学(學)】(ようがく)(えう) ①十歳で学問を始めること。転じて、十歳をいう。②おさない者が勉強すること。

【幼子】(ようし)(えう) おさないこども。幼児。

【幼字】(ようじ)(えう) 「幼名」に同じ。

【幼児(兒)】(ようじ)(えう) おさないこども。幼子。【──園】(ユーアルユワン) yòu'éryuán 現幼稚園(ようちえん)。

【幼時】(ようじ)(えう) こどものとき。おさないとき。

【幼弱】(ようじゃく)(えう) おさない。いとけない。おさないこども。

【幼女】(ようじょ)(えう)(ぢょ) おさない女の子。女児。

【幼少】(ようしょう)(えう)(せう) おさない。わかい。

【幼稚】(ようち)(えう) ①おさない。②未熟。一人まえでない。③おさないこども。「幼稚盈レ室(ようちしつにみつ)」(おさないこどもたちが、家におおぜいいる。)〈陶潜(とうせん)・帰去来辞(ききょらいのじ)の自序〉

【幼虫(蟲)】(ようちゅう)(えう)(ちう) こん虫などで、まだ成虫にならないもの。【↔成虫】

【幼沖】(ようちゅう)(えう)(ちう) 「幼少」に同じ。

【幼童】(ようどう)(えう) わらべ。こども。

【幼年】(ようねん)(えう) ①としが小さい。幼齢。②おさないこども。

【幼名】(ようめい・ようみょう)(えう)(みやう) おさないときの名まえ。幼字。

【幼蒙】(ようもう)(えう) こども。おさないもの。

【幼齢(齡)】(ようれい)(えう) おさない年齢。幼年。

◇老幼(ろうよう)・長幼(ちょうよう)

幺6
【幽】〔9〕常 ユウ　㊀ユウ(イウ) ㊇ ㊀㊥ 尤 yōu ユー　ヨウ(エウ) ㊍　㊁ユウ(イウ) ㊇ ㊁㊤ 有 yǒu ユー　J 4509 補 U 5E7D

筆順 丨 丩 丩 𢆶 𢆶 幽 幽 幽

意味 ㊀①〈かすか〉㋐くらい。㋑おくぶかい。かくれた。②ふかい。「幽愁」③ひっそりと静か。④死後の世界。「幽界」⑤とじこめる。「幽閉」⑥古代の九州の一つ。現在の河北省の北部から遼寧(りょうねい)省の一帯。㊁くろい。＝黝(ゆう)

解字  会意。𢆶と山とを合わせた字。𢆶はかすかなこと。幽は、山の奥深くかすかなことから、かすか、くらい、の意味になる。一説に、幽は、𢆶と火とを合わせた字で、火がついてやっとあかるくなるような暗いところ、あるいは、燃える火のほのおの先に煙があって黒くなっていることであるともいう。

【幽暗(「闇」)】(ゆうあん)(いう) くらがり。やみ。暗い。

【幽鬱】(ゆううつ)(いう) 気がふさいで、心がはればれしない。憂鬱。

【幽咽】(ゆうえつ)(いう) ①むせび泣く。②水が静かに流れる。

【幽遠】(ゆうえん)(いう)(ゑん) 奥深く遠い。幽邃(ゆうすい)。

【幽王】(ゆうおう)(いう)(わう) 周代の乱暴で有名な天子の名。

【幽雅】(ゆうが)(いう) 奥ゆかしく、上品。風流。

【幽界】(ゆうかい)(いう) あの世。冥土(めいど)。

【幽懐(懷)】(ゆうかい)(いう)(くわい) もの静かな心。心の底にひめた思い。

【幽客】(ゆうかく・ゆうきゃく)(いう) 世を捨てて静かに暮らす人。

【幽壑】(ゆうがく)(いう) 「幽谷(ゆうこく)」に同じ。

【幽間】(ゆうかん)(いう) ①暗くて静かな所。②静かで奥ゆかしい。【とやか。】

【幽閑】(ゆうかん)(いう) 奥深く静か。ひっそりしていること。し

【幽観(觀)】(ゆうかん)(いう)(くわん) 奥深く、静かに観察する。

【幽奇】(ゆうき)(いう) 人目につかず、めずらしい。

【幽鬼】(ゆうき)(いう) 死んだ人のたましい。幽魂。

【幽期】(ゆうき)(いう) ①心にひそかに約束する。また、その約束。②秘密の約束。③男女の間のひそかな約束。

【幽宮】(ゆうきゅう)(いう)(きう) 奥深い宮殿。「俯二馮夷之幽宮一(ふういのゆうきゅうにふす)」

3画
口囗土士夂(夊)夕大女子宀寸小尢(尣・兀)尸屮山巛(川)工己巾干幺←广廴廾弋弓彐(彑・ヨ)彡彳⺍

(水神の住む奥御殿を見おろす。)〈蘇軾・後赤壁賦〉

【幽居】ゆうきょ(いうきょ) 世を捨てて静かに暮らすこと。また、そのすまい。閑居。幽棲。

【幽墟】ゆうきょ(いうきょ) 遠方の地。遠い荒れはてた土地。

【幽境】ゆうきょう(いうきゃう) 奥深い静かな場所。

【幽禽】ゆうきん(いうきん) 人家を離れた奥深い所にすむ鳥。幽鳥。

【幽襟】ゆうきん(いうきん) 静かな深い思い。

【幽吟】ゆうぎん(いうぎん) 静かにうたう。

【幽径(徑)】ゆうけい(いうけい) 静かなこみち。

【幽闃遼敻】ゆうげきりょうけい(いうげきれうけい) ひっそりとしずかで遠くはるか。奥深く静かなながめ。〈王禹偁・黄州竹楼記〉

【幽玄】ゆうげん(いうげん) ①奥深くはかり知れない。②国余情・余韻があること。【――体(體)】ゆうげんたい(いうげんたい) 国奥深いおもむきのある和歌のすがた。

【幽香】ゆうこう(いうかう) 奥ゆかしいかおり。

【幽巷】ゆうこう(いうかう) 奥深い静かな小路。深巷。

【幽篁】ゆうこう(いうくわう) 奥深く、ひっそりとした竹やぶ。「独坐㆓幽篁裏㆒」(たったひとりで、奥深い竹やぶの中の別荘にすわる。)〈王維・竹里館〉

【幽谷】ゆうこく(いうこく) 奥深く、静かな谷。

【幽恨】ゆうこん(いうこん) 心の中にひそめた人知れぬうらみ。

【幽魂】ゆうこん(いうこん) 死んだ人のたましい。亡魂。

【幽思】ゆうし(いうし) 静かに考える。ひとり物思いにふける。

【幽室】ゆうしつ(いうしつ) 奥まった暗いへや。

【幽寂】ゆうじゃく(いうじゃく) 奥深く静か。

【幽趣】ゆうしゅ(いうしゅ) ①奥深くもの静かなようす。②山水の静かなおもむき。

【幽囚】ゆうしゅう(いうしう) ろうやに押しこめる。

【幽州】ゆうしゅう(いうしう) ①九州の一つ。河北省とその東北部一帯の地。②大昔、舜が定めた十二州の一つ。

【幽愁】ゆうしゅう(いうしう) 深い思い。人知れぬなげき。

【幽賞】ゆうしょう(いうしゃう) 静かに風景を楽しむ。

【幽情】ゆうじょう(いうじゃう) 静かな気持ち。

【幽深】ゆうしん(いうしん) もの静かで奥深い。幽邃。

【幽人】ゆうじん(いうじん) 俗世間を避けて山奥などに隠れ住む人。隠者。

【幽邃】ゆうすい(いうすい) けしきなどが奥深くてもの静か。

【幽棲】ゆうせい(いうせい) 「幽居」に同じ。

【幽静(靜)】ゆうせい(いうせい) 奥深く、もの静か。

【幽石】ゆうせき(いうせき) もの静かなおもむきの石。

【幽然】ゆうぜん(いうぜん) 静かで奥深いさま。

【幽草】ゆうそう(いうさう) 奥深く茂った草。

【幽鳥】ゆうちょう(いうてう) 人家から離れた奥深い所にすむ鳥。

【幽沈】ゆうちん(いうちん) ①深く沈む。かくれ沈む。②俗世間を離れて静かに暮らす。

【幽微】ゆうび(いうび) 奥深くて、かすか。

【幽眇】ゆうびょう(いうべう) ①かすかで小さいさま。見わけにくいもの。②奥深いおもしろみのあること。

【幽憤】ゆうふん(いうふん) 人知れぬいきどおり。【――詩】ゆうふんし(いうふんし) 晋の嵆康の作った詩の名。

【幽閉】ゆうへい(いうへい) とじこめる。また、とじこもる。

【幽房】ゆうぼう(いうばう) 奥深い、静かなへや。

【幽夢】ゆうむ(いうむ) ぼんやりとした夢。夢。

【幽明】ゆうめい(いうめい) ①暗さと明るさ。②あの世と現世。

【幽冥】ゆうめい(いうめい) ①かすかで暗い。②死後の世界。冥土。

【幽門】ゆうもん(いうもん) ①静かな門。②医胃から腸に続く部分をさす。

【幽吏】ゆうり(いうり) 冥土の役人。死者の世界の官吏。

【幽厲】ゆうれい(いうれい) ①幽王と厲王。いずれも周代の暴君。②転じて、暴君または亡国の君主をさす。

【幽霊(靈)】ゆうれい(いうれい) ①死んだ人のたましい。②国死んだ人がこの世に現すという姿。

【幽默】ユーモー yōumò 現ユーモア。humour の音訳。

幺6 〖胤〗→肉部五画(一〇一五ページ・上)

幺8 〖鄉〗→邑部八画(一二六四ページ・下)

幺9 【幾】〔12〕 常 キ いく　J 2086　U 5E7E

旧字 幺9 【幾】〔12〕

一 キ 漢県	一 平 微	jī チー
二 キ 漢県	二 上 尾	jǐ チー
三 キ 漢県	三 去 寘	jì チー
四 キ 漢県	四 上 尾	qǐ チー

筆順 幺 𢆶 幾

意味 一 ①かすか。はっきりしない。②〈きざし〉前兆。芽ばえ。＝機 ③事務。政務。＝機「万幾」④〈ちか・い(――・し)〉ほとんど達している。⑤〈ほとんど〉もう少しで。⑥〈あやう・い(あやふ・し)〉あぶない。⑦〈みる〉しらべる。＝譏 二〈いく〉いくつ。いくらか。三〈こいねが・う(こひねが・ふ)〉希望する。＝冀 四〈あに〉どうして。＝豈

語法 ❶〈いく〉〈いくばく〉疑問・反語。いくつ。どれほど。数量・時間・程度を問う。また、「いくらかの」「多少の」など不定の数量・時間・程度をいう場合もある。例「勧楽極兮哀情多、少壮幾時兮奈㆑老何」(歓楽が極まれば哀愁の情がわき起こる。盛りの時がどれだけあるだろうか、老いをいったいどうすればよいのだろう)〈漢武帝・秋風辞〉▼下に名詞をともなわない場合は「いくばく」と訓読する。例「汝罪有㆑幾」(おまえの罪はいくつあるのだ)〈史記・范雎列伝〉また、「幾何」「幾許」「幾所」はいずれも二字で「いく」「いくばく」と訓読する。

❷〈ほとんど〉ある状態・状況に近いことを示す。㋐ほぼ。だいたい。例「一指之大幾如㆑股」(一本の指の太さはまるで太ももほどもある)〈漢書・賈誼伝〉㋑もうすこしで。あやうく。例「逢㆓大風㆒、幾不㆑得㆑渡」(大風にあってあわや渡れないような状態であった)〈史記・秦始皇本紀〉▼「ちかし」と訓読する場合もある。例「知㆑楽則幾㆓於礼㆒矣」(音楽を知ることは礼〔を知ること〕に近い)〈史記・楽書〉

❸〈ねがう(ねがふ)〉〈こいねがう(こひねがふ)〉希望・期待。どうか…でありたい。ぜひ…してほしい。類冀 例「噲見㆓吾病㆒、乃幾㆓我死㆒」(樊噲はわしの病をみて、わしが死ねばいいと思っているのだ)〈漢書・陳平伝〉↓付録・同訓異義要覧「こいねがう」

❹〈あに〉類豈 ㋐反語・疑問。どうして…であろうか。例「幾可㆑謂㆑非㆓賢大夫㆒哉」(どうして賢大夫でないといえようか)〈史記・滑稽列伝補〉㋑推量。ことによると…かもしれない。例「人相㆑我当㆓刑而王㆒、幾是乎」(人がわしの人相をみて、刑罰を受けるが王になるといっていたのは、このことであったのか)〈史記・黥布列伝〉

句形

(1)〔無㆑幾〕❶〈いくばくもなし〉どれほどもない。すくない。例「不㆑同㆓禽獣㆒者無㆑幾耳」(獣と異なるものなどどれほどもない)〈漢書・賈誼伝〉❷〈いくばくもなく〉まもなく。やがて。＝無幾何 例「以㆑罪徙㆓会稽㆒、無㆑幾死」(罪によって会稽に移ったが、まもなく死んだ)〈三国志・呉・甘寧伝〉

(2)〔庶幾〕❶〈こいねがう(こひねがふ)〉どうか…であっ

3画 口囗土士夂(夊)夕大女子宀寸小尢(尣・兀)尸中山巛(川)工己巾干幺广廴廾弋弓彐(彑・ヨ)彡彳⺍

てほしい。例「庶幾息二兵革一」(どうか戦いをやめて欲しい)〈史記・秦始皇本紀〉 ❷〈ちかし〉ほぼ…である。例「庶二幾其聖人一乎」(ほとんど聖人といってよいだろう)〈荘子・庚桑楚〉

解字 幾 会意。𢆶と戍とを合わせた字。𢆶は、かすかなこと、小さいこと。戍は軍隊が守ること。幾は、わずかな守りで、あぶないことを表す。一説に、もうすこしのところで、武器で人を切ろうとすることを表し、近いという意味になるとする。また、「機」と同じで、はたのたて糸を動かす道具であるともいう。

名前 おき・ちか・のり・ふさ

地名 幾春別(いくしゅんべつ)

難読 幾何(いくばく)・幾許(いくばく)

【幾重】(いくえ(へ)) ①多くのかさなり。②国くれぐれも。かさねがさね。

【幾多】(いくた) ①どれほど。②たくさん。

【幾時】(いくとき) 一①どれぐらいの時間。②いつごろ。二(いくじ) なんじ。

【幾何】(いくばく) 一①不定の数や量をたずねる。どのくらい。いくらかの。「如レ我能将幾何」(私などいつまで将軍でいられるだろうか。)〈史記・淮陰侯列伝〉②数などをたずねる。いくつ。いくつの。「年幾何矣」(年はいくつになったか。)〈史記・趙世家〉 二(きか) ①どのくらい。②「幾何学」の略。【——学(學)】(きかがく) 数学の一種。図形の性質を研究する学問。【——級数(數)】(きかきゅう(きふ)すう) 数 隣りあう二項の比が常に等しい級数。等比級数。↕算術級数・等差級数 『無二——一』(いくばくもなし) ①いくらもない。とりたてていうほど多くはない。②やがて。ほどなく。まもなく。

【幾諫】(きかん) やさしくいさめる。それとなくいさめる。〈論語・里仁〉

【幾許】(きょ・いくばく) どれぐらい。なにほど。幾何。

【幾殆】(きたい) あぶない。危険。=危殆

【幾那(那)】(キナ) ペルー原産の木の名。キニーネを作るのに用いられる。=規那

【幾微】(きび) けはい。表面に出ないかすかなきざし。=機微

【幾乎】(チーフー) jīhū 現ほとんど。…しそうだ。

『無レ幾』(いくばくもなし) ①いくらもない。少ない。②どれほどの時間もたたないうちに。まもなく。ほどなく。

幺11 【鼷】〔14〕 同 ↓繼(九七〇ページ・上)

3画 广部 まだれ

【部首解説】「高いがけの上に建っている家」にかたどる。この部には、家や屋根に関連するものが多く、「广」の形を構成要素とする文字が属する。

广0 【广】〔3〕 ゲン 漢 上 琰 yǎn イエン | J 5488 補 — U 5E7F

意味 ①がけを利用して作った建物。②屋根。

解字 广 会意。丨と厂とを合わせた字。厂はがけ。丨は家屋の形。广は、がけの上に建っている家を表す。一般に家・屋根を表す字に使う。

参考 广は「廣」(本ページ・中)の中国新字体としても使う。

応用例 旷(曠)

广2 【広】〔5〕 学2 コウ ひろい・ひろまる・ひろめる・ひろがる・ひろげる | 一コウ(クヮウ) 漢 呉 一 上 養 guǎng コワン | J 2513 補 — U 5E83

旧字 广12 【廣】〔15〕 人 二コウ(クヮウ) 漢 呉 二 去 漾 guàng コワン | J 5502 補 — U 5EE3

筆順 丶 亠 广 広 広

意味 一①〈ひろ・い(——・し)〉↕狭 ②〈ひろ・める(——・む)〉〈ひろ・げる(——・ぐ)〉 ㋐広くする。㋑行きわたらせる。㋒ふやす。㋓くつろがせる。なだめる。③〈ひろま・る〉〈ひろが・る〉 ④広東(カントン)省・広西(カンシー)チワン族自治区の地。「両広」 二①春秋時代の楚(そ)の国で、兵車を数える単位。十五輛(りょう)を一広とする。②東西の長さ。

解字 廣 形声。广が形を表し、黄(くゎう)が音を示す。广は屋根。黄には、大きいとか、ひろがるとかの意味がある。廣は、大きな屋根におおわれ、四方のかべがなくて、がらんとした建物のことである。そこから、すべて大きいものをいう。

名前 お・たけ・とう・みつ 姓 広陵(ひろおか)・広階(ひろはし) 地名 広尾(ひろお)・広島(ひろしま)

参考 新表記では「宏(こう)」の書きかえに用いる。また「弘」「曠」の書きかえに用いる熟語がある。

【広韻】(こう(くゎう)いん(ゐん)) 書名。五巻。隋(ずい)の陸法言が編集し、唐の孫愐(そんめん)が改訂した韻書を、宋(そう)の陳彭年(ちんぽうねん)らが改修したもの。韻によって配列した一種の字書。

【広運】(こう(くゎう)うん) ①ひろくゆきわたる。②土地のひろさ。

【広益】(こう(くゎう)えき) ①各方面のためになる。②広く世の中のためにつくす。

【広遠】(こう(くゎう)えん(ゑん)) ひろびろとして遠い。=宏遠・弘遠

【広廈】(こう(くゎう)か) 広い家屋。広大な建物。

【広雅】(こう(くゎう)が) 書名。十巻。魏(ぎ)の張揖(ちょうゆう)の著した字書。

【広闊】(こう(くゎう)かつ(くゎつ)) 一ひろびろとしていること。二 guǎngkuò コワンクオ 現 一に同じ。

【広軌】(こう(くゎう)き) 鉄道でレールの間隔が標準の一・四三五メートル以上のもの。↕狭軌

【広義】(こう(くゎう)ぎ) 広い意味。↕狭義

【広居】(こう(くゎう)きょ) 広いすまい。仁義の仁をいう。

【広虚(虛)】(こう(くゎう)きょ) ①ひろびろとして何もないところ。②おおぞら。

【広狭(狹)】(こう(くゎう)きょう(けふ)) ①広いことと狭いこと。②広さ。はば。

【広言】(こう(くゎう)げん) 大口をたたく。思うぞんぶんなことをいう。大言(たいげん)。放言。

【広告】(こう(くゎう)こく) 一広く世間(せけん)に知らせる。二 guǎnggào コワンカオ 現 ①一に同じ。②(テレビの)コマーシャル。

【広座】(こう(くゎう)ざ) ①おおぜいの人がすわっている場所。集会。②広い座席。

【広州】(こう(くゎう)しゅう(しう)) コワンチョウ 地名。①三国時代呉におかれた。今の広州市。②広東(カントン)省の省都。

【広牀】(こう(くゎう)しょう(しゃう)) 広く大きな寝台。

【広宵大暮】(こう(くゎう)しょう(せう)たいぼ) 永久に明けない夜。死の世界。

【広壮(壯)】(こう(くゎう)そう(さう)) 広くてりっぱなさま。=宏壮

【広大】(こう(くゎう)だい) 一広くて大きい。=宏大 二 guǎngdà コワンター 現 一に同じ。【——無辺(邊)】(こう(くゎう)だいむへん) 限りなく広く、はてしがない。

【広宅】(こう(くゎう)たく) 広い家。

【広通】(こう(くゎう)つう) 広く通じる。広くしてよく通ずるようにする。

【広莫】(こう(くゎう)ばく) ひろびろとしたさま。=広漠

【広汎】(こう(くゎう)はん) ①広いさま。②広い範囲(はんい)にわたる。

【広被】(こう(くゎう)ひ) 広くゆきわたる。

【広廡】(こう(くゎう)ぶ) ひろびろとした屋根のすそ。転じて、高大な建物。

【広袤】(こう(くゎう)ぼう) 広さ。広は東西、袤は南北をさす。

【広目天】こう(くわう)もく 仏四天王してんのうのひとり。帝釈天たいしゃくてんの家来で、西方を守る神。

【広野】こう(くわう)や 広い野原。＝曠野

【広囿】こう(くわう)ゆう(いう) ①広い狩場。②広い園。

【広誉】こう(くわう)よ 大きな名誉。

【広覧(覽)】こう(くわう)らん ①広く見る。②広く書物を読む。

【広瀬建】ひろせけん 人名。江戸末期の漢詩人。号は淡窓たんそう。塾の名を桂林荘けいりんそうといった。(一七八二～一八五六)

【広場】ひろば 日 広い空き地。大ぜいの人が集まることのできる空き地。 ニ コワンチャン guǎngchǎng 現 日 に同じ。

【広西】カンシー コワンシー 地名。もとの省の名。今は広西カンシーチワン族自治区。

【広東】カントン コワントン 中国南部の省の名。

【広泛】コワンファン guǎngfàn 現 広い範囲の。

【広播】コワンポー guǎngbō 現 放送する。【――電台(臺)】コワンポーティエンタイ guǎngbō diàntái 現 放送局。

◆末広すえひろ・背広せびろ

广 2 【庁】〔5〕 学 6 チョウ J 3603 U補 5E81

旧字 广 22 【廳】〔25〕 人 テイ 漢 チョウ(チャウ) 呉 平 青 tīng ティン J 5512 U補 5EF3

广 17 【廰】〔20〕 字 俗 J 5513 U補 5EF0

筆順 丶 亠 广 庁 庁

意味 ①やくしょ。「官庁」②個人の建物。へや。

解字 形声。广が形を表し、聽ちょうが音を示す。广は家。聽は、よく聞くこと。廳は、政治や、訴えを聞く建物で、役所をいう。庁は、聽の音をとって丁にした略字である。

【庁舎】ちょう(ちゃう)しゃ 役所の建物。

◆支庁しちょう・官庁かんちょう・県庁けんちょう・都庁とちょう・官公庁かんこうちょう

广 2 【庀】〔5〕 ヒ 漢 上 紙 pǐ ピー J 2834 U補 5E80

意味 ①〈おさ・める(をさ・む)〉処理する。②〈そな・える(――・ふ)〉ととのえる。

广 3 【庄】〔6〕 人 ソウ(サウ) 漢 平 陽 ショウ(シャウ) 呉 zhuāng チョワン J 3017 U補 5E84

意味 村里。いなか。＝荘 国〈しょう(しゃう)〉荘園。また、その名を残した土地の名称。「五箇の庄」

解字 会意。广と土とを合わせた字。广は家。庄は荘の俗字であるが、いなかの家をいう。

名前 まさ・たいら 地名 庄原しょうばら

参考 ①熟語は「荘」(一〇五八ジ・下)をも見よ。②庄は「荘」(一〇五八ジ・下)の中国新字体としても使う。

【庄司】しょう(しゃう)じ 国荘園しょうえんの領主の命令を受けて、その荘園の雑務を処理する役目。＝荘司

【庄屋】しょう(しゃう)や 国江戸時代の村長。名主なぬし。むらおさ。「＝荘屋」

广 4 【庎】〔7〕 カイ 漢 去 卦 jiè チエ J 2836 U補 5E8E

意味 ①食器や食物を置く棚。②流し。

广 4 【庋】〔7〕 キ 漢 上 紙 guǐ コイ J 2835 U補 5E8B

意味 ①物をのせておくたな。「庋閣きかく」②置く。しまう。

广 4 【序】〔7〕 学 5 ジョ ショ 漢 上 語 ジョ 呉 xù シュイ J 2988 U補 5E8F

筆順 丶 亠 广 户 庐 庠 序

意味 ①周代の学校。↔校・庠しょう ②宮殿の東西のしきりかべ。③〈ついで〉順序。しだい。等級。④季節。「四序しじょ」⑤〈つい・でる(――・づ)〉順序をつける。つづける。きちんと言い伝える。⑥いとぐち。はし。⑦書物のはしがき。⑧文体の一つ。別れのときに贈る文。⑨姓。国①〈ついでに〉②〈じょ〉劇や曲の初めの部分。「序・破・急」

解字  形声。广が形を表し、予よが音を示す。广は家を表し、予には、のびる意味がある。序は南向きの屋敷で、東西にのびているかきね、そでがきをさす。また、叙と音が通じるので、いとぐち、順序を立てるの意味に使う。

名前 つき・つぐ・つね・のぶ・ひさし

【序曲】じょきょく ①歌劇などで最初に演奏される曲。②事件の前ぶれ。

【序言】じょげん 「序文」に同じ。

【序説】じょせつ 「序論」に同じ。

【序破急】じょはきゅう(きふ) 国①舞楽ぶがくの調子の早いおそいをいう。②舞や話の順序、または、早いおそいをいう。③物事の始めと中と終わり。

【序跋】じょばつ 書物の序文とあと書き。

【序盤】じょばん 国碁ごや将棋しょうぎで、始まったばかりの局面。↔中盤・終盤

【序文】じょぶん 書物の初めに書く文。はしがき。序言。

【序列】じょれつ ①順序をたててならべる。また、ならんだ列。②国成績の順序。

【序論】じょろん はしがきの文章。本論にはいるいとぐちの論。序説。緒論ちょろん。

◆自序じじょ・次序じじょ・秩序ちつじょ・順序じゅんじょ

广 4 【床】〔7〕 常 ショウ ソウ(サウ) 漢 平 陽 とこ・ゆか ショウ(シャウ) 呉 chuáng チョワン J 3018 U補 5E8A

筆順 丶 亠 广 广 庄 床 床

意味 ＝牀 ①寝台。ベッド。②腰掛け。③底の部分。「河床」国①〈とこ〉㋐ねどこ。㋑畳のしん。㋒とこのま。㋓とこや。かみゆい。㋔苗なえをそだてる所。②〈ゆか〉家の中の板じき。

解字  会意。广と木を合わせた字。この字は「牀」の略字である。牀は木と爿を合わせた字で、爿しょうは音をも示す。爿は細長い板。牀は、細長い木の台で、八尺の長さであるという。床の广は屋内の意味で、木はへやの中の木製の台である。座ることもできるが、主として寝るのに使う。

姓 床次とこなみ

参考 ①熟語は「牀」(七八九ジ・中)をも見よ。②床は「牀」の中国新字体としても使う。

【床几】しょう(しゃう)ぎ 国①昔、陣中や狩りのときに使った折りたたみ式の腰掛け。②腰掛け。

【床柱】とこばしら 国ざしきの床の間に使う柱。

◆河床かしょう・苗床なえどこ・臥床がしょう・病床びょうしょう・起床きしょう・温床おんしょう・就床しゅうしょう・鉱床こうしょう・髪床かみどこ・臨床りんしょう

广 4 【庇】〔7〕 人 標 ヒ 漢 去 寘 bì ピー J 4063 U補 5E87

意味 ①〈おお・う(おほ・ふ)〉②〈かば・う(――・ふ)〉いたわる。助ける。国〈ひさし〉家の軒下のきしたにさしかけた小屋根。

参考 「疵し」は別字。

【庇廕】ひいん かばう。保護する。助けまもる。

【庇蔭】ひいん かばい、助ける。助け。おかげ。

【庇護】ひご かばいまもる。助け。保護。

广 4 【応】→心部三画(四六八ジ・下)

广 5 【庚】〔8〕 人 標 コウ(カウ) 漢 平 庚 gēng コン J 2514 U補 5E9A

【庚庚】（こうこう） 横たわるさま。

（continuation）意味 ①〈かのえ〉十干の第七番目。方位では西。②〈かわ・る（かは・る）〉変化する。＝更 ③〈つぐな・う（——・ふ）〉④年齢。「同庚」⑤姓。

【庚庚】 横たわるさま。

【庚伏】（こうふく） 夏のいちばん暑い時期。三伏さんぷくが庚かのえの日をはじめとすることから。→「三伏」（一五ページ・中）

广5
【底】〔8〕学4 テイ そこ
テイ 漢 テイ 呉 上 薺 dǐ ティー
J 3676 補— U 5E95

筆順 丶 亠 广 户 庀 庇 底 底

意味 ①〈そこ〉㋐下部。㋑なか。奥。㋒もと。下地。㋓草稿。②〈いた・る〉〈いた・す〉到達する。③〈とどま・る〉停滞する。④〈なに〉どんな。どの。⑤〈なんぞ〉どうして。⑥こと。もの。「好底」（よいこと。よいもの。）⑦といし。＝砥し

解字 形声。广が形を表し、氐しが音を示す。广は、屋根・建物。氐には、下に行きつく、止まる、という意味がある。底は、家の土台に止まっていることを表し、「そこ」「いたる」の意味になる。一説に、氐は山の下で、底は、山の下の住居であるという。音テイは、氐の音シの変化。

名前 さだ・ふか

【底稿】（ていこう（かう）） 草稿。下書き。

【底止】（ていし） とどまる。とまる。

【底辺（邊）】（ていへん） ①数三角形の頂点に対する辺。②国社会の「下層。

【底本】（ていほん） ①文書の下書き。稿本。②国原本。テキスト。校訂や翻訳などの、もととなるべき本。そこぼん。

【底面】（ていめん） ①そこの面。②数多面体の底の面。

【底面積】（ていめんせき） 数円柱えんちゅう・角柱かくちゅう・円錐えんすい・角錐かくすいの底面の面積。

【底流】（ていりゅう（りう）） ①川や海の底のほうの流れ。②物事の表面に現れない内部の動きや勢い。

【底事】（なにごと） どうして。なぜ。何事。唐代の俗語。

【底下】（ティーシア） dǐxia 現下。そのあと。
△▼心底しんそこ・払底ふってい・谷底たにそこ・到底とうてい・海底かいてい・根底こんてい・船底せんてい・ふなぞこ・奥底おくそこ・徹底てってい

广5
【店】〔8〕学2 テン みせ
テン 漢 テン 呉 去 豔 diàn ティエン
J 3725 補— U 5E97

筆順 丶 亠 广 广 庐 庐 店 店

意味 ①〈みせ〉品物を並べて売る場所。②やどや。「店家てんか」③国〈たな〉①貸し家。借家しゃくや。②奉公している先のみせ。

解字 形声。广が形を表し、占せんが音を示す。广は屋根・家のこと。占には、位置を定める意味がある。店は、家の中に品物を置いて、商売をすることで、「みせ」の意味になる。音テンは、占の音センの変化。

【店子】（たなこ） 国人から家を借りて住んでいる人。↕家主やぬし
【店肆】（てんし） みせ。商店。
【店主】（てんしゅ） みせの主人。
【店頭】（てんとう） みせさき。みせの入り口。
【店舗】（てんぽ） ①へや。家。②みせ。
△▼支店してん・分店ぶんてん・本店ほんてん・売店ばいてん・夜店よみせ・茶店ちゃみせ・書店しょてん・商店しょうてん・閉店へいてん・開店かいてん・飯店はんてん・ファンティエン・露店ろてん

广5
【府】〔8〕学4 フ
フ 漢 フ 呉 上 麌 fǔ フー
J 4160 補— U 5E9C

筆順 丶 亠 广 广 庁 庁 府 府

意味 ①〈くら〉書類や財宝をしまう所。↕庫 ②財物を管理する所。③役所。④行政区域の一つ。⑤やしき。「王府」⑥事柄・物事の集まる所。「学府がくふ」⑦内臓。＝腑ふ「六府」⑧うつむく。＝俯ふ ⑨姓。国地方自治団体の一つ。

解字 形声。广が形を表し、付ふが音を示す。广は建物。付には、くっつく、あつまる、という意味がある。府は、いろいろの文書を集めてしまっておく倉をいう。

名前 あつ・もと　地名 府中ふちゅう

【府尹】（ふいん（ゐん）） 府の長官。

【府衛（衞）】（ふえい（ゑい）） 地方の軍隊と、宮中警備の軍隊。府兵と衛兵。

【府下】（ふか） 国その府の区域内。

【府学（學）】（ふがく） 昔、府に設立された学校。

【府記】（ふき） 府につとめている役人。「府記欲レ得レ銭ふきぜにをえんと すほっ」〈華陽国志かようこくし・刺二巴郡守一詩はぐんのしゅをそしるし〉

【府君】（ふくん） ①漢代、地方長官の尊称。②男子に対する敬称。

【府庫】（ふこ） 文書や財宝を入れておく倉。

【府公】（ふこう） 「府君」に同じ。

【府帖】（ふじょう（でふ）） 役所からの通達書。

【府治】（ふち） 昔、府の行政庁の所在地。府城。

【府中】（ふちゅう（ちう）） ①政治を行うおもてむきの役所。↕宮中 ②軍中の事務をとる所。③国昔、律令りつりょう時代に国府こくふの置かれた地。

【府吏】（ふり） 府につとめている役人。

【府上】（フーシャン） fǔshang 現相手の家または郷里きょうりに対する敬称。お宅。おくに。
△▼首府しゅふ・政府せいふ・幕府ばくふ

广5
【庖】〔8〕標 ホウ（ハウ） 漢 平 肴 páo パオ
J 4289 補— U 5E96

广5
【庖】〔8〕俗字 J— 補— U—

意味 ①〈くりや〉台所。炊事場すいじば。②料理人。③料理。ごちそう。④調理する。

参考 「庖ほう」は別字。新表記では、「包」に書きかえる熟語がある。

【庖犠（犧）氏】（ほうぎ（はうぎ）し） 中国ではじめて天子になったといわれる人。伏羲氏ふっきしともいう。

【庖宰】（ほうさい（はう）） 料理人。

【庖人】（ほうじん（はう）） 料理のことをつかさどる官の名。転じて、料理人をいう。

【庖正】（ほうせい（はう）） 料理を担当する官名。

【庖厨】（ほうちゅう（はう）） 台所。調理場。くりや。「君子遠二庖厨一也くんしはほうちゅうをとおざかる」〈孟子もうし・梁恵王りょうけいおうの上〉

【庖丁】（ほうてい（はう）） 一①人名。昔、料理の名人として有名。②転じて、料理人。庖人。二（ほうちょう（はうちゃう）） 「庖丁」の一に同じ。国料理用のはもの。包丁。

【庖刀】（ほうとう（はうたう）） 炊事場すいじばと米倉。

【庖廩】（ほうりん（はう））

广6
【庥】〔9〕キュウ（キウ） 漢 平 尤 xiū シウ
J ②1203 補2839 U 5EA5

意味 ①〈かげ〉こかげ。②かばう。③〈やす・む〉＝休 ④〈よ・い（——・し）〉りっぱな。＝休

广6
【庤】〔9〕チ 漢 ジ（ヂ） 慣 上 紙 zhì チー
J— 補2838 U 5EA4

意味 ①たくわえる。②そなえる。

广6
【庠】〔9〕ショウ（シャウ） 漢 平 陽 xiáng シアン
J 5489 補— U 5EA0

意味 〈まなびや〉①殷いん代の学校。↕校・序 ②地方の学校。「郡庠」

参考 「痒よう」は別字。

【庠校】（しょうこう（しゃうかう）） 学校。庠序。
【庠塾（𪊨）】（しょうじゅく（しゃう）） 村の学校と、家の塾じゅく。【——郷（鄉）党（黨）】（しょうじゅくきょうとう（しゃうじゅくきゃうたう）） 町村のおえら方や先生たち。〈柳宗元りゅうそうげん・宋清そうせい伝〉
【庠序】（しょうじょ（しゃう）） 昔の学校。殷いん代は「庠」、周代では「序」と ➡

口囗土士夊(夂)夕大女子宀寸小尢(尣・兀)尸屮山巛(川)工己巾干幺广廴廾弋弓彐(彑・ヨ)彡彳⺍

呼んだ。序庠。

广6

【庢】〔9〕 チツ 漢 ㊀入 質 zhì チー U補J 2837 5EA2

意味 ①ふさぐ。さえぎる。②盩庢(ちゅうちつ)は、陝西(せんせい)省の県名。現在は「周至」と書く。

广6

【度】〔9〕 学3 ド・ト・タク たび U補J 3757 5EA6

一 ト 漢 ド 呉 ㊀去 遇 dù トゥー
二 タク 漢 ㊀入 薬 duó トゥオ

筆順 丶 亠 广 户 庐 庐 庤 度

意味 一①長さの基準。ものさし。「度量衡」②制限。かぎり。「限度」③〈のり〉法則。きまり。「法度(はっと)」④心の広さ。「度量」⑤すがた。容貌(ようぼう)。「態度」⑥天体の位置をはかる単位。⑦〈たび〉回数を表す。⑧〈わた・る〉〈わた・す〉＝渡 ⑨仏出家させる。「得度」⑩姓。二〈はか・る〉①しらべる。かぞえる。②計画する。③考える。推測する。国〈たい(たし)〉…したい。願望の助動詞。

解字 度 形声。庐と又を合わせたもの。庐は庶(しょ)の略で音を示すとともに、多い意味を持つ。又は手で、物をはかる形。度は多いものをつぎつぎにはかることで、そこからまた、きまり・法則の意味になる。また、庶の音は、尺(せき)に通じるから、度は、右手の指で長さをはかることであるともいう。

名前 ただ・なが・のぞ・みち・もろ 姓 度会(わたらい)・度守(わたしもり)｜わたりもり

【度雨】どう 通りすぎる雨。

【度越】どえつ(ゑつ) まさる。たちこえる。人よりすぐれている。

【度外】一どがい(ぐわい) 数にいれない。考えにいれない。のけもの。二はずれ(はづれ) 国程度をこえる。【――視】どがいし(ぐわいし) 国あいてにしない。のけもの扱いにする。

【度胸】どきょう 国物事におそれない精神力。きもったま。

【度牒】どちょう(てふ) 出家(しゅっけ)して僧や尼(あま)になった者に官府から発行する許可証。

【度内】どない 考えのうち。胸のうち。

【度量】一どりょう(りやう) ①ものさしと、ます。転じて、長さと容積。②人を受け入れる心の広さ。二たくりょう(りやう) 物をはかる。

【度量衡】どりょうこう(りやうかう) ①ものさしと、ますと、はかり。②長さと量と重さ。

【度過】トゥークオ dùguò 現(時間を)すごす。

『失レ度』どをうしなう(うしなふ) あわてて、落ち着きをなくす。

▽支度(したく)・尺度(しゃくど)｜せきど・毎度(まいど)・年度(ねんど)・忖度(そんたく)・角度(かくど)・法度(ほうど)｜はっと・制度(せいど)・速度(そくど)・進度(しんど)・密度(みつど)・落度(おちど)・極度(きょくど)・程度(ていど)・測度(そくど)｜そくたく・温度(おんど)・湿度(しつど)・過度(かど)・節度(せつど)・零度(れいど)・感度(かんど)・態度(たいど)・適度(てきど)・濃度(のうど)・鮮度(せんど)・加速度(かそくど)・三三九度(さんさんくど)

广7

【庪】〔10〕 キ 漢 ㊀上 紙 guǐ コイ U補J ②1204 5EAA1

意味 ①庪県(きけん)は、山を祭ること。＝庋(き) ②置く。しまう。＝庋(き) ③建物の軒に接する横木。

广7

【庫】〔10〕 学3 コ・ク U補J 2443 5EAB

コ 漢 呉 ㊀去 遇 kù クー
ク 唐

筆順 亠 广 广 庐 庐 肩 肩 庫

意味 〈くら〉兵車や武器をしまう所。転じて、くらの総称。↕府「車庫」

解字 庫 会意。广と車とを合わせた字。广は屋根・建物。車はくるま。庫は、屋根の下に兵車がしまってあることを表し、「くら」の意味になる。

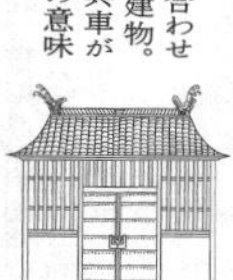

（庫）

【庫裏】くり 寺の台所。転じて、住職や家族の住む建物。＝庫〔裡〕

【庫吏】こり 倉庫の番をする役人。

▽文庫(ぶんこ)・在庫(ざいこ)・車庫(しゃこ)・金庫(きんこ)・宝庫(ほうこ)・国庫(こっこ)・倉庫(そうこ)・書庫(しょこ)・冷蔵庫(れいぞうこ)・信用金庫(しんようきんこ)

广7

【庨】〔10〕 コウ 漢 (カウ) ㊀平 豪 xiāo シアオ U補J 2840 5EA8

意味 高くて奥深いさま。特に、宮殿のありさまをいう。「庨豁(こうかつ)」

广7

【座】〔10〕 学6 ザ すわる U補J 2634 5EA7

サ 漢 ザ 呉 ゾ 唐 ㊀去 箇 zuò ツオ

筆順 亠 广 广 广 庂 庂 座 座

意味 ①こしかけ。②すわる場所。席。③物を置く台。「仏座」④星のやどり。「星座」⑤人の集まり。「満座」⑥〈くら〉位(くらい)。みぶん。⑦〈すわ・る〉＝坐 ⑧現大型または固定したものを数える量詞。国①〈ざ〉⑦昔の商工業者の組合。④江戸時代、貨幣を造った所。「金座」「銀座」⑨劇場・劇団を表す。「歌舞伎(かぶき)座」②〈いま・す〉いらっしゃる。おいでになる。

> **原義と派生義**
>
> 度
>
> はかる ― はかり・ものさし ― のり・規則「制度」／めもり
> ― ほど・どあい ― 回数「頻度」／「程度」
> ― おしはかる・考える「忖度(そんたく)」 ― 器量「大度」 ― ようす「態度」

解字 形声。广が形を表し、坐(ざ)が音を示す。广は屋根・家。坐は足をまげ、しりを下につけてすわる。座は、家の中で、すわる場所をいう。

名前 え・おき 姓 座安(ざやす)・座波(ざは)・座間味(ざまみ)

地名 座間(ざま)

参考 もとは「坐」が「すわる」、「座」が「すわる所」の意味。新表記では「坐」の書きかえ字に用いる。

【座位】一ざい(ゐ) 座席の順序。二ツオウエイ zuòwèi 現座席。

【座(「坐」)下】ざか ①すわる場所のそば。②国相手の座席の下。転じて、手紙のあてなに書きそえる敬語。座右。

【座客】ざきゃく｜ざかく 同じ席に居合わせた人。同席の客。

【座興】ざきょう 国①その場に興味をそえる歌や舞。②その場かぎりのじょうだん。たわむれ。

【座(「坐」)骨】ざこつ 腰の下部を組み立てている左右一対の骨。

【座(「坐」)視】ざし すわったまま見ている。転じて、そばで見ていながら、関係しないこと。

【座(「坐」)次】ざじ ①座席の順序。②すわる場所。

【座敷】ざしき 国①畳を敷いた部屋。②客用の和室。客間(きゃくま)。③客席の接待。

【座主】一ざしゅ 唐代の官吏登用試験官。二ざす 国本山の寺の首席の僧。天台宗の長。

【座(「坐」)礁】ざしょう(せう) 船が暗礁(あんしょう)に乗り上げる。

【座上】ざじょう(じやう) 人の集まりのとき。その席で。

【座(「坐」)乗(乘)】ざじょう ①船に乗る。②船に乗りこんで指揮する。

【座(「坐」)食】ざしょく 働かないで遊んで暮らす。いぐい。徒食(としょく)。」

【座(坐)職】すわっていてやれる職業。座業。

【座(坐)睡】いねむり。

【座(坐)禅(禪)】㊣静座によって精神を統一し、真理を見きわめようとする禅宗の修行。

【座談】㊀①何人かの人が向かい合って話す。また、その話。②国その場かぎりの話。㊁zuòtán 現㊀に同じ。

【座中】①ざしきの中。②同じ集会に集まっている者。③国演芸者のなかま。一座の人々。

【座長】国①会合のとき、まとめ役をする人。②芸人の一団のかしら。座頭。

【座頭】国㊀①盲人の琵琶法師の位の名。②頭をそった盲人で、芸人やあんまになった者。③盲人。㊁「座長」の②に同じ。

【座標】数直線・平面・空間にある点の位置を、基準とする点や直線との距離、角度などの組み合わせで示すときの数値。

【座(坐)薬(藥)】さしこみぐすり。肛門などにさしこんでおく薬。

【座右】①座席の右。②かたわら。座の近く。③国「座下」の②に同じ。【——銘】いつもすわる場所の近くに書いておき、自分のいましめとすることば。
◆上座・下座・口座・中座・王座・正座・台座・末座・玉座・列座・当座・車座・即座・星座・前座・高座・満座・跪座・端座・蓮座・遷座・講座・鎮座

广7 【庭】〔10〕学3 テイ にわ ㊀テイ漢㊁平 青 tíng ティン ㊁テイ漢㊁去 径 tìng ティン J 3677 U補 5EAD
旧字 广7 【庭】〔10〕 U補 J

筆順 亠 广 广 庀 庄 庄 庭 庭

意味 ㊀①〈にわ(には)〉建物の前のあき地。②建物の中の広間。③朝廷。=廷 ④役所。法廷。⑤家のうち。⑥まっすぐである。正しい。=挺 ㊁→「逕庭」(一二三七ページ・下)

解字 形声。广が形を表し、廷が音を示す。广は屋根・建物。廷には、宮中の広く平らなにわの意味がある。庭は、屋根にかこまれた中庭をいう。

名前 ば・なお

【庭幃】庭にはったたれ幕。

【庭闈】①親のいる部屋。②父母。③王宮の門。

【庭院】にわ。

【庭園】美しくこしらえた庭。

【庭柯】庭の木の枝。にわき。「眄二庭柯一以怡レ顔」(庭柯を眄みて以て顔を怡ばしむ)(眄は、流し目に見る。怡顔は、にこにこ顔になる。)〈陶潜・帰去来辞〉

【庭教】「庭訓」に同じ。

【庭訓】家庭内のしつけ。親の教え。【——往来(來)】国江戸時代、寺子屋などで習字や手紙の手本に用いられたもの。

【庭衢】庭や四つつじ。

【庭午】正午。

【庭叱】「廷叱」(四四二ページ・上)に同じ。

【庭除】にわ。除は、門とへいとの間。

【庭石】①庭を美しくするために置く石。②庭に置いた飛び石。

【庭木】庭に植えてある木。庭に植える木。

【庭燎】庭でもやすかがり火。にわび。

【庭潦】庭にたまった水。にわたずみ。行潦。
◆中庭・校庭・家庭・宮庭・裏庭・箱庭

广7 【廇】〔10〕ユウ漢㊤有 (イウ) yǒu ユー U補 5EAE J
意味 くさった木。また、そのにおい。

广7 【庬】〔10〕俗↓厖(二〇五ページ・中)

广7 【席】→巾部七画(四二二ページ・下)

广7 【唐】→口部七画(二四六ページ・下)

广8 【庵】〔11〕人 標 ㊀アン漢呉㊁平 覃 ān アン ㊁エン漢㊤琰 yǎn イエン J 1635 U補 5EB5
意味 ㊀①〈いおり(いほり)〉〈いお(いほ)〉草ぶきの小さなまるい家。=菴 ②小さな寺。尼寺。③学者が書斎に名をつけたとき雅号として用いた語。「老学庵」㊁たちまち。にわかに。=奄
地名 庵原
【庵室】国いおり。僧または世を捨てた人の住むへや。
【庵主】㊀国①いおりの主人。②茶の湯で主人役をする人。㊁国①㊀に同じ。②尼をさす。
◆草庵・蓬庵

广8 【康】〔11〕学4 コウ コウ漢呉㊁平 陽 (カウ) kāng カン J 2515 U補 5EB7

筆順 亠 广 户 户 庐 庚 康 康

意味 ①〈やす・い(——・し)〉安らか。安んずる。②楽しむ。③豊かな。「康年」(豊年) ④広大な。⑤大通り。「康荘」⑥からっぽの。「康瓠」⑦ほめる。⑧姓。

解字 形声。户と氺とを合わせた字。户は庚を略したもので、堅い心棒、また、きねでつく形という。氺は米を略したもの。古い形では、その左に禾がついて、穅となっている。康・穅は、米のもみをいう。もみは堅いことから、康は健康の意味になる。一説に、穀物のからになった皮のことともいう。

名前 しず・みち・よし・しずか

【康熙(熙)字典】書名。四十二巻。清の聖祖の康熙五十五年(一七一六)に、張玉書らが勅命により編集した字書。

【康熙(熙)帝】清朝第四代の天子。名は玄燁。死後、聖祖と呼ばれた。康熙は年号。

【康強】からだがじょうぶなこと。すこやか。=康彊
【康衢】大通り。往来のはげしい町。衢は四辻。

【康健】からだがたっしゃなこと。健康。

【康瓠】からっぽの壺。くだらないもの。

【康荘(莊)】四方八方に通じる道路。大通り。

【康寧】①世の中がおだやかで安らかなこと。②からだがじょうぶで無事なこと。

【康平】世の中が平和で安らか。

【康有為(爲)】人名。清末の学者で、その著「孔子改制考」「大同書」は、清末の政治改革運動に大きな影響を与えた。(一八五八〜一九二七)

【康楽(樂)】㊀安んじたのしむ。やわらぎたのしむ。㊁舞曲の名。
◆小康・健康

广8 【庶】〔11〕常 ショ ショ漢呉㊁去 御 shù シュー J 2978 U補 5EB6

筆順 亠 广 广 庐 庐 庐 庐 庶

广8 【庻】〔11〕本字 U補 2259 J

广8 【庶】〔11〕同字 U補 2F88D J

广8 【庻】〔11〕俗字 U補 5EBB J

意味 ①〈おお・い(おほ・し)〉数が多い。②一般の人。官

位のない人。「庶民」③正妻ではない女性の生んだ子。また、長男以外の男の子。↔嫡(ちゃく)「庶子」④〈こいねが・う(こひねが・ふ)〉希望する。⑤〈ちか・い(――・し)〉ほとんど達している。

語法 ❶〈こいねがわくは(こひねがはくは)〉どうか…であってほしい。ぜひ…してほしい。希望・期待を表す。類 冀 例「庶有二達者一理而董レ之」(こいねがわくは(こひねがはくは)たっするものありておさめ(をさめ)てこれをたださんことを)「(学識に)達したものが現れて(この字書を)整理・修訂してもらいたい」〈説文解字・後序〉↓付録・同訓異義要覧「こいねがう」

❷〈ちかし〉ほとんど…であろう。…のようである。…であろう。理想・期待に近い状態であろうとの推量を表す。類 幾 例「君姑修レ政、而親二兄弟之国一、庶免二於難一」(きみしばらくまつりごとをおさめ(をさめ)て、けいていのくににしたしめば、なんをまぬかるるにちかからん)「(どうかしばらくは内政をととのえ同姓の諸国に親しみますように、そうすれば危難は免れるでしょう)」〈左伝・桓公六〉

解字 庶 会意。广と炗を合わせた字。广は屋根・家。炗は光のこと。庶は、家の中に光が多く盛んなことを表し、多い意味になる。一説に、庶の音は、置くという意味を含むから、庶は、火の上に物を置くことであるという。

名前 ちか・もり・もろ 難読 庶幾(こいねが)う

【庶幾】(しょき) 一 願い望む。こいねがう。二(こいねがわくは(こひねがはくは)) ぜひ。どうぞ。三(ちかし) 近い。ほとんど。だいたい。

【庶吉士】(しょきっし) 明(みん)・清(しん)時代、進士試験に優等で合格した者がなる翰林院(かんりんいん)の官名。

【庶兄】(しょけい) 正妻ではない女性から生まれた兄。

【庶孽】(しょげつ) 正妻ではない女性から生まれた子。

【庶子】(しょし) ①正妻ではない女性から生まれた子。②法 もとの民法で、父の認めた私生子。

【庶事】(しょじ) もろもろの事。すべての事。

【庶出】(しょしゅつ) 正妻ではない女性の子として生まれる。また、その子。

【庶人】(しょじん) ①多くの人。②平民。無位無官の人。

【庶政】(しょせい) いろいろの政治の事がら。

【庶績】(しょせき) 多くのてがら。いろいろな功績。

【庶弟】(しょてい) 正妻ではない女性から生まれた弟。

【庶民】(しょみん) 一般の民衆。平民。多くの人民。

【庶務】(しょむ) いろいろな事務。特にこれという名のついていない一般の事務。

【庶乎】(ちかし) ほとんど。…であろう。…のようである。

广8 【庹】〔11〕 タク 漢 上 箇 tuǒ トゥオ U補J ②1206 5EB9
意味 おとなが両腕を左右に伸ばした長さ。約五尺。

广8 【庱】〔11〕 チョウ 漢 平 蒸 chěng チョン U補J 2843 5EB1
意味 庱亭(ちょうてい)は、江蘇(こうそ)省にある地名。

广8 【庳】〔11〕 一 ヒ 漢 二 ヒ 漢 一 上 紙 bì ピー、bēi ペイ 二 去 寘 bì ピー U補J 2844 5EB3
意味 一 ①棟(むね)の低い家。②〈ひく・い(――・し)〉 二 有庳(ゆうひ)は、国名。

广8 【庸】〔11〕 常 ヨウ ヨウ 漢 平 冬 yōng ヨン U補J 4539 5EB8
筆順 亠 广 户 户 户 肩 肩 庸
意味 ①〈もち・いる(――・ふ)〉ある手段や人を採用する。必要とする。＝用 ②〈もって〉＝以 ③〈つね〉㋐いつまでも変わらないもの。㋑なみの。普通の。「凡庸(ぼんよう)」④いさお。てがら。⑤税の一種。きまった労働に従事する代わりに納める絹。「租庸調(そようちょう)」⑥〈やと・う(――・ふ)〉やとい人。＝傭(よう) ⑦〈なんぞ〉どうして。反語を表す。⑧姓。

語法 〈なんぞ〉〈いずくんぞ(いづくんぞ)〉〈あに〉反語。どうして…であろうか(いやそうではない)。原因・理由を問う。例「此天所レ置、庸可レ殺乎」(これてんのおくところ、なんぞころすべけんや)「(これは天命がそうさせたものだから、どうして[重耳(ちょうじ)を]殺すことなどできようか)」〈史記・晋(しん)世家〉▼「庸安」「庸何」「庸詎」「庸遽」はいずれも二字で「なんぞ」「いずくんぞ(いづくんぞ)」「あに」と訓読する。

解字 庸 会意。庚と用とを合わせた字。庚は、庚で、更と同じく、改めること。用は実行すること。庸は、物事を改めて実行することを表し、用いるという意味になる。

名前 のぶ・のり・もち・やす・いさお

【庸何】(なんぞ) 「庸詎」(次項)に同じ。

【庸詎】(なんぞ・いずくんぞ(いづくんぞ)) どうして。反語を表す語。

【庸医(醫)】(ようい) 腕のよくない医者。やぶ医者。

【庸器】(ようき) ①ふつうの才能。②平凡(へいぼん)な人物。

【庸愚】(ようぐ) 「庸劣」に同じ。

【庸君】(ようくん) とりえのない、平凡(へいぼん)な君主。庸主。↔賢君
【庸言】(ようげん) ふだん口にすることば。

【庸才】(ようさい) 平凡(へいぼん)な才能。平凡な人。

【庸弱】(ようじゃく) 才能もなく、からだも弱いこと。

【庸主】(ようしゅ) 「庸君」に同じ。

【庸儒】(ようじゅ) ①たいしたことのない漢学者。②ふつうの学者。

【庸衆人】(ようしゅうじん) 平凡な一般人。

【庸人】 一(ようじん) ふつうの人。凡人(ぼんじん)。二(ようにん) 国 やとい人。使用人。＝傭人
【庸奴】(ようど) つまらない人。おろかな使用人。

【庸徳】(ようとく) ①一方にかたよらない人格。②いつまでも変わらない人がら。

【庸夫愚婦】(ようふぐふ) つまらない男やおろかな女。ふつうの人々。

【庸保】(ようほう) 保証人をたててやとわれる。やとわれ人。

【庸劣】(ようれつ) おろかなこと。くだらないこと。愚劣。
▽凡庸(ぼんよう)・中庸(ちゅうよう)

广8 【庲】〔11〕 ライ 漢 平 灰 lái ライ U補J 5EB2
意味 ①へや。②庲降(らいこう)は、雲南省にある地名。

广8 【庾】〔11〕 同 →庾(四三九ジ・中)

广8 〖麻〗 →麻部〇画(一四四二ジ・下)

广8 〖鹿〗 →鹿部〇画(一四三九ジ・中)

广9 【廁】〔12〕 一 シ 漢 二 ショク 漢 一 去 寘 cè ツォー 二 入 職 cè ツォー U補J 5490 5EC1
广9 【厠】〔11〕 俗字 U補J 5046 53A0
意味 一 ①〈かわや(かはや)〉便所。②ぶた小屋。③〈まじ・る〉〈まじわ・る(まじは・る)〉いりまじる。加わる。④〈まじ・える(――・ふ)〉 二〈かたわら(かたはら)〉そば。＝側
【廁牀】(ししょう(しさう)) 便所。かわや。廁溷(しこん)。
【廁所】(ツォースオ) cèsuǒ 現 便所。トイレ。

广9 【廂】〔12〕 標 ショウ(シャウ) 漢 ソウ(サウ) 呉 平 陽 xiāng シアン U補J 5491 5EC2
广9 【厢】〔11〕 俗字 U補J 53A2
意味 ①〈ひさし〉おもやの左右にある小さなへや。②渡り廊下。③都市の一区画。また、都市の周辺。④車の箱。人が乗る部分をいう。国〈ひさし〉①家の軒下(のきした)にさしかけた小さな屋根。②平安時代の建築で、母屋(もや)のまわりの、すの

こ縁の内側の部分。

广9【廃】〔12〕常 ハイ すたれる・すたる J 3949 U補 5EC3
旧字 广12【廢】〔15〕 ハイ 漢 去 隊 呉 fèi フェイ J 5506 U補 5EE2

筆順

意味 ①〈すた・れる(―・る)〉〈すた・る〉㋐落ちる。こわれる。だめになる。役にたたない。「荒廃」㋑おとろえる。ゆるむ。②〈す・てる(―・つ)〉やめる。とりのぞく。「廃業」③免職にする。④置く。⑤売る。＝発 ⑥足のないうつわ。

解字 形声。广が形を表し、發(はつ)が音を示す。广は屋根・家。發には、閧くとか、ふみにじるの意味がある。廢は、家が割れて、くずれることを表し、「すたれる」の意味になる。一説に、廢の音は、罷(ひ)と通じ、やめる意味を含むから、廢は、住むことをやめた家のことであるという。音ハイは發の音ハツの変化。

【廃案】はいあん 廃止になった提案または議案。
【廃園】はいえん(ゑん) あれはてた庭園。＝廃苑
【廃遠】はいえん(ゑん) 父をやしなうことをせず遠くにはなれる。
【廃屋】はいおく(をく) 荒れはてて住む人もいないあばらや。
【廃家】はいか ①住む人のいない家。②相続人がなく血筋(ちすじ)が絶えた家。③国もとの法律で、戸主(こしゅ)がよその家にはいるために、自分の家を廃すること。
【廃壊(壞)】はいかい(くわい) 荒れはてて、くずれること。荒廃。
【廃格】はいかく 行われないように邪魔する。
【廃学(學)】はいがく ①退学する。②中途で学問をやめる。
【廃棄】はいき 役に立たないものとして、すてる。用いない。
【廃墟】はいきょ 建物や城などの荒れはてたあと。
【廃業】はいぎょう(げふ) ①学業をやめる。②仕事をやめる。
【廃坑】はいこう(かう) 役にたたなくなった坑道。廃止された鉱山。〔炭坑。〕
【廃鉱(鑛)】はいこう(くわう) 採掘(さいくつ)をとりやめた鉱山。
【廃興】はいこう すたれることと、おこること。興亡。盛衰。
【廃合】はいごう(がふ) 廃止と合併(がっぺい)。やめることと、合わせること。
【廃残(殘)】はいざん ①障害者。病人。②国傷ついて、だめになる。
【廃止】はいし やめる。おこなわない。
【廃死】はいし 落ちぶれて死ぬ。見捨てられて死ぬ。
【廃紙】はいし ほご。かみくず。
【廃寺】はいじ 住む者のない荒れはてた寺。
【廃疾】はいしつ ①不治の病気。②身体障害。
【廃除】はいじょ(ぢょ) ①とりのぞく。②法相続人の資格や地位をとりあげる。
【廃辱】はいじょく 官職をやめさせられる。はずかしめをうける。
【廃人】はいじん ①病気などで働けなくなった人。②役にたたない人。＝癈人
【廃絶】はいぜつ 滅びて、断ち切れる。
【廃退】はいたい ①すたれおとろえる。②官職をやめさせる。
【廃置】はいち やめることと、そのまま置くこと。廃止と存置(そんち)。存廃(そんぱい)。
【廃嫡】はいちゃく 法旧民法で、推定相続人からその資格をのぞく。廃除。
【廃黜】はいちゅつ 官職をとりあげて、その地位から追い払う。
【廃朝】はいちょう(てう) 天子が服喪(ふくも)などのため、政務を休むこと。
【廃帝】はいてい 人からせまられて位をおりた君主。
【廃典】はいてん 現在では用いられなくなった儀式や制度。
【廃藩置県(縣)】はいはんちけん 国明治四年(一八七一)七月、藩を廃止して、全国を府・県に統一したこと。
【廃品】はいひん 役にたたなくなった品物。
【廃物】はいぶつ 役にたたなくなったもの。くず。「廃物利用」
【廃仏(佛)毀釈(釋)】はいぶつきしゃく 国仏法をやめ、釈迦(しゃか)の教えを捨てる。明治時代の初期によく用いられた語。＝排仏毀釈
【廃滅】はいめつ すたれてほろびる。
【廃離】はいり 見捨てて離れる。
【廃立】はいりつ 臣下がかってに現在の君主をやめさせ、他の君主を立てる。
◆全廃(ぜんぱい)・老廃(ろうはい)・朽廃(きゅうはい)・荒廃(こうはい)・退廃(たいはい)・撤廃(てっぱい)・興廃(こうはい)

广9【庾】〔12〕 ユ 漢 上 麌 呉 yǔ ユィ J ― U補 ―
广8【庾】〔11〕同字 J ①8413 2846 U補 5EBE

意味 ①〈くら〉㋐屋根のない米ぐら。㋑米ぐら。②容積の単位。十六斗。(→付録「度量衡名称」) ③姓。

参考 「廋(そう)」は別字。

【庾信】ゆしん 人名。南北朝時代の北周の詩人。(五一三～五八一)

广9【廊】〔12〕常 ロウ J 4713 U補 5ECA
旧字 广10【廊】〔13〕人 ロウ(ラウ) 漢 呉 平 陽 láng ラン J ①8414 U補 F928

筆順

意味 ①おもやの左右のへや。ひさし。②ろうか。室外の屋根のある通路。

解字 形声。广が形を表し、郎(ろう)が音を示す。广は屋根・建物を表す。郎には明るい意味がある。廊は、おもやの両わきについているへや。また、郎には空虚という意味を含むから、廊は、やねをさしかけた下の空虚な場所、ろうかをさすともいう。

参考 ①「廊」は屋根のある渡り廊下で、日本語の廊下とはちがう。②「廓(かく)」は別字。

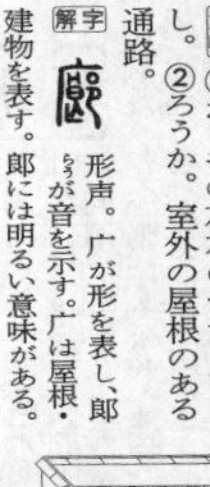
(廊②)

【廊宇】ろうう(らう) のき。ひさし。
【廊廟】ろうびょう(らうべう) ①おもて御殿。②政治を行う所。廟堂。【―之器】ろうびょう(らうべう)のき 天下を治めることのできる才能。大臣・宰相(さいしょう)になれる人がら。【―之計】ろうびょう(らうべう)のけい 大臣となって天下の政治を行うはかりごと。
【廊腰】ろうよう(らうえう) 建物の周囲に、腰のようにめぐらした廊下。
◆回廊(かいろう)・画廊(がろう)・歩廊(ほろう)

广9【庽】〔12〕同→寓(三七七ページ・中)
广9【庱】〔12〕同→廋(本ページ・下)
广9【廋】〔12〕同→廋(本ページ・下)
广9【庿】〔12〕古→廟(四四一ページ・上)

广10【廈】〔13〕 カ 漢 上 馬 shà シャー J 5492 U補 5EC8
广10【厦】〔12〕俗字 J 5047 U補 53A6

意味 ①大きい家。「大廈高楼」②へや。

【廈門】アモイ xiàmén シアメン 地名。廈門市。福建(ふっけん)省東南部沿海にある。音

广10【廆】〔13〕 カイ 漢 平 灰 (クヮイ) guī コイ J ②1208 2848 U補 5EC6

意味 山名。河南省洛陽市の西南にある。

广10【廋】〔13〕 一 シュウ 漢 平 尤 (シウ) sōu ソウ 二 ソウ 漢 上 有 sǒu ソウ J ①8415 U補 5ECB
广9【廀】〔12〕同字 J ― U補 5EC0
广9【廋】〔12〕同字 J 2850 U ―

意味 一①〈かく・す〉②さがす。＝捜 ③廋人は、うまやを守る役人。 二湾曲(わんきょく)した所。＝藪(そう)

参考 「庾(ゆ)」「瘦(そう)」は別字。

【廋語】そうご なぞ。かくしことば。隠語。廋詞。

【廋辞(辭)】そうじ 「廋語」に同じ。

广10【廌】〔13〕 チ 漢 上 紙 zhì チー U補J 22281
意味 解廌かいちは、獣の名。牛に似、角つのは一本。＝解豸

广10〔廌〕〔13〕同字 U補J 5ECC 2849

广10【廉】〔13〕常 レン U補J 5EC9 4687

旧字 广10【廉】〔13〕 レン 漢 呉 平 塩 lián リエン U補J F9A2

筆順 广 广 产 产 庐 庐 庐 廉

意味 ①〈かど〉㋐宮殿などのへり。すみ。㋑かどがある。②〈いさぎよ・い（──・し）〉正直。よくばらない。行いが清らかである。↔貪 ③しらべる。④安い。「廉価」⑤姓。

解字 形声。广が形を表し、兼けんが音を示す。广は家。兼には、とがっているとか、しのぐ、の意味がある。廉は、家の中のかどばっている所で、室の土台の四辺をいう。かどのある人間を廉であるという。また、兼には、けわしいという意味を含み、廉は土を盛った上に建つ堂の両横で、階段がなく登れないことからいうと解する。

名前 おさ・きよ・すが・やす・ゆき・よし・すなお・ただし

【廉恪】れんかく 無欲でつつしみ深い。
【廉悍】れんかん いさぎよく元気がよい。
【廉潔】れんけつ 心が清らかで、行いが正しいこと。
【廉士】れんし 欲の少ない、徳の高い人。清廉の士。
【廉譲(讓)】れんじょう(じゃう) 心が清らかで、欲がなく、人にへりくだること。
【廉正】れんせい 心が清らかで正しい。
【廉恥】れんち 心が正しく、不正をはずかしく思うこと。恥を知る。また、そういういさぎよい心。
【廉忠】れんちゅう(ちう) 心が正しく、まごころのこもっていること。
【廉直】[一]れんちょく 行いが正しくて、まがったことのだいきらいなこと。[二]れんち 安いねだん。廉価。＝廉値
【廉頗】れんぱ 人名。戦国時代の趙ちょうの武将。
【廉白】れんぱく 私欲がなく、心がきれいなこと。清廉潔白。
【廉夫】れんぷ 不正な行為を心からきらう人。
【廉吏】れんり 不正な行為をしない役人。
◇低廉ていれん・清廉せいれん

广10【廊】〔13〕旧 ↓廊(四三九ジ・中)

广11【廕】〔14〕 イン 漢 去 沁 yìn イン U補J 5ED5 2855
意味 ①〈おお・う（おほ・ふ）〉 おおいかぶさる。かばう。②親や先祖のてがらのおかげで、子孫が官につくこと。
【廕叙(敍)】いんじょ(ぢょ) 「廕除」に同じ。
【廕除】いんじょ 父や祖先のてがらにより官位を与えられること。除は任命。廕叙。
【廕生】いんせい 清しん代、父や祖先のてがらにより高い位につく者。
【廕庇】いんぴ ①おおいかばう。②おかげ。かばい助ける。庇廕。

广11【廓】〔14〕標 カク 漢 呉 入 薬 kuò クオ (クヮク) U補J 5ED3 1939
意味 ①広い。大きい。②広くする。③からっぽ。がらんとしている。④まわり。国〈くるわ〉①城やとりでのまわりの囲い。②遊女屋の集まる所。
参考 「廊ろう」は別字。新表記では「郭」に書きかえる熟語がある。熟語は「郭」(一二六四ジ・中)をも見よ。
【廓如】かくじょ(くわく) 「廓然」に同じ。
【廓清】かくせい(くわく) すみからすみまで払い清める。＝郭清
【廓然】かくぜん(くわく) 心が広く、わだかまりのないさま。廓如かくじょ。
【廓落】かくらく(くわく) ①大きいさま。②がっかりするさま。③広々としたさま。③広々として、がらんとしたさま。
【廓寥】かくりょう(くわくれう) 広々とした大空。

广11【廑】〔14〕 [一]キン 漢 去 震 jǐn チン [二]キン 漢 平 文 qín チン U補J 5ED1 2852
意味 [一]①小さい家。②〈わずか（わづか）〉すこし。＝僅 [二]①〈つと・める（──・む）〉＝勤 ②心にとめる。

广11【廎】〔14〕 ケイ 漢 上 迥 qǐng チン U補J 5ECE 2851
意味 小さな広間ひろま。

广11【廒】〔14〕 ゴウ 漢 平 豪 áo アオ (ガウ) U補J 5ED2 2853 ②1209
广11〔厫〕〔13〕同字 U補J 53AB 2046
意味 くら。穀物ぐら。「倉廒そうごう」

广11【廖】〔14〕 [一]リョウ 漢 呉 平 蕭 liáo リアオ (レウ) [二]リュウ 漢 呉 去 宥 liào リアオ (リウ) U補J 5ED6 5501

广11【廔】〔14〕 ロウ 漢 平 尤 lóu ロウ U補J 5ED4 2854
意味 [一]〈むなし・い（むな・し）〉がらんとしたさま。[二]姓。

意味 ①〈まど〉窓。②離廔りろうは、まどべの明るいさま。

广11【廏】〔14〕旧 ↓厩(二〇七ジ・上)
广11【廐】〔14〕俗 ↓厩(二〇七ジ・上)
广11〔塵〕↓土部十一画(二九九ジ・中)
广11〔麽〕↓麻部三画(一四四三ジ・中)
广11【廐】〔14〕俗 ↓厩(二〇七ジ・上)
广11【廙】〔14〕俗 ↓廙(四四一ジ・上)
广11〔腐〕↓肉部八画(一〇二三ジ・下)

广12【廞】〔15〕 キン 漢 平 侵 xīn シン U補J 5EDE 2857
意味 ①〈つら・ねる（──・ぬ）〉ならべる。②〈ふさが・る〉泥でうずまる。③振廞しんきんは、怒るさま。

广12【廝】〔15〕 シ 漢 平 支 sī スー U補J 5EDD 5503
广12〔厮〕〔14〕同字 U補J 53AE 5049
意味 ①めしつかい。こもの。②分ける。③〈あい（あひ）〉たがいに。
【廝役】しえき 召使の仕事。召使。
【廝徒】しと こもの。
【廝養】しよう(やう) まかないなどをする召使。たきぎをとったり、馬のせわをしたりする召使。

广12【廠】〔15〕 ショウ 漢 上 養 chǎng チャン (シャウ) U補J
广12〔厰〕〔14〕俗字 U補J 53B0 5050
广12〔廠〕〔15〕俗字 U補J 5EE0 3019
意味 ①〈うまや〉②屋根だけあって、壁のない家。③商品を積んでおいたり、加工したりする場所のある店。「塩廠」(塩問屋) ④道具を作る工場。「鉄廠」
参考 「廠へい」は別字。
【廠舎】しょうしゃ(しゃう) 四方に囲いのない、そまつな建物。

广12【廛】〔15〕 テン 漢 平 先 chán チャン U補J 5EDB 5505
土15〔㙻〕〔18〕同字 U補J 367B
土17〔壥〕〔20〕同字 U補J 58E5 5263
邑15【鄽】〔18〕同字 U補J 913D 6650 ①9284
意味 ①一戸分の宅地。二畝半ほ。②すまい。③〈みせ〉品物をたくわえ、販売する公共の建物。商店。「廛肆てんし」「廛舗てんぽ」④ひとりの男の耕す田の広さ。百畝ほ。⑤一束。＝纏てん

【廛市】(てんし) みせ。いちば。

广12 【廜】〔15〕 ト 漢平 虞 呉 tú トゥー　J 2856 / U補 5EDC
意味 廜蘇(とそ)は、①草ぶきの小屋。②酒の名。＝屠蘇(とそ)

广12 【廟】〔15〕 標 ビョウ(ベウ) 漢去 嘯 人 ミョウ(メウ) 呉 miào ミアオ　J 4132 / U補 5EDF
广9 【庿】〔12〕 古字　J ②1207 / U補 2847F
广12 【廟】〔15〕 俗字　J ― / U補 ―

意味 ①〈たまや〉 先祖の像や位牌(いはい)を祭ってある場所。②神や仏を祭ってある場所。③政治を執る場所。④王宮の正殿。⑤廟号。

名前 いえ
【廟宇】(びょうう)(べう) おたまや。

【廟議】(びょうぎ)(べう) 朝廷で行われる評議。朝議。

【廟見】(びょうけん)(べう) ①おたまやにおまいりする。②新婦が夫の家のおたまやに参拝する。

【廟号】(びょうごう)(べう)(がう) 天子の死後、廟に祭る時に与える「宗」などの呼び名。「…祖」「…」

【廟算】(びょうさん)(べう) 朝廷のはかりごと。

【廟食】(びょうしょく)(べう) おたまやにまつられる。

【廟寝(寢)】(びょうしん)(べう) おたまや。前方にあるのを廟、後方にあるのを寝という。

【廟堂】(びょうどう)(べう)(だう) ①おたまや。廟宇(びょうう)。宗廟(そうびょう)。②朝廷。③政務をとる所。【——之器】(びょうどうのき)(べう)(だう) 国家の政治をとり行うことのできる人材。

【廟謨】(びょうぼ)(べう) 朝廷のはかりごと。

【廟略】(びょうりゃく)(べう) 国の重大事に関する、朝廷のはかりごと。本陣で計画したはかりごと。

广12 【廡】〔15〕 一ブ 漢 一 上 麌 wǔ ウー　二ブ 漢 二 平 虞 wú ウー　J 5507 / U補 5EE1
意味 一①宮殿のまわりのへや。②家の軒下(のきした)に作られた通路。廊。③家。④〈ひさし〉 軒下にさしかけた小さな屋根。二草や木が茂る。＝蕪(ぶ)

广12 【廙】〔15〕 ヨク 漢 入 職 yì イー　J ― / U補 FA83
广11 【廙】〔14〕 俗字　J ②1210 / U補 5ED9
意味 ①移動式の家。テントの類。②うやまう。身をつつしむ。＝翼(よく)

广12 【廣】〔15〕 旧 ↓広(四三三ジペー・中)

广12 【廚】〔15〕 旧 ↓厨(二〇六ジペー・下)

广12 【廢】〔15〕 旧 ↓廃(四三九ジペー・上)

广12 〖慶〗 ↓心部十一画(四九七ジペー・上)

广12 〖麾〗 ↓麻部四画(一四四三ジペー・中)

广12 〖賡〗 ↓貝部八画(一一九二ジペー・上)

广12 〖摩〗 ↓手部十一画(五四八ジペー・下)

广13 【廨】〔16〕 カイ 漢去 卦 ゲ 慣 xiè シエ　J 5508 / U補 5EE8
意味 役所。「廨舎(かいしゃ)」「廨署(かいしょ)」

广13 【廥】〔16〕 カイ 漢去 泰 (クヮイ) kuài コワイ　J 2858 / U補 5EE5
意味 まぐさを入れておく倉。

广13 【廩】〔16〕 リン 漢上 寝 呉 lǐn リン　J 5509 / U補 5EE9
广13 【廪】〔16〕 俗字　J ― / U補 5EEA
意味 ①〈くら〉 米ぐら。②米。③蓄積する。あつまる。④政府が米を支給する。⑤ふち。俸禄(ほうろく)。⑥恐れる。＝懍(りん)

(廩①)

【廩食】(りんしょく) 政府から出すふち米(まい)。

【廩振】(りんしん) 政府の倉から米を出し、困っている人民を助けること。

【廩人】(りんじん) 倉の番人。倉庫係の役人。

【廩生】(りんせい) 官吏の登用試験に合格して、官費をもらう学生。

【廩粟】(りんぞく) 倉に入れてある米。また、政府から受ける米。

【廩廩】(りんりん) ①びくびくと恐れる。②威儀が正しいさま。堂々としているさま。

广13 【廧】〔16〕 同 ↓牆(七八九ジペー・下)

广13 〖磨〗 ↓石部十一画(八九一ジペー・中)

广14 〖糜〗 ↓米部十一画(九五二ジペー・上)

广14 〖膺〗 ↓肉部十三画(一〇二九ジペー・上)

广14 〖應〗 ↓心部十三画(四六八ジペー・下)

广14 〖縻〗 ↓糸部十一画(九八三ジペー・上)

广15 【廫】〔18〕 本 ↓寥(三八〇ジペー・中)

广15 〖磿〗 ↓麻部七画(一四四三ジペー・中)

广16 【廬】〔19〕 標 リョ 漢平 魚 ロ 呉 lú ルー　J 5510 / U補 5EEC
意味 ①〈いおり(いほり)〉 そまつな小屋。②やどや。③宿直の部屋。④住む。とまる。⑤山の名。「廬山」
姓 廬原(いおはら)
【廬舎那(那)仏(佛)】(るしゃなぶつ) 仏「毘盧舎那(びるしゃな)」(六九一ジペー・中)に同じ。仏の尊称。大日如来(だいにちにょらい)。＝盧遮那仏
【廬山】(ろざん) 山名。江西省九江市の近くにあり、風景と避暑で有名。「廬山雨夜草庵中(ろざんのあめのよそうあんのうち)」(私は廬山のふもとに草のいおりをむすんで、ひとりわびしく夜の雨を耳にしている。)〈和漢朗詠集・山家〉
【廬舎】(ろしゃ) ①畑の中の休息所。②いおり。そまつな小屋。③「旅館。④民家。すみか。
【廬陵】(ろりょう) 地名。昔の県名、郡名。今の江西省吉安市の西南。

广16 〖龐〗 ↓龍部三画(一四五七ジペー・中)

广16 〖靡〗 ↓非部十一画(一三六一ジペー・下)

广17 【廮】〔20〕 エイ 漢上 梗 yǐng イン　J ― / U補 5EEE
意味 廮陶(えいとう)は、古代の県名。現在の河北省寧晋(ねいしん)県の西南。

广17 【廳】〔20〕 俗 ↓廳(四三四ジペー・上)

广18 【廱】〔21〕 ヨウ 漢平 冬 yōng ヨン　J 5511 / U補 5EF1
意味 ①〈やわら・ぐ(やはら・ぐ)〉 むつまじい。②〈ふさが・る〉＝壅(よう) ＝雍・雝(よう)

广18 〖魔〗 ↓鬼部十一画(一四一七ジペー・下)

广21 〖鷹〗 ↓鳥部十三画(一四三七ジペー・下)

广22 【廳】〔25〕 旧 ↓庁(四三四ジペー・上)

3画 廴部 えんにょう いんにょう

【部首解説】 「長く引く」ことを表す。この部には、「廴」の形を構成要素とする文字が属する。

廴0 【廴】〔3〕 イン 漢上 軫 yǐn イン　J 5514 / U補 5EF4

3画
口囗土士夂(夊)夕大女子宀寸小尢(尣・兀)尸屮山巛(川)工己巾干幺广廴廾弋弓彐(彑・⺕)彡彳⺍

意味 引く。引きのばす。

解字 指事。彳のたて棒を長く引いた形。彳は小さく歩くこと。廴は、長く引くことを表す。

廴 4 【廷】〔7〕 常 テイ U補J 3678 5EF7

旧字 廴 4 【廷】〔7〕 テイ 漢 平 青 tíng ティン U補J

筆順 ノ 二 千 壬 任 廷 廷

意味 ①天子が政治をとる場所。朝廷。②役所。③にわ。‖庭

解字 形声。廴が形を表し、壬が音を示す。廴は足あとを長く引くこと。壬は、人が直立している形を示す。廷は、宮中の外の庭で役人が政治上の仕事に当たっている状態を表す。一説に、廴はLで庭の場所を示すもので、廷は、庭で君主が人に会うとき、役人がそれぞれ所定の位置につくことであるという。また、壬には平らという意味があるから、廷は平らにならした中庭をいうとも解する。

参考 「延」は別字。

【廷尉】①秦・漢時代に刑罰をあつかった官吏。②国検非違使の佐の別名。

【廷掾】裁判所の下級役人。

【廷議】朝廷の相談。政府の意見。朝議。

【廷試】官吏登用試験の及第者に対して、天子みずから行う試験。殿試。

【廷叱】朝廷で、おおぜいの人々の前でしかる。

【廷辱】朝廷の多くの人の前ではずかしめる。廷折。

【廷臣】朝廷につかえる家来。

【廷争(爭)】朝廷で君主をいさめること。

【廷丁】国法廷の雑務に従事する下級職員の古い呼び方。

◇▼出廷・法廷・宮廷・朝廷

廴 4 【延】〔7〕 旧 ↓延(本ページ・上)

廴 5 【延】〔8〕 学 6 エン のびる・のべる・のばす U補J 1768 5EF6

旧字 廴 4 【延】〔7〕 エン 漢 平 先 yán イエン U補J

筆順 ノ 亻 千 𠂉 正 𢌱 延 延

意味 ①〈の・びる(―・ぶ)〉長くのびる。ひろがる。②〈の・べる(―・ぶ)〉〈のば・す〉③〈ひ・く〉ひきのばす。みちびく。ひきいれる。まねく。④冕(古代の冠)の上の板。前に糸をたらす。⑤姓。国〈のべ〉全部寄せ合わせた数。「延人員」

解字 形声。㢟と丿を合わせたもの。㢟が形を表し、丿が音を示すとともに、長く引く意味を持つ。㢟はゆったり歩くこと。延は、長いきょりを歩くことをいい、そこから、のびる、ひくの意味になる。

名前 すけ・とう・なが・すすむ・ただし・のぶる 姓 延寿

地名 延岡 難読 延縄

参考 「廷」は別字。

【延安】①隋代の県名、郡名。今の延安市。②市の名。陝西省にあり、抗日戦争中の中国共産党の根拠地。

【延引】①長びく。予定よりおくれる。②中へ案内する。

【延延】①長く続くさま。②物事の決定しないこと。

【延音】国江戸時代の国語学上の用語。「移る」が「移ろふ」のように、一音が延びて二音になること。

【延企】首をのばし、足をつまだてて遠くを望みみる。

【延期】日のべ。期限をのばす。

【延喜式】国書名。五十巻。平安時代に、宮中の年中行事や儀式などのことを漢文でしるしたもの。

【延頸】首をのばす。首を長くして待ちこがれる。

【延見】客を通して面会する。引見。接見。

【延寿(壽)】「延命」に同じ。

【延焼(燒)】火事がつぎつぎと焼け広がる。

【延髄(髓)】医脳と脊髄とを連絡する部分で、脳の命令を伝えたり、呼吸を管理する働きをする。

【延滞(滯)】はかどらない。仕事がのびのびになる。遅滞。

【延着】国定められた時刻より遅れて到着する。

【延佇】長い時間たたずむ。長いあいだ、待ちつくす。‖延竚・延貯・延眝

【延竚】「延佇」に同じ。

【延長】□①長くのびる。②長さ。広がり。③数有限直線の一端をさらに同方向に引きのばした部分。□ yáncháng 現□に同じ。

【延年】寿命をのばす。長生きする。

【延納】①ひきいれる。引見。②国期日よりおくれて納入する。

【延袤】広さ。長さ。

【延命】長いきする。長命。

【延攬】人をさそって、自分の味方に引き入れる。

【延陵季子】人名。春秋時代、呉の季札のこと。延陵という土地に封ぜられたのでこう呼ぶ。

『延喜之治』国醍醐天皇の延喜年間(九〇一～九二三)がよく治まったので、善政の手本としていう。

◇▼順延・遅延・蔓延

廴 5 【廻】〔8〕 同 ↓廻(本ページ・下)

廴 5 【廹】〔8〕 同 ↓迫(一二三三ページ・下)

廴 5 【廸】〔8〕 俗 ↓迪(一二三三ページ・中)

廴 6 【廻】〔9〕 標 人 カイ(クヮイ) 漢 平 灰 エ(ヱ) 呉 huí ホイ U補J 1886 5EFB

廴 5 【廻】〔8〕 同字 U補J ②1211 2231E

廴 7 【廽】〔10〕 俗字 U補J ②1212 5EFD

意味 ‖回 ①〈めぐ・る〉〈まわ・る(まは・る)〉㋐ぐるりとまわる。㋑向きを変える。②〈かえ・る(かへ・る)〉帰る。もとにもどる。

名前 のり

参考 新表記では「回」に書きかえる。熟語は「回」(二七一ページ・下)をも見よ。

【廻看】見まわす。首をまわして見る。

【廻状(狀)】「廻文」の②に同じ。

【廻文】①漢詩・漢文の一体で、初めから読んでも終わりから読んでもちゃんとした詩や文になっているもの。②回状。まわしぶみ。連名のあてなの手紙で、順に回して読むもの。‖回文

【廻廊地帯(帶)】国第二次世界大戦前のポーランドの領土のうち、バルト海に面した地帯をさす。ドイツと争いの種になっていたところ。

廴 6 【建】〔9〕 学 4 ケン・コン たてる・たつ U補J 2390 5EFA

旧字 廴 6 【建】〔9〕 ケン 漢 去 願 コン 呉 jiàn チエン U補J

筆順 ㇕ ㇕ ヨ 聿 聿 ㇕聿 建 建

意味 ①〈た・てる(―・つ)〉〈た・つ〉㋐定める。設ける。㋑まっすぐに立てる。㋒意見を出す。「建議」㋓建築する。②

北斗七星の柄の指す方角。それによって月を表す。建子は十一月、建丑は十二月など。③姓。

解字 会意。廴と聿とを合わせた字。廴は朝廷。聿は法律。建は朝廷のきまりを立てることである。他の説に、聿は筆を立てること、廴は、行くことで、建は、筆を立ててゆっくり運ぶ、あるいは、筆を立てたように、体を高く立てて歩くことであるという。

名前 たけ・たて・たけし・たける・たつる　姓 建部・建部

【建安】後漢末の年号。【──骨】建安時代の文学は、強くて骨のある文体が流行したのでいう。【──七子】後漢の建安年間(一九六～二二〇)に活躍した七人の詩人。孔融・陳琳・王粲・徐幹・阮瑀・応瑒・劉楨をいう。

【建寅】陰暦正月の別名。

【建議】一 上級の人に意見を申し上げる。また、その意見。二 jiànyì 現 一 に同じ。

【建業】①事業の基をつくる。②地名。三国時代の呉の都の名。現在の南京。建康。

【建元】①年号をさだめること。②漢の武帝のときの年号。(前一四〇～前一三五)

【建言】「建白」に同じ。

【建鼓】①つづみをならべて立てる。②楽器の名。

【建康】地名。今の南京。建業。

【建国(國)】あらたに国を建てる。国を造る。

【建策】計画を立てて、目上の人に申し上げる。

【建章】長安城外にあった漢の宮殿名。

【建設】一 新しく建て設ける。二 jiànshè 現 一 に同じ。

【建造】家などを建てる。建築。

【建築】一 建造物を造る。二 jiànzhù 現 一 に同じ。

【建中】①中正の道をたてて示す。②唐の徳宗の年号。(七八〇～七八三)

【建徳】①有徳者をたてて諸侯とする。②確立された徳。③徳政を行う。

【建白】国 政府などへ意見を申しあげる。建議。「建白書」

【建武中興】国 後醍醐天皇が元弘三年(一三三三)に鎌倉幕府をほろぼして京都に帰り、年号を建武と改め、天皇自身が政治をとるようになったこと。

【建立】一 立てる。設ける。建設。二 国 寺や塔を建てる。三 jiànlì 現 一 に同じ。

【建瓴】瓶の水を屋上からくつがえす。勢いの強いたとえ。

【建具】国 戸・障子・からかみなど、かもいとしきいとの間に「立てて使う家具。」

◆土建・再建・封建・創建

廴 6【廼】〔9〕 同 ↓迺(一二三五ページ・下)

廴 7【迴】〔10〕 俗 ↓廻(四四二ページ・下)

廴 13〖廽〗↓頁部七画(一三七六ページ・上)

3画 廾部 にじゅうあし

【部首解説】「両手で捧げ持つこと」を表す。この部には、「廾」の形を構成要素とする文字が属する。

廾 0【廾】〔3〕 キョウ 漢 ㊤ 腫 gǒng コン　J 5516 U補 5EFE

意味 ささげる。両手で物を持つ。=拱

解字 会意。左右の手を出している形で、両手で物を持っていることを表す。とくに、つつしんでささげている意味のことが多い。

廾 1【开】〔4〕 カイ kāi カイ　J ①8417 U補 5F00

意味 「開」(一三一六ページ・上)の中国新字体。「開」を省略したもの。国 ①「开処」は、ある範囲を指し示して、「そこ」。「其処」が転用されたもの。②姓名として用いられる。

廾 1【廿】〔4〕 標 人 ジュウ 漢 (ジフ) ㊅ 緝 niàn ニエン　J 3891 U補 5EFF

意味 〈にじゅう(にじふ)〉二十。

十 1【卄】〔3〕 俗字　J ── U補 5344

参考 「卅」は、三十。

廾 2【弁】〔5〕 学 5 ベン　J 4259 U補 5F01

旧字 辛 9【辨】〔16〕 一 ヘン 漢 ベン 呉 ㊤ 銑 biàn ビエン　二 ハン 漢 ベン 呉 ㊍ 諫 bàn パン　J 4994 U補 8FA8

旧字 辛 14【辯】〔21〕 ヘン 漢 ベン 呉 ㊤ 銑 biàn ビエン　J 7771 U補 8FAF

旧字 瓜 14【瓣】〔19〕 ハン 漢 ベン 呉 ㊍ 諫 bàn パン　J 6502 U補 74E3

筆順 ㄥ ム ム 弁 弁

辛 9【辧】〔16〕 本字　J 5001 U補 8FA7

意味 【辨】一 ①〈わか・つ〉区別する。見わける。②〈わきま・える(──・ふ)〉わかる。③言い争う。=辯 ④あまねく。=遍 二=辦 ①おさめる。とりさばく。ととのえる。なおす。②そなえる。とりそろえる。

【辯】①おさめる。とりさばく。②ことばではっきりさせる。ことばがはっきりしている。③言い争う。④ことばがうまい。たくみなことば。⑤文体の一種。⑥区別する。見わける。=辨 ⑦変化。=変 国〈べん〉①話し方。②方言。

【瓣】①瓜などのたね。②はなびら。「花弁」③くだものや球根をはなびらのように割ったひとかけら。④現 心臓や血管の中にあって、血の逆流をふせぐ膜。

解字 会意。ムと廾とを合わせた字。ムはかんむり。廾は両手で、弁は、人がかんむりをかぶることを表す。音の関係で、辨・辯・瓣のかわりに用いられる。辨・辯・瓣は、形声文字で、刂・言・瓜が形を表し、辡が音を示すとともに、罪人が対立して争うことから、二つに分かれる意味をも表す。辨は、刀で二つに分けることで、区別する意。辯は、ことばでとりさばくことで、治める意。瓣は、うりを二つに分けることで、うりの中身。

参考 ①「辨」「辯」「瓣」と次項の「弁」とは、本来は別字であるが、現在、わが国では「辨」「辯」「瓣」の新字体として「弁」を用いる。②異体字欄「辧」は「辨」の本字である。③「辮」「辦」は別字。この二字には「弁」を新字体として用いない。

【弁(辯)解】言いひらきをする。あかしをたてる。言いわけ。弁明。弁疏。

【弁(辯)言】すじみち立ったことば。はっきりしたわかりやすいことば。

【弁(辯)護】他人のために、代わって言いわけをし、かばってやる。【──士】国 法 裁判で被告または原告に代わって弁論し、その人の権利または利益を守る職業。また、その職にある人。

【弁(辯)口】「弁舌」に同じ。

【弁(辯)巧】口先がうまい。口がたっしゃなこと。

【弁(辯)才】口先のたくみな働き。弁舌と才知。

【弁(辨)済(濟)】国 借りたものをかえす。返済。

【弁(辨・辯)才天】仏 弁才にすぐれ、音楽・歌・福徳などをつかさどるという神。わが国では七福神のひとり。弁天。弁財天。

【弁(辦・辯)士】べんし ①話しぶりがたくみな人。②国演説・講演などをする人。③国無声映画の説明者。活弁。

【弁(辨)似】べんじ 似ているものを明らかに区別する。

【弁(辯)者】べんしゃ 話し方のじょうずな人。

【弁(辯)辞(辭)】べんじ たくみなことば。

【弁(辦)償】べんしょう(しゃう) 国①つぐなう。埋め合わせをする。②借りをかえす。

【弁(辨・辯)証(證)法】べんしょうほう(はふ) 哲自己の発展により、内部の矛盾を統一し、新しい段階に達する方法。また、その理論。

【弁(辯)舌】べんぜつ ものの言い方。うまい言いまわし。口さき。「弁口」

【弁(辨・辯)天】べんてん ①「弁才天」に同じ。②国美人をいう。

【弁(辯)難】べんなん 言い争う。議論して相手を非難する。

【弁(辨)認】べんにん まちがいないと、認める。わきまえ、認める。

【弁(辯)佞】べんねい 口さきがうまく、人の気にいるようにたちまわる悪人。＝便佞

【弁(辯)駁】べんばく 他人の説の不合理な点を論じ攻める。

【弁(辨)別】べんべつ 見分ける。わきまえる。識別。

【弁(辨・辯)明】べんめい ①ものの善悪を区別して明らかにする。②言いわけをする。弁解。弁疏。

【弁(辯)妄】べんもう(まう) 相手の議論のまちがいを説ききかせてわからせること。

【弁(辦)理】べんり 事務処理をする。

【弁(辯)論】べんろん ①言いはること。また、その論。②お互いに言いあう。論じる。「弁論大会」

◆支弁・代弁・多弁・自弁・佞弁・抗弁・花弁・活弁・能弁・勘弁・強弁・訥弁・雄弁・答弁・腰弁・詭弁・熱弁

廾2 【弁】〔5〕 ベン 呉 去 霰 biàn ピエン　U 5F01　補　J 4259

3 見 【覍】〔10〕 字 同 U 898D　補　J 6105

意味 ①男子が礼服を着た時かぶるかんむり。②かんむりをかぶる。③二十歳でかんむりをつけ、成人となる。④武官をいう。⑤一番前に置く。「弁言(まえがき)」⑥ふるえる。恐れおののく。⑦いそぐ。はやい。

(弁①)

廾3 【异】〔6〕 一イ 漢 一去 寘 yì イー　二イ 漢 二平 支 yí イー　U　補　J

廾3 【异】〔6〕 俗字　U 5F02　補 2860　J ①8418

意味 一①〈あ・げる(―・ぐ)〉任命する。②〈こと・なる〉＝異 二〈や・める(―・む)〉

参考 异は「異」(八三八ﾍﾟｰｼﾞ・上)の中国新字体としても使う。

廾4 【弄】〔7〕 常 ロウ もてあそぶ　U 5F04　補　J 4714

ロウ 漢 去 送 nòng ノン、lòng ロン

筆順 一 丁 干 王 王 丟 弄

意味 ①〈もてあそ・ぶ〉手でいじくる。おもちゃにする。②おもちゃ。③あそぶ。娯楽。④鑑賞する。⑤からかう。あなどる。⑥(音楽を)かなでる。⑦楽曲。⑧演じる。⑨やる。する。⑩手に入れる。⑪横町。路地。音 lòng ロン。

解字 会意。廾は両手を象る。弄は、両手で玉を持つ形で、もてあそぶ意となる。

【弄花】ろうか(くわ) ①花の手入れをすること。②国花札をもてあそぶこと。はなあわせ。

【弄瓦】ろうが(ぐわ) 女子が生まれること。↔弄璋

【弄翰】ろうかん たわむれに書く。また、たわむれに書いた書画・詩文。

【弄玩】ろうがん(ぐわん) なぐさみ、もてあそぶ。玩弄。

【弄月】ろうげつ 月をながめて楽しむ。

【弄巧】ろうこう(かう) 技巧を用いすぎる。細工をしすぎる。

【弄璋】ろうしょう(しゃう) 男子が生まれること。昔、男が生まれれば璋のおもちゃを与え、女子の場合は瓦のおもちゃを与えた故事による。〈詩経・斯干〉↔弄瓦

【弄舌】ろうぜつ おしゃべりをする。しゃべる。

【弄筆】ろうひつ ①筆をもてあそぶ。②事実をまげて書く。

◆玩弄・愚弄・嘲弄・翻弄

廾4 【弃】〔7〕 古 →棄(六五四ﾍﾟｰｼﾞ・上)

廾4 【[廾+卜]】〔7〕 俗 →叔(二一三ﾍﾟｰｼﾞ・下)

廾5 【弆】〔8〕 キョ 漢 上 語 jǔ チュイ　U 5F06　補 2861　J 2861

意味 〈おさ・める(をさ・む)〉しまいこむ。

廾6 【弈】〔9〕 エキ 漢 入 陌 yì イー　U 5F08　補 2863　J ②1213

意味 囲碁。碁をうつ。

参考 「奕」は別字。ただし、混用されることが多い。

【弈秋】えきしゅう(しう) 碁の名人の名前。

廾6 【弇】〔9〕 エン 漢 上 琰 yǎn イエン　U 5F07　補 2862　J ①8419

意味 ①〈おお・う(おほ・ふ)〉かぶせる。②深い。③器の口がせまく中が広い。④せまい道。

廾6 〖舁〗 →臼部四画(一〇三五ﾍﾟｰｼﾞ・中)

廾7 【弉】〔10〕 俗 →奘(三三二ﾍﾟｰｼﾞ・上)

廾11 〖鼻〗 →鼻部〇画(一四五一ﾍﾟｰｼﾞ・下)

廾11 【[將+廾]】〔14〕 同 →奬(三三三ﾍﾟｰｼﾞ・中)

廾12 【弊】〔15〕 常 ヘイ　U 5F0A　補　J 4232

旧字 廾12 【弊】〔15〕 ヘイ 呉 漢 去 霽 bì ピー　U　補　J

筆順 丶 丷 㡀 尚 尚 敝 敝 弊

意味 ①〈やぶ・れる(―・る)〉こわれる。②悪い。不利益な。「弊害」③〈つか・れる(―・る)〉④〈たお・れる(たふ・る)〉＝斃 ⑤〈おお・う(おほ・ふ)〉ごまかす。＝蔽 ⑥自分のことをへりくだって言うことば。「弊宅」

解字 形声。廾が形を表し、敝が音を示す。古い形は獘。敝は、布がやぶれるという意味の㡀と、打つという意味の攵を合わせて、やぶれる、くずれるという意味を持つ。獘は犬がガックリして死ぬことである。この獘が弊に変わった。弊の廾は両手で動作することであるが、字の本義には影響なく、弊は、やぶれる、苦しむ、悪い、の意味に使われる。

参考 「幣」は別字。

【弊衣】へいい やぶれた衣服。「弊衣破帽」＝敝衣

【弊屋】へいおく(をく) 国①こわれかけた家。あばらや。②自分の家をけんそんしていうことば。

【弊害】へいがい よくないこと。さまたげや害になること。

【弊国(國)】へいこく 自分の国をけんそんしていうことば。

【弊事】へいじ 弊害がある事がら。悪い事がら。

【弊習】へいしゅう(しふ) 悪いならわし。よくない習慣。弊風。

【弊制】へいせい 悪い制度。

【弊風】へいふう 悪い習慣。弊習。

【弊邑】へいゆう(いふ) 自分の領土をけんそんしていうことば。

【弊履】へいり 破れたはきもの。すりきれたはきもの。

【弊陋】へいろう　みすぼらしく、むさくるしい。

◆旧弊きゅうへい・疲弊ひへい・悪弊あくへい・罷弊ひへい

廾15【彜】→彐部十五画（四五二ページ・下）

3画　弋部　しきがまえ

【部首解説】「物をかける木のくい」を表す。この部には、「弋」の形を構成要素とする文字が属する。

弋0【弋】〔3〕ヨク 漢 入 職 yì イー　J5521 補 U5F0B

意味 ①〈いぐるみ〉糸をつけた矢。また、矢に糸をつけて鳥を射る。②狩りをする。手に入れる。③くい。棒ぐい。＝杙 ④黒い色。⑤姓。

解字 会意。㇄とノを合わせた字。㇄は木の枝を切ってとがらせた形。ノは、物をかけることを表す。弋は、物をひっかけるように作った木のくいをいう。

参考「弌いち」「戈ほこ」は別字。

【弋者】よくしゃ　いぐるみを射るりょうし。

【弋射】よくしゃ　矢に糸を結んで飛ぶ鳥を射ること。

【弋矰】よくそう　矢に糸をつけて鳥を射る。また、その矢。弋繳よくしゃく。

【弋釣】よくちょう（てう）　いぐるみで鳥をとったり、魚をつったりする。狩りや釣り。

【弋綈】よくてい　黒色の厚いつむぎ。一説に厚いつむぎ。

弋1【弌】〔4〕古→一（一ページ・上）

弋2【弍】〔5〕古→二（四六ページ・上）

弋3【式】〔6〕学3 シキ　ショク 漢 入 職　シキ 呉 shì シー　J2816 補 U5F0F

筆順 一 二 三 工 式 式

意味 ①〈のり〉てほん。きまり。②〈のっと・る〉手本にする。③車の前方の手すりにする横木。また、それに手をかけて礼をする。＝軾 ④〈もち・いる（――・ふ）〉⑤〈もって〉＝以 ⑥〈ああ〉感動詞。国〈しき〉①平安時代、役所の事務の標準を示したもの。「延喜式えんぎしき」②計算の順序を文字や符号で表したもの。③儀式。

解字 形声。工が形を表し、弋よくが音を示すとともに、目じるしの意味を持つ。工は工作すること。式は、しるしをつけてきまった型によって工作することで、そこから、てほん・かたの意味になる。一説に弋は、くいで、式は工作して美しくすることという。

名前 つね・もち

参考「弐じ」は別字。

【式外】しきがい（ぐわい）・しきげ　国延喜式えんぎしきの神名帳にのっていない神社。↔式内

【式辞（辭）】しきじ　国式のあいさつ。儀式でのべることば。

【式日】しきじつ　国儀式の行われる日。

【式場】しきじょう（ぢゃう）　国式の行われる場所。

【式退】しきたい　国①おじぎ。あいさつ。②おせじ。ついしょう。

【式台（臺）】しきだい　国玄関のあがり口にある板敷き。

【式典】しきてん　①古い法にみならう。②国儀式。

【式内】しきない　国延喜式えんぎしきの神名帳にのっている神社。↔式外

【式微】しきび　①王室がおとろえる。「式微式微あああびなり」〈詩経しきょう・式微〉②「詩経しきょう」の編名。

【式部官】しきぶかん（くわん）　国宮内くない庁式部職の役人。宮中の儀式・交際などのことにあたる。

【式服】しきふく　国儀式に参加するときに着る衣服。礼服。

【式部職】しきぶしょく　国宮内くない庁に属して、皇室の儀式・雅楽ががく・交際などをつかさどる役所。

【式目】しきもく　国武家時代、箇条書きにしたおきて。

◆一式いっしき・方式ほうしき・公式こうしき・本式ほんしき・正式せいしき・礼式れいしき・旧式きゅうしき・形式けいしき・法式ほうしき・洋式ようしき・株式かぶしき・格式かくしき・書式しょしき・略式りゃくしき・葬式そうしき・等式とうしき・新式しんしき・様式ようしき・儀式ぎしき・方程式ほうていしき・非公式ひこうしき・金婚式きんこんしき・銀婚式ぎんこんしき・除幕式じょまくしき

弋3【弐】〔6〕常 ニ　J3885 補 U5F10

旧字 貝5【貳】〔12〕ジ 漢 去 寘　ニ 呉 èr アル　J7640 補 U8CB3

筆順 一 二 三 弐 弐 弐

貝4【貮】〔11〕俗字　J7641 補 U8CAE

意味 ①二番目の位置。副官。②助ける。補佐する。③〈ふたつ〉＝二 ④〈ふたたび・す〉二度する。くりかえす。⑤〈うたが・う（――・ふ）〉信頼しない。⑥〈たが・う（――・ふ）〉㋐そむく。うらぎる。㋑はなれる。⑦〈そ・える（――・ふ）〉増し加える。⑧並べる。重ねる。⑨変わる。⑩ふたごころ。そむく心。二心。

解字 形声。貝が形を表し、弐じが音を示す。貝は通貨。弐は二の古い形である。貳は、一つのもとでが、二つになることから、離れる、そむくの意味を生じた。

【弐言】じげん　①うたがわしいことば。②異議をさしはさむ。〈国語・越語えつご下〉

【弐室】じしつ　離宮。

【弐心】じしん　君主にそむく心。ふたごころ。〈左伝・昭公〉

【弐臣】じしん　二君につかえる臣。前の王朝につかえて、またつぎの王朝にもつかえる家来。

弋3【弎】〔6〕古→三（一一ページ・中）

弋4【𢍿】〔7〕ソウ 漢 平 陽（サウ）zāng ツァン　補 U2237F

意味 くい。船をつなぎとめるくい。

弋4【忒】→心部三画（四七〇ページ・中）

弋5【𤮼】〔8〕タイ 漢 去 隊 dài タイ　補 U24BBC

意味 ①あまい。②買う。③国現有機化合物の一種。配糖体。「苷かん」（一〇五〇ページ・下）の旧称。

弋5【武】→止部四画（六八〇ページ・上）

弋9【弑】〔12〕シ 漢 去 寘　シイ 慣 shì シー　J5522 補 U5F11

意味 ①〈しい・する（――・す）〉殺す。臣下が主君や親など、目上の者を殺す。②〈ころ・す〉

【弑逆】しいぎゃく・しぎゃく　臣が君を、子が父を殺す大悪。

弋11【鳶】→鳥部三画（一四二八ページ・中）

3画　弓部　ゆみ　ゆみへん

【部首解説】「ゆみ」にかたどる。この部には、弓の状態や、弓を使った行為に関連するものが多く、「弓」の形を構成要素とする文字が属する。

3画　口囗土士夂（夊）夕大女子宀寸小尢（兀・兀）尸屮山巛（川）工己巾干幺广廴廾弋弓彐（彑・ヨ）彡彳⺌

弓 0
【弓】
〔3〕 学2 キュウ ゆみ
キュウ(キウ) 漢 ク 呉 ― 平 東 gōng コン
J 2161 ― 補 ― U 5F13

筆順 ㇕ ㇕ 弓

意味 ①〈ゆみ〉 ②車のおおいを支える弓形の木組み。③弓のように曲がる。④長さの単位。歩。六尺、一説に八尺ともいう。⑤姓。

解字  象形。弓の形を表す。

名前 ゆ 姓 弓削 難読 弓場・弓筈・弓勢・弓手

【弓衣】 弓を入れる袋。弓ぶくろ。
【弓裘】 弓を作ることと、裘を作ること。転じて、先祖代々の仕事を受けつぐこと。弓冶。↓「箕裘」(九三六ページ・下)
【弓矢】 一 弓と矢。弓箭。 二 国①弓と矢。②武道。③戦い。【――八幡】 国①武神の八幡大菩薩。②武士の誓いのときに言うことば。
【弓師】 ―― 弓を作る人。弓人。
【弓手】 一 弓を射る人。 二 国弓を持つほうの手。左手。↔馬手
【弓術】 弓を射る術。射法。弓道。
【弓鞘】 弓の末端の部分。ゆはず。
【弓人】 ①弓を作る人。②弓を射る人。
【弓勢】 一 ①弓の形。②弓が矢をとばす力。 二 国弓を張る力。弓を射る力。
【弓箭】 ①ゆみや。弓矢。②戦い。【――之士】 弓矢を取る武士。
【弓弩】 弓と石弓。弓の総称。
【弓刀】 弓と刀。弓剣。
【弓馬】 弓と馬。弓術と馬術。転じて、武術一般をさす。【――之間】 弓を射、馬をはしらせる場所。戦場。
【弓冶】 弓を作る仕事と、鍛冶屋の仕事。転じて、先祖代々の仕事を受けつぐこと。弓裘。↓「箕裘」(九三六ページ・下)
【弓取】 国①弓を手に持つ。②武士。③弓のじょうずな人。④すもうで、弓を取る儀式。また、その力士。
【弓筈】 国弓の両はしの弦をかける所。
【弓張月】 国弓の形をした月。弦月。
【弓杖】 ①弓をつえにすること。また、そのつえ。②一張の弓の長さ。ふつう、七尺五寸をいう。ゆんだけ。弓丈。
『弓折刀尽(盡)』 武器がなくなって戦うすべがない。力が尽きはてて、どうにもならなくなる。↓「刀折矢尽」(一五五ページ・上)
△▼天弓・半弓・胡弓・洋弓・強弓

弓 1
【引】
〔4〕 学2 イン ひく・ひける
イン 漢 呉 ― 上 軫 yǐn イン
J 1690 ― 補 ― U 5F15

筆順 ㇕ ㇕ 弓 引

意味 ①〈ひ・く〉〈ひ・ける〉 ㋐弓をひく。㋑ひっぱる。㋒のばす。㋓みちびく。㋔つかむ。ひきよせる。㋕引用する。まねく。㋖推薦する。㋗ひっこむ。②楽府の一体。③文体の一種。序。④長さの単位。十丈。(↓付録「度量衡名称」)

解字 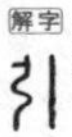 会意。弓と丨を合わせた字。丨は引き上げることともいい、矢の形ともいう。引は弓を引くことを表す。

名前 のぶ・ひき・ひさ 地名 引佐

【引援】 ひく。引き上げる。
【引咎】 あやまちを認める。責任を負う。
【引拠(據)】 ①ひいてよりどころとする。②引用した根拠。
【引決】 責任を引き受けて自殺する。
【引見】 人をよびいれて面会する。
【引証(證)】 証拠としてひく。また、その証拠。
【引声(聲)】 仏念仏や経文を、声をのばして、ふしをつけてとなえる。
【引伸】 引き伸ばす。応用する。
【引責】 責任を自分の身に引き受ける。
【引接】 一 ①よび入れて面会する。引見。②引き合わせる。 二 仏仏が衆生(すべての生きもの)を極楽に導く。
【引薦】 人をとりたてる。
【引率】 引き連れる。
【引退】 ①職をやめる。②隠居する。
【引致】 ①引き寄せる。引き立てて、つれて行く。②国国家が関係者を強制的に裁判所・警察署などへ出頭させること。
【引導】 ①道案内。あんない。②仏衆生(すべての生きもの)を極楽浄土に導くため、その法を説く。
【引慝】 悪いことを自分の責任にする。責任をとる。
【引年】 ①長生きする。②老年を理由に辞職する。
【引満(滿)】 ①ゆみのつるをしぼる。②酒をなみなみとつぐ。
【引喩】 たとえをひく。
【引用】 ①人をとりたてる。登用する。②他人の文章や古典の語をひいて使う。
【引領】 ①引き連れる。②首をのばして待ちのぞむ。
【引力】 物体が互いに引き合う力。万有引力。
【引例】 例証にひく。また、その引用した例。
【引馬】 国昔、大名などの行列に、美しくかざって連れ歩いた馬。
【引潮】 国潮が沖に引きさがること。また、その潮。干潮。↔上潮・満潮
【引起】 yǐnqǐ 現引き起こす。もたらす。
△▼万引・手引・勾引・吸引・取引・拘引・孫引・差引・索引・値引・強引・細引・牽引・割引・間引・棒引・置引・綱引

弓 1
【弔】
〔4〕 常 チョウ とむらう
一 チョウ(テウ) 漢 呉 ― 一 去 嘯 diào ティアオ
二 テキ 漢 ― 二 入 錫 dí ティー
J 3604 ― 補 ― U 5F14

筆順 ㇕ ㇕ 弓 弔

意味 一 ①〈とむら・う(――・ふ)〉 人の死をかなしむ。また、葬式。②なぐさめる。見舞う。③なげく。かなしむ。④あわれむ。心配する。⑤よい。善良な。⑥〈つる・す〉 =吊 二 〈いた・る〉 来る。着く。

解字  会意。丨と弓とを合わせた字。丨は人の形が略されたもの。昔は、死者を野に置いたので、鳥獣に食われるのをふせぐために、弓で追い払った。弔は、弓と人とを合わせて、とむらうことを表したもの。また、弓はとむらいの時に持って行くものとする。他の説に、弔は棒につるがまといついて垂れている形で、恵みをたれることを表すとも、弔はくねくねとした人のことで、悼の仮借で、とむらう意味になるともいう。

【弔意】 とむらう心。人の死をかなしむ気持ち。
【弔慰】 死者をとむらい、遺族を慰める。
【弔影】 自分の影をいたむ。ひとりぼっちのたとえ。
【弔客】 おくやみにくる客。

【弔旗】(ちょうき) 国弔意を表すために旗の玉を黒い布でつつみ、旗ざおの上部と旗との間に黒い布切れをたらしたもの。

【弔屈】(ちょうくつ) 五月五日に、汨羅に身を投げた楚の忠臣屈原をとむらうこと。

【弔祭】(ちょうさい) 死者のとむらいや、命日などの祭り。

【弔詞】(ちょうし) 国おくやみのことば。弔文。弔辞。

【弔辞(辭)】(ちょうじ) 「弔詞」に同じ。

【弔恤】(ちょうじゅつ) とむらう。あわれむ。

【弔賻】(ちょうふ) 死者をとむらうためにおくる金や品物。香奠。

【弔文】(ちょうぶん) 人の死をとむらう文章。弔辞。

【弔砲】(ちょうほう) 国死者をとむらうためにうつ礼砲。

【弔問】(ちょうもん) 人の死をいたみ、その遺族をたずねて慰める。

【弔合戦(戰)】(とむらいがっせん) 国死んだ人の霊を慰めるために行う戦い。
◆哀弔・追弔・敬弔・慶弔

弓1【弖】〔4〕国字　意味〈て〉古い文書の中で、「テ」の字の代わりに用いる。「弖爾波」　J 5523　補 ―　U 5F16

弓2【弘】〔5〕人　コウ漢平蒸　グ呉　hóng ホン　J 2516　補 ―　U 5F18

意味 ＝宏　①〈ひろ・い(――・し)〉大きい。②〈ひろ・める(――・む)〉大きくする。かがやかす。

解字  形声。弓が形を表し、ム(こう)が音を示す。ムは厷の古字。厷は弓の音。弘は、弓を射るとき発する音。また、厷はひじを張ることで、宏と通じて、広い、大きい、の意味になる。

名前 お・ひろ・みつ　地名 弘前　難読 弘徽殿

参考 新表記では、「広」に書きかえる熟語がある。

【弘誓】(ぐぜい) 仏すべての生きものを助けて、安楽の境地にはいらせようとする仏のなさけ深いちかい。【――舟】(ぐぜいのふね) 仏仏が衆生(すべての生きもの)を救おうとする大きなちかいを船にたとえたもの。
【弘通】(ぐつう) 仏仏法が世に広まる。
【弘法】一(ぐほう) 仏仏法を広める。二(こうぼう) 「弘法大師」の略。【――大師】(こうぼうだいし) 僧の空海をいう。平安時代、真言宗をはじめ、高野山を開いた。(七七四～八三五)
【弘基】(こうき) 大きな基礎。
【弘毅】(こうき) 度量が広く、意志の強いこと。「士不レ可二以不一レ弘毅一」(しはもってこうきならざるべからず)〈論語・泰伯〉
【弘済(濟)】(こうせい) 広く世の人を救う。
【弘道館】(こうどうかん) 国徳川斉昭創設の水戸藩の学校。【――記】(こうどうかんき) 国徳川斉昭が弘道館設立の目的を述べた文章。【――記述義】(こうどうかんきじゅつぎ) 国藤田東湖が徳川斉昭の「弘道館記」をこまかに説明したもの。
【弘報】(こうほう) 国広く一般に知らせるために官庁が出す文書。＝広報
【弘量】(こうりょう) 大きい度量。ゆったりした人がら。
【弘徽殿】(こきでん) 国昔の宮中にあった御殿の名。清涼殿の北にあり、皇后や中宮の住んだ所。

弓2【弗】〔5〕　フツ漢　ホチ呉入物　ホツ慣　fú フー　J 4206　補 ―　U 5F17

意味 ①〈ず〉打ち消しを表す。ほぼ「不」に同じだが、古くは他動詞の打ち消しに用い、目的語が省略される。②災いをはらう。③姓。国〈ドル〉貨幣の単位。

> 語法 〈ず〉…しない。動作を打ち消す。類不　例「武侯疑レ之而弗レ信也」(ぶこうはこれをうたがひてしんぜず)〈史記・呉起列伝〉(武侯は彼〔呉起〕を疑い信用しなくなった) ▼先秦期において は「弗」が打ち消す動詞の目的語は省略されることが多い。

【弗素】(ふっそ) 理ハロゲン元素の一つ(F)。

【弗弗】(ふつふつ) ①はげしく速いさま。②賛同しないさま。

弓3【弙】〔6〕　オ(ヲ)漢　ウ・オ(ヲ)呉平虞　wū ウー　J ―　補 2865　U 5F19

意味 ①的にむけて弓をいっぱいに引きしぼる。②手で持つ。

弓3【弜】〔6〕　キョウ(キャウ)漢上養　jiàng チアン　J ②1215　補 2866　U 5F1C

意味 強い。また、弓が力強いさま。

弓3【弞】〔6〕　キン漢平真　jīn チン　J ②1216　補 ―　U 223AD

意味 〈ゆはず〉弓の両端の弦をかける部分。

弓3【弛】〔6〕人標　シ漢上紙　チ慣　chí チー　J 3548　補 ―　U 5F1B

弓5【弛】〔8〕同字　J ―　補 ―　U 38AE

意味 ①〈ゆる・める(――・む)〉〈ゆる・む〉㋐弓のつるをゆるめる。↕張　㋑たるむ。弱まる。㋒延期する。②〈おこた・る〉③〈こぼ・つ〉こわす。④とりのぞく。

【弛緩】(しかん・ちかん) たるむ。ゆるむ。

【弛然】(しぜん) ゆるむさま。

【弛張】(しちょう) ゆるむことと、張ること。

【弛廃(廢)】(しはい) ゆるみすたれる。行われなくなる。

弓4【弡】〔7〕　ケツ漢入屑　jué チュエ　J ―　補 ―　U 223B9

意味 〈ゆがけ〉右手の親指にはめて弓のつるを引く道具。＝夬

弓4【弞】〔7〕　シン漢上軫　shěn シェン　J ②1217　補 ―　U 5F1E

意味 〈わら・う(――・ふ)〉ほほえむ。＝哂

弓4【弟】〔7〕学 2　テイ・ダイ・デ　おとうと　J 3679　補 ―　U 5F1F

一 テイ漢　ダイ呉　デ呉　上薺　dì ティー
二 テイ漢　去霽　tì ティー

筆順 丶 丷 丬 丬 弟 弟

意味 一①〈おとうと〉兄に対する弟。②妹。「女弟」③年下。「弟子」④自分をけんそんしていうことば。⑤でし。「師弟」⑥順序。等級。＝第「弟一」⑦〈ただ〉それだけ。＝第　二弟が兄にしたがう。＝悌

解字 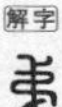 形声。弟と丿とを合わせた字。弟が形を表し、丿が音を示す。弟は韋の略で、なめしがわを上から順序よく巻きつける形である。弟は順序次第を表す。また、下の方に丿の印があるのは、順序よく巻きつけた下部を示すもので、順序の下のほう、「おとうと」のことになるという。一説に、弟は、弋と己とを合わせた字で、弋は棒または武器のつか、己は韋の略で、皮を巻きつけることであるともいう。

名前 おと・くに・ちか・つぎ・ふと　地名 弟子屈

【弟橘媛(媛)】(おとたちばなひめ) 国日本武尊の妃。尊が東国を征伐したとき、海の荒れるのを静めるため、尊に代わって海中に身を投げて死んだと伝えられている。

【弟兄】(ていけい) 弟と兄。きょうだい。

【弟子】一(ていし) ①年の若い者。②教え子。門弟。門人。二(でし) 門弟。三(おとご) 国すえっこ。末子。【――不レ必不レ如レ師】(ていしはかならずしもしにしかずんばあらず) 弟子は必ず先生よりも人物がおとっているとはかぎらない。〈韓愈・師説〉

【弟妹】(ていまい) 弟と妹。年下のきょうだい。

【弟弟】(ティーティー) dìdi 現弟。

◆子弟・令弟・兄弟・門弟・舎弟・徒弟・従弟・師弟・乳兄弟・四海兄弟

弓4【弝】〔7〕ハ 漢 去 禡 bà パー U補J 5F1D 2867 ①8420

意味 ①〈ゆづか〉弓の中ほどの、左手でにぎる所。②とって。＝靶は

弓5【弡】〔8〕㊀クツ 漢 ㊀入 物 jué チュエ ㊁チョウ 漢 呉 (チャウ) ㊁平 陽 zhāng チャン U補J 5F21 2868

意味 ㊀強くて勇ましい。また、弓の力強いさま。㊁「張」(四五〇ジペ・中)の同字。

弓5【弦】〔8〕常 ゲン つる ケン 漢 ゲン 呉 平 先 xián シエン U補J 5F26 2425

筆順 ㇆ コ 弓 弓' 弘 弦 弦 弦

意味 ①〈つる〉弓のつる。②弓のつるの形をしたもの。③まっすぐ。正直。「弦直」④月が半円形になったもの。「上弦」⑤数直角三角形の斜辺。⑥数弧この両端を結んだ直線。⑦楽器の糸。＝絃 ⑧脈拍が速い。⑨姓。

解字 会意。弓と糸を合わせた字。弓のつるを表す。一説に、玄げんは引っかける意味で、音をも示す字で、弦は弓の両端にかける、つるのことであるともいう。

名前 お・いと・ふさ

参考 「絃」は別字。ただし、新表記では、「絃」の書きかえに用いる。

【弦韋】ゆみづるとなめしがわ。

【弦影】ゆみはり月。

【弦(「絃」)歌】①琴ことや瑟しつに合わせて歌う。②国三味線しゃみせんなどの音楽。

【弦(「絃」)楽(樂)器】バイオリンや琴ことなど、弦つるを張って奏する楽器。

【弦(「絃」)管】琴ことと笛ふえ。管弦。

【弦(「絃」)琴】こと。

【弦月】弓の形をした月。弓張り月。半月はんげつ。

【弦(「絃」)索】弦楽器の糸。

【弦(「絃」)誦】①琴ことをひき、あわせて歌う。②音楽と読書。③学校の授業。

【弦線】国①弦つるにする糸。②羊などの腸で作った糸。多くはラケットの網に用いる。ガット。

【弦望】弦月と望月。半月と満月。「弦望自有レ時」(月が欠けるのも満ちるのも自然のなりゆきである。)〈李陵・与二蘇武一詩〉

【応(應)レ弦而倒】弓のつるの音がするたびに人がたおれる。弓の勢いが強く、また、射かたのたくみなさま。〈史記・李広列伝〉
◆上弦・下弦・弓弦

弓5【弨】〔8〕ショウ 漢 (セウ) 平 蕭 chāo チャオ U補J 5F28 2872

意味 ①弓のゆるむさま。②弓。

弓5【弤】〔8〕テイ 漢 上 薺 dǐ ティー U補J 5F24 2871

意味 朱しゅぬりの弓。

弓5【弩】〔8〕ド 漢 ヌ 呉 上 麌 nǔ ヌー U補J 5F29 5524

意味 〈いしゆみ〉ばねじかけで矢を発射する武器。おおゆみ。「弩弓」「強弩」

参考 「弩」は別字。

【弩手】石弓の射手。弓の射手。弩士。

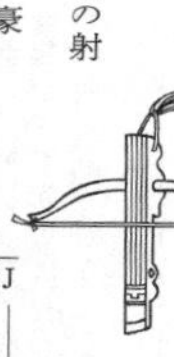
(弩)

弓5【弢】〔8〕トウ 漢 (タウ) 平 豪 tāo タオ U補J 5F22 2869

意味 ＝韜 ①〈ゆみぶくろ〉弓を入れる袋。②〈つつ・む〉㋐いれる。㋑おおいかくす。③兵法書。「六弢」

弓5【弥】〔8〕常 や ㊀ビ 漢 ミ 呉 ㊀平 支 mí ミー ㊁ビ 漢 ミ 呉 ㊁上 紙 mǐ ミー U補J 5F25 4479

旧字 弓14【彌】〔17〕人 U補J 5F4C 5529

筆順 ㇆ コ 弓 弓' 弥 弥 弥 弥

長14【镾】〔21〕字 本 U補J 957E 7001

意味 ㊀①〈ひさし・い(ひさ・し)〉②〈わた・る〉つらぬく。おおう。③きわめる。つくす。④〈あまね・し〉行きわたる。⑤〈いよいよ〉〈いや〉ますます。⑥おぎなう。つくろう。「弥縫」⑦姓。㊁①〈や〉弥生やよいに用いる。②〈や・める〉(―・む)＝弭

解字 形声。弓が形を表し、爾じが音を示す。爾の音は弛しと通じて、ゆるめる意味がある。彌は弓のつるをゆるめることである。镾の仮借として、久しい、瀰の仮借として、遠い、広い、あまねし、の意味となる。

名前 や・いよ・ひさ・ひろ・ます・まね・みつ・やす・よし・わたり

姓 弥郡や・弥柳やなぎ

難読 弥生やよい(付表)／弥次やじ・弥や明後日って

【弥栄(榮)】国いよいよ栄える。ますます盛んになる。

【弥久】長びく。久しくなる。

【弥月】①翌月にまたがる。②いく月にもわたる。③懐胎十か月をおわる。

【弥日】日がたつ。日数をかさねる。

【弥弥(瀰)】少しずつ。やや。

【弥縫】とりつくろう。一時しのぎの手当をする。

【弥茫】ひろびろとしたさま。

【弥望】①みわたすかぎり。②広く見渡す。

【弥漫】はびこり、ひろがる。＝瀰漫
【弥留】病気が重い。

【弥撒】国ローマ＝カトリック教で行う儀式。また、その儀式のとき信徒がうたう歌。

【弥陀】仏「阿弥陀あみだ」の略。→「阿弥陀」(一三二六ジペ・上)

【弥次】国やじる。また、そのことば。【――馬】国人のあとについて、わいわいさわぎまわる人。【――喜多】国①気らくな楽しい旅行。②じょうだんのすきな、なかのいい二人のなかま。

【弥生】国陰暦三月の別称。【――土器】国石器時代及び金石器併用時代の土器。明治十七年(一八八四)ごろ東京本郷の弥生町から最初に出土した。⇔縄文じょうもん土器【――文化】国縄文文化の時代につづいて生まれた、弥生土器で代表されるわが国最初の農耕文化。金石を併用、遺跡は関東の西方に多い。

弓5【弣】〔8〕フ 漢 上 麌 fǔ フー U補J 5F23 2870 ①8421

意味 〈ゆづか〉弓の中ほどの、左手でにぎる所。

弓5【弧】〔8〕旧→弧(四四九ジペ・上)

弓5【⿰弓施】〔8〕同→弛(四四七ジペ・中)

弓6【弬】〔9〕イ 漢 平 支 yí イー U補J 5F2C 2874

意味 弓の名。

弓6【弮】〔9〕ケン 漢 去 霰 juàn チュワン U補J 5F2E 2875

意味 ①曲がる。②まいたもの。＝巻(けん) ③いしゆみ。＝桊(けん)

U 補 J　2444　5F27

弓 6
【弧】〔9〕
常 コ

旧字 弓 5 【弧】〔8〕　コ 漢 平 虞　hú フー

U 補 J

筆順 ｺ 弓 弓' 弓' 弧 弧 弧 弧

意味 ①弓。木の弓。②旗を張るために用いる弓状の竹の棒。③まげる。たわめる。④数 円周または曲線の一部。⑤姓。

解字 形声。弓が形を表し、瓜(こ)が音を示す。瓜は、曲線を表す意味がある。弧は、木製の弓を表し、カーブをえがいたものをもいう。

参考 「孤(こ)」は別字。

【弧矢】(こし) ①弓と矢。②星の名。

【弧状(狀)】(こじょう(じゃう)) 弓なりの形。弓形。

【弧灯(燈)】(ことう) 国 アーク灯。二本の炭素棒に電流を通じ白色光を出させる電灯。明治・大正時代に流行したもの。

【弧刺】(こらつ) ゆがんでいる。
△▼括弧(かっこ)

弓 6
【弨】〔9〕
シン 漢 上 軫　zhěn チェン

U 補 J　2873　5F2B

意味 弓が強い。

弓 6
【弭】〔9〕
ビ 漢 ミ 呉 上 紙　mǐ ミー

U 補 J　5525　5F2D

意味 ①〈ゆはず〉弓の両端の弦(つる)をかける所。②〈や・める(ー・む)〉とめる。おさえる。中止する。③やすんじる。④したがう。服従する。

姓 弭間(はずま)

【弭息】(びそく) とどまる。とどめる。

【弭兵】(びへい) 戦いをやめる。

【弭忘】(びぼう(ばう)) 忘れる。

弓 6
【弯】〔9〕
簡 ↓彎(四五二ジ・上)

弓 7
【弱】〔10〕
学 2 ジャク　よわい・よわる・よわまる・よわめる

U 補 J　2869　5F31

旧字 弓 7 【弱】〔10〕　ジャク 漢　ニャク 呉 入 薬　ruò ルオ

U 補 J

筆順 ｺ 弓 弓 弓 弓ᐟ 弓ᐟ 弱 弱

意味 ①〈よわ・い(ーー・し)〉力がない。数が少ない。おとる。もろい。↕強 ②〈わか・い(ーー・し)〉年がわかい。「弱年」③二十歳ぐらい。④〈よわ・る〉〈よわま・る〉〈よわ・める(ーー・む)〉力がなくなる。おとろえる。「衰弱」⑤へる。うしなう。⑥…足らず。↕強「四キロ弱」

解字 会意。弓と彡を合わせ、二つ並べたもの。弓は木が曲がっていること、彡は毛の弱いさま。どちらも弱々しいもので、弱はそれを二つ並べて、よわいことを表す。一説に、弱は、鳥のひなが並んでいる形で、わかく弱いことを表すとも、弓を曲げることで、やわらかく弱い意味になるともいう。

難読 弱竹(なよたけ)

【弱子】(じゃくし) 年の若いこども。おさなご。

【弱志】(じゃくし) ①心がすなおで、欲の少ないこと。②意志が弱い。

【弱視】(じゃくし) 国 視力が非常に弱いこと。

【弱質】(じゃくしつ) 弱い性質。

【弱者】(じゃくしゃ) 弱いもの。無力のもの。↕強者
【弱主】(じゃくしゅ) 年の小さな君主。

【弱小】(じゃくしょう(せう)) ①小さくて弱い。↕強大 ②年が若い。弱年。

【弱震】(じゃくしん) 国 弱い地震。旧震度階級で、震度三。家がゆれ、戸・障子(しょうじ)が鳴る程度のもの。

【弱卒】(じゃくそつ) 弱い兵卒。たのみにならない兵士。弱兵。

【弱点(點)】(じゃくてん) 国 ①弱い所。弱み。②欠点。不完全な所。

【弱肉強食】(じゃくにくきょう(きゃう)しょく) 弱いものが強いもののえじきになること。力の強いものが弱いものをおさえて栄える。「優勝劣敗」

【弱年】(じゃくねん) 年が若い。若い者。弱齢。

【弱輩】(じゃくはい) ①若者。②未熟な者。

【弱兵】(じゃくへい) 「弱卒(じゃくそつ)」に同じ。

【弱柳】(じゃくりゅう(りう)) なよなよとした、細い柳。

【弱齢(齡)】(じゃくれい) 「弱年」に同じ。

【弱冠】(じゃっかん(じゃくくわん)) ①男子の二十歳をさす。二十歳で冠をつける儀式を行ったことによる。②年若いこと。

【弱行】(じゃっこう(じゃくかう)) ①足が不自由な人。②物事をやりとおす意志が弱い。「薄志弱行」

【弱国(國)】(じゃっこく(じゃくこく)) 兵力や財力の少ない国。↕強国

△▼文弱(ぶんじゃく)・幼弱(ようじゃく)・柔弱(にゅうじゃく・じゅうじゃく)・胃弱(いじゃく)・衰弱(すいじゃく)・脆弱(ぜいじゃく)・病弱(びょうじゃく)・貧弱(ひんじゃく)・虚弱(きょじゃく)・軟弱(なんじゃく)・強弱(きょうじゃく)・惰弱(だじゃく)・微弱(びじゃく)・薄弱(はくじゃく)

弓 7
【弰】〔10〕
ソウ(サウ) 漢　ショウ(セウ) 呉 平 肴　shāo シャオ

U 補 J　2876　5F30

意味 弓の両端。

弓 8
【強】〔11〕
学 2 キョウ・ゴウ　つよい・つよまる・つよめる・しいる

U 補 J　2215　5F37

旧字 弓 9 【强】〔12〕　一 キョウ(キャウ) 漢　ゴウ(ガウ) 呉 一 平 陽 qiáng チアン　二 キョウ(キャウ) 漢　ゴウ(ガウ) 呉 二 上 養 qiǎng チアン

U 補 J　5F3A

筆順 ｺ 弓 弘 弘 弘 弹 強 強

意味 ＝彊 一 ①〈つよ・い(ーー・し)〉㋐弓のはりが強い。「強弓(ごうきゅう)」㋑力がある。さかん。たくましい。すぐれる。↕弱 ②〈つよま・る〉〈つよ・める(ーー・む)〉③四十歳。④〈こわ・い(こは・し)〉つよい。手ごわい。⑤…あまり。↕弱「二尺強」⑥虫の名。あぶの類。二 ①〈し・いる(ーー・ふ)〉むりじいする。②〈つと・める(ーー・む)〉がんばる。力いっぱいやる。③〈あながち〉㋐強引(ごういん)な。㋑むりやりに。㋒必ずしも。

解字 形声。弘と虫を合わせた字。虫が形を表し、弘(くゎう)が音を示す。强は蚚(き)という米の虫、あるいは、あぶのことであるが、彊(きゃう)と音が同じなので通じて用いる。彊は弓の力がつよいことで、強もつよい意味である。

名前 あつ・かつ・こわ・すね・たけ・つよ・つとむ

難読 強請(ねだ)る・強請(ゆす)る

参考 新表記では、「鞏」の書きかえに用いる熟語がある。

【強圧(壓)】(きょう(きゃう)あつ) 強い力や権力でおさえつける。

【強化】(きょう(きゃう)か(くゎ)) 強力にする。強くする。

【強悍】(きょう(きゃう)かん) 強くて荒々しい。

【強諫】(きょう(きゃう)かん) 強くいさめる。相手にさからって、いさめる。

【強顔】(きょう(きゃう)がん) あつかましい。つらの皮が厚い。＝彊顔
【強記】(きょう(きゃう)き) 国 記憶力の強いこと。もの覚えのよいこと。「博覧強記」

【強毅】(きょう(きゃう)き) 心が強く、ものにくじけないさま。

【強健】(きょう(きゃう)けん) じょうぶで強い。

【強固】(きょう(きゃう)こ) 強くかたい。強くてしっかりしている。＝

鞏固・彊固
【強胡】きょう(きゃう)こ 強い異民族。

【強行】きょう(きゃう)こう(かう) ①努力して行う。②むりやりに行う。むりやりに実行する。

【強梗】きょう(きゃう)こう(かう) 強く堅い。悪強くがんこで、いうことをきかない者。「為之刑以鋤其強梗（これがけいをなしてもってそのきょうこうをのぞく）」〈韓愈・原道〉（刑罰の法を作って、悪強い者を除く。）

【強硬】きょう(きゃう)こう(かう) てごわい。強くて他に従わない。

【強豪】きょう(きゃう)ごう(がう) 勢いが盛んで強い。また、その人。

【強仕】きょう(きゃう)し 四十歳をさす。〈礼記・曲礼〉

【強志】きょう(きゃう)し 記憶力が強い。もの覚えがよい。

【強持】きょう(きゃう)じ(ぢ) 強く持ちこたえる。

【強者】きょう(きゃう)しゃ ①強い者。↔弱者 ②健康な人。「強者夭、而病者全（きょうしゃはようして、びょうしゃはまったし）」（じょうぶな者が早死にし、からだの弱い者が生きながらえている。）〈韓愈・祭十二郎文（じゅうにろうをまつるぶん）〉

【強襲】きょう(きゃう)しゅう(しふ) むりに攻めこむ。はげしく攻めたてる。

【強靭】きょう(きゃう)じん 強くてねばりがある。

【強制】きょう(きゃう)せい ①むりに人に押しつける。②強い力で他人の自由を奪う。

【強請】きょう(きゃう)せい ―ごう(がう)せい ①むりにたのむ。強くねだる。②たかる。ゆする。

【強僭】きょう(きゃう)せん 権力が強く、主君を軽んずること。

【強壮(壯)】きょう(きゃう)そう(さう) ①健康で盛んなこと。②三、四十歳をさす。〈礼記・曲礼〉【――剤(劑)】きょう(きゃう)そう(さう)ざい からだを強く元気にする薬。

【強卒】きょう(きゃう)そつ 強い兵。↔弱卒
【強打】きょう(きゃう)だ 強くうつ。強い打撃。

【強大】㊀きょう(きゃう)だい 強くて大きい。㊁チアンター qiángdà 現㊀に同じ。

【強調】㊀きょう(きゃう)ちょう(てう) ①強く言い張る。強い調子。②国経相場が上がろうとしている状態。㊁チアンティアオ qiángdiào 現㊀の①に同じ。

【強直】きょう(きゃう)ちょく ①強く正しい。②こわばる。筋肉が強度に収縮する。

【強弩】きょう(きゃう)ど 強い弓。強い石弓。

【強度】㊀きょう(きゃう)ど 強さの程度。㊁チアントゥー qiángdù 現㊀に同じ。

【強忍】きょう(きゃう)にん がまんしにくいことを、いっしょうけんめいにこらえる。

【強迫】きょう(きゃう)はく おどしつける。不法にしいる。

【強半】きょう(きゃう)はん 半分以上。大半。

【強飯】㊀きょう(きゃう)はん むりに食事をして体力を養う。健康に気をつける。強食。㊁ごう(がう)はん ―こわ(こは)めし もち米をむして作っためし。おこわ。赤飯。

【強弁(辯)】きょう(きゃう)べん ①勢いの強い話しぶり。どこまでも主張を通す。②こじつけの弁解。

【強暴】きょう(きゃう)ぼう 力強く乱暴。乱暴者。＝彊暴
【強要】きょう(きゃう)よう(えう) むりじいする。むりに要求する。

【強梁】きょう(きゃう)りょう(りやう) 強くてあらあらしい。

【強力】㊀きょう(きゃう)りょく ①強い力。力が強い。②暴力。㊁ごう(がう)りき 国①強い力。また、強い力の持ちぬし。＝剛力 ②山伏の連れて歩く召使。③登山者の荷物などをはこぶ人。

【強烈】㊀きょう(きゃう)れつ 強くはげしい。㊁チアンリエ qiángliè 現㊀に同じ。

【強引】ごう(がう)いん 国むりやりに行う。

【強姦】ごう(がう)かん 相手の意志を無視して、むりやり女性を犯すこと。

【強弓】ごう(がう)きゅう(きう) はりの強い弓。

【強情】ごう(がう)じょう(じやう) 国いじをはり通す。がまん強い。

【強訴】ごう(がう)そ 国①徒党を組んでおどかし訴える。②むりに訴える。

【強奪】ごう(がう)だつ むりに奪いとる。暴力でとる。

【強談】ごう(がう)だん 国強い調子で談じこむ。強談判。

【強盗】㊀ごう(がう)とう(たう) 凶器や暴力で人をおどかして、金や品物を奪い取る者。㊁チアンタオ qiángdào 現㊀に同じ。

【強欲(「慾」)】ごう(がう)よく きりのない欲望。非常に欲が深い。
◆列強・屈強・剛強・勉強・健強・堅強・補強・富強・頑強

弓8 【弶】〔11〕 キョウ（キャウ） 漢 去 漾 jiàng チアン　J①8423 補2878 U5F36

意味 ①鳥や獣をとらえる道具。あみ。わな。②あみやわなを用いて、鳥や獣をとらえる。

弓8 【張】〔11〕 学5 チョウ はる
㊀チョウ（チャウ） 漢 呉 ㊀平 陽 zhāng チャン
㊁チョウ（チャウ） 漢 呉 ㊁去 漾 zhàng チャン
J3605 補― U5F35

筆順 ｺ 弓 引 弜 張 張 張 張

意味 ㊀①〈は・る〉㋐弓のつるをはる。㋑弓を引く。㋒緊張する。㋓楽器に弦をはる。㋔ひろげる。㋕つよくする。㋖誇張する。㋗もうける。もよおす。②網でとらえる。③〈はり〉弓・琴・幕などを数える単位。④姓。⑤現紙・テーブルなどを数える量詞。㊁①とばり。＝帳 ②腹がふくれる。＝脹

解字  形声。弓が形を表し、長(ちゃう)が音を示す。長には、ながく遠い意味がある。張は弓を長くのばして引くことをいう。また、長の音には腹がふくれる意味を含むから、張は、弓が満腹のように張っている状態をいうとも解する。

名前 つよ・とも

参考 「帳」は別字。

【張謂】ちょう(ちゃう)い(ゐ) 人名。盛唐の詩人。七四三年進士となり、礼部侍郎となった。だいたい杜甫と同じころの人。
【張飲】ちょう(ちゃう)いん 幕をはりめぐらして酒宴を開く。＝帳飲
【張華(華)】ちょう(ちゃう)か(くわ) 人名。晋代の学者。「博物志」十巻を著した。(二三二〜三〇〇)
【張角】ちょう(ちゃう)かく 人名。後漢の末に乱を起こし、殺された。「黄巾の賊」「蛾賊」とも呼ばれる。
【張儀】ちょう(ちゃう)ぎ 人名。戦国時代、魏の人で、諸国を遊説して秦と協力することをすすめた。(?〜前三〇九)
【張九齢(齡)】ちょう(ちゃう)きゅう(きう)れい 人名。初唐の詩人。(六七三〜七四〇)
【張旭】ちょう(ちゃう)きょく 人名。唐の書家。字は伯高。草書をよくし、書聖といわれる。
【張挂】ちょう(ちゃう)けい ひろげてかけておく。
【張継(繼)】ちょう(ちゃう)けい 人名。唐の詩人。字は懿孫。「楓橋夜泊」の作者として有名。
【張敬忠】ちょう(ちゃう)けいちゅう(ちう) 人名。初唐の詩人。開元の初めに平盧節度使になった。
【張騫】ちょう(ちゃう)けん 人名。漢の武帝のころ、たびたび西域に使いし、東西の貿易の道を開いた。
【張皇】ちょう(ちゃう)こう(くわう) ①大きく広げる。②おおげさに言う。③あわてる。
【張弘範】ちょう(ちゃう)こうはん 人名。元の世祖の時の武将。(一二三八〜一二七九)
【張載】ちょう(ちゃう)さい 人名。北宋の学者。字は子厚。横渠先生と呼ばれる。(一〇二〇〜一〇七七)
【張作霖】ちょう(ちゃう)さくりん 人名。馬賊出身の政治家で、「満州(中国東北部)」に勢力を持ち、大元帥になったが、一九二八年、奉天(現在の遼寧省瀋陽)で日本軍のために列車を爆破されて死んだ。
【張三李四】ちょう(ちゃう)さんりし 張家の三男、李家の四男、というありふれた呼び方。日本の八つぁん・熊さんに相当する。
【張耳】ちょう(ちゃう)じ 人名。漢の高祖につかえて手がらを立て

た。

【張之洞】ちょう（ちゃう）しどう 人名。清しん末の政治家。（一八三七～一九〇九）

【張若虚（虛）】ちょう（ちゃう）じゃく（じゃく）きょ 人名。初唐の詩人。

【張巡】ちょう（ちゃう）じゅん 人名。唐の忠臣。玄宗のとき、賊の安禄山あんろくざんと戦ったが、捕らえられて殺された。（七〇九～七五七）

【張世傑】ちょう（ちゃう）せいけつ 人名。南宋なんそうの忠臣。

【張飛】ちょう（ちゃう）ひ 人名。字あざなは益徳。三国時代の蜀しょくの武将。（？～二二一）

【張本】ちょう（ちゃう）ほん ①事件のおこり。原因。②国悪事をたくらんだかしら。【―人】ちょう（ちゃう）ほんにん 国悪事の中心人物。首謀者。

【張目】ちょう（ちゃう）もく 目をみはる。目をむく。

【張良】ちょう（ちゃう）りょう（りゃう） 人名。謀略にすぐれ、漢の高祖につかえて大功をたてた。字あざなは子房。（？～前一八九）

【張子】はりこ 国木の型に紙をなん枚も重ねて張って、形を作ったもの。はりぬき。「張子の虎」

◆主張しゅちょう・出張しゅっちょう・伸張しんちょう・床張ゆかばり・拡張かくちょう・洗張あらいばり・宵張よいっぱり・誇張こちょう・緊張きんちょう・空威張からいばり

弓8【弴】〔11〕 ㊀トン 漢 ㊀平 元 dūn トゥン ㊁チョウ 漢 ㊁平 蕭 diāo ティアオ（テウ） J ①8422 補 2877 U 5F34

意味 ㊀㊁天子の用いる、絵を描いた弓。

弓8【弸】〔11〕 ホウ（ハウ） 漢 平 庚 péng ポン J 5526 補 ― U 5F38

意味 ①弓の強いさま。②〈み・ちる（―・つ）〉いっぱいになる。

弓9【弽】〔12〕 ショウ（セフ） 漢 入 葉 shè ショー J ①8424 補 2880 U 5F3D

意味 〈ゆがけ〉右手の親指にはめて弓のつるを引く道具。＝韘しょう

弓9【弾】〔12〕 常 ダン ひく・はずむ・たま ㊀タン 漢 ダン 呉 ㊀去 翰 dàn タン ㊁タン 漢 ダン 呉 ㊁平 寒 tán タン J 3538 補 ― U 5F3E

旧字 弓12【彈】〔15〕 人 J 5528 補 ― U 5F48

筆順 コ 弓 … 弾

意味 ㊀①たまをはじきとばす弓。②〈たま〉㋐はじき弓の石だま。㋑鉄砲や大砲のたま。㊁①〈はじ・く〉㋐はじき弓を射る。㋑指で軽くたたく。②〈ひ・く〉琴などをかなでる。③〈ただ・す〉人の罪をせめる。国〈はず・む（はづ・む）〉はねかえる。

解字 彈 形声。弓が形を表し、單たんが音を示す。單には、ふるえるとか、横に動くという意味がある。彈は、たまを弓でとばすこと。一説に、單の音は團だんと通じて、丸いという意味を含むから、彈は、弓で飛ばす丸いたまをいうと解する。

名前 ただ

【弾圧（壓）】だんあつ ①強くおさえつける。②権力のある階級が権力のない階級を力でおさえつける。

【弾雨】だんう 雨のようにはげしく飛んでくる弾丸。弾丸雨飛。

【弾劾】だんがい 罪や過失をあばきだす。

【弾冠】だんかん（くゎん） かんむりを指ではじいて、ほこりを落とすこと。転じて、①身を清らかにして、俗世間のけがれにそまらないようにする。→「弾レ冠かんむりを」（一四四ペ・下）②出仕の準備をして、主君のお召しを待つ。「朱門先達笑二弾冠一しゅもんのせんだつ だんかんをわらう」（高位高官の先輩たちは、殿のお召しを待っている者をあざけり笑っている。）〈王維おうの詩・酌レ酒与二裴迪一〉

【弾丸】だんがん（ぐゎん） ①はじき弓の玉。②鉄砲のたま。③弾丸のように小さなもの、または早いもののたとえ。【―黒子之地】だんがんこくしのち はじき玉とほくろほどの土地。ごく狭い土地の形容。〈日本外史・新田にった氏前記〉

【弾弓】だんきゅう（きう） 石や弾丸をとばす弓。はじき弓。

【弾糾】だんきゅう（きう） 悪事を正す。

【弾鋏】だんきょう（けふ） 主人にそれとなく自分の待遇をもっとよくするように要求すること。戦国時代、斉せいの孟嘗君もうしょうくんの食客だった馮驩ふうかんが、自分の剣のつかをたたきながら歌をうたって、待遇改善を要求した故事にもとづく。〈史記・孟嘗君列伝もうしょうくんれつでん〉

【弾琴】だんきん 琴をひく。

【弾指】だんし ①指をはじく。②つまはじきをする。指弾。③仏一度指をはじく時間。きわめて短い時間。

【弾正台（臺）】だんじょう（じゃう）だい 国昔、風俗をただし、不正をしらべた役所。大宝令たいほうりょうで制定された官。

【弾性】だんせい 理物体に加えた力がゆるむとき、もとの形にかえろうとする性質。

【弾奏】だんそう ①「弾劾だんがい」に同じ。②国ピアノや琵琶びわなどをひき鳴らす。

【弾道】だんどう（だう） 発射された弾丸が空中を飛んで行く道すじ。

【弾文】だんぶん 他人の罪をあばいた文章。弾劾文。

【弾薬（藥）】だんやく 弾丸とそれを発射するための火薬。

【弾力】だんりょく ①おさえつけたものを、はねかえそうとする力。はじく力。②自由に変化できる力。

◆肉弾にくだん・防弾ぼうだん・糾弾きゅうだん・劾弾がいだん・流弾りゅうだん・砲弾ほうだん・着弾ちゃくだん・敵弾てきだん・爆弾ばくだん

弓9【弼】〔12〕 ヒツ 漢 入 質 bì ビー J 4111 補 ― U 5F3C

弓9【弻】〔12〕 同字 J ― 補 2879 U 5F3B

意味 ①〈ゆだめ〉弓の形をただす道具。②〈ただ・す〉正しくする。③〈たす・ける（―・く）〉補佐する。国〈すけ〉昔の弾正台だんじょうだいの次官。

【弼諧】ひっかい 天子を助け政治を整える。

【弼匡】ひっきょう（きゃう） 君子を助け正す。

【弼成】ひっせい 人をたすけて成功させる。

【弼導】ひつどう（だう） 助けみちびく。

【弼亮】ひつりょう（りゃう） たすける。補佐する。亮もたすけるの意。

弓9【强】〔12〕 旧 ↓強（四四九ペ・下）

弓9〖粥〗↓米部六画（九四八ペ・中）

弓10【弿】〔13〕 ケン 漢 上 銑 jiǎn チエン J ― 補 2881 U 5F3F

意味 ①弓が強い。②むずかしい。

弓10【彀】〔13〕 コウ 漢 コク 慣 去 宥 gòu コウ J ①8425 補 2882 U 5F40

意味 ①〈は・る〉弓をいっぱいに引きしぼる。②弓のまとの黒ぼし。③射手。④たりる。じゅうぶん。＝夠こう

【彀中】こうちゅう（ちう） ①矢のとどく範囲のなか。②力の及ぶ範囲内。術中。勢力下。

【彀率】こうりつ 弓をひきしぼる程度。標準。

弓10【彁】〔13〕 音義未詳。 J 5527 補 ― U 5F41

弓11【彄】〔14〕 コウ 漢 平 尤 kōu コウ J ― 補 2883 U 5F44

意味 〈ゆはず〉弓の両端のつるをかける所。

弓11【弸】〔14〕国字 J①8426 補2884 U5F45

艸14【蒴】〔18〕同字 J②8701 補— U26FF6
意味〈なぎ〉姓に用いる。「草弸くさなぎ」

弓12【彆】〔15〕ヘツ 漢 入 屑 biè ビエ J— 補— U5F46
意味 弓がそりかえる。また、弓の両端のそりかえった所。
【彆扭】ビエニウ biènìu 現 ①ひねくれている。②しっくりしない。すっきりしない。③さからう。＝別扭ビエニウ

弓12【彈】〔15〕旧 →弾(四五一ジ・上)

弓13【彊】〔16〕J2216 補— U5F4A
一 キョウ(キャウ) 漢 一 平 陽 qiáng チアン
二 キョウ(キャウ) 漢 二 上 養 qiǎng チアン
三 キョウ(キャウ) 漢 三 去 漾 jiàng チアン
四 キョウ(キャウ) 漢 四 平 陽 jiāng チアン
意味 一＝強 ①強い弓。②〈つよ・い(――・し)〉 二＝強 ①〈し・いる(――・ふ)〉むりじいする。②〈つと・める(――・む)〉がんばる。③姓。三 硬直した。かたくなな。四 ①〈さかい(さかひ)〉＝疆 ②彊彊きょうきょうは、鳥が群れてとぶさま。
参考 ①熟語は「強」(四四九ジ・下)を見よ。②「疆きょう」は別字。

弓13【彇】〔16〕ショウ(セウ) 漢 呉 平 蕭 xiāo シアオ J②1218 補2885 U5F47
意味 弓の両端。
難読 弓彇ゆはず

弓14【彌】〔17〕旧 →弥(四四八ジ・中)

弓15【彍】〔18〕カク(クヮク) 漢 入 薬 guō クオ J— 補2886 U5F4D
意味 ①〈は・る〉弓を引きしぼる。②〈はし・る〉すばやく動く。

弓16【疆】(八四一ジ・上)↓田部十四画

弓19【彎】〔22〕標 ワン 漢 平 刪 wān ワン J5530 補— U5F4E
弓6【弯】〔9〕簡慣 J5531 補— U5F2F
意味 ①〈ひ・く〉弓を引きしぼる。②〈まが・る〉弓なりにまがる。「彎曲」
参考 新表記では「湾」に書きかえる。熟語は「湾」(七四二ジ・中)をも見よ。
【彎月】わんげつ 弓の形をした月。弦月。

弓19【鬻】(一四一五ジ・下)↓鬲部十二画

3画 ヨ(彑・彐)部 けいがしら

【部首解説】「彑」がより古い形で、「ぶたの頭」にかたどる。この部には、「ヨ・彑・彐」の形を構成要素とする文字が属する。

ヨ0【ヨ】〔3〕ケイ 漢 去 霽 jì チー J2887 補— U5F50
ヨ0【彑】〔3〕本字 J5532 補— U5F51
ヨ0【彐】〔3〕同字 J— 補— U—
ヨ0【⺕】〔3〕同字 J— 補— U—
意味 ぶたの頭。
解字 象形。ぶたの頭の形。

ヨ1【尹】(三九三ジ・中)↓尸部一画

ヨ5【彔】〔8〕ロク 漢 入 屋 lù ルー J①8427 補2888 U5F54
意味 ①彔彔ろくろくは、木をきざむさま。また、くっきりとしたさま。一つ一つ数えられるさま。②〈もと〉もともと。

ヨ5【帚】(四二〇ジ・上)↓巾部五画

ヨ6【彖】〔9〕タン 漢 去 翰 tuàn トワン J5533 補— U5F56
意味 易えきで、一つの卦かに対する総論。象伝たんでん。

ヨ8【彗】〔11〕入 スイ 漢 去 寘 huì ホイ J5534 補— U5F57
意味 ①〈ほうき(はうき)〉竹ぼうき。②〈ほうきぼし(はうきぼし)〉③〈はら・う(――・ふ)〉はき清める。
解字 会意。丰丰と彐とを合わせた字。丰丰は竹の枝などの竹ぼうきの意で、彐は手を意味する。彗はほうきを手に持った形で、ほうき、はらうなどの意となる。
【彗星】すいせい 太陽をめぐる星の一つで、長い尾を引くもの。ほうきぼし。
◆妖彗ようすい

ヨ9【彘】〔12〕テイ 漢 去 霽 zhì チー J①8428 補2889 U5F58
意味〈いのこ(ゐのこ)〉ぶた。大きなぶた。
【彘肩】ていけん ぶたの肩の肉。

ヨ10【彙】〔13〕常 イ イ 漢 去 未 (ヰ) huì ホイ J5535 補— U5F59

筆順

ヨ10【彚】〔13〕俗字 J— 補— U5F5A
意味 ①同類。②集める。③生い茂る。④〈はりねずみ〉 音 wèi ウェイ。＝猬
解字 形声。希が形を表し、胃いを省略した田が音を示す。彙は、蝟い・猬いとも呼ばれる「はりねずみ」の意味となる。また、胃には、まるい、あつまるの意があり、彙は、あつめるの意味ともなる。一説に、彙は、はりねずみの象形で、はりねずみを指す。
【彙纂】いさん いろいろの事物を集め、それを分類してしるす。
【彙報】いほう いろいろな資料をとり集めた報告。雑報。
【彙類】いるい 同じ種類。なかま。
◆語彙ごい

ヨ13【彜】〔16〕同 →彝(本ジ・下)
ヨ13【彛】〔16〕俗 →彝(本ジ・下) J5519 補— U5F5D

ヨ15【彝】〔18〕イ 漢 平 支 yí イー
ヨ13【彞】〔16〕同字 J— 補2890 U5F5B
ヨ13【彜】〔16〕俗字 J5520 補— U5F5C
意味 ①先祖のみたまやにそなえる青銅器の総称。彝器。②〈つね〉永久に変わらない道。法則。

(彝①)

【彝器】いき 宗廟そうびょうにふだん備えておく祭りの道具。
【彝訓】いくん 人の常に守るべき教え。
【彝則】いそく 常に守るべき規則、または手本。
【彝倫】いりん 人の常に守り行うべき道。

ヨ22【彠】〔25〕俗 →蒦(一〇七四ジ・上)
ヨ23【彟】〔26〕同 →蒦(一〇七四ジ・上)

3画 口囗土士夊(夂)夕大女子宀寸小尢(尣・兀)尸屮山巛(川)工己巾干幺广廴廾弋弓ヨ(彑・⺕)彡彳⺍

3画　彡部　さんづくり

【部首解説】「筆で書いた飾り」にかたどり、「飾り」「模様」などを表す。この部には、「彡」の形を構成要素とする文字が属する。

彡0【彡】〔3〕[一]サン(漢)[一](平)咸 shān シャン　[二]セン(漢)[二](上)琰 xiǎn シエン　J 5536 補 ― U 5F61

[意味] [一]①絵。もよう。②長い髪の毛。[二]姓。

[解字] 象形。筆で書いたもようを表す。もともと、三の変形で、数の多いこと、雑多なことを表すのに使われる。

彡4【形】〔7〕[学]2 ケイ・ギョウ かた・かたち　ケイ(漢) ギョウ(ギャウ)(呉)(平)青 xíng シン　J 2333 補 ― U 5F62

筆順 一 二 チ 开 开 形 形

彡6【形】〔9〕本字 J ― 補 ― U 2F899

[意味] ①〈かたち〉㋐からだ。㋑かっこう。すがた。㋒ようす。ありさま。②〈かた〉いがた。＝型 ③〈あらわ・れる(あらは・る)〉形が見える。④くらべる。⑤刑罰。＝刑

[解字] 形声。彡が形を表し、幵が音を示す。彡は飾りにつけた毛のととのっている形。幵には、並ぶことから、似ている意味を含む。形は、もようが並んでいることで、あらわれた姿かたちをいい、もようが似ていることにもなる。音ケイは、幵の音ケンの変化。一説では、幵は井(並ぶ意味)・井(区切り)などと解する。

【形代】(かたしろ)国①祭りのとき、神霊の代わりにすえるもの。②まじないのための紙人形。③まねて作ったもの。

【形見】(かたみ)国①思い出のたねとなるもの。②死んだ人または別れた人を思い出すたねとなる品物。

【形影】(けいえい)かたちとかげ。互いに離れないことをいう。【――相弔】(けいえいあいとぶらう)自分のからだと影が互いになぐさめあうだけ、ということから、ひとりぼっちでいることをさす。〈李密・陳情表〉

【形役】(けいえき)精神を肉体的な生活の満足のためにこき使う。

【形骸】(けいがい)からだ。肉体。外形。「形骸且健、方寸甚安」(からだはまあまあ健康で、気持ちは非常に安らかである。)〈白居易・与微之書〉【――之外】(けいがいのそと)からだの外面。肉体を離れた精神界。

【形気(氣)】(けいき)形と気。有形のものと無形のもの。物質的なものと、精神的なもの。

【形而下】(けいじか)知覚できるもの。形を持つ物質的なもの。「形而上」↕

【形式】(けいしき)①形。外見。②一定の方式。③かたちだけ。[二]シンシー xíngshì 現[一]に同じ。【――主義】(けいしきしゅぎ)形式を重く見て内容をおろそかにするやりかた。↕内容主義【――論理】(けいしきろんり)(哲)思想の内容とは無関係に、その形式的な法則、たとえば概念・判断・推論などの形式だけによって進められる論法。

【形而上】(けいじじょう)形を知覚できないもの。精神上のものをいう。↕形而下

【形象】(けいしょう)かたち。ありさま。[二]シンシアン xíngxiàng 現[一]に同じ。【――文字】(けいしょうもじ)物の形をかたどって造った文字。象形文字。

【形勝】(けいしょう)地勢や風景がすぐれている。また、その所。

【形状(狀)】(けいじょう)かたち。なり。状態。ようす。[二]シンチョワン xíngzhuàng 現[一]に同じ。

【形色】(けいしょく)顔かたち。ようす。

【形成】(けいせい)形づくる。形をなす。「形成外科」[二]シンチョン xíngchéng 現[一]に同じ。

【形声(聲)】(けいせい)①かたちと声。②漢字の六書の一つで、意味を示す部分と発音を示す部分とをあわせて漢字を造る造字法。漢字全体の八、九割をしめている。(↓付録「漢字について」)

【形勢】(けいせい)①土地のありさま。②なりゆき。ようす。世の中のようす。[二]シンシー xíngshì 現[一]に同じ。

【形跡】(けいせき)あとかた。痕跡。＝形迹

【形相】(けいそう)①かたち。すがた。②(哲)実質に一定の形をとらせる原理。[二](ぎょう)国すがた。顔つき。

【形体(體)】(けいたい)かたち。なり。ようす。からだ。

【形態】(けいたい)すがた。ありさま。[二]シンタイ xíngtài 現[一]に同じ。

【形単(單)影隻】(けいたんえいせき)からだも一つ、かげも一つ。孤独で身よりのないこと。〈韓愈・祭十二郎文〉

【形貌】(けいぼう)顔かたち。容姿。

【形名】(けいめい)①形と名。②議論と実際の成績。【――参(參)同】(けいめいさんどう)戦国時代に法家のとなえた説で、臣下の説く議論と、その実際の成績とを対照して賞罰を決める方法。

【形容】(けいよう)①顔かたち。ありさま。②ものの状態を言い表す。③事物をほかのものにたとえていう。[二]シンロン xíngróng 現[一]に同じ。【――枯槁】(けいようここう)からだがやせ細っている。〈屈原・漁父辞〉

▲▼人形・方形・円形・手形・外形・印形・地形・花形・固形・変形・扇形・原形・造形・球形・異形・象形・無形・裸形・詩形・語形・三角形・正方形・長方形・京人形・空手形

彡4【彤】〔7〕トウ(漢)(平)冬 tóng トン　J ①8429 補 2893 U 5F64

[意味] ①〈あか〉赤い色。②あかぬり。朱ぬり。③姓。

[参考] 「彤」は別字。

【彤雲】(とううん)赤い色の雲。

【彤管】(とうかん)赤い軸の筆。【――有煒】(とうかんいたるあり)朱塗りの筆がつややかで赤い。煒は赤いさま。〈詩経・静女〉

【彤弓】(とうきゅう)朱塗りの弓。天子が、てがらのある諸侯に与えるもの。彤弧。

【彤矢】(とうし)朱塗りの矢。

彡4【彣】〔7〕ブン(漢)(平)文 wén ウエン　J ②1219 補 2892 U 5F63

[意味] 〈あや〉もよう。＝文

彡4〖杉〗(六二一ページ・上)↓木部三画

彡5〖衫〗(一一二二ページ・下)↓衣部三画

彡6【彦】〔9〕[人] ゲン(漢)(呉)(去)霰 yàn イエン　J 4107 補 ― U 5F66

旧字 彡6【彥】〔9〕J ― 補 ― U 5F65

[意味] 〈ひこ〉男子の美称。また、その人。

[解字] 形声。彣のへんとつくりをたてに並べて、間に厂を入れた形。彣が形を表し、厂が音を示す。彣はもようの美しいこと。厂はがけで、くっきりとしたという気持ちを含む。彦は、ととのって美しいことである。一説に、文と彡とを合わせた字で、文はえりもとの美しさを表し、彡はガンという音を示すものであろうという。音ゲンは、ガンの変化。

[名前] お・さと・ひろ・やす・よし　[地名] 彦根

【彦会(會)】(げんかい)りっぱな人たちの集まった会。

【彦士】(げんし)りっぱな男子。すぐれた人。

【彦聖】(げんせい)非常にすぐれた人物。

【彦星】(ひこぼし)国星の名。アルタイル。牽牛星。「ぼし。いなみぼし。いぬかい」

3画
口囗土士夂(夊)夕大女子宀寸小尢(尣・兀)尸屮山巛(川)工己巾干幺广廴廾弋弓ヨ(彐・彑)彡彳⺍

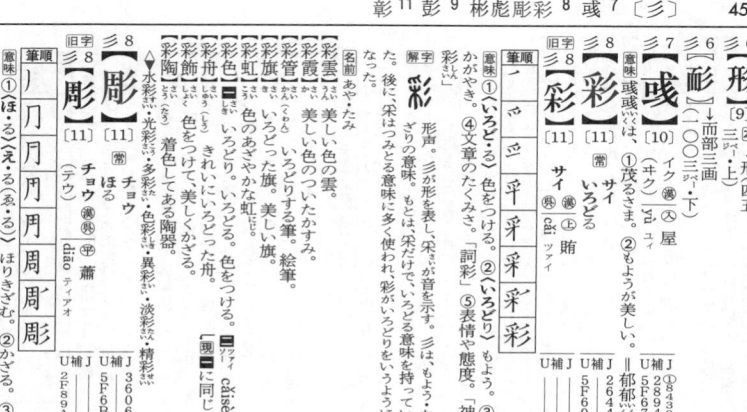

彡6 【形】〔9〕 本↓形(四五三ページ・上)

彡6 〖耏〗↓而部三画(一〇〇三ページ・下)

彡7 【彧】〔10〕 イク 漢 入 屋 (ヰク) yù ユィ J ①8430 補 2894 U 5F67

意味 彧彧は、①茂るさま。②もようが美しい。‖郁郁

彡8 【彩】〔11〕 常 サイ いろどる J 2644 補 ― U 5F69

旧字 彡8 【彩】〔11〕 サイ 漢 呉 上 賄 cǎi ツァイ J ― 補 ― U ―

筆順 ノ 爫 𠂤 平 采 采 彩 彩

意味 ①〈いろど・る〉色をつける。②〈いろどり〉もよう。③かがやき。④文章のたくみさ。「詞彩」⑤表情や態度。「神彩」

解字 彩 形声。彡が形を表し、采が音を示す。彡は、もよう・かざりの意味。もとは、采だけで、いろどる意味を持っていた。後に、采はつみとる意味に多く使われ、彩がいろどりをいうようになった。

名前 あや・たみ

【彩雲】美しい色の雲。
【彩霞】美しい色のついたかすみ。
【彩管】いろどりする筆。絵筆。
【彩旗】いろどった旗。美しい旗。
【彩虹】色のあざやかな虹。
【彩色】一 いろどり。いろどる。色をつける。二 ツァイソー cǎisè 〔現〕一に同じ。
【彩舟】きれいにいろどった舟。
【彩飾】色をつけて、美しくかざる。
【彩陶】着色してある陶器。

◆水彩・光彩・多彩・色彩・異彩・淡彩・精彩

彡8 【彫】〔11〕 常 チョウ ほる J 3606 補 ― U 5F6B

旧字 彡8 【彫】〔11〕 チョウ 漢 呉 平 蕭 (テウ) diāo ティアオ J ― 補 ― U 2F89A

筆順 丿 冂 冂 円 用 周 周 彫

意味 ①〈ほ・る〉〈え・る(ゑ・る)〉ほりきざむ。②かざる。③〈しぼ・む〉しなびる。かれる。‖凋 ④おとろえる。

解字 彫 形声。彡が形を表し、周が音を示す。彡は、もよう・かざりを表す。周には、ゆきわたる意味がある。彫は、細かくけずってもようをつくることを表し、彫刻の意味になる。一説に周は刀と同じで、刀でけずってもようをきざむことという。音テウは、周の音シウの変化。

【彫刻】ほりきざむ。ほりもの。木・石・金などに人や物の形をほりきざんだもの。
【彫残(殘)】傷つき、弱る。いたむ。
【彫心】心にほりこむ。非常な苦心をはらうこと。
　【彫心鏤骨】非常な苦心をして、くふうをこらす。
【彫鐫】彫刻。ほりきざむ。
【彫塑】①彫刻と塑像。②彫刻のもとの形になる塑像を作ること。
【彫像】ほりきざんだ像。
【彫題】書物の上欄に書きこむ注。頭注。
【彫琢(琢)】ほりきざみみがく。転じて、文章の字句などを、みがきかざる。
【彫落】①草木がしぼんでかれる。②落ちぶれる。③おとろえて死ぬ。‖凋落
【彫鏤】彫刻してかざる。ちりばめる。

◆木彫・毛彫・浮彫

彡8 【彪】〔11〕 人 ヒュウ(ヒウ) 漢 ヒョウ(ヘウ) 呉 平 尤 biāo ピアオ J 4123 補 ― U 5F6A

意味 ①虎の皮のまだら。②〈あや〉もよう。③小さい虎。④美しく輝くさま。⑤体格がたくましい。「彪身」⑥姓。

解字 彪 会意。虎と彡とを合わせた字で、虎はとら、彡はあざやかな模様の意である。彪は虎の皮のあざやかなまだら模様の意味となる。

名前 たけ・とら・あきら・かおる・たけし・つよし

【彪炳】あきらか。きらびやかで美しい。
【彪彪】まだらになっているさま。

彡8 【彬】〔11〕 人 ヒン 漢 平 真 bīn ピン J 4143 補 ― U 5F6C

意味 ①彬彬は、調和のとれたさま。「文質彬彬」②〈あきらか〉もようがはっきりしている。

解字 彬 会意。林と彡とを合わせた字。林は木の立ち並ぶさま。彡は模様のあるさま。彬は文(外見)と質(内容)がそろってすぐれていること。

名前 あき・あや・もり・よし・あきら・しげし

彡9 【彭】〔12〕 一 ホウ 漢 一 平 庚 (ハウ) péng ポン 二 ホウ 漢 二 平 陽 (ハウ) bāng パン 三 ホウ 漢 三 平 陽 (ハウ) páng パン J 5537 補 ― U 5F6D

意味 一 ①つづみの音。②昔の地名。③川の名。④「彭祖」の略称。転じて、命の長いこと。⑤姓。二↓彭彭 三 ①〈かたわら(かたはら)〉わき。そば。‖旁 ②むちうつ。

【彭咸】人名。殷の賢臣で、主君をいさめて聞かれず、投身自殺したと伝えられる。
【彭殤】長命と短命。彭は、七百余歳生きたという彭祖、殤は、若くて死んだ者。
【彭祖】仙人の名。七百年生きたといわれる。
【彭沢(澤)】①湖の名。彭蠡沢。今の江西省の鄱陽湖。②地名。㋐県名。漢代におかれた。今の江西省湖口県東。㋑今の県名。③晋の陶潜をさす。これは、陶潜が一時彭沢の令(知事)になったことによる。
【彭湃】波のさかまくさま。‖澎湃
【彭彭】①多いさま。②盛んなさま。③盛んに進むさま。④車の多いさま。
【彭蠡】江西省の鄱陽湖の旧名。彭沢。

彡9 〖須〗↓頁部三画(一三七二ページ・中)

彡11 【彰】〔14〕 常 ショウ J 3020 補 ― U 5F70

旧字 彡11 【彰】〔14〕 ショウ 漢 平 陽 (シャウ) zhāng チャン J ― 補 ― U ―

筆順 亠 立 立 音 音 章 章 彰

意味 ①〈あきらか〉はっきりする。②〈あらわ・れる(あらは・る)〉〈あらわ・す(あらは・す)〉はっきりと示す。表彰する。

解字 彰 会意・形声。彡と章を合わせた字で、章はまた音をも示す。彡はもよう。章は、あきらかとか、いろどりの意味。彰は、あきらかで美しいもようのこと。

名前 あき・ただ・てる・あきら

【彰義】正義を明らかにすること。【――隊】国 明治元年(一八六八)に、徳川幕府の家臣が組織した隊。江戸、上野の山にこもって官軍に抵抗した。

【彰顕(顯)】しょう(しゃう)けん　世に知れ渡らせる。また、知れ渡る。
【彰乎】しょう(しゃう)こ　はっきりしているさま。彰彰。
【彰考】しょう(しゃう)こう(かう)　過去を明らかにし、将来を考えること。【一館】しょう(しゃう)こう(かう)かん(くわん)　国水戸の徳川光圀が開いた史料〔研究所の名。
【彰示】しょう(しゃう)じ　はっきりと示す。明示。
【彰徳】しょう(しゃう)とく　人のりっぱな行いを世にあらわすこと。
【彰明】しょう(しゃう)めい　明らか。だれにもわかる。明白。
◆表彰・顕彰

彡11
【彯】〔14〕　ヒョウ 漢 平 蕭 (ヘウ) piāo ピアオ　U 5F6F　補 —　J 2901
意味 ①ゆらゆらとゆれ動くさま。②軽やかなさま。「彯然」③ひも。リボン。④すてる。＝標

彡12
【影】〔15〕 常 エイ かげ　エイ 漢 ヨウ(ヤウ) 呉 上 梗 yǐng イン　U 5F71　補 —　J 1738
筆順 日 旦 早 昌 昙 景 景 影
意味 ①〈かげ〉㋐物体によって光線がさえぎられた暗い部分。㋑鏡や水にうつる姿。㋒絵や写真になった姿・形。㋓いつも離れずについているもののたとえ。㋔痕跡。②月や灯火の光。③模写する。「影鈔」④かくれる。
解字 形声。彡が形を表し、景が音を示す。彡はもよう・あや。景は、日光が当たって、明暗のくぎりがつくこと、つまり、かげである。影は、もようになっているかげをいう。
参考 新表記では、「翳」の書きかえに用いる熟語がある。
【影印】えいいん　写真で複製印刷すること。＝景印
【影響(響)】えいきょう(きゃう)　一 ①かげとひびき。姿と声。②形と影、声とひびきとの関係のように、一つの原因が必ずそれによる変化を他に与えること。さしひびき。二 yǐngxiǎng イン シアン 現 一 に同じ。
【影鈔本】えいしょう(せう)ほん　原本をすきうつした写本。影写本。
【影像】えいぞう(ざう)　①絵にうつされた姿。絵にかいた姿。画像。②光でうつされた像。
【影本】えいほん　①石刷り本。②国写真版。影印本。
【影絵(繪)】かげえ(ゑ)　国人や動物などの形を作って灯火に照らし、かべや障子にその影をうつし出す遊び。
【影日向】かげひなた　国①日かげと日の当たる所。②人が見ているときと見ていないときとで、言行が変わってしまうこと。
【影法師】かげぼうし(ぼふし)　国障子や地面にうつった人の影。
【影武者】かげむしゃ　国①かげでさしずする人。黒幕。②敵をあざむくため、大将や重要人物と同じ服装をさせた武士。
【影子】インツ yǐngzi 現影。姿。
◆人影・月影・幻影・光影・帆影・投影・孤影・面影・倒影・斜影・陰影・撮影

彡19
【彲】〔22〕　チ 漢 平 支 chī チー　U 5F72　補 2902　J ②1220
意味 〈みずち(みづち)〉竜の一種。＝螭

3画

彳部　ぎょうにんべん

【部首解説】「小またで歩く」さまにかたどり、「行く」「歩く」ことを表す。この部には、進行や移動に関連するものが多く、「彳」の形を構成要素とする文字が属する。

彳0
【彳】〔3〕　テキ 漢 入 陌 chì チー　U 5F73　補 —　J 5538
意味 少し歩く。彳亍は、少し歩いては立ちどまるさま。
解字 象形。人のもも・すね・足のつながっている形を表したもの。あるく、行く、という意味に使われる。

彳3
【彴】〔6〕　一 シャク 漢 呉 入 薬 zhuó チュオ　二 ハク 漢 入 覚 báo パオ　U 5F74　補 2903　J —
意味 一 丸木橋。二 彴約は、流れ星。

彳3
【彵】〔6〕　一 タ 漢 上 哿 tuǒ トゥオ　二 イ 漢 平 支 yí イー　U 5F75　補 2904　J —
意味 一 ゆっくり行く。二 逶彵は、曲がりくねってのびているさま。

彳3
〖行〗(二一一六ジペー・上) →行部〇画

彳4
【彺】〔7〕　オウ(ワウ) 漢 呉 平 陽 wáng ワン　U 5F7A　補 2906　J —
意味 急いで行くさま。

彳4
【彸】〔7〕　ショウ 漢 シュウ 呉 平 冬 zhōng チョン　U 5F78　補 2905　J —
意味 征彸は、あわてふためくさま。うろたえるさま。

彳4
【彷】〔7〕 標　一 ホウ(ハウ) 漢 平 陽 páng パン　二 ホウ(ハウ) 漢 上 養 fǎng ファン　U 5F77　補 —　J 5539
意味 一 〈さまよ・う(――・ふ)〉あてもなく歩きまわる。「彷徨」二 よく似ている。はっきりしないさま。「彷彿」
【彷徨】ほうこう(はうくわう)　ぶらぶら歩く。さまよう。＝仿偟・彷徉
【彷彿】ほうふつ(はう)　①はっきりしないさま。②よく似ているさま。＝髣髴・仿仏

彳4
【役】〔7〕 学3 ヤク・エキ　エキ 漢 ヤク 呉 入 陌 yì イー　U 5F79　補 —　J 4482
筆順 ノ ク 彳 彳 彸 彸 役
意味 ①国境の守り。また、その兵士。「戍役」②いくさ。戦い。「大役」③おこない。事件。④〈えだち〉人民に割りあてる労働。また、それに従事する人。⑤働かせる。⑥めしつかい。こもの。⑦弟子。⑧〈つとめ〉官職。しごと。⑨行列。国〈やく〉①俳優が受け持つやく。②おもだったしごと。また、それをする人。「三役」
解字 会意。彳と殳とを合わせた字。彳はめぐり歩くこと。殳は防衛に使う武器。役は、武器を持って警戒することで、国境を守る任務をいう。一般に仕事に骨を折ることもさすようになった。
名前 つら・ゆき・まもる　姓 役　難読 役行者
【役役】えきえき　①こき使う。また、こき使われる人。②あれこれと心を悩ます。③軽薄なさま。
【役牛】えきぎゅう(ぎう)　国仕事に使う牛。⇔乳牛・肉牛
【役所】一 えきしょ　政府の土木工事をするところ。二 やくしょ　国役人のつとめている所。官公庁。役場。
【役人】一 えきじん　人夫。人足。二 やくにん　①役めをもっている人。②政府や自治団体につとめている人。官吏。公吏。
【役馬】一 えきば　国仕事に使う馬。二 やくうま　国昔、公の仕事のためにさし出した馬。
【役夫】えきふ　①労役に使われる人。にんそく。人夫。「役夫敢申レ恨」(徴発された兵士であるわたしなど、うらみごとを言うわけにいかない。)〈杜甫の詩・兵車行〉②人をいやしめていうことば。

3画　口囗土士夂(夊)夕大女子宀寸小尢(尣・兀)尸屮山巛(川)工己巾干幺广廴廾弋弓彐(彑・ヨ)彡彳⺍

【役務賠償】(えきむばいしょう(しゃう)) 国賠償金のかわりに技術または労力を提供すること。

【役行者】(えんのぎょう(ぎゃう)じゃ) 国役小角(えんのおづぬ)のこと。わが国の修験道(しゅげんどう)の開祖。

【役儀】(やくぎ) 国①役め。つとめ。②租税。

【役者】(やくしゃ) 国①役めに当たる人。役人。②劇を演ずる人。俳優。③演技のたくみな人。

【役僧(僧)】(やくそう) 仏①寺の事務をあつかう僧。②法会(ほうえ)のとき、主僧を助ける僧。

【役日】(やくび) 国式日・祝日などの日。ものび。もんび。

『行レ役』(えきにゆく) ①兵役(へいえき)に服する。②戦争に行く。于レ役(えきにゆく)。

△▼大役(たいやく)・主役(しゅやく)・労役(ろうえき)・助役(じょやく)・兵役(へいえき)・使役(しえき)・服役(ふくえき)・重役(じゅうやく)・配役(はいやく)・悪役(あくやく)・現役(げんえき)・傭役(ようえき)・戦役(せんえき)・雑役(ざつえき)・適役(てきやく)・懲役(ちょうえき)・顔役(かおやく)

彳5 **【往】** 〔8〕 学5 オウ

一 オウ(ワウ) 漢 呉 一 上 養 wǎng ワン

J 1793 U補 5F80

旧字 彳5 **【徃】** 〔8〕

一 オウ(ワウ) 漢 呉 二 去 漾 wàng ワン

U補 J ―――

彳5 **【徍】** 〔8〕 俗字 J 5540 U補 5F83

筆順 ノ ク 彳 彳' 彳̄ 行 往 往

意味 一 ①〈ゆ・く〉行く。過ぎ去る。↕来・復・返 ②〈い・ぬ〉行く。過ぎ去る。死ぬ。③むかし。まえに。さきに。④のち。あと。「以往(いおう)」⑤人に物を贈る。二 ①〈むか・う(――・ふ)〉向かって行く。「帰往」②現…へ。

解字 𢓊 形声。彳と主とを合わせた字。彳は歩くこと。主は㞷(おう)を略したもので、㞷は音を示すとともに、草がむやみに生える意味がある。往は、むやみに行くことを表す。一説に、㞷は、足のことで、往は歩いて行くことであるともいう。

名前 なり・ひさ・もち・ゆき・よし

【往往】(おうおう(わうわう)) 一 ①いつも。つねに。②ときどき。おりおり。二 (ワンワン) wǎngwǎng 現 一 の②に同じ。

【往還】(おうかん(わうくわん)) ①行き来。往来。往復。②国道路。行き来する道。

【往教】(おうきょう(わうけう)) 出かけておしえること。

【往古】(おうこ(わうこ)) むかし。過去。

【往歳】(おうさい(わうさい)) 過ぎ去った年。

【往事】(おうじ(わうじ)) 過去の事がら。

【往時】(おうじ(わうじ)) むかし。過去。

【往日】(おうじつ(わうじつ)) 過ぎた日。過去。昔日(せきじつ)。

【往者】(おうしゃ(わうしゃ)) ①過ぎ去ったこと。昔。②かつて。さきに。

【往生】(おうじょう(わうじゃう)) 国①仏死んで極楽(ごくらく)浄土に生まれかわる。②死ぬ。③まいる。こまりはてる。④あきらめる。

【往診】(おうしん(わうしん)) 医者が病人の家に出かけて行って診察する。↕宅診

【往世】(おうせい(わうせい)) 前の世。むかし。

【往聖】(おうせい(わうせい)) むかしの聖人。

【往請】(おうせい(わうせい)) 人にものを頼みに行く。

【往昔】(おうせき(わうせき)|おうじゃく(わうじゃく)) むかし。いにしえ。

【往迹】(おうせき(わうせき)) むかしのあと。過去の遺跡。

【往図(圖)】(おうと(わうと)) 昔の書物。図は、書物。

【往答】(おうとう(わうたふ)) 互いに行き来する。尋ね合う。

【往年】(おうねん(わうねん)) 過ぎ去った年。むかし。先年。

【往反】(おうはん(わうはん)|おうへん(わうへん)) 行き返り。行き来する。

【往復】(おうふく(わうふく)) ①行きと帰り。行き来。②手紙のやりとり。

【往来(來)】(おうらい(わうらい)) ①行くことと来ること。行き来。往復。②国通り。③国消息。手紙。【――物】(おうらい(わうらい)もの) 国手紙の形式で、教訓的な内容をもった教科書。おもに寺子屋で使った。

【往路】(おうろ(わうろ)) 行きの道。↕復路・帰路

△▼古往(こおう)・以往(いおう)・既往(きおう)

彳5 **【径】** 〔8〕 学4 ケイ

J 2334 U補 5F84

旧字 彳7 **【徑】** 〔10〕 ケイ 漢 去 径 jìng チン

J 5545 U補 5F91

筆順 ノ ク 彳 彳フ 彳ス 彳조 径

意味 ①〈こみち〉ほそみち。②ちかみち。③〈さしわたし〉直径。④〈わた・る〉へる。通りすぎる。⑤〈ただちに〉直接に。すぐに。‖逕

解字 𢓜 形声。彳が形を表し、巠(けい)が音を示す。彳は行くこと。巠には、すじ、あるいは、小さいという意味がある。徑は歩く道。馬や車の通る大通りに対して、小道・近道をいう。

名前 みち 難読 径山寺味噌(きんざんじみそ)

【径行】(けいこう(かう)) 人に気がねしないで、思うとおりに実行する。「直情径行」

【径尺】(けいしゃく) さしわたし一尺。

【径畛】(けいしん) 田畑のあぜ道。

【径寸】(けいすん) さしわたし一寸。

【径庭】(けいてい) かけ離れている。へだたり。‖逕庭

【径道】(けいどう(だう)) こみち。ちかみち。

【径輪】(けいりん) さしわたしとまわり。直径と円周。

【径路】(けいろ) ①こみち。ちかみち。細径。②国通って来た道。「‖経路・逕路」

△▼小径(しょうけい|こみち)・口径(こうけい)・山径(さんけい|やまみち)・石径(せっけい)・直径(ちょっけい)・斜径(しゃけい)

彳5 **【征】** 〔8〕 常 セイ

セイ 漢 平 庚 zhēng チョン

J 3212 U補 5F81

彳10 **【徰】** 〔13〕 同字 J 2921 U補 5FB0

筆順 ノ ク 彳 彳一 行 行 征 征

意味 ①〈ゆ・く〉遠方に行く。②〈う・つ〉㋐罪のある者や敵を討つ。㋑天子がけらいを攻める。③〈と・る〉㋐うばいとる。㋑税をとりたてる。

解字 𢓊 形声・会意。彳が形を表し、正(せい)が形とともに、音を示す。彳は行くこと。正には、ただしい、まっすぐの意味がある。征は、まっすぐ行く、また、悪い者をうつことを表す。一説に正の音は、足という意味を含むから、征は、歩くことであるという。

名前 そ・さち・まさ・もと・ゆき・ただし・ただす 難読 征矢(そや)・征箭(そや)

参考 征は「徵」(四六五ページ・中)の中国新字体としても使う。

【征夷】(せいい) 国えぞを征伐する。賊を討つ。【――大将(將)軍】(せいいたいしょう(しゃう)ぐん) 国①平安時代、えぞを征伐するためにつかわされた将軍。②鎌倉(かまくら)時代以後、幕府の主で天下の政権を握った者の職。

【征衣】(せいい) ①旅の着物。②いくさに出るときの服。軍服。

【征役】(せいえき) 租税と夫役(ぶやく)。年貢(ねんぐ)と労役。

【征客】(せいかく) ①旅を行く人。旅人。征夫。②出征している人。

【征韓論】(せいかんろん) 国明治六年(一八七三)、陸軍大将西郷隆盛(さいごうたかもり)らが当時の韓国の排日運動に対して、これを武力によって討とうとすることを主張した論。政府に認められず、西郷らは辞職して帰郷した。

【征戍】(せいじゅ) 国境の守備に行くこと。また、その守備兵。

【征人】(せいじん) 外地へ出征する人。

【征戦(戰)】(せいせん) 敵を打ちこらしめるために出かける戦争。「古来征戦幾人回(こらいせいせんいくにんかかえる)」〈王翰(おうかん)の詩・涼州詞(りょうしゅうし)〉

【征鳥】(せいちょう(てう)) ①飛ぶとり。②わたり鳥。③猛禽類。

【征途】(せいと) ①旅の道。②戦いに行く道中。

【征討】(せいとう(たう)) むほん人を征伐する。

【征馬】(せいば) ①旅行中に乗る馬。②戦場で乗る馬。

【征旆】(せいはい) ①戦いに用いる旗。②すすんでいく旗。

【征伐】(せいばつ) ①罪のある者を討つ。②攻めうつ。

【征帆】去りゆく帆。「征帆一片遶二蓬壺一」(一片の去りゆく帆となって、蓬萊の島をめぐっていった。)〈李白の詩・哭二晁卿衡一〉

【征夫】①旅をする人。旅人。使者。通行人。「問二征夫以二前路一」(通りがかった旅人に、これから先の道のりをたずねる。)〈陶潜・帰去来辞〉②戦地に出かける人。出征兵士。

【征服】うち従える。

【征蓬】風に飛ぶよもぎ。転じて、あてどなく旅を続ける人。

【征徭】税金と労役。

【征利】利益をとる。

【征旅】①征伐の軍隊。②旅の客。

【征輪】遠方へ旅立つ車。

【征矢】国いくさに用いる矢。

◆出征・遠征

彳5【徂】〔8〕ソ 漢 平 虞 cú ツー J5541 補 U5F82

意味 ①〈ゆ・く〉行く。去る。②〈し・ぬ〉死ぬ。＝殂

【徂年】過ぎ去った年月。

【徂徠】①山東省泰安市の東南にある山名。②国「荻生徂徠」(一〇六二ジペ・下)をさす。

【徂落】①死ぬ。②天子の死。崩御。＝殂落

彳5【彽】〔8〕テイ 漢 平 斉 dī ティー J①8431 補2907 U5F7D

意味 彽徊は、さまよい歩くこと。＝低回

参考 新表記では、「低」に書きかえる熟語がある。

彳5【彼】〔8〕常 ヒ かれ・かの ヒ 漢 呉 上 紙 bǐ ピー J4064 補 U5F7C

筆順 ノ ク 彳 彳 彳 彼 彼

意味 ①〈かれ〉㋐あれ。↔此 ㋑他人。相手。↔己・我 ㋒あの人。あの人たち。②〈かの〉あの。③〈かしこ〉あちら。

解字 形声。彳が形を表し、皮ひが音を示す。彳は行くこと。皮には、かぶせる意味がある。彼は、行って加えることで、相手になにかをしかけることを表し、「かれ」の意味になる。また、皮は、前方にうねうねと進むという意味を含むから、彼は、道のはるか離れた前方、かなた、の意味であるともいう。

名前 のぶ 姓 彼杵

難読 彼奴・彼処・彼所・彼方・彼誰時

【彼処(處)】国あすこ。あちら。

【彼方】国あちら。むこうの方。

【彼奴】国あの人(いやしめた言いかた)。

【彼我】かれとわれ。他人と自分。自他。

【彼岸】①向こうぎし。②仏この世をこちらの岸、煩悩の世界とするのに対し、涅槃の境に達した浄土を彼岸という。また、悟りをひらくこと。③国春分・秋分を中心に前後計七日間をいう。④国彼岸会の略。彼岸のとき寺院で行う法会。

【彼此】㊀あれとこれ。あちらとこちら。㊁国①あれとこれ。②とやかく。③およそ。④やがて。㊂ bǐcǐ 現お互いに。

【彼蒼(蒼)】天。そら。「詩経・秦風」の「彼蒼者天」(あの青々とした天。)という句にもとづく。

【知レ彼知レ己、百戦(戰)不レ殆】相手の力をよく知るとともに、自分のほうの力をよく知って戦うものは、何度戦っても負ける心配がない。〈孫子・謀攻〉

彳5【彿】〔8〕フツ 漢 入 物 fú フー J5542 補 U5F7F

意味 彷彿は、よく似ているさま。＝仿仏・髣髴

彳5【彾】〔8〕レイ 漢 リョウ(リャウ) 呉 平 青 líng リン J②1221 補2908 U5F7E

意味 ①彾行は、ひとりで歩くさま。＝伶行 ②彾彳は、歩くさま。

彳5【徃】〔8〕俗 →往(四五六ジペ・上)

彳6【徍】〔9〕㊀オウ 漢 呉 ㊀上 養 wǎng ワン ㊁アイ 漢 ㊁平 佳 wāi ワー 補2910 U5F8D

意味 ㊀「往」(四五六ジペ・上)の同字。㊁斜めに歩くさま。

彳6【徊】〔9〕標 カイ 漢 (クワイ) 平 灰 huái ホワイ J5543 補 U5F8A

意味 ①めぐる。ぐるぐるまわる。②彽徊・徘徊は、あてもなく歩くこと。

参考 新表記では、「回」に書きかえる熟語がある。

【徊翔(翔)】空をぐるぐる飛びまわる。

彳6【後】〔9〕学2 ゴ・コウ のち・うしろ・あと・おくれる コウ 漢 ゴ 呉 上 有 hòu ホウ J2469 補 U5F8C

筆順 ノ 彳 彳 彳 𢓜 𢓜 後 後

意味 ↔前・先 ①〈おく・れる(——・る)〉㋐おそい。㋑負ける。おとる。②〈のち〉〈あと〉㋐時間があと。㋑これから以後。将来。㋒なきあと。死後。㋓あとつぎ。子孫。㋔あとまわし。二の次。③〈うしろ〉〈あと〉㋐位置があと。㋑〈しりえ(しりへ)〉一番うしろ。

解字 会意。彳・幺・夂を合わせた字。彳は進むこと。幺は小さいこと。夂はのろのろ歩くことで、おくれる意味を表す。一説に、夂は、うしろに向かって進むこと、幺は音を示すとともに、行くという意味を含むから、後は、うしろに向かって歩くことであると解する。

名前 しつ・ちか・のり・もち 地名 後月 難読 後妻・後朝

姓 後部薬・後醍院

【後口】国①残ったあとの部分。②飲食したあと口に残る感じ。転じて、言動のあとの感じに用いる。③あとからの口。〔↔先口〕

【後月】国前の月。先月。

【後院】建物のうしろの庭園。

【後胤】子孫。後裔。

【後裔】子孫。後胤。

【後衛(衞)】うしろのそなえ。後方の守備。

【後援】①あとから来る助けの兵。②あとにひかえて助ける。うしろだて。あとおし。「後援会」

【後園】家の裏の菜園。

【後燕】王朝の名。(三八四～四〇七)

【後王】①後世の王。↔先王 ②周の文王・武王をさす。

【後架】①禅家で、僧堂のうしろにかけわたした洗面所。②便所。かわや。

【後会(會)】あとで会う。将来の対面。「後会期遥」(再会の時期は遠い先のことです。)〈和漢朗詠集・餞別〉

【後悔】㊀あとでくやむ。㊁ hòuhuǐ 現㊀に同じ。

【後覚(覺)】「後知」に同じ。↔先覚

【後学(學)】①後輩の学生、または学者。②国のちのちのためになる学問。将来の参考。

【後患】のちのちのうれい。あとの心配。

【後艱】のちのなんぎ。将来の困難。

【後魏】王朝の名。「北魏」に同じ。(三八六～五三四)

【後脚】動物のうしろのあし。

【後宮】こうきゅう ①后妃たちの住む宮殿。「後宮佳麗三千人」(後宮にはうつくしい侍女たちが三千人もいた。)〈白居易の詩・長恨歌〉②后妃。

【後勁】こうけい ①一軍のうしろに備える精鋭部隊。②あとからできた後才。

【後景】こうけい ①後方の景色。②舞台の背景。書き割り。

【後継(繼)者】こうけいしゃ あとをつぐ人。あとつぎ。あととり。

【後見】一 こうけん 二 うしろみ 国①かげにいて、人のすることを助ける。また、その人。②昔、幼い家長を助けた人。③役者の出演中、うしろから手助けをする人。④㊟法律的に無能力な人を保護、監督し、その代理になる。「後見人」

【後言】こうげん ①あとでいう。②かげ口をたたく。

【後顧】こうこ ①うしろをふりかえって見る。②あとの気がかり。③後日の恩顧。

【後嗣】こうし あとつぎ。世つぎ。子孫。

【後事】こうじ ①あとあとのこと。②死んだ後のこと。「属以後事」(自分の死んだ後のことを頼む。)〈蜀志・諸葛亮伝〉

【後死者】こうししゃ あとから死ぬ者。後世の人。

【後室】こうしつ ①奥のへや。②身分の高い人の未亡人。

【後車】こうしゃ うしろから来る車。【後車戒(誡)】こうしゃのいましめ 前の車のひっくりかえるのを見て、あとから来る車が気をつける。転じて、人の失敗を自分の戒めとする。〈漢書・賈誼伝〉

【後者】こうしゃ ①あとの者。⇔前者 ②あとから続く者。③後世の者。

【後主】こうしゅ ①あとの主君。②あととりの主君。③一王朝の最後の主君。

【後周】こうしゅう ①王朝の名。「北周」に同じ。(五五六〜五八一) ②王朝の名。(九五一〜九六〇)

【後序】こうじょ 書物の終わりに書きそえた序文。跋。

【後乗(乘)】こうじょう 君のあとにつき従う車や馬。

【後蜀】こうしょく 王朝の名。①晋代の十六国の一つ。成漢ともいう。(三〇二〜三四七) ②五代の時の十国の一つ。(九三五〜九六五)

【後身】一 こうしん ①㊀生まれ変わった身。②境遇などが変わったのちの身。二 うしろみ 国和服のみごろのうしろのところ。

【後晋(晉)】こうしん 王朝の名。(九三六〜九四六)

【後秦】こうしん 王朝の名。(三八四〜四一七)

【後進】こうしん ①後から進んでくるもの。後輩。⇔先進 ②進歩・発展の度合いが遅れていること。⇔先進

【後人】こうじん ①のちの世の人。②あとから生まれる人。子孫。③うしろの人。

【後陣】こうじん・ごじん あとぞなえの軍。本陣の後方にそなえた陣。後軍。

【後塵】こうじん ①人や車馬のあとに立つほこり。②人のあとに続くたとえ。

【後世】一 こうせい ①のちの世。⇔前世 ②のちの子孫。二 ごせ・ごせい あの世。死んだあと。⇔前世・現世

【後生】一 こうせい ①あとから生まれた者。後輩。②子孫。二 ごしょう ①㊀のちの世。死後の世。⇔前生 ②国人に特に事をたのむときの語。どうか。【――菩提】ごしょうぼだい 死後の幸福を祈る。【――可畏】こうせいおそるべし 青年は将来どんなりっぱなことをしでかすかわからないから、だいじに取り扱わなければいけない。〈論語・子罕〉

【後退】こうたい うしろへひく。しりぞく。⇔前進

【後代】こうだい のちの世。将来の世。⇔前代

【後知】こうち 人よりあとに道理をさとる人。後覚。

【後趙】こうちょう 王朝の名。(三一九〜三五二)

【後庭】こうてい ①宮中の奥にあるへや。転じて、后妃。②やしきの奥にある庭。【――花】こうていか 陳の後主が、人々と、きさきたちの美しさをたたえて作った楽曲の名。玉樹後庭花。

【後天】一 こうてん 生まれてからのちに身につくこと。⇔先天 二 ホウティエン hòutiān 現あさって。【――的】こうてんてき 生まれてからのちに身についたもの。⇔先天的

【後図(圖)】こうと のちのはかりごと。後日の計。

【後唐】こうとう 王朝の名。(九二三〜九三六)

【後難】こうなん のちのわざわい。あとの災難。

【後任】こうにん 前の人にかわりその任務につく人。また、その任務。⇔前任

【後年】一 こうねん ずっとあとの年になって。二 ホウニエン hòunián 現さらいねん。

【後輩】こうはい あとで生まれた者。あとから進む者。⇔先輩

【後背地】こうはいち 国ある経済的中心地の勢力範囲。ふつうは、港の背後にあって、物資の取り引きの盛んな地域をさす。

【後半】こうはん あとの半分。⇔前半

【後尾】こうび あとのほう。うしろ。⇔先頭

【後備役】こうびえき 国もと、現役・予備役をすませた者が服した兵役。

【後便】こうびん 国あとからのたより。次の手紙。

【後編(篇)】こうへん 書物などで二編または三編に分かれたものの最後の編。⇔前編・中編

【後母】こうぼ 先妻の子からみた父の後妻。ままはは。継母。

【後葉】こうよう ①のちの世。後代。②子孫。

【後楽(樂)】こうらく ①後で楽しむ。②天下の人を先に楽しませ、自分はおくれて楽しむ。→「先憂後楽」(一二五ページ・上)【――園】こうらくえん ①庭園の名。宋の賈似道が西湖のほとりに造った。②国庭園の名。㋐東京都文京区にある。㋑岡山市にある。

【後略】こうりゃく 国文章などの、あとの部分を略すこと。⇔前略

【後梁】こうりょう 王朝の名。①北梁ともいう。(五五五〜五八七) ②五代の王朝の一つ。(九〇七〜九二三)

【後涼】こうりょう 王朝の名。(三八六〜四〇三)

【後漢】一 ごかん 王朝の名。洛陽(今の河南省洛陽市)に都をおいた。東漢。(二五〜二二〇) 二 こうかん 王朝の名。都を汴(今の河南省開封市)においた。(九四七〜九五〇)【――書】ごかんじょ 書名。百二十巻。南北朝の宋の范曄が編集した後漢時代の正史。

【後家】ごけ 国①やもめ。夫をなくして家を守る女。寡婦。②二つで一組になるものの、一方が欠けていて、はんぱになったもの。

【後光】ごこう ①仏体から放つという光。②仏像のうしろにそえた金色の輪。光背。

【後日】ごじつ またの日。のちの日。いつか。

【後詰】ごづめ 国うしろにひかえている予備の軍隊。

【後手】一 ごて 国①碁・将棋であとから打つほう。⇔先手 ②手おくれ。二 うしろで 国両手をうしろにまわすこと。

【後夜】ごや ①夜中から朝までをさす。②㊀後夜のつとめ。

【後目】しりめ 国目じりの方へひとみをよせて見ること。ながしめ。「後目にかける」(相手をみくだして問題にしない。)

【後仕手】のちじて・あとじて 国能楽で中入りのあとに出る仕手。⇔前仕手

【後辺(邊)】ホウビエン hòubian 現うしろ。後の方。

【後面】ホウミエン hòumian 現うしろ。あと。

【後来(來)】ホウライ hòulái 現その後。それから。

◆人後・午後・今後・予後・生後・以後・先後・而後・死後・事後・食後・病後・前後・背後・産後・最後・戦後・爾後・空前絶後

彳6 【很】〔9〕 コン 漢 上 阮 hěn ヘン　J 5544 補 U 5F88

意味 ①〈もと・る〉㋐言うことをきかない。㋑あらあらしい。=狠 ②是非をあらそう。③非常に。とても。

【很戾】こんれい 気だてがひねくれて、あらあらしいこと。

彳6 【徇】〔9〕 一 シュン 漢 ジュン 呉 去 震 xùn シュン 二 シュン 漢 ジュン 呉 平 真 xún シュン　J 5546 補 U 5F87

犬6【徇】〔9〕俗字 J4290 補—— U72E5

意味 ■①〈めぐ・る〉=巡 ㋐知らせてまわる。広く示す。㋑兵隊をつれて攻めとる。②〈とな・える(——・ふ)〉③〈もと・める(——・む)〉ほしがる。④はやい。⑤〈したが・う(——・ふ)〉言うことをきく。②囲む。③使う。=殉 ■①〈したが・う〉何かのために命を投げ出す。=殉

【徇国(國)】国のために死ぬ。=殉国

【徇節(節)】自分が正しいと信ずることを守って死ぬこと。

【徇難】国家または主君の危難を救うために、命を捨てること。=殉難

彳6【待】〔9〕学 3 タイ・まつ　タイ 漢 上 賄　ダイ 呉 dài タイ　J3452 補—— U5F85

筆順 ノ 彳 彳 彳 往 待 待 待 待

意味 ①〈ま・つ〉㋐まちうける。「待買」㋑もてなす。「待遇」㋒必要とする。たよりにする。②そなえる。準備する。③ふせぐ。④…しようとする。

解字 形声。彳が形を表し、寺が音を示す。彳は行くこと。寺には、止まるという意味がある。待は道の途中で足を止めること、じっと立ってまつことである。

名前 なが・まち・みち

【待機】国①よいおりの来るのを待つ。②準備をととのえ、いつでも行動できるようにしている。

【待客】①客を待つこと。②客をもてなすこと。

【待遇】①もてなす。接待。もてなし。②国ある官位と同等の格式にとりあつかわれる役職。

【待賢門】国平安京、大内裏の東側にあった門の名。

【待買】よい商人を待って売る。機会を待って仕えること。〈論語・子罕〉

【待詔】①天子の任命を待つ。②漢代の官名。

【待制】勅旨のくだるのを待つ。転じて、①天子に召されて、まだ任命辞令を受けない者。待詔。②官名。〔一種の顧問役。〕

【待望】待ちのぞむ。期待する。

【待命】①命令を待つ。②国官吏の職務・任地がきまらないこと。

【待漏院】群臣が早朝出勤して、天子の出御する」時刻を待つための官舎。「

【待合】国①待ち合わせる。②汽車・電車などを待つ所。待合室。③客が芸者などを呼んで遊ぶ所。

◆招待・虐待・接待・期待・歓待・優待

彳6【徉】〔9〕ヨウ 漢 平 陽（ヤウ）yáng ヤン　J①8432 補2909 U5F89

意味 彷徉・徜徉は、さまよい歩くこと。

彳6【律】〔9〕学 6 リツ・リチ　リツ 漢 リチ 呉 入 質 lǜ リュイ　J4607 補—— U5F8B

筆順 ノ 彳 彳 彳 彳 彳 律 律 律

意味 ①〈のり〉㋐法令。特に刑法の条文。㋑おきて。②一定の基準でしばる。律する。③〈のっと・る〉手本にする。④音階。⑤爵位。⑥漢詩の一体。律詩。⑦詩や文章の調子。⑧くしけずる。髪をとかす。⑨仏教の一派。律宗。⑩仏人間の欲望をたちきる教え。戒律。

解字 形声。彳が形を表し、聿が音を示す。彳は進むこと。聿は筆と同じで、ふでであり、きちんとしていること、文書を書くことなどの意味を持つ。律は、法令を行きわたらせること、また、笛のくだを並べて作る音階をいう。一説に、聿の音は一と通じるから、律は、「一定の道」という意味であるという。

名前 おと・ただし・ただす

【律儀】■戒律。■国義理がたいこと。実直。=律義

【——者】国まじめで、義理がたい人。

【律語】リズムのある文。韻文。

【律師】■高徳の僧。■国僧都に次ぐ僧の位。

【律詩】漢詩の一体。五言または七言の八句で、三句と四句、五句と六句はそれぞれ対になる。また、偶数句末で韻をふむ。律。→付録・絶句・律詩の詩式 ■lǜshī 現弁護士。

【律宗】仏戒律を守ることを主とする宗派の一つ。本山は奈良の唐招提寺。

【律書】①法律書。②「史記」の八書の一つ。

【律動】国規則正しく、くりかえされる運動。

【律法】のり。おきて。戒律。

【律呂】律と呂。音階の総称。

【律令】■国家の法律。■国律と令。律は刑法、令は制度を規定したもの。【——制度】律令が行われる制度。律令は、隋・唐およびわが国の大化の改新から平安末期まで行われた法令。

【律例】法律と判決例。

【律暦(曆)】こよみ。一年十二か月の季節の法則。=律歴

◆一律・呂律・戒律・法律・音律・規律・旋律・韻律・不文律・千編一律

彳6【衍】(一一一七㌻・下)↓行部三画

彳7【従】〔10〕学 6 ジュウ・ショウ・ジュ　したがう・したがえる　J2930 補—— U5F93

旧字 彳8【從】〔11〕人　J5547 補—— U5F9E

■ショウ 漢 ジュウ 呉 ■ 平 冬 cóng ツォン
ジュ 慣
■ショウ 漢 ジュウ 呉 ■ 去 宋 zòng ツォン
ジュ 慣
■ショウ 漢 ■ 平 冬 cōng ツォン
四ショウ 漢 四 上 腫 sǒng ソン

筆順 ノ 彳 彳 彳 𢓭 𢓭 𢓭 従 従

人2【从】〔4〕本字 J4826 補—— U4ECE

意味 ■①〈したが・う(——・ふ)〉〈したが・える(——・へる)〉㋐あとについて行く。㋑追いかける。㋒つれて行く。㋓言うことをきく。㋔まかせる。したいようにさせる。㋕たずさわる。「従事」㋖ならう。一定の方法や態度で行う。「従」②おとも。けらい。③副。↕正 ④親戚関係を表す。

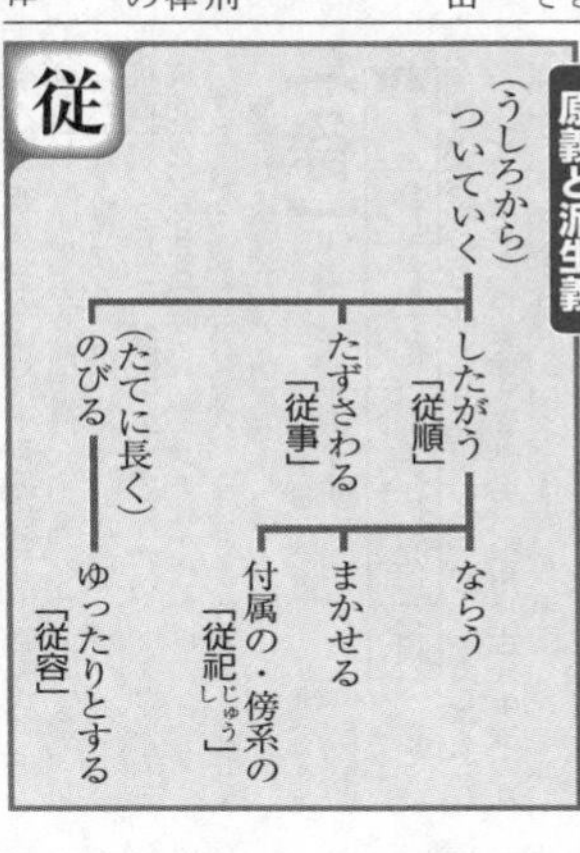

3画
口囗土士夂(夊)夕大女子宀寸小尢(尣・兀)尸屮山巛(川)工己巾干幺广廴廾弋弓彐(彑・ヨ)彡彳⺌

兄」 ⑤〈より〉…から。 ■二 ①〈たて〉南北。 ＝縦 ②〈ほしいままに・する(——・す)〉したいようにする。 ■三 従容(しょうよう)は、ゆったりしたさま。 ■四 従容は、すすめる。

解字 形声・会意。辵と从を合わせた字。辵は行くこと。从(しょう)は音を示すとともに人が二人並ぶ形を表す。従はついて行く、あとを追う意味になるとともに、「たて」ということにもなる。

語法 ❶〈より〉…から。時間・場所の起点・経路を示す。 類 由・自 例「大風従二西北一而起(たいふうせいほくよりおこる)」(大風が西北よりおこった)〈史記・項羽本紀〉

❷〈よる〉 ㋐…によって。…のために。原因・根拠を示す。 類 由・因 例「春宵苦レ短日高起(しゅんしょうみじかきにくるしみてひたかくしておき)、従レ此君王不二早朝一(これよりくんのうそうちょうせず)」(春の宵が短いのをなげき日が高くなってから床を離れ、そのために早朝の政務をしなくなった)〈白居易の詩・長恨歌〉「昔者紂之亡(むかしちゅうのほろびたる)、周之卑(しゅうのおとろえなる)、皆従二諸侯之博大一也(みなしょこうのはくだいなりしによる)」(昔、殷の紂王が亡んだり、周が衰えたりしたのは、どれも諸侯の力が大きくなったためである)〈韓非子・愛臣〉 ㋑…にたよって。…をたのんで。動作・行為の実現のため頼りとする対象を示す。 例「常従レ人寄二食飲一(つねにひとによりてしょくいんをきす)」(いつも他人をたよりに食べさせてもらっていた)〈史記・淮陰侯列伝〉

→付録・同訓異義要覧「よる」

名前 しげ・つぐ

難読 従兄(いとこ)・従弟(いとこ)・従姉(いとこ)・従妹(いとこ)・従兄弟(いとこ)・従姉妹(いとこ)

参考 「徙(し)」「徒(と)」は別字。

【従違】(じゅうい(ゐ)) 服従と違背。したがうこととそむくこと。

【従横】(じゅうおう(わう)) ①たてとよこ。②南北と東西。③戦国時代、蘇秦(そしん)の合従(がっしょう)説と張儀(ちょうぎ)の連衡(れんこう)説。④思うまま。自由。【——家】(じゅうおう(わう)か) 古代の学派の一つ。諸国を遊説(ゆうぜい)して歩くことを主とした。

【従駕】(じゅうが) 天子の外出のおともをする。

【従官】(じゅうかん(くわん)) ①おともの役人。②侍従。そばづかえの官。

【従業】(じゅうぎょう(げふ)) 業務に従う。仕事をする。【——員】(じゅうぎょういん(げふゐん)) 仕事につく人。店や工場にやとわれている人。

【従軍】(じゅうぐん) ①軍人として戦地に出かける。②軍隊に従って戦場に行く。「従軍記者」

【従兄】(じゅうけい) 年上の男のいとこ。

【従兄弟】(じゅうけいてい) 年上または年下の、男のいとこ。

【従坐】(じゅうざ) 人の罪、特に家族の罪のまきぞえとなり罪になる。

【従士】(じゅうし) つき従うさむらい。

【従子】(じゅうし) 兄弟(きょうだい)姉妹(しまい)の子。おい。めい。

【従祀】(じゅうし) 合わせ祭る。配祭。

【従姉】(じゅうし) 年上の女のいとこ。

【従事】(じゅうじ) ■一 ①仕事に関係する。つとめる。②従いつかえる。③州の長官の上級属官の総称。別駕(べつが)従事史、治中従事史、部郡国従事史等があり、現代の、局長・部長級に当たる。 ■二 ツォンシー cóngshì 現 ①■一の①に同じ。②処理する。

【従姉妹】(じゅうしまい) 年上または年下の、女のいとこ。

【従者】(じゅうしゃ(ずさ)) おとも。けらい。

【従戎】(じゅうじゅう(じう)) 軍隊に入って戦争に行く。

【従順】(じゅうじゅん) すなおでおとなしい。＝柔順

【従心】(じゅうしん) ①自分のしたいようにふるまう。②七十歳をさす。「七十而従二心所一レ欲、不レ踰レ矩(しちじゅうにしてこころのほっするところにしたがいてのりをこえず)」(七十になってからは、自分のしたいようにふるまっても、道をふみはずさない。)〈論語・為政(いせい)〉

【従臣】(じゅうしん) つき従うけらい。

【従政】(じゅうせい) ①政務をとりおこなう。②力役に従事する。

【従前】(じゅうぜん) ■一 ①今より前。以前。②前から。 ■二 ツォンチエン cóng-qián 現 ■一に同じ。

【従属(屬)】(じゅうぞく) ①つき従う。②おとも。従者。

【従卒】(じゅうそつ) 国 もと、将校につきそって、その雑用をつとめた兵。

【従弟】(じゅうてい) 年下の男のいとこ。

【従犯】(じゅうはん) 正犯者の手助けをする罪。また、その人。

【従父】(じゅうふ) 父の兄弟。おじ。

【従母】(じゅうぼ) 母の姉妹。おば。

【従僕】(じゅうぼく) つきそいの下男(げなん)。しもべ。

【従妹】(じゅうまい) 年下の女のいとこ。

【従来(來)】(じゅうらい) ■一 ①今まで。前から。これまで。②由来(ゆらい)する。 ■二 ツォンライ cónglái 現 ■一の①に同じ。

【従伶】(じゅうれい) おともの楽人(がくじん)。伶は、音楽家。

【従合】(しょうごう(がふ)) 戦国時代の燕(えん)・趙(ちょう)・韓(かん)・魏(ぎ)・斉(せい)・楚その六国が、秦(しん)に対抗し、南北に合して同盟したこと。合従(がっしょう)。

【従親】(しょうしん) 「従約(しょうやく)」に同じ。

【従約】(しょうやく) 戦国時代、蘇秦(そしん)が主張した合従(がっしょう)(韓(かん)・魏(ぎ)等六国が連合して秦に対抗する)の約束。↕連衡(れんこう)

【従容】(しょうよう) ①ゆったり落ち着いたさま。くつろいださま。②それとなく勧(すす)める。ほのめかす。＝慫慂

【従而】(ツォンアル) cóng'ér 現 従って。それゆえに。

【従此】(ツォンツー) cóngcǐ 現 これから。それから。

▲▼三従(さんじゅう)・主従(しゅじゅう)・忍従(にんじゅう)・屈従(くつじゅう)・侍従(じじゅう)・盲従(もうじゅう)・服従(ふくじゅう)・追従(ついじゅう|ついしょう)・随従(ずいじゅう)

彳7 【徐】 〔10〕 常 ジョ｜ショ 漢 ジョ 呉 ｜ 平 魚 xú シュイ ｜ J 2989 補 — U 5F90

筆順 ノ 彳 彳 彸 徐 徐 徐 徐

意味 ①〈おもむろ〉ゆっくりと。おちついて。②〈しずか(しづか)〉おだやか。「安徐」③地名。徐州。古代中国の九州の一つ。④春秋時代の国名。⑤姓。

解字 形声。彳が形を表し、余(よ)が音を示す。彳は進むこと。余には、ゆったりする意味がある。徐は、しずかに進むことを表す。音ジョは余の音ヨの変化。

名前 やす・ゆき

【徐鍇】(じょかい) 人名。宋(そう)の徐鉉(じょげん)の弟。漢代の許慎の「説文(せつもん)」の研究家。ふつう徐鉉を大徐、徐鍇を小徐という。

【徐鉉】(じょげん) 人名。宋(そう)の文字学者。勅命により漢代の許慎の「説文(せつもん)」を校訂した。

【徐行】(じょこう(かう)) ゆっくりと歩く。ゆるやかに進む。↕急行

【徐泗】(じょし) 徐州と泗水。現在の徐州市とその東部一帯をさす。「蕭条徐泗空(しょうじょうとしてじょしむなし)」〈李白(りはく)の詩・懐二張子房一(ちょうしぼうをおもう)〉

【徐州】(じょしゅう(しう)) ①昔の九州の一つ。漢代以降州の名。山東省南部から長江下流の北方一帯をさす。②都市の名。江蘇(こうそ)省の北部にある。

【徐庶】(じょしょ) 人名。字(あざな)は元直。蜀(しょく)の諸葛亮(しょかつりょう)の親友。

【徐徐】(じょじょ) ①そろそろと。ゆったりと。②もの静かなさま。

【徐福】(じょふく) 人名。徐市(じょふつ)ともいう。秦(しん)の始皇帝の命令により、不老不死の薬草を求めて東海の蓬萊(ほうらい)山を目ざしてゆき、そのまま帰らなかったという。一説に、わが国の紀伊(きい)(和歌山県)の熊野に着いたともいう。

【徐庾体(體)】(じょゆたい) 南北朝時代の徐陵(じょりょう)と庾信(ゆしん)の文体。はなやかな美しさがあることで有名。

【徐陵】(じょりょう) 人名。南北朝の陳の人。字(あざな)は孝穆(こうぼく)。「玉台新詠」の編者。(五〇七～五八三)

彳7【徒】〔10〕学4 ト ト ズ(ツ)　漢呉 平虞 tú トゥー　J 3744 補 U 5F92

筆順 彳 彳 彳+ 徉 徉 徉 徒

意味 ①〈かち〉㋐乗り物に乗らないで歩く。㋑歩兵。㋒人夫(ぶにん)。②従者。③弟子(でし)。門人。「生徒」④なかま。人々。⑤何もないさま。「徒手」⑥〈いたずらに(いたづらに)〉むだに。何にもならない。⑦〈ただ〉単に。…だけ。⑧ひとり。そのものだけ。⑨刑罰の一種。徒刑。国①〈あだ〉むだなこと。②〈いたずら(いたづら)〉悪戯。

語法 ❶〈ただ〉限定・強意。ただ。単に。…だけ。類 唯・只 例「天下匈匈数歳者(てんかきょうきょうとしてすうさいなるは)、徒以二吾両人一耳(ただわがりょう(りゃう)にんをもってするのみ)」(天下が長い間ごたごたと混乱しているのは、ただわれら二人のせいである)〈史記・項羽本紀〉→付録・同訓異義要覧「ただ」
❷〈いたずらに(いたづらに)〉むだに。むなしく。なにもせず。無益・無用であることを示す。例「徒持二文墨一議論(いたずら(いたづら)にぶんぼくをじ(ぢ)してぎろんするのみにして)、不レ戦(たたかわ(たたかは)ず)」(〔蕭何(しょうか)は〕役にも立たない文章を手に議論するだけで、戦闘には加わっておりません)〈史記・蕭相国世家〉

●句形
(1)［非二徒…一］〈ただに…のみにあらず〉ただ…だけではない。＝不徒 例「非二徒無一レ益(ただにえきなきのみにあらず)、而又害レ之(しかもまたこれをがいす)」(益がないばかりでなくかえって害をなすのである)〈孟子・公孫丑(こうそんちゅう)上〉
(2)［豈徒…］〈あにただに…のみならんや〉どうしてただ…だけということがあろうか。例「王如用レ予(おう(わう)もしわれをもちい(もちひ))、則豈徒斉民安(すなわち(すなはち)あにただにせいのたみやすきのみならんや)、天下之民挙安(てんかのたみあげてやすからん)」(王様がもし私を用いてくだされば、ただ斉の国の民が安らかでいられるだけであろうか。それればかりか、天下の万民すべてがことごとく安らかになるだろう)〈孟子・公孫丑下〉▼文末には「乎」「邪」「哉」などが置かれる。

解字  形声。辵と土を合わせた字。辵が形を表し、土(と)が音を示す。辵は行くこと。土にはつちをふむという意味がある。徒は土の上を歩くことで、車に乗らず、すあしで歩くことをいう。

名前 とも
難読 徒然(つれづれ)

参考「従(じゅう)」「徙(し)」は別字。


【徒士】(かち) 国武家時代に、徒歩で行列の先頭に立った侍(さむらい)。

【━━侍】(かちざむらい(ざむらひ)) 国徒歩でおともをする侍。

【徒為(爲)】(とい(ゐ)) むだなこと。無用のわざ。

【徒役】(とえき) 兵卒や人夫。役夫。

【徒歌】(とか) 楽器の伴奏なしに歌をうたう。

【徒刑】一(とけい) ①五刑の一つ。労役に服させる刑。②国旧刑法で辺地に送って労役につかせた刑。二(ずけい(づ)) 国大宝令による五刑(笞(ち)・杖(じょう)・徒(ず)・流(る)・死)の一つ。年限を決めて労役に服させるもの。徒罪。

【徒行】(とこう(かう)) 歩いて行く。かちあるき。

【徒死】(とし) なんの役にもたたない死。いぬじに。むだじに。

【徒事】一(とじ) 役にたたないこと。むだごと。二(いたずら(いたづら)ごと)―

(あだごと) 国①むだごと。②男女間のみだらなこと。

【徒爾】(とじ) むだなこと。いたずらに。

【徒手】(としゅ) からて。すで。手に何も持たない。赤手(せきしゅ)。空拳。

【徒手空拳(拳)】(としゅくうけん) 手に何も持たない。すで。からて。

【徒首】(としゅ) 散らし髪。よろい・かぶとを着けないこと。

【徒衆】(としゅう) おおぜいの人々。おおぜいのなかま。

【徒渉】(としょう(せふ)) 徒歩で川をわたる。かちわたり。

【徒食】(としょく) 働かずに生活する。いぐい。

【徒跣】(とせん) はだし。すあし。

【徒然】一(とぜん) ①あてもなく。いたずらに。無意味に。②うそ。むなしいさま。二(つれづれ) 国何もすることがなく、たいくつなさま。たいくつ。

【徒卒】(とそつ) 歩兵。歩卒。

【徒弟】(とてい) ①でし。門人。②国小僧。丁稚(でっち)。商店や職人の家で、年限を決めてしごとの見習いをする少年。

【徒党(黨)】(ととう(たう)) なかま。くみ。同類。

【徒搏】(とはく) 素手で獣を打ち殺す。

【徒費】(とひ) むだづかい。空費。浪費。

【徒労(勞)】(とろう(らう)) むだなほねおり。むだな労力。
◇▼仏徒(ぶっと)・凶徒(きょうと)・生徒(せいと)・司徒(しと)・学徒(がくと)・使徒(しと)・門徒(もんと)・信徒(しんと)・叛徒(はんと)・僧徒(そうと)・暴徒(ぼうと)・清教徒(せいきょうと)

彳7【徑】〔10〕旧 ↓径(四五六ページ・中)

彳7【徏】〔10〕同 ↓陟(一三三〇ページ・上)

彳8【徙】〔11〕シ　漢 上紙 xǐ シー　J 5548 補 U 5F99

意味〈うつ・る〉〈うつ・す〉①所をかえる。「徙宅(したく)」②転任する。③流刑にする。「徙辺(しへん)」

参考「従(じゅう)」「徒(と)」は別字。


【徙倚】(しい) あたりをさまよう。

【徙居】(しきょ) すまいを移す。転宅する。移転する。

『徙木之信』(しぼくのしん) 秦(しん)の商鞅(しょうおう)が新しい法令を行う者が民にうそをつかないこと。門に立てかけ、これをよそに移したものには五十金(金五十斤)を与えると約束し、これを実行して人民の信用を得たあとで、法令を公布した故事による。〈史記・商君列伝〉

彳8【徜】〔11〕ショウ(シャウ)　漢 平陽 cháng チャン　J ①8433 補 2913 U 5F9C

意味 徜徉(しょうよう)は、さまよう。

彳8【徢】〔11〕ショウ(セフ)　漢 入葉 xiè シエ　J ②1223 補 2915 U 5FA2

意味 行動が機敏なさま。また、速く歩くさま。

彳8【悰】〔11〕ソウ　漢 平東 cōng ツォン　補 2912 U 5F96

意味 安らかである。

彳8【徝】〔11〕一チ　漢呉 去寘 zhì チー　二チョク　漢 入職 zhí チー　補 2914 U 5F9D

意味 一〈ほどこ・す〉 二〈のぼ・る〉＝陟(ちょく)

彳8【得】〔11〕学5 トク トク　漢呉 入職 dé トー　える・うる　J 3832 U 5F97

筆順 彳 彳 彳 彳日 得 得 得

意味 ①〈える(う)〉〈うる〉㋐手にいれる。つかまえる。↕失 ㋑うまくゆく。㋒満足する。「得意」㋓…できる。事情がゆるす。②とく。とくをする。「損得」③＝徳(四六五ページ・下) ④完成する。⑤…しなければならない。音 děi テイ。⑥現 程度・結果を表す助詞。音 de ト。

解字 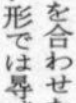 形声。彳と㝵とを合わせた字。彳は、行くことで、形を表す。㝵は、古い形では㝵(とく)を略したものである。㝵は、見と寸とを合わせた字で、音を示すとともに見(貝＝たから)を寸(手)で取る意味を表す。得は、行って品物を手に入れることを表す。

名前 あり・なり・のり・やす　姓 得川(とくがわ)・得能(とくのう)・得橋(とくはし|うるはし|とくはし)・得楽(とくらく|とくら)　地名 得撫(ウルップ)

【得意】(とくい) ①満足していること。②えらぶること。↕失意 ③国じょうず。えて。④国商売上のきまったお客。

【得業】ある課程を学び終える。【—生】国①ある課程を学び終えた人。②昔、大学寮の試験に合格した者。

【得君】よい君主にうまく出会う。

【得計】よいはかりごと。すぐれた方法。得策。

【得罪】①罪を得る。②いかりにふれる。

【得策】国利益になるやりかた。よい方法。得計。

【得志】志がかなう。

【得失】①得ることと、失うこと。得喪。②利益と損失。③善と悪。④成功と失敗。⑤長所と短所。

【得所】①願いどおりになる。②ふさわしい地位、場所を得る。

【得心】満足する。承知する。納得する。

【得喪】「得失」に同じ。

【得度】仏出家して仏門にはいる。

【得道】仏仏の道を修め悟りをひらく。悟道。

【得得】①得意なさま。②わざわざ。特に。

【得到】dédào 現手に入れる。受ける。
◆収得・生得・両得・会得・余得・利得・見得・取得・所得・拾得・既得・納得・習得・損得・説得・獲得・一挙両得

彳8【徘】〔11〕[標] ハイ [漢] [平] 灰 pái パイ U補J 5F98 5549
[意味] 徘徊は、さまよう。あてもなく歩きまわる。

彳8【御】〔11〕[旧]↓御(本ページ・上)
彳8【從】〔11〕[旧]↓従(四五九ページ・下)
彳8【徠】〔11〕[古]↓來(六二三ページ・上)
彳8〖術〗↓行部五画(一一一八ページ・上)
彳8〖衒〗↓行部五画(一一一八ページ・上)

彳9【徫】〔12〕 イ(ヰ) [漢] [呉] [上] 尾 wěi ウエイ U補J —
彳10〔徫〕〔13〕俗字 U補J 5FAB 2917
[意味] 歩くさま。

彳9【御】〔12〕[常] ギョ・ゴ おん U補J 5FA1 2470
[旧字] 彳8【御】〔11〕 一 ギョ [漢] ゴ [呉] 一 [去] 御 yù ユィ 二 ガ [漢] 二 [去] 禡 yà ヤー U補J —

[筆順] 彳 彳' 彳⺈ 彳午 彳缶 彳缶 御 御

[意味] 一①車馬をあやつる。また、その人。御者。②〈おさ・める(をさ・む)〉㋐制御する。㋑統治する。③おそばにつかえる。また、その人。④献上する。⑤君主が婦人をかわいがること。⑥女官。⑦天子の行いや品物につける敬語。「御覧」⑧〈ふせ・ぐ〉＝禦 ⑨姓。二むかえる。＝迓 国〈おん〉〈お〉〈み〉〈ご〉尊敬・ていねいの意を表す接頭辞。おおん。
[解字] 会意。彳と卸を合わせた字。彳は行くこと。卸は、馬からくらや車を解き放つこと。御は、馬をあやつることを表す。一説に、きねで穀物をついて柔らかくするように、馬をならすことを表すという。また、道路を馬が進行する意味であるともいう。御は禦と通じて、自由な出入りを禁止する意味にもなる。
[名前] のり・みつ・おき・おや [姓] 御巫・御炊・御幡・御手洗・御酒本 [地名] 御坊・御所・御津・御調・御宿・御殿場 [難読] 御俠・御虎子・御味御汁・御味御付け・御座す・御稜威・御手洗
[参考] ①新表記では、「馭」の書きかえに用いる。また「禦」の書きかえに用いる熟語がある。②御は「禦」(九〇三ページ・上)の中国新字体としても使う。

【御誂】国おたのみ。ご注文。

【御家流】国書法の一体。江戸時代の公文書に用いられた。

【御歌所】国宮中で、天皇をはじめ宮中の人々の和歌や、一般の人の寄せる和歌をあつかう所。

【御手水】国①御手水の会の略。七月七日に行われる京都北野神社の祭り。②便所。

【御伽噺】国童話。

【御中】一国①食事。②綿。③腹。④室町時代、武家の奥向きにつかえた女中。二国おおぜいの人や団体・機関に出す手紙のあて名のわきに書きそえる語。

【御仏(佛)名】国①死んだ人の法事をするとき、特に菩薩や祖師の名号をとなえること。②昔、宮中の清涼殿で十二月十九日から三日間行われた法事。

【御曹子】国①昔、貴人のへや住みの子に対する敬語。②源義経の別名。③名門・知名人の子にいう。

【御身】国①おからだ。②あなたに対する敬語。

【御許】国あなたのおそば。相手に対する敬語。


【御衣】一①天子の衣服。②貴人の衣服。二国衣服の敬語。

【御意】①おぼしめし。お考え。②命令。

【御宇】天子の治める世。御代。御治世。

【御苑】宮中の庭。御所の庭。「吹上御苑」

【御筵】天子のもよおす集会。天子の座席。

【御感】国①天皇が感心されること。②天皇のおほめ。

【御極】天子が位にのぼること。

【御慶】国およろこび。相手に祝意を示す語。

【御幸】一天子のお出かけ。行幸。二国上皇・法皇・女院の外出。

【御溝】宮中のみぞ。

【御史】昔の官名。主として官吏の監督にあたった。【—台(臺)】御史の勤務する役所。蘭台。南台。【—大夫】①秦・漢では丞相の次官。②唐では御史台の長官。【—中丞】官名。晋以前および宋代、御史台の長官。官吏の風紀をとりしまった。

【御璽】天子の印。

【御者】馬をあつかう者。馬丁。べっとう。＝馭者
【御書】①天子に献上する書物。天子の使う書物。②天子の書いた文字。

【御寝(寢)】国寝ることの敬語。おやすみ。

【御製】天子が作ること。また、その詩歌・音楽。

【御題】①天子の出す詩歌の題。勅題。②天子みずから書かれた題字。

【御榻】天子の用いる長椅子。榻は、細長くて低い腰かけ。

【御筆】国天子の書かれた書画。宸筆。

【御(「馭」)夫】馬や車をあつかう者。御者。

【御府】天子の倉。御物を入れる倉。

【御風】風に乗る。風にまたがって空を飛ぶ。「御レ風」(一三八四ページ・上)〈荘子・逍遥遊〉

【御物】天子の使用する品。

【御名】国天皇の名。「御名御璽」

【御遊】国①あそびの敬語。②昔、宮中でもよおした音楽の会。

【御覧】天子の閲覧するもの。書名として用いられる。「太平御覧」

【御柳】宮中の柳。

【御一人】(ごいちにん) 国天皇のこと。

【御一新】(ごいっしん) 国明治維新。

【御供】(ごくう｜ごく) 国神や仏にそなえるそなえ物。「人身御供」

【御禊】(ごけい) 国みそぎの敬語。天皇が即位したあと賀茂の河原に行って行うみそぎ。

【御家人】(ごけにん) 国徳川幕府直属の武士で、将軍にまみえる資格のない低い身分のものをさす。

【御後】(ごご) 国①うしろの敬語。②昔、宮中の紫宸殿の賢聖障子の北側の細長いへやをさす。

【御朱印船】(ごしゅいんせん) 国正式な許可を得て海外貿易に従事した船。豊臣秀吉・徳川家康のころ活躍した。

【御所】(ごしょ) 国①天皇・上皇らのすまい。宮中。後世は将軍・大臣らのすまいにもいう。②天皇に対する敬語。【——車】(ごしょぐるま) 国昔、貴人が乗った屋形のある車。牛車。

【御諚】(ごじょう(ぢやう)) 国おことば。目上の人の言いつけ。

【御真(眞)影】(ごしんえい) 国天皇・皇后・皇太子などの写真。

【御成敗式目】(ごせいばいしきもく) 国北条泰時が貞永元年(一二三二)に、源頼朝以来の裁判の判決例をもとにして作った法典。貞永式目。

【御前】(ごぜん) ■一 国①貴人の座の前。面前。②人をたっとんでいう語。とのさま。③昔、婦人の名の下にそえて、敬意を表す語。「静御前」■二(おまえ(まへ)｜おおまえ(おほまへ)) 国①前の敬語。②二人称の代名詞。きみ。【——会(會)議】(ごぜんかいぎ(くわいぎ)) 国もと、国家の重大事について、元老や大臣たちが天皇の御前で開いた会議。

【御殿】(ごてん) 国①身分の高い人の住宅の敬語。②りっぱな家。

【御内帑金】(ごないどきん) 国天皇の手もとのかね。

【御悩(惱)】(ごのう(なう)) 国天皇の病気。

【御幣】(ごへい) 国神を祭るときの道具の一つ。白色または金銀・五色の紙を細長い木にはさんだもの。おんべ。

【御名代】■一(ごみょう(みやう)だい) 国貴人の代わりをつとめる人。■二(みなしろ) 国わが国で昔、貴人の名を後世に残すためその名をつけた私領の人民をいう。

【御用】(ごよう) 国①宮中または政府の用事。②警官などが犯罪者をつかまえる。【——新聞】(ごようしんぶん) 国時の政府の味方をして、公平で正しい報道をしない新聞。【——邸】(ごようてい) 国皇室で使う別荘。

【御料】(ごりょう(れう)) 国①御用。②食物。めしあがり物。③皇室の財産。④御料地(皇室の所有地)の略。


【御陵】(ごりょう) 国天皇・皇后などの墓。みささぎ。

【御稜威】(みいつ｜みいず(いづ)) 国天子のご威光。

【御門】(みかど) 国①宮門。皇居の門。②天皇の敬語。

【御子】(みこ) 国天皇の子。天皇の子孫。

【御簾】(みす) 国すだれの敬語。今では、神前や宮殿などに用いられるすだれだけをさす。

【御台(臺)所】(みだいどころ) 国貴人の妻に対する敬語。北の方。

【御台(臺)盤所】(みだいばんどころ) 国大臣・大将・将軍などの妻に対する敬語。御台所。

【御手洗】(みたらし) 国神社におまいりする人が手・口を清めるため、神殿の前わきに置いてある水。

【御息所】(みやすどころ｜みやすんどころ) 国①天皇の休息所。②天皇の寵愛を受けた宮女。③皇子や皇女を生んだ宮女に対する敬語。

【御世】(みよ) 国天子のご治世。
▼入御・女御・出御・防御・姐御・制御・崩御・統御

彳 9 【徨】〔12〕 コウ 漢｜平 陽 (クヮウ)｜huáng ホワン　J 5551 補 U 5FA8
意味 彷徨は、さまよう。精神が不安定である。

彳 9 【循】〔12〕 常 ジュン　シュン 漢 平 真 ジュン 呉 xún シュン　J 2959 補 U 5FAA
筆順 彳 彳' 彳' 彳' 彳' 彳' 循
意味 ①〈したが・う(——・ふ)〉 ㋐そってゆく。㋑守る。きまりなどにしたがう。②〈めぐ・る〉 見まわる。＝巡 ③〈な・でる(——・づ)〉 手でなでる。
解字 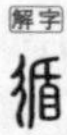 形声。彳が形を表し、盾が音を示す。彳は行くこと。盾には、「たて」の意味がある。「たて」は、自分の身に添って、まもるものである。循は、そってゆくこと、したがうことを表す。一説に、盾の音は順に通じ、したがうという意味があるから、循は、ついて行くことを表すという。
名前 みつ・ゆき・よし
【循環】(じゅんかん(くわん)) ①めぐる。原因と結果が絶えずめぐる。②同じみちをぐるぐるまわる。【——器】(じゅんかん(くわん)き) 医全身に血液を送って栄養物をおぎない、老廃物を体外に出す器官。心臓・血管・淋巴管など。
【循行】(じゅんこう(かう)) ①めぐり歩く。＝巡行 ②命令に従って行う。
【循守】(じゅんしゅ) 従い守る。＝遵守

【循循】(じゅんじゅん) 順序正しく整然としたさま。循循然。

【循俗】(じゅんぞく) 世俗に従って、改革しない。

【循篤】(じゅんとく) すなおで人情にあつい。

【循吏】(じゅんり) 法律によく従って仕事をする役人。

彳 9 【復】〔12〕 学 5 フク　■一 フク 漢 ブク 呉｜■一 入 屋 fù フー　■二 フウ 漢 ブ 呉 フク 慣｜■二 去 宥 fù フー　J 4192 補 U 5FA9
筆順 彳 彳' 彳' 彳 彳 復 復
意味 ■一 ①〈かえ・る(かへ・る)〉 ひきかえす。↕往 ②〈かえ・す(かへ・す)〉 もとにもどす。③〈むく・いる(——・ゆ)〉 しかえしする。「報復」④〈もう・す(まう・す)〉 ㋐申し上げる。㋑答える。⑤(労役や租税を)免除する。⑥易の卦の名。⑦かさねる。＝複 ■二 ①〈また〉 もう一度。さらに。②〈ふたたび〉 同じことを二度。

語法 〈また〉 ㋐ふたたび。さらに。動作・行為の重複・継続を表す。例「壮士、能復飲乎」(壮士よ、まだ飲むか)〈史記・項羽本紀〉 ▼状態・程度の深化を示し、「さらに」と訳すと適当な場合もある。㋑もとどおりに。もとの状態に戻ることを示す。例「復為二兄弟一如レ初」(もとどおりに兄弟関係を結ぶことはじめのごとくであった)〈左伝・文公七〉 ㋒そもそも。いったい。疑問・反語を強調する。例「寓二形宇内一復幾時」(肉体がこの世に存在するのにいったいどれだけの時間があろうか)〈陶潜の詩・帰去来辞〉
↓付録・同訓異義要覧「また」
句形
[不二復…一] 〈また…ず〉 もはや…しない。もう二度と…しない。例「久矣、吾不三復夢見二周公一」(ずいぶん長いものだ、わたしがもはや周公の夢をみなくなってから)〈論語・述而〉

解字  形声。彳が形を表し、复が音を示す。复はもとへかえる意味がある。彳は進むこと。復は、行ってもとにもどることを表す。
名前 なお・もち・あきら・あつし・さかえ・しげる　難読 復習(さらう)
【復位】(ふくい(ゐ)) ①元の位にかえる。②再び天子の位につく。

【復員】国①動員令で召集した軍人の任務を解く。②軍隊の戦時編制を平時編制にもどす。

【復習】㊀くりかえして習う。温習。↕予習 ㊁fùxí、現㊀に同じ。

【復讐】かたきうち。あだうち。復仇。

【復初】天然のままの人間性に立ち返る。

【復書】返事の手紙。

【復除】労役の義務を免除する。

【復唱】①くりかえし歌う。②命令されたことばをくりかえしていう。＝復誦
【復飾】僧が髪の毛をのばして、俗人にかえること。還俗。↕落飾
【復職】元の職に再びつく。

【復性】心の欲をとり除き、本来の正しい性にたちかえる。

【復席】元の席にかえること。

【復籍】戸籍を元にかえす。

【復租】租税を免除する。

【復答】答える。返事する。返事。

【復文】①返事の手紙。②国かなまじりの書きくだし文を、もとの漢文に書きなおすこと。

【復辟】再び天子の位につく。

【復命】命令されたことを実行して、その結果を報告する。

【復礼(禮)】礼儀の根本にたち返る。一説に、正しい礼儀をふみ行う。「克レ己復レ礼」(私欲をおさえて、礼をふみ行う。)〈論語・顔淵〉

【復路】かえり道。帰路。↕往路
【復活】①生きかえる。②いったんやめたものを、再び使う。③死者の肉体が生きかえって、そのたましいと会うという信仰。【――祭】キリストの復活を記念する祭りで、春分のあとの満月のすぐあとの日曜日に行われる。イースター。

【復帰(歸)】元にかえる。元の位置にもどる。

【復仇】かたきうち。あだをかえす。復讐。

【復旧(舊)】元どおりになる。元にかえす。

【復啓】国①手紙を書き終わって、さらに追加するとき、その初めに書く語。二伸。追啓。②返事の手紙の最初にかく語。拝復。

【復権(權)】法失った資格または権利をとりもどすこと。


【復古】昔にかえる。昔にかえす。【――調】国昔にかえろうとする調子。リバイバル。

【復興】物事が元のように盛んになる。また、盛んにすること。再興。

【復述(述)】fùshù 現①人の言ったことばをもう一度くり返す。②(テキストの内容を)自分のことばにいい換える。
◇▼反復・平復・回復・拝復・往復・恢復・敬復・報復・一陽来復

彳9【徧】〔12〕ヘン 漢 去 霰 biàn ピエン　U補J ①8434 2916 5FA7
意味 ＝遍 ①〈あまね・し〉すみずみまで行きわたる。②〈あまねく〉すべて。③回数を示す量詞。
【徧満(滿)】あまねくみちあふれる。＝遍満
【徧歴(歷)】①広くめぐる。＝遍歴 ②あまねく行きわたる。

彳9【徤】〔12〕同 ↓健(一〇七ベー・上)

彳9〖衒〗(一一一八ベー・中)↓行部六画

彳10【徯】〔13〕ケイ 漢 平 斉 xī シー　U補J ①8435 2920 5FAF
意味 ①〈ま・つ〉まちうける。②〈こみち〉＝蹊

彳10【微】〔13〕常 ビ　U補J 4089 5FAE

旧字 彳10【微】〔13〕ビ 漢 ミ 呉 平 微 wēi ウエイ　U補J

筆順
彳
彳'
彳山
彳山
彳屮
彳屮
徉
微

意味 ①かくす。②〈しの・ぶ〉㋐かくれて行く。㋑そまつなみなりをする。③〈ひそかに〉こっそりと。それとなく。④〈かすか〉㋐はっきりと見わけたり聞きわけたりできない。㋑小さい。こまかい。㋒奥ふかい。微妙。⑤〈わずかに(わづかに)〉ほんの少し。⑥おとろえる。⑦いやしい。身分が低い。⑧〈あらず〉…でない。⑨〈な・い(―・し)〉無い。⑩〈なかりせば〉…が無かったら。⑪非常に小さな数。一の百万分の一。
解字  形声。彳が形を表し、散びが音を示す。彳は行くこと。散には、細くかすかなという意味がある。微は、かくれて行くことを表す。
名前 いや・なし・まれ・よし

難読 微風・微温湯・微笑む・微睡

【微意】①少しのこころざし。②自分の気持ちをけんそんしていうことば。

【微雨】こまかな雨。こさめ。

【微奥】奥深いところ。

【微温(溫)】かすかにあたたかい。なまぬるい。【――湯】国なまぬるい湯。ぬるま湯。

【微瑕】少しのきず。わずかな欠点。

【微官】いやしい官職。つまらない役。

【微諫】やさしく、遠まわしにいさめる。

【微吟】小声でかすかに吟ずる。小声で詩歌を歌う。

【微軀】いやしい身。

【微醺】酒に少し酔う。ほろよい。微酔。

【微言】①微妙なことば。②それとなく遠まわしにいうことば。微詞。

【微行】①人にわからないように、そまつなみなりをしてしのんで行く。しのび歩き。②小さい道。こみち。

【微才】①わずかばかりの才能。②自分の才能をけんそんしていうことば。

【微細】①ごくこまかい。②「微賤」に同じ。

【微罪】少しの罪。かるい罪。

【微子】人名。微子啓のこと。殷の紂王をいさめたが聞きいれられなかったので立ち去り、のち周代に宋に封ぜられて、殷の一族を治めた。

【微之】唐代の詩人元稹の字。↓「元稹」(一二二ベー・中)

【微旨】微妙な趣旨。奥深い考え。

【微志】わずかばかりのこころざし。自分のこころざしをけんそんしていうことば。寸志。

【微詞】「微言」に同じ。

【微辞(辭)】①内に深い意味を持たせた簡単なことば。②あからさまにいわず、ほのめかしていうことば。③ちょっとしたことばづかい。

【微弱】小さくて、かよわい。身分も勢力もないこと。

【微小】ごく小さい。

【微少】ごく少ない。ごくわずか。

【微笑】㊀にっこりする。ほほえみ。㊁仏㊀に同じ。「拈華微笑」㊂wēixiào 現㊀に同じ。

【微傷】少しのきず。かすりきず。うすで。

【微臣】①身分の低い家来。②主君に対し臣下がけんそん

していうことば。

【微震】(びしん) ごくかすかな地震。

【微酔(醉)】(びすい) 酒に少し酔う。ほろよい。

【微生物】(びせいぶつ) 顕微鏡でなければ見えないごく小さな生物。原生動物やバクテリアなど。

【微賤】(びせん) 身分がひくい。また、その人。卑賤(ひせん)。

【微忠】(びちゅう) 国①少しばかりの忠義、まごころ。②自分の忠誠をけんそんしていうことば。

【微衷】(びちゅう(ちう)) ①少しばかりのまごころ。②自分のまじめな気持ちをけんそんして言うことば。

【微動】(びどう) 少し動く。こゆるぎする。

【微微】(びび) かすかなさま。わずかなさま。ささやか。

【微風】(びふう) そよそよと吹く風。そよかぜ。

【微服】(びふく) 人目につかぬよう、わざとそまつな服装をする。しのび姿。

【微分】(びぶん) 数①ある関数の微係数を求めること。②ある関数について、独立変数の値のごく小さな変化に応ずる関数の値の変化量。↓「関数」(一三一九ジ・下)

【微茫】(びぼう(ばう)) かすかに、ぼんやりしている。

【微妙】(びみょう(めう)) ①なんとも言い表せない味わいがある。②なんとも言い表せないほどこまかい。

【微恙】(びよう(やう)) 軽い病気。

【微粒子】(びりゅうし(りふし)) 粒状(りゅうじょう)のごく小さなもの。

【微涼】(びりょう(りやう)) わずかなすずしさ。

【微量】(びりょう(りやう)) きわめてわずかな量。

【微力】(びりょく) ①わずかばかりの力。弱い勢力。②自分の力をけんそんしていうことば。

【微禄(祿)】(びろく) ①わずかな給料。②落ちぶれること。零落(れいらく)。

【微塵】(みじん(ぢん)) ①ごくこまかなちり。②ごく小さなもの。または、こと。

◆衰微(すいび)・細微(さいび)・隠微(いんび)・極微(きょくび|ごくび)・軽微(けいび)・機微(きび)

彳10 【徬】〔13〕 一ホウ(ハウ) 漢 ボウ(バウ) 呉 一去 漾 bàng バン 二ホウ(ハウ) 漢 二平 陽 páng パン　J 2919 補 ― U 5FAC

意味 一よりそう。＝傍 二徬徨(ほうこう)は、さまよう。＝彷徨(ほうこう)

彳10 【徭】〔13〕 ヨウ(エウ) 漢 平 蕭 yáo ヤオ　J 5552 補 ― U 5FAD

人10 【傜】〔12〕 同字　J ②0178 補 1806 U 509C

意味 〈えだち〉公用の土木工事に使われること。夫役(ぶやく)。

【徭役】(ようえき(えうえき)) 公用に使役するために人民を徴発すること。夫役(ぶえき)。えだち。夫役(ぶやく)。＝繇役(ようえき)

【徭戍】(ようじゅ(えうじゅ)) 辺境を守る兵隊。＝繇戍(ようじゅ)

彳10 【徫】〔13〕 俗 ↓偉(四六二ジ・上)

彳10 【徰】〔13〕 同 ↓征(四五六ジ・下)

彳10 〖衜〗 ↓行部七画(一一一八ジ・下)

彳11 【徴】〔14〕 常 チョウ　J 3607 補 ― U 5FB4

旧字 彳12 【徵】〔15〕 人 一チョウ 漢 呉 一平 蒸 zhēng チョン 二チ 漢 二上 紙 zhǐ チー　J ①8436 補 ― U 5FB5

筆順
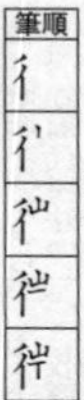

意味 一①〈め・す〉人を呼びよせる。②〈もと・める(――・む)〉㋐問いただす。㋑取りたてる。「徴税」③〈しるし〉㋐証拠(しょうこ)。あかし。㋑きざし。㋒ききめ。霊験。④〈あらわ・れる(あらは・る)〉はっきりする。⑤姓。二五声の一つ。

解字  会意。微と壬とを合わせた字。微は徴を略したもので、微はかすかなこと、隠れて見えないこと。壬は地面からまっすぐ立っていること。また、善行をいう。徴は、かくれたところでよい行いをしている人が、目立ってきて、上から呼び出されることを表す。一説に壬は、王の字で、王から召されることとも、壬は示す意味で、かすかに意志を示すことであるともいう。

名前 あき・おと・すみ・みる・よし・あきら・きよし

【徴挙(擧)】(ちょうきょ) 召し出して任用する。

【徴会(會)】(ちょうかい(くわい)) めし集める。よび集める。

【徴君】(ちょうくん) 「徴士(ちょうし)」の①に同じ。

【徴候】(ちょうこう) しるし。きざし。＝兆候

【徴士】(ちょうし) ①朝廷からまねかれても、官職につこうとしない高徳の人。徴君。②国明治維新のとき、政府にまねかれて官吏になった人。

【徴収(收)】(ちょうしゅう(しう)) ①とりたてる。②政府や公共団体が税金や手数料などをとりたてる。

【徴集】(ちょうしゅう(しふ)) ①人をかり集める。②品物をとりたてる。

【徴召】(ちょうしょう(せう)) 召し出す。天子に呼び出されて仕官させられる。

【徴税】(ちょうぜい) 税金をとりたてる。【――令書】(ちょうぜいれいしょ) 国税金の金額と納める期日とを書いた通知書。

【徴逐】(ちょうちく) 人を呼んだり、あとを追ったりする。転じて、親しくつきあう。

【徴発(發)】(ちょうはつ) ①軍用の品物を、民間から強制的にとりたてる。②他人から品物を強制的にとりたてる。

【徴兵】(ちょうへい) 国家が国民に兵役(へいえき)の義務を課し、一定の期間兵役につかせること。【――制】(ちょうへいせい) 徴兵の制度。

【徴聘】(ちょうへい) 天子が高徳の人を礼を厚くしてまねく。招聘。

【徴辟】(ちょうへき) 民間にいる学問や人がらのすぐれた者が、官職につくようまねかれること。徴も辟も、まねく意。

【徴募】(ちょうぼ) 人をかり集める。徴集。

【徴用】(ちょうよう) ①徴発して使う。②国政府が強制的に、国民をある仕事に従事させること。

【徴求】(チョンチウ) zhēngqiú 現たずね求める。募集する。

〖徴不レ就〗(めさるるもつかず) 朝廷からまねかれても、官職につかない。

◆変徴(へんちょう)・特徴(とくちょう)・象徴(しょうちょう)・瑞徴(ずいちょう)

彳11 【徳】〔14〕 学 4 トク　J 3833 補 ― U 5FB3

旧字 彳12 【德】〔15〕 人 トク 漢 呉 入 職 dé トー　J ①8437 補 ― U 5FB7

心8 【悳】〔12〕 古字　J 5560 補 ― U 60B3

心8 【㥁】〔12〕 同字　J ②1248 補 ― U 226F3

筆順
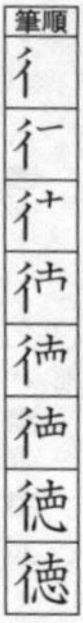

意味 ①りっぱな行い、人がらの総称。「道徳」②〈めぐみ〉恩。たまもの。③ありがたく思う。④福。さいわい。⑤はたらき。性質。国利益。収入。所得。＝得

解字  形声。彳が形を表し、悳(とく)が音を示す。彳は行くこと、行動すること。悳は悳と同じく、十・目・乚・心を合わせたもの。乚はかくれたことを表し、悳は、かくれたことを十の目で見、心で考えた形で、正直な心の意味になる。徳は、正しい心の動きで、身についた美点をいう。一説に悳の音には、のぼるという意味を含むから、徳は、高い所へのぼることを表すともいう。

名前 え・あつ・あり・かつ・さと・とこ・とみ・なり・なる・のり・やす・よし・あきら・あつし・いさお・ただし・のぼる・めぐむ

地名 徳山(とくやま)・徳島(とくしま)・徳舜瞥(とくしゅんべつ)

【徳育】(とくいく) 道徳心をやしなう教育。↕体育・知育

【徳音】とくいん・とくおん ①徳と音楽。②りっぱなことば。善言。③よい評判。④天子のことばの敬称。⑤天子の徳。⑥徳のあらわれた音楽。⑦おたより。御消息。

【徳栄(榮)】とくえい(えい) 徳がさかえること。盛んな徳。

【徳川光圀】とくがわみつくに 人名。水戸藩主。字は子竜。梅里、西山隠士などと号した。「大日本史」を著して、大義名分を明らかにし、彰考館を建て儒学を奨励した。義公・水戸黄門とも呼ばれる。(一六二八～一七〇〇)

【徳義】とくぎ 人が守らなければならない徳。道徳上のつとめ。

【徳業】とくぎょう(げふ) ①りっぱな人がらと事業。②善に進む行い。

【徳性】とくせい ①よい行いをして、りっぱになる人がら。②道徳を守ろうとする心。

【徳政】とくせい ①めぐみ深い政治。②国鎌倉・室町時代に、幕府が命令を出して、金銭や品物の貸し借りを無効にしたこと。「徳政令」

【徳操】とくそう(さう) かたい道徳心。

【徳沢(澤)】とくたく りっぱな徳のおかげ。めぐみ。恩沢。「陽春布ニ徳沢ー」(ようしゅんとくたくをしく)(春の日が、広くめぐみをほどこす。)〈楽府詩集・長歌行〉

【徳風】とくふう りっぱな徳による感化。道徳の教化。

【徳望】とくぼう(ばう) 徳が高くて、人から尊敬され信用されていること。

【徳目】とくもく 忠・孝・仁・義など、徳を分類した名称。

【徳用】とくよう 国①徳の作用。②人がらがりっぱで、応用の才能がある。③もうけ。利益。

【徳量】とくりょう(りゃう) 道徳による器量。徳のある人格。

【徳化】とっか(くわ) りっぱな人格で人を感化し、みちびく。

【徳器】とっき りっぱな人格とすぐれた才能。

【徳輝】とっき 人格の輝き。君主のすぐれた人がらが光って、よく治まること。

【徳教】とっきょう(けう) 道徳によって人を導く教え。

【徳慧(慧)】とっけい 徳をたいせつにする心。

【徳行】とっこう(かう) りっぱな行い。めぐみぶかい善行。

【徳文】トーウエン déwén 現ドイツ語。＝徳語トーイー

【有レ徳者、必有レ言】とくあるものはかならずげんあり 道徳を備えている者は、必ずすぐれたことばを述べるものだ。〈論語・憲問〉

【徳不レ孤】とくはこならず りっぱな人がらの人は、ひとりぼっちになることはない。(かならず、味方がいる。)〈論語・里仁〉

【拠(據)ニ於徳ー】とくによる 身についた美点を根拠として、守っていく。〈論語・述而〉

【以レ徳報レ怨】とくをもってうらみにむくゆ うらみのある者に、めぐみをほどこす。〈論語・憲問〉

【以レ徳報レ徳】とくをもってとくにむくゆ 恩恵に対しては、恩恵でむくいる。〈論語・憲問〉〈礼記・表記〉

◆人徳・大徳・不徳・仁徳・公徳・功徳・有徳・帝徳・美徳・盛徳・偉徳・淑徳・悪徳

彳11【徱】〔14〕同→僄(一一四ページ・中)

彳11〖衠〗(一二九二ページ・中)→金部六画

彳12【徸】〔15〕 ㊀ショウ漢 ㊀平 冬 chōng チョン ㊁シュ呉 ㊁ショウ漢 ㊁上 腫 zhǒng チョン J②1225 補2923 U5FB8

意味 ㊀歩くさま。また、歩こうとするさま。㊁〈つ・ぐ〉あとをつぐ。あとにつづく。

彳12【徹】〔15〕常 テツ テツ漢 入 屑 chè チョー J3716 U5FB9

筆順 徹

意味 ①〈とお・す(とほ・す)〉〈とお・る(とほ・る)〉㋐つらぬきとおす。㋑しみとおる。②〈とど・く〉満ちる。やりとげる。「徹底」③あきらか。④くずす。⑤やめる。とりのぞく。＝撤 ⑥周代税法の一つ。収穫の十分の一を納める。「徹法」

解字  会意。彳・育・攵を合わせた字。彳は行くこと、行動すること。育は、子をそだてること、また、胎児が頭から突き出して生まれる形。攵は打つこと。徹は、子を打ってはげましながら養育し、行動させることで、どこにでも通用することを表す。また、育を突き出す、攵を動詞の記号と見て、突き進む意味ととる考えもある。一説に、攴は敢のまちがいで、敢ての音には、通る意味があるから、徹は道路が貫通することであるという。

名前 とう・みち・ゆき・あきら・いたる・おさむ・ひとし

【徹暁(曉)】てつぎょう(げう) 夜をあかして、つぎの朝になる。ひとばんじゅう。

【徹悟】てつご さとりきわめる。

【徹侯】てっこう 諸侯。諸大名。

【徹根徹底】てっこんてってい 根本まで突き通る。徹底して。

【徹宵】てっしょう(せう) 「徹夜」に同じ。

【徹上徹下】てつじょうてっか(じゃう) 上から下まであまねくゆきわたる。

徹底する。

【徹底】㊀てってい ①底まで通る。②じゅうぶん行きとどく。③意志がよく通じる。④とことんまで行う。㊁チョーティー chèdǐ 現㊀に同じ。

【徹透】てっとう すきとおる。

【徹頭徹尾】てっとうてつび ①初めから終わりまで。どこまでも。②決して。断じて。

【徹法】てっぽう(ぱふ) 周代の税法で、収穫の十分の一をとるもの。

【徹夜】てつや 夜どおし起きていること。よあかし。徹宵。

◆一徹・洞徹・貫徹・透徹

彳12【徵】〔15〕旧→徴(四六五ページ・中)

彳12【德】〔15〕旧→徳(四六五ページ・下)

彳12〖衝〗(一一一九ページ・上)→行部九画

彳13【徼】〔16〕 ㊀キョウ(ケウ)漢 ギョウ(ゲウ)慣 ㊀去 嘯 jiào チアオ ㊁キョウ(ケウ)漢 ギョウ(ゲウ)慣 ㊁平 蕭 jiāo チアオ ㊂キョウ(ケウ)漢 ギョウ(ゲウ)慣 ㊂上 篠 jiǎo チアオ ㊃ヨウ(エウ)漢 ㊃平 蕭 yāo ヤオ J5553 U5FBC

意味 ㊀①国ざかい。とりで。②〈めぐ・る〉見まわる。③こみち。㊁かすめとる。㊂徼倖きょうこうは、思いがけないしあわせ。㊃〈もと・める(――・む)〉要求する。＝邀よう

【徼倖】きょうこう(けうかう) まぐれあたりの幸福。分不相応ぶんふそうおうの幸福をもとめること。僥倖ぎょうこう。＝徼幸

【徼射】きょうせき(けう) 相手のおもわくに合わせる。迎合げいごう。

彳13【徽】〔16〕俗→徽(本ページ・下)

彳13〖衞〗(一一一九ページ・中)→行部十画

彳13〖衡〗(一一一九ページ・下)→行部十画

彳13〖衟〗(一一一九ページ・中)→行部十画

彳14【徽】〔17〕人 標 キ漢 平 微 huī ホイ J2111 U5FBD

意味 ①太いつな。②しばる。つなぐ。③ことじ。琴の糸にかけるひも。④腰にたらす布。足にまく布。⑤〈しるし〉シ

彳13【徽】〔16〕俗字 U補J

ンボル。⑥〈よ・い(―・し)〉うつくしい。⑦安徽省の略称。

名前 よし

参考 新表記では、「記」に書きかえる熟語がある。

【徽音】①よいことば。善言。②ほまれ。③美しい音楽。

【徽言】よいことば。りっぱなことば。

【徽章】身分・職務・名誉などを表し示すしるし。「=記章」

【徽宗】宋の第八代の天子。芸術に関心が深く、書画がたくみなことで有名。

イ14【衜】↓鳥部六画(一四三一ページ・下)

イ21【衢】↓行部十八画(一一二〇ページ・上)

3画 ⺍部 つ

⺍4【労】↓力部五画(一七六ページ・上)

⺍5【学】↓子部五画(三五六ページ・中)

⺍6【単】↓十部七画(一九六ページ・中)

⺍6【栄】↓木部五画(六三一ページ・上)

⺍7【挙】↓手部六画(五二八ページ・上)

⺍8【巣】↓木部七画(六四五ページ・上)

⺍9【覚】↓見部五画(一一三九ページ・下)

⺍9【営】↓口部九画(二五三ページ・上)

⺍10【誉】↓言部六画(一一五八ページ・上)

⺍14【厳】↓支部十三画(五六六ページ・中)

4画 心(忄・⺗)部 こころ りっしんべん したごころ

【部首解説】「心臓」にかたどる。この部には、人間の感情や精神活動に関連するものが多く、「心・忄・⺗」の形を構成要素とする文字が属する。偏になるときは「忄(りっしんべん)」(三画)、脚になるときは「⺗(したごころ)」(四画)となる。

心0【心】〔4〕学2 シン こころ ｜ シン 漢平 侵 呉 xīn シン ｜ J3120 補 U5FC3

筆順 ㇒ 心 心 心

意味 ①〈こころ〉㋐心臓。㋑心の中。気持ち。㋒おもわく。②心のある場所。胸。③まんなか。④星座の一つ。心宿。なかごぼし。

解字 象形。心臓の形を表したもの。

名前 ご・み・きよ・ごり・さね・なか・むね・もと

難読 心地(付表)／心算・心太

参考 ①「へん」になるのは忄、「くつ」になるのは⺗。②新表記では、「腎」の書きかえに用いる熟語がある。

【心意】気持ち。考え。

【心印】①互いに、心によって理解する。②仏ことばや文字によらず、心から心に伝える仏道のさとりの証明。

【心猿】猿がさわぐように、人間の心の欲望はおさえにくいということ。「意馬心猿」

【心火】①感情のはげしい動き。②星の名。二十八宿の一つ。「心宿」

【心画(畫)】書をさす。書には、それを書く人の心が表れるということにもとづく。

【心会(會)】心の中で道理をさとる。

【心外】㊀①思いがけないこと。意外。②国くやしく思うこと。残念。㊁仏㊀の①に同じ。

【心学(學)】①明の王陽明などがとなえた学問で、心の修養を主とするもの。②国江戸時代、石田梅巌がとなえた学問で、神・儒・仏の三教を融合した道徳的なものを実行することを主とする。

【心肝】①心臓と肝臓。②こころと、きも。③まごころ。④きわめてたいせつなもの、または人。

【心眼】形のないものをはっきりと見つめ、または見分ける心のはたらき。

【心気(氣)】こころもち。気分。

【心悸】どうき。胸さわぎ。

【心期】①心の中で待ち望む。期待する。②心の底から信用できる友人。

【心機】気持ちの動き。心のはたらき。【心機一転(轉)】今までの考えかたをすぱっと改め直すこと。

【心境】精神の状態。こころもち。

【心鏡】鏡のようにすみきった心。

【心経(經)】仏「般若波羅蜜多心経」の略。

【心契】心の底から信頼しあう。

【心計】①外にあらわさず、心のうちで計算する。胸算用。②心のうちで計画する。

【心血】精神力のありったけ。全精神。

【心交】心からのつきあい。精神的な交際。

【心根】こころ。気だて。こんじょう。

【心算】心のうちであれこれ計算する。胸算用。「=心計」

【心志】気持ち。意志。「苦其心志、労其筋骨」(精神的にも肉体的にも苦労させて試練を加える。)〈孟子・告子下〉

【心思】思い。こころ。考え。

【心耳】①心と耳。②物事のよしあしを見分ける心の力。③医心臓の一部が耳状になっている部分。

【心事】①期待すること。気にかかること。②頭で考えることと、実際のこと。

【心室】医心臓の血液を動脈に送り出す部分。左心室と右心室がある。

【心疾】①心の病気。②精神病。神経病。

【心手】手と心。「心手不相応」(手と心とが一致しない。)〈蘇軾・偃竹記〉

【心宿】星座の名。二十八宿の一つ。なかごぼし。アンタレス。

【心術】気だて。心がまえ。

【心緒】気持ち。心の動き。

【心証(證)】①心に受ける感じ。②法裁判官が審理中に得た認識・確信。

【心情】㊀気持ち。思い。㊁シン xīnqíng 現㊀に同じ。

【心身】心とからだ。精神と肉体。

【心神】こころ。精神。【―喪失】法精神機能に障害があって、正常な判断力をうしなった状態。法律上の責任は問われない。

【心酔(醉)】心の底からひきつけられる。心から信じてむちゅうになる。

【心髄(髓)】①中心にある髄。②いちばんたいせつなところ。=神髄 ③心の中。

【心性】㊀①こころ。②生まれつき。㊁仏まごころ。

【心跡】心と行い。心がけと行動。

【心喪】喪服は着ないで、心だけで喪に服すること。

【心想】①心の中で思う。②心の思い。心中。

4画 心(忄・⺗)戈戸(戸)手(扌)支攴(攵)文斗斤方无(旡・旡)日曰月(月)木欠止歹殳毋比毛氏气水(氵・氺)火(灬)爪(爫・⺥)父爻爿片牙(牙)牛(牛)犬(犭)

【心像】心の中に浮かんだ形。

【心臓(臟)】㊀①㊩血液の循環を支配している内臓。②国ずうずうしいこと。また、その人。㊁シンツァン xīnzàng 現㊀の①に同じ。

【心即(卽)理】心の働きが、そのまま天理である。明の王陽明がとなえた説。〈伝習録・上〉

【心胆(膽)】こころ。きもったま。

【心地】㊀心。心の中。㊁国心持ち。気分。考え。

【心中】㊀胸のうち。心の中。㊁国①人に対する義理だて。②愛しあっている男女が、いっしょに自殺する。情死。③二人以上の者がいっしょに死ぬこと。

【心腸】心のうち。考え。気持ち。

【心痛】①胸がいたむ。②非常な心配。

【心底】心の底。本当の気持ち。

【心電図(圖)】国心臓の収縮によって生ずる電流を、外に誘導して図示したもの。

【心頭】こころの中。『滅却心頭、火亦涼』精神を統一して何も考えずにいれば、火も熱くは感じられない。〈杜荀鶴の詩・夏日題悟空上人院〉

【心得】㊀深く理解する。㊁国①深く理解する。②守らなければならないこと。きまり。③仮に上級の人のかわりをつとめる。「部長心得」㊂シン xīndé 現(経験で得た)収穫。会得。

【心念】気持ち。こころ。

【心服】心から従う。本心から敬服する。

【心腹】①胸と腹。②いちばんたいせつなところ。③まごころ。腹心。

【心房】㊩心臓の上半部を占める部分で、血液を下半部の心室に送りこむ働きをする。

【心法】㊀心をみがききたえる方法。㊁仏①すべての法のもとになるもの。②心でさとりを開く法。

【心目】心の目。心。考え。

【心門】㊩血液が心臓を出入りする口。

【心理】①心のはたらき。精神の状態。②「心理学」の略称。【——学(學)】生物体の意識と行動とを研究する学問。

【心裏】心の中。心中。

【心力】心のはたらき。精神の力。

【心霊(靈)】たましい。精神。【——現象】哲科学では解釈できないふしぎな心の現象。

【心労(勞)】国心配。心づかい。

【動レ心】心を感動させ、ふるい起こさせる。〈孟子・告子下〉

【養レ心】正しい心を育て作りあげる。〈孟子・尽心下〉
◆一心・二心・人心・小心・仏心・円心・本心・用心・他心・失心・民心・弐心・休心・安心・有心・会心・灯心・良心・快心・初心・里心・邪心・乱心・決心・私心・肝心・改心・苦心・放心・俗心・信心・専心・重心・変心・発心・衷心・核心・真心・鬼心・婆心・野心・執心・虚心・細心・痛心・無心・童心・慢心・傷心・愁心・腹心・感心・誠心・歌心・喪心・腐心・関心・熱心・歓心・不用心・向上心・老婆心・虚栄心・無用心・人面獣心・以心伝心

心0【忄】〔3〕 J ②1226 補 2924 U 5FC4
意味 部首の一つ。りっしんべん。「心」が偏になるときの形。「恒」「情」などを構成。

心0【⺗】〔4〕 J ②1227 U 38FA
意味 部首の一つ。したごころ。「心」が脚になるときの形。「忝」「恭」などを構成。

心1【必】〔5〕学4 ヒツ かならず ヒツ 漢 入 質 bì ビー J 4112 U 5FC5
筆順 丶 ソ 义 必 必
意味 ①〈かならず〉㋐きっと。まちがいなく。㋑きっぱり。断固として。「必罰」㋒もしも…。②決めつける。固執する。
解字  会意・形声。八と弋を合わせた字。弋は棒ぐい。八は分かれる意味で、音をも示す。必は目じるしにくいを立てて、はっきりと分かれめを示すことで、断定する意味になる。一説に、必は、中央のくいを両側から木を当ててしめつける形で、ほこの柄を表すという。音ヒツは、八の音ハツの変化。
名前 さだ
【必携】必ず持っていなければならない。また、その物品。
【必至】必ずそうなる。
【必死】①必ず死ぬ。②死にものぐるい。いのちがけ。③国将棋用語で、あと一手で詰むという手。=必至
【必需】どうしてもいる。また、そのもの。必要。「必需品」
【必修】必ずまなばなくてはならない。また、その科目。=必習
【必須】㊀必ずなくてはならない。必要。㊁ビーシュイ bìxū 現㊀に同じ。
【必衰】必ずおとろえる。「盛者必衰」
【必世】三十年間。必は一世の間、世は三十年。「百年必世養レ之」〈顧炎武・与人書〉【——而後仁】世の中がみな必ず三十年で、人類愛精神を持つようになるだろう。〈論語・子路〉
【必然】㊀そうなるに決まっている。↔偶然 ㊁ビーラン bìrán 現㊀に同じ。【——性】そうなるに決まっているという性質。
【必定】㊀必ずきまる。㊁①必ずそうなる。②国たしかに。きっと。
【必罰】罪を犯したものは必ず罰する。「信賞必罰」
【必滅】仏必ずほろびる。「生者必滅」
【必要】㊀なくてはならない。どうしてもいる。=必用 ↔不要 ㊁ビーヤオ bìyào 現㊀に同じ。

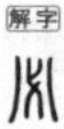

心2【忉】〔5〕 トウ 漢 平 豪 (タウ) dāo タオ J ①8438 補 2927 U 5FC9
意味 〈うれ・える(——・ふ)〉心配する。
【忉怛】うれい、悲しむ。
【忉利天】仏欲界六天の第二天。須弥山の頂上にあり、中央に帝釈天がいる。

心2【忇】〔5〕 ロク 漢 入 職 lè ロー J ②1228 補 2925 U 5FC7
意味 ①功績が大きい。②おもう。

心2【忈】〔6〕 同→仁(六二ジ・上)

心3【応】〔7〕学5 オウ こたえる ㊀ヨウ 漢 去 径 オウ 呉 yìng イン ㊁ヨウ 漢 平 蒸 オウ 呉 yīng イン J 1794 U 5FDC
旧字 心13【應】〔17〕人 J 5670 U 61C9
筆順 丶 亠 广 广 応 応 応
意味 ㊀①あたる。対応する。②あしらう。対処する。③〈こた・える(——・ふ)〉へんじをする。④あう。調和する。⑤呼応する。いっしょに事を起こす。⑥人の詩や文章に和する。⑦…につれて。⑧受ける。㊁①〈まさに…べし〉当然…

しなければならない。②すぐに。③春秋時代に、河南省にあった国名。④姓。

語法 ❶〈まさに…べし〉当然。…すべきである。再読文字。例「応₌東帯見₋之」(まさにそくたいしてこれにまみゆべし)(郡の巡察官が視察にやって来るのだから)礼服を付けて面会しなければなりません)〈十八史略・南北朝〉
❷〈まさに…べし〉推量・期待。きっと…だろう。再読文字。例「君自₌故郷₋来」(きみこきょう(きやう)よりきたる)、応レ知₌故郷事₋」(まさにこきょう(きやう)のことをしるべし)(あなたは故郷からやって来たのだから、きっと故郷のようすを知っているでしょう)〈王維の詩・雑詩〉▼「応当…」「応合…」「応須…」の形では、「応」には「まさに」を、「当」「合」「須」には「べし」をそれぞれあてて訓読する。例「君病根深(きみびょう(びやう)こんふかければ)、応当₌剖₌破腹₋」(まさにはらをぼうはすべし)(あなたは病根が深いので腹を切開しなければなりません)〈後漢書・華佗(かだ)伝〉
↓付録・同訓異義要覧「べし」「まさに」

解字 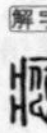 形声。心が形を表し、雁(よう)が音を示す。雁には、「あたる」「つりあう」の意味がある。應は、心が相手にぴったりあたることで、「こたえる」「あたる」の意味を表す。
名前 かず・たか・のぶ・のり・まさ

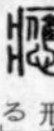

【応援】(おうえん(ゑん)) 助ける。加勢する。

【応化】㊀(おうか(くわ)) 国生物が環境に応じて形や習性をかえる現象。適応。㊁(おうげ) ㊕仏が衆生(しゅじょう)を救うためにいろいろなものの形になってこの世に現れること。応現変化。

【応急】(おうきゅう(きふ)) 急場にまにあわせる。まにあわせ。「応急処置」

【応験(驗)】(おうけん) ききめ。効果。

【応試】(おうし) 試験を受ける。

【応需】(おうじゅ) 求めに応ずる。たのみごとを引き受ける。

【応酬】(おうしゅう(しう)) ①こたえる。しかえしする。やりとり。②人から来た手紙に返事をする。

【応召】(おうしょう(せう)) ①招きに応ずる。②国もと、在郷(ざいごう)軍人が召集をうけて、きめられた場所に集まること。

【応劭】(おうしょう(せう)) 人名。後漢(ごかん)の学者で、「風俗通」を著した。

【応詔】(おうしょう(せう)) ①天子のことばに従う。②天子の命令を受けて詩や文を作る。応制。

【応鐘】(おうしょう) 音律の名。十二律の一つ。

【応制】(おうせい) 天子の命令を受けて詩や文を作る。応詔(おうしょう)。


【応接】(おうせつ) ①人に会う。②客をあしらう。〖不レ暇₌――₋〗(おうせつにいとまあらず) 物事が次々に現れて、ゆっくりするひまのないこと。〈世説新語(せせつしんご)・言語〉

【応戦(戰)】(おうせん) 敵の攻撃を受けて戦う。

【応対(對)】(おうたい) 相手に対して、うけこたえする。

【応諾】(おうだく) ひきうける。承知する。

【応答】(おうとう(たふ)) うけこたえする。返事する。

【応分】(おうぶん) 身分にふさわしい。身分相応(そうおう)。

【応変(變)】(おうへん) 不意の場合に、ほどよく物事を処理する。

【応募】(おうぼ) 募集に応じる。

【応報】(おうほう) ㊕行いのよしあしに応じてそのむくいを受ける。「因果(いんが)応報」

【応門】(おうもん) ①宮廷の正門。②来客の取り次ぎをする者。〖一五尺之僮〗(ごしゃくのどう) 門に出て客の取り次ぎをする少年。五尺は、十二、三歳のこと。〈李密(りみつ)・陳情表〉

【応用】㊀(おうよう) ①それぞれの場合に合うように用いる。②学問の理論を実際に用いる。㊁(イン ヨン) yìngyòng 現㊀に同じ。

【―化学(學)】(おうようかがく(くわがく)) 実生活に役だつような化学的なことを研究する学問。工業化学・農芸化学・薬化学など。

【応和】(おうわ) ①たがいに答えあう。②声や音がたがいに調子をあわせる。

【応該】(イン カイ) yīnggāi 現当然…すべきだ。

【応当(當)】(イン タン) yīngdāng 現当然…すべきだ。
△▼一応(いちおう)・反応(はんのう)・対応(たいおう)・供応(きょうおう)・呼応(こおう)・相応(そうおう)・順応(じゅんのう)・感応(かんのう)(―かんおう)・照応(しょうおう)・適応(てきおう)・響応(きょうおう)・饗応(きょうおう)・連鎖反応(れんさはんのう)

心3【忋】〔6〕 カイ 漢 上 賄 gǎi カイ　J②1229 補2928 U5FCB
意味 ①〈たの・む〉たよりにする。②〈あお・ぐ(あふ・ぐ)〉見上げる。

心3【忓】〔6〕 ㊀カン 漢 呉 平 寒 gān カン ㊁カン 漢 去 翰 hàn ハン　J②1231 補2932 U5FD3
意味 ㊀①きわめる。②疲れる。③〈おか・す(をか・す)〉さからう。ぶつかる。㊁〈よ・い(―・し)〉

心3【忌】〔7〕 常 キ　キ 漢 去 寘 jì チー　J2087 補― U5FCC
筆順 ㇖ ㇕ 己 己' 忌 忌 忌
意味 ①〈い・む〉にくむ。きらう。さける。②〈いまわし・い(いまは・し)〉③〈ねた・む〉④〈おそ・れる(――・る)〉⑤迷信で不吉(ふきつ)と考えられている方角(ほうがく)や日時(にちじ)。⑥人が死んだあとの年ごとの命日(めいにち)。
解字  形声。心が形を表し、己(き)が音を示す。己には、おさえつけられたものが、起き上がって、はっきりした形をとる意味がある。忌は、外に表れた感情で、にくむ心、おそれる心を表す。一説に己の音は諱(き)と通じて、にくみさける意味を含むから、忌は、心ににくみさけることを表すという。
難読 忌忌(いまいま)しい
【忌寸】(いみき) 国古代、主として帰化人に与えられた姓(かばね)。
【忌部】(いんべ(いむべ)) 国昔、祭器を作ったり神事にたずさわったりした氏族の名。忌部氏。‖斎部
【忌諱】(きき) ①死んだ王の命日(めいにち)と名。②国の禁令。「天下多₌忌諱₋而民弥貧」(てんかきいおおくしてたみいよいよまずし)(世の中に禁令が多くなればなるほど、民は貧しくなる。)〈老子・五十七〉③人が口にしたり行ったりすることをいみきらうもの。人のいやがる物事。
【忌祭】(きさい) 死んだ人の年忌のまつり。
【忌日】(きじつ)(―きにち) ①ある人が死んだ日。命日(めいにち)。②国わざわいをさけるために、身をつつしむ日。
【忌憚】(きたん) ①いやがってさける。②遠慮する。
【忌中】(きちゅう(ちう)) 国①忌(いみ)にこもる間。②人の死後四十九日」「間。
【忌避】(きひ) ①いみ避ける。きらって避ける。②㊝訴訟(そしょう)事件で、不公平な裁判の行われるおそれがあるとき、当事者が裁判官などの職務執行を拒否すること。
【忌服】(きふく) 死んだ人の喪(も)に服している期間。

心3【忔】〔6〕 ㊀キツ 漢 入 物 qì チー ㊁キツ・ギツ 漢 コチ・ゴチ 呉 入 物 yì イー　J②1232 補2933 U5FD4
意味 ㊀〈よろこ・ぶ〉㊁〈いと・う(―・ふ)〉きらう。

心3【志】〔7〕 学 5 シ　シ 漢 呉 去 寘 zhì チー　こころざす・こころざし　J2754 補― U5FD7
筆順 一 十 士 士' 志 志 志
意味 ①〈こころざ・す〉心をその方に向ける。②〈こころざし〉心に目あてをきめること。願い。希望。③ねらい。的(まと)。

心(忄・⺗)戈戶(戸)手(扌)支攴(攵)　4画　文斗斤方无(旡・旡)日曰月(⺝)木欠止歹殳毋比毛氏气水(氵・氺)火(灬)爪(爫・⺤)父爻爿片牙(⽛)牛(牜)犬(犭)

④〈しる・す〉おぼえる。かきつける。＝識 ⑤記録。古い書物。⑥旗。しるし。＝幟 国①〈さかん(さくゎん)〉昔の兵衛府・衛門府の四等官。②〈シリング〉英国の貨幣の単位のあて字。

解字 会意・形声。士と心を合わせた字。士は之の字で、ゆくことを表し、音をも示す。志は、心がなにかに向かって進んでゆくこと。

名前 さね・むね・ゆき

姓 志斐・志筑・志堅原・志喜屋・志賀閇・志賀閉・志慶間

地名 志木・志太・志田・志発・志摩

【志学(學)】①学問にこころざす。②十五歳のこと。孔子が十五歳で学問にこころざしたことから、こういう。「吾十有五而志于学」〈論語・為政〉

【志願】自分からこころざしねがう。【――兵】自分から願い出て兵隊になったもの。

【志気(氣)】いきごみ。やろうとする気持ち。

【志向】①心の向くところ。したいと思う方向。②哲なにかの対象をめざす。③哲目的を実現するための手段や予想される結果を考える。

【志行】①志と行い。②よい志とよい行い。

【志士】国家や社会、または正しいことのために身を捨てて尽くす人。「志士仁人」

【志尚】①けだかい志。②志望。

【志乗(乘)】書きもの。書類。記録。

【志節(節)】かたいみさお。志操。

【志操】こころざしと、みさお。一度決心したことをかたく守ること。「志操堅固」

【志念】深く思い定める。また、その心。

【志望】望み。願い。希望。

【志欲】望み。欲。

【志慮】こころざしと、心のくばりかた。物の考えかた。

【有ㇾ志者、事竟成】あくまでもやりとげるという強い気持ちがあれば、仕事はいつか必ず成功する。〈後漢書・耿弇伝〉

【得ㇾ志】願いがかない、大いに世に用いられる。〈孟子・滕文公下〉

◆大志・寸志・立志・壮志・有志・同志・初志・雄志・意志・微志・薄志・闘志

心3 【忏】〔6〕 セン 漢 平 先 呉 qiān チエン　U 5FCF 補 ― J ―

意味〈よ・い(―・し)〉みめよい。

参考 忏は「懺」(五〇四ページ・中)の中国新字体としても使う。

心3 【忖】〔6〕 ソン 漢 上 阮 cǔn ツン　U 5FD6 補 ― J 5554

意味〈はか・る〉おしはかる。推測する。

【忖度】他人の心の中をおしはかる。

心3 【忐】〔7〕 タン 漢 上 感 tǎn タン　U 5FD0 補 2929 J ―

意味 忐忑は、①まごころのこもったさま。②気持ちが落ちつかないさま。そわそわするさま。

心3 【忑】〔7〕 トク 漢 入 職 tè トー　U 5FD1 補 2930 J ―

意味「忐忑」(前項)を見よ。

心3 【忒】〔7〕 トク 漢 入 職 tè トー　U 5FD2 補 2931 J ②1230

意味①〈たが・う(―・ふ)〉ちがう。②〈かわ・る(かは・る)〉変化する。③〈うたが・う(―・ふ)〉④〈はなはだ〉非常に。

心3 【忍】〔7〕 常 ニン しのぶ・しのばせる　U 5FCD 補 ― J 3906

旧字 心3 【忍】〔7〕 ジン 漢 上 軫 ニン 呉 rěn レン

筆順 フ 刀 刃 刃 忍 忍 忍

意味①〈しの・ぶ〉㋐こらえる。がまんする。「忍耐」㋑抑制する。おさえる。㋒心を鬼にする。㋓むごい。平気でひどいことをする。「残忍」②しなやかで強い。国①〈しの・ぶ〉㋐秘密にする。人目をさける。㋑身をかくす。忍術。②〈しのば・せる(―・す)〉こっそりかくす。

解字 形声。心が形を表し、刃が音を示す。刃は、刀に「は」のついている形で、堅いものである。忍は、心をしっかりと持ってたえしのぶ意味である。むごいことができないのも忍であり、平気でむごいことができるのも忍である。一説に、刃の音には、堪えるという意味があるから、忍は、心にじっとたえぬく意味を表すという。

名前 おし・しの・たう　姓 忍坂・忍海部　難読 忍冬

【忍苦】苦しみをじっとがまんすること。

【忍受】じっとがまんして受ける。

【忍従(從)】がまんしながら従う。

【忍辱】㊀恥をがまんする。【――衣】仏僧の着る袈裟。㊁仏はずかしめや苦しさをがまんする。

【忍心】ざんこくな心。むごたらしい気持ち。

【忍人】性質がざんこくな人。

【忍性】食欲や性欲といった人のもっている性質を耐えしのびおさえる。

【忍惜】惜しんでおさえる。

【忍耐】がまんする。しんぼうする。

【忍冬】山野に自生する草の名。

【忍忍】しのびない。「不忍」と同じ。

【不ㇾ忍】残忍なことができない。「君王為ㇾ人不ㇾ忍」(王さまは生来むごいことのできない人がらである。)〈史記・項羽本紀〉

◆残忍・堪忍・隠忍

心3 【忘】〔7〕 学6 ボウ わすれる　U 5FD8 補 ― J 4326

旧字 心3 【忘】〔7〕 ボウ(バウ) 漢 去 漾 モウ(マウ) 呉 wàng ワン

筆順 丶 亠 亡 亡 忘 忘 忘

意味①〈わす・れる(―・る)〉㋐おぼえがなくなる。㋑われを忘れる。㋒いいかげんにする。㋓気にかけない。㋔物をなくす。＝亡 ②〈な・し〉③〈そもそも〉それとも。「忘其…」の形で用いる。＝亡・妄

解字 形声。心が形を表し、亡が音を示す。亡には、かくれていなくなる意味がある。忘は、心にあったものがかくれていなくなること、心が失われていることを表す。

【忘恩】恩を忘れること。【――徒】恩を忘れた者。恩知らず。

【忘我】われを忘れる。うっとりする。むちゅうになる。

【忘却】すっかり忘れる。

【忘形】①形を忘れること。②容姿や地位など、うわべのことに気がつかなくなること。自分のからだがあることを忘れること。【――交】外面的なことをいっさい抜きにした親しいつきあい。【――之友】外形を問題にせず、心と心のまじわりをする友。〈李景亮・人虎伝〉

【忘失】すっかり忘れる。

【忘年】①年齢のちがいを気にかけない。②国年末に

一年じゅうの苦しみを忘れて、その年をおくること。「忘年会」【━友】ぼう(ばう)とも たがいの年齢に関係なく親しくしている友。忘年交ぼうねんのまじわり。

【忘憂】ぼう(ばう)ゆう(いう) うれいを忘れる。心配ごとを忘れる。【━物】ぼう(ばう)ゆう(いう)のもの 心配ごとを忘れてしまうもの。転じて、酒のこと。〈陶潜とうせんの詩・飲酒〉

【忘草】わすれぐさ ①草の名。やぶかんぞう。②たばこの別名。

【忘記】ワンチー wàngjì 現忘れる。

忄3 【忙】〔6〕 常 ボウ いそがしい　J 4327 補 ― U 5FD9

旧字 心3 【忙】〔6〕 ボウ(バウ) 漢 平 陽 モウ(マウ) 呉 máng マン　J ― 補 ― U ―

筆順 忄 忙

意味 ①〈いそがし・い(いそが・し)〉ひまがない。②〈せわし・い(せは・し)〉さしせまる。③気がせく。

解字 形声。忄が形を表し、亡ぼうが音を示す。忄は心。亡には、うしなう意味がある。忙は、心を失うことで、いそがしい意味を表す。一説に、亡の音には、落ちつかないという意味を含むから、忙は心があわただしいことを表すという。

【忙殺】ぼう(ばう)さつ 非常にいそがしい。

【忙忙】ぼう(ばう)ぼう(ばう) いそがしいさま。

【忙中有閑】ぼう(ばう)ちゅう(ちう)かんあり いそがしい生活をしていても、心のゆとりを忘れない。

◆多忙たぼう・繁忙はんぼう

忄4 【快】〔7〕 学5 カイ こころよい　J 1887 補 ― U 5FEB

カイ(クヮイ) 漢 ケ 呉 去 卦 kuài コワイ

筆順 忄 快

意味 ①〈こころよ・い(―・し)〉気持ちがいい。よろこぶ。たのしむ。②したいようにする。③はやい。「快馬」④するどい。よく切れる。「快刀」

解字  形声。心が形を表し、夬くゎいが音を示す。夬には決断する意味がある。快は、心がすかっとすることで、喜ぶ、また、速い意味を表す。一説に、夬の音は開かいと通じるから、快は、心の開けることをいうと解する。

名前 はや・やす・よし

【快意】かい(くゎい)い 気持ちがよい。

【快飲】かい(くゎい)いん 気持ちよく酒を飲む。

【快活】かい(くゎい)かつ(くゎつ) ①楽しい。②さっぱりとして元気がよい性質。＝快闊

【快闊】かい(くゎい)かつ(くゎつ) 「快活」に同じ。

【快漢】かい(くゎい)かん 男らしくて気持ちのよい男。快男子。

【快感】かい(くゎい)かん 気持ちよい感じ。

【快気(氣)】かい(くゎい)き 国①気分がさわやかなこと。②病気がすっかりなおること。「快気祝いわい」

【快挙(擧)】かい(くゎい)きょ 勇ましく気持ちよい行動。

【快傑】かい(くゎい)けつ 男らしく、いさましい男。

【快哉】かい(くゎい)さい 愉快だなあ、気持ちがいいなあ、という感動のことば。

【快事】かい(くゎい)じ 気持ちよい事がら。愉快な事。

【快心】かい(くゎい)しん いい気持ち。

【快人】かい(くゎい)じん 気性きしょうのすかっとした人。

【快晴】かい(くゎい)せい 空がすっかり晴れわたる。日本晴れ。

【快戦(戰)】かい(くゎい)せん 思うぞんぶん戦う。

【快然】かい(くゎい)ぜん 満足するさま。気持ちがよい。

【快走】かい(くゎい)そう 気持ちよく速く走る。

【快速】かい(くゎい)そく すばらしく速い。

【快諾】かい(くゎい)だく 気持ちよくひきうける。

【快弾(彈)】かい(くゎい)だん 楽器を楽しくならす。

【快談】かい(くゎい)だん 気持ちのよい話。気持ちよく話しあう。

【快男子】かい(くゎい)だんし 国気性がさっぱりした痛快な男。好漢。快漢。

【快調】かい(くゎい)ちょう(てう) ①気持ちよい調子。②物事が調子よく進む。好調。

【快適】かい(くゎい)てき 気持ちよく、のびのびとした感じを持つこと。

【快刀】かい(くゎい)とう(たう) よく切れる刀。【快刀乱(亂)麻】かい(くゎい)とう(たう)らんま →快刀断乱麻【━断(斷)乱(亂)麻】かい(くゎい)とう(たう)らんまをたつ もつれた麻をよく切れる刀でさっと切る。めんどうなことを、手ぎわよくさばくことのたとえ。

【快方】かい(くゎい)ほう(はう) 国病気がなおりかかる状態。

【快報】かい(くゎい)ほう ①よいしらせ。吉報。②急ぎのしらせ。

【快味】かい(くゎい)み 気持ちよい感じ。

【快癒】かい(くゎい)ゆ 病気がすっかりなおる。

【快楽(樂)】㊀かい(くゎい)らく 気持ちよく、楽しい。㊁コワイロー kuàilè 現㊀に同じ。【━主義】かい(くゎい)らくしゅぎ 哲人生の目的は快楽であるとする学説。快楽説。

【快信】コワイシン kuàixìn 現速達郵便。

【快車】コワイチョー kuàichē 現急行電車。急行列車。

◆不快ふかい・全快ぜんかい・壮快そうかい・明快めいかい・爽快そうかい・痛快つうかい・愉快ゆかい・軽快けいかい・豪快ごうかい

心4 【忨】〔7〕 ガン(グヮン) 漢 去 翰 wàn ワン　J ― 補 2937 U 5FE8

意味 ①〈むさぼ・る〉むやみによくばる。②〈ぬす・む〉その場をしのぐ。

心4 【忯】〔7〕 ㊀キ 漢 ギ 呉 ㊀平 支 qí チー ㊁シ 漢 ㊁上 紙 shì シー　J ②1235 補 2943 U 5FEF

意味 ㊀①〈いつくし・む〉愛する。「忯忯きき」②うやまう。つつしむ。㊁〈たの・む〉たよる。＝恀し

心4 【忻】〔7〕 キン 漢 平 文 xīn シン　J 5555 補 ― U 5FFB

意味 ①〈よろこ・ぶ〉楽しむ。②〈ひら・く〉みちびく。

【忻然】きんぜん 喜ぶさま。＝欣然

心4 【忺】〔7〕 ケン 漢 平 塩 xiān シエン　J ― 補 2947 U 5FF8

意味 ①願う。ほしがる。②うれしい。よろこぶ。

心4 【忤】〔7〕 ゴ 漢 去 遇 wǔ ウー　J 5556 補 ― U 5FE4

意味 〈さから・う(―・ふ)〉〈もと・る〉反対する。くいちがう。＝啎ご

心4 【忼】〔7〕 コウ(カウ) 漢 平 陽 kāng カン　J ②1237 補 2948 U 5FFC

意味 ①〈なげ・く〉感情がたかまる。いきどおりなげく。＝慷 ②たかい。＝亢

【忼慨(慨)】こう(かう)がい ＝慷慨・忼愾 ①感情がたかぶる。②いきどおりなげく。「悲憤忼慨」

心4 【忽】〔8〕 人 標 コツ 漢 入 月 hū フー　J 2590 補 ― U 5FFD

意味 ①〈ゆるがせに・する(―・す)〉㋐気にかけない。㋑いいかげんにする。②はやい。③たやすい。かるがると。④〈たちまち〉㋐すぐに。㋑とつぜん。ふっと。⑤形のないさま。ぼんやりしたさま。⑥非常に小さな数。一の十万分の一。⑦長さの単位。〇・一秒。(→付録「度量衡名称」)

【忽必烈】クビライ・フビライ 人名。元の世祖せいそ。成吉思汗ジンギスカンの孫。日本にも二度攻めよせたが、大暴風雨のために失敗した。(一二一五～一二九四)

【忽焉】こつえん 急に。たちまち。忽然。

【忽忽】こつこつ ①物事をかえりみないさま。②さっさと立ち去るさ

ま。③がっかりして気落ちするさま。「忽忽如レ狂(こつこつとしてきょうするがごとし)」(がっかりして、気がくるったようになる。)〈資治通鑑・西漢〉④うっとりするさま。まようさま。⑤気にかけないさま。


【忽爾】(こつじ) 急に。たちまち。忽焉(こつえん)。忽然。

【忽諸】(こつしょ) ①突然消えるさま。②いいかげんにする。

【忽如】(こつじょ) 突然。急に。忽然。

【忽然】(こつぜん) 一 急に。たちまち。不意に。忽焉(こつえん)。 二 hūrán 現 一 に同じ。

【忽微】(こつび) 非常にこまかな小さいもの。

【忽略】(こつりゃく) いいかげんにする。うっちゃっておく。

【忽視】(フーシー) hūshì 現 ばかにする。軽視する。
△▼粗忽(そこつ)

心 4
【忶】〔7〕 コン 漢 平 元 hún フン ゴン 呉
U 5FF6 補 2946 J —
意味 もだえる。心が乱れる。

心 4
【忮】〔7〕 シ 漢 去 寘 zhì チー
U 5FEE 補 2942 J ②1234
意味 ①〈そこな・う(――・ふ)〉きずつける。いためる。②ねたむ。うらむ。③さからう。④意地をはる。
【忮求】(しきゅう(きう)) 人をねたんで害し、自分がよいめにあおうと望む。
【忮心】(ししん) 人をそこなおうとする心。害心。

心 4
【忸】〔7〕 一 ジク 漢 入 屋 (ヂク) niǜ ニウ 二 ジュウ 漢 上 有 (ヂウ) niǔ ニウ
U 5FF8 補 — J 5557
意味 一〈は・じる(―・づ)〉はずかしく思う。二〈な・れる(―・る)〉くりかえす。=狃(じゅう)
【忸怩】(じくじ(ぢくぢ)) はじるさま。きまりわるがるさま。

心 4
【忪】〔7〕 一 ショウ 漢 平 冬 zhōng チョン シュウ 呉 二 ショウ 漢 平 冬 sōng ソン
U 5FEA 補 2939 J —
意味 一 どきどきする。おどろく。二 忪惺(しょうせい)は、意識がはっきりする。

心 4
【忱】〔7〕 シン 漢 平 侵 chén チェン
U 5FF1 補 — J 5558
意味〈まこと〉まごころ。誠意。

心 4
【忲】〔7〕 タイ 漢 去 泰 tài タイ
U 5FF2 補 2944 J —

心 4
【忠】〔8〕 学6 チュウ チュウ(チウ) 漢 平 東 zhōng チョン
U 5FE0 補 — J 3573
意味〈おご・る〉ぜいたくをする。

筆順 丶 ロ 口 中 中 忠 忠 忠

意味 ①まごころ。まこと。②まことをつくす。誠意をもって行う。③君主に誠意をつくしてつかえること。国〈じょう〉昔の弾正台(だんじょうだい)の三等官。

解字  形声。心が形を表し、中(ちゅう)が音を示す。中には、なかの意味がある。忠は自分の心の中心であり、まごころをつくすことをいう。一説に、中の音には、空洞の意味を含むから、忠は、自分の心を空しくして人のためにつくすことであるという。

名前 あつ・ただ・つら・なり・のり・あつし・きよし・すなお・ただし・ただす・ほどこす 地名 忠類(ちゅうるい)

難読 忠実(まめ)

参考「忡(ちゅう)」は別字。


【忠諫】(ちゅうかん) 忠義な心からするいさめ。

【忠義】(ちゅうぎ) 君主につくすまことの道。国家につくす真心。

【忠勤】(ちゅうきん) まじめにつとめる。

【忠君】(ちゅうくん) 国 主君に忠義をつくす。【――愛国(國)】国 主君に忠義をつくし、自分の国を愛する。

【忠経(經)】(ちゅうけい) 書名。忠義の道についてのべたもの。漢代の馬融の著といわれるが、後世の偽作と考えられる。

【忠敬】(ちゅうけい) 真心をつくし、つつしみ深いこと。

【忠言】(ちゅうげん) ①真心のこもったことば。②「忠告」に同じ。【――逆二於耳一】(ちゅうげんみみにさからう) ためになる忠告は、なかなかすなおには聞きいれにくいものだ。ありがたい忠告は耳に痛いものだ。〈史記・淮南衡山(わいなんこうざん)列伝〉

【忠孝】(ちゅうこう) 主君に忠義をつくし、親に孝行する。【――両(兩)全】(ちゅうこうりょうぜん) 主君への忠義も親への孝行もじゅうぶんにつくしている。

【忠厚】(ちゅうこう) 真心があって、ていねい。

【忠告】(ちゅうこく) ①あいてのためを思って悪いところを注意する。②真心をこめていさめたりすすめたりする。〈論語・顔淵(がんえん)〉

【忠魂】(ちゅうこん) ①忠義なたましい。②忠義のために戦死した人のたましい。

【忠志】(ちゅうし) 誠実なこころざし。

【忠実(實)】(ちゅうじつ) うらおもてがない。心からまじめ。

【忠純】(ちゅうじゅん) 真心があってまじりけがない。「志慮(しりょ)忠純」(志慮は、物の考え方。)

【忠恕】(ちゅうじょ) 真心があり、思いやりが深い。「夫子之道、忠恕而已矣(ふうしのみちはちゅうじょのみ)」(先生〔孔子をさす〕の道は、真心と思いやりだけだ。)〈論語・里仁(りじん)〉

【忠情】(ちゅうじょう) 真心。

【忠心】(ちゅうしん) ①忠実な心。真心。②国 忠義な心。

【忠臣】(ちゅうしん) 忠義な家来。【――不レ事二二君一】(ちゅうしんはにくんにつかえず) 忠義な家来は、いちど主君をきめたら、一生ほかの人にはつかえない。〈史記・田単(でんたん)列伝〉

【忠信】(ちゅうしん) 真心をつくすこと、言ったことを必ず実行すること。また、そういう人。

【忠正】(ちゅうせい) 忠実で正しい。

【忠誠】(ちゅうせい) ①まこと。真心。②まことの心をもってつくすこと。

【忠節(節)】(ちゅうせつ) 忠義をつくすみさお。主君や国につくす節義。

【忠善】(ちゅうぜん) 誠実と、よい行い。真心を持ち、善を行う。

【忠操】(ちゅうそう) 君主に対する真心を変えない。忠義のみさお。

【忠貞】(ちゅうてい) 真心をつくして正道を守る気持ち。「効二忠貞之節一(ちゅうていのせつをいたす)」(真心をつくして正道を守る節操を発揮する。)〈蜀志(しょくし)・諸葛亮(しょかつりょう)伝〉

【忠僕】(ちゅうぼく) 忠実に働く男の召使。まじめな下男(げなん)。

【忠勇】(ちゅうゆう) 誠実と勇気。誠実で勇気がある。【――義烈】(ちゅうゆうぎれつ) 誠実で勇気があり、正義を愛する心がはげしい。

【忠良】(ちゅうりょう) ①真心があって、善良。②国 忠義の心が厚くて、善良。また、その人。

【忠烈】(ちゅうれつ) 「忠勇義烈」に同じ。
△▼不忠(ふちゅう)・尽忠(じんちゅう)

心 4
【忡】〔7〕 チュウ 漢 平 東 (チウ) chōng チョン
U 5FE1 補 2935 J ①8440
意味〈うれ・える(――・ふ)〉心配する。
参考「忠(ちゅう)」は別字。
【忡忡】(ちゅうちゅう) 心をいためるさま。

心 4
【忝】〔8〕 テン 漢 上 琰 tiǎn ティエン
U 5FDD 補 — J 5559

心 4
【忝】〔8〕 本字
U 3901 補 — J —

心 4
【忝】〔8〕 同字
U — 補 — J —

意味 ①〈はずかし・める(はづかし・む)〉けがす。恥をかかす。

心(忄・⺗)戈戶(戸)手(扌)支攴(攵) 4画 文斗斤方无(旡・旡)日曰月(⺝)木欠止歹殳毋比毛氏气水(氵・氺)火(灬)爪(爫・⺥)父爻爿片牙(⽛)牛(牜)犬(犭)

②〈は・じる(—・づ)〉はずかしく思う。③〈かたじけな・い(—・し)〉ありがたい。もったいなく思う。

心4 **【忳】**〔7〕 J ②1236 2945 U補 5FF3
一トン 漢 一平 元 tún トゥン
二トン 漢 二上 阮 dùn トゥン
三ジュン 漢 三平 真 zhūn チュン
意味 一うれえる。もだえる。二おろかなさま。三ねんごろなさま。＝諄

心4 **【念】**〔8〕 学4 ネン　デン 漢 去 豔 ネン 呉 niàn ニエン　J 3916 U補 5FF5
筆順 ノ 人 亼 今 今 念 念 念
心5 **【㤁】**〔9〕 同字 U補J ——
意味 ①〈おも・う(—・ふ)〉㋐心にかける。㋑あわれむ。②考え。思い。③声に出して、となえる。読む。④二十。＝廿 ⑤㊕きわめて短い時間。「一念」 国〈ねん〉注意すること。
解字  形声。心が形を表し、今きんが音を示す。今には、時間をおさえ止めている状態の意味がある。念は、現在まで、いつも心にかけて固くとどめていることである。
名前 むね
【念願】ねんがん(ぐわん) 長いあいだの願い。のぞみ。
【念珠】ねんじゅ・ねんず ㊕じゅず。数珠ずず。
【念誦】ねんじゅ・ねんず ㊕念仏をとなえ、経を読む。
【念書】ねんしょ ①読書する。声を出して本を読む。②国念のために証拠として書きのこしておくもの。
【念頭】ねんとう こころ。思い。胸中。
【念念】ねんねん ①いつも心に思っていること。②いろいろな考えごと。③㊕非常にみじかい時間をいう。刹那せつな。【——刻刻】ねんねんこっこく いつもいつも。しじゅう。
【念仏(佛)】ねんぶつ ㊕仏を信じて南無阿弥陀仏なむあみだぶつの名号みょうごうをとなえること。また、そのとなえ。【——講】ねんぶつこう(かう) 国信者が集まって念仏をとなえる会合。ねぶつこう。
【念力】ねんりき 思いこんだ力。一心をこめた力。
【念慮】ねんりょ よく考える。考え。
◆一念いちねん・入念にゅうねん・丹念たんねん・他念たねん・失念しつねん・初念しょねん・余念よねん・祈念きねん・邪念じゃねん・信念しんねん・俗念ぞくねん・専念せんねん・怨念おんねん・残念ざんねん・記念きねん・断念だんねん・執念しゅうねん・理念りねん・情念じょうねん・無念むねん・概念がいねん・雑念ざつねん・ぞうねん・観念かんねん・懸念けねん

心4 **【忞】**〔8〕 ビン 漢 平 真 mín ミン　J ①8439 2934 U補 5FDE
意味 ①〈つと・める(—・む)〉努力する。②忞忞びんびんは、よく理解できないさま。

心4 **【忿】**〔8〕 フン 漢 上 吻 fèn フェン　J 5561 U補 5FFF
意味 ①〈いか・る〉おこる。いかり。②〈いかり〉腹だち。うらみ。
【忿恚】ふんい いきどおる。忿怒ふんぬ・ふんど。〈戦国策・斉策せいさく〉
【忿怨】ふんえん(ゑん) いきどおり、うらむ。
【忿激】ふんげき 非常におこる。
【忿疾】ふんしつ いきどおり、にくむ。
【忿然】ふんぜん おこるさま。腹を立てる。憤然。
【忿争(爭)】ふんそう(さう) おこってあらそう。
【忿懥】ふんち おこって、かんしゃくを起こす。
【忿怒】ふんぬ・ふんど いきどおる。腹をたてる。腹だち。
【忿忿】ふんぷん おこるさま。＝憤憤
【忿懣】ふんまん いきどおり、もだえる。
【忿戾】ふんれい おこって、さからう。〈論語・陽貨ようか〉
【忿厲】ふんれい はげしくおこる。非常に腹をたてる。

心4 **【忭】**〔7〕 ヘン 漢 去 霰 ベン 呉 biàn ピエン　J 2941 U補 5FED
意味 よろこびたのしむさま。
【忭躍】べんやく おどりあがってよろこぶ。

心4 **【忬】**〔7〕 一ヨ 漢 呉 一去 御 yù ユィ 二ショ 漢 二平 魚 shū シュー　J 2940 U補 5FEC
意味 一安らかである。楽しむ。＝預よ 二ゆるやかである。のびのびしている。＝紓しょ・舒しょ

心4 **【忢】**〔8〕 本→愛(四八九ジ・中)
心4 **【忤】**〔8〕 同→悟(四八三ジ・下)
心4 **【怍】**〔7〕 俗→悴(四八七ジ・上)
心4 **【怱】**〔8〕 同→怱(四七六ジ・下)

心5 **【怡】**〔8〕 イ 漢 呉 平 支 yí イー　J 5562 U補 6021
意味 ①〈よろこ・ぶ〉楽しむ。ゆかい。②おだやか。やさしい。
【怡怡】いい 喜び楽しむさま。怡然いぜん。
【怡逸(逸)】いいつ のんびりと楽しむ。
【怡然】いぜん ①楽しむさま。喜び楽しむさま。②すらすらと通ずるさま。
【怡養】いよう(やう) 本心から喜ぶ。

心5 **【怨】**〔9〕 常 エン・オン　エン(エン) 漢 去 願 オン(ヲン) 呉 yuàn ユワン　J 1769 U補 6028
筆順 ク 夕 夕 夗 夗 怨 怨 怨
意味 ①〈うら・む〉㋐なっとくしない。㋑人のしうちをにくらしく思う。②あだ。かたき。

解字  形声。心が形を表し、夗えんが音を示す。夗には、まげる、かがめるの意味がある。怨は、気持ちを押さえつけられ、ひねくれる、うらむの意味となる。

【怨悪(惡)】えんあく(ゑんあく)・えんお(ゑんを) うらみにくむ。また、その気持ち。

【怨言】えんげん(ゑんげん) うらみのことば。うらみごと。

【怨恨】えんこん(ゑんこん) うらむ。うらみ。

【怨嗟】えんさ(ゑんさ) うらみなげく。

【怨刺】えんし(ゑんし) うらんで悪口を言う。

【怨讐】えんしゅう(ゑんしう) うらみのあるかたき。怨敵おんてき。

【怨女】えんじょ(ゑんぢょ) 結婚相手のいない年ごろの女性。また、夫おっとを失った女性。寡婦かふ。【——曠夫】えんじょこうふ(ゑんぢょくわうふ) ひとりずまいの女と、ひとりものの男。

【怨怒】えんど(ゑんど) うらんだり、怒ったりする。

【怨毒】えんどく(ゑんどく) うらみにくむ。強いうらみ。

【怨府】えんぷ(ゑんぷ) うらみが集まるところ。うらみのまと。

【怨婦】えんぷ(ゑんぷ) 配偶者を失った婦人。怨女。

【怨慕】えんぼ(ゑんぼ) うらみながらも恋いしたう。〈孟子もうし・万章ばんしょう〉

【怨望】えんぼう(ゑんばう) うらむ。うらめしく思う。うらみ。

【怨謗】えんぼう(ゑんばう) うらんで悪口を言う。

【怨懣】えんまん(ゑんまん) うらみ怒る。

【怨敵】おんてき(をんてき) うらみのある敵。かたき。

【怨念】おんねん(をんねん) うらみの思い。遺恨いこん。

【怨霊(靈)】おんりょう(をんりやう) うらみをいだいて、たたりをする死者の魂。生きている人の場合もある。
◆仇怨きゅうえん・私怨しえん・恩怨おんえん・宿怨しゅくえん

心5 **【怏】**〔8〕 ヨウ(ヤウ) 漢 去 漾 オウ(アウ) 呉 yàng ヤン　J 5573 U補 600F
意味 ①〈うら・む〉なっとくしない。②満足しないさま。
【怏怏】おうおう(あうあう) 不服なさま。満足しない。

心(忄・⺗)戈戸(戸)手(扌)支攴(攵)　4画　文斗斤方无(旡・旡)日曰月(月)木欠止歹殳毋比毛氏气水(氵・氺)火(灬)爪(爫・爫)父爻爿片牙(牙)牛(牜)犬(犭)

【怏悒】おう(あう)ゆう(いふ) 気が晴れないさま。

忄5 【怪】〔8〕 常 カイ あやしい・あやしむ J1888 補― U602A
カイ(クヮイ) 漢 ケ 呉 去 卦 guài コワイ

筆順 丶 丶 忄 忄 怪 怪 怪 怪

心6 【恠】〔9〕 俗字 J5563 補― U6060

意味 ①〈あやし・い(あや・し)〉ふつうでない。めったにない。また、そのもの、こと。②〈あやし・む〉へんに思う。③責める。恨む。④とても。非常に。⑤姓。

解字  形声。忄が形を表し、圣くゎいが音を示す。忄は心。圣は、塊と同じく、土などのかたまり、あるいは、なにか異常な物をさす。怪は、異常なものを見て、心にふしぎがる気持ちをいう。

難読 怪我けが・怪しからん

【怪異】一かい(くわい)い ①あやしいこと。②ばけもの。二けい 国あやしい物事。ふしぎなこと。わざわい。

【怪偉】かい(くわい)い(ゐ) 非常に堂々としているさま。雄大なさま。

【怪迂】かい(くわい)う でたらめで、信用できないこと。

【怪火】かい(くわい)か(くわ) ①ふしぎな火。②原因がわからない火事。

【怪訝】一かい(くわい)が いぶかる。二けげん 国へんに思う。がてんのいかないさま。

【怪怪】かい(くわい)かい(くわい) 非常にあやしい。「奇奇怪怪」

【怪愕】かい(くわい)がく 驚きあやしむ。

【怪漢】かい(くわい)かん あやしい男。

【怪奇】かい(くわい)き あやしくふしぎなこと。怪異。「怪奇小説」

【怪疑】かい(くわい)ぎ あやしみ疑う。〈枚乗ばいじょう・七発しちはつ〉

【怪魚】かい(くわい)ぎょ ふしぎな魚。

【怪禽】かい(くわい)きん 「怪鳥」に同じ。

【怪傑】かい(くわい)けつ ①ふしぎな力のある人。②ふしぎなほどりっぱな人。

【怪事】かい(くわい)じ あやしい事がら。

【怪獣(獸)】かい(くわい)じゅう(じう) 見なれないふしぎな動物。奇獣。

【怪星】かい(くわい)せい あやしい星。ふしぎな星。

【怪僧(僧)】かい(くわい)そう 正体のわからない、あやしげな僧。

【怪誕】かい(くわい)たん 奇怪で、とりとめもないこと。また、そういう話。

【怪談】かい(くわい)だん 幽霊ゆうれいやばけものの話。

【怪鳥】かい(くわい)ちょう(てう)―けちょう(てう) ふしぎな鳥。あやしい鳥。

【怪童】かい(くわい)どう ①ふしぎなこども。②驚くほど強い力のあるこども。

【怪柏】かい(くわい)はく 珍しいひのき。あやしい形をしたひのき。

【怪物】かい(くわい)ぶつ ①正体しょうたいのわからないあやしいもの。ばけもの。②ふしぎなもの。③ふつうの人には理解しにくい、非常に特別な才能を持っている人。

【怪聞】かい(くわい)ぶん あやしいうわさ。

【怪力】かい(くわい)りょく―かい(くわい)りき ①非常に強い力。②ふしぎなわざ。③怪異と勇力。【――乱(亂)神】かい(くわい)りょくらんしん あやしげなこと、力のあること、道理をみだすこと、ふしぎなこと。この四つを孔子は口にしなかった。〈論語・述而じゅつじ〉
△▼勿怪もっけ・妖怪ようかい・奇怪きっかい―きかい・変怪へんげ・醜怪しゅうかい

心5 【急】〔9〕 学3 キュウ いそぐ J2162 補― U6025
旧字 心5 【急】〔9〕 キュウ 漢 呉 (キフ) 入 緝 jí チー U補J ―

筆順 ⺈ ⺈ ⺈ 刍 刍 急 急 急

意味 ①気みじか。せっかち。②〈いそ・ぐ〉せく。せまる。③さしせまっている。ゆとりがない。④急を要すること。たいせつなこと。⑤はやい。⑥にわかに。とつぜん。⑦きつい。ぴったりした。⑧きびしい。はげしい。国舞楽ぶがくや能のうで、最終の段階。「序破急」

解字  形声。刍と心とを合わせた字。心が形を表す。刍は及きゅで音を示す。及には、追いつく意味がある。急は、追いつこうとしている心で、心がせわしいこと、さしせまることを表す。一説に、及の音には引き締める意味を含むから、急は、心がひきしまることを表すともいう。

難読 急度きっと

【急雨】きゅう(きふ)う 急に降りだす雨。にわか雨。驟雨しゅうう。

【急角度】きゅう(きふ)かくど 鋭い角度。

【急管】きゅう(きふ)かん(くわん) 調子がはやい笛の音。

【急急如律令】きゅう(きふ)きゅう(きふ)にょりつりょう(りやう) ①漢代の公文書用のことばで、大急ぎでするようにという意味。②道家で、悪鬼を追いはらうのに使うまじないのことば。早くいっちまえ。

【急遽】きゅう(きふ)きょ ①いそぎ、あせるさま。②にわかに。あわただしく。

【急撃(擊)】きゅう(きふ)げき ①急に攻める。不意に攻める。②間をおかずに攻めたてる。

【急激】きゅう(きふ)げき 急ではげしい。突然で、しかもはげしい。

【急行】きゅう(きふ)こう(かう) ①いそいで行く。②急行列車。↕鈍行どんこう
【急死】きゅう(きふ)し ふいに死ぬ。突然に死ぬ。頓死とんし。

【急使】きゅう(きふ)し ①いそぎの使い。②国早飛脚はやびきゃく。

【急疾】きゅう(きふ)しつ ①すばやい。②せっかちなこと。③急病。

【急襲】きゅう(きふ)しゅう(しふ) 敵の不意をついておそう。

【急就篇】きゅう(きふ)しゅう(しう)へん 書名。四巻。漢の史游しゆうの著。物の名や人の姓などを説明したもの。

【急峻】きゅう(きふ)しゅん 非常にけわしいこと。また、その場所。

【急所】きゅう(きふ)しょ 国①からだの中で、生死にかかわるたいせつな所。②物事の要所・要点。

【急進】きゅう(きふ)しん ①いそいで進む。②急激に理想を実現させようとすること。「急進分子」

【急須】きゅう(きふ)す ①いそいで酒のかんをするときの小さいなべ。②国茶をいれる小さいどびん。

【急性】きゅう(きふ)せい ①急に起こる病気。↕慢性 ②せっかちな性質。気が短い人。

【急切】きゅう(きふ)せつ さしせまっている。切迫せっぱく。

【急設】きゅう(きふ)せつ いそいでつくる。

【急宣】きゅう(きふ)せん ①いそいで命令を伝える。②いそぎの詔みことのり。急な御命令。

【急箭】きゅう(きふ)せん ①速い矢。②矢よりも速い。

【急先鋒】きゅう(きふ)せんぽう 国積極的に物事の先頭にたって進む人。

【急造】きゅう(きふ)ぞう(ざう) 国急にこしらえる。にわかづくり。

【急増(增)】きゅう(きふ)ぞう 急にふえる。急いでふやす。

【急足】きゅう(きふ)そく ①いそいで歩く。いそぎあし。②物事のはかどりや進歩の早いこと。

【急速】きゅう(きふ)そく 非常に速い。いそぐ。

【急卒】きゅう(きふ)そつ 急なこと。突然。

【急湍】きゅう(きふ)たん 水の速い流れ。急流。

【急灘】きゅう(きふ)たん 「急湍きゅうたん」に同じ。

【急追】きゅう(きふ)つい はげしく追いかける。

【急電】きゅう(きふ)でん いそぎの電報。

【急転(轉)直下】きゅう(きふ)てんちょっ(ちょく)か 事情が急に変化して、いっぺんにかたづく。

【急難】きゅう(きふ)なん 急に起こったわざわい。

【急迫】きゅう(きふ)はく さしせまっている。せっぱつまっている。【迫せっ。切】

【急坂】きゅう(きふ)はん―きゅう(きふ)ざか 国急な坂。

【急変(變)】きゅう(きふ)へん ①急な変化。②急なできごと。③病気が急に悪くなる。

【急報】急な知らせ。いそぎの知らせ。

【急務】当面しなければならない仕事。急を要するだいじな仕事。

【急問】せわしく、たずねる。急に質問する。

【急用】国急な用事。いそぎの用。

【急流】水の急な流れ。流れの速い川。【——勇退】急流の中から、思いきって身をひく。自分から進んで辞職を申し出ること。

【急斂暴徴】租税をせわしくとりたてる。

【急滝(瀧)】はやせ。急流。

【急忙】jímáng 現あわただしい。急いで。
◇不急・火急・至急・危急・早急・応急・性急・促急・特急・救急・準急・緊急・緩急・短兵急・超特急

心5
【怚】〔8〕
キョ 漢 コ 呉 上 語 jù チュイ ｜J 2949 ｜補 ― ｜U 6007

意味 ①なまける。②おそれる。

忄5
【怯】〔8〕
標 キョウ 漢 (ケフ) 入 葉 qiè チエ ｜J 2217 ｜補 ― ｜U 602F

意味 ①〈おそ・れる(——・る)〉〈おび・える(——・ゆ)〉〈ひる・む〉こわがる。おじける。びくびくする。②よわい。いくじがない。↕勇 ③体がよわい。

【怯弱】おくびょうな。いくじがない。

【怯惰】おくびょうで、ぐうたら。

【怯懦】おくびょうで、いくじがない。ぐず。

【怯夫】おくびょうな男。おくびょう者。ひきょう者。
◇卑怯

心5
【怳】〔8〕
キョウ(キャウ) 漢 コウ(クヮウ) 慣 上 養 huǎng ホワン ｜J ①8445 ｜補 2960 ｜U 6033

意味 ①精神に異常をきたしたさま。②がっかりするさま。「怳忽」③びっくりするさま。④はっきりしないさま。「怳忽」⑤とつぜん。ふっと。「怳忽」
【怳忽】ぼんやりして、はっきりしないさま。＝恍惚

心5
【怙】〔8〕
コ 漢 上 麌 hù フー ｜J 5564 ｜補 ― ｜U 6019

意味 ①〈たの・む〉たよる。②父をさす。母を恃という。

【怙気(氣)】自分の勇気をたのみとする。

【怙恃】①たよりにする。〈左伝・襄公〉②父母。子がたよりにする者という意味。

【怙終】悪いことをしながら、自分の行為を改めようとしないこと。

心5
【怘】〔9〕
一コ 漢 ゴ 呉 去 遇 hù フー 二コ 漢 呉 去 遇 gù クー ｜J ①8444 ｜補 2955 ｜U 6018

意味 一①まもる。＝護 ②もれる。③いつも。④やすらか。二かたい。＝固

心5
【怐】〔8〕
コウ 漢 去 宥 kòu コウ ｜J 5565 ｜補 ― ｜U 6010

意味 怐愗は、愚かなさま。

心5
【怍】〔8〕
サク 漢 入 薬 zuò ツオ ｜J ①8442 ｜補 2951 ｜U 600D

意味 ①〈は・じる(——・づ)〉はずかしく思う。②顔色をかえる。

心5
【思】〔9〕
学2 シ おもう 一シ 漢 呉 平 支 sī スー 二シ 漢 呉 去 寘 sì スー ｜J 2755 ｜補 ― ｜U 601D

筆順
丨 冂 冊 田 田 思 思 思 思

心6 【恖】〔10〕本字 ｜J ― ｜補 2969 ｜U 6056

意味 一①〈おも・う(——・ふ)〉㋐考える。頭をつかう。㋑心にかける。したう。「思慕」㋒もの思いにしずむ。悲しむ。②〈ああ〉感動詞。③句または文のあとについて語気をととのえる助詞。二〈おもい(おもひ)〉気持ち。

解字  会意。囟と心を合わせた字。囟は頭のひよめきのこと。思は、心が頭にはたらくことで、深く考える意味を表す。あるいは、脳の中にある心の意味ともいう。

名前 こと 姓 思田 難読 思惑

【思召】国①思い・考えの敬語。②気にいる。「い。」

【思案】国①いろいろと考える。工夫。②心配。もの思」

【思惟】一①考える。②哲理論的に考えをおし進める。二仏対象をはっきりと見分ける。また、浄土のおごそかで美しいようすを観察する。

【思帰(歸)鳥】ほととぎすの別名。＝不如帰
【思旧(舊)】むかしの交わりをなつかしがる。

【思考】①かんがえ。②哲「思惟」に同じ。

【思索】すじみちをたどりながら、深く考え進む。

【思殺】深い思いにふける。殺は強意の接尾辞。

【思愁】思い、うれえる。

【思心】思いしたう心。「思心常依依」(依依は、なごりのつきないさま。)〈蘇武の詩・別李陵詩〉

【思想】一①考え。意見。②哲理論的に考えてできあがった、まとまりのある意見。③社会や人生に対する考えかた。二sīxiǎng 現①一に同じ。②考える。

【思潮】その時代一般にひろまっている思想。思想の流れ。

【思念】思う。よく考える。

【思婦】①物思いに沈む婦人。②妻を恋しく思うこと。

【思服】いつも思って忘れない。〈詩経・関雎〉

【思弁(辨)】①経験にたよらないで頭だけで道理を考える。②哲直観的認識。ただ思惟だけにたよって、経験したと同じ認識に達しようとすること。

【思慕】恋しく思う。思い、したう。〈礼記・問喪〉

【思欲】願いのぞむ。

【思慮】深い考え。

【思料】いろいろ考えてみる。

【思量】あれこれ考える。考え。

【思惑】一仏人間のさまざまな迷いをいう。二国①ある人に対する他人の考え・見かた。②相場などで、将来の変動をおしはかること。

【思而不学(學)則殆】ただ自分の心で思索するだけで、広く他に学ぶことをしないと、独断におちいって危険である。〈論語・為政〉

【思過半】①よく考えて、半分以上を理解する。〈易経・繋辞下〉②思ったよりも、得るところが多い。③事実が想像以上である。

【思無邪】①邪心がない。〈論語・学而〉②一心に思いつめて、よこしまな気持ちを持たない。

【属(屬)思】考えを集中する。考えこむ。

【思則得之】よく考えれば、道理をさとることができる。よく道について思い求めれば、これを会得することができる。〈孟子・告子上〉
◇片思・沈思・秋思・相思・意思・愁思・静思・黙思・熟思

心5
【怩】〔8〕
ジ 漢 (ヂ) 平 支 ní ニー ｜J 5566 ｜補 ― ｜U 6029

意味 忸怩は、はずかしく思う。

➡心(忄・⺗)戈戸(戶)手(扌)支攴(攵) 4画 文斗斤方无(旡・无)日曰月(⺝)木欠止歹殳毋比毛氏气水(氵・氺)火(灬)爪(爫・⺥)父爻爿片牙(牙)牛(牜)犬(犭)

心5 【怵】〔8〕 一チュツ漢 二ジュツ(ヂュツ)慣 三シュツ漢 入 質 chù チュー　J ①8446 補 2961 U 6035

意味 一①〈おそ・れる(――・る)〉びくびくする。心配する。用心する。②かなしむ。二〈いざな・う(――・ふ)〉利でさそう。

【怵然】じゅつぜん びくびくおそれるさま。

【怵惕】じゅってき びくびくするさま。［――惻隠(隱)之心］じゅってきそくいんのこころ おそれ、きのどくに思う心。〈孟子・公孫丑上〉

心5 【怚】〔8〕 一ショ漢 去 御 jù チュイ 二ソ漢 平 虞 cū ツー　J ―― 補 2956 U 601A

意味 一おごる。うぬぼれる。二心がこまやかでないさま。＝粗

心5 【怎】〔9〕 シン漢 上 寝 zěn ツェン　J 5567 補 ―― U 600E

意味〈いかで〉〈なんぞ〉どうして。疑問・反語を表す。

【怎麽】ツェンモ zěnme 現なぜ。どのように。

【怎麽様(樣)】ツェンモヤン zěnmeyàng 現どんな。どのように。

【怎様(樣)】ツェンヤン zěnyàng 現どんな。どのように。

忄5 【性】〔8〕 学5 セイ・ショウ　セイ漢 ショウ(シャウ)呉 去 敬 xìng シン　J 3213 補 ―― U 6027

筆順 丶 丷 忄 忄 忙 忤 性 性

意味 ①〈さが〉人の生まれつき。本性。②物にもともとそなわる特徴。特性。③たち。性格。④いのち。生命。⑤男女の区別。「男性」「女性」⑥性欲。

解字  形声。忄が形を表し、生せいが音を示す。忄は心。生には生まれる意味がある。性は、生まれつきの心、あるいは、生まれながら持っている善の性質をいう。

名前 なり・もと

【性悪(惡)説】せいあくせつ 人の性質はもともと悪いものであるという説。おもに荀子じゅんしがとなえた。↔性善説

【性格】一せいかく 人がら。たち。二シンコー xìnggé 現一に同じ。

【性急】せいきゅう(きふ) 気が短い。せっかち。

【性向】せいこう(かう) 気だて。気性きしょう。

【性交】せいこう(かう) 男女の肉体的なまじわり。

【性行】せいこう(かう) 性質やおこない。「性行淑均せいこうしゅくきん」(性質がすなおで、行いが正しい。)〈諸葛亮しょかつりょう・出師表すいしのひょう〉

【性根】一せいこん 生まれつきの性質。二しょうね(しやう) 国たましい。こんじょう。

【性質】一せいしつ 生まれつき。天性。二シンチー xìngzhì 現一に同じ。

【性情】せいじょう(じやう) ①性質と気持ち。②性質。気だて。

【性善説】せいぜんせつ 人の性質は生まれつきよいものであるという説。おもに孟子もうしがとなえた。↔性悪説

【性徴】せいちょう 男女両性または雌雄しゆう(めすと、おす)の、区別を表す特徴。

【性能】せいのう ①性質と能力。②機械などのはたらき。

【性病】せいびょう(びやう) 梅毒ばいどく・淋病りんびょうなどの病気。

【性分】せいぶん 生まれつき。たち。〈後漢書ごかんじょ・逸民伝いつみんでん〉

【性癖】せいへき 生まれつきあるくせ。もって生まれたくせ。もちまえのくせ。

【性別】せいべつ 男女両性の区別。雌雄しゆう(めすと、おす)の区別。

【性命】せいめい ①人の性と天の命めい。天から与えられた持ちまえ。②生命。

【性欲(「慾」)】せいよく 性的な欲望。肉欲。色欲しきよく。

【性来(來)】せいらい ①生まれつき。国生まれつき。もちまえ。しょうぶん。

【性理】せいり ①生まれつき。②宋そう代の儒者じゅしゃがとなえた説で、性命(生まれつき)と理気(世界の大もと)。【――大全】せいりたいぜん 書名。七十巻。明みんの胡広こうらが勅命によって、宋そう代の儒者の学説を集めたもの。

【性霊(靈)】せいれい 人間の心。たましい。精神。

【性相近也】せいあい(あひ)ちかし 人の生まれつきは、それぞれたいした違いはない。〈論語・陽貨ようか〉

【忍レ性】せいをしのばす がまん強くさせる。〈孟子もうし・告子こくし下〉

【滅レ性】せいをめっす 命を落とす。死ぬ。

◆女性じょせい・中性ちゅうせい・天性てんせい・本性ほんしょう・母性ぼせい・両性りょうせい・同性どうせい・気性きしょう・男性だんせい・知性ちせい・品性ひんせい・急性きゅうせい・個性こせい・特性とくせい・根性こんじょう・悟性ごせい・素性すじょう・通性つうせい・陰性いんせい・野性やせい・理性りせい・異性いせい・習性しゅうせい・悪性あくしょう・属性ぞくせい・無性むしょう・弾性だんせい・陽性ようせい・惰性だせい・稟性ひんせい・感性かんせい・慢性まんせい・酸性さんせい・凝性ぎょうせい・魔性ましょう・人間性にんげんせい・向日性こうじつせい・背日性はいじつせい

心5 【怔】〔8〕 セイ漢 平 庚 zhēng チョン　J ①8443 補 2953 U 6014

心5 【怱】〔9〕 ソウ漢 平 東 cōng ツォン　J 5568 補 ―― U 6031

意味 ①どきどきする。②ぼんやりする。

心7 【悤】〔11〕本字　J ―― 補 2989 U 60A4

心4 【忩】〔8〕同字　J ①8441 補 2938 U 5FE9

意味 いそがしい。あわただしい。

参考「忽こつ」は別字。

【怱怱】そうそう ①あわただしいさま。②簡略なさま。③手紙の終わりに書きそえて、とり急いで走り書きしたという意を表すことば。＝悤悤・草草・匆匆

【怱卒】そうそつ いそがしいさま。＝倉卒

【怱忙】そうぼう(ばう) いそがしい。あわただしい。

心5 【怠】〔9〕 常 タイ　タイ漢 ダイ呉 上 賄 dài タイ　おこたる・なまける　J 3453 補 ―― U 6020

筆順 ㇜ ム 台 台 台 怠 怠 怠

意味 ①〈おこた・る〉㋐なまける。たるむ。㋑つかれる。②〈なま・ける(――・く)〉③〈あなど・る〉ばかにする。国①〈おこた・る〉病気が少しよくなる。②〈おこたり〉㋐つみ。㋑おわび。

解字  形声。心が形を表し、台たいが音を示す。台には、ゆるやかな気持ちがある。怠は、気がゆるんで、おこたること。

名前 やす

【怠業】たいぎょう(げふ) ①仕事をなまける。②国労働者が自分たちの要求を通すために同盟して仕事をなまける。サボタージュ。

【怠勌】たいけん おこたりうむ。飽あきてなまける。倦怠けんたい。

【怠敖】たいごう(がう) なまけて遊ぶ。

【怠状(狀)】たいじょう(じやう) 国あやまり証文じょうもん。わび状。

【怠惰】たいだ なまけること。〈史記・礼書〉

【怠廃(廢)】たいはい なまけて、いいかげんにする。

【怠放】たいほう(はう) おこたって気ままにする。

【怠慢】たいまん なまけること。〈荀子じゅんし・勧学〉

◆倦怠けんたい・懈怠けたい

心5 【怛】〔8〕 ダツ漢 入 曷 dá ター　J 5569 補 ―― U 601B

意味 ①〈いた・む〉かなしむ。②〈うれ・える(――・ふ)〉心配する。③おそれる。④おどろく。⑤おどす。

【怛惕】だってき かなしみ、おそれる。

心5【怊】〔8〕チョウ(テウ) 漢 平 蕭 chāo チャオ 補 2950 U 600A
意味 がっかりする。呆然ぼうぜんとする。
【怊悵】ちょう(てう)ちょう(ちゃう) がっかりするさま。

心5【怗】〔8〕一チョウ(テフ) 漢 一入 葉 tiē ティエ 二セン 漢 二平 塩 zhān チャン J ②1239 補 2954 U 6017
意味 一①しずか。②言うことをきく。二怗懘せんせいは、調和しないさま。＝沾せん

心5【怟】〔8〕テイ 漢 去 霽 タイ 呉 dǐ ティー 補 2957 U 601F
意味 もだえる。なやむ。ド

心5【怒】〔9〕常 ド 漢 ヌ 呉 去 遇 nù ヌー いかる・おこる J 3760 U 6012
筆順 ㄑ 女 女 奴 奴 奴 怒 怒 怒
意味 ①〈いか・る〉〈おこ・る〉腹をたてる。②〈はげ・む〉ふるいたつ。③〈はげし・い(はげ・し)〉いきおいがある。
解字  形声。心が形を表し、奴どが音を示す。奴には、やわらかくて弾力のある気持ちがある。怒は心中はりつめたいかりの感情をいう。
姓 怒麻ぬま
【怒気(氣)】どき おこったようす。
【怒号(號)】どごう(がう) ①いかり、叫ぶ。おこってどなる。②風や波のはげしい音のたとえ。「陰風怒号いんぷうどごう」（北風が荒れくるう。）〈范仲淹はんちゅうえん・岳陽楼記がくようろうのき〉
【怒張】どちょう(ちゃう) はげしく広がる。はちきれるようにふくらむ。
【怒濤】どとう(たう) 荒れくるう大波。
【怒罵】どば おこってののしる。
【怒髪】どはつ ひどくおこってさかだった髪。【――指レ冠】どはつかんむりをさす 「怒髪衝レ冠」と同じ。【――衝レ冠】どはつかん(くわん)をつく ひどくおこって、さかだった髪が冠かんむりをつきあげる。非常におこったようす。〈史記・趙世家ちょうせいか〉
【不レ遷レ怒】いかりをうつさず ある人に対する怒りを、別の人に向けることをしない。やつあたりをしない。孔子が弟子でしの顔回がんかいをほめたことば。〈論語・雍也ようや〉
◆忿怒ふんぬ・喜怒きど・憤怒ふんぬ・激怒げきど

心5【怓】〔8〕ドウ(ダウ) 漢 平 肴 náo ナオ 補 2952 U 6013
意味 怓怓どうどうは、がやがや、さわぐさま。

心5【怢】〔8〕一トツ 漢 一入 月 tū トゥー 二テツ 漢 二入 屑 dié ティエ J ②1240 U 6022
意味 一ないがしろにする。軽視する。二怢蕩てっとうは、しまりがないさま。また、物事にとらわれないさま。＝佚てつ

心5【怕】〔8〕一ハ 漢 一去 禡 pà パー 二ハク 漢 二入 陌 bó ポー J 5570 U 6015
意味 一①〈おそ・れる(――・る)〉心配する。②おそらくは。たぶん。③もしも。④どうして。まさか。反語を表す。二しずか。あっさりしている。＝泊

心5【怭】〔8〕ヒツ 漢 入 質 bì ピー 補 2959 U 602D
意味 怭怭ひつひつは、しまりのないさま。軽々しいさま。

忄5【怖】〔8〕常 フ こわい ホ 漢 去 遇 フ 呉 bù プー J 4161 U 6016
筆順 丶 忄 忄 忄 怀 怖 怖 怖
心7【悑】〔10〕字 本 補 2982 U 6091
意味 ①〈おそ・れる(――・る)〉〈お・じる(――・づ)〉〈こわ・い(こは・し)〉こわがる。②おどす。
解字  形声。忄が形を表し、布ふが音を示す。忄は心。布には、ぴたりとせまってくる気持ちがある。怖は、おそれる感情がせまってくる状態である。布の音には、懼くと同じく、恐れる意味を含むという。
難読 怖気おじけ
【怖畏】ふい こわがる。
【怖懼】ふく おそれる。おびえおそれる。
◆畏怖いふ・恐怖きょうふ・驚怖きょうふ・…けいふ

心5【怤】〔9〕フ 漢 平 虞 fū フー J ②1241 補 2958 U 6024
意味 ①〈おも・う(――・ふ)〉②〈よろこ・ぶ〉楽しむ。

心5【怫】〔8〕一フツ 漢 一入 物 fú フー 二ヒ 漢 フツ 慣 二去 未 fèi フェイ 三ハイ 漢 三去 隊 bèi ペイ J 5571 U 602B
意味 一気が晴れないさま。むしゃくしゃするさま。二おこるさま。むっとするさま。三〈もと・る〉そむく。道理にさからう。＝悖はい
【怫鬱】ふつうつ 気がふさぐ。心がはればれしないさま。
【怫然】ふつぜん むっとするさま。腹をたてるさま。〈荘子そうじ・天地〉

心5【怲】〔8〕ヘイ 漢 上 梗 bǐng ピン U 6032
意味 怲怲へいへいは、心配ごとで心を痛めるさま。

心5【怦】〔8〕ホウ(ハウ) 漢 平 庚 pēng ポン J 5572 U 6026
意味 ①気のせくさま。②怦怦ほうほうは、㋐胸がどきどきするさま。㋑忠実なさま。

忄5【怜】〔8〕入 一レイ 漢 一平 青 líng リン 二レン 漢 二平 先 lián リエン J 4671 U 601C
意味 一〈さと・い(――・し)〉かしこい。「怜悧れいり」二〈あわれ・む(あはれ・む)〉心にかける。気にかける。＝憐れん
解字 形声。忄が形を表し、令れいが音を示す。令には、良いとか、清らか、の意味を含む。怜は、心が清らかで、さといこと。
名前 さと・とき
参考 怜は「憐」(五〇二ジ・下)の中国新字体としても使う。
【怜悧】れいり かしこい。頭の回転がはやい。＝伶俐れいり・伶利

心5【怹】〔9〕tān タン U 6039
意味 現第三者の敬称。あのかた。

心5【怺】〔8〕国字 J 5574 U 603A
意味 〈こら・える(――・ふ)〉がまんする。
参考 心、つまり気を永ながく持つことから、こらえる意。

心5【泰】〔9〕俗 →泰(七一〇ジ・下)

心5【念】〔9〕同 →念(四七三ジ・上)

心6【恚】〔10〕イ 漢 去 寘 huì ホイ 呉 J 5575 U 605A
意味 〈いか・る〉腹をたてる。「恚憤いふん」
【恚恨】いこん いかりうらむ。
【恚怒】いど 怒る。腹をたてる。

心6【恩】〔10〕学 6 オン オン 漢 平 元 ēn エン 呉 J 1824 U 6069
筆順 冂 円 因 因 因 因 恩 恩 恩 恩
意味 ①〈めぐみ〉なさけ。いつくしみ。あわれみ。「恩情」

心(忄・⺗)戈戸(戶)手(扌)支攴(攵) 4画 文斗斤方无(旡・旡)日曰月(⺝)木欠止歹殳毋比毛氏气水(氵・氺)火(灬)爪(⺥・⺤)父爻爿片牙(牙)牛(牜)犬(犭)

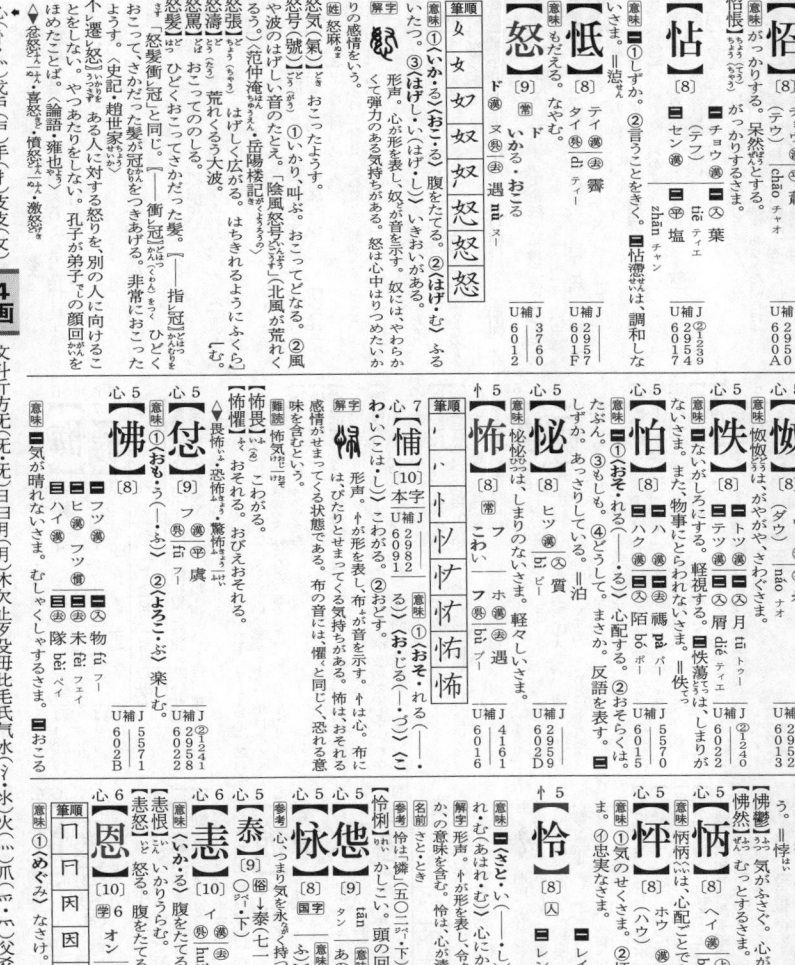

➡②ありがたく思う。③したしみ。よしみ。④姓。

解字 会意・形声。心と因を合わせたもの。因(いん)は、よるとかしたしむ意味で、また、音をも示す。恩は、心をよせること、あるいは、人に対していたむ心で、いつくしむ、めぐむの意味を表す。音オンは因の音インの変化。

【恩愛】おんあい・おんない ①なさけ。めぐみ。②親子・夫婦の間の愛情。

【恩威】おんい(ゐ) いつくしみと威光。

【恩顔】おんがん なさけ深く、穏やかな顔つき。

【恩輝】おんき 恵みの光。天子の恩徳をいう。

【恩義】おんぎ ①恩を受けた義理。②あわれみ。めぐみ深いよしみ。＝恩誼

【恩誼】おんぎ 「恩義」の②に同じ。

【恩仇】おんきゅう(きう) 恩とあだ。恩讐(おんしゅう)。

【恩給】おんきゅう(きふ) 国①ほうびとしてあたえる。②もと、公務員としてある期間つとめて、退職したり死んだりした場合に与えられる金。

【恩遇】おんぐう 親切で、てあついもてなし。厚遇。

【恩恵(惠)】おんけい なさけ。めぐみ。

【恩顧】おんこ 目をかけてひきたてること。親切にすること。

【恩幸(「倖」)】おんこう(かう) 天子の特別ないつくしみ。天子の寵愛(ちょうあい)。

【恩旨】おんし 天子のおぼしめし。天子のいつくしみ深いお心。

【恩師】おんし 教えを受け、世話になった先生。

【恩賜】おんし ①天子からたまわる。また、そのもの。②ありがたいいただきもの。

【恩赦】おんしゃ ①特別に罪を許す。②㊥行政権によって刑罰を許したり減じたりすること。

【恩借】おんしゃく 人のなさけによって金銭や品物を借りる。また、その借りた物。

【恩讐】おんしゅう(しう) 恩とあだ。恩仇(おんきゅう)。〈白居易(はくきょい)の詩・禽虫(きんちゅう)〉

【恩賞】おんしょう(しゃう) ほうびとしていただく。また、そのもの。

【恩情】おんじょう(じゃう) なさけ深い思いやり。

【恩人】おんじん 自分が恩を受けた人。世話をしてくれた人。

【恩沢(澤)】おんたく めぐみ。おかげ。

【恩寵】おんちょう ①恵み。いつくしみ。②キリスト教で、上帝のめぐみをいう。

【恩典】おんてん なさけ深い取り扱い。

【恩徳】おんとく なさけ。めぐみ。

【恩波】おんぱ 恵みの波。波のようにふりそそぐめぐみ。

【恩命】おんめい なさけ深い命令。めぐみ深くありがたいおおせ。

【恩礼(禮)】おんれい 家来をかわいがり、優遇すること。

『推レ恩』おんをおす めぐみの心を他に広く及ぼす。

◁▼大恩(だいおん)・旧恩(きゅうおん)・報恩(ほうおん)・謝恩(しゃおん)

忄6 【悔】〔9〕 常 カイ くいる・くやむ・くやしい U補J 6094 1889

旧字 忄7 【悔】〔10〕 人 カイ(クヮイ) 漢 ケ 呉 上 賄 huǐ ホイ U補J FA3D ①8448

筆順 丶 丷 忄 忙 忙 恠 悔 悔

意味 ①〈く・いる(—・ゆ)〉前に犯した罪を悪いと気がつく。②〈くやし・い(くや・し)〉③わざわい。不吉。国〈くや・む〉人の死を弔うこと。

解字 形声。忄が形を表し、毎(まい)が音を示す。忄は心。毎には、晦と同じく、くらいという意味がある。悔は、心がくらくなることで、後悔の意味になる。音クヮイは、毎の音マイの変化。

【悔咎】かいきゅう(くゎいきう) あやまち。

【悔悟】かいご(くゎい) 今までのあやまちに気がつき後悔(こうかい)する。

【悔恨】かいこん(くゎい) 後悔(こうかい)し、残念に思う。〈阮籍(げんせき)の詩・詠懐〉

【悔悛】かいしゅん(くゎい)(えいかい) ①今までのあやまちをくい改めて、心をいれかえる。＝改悛 ②キリスト教で洗礼(せんれい)を受けて、今までの罪を許されること。

【悔心】かいしん(くゎい) あやまちを後悔(こうかい)する気持ち。

【悔吝】かいりん(くゎい) 自分の犯したあやまちを悔い、自分自身をうらめしく思うこと。悔恨。

◁▼後悔(こうかい)・懺悔(ざんげ)

忄6 【恢】〔9〕 標 人 カイ(クヮイ) 漢 平 灰 huī ホイ U補J 6062 1890

心6 【恢】〔9〕 俗字 U補J

意味 ①大きい。広い。②大きくする。③もとにもどる。

名前 ひろ

参考 新表記では、「回」に書きかえる熟語がある。

【恢恢】かいかい(くゎいくゎい) ①広く大きいさま。②ゆったりしたさま。

【—乎】かいかいこ(くゎいくゎい) 広くゆったりしたさま。

【恢弘】かいこう(くゎい) 広く大きくする。広がる。

【恢誕】かいたん(くゎい) 大げさで、あてにならない。また、そういう話。

【恢復】■かいふく(くゎい) なくしたものをとりもどすこと。もとのようになること。＝回復 ■ホイフー huīfù 現■に同じ。

心6 【恝】〔10〕 カイ 漢 入 黠 jiá チア U補J 6055D 2971

意味 心配ごとのないさま。

心6 【恪】〔9〕 カク 漢 入 薬 kè コー U補J 606A 5577

心9 【愙】〔13〕 本字 U補J 6119 3035 ②1261

意味 ①〈つつし・む〉慎重にする。ていねいにする。「恪慎(かくしん)」②姓。

【恪守】かくしゅ つつしんで守る。

【恪遵】かくじゅん つつしんでしたがう。

【恪励(勵)】かくれい まじめに努力する。

【恪勤】■かっきん(かく) まじめに努力する。「精励恪勤」■かくごん(ごん) 国恪勤者(かくごしゃ)。平安時代に親王(しんのう)や大臣につかえたさむらい。また、鎌倉(かまくら)時代以後の宿直(とのい)の武士。

心6 【恑】〔9〕 ■キ 漢 上 紙 guǐ コイ ■ギ 漢 呉 平 支 wéi ウエイ U補J 6051 2967

意味 ■変わっている。異なっている。＝詭(き) ■ひとり立っているさま。

心6 【恐】〔10〕 常 キョウ おそれる・おそろしい U補J 6050 2218

旧字 心6 【恐】〔10〕 キョウ 漢 ク 呉 上 腫 kǒng コン U補J

筆順 丅 工 玑 玑 玑 巩 恐 恐

意味 ①〈おそ・れる(—・る)〉こわがる。かしこまる。②〈おそろし・い(おそろ・し)〉③おどす。④〈おそらくは〉たぶん。

解字 形声。心が形を表し、巩(きょう)が音を示す。巩は両手で仕事をしている形で、穴を通す意味がある。恐は、心の中が穴のように空虚になった状態で、おそれることを表す。一説に、巩は心の動く意味であり、恐も心の動くことを表すという。

参考 新表記では、「兢」の書きかえに用いる熟語がある。

難読 恐持(こわもて)て

【恐悦】きょうえつ つつしんで喜ぶ。自分の喜びをけんそんしていうことば。

【恐嚇】きょうかく 「恐喝(きょうかつ)」に同じ。

【恐喝(喝)】きょうかつ おどしつける。恐嚇(きょうかく)。

【恐恐】きょうきょう おそれるさま。びくびくするさま。恐恐然。【—謹言】きょうきょうきんげん 国手紙の終わりに書きそえて、おそるおそるつつしんで申し上げますという意を表すことば。

【恐懼】きょうく ①おそれる。おどおどする。②手紙の終わりに書くことば。「恐懼再拝」

【恐惶】きょうこう(くゎう) ①おそれつつしむ。②手紙の最後に書くあい

心(忄・⺗)戈戸(戶)手(扌)支攴(攵) 4画 文斗斤方无(旡・旡)日曰月(月)木欠止歹殳毋比毛氏气水(氵・氺)火(灬)爪(爫・⺤)父爻爿片牙(牙)牛(牜)犬(犭)

さつのことば。

【恐慌】①おそれあわてる。②好景気から不景気に移るとき、経済の調和が破れて経済界が混乱状態におちいること。パニック。

【恐察】つつしんで思いはかる。自分が推察することをけんそんしていうことば。

【恐縮】おそれいる。かしこまる。

【恐竦】おそれる。おそれすくむ。

【恐迫】おどしつける。＝脅迫

【恐怖】こわがる。おそろしさ。

【恐怕】kǒngpà 現おそらくは。たぶん。

小 6 【恭】〔10〕常 キョウ うやうやしい キョウ漢 ク呉 平冬 gōng コン J 2219 U補 606D

筆順 一 艹 廾 共 恭 恭 恭 恭

心 6 【㳟】〔10〕本字 J ― U補 22644

意味 ①〈つつし・む〉かしこまる。「恭敬」②〈うやうやし・い（うやうや・し）〉〈りくだる。礼儀正しい。③したがう。

解字 形声。小が形を表し、共が音を示す。小は心。共は両手で物をささえている形で、気をつける、つつしむの意味を持つ。恭は、心をつつしむことを表す。

名前 うや・すみ・たか・ただ・ちか・つか・のり・みつ・やす・ゆき・よし・たかし・ただし・やすし

【恭悦】つつしんで喜ぶ。人に喜びをいうときのことば。

【恭賀】つつしんで祝う。お祝いする。

【恭己】①自分の行いをつつしむ。②実権が家臣にうつり、君主に権威がなくなること。

【恭勤】①まじめにつとめる。②熱心に勉強する。

【恭謹】うやうやしく、つつしむ。

【恭敬】うやうやしく、つつしむ。かしこまり、うやまう。

【恭虔】うやうやしくつつしむ。

【恭倹（儉）】人にはうやうやしくし、自分についてはつつしみぶかく、人にへりくだる。「めにすること。控え」

【恭謙】つつしみぶかく、人にへりくだる。

【恭粛（肅）】うやうやしくする。

【恭順】つつしんで、つき従う。

【恭黙】つつしみぶかく、しゃべらない。

心 6 【恇】〔9〕キョウ漢（キャウ） 平陽 kuāng コワン J ①8447 U補 62963 6047

意味〈おそ・れる（――・る）〉こわがる。おびえる。「恇怯」「恇恇」

心 6 【恊】〔9〕キョウ漢（ケフ） 入葉 xié シエ J 5580 U補 604A

意味 ①心を一つにして、力を合わせる。＝協 ②＝愶(四九五ページ・上)

心 6 【恟】〔9〕キョウ漢 平冬 xiōng ション J 5579 U補 605F

意味〈おそ・れる（――・る）〉びくびくする。「恟恟」

心 6 【恵】〔10〕常 ケイ・エ めぐむ J 2335 U補 6075

旧字 心 8 【惠】〔12〕人 ケイ漢 エ（ヱ）呉 去霽 huì ホイ J 5610 U補 60E0

筆順 一 𠃍 𠮛 亩 亩 恵 恵 恵

人 12 【憓】〔14〕俗字 J ②0192 U補 50E1

意味 ①〈めぐ・む〉いつくしむ。あわれむ。物をあたえる。利をはかる。「恵沢」②すなお。「恵風」③〈さと・い（――・し）〉かしこい。＝慧 ④姓。

解字 会意。叀と心とを合わせた字。叀には、つなぐ、つつしむの意味がある。恵は、心をつつしむ、心をつなぐことで、人の立場に細かく気をくばってなさけをかけることである。一説に、叀の音は、饋に通じて、人に物を贈与する意味を含むから、恵は、食物その他を贈りたいという心をさすと解する。

名前 あや・さと・しげ・とし・やす・よし

地名 恵山・恵那・恵庭

参考 新表記では、「慧」の書きかえに用いる熟語がある。

【恵方】国その年の干支をもとにして、縁起がよいときめた方角。【――参（參）】国正月に恵方にある神社にまいり、一年間のしあわせを祈ること。

【恵音】①めぐみのたより。②人の手紙に対する敬語。③なごやかな音。

【恵訓】めぐみ教える。情のあるおしえ。

【恵子】人名。恵施のこと。

【恵施】人名。戦国時代の学者。名家（論理学者）のひとり。

【恵賜】①めぐみたまわる。②たまわった物。

【恵恤】めぐみ、あわれむ。

【恵贈（贈）】①人からいただく。ちょうだいする。②いただきもの。ありがたい贈り物。人からの贈り物に対する敬語。

【恵存】国人に物を贈るさい、相手の名のわきに書き添えて、どうかお手もとに置いてくださいという意を表すことば。

【恵沢（澤）】めぐみ。なさけ。いつくしみ。

【恵投】「恵与」に同じ。

【恵風】春風。万物をめぐむ春風。

【恵与（與）】①めぐみあたえる。②おめぐみくださる。人がくれるという意味の敬語。恵投。

【恵養】いつくしみ、やしなう。

◆知恵・恩恵・猿知恵

心 6 【㤙】〔9〕 一コ漢呉 一平虞 hū フー 二カ（クワ）漢 二平麻 kuā コワ J 2970 U補 6057

意味 一①おびえる。②うれえる。二ほこる。

忄 6 【恒】〔9〕常 コウ J 2517 U補 6052

旧字 忄 6 【恆】〔9〕人 一コウ漢 ゴウ呉 一平蒸 héng ホン 二コウ漢呉 二去径 gèng コン J 5581 U補 6046

筆順 ﹅ ﹅ 忄 忄 忙 恒 恒 恒

意味 一①〈つね〉㋐いつも。つねづね。㋑いつまでも変わらない。「恒心」㋒普通の。②易の卦の名。③↓恒山 ④姓。二①上弦の月がだんだん満ちてゆく。②あたり一面に広げる。③前から後につづく。

解字 形声。忄が形を表し、亙が音を示す。忄は心。亙は、二の間に舟のある形で、両岸にゆきわたることを表す。一説に、亙は二の間に月のある形で、月の弦を示し、恆は、緊張してゆるみのないことであるとする。恆は、心が変わりなく久しいことを表す。

名前 ちか・のぶ・ひさ・ひさし・ひとし

【恒温（溫）】温度が常に一定であること。【――動物】体温がほぼ一定の動物。定温動物。

【恒娥】月の精の名。もと羿という人の妻。夫が西王母から手に入れた不死の薬を盗んで飲み、仙女になったという。＝姮娥〈淮南子・覧冥訓・注〉

【恒河】インドのガンジス川。

【恒久】いつまでも変わらない。

【恒言】人がいつも言っていることば。

【恒産】①安定した職業。②決まった財産。一定の収入。「無恒産、因無恒心」（一定の職業がないと、い

心(忄・⺗)戈戸(戶)手(扌)支攴(攵) 4画 文斗斤方无(旡・旡)日曰月(⺝)木欠止歹殳毋比毛氏气水(氵・氺)火(灬)爪(⺥・⺤)父爻爿片牙(牙)牛(牜)犬(犭)

つも良心にしたがう正しい心がないものである。」〈孟子(もうし)・梁恵王(りょうのけいおう)上〉

【恒山】(こうざん) 山の名。河北省曲陽県の西北にある。五岳(ごがく)の一つで、北岳または常山という。↓「五岳」(四八ページ・中)

【恒常】(こうじょう(じゃう)) 決まっていて変わらない。

【恒心】(こうしん) いつも変わらない心。ぐらつかない心。

【恒星】(こうせい) 太陽のように自分から光を出し、天球上で互いの位置をほとんど変えない星。↕惑星・遊星

【恒風】(こうふう) いつも決まった方向に吹く風。貿易風。

【恒例】(こうれい) いつもの例式。つねにきまっている行事(ぎょうじ)。しきたり。常例。

忄6 【恰】〔9〕 人 標 コウ 漢 入 洽 (カフ) qià チア U補J 6070 1970

意味 ①〈あたかも〉ちょうど。②適切である。③心をつかう。

【恰好】(かっこう(かう)) 一 国①ちょうどころあいなこと。ほどよいこと。②すがた。ようす。二 qiàhǎo チアハオ 現 一の①に同じ。

【恰幅】(かっぷく) 国からだつき。

【恰恰】(こうこう(かふかふ)) 一 ①鳥の泣く声。②たまたま。あたかも。ちょうどおりよく。二 qiàqià チアチア 現 一の②に同じ。

忄6 【恍】〔9〕 標 コウ 漢 上 養 (クヮウ) huǎng ホワン U補J 604D 5582

意味 ①はっきりしないさま。②自分を忘れる。国うっとりする。③まるで…のようだ。④はっと。とつぜん。

【恍惚】(こうこつ(くわう)) ①ぼんやりして、はっきりしないさま。‖恍忽(こうこつ) ②国うっとりするさま。

【恍然】(こうぜん(くわう)) ①はっとさとるさま。②まるで…のようだ。

心6 【恔】〔9〕 一 コウ 漢 一 上 篠 (カウ) jiǎo チアオ 二 コウ 漢 二 去 効 (カウ) xiào シアオ U補J 6054 2968

意味 一〈さと・い(――・し)〉かしこい。わるがしこい。二〈こころよ・い(――・し)〉気持ちがよい。

心6 【㤚】〔9〕 コウ 漢 平 陽 (カウ) háng ハン U補J 391A ②1242

意味 よろこぶ。

忄6 【恨】〔9〕 常 コン コン 漢 呉 去 願 hèn ヘン うらむ・うらめしい U補J 6068 2608

筆順
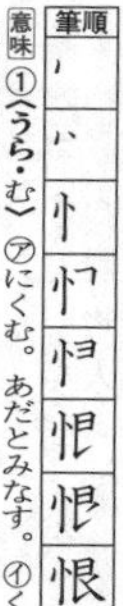

意味 ①〈うら・む〉㋐にくむ。あだとみなす。㋑くやむ。おしむ。残念に思う。②〈うらめし・い(うらめ・し)〉

解字

形声。忄が形を表し、艮(こん)が音を示す。忄は心。艮には、なやむ、とまる、の意味がある。恨は、心残りがすることで、うらみの消えないこと、根に持つことを表す。また、人のいうことを聞けない心で、反抗心のことであるともいう。

【恨事】(こんじ) 残念に思うことがら。

◇▼仇恨(きゅうこん)・悔恨(かいこん)・怨恨(えんこん)・逆恨(さかうらみ)・冤恨(えんこん)・痛恨(つうこん)・遺恨(いこん)

心6 【𢘿】〔10〕 サ 漢 平 歌 suō スオ U補J 2263F

意味 𢘿題(さだい)は、昔の県の名。今の河北省棗強(そうきょう)県の南にあたる。

心6 【恣】〔10〕 常 シ シ 漢 呉 去 寘 zì ツー U補J 6063 5583

筆順
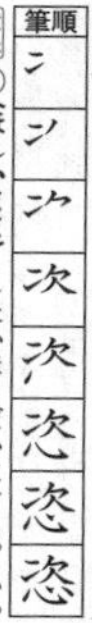

意味 ①〈ほしいまま〉したいほうだいにする。かって気まま。「恣情(しじょう)」②まかせる。

解字
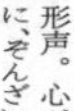
形声。心が形を表し、次(じ)が音を示す。次には、かりそめに、ぞんざいにの意味がある。恣は、かってにする、気ままにするの意味を表す。

【恣意】(しい) かって気ままな心。わがままな考え。‖肆意

【恣逸(逸)】(しいつ) わがまま。気まま。

【恣睢】(しき) ①かって気ままに行動していばる。②自分かってにして、人をにらむ。③人を悪くいう。

【恣肆】(しし) ①ほしいまま。かって気ままにする。②文章の勢いがよいさま。

【恣縦(縱)】(ししょう) 思うまま。わがまま。

【恣心】(ししん) わがままな心。

【恣欲(「慾」)】(しよく) かって気ままな欲望。

◇▼放恣(ほうし)・専恣(せんし)・奢恣(しゃし)

心6 【恉】〔9〕 シ 漢 呉 上 紙 zhǐ チー U補J 6049 2965

意味 〈むね〉意図。考え。‖旨(し)・指(し)

心6 【恀】〔9〕 シ 漢 上 紙 shì シー U補J 6040 2962

意味 ①〈たの・む〉たよる。‖恃(し) ②母。

心6 【恃】〔9〕 シ ジ 漢 呉 上 紙 shì シー U補J 6043 5584

意味 ①〈たの・む〉たよる。②母をさす。父を怙(こ)という。

心6 【恧】〔10〕 ジク (ヂク) 漢 入 屋 nǜ ニュイ U補J 6067 2973

意味 〈は・じる(―・づ)〉はずかしく思う。‖忸

【恧然】(じくぜん(ぢく)) はずかしがるさま。

心6 【恤】〔9〕 シュツ ジュツ 漢 慣 入 質 xù シュイ U補J 6064 5585

卩6 【卹】〔8〕 本字 U補J 5379 2033

貝6 【賉】〔13〕 同字 U補J 8CC9 6314

血3 【䘏】〔9〕 同字 U補J 460F ②8804

意味 ①〈うれ・える(――・ふ)〉気にかける。②〈あわれ・む(あはれ・む)〉きのどくに思う。③〈めぐ・む〉④〈にぎわ・す(にぎは・す)〉困っている人に金品をめぐむ。⑤とむらい。⑥姓。

参考 「恤」と「卹」とは、もともと同意の別字であったが、後に「恤」が用いられるようになった。

【恤刑】(じゅっけい) 刑罰を慎重におこなう。〈書経(しょきょう)・舜典(しゅんてん)〉

【恤孤】(じゅっこ) 孤児をあわれむ。

【恤功】(じゅっこう) 人民をあわれみ、心にかける。

【恤荒】(じゅっこう(くわう)) 飢饉(ききん)などを救う。

【恤恤】(じゅつじゅつ) 心配する。

【恤兵】(じゅっぺい) 出征した兵士をいたわって金や品物をおくること。

【恤問】(じゅつもん) きのどくに思って、見舞う。

心6 【恂】〔9〕 一 シュン 漢 一 平 真 xún シュン ジュン 慣 二 シュン 漢 二 去 震 shùn シュン U補J 6042 5586

意味 一 ①〈まこと〉㋐まごころ。㋑信じる。㋒本当に。②〈おそ・れる(――・る)〉③ゆきわたる。二 ①〈またた・く〉まばたく。「恂目(しゅんもく)」②にわかに。

【恂恂】(じゅんじゅん) ①まじめなさま。まごころのあるさま。②おそれ心配するさま。【――如】(じゅんじゅんじょ) うやうやしくおだやかなようす。真実のこもったようす。〈論語・郷党(きょうとう)〉

【恂然】(じゅんぜん) おじおそれるさま。こわがるさま。

心6 【恕】〔10〕 人 ショ 漢 ジョ 慣 去 御 shù シュー U補J 6055 2990

意味 ①おもいやり。人の身になって考えてやる心。②〈ゆ

る・す〉 おおめにみる。③〈ちか・い(――・し)〉 ‖庶

解字 会意・形声。如と心を合わせた字で、如は音をも示す。如は「～のごとし」の意で、相手を自分と同じように見ることである。そこで、恕は、相手を自分と同様に思いやる心の意となり、転じてゆるす意となる。

名前 くに・のり・ひろ・みち・ゆき・よし・しのぶ・じょう・ただし・はかる・ひろし・ひろむ

△▼忠恕・寛恕・諒恕

心6 **【恁】** 〔10〕 ジン 漢 ニン 呉 上 寝 nèn ネン / イン 慣 ｜J 5576 補― U 6041

意味 ①このような。あのように。「恁地」「恁麼」 ②思う。

心6 **【息】** 〔10〕 学3 ソク ソク 漢 呉 入 職 xī シー / いき ｜J 3409 補― U 606F

筆順 ′ 亻 白 自 自 自 息 息 息

意味 ①〈いき〉 いきをする。呼吸。「気息」 ②ためいきをつく。③〈いこ・う(――・ふ)〉 やすむ。「安息」 ④〈や・む〉 とまる。消える。ほろびる。⑤そだつ。ふえる。「保息」 ⑥こども。「子息」 ⑦利子。「利息」 ⑧文の終わりについて語調をととのえる助詞。⑨周時代の国名。今の河南省息県。⑩姓。

解字 会意。自と心とを合わせた字。自は鼻で、いきの出入りするところ。息は、心の気が鼻から出入りすることで、「いき」をいう。

名前 き・おき・やす 姓 息永 難読 息吹・息子(付表)

参考 新表記では、「熄」の書きかえに用いる熟語がある。

【息偃】 休み伏す。休んでくつろぐ。

【息燕】 ①やすみくつろぐ。②巣で休むつばめ。

【息災】 ①仏仏の力で災難をふせぐ。②国身になにごともなくてやすらか。達者。「無事息災」

【息子】 男の子。せがれ。子息。

【息女】 ①むすめ。②人のむすめに対する敬語。

【息銭(錢)】 利息のかね。利子。〈史記・孟嘗君伝〉

【息民】 民を安心してやすませる。〈左伝・隠公〉

【息肩】 ①荷をおろして休む。②肩で息をする。

【息耗】 ①物のふえることと減ること。消長。②もうけと損。③しらせ。消息。

△▼大息・子息・生息・令息・休息・気息・吐息・安息・利息・姑息・消息・脇息・窒息・棲息・嘆息・愚息・青息吐息

心6 **【恥】** 〔10〕 常 チ チ 漢 呉 上 紙 chǐ チー / はじる・はじ・はじらう・はずかしい ｜J 3549 補― U 6065

筆順 一 厂 F 耳 耳 耳 耳 恥 恥 恥

耳4 【耻】 〔10〕 俗字 ｜J 7055 補― U 803B

意味 ①〈は・じる(―・づ)〉 不名誉に思う。良心にとがめる。②〈はじ(はぢ)〉 はじる気持ち。はじるべきこと。③〈はじら・う(はぢら・ふ)〉 ④〈はずかし・い(はづか・し)〉

解字 形声。心が形を表し、耳が音を示す。耳には、やわらかい感じがあり、恥は、心がひるむ、気がひけることを表す。また、心がちぢまって伸びないことであるともいう。

【恥骨】 骨盤をつくる骨の一つで、寛骨の前下部を構成する骨。

【恥辱】 不名誉。はじ。はずかしめ。

【恥部】 ①男女の生殖器で、からだの外にある部分。陰部。②恥ずかしい所。

△▼大恥・無恥・羞恥・廉恥・破廉恥

心6 **【恌】** 〔9〕 一 チョウ(テウ) 漢 一 平 蕭 tiāo ティアオ / 二 ヨウ(エウ) 漢 二 平 蕭 yáo ヤオ ｜J ②1243 補 2966 U 604C

意味 一〈うす・い(――・し)〉 かるがるしい。誠意がない。‖佻 二うれえる。おそれる。

心6 **【恬】** 〔9〕 テン 漢 平 塩 tián ティエン ｜J 5587 補― U 606C

意味 ①やすらか。しずか。おちついている。「恬漠」 ②こだわらない。あっさりしている。「恬淡」 ③あまい。‖甜

【恬虚(虛)】 心が静かで、よけいなことを考えないさま。

【恬静(靜)】 もの静かでやすらか。欲がなくさっぱりして、落ち着いている。

【恬然】 ①やすらかなさま。②平気でいるさま。

【恬淡】 あっさりしている。欲がない。‖恬憺

心6 **【恫】** 〔9〕 トウ 漢 平 東 tōng トン / ドウ 慣 ｜J 5588 補― U 606B

意味 ①〈いた・む〉 くるしく思う。②おそれる。びくびくする。

【恫喝(喝)】 おどかす。おどしつける。

心6 **【恈】** 〔9〕 ボウ 漢 平 尤 móu モウ ｜J― 補 2964 U 6048

意味 恈恈は、むさぼり欲ばるさま。

心6 **【恙】** 〔10〕 ヨウ(ヤウ) 漢 去 漾 yàng ヤン ｜J 5589 補― U 6059

意味 ①〈つつが〉 人に害を与える虫。転じて、病気・心配・事故。②うれえる。心配する。

【恙虫(蟲)】 国野ねずみの耳の中などに寄生しているけだにの幼虫。つつが虫病を媒介する。

【無レ恙】 変わりない。ぶじである。〈楚辞・九弁〉

心6 **【恋】** 〔10〕 常 レン / こう・こい・こいしい ｜J 4688 補― U 604B

旧字 心19 **【戀】** 〔23〕 レン 漢 呉 去 霰 liàn リエン ｜J 5688 補― U 6200

筆順 亠 ナ 亣 亦 亦 恋 恋 恋

意味 ①〈こ・う(―・ふ)〉 心からはなれない。執着する。「留恋」 ②〈こい(こひ)〉 人や物をこいしく思うこと。③〈こいし・い(こひ・し)〉

解字 形声。心が形を表し、䜌が音を示す。䜌には、乱れる意味がある。戀は、人をしたって、心が乱れることをいう。古い形では、孌となっていて、女の心が乱れることを表した。

【恋歌】 和歌。恋の歌。国恋する気持ちのせつなさを歌った歌。

【恋風】 国人を恋いしたう気持ちが身にしみわたることを風にたとえたことば。

息 原義と派生義

呼吸 ― (ゆっくり息をして) いこう・やすむ「安息」 ― やむ・おえる「終息」
いきる ― うむ ― こども「子息」
そだつ・ふえる「利息」

【恋愛】(れんあい) 一 男女が愛しあうこと。 二(リエンアイ) liàn'ài 現 一に同じ。
【恋情】(れんじょう(じゃう)) 恋いしたう気持ち。〈王粲(おうさん)の詩・従軍(じゅう)〉
【恋着】(れんちゃく) 思いこがれて、忘れられない。深く恋いしたうこと。＝恋著
【恋慕】(れんぼ) 恋いしたう。恋いこがれる。
【恋恋(戀)】(れんれん) ①はげしく恋いしたうさま。②なかなか思いきれないさま。
◇▼片恋(かたこい)・失恋(しつれん)・眷恋(けんれん)・悲恋(ひれん)

心6 【㤳】〔10〕 音義未詳。 J5578 U補6077

心6 【悗】〔9〕 同↓悗(四八三ページ・中)

忄6 【恆】〔9〕 旧↓恒(四七九ページ・下)

心6 【恓】〔9〕 同↓悽(四八七ページ・中)

心6 【恠】〔9〕 俗↓怪(四七四ページ・上)

心6 【恖】〔10〕 本↓思(四七五ページ・中)

心6 【恡】〔9〕 俗↓悋(四八五ページ・中)

心7 【悪】〔11〕 学3 アク・オ わるい J1613 U補60AA

旧字 心8 【惡】〔12〕 人 J5608 U補60E1

一 アク 漢 呉 ｜ 一 入 薬 è オー
二 オ(ヲ) 漢 呉 ｜ 二 去 遇 wù ウー
三 オ(ヲ) 漢 呉 ｜ 三 平 虞 wū ウー

筆順 一 亓 亞 亞 亞 惡 惡 悪

意味 一 ①つみ。悪事。②わるもの。悪人。③〈みにく・い(——・し)〉みばえがしない。みおとりする。↕美 ④〈わる・い(——・し)〉〈あ・し〉よくない。そまつな。あらい。へたな。ひどい。↕善 ⑤病気。⑥よごれ。⑦はなはだ。 二 ①〈にく・む〉いやがる。↕好 ②〈は・じる(——・づ)〉わるくちを言う。 三 ①〈いずく(いづく)〉どこ。どちら。②〈いずくんぞ(いづくんぞ)〉どうして。反語を表す。③〈ああ〉感動詞。

語法 ❶〈いずく(いづく)〉どこに…か。どのように…か。場所・方式を問う。例「無₂天地₁、悪生(いずくにかしょう)(いづくに(しゃう)ぜん)」(天地(てんち)がなければどこにどうやって[生命が]生じるであろうか)〈史記・礼書〉
❷〈いずくんぞ(いづくんぞ)〉反語。どうして…であろうか。例「飲₂一斗₁而酔、悪能飲₂一石₁哉(いっとをのみてえう(ゑふ)に、いずくんぞよくいっこくをのまんや)」(一斗飲めば酔ってしまうのに、どうして一石も飲めるでしょうか)〈史記・滑稽(こっけい)列伝〉

解字 [篆文] 形声。心が形を表し、亞(あく)が音を示す。亞にはみにくいという意味がある。惡は、まちがった心をいい、そこから、わるい、にくむの意味になる。

難読 悪戯(いたずら)・悪阻(つわり)

【悪意】(あくい) ①よくない考え。わるぎ。②悪い意味。↕善意
【悪衣悪(惡)食】(あくいあくしょく) そまつな衣服と、そまつな食べ物。粗衣粗食。

【悪運】(あくうん) ①不幸な運命。②国悪いことをしても何ともない、または、かえって前よりもよくなるような強い運。

【悪疫】(あくえき) 悪性の伝染病。

【悪縁(緣)】(あくえん) 国①うまくいかない結婚。②うまくいかなくても関係をきれない男女のなか。③よくない結びつき。

【悪臥】(あくが(ぐわ)) 寝ぞうが悪い。

【悪戯(戲)】(あくぎ) ①ふざける。いたずらする。②いたずら。

【悪逆】(あくぎゃく) 人としての道からはずれたひどい悪事。

【悪謔】(あくぎゃく) わるふざけ。いじの悪い冗談口(じょうだんぐち)。

【悪業】一(あくぎょう(げふ)) 悪い行い。 二(あくごう(ごふ)) 仏前世(ぜんせ)の悪事。

【悪月】(あくげつ) 陰暦の五月をいう。

【悪妻】(あくさい) 国①悪い妻。↕良妻 ②みにくい妻。

【悪歳】(あくさい) 天候の不順な年。凶年。ききんの年。

【悪策】(あくさく) よくないたくらみ。悪計。

【悪札】(あくさつ) みっともない書き物。自分の手紙をけんそんしていうことば。

【悪事】(あくじ) してはならない悪いこと。↕善事 【悪事千里】(あくじせんり) 悪事は千里もはなれた所までもすぐに伝わる。悪事はすぐ知れやすいことのたとえ。〈伝灯録〉

【悪疾】(あくしつ) たちの悪い病気。

【悪質】(あくしつ) ①質が悪い。②性質がよくない。↕良質
【悪日】(あくじつ|あくび) えんぎの悪い日。

【悪酒】(あくしゅ) ①まずい酒。②質が悪くてからだに害になるような酒。わるざけ。

【悪趣】(あくしゅ) 仏悪い行いをした人が死後にいかなければならない苦悩の世界。趣は境界の意味。

【悪臭】(あくしゅう(しう)) いやなにおい。

【悪習】(あくしゅう(しふ)) 悪い習慣。

【悪所】(あくしょ) 国①悪い場所。遊里(ゆうり)。②山みちなどの危険な場所。難所。

【悪女】(あくじょ(ぢょ)) ①性質のよくない女。②みにくい女。

【悪少】(あくしょう(せう)) 不良少年。

【悪食】一(あくしょく) そまつな食事。粗食(そしょく)。 二(あくじき) 国普通のたべ物でないようなものをたべること。いかものぐい。

【悪心】一(あくしん) 悪い考え。悪いことをしようと思う心。 二(オーシン) ěxin 現気持ち悪くなる。

【悪臣】(あくしん) 忠義でない臣下。

【悪声(聲)】(あくせい) ①にごったり、かすれたりする悪い声。②悪い評判。

【悪性】一(あくせい) 悪い性質。病気などのたちが悪い。 二(あくしょう(しゃう)) 国①悪い性質。②酒や色欲(しきよく)にふけるよくない性質。

【悪政】(あくせい) 悪い政治。↕善政
【悪説】(あくせつ) 国①理論的にあやまりのある学説。②他人のめいわくになるような主張。

【悪舌】(あくぜつ) わるくち。とげのある言い方。

【悪戦(戰)】(あくせん) 苦しい戦い。負けそうなむずかしい戦い。「悪戦苦闘」

【悪銭(錢)】(あくせん) ①質の悪いかね。②国悪いことをして手に入れたかね。

【悪相】(あくそう(さう)) ①人相の悪い顔つき。②仏不吉(ふきつ)なようす。

【悪草具】(あくそうぐ(さう)) そまつな料理。〈史記・陳丞相世家(ちんじょうしょうせいか)〉

【悪態】(あくたい) 国わざと大声で悪口を言う。あくたれぐち。

【悪玉】(あくだま) 国心のよくない人。悪人。↕善玉(ぜんだま)

【悪徒】(あくと) 「悪党」に同じ。

【悪党(黨)】(あくとう(たう)) 国①わるもののなかま。②悪人。

【悪道】(あくどう(だう)) ①悪い道。悪路(あくろ)。②悪い行い。③仏悪いことをしたために、死んでから行かなければならない世界。地獄道・餓鬼(がき)道・畜生(ちくしょう)道の三つがある。悪趣(あくしゅ)。

【悪徳】(あくとく) 道にはずれた悪い行い。

【悪人】(あくにん) ①悪い人。不正な人。②きりょうの悪い人。

【悪念】(あくねん) 悪い考え。悪心。

【悪罵】(あくば) 口ぎたなくののしる。

【悪筆】(あくひつ) ①書きにくい悪い筆。②字がへたなこと。また、へたな字。

【悪評】(あくひょう(ひゃう)) 悪い評判。↕好評
【悪病】(あくびょう(びゃう)) ①たちの悪い病気。悪質なやまい。悪疾。②なおらない病気。難病。

【悪風】(あくふう) 悪い風俗や習慣。

【悪文】(あくぶん) へたな文章。

【悪弊】(あくへい) 悪い習慣。

【悪癖】（あくへき） 悪いくせ。みっともないへんなくせ。

【悪報】（あくほう） ①悪いしらせ。凶報。②悪いことをしたむくい。

【悪魔】（あくま） ①人の心を悪にさそう魔物（まもの）。②悪と不正とを人間ふうに表現したもの。サタン。③平気でむごたらしいことをする人間のたとえ。

【悪夢】（あくむ） いやな夢。

【悪名】（あくめい・あくみょう（みやう）） 悪い評判。〈史記・商君（しょうくん）伝〉

【悪友】（あくゆう（いう）） 悪い友だち。自分のためにならない友だち。【↔良友】

【悪用】（あくよう） 悪いことに利用する。

【悪辣】（あくらつ） 国手きびしく、たちが悪い。

【悪霊（靈）】（あくりょう（りやう）・あくれい） たたりをする死人のたましい。

【悪例】（あくれい） 国①悪い先例。②よくない例。③悪いならわし。

【悪化】（あっか（くわ）） 状態が悪くなる。

【悪果】（あっか（くわ）） ㋭悪いむくい。「悪因悪果」

【悪貨】（あっか（くわ）） 質の悪いかね。実際にはそれだけのねうちのないかね。↔良貨
【悪客】（あっかく（あく）） ①酒をのまない人。下戸（げこ）。②大酒をのむ人。

【悪感】（あっかん（あく）） ①いやな感じ。悪感情。②にくしみの感情。

【悪漢】（あっかん（あく）） 国悪い人間。わるもの。

【悪気（氣）】㊀（あっき（あく）） 人にわざわいを与える毒気。㊁（わるぎ） 国「悪意」の①に同じ。

【悪鬼】（あっき（あく）） たたりをするばけもの。

【悪境】（あっきょう（あくきやう）） 悪い環境。悪い立場。

【悪計】（あっけい（あく）） よくないたくらみ。悪い計画。

【悪口】（あっこう（あく）） 人を悪く言う。わるくち。【――雑（雜）言】（あっこう（あく）ぞうごん） さんざんにわるくちを言う。

【悪行】（あっこう（あくかう）・あくぎょう（ぎやう）） 悪い行い。

【悪乎】（いずくにか（いづくにか）・いずくんぞ（いづくんぞ）） どうして。疑問。反語のことば。【――長】（いずくにかちょう（ちやう）ぜる） どんな点ですぐれているか。「夫子（ふうし）悪乎長」〈孟子（もうし）・公孫丑（こうそんちゅう）上〉

【悪寒】（おかん（を）） 発熱のためぞくぞくさむけがする。また、そのさむけ。

【悪阻】（おそ（を）） 妊娠（にんしん）初期の気分が悪く吐（は）きけがする状態。つわり。

【悪知（「智」）恵（「慧（慧）」）】（わるぢえ（ゑ）） 国悪事によく働くちえ。
◆凶悪（きょう）・旧悪（きゅう）・好悪（こう）・邪悪（じゃ）・俗悪（ぞく）・害悪（がい）・険悪（けん）・粗悪（そ）・極悪（ごく）・最悪（さい）・善悪（ぜん）・嫌悪（けん）・罪悪（ざい）・厭悪（えん）・憎悪（ぞう）・醜悪（しゅう）・勧善懲悪（かんぜんちょうあく）

心7 【悘】〔11〕 ㊀イ 漢 ㊀平 支 yí イー ㊁エイ 漢 ㊁去 霽 yì イー 補 2985 U 6098
意味 ㊀〈つまびらか〉ひとつひとつはっきりさせる。㊁かしこまる。おちついている。

忄7 【悦】〔10〕 常 エツ J 1757 U 60A6
旧字 心7 【悅】〔10〕 エツ 漢 入 屑 yuè ユエ U 6085
筆順 丶 丷 忄 忄丷 忄口 怡 怡 悦
心6 【恱】〔9〕 同字 補 2974 U 6071
意味 ①〈よろこ・ぶ〉たのしむ。ゆかい。＝説（えっ） ②姓。
解字 形声。忄が形を表し、兌（えつ）が音を示す。忄は心。兌には、なめらか、すらりとした、の意味がある。悦は、心がのびのびとして愉快なことをいう。
名前 のぶ・よし
【悦玩】（えつがん（ぐわん）） 喜んで大事にする。
【悦色】（えっしょく） 喜んでいる顔つき。
【悦服】（えっぷく） 喜んで心から従う。〈書経（しょきょう）・武成（ぶせい）〉
【悦目】（えつもく） 目をよろこばす。見て楽しませる。
【悦予（豫）】（えつよ） 喜び楽しむ。
◆恐悦（きょう）・愉悦（ゆ）・満悦（まん）・喜悦（き）

心7 【悁】〔10〕 ㊀エン 漢 ㊀平 先 yuān ユワン ㊁ケン 漢 ㊁去 霰 juàn チュワン J 5590 U 6081
意味 ㊀①〈いか・る〉腹をたてる。「悁忿（えんぷん）」②なやむ。㊁あせる。いらだつ。「悁急（けんきゅう）」

【悁悁】（えんえん） ①うれえ悲しむ。悲しんでふさぎこむ。くよくよする。②怒る。

【悁忿】（えんぷん） いかる。

【悁憂】（えんゆう（いう）） いかり、心をいためる。

心7 【悝】〔10〕 ㊀リ 漢 ㊀上 紙 lǐ リー ㊁カイ 漢（クワイ） ㊁平 灰 kuī コイ J ①8449 補 2986 U 609D
意味 ㊀①〈たわむ・れる（たはむ・る）〉からかう。ばかにする。＝詼 ②〈うれ・える（――・ふ）〉心配する。③〈や・む〉病気になる。

心7 【悈】〔10〕 カイ 漢 呉 去 卦 jiè チエ 補 2979 U 6088
意味 ①〈いまし・める（――・む）〉用心する。＝戒（かい） ②つつしむ。③せっかちである。④はやい。⑤老いる。

心7 【患】〔11〕 常 カン わずらう J 2021 U 60A3
カン（クワン） 漢 ゲン 呉 去 諫 huàn ホワン
筆順 口 口 吕 串 串 患 患 患
意味 ①〈うれ・える（――・ふ）〉心配する。②〈うれえ（うれへ）〉㋐心配。㋑くるしみ。わざわい。③〈わずら・う（わづら・ふ）〉病気にかかる。④〈わずらい（わづらひ）〉病気。
解字  形声。心が形を表し、串（くゎん）が音を示す。串は毌と同じで、毌は貫のもとの字である。貫には「つらぬく」意味があり、患は、心がつらぬかれて痛むことになる。一説に、串は關で、關は門を閉じる「かんぬき」であるから、患は、心がふさがる意を表すとする。
【患禍】（かんか（くわ）） わざわい。
【患害】（かんがい） わざわい。
【患苦】（かんく） なやみくるしむ。
【患難】（かんなん） うれえ。なやみ。こまりなやむ。
【患憂】（かんゆう（いう）） 心配。うれえ。憂患。
◆大患（たい）・急患（きゅう）・重患（じゅう）・疾患（しっ）・新患（しん）・内憂外患（ないゆうがいかん）

忄7 【悍】〔10〕 標 カン 漢 去 翰 hàn ハン J 5591 U 608D
犬7 【猂】〔10〕 同字 補 4302 U 7302
意味 ①〈たけ・し〉たけだけしい。いさましい。②つよい。たくましい。「精悍（せいかん）」③あらあらしい。横暴（おう）。④水のいきおいなどがはげしい。⑤ふせぐ。＝捍（かん）
【悍馬】（かんば） あばれ馬。じゃじゃ馬。
【悍婦】（かんぷ） 気性（きしょう）のあらあらしい女。じゃじゃ馬。
【悍吏】（かんり） 性質のあらい、らんぼうな役人。
【悍虜】（かんりょ） 乱暴な召使（めしつかい）。

心7 【悕】〔10〕 キ 漢 ケ 呉 平 微 xī シー J ②1246 補 2984 U 6095
意味 ①願う。＝希（き） ②悲しむ。

忄7 【悟】〔10〕 常 ゴ さとる J 2471 U 609F
ゴ 漢 呉 去 遇 wù ウー
筆順 丶 丷 忄 忄一 忄丅 忄五 悟 悟 悟
心4 【忢】〔8〕 同字 J ②1233 補 2936 U 5FE2
意味 ①〈さと・る〉㋐はっきりとわかる。心から理解す

る。㋑まよいがとける。まちがいに気づく。②〈さとり〉さとること。③〈さ・める(―・む)〉目ざめる。=寤ご ④〈さから・う(―・ふ)〉=忤ご ⑤むかいあう。=晤ご

解字  形声。忄が形を表し、吾ごが音を示す。忄は心。吾には、まじわる、くいちがうの意味がある。悟は、心になにかが交差して、ハッと気がつくこと、思いあたることを表す。一説に、吾は晤ごと通じて、明らかという意味を含むから、悟は、心に明らかになることであるという。

名前 さと・のり

【悟言】ごげん ①さとったことば。心にさとっていう。②向かい合って話す。「悟言一室之内いっしつのうちにごげんす」〈王羲之おうぎし・蘭亭らんてい序〉
【悟性】ごせい ①知性。②(哲)理論的に考える力。
【悟道】ごどう(だう) (仏)ほとけの道をさとること。
【悟入】ごにゅう(にふ) (仏)さとりをひらく。悟得ごとく。
◇▼改悟かいご・悔悟かいご・覚悟かくご

心7 【悞】〔10〕 ゴ 漢 呉 去 遇 wù ウー　U 609E 補 2987 J ①8450

意味 ①〈あやま・る〉まちがう。=誤ご ②うたがう。③だます。

心7 【悎】〔10〕 ㊀コウ(カウ) 漢 ㊀ 上 皓 hào ハオ ㊁コウ(カウ) 漢 キョウ(ケウ) 呉 ㊁ 去 効 jiào チアオ　U 608E 補 2981 J ―

意味 ㊀おそれる。㊁おどろく。

心7 【悃】〔10〕 コン 漢 上 阮 kǔn クン　U 6083 補 ― J 5593

意味 〈まこと〉まごころ。うそいつわりのない心。
【悃誠】こんせい まごころ。誠実な心。

心7 【悉】〔11〕 標 人 シツ 漢 シチ 呉 入 質 xī シー　U 6089 補 ― J 2829

意味 ①〈つく・す〉㋐くわしく、もれがない。㋑知りつくす。ことこまかに述べる。㋒のこさない。ありったけ出す。②〈ことごとく〉のこらず。全部。みな。
【悉皆】しっかい みな。すべて。ことごとく。
【悉達】しった 釈迦しゃかが出家しゅっけする前、浄飯じょうぼん王の太子であったときの名。悉達多しったるた。=悉多
【悉曇】しったん 梵ぼん字の字母。また、インドの音声に関する事がらの総称。
◇▼委悉いしつ・詳悉しょうしつ

心7 【悛】〔10〕 シュン 漢 平 先 quān チュワン　U 609B 補 ― J 5602

意味 ①やめる。②〈あらた・める(―・む)〉悪かったと知ってよいほうへ心をかえる。③順序。
◇▼改悛かいしゅん

心7 【悄】〔10〕 ショウ(セウ) 漢 上 篠 qiāo,qiǎo チアオ　U 6084 補 ― J 5601

意味 ①うれえるさま。しおれるさま。②静かなさま。③まったく。
【悄悄】しょう(せう)しょう(せう) ㊀「悄然」に同じ。㊁チアオチアオ qiāoqiāo 現 ひっそりと。こっそりと。
【悄然】しょう(せう)ぜん ①心配するさま。②ひっそりと静かなさま。③うれえしおれるさま。元気のなくなったさま。④ものさびしいさま。
【悄愴】しょう(せう)そう(さう) ものさびしいさま。

心7 【悚】〔10〕 ショウ 漢 上 腫 sǒng ソン　U 609A 補 ― J 5594

意味 〈おそ・れる(―・る)〉ぞっとする。たちすくむ。=竦
【悚懼】しょうく おそれる。びくびくする。
【悚然】しょうぜん おそれる。ぞっとするさま。
【悚慄】しょうりつ おそれ、おののく。びくびくする。

忄7 【悌】〔10〕 人 テイ 漢 去 霽 tì ティー　U 608C 補 ― J 3680

意味 ①すなお。兄や目上の者に心からつかえる。=弟 ②愷悌がいていは、やわらぎ、楽しむ意。

解字  会意・形声。忄と弟とを合わせた字。忄は心。弟ていは、おとうとという意味とともに、音をも示す。悌は、おとうととしての心がまえ。年少者が年長者に、まごころをもって尽くすことである。

名前 とも・やす・よし・やすし

心7 【悊】〔11〕 テツ 漢 入 屑 zhé チョー　U 608A 補 2980 J ②1245

意味 ①〈うやま・う(―・ふ)〉尊敬する。②「哲」(二四六ページ・中)の同字。

忄7 【悩】〔10〕 常 ノウ なやむ・なやます　U 60A9 補 ― J 3926

旧字 心9 【惱】〔12〕 ドウ(ダウ) 漢 ノウ(ナウ) 呉 上 皓 nǎo ナオ　U 60F1 補 ― J 5629

筆順
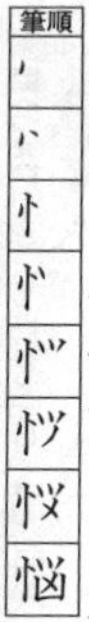

意味 ①〈なや・む〉㋐腹を立てる。うらむ。㋑思いわずらう。心で苦しむ。②〈なやま・す〉③さそう。そそのかす。

解字 形声。忄が形を表し、𡿺なうが音を示す。忄は心。𡿺は頭。古い形では、嫐という字で、女の頭を表し、くよくよと思いなやむ意味とした。後に女を忄にかえた。一説に、女の心の痛みであるともいう。

【悩殺】のう(なう)さつ ①非常になやます。②女が、美しさやからだつきのよさなどで男の心をみだす。
◇▼苦悩くのう・煩悩ぼんのう・懊悩おうのう・子煩悩こぼんのう

心7 【悖】〔10〕 ㊀ハイ 漢 ㊀ 去 隊 bèi ベイ ㊁ホツ 漢 ボツ 呉 ㊁ 入 月 bó ボー　U 6096 補 ― J 5603

心9 【愂】〔13〕 同字　U 6102 補 3024 J ―

意味 ㊀①〈もと・る〉そむく。くいちがう。②でたらめ。③おろか。㊁さかんにおこる。=勃ぼつ

参考 新表記では、「背」に書きかえる熟語がある。

【悖逆】はいぎゃく 正しい道にそむく。さからう。
【悖徳】はいとく 道徳にそむく。また、道にはずれた行い。=背徳
【悖乱(亂)】はいらん 正しい道にそむいて乱をおこす。むほん。
【悖戻】はいれい そむく。さからう。

心7 【悗】〔10〕 ㊀バン 漢 マン 呉 ㊀ 平 寒 mán マン ㊁ボン 漢 モン 呉 ㊁ 上 阮 mèn メン　U 6097 補 ― J 5604

意味 ㊀①とまどう。ものごとの判断がつかない。②思い悩む。㊁ぼんやりしたようす。

心7 【悂】〔10〕 ㊀ヒ 漢 ㊀ 平 支 pī ピー ㊁ヘイ 漢 ㊁ 上 薺 pǐ ピー　U 6082 補 2977 J ―

意味 ㊀あやまる。あやまち。㊁つつしむ。

心7 【恾】〔10〕 ボウ(バウ) 漢 平 陽 máng マン　U 607E 補 2975 J ―

意味 あわてふためいて、平静を失ったさま。

心7 【悠】〔11〕 常 ユウ ユウ(イウ) 漢 平 尤 yōu ユー　U 60A0 補 ― J 4510

筆順
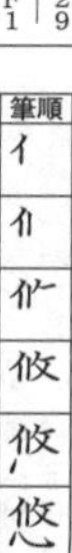

意味 ①おもう。うれえる。②はるか。とおい。③ゆったりとしているさま。④風にまいあがる。

解字 形声。心が形を表し、攸(ゆう)が音を示す。攸は水が長く流れること。悠は、思いが長くはるかなこと。

名前 ゆ・ちか・なが・ひさ・はるか・ひさし

【悠遠】ゆうえん(いうゑん) はるかに遠い。

【悠久】ゆうきゅう(いうきう) 一 長く、ひさしい。永久。永遠。二 yōujiǔ 現 一 に同じ。

【悠然】ゆうぜん(いうぜん) のんびりとしたさま。ゆったりと落ち着いたさま。「悠然見二南山一(ゆうぜんとしてなんざんをみる)」(心ゆったりと、南方の山を望みみる。)〈陶潜の詩・飲酒〉

【悠長】ゆうちょう(いうちやう) ①ながい。②国のんびりしている。気がながい。

【悠悠】ゆうゆう(いういう) ①遠くはるかなさま。②ゆったりと落ち着いたさま。あわてないさま。【――閑閑】ゆうゆうかんかん 国のんきでゆったりしたさま。【――自適】ゆうゆうじてき 俗世間をはなれ、思うままに、心静かに暮らすこと。

【悠容】ゆうよう(いうよう) ゆったりとして落ち着いているさま。

【悠揚】ゆうよう(いうやう) ①長く遠いさま。②ゆるやかにあがるさま。③国ゆったりして、こせこせしないさま。

【悠紀】ゆき 国天皇が即位後初めて行う新嘗祭(にいなめさい)で、神にそなえる穀物をさしだすことを卜定(ぼくてい)された第一の国郡。‖由紀 ↓「主基(すき)」(三五ページ・下)

〖悠兮〗ゆうけい(いうけい) ゆったりとしている。落ち着いている。

心 7【悒】〔10〕 ユウ 漢 (イフ) 入 緝 yì イー　U補J 6092 5605

意味 気がおもい。心がのびのびしない。

【悒鬱】ゆううつ(いふ) 気がふさぐ。心配ではればれしない。

【悒悒】ゆうゆう(いふいふ) ①心のふさぐさま。②のびないさま。

心 7【悆】〔11〕 ヨ 漢 去 御 yù ユィ　U補J 6086 2978

意味 ①〈よろこ・ぶ〉 ②気分がよい。③〈わす・れる(――・る)〉

心 7【悀】〔10〕 ヨウ 漢 上 腫 ユウ 呉 yǒng ヨン　U補J 6080

心 9【慂】〔12〕 同字 U補J 6119 3012

心 10【慵】〔13〕 同字 U補J 6139 3046

意味 ①満ちる。いっぱいになる。②怒る。③喜ぶ。

心 7【悢】〔10〕 一 リョウ 漢 (リヤウ) 去 漾 liàng リアン 二 ロウ 漢 (ラウ) 上 養 lǎng ラン　U補J 60A2 2988

心 7【悋】〔10〕 リン 漢 呉 去 震 lìn リン　U補J 608B 5607

意味 一 ①悲しむさま。②気にかける。二 うらむ。にくむ。

心 6【恡】〔9〕 俗字 U補J 6061 2972

意味 ①〈やぶさか〉 けち。‖吝(りん) ②〈おし・む(をし・む)〉 ひどくおしがる。国〈ねた・む〉 やきもちをやく。しっとする。

【悋気(氣)】りんき 国やきもち。しっと。

【悋嗇】りんしょく もの惜しみすること。‖吝嗇

【悋惜】りんせき けちで、もの惜しみする。

心 7【您】〔11〕 ニン nín　U補J 60A8 2991 ②1247

意味 現第二人称の敬称。あなた。あなたさま。

忄 7【悔】〔10〕 旧 ↓悔(四七八ページ・中)

心 7【悤】〔11〕 本 ↓怱(四七六ページ・下)

心 7【悑】〔10〕 本 ↓怖(四七七ページ・中)

心 7【悥】〔11〕 古 ↓意(五〇一ページ・上)

心 7【悓】〔10〕 同 ↓俔(九一ページ・下)

心 7【悐】〔11〕 或 ↓惕(四八七ページ・下)

心 7【恿】〔11〕 古 ↓勇(一七八ページ・上)

心 7【悧】〔10〕 同 ↓俐(九七ページ・中)

忄 8【惟】〔11〕 人 イ(ヰ) 漢 ユイ 呉 平 支 wéi ウエイ　U補J 60DF 1652

意味 ①〈おも・う(――・ふ)〉 かんがえる。②〈これ〉 ㋐発語のことば。㋑…である。㋒および。③〈ただ〉 …だけ。もっぱら。④〈もって〉 …によって。⑤〈いえども(いへども)〉 …とはいえ。‖雖(すい)

語法 ❶〈これ〉 文頭・句中において調子を整える助字。特に意味はなく、ふつうは訳出しない。例「道之為レ物、惟恍惟惚(みちのものたる、これこうこれこつ)」(道というものは、かすかでとらえがたいものである)〈老子・二十一〉▼年月日の前に置かれることもある。例「惟十有三祀、王訪二于箕子一(これじゅうゆうさんし、おうきしをたずぬ)」(十三年、王は箕子をおとずれた)〈尚書・洪範〉

❷〈これ〉 判断・断定。…である。例「万邦黎献、共惟帝臣(ばんぽうのれいけんは、ともにこれていしんなり)」(万国の多くの賢人はみな帝の臣下である)〈尚書・皐陶謨〉

❸〈ただ〉 限定。ただ…だけ。類唯 例「有レ始有レ卒者、其惟聖人乎(はじめありおわりあるものは、それただせいじんのみか)」(始めから終わりまで〔なにもかも〕備わっているものは、ただ聖人だけなのだ)〈論語・子張〉→付録・同訓異義要覧「ただ」

解字 形声。忄が形を表し、隹(すい)が音を示す。惟は維・伊と同様に「い」という音が「これ」という意味を表した。

名前 あり・のぶ・よし・たもつ 姓 惟任(これとう)・惟住(これずみ) 難読 惟神(かんながら)

【惟惟】いい(ゐゐ) 承知するさま。‖唯唯(いい)

【惟一】ゆいいつ 一 ただ一つ。これだけ。‖唯一 二 wéiyī 現 一 に同じ。

△思惟(しい・しゆい)

心 8【惈】〔11〕 カ 漢 呉 (クワ) 上 哿 guǒ クオ　U補J 60C8 3005 ②1252

意味 いさましい。思い切りがよい。‖果(か)

心 8【惂】〔11〕 カン 漢 呉 上 感 kǎn カン　U補J 60C2 3003

意味 ①〈うれ・える(――・ふ)〉 ひどく心配する。②〈うら・む〉

忄 8【悸】〔11〕 標 キ 漢 去 寘 jì チー　U補J 60B8 5609

意味 ①むなさわぎがする。心臓がどきどきする。「動悸(どうき)」②おそれる。おののく。わななく。③心臓病。④帯がたれさがっているさま。

心 8【惎】〔12〕 キ 漢 去 寘 jì チー　U補J 60CE 3009

意味 ①〈そこな・う(――・ふ)〉 いためる。苦しめる。②にくむ。うらむ。③教える。④考え。

忄 8【惧】〔11〕 常 グ ク 漢 グ 呉 去 遇 jù チュイ　U補J 60E7 5592

筆順 丶 丷 忄 忄冂 忄月 忄目 惧

意味 〈おそ・れる(――・る)〉

解字 形声。忄が形を表し、具(ぐ)が音を示す。惧は、もと、懼の異体字。瞿は、おどろいて目をみはること。懼は、おそれる意となる。惧は、瞿と同音の具を用いたもの。

参考 ①「懼」(五〇四ページ・下)の俗字であるが、「表外漢字字体表」では別字扱い。「危惧(きぐ)」の場合には「懼」を使わないのが普通。②惧は「懼」の中国新字体としても使う。

心 8【惓】〔11〕 一 ケン 漢 平 先 quán チュワン 二 ケン 漢 去 霰 juàn チュワン　U補J 60D3 5611

心(忄・⺗)戈戸(戶)手(扌)支攴(攵)

4画

文斗斤方无(旡・旡)日曰月(⺝)木欠止歹殳毋比毛氏气水(氵・氺)火(灬)爪(爫・爫)父爻爿片牙(牙)牛(牜)犬(犭)

➡心(忄・⺗)戈戶(戸)手(扌)支攴(攵)
4画
文斗斤方无(旡・旡)日曰月(⺝)木欠止歹殳毋比毛氏气水(氵・氺)火(灬)爪(爫・⺥)父爻爿片牙(牙)牛(牜)犬(犭)

意味 ■惓惓(けんけん)は、まごころをつくすさま。＝拳拳(けんけん) ■①〈う・む〉疲れる。あきる。＝倦(けん) ②病気が重い。きとく。

心8 【悻】〔11〕 コウ 漢 上 梗 (カウ) xìng シン　U補J 60BB 3001 —

意味 悻悻(こうこう)は、腹をたてるさま。

心8 【悾】〔11〕 コウ 漢 平 東 kōng コン　U補J 60BE 3002 ②1251

意味〈まこと〉まごころをつくすさま。

【悾悾】(こうこう) おろかで実直なさま。

【悾惚】(こうそう) 忙しくて、思うようにならないさま。＝倥偬

忄8 【惚】〔11〕 人 標 コツ 漢 入 月 hū フー　U補J 60DA — 2591

意味 はっきりしないさま。とらえがたいさま。国〈ほ・れる(―・る)〉異性にむちゅうになる。

心8 【惛】〔11〕 コン 漢 平 元 hūn フン　U補J 60DB 3014 ②1254

心9 【㥳】〔12〕 同字　U補J 60FD 3023 —

意味〈くら・い(―・し)〉はっきりしない。ぼける。おろか。

【惛愚】(こんぐ) 物事にくらく、愚かなこと。

【惛惛】(こんこん) ①ぼんやりとして気が確かでないさま。②むちゅう〔なさま。〕

【惛然】(こんぜん) 心がくらく乱れるさま。

忄8 【惨】〔11〕 常 サン・ザン みじめ　U補J 60E8 — 2720

旧字 心11 【慘】〔14〕 サン 漢 呉 上 感 ザン 慣 cǎn ツァン　U補J 6158 — 5646

筆順 丶 忄 忄 忙 忙 怢 怢 惨

意味 ①〈むご・い(―・し)〉ざんこく。むじひ。②〈いたまし・い(いたま・し)〉ひどく悲しい。さみしくてたえられない。③〈いた・む〉いたましく思う。④とむらい。⑤〈みじめ〉見るにしのびないこと。⑥うすぐらい。＝黲(さん)

解字 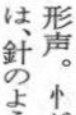 形声。忄が形を表し、參(さん)が音を示す。忄は心。參には、針のように突きさす、深くしみこむという意味がある。慘は、心が痛む、そこなう、という意味を表す。

【惨禍】(さんか(くゎ)) いたましい災害。

【惨害】(さんがい) ひどい災害。

【惨虐】(さんぎゃく・ざんぎゃく) むごたらしくいじめる。残虐。

【惨劇】(さんげき) ①むごたらしいすじの演劇。②非常にむごたらしい「事件。」

【惨酷】(ざんこく) むごたらしい。きびしくてなさけがない。＝残酷

【惨殺】(ざんさつ) ひどい殺しかたで殺す。また、そういう殺しかた。

【惨惨】(さんさん) ①心のいたむさま。②暗いさま。③つかれてげっそりするさま。

【惨死】(さんし・ざんし) むごたらしい死にかたをする。また、そういう死「にかた。」

【惨事】(さんじ) むごたらしいできごと。

【惨状(狀)】(さんじょう(じゃう)) むごたらしいようす。

【惨悴】(さんすい) 悲しみいたむ。いたみなやむ。

【惨澹】(さんたん) ①ひどくうすぐらいさま。②心をくだくさま。「苦心惨澹」③ものすごくむごたらしいさま。

【惨敗】(ざんぱい) みじめな負け。ひどい負けかた。

【惨落】(さんらく) 国物のねだんや株式相場が思いがけずひどくさが「る。」

【惨慄】(さんりつ) みぶるいするほどむごたらしい。

【惨烈】(さんれつ) ①非常にむごたらしい。②きびしい。

【惨裂】(さんれつ) 寒さのひどいさま。

◆凄惨(せいさん)・陰惨(いんさん)・無惨(むざん)・悲惨(ひさん)

心8 【惹】〔12〕 人 標 ジャ 漢 上 馬 ジャク 慣 rě ロー　U補J 60F9 — 2870

旧字 心9 【惹】〔13〕　U補J — — —

意味 ①そまる。うつる。②〈ひ・く〉ひきつける。ひきとめる。③現引き起こす。かまう。

【惹起】(じゃっき(じゃくき)) さわぎなどをひきおこす。

心8 【惝】〔11〕 ショウ 漢 上 養 (シャウ) chǎng チャン　U補J 60DD 3015 ①8454

意味 ①ぼうっとなる。②がっかりするさま。

忄8 【情】〔11〕 学5 ジョウ・セイ なさけ　U補J 60C5 — 3080

旧字 心8 【情】〔11〕 セイ 漢 ジョウ(ジャウ) 呉 平 庚 qíng チン　U補J — — —

筆順 丶 忄 忄 忄 忄 怯 情 情

意味 ①〈こころ〉感じ。気持ち。うまれつきの性質。②〈なさけ〉㋐おもいやり。「同情」㋑男女の愛情。㋒おもむき。あじわい。③まこと。実際のことがら。「事情」④ようす。ありさま。「情況」

解字  形声。忄が形を表し、青(せい)が音を示す。忄は心。青には、清と同様に、清らかという意味を含む。情は、心のはたらきの清く純粋な要素をいう。また、青は請と同じく、求める意味を含むから、情は、心の欲求であるともいう。性が、人間生まれつきの心であるのに対し、情は、外の刺激に応ずる心の動きである。喜怒哀楽愛悪(お)欲を七情という。

名前 さね・もと

【情愛】(じょう(じゃう)あい) ①なさけ。いつくしみ。②心から愛しあう気持ち。男女間の愛情。

【情意】(じょう(じゃう)い) ①こころ。考え。気持ち。②人間の感情「と意志。」

【情育】(じょう(じゃう)いく) 正しい感情を育てる教育。

【情火】(じょう(じゃう)か(くゎ)) もえるようにはげしい情熱。火のような情欲。

【情歌】(じょう(じゃう)か) ①恋する気持ちをうたった歌。②国都都逸(どどいつ)「。」

【情懐(懷)】(じょう(じゃう)かい(くゎい)) 心の中のおもい。

【情感】(じょう(じゃう)かん) 何かにつけて起こる感じ。きぶん。感情。

【情願】(じょう(じゃう)がん(ぐゎん)) 心から願う。また、そうすること。

【情義(「誼」)】(じょう(じゃう)ぎ) ①人情と義理。したしみ。よしみ。②ことのわけ。

【情況】(じょう(じゃう)きょう(きゃう)) ■ようす。ありさま。状況。■チンコワン qíng-kuàng 現■に同じ。

【情景】(じょう(じゃう)けい) ■①ようす。けしき。②感情とけしき。■チンチン qíng jǐng 現■の①に同じ。

【情語】(じょう(じゃう)ご) なさけのこもったことば。

【情交】(じょう(じゃう)こう(かう)) ①したしいまじわり。②男女のまじわり。「男女間の恋。」

【情好】(じょう(じゃう)こう(かう)) 仲がよい。仲よし。

【情死】(じょう(じゃう)し) 男と女が相談していっしょに死ぬ。また、そうすること。心中(しんじゅう)。「いろごと。」

【情事】(じょう(じゃう)じ) ①まこと。本当のこと。②男女間の恋愛。

【情実(實)】(じょう(じゃう)じつ) ①ほんとうのありさま。②まごころ。③親しい間の感情や義理。人情のかかわりあい。

【情趣】(じょう(じゃう)しゅ) おもむき。あじわい。

【情緒】(じょう(じゃう)しょ・じょう(じゃう)ちょ) ■①さまざまな感情のあらわれ。②喜びや悲しみなどのように、あることがらによって起こる強い感情。

【情状(狀)】(じょう(じゃう)じょう(じゃう)) ■①ようす。②そういう結果になったについての理由。ことの次第。■チンシュイ qíngxù 現①■に同じ。②嫌気(いやけ)。

【情人】(じょう(じゃう)じん・じょう(じゃう)にん) ①ともだち。②恋びと。③国自分の夫や妻以外で肉体関係をもっている人。

【情性】(じょう(じゃう)せい) ①うまれつきもっているもの。本性。②人情と性質。③こころ。

【情勢】(じょう(じゃう)せい) なりゆき。ことの移り変わりのようす。

【情素】じょう(じゃう)そ もとから思っている心の中。真情。

【情操】じょう(じゃう)そう(さう) 道徳や真理などに関する高い心のはたらきによって起こる複雑な感情。「情操教育」

【情態】じょうたい ようす。ありさま。＝状態
【情調】じょう(じゃう)ちょう(てう) ①おもむき。②単純な感覚によっておこる感情。美しい色を見て快感を感じたり、いやなにおいから不快な気持ちになるなど。

【情田】じょう(じゃう)でん こころ。

【情熱】じょう(じゃう)ねつ はげしく心の中にもえあがる感情。

【情念】じょう(じゃう)ねん 感情のうごきから起こる思い。

【情報】じょう(じゃう)ほう 事件のようすのしらせ。実情のしらせ。

【情味】じょう(じゃう)み ①あじわい。②おもいやりのある心。③あたたかい心。

【情欲(「慾」)】じょう(じゃう)よく ①異性にひかれる気持ち。色情しきじょう。②㊀むさぼる気持ち。よく。

【情理】じょう(じゃう)り ①人情と道理。②ことのすじみち。

【情郎】じょう(じゃう)ろう(らう) 愛人である男。情夫。

【情話】じょう(じゃう)わ ①恋愛に関するはなし。②人情味のある話。「悦二親戚之情話一しんせきのじょうわをよろこぶ」〈陶潜とうせん・帰去来辞ききょらいのじ〉

【情形】チンシン qíngxing 現状態。場合。
▽人情にんじょう・下情かじょう・友情ゆうじょう・心情しんじょう・内情ないじょう・旧情きゅうじょう・世情せじょう(せいじょう)・余情よじょう・民情みんじょう・有情ゆうじょう(うじょう)・同情どうじょう・交情こうじょう・多情たじょう・国情こくじょう・事情じじょう・苦情くじょう・表情ひょうじょう・実情じつじょう・性情せいじょう・非情ひじょう・衷情ちゅうじょう・春情しゅんじょう・叙情じょじょう・厚情こうじょう・風情ふぜい・恋情れんじょう・恩情おんじょう・真情しんじょう・純情じゅんじょう・旅情りょじょう・欲情よくじょう・陳情ちんじょう・強情ごうじょう・温情おんじょう・無情むじょう・詩情しじょう・感情かんじょう・愛情あいじょう・憐情れんじょう・熱情ねつじょう・薄情はくじょう

心8【悴】〔11〕 スイ 漢 去 寘 cuì ツォイ J 5612 U 60B4
心4【忰】〔7〕 俗字 J 5613 U 5FF0
意味 ①うれえる。悲しむ。②〈やつ・れる(——・る)〉㋐やせおとろえる。㋑つかれる。国〈せがれ〉①自分のむすこをさす。②少年をけいべつしていう語。
【悴顔】すいがん やつれた顔。
【悴容】すいよう やせおとろえた顔や姿。やつれた姿。

心8【惢】〔12〕 一サ 漢呉 上 哿 suǒ スオ 二ズイ 漢 上 紙 ruǐ ロイ 補 3017 U 60E2
意味 一うたがう。二①〈しべ〉＝蕊・蘂ずい ②がっかりするさま。

心8【悽】〔11〕 セイ 漢 平 斉 qī チー J 5614 U 60BD
心6【恓】〔9〕 同字 U 6053
意味 ①〈いた・む〉いたましく思う。ひどく悲しむ。②寒い。
【悽惨(慘)】せいさん なんともいえないほどいたましい。
【悽悽】せいせい ①悲しみ、いたむさま。②飢えつかれたさま。③落ち着かないさま。
【悽絶】せいぜつ 非常にいたましい。ものすごく悲しい。
【悽然】せいぜん 深い感動で気持ちがひきしまるさま。
【悽愴】せいそう(さう) ①悲しみいたむ。②ぞっとするさま。
【悽惻】せいそく いたみ悲しむ。
【悽悲】せいひ いたみ悲しむ。

忄8【惜】〔11〕 常 セキ おしい・おしむ J 3243 U 60DC
セキ 漢 シャク 呉 入 陌 xī シー
筆順 丶 ⺀ 忄 忄一 忄卄 忄卅 惜 惜
意味 ①〈おし・い(を・し)〉残念である。②〈おし・む(をし・む)〉㋐くやむ。残念に思う。「惜別」㋑大切にする。めでる。㋒ものおしみする。「惜吝せきりん」
解字 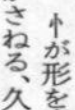 形声。忄が形を表し、昔せきが音を示す。忄は心。昔は、しきかさねる、久しい昔、などの意味を持つ。惜は、すんだことを重ねて思い出して、残念がることである。また、昔の音は刺せきと通じて、さすという意味を含むから、惜は、心を突きさして、心がいたむことという。
【惜陰】せきいん 時間をおしむ。陰は、光陰こういんつまり時間のこと。
【惜歳】せきさい すぎてゆく年をおしむこと。
【惜春】せきしゅん すぎてゆく春をおしむこと。
【惜敗】せきはい おしくも負ける。ざんねんな負け方。
【惜別】せきべつ 別れをおしむ。
▽哀惜あいせき・悼惜とうせき・痛惜つうせき・愛惜あいせき(あいじゃく)

心8【惉】〔12〕 セン 漢 平 塩 zhān チャン 補 3006 U 60C9
意味 惉懘せんていは、音調がそろわないこと。

心8【惣】〔12〕 入 ソウ 漢呉 上 董 zǒng ツォン J 3358 U 60E3
意味 ＝総そう・揔そう ①ひきいる。②集める。まとめてひとつにする。③すべて。みな。惣名そうめい。国中世、村落の利益をはかって、名主みょうしゅを中心に結ばれた自治組織。惣中そうじゅう。惣村そうそん。
名前 のぶ・ふさ・みち・おさむ 姓 惣米居そうまい
参考 ①揔そうを書き誤ったもの。中国の字書『広韻こういん』に總そう・揔の俗字として見えるから、古くから總・揔の俗字として用いられたものであろう。また日本の古い字書にも俗字として見え、日本では総そう・揔の代わりに広く使われた。②新表記では、「総」に書きかえる熟語がある。熟語は「総」(九七三ページ・中)をも見よ。
【惣社】そうじゃ 国参拝の便利を考えて、数社の祭神を一か所に集めた神社。＝総社

心8【悰】〔11〕 ソウ 漢 平 冬 cóng ツォン J ②1249 補 2992 U 60B0
意味 ①〈たのし・む〉②こころ。思い。

心8【惔】〔11〕 一タン 漢 平 覃 tán タン 二タン 漢 上 感 dàn タン J ①8452 補 3011 U 60D4
意味 一火でやける。悲しみ、うれいなどの強さをたとえる。二やすらか。＝淡「恬惔てんたん」

心8【惆】〔11〕 チュウ(チウ) 漢 平 尤 chóu チョウ J 5615 U 60C6
意味 ①いたみなげくさま。②がっかりするさま。
【惆悵】ちゅうちょう(ちうちゃう) うらみなげくさま。なげきかなしむさま。「奚惆悵而独悲なんぞちゅうちょうとしてひとりかなしむ」(どうしてうらみなげいて、悲しんでいる必要があろうか。)〈陶潜とうせん・帰去来辞ききょらいのじ〉

心8【悵】〔11〕 チョウ(チャウ) 漢呉 去 漾 chàng チャン J 5616 U 60B5
意味 〈うら・む〉〈いた・む〉がっかりする。なげきうらむ。残念に思う。

【悵恨】ちょうこん(ちゃう) なげきうらむ。

【悵然】ちょうぜん(ちゃう) うらみなげくさま。気の重いさま。

【悵悵】ちょうちょう(ちゃうちゃう) がっかりするさま。うらむさま。

【悵望】ちょうぼう(ぼう) 悲しげに遠くをながめる。

心8【惕】〔11〕 テキ 漢 入 錫 tì ティー J ①8453 補 3012 U 60D5
心7【悐】〔11〕 或体 U 6090
意味 ①〈おそ・れる(——・る)〉用心する。「惕慮てきりょ」②うれえる。心配する。③いそぐ。
参考「愓とう」は別字。
【惕若】てきじゃく おそれつつしむさま。
【惕然】てきぜん びくびく恐れるさま。
【惕惕】てきてき ①恐れるさま。不安なさま。②心配するさま。

心 8
【惄】〔12〕 デキ 漢 入 錫 nì ニー
U 6004 補 — J 3004
意味 〈うれ・える(――・ふ)〉 気がふさぐ。

心 8
【惙】〔11〕 テツ 漢 入 屑 chuò チュオ
U 60D9 補 ②1253 J 3013
意味 ①惙惙てつてつは、思い悩むさま。気持ちがおちつかないさま。②疲れる。③息が切れる。④やめる。＝輟

心 8
【㥏】〔11〕 テン 漢 上 銑 tiǎn ティエン
U 394F 補 — J —
意味 はずかしがる。

忄 8
【悼】〔11〕 常 トウ いたむ トウ(タウ) 漢 去 号 dào タオ
U 60BC 補 — J 3773
筆順 丶 丷 忄 忄 忄 忄 悼 悼
意味 ①〈いた・む〉 ㋐いたましく思う。㋑人の死を悲しむ。②おそれおののく。ぶるぶるふるえる。③七歳ぐらいのこども。
解字 形声。忄が形を表し、卓たくが音を示す。忄は心。卓には、高くぬき出る意味がある。悼は、心がひどく動揺することを表す。一説に、卓の音は傷しょうの意味を含むから、悼は心がきずつきいたむことであると解する。音タウは卓の音タクの変化。
【悼歌】とうか(たうか) ①人の死を悲しむ気持ちをうたった歌。②葬式のときにうたう歌。
【悼詞】とうし(たうし) 人の死を悲しむことば。
【悼惜】とうせき(たうせき) 人の死を悲しみいたむ。
【悼痛】とうつう(たうつう) ①人の死を悲しむ。②ひどく悲しむ。
【悼亡】とうぼう(たうばう) ①人の死を悲しむ。②妻に死なれることをいう。
◇追悼ついとう・哀悼あいとう

忄 8
【惇】〔11〕 人 トン 漢 ジュン 慣 平 元 dūn トゥン
U 60C7 補 — J 3855
意味 ①〈あつ・い(――・し)〉 ㋐まごころをつくす。㋑たいせつにする。おもんじる。②〈まこと〉 まごころ。
解字 形声。忄が形を表し、享とんが音を示す。享には熟したという意味がある。惇は心があついこと。一説に享はずっしりと土を盛った城壁の姿。
名前 あつ・とし・すなお

心 8
【悲】〔12〕 学 3 ヒ かなしい・かなしむ ヒ 漢 呉 平 支 bēi ペイ
U 60B2 補 — J 4065
筆順 丿 ㇐ ㇌ ㇌ 訁 非 悲 悲
意味 ①〈かなし・む〉 ㋐かなしく思う。心をいためる。「悲心」「悲切」 ㋑こいしく思う。②〈かなし・い(かな・し)〉 ③㊣あわれみ。なさけ。「慈悲」
解字 形声。心が形を表し、非ひが音を示す。非には、そむく意味がある。悲は、心にそむくこと。他の説に、悲は、心中にたまった思いがふき出すこと、あるいは、非の音が哀あいと通ずるので、悲は、心を痛めることであるという。
【悲哀】ひあい 悲しみ。悲しむ。
【悲運】ひうん 悲しい運命。不運。
【悲笳】ひか 出征中に吹く悲しいひびきの笛。
【悲歌】ひか ①悲しんで歌う。②悲しい気持ちをうたった歌。エレジー。「悲歌可二以当一レ泣ひかもってなくにあつべし」(悲しみにたえかねて歌をうたえば、泣くかわりにすることができる。)〈楽府がふ詩集・悲歌〉【――忼慨(慨)】ひかこう(かう)がい 悲しんで歌をうたい、世のありさまをいきどおりなげく。
【悲観(觀)】ひかん(くゎん) 希望を失ってなげく。がっかりする。↕楽観
【悲願】ひがん(ぐゎん) ①㊣ほとけが衆生しゅじょうを救おうと立てたちかい。②どんなことがあってもなしとげようという悲壮な決心。
【悲喜】ひき 悲しみと喜び。「悲喜こもごも至る」(悲しみと喜びとが、つぎつぎとやって来る。)【――劇】ひきげき ①涙と笑いと両方ある劇。②悲しいこととうれしいことが同時にぶつかること。
【悲泣】ひきゅう(きふ) 悲しんで泣く。
【悲境】ひきょう(きゃう) かわいそうな境遇。
【悲曲】ひきょく ①悲しい調子の曲。②悲しい内容の曲。
【悲劇】ひげき ①悲惨なできごとや不幸を題材にして、悲しい終わり方をする劇。②人生の悲惨なできごと。↕喜劇
【悲弦】ひげん もの悲しい琴ことのねいろ。
【悲恨】ひこん 悲しみうらむ。
【悲惨(慘)】ひさん 悲しくいたましい。みじめで、むごたらしい。
【悲酸】ひさん 悲しくいたましい。＝悲惨
【悲秋】ひしゅう(しう) もの悲しさを感じる秋。
【悲愁】ひしゅう(しう) ①悲しみと、さびしさ。②悲しみ、さびしがる。
【悲傷】ひしょう(しゃう) 悲しくいたましい。悲しみいたむ。
【悲壮(壯)】ひそう(さう) 悲しみの中に強さのあること。悲しみを含んだ勇ましさ。
【悲嘆(「歎」)】ひたん 悲しみなげく。また、そうすること。
【悲痛】ひつう 一 悲しくいたましい。非常に悲しい。二 ベイトン bēitòng 現 一に同じ。
【悲啼】ひてい 悲しみ泣く。
【悲田】ひでん ㊣貧しい者にほどこすこと。【――院】ひでんいん(ゐん) 国 昔、貧乏な人、病人・孤児などを救うために作られた施設。
【悲悼】ひとう(たう) 悲しみいたむ。
【悲慟】ひどう 悲しんで、はげしく泣く。
【悲風】ひふう ①悲しい気持ちを感じさせる風。②秋の末に吹く風。
【悲憤】ひふん 悲しみ、いきどおる。【悲憤慷慨(慨)】ひふんこう(かう)がい 正しい道理の行われないことを、いきどおりなげく。
【悲報】ひほう 悲しいしらせ。↕朗報
【悲鳴】ひめい ①悲しんで鳴く。②悲しそうな鳴き声。③驚いたり悲しいときに急にあげる叫び声。
【悲涙】ひるい 悲しみの涙。
【悲恋(戀)】ひれん ①悲しみしたう。②悲しい終わりかたをした恋。
【悲話】ひわ 悲しいはなし。
◇慈悲じひ・憐悲れんび

心 8
【悱】〔11〕 ヒ 漢 上 尾 fěi フェイ
U 60B1 補 ②1250 J 2993
意味 心の中でわかっていながら、口でうまく言い表せないこと。言いなやむ。
【悱発】ひはつ うまく言えないことを、人に引き出してもらう。
【悱悱】ひひ 口でうまく言い表せないさま。
【悱憤】ひふん 口にだせない心中のいきどおり。

心 8
【惘】〔11〕 ボウ(バウ) 漢 モウ(マウ) 呉 上 養 wǎng ワン
U 60D8 補 — J 5617
意味 ぼんやりするさま。国〈あき・れる(――・る)〉 あっけにとられる。
【惘然】ぼうぜん(ばう) あきれはてて、ぼんやりするさま。

心 8
【悶】〔12〕 標 一 ボン 漢 モン 呉 去 願 mèn メン 二 ボン 漢 モン 呉 平 元 mēn メン
U 60B6 補 — J 4469
心 8
【𢜫】〔11〕 同字 U 3943 補 — J —
意味 一 ①〈もだ・える(――・ゆ)〉 ㋐なやみ苦しむ。㋑気をうしなう。②むしあつい。心がはればれしない。二 ①声がくぐもって聞きづらい。②すっきりしない。うっとうしい。
【悶死】もんし もだえ死にする。また、そういう死にかた。
【悶絶】もんぜつ もだえ苦しんで気絶する。
【悶着】もんちゃく 国 もつれ。もめごと。ごたごたさわぎ。＝捫著

【悶悶】もんもん ①道理にくらいさま。②もだえなやむさま。
△▼苦悶くもん・煩悶はんもん

心 8
【惊】〔11〕リョウ(リャウ) 漢呉 平 陽 liáng リアン　J 3007 補 ― U 60CA
意味 〈かなし・む〉ひどく悲しい。＝悢りょう
参考 惊は、「驚きょう」の中国新字体としても用いる。

心 8
【惏】〔11〕㊀リン 漢 ㊀平 侵 lín リン ㊁ラン 漢 ㊁平 覃 lán ラン　J 3010 補 ― U 60CF
意味 ㊀①さむい。②さびしい。悲しい。㊁むさぼる。＝婪らん

心 8
【悷】〔11〕レイ 漢 ライ 呉 去 霽 lì リー　J 2994 補 ― U 60B7
意味 悲しみに心いためるさま。

心 8
【惑】〔12〕常 ワク まどう　コク 漢 ワク 呉 入 職 huò フォ　J 4739 補 ― U 60D1
筆順 一 𠮙 𠮚 或 或 或 惑 惑
意味 〈まど・う(――・ふ)〉〈まどわ・す(まどは・す)〉①うたがう。あやしむ。だます。②まよう。まよわせる。③なやむ。
解字  形声。心が形を表し、或わくが音を示す。或には、うたがう意味がある。惑は、心がうたがう気持ちを持つことである。一説に、或は、域と同様に、かぎることで、惑は、心がせまいわくにとらわれて自由でないことをいうとする。
名前 まどい
【惑志】わくし 疑う気持ち。まどい。
【惑星】わくせい ①太陽のまわりをまわっている天体。火星・金星・地球など。↕恒星こうせい ②国世間にはまだよく知られていないが非常に有力と思われる人。
【惑溺】わくでき 心が迷って、悪いことにおぼれる。迷って本心をうしなう。
【惑乱(亂)】わくらん ①心が迷い乱れる。②人を迷わし乱す。
【惑惑】わくわく 疑いまどうさま。心のぼんやりするさま。
△▼不惑ふわく・幻惑げんわく・当惑とうわく・困惑こんわく・昏惑こんわく・思惑おもわく・迷惑めいわく・眩惑げんわく・疑惑ぎわく・誘惑ゆうわく・魅惑みわく・蠱惑こわく

心 8
【惋】〔11〕ワン 漢 去 翰 wǎn ワン　J ①8451 補 3008 U 60CB
意味 〈なげ・く〉くやしがってためいきをつく。
【惋傷】わんしょう(しやう) 嘆き、いたむ。
【惋惜】わんせき 悲しみ、惜しむ。
【惋嘆(「歎」)】わんたん 驚きなげく。あっけにとられる。

心 8
【惦】〔11〕diàn ティエン　J ― 補 ― U 60E6
意味 現 気にかける。心配する。「惦記ティエンチー diànji」「惦念ティエンニエン diànniàn」

心 8
【惡】〔12〕旧 ↓悪(四八二ジペー・上)

心 8
【惠】〔12〕旧 ↓恵(四七九ジペー・中)

心 8
【悳】〔12〕同 ↓徳(四六五ジペー・下)

心 8
【㦗】〔11〕同 ↓欣(六七四ジペー・中)

心 8
【悳】〔12〕古 ↓徳(四六五ジペー・下)

心 8
【惪】〔12〕俗 ↓憓(四九六ジペー・中)

心 9
【愛】〔13〕学 4 アイ　アイ 漢呉 去 隊 ài アイ　エ 呉　J 1606 補 ― U 611B
筆順 ノ 𠂊 𠂉 㤅 㤅 㤅 愛 愛
心 4【㤅】〔8〕本字 J 3905 補 ― U ―
意味 ①〈いつくし・む〉〈め・でる(―・づ)〉かわいがる。③たいせつにする。このむ。「愛好」②親しみ。親しい人。③あわれむ。同情する。④異性をしたう。「恋愛」⑤〈おし・む(をし・む)〉手ばなせない。おしがる。「愛惜あいせき」⑥かくす。はっきりしない。＝僾あい ⑦他人のむすめをさす。国〈いとし・い(いと・し)〉かわいらしい。愛らしい。
解字  愛は形声。㤅と夂とを合わせた字。夂は、歩きなやむこと。㤅はもともと㤅あいの字で、音を示す。㤅は形声。旡と心とを合わせた字。旡は、つかえる、むせぶの意味を持つ。㤅は、心がつかえる気持ちを表す。愛は、㤅に夂を加えて、心がつかえて行きなやむことから、いとしむ、おしむ、の意味を表した。
名前 あき・さね・ちか・つね・なり・なる・のり・ひで・やす・よし・より・ちかし・めぐむ　姓 愛子あやし―まし―こ・愛宕あたご―おたぎ
地名 愛甲あいこう・愛知あいち―えち・愛媛えひめ
【愛育】あいいく だいじにそだてる。
【愛玩】あいがん(ぐわん) ①たいせつにしてもてあそぶ。②かわいがる。
【愛姫】あいき 気にいりの女。愛する女。
【愛妓】あいぎ かわいいうたいめ。お気にいりのうたいめ。
【愛客】あいきゃく 敬愛する友人。客は、他郷にいる人。
【愛嬌】あいきょう(けう) 「愛敬」の㊁に同じ。
【愛郷(鄉)心】あいきょう(きやう)しん 故郷を愛する気持ち。
【愛玉】あいぎょく 他人のむすめを称していう語。おじょうさん。
【愛吟】あいぎん このんで詩や歌を吟じること。また、その詩や歌。
【愛琿条(條)約】あいぐんじょう(でう)やく 一八五八年にロシアと清しん国とが黒竜こくりゅう江を国境にすることを定めた条約。愛琿は黒竜江岸の港の名。
【愛敬】㊀あいけい 愛しうやまう。㊁あいきょう(きやう)―あいぎょう(ぎやう) 国①顔かたちがかわいらしいこと。②あいそがよいこと。＝愛嬌
【愛顧】あいこ かわいがって目をかける。ひいき。ひきたて。
【愛語】あいご 仏人々にやさしく話しかけて、仏法に近づかせること。
【愛護】㊀あいご たいせつに守る。かわいがってめんどうをみる。「㊁アイフー àihù 現 ㊀に同じ。」
【愛好】㊀あいこう(かう) すきこのむ。気にいる。㊁アイハオ àihào 現 ㊀に同じ。
【愛幸】あいこう(かう) かわいがる。
【愛国(國)】あいこく 自分の国を愛すること。国のために力をつくすこと。
【愛児(兒)】あいじ 愛する子。かわいい自分のこども。いとしご。「＝愛子」
【愛日】あいじつ ①冬の日。②日を惜しむ。時間を惜しむ。③一刻を惜しんで親に孝養をつくす。
【愛妾】あいしょう(せふ) 気にいりのめかけ。
【愛称(稱)】あいしょう 親しみの情から出た呼び名。
【愛唱】あいしょう(しやう) 詩や歌をこのんでうたう。愛誦。【――歌】あいしょうか すきでいつもうたう歌。
【愛情】㊀あいじょう(じやう) ①かわいいと思う心。②恋いしたう心。㊁アイチン àiqíng 現 ㊀に同じ。
【愛心】あいしん ものをたいせつにする心。
【愛人】㊀あいじん ①人を愛すること。「敬天愛人」②愛する人。恋人。㊁アイレン àiren 現 妻。夫おっと。「わいがる。」
【愛惜】あいせき ①惜しみ、たいせつにする。惜しがる。②ひどくか
【愛染】あいぜん 仏①愛情に引かれること。②「愛染明王」の略。
【――明王】あいぜんみょう(みやう)おう(わう) 仏もとインドの愛をつかさどる神であったが、のち真言密教の神となる。外見は怒りを表しているが、愛欲をつかさどる。
【愛想】あいそう(さう)―あいそ 国①あいきょうのあること。②機嫌をとること。③好意。もてなし。④飲食店などでの勘定かんじょうをいう。
【愛憎(憎)】あいぞう 愛と憎しみ。すきと、きらい。【――之主】あいぞうのしゅ 愛憎の心の変化しやすい人君。〈韓非子かんぴし・説難ぜいなん〉【――之変(變)】あいぞうのへん 愛する心が憎しみの心に変化すること。〈韓非子かんぴし・説難ぜいなん〉
【愛著】あいちゃく(ぢやく)―あいじゃく(ぢやく) 「愛着」に同じ。
【愛着】あいちゃく(ぢやく)―あいじゃく(ぢやく) ①愛情に心がひかれること。②気に入ること。③思い切れない気持ち。みれん。＝愛著
【愛寵】あいちょう ①かわいがる。②お気にいりの女。
【愛読(讀)】あいどく このんで読む。「愛読書」

心(忄・⺗)戈戸(戸)手(扌)支攴(攵)
4画
文斗斤方无(旡・旡)日曰月(⺝)木欠止歹殳毋比毛氏气水(氵・氺)火(灬)爪(爫・⺥)父爻爿片牙(牙)牛(牛)犬(犭)

【愛念】あいねん 愛して深く思う。
【愛憫】あいびん 人をかわいがり、あわれむ。
【愛撫】あいぶ なでいつくしむ。かわいがってなでさする。愛憐あいれん。
【愛別離苦】あいべつりく ㊋親・兄弟・妻子など、愛する者と別れる苦しみ。
【愛用】あいよう このんで使う。ふだん使いつける。
【愛養】あいよう(やう) いつくしみやしなう。大事にそだてる。
【愛欲(「慾」)】あいよく 愛着の欲望。異性の愛情を求める欲望。
【愛楽(樂)】あいらく いつくしみ楽しむ。
【愛憐】あいれん かわいがりあわれむ。かわいく思う。
【愛蓮(蓮)説】あいれんのせつ 宋そうの周敦頤しゅうとんいの作った文章の題名。蓮はすを君子の徳にたとえている。
【愛而不見】あいすれどもみえず ㊁あいしてみえず 愛しているが会えない。ぼんやりとしてよく見えない。愛は僾(かくす)。はっきりしない)の意。〈詩経しきょう・静女せいじょ〉
【愛莫能助】あいすれどもたすくるなし 気持ちは十分あるのだが、助けるだけの力がない。
◆仁愛じんあい・友愛ゆうあい・汎愛はんあい・恋愛れんあい・恩愛おんあい・情愛じょうあい・偏愛へんあい・割愛かつあい・最愛さいあい・博愛はくあい・溺愛できあい・慈愛じあい・熱愛ねつあい・親愛しんあい・寵愛ちょうあい・父性愛ふせいあい・母性愛ぼせいあい

心9 【意】〔13〕 学3 イ ㊀イ 漢 呉 ㊀去 寘 yì イー U補J 1653 610F
旧字 心9 【意】〔13〕 ㊁イ 漢 呉 ㊁平 支 yī イー U補J ――

筆順 丶 亠 亠 立 产 音 意 意

意味 ㊀①〈こころ〉㋐気持ち。考え。㋑いみ。おもむき。②〈おも・う(――・ふ)〉思いえがく。予想する。③〈うたが・う(――・ふ)〉④〈そもそも〉それとも。いったいぜんたい。㊁〈ああ〉感嘆のことば。=噫い

解字 会意。音と心とを合わせた字。音はことばを察して、人の考えを知るということから、心に思っていることを表す。一説に、音は、おしのように、口をふさぐことで、意は心の中で思うことがあって、口につかえることをいうとする。

名前 お・おき・おさ・のり・むね・もと・よし 姓 意富おお

難読 意気地いくじ(付表)

【意外】いがい(ぐわい) 思いのほか。予期しないこと。㊁イー ワイ yì-wài 現①㊀に同じ。②思いがけない事故。

【意気(氣)】いき ①気だて。こころもち。②いきごみ。いじ。元気。③国気性きしょうや身なりがあかぬけしていること。=粋いき
【――軒昂】いきけんこう(かう) 意気がすばらしく盛んなさま。=意気軒高 【――消(「銷」)沈】いきしょう(せう)ちん 気持ちが落ちこむ。元気がなくなる。【――衝天】いきしょうてん 意気ごみが天をつくほど盛んなこと。【――阻(「沮」)喪】いきそそう(さう) いきごみがくじけて、元気がなくなる。【――投合】いきとうごう(がふ) 気持ちがおたがいによく合う。【――揚揚】いきよう(やう)よう(やう) とくいになるさま。いばるさま。

【意義】いぎ ㊀①意味。わけ。理由。②価値。重要さ。㊁イー イー yìyì 現㊀に同じ。

【意気(氣)地】いきじ(ぢ) 国心のはり。気力。

【意見】いけん ①考え。所存しょぞん。②国いさめ。忠告。㊁イー チエン yìjiàn 現①㊀の①に同じ。②不満。文句もんく。

【意向】いこう(かう) ①考え。おもわく。=意嚮 ②心が向かうところ。こころざし。

【意嚮】いこう(かう) 「意向」に同じ。

【意志】いし ㊀①考え。こころざし。②哲事をやりとげようとする心の働き。㊁イー チー yìzhì 現㊀に同じ。

【意思】いし ㊀考え。おもい。心持ち。㊁イー スー yìsi 現意味。わけ。おもしろみ。

【意字】いじ 漢字のように一字一字が意味を持っている文字。表意文字。↔音字
【意地】いじ(ぢ) 国①こころ。きだて。②自分の考えを通そうとする心。

【意識】いしき ①㊋対象を心でさとる。また、そうすること。②哲目ざめていて、知覚のはっきりしている心の状態や作用。③国歴史的・社会的な自覚。【――的】いしきてき わざとするさま。故意に。

【意趣】いしゅ ①考え。おもわく。②国理由。わけ。趣旨。③国うらみをふくむこと。うらみ。

【意匠】いしょう(しゃう) ①くふうをこらすこと。②商品の外観を美しくする考案。デザイン。

【意属(屬)】いしょく 思いを寄せる。「意属殊厚いしょくことにあつし」(厚く思いを寄せているようである。)〈本事詩・人面桃花〉

【意想外】いそうがい(さうぐわい) 思いのほか。予想しないこと。意外。

【意中】いちゅう(ちう) ①心の中。②心の中で思っていること。【――人】いちゅうのひと ①心あてにしている人。②ひそかにしたっている人。恋人。

【意図(圖)】いと 考え。計画。

【意馬心猿】いばしんえん(ゑん) ㊋人間の欲情のおさえにくいことを、馬や猿さるがさわぎたてて制止しにくいのにたとえた語。

【意表】いひょう(へう) 思いのほか。案外。意外。

【意味】いみ わけ。理由。意義。【――深長】いみしんちょう(ちゃう) 詩またはことばの奥に深い意味がかくされていること。

【意訳(譯)】いやく 一字一句にこだわらず、原文全体の意味をとってほんやくする。また、そういうふうに訳したもの。↔直訳
【意欲(「慾」)】いよく ①何かを手に入れたい、また、しようと思う心の働き。②意志と欲望。

【意料】いりょう(れう) 思う。予想する。【――之外】いりょうのほか 予想外。意外。

【毋意毋必毋固毋我】いなくひつなくこなくがなし 私意によって物事を推しはかることなく、必ずこうだと一方的に断定することなく、一つ事に固執せず、自分の見解にとらわれない。〈論語・子罕しかん〉

【不介意】いにかいせず 気にかけない。平気でいる。

【適意】いにかなう(かなふ) 気持ちにぴったり合う。気にいる。

【非意所望】いのぞむところにあらず 思いがけないことだ。

【意満(滿)】いみつ 心が満足する。もうじゅうぶんだと思う。

【承意】いをうく 人の心を察して、その気にいるようにする。

【不得意】いをえず 思ったとおりにならない。不遇の状態にいる。

【不意】おもわ(おもは)ざりき 思いがけなかった。意外にも。
◆大意たいい・文意ぶんい・弔意ちょうい・本意ほんい・ほい・用意ようい・失意しつい・民意みんい・他意たい・合意ごうい・同意どうい・任意にんい・好意こうい・決意けつい・来意らいい・注意ちゅうい・故意こい・留意りゅうい・真意しんい・殺意さつい・得意とくい・悪意あくい・敬意けいい・極意ごくい・善意ぜんい・創意そうい・寓意ぐうい・誠意せいい・微意びい・辞意じい・敵意てきい・趣意しゅい・懇意こんい・謝意しゃい・翻意ほんい・不如意ふにょい

心9 【愇】〔12〕 イ 漢 上 尾 wěi ウエイ (キ) U補J ――
心10 [愇]〔13〕 俗字 U補J 3025 6107
意味 ①正しい。=韙い ②うらむ。③あさい。

心9 【愔】〔12〕 イン 漢 平 侵 yīn イン U補J 3032 6114
意味 なごやかなさま。おちついたさま。「愔愔いんいん」

心9 【惲】〔12〕 ウン 漢 上 吻 yùn ユン U補J ②1256 3019 60F2
意味 ①どっしりとしたさま。②はかる。③姓。

忄9 【愕】〔12〕 標 ガク 漢 呉 入 薬 è オー U補J 5619 6115
意味 ①〈おどろ・く〉思いがけないことにびっくりする。②直言する。=諤がく
【愕然】がくぜん おどろくさま。

心9 【感】〔13〕 学3 カン ㊀カン 漢 呉 ㊀上 感 gǎn カン ㊁去 勘 hàn ハン U補J 2022 611F

筆順 ノ 厂 𠂆 后 咸 咸 感 感

[意味] [一]①物が心にはたらきかけて動かす。また、心が物に対して動く。②刺激を受けとる。感覚。③ふれる。④ありがたく思う。[二]①心残り。不満。＝憾。②ゆれる。＝撼。

[解字]  形声。心が形を表し、咸が音を示す。咸にはことごとくという意味がある。感は人の心の動きのすべてをいう。あるいはまた、咸は口にふくむことで、感は、心にふくむことがらをいう。また、咸の音は撼と通じて、動くという意味を含むから、感は、心が動揺することであるとも解する。

【感応(應)】①心に感じこたえること。②自分のまごころが神や仏に感じ通ずること。③[理]導体が発電機や磁石に近づいて、電気や磁気をおびること。誘導。

【感化】人に影響を与えて、心を変わらせる。また、他から影響を受けて、心が変わること。

【感懐(懷)】心に感じて思うこと。感想。

【感慨(慨)】深く感じて、いろいろな思いがわくこと。また、その思い。【——無量】感慨がはかり知れないほど深い。なんとも言い表せないほど強く身にしみて感じるさま。

【感覚(覺)】[一]①[医]感覚器官に受けた刺激を大脳に感じること。②いろいろな刺激によって起こる感じ。③さとり。のみこみ。[二]gǎnjué [現]①[一]に同じ。②…のような気がする。

【感官】からだの表面にあって、外界の刺激を感じと「る器官。

【感泣】深い感動を受けて泣く。

【感興】①おもしろみを感じること。また、そのおもしろみ。②おもしろがる。

【感激】[一]強く感じてふるいたつ。また、その気持ち。[二]gǎnjī [現][一]に同じ。

【感謝】ありがたく思う。礼をいう。お礼。[二]gǎnxiè「[現][一]に同じ。」

【感受】外部の刺激や印象を受けいれる。【——性】物事に感じる性質。物事を感じとる力。

【感傷】①物事に感じて心を痛めること。②わずかな刺激で感情が動かされやすいこと。【——的】感情にもろいさま。感情的。センチメンタル。

【感状(狀)】[国]戦場などで大きなてがらをたてたとき、長官から与えられる賞状。

【感情】[一]①感じ。こころもち。②愉快・不愉快などを感じる心のはたらき。[二]gǎnqíng [現]①[一]に同じ。②好感。愛着。

【感触(觸)】①何かの刺激にふれて起こる感じ。てざわり。②さ「わってみた感じ。」

【感心】深く心に感じる。感服する。

【感性】①感覚の力。②物事を感じとる力。感受性。

【感染】①ほかの風習にそまる。かぶれる。②病気がうつる。

【感想】心に感じ思うこと。感じたこと。所感。[二]gǎnxiǎng [現][一]に同じ。「じいる。」

【感嘆(「歎」)】①非常に感心してほめる。②心に深く感「じること。」

【感電】電気の通じているものに人体がふれてショックを感「じること。」

【感度】物事を感じる程度・どあい。

【感動】[一]深く感じて心を動かす。「感動的」[二]gǎndòng [現][一]に同じ。

【感慟】大きな感動を受けて、心からなげく。

【感得】①感づく。②神仏にまごころが通じて、おつげを受ける。

【感佩】①深く心に感じて忘れないこと。②ありがたいと感「じること。」

【感服】①深く感じて服従する。②感心する。

【感奮】感じてふるいたつ。【——興起】感激して、ふるい立つこと。

【感冒】[一]かぜ。かぜひき。風邪。[二]gǎnmào [現][一]に「同じ。」

【感銘】深く心に感じていつまでも忘れないこと。

【感涙】感激のあまり流れ出るなみだ。ありがたなみだ。

【感到】gǎndào [現]感じる。思う。

◁▼万感・予感・反感・同感・多感・共感・好感・快感・所感・季感・音感・美感・敏感・流感・悪感・偶感・鈍感・痛感・触感・雑感・語感・霊感

心9【愌】〔12〕 カン [漢] [去] 翰　(クヮン) huàn ホワン　J 3027　補 ―　U 610C

[意味] ①従わないさま。②はびこる。

心9【愜】〔12〕 キョウ [漢] [入] 葉　(ケフ) qiè チエ　J ①8456　補 3036　U 611C

[意味] ①〈こころよ・い(——・し)〉気持ちがいい。②〈かな・う(——・ふ)〉まんぞくする。気にいる。

心9【愚】〔13〕 [常] グ　おろか　グ [呉] [漢] [平] 虞　yú ユィ　J 2282　補 ―　U 611A

筆順 口 曰 月 昌 禺 禺 愚 愚

[意味] ①〈おろか〉ばか。ばかもの。②ばかにする。だます。「愚弄」③自分に関することにそえて、けんそんを表す。「愚見」

[解字]  会意。禺と心とを合わせた字。禺は「さる」のなかまで、おろかな動物のこと。それで愚は、「おろか」の意味を表す。とくに、頭がかたくて、ゆうずうのきかないことをいう。

【愚案】①おろかな考え。②自分の考えをけんそんしていうことば。

【愚兄】①おろかな兄。②自分の兄をけんそんしていうこと「ば。」

【愚計】①おろかなはかりごと。②自分の計画をけんそんしていうことば。

【愚見】①おろかな意見。②自分の考えや意見をけんそん「していうことば。」愚策。

【愚考】①おろかな考え。とるにたりない意見。②自分の考えをけんそんしていうことば。

【愚妻】おろかな妻。人に対して、自分の妻をけんそんしていうことば。荊妻。

【愚策】①おろかなはかりごと。②自分のはかりごとをけんそんしていうことば。愚計。

【愚者】ばかもの。愚人。【——千慮、必有二一得一】おろかな者でも、たくさん考えるうちには、一つぐらいよいことを思いつく。「知者千慮、必有二一失一」(知恵のある者も、たまには失敗する。)の対句。〈史記・淮陰侯列伝〉

【愚書】おろかな手紙。自分の手紙をけんそんしていうこと「ば。」愚状。

【愚臣】おろかなけらい。主君に対して、臣下が自分をさし「ていうことば。」

【愚人】おろかもの。ばかもの。愚者。

【愚生】自分をけんそんしていうことば。小生。

【愚誠】①おろかなまごころ。②自分のまごころをけんそんしていうことば。

【愚説】①おろかな意見。②自分の説をけんそんしていう「ことば。」

【愚叟】①おろかなおやじ。②老人が自分をけんそんしていうことば。愚老。③愚公。→愚公移レ山

【愚僧(僧)】①おろかな僧。②僧が自分をけんそんしていうことば。拙僧。

【愚息】[国]①おろかなむすこ。②自分のむすこをけんそんしていうことば。豚児。

【愚痴(癡)】①道理がわからないこと。ばか。②[国]あきらめきれない不平・不満。なきごと。

【愚忠】①おろかで忠実なこと。②自分の誠意をけ

んそんしていうことば。

【愚衷】①おろかなまごころ。②自分の誠意をけんそんしていうことば。

【愚直】ばかしょうじき。

【愚弟】①おろかな弟。②自分の弟をけんそんしていうことば。舎弟。

【愚禿】①おろかなはげ頭。転じて、僧が自分をけんそんしていうことば。②国僧、親鸞の自称。

【愚鈍】おろかでにぶい。ぐずでのろま。

【愚物】おろかもの。ばかもの。愚者。

【愚昧】おろかで、道理にくらい。愚蒙。

【愚民】①おろかな民。無知な人民。②民を無知にする。【――政策】治める者が人民の知識や自覚を高めないようにするやり方。

【愚蒙】おろかで道理にくらい。愚昧。

【愚問】①くだらない質問。②自分の質問をけんそんしていうことば。

【愚劣】おろかで、おとっていること。まったく下等でくだらないこと。

【愚老】老人が自分をけんそんしていうことば。

【愚弄】人をばかにしてからかう。

【愚陋】おろかで、いやらしい。

【愚論】①おろかな議論。②自分の議論をけんそんしていうことば。愚説。

【愚以為(爲)】わたしはこう考える。わたしの考えでは……。

【愚公移山】どんな事でも絶えず努力すれば成功するというたとえ。昔、愚公という者が家の前の山を不便に思い、長い年月をかけて山をほかへ移したという寓話による。〈列子・湯問〉

◆下愚・凡愚・暗愚

心9【惸】〔12〕 ケイ 漢 平 庚 qióng チョン J ①8455 補 3021 U 60F8

意味 ＝煢 ①うれえるさま。「惸惸」②ひとりみ。きょうだいのない人。「惸鰥」

【惸独(獨)】ひとり者。孤独な人。

心9【愒】〔12〕 一ケイ 漢 一去 霽 qì チー 二カイ 漢 二去 泰 kài カイ 三カツ 慣 三入 曷 hé ホー J ②1259 補 3030 U 6112

意味 一〈いこ・う(――・ふ)〉やすむ。＝憩 二①〈むさぼ・る〉よくばる。②むだにする。「愒日」③〈すみやか〉期日をはやめる。三〈おびやか・す〉おどす。

心9【愃】〔12〕 ケン 漢 平 先 xuān シュワン J 5626 補 U 6103

意味 ①心が広い。ゆったりしている。＝諠・諼 ②〈わす・れる(――・る)〉ものを忘れる。

心9【愆】〔13〕 ケン 漢 平 先 qiān チエン J 5620 補 U 6106

言8【諐】〔15〕 古字 J ①9210 補 U 8AD0

意味 ①〈あやま・る〉〈あやま・つ〉〈たが・う(――・ふ)〉まちがいをしでかす。②〈あやまち〉③うしなう。④こえる。すぎる。⑤悪い病気にかかる。

【愆尤】まちがい。あやまち。失敗。

忄9【慌】〔12〕 常 コウ あわてる・あわただしい J 2518 補 U 614C

旧字 心10【慌】〔13〕 U補J

一コウ(クヮウ) 漢 一上 養 huǎng ホワン 二コウ(クヮウ) 漢 二平 陽 huāng ホワン

筆順
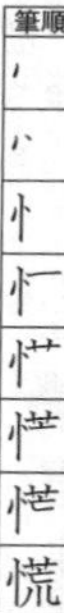

意味 一ぼんやりする。はっきりしない。「慌惚」二①〈あわただし・い(あわただ・し)〉せわしい。せかせかする。②〈あわ・てる(――・つ)〉うろたえる。③なくなる。

解字 形声。忄が形を表し、荒が音を示す。忄は心。荒には、ぼうぼうと広がった野原の意味がある。慌は、心がぼうっとしていることで、ぼんやりしていることとか、うろたえることを表す。

【慌惚】ぼんやりして、はっきりしないさま。

◆恐慌

心9【惶】〔12〕 コウ(クヮウ) 漢 平 陽 オウ(ワウ) 呉 huáng ホワン J 5621 補 U 60F6

意味 ①〈おそ・れる(――・る)〉かしこまる。不安なさま。「惶怖」②あわてふためく。

参考 新表記では、「皇」に書きかえる熟語がある。

【惶駭】おどろきあわてる。駭は、おどろくこと。

【惶急】あわておそれる。こわがる。恐惶。

【惶遽】おそれあわてる。あたふたすること。

【惶恐灘】贛江にある急流の名。江西省万安県。

【惶恐再拝(拜)】①おそれかしこまって二度おがむ。②手紙の終わりに書く語。

【惶惑】おそれまどう。

心9【愢】〔12〕 一サイ 漢 一平 灰 sāi サイ 二シ 漢 二平 支 sī スー J 3038 補 U 6122

意味 一考えが合わない。二愢愢は、互いにはげまし合う。＝偲偲

心9【慈】〔13〕 常 ジ いつくしむ シ 漢 平 支 ジ 呉 cí ツー J 2792 補 U 6148

旧字 心10【慈】〔14〕 U補J 2F8A6

筆順
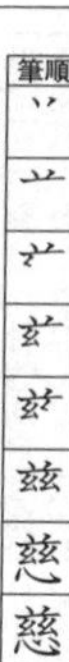

意味 ①〈いつくし・む〉あわれむ。なさけをかける。かわいがる。②親の子に対する愛情。③母親をさす。④子が親をうやまい、世話をすること。⑤磁石。＝磁 ⑥姓。

解字  形声。心が形を表し、茲が音を示す。茲には、養い育てる意味がある。慈は、子どもを養い育てる心で、いつくしむ意味になる。

名前 しげ・ちか・なり・やす・よし・しげる　難読 慈姑

【慈愛】いつくしみ愛すること。いつくしみ深い心。

【慈雨】①めぐみの雨。よいおしめり。②人の恩を雨にたとえていう語。

【慈烏】からすのこと。

【慈恩】①あわれみ。めぐみ。②唐の高僧。玄奘の弟子。法相宗を始めた。慈恩大師。③慈恩寺。長安(今の陝西省西安市)の南方にある寺の名。玄奘が開いた。

【慈眼】一なさけ深い目。二仏衆生に対する仏の慈愛深い目。

【慈顔】いつくしみ深い顔。

【慈訓】いつくしみ深い教え。母のいましめをいう。

【慈恵(惠)】めぐみ。いつくしみ。

【慈姑】①いつくしみ深いしゅうとめ。②植くわい。おもだか。

【慈祥】いつくしみ深い。

【慈親】いつくしみ深い親。

【慈善】①なさけ深いこと。いつくしみ。②不幸な人たちを助けること。

【慈念】いつくしみの気持ちを持って考えること。

【慈悲】①なさけ。あわれみ。いつくしみ。②仏苦をのぞき、楽を与える仏のなさけ。【――心】なさけ深い心。【――心鳥】小鳥の一種。じゅういち。【――忍辱】仏いつくしみ、あわれみの心を持ち、いかなるはずかしめにも心を動かさないこと。

【慈父】なさけ深い父。父親。

【慈母】なさけ深い母。母親。

心9【愁】〔13〕常 シュウ　うれえる・うれい
シュウ(シウ) 漢　シュ 呉 ｜平 尤 chóu チョウ　J 2905 補 U 6101

筆順 ノ 二 千 禾 秋 秋 愁 愁

意味 ①〈うれ・える(――・ふ)〉 ㋐なげきかなしむ。 ㋑心配する。 ②〈うれい(うれひ)〉 ③さびしく、さむざむとしたさま。

解字  形声。心が形を表し、秋しゅうが音を示す。秋には、小さくちぢむという意味を含む。愁は、心が小さくちぢんで、心細い気持ちをいう。

【愁顔】しゅう(しう)がん　もの思いにしずむ顔。心配顔。

【愁泣】しゅう(しう)きゅう(きふ)　うれえて泣く。悲しんで泣く。

【愁苦】しゅう(しう)く　うれえ苦しむこと。思いなやむ。悲しんで、つらく思う。〈後漢書・公孫述伝〉

【愁殺】しゅう(しう)さつ　ひどく心配させる。ひどくさびしがらせる。「蕭蕭愁ニ殺人一(蕭蕭として人を愁殺す)」(いかにもものがなしくて、人の心をうれえにとじこめる。)〈文選・古詩十九首〉

【愁思】しゅう(しう)し　「愁心」に同じ。

【愁疾】しゅう(しう)しつ　うれえ、にくむ。

【愁傷】しゅう(しう)しょう(しゃう)　①なげきかなしむ。②国きのどくなこと。

【愁色】しゅう(しう)しょく　うれいをふくんだようす。心配そうな顔つき。憂色。

【愁心】しゅう(しう)しん　さびしい気持ち。もの思い。愁思。〈王維の詩・雑詩〉

【愁人】しゅう(しう)じん　さびしさを感じている人。もののあわれを解する人。詩人。

【愁絶】しゅう(しう)ぜつ　ひどくうれえる。どうしようもないほどうれえ「かなしむ。

【愁訴】しゅう(しう)そ　事情をうちあけて、なげきうったえる。泣きつく。哀訴。

【愁霜】しゅう(しう)そう(さう)　心配のあまりはえたしらが。

【愁嘆(「歎」)】しゅう(しう)たん　かなしみなげく。【――場】しゅう(しう)たんば　国芝居で泣きかなしむ動作の場面。

【愁腸】しゅう(しう)ちょう(ちゃう)　うれえる心。愁心。憂愁。

【愁眉】しゅう(しう)び　うれいをふくんだまゆげ。心配そうな顔つき。「愁眉を開く」

【愁鬢】しゅう(しう)びん　うれいのため白くなった鬢髪。

【愁眠】しゅう(しう)みん　ものさびしくて熟睡できず、うつらうつらする「こと。

【愁夢】しゅう(しう)む　うれえのあまりに見る夢。


◁▶哀愁・幽愁・孤愁・春愁・旅愁・郷愁・悲愁・暮愁・憂愁・離愁

心9【愀】〔12〕 一 シュウ 漢 ｜一 上 有 qiǎo チアオ　(シウ)
二 ショウ 漢 ｜二 上 篠 qiǎo チアオ　(セウ)　J 5623 補 U 6100

意味 一 ①顔色をかえるさま。②うれえるさま。 二 ①はっとして顔色をかえるさま。②うれえおそれるさま。

参考「愁しゅう」は別字。

【愀然】しゅう(しう)ぜん｜しょう(せう)ぜん

心9【惷】〔13〕シュン 漢 ｜上 軫 chǔn チュン　J 5622 補 U 60F7

意味 ＝蠢しゅん ①乱れるさま。②うごめく。③おろか。「惷愚しゅんぐ」
参考「惷しょう」は別字。

心9【愖】〔12〕シン 漢 ｜平 侵 chén チェン　J 3033 補 U 6116

意味 ①〈まこと〉まごころ。＝忱 ②ためらう。

心9【惴】〔12〕スイ 漢 ｜去 寘 zhuì チョイ　ズイ 慣　J 5624 補 U 60F4

意味〈おそ・れる(――・る)〉こわがる。びくびくする。「惴惴ずいずい」「惴恐ずいきょう」

忄9【惺】〔12〕人 セイ 漢 ｜平 青 xīng シン　J 5625 補 U 60FA

意味 ①心をとぎすます。②はっきりとさとる。「惺悟せいご」③よみがえる。「惺松せいしょう」④静かなさま。
名前 さと・あきら・さとし・しずか
【惺惺】せいせい　心がさえるさま。

心9【想】〔13〕学3 ソウ・ソ
ショウ(シャウ) 漢 ｜上 養 xiǎng シアン　ソウ(サウ) 呉　ソ 慣　J 3359 補 U 60F3

筆順 一 十 木 朩 相 相 想 想

意味 ①〈おも・う(――・ふ)〉考える。思いうかべる。なつかしむ。②願う。③考え。④…のようである。

解字  形声。心が形を表し、相そうが音を示す。相には相手を見るという意味がある。想は相手を見て考えることから、思いをよせるの意味になる。

【想起】そう(さう)き　思い出す。

【想見】そう(さう)けん　①思いやる。想像する。〈史記・趙世家〉②したう。

【想察】そう(さう)さつ　想像して判断する。おしはかる。思いやる。

【想像】一 そう(さう)ぞう(ざう)　①おしはかる。思いえがく。②仮定のことや観念を材料として、新しい事実や観念を作る心の働き。二 xiǎngxiàng 現 一に同じ。

【想定】そう(さう)てい　国①心の中できめる。②もと、軍事演習で、敵味方の状況を仮に定めること。

【想念】一 そう(さう)ねん　思い。考え。思う。二 xiǎngniàn シアンニエン 現 一に同じ。

【想夫恋(戀)】そう(さう)ふれん　唐の楽曲の名。もとは相府蓮と書き、大臣のやしきにはすを植えたときの曲名であったが、後世、想夫憐・想夫恋などと書かれ、夫おっとを恋いしたう意味などがつけ加えられた。

【想望】そう(さう)ぼう(ばう)　①思いしたう。あこがれる。②想像して事の至るのを待つこと。

【想法】xiǎngfǎ シアンファ 現 考えかた。


◁▶予想・幻想・回想・妄想・奇想・空想・思想・追想・連想・冥想・理想・随想・着想・夢想・感想・愛想・構想

心9【愡】〔12〕ソウ 漢 ｜去 送 cōng ツォン　J 5627 補 U 6121
心11【憁】〔14〕同字　J 3060 補 U 6181

意味 愡恫そうどうは、①無知なさま。②せわしくたちまわる。

心9【惻】〔12〕ショク 漢 ｜入 職 cè ツォー　ソク 慣　J 5628 補 U 60FB

意味 ①〈いた・む〉かわいそうに思う。心が痛む。②真心をつくすさま。「懇惻こんそく」
【惻隠(隱)】そくいん　あわれみいたむ。
【惻惻】そくそく　①悲しみいたむさま。あわれみいたむさま。②真心のこもったさま。
【惻憫】そくびん　いたみあわれむ。

忄9【惰】〔12〕常 ダ
タ 漢 ｜上 哿 duò トゥオ　ダ 呉　J 3438 補 U 60F0
心12【憜】〔15〕本字　J 3069 補 U 619C

筆順 丶 丷 忄 忄 忄 忄 惰 惰

意味 ①〈おこた・る〉 ㋐いいかげんにすます。 ㋑なまける。「怠惰たいだ」②ばかにする。③おとろえる。振るわなくなる。

➡心(忄・⺗)戈戸(戸)手(扌)支攴(攵) 4画 文斗斤方无(旡・旡)日曰月(月)木欠止歹殳毋比毛氏气水(氵・氺)火(灬)爪(爫・爫)父爻爿片牙(牙)牛(牜)犬(犭)

解字 形声。忄が形を表し、脅だが音を示す。忄は心。脅は、堕を略した形で、落ちる意味を持つ。惰は心が落ちることで、気落ちして、緊張をなくすことをいう。

【惰気(氣)】だき なまけゆるんだ気持ち。【——満(滿)満】だきまんまん だらけきっているさま。全然やる気のないさま。

【惰弱】だじゃく ①いくじのないこと。でれでれしていて、やる気のないこと。②体力や気力の弱いこと。＝懦弱

【惰心】だしん なまけ心。

【惰性】だせい ①理物体が外からの力を加えないかぎり、現在の状態をそのまま続けようとする性質。②これまでのくせ・いきおい。習慣。

【惰卒】だそつ なまけて働かない兵士。

【惰眠】だみん ①なまけてねむる。②のらくらして働かない。③だらけて、活気のないこと。

【惰容】だよう なまけているようす。また、だらけたかっこう。

【惰力】だりょく ①惰性の力。②残った力。習慣の力。

△▼怯惰きょうだ・怠惰たいだ・懶惰らんだ

心9【惵】〔12〕チョウ 漢 入 葉 (テフ) dié ティエ U補J 60F5 3020 ②1257

意味〈おそ・れる(——・る)〉相手の威勢にのまれる。「惵懾ちょうしょう」

心9【愓】〔12〕トウ 漢 上 養 (タウ) dàng タン U補J 6113 3031 ②1260

意味〈ほしいまま〉かって気まま。＝蕩とう

参考「愓てき」は別字。

心9【愍】〔13〕ビン 漢 上 軫 ミン 呉 mǐn ミン U補J 610D — 5630

意味①〈あわれ・む(あはれ・む)〉かわいそうに思う。②うれえる。心配する。③わざわい。

【愍凶】びんきょう うれいやわざわい。父母に死なれる不幸。

心9【愊】〔12〕ヒョク 漢 入 職 フク 慣 bì ピー U補J 610A 3026 —

意味①〈まこと〉まごころ。②愊抑ふくよく・愊憶ふくおくは、気の晴れないさま。

心9【愎】〔12〕ヒョク 漢 入 職 フク 慣 bì ピー U補J 610E — 5631

意味〈もと・る〉人のいうことをきかない。わがまま。

心9【惼】〔12〕ヘン 漢 上 銑 biǎn ピエン U補J 60FC 3022 —

意味＝褊へん ①心がせまい。かたいじ。「惼狭へんきょう」「惼心へんしん」②気が短い。せっかち。

心9【愐】〔12〕ベン 漢 上 銑 メン 慣 miǎn ミエン U補J 6110 3028 ②1258

意味①つとめる。努力する。②現愐㥏ミエンティエン miǎntiǎn は、はずかしがる。＝腼腆・靦覥

心9【愗】〔13〕ボウ 漢 去 宥 モ・ム 呉 mào マオ U補J 6117 3034 —

意味①怐愗こうぼうは、おろかなさま。②＝懋ぼう

忄9【愉】〔12〕常 ユ U補J 6109 — 4491

旧字 心9【愉】〔12〕一ユ 漢 呉 一 平 虞 yú ユィ 二トウ 漢 二 平 尤 tōu トウ U補J — — —

筆順 ′ ″ 忄 忄 忄 恰 愉 愉

意味 一①〈たのし・い(たの・し)〉②〈よろこ・ぶ〉 二＝偸とう ①ぬすむ。②なげやりである。いいかげんである。

解字 形声。忄が形を表し、兪ゆが音を示す。忄は心。兪は、中空の丸木舟の形で、とおるという意味を含む。愉は、心がつかえないで、よく通ることで、軽い楽しみ、心ゆくことをいう。

【愉悦】ゆえつ 楽しむ。楽しみよろこぶ。また、その状態。

【愉快】一ゆかい 楽しく、気持ちがよい。おもしろい。 二ユィコワイ yúkuài 現一に同じ。

【愉色】ゆしょく 楽しそうな顔つき。うれしそうなようす。

【愉愉如】ゆゆじょ なごやかで楽しそうなさま。

【愉楽(樂)】ゆらく よろこび楽しむ。楽しみ。

心9【愈】〔13〕標 ユ 漢 呉 上 麌 yù ユィ U補J 6108 — 4492

意味①〈い・える(—・ゆ)〉病気がなおる。いやす。②〈まさ・る〉すぐれている。③〈いよいよ〉ますます。

心9【愈】〔13〕俗字 U補J — — —

【愈愈】一ゆゆ ①どんどんひどくなる。②かなしみ、うれえる。 二いよいよ ますます。

心9【愣】〔12〕lèng ロン U補J 6123 — —

意味 現①ぼうっとなる。②がむしゃらに。

心9【愠】〔12〕俗 ↓慍(本ページ・下)

心9【惽】〔12〕同 ↓惛(四八六ページ・上)

心9【愘】〔13〕本 ↓恪(四七八ページ・下)

心9【惹】〔13〕旧 ↓惹(四八六ページ・中)

心9【愞】〔12〕同 ↓懦(五〇三ページ・上)

心9【惱】〔12〕旧 ↓悩(四八四ページ・中)

心9【愑】〔12〕同 ↓悀(四八五ページ・上)

心9【惮】〔12〕俗 ↓憚(五〇〇ページ・中)

心9【愂】〔13〕同 ↓悖(四八〇ページ・下)

心9【㥑】〔13〕本 ↓憂(四九八ページ・下)

心10【慇】〔14〕イン 漢 平 文 yīn イン U補J 6147 — 5632

意味①心がいたむ。②ねんごろ。ていねい。

【慇懃】いんぎん ①ていねい。ねんごろ。②親しいまじわり。③男女の情愛。情交。「通二慇懃一いんぎんをつうず」男女がひそかに親しいまじわりをむすぶ。

心10【㥯】〔14〕イン 漢 上 吻 オン 呉 yǐn イン U補J 396F — ②1264

意味①つつしむ。②憂える。

心10【慍】〔13〕ウン 漢 去 問 yùn ユン U補J 614D — 5618

意味①〈いか・る〉内心腹だたしく思う。いきどおりを感じる。②〈うら・む〉

【慍色】うんしょく おこった顔つき。

心9【愠】〔12〕俗字 U補J 6120 — —

心10【愪】〔13〕ウン 漢 平 文 呉 yún ユン U補J 612A 3039 —

意味①憂えるさま。心配するさま。②動く。

忄10【慨】〔13〕常 ガイ U補J 6168 — 1920

旧字 心11【慨】〔14〕カイ 漢 去 隊 ガイ 慣 kǎi カイ U補J — — —

筆順 ′ 忄 忄 忄 忄 忄 慨 慨

意味①〈なげ・く〉ためいきをつく。②いきどおる。「憤慨」

心11【慨】〔14〕同字 U補J — — —

心12【慨】〔15〕俗字 U補J FA3E — ①8460

解字 形声。忄が形を表し、既きが音を示す。忄は心。既には、じゅうぶんに尽くすという意味がある。慨は、心が張りつめつくしている状態を表す。一説に、既は食事の少ないことで、慨は、望みが達せられないためにうらみなげくことともいう。

【慨世】がいせい 世をなげきうれえること。

【慨然】がいぜん ①世をうれえなげくさま。②心をふるい起こすさま。

【概嘆(「歎」)】いきどおりなげく。なげく。なげき心配する。また、そうすること。
◇▼感慨・慷慨・憤慨・悲憤慷慨

心10【愷】〔13〕 カイ 漢 上 賄 kǎi カイ　ガイ 慣　U補J ①8459 3045 6137
意味 ①楽しむ。②やすらぐ。③おだやか。④勝ちいくさの音楽。＝凱
【愷楽(樂)】一 勝ちいくさをたたえる音楽。二 楽しむ。
【愷悌】やわらぎ楽しむ。人がらがゆったりしているさま。
【愷風】南から吹く風。＝凱風

心10【愨】〔14〕 カク 漢 入 覚 què チュエ　U補J 5634 6128
心11【慤】〔15〕俗字　U補J 6164
意味 ①つつしむ。まじめである。②〈すなお(すなほ)〉まごころ。誠実。「愨士」
【愨実(實)】つつしみ深く、まごころがこもっている。

心10【愧】〔13〕 キ 漢 呉 去 寘 kuì コイ　U補J 5635 6127
意味〈は・じる(―・づ)〉はずかしく思う。
【愧死】①はじいって死ぬ。②深くはじる。
【愧羞】①はずかしく思う。②はじ。
【愧笑】てれかくしに笑う。
【愧色】はずかしがるようす。
【愧赧】①はずかしがって顔を赤くする。②はじ。
【愧恥】①はずかしく思う。②はじ。

心10【愾】〔13〕 一 キ 漢 一 去 未 xì シー　二 カイ 漢 ガイ 慣 二 去 隊 kài カイ　三 キツ 漢 三 入 物 qì チー　U補J 5633 613E
意味 一〈なげ・く〉ためいきをつく。二〈いか・る〉＝慨 三〈いた・る〉＝迄

心10【慉】〔13〕 キク 漢 入 屋 xù シュイ　U補J 3050 6149
意味 ①〈この・む〉②〈やしな・う(――・ふ)〉③〈たくわ・える(たくは・ふ)〉ためる。

心10【愶】〔13〕 キョウ 漢(ケフ) 入 葉 xié シエ　U補J 3044 6136
意味 ①〈おびやか・す〉＝脅 ②おびえる。

心10【慊】〔13〕 一 ケン 漢 一 上 琰 qiǎn チエン　二 キョウ(ケフ) 漢 二 入 葉 qiè チエ　U補J 5636 614A
意味 一 ①あきたりない。満足しない。②うたがう。＝嫌 二〈あきた・りる(――・る)〉まんぞくする。
【慊慊】不満足に思うさま。
【慊如】あきたりないさま。不満足なさま。
【慊吝】①物をおしむ。②あきたりない。

心10【愿】〔14〕 ゲン 漢 去 願 yuàn ユワン　U補J 5637 613F
意味 ①〈つつし・む〉まじめである。誠実である。②〈すなお(すなほ)〉まじめ。
参考 愿は「願」(一三八〇ページ・上)の中国新字体としても使う。

心10【愰】〔13〕 一 コウ(クヮウ) 漢 一 去 様 huàng ホワン　二 コウ(クヮウ) 漢 二 上 養 huǎng ホワン　U補J ①8458 3041 6130
意味 一 ①心が明らかである。②揺れる。二 心が不安定なさま。

心10【慁】〔14〕 コン 漢 去 願 hùn フン　U補J ②1265 3047 6141
意味 ①〈うれ・える(――・ふ)〉気にかける。②〈けが・す〉はずかしめる。名誉をきずつける。③乱す。じゃます。

忄10【慎】〔13〕 常 シン つつしむ　U補J 3121 614E
旧字 忄10【愼】〔13〕 人 シン 漢 呉 去 震 shèn シェン　U補J 5638 613C

筆順
丷
忄
忄一
忄十
忄冇
忄直
愼
慎

意味 ①〈つつし・む〉気をつける。かるはずみなことをしない。②けっして。万が一にも。③姓。
解字  形声。忄が形を表し、眞しんが音を示す。忄は心。眞には、まことという意味がある。慎は、まごころをもっていることで、なにごともおろそかにせず、つつしむことをいう。他の説に、眞には、充実する意味があるから、慎は、心が充実していることであるとか、眞の音には、引きしめるという気持ちを含むから、慎は、心を引きしめることであるともいう。
名前 ちか・のり・みつ・よし・まこと

【慎思】つつしみ思う。よく考えること。【――録(錄)】国書名。六巻。江戸時代の儒者貝原益軒の著。道徳・修養などについて述べたもの。
【慎重】つつしみ深く、おもおもしい。
【慎独(獨)】ひとりでいるときでも行いをつつしむこと。「君子必慎其独(くんしはかならずそのひとりをつつしむ)」(一三一ページ・上)↓
【慎密】つつしみ深く、よく気をくばる。
【慎慮】心をおちつけて、よく考えてみる。また、そうすること。
◇▼謹慎

心10【㥮】〔13〕 スウ 慣 zhòu チョウ　U補J 396E
意味 現 性質ががんこで、ひねくれていること。

心10【愫】〔13〕 ソ 漢 去 遇 sù スー　U補J ①8457 3040 6124B
意味〈まこと〉まごころ。本心。「情愫」

心10【愬】〔14〕 一 ソ 漢 一 去 遇 sù スー　二 サク 漢 二 入 陌 sè ソー、suǒ スオ　U補J 5639 612C
意味 一 ①〈うった・える(――・ふ)〉㋐胸のうちを明かす。こぼす。㋑告げ口する。＝訴 ②〈むか・う(――・ふ)〉ある方向に進む。＝遡 二〈おそ・れる(――・る)〉びくびくする。

心10【愴】〔13〕 ソウ(サウ) 漢 去 漾 chuàng チョワン　U補J 5640 6134
意味〈いた・む〉いたましく思う。かなしむ。

心10【慅】〔13〕 一 ソウ(サウ) 漢 一 上 皓 cǎo ツァオ　二 ソウ(サウ) 漢 二 平 豪 sāo サオ　U補J 3048 6145
意味 一 思いわずらうさま。気苦労。二 さわがしく動いて、おちつかない。＝騒

心10【慥】〔13〕 ソウ(サウ) 漢 呉 上 皓 cǎo ツァオ　U補J ②1263 613A
意味 慥恅そうろうは、①心が乱れる。②静かである。

心10【態】〔14〕 学5 タイ　タイ 漢 呉 去 隊 tài タイ　U補J 3454 614B

筆順
厶
厶
台
育
育'
能'
能
態

意味 ①〈かたち〉すがた。かっこう。ふるまい。「態度」②ようす。ありさま。「状態」 国〈わざと〉わざわざ。ことさらに。「態態（わざわざ）」

解字 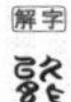 会意・形声。能と心を合わせた字。能は音タイで、音をも示すが、能力などのように、よくできることを表す。態は心のはたらきを示し、心に思うことが外に表れたものをいう。また、能は、人工を加えることで、態は、自然のままでなく飾った心をいう。あるいは、能には、弱々しく美しい意味があって、態は、弱々しく美しい人の性質をいうとも解する。

名前 かた　難読 態（わざ）と・態態（わざわざ）

【態色】（たいしょく） かたちをつける。とりすましたうわべの態度。わざとらしい態度や顔つき。

【態勢】（たいせい） みがまえ。ようす。ありさま。すがた。

【態度】（たいど） ①みぶり。②みがまえ。③ありさま。④しかた。 ㊁（タイトゥー） tàidù 現 ㊀に同じ。

▲▽生態（せいたい）・形態（けいたい）・狂態（きょうたい）・状態（じょうたい）・奇態（きたい）・実態（じったい）・姿態（したい）・重態（じゅうたい）・変態（へんたい）・容態（ようだい｜ようたい）・常態（じょうたい）・酔態（すいたい）・悪態（あくたい）・媚態（びたい）・痴態（ちたい）・様態（ようたい）・醜態（しゅうたい）・擬態（ぎたい）

心10 【惄】〔13〕 デキ 漢 入 錫 nì ニー U 6135 補 — J 3043

意味 〈うれ・える(―・ふ)〉 気がふさぐ。＝惄（でき）

心10 【慆】〔13〕 トウ（タウ） 漢 平 豪 tāo タオ U 6146 補 3049 J ②1266

意味 ①〈よろこ・ぶ〉 ②〈ほしいまま〉 したいほうだいのことをする。③かくす。④すぎゆく。⑤うたがう。

【慆慆】（とうとう（たうたう）） ①久しいさま。②みだれるさま。

小10 【慕】〔14〕 常 ボ したう U 6155 補 — J 4273

旧字 心11 【慕】〔15〕 ボ 漢 モ 呉 去 遇 mù ムー U — 補 — J —

筆順 艹 苜 莒 莫 莫 莫 慕 慕

意味 ①〈した・う(―・ふ)〉 ㋐こいしく思う。㋑ほしがる。㋒子が親のあとを追う。②ならう。同じようになりたいとねがう。③たっとぶ。④姓。

解字  形声。⺗が形を表し、莫（ぼ）が音を示す。⺗は心。莫は、暮と同じく、夕ぐれで、暗い、見えないという意味がある。慕は心をさぐって、親しみなれること。また、眼前にないものを、探り求める心をいう。

名前 もと

【慕悦】（ぼえつ） なつかしみよろこぶ。したいよろこぶ。

【慕情】（ぼじょう（じゃう）） 恋いしたう気持ち。

【慕心】（ぼしん） 恋いしたう心。なつかしく思う心。

▲▽思慕（しぼ）・哀慕（あいぼ）・追慕（ついぼ）・恋慕（れんぼ）・愛慕（あいぼ）

心10 【慂】〔14〕 ヨウ 漢 上 腫 yǒng ヨン U 6142 補 — J 5642

心8 【恿】〔12〕 俗字 U 60E5 補 3018 J —

意味 慫慂（しょうよう）は、そばからこうしたほうがいいと説きすすめる。

忄10 【慄】〔13〕 常 リツ リツ 漢 入 質 lì リー U 6144 補 — J 5643

筆順 忄 忄 忄一 忄襾 忄西 忄覀 慄 慄

意味 ①〈おそ・れる(―・る)〉 こわがる。ぞっとする。②ぶるぶるふるえる。おののく。「戦慄（せんりつ）」「悚慄（しょうりつ）」③寒いさま。④悲しむ。

解字 形声。忄が形を表し、栗（りつ）が音を示す。栗は、とげのついたいがが栗で、刺す意味がある。慄は、おそれおののく意味。論語・八佾（はちいつ）篇に「周人以レ栗。曰、使二民戦栗一（しゅうひとはりつをもってす。いわく、たみをしてせんりつせしむるなりと）」とあり、孔子の時代にはすでに栗が慄として使われていたことがわかる。

【慄然】（りつぜん） 恐れるさま。ぶるぶるふるえるさま。

【慄冽】（りつれつ） 寒さがきびしいさま。＝慄烈

▲▽戦慄（せんりつ）・凜慄（りんりつ）

心10 【愇】〔13〕 俗 →愇(四九〇ページ・下)

心10 【慌】〔13〕 旧 →慌(四九二ページ・中)

心10 【慈】〔14〕 旧 →慈(四九二ページ・下)

心10 【愱】〔13〕 同 →嫉(三五〇ページ・上)

忄10 【愼】〔13〕 旧 →慎(四九五ページ・中)

心10 【慱】〔13〕 同 →博(一九九ページ・上)

心10 【愹】〔13〕 同 →慵(四八五ページ・上)

心11 【慰】〔15〕 常 イ なぐさめる・なぐさむ イ(ヰ) 漢 呉 去 未 wèi ウエイ U 6170 補 — J 1654

筆順 コ 尸 层 屌 尉 尉 慰 慰

意味 〈なぐさ・める(―・む)〉 人の悲しさや苦しさをいたわる。心をおちつかせる。 国〈なぐさ・む〉 ①心がはれる。②もてあそぶ。おもちゃにする。

解字  形声。心が形を表し、尉（い）が音を示す。尉は、火のしで、上から押さえるものである。慰は、心をおさえて、おちつかせることで、なぐさめる意味になる。

【慰安】（いあん） なぐさめる。心を休め、おちつかせる。

【慰誨】（いかい（くわい）） なぐさめ教える。

【慰謝】（いしゃ） ①なぐさめ、あやまる。②なぐさめ力をそえる。＝慰藉 【――料】（いしゃりょう（れう）） 法人にその生命・身体・自由・名誉などを侵す行為を加えて精神的な苦しみを与えた賠償（ばいしょう）として算定された金銭。＝慰藉料

【慰撫】（いぶ） なぐさめいたわる。なぐさめ安んじる。

【慰問】（いもん） 人をたずねて、なぐさめる。なぐさめ、見舞うために人をたずねること。【――袋】（いもんぶくろ） 国戦地にいる軍人や、災害にあった人たちをなぐさめるために、思い思いの品物をいれて送る袋。

【慰喩】（いゆ） なぐさめさとす。＝慰諭

【慰諭】（いゆ） なぐさめさとす。＝慰喩

【慰留】（いりゅう（りう）） 国なだめて思いとどまらせる。

【慰霊】（いれい）（靈） 死者の霊をなぐさめること。「慰霊祭」

【慰労】（いろう（らう））（勞） なぐさめ、いたわる。骨折りをねぎらう。

▲▽弔慰（ちょうい）・撫慰（ぶい）

心11 【慪】〔14〕 ㊀オウ 漢 ㊀ 平 尤 ōu オウ ㊁オウ 慣 ㊁ ― ǒu オウ U 616A 補 — J —

意味 ㊀〈おし・む(をし・む)〉 けちけちする。㊁からかう。人をおこらせる。

忄11 【慣】〔14〕 学5 カン なれる・ならす カン(クヮン) 漢 呉 去 諫 guàn コワン U 6163 補 — J 2023

筆順 忄 忄 忄L 忄口 忄罒 忄毌 慣 慣

意味 ①〈な・れる(―・る)〉 〈なら・す〉 なれっこになっている。身についている。②〈なら・う(―・ふ)〉 身につく。③〈ならわし(ならはし)〉 習慣。くせ。

解字  形声。忄が形を表し、貫（くゎん）が音を示す。忄は心。貫には、つらぬくという意味がある。慣は終始一貫、心を変えずに押しとおすことで、習慣をいう。古い形は、摜である。また、貫には、積み重ねるという意味があるから、慣は、心に積み重ねてよくなれることを表すともいう。

名前 みな

【慣行】かんこう(くゎんかう) ならわしとして行う。また、そういうやりかた。いつもすること。
【慣習】かんしゅう(くゎんしふ) ①ならわし。風習。習慣。②個人または、社会のしきたり。【――法】かんしゅうほう(くゎんしふはふ) 国慣習にもとづいて成立する法。法と同じ力を持つ慣習。習慣法。
【慣性】かんせい(くゎんせい) 理外部からの力が加わらなければ、運動または静止している状態をそのまま変えまいとする物体の性質。惰性(だせい)。
【慣用】かんよう(くゎんよう) 使いなれる。ふつう一般に用いる。【――音】かんようおん(くゎんようおん) 呉音・漢音・唐音以外の読み方で、ふつうに用いられている字音。たとえば「輸(しゅ)」を「ゆ」と読むなど。【――手段】かんようしゅだん(くゎんようしゅだん) いつものやりかた。
【慣例】かんれい(くゎんれい) いつもきまってやる行事(ぎょうじ)。しきたり。ならわし。

心11 【慬】〔14〕 一キン漢 ゴン呉 一平 文 qín チン 二キン漢 二去 震 jìn チン U補J 616C 3053 ―
意味 一①憂える。②勇ましい。二わずかに。＝僅(きん)

心11 【慶】〔15〕 常 ケイ
ケイ漢 キョウ(キャウ)呉 去 敬 qìng チン U補J 6176 ― 2336
筆順 广 广 庐 声 声 慮 廖 慶
意味 ①〈よろこ・ぶ〉いわう。②〈よろこび〉めでたいこと。いわい。③ほうびを与える。ほめる。「慶賞」④よいおこない。⑤さいわい。福。
解字  会意。声と心と夂を合わせた字。声は鹿(しか)を略したもの。昔、おめでたいときには鹿の皮を贈ったので、めでたい意味を表す。夂は行くこと。慶は、この心でめでたいことを喜んで、あいさつに行く意味となる。一説に、慶は、人からごちそうを受けてよろこぶことであるともいう。
名前 ちか・のり・みち・やす・よし 姓 慶田(けだ)・慶田城(けだしろ)・慶田嵩(けだたけ)・慶良間(けらま)・慶留間(げるま) 地名 慶良間(けらま)
【慶雲】けいうん めでたいきざしの雲。めでたい五色(ごしき)の雲。景雲。瑞雲(ずいうん)。
【慶賀】けいが 喜び祝う。祝い。〈周礼(しゅらい)・小行人(しょうこうじん)〉
【慶忌】けいき 人名。春秋時代、呉国の勇士。
【慶儀】けいぎ 祝いごとに関する儀式。
【慶事】けいじ めでたいこと。祝いごと。おめでた。
【慶祝】一けいしゅく 喜び祝う。二チンチュー qìngzhù 現一に同じ。
【慶祥】けいしょう(しゃう) めでたいしるし。吉兆。
【慶賞】けいしょう(しゃう) ほめたたえる。ほめる。
【慶瑞】けいずい めでたいしるし。
【慶弔】けいちょう(てう) 祝いごとと、くやみごと。
【慶典】けいてん 祝いの儀式。
【慶福】けいふく 喜びと幸い。喜ばしい幸い。
◇▼大慶(たいけい)・同慶(どうけい)・吉慶(きっけい)・余慶(よけい)・御慶(ぎょけい)・嘉慶(かけい)

心11 【慧】〔15〕 人 ケイ漢 エ(ヱ)呉 去 霽 huì ホイ U補J 6167 ― 2337
旧字 心11 【慧】〔15〕 U補J ― ― ―
意味 ①〈さと・い(――・し)〉かしこい。②知恵。能力。③わるがしこい。④仏梵語 prajñā の音訳語「般若(はんにゃ)」の意訳語。明確に識別する能力。「慧力(えりょく)」
解字  形声。心が形を表し、彗(すい)が音を示す。彗はほうきを持っている形で、細い例になる。慧は、心がこまかいことに気がつくこと。音ケイは、彗の音スイの変化。
名前 さと・あきら・さとる
参考 新表記では、「恵」に書きかえる熟語がある。
【慧遠】えおん(ゑをん) 人名。①東晋(とうしん)の僧。白蓮社(びゃくれんしゃ)を創設し、浄土宗を開いた。廬山(ろざん)(江西(こうせい)省九江(きゅうこう)市)の東林寺にいて、「虎渓三笑」(一〇九四ジ・下)の故事で有名。(三三四〜四一六) ②隋(ずい)代の僧。敦煌(とんこう)の人。北周(ほくしゅう)の武帝の仏教禁止令に反対した。(五二三〜五九二)
【慧開】えかい(ゑかい) 人名。南宋の禅僧。「無門関」を著す。(一一八三〜一二六〇)
【慧能】えのう(ゑのう) 人名。唐代の僧。禅宗六代の祖師。広州で活躍し、「本来無一物」の偈(げ)で有名。(六三八〜七一三)
【慧琳】えりん(ゑりん) 人名。唐代の僧。カシュガルに生まれ、インドの声明(しょうみょう)を学ぶ。「一切経音義(いっさいきょうおんぎ)」を著す。(七三七〜八二〇)
【慧眼】けいがん 見る目がするどく、かしこい。また、その目。
【慧悟】けいご 知恵があって、ものわかりが早い。りこう。りはつ。
【慧敏】けいびん 知恵があって、きびきびしている。

心11 【慳】〔14〕 カン漢 ケン呉 平 刪 qiān チエン U補J 6173 ― 5644
意味 ①〈おし・む(をし・む)〉けちけちする。しみったれ。②〈しぶ・る〉ぐずぐずする。③はぶく。欠く。
【慳貪】けんどん ①仏欲の深いこと。②国じゃけんなこと。むごいこと。つっけんどん。

心11 【慷】〔14〕 コウ漢 (カウ) 平 陽 kāng カン U補J 6177 ― 5645
意味 ①〈なげ・く〉いきどおりなげく。②豪放である。
【慷慨(慨)】こうがい(かう) ＝忼慨 ①気持ちが高ぶる。②いきどおりなげく。「悲憤慷慨」

心11 【慠】〔14〕 ゴウ漢 (ガウ) 去 号 ào アオ U補J 6160 3052 ②1267
意味 〈おご・る〉人をみくだす。とくいになる。
【慠慢】ごうまん(がう) おごりたかぶること。＝傲慢

心11 【慙】〔15〕 サン漢 ザン呉 平 覃 cán ツァン U補J 6159 ― 5647
意味 〈は・じる(―・づ)〉はずかしく思う。
心11 【慚】〔14〕 同字 U補J 615A ― 5648
【慙恚】ざんい 恥じ入る。
【慙愧】一ざんき ①恥ずかしく思う。②恥。二ツァンコイ cánkuì 現一に同じ。
【慙色】ざんしょく 恥じるようす。

心11 【慫】〔15〕 ショウ漢 上 腫 sǒng ソン U補J 616B ― 5649
意味 ①慫慂(しょうよう)は、人にこうしたほうがよいとすすめる。②おそれおののく。あわてふためく。「慫兢(しょうきょう)」

心11 【慯】〔14〕 ショウ漢 (シャウ) 平 陽 shāng シャン U補J 616F ― 5651
意味 〈いた・む〉憂い悲しむ。＝傷(しょう)

心11 【慴】〔14〕 ショウ漢 (セフ) 入 葉 zhé チョー、shè ショー U補J 6174 ― 5650
意味 ＝懾 ①〈おそ・れる(――・る)〉びくびくする。ふるえあがる。②おどしてしたがわせる。おびやかす。
【慴懼】しょうく(せふ) ふるえあがっておそれる。
【慴伏】しょうふく(せふ) ①おそれて、ひれふす。②おそれしたがう。「＝慴服」

心11 【慞】〔14〕 ショウ漢 (シャウ) 平 陽 zhāng チャン U補J 615E 3051 ―
意味 ①慞惶(しょうこう)は、迷って不安におもうさま。また、あわてるさま。②恐れる。

心11 【慼】〔15〕 セキ漢 入 錫 qī チー U補J 617C 3057 ②1268
心11 【慽】〔14〕 本字 U補J 617D ― ―
意味 ①〈うれ・える(――・ふ)〉心配する。②〈かなし・

◆心(忄・⺗)戈戸(戶)手(扌)支攴(攵)
4画
文斗斤方无(旡・旡)日曰月(月)木欠止歹殳毋比毛氏气水(氵・氺)火(灬)爪(爫・⺥)父爻爿片牙(牙)牛(牜)犬(犭)

む〉

➡心(忄・⺗)戈戸(戶)手(扌)支攴(攵) 4画 文斗斤方无(旡・旡)日曰月(月)木欠止歹殳毋比毛氏气水(氵・氺)火(灬)爪(⺤・⺥)父爻爿片牙(牙)牛(牜)犬(犭)

忄11 **【憎】**〔14〕 常 ゾウ にくむ・にくい・にくらしい・にくしみ J 3394 補 — U 618E

旧字 忄12 **【憎】**〔15〕 人 ソウ 漢 平 蒸 ゾウ 慣 zēng ツォン J ①8462 補 — U FA3F

筆順 … 憎

意味 ①〈にく・む〉きらう。いやがる。↕愛 ②〈にく・い(――・し)〉〈にくらし・い(にくら・し)〉 ③〈にくしみ〉

解字 形声。忄が形を表し、曾が音を示す。忄は心。曾には、かさなるという意味がある。憎は、思いがかさなることで、にくむ意味になる。一説に、曾の音は醜と通じ、みにくいという意味を含むから、憎は、心に見苦しいと思うことであるという。

【憎悪(惡)】ぞうお(を) にくみきらう。にくしみ。↕愛好

△▼生憎あいにく・愛憎あいぞう

心11 **【慥】**〔14〕 ソウ(サウ) 漢 去 号 ゾウ(ザウ) 慣 zào ツァオ J 5652 補 — U 6165

意味 ①まじめなさま。「慥慥ぞうぞう」 ②あわただしいさま。 国〈たしか〉確かに。

心11 **【慸】**〔15〕 タイ 漢 去 卦 dì ティー J 3055 補 — U 6178

意味 慸芥たいかい・慸葪たいかいは、小さなとげ。転じて、心にわだかまりがあることをさす。＝蔕芥たいかい

心11 **【慱】**〔14〕 タン 漢 平 寒 tuán トワン J 5653 補 — U 6171

意味 慱慱たんたんは、思いなやむさま。

心11 **【憄】**〔15〕 チ 漢 去 寘 呉 zhì チー J 3062 補 — U 6184

意味 あたえる。

心11 **【惷】**〔15〕 一 トウ(タウ) 漢 一 平 江 chuāng チョワン 二 ショウ 漢 二 平 冬 chōng チョン J 3061 補 — U 6183

意味 一 二 〈おろか〉ばか。にぶい。「惷愚しょうぐ|とうぐ」

参考 「惷しゅん」は別字。

心11 **【慟】**〔14〕 トウ 漢 去 送 ドウ 呉 tòng トン J 5654 補 — U 615F

意味 ①この上なく悲しい。②大声をあげて泣き悲しむ。

【慟泣】どうきゅう(きふ) 声をあげ、涙を流して泣く。

【慟哭】どうこく 非常に悲しんで、大声をあげて泣く。

心11 **【慝】**〔15〕 トク 漢 入 職 tè トー J 5655 補 — U 615D

意味 ①〈わる・い(――・し)〉ただしくない。②悪人。悪事。③わざわい。災害。④陰の気。

心11 **【慲】**〔14〕 バン 漢 平 寒 マン 呉 mán マン J 3054 補 — U 6172

意味 ①忘れているさま。はっきり覚えていない。②だます。

心11 **【慓】**〔14〕 ヒョウ 漢 去 嘯 (ヘウ) piào ピアオ J 5656 補 — U 6153

意味 すばやい。はやい。＝剽

【慓悍】ひょう(へう)かん すばやくて強い。すばやくて、あらあらしい。＝剽悍

忄11 **【慢】**〔14〕 常 マン バン 漢 去 諫 マン 呉 màn マン J 4393 補 — U 6162

筆順 … 慢

意味 ①〈おご・る〉いばる。とくいになる。「傲慢ごうまん」 ②〈あなど・る〉ばかにする。③〈おこた・る〉なまける。④おそい。⑤ゆっくりと。⑥ながびく。「慢性」

解字 形声。忄が形を表し、曼まんが音を示す。忄は心。曼には、だらだらと長引くという意味がある。慢は、心がだれている状態をいう。

【慢易】まんい ばかにする。あなどる。

【慢心】まんしん おごりうぬぼれる心。人をみくびる心。

【慢性】まんせい ①だらだらとながびくたち。②いつまでもなおらず、ながびく病気。↕急性

【慢然】まんぜん たかぶり得意とくになっているさま。

【慢罵】まんば 人をみくびって、ののしる。

【慢侮】まんぶ 人をみくびり、ばかにする。

【慢舞】まんぶ ゆるやかな調子で舞う。また、そういう舞。〈白居易はくきょいの詩・長恨歌ちょうごんか〉

【慢遊】まんゆう(いう) 気ままにあそびまわる。＝漫遊

【慢慢的】マンマント mànmànde 現ゆっくりと。そろそろと。

【慢而侮レ人】まんにしてひとをあなどる おごりたかぶって人をばかにする。〈史記・高祖本紀こうそほんぎ〉

△▼自慢じまん・我慢がまん・怠慢たいまん・高慢こうまん・欺慢ぎまん・傲慢ごうまん・緩慢かんまん・驕慢きょうまん・喉自慢のどじまん

心11 **【憂】**〔15〕 常 ユウ うれえる・うれい・うい ユウ(イウ) 漢 ウ 呉 平 尤 yōu ユー J 4511 補 — U 6182

筆順 … 憂

心9 **【𢝊】**〔13〕 本字 U 2274A 補 — J —

意味 ①〈うれ・える(――・ふ)〉心配する。思いなやむ。②〈うれい(うれひ)〉〈う・い(―・し)〉心配。かなしみ。苦労。病気。③父母の喪も。

解字 会意。𦣻・心・夊を合わせた字。𦣻は、頁で、頭のこと。夊は行きなやむこと。憂は心のなやみが顔にあらわれて、とつおいつ、思案する状態をいう。一説に、𦣻の音は遊ゆうと通ずるから、憂は、ゆったりとして歩くことを表すともいう。

【憂目】うきめ 国つらいこと。ひどいめ。＝浮目

【憂畏】ゆう(いう)い(ゐ) うれえおそれる。心配し、こわがる。

【憂鬱】ゆう(いう)うつ 気持ちが沈んで、心がはれないこと。気がふさぐこと。〈管子・内業ないぎょう〉「心配。

【憂患】ゆう(いう)かん(くわん) いろいろなことに心をなやますこと。なやみ。」

【憂喜】ゆう(いう)き うれいとよろこび。心配事と楽しい事。「憂喜聚レ門兮ゆうきもんにあつまる」〈賈誼かぎ・鵩鳥賦ふくちょうのふ〉

【憂苦】ゆう(いう)く うれえ苦しむ。また、そうした状態。

【憂懼】ゆう(いう)く うれえ、おそれる。＝憂惧

【憂虞】ゆう(いう)ぐ うれえおそれる。案じて気をもむ。

【憂国(國)】ゆう(いう)こく 国家のことを案じ心配すること。「憂国の士」

【憂思】ゆう(いう)し 「憂心」に同じ。

【憂囚】ゆう(いう)しゅう(しう) うれえ沈むこと。また、その人。

【憂愁】ゆう(いう)しゅう(しう) 心がふさぎ、さびしがること。うれい。悲しみ。」

【憂傷】ゆう(いう)しょう(しやう) 心配し心をいためる。

【憂色】ゆう(いう)しょく 心配そうな顔つき。

【憂心】ゆう(いう)しん ①心配する気持ち。②なさけなく思う心。憂思。「こと。」

【憂悴】ゆう(いう)すい うれえ、やつれる。心配のあまり、からだが弱る」

【憂世】一 ゆう(いう)せい 世の中をなげき心配すること。二 うきよ 国つらいことの多い世の中。この世。＝浮世

【憂戚】ゆう(いう)せき うれえ悲しむ。心配する。＝憂慼

【憂嘆(「歎」)】ゆう(いう)たん 心配し、ためいきをつく。

【憂憤】ゆう(いう)ふん 心配していきどおる。なげきいきどおる。

【憂望】ゆう(いう)ぼう(ばう) 遠方の人または事を心配すること。

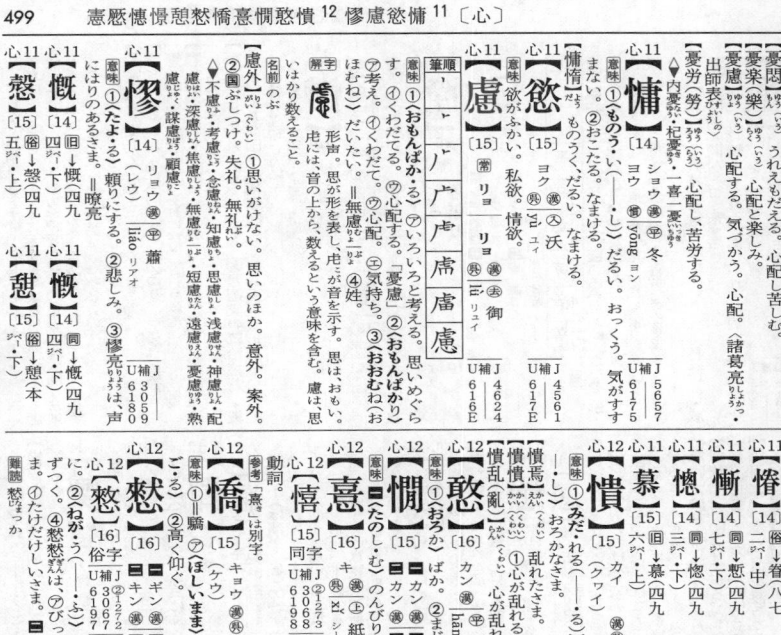

【憂悶】うれえもだえる。心配し苦しむ。
【憂楽(樂)】心配と楽しみ。
【憂慮】心配する。気づかう。心配。〈諸葛亮・出師表〉
【憂労(勞)】心配し、苦労する。
◇内憂・杞憂・一喜一憂

心11【慵】〔14〕ショウ 漢 平 冬 ヨウ 慣 yōng ヨン J 5657 U 6175
意味 ①〈ものう・い(――・し)〉だるい。おっくう。気がすすまない。②おこたる。なまける。
【慵惰】ものうく、だるい。なまける。

心11【慾】〔15〕ヨク 漢 呉 入 沃 yù ユィ J 4561 U 617E
意味 欲がふかい。私欲。情欲。

心11【慮】〔15〕常 リョ リョ 漢 呉 去 御 lǜ リュイ J 4624 U 616E
筆順 慮
意味 ①〈おもんぱか・る〉㋐いろいろと考える。思いめぐらす。㋑くわだてる。㋒心配する。「憂慮」②〈おもんぱかり〉㋐考え。㋑くわだて。㋒心配。㋓気持ち。③〈おおむね(おほむね)〉だいたい。＝無慮 ④姓。
解字  形声。思が形を表し、虍が音を示す。思は、おもい。虍には、音の上から、数えるという意味を含む。慮は、思いはかり数えること。
名前 のぶ
【慮外】①思いがけない。思いのほか。意外。案外。②国ぶしつけ。失礼。無礼。
◇不慮・考慮・念慮・知慮・思慮・浅慮・神慮・配慮・深慮・焦慮・無慮・短慮・遠慮・憂慮・熟慮・謀慮・顧慮

心11【憀】〔14〕リョウ(レウ) 漢 平 蕭 liáo リアオ 補 3059 U 6180
意味 ①〈たよ・る〉頼りにする。②悲しみ。③憀亮は、声にはりのあるさま。＝嘹亮

心11【慨】〔14〕旧 ↓慨(四九四ページ・下)
心11【慤】〔15〕俗 ↓愨(四九五ページ・上)
心11【慨】〔14〕同 ↓慨(四九四ページ・下)
心11【憇】〔15〕俗 ↓憩(本ページ・下)

心11【慻】〔14〕俗 ↓眷(八七二ページ・中)
心11【慚】〔14〕同 ↓慙(四九七ページ・下)
心11【憁】〔14〕同 ↓惚(四九三ページ・下)
心11【慕】〔15〕旧 ↓慕(四九六ページ・上)
心11【慘】〔14〕旧 ↓惨(四八六ページ・上)
心11【慽】〔14〕本 ↓慼(四九七ページ・下)
心11【憑】〔15〕俗 ↓憑(五〇〇ページ・中)

心12【憒】〔15〕カイ(クヮイ) 漢 呉 去 隊 kuì コイ J ②1270 補 3065 U 6192
意味 ①〈みだ・れる(――・る)〉心が乱れる。②〈くら・い(――・し)〉おろかなさま。
【憒焉】乱れたさま。
【憒憒】①心が乱れるさま。②はっきりしないさま。
【憒乱(亂)】心が乱れて、道理がわからなくなる。

心12【憨】〔16〕カン 漢 平 覃 hān ハン J ②1275 補 3074 U 61A8
意味 ①〈おろか〉ばか。②まじめな。

心12【憪】〔15〕㊀カン 漢 平 删 xián シエン ㊁カン 漢 上 潸 xiàn シエン 補 3075 U 61AA
意味 ㊀〈たのし・む〉のんびりしている。㊁不安なさま。

心12【憙】〔16〕キ 漢 呉 上 紙 xǐ シー J 5658 U 6199
意味 ①〈よろこ・ぶ〉＝喜 ②〈この・む〉③〈ああ〉感動詞。
心12【憘】〔15〕同字 J ②1273 補 3068 U 6198
参考「熹」は別字。

心12【憍】〔15〕キョウ(ケウ) 漢 呉 平 蕭 jiāo チアオ J ①8461 補 3064 U 618D
意味 ①＝驕 ㋐〈ほしいまま〉したいほうだいをする。㋑〈おご・る〉②高く仰ぐ。

心12【憖】〔16〕㊀ギン 漢 去 震 yìn イン ㊁キン 漢 去 問 xìn シン J 5659 U 6196
意味 ㊀①〈なまじい(なまじひ)〉したくもないことをむりに。②〈ねが・う(――・ふ)〉むりやりねがう。③欠ける。きずつく。④憖憖は、㋐びっくりしたさま。おどおどしたさま。㋑たけだけしいさま。㊁口をあけて笑うさま。
心12【慭】〔16〕俗字 J ②1272 補 3067 U 6197
難読 憖じっか

心12【憩】〔16〕常 ケイ いこい・いこう ケイ 漢 去 霽 qì チー J 2338 U 61A9
筆順 憩
心11【憇】〔15〕俗字 J 5660 U 6187
意味 ①〈いこ・う(――・ふ)〉やすむ。「憩息」②〈いこい(いこひ)〉休息。
解字 形声。舌と息とを合わせた字。息が形を表し、舌が音を示す。息はいき。舌には口をふさぐ、止まる、という意味がある。憩は、止まって息をつくことで、いこうという意味がある。
名前 やす
◇小憩・少憩・休憩

忄12【憬】〔15〕常 ケイ ケイ 漢 上 梗 jǐng チン J 5661 U 61AC
筆順 憬
意味 ①〈さと・る〉気がつく。②遠く行くさま。国〈あこが・れる(――・る)〉心がひかれる。「憧憬」
解字  形声。忄が形を表し、景が音を示す。景には、日が当たって明暗がはっきり分かれる意味がある。憬は、心にはっきりさとる意味を表す。

心12【憓】〔15〕ケイ 漢 去 霽 エ(ヱ) 呉 huì ホイ J ②1271 補 3066 U 6193
意味 ①〈したが・う(――・ふ)〉服従する。②はかりごとが多い。③＝恵

心12【憠】〔16〕ケツ 漢 入 月 jué チュエ 補 3072 U 61A0
意味 力強い。

心12【憲】〔16〕学6 ケン ケン 漢 去 願 xiàn シエン J 2391 U 61B2
旧字 心12【憲】〔16〕
筆順 憲
意味 ①〈のり〉おきて。さだめ。おしえ。法令。②〈のっと・る〉手本にする。③しめす。公布する。
解字  形声・会意。害と目と心を合わせた字。害は、害の略で、音を示すとともに、「そこなう」「さまたげる」の意味を

心(忄·⺗)戈戸(戶)手(扌)支攴(攵) 4画 文斗斤方无(旡·旡)日曰月(⺝)木欠止歹殳毋比毛氏气水(氵·氺)火(灬)爪(爫·⺥)父爻爿片牙(牙)牛(牜)犬(犭)

持つ。目と心は、物事を見てすばやく判断することから、「さとい」という意味になる。憲は、さまたげになる物事を、敏速に判断するという意味で、すぐれた知識と判断力を持つことによって生ずる基本的な法則を表す。一説に、憲は、心や目のかってな動きをふせいで、きまりを作ることという。また、憲は、頭をおおうものであるともいう。

名前 かず・さだ・とし・あきら・ただし・ただす

【憲憲】(けんけん) ①さかんなさま。②よろこぶさま。

【憲章】(けんしょう(しゃう)) ①法制を守る。②のり。おきて。規則。

【憲政】(けんせい) 憲法を定め、それに従って行う政治。

【憲兵】(けんぺい) 国もとの陸軍の兵科の一つ。おもに軍事警察の任に当たったもの。

【憲法】(けんぽう(ぱふ)) ①のり。おきて。②法国家の統治権(とうちけん)・機関・作用及び国民の権利などをきめた根本の規則で、すべての法律の基礎になるもの。

△▼合憲(ごうけん)・官憲(かんけん)・家憲(かけん)・違憲(いけん)

心12【憯】〔15〕 サン 漢 上 感 cǎn ツァン U補J 2F8AE

心12〔㦧〕〔15〕俗字 U補J 61AF

心16〔㦧〕〔19〕俗字 U補J 39A7

意味 ①〈いた・む〉 ②むごい。＝惨 ③〈かつて〉否定の意を強調する語。さて。なんと。

忄12【憧】〔15〕 常 ショウ あこがれる U補J 3820 61A7

一ショウ 漢 一 平 冬 chōng チョン
二ドウ 慣 トウ 漢 二 去 絳 zhuàng チョワン

旧字 心12【憧】〔15〕(タウ) U補J

筆順 丶 忄 忄 忙 忙 恃 愔 憧 憧

意味 一心が落ち着かないさま。二おろかである。国〈あこが・れる(――・る)〉心をうばわれる。したう。

解字 形声。忄が形を表し、童(どう)が音を示す。童には、くるくる動きまわる意味がある。憧は、心の落ちつかないことをいう。

【憧憧】(しょうしょう/どうどう) ①気持ちが落ち着かないさま。〈易経(えききょう)・咸卦(かんか)〉 ②絶え間なく行き来するさま。

【憧憬】(しょうけい/どうけい) 国あこがれる。あこがれ。

心12【憔】〔15〕 ショウ 漢 呉 平 蕭 qiáo チアオ (セウ) U補J 5662 6194

意味 〈やつ・れる(――・る)〉 ①やせおとろえる。②つかれる。

【憔悴】(しょうすい(せう)) ①やつれる。やせ衰える。②疲れ苦しむ。③うれえるさま。

心12【憟】〔15〕 ソク 漢 入 沃 sù スー U補J 3071 619F

意味 おもねる。へつらう。

心12【憝】〔16〕 タイ 漢 去 隊 duì トイ U補J 3070 619D

意味 ①〈うら・む〉 ②〈にく・む〉 ③わるもの。

忄12【憚】〔15〕 標 タン 漢 去 翰 ダン 呉 dàn タン U補J 5663 619A

心12〔𢢸〕〔16〕同字 U補J ②2838

心9〔㦎〕〔12〕俗字 U補J ②1255 60EE

意味 ①〈はばか・る〉 ㋐むずかしく思う。㋑おそれる。㋒あやぶむ。いみきらう。②つかれる。＝癉 ③すまない。恐縮(きょうしゅく)。国〈はばかり〉①えんりょ。②すまない。恐縮。

解字 形声。忄が形を表し、單(たん)が音を示す。單には、ふるえるの意味があり、憚は心をふるわせて、おそれる、はばかるの意となる。音を示す單から構成される戰(せん)に、おそれる、ふるえるという意味がある。

心12【憊】〔16〕 ハイ 漢 去 卦 bèi ペイ U補J 5664 618A

意味 〈つか・れる(――・る)〉よわる。

【憊色】(はいしょく) つかれた顔つき。つかれはてたようす。

△▼困憊(こんぱい)・疲憊(ひはい)・疲労困憊(ひろうこんぱい)

心12【憑】〔16〕 標 ヒョウ 漢 平 蒸 píng ピン U補J 5665 6191

心11〔凴〕〔15〕俗字 U補J 3058 617F

意味 ①〈よ・る〉〈たの・む〉 ㋐もたれる。㋑たよる。㋒もとづく。よりどころにする。②人にたのみごとをする。③〈つ・く〉もののけなどがのりうつる。④よりどころ。しるし。証拠。⑤高い所にのぼる。「憑眺(ひょうちょう)」 ⑥気持ちがふさぐ。⑦おかす。攻めよせる。「憑陵(ひょうりょう)」 ⑧徒歩で川を渡る。かちわたり。＝馮

【憑物】(つきもの) 国人にのりうつったものの霊。もののけ。

【憑依】(ひょうい) ①よりすがる。また、よりすがり。たより。〈韓愈(かんゆ)・雑説(ざっせつ)〉 ②(もののけなどが)のり移ること。

【憑河】(ひょうが) 歩いて川を渡ること。むこうみずな行動にたとえる。「暴虎(ぼうこ)憑河」

【憑拠(據)】(ひょうきょ) たのみにして、よりどころにすること。よりどころ。

【憑陵】(ひょうりょう) (軍隊などが)攻めよせる。人の土地をおかす。

忄12【憫】〔15〕 標 ビン 漢 ミン 呉 上 軫 mǐn ミン U補J 5666 61AB

意味 ①〈あわれ・む(あはれ・む)〉かわいそうに思う。②〈うれ・える(――・ふ)〉心配する。

【憫察】(びんさつ) ①あわれみ思いやる。②他人に察してもらうことのけんそんした言い方。

【憫笑】(びんしょう(せう)) 人をあわれみ笑う。

【憫然】(びんぜん) あわれむさま。ふびんに思うさま。

△▼不憫(ふびん)・憐憫(れんびん/れんみん)

心12【憮】〔15〕 ブ 漢 上 麌 wǔ ウー U補J 5667 61AE

意味 ①がっかりするさま。②驚き、いぶかるさま。

【憮然】(ぶぜん) ①意外なのに感じいるさま。②失望するさま。

忄12【憤】〔15〕 常 フン いきどおる U補J 4216 61A4

フン 漢 上 吻 fèn フェン

旧字 心13【憤】〔16〕 U補J 2F8AD

筆順 丶 忄 忄 忙 忤 忤 愔 憤 憤

意味 ①〈いきどお・る(いきどほ・る)〉腹をたてる。いかる。②もだえる。やっきとなる。③ふるいたつ。はげむ。

解字 形声。忄が形を表し、賁(ふん)が音を示す。忄は心。賁には、たまったものが、ふき出そうとしている気持ちがある。憤は、心中もだえて、はけ口を求めている状態をいう。

【憤恚】(ふんい) 「憤怒」に同じ。

【憤怨】(ふんえん(ゑん)) いきどおり、うらむこと。憤恨(ふんこん)。

【憤慨(慨)】(ふんがい) いきどおりなげくこと。

【憤激】(ふんげき) はげしくいきどおる。いきどおって、ふるいたつ。

【憤恨】(ふんこん) 深く怒る。いきどおりうらむ。

【憤死】(ふんし) ふんがいして死ぬ。

【憤然】(ふんぜん) ぷりぷりおこるさま。

【憤怒】 一(ふんど/ふんぬ) ものすごく腹をたてること。二(フェンヌー) fènnù 現一に同じ。

【憤発(發)】(ふんぱつ) 元気をふるいおこす。ふるいたつ。＝奮発

【憤憤(憤)】(ふんぷん) ぷりぷりおこるさま。心がおだやかでないさま。

【憤満(滿)】ふんまん 「憤懣ふんまん」に同じ。
【憤懣】ふんまん 心の中の怒りと不満とをおさえきれないこと。
【憤悶】ふんもん いきどおり悩む。心に怒る。
【憤励(勵)】ふんれい いきどおりはげむ。ふるい立ち、はげむ。＝憤厲・奮励
【発(發)レ憤忘レ食、楽(樂)以忘レ憂】いきどおり(いきどほり)をはっしてしょくをわすれ、たのしみてもってうれえ(うれへ)をわする 道が求め得られない心のもだえが起こると、食事も忘れてこれに熱中し、ひとたび道を得られれば、これを楽しんで、すべての心配も忘れてしまう。〈論語・述而じゅつじ〉
【不レ憤不レ啓】ふんせざればけいせず 心の中に求め、その熱情が表に発しなくては、これを開発して教えることをしない。〈論語・述而じゅつじ〉
◆公憤こうふん・余憤よふん・私憤しふん・発憤はっぷん・悲憤ひふん・痛憤つうふん・義憤ぎふん・憂憤ゆうふん・鬱憤うっぷん

心12 【憋】〔16〕 ヘツ 漢 入 屑 biē ピエ　J ― 補 3063 U 618B
意味 ①悪い。②短気なさま。③現㋐つまる。とじこめる。㋑思うことが心にたまる。ぐっとこらえる。

心12 【意】〔16〕 ヨク 漢 オク 呉 入 職 yì イー　J ― 補 ― U 22843
古字 心7 【㥁】〔11〕　J ― 補 2990 U 60A5
意味 ①満ちる。②数の単位。十万。

心12 【憭】〔15〕 一 リョウ(レウ) 漢 上 篠 liǎo リアオ 二 リョウ(レウ) 漢 平 蕭 liáo リアオ　J ②1276 補 3076 U 61AD
意味 一①〈さと・い(――・し)〉かしこい。②〈あきら・か〉はっきりしている。二憭慄りょうりつは、いたみ、かなしむさま。さびしいさま。

心12 【憥】〔16〕 ロウ(ラウ) 漢 呉 平 豪 láo ラオ　J ②1274 補 3073 U 61A5
意味 くるしむ。心をすりへらす。

心12 【猒心】〔16〕 同→懕(五〇三ジベー・上)
心12 【憘】〔15〕 同→憙(四九九ジベー・中)
忄12 【憎】〔15〕 旧→憎(四九八ジベー・上)
心12 【濍】〔16〕 俗→濍(五〇三ジベー・中)
心12 【慨】〔15〕 俗→慨(四九四ジベー・下)
心12 【憖】〔16〕 俗→憖(五〇二ジベー・上)
心12 【惰】〔15〕 本→惰(四九三ジベー・下)
心12 【憐】〔15〕 旧→憐(五〇二ジベー・下)

心12 〖燊〗(六六七ジベー・中)→木部十二画

心13 【懌】〔16〕 エキ 漢 入 陌 yì イー　J 5668 補 ― U 61CC
意味 ①〈よろこ・ぶ〉たのしむ。②相手にしたがう。

心13 【懊】〔16〕 一 オウ(アウ) 漢 呉 上 皓 ào アオ 二 イク(ヰク) 漢 入 屋 yù ユィ　J 5669 補 ― U 61CA
意味 一〈なや・む〉心の中でくるしみもだえる。二むさぼる。
【懊悩(惱)】おうのう(あうなう) 思いなやむこと。もだえ。

忄13 【憶】〔16〕 常 オク　J 1817 補 ― U 61B6
旧字 心13 【憶】〔16〕 ヨク 漢 オク 呉 入 職 yì イー　J ― 補 ― U ―

筆順 忄 忄 忙 忙 忙 憶 憶 憶

意味 ①〈おも・う(――・ふ)〉心にとめる。思いだす。②〈おぼ・える(――・ゆ)〉おぼえこむ。
解字 形声。忄が形を表し、意いが音を示す。忄は心。意は心に思っていることである。憶は、意に忄(心)を加えて、深く思うこと、胸に感情がいっぱいこもっていることを表す。
参考 新表記では、「臆」の書きかえに用いる熟語がある。
【憶(「臆」)説】おくせつ 推測や仮定をもとにして立てた意見。
【憶(「臆」)測】おくそく いいかげんに推測する。あて推量ずいりょう。「揣摩しま憶測」(揣摩も、おしはかる意。)
【憶(「臆」)断(斷)】おくだん あて推量ずいりょうできめる。
◆記憶きおく・追憶ついおく

忄13 【懐】〔16〕 常 カイ ふところ・なつかしい・なつかしむ・なつく・なつける　J 1891 補 ― U 61D0
旧字 忄16 【懷】〔19〕 人 カイ(クヮイ) 漢 平 佳 huái ホワイ エ(ヱ) 呉　J 5671 補 ― U 61F7

筆順 忄 忄 忙 忙 忙 忙 懐 懐

意味 ①〈ふところ〉胸の前。②〈いだ・く〉㋐ふところにいれる。だきかかえる。㋑心にいだく。③子をはらむ。みごもる。④〈おもい(おもひ)〉心持ち。考え。⑤〈おも・う(――・ふ)〉気にかける。したう。⑥〈なつ・く〉なじむ。なれしたがう。⑦〈なつ・ける(――・く)〉手なずける。「懐柔」⑧〈なつかし・い(なつか・し)〉〈なつかし・む〉⑨姓。

解字 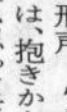 形声。忄が形を表し、褱くゎいが音を示す。忄は心。褱には、抱きかかえるという意味がある。懐は、心の中にだきかかえることで、思って忘れないことをいう。

名前 かぬ・かね・たか・ちか・つね・もち・やす・きたす
【懐帰(歸)】かいき(くわいき) ふるさとに帰りたいと思うこと。

【懐疑】かいぎ(くわいぎ) うたがいをいだくこと。あやぶむこと。【――論】かいぎろん(くわいぎろん) 哲人間がはたして真理を認識できるかどうかを疑い、原則的に、断定的な判断をさしひかえる態度。

【懐旧(舊)】かいきゅう(くわいきう) 昔のことをなつかしく思うこと。懐古。【――談】かいきゅうだん 国昔の思い出ばなし。

【懐郷(鄉)】かいきょう(くわいきやう) 故郷をなつかしみ恋しく思う。

【懐剣(劍)】かいけん(くわいけん) 国昔、ふところに入れて持ち歩いた短刀。あいくち。

【懐古】かいこ(くわいこ) 「懐旧」に同じ。

【懐顧】かいこ(くわいこ) 過ぎさったことを、ふりかえって思う。＝回顧【――録(錄)】かいころく(くわいころく) 思い出を書きつづった文章・書物。＝回顧録
【懐思】かいし(くわいし) 思う。したう。

【懐紙】かいし(くわいし) 国①たたんでふところに入れて持って歩く紙。ふところがみ。たとうがみ。②和歌・連歌などを正式に書くときに用いる用紙。

【懐柔】かいじゅう(くわいじう) ①来させて安心させる。②手なずけ従わせる。味方にだきこむ。

【懐春】かいしゅん(くわいしゅん) ①若い男女が結婚したいと思う。②男女の恋愛。

【懐衽】かいじん(くわいじん) ふところ。親のふところをいう。＝懐袵
【懐石】かいせき(くわいせき) 国茶の会で、茶の前に出す簡単な料理。

【懐想】かいそう(くわいさう) なつかしく思う。また、その思い出。

【懐胎】かいたい(くわいたい) みごもる。はらむ。懐妊。妊娠にんしん。

【懐中】かいちゅう(くわいちう) ①ふところの中。また、ふところにいれること。②国懐中物かいちゅうものの略。さいふ・とけいなど。

【懐妊】かいにん(くわいにん) 子をはらむ。みごもる。みおも。妊娠にんしん。「胎かい。懐」

【懐風藻】かいふうそう(くわいふうさう) 国書名。一巻。奈良なら時代に作られた漢詩集。編者不明。

【懐抱】かいほう(くわいはう) ①ふところ。また、ふところにだきかかえる。②心の中で考える。また、その考え。

【懐炉(爐)】かいろ(くわいろ) 国ふところに入れて、胸や腹をあたためる道具。

【忘二懐得失一】(おもいをとくしつにわする) 心の中で名利を得るとか失うとかの俗念を忘れている。損得などを考えない。〈陶潜(とうせん)・五柳先生伝(ごりゅうせんせいでん)〉

心13 【懈】〔16〕 カイ 漢 ケ 呉 ゲ 慣 去 卦 xiè シエ U補J 5672 61C8

意味 〈おこた・る〉なまける。気がゆるむ。

◆本懐(ほんかい)・所懐(しょかい)・述懐(じゅっかい)・追懐(ついかい)・虚心坦懐(きょしんたんかい)

【懈意】(かいい) なまける気持ち。なまけごころ。

【懈惰】(かいだ) なまける。だらける。

【懈怠】(かいたい|けたい|げだい) なまける。サボる。懈惰(かいだ)。

忄13 【憾】〔16〕 常 カン ｜ カン 漢 去 勘 hàn ハン U補J 2024 61BE

筆順 丷 忄 忄 忓 恄 惐 惐 憾

意味 〈うら・む〉心残りに思う。思い残り。「遺憾(いかん)」

解字 形声。忄が形を表し、感(かん)が音を示す。忄は心。感は、心の動きである。憾は、心の中に、残念な気持ちのあること。

【憾悔】(かんかい)(くわい) 心残りして、くやむ。

◆遺憾(いかん)

心13 【懁】〔16〕 カン (クヮン) 漢 去 霰 juàn チュワン U補J 3081 61C1

意味 気ぜわしいさま。

心13 【懃】〔17〕 キン 漢 平 文 qín チン U補J 5673 61C3

意味 ①〈つと・める(――・む)〉努力する。②ねんごろなさま。

【懃懇】(きんこん) まじめに努力する。ていねい。

心13 【憼】〔17〕 U補J

心12 【憼】〔16〕 俗字 U補J ①8463 3079 61BC ━ ケイ 漢 キョウ(キャウ) 呉 上 梗 jǐng チン ━ ケイ 漢 キョウ(キャウ) 呉 去 敬 jìng チン

意味 ━ ①うやまう。=敬 ②備える。警戒する。=儆(けい) ━ つつしむ。おごそかである。=敬

心13 【懇】〔17〕 常 コン ねんごろ ｜ コン 呉 漢 上 阮 kěn ケン U補J 2609 61C7

筆順 一 ㇇ 豸 豸 貇 貇 貇 懇

意味 〈ねんごろ〉手厚い。まごころをつくす。ていねい。

解字  形声。心が形を表し、貇(こん)が音を示す。貇には、もっぱらにする、細かいという意味がある。懇は細かく心をくばること、心が純粋でまじりけのないことをいう。

【懇意】(こんい) ①親しみのあふれた心。②国親しい間がら。

【懇願】(こんがん)(ぐゎん) 心をこめて願う。

【懇遇】(こんぐう) ていねいなもてなし。ねんごろな待遇。

【懇悃】(こんこん) ねんごろで誠意のこもっていること。〈韓愈(かんゆ)・論二仏骨一表(ぶっこつをろんずるひょう)〉

【懇懇】(こんこん) ねんごろなさま。まごころがこもっていて、しんせつなさま。

【懇謝】(こんしゃ) ①ねんごろに礼をのべる。②ていねいにあやまる。おわび。

【懇書】(こんしょ) ①しんせつでていねいな手紙。②相手の手紙に対する敬語。

【懇情】(こんじょう)(じゃう) しんせつな気持ち。

【懇親】(こんしん) うちとけて、親しむこと。「懇親会」

【懇請】(こんせい) 心をこめて願う。ていねいにたのむこと。

【懇切】(こんせつ) しんせつで、ていねい。

【懇待】(こんたい) ①手厚いもてなし。②他人のもてなしに対する敬語。

【懇談】(こんだん) うちとけた話し合い。「懇談会」

【懇到】(こんとう)(たう) しんせつにゆきとどいていること。【――切至】(こんとうせっし) ていねいにゆきとどいて、まごころからしんせつにする。

【懇篤】(こんとく) しんせつで手厚い。

【懇望】(こんぼう)(ばう)|(こんもう)(まう) しんせつの限りを尽くす。心をこめての願い。ひたすら希望すること。

【懇命】(こんめい) ①しんせつで、ていねいなおおせ。②他人の命令に対する敬語。おさしず。

【懇諭】(こんゆ) 親身(しんみ)になって教えさとす。また、そのことば。

【懇話】(こんわ) ①うちとけた話。②うちとけた話し合い。懇談。

◆別懇(べっこん)・昵懇(じっこん)

心13 【懏】〔16〕 シュン 呉 漢 去 震 jùn チュン U補J 3084 61CF

意味 かしこい。聡明である。

心13 【懎】〔16〕 ショク 漢 入 職 sè ソー U補J 3083 61CE

意味 うらむ。悲しみいたむ。

心13 【憸】〔16〕 セン 漢 平 塩 xiān シエン U補J 3077 61B8

意味 ①ずるい。②心のねじけているさま。

心13 【懆】〔16〕 ソウ (サウ) 漢 上 皓 cǎo ツァオ U補J 5674 61C6

意味 不安で、落ちつかないさま。「懆懆」

心13 【憺】〔16〕 タン 漢 去 勘 dàn タン U補J 5675 61BA

意味 ①心の安らかなさま。②〈おそ・れる(――・る)〉=憚 ③おそれて心が動揺する。

心13 【懂】〔16〕 トウ 漢 上 董 dǒng トン U補J 3082 61C2

意味 ①懵懂(ぼうとう)は、はっきりしないさま。おろかなさま。②わかる。理解する。

心13 【憹】〔16〕 ━ ドウ(ダウ) 漢 ノウ 呉 ━ 平 豪 náo ナオ ━ ドウ 漢 ノウ 呉 ━ 平 冬 nóng ノン U補J ①8464 3078 61B9

意味 ━ 懊憹(おうのう)は、①悔やむさま。②なやみ苦しむさま。━ うれしい。「憹憹(どうどう)」

心13 【懋】〔17〕 ボウ 漢 去 宥 mào マオ U補J 5676 61CB

意味 ①〈つと・める(――・む)〉努力する。②さかん。盛大。③うつくしい。すばらしい。

心13 【懍】〔16〕 リン 漢 上 寝 lǐn リン U補J 5678 61CD

心13 【懔】〔16〕 同字 U補J 61D4

意味 〈おそ・れる(――・る)〉①ぞっとする。あやういと感じる。②おそれつつしむ。かしこまる。

忄13 【憐】〔16〕 人 標 レン 呉 漢 平 先 lián リエン U補J 4689 6190

旧字 心12 【憐】〔15〕 U補J

意味 ①〈あわれ・む(あはれ・む)〉かわいそうに思う。②かわいがる。かわいらしく感じる。③けちけちする。

【憐情】(れんじょう)(じゃう) あわれみの心。かわいそうに思う気持ち。

【憐愍】(れんびん) きのどくに思うこと。あわれみ。=憐憫

【憐憫】(れんびん) 「憐愍(れんびん)」に同じ。

◆可憐(かれん)・哀憐(あいれん)

心13 【懀】〔16〕 ワイ 漢 去 泰 wèi ウエイ U補J 3080 61C0

心(忄・⺗)戈戶(户)手(扌)支攴(攵) 4画 文斗斤方无(旡・旡)日曰月(⺝)木欠止歹殳毋比毛氏气水(氵・氺)火(灬)爪(爫・⺥)父爻爿片牙(牙)牛(牜)犬(犭)

意味①にくむ。いみきらう。②もだえる。③まゆのあたりのさま。④はやい。＝快

心13【〓】〔17〕国字 U補J 228AB ②1277
意味①〈たまつばき〉椿の美称。②〈ことぶき〉

心13【應】〔17〕旧→応(四六八ページ・下)

心14【懕】〔18〕㊀エン(漢)(平)塩 yān イエン ㊁エン(漢)(去)豔 yàn イエン U補J 61D5 3085 ②1278
意味㊀懕懕は、①気持ちが安らかなさま。②気分がすぐれないさま。㊁＝厭 ①満足する。②にくむ。

心13【憤】〔16〕旧→憤(五〇〇ページ・下)

心14【懨】〔17〕同字 U補J 61E8

心12【㦔】〔16〕同字 U補J 3994

心14【懝】〔17〕㊀ガイ(漢) ゲ(呉)(去)泰 ài アイ ㊁ギョク(漢)(入)職 nì ニー U補J 61DD 3087 ②1279
意味㊀①おろかである。②おそれる。おののく。③中止する。㊁こどもながら物事がよくわかっている。

心14【懘】〔18〕セイ(漢)(去)霽 chì チー U補J 61D8
意味 沾懘は、音楽が調和しないさま。

心14【懠】〔17〕㊀セイ(漢)(平)斉 qí チー ㊁セイ(漢) ザイ(呉)(去)霽 jì チー U補J 61E0
意味㊀〈いか・る〉腹をたてる。㊁心配する。

心14【懦】〔17〕ダ(漢)(去)箇 nuò ヌオ U補J 61E6 5679

心9【愞】〔12〕同字 U補J 611E 3037 ②1262

心14【懧】〔17〕同字 U補J 61E7 3092

意味①〈よわ・い(――・し)〉気がよわい。気力がない。ぐずな。②ゆるい。やわらかい。

【懦者】気の弱い人間。いくじなし。
【懦弱】いくじのないこと。気力または体力の弱いこと。〖＝惰弱〗
【懦夫】しょうねのない男。ぐうたらな男。
◆怯懦

心14【懥】〔17〕チ(漢)(去)寘 zhì チー U補J

心14【〓】〔17〕同字 U補J 61E5 3094

心15【〓】〔18〕俗字

意味①〈いか・る〉腹をたてる。②〈うら・む〉

心14【懲】〔18〕常 チョウ こりる・こらす・こらしめる U補J 61F2 3608

旧字 心15【懲】〔19〕人 チョウ(漢)(平)蒸 chéng チョン U補J FA40 ①8465

筆順 彳 … 徴 懲

意味①〈こら・す〉〈こらし・める(――・む)〉二度と悪いことをしないようにいましめる。②〈こ・りる(―・る)〉一度ひどいめにあって用心する。③〈と・める(―・む)〉やめる。

解字  形声。心が形を表し、徴が音を示す。徴には、はっきりするという意味がある。懲は、心をはっきりさせて、ピシッとした態度をとること。そこから止める、改めるという意味になる。一説に、徴の音は、止の意味を含むから、懲は、前の失敗を止めて、改めることであるともいう。

【懲悪(惡)】悪いことをした者をこらしめること。「勧善懲悪」
【懲役】(法)裁判によって罪人を刑務所にいれ、きまった労役につかせること。
【懲戒】①こらしめて、いましめること。こらしめ。②不正な行為に対して、こらしめの処分をすること。「懲戒処分」
【懲罰】こらしめ罰すること。また、その罰。

心14【懟】〔18〕ツイ(漢)(去)寘 duì トイ U補J 61DF 3089 ②1280
意味〈うら・む〉人のしうちに腹をたてる。
名前 のり・やす

心14【懞】〔17〕㊀ボウ(漢) モウ(呉)(平)東 méng モン ㊁ボウ(漢)(上)董 měng モン U補J 61DE 3088
意味㊀誠実なさま。㊁くらいさま。＝懵

心14【懡】〔17〕バ(漢) マ(慣)(上)哿 mǒ モー U補J 61E1 3090
意味 懡㦬は、①はずかしがる。②まばらなさま。

心14【懣】〔18〕㊀ボン(漢) モン(呉)(去)願 mèn メン ㊁マン(漢)(上)旱 mǎn マン U補J 61E3 5680

心12【〓】〔16〕俗字 U補J 2285B ②1269

意味㊀㊁①〈もだ・える(――・ゆ)〉なやみ苦しむ。②〈いか・る〉〈いきどお・る(いきどほ・る)〉腹をたてる。「憤懣」

心14【懢】〔17〕㊀ラン(漢)(呉)(平)覃 lán ラン ㊁カン(漢)(上)豏 xiàn シエン U補J 61E2 3091
意味㊀むさぼる。㊁すこやかである。

心14【懜】〔17〕本→懵(五〇四ページ・中)

心15【懬】〔19〕コウ(クヮウ)(漢)(上)養 kuàng コワン U補J 61EC 3101
意味＝曠 ①〈ひろ・い(――・し)〉ひろびろとしている。②〈むなし・い(むな・し)〉からっぽ。

心15【懭】〔18〕コウ(クヮウ)(漢)(上)養 kuǎng コワン U補J 61ED 3102
意味 懭悢は失意のさま。

心15【懫】〔18〕チ(漢)(去)寘 zhì チー U補J 61EB
意味〈もと・る〉人の言うことを聞きいれない。

心15【懯】〔19〕フ(漢)(呉)(平)虞 fū フー U補J 61EF 3103
意味 懯懯は、速いさま。せっかちなさま。

心15【懮】〔18〕㊀ユウ(イウ)(漢)(上)有 yǒu ユー ㊁ユウ(イウ)(漢)(平)尤 yōu ユー U補J 61EE
意味㊀懮受は、ほっそりとしたさま。たおやか。㊁〈うれ・える(――・ふ)〉心配する。＝憂

心15【懩】〔18〕ヨウ(ヤウ)(漢)(呉)(上)養 yǎng ヤン U補J 61E9 3093
意味①願う。自分のうでまえを人にひけらかしたがること。「技懩」②不安で落ち着かない。

心15【懰】〔18〕㊀リュウ(リウ)(漢)(平)尤 liú リウ ㊁リュウ(リウ)(漢)(上)有 liǔ リウ U補J 61F0
意味㊀①とまる。宿泊する。②うれえるさま。㊁よい。りっぱ。「佼人懰兮」(美しい人、とてもすばらしい。)〈詩経・月出〉
【懰慄】うれえるさま。

心15【〓】〔18〕俗→懱(五〇四ページ・中)

心15【懲】〔19〕旧→懲(本ページ・中)

心15 【懵】〔18〕俗 ↓懵(本ページ・中)

心16 【懸】〔20〕常 ケン・ケ かける・かかる
ケン漢 ケ慣 平 先 xuán シュワン
J 2392 補 — U 61F8

筆順 目 且 旦 県 県 県 縣 縣 懸

意味 ①〈か・ける(―・く)〉〈かか・る〉㋐つりさげる。㋑かかげる。「懸賞」㋒地につかない。宙ぶらり。宙にうく。㋓決着がつかない。㋔気にかける。②〈へだた・る〉かけはなれる。=県 ③鐘や磬などの楽器をかける台。

解字 形声。心が形を表し、縣が音を示す。縣には、ひっかかるという意味がある。懸は、心にかけて忘れないことをいう。

名前 とお 難読 懸巣(かけす)

【懸想】けそう(けさう) 国人に思いをかける。ひそかに恋いしたうこと。

【懸念】けねん 気にかける。気がかり。しんぱい。

【懸案】けんあん 以前から問題になっていて、まだ解決されないことがら。

【懸河】けんが ①流れの急な川。②すらすらとよどみなく話すたとえ。

【懸解】けんかい ①生死を超越すること。②束縛からのがれて自由になること。

【懸崖】けんがい ①切り立ったがけ。断崖。②国盆栽の枝や葉が根よりも低くたれさがるような形に作ったもの。

【懸隔】けんかく ひどくかけはなれていること。へだたりのあること。「万里懸絶。」〈史記・高祖本紀〉

【懸軍】けんぐん 本隊を離れ、敵中に深くはいりこんだ軍隊。「懸軍」

【懸車】けんしゃ 官職をやめること。また、転じて七十歳をいう。漢の薛広徳が老年で退官したとき、天子から賜った車をかけつるしておいて光栄な記念にした故事より出た語。〈漢書・薛広徳伝〉

【懸殊】けんしゅ 非常に差があること。かけはなれていること。

【懸賞】けんしょう(しゃう) 賞金や賞品をかけること。

【懸垂】けんすい ①まっすぐにたれさがること。②鉄棒にぶらさがり、うでで体をひきあげる運動。

【懸絶】けんぜつ 「懸隔」に同じ。

【懸泉】けんせん たき。飛泉。懸瀑。

【懸梯】けんてい はしご。かけばしご。

【懸瀑】けんばく たき。がけから落ちるたき。

【懸命】けんめい ①いのちがけ。必死。力いっぱい。②非常に熱心なさま。

心16 【懵】〔19〕 ボウ漢 上 董 měng モン
J — 補 — U —

心14 【懜】〔17〕本字 J 3086 補 — U 61DC

心15 【懵】〔18〕俗字 J ②1281 補 — U 61F5

意味 ①〈くら・い(―・し)〉㋐はっきりしない。ぼんやりしたさま。㋑おろか。②ごまかす。

【懵然】ぼうぜん 頭がはっきりしないさま。ぼんやりしたさま。また、おろかなさま。

【懵懂】ぼうとう はっきりしないさま。懵懵。

心16 【懶】〔19〕 ラン漢 上 旱 lǎn ラン
J 5681 補 — U 61F6

心16 【嬾】〔19〕俗字 J — 補 — U 2F8B1

意味 ①〈ものう・い(―・し)〉だるい。おっくう。②〈おこた・る〉なまける。

【懶惰】らんだ めんどうくさがってなまけること。怠惰。

【懶朝】らんちょう(てう) 朝廷の勤めをおこたる。

【懶放】らんぼう(ばう) なまけて、わがままなこと。

【懶慢】らんまん なまけおこたること。ものぐさ。

忄16 【懐】〔19〕旧 ↓懐(五〇一ページ・中)

心16 【憯】〔19〕俗 ↓憯(五〇〇ページ・上)

忄17 【懺】〔20〕標 サン漢 センヽ呉 去 陷 chàn チャン
J 5682 補 — U 61FA

心15 【儳】〔18〕俗字 J 5683 補 — U 61F4

意味 ①おかした罪を告白して、許しをこう。②仏お経の一種。

【懺悔】ざんげ(さんげ) ①仏教やキリスト教などで、過去の罪悪をくい改めること。また、これを神仏や人々に告げること。②過去の罪悪をうちあけて語ること。【―録(錄)】ざんげろく 過去の罪悪を反省して、書きしるした記録。

心17 【懽】〔20〕俗 ↓懽(本ページ・下)

心18 【懿】〔22〕 イ漢 去 寘 yì イー
J 5684 補 — U 61FF

意味 ①〈うるわし・い(うるは・し)〉よい。りっぱ。②ほめる。③深いさま。④〈ああ〉感嘆のことば。

【懿業】いぎょう(げふ) よいわざ。りっぱな事業。

【懿訓】いくん よいおしえ。りっぱな教訓。

【懿旨】いし ①皇后のおぼしめし。②国皇后・皇太后・太皇太后のおぼしめし。

【懿親】いしん ①したしい親類。近親。②父子兄弟など肉親の美しい情愛。

【懿績】いせき りっぱなてがら。

【懿徳】いとく りっぱな徳。〈詩経・烝民〉

【懿範】いはん 美しくよい態度。威儀・風采のりっぱなこと。

【懿風】いふう よいならわし。うつくしい風習。

心18 【懽】〔21〕 一カン漢 平 寒 huān ホワン (クワン) 二カン漢 去 翰 guàn クワン (クワン)
J — 補 — U —

心17 【懽】〔20〕俗字 J 5685 補 — U 61FD

意味 一〈よろこ・ぶ〉たのしむ。二懽懽は、心配ごとをいうところがない。

【懽娯】かんご(くわんご) よろこび楽しむこと。懽愉。

【懽心】かんしん(くわんしん) よろこび楽しむ心。

【懽恋(戀)】かんれん(くわんれん) うれしさと恋しさ。

忄18 【懼】〔21〕標 ク漢 グ呉 去 遇 jù チュイ
J 5686 補 — U 61FC

意味 〈おそ・れる(―・る)〉びくびくする。心配する。

参考 「惧」(四八五ページ・下)は俗字であるが、「表外漢字字体表」では別字扱い。「恐懼」の場合には「惧」を使わないのが普通。

【懼然】くぜん 心を動かしおどろくさま。ぎょっとするさま。
▲▼危懼・恐懼・疑懼

心18 【懾】〔21〕 ショウ漢 入 葉 shè ショー (セフ)
J 5687 補 — U 61FE

意味 ①〈おそ・れる(―・る)〉おじけづく。②おどして従わせる。

【懾畏】しょうい(せふゐ) おじおそれる。恐怖。

【懾慴】しょうしょう(せふせふ) おそれてびくびくする。

【懾服】しょうふく(せふふく) おそれて従う。

心19 【戁】〔23〕 ダン漢 タン慣 上 潸 nǎn ナン
J 3104 補 — U 6201

意味 ①うやまう。つつしむ。②〈おそ・れる(―・る)〉おそれかしこまる。③〈は・じる(―・づ)〉恥じて、顔を赤くする。=赧

心19 【儸】〔22〕 ラ漢 上 哿 luǒ ルオ
J — 補 — U 39AC

意味 儽儸(まら)は、①はずかしがる。②まばらなさま。

心19 【戀】〔23〕旧 ↓恋(四八一ページ・下)

心20【懼】〔23〕カク(クヮク) 漢 入 薬 jué チュエ J 3106 補 — U 6204
意味 おどろきあわてる。

心20【懽】〔23〕トウ(タウ) 漢 上 養 tǎng タン J 3105 補 — U 6203
意味 ＝惝 ①がっかりする。②びっくりする。

心21【戇】〔25〕同↓戇(本ページ・上)

心24【戇】〔28〕トウ(タウ) 漢 去 絳 zhuàng チョワン コウ 漢 J 3107 補 — U 6207
意味 ①愚直なさま。②がんこなさま。

心21【戇】〔25〕同字 J — 補 — U 6205

【戇愚】こうぐ・とう(たう)ぐ 愚直。がんこ。

4画 戈部 ほこがまえ ほこづくり

【部首解説】「木の棒に刃をつけたほこ」にかたどる。この部には、武器や戦闘に関連するものが多く、「戈」の形を構成要素とする文字が属する。

戈0【戈】〔4〕カ(クヮ) 漢 平 歌 gē コー J 5689 補 — U 6208
意味 ①〈ほこ〉武器の一種。②いくさ。たたかい。③姓。
解字  象形。弋に一がついている形で、弋よくは木の棒で、柄を表し、一が、横についた刃を表す。まさかり型の武器である。

(戈①)

参考「弋よく」は別字。
【戈甲】か(くわ)こう(かふ) ほことよろい。武装。
【戈矛】か(くわ)ぼう ほこ。戈・矛、いずれもほこの一種。
【戈壁】ゴビ ①モンゴル語で砂漠ばくのこと。②ゴビ砂漠。
【止レ戈】ほこをとどむ 武器を使わない。戦いをやめる。〈左伝・宣公〉
【偃レ戈】ほこをふす ほこを伏せて用いない。戦いをやめる。〈陳彭年〉
◇干戈かんか・大宝箴しん ◆兵戈へいか・ほうねん・ちん

戈1【戉】〔5〕エツ(ヱツ) 漢 入 月 yuè ユエ J 5690 補 — U 6209
意味〈まさかり〉武器の一種。後には儀式に用いられた。
参考「戊ぼ」「戍じゅ」「戌じゅつ」は別字。

戈1【戊】〔5〕標 ボウ 漢 去 宥 ボ 慣 wù ウー 入 J 4274 補 — U 620A
意味〈つちのえ〉十干の第五番目。方角では中央、時刻では午前四時ごろ。

名前 しげ・さかる・しげる
参考「戉えつ」「戍じゅ」「戌じゅつ」は別字。

【戊戌政変(變)】ぼじゅつのせいへん 清しんの徳宗(光緒帝)が康有為こうゆういらの意見をとりいれて、一八九八年戊戌の年に、変法自強の策を用いて、政治の改革をくわだてて失敗し、西太后せいたいごうに幽閉された事件。

【戊申詔書】ぼしんしょう(せう)しょ 国 明治四十一年(一九〇八)戊申つちのえさるの年十月十三日、明治天皇が国民に与えた詔書。

【戊夜】ぼや 寅とらの刻こく。今の午前四時ごろ。

【戊辰之乱(亂)】ぼしんのらん 国 明治元年(一八六八)、官軍が幕軍を討伐した戦い。

戈2【戍】〔6〕シュ 漢 去 遇 ジュ 慣 shù シュー J 5691 補 — U 620D
意味 ①〈まも・る〉㋐国境を守る。㋑ある場所を警備する。②国境を守る兵士。③国境のとりで。
参考「戉えっ」「戊ぼ」「戌じゅつ」は別字。
【戍役】じゅえき 国境を守る兵士にされること。また、その任務、または、その兵士。
【戍客】じゅかく 国境を守る兵士。さきもり。
【戍鼓】じゅこ 国境のとりでで打つ陣太鼓じんだいこ。
【戍卒】じゅそつ 国境を守る兵士。戍兵。
【戍兵】じゅへい 国境を守る兵士。番兵。
【戍楼(樓)】じゅろう とりでの、物見やぐら。

戈2【戎】〔6〕ジュウ(ジウ) 漢 平 東 róng ロン J 2931 補 — U 620E
意味 ①兵器の総称。②兵士。軍隊。③いくさ。④大きい。⑤たすける。⑥あなた。⑦阿戎あじゅうは、年下の男のいとこ。従弟。⑧〈えびす〉西方の異民族。⑨姓。

参考「戒かい」は別字。

【戎克】ジャンク 中国の川や沿岸で使う小型の輸送船。

【戎夷】じゅう(じう)い 東夷西戎の略。夷は昔の中国東方の異民族。野蛮な国。野蛮な民族。戎狄じゅうてき。

【戎衣】じゅう(じう)い 軍服。軍服を着る。武装する。

【戎夏】じゅう(じう)か 戎狄じゅうてきと中華。西方の異民族と中国。「戎夏不レ抗二王師一じゅうかおうしにこうせず」〈李華りか・弔二古戦場一文こせんじょうをとむらうぶん〉

【戎機】じゅう(じう)き ①軍事を支配する大権。②戦いのきっかけ。戦機。③いくさ。戦い。「万里赴二戎機一ばんりじゅうきにおもむく」(はるか遠く、戦いにおもむく。)〈楽府がふ詩集・木蘭詩もくらんのし〉

【戎軒】じゅう(じう)けん ①兵器と兵車。②戦いのとき用いる車。③軍隊。④戦い。「投レ筆事二戎軒一ふでをとうじてじゅうけんをこととす」(ペンを捨てて戦いをしごととする。)〈魏徴ぎちょうの詩・述懐〉

【戎行】じゅう(じう)こう(かう) ①軍務。いくさのしごと。②行軍。軍隊。

【戎事】じゅう(じう)じ 戦いに関することがら。軍事。

【戎卒】じゅう(じう)そつ 兵士。

【戎狄】じゅう(じう)てき 西戎北狄の略。狄は北方の異民族。野蛮な国。野蛮な民族。戎夷じゅうい。

【戎馬】じゅう(じう)ば ①武器と馬。②軍馬。③戦い。

【戎服】じゅう(じう)ふく 軍服。戎衣。

【戎虜】じゅう(じう)りょ やばん人。えびす。

戈2【戌】〔6〕標 シュツ 漢 入 質 ジュツ 慣 xū シュイ J 5692 補 — U 620C
意味〈いぬ〉十二支の第十一位。㋐方角では西北。㋑時刻では午後八時ごろ。また、午後七時から九時。㋒動物では犬。
参考「戉えっ」「戊ぼ」「戍じゅ」は別字。

戈2【成】〔6〕学 4 セイ・ジョウ なる・なす J 3214 補 — U 6210
旧字 戈3【成】〔7〕セイ 漢 ジョウ(ジャウ) 呉 平 庚 chéng チョン J — 補 — U 2F8B2
筆順 丿 厂 万 成 成 成
意味 ①〈な・る〉㋐できあがる。きまる。㋑みのる。肥こえる。㋒…になる。②〈な・す〉しあげる。しとげる。③もうできあがっている。すでにきまっている。④古くからの。⑤〈たいら・ぐ(たひら・ぐ)〉なかなおりする。和睦わぼく。また、争乱などが鎮まる。⑥かさなる。⑦姓。国〈なり〉外出の敬語。おでまし。お成り。
解字  形声。戊が形を表し、丁ていが音を示す。戊は茂と同じく、「しげる」意味があり、丁は、「うつ」「充実する」気持ちがある。成は、物がさかんになり、充実することで、「みのる」「できあがる」の意味になる。一説に、戊は、まさかりで武器を表し、成は、まさかりでけずることから、平らげるという意味を表すとする。音セイは、丁の音テイの変化。
名前 あき・さだ・しげ・のり・ひで・ひら・ふさ・まさ・みち・よし・あきら・

心(忄・⺗)戈戶(戸)手(扌)支攴(攵)
4画 文斗斤方无(旡・旡)日曰月(月)木欠止歹殳毋比毛氏气水(氵・氺)火(灬)爪(爫・⺥)父爻爿片牙(牙)牛(牜)犬(犭)

おさむ・さだむ・しげる・はかる・みのる　[地名] 成田なりた・成東なるとう

【成就】[一]じょう(じゃう)じゅ ①やりとげる。できあがる。②成功する。出世する。「為₌陛下所₌成就₋」(陛下のお引き立てをこうむる。)〈漢書・蘇武伝〉 ③(仏)願いがかなう。「大願成就」 [二]chéngjiù (現)①[一]の①②に同じ。②業績。

【成道】じょう(じゃう)どう(だう) (仏)俗世間を抜け出て、さとりを開くこと。

【成等正覚(覺)】じょう(じゃう)とうしょう(しゃう)がく (仏)まよいを去って、さとりを開くこと。

【成仏(佛)】じょう(じゃう)ぶつ ①死ぬこと。②(仏)俗世間のなやみをたち切り、真理をさとって仏となること。

【成吉思汗】ジンギスカン 人名。元の太祖皇帝。名は鉄木真テムジン。チンギス＝カンまたはチンギス＝ハンともいう。

【成案】せいあん ①すぐ実行できるように作った計画・案。②できている案。まとまった案。③(国)実行可能の見通し。

【成育】せいいく 大きく育つ。大きく育てる。

【成因】せいいん 成立する原因。なりたつもと。↕成果

【成員】せいいん(ゐん) 団体などを組織している人。メンバー。

【成果】[一]せいか(くわ) できあがった結果。できばえ。↕成因 [二]chéngguǒ (現)[一]に同じ。

【成魚】せいぎょ すっかり成長した魚。↕稚魚ちぎょ

【成業】せいぎょう(げふ) 学問や事業をやりとげること。

【成均】せいきん ①教育する。②学校を指す。

【成句】せいく ①まとまった意味をもつ句。イディオム。②昔から使いならされている慣用句。

【成蹊】せいけい こみちができあがること。漢代の司馬遷しばせんが李広りこうの徳をほめたたえて、「桃李不₋言、下自成₋蹊」(とうりいわざるも、しもおのずからけいをなす)(ももやすももは何も口をきかなくても、その下には自然とそれらをしたってくる人々によって、こみちができあがる。)といった故事による。〈史記・李広りこう列伝〉

【成語】せいご ①一語としてまとまった意味を持つ句。②昔からよく使われる熟語。成句。

【成功】[一]せいこう ①仕事をなしとげる。②なしとげた仕事の結果。できばえ。③目的や希望を達成すること。④(国)立身出世する。[二]じょう(じゃう)ごう (国)昔、朝廷の事業などに献金して協力したものが、その功によって官位をさずけられたこと。[三]chénggōng (現)[一]に同じ。

【成婚】せいこん ①結婚が成立すること。②(国)皇族の結婚をいう。

【成算】せいさん 事を行う見込み。成功の見込み。成竹。

【成事】せいじ ①すでに過ぎさったことがら。過去のことがら。遂事すいじ。〈論語・八佾はちいつ〉 ②やりとげたこと。やりとげること。

【成周】せいしゅう(しう) 地名。周代の洛邑らくゆう。後に、洛陽と改められた。今の河南省洛陽市の東北にあたる。

【成熟】[一]せいじゅく ①穀物などがよくみのる。また、そうなること。②学芸などがたいへんうまくなること。③よく発達すること。④おとなになること。[二]chéngshú (現)[一]に同じ。

【成人】せいじん ①二十歳以上の人。おとな。おとなになる。②少年が大きくなること。③学問も人がらもすぐれている人。〈論語・憲問けんもん〉 【――教育】せいじんきょういく(けう) 社会で働いているおとなに対して、社会人として必要な知識を与える教育。

【成数(數)】せいすう 決まっている運命。

【成績】[一]せいせき ①できあがった功績。てがら。②できばえ。できぐあい。[二]chéngjì (現)[一]に同じ。

【成竹】せいちく ちゃんとした竹。あらかじめ心の中に立てておく計画。画家が竹を描くときには竹のようすを心に思い浮かべてから筆をとることからいわれる語。成算。「得₌成竹於胸中₋」(せいちくをきょうちゅうにう)(心の中に、ちゃんとした竹の形の像を持つ。)〈蘇軾そしょく・偃竹記えんちくのき〉

【成虫(蟲)】せいちゅう(ちう) 幼虫から成長して親と同じ形になったこん虫。↕幼虫

【成長】[一]せいちょう(ちゃう) 大きく育つ。育って大きくなること。成育。[二]chéngzhǎng (現)[一]に同じ。

【成丁】せいてい 一人前になった者。＝成人。

【成都】せいと [一]チョントゥー 地名。四川しせん省の省都。戦国時代に蜀しょくの国の都、その後も郡・県・府がおかれ、蜀の地の中心であった。

【成湯】せいとう(たう) 人名。殷いんの第一代の天子。湯王とうおう。

【成童】せいどう 大きくなったこども。ふつう十五歳以上。〈礼記らいき・内則だいそく注〉

【成徳】せいとく ①徳を完成する。②完成した徳。

【成年】せいねん ①おとなになる年。②(国)おとな。現在では二十歳以上。↕未成年

【成敗】[一]せいはい ①成功と失敗。②勝負。勝ちと負け。[二]せいばい (国)①処罰。「喧嘩両成敗けんかりょうせいばい」 ②裁判。③政治を行う。【――之機】せいはいのき 成功か失敗かに分かれるはずみ。勝敗が決まるきっかけ。〈諸葛亮しょかつりょう・出師表すいしのひょう〉

【成否】せいひ 成功するか失敗するか。成功と不成功。できのよしあし。成敗せいはい。

【成美】せいび ①人をはげまして美徳を完成させる。〈論語・顔淵がんえん〉 ②完成し、りっぱにする。

【成分】[一]せいぶん ①幾つか寄り集まって一つの物を構成する、もとのもの。②(理)化合物・混合物を構成する一つ一つの元素・物質。[二]chéngfen (現)①[一]に同じ。②階級区分。

【成文】せいぶん ①文章で書き示すこと。また、書き示された文章。②完全な一文章。【――化】せいぶんか(くわ) 文章で書き示すこと。【――律】せいぶんりつ 文章に書き示された法律や規則。↕不文律

【成法】せいほう(はふ) 規則。

【成立】[一]せいりつ ①なりたつ。できあがる。②事がまとまる。[二]なりたち (国)①なりたつこと。②できあがりかた。③要素。成分。[三]chénglì (現)[一]に同じ。

【成為(爲)】チョンウエイ chéngwéi (現)…になる。…となる。

【成天】チョンティエン chéngtiān (現)一日じゅう。

▲▼大成たいせい・合成ごうせい・老成ろうせい・早成そうせい・形成けいせい・助成じょせい・作成さくせい・完成かんせい・育成いくせい・既成きせい・促成そくせい・速成そくせい・偶成ぐうせい・組成そせい・達成たっせい・晩成ばんせい・構成こうせい・養成ようせい・賛成さんせい・編成へんせい・錬成れんせい・醸成じょうせい・集大成しゅうたいせい・一気呵成いっきかせい・大器晩成たいきばんせい

戈2【戋】〔6〕 (同)→戔(五〇七ページ・中)

戈3【戓】〔7〕 カ (漢)(入) 合 gē コー　J 3108 補 U 6213
(意味) 中国の地名。

戈3【我】〔7〕 (学)6 ガ われ・わ　ガ (呉)(漢)(上) 哿 wǒ ウオ　J 1870 補 U 6211

筆順						
ノ	二	千	手	我	我	我

(意味) ①〈われ〉〈わ〉 ㋐わたくし。㋑われわれ。わがほう。自分の所属する集合をさす。②〈わが〉 ㋐わたくしの。われわれの。㋑したしみを表す。③自分の考えをまげないこと。かたいじ。「我意」 ④姓。

(解字)  会意。手と戈とを合わせた字。手は垂と同じで、たれること。戈はまさかり。我は、武器を下げていることで、自分の姿を表す。また、我は俄と同じく、かたむく意味であるとか、殺(ころす)の古い字体であるなどという。別の説では、我全体が、まさかりの形で、「われ」に当てるのは仮借であるとか、垂すいが音を示す形声文字であるという。

(姓) 我孫あびこ・我謝がじゃ・我那覇がなは・我孫子あびこ・我宗我部かそかべ

【我見】がけん ①(仏)人間またはあらゆる法には不変の主体性があ

ると思いこむまちがった考えをいう。②国自分だけのかたよった意見。

【我執】①仏自分ひとりを思う気持ち。②自分だけの考えにとらわれる。かたいじをはる。

【我曹】自分の仲間。＝吾曹
【我田引水】国自分の田へ水を引き入れる意から、自分のほうにつごうのいいように言ったり、したりすること。

【我儂】わたし。自分。

【我慢】①仏えらぶって、人をばかにすること。②いじをはること。③国こらえる。しんぼう。

【我欲(「慾」)】他を考えず、自分のためばかりを思うこと。自分だけの欲望。

【我利】国自分だけの利益。また、それを手に入れようとすること。【――我利】国自分の利益や欲にかられて、理屈にあわないことを無理にすること。「我利我利亡者」

【我們】wǒmen 現わたしたち。われわれ。

【我心匪石、不可転(轉)也】石ならころがすことはできるが、自分の意志はかたくころがすことができない。〈詩経・柏舟〉
◇▼自我・没我・彼我・怪我・無我

戈3【戒】〔7〕常 カイ いましめる
カイ 漢 呉 去 卦 jiè チエ　J 1892 補 ― U 6212

筆順 一 二 チ 开 戒 戒 戒

意味 ①〈いまし・める(――・む)〉㋐警戒し、そなえる。用心する。㋑注意を与える。しかる。＝誡 ②〈いましめ〉③〈つつし・む〉気をつける。④ものいみをする。⑤断つ。禁じる。⑥命令する。おねがいする。⑦文体の一つ。⑧さかい。境界。＝界

解字  会意。戈と廾とを合わせた字。戈はほこ。廾は両手。戒は、両手でほこを持って、不意の敵に対して警戒することを表す。

参考「戎」は別字。新表記では、「誡」「誨」の書きかえに用いる熟語がある。


【戒行】仏仏法のいましめを守って修行すること。また、その行い。

【戒禁】①いましめ、禁止する。また、そのおきて。いましめ。禁戒。②仏すべての不善をいましめ禁ずる。かいごん。

【戒厳(嚴)令】法戦時や非常事態のとき、全国あるいは一部の地区を軍隊が警備し、または軍隊が司法権・行政権を用いることを宣告する命令。

【戒告】①注意して告げる。いましめる。②法行政上の義務を行わないとき、一定期間を与えて義務を果たすよう要求する通知。＝誡告
【戒杖】仏僧侶や山伏が護身用に持つつえ。錫杖。

【戒心】注意深くする。用心する。ゆだんしない。

【戒慎(愼)】いましめ、つつしむ。用心をし、気をつけること。

【戒壇】仏寺院で仏門にはいる人に仏教のいましめを与える場所。「戒壇院」

【戒牒】僧が仏教上のいましめを受けたことを示す書きもの。度牒。

【戒勅(敕)】注意を与える。いましめる。＝戒飭
【戒飭】注意を与えて気をつけさせる。いましめる。＝戒勅
【戒刀】①仏僧の袈裟を裁縫するとき使う刀。②僧が持っている小刀。

【戒法】仏仏教の道を修行する人に与える仏教のいましめ。

【戒名】①仏仏教上のいましめを受けた後につけられる名。②僧が死者につける名。鬼号。法名。法号。

↕俗名
【戒律】仏僧が守るよう仏が示した規則。律は、出家した人へのいましめ。
◇▼十戒・破戒・訓戒・遺戒・懲戒・警戒

戈3【𢦒】〔7〕サイ 漢 呉 平 灰 zāi ツァイ　J ― 補 ― U 22992
戈2〔𢦏〕〔6〕同字　J ②1282 補 ― U 2298F
意味 ①きずつく。きずつける。そこなう。②文末で語気を示す。＝哉

戈3【成】〔7〕旧↓成(五〇五ページ・下)

戈4【戔】〔8〕一 サン 漢 ザン 呉 平 寒 cán ツァン　二 セン 漢 平 先 jiān チエン　J 5693 補 ― U 6214
意味 一〈そこな・う(――・ふ)〉傷つける。いためる。＝残 二戔戔は、①わずかなさま。②数多いさま。

戈4【戕】〔8〕ショウ(シャウ) 漢 平 陽 qiāng チアン　J ②1283 補 3109 U 6215
意味 ①〈そこな・う(――・ふ)〉㋐きずつける。㋑こわす。②〈ころ・す〉
【戕害】切り殺す。殺害。
【戕虐】傷つけいじめる。いじめ殺す。
【戕賊】傷つけ殺すこと。殺害。

戈4【或】〔8〕標 人 コク 漢 ワク 呉 入 職 huò フォ　J 1631 補 ― U 6216
意味 ①〈あるいは〉㋐または。ことによると。㋑さらに。その上。㋒まったく。決して。否定の語気を強める。②あるひと。あるもの。あること。③〈あ・る(―・り)〉＝有 ④まどう。うたがう。＝惑
【或問】ある人の質問に答えるという形式の文体。
【或者】一あるいは もしかすると。二あるもの 国ある人。三 huòzhě 現一に同じ。

戈5〖哉〗↓口部六画(二四三ページ・上)
戈6〖栽〗↓木部六画(六四〇ページ・中)

戈7【戛】〔11〕カツ 漢 入 黠 jiá チア　J 5694 補 ― U 621B
戈8【戞】〔12〕俗字　J 5701 補 ― U 621E
意味 ①〈ほこ〉長いほこ。②〈う・つ〉たたく。擦る。きしる。③金石のふれあう音。④きまり。手本。
【戛戛】①刀など物がふれあう音の形容。②歯でかむ音の形容。③物がくいちがうさま。齟齬。④ほねのおれるさま。苦労するさま。
【戛然】かっと音のするさま。

戈7【戚】〔11〕常 セキ
セキ 漢 入 錫 qī チー　J 3244 補 ― U 621A

筆順 ノ 厂 厂 圧 厍 戚 戚 戚

意味 ①おの。まさかり。②みうち。「親戚」③親しい。④〈うれ・える(――・ふ)〉ひどくかなしむ。＝慼 ⑤〈いた・む〉心をいためる。なやむ。

解字  形声。戉が形を表し、尗が音を示す。尗には、また、小さい、縮むの意味がある。戚は、小さな手斧の意となる。また、音を借りて、身近、親しい、かなしむ、心細いの意となる。

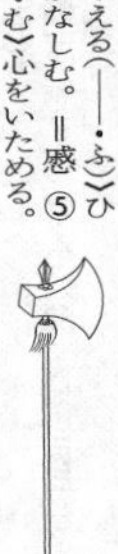
(戚①)

【戚施】①ちぢまることと斜めにまがること。②顔かたちがみにくい人。③ひきがえる。
【戚戚】①親しみあうさま。②心配して恐れる。③心配して悲しむさま。④心に感動するさま。
【戚然】心配して悲しむさま。うれえ悲しむさま。

戈7【戜】〔11〕テツ 漢 入 屑 dié ティエ　J ― 補 3110 U 621C

心(忄・⺗)戈戸(戶)手(扌)支攴(攵)
4画
文斗斤方无(旡・旡)日曰月(月)木欠止歹殳毋比毛氏气水(氵・氺)火(灬)爪(爫・⺤)父爻爿片牙(牙)牛(牜)犬(犭)

意味 ①するどい。刃物がよく切れる。②えぐる。③常に。④昔の国名。

戈8【戟】〔12〕 人 標 ケキ 漢 入 陌 ゲキ 慣 jǐ チー　J 2365 補 ― U 621F
意味 ①〈ほこ〉武器の一種。②刺激する。

戈8〔戟〕〔12〕俗字　J ― 補 ― U 39B8
参考 新表記では、「激」に書きかえる熟語がある。
【戟手】両手をほこのようにあげて怒ること。にぎりこぶしを振りあげること。
【戟盾】ほことたて。
◆刺戟・剣戟

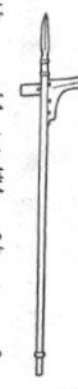
(戟①)

戈8【戞】〔12〕俗 →戛(五〇七ジペ・下)
戈8〖戔〗(六八三ジペ・下)→歹部八画
戈8〖裁〗(一一二五ジペ・上)→衣部六画
戈8〖胾〗(一〇一九ジペ・下)→肉部六画

戈9【戡】〔13〕 カン 漢 平 覃 kān カン　J 5702 補 ― U 6221
意味 〈か・つ〉敵をたいらげる。うつ。ころす。
【戡定】戦いに勝って乱を静める。賊軍を平定する。鎮定。
【戡殄】敵を全滅する。みな殺しにする。

戈9【戣】〔13〕 キ 漢 平 支 kuí コイ　J ― 補 ②1284 U 6223
意味 〈ほこ〉武器の一種。みつまたのほこ。

戈9【戢】〔13〕 シュウ 漢 入 緝 (シフ) jí チー　J ― 補 ①8466 U 6222
意味 ①〈おさ・める(をさ・む)〉しまう。②〈や・める(―・む)〉止める。③集める。④姓。

戈9【戠】〔13〕 一 ショク 漢 シキ 呉 一 入 職 zhí チー 二 シ 漢 呉 二 去 寘 zhì チー　J ― 補 3111 U 6220
意味 一 ①しるしをつける。②あつまる。あつめる。三〈はに〉粘土。=埴

戈9【戦】〔13〕 学 4 セン いくさ・たたかう　J 3279 補 ― U 6226
旧字 戈12【戰】〔16〕 人 セン 漢 呉 去 霰 zhàn チャン　J 5705 補 ― U 6230

筆順 ⺍ 㒸 㒸 単 単 戦 戦 戦

意味 ①〈たたか・う(―・ふ)〉②〈たたかい(たたかひ)〉③〈いくさ〉④〈おのの・く(をのの・く)〉ふるえる。「戦慄」⑤〈そよ・ぐ〉⑥姓。

解字 戰 形声。戈が形を表し、單が音を示す。單には、大きいという意味がある。戈は武器の名で、まさかりをいう。戰は、大いに武器を用いることで、たたかいをいう。また、單は、平らな意味で、戰は、平らげることを表すとか、たたかいは慎重にしなければならないので、ふるえる、おののく、の意味になるともいう。一説に單の音には、たたかう意味を含んでいるので、戰はまさかりでたたかうことであるともいう。

難読 戦慄く

【戦意】戦おうとする気持ち。闘志。

【戦雲】戦いの起こりそうなふんい気。戦争のけはい。

【戦役】戦い。いくさ。戦争。

【戦火】①戦いによって起こる火事。兵火。②戦い。

【戦果】①戦いの結果。②戦いの成績。

【戦渦】戦いのために起こる混乱。

【戦禍】戦いのために起こるわざわい。

【戦艦】①戦うためのふね。②戦うための軍艦の中で構造も装備ももっともすぐれた、強い戦力をもつもの。

【戦記】戦いの記録。軍記。

【戦機】①戦いの始まるいとぐち。②戦いに関する秘密事項。軍機。

【戦況】戦いのようす。ありさま。

【戦恐(「兢」)】「戦戦恐恐」に同じ。

【戦局】戦いの情勢。戦いのなりゆき。

【戦勲】戦いで立てた功績、てがら。=戦功・軍功
【戦後】①戦いが終わったあと。②国特に、第二次世界大戦のあと。↕戦前【―派】国①戦前までの道徳や習慣を否定して、古いものに反抗しようとする戦後の傾向。アプレ=ゲール。↕戦前派 ②第二次大戦後に起こった新しい文学運動。

【戦功】戦いで立てた功績・手がら。

【戦国(國)】①戦いをしている国。いつも戦っている国。②戦いで乱れた世。乱世。③「戦国時代」に同じ。【―策】書名。三十三巻。漢の劉向の編。戦国時代の策士たちの言行をおもにしるしたもの。【―時代】①周の威烈王から秦の始皇帝の天下統一まで(前四〇三～前二二一)の乱世をよぶ。②国応仁の乱から豊臣秀吉の天下統一までの約百二十年間の時代。③国多くの企業などがたがいに勢力をのばそうとしてはげしく争う時代。【―七雄】中国の戦国時代の七大強国。斉・楚・燕・韓・趙・魏・秦をさす。【―四君】斉の孟嘗君、魏の信陵君、趙の平原君、楚の春申君をいう。いずれも戦国時代の王族で、食客を多くかかえて、名声があった。

【戦骨】戦場によこたわる戦死者の骨。

【戦災】戦いのために起こった災害。戦いで受けた災い。【―孤児(兒)】戦いで家や両親を失って、身寄りをなくしたこども。

【戦士】一 戦う人。軍人。二 zhànshì 現 ① 一 に同じ。②闘士。

【戦史】戦いの歴史・記録。また、それを書いた本。

【戦死】戦って死ぬ。

【戦事】戦いに関することがら。

【戦時】戦争中。戦いのある時。↕平時
【戦車】①戦いに使う車。兵車。②国装備した車体を持ち、無限軌道をつけた攻防用の兵車。タンク。特車。

【戦守】①戦うことと守ること。②守りたたかう。防戦。守戦。

【戦術】戦う方法。戦いかた。

【戦捷】戦いに勝つこと。また、勝ちいくさ。=戦勝
【戦勝】一 戦いに勝つこと。また、勝ちいくさ。=戦捷 二 zhànshèng 現 一 に同じ。

【戦傷】戦いで受けた傷。

【戦場】戦闘の行われる場所。

【戦色】震えおののくようす。おそれつつしむようす。「勃如戦色」(勃如は、にわかにの意。)〈論語・郷党〉

【戦陣】①戦い。戦いの場所。②戦いの準備。

【戦塵】①戦場の砂ぼこり。戦いでまい上がるほこり。②戦いのさわぎ。

【戦跡】戦いのあったあと。古戦場。

【戦績】国戦争や試合の勝負の成績。戦いの結果。

【戦戦(戰)】おそれてつつしむさま。おそれてふるえるさま。【―恐恐】おそれつつしむ。びくびくしておそれるさま。=戦戦兢兢
【戦線】①敵と戦う地帯。戦いが行われる所。②国社会運動や政治運動で、その運動の最前戦をさす。また、その運

動の行われる所。

【戦争(爭)】■一 戦い。いくさ。■二 チャン zhànzhēng 〔現■一に同じ。〕

【戦卒】兵士。

【戦端】戦いの始まるきっかけ。戦いのはじまり。

【戦地】戦争の行われている土地。戦われている地域。

【戦図(圖)】■一 ①戦いのある範囲。国戦場の地図。②戦いのようすを描いた絵。■二

【戦闘(鬭)】■一 戦い。戦うこと。■二 チャントウ zhàndòu 現■一に同じ。【——機】空中で戦うことを目的とした飛行機。【——力】戦うことのできる力。

【戦伐】①戦い、討つ。②戦争。いくさ。

【戦備】戦う準備。戦いの用意。

【戦費】戦いに要する費用。

【戦病】戦いや戦場でかかった病気。【——死】戦病で死ぬこと。

【戦法】戦う方法。

【戦没(「歿」)】戦いで死ぬこと。戦死。

【戦友】①同じ戦場でいっしょに敵と戦ったなかま。いくさ友だち。②同じ軍隊で生活したなかま。

【戦乱(亂)】戦いのために世の中が乱れること。兵乱。

【戦栗】「戦慄」に同じ。

【戦慄】おそれてふるえる。びくびくしてすすむ。〈論語・八佾〉＝戦栗

【戦利品】戦いに勝って相手から奪った品物。ぶんどり〔品。〕

【戦略】①戦争の計画。作戦計画。②国政治や労働運動で戦う方法を決めるおおもとの計画。【——爆撃(撃)】国相手国の戦争継続能力を弱めるために、主要軍事施設や物資貯蔵所などを徹底的に爆撃すること。

【戦力】戦うことのできる力。戦闘力。

【戦列】戦いをする兵隊の列。戦闘の隊列。

◆力戦・内戦・休戦・合戦・交戦・血戦・舌戦・防戦・作戦・決戦・乱戦・応戦・和戦・参戦・苦戦・宣戦・挑戦・混戦・接戦・敗戦・悪戦・緒戦・劇戦・熱戦・奮戦・激戦・観戦・弔合戦

戈9【戥】〔13〕 dĕng トン　U補J 6225　意味 現小型のはかりを用いて、金・銀・薬品などわずかな分量をはかる。そのはかりを戥子という。

戈9〖賊〗↓貝部六画（一一九〇ページ・下）

戈9〖截〗↓車部六画（一二二〇ページ・下）

戈10【㦸】〔14〕 ■一 イク 漢 具 ■二 ヨク 漢 イキ(ヰキ) 具　■一 入 屋 yù ユィ ■二 入 職 yù ユィ　U補J 6221B 3116　意味 ■一 もようが美しい。■二 速いさま。

戈10【截】〔14〕 標 セツ 漢 入 屑 jié チエ　U補J 622A 5703
戈11【㦸】〔15〕本字 U補J 229F5
意味 ①〈た・つ〉 ㋐たちきる。㋑さえぎる。②〈き・る〉 ③そろえる。ととのえる。④まっすぐにわたる。⑤ひときれ。一片。⑥截截は、口がうまいさま。

参考 サイと読むのは誤り。

【截取】一部分を切り取る。

【截截】①口さきがうまく、へつらうさま。②さかんなさま。

【截然】①切り立っているさま。②たち切るさま。③区別がはっきりしているさま。

【截断(斷)】たち切る。切りおとす。

【截髪】髪の毛をたち切ること。転じて、母が子の客を心からもてなすことをいう。晋の陶侃の母が侃の客をもてなすため、自分の髪の毛を売って金をこしらえたという故事にもとづく。〈世説新語・賢媛〉

◆半截・直截

戈10【戩】〔14〕 セン 漢 上 銑 jiǎn チエン　U補J 6229 3115 ②1285　意味 ①〈つく・す〉ほろぼす。②福。さいわい。

戈10【戧】〔14〕 ■一 ソウ(サウ) 漢 ■二 ——　■一 平 陽 chuāng チョワン ■二 —— qiàng チアン　U補J 6227 3114　意味 ■一「創」(一七〇ページ・上)の古字。■二 現①つっぱって、ささえる。②受ける。こらえる。

戈10〖臧〗↓臣部八画（一〇三〇ページ・下）

戈11【戯】〔15〕 常 ギ たわむれる　■一 キ 漢 ■一 去 寘 xì シー　U補J 622F 2126
旧字 戈13【戲】〔17〕 人 ギ・ゲ 慣 ■二 キ 漢 ■二 平 支 huī ホイ ■三 コ 漢 ■三 平 虞 hū フー　U補J 6232 5706

筆順 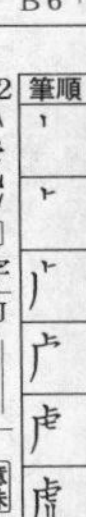

戈12【戱】〔16〕俗字 U補J 6231　意味 ■一 ①武器の名。②すもうをとる。③〈たわむ・れる(たはむ・る)〉〈ざ・れる(—・る)〉遊ぶ。遊び興じる。ふざける。おどける。からかう。④しばい。演劇。■二 指揮をとるための旗。＝麾 ■三 於戯は、感嘆のことば。

解字 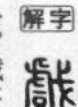 形声。戈が形を表し、虘が音を示す。戈はほこで武器の名。虘は音が麾と通じ、指揮する旗の意味を含む。戯は、大将が軍隊を指揮する旗である。また、虘の音が、そまつなという意味を含むので、戯は、実戦用でなく、雑に作ったほこをいうと解する。

難読 戯言

【戯画(畫)】①たわむれに描いた絵。②世の中を風刺した絵。こっけいな絵。カリカチュア。

【戯謔】たわむれ。おどけること。ふざけること。

【戯曲】①演劇の脚本。芝居の台本。②会話と人物の動作を中心に書いた文学作品。【——化】小説や物語を演劇に用いるために脚本に書きなおすこと。脚色。

【戯訓】国万葉がなの特殊な用法の一つ。「三五夜」と書いて「十五夜」と読ませる類(3×5＝15だから)。

【戯劇】劇。演劇。しばい。

【戯言】じょうだん。たわむれのことば。

【戯語】じょうだんを言う。また、そのことば。

【戯作】■一 たわむれにしるした文。■二 国江戸時代後期の娯楽小説の類。【——者】国①戯作を書く人。②小説家を軽くいう言いかた。

【戯書】①らくがき。いたずら書き。②「戯訓」に同じ。

【戯場】劇場。演劇場。

【戯談】じょうだん話。おどけた話。

【戯蝶】花にたわむれ飛ぶ蝶。

【戯動】たわむれの行動。ふざけた行い。

【戯伴】遊び友だち。

【戯文】①たわむれにしるした文。②演劇の脚本。芝居のすじ書き。

【戯弄】からかう。なぐさみものにする。

【戯院】xìyuàn 現劇場。

【戯園】xìyuán 現劇場。

◆児戯・悪戯・遊戯・演戯

戈11【戮】〔15〕標 リク 漢 入 屋 lù ルー J 5704 補 U 622E

意味 ①〈ころ・す〉死刑にする。②死体をさらす。③〈はずかし・める(はづかし・む)〉はじをかかせる。④はじ。屈辱。不名誉。⑤〈あわ・せる(あは・す)〉力をあわせる。＝勠

【戮辱】りくじょく はずかしめを受けること、また、与えること。恥辱。〔はじ。〕

【戮力】りくりょく 力をあわせて仕事すること。

戈11【戳】〔15〕本 ↓戳(五〇九ページ・中)

戈12【戰】〔16〕旧 ↓戦(五〇八ページ・上)

戈12【戲】〔16〕俗 ↓戯(五〇九ページ・中)

戈12【羲】↓羊部十画(九九五ページ・下)

戈13【戴】〔17〕常 タイ J 3455 補 U 6234

旧字 戈14【戴】〔18〕タイ 漢 去 隊 呉 dài タイ 補 U FA8C

筆順 

意味 ①〈いただ・く〉㋐頭の上にのせる。㋑おしいただく。うやまう。㋒君主としてあおぐ。②姓。③現(眼鏡を)かける。(手袋を)はめる。(アクセサリーなどを)身につける。国〈いただ・く〉「もらう」「たべる」などの敬語。

解字  形声。異が形を表し、𢦏さいが音を示す。異は、両手で持って、人に与えること。𢦏は、きずつける意。戴は、頭にのせる、いただくの意味を表す。

【戴冠式】たいかんしき 国西洋で皇帝の即位を公表するために、その象徴しょうちょうである王冠を頭にのせる儀式。即位式。

【戴叔倫】たいしゅくりん 人名。盛唐の詩人。(七三二〜七八九)

【戴震】たいしん 人名。清しん代の学者。字あざなは東原。休寧きゅうねいの人。乾隆けんりゅう年間に「四庫全書」の編集にもたずさわったが、「考工記図」「孟子もうし字義疏証そしょう」等の著書で名高い。(一七二三〜一七七七)

【戴白】たいはく 老人。しらがあたま。頭に白髪をいただく意味。

◇頂戴ちょうだい・推戴すいたい

戈13【戯】〔17〕旧 ↓戯(五〇九ページ・中)

戈14【戳】〔18〕サク 漢 入 覚 chuō チュオ J 5707 補 U 6233

意味 ①(とがった物で)突く。さす。②現戳子チュオツ chuōzi は、印鑑。はんこ。

戈14【戴】〔18〕旧 ↓戴(本ページ・上)

戈18【戵】〔22〕ク 漢 平 虞 qú チュイ 補 U 6235

意味 武器の名。ほこの一種。＝瞿く

4画 戶(戸)部 と とだれ とかんむり

【部首解説】「両開きのとびらの片方の形」にかたどる。この部には、「戶・戸」の形を構成要素とする文字が属する。

戸0【戸】〔4〕学2 コ と J 2445 補 U 6238

旧字 戶0【戶】〔4〕コ 漢 上 麌 呉 hù フー 補 U 6236

戶0【户】〔4〕俗字 補 U 6237

筆順 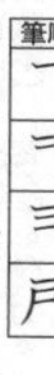

意味 ①〈と〉一枚のとびら。また、出入り口。②へや。いえ。また、家の数をかぞえる語。「百戸ひゃっこ」③酒の量。「上戸じょうご」「下戸げこ」④はばむ。さえぎる。⑤姓。国〈へ〉地名・姓に用いられる。「八戸はちのへ」

解字  象形。両開きのとびらの片方の形。これが両方になると門という字になる。

名前 と・べ・いえ・かど・ひろ・もり 姓 戸方とかた・戸室とむろ|へむろ

地名 戸田とだ|へた

【戸外】こがい(ぐゎい) 家の外。屋外おくがい。

【戸戸】ここ 家々。家ごと。どの家も。

【戸口】■ここう 世帯の数と人口。■とぐち 国出入り口。

【戸者】こしゃ 入り口を守る人。門番。

【戸数(數)】こすう 家の軒数。家かず。

【戸籍】こせき ①戸数や人口を書きしるした帳簿。②国夫婦を主体として、その家の所在・原籍・家族の氏名・生年月日せいねんがっぴ・続柄つづきがら・性別などを記載した公式の帳簿。【――抄本】こせきしょうほん 国戸籍原本の中から、請求者の指定した部分だけを書き抜いた書類。【――謄本】こせきとうほん 国一家の戸籍原本の全部をうつしとった書類。

【戸大】こだい 大酒をのむ。また、その人。

【戸長】こちょう(ちゃう) ①村の長。村長。②国明治初期に町村の事務をあつかった役人。名主なぬし。

【戸帳】こちょう(ちゃう) 戸籍こせきを書いてある帳簿。

【戸庭】こてい やしきの中の庭。「戸庭無二塵雑一こていじんざつなし」(塵雑は、ごみやがらくた。)〈陶潜とうせんの詩・帰二園田居一えんでんのきょにかえる〉

【戸部】こぶ 六部の一つ。国内の戸数人口を調べ、租税をあつかう所。【――尚書】こぶしょうしょ(しゃう) ①戸部の長官。②国昔、民部省の中国ふうな呼びかた。

【戸別】こべつ 一軒一軒。家ごと。

【戸牖】こゆう(いう) 家の窓。戸と窓。【――牆壁】こゆうしょうへき(いうしゃう) 戸口や窓や垣根かきねや壁。

◇上戸じょうご|じょうこ・下戸げこ・木戸きど・折戸おりど・岩戸いわと・妻戸つまど・門戸もんこ・背戸せど・柴戸しばのと|さいこ・納戸なんど・釣戸つりど・袋戸ふくろど・網戸あみど

戶1【戹】〔5〕エキ 漢 入 陌 ヤク 呉 è オー J 3117 補 U 6239

意味 ①せまい。せばまった場所。②〈くるし・む〉〈なや・む〉災難にあう。③災難。わざわい。

戸3【戻】〔7〕常 レイ もどす・もどる J 4465 補 U 623B

旧字 戶4【戾】〔8〕レイ 漢 去 霽 ライ 呉 lì リー 補 ①8467 U 623E

筆順 

意味 ①〈もと・る〉そむく。ちがう。②はげしい。あらあらしい。③〈つみ〉罪。④〈いた・る〉とどく。国〈もど・す〉〈もど・る〉もとにかえす。もとにかえる。

解字  会意。戶と犬を合わせた字。犬が戸の下をくぐって出る形で、犬がからだをねじまげて出るから、戾は、ねじまげる意味を表す。

名前 のぶ・ふさ

【戻馬】もどりうま 国荷物または客をはこんで、帰り道についた馬。

【戻止】れいし 来る。とどく。

【戻天】れいてん|てんにいたる 天に至る。天に届くほど高くのぼる。〈詩経しきょう・旱麓かんろく〉

◇払戻ふつれい|はらいもどし・背戻はいれい

戸3【丣】〔7〕本↓卯(二〇一ページ・上)

戸4【扂】〔8〕コ 漢 去 遇 hù フー

U補J 6 2 3 D 3 1 1 8

意味 扂斗は、田に水をくみ入れる道具。ふたり向き合って立ち、綱の両端を持ち、中間につけた「おけ」を振って水をくみ、そそぐ。

戸4【所】〔8〕学3 ショ ところ

U補J 6 2 4 0 2 9 7 4

旧字 戸4【所】〔8〕ソ 漢 ショ 呉 上 語 suǒ スオ

U補J ―

筆順 一 ㇇ ㇇ 戸 戸' 所 所 所

意味 ①〈ところ〉 ㋐ばしょ。㋑くらい。位置。㋒本来そうあるべき状態。適切さ。②家屋などを数える語。軒。③動詞の前に置いて体言化し、その動作の及ぶ対象を表す。「所有」④〈ばかり〉ほど。ぐらい。⑤〈もし〉ちかいを立てるときに用いる。⑥〈る〉〈らる〉…される。受け身を表す。⑦〈べし〉…できる。可能を表す。⑧姓。

語法 ❶〈ところ〉動詞の前に置かれて、続く動詞を体言化し、その動作・行為の対象・相手となる場所・事物・人などを示す。文脈に応じて「…するところ」「…するもの」「…すること」「…する人」などと訳す。㋐場所。…するところ。例「日月所レ照、風雨所レ至、莫レ不二従服一」(日月の照らすところ、風雨の至るところ、従わないものはなかった)〈史記・五帝本紀〉㋑事物。…するもの。…すること。例「富与レ貴是人之所レ欲也」(富と地位とは人の欲しがるものである)〈論語・里仁〉例「侯自レ我得レ之、無レ所レ恨」(侯の爵位はわしが自分で得たものだ、それを自分ですてたとしても、うらむことなどなにもない)〈史記・魏其侯列伝〉例「此韓非之所レ著書也」(これは韓非の著した書でございます)〈史記・韓非列伝〉㋒人物。…する人。例「上曰、若所レ追者誰」(王[漢王劉邦]は、おまえが追っていた人物は誰だ、と聞いた)〈史記・淮陰侯列伝〉

❷〈もし…せざれば〉〈…せざるところのものは〉万一…であれば(〜の罰があるだろう)。誓いをたてるときに用いる。例「重耳曰、…所不下与二子犯一共上者、河伯視レ之」(重耳はいった、[私が帰国して]万一、子犯と協力しあわなければ、きっと黄河の神がご覧に[なって私に罰をお降しに]なるであろう)〈史記・晋世家〉

❸〈ばかり〉ほど。ぐらい。類許 例「十八日所而病愈」(十八日ほどで病はなおった)〈史記・扁鵲列伝〉

句形

[為二〜所一レ…]〈〜の…するところとなる〉〜に…される。例「後則為二人所一レ制」(出遅れれば人に統率されることとなる)〈史記・項羽本紀〉▼「為〜」が省略された場合は「る」「らる」と訓読し、「…される」と訳す。例「所レ殺蛇白帝子」(殺された蛇は白帝の子であった)〈史記・高祖本紀〉

解字 形声。斤が形を表し、戶が音を示す。斤は「おの」で、所は、おので木を切る音。処と音が通じるので、仮借して、「ところ」の意味になる。一説に戶は棒のことで、所は棒をおので切ることをいうとする。

名前 ど・のぶ 地名 所沢

難読 所有・所謂・所為・所以

【所謂】一 一般にいわれるところの。俗にいう。世にいう。〈論語・先進〉 二 suǒwèi 現 一 に同じ。

【所為(爲)】①行為。なすこと。ふるまい。②「所以」に同じ。③「所謂」に同じ。

【所懐(懷)】思うこと。心に思うところ。考え。所感。

【所轄】国土地や物を管理すること。管理するものや範囲。所管。

【所感】感じたこと。思い浮かんだこと。思い。感想。

【所管】管理すること。管理する範囲。

【所帰(歸)】①落ちつくところ。②帰依するところ。信仰する対象。

【所期】期待するところ。あてにすること。「目あて。心がけること。」

【所行】おこない。ふるまい。行為。【――無慚】恥知らずなおこないをすること。悪いことをして恥じないこと。

【所業】①行為。しわざ。ふるまい。②自分の仕事としていること。

【所化】仏僧の弟子。仏教に帰依した人。⇕能化

【所見】①見たところ。②意見。判断。みこみ。

【所怙】頼りにするところ。転じて、父母をさす。「不レ省二所怙一」(親に関する記憶がない。)〈韓愈・祭二十二郎一文〉

【所作】①行為。おこない。ふるまい。②国身のこなし。そぶり。③国おどり。所作事。【――事】国長唄または浄瑠璃を伴奏音楽として踊る歌舞伎舞踊。

【所載】①書きしるされていること。②印刷物にのっていること。

【所在】①ここかしこ。いたるところ。②ありか。あり場所。③国すること。しわざ。しごと。

【所司】①やくめ。②国室町時代の侍所の長官。また、その長官。③国寺院。寺院をつかさどる役。

国①室町時代の所司の代理人。②江戸時代、京都において宮中の諸事務や地方の諸侯の政治を監視する役をもつ官。【――代】

【所思】思うこと。考え。

【所持】自分が持っていること。所有。

【所所】一 木を切る音。二 国あちらこちら。あちこち。

【所信】信ずること。信じて疑わないこと。信念。

【所生】①父母。②自分の子。③自分の生まれた所。

【所説】言うところ。説くところ。主張する内容。

【所詮】国けっきょく。要するに。

【所蔵(藏)】自分のものとして保存しておくこと。また、しまってあるもの。

【所属(屬)】付属する。または、つき従う。また、そうなっているもの。手もとにあるもの。

【所長】①長所。得意とするところ。②「所」と呼ばれる所の長。

【所定】きまっていること。きめてあること。

【所天】自分が尊敬する人。臣が主君を、子が父母を、妻が夫をさしていう。

【所伝(傳)】伝わってきた物事。伝え。

【所動】はたらきかけられること。受け身。

【所得】①自分のものとなったもの。②収入。利益。

【所望】のぞむ。ねがう。のぞむもの。ほしいもの。

【所由】①よりどころ。根拠。②唐代以後、府や県の役人をいう。

【所有】一 持っている。自分のものとしていること。

[三]すべて。ぜんぶ。[三]suǒyǒu [現][一][二]に同じ。【—権(權)】(法)物を自分の思うとおりに使用したり、処分することができる権利。

【所用】①使用すること。または、もの。②[国]用事。

【所要】必要なもの。入用。

【所領】自分が持っている土地。領土。領地。領分。

【所以】[一]①…なわけ。…なのは。理由・いわれを示す。「天地所以能長且久者、以其不自生」(天地が長く久しいのは、自分から〔万物を〕生じたのであると意識しないからである。)〈老子・七〉②…のためのもの。方法・手段を示す。「法令所以導民也、刑罰所以禁姦也」(法律は民をみちびく手段であり、刑罰は悪を禁じるためのものである。)〈史記・循吏列伝〉[二]suǒyǐ [現]ゆえに。だから。

◇▼入所・役所・余所・見所・屯所・出所・札所・名所・居所・長所・住所・便所・局所・箇所・急所・宿所・御所・場所・短所・墓所・寝所・関所・難所・刑務所

戸4【房】〔8〕[常] ボウ ふさ　J 4328

[旧字] 戸4【房】〔8〕ホウ(ハウ)(漢) ボウ(バウ)(呉) (平)陽 fáng ファン　U 623F

[筆順] 一 ㇀ 彐 戸 戸 戸 房 房

[意味] ①〈へや〉おもやの両わきのへや。②いえ。たてもの。③役所。④分家。⑤構造体がさらに小さく区分けされるもの。㋐〈ふさ〉花ぶさ。「花房」㋑蜂の巣。「蜂房」㋒心臓。「心房」⑥量詞。ぶどうなどを数える。⑦星座の名。「房宿」⑧姓。[国]〈ふさ〉糸をしばり、そのはしをちらして、たらしたもの。

[解字] 形声。戸が形を表し、方が音を示す。戸は室の戸。方は、並ぶこと。房は、おもやの両側に並んでいるわきべや。

[名前] お・のぶ

【房屋】いえ。家屋。

【房玄齢(齡)】人名。唐代初期のすぐれた宰相。〔(五七八～六四八)〕

【房戸】へやの戸。へやの出入り口。

【房事】寝室の中でのこと。男女のまじわり。

【房室】へや。室は、奥ざしき。

【房宿】南の空の星の名。二十八宿の一つ。そいぼし。

【房中】①へやの中。②寝室の中。③婦人をさす。〈礼記・曾子問〉

【房壁】へやの壁。

【房牖】へやのまど。

【房廊】廊下。

【房間】fángjiān [現]へや。室。

【房子】fángzi [現]家。家屋。

◇▼女房・山房・花房・冷房・茶房・暖房・僧房・厨房

戸4【戻】〔8〕[旧]→戾(五一〇ジ・下)

戸4【肩】(一〇一三ジ・中)→肉部四画

戸5【扃】〔9〕[一]ケイ(漢) [一](平)青 jiōng チョン　[二]ケイ(漢) [二](上)迥 jiǒng チョン　J ①8468　U 6243

[意味] [一]①かんぬき。外側から門のとびらをしめておく横木。②とびら。戸。③〈とざ・す〉とじる。しめる。④車につけた武器や旗をはさむための横木。[二]扃扃は、物事をはっきりと見とおすさま。

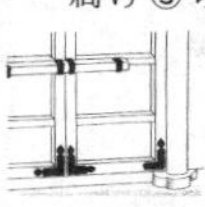

(扃[一]①)

【扃関(關)】かんぬき。

【扃鎖】じょうまえ。戸じまり。

【扃扉】とびら。とびらをしめる。

【扃牖】門の戸と窓。

戸5【扂】〔9〕テン(漢) (上)琰 diàn ティエン　J 3119　U 6242

[意味]〈とざし〉門のとびらをしめておく短い木。かんぬき。

【扂楔】かんぬきとほうだて。楔は、とびらをおさえる木。

戸5【扁】〔9〕[標] [一]ヘン(漢) [一](上)銑 biǎn ピエン　[二]ヘン(漢) [二](平)先 piān ピエン　J 5708　U 6241

戸5【扁】〔9〕俗字　U補J

[意味] [一]①〈ひらた・い〉(——・し)〉厚さがなくて広い。②門の上やへやの中にかける額。また、それを掲げること。[二]①ちいさい。「扁舟」②漢字の左の部分。へん。＝偏

【扁額】横に長いがく。掛けがく。

【扁鵲】人名。①春秋戦国時代の名医。②黄帝時代の〔伝説上の名医。〕

【扁舟】小舟。小さなふね。

【扁然】あちこちに存在するさま。

【扁桃】アーモンド。【——腺】(医)口の中の奥の両側に一つずつある、桃の形に似た器官。

【扁平】たいら。ひらたい。

【扁旁】漢字の構成上、一文字の左の部分を扁、右の部分を旁という。へんとつくり。＝偏傍

【扁担(擔)】biǎndan [現]てんびん棒。

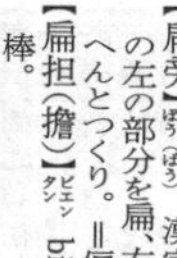

(扆)

戸6【扆】〔10〕イ(漢) (上)尾 yǐ イー　J ②1286　U 6246

[意味] ついたて。赤地の絹に斧の形を縫いとりにしたびょうぶ。天子の座席のうしろに立てる。「斧扆」

戸6【扃】〔10〕ショウ(シャウ)(漢)(呉) (上)養 shǎng シャン　J 3121　U 6244

[意味] とびらについている金輪。

戸6【扇】〔10〕[常] セン おうぎ　[一]セン(漢)(呉) [一](去)霰 shàn シャン　J 3280　U 6247

[旧字] 戸6【扇】〔10〕[二]セン(漢)(呉) [二](平)先 shān シャン　U補J

[筆順] 一 ㇀ 彐 戸 戸 扇 扇 扇

[意味] [一]①とびら。竹の戸。②〈おうぎ(あふぎ)〉うちわ。「扇子」③去勢する。＝騸 ④門や窓を数える量詞。[二]①〈あお・ぐ(あふ・ぐ)〉㋐おうぎで風をおこす。㋑風が吹く。㋒あおる。そそのかす。扇動する。＝搧・煽 ②燃えあがるようにいきおいが強い。

(扇[一]②)

[解字] 会意。戸と羽とを合わせた字。扇とは、つばさのように両側にひろがる戸。転じて、パタパタとあおぐおうぎをいう。

[名前] み

[参考] 新表記では、「煽」の書きかえに用いる熟語がある。

【扇形】おうぎ形。一方がせまく他方が広がった形。

【扇轂】[国]おうぎのとめ金。かなめ。扇眼。

【扇子】[一]うちわ。おうぎ。[二][国]おうぎ。

【扇(「煽」)情】[国]あおりたてて情欲を起こさせること。情欲をあおりたてること。「扇情的」

心(忄・⺗)戈戶(戸)手(扌)支攴(攵)　4画　文斗斤方无(旡・无)日曰月(月)木欠止歹殳毋比毛氏气水(氵・氺)火(灬)爪(爫・⺥)父爻爿片牙(牙)牛(牜)犬(犭)

【扇動】せんどう　おだてて、そそのかす。おだてあげて、仕事をさせる。アジテーション。＝煽動

【扇面】せんめん　①おうぎ。②国おうぎに張る紙。おうぎの地紙じがみ。

【扇揚】せんよう(やう)　扇おうぎであおりたてるように、他からの力を及ぼし高める。

【扇惑】せんわく　おだてあげて、まよわせる。＝煽惑

◆鉄扇てっせん

戸7 【扈】〔11〕　コ 漢 上 麌 hù フー　J― 補― U―

戸7 【扈】〔11〕俗字　J 7829 補― U 6248

意味 ①〈したが・う(――・ふ)〉君主のあとについて行く。②おとも。従者。③〈とど・める(――・む)〉制止する。④身におびる。⑤広い。⑥春秋時代の国名。陝西せんせい省戸こ県にあった。⑦鳥の名。⑧姓。

【扈駕】こが　天子の乗りものにつき従う。また、その人。

【扈扈】ここ　①美しいさま。②広大なさま。③光りかがやくさま。

【扈従(從)】こしょう・こじゅう　身分の高い人につき従う。また、その人。おとも。随従。随行。

【扈蹕】こひつ　天子の行幸ぎょうこうのおともをする。

【扈遊】こゆう(いう)　天子のおともをして、旅をする。

戸7 〖啓〗(二四八ジペー・下)↓口部八画

戸8 【扊】〔12〕　エン 漢 上 琰 yǎn イエン　J― 補― U 624A

意味 扊扅えんいは、かんぬき。

戸8 【扉】〔12〕 常　ヒ　とびら　J 4066 補― U 6249

旧字 戸8 【扉】〔12〕　ヒ 漢 平 微 呉 fēi フェイ　J― 補― U―

筆順 一 ㇀ ㇇ 戸 戸 戸 扉 扉 扉

意味 〈とびら〉門の戸。国〈とびら〉書物の見返みかえしの次の紙。書名・著者名・発行所名などを書くところ。

解字  形声。戸が形を表し、非ひが音を示す。非には左右に開く意味がある。扉は、とびら。

戸8 〖雇〗(一三四〇ジペー・下)↓隹部四画

戸8 〖棨〗(六四八ジペー・下)↓木部八画

戸10 〖肇〗(一〇一一ジペー・下)↓聿部八画

戸11 〖扂〗(一四二九ジペー・下)↓鳥部四画

4画　手(扌)部　て　てへん

【部首解説】「て」の形にかたどる。この部に属する文字は、手を使った動作を表すものが多く、「手・扌」を構成要素とする文字が属する。偏になるときは「扌てへん」(三画)となる。

手0 【手】〔4〕 学1　シュ　て・た　シュウ(シウ) 漢 シュ 呉 ス 慣 上 有 shǒu ショウ　J 2874 補― U 624B

筆順 ㇀ 二 三 手

意味 ①〈て〉てのひら。ゆびさき。②とる。もつ。たたく。手でおこなう動作をさす。③わざ。技術。④あるわざをもつ人。また、それを仕事とする人。「名手」「射手しゃしゅ」⑤ひと。「凶手きょうしゅ」⑥自分で直接に。「手写」国①〈た〉て。てのひら。「手綱たづな」②〈て〉㋐手のようにつきでているもの。㋑手のようにはたらくもの。「取手とって」㋒手のはたらき。書き方。うでまえ。㋓方法。「手立て」㋔人とのつながり。㋕手で指す方向。「上手かみて」㋖きず。

解字  象形。てのひらの、関節から指に至るまでの形を表したもの。にぎっている場合は拳という。手が漢字の一部に使われるときは、持つという意味を表すことが多い。

姓 手登根てどこん・手代木たしろぎ　難読 上手じょうず・手伝てつだう・下手へた(付表)／手弱女たおやめ・手水ちょうず・手斧ちょうな・手数入でずいり・手練てだれ

【手下】しゅか　①手もと。②部下。　てした　国こぶん。家来。

【手械】しゅかい　てかせ。刑具。

【手格】しゅかく　武器を使わずに、素手でなぐり殺す。＝手格

【手格】しゅかく　「手搭」に同じ。

【手管】しゅかん(くわん)　ふで。

【手簡】しゅかん　①手紙。②自筆の手紙。＝手翰

【手記】しゅき　①自分で書くこと。②自分で書いたもの。覚え書き。手書。

【手巾】しゅきん　①手ぬぐい。②ハンカチ。

【手芸(藝)】しゅげい　手先を使ってする家庭工芸。

【手語】しゅご　①琴をひくこと。②手まね。

【手工】しゅこう　手先を使う仕事。手先でする工芸。手芸。　ショウコン shǒugōng 現手作りの。

【手冊】しゅさつ　①手もとにおく帳簿。手帳。メモ。②ハンドブック。便覧べんらん。

【手札】しゅさつ　①手紙。自筆の手紙。②自筆の書きもの。　てふだ　国①名刺。②写真の大きさの一種。「手札型」

【手写(寫)】しゅしゃ　手で書きうつす。

【手術】しゅじゅつ　悪い部分を切開したり、切断したりして病気や傷をなおす方法。　ショウシュー shǒushù 現に同じ。

【手書】しゅしょ　①自分で書く。②自分で書いたもの。　てかき　国字がうまい人。　てがき　国タイプ・印刷などによらず、実際に手で文字を書くこと。また、書かれたもの。肉筆。

【手署】しゅしょ　国自分で自分の名を書くこと。署名。サイン。

【手抄】しゅしょう(せう)　自分でものを書き写すこと。また、その書き写したもの。

【手詔】しゅしょう(せう)　天子自身の書いた詔勅しょうちょく。手勅しゅちょく。

【手燭】しゅしょく・てしょく　持つところのついた燭台。ぼんぼり。

【手織】しゅしょく　人間の手で織る。また、その織った品。ており。

【手勢】しゅせい　手つき。手ぶり。　てぜい　国手下の兵。部下。

【手迹】しゅせき　筆跡。書いた文字。＝手蹟・手跡

【手跡(「蹟」)】しゅせき　筆跡。書いた文字。

【手足】しゅそく　手と足。てあし。　てあし　国①手と足。②手や足のように、いちばんたよりになるもの。【――異レ処(處)】しゅそく ところをことにす　手と足とが同じ場所(からだ)についていないようになる。手足をばらばらに切られて死ぬことをいう。〈史記・孔子世家こうしせいか〉

【手沢(澤)】しゅたく　①持ち物についた手の触れたあとのつや。手あか。②死んだ人が残したもの。【――本】しゅたくぼん　①何度も読んで手あかのついた本。②ある人が書きこみなどをした本。

【手段】しゅだん　①やりかた。方法。②てなみ。うでまえ。　ショウトワン shǒuduàn 現に同じ。

【手談】しゅだん　碁を打つこと。囲碁。

【手勅(敕)】しゅちょく　天子がみずから書いたみことのり。

【手牌】しゅはい　①囚人の名を記した木ふだ。②木製のたて。

【手搏】しゅはく　①素手すででなぐりつける。②素手で打ちあう武術の一種。

【手板】しゅはん　笏しゃくのこと。礼服を着たときに持つ細長い板。

【手筆】しゅひつ　①自分で書いた手紙。②文章。③文章家。

【手兵】しゅへい　自分の部下ぶか。手もとの兵士。

【手法】しゅほう(はふ)　方法。やりかた。

【手本】しゅほん　官吏が上官に、弟子でしが師にあいさつに行くとき

に用いた、大型の、折りたたんだ名刺がわりの紙。■てほん 国①模範となる字や絵の書いてある本。②模範。先例。③きまり。様式。型。

【手民】しゅみん 大工。また、彫刻師。

【手理】しゅり 手のひらのすじ。

【手裏剣(劍)】しゅりけん 国手に持って敵に投げつける小さい刀。

【手練】■しゅれん 国たくみな腕まえ。ねりきたえたじょうずな手ぎわ。■てれん 国人をまるめこみ操る技巧。「手練手管」

【手腕】しゅわん ①うで。手くび。②国能力。うでまえ。【──家】しゅわんか 国うでまえがすぐれた人。やり手。

【手綱】たづな 国馬をあやつるために、くつわにつけたつな。

【手水】■ちょうず(てうづ) 国①手や顔を洗う水。②手や顔を洗い清めること。③便所。■てみず(みづ) 国①手を洗う水。②もちつきのとき、こねどりが手にぬるま湯をつけてしめらすこと。

【手合】■てあい(あひ) 国①仲間。連中。②手かげん。手ごころ。③ちょうどよい相手。④勝負をすること。■てあわせ(あはせ) 国①初めて勝負すること。②勝負をする。③話し合うこと。④売買の契約を結ぶこと。

【手打】てうち 国①何も持たない手で殺すこと。②目下の者を自分で切り殺すこと。③そばやうどんを手で打って作ること。④売買やけんかの仲裁などがまとまると、そろって両手を打ち鳴らしてそのしるしとすること。

【手負】ておい(おひ) 国①戦って負傷した人。②傷ついた動物。「③損害。損失。」

【手斧】ておの(をの)・ちょうな(てうな) 国大工道具の一つ。鑿の形をした刃に、内側にまがった柄をつけたもの。

【手枷】てかせ 国罪人の手にはめて、手の自由をうばう道具。

【手形】てがた 国①手のひらに墨などを塗って紙に押した形。②文書に押して後日の証拠にするもの。③有価証券の一つ。④車や鞍の手をかける部分。

【手金】てきん 国売買の契約をしたときに、保証のため前もって渡しておく、代金の一部。手付金。

【手車】てぐるま 国①輿の形をした屋形に車輪をつけたくるま。前後に突き出ている轅を手で引く。輦車。②自分用の人力車。③土などを運ぶ一輪車。④ふたりで手を組んで、そこに人を乗せるこどもの遊び。

【手塩(鹽)】てしお(しほ) 国①手塩皿の略。小さく浅い皿。②自分の手でせわをして育てること。手にかけること。

【手順】てじゅん 国仕事を進める順序。だんどり。

【手数(數)】てすう・てかず 国①てまやひまがかかること。②めんどうなこと。【──料】てすうりょう(れう) 国手数に対する礼金。

【手代】てだい 国①商店で、特定の仕事を主人に代わってする人。番頭と丁稚とのあいだの地位にいる使用人。②江戸時代、代官の下で庶務をおこなった人。

【手帖】てちょう(てふ) 「手帳」に同じ。

【手帳】てちょう(ちやう) 国心覚えを書きとめておく小型の帳面。「手帖」

【手付】■てつけ 国売買の約束をしたとき保証として前もって渡しておく金。手金。■てつき 国①手ぶり。手のようす。②まちがって手をふれること。③江戸時代の奉行所や代官所の書記。

【手続(續)】てつづき 国事を行う際の手順。■ショウシュイ〔現■ shǒuxù〕

【手並(竝)】てなみ 国うでまえ。

【手拭】てぬぐい(ぬぐひ) 国手やからだを拭くのに使う木綿のきれ。ふつう一幅の布で、九〇センチメートルにたつ。てのごい。

【手配】てはい・てくばり 国①仕事の準備。②手わけして準備すること。手くばり。③犯人をつかまえる手くばりをすること。「指名手配」

【手判】てはん 国①後の証拠に手に墨をつけて書類におしたもの。②江戸時代、関所の通行許可証。

【手引】てびき 国みちびき。案内。案内書。

【手間】てま 国①仕事に必要な時間。②職人の仕事。③仕事の礼金。賃金。

【手前】てまえ(まへ) 国①自分の目の前。こちら。②しかた。やりかた。③わたくし。④おまえ。きさま。⑤茶の湯の作法・様式。おてまえ。

【手向】■てむかい(むかひ) 国抵抗する。反抗する。■たむけ 国①神仏に物をそなえること。②別れの記念におくる品物や金銭。

【手套】ショウタオ shǒutào 現手ぶくろ。

【手槍】ショウチアン shǒuqiāng 現ピストル。短銃。

【手指】ショウチー shǒuzhǐ 現手のゆび。

【手絹】ショウチュワン shǒujuàn 現ハンカチ。

【手電】ショウティエン shǒudiàn 現懐中電灯。

【手帕】ショウパー shǒupà 現ハンカチ。

【手表】ショウピアオ shǒubiǎo 現腕どけい。

『唾レ手』てにつばす 手につばをつける。大仕事にとりかかる。勢いよく事を始めようとする。

『不レ知三手之舞レ之、足之蹈二之』てのこれをまい(まひ)、あしのこれをふむをしらず われを忘れ、おどりあがって喜ぶさま。〈礼記・楽記〉

『翻レ手作レ雲覆レ手雨』てをひるがえせ(ひるがへせ)ばくもとなり、てをおおえ(おほへ)ばあめとなる 手をあおむけると雲となり、手を伏せるとたちまち雨がふる。人情の変わりやすいたとえ。〈杜甫の詩・貧交行〉

△▼十手じって・入手にゅうしゅ・上手じょうず・じょうしゅ・うわて・かみて・下手かしゅ・げしゅ・したて・しもて・へた・大手おおて・おおで・切手きって・凶手きょうしゅ・巧手こうしゅ・先手せんしゅ・せんて・名手めいしゅ・赤手せきしゅ・投手とうしゅ・技手ぎしゅ・ぎて・助手じょしゅ・初手しょて・妙手みょうしゅ・抜手ぬきて・毒手どくしゅ・若手わかて・苦手にがて・空手くうしゅ・からて・拍手はくしゅ・取手とりて・とって・派手はで・乗手のりて・逆手ぎゃくて・さかて・追手おいて・おって・おうて・後手ごて・うしろで・素手すで・捕手ほしゅ・挙手きょしゅ・借手かりて・唐手からて・射手しゃしゅ・徒手としゅ・深手ふかで・舵手だしゅ・副手ふくしゅ・張手はりて・得手えて・着手ちゃくしゅ・握手あくしゅ・落手らくしゅ・買手かいて・貸手かして・痛手いたで・勝手かって・奥手おくて・義手ぎしゅ・話手はなして・触手しょくしゅ・楽手がくしゅ・鼓手こしゅ・聞手ききて・熊手くまで・旗手きしゅ・選手せんしゅ・薄手うすで・騎手きしゅ・小切手こぎって・好敵手こうてきしゅ・身勝手みがって

手0 【扌】〔3〕 意味 てへん。「手」が偏になるときの形。

J②1287 補3123 U624C

扌0 【才】〔3〕 学2 サイ | サイ 漢 平 灰 ザイ 呉 | cái ツァイ

J2645 補― U624D

筆順 一 十 才

意味 ①うまれつきもっているもの。資質。＝材 ②はたらき。うでまえ。能力。「才能」③能力のある人。すぐれた人。④〈はじめて〉その時にようやく。⑤〈わずかに(わづかに)〉たった。やっと。＝纔 ⑥さだめる。処置する。＝裁 ⑦姓。国①〈ざえ〉㋐学問。㋑芸能。②〈さい〉㋐俗に、年齢の「歳」の略字に用いる。㋑船の積荷、または石材の単位。㋒木材の体積の単位。一才は一寸角、一間の長さ。

解字 才 会意。一は地、亅は上に進むこと、ノは枝葉が生じようとすること。草木の枝葉が地から出ようとしている形で、「はじめ」「わずか」の意味になる。この状態でも、草木のすべての要素がそろっていることから、人の能力をも才という。一説に、象形で、水の流れをせきとめるセキの形を表すとし、途中で断ち切ることをいうとする。

名前 かた・たえ・とし・もち

参考 才は「纔」(九八六ページ・下)の中国新字体としても使う。

【才穎】さいえい 知恵がすぐれている。

【才媛(媛)】さいえん(ゑん) ①才能と知恵のある女。②詩文にすぐれた女。閨秀。

【才華(華)】さいか(くわ) 外面に現れたすぐれた才知。また、その持ち主。

【才覚(覺)】さいかく 国①機転がきくこと。②考え。くふう。

【才学(學)】さいがく 学問と才能。〈後漢書・応奉伝〉
【才幹】さいかん 知恵。うでまえ。はたらき。
【才気(氣)】さいき 知恵の働き。頭の働きのするどいこと。【―煥発(發)】さいきかん(くわん)ぱつ 人なみすぐれた知恵が、存分に発揮されること。
【才器】さいき 才知があって役にたつ能力。また、そういう人。
【才伎】さいぎ ①才知と技。②国律令時代の特殊な技術者や〔雑芸をよくした者。
【才具】さいぐ 才能と器量。
【才芸(藝)】さいげい 才知と技芸。
【才語】さいご 相手に才知で判断させる語。
【才高】さいこう(かう) 才知がすぐれていること。
【才士】さいし 才知のある人。
【才子】さいし ①才能や人徳のすぐれた人。「謂二我才子一者、未レ悉レ我者也」(私を天才だという人は、まだ私を知りつくしていない者である。)〈国史略・頼山陽伝〉②文才のある人。③国気がきいてぬけめのない人。「ること。
【才思】さいし 才知と分別。知恵もあり、考えもしっかりしてい」
【才質】さいしつ ①生まれつき。②才能と性質。③知恵のすぐれた」〔性質。
【才秀】さいしゅう(しう) 才知が秀でていること。
【才俊】さいしゅん 才能のすぐれた人。
【才女】さいじょ(ぢょ) ①知恵のすぐれた女。かしこい女。②詩や文章のじょうずな女性。才媛。
【才色】さいしょく 人よりすぐれた才能と顔だち。【―兼備】さいしょくけんび 人よりすぐれた才能と顔だちが、どちらもそなわっていること。才能のすぐれた美人をいう。
【才人】さいじん ①知恵のある人。才能のすぐれた人。②後宮に」
【才性】さいせい ①才知と性質。②性質。〔につかえる女官。
【才藻】さいそう(さう) 才知と文藻。詩文を作る才能。
【才地】さいち 才能と家がら。
【才知(「智」)】さいち 才能と知恵。心の働き。
【才調】さいちょう(てう) 才の優れた趣。
【才徳】さいとく 知恵と、りっぱな行い。才知と徳行。
【才難】さいなん ①人材の得がたいこと。②才知をもつことのむずかしいこと。
【才能】さいのう 知恵の働き。知恵と働き。
【才筆】さいひつ ①すぐれた文章。②すぐれた筆跡。③すぐれた文」〔章を書く能力。
【才敏】さいびん 才能があってさとい。
【才物】さいぶつ 知恵の働きのある人。
【才分】さいぶん 生まれつきの才能。

【才弁(辯)】さいべん 才気と巧みな弁舌。
【才鋒】さいほう 人よりすぐれた才能のあらわれ。するどい才気。
【才望】さいぼう(ばう) 才能とりっぱな家がら。
【才貌】さいぼう(ばう) すぐれた才能と美しい顔だち。才色。
【才名】さいめい すぐれた才能の持ち主だという評判。
【才用】さいよう 才能と働き。
【才略】さいりゃく 知恵とはかりごと。知恵もあり、はかりごともうま」
【才量】さいりょう(りゃう) 才能と度量。〔いこと。
【才力】さいりょく 知恵の働き。心の働き。
◇▼三才・凡才・天才・文才・多才・秀才・奇才・英才・俊才・鬼才・商才・鈍才・漫才・青二才

手 1
【扎】〔4〕
□一 サツ 漢　□一 入 黠 zhā チャー　J 5709
□二 サツ 漢　□二 入 黠 zhá チャー　補 ―　U 624E
意味 □一①〈さ・す〉針などをさす。②駐在する。とどまる。□二①字などを書く小さな板。＝札 ②書く。③ひき抜く。④たばねる。しばりつける。音 zā ツァー。⑤現扎掙 zhá-zheng は、がまんする、もがく。
【扎実(實)】チャーシ zhāshi 現じょうぶな。確かな。

手 2
【扔】〔5〕
ジョウ 漢　平 蒸 rēng ロン　J 3127　補 ―　U 6254
意味 ①引く。②ほうり投げる。捨てる。

扌 2
【打】〔5〕
学 3 ダ　うつ
□一 テイ 漢　チョウ(チャウ) 呉　□一 上 迥 dǎ ター　J 3439
□二 ダ 唐　□二 上 馬 dǎ ター　補 ―　U 6253

筆順
一
十
扌
扌
打

意味 □一□二①〈う・つ〉たたく。なぐる。②攻撃する。③具体的な動作を表す動詞のかわりに用いる。買う、取る、つくる、もちあげる、など。④ある動作をすることを表す接頭辞。「打算」⑤現〈ダース〉十二個ひとくみのもの。音 dá ター。国〈うち〉動詞につけて強度を表す接頭辞。

解字 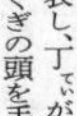 形声。扌が形を表し、丁が音を示す。扌は手。丁はくぎである。打はくぎの頭を手で打つことを表す。

姓 打間　難読 打打発止
【打刀】うちがたな 国つばがついていて、敵を斬るのに用いる刀。刺す刀に対していう。
【打囲】だい(ゐ) 狩猟する。
【打開】だかい ①開く。あける。②ゆきづまった状態をよくする。
【打起】だき ふるいおこす。ふるいたたせる。
【打毬】だきゅう(きう) まりを打つこと。また、まりうち。遊戯の一種。平安時代以後、わが国にも伝来し、宮中で行われた。
【打魚】だぎょ 網をなげて魚をとる。
【打橋】だきょう(けう) 国①板をわたして、かけはずしのできるようにした橋。②建物と建物にかけ渡した橋。
【打撃(擊)】だげき ①打つ。たたく。②いたで。悪影響。
【打座(「坐」)】だざ たざ 仏禅宗で座禅を組むことをいう。
【打算】ださん □一①数える。計算すること。みつもり。②国心の中で損得を考える。□二ターソワン dǎsuan 現予定する。考える。
【打漿】だしょう(しゃう) 舟をこぐ。
【打診】だしん 国①医医者が指先や打診器で患者のからだをたたいて、その音で病状を判断する。②相手のようすをそれとな」〔くさぐる。
【打電】だでん 電信を打つ。電報を打つ。
【打倒】だとう(たう) うちたおすこと。やっつける。
【打破】だは うちやぶる。うちこわす。
【打罵】だば ののしる。
【打撲】だぼく 打ちたたくこと。また、物にぶつかること。【―傷】だぼくしょう(しゃう) 打ちきず。打たれてできた傷。うちみ。
【打擲】ちょうちゃく(ちゃう) 打ちたたく。ぶつ。なぐる。
【打掃】ターサオ dǎsǎo 現そうじする。
【打針】ターチエン dǎzhēn 現注射する。
【打仗】ターチャン dǎzhàng 現戦争する。
【打字機】ターツーチー dǎzìjī 現タイプライター。
【打聴(聽)】ターティン dǎting 現尋ねる。問い合わせる。
【打扮】ターパン dǎban 現みなりをととのえる。
【打擾】ターラオ dǎrǎo 現じゃまをする。おじゃまする。
◇▼手打・仕打・代打・安打・抜打・乱打・長打・殴打・畑打・値打・強打・痛打・焼打・裏打

手 2
【扒】〔5〕
ハツ 漢　入 黠 bā パー　J ②1289　補 3126　U 6252
意味 ①こわす。打つ。②よじのぼる。③掘る。④(衣服などを)はぎとる。⑤現上半身を前に折りまげる。はいあがる。音 pá パー。＝爬

扌 2
【払】〔5〕
常 フツ　はらう
J 4207　補 ―　U 6255

旧字 扌 5
【拂】〔8〕
人
□一 フツ 漢　ホツ 呉　□一 入 物 fú フー　J 5736
□二 ヒツ 漢　□二 入 質 bì ビー　補 ―　U 62C2

筆順 一 十 扌 払 払

意味 ■一 ①〈はら・う(――・ふ)〉 ㋐はらいのける。さっとふく。㋑振る。②うつ。たたき切る。③〈もと・る〉 さからう。 ■二〈たす・ける(――・く)〉 みちびく。力になる。あらため正す。 ＝弼(ひつ)

解字 形声。扌が形を表し、弗(ふつ)が音を示す。扌は手。弗には、こみいったものを押し開く意味がある。拂は、手で打って押しのける、はらう意味になる。一説に、弗には、そうじをする意味を含むから、拂は、手でちりをとりのけることであるという。

【払汨】(ひついつ) 風のうごくさま。

【払士】(ひっし) 君主を援助する賢人。

【払衣】(ふつい) ①着もののたもとをはらう。②世の中から隠れる。

【払逆】(ふつぎゃく) 自分の心に反する。思いどおりにならないこと。

【払去】(ふっきょ) はらいさる。掃除する。

【払暁(曉)】(ふつぎょう(げう)) あかつき。夜あけがた。

【払辞(辭)】(ふつじ) さからい、いさめる。

【払曙】(ふっしょ) 夜明け方。

【払拭】(ふっしょく) ①よごれをふきおとす。ぬぐい去る。②君主からたいせつにあつかわれること。

【払晨】(ふっしん) よあけ。

【払然】(ふつぜん) 怒るさま。

【払奪】(ふつだつ) むりやりにうばい取る。「兄弟相払奪矣(けいていあいふつだつせん)」(兄弟どうしでうばいあいをするにちがいない。)〈荀子(じゅんし)・性悪(せいあく)〉

【払旦】(ふったん) 夜のあけがた。夜明け。払暁(ふつぎょう)。

【払底】(ふってい) 国 すっかりなくなる。非常にとぼしくなること。「在庫払底」

【払撤】(ふってつ) はらいのぞく。

【払払(拂)】(ふつふつ) ①風のそよぐさま。②よい香(かおり)のたちこめるさま。

【払霧】(ふつむ) 霧をはらう。

【払乱(亂)】(ふつらん) ①自分の意見と合わないこと。くいちがうこと。②さからって乱すこと。

【払戻】 ■一(ふつれい) さからう。反すること。 ■二(はらいもどし(はらひ)) 国 ①お金をきちんと計算して残りを返すこと。②貯金を、預けた人に払って返すこと。

【払子】(ほっす) けものの毛をたばね柄(え)をつけた、僧が持つ道具。説法のときの法具。

(払子)

手 2 【扑】〔5〕 ホク 漢 入 屋 ボク 慣 pū プー　J ②1288 補 3125 U 6251

意味 ①〈う・つ〉 たたく。＝撲 ②むち。③〈たお・す(たふ・す)〉 ＝仆

参考 扑は「撲」(五五〇ページ・下)の中国新字体としても使う。

手 2 【扐】〔5〕 ロク 漢 入 職 lè ロー　J ― 補 3124 U 6250

意味 指の間。また、指の間にはさむ。易(えき)うらないで筮竹(ぜいちく)のあまりを左手のくすり指と小指の間にはさむ。

手 2 【扒】〔5〕 国字　J ①8469 補 3128 U 6256

意味 〈さが・す〉

姓 野扒(のいり) 地名 扒下(いりした)

手 3 【扜】〔6〕 ■一 ウ 漢 呉 ■一 平 虞 yū ユィ ■二 ウ 呉 ■二 平 虞 wū ウー　J ― 補 3130 U 625C

意味 ■一 ①指揮する。指図する。②ひく。弓を引く。 ■二 扜零(うれい)は、古代、西域にあった小宛国(しょうえんこく)の地名。

参考 「扞(かん)」は別字。

手 3 【扞】〔6〕 カン 漢 去 翰 hàn ハン　J 5710 補 ― U 625E

意味 ①〈ふせ・ぐ〉 ＝捍 ㋐ふせぎとめる。「扞拒(かんきょ)」 ㋑まもる。②〈おお・う(おほ・ふ)〉 かぶせる。③弓を射るときに腕につける皮のおおい。こて。④ふれる。おかす。＝干 ⑤勇敢な。⑥ひらたくのばす。音 gǎn カン。

【扞格】(かんかく) 互いに相手をうけつけないこと。こばみ合うこと。

【扞弓】(かんきゅう(きう)) 弓をひく。

【扞護】(かんご) 敵をふせぎ、自分を守ること。

【扞城】(かんじょう(じゃう)) ①ふせぎまもる。②たてとしろ。

【扞制】(かんせい) ふせいで止めること。ふせぎとどめる。

扌 3 【扱】〔6〕 常 あつかう　J 1623 補 ― U 6271

旧字 手 4 【扱】〔7〕 ■一 ソウ(サフ) 漢 ■一 入 洽 chā チャー ■二 キュウ(キフ) 漢 ■二 入 緝 xī シー ■三 キュウ(キフ) 漢 ■三 入 緝 qì チー　J ― 補 ― U ―

筆順 一 十 扌 扨 扨 扱

意味 ■一 ①〈はさ・む〉 さしこむ。②〈ひ・く〉 ひっぱる。ひきいれる。 ■二〈おさ・める(をさ・む)〉 しまう。ひっこめる。 ■三〈およ・ぶ〉 とどく。 国 ①〈こ・く〉 しごく。②〈あつか・う(――・ふ)〉

解字 形声。扌が形を表し、及(きゅう)が音を示す。及は人と又を合わせたもの。又は手のことで、及は人に追いつく意味を含む。扌は手。扱は手がとどくことで、とらえる、あつかう意味を表す。一説に、手で取りこむことを表すともいう。

手 3 【扛】〔6〕 コウ 漢 平 江 (カウ) gāng カン　J 5712 補 ― U 625B

意味 ①〈あ・げる(―・ぐ)〉 ㋐両手で持ちあげる。㋑数人で棒の両端を持って、持ちあげる。②〈かつ・ぐ〉 肩にせおう。音 káng カン。

【扛挙(擧)】(こうきょ(かう)) 両手で物を持ち上げる。かつぎ上げる。

【扛鼎】(こうてい(かう)) かなえを持ちあげる。力の非常に強いこと。

手 3 【扣】〔6〕 コウ 漢 去 宥 kòu コウ　J 5711 補 ― U 6263

意味 ①〈ひか・える(――・ふ)〉 馬のたづなをひきとめる。②むすぶ。③〈たた・く〉 ＝叩 ④〈たず・ねる(たづ・ぬ)〉 問う。「扣問(こうもん)」 ⑤さしひく。へらす。

参考 新表記では、「控」に書きかえる熟語がある。

【扣舷】(こうげん) ふなばたをたたく。
【扣除】(こうじょ(ぢょ)) 差し引く。引き去る。＝控除
【扣制】(こうせい) 押さえる。引きとめる。
【扣子】(コウツ) kòuzi 現 服などのボタン。

手 3 【扢】〔6〕 ■一 コツ 漢 ■一 入 月 gǔ クー ■二 キツ 漢 ■二 入 物 qì チー　J ― 補 ― U 6262

意味 ■一〈す・る〉 こする。 ■二 ふるいたつさま。

手 3 【扤】〔6〕 ゴツ 漢 入 月 wù ウー　J ②1291 補 3131 U 6264

意味 ①〈うご・く〉 ゆれ動く。②落ちつかない。

手 3 【扠】〔6〕 サ 漢 平 麻 chā チャー　J 5713 補 ― U 6260

意味 ①はさみ取る。＝叉 ②やす。水中の魚をさす道具。＝杈 国〈さて〉 話を改めるときに言うことば。＝扨

扌 3 【托】〔6〕 入 標 タク 漢 呉 入 薬 tuō トゥオ　J 3481 補 ― U 6258

意味 ①手にのせる。ささげもつ。②物をのせる台。「茶托」 ③とりあわせる。他の物によってきわだたせる。④〈たの・む〉 ㋐たよる。㋑まかせる。㋒かこつける。＝託

【托鉢】(たくはつ) 仏 僧が修行(しゅぎょう)のためにお経をとなえながら鉢(はち)を

持って家々をまわり、米やお金をもらうこと。

手3 【扡】〔6〕 一チ 漢 一上 紙 chǐ チー 二タ 漢 二平 歌 tuō トゥオ　J ②1290　U 6261

意味 一〈さ・く〉木のもくめにそって割る。 二〈ひ・く〉ひっぱる。ひきのばす。＝拖

手3 【扚】〔6〕 一チョウ(テウ) 漢 呉 一上 篠 diǎo ティアオ 二テキ 漢 二入 錫 dí ティー　J ①8470　補 3129　U 625A

意味 一すばやく打つ。 二①引く。引いて開ける。②指でつまむ。

手3 【扨】〔6〕 国字　J 5714　U 6268

意味 〈さて〉話をかえるときに言うことば。それから。

手4 【抎】〔7〕 ウン 漢 上 吻 yǔn ユン　補 3138　U 628E

意味 ①〈うしな・う(――・ふ)〉なくす。②〈お・ちる(――・つ)〉＝隕 ③たたく。

手4 【找】〔7〕 一カ(クヮ) 漢 一平 麻 huá ホワ 二―― 二―― zhǎo チャオ　J 5718　U 627E

意味 一かじで舟をこぐ。 二①不足を補う。②さがす。たずねる。③現つり銭を出す。

手4 【抏】〔7〕 ガン(グヮン) 漢 平 寒 wán ワン　補 3139　U 628F

意味 ①〈くじ・く〉折ってきずつける。おさえる。②〈けず・る(けづ・る)〉かどをすりへらす。＝刓 ③〈もてあそ・ぶ〉＝玩

参考 「抗」は別字。

扌4 【技】〔7〕 学5 ギ わざ　J 2127　U 6280

旧字 手4 【技】〔7〕 キ 漢 ギ 呉 上 紙 jì チー

筆順 一 十 扌 扌 扗 抆 技

意味 ①〈わざ〉はたらき。うでまえ。②わざを持った人。

解字 形声。扌が形を表し、支が音を示す。扌は手。支には、わかれる、えだ、の意味がある。技は、手で行う、細かく複雑なわざをいう。一説に支の音は、「事」という意味を含むから、技は手の仕事で物を作ることであるという。音ギは、支の音シの変化。

名前 あや

【技係】(ぎけい) 技に心がしばられること。

【技芸(藝)】(ぎげい) わざ。芸。技術。

【技工】(ぎこう) ①手の技術がうまいこと。＝技巧 ②国手で加工する技術。また、その仕事に従事する人。

【技巧】(ぎこう(かう)) ①細工がうまいこと。②武術。③技術上のくふう。さいく。

【技術】(ぎじゅつ) 一①わざ。てわざ。技巧。②理論を実際に応用する方法。 二 jìshù 現一に同じ。

【技能】(ぎのう) うでまえ。働き。才能。

【技法】(ぎほう(はふ)) わざ。やりかた。

【技量(「倆」)】(ぎりょう(りやう)) うでまえ。働き。手腕。「技能。てなみ。」

◆余技・妙技・実技・国技・武技・特技・格技・球技・演技・競技

手4 【抂】〔7〕 一キョウ(キャウ) 漢 一平 陽 kuáng コワン 二オウ(ワウ) 漢 二上 養 wǎng ワン　J 5716　U 6282

意味 一抂攘は、散り乱れるさま。 二〈まが・る〉＝枉

扌4 【抉】〔7〕 標 ケツ 漢 入 屑 jué チュエ　J 5717　U 6289

意味 〈えぐ・る(ゑぐ・る)〉ほじくりだす。あばく。うがつ。

刀4 【刔】〔6〕 同字　J 4969　U 5214

参考 「抉」は別字。

【抉出】(けっしゅつ) えぐり出す。ほじくり出す。

【抉剔】(けってき) えぐってはね出す。ほじくり出す。

扌4 【抗】〔7〕 常 コウ　コウ(カウ) 漢 呉 去 漾 kàng カン　J 2519　U 6297

筆順 一 十 扌 扌 扌 扩 抗

意味 ①〈ふせ・ぐ〉こばむ。②〈あた・る〉はりあう。匹敵する。③さからう。てむかう。「抵抗」④〈あ・げる(―・ぐ)〉もちあげる。⑤高い。＝亢

解字 形声。扌が形を表し、亢が音を示す。扌は手。亢は首のことで、首をあげてスックと立っている意味がある。抗は、手でしっかり立ちむかうことで、あたる、ふせぐ、の意味になる。一説に、亢の音には、ふせぎあたるという意味を含むから、抗は、手でふせぎあたることであるという。

【抗顔】(こうがん(かう)) ①強情。強情な顔つき。②あつかましい顔つき。③物知り顔をすること。

【抗議】(こうぎ(かう)) 違った意見を言いはる。反対の意見を申し立てる。もの言い。「と。」

【抗菌】(こうきん(かう)) 医害のある細菌が繁殖するのに対抗すること。

【抗原】(こうげん(かう)) 医生体の中にはいって抗体を作らせる物質。多くの細菌や毒素などがこれにあたる。

【抗衡】(こうこう(かう)) 相手と対等にはりあう。対抗する。

【抗告】(こうこく(かう)) 法下級の裁判所や行政官庁の決定・命令に対する不服を上級の裁判所・官庁に申し立てること。

【抗志】(こうし(かう)) 志を高くしてみだりにつかえない。

【抗生物質】(こうせいぶっしつ(かう)) 医ペニシリン・ストレプトマイシンなどのように、かびや細菌から分泌され、他の微生物や生物細胞の機能をおさえる物質。

【抗節(節)】(こうせつ(かう)) 節度をりっぱに守る。

【抗戦(戰)】(こうせん(かう)) 敵に対抗して戦う。

【抗争(爭)】(こうそう(かうさう)) ①互いにはりあう。②相手に対抗してあらそい。「あらそう。」

【抗体(體)】(こうたい(かう)) 医細菌や毒素などの侵入によって、血清の中にできる物質。生体に免疫性を与えるもの。

【抗直】(こうちょく(かう)) 相手に気がねしないで、自分の思うとおりに言ったり行ったりすること。

【抗敵】(こうてき(かう)) はりあうこと。手向かうこと。

【抗弁(辯)】(こうべん(かう)) ①互いに議論する。はりあって言いあう。②法民事訴訟のとき、相手の申し立てにそって否認するのではなく、それらをしりぞけるために、別の新たな事項を主張すること。

【抗命】(こうめい(かう)) 上の者の命令や制止に従わないこと。

【抗礼(禮)】(こうれい(かう)) 対等のあいさつをする。対等の礼をとる。＝亢礼

◆反抗・対抗・抵抗・拮抗

手4 【抵】〔7〕 シ 漢 呉 上 紙 zhǐ チー　補 3135　U 627A

意味 ①〈う・つ〉たたく。攻撃する。②投げすてる。

参考 「抵」は別字。

手4 【扻】〔7〕 シツ 漢 入 質 zhì チー　J ②1292　U 627B

意味 ①〈くしけず・る(くしけづ・る)〉かみの毛をすく。②く

し。

手4 【扯】〔7〕 シャ 漢 上 馬 呉 chě チョー U補J 6263F 3131 ①8471

手12【撦】〔15〕本字 U補J 64A6 3288

意味 現①ひっぱる。②引きさく。③さっと広げる。④むだばなしをする。

手4 【扭】〔7〕 ジュウ 漢 上 有 (ヂウ) niǔ ニウ U補J 626D 3132 ②1293

意味 ①ひねる。ねじる。②さからう。くってかかる。③おさえる。にぎる。④腰をひねりながら歩く。

扌4 【抒】〔7〕 標 ショ 漢 上 語 ジョ 慣 shū シュー U補J 6292 5719

意味 ①くみ取る。②〈の・べる(―・ぶ)〉 もらす。あらわす。「抒情」③とりのぞく。＝紓

参考 新表記では「叙」に書きかえる熟語がある。

【抒情】じょじょう(じやう) 感情を表現する。思いを表す。＝叙情 ↕叙事

【―詩】じょじょう(じやう)し 作者の主観的な感情を表した詩。↕叙事詩

手4 【承】〔8〕 学 6 ショウ うけたまわる

一 ショウ 漢 ジョウ 呉 一 平 蒸 chéng チョン
二 ショウ 漢 ジョウ 呉 二 上 拯 zhěng チョン

U補J 627F 3021

筆順 ㇇ 了 子 手 手 承 承 承

意味 一①〈う・ける(―・く)〉 ㋐ささげもつ。㋑命令をうける。したがう。㋒…していただく。相手の行為への敬意を表す。㋓うけつぐ。②乗じょうじる。機会を利用する。＝乗 ③〈たす・ける(―・く)〉 補佐する。＝丞 二〈すく・う(―・ふ)〉＝拯 国〈うけたまわ・る(うけたまは・る)〉「聞く」の謙譲語。

解字  会意。㇇・𠬞・手を合わせた字。㇇は、わりふ、官吏の身分証明書。𠬞は、両手でささえている形。その下にまた手がある。承は、手でわりふを受け取り、ささげ持っている形。一説に、丞じょうを略した形と、手とを合わせた字。丞は両手でささげる意味を表すとともに、音をも示すとする。

名前 うけ・こと・すけ・つぎ・つぐ・よし

【承引】しょういん 承知する。引き受ける。

【承句】しょうく 漢詩で絶句の第二句。第一句(起句)をうけて内容を広げる。↓「起承転結」(一二〇〇ジー・上)

【承継(繼)】しょうけい ①受けつぐ。②養子。

【承事】しょうじ 命令をうけたまわって仕える。君主に奉公する。

【承襲】しょうしゅう(しふ) 受けつぐ。

【承順】しょうじゅん 命令に服従する。

【承塵】しょうじん(ぢん) ①小型の幕。頭上ずじょうに張って、ごみやちりを受けるのに用いた。②てんじょう板。

【承前】しょうぜん 前のものを受けつぐこと。続き。

【承諾】しょうだく 承知する。認める。許す。

【承知】しょうち ①相手の言うことを聞き知る。②知る。わかる。③国聞きいれること。わかる。

【承認】しょうにん 一 ①認めて許す。②正しいと認めること。二 chéngrèn 現 一 に同じ。

【承伏】しょうふく 承知して従う。心から従う。納得なっとくする。

【承服】しょうふく ①承知して従う。＝承伏 ②罪人がその罪を認めること。

【承平】しょうへい 平和な世が受けつがれること。太平の世が続くこと。

【承露盤】しょうろばん 漢の武帝が宮中に建てた銅製の盤。天上から降る露を受けて、これに宝玉のこなをまぜて飲めば仙人せんにんになれると考えたことによる。

◇▼了承りょうしょう・伝承でんしょう・拝承はいしょう・継承けいしょう

扌4 【抄】〔7〕 常 ショウ

ソウ(サウ) 漢 平 肴 ショウ(セウ) 呉 chāo チャオ

U補J 6284 3022

筆順 一 十 才 扌 扌 扎 抄

意味 ①すくいとる。②〈かす・める(―・む)〉 奪いとる。③さじやはしで食物をとる。④近道をする。⑤〈うつ・す〉 ㋐書き写す。㋑抜き書きする。⑥容量の単位。(↓付録「度量衡名称」) ⑦現捜査する。国注釈書の一種。「抄物しょうもの」

解字 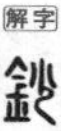 形声。扌が形を表し、少せうが音を示す。扌は手。少は「欠ける」「へらす」の意味がある。抄は、手でけずり取ること。古くは鈔という字を書いた。また、少の音は、「はさむ」という意味を含むから、抄は、手ではさみ取ることであるともいう。

【抄写(寫)】しょうしゃ(せう) 一 一部分を抜き書きする。抄録。二 chāoxiě チャオシエ 現 一 に同じ。

【抄出】しょうしゅつ(せう) 抜き出す。抜き書き。

【抄本】しょうほん(せう) ①書物の一部を抜いて作った本。②文書の一部を抜き書きしたもの。「戸籍抄本」③写本。書き写した本。

【抄物】しょうもの(せう) 国主として室町むろまち時代に作られた注釈書で、経典けいてんや詩文の口語体の講義録。

【抄約】しょうやく(せう) 要点を簡単にまとめる。

【抄訳(譯)】しょうやく(せう) 一部分を選び抜いて翻訳する。また、その翻訳したもの。↕全訳

【抄略】しょうりゃく(せう) かすめとる。掠奪りゃくだつ。＝抄掠

【抄録(錄)】しょうろく(せう) 抜き書きする。また、抜き書きしたもの。

原義と派生義

折

おる・おれる「折断」
- くじく・くじける「折檻せっかん」「挫折ざせつ」
- さばく・さだめる「折獄」
- 死ぬ「夭折ようせつ」

手4 【抍】〔7〕 ジョウ 漢 上 迥 zhěng チョン U補J 628D 3137

意味 ①上にあげる。ひきあげる。②すくう。助ける。ほどこす。＝拯

扌4 【折】〔7〕 学 4 セツ おる・おり・おれる

一 セツ 漢 一 入 屑 zhé チョー
二 テイ 漢 二 平 斉 tí ティー
三 ゼツ 漢 三 入 屑 shé ショー

U補J 6298 3262

筆順 一 十 才 扌 扩 扩 折

意味 一①〈お・る(を・る)〉〈お・れる(を・る)〉 ㋐たちきる。㋑まげる。②判断する。罪をきめる。③死ぬ。早死にする。④〈くじ・く〉 ㋐失敗する。うしなう。「挫折ざせつ」 ㋑反論して屈服させる。㋒指摘する。あげつらう。⑤相当する。⑥葬具。⑦元曲のひと幕の区切り。⑧姓。⑨現掛け。「九折」(九掛け。一割引き。) 二 折折ていていは、安らかなさま。＝提

提 三①折れる。②(金銭の上で)損をする。国〈おり(をり)〉①とき。機会。②うすい板やボール紙などを折りまげて作った箱。

解字 会意。扌と斤とを合わせた字。扌は手。斤はおの。折はおので断ち切ること。もとの字は斲で、草と斤とを合わせた字で、草を切ることであった。偏(へん)の字体が似ているので、後に扌になった。

参考 「拆(たく)」「析(せき)」は別字。また、折は「摺」(五四七㌻・下)の中国新字体としても使う。

【折敷】一(おしき(をしき)) 国薄い板を折りまげて作った盆(ぼん)。そなえ物や食器をのせるのに用いる。二(おりしき(をりしき)) 国射撃で、一方のひざを立て、他方のひざをおり、腰をおろしてかまえる打ち方。

【折紙】(おりがみ(をりがみ)) 国①横に二つ折りにして公式文書・目録・鑑定などを書く紙。②美術品・工芸品の鑑定書。③保証。④たとうふところに入れて鼻紙にしたり歌を書いたりする紙。⑤こどもが折って物の形を作って遊ぶ、いろ紙。【――付】(おりがみつき(をりがみつき)) ①鑑定書のついたもの。②保証つきのもの。

【折柄】(おりから(をりから)) 国ちょうどそのころ。時期。

【折句】(おりく(をりく)) 国和歌で、物の名などを五七五七七各句の初めまたは終わりに置いて作ったもの。

【折戸】(おりど(をりど)) 国折りたためるように作った戸。

【折角】(せっかく) ①得意がっている人をやりこめること。②国わざわざ。骨折って。③国なにとぞ。どうぞ。

【折檻】(せっかん) ①きびしくいさめる。朱雲が漢の成帝をいさめたので、成帝が怒って朝廷から引きずり出そうとしたとき、朱雲が檻(てすり)につかまったらそれが折れた故事による。〈漢書(かんじょ)・朱雲伝〉②国強くせめしかる。

【折桂】(せっけい) 桂の枝をおる。科挙に登第すること。

【折戟】(せつげき) 折れたほこ。

【折獄】(せつごく) 訴えをさばく。訴えごとを判決する。

【折歯(齒)】(せっし) ①歯をおる。②若死にする。

【折衝】(せっしょう) ①敵が攻めてくるのをくじき止める。②外交上の談判。かけひき。

【折折】一(せっせつ) ①はっきりしたさま。②曲ったさま。二(ていてい) のびのびとして、安らかなさま。=提提 三(おりおり(をりをり)) 国ときおり。ときどき。たまに。

【折節(節)】一(せっせつ) 今までの主義・主張や態度を改める。二(おりふし(をりふし)) 国①ときどき。②ちょうどそのとき。③時季。季節。

【折断(斷)】(せつだん) ①くじき折る。②折れて切り取れること。折り取る。

【折中】(せっちゅう(ちう)) 中をとる。ほどよいところをとる。=折衷

【折衷】(せっちゅう(ちう)) いろいろと選びわけて、ほどよいところをとること。反対の意見の中から選びわけて、中間のよい意見をとりあげること。=折中

【折半】(せっぱん) 半分に分ける。二等分する。

【折伏】一(せっぷく) 敵を負かして従わせる。二(しゃくぶく) ㊀仏の教えに従って悪人を説き伏せること。

【折北】(せっぽく) 戦いに負けて逃げる。

【折本】一(せっぽん) 資本金がなくなること。元金より出費が多くなること。二(おりほん(をりほん)) 国①横に長いままの紙を折りたたんだ本。②書籍などを製本するとき、印刷された紙をまだ切らないままページ順に折ったもの。折丁(おりちょう)。

【折柳】(せつりゅう(りう)) 人の旅立ちを送ること。漢代、長安(今の西安)の人が客を郊外まで送り、柳の木の枝を折ってはなむけにして別れたという故事にもとづく。

◁▶夭折(ようせつ)・右折(うせつ)・左折(させつ)・曲折(きょくせつ)・杉折(すぎおり)・迂折(うせつ)・屈折(くっせつ)・枝折(しおり)・指折(ゆびおり)・挫折(ざせつ)・骨折(こっせつ)

手4 【抓】〔7〕 ソウ(サウ) 漢 ㊥平 肴 zhuā チョワ　J 5720 補 U 6293

意味 ①〈か・く〉つめの先でひっかく。②〈つま・む〉③つかまえる。国〈つね・る〉

【抓緊】(チョワチン) zhuājǐn 現しっかりとつかむ。ゆるがせにしない。

扌4 【択】〔7〕 常 タク　J 3482 補 U 629E

旧字 手13 【擇】〔16〕 タク 漢 ㊅入 陌 zé ツォー　J 5804 補 U 64C7

筆順 一 十 扌 扌 扌 択

意味 〈えら・ぶ〉①よいものをえらびとる。②区別する。

解字 形声。扌が形を表し、睪(えき)が音を示す。扌は手。睪は、役人が罪人を見わけることである。擇は、手でよりわけることで、えらぶという意味になる。音タクは、睪の音エキの変化。

地名 択捉(えとろふ)

【択吉】(たくきつ) 吉日を選ぶ。

【択郷(鄉)】(たくきょう(きゃう)) 住むべきところをえらぶ。

【択言】(たくげん) 人からとやかく言われるようなことば。

【択行】(たっこう(たくかう)) 人からとやかく言われるような行為。『無ニ―ニ』(たっこう(たくかう)なし) 行為がすべてりっぱで、とやかく言われるような点はまったくない。

【択木】(たくぼく) 鳥がとまる木をえらぶように臣下が仕える君主をえらぶこと。

◁▶採択(さいたく)・選択(せんたく)

扌4 【投】〔7〕 学3 トウ なげる　トウ 漢 ㊥平 尤 tóu トウ　J 3774 補 U 6295

筆順 一 十 扌 扌 扌 投

意味 ①〈な・げる(―・ぐ)〉㋐なげつける。なげいれる。㋑すてる。㋒とびこむ。「投身」②人に物を贈る。③たよる。身をよせる。④宿泊(しゅくはく)する。⑤合う。一致する。「投合」⑥姓。

解字 形声。扌が形を表し、殳(しゅ)が音を示す。扌は手。殳は、ほこの一種で、古代の武器。行列をじゃまする者を追い払うのに用いたので、動作を表すのに使う字である。投は、手で行う動作の一種で、なげうつことをいう。一説に、殳の音は、なげうつという意味を含むから、投は手でなげつけることを表すという。音トウは、殳の音シュの変化。

名前 ゆき 難読 投網(とあみ)(付表)

【投網】一(とあみ) 国①魚とりに使う網の一種。②網を水中に投げ入れて魚をとること。二(なげあみ) 国①鴨(かも)をとるための網。②一の②に同じ。

【投影】(とうえい) ①物体の姿をうつすこと。写影。②物体のうつった影。③ある点から物体を見た形の平面図。射影。

【投下】(とうか) 投げおろす。投げおとす。

【投函】(とうかん) ポストに郵便物を入れる。

【投閑】(とうかん) 役人をやめて、ひまになること。〈韓愈(かんゆ)・進学解(しんがくかい)〉

【投棄】(とうき) 投げすてる。

【投機】(とうき) ①機会につけこむ。②話があう。意気投合。③国偶然の幸運をねらってする金もうけ。④国ねだんのあがりさがりを予想して、金をもうけるために行う取り引き。

【投壺】(とうこ) 昔の宴会の礼法の一つ。一つのつぼに矢を投げ入れて、勝敗を決め、勝った人が負けた人に酒を飲ませるもの。つぼうち。つぼなげ。

【投荒】(とうこう(くわう)) 遠くへ流される。

(投壺)

【投降】(とうこう(かう)) 敵に降参する。「投降兵」

【投稿】(とうこう(かう)) 国新聞・雑誌などに原稿を送ること。投書。

【投合】(とうごう(がふ)) 両方の気持ちが一致する。「意気投合」

【投獄】(とうごく) ろうやに入れる。

【投笏】(とうこつ) しゃくを投げること。転じて、辞職。致仕。挂冠(けいかん)。

【投刺】(とうし) ①名刺をさし出す。面会を求める。②名刺を投げすてる。面会をやめる。③世間との縁を切る。世を捨てて隠退する。

【投資】(とうし) 国資本を出すこと。

【投射】(とうしゃ) ①理一つの物質内の音・光の波動が他の物質との境界面に達すること。入射。②哲人間の感覚的知覚の対象を外界にあるものとみること。

【投宿】(とうしゅく) 宿屋にとまる。宿をとる。

【投書】(とうしょ) ①文書や手紙を投げ入れること。またその原稿。②国新聞社・雑誌社・放送局などに原稿を送ること。またその原稿。投稿。③国意見や希望、または人の罪などを書いて役所や関係方面に送ること。また、その書きもの。【――欄(とうしょらん)】国新聞・雑誌などで、読者の投書をのせる部分。

【投身】(とうしん) みなげ。水中にとびこんで自殺しようとすること。

【投石】(とうせき) 石を投げる。

【投杼】(とうちょ) つげぐちや讒言(ざんげん)を信じること。曽参(そうしん)が人殺しをしたと、その母に誤って告げる人が三人もあったので、母は三度めに疑いを起こして、織りかけの機(はた)の杼(ひ)を投げすてて家を飛び出した故事による。〈戦国策・秦(しん)〉

【投擲】(とうてき) ほうり投げること。投げとばすこと。拋擲(ほうてき)。「投擲競技」

【投入】(とうにゅう(にふ)) 一 投げ入れる。つぎこむ。二(トウルー) tóurù 現「一に同じ。」

【投筆】(とうひつ) 筆を投げ出す。特に、学問をやめて戦いに参加することをいう。

【投票】(とうひょう(へう)) 選挙または採決のとき、各人の意思を表すために、紙のふだなどに氏名あるいは意見を書いて、一定の場所に提出すること。

【投錨】(とうびょう(べう)) 船のいかりを水中に投げおろすこと。船をとめること。↔抜錨
【投報】(とうほう) ①男女のおもいが互いに通じあう。②贈りものの返礼をする。③恩に報いる。

【投了】(とうりょう(れう)) 国①あきらめて投げだしてしまう。②碁(ご)や将棋(しょうぎ)で、勝負の途中で一方が負けを認めて終わること。
△▼失投(しっとう)・好投(こうとう)・完投(かんとう)・暴投(ぼうとう)・輪投(わなげ)・背負投(せおいなげ)(しょいなげ)

手4 【抖】〔7〕 トウ 漢 ト 慣 上 有 dǒu トウ U補J 6296 5721

意味 〈ふる・う(――・ふ)〉 物のはしを持ってゆり動かす。

手4 【抐】〔7〕 一 ドツ 漢 入 月 nè ノー 二 ジュウ 漢 (ジフ) 入 緝 nì ニー U補J 6290 3140

意味 一 水にひたす。二 揑抐(じゅう)は、おさえつける。手につかむ。

手4 【扽】〔7〕 トン 漢 去 願 dèn テン U補J 6275D 3136

意味 ぐっと引っぱる。

扌4 【把】〔7〕 常 ハ 一 ハ 漢 呉 上 馬 bǎ パー 二 ハ 漢 去 禡 bà パー U補J 628A 3936

筆順
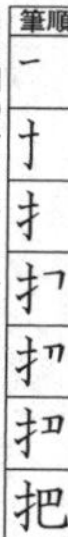

意味 一 ①〈と・る〉 片手でにぎる。②ひとにぎり。ひとたば。③まもる。見張る。④現…を(…する)。処置する対象を示す介詞。⑤姓。二 とって。え。

解字  形声。扌が形を表し、巴(は)が音を示す。巴には、薄いとか、ぴったりつくという意味を含む。把はてのひらでにぎること。

【把握】(はあく) ①しっかりと手でにぎる。②つかむ。とらえる。③ひとにぎりの量。④しっかりと理解する。⑤みこみ。あて。

【把持】(はじ(ぢ)) ①すべてひとりで扱う。②手にとり持つ。しっかりにぎる。③心理学で、記憶の過程の一つ。物の姿や自分の感情が、一定の時間、心に残されていること。

【把手】(はしゅ) 器物の持つところ。とって。柄(え)。ハンドル。

【把捉】(はそく) ①とる。とらえる。つかまえること。②かたく心をきめて乱さない。

扌4 【抜】〔7〕 常 バツ ぬく・ぬける・ぬかす・ぬかる 一 ハツ 漢 バツ 慣 入 黠 bá パー 二 ハイ 漢 去 隊 bèi ペイ U補J 629C 4020

旧字 扌5 【拔】〔8〕 人 U補J 62D4 5722

筆順
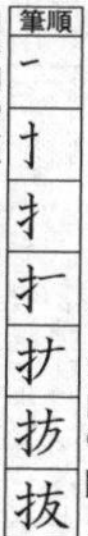

意味 一 ①〈ぬ・く〉 ㋐引きぬく。㋑ばってきする。㋒攻めおとす。㋓うつしかえる。㋔ぬきんでる。きわだつ。②〈はや・い(――・し)〉 すみやか。③矢の末端。二 木の枝や葉がしげるさま。国①〈ぬか・す〉〈ぬ・ける(―・く)〉 はずす。足りない。②〈ぬか・る〉 油断して失敗する。ておち。

解字  形声。扌が形を表し、犮(はつ)が音を示す。扌は手。犮は、犬という字に、ななめに線を引いた形で、犬の足を引くことを表し、引く、はねるという意味を持つ。抜は手で引くことを表す。一説に犮の音は、発(はっ)と通じて、出てくることを表すから、抜は、手でひっぱって出すことを表すという。

名前 やはず

【抜手】(ぬきて) 国泳ぎ方の一つ。両手を交互に水の上に出して泳ぐもの。

【抜身】(ぬきみ) 国さやから抜き出した刀。

【抜目】(ぬけめ) 国①抜けているところ。おち。もれ。②手ぬかり。「ゆだん。」

【抜去】(ばっきょ) 抜きとる。とりのける。

【抜群】(ばつぐん) 多くの中で特にすぐれていること。

【抜剣(劍)】(ばっけん) 刀をさやから抜き出す。抜刀。

【抜山蓋世】(ばつざんがいせい) 気力が大きく強いこと。力は山を抜くほど、気は世をおおうほど、と楚(そ)の項羽が垓下(がいか)で吟じたことにもとづく。〈史記・項羽本紀(こううほんぎ)〉

【抜進】(ばっしん) ぬき出し進める。

【抜粋(粹・「萃」)】(ばっすい) ①多くの中で特にすぐれていること。抜群。②多くの中からすぐれたものを抜き出す。③国要点を抜き書きする。また、そうして作った本。

【抜俗】(ばつぞく) 世俗からぬけ出る。

【抜断(斷)】(ばつだん) 引き抜いてたちきる。

【抜擢】(ばってき) 多くの中から選び出して用いる。おおぜいの人の中から選び抜いて仕事をさせること。

【抜刀】(ばっとう(たう)) ①刀をぬく。②さやから出した刀。ぬきみ。

【抜錨】(ばつびょう(べう)) 水底からいかりを引き上げること。船が出ること。出帆(しゅっぱん)。解纜(かいらん)。↔投錨(とうびょう)

【抜本塞源】(ばっぽんそくげん) 大もとのところから処置すること。根もとを抜き、源(みなもと)をふさぐ意味。〈左伝・昭公(しょうこう)〉
△▼奇抜(きばつ)・底抜(そこぬけ)・海抜(かいばつ)・勝抜(かちぬき)・筒抜(つつぬけ)・腰抜(こしぬけ)・選抜(せんばつ)

手4 【扳】〔7〕 ハン 漢 平 刪 bān パン U補J 6273 3134 ②1294

意味 〈ひ・く〉 ひっぱる。

扌4 【批】〔7〕 学 6 ヒ ヘイ 漢 ヒ 慣 平 斉 pī ピー U補J 6279 4067

筆順 一 扌 扌 扌 扎 扎 批

意味 ①〈う・つ〉㋐手でたたく。㋑せめる。②けずる。とりのぞく。③意見を書きつける。④よしあしをきめる。「批評」⑤昔、臣下が上奏した書類の終わりに書きつけた天子の意見。⑥現㋐大量にまとめて売買する。㋑大量のまとまった人や物を数える量詞。

解字 形声。扌が形を表し、比ひが音を示す。扌は手。比には、ならべる意味がある。批は、二つのものを手で並べ、品定めをすること。

【批准】㊀じゅん ①臣下の上奏した書類に、君主が可否を決めること。②可否を決めて許すこと。③国国家代表の全権委員が署名調印した条約を、主権者が承認する手続き。㊁ピーチュン pīzhǔn 現①㊀の③に同じ。②同意する。承認する。

【批点(點)】ひてん ①詩文のうまいところやたいせつなところを示すために文字のそばに打つ点。②詩文の批評。

【批判】㊀ひはん ①事の価値判断をする。よしあしをきめる。②昔、臣下の上奏した書類に宰相しょうがよしあしの意見を加えたこと。㊁ピーパン pīpàn 現悪い点を非難し、打ちたおす。

【批評】㊀ひひょう(ひゃう) 物のよしあしを論じること。品定め。㊁ピーピン pīpíng 現悪い点を示し、改めさせる。

扌4【扶】〔7〕常 フ　フ漢 ㊥ 虞　ブ呉 fú フー　J 4162　補 ―　U 6276

筆順 一 丨 扌 扌 扌 扶 扶

意味 ①〈たす・ける(――・く)〉㋐ささえる。手をかす。㋑助ける。②よりかかる。③〈よ・る〉そって行く。④四本の指をならべた長さ。⑤姓。

解字  形声。扌が形を表し、夫ふが音を示す。扌は手。夫には、くっつくという意味がある。扶は、手をぴったりと当てて、たすけささえる意味を表す。

名前 すけ・もと・たもつ

【扶育】ふいく 助け育てる。

【扶起】ふき 起きるのに手をかす。だき起こす。

【扶持】㊀じ(ぢ) 助ける。助けささえる。㊁ふち 国昔、米で与えられた俸禄ほうろく。禄米ろくまい。

【扶助】ふじょ 助ける。力を貸す。援助。

【扶将(將)】ふしょう(しゃう) たおれないように手でささえる。扶持ふじ。

【扶乗(乘)】ふじょう 助け乗せる。

【扶植】ふしょく ①うえつける。②手助けする。しっかり立てる。

【扶殖】ふしょく 助けふやす。

【扶寸】ふすん 手の指を四本ならべた長さ。

【扶疏】ふそ 木の枝が広がりしげるさま。＝扶疎

【扶蘇】ふそ 人名。秦しんの始皇帝の長子。

【扶桑】ふそう(さう) ①東海の日の出る所にあるといわれる大きい神木。また、その神木がある所。②日本の別名。③樹木の名。りゅうきゅうむくげ。

【扶風】ふふう ①早く強い風。暴風。②郡名。今の陝西せんせい省鳳翔ほうしょう県付近。

【扶揺(搖)】ふよう(えう) ①東の海中にはえているという伝説上の大木の名。②つむじかぜ。旋風せんぷう。

【扶養】ふよう(やう) 助けやしなう。自活する力がない人をやしなう。「扶養家族」

【扶翼】ふよく ①かばって助ける。助けまもる。②おおいかくす。

【扶老】ふろう(らう) ①老人に手を貸し助ける。②竹の一種。転じて、その竹で作ったつえ。

扌4【扮】〔7〕標 ㊀フン漢 ㊀上 吻 fěn フェン　㊁ハン漢 ㊁去 諫　フン慣 bàn バン　J 4217　補 ―　U 626E

意味 ㊀①にぎる。②一つに合わせる。㊁①〈かざ・る〉おしゃれをする。②〈よそお・う(よそほ・ふ)〉③〈いでたち〉㋐着物を着る。㋑俳優がある役のみなりをする。きつけ。すがた。かっこう。

【扮飾】ふんしょく 美しく身づくろいする。よそおいかざる。

【扮装(裝)】ふんそう(さう) ①俳優が舞台に上がるときの身のよそおい。②よそおい。身ごしらえ。いでたち。

手4【抆】〔7〕 ブン漢 ㊤ 吻 wěn ウエン　J ―　補 ―　U 6286

意味 ぬぐう。ふく。こする。

手4【抃】〔7〕 ヘン漢 ㊦ 霰　ベン呉 biàn ピエン　J ―　補 5723　U 6283

意味 手をたたく。手をたたいて喜ぶ。

【抃舞】べんぶ ①手をたたいて舞う。②非常に喜ぶこと。

【抃踊】べんよう 手をたたいて喜び踊ること。抃躍べんやく。

手4【抔】〔7〕 ホウ漢 ㊥ 尤　ハイ漢 póu ポウ　J ―　補 5724　U 6294

意味 ①〈すく・う(――・ふ)〉手のひらですくう。②手ですくった量を数える。国〈など〉…など。複数または例を示すことば。

参考「杯はい」は別字。

【抔飲】ほういん 手のひらですくって飲む。

【抔土】ほうど ①ひとかたまりの土。ひとすくいの土。また、墓をさす。②墓の土。

手4【扼】〔7〕 アク漢 ㊈ 陌　ヤク呉 è オー　J 5715　補 ―　U 627C

手5【㧖】〔8〕或体　J ―　補 ―　U 39D6

意味 ①〈おさ・える(――・ふ)〉㋐おさえつける。㋑占拠する。守る。②くびき。＝軛あく

【扼殺】やくさつ 腕をまげ、相手ののどをしめつけて殺す。＝搤殺

【扼腕】やくわん 怒って、または残念がって、自分の腕をにぎりしめること。「切歯せっし扼腕」(歯ぎしりをし、腕をにぎりしめて残念がる。)

【扼喉】やっこう(やくこう) ①のどをおさえる。のどをしめつける。②急所をおさえること。

扌4【抑】〔7〕常 ヨク おさえる　ヨク漢 ㊈ 職 yì イー　J 4562　補 ―　U 6291

筆順 一 丨 扌 扌 扌 扣 抑

意味 ①〈おさ・える(――・ふ)〉㋐下におす。おさえつける。㋑とめる。しずめる。㋒おとしめる。しりぞける。②うつむく。③〈そもそも〉㋐けれども。㋑発語のことば。④〈はた〉はたまた。それとも。↕揚

解字  会意。扌と印を合わせたもの。扌は手。印は、印の字を反対にしたもので、印を下に向けて押すことである。抑は、手でおさえることを表す。一説に、印のEは右手、卩は人がひざまずいている形であるから、抑は、右手で人をおさえてひざまずかせることであるという。

名前 あきら

【抑圧(壓)】よくあつ 押しつける。おさえつける。

【抑按】よくあん おさえる。

【抑鬱】よくうつ 気持ちがはればれしないこと。

【抑耗】よくこう(かう) おさえつけてへらす。

【抑止戦(戰)略】よくしせんりゃく 国相手が恐れをなして、攻撃を思いとどまるようにさせる戦略で、核兵器の誇示こじなどもその一つ。

【抑制】よくせい おさえつける。おさえつけて止める。

【抑損】よくそん 心をおさえ、ひかえめにすること。へりくだること。けんそん。

【抑退】よくたい おさえつけて、しりぞける。

【抑貶】よくへん おさえ退ける。けなしおとす。

【抑揚】よくよう(やう) ①音楽・文章・話し方などの調子の高低。②

ほめたりけなしたりすること。③世の流れに浮き沈みすること。【──法】文章や弁論の調子をよくするための、あげさげ。

【抑留】むりやりに引きとめる。おさえとどめる。「抑」「留生活」

手4【扵】〔7〕俗↓於(五七六ページ・下)

手4【扱】〔7〕旧↓扱(五一六ページ・中)

手4【抅】〔7〕俗↓拘(五二三ページ・上)

手4【抛】〔7〕俗↓拋(五二六ページ・下)

手4【抙】〔7〕同↓捊(五三四ページ・上)

扌5【押】〔8〕常 オウ おす・おさえる

㊀オウ(アフ) 漢 ㊀入 洽 yā ヤー
㊁コウ(カフ) 漢 ㊁入 洽 xiá シア

J 1801 補 ── U 62BC

筆順 一 十 扌 扌 扣 扣 押 押

意味 ㊀①かきはん。自分の名をきまった形にくずして書いたもの。また、文書にかきはんを書くこと。「花押」②つかさどる。管理する。③拘留する。④抵当に入れる。⑤〈お・す〉㋐おしつける。＝圧 ㋑詩の韻をふむ。「押韻」⑥〈おさ・える(──・ふ)〉⑦すだれの軸。㊁①よる。かさねる。たてつづけに。②はこ。＝匣 国〈おし〉我をはること。

解字 形声。扌が形を表し、甲が音を示す。扌は手。甲には、かぶとのように、上からかぶせる意味がある。押は、上からおさえつけること。一説に、甲の音には、おさえるという意味を含むから、押は一本の指でおさえることであるという。

【押印】国判をおすこと。捺印。

【押韻】詩できまった部分に同じ韻の文字をもちいること。韻をふむ。

【押券】借用証書。

【押字】名まえの一字を草書体で書いて、印のかわりに用いたもの。かきはん。花押。華押。

【押収(收)】①さしおさえて取りあげる。②法裁判所や税務署が法律にもとづいて一般の人の所有物を取りあげること。

【押送】罪人を他の場所に送る。

【押領】①力ずくで他人の土地、財産、物を奪い取ること。②兵隊をひきいること。

【押取刀】国刀を腰にさすひまがなく、手でつかんだまま、いそいで行動するさま。

◇花押・長押・差押

扌5【拐】〔8〕常 カイ

カイ 漢 上 蟹 guǎi コワイ

J 1893 補 ── U 62D0

筆順 一 十 扌 扌 扣 扣 扫 拐

手5【㧊】〔8〕同字 U 補 J ── ── ──

手5【拐】〔8〕同字 U 補 J ── ── ──

意味 ①つえ。②足をひきずって歩く。③向きを変える。まがる。④〈かた・る〉ごまかす。⑤〈かどわか・す(かどはか・す)〉人をだまして、よそへつれて行く。

解字 会意。扌と另を合わせた字。另は、冎の俗字で、冎は不正なこと。拐は手で不正なことをすること。

【拐帯(帶)】①持ち逃げする。②だましたり暴力でおどしたりしてつれ出す。かどわかす。

【拐騙】①だます。②だまして金や物を奪い取ること。③かどわかす。

扌5【拡】〔8〕学6 カク

J 1940 補 ── U 62E1

旧字 手15【擴】〔18〕カク(クヮク) 漢 呉 入 薬 kuò クオ

J 5818 補 ── U 64F4

筆順 一 十 扌 扌 扌 扩 拡 拡

意味 〈ひろ・める(──・む)〉おしひろげる。「拡大」

解字 形声。扌が形を表し、廣が音を示す。扌は手で、動作することを表す。廣には、ひろいという意味がある。擴は、手で引っぱってひろげること、あるいは、一般にひろげることをいう。

名前 ひろ・ひろし

【拡散】広がりちらばる。

【拡充】おし広げて欠けるところのないように満たす。

【拡声(聲)器】国音声を大きくする器具。ラウド＝スピーカー。

【拡大】㊀大きく広げる。おし広げる。㊁クオター kuòdà 現㊀に同じ。【──鏡】物を大きく見せるレンズ。また、そのレンズをつけた器具。虫めがね。ルーペ。

【拡張】勢力や範囲を大きくおし広める。

手5【拑】〔8〕ケン 漢 平 塩 qián チエン カン 慣

J 5726 補 ── U 62D1

扌5【拒】〔8〕常 キョ こばむ

㊀キョ 漢 ㊀上 語 jù チュイ
㊁ク 漢 ㊁上 麌 jǔ チュイ

J 2181 補 ── U 62D2

旧字 手5【拒】〔8〕 U 補 J ── ── ──

筆順 一 十 扌 扌 扩 扩 拒 拒

意味 ㊀①〈ふせ・ぐ〉まもる。②〈こば・む〉ことわる。「拒絶」㊁四角形の陣。＝矩

意味 ＝鉅・鉗 ①〈はさ・む〉②〈つぐ・む〉口をとじる。

解字 形声。扌が形を表し、巨が音を示す。扌は手。巨には、へだたりの意味がある。拒は、手でへだてることで、こばむという意味になる。

【拒捍】ふせぎさからう。

【拒諫】いさめこばむ。

【拒止】ふせぎ止める。くいとめる。ことわってとめる。

【拒守】こばみまもる。

【拒絶】㊀ことわる。いやだといって、はねつけること。拒否。㊁チュイチュエ jùjué 現㊀に同じ。

【拒戦(戰)】ふせぎたたかう。

【拒否】ことわる。こばむ。

扌5【拠】〔8〕常 キョ・コ

キョ 漢 去 御 jù チュイ
コ 呉

J 2182 補 ── U 62E0

旧字 手13【據】〔16〕

J 5801 補 ── U 64DA

筆順 一 十 扌 扌 扐 扨 扨 拠

意味 ①〈よ・る〉㋐よりかかる。㋑すがる。たよる。㋒もとづく。「根拠」㋓たてこもる。「占拠」②あかし。しょうこ。方法。③〈おさ・える(──・ふ)〉国〈よんどころ〉よりどころ。「拠ん所なし」(しかたがない。やむを得ない。)

解字  形声。扌が形を表し、豦が音を示す。扌は手。豦は居と同様に、おちつく意味がある。據は、つえを手に持ち、それによりかかっておちつくことで、たよる意味になる。

【拠守】たてこもって守る。

【拠軾】車の前の横木に手をつきよりかかる。

【拠点(點)】よりどころとする所。たてこもって守る所。活動のもとになる所。

【拠有】①たてこもって自分のものとする。②よりどころとして持っている。

【拠説】チュイシュオ jùshuō 現聞くところによると。

◆占拠・本拠・典拠・依拠・根拠・割拠・証拠・準拠・論拠・群雄割拠

手5【抾】〔8〕 キョ 漢 平 魚 qū チュイ J 3147 補 U 62BE

意味 ①両手に取る。つかまえる。②追いはらう。

扌5【拘】〔8〕 常 コウ

一 ク 漢 コウ 慣 一 平 虞 jū チュイ
二 コウ 漢 二 平 尤 gōu コウ
J 2520 補 U 62D8

筆順 一 十 扌 扚 扚 拘 拘 拘

手4【抅】〔7〕 俗字 J ①8472 補 U 6285

意味 一 ①〈とら・える(——・ふ)〉つかまえておく。②〈かかわ・る(かかは・る)〉関係する。かまう。気にかける。③〈なず・む(なづ・む)〉こだわる。二 ①かかえる。手に取る。②おおう。③曲がっている。‖句

解字 会意・形声。扌と句を合わせた字。句は、音をも示す。扌は手。句はまがる意味で、拘は、まがったかぎのようなもので引っかけることから、手で引き止めることになる。一説に、句の音には、止めるという意味を含むから、拘は、手でおし止めることであるという。

【拘引】 国①つかまえて連れて行く。②法裁判所が、召喚に応じない被告人・証人などを強制的に出頭させること。
【拘禁】 つかまえてとどめておき、自由な行動を禁止する。
【拘牽】 ①制すること。②かかわりあい。かかりあい。
【拘士】 自分の知識や考えにとらわれすぎている人。
【拘儒】 自分の考えにこだわりすぎる学者。
【拘束】 ①つかまえておく。②身のまわりや社会などにとらわれて自由でないこと。③法自由な行動を制限、停止する。
【拘俗】 世間のしきたりにとらわれる。
【拘置】 ①つかまえておくこと。②法刑事被告人を捕らえて外に出さないこと。
【拘泥】 物事にこだわる。あることに片寄って執着し、ゆうずうがきかないこと。
【拘欄】 てすり。‖句闌・勾闌
【拘留】 ①つかまえてとどめておく。②物事に関係してとどまる。③法自由刑の一つ。犯罪人を一日以上三十日未満の期間、強制的にとどめておくこと。
【拘礼(禮)】 礼儀にこだわりすぎている。

手5【抳】〔8〕 一 ジ(ヂ) 漢 一 上 紙 nǐ ニー 二 ジ(ヂ) 漢 二 平 支 ní ニー J 3143 補 U 62B3

意味 一 ①止める。ゆわえる。②指でさし示す。二 とぐ。みがく。

扌5【招】〔8〕 学5 ショウ まねく

一 ショウ(セウ) 漢 呉 一 平 蕭 zhāo チャオ
二 キョウ(ケウ) 漢 二 平 蕭 qiáo チアオ
三 ショウ(セウ) 漢 三 平 蕭 sháo シャオ
J 3023 補 U 62DB

筆順 一 十 扌 扨 扨 招 招 招

意味 一 ①〈まね・く〉㋐手まねきする。㋑よびよせる。さそう。㋒ひきおこす。②罪を認める。③しばりつける。④弓矢のまと。二 あげる。あげつらう。三 舜帝が作ったといわれる音楽の名。‖韶

解字 形声。扌が形を表し、召が音を示す。扌は手。召は呼ぶこと。招は、手で呼びよせることを表す。

名前 あき・あきら

【招引】 まねく。まねき寄せる。
【招隠(隱)詩】 晋の張華・左思・陸機・閭丘沖らの作った詩の題名。
【招喚】 呼びまねくこと。呼び寄せること。
【招降】 敵を説得して降伏をすすめること。
【招魂】 ①死人のたましいを呼び戻すこと。②生きている人から抜け出したたましいを呼び戻すこと。【——社】国もと、国家のために死んだ人のたましいをまつった神社。
【招尋】 ①まねく。②たずねる。おとずれる。
【招請】 人をまねいて、もてなす。人をまねき呼ぶ。
【招待】 一 ①客をまねいて待ちうける。②人をまねいて、もてなす。二 zhāodài 現 一 に同じ。
【招提】 梵語 caturdeśa(四方の意)の訳語で、寺院をいう。
【招致】 人をまねき呼ぶ。呼び寄せる。招来。
【招撫】 まねいて従わせる。帰順させる。
【招聘】 礼を尽くして、ていねいにまねく。
【招辟】 学問や人格のすぐれたものをまねいて官職につかせる。‖召辟
【招募】 募集すること。呼びかけて集めること。召募。
【招揺(搖)】 さまよう。あてどもなく歩く。‖逍遥
【招来(來)】 人をまねき呼ぶ。呼び寄せる。招致。
【招牌】 zhāopai 現 かんばん。
【招呼】 zhāohu 現 呼びかける。あいさつする。

扌5【拙】〔8〕 常 セツ つたない

セツ 漢 入 屑 zhuō チュオ J 3259 補 U 62D9

筆順 一 十 扌 扎 抖 抖 拙 拙

意味 ①〈つたな・い(——・し)〉㋐へた。くだらない。役にたたない。↕巧 ㋑運がわるい。②自分のことをけんそんしていうことば。

解字 形声。扌が形を表し、出が音を示す。扌は手。出は屈と同じく、ひっこむ意味がある。拙は、手のわざが、人よりへたなことで、つたない、まずい、の意味になる。

【拙詠】 ①へたな詩歌。②国自分の作った詩歌をけんそんしていうことば。
【拙技】 ①へたなわざ・技術。②国自分の芸や技術をけんそんしていうことば。
【拙吟】 ①へたな詩歌。詩歌のへたな歌い方。②国自分の詩歌や歌い方をけんそんしていうことば。
【拙荊】 人に対して、自分の妻をけんそんしていうことば。愚妻。山妻。荊妻。
【拙妻】 自分の妻をけんそんしていうことば。愚妻。荊妻。
【拙作】 ①へたな作品。②国自分の作品をけんそんしていうことば。
【拙策】 ①まずい、へたな計画。②国自分の計画をけんそんしていうことば。
【拙者】 ①才能のおとる人。才能のない人。②国自分のことをけんそんしていうことば。③国自分のことをやや気どってユーモラスにいうことば。
【拙速】 できあがりは、まずくへただが、早くできあがること。↕巧遅
【拙宅】 国自分の家をけんそんしていうことば。
【拙著】 国①へたな作品。まずい著作。②自分が書いた本をけんそんしていうことば。
【拙筆】 ①そまつな筆。②へたな文字・文章。③国自分が書いた文字や文章をけんそんしていうことば。
【拙文】 ①へたな文章。②自分の文章をけんそんしていうことば。
【拙謀】 ①まずいはかりごと。へたな計略。②くらしかたがへた。生計のたてかたがうまくない。
【拙劣】 へたでおとっている。うまくない。まずい。

【拙陋】せつろう へたで、いやしい。へたで、みにくいこと。

【拙論】せつろん ①へたな議論。②国自分の意見・理論・議論をけんそんしていうことば。

『守レ拙』せつをまもる 自分の世渡りのへたなことを知りながら、その性質をかえない。「守レ拙帰ニ園田ー」(せつをまもりてえんでんにかえる)(園田は、はたけ・いなか。)〈陶潜とうせんの詩・帰ニ園田居ー(えんでんのきょにかえる)〉

◆巧拙こうせつ・稚拙ちせつ

手5【拖】〔8〕 タ 漢 平 歌 tuō トゥオ U 62D6 補 3152 J ①8474

手5【拕】〔8〕本字 U 62D5 補 3151 J ②1303

意味 ①〈ひ・く〉ひっぱる。ひきずる。のばす。②〈はな・つ〉はなす。ゆるめる。③うばいとる。

【拖拉機】トゥオラーチー tuōlājī 現トラクター。

手5【拏】〔9〕 ダ 漢 平 麻 ná ナー U 62CF J 5728

意味 ①〈ひ・く〉ひっぱる。②手でにぎる。=拿だ ③つかまえる。=拿だ

扌5【拓】〔8〕 常 タク U 62D3 J 3483

一 タク 漢 一 入 薬 tuò トゥオ
二 セキ 漢 二 入 陌 zhí チー

筆順 一 十 扌 扌 扩 扩 拓 拓

意味 一 ①〈お・す〉手でおす。もちあげる。②〈ひら・く〉ひろげる。「開拓」③いしずり。石碑せきひの文字などを紙にすりとったもの。音 tà ター。=搨とう ④拓跋たくばつは、複姓。二 ひろう。=摭せき

解字 形声。扌が形を表し、石せきが音を示す。扌は手。石はいしである。拓は、石を手でたきわるように開くことを表す。また、石の音は庶しょと通じて、拾い取る意味を含むから、拓は、手で取り上げることを表すともいう。

名前 ひろ

【拓殖】たくしょく 土地の開拓と、そのために移住すること。移住して土地を開拓すること。=拓植

【拓跋】たくばつ 古代、西北方の異民族の姓。四世紀ごろ山西省に侵入して北魏ほくぎを建国して拓跋魏たくばつぎといった。

【拓本】たくほん 石碑などの文字や絵などを紙に写し取ったもの。搨本とうほん。

【拓落】たくらく ①運がつかないこと。不幸。落ちぶれること。②とりとめのないさま。まとまりのないようす。落拓。

手5【拆】〔8〕 タク 漢 入 陌 chāi チャイ U 62C6 J 5730

意味 =坼 ①〈さ・く〉ひきさく。こわす。②〈ひら・く〉

参考「折せつ」「析せき」は別字。

【拆字】たくじ 漢字をへん、つくり、かんむり、あしなどに分解して数文字にすること。たとえば、「張」を「弓長」、「章」を「立早」というなど。

扌5【担】〔8〕学6 タン かつぐ・になう U 62C5 J 3520

一 タン 漢 呉 一 平 覃 dān タン

旧字 手13【擔】〔16〕 U 64D4 J 5731

二 タン 漢 呉 二 去 勘 dàn タン

筆順 一 十 扌 扌 扣 扣 担 担

意味 一 ①〈にな・う(――・ふ)〉せおう。ひきうける。②〈かつ・ぐ〉肩でかつぐ。二 ①にもつ。②責任。③重さの単位。百斤。④容積の単位。一石こく。

解字 形声。扌が形を表し、詹せんが音を示す。扌は手。詹には、になうとか、定着するとかの意味を含むという。擔は、手で物をになうこと。音タンは、詹の音センの変化。

名前 ゆたか 難読 担桶たご

【担荷】たんか 荷物などをになう。

【担提】たんてい 物をかついだり、手にさげたりする。

【担当(當)】たんとう(たう) 引き受ける。受け持つ。担任。

【担任】一 たんにん 受け持つ。引き受ける。受け持ち。担当。二 ダンレン dānrèn 現一に同じ。

【担夫】たんぷ 荷をかつぐ男。

【担保】たんぽ ①かた。抵当。②法債務者が債権者に提供して、債権の安全、確実を保証するもの。

【担心】タンシン dānxīn 現心配する。

◆分担ぶんたん・加担かたん・負担ふたん・荷担かたん

手5【抶】〔8〕 チツ 漢 入 質 chì チー U 62B6 補 3144

意味〈むちう・つ〉むちでたたく。

手5【拄】〔8〕 チュ 漢 チュウ 慣 上 麌 zhǔ チュー U 62C4 補 3149 J ①8473

意味 ①〈ささ・える(――・ふ)〉つっかえぼうをする。②刺す。そしる。

参考「桂けい」「柱ちゅう」は別字。

扌5【抽】〔8〕 常 チュウ U 62BD J 3574

チュウ(チウ) 漢 平 尤 chōu チョウ

筆順 一 十 扌 扌 扣 抽 抽 抽

手7【𢭆】〔10〕同字 U 22B46 J ②1318

意味 ①〈ぬ・く〉引きぬく。とりだす。とりのぞく。②〈ひ・く〉引き出す。③芽を出す。④現(たばこを)吸う。

解字 形声。扌が形を表し、由ゆうが音を示す。扌は手。由には抜け出す意味がある。抽は手で引き出すことを表す。

難読 抽斗ひきだし

【抽印本】ちゅう(ちう)いんぼん 雑誌や本の一部分をまとめて抜いて印刷したもの。抜きずり。

【抽出】一 ちゅう(ちう)しゅつ 抜き出す。二 ひきだし 国机やたんすなどにとりつけて、引き出したり入れたりできる箱。抽斗ひきだし。

【抽象】一 ちゅう(ちう)しょう(しゃう) 哲個々のものが持つ特殊性を除き、一般的な共通する性質を抜き出して一つの考えにまとめること。↔具体 二 チョウシアン chōuxiàng 現一に同じ。

【抽籤】ちゅう(ちう)せん くじびき。くじを引く。=抽選

【抽斗】ちゅう(ちう)と ひきだし。抽出ひきだし。

【抽屜】チョウティ chōuti 現引き出し。

手5【抻】〔8〕 チン 漢 平 真 chēn チェン U 62BB J 5727

意味 手で物を引きのばす。=捵

扌5【抵】〔8〕 常 テイ U 62B5 J 3681

一 テイ 漢 タイ 呉 一 上 薺 dǐ ティー
二 シ 漢 呉 二 上 紙 zhǐ チー

筆順 一 十 扌 扌 扌 扺 抵 抵

意味 一 ①おす。おしのける。②〈こば・む〉㋐ふせぐ。てむかう。㋑ことわる。いいのがれをいう。③〈ふ・れる(―・る)〉㋐さわる。㋑おかす。=牴 ④〈あた・る〉つりあう。相当する。⑤つぐなう。⑥〈いた・る〉つく。達する。=底 二 ①うつ。たたく。②なげすてる。

解字 形声。扌が形を表し、氐ていが音を示す。扌は手。氐は、下までとどくとか、木の根という意味がある。抵は、手がとどく、手がさわることから、あたる、こばむという意味になる。一説に、

氏の音は、おしのけてこばむという意味を含んでいるから、抵は、手でおしのけてこばむことであるという。

名前 あつ・やす・ゆき

参考「柢(てい)」は別字。新表記では、「觝」の書きかえに用いる熟語がある。

【抵掌】(ししょう(しゃう)) ぽんと両手をうつ。

【抵捂】(ていご) くいちがうこと。さからうこと。抵触。‖牴牾

【抵抗】(ていこう(かう)) ①さからう。反対して手向かう。②理力が作用する方向と反対の方向に働く力。③理電気の流れを妨害する性質。電気抵抗。

【抵死】(ていし) 死にものぐるい。

【抵触(觸)】(ていしょく) ①さしさわり。くい違い。矛盾(むじゅん)する。②ぶつかる。ふれあたる。ふれる。‖牴触・觝触

【抵当(當)】(ていとう(たう)) 国①借金を返せないとき、かわりに渡す約束の物。担保(たんぽ)。②質屋から金を借りるとき、そこにあずける品。質ぐさ。

△▼大抵(たいてい)

手5【拈】〔8〕 デン漢平塩 ネン呉 niān ニエン　J 5732 補 U 62C8

意味 ①〈つま・む〉指先でつまむ。「拈香(ねんこう)」②〈ひね・る〉指先でつまんでねじる。③手にもつ。

【拈華(華)微笑】(ねんげみしょう(せう)) 仏心から心に伝えること。以心伝心。釈迦(しゃか)が華(はな)をひねるのを見て、弟子(でし)がその意味をさとって微笑したという故事にもとづく。‖拈花微笑

【拈出】(ねんしゅつ) ①ひねり出す。‖捻出 ②やりくりして、つごうをつけること。

扌5【拝】〔8〕 学6 ハイ おがむ　J 3950 補 U 62DD

旧字 手5【拜】〔9〕 人 ハイ呉漢去卦 bài パイ　J 5733 補 U 62DC

筆順 一 扌 扌 扌 扌 扌 拝 拝

意味 ①〈おが・む(をが・む)〉おじぎをする。②お礼をする。③たずねる。おとずれる。④官をさずける。「拝官」⑤受ける。⑥相手を尊敬して、自分の動作の上につける語。「拝見」⑦あかざに似た草の名。国〈おが・む(をが・む)〉「見る」の謙譲語。

解字  形声。手と手とを合わせた字。手は手。手は皋(こう)の略で、音を示す。皋は、音の上から、並ぶという意味を含むという。拝は、両手を平行に前に出し、頭をそこまで下げる礼のしかたである。

【拝謁(謁)】(はいえつ) 目上の人、尊い人にお目にかかること。

【拝賀】(はいが) ①つつしんでお喜びを申し上げる。②国皇室の祝いのとき、天皇・皇后にお喜びを申し上げること。

【拝火教】(はいかきょう(くわけう)) イランのゾロアスター教のように、火を神としておがむ宗教。火教。

【拝官】(はいかん(くわん)) 官職につくこと。役人になること。拝命。任官。

【拝観(觀)】(はいかん(くわん)) つつしんで見る。

【拝顔】(はいがん) お目にかかる。人に会うことの謙譲語。拝眉(はいび)。

【拝跪】(はいき) ひざをつき、つつしんでおがむこと。跪拝。

【拝具】(はいぐ) ①つつしんで申し上げる。手紙の終わりに書くことば。敬具。②神仏をおがむときに使う道具。

【拝啓】(はいけい) つつしんで申し上げる。手紙の初めに書くことば。拝呈。謹啓。

【拝見】(はいけん) ①尊い人、目上の人に会うこと。②つつしんで見る。見ることをけんそんしていうことば。

【拝乞】(はいこつ) おがんでたのむ。命ごいをする。

【拝察】(はいさつ) お察しする。推量することの謙譲語。

【拝芝】(はいし) お目にかかる。人に会うことの謙譲語。拝顔。

【拝辞(辭)】(はいじ) ①つつしんでおいとまする。②つつしんで辞退する。おことわりする。

【拝謝】(はいしゃ) ①つつしんでお礼を申し上げる。②つつしんでおことわりする。

【拝手】(はいしゅ) 頭を手のところまでさげるおじぎ。

【拝受】(はいじゅ) つつしんで受ける。お受けする。いただく。「受ける」の謙譲語。

【拝承】(はいしょう) つつしんでうけたまわる。聞く、承知することをけんそんしていうことば。

【拝誦】(はいしょう) つつしんで読む。拝読。

【拝趨】(はいすう) ①目上の人、尊い人の前に出ることをけんそんしていうことば。②他人の家に行くことをけんそんしたことば。おうかがいする。参上。

【拝送】(はいそう) つつしんでお送りする。

【拝聴(聽)】(はいちょう(ちゃう)) つつしんで聞く。聞くことをけんそんしていうことば。

【拝呈】(はいてい) ①つつしんでさしあげる。物を贈ることの敬語。②手紙の初めに書くことば。拝啓。

【拝殿】(はいでん) 国神社の本殿の前にあり、参拝人がおがみ、祈るための場所。

【拝禱】(はいとう(たう)) 神仏をおがんでいのる。

【拝読(讀)】(はいどく) つつしんで読む。相手の手紙や文を自分が読むことをけんそんして言うことば。拝誦(はいしょう)。

【拝年】(はいねん) 新年の祝いのあいさつを述べること。

【拝眉】(はいび) お目にかかる。人に会うことの謙譲語。

【拝表】(はいひょう(へう)) うやうやしく手紙をさしあげる。君主や政府に文書をたてまつる。

【拝舞】(はいぶ) 君主からいただきものをしたときなど、舞う動作をしてお礼の意を表すこと。

【拝伏】(はいふく) ていねいにおがむ。ひれ伏しておがむ。

【拝復】(はいふく) つつしんでお返事する。返事の手紙の初めに書くことば。敬復。

【拝別】(はいべつ) つつしんでお別れする。

【拝命】(はいめい) ①命令をうけたまわる。②官職をさずけられること。官職につく。拝官。

【拝揖】(はいゆう(いふ)) おじぎをする。頭を深くたれる礼と、手を胸に組んで頭を軽く下げる礼。

【拝領】(はいりょう(りやう)) ①贈り物をいただく。②国ちょうだいする。

【拝礼(禮)】(はいれい) 頭をさげておがむ。また、その礼。おじぎする。

△▼九拝(きゅうはい)・礼拝(れいはい|らいはい)・再拝(さいはい)・巡拝(じゅんぱい)・参拝(さんぱい)・崇拝(すうはい)

手5【抹】〔8〕 バイ漢去隊 マイ呉 méi メイ　J 3146 補 U 62BA

意味 さぐる。なでる。

参考「抹(まつ)」は別字。

扌5【拍】〔8〕 常 ハク・ヒョウ　J 3979 補 U 62CD

一 ハク漢 ヒョウ(ヒャウ)慣 一 入 陌 pāi パイ
二 ハク漢呉 二 入 薬 bó ポー

筆順 一 扌 扌 扌 扌 拍 拍 拍

6【拍】〔9〕 本字 J — 補 U 22AE6

意味 一①〈う・つ〉手でぱんとたたく。②ひょうし。音楽のリズム。③石や火を遠くに投げる武器。④現(写真を)とる。二肩。

解字  形声。扌が形を表し、白(はく)が音を示す。扌は手。白にはぴったりつく、なでる、という意味がある。拍は、平手で軽く打つことをいう。

名前 ひら　難読 拍手(かしわで)・拍板(びんざさら)

心(忄・⺗)戈戸(戶)手(扌)支攴(攵)　4画　文斗斤方无(旡・旡)日曰月(⺝)木欠止歹殳毋比毛氏气水(氵・氺)火(灬)爪(爫・⺥)父爻爿片牙(牙)牛(牜)犬(犭)

【拍車】はくしゃ ①城攻めに用いる戦車。投石機。②国馬に乗るとき靴のかかとにつけて、馬の腹をこすり、馬を早く走らせるための金具かなぐ。

【拍手】一はくしゅ 手をたたく。二かしわで(かしは) 国神社でおがむとき手をたたくこと。

【――喝(喝)采(采)】はくしゅかっさい 手をたたいてほめること。

【拍拍】はくはく ぱたぱたと音をたてるさま。

【拍板】はくはん 拍子ひょうしをとるために使う楽器。

【拍子】ひょうし(ひゃう) ①曲の調子をとること。②国はずみ。おり。

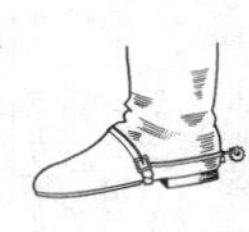
(拍車②)

(拍板)

手5【拌】[8] ハン 漢 平 寒 pān パン U補J 5734 62CC

意味 ①〈す・てる(―・つ)〉 ②割る。さく。音 pàn パン。=判 ③かきまぜる。音 bàn バン。

扌5【披】[8] 常 ヒ 一ヒ 漢呉 一平 支 pī ピー 二ヒ 漢呉 二去 寘 bì ビー U補J 4068 62AB

筆順 一 十 扌 扌 扩 扩 扐 披

意味 一①〈ひら・く〉 ㋐わける。㋑あばく。㋒めくる。②〈き・る〉着物をはおる。二ひつぎを引く縄。

解字  形声。扌が形を表し、皮ひが音を示す。扌は手。皮は、毛皮を引きよせる意味を含む。披は、手で物がかたむかないように、引いていることを表す。

名前 ひら

【披閲】ひえつ 開いて調べて見る。

【披襟】ひきん 心の中をうちあけること。

【披見】ひけん 開いて見る。

【披講】ひこう(かう) 国詩歌しいかなどを作る会で、作品を読みあげること。また、その人。

【披誦】ひしょう 本を開いて、読む。

【披対(對)】ひたい うちとけて、向かいあう。

【披剃】ひてい 僧衣をきて頭髪をそりおとす。はじめて僧尼になる〔こと。〕

【披読(讀)】ひどく 開いて読む。

【披髪】ひはつ ざんばら髪。

【披繙】ひはん 書物を開いて読む。

【披披】ひひ ①長いさま。②なびくさま。③動くさま。④とけ〔て乱れるさま。〕

【披靡】ひび ①さっと広がりなびくさま。②なびき従うさま。

【披服】ひふく 着物を着ること。

【披払(拂)】ひふつ 開きわかれる。

【披瀝】ひれき 思っていることを全部話して聞かせる。

【披露】一ひろ 文書などを広げる。二ひろう 国おおぜいの人に知らせること。広く人に発表すること。ひろめる。おひろめ。「披露宴」

手5【抷】[8] 一ヒ 漢呉 一平 支 pī ピー 二ハイ 漢 二平 灰 pēi ペイ U補J 3145 62B7

意味 一ひらく。=披ひ 二両手ですくう。

手5【抿】[8] ビン 漢 平 真 ミン 慣 mǐn ミン U補J 3148 62BF

意味 ①なでる。②髪の毛をなでそろえる。③ぬぐう。④口をすぼめる。⑤飲み物を軽くすする。

手5【拊】[8] フ 漢 上 麌 fǔ フー U補J 5735 62CA

意味 ①〈う・つ〉軽くたたく。②〈な・でる(―・づ)〉 ㋐手でさする。㋑かわいがる。③楽器の一種。小鼓こつづみに似ている。④刀や弓の手でにぎる部分。

【拊愛】ふあい なでかわいがる。

【拊循】ふじゅん いつくしむ。慰撫いぶ。〈史記・晋世家しんせいか〉

【拊膺】ふよう 自分で自分の胸をかるくたたく。くやしがるさま、悲しむさま、なげくさまなどを表す。

手5【抦】[8] ヘイ 漢 上 梗 bǐng ビン U補J ②1302 3141 62A6

意味 手に持つ。=柄へい・秉へい

手5【拚】[8] ベン 漢 去 霰 biàn ビエン U補J 3153 62DA

意味 ①手をたたく。=抃べん ②現すてる。音 pàn パン、pīn ピン。

手5【拇】[8] ボ 漢 上 有 mǔ ムー U補J 5737 62C7

意味 〈おやゆび〉手足のおやゆび。「拇指ぼし」

【拇印】ぼいん 国親指の先を判のかわりに押したもの。つめいん。つめばん。

扌5【抱】[8] 常 ホウ だく・いだく・かかえる U補J 4290 62B1

旧字 手5【抱】[8] ホウ 漢 上 皓 bào パオ U補J

筆順 一 十 扌 扌 扚 抅 抅 抱

意味 ①〈だ・く〉〈いだ・く〉 ㋐両手でかかえる。㋑かこむ。とりまく。㋒心にいだく。②ふところ。心。かんがえ。③両手でかかえた太さ。ひとかかえ。④〈かか・える(―・ふ)〉 国〈かかえ(かかへ)〉やといにん。けらい。

解字  形声。扌が形を表し、包ほうが音を示す。扌は手。包には、つつむ意味がある。抱は手でつつみこむ、だきかかえる意味を表す。

名前 もち

【抱一】ほういつ 真理を身につけて、はなさないこと。

【抱懐(懷)】ほうかい(くわい) 心に思うこと。考え。こころざし。

【抱関(關)撃(擊)柝】ほうかん(くわん)げきたく 抱関は門番、撃柝は夜回りの警戒番。まずしく、身分の低い役人のこと。

【抱合】ほうごう(がふ) だきあい。だきあう。抱擁。

【抱璞】ほうはく 璞はく(掘り出したままで、加工していない美玉)をかかえていること。人の知らない、りっぱな素質を持っていることをいう。↓「和氏之璧かしのへき」(二四一ジ・上)

【抱負】ほうふ ①だいたり、せおったりすること。②国心に持っている考え・希望・計画。③国自信。覚悟かくご。

【抱腹】ほうふく 腹をかかえて大いに笑うこと。「捧腹ほうふく」の転用。「抱腹絶倒」

【抱朴子】ほうぼくし 書名。晋しんの葛洪かっこう著。神仙しんせんの法や道家の政治道徳をのべたもの。

【抱擁】ほうよう 両手でだきかかえる。

【抱歉】バオチエン bàoqiàn 現遺憾いかんに思う。

【抱柱之信】ほうちゅう(ちう)のしん ちょっとした約束でもかたく守って変えないこと。↓「尾生之信びせいのしん」(三九五ジ・中)

◆介抱かいほう・辛抱しんぼう

手5【抨】[8] ホウ 漢 平 庚 (ハウ) pēng ポン U補J 3142 62A8

意味 ①石弓で弾たまをはじく。②責めとがめる。

手5【拋】[8] ホウ 漢 平 肴 (ハウ) pāo パオ U補J 62CB

意味 〈なげう・つ〉ほうりなげる。すてる。

手4【抛】[7] 俗字 U補J 5738 629B

参考 新表記では、「放」に書きかえる熟語がある。熟語は「放」(五五

扌5
【抹】
〔8〕 常 マツ
□一 バツ漢 マチ呉 マツ慣 □一 入 曷 mǒ モー
□二 バツ漢 マチ呉 マツ慣 □二 入 曷 mò モー
J 4385 補 ― U 62B9

筆順 一 丨 扌 扌一 扌二 扗 抹 抹

意味 □一 ①〈す・る〉なでる。ぬる。②さっとすぎる。③けす。ぬりつぶす。「抹殺」④切りさく。⑤こなにする。また、こな。「抹香」⑥現ぬぐう。ふく。□二 ①琵琶(びわ)の弦を人さし指で内側にはじく。②周囲をまわる。③くっつく。

解字 形声。扌が形を表し、末(ばつ)が音を示す。抹は、手でこすって、なくすこと。末は末端で、なくなる意味を持つ。

【抹香】(まっこう(かう)) ①こなにした香(こう)。②しきみの葉と皮とをこなにして作った香料。

【抹殺】(まっさつ) ①ぬり消す。消してなくすこと。〈漢書(かんじょ)・谷永(こくえい)伝〉②うち消す。存在を否定する。抹消。

【抹消】(まっしょう(せう)) 「抹殺」に同じ。

【抹茶】(まっちゃ) 国うすでひいてこなにした茶。ひき茶。

扌5
【拗】
〔8〕 標
□一 オウ(アウ)漢 ヨウ(エウ)呉 □一 上 巧 ǎo アオ
□二 オウ(アウ)漢 ヨウ(エウ)呉 □二 去 効 ào アオ
J 5725 補 ― U 62D7

意味 □一 折る。たちきる。□二 ①〈ねじ・ける(ねぢ・く)〉心がすなおでない。ひねくれて強情(ごうじょう)をはる。音 niù ニウ。「執拗(しつよう)」②〈す・ねる(―・ぬ)〉

【拗音】(ようおん(えう)) 国日本語で、一音でありながら、「や・ゆ・よ・わ」などのかなを小さく書きそえてあらわす音。「きゃ・にゅ・ちょ・くゎ」など。

【拗体(體)】(ようたい(えう)) 詩の形式の一つ。絶句や律詩の変格で、一定の平仄(ひょうそく)のきまりに従わないもの。

扌5
【拉】
〔8〕 常 ラ
ロウ(ラフ)漢 ラ唐 ラツ慣 入 合 lā ラー
J 5739 補 ― U 62C9

筆順 一 丨 扌 扌 扩 扴 拉 拉

意味 ①〈くじ・く〉折ってこわす。②〈ひし・ぐ〉勢いをくじく。おしつぶす。③〈ひ・く〉引っぱる。

解字 会意・形声。扌は手、立は両足を地につけてたつこと。拉は、足をふんばって手でつかみ、くじく意となり、転じて、ひっぱるの意となる。立(りつ)は、また、音を示す。

【拉薩】(ラッサ ラサ) 地名。チベット自治区の中心都市。拉薩市。唐代の吐蕃(とばん)国の首都。＝喇薩

【拉致】(らっち らち) ひっぱってゆく。ひきつれていく。

【拉丁語】(ラテンご) 昔のラテン民族が使ったことば。今は死語だが学術用語として用いられる。＝羅甸語

【拉殺】(ろうさつ(らふ) らっさつ) 手の力でおしつぶし殺す。

手5
【拎】
〔8〕 レイ漢 平 青 líng リン
J ― 補 3150 U 62CE

意味 手にぶらさげる。持つ。

手5 【拕】〔8〕 本→拖(五二四ページ・上)

手5 【拜】〔9〕 旧→拝(五二五ページ・上)

扌5 【拂】〔8〕 旧→払(五一五ページ・下)

手5 【抗】〔8〕 或→㕣(一〇三五ページ・中)

手5 【抬】〔8〕 俗→擡(五五三ページ・中)

扌5 【拔】〔8〕 旧→抜(五二〇ページ・中)

手5 【抳】〔8〕 或→扼(五二一ページ・下)

手5 【拏】〔9〕 同→挐(五四一ページ・上)

扌6
【按】
〔9〕 人 標 アン漢 呉 去 翰 àn アン
J 1636 補 ― U 6309

意味 ①〈おさ・える(―・ふ)〉おしとどめる。おさえつける。②〈お・す〉③なでる。④〈かんが・える(―・ふ)〉しらべる。⑤よる。したがう。

参考 新表記では「案」に書きかえる熟語がある。

【按験(驗)】(あんけん) 取り調べる。取り調べて証拠を示すこと。

【按語】(あんご) 説明または証明のため、つけそえることば。＝案語

【按行】(あんこう(かう)) 調べあるく。つぎつぎとめぐり歩く。

【按講】(あんこう(かう)) 書物の講義をするまえに、講義の練習をする。

【按察】(あんさつ) □一 取り調べる。調査する。□二(あぜち) 国昔、地方官の行政や諸国の情勢・民情を見回った役。【―使】□一(あんさつし) 唐代、地方の政治情勢などを見回る役人。明(みん)・清(しん)時代は一省の司法長官。□二(あぜち) 「按察」の□二に同じ。

【按針】(あんじん) ①磁石の針を見るということから、船の水先案内をする人。②三浦按針(みうらあんじん)をいう。徳川家康のころ、オランダ船の水先案内として漂着し、日本に帰化したイギリス人、ウイリアム＝アダムスの日本名。

【按堵】(あんど) ①安心する。②国鎌倉(かまくら)・室町(むろまち)時代、幕府や領主が土地所有者の権利を確認したこと。

【按配】(あんばい) ほどよくならべること。ほどよく処理すること。「按排」＝

【按排】(あんばい) 「按配」に同じ。

【按分】(あんぶん) ①よい割合(わりあい)に分ける。②ある数をある割合に比例するように分ける計算法。按分比例の略。＝案分

【按摩】(あんま) からだをもんで健康を助けること。もみ療治。また、それを職業とする人。

【按脈】(あんみゃく) 医者が脈をみて病人を診察すること。

【按問】(あんもん) たずね調べる。取り調べ。

【按時】(アンシー) ànshí 現時間通りに。

【按照】(アンチャオ) ànzhào 現…のとおりに。…によって。

手6
【挧】
〔9〕 ウ慣 yǔ ユィ
J 5743 補 ― U 6327

意味 姓。

手6
【拽】
〔9〕 エイ漢 去 霽 yè イエ
J ― 補 ②1305 3158 U 62FD

意味 ①〈ひ・く〉ひきずる。＝曳 ②現力いっぱいひく。音 zhuài チョワイ。

手6
【挌】
〔9〕 カク漢 入 陌 gé コー
J 5740 補 ― U 630C

意味 ①〈う・つ〉たたく。なぐりあう。②かたい。音 hé ホー。

参考 「格(かく)」は別字。新表記では「格」に書きかえる熟語がある。

【挌殺】(かくさつ) なぐり殺す。

【挌闘(鬭)】(かくとう) くみ打ちする。つかみ合って争うこと。＝格闘

手6
【挄】
〔9〕
□一 カク(クヮク)漢呉 □一 入 薬 kuò クオ
□二 コウ(クヮウ)漢呉 □二 平 陽 guāng コワン
J ― 補 3160 U 6304

意味 □一 「擴」(五二二ページ・中)の同字。□二 ①生きる。②だます。

扌6
【括】
〔9〕 常 カツ
カツ(クヮツ)漢 入 曷 kuò クオ
J 1971 補 ― U 62EC

筆順 一 丨 扌 扌 扌一 扦 括 括

意味 ①〈くく・る〉㋐たばねる。㋑つつむ。まとめる。いれる。㋒ひきしめる。②さがし求める。③〈いた・る〉あつまる。④矢の末端。矢はず。

解字 形声。扌が形を表し、舌(くゎつ)が音を示す。扌は手。舌には、口をふさぐ意味がある。括は、手で入り口をふさぐことで、袋の口をむすぶようにして、くくることをいう。

【括弧】(かっこ(くゎっ)) 文章や数字の前後につけて他と区別する符号。「　」（　）〔　〕【　】など。

心(忄・⺗)戈戶(戸)手(扌)支攴(攵)
4画
文斗斤方无(旡・旡)日曰月(月)木欠止歹殳毋比毛氏气水(氵・氺)火(灬)爪(爫・⺥)父爻爿片牙(牙)牛(牜)犬(犭)

心(忄・⺗)戈戸(戸)手(扌)支攴(攵) 4画 文斗斤方无(旡・旡)日曰月(⺝)木欠止歹殳毋比毛氏气水(氵・氺)火(灬)爪(爫・⺤)父爻爿片牙(牙)牛(牜)犬(犭)

【括嚢】(かつのう(くわつなう)) ①くくって包むこと。袋の口をしめること。②だまって、ものを言わないこと。

【括苗】(かつびょう(くわつべう)) 田がまだみのらない青田のうちに収穫を予想して税をとる。〈唐書・食貨志論〉

【括約】(かつやく(くわつやく)) ひとまとめにすること。しめくくる。【――筋】(かつやくきん) 医収縮して環状の器官を閉じる働きをする筋肉。肛門・尿道・瞳孔にあるものなど。

◆一括・包括・統括・概括・総括・嚢括

扌6【拮】〔9〕 標 一キツ 漢 一入 質 jié チエ ／ 二ケツ 漢 二入 屑 jié チエ ／ 三カツ 漢 三入 黠 jiá チア　J 5741 U 62EE

意味 一二拮据(きっきょ)は、①手と口をいっしょに動かすことから転じて、苦労して働く。②生活が苦しい。三たたく。うつ。

【拮据】(きっきょ) ①いそがしく働く。仕事に精だす。②生活が苦しい。

【拮抗】(きっこう(かう)) 力が同じくらいで、互いに張り合っている。＝「頡頏(けっこう)」

手6【挙】〔10〕 学4 キョ あげる・あがる　J 2183 U 6319

旧字 手13【擧】〔17〕 キョ 漢 上 語 jǔ チュイ ／ コ 呉　J 5809 U 64E7

筆順							
、	⺍	⺍	兴	兴	峑	峑	挙

9 臼【舉】〔16〕 同字　J 5810 U 8209

意味 ①〈あ・げる(―・ぐ)〉 ㋐高くもちあげる。㋑かかげる。とりあげる。㋒ほめる。すすめる。「推挙」㋓登用する。㋔検挙する。㋕うごく。おこなう。くわだてる。「挙動」㋖攻めおとす。引きぬく。㋗かぞえたてる。「列挙」㋘音楽を奏する。②〈あが・る〉のぼる。たかまる。たちあがる。③官吏の採用試験。④〈こぞ・る〉残らずそろう。⑤〈みな〉⑥重量の単位。(↓付録「度量衡名称」)

解字  形声。與と手とを合わせた字。手が形を表し、與(よ)が音を示す。與は、四本の手を表す舁と、木の組み合わせを表す与とを合わせたもので、力を合わせて持ち上げる意味を持っている。擧は両方から手で高く持ち上げることを表す。音キョは與の音ヨの変化。

名前 しげ・たか・たつ・ひら

【挙句】(あげく) 国①俳諧(はいかい)・連歌(れんが)の最後の一句。＝揚句 ↕発句(ほっく) ②とうとう。最後に。

【挙家】(きょか) 家じゅう。家の人全部。

【挙業】(きょぎょう(げふ)) ①科挙の試験。②科挙の受験勉強。また、その試験で書く文章。

【挙行】(きょこう(かう)) おこなう。とりおこなう。 現 一に同じ。 二 チュイシン jǔxíng

【挙国(國)】(きょこく) 国じゅう。国民全部。国をあげて。

【挙座】(きょざ) 一座の人全部。同席の人みんな。

【挙止】(きょし) ふるまい。動作。挙動。

【挙手】(きょしゅ) ①手をあげること。②国右手をあげて、相手に注目する敬礼。

【挙場】(きょじょう(ぢゃう)) 昔の科挙の試験場。官吏採用試験場。「科場」

【挙人】(きょじん) ①昔、地方から推薦されてきた秀才。②唐・宋(そう)時代の進士の試験を受ける人。③明(みん)・清(しん)時代、郷試(地方の試験)に合格して会試(都での試験)を受ける資格のできた人。

【挙世】(きょせい) 世の中全部。世の中の人ことごとく。

【挙声(聲)】(きょせい) 声を出す。【――一号(號)】(きょせいいちごう(がう)) 声をあげて一度さけぶ。〈晋書(しんじょ)・阮籍(げんせき)伝〉

【挙措】(きょそ) 「挙動」に同じ。

【挙錯】(きょそ) ①ふるまい。動作。挙止。＝挙措 ②することとしないこと。人を採用することとしないこと。

【挙村】(きょそん) 村じゅう。村の人全部。

【挙動】(きょどう) ふるまい。動作。たちいふるまい。挙止。挙措。

【挙杯】(きょはい) さかずきをあげること。酒を飲むこと。挙白。

【挙白】(きょはく) 酒をついですすめる。さかずきをあげる。酒を飲む。挙杯(きょはい)。

【挙兵】(きょへい) 戦いを起こす。旗あげ。

【挙用】(きょよう) とりたてて用いる。ひきたてて使う。登用(とうよう)。

◆一挙(いっきょ)・大挙(たいきょ)・列挙(れっきょ)・再挙(さいきょ)・壮挙(そうきょ)・妄挙(ぼうきょ)・快挙(かいきょ)・枚挙(まいきょ)・美挙(びきょ)・科挙(かきょ)・推挙(すいきょ)・軽挙(けいきょ)・検挙(けんきょ)・選挙(せんきょ)・暴挙(ぼうきょ)

扌6【挟】〔9〕 常 キョウ はさむ・はさまる　一キョウ 漢 一入 葉 xié シエ (ケフ) ／ 二コウ 漢 二入 洽 jiā チア (カフ)　J 2220 U 631F

旧字 手7【挾】〔10〕　J 5749 U 633E

筆順						
一	亅	扌	扌	扌	挟	挟

意味 一①〈はさ・む〉〈さしはさ・む〉㋐こわきにかかえる。身につける。㋑持つ。たずさえる。かくす。心にいだく。㋒おどしてみかたにする。㋓はなにかける。いばる。②〈はさま・る〉あいだにはいる。二①〈はさ・む〉はさみとる。＝夾 ②箸(はし)。＝梜 ③ゆきわたる。＝浹

解字  形声・会意。扌が形を表し、夾(けふ)が音を示す。夾はわきばさむこと。挟は手でさしはさむこと。

名前 もち 姓 挟間(はざま・はさま・はさだ) 地名 挟間(はさま)

【挟貴】(きょうき(けふき)) 身分のとうといのを鼻にかける。

【挟義】(きょうぎ(けふぎ)) 正しい道を心に抱く。

【挟撃(擊)】(きょうげき(けふげき)) 敵をはさみ討ちする。＝夾撃

【挟持】(きょうじ(けふぢ)) ①そばから力をそえて助ける。両方からはさんで持つ。②心の中に持つ。

【挟輔】(きょうほ(けふほ)) かかえ助ける。補佐する。

【挟書律】(きょうしょりつ(けふしょりつ)) 秦(しん)の始皇帝が詩書礼楽など、医薬とうらない以外の書物を持つことを禁じた法律で、漢の恵帝四年まで続いた。挟書禁(きょうしょきん)。

手6【拱】〔9〕 キョウ 漢 上 腫 gǒng コン　J 5742 U 62F1

意味 ①〈こまぬ・く〉両手を胸の前に組み合わせておじぎをする。こまねく。②両方の腕でかかえるほどのふとさ。③めぐる。とりまく。④腕を組んだまま何もしないさま。⑤姓。

【拱手】(きょうしゅ) ①両手を胸の前でかさね組む敬礼の一種。②手を組んで何もしないこと。何もせず力を使わないこと。【――傍観(觀)】(きょうしゅぼうかん(ばうくわん)) 人のことに立ちいらないで、そばからじっと見ていること。袖手傍観(しゅうしゅぼうかん)。

【拱把】(きょうは) ひとかかえのふとさ。拱は、両手でかかえ、把は、片手でつかむこと。

【拱璧】(きょうへき) ひとかかえくらいの大きさの宝玉。

【拱木】(きょうぼく) ①両手を回したくらいのふとさの木。②墓に植えてある木。

手6【拲】〔10〕 キョウ 漢 上 腫 gǒng コン　補 3155 U 62F2

意味 ①両手に枷(かせ)をはめる。②手枷(てかせ)。木製の手錠(てじょう)。③うやまう。＝拱(きょう)

手6【挂】〔9〕 カイ(クヮイ) 漢 去 卦 guà コワ ／ ケイ 慣　J 5744 U 6302

意味 ①〈わ・ける(―・く)〉よりわける。②〈か・ける(―・く)〉㋐つるす。ぶらさげる。㋑気にかける。㋒ひっかかる。からまる。＝掛

参考 挂は「掛」(五三四ジ・下)の中国新字体としても使う。

【挂冠】(けいかん(くわん)) 官職を辞退しやめること。後漢(ごかん)の王莽(おうもう)

が子を殺したので、逢萌は冠を都の城門にかけ家族とともに遼東に去った故事による。〈後漢書・逢萌伝〉
＝掛冠

【挂錫】(けいしゃく｜かいしゃく(くゎい)) 僧が同じ所に長くとどまること。僧の持つつえをかけたままにしておく意。

【挂綬】(けいじゅ) 官職を辞退すること。官職の印のひもをといてかけておく意。挂冠。

手 6
【挈】〔10〕
一ケツ 漢 一入 屑 qiè チエ
二ケイ 漢 二去 霽 qì チー
三カツ 漢 三入 黠 jiá チア
J 5745 / 補 ― / U 6308

意味 一〈ひっさ・げる(――・ぐ)〉つりあげる。手にさげる。持つ。つれて行く。二＝契 ①〈きざ・む〉ほりつける。②しるし。かきもの。契約。三ひとり。

手 6
【拳】〔10〕 常
ケン
こぶし
J 2393 / 補 ― / U 62F3

旧字 手 6
【拳】〔10〕
ケン 漢 平 先
ゲン 呉 quán チュワン
J ― / 補 ― / U ―

筆順 丷 龹 龹 关 关 类 巻 拳

意味 ①〈こぶし〉げんこつ。②力。③こぶしをにぎる。④拳法の略称。⑤まがる。かがむ。＝巻 ⑥石弓。

解字  会意・形声。手と龹とを合わせた字で、また、龹は音をも示す。龹は巻で、手を丸めること。そこで、拳は、にぎりこぶしの意となる。

名前 つとむ

【拳曲】(けんきょく) こぶしのように巻きあがって曲がっていること。〈荘子・人間世〉

【拳拳(拳)】(けんけん) ①ささげ持つさま。②つつしむさま。ねんごろなさま。【――服膺】(けんけんふくよう) 常に胸において忘れないこと。拳拳は、ささげ持つ。服膺は、胸につけて守る。

【拳大】(けんだい) こぶし大。にぎりこぶしほどの大きさ。

【拳匪】(けんぴ) 清の光緒二十六年(一九〇〇)に、山東省を中心として暴動を起こし、北京駐在の外国大使館を襲撃した暴徒の団体。拳術を武器としたため拳匪という。義和団。団匪。

【拳法】(けんぼう(ぽふ)) にぎりこぶしで打ちあい、なぐりあうわざ。

△▼空拳・鉄拳・徒手空拳

手 6
【挎】〔9〕
コ 漢 平 虞 kū クー
J ― / 補 ― / U 630E

意味 ①持つ。②くりぬく。③現音 kuà コワ。㋐物をひじに掛けて持つ。㋑物を腰や肩に掛ける。㋒ひじとひじとを組む。

手 6
【挍】〔9〕
コウ(カウ) 漢 去 効 jiào チアオ
J ②1307 / 補 3163 / U 630D

意味 ＝校 ①〈はか・る〉㋐くらべる。㋑数をかぞえる。②〈むく・いる(――・ゆ)〉しかえしする。

扌 6
【拷】〔9〕 常
ゴウ
コウ(カウ) 漢 ゴウ(ガウ) 慣 上 皓 kǎo カオ
J 2573 / 補 ― / U 62F7

筆順 一 十 扌 扌 扌 拦 拷

意味 〈う・つ〉ひどくたたく。

解字 形声。扌が形を表し、考が音を示す。扌は手。考は老人のからだが曲がっていることを表す。拷は、手で打って、からだを曲げることである。「攷」と同じ。攷も、丂が曲がること、攵が打つことで、打って曲げることをいう。一説に、打って発する音であるという。

【拷問】(ごうもん(がう)) 犯罪の疑いのある人に肉体的苦痛を与えて自白をしいること。また、その苦しめ方。

扌 6
【拶】〔9〕 常
サツ
サツ 漢 入 曷 zá ツァー
J 2702 / 補 ― / U 62F6

筆順 一 十 扌 扌 扌 拶 拶 拶

意味 ①〈せま・る〉圧迫する。②拶子は、刑具の一種。指かせ。音 zǎn ツァン。

解字 会意。扌は手。𡿨は歹と同じで骨の象形。𡿨には、ならべる、近づくの意味がある。拶は、ちかよる、せまる、はさむの意となる。

△▼挨拶

扌 6
【指】〔9〕 学 3
シ
ゆび・さす
シ 漢 呉 上 紙 zhǐ チー
J 2756 / 補 ― / U 6307

筆順 一 十 扌 扌 扌 指 指 指

意味 ①〈ゆび〉㋐手のゆび。㋑足のゆび。②〈さ・す〉㋐ゆびでさし示す。㋑さしずする。㋒せめとがめる。③〈むね〉意図。おもむき。わけ。④直立する。⑤よい。＝旨

解字  形声。扌が形を表し、旨が音を示す。扌は手。旨には、うまい食物の意味がある。指は、うまいものを手にすることから、ゆびをさすともいい、また、示と同じく、さししめすことから、ゆびをさすともいう。一説に、旨の音は、支と通じて、分かれるという意味を含むから、指は、手の五本のゆびが手のひらから分かれていることを表すという。

名前 むね　地名 指宿

【指物】(さしもの) 国①さしこみ、組みあわせて作った道具。箱・机・いすなど。②よろいの背にさした小旗やかざり物。

【指圧(壓)】(しあつ) 指でおすこと。指でおさえること。「指圧療法」

【指意】(しい) 心のねらい。考え。趣意。趣旨。＝旨意

【指瑕】(しか) きずを指摘する。問題点を明らかにする。

【指環】(しかん(くゎん)) ゆびわ。

【指揮】(しき) 一さしずする。また、さしずする人。＝指麾 二 zhǐhuī 現 一に同じ。

【指挙(擧)】(しきょ) 指し示してあげる。

【指教】(しきょう(けう)) 指示して教える。

【指橋】(しきょう(けう)) 風になびく。柔弱なさま。

【指呼】(しこ) ①ゆびさして人を呼ぶこと。②ゆびさして呼べば返事するくらいの近距離をさす。「指呼の間」

【指顧】(しこ) ①ゆびさして、ふりむく。②手にとれるほど近くに見えること。＝指呼

【指語】(しご) ①ゆびさして語る。②国指で意志を伝える方法。

【指使】(しし) さしずすること。指でさしずして人を使うこと。指揮。

【指示】(しじ) 一①方向をゆびさして、示し教える。②さしずする。命令。二 zhǐshì 現 一に同じ。

【指事】(しじ) 漢字の六書の一つ。漢字の字形そのものが物事の数量や位置を表すこと。たとえば、一・二・上・下など。(→付録「漢字について」)

【指日】(しじつ) ①太陽を指し招く。②日時を決める。

【指掌】(ししょう(しゃう)) ①手のひらをゆびさす。転じて、たいへんやさしい、知りやすいこと。②手びきをする。

【指針】(ししん) ①じしゃく盤の針。②物事をさし示す針。メーター・計器類の針。③物事の方針。てびき。案内。

【指数(數)】(しすう) ①数数字や記号の右上に小さく記して、それを何回かけ合わせるかを示す数字。②経変動する数値や量を示す、百を基準とした数字。「物価指数」

【指趨】(しすう) おもむき。趣意。指趣。

【指斥】(しせき) ①ゆびさす。指名する。②指名して、しりぞける。「指名して排斥する。」

【指爪】(しそう) 指のつめ。つめあと。

【指嗾】(しそう(さう)) さしずする。そそのかす。けしかける。教唆。

【指弾(彈)】(しだん｜したん) ①まげた指を勢いよくのばして物をはじくこと。つまはじき。②人の悪口をいう。そしる。のけ者にす

心(忄・⺗)戈戸(戶)手(扌)支攴(攵)
4画
文斗斤方无(旡・旡)日曰月(月)木欠止歹殳毋比毛氏气水(氵・氺)火(灬)爪(爫・⺤)父爻爿片牙(牙)牛(牜)犬(犭)

る。③つまはじきするほどの短時間。

【指定】してい ①それとゆびさして決める。②特定の者に特別の権利・資格を与えること。

【指摘】してき ①ゆびさして示す。誤り・あやまちをさし示し、あばき出す。②指でつみ取る。選び取る。

【指導】しどう(だう) [一] 教え導く。[二] チータオ zhǐdǎo 現 [一]に同じ。

【指南】しなん ①教える。案内する。指導する。②芸やわざを教える人。【——車】しなんしゃ 昔、車がどちらを向いても車上の人形がいつも南をさし示すしかけを持っていた車。【——所】しなんじょ 国芸やわざを教え、指導する場所。【——番】しなんばん 国幕府や大名につかえて武芸を教える役。指南役。

【指標】しひょう(へう) ①目じるし。さし示す標識。②数対数のうち整数の部分。

【指名】しめい 人の名をさし示す。名ざしで決める。

【指目】しもく ゆびさしながらながめる。

【指紋】しもん 指さきの内側の波のようなすじ。

【指令】しれい ①さしず。命令。②法上級機関が、下級機関に発するさしず。

【指貫】[一] ゆびぬき 国裁縫のとき、針の頭をおさえるため、指にはめる輪。[二] さしぬき 国昔、直衣・狩衣などを着たときはくはかま。ぬばかま。

【指甲】チーチア zhǐjia 現つめ。

【指出】チーチュ zhǐchu 現さし示す。指摘する。

【指頭】チートウ zhítou 現ゆび。

◁▶十指・小指・中指・名指・屈指・食指・後指・親指・薬指・無名指

扌6

【持】

〔9〕 学3 ジ もつ | チ ジ(ヂ) 漢 呉 | 平 支 chí チー | J 2793 補 — U 6301

筆順
一
扌
扌
扌+
拄
持
持

意味 ①〈も・つ〉にぎる。手にとる。②つかさどる。とりおこなう。③身につける。まもる。④もちこたえる。⑤たすける。⑥つりあいがとれている。両方の力が平均している。

解字 形声。扌が形を表し、寺が音を示す。扌は手。寺には、しごとをする意味がある。持は、手のしごとで、手に持っていることを表す。

名前 よし

【持戒】じ(ぢ)かい 仏仏の教えやいましめをかたく守ること。

【持久】じ(ぢ)きゅう(きう) 長く持ちこたえること。同じ状態を長く続けること。【——戦(戰)】じ(ぢ)きゅう(きう)せん 一気に勝ち負けをきめないで、戦いなどをながびかせること。また、そういう戦い方。

【持戟】じ(ぢ)げき ほこを持つ。転じて、ほこを持って戦う兵士。

【持碁】じ(ぢ)ご 国勝負のない囲碁。持となった碁。

【持国(國)天】じ(ぢ)こくてん 仏四天王の一つ。東方を守り、国を守るという神。左手はひじをのばしてさげ、右手はひじをまげて手のひらに宝玉を持つ。

【持説】じ(ぢ)せつ 国いつも持っている説。変えずに主張し続ける意見。持論。

【持践(踐)】じ(ぢ)せん 脱穀する。穀物のつぶを穂からとる。

【持続(續)】じ(ぢ)ぞく 国長くその状態が続くこと。持ち続ける。

【持重】じ(ぢ)ちょう ①正義をかたく守る。②大事をとる。

【持病】じ(ぢ)びょう(びやう) 国①ふだんから持っている、なおりにくい病気。②なおらないくせ。悪いくせ。悪い性格。

【持仏(佛)】じ(ぢ)ぶつ 仏自分の守り本尊として、へやに置いたり身につけて、信仰する仏。「持仏堂」

【持薬(藥)】じ(ぢ)やく いつも飲んでいる薬。

【持養】じ(ぢ)よう(やう) いつまでも持続して、保護する。

【持禄(祿)】じ(ぢ)ろく 俸給や地位を失わないように努力する。

【持論】じ(ぢ)ろん 国ふだんから持ち続けている意見。持説。

【持駒】もちごま 国①将棋で、相手のを取って手に持っている駒。②自分が自由に使用、利用できる品物や人間。

◁▶支持・加持・気持・扶持・住持・受持・長持・固持・面持・捧持・維持・操持

扌6

【拾】

〔9〕 学3 シュウ・ジュウ ひろう

[一] シュウ(シフ) 漢 ジュウ(ジフ) 呉 | [一] 入 緝 shí シー
[二] ショウ(セフ) 漢 | [二] 入 葉 shè ショー
[三] キョウ(ケフ) 漢 | [三] 入 葉 jiè チエ

J 2906 補 — U 62FE

筆順
一
扌
扌
扌
扒
拎
拾
拾

意味 [一] ①〈ひろ・う(——・ふ)〉②おさめる。しまう。③数を表す。＝十 ④弓を射るとき腕につける道具。ゆごて。[二] 階段を登る時(主人と客が)一段ずつ足をそろえてあがる。[三] たがいに。

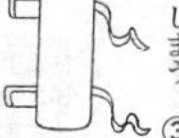
(拾[一]④)

解字 形声。扌が形を表し、合が音を示す。扌は手。合は集める、つづくという意味がある。拾は手でつぎつぎに物を集めることである。次第にということから、かわるがわるの意味、集めることから、ひろう、という意味になった。

名前 とお

【拾遺】しゅう(しふ)い(ゐ) ①人の取り残したものをひろいあげること。②昔の官名。君主のあやまちをいさめる役。

【拾芥】しゅう(しふ)かい ごみを拾う。とりやすいたとえ。

【拾収(收)】しゅう(しふ)しゅう(しう) ①乱れをおさめととのえる。収拾。②ひろい取ること。

【拾摭】しゅう(しふ)せき ひろい取る。拾得。

【拾得】[一] しゅう(しふ)とく ひろい取る。「拾得物」[二] じっとく 唐代の高僧で寒山と並び称され、それぞれ、文殊菩薩・普賢菩薩の生まれかわりといわれる。

◁▶収拾・採拾

手6

【拏】

〔10〕 [一] ジョ 漢 | [一] 平 魚 rú ルー
[二] ダ 漢 | [二] 平 麻 ná ナー

J ②1308 補 3164 U 6310

意味 [一] ①〈ひ・く〉ひっぱる。ひきつづく。②いりみだれる。[二]〈と・る〉つかむ。＝拏・拿

手6

【拯】

〔9〕 ショウ 漢 ジョウ 慣 | 上 迥 zhěng チョン

J 5746 補 — U 62EF

意味 ①高くあげる。②〈すく・う(——・ふ)〉たすける。

扌6

【拭】

〔9〕 常 ショク ふく・ぬぐう | ショク 漢 シキ 呉 | 入 職 shì シー

J 3101 補 — U 62ED

筆順
一
扌
扌
扌
扩
拭
拭

意味 〈ぬぐ・う(——・ふ)〉〈ふ・く〉こすってきれいにする。きよめる。

解字 形声。扌が形を表し、式が音を示す。式には、また、手を加え整える、美しくする意味がある。拭は、ぬぐってきれいにする意となる。

【拭浄(淨)】しょくじょう(じやう) ①ふき清める。ぬぐい清める。②悪い習慣などをさっぱりととり去る。

【拭目】しょくもく 目をふく。注意して見なおすこと。

◁▶手拭・払拭

手6

【拒】

〔9〕 シン 漢 | 去 震 zhèn チェン

J 3162 補 — U 630B

意味 ①ほどこす。＝振 ②きよめる。ふく。③まとめる。

手6

【拴】

〔9〕 セン 漢 | 平 先 shuān ショワン

J 3156 補 — U 62F4

意味 ①(縄などで)つなぐ。②門にかんぬきをかける。

手6【拵】〔9〕ソン㊈㊥元 cún ツン　U補J 5747 62F5

意味〈よ・る〉すえる。国〈こしら・える(——・ふ)〉つくる。「下拵(したごしらえ)」

手6【挓】〔9〕タ㊈㊥麻 zhā チャー　U補J 3165 6313

意味 挓挱(たさ)は、①両手を左右にひろげる。②まっすぐのばす。

手6【拿】〔10〕標 ダ㊈㊥麻 ná ナー　U補J 5729 62FF

意味 ①〈も・つ〉とる。つかまえる。＝拏(だ)・挐(だ) ②…を。介詞として目的語の前に置く。

【拿捕】(だほ) 捕らえる。罪人や敵の船などを捕らえる。

【拿破崙】(ナポレオン) フランスの皇帝ナポレオン一世。

手6【拸】〔9〕一チ㊈ 一㊤紙 chǐ チー　二イ㊈ 二㊥支 yí イー　U補J 62F8

意味 一〈さ・く〉切りはなす。すてる。二①〈うつ・る〉〈うつ・す〉＝移 ②つけ加える。

手6【挃】〔9〕チツ㊈㊅質 zhì チー　U補J ②1306 3159 6303

意味 ①突く。②挃挃(ちつちつ)は、稲などを刈り取る音。

扌6【挑】〔9〕常 チョウ いどむ　U補J 3609 6311

一チョウ(テウ)㊈㊍ 一㊤篠 tiǎo ティアオ
二チョウ(テウ)㊈㊍ 二㊥蕭 tiāo ティアオ
三トウ(タウ)㊈ 三㊥豪 tāo タオ

筆順 一 十 扌 扌 扌 扌 扌 挑 挑

意味 一①〈かか・げる(——・ぐ)〉ひっかける。かきあげる。②はねあげる。③ほり出す。④〈いど・む〉㋐戦いをしかける。「挑戦」㋑人の気をさそう。「挑発」二①てんびん棒で肩にかつぐ。②〈えら・ぶ〉えらび出す。③うすっぺらなさま。＝佻 三挑達(とうたつ)は、ふらふらと飛び歩くさま。軽はずみなさま。

解字 形声。扌が形を表し、兆(てう)が音を示す。扌は手。兆には、軽くはね上がる意味がある。挑は、手ではね上げることで、乱す、さそう、しかける、ひっかけて打つ、かろんずるなどの意味を生ずる。

【挑下】(ちょうか(てう)) うち落とす。

【挑戦(戰)】(ちょうせん(てう)) ①戦いをしかける。けんかをしかける。②競技を申しこむこと。

【挑発(發)】(ちょうはつ(てう)) ①そそのかす。いどんでおだてる。いどみさそう。②情欲を起こさせる。＝挑撥

【挑達】(とうたつ(たう)) ふらふらと飛び歩くさま。軽はずみなさま。

【挑兮達兮】(とうたり(たう)たり) ふらふらする。軽薄なさま。〈詩経(しきょう)・子衿(しきん)〉

手6【拼】〔9〕ホウ㊈㊥庚 ヘイ㊎ pīn ピン　U補J ①8475 3157 62FC

意味 ①命令する。②並べる。はりつける。③かえりみない。＝拚(べん)

手8【拼】〔11〕同字 U補J 2F8BA

【拼音字母】(ピンインツームー) pīnyīn zìmǔ 現表音文字。ローマ字。

【拼命】(ピンミン) pīnmìng 現いのちがけ。いっしょけんめい。

手6【挵】〔9〕ロウ㊈㊍送 lòng ロン　U補J ①8476 3161 630A

意味 もてあそぶ。＝弄(ろう) 国〈かせ・ぐ〉はたらく。仕事にはげむ。

手6【挖】〔9〕wā ワー　U補J 3166 6316

意味 現①掘る。②きざむ。

手6【挘】〔9〕国字　U補J ①8477 3167 6318

意味〈むし・る〉むしりとる。＝毟

手6【捐】〔9〕同→捐(本ページ・下)

手6【拪】〔9〕古→遷(一二五七ページ・中)

手6【挀】〔9〕本→拍(五二五ページ・下)

扌7【挨】〔10〕常 アイ　アイ㊈㊤蟹 āi アイ　U補J 1607 6328

筆順 一 十 扌 扌 扌 扌 扌 挨 挨

意味 ①うしろからおす。ぶつかる。おしのける。おしあう。②〈せま・る〉ちかづく。③順々に。④現音 āi アイ。㋐受ける。…される。㋑がまんする。㋒ひきのばす。

解字 形声。扌が形を表し、矣(い)が音を示す。矣は、人のたちどまり思い迷う象形で、つかえる、ぶつかる、じゃまになるの意味がある。挨は、ぶつかる、おしのけるの意となる。

【挨拶】(あいさつ) ①おし進む。おおぜいで押し合う。②問答により知識を与え考えさせる。③国応接。応対。おじぎ。えしゃく。④国返答。返礼。答礼。⑤国仲裁。仲なおり。

手7【捙】〔10〕エイ㊈㊍霽 yè イエ　U補J ②1319 6359

意味 引く。＝拽(えい) 国〈てぐるま〉

手7【捐】〔10〕エン㊈㊥先 ㊍ juān チュワン　U補J 5748 6350

意味 ①〈す・てる(——・つ)〉㋐とりのぞく。㋑すてさる。②寄付する。③金(かね)で官位を買うこと。

手6【捐】〔9〕同字 U補J

【捐官】(えんかん(くゎん)) 政府に金(かね)を納めて官職を得ること。また、そうして得た官職。

【捐棄】(えんき) 捨てる。

【捐軀】(えんく) 身をすてる。忠義のために死ぬ。

◇義捐(ぎえん)・棄捐(きえん)

手7【捔】〔10〕一カク㊈㊍ 一㊅覚 jué チュエ　二サク㊈ 二㊅覚 zhuó チュオ　U補J 3185 6354

意味 一①動物の角をつかんで格闘する。②競いあう。はりあう。③暗い。ぼんやりしている。二刺しとおす。

手7【捍】〔10〕カン㊈㊍翰 hàn ハン　U補J 5750 634D

意味 ①〈ふせ・ぐ〉まもる。②弓を射る時うでにつける防具。ゆごて。③かたいさま。④はげしい。荒々しい。＝悍(かん)

【捍衛(衞)】(かんえい(ゑい)) ふせぎ守る。

【捍護】(かんご) ふせぎ守る。

手7【捖】〔10〕カン(クワン)㊈㊥寒 wán ワン　U補J 6356

意味 ①けずる。こする。②うつ。

手7【捄】〔10〕一キュウ(キウ)㊈ 一㊥尤 qiú チウ　二キュウ(キウ)㊈ 二㊍宥 jiù チウ　U補J ②1316 3178 6344

意味 一①きまり。②長いさま。③くだもののふさ。二〈すく・う(——・ふ)〉＝救

手7【挶】〔10〕キョク㊈㊅沃 jú チュイ　U補J 3172 6336

意味 ①かかえこむ。②耳の病気。③土を運ぶ道具。＝梮(きょく)

手7【捃】〔10〕クン㊈㊍問 jùn チュン　U補J ①8479 3177 6343

手16【攈】〔19〕同字 U補J 3323 6508

手19【攟】〔22〕同字 U補J 3333 651F

心(忄・⺗)戈戶(戸)手(扌)支攴(攵)　4画　文斗斤方无(旡・旡)日曰月(⺝)木欠止歹殳毋比毛氏气水(氵・氺)火(灬)爪(爫・⺥)父爻爿片牙(牙)牛(牜)犬(犭)

心(忄・⺌)戈戶(戸)手(扌)支攴(攵) 4画 文斗斤方无(旡・旡)日曰月(⺝)木欠止歹殳毋比毛氏气水(氵・氺)火(灬)爪(爫・⺥)父爻爿片牙(⽛)牛(牜)犬(犭)

意味〈ひろ・う(――・ふ)〉ひろいあげる。

【捃採】くんさい ひろい取る。書物の要点を抜き集める。捃摭くんせき。

【捃拾】くんしゅう(しふ) ひろう。ひろい集める。

【捃摭】くんせき 「捃採くんさい」に同じ。

手7【捂】〔10〕 ゴ漢 ㊤遇 wǔ ウー U補J 3176 6342

意味 ①むかえる。むきあう。②さからう。くいちがう。③つっかえ棒をする。④現ふさぐ。

手7【挭】〔10〕 コウ(カウ)漢 キョウ(キャウ)呉 ㊤梗 gěng コン U補J 3170 632D

意味 ①みだす。みだれる。②あらまし。大略。=梗こう

手7【捆】〔10〕 コン漢 ㊤阮 kǔn クン U補J 3179 6346

意味 ①〈う・つ〉つきかためる。②しばる。

参考 捆は「綑」(九七〇ジ・中)の中国新字体としても使う。

手7【挱】〔10〕 ■サ漢 ■サ漢 シャ呉 ■㊥歌 suō スオ ■㊥麻 shā シャー U補J 6331

手7【挲】〔11〕 同字 U補J ②1311 6332

意味 ■摩挱まさは、手のひらで軽くなでる。■挓挱たさは、ひろげる。まっすぐのばす。

扌7【挫】〔10〕 常 ザ サ漢 ザ慣 ㊥箇 cuò ツオ U補J 2635 632B

筆順 一 扌 扌 扌 抖 拌 挫

意味 〈くじ・く〉①折る。こわす。②いためつける。うちまかす。③おさえつける。④はじをかかせる。⑤よわる。いきおいがなくなる。

解字 形声・会意。扌が形を表し、坐ざが音を示す。坐は、ひざを折ってすわること。挫は、くじく、こわすの意となる。

【挫傷】ざしょう(しゃう) ①くじけて傷つく。くじけてやぶれる。くじき傷。

【挫折】ざせつ ①くじき折る。くじけ折れる。相手の勢力をくじく。②失敗。頓挫とんざ。

◆捻挫ねんざ・頓挫とんざ

手7【捘】〔10〕 シュン漢 ㊤願 zùn ツン U補J 3186 6358

意味 ①おす。おしのける。②おさえる。にぎる。

扌7【振】〔10〕 常 シン ふる・ふるう・ふれる U補J 3122 632F

筆順 一 扌 扌 扩 扩 护 抿 振

■シン漢呉 ■㊥震 zhèn チェン ■シン漢呉 ■㊥真 zhēn チェン ■シン漢呉 ■㊤軫 zhěn チェン

意味 ■①〈ふ・る〉〈ふ・れる(―・る)〉ゆり動かす。②〈ふる・う(――・ふ)〉㋐動く。㋑ふるいたつ。さかんになる。㋒ひらく。発する。㋓ふるえる。おそれる。=震 ③〈すく・う(――・ふ)〉たすける。④ほどこす。=賑 ⑤ととのえる。整。⑥すてる。はらう。■「振振しんしん」として用いられる。→振振 ■ひとえの服。国〈ふり〉①すがた。なり。②刀剣を数える語。

解字 形声。扌が形を表し、辰しんが音を示す。扌は手。辰には、震と同じく、ふるい動かす意味がある。振は、手を動かすことである。一説に、辰は蜃しんで、はまぐりが口をあけて、舌をペラペラ動かしていることで、振は、手でふり動かすことを表すという。

名前 とし・のぶ

【振起】しんき ふるい起こす。

【振救】しんきゅう(きう) ほどこし物をめぐみ与える。ほどこして救う。「振済しんさい」

【振窮】しんきゅう 困っているものを助けること。=賑窮

【振興】しんこう ふるい起こす。盛んになる。振作。

【振作】しんさく ふるい起こす。盛んになること。振起。振興。

【振子】■しんし ①少年少女をさす。=侲子しんし ②■に同じ。■ふりこ 国重力の作用で、左右に振り動く装置。さげ振り。

【振粛(肅)】しんしゅく ①ゆるみを引きしめてふるい起こす。②ふるえ恐れてつつしむ。

【振卹】しんじゅつ あわれんでめぐむ。あわれんでほどこしをすること。=振恤

【振振】しんしん ①盛んなさま。②鳥がむらがって飛ぶさま。③人がらのりっぱなさま。④思いあがった、得意げなさま。

【振旦】しんたん 中国をさす。もと、インド人が中国をさしていった語。=震旦・真丹

【振張】しんちょう(ちゃう) 勢力をふるい広げる。

【振盪】しんとう(たう) ふり動かす。ゆれ動く。振動。

【振動】しんどう ①ふり動かす。ゆれ動く。②理物体が一点を中心に周期的に往復運動をすること。

【振徳】しんとく ほどこしめぐむ。

【振武】しんぶ 勇気をふるい起こすこと。武勇をふるい表す。

【振撫】しんぶ 救いなぐさめる。なぐさめ、休ませること。

【振幅】しんぷく 理振動する物体の静止した位置から運動の右または左の極点までの距離。

【振旅】しんりょ 戦いに勝ち、兵を整えて凱旋がいせんすること。

【振鈴】しんれい 鈴をふって鳴らすこと。また、その鈴。合図あいず。

【振鷺】しんろ むらがって飛ぶさぎ。転じて、りっぱな人・客にたとえる。〈詩経しきょう・振鷺しんろ〉

◆三振さんしん・不振ふしん

手7【捒】〔10〕 ■ス漢 シュ呉 ■ソク漢 ソク呉 ■ショウ漢 ■㊥遇 shù シュー ■㊄沃 shù シュー ■㊤腫 sǒng ソン U補J 3183 6352

意味 ■よそおう。身じたくする。■しばる。=束そく ■うやまう。つつしむ。=竦しょう

手7【挻】〔10〕 セン漢 ㊥先 shān シャン U補J ②1313 633B

意味 ①のばす。やわらかにする。②うばう。とる。

扌7【挿】〔10〕 常 ソウ さす U補J 3362 633F

旧字 手9【插】〔12〕 ソウ(サフ)漢 ㊄洽 chā チャー U補J 5771 63D2

手9【揷】〔12〕 俗字 U補J ②1328 63F7

筆順 一 扌 扌 扌 扩 拆 捕 挿

意味 ①〈さ・す〉㋐さし入れる。㋑植える。②〈さしはさ・む〉さしこむ。はさみこむ。加わる。③農具。すき。

解字 形声。扌が形を表し、臿そうが音を示す。臿は、干と臼で、干は棒、臼はうす。臿は、棒を入れ物にさしこむこと。挿は、手でさしこむこと。

【挿頭】かざし 国①昔、頭またはかんむりにさした花や木の枝。②連体詞や接頭辞など、他の語の上につけられて付属的な意味を表すもの。

【挿絵(繪)】さしえ(ゑ) 国書物の中に説明のためにいれる絵。挿画。

【挿木】さしき 国地中に木の枝をさしこんで、根をつけること。

【挿秧】そうおう(さふあう) いねのなえをうえる。田植えをする。

【挿花】そうか(さふくわ) ①花をはさむこと。②国いけばな。

【挿画(畫)】そうが(さふぐわ) 物語の中に関係のある絵をさしはさむ。また、その絵。さしえ。

【挿入】そうにゅう(さふにふ) さしこむ。はさみいれる。さし入れる。

【挿萸】そうゆ(さふ) 九月九日、重陽の節句に茱萸しゅゆをもって高台

【挿話】そうわ（さふ）にのぼり、菊花酒をのんで邪気をはらうこと。②国あまり世間に知られていない話。エピソード。逸話。①本すじに直接関係のない話。エピソード。逸話。

扌7 【捜】〔10〕常 ソウ さがす J 3360 補 ― U 635C
旧字 手10 【搜】〔13〕 シュウ(シウ)漢 ソウ(サウ)慣 平 尤 sōu ソウ J ― 補 ― U FA8E

筆順 一 十 扌 扌 扣 押 押 捜 捜

扌9 【搜】〔12〕人 J 5751 補 ― U 641C

意味 ①〈さが・す〉さがしもとめる。「捜索」②〈さぐ・る〉しらべる。

解字 形声。扌が形を表し、叟が音を示す。扌は手。叟は、古い形でみるとよくわかるように、やねの下の火を手であつかうさまである。捜は、かまどの火を手でかき出すこととか、家の中で火をともしていることとかをいい、さがす意味になる。

【捜抉】そうけつ（さう）さがし出して、えぐり出す。
【捜検（撿）】そうけん（さう）さぐって調べる。身体をさぐり調べる。
【捜査】そうさ（さう）①事実をさがし調べる。②犯人をさがし証拠を集めること。
【捜索】そうさく（さう）①さがし求める。②犯罪者や物を見つけるため強制的に家や身体をさがし調べること。
【捜集】そうしゅう（さう）（しふ）さがし集める。
【捜神記】そうじんき（さう）書名。二十巻。晋しんの干宝かんぽうが鬼神妖怪ようかいの話を集めた小説集。
【捜神後記】そうじんこうき（さう）書名。十巻。晋しんの陶潜とうせん作という。
【捜羅】そうら（さう）徹底的にさがし集める。

手7 【捎】〔10〕 ソウ(サウ)漢 ショウ(セウ)呉 平 肴 shāo シャオ J ②1317 補 3182 U 634E

意味 ①〈はら・う(――・ふ)〉はらいのける。はたく。かすめる。②〈う・つ〉たたく。③とりのぞく。

扌7 【捉】〔10〕常 ソク とらえる サク漢 シャク呉 ソク慣 入 覚 zhuō チュオ J 3410 補 ― U 6349

筆順 一 十 扌 扌 扣 扣 扣 捉 捉

意味 ①〈と・る〉手にもつ。つかむ。にぎる。②〈とら・える(――・ふ)〉つかまえる。③…に乗じて。

解字 形声。扌が形を表し、足そくが音を示す。足には、また、伸びたものが縮む、まきつくという意味がある。捉は、手でつかむの意となる。

【捉銭（錢）】そくせん 役所が人民に金をかして利息をとること。
【捉髪】そくはつ 急な用事のため、ほどいた髪をにぎりしめて立ちあがること。↓「吐哺捉髪とほそくはつ」(二二七ページ・中)
△▼把捉はそく・捕捉ほそく

手7 【挪】〔10〕 ダ漢 ナ慣 平 歌 nuó ヌオ J 3169 補 ― U 632A

意味 ①手でもむ。②移す。

手7 【挼】〔10〕 一 ダ漢 平 歌 ruó ルオ 二 キ漢 平 支 huī ホイ 三 スイ漢 平 灰 suī ソイ J ②1314 補 3174 U 633C

意味 一 おす。こする。もむ。二 食物を祭る。三 攻撃する。

手7 【捝】〔10〕 一 タツ漢 ダチ・ダツ呉 入 曷 tuō トゥオ 二 セイ漢 ゼイ呉 去 霽 shuì ショイ J 3168 補 ― U 6329

意味 一 ①「脱」(一〇二一ページ・下)の本字。②むち打つ。二 ぬぐう。ふき取る。

扌7 【捗】〔10〕常 チョク チョク漢 入 職 zhì チー J 3629 補 ― U 6357

筆順 扌 扌 扌 扌 扌 捗 捗 捗

手8 【捗】〔11〕同字 J ― 補 ― U ―

意味 うつ。たたく。国〈はかど・る〉しごとがずんずんできあがっていく。はかがいく。

解字 形声・会意。扌が形を表し、陟ちょくを省略した歩が音を示す。陟は、阝おかと左右の足からなる会意文字で、両足を踏みしめながら登ることを。捗は、手をふりおろして打つの意となる。

△▼進捗しんちょく

扌7 【挺】〔10〕人 標 テイ漢 上 迥 tǐng ティン J 3682 補 ― U 633A

意味 ①〈ぬ・く〉ひきぬく。抜け出る。②はえる。のびる。③〈ぬきん・でる(――・づ)〉すぐれる。ずばぬけている。④先にする。先頭になる。「挺身ていしん」⑤まっすぐである。⑥まっすぐな物を数える語。⑦棒。‖梃てい ⑧現とても。かなり。

名前 ただ・なお・もち
参考 「挻せん」は別字。新表記では、「丁」に書きかえる熟語がある。

【挺秀】ていしゅう（しう）①人にすぐれる。ぬきんでる。②はえ出す。
【挺出】ていしゅつ ぬきでてすぐれていること。
【挺身】ていしん ①からだを前につき出すこと。②自分から進み出ること。
【挺進】ていしん 国人より先に進み出ること。【――隊】ていしんたい 国本隊の先に進む、特別の任務を持った小部隊。
【挺立】ていりつ 群からぬきんでて立つ。高くそびえる。「一段とすぐれる。挺秀。」

扌7 【捏】〔10〕標 デツ漢 ネチ呉 ネツ慣 入 屑 niē ニエ J 5752 補 ― U 634F
手9 【揑】〔12〕同字 J 3225 補 ― U 63D1
手7 【捏】〔10〕俗字 J ― 補 ― U ―

意味 ①〈こ・ねる(―・ぬ)〉①土などをこねて形を作る。②にぎる。③ありもしないことをあるように言ったり作りあげたりする。でっちあげる。

【捏造】ねつぞう（ざう）①土などをこねて形を作る。②事実でないことを事実のように作りあげる。でっちあげる。

手7 【捅】〔10〕 トウ漢 上 董 tǒng トン J ― 補 ― U 6345

意味 ①進む。②引く。③指または棒・刀などで突く。

扌7 【捌】〔10〕標 ハツ漢 ハチ呉 入 黠 bā パー J 2711 補 ― U 634C

意味 ①農具の一種。えぶり。‖朳はっ ②やぶる。ひきさく。‖扒はっ ③数字の「八」の代わりに用いる。国〈さば・く〉①ごたごたしたものを、さっとかたづける。②品物を売りかたづける。③よい悪いをきめる。

扌7 【挽】〔10〕人 標 バン漢 上 阮 wǎn ワン J 4052 補 ― U 633D
手8 【挽】〔11〕俗字 J ― 補 ― U ―

意味 ①〈ひ・く〉㋐ひっぱる。㋑葬式のとき死者をのせた車をひく。‖輓 ②人の死を悲しむ。③まきあげる。国〈ひ・く〉①のこぎりなどで材木を切る。②食物をすりつぶす。

【挽歌】ばんか ①人の死を悲しむ歌。②葬式のとき棺かんを引く人がうたう悲しみの歌。‖輓歌
【挽回】ばんかい（くわい）もとにもどす。もり返す。
【挽車】ばんしゃ ①車を引くこと。②死人をのせる車。‖輓車

扌7 【捕】〔10〕常 ホ とらえる・とらわれる・とる・つかまえる・つかまる J 4265 補 ― U 6355

筆順 一 十 扌 扌 扞 捐 捕 捕

ホ 漢 ブ 呉 去 遇 bǔ プー

意味 ①〈とら・える(――・ふ)〉〈と・る〉〈つかま・える(――・ふ)〉逮捕する。②〈つかま・る〉〈とらわ・れる(とらは・る)〉 ③逮捕する人。④もとめる。⑤姓。

解字 形声。扌が形を表し、甫が音を示す。扌は手。甫には、くっつく意味がある。捕は、手で取ること。また、甫は逋(にげる)の略で、捕は、にげる者を手でつかまえることともいい、甫の音には、おおって取る意味を含むから、捕は、手でおっかぶせて取ることであるともいう。

【捕按】ほあん とらえてしらべる。

【捕景】ほえい 光をつかまえること。転じて、とらえどころのないことにたとえる。捕風。＝捕影

【捕影】ほえい 「捕景」に同じ。

【捕獲】ほかく(くわく) ①ぶんどる。いけどる。②鳥やけものをとらえること。

【捕告】ほこく 罪人をとらえること。また、罪人がいるとしらせること。

【捕斬】ほざん 捕らえて切りころす。

【捕治】ほじ(ぢ) 罪人をとらえて調べる。

【捕捉】ほそく つかまえる。とらえる。

【捕縛】ほばく とらえてしばりあげる。つかまえる。

【捕風】ほふう 風をつかまえること。転じて、とらえどころのないことにたとえる。捕影。

【捕亡】ほぼう(ばう) 逃げた者をとらえる。

【捕吏】ほり 罪人をとらえる役人。

【捕虜】ほりょ とらわれた人。とりこ。俘虜。

◇追捕・逮捕・拿捕

手7【捊】〔10〕 一 ホウ 漢 一 平 尤 póu ポウ 二 ホウ 漢 二 平 尤 pōu ポウ U補J 6 3 4 A 3 1 8 0

意味 一かき集める。＝裒 二両手ですくう。

手4【抔】〔7〕同字 U補J 6 2 9 9 ②1 3 0 1

手7【挹】〔10〕 ユウ(イフ) 漢 入 緝 yì イー U補J 6 3 3 9 3 1 7 3 ①8 4 7 8

意味 ①〈く・む〉ひしゃくなどで水をくむ。②〈と・る〉手に取る。③ひっぱる。④〈おさ・える(――・ふ)〉＝抑 ㋐しりぞける。㋑へりくだる。⑤両手を胸の前で組み合わせておじぎをする。＝揖

【挹損】ゆうそん(いふ) けんそんする。へりくだる。

【挹注】ゆうちゅう(いふちう) 水を汲んでそそぎこむ。

手7【捋】〔10〕 ラツ 漢 入 曷 lǚ リュイ、luō ルオ U補J 6 3 4 B 3 1 8 1

意味 ①〈と・る〉にぎりとる。ひねりとる。②なでる。しごく。③おとっている。

手7【挵】〔10〕 ロウ 漢 去 送 lòng ロン U補J 6 3 3 5 3 1 7 1 ②1 3 1 2

意味 〈もてあそ・ぶ〉＝弄 国〈せせ・る〉つつく。つつきほじくる。

手7【挾】〔10〕 旧 ↓挟(五二八ジ・中)

手7【捓】〔10〕 同 ↓揶(五四三ジ・下)

手7【挷】〔10〕 同 ↓抽(五二四ジ・下)

手7【捩】〔10〕 俗 ↓捩(五四〇ジ・下)

扌7【哲】(二四六ジ・中)↓口部七画

手7【捁】〔10〕 同 ↓攪(五五五ジ・上)

手7【捗】〔10〕 俗 ↓擣(五五三ジ・中)

手7【捛】〔10〕 同 ↓旅(五七八ジ・中)

手7【捞】〔10〕 俗 ↓撈(五五一ジ・上)

手8【掗】〔11〕 一 ア 漢 一 上 馬 yǎ ヤー 二 ア 漢 二 去 禡 yà ヤー U補J 6 3 9 7

意味 一①ゆらす。②すくいとる。二①人に無理やり物を与える。無理やり受けとらせる。「掗売ばい」②手に持つ。③押す。

手8【掖】〔11〕 エキ 漢 入 陌 yè イエ U補J 6 3 9 6 5 7 5 3

意味 ①〈わきばさ・む〉わきの下にかかえる。②わきの下。＝腋 ③そで。④人の腕をつかんでひっぱる。⑤宮殿正門の両わきの小門。⑥宮殿。御所。⑦〈たす・ける(――・く)〉人をよいほうへみちびく。「誘掖ゆうえき」

地名 掖久やく

【掖垣】えきえん(ゑん) 宮殿のわきにあるへい。

【掖省】えきしょう(しゃう) 唐代、宮城内の左右にあった門下省と中書省。

【掖庭】えきてい 宮殿わきの、皇妃や宮女がいる建物。

【掖門】えきもん 宮殿の正門の両側にある小さな門。

【掖誘】えきゆう(いう) たすけ、みちびく。指導する。誘掖。

手8【掞】〔11〕 一 セン 漢 一 去 豔 shàn シャン 二 エン 漢 二 去 豔 yàn イエン U補J 6 3 9 E 3 2 1 4

意味 一のばす。のびる。二かがやき。

【掞天才】えんてんのさい 朝廷で発揮する才能。文才の豊かなこと。

手8【掩】〔11〕 エン 漢 上 琰 アン 慣 yǎn イエン U補J 6 3 A 9 1 7 7 0

意味 〈おお・う(おほ・ふ)〉①おおいかぶせる。「掩口えんこう」②かくす。かばう。③閉じる。④網をかぶせてつかまえる。⑤不意をおそう。「掩至えんし」⑥すべてに及ぶ。

参考 新表記では、「援」に書きかえる熟語がある。

【掩翳】えんえい おおい隠す。

【掩掩】えんえん においが盛んに起こるさま。

【掩蓋】えんがい ①おおう。おおい。②隠して秘密にする。

【掩撃(擊)】えんげき 敵を不意打ちする。いきなりおそいかかる。

【掩護】えんご ①おおい守る。②味方をかばい守る。＝援護

【掩覆】えんぷ おおいかぶせる。

【掩蔽】えんぺい ①おおい隠す。②理月、または惑星が他の恒星や惑星を隠す現象。

【掩有】えんゆう(いう) あたり一帯を占領する。

【掩抑】えんよく おさえ止める。締めおさえる。

扌8【掛】〔11〕 常 カイ(クヮイ) 漢 カ(クヮ) 慣 去 卦 guà コワ U補J 6 3 9 B 1 9 6 1

かける・かかる・かかり

筆順 一 十 扌 扌 扌 挂 掛 掛

意味 ①〈か・ける(―・く)〉〈かか・る〉ぶらさげる。ひっかける。＝挂 ②登録する。国①〈か・ける(―・く)〉乗数をかける。②〈かかり〉㋐かかりあい。関係。㋑仕事の受け持ち。また、その人。㋒じんだて。㋓費用。㋔作りかた。かまえ。③〈かけ〉掛売の略。④〈がけ〉数詞にそえて、割合・歩合を表す。「八掛はちがけ」

解字 形声。扌が形を表し、卦が音を示す。扌は手。卦は、うらないで、めどぎの数をかぞえて指の間にさしはさむこと。また、それによって現れる卦のこと。掛は、手で物をひっかけることをいう。

地名 掛川かけがわ

【掛冠】かいかん(くわいくわん) 辞職すること。挂冠。

【掛剣(劍)】かいけん(くわい) 剣を掛ける。亡き友に対して信義を守ることを意味する。〈史記・呉太伯世家〉

【掛罥】かいけん(くわい) 引っかかる。

【掛軸】かいじく(くわいぢく)｜かけじく(ぢく) かけもの。床の間や壁にかける、表装した書画。

【掛錫】かしゃく(くわ)｜かいしゃく(くわい) 僧の持つ杖を掛けておくこと。転じて、僧がしばらく、泊まり住むこと。挂錫。↔飛錫

【掛号(號)】コウ guàhào 現登録する。書留にする。
◆日掛ひがけ・月掛つきがけ・前掛まえかけ・窓掛まどかけ・願掛がんかけ・衣紋掛えもんかけ

手8【捱】〔11〕ガイ 漢 平 佳 ái アイ　U 6371 補 3192 J ―

意味 ①こばむ。②受ける。がまんする。=挨あい ③のばす。遅らせる。④順々に。音 ái アイ。=挨あい

手8【掎】〔11〕キ 漢 上 紙 jǐ チー　U 638E J 5754
手9【𢰤】〔12〕俗字　U 22C24 J ②1325

意味 ①〈ひ・く〉ひきとめる。②つかまえる。③はなつ。

【掎角】きかく 足をひっぱり、つのをおさえることから、前後から敵を攻めること。

扌8【掬】〔11〕人 標 キク 漢 入 屋 jū チュイ　U 63AC J 2137

意味 ①〈すく・う(――・ふ)〉〈むす・ぶ〉両手ですくう。②ぴんと立てる。

【掬飲】きくいん 手ですくって飲む。

扌8【据】〔11〕常 すえる・すわる　U 636E J 3188

一 キョ 漢 去 御 jù チュイ
二 キョ 漢 平 魚 jū チュイ

筆順 一 十 扌 扌 护 护 拆 据

意味 一①〈よ・る〉=拠 ②〈おご・る〉いばる。=倨 二手の病気。 国①〈す・える(―・う)〉動かないようにおく。②〈すわ・る〉動かなくなる。おちつく。

解字 形声。扌が形を表し、居きょが音を示す。扌は手。居は置く。据は、手で物を落ちつけることをいう。

参考 据は「據」(五二二ページ・下)の中国新字体としても使う。

【据慢】きょまん おごりあなどる。

【据膳】すえぜん 国①人の前に食事のおぜんを置くこと。また、そのおぜん。②物事をそなえておいて人にすすめること。③自分は骨をおらずに、人から利益をとること。

【据物】すえもの 国①かざりのためにすえておく物。置物。②昔、刀の切れあじをためすために土のだんの上に置いた罪人の死体。

手8【掀】〔11〕キン 漢 平 元 xiān シエン　U 6380 J 5755

意味 ①〈かか・げる(――・ぐ)〉もちあげる。②ひらひらする。③農具。くわ。

【掀掀】きんきん 高くそびえるさま。

【掀舞】きんぶ まいあがる。

手8【捦】〔11〕キン 漢 平 侵 qín チン　U 6366 補 3189 J ―

意味 とらえる。さっとつかむ。=擒きん

扌8【掘】〔11〕常 クツ ほる　U 6398 J 2301

クツ 漢 入 物 jué チュエ

筆順 一 十 扌 扌 扩 扩 掘 掘

意味 ①〈ほ・る〉穴をあける。ほりさげる。②つきはてる。③ぬきんでる。=崛くつ ④強情なさま。=倔くつ「掘強くっきょう」

解字 形声。扌が形を表し、屈くつが音を示す。扌は手。屈には、ひっこむとか、へこむとかの意味がある。掘は手でほって、へこんだ穴をつくることで、「ほる」の意味となる。

参考 「堀ほり」は名詞に、「掘ほる」は動詞に用いられる。

【掘開】くっかい ほり開く。

【掘強(彊)】くっきょう(きゃう) 威をふるう。

【掘闕】くっけつ ほる。地をほる。

【掘鑿】くっさく 地面をほってあなをあける。=掘削

【掘井】くっせい 井戸をほること。

【掘筆】くっぴつ 穂先のすりきれた筆。

【掘割】ほりわり 国水を通すために土地をほった所。ほり。

◆発掘はっくつ・採掘さいくつ・盗掘とうくつ・試掘しくつ・露天掘ろてんぼり

扌8【掲】〔11〕常 ケイ かかげる　U 63B2 J 2339
旧字 扌9【揭】〔12〕人　U 63ED J ①8483

一 ケツ 漢 ケイ 慣 入 屑 jiē チエ
二 ケイ 漢 去 霽 qì チー

筆順 一 十 扌 扣 押 挹 掲 掲

意味 一〈かか・げる(――・ぐ)〉①高くあげる。②持つ。③肩にかつぐ。④あらわす。⑤ひらく。⑥姓。 二服をまくりあげる。

解字 形声。扌が形を表し、曷かつが音を示す。扌は手。曷は高くあげる気持ちを持っている。掲は、手で高くあげることで、かかげる意味になる。音ケイは、曷の音ケツの変化。

名前 なが

【掲掲】けいけい ①長いさま。②高いさま。

【掲示】けいじ 人に知らせるためにかかげ示す。また、その紙・ふだ・板。

【掲揚】けいよう(やう) 高くあげる。高くかかげる。

【掲焉】一けつえん 高くつきでたさま。 二けちえん 国いちじるしいさま。

扌8【捲】〔11〕人 標　U 6372 J 2394
手9【捲】〔12〕俗字　U ― 補 ― J ―

一 ケン 漢 上 銑 juǎn チュワン
二 ケン 漢 平 先 quán チュワン

意味 一〈ま・く〉筒状にくるくるまく。 二①にぎりこぶし。=拳 ②気勢。

参考 「巻かん」は別字。俗に「巻」を書きかえ字に用いる。

【捲荷】けんか はすの、巻いた葉。

【捲捲】けんけん 苦労するさま。

【捲土重来(來)】けんどちょうらい(じゅうらい) 砂ぼこりをまき上げるような勢いでもう一度やってくる。再び勢力をもりかえして出なおすこと。=巻土重来「捲土重来未レ可レ知けんどちょうらいいまだしるべからず」〈杜牧とぼくの詩・題二烏江亭一うこうていにだいす〉

【捲髪】けんぱつ ちぢれた髪。

【捲勇】けんゆう 気勢がつよくいさましい。

手8【掔】〔12〕ケン 漢 平 先 qiān チエン　U 6394 補 3210 J ②1326
子8【孯】〔11〕俗字　U 5B6F 補 2634 J ②0589

意味 ①かたい。②〈ひ・く〉ひっぱる。

手8【掮】〔11〕ケン qián チエン　U 63AE 補 3218 J ―

意味 肩にかつぐ。

手8【𢮂】〔11〕ケン 漢 ゲン 慣 平 先 xián シエン　U 22B82 補 ― J ―

意味 昔、山東半島にあった県の名。=[illegible]

扌8【控】〔11〕常 コウ ひかえる　U 63A7 J 2521
旧字 手8【控】〔11〕

一 コウ 漢 去 送 kòng コン
二 コウ 漢 平 東 kōng コン
三 コウ(カウ) 漢 平 江 qiāng チアン

筆順 一 十 扌 扩 扩 挖 控 控

心(忄・⺗)戈戸(戶)手(扌)支攴(攵)

4画

文斗斤方无(旡・旡)日曰月(月)木欠止歹殳毋比毛氏气水(氵・氺)火(灬)爪(爫・⺤)父爻爿片牙(牙)牛(牜)犬(犭)

意味 一①〈ひ・く〉弓をひく。②〈ひか・える（――・ふ）〉㋐馬をとめる。㋑おさえる。③〈つ・げる（―・ぐ）〉うったえる。④投げおとす。二のぞく。三〈う・つ〉たたく。国〈ひかえ（ひかへ）〉①うちわにすること。②用意としてそなえておくこと。また、その人や物。③控書（ひかえがき）の略。覚え書き。メモ。

解字 形声。扌が形を表し、空（くう）が音を示す。扌は手。空には、空虚の意味がある。控は手で物を引っぱり、中をからにすることで、引くの意味になる。一説に、空の音が扣（こう）と通じて、引くという意味を持つという。

参考 新表記では、「扣」の書きかえに用いる熟語がある。

【控引】（こういん）ひく。ひきつける。

【控御（「馭」）】（こうぎょ）馬を自由に扱うように、人をうまくとりしまる。

【控弦】（こうげん）①弓のつるを引くこと。②弓を引く兵。

【控告】（こうこく）①うったえる。②㊫下級裁判所の決定または命令に対して、上級裁判所に不服の申し立てをすること。

【控除】（こうじょ（ぢょ））とりのぞく。さし引く。「扶養控除」＝扣除
【控制】一（こうせい）おさえて自由を奪う。とりしまる。二 kòngzhì 現制御（せいぎょ）する。

【控摂（「攝」）】（こうせつ）ひきとめる。

【控訴】（こうそ）①うったえる。②㊫第一審の判決に対して不服の場合、その取り消し・変更をさらに上級の裁判所に要求すること。「控訴審」

【控室】（ひかえしつ（ひかへ…））国待っているへや。待合室（まちあいしつ）。

手8【掆】〔11〕 コウ 漢 平 陽 （カウ） gāng カン　U補 J 6386

意味 両手で持ちあげる。＝扛（こう）

手8【掐】〔11〕 コウ 漢 入 洽 （カフ） qiā チア　U補 6390 J 3209

意味 ①つめでひっかく。②つめでたち切る。つみとる。③指先で軽く押す。④親指をほかの指にあてて数える。

扌8【採】〔11〕 学5 サイ とる　J 2646 U補 63A1

旧字 手8【採】〔11〕 サイ 漢 呉 上 賄 cǎi ツァイ　U補 J

筆順 一 十 扌 扌 扌 扌 抨 採

意味 ①〈と・る〉＝采（さい） ㋐つみとる。切りとる。㋑えらぶ。あつめる。㋒引いてぬく。②理解する。わかる。

解字 采（さい）は、木と爪との会意字で、果実などをつかみ取る意味。この「采」は、採とも書かれた。

名前 もち

【採獲】（さいかく（くわく））とりいれる。

【採掘】（さいくつ）鉱物などを地中からほりだす。

【採決】（さいけつ）決をとる。会議で、議案のよしあしをたずねてその可否を決めること。

【採光】（さいこう（くわう））光線をとり入れる。

【採鉱（「鑛」）】（さいこう（くわう））鉱石をほりだす。

【採算】（さいさん）国使った金や労力と、それによって得た金や物とが引きあうこと。収入と支出とが引きあうこと。

【採取】一（さいしゅ）えらびとる。二 cǎiqǔ 現採用する。

【採拾】（さいしゅう（しふ））ひろい集める。

【採集】（さいしゅう（しふ））とり集める。

【採摭】（さいせき）ひろいとる。捃摭（くんせき）。

【採草地】（さいそうち）家畜（かちく）のための草をかりとる場所。

【採択（「擇」）】（さいたく）えらびとる。えらんで採用すること。

【採炭】（さいたん）石炭をほる。

【採摘】（さいてき）つみとる。

【採納】（さいのう（なふ））よい意見をとりあげる。とりいれる。

【採訪使】（さいほうし（はう））唐代の官名。全国を十五区に分けて、その州や県の役人を見張り、また、取り調べた役。

【採用】一（さいよう）とりあげて、用いる。二 cǎiyòng 現一に同じ。

【採録（「錄」）】（さいろく）とりあげて書きとめる。
◆伐採（ばっさい）

扌8【捨】〔11〕 学6 シャ すてる　J 2846 U補 6368

旧字 手8【捨】〔11〕 シャ 漢 呉 上 馬 shě ショー　U補 J

筆順 一 十 扌 扌 扒 拎 拎 拴 捨

意味 ①〈す・てる（―・つ）〉手ばなす。やめる。＝舎 ②神や仏に金品を寄付する。③うっちゃっておく。

解字 形声。扌が形を表し、舎（しゃ）が音を示す。扌は手。舎には、手放す、ほうっておく、の意味がある。捨は、手を放してそのままにしておくことで、すてることになる。

名前 いえ・えだ・すて 地名 捨子古丹（シャシコタン）

【捨身】一（しゃしん）仏①死ぬこと。②仏門にはいる。僧になること。出家する。二（みすて）国自分のからだや命をなげ出して事に当たること。

【捨仮（「假」）名】（すてがな）国漢文を訓読するために、主として用言の活用語尾や助詞などを漢字の右下に小さくかなで書くもの。送りがなの一種。

【捨扶持】（すてぶち）国①武家時代、よい家がらの戸主（こしゅ）が死んだあと、生活に困る家族に支給したわずかな俸禄（ほうろく）。②実際の役にたたない人に、あわれんで与える給料。
◆呼捨（よびすて）・取捨（しゅしゃ）・喜捨（きしゃ）

扌8【授】〔11〕 学5 ジュ さずける・さずかる シュウ（シウ） 漢 ジュ 呉 去 宥 shòu ショウ　J 2888 U補 6388

筆順 一 十 扌 扌 扌 扌 扌 授

意味 ①〈さず・ける（さづ・く）〉㋐手わたす。与える。㋑任命する。㋒教える。つたえる。②〈さずか・る（さづか・る）〉

解字 会意・形声。扌と受を合わせた字。扌は手。受（じゅ）は、音を示すとともに、うけわたしをするという意味を持つ。受は𠬪と冖とを合わせた字で、𠬪は二つの手、冖は舟を表し、手と手の間を渡すことを表す字である。受けわたす動作で、受け取ることを「受」、渡すことを「授」で表した。一説に、受は、物を手でにぎって離さぬことを表すともいう。

【授衣】（じゅい）①衣を授ける。②陰暦九月の異称。
【授戒】（じゅかい）仏弟子（でし）や信者にいましめの規律をさずけること。
【授業】（じゅぎょう（げふ））学業を教えること。↔受業
【授時】（じゅじ）農業のたねまき、とり入れを示す暦をさずける。
【授受】（じゅじゅ）与えることと受けとること。やりとり。うけ渡し。
【授賞】（じゅしょう（しゃう））ほうびを与える。「授賞式」
【授乳】（じゅにゅう（にう））幼児に乳を飲ませること。
【授与（「與」）】（じゅよ）さずけ与える。渡す。
◆口授（こうじゅ・くじゅ）・天授（てんじゅ）・伝授（でんじゅ）・受授（じゅじゅ）・教授（きょうじゅ）

手8【掌】〔12〕 常 ショウ ショウ（シャウ） 漢 呉 上 養 zhǎng チャン　J 3024 U補 638C

筆順 丶 丷 ⺌ 𭕄 尚 堂 掌

意味 ①〈たなごころ〉手のひら。②手のひらでうつ。③〈つかさど・る〉その仕事を受け持つ。主になってひきまとめる。④手にもつ。⑤沼。水のたまった所。⑥姓。

解字 掌 形声。手が形を表し、尚しょうが音を示す。尚には、広く平らな意味がある。掌は、手の平らな部分で、手のひらをいう。また、尚には、高い、たっとぶの意味がある。その意味から、掌は、手でささげ持つことを表し、官職をつかさどる意味となる。

名前 なか

【掌握】■しょう(しゃう)あく ①手ににぎる。自分のものにする。②思いのままに扱う。③状態などをよくのみこむ。■チャンウオ zhǎngwò 現■に同じ。

【掌鞅】しょう(しゃう)おう(あう) いそがしく立ち働くこと。鞅掌。

【掌故】しょう(しゃう)こ ①しきたり。古代の法例・儀式・服装などのきまりや慣例。②漢代に礼楽の規則や慣例を扱った役。

【掌侍】しょう(しゃう)じ 国①内侍司ないしのつかさの三等官。ないしのじょう。②明治以後、宮中の女官の一階級。

【掌上】しょう(しゃう)じょう(じゃう) 手のひらの上。転じて、ごく手近のものにたとえる。【――舞】しょう(しゃう)じょう(じゃう)のぶ 舞の一種。身軽に動作する舞。

【掌書記】しょう(しゃう)しょき 役所で文書を扱う役。書記。

【掌節(節)】しょう(しゃう)せつ 古代の官名。天子から授けられる節わりふを管理する役。

【掌大】しょう(しゃう)だい 手のひらほどの大きさ。

【掌中】しょう(しゃう)ちゅう(ちう) ①手のひらの中。手中。掌裡しょうり。②自分で自由にできるもの。また、そのこと。【掌中珠】しょう(しゃう)ちゅう(ちう)のたま ①手のひらの中の玉。②もっともかわいがっていること・もの。妻。「昔君視レ我、如二掌中珠一むかしきみわれをみること、しょうちゅうのたまのごとし」〈傅玄・短歌行〉③もっともたいせつなもの。

【掌典】しょう(しゃう)てん ①仕事にあたる。②国宮内くない庁の式部職の職員で、祭典のことをつかさどるもの。

◆合掌がっしょう・分掌ぶんしょう・車掌しゃしょう・職掌しょくしょう・仙人掌サボテン

扌8【捷】〔11〕人 ショウ(セフ) 漢 呉 jié チエ 入 葉　J 3025 補 U 6377

意味 ①〈か・つ〉戦争に勝つ。②勝ちいくさ。③ぶんどりもの。戦利品。④成功する。⑤〈はや・い(――・し)〉すばやい。「敏捷びんしょう」⑥〈はかばか・しい(はかばか・し)〉はかどる。⑦ちか道をする。「捷径しょうけい」⑧重量の単位。(→付録「度量衡名称」)⑨姓。

解字 会意・形声。扌と疌とを合わせた字。疌せふは音をも示す。疌は屮(のびでる意)と、彐(手)と止(足)とから成る字で、手足をのばし、すばやい形を表す。捷は猟や戦いで獲物をうることで、勝つ意にもなる。また、早い意にも用いられる。

名前 かち・とし・はや・さとし・すぐる・まさる

【捷径(徑)】しょう(せふ)けい ①ちか道。間道かんどう。②てっとりばやい方法。

【捷勁】しょう(せふ)けい すばやくて強い。

【捷矢】しょう(せふ)し 速く飛ぶ矢。

【捷書】しょう(せふ)しょ 戦いに勝ったことを知らせる手紙。戦勝の報告書。

【捷聞】しょう(せふ)ぶん 戦いに勝った知らせ。捷報。

【捷報】しょう(せふ)ほう 戦いに勝った知らせ。

【捷路】しょう(せふ)ろ ちか道。捷径。

◆敏捷びんしょう・軽捷けいしょう

扌8【推】〔11〕学 6 スイ おす スイ 漢 呉 平 支 tuī トイ　J 3168 補 U 63A8

筆順 一 十 扌 扌 扌 扌 扌 推

意味 〈お・す〉①手でおし進める。「推進」②移りかわる。「推移」③すすめあげる。ひきたてる。「推挙」④おしいただく。「推許」⑤おしはかる。「推測」⑥おしひろげる。⑦おこなう。⑧おしのける。とりのぞく。⑨ことわる。「推辞」⑩かこつける。口実をもうける。「推託」

解字 形声。扌が形を表し、隹すいが音を示す。扌は手。隹には、ずっしりとした気持ちがある。推は、手でおしのけること。また、ずしんと下の物を打ちのめすこと。一説に隹の音は、排はいと通じて、おしのける意味を含むという。

名前 ひらく

【推移】すいい 移り変わり。「能与レ世推移よくよとすいいす」(世の中といっしょに移り変わることができる。)〈屈原くつげん・漁父辞ぎょほのじ〉

【推究】すいきゅう(きう) おしきわめる。おしはかって考えきわめる。

【推挙(擧)】すいきょ 人をおしすすめる。推薦すいせん。

【推計】すいけい 計算をもとにして推定すること。【――学(學)】すいけいがく 国研究の対象を全体と標本とに分け、標本についての知識から全体を推測しようとする学問。推測統計学。

【推考】すいこう(かう) ①おしはかり考える。②「推敲すいこう」に同じ。

【推敲】すいこう(かう) 詩や文章を作るのに、字句をいろいろと考え練ること。唐の詩人賈島かとうが「僧ハ推ス月下ノ門」の「推」の字を「敲たたく」にするかどうかで苦心し、「敲」にした故事にもとづく。〈計有功・唐詩紀事〉【――之勢】すいこう(かう)のせい おしたり、たたいたりのしぐさ。

【推轂】すいこく 車のこしきをおす。前に進める。転じて、㋐人の仕事を手助けする。㋑りっぱな人を推薦すいせんする。

【推察】すいさつ ①おし測る。②思いやる。察する。推量。

【推参(參)】すいさん 国①おしすすむ。相手の許可なしにむりやりに参上する。②ぶれいなふるまい。

【推算】すいさん ①おしはかって考える。②おしはかってだいたいの数量を決めて計算する。

【推辞(辭)】すいじ ことわる。辞退する。

【推称(稱)】すいしょう 人をほめあげる。

【推奨(獎)】すいしょう(しゃう) おしすすめる。ほめてひきたてる。＝推賞

【推譲(讓)】すいじょう(じゃう) 人をおしあげて、自分の地位や働きなどを譲ること。

【推進】■すいしん 前へおし進める。進ませる。■トイチン tuījìn 現■に同じ。

【推薦】■すいせん 人をおしすすめる。すぐれたものとしておす。推挙。■トイチエン tuījiàn 現■に同じ。

【推測】すいそく おしはかる。推量。

【推尊】すいそん ある特定の人をおして、たっとぶ。推尚すいしょう。

【推戴】すいたい おしいただく。団体の長や君主として、上に立てること。

【推知】すいち おしはかって知る。

【推定】すいてい ①おしはかってきめる。②法反対の証拠がないあいだ、ある事実を正しいと仮定しておくこと。

【推挽】すいばん 車をうしろからおしたり、前から引いたりする。転じて、人を推薦すること。推薦。＝推輓

【推輓】すいばん 「推挽すいばん」に同じ。

【推理】すいり 物事のすじみちをおして考える。りくつでおしはかること。

【推論】すいろん すでにわかっていることから、他の新しい事実をおしはかる。考えをおしすすめて論ずること。

【推広(廣)】トイコワン tuīguǎng 現おしひろめる。

【推行】トイシン tuīxíng 現おし進める。

【推動】トイトン tuīdòng 現促進する。

【推翻】トイファン tuīfān 現ひっくりかえす。

◆邪推じゃすい・類推るいすい

手8【捶】〔11〕スイ 漢 呉 上 紙 chuí チョイ　J 5757 補 U 6376

意味 ①〈う・つ〉つえでたたく。②〈むちう・つ〉③〈むち〉＝箠 ④きねづく。

【捶殺】すいさつ むちで打ち殺す。

【捶楚】すいそ 罪人をつえで打つこと。杖刑。

【捶撻】すいたつ むちでたたく。

手8【掣】〔12〕セイ 漢 去 霽 chè チョー　J 5758 補 U 63A3

心(忄・⺌)戈戸(戸)手(扌)支支(攵)　4画　文斗斤方无(旡・旡)日曰月(月)木欠止歹殳毋比毛氏气水(氵・氺)火(灬)爪(爫・⺤)父爻爿片牙(牙)牛(牜)犬(犭)

手8【𢮓】〔11〕俗字 U補J 22B93 ——— [意味]〈ひ・く〉ひきとめる。おさえつけて、自由にさせない。

【掣肘】(せいちゅう(ちう)) 人のひじをおさえて、自由な行動をさせない。干渉して自由を妨げる。

【掣電】(せいでん) ①いなずまがきらめく。②すばやいさま。③時間の「過ぎるさま。」

扌8【接】〔11〕[学]5 セツ つぐ

[一]ショウ(セフ)(漢)(呉) セツ(慣) [一](入) 葉 jiē チエ
[二]ソウ(サウ)(漢) [二](入) 洽 chā チャー
U補J 63A5 ― 3260

手13【擑】〔16〕同字 U補J 64D1 3308 ―

筆順 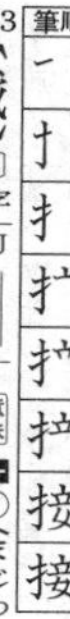

[意味][一]①〈まじ・わる(まじは・る)〉さわる。ふれる。まじえる。「接手」②もてなす。「接待」③〈つ・ぐ〉つづく。つなぐ。「接続」④ちかづく。⑤受けとる。⑥姓。⑦[現]迎える。
[二]①しまいこむ。②はさむ。

[解字]  形声。扌が形を表し、妾(せふ)が音を示す。扌は手。妾には近づける意味がある。接は手で近づけることを示し、まじわる意味になる。一説に、妾の音は執(しふ)と通じて、「とる」という意味を含むから、接は、手を取ることであるという。

[名前]つぎ・つら・もち [難読]接骨木(にわとこ)

【接客】(せっきゃく) 客にあう。客をもてなす。応対する。

【接近】(せっきん) [一]近づく。近よる。[二]チエチン jiējìn [現][一]に同じ。

【接見】(せっけん) [一]地位の高い人が客に面会すること。引見。[二]チエチエン jiējiàn [現][一]に同じ。

【接合】(せつごう(がふ)) ①つなぎあわせる。つける。また、つく。②同じ大きさか、または似ている二つの生殖細胞があわさって一つになること。

【接骨】(せっこつ) 折れたり、はずれたりした骨をつぎ合わせること。「ほねつぎ。」

【接辞(辭)】(せつじ) [国]「接頭辞」と「接尾辞」の総称。

【接種】(せっしゅ) [医]病気の予防や治療のために、病原菌や毒素などを人体・動物などに移植すること。

【接触(觸)】(せっしょく) [一]近づいてふれる。さわる。[二]チエチュー jiēchù [現][一]に同じ。

【接戦(戰)】(せっせん) ①近よって戦う。②優劣が簡単につかない、きわどい勝負。互角の勝負。

【接続(續)】(せつぞく) つなぐ。つなげる。つながる。【——詞】(せつぞくし) 文法で語句や文章を続ける働きをもつことば。

【接待】(せったい) [一]①もてなす。もてなし。②[国]ふるまうこと。ほどこすこと。[二]チエタイ jiēdài [現][一]に同じ。

【接着】(せっちゃく) [一]二つのものがぴったりくっつく。くっつける。「接着剤」[二]チエチョ jiēzhe [現]引き続いて。

【接頭辞(辭)】(せっとうじ) 単語の前についてその意味を強め、語調をととのえ、新しい単語を作るなどの働きをもつことば。接頭語。↔接尾辞

【接伴】(せっぱん) 客をもてなす。また、その仕事に当たる人。

【接尾辞(辭)】(せつびじ) 単語のあとについて、ある意味をつけ加えたり、強めたりすることば。接尾語。↔接頭辞

【接聞】(せつぶん) 本人から直接聞く。

【接吻】(せっぷん) 他人の唇(くちびる)や手・ほほなどに自分の唇をあてて、親愛の心を示すこと。くちづけ。キス。キッス。

【接輿】(せつよ) 人名。春秋時代、楚(そ)の国の隠者(いんじゃ)の名。孔子(こうし)と同時代の人で、俗世間を避けるため、気がくるったふりをしていたと伝えられる。

【接木】(つぎき) [国]木の枝を、ほかの木のくきやみきにつぎ合わせること。また、その木。

【接受】チエショウ jiēshòu [現]受け取る。受け入れる。

【接到】チエタオ jiēdào [現]受け取る。

◇▼応接(おうせつ)・交接(こうせつ)・近接(きんせつ)・直接(ちょくせつ)・面接(めんせつ)・密接(みっせつ)・間接(かんせつ)・溶接(ようせつ)・隣接(りんせつ)

扌8【措】〔11〕[常] ソ

[一]ソ(漢)(呉) [一](去) 遇 cuò ツオ
[二]サク(漢) [二](入) 陌 zé ツォー
U補J 63AA ― 3328

筆順 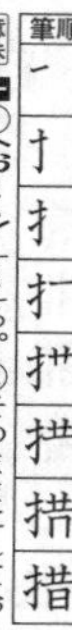

[意味][一]①〈お・く〉すえる。②そのままにしておく。すておく。③はからう。しまつする。「措置」④まじわる。まじる。
[二]はさむ。おしつぶす。

[解字]  形声。扌が形を表し、昔(せき)が音を示す。扌は手。昔には、重ねるという意味がある。措は、手で物の上に重ねて置くこと、置いたままにほうっておくことを表す。一説に昔の音は捨(しゃ)と通じて、すてるという意味を含むという。

【措辞(辭)】(そじ) 詩歌(しいか)や文章のことばの使い方、組みたて方。

【措大】(そだい) 貧乏な学者。みすぼらしい書生。「窮措大(きゅうそだい)」

【措置】(そち) しまつをつける。とりはからい。処置。

【措施】ツオシー cuòshī [現]処置。

扌8【掃】〔11〕[常] ソウ はく U補J 6383 ― 3361

[旧字] 手8【掃】〔11〕ソウ(サウ)(漢) (上) 皓 sǎo サオ U補J ― ― ―

筆順 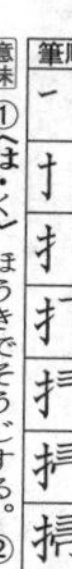

[意味]①〈は・く〉ほうきでそうじする。②〈はら・う(――・ふ)〉㋐すてる。とりのぞく。㋑ほろぼす。③さっとなする。かすめる。④ありったけ。⑤祭る。

[解字] 形声。扌が形を表し、帚(さう)が音を示す。扌は手。帚はほうき。掃は、ほうきを手にしてはらうことをいう。一説に、帚の音には、修という意味を含むから、掃は、手で清め修(おさ)めることを表すという。

[名前]かに [姓]掃守(かにもり)

[参考]新表記では、「剿」の書きかえに用いる熟語がある。

【掃部寮】(かもんりょう(れう)) [国]昔、宮中のそうじをつかさどった役所。長官は掃部頭(かもんのかみ)。

【掃海】(そうかい(さう)) 安全に航海するために、海中のじゃまものや危険物をとりのぞくこと。

【掃洒】(そうさい(さう)) 「掃灑(そうさい)」に同じ。

【掃灑】(そうさい(さう)) ちりをはき、水をまく。そうじをする。‖掃洒

【掃射】(そうしゃ(さう)) 機関銃などで、あたりいちめんをなぎはらうように撃つこと。

【掃除】[一](そうじょ(さうぢょ)) ごみやよごれをはらい取る。ほうきではき清める。[二](そうじ(さうぢ)) [国]①[一]に同じ。②じゃまな物を取りのぞくこと。

【掃塵】(そうじん(さうぢん)) ①ちりをはらう。②乱をおさめること。

【掃蕩】(そうとう(さうたう)) はらいのぞく。はらい清める。

【掃墓】(そうぼ(さう)) 墓のそうじをすること。墓参り。展墓。

【掃滅】(そうめつ(さう)) はき清めるように、じゃまな物や悪人・敵などをすっかり払いつくす。‖勦滅・剿滅

◇一掃(いっそう)・清掃(せいそう)・煤掃(すすはき)

手8【掙】〔11〕[一]ソウ(サウ)(漢) [一](平) 庚 zhēng チョン
[二]ソウ(サウ)(漢) [二](去) 敬 zhèng チョン
U補J 6399 3212 ②1324

手8【掫】〔11〕ソウ(漢) シュ(慣) (平) 尤 zōu ツォウ U補J 63AB ― 5756

[意味][一]さす。[二]①こらえる。がまんする。②はらいのける。③もがく。④かざる。⑤ぼかんとする。⑥ひらく。

[意味] ①夜回りをする。また、そのときにたたく物。②地名。現在の陝西省にある。

手8
【捽】
〔11〕ソツ(漢)｜(入)月 zuó ツオ
U補J 637D 3203
[意味] ①〈つか・む〉手でつかむ。②とる。ひきぬく。③ふれる。ぶつかる。

手8
【捼】
〔11〕ダ(漢)(平)歌 ナ(呉)｜ruó ルオ
U補J 637C 3202 ①8481
[意味] ①おす。もむ。②手のひらでなでる。＝挼

手8
【㧻】
〔11〕タク(漢)｜(入)覚 zhuó チュオ
U補J 39FB
[意味] ①うつ。なげうつ。②そそのかす。

扌8
【探】
〔11〕[学]6 タン
タン(漢)(呉)｜(去)勘 tàn タン
さぐる・さがす
U補J 63A2 3521

[筆順] 一 扌 扌 扌 扌 抨 探

[意味] ①〈さぐ・る〉㋐手をのばしてとる。㋑手でさがし求める。㋒はかる。しらべる。㋓追究する。㋔うかがう。ようすを見る。㋕たずねる。見物する。②〈さが・す〉③ながめる。

[解字] 形声。扌が形を表し、罙が音を示す。扌は手。罙には、おくふかいという意味がある。探は、手で奥深いところを取ることで、さぐるの意味になる。

[難読] 探湯(くかたち)

【探花】(たんか(くわ)) ①花見にゆくこと。②科挙の試験に三番で合格した人。

【探丸】(たんがん(ぐわん)) 唐代、俠客たちが色のついたはじき弓のたまでくじびきをして、仕事の分担をきめたこと。

【探騎】(たんき) 敵状をさぐる騎兵。

【探求】(たんきゅう(きう)) さぐり求める。どこまでもさがし求める。

【探究】(たんきゅう(きう)) たずねきわめる。深く研究すること。「真理」〔探究〕

【探険(險)】(たんけん) 「探検」に同じ。

【探検(檢)】(たんけん) 危険な場所やだれも行ったことのない場所の様子などをさぐり調べる。「どをさぐること。

【探索】(たんさく) ①さがし求める。②罪人のゆくえや事件の真相な」

【探賾】(たんさく) 隠れてあきらかでないものをさぐりもとめる。

【探春】(たんしゅん) 春のけしきを見ること。春の郊外を散歩する。

【探勝】(たんしょう) けしきのよい場所をたずね歩くこと。

【探題】(たんだい) ①詩歌の会などで、出題の中から自分で題を選びとり、その題で詩歌を作ること。②(仏)法会などで議論すべき題を選び、議論の後にそのよしあしを判定する役の僧。③(国)鎌倉・室町時代に重要な地方に置かれて政務・裁〔判を役とした職名。」

【探知】(たんち) さぐって知る。

【探籌】(たんちゅう(ちう)) くじびきをすること。

【探偵】(たんてい) ①人の秘密や言動をこっそり調べること。また、その人。②(国)犯罪者やその罪状をこっそり調べる人。もと、刑事巡査の俗称。③(国)敵のようすを調べる人。スパイ。

【探討】(たんとう(たう)) さぐりたずねる。探究。

【探湯】(たんとう(たう)) 一①にえたった湯の中に手を入れること。②にえ湯の中から手を引っこめるように、すばやく離れること。二(くかたち) (国)昔、にえ湯の中に手を入れさせて、人の正と邪とを見分けた裁判の方法。

【探嚢】(たんのう(なう)) ふくろの中の物をさがすということから、①物を盗むこと。②ことがらの非常に容易なたとえ。

【探梅】(たんばい) 梅を見にゆくこと。早咲きの梅をさがして野山にゆくこと。

【探訪】(たんぼう(ばう)) (国)さぐりたずねること。事件や題材をさがし「出す。「社会探訪」

手8
【捵】
〔11〕一チン(漢)｜一(平)真 chēn チェン　二テン(漢)｜二(上)銑 tiǎn ティエン
U補J 6375 3194
[意味] 一手で物を引きのばす。＝抻 二突き出す。推す。

扌8
【掟】
〔11〕[標] 一トウ(漢)　二テイ(漢)　ジョウ(ヂャウ)(呉)｜一(上)梗 zhěng チョン　二(去)敬 dìng ティン
U補J 639F 5761
[意味] 一ひろげる。二〈おきて〉さだめ。

手8
【掦】
〔11〕テキ(漢)｜(入)錫 tì ティー
U補J 63A6 3216
[意味] えぐり出す。

手8
【掇】
〔11〕一テツ(漢)　二セツ(漢)｜一(入)屑 duō トゥオ　二(入)屑 zhuō チュオ
U補J 6387 3207
[意味] 一①〈ひろ・う(――・ふ)〉ひろい取る。②えらぶ。③けずる。④うばう。二短いさま。ひくいさま。

【掇遺】(てつい(ゐ)) 先人の残した業績をひろい集めること。

【掇拾】(てっしゅう(しふ)) ひろい集める。

手8
【掂】
〔11〕テン(漢)｜(平)塩 diān ティエン
U補J 6382 3205

手8
【掭】
〔11〕テン｜tiàn ティエン
U補J 63AD 3217
[意味] 物の重さをはかる。くらべる。
[意味] ①そっと動かす。②筆先に墨をつけて、穂先をそろえる。

手8
【捯】
〔11〕トウ(漢)｜(上)皓 dǎo タオ
(タウ)
U補J 636F
[意味] ①〈う・つ〉たたく。＝擣 ②(現)音 dáo タオ。㋐つなや糸を、両手でたぐり寄せる。㋑追求する。

手8
【掉】
〔11〕チョウ(テウ)(漢)(去)嘯 トウ(タウ)(慣) diào ティアオ
U補J 6389 5760
[意味] ①〈ふ・る〉動かす。ゆする。②〈ふる・う(――・ふ)〉ふり動かす。③落ちる。落とす。すてる。④交替する。⑤まわす。

【掉尾】(とうび(たう)｜ちょうび(てう)) 尾を振る。転じて、終わりぎわになって力強くなること。最後に勢いよくなること。

【掉栗】(とうりつ(たう)｜ちょうりつ(てう)) ふるえおののく。

手8
【掏】
〔11〕トウ(タウ)(漢)｜(平)豪 tāo タオ
U補J 638F 5759
[意味] ①〈えら・ぶ〉②ほり出す。くみ出す。③手さぐりで取り出す。

手8
【捸】
〔11〕トツ(漢)｜(入)月 tū トゥー
U補J 6378 3201
[意味] なめらかである。

扌8
【捺】
〔11〕[人] ダツ(漢)　ナツ(呉)｜(入)曷 nà ナー
U補J 637A 3872
[意味] ①〈お・す〉手でおさえつける。②書法の一種。乀のように、右払いに書くもの。

[解字] 形声。扌が形を表し、奈が音を示す。扌は手の形。手で押しつける意。

【捺印】(なついん) はんこを押す。押印。
△▼押捺(おうなつ)

扌8
【捻】
〔11〕[常] ネン
一ジョウ(デフ)(漢)　ネン(慣)｜一(入)葉 niē ニエ　二ネン(慣)｜二 ―― niǎn ニエン
U補J 637B 3917

[筆順] 一 扌 扑 扵 拎 捻 捻 捻

意味 一①つまむ。②おさえる。③とざす。④かざる。美しい。二①〈ひね・る〉指先でねじる。‖拈(ねん) ②〈ね・じる(ね・づ)〉〈ねじ・る(ねぢ・る)〉よじる。

解字 形声。手が形を表し、念(ねん)が音を示す。念には、また、ねばる、くっつくの意味がある。捻は、指でねちねちとひねる、また、つまむの意味となる。

【捻挫】(ねんざ) 関節などをくじく。

【捻出】(ねんしゅつ) くふうし、苦しんで出す。ひねり出す。

扌8 **【排】**〔11〕常 ハイ ハイ 漢 平 佳 pái パイ J 3951 補― U 6392

筆順 一 † 扌 扌 扌 扌 排 排 排

意味 ①〈ひら・く〉おしひらく。②〈お・す〉おしのける。はらう。③通じさせる。④取りのぞく。⑤〈つら・ねる(――・ぬ)〉ならべる。また、列。⑥〈なら・ぶ〉 ⑦兄弟の順序。「排行(はいこう)」⑧武器。⑨現軍隊の編制の一つ。小隊。

解字 形声。扌が形を表し、非(ひ)が音を示す。扌は手。非には、そむく、二つに分かれるの意味がある。排は、手でおしひらくことから、おしのける意味になる。音ハイは、非の音ヒの変化。

名前 おし

【排外】(はいがい(ぐわい)) 外国人や、外国の思想・商品などを国内から追いはらうこと。

【排球】(はいきゅう(きう)) 一 バレー・ボール。二 パイチウ páiqiú 現 一に同じ。

【排撃(擊)】(はいげき) おしのけて攻撃する。非難してしりぞける。

【排行】(はいこう(かう)) 世代の同列な親族を、年齢にしたがって順序づけたときの順位。‖輩行

【排出】(はいしゅつ) 外におし出す。排泄(はいせつ)。

【排除】(はいじょ(ぢょ)) おしのけてのぞく。

【排水】(はいすい) ①水を外におし流す。②水をおしのける。船などが水に浮かぶとき、水中にかくれた部分と同じ量の水をおしのけること。【――溝】(はいすいこう) 水を外に流し出すためのみぞ。【――量】(はいすいりょう(りゃう)) 物が水に浮かぶとき、その物のおしのける水の量。【――噸】(はいすいトン) 船体がおしのける水の量を船の重さとしたトン数。↕重量噸

【排擠】(はいせい) 人をおしのける。

【排斥】(はいせき) おしのける。しりぞける。

【排泄】(はいせつ) 食物の栄養をとった残りの不用物(汗や糞尿(ふんにょう))を体外に出すこと。

【排黜】(はいちゅつ) おしのけ、しりぞける。排斥する。おしのけて職をやめさせる。

【排日】(はいにち) 国外国人が日本人や日本商品・勢力などをおしのけること。

【排仏(佛)】(はいぶつ) 仏教をおしのける。仏法をしりぞける。「廃仏毀釈(はいぶつきしゃく)」(四三九ジベー・中)↓

【排抑】(はいよく) おしとどめる。

【排律】(はいりつ) 近体詩の一体。律詩の対句(ついく)を増したもの。

【排列】(はいれつ) 並べつらねる。順序よく並べる。‖配列

手8 **【捭】**〔11〕 ハイ 漢 上 蟹 bǎi パイ J ― 補 3191 U 636D1

意味 ①両手でうつ。②ひらく。

手8 **【掤】**〔11〕 ヒョウ 漢 平 蒸 bīng ピン J ― 補 3215 U 63A4

意味 矢を入れる筒(つつ)のふた。

扌8 **【描】**〔11〕常 ビョウ えがく・かく ビョウ(ベウ) 漢 平 蕭 miáo ミアオ J 4133 補― U 63CF

旧字 手9 **【描】**〔12〕 J ― 補 ― U ―

筆順 一 † 扌 扌 扌 扩 拃 描 描 描

意味 〈えが・く(ゑが・く)〉〈か・く〉絵にかく。そのままうつす。

解字 形声。扌が形を表し、苗(べう)が音を示す。扌は手。苗は、細いなえ。描は、手で細い線をえがくことである。一説に、描と摸(も)とは音が近く、意味も通じて、てほんにしたがって写すことを表すという。

【描写(寫)】(びょうしゃ) 一 えがき写す。芸術作品に表現する。二 ミアオシエ miáoxiě 現 一に同じ。

◆点描(てんびょう)・素描(すびょう)・線描(せんびょう)

手8 **【捬】**〔11〕 一 フ 漢 一 上 麌 fǔ フー 二 フ 漢 呉 二 去 遇 fù フー J ②1322 補 3190 U 636C

意味 一①ふせぐ。守る。②〈な・でる(―・づ)〉 ㋐手のひらでさする。㋑いたわる。やしなう。二つける。くっつける。

扌8 **【捧】**〔11〕 人 標 ホウ 漢 上 腫 pěng ポン J 4291 補― U 6367

意味 〈ささ・げる(――・ぐ)〉①両手で高く持ちあげる。②両手でかかえこむ。③両手でささえる。

名前 ささげ・たか・もち

【捧持】(ほうじ(ぢ)) 両手でうやうやしく持つ。ささげ持つ。

【捧呈】(ほうてい) (目上の人に)物をさしあげる。

【捧読(讀)】(ほうどく) 文書をうやうやしく持って読む。

【捧負】(ほうふ) 手をかしてささえたり、せなかにおぶったりする。人のめんどうを見ること。

【捧腹】(ほうふく) 腹をかかえること。大いに笑うさま。‖抱腹 【――絶倒】(ほうふくぜっとう(たう)) がまんできないほど大いに笑う。‖抱腹絶倒

【捧袂】(ほうべい) 両方のたもとを目の前にあげて拝礼すること。

手8 **【掊】**〔11〕 一 ホウ 漢 一 平 尤 póu ポウ 二 ホウ 漢 二 上 有 pǒu ポウ J 3208 補― U 638A

意味 一①手でかきわける。②かきあつめる。③一掊(いっぽう)は、ひとにぎり。二①〈う・つ〉たたく。②うちやぶる。

【掊撃(擊)】(ほうげき) 打つ。攻撃する。

【掊克】(ほうこく) ①むやみに人をへこますこと。②重い税金を取りたてて人を苦しめること。‖掊刻

手8 **【捫】**〔11〕 ボン 漢 モン 呉 平 元 mén メン J 5763 補― U 636B

意味 ①〈な・でる(―・づ)〉さする。②〈と・る〉つかむ。③ひねる。ひねりつぶす。

【捫蝨】(もんしつ) しらみをひねりつぶす。転じて、人に気がねしないこと。晋(しん)の王猛が人前でしらみをひねりつぶしながら話をしたという故事による。〈晋書(しんじょ)・王猛(おうもう)伝〉

【捫著】(もんちゃく) 国もめごと。いさかい。ごたごた。紛争。‖悶着

扌8 **【掠】**〔11〕 人 標 リャク 漢 入 薬 lüè リュエ J 4611 補― U 63A0

刀8 **【剠】**〔10〕 同字 J 1938 補― U 5260

意味 ①〈かす・める(――・む)〉 ㋐うばい取る。㋑さっと過ぎる。②むちでたたく。③木を切る。④くしでとかす。⑤書法の一つ。ノのように左下に払う書き方。

名前 くら

参考 新表記では「略」に書きかえる。熟語は「略」(八三九ジベー・中)をも見よ。

【掠奪】(りゃくだつ) うばいとる。‖略奪

【掠笞】(りゃくち) むち打つ。むちで打ってこらしめる。

手8 **【掕】**〔11〕 リョウ 漢 リョウ 呉 平 蒸 líng リン J 3211 補― U 6395

意味 止める。また、馬を止める。

手8 **【掚】**〔11〕 リョウ(リャウ) 漢 呉 上 養 liǎng リアン J 3213 補― U 639A

意味 ととのえる。かざる。

手8 **【捩】**〔11〕 一 レイ 漢 一 去 霽 lì リー 二 レツ 漢 二 入 屑 liè リエ J ― 補 ― U ―

手7【捩】〔10〕俗字 U 6369 補 — J 5764

意味 ■一 琵琶びわをひくばち。■二 ①〈ね・じる(ね・づ)〉〈ねじ・る(ねぢ・る)〉よじる。ひねる。②折る。国①〈ねじ(ねぢ)〉らせん。②〈もじり(もぢり)〉俗曲で一部分をわざとほかの語にかえて歌うこと。③〈もじ・る(もぢ・る)〉

手8【掄】〔11〕ロン 漢 平 元 lún ルン U 6384 補 3206 J ②1323

意味 ①〈えら・ぶ〉「掄材ろんざい」②〈つらぬ・く〉③ふり動かす。音 lūn ルン。

手8【捥】〔11〕■一 ワン 漢 呉 ■一 去 翰 wàn ワン ■二 ワン 漢 呉 ■二 平 寒 wān ワン ■三 ワン 漢 呉 ■三 上 旱 wǎn ワン U 6365 補 3188 J ①8480

意味 ■一 手くび。■二〈ひね・る〉〈も・ぐ〉ねじる。■三 ①手にいれる。②掘ってとる。

手5【拏】〔9〕同字 U 22AB8 補 1304 J ②—

手9【擊】〔13〕本字 U 22BF2 補 — J —

手8【掯】〔11〕kèn ケン U 63AF 補 3219 J —

意味 現 ①むりじいする。②言いがかりをつける。③目にうかべる。

手8【掱】〔12〕shǒu ショウ U 63B1 補 — J —

意味 現 扒掱パーショウは、人のふところをねらう、すり。=扒手

手8【掰】〔12〕bāi パイ U 63B0 補 — J —

意味 現 両手で物を二つに割る。

手8【揄】〔11〕国字 U 63B5 補 — J 5762

意味 〈はば〉①がけ。②揄上うえはばは、秋田県湯沢市の地名。

手8【掴】〔11〕俗 ↓摑(五四七ジペー・上)

手8【捨】〔11〕旧 ↓捨(五三六ジペー・中)

手8【掃】〔11〕旧 ↓掃(五三八ジペー・下)

手8【捴】〔11〕同 ↓摠(五四二ジペー・下)

手8【挽】〔11〕俗 ↓挽(五三三ジペー・下)

手8【挪】〔11〕俗 ↓挪(五四三ジペー・下)

手8【揀】〔11〕俗 ↓撿(五五一ジペー・中)

手8【捿】〔11〕俗 ↓棲(六五〇ジペー・中)

扌8【掻】〔11〕簡 ↓搔(五四六ジペー・上)

手8【捗】〔11〕同 ↓捗(五三三ジペー・中)

手8【拼】〔11〕同 ↓拼(五三一ジペー・中)

手8【捲】〔11〕同 ↓巻(六九二ジペー・上)

手8【晢】↓日部七画(五九五ジペー・上)

扌9【握】〔12〕常 アク にぎる　アク 漢 入 覚 wò ウオ U 63E1 補 — J 1614

筆順 一 扌 扌 扌コ 扌尸 扌尸 扌屋 握

意味 ①〈にぎ・る〉㋐にぎりもつ。㋑にぎりしめる。㋒手の中に収める。自分のものにする。②〈にぎり〉㋐指四本をならべた長さ。㋑ひとにぎりの量。国〈にぎり〉①つかむところ。②にぎりめし・にぎりずしなどの略。

解字 形声。扌が形を表し、屋をくが音を示す。扌は手。屋は、家の中に物がつまっている意味がある。握は、手の中に物がいっぱいになっている形で、にぎることを表す。音アクは、屋の音ヲクの変化。

名前 もち

【握手】あくしゅ ■一 ①手をにぎりあう。②欧米おうべいの習慣で、手をにぎりあって親愛・和解・感謝などの気持ちを表すこと。■二 wòshǒu ウオショウ 現 ■一に同じ。

【握髪】あくはつ 人材を得るのに熱心なたとえ。→「吐哺捉髪とほそくはつ」(二二七ジペー・中)

【握力】あくりょく 物をにぎる力。

◇◆一握いちあく・一握ひとにぎり・把握はあく・掌握しょうあく

手9【揠】〔12〕アツ 漢 入 黠 yà ヤー U 63E0 補 3230 J ②1332

意味 〈ぬ・く〉引き抜く。草木の苗なえを引き抜く。

手9【揞】〔12〕■一 アン 漢 ■一 上 感 ǎn アン ■二 エン 漢 ■二 去 陥 yàn イェン U 63DE 補 — J —

意味 ■一 ①おおいかくす。②現 ぬりつける。■二 すてる。なげうつ。

扌9【援】〔12〕常 エン　■一 エン 漢 (エン) ■一 平 元 yuán ユワン ■二 エン 漢 (エン) ■二 去 霰 yuàn ユワン U 63F4 補 — J 1771

旧字 手9【援】〔12〕U — 補 — J —

筆順 一 扌 扌 扌 扌 扌 扌 援

意味 ■一〈ひ・く〉①ひきよせる。ひきあげる。ひきぬく。ひきいる。②たよりにする。③例にひく。■二 ①〈たす・ける(――・く)〉あとおしする。②〈すく・う(――・ふ)〉助ける。

解字 形声。扌が形を表し、爰えんが音を示す。扌は手。爰は物を引くことである。援は、手で引くことを表す。また、爰には、ゆるやかの意味がある。援は、手でゆとりをつくることで、たすけることになるともいう。

名前 すけ

参考 新表記では、「掩」の書きかえに用いる熟語がある。

【援引】えんいん(ゑんいん) ①引く。助け引くこと。味方にすること。②他の意見や論を引いて証拠とする。

【援拠(據)】えんきょ(ゑんきょ) 証拠しょうことして引用する。

【援軍】えんぐん(ゑんぐん) 助けの軍隊。救いの軍。援兵。

【援護】えんご(ゑんご) 救いまもる。助けまもること。=掩護

【援助】えんじょ(ゑんじょ) 救い助ける。

【援兵】えんぺい(ゑんぺい) 救いの軍。助けの兵。援軍。

【援用】えんよう(ゑんよう) ①引いてきて使用する。引用。②法 自分の利益のために、他から事実を引用すること。

◇◆支援しえん・応援おうえん・声援せいえん・後援こうえん・救援きゅうえん

手9【掾】〔12〕■一 エン 漢 ■一 去 霰 yuàn ユワン ■二 テン 漢 ■二 平 先 chuán チョワン U 63BE 補 — J 5765

意味 ■一 ①〈たす・ける(――・く)〉②したやく。属官。■二 陳掾ちんてんは、追いはらう。国〈じょう〉昔、国司(地方官)の三等官。

参考 「椽てん」は別字。

【掾属(屬)】えんぞく 下役。属官。

手9【掾】〔12〕同字 U — 補 — J —

手9【揜】〔12〕エン 漢 上 琰 yǎn イェン U 63DC 補 3229 J ②1331

意味 =掩 ①〈おお・う(おほ・ふ)〉おおいつつむ。②〈と・る〉㋐網をかぶせてつかまえる。㋑うばい取る。

手9【揩】〔12〕カイ 漢 平 佳 kāi カイ U 63E9 補 — J 5766

意味 こする。はらう。

扌9【換】〔12〕常 カン かえる・かわる　カン(クワン) 漢 去 翰 huàn ホワン U 63DB 補 — J 2025

筆順 一 扌 扌 扌 扌 扌 換 換

意味 ①〈か・える(―・ふ)〉とりかえる。「交換」②〈かわ・る

心(忄・⺗)戈戶(戸)手(扌)支攴(攵) 4画 文斗斤方无(旡・旡)日曰月(⺝)木欠止歹殳毋比毛氏气水(氵・氺)火(灬)爪(爫・⺥)父爻爿片牙(牙)牛(牜)犬(犭)

〈かは・る〉〉いれかわる。

解字 形声。扌が形を表し、奐(くゎん)が音を示す。扌は手。奐には、とりかえるとか、抜き取るとかの意味がある。換は、手でとりかえる、手で抜き取ることを表す。

名前 やす

【換衣】(かんい) 着物を着かえること。

【換韻】(かんいん) 詩を作るとき、句末の韻を二種類以上用いること。転韻。

【換気(氣)】(かんき) 室内の空気を新しく入れかえること。〔風通し。〕

【換金】(かんきん) 国物を売ってかねにかえる。

【換言】(かんげん) 他のことばで言いかえる。

【換骨奪胎】(かんこつだったい) 骨をとりかえ、腹の中のこどもを奪いとること。転じて、古人の詩文の語句や着想を作りかえて、自分の作品とし、新しく作ったように見せかけること。

【換算】(かんさん) ①単位のちがった数量に計算しなおす。②両替(りょうがえ)。

◆引換(ひきかえ)・交換(こうかん)・兌換(だかん)・取換(とりかえ)・乗換(のりかえ)・変換(へんかん)・転換(てんかん)・置換(ちかん)・換(おきかえ)

手9 【揀】〔12〕 カン 漢 上 潸 jiǎn チエン　U補J 5767 63C0

意味 ①〈えら・ぶ〉選び出す。よりわける。②ひろう。

扌9 【揮】〔12〕 学6 キ キ 漢 呉 平 微 huī ホイ　U補J 2088 63EE

筆順 一 十 扌 扌 扩 护 揎 揎 揮

意味 ①〈ふる・う(――・ふ)〉㋐ふりまわす。ふり動かす。「揮手」㋑ふりまく。ほうり投げる。はなつ。「発揮」②さしずする。「指揮」③はた。＝徽(き)

解字 形声。扌が形を表し、軍(ぐん)が音を示す。扌は手。軍には、とりまくという意味がある。揮は、手をふりまわすことから、鳥のふるい立って飛ぶことをいう。一説に、手をもって軍をさしずすることともいう。音キは、軍の音クンの変化。

姓 揮田(ふきた)

【揮霍】(きかく(くゎく)) ①勢いのはげしいさま。②ものごとをさっさと進めるさま。

【揮毫】(きごう(がう)) 書や絵を書くこと。筆をとって書く。

【揮灑】(きさい) 書や絵をすらすらと書くこと。

【揮発(發)】(きはつ) 理液体が普通の温度で蒸発して気体となること。【――油】(きはつゆ) 石油の原油を蒸留(じょうりゅう)して最初にとれる、無色透明で揮発性の強い油。ベンジン。

【揮颺】(きよう(やう)) ふりあげ、あおぐ。さかんにする。

扌9 【揆】〔12〕 標 キ 漢 上 紙 kuí コイ　U補J 5768 63C6

意味 ①〈はか・る〉㋐計測する。見つもる。㋑おしはかる。㋒管理する。②はかりごと。③みち。やりかた。「一揆」④宰相(さいしょう)。「揆席(きせき)」

【揆度】(きたく) 他とくらべて考える。

手9 【揳】〔12〕 一 ケツ 漢 二 カツ 漢 一 入 屑 xiè シエ 二 入 黠 jiá チア　U補J 3235 63F3

意味 一〈はか・る〉大きさをはかる。＝絜(けつ) 二 うち鳴らす。＝戛(かつ)

手9 【揵】〔12〕 ケン 漢 平 先 qián チエン　U補J ①8484 3236 63F5

意味 ①高くあげる。②立てる。③肩でかつぐ。④とじる。ふさぐ。音 jiàn チエン。＝楗(けん)

手9 【揈】〔12〕 コウ(クヮウ) 漢 平 庚 hōng ホン　U補J 3223 63C8

意味 ①太鼓を打つ音。②追いはらう。追いたてる。

手9 【揣】〔12〕 一 スイ 漢 一 上 紙 chuǎi チョワイ 二 スイ 漢 シ 慣 二 平 支 zhuī チョイ　U補J 5769 63E3

意味 一〈はか・る〉①高さをはかる。②推測する。さぐる。考える。二①打つ。②〈おさ・める(をさ・む)〉きたえる。

【揣度】(したく) おしはかる。忖度(そんたく)。

【揣知】(しち) 考えてけんとうをつける。

【揣摩】(しま) 事のわけや様子をおしはかること。あてずいりょう。【――憶(「臆」)測】(しまおくそく) 心の中でいろいろと予想し、想像すること。

手9 【揓】〔12〕 シ 漢 去 寘 shì シー　U補J 3226 63D3

意味 つかむ。にぎる。

手9 【揪】〔12〕 シュウ(シウ) 漢 平 尤 jiū チウ　U補J 3232 63EA

意味 ①あつめる。②つかむ。

手9 【揫】〔13〕 シュウ(シウ) 漢 平 尤 jiū チウ　U補J ②1333 63EB

意味 ①たばねる。②集める。③つかむ。④固い。⑤ほそい。

扌9 【揉】〔12〕 標 ジュウ(ジウ) 漢 平 尤 róu ロウ　U補J 5770 63C9

意味 ①木材を曲げる。また、伸ばす。②したがわせる。③いりまじる。④〈も・む〉なでる。

【揉雑(雜)】(じゅう(じう)ざつ) いりまじる。雑揉。

【揉輪】(じゅう(じう)りん) 木を曲げて車輪をつくる。

手9 【揟】〔12〕 ショ 漢 平 魚 xū シュイ　U補J 63DF

意味 ①水をこす。②揟次(しょじ)は、漢代の県の名。今の甘粛(かんしゅく)省武威市の東南にあった。

手9 【揲】〔12〕 一 セツ 漢 二 チョウ(テフ) 漢 三 ヨウ(エフ) 漢 呉 一 入 屑 shé ショー 二 入 葉 dié ティエ 三 入 葉 yè イエ　U補J ②1335 3234 63F2

意味 一①手に持って数える。易(えき)をうらなうとき、めどぎ(ぜいちく)を数える。②取り出す。二 折りたたむ。三 たたいてのばす。

扌9 【揃】〔12〕 人 標 一 セン 漢 一 上 銑 jiǎn チエン 二 セン 漢 二 平 先 jiān チエン　U補J 3423 63C3

意味 一①〈き・る〉たち切る。②〈わ・ける(―・く)〉③ほろぼす。二 記録する。国①〈そろ・う(――・ふ)〉〈そろ・える(――・ふ)〉②〈そろい(そろひ)〉そろったものを数える語。

手9 【揃】〔12〕 俗字　U補J

手9 【揎】〔12〕 セン 漢 平 先 xuān シュワン　U補J 3224 63CE

意味 袖をたくしあげる。

手9 【揍】〔12〕 ソウ 漢 去 宥 còu ツォウ　U補J 63CD

意味 ①さす。②なげる。③肌のきめ。＝腠(そう) ④あつまる。＝湊(そう) ⑤現なぐる。音 zòu ツォウ。

手9 【揔】〔12〕 一 ソウ 漢 二 ソウ 漢 三 ソウ 漢 一 上 董 zǒng ツォン 二 去 送 zòng ツォン 三 平 東 sōng ソン　U補J ②1329 3227 63D4

意味 一①〈す・べる(―・ぶ)〉㋐集める。㋑まとめてひとつ

手8 【捴】〔11〕 同字　U補J 3139 6374

にする。＝総・惣　[三]せわしいさま。＝偬　[三]手で物をすすめる。②〈すべて〉みな。＝総・惣

手9
【揕】〔12〕
チン (漢)｜(去) 沁 zhèn チェン
J ②1330　補 3228　U 63D5
[意味] ①〈う・つ〉たたく。②〈さ・す〉つきさす。

扌9
【提】〔12〕 [学] 5　テイ　さげる
[一] テイ (漢)　ダイ (呉)　チョウ(チャウ) (唐)｜[一] (平) 斉 tí ティー
[二] テイ (漢)｜[二] (上) 薺 dǐ ティー
[三] シ (漢)｜[三] (平) 支 shí シー
J 3683　補 ―　U 63D0

筆順　一 十 扌 扣 担 捍 捍 提

[意味] [一]①〈ひっさ・げる(――・ぐ)〉〈さ・げる(―・ぐ)〉㋐手にさげる。㋑もっていく。つれていく。㋒ひきいる。②ひきあげる。とりあげる。「提示」③あげ用いる。[二]①〈た・つ〉たち切る。②なげうつ。[三]提提は、鳥の群れ飛ぶさま。

[解字] 形声。扌が形を表し、是が音を示す。扌は手。是には、「まっすぐ」という意味がある。提は、手でまっすぐさげることである。一説に、是の音には、厂と通じて、引っぱる意味を含むから、提は、手に引っさげることを表すという。音テイは是の音シの変化。

【提案】(ていあん) 意見や議案をもち出す。また、もち出した意見・議案。

【提孩】(ていがい) 乳のみご。幼い子。

【提学(學)】(ていがく) 官名。地方の学事を扱ったもの。

【提起】(ていき) ①差し出す。もち出す。②ひき起こす。③もち上げる。

【提議】(ていぎ) 議論や議案をもち出す。また、もち出した議案。提言。

【提挙(擧)】(ていきょ) 官名。宋代、各種の事務を管理したもの。

【提供】[一](ていきょう) ①差し出す。差しあげる。②差し出して人に使ってもらう。[二](ティーコン) tígōng [現][一]に同じ。

【提琴】(ていきん) ①明・清時代の胡弓に似た二弦の楽器。②バイオリンのこと。

【提携】(ていけい) ①手にさげて持つ。手をとりあう。②協同して仕事をすること。互いに助けあうこと。

【提挈】(ていけつ) ①手に持つ。手と手をとりあう。②かかげ出す。③互いに助けあうこと。

【提言】(ていげん) 考えや意見を出すこと。また、その出した考え・意見。提議。

【提綱】(ていこう(かう)) 大体の要点をあげること。「提要」に同じ。

【提示】(ていし｜ていじ) 差し出して見せる。手に持って示す。

【提出】(ていしゅつ) 差し出す。

【提唱】(ていしょう(しゃう)) ①言い出す。主義主張や意見をとなえ出す。②[仏]禅宗で経典や綱要を説き教えること。また、その講義を書きとめた書物。

【提撕】(ていせい) ①手にさげて持つこと。②元気を出すこと。ふるい起こすこと。③後輩・後進の者を指導すること。

【提訴】(ていそ) [法]うったえ出る。裁判所にうったえ事を差し出す。

【提提】[一](ていてい) 安らかなさま。[二](しし) 鳥が群れをなして飛ぶさま。

【提灯(燈)】(ていとう｜ちょうちん(ちゃう)) ろうそくなどに火をつけて、くらやみを照らす携帯用具。

(提灯)

【提督】(ていとく) ①明・清時代の武官の一種。②[国]艦隊の総指揮官。

【提要】(ていよう(えう)) 要点を示すこと。要領をあげて示すこと。また、そのような参考書。

【提梁】(ていりょう(りゃう)) なべ・やかんなどの、つる。て。

【提高】(ティーカオ) tígāo [現]程度を高める。向上させる。

【提醒】(ティーシン) tíxǐng [現]人に注意する。

【提前】(ティーチエン) tíqián [現]くりあげる。

【提倡】(ティーチャン) tíchàng [現]提唱する。呼びかける。
◇▼前提(ぜんてい)・菩提(ぼだい)

手9
【揥】〔12〕
[一] テイ (漢)｜[一] (去) 霽 tì ティー
[二] テイ (漢)｜[二] (去) 霽 dì ティー
J ①8482　補 3231　U 63E5
[意味] [一]〈こうがい(かうがい)〉象牙で作ったかんざし。[二]すてる。

手9
【揁】〔12〕
[一] テイ (漢)　チョウ(チャウ) (呉)｜[一] (平) 庚 zhēng チョン
[二] コウ(カウ) (漢)(呉)｜[二] (平) 庚 kēng コン
J ―　補 3221　U 63C1
[意味] [一]引く。[二]琴などの澄んだ音。

扌9
【搭】〔12〕 [常]　トウ
J 3775　補 ―　U 642D

[旧字] 手10
【搭】〔13〕
トウ (漢)　(タフ)｜(入) 合 dā ター
J ―　補 ―　U ―

筆順　一 十 扌 扌 拱 拱 搭 搭

手12
【搭】〔15〕 同字
J 3281　補 ―　U 6498

[意味] ①〈う・つ〉たたく。②かける。つるす。③のる。のせる。つみこむ。④かけわたす。組みたてる。⑤つなげる。組み合わせる。

[解字] 形声。扌が形を表し、荅が音を示す。荅には上に乗る意味がある。搭は手で上に乗ること。

【搭載】(とうさい(たふ)) 乗り物に積みこむ。

【搭乗(乘)】(とうじょう(たふ)) ①人とつれだって乗る。②乗り物に乗りこむこと。「搭乗員」

手9
【揬】〔12〕
トツ (漢)｜(入) 月 tū トゥー
J ②1334　補 3233　U 63EC
[意味] ①搪揬は、突きあたる。ぶつかる。＝唐突　②こする。

手9
【掽】〔12〕
ホウ (漢)　(ハウ)｜(去) 敬 pèng ポン
J ②1327　補 3220　U 63BD
[意味] ぶつかる。衝突する。＝碰　[国]〈はえ(はへ)〉木材や米俵などを積み重ねたもの。

扌9
【揶】〔12〕 [標]
ヤ (漢)｜(平) 麻 yé イエ
J 5772　補 ―　U 63F6

手7
【捓】〔10〕 同字
J ―　補 ―　U ―

手8
【捓】〔11〕 俗字
J ―　補 3184　U 6353

[意味] 揶揄(やゆ)は、からかう。

扌9
【揄】〔12〕 [標]
[一] ユ (漢)｜[一] (平) 虞 yú ユィ
[二] チュウ (漢)　(チウ)｜[二] (平) 尤 chōu チョウ
J 5773　補 ―　U 63C4
[意味] [一]①〈ひ・く〉引き出す。引きあげる。ほめる。②揶揄(やゆ)は、からかう。[二]手をだらりとさげる。

手9
【揖】〔12〕
[一] ユウ(イフ) (漢)　イツ (慣)｜[一] (入) 緝 yī イー
[二] シュウ(シフ) (漢)｜[二] (入) 緝 jí チー
J 4512　補 ―　U 63D6
[意味] [一]①両手を胸の前で組み合わせておじぎすること。②辞退する。[二]〈あつま・る〉＝輯
[姓] 揖宿(いぶすき)・揖斐(いび)　[地名] 揖保(いぼ)
【揖譲(讓)】(いつじょう(じゃう)｜ゆう(いふ)じょう(じゃう)) 両手を胸の前に組んであいさつし、相手にゆずること。

心(忄・⺗)戈戸(戶)手(扌)支支(攵)　4画　文斗斤方无(旡・旡)日曰月(⺝)木欠止歹殳毋比毛氏气水(氵・氺)火(灬)爪(爫・⺥)父爻爿片牙(牙)牛(牜)犬(犭)

【揖揖】しゅうしゅう(しふしふ) たくさん集まるさま。 ➡

扌9
【揚】
〔12〕 常 ヨウ あげる・あがる
ヨウ(ヤウ) 漢呉 平 陽 yáng ヤン
U 63DA 補 J 4540

筆順 一 十 扌 扣 担 担 捍 揚 揚

意味 ①〈あ・げる(―・ぐ)〉㋐高くさしあげる。㋑あげ用いる。㋒おこす。さかんにする。「発揚」㋓あらわす。示す。㋔ほめる。「称揚」②〈あが・る〉飛びあがる。③おの。まさかり。④ひたいがゆったりとした福福しい顔。⑤昔の州の名。長江の南部一帯をさす。↓「九州」(四〇ページ・中)⑥姓。国〈あ・げる(―・ぐ)〉食べ物を熱い油で煮る。

解字 形声。扌が形を表し、昜が音を示す。扌は手。昜には、あがるという意味がある。揚は、手で高く上げることをいう。

名前 あき・たか・のぶ・あきら

難読 揚繰網

参考 「楊」は別字。

【揚句】あげく 国①俳諧・連歌の最後の一句。結句。②物事の終わり。最後。＝挙句

【揚幕】あげまく 国能舞台の橋がかりや、劇場の花道に出入りする所にある幕。

【揚屋】あげや 国遊女をよんで遊ぶ家。

【揚棄】ようき(やうき) 哲二つのあい反する概念を合わせて、一段と高い概念にまとめようとする、弁証法の根本的なはたらき。止揚。アウフヘーベン。

【揚言】ようげん(やうげん) 広く人に知られるように言う。また、いばって言いふらす。

【揚州】ようしゅう(やうしう) ヤンチョウ 地名。①昔の九州の一つ。②漢代におかれ、後に位置は移るが、州名は続いた。今の江蘇省揚州市。【――夢】ようしゅう(やうしう)の ゆめ 揚州というにぎやかな土地で遊んだ夢。はなやかに遊んだ過去をはかない夢にたとえたもの。〈杜牧の詩・遣レ懐〉

【揚水】ようすい(やうすい) 水をくみあげること。また、くみあげた水。

【揚子江】ようすこう(やうすかう) ヤンツーチアン 川の名。長江。昔、外国人がその下流の揚子江という名称を誤って用いたために生じた呼称。

【揚声(聲)】ようせい(やうせい) ①声をはりあげる。②名をなす。

【揚雄】ようゆう(やういう) 人名。前漢の学者。字は子雲。辞賦にすぐれ、多くの作品が残っている。(前五三～後一八)

【揚揚】ようよう(やうやう) 得意なさま。意気があがるさま。「意気揚揚」

◇▼水揚・止揚・引揚・抑揚・油揚・肩揚・空揚・宣揚・高揚・発揚・称揚・賞揚・精進揚・意気揚揚

扌9
【揺】
〔12〕 常 ヨウ ゆれる・ゆる・ゆらぐ・ゆるぐ・ゆする・ゆさぶる・ゆすぶる
U 63FA 補 J 4541

旧字 扌10
【搖】
〔13〕 人 ヨウ(エウ) 漢呉 平 蕭 yáo ヤオ
U 6416 補 J 5774

筆順 一 十 扌 扌 扌 扌 扌 揺

意味 ①〈ゆ・れる(―・る)〉〈ゆら・ぐ〉〈ゆる・ぐ〉㋐ゆらゆら動く。「揺扇」㋑たちのぼる。②〈ゆす・る〉〈ゆ・る〉〈ゆすぶ・る〉〈ゆさぶ・る〉㋐ゆり動かす。「揺蕩」㋑かきみだす。③はるか遠い。＝遥 ④姓。

解字 形声。扌が形を表し、䍃が音を示す。扌は手。䍃には、動いたままで、不安定な気持ちがある。揺は、手でうごかすことで、ゆれるという意味になる。

難読 揺蕩う・揺籃

【揺曳】ようえい(えうえい) ゆらゆらとゆれたなびく。ひらひらとひるがえる。

【揺綴】ようてつ(えうてつ) ゆれながらつながっている。動いて触れ合う。

【揺蕩】ようとう(えうたう) ゆれ動く。また、動かす。＝揺盪

【揺動】ようどう(えうどう) ゆれ動く。

【揺揺(搖)】ようよう(えうえう) ①船などがゆらゆらゆれる。「舟揺揺以軽颺」(舟はゆらゆらとかろやかに飛ぶように進む。)〈陶潜・帰去来辞〉②心配で落ち着かないさま。

【揺漾】ようよう(えうやう) ①さざなみ。②水にただようこと。

【揺落】ようらく(えうらく) ゆれて落ちる。木の葉が枯れて散る。

【揺籃】ようらん(えうらん) ①幼児を入れ、時々動かして遊ばせ、また眠らせるかご。ゆりかご。②物事の発生したところや時代。③ことものころ。【――期】ようらんき(えうらんき) ①物事の初期。②ゆりかごで育てられるころ。幼年時代。

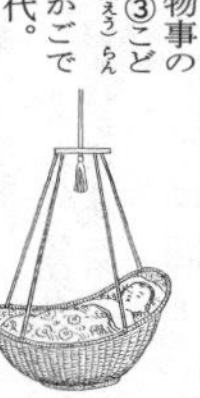
(揺籃①)

◇▼動揺・蕩揺

手9
【揹】
〔12〕 シン xǐng
U 3A18 補 J ―
意味 現手ばなをかむ。

手9
【揹】
〔12〕 ペイ bēi
U 63F9 補 J 3238
意味 現せおう。おぶう。＝背

手9
【揻】
〔12〕 国字
U 22C1D 補 J ②1320
意味 〈も〉〈もて〉姓名に用いる。

手9 【揺】〔12〕 俗 ↓揺(五三五ページ・上)

手9 【揵】〔12〕 俗 ↓捲(五三五ページ・下)

手9 【揸】〔12〕 同 ↓摣(五四七ページ・中)

手9 【揷】〔12〕 俗 ↓插(五三二ページ・下)

手9 【揑】〔12〕 同 ↓捏(五三三ページ・下)

手9 【掔】〔13〕 本 ↓捥(五四一ページ・上)

扌9 【揭】〔12〕 旧 ↓掲(五三五ページ・中)

手9 【揅】〔13〕 俗 ↓掔(五四七ページ・中)

手9 【揷】〔12〕 旧 ↓挿(五三二ページ・下)

扌9 【搜】〔12〕 俗 ↓捜(五三三ページ・上)

手9 【描】〔12〕 旧 ↓描(五四〇ページ・中)

手10
【搵】
〔13〕
一 オン 漢呉 (ヲン) 一 去 願 wèn ウエン
二 オツ 漢 (ヲツ) 二 入 月 wù ウー
U 6435 補 J 3254

意味 一①ひたす。②指でおさえる。③ふく。ぬぐう。④くちびる。二手に取る。

手10
【搉】
〔13〕 カク 漢 入 覚 què チュエ
U 6409 補 J 3239 ②1336

意味 ①〈う・つ〉たたく。②ひとりじめにする。③〈はか・る〉かんがえる。「商搉」

手10
【搇】
〔13〕 キン 漢 去 沁 qìn チン
U 6407 補 J ―

意味 手でおさえる。

扌10
【携】
〔13〕 常 ケイ たずさえる・たずさわる
ケイ 漢 平 斉 xī シー、xié シエ
U 643A 補 J 2340

手18 【攜】〔21〕 本字 U 651C 補 J 5824

手13 【擕】〔16〕 俗字 U 64D5 補 J 3309 ②1352

手13 【攜】〔16〕 俗字 U 3A57 補 J ―

筆順 扌 扌 扌 扌 扌 扌 推 携

意味 ①〈たずさ・える(たづさ・ふ)〉㋐手にさげて持つ。㋑もっていく。つれていく。②はなれる。はなす。国〈たずさ

わ・る(たづさは・る)〉関係する。

解字 (古字形) 形声。古い形では、扌が形を表し、巂けいが音を示す。扌は手。巂には、山の形に角ばっている意味がある。攜は、物をさかさまにぶらさげること、あるいは、うでを角ばった形に曲げて、物を引っさげることを表す。

【携行】けいこう(かう) たずさえ持って行く。
【携弐(貳)】けいじ そむき離れる。
【携手】けいしゅ てをたずさえる。親密なこと。
【携帯(帶)】けいたい 身につける。持つ。たずさえる。「携帯品」
◇▼必携ひっけい・提携ていけい

手10【搩】〔13〕 [一]ケツ(漢) [二]タク(漢) | [一](入) 屑 jié チエ [二](入) 陌 zhǎ チャー | U補J ―
手11【𢷮】〔14〕俗字 U補J 6429 3250 ②1339
意味 [一]①乱暴である。②かきかかえる。[二]手で物をはかる。つぐ。負う。③人や物を抱

手10【搛】〔13〕 ケン(漢) | (平) 塩 jiān チエン | U補J 641B ―
意味 はさむ。はさんで持つ。

手10【搴】〔14〕 ケン(漢) | (平) 先 qiān チエン | U補J 6434 5775
意味 ①〈と・る〉ぬく。抜きとる。②〈かか・げる(――・ぐ)〉まくりあげる。③姓。

手10【搆】〔13〕 [一]コウ(漢) [二]コウ(漢) | [一](去) 宥 gòu コウ [二](平) 尤 gōu コウ | U補J 6406 5776
意味 [一]かかわる。組み合わせてつくる。＝構こう [二]〈ひ・く〉ひっぱる。

手10【搕】〔13〕 コウ(カフ)(漢) | (入) 合 kē コー | U補J 6415 ―
意味 こつこつとたたく。打ちつける。

手10【搞】〔13〕 [一]コウ(カウ)(漢) [二]コウ(カウ)(漢) [三]コウ(慣) | [一](平) 肴 qiāo チアオ [二](去) 号 kào カオ [三]―― gǎo カオ | U補J 641E 3245 ②1337
意味 [一]＝敲(五六五ジベー・中) [二]もとる。たがう。＝靠 [三](現)する。行う。ものにする。

手10【搿】〔14〕 ゴウ | gé コー | U補J 643F 3256
意味 ①力をこめて抱く。②交際する。

手10【搰】〔13〕 [一]コツ(漢) [二]コツ(漢) | [一](入) 月 hú フー [二](入) 月 kū クー | U補J 6430 3253
意味 [一]①掘る。②にごす。[二]搰搰こつこつは、力を出すさま。

手10【搓】〔13〕 サ(漢) | (平) 歌 cuō ツオ | U補J 6413 5777
意味 ①〈よ・る〉ねじあわせる。もむ。②さしせまる。

扌10【搾】〔13〕(常) サク しぼる | サ(漢) (去) 禡 zhà チャー サク(慣) | U補J 643E 2681

筆順 扌 扌 扌' 扌宀 扌穴 扌空 扌窄 搾

意味 ①〈しぼ・る〉しぼりとる。②しぼる道具。

解字 会意・形声。扌・穴・乍を合わせた字。扌は手。穴はあな。乍さくは、動作することを表すとともに、音をも示す。窄は、穴の中の動作で、しめあげてきゅうくつな意味を持つ。搾は、手でぐっと押さえること、しぼることを表す。

難読 搾菜ザーサイ

【搾取】さくしゅ (国)①しぼり取る。②資本家が剰余価値を独占すること。③人の利益をしぼりとること。「中間搾取」
◇▼圧搾あっさく

手10【搠】〔13〕 サク(漢) | (入) 覚 shuò シュオ | U補J 6420 3246
意味 さす。突きさす。

手10【搘】〔13〕 シ(漢) | (平) 支 zhī チー | U補J 6418 3244
意味 〈ささ・える(――・ふ)〉つっぱる。＝支

手10【搦】〔13〕 ダク(漢) ニャク(呉) ジャク(ヂャク)(慣) | (入) 覚 nuò ヌオ | U補J 6426 5778
意味 ①おさえる。②とる。持つ。③とらえる。④みがく。⑤いどむ。(国)〈から・める(――・む)〉しばりあげる。
【搦手】からめて (国)①城の裏門。敵のうしろがわ。②城の裏門を攻める軍隊。↕追手おうて・大手 ③物事の裏がわ。

手10【搊】〔13〕 [一]シュウ(シウ)(漢) [二]ソウ(漢) | [一](平) 尤 chōu チョウ [二](上) 有 zǒu ツォウ | U補J 640A 3240
意味 [一]①(楽器を)指でかきならす。②きつくしばる。[二]手でもつ。つかまえる。

手10【搢】〔13〕 シン(漢) | (去) 震 jìn チン | U補J 6422 3247 ①8487
意味 ①〈はさ・む〉間にはさむ。②〈さしはさ・む〉〈ふ・る〉ゆすぶる。

手10【搢】〔13〕俗字 U補J 2F8BF ―

【搢紳】しんしん 笏しゃくを大帯にはさむ。転じて、官位の高い人。

扌10【摂】〔13〕(常) セツ | U補J 6442 3261
旧字 扌18【攝】〔21〕(人) | U補J 651D 5780
[一]ショウ(セフ)(漢)(呉) セツ(慣) [二]ショウ(セフ)(漢) [三]デツ(漢) | [一](入) 葉 shè ショー [二](入) 葉 zhé チョー [三](入) 葉 niè ニエ

筆順 扌 扌 扌一 扌丅 扌IE 扌耳 扌聑 摂

意味 [一]①〈ひ・く〉ひきつける。「摂斉」②〈と・る〉㋐持つ。㋑つかまえる。③〈かか・げる(――・ぐ)〉まくりあげる。④あつめる。まとめる。⑤ととのえる。「摂酒」⑥たすける。⑦かわる。代理をする。「摂政せっしょう」⑧養生ようじょうする。「摂生」⑨はさまれる。「摂二乎大国之間一たいこくのかんにせっす」(大きな国々にはさまれる。)〈論語・先進〉⑩おそれる。＝慴 ⑪(現)写真をうつす。[二]①折りたたむ。②おそれる。[三]やすらか。

解字 (古字形) 形声。扌が形を表し、聶せふが音を示す。扌は手。聶は、耳をよせあつめた形で、合わせるとか、かさなるの意味がある。攝は、重ねて持つことで、引き上げて持つ、かねる、の意味となる。

名前 かぬ・かね・おさむ
地名 摂津せっつ

【摂威】しょうい(せふゐ) おどかす。
【摂受】しょうじゅ(せふじゅ) ①(仏)仏が人間その他すべての生物を救うこと。一心に信仰させること。②受け入れること。
【摂衣】せつい ①着物の乱れを整える。②すそをあげる。
【摂関(關)】せっかん(くわん) (国)摂政せっしょうと関白かんぱく。昔、天皇にかわり、また天皇を助けて政務をとった役。
【摂家】せっけ (国)昔、摂政せっしょう・関白かんぱくになることができた家がら。近衛このえ・九条くじょう・二条・一条・鷹司たかつかさの五家。
【摂行】せっこう(かう) ①代理する。②事をかねて行うこと。
【摂取】せっしゅ ①(仏)仏の慈悲で人間その他すべての生物を救うこと。「摂取不捨」②とりいれる。おさめとる。からだの養分としてとりいれる。
【摂政】せっしょう(しゃう) ①天子にかわって政治を行うこと。また、その人。②(国)天皇が未成年または病弱のとき、天皇にかわって

心(忄・⺗)戈戶(戸)手(扌)支攴(攵) 4画 文斗斤方无(旡・旡)日曰月(⺝)木欠止歹殳毋比毛氏气水(氵・氺)火(灬)爪(爫・⺤)父爻爿片牙(㸦)牛(牜)犬(犭)

国事を行う機関。また、その任にあたる人。

【摂生】（せっせい） 衛生に注意する。養生（ようじょう）。

【摂提】（せってい） ①北斗星の柄（え）のほうにある三星の名。②十二支の寅（とら）の別名。

【摂理】（せつり） ①統一しておさめること。②代理として行うこと。③キリスト教で、全宇宙を支配し、人間をよいほうに導く神の意志。

【摂影】（ショーイン） shèyǐng 現撮影（さつえい）する。

手10【搧】〔13〕 セン 漢 平 先 shān シャン U補J 6427

意味 ①〈う・つ〉手でうつ。②〈あお・ぐ（あふ・ぐ）〉＝扇 ③ふるう。

扌10【搔】〔13〕 標 ソウ（サウ） 漢 平 豪 sāo サオ U補J 6414 3243 ①8486

扌8【掻】〔11〕 簡慣 U補J 63BB 3363

意味 ①〈か・く〉つめでひっかく。かきむしる。指先でこする。②さわぐ。乱れる。＝騒 国〈かき〉動詞につけて語勢を強める接頭語。「搔き切る」

【搔首】（そうしゅ（さう）） ①頭をかく。心のおちつかないさま。②刀で首をきる。

【搔擾】（そうじょう（さうぜう）） みだれさわぐ。

【搔頭】（そうとう（さう）） 頭をかきなでることから、かんざしをいう。「玉搔頭（ぎょくそうとう）」（玉で作ったかんざし。）

【搔爬】（そうは（さう）） 医身体の組織の一部をかきとること。人工流産などのときに行う。

【搔癢】（そうよう（さうやう）） かゆい所をかく。＝搔痒「隔靴（かっか）搔癢」

手10【搡】〔13〕 ソウ（サウ） 漢 上 養 sǎng サン U補J 6421

意味 力を入れて、押す。

手10【搶】〔13〕 一 ショウ（シャウ） 漢 ソウ（サウ） 呉 一 平 陽 qiāng チアン 二 ショウ（シャウ） 漢 ソウ（サウ） 呉 二 上 養 qiǎng チアン U補J 6436 5779

意味 一①〈つ・く〉ぶつかる。つきさす。強くおす。②ふせぎとめる。③〈あつま・る〉 二かすめる。奪う。先を争う。

扌10【損】〔13〕 学5 ソン そこなう・そこねる
ソン 漢呉 上 阮 sǔn スン U補J 640D 3427

筆順 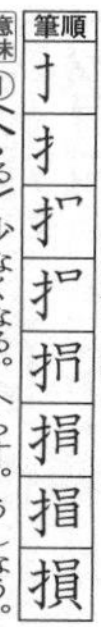

意味 ①〈へ・る〉少なくなる。へらす。うしなう。↕益「損失」②〈そこな・う（――・ふ）〉〈そこ・ねる（――・ぬ）〉いためる。きずつける。③〈そし・る〉けなす。④へりくだる。⑤易（えき）の卦（か）の名。国そんをすること。

解字  形声。扌が形を表し、員（うん）が音を示す。扌は手。員は、お金の数の意味がある。損は、数あるものを手で取ることで、減る意味になる。音ソンは、員の音ウンの変化という。

名前 ちか
【損益】（そんえき） ①へることと、ふえること。②損害と利益。

【損壊（壞）】（そんかい（くわい）） きずつき、いたむ。きずつけ、こわす。

【損害】（そんがい） そこない、失うこと。不利益。損。【――賠償】（そんがいばいしょう（しゃう）） 他人に与えた損害のつぐないをすること。

【損耗】（そんこう（かう）｜そんもう） へる。へらす。「もう」は慣用音。

【損失】 一（そんしつ） そこない、うしなうこと。そん。損亡。失損。二（スンシー） sǔnshī 現一に同じ。

【損傷】（そんしょう（しゃう）） こわす。きずつける。やぶれ、いたむこと。

【損友】（そんゆう（いう）） 交際してためにならない友人。↕益友
【損抑】（そんよく） おさえつけて、でしゃばらないようにすること。
◆欠損（けっそん）・汚損（おそん）・破損（はそん）・毀損（きそん）

手10【搋】〔13〕 タイ 漢 平 佳 chuāi チョワイ U補J 640B

意味 こぶしでぎゅっと押して、平らにする。

手10【搥】〔13〕 一 タイ 漢 一 平 灰 duī トイ 二 ツイ 漢 二 平 支 chuí チョイ U補J 6425 3249 ②1338

意味 一なげうつ。すてる。二うつ。たたく。＝捶

手10【搐】〔13〕 チク 漢 入 屋 chù チュー U補J 6410 3241 ①8485

意味 （筋肉が）ひきつる。けいれんする。

手10【搌】〔13〕 テン 漢 上 銑 zhǎn チャン U補J 640C

意味 ①ぬぐう。ふく。②こする。

手10【搗】〔13〕 トウ（タウ） 漢 上 皓 dǎo タオ U補J 6417 5781

意味 ①〈つ・く〉うつ。たたく。②〈うすづ・く〉物を臼（うす）に入れてつく。③〈う・つ〉たたく。国①〈か・つ〉うすでつく。②〈かて・て〉その上に。

手10【搨】〔13〕 一 トウ（タフ） 漢 一 入 合 tà ター 二 トウ（タウ） 漢 二 入 合 dá ター U補J 6428 5782

意味 一①うつす。しきうつす。②〈す・る〉石ずりにする。二①たたく。②はりつく。
【搨本】（とうほん（たふ）） 石ずり。石碑などの文字や絵をすりうつした本。拓本（たくほん）。

手10【搪】〔13〕 トウ（タウ） 漢 平 陽 táng タン U補J 642A 3251

意味 ①ひろがる。②突く。つきあたる。③ふせぎとめる。④塗る。⑤現いいかげんにすます。

手10【搯】〔13〕 トウ（タウ） 漢 平 豪 tāo タオ U補J 642F 3225 ②1340

意味 ①取り出す。くみ出す。②たたく。

手10【搏】〔13〕 ハク 漢 入 薬 bó ポー U補J 640F 5783

意味 ①〈う・つ〉手でなぐる。たたく。はたく。②〈と・る〉つかむ。つかまえる。相手にしてたたかう。

参考「摶（たん）」は別字。

【搏撃（擊）】（はくげき） うつ。たたく。たたきのめす。

【搏殺】（はくさつ） 素手（すで）で打ち殺す。

【搏戦（戰）】（はくせん） なぐりあって戦うこと。格闘。

【搏闘（鬪）】（はくとう） うち合い。たたきあって戦うこと。格闘。

扌10【搬】〔13〕 常 ハン
ハン 漢 平 寒 bān パン U補J 642C 4034

筆順 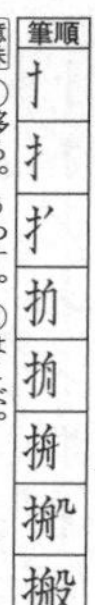

意味 ①移る。うつす。②はこぶ。

解字  形声。扌が形を表し、般（はん）が音を示す。扌は手。般は、舟がめぐることで、物をうごかす、しきひろげるという意味を持つ。搬は、手で物をはこぶこと。
【搬運】（はんうん） はこぶ。運搬（うんぱん）。
【搬出】（はんしゅつ） はこび出す。↕搬入
【搬入】（はんにゅう（にふ）） はこびこむ。はこび入れる。↕搬出

手10【搒】〔13〕 一 ホウ（ハウ） 漢 一 平 庚 péng ポン 二 ホウ（ハウ） 漢 二 去 漾 bàng パン U補J 6412 3242

意味 一①おおう。②〈むちう・つ〉むちでたたく。③ぶつかる。二船をこぐ。

手10 【搤】〔13〕 エキ 漢 入 陌 ヤク 呉 è オー U補J 3248 6424
意味 にぎる。しめつける。おさえつける。＝扼あく
【搤殺】やくさつ 腕をまげ、相手ののどをおさえてしめ殺す。つかみ殺す。＝扼殺
【搤腕】やくわん 腕をにぎりしめ、またさすっていきごむこと。「切歯搤腕せっしやくわん」＝扼腕

手10 【摁】〔13〕 èn エン U補J 6441
意味 現（手で上から下へ）おさえる。押す。

手10 【搽】〔13〕 chá チャー U補J 3255 643D
意味 現塗る。塗りつける。

手10 【搩】〔13〕 huàng ホワン U補J 3A2A
意味 現ゆれ動く。＝晃

手10 【搜】〔13〕 旧 ↓捜（五三三ページ・上）

扌10 【搖】〔13〕 旧 ↓揺（五四四ページ・中）

手10 【搭】〔13〕 旧 ↓搭（五四四ページ・中）

扌11 【摡】〔14〕 カイ 漢 去 隊 gài カイ U補J
意味 ①洗う。②ぬぐう。

手12 【摡】〔15〕 俗字 U補J 3269 6461

扌11 【摑】〔14〕 人 標 カク 漢 （クヮク） 入 陌 guó クオ U補J ①8489 3259 6451
意味 〈う・つ〉ほおをぶつ。国〈つか・む〉手でしっかりとにぎる。

手8 【掴】〔11〕 俗字 U補J 3647 63B4

手11 【摜】〔14〕 カン 漢 （クヮン） 去 諫 guàn コワン U補J 3265 645C
意味 ①〈なら・う（――・ふ）〉なれる。＝慣 ②投げ捨てる。③上からかぶる。

手11 【摎】〔14〕 キュウ 漢 （キウ） 平 尤 jiū チウ U補J 5787 644E
意味 ①くくる。たばねる。②首をしめる。③まつわる。

手11 【撃】〔15〕 常 ゲキ うつ U補J 2366 6483

旧字 手13 【擊】〔17〕 人 ゲキ 慣 ケキ 漢 キャク 呉 入 錫 jī チー U補J ①8502 3303 64CA

筆順 一 亘 亘 車 軎 毄 毄 撃

意味 〈う・つ〉①たたく。なぐる。②せめる。たたかう。③つく。つきあたる。つきあてる。④さしころす。

解字 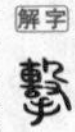 形声。手が形を表し、毄げきが音を示す。毄は、車のじくと、くさびがカチカチぶつかることである。撃は、手で物を打つことを表す。

【撃砕（碎）】げきさい うちくだく。
【撃壌（壤）】げきじょう（じゃう） ①地面をたたくこと。↓「鼓腹撃壌こふくげきじょう」（一四五〇ページ・中） ②土製の楽器をうちならすこと。③木製のくつ型のおもちゃをぶっつけ合う遊戯。
【撃攘】げきじょう（じゃう） うちはらう。撃退。
【撃退】げきたい うちしりぞける。うちはらう。
【撃柝】げきたく ①拍子木ひょうしぎを打って夜回りをすること。また、その人。②低い身分。
【撃沈】げきちん 艦船を大砲・爆弾・魚雷などでうち沈める。
【撃破】げきは うち破る。
【撃滅】げきめつ うちほろぼす。
【撃剣（劍）】げっけん（げきけん） 剣の使い方。剣を使う技術。剣術。
◇▼反撃はんげき・打撃だげき・出撃しゅつげき・目撃もくげき・攻撃こうげき・迎撃げいげき・狙撃そげき・突撃とつげき・迫撃はくげき・追撃ついげき・射撃しゃげき・砲撃ほうげき・進撃しんげき・排撃はいげき・遊撃ゆうげき・雷撃らいげき・電撃でんげき・衝撃しょうげき・爆撃ばくげき・襲撃しゅうげき・人身攻撃じんしんこうげき

手11 【擘】〔15〕 ゲン 漢 呉 平 先 ケン 慣 yán イエン U補J 2F8C0
意味 〈みが・く〉とぐ。研究する。＝研

手9 【掔】〔13〕 俗字 U補J 3222 63C5

手11 【摳】〔14〕 コウ 漢 平 尤 kōu コウ U補J ②1344 3272 6473
意味 ①つまみあげる。からげる。②なげつける。③ほじくる。えぐり出す。

手11 【摣】〔14〕 サ 漢 平 麻 zhā チャー U補J 3270 6463
意味 ①手にとる。②現つまむ。

手9 【揸】〔12〕 同字 U補J 3237 63F8

手11 【摧】〔14〕 サイ 漢 平 灰 cuī ツォイ U補J 5784 6467
意味 ①〈くだ・く〉㋐おしのける。じゃまする。㋑へし折る。㋒こなごなにする。㋓そしる。くさす。㋔なげき悲しむ。②いたる。

参考 「催さい」は別字。新表記では、「砕」に書きかえる熟語がある。
【摧陥（陷）郭（「廓」）清】さいかんかく（くわく）せい 敵陣をくだきやぶり、すっかり追い払う。
【摧残（殘）】さいざん くだきこわす。破壊する。摧折。
【摧斬】さいざん くだき切る。
【摧折】さいせつ くだき折る。くだけ折れる。
【摧頽】さいたい くだけくずれる。
【摧敗】さいはい くだけやぶれる。くだけて枯れる。

手11 【摵】〔14〕 サク 漢 入 陌 shè ショー U補J 6475
意味 ①木に葉がないさま。②摵摵さくさくは、㋐木の葉の落ちる音。㋑風の音。

手11 【撒】〔14〕 サツ 漢 入 曷 sà サー U補J 3257 6444B
意味 ①〈う・つ〉手の側面でたたく。②ほろぼす。

手11 【摻】〔14〕 一サン 漢 上 豏 shǎn シャン 二サン 漢 平 咸 shān シャン 三シン 漢 平 侵 sēn セン 四サン 漢 平 覃 chān チャン U補J 3274 647B
意味 一手に取る。二摻摻さんさんは、女の手のしなやかなさま。三木のたくさん茂ったさま。四もむ。

手11 【摯】〔15〕 常 シ シ 漢 呉 去 寘 zhì チー U補J 5785 646F

筆順 土 圭 幸 幸ノ 幸九 執 摯 摯

意味 ①〈と・る〉つかむ。②〈いた・る〉＝至 ③手あつい。まじめな。「真摯しんし」④にえ。人に会うときに贈る品物。＝贄 ⑤どうもうな。＝鷙し ⑥姓。

解字 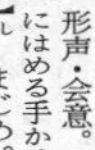 形声・会意。手が形を表し、執しゅうが音を示す。執は、罪人にはめる手かせ。摯は、手でしっかり持つの意となる。
【摯実（實）】しじつ まじめ。

手11 【捽】〔14〕 シュツ 漢 入 質 shuāi ショワイ U補J 3262 6454
意味 ①投げ捨てる。②現㋐落ちてこわれる。㋑つまずいて、たおれる。

扌11 【摺】〔14〕 人 標 一ショウ 漢 （セフ） 一入 葉 zhé チョー 二ロウ 漢 （ラフ） 二入 合 lā ラー U補J 3202 647A

心（忄・⺌）戈戸（戸）手（扌）支攴（攵） 4画 文斗斤方无（旡・旡）日曰月（⺝）木欠止歹殳毋比毛氏气水（氵・氺）火（灬）爪（爫・⺥）父爻爿片牙（牙）牛（牜）犬（犭）

手11【摺】〔14〕俗字 U補J ―――

意味 ■一①折りたたむ。②ひだ。しわ。■二〈くじ・く〉折ってこわす。国〈す・る〉型にあてて布や紙に模様をすり出す。こする。

【摺置】(しょうち)たたんで置く。

【摺本】■一(しょうほん)折りたためる手本。■二(すりほん)印刷した本。

手11【摏】〔14〕 ショウ 漢 平 冬 chōng チョン U補J 3258 644F

意味〈つ・く〉どんとつく。

手11【摭】〔14〕 セキ 漢 入 陌 zhí チー U補J ①8491 3271 646D

意味〈ひろ・う(――・ふ)〉ひろいあげる。

【摭採】(せきさい)ひろい取る。採摭。

【摭拾】(せきしゅう(しふ))ひろい取る。ひろい集める。採拾。

手11【摐】〔14〕 ソウ 漢 平 江 (サウ) chuāng チョワン U補J 6450 ―――

意味①たたく。突く。②高くそびえる。③摐摐は、雑多なさま。

手11【摶】〔14〕 ■一タン 漢 ■一平 寒 tuán トワン ■二テン 漢 ■二上 銑 zhuàn チョワン ■三セン 漢 ■三平 先 zhuān チョワン U補J 5786 6476

意味■一①くるくるまわる。②まるめる。③ひとつにまとまる。④まるい。⑤頼る。手がかりとする。■二しばる。たばねる。■三①もっぱら。②ほしいままにする。=専

参考「摶」は別字。

【摶飯】(たんぱん)にぎりめし。むすび。

手11【摛】〔14〕 チ 漢 具 平 支 chī チー U補J ②1342 3264 645B

意味①しきのべる。広げる。②文章で述べる。「摛藻」③広める。伝える。

手11【摴】〔14〕 チョ 漢 平 魚 chū チュー U補J 3273 6474

意味 摴蒲(ちょぼ)は、賭博(とばく)(賭けごと)の一種。=樗蒲・樗蒲

扌11【摘】〔14〕 常 テキ つむ U補J 3706 6458

旧字 手11【摘】〔14〕 ■一テキ 漢 チャク 具 ■二テキ 漢 ■一入 錫 zhāi チャイ ■二入 錫 tī ティー U補J ―――

筆順 扌 扌 扩 扩 掮 摘 摘 摘

意味■一①〈つ・む〉㋐つまむ。つみ取る。㋑えらびとる。㋒要点をまとめる。②あばく。「摘発」③ゆびさす。「指摘」■二①船をだす。動かす。②さわがす。乱す。

解字 形声。扌が形を表し、啇(てき)が音を示す。扌は手。啇には、多いという意味がある。摘は、果実をひろい集めることをいう。

【摘句】(てっく)重要な句を選ぶ。

【摘出】(てきしゅつ)①つまみ出す。②悪事などをあばき出す。

【摘発(發)】(てきはつ)あばきたてる。他人の悪事などをあばき出す。

【摘僻】(てきへき)①身をかがめ丁重な態度をとる。②わずらわしい礼節。

【摘要】(てきよう(えう))要点をつまみ出すこと。また、つまみ出した要点。

【摘録(錄)】(てきろく)たいせつな所を抜き出して書く。また、書いたもの。摘記。

【摘記】(てっき(てき))国たいせつな所を抜き出して書きしるす。

【摘抉】(てっけつ(てき))あばきだす。つまみだす。剔抉(てっけつ)。

◆花摘(はなつみ)・茶摘(ちゃつみ)・指摘(してき)

手11【撐】〔14〕 トウ (タウ) 漢 ドウ (ダウ) 具 平 陽 chēng チョン U補J ②1341 3263 645A

意味①支える。②さえぎる。とどめる。③触れる。ぶつかる。=撑(とう)

手11【摽】〔14〕 ■一ヒョウ(ヘウ) 漢 ■一平 蕭 piāo ピアオ ■二ヒョウ(ヘウ) 漢 ■二上 篠 biào ピアオ ■三ヒョウ(ヘウ) 漢 ■三平 蕭 biāo ピアオ U補J ②1345 3275 647D

意味■一①〈う・つ〉たたく。②高くあがるさま。■二〈お・ちる(――・つ)〉■三〈さしまね・く〉よびよせてさしずする。

【摽梅】(ひょう(へう)ばい)熟して枝から落ちた梅の実。娘が年ごろになったことにたとえる。

手11【擗】〔14〕 ヒョク 漢 入 職 pì ピー U補J 3A3D ―――

意味〈さ・く〉切り開く。=副

手11【摒】〔14〕 ヘイ 漢 去 敬 bìng ピン U補J 3260 6452

意味 とりのぞく。かたづける。しまつする。

手11【摓】〔14〕 ホウ 漢 平 東 féng フォン U補J 3261 6453

意味〈ぬ・う(――・ふ)〉着物をぬう。=縫

手11【摩】〔15〕 常 マ U補J 4364 6469

旧字 手11【摩】〔15〕 バ 漢 マ 具 平 歌 mó モー U補J ―――

手15【擵】〔18〕同字 U補J 3317 64F5

筆順 亠 广 广 庀 庥 麻 麽 摩

意味①〈す・る〉㋐みがく。㋑こする。㋒なでる。②ふれる。さわる。③ちかづく。せまる。④おしはかる。⑤へる。消える。ほろびる。

解字 形声。手が形を表し、麻(ま)が音を示す。麻には、かすかな、という意味がある。摩は、手でかすかにこすること、あるいは、すりへらすことを表す。また、麻はあさいとで、摩は、あさいとをもむことであるともいう。

名前 きよ・なず 姓 摩文仁(まぶに) 地名 摩周(ましゅう)

参考 新表記では、「磨」の書きかえに用いる熟語がある。

【摩訶】(まか) 仏すぐれた。大きい。【――不思議】(まかふしぎ)きわめて不思議なこと。

【摩研】(まけん)みがいてとぐ。研摩。=磨研

【摩睺羅】(まごら)①仏神の名。②こどもの形をした土の人形(にんぎょう)。たなばたに用いられる。

【摩擦】(まさつ)①こする。すれあう。②理物体が他の物体に接して運動するとき、接する面でその運動をさまたげること。

【摩頂】(まちょう(ちゃう))戦国時代、墨子(ぼくし)が兼愛説をとなえ、人のために頭のてっぺんから足のかかとまですりへらしても後悔しないといったことをさす。〈孟子(もうし)・尽心(じんしん)上〉

【摩天】(まてん)天にとどくこと。天にせまること。【――閣】(まてんかく)「摩天楼(まてんろう)」に同じ。【――楼(樓)】(まてんろう)天にとどくほど高い建物。非常に高い建物。高層建築。摩天閣。

【摩尼】(まに)仏摩尼宝玉の略。①竜王の頭の中にあるという玉。きわめて貴い宝玉。②三世紀ごろ、ペルシア(現在のイラン)に発達した宗教の名。摩尼教。

【摩(「磨」)滅】(まめつ)すりへる。すりへらす。すりへってなくなる。

【摩利支天】 (仏)日天(インドの神)に従う女神で、わざわいを除く力を持つ。日本では武士や力士の守り神として信仰される。

【摩塁(壘)】 敵陣すれすれの線まで近よること。

【摩托車】 mótuōchē (現)オートバイ。

◇按摩・案摩・練摩・錬摩

手11

【摸】〔14〕

[一] バク(漢) [一](入) 莫 / モ(慣) mō モー
[二] ボ(漢) [二](平) 虞 / モ(呉) mó モー

U 補 J: 6478 — 4446

(意味) [一]①〈さぐ・る〉なでる。手さぐりする。②とる。つかむ。[二]うつす。まねる。＝摹

(参考) もとは「摸」が動詞に、「模」が名詞に用いられたが、新表記では「模」に書きかえる。

【摸写(寫)】 まねをして書く。うつす。＝模写

【摸臨】 手本のとおりに写す。

手11

【摹】〔15〕

ボ(漢) (平) 虞 / モ(呉) mó モー

U 補 J: 6479 — ①8488

(意味) ①〈なら・う(──・ふ)〉みならう。手本にする。のっとる。②〈うつ・す〉まねて写す。＝摸 ③手本。見本。かた。＝模

手11

【摞】〔14〕

ラ(漢) (去) 箇 luò ルオ

U 補 J: 645E

(意味) ①おさめる。ととのえる。②むすぶ。③つみかさねる。また、つみかさねられたもの。

手11

【摟】〔14〕

[一] ロウ(漢) [一](平) 尤 lōu ロウ
[二] ロウ(漢) [二](上) 有 lǒu ロウ

U 補 J: 645F — 3267

(意味) [一]〈ひ・く〉ひき集める。ひきよせる。[二]だく。だきかかえる。

手11

【摝】〔14〕

ロク(漢) (入) 屋 lù ルー

U 補 J: 645D — 3266 ②1343

(意味) ふる。ゆり動かす。

手11

【摎】〔14〕

liào リアオ

U 補 J: 6482

(意味) (現)①置く。②残す。

手11

【摷】〔14〕

(俗) ↓摷(五四五ページ・上)

手11

【摠】〔14〕

(同) ↓總(九七三ページ・中)

手12

【撝】〔15〕

キ(漢) (平) 支 huī ホイ

U 補 J: 649D — 3284 ②1348

(意味) ①ひきさく。はなす。②へりくだる。けんそんする。③高くあげてふりまわす。＝揮・麾

手12

【撟】〔15〕

キョウ(ケウ)(漢) (上) 篠 jiǎo チアオ

U 補 J: 649F — 3285 ②1349

(意味) ①手をあげる。②のび上がる。③従わせる。④〈た・める(──・む)〉なおす。＝矯 ⑤ごまかす。⑥意志が強いさま。

手12

【撬】〔15〕

キョウ(ケウ)(漢) (平) 蕭 qiào チアオ

U 補 J: 64AC — 3290

(意味) ①立てる。高くあげる。②こじあける。

手12

【撳】〔15〕

キン(漢) (去) 沁 qìn チン

U 補 J: 64B3 — 3291

(意味) 手でおさえる。＝捦

手12

【撅】〔15〕

[一] ケツ(漢) [一](入) 月 juē チュエ
[二] ケイ(漢) [二](去) 霽 guì コイ

U 補 J: 6485 — 3276

(意味) [一]①〈う・つ〉たたく。②〈ほ・る〉③ぬく。④(現)音 juē チュエ。(ア)立てる。口などをすぼめて、突き出す。(イ)折る。[二]〈かか・げる(──・ぐ)〉服などをまくりあげる。

扌12

【撮】〔15〕

(常) サツ とる

サツ(漢) (入) 曷 / サチ(呉) cuō ツオ

U 補 J: 64AE — 2703

筆順: 扌 扌 扌 扌 扌 撮 撮

(意味) ①〈つま・む〉指先でつまむ。②ひとつまみほどの量。③容量の単位。(→付録「度量衡名称」) ④〈と・る〉要点をまとめる。⑤あつめる。(国)①〈つまみ〉つまんで持つようにしてある部分。②〈と・る〉映画や写真をとる。「撮影」

(解字) 形声。扌が形を表し、最が音を示す。扌は手。最には、集めて取る意味がある。撮は、指先でつまむこと、また、単位の名を表す。音サツは、最の音サイの変化。

【撮土】 ひとつまみほどの土。少しの土地。

【撮要】 要点を抜き出す。摘要。

扌12

【撒】〔15〕

(人) (標) サツ(漢) (入) 曷 / サン(慣) sǎ サー

U 補 J: 6492 — 2721

(意味) 〈ま・く〉①まきちらす。②はなつ。ひろげる。

(参考) 新表記では「散」に書きかえる熟語がある。

【撒水】 水をまくこと。水まき。＝散水

【撒塩(鹽)飛絮】 塩をまきちらすことと、柳の白いわたが飛ぶこと。転じて、雪のふる形容。〈世説新語・賢媛〉

手12

【撨】〔15〕

[一] ショウ(セウ)(漢)(呉) [一](平) 蕭 xiāo シアオ
[二] ソウ(漢) [二](平) 尤 sōu ソウ

U 補 J: 64A8 — 3289

(意味) [一]①えらび取る。②ぬぐう。[二]おす。

手12

【撏】〔15〕

シン(漢) (平) 侵 / ジン(呉) xún シュン、xián シエン

U 補 J: 648F — 3278

(意味) ①髪の毛などをぬく。②つみとる。

手12

【撕】〔15〕

[一] セイ(漢) [一](平) 斉 xī シー
[二] シ(漢) [二](平) 支 sī スー

U 補 J: 6495 — 5789

(意味) [一]提撕は、いましめる。[二]〈さ・く〉ひきさく。やぶる。

扌12

【撰】〔15〕

(人) (標) サン(漢) (上) 銑 / セン(漢)(呉) zhuàn チョワン

U 補 J: 64B0 — 3281

(意味) ①〈と・る〉持つ。②〈そな・える(──・ふ)〉とりそろえる。③内容。方法。④数。さだめ。きまり。⑤〈つく・る〉詩や文を作る。⑥〈えら・ぶ〉(ア)えらび出す。音 xuǎn シュワン。＝選 (イ)よいものを集める。編集する。＝纂

手12

【撰】〔15〕

俗字

U 補 J: —

(名前) のぶ

(参考) 「選」は別字。

【撰次】 詩文を作って順序よく並べること。

【撰者】 詩歌・文章または書物の作者。撰人。

【撰集】 選んで集める。また、選び集めた書物。

【撰述】 書物を著す。書物を作ること。また、その本。

【撰進】 詩文や書物を作って天子にさしあげること。

【撰人】 詩歌・文章または書物の作者。撰者。

【撰著】 「撰述」に同じ。

【撰定】 ①選んできめる。＝選定 ②詩歌・文章または書物を作ること。

【撰文】 文章を作ること。また、作った文章。

【撰録(錄)】 文章にして記録する。また、その記録。

手12

【撙】〔15〕

ソン(漢) (上) 阮 zǔn ツン

U 補 J: 6499 — 3282

(意味) ①倹約にする。②おさえつける。③撙撙は、あつまるさま。

手12

【撢】〔15〕

タン(漢) (去) 勘 tàn タン

U 補 J: —

(意味) ①〈さぐ・る〉さがす。うかがい知る。＝探 ②ほこりなどを払う。音 dǎn タン。＝撣

手12

【撢】〔15〕

同字

U 補 J: 64A2

手12

【撣】〔15〕

[一] タン(漢) [一](上) 旱 dǎn タン
[二] タン(漢) [二](平) 寒 shàn シャン

U 補 J: 64A3 — 3287

意味 一①手にさげる。②撣撣たんたんは、つつしむさま。③ほこりなどを払う。＝撢 二①国名。タイ。②種族の名。タイ族。

扌12 【撤】〔15〕 常 テツ | テツ 漢 入 屑 chè チョー | J 3717 補 — U 64A4

筆順 扌 扌 扌 扌 掮 掮 撤 撤

意味 ①とりのぞく。とりはらう。「撤去」「撤兵」②やめにする。すてる。

解字 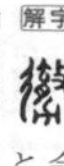 会意。扌・育・攵を合わせた字。扌は手。育はのばすこと。攵は、打つこと、おしすすめること。撤は、手で力を加えて出すことで、取り去る意味になる。一説に、育は鬲れきというつわの一種、攵は又、つまり手のあやまりとし、撤は⿲扌鬲攵という字で、食事が終わって、鬲というつわを取り下げることであるとする。

【撤回】てっかい(くゎい) 一度出したものをとりさげる。ひっこめる。
【撤去】てっきょ とり去る。とりのける。撤廃。
【撤収(收)】てっしゅう(しう) その場から引きあげること。引きさがる。撤退。
【撤退】てったい その場を引きあげる。引きさがる。撤収。
【撤廃(廢)】てっぱい やめる。とりのけてやめる。廃止すること。
【撤兵】てっぺい 派遣はけんした兵を引きあげること。

扌12 【撞】〔15〕 人 標 トウ(タウ) 漢 ドウ(ダウ) 呉 去 絳 シュ 慣 zhuàng チョワン | J 3821 補 — U 649E

意味 〈つ・く〉①つきあたる。つきあてる。②つき進む。
【撞著】どうちゃく とう(たう)ちゃく ぶつかること。一致しないこと。矛盾むじゅん。「前後撞著」＝撞着
【撞入】とうにゅう(たうにふ) いきおいよくはいる。つっこむ。
【撞撇】とうへつ(たう) つきうつ。つきたおす。
【撞木】しゅもく とう(たう)ぼく 鐘などをうちならすためのT字形をした棒。【——杖】しゅもくづえ(づゑ) 国上部がT字形になっているつえ。

手12 【撐】〔15〕 トウ(タウ) 漢 平 庚 chēng チョン | J — 補 — U —

手12 【撑】〔15〕 同字 | J ②1347 補 3280 U 6491

手13 【撐】〔16〕 俗字 | J — 補 3279 U 6490

意味 ①〈ささ・える(——・ふ)〉つっかえ棒をする。また、つっぱり。②さおを突いて船を進める。
【撐拄】とう(たう)しゅ ささえる。よりかかる。「死人骸骨相撐拄しにんのがいこつあいとうしゅす」〈陳琳ちんりんの詩・飲馬長城窟行いんばちょうじょうくつこう〉

手12 【撓】〔15〕 ドウ(ダウ) 漢 上 巧 トウ(タウ) 慣 náo ナオ | J 5790 補 — U 6493

意味 ①〈みだ・す〉かきみだす。②〈たわ・める(——・む)〉おしまげる。弱める。③かきむしる。
【撓曲】どうきょく(だう) まげる。たわめまげる。
【撓屈】どうくつ(だう) まげる。たわめまげる。しりごみする。
【撓折】どうせつ(だう) まげて折る。くじく。くじき折る。摧折さいせつ。

扌12 【撚】〔15〕 標 デン 漢 上 銑 ネン 呉 niǎn ニエン | J 3918 補 — U 649A

意味 ①〈と・る〉つまむ。②〈ひね・る〉〈よ・る〉指先でひねる。よりをかける。③〈より〉より合わせたもの。④琵琶びわの演奏法の一種。⑤ふみつける。
【撚紙】ねんし 紙をねじったもの。こより。かんぜより。＝捻紙
【撚断(斷)】ねんだん ねじって切る。ひねって切る。

扌12 【播】〔15〕 人 標 ハ 漢 去 箇 バン 慣 bō ポー | J 3937 補 — U 64AD

意味 ①〈ま・く〉たねをまく。②〈し・く〉まきひろげる。公布する。③わかれる。ちる。④うつる。⑤はなつ。おいやる。 国〈ばん〉播州ばんしゅうは、播磨はりまの国(兵庫県)。

名前 かし・すけ・ひろ 地名 播磨はりま

【播越】はえつ(ゑつ) 他国をさすらう。よそに逃げ移る。
【播種】はしゅ 種をまくこと。たねまき。
【播植】はしょく 種まきと苗植え。
【播遷】はせん 遠方の土地を流れ歩く。
【播聞】はぶん 評判になる。
【播送】ボーソン bōsòng 現放送する。
△▼伝播でんぱ

扌12 【撥】〔15〕 標 ハツ 漢 ハチ 呉 入 曷 バチ 慣 bō ポー | J 5791 補 — U 64A5

意味 ①〈おさ・める(をさ・む)〉ただす。②〈は・ねる(——・ぬ)〉㋐手の先ではねあげる。はねちらかす。はねかえす。㋑ひらく。㋒とりのぞく。すてる。③〈はら・う(——・ふ)〉はらいのぞく。はねる。④かきたてる。かきならす。⑤〈ばち〉楽器の弦をかきならす道具。⑥正しくない。⑦くし。

参考 新表記では、「発」に書きかえる熟語がある。

【撥音便】はつおんびん 国五段活用・ナ行変格活用の動詞の連用形の語尾「び」「み」「に」が、「ん」になる音便。「飛びて」が「飛んで」になるなど。
【撥乱(亂)反正】はつらんはんせい 乱れた世をおさめて、平和な世に戻すこと。「撥二乱世一、反二諸正一らんせいをおさめて、これをせいにかえす」〈公羊くよう伝・哀公あいこう〉
△▼反撥はんぱつ

扌12 【撫】〔15〕 人 標 フ 漢 呉 上 麌 ブ 慣 fǔ フー | J 4179 補 — U 64AB

意味 ①〈な・でる(—・づ)〉㋐手のひらでさする。㋑落ち着かせる。㋒いたわる。やしなう。かわいがる。②おさえる。③持つ。④手のひらで軽くたたく。⑤琴などをひく。

名前 やす・よし

【撫子】なでしこ 国ナデシコ科の多年草。日本の山野に自生し、八、九月ごろ淡紅色の花を開く。秋の七草の一つ。
【撫安】ぶあん かわいがり、落ち着かせる。しずめる。
【撫慰】ぶい(ゐ) 落ち着かせ、なぐさめる。いつくしみいたわる。
【撫育】ぶいく かわいがって育てる。愛し養う。撫養。
【撫軍】ぶぐん 官名。撫軍将軍のこと。天子の補佐をすることがあった。
【撫字】ぶじ かわいがって育てること。撫育。撫養。
【撫恤】ぶじゅつ かわいがり、あわれむ。＝撫卹
【撫循】ぶじゅん なでしたがえる。てなずける。
【撫綏】ぶすい かわいがって、落ち着かせる。
【撫有】ぶゆう(いう) かわいがって自分のものにする。
【撫養】ぶよう(やう) かわいがって、やしない育てる。
【撫労(勞)】ぶろう(らう) いたわりなぐさめる。
【撫弄】ぶろう なでて、もてあそぶ。なぐさめ、もてあそぶ。
【撫和】ぶわ いたわり、やわらげる。
△▼愛撫あいぶ・鎮撫ちんぶ

手12 【撇】〔15〕 ヘツ 漢 入 屑 piē ピエ | J ②1346 補 3277 U 6487

意味 ①〈う・つ〉②〈はら・う(——・ふ)〉はたく。かすめる。③書法の一つ。ノのように左下にはらう。音 piě ピエ。

扌12 【撲】〔15〕 常 ボク | 一 ハク 漢 ボク 慣 一 入 覚 pū プー 二 ホク 漢 二 入 屋 pū プー | J 4348 補 — U 64B2

筆順 扌 扌 扌 扌 扌 扌 撲 撲

意味 一二①〈う・つ〉ぶつかる。なぐる。はたく。②屈服させる。③たおす。たおれる。＝仆 ④あまねくいきわたる。「撲地ぼくち」

解字  形声。扌が形を表し、菐ぼく—はくが音を示す。扌は手。菐には、ベッタリくっつくとか、パックリわれるとかの意味が

ある。撲は、手でパッと打ちあてること、ぶつかることを表す。

【撲朔(朔)】①足の毛がふわふわとふくらんでいるさま。「雄兎脚撲朔」(おすうさぎの足の毛がふわふわしている。)〈楽府詩集・木蘭詩〉 ②転じて、うさぎをいう。

【撲殺】なぐって殺す。

【撲地】①地にみちる。②にわかに。

【撲滅】うちほろぼす。たたきつぶして、なくする。

◇打撲・相撲

手12【撩】〔15〕 一リョウ 漢 一 平 蕭 liáo リアオ (レウ) 二リョウ 漢 二 上 篠 liǎo リアオ (レウ)　U 64A9　補 ―　J 5792

意味 一①おさめる。②乱れる。③からかう。④手にとる。⑤まくりあげる。音 liāo リアオ。 二 水路を作る。

【撩乱(亂)】ちらばって乱れるさま。いり乱れるさま。紛乱。＝繚乱

手12【撛】〔15〕 リン 漢 上 軫 lǐn リン　U ―　補 ―　J ―

手13【撛】〔16〕俗字　U 649B　補 3283　J ―

意味 ①たすける。②抜く。抜きんでる。

手12【撈】〔15〕 ロウ 漢 平 豪 lāo ラオ (ラウ)　U 6488　補 ―　J 5793

手7【㧖】〔10〕俗字　U 22B50　補 ②1310　J ―

意味 ①水の中からすくいあげる。「撈魚」②とる。

手12【撴】〔15〕 dūn トゥン　U 64B4　補 ―　J ―

意味 現 ①しっかりと、つかむ。②ほうりだす。

参考 新表記では、「労」に書きかえる熟語がある。

手12【撅】〔15〕 俗 ↓撅(五四七㌻・上)

扌12【撹】〔15〕 簡 ↓攪(五五五㌻・上)

手12【撰】〔15〕 俗 ↓撰(五四九㌻・下)

手12【撘】〔15〕 同 ↓搭(五四三㌻・中)

手12【擎】〔16〕 俗 ↓擎(本㌻・中)

手12【撦】〔15〕 本 ↓扯(五一八㌻・上)

手12【撡】〔15〕 俗 ↓操(本㌻・下)

手13【擓】〔16〕 カイ 漢 (クヮイ) 平 佳 kuǎi コワイ　U 64D3　補 ―　J ―

意味 ①こする。ぬぐう。②現 ㋐(つめなどで)掻く。㋑ひじに物をぶらさげる。

手13【擖】〔16〕 カツ 漢 入 黠 kā カー、jiá チア　U 64D6　補 ―　J ―

意味 ナイフでけずって、表面をなだらかにする。

手13【撼】〔16〕 カン 漢 上 感 hàn ハン　U 64BC　補 ―　J 5794

意味 〈ゆる・ぐ〉ゆれる。ゆるがす。動かす。「震撼」

【撼頓】ふらふらして倒れること。

手13【擀】〔16〕 カン 漢 上 旱 gǎn カン　U 64C0　補 ―　J ―

意味 ①手で引きのばす。②木の棒をころがしながら押して、うどんこのねったものを引きのばす。

手13【擐】〔16〕 カン 漢 (クヮン) 去 諫 huàn ホワン　U 64D0　補 3307　J ①8503

意味 よろい・かぶとを身につける。

手13【擻】〔16〕 キョウ 漢 (ケウ) 去 效 qiào チアオ　U 64BD　補 3292　J ―

意味 横からたたく。

手13【擒】〔16〕 キン 漢 平 侵 qín チン　U 64D2　補 ―　J 5802

意味 ①〈とら・える(――・ふ)〉つかまえる。とりこにする。②とりこ。いけどり。

【擒縦(縱)】とらえることと、放して自由にすること。

【擒生】いけどり。捕虜。

【擒縛】とらえてしばること。捕縛。

手13【擏】〔17〕 ケイ 漢 平 庚 qíng チン　U ―　補 ―　J ―

手12【擎】〔16〕俗字　U 64CE　補 3306　J ①8492

意味 ①〈ささ・げる(――・ぐ)〉両手で高く持ちあげる。②高くささえる。③手にもつ。

手13【撿】〔16〕 ケン 呉 漢 上 琰 jiǎn チエン　U 64BF　補 3294　J ①8494

手8【捡】〔11〕俗字　U 22BA6　補 ②1321　J ―

意味 ①とりしまる。②しらべる。③かってなことをしない。④ひろう。

参考 「檢」は別字。

【撿繫】取り締まって自由にさせないこと。束縛。

【撿挍】一 取り調べる。調べただす。また、その人。二 国 ①社寺の事務を監督する役目。②昔、盲人の中で最上の官。＝検校

【撿束】①取り調べる。取り締まる。②国 警官がその職権によって、一時他人の自由を奪うこと。＝検束

手13【擌】〔16〕 サク 漢 入 陌 sè ソー　U 64CC　補 3305　J ②1351

意味 黐擌は、鳥を捕らえる竿。もち竿。

手13【擅】〔16〕 セン 漢 去 霰 shàn シャン　U 64C5　補 ―　J 5803

意味 ①〈ほしいまま〉㋐自分の思うとおりにする。㋑ひとりじめする。②じょうず。③禅譲。天子の位をすぐれた人にゆずる。＝禅

参考 新表記では、「専」に書きかえる熟語がある。

【擅横】かって気ままなこと。勢力をたのみにして、思うとおりにすること。＝専横

【擅権(權)】権力を思うままにふるうこと。勢力を気ままに使うこと。＝専権

【擅恣】思いのままに行うこと。気まま。＝専恣

【擅断(斷)】自分かってにきめること。＝専断

扌13【操】〔16〕 学 6 ソウ　ソウ(サウ) 漢 平 豪 cāo ツァオ　みさお・あやつる　U 64CD　補 ―　J 3364

筆順 扌 扌 扌 扌 扌 揺 揺 操

手12【撡】〔15〕俗字　U 64A1　補 3286　J ―

意味 ①〈と・る〉㋐手にとる。とりしきる。㋑手に入れる。にぎる。②〈あやつ・る〉つかう。動かす。③〈みさお(みさを)〉一度決心したことをかたく守ること。また、そのこころざし。④心がけやおこない。⑤琴の曲名。国 ①〈あやつ・る〉㋐人形などに糸をつけ、それを引いて動かす。㋑かげにいて、思うままに動かす。②〈あやつり〉㋐あやつること。㋑あやつり人形。

解字  形声。扌が形を表し、喿が音を示す。扌は手。喿には動作がせわしくうわついている意味がある。操は手で物をかすめとることで、取り持つことを表すようになった。

名前 あや・さお・みさ・もち

【操業】①仕事をする。働く。②みさおとわざ。心にかたく守ることと技術。

【操觚】筆をとり文を作ること。觚は、文字を書くために用いた木のふだ。【――界】新聞や雑誌の世界。新聞や雑誌に物を書く人の世界。ジャーナリズム。

【操行】そうこう(さうかう) 品行ひんこう。ぎょうぎ。みもち。おこない。

【操作】そうさ(さうさ)｜そうさく(さうさく) ①機械などを動かして、仕事をする。②やりくりして、つごうをつけること。

【操持】そうじ(さうぢ) ①しっかりと持つ。かたく守る。②みさお。操守。

【操車】そうしゃ(さうしゃ) ①車両を使う順序や配置をうまくきめること。②車を取り扱うこと。

【操舎】そうしゃ(さうしゃ) 取ることとすてること。かたく守ることと守らないこと。

【操守】そうしゅ(さうしゅ) みさお。心の中にしっかりと守って変わらない「こと。

【操縦(縱)】そうじゅう(さうじゅう) ①とったりはなしたり。引きしめたり、ゆるめたり。自分の思いどおりに使いこなす。②機械や乗り物などを動かすこと。

【操心】そうしん(さうしん) ━ 気持ちの持ちかた。「其操レ心也危、其慮レ患也深そのこころをとるやあやうく、そのうれえをおもんばかるやふかし」(その人たちの気持ちの持ちかたが不安定で、悩みごとの心配が深い。)〈孟子もうし・尽心じんしん上〉 ━ ツァオシン cāoxīn 現気をつかう。

【操切】そうせつ(さうせつ) きびしい態度をとる。

【操典】そうてん(さうてん) 国もと、陸軍で、訓練の方法・順序や、戦う方法などを書いた本。「歩兵操典」

【操履】そうり(さうり) ふだんの行い。ふみ行っていること。品行。操行。

【操練】そうれん(さうれん) 兵隊を訓練すること。武芸を練習して上達を「はかること。調練。

【操場】ツァオチャン cāochǎng 現運動場。グラウンド。

◇体操たいそう・貞操ていそう・情操じょうそう・節操せっそう

手13 【撾】〔16〕 タ 漢 ｜ zhuā チョワ ㊥ 麻 ｜ U 64BE 補 3293 J ①8493

意味〈う・つ〉たたく。

手13 【擉】〔16〕 タク 漢 ｜ chuò チュオ ㊇ 覚 ｜ U 64C9 補 3302 J ―

意味〈さ・す〉水中の魚などをつきさす。

手13 【撻】〔16〕 タツ 漢 ｜ tà ター ㊇ 曷 ｜ U 64BB 補 ― J 5805

意味①〈むちう・つ〉むちや棒でたたく。うつ。「鞭撻べんたつ」②はやい。

手13 【擋】〔16〕 ━ トウ(タウ) 漢 ｜ ━ ㊤ dàng タン 漾 ━ トウ(タウ) 漢 ｜ ━ ㊤ dǎng タン 養 ｜ U 64CB 補 3340 J ②1350

意味 ━ とりのぞく。「摒擋へいとう」 ━ さえぎる。＝攩

手13 【擘】〔17〕 ━ ハク 漢 ━ ヘキ 漢 ハク 慣 ｜ ━ ㊇ 陌 bò ポー、━ ㊇ 錫 bò ポー pì ピー ｜ U 64D8 補 ― J 5806

意味 ━〈さ・く〉ひきさく。━ おやゆび。「擘指はくし」

【擘開】はくかい ひきさく。

◇巨擘きょはく

手13 【擗】〔16〕 ヘキ 漢 ｜ pǐ ピー ㊇ 陌 ｜ U 64D7 補 3310 J ②1353

意味①手で胸をうって悲しむ。「擗摽へきひょう」②〈ひら・く〉ひきさく。

【擗踊】へきよう 手で胸をうち、足で地をうってはげしく泣き悲しむこと。＝辟踊

扌13 【擁】〔16〕 常 ヨウ ｜ ヨウ 漢 オウ 呉 ｜ yōng ヨン ㊤ 腫 ｜ U 64C1 補 ― J 4542

筆順 扌 扩 扩 扩 擁 擁 擁 擁 擁

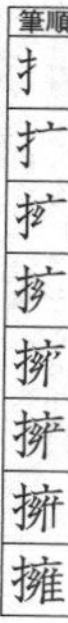

意味①〈いだ・く〉だく。だきかかえる。「擁経ようけい」②集める。③とりかこむ。④手にもつ。⑤まもる。⑥ひとりじめする。⑦かくす。おおう。⑧ふさがる。つまる。「擁隔ようかく」

解字  形声。扌が形を表し、雍ようが音を示す。扌は手。雍には、たすけるの意味がある。擁は、手でだきかかえてたすけることを表す。

【擁遏】ようあつ おさえて止める。ささえてとどめる。

【擁護】 ━ ようご かばいまもる。━ ヨンフー yōnghù 現 ━ に同じ。

【擁腫】ようしょう ふくれあがる。はれあがる。木にこぶがあること。

【擁戴】ようたい 選び支持して、かしらとする。もりたてて頭首にいただく。

【擁蔽】ようへい おおいかくす。かくしまもる。

【擁立】ようりつ ①もりたてる。②人をもりたてて君主・盟主などの地位につかせる。

【擁抱】ヨンパオ yōngbào 現だき合う。

手13 【擂】〔16〕 ライ 漢 ｜ léi レイ ㊥ 灰 ｜ U 64C2 補 ― J 5807

意味①〈す・る〉とぐ。みがく。②〈う・つ〉たいこをたたく。音 lèi レイ。国〈す・る〉すりつぶす。「擂鉢すりばち」

手13 【擄】〔16〕 ロ 漢 ｜ lǔ ルー ㊤ 麌 ｜ U 64C4 補 3301 J ①8501

意味①える。つかまえる。とりこにする。＝虜 ②〈かす・める(――・む)〉うばう。

手13 【據】〔16〕 旧 ↓拠(五二二ジペー・下)

手13 【擕】〔16〕 俗 ↓携(五四四ジペー・下)

手13 【擊】〔17〕 旧 ↓撃(五四七ジペー・上)

手13 【擇】〔16〕 旧 ↓択(五一九ジペー・中)

手13 【撐】〔16〕 俗 ↓撑(五五〇ジペー・上)

手13 【擭】〔16〕 俗 ↓擭(五五三ジペー・下)

手13 【擧】〔17〕 旧 ↓挙(五二八ジペー・上)

手13 【擕】〔16〕 俗 ↓携(五四四ジペー・下)

手13 【擑】〔16〕 同 ↓接(五三八ジペー・上)

手13 【擔】〔16〕 旧 ↓担(五二四ジペー・中)

手13 【擹】〔16〕 俗 ↓撚(五五一ジペー・上)

手14 【擱】〔17〕 カク 漢 ｜ gē コー ㊇ 薬 ｜ U 64F1 補 ― J 5808

意味①〈お・く〉手に持っているものを下におく。②とまる。いすわる。

【擱座(「坐」)】かくざ 国船が浅瀬や暗礁あんしょうにのりあげること。

【擱筆】かくひつ 筆をおく。書くことを終わりにする。

扌14 【擬】〔17〕 常 ギ ｜ ギ 漢 呉 ｜ nǐ ニー ㊤ 紙 ｜ U 64EC 補 ― J 2128

筆順 扌 扌 扌 扌 擬 擬 擬 擬

意味①〈なぞら・える(――・ふ)〉㋐くらべる。準じる。㋑まねる。似せる。「摸擬もぎ」㋒ふりをする。㋓ならべる。②〈はか・る〉おしはかる。③…しようとする。準備する。国〈まがい(まがひ)〉見ちがえるほどよく似ていること。また、その物。にせもの。

解字  形声。扌が形を表し、疑ぎが音を示す。扌は手。疑には、まよってきめられないという意味がある。擬は、はっきりしないことを、手ではかることで、そこから、まねる意味を生じた。

【擬音】ぎおん 実際の音をまねて作る人工の音。

【擬議】ぎぎ 予想し、相談する。

【擬経(經)】ぎけい 古代の経書けいしょになぞらえること。また、その書物。たとえば、漢の揚雄ようゆうの「法言」が「論語」になぞらえて作られたなど。

【擬古】ぎこ ①昔のものをまねる。昔のものに似せる。②古文や古詩の形や内容をまねる。③古詩に似せた詩体。晋しんの陸機りくきや陶潜とうせんらが作った。

【――文】ぎこぶん ①古文の形や内

容など、文体をまねて作った文章。②国江戸時代に、平安時代の文をまねて作った文章。

【擬作】(ぎさく) 似せてこしらえる。まねて作る。また、その作品。

【擬死】(ぎし) 国ある種の動物が、ある刺激により死んだまねをすること。

【擬似】(ぎじ) 国よく似ていること。本物のようでまぎらわしいこと。「と。疑似。

【擬人法】(ぎじんほう(はふ)) 人間でないものを人間のように扱う文体の一種。「吾輩(わがはい)は猫である」の類。

【擬勢】(ぎせい) 国うわべだけの元気。表面だけの勢い。強がり。

【擬声(聲)語】(ぎせいご) 動物の声や自然物の音をまねたことば。擬音語。

【擬態】(ぎたい) ①ものの形に似せること。②動動物が自分の身を守り、また食を求めるために、自分のからだを他の物の形や色に似せること。

【擬定】(ぎてい) あらかじめきめておくこと。予定すること。想定。

【擬宝(寶)珠】(ぎぼうしゅ・ぎぼし・ぎぼうし) ①橋の欄干の上などにつけるかざり。②ユリ科の多年草。

▽模擬(もぎ)

手14【擤】〔17〕 コウ 漢 (カウ) 上 軫 xǐng シン　U補J ②1355 6 3 4 3 E 1 4 1

意味〈か・む〉鼻をかむ。

扌14【擦】〔17〕 常 サツ する・すれる　サツ 漢 入 黠 cā ツァー　U補J 2704 64E6

筆順

意味①〈す・る〉こする。さする。ふく。②〈す・れる〉

解字 形声。扌が形を表し、察(さつ)が音を示す。扌は手。察には、接するという意味がある。擦は、手でこすることをいう。

名前 あきら

【擦過傷】(さっかしょう(くわしゃう)) 国すりむいた傷。かすり傷。

【擦筆画(畫)】(さっぴつが(ぐわ)) 国擦筆(さっぴつ)を用いてかいた絵。擦筆は吸い取り紙やなめし皮をまいて筆のようにした物。

▽摩擦(まさつ)・冷水摩擦(れいすいまさつ)

手14【擩】〔17〕 ジュ 漢 上 麌 rǔ ルー　U補J 3313 64E9

意味〈ひた・す〉しみこます。そめる。

手14【擠】〔17〕 セイ 漢 去 霽 jǐ チー　U補J 5811 64E0

意味①〈お・す〉おしのける。おし出す。②〈そこな・う(――・ふ)〉きずつける。くじく。③集まる。④しぼる。

【擠陥(陷)】(せいかん) 人を苦しい立場に追いやること。人を罪におとしいれること。つきおとす。

手14【擡】〔17〕 タイ 漢 平 灰 tái タイ　U補J 5812 64E1

手 5【抬】〔8〕 俗字 U補J 5813 62AC

意味〈もた・げる(――・ぐ)〉①二人以上でもちあげる。②あげる。起こす。

【擡挙(擧)】(たいきょ) ①もちあげる。さしあげる。②人をひきあげて用いること。

【擡頭】(たいとう) ①頭をもちあげること。勢力を得てくること。群をぬいて現れ出ること。＝台頭　②文中で貴人に関する字を行(ぎょう)をかえて他の行より一段高く書くこと。

扌14【擢】〔17〕 人 標 タク 漢 テキ 慣 入 覚 zhuó チュオ　U補J 3707 64E2

手14【擢】〔17〕 俗字 U補J

意味①〈ぬ・く〉引き抜く。抜き取る。②〈ぬきん・でる(――・づ)〉㋐ひきあげる。抜き出して用いる。「抜擢(ばってき)」㋑草木がのびる。㋒高くそびえる。㋓ひいでる。すぐれる。③〈あ・げる(――・ぐ)〉ひきあげる。

【擢第】(てきだい) ①試験に合格する。②ひきあげて用いる。

【擢用】(てきよう) 多くの中から選び、抜き出して用いる。選用。

手14【擣】〔17〕 トウ 漢 (タウ) 上 皓 dǎo タオ　U補J 5814 64E3

手 7【捣】〔10〕 俗字 U補J ②1309 22B4F

意味①〈つ・く〉㋐うすでつく。㋑つきさす。つきかためる。㋒せめる。②〈う・つ〉たたく。きぬたを打つ。

【擣衣】(とうい(たう)) きぬたで衣(ころも)を打ってしなやかにし、つやを出すこと。

手14【擰】〔17〕 ドウ 漢 (ダウ) 平 庚 níng ニン　U補J 3316 64F0

意味①両手でしぼる。なわなどをよる。②ひねって、まわす。音 nǐng ニン。③まちがう。音 nǐng ニン。④性質のひねくれているさま。音 nìng ニン。

手14【擯】〔17〕 ヒン 漢 呉 去 震 bìn ピン　U補J 5815 64EF

意味①〈しりぞ・ける(――・く)〉おしのける。のけものにする。「擯斥(ひんせき)」②みちびく。客の案内や相手をすること。また、その人。＝儐

【擯者】(ひんじゃ) 客のもてなしをするかいぞえ役。＝儐者

【擯相】(ひんしょう(しゃう)) 客をもてなす役の官。

手14【擪】〔18〕 ヨウ 漢 (エフ) 入 葉 yè イエ　U補J 3314 64EA

手14【擫】〔17〕 同字 U補J 64EB

意味 指でおさえる。おさえる。

手14【擭】〔17〕 一ワク 漢 一 入 陌 wò ウオ　二カク 漢 (クヮク) 二 入 薬 huò フオ　U補J

意味 一つかまえる。二獣を捕らえるわな。

手13【擭】〔16〕 俗字 U補J 3315 64ED

手14【擵】〔17〕 zhài チャイ　U補J 3A5F

意味 現(衣服の付属品を)縫いつける。かがりつける。

手14【擽】〔17〕 国字　U補J ②1354 22DE1

意味〈ちゃく〉擽手(ちゃくしゅ)は、手の親指と中指をいっぱいに伸ばして測ること。また、伸ばした長さ。

手14【擥】〔18〕 本 ↓攬(五五五ジ・中)

手15【擷】〔18〕 ケツ 漢 入 屑 xié シエ　U補J ①8504 33318 64F7

意味①〈つ・む〉つみ取る。②〈つまばさ・む〉服の前の部分で物をつつむ。＝襭(けつ)

扌15【擾】〔18〕 標 ジョウ 漢 (ゼウ) 上 篠 rǎo ラオ　U補J 3081 64FE

意味①〈みだ・れる(――・る)〉ごたごたする。みだす。②侵す。③接待をうける。④〈なら・す〉なれさす。⑤家畜。

【擾化】(じょうか(ぜうくわ)) ならして感化する。「擾二化人之情性一而導レ之也(ひとのじょうせいをじょうかしてこれをみちびくなり)」(人々の気持ちをときほぐして、善にみちびく。)〈荀子(じゅんし)・性悪(せいあく)〉

【擾擾】(じょうじょう(ぜうぜう)) ①ごたごたと乱れるさま。②やわらいださま。

【擾乱(亂)】(じょうらん(ぜう)) 乱れさわぐこと。乱す。さわがす。

▽紛擾(ふんじょう)・騒擾(そうじょう)

手15【擶】〔18〕 セン 漢 去 霰 jiàn チエン　U補J 5817 64F6

意味 矢の曲がりを直す。国①擶山(たもやま)は、山形県上山(かみのやま)市

の地名。②高擶は、山形県天童市の地名。

手15【擻】〔18〕 ソウ 漢 上 有 sǒu ソウ 意味 ①ふるえる。②抖擻は、ふるう。 U64FB 補3319 J①8505

手15【攄】〔18〕 チョ 漢 平 魚 shū シュー 意味〈の・べる(―・ぶ)〉広げる。言う。表す。 U6504 補3322 J②1358

手15【擲】〔18〕 テキ 漢 入 陌 チャク 呉 zhì チー 意味 ①〈なげう・つ〉㋐なげつける。㋑なげすてる。すてる。②とびあがる。国〈なぐ・る〉なぐりつける。

【擲弾(彈)】国兵士が手で投げる小型の爆弾。「擲弾筒」

【擲倒】とんぼがえりをうつ。
◇打擲・投擲・放擲・乾坤一擲 U64F2 J5819

手15【擿】〔18〕 一 テキ 漢 入 陌 zhì チー 二 テキ 漢 二 入 錫 tī ティー 意味 一①ひっかく。②〈な・げる(―・ぐ)〉なげつける。なげすてる。＝擲 二①ひらく。②〈あば・く〉あばき出す。人の秘密や悪事をあばく。摘発。
【擿抉】 U64FF 補3320 J②1357

手15【擺】〔18〕 ハイ 漢 上 蟹 bǎi パイ 意味 ①切りひらく。②とりのぞく。③ならべる。④ふるう。ゆれる。⑤手でうつ。

【擺脱】①のぞききる。ひらき除く。②逃げだす。

【擺落】ふるって落とす。はらい除く。 U64FA J5820

手15【攀】〔19〕 標 ハン 漢 平 刪 pān パン 意味 ①〈ひ・く〉ひっぱる。②〈よ・じる(―・づ)〉物につかまってのぼる。③すがる。たよる。あてにする。

【攀援】①よじのぼる。②ひっぱる。

【攀縁(緣)】①よじのぼる。＝攀援 ②俗事にひかれること。③国怒る。怒り。

【攀折】引きよせて折る。ひき折る。

【攀登】よじのぼる。登攀。

【攀附】①たよってすがる。貴人をたよって出世をはかる。②よじのぼる。 U6500 J5821

手15【攁】〔18〕 ヨウ 漢 呉 上 養 (ヤウ) yǎng ヤン U6501 補3321

手15【擽】〔18〕 一 リャク 漢 呉 入 藥 lüè リュエ 二 ラク 漢 呉 入 藥 lüè リュエ 三 レキ 漢 リャク 呉 入 錫 lì リー 意味 一 活動し始める。二 うつ。せめる。三 はらう。三 石のかたいさま。はたく。 U64FD J5822

手16【攊】〔19〕 同字 U650A 補3325

手15【攆】〔18〕 niǎn ニエン 意味 現①追い払う。②追いかける。 U6506

手15【擴】〔18〕 旧 ↓拡(五二二ページ・中)

手15【擵】〔18〕 同 ↓摩(五四八ページ・下)

手15【攅】〔18〕 俗 ↓攢(本ページ・下)

手16【攉】〔19〕 カク 漢 入 藥 (クヮク) huò フォ 意味 ①手のひらをかえす。②現積んであるものを、スコップなどでほかに移す。音 huō フォ。 U6509 補3324

手16【攌】〔19〕 カン 漢 上 潸 (クヮン) huǎn ホワン 意味 ①牢につなぐ。②木のさく。 U650C

手16【攑】〔19〕 ケン 漢 平 元 qiān チエン U6511

手17【攓】〔20〕 同字 U3A6E 補3359 J②1359 意味 もち上げる。かかげる。＝挙

手16【攏】〔19〕 ロウ 漢 上 董 lǒng ロン 意味 ①集める。合わせる。しめくくる。②もつ。かかえる。③とまる。④近づく。⑤髪をとく。 U650F 補3326 J②1360

手16【攎】〔19〕 同 ↓捃(五三三ページ・下)

手16【攊】〔19〕 同 ↓擽(本ページ・中)

手17【攖】〔20〕 エイ 漢 平 庚 yīng イン 意味 ①〈ふ・れる(―・る)〉さわる。②〈せま・る〉ちかづく。③つなぐ。ひっぱる。しばる。④みだす。 U6516 補3329 J②1362

手17【攐】〔20〕 ケン 漢 平 先 qiān チエン 意味 ①〈と・る〉手に取る。②あなどる。 U6513 補3327

手17【攙】〔20〕 サン 漢 平 咸 chān チャン 意味 ①〈さ・す〉つきさす。②するどい。③まぜる。④たすける。たすけおこす。⑤横からうばう。
【攙奪】人のものを横取りする。はたからうばい取る。「攙奪人話柄(人の話を横取りする。)」〈李商隠・雑纂〉 U6519 補3330

扌17【攘】〔20〕 標 一 ジョウ 漢 一 平 陽 (ジャウ) ráng ラン 二 ジョウ 漢 二 上 養 (ジャウ) rǎng ラン 意味 一①〈はら・う(―・ふ)〉㋐おいはらう。㋑とりのぞく。㋒邪気をはらう。②まくりあげる。③うばう。攻めとる。④〈ぬす・む〉自分の所に来た物を知らんかおをして取ってしまう。ねこばばする。二 みだす。混乱する。

【攘夷】①野蛮人の侵入をうちはらう。蛮人を追いはらう。②国江戸時代の末期、外国と絶交し、その来航を追いはらえと一部の人がとなえた主張。「尊王攘夷」

【攘除】はらいのける。はらいのぞく。

【攘斥】うちはらう。はらいのける。追いのける。 U6518 J5823

手17【攔】〔20〕 ラン 漢 平 寒 lán ラン 意味 ①〈さえぎ・る(さへぎ・る)〉とめる。じゃまする。たちふさがる。②〈ささ・える(―・ふ)〉おさえ、とめる。③…に向かって。④らんかん。＝欄 U6514 補3328 J②1361

手17【攑】〔20〕 同 ↓擧(本ページ・中)

手18【攛】〔21〕 サン 漢 平 寒 cuān ツォワン 意味 ①投げ捨てる。②おどりあがる。③現いそいで、仕事をすませる。
【攛掇】そそのかす。それとなく、すすめる。 U651B 補3331

手18【攕】〔21〕 ショウ 漢 上 腫 sǒng ソン 意味 ①手でおす。②身をまっすぐのばす。 U3A73 J②1363

手18【攜】〔21〕 本 ↓携(五四四ページ・下)

扌18【攝】〔21〕 旧 ↓摂(五四四ページ・下)

扌19【攢】〔22〕 標 U6522 補3334 J①8506

手15【攢】〔18〕 俗字 ㊀サン 漢 ㊀去 翰 cuán ツォワン ㊁サン 漢 ㊁上 旱 zǎn ツァン J 5825 U補 6505
意味 ㊀①〈あつま・る〉より集まる。むらがる。集める。②埋葬前に棺をしばらく安置すること。かりもがり。＝欑(さん) ㊁①たくわえる。②いそぐ。＝趲(さん)

【攢視】さんし 集まり見る。衆人環視。
【攢集】さんしゅう(しふ) むらがり集まる。攢聚(さんしゅう)。
【攢聚】さんしゅう 「攢集」に同じ。
【攢蹙】さんしゅく ひとところに、かたまって集まること。
【攢竦】さんしょう 山などがむらがってそびえ立つこと。
【攢峰】さんぽう いくつも重なりあった山。集まり重なった峰(みね)。

手19【攤】〔22〕 タン 漢 平 寒 tān タン J 5826 U補 6524
意味 ①ひらく。ひろげる。②わりあてる。③露店(ろてん)。

手19【攞】〔22〕 ㊀ラ 漢 ㊀平 歌 luó ルオ ㊁ラ 漢 ㊁上 哿 luǒ ルオ J ②1364 3332 U補 651E
意味 ㊀えらぶ。よる。㊁①引き裂く。②衣服をまくり上げる。

手19【攦】〔22〕 ㊀レイ 漢 ㊀去 霽 lì リー ㊁サイ 漢 ㊁去 卦 shài シャイ J 3335 U補 6526
意味 ㊀〈お・る(を・る)〉①たち切る。②やめる。㊁掃除する。

手19【攣】〔23〕 標 レン 漢 平 先 luán ロワン J 5827 U 6523
意味 ①つながる。②かかわる。関係する。③ひきつる。手足がまがる。「痙攣(けいれん)」④したう。音 liàn リエン。

【攣踠】れんえん(ゑん) 手足がちぢまりまがってのびない病気。
【攣攣】れんれん 恋いしたうさま。思いこがれるさま。＝恋恋

手19【攟】〔22〕 同 →捃(五三一ページ・下)

手20【攫】〔23〕 カク 漢 入 薬 (クワク) jué チュエ J 5828 U補 652B 爪11【爴】〔15〕 俗字 J ②8011 4242 U補 7234
意味 ①〈つか・む〉鳥や獣がつめでつかまえる。「攫搏(かくはく)」②〈と・る〉うばう。国〈さら・う(――・ふ)〉急にうばい去る。

【攫抓】かくそう(くわくさう) つめでつかみとる。

扌20【攪】〔23〕 標 コウ(カウ) 漢 上 巧 jiǎo チアオ カク 慣 J 5788 U補 652A 扌12【撹】〔15〕 簡慣 J 1941 U補 64B9 手7【捁】〔10〕 同字 J ②1315 3175 U補 6341
意味 ①〈みだ・す〉ごたごたさせる。みだれる。②まぜる。かきまわす。

【攪拌】かくはん・こうはん(かう) かきまわす。かきまぜる。
【攪乱(亂)】かくらん・こうらん(かう) かきみだす。

手20【攥】〔23〕 サツ 漢 入 曷 zuàn ツォワン J U補 6525
意味 にぎる。にぎりしめる。

手20【攩】〔23〕 ㊀トウ 漢 ㊀上 養 (タウ) tǎng タン ㊁トウ 漢 ㊁上 養 (タウ) dǎng タン J ①8507 3336 U補 6529
意味 ㊀たたく。うつ。㊁①さえぎる。とめる。＝擋 ②むれ。なかま。＝党

手21【攬】〔24〕 ラン 漢 呉 上 感 lǎn ラン J 5816 U補 652C 手14【擥】〔18〕 本字 J ②1356 3312 U補 64E5
意味 〈と・る〉①にぎる。②まとめる。③つまむ。つみとる。

【攬筆】らんぴつ 筆を手にとる。筆をとる。執筆。

手22【攮】〔25〕 ノウ 慣 上 養 (ナウ) nǎng ナン J 3337 U補 652E
意味 ①手で押す。②刀などで刺(さ)す。

4画 支部 しにょう えだにょう

【部首解説】「十」と「又」が合わさり、「竹の枝を分けて持つこと」を表す。この部には、「支」の形を構成要素とする文字が属する。

支0【支】〔4〕 学5 シ ささえる J 2757 U 652F
旧字 支0【支】〔4〕 シ 漢 呉 平 支 zhī チー

筆順
一
十
ち
支

意味 ①〈わか・れる(――・る)〉はなれる。②えだ。㋐木の枝。＝枝 ㋑枝のように分かれ出たもの。㋒手足。＝肢 ㋓本家(ほんけ)から分かれた血すじ。分家(ぶんけ)。③〈ささ・える(――・ふ)〉㋐つっぱって持ちこたえる。㋑抵抗する。④はらう。わたす。「支出」⑤計算する。⑥えと。十二支。⑦姓。⑧現隊伍・棒状の物などを数える量詞。国①「支那」(もと日本人による中国の称)の略。②〈つかえ(つかへ)〉さしつかえ。さわり。

解字  会意。十と又とを合わせた字。十は个で、竹の半分を表す。又は手で、持つことを表す。支は、竹の枝を分けて持つことで、「わける」意味になる。

名前 なか・もろ・ゆた 姓 支倉(はせくら) 地名 支笏(しこつ)
難読 差し支(つか)える(付表)

【支裔】しえい ①わかれ。②遠い子孫。
【支援】㊀しえん(ゑん) ささえ助ける。援助。㊁チーユワン zhīyuán 現 ㊀に同じ。
【支解】しかい 人体の手足を切り離すこと。また、そうする刑罰。＝枝解
【支干】しかん 十干と十二支。えと。干支。
【支機石】しきせき 天(あま)の河の織女(しょくじょ)(はた織りひめ)の機(はた)をささえた、石の台。
【支給】しきゅう(きふ) ①払い渡す。②わりあてて渡す。
【支撃】しげき 「支子(しし)」に同じ。
【支吾】しご ①さからう。反抗する。②ぐずぐずいう。ごまかす。
【支抗】しこう(かう) ささえふせぐ。
【支子】しし ①めかけの子。庶子(しょし)。↔嫡子(ちゃくし) ②長男以外の子。
【支持】㊀しじ(ぢ) ①ささえ助ける。②主義・主張や政策に賛成して助けること。㊁チーチー zhīchí 現 ㊀に同じ。
【支社】ししゃ 国①神社の分社。末社(まっしゃ)。②本社から分かれて置かれた店。↔本社
【支出】ししゅつ 金銭を支払うこと。また、その金。↔収入
【支庶】ししょ ①めかけの子。②分家(ぶんけ)。
【支障】ししょう(しゃう) 国さしさわり。さしつかえ。
【支川】しせん 本流にそそぎこむ流れ。支流。
【支線】しせん ①鉄道などの本線から分かれた線。↔本線 ②電柱などのささえのために張った線。
【支体(體)】したい からだ。＝肢体
【支隊】したい 本隊から分かれて独立の行動をする部隊。

心(忄・⺗)戈戸(戶)手(扌)支攴(攵) 4画 文斗斤方无(旡・旡)日曰月(⺝)木欠止歹殳毋比毛氏气水(氵・氺)火(灬)爪(爫・⺥)父爻爿片牙(牙)牛(牜)犬(犭)

【支度】(したく) ①はかる。計算する。②国用意。準備。

【支柱】(しちゅう(ちう)) ①ささえるはしら。つっかいぼう。②ささえとなるもの。

【支冑】(しちゅう(ちう)) 分家した一族の子孫。

【支庁(廳)】(しちょう(ちゃう)) 国本庁から分かれて、交通の不便な地方の事務をとりあつかう地方庁。「東京都大島支庁」↕本庁
【支点(點)】(してん) 理てこをささえる固定した点。↕力点
【支途】(しと) 国金銭の使いみち。

【支派】(しは) ①支流。②本派から分かれた別派。

【支配】(しはい) ①仕事をいくつかにわけ処理する。②統治する。とりしまり、おさめる。③他人の考えや行動を規制すること。

【支部】(しぶ) 本部から分かれて、その地方の事務をとりあつかう所。↕本部
【支分】(しぶん) 細かく分けて取ること。【――節(節)解】(しぶんせっかい) 書物を部分部分に分けて、くわしく解釈すること。

【支別】(しべつ) わかれ。支派。

【支弁(辨)】(しべん) ①とりさばくこと。②金銭の支払い。かんじょうをすませること。

【支脈】(しみゃく) 分かれたすじ。分かれた脈。

【支葉】(しよう(えふ)) ①枝と葉。②子孫。＝枝葉
【支里】(しり) 国中国の一里(約五百メートル)をさす古い言い方。

【支離】(しり) ①分かれてばらばらになること。②めちゃめちゃになること。【――滅裂】(しりめつれつ) ばらばらになって、すじみちが立たないさま。めちゃめちゃなさま。

【支流】(しりゅう(りう)) ①本流に流れこむ流れ。↕本流 ②わかれ。分派。

【支票】(チーピアオ) zhīpiào 現小切手。
◇干支(かんし)(えと)・収支(しゅうし)・差支(さしつかえ)・十二支(じゅうにし)

支5【攱】〔9〕 [一]キ 漢 [一] 上 紙 guǐ コイ [二]キ 漢 [二] 去 寘 guì コイ J 3338 補 ― U 6531
意味 [一]①置く。たなに物をのせる。＝庋(き) ②ひきとめる。[二]もち上げる。かかげる。

支6『翅』(九九六ページ・下)↓羽部四画

支8【攲】〔12〕 [一]キ 漢 [一] 平 支 qī チー [二]キ 漢 [二] 平 支 jī チー J ②1365 補 ― U 6532
意味 [一]①かたむく。②よりかかる。もたれる。[二]はしでものをもつ。

支9『鼓』(一四五〇ページ・上)↓鼓部〇画

4画 攴(攵)部 ぼくにょう ぼくづくり

【部首解説】「卜」と「又」が合わさり、「ぽんとたたくこと」を表す。「物事を強いてさせる」という意味になる場合もある。この部には、「攴・攵」の形を構成要素とする文字が属する。なお、攴を「とまた」、攵を「のぶん」ともいう。

攴0【攴】〔4〕 ホク 漢 入 屋 ボク 慣 pū プー J 5829 補 ― U 6534
攴0〔攵〕〔4〕 同字 J 5830 補 ― U 6535
意味〈う・つ〉ぽんとたたく。
解字 形声。卜と又とを合わせた字。又は右手を表す。卜(ぼく)は音を示すとともに、ポクッと二つに割れる意味を持つ。攴は手で物を打ち割ることを表す。物事をさせることを表す字に使われる。

攴0【攵】〔4〕 同 ↓攴(本ページ・中)

攵2【收】〔6〕 旧 ↓収(二一〇ページ・上)

攴2【攷】〔6〕 本 ↓考(一〇〇一ページ・下)

攴3【攺】〔7〕 イ 漢 呉 上 紙 yǐ イー J 3339 補 ― U 6533A
意味 邪気をはらうため、正月の卯の日に身につけた飾り物。金や玉、桃の木などで作った。

攵3【改】〔7〕 学4 カイ あらためる・あらたまる
カイ 漢 呉 上 賄 gǎi カイ J 1894 補 ― U 6539

筆順
㇆
コ
己
己'
己𠂉
改'
改

意味 ①〈あらた・める(――・む)〉〈あらたま・る〉かえる。かわる。なおす。②姓。国①〈あらため〉検査。とりしらべ。②〈あらたま・る〉急にきちんとした態度をとる。
解字 形声。攵が形を表し、己(き)が音を示す。攵は、打つことで、動作することを表す。己は起と同じく、立ち上がること。改は、今までそのままになっていた事に対し、きっかけを作って立ち上がることで、あらためるという意味になる。また一説に、己は巳(し)で、鬼(おに)を表すとし、改は、鬼やらいをして、新しい季節を迎えることという。音カイは、己の音キ、または巳の音シの変化。

【改悪(惡)】(かいあく) 国あらためることによって、かえって悪くすること。↕改正・改善
【改易】(かいえき) ①あらためる。②つくりかえる。③国江戸時代の刑罰で、士人から除籍し、土地や俸禄(ほうろく)を取りあげること。

【改化】(かいか(くわ)) 風俗を改める。

【改悔】(かいかい(くわい)) 気がかわって後悔する。

【改革】(かいかく) [一]あらため変える。「機構改革」 [二]カイコー gǎigé 現 [一]に同じ。

【改紀】(かいき) あらためただす。

【改憲】(かいけん) ①規則をかえる。②国憲法を改める。「改憲論者」

【改元】(かいげん) 年号をあらためること。

【改悟】(かいご) これまでの悪をさとり、あらためる。くいあらためる。改心。改悛(かいしゅん)。

【改号(號)】(かいごう(がう)) ①名称をあらためること。②国年号をあらためること。

【改作】(かいさく) 作りかえる。

【改札】(かいさつ) 国切符をしらべること。切符にはさみを入れること。

【改刪】(かいさん) 文章の字句を書き加えたり、けずったりしてなおすこと。

【改竄】(かいざん) ①作りなおす。②文章の字句をあらためかえる。

【改宗】(かいしゅう) ①信仰していた宗派をかえる。②思想や態度をかえること。

【改修】(かいしゅう(しう)) あらためなおす。「改修工事」

【改悛】(かいしゅん) 「改悟(かいご)」に同じ。

【改称(稱)】(かいしょう) 名まえをあらためる。改名。

【改心】(かいしん) 心をあらためる。心をいれかえる。

【改進】(かいしん) [一]①あらたまり進むこと。②悪い点をあらためて進歩をはかること。[二]カイチン gǎijìn 現 [一]に同じ。

【改新】(かいしん) ①あらため新しくすること。新しくなること。②年のはじめ。

【改正】(かいせい) [一]あらためなおす。なおしてよくすること。[二]カイチョン gǎizhèng 現 [一]に同じ。

【改姓】(かいせい) 姓をかえる。名字(みょうじ)がかわる。

【改節(節)】(かいせつ) 時節がかわる。

【改選】(かいせん) あらためて選挙をしなおす。えらびなおす。

【改善】(かいぜん) [一]よくなるように改める。また、改めてよくする。↕改悪 [二]カイシャン gǎishàn 現 [一]に同じ。

【改葬】(かいそう(さう)) 一度ほうむってあるものを、あらためて他の地にほうむる。


心(忄・⺌)戈戸(戸)手(扌)支攴(攵) 4画 文斗斤方无(旡・旡)日曰月(⺝)木欠止歹殳毋比毛氏气水(氵・氺)火(灬)爪(爫・⺥)父爻爿片牙(牙)牛(牛)犬(犭)

【改装(裝)】かいそう ①服装をあらためる。②建物などのようすをかえる。
【改造】■かいぞう つくりなおす。なおし、あらためる。■カイツァオ gǎizào 現■に同じ。
【改替】かいたい 国あらためかえる。あらたまりかわる。
【改題】かいだい 題名をあらためる。
【改築】かいちく 建築物をたてなおす。
【改鋳(鑄)】かいちゅう あらためて鋳造ちゅうぞうしなおすこと。いなおす。
【改定】かいてい あらため、さだめる。
【改訂】かいてい あらためなおす。「改訂版」
【改廃(廢)】かいはい あらためることと、やめること。改正と廃止。
【改版】かいはん ①版木はんぎをほりかえる。②印刷の原版を組みかえる。
【改変(變)】■かいへん あらためる。■カイビエン gǎibiàn 現■に同じ。
【改編】かいへん 国編成をあらためる。構成を作りなおす。
【改名】かいめい 名をあらためる。姓名をかえる。
【改良】かいりょう(りゃう) あらためて、よくする。
【改暦(曆)】かいれき ①こよみをあらためること。②年があらたまること。新年。改歳。
◆更改こうかい・変改へんかい・朝令暮改ちょうれいぼかい

攴3 【攼】〔7〕 ■カン 漢 呉 ■平 寒 gān カン ■カン 漢 ■去 翰 hàn ハン J 3340 U補 653C
意味 ■①求める。②得る。■止める。

攵3 【攻】〔7〕 常 コウ せめる ■コウ 漢 平 東 gōng コン J 2522 U補 653B
筆順 一 丅 工 工' 工ト 玏 攻
意味 ①〈せ・める(——・む)〉㋐打ちかかる。「攻撃」㋑とがめる。②〈おさ・める(をさ・む)〉㋐つくる。㋑みがく。加工する。㋒薬で病気をなおす。㋓まなぶ。研究する。「専攻」③たくみ。じょうずである。＝工 ④頑丈がんじょうである。
解字 形声。攵が形を表し、工こうが音を示す。攵は、打つこと。工は、しごとか、あなをあけるという意味を含む。攻は、打って仕事をしあげる、あるいは、打ってあなをあけるということを表す。
名前 よし
【攻囲(圍)】こうい(ゐ) とりかこんで敵を攻める。
【攻学(學)】こうがく 学問を研究すること。研学。
【攻陥(陷)】こうかん 攻めておとし入れる。攻めおとす。
【攻究】こうきゅう(きう) きわめ調べる。研究。
【攻玉】こうぎょく 玉をみがく。転じて、知識や人がらをみがく。〈詩経きょう・鶴鳴めい〉
【攻苦】こうく ①苦労すること。②苦労して勉強すること。
【攻具】こうぐ 敵を攻めるのに使う道具。
【攻撃(擊)】こうげき ①進んで敵を攻める。②ことばや文章で他人を攻めること。人の欠点を言いたてる。
【攻鑽】こうさん 突き破り、穴をあける。
【攻守】こうしゅ 攻めることと、守ること。【——同盟】こうしゅどうめい 二国以上が攻撃または防衛のさい、行動をともにするという約束をすること。
【攻取】こうしゅ 攻めとる。
【攻城】こうじょう(じゃう) 敵の城を攻めること。【——野戦(戰)】こうじょうやせん 敵の城を攻めたり、野原で戦ったりすること。
【攻勢】こうせい ①攻めるいきおい。②積極的に攻める状態。「攻勢に転じる」⇔守勢
【攻戦(戰)】こうせん ①攻め戦う。⇔守戦 ②「攻城野戦」の略。
【攻発(發)】こうはつ 攻めあばく。さぐり出す。
【攻伐】こうばつ 攻めてうつこと。征伐。
【攻抜】こうばつ 敵の城を攻めおとすこと。
【攻防】こうぼう(ばう) 攻めることと、ふせぐこと。攻撃と防御ぎょ。攻守。
【攻略】こうりゃく 攻めとる。攻めおとす。
◆火攻かこう・ひぜめ・水攻すいこう・みずぜめ・内攻ないこう・専攻せんこう・遠交近攻えんこうきんこう

攴3 【攸】〔7〕 ユウ(イウ) 漢 平 尤 yōu ユー J 5833 U補 6538
意味 ①水の流れるさま。②はるかなさま。＝悠 ③危険なさま。④〈ところ〉＝所 ⑤主語と述語をつなぐ助詞。
【攸然】ゆうぜん(いう) ゆったりと落ち着いているさま。＝悠然

攵3 【孜】→子部四画(三五六ジ・中)

攴4 【攽】〔8〕 ハン 漢 平 刪 bān パン J 3341 U補 653D
意味 分ける。分け与える。＝頒はん

攵4 【放】〔8〕 学3 ホウ はなす・はなつ・はなれる・ほうる ■ホウ(ハウ) 漢 呉 ■去 漾 fàng ファン ■ホウ(ハウ) 漢 呉 ■上 養 fǎng ファン J 4292 U補 653E
筆順 丶 亠 方 方 方' 方ケ 放 放
意味 ■①〈はな・つ〉〈はな・す〉㋐おいはらう。㋑すてる。㋒ときはなす。自由にする。㋓にがしてやる。㋔ちらす。㋕とばす。発射する。②〈はな・れる(——・る)〉③ひらく。④〈お・く〉〈ほう・る(はふ・る)〉うっちゃっておく。⑤〈ほしいまま〉思いのままにする。気まま。■①〈いた・る〉…になる。②〈よ・る〉たよる。③〈なら・う(——・ふ)〉みならう。まねる。＝倣ほう 国〈ほう・る(はふ・る)〉投げる。
解字 形声。攵が形を表し、方ほうが音を示す。方には、遠い地方の意味がある。攵は、打つ、たたくこと。放は、罪を責めて、遠い地方に追放する意味。
名前 ゆき・ゆく
参考 新表記では、「抛」の書きかえに用いる熟語がある。
【放佚】ほういつ(はう) ①牛馬などが、つないであるところから逃げる。②わがまま。気まま。＝放逸
【放逸(逸)】ほういつ(はう) わがまま。気まま。すきかって。放恣ほうし。＝放佚
【放下】■ほうか(はう) ①手からはなす。②すておく。■ほうげ(はう) 仏禅宗で、いっさいを忘れて無我むがの気持ちになること。国昔、ずきんをかぶり、小切子こきりこ(竹づつの中にあずきをいれた楽器)を使いながら、歌ったり、舞ったりして歩いた芸人。【——師】ほうかし 【——僧(僧)】ほうかそう 「放下師」に同じ。
【放火】ほうか(くわ) 家などに火をつけてもやすこと。火つけ。
【放歌】ほうか あたりかまわず大声で歌う。放吟ぎん。「放歌高吟ぎん」
【放衙】ほうが 執務時間がおわり役所から退出すること。
【放学(學)】ほうがく ①授業が終わること。放課。②国学校から追い出すこと。退学させる。放校。
【放棄】■ほうき すててかえりみない。すてる。＝抛棄 ■ファンチー fàngqì 現■に同じ。
【放吟】ほうぎん あたりかまわず大声で詩歌しいかを歌う。放歌。
【放言】ほうげん ①かってなことを言いはなつ。②無責任なことば。
【放効(效)】ほうこう(かう) まねる。模倣する。
【放曠】ほうこう(くわう) のびやかで、おおらかなこと。
【放散】ほうさん あたり一面にまきちらす。はなれちる。
【放恣】ほうし 「放逸ほういつ」に同じ。
【放弑】ほうし 君主を追い出したり、殺したりすること。放殺。
【放肆】ほうし 「放逸」に同じ。
【放失】ほうしつ はなち失われる。失われる。
【放射】ほうしゃ ①弓の矢などをはなち射る。②ある一点から四方八方に射出しゃしゅつする。【——線】ほうしゃせん 理放射性元

心(忄・⺗)戈戶(戸)手(扌)支攴(攵) 4画 文斗斤方无(旡・旡)日曰月(月)木欠止歹殳毋比毛氏气水(氵・氺)火(灬)爪(爫・⺥)父爻爿片牙(牙)牛(牜)犬(犭)

素の崩壊にともなって放射されるアルファ(α)線、ベータ(β)線、ガンマ(γ)線をいう。【――能】ほう(はう)しゃのう [理]放射線を出す作用。↓放射線

【放出】ほう(はう)しゅつ ①はなして出す。水などがはげしく飛び出す。②[国]たくわえている物や持ち物をさし出すこと。

【放唱】ほう(はう)しょう(しやう) あたりかまわず大声で歌う。放吟。

【放縦(縱)】ほう(はう)しょう|ほう(はう)じゅう かって気ままなこと。なげやりなこと。

【放生】ほう(はう)じょう(じやう) [仏]魚や鳥・けものなどの生きものを逃がしてやること。【――会(會)】ほう(はう)じょう(じやう)え(ゑ) [仏]つかまえられた生き物を買い集めて、逃がしてやる儀式。

【放心】ほう(はう)しん [一]①気をとめないこと。②ほかに気をとられてぼんやりしていること。③安心する。[二]ファンシン fàngxīn [現][一]の③に同じ。

【放神】ほう(はう)しん ①ぼんやりと心をゆるめている。②「放心」「放念」に同じ。

【放水】ほう(はう)すい ①水を流してやる。②[国]ポンプでホースの先から水を飛ばす。【――路】ほう(はう)すいろ [国]自然の川のそばに、その利用価値を高めたり、はんらんを防いだりするため人工的に設けた水路。

【放絶】ほう(はう)ぜつ なくなる。絶える。

【放胆(膽)】ほう(はう)たん 気がねしないで思うぞんぶんにやること。大胆。【――文】ほう(はう)たんぶん 思ったとおり大胆に書いた文。↕小心文

【放誕】ほう(はう)たん かってに大げさなことを言うこと。「誕は、おおげさ、でたらめの意。」

【放談】ほう(はう)だん えんりょせずにずばずば話す。また、その話。思いつくままに話す。放言。

【放逐】ほう(はう)ちく 追いはらう。追い出す。追放。

【放鳥】[一]ほう(はう)ちょう(てう) 葬式などのとき、功徳のために、つかまえておいた鳥を逃がすこと。[二]はなちどり|はなしどり [国]①[一]に同じ。②つばさを切って池などにはなしがいにしておく鳥。

【放擲】ほう(はう)てき ①投げうつ。②なげやりにする。すてておく。「=抛擲」

【放電】ほう(はう)でん [理]①蓄電池・蓄電器の電気が放出すること。↕充電 ②ある距離をおいた両極間に高圧電流が流れること。「真空放電」

【放蕩】ほう(はう)とう(たう) ①ほしいまま。きまま。②[国]気ままに酒や女に遊びふけって、みもちが悪いこと。ほうらつ。

【放任】ほう(はう)にん [国]うっちゃらかして、なり行きにまかせる。うちすてて、干渉しないこと。↕干渉

【放念】ほう(はう)ねん 安心する。気にかけない。放神。放心。

【放伐】ほう(はう)ばつ ①追いはらうことと、うちほろぼすこと。②昔、徳のなくなった天子を武力によって追いはらい、または殺してしまったこと。↕「禅譲」(九〇二ジ・上)

【放飯流歠】ほう(はう)はんりゅう(りう)せつ がつがつたべて、がぶがぶ飲む。無作法な食事のしかたをいう。〈孟子・尽心上〉

【放屁】ほう(はう)ひ へをひる。おならをする。

【放(「拋」)物線】ほう(はう)ぶつせん ①[数]一平面上で、一定点Fと一定直線XYとからの距離が等しい点Pの軌跡。②物を投げたときにえがく曲線。

【放辟邪侈】ほう(はう)へきじゃし わがまま、へそまがり、悪事、ぜいたくをさす。

【放牧】ほう(はう)ぼく 家畜を野山にはなしがいにする。

【放漫】ほう(はう)まん 放任して、しめくくりをつけないこと。いいかげん。やりっぱなし。

【放命】ほう(はう)めい 天子の教令に逆らう。

【放免】[一]ほう(はう)めん ①はなちゆるす。②容疑者または罪人を釈放する。[二]ほう(はう)べん [国]昔、検非違使庁に仕えた下級役人。

【放鷹】ほう(はう)よう たかを放って小鳥をとらせること。たかがり。

【放埒】ほう(はう)らつ [国]①思うままにふるまうこと。②酒や女にむちゅうになること。ほうらち。

【放濫】ほう(はう)らん 気ままで、みだりなこと。

【放流】ほう(はう)りゅう(りう) ①追放されてさまよう。②稚魚などを養殖するために、川・池などにはなす。③せき止めた水を流す。

【放浪】ほう(はう)ろう(らう) ①あちこちをさまよい歩く。②気のむくままに遊び歩く。

【放論】ほう(はう)ろん 思いのままにかってなことを言う。放言。

【放大】ファンター fàngdà [現]大きくする。拡大する。

【放仮(假)】ファンチア fàngjià [現]休みになる。休暇。

▲▽奔放・追放・釈放・開放・解放・豪放

支4【政】〔8〕[旧]↓政(五五九ジ・中)

攵4〘牧〙↓牛部四画(七九四ジ・中)

攵5【故】〔9〕[学]5 コ ゆえ | コ [呉][漢] gù クー [去]遇 | J 2446 補 — U 6545

筆順							
一	十	十	古	古	古	故	故

[意味] ①〈ふる・い(――・し)〉年をへた。↕新 ②〈もと〉むかし。前に。③〈もとより〉=固 ㋐もともと。はじめから。㋑たしかに。④古くからの習慣や方法。⑤古くからの知り合い。「故人」⑥〈ゆえ(ゆゑ)〉理由。わけ。⑦〈こと〉ことがら。できごと。「事故」⑧〈かれ〉〈ゆえに(ゆゑに)〉接続詞。だから。そういう理由で。⑨〈ことさらに〉わざと。⑩もともと。かならず。なお。⑪死ぬ。

[解字] 故 形声。攵が形を表し、古が音を示す。攵は打つことで、動作することを表す。古には、ふるい、かたい、という気持ちがある。故は古くする、あるいは、かたくなる、ということで、過去とか、死ぬこととかの意味になる。また、古を「為すこと」と見、故は、物事を実行させた結果を示すもので、「ゆえに」「いわれ」などの意味になるともいう。

[名前] ひさ・ふる

【故衣】こい ①ふだん着ている衣服。②もと着ていた衣服。③ふるぎ。↕新衣

【故意】[一]こい ①昔からの友情。「感ニ子故意長一」(しのこいながきにかんず)(あなたの昔からの友情の深さに感激している。)〈杜甫の詩・贈ニ衛八処士一(えいはちしょしにおくる)〉②わざとすること。③他人の権利をおかすということを承知してする意志。[二]クーイー gùyì [現][一]の②に同じ。

【故院】こいん(ゐん) [国]なくなった上皇、または法皇。

【故駅(驛)】こえき 古い駅。昔の宿場。

【故淵】こえん(ゑん) もと住んでいたふち。

【故園】こえん(ゑん) 古い庭。転じて、ふるさと。【――情】こえん(ゑん)のじょう(じやう) ふるさとを思う心。「何人不レ起ニ故園情一」(なんびとかこえんのじょうをおこさざらん)〈李白の詩・春夜洛城聞レ笛(しゅんやらくじょうにふえをきく)〉

【故家】こか 長い間続いている家。旧家。

【故雁】こがん 去年飛んで来たかり。「空帰ニ故雁一」(そらにはこがんかえる)〈万葉集・梅花歌序〉

【故丘】こきゅう(きう) ふるさとの丘。故郷。

【故旧(舊)】こきゅう(きう) 昔からの知り合い。昔なじみ。

【故宮】こきゅう(きう) 古い宮殿。もとの宮殿。【――博物院】こきゅう(きう)はくぶついん(ゐん) 中国の北京にある博物館。明・清時代に皇居として使われていた紫禁城を利用したので、こう呼ばれる。

【故居】こきょ 古い住まい。もとの住居。

【故墟】こきょ 古い城あと。廃墟。故址。

【故郷(鄕)】[一]こきょう(きやう) 生まれた土地。ふるさと。[二]クーシアン gùxiāng [現][一]に同じ。

【故君】こくん ①もとの主君。②死んだ主君。

【故訓】こくん ①古い時代のよみかた。②昔からのおしえ。

【故国(國)】ここく ①古い国。②生まれた土地。ふるさと。③自分の国。祖国。

【故殺】こさつ ①わざと人を殺す。②旧刑法で、計画的にではなく、一時的な感情のたかぶりから殺意を生じ、とっさに人を殺すこと。↔謀殺

【故参(參)】こさん 国古くからつかえていること。古くからその仕事をしていること。また、そういう人。＝古参 ↔新参

【故山】こざん ふるさと。故郷。

【故址】こし 昔、建物や都があったあと。旧跡。＝故趾

【故志】こし ①前からのこころざし。②昔の記録。

【故紙】こし ①古い紙。ほぐ。ほごがみ。②書物。

【故趾】こし 「故址」に同じ。

【故事】こじ 一①昔あったことがら。②昔から伝えられていることがら。いわれ。二 gùshi 現ものがたり。おとぎばなし。【――熟語】こじじゅくご 昔の本にのっている話によって、特別な意味に使われることば。矛盾・推敲など。

【故式】こしき 古いやりかた。てほんとなる昔の方法。＝古式

【故実(實)】こじつ 国昔のことがら。昔の法令・儀式・服装などのきまりやしきたり。【――家】こじつか 国故実をよく知っている人。

【故主】こしゅ もとつかえていた主人。

【故所】こしょ もとの場所。

【故障】こしょう(しゃう) 国①さしつかえ。さわり。事故。②反対や不服。ものいい。異議。

【故人】こじん ①死んだ人。②昔からの友だち。「二千里外故人心」(はるか遠方の地に住む友人の気持ち。)〈白居易の詩・八月十五日夜、禁中独直、対月憶元九〉

【故制】こせい 国昔からのきまり。昔からあった制度。

【故俗】こぞく 古いならわし。昔の風俗。＝古俗

【故態】こたい もとのままのようす。旧態。

【故宅】こたく もと住んでいた家。古いすまい。旧宅。

【故地】こち 古い土地。もとの領地。

【故知】こち ①昔からの知り合い。古いなじみ。故旧。②昔の人のちえ。昔から伝わってきたはかりごと。＝故智

【故智】こち 昔の人の行ったはかりごと。前人のちえ。

【故都】こと 昔のみやこ。

【故土】こど ①生まれた土地。ふるさと。②昔、行って遊んだことがある土地。

【故道】こどう(だう) ①古い道。旧道。②昔の道徳。

【故買】こばい ぬすんだ不正の品と知りながら買うこと。

【故廟】こびょう(べう) 古いみたまや。

【故夫】こふ ①前の夫。②死んだ夫。

【故物】こぶつ 古い品物。昔からの品物。

【故友】こゆう(いう) 古くからの友だち。旧友。親友。

【故里】こり ①生まれた土地。ふるさと。②かつて住んでいた土地。

【故林】こりん 古くからすみなれた林。もとすんでいた林。

【故塁(壘)】こるい 古いとりで。昔の城。

【故老】ころう(らう) ①としより。②長く経験をつんだりっぱな老人。＝古老

【無故】ことなし 事故がない。「兄弟無故」(兄弟に病気や災害などの変わったことがない。)〈孟子・尽心上〉

【温(溫)故知新】ふるきをたずね(たづね)てあたらしきをしる もと学んだことを復習して、新しい道理をさとる。温故知新。〈論語・為政〉

◆世故・旧故・物故・事故・典故・縁故

攵5 **【政】**〔9〕 5 学 **セイ・ショウ まつりごと** J 3215 U 653F

旧字 攴4 **【政】**〔8〕 U補J

一 セイ 漢 ショウ(シャウ) 呉 去 敬 zhèng チョン

二 セイ 漢 ショウ(シャウ) 呉 平 庚 zhēng チョン

筆順 一 丅 下 正 正 政 政 政

意味 一①〈まつりごと〉国家をおさめること。政治。②政権。③政策。政令。④基準。きまり。⑤〈ただ・す〉正しくあらためる。＝正 ⑥〈まさに〉ちょうど。ただ。＝正 二＝征 ①征伐する。②税。

解字  会意・形声。攵は打つ、動作をする、の意味で、形を表す。正せいは、音を示すとともに、正しいという意味である。政は、悪い者を打って正しくすることから、「おさめる」意味になる。

名前 おさ・かず・きよ・こと・ただ・なり・のぶ・のり・まさ・まん・ゆき・すなお・ただし・ただす・まさし 難読 政所

【政化】せいか(くゎ) 政治と教化。

【政客】せいかく・せいきゃく 政治をする人。政治家。

【政記】せいき 書名。「日本政記」の略。→「日本政記」(五八二ジ・上)

【政議】せいぎ 正論。正しい議論。

【政況】せいきょう(きゃう) 政治のようす。政治の状態。

【政教】せいきょう(けう) ①政治と教化。②政治と宗教。「政教一致」

【政局】せいきょく 政界のなりゆき。いま行われている政治のありさま。

【政刑】せいけい 政治と刑罰。

【政経(經)】せいけい 政治と経済。「政経分離」

【政権(權)】せいけん 政治上の権力。政治を行う権利。

【政綱】せいこう(かう) 政治を行うおおもとの方針。

【政策】せいさく 一政治をするうえの方策。二 zhèngcè 現一に同じ。

【政事】せいじ 政治上の事がら。まつりごと。【――堂】せいじどう(だう) 唐代、宰相が政治を論議した場所。

【政治】せいじ(ぢ) 一主権者がその領土・人民をすべおさめること。二 zhèngzhì 現一に同じ。【――犯】せいじはん 法国家の政治的な秩序をみだす罪。政治に関係ある犯罪。また、その罪をおかした人。

【政戦(戰)】せいせん ①政治上のあらそい。政争。②政治と戦争。

【政争(爭)】せいそう(さう) 政治上のあらそい。政戦。

【政体(體)】せいたい ①国家の組織のかたち。君主政体・共和政体など。②国家の主権のはたらき方のかたち。立憲政体・専制政体など。

【政談】せいだん 国政治に直接関係ある談話や議論。「政談演説」

【政庁(廳)】せいちょう(ちゃう) 政治上の事務をとり扱う官庁。

【政敵】せいてき 政治上の競争相手。政治上の意見が反対の立場にある相手。

【政党(黨)】せいとう(たう) 政治上の主義主張の同じ者が集まって作る党派。【――政治】せいとうせいじ 政党内閣によって行う政治。【――内閣】せいとうないかく 一つの政党員だけで組みたてる内閣。

【政道】せいどう(だう) 政治の道。政治の方法。

【政府】せいふ 一①政治をつかさどる役所。②国行政権を行う最高機関。内閣、または内閣のもとにある行政機関全体をいう。二 zhèngfǔ 現一に同じ。

【政柄】せいへい 政治をする権力。政権。

【政辟】せいへき 政治上の法令。

【政変(變)】せいへん ①政治上の変動。政治の移り変わり。②内閣が突然交替すること。

【政務】せいむ ①政治上の事務。②政治に関する方策。

【政要】せいよう(えう) 政治の要点。政治上、最もたいせつな事がら。

【政略】せいりゃく ①政治上のはかりごと。政策。②かけひき。はかりごと。「政略結婚」

【政令】せいれい ①政治上の命令。②法憲法・法律の規定を実施するために、内閣が制定する命令。

【政論】せいろん 「政談」に同じ。

【政所】まんどころ 国①平安時代以後、皇族や貴族の家で事務や家政を行った所。②鎌倉・室町幕府で政治を行った所。③北政所きたのまんどころの略。摂政・関白の夫人の敬称。

◇▼内政(ないせい)・王政(おうせい)・失政(しっせい)・行政(ぎょうせい)・参政(さんせい)・国政(こくせい)・帝政(ていせい)・院政(いんせい)・施政(しせい)・苛政(かせい)・財政(ざいせい)・悪政(あくせい)・執政(しっせい)・善政(ぜんせい)・摂政(せっしょう)・暴政(ぼうせい)

攴5 **【敁】**〔9〕 テン 漢 ㊥ 塩 diān ティエン　U補J 6541
意味 敁敠(てんてつ)は、手で重さをはかる。＝掂掇(てんてつ)

攴5 **【敃】**〔9〕 ■一 ビン 漢 ■一 ㊤ 軫 mǐn ミン　■二 フン 漢 ■二 ㊥ 文 fēn フェン　U補J 6543 3342
意味 ■一 ①しいる。②つとめはげむ。＝暋(びん) ■二 乱れているさま。

攴5 **【敄】**〔9〕 ■一 ブ 漢 ム 呉 ■一 ㊦ 遇 wù ウー　■二 ボウ 漢 ム 呉 ■二 ㊥ 尤 móu モウ　U補J 6544 ②1366
意味 ■一 しいる。無理じいする。＝務(む) ■二 つとめはげむ。

攴5 **【㪅】**〔9〕 本 →更(六〇四ジ・上)

攴6 **【敕】**〔10〕 サク 漢 シャク 呉 ㊇ 陌 cè ツォー　U補J 6547 3343
意味 馬をむちで打つ。＝策(さく)

攴6 **【敉】**〔10〕 ビ 漢 ㊤ 紙 mǐ ミー　U補J 6549 3344
意味 〈な・でる(―・づ)〉〈やすん・じる(―・ず)〉 世の中を安定させる。平和にする。

人6 **【侎】**〔8〕 同字 U補J 4F8E 1705

攵6 **【敏】**〔10〕 常 ビン　U補J 654F 4150

旧字 攵7 **【敏】**〔11〕 人 ビン 漢 ミン 呉 ㊤ 軫 mǐn ミン　U補J FA41 ①8508

力7 **【勄】**〔9〕 同字 U補J 52C4 1970

筆順 𠂉 𠂉 每 每 每 敏 敏

意味 ①〈と・し〉 はやい。すばやい。②〈さと・い(―・し)〉 かしこい。③勤勉である。④知識や能力。⑤足のおやゆび。

解字 (篆文) 形声。攵が形を表し、毎(ばい)が音を示す。攵は打つことで、動作をさせることを表す。毎には、務と同じく、つとめるという意味がある。敏は、仕事をつとめること、あるいは、仕事を急速にすすめることを表す。

名前 と・さと・はや・はる・みぬ・ゆき・よし・すすむ・つとむ・はやし

【敏活】(びんかつ(くゎつ)) すばやくはたらく。きびきびしている。

【敏感】(びんかん) 感じかたがはやくてするどい。感覚がするどい。↕鈍感(どんかん)

【敏給】(びんきゅう(きふ)) ①すばしこい。矢つぎばや。②口がたっしゃなこと。

【敏慧(慧)】(びんけい) かしこく、さといこと。

【敏才】(びんさい) かしこいはたらき。すばしこい才能。

【敏捷】(びんしょう(せふ)) すばしこくて、はやい。敏速。

【敏速】(びんそく) さとく、すばやい。

【敏達】(びんたつ) かしこくて、いろいろなことをよく知っていること。

【敏腕】(びんわん) すばしこいうでまえ。やりて。「敏腕家」

◇▼不敏(ふびん)・明敏(めいびん)・英敏(えいびん)・俊敏(しゅんびん)・過敏(かびん)・鋭敏(えいびん)・機敏(きびん)

攴6 **【效】**〔10〕 旧 →効(一七六ジ・下)

攵6 **〖致〗**(一〇三四ジ・中) →至部四画

攵7 **【救】**〔11〕 学 5 キュウ すくう　キュウ(キウ) 漢 ク 呉 グ 慣 ㊦ 宥 jiù チウ　U補J 6551 2163

筆順 一 十 才 求 求 求' 救 救

意味 ①〈すく・う(―・ふ)〉 ㋐たすける。㋑ふせぐ。とめる。㋒病気をなおす。②正しくする。③援助。救援。④姓。

解字 (篆文) 形声。攵が形を表し、求(きゅう)が音を示す。攵は打つことで、動作をさせることを表す。求には、引きしめるという意味があるから、救は、ひきしめさせることを表し、止めさせる意味になるという。また、求には、休む意味があるから、救はやすませることで、止めさせる意味になるともいう。

名前 すけ・なり・ひら・やす・たすく

【救援】(きゅうえん(きうゑん)) 救い助ける。加勢する。

【救火】(きゅうか(きうくゎ)) 火事を消すこと。

【救過】(きゅうか(きうくゎ)) 罪をつくろう。

【救解】(きゅうかい(きう)) 人の罪を言いわけしてやる。

【救急】(きゅうきゅう(きうきふ)) ①急場(きゅうば)を救うこと。「救急車」②応急の手当て。「救急薬」

【救護】(きゅうご(きう)) ①救い守ること。②負傷者や病人を治療して保護すること。

【救荒】(きゅうこう(きうくゎう)) 飢饉(ききん)で困っている人々を救うこと。

【救国(國)】(きゅうこく(きう)) 国難を救うこと。

【救災】(きゅうさい(きう)) 災難にあった人々をすくうこと。「救災物資」

【救済(濟)】(きゅうさい(きう)) 救う。助ける。

【救日】(きゅうじつ(きう)) 日食のときドラなどをたたいて太陽を救う儀式。月食の場合は、救月という。

【救助】(きゅうじょ(きう)) 救い助ける。

【救恤】(きゅうじゅつ(きう)) 貧しい人や災害にあった人などを救いめぐむこと。救済(きゅうさい)。

【救世】■一 (きゅうせい(きう)) 世の中を救うこと。世の人を救うこと。■二 (くぜ・ぐぜ) 仏 ①世の人々を苦しみから救うこと。②仏・菩薩。特に観世音菩薩。【――軍】(きゅうせいぐん(きう)) キリスト教の一派。軍隊的な組織で伝道と社会事業をする団体。【――済(濟)民】(きゅうせいさいみん(きう)) 世の中の人々の苦しみを助けること。【――主】(きゅうせいしゅ(きう)) ①人類・世界を救う人。②キリスト教でイエス＝キリストのこと。

【救難】(きゅうなん(きう)) 災難を救うこと。

【救命】(きゅうめい(きう)) 人の命を助けること。

【救乏】(きゅうぼう(きうぼふ)) 貧しい者を救う。

【救療】(きゅうりょう(きうれう)) 貧しい人の病気をなおして救うこと。

【救星】(チウシン) jiùxīng 現 救ってくれる人。救い主(ぬし)。

(敔 ②)

攴7 **【敔】**〔11〕 ギョ 漢 ㊤ 語 yǔ ユィ　U補J 6554 3347 ②1367
意味 ①ふせぎとめる。②楽器の名。音楽を終えるときにかきならすもの。

攵7 **【教】**〔11〕 学 2 キョウ おしえる・おそわる　U補J 6559 2221

旧字 攴7 **【敎】**〔11〕 ■一 コウ(カウ) 漢 キョウ(ケウ) 呉 ■一 ㊦ 効 jiào チアオ　■二 コウ(カウ) 漢 キョウ(ケウ) 呉 ■二 ㊥ 肴 jiāo チアオ　U補J 654E

筆順 十 土 耂 孝 孝 孝 教 教

意味 ■一 ①〈おし・える(をし・ふ)〉 人をみちびきさとす。②〈おそわ・る(をそは・る)〉 ③おしえ。いましめ。④教化。⑤学問。⑥諸侯の命令を伝える文書。⑦宗教。「教主(きょうしゅ)」 ■二 ①〈おし・える(をし・ふ)〉 知識や技術をさずける。②〈しむ〉 …させる。使役の助詞。

語法 〈しむ〉 使役。…させる。「教A…」の形で「Aをして…せしむ」と訓読する。類使・令 例「但使竜城飛将在ただりょうじょう（じゃう）のひしょう（しゃう）をしてあらしめば、不レ教胡馬度陰山いんざんをわたらしめじ」（竜城に遠征して飛将軍とうたわれた李広のような名将が今いてくれたのであれば、異民族の騎馬兵に陰山山脈を越えて侵入させたりはしなかったであろうに）〈王昌齢の詩・出塞〉▼「教令」「教使」も二字で「しむ」と訓読する。なお、次の例のように「教えた、そそのかした」の意味と区別しがたい場合も多い。例「上曰しょう（しゃう）いわく（いはく）、若教淮陰侯反乎なんじ（なんぢ）わいいんこうをしてはんせしむるか／なんじ（なんぢ）わいいんこうにはんをおしえ（をしえ）たるか」（主上は、おまえは淮陰侯に謀反させたのか／謀反をけしかけたのか、と聞いた）〈史記・淮陰侯列伝〉

解字 𢼂 形声。攵が形を表し、𡥉かうが音を示す。攵は、動作を加えること。𡥉には、まねをする、ならうという意味がある。教は、上の人が教えこむことを、下の者がまねをし、ならうという、交互作用を表す。おしえるという「教」と、ならうという「效(効)かう」とは、同じ動作の両面である。

名前 こ・かず・たか・なり・のり・みち・ゆき

【教育】（きょう(けう)いく）[一] 教え育てる。教えみちびいて、よい方向に進ませること。[二] jiàoyù 現[一]に同じ。【――委員】（きょう(けう)いくいいん(ゐゐん)）国都道府県や市町村で、教育・学術・文化に関する事務を管理する人。【――課程】（きょう(けう)いくかてい(くわてい)）国児童・生徒に学習させる教育内容の系列。カリキュラム。【――漢字】（きょう(けう)いくかんじ）国義務教育のうちに、読み書きできるようにきめられた漢字。小学校の学習指導要領に示された一〇〇六字をいう。学習漢字とも。【――基本法】（きょう(けう)いくきほんほう(はふ)）国昭和二十二年(一九四七)に公布された法律で、戦後の日本の教育と教育行政との根本方向を示したもの。【――勅語】（きょう(けう)いくちょくご）国明治二十三年(一八九〇)に、明治天皇から賜った教育についての勅語。

【教員】（きょう(けう)いん(ゐん)）[一] 教師。[二] jiàoyuán 現[一]に同じ。

【教化】（きょう(けう)か(くわ)）|（きょう(けう)げ） 教え導いてよい方向に進ませる。

【教科】（きょう(けう)か(くわ)） 学校で教えみちびく科目。【――課程】（きょう(けう)かかてい(くわてい)）国児童・生徒に学習させる教育内容を、教科別に順序づけ整理したもの。【――目】（きょう(けう)かもく(くわもく)）国教科と科目。国語科・数学科・社会科などは教科。国語科の古典、数学科の幾何、社会科の日本史・世界史などは科目。

【教会(會)】（きょう(けう)かい(くわい)） ①キリスト教の教義をのべ伝えたり、礼拝儀式を行うための集会堂。②キリスト教信者の組織。

【教戒(「誨・誡」)】（きょう(けう)かい） 教えいましめること。【――師】（きょう(けう)かいし）国刑務所で受刑者などを教えみちびく宗教家。＝教誨師

【教学(學)】（きょう(けう)がく） [一] ①教えることと、学ぶこと。②教育と学問。③学問・教育のなかに道徳的な意味をふくませたもの。[二] jiàoxué 現教授する。授業。【――相長】（きょう(けう)がくあい(あひ)ちょう(ちゃう)ず） 人に教えるのと先生にまなぶのとは、互いにあわさって自分を進歩させるということ。〈礼記らい・学記〉

【教官】（きょう(けう)かん(くわん)） ①教化を司る役人。②国国立や公立の学校の教師。「文部もん教官」③国もと軍隊で、部下の教育にあたった将校・下士官。

【教諫】（きょう(けう)かん） 教えいさめること。

【教義】（きょう(けう)ぎ） ①宗教の教えの精神や意義。②教えの本来の意義。

【教具】（きょう(けう)ぐ） 教育に使う道具。掛け図や標本など。

【教訓】（きょう(けう)くん） [一] ①教えさとすこと。②こらしめる。②教え。忠告。[二] jiàoxun 現①[一]に同じ。

【教外別伝(傳)】（きょう(けう)げべつでん） 仏ことばや書いたものによらないで、じかに心にわからせる禅宗ぜんしゅうの教え。

【教刑】（きょう(けう)けい） 学校における刑罰。

【教皇】（きょう(けう)こう(くわう)）|（きょう(けう)おう(わう)） ローマカトリック教会の最高位の人。

【教唆】（きょう(けう)さ） ①他人をそそのかし、おだてる。②他人に悪事を行うようそそのかすこと。

【教材】（きょう(けう)ざい） [一] 授業に使う材料。[二] jiàocái 現[一]に同じ。

【教示】（きょう(けう)し）|（きょう(けう)じ） 教え示す。

【教旨】（きょう(けう)し） ①教えの趣旨。②宗教の趣旨。

【教師】（きょう(けう)し） [一] ①教える人。先生。教員。②宗教の道を教え伝える人。[二] jiàoshī 現[一]に同じ。

【教室】（きょう(けう)しつ） [一] 授業を行うへや。[二] jiàoshì 現[一]に同じ。

【教主】（きょう(けう)しゅ） 一つの宗教や宗派をはじめて起こした人。

【教授】（きょう(けう)じゅ） [一] ①学問・技芸を教え授けること。②高等教育を行う学校で専門の学術を教育または研究する人の職名。「大学教授」[二] jiàoshòu 現[一]に同じ。

【教習】（きょう(けう)しゅう(しふ)） 教えならわせる。

【教順】（きょう(けう)じゅん） 教化して従順させる。

【教馴】（きょう(けう)じゅん） おしえならす。

【教書】（きょう(けう)しょ） ①将軍の命令書。②ローマ法王が信徒を教えいましめるために公式に出す文書。③アメリカで大統領や州知事が、国会または州議会に出す政治上の意見書。

【教条(條)】（きょう(けう)じょう(でう)） 教訓を箇条書きにしたもの。学習上の法規。【――主義】（きょう(けう)じょう(でう)しゅぎ） 権威者のことばをうのみにして判断行動すること。ドグマティズムの訳語。

【教場】（きょう(けう)じょう(ぢゃう)） 教える場所。学校の教室。

【教職】（きょう(けう)しょく） 人を教育する職業。

【教祖】（きょう(けう)そ） ある宗教や宗派をはじめて起こした人。

【教卓】（きょう(けう)たく） 教師が教えるときに用いる机。

【教壇】（きょう(けう)だん） 教師が教えるときあがる壇。講壇。

【教程】（きょう(けう)てい） 教授の方法・形態。また、その教科書。

【教典】（きょう(けう)てん） ①宗教上の経文きょうもんや規則。②教育上の基本となる法則。

【教徒】（きょう(けう)と） ある宗教を信仰する人々。信徒。

【教道】（きょう(けう)どう(だう)） 教えみちびく。＝教導

【教導】（きょう(けう)どう(だう)） 教えみちびく。教え。てびき。

【教範】（きょう(けう)はん） ①教えのてほん。②教える方式。③教典。

【教坊】（きょう(けう)ぼう(ばう)） 唐代、宮中で歌や舞を教えた所。

【教本】（きょう(けう)ほん） ①教えのおおもと。②教科書。

【教務】（きょう(けう)む） ①教育上の事務。また、その事務をとる人。②宗教上の事務。

【教命】（きょう(けう)めい） ①命令。②皇后の命令。

【教喩】（きょう(けう)ゆ） 教えさとす。＝教諭

【教諭】（きょう(けう)ゆ） ①教えさとす。＝教喩 ②国小学校・中学校・高等学校の教師の職名。

【教養】（きょう(けう)よう(やう)） ①人格を教え養うこと。②国身についた広い文化的知識。

【教理】（きょう(けう)り） 宗教上の理論。

【教令】（きょう(けう)れい） ①命令。号令。②教え示して命令すること。

【教練】（きょう(けう)れん） 国①教えて練習させること。②もと、軍隊または学校で行った戦闘のための訓練。

【教勒】（きょう(けう)ろく） おしえいましめる。

『教学(學)半』（おしうる(をしふる)はまなぶのなかばなり） 人に教えるということは、自分の勉強にも大いに役だつということ。〈書経しょきょう・説命えつめい〉

◆文教ぶんきょう・仏教ぶっきょう・布教ふきょう・旧教きゅうきょう・回教かいきょう・邪教じゃきょう・国教こっきょう・胎教たいきょう・風教ふうきょう・殉教じゅんきょう・道教どうきょう・新教しんきょう・説教せっきょう・敷教ふきょう・儒教じゅきょう・回回教フィフィきょう

支7【敖】〔11〕 一ゴウ(ガウ)漢 一平 豪 áo アオ 二ゴウ(ガウ)漢 二去 号 ào アオ J 5836 補 — U 6556

意味 一 ①〈あそ・ぶ〉 たわむれる。なまける。=遨 ②やかましいさま。=嗷 ③ぐつぐつ煮る。=熬 ④敖敖は、背が高いさま。 二〈おご・る〉 いばる。えらぶる。=傲

【敖者】あそびまわっている者。「以候㆓敖者㆒」(えものをねらっている。)〈荘子・逍遥遊〉

【敖惰】遊びなまけること。

【敖遊】いい気になって遊びくらすこと。

支7【敒】〔11〕 シン 漢 平 真 呉 shēn シェン J 3346 補 — U 6552

意味 ①治める。②伸ばす。伸びる。=伸

支7【敐】〔11〕 シン 漢 平 真 chén チェン J 3345 補 — U 6550

意味 ①物を打つ音。②喜んで動くさま。

支7【敓】〔11〕 タツ 漢 入 曷 ダツ 慣 duó トゥオ J — 補 — U 6553

意味〈うば・う(――・ふ)〉 =奪

攵7【敗】〔11〕 学4 ハイ やぶれる ハイ 漢 去 卦 bài パイ J 3952 補 — U 6557

筆順 丨 冂 目 目 貝 貯 敗 敗

意味 ①〈やぶ・れる(――・る)〉 ㋐だめになる。㋑くさる。「腐敗」 ㋒負ける。↕勝 ㋓花がしぼむ。落ちる。②〈やぶ・る〉 こわす。いためる。負かす。くずす。③不作。凶年。

支14【𣀺】〔18〕 古字 J 6332 補 — U 8D01 こわれる。くずれる。「失敗」

解字 (篆文) 会意・形声。貝と攵を合わせた字。貝はまた音も示す。貝は昔の通貨。攵はたたくこと。敗は、財産とか法則をたたきこわすことで、こわれる、やぶれるの意味を表す。

【敗因】負けた原因。↕勝因

【敗屋】こわれた家。あばらや。=廃屋

【敗荷】枯れたはすの葉。

【敗壊(壞)】やぶれくずれる。敗頽。=敗潰

【敗業】仕事に失敗すること。仕事をしくじること。

【敗軍】①負けいくさ。②戦いに負けた軍隊。【――之将(將)、不ㇾ可㆓以言㆒ㇾ勇】戦いに負けた将軍は、武勇について語るわけにいかない。〈史記・淮陰侯列伝〉

【敗血症】医体内の化膿性病巣から、血液やリンパ管中に化膿菌が侵入しておこる疾病。

【敗残(殘)】①やぶれそこなう。②戦いに負けてちりぢりになること。「敗残兵」

【敗子】家をつぶすむすこ。やくざなせがれ。

【敗死】戦いに負けて死ぬ。

【敗紙】紙くず。いらなくなった紙。ほご紙。

【敗衄】戦いにやぶれること。衄も、やぶれる意。

【敗絮】役にたたない古綿。

【敗色】負けそうなようす。

【敗将(將)】戦いに負けた軍の大将。

【敗績】戦いでひどい負けかたをすること。大敗。

【敗訴】訴訟にやぶれること。↕勝訴

【敗走】戦いに負けて逃げ出す。

【敗俗】乱れた風俗。また、風俗を乱すこと。

【敗卒】戦いに負けた兵隊。敗兵。

【敗退】①戦いに負けて、うしろにさがる。②競技に負ける。

【敗頽】やぶれくずれること。敗壊。

【敗兆】戦いに負ける前兆。失敗のきざし。

【敗徳】道徳にそむくこと。道にはずれた行い。

【敗兵】戦いに負けた兵隊。

【敗報】戦いに負けたしらせ。↕勝報・捷報

【敗亡】戦いにやぶれてほろびる。また、逃げる。

【敗北】①戦いにやぶれる。②負けて逃げること。

【敗余(餘)】①戦いに負けたあと。②失敗のあと。

△▼失敗・全敗・成敗・退敗・惜敗・惨敗・勝敗・零敗・腐敗・優勝劣敗

支7【敎】〔11〕 旧→教(五六〇ページ・下)

支7【敍】〔11〕 同→敘(二一四ページ・中)

支7【敘】〔11〕 旧→叙(二一四ページ・中)

攵7【敏】〔11〕 旧→敏(五六〇ページ・上)

支7【敕】〔11〕 旧→勅(一七七ページ・中)

攵7〖赦〗→赤部四画(一一九八ページ・中)

攵7〖啓〗→口部八画(二四八ページ・下)

支8【敤】〔12〕 カ(クワ) 漢 上 哿 kě コー J — 補 — U 6564

意味 ①とぐ。②たたく。③敤手は、古代の天子、舜の妹の名。=敤首

攵8【敢】〔12〕 常 カン カン 漢 呉 上 感 gǎn カン J 2026 補 — U 6562

筆順 エ 千 干 〒 耳 耵 敢 敢

意味 ①勇気がある。いさましい。つよい。「勇敢」 ②〈あえて(あへて)〉 ㋐しいて。おもいきって。㋑せんえつながら。㋒どうして。反語を表す。

語法 ❶〈あえて(あへて)〉 進んで…する。思い切って…する。無理を承知でしいて行うことを示す。例「令㆓国中㆒曰、有㆓敢諫者㆒死無ㇾ赦」(国中にお触れを出して、大胆にもいさめる者があれば死刑に処してゆるさないとした)〈史記・楚世家〉▼「敢」は反語の文の中で用いられ、意味を強める働きをすることがある。例「今君王卒、臣豈敢忘㆓君王之意㆒乎」(いま君王は亡くなられたが、わたくしにどうしてそのお気持ちを忘れることができようか)〈史記・楚世家〉

❷〈あえて(あへて)〉 失礼ながら…。おそれながら…。目上のものに対して発言するときに用いて敬意を示す。例「敢問夫子何以知ㇾ此」(はばかりながらお尋ねいたします。先生はどうしてそれをおわかりになったのでしょうか)〈史記・仲尼弟子列伝〉

↓付録・同訓異義要覧「あえて」

句形

(1)［不㆓敢…㆒］〈あえて(あへて)…せず〉 ❶無理には…しない。しいてするほどの強い意志がないことを示す。例「胡兵終怪ㇾ之、不㆓敢撃㆒」(匈奴の兵は最後まで李広たち[が慌てて逃げてないの]を怪しんで、しいて攻撃をしかけてはこなかった)〈史記・李将軍列伝〉 ❷決して…しない。ある行為を行わないという強い意志を示す。例「爾忘㆓句践殺㆓爾父㆒乎」(おまえは句践がおまえの父親を殺したということを忘れたか。[闔廬にそうたずねられて]夫差は答えていった、決して忘れません)〈史記・伍子胥列伝〉 夫差対曰、不㆓敢忘㆒

(2)［敢不㆓…㆒］〈あえて(あへて)…せざらんや〉 反語。どうして…しないことがあろうか。例「今王将ㇳ継㆓簡襄之意㆒以順㆗先王之志㆖」

すんと、臣敢不レ聴レ命乎」（いま王が簡子・襄子さまの遺志を継ぎ先王の志に従われようとなさっているのですから、わたくしがどうしてそのご命令に従わないことがありましょうか）〈史記・趙世家〉
(3)［何敢…］〈なんぞあえて（あへて）…せん〉反語。どうして…したりしましょうか。例「子在、回何敢死」（先生がおられますのに、どうして回〔顔回〕が死にましょうか）〈論語・先進〉

解字 形声。古い形では、叡という字になっている。叡は、叏と古とを合わせた字で、叏が形を表し、古が音を示す。古は、長髪の形が変化したもので、その音は搵と通じるという。搵は取ること。叏は手。叡は、手で取ることで、進み取るの意味を表す。敢は叡の変形した字である。

名前 いさみ・いさむ　姓 敢

【敢為（爲）】思いきって行う。やりとおす。

【敢行】おしきって行う。思いきって行う。

【敢死】命がけ。死にものぐるい。

【敢戦（戰）】勇敢に戦う。敢闘。

【敢然】思いきってするさま。勇敢なさま。

【敢闘（鬭）】勇敢に戦う。力いっぱい戦う。

【不三敢当（當）二】進んでそのことに当たろうとしない。承知しない。お断りする。遠慮する。

【敢不レ走乎】どうして逃げ走らないことがあろうか、いや逃げ走る。〈戦国策・楚〉
△▼果敢・勇敢

支 8
【敧】〔12〕
㊀キ（漢）㊀㊤紙 qī チー
㊁キ（漢）㊁（平）支 jī チー
J ①8509　補 3350　U 6567
意味 ㊀①ふぞろいなさま。②かたむく。③よりかかる。㊁はしでものをもつ。

攵 8
【敬】〔12〕　学 6　ケイ　うやまう
旧字 支 9
【敬】〔13〕
ケイ（漢）　キョウ（キャウ）（呉）（去）敬 jìng チン
J 2341　補 ─　U 656C
U ─　補 ─　J ─

筆順 一 艹 艹 芍 苟 苟 敬 敬 敬

意味 ①〈うやま・う（──・ふ）〉たっとぶ。「尊敬」②〈つつし・む〉かしこまる。③〈いまし・める（──・む）〉注意する。④物を贈る。献上する。⑤姓。

解字 会意。苟と攵を合わせた字。苟は、自分をきつくいましめる、口をつつしむということ。攵は、追いたてる、せまること。敬は、きびしくせまって、つつしむようにすることで、いましめる意味になる。

名前 あき・あつ・いつ・うや・かた・たか・とし・のり・はや・ひろ・ゆき・よし・さとし・たかし・ひろし

【敬愛】㊀尊敬し愛する。㊁ jìng'ài 現㊀に同じ。

【敬畏】尊敬しおそれる。つつしみかしこむ。

【敬意】うやまう気持ち。尊敬する心持ち。

【敬遠】①うやまって近づかない。②うやまうように見せかけて、本当はきらって近づかないこと。

【敬仰】うやまいあおぐこと。

【敬具】つつしんで申し上げる。手紙の終わりに書く語。

【敬虔】①うやまいつつしむこと。②神仏を心からうやまい、かしこむこと。

【敬語】相手をうやまう心持ちを表すことば。

【敬承】つつしんで受けつぐこと。うやうやしくうけたまわること。

【敬尚】うやまい尊敬する。

【敬称（稱）】尊敬の気持ちを表す呼び名。また、その言い方。

【敬譲（讓）】人を敬い、たてること。

【敬信】尊敬し信頼する。

【敬神】国神をうやまうこと。

【敬諾】つつしんで承知いたします。承諾のときに用いるていねいなことば。謹諾。

【敬忠】あいてをうやまい、まごころをつくすこと。

【敬弔】死者をつつしんでとむらうこと。

【敬長】年長者をうやまうこと。

【敬重】うやまい重んじる。尊重。

【敬聴（聽）】かしこまって聞く。謹聴。

【敬亭山】安徽省にある山の名。

【敬拝（拜）】うやうやしく礼拝する。

【敬白】つつしんで申し上げる。手紙などの終わりにつける語。

【敬服】①つつしんで従う。②心からうやまい従う。

【敬復】つつしんでご返事します。返事の手紙の最初や最後に書く語。拝復。

【敬慕】尊敬しながらしたう。

【敬礼（禮）】㊀敬意を表して礼をすること。また、その礼。㊁ jìnglǐ 現①㊀に同じ。②（手紙の末尾）敬具。

【敬老】老人を尊敬してたいせつにすること。【──会（會）】国老人をうやまう会。

【毋レ不レ敬】つつしまなくてはいけない。尚歯会。〈礼記・曲礼〉

【敬以直レ内】つつしみ深くして、心の中を正しくする。〈易経・文言伝〉
△▼不敬・失敬・畏敬・崇敬・尊敬・愛敬

攵 8
【散】〔12〕　学 4　サン　ちる・ちらす・ちらかす・ちらかる
㊀サン（漢）（呉）㊀（去）翰 sàn サン
㊁サン（漢）（呉）㊁㊤早 sǎn サン
J 2722　補 ─　U 6563

筆順 一 艹 艹 芔 昔 背 散 散

意味 ㊀①〈ち・る〉〈ちら・す〉はなれる。ばらばらになる。↕集 ②〈ちらか・る〉〈ちらか・す〉③わける。くばる。④気を晴らす。⑤失う。⑥おわる。㊁①いりみだれる。②まとまりがない。しまりがない。③むだ。やくにたたない。「散人」④ひまな。「閑散」⑤まばらな。⑥ばらの。こまごまとした。⑦こなぐすり。「散薬」⑧古代のさかずきの一種。⑨琴の曲名。⑩姓。国〈ちらし〉①ちらしたもの。②ビラ。③ちらしずしの略。

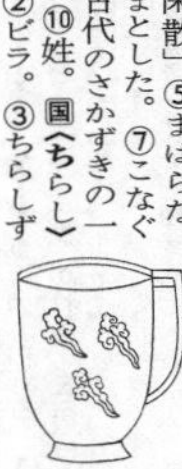
（散㊁⑧）

解字 形声。𢼸と月を合わせた字。月は肉で、形を表す。𢼸は椒で、音を示すとともに、分離する意味がある。散は、肉をばらばらにしたもの。つまり、こまぎれの肉のことで、ちらばる意味になる。

名前 のぶ　難読 散楽・散切り

参考 新表記では、「撒」の書きかえに用いる熟語がある。

【散佚】ちりぢりになってなくなる。＝散佚・散軼
【散逸（逸）】「散佚」に同じ。

【散軼】「散逸」に同じ。

【散会（會）】会合が終わって、人々がちりぢりになる。

【散楽（樂）】①昔の民間演芸。②国「猿楽」に同じ。

【散官】実際の任務を持たないひまな官職。

【散騎常侍】官名。天子のそばに奉仕する。騎馬で従う散騎と、宮中で奉仕する中常侍とをいう。

【散騎侍郎】官名。散騎省（官署の名）の散騎常侍の下役。名門の子弟が初めて任ぜられる官であった。

【散曲】(さんきょく) せりふもしぐさもない戯曲のうた。

【散華(華)】(さんげ) ①[仏]仏の供養(くよう)のために花をまきちらす。②[仏]法会(ほうえ)の儀式の一つ。お経(きょう)を読みながら、紙製のれんげの花をまきちらすこと。③[国]いさぎよく死ぬ。

【散見】(さんけん) あちこちにちらばって見える。

【散在】(さんざい) あちこちにちらばって存在する。

【散財】(さんざい) [国]①金銭や品物を人に与える。②多くの金銭を使うこと。

【散策】(さんさく) ぶらぶら歩く。散歩。

【散散】(さんざん) [国]①残るところのないさま。②ひどいさま。いたましいさま。③たくさん。したたか。とことん。

【散士】(さんし) 「散人(さんじん)」に同じ。

【散史】(さんし) [国]まとまりのない歴史。転じて、民間で著述する人がけんそんしていうことば。野史(やし)。

【散失】(さんしつ) ちりぢりになってなくなる。散逸(さんいつ)。

【散職】(さんしょく) 実際の任務を持たないひまな官職。散官。

【散人】(さんじん) ①役にたたない人。②世の中のことを気にかけないで、のんきにしている人。③詩人や画家が雅号(がごう)の下につける語。散士。

【散(「撒」)水】(さんすい) 水をまきちらす。「散水車」

【散卒】(さんそつ) 戦いに負けてちりぢりになった兵。

【散弾(彈)】(さんだん) ①ばらだま。ながれだま。②[国]多数の小さなたまが、あたりいちめんに飛び散るようなしかけになっている弾丸。「散弾銃」

【散地】(さんち) ①ひまな地位。権勢(けんせい)のない地位。②[国]あちこちにちらばっている土地。

【散髪】(さんぱつ) ①髪をばらばらにしておくこと。ちらしがみ。転じて、役人生活をやめて隠退することにも用いる。②[国]髪をかってきちんとすること。理髪。

【散飛】(さんぴ) ばらばらになって飛ぶ。飛散。

【散布】(さんぷ) まきちらす。ばらまく。=撒布

【散文】(さんぶん) 一句の語数や句法などに特別なきまりのない、普通の文章。↕韻文(いんぶん) 【――詩】(さんぶんし) 内容や調子が詩の体で、形式は散文体のもの。【――的】(さんぶんてき) ①詩でないこと。②深いあじわいやおもしろみがないこと。↕詩的

【散兵】(さんぺい) ①ちりぢりばらばらになった兵。②[国]兵をあちこちにちらして陣をしくこと。【――線】(さんぺいせん) [国]敵の前で左右に適当なへだたりをおいてちらばった兵士の線。

【散歩】(さんぽ) [一]ぶらぶら歩く。ゆったり歩く。[二](サンブー) sànbù [現] [一]に同じ。

【散亡】(さんぼう(ばう)) ①ちりぢりになって、なくなる。②ちりぢりに逃げる。

【散放】(さんぼう(ばう)) 放し飼い。

【散木】(さんぼく) 役にたたない木。

【散漫】(さんまん) ①いちめんにちらばりひろがること。②まとまりがないこと。とりとめがなく、しまりのないこと。

【散薬(藥)】(さんやく) こなぐすり。

【散乱(亂)】(さんらん) ちりぢりにみだれる。みだれてちらばる。

【散録(錄)】(さんろく) 思いつくままに書いた記録。

△▼分散(ぶんさん)・四散(しさん)・放散(ほうさん)・消散(しょうさん)・退散(たいさん)・飛散(ひさん)・発散(はっさん)・集散(しゅうさん)・閑散(かんさん)・解散(かいさん)・霧散(むさん)・離散(りさん)・一目散(いちもくさん)

支 8 【敞】〔12〕 ショウ [漢] [上] 養 (シャウ) chǎng チャン U補J 655E 5840

[意味] ①〈たか・い(――・し)〉高くて平らなさま。②ひろびろとしたさま。③ひらける。あらわれる。

[参考] 「敝(へい)」は別字。

支 8 【敜】〔12〕 ジョウ [漢] [入] 葉 (デフ) niè ニエ U補J 655C

[意味] ふさぐ。ぬりこめる。

支 8 【敠】〔12〕 テツ [漢] [入] 屑 duō トゥオ U補J 6560 3349

[意味] 敁敠(てんてつ)は、手で重さを計る。=掂掇(てんてつ)

攵 8 【敦】〔12〕 [入] U補J 6566 3856

[一]トン [漢] [一][平] 元 dūn トゥン
[二]トン [漢] [二][平] 元 tún トゥン
[三]タイ [漢] [三][去] 隊 duì トイ
[四]タイ [漢] [四][平] 灰 duī トイ
[五]トン [漢] [五][去] 願 dùn トゥン

[意味] [一]①〈あつ・い(――・し)〉㋐ゆたか。大きい。㋑てあつい。心がこもっている。②まこと。まごころ。③たっとぶ。④つとめはげむ。⑤ただす。とりしまる。[二]たむろする。集まる。=屯(とん) [三]物を入れるうつわの名。[四]①孤独なさま。②せまる。③おさめる。[五]①立てる。②土の盛りあがったもの。「敦丘(とんきゅう)」

（敦 [三]）

[解字] 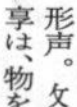 形声。攵が形を表し、享(とん)が音を示す。攵は打つこと。享は、物を煮て神にささげることである。古い形では、その下に羊があるから、羊の肉を煮ることである。敦は、享を打つことで、祭りの作法の手落ちをせめることである。惇(とん)と音が通じるので、厚い、てあついの意味になる。一説に、敦はずっしりと重いことであるともいう。

[名前] あつ・たい・つる・のぶ・おさむ・つとむ [地名] 敦賀(つるが)

【敦化】(とんか(くわ)) じっくりと感化すること。

【敦厚】(とんこう) まごころがあって、人情深いこと。

【敦煌】(とんこう(くわう)) (トゥンホワン) 地名。郡名、県名。漢代におかれた。今の甘粛(かんしゅく)省敦煌市の西北部にあり、五世紀〜十世紀ごろの壁画・塑像(そぞう)が多く残っていることで有名。=燉煌

【敦実(實)】(とんじつ) まごころがあって、まじめなこと。

【敦尚】(とんしょう(しゃう)) 尊敬する。重視する。

【敦篤】(とんとく) 人情があついこと。敦厚。

【敦朴】(とんぼく) まごころがこもって、かざりけのないこと。

【敦睦】(とんぼく) 親切で仲がよいこと。

【敦厲】(とんれい) はげまして、てあつくする。「敦ニ厲風俗一(ふうぞくをとんれいす)」〈顔氏家訓〉

支 8 【敝】〔12〕 ヘイ [漢] [去] 霽 bì ピー U補J 655D 5841

[意味] ①〈やぶ・れる(――・る)〉〈やぶ・る〉㋐こわれる。ぼろぼろになる。=弊 ㋑おとろえる。㋒つかれる。㋓負ける。②自分をけんそんする語。③おおう。=蔽(へい)

[参考] 「敞(しょう)」は別字。

【敝衣】(へいい) ぼろぼろな着物。「敝衣破帽(はぼう)」

【敝屋】(へいおく(をく)) そまつな家。自分の家をけんそんしていうことば。敝廬(へいろ)。陋屋(ろうおく)。

【敝屐】(へいげき) 「敝履(へいり)」に同じ。

【敝垢】(へいこう) ぼろぼろで、あかがついていること。

【敝蹝】(へいし) 「敝履(へいり)」に同じ。

【敝褻】(へいせつ) 破れよごれている。衣服などがみすぼらしい。

【敝邑】(へいゆう(いふ)) 自分の領土をけんそんしていうことば。

【敝履】(へいり) ①こわれたはきもの。②惜しむねうちのないもののたとえ。

【敝廬】(へいろ) そまつな小屋。自分の家をけんそんしていうことば。拙宅(せったく)。

【敝陋】(へいろう) みすぼらしい。みぐるしい。

支 8 【敟】〔12〕 [本]↓典(一三六ジベー・中)

攵 9 【数】〔13〕 [学]2 スウ・ス かず・かぞえる U補J 6570 3184

[旧字] 支11 【數】〔15〕 U補J 6578 5843

一 ス漢 シュ呉 スウ慣 一去 遇 shù シュー
二 ス漢 シュ呉 スウ慣 二上 麌 shǔ シュー
三 サク漢呉 三入 覚 shuò シュオ
四 ショク漢 ソク呉 四入 沃 cù ツー

筆順 丷 䒑 半 米 娄 娄 数 数

意味 一 ①〈かず〉 ②算術。六芸の一つ。「礼・楽・射・御・書・数」 ③いくつかの。 ④法則。 ⑤運命。さだめ。 ⑥わざ。技術。 ⑦手段。方法。 二 ①〈かぞ・える(──・ふ)〉 ②〈せ・める(──・む)〉 つみを数えたてて、相手をなじる。 三〈しばしば〉 たびたび。何度も。 四 めがこまかい。 ↕疏

解字 形声。攵が形を表し、婁が音を示す。婁には、しばしばの意味がある。攵は、手を加えること。數は、しばしば手を加えることから、「かず」「しばしば」「せめる」の意味になる。

名前 や・のり・ひら 地名 数久田・数河

難読 数珠（付表）／数多・数数・数奇・数寄

【数数（數）】一 たびたび。何度も。 二 いそがしいさま。 三 たびたび。 四 国 いろいろ。多く。

【数珠】 仏 小さいたまをたくさん糸に通して輪にしたもの。礼拝するときに手にかけてもんだり、念仏の回数を数えたりするのに用いる。

【数学（學）】一 数に関する学問。 二 shùxué 現 一 に「同じ。

【数奇】一 ふしあわせ。不運。 二 国 風流をこのむこと。茶の湯などをこのむこと。＝数寄

【数闋】 数曲。

【数口】 ①五、六人。 ②五、六人の家族。

【数行】 五、六すじ。五、六ぎょう。「数行過雁月三更」(真夜中の月の空を、幾列かのがんが飛び過ぎて行く。)〈上杉謙信の詩・九月十三夜陣中作〉

【数刻】 しばらくのあいだ。一刻は、約十五分間。

【数詞】 数量をはかったり順序を数えたりするのに用いる語。一、二、第三、四番、五号など。

【数次】 何度も。何回も。たびたび。

【数字】一 数を表す文字。 二 shùzì 現 一 に同じ。

【数術】 ①うらないの術。また、それに関する書物。 ②算術。数学。

【数多】 多く。たくさん。多数。

【数値】 数 ①文字で表された式の中の文字に相当する数。 ②計算して得た数。

【数量】一 数と分量。 二 shùliàng 現 一 に同じ。

【数寄】 国 風流をこのむこと。茶の湯などをこのむこと。＝数奇 【──者】 国 ものずきな人。風流な人。茶道に志す者。＝数奇者 【──屋】 国 茶の湯を行う小さなざしき。茶室ふうの建物。＝数奇屋

【数罟】 目のこまかいあみ。罟は、あみの意。

【数目】 shùmù 現 数。かず。

◆人数・小数・少数・手数・分数・代数・正数・回数・件数・有数・多数・画数・定数・奇数・命数・単数・度数・指数・係数・負数・約数・倍数・員数・偶数・無数・場数・複数・算数・整数

攴9 【敫】〔13〕 ヤク漢 入 薬 jiǎo チアオ U 656B 補 3351 J ②1368

意味 ①光のきらめくさま。 ②姓。

攴9 【敬】〔13〕 旧 ↓敬(五六三ページ・上)

攴9 【敭】〔13〕 同 ↓暋(五九九ページ・中)

攴9 〖鼓〗（一四五〇ページ・上） ↓鼓部〇画

攴10 【敲】〔14〕 標 コウ漢 (カウ) 平 肴 qiāo チアオ U 6572 補 J 5842

意味 ①〈たた・く〉 とんとんとたたく。 ②むち。短い棒。

攴10 【㪣】〔14〕 同字 U 3AA3 補 J ──

【敲砕（碎）】 うちくだく。

【敲朴】 ①むちで罪人を打つ。 ②刑罰用のむち。

◆推敲

攴10 【敼】〔14〕 本 ↓敷(本ページ・下)

攵11 【敵】〔15〕 学6 テキ かたき テキ漢 チャク呉 入 錫 dí ティー U 6575 補 J 3708

旧字 攴11 【敵】〔15〕 U ── 補 J ──

筆順 亠 亣 产 产 啇 啇 商 敵

意味 ①〈かたき〉 あだ。自分を害するもの。 ②あいて。 ㋐自分とつりあうもの。自分と同じ程度のもの。 ㋑自分に手むかうもの。 ③あたる。対する。 ④つりあう。「匹敵」

解字 形声。攵が形を表し、啇が音を示す。攵は動作すること。啇にはまっすぐ当たるという意味がある。敵は、動作をしかける相手で、「よい相手」の場合も、「かたき」の場合も含む。

名前 とし 難読 敵娼

【敵意】 敵対する心。反抗してにくむ心。

【敵影】 敵のかげ。敵兵のすがた。

【敵愾心】 国 ①敵に対するいきどおり。 ②あくまで敵と戦おうとする意気。

【敵視】 敵として見る。敵とみなす。

【敵手】 ①自分と同じくらいの力を持つ相手。 ②かたき。〔てき。〕

【敵将（將）】 敵の大将。相手の首領。

【敵状（狀）】 敵の状態。敵のありさま。

【敵情】 敵のようす。＝敵状

【敵勢】 ①敵の勢い。 ②敵の軍勢。

【敵前】 敵がいる前。「敵前上陸」 ↕敵背

【敵対（對）】 はむかう。はりあって、相対する。てむかい。

【敵弾（彈）】 敵がうったたま。

【敵地】 ①敵国の土地。敵軍の占領地。 ②敵の勢力範囲。

【敵本主義】 国 目的が他にあるように見せかけて、急に真の目的にむかう主義。明智光秀が中国地方の毛利氏を攻めるように見せかけて、急に本能寺にいた主君の織田信長を攻めたことによる。

【敵与（與）】 敵国と味方の国。

【敵塁（壘）】 敵のとりで。

【敵礼（禮）】 対等の礼。平等の礼。

【敵国（國）】 ①戦争の相手の国。 ②自国と同じくらいの力を持つ国。 ③主義・主張のあわない国。【──外患】 敵の国と、外国から加えられる圧力。【──破、謀臣亡】 戦争していた敵の国が負けて滅びると、今まで敵を滅ぼすはかりごとをめぐらしていた家来は用いられなくなる。〈史記・淮陰侯列伝〉

【敵人】 dírén 現 敵。

◆大敵・小敵・不敵・匹敵・仇敵・政敵・怨敵・恋敵・弱敵・宿敵・強敵・無敵

攵11 【敷】〔15〕 常 フ しく フ漢 フ呉 平 虞 fū フー U 6577 補 J 4163

旧字 攴11 【敷】〔15〕 U ── 補 J ──

攴10 【敼】〔14〕 本字 U ── 補 J ──

方7 【旉】〔11〕 同字 U 65C9 補 3371 J ②1379

筆順 一 亩 亩 亩 甫 旉 旉 敷

意味 ①〈し・く〉 ㋐のべひろげる。 ㋑ほどこす。 ㋒のべる。

ならべる。②広くぬる。③あまねく行きわたる。国①〈し・く〉㋐上に物をのせるように、下に平らにひろげる。㋑そなえをする。設備をする。②〈しき〉しきもの。

解字 形声。攵が形を表し、尃ふが音を示す。攵は手を加えること。尃には布などをしきのばす意味がある。敷は、手で布をしくことをいう。

名前 のぶ 難読 桟敷さじき(付表)

【敷居】しきい(ゐ) 国①地面にしいてすわるむしろ。②戸やしょうじなどの下にあり、みぞをつけてあけたてできるようにした横木。↕鴨居かもい

【敷島】しきしま 国①大和やまとの国(奈良なら県)の別称。②日本国の「別称。

【敷衍】ふえん ①しきのばす。②趣旨をのべひろげること。

【敷化】ふか(くゎ) 広く教化をおよぼす。

【敷求】ふきゅう(きう) 広く求める。

【敷教】ふきょう(けう) 教化を世の中に広める。布教。

【敷政】ふせい 政治を行う。

【敷設】ふせつ 国広い範囲はんいにとりつける。設置すること。

【敷奏】ふそう 天子に意見を申し上げる。

【敷陳】ふちん いろいろと述べたてる。

【敷文】ふぶん 文字を連ねて文を作る。

【敷愉】ふゆ 楽しみ、よろこぶ。

◆板敷いたじき・屋敷やしき・座敷ざしき・桟敷さんじき|さじき・風呂敷ふろしき

支11【敺】〔15〕古↓驅(一三九九ジ・上)

支11【敻】〔15〕本↓夐(三〇九ジ・下)

支11【數】〔15〕旧↓数(五六四ジ・下)

支11【敷】〔15〕旧↓敷(五六五ジ・下)

支12【敿】〔16〕キョウ漢呉 上 篠 (ケウ) jiǎo チアオ U補J 657D 3353

意味 つなぐ。連ねる。

攵12【整】〔16〕学3 セイ ととのえる・ととのう
セイ漢 ショウ(シャウ)呉 上 梗 zhěng チョン U補J 6574 3216

筆順 〔整の筆順〕

支12【整】〔16〕本字 U補J 22FEB

意味 ①〈ととの・える(――・ふ)〉そろえる。きちんとする。②〈ととの・う(――・ふ)〉③全部の。まるまる。④端数がない。

解字 会意・形声。束と攵と正を合わせた字。正せいはまた、音を示す。束はたばねること。攵は打つこと、追いたてること。正はただしくすること。整は、物事をたばねて正しくまとめさせることで、ととのえる意味となる。

名前 なり・のぶ・まさ・よし・おさむ・ひとし

【整粛(肅)】せいしゅく きちんとととのっているさま。

【整数(數)】せいすう 数一および一に順に一を加えた数と、これに対応する負数ふすうと零の総称。↕分数・小数

【整斉(齊)】せいせい 二 きちんとそろったさま。三 チョンチー zhěngqí 現 二に同じ。

【整整】せいせい きちんとととのっているさま。整然。

【整然】せいぜん 国秩序正しいさま。きちんとしていて乱れないさま。

【整地】せいち 国①土地を整理する。②土地をたいらにならす。

【整調】せいちょう(てう) 国①調子をととのえること。②ボートで舵手だしゅのつぎに位置し、こぐ調子をととのえる責任を持つこぎ手。

【整頓】せいとん 順序をととのえる。正しくそろってならぶこと。

【整版】せいはん 国①一枚の板にほった印刷用の版。また、その印刷物。②印刷用の原版をつくる。活字を版に組む。製版。

【整備】せいび きちんとととのえ、そろえる。正しくそなわっている」こと。

【整払(拂)】せいふつ 身なりをととのえる。

【整理】せいり 一 きちんとととのえる。順序正しくする。二 チョンリー zhěnglǐ 現 一に同じ。

【整流器】せいりゅう(りう)き 理交流を直流に変える装置。

【整列】せいれつ きちんと列を作ってならぶ。

【整個】チョンコー zhěnggè 現全体。全部。

【整天】チョンティエン zhěngtiān 現一日じゅう。

【整風】チョンフォン zhěngfēng 現風紀ふうきをきちんとすること。【――運動】せいふううんどう 一九四三年以後に中国共産党で行った党員の活動を改善する運動。

◆端整たんせい・調整ちょうせい

支12〖暾〗↓日部十二画(六〇一ジ・下)

支13【斁】〔17〕一 エキ漢 一 入 陌 yì イー 二 ト漢 二 去 遇 dù トゥー U補J 6581 3354 ②1370

意味 一 ①〈いと・う(――・ふ)〉いやがる。②さかんなさま。二〈やぶ・れる(――・る)〉そこなわれる。

欠13【歝】〔17〕同字 U補J 6B5D 3787

攵13【厳】〔17〕学6 ゲン・ゴン おごそか・きびしい U補J 53B3 2423

旧字 口17【嚴】〔20〕人 ゲン漢 ゴン呉 平 塩 yán イエン U補J 56B4 5178

筆順 〔厳の筆順〕

意味 ①〈きびし・い(きび・し)〉㋐さし迫った。㋑きつい。はげしい。㋒むごい。苛酷かこくな。「厳法げんぽう」②〈おごそか〉いかめしい。おかしがたい。「威厳」③たっとぶ。うやまう。④いましめる。警戒する。⑤父をいう。「厳君」⑥姓。

解字 形声。吅が形を表し、敢かんが音を示す。吅は口やかましいさま。厰には、がけがけわしく、ゴツゴツしているという意味がある。嚴は、口できびしくせめたてることから、おごそか、きびしい、の意味になった。

名前 いず・いつ・いわ・かね・たか・つよ・ひろ・よし・いかし・いつき

参考 新表記では、「儼」の書きかえに用いる熟語がある。

【厳威】げんい(ゐ) ①きびしく猛猛たけだけしい。②おそれ慎む。=厳畏

【厳羽】げんう 人名。宋そうの文人で、字あざなは儀卿ぎけい。滄浪そうろうと号した。「滄浪詩集」「滄浪詩話」などの著がある。

【厳苛】げんか むごいほどにきびしい。厳刻。

【厳科】げんか(くゎ) 重いとがめ。きびしいおきて。

【厳家】げんか 家風のきびしい家。

【厳戒】げんかい きびしく警戒する。

【厳恪】げんかく おごそかで慎み深い。=厳愨げんかく

【厳格】一 げんかく おごそかで正しい。厳正。二 イエンコー yángé 現 一に同じ。

【厳寒】げんかん きびしい寒さ。

【厳急】げんきゅう(きふ) きびしくてせっかち。

【厳禁】げんきん きびしく禁ずる。きびしい禁止命令。

【厳君】げんくん 父を敬っていう語。

【厳訓】げんくん きびしい教え。おごそかな教え。

【厳刑】げんけい きびしい刑罰。厳罰。

【厳扃】げんけい 厳重な戸じまり。扃は、かんぬき。

【厳警】げんけい きびしく戒める。また、きびしい警戒。

【厳潔】げんけつ おごそかで清潔。

【厳譴】げんけん 厳重な処罰。

【厳乎】げんこ きびしいさま。また、おごそかなさま。

【厳鼓】げんこ 早い調子で打つ太鼓。早打ちの太鼓。

【厳刻】げんこく きびしい。むごい。=厳酷

【厳子】げんし 荘子のこと。厳周。後漢ごかんの明帝の実名の「荘」を避けて、厳子と称したことによる。

【厳師】げんし ①きびしい先生。②師に対する敬称。

【厳守】げんしゅ かたく守る。
【厳粛(肅)】げんしゅく 一 おごそかでいかめしい。おごそか。二 〔yánsù イエンスー〕 現 一 に同じ。
【厳峻】げんしゅん おごそかできびしい。
【厳色】げんしょく 顔色をおごそかにする。威厳のある顔色。
【厳森】げんしん しゅんとするほどおごそか。
【厳正】げんせい きびしくただしい。【――中立】げんせいちゅう(ちう)りつ ①交戦国のどちらにも味方しないで、第三者の立場を守ること。②意見が対立している人たちの争いにまきこまれずにいること。
【厳切】げんせつ きびしい。峻厳しゅんげん。峻切しゅんせつ。
【厳然】げんぜん 威厳があっておもおもしいさま。＝儼然
【厳妝】げんそう(さう) きちんと身なりを整える。きちんと、よそおう。
【厳荘(莊)】げんそう(さう) おごそか。荘厳そうごん。
【厳霜】げんそう(さう) ①はげしい霜。草木を枯らす霜。②刑罰などのきびしいこと。【――夏零】げんそう(さう)なつにおつ きびしい霜が、夏の時節に降りる意で、暴君がかってなふるまいをすることのたとえ。〈海録砕事・帝王、暴虐〉
【厳達】げんたつ ①きびしく言いわたす。②厳重な通達。
【厳談】げんだん きびしくかけあう。強く談判する。
【厳重】げんちょう 一 ①威厳があっておもおもしい。②尊重する。二 げんじゅう(ぢう) ①きびしい。おごそかでいかめしい。②ぬけめがない。三 〔イエンチヨン yánzhòng〕 現 ①二 の①に同じ。②重大である。
【厳冬】げんとう 寒さのきびしい冬。
【厳凍】げんとう はげしい寒さ。非常に寒いこと。厳寒。
【厳罰】げんばつ きびしく罰する。きびしい刑罰。
【厳武】げんぶ 人名。唐の武将。字あざなは季鷹きよう。粛宗のとき、剣南節度使となり、吐蕃とばんを破り、鄭国公ていこくこうとなった。杜甫とほの後援者。
【厳父】げんぷ ①きびしい父。②父の敬称。厳君。③夫おっと自身の実父。妻の父を岳父がくふというのに対する。
【厳法】げんぽう(ぽふ) きびしいおきて。「と。
【厳密】げんみつ 厳重でこまかなこと。少しのもれ、手落ちのないこ」
【厳命】げんめい きびしく言いつける。また、その命令。
【厳明】げんめい 賞罰を、きびしく公明正大にすること。
『厳愛之策』げんあいのさく 役人のきびしさと、父母のやさしさとの二つの方法。「厳愛之策、亦可レ決矣げんあいのさく、またけっすべし」(二つの方法のうち、どちらが効果的か、きめることができるにちがいない〔きびしい方が効果的〕。)〈韓非子かんぴし・六反〉
『厳而少レ恩』げんにしておんすくなし きびしくて、慈愛の心が少ない。〈史記・太史公自序〉

攴13
【斂】〔17〕 一 レン 漢 呉 一 上 琰 liǎn リエン　二 レン 漢 呉 二 去 豔 liàn リエン　J 5844　補 ―　U 6582

△▼戒厳かいげん・荘厳そうごん|しょうごん・威厳いげん・尊厳そんげん・整厳せいげん・謹厳きんげん

意味 一 ①〈おさ・める(をさ・む)〉 ㋐とりこむ。刈りいれる。㋑しまいこむ。㋒あつめる。とりたてる。㋓ひきしめる。とりしまる。㋔ととのえる。きちんとする。②税。③〈ほぼ〉…足らず。二 死体に着物を着せることを「小斂しょうれん」といい、棺かんにおさめることを「大斂たいれん」という。
【斂昏】れんこん たそがれ。夕暮れ。
【斂葬】れんそう(さう) 死体を地中にうずめてほうむること。

攵14
【斃】〔18〕 標 ヘイ 漢 去 霽 bì ピー　J 5845　補 ―　U 6583

意味 〈たお・れる(たふ・る)〉 ①ころぶ。たおれふす。②死ぬ。
【斃死】へいし ①たおれて死ぬ。②のたれ死にする。
【斃鼠】へいそ 死んだねずみ。
『斃而後止』たおれて(たふれて)のちやむ 死ぬまで努力する。命のある限り。「やりぬく。」

攴14
【斁】〔18〕 古 →敗(五六二ジ・上)

攴14
〖釐〗(一二八二ジ・中) →里部十一画

攴15
【斄】〔19〕 一 リ 漢 一 平 支 lí リー　二 タイ 漢 二 平 灰 tái タイ　J ②1371　補 ―　U 6584

意味 一 毛の長い牛。から牛。ヤク。＝犛ぼう　二 地名。＝邰たい

攴16
【斅】〔20〕 コウ(カウ) 漢 去 効 xiào シアオ　J ②1372　補 3355　U 6585

意味 ①〈おし・える(をし・ふ)〉 ＝教　②〈まな・ぶ〉 ＝学　③まねをする。
『斅学(學)半』おしうる(をしふる)はまなぶのなかばなり 人に教えることは、自分の学業の半分に相当する。人に教えることによって自分の学問の半分ができあがるものである。〈書経しょきょう・説命えつめい〉

4画

文部　ぶん　ぶんにょう

【部首解説】 「線が交わってできた模様」にかたどり、「模様」「飾り」を表す。この部には、「文」の形を構成要素とする文字が属する。

文0
【文】〔4〕 学1 ブン・モン　ふみ　一 ブン 漢 モン 呉 一 平 文 wén ウエン　二 ブン 漢 モン 呉 二 去 問 wèn ウエン　J 4224　補 ―　U 6587

旧字 文0
【文】〔4〕　J ―　補 ―　U ―

筆順 丶 亠 ナ 文

意味 一 ①〈あや〉 いろどり。もよう。もくめ。②〈かざ・る〉 ③はなやかさ。外観がいかんの美しさ。↕質　④いれずみをする。⑤礼楽れいがくや制度などの文化。⑥学問。文芸。↕武　⑦〈ふみ〉 ㋐文字。㋑書物。㋒ことば。㋓文章。㋔韻文。↕筆　⑧法律の条文。⑨周の文王をさす。⑩穴のあいた小ぜに。

原義と派生義

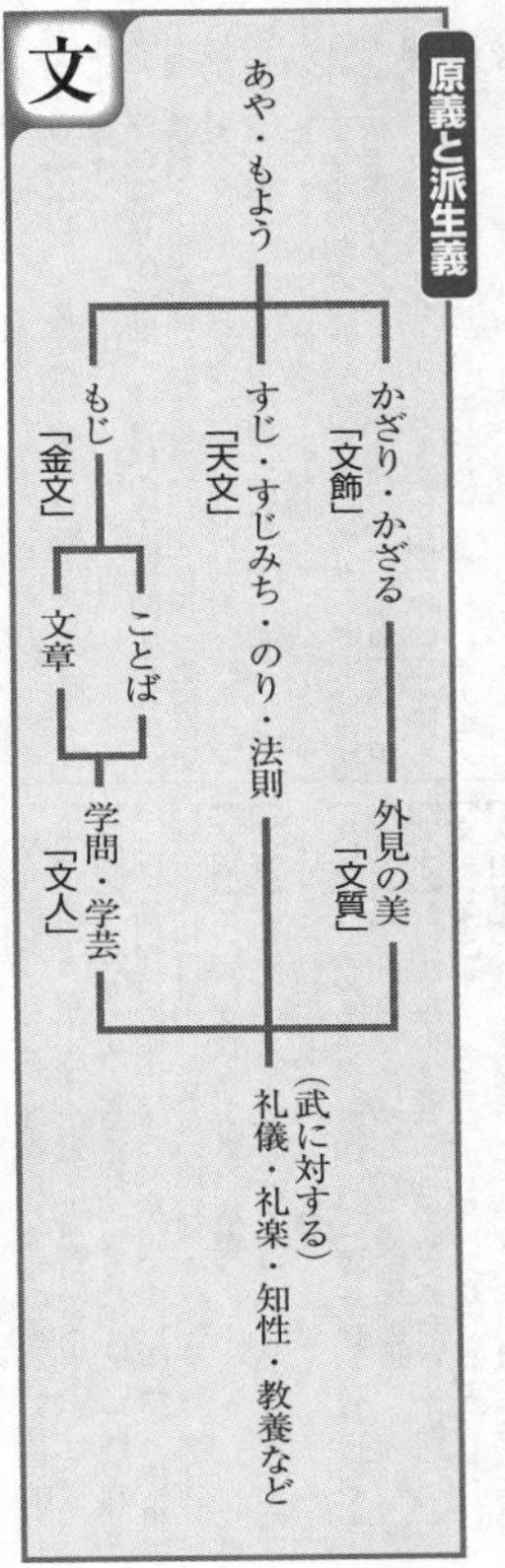

心(忄・⺗)戈戸(戶)手(扌)支攴(攵)
4画
文斗斤方无(旡・旡)日曰月(⺝)木欠止歹殳毋比毛氏气水(氵・氺)火(灬)爪(爫・⺥)父爻爿片牙(㸦)牛(牜)犬(犭)

また、その枚数を表す。「一文」⑪姓。[二]〈かざ・る〉うわべをかざる。とりつくろう。[国]①〈ふみ〉てがみ。②〈もん〉足袋の底の長さをはかる単位。

解字  象形。もようがまじわって、飾りのある形。「かざる」「あや」「文字」の意味を表す。

名前 み・や・あき・いと・とも・のぶ・のり・ひさ・やす・ゆき・よし・すじめ・ひとし・ふみし

姓 文屋・文珠

地名 文挟

難読 文色・文身・文机

【文車】ふぐるま [国]家の中で書物をはこぶときに用いる屋根つきの小さな車。

【文机】ふづくえ(づくゑ) [国]書物をのせて読み書きなどする机。

【文月】ふみづき|ふづき [国]陰暦七月の別称。

【文案】ぶんあん ①つくえ。几案。②文章の下書き。

【文衣】ぶんい 美しいもようのある着物。

【文意】ぶんい 文章の意味。文の大意。文義。

【文運】ぶんうん ①学芸がさかんになる気運。②文明がさかんになる状態。

【文苑】ぶんえん(ゑん) 「文壇」に同じ。【——英華(華)】ぶんえんえいか(ゑんえいくわ) 書名。一千巻。宋の太平興国七年(九八二)、李昉らが太宗の命令で編集した梁末から唐までの詩文集。

【文化】[一]ぶんか(くわ) ①権力を用いず、学問や文教によって教えみちびくこと。②世の中が進歩してひらけてゆき、学問や芸術が進歩すること。文明の世となること。[二]ウエンホワ wénhuà [現]①[一]に同じ。②学問。知識。教養。【——財】ぶんかざい(くわ) [国]①文化的価値のあるもの。②㊇文化財保護法で保護すべきものとして指定された事物。【——史】ぶんかし(くわ) 学問・芸術・文学・教育・宗教・風俗などのうつり変わりを系統的に研究して書いた歴史。【——生活】ぶんかせいかつ(くわせいくわつ) 現代文化をとりいれた合理的な生活。

【文科】ぶんか(くわ) ①文学・史学・哲学などの学科。②大学の文学部の俗称。↕理科

【文華(華)】ぶんか(くわ) ①文明のかがやかしさ。文化の美しさ。②文章がはなやかなこと。【——秀麗集】ぶんかしゅうれいしゅう(くわしうれいしふ) 書名。三巻。嵯峨天皇の命令で藤原冬嗣らが編集した漢詩集。

【文雅】ぶんが ①文学・芸術の道。②文学的で上品なこと。しとやか。

【文会(會)】ぶんかい(くわい) 文章を作ったり批評しあったりする文学上の集まり。

【文学(學)】[一]ぶんがく ①学問。②古代の学問に関する官職の名。③詩歌・小説・戯曲に関する学問。④思想や感情を想像の力をかりて、ことばや文字であらわした芸術。詩・小説・戯曲など。[二]ウエンシュエ wénxué [現][一]に同じ。【——改良芻議】ぶんがくかいりょう(りやう)すうぎ 中国の胡適の論文。一九一七年、アメリカ留学中の胡適が雑誌「新青年」に寄せて、新文学はすべて口語で書かれるべきことを説いた。【——革命】ぶんがくかくめい 中国の古い文学を近代化しようとして、民国六年(一九一七)ごろ起こった運動。【——観(觀)】ぶんがくかん(くわん) 文学についての考えかた。

【文官】ぶんかん(くわん) 武官でない官吏。↕武官

【文義】ぶんぎ 文章の意味。文意。

【文教】ぶんきょう(けう) 学問上の教え。学問で人を教化すること。

【文業】ぶんぎょう(げふ) 文学のしごと。詩文を作るわざ。

【文鏡秘(祕)府論】ぶんきょう(きやう)ひふろん 書名。三巻。空海の著。六朝と唐代の詩文について、形式・内容を評論した書。

【文句】[一]ぶんく 文章の中にある語や句。[二]もんく [国]①[一]に同じ。②こごと。いいぶん。苦情。非難。

【文具】ぶんぐ 文房具。紙・筆・すずり・墨・ペン・インクの類。

【文芸(藝)】[一]ぶんげい ①文物と学問。学問と芸術。②文学と芸術。③文学。[二]ウエンイー wényì [現]①[一]に同じ。②演芸。【——講話】ぶんげいこうわ(かう) 一九四二年に毛沢東が延安で文芸家の心得について発表した講演。【——復興】ぶんげいふっこう(ふくこう) 十四世紀末から十六世紀にかけてイタリアに起こり、全ヨーロッパにひろがった文化・芸術の革新運動。ルネサンス。

【文献(獻)】ぶんけん ①昔の制度・文物を知るよりどころとなる書物。②資料となる書物。【——学(學)】ぶんけんがく 文献によって古代の文化を研究する学問。【——通考】ぶんけんつうこう(かう) 書名。三百四十八巻。元の馬端臨の著。項目別に分類した叢書の一つで、特に宋代の制度にくわしい。

【文言】[一]ぶんげん ①「易経」の中の乾・坤について説明をした文章。②[国]文章や手紙の中のもんく。もんごん。[二]ウエンイエン wényán [現]文語。文語文。

【文彦(彥)博】ぶんげんぱく 人名。北宋の名臣。字は寛夫。諡は忠烈。潞国公に封じられた。(一〇〇五〜一〇九六)

【文庫】ぶんこ ①書物をいれておく倉。書庫。②[国]書類や手まわり品をいれておく箱。③[国]良い書物の普及を目的として、小型で多数出版する形式の書物。「文庫本」

【文語】ぶんご 文章を書くときに使う書きことば。現代の話しことば以前の古い語法による文章語。↕口語【——体(體)】ぶんごたい 文語で書かれた文章の形式。↕口語体

【文稿】ぶんこう(かう) 文章の下書き。草案。

【文豪】ぶんごう(がう) ①文学に非常にすぐれている人。②文章がうまいことで特に有名な人。文宗。

【文紗】ぶんさ あやもようの薄絹。「奪二文紗一」(あやもようの薄絹よりも、さらに美しい。)〈文華秀麗集〉

【文才】ぶんさい ①文学の才能。②うまい文章を書く才能。

【文采(采)】ぶんさい いろどり。かざり。文章の美しさ。=文彩

【文山集】ぶんざんしゅう(しふ) 書名。二十一巻。南宋の文天祥の詩文集。

【文士】ぶんし ①文章のうまい人。文学に通じた人。②[国]小説家。

【文思】ぶんし 文章にもられている思想。

【文事】ぶんじ ①学問・芸術に関すること。②文学上のこと。

【文辞(辭)】ぶんじ 文章のことば。文詞。

【文質】ぶんしつ 外がわと内容。外観の美しさと実質。【——彬彬】ぶんしつひんぴん 見かけの美しさと内容とが調和しているさま。

【文弱】ぶんじゃく 学問や芸術にこり、気性が弱々しいこと。

【文集】[一]ぶんしゅう(しふ) いろいろな文章を集めたもの。[二]もんじゅう(じふ) 「白氏文集」(八五四ページ・中)の略。

【文繡】ぶんしゅう(しう) ①美しい色やもようのぬいとり。②美しい着物。

【文術】ぶんじゅつ 文章と学問。

【文書】ぶんしょ|もんじょ 書類。

【文相】ぶんしょう(しやう) 宋の文天祥をさす。

【文章】[一]ぶんしょう(しやう)|もんじょう(じやう) ①あや。かざり。もよう。②礼楽や法度。③語句を組み合わせ、まとまった思想を表したもの。文。[二]ウエンチャン wénzhāng [現]①[一]の③に同じ。②含み。③方法。【——軌範】ぶんしょうきはん(しやう) 書名。七巻。宋の謝枋得の編で、昔からのすぐれた文章を集めたもの。【——語】ぶんしょうご(しやう) [国]文章を書くときに用いる特殊なことば。文語。【——博士】もんじょうはかせ(じやう) [国]大宝令で定められた官職の一つ。詩賦と歴史とをつかさどったもの。『——経(經)国(國)之大業』ぶんしょう(しやう)はけいこくのたいぎょう(げふ)なり 文章は、国を治める上に重要なしごとである。〈魏文帝・典論論文〉

【文飾】ぶんしょく ①飾り。いろどり。②ことばや文章を飾ること。

【文身】ぶんしん いれずみ。ほりもの。

【文臣】(ぶんしん) 文官。↕武官
【文人】(ぶんじん) ①学問・教育などにたずさわる人。↕武人 ②文学の才能がある人。③詩文・書画などの才能がある人。【――画(畫)】(ぶんじんが(ぐわ)) 文人が余技にかいたもので、世俗的でなく詩的な味わいがある墨絵。南画の一種。【――墨客】(ぶんじんぼっ(ぼく)かく) 「文人」の②に同じ。

【文心雕竜(龍)】(ぶんしんちょうりょう) 書名。十巻。梁の劉勰の著。文章の修辞について述べた最も古い書物。

【文声(聲)】(ぶんせい) すぐれた文章を書くという名声。文名。

【文政】(ぶんせい) 「文治」に同じ。

【文勢】(ぶんせい) 文章の生き生きした力。文章に現れている勢い。

【文節(節)】(ぶんせつ) 国文を読むとき、意味と音声によって区切られる最小の単位。

【文宣王】(ぶんせんのう(わう)) 唐の玄宗のとき、孔子に贈った謚。

【文宗】(ぶんそう) 「文豪」に同じ。

【文藻】(ぶんそう(さう)) ①いろどり。かざり。文章の美しさ。文采。②文章をつくる才能。

【文体(體)】(ぶんたい) ①文章の形式。②それぞれの作家の文章全体の特色。スタイル。【――明弁(辯)】(ぶんたいめいべん) 書名。八十三巻。明の徐師曽の編。文体を説明した本。

【文段】(ぶんだん) 文章の段落。

【文談】一(ぶんだん) 文章の味わいかたや作りかたなどについての話。文話。二(もんだん) 国①手紙でする相談。↕面談 ②学問上の談話。

【文壇】(ぶんだん) 文学者の社会。文芸の社会。文苑。

【文治】(ぶんち|ぶんじ(ぢ)) 力によらないで、学問や法律で国を平和におさめること。文政。↕武断
【文鎮(鎭)】(ぶんちん) 紙がとばないように置くおもし。

【文通】(ぶんつう) ①文法書。②国手紙のやりとり。たより。

【文典】(ぶんてん) ①文法の本。②「文法」の別名。

【文天祥】(ぶんてんしょう(しゃう)) 人名。南宋末の忠臣。(一二三六～一二八二)

【文徳】(ぶんとく) 学問や教養の徳。↕武徳
【文王】(ぶんのう(わう)) 周の先祖。武王の父。殷のもとで西方諸侯の長になり、その人物や政治のやり方は、儒家の手本とされている。

【文馬】(ぶんば) ①飾りたてた馬。②毛のもようが美しい馬。

【文莫】(ぶんばく) いっしょうけんめい。努力。

【文範】(ぶんぱん) 文章のてほん。もはん文。

【文筆】(ぶんぴつ) ①詩歌や文章を書くこと。②韻文と散文。

【文廟】(ぶんびょう(べう)) 孔子をまつった廟。↕武廟

【文豹】(ぶんぴょう(べう)) 毛なみのもようの、美しいひょう。↓「豊狐文豹」(一一八〇ページ・上)

【文武】(ぶんぶ) ①文事と武事。②周の文王と武王。【――兼備】(ぶんぶけんび) 文事と武事との両方にすぐれていること。

【文物】一(ぶんぶつ) 法律・学問・芸術・宗教など、文化の発達によってできるもの。二(ウエンウー) wénwù 現①一に同じ。②文化財。文化遺産。

【文房】(ぶんぼう(ばう)) 読書をしたり文章を書いたりするためのへや。書斎。【――具】(ぶんぼうぐ) 「文具」に同じ。【――四宝(寶)】(ぶんぼうしほう) 書斎にある四つの宝。筆・墨・紙・硯の四種をさす。

【文法】(ぶんぽう(ぽふ)) ①規則や法律。②語の並びかた、語形の変化など、言語のきまり。また、それを研究する学問。【――吏】(ぶんぽうり) 法律をよく知っている官吏。

【文墨】(ぶんぼく) ①詩文や書画をかくこと。②文学。書きもの。

【文脈】(ぶんみゃく) 文章のすじみち。文章の前後の続きぐあい。

【文民】(ぶんみん) 軍人でない人民。【――優位】(ぶんみんゆうい(いう)い(ゐ)) 国「軍人」に対して、「文民」が最高の指揮権を持つという原則。

【文名】(ぶんめい) ①文章がたくみだという評判。②文学者としての名声。

【文明】一(ぶんめい) 人知が開け学問が進んで、世の中が精神的にも物質的にも進歩すること。↕野蛮・未開 二(ウエンミン) wénmíng 現①一に同じ。②文化的な。【――開化】(ぶんめいかいか(くわ)) 国西洋文明をとうとんで、従来の日本文化の欠点を改めること。明治のはじめに流行した語。

【文面】(ぶんめん) ①顔にいれずみをする。いれずみをした顔。②国文章にあらわれた意味。③国手紙の意味・趣旨。

【文楽(樂)】(ぶんらく) 国①文楽座の略。江戸時代に植村文楽軒の建てた操り人形座。②文楽座で行われてきた操り人形の芝居。人形浄瑠璃芝居。

【文吏】(ぶんり) ①文官。②法律関係の役人。

【文理】(ぶんり) ①物事のあや。すじみち。条理。②国文科と理科。文学と理学。「文理学部」

【文例】(ぶんれい) 文章の書き方の例。

【文話】(ぶんわ) 文章の味わいかたや作りかたなどについての話。文談。

【文字】一(もんじ|もじ) ①ことばや音声を書き表した符号。②文章。③学問。二(ウエンツー) wénzì 現一に同じ。

【文殊】(もんじゅ) 仏釈迦の左にすわって知恵をつかさどる菩薩。＝文珠

【文選】一(もんぜん) 書名。三十巻。梁の蕭統(昭明太子)が、古来のすぐれた詩文を集めたもの。二(ぶんせん) 国活版印刷で、原稿にあわせて活字をひろうこと。また、その仕事をする人。

【文盲】(もんもう(まう)) 読み書きができない。非識字者。

【文火】(ウエンフオ) wénhuǒ 現とろ火。
◆人文・天文・白文・本文・付文・古文・全文・衣文・売文・言文・条文・作文・序文・国文・英文・欧文・注文・法文・拙文・例文・和文・美文・前文・俗文・単文・時文・案文・原文・俳文・候文・悪文・経文・訳文・散文・斑文・短文・跋文・証文・漢文・詩文・構文・碑文・誓文

文3【吝】↓口部四画(二三五ページ・中)
文3【彣】↓彡部四画(四五三ページ・下)
文3【対】↓寸部四画(三八二ページ・下)
文4【旻】↓日部四画(五八七ページ・中)
文4【斉】↓齊部〇画(一四五二ページ・下)
文6【斊】〔10〕俗↓齊(一四五二ページ・下)
文7【斎】↓齊部三画(一四五三ページ・中)
文6【紊】↓糸部四画(九六〇ページ・中)

文8【斑】〔12〕常 ハン　ハン 漢 平 刪 bān パン　J 4035 補 U 6591

筆順 一 T Ŧ 王 玎 玟 斑

意味〈まだら〉ぶち。色がまじりあっていること。

解字  形声。古い字形は辬である。文が形を表し、辡が音を示す。辡を含む字には、混ざる・交わるという意味をもつものが多く、辬は、色やもようが混ざるということを表している。斑は、辬の俗字で、辬に代わって用いられるようになった。

地名 斑鳩(いかるが)

参考 「班(はん)」は別字。

【斑鳩】(はんきゅう(きう)|いかる) 鳥の名。スズメ目の小鳥。くちばしは太い円すい形で黄色。いかるが。まめまわし。

【斑竹】(はんちく|まだらだけ) 幹の表面にまだらのもようがある竹。

【斑点(點)】(はんてん) まだらになって、ちらばっている点。

【斑馬】(はんば|まだらうま) ①まだらな毛色の馬。ぶちうま。②しまうま。

心(忄・⺌)戈戸(戸)手(扌)支攴(攵)
4画
文斗斤方无(旡・旡)日曰月(月)木欠止歹殳毋比毛氏气水(氵・氺)火(灬)爪(爫・爫)父爻爿片牙(牙)牛(牜)犬(犭)

心(忄・⺗)戈戸(戶)手(扌)支攴(攵)

4画

➡文斗斤方无(旡・旡)日曰月(月)木欠止歹殳毋比毛氏气水(氵・氺)火(灬)爪(爫・⺥)父爻爿片牙(牙)牛(牜)犬(犭)

【斑白】しらがまじりのかみの毛。‖半白・斑白・頒白
【斑斑】まだらなさま。
【斑猫】昆虫の名。体長二センチメートルほどの甲虫の一種。みちしるべ。‖斑蝥
【斑文】まだらもよう。ぶち。‖斑紋
【斑紋】「斑文」に同じ。
【斑爛】色がまじりあって、美しいさま。
◇▼一斑・白斑・死斑・虎斑・紫斑・蒙古斑

文8【斐】〔12〕人 一ヒ漢|一上 尾 fěi フェイ　二ヒ漢|二平 微 fēi フェイ　J 4069 U補 6590
旧字 文8【斐】〔12〕 U補 J ―
意味 一〈あや〉あやのあるさま。美しいさま。りっぱなさま。 二姓。
解字 形声。文が形を表し、非が音を示す。文は模様。非には二つに分かれる意味がある。斐は対称になった模様。
名前 なが・よし・あきら・あやる
参考 「裴」は別字。
◇▼甲斐

文8【斌】〔12〕 ヒン漢|平 真 bīn ピン　J 4144 U補 658C
意味 外観と内容とが調和しているさま。‖彬

文8〘閔〙(一三一八ページ・下)↓門部四画

文9【斒】〔13〕 ハン漢|平 删 bān バン　J 3357 U補 6592
意味 斒爛は、色がまじりあって美しいさま。‖斑爛

文17【爛】〔21〕 ラン漢|平 删 lán ラン　J 3358 U補 6595
意味 爛斒は、色がまじりあって美しいさま。‖爛斑

4画

斗部 とます

【部首解説】「柄のついたひしゃく」にかたどり、「ます」を表す。この部には、「斗」の形を構成要素とする文字が属する。

斗0【斗】〔4〕常 ト　トウ漢|上 有 dǒu トウ　ト呉　J 3745 U補 6597

筆順
丶
⺀
三
斗

意味 ①容量の単位。十升。約一・九四リットル。わが国の一斗は約一八リットル。(↓付録「度量衡名称」) ②とます。一斗をはかるいれもの。③ひしゃく。長い柄のついたひしゃく。④ひしゃくの形をしたもの。「熨斗」 ⑤星座の名。「北斗」「南斗」 ⑥ひしゃくの柄のようにつき出たさま。⑦〈たちまち〉急に。⑧現たたかう。音 dòu トウ。‖鬪

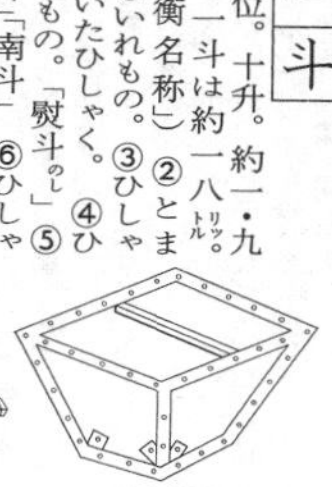
(斗②)

(斗③)

解字 象形。上のほうは、ますの入れ物の形で、下はその柄がついている形。
名前 け・ほし・ます・はかる　姓 斗内
参考 斗は「鬭」(一三二三ページ・上)の中国新字体としても使う。

【斗牛】星座の斗宿と牛宿。

【斗斛】①ます。②一斗と一石。③量が少ないこと。〖―之禄(祿)〗わずかな給料。

【斗巵酒】一斗入りの大きなさかずきについだ酒。

【斗室】一斗ますほどのへや。非常にせまいへやの意。

【斗酒】①一斗の酒。「斗酒十千恣二歓謔一(斗酒十千 歓謔を恣にす)」(一斗が一万銭もするような上等の酒で、たのしみをほしいままにした。)〈李白の詩・将進酒〉 ②飲む酒の量の多いこと。

【斗出】国斗の字の形にかどだって突き出ること。

【斗升】斗と升。斗は、一斗をはかるます。升は、一升をはかるます。転じて、ごくわずかな量をいう。〖―之禄(祿)〗ごくわずかな給料。

【斗食】一日に一斗のふちまいをもらう。身分のごくひくい役人をいう。

【斗折】北斗七星のように折れ曲がる。

【斗筲】①量が少ないこと。筲は、一斗二升はいる竹のいれもの。②心のせまい人のたとえ。

【斗大】一斗ますほどの大きさ。

【斗儲】わずかなたくわえ。わずかな財産。

【斗入】岬などがかどだっていりこむこと。

【斗柄】北斗七星の柄にあたる部分。第五、六、七星をさす。

【斗米】一斗の米。

【斗量】①ますではかる。②ざらにある、の意。

【斗糧】わずかな糧食。‖斗粮
【斗禄(祿)】わずかな給料。
◇▼北斗・抽斗・科斗・泰斗・漏斗・熨斗

斗3【斘】〔7〕同 ↓升(一九三ページ・下)

斗6【料】〔10〕学4 リョウ　一リョウ(レウ)漢呉|一去 嘯 liào リアオ　二リョウ(レウ)漢呉|二平 蕭 liáo リアオ　J 4633 U補 6599

筆順
丷
䒑
半
米
米
米
料
料

意味 一①〈はか・る〉㋐ますではかる。㋑かぞえる。㋒考える。くらべる。②てあて。俸禄とは別に支給される物品。「給料」 ③材料。しろ。たね。④かいば。まぐさ。 二ふれる。ぶつかる。国代金。「料金」
解字 会意。米と斗を合わせた字。斗はます。料は、米がますの中にあることを表す。そこから、分量をはかる意味になる。
名前 かず

【料簡】一考えてえらぶ。二ゆるすこと。かんべん。国①考え。②
【料紙】国使う紙。材料とした紙。用紙。

【料峭】寒い春風の形容。

【料度】おしはかる。けんとうをつける。推測。

【料地】国使用する土地。用地。

【料得】おしはかる。予想する。

【料民】人口を調べる。

【料理】①かたづける。しまつする。処理。②国おいしく味をつけたたべもの。また、その術。

【料量】①ますではかる。②ますではかった量。③会計。
◇▼史料・衣料・材料・肥料・染料・香料・送料・食料・原料・席料・借料・宿料・給料・過料・飲料・塗料・資料・損料・飼料・稿料

斗7【斛】〔11〕 コク漢|入 屋 hú フー　J 5847 U補 659B

意味 ①容量の単位。十斗。約一九・四リットル。後世、五斗を斛、十斗を石せきということもある。(→付録「度量衡名称」) ②ます。③姓。

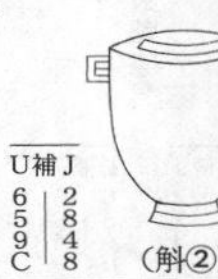
(斛②)

斗7【斜】〔11〕常 シャ ななめ　J 2848　U 659C

旧字 斗7【斜】〔11〕

■シャ 漢 ■平 麻 xié シエ
■ジャ 呉
■ヤ 漢 ■平 麻 yé イエ

筆順 ノ 𠆢 亽 余 余 余 斜

意味 ■①〈ななめ〉かたむく。はすかい。②正しくないさま。■陝西せんせい省の終南山にある谷の名。斜谷やこく。

解字 形声。斗が形を表し、余よが音を示す。斗はます。余には、あまる、ゆとりがあるという意味がある。斜は、ますですくい出すことを表す。後に、音はシャと変化し、意味も、かたむくことを表すようになった。

地名 斜里しゃり

【斜陰】しゃいん 西にかたむいた月の光。
【斜雨】しゃう 風のためにななめに降る雨。
【斜影】しゃえい ななめにうつっているかげ。
【斜柯】しゃか ななめになった枝。
【斜暉】しゃき 夕日の光。夕日。
【斜景】しゃけい ①夕日。②年をとったことのたとえ。老年。
【斜月】しゃげつ 西に沈みかけた月。夜明けの月。
【斜坑】しゃこう(かう) 国地面に対してななめにほった坑道。
【斜紅】しゃこう ほおべに。「斜紅不暈うんせず」(ほおべにをぼかさないで濃いまま。)〈白居易はくきょいの詩・時世粧じせいしょう〉
【斜視】しゃし ①やぶにらみ。②ななめに見る。ながし目に見る。
【斜日】しゃじつ 西にかたむいた太陽。夕日。斜陽。
【斜線】しゃせん ななめにひいた線。
【斜面】しゃめん ①水平面に対してかたむいている平面。②坂道のようにかたむいている地面。
【斜陽】しゃよう(やう) ①西にかたむいた太陽。②国おちぶれかかっていることのたとえ。
◆傾斜けいしゃ

斗8【斝】〔12〕カ 漢 ■上 馬 jiǎ チア　J ①8510　補 3360　U 659D

意味 ①銅製で、爵しゃくより大きい三本足の酒器。②玉ぎょくで作ったさかずき。

(斝①)

斗9【斟】〔13〕シン 漢 ■平 侵 zhēn チェン　J 5848　U 659F

酉4【酙】〔11〕字 俗　J ②9033　補 6657　U 9159

意味〈く・む〉①くみとる。つぐ。②おしはかる。思いやる。③あつもの。肉の入ったスープ。

【斟酌】しんしゃく ①水や酒をくみかわす。②相手の事情や気持ちをよく考える。③事情を考えて処理すること。

斗10【斡】〔14〕人 標 ■ワツ 漢 ■入 曷 wò ウォ / アツ 慣 / ■カン 漢 (クワン) ■上 旱 guǎn コワン　J 1622　U 65A1

意味 ■〈めぐ・る〉①ぐるぐるまわる。②うつりかわる。■とりしきる。

名前 はる

参考「幹かん」は別字。

【斡棄】あっき ころがしたまま捨てておく。「斡二棄周鼎一しゅうていをあっきす」(周鼎は、周王室のかなえ。天子の宝物。)〈賈誼かぎ・弔屈原賦くつげんをとむらうふ〉
【斡旋】あっせん ①めぐる。めぐらせる。②間に立ってせわをする。
【斡流】あつりゅう(りう) めぐり流れる。

斗10【斠】〔14〕■カク 漢 ■入 覚 jiào チアオ / ■コウ 漢 (カウ) ■去 効 jiào チアオ　J 3361　U 65A0

意味 ■■①ますに盛った穀物を平らにならす棒。ますかき。②〈はか・る〉平らにならす。分量をはかる。③文章を校正する。＝校

斗11【槲】↓木部十一画(六六三ページ・中)

斗13【斣】〔17〕トウ 漢 ■去 宥 dòu トウ / ツ 呉　J 3362　U 65A3

意味 ①〈ひとし・い(ひと・し)〉交換した物がそれぞれ釣りあっている。また、穀物を正しくはかる。②〈はし・る〉力いっぱい走る。

4画 斤部 おの おのづくり

部首解説 「おので切るさま」にかたどり、「おの」を表す。この部には、「斤」の形を構成要素とする文字が属する。

斤0【斤】〔4〕常 キン　J 2252　U 65A4

■キン 漢 ■平 文 jīn チン
■キン 漢 ■去 問 jìn チン

筆順 ノ 𠂆 𠂇 斤

意味 ■①おの。まさかり。②切る。けずる。③重量の単位。十六両。わが国の一斤はふつう百六十匁もんめ(六〇〇グラム)。(→付録「度量衡名称」) ■斤斤きんきんは、①つまびらかなさま。②つつましいさま。

解字 象形。古い形でわかるように、おので物を切ろうとしている形。

名前 のり

【斤重】きんちょう 目方。重さ。
【斤斧】きんぷ まさかりやおの。木を切る道具。
【斤量】きんりょう(りゃう) 目方。また、目方をはかる道具。

斤1【斥】〔5〕常 セキ　■セキ 漢 ■入 陌 chì チー　J 3245　U 65A5

筆順 ノ 𠂆 𠂇 斤 斥

意味 ①〈しりぞ・ける(――・く)〉おいはらう。とおのける。「排斥はいせき」②〈さ・す〉ゆびさす。③せめとがめる。④土地をきりひらく。⑤〈うかが・う(――・ふ)〉ようすをさぐる。「斥候せっこう」⑥塩分を含んだ土壌。⑦大きい。「充斥じゅうせき」

解字 古い形では、㡿という字である。㡿は、形声文字で、广が形を表し、屰げきが音を示す。广は家。屰は逆で、さからうこと。㡿は、家を取り払って広くすることを表す。目ざして取り払うことから、しりぞける、ゆびさす、という意味になる。

名前 かた

参考「斤きん」は別字。

心(忄・⺗)戈戸(戶)手(扌)支攴(攵) 4画 文斗斤方无(旡・旡)日曰月(月)木欠止歹殳毋比毛氏气水(氵・氺)火(灬)爪(爫・⺥)父爻爿片牙(牙)牛(牜)犬(犭)

【斥言】(せきげん) 欠点を指摘する。

【斥逐】(せきちく) しりぞけ、追いはらう。

【斥棄】(せっき(せきき)) しりぞけ捨てられる。世間から見離され捨てられる。

【斥騎】(せっき(せきき)) そっと敵のようすをしらべる騎兵。

【斥候】(せっこう(せきこう)) 敵のようすをさぐること。また、その兵。


斤2〘匠〙↓匚部四画(一八八ジベー・中)

斤4
【斦】〔8〕
一 ギン 漢 ゴン 呉 一 平 文 yín イン
二 シツ 二 ― zhì チー
U補J 65A6 3363
意味 一 ①ふた振りの斤。②明らか。二 斤で切り割るとき、ものを置く台。

斤4
【斨】〔8〕
ショウ 漢 (シャウ) 平 陽 qiāng チアン
U補J 65A8
意味 おのの一種。

斤4
【斧】〔8〕 人 標
フ 漢 上 麌 fǔ フー
U補J 65A7 4164
金8【鈇】〔16〕同字 U補J 28A1E ②9094
意味 ①〈おの(をの)〉まさかり。「斧斤(ふきん)」②〈き・る〉おので切る。③兵器。刑具。
【斧鉞】(ふえつ(ゑつ)) ①おのとまさかり。②重い刑罰。③ていれ。修正。【――之誅】(ふえつ(ゑつ)のちゅう(ちう)) 悪事をおかして処罰されること。斧・鉞はいずれも刑具。誅は罪を責めて罰すること。〈荘子・至楽〉
【斧柯】(ふか) ①おの。おのの柄。②政権。
【斧钁】(ふかく(くわく)) おので首を切ることと、かまゆでにすること。
【斧鑿痕】(ふさくのこん) ①おのとのみを使って細工したあと。②詩や文章に修正をくわえたあと。
【斧質】(ふしつ) 罪人を死刑にすること。斧は、人を切るおの、質は、「切る台。」

斤4〘所〙↓戸部四画(五一一ジベー・上)
斤4〘炘〙↓火部四画(七六五ジベー・中)
斤4〘欣〙↓欠部四画(六七四ジベー・中)

斤5
【斫】〔9〕
シャク 漢 入 薬 zhuó チュオ
U補J 65AB 5849
意味 ①〈き・る〉刀やおので切る。②攻撃する。

斤7
【斬】〔11〕 常
ザン きる
サン 漢 ザン 慣 上 豏 zhǎn チャン
U補J 65AC 2734

筆順 亘 亘 亘 車 車 斬 斬 斬
意味 ①〈き・る〉刀で切る。きりころす。②〈た・つ〉たえる。つきる。さえぎる。③喪服の一種。斬衰(ざんさい)。
解字 (篆書) 会意。車で引き裂き、斤で切る刑罰。一説に、車を作る材料をきる意とする。
【斬奸】(ざんかん) 悪人をきり殺す。【――状(狀)】(ざんかんじょう(じゃう)) 悪人をきり殺す趣意を書いた文書。
【斬級】(ざんきゅう(きふ)) 「斬首」に同じ。
【斬衰】(ざんさい) 裁ったままで、ふちをぬってない喪服。重い喪に服するとき着るもの。

(斬　衰)

【斬罪】(ざんざい) 首をきる刑罰。うちくび。

【斬殺】(ざんさつ) きりころす。

【斬死】(ざんし) きられて死ぬ。

【斬首】(ざんしゅ) 首をきる。また、きりとった首。斬級。

【斬新】(ざんしん) めだって新しい。趣向などがきわだっている。‖嶄新
【斬髪】(ざんぱつ) ①髪を切る。②髪を切りみだして結ばぬこと。「散切(ざんぎり)。」

斤7
【断】〔11〕 学5
ダン たつ・ことわる
一 タン 漢 ダン 呉 一 上 旱 duàn トワン
二 タン 漢 呉 ダン 慣 二 去 翰 duàn トワン
U補J 65AD 3539
旧字 斤14【斷】〔18〕 U補J 65B7 5850

筆順 丷 丷 半 米 㡭 断 断 断
意味 一〈た・つ〉①たち切る。きりはなす。きれる。はなれる。「切断」②関係をなくす。えんがきれる。③やめる。二 ①きめる。「判断」②さばく。治める。③思いきって。絶対に。国〈ことわ・る〉①言いわけをいう。②拒絶する。

解字 (篆書) 形。会意。㡭と斤とを合わせた字。㡭は、糸をたち切った形。斤はおの。断は、おのでたち切ること。とくに、絶は横に切ることで、断はたてにたちわることであるという。

名前 さだ・とう・さだむ・たけし
参考 断は「斷」の中国新字体としても使う。 応用例 斵(斷)

【断案】(だんあん) 案をきっぱりときめること。また、きっぱりときめた案。

【断崖】(だんがい) きりたったがけ。「断崖絶壁」

【断割】(だんかつ) たちさく。たちきる。

【断簡】(だんかん) きれぎれになった文書。

【断岸】(だんがん) きりたったがけになっている岸。

【断棄】(だんき) たちすてる。交りをたって見捨てる。

【断橋】(だんきょう(けう)) ①こわれている橋。②橋を切り落とす。③「さんばし。」

【断金】(だんきん) 一 きわめてかたいつきあい。非常に深い友情。二 (だんぎん) 国日本の十二律の一つ。【――契】(だんきんのちぎり) ぜったい変わらない友情。友人の間の非常にかたいちぎり。

【断言】(だんげん) はっきり言いきる。きっぱりと言う。

【断乎】(だんこ) きっぱりと。強い決意をもって行うさま。断固。

【断固】(だんこ) 「断乎」に同じ。

【断交】(だんこう(かう)) まじわりをたつ。つきあいをうち切る。絶交。

【断行】(だんこう(かう)) きっぱりと、おしきって行う。断然。

【断獄】(だんごく) ①裁判をする。②国罪を断定すること。③国死刑に処すること。

【断裁】(だんさい) 国①適当な大きさにたち切る。②紙や製本するもののふちを切りそろえる。裁断。

【断罪】(だんざい) 国①裁判によって罪をきめる。②首を切る刑。

【断食】(だんじき) ①たべものをたべない。絶食。②仏神仏へ願をかけるために、何日間か日をきめて食物をたべないこと。

【断酒】(だんしゅ) 酒を飲まないことにきめる。禁酒。

【断種】(だんしゅ) 国男または女の生殖器を手術して、こどもが生まれないようにすること。

【断章】(だんしょう(しゃう)) 詩や文章の中の一句だけを取り出すこと。また、その句。【――取義】(だんしょう(しゃう)しゅぎ) 詩や文章の一部をとって、全体の意味には関係なくかってに解釈して用いること。〈孔穎達・礼記正義〉

【断制】(だんせい) とりきめる。決定する。

【断截】(だんせつ) たち切る。

【断絶】(だんぜつ) ①たち切る。②とぎれる。続くものがなくなること。

【断線】(だんせん) ①線が切れること。②電線などが切れて電流が通じなくなること。

【断然】(だんぜん) きっぱりとしたさま。おしきってするさま。断乎。

【断層(層)】(だんそう) 理地盤の割れめにそってできた地層のくいちがい。

【断続(續)】(だんぞく) 切れたり続いたりする。

【断腸】(だんちょう(ちゃう)) はらわたがたち切れること。転じて、非常に悲しむさま。また、苦しむさま。晋の桓温の従者が猿の子を捕らえ船に乗せたところ、母猿が岸伝いに長い距離を追い、ついに船に飛び乗り死に、その腹を割くと腸が寸々に

切れていた故事に基づく。〈世説新語・黜免〉

【断定】判断してきめる。きっぱりときめる。

【断頭】首を切る。【――将(將)軍】首を切られる将軍。あくまでも敵に降参しない、勇敢な将軍。後漢の厳顔の故事にもとづく。〈三国志・張飛伝〉【――台(臺)】罪人の首を切る台。ギロチン。

【断念】思いきる。あきらめる。

【断髪】①かみの毛を切る。②国短くした髪。斬髪。③国女子の髪の形の一種。【――文身】かみの毛を短くし、いれずみをする風習。

【断臂】ひじを切ること。また、たち切られたひじ。「慧可断臂」(慧可は、北魏の名僧。自分のひじをたち切って、決心の強さを示した。)

【断片】きれはし。

【断末魔】㊗①死ぬまぎわの苦しみ。②死にぎわ。

【断目】目の届く限り見渡すこと。

【断落】①文章の大きなきれめ。＝段落　②物事のはっきりとしたくぎり。

【断裂】切れめや割れめ。とぎれた場所。

【断機之誡】学問を途中でやめるのは、織りかけたはたを切ってしまうようなものだといういましめ。孟子の母が孟子に教えたという。〈列女伝・母儀〉

◆寸断・不断・切断・同断・両断・決断・判断・油断・英断・果断・易断・勇断・独断・速断・裁断・診断・無断・遮断・横断・縦断・憶断・夢判断・一刀両断・言語道断・優柔不断

斤8

【斮】

〔12〕　サク 漢 入 薬 zhuó チュオ　J ― 補 3364 U 65AE

意味 ①〈き・る〉たち切る。②〈う・つ〉たたく。③魚のうろこをこそげとる。④けずる。

斤8

【斯】

〔12〕　人 標　シ 漢 呉 平 支 sī スー　J 2759 補 ― U 65AF

意味 ①切りさく。わける。②はなれる。③〈この〉〈これ〉〈ここ〉近くの事物をさし示す語。④〈かく〉このような。⑤〈すなわち(すなはち)〉そうすれば。そこで。つまり。⑥文中の助詞。⑦文末の助詞。…かな。⑧白い。⑨姓。

名前 つな・のり　姓 斯田・斯波

【斯界】国この社会。この方面。

【斯業】国この方面の事業。

【斯須】しばらくのあいだ。

【斯道】①聖人の道。儒教の道。②国その人がたずさわっている技芸や学問の道。

【斯文】①この学問。この道。とくに儒教の学問。②みやびやかで上品な。

【斯民】この人民。親しみの気持ちをこめた言い方。

【斯遊】李斯の遊説。李斯は秦の国に行って意見を採用され、首相になった。「斯遊遂成兮」〈賈誼・鵩鳥賦〉

◆瓦斯・毒瓦斯

斤9

【新】

〔13〕　学 2　シン　あたらしい・あらた・にい　シン 漢 呉 平 真 xīn シン　J 3123 補 ― U 65B0

筆順　亠 ㅗ 立 辛 亲 新 新 新

意味 ①〈あたらし・い(あたら・し)〉⇔旧 ②あたらしくする。あらたまる。③〈あらた〉㋐あたらしいこと。あたらしいもの。㋑あたらしく。はじめて。今しがた。④前漢のすえに王莽が立てた国の名。(九～二三)⑤姓。国①〈にい(にひ)〉あたらしいという意味の接頭辞。「新妻」②〈あら〉①に同じ。「新手」

解字  会意・形声。古い形で見ると、辛・木・斤を合わせた字。辛は音を示すとともに、刃物、あるいは、刃物で切ることを表す。斤は、おの。新は、おのをもって木を切り取ることで、たきぎをいう。あたらしいという意味は、木を切ったものが、新鮮であることからであるともいい、鮮という字と音を通じていうのであるともいう。

名前 ちか・よし・わか・あきら・すすむ・はじめ　姓 新生・新居・新長・新海・新渡・新羅・新行内・新渡戸　地名 新井・新田・新庄・新見・新知・新治・新冠・新城・新津・新宮・新座・新湊・新潟・新居浜・新発田・新嘉坡　難読 新発意

【新井白石】人名。江戸中期の学者・政治家。名は君美、字は済美。上総(千葉県)の人。徳川家宣・家継につかえて幕府の儒官になり、積極的に政治上の改革をした。「藩翰譜」「西洋紀聞」「折たく柴の記」などの著書がある。(一六五七～一七二五)

【新玉】国「新玉の」は、年・月・日・つきひ・夜・春などにかかる枕詞。

【新安】地名。漢代の県名。今の河南省洛陽の西に当たる。

【新案】新しく考えだしたもの。「新案特許」

【新意】新しい意味。

【新院】国天皇の位をゆずって、新しく上皇となった人。

【新雨】降りはじめたばかりの雨。すがすがしい雨。

【新鋭】新しくて、鋭いこと。新しくて、元気さかんなこと。「新進気鋭」

【新秧】新しい苗。

【新花】咲いたばかりの花。

【新荷】新しいはす。はすの若葉。荷は、はすの意。

【新華(華)社】中華人民共和国政府の機関通信社で、中国共産党および政府のニュースは、すべてこの社を通じて内外に報道される。

【新嫁娘】はなよめ。

【新楽(樂)府】漢代に起こった「楽府」体の詩を古楽府というのに対して、唐代以後の楽府を新楽府という。↓「楽府」(六五三ﾍﾟｰｼﾞ・下)

【新嘉坡】マレー半島の南端にある英連邦内の共和国。また、その首都。

【新刊】新しく出版すること。また、新しく出版されたもの。

【新感覚(覺)派】国感覚と表現の近代化に努力した作家たちが主張した大正末期の文学の一派。

【新奇】新しくめずらしい。

【新鬼】最近死んだ人。「新鬼煩冤旧鬼哭」(死んでまもない者の霊はもだえ苦しみ、古い死者の霊は声をあげて泣いている。)〈杜甫の詩・兵車行〉

【新規】①新しくきめた規則。②国新しいこと。「新規採用」

【新禧】一 新年のよろこび。新年おめでとう。二 xīnxǐ 現新年のあいさつのことば。

【新羈】新たに、おもがい(馬の頭から、轡にかけて飾りにつけた組みひも)をつける。

【新義】新しい意義。

【新曦】のぼったばかりの朝日。

【新機軸】新しい方法。新案のくふう。

【新旧(舊)】新しいものと古いもの。

【新教】キリスト教の一派。十六世紀にドイツのマルチン＝ルターらがローマ旧教に反対した運動からはじまったもの。プロテスタント。⇔旧教

【新疆】地名。中国の西端にあった省の名。一九五五年に新疆ウイグル自治区と改称した。漢、唐代では西域とよばれ、都護府がおかれた。

【新曲】新しく作られた曲。

心(忄・⺗)戈戶(戸)手(扌)支攴(攵)
4画
文斗斤方无(旡・旡)日曰月(⺝)木欠止歹殳毋比毛氏气水(氵・氺)火(灬)爪(爫・⺤)父爻爿片牙(⽛)牛(牜)犬(犭)

【新劇】しんげき 国歌舞伎や新派に対して、西洋近代劇の影響を受けて演ずる劇。

【新月】しんげつ ①旧暦で三、四日ごろの月。三日月。②東の空に出たばかりの月。

【新妍】しんけん 新しい美しさ。生き生きとした美しさ。「景象便覚二新妍一」（けしきが生き生きと美しいのを感じる。）〈菜根譚〉

【新興】しんこう 新しく起こること。新しくはじまる。「新興国」

【――宗教】しんこうしゅうきょう 国古くからある宗教に対し、新しく起こった宗教。

【新穀】しんこく その年に新しくとれた穀物。

【新五代史】しんごだいし 書名。七十五巻。宋の欧陽脩らが編集した、後梁から後周までの歴史書。

【新婚】しんこん 結婚してまのないこと。結婚したて。〈詩経・谷風〉

【新作】しんさく 画や文章などで、新しく作ったもの。

【新参(參)】一しんざん 国①新しくつかえた人。②新しく仲間入りした人。二にいまいり（にひまゐり） 国新しく宮中につかえた人。

【新詩】しんし 新しく作った詩。

【新式】しんしき ①新しい法式。②国新しい形式。↔旧式

【新酒】しんしゅ 新米で作った酒。

【新趣】しんしゅ 新しいおもむき。

【新柔】しんじゅう（じう） 新しく出た草木の芽。

【新春】しんしゅん 新年。新しい年。初春。

【新書】一しんしょ ①新しく出版された本。↔古書 ②国出版物の一形式。文庫本より少し型が大きく、一般教養的なものや小説などを集めた叢書。「新書判」 二しんじょ 書名。漢代の賈誼の著で、主として政治に関する意見をのべたもの。

【新序】しんじょ 書名。漢代の劉向の著。春秋時代から漢初までの逸話をしるしたもの。

【新嘗】しんじょう（じゃう） ①秋に新しくとれた穀物をそなえて神をまつること。②国十一月二十三日に、天皇が新しくとれた穀物をたべること。にいなめ。【――祭】にいなめさい（にひなめ）・しんじょうさい（じゃう） 国もと祝祭日の一つで、天皇が秋とれた穀物を神にそなえ、また自分もたべた祭り。

【新進】しんしん 国新たに進み出たこと。また、その人。新人。【――気(氣)鋭】しんしんきえい 国新しく現れて、意気ごみの鋭いこと、また、その人。

【新人】しんじん ①新しく迎えた妻。②新しく人々に知られるようになった人。③新しく加入した人。④人類の進化を四段階（猿人―原人―旧人―新人）に分けた際、その第四段階の化石人類。クロマニヨン人に代表される。

【新炊】しんすい 新しくごはんをたく。また、たきたてのごはん。

【新正】しんせい 新しい年のはじめ。新年。

【新生】一しんせい ①新しく生まれること。②新しく生まれ変わった気持ちになること。二にいばえ（にひ） 国新しくはえる。また、そのもの。

【新制】しんせい ①新しい制度。↔旧制 ②新しい形。

【新星】しんせい ①新たに見つけた星。②突然に光が強くなり、その後、光がうすくなる星。③国世間に現れて、急に、人目をひき人気を集める人。

【新政】しんせい 新しい政治。

【新婿】しんせい はなむこ。新郎。

【新晴】しんせい はれあがったばかり。

【新聖】しんせい 新しい時代の聖人。

【新製】しんせい あらたにつくる。

【新生代】しんせいだい 地質時代の区分でいちばん新しい時代。陸地の状態がほとんど今と同じで、哺乳類や顕花植物が発達した。

【新設】しんせつ 新しくもうける。新しくとりつける。

【新説】しんせつ ①新しい学説。新しい考え。↔旧説 ②はじめて聞く話。

【新石器時代】しんせっきじだい 石器時代のうち、最も文化の進んだ時代。その生活は狩りのほかに農牧をも行い、磨製石器を使用するようになった。

【新選】しんせん 新たにえらぶこと。

【新撰】しんせん 新たに書物を著すこと。【――字鏡】しんせんじきょう（きゃう） 国書名。十二巻。日本で最も古い漢和字典。平安時代、唐の僧、昌住の著。

【新鮮】一しんせん 新しくて、生き生きしている。二シンシエン xīnxiān 現①一に同じ。②珍しい。目新しい。

【新装(裝)】しんそう（さう） 新しいよそおい。「新しい服装」

【新粧】しんしょう（しゃう）・しんそう（さう） ①新しいよそおい、かざりつけ。②新しいよそおい。化粧したばかり。

【新造】一しんぞう（ざう） 新しく造ること。「新造船」 二しんぞ 国①二十歳前後の娘。結婚前の娘。↔年増 ②妻。若妻。③江戸時代、遊女の世話をする女。

【新卒】しんそつ ①新しく加わった兵。②国卒業したばかりの人。

【新体(體)】しんたい 新しいかたち。【――詩】しんたいし 国新しいかたちの詩。明治の初めに、西洋の詩のかたちと精神にならって作られたもの。

【新宅】しんたく ①新しくたてた家。②国新しく分かれてかまえた一家。分家。

【新地】しんち 国①新しく開いた土地。②あらたに手にはいった領地。③新開地にできた遊び場所。

【新知】しんち ①新しく知りあった人。↔旧知 ②新しく知る。③国新しい知行（領地）。

【新竹】しんちく その年にはえた竹。若竹。

【新築】しんちく ①新しくきずく。新たに建てる。②国新しく建てた家。

【新茶】しんちゃ 国その年にとれた茶。

【新注(「註」)】しんちゅう（ちう） ①新しい注釈。②宋代の学者の注。↔古注

【新著】しんちょ 新しく出した本。↔旧著

【新陳代謝】しんちんたいしゃ ①新しいものと古いものとがいれかわること。②生物が体に必要なものを外からとりいれ、不要になったものを外に出す作用。物質代謝。物質交代。

【新帝】しんてい 国新しく位についた天子。

【新田】しんでん 国新しく開墾した土地。

【新天地】しんてんち 新しい世界。

【新刀】しんとう（たう） 国①新しく作った刀。②慶長年間（江戸時代のはじめ）以後に作られた刀。↔古刀

【新党(黨)】しんとう（たう） 新しくできた党。

【新道】しんどう（だう） 新しく作った道。↔旧道

【新得】しんとく 新しく得たもの。新発見。

【新任】しんにん 新しい役につくこと。また、その人。

【新年】一しんねん 新しい年。↔旧年 二シンニエン xīnnián 現一に同じ。【――宴会(會)】しんねんえんかい（くわい） 国①もと、宮中で一月五日に宴会をした儀式。②新年を祝う会。

【新派】しんぱ 国①新しい流派。②壮士芝居から発展した現代劇。新派劇。

【新版】しんぱん 新しく出版したもの。↔旧版

【新付】しんぷ あらたにつき従うこと。＝新附

【新婦】しんぷ はなよめ。↔新郎〈戦国策・衛策〉

【新聞】一しんぶん ①耳新しい話。ニュース。②「新聞紙」の略。二シンウエン xīnwén 現一の①に同じ。【――紙】しんぶんし 社会のできごとを記事にし、時事問題を解説したり、趣味・娯楽などに関することを印刷した定期刊行物。

【新兵】しんぺい 国入隊したばかりの、いちばん下級の兵士。↔古兵・古参兵

【新編(「篇」)】しんぺん ①新しく編集すること。また、そのもの。②新版。続編。③原作を少し変えて作った新しい作品。

【新蒲】しんぽ 春さきに、新しく芽をふいた蒲がま。

【新法】しんぽう(ぽふ) ①新しい方法。②新しい法律。③宋代の王安石が財政をたてなおすために作った法律。

【新豊(豐)】しんぽう 地名。昔の県名。今の陝西省臨潼県の東にある。

【新発(發)意】しんぼち|しぼち 仏発心して、新しく仏教の道にはいること。また、その人。

【新米】■しんまい ①その年にとれた米。↕古米 ②国仲間入りしたばかりでまだ慣れていない者。新前しんまえ。■にいよね(にひ) 国その年にとれた米。

【新味】しんみ 国新しさ。新しみ。

【新民】しんみん 民の人格を一新する。

【新民主主義】しんみんしゅしゅぎ 一九四〇年に毛沢東が提唱した中国共産党の指導原理で、民族の解放と民主主義革命とを目ざす新しい民主主義。

【新約】しんやく 「新約聖書」の略。【――聖書】しんやくせいしょ キリスト教の経典。キリストとその弟子たちの言行を書いたもの。↕旧約聖書

【新陽】しんよう(やう) はつはる。新年。

【新羅】しんら|しらぎ 朝鮮半島にあった古い国の名。四世紀後半ごろ建国し、約五百八十年後、高麗にほろぼされた。

【新柳】しんりゅう(りう) 新芽を出した柳の木。「風梳㆓新柳髪㆒」(春風が新柳の枝を、あたかも髪をくしけずるように吹き動かす。)〈和漢朗詠集・早春〉

【新涼】しんりょう(りやう) 秋の初めのすずしさ。

【新緑(綠)】しんりょく 四、五月ごろ、新しくもえ出る若葉のみどり。

【新令】しんれい 新しく制定、発布された法令。

【新例】しんれい 新しい例。

【新暦(曆)】しんれき 国明治六年(一八七三)に採用されたこよみ。太陽暦。↕旧暦

【新郎】しんろう(らう) ①はなむこ。↕新婦 ②唐代の新たに進士の試験に及第した者。

【新浪漫主義】しんロマンしゅぎ 自然主義や現実主義に反対して、二十世紀のはじめにドイツ・オーストリアを中心として起こった美の表現と情調を重視する文学上の主張。

【新沐者、必弾(彈)冠】あらたにもくするものは、かならずかんむりをはじく 髪の毛を洗ったばかりの者は、かならずかんむりのちりをはじき落としてからかぶる(髪の毛がよごれるのをきらう)。〈屈原・漁父辞〉

【新浴者、必振衣】あらたによくするものは、かならずころもをふるう(ふるふ) 入浴したばかりの者は、かならず着物のほこりを振り落としてから着る(からだがよごれるのをきらう)。〈屈原・漁父辞〉

◆一新・改新・更新・刷新・革新・斬新・最新・維新・新新・温故知新

斤9【頎】(一三七三ジ・上) →頁部四画

斤9【靳】(一三六四ジ・上) →革部四画

斤10【漸】(一四八ジ・下) →氵部十一画

斤11【斳】〔15〕 ■キン 漢 ■平 文 qín チン ■キン 漢 ■上 吻 jǐn チン　J 3366 / U補 65B3

意味 ■せり。みずせり。セリ科の多年草。＝芹 ■しなやかで強い。＝靱・韌

斤11【斲】〔15〕 タク 漢 入 覚 zhuó チュオ　J②1374 3365 / U 65B2

意味 ①おの。②〈き・る〉きり取る。③〈けず・る(けづ・る)〉④ほりきざむ。

斤13【斵】〔17〕 俗字　J②1375 / U補 65B5

斤11【撕】(五四九ジ・下) →手部十二画

斤11【澌】(七五三ジ・中) →水部十二画

斤12【斴】〔16〕 リン 漢 平 真 lín リン　J / U補

意味 ①斴斴りんりんは、清水が石の間を流れるさま。＝粼粼・磷磷 ②削る。

斤13【𣃁】〔17〕 俗字　J 3367 / U補 65B4

斤13【斶】〔17〕 俗 ↓斲(本ジ・中)

斤13【𣃂】〔17〕 俗 ↓斴(本ジ・中)

斤14【斷】〔18〕 旧 ↓断(五七二ジ・中)

斤15【齗】(一四五四ジ・下) →齒部四画

斤21【斸】〔25〕 チョク 漢 トク 呉 入 沃 zhú チュー　J②1376 / U補 65B8

意味 ①農具。鋤の類。＝钃 ②掘る。③削る。切る。

4画 方部 ほう かたへん

【部首解説】「二隻の舟を並べた形」にかたどり、「並べること」を表す。この部には、「方」の形を構成要素とする文字が属する。また、「㫃」(旗がなびくさま)」を含む文字もこの部に属する。

方0【方】〔4〕 学2 ホウ かた　J 4293 / U補 65B9

■ホウ(ハウ) 漢 呉 ■平 陽 fāng ファン
■ホウ(ハウ) 漢 ■平 陽 páng パン

筆順 丶 亠 亡 方

意味 ■①〈なら・べる(――・ぶ)〉 ②〈くら・べる(――・ぶ)〉なぞらえる。③四角。ましかく。④ただしい。⑤正方形の一辺あたりの長さ。…四方。「方千里」⑥〈かた〉㋐むき。ほうがく。㋑地方。「遠方」⑦大地。⑧〈みち〉法則。方法。道理。⑨わざ。㋐技術。㋑仙人の術。㋒医術。㋓薬の処方。⑩文字を書きつける四角い板。⑪〈まさに〉ちょうどいま。⑫〈はじめて〉やっと。⑬〈あた・る〉…のときに。⑭姓。■〈さまよ・う(――・ふ)〉あてもなく歩く。＝彷「方羊」 国〈かた〉①人の敬語。②その方のことをとりあつかうこと。また、その人。③ころ。時節。④その家に住んでいることを示す。

語法 ❶〈まさに〉㋐…しようとしている。ある事態がまもなく起ころうとしていることを示す。例「天子方招㆓文学儒者㆒」(天子はちょうど学者や儒者を招こうとしていた)〈史記・汲黯列伝〉▼「方将」は「まさにまさに」もしくは「まさに」と訓読する。例「方将㆑約㆓車趨行㆒、適聞㆓使者之明詔㆒」(車をととのえ使者を出そうとしているところに、ちょうど君のもたらした明詔を拝承したのである)〈史記・張儀列伝〉㋑…しているところである。事態が進行中であることを示す。例「沛公方踞㆑床、使㆓両女子洗㆑足」(沛公はちょうど腰かけの上に腰かけて、二人の女子に足を洗わせているところだった)〈史記・高祖本紀〉㋒まるで…のようである。状態をなぞらえる。例「如今人方為㆓刀俎㆒、我為㆓魚肉㆒」(いま相手はまさに包丁・まな板で、われわれはまるで[彼らに料理される]魚や肉のようなものです)〈史記・項羽本紀〉↓付録・同訓異義要覧「まさに」

❷〈(…に)あたり〉…の時には。例「方㆓吾在㆓縲紲中㆒

心(忄・⺌)戈戶(戸)手(扌)支攴(攵)
4画
文斗斤方无(旡・旡)日曰月(⺝)木欠止歹殳毋比毛氏气水(氵・氺)火(灬)爪(爫・爫)父爻爿片牙(牙)牛(牜)犬(犭)

……ながれていたときには、彼不ㇾ知ㇾ我也」(わたしが牢獄につながれていたときには、彼らはわたしがどのような人間であるのかを知らなかった)〈史記・晏子列伝〉

解字 象形。二つの舟を並べ、へさきを結んだ形。並べる、比べるの意味を表す。一説に、方は、すきの刃の先端を表した象形文字で、他の字を仮借して、比べる、四方などの意味を生じたのであるといい、また、すきの刃のような物の両がわにピンと張ったものがある形で、左右を表すともいう。

名前 お・み・しげ・すけ・たか・つね・なみ・のり・ふさ・やす・よし・ただし・たもつ・まさし 難読 行方(付表)

【方違】 国平安時代以降行われた迷信の一つ。外出するとき、それが忌むべき方角にあたっているとそれを避けて、前の夜、よい方角の家に一泊して、改めて目的の場所へ出かけたこと。

【方案】 ■一 やりかたについての考え。案。■二 「fāng-àn 現プラン。規則。」

【方位】 東西南北などの方角と位置。

【方域】 地方。区域。国内。

【方円(圓)】 四角と、まる。

【方員】 「方円」に同じ。員は、「円(圓)」に同じ。

【方音】 各地方の言語。方言。

【方駕】 ①車を並べてすすむ。②二つのものが優劣のないこと。

【方外】 ①世をすてた人。世をすてること。②中国「以外の地。外国。↕方内」

【方客】 「方士」の①に同じ。

【方角】 国①向いている方向。方位。②進行方向。③手段。方法。

【方眼】 四角い穴。四角なますめ。「方眼紙」

【方軌】 二台の車が並んですすむ。＝方駕

【方技】 医術、占卜、天文などの技術。

【方響(響)】 打楽器の名。長方形の銅板十六片を二段にかけ並べ、小槌で打つ。

【方金】 国江戸時代の貨幣の種類。一朱金、二朱金などの小粒金。

【方形】 真四角な形。正四角形。

【方計】 はかりごと。計略。

【方潔】 行いが正しくていさぎよい。潔白。

【方言】 ①ある地方だけに使われることば。②書名。漢代の揚雄の著。当時の方言について書いたもの。

【方壺】 ①仙人が住んでいるといわれる想像上の島。②口が四角で胴が丸いつぼ。

(方壺②)

【方向】 ■一 ①むき。方角。②めあて。目的。③国身のふりかた。■二 fāng-xiàng 現■一に同じ。

【方行】 ①あまねく歩く。②好き勝手に四方を歩く。

【方孝孺】 人名。明初の学者。(一三五七～一四〇二)

【方今】 いま。ただいま。今日。「方今唯秦雄二天下一」〈史記・魯仲連列伝〉

【方策】 はかりごと。手段。

【方士】 ①神仙の術を行う人。道士。②周代の官「名。裁判官。」

【方志】 地方地方のことがらを書きとめた書物。志は、「誌」に同じ。

【方式】 ■一 きまった形式。または、手続き。■二 「fāng-shì 現■一に同じ。」

【方舟】 ■一 二そう並べた舟。「方舟安可ㇾ極」(二そう並べた舟も、どうして行きつけようか。)〈曹植の詩・雑詩〉■二 はこぶね 国①長方形の船。箱船。②旧約聖書に出てくる「ノアの方舟」のこと。

【方術】 ①方士がつかう術。不老不死の方法。②医「術や占い。」

【方丈】 ①一丈四方。②寺院の表ざしき。③仏禅宗の住職のすまい。転じて、住職・僧。

【方針】 ■一 ①方位をさし示す磁石の針。②めざすところの一定の目的。■二 fāngzhēn 現■一に同じ。

【方寸】 ①一寸四方。せまいという意。②胸のうち。心の中。「方寸甚安」(心の中は非常に安らかである。)〈白居易・与二微之一書〉

【方正】 行いがきちんとしていて、正しいこと。「品行「方正」」

【方相】 ①周代の官名。神に扮して悪い病気を追い払う役。②「方相氏」に同じ。【――氏】国昔、宮中の追儺の儀式で、面をかぶって悪鬼を追い払う役。たいな。

【方宅】 真四角な宅「地。」

【方鎮(鎭)】 ①地方警備の司令官。②節度使の駐「在」

【方程式】 数未知数を含む等式で、その未知数が特定の値のときにだけ成立するもの。

【方途】 方法。やりかた。

【方内】 ①国の中。②ある範囲の中。↕方外

【方伯】 周代の諸侯。または、諸侯のかしら。

【方物】 ①その地方に産出する品物。土産。②見分ける。区分する。

【方便】 ■一 ①つごうのいいみちびきの方法。②一時的なてだて。場合場合に応じた方法。■二 fāngbiàn 現便利だ。ぐあいがいい。

【方法】 ■一 やりかた。てだて。手段。■二 fāngfǎ 現■一に同じ。【――論】哲科学の研究の方法そのものに関する論理的な研究をする学問。

【方方】 ■一 国あちこち。あれこれ。■二 かた 国①人々。②あなたがた。③あちらこちら。④どっちみち。いずれにしても。

【方苞】 人名。清代の学者。号は望渓。(一六六八～一七四九)

【方面】 ■一 むき。その方。■二 fāngmiàn 現■一に「同じ。」

【方輿】 大地。地球。

【方羊】 ①さまようさま。②とび歩くさま。＝方洋

【方里】 一里四方。

【方略】 策略。はかりごと。

◆八方・三方・他方・四方・処方・平方・立方・地方・味方・彼方・途方・船方・貸方・奥方・殿方・裏方・読方・親方・薬方

方 4 【於】 〔8〕 人 ■一 オ(ヲ) 漢 ■一 平 虞 wū ウー ウ 漢 ■二 ヨ 漢 ■二 平 魚 yú ユィ オ 呉 J 1787 U補 65BC

手 4 【扵】 〔7〕 俗字 J ―― U補 6275

意味 ■一〈ああ〉感嘆詞。■二 ①〈おいて〉時刻や場所を表す介詞。＝于 ②対象を示す介詞。…よりも。…に対して。…について。③受け身の文で、動作の主体を示す介詞。…によって。④接頭辞。「於越」

語法 ❶動作の時間・場所・対象・範囲・条件・理由などをみちびく介詞。㋐時間。…に。…から。…まで。例「於二威宣之際一、孟子荀卿之列、咸尊二夫子之業一而潤二色之一」([斉の]威王・宣王の間に、孟子・荀卿らが出て、みな夫子[孔子]の偉業を継承し潤色した)〈史記・儒林列伝〉 ㋑場所。…に。…から。…まで。例「乃斫二大樹一白而書ㇾ之曰、龐涓死二於此樹之下一」

木の下で死んだ」(そこで大木を削って幹に白く「龐涓はこの木の下で死んだ」と刻み込んだ)〈史記・孫子列伝〉㋒対象。…を。…に。例「上由レ此怨ニ望於梁王ー」(主上はこのために梁王を恨んだ)〈史記・梁孝王世家〉㋓範囲。…において。…には。例「忠言逆レ耳利ニ於行ー」(忠言は耳には逆らうが行いには利がある)〈史記・留侯世家〉㋔条件・理由。…によって。…にしたがって。例「於ニ諸侯之約ー、大王当レ王ニ関中ー」(諸侯との約束によって、大王は当然関中に王となられるはずでした)〈史記・淮陰侯列伝〉㋕関係。…にとって。例「且今時趙之於レ秦猶ニ郡県ー也」(しかも現在の趙は秦にとってはまるで郡県のような存在でございます)〈史記・張儀列伝〉㋖立場。…からすると。例「今呉楚反、於レ公何如」(いま呉や楚が謀反したが、そなたはどう考えるか)〈史記・呉王濞列伝〉

▽「Aニ於…ー」(…にAす)」のように、動詞Aが「於…」の前に置かれている場合、「於」は置き字として扱い、「…」の下に「ニ」「ヨリ」「ヲ」などを送って訓読する。「於ニ…ーA(…においてAす)」のように、動詞Aが「於…」の後に置かれている場合は「於」は「おいて」と読む。

❷〈より〉〈よりも〉比較の対象を示す。…よりも。例「苛政猛ニ於虎ー也」(むごい政治は虎よりも恐ろしい)〈礼記・檀弓下〉

❸受け身の文において、行為の主体をみちびく介詞。…に(～される)。例「内惑ニ於鄭袖ー、外欺ニ於張儀ー」(〔楚の懐王は〕内では鄭袖にまどわされ、外では張儀にあざむかれた)〈史記・屈原列伝〉

解字  象形。古文の烏(からす)の字を略した形という。からすが、ああと鳴くので感嘆の語「ああ」に用いられ、転じて、比較・目的・場所などを示す助詞に用いられる。

姓 於保(おお)・於曽(おぞ)

難読 於多福(おたふく)・於母影(おもかげ)

【於越】(おえつ) 春秋時代、越の国をさす。於は、接頭辞。

【於乎】(おこ) ああ。感嘆することば。

【於戯(戲)】(おこ) ああ。感嘆のことば。

【於菟】(おと) 春秋時代、楚の国の方言で、虎をさす。

【於穆】(おぼく) ああ、うるわし(うるはし)。感心してほめることば。

【於邑】(おゆう) (いふ) 悲しみ、心をいためる。

【於是】yúshì 現そこで。＝于是

方4【斻】〔8〕同↓旁(五七八ジ・上)

方4【房】↓戶部四画(五一二ジ・上)

方4【放】↓攴部四画(五五七ジ・中)

方5【施】〔9〕常 シ・セ ほどこす

㊀シ 漢 セ 呉 ㊥平 支 shī シー
㊁イ 漢 ㊥去 寘 yì イー
㊂イ 漢 ㊥平 支 yí イー

J 2760
補
U 65BD

筆順 丶 亠 亍 方 方 於 斾 施

意味 ㊀①〈ほどこ・す〉㋐おこなう。「施行」㋑おしおよぼす。㋒めぐみあたえる。㋓つけくわえる。㋔設備する。「施設」㋕こやしなどをまく。②〈し・く〉ゆきわたらせる。ひろげる。③死体をさらす。④〈おおいに・す(おほいに・す)〉おおげさに言う。誇張する。＝侈「無レ施レ労」(自分の骨折りをおおげさに言わないようにしたい。)〈論語・公冶長〉⑤姓。㊁①〈およ・ぶ〉のびる。とどく。②〈うつ・る〉うつりかわる。㊂〈ななめ〉ななめに行く。また、ななめになる。＝迤

解字  形声。㫃が形を表し、也が音を示す。㫃は、はたざおにつけたはた。也はへびで、うねることを表す。施は、はたがなびくことで、のびる意味になる。

名前 とし・のぶ・はる・ます・もち

【施従(從)】(いじゅう) ななめに、後に従う。見えがくれに、あとをつける。

【施為(爲)】(しい) ①ことを行う。②しわざ。行い。

【施工】(しこう) (せこう) 国工事を行うこと。㊁ shīgōng 現㊀に同じ。

【施行】(しこう) ①実際に行う。②法令の効力を起こさせる。

【施策】(しさく) ほどこすはかりごと。打つ手。

【施施】㊀(しし) 行きなやむさま。㊁(いい) とくいがるさま。よろこぶさま。

【施舎】(ししゃ) ①恩恵をほどこすこと。②やどや。

【施政】(しせい) 政治をとり行うこと。また、その政治。「施政方針」

【施設】(しせつ) ①こしらえ、もうけること。また、こしらえ、もうけたもの。「公共施設」②国保護者のいない児童などを養護する所。「養護施設」

【施耐庵】(したいあん) 人名。元末の人。「水滸伝」の著者といわれている。

【施与(與)】(しよ)(せよ) ①ほどこす。あわれんで与える。②ほどこし物。

【施餓鬼】(せがき) ㊕施餓鬼会の略。餓鬼道で飢え苦しんでいる生きものや、とむらう者のない死者の霊に飲食をほどこす法会。

【施主】(せしゅ) ㊕①法事や葬式で、あるじとなって供養する人。②僧にほどこし物をする人。

【施米】(せまい) 僧や貧しい人に与える米。

【施物】(せもつ)(せぶつ) ㊕僧や貧しい人に与える品物。ほどこし物。

【施薬(藥)】(せやく) 無料で薬を与えること。【――院】(せやくいん) 国奈良時代・平安時代に、貧しい人のために無料で薬を与え、治療した所。

【施療】(せりょう) 病院や医者が無料で病気をなおすこと。

◇▼布施・実施

方5【斿】〔9〕
㊀ユウ(イウ) 漢 ㊀平 尤 yóu ユー
㊁リュウ(リウ) 漢 ㊁平 尤 liú リウ

J ②1377
補 3368
U 65BF

意味 ㊀〈あそ・ぶ〉ただよう。＝遊 ㊁＝旒 ①〈はたあし〉旗のへりにつけた飾り。②天子や諸侯が冠の前後にたらした玉かざり。

方6【旂】〔10〕キ 漢 ㊥平 微 qí チー

J ②1378
補 3369
U 65C2

意味 竜のもようをかき、はしに鈴をつけた旗。

方6【旃】〔10〕セン 漢 呉 ㊥平 先 zhān チャン

J 5851
補
U 65C3

意味 ①〈はた〉柄のまがっている赤い旗。②毛織物。＝氈 ③〈これ〉「之焉」がつまったことば。

【旃裘】(せんきゅう) 毛織りの服。

【旃檀】(せんだん) ①インド産の木。香木の一種。②すぐれた才能のたとえ。

【旃毛】(せんもう) 毛織物の毛。

方6【旆】〔10〕ハイ 漢 ㊥去 泰 pèi ペイ

J 5852
補
U 65C6

意味 ①旗のへりにつけた飾り。②〈はた〉 ③旆旆は、㋐旗のなびくさま。㋑草木の生い茂ったさま。

心(忄・⺗)戈戶(戸)手(扌)支攴(攵) 4画 文斗斤方无(旡・旡)日曰月(月)木欠止歹殳毋比毛氏气水(氵・氺)火(灬)爪(爫・爫)父爻爿片牙(牙)牛(牜)犬(犭)

心(忄・⺗)戈戶(户)手(扌)支攴(攵) 4画 文斗斤方无(旡・旡)日曰月(⺝)木欠止歹殳毋比毛氏气水(氵・氺)火(灬)爪(爫・⺥)父爻爿片牙(㸦)牛(牜)犬(犭)

方6【旁】〔10〕 一ホウ(ハウ)漢 一平 陽 páng パン / ボウ(バウ)呉 / 二ホウ(ハウ)漢 二去 漾 bàng バン　J 5853 U補 65C1

方4【㫄】〔8〕 同字 J ― U補 3AC4

意味 一①〈あまね・し〉ゆきわたる。②〈かたわら(かたはら)〉わき。そば。＝傍 ③別の。④かたよった。正しくない。⑤〈つくり〉漢字の右がわの部分。↔偏 二よる。つく。

国〈かたがた〉ついでに。どっちみち。

【旁引】(ぼういん) 多くの資料を引いて証明する。

【旁観(觀)】(ぼうかん) ①そばで見る。②自分は関与しないで、そばで見ていること。「袖手(しゅうしゅ)旁観」＝傍観

【旁求】(ぼうきゅう) 各方面からさがし求める。＝傍求

【旁訓】(ぼうくん) 国漢字のかたわらにつける読み。ふりがな。

【旁系】(ぼうけい) 直系から分かれた系統。分かれた血すじ。＝傍系 ↔直系

【旁午】(ぼうご) ①いりまじるさま。②行き来のはげしいさま。

【旁若無人】(ぼうじゃくぶじん) そばにだれもいないかのように、かって気ままにふるまうこと。「旁若レ無レ人(かたわらにひとなきがごとし)」〈史記・刺客列伝〉＝傍若無人

【旁注(註)】(ぼうちゅう) 本文のわきに書きこんだ説明。＝傍注

【旁通】(ぼうつう) すみずみまで全部通ずること。

【旁礴】(ぼうはく) ①まじりあって一つになる。②いっぱいになってふさがるさま。

【旁辺(邊)】(ぼうへん) pángbiān 現かたわら。そば。

◆偏旁(へんぼう)・路旁(ろぼう)

方6【旄】〔10〕 一ボウ漢 一平 豪 máo マオ / 二ボウ漢 二去 号 mào マオ　J 5854 U補 65C4

意味 一①旗のさきにつけた毛の飾り。また、その旗。②大きな旗。③さきに毛の飾りをつけた指揮棒。④からうし。長い毛の牛。また、その尾。二八、九十歳のとしより。＝耄(ぼう)

【旄牛】(ぼうぎゅう) 牛の一種。から牛。犛牛(ぼうぎゅう)。

【旄倪】(ぼうげい) 老人と、こども。倪は、こども。

【旄節(節)】(ぼうせつ) から牛の尾をつけた旗じるし。使者や将軍が派遣(はけん)されるときに、天子より賜わるもの。

方6【旅】〔10〕 学3 リョ たび　J 4625 U補 65C5

旧字 方6【旅】〔10〕 リョ漢 上 語 lǚ リュイ / リョ・ロ呉　J ― U補 F983

筆順 亠 亠 方 方 方 方 旅 旅

手7【捛】〔10〕 同字 J 3187 U補 635B

意味 ①昔の軍制で五百人の部隊。②軍隊。戦争。③おおぜいの人。④〈たび〉旅行。⑤よそに身を寄せる。⑥旅客。たびびと。⑦ならべる。⑧順序。⑨祭りの名。天の神または山川の神をまつる。⑩易(えき)の卦(か)の名。⑪姓。

解字 会意。㫃と从を合わせたもの。㫃は旗(はた)が風になびいていること、从は多くの人が並んでいることを表す。旅は、旗の下に人々が集まっていることで、軍隊、とくに五百人の兵団をいう。

名前 たか・もろ　地名 旅順(りょじゅん)　難読 旅籠(はたご)

【旅籠】(はたご) 国旅籠屋(はたごや)の略。やどや。

【旅衣】(りょい・たびごろも) 旅で着る着物。

【旅懐(懷)】(りょかい) 旅にある思い。

【旅館】(りょかん) 一宿屋。二リュイコワン lǚguǎn 現一に同じ。

【旅雁】(りょがん) 旅のかり。

【旅葵】(りょき) 野生のあおい。「井上生二旅葵一(せいじょうにりょきしょうず)」〈楽府(がふ)詩集〉

【旅客】(りょかく・りょきゃく) 一旅びと。二リュイコー lǚkè 現一に同じ。

【旅寓】(りょぐう) 旅さきのかり住まい。旅のかりの宿。

【旅行】(りょこう) 一旅に出かけること。二リュイシン lǚxíng 現一に同じ。

【旅穀】(りょこく) 野生の穀物。野生のひえの類。

【旅魂】(りょこん) 旅人の心。旅に出ている気持ち。旅情。

【旅次】(りょじ) やどや。旅のやどり。

【旅舎】(りょしゃ) やどや。旅館。

【旅愁】(りょしゅう) 旅さきで感じるさびしさ、わびしさ。

【旅宿】(りょしゅく) 旅行先で泊まること。また、そのやどや。

【旅順】(りょじゅん) リュイシュン 地名。遼東(りょうとう)半島南端にある大連市の一部。

【旅情】(りょじょう) 旅行中の感情。旅の思い。旅びとの気持ち。

【旅食】(りょしょく) よその土地でくらすこと。旅ぐらし。

【旅心】(りょしん・たびごころ) ①旅に出たいと思う気持ち。②旅行しているときの気持ち。

【旅人】(りょじん・たびびと) 一旅をする人。二国①たびびと。②大伴旅人(おおとものたびと)。奈良時代の歌人。その歌は万葉集に多く見える。

【旅生】(りょせい) 自生すること。

【旅装(裝)】(りょそう) 旅のよそおい。旅じたく。「旅装を解く」

【旅団(團)】(りょだん) 国もと、陸軍の編制単位。連隊より大きく、師団より小さいもの。

【旅鳥】(りょちょう) 旅の鳥。〔―懐(懷)二旧(舊)林一、池魚思二故淵一〕(りょちょうきゅうりんをおもい、ちぎょこえんをおもう) 旅の空の鳥は住みなれた昔の林をなつかしみ、池に飼われた魚は、住みなれたもとのふちを恋しく思う。故郷の忘れがたいたとえ。〈陶潜(とうせん)の詩・帰二園田居一(えんでんのきょにかえる)〉

【旅枕】(りょちん・たびまくら) 一旅のまくら。二国旅さきで寝ること。旅のやどり。旅寝(たびね)。

【旅程】(りょてい) ①旅行する道のり。②旅行の日どり、または、一日の予定。

【旅店】(りょてん) 旅館。やどや。

【旅費】(りょひ) 旅行に必要な金。

【旅漂身】(りょひょうのみ) 旅にさすらっている身。「共是蕭蕭旅漂身(ともにこれしょうしょうたるりょひょうのみ)」(お互いに心さびしいさすらいの身である。)〈菅原道真(すがわらのみちざね)の詩・聞レ鴈(かりをきく)〉

【旅力】(りょりょく) ①多くの力。②うでのちから。腕力(わんりょく)。＝膂力

【旅社】(りょしゃ) リュイショー lǚshè 現旅館(名称に多く用いられる)。

【旅途】(りょと) リュイトゥー lǚtú 現旅行の途中。道中。

◆逆旅(げきりょ)・羇旅(きりょ)

方7【旎】〔11〕 ジ(ヂ)漢 上 紙 nǐ ニー / ニ呉　J 3372 U補 65CE

意味 旖旎(いじ)は、①旗や雲が風にたなびくさま。②しなやかなさま。③盛んなさま。

方7【旌】〔11〕 セイ漢 平 庚 jīng チン　J 5855 U補 65CC

意味 ①〈はた〉五色の羽の飾りをつけた旗。②〈あらわ・す(あらは・す)〉㋐ほめたたえる。㋑表示する。

(旌①)

【旌蓋】(せいがい) 旗と、きぬがさ。

【旌旗】(せいき) 旗の総称。「旌旗蔽レ空(せいきそらをおおう)」(たくさんの旗が、空一面にひるがえっている。)〈蘇軾(そしょく)・前赤壁賦(ぜんせきへきのふ)〉

【旌節(節)】(せいせつ) 使者がしるしとして持ってゆく旗。

【旌表】(せいひょう) 人のりっぱな行いをほめたたえて世間に知らせる。また、その表彰をねがうための上奏文。「上二旌表一(せいひょうをたてまつる)」〈唐宋(とうそう)伝奇集・謝小娥(しゃしょうが)伝〉

【旌褒(襃)】(せいほう) 善行や功労などを広く知らせてほめる。

方7【旋】〔11〕 常 セン 一セン漢 一平 先 xuán シュワン / 二セン漢 二去 霰 xuàn シュワン　J 3291 U補 65CB

筆順 亠 方 方 扩 扩 旃 旃 旋

意味 ■①〈めぐ・る〉まわる。かえる。まがる。②〈やや〉しだいに。③〈たちまち〉すぐに。④〈ゆばり〉小便。■①ぐるぐると回転するさま。「旋風」②しばしば。

解字 会意。㫃と疋を合わせた字。㫃は、旗。疋は足。旋は、旗の指揮によって進退すること。一説に、㫃が音を示す形声文字で、旋は、還と同じく、引き返すことをいうとする。

参考 旋は「鏇」(一三〇七ページ・上)の中国新字体としても使う。

難読 旋毛(つむじ)・旋風(つむじかぜ)・旋網(まきあみ)

【旋頭歌】(せどうか) 国古代の和歌の一つの形式。五七七・五七七の六句からなっている。

【旋渦】(せんか(くゎ)) 水のうずまき。

【旋回】(せんかい(くゎい)) 円をえがいてぐるぐるまわる。

【旋転(轉)】(せんてん) くるくるめぐりまわる。ころがす。＝旋廻

【旋盤】(せんばん) 国加工するものを軸といっしょに回転させ、それに刃物をあてけずったり穴をあけたりする機械。

【旋風】(せんぷう) ①低気圧が急にでき、その周囲から、らせん状にうずまきながら吹く風。つむじかぜ。②急にはげしくおしよせる変動。

【旋歩】(せんぽ) あゆみをめぐらす。足の向きを変える。

【旋毛】(せんもう) うずのようにまいた毛。つむじ。

【旋律】(せんりつ) 音の高低・長短・強弱が規則的に変化・結合して、くりかえされるふし。ふしまわし。メロディー。

◆周旋(しゅうせん)・凱旋(がいせん)・斡旋(あっせん)・螺旋(らせん)

方7【族】〔11〕学3 ゾク ソク 漢 入 屋 ゾク 呉 zú ツー J 3418 U 65CF

筆順 亠 方 方 扩 扩 扩 旌 族

意味 ①〈やから〉みうち。同姓の親戚。「一族」②なかま。③ひとりが罪をおかすと、その一族までを罰する刑。④集まる。むらがる。⑤なみの。普通の。

解字 会意。㫃と矢とを合わせたもの。㫃は旗で、目標である。族は、目標に矢が集中していることを表し、まとまっているという意味になる。一説に㫃は音を示し、族は矢じりを表すとし、家族の意味に使うのは、属と同じ音なので、通じて用いたものであるという。

名前 えだ・つぎ・つぐ

参考 新表記では、「簇」の書きかえに用いる熟語がある。

【族縁(緣)】(ぞくえん) 血族のつながり。縁つづき。

【族兄弟】(ぞくけいてい) ①高祖(祖父の祖父)が同じ一族の男子。②一族中の同年輩の男子。

【族殺】(ぞくさつ) 一族残らず殺すこと。族滅。

【族子】(ぞくし) ①一族のこども。②兄弟の子。

【族称(稱)】(ぞくしょう) 国もと国民の身分を表した名称。華族・士族・平民。

【族親】(ぞくしん) しんせき。

【族人】(ぞくじん) 一族の人。遠い祖先から分かれた一族の者。

【族生】(ぞくせい) むらがってはえること。＝簇生

【族姓】(ぞくせい) ①同族と異姓(姓の異なる一族)。②族と姓。氏族。③一族の家がら。

【族制】(ぞくせい) 国氏族制度や家族制度のように、血のつながりをもとにして結びついている制度。

【族籍】(ぞくせき) 国もと、華族・士族・平民の三階級に分けられた身分。

【族属(屬)】(ぞくぞく) 同姓の親属。一族の者。

【族誅】(ぞくちゅう(ちう)) 罪をおかした者の一族をみな殺しにする。

【族譜】(ぞくふ) 一族の系図。一族の歴史をかいたもの。

【族庖】(ぞくほう(はう)) ありふれた、ごく普通の料理人。

【族望】(ぞくぼう(ばう)) 一族の名誉。

【族滅】(ぞくめつ) 一族残らず殺すこと。族殺。

【族類】(ぞくるい) ①同族のもの。②同類。同じなかま。

【族隷】(ぞくれい) 一族のものと家来。一族郎党。

◆一族(いちぞく)・士族(しぞく)・氏族(しぞく)・民族(みんぞく)・血族(けつぞく)・同族(どうぞく)・皇族(こうぞく)・華族(かぞく)・家族(かぞく)・部族(ぶぞく)・蛮族(ばんぞく)・貴族(きぞく)・語族(ごぞく)・種族(しゅぞく)・豪族(ごうぞく)・遺族(いぞく)・親族(しんぞく)

方7【旉】〔11〕同→敷(五六五ページ・下)

方7【旈】〔11〕俗→旒(本ページ・中)

方8【旐】〔12〕チョウ(テウ) 漢 上 篠 zhào チャオ 補 3373 U 65D0

意味〈はた〉①へびと亀とをかいた旗。②出棺の時、先頭を行く旗。柩を先導する旗。

(旐①)

方9【旔】〔13〕ケン 漢 去 願 コン 呉 jiàn チエン J ②1380 補 3374 U 65D4

意味 ①勝つ。②力強い。③すばやい。

方9【旒】〔13〕リュウ(リウ) 漢 平 尤 liú リウ J 5856 U 65D2

亠5【㐬】〔7〕同字 J ②0118 U 342C

意味 ①〈はたあし〉旗のへりにつけた飾り。②冠の前後にたれさがる糸に通した、玉の飾り。国旗を数える語。「軍旗三旒(さんりゅう)」

方7【旈】〔11〕俗字 補 3370 U 65C8

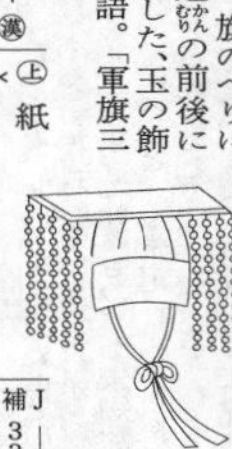

(旒②)

方10【旖】〔14〕イ 漢 上 紙 yǐ イー 補 3375 U 65D6

意味 旖旎(いじ)は、①旗のなびくさま。②おだやかなさま。③生い茂ったさま。④雲のさま。

方10【旗】〔14〕学4 キ はた キ 漢 平 支 qí チー J 2090 U 65D7

筆順 亠 方 方 扩 扩 旂 旗 旗

意味〈はた〉①熊と虎とを描いたはた。②はたの総称。③しるし。④清時代の軍隊の区分。「八旗」⑤姓。

解字 形声。㫃が形を表し、其が音を示す。㫃は、風になびくはた。其は、期と同じく目標に集まる意味がある。旗は、兵隊たちを集めるあいずのはたをいう。一説に、其は四角いことを表すもので、旗は、四角いはたであるとする。

名前 たか 難読 旗魚(かじき)

【旗下】(きか) ①大将の旗の下。本営。本陣。②直接に大将のもとにいる兵。

【旗画(畫)】(きが(ぐゎ)) 旗にかいた絵。

【旗蓋】(きがい) はたと車をおおうかさ。

【旗竿】(きかん) 旗ざお。

【旗艦】(きかん) 国艦隊の指揮官が乗って指揮している軍艦。

【旗鼓】(きこ) ①軍旗と太鼓。②軍隊。いくさのかけひき。

【旗幟】(きし) ①旗。旗じるし。②国主義・主張や態度。【―鮮明】(きしせんめい) 主義・主張や態度がはっきりしている。

【旗手】(きしゅ) ①旗をかかげ持つ人。②国もと軍隊で、軍旗をかかげ持った軍人。

【旗章】(きしょう(しゃう)) はたじるし。

【旗人】(きじん) 清代、八旗に属した武士。

【旗槍】(きそう(さう)) 旗とやり。戦争の道具。

【旗卒】(きそつ) 旗持ちの兵。

【旗亭】(きてい) 料理屋。料亭。

【旗頭】(きとう) ■旗の上部。■(はたがしら) 国①一地方の大名・小名の長。②一方の長。かしら。

心(忄・⺗)戈戸(戸)手(扌)支攴(攵) 4画 文斗斤方无(旡・旡)日曰月(月)木欠止歹殳毋比毛氏气水(氵・氺)火(灬)爪(爫・爫)父爻爿片牙(牙)牛(牜)犬(犭)

【旗旄】ぼうき から牛の毛を先につけた指揮用の旗。
【旗門】きもん 昔、天子が野外に出たとき、旗を立てて門のしるしにしたもの。
【旗揚】はたあげ 国①兵をおこす。②事を新しくはじめること。
【旗色】はたいろ 国①戦いの形勢。②ようす。形勢。
【旗本】はたもと 国①大将がいる所。本陣。②江戸時代、将軍に直属した、知行ちぎょう一万石こく以下の武士。
【旗子】チーツ qízi 現旗。
◆反旗はんき・弔旗ちょうき・白旗はっき・しらはた・半旗はんき・国旗こっき・軍旗ぐんき・万国旗ばんこっき・日章旗にっしょうき・星条旗せいじょうき

方12【旘】〔16〕同→幟(四二六ページ・中)

方12【旙】〔16〕俗→旛(本ページ・上)

方14【旛】〔18〕ハン 漢 平 元 fān ファン　J 5857 補 U 65DB

方12【旙】〔16〕俗字　J 5858 補 U 65D9　意味〈はた〉下にたれさがるのぼりの類。

方15【旝】〔19〕カイ 漢 去 泰 (クワイ) kuài コワイ　J 補 U 65DD　意味 旗の一種。大将が指揮に用いる。

方15【旞】〔19〕スイ 漢 去 寘 suì ソイ　J 補 U 65DE　意味 五色の羽の飾りをつけた旗。

方15【旟】〔19〕ヨ 漢 平 魚 yú ユィ　J 補 3377 U 65DF　意味 ①〈はた〉はやぶさをえがいた赤い旗。②まいあがるさま。

(旟①)

4画 无(旡・旡) 部 むにょう すでのつくり

【部首解説】无は「無であること」を表す。旡(旡)は「飲食物で息がつまること」を表す。この部には、「无・旡・旡」の形を構成要素とする文字が属する。新字体の構成要素となるときは「旡」(五画)になる。

无0【无】〔4〕ブ 漢 平 虞 ム 呉 wú ウー　J 5859 補 U 65E0
意味〈な・い(―・し)〉=無
解字 指事。元の字のたて棒が上に突き出ている形。元は天の気で、虚無である。无は人の精神が天の元気に通じている形で、無を表す。一説に、无は、天の字の最終画が曲がっている形で、すねが曲がっていることを表すという。音が無に通じるので、仮借して使ったものという。无に似た形で先しんがあるが、これは、かんざしの形で、細い所に入りこむ意味である。
参考 无は「無」(七七四ページ・中)の中国新字体としても使う。
応用例 抚(撫)
【无疆】むきょう(きゃう) かぎりがないこと。無窮。
【无妄】むぼう(ばう) 易えきの卦かの名。

无0【旡】〔4〕キ 漢 去 未 jì チー　J 5860 補 U 65E1
意味〈むせ・ぶ〉飲食物が気管にはいって、むせぶ。

无5【既】〔10〕常 キ すでに　キ 漢 具 去 未 jì チー　J 2091 補 U 65E2

旧字 无7【旣】〔11〕　J 補 U 65E3

筆順 ヨ 艮 艮 旣 旣 既 既 既

无7【旣】〔11〕同字　J 補 U

无7【既】〔12〕俗字　J ①8511 補 U FA42

意味 ①〈つ・きる(―・く)〉つきはてる。なくなる。②〈おわ・る(をは・る)〉③〈すでに〉㋐もはや。とっくに。㋑…したからには。…したうえに。㋒まもなく。

語法 ❶〈すでに〉㋐とっくに。もう。すっかり。行為・事態の完結・完成を示す。類已 例「是時屈平既疏このとき くっぺいすでにうとんぜられ、不₌復在₋位またくらいにあらず」(このとき屈平はすでに疎まれてもとの位にはいなかった)〈史記・屈原列伝〉▼「既已」と連用される場合も二字あわせて「すでに」と訓読する。㋑…した以上は。…であるからには。既定の条件をうけて、その結果をみちびく。例「既来₋之すでにこれをきたさば、則安₋之すなわち(すなはち)これをやすんず」(〔遠方の人間を〕慕いやって来させたからには、その次にはかれらを安定させるのである)〈論語・季氏〉▼「乃」「則」「便」などと呼応する。㋒並列。…であるうえにまた。例「既知且仁すでにちにして、かつじんなるは、是人主之宝也これじんしゅのたからなり」(頭が良いうえに仁なのは為政者の宝である)〈荀子・君道〉▼「又」「亦」「且」「復」「或」「終」などと呼応する。
❷〈すでにして〉まもなく。やがて。すぐに。ある事柄が終わってから時間がいくらか経過したことを示す。例「意気揚揚いきようよう(やうやう)、甚自得也はなはだじとくす。既而帰すでにしてかえれば(かへれば)、其妻請₋去そのつまさらんことをこう(こふ)」(〔宰相の御者となった男は〕意気揚々として、はなはだ得意げであった。やがて〔男が〕帰宅すると、その妻は離縁を申し出た)〈史記・管晏かんあん列伝〉▼この用法は「既而」の形をとることが多い。

解字 形声。皀が形を表し、旡きが音を示す。皀は、食事。旡には、いきがつまる意味がある。既は、食事がのどにつまるほど満腹して、もはやほとんど食べられない状態をいう。そこから、食事の終わりの意味になる。

【既已】きい すでに。もはや。
【既往】きおう(わう) すでに過ぎ去ったこと。前にあったこと。過去。
【既刊】きかん すでに発行したこと。すでに出版したこと。↕未「刊」
【既決】きけつ ①もうきまっていること。②法裁判で判決がくだされたこと。↕未決
【既婚】きこん すでに結婚していること。↕未婚
【既済(濟)】きさい ①易えきの卦かの名。②国ことがらがすでにすんでしまったこと。③国すでにすっかり返してしまったこと。↕未済みさい
【既述】きじゅつ 国すでにのべた。前に話したことがある。上述。
【既遂】きすい ①しとげたこと。すでに実行したこと。実行ずみのこと。②法犯罪を計画してすでに実行したこと。↕未遂みすい
【既成】きせい 国すでにできあがったこと。できあがっているもの。「既成事実」
【既設】きせつ もうできている。すでにもうけてある。
【既知】きち すでに知っていること。もはや知られたこと。↕未知【――数(數)】きちすう ①数方程式の中で、値のわかっている数。②先のことがちゃんとわかっているもの。↕未知数
【既定】きてい すでにきまっていること。↕未定
【既倒】きとう(たう) すでにたおれたこと。
【既得】きとく 国以前に得たこと。すでに手にいれていること。【――権(權)】きとくけん 法個人または国家が、法律や条約によってすでに手にいれている権利。

心(忄・⺌)戈戸(戸)手(扌)支攴(攵) 4画 文斗斤方无(旡・旡)日曰月(月)木欠止歹殳毋比毛氏气水(氵・氺)火(灬)爪(爫・爫)父爻爿片牙(牙)牛(牜)犬(犭)

【既報】国すでに知らせたこと。

【既望】十五日(の月)の意。陰暦十六日。また、陰暦十六日の月。望は、十五日(の月)の意。

【既約】①すでに約束したこと。②数分数または分数式が約分されていること。

【既然】jìrán 現…したからには。

【既飽以徳】天子の徳に満足しきっている。〈詩経・既酔〉
◆皆既

无7【既】〔11〕旧↓既(五八〇ページ・中)
无7【既】〔11〕同↓既(五八〇ページ・中)
无7【既】〔12〕俗↓既(五八〇ページ・中)
无9【旣】〔13〕同↓禍(九一ページ・中)
无12【曁】↓日部十二画(六〇一ページ・中)

4画　日部　ひ　ひへん　にちへん

【部首解説】「太陽」にかたどる。この部には、明暗や時間、天気などに関連するものが多く、「日」の形を構成要素とする文字が属する。

日0【日】〔4〕学1　ニチ・ジツ｜ジツ漢｜ニチ呉｜入　質｜rì リー｜J 3892｜補 ―｜U 65E5　ひ・か

筆順　丨　冂　日　日

意味　①〈ひ〉㋐太陽。㋑太陽のひかり。㋒ひるま。↕夜　㋓いちにち。㋔特定の日。ひどり。㋕日の吉凶。㋖とき。ころ。「秋日」②〈ひび〉まいにち。ひにひに。③別の日。他日。後日。④かつて。以前に。⑤現日本の略称。国①〈ひ〉天皇。「日の御子」②〈か〉日数をかぞえる語。「五日」③〈にち〉七曜の一つ。「日曜日」の略。

解字　象形。〇が太陽の輪郭、一は、その中が充実していることを表す。これに対し、月はかけるので欠と同じ音になっているという。つまり、日は実、月は欠と説明される。一説に、日は、昵と同じく、親しむ気持ちであるという。

名前　あき・はる・ひる　姓　日下・日月・日次・日向・日佐・日奉・日柳・日置・日置部・日下部・日田・日光・日南・日高・日野　地名　日生・日向・日南・日光・日田・日置・日高・日野　難読　明日・昨日・今日・一日・二十日・日和・二日(付表)／日向

参考「曰」は別字。


【日下】一①古代の伝説上の国の名。日の出る方にあったといわれる。②太陽のもと。遠い所。③天子の住む都をいう。二国①地名。②姓。

【日間】①近ごろ。このごろ。②ふだん。日ごろ。「日間工夫」〈伝習録・上〉

【日月】①日と月。②過ぎ去る時間。つきひ。光陰。

【日哺】夕方。ひのくれ。哺は、申の刻で、今の午後四時ごろ。

【日晏】ひぐれ。

【日域】①日の出る地域。②日の照らす地域。天下をさす。昔、中国からみて、東方の諸国をさす。

【日烏】太陽のこと。太陽の中には三本足の烏がいるという伝説による。

【日暈】太陽のまわりにできる、にじのようなかさ。

【日影】日の光。日ざし。＝日景
【日午】まひる。正午。日中。

【日次】日どり。

【日乗(乘)】毎日の記録。日誌。

【日常】一つねひごろ。ふだん。へいぜい。二 rìcháng 現一に同じ。【━茶飯事】国つねひごろしているようなこと。ありふれたこと。当たり前のこと。

【日南】①漢代の郡の名。今のベトナム社会主義共和国の北部一帯をいう。②国市の名。宮崎県の南東部にある。

【日日】日に日に。毎日。【━新、又日新】日に日に新しくなる。毎日絶えず進歩する。〈大学〉

【日晩】ゆうぐれ。日暮れ。

【日暮】ゆうがた。日ぐれ。

【日没】太陽が沈むこと。日のいり。ひぐれ。↕日出
【日夜】①ひるとよる。②よるひる。ふだん。たえず。

【日用】ふだんの生活に使うこと。日常必要なこと。

【日曜学(學)校】国キリスト教の教会で、日曜日ごとに子どもを集めて開く学校。

【日来(來)】ひごろ。ふだん。ここ数日来。

【日落】夕日が入る。また、そのころ。

【日輪】日。太陽。

【日蓮(蓮)】人名。鎌倉時代の僧で、日蓮宗の開祖。(一二二二～一二八二)

【日華(華)】①太陽の光。②国日本と中国。日中。

【日課】毎日きまってする仕事。

【日角】ひたいの中央の骨が、日の形にもりあがっている人相。帝王になる人相といわれる。

【日刊】出版物を毎日印刷して世間に出すこと。↕月刊
【日記】一一日一日つける記録。二 rìjì 現一に同じ。

【日晷】ひかげ。

【日脚】太陽が進むはやさ。ひざし。

【日興】一日の遊興。日々の楽しみ。「左相日興費二万銭一」〈杜甫の詩・飲中八仙歌〉

【日圭】日の影の長さをはかる器械。日どけい。

【日景】「日影」に同じ。

【日光】①太陽のひかり。②国地名。栃木県にあり、東照宮で有名。【━街道】国江戸から日光に行く街道の名。宇都宮で奥州街道と分かれる。江戸時代、五街道の一つ。

【日参(參)】①毎日、役所へ出仕すること。②国寺や神社に毎日おまいりすること。③国きまった場所に毎日通うこと。

【日子】一①日数。②日づけ。二国男子の美称。彦。三 rìzi 現①一に同じ。②暮らし。暮らし向き。

【日支】国日本と支那(日本人による中国の旧称)。日本と中国。

【日至】冬至と夏至。

【日誌】毎日のできごとや感想を記録する帳面。日記。

【日車】太陽ののる車。太陽をさす。

【日者】①日の吉凶をうらなう人。②かつて。以前に。

【日斜】日がかたむく。日がくれる。

【日出】日の出。↕日没
【日抄】毎日少しずつ書き抜くこと。また、その書き抜きを集めたもの。

【日章旗】国日の丸の旗。

【日照権(權)】国太陽の光線を確保する権利。(Right of light)

【日照時間】国太陽が照らしている時間。日の出から日没までの時間。

【日色】日の色。太陽の色。

【日食(「蝕」)】理地球上のある地点から見て、地球と太陽の間に月がはいって、太陽の光をさえぎる現象。

【日進】日に日に進歩すること。【日進月歩】日ごと

月ごとに進歩する。たえず進歩する。

【日新】(にっしん) 一日一日新しくなる。日ごとに進歩すること。

【日星】(にっせい) 太陽と星。「日星隠レ曜」(隠レ曜は、輝きを見せない。)〈范仲淹・岳陽楼記〉

【日霽】(にっせい) 日が輝き出ている。

【日夕】(にっせき) ①ゆうがた。②昼と夜。③日夜。昼も夜も。たえず。

【日旦】(にったん) あさ。あけがた。

【日中】(にっちゅう(ちう)) ①まひる。正午ごろ。ひるま。②国日本と「中国」。日華。

【日長】(にっちょう(ちゃう)) ①日が長い。②夏至。

【日直】(にっちょく) ①毎日かわるがわる当直すること。②ひるまの当「直」。↕宿直

【日知録(錄)】(にっちろく) 書名。三十二巻。清の学者顧炎武の著。考証学の代表的な書物。

【日程】(にってい) ■一 ①一日にする仕事の量のみつもり。②一日一日の予定。③日どり。■二 (リーチョン) rìchéng 現■一に同じ。

【日東】(にっとう) 日本の国をいう。

【日辺(邊)】(にっぺん) ①太陽のそば。②国天皇が住んでいる場所「のそば」。皇居付近。

【日本】(にほん・にっぽん) わが国の名。【——海溝】(にほんかいこう) 千島列島・北海道・本州東北部・伊豆・小笠原諸島の外側にある世界最長の海溝。【——外史】(にほんがいし) 国書名。二十二巻。頼山陽著。源氏と平氏から徳川氏までの武家それぞれについての歴史と評論を漢文で書いた歴史書。【——国(國)見在書目録(錄)】(にほんこくげんざいしょもくろく) 国書名。一巻。藤原佐世の著。平安朝初期にわが国に現存した漢籍約千五百部の書目を記録したもの。【——国(國)憲法】(にほんこくけんぽう(ぱふ)) 国明治二十二年(一八八九)に公布された大日本帝国憲法を全面的に改めた新しい憲法。昭和二十一年(一九四六)に公布、同二十二年五月三日から実施。【——書紀】(にほんしょき) 国書名。三十巻。奈良時代にできた日本最初の正史。神武から持統天皇までを漢文で書いた編年体のもの。舎人親王・太安万侶らが編集した。【——政記】(にほんせいき) 国書名。十六巻。頼山陽著。神武天皇以来の日本の歴史を漢文で書いて、評論を加えたもの。【——晴】(にほんばれ・にっぽんばれ) 国①空に少しの雲もない好天気。②うたがいがまったく晴れたときの気持ち。

【日陰】(ひかげ) 国日光の当たらない場所。=日蔭

【日代】(ひしろ) 国北向きの日当たりの悪い山。日障。

【日障】(ひぞえ(ぞへ)) 国北向きの日あたりの悪い山地。

【日嗣】(ひつぎ) 国天皇のくらい。皇位。

【日向】■一 (ひなた) 国太陽の光がさす場所。↕日影 ■二 (ひゅうが(ひうが)) 国九州地方の国の名。今の宮崎県。

【日和】(ひより) 国①おだやかな天気。②空もよう。③事のなりゆき。形勢。【——下駄】(ひよりげた) 国晴れた日にはく歯の低いげた。【——見主義】(ひよりみしゅぎ) 国ようすを見ていて、自分につごうのよいほうにつこうとするやりかた。機会主義。御都合主義。

【日文】(リーウエン) rìwén 現日本語。

【日期】(リーチー) rìqī 現期日。日付。

【日内瓦】(リーネイワー) rìnèiwǎ 現ジュネーブ(スイスの都市の名)の「音訳」。

【日語】(リーユィ) rìyǔ 現日本語。

【日元】(リーユワン) rìyuán 現(日本貨幣の)円。

【日暦(曆)】(リーリー) rìlì 現こよみ。

〖日暮途遠〗(ひくれてみちとおし(とほし)) 日が暮れたのに、まだ前途は遠い。残った時間が少ないのに、仕事はたくさんある。「塗」は「途」に同じ。〈史記・伍子胥列伝〉

〖日当(當)レ午〗(ひごにあたる) 日が午(真南)の方角にあたる。正午になる意。〈李紳の詩・憫レ農〉

〖日就月将(將)〗(ひになりつきにすすむ) 日ごと月ごとに進歩する。日進月歩。〈詩経・敬之〉〈礼記・孔子間居〉

〖日居月諸〗(ひやつきや) 日月。歳月。「居」「諸」は、いずれも感嘆を表す文末の語気助詞。〈詩経・日月〉↓「居諸」(三九五ページ・下)

〖可ニ計レ日而待一〗(ひをかぞえて(かぞへて)まつべし) 日数を数えて待っていてよい(あっというまに実現するはずだ)。〈諸葛亮・前出師表〉

▽一日・夕日・不日・中日・元日・今日・旦日・白日・平日・他日・旬日・式日・吉日・忌日・来日・初日・即日・近日・命日・昔日・昨日・後日・烈日・時日・悪日・終日・落日・期日・過日・隔日・旗日・縁日・一昨日・初七日・明後日

日 1 【旧】〔5〕 学 5 キュウ

旧字 臼 12 【舊】〔18〕 キュウ(キウ) 漢 去 宥 グ 呉 ク 慣 jiù チウ

U補J 2176 65E7

U補J

筆順 | || 川 旧 旧

臼 11 【舊】〔17〕 俗字 U補J 7149 820A

艸 13 【舊】〔17〕 俗字 U補J ②8685 26F94

意味 ①〈ふる・い(——・し)〉 ㋐長く時間がたった。㋑ふるびている。㋒昔の。②〈もと〉 もともと。もとから。③むかし。「旧時」④ふるい友人。古くからの交わり。「故旧」⑤老人。

解字  形声。萑は鳥の名で形を表し、臼が音を示す。この字は鵂とも書くが、鳥が形を表し、休が音を示す。いずれもキウという鳥の名である。久と音が同じなので、久と同じく、背の曲がった老人を表し、古い、ひさしい の意味に使う。

【旧痾】(きゅう(きう)あ) 長くわずらっている病気。持病。宿痾。痼疾。

【旧悪(惡)】(きゅう(きう)あく) 昔、おかした悪事。「不レ念ニ旧悪一」(他人のおかした昔の悪事を心にとめない。)〈論語・公冶長〉

【旧怨】(きゅう(きう)えん(ゑん)) 昔のうらみ。前からのうらみ。旧恨。宿怨。

【旧屋】(きゅう(きう)おく(をく)) 古い家。

【旧恩】(きゅう(きう)おん) 昔、受けた恩。

【旧家】(きゅう(きう)か) 古くから続いている家。

【旧格】(きゅう(きう)かく) 昔の型。旧制。

【旧貫】(きゅう(きう)かん(くわん)) 昔からのしきたり。古い風習。=旧慣

【旧慣】(きゅう(きう)かん(くわん)) 昔からのしきたり。=旧貫

【旧館】(きゅう(きう)かん(くわん)) 古い建物。↕新館

【旧観(觀)】(きゅう(きう)かん(くわん)) ①昔のようす。昔のありさま。②古い建物。古いたかどの。

【旧鬼】(きゅう(きう)き) 昔、死んだ人の魂。「新鬼煩冤旧鬼哭」(死んだばかりの人の魂はもだえ恨み、むかし死んだ人の魂は泣く。)〈杜甫の詩・兵車行〉

【旧記】(きゅう(きう)き) 昔の記録。古い書きもの。

【旧誼】(きゅう(きう)ぎ) 昔からのなじみ。

【旧墟】(きゅう(きう)きょ) 昔あった建物などのあと。

【旧教】(きゅう(きう)きょう(けう)) 十六世紀の宗教改革以前からのキリスト教。カトリック教。↕新教

【旧郷(鄉)】(きゅう(きう)きょう(きやう)) ①昔からの財産。②昔の「別荘」。③ふるさと。

【旧業】(きゅう(きう)ぎょう(げふ)) 昔からの事業。

【旧曲】(きゅう(きう)きょく) 昔から伝わってきた古い音楽。「旧曲聞来似レ斂レ眉」(昔の楚の曲が聞こえてくると、虞美人草は、両葉を合わせて、まるで人が眉をひそめて悲しむようだ。)〈曽鞏の詩・虞美人草〉

【旧劇】(きゅう(きう)げき) 新派劇に対し、それ以前からあった演劇。旧派劇。歌舞伎劇。

【旧言】きゅう(きう)げん ふだんのことば。

【旧故】きゅう(きう)こ ①むかしなじみ。故旧。②昔のことがら。

【旧交】きゅう(きう)こう(かう) 昔のつきあい。古い交わり。「旧交をあたた[める]」

【旧江】きゅう(きう)こう(かう) 古びた川。

【旧好】きゅう(きう)こう(かう) 昔のなじみ。古い知り合い。旧情。旧誼きゅう(きう)ぎ。

【旧稿】きゅう(きう)こう(かう) 以前書いた下書き。

【旧号(號)】きゅう(きう)ごう(がう) 昔のよび名。

【旧国(國)】きゅう(きう)こく ①昔からある国。②ふるさと。故郷。[③荒れ果てた国。]

【旧穀】きゅう(きう)こく 古い穀物。昨年の穀物。

【旧五代史】きゅう(きう)ごだいし 書名。宋そうの薛居正せっきょせいの著。五代の正史。欧陽脩おうようしゅうの「新五代史」に対しての呼び名。

【旧作】きゅう(きう)さく 昔の作品。古い作品。↔新作
【旧山】きゅう(きう)ざん ①故郷の山。②ふるさと。

【旧史】きゅう(きう)し 古い歴史。

【旧師】きゅう(きう)し 昔、教えを受けた先生。

【旧祠】きゅう(きう)し 古いやしろ。昔からある神社。

【旧趾】きゅう(きう)し 昔のいしずえ。昔、事件のあったあと。旧跡きゅう(きう)せき。

【旧式】きゅう(きう)しき 古い形式。古いやりかた。昔のしきたり。

【旧識】きゅう(きう)しき 昔の知り合い。古くからの知人。旧相識。

【旧日】きゅう(きう)じつ 過ぎさった日。昔日。

【旧主】きゅう(きう)しゅ もとの主人。もとの主君。

【旧習】きゅう(きう)しゅう(しふ) 古い風俗。昔のならわし。旧俗。旧風。

【旧讐】きゅう(きう)しゅう(しう) 古いあだかたき。昔からのかたき。

【旧章】きゅう(きう)しょう(しゃう) 昔からのしきたり。古い法制。

【旧情】きゅう(きう)じょう(じゃう) ①昔の心もち。②昔なじみ。昔のよしみ。

【旧臣】きゅう(きう)しん ①古くからの家来。②もとの家来。

【旧人】きゅう(きう)じん ①昔からの知人。故旧。②古くさい人。時代おくれの人。③人類の進化を四段階(猿人―原人―旧人―新人)に分けた際、その第三段階の化石人類。ネアンデルタール人に代表される。

【旧制】きゅう(きう)せい ①古い制度。もとの制度。「旧制中学校」↔新制 ②昔からの形式。古い型。

【旧棲】きゅう(きう)せい 元のすみか。元すんでいた場所。

【旧製】きゅう(きう)せい ①昔、作ったもの。②昔の作り方。

【旧跡(「蹟」)】きゅう(きう)せき 昔、事件のあったあと。旧趾きゅう(きう)し =旧迹
【旧説】きゅう(きう)せつ むかし通用していた意見・定説。古い説。

【旧蔵(藏)】きゅう(きう)ぞう(ざう) まえに所持していたこと。また、その物。


【旧俗】きゅう(きう)ぞく 古い習慣。昔のならわし。旧慣。旧風。

【旧族】きゅう(きう)ぞく 昔から続いている一族。

【旧苔】きゅう(きう)たい 古いこけ。去年のままの水ごけ。「浪洗旧苔鬚なみきゅうたいのひげをあらう」(なみが岸べの古ごけの、ちょうどひげのように生えているのを洗う。)〈和漢朗詠集・早春〉

【旧態】きゅう(きう)たい もとのすがた。昔のようす。

【旧題】きゅう(きう)だい 以前に書きつけた詩。

【旧宅】きゅう(きう)たく 元すんでいた家。

【旧知】きゅう(きう)ち 昔からの知りあい。昔なじみ。故旧。

【旧注】きゅう(きう)ちゅう(ちう) 古い注釈。=旧註
【旧典】きゅう(きう)てん ①古い書物。昔から伝わっている書物。②昔からのしきたり。古い制度。

【旧都】きゅう(きう)と 古い都。昔の都。古都。故都。↔新都
【旧冬】きゅう(きう)とう 去年の冬。旧臘きゅう(きう)ろう。

【旧套】きゅう(きう)とう(たう) 古いやり方。古い形式。ありきたりの様式。

【旧道】きゅう(きう)どう(だう) もとの道。昔の道。↔新道
【旧徳】きゅう(きう)とく 祖先の残した徳。

【旧年】きゅう(きう)ねん 昨年。去年。こぞ。

【旧派】きゅう(きう)は ①古い流派。古くから伝わってきた流儀。②「旧劇」に同じ。

【旧醅】きゅう(きう)はい 古い酒。古いにごり酒。

【旧幕】きゅう(きう)ばく 国明治維新後、徳川幕府をさしていう。

【旧版】きゅう(きう)はん 以前に組んだ版。もとの版のままの出版物。↔新版
【旧藩】きゅう(きう)はん 国明治以後に、江戸時代の各藩をさしていう[語。]

【旧府】きゅう(きう)ふ ①もとの役所。②ふるびた役所。

【旧風】きゅう(きう)ふう 古い風習。昔の習慣。旧習。旧俗。

【旧服】きゅう(きう)ふく ①古い衣服。②古い領土。

【旧物】きゅう(きう)ぶつ 古い物。「唯将旧物表深情ただきゅうぶつをもってしんじょうをあらわさん」(ただ昔の品物で、今も変わらない私の深い情愛を表したい。)〈白居易はくきょいの詩・長恨歌ちょうごんか〉

【旧聞】きゅう(きう)ぶん ①まえに聞いたはなし。②昔からの聞き伝え。③時がたってから聞いた話。

【旧弊】きゅう(きう)へい ①昔からの弊害。②古くさい考え方や習慣を守ること。また、そうした性質。

【旧邦】きゅう(きう)ほう(はう) 古くからある国。古い国家。

【旧法】きゅう(きう)ほう(はふ) ①昔の法律。古いおきて。↔新法 ②古い[方法。]

【旧封】きゅう(きう)ほう 昔の領地。旧領。旧邑きゅう(きう)ゆう。

【旧夢】きゅう(きう)む 昔のゆめ。夢のように過ぎた昔。


【旧約】きゅう(きう)やく ①昔の約束。②「旧約聖書」の略。【――聖書】きゅう(きう)やくせいしょ キリスト教の教典。キリスト降誕以前のことを書いたもの。↔新約聖書
【旧友】きゅう(きう)ゆう(いう) 古くからの友人。昔なじみ。故人。故旧。

【旧遊】きゅう(きう)ゆう(いう) ①昔、遊んだこと。まえに旅をしたこと。曽遊そうゆう。②昔の交わり。

【旧容】きゅう(きう)よう 昔のいでたち、すがた。

【旧来(來)】きゅう(きう)らい 昔から。ふるくから。まえから。

【旧里】きゅう(きう)り ふるさと。故郷。故里。

【旧林】きゅう(きう)りん 以前、住んでいた林。「羈鳥恋旧林きちょうきゅうりんをこう」(旅の鳥は、以前住んでいた林を恋しがる。)〈陶潜とうせんの詩・帰園田居えんでんのきょにかえる〉

【旧例】きゅう(きう)れい 古くからのしきたり。前例。

【旧暦(曆)】きゅう(きう)れき 国明治五年(一八七二)まで使われた太陰暦。月のみちかけをもとにし、一か月を二十九日または三十日とした。陰暦。↔新暦
【旧廬】きゅう(きう)ろ 昔、住んでいた家。古い家。

【旧臘】きゅう(きう)ろう(らふ) 昨年の十二月。去年の暮れ。臘は十二月。

【旧唐書】くとう(たう)じょ 書名。後晋しんの劉昫りゅうくの著。唐の正史。宋そうの欧陽脩おうようしゅうの「新唐書」に対しての呼び名。
◆倍旧ばいきゅう・復旧ふっきゅう・新旧しんきゅう・懐旧かいきゅう

日 1
【旦】
〔5〕常 タン・ダン 漢呉 ダン 慣 ｜去 翰 dàn タン
J 3522
補
U 65E6

筆順 丨 冂 日 日 旦

意味 ①〈あした〉よあけ。②日。いちにち。「旦旦」③毎月の一日ついたち。④おやま。京劇で女性を演じる俳優。

解字 指事。一(地平線)の上に太陽が現れた形。あさ。

名前 あきら・ただし・のぼる

【旦日】たんじつ ①朝。夜明けごろ。②あす。つぎの日。
【旦夕】たんせき ①朝と夕方。②時間のせまったさま。【――之費】たんせきのひ 朝夕の煮たきの苦労。家事の骨折りしごと。
【旦旦】たんたん ①毎朝。②毎日。③はっきりとしたさま。
【旦昼(晝)】たんちゅう(ちう) 昼間。
【旦那(那)】だんな ①仏僧にほどこしをする人。施主せしゅ。=檀那 ②国主人。夫おっと。③国商家などで、店のおとくいをさしていうことば。

【旦暮】①朝と夕方。旦夕。②朝も夕も。いつも。③時間がさしせまっているさま。
◇一旦・元旦・月旦

日 2
【旭】
〔6〕 人 キョク 漢 入 沃 xù シュイ J 1616 補 U 65ED

意味 ①〈あさひ〉太陽がのぼるさま。また、あさの太陽。「旭日」 ②明るい。③光。

解字  形声。日が形を表し、九が音を示す。九には、曲がりくねる、小さい、という意味を含む。旭は、朝日が出始めること。

名前 あきら 地名 旭・旭川

【旭旗】国日の丸の旗。日章旗。

【旭光】朝日の光。

日 2
【旮】
〔6〕 一 キョク 漢 入 沃 xù シュイ 二 ── gā カー J ── 補 U 65EE

意味 一 太陽がのぼるさま。＝旭 二 現 旮旯児 gālár は、かたすみ、すみっこ。

日 2
【旨】
〔6〕 常 シ むね シ 漢 呉 上 紙 zhǐ チー J 2761 補 U 65E8

筆順 ノ ヒ ヒ ヒ 旨 旨

日 3
【𣅀】
〔7〕 同字 J ②1381 補 U 3AD6

意味 ①〈うま・い(──・し)〉あじがいい。うまいもの。②よい。すばらしい。③〈むね〉㋐考え。意図。「旨意」㋑わけ。事情。④皇帝の命令。「詔旨」⑤上官の命令。「裁旨」⑥語調をととのえる助詞。＝只

解字  形声。匕と日とを合わせた字であるが、日は、実は甘で「うまい」こと。匕は音を示すとともに、さじの意味を持つ。旨は、さじで、ごちそうを食べることを表し、「うまい」の意味となる。

名前 よし

【旨意】①むね。意図。考え。②おもむき。わけ。

【旨肴】おいしいさかな。ごちそう。嘉肴。

【旨酒】おいしい酒。美酒。

【旨趣】①ことのわけ。趣旨。②考え。意図。
◇大旨・本旨・主旨・令旨・宗旨・要旨・宣旨・勅旨・論旨・趣旨

日 2
【旬】
〔6〕 常 ジュン シュン シュン 漢 ジュン 呉 平 真 xún シュン J 2960 補 U 65EC

筆順 ノ 勹 勹 旬 旬 旬

意味 ①十日。十日間。「旬日」「旬朔」②十年。③みちる。まるまる。満。「旬歳」④あまねく。いたるところ。「旬宣」⑤時間。短い時間。「寸旬」⑥姓。国〈しゅん〉魚・野菜などの味の最もよい時期。

解字  会意。勹と日を合わせた字。勹は、包むこと、あるいは、〈びのまるくなっている形で、一まわりゆきわたることである。旬は、日がひとまわりすることで、十日間をいう。

名前 ただ・とき・ひら・まさ・ひとし

【旬刊】十日に一回発行すること。また、そのような刊行物。

【旬歳】満一年。

【旬朔(朔)】十日間。または一か月間。

【旬年】①十年。②満一年。旬歳。

【旬報】①十日に一回出す報告。②十日ごとに発行する刊行物。

【旬余(餘)】十日あまり。十余日。
◇上旬・下旬・中旬・初旬

日 2
【早】
〔6〕 学 1 ソウ・サッ はやい・はやまる・はやめる ソウ(サウ) 漢 呉 サッ 慣 上 皓 zǎo ツァオ J 3365 補 U 65E9

筆順 丨 ロ 日 日 旦 早

意味 ①あさ。あさはやく。②〈はや・い(──・し)〉時間・時期などがはやい。「早春」↕晩 ③〈つとに〉あさはやくから。まえまえから。④すでに。とっくに。国①〈はやま・る〉〈はや・める(──・む)〉②〈さ〉わかいという意味を表す接頭辞。「早苗」

解字  会意。日と十とを合わせた字。十は甲の略である。甲は人の頭で、早は、太陽が人の頭の上にある形で、朝はやい時をいう。また、甲は、植物のたねがはじける形で、早は、夜のまくがやぶれて日光のさしはじめた時間とする。また、早はむくの実の象形文字で、色が黒いことから、暗い朝をさすともいう。

名前 さき 姓 早良・早速・早乙女・早矢仕 地名 早来 難読 早乙女・早苗(付表)／早生・早稲

【早急】至急。国非常に急ぐこと。急なこと。にわかなこと。

【早苗】国苗代から田へ移すころの稲の若いなえ。

【早晏】はやいこととおそいこと。早晩。

【早寒】例年よりはやくにやってくる寒さ。

【早期】早い時期。早い期限。

【早蛩】時期には早い、こおろぎ。

【早暁(曉)】朝早く。早朝。

【早計】はやまった考え。

【早慧(慧)】小さいときから、かしこい。＝早恵
【早行】朝早く旅立つこと。はやだち。

【早婚】若いうちに結婚すること。↕晩婚
【早歳】若いころ。青年。

【早参(參)】①早く参上する。②仏朝早く行う説法。

【早秀】①早く出る芽や穂。②早く目だってすぐれている者。「早秀不レ如二晩成一也(早ざきは、おくてに及ばない。)」〈菜根譚〉

【早熟】①早くみのること。②国年のわりに心身が発達して、ませていること。

【早春】春のはじめ。初春。孟春。

【早晨】一 朝早く。あけがた。早朝。二 zǎochén 現 一 に同じ。

【早世】わかいうちに死ぬこと。若死に。夭死。

【早成】早く成人する。早くおとなびる。ませる。

【早早】一 国①いそぐさま。②はやく。すぐさま。③そそこに。＝匆匆 二 国非常に早いこと。

【早朝】①朝の早いこと。朝早く。②朝早くから政事をとる。「従レ此君王不二早朝一(この事以来君主は早朝から政事をとることをしなくなってしまった。)」〈白居易の詩・長恨歌〉

【早稲】一 稲の品種のうち早く成熟するもの。↕晩稲 二 国①一 に同じ。②早熟なこども。ませたこども。

【早晩】①朝早くと夜おそく。②早いこととおそいこと。③おそかれ早かれ。おっつけ。しまいには。④近いうち。

【早老】国早くふけること。早く年寄りじみること。

【早打】国①馬を走らせて急用を知らせること。また、その使いの者。②江戸時代に老中から京都所司代に急ぎの手紙をやるときの使いの者。

【早合点(點)】国①すぐに理解する。②よくわからないのに、知ったかぶりをする。はやのみこみ。はやがってん。

【早鐘】国火事など急を知らせるために、はげしく打ち鳴らすつりがね。また、その鐘の音。

【旱笛】国能楽で用いる早い調子のはやし。笛を主とし、大鼓・小鼓を用いる。
【旱上】zǎoshang 現朝。
【旱飯】zǎofàn 現朝ごはん。
◇▼尚早・最早

日2【晃】〔6〕 lá ラー 意味 現旮旯児 gālár は、かたすみ、すみっこ。 U 65EF 補 ― J ―

日2【〔旦〕】→二部四画(五二ページ・上)

日3【旱】〔7〕 標 カン 漢 上 旱 hàn ハン U 65F1 補 ― J 5861
意味 ①〈ひでり〉長いあいだ雨が降らないこと。②おか。陸。
参考 新表記では、「干」に書きかえる熟語がある。
【旱害】ひでりによって起こる災害。＝干害 ↕水害
【旱乾】ひでりで水がなくなること。
【旱災】ひでりのための災害。
【旱天】長いあいだ雨が降らない空。ひでり。＝干天
【旱魃】①ひでり。②国稲の植えつけ、または発育の時期に雨が少しも降らないこと。
【旱路】陸の道路。陸路。↕水路
【旱潦】ひでり続きと大雨。

日3【旰】〔7〕 カン 漢 去 翰 gàn カン U 65F0 補 ― J 3378
意味 ①日がくれる。ゆうがた。②時刻がおそい。③光りかがやくさま。「旰旰」
【旰食】夜おそく食事すること。天子が政治に熱心なことのたとえ。↓「宵衣旰食」(三七三ページ・上)

日3【旴】〔7〕 ク 漢 平 虞 xū シュイ U 65F4 補 ― J 3380
意味 日の出るさま。

日3【昊】〔7〕 一 タイ 漢 ダイ 呉 一 平 灰 tái タイ 二 エイ 漢 二 平 庚 yīng イン U 65F2 補 ― J ②1382 3379
意味 一 日の光。二 大きい。

日3【昆】〔7〕 タン 漢 テン 呉 上 蹍 chǎn チャン U 65F1 補 ― J 3381
意味 日が照り輝く。

日3【旨】〔7〕 同 ↓旨(五八四ページ・上)

日3【时】〔7〕 古 ↓時(五九二ページ・下) U 6600 補 3385 J ①8512

日4【昀】〔8〕 イン 漢 平 真 yún ユン U 6613 補 ― J 1655
意味 日の光。

日4【易】〔8〕 学 5 エキ・イ やさしい 一 エキ 漢 ヤク 呉 一 入 陌 yì イー 二 イ 漢 呉 二 去 寘 yì イー

筆順 丨 冂 日 日 目 易 易 易

意味 一 ①〈か・える(―・ふ)〉㋐あらためる。「改易」㋑とりかえる。交換する。「交易」㋒うつす。②〈かわ・る(かは・る)〉変化する。あらたまる。「易姓革命」「変易」③うらない。八卦の形によって事物の変化を知る方法。↓「八卦」(一三〇ページ・上) ④「易経」の略。⑤姓。 二 ①〈やす・い(―・し)〉〈やさし・い(やさ・し)〉㋐たやすい。簡単な。「容易」↕難 ㋑…しがちである。「少年易レ老」〈伝朱熹の詩・偶成〉 ②たいらな。平坦な。③〈あなど・る〉ばかにする。「易慢」④〈おさ・める(をさ・む)〉きちんとととのえる。⑤やわらぐ。⑥てがる。「簡易」

解字 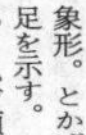 象形。とかげやヤもりの類の形。上が頭で下は四本の足を示す。一説に下の彡は、とかげの皮膚にもようのあることともいう。とかげ類は色が変わりやすいので、易は、かわることを表す。また、平らに横にのびた虫なので、平易・やさしいの意味になる。別の説では、易は、日と月とを合わせた字で、易の陰陽を示すとか、日と勿(旗の一種)を合わせた字であるとして、会意文字とする。

名前 おさ・かぬ・かね・やす

【易易】やさしいさま。かんたんなさま。

【易心】あなどる心。

【易直】人柄が親しみやすく、気性がすなおなこと。

【易慢】人をばかにすること。人をみくびること。

【易牙】人名。春秋時代、斉の桓公につかえた。

【易経(經)】書名。二巻。作者不明。陰と陽との結合・変化によって万物とその現象とを説明したもの。五経の一つ。

【易簀】学問のある人が死ぬこと。孔子の弟子の曽参が、敷いてねていた簀を、自分の身分にふさわしくないといって、とりかえさせてから死んだ故事による。〈礼記・檀弓〉

【易者】国うらないを業とする人。八卦見。

【易州】地名。隋代におかれた。今の河北省易県。

【易象】易にあらわれた現象。

【易水】川の名。河北省易県に発し、定興県をへて、拒馬河に流れこむ。「風蕭蕭兮易水寒、壮士一去兮不二復還一」(風はびゅうびゅう吹き、ここ易水はさむざむとしている。勇士は今から出発するが、出かけたが最後、二度とはもどらない。)〈史記・刺客列伝〉

【易数(數)】易で吉凶を知る術。

【易聖】易うらないの名人。

【易筮】易うらない。

【易姓革命】王朝が変わる。天命によって徳のある人が天子になり、天意にそむくと位を失うという意味。

【易占】易うらない。

【易俗】風俗を改めること。「移風易俗」(風俗を改め、変える。)

【易断(斷)】易のうらないでくだす吉凶の判断。

【易置】とりかえて置く。

【易伝(傳)】書名。①「易経」の注釈書。②「易経」の繫辞伝。

【易変(變)】改め変える。かわってしまう。

【易理】易の道理。易の法則。
◇▼不易・平易・交易・安易・容易・貿易・辟易・簡易・難易

日4【旺】〔8〕 常 オウ オウ(ワウ) 漢 去 漾 wàng ワン U 65FA 補 ― J 1802

筆順 丨 冂 日 日 日一 日丁 日干 旺

意味 ①太陽をとりまくかさ。②日光がかがやく。③〈さかん〉㋐勢いのさかんなさま。「旺相」㋑火がもえさかる。

解字 暀 古い形は暀。旺は略体。形声。日が形を表し、王が音を示す。日光の美しいこと、さかんの意となる。

日4【昕】〔8〕 キン 漢 平 文 xīn シン U 6615 補 3392 J ①8514
名前 あき・あきら・さかる
意味 ①あさ。夜明け方。②〈あきらか〉明るい。

日4【吟】〔8〕 キン 漢 コン 呉 上 寑 qǐn チン U 6611 補 3390 J ―

心(忄・⺌)戈戶(戸)手(扌)支攴(攵)
4画
文斗斤方无(旡・旡)日曰月(⺝)木欠止歹殳毋比毛氏气水(氵・氺)火(灬)爪(爫・⺥)父爻爿片牙(牙)牛(牜)犬(犭)

日4 【旫】〔8〕 ケン㊥ カン(クヮン)㊦ |㊤元 xuān シュワン | J — 補 3389 U 660D
意味 明るい。

日4 【昈】〔8〕 コ㊥ ゴ㊦ |㊤上 麌 hù フー | J ②1386 補 3387 U 6608
意味 明るい。

日4 【昨】〔8〕 ■一ゴ㊥ グ㊦ |■一㊤上 麌 wǔ ウー ■二ゴ㊥ グ㊦ |■二㊤去 遇 wù ウー | J — 補 3384 U 65FF
意味 ①明らか。はっきりしている。②赤い模様。赤い光。③旿旿(ここ)は、模様や彩(いろ)どりのあざやかなさま。

意味 ■一明るい。■二はっきりする。さとる。＝悟(ご)・晤(ご)

日4 【昂】〔8〕 人 ゴウ(ガウ)㊥ コウ(カウ)㊨ |㊤平 陽 áng アン | J 2523 補 — U 6602
日5 〔昻〕〔9〕 俗字 | J — 補 — U 663B
意味 ①〈あ・げる(—・ぐ)〉〈あが・る〉㋐上をむく。上にあがる。㋑気持ちがたかぶる。②〈たか・い(—・し)〉高い。

解字  形声。日が形を表し、卬(かう)が音を示す。卬にはあおぐという意味がある。太陽を高くあおぐさまが昂である。

名前 あき・たか・あきら・たかし・のぼる

参考 ①新表記では、「高」「興」に書きかえる熟語がある。②「昴(ぼう)」は別字。

【昂昂】こうこう(かうかう) 人がらがきわだってすぐれているさま。

【昂然】こうぜん(かう) ①意気があがるさま。②おごりたかぶるさま。

【昂騰】こうとう(かう) ①高くはねあがる。②ねだんがあがること。騰貴。「物価昂騰」＝高騰

【昂奮】こうふん(かう) ①感情がたかぶる。②国刺激によって起こる生体の変化。＝興奮・亢奮

【昂揚】こうよう(かうやう) 高くあがる。高くあげる。＝高揚

△▼軒昂(けんこう)・激昂(げきこう)

日4 【昊】〔8〕 人 コウ㊥ (カウ) |㊤上 皓 hào ハオ | J 5863 補 — U 660A
日5 〔昦〕〔9〕 本字 | J 3406 補 — U 6626
意味 ①〈そら〉大空。「昊天(こうてん)」②大きいさま。さかんなさま。

名前 ひろ・ひろし

参考 「旻(びん)」は別字。

日4 【昒】〔8〕 コツ㊥ |㊤入 月 hū フー | J 3391 補 — U 6612
日4 〔曶〕〔8〕 同字 | J — 補 3ADA U —
意味 ①夜明けのうすぐらいさま。「昒爽(こっそう)」②くらい。③あなどる。

日4 【昆】〔8〕 常 コン コン㊥㊦ |㊤平 元 kūn クン | J 2611 補 — U 6606

筆順 

日7 〔昮〕〔11〕 同字 | J 3428 補 — U 665C
意味 ①同じである。②多い。群がっている。「昆虫」③〈あに〉兄。↕弟 ④〈のち〉㋐あと。㋑子孫。⑤姓。

解字  会意。日は明るいこと。比はなかまが並ぶこと。明るいところに、虫が並んでいることを示し、昆虫をさす。昆は、また、多い、同じの意味にもなる。一説に、字全体が多足虫の象形であるとする。

名前 ひで・やす

姓 昆解(こんげ)・昆布野(こぶや)

参考 昆は「崐」(四〇七ページ・上)の中国新字体としても使う。

【昆夷】こんい 昔、中国の西方にあった国の名。昆吾(こんご)。

【昆季】こんき ①兄弟。②弟。

【昆吾剣(劍)】こんごのけん 昆夷(こんい)の国でつくった刀。非常によく切れる。

【昆虫(蟲)】こんちゅう(ちう) 節足動物の一類。

【昆弟】こんてい ①兄と弟。②兄弟。

【昆布】こんぶ 海藻の一種。こぶ。

【昆明池】こんめいち 池の名。長安(今の陝西(せんせい)省西安市)の西南にあり、漢の武帝が水戦を習わせた所といわれる。

日4 【昏】〔8〕 人 標 コン㊥ |㊤平 元 hūn フン | J 2610 補 — U 660F
日5 〔昬〕〔9〕 同字 | J 3410 補 — U 662C
意味 ①㋐日が暮れて暗くなる。㋑はっきりしない。㋒おろか。㋓目がくらむ。②〈くれ〉日暮れ。夕方。「黄昏(こうこん)」③早死にする。こどもが生まれて三か月にもならないうちに死ぬこと。④嫁をもらう。結婚する。＝婚

参考 新表記では、「混」に書きかえる熟語がある。

【昏姻】こんいん 夫婦になること。＝婚姻

【昏暁(曉)】こんぎょう(げう) ①夕と朝。②おろかなことと、賢いこと。

【昏愚】こんぐ 道理がわからないこと。おろか。

【昏黄】こんこう(くわう) 夕方。たそがれ。黄昏。

【昏刻】こんこく 夕方。

【昏黒】こんこく ①暗いこと。天の暗いこと。②夕方。日暮れ。

【昏昏】こんこん ①暗いさま。②おろかなさま。③意識がないさま。はっきりしないさま。

【昏時】こんじ 夕方。日暮れ時。

【昏酔(醉)】こんすい ①ぐっすりとねむりこむ。②意識を失うこと。「昏睡状態」

【昏睡】こんすい しょうたいもなくよいつぶれること。

【昏絶】こんぜつ 目がくらんで息がとまる。

【昏定晨省】こんていしんせい 朝晩よく両親につかえること。晩には両親のために床をしき、朝になるとよく眠れたかどうかきげんをうかがうという意味。〈礼記(らいき)・曲礼(きょくらい)〉

【昏倒】こんとう(たう) 目がくらんで倒れる。

【昏暮】こんぼ 日暮れ。夕方。

【昏眊】こんぼう 目がみえない。

【昏耄】こんぼう おいぼれる。頭がぼける。また、そうなった人。

【昏昧】こんまい ①暗い。②おろか。ばか。

【昏迷】■一こんめい 心が乱れて、ふんべつに迷うこと。頭がくらくらして、心が乱れる。＝混迷 ■二 hūnmí フンミー 現人事不省(じんじふせい)になる。失神する。

【昏乱(亂)】こんらん 心が乱れて、正しい判断ができないこと。

【昏礼(禮)】こんれい 結婚の儀式。＝婚礼

【昏惑】こんわく 道理がわからず迷う。

日4 【昇】〔8〕 常 ショウ のぼる ショウ㊥㊦ |㊤平 蒸 shēng ション | J 3026 補 — U 6607

筆順 

日7 〔曻〕〔11〕 俗字 | J ①8523 補 3431 U 66FB
意味 〈のぼ・る〉①日がのぼる。②高い所へあがる。「上昇」③高い地位にのぼる。④唐代の州の名。今の江蘇(こうそ)省南京市にあった。

解字  形声。日が形を表し、升(しょう)が音を示す。升には、ますで汲(く)み上げる意味がある。昇は、日がのぼることを表す。

名前 かみ・のり・すすむ・のぼり

参考 新表記では、「陞」の書きかえに用いる。

【昇華(華)】しょうか(くわ) ①理固体が液状にならず、直接気体になること。②物事がいちだんと洗練(せんれん)され、高められること。

【昇級】しょうきゅう(きふ) 等級がのぼる。

【昇降】しょうこう(かう) ①あがりおり。②ひきあげることと、おろすこ

と。③さかえることと、おとろえること。

【昇叙(敍)】しょうじょ 官位をあげる。‖陞叙

【昇仙】しょうせん 仙人になって天にのぼる。登仙。

【昇天】しょうてん ①天にのぼる。②キリスト教徒の死。③死んで神となること。

【昇殿】しょうでん 国昔、五位以上のものと六位の蔵人とが宮中の殿上の間にのぼるのを許されたこと。

【昇平】しょうへい 世の中がよくおさまっていること。太平。

日 4

【昌】

〔8〕 入 ショウ 漢 (シャウ) ｜平 陽 ｜chāng チャン ｜J 3027 補 ― U 660C

意味 ①りっぱなことば。②美しい。りっぱな。③〈さかん〉④〈さか・える(――・ゆ)〉繁栄する。いきおいのさかんなさま。⑤生き物。「百昌」⑥姓。

解字  会意。日と曰とを合わせた字。日は明るいこと。曰はいうこと。昌は明るいことば、はっきりしたことば。また、シャウの音は升と通じるので、昌は、日が昇ることで、日光が明るいことであるともいう。

名前 よ・あき・あつ・すけ・まさ・ます・よし・あきら・さかえ・まさし・まさる

【昌運】しょううん (しゃう) さかえるめぐりあわせ。さかんな時勢。

【昌言】しょうげん (しゃう) ①りくつにあったことば。よいことば。美言。善言。②さかんに言う。率直に言う。③書名。漢代の仲長統の著。

【昌昌】しょうしょう (しゃう)(しゃう) 物事がさかんなさま。

【昌阜】しょうふ (しゃう) さかえる。

【昌平】しょうへい (しゃう) ①国がさかんで、よくおさまっていること。②地名。山東省泗水県にある。孔子の生地。【――黌】しょうへいこう (しゃうへいくわう) 国江戸幕府最高の学校で、儒学を教えた所。【――坂学(學)問所】しょうへいざかがくもんじょ (しゃう) 国「昌平黌」に同じ。

【昌陽】しょうよう (しゃうやう) 草の名。菖蒲の一種。薬草として用いられる。白菖。

【昌楽(樂)】しょうらく (しゃう) さかえたのしむ。

【昌黎】しょうれい (しゃう) ①地名。㋐漢代、唐代の県名。㋑河北省の県名。②韓愈の号。→「韓愈」(一三六八ページ・上)

【昌暦(曆)】しょうれき (しゃう) 盛んな時盛。

△▼隆昌・繁昌

日 4

【昃】

〔8〕 ショク 漢 ｜入 職 ｜zè ツォー ｜J 5864 補 ― U 6603

意味 ①〈かたむ・く〉日が西にかたむく。②ひるすぎ。午後。

日 4

【昔】

〔8〕 学 3 セキ 漢 シャク 呉 ｜入 陌 ｜xī シー ｜J 3246 補 ― U 6614

セキ・シャク　むかし

筆順 一 十 艹 廾 昔 昔 昔 昔

意味 ①ほし肉。②〈むかし〉ずっと前。いにしえ。↕今 ③終わる。④〈きのう(きのふ)〉昨日。⑤久しい。以前からの。「昔酒」⑥ゆうがた。よる。‖夕 ⑦姓。

解字  会意。廾と日を合わせた字。廾は、古い形でわかるように、残った肉。これを日でかわかしたものが昔で、昔は乾した肉のこと。また、廾は、肉を重ねるとか、蚕のまぶしを重ねるとか、かさねる意味があり、昔は、日をかさねたむかしの意味になるという。

名前 つね・とき・ひさ・ふる

【昔歳】せきさい ①昔。以前。②昨年。去年。

【昔在】せきざい 昔。〈書経・冏命〉

【昔時】せきじ 昔。昔日。

【昔日】せきじつ ①昔。②先日。前日。

【昔者】 一 せきしゃ ①昔。②きのう。昨日。〈阮籍の詩・詠懐〉 二 むかしもの 国 ①としより。老人。②昔かたぎの人。

【昔人】せきじん 昔の人。古人。

【昔年】せきねん 昔。以前。往年。〈杜甫の詩・寄李白〉

【昔夢】せきむ むかしの夢。すぎさった日々。

【昔遊】せきゆう (いう) 昔の遊び。昔の行楽。

△▼一昔・今昔・往昔

日 4

【昄】

〔8〕 ハン 漢 ｜上 潸 ｜bǎn パン ｜J ②1385 補 3386 U 6604

意味 大きい。大いに。

日 4

【旻】

〔8〕 ビン 漢 ｜平 真 ｜mín ミン ｜J 5865 補 ― U 65FB

意味 ①秋。秋のそら。②おおぞら。③心配する。‖閔

日 4

【旼】

〔8〕 ビン 漢 ミン 呉 ｜平 真 ｜mín ミン ｜J ②1384 補 ― U 65FC

意味 ①旼旼は、やわらぎ、なごむさま。②空。秋の空。‖旻

日 4

【昉】

〔8〕 ホウ 漢 (ハウ) ｜上 養 ｜fǎng ファン ｜J ①8513 補 3388 U 6609

意味 ①〈あきらか〉日が出て明るくなる。②〈まさに〉ちょうど。③〈はじめ〉はじまる。はじめて。

日 4

【明】

〔8〕 学 2 メイ・ミョウ　あかり・あかるい・あかるむ・あからむ・あきらか・あける・あく・あくる・あかす ｜J 4432 補 ― U 660E

旧字 日 4

【明】

〔8〕 ベイ 漢 メイ 慣 ミョウ(ミャウ) 呉 ミン 唐 ｜平 庚 ｜míng ミン ｜J ― 補 ― U ―

筆順 丨 冂 日 日 明 明 明 明

月 7

【朙】

〔11〕 本字 ｜J ②1427 補 3482 U 6719

意味 ①〈あかる・い(――・し)〉光があってあかるい。②〈あきらか〉㋐はっきりしている。㋑かしこい。③あきらかにする。区別する。④照らす。⑤〈あ・ける(―・く)〉〈あから・む〉〈あかる・む〉夜があける。夜明け。⑥〈あくる〉次の。次の日や年。「明日」⑦〈あかり〉光。⑧はっきり見分ける力。視力。⑨神。⑩この世。現世。↕幽 ⑪王朝の名。明朝。(一三六八～一六六四) 国 ①〈あき〉すきま。ひま。から。②〈あ・ける(―・く)〉〈あ・く〉すきまができる。ひまになる。終わる。③〈あか・す〉㋐隠していたことをあかるみに出す。㋑寝ないで朝を迎える。

解字  会意。大昔には、日と月とを合わせて、あかるい意味を表した。説文では、囧と月とを合わせた形声文字を用いた。囧は、音を示すとともに、窓――あかりをとるものという意味があった。明は、まどから月の光がはいることで、あかるい意味になる。この場合、音メイは、囧の音ケイの変化。

名前 あか・あき・あけ・くに・てる・とし・のり・はる・ひろ・みつ・よし・あかる・あきら・きよし・とおる 姓 明石・明瓶

難読 明日(付表)／明後日・明日・明明後日・明太

【明覚(覺)】みょうかく (みゃう)｜めいかく 人名。平安時代末期の僧で、梵語の研究者。(一〇五六～?)

【明後日】みょうごにち (みゃう) 国 あすの次の日。あさって。

【明星】みょうじょう (みゃうじゃう) ①金星の別名。あけのみょうじょう。よいのみょうじょう。②国 人よりきわだってすぐれている人。

【明朝】 一 みょうちょう (みゃうてう) あすの朝。 二 みんちょう (てう) ①明の朝廷。②明朝活字。【――活字】みんちょうかつじ (てう)(くわつ) 明代にできた書きかたを印刷文字にしたもの。ふつう新聞や雑誌に使われるもので、横の線は細く縦がふとい。

【明日】みょうにち (みゃう)｜あす｜あした ①つぎの日。あくる日。

心(忄・⺗)戈戸(戶)手(扌)支攴(攵)
4画
文斗斤方无(旡・旡)日曰月(⺝)木欠止歹殳毋比毛氏气水(氵・氺)火(灬)爪(爫・⺥)父爻爿片牙(牙)牛(牜)犬(犭)

②きょうの次の日。あした。あす。

【明年】[一] ①次の年。翌年。②来年。[二] míngnián [現][一]に同じ。

【明礬】(理)無色透明の結晶体で、製紙など、工業用に広く用いられる。

【明史】書名。三百三十六巻。明代の歴史書。清代の張廷玉らが編集した。

【明暗】①明るいことと暗いこと。②幸と不幸。喜びと悲しみ。

【明夷】易の卦の名。

【明衣】①神につかえたり、物忌みする人が着る清潔な着物。②死者のからだを清めたあと、着せる着物。

(明衣②)

【明王】[一] 賢い君主。明君。[二] (仏)①大日如来の命令で、怒りの形をあらわして悪魔をおさえ、ほとけの道を守る諸仏。②不動明王。

【明恩】りっぱなめぐみ。

【明河】天の川。銀河。

【明快】①明るくて、こころよい。②さっぱりしてこころよい。③すじ道がはっきりして、気持ちがよい。

【明晦】あかるさとくらさ。昼と夜。

【明解】①はっきりと説明すること。②明らかな解釈。

【明確】[一] はっきりとして、たしかなこと。[二] míngquè [現][一]に同じ。

【明記】はっきりと書きしるす。

【明弓】三日月の異称。

【明鏡】①くもりのない鏡。②はっきりした証拠。③心にけがれのないたとえ。

【明鏡止水】くもりのない鏡と静かな水。わだかまりがなく静かにすんだ心の状態をいう。〈荘子・徳充符〉

【明君】賢い、すぐれた君主。↕暗君

【明訓】はっきりとした教え。よい教え。

【明経(經)】[一] ①経書の意味を研究して明らかにすること。②昔の官吏採用試験の科目の名。[二] [国]昔、大学寮で経書を研究する学問。明経道。

【明月】①きれいに澄んでくもりのない月。「抱明月而長終」(明るい美しい月をかかえて、いつまでも命をながらえる「仙人の生活を送ることをさす」。)〈蘇軾・前赤壁賦〉②満月。陰暦八月十五日夜の月。【——峡(峽)】四川省重慶市東北、長江にある峡谷の名。【——珠】夜光の玉の名。夜も光を発する宝玉。【——之詩】「詩経」の「月出」の詩をさす。「誦明月之詩、歌窈窕之章」(「窈窕之章」は、「詩経」の「関雎」の詩をさす。)〈蘇軾・前赤壁賦〉

【明公】身分の高い人に対する敬称。あなたさま。

【明察】①はっきりと見通すこと。察しがよいこと。②相手の人の推察をほめていうことば。賢察。

【明示】はっきりと示し知らせること。

【明治】①天下が明るく治まること。また、治めること。②[国]明治天皇の時代の年号。(一八六八～一九一二)【——維新】[国]慶応三年(一八六七)に、将軍徳川慶喜が政権を天皇にかえしてから、明治の新政府が成立し、封建制から立憲君主制へと移った政治の改革をいう。

【明時】賢明な君主が世の中を治めている時代。

【明主】賢い君主。明君。

【明珠】①光りかがやく玉。宝のたま。②すぐれた人。

【明色】明るい色。

【明神】[一] 霊験あらたかな神。[二] 神をたっとんでいう語。

【明晨】明朝。あすの朝。

【明晰】はっきりとして、明らかなこと。「頭脳明晰」

【明善誠身】善をよくわきまえ、自分の身を誠実にする。

【明窓】明るい窓。【——浄(淨)机】明るい窓と、きちんとしてきれいな机。書斎の清らかなようす。

【明達】物事の道理に明るいこと。

【明旦】あくるあさ。

【明断(斷)】はっきりした断定。すぐれた決断。

【明知】はっきり知っている。すぐれた知恵。

【明智】明らかな知恵。

【明徴】①はっきりとしたしるし。②明らかにすること。

【明暢】①声がはっきりして、のびのびとしていること。②論旨がはっきりして、すじみちが通っていること。

【明澄】すみわたって、くもりがないこと。明るく、すんでいること。

【明哲】賢くて、物事によく通じていること。また、そのような人。【——保身】賢くて、うまく物事を処理し、安らかに世を渡ること。

【明答】はっきりとした答え。

【明堂】①昔、天子が諸侯の国々を巡視するとき、諸侯に面会した建物。②昔、天子が政治をとった建物。

【明道】①はっきりとした道。また、道をはっきりさせること。②北宋の学者程顥の号。

【明徳】①はっきりとした徳行。②天から受けた正しい本性。仁義礼知。

【明白】[一] はっきりしていること。明らかなこと。[二] míngbai [現]①[一]に同じ。②わかる。

【明発(發)】夜の明けるころ。夜明けがた。

【明妃】王昭君のこと。→「王昭君」(八一四ページ・上)

【明媚】山水が清らかで、けしきの美しいこと。「風光明媚」

【明敏】頭の働きがするどく、賢い。

【明文】①明らかな条文。②はっきりとすじみちの通った文章。③はっきりと文章に書き表すこと。「明文化」

【明弁(辨)】はっきりと見分ける。「博学」「慎思」などと同じく、学問を治める一つの方法。「慎思之、明弁之」〈中庸〉

【明法】[一] ①法をはっきりさせること。また、はっきりした法。②昔の官吏採用試験の科目の名。法律を主としたもの。[二] [国]昔、大学寮で律令や格式を研究する学問。明法道。

【明眸】すみきった美しいひとみ。

【明眸皓(皓)歯(齒)】すんだひとみと、まっ白な歯。美人の形容。

【明明】非常に明らかなさま。【——白白】非常にはっきりしていて、疑う余地のないさま。

【明滅】光がついたり消えたりする。点滅。

【明離】明るい太陽。離は、日・月の意。「明離照昊天」(輝く太陽が大空を照らす。)〈懐風藻〉

【明良】賢明な君主と忠義な臣下。

【明亮】声が明るく、はっきりしているさま。

【明瞭】はっきりと明らかなこと。明白。

【明倫】人倫(人として守るべき道)を明らかにすること。

【明朗】①明るくてほがらかなこと。②気だてが陽気なこと。

【明顕(顯)】míngxiǎn [現]はっきりしている。

【明信片】míngxìnpiàn [現]郵便はがき。

【明天】míngtiān [現]あした。

◇◆不明・分明・文明・失明・弁明・未明・光明

…・自明・判明・克明・究明・言明・声明・表明・松明・糾明・発明・透明・釈明・証明・解明・照明・説明・黎明・灯明・賢明・鮮明・聡明・簡明・山紫水明

日4【昖】〔8〕同→昖(本ページ・中)

日4【昚】〔8〕古→時(五九二ページ・下)

日4【昚】〔8〕同→春(本ページ・下)

日4〖者〗→老部四画(一〇〇二ページ・上)

日4〖沓〗→水部四画(七〇六ページ・上)

日4〖杳〗→木部四画(六三〇ページ・上)

日4〖杲〗→木部四画(六二五ページ・下)

日5【昹】〔9〕アイ漢　去 泰 ài アイ　U補J 6639 3415
意味 星の名。

日5【昱】〔9〕イク漢　入 屋 yù ユィ　U補J 6631 3413 ①8521
意味 ①あした。＝翌 ②〈あきらか〉ひかりかがやく。

日5【昳】〔9〕㊀イツ漢　㊀入 質 yì イー　㊁テツ漢　㊁入 屑 dié ティエ　U補J 6633 3414 ①8522
意味 ㊀昳麗は、美しいさま。㊁昼過ぎ。日が西にかたむくこと。

日5【映】〔9〕学6　エイ　うつる・うつす・はえる　エイ漢　ヨウ(ヤウ)呉　去 敬 yìng イン　U補J 6620 1739

筆順　丨　冂　日　日　日冖　日口　映　映

日9〔暎〕〔13〕同字　U補J 668E 5885

意味 ①〈うつ・る〉〈うつ・す〉うつって光る。反映する。「映雪」②〈は・える(―・ゆ)〉㋐照りかがやく。㋑色と色がよく合う。③日光。「映日」④おおいかくす。さえぎる。

解字  形声。日が形を表し、央が音を示す。央には、鮮明なという気持ちがある。映は日が照って、明暗をくっきりさせて光ることを表す。

名前 あき・てる・みつ・あきら　難読 映日果

【映照】てりはえる。輝く。

【映像】①理 光線の屈折または反射によって物体の像がうつしだされたもの。②映画やテレビジョンなどにうつし出される画像。

【映帯(帶)】うつりあうこと。あたりに照りかえす。映発。

【映発(發)】光などがたがいにうつりあうこと。

◆上映・夕映・反映

日5【昖】〔9〕エン漢　平 先 yán イエン　U補J 3ADF
日4〔昖〕〔8〕同字　U補J 6616 3B93
意味 日が巡る。太陽が運行する。

日5【昫】〔9〕ク漢　去 遇 xù シュイ　U補J 662B 3409 ①8519
意味 ①日光のあたたかみ。②昫衍は、昔の県の名。今の寧夏回族自治区塩池県の付近にあたる。

日5【昡】〔9〕ゲン漢　去 霰 xuàn シュワン　U補J 6621 3402 ②1387
意味 ①日の光。②〈まど・う(―・ふ)〉心が乱れる。「昡曜」

日5【昨】〔9〕学4　サク　サク漢　入 薬 zuó ツオ　U補J 6628 2682

筆順　丨　冂　日　日　日′　日𠂉　昨　昨

意味 ①〈きのう(きのふ)〉②〈さき〉これまでの時間。以前。

解字 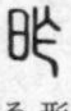 形声。日が形を表し、乍が音を示す。乍には、かさねる、せまる、という意味がある。昨は、日をかさねることを表す。

難読 昨日(付表)／昨夜

【昨日】きょうの前日。

【昨非】以前のあやまち。過去の過失。前非。

【昨夜】きのうの夜。ゆうべ。昨晩。

【昨今】このごろ。ちかごろ。

【昨天】zuótiān 現きのう。

日5【昝】〔9〕サン漢　上 感 zǎn ツァン　U補J 661D 3394
意味 ①わたし。＝咱 ②姓。

日5【昵】〔9〕㊀ジツ(ヂツ)漢　㊀入 質 nì ニー　㊁ショク漢　シキ呉　㊁入 職 zhì チー　U補J 6635 5867
意味 ㊀〈ちかづ・く〉なれる。したしむ。＝暱 ㊁ねばる。くっつく。

【昵狎】なれしたしむ。

【昵懇】心やすいこと。したしいこと。

日5【春】〔9〕学2　シュン　はる　シュン漢　シュン呉　平 真 chūn チュン　U補J 6625 2953

筆順　一　＝　三　夫　夫　春　春　春

艸8【萅】〔12〕本字　U補J 8405
日4【旾】〔8〕同字　U補J 65FE 3383

意味 ①〈はる〉㋐一年のはじめ。陰暦の正月、二月、三月をいう。㋑陽暦の三月、四月、五月をいう。②一年をいう。「千春」③東の方角。④よろこび。生きるきざし。⑤男女の情欲。「春情」⑥酒をいう。「老春」国〈はる〉としごろ。わかい時。

解字 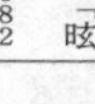 会意・形声。古い形を見るとわかるように、艹・屯・日を合わせた字。艹は草。屯は、音を示すとともに、地下にこもっている意味を表す。春は、草が日光によってもえ出ようとすることで、はるの季節を表す。一説に、春は、叒(桑)と日とを合わせた字で、くわの若芽の出る日をいうとする。

名前 す・は・あつ・かす・かず・とき・あずま・はじめ

姓 春原・春日部

地名 春日・春日井・春日部

難読 春日・春子・春宮

参考 「舂」は別字。

【春日造】国神社の建築様式の一種。奈良の春日神社の本殿がその代表的な実例。

【春意】春の、のどかな心地。春の思い。春思。

【春陰】春、空がぼんやりとけむったように見える状態。花ぐもり。

【春雨】㊀春の雨。㊁はるさめ 国①㊀に同じ。②白い糸状の食品。主として中華料理に用いる。

【春栄(榮)】①春の盛り。②春の花。

【春鶯】春に鳴く、うぐいす。

【春華(華)】①春の花。②春の花のようにうら若く美しい姿。

【春画(畫)】男女の肉体のまじわりをかいた絵。「まくら絵」

【春官】周代の職名。礼法や神を祭ることを行う。

【春寒】春さきに感じられる寒さ。

【春気(氣)】春の気分。

【春帰(歸)】①春がまためぐってくること。②春がゆきすぎること。

【春機】①春に織るはた。②国男女の間の情欲。春情。

心(忄・⺗)戈戸(戶)手(扌)支攴(攵)　4画　文斗斤方无(旡・旡)日曰月(⺝)木欠止歹殳毋比毛氏气水(氵・氺)火(灬)爪(爫・⺥)父爻爿片牙(牙)牛(牜)犬(犭)

【春韮】しゅんきゅう（きう） 春のにら。
【春宮】しゅんきゅう（きう）｜とうぐう｜はるのみや ①皇太子。東宮。②皇太子の住む御殿。
【春暁(曉)】しゅんぎょう（げう） 春の夜明け。
【春禽】しゅんきん 春の鳥。
【春卿】しゅんけい ①梁の時代では、太常・宗正・司農の三卿をさす。②唐代以後は、礼部の長官をさす。
【春禊】しゅんけい 上巳の節句(三月三日)に行うみそぎ。
【春光】しゅんこう（くゎう） ①春の日ざし。②春のけしき。
【春江】しゅんこう（かう） 春の川。『――花朝秋月夜』しゅんこう（かう）かちょう（てう）しゅうげつのよ 春の大川の花が咲きにおう朝や、秋の月の美しい夜。〈白居易の詩・琵琶行〉
【春恨】しゅんこん 春のもの思い。春のうれい。春愁。
【春日】しゅんじつ 春の日。春の日ざし。【――遅(遲)遅(遲)】しゅんじつちち 春の日ざしが、うららかでのどかなさま。
【春社】しゅんしゃ 立春から数えて五回めの戊の日に、土地の神に豊作を祈願する祭り。
【春愁】しゅんしゅう（しう） 春の悲しみ。春の季節に起こる心のうれい。
【春秋】しゅんじゅう（じう） ①春と秋。②一年。③年月。④年齢。⑤書名。五経の一つ。魯国の史官が作り、孔子が手を加えたといわれる。【――左氏伝(傳)】しゅんじゅう（じう）さしでん 書名。三十巻。「春秋」の解説書。魯国の左丘明の著というが、明らかでない。左氏伝。左伝。【――時代】しゅんじゅう（じう）じだい 周が都を東にうつしてから、晋が分裂して韓・魏・趙が独立するまでの時期。(前七七〇～前四〇三) 【――戦(戰)国(國)】しゅんじゅう（じう）せんごく 春秋時代と戦国時代。【――伝(傳)】しゅんじゅう（じう）でん 「春秋」の注釈書。「左氏伝」「公羊伝」「穀梁伝」の三つがある。【――繁露】しゅんじゅう（じう）はんろ 書名。十七巻。漢代の董仲舒の著。魯の歴史をしるした「春秋」の内容について評釈したもの。『――高』しゅんじゅう（じう）たかし まだ年が若い。年をとっている。高齢。『――富』しゅんじゅう（じう）とむ まだ年が若い。『富二於――一』しゅんじゅう（じう）にとむ まだ年が若い。
【春筍】しゅんじゅん ①春さきの竹の子。②細くて美しい指の形容。
【春宵】しゅんしょう（せう） 春の夕方。春の夜。【――一刻直千金】しゅんしょう（せう）いっこくあたい（あたひ）せんきん 春の夜のひとときは、すばらしくて千金にもかえがたいくらいだ。〈蘇軾の詩・春夜〉『――苦レ短日高起』しゅんしょう（せう）みじかきにくるしんでひたかくしておく 春の宵のひどく短いのをなげきながら、日が高くのぼってのちに起き出す。〈白居易の詩・長恨歌〉
【春情】しゅんじょう（じゃう） 男女が異性を恋いしたう気持ち。
【春色】しゅんしょく 春のけしき。春の風景。春光。
【春心】しゅんしん ①春の気持ち。②男女間の情欲。春情。
【春信】しゅんしん 春が来たしらせ。春のおとずれ。
【春尽(盡)】しゅんじん 春のおわり。晩春。
【春申君】しゅんしんくん 人名。戦国時代の楚国の大臣黄歇の号。
【春装(裝)】しゅんそう（さう） 春のよそおい。
【春潮】しゅんちょう（てう） 春のうしお。春の日にさす潮。
【春泥】しゅんでい ①春のやわらかなどろつち。②春さき、雪や霜がとけてぬかるんだ大地。
【春氷】しゅんぴょう 春の氷。きわめて薄くて消えやすいもの、転じて、きわめて危険なことのたとえ。「冰」は「氷」に同じ。
【春風】しゅんぷう 春吹く風。はるかぜ。【――駘蕩】しゅんぷうたいとう（たう） ①春の風のように、のどかなさま。②ゆったりした、おだやかな人がらの形容。
【春服】しゅんぷく 春着。春に着る衣服。「春服既成」〈論語・先進〉
【春分】しゅんぶん 三月二十一日ごろで、春の彼岸の中日。昼夜の長さが同じになる。
【春坊】しゅんぼう（ばう） 「春宮」に同じ。
【春望】しゅんぼう（ばう） 春のながめ。
【春芳】しゅんぼう（はう） 春のかおりのいい草。
【春眠】しゅんみん 春の夜のねむり。
【春夢】しゅんむ ①春の夜の夢。②はかない人生。
【春游】しゅんゆう（いう） 春の遊び。春の旅。「游」は「遊」と同じ。
【春陽】しゅんよう（やう） 春の日ざし。
【春雷】しゅんらい 春さきに鳴るかみなり。
【春一番】はるいちばん 国春のあらし。毎年二月から三月上旬にかけて、その年初めて吹く、強い南風。
【春節(節)】チュンチエ chūnjié 現旧暦の正月の祝い。
【春天】チュンティエン chūntiān 現春。
◆小春しょうしゅん｜こはる・立春りっしゅん・仲春ちゅうしゅん・早春そうしゅん・初春しょしゅん｜はつはる・迎春げいしゅん・来春らいしゅん・青春せいしゅん・陽春ようしゅん・晩春ばんしゅん・新春しんしゅん

日5
【昭】
〔9〕 学3 ショウ

筆順
丨
冂
日
日
日フ
旫
昭
昭

J 3028 補 ― U 662D

一 ショウ(セウ) 漢 呉 一 平 蕭 zhāo チャオ
二 ショウ(セウ) 漢 呉 二 去 嘯 zhào チャオ

意味 一 ①〈あきらか〉ひかりかがやく。はっきりと。②あらわす。明らかにする。③古代の宗廟の順序。「昭穆」
二 照らす。＝照

解字 昭 形声。日が形を表し、召が音を示す。召には、明るいとか、高いとかの意味がある。昭は、日の光が明るいことである。

名前 あき・いか・てる・はる・あきら 地名 昭島あきしま

【昭映】しょうえい（せう） てりはえる。

【昭回(「廻」)】しょうかい（せうくゎい） 輝いてめぐる。光が天とともにまわる。

【昭君】しょうくん（せう） 「王昭君」(八一四ページ・上)の略。

【昭乎】しょうこ（せう） 明らかなさま。昭昭。

【昭示】しょうじ（せう） 明らかに示すこと。明示。

【昭然】しょうぜん（せう） あきらかなさま。はっきりしたさま。

【昭代】しょうだい（せう） よく治まっている世。太平の世。

【昭穆】しょうぼく（せう） 古代の宗廟の順位。中央が太祖で、左を昭、右を穆といい、子孫を一世ごと交互に並べる。

【昭明】しょうめい（せう） 明らかな。【――太子】しょう（せう）めいたいし 人名。南北朝時代の梁の太子、蕭統。「文選」の編者。

【昭陽殿】しょう（せう）よう（やう）でん 漢の成帝が建てた宮殿の名。【――裏第一人】しょう（せう）よう（やう）でんりだいいちのひと 唐の玄宗のきさき、楊貴妃をさす。昭陽殿には、漢の成帝の最愛の婦人、趙昭儀がいたが、これを楊貴妃に見たてていう。〈杜甫の詩・哀江頭〉「七二ページ・中」

【昭烈皇帝】しょう（せう）れつこう（くゎう）てい 劉備のおくり名。↓「劉備」(一二
【昭和】しょうわ（せう） ①世の中が明るく、平和に治まること。②国日本の年号。(一九二六～一九八九)

日5
【昜】
〔9〕 ショウ 漢 去 宋 zòng ツォン
J 3411 補 ― U 662E

意味 職人。工人。

日5
【昣】
〔9〕 シン 漢 上 軫 zhěn チェン
J 3404 補 ― U 6623

意味 明るい。明らか。

日5
【是】
〔9〕 常 ゼ シ 漢 ゼ 呉 上 紙 shì シー
J 3207 補 ― U 662F

筆順
丶
冂
日
日
旦
早
昰
是

日5 【昰】〔9〕本字 J ①8520 補 3412 U 6630
日6 【昰】〔10〕古字 J ― 補 ― U 2319E

意味 ①まっすぐである。②正しい。↕非 ③ただす。④〈これ〉事物をさし示す語。⑤〈これ〉㋐事物をさし示す。㋑…である。判断を表す。⑥〈ここ〉場所を表す。⑦〈かく〉

このように。⑧㋐まことに。㋑みちる。⑨姓。

語法 ❶〈これ〉〈ここ〉人・物・事・場所などを指し示す。例「是当レ為二河伯婦一」（この人が河伯〔黄河の神〕の妻になるべきです）〈史記・滑稽列伝補〉▼下に名詞をともなうときは、「この」と訓読する。例「是日哭、則不レ歌」（〔孔子は葬式で声を上げて〕哭したその日には、歌うことはなかった）〈史記・孔子世家〉

❷〈これ〉…は～だ。繋辞。例「客舎人不レ知二其是商君一也」（旅館の主人はその人が商君だとは知らなかった）〈史記・商君列伝〉

●句形●

(1)［如レ是］〈かくのごとし〉〈かくのごとくんば〉このようである。このようであれば。例「病如レ是者死」（病状がこのようなものは死ぬ）〈史記・扁鵲倉公列伝〉

(2)［於レ是］〈ここにおいて〉そこで。❶この時に。この場所で。例「諸侯会二桓公於甄一、而桓公於レ是始覇焉」（〔桓公の七年〕諸侯は〔衛国の〕甄の地で桓公と会盟した。こうして桓公はこの時にはじめて覇者となった）〈史記・斉太公世家〉❷それで。例「襄公夫人無レ子、於レ是乃立レ元為レ嗣」（襄公の正夫人には子がなかったので、そこで〔側室の子の〕元を嗣子とした）〈史記・衛康叔世家〉

(3)［以レ是］〈これをもって〉これによって。このため。例「陰以二兵法一部二勒賓客及子弟一、以レ是知二其能一」（〔項梁は〕ひそかに兵法にしたがって食客や青年たちを組織し、それによって彼らの能力を把握した）〈史記・項羽本紀〉

解字 会意。日と正を合わせた字。天下で、日がいちばん正しいものであるということから、正しいことを表す。一説に、是は、匙と同じく「さじ」のことで、さじがまっすぐの意味になるという。

名前 つな・ゆき・よし・すなお・ただし

【是以】（ここをもって・このゆえに）そういうわけで。だから。

【是正】（ぜせい）あやまりをただす。改めなおす。

【是是非非】（ぜぜひひ）よいことはよいとし、悪いことは悪いとして、すべて道理によって判断すること。「是レ是非レ非、謂二之知一」〈荀子・修身〉

【是認】（ぜにん）よいとみとめる。許す。↕否認

【是非】（ぜひ）①是と非。よしあし。②国きっと。どうしても。かならず。③国どうぞ。

【――曲直】（ぜひきょくちょく）正しいことと、正しくないこと。よしあし。

【――善悪（惡）】（ぜひぜんあく）物事のよしあし。

【――之心】（ぜひのこころ）①よいことはよいとし、悪いことは悪いとする心。②世の中のよしあしを気にかける心。「無二是非之心一、非レ人也」（非レ人は、人間とはいえない。）〈孟子・公孫丑上〉

日5

【星】

〔9〕学2　セイ・ショウ　ほし

セイ漢　ショウ（シャウ）呉　平青　xīng シン

J 3217　補 ―　U 661F

筆順 丨 ┐ 日 旦 早 旱 星

白13【曐】〔18〕同字　J ②8183　補 4637　U 76A8

意味 ①〈ほし〉空に輝くほし。②星座。「星宿」③天文。天体の示す現象。④星のように細かくて輝いているものを指す。また、こまかいもの。⑤つきひ。⑥多くのものが散らばっているさま。「星散」国〈ほし〉めあて。ねらい。犯人。

解字 形声。日と生とを合わせた字。日は晶を略した形で、日が分散していることを表す。生は音を示すとともに、清・精に通じて、すみきっている気持ちを持つ。星は、日が分散して、清らかな光を放つもの、つまり、ほしをいう。一説に、星は、万物の精が、天に生まれたものであるともいう。

名前 とし

【星雲】（せいうん）理うすい雲のようにぼんやりと見える星の集まり。目（ほしぐも）国①【―】に同じ。

【星火】（せいか（くわ））①流れ星の光。②急なことのたとえ。③非常に小さい炭火。

【星河】（せいが）天の川。銀河。

【星漢】（せいかん）天の川。星河。

【星行】（せいこう（かう））①流れ星のように早く行く。急いで行く。②夜も休まずに行くこと。または、夜の明けないうちに出かけること。③朝早くから夜になるまで歩き続けること。

【星座】（せいざ）恒星のたがいの位置を示すためにいろいろな形に区分したもの。

【星彩】（せいさい）星のきらめく色。

【星使】（せいし）天子の使者。勅使。使星。

【星次】（せいじ）星のたがいの位置。星座。

【星宿】（せいしゅく）星座。

【星術】（せいじゅつ）星でうらないをするわざ。

【星象】（せいしょう（しゃう））星座の現象。星座に現れたすがた。

【星条（條）旗】（せいじょう（でう）き）国アメリカの国旗。

【星辰】（せいしん）①ほし。②星座。

【星夕】（せいせき）陰暦七月七日の、たなばたの夜。

【星占】（せいせん）星の位置や光で吉凶をうらなうこと。星うらない。

【星霜】（せいそう（さう））としつき。ねんげつ。歳月。

【星団（團）】（せいだん）多くの星が密集したもの。

【星斗】（せいと）星。星座。

【星芒】（せいぼう（ばう））星の光。

【星夜】（せいや）星がたくさん出ている夜。

【星楡】（せいゆ）星。白いにれの木のように並んでいる星。多くの星。

【星暦（曆）】（せいれき）星の位置によって暦を作る方法。

【星祭】（ほしまつり）国①その年に当たる七曜星を祭ること。②たなばた祭り。

【星星】（シンシン）xīngxīng 現星。

【星期】（シンチー）xīngqī 現週。週間。日曜。【――日】（シンチーリー）xīngqīrì 現日曜。

▽◆土星・火星・図星・金星・明星・恒星・流星・一流れ星・彗星・遊星・惑星・衛星

日5

【昼】

〔9〕学2　チュウ　ひる

J 3575　補 ―　U 663C

旧字 日7【晝】〔11〕人　チュウ漢呉　去宥　（チウ）zhòu チョウ

J 5876　補 ―　U 665D

筆順 コ 尸 尺 尽 昼 昼 昼

意味 ①〈ひる〉ひるま。↕夜 ②春秋時代、斉の地名。山東省にあった。③姓。

解字 会意。畫を略した字と、日を合わせたもの。畫はかぎること。晝は、日の出入りが、夜とくぎりをつけることから、ひるの意味になる。

名前 あき・あきら

【昼間】（ちゅうかん（ちう）・ひるま）ひるの間。ひる。

【昼錦】（ちゅうきん（ちう））故郷ににしきをかざる。項羽の故事による。

【昼日】（ちゅうじつ（ちう））ひるま。

【昼食】（ちゅうしょく（ちう）・ちゅうじき）ひるごはん。

【昼寝（寢）】（ちゅうしん（ちう）・ひるね）ひるま寝ること。午睡。

【昼飯】（ちゅうはん（ちう）・ひるめし）ひるごはん。

心(忄・⺗)戈戸(戶)手(扌)支攴(攵)
4画
文斗斤方无(旡・旡)日曰月(⺝)木欠止歹殳毋比毛氏气水(氵・氺)火(灬)爪(爫・⺥)父爻爿片牙(牙)牛(牜)犬(犭)

【昼夜】ちゅうや ①夜も昼も休まずに行く。昼と夜。一日じゅう。【――兼行】ちゅうやけんこう 〈呉志・呂蒙伝〉②夜昼なく働くこと。

【昼漏】ちゅうろう ひるまの時刻をはかる水時計。

【昼行灯(燈)】ひるあんどん 国ひるまともしたあんどんのように、ぼんやりして気のきかない人。

◆白昼・真昼

日5 【昶】〔9〕 チョウ 漢 (チャウ) 上 養 chǎng チャン

意味 ①日がながい。②のびやかな。＝暢

U 6636 J 5868

日5 【昧】〔9〕 バツ 漢 入 曷 mò モー

意味 〈くも・る〉日中にうすぐらいこと。

参考 「昧まい」は別字。

U 6629 補 3407

日5 【昪】〔9〕 ヘン 漢 去 霰 ベン 慣 biàn ピエン

意味 ①喜ぶさま。＝忭 ②日の光。

U 662A 補 3408 J ②1388

日5 【昴】〔9〕 入 ボウ 漢 (バウ) 上 巧 mǎo マオ

意味 星座の名。二十八宿の一つ。すばる。

解字 形声。日が形を表し、卯が音を示す。日は星の略体で星座の名。すばる。

参考 「昂こう」は別字。

U 6634 J 5869

日5 【昢】〔9〕 ホツ 漢 入 月 pò ポー

意味 夜明けの、うすぐらいさま。

U 6622 補 3403 J ①8517

日5 【昧】〔9〕 常 マイ バイ 漢 去 隊 マイ 呉 mèi メイ

筆順 丨 ⺆ ⺆ 日 日一 日二 昧 昧

意味 ①〈くら・い(――・し)〉 ㋐明るくない。㋑おろか。道理がわからない。②よあけ。③おかす。避けない。「昧死」④むさぼる。「昧利」

解字 形声。日が形を表し、未びが音を示す。未には、よく見えないの意味がある。昧は、よあけの意味を表す。

参考 「昧ばつ」は別字。

U 6627 J 4370

【昧谷】まいこく 日が沈む所。

【昧死】まいし 天子への上奏文に使うことば。恐れながら、という意。

【昧爽】まいそう(さう) 明けがた。早朝。

【昧旦】まいたん 夜明けがた。早朝。

【昧蒙】まいもう おろか。蒙昧。

◆三昧・愚昧・蒙昧

日5 【昤】〔9〕 レイ 漢 リョウ(リャウ) 呉 平 青 líng リン

意味 ①昤昤れいれいは、光り輝くさま。②昤曨れいろうは、日の光。

U 6624 補 3405 J ①8518

日5 【昷】〔9〕 同 →昷(八六一ジベー・中)

日5 【昪】〔9〕 本 →昊(五八六ジベー・上)

日5 【昬】〔9〕 同 →昏(五八六ジベー・中)

日5 【昞】〔9〕 同 →炳(七六八ジベー・下)

日5 【昜】〔9〕 本 →陽(一三三六ジベー・中)

日5 〖音〗 →音部〇画(一三六九ジベー・上)

日5 〖衵〗 →衣部四画(一一二二ジベー・中)

日5 【昻】〔9〕 俗 →昂(五八六ジベー・上)

日5 【昿】〔9〕 俗 →曠(六〇二ジベー・下)

日5 【昰】〔9〕 本 →是(五九〇ジベー・下)

日5 【昺】〔9〕 同 →炳(七六八ジベー・下)

日5 〖香〗 →香部〇画(一三九五ジベー・下)

日6 【晏】〔10〕 入 アン 漢 去 翰 yàn イエン

意味 ①空が晴れる。②〈おそ・い(――・し)〉日が暮れる。時刻がおそい。③〈やすらか〉おだやか。やわらぐ。＝安 「晏晏あんあん」④あざやかなさま。⑤姓。

解字 形声。日が形を表し、安が音を示す。雲もなく、空が晴れわたる意。また会意・形声として、安は家(宀)に女がいる形で落ちつく意で、晏はやすらかの意となるともいう。

名前 はる・やす

参考 「宴えん」は別字。

U 664F J 5871

【晏嬰】あんえい 人名。春秋時代の斉の名臣。字は平仲。非常な節約家であった。「晏子春秋」はかれの言行をしるした書物。

【晏駕】あんが 天子が死ぬこと。崩御。

【晏起】あんき 朝おそく起きること。

【晏子】あんし ①「晏嬰」に同じ。②「晏子春秋」の略。【――春秋】あんししゅんじゅう(じう) 書名。八巻。晏嬰のことばや行いをしるしたもの。略して「晏子」という。

【晏殊】あんしゅ 人名。宋代の詞の作家。(九九一～一〇五五)

【晏如】あんじょ やすらかなさま。

【晏食】あんしょく 日が暮れてから食事をする。

【晏然】あんぜん やすらかなさま。

【晏平仲】あんぺいちゅう(ちう) 「晏嬰」に同じ。

【晏眠】あんみん 朝ねぼうすること。

日6 【咼】〔10〕 キョウ(キャウ) 漢 コウ(カウ) 呉 上 養 xiǎng シアン

意味 明るい。明らか。

U 6651 補 3422 J ②1390

日6 【畦】〔10〕 ケイ 漢 平 斉 kuí コイ

意味 分ける。区別する。

U 6646 補 3419

日6 【晅】〔10〕 ケン 漢 コン 呉 平 元 xuān シュワン

意味 ①日にさらして乾かす。＝烜 ②明るい。明らか。③太陽が発する熱気。

U 6645 補 3418 J ②1389

日6 【晃】〔10〕 入 一 コウ 漢 呉 (クワウ) 一 上 養 huǎng ホワン 二 コウ 慣 (クワウ) 二 ―― huàng ホワン

U 6643 J 2524

日6 【晄】〔10〕 入 U 6644 J 5872

儿19 【兤】〔21〕 同字 U 5164 補 1877

意味 一 ①あきらか。ひかりかがやく。②きらめく。二 ゆれる。ゆれ動く。

解字 形声・会意。日が形を表し、光くゎうが音を示す。光は照ること。晃は、日が照ることで、明るいという意味になる。

名前 あき・きら・てる・みつ・あきら・ひかる

【晃晃】こうこう(くゎうくゎう) 光り輝くさま。＝煌煌

【晃蕩】こうとう(くゎうたう) 明るく、広々したさま。

【晃耀(燿)】こうよう(くゎうえう) 光り輝く。

日6 【哄】〔10〕 コウ 漢 ク 呉 上 董 hǒng ホン

意味 哄哄こうこうは、夜が明けようとするさま。

U 664E 補 3431 J ②1391

日6 【晒】〔10〕 入 標 サイ 漢 去 卦 シ 漢 shài シャイ

旧字 日19 【曬】〔23〕

意味 ①〈さら・す〉日光にあててかわかす。②あらわれる。

参考 晒はもと「曬」の俗字。晒は「曬」の中国新字体としても使う。

U 6652 J 2715

U 66EC 補 3475 J ②1421

日6 【時】〔10〕 学 2 ジ とき シ 漢 ジ 呉 平 支 shí シー

U 6642 J 2794

筆順 冂 月 日 日+ 日十 日土 時 時

日3【时】〔7〕字 J —— 古 補 —— U 65F6

日4【旹】〔8〕字 J ②1383 古 補 3382 U 65F9

意味 ①〈とき〉 ㋐四季。「四時」 ㋑時間。時刻。 ㋒そのころ。そのとき。 ㋓時勢。世の移り行き。「感レ時花濺レ涙」(時勢に心を痛めては、楽しいはずの花を見ても泣けてくる。)〈杜甫の詩・春望〉 ㋔よい機会。「為レ楽当レ及レ時」(楽しみは、楽しめるときに楽しんでおかなければならない。)〈文選・古詩十九首〉 ②ときどき。機会あるごとに。「学而時習レ之」(学問をして、その学んだところを機会あるごとに復習し練習する。)〈論語・学而〉 ③よい。 ④うかがう。機会を待つ。 ⑤〈これ〉〈この〉 事物をさし示す語。「時日害喪」(この太陽〔暴君〕はいつ滅びるのであろうか。)〈孟子・梁恵王上〉 ⑥姓。

解字 形声。日が形を表し、寺が音を示す。寺には、之と同じく、物事が順序よく進行する意味がある。時は、日が順序よくうつりゆくことから、春夏秋冬の四時をいう。

名前 ちか・はる・もち・ゆき・よし・より

参考 时は時の中国新字体としても用いる。

【時雨】［一］ ちょうどよい時に降る雨。［二］ 国秋から冬にかけて、ときどき急に降る雨。【――煮】 国はまぐり・かきなどのむきみを、しょうが・さんしょうなどの香料を加えて、つくだ煮にしたもの。

【時運】 ①世の中のなりゆき。②時の運。時のなりゆき。

【時下】 このごろ。今。目下。

【時価(價)】 国その時その時で変わる、物品売買の相場。「市価。」

【時患】 その時世のなやみ。その時代の困難。

【時寒】 ほどよい寒さ。時を得た寒さ。

【時間】［一］ ①時の流れ。とき。時刻。②ある時刻から、ある時刻までの間。③哲過去・現在・未来が連続流転して、限りないもの。↔空間 ［二］ shíjiān 現［一］に同じ。

【時艱】 現在の時局の困難。=時患

【時期】［一］ とき。ころあい。おり。機会。［二］ shíqī 現「［一］に同じ。

【時機】 おり。ころあい。よい機会。=時期 【――尚早】 時機としては、まだ早すぎる。

【時宜】 その時のつごうにかなうこと。ほどよいころあい。

【時局】 時代のうごき。現在の状勢。

【時空】 国時間と空間。

【時君】 そのときの君主。

【時化】 国①強い雨や風で海があれること。②海があれて魚がとれないこと。③景気が悪いこと。

【時月】 ①四季と十二か月。季節と月。②数か月。

【時好】 その時代の流行。その時代の人のこのみ。

【時効(效)】 法一定の期間が過ぎたために、ある権利が生じたり、なくなったりすること。

【時候】［一］ ①とき。②気候。季節。［二］ shíhou 現［一］に「同じ。

【時刻】［一］ 時間のきざみの、ある瞬間。とき。時間。［二］ shíkè 現①［一］に同じ。②常に。たえず。

【時差】 ①真の太陽時と平均太陽時との違い。②各地の標準時の違い。③国時刻の差。「時差出勤」

【時宰】 時の宰相。当時の首相。

【時祀】 四時(春夏秋冬)の祭り。

【時事】 ①当時の事件。②現代のできごと。③世の中の問題。

【時時】 ①ときどき。②いつも。【――刻刻】 時刻を追って、だんだんと。しだいしだいに。一刻一刻。

【時日】［一］ ①時と日。②つきひ。ひま。③よい日。［二］ この日。この太陽。【――曷喪】 この太陽はいったい、いつ滅びるのであろうか。夏の人民が、暴君桀王をのろったことば。〈書経・湯誓〉【――害喪】「時日曷喪」に同じ。〈孟子・梁恵王上〉

【時宗】 仏浄土宗の一派。鎌倉時代に一遍上人がはじめたもの。

【時習】 ①たえずおさらいする。「学而時習」〈論語・学而〉 ②その時世の風習。

【時情】 その時の事情。

【時人】 そのときの人。その時代の人々。

【時世】 時代。そのおり。世の中の状態。【――粧】 流行の化粧。当世風のよそおい。

【時勢】 時のいきおい。世の中のなりゆき。時代のありさま。

【時節(節)】 ①季節。気候。②機会。ほどよいころあい。おり。③時世。

【時鮮】 その時期の、新鮮な食品。

【時代】［一］ ①時世。②年代。③ころ。④古い昔。「時代劇」 ［二］ shídài 現［一］の①②③に同じ。【――錯誤】 国①歴史的な事柄に関して、時代をとりちがえること。②古い時代の考えなどを現代にあてはめようとして、うまく合わないこと。アナクロニズム。【――思潮】 その時代の思想の傾向。②その時代のありさま。【――相】 その時代を代表する思想や世相。②その時代のありさま。【――物】 国①その時代を代表する思想や世相。国①伝説や歴史上の事がらを材料にした小説や脚本、または映画。②年代のたった古いもの。

【時鳥】 ①季節に応じて鳴く鳥。②ほととぎすの別名。

【時点(點)】 時間の流れの上の、ある一つの時期。

【時評】 ①当時の評判。②時事についての論評。

【時風】 時節に応じて吹く風。

【時服】 その時節の着物。

【時文】 ①昔、官吏の採用試験にもちいた文体。八股文。↔古文 ②現代中国の公用文・手紙などに使われる文語体の文章。③中国の現代文。

【時分】 ころ。とき。おり。

【時弊】 ①その時代のよくない風習。時代の弊害。②現代の悪習。=時病

【時変(變)】 時世の変化。時代の移り変わり。

【時望】 当時の人々の期待。当時の評判。人気。

【時務】 時代の急務。その時にしなければならないつとめ。「識二時務一者、在二俊傑一」(時代の急務を心得ているのは、すぐれた人物だけに限られている。)〈十八史略・三国〉

【時余(餘)】 一時間あまり。

【時利】 ①時期的にみた利益。②よい時期と、地勢上の有利さ。

【時流】 ①時代の流れ。②その時代の一般の人。③時節。

【時令】 ①年中行事。②政治上の一年中の行事。

【時論】 その時世の人々の議論。世論。

【時計】 時刻・時間をはかる機械。

【時羞之奠】 季節に応じた食品を神に供えること。また、その供え物。

『及レ時当(當)二勉励(勵)一』 勉強すべき時機には大いに勉強すべきである。〈陶潜の詩・雑詩〉

◆一時・寸時・片時・少時・不時・平時・四時・幼時・当時・即時・往時・随時・戦時・潮時・暫時・臨時・瞬時・書入時

日6【晊】〔10〕 シツ 漢 入 質 シチ 呉 zhì チー J —— 補 3420 U 664A

意味 ①大きい。大いに。はなはだ。②明るい。

日6【晌】〔10〕 ショウ 漢 上 養 (シャウ) shǎng シャン J ①8525 補 3421 U 664C

意味 ①まひる。おひる。正午。「晌午」「晌睡」②短い時間。しばらく。

日6【晋】〔10〕人 シン 漢 去 震 (J 3124 U 664B)
旧字 日6【晉】〔10〕 呉 jìn チン (J 5873 U 6649)
日12【㬜】〔16〕本字 (J ②1420 U 3B1C)

意味 ①〈すす・む〉㋐なかにはいる。㋑高位の人の面前に出る。㋒地位が上がる。②弓の矢。③内。なか。④国の名。春秋時代、今の山西省太原付近にさかえた国。⑤王朝の名。西晋(二六五～三一六)と東晋(三一七～四二〇)に分かれる。⑥地名。今の山西省をさす。⑦易の卦の名。

解字 [古字形] 会意。日と𦤳を合わせた字。𦤳は臸の略で、「いたる」の意味。晉は、日が出て、万物が進むことで、進むという意味を表す。また、臸が音を示す形声文字とし、臸は出と音が通ずるから、晉は、日が出ることであるともいう。一説に、臸は矢が並んで進むことで、下の日は口で、目標物を示すともいう。

名前 あき・くに・ゆき

【晋謁(謁)】貴人の前に出てお目にかかること。

【晋書】書名。百三十巻。唐代の房玄齢らの書いた西晋・東晋の歴史書。

【晋帖】王羲之ら、晋時代の書家の書を集めた法帖(書の手本)。

【晋文公】春秋時代の五覇のひとり。名は重耳。父の献公に国を追われて諸国を流れ歩いたが、秦の穆公の力で国に帰り、すぐれた臣下を得て諸侯の長になった。

【晋文】「晋文公」に同じ。

【晋不レ敝、斉(齊)不レ重】晋の国力が衰えなければ、斉国は安泰でない。〈韓非子・説林上〉

日6【晟】〔10〕人 (J 5880 U 665F)
旧字 日7【晟】〔11〕 セイ 漢 去 敬 shèng ション (U補J ——)
日7【晠】〔11〕同字 (補 3429 U 6660)

意味 ①〈あきらか〉明るい。②さかんなさま。盛大な。

解字 [古字形] 会意・形声。日と成を合わせた字。成は音をも示す。日は光る意、成はまとまる意を表し、晟は光り輝く意、あきらかの意となる。

名前 あきら・のぼる

日6【晁】〔10〕 ㊀チョウ(テウ) 漢 ㊀平 蕭 zhāo チャオ ㊁チョウ(テウ) 漢 ㊁平 蕭 cháo チャオ (J 5874 U 6641)

意味 ㊀朝。㊁姓。=鼂

【晁卿】阿倍仲麻呂の呼び名。【——衡】「晁卿」に同じ。阿倍仲麻呂は、唐で名を晁衡と改め、衛尉寺卿に任ぜられたのでいう。

【晁補之】人名。唐代の詩人で、字は无咎、号は帰来子。「雞肋集」を著した。(一〇五三～一一一〇)

日6【晀】〔10〕 チョウ(テウ) 漢 上 篠 tiǎo ティアオ (補 3417 U 6640)

意味 明るい。明らか。

日6【晦】〔10〕俗→晦(本ページ・中)

日6【晄】〔10〕同→晃(五九二ページ・下)

日6【晈】〔10〕同→皎(八五八ページ・下)

日6【春】〔10〕俗→春(一〇三五ページ・中)

日6【晉】〔10〕旧→晋(本ページ・上)

日6【昰】〔10〕古→是(五九〇ページ・下)

日6【耆】→老部四画(一〇〇二ページ・上)

日7【晦】〔11〕人 標 カイ(クヮイ) 漢 去 隊 huì ホイ (J 1902 U 6666)
日6【晦】〔10〕俗 (U補J ——)

意味 ①〈つごもり〉みそか。陰暦で月の最後の日。②〈くら・い(——・し)〉暗い。⇔明 ③よる。やみ。④〈くらま・す〉くらくする。見つけられぬようにする。⑤はっきりしない。微妙な。⑥木の葉がおちる。

【晦庵】南宋の儒学者、朱熹の号。

【晦顕(顯)】世の中に知られないことと、有名になること。

【晦朔(朔)】みそかとついたち。

【晦日】月の最終日。みそか。

【晦渋(澁)】文章などの意味がわかりにくいこと。

【晦蔵(藏)】人にわからないようにかくれる。人目をくらます。

【晦明】夜と昼。

【晦冥】くらいこと。くらやみ。

日7【晗】〔11〕 カン 漢 平 覃 hán ハン (J ②1394 補 3424 U 6657)

意味 夜が明けようとする。

日7【晘】〔11〕 カン 漢 上 旱 hàn ハン (補 3425 U 6658)

意味 ①日が出るさま。②ひでり。かわく。=旱

日7【晥】〔11〕 カン(クヮン) 漢 上 潸 huǎn ホワン (J ①8530 U 6665)

意味 明らかなさま。=皖

日7【晞】〔11〕 キ 漢 平 微 xī シー (J 5875 U 665E)

意味 ①〈かわ・く〉乾燥する。②〈かわか・す〉日にほす。さらす。「晞髪」③夜が明ける。

日7【晛】〔11〕 ケン 漢 去 霰 xiàn シエン (J ②1401 補 3427 U 665B)

意味 ①日が出る。日の光。②明るい。

日7【晤】〔11〕 ゴ 漢 去 遇 wù ウー (J 5877 U 6664)

意味 ①〈あきらか〉かしこい。②であう。むかいあう。「面晤」③うちとける。

【晤言】会って話す。

日7【晧】〔11〕 コウ(カウ) 漢 上 皓 hào ハオ (J 5878 U 6667)

意味 =皓 ①明るいさま。②潔白なさま。

日7【晙】〔11〕 シュン 漢 去 震 jùn チュン (J ①8527 補 3426 U 6659)

意味 ①明るい。明らか。②早朝。

日7【晨】〔11〕人 シン 漢 平 真 chén チェン (J 5879 U 6668)
日15【曟】〔19〕本字 (補 3472 U 66DF)

意味 ①星座の名。二十八宿の一つ。房星。②〈あした〉あさ。早朝。よあけ。③鶏がときをつげる。④たか。はやぶさの一種。

解字 [古字形] 古い形は曟。晨はその略体。形声。日(星を略した形)が形を表し、辰が音を示す。星座の名。二十八宿の一つ。房星。農業を始める時を示す。一説に晨の略体であって、夙(早い意)と同字で、早い意となるという。

名前 あき・てる・まさ・あきら

【晨雨】朝の雨。朝ふる雨。

【晨暉】しんき 朝日の光。
【晨鶏(鷄)】しんけい 朝早くときをつげるにわとり。
【晨光】しんこう(くわう) 朝日の光。「恨晨光之熹微」しんこうのきびなるをうらむ（朝日の光がうすぐらいのが残念だ。）〈陶潜とうせん・帰去来辞ききょらいのじ〉
【晨昏】しんこん 朝夕あさゆう。あさばん。「昏」は、ゆうぐれ。
【晨鐘】しんしょう 夜明けの鐘かね。
【晨炊】しんすい 朝早くごはんごしらえをする。
【晨征】しんせい 朝早くでかける。
【晨星】しんせい ①あけがたの空に残る星。②まばらで数の少ないたとえ。「晨星落落」
【晨省】しんせい 朝、両親のごきげんをうかがうこと。
【晨装(裝)】しんそう(さう) 朝立ちの旅じたく。
【晨旦】しんたん 朝。朝早く。早朝。
【晨風】しんぷう ①朝吹く風。②鳥の一種。はやぶさ。
【晨門】しんもん 朝早く門を開く者。門番。
【晨夜】しんや 朝と夜。朝から夜まで。

日7【晢】〔11〕セツ 漢 入 屑 zhé チョー　J 5881 補 ― U 6662
日7【晣】〔11〕同字　J ②1402 補 ― U 6663
意味 ①光りかがやく。「晢晢せきせき」②〈あきらか〉はっきりわかる。

日7【晧】〔11〕ハイ 漢 去 隊 pèi ペイ　J ― 補 ― U 3AF2
意味 うすぐらいさま。「晻晧あんぱい」
参考 「晢せき」は別字。

日7【晡】〔11〕ホ 漢 平 虞 bū ブー　J ①8529 補 3430 U 6661
意味 ゆうがた。申さるの刻こく。今の午後四時ごろ。また、午後三時より五時の間。

日7【晜】〔11〕同→昆(五八六ページ・中)
日7【晷】〔11〕俗→昇(五八六ページ・下)
日7【晵】〔11〕同→春(一〇三五ページ・中)
日7【晟】〔11〕旧→晟(五九四ページ・上)
日7【晠】〔11〕同→晟(五九四ページ・上)
日7【晝】〔11〕旧→昼(五九一ページ・下)
日7【晿】〔11〕同→鼎(一四四九ページ・中)
日7【晚】〔11〕旧→晩(五九七ページ・上)
日7【晦】〔11〕同→晩(五九七ページ・上)

日7【匙】〔一八七ページ・上〕→匕部九画

日8【晻】〔12〕一アン 漢 去 勘 àn アン　二アン 漢 上 感 ǎn アン　三エン 漢 上 琰 yǎn イエン　J ②1409 補 3442 U 667B
意味 一〈くら・い(――・し)〉うすぐらい。暗いさま。②盛んなさま。三①雲がわきおこる。二晻藹あんあいは、①雨が降るさま。

日8【晹】〔12〕エキ 漢 入 陌　ヤク 呉 yì イー　J ― 補 3441 U 6679
意味 ①うすぐらくなるさま。②かすかなさま。
【晻晻】あんあん―えんえん 太陽が雲間に見え隠れする。

日8【晼】〔12〕エン(ヱン) 漢 上 阮 wǎn ワン　J ― 補 3444 U 667C
意味 日が西にかたむく。

日8【暀】〔12〕一オウ(ワウ) 漢 一 上 養 wǎng ワン　二オウ(ワウ) 漢 二 去 漾 wàng ワン　J ②1410 補 3443 U 6680
意味 一①美しく輝く。②盛さかんなさま。＝旺おう ②徳。③すすむ。＝往おう 二①日の光。

日8【晷】〔12〕キ 漢 上 紙 guǐ コイ　J ①8532 補 ― U ―
日8【晷】〔12〕同字　J ― 補 3439 U 6677
意味 ①日かげ。②時間をはかるために立てた柱のうつす影。日どけいの影。③日ざし。ひかり。④時間。
【晷景】ききえい―きけい 日かげ。
【晷漏】きろう ①日どけいと水どけい。②時刻。

日8【暁】〔12〕常 ギョウ あかつき　J 2239 補 ― U 6681
旧字 日12【曉】〔16〕人 キョウ(ケウ) 漢 呉 上 篠 xiǎo シアオ　ギョウ(ゲウ) 慣　J 5892 補 ― U 66C9
白12【皢】〔17〕同字　J ― 補 4631 U 76A2
筆順 冂 月 日 日⁺ 日土 日圭 日堯 暁
意味 ①〈あかつき〉よあけ。②明るい。明るさ。③〈さと・る〉わかる。知る。④〈つ・げる(―・ぐ)〉言いきかせる。
解字  形声。日が形を表し、堯げうが音を示す。堯には白いという意味がある。暁は、あけがたの日の光で白くなること。

名前 あき・あけ・とき・とし・あきら・さとし
【暁闇】ぎょうあん(げう) 国 朝がたのくらやみ。

【暁雲】ぎょううん(げう) 夜明けの雲。

【暁猿】ぎょうえん(げうゑん) 夜明けになく、さるの声。

【暁角】ぎょうかく(げう) 夜明けを知らせる角笛つのぶえ。

【暁鬟】ぎょうかん(げうくわん) 朝起きたときの髪かみ。夜明けの寝乱れ髪。

【暁悟】ぎょうご(げう) さとる。わかる。

【暁紅】ぎょうこう(げう) 夜明けに咲く、赤い花。

【暁示】ぎょうし(げう) はっきりと教え示す。

【暁鐘】ぎょうしょう(げう) 夜あけを告げるかねの音。↕晩鐘
【暁星】ぎょうせい(げう) ①夜あけの空に残る星。②数の少ない物事のたとえ。

【暁析】ぎょうせき(げう) 明らかに、わきまえる。はっきりと理解する。

【暁達】ぎょうたつ(げう) すっかり理解する。暁暢ぎょうちょう。

【暁籌】ぎょうちゅう(げうちう) 夜明けの時刻。「籌」は、水時計の時刻をはかる、目盛もりの棒。

【暁暢】ぎょうちょう(げうちゃう) 「暁達ぎょうたつ」に同じ。

【暁通】ぎょうつう(げう) 物事によく通じていること。通暁。

【暁天】ぎょうてん(げう) ①あけがたの空。②よあけがた。【――星】ぎょう(げう)てんのほし 「暁星ぎょうせい」に同じ。

【暁譬】ぎょうひ(げう) よく言いきかせる。さとす。暁諭。

【暁喩】ぎょうゆ(げう) 「暁諭」に同じ。

【暁諭】ぎょうゆ(げう) 教えさとす。＝暁喩
【暁得】シアオト xiǎode 現 知っている。わかっている。
◇払暁ふつぎょう・今暁こんぎょう・早暁そうぎょう・通暁つうぎょう

日8【景】〔12〕学 4 ケイ　一ケイ 漢 一 上 梗 jǐng チン　二エイ 漢 二 上 梗 yǐng イン　J 2342 補 ― U 666F
日12【暻】〔16〕同字　J ①8538 補 3461 U 66BB
筆順 冂 日 日 旦 昌 昙 景 景
意味 一①ひかり。ひざし。②太陽。また、あかるい。てらす。③ようす。④けしき。「景勝けいしょう」⑤大きい。⑥したう。あおぐ。「景仰けいぎょう」⑦姓。二〈かげ〉＝影
解字  形声。日が形を表し、京けいが音を示す。京は高い丘で、大きいとか、はっきりしている意味がある。景は、日光がかがやくことで、明暗をくっきりさせるかげとか、大きいとかの意味になる。
名前 ひろ・あきら　姓 景山かげやま　難読 景色けしき(付表)

【景印】えいん 写真で複製して印刷したもの。＝影印
【景従(從)】えいじゅう|けいじゅう かげのように、離れずにつき従う。
【景雲】けいうん めでたい雲。瑞相ずいそうを現している雲。＝慶雲
【景観(觀)】けいかん(くゎん) けしき。ようす。
【景気(氣)】けいき ①ようす。ありさま。けしき。②国威勢。元気。③国人気。評判。商売のようす。④国商況。⑤経済活動を中心とした社会の状態。
【景況】けいきょう(きゃう) ①ようす。ありさま。状況。②国景気。
【景教】けいきょう(けう) 唐代に中国に伝わったキリスト教の一派。
【景仰】けいぎょう(ぎゃう)|けいこう(かう) 人をしたいあおぐ。徳をしたう。
【景行】けいこう(かう) ①りっぱな行い。②「景仰けいぎょう」に同じ。
【景趣】けいしゅ けしき。おもむき。風致ふうち。
【景象】■けいしょう(しゃう) ①けしき。②ありさま。ようす。■えいしょう(しゃう)「影とかたち」。
【景勝】けいしょう ①すばらしいけしき。②けしきのよい場所。
【景色】けいしょく|けしき ①ありさま。ようす。②おもむき。風景。
【景星】けいせい めでたい事があるときに出るといわれる大きな星。瑞星ずいせい。
【景迹】けいせき ①大きな行跡。②頭の赤い、きたないはえをいう。
【景泰藍】けいたいらん 七宝焼しっぽうやき。中国の美術工芸品の一つ。明みんの景徳年間に初めて作られた。
【景致】けいち けしき。風致。
【景徳窯】けいとくよう(えう) 江西省の景徳鎮ちんで製作される陶器。
【景品】けいひん 国売った品物につけて渡す特別なおまけ。
【景福】けいふく 非常な幸福。大きなしあわせ。
【景物】けいぶつ ①春夏秋冬それぞれのながめ。②おもしろみをそえるもの。③国売る品におまけとしてつけるもの。景品。
【景慕】けいぼ したいあおぐ。景仰けいぎょう。
◆八景はっけい・三景さんけい・光景こうけい・全景ぜんけい・近景きんけい・夜景やけい・佳景かけい・美景びけい・背景はいけい・叙景じょけい・風景ふうけい・情景じょうけい・絶景ぜっけい・遠景えんけい

日8【晵】〔12〕ケイ 漢 上 薺 qǐ チー J ― 補 3437 U 6675
意味 晴れる。雨がやみ、日が出る。

日8【晬】〔12〕サイ 漢 去 隊 zuì ツォイ J ②1407 補 3434 U 666C
意味 ①満一年たつこと。特に、赤ん坊が満一歳または満百日をむかえること。②めぐる。一周する。③潤うるおってつやのあるさま。＝睟すい

日8【晭】〔12〕シュウ(シウ) 漢 シュ 呉 上 有 zhǒu チョウ J ②1408 補 ― U 666D

意味 明るい。明らか。

日8【暑】〔12〕学3 ショ あつい J 2975 補 ― U 6691
旧字 日9【暑】〔13〕人 ショ 漢 呉 上 語 shǔ シュー J ①8535 補 ― U FA43
筆順 冂 日 日 旦 早 昱 昦 暑
意味 ①〈あつ・い(――・し)〉気候があつい。②あつい季節。夏。③医学用語。陽ようが強すぎるとなる。
解字 形声。日が形を表し、者しゃが音を示す。者には、煮にるとか、熱とかの意味がある。日光が上から熱を加えるのが「暑」であり、下から火をたいて熱するのが「煮」である。
名前 あつ・なつ 地名 暑寒別しょかんべつ
【暑気(氣)】しょき 暑さ。夏の暑さ。
【暑中】しょちゅう 国①夏の暑さの続くあいだ。②特に立秋りっしゅうの前の十八日間。
【暑毒】しょどく 暑さの害。「今歳暑毒十倍常年ことしのしょどくはじょうねんにじゅうばいす」(ことしの暑さのつらいことは平年の十倍である。)〈蘇軾そしょく・与李方叔一りほうしゅくにあとう〉
【暑熱】しょねつ 夏の暑さ。
【暑伏】しょふく 夏の暑いまっ盛り。暑気しょき。伏は、三伏をいう。
【暑仮(假)】シューチア shǔjià 現夏休み。
◆大暑たいしょ・小暑しょうしょ・炎暑えんしょ・残暑ざんしょ・酷暑こくしょ・熱暑ねっしょ・避暑ひしょ

日8【晶】〔12〕常 ショウ セイ 漢 ショウ(シャウ) 呉 平 庚 jīng チン J 3029 補 ― U 6676
筆順 丨 冂 日 日 日 昍 晶 晶
日8【𣇵】〔12〕同字 J ②1403 補 ― U 231F5
意味 ①〈ひかり〉輝き。②〈あきらか〉透明なさま。③鉱石の名。「水晶」「晶晶しょうしょう」
解字 会意。日を三つ重ねたもの。「あかるい」「あきらか」の意味を表す。一説に、三つの星を表した象形文字で、星という字と同じであるともいう。
名前 あき・てる・まさ・あきら
◆水晶すいしょう・結晶けっしょう

日8【晿】〔12〕ショウ(シャウ) 漢 平 陽 chāng チャン J ― 補 3438 U 667F
意味 人名に用いる。

日8【晴】〔12〕学2 セイ はれる・はらす J 3218 補 ― U 6674
旧字 日8【晴】〔12〕セイ 漢 平 庚 qíng チン J ― 補 ― U FA12
筆順 冂 月 日 日一 日十 日主 晴 晴
日9【暒】〔13〕同字 J ②1412 補 3429 U 6692
意味 ①〈は・れる(――・る)〉雨がやむ。いい天気になる。②〈はれ〉㋐はれた天気。㋑はればれとしたさま。国①〈はれ〉ひとまえ。名誉。②〈はら・す〉気になることや、さしつかえをなくす。
解字 形声。日が形を表し、青せいが音を示す。青には、あおい、すむ、などの意味がある。晴は、日がはれて空がすみきっていること。古い形では姓が使われていて、夜雨が止んで月の出ることを表した。
名前 てる・なり・きよし
参考「睛せい」は別字。
【晴雨】せいう 晴れと雨。晴天と雨天。【――計】せいうけい 気圧の高低をはかり、天気予報に役だてる機械。気圧計。
【晴光】せいこう(くゎう) ①晴れた日ざし。②晴れた日の景色。
【晴耕雨読(讀)】せいこううどく ①晴れた日は田畑をたがやし、雨の日は家で本を読む。②世間のことにしばられない気ままな生活。
【晴山】せいざん 晴れた山。
【晴初】せいしょ 晴れた朝。【――霜旦】せいしょそう(さう)たん よく晴れて、しもがおりている朝。〈酈道元れきどうげん・水経注すいけいちゅう〉
【晴色】せいしょく 晴れた日の景色。
【晴川】せいせん 雨あがりで、見はらしのきく川げしき。
【晴天】せいてん 晴れた空。天気のよい空。【――霹靂】せいてんのへきれき 晴れた空で急に雷が鳴るということから、急に起こった大事件。思いもよらない事柄。＝青天霹靂 【――白日】せいてんはくじつ ①よく晴れたひより。②少しもはじるところのないこと。③無実の罪であることが判明して、無罪となったこと。＝青天白日
【晴嵐】せいらん 晴れた日に山にかかるもや。
【晴朗】せいろう(らう) からりと晴れわたること。天気がうららかなこと。
◆天晴あっぱれ・快晴かいせい・秋晴あきばれ・日本晴にほんばれ

日8【晰】〔12〕標 セキ 漢 入 陌 xī シー J 5882 補 ― U 6670
日8【晳】〔12〕正字 J ①8531 補 3436 U 6673
意味 ①〈あきらか〉はっきりしているさま。②白い。

日8【晫】〔12〕タク 漢 入 覚 zhuó チュオ　J②1406 補3433 U666B
意味 ①非常に明るい。②すぐれている。

日8【智】〔12〕入 チ 漢 呉 去 寘 zhì チー　J3550 補— U667A
意味 ①ちえ。頭のはたらき。「智慧」 ②〈さと・い（——・し）〉かしこい。③かしこい人。④はかりごと。たくらみ。「智略」 ⑤知識。⑥姓。
解字 会意・形声。知と日とを合わせた字。知はまた音をも示す。知は、しること。日は、白とも書くが、どちらもことばをいうこと。智は、知識を口に出すことである。
名前 さと・とし・とみ・とも・のり・もと・あきら・さかし・さとし・さとる・まさる　地名 智利
参考 新表記では「知」（八七九ジペ・中）に書きかえる。熟語は「知」を見よ。

日8【晪】〔12〕テン 漢 上 銑 tiǎn ティエン　J②1405 補3432 U666A
意味 ①明るい。明らか。②明け方。

日8【晩】〔12〕学 6 バン　J4053 補— U6669
旧字 日7【晚】〔11〕入 バン 漢 上 阮 wǎn ワン　J①8528 補— U665A

筆順
冂
月
日
日'
日𠂊
昤
晗
晩

日7【㒶】〔11〕同字　J②1404 補— U231B6
意味 ①〈くれ〉日ぐれ。夕方。②夜。③〈おそ・い（——・し）〉おくれる。↕早 ④終わり。すえ。「晩春」↕早 ⑤のち。あと。⑥老年。「晩年」
解字 形声。日が形を表し、免が音を示す。晩には、よごれて見えないという気持ちがある。晩は、日が沈んで暗くなって見えないことをいう。音バンは、免の音ベンの変化。
名前 かげ　難読 晩生・晩稲

【晩鴉】夕ぐれに飛んでいるからす。

【晩夏】夏の末。夏の終わりごろ。

【晩霞】①夕焼け。②国夕ぐれにたちこめるかすみ。

【晩学（學）】①あとから進む学者。後学。②年をとってから学問をする、また、そのこと。また、その人。

【晩景】①夕方のけしき。②夕方。

【晩婚】普通の人よりおそく結婚すること。婚期を過ぎてからの結婚。↕早婚
【晩餐】夕はん。夕食。「晩餐会」

【晩日】ゆうひ。夕方の日の光。

【晩酌】夕食のときに酒を飲むこと。また、その酒。

【晩秋】秋の末。秋の終わりごろ。

【晩熟】おくれて成熟する。おそくみのる。↕早熟
【晩春】春の末。春の終わりごろ。

【晩照】夕日。夕日のひかり。夕焼け。

【晩鐘】夕ぐれをつげるかねの音。↕暁鐘
【晩色】夕暮れのけしき。

【晩翠（翠）】冬になっても木々のみどりが変わらないこと。

【晩生】①おそく生まれること。また、おそく生まれた人。②自分をけんそんしていうことば。小生。晩輩。③国植物の生長がおそいこと。

【晩成】①おそく完成する。②年をとってから、りっぱな人になる。「大器晩成」

【晩晴】夕方に晴れる。また、その状態。

【晩節（節）】①晩年。②年とってからの節操。③末の世。

【晩飧】「晩餐」に同じ。

【晩冬】冬の末。冬の終わりごろ。

【晩唐】①唐代を詩の作風によって初・盛・中・晩と四つにわけた最後の一期。②唐代の終わりごろ。

【晩稲（稲）】国 おそく成熟する稲。おくて。二 国
【晩年】①一に同じ。②普通よりおそく成熟する物や人。人が年をとった時。一生のうちの老年時代。

【晩輩】①あとから生まれ、または、あとから進む人。後輩。↕前輩 ②後輩が先輩に対して、自分をけんそんしていうことば。晩生。

【晩飯】一 ばんごはん。ゆうめし。夕食。晩餐。二 wǎnfàn 現一に同じ。

【晩風】夕暮れに吹く風。

【晩望】夕方のながめ。夕げしき。

【晩来（來）】夕がた。

【晩上】wǎnshang 現夕方。夜。

【晩会（會）】wǎnhuì 現夕方からの歌舞・演劇などの集まり。
△▼今晩・早晩・明晩・昨晩

日8【普】〔12〕常 フ　フ 呉 ホ 漢 上 麌 pǔ プー　J4165 補— U666E

筆順
丷
丷一
艹
並
並
普
普
普

日10【䜑】〔14〕本字　J— 補3453 U669C
日9【普】〔13〕同字　J— 補— U—

意味 ①〈あまね・し〉ひろく行きわたる。②広い。大きい。③普魯西の略称。ドイツにあった王国。④姓。

解字 形声。日が形を表し、並が音を示す。並には、うすく平らなという意味を含む。普には、日光がうすく、一面にかすんで色の無い状態をいう。転じて、「おしなべて」の意味になる。

名前 かた・ひろ・ゆき・ひろし
【普衍】あまねくゆきわたる。

【普及】広くゆきわたる。

【普化僧（僧）】仏禅宗の一派である普化宗の僧。尺八を吹いて托鉢する。虚無僧。

【普賢】仏普賢菩薩。すべての生き物を救うという菩薩。

【普請】①仏多くの人々から寄付をあつめて堂や塔を建てること。②国家などを建築すること。

【普陀落】観世音菩薩が住んだといわれる山。＝補陀落
【普通】一①世間なみ。②あたりまえ。③一般に。たいてい。おしなべて。二 pǔtōng 現一に同じ。【——話】pǔtōnghuà 現共通語。標準語。

【普天】天下。おおぞら全部。【——之下、率土之浜（濱）】天下じゅうの地の続く限りすべての所。〈孟子・万章上〉

【普偏】「普遍」に同じ。

【普遍】一①広くゆきわたること。②あまねくすべてに通じて存在すること。↕特殊 ＝普偏 二 pǔbiàn 現一に同じ。【——性】すべての物に共通な性質。＝普偏性【——妥当（當）】すべての物事によくあてはまること。

日8【晾】〔12〕リョウ（リャウ）漢 去 漾 liàng リアン　J— 補3435 U667E
意味 ①日にさらす。ほす。②風に当てて、かわかす。③温度をさげる。さます。ひやす。

日8【昦】〔12〕音義未詳。

日8【晶】〔12〕同 ↓晶（五九六ジペ・中）

日8【晳】〔12〕正 ↓晰（五九六ジペ・下）　J5883 補— U6683

日8〖間〗（一三一七ジペ・上）↓門部四画

日8〖量〗（一二八二ジペ・上）↓里部五画

日9【暗】〔13〕学 3 アン くらい　J1637 補— U6697

心(忄・⺗)戈戸(戶)手(扌)支攴(攵) 4画 文斗斤方无(旡・兂)日曰月(月)木欠止歹殳毋比毛氏气水(氵・氺)火(灬)爪(爫・⺤)父爻爿片牙(牙)牛(牜)犬(犭)

旧字 日9 **【暗】**〔13〕 アン (漢)(呉) (去) 勘 àn アン U補J ——

筆順 冂 月 日 日亠 日亠 日立 暗 暗

意味 ①〈くら・い(——・し)〉㋐日の光がない。↕明 ㋑奥深い。㋒おろか。「暗昧(あんまい)」②夜。③〈やみ〉くらがり。まっくら。＝闇(あん) ④目が見えない。⑤〈ひそか〉こっそり。声に出さない。「暗殺」⑥〈そらん・じる(——・ず)〉そらでおぼえる。＝諳(あん)「暗記」

解字 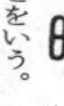 形声。日が形を表し、音(いん)が音を示す。音は、こもる、くもるという意味を持つ。暗は、日光がさえぎられてくらいことをいう。

参考 新表記では、「闇」の書きかえに用いる。

【暗曖】(あんあい) 暗いさま。ぼんやりとしたさま。

【暗暗】(あんあん) ①くらいさま。②ひっそりとしたさま。【——裏】(あんあんり) こっそりと。人知れず。＝暗暗裡
【暗雲】(あんうん) ①くらい雲。②おだやかでないふんいき。

【暗鬼】(あんき) ①ぼんやりとした幽霊(ゆうれい)。②ありもしない物のかげ。疑いの心から起こる物事。「疑心生二暗鬼一(ぎしんあんきをしょうず)」（疑い出すと、何でもそれらしく見えたり、思われたりするようになる。）〈列子・説符(せっぷ)〉

【暗記】(あんき) ①そらでおぼえる。諳記(あんき)。②秘密の記号。

【暗渠】(あんきょ) 水を流し通すために地下に設けられたみぞ。↕明渠(めいきょ)

【暗(「闇」)愚】(あんぐ) 非常におろかなこと。

【暗窟】(あんくつ) くらいほらあな。

【暗君】(あんくん) おろかな君主。↕明君
【暗香】(あんこう) ①やみの中でただよっている花のかおり。②どこからともなくただよってくるかおり。

【暗号(號)】(あんごう(かう)) なかまどうしだけにわかるように決めた、ひみつの通信記号。

【暗(「闇」)合】(あんごう(がふ)) 自然に一致する。偶然同じになる。

【暗(「闇」)黒】(あんこく) ①まっくらやみ。②悪徳や不安や悲惨(ひさん)な事がらがあること。③世の中が乱れていること。「暗黒時代」【——街】(あんこくがい) 国①くらい町。②不道徳な行為や犯罪がしきりに行われる町。【——面】(あんこくめん) ①かくれていて、はっきりしない方面。②社会の暗い面や悲惨な面。

【暗恨】(あんこん) 心の中にそっと持っているうらみ。

【暗殺】(あんさつ) 人に知れないように、不意をおそって殺すこと。やみうち。

【暗算】(あんざん) ①頭の中で計算すること。②こっそりと人をおとしいれたり、または殺したりすること。

【暗示】(あんじ) それとなく知らせる。ほのめかす。ヒントを与える。↕明示
【暗識】(あんしき) ひそかにしる。

【暗(「闇」)室】(あんしつ) ①暗いへや。②人の見えないところ。③国写真現像などに使う、光線の入らないへや。【不レ欺二——一】(あんしつをあざむかず) 人の見ていないところでも、身をつつしみ、やましいことをしない。【不レ侮二——一】(あんしつをあなどらず)「不レ欺二暗室一」に同じ。

【暗(「闇」)弱】(あんじゃく) おろかで、からだの弱いこと。

【暗唱】(あんしょう(しゃう)) 「暗誦(あんしょう)」に同じ。

【暗証(證)】(あんしょう) ①㋫禅僧が座禅にだけ専念して教理にくらいこと。〈兼好・徒然草一九三〉②「暗証番号」に同じ。【——番号】(あんしょうばんごう(がう)) 国キャッシュカードなどで、当人であることを証明する、あらかじめ登録してある秘密の文字や数字。

【暗誦】(あんしょう) そらでおぼえたことを、すらすら口に出す。暗唱。

【暗礁】(あんしょう(せう)) ①海中にかくれていて、見えない岩石。②急にぶつかった困難な問題。

【暗射】(あんせき|あんしゃ) ①的(まと)なしで弓をいること。②その物を見ないであてること。そらで言いあてる。

【暗然】(あんぜん) ①くらいさま。②心のふさぐさま。

【暗澹】(あんたん) ①くらくてはっきりしないさま。②くらくていやな感じのするさま。

【暗中飛躍】(あんちゅう(ちう)ひやく) 国①人に知れないように活動すること。②ひそかに計画をめぐらして行動すること。暗躍。

【暗中模(「摸」)索】(あんちゅう(ちう)もさく) ①やみの中で手さぐりする。②捜索(そうさく)の手がかりや方法を求めて、いろいろ試みること。〈隋唐嘉話〉

【暗転(轉)】(あんてん) ①芝居などで、舞台をくらくして場面を変える。②悪い状態に変化する。

【暗闘(鬪)】(あんとう) ①敵意を表面に出さずに争うこと。②だまって心の中で敵意を感じあうこと。

【暗風】(あんぷう) くらやみの中を吹く風。

【暗(「闇」)昧】(あんまい) ①おろかな。②はっきりしないこと。あいまい。

【暗幕】(あんまく) 国へやを暗くするための黒い幕。

【暗黙】(あんもく) ①じっとだまっていること。②意思を外面に表さないこと。

【暗(「闇」)夜】(あんや) やみよ。くらい晩。

【暗躍】(あんやく) 「暗中飛躍(あんちゅうひやく)」に同じ。

【暗流】(あんりゅう(りう)) ①表面に現れない水の流れ。②外部に現れない動き。

【暗涙】(あんるい) ①人に知られないように流す涙。②心の中で流す涙。

【暗令】(あんれい) 合いことば。

【暗老】(あんろう(らう)) いつとはなしに年を取ること。

【暗碼】(アンマー) ànmǎ 現①秘密(ひみつ)電報に用いる数字。密碼(ミーマー)ともいう。②商品のねだんを示す数字のふちょう。

△▼明暗(めいあん)・真暗(まっくら)

日9 **【暐】**〔13〕 イ (ヰ) (漢) (上) 尾 wěi ウエイ U補J ——
日10 【暐】〔14〕 俗字 U補J 6690 3448 ②1411

意味 光り輝くさま。「暐暐」「暐曄(いよう)」

日9 **【暈】**〔13〕 標 ウン (漢) (去) 問 yùn ユン U補J 6688 —— 5884

意味 ①〈かさ〉太陽や月のまわりにあらわれる光の輪。「暈珥(うんじ)」「暈気(うんき)」②〈あや〉ぼんやりした光や色。ぼかし。③目がくらむ。国〈ぼか・す〉①一方をこくし、だんだんとうすくする。②あいまいにする。

参考 「暉(き)」は別字。

日9 **【暍】**〔13〕 エツ (漢) (入) 月 yē イエ U補J 668D 3447 ①8534

意味 ①暑気あたり。日射病。②暑い。

【暍死】(えっし) 暑さにあたって死ぬ。日射病にかかって死ぬ。

日9 **【暇】**〔13〕 常 カ ひま 一カ (漢) 一(去) 禡 xiá シア 二カ (漢) 二(上) 馬 jiǎ チア U補J 6687 —— 1843

筆順 冂 月 日 日コ 日コ 日ヨ 日ヨ 暇

意味 一①〈いとま〉ひま。やすみ。「休暇」②ゆっくりする。ゆとりがある。二すばらしい。国〈いとま〉〈ひま〉縁を切ること。職をやめること。わかれ。

解字  形声。日が形を表し、叚(か)が音を示す。叚には、借りるとか、大きいとかの意味がある。暇は、日を借りること、あるいは、ゆとりのある日ということで、あいている日の意味になる。

【暇逸(逸)】(かいつ) 仕事をしないで、ぶらぶらしていること。

【暇日】(かじつ) ひまな日。仕事のない日。

△▼寸暇(すんか)・休暇(きゅうか)・余暇(よか)・賜暇(しか)

日9 **【暉】**〔13〕 人 キ (漢) (平) 微 huī ホイ U補J 6689 —— 5886

意味 ＝輝 ①ひかり。日光。②〈かがや・く〉光りかがやく。

解字  会意・形声。日と軍とを合わせた字。日は太陽、軍には光が輪になって、まわりを照らす意があり、暉は光り輝く

意となる。

名前 あき・てる・あきら・てらす 姓 暉峻（てるおか）

日9【暌】〔13〕 ケイ 漢 平 斉 kuí コイ
意味 ①日が入る。②〈そむ・く〉はなれる。
U補J 3446 668C

日9【暄】〔13〕 ケン 漢 平 元 xuān シュワン
意味 ①〈あたたか・い（——・し）〉温暖な。②春の末。
【暄寒】（けんかん） 暑いとか寒いとかの時候のあいさつ。
U補J 5887 6684

日9【暙】〔13〕 シュン 漢 平 真 chūn チュン
意味 人名に用いる。
U補J ②1413 3450 6699

日9【暖】〔13〕 学6 ダン あたたか・あたたかい・あたたまる・あたためる
U補J 3540 6696

旧字 日9【暖】〔13〕 ■ダン 漢 ノン 唐 ナン 呉 ■上 旱 nuǎn ノワン ■ケン 漢 ■平 元 xuān シュワン
U補J

筆順 ⺆ 日 日 日' 旷 旿 睴 暖

意味 ■①〈あたたか・い（——・し）〉〈あたたか〉温度がほどよい。「暖気」②〈あたた・める（——・む）〉〈あたたま・る〉あたたかくする。■暖姝（けんしゅ）は、自分から満足する。

解字 形声。日が形を表し、爰（えん）が音を示す。爰には、やわらかくあたたかい意味がある。暖は日光があたたかいことである。古い形の煖は、火があたたかいことである。音ダンは、爰の音エンの変化。

名前 あつ・はる・やす 難読 暖簾（のれん）・暖気（のんき）

参考 新表記では、「煖」の書きかえに用いる熟語がある。

【暖衣飽食】（だんいほうしょく） あたたかな着物をき、腹いっぱい食事をする。ぜいたくな暮らしをすること。
【暖気（氣）】（だんき） あたたかい気候。あたたかさ。↔寒気
【暖響（響）】（だんきょう） あたたかい歌声の響き。「歌台暖響」〈杜牧（とぼく）・阿房宮賦（あぼうきゅうのふ）〉
【暖国（國）】（だんごく） あたたかい国。
【暖風】（だんぷう） あたたかい風。
【暖房】（だんぼう） 国へやをあたたかくすること。＝煖房 ↔冷房
【暖飽】（だんぽう） 「暖衣飽食」に同じ。
【暖流】（だんりゅう） 高い温度の海流。黒潮（くろしお）・メキシコ湾流など。↔寒流
【暖炉（爐）】（だんろ） ①へやの中をあたためるための炉。②ストーブ。＝煖炉
【暖簾】（のれん） 国①商店の軒先（のきさき）に張って、日よけにする布。ふつう屋号が染めぬいてある。②商店の信用・格式。
【暖水瓶（瓶）】（ノワンショイピン） nuǎnshuǐpíng 現まほうびん。
【暖和】（ノワンフォ） nuǎnhuo 現あたたかい。
◇温暖（おんだん）・寒暖（かんだん）

日9【晸】〔13〕 テイ 漢 上 梗 zhěng チョン
意味 日が出るさま。
U補J ①8533 3440 6678

日9【暋】〔13〕 ■ビン 漢 ■平 真 mín ミン ■ビン 漢 ■上 軫 mǐn ミン
意味 ■気がおもい。しずみこむ。■①むりじいする。強情である。②がむしゃらなさま。
U補J 3445 668B

9 支【敯】〔13〕 同字 U補J 656F

日9【暘】〔13〕 ヨウ（ヤウ） 漢 平 陽 yáng ヤン
意味 ①日が出る。②太陽。③〈あきらか〉明るい。④晴れる。
【暘谷】（ようこく（やうこく）） 昔、太陽が出て来る所と考えられていた谷。＝暘谷
U補J 5888 6698

日9【暎】〔13〕 同 →映（五八九六・上）
日9【暒】〔13〕 同 →晴（五九六・下）
日9【煦】→火部九画（七七八・上）
日9【暑】〔13〕 旧 →暑（五九六・中）
日9【普】〔13〕 同 →普（五九七・中）
日9【尟】→小部十画（三九一・下）

日10【暟】〔14〕 カイ 漢 上 賄 kǎi カイ
意味 ①照らす。②美しい。③立派な道徳。
U補J 3454 669F

日10【㬎】〔14〕 ケン 漢 上 銑 xiǎn シエン
意味 ①明らか。はっきりみえる。＝顕（けん） ②こまかい。微妙。③やかましい。ややこしい。④まわた。絹のわた。⑤どもる。だまる。＝唫（きん）
U補J ②1414 3B0E

日10【暠】〔14〕 ■コウ（カウ） 漢 ■上 皓 gǎo カオ ■コウ（カウ） 漢 ■上 皓 hào ハオ
意味 ■明るいさま。白いさま。■白い。＝皓（こう）
U補J ①8536 3455 66A0

日10【暛】〔14〕 サ 漢 上 哿 suǒ スオ
意味 明るい。はっきりしている。
U補J 3452 669B

日10【暢】〔14〕 人 チョウ（チャウ） 漢 呉 去 漾 chàng チャン
意味 ①〈の・べる（—・ぶ）〉長くのばす。②〈の・びる（—・ぶ）〉のびのびする。のどかになる。「流暢（りゅうちょう）」③〈とお・る（とほ・る）〉㋐達する。ゆきわたる。㋑すっきりとわかる。④申し述べる。⑤さかんに茂るさま。

解字 形声。申が形を表し、昜（やう）が音を示す。申はのびること。昜は長い意味を含む。暢は長くのびること、のびのびとすることである。音チャウは、昜の音ヤウの変化。

名前 かど・なが・のぶ・まさ・みつ・いたる・とおる・のぶる・みつる

難読 暢気（のんき）

参考 新表記では、「長」に書きかえる熟語がある。

【暢月】（ちょうげつ（ちゃうげつ）） 陰暦十一月の別名。
【暢叙（敘）】（ちょうじょ（ちゃうじょ）） のんびりと話す。
【暢達】（ちょうたつ（ちゃうたつ）） ①のびのびとしていること。②すくすくとのびること。
U補J 3610 66A2

日10【暮】〔14〕 学6 ボ くれる・くらす
旧字 日11【暮】〔15〕 ボ 漢 モ 呉 去 遇 mù ムー
U補J 4275 66AE

筆順 一 艹 芇 苜 荁 莫 幕 暮

意味 ①〈く・れる（—・る）〉㋐日がくれる。㋑年または季節の末になる。②〈くれ〉㋐ゆうがた。㋑すえ。おわり。③おそい。④年をとる。国〈くら・す〉日をすごす。生活する。

解字 会意・形声。莫と日とを合わせた字で、莫（ぼ）は音をも示す。莫はもともと、日がくさむらの中にかくれている形で、夕ぐれをいう。後に、莫は、「ない」の意味に使われるようになったので、夕ぐれの場合には、莫に日を加えて、暮とした。

【暮鴉】（ぼあ） 夕暮れに飛んでいるからす。
【暮靄】（ぼあい） 夕暮れにたちこめるもや。
【暮陰】（ぼいん） 夕暮れのかげり。
【暮雨】（ぼう） 夕暮れにふる雨。
【暮雲落日】（ぼうんらくじつ） 夕暮れの雲と、落ちかかった太陽。国や人のおとろえを悲しむときに用いる形容。

心(忄・⺗)戈戸(戸)手(扌)支攴(攵) 4画 文斗斤方无(旡・旡)日曰月(月)木欠止歹殳毋比毛氏气水(氵・氺)火(灬)爪(爫・⺥)父爻爿片牙(牙)牛(牜)犬(犭)

【暮煙】ぼえん 夕暮れの、もや。
【暮簷】ぼえん 夕暮れの軒ば。
【暮寒】ぼかん 夕方の寒さ。
【暮景】ぼけい ①夕暮れのけしき。②年をとってからの状態。
【暮歳】ぼさい 年の暮れ。
【暮歯(齒)】ぼし 老年。晩年。歯は、年齢。
【暮愁】ぼしゅう(しう) 夕暮れに感じるものさびしさ。
【暮春】ぼしゅん ①春の終わりごろ。②陰暦の三月。
【暮鐘】ぼしょう 夕方につく鐘の音。
【暮色】ぼしょく ①夕暮れのようす。②夕暮れのけしき。
【暮雪】ぼせつ 夕暮れに降る雪。また、そのけしき。
【暮節(節)】ぼせつ ①陰暦十二月の異称。②九月九日の異称。③晩年。
【暮蟬】ぼせん 夕暮れに鳴くせみ。
【暮天】ぼてん 夕暮れの空。
【暮年】ぼねん 老年。晩年。
【暮暮】ぼぼ 夕暮れになるたびに。毎夕毎夕。
【暮夜】ぼや よる。よなか。
【暮齢(齡)】ぼれい 年をとった年齢。高齢。
◆日暮ぼにち(ひぐれ)・夕暮ゆうぐれ・野暮やぼ・歳暮さいぼ(せいぼ)・薄暮はくぼ

日10 【暝】〔14〕 メイ 慣 | 平 青
ミョウ(ミャウ) 呉 | míng ミン
U補J 5889 669D

意味 =冥めい ①〈くら・い(――・し)〉 かすか。②〈く・れる(―・る)〉 日がくれる。③日暮れ。夜。
【暝途】めいと 暗い道。たそがれの道。
【暝投】めいとう 日暮れに宿にはいる。投は、投宿。
【暝暝】めいめい くらく、さびしいさま。

日10 【晷】〔14〕 ヨウ 漢 | 平 蕭
(エウ) | yáo ヤオ
U補J 3451 669A

意味 ①日の光。②明るい。明らか。

日10 【暦】〔14〕 常 レキ こよみ
U補J 4681 66A6

旧字 日12 【曆】〔16〕 人 レキ 漢 | 入 錫
リャク 呉 | lì リー
U補J ①8539 66C6

筆順 一 厂 厂 厈 厤 厤 暦 暦

意味 ①天体の運行を推算して、季節・月・日・天文などを定める方法。「暦法ほう」②〈こよみ〉 れき。カレンダー。③さだめ。まわりあわせ。運命。④数。⑤日記。

解字 形声。日が形を表し、厤れきが音を示す。厤には、つぎつぎと移り行く意味がある。暦は、日がつぎつぎと移ることを表す。

名前 とし

【暦日】れきじつ ①こよみ。②としつき。つきひ。
【暦書】れきしょ ①こよみについて書きしるした本。②こよみ。
【暦象】れきしょう(しゃう) ①こよみで月や星の動きをおしはかること。②太陽・月・星など天体の動きや形。
【暦数(數)】れきすう ①こよみ。②自然にまわってくる運命。命数。
【暦年】れきねん ①としつき。②一年(こよみできめている長さ)。
【暦法】れきほう(はふ) こよみに関する法則。こよみの作りかた。
◆旧暦きゅうれき・本暦ほんれき・西暦せいれき・改暦かいれき・和暦われき・柱暦はしらごよみ・陰暦いんれき・絵暦えごよみ・陽暦ようれき・新暦しんれき・還暦かんれき・七曜暦しちようれき・太陽暦たいようれき・太陰暦たいいんれき

日10 【暐】〔14〕 俗 ↓暐(五九八ページ・下)
日10 【普】〔14〕 本 ↓普(五九七ページ・中)
日10 〔嘗〕(二六一ページ・下) ↓口部十一画
日10 【暤】〔14〕 本 ↓皞(八五九ページ・中)
日10 【曄】〔14〕 俗 ↓曄(六〇一ページ・下)

日11 【暵】〔15〕 カン 漢 | 去 翰
hàn ハン
U補J ②1417 3460 66B5

意味 ①〈かわ・く〉 水分がなくなる。かわかす。②しぼみかれたさま。
参考 「嘆たん」は別字。

日11 【暫】〔15〕 常 ザン
サン 漢 | 去 勘
ザン 呉 | zàn ツァン、zhàn チャン
U補J 2735 66AB

筆順 亘 亘 亘 車 斬 斬 暫 暫

意味 〈しばらく〉 ①すこしのあいだ。「暫時ざんじ」②たった今。…したばかり。③…するとすぐに。国〈しばらく〉 ながいあいだ。ひさしぶり。

解字 形声。日が形を表し、斬ざんが音を示す。斬には、わずか、という意味がある。暫は時間がわずかなことをいう。

【暫時】ざんじ 一 しばらく。一時。二 zànshí 現 一に同じ。
【暫定】ざんてい かりに決める。しばらくの間決めておくこと。「暫定的」「暫定予算」

日11 【暱】〔15〕 ジツ 漢 | 入 質
(ヂツ) | nì ニー
U補J ②1416 3458 66B1

意味 ①〈ちかづ・く〉〈な・れる(―・る)〉 なれしたしむ。=昵 ②自分だけの。③気にかける。

日11 【暲】〔15〕 ショウ 漢 | 平 陽
(シャウ) | zhāng チャン
U補J ①8537 3459 66B2

意味 ①あきらか。=章しょう ②日がのぼる。

日11 【暬】〔15〕 セツ 漢 | 入 屑
xiè シエ
U補J ― ― 66AC

意味 〈な・れる(―・る)〉 気やすくふるまう。=褻

日11 【暴】〔15〕 学 5 ボウ・バク あばく・あばれる
一 ホウ 漢 ボウ 呉 | 一 去 号 bào パオ
二 ホク 漢 ボク 呉 バク 慣 | 二 入 屋 pù プー
U補J 4329 66B4

筆順 冂 日 旦 早 昇 昇 暴 暴

意味 一 ①〈あら・い(――・し)〉 あらあらしい。むちゃな。「暴行」②〈あら・す〉 おかす。しいたげる。③〈あば・れる(―・る)〉 ④〈あば・く〉 あらわす。はっきりと示す。あらわれる。⑤〈そこな・う(―・ふ)〉 いためる。⑥素手すででうつ。⑦〈はや・い(――・し)〉 はげしい。⑧〈にわか(にはか)〉 たちまち。急に。二 ①〈さら・す〉 ㋐日にかわかす。=曝 ㋑雨つゆにあてる。②あたためる。

解字 会意。日・廾・大・氺を合わせた字。廾は出の略。大は廾で、両手で持つこと。古い形㊀では、氺は米。暴は、米を手で持ち出して、日にさらしてかわかすことから、「さらす」意味となる。㊁では、氺は夲で、進むこと。暴は、日の出るころから速く走って手をささげることから、「にわかに」の意味になる。一説に、暴は、日と大(両手)と乾した動物の形とを合わせた字で、動物の皮を両手で持ち出して日にあてること、または白くすることという。

参考 新表記では、「曝」の書きかえに用いる熟語がある。

【暴衣】ぼうい ①体を風雨にさらす。②服をかわかす。
【暴露】ばくろ ①風雨にさらされること。②かくしていたことがあらわれる。③国むき出しにする。=曝露
【暴威】ぼうい(ゐ) 勢いのあらあらしいこと。乱暴な勢い。
【暴雨】ぼうう 激しい雨。また、にわか雨。
【暴悍】ぼうかん 乱暴でたけだけしい。

【暴漢】 国乱暴をする者。あばれもの。
【暴起】 ①にわかにおこる。急におこる。②にわかに出世する。
【暴棄】 ①自らそこないすてる。自暴自棄。②にわかに死ぬ。
【暴虐】 「暴逆」に同じ。
【暴逆】 乱暴で道理にはずれている。＝暴虐
【暴謔】 ①あらあらしくしいたげる。乱暴をして苦しめる。②悪ふざけをする。「禁＝童子之暴謔＿」〈顔氏家訓〉
【暴挙(擧)】 国①乱暴な行動。②むこうみずな計画。
【暴君】 ①乱暴でなさけのない君主。②国わがままを言って、いばりちらしている人。
【暴言】 国乱暴なことば。あらあらしいことば。
【暴行】 ①乱暴な行い。手あらいやりかた。②他人に暴力をふるうこと。③国強姦。手ごめ。
【暴豪】 荒々しくて強いこと。
【暴酷】 あらあらしくてむごい。惨酷。
【暴虎馮河】 素手で虎に立ちむかったり、歩いて大きな川を渡る。転じて、むちゃなやりかた。無謀な行動。「暴虎馮河、死而無レ悔者吾不レ与也」〈論語・述而〉
【暴死】 にわかに死ぬ。頓死。
【暴状(狀)】 乱暴なようす。
【暴秦】 乱暴な政治を行った秦の国。
【暴政】 乱暴な政治。悪い政治。
【暴憎(憎)】 ひどくにくむ。
【暴徒】 乱暴な者たちの集まり。
【暴怒】 はげしく怒る。
【暴騰】 国値段が急にひどくあがること。↕暴落
【暴動】 ①乱暴な行動。②群衆がさわぎを起こして国家・社会の秩序をみだすこと。
【暴発(發)】 ①急に起こること。②国あやまって突然銃砲のたまが飛び出すこと。③国まとをきめず、むやみにたまをうつこと。
【暴風】 はげしい風。あらし。
【暴風雨】 はげしい雨と風。あらし。
【暴暴】 にわかに起こるさま。
【暴慢】 乱暴でいばること。
【暴民】 乱暴をする民衆。
【暴猛】 荒々しくたけだけしい。
【暴癢】 にわかにかゆくなる。急にむずむずする。「忽覚＝喉中暴癢＿」(ふと、のどがむずむずするのを感じた。)〈聊斎志異・酒虫〉
【暴落】 国値段が急にひどく安くなること。↕暴騰
【暴吏】 無法なことをする役人。
【暴力】 ①やばんで無法な力。②うでずく。力ずく。
【暴戻】 乱暴で道理に合わないこと。
〖以レ暴易レ暴〗 暴力をとり除くために、暴力を用いる。暴君の紂王にとって代わるに、同じく暴君の武王をもってしただけのことである。上の暴は、臣下の身で主君を殺した周の武王をさし、下の暴は、殷の紂王をさす。〈史記・伯夷列伝〉〈十八史略・周〉
◆凶暴・乱暴・狂暴・粗暴・強暴・横暴

日11 【暤】〔15〕 俗 ↓皞(八五九ページ・中)

日11 【暮】〔15〕 旧 ↓暮(五九九ページ・下)

〖魯〗(一四一九ページ・下)↓魚部四画

日12 【曀】〔16〕 エイ 漢 | 去 霽 yì イー | J — 補 3463 U 66C0

意味 ①〈く・れる(―・る)〉日がかげる。②くもって風が吹く。

日12 【暨】〔16〕 キ 漢 | 去 寘 jì チー | J 5890 補 — U 66C1

意味 ①太陽が登りはじめて少し見えるさま。②〈およ・ぶ〉いたる。とどく。達する。③〈ともに〉〈と〉…といっしょに。④果断なさま。⑤姓。

日12 【暿】〔16〕 一 キ 漢 呉 | 一 上 紙 xǐ シー　二 キ 漢 呉 | 二 平 支 xī シー | J ②1419 補 3462 U 66BF

意味 一 ①盛んなさま。②熱い。二 あぶる。＝熹

日12 【暻】〔16〕 ケイ 漢 キョウ(キャウ) 呉 | 上 梗 jǐng チン | J ①8538 補 3461 U 66BB

意味 ①明るい。明らか。②「景」(五九五ページ・下)の同字。

日12 【曂】〔16〕 コウ(クヮウ) 漢 オウ(ワウ) 呉 | 去 漾 huàng ホワン | J — 補 3464 U 66C2

意味 曂朗は、明るいさま。

日12 【暹】〔16〕 セン 漢 | 平 塩 xiān シエン | J 5891 補 — U 66B9

意味 ①日がのぼる。②暹羅は、タイ国の古い呼び名。

日12 【曃】〔16〕 タイ 漢 | 去 隊 dài タイ | J — 補 3465 U 66C3

意味 曖曃は、はっきりしないさま。

日12 【㬚】〔16〕 テツ 漢 テチ 呉 | 入 屑 chè チョー | J ②1418 補 — U 3B1A

意味 明るい。明らか。

日12 【曈】〔16〕 トウ 漢 | 平 東 tóng トン | J ①8540 補 3466 U 66C8

意味 曈曨は、夜明けの、うす暗いさま。夜があけそめるさま。

日12 【暾】〔16〕 トン 漢 | 平 元 tūn トゥン | J 5893 補 — U 66BE

意味 ①日の出るさま。朝日。②日が照るさま。

参考 「曈」「曨」は別字。

日12 【曇】〔16〕 常 ドン くもる　タン 漢 ドン 呉 | 平 覃 tán タン | J 3862 補 — U 66C7

筆順 冂 日 旦 旱 昙 曇 曇 曇

意味 ①〈くも・る〉空が雲におおわれる。↕晴 ②仏典の音訳語。「曇華」 国①〈くもり〉㋐光や声などがはっきりしないこと。㋑後ろぐらいこと。㋒心が晴れないこと。②〈くも・る〉㋐つやがなくなる。㋑目がかすむ。

解字 会意。日と雲とを合わせた字。日の下に雲があって、空がくもることをいう。

【曇天】 くもった空。くもり。

日12 【暼】〔16〕 ヘツ 漢 | 入 屑 piē ピエ | J 5894 補 — U 66BC

意味 暼暼は、太陽が沈みゆくさま。

日12 【曄】〔16〕 ヨウ 漢 (エフ) | 入 葉 yè イエ | J — 補 — U —

日12 【曅】〔16〕 同字 | J — 補 — U 66C5

日10 【晔】〔14〕 俗字 | J 5901 補 — U 66C4

意味 ①〈かがや・く〉光る。②さかんなさま。

日12 【暸】〔16〕 リョウ 漢 呉 (レウ) | 平 蕭 liáo リアオ | J 5902 補 — U 66B8

意味 はっきりしている。

参考 「暸」「瞭」は別字。

心(忄・⺗)戈戸(戶)手(扌)支攴(攵) 4画 文斗斤方无(旡・旡)日曰月(⺝)木欠止歹殳毋比毛氏气水(氵・氺)火(灬)爪(爫・⺥)父爻爿片牙(⽛)牛(牜)犬(犭)

日12【曉】〔16〕旧→暁(五九五ページ・中)

日12【曔】〔16〕俗→曔(本ページ・上)

日12【曌】〔16〕同→照(七七八ページ・中)

日12【晉】〔16〕本→晉(五九四ページ・上)

日12【曆】〔16〕旧→暦(六〇〇ページ・上)

日13【曖】〔17〕常 アイ　アイ 漢 去 隊 ài アイ　U 66D6 J 5903

筆順

意味 ①〈くら・い(――・し)〉うすぐらい。②はっきりしないさま。③〈おお・う(おほ・ふ)〉さえぎる。おおいかくす。

解字 形声。日が形を表し、愛あいが音を示す。愛には、覆われてはっきりしないという意味がある。曖は、うすぐらい、ぼんやりしている意味を表す。

▼「曖あい」は別字。

【曖曖】あいあい うすぐらく、ぼんやりしているさま。「曖曖遠人村あいあいたりえんじんのむら」(ぼんやりとかすかに見える、人里ひとざとをはなれた小さな集落。)〈陶潜とうせんの詩・帰₂園田居₁えんでんのきょにかえる〉

【曖曃】あいたい 「曖曖あいあい」に同じ。

【曖昧】あいまい はっきりしない。いいかげん。【――模糊】あいまいもこ あいまいで、はっきりしないこと。

日13【曎】〔17〕エキ 漢 入 陌 ヤク 呉 yì イー　U 66CE J 3468

意味 光が輝いて明るい。

日13【曏】〔17〕㊀キョウ 漢 (キャウ) ㊀去 漾 xiàng シアン ㊁ショウ 漢 呉 (シャウ) ㊁上 養 shǎng シャン　U 66CF J 3469

意味 ㊀①〈むか・う(――・ふ)〉むきあう。②〈さき〉以前。前に。「曏者きょうしゃ」「曏来きょうらい」 ㊁しばらくの間。

日13【曔】〔17〕ケイ 漢 去 敬 キョウ(キャウ) 呉 jǐng チン
日12【曔】〔16〕俗字　U 66D4 J 3470

意味 ①日が明るい。②かわく。

日13【曙】〔17〕人 ショ 漢 去 御 shǔ シュー　U 66D9 J 2976
旧字 日14【曙】〔18〕

意味 ①〈あけぼの〉夜あけ。あかつき。②〈あ・ける(―・く)〉夜があける。③一曙いっしょは、ごく短い時間。

解字  形声。日が形を表し、署しょが音を示す。署しょは緒しょ(はじめの意)に音が通じ、曙は夜明けの意となる。

名前 あけ

【曙暉】しょき 明けがたの日の光。

【曙光】しょこう(くゎう) ①夜あけの光。②国前途の明るいきざし。

【曙色】しょしょく あけぼのの色。夜明けの色。

日13【曦】〔17〕同→曦(六〇三ページ・上)

日14【㬤】〔18〕キュウ 漢 (キフ) 入 緝 qì チー　U 3B24

意味 ①しめったものが、かわきかかったさま。②水分を吸いとる。

日14【曛】〔18〕クン 漢 平 文 xūn シュン　U 66DB 補 3471 J ①8542

意味 ①夕日の光。②夕暮れ。たそがれ。夕方。③うすぐらい。

日14【曚】〔18〕ボウ 漢 上 董 モウ 慣 méng モン　U 66DA J 5904

意味 〈くら・い(――・し)〉①うすぐらい。②おろかな。

参考 「曚もう」「矇もう」は別字。

【曚昧】もうまい ①くらい。②道理がわからない。

【曚曨】もうろう ①日の光がぼんやりとうすぐらいさま。②ぼんやりとして、たしかでないさま。

日14【曜】〔18〕学2 ヨウ　U 66DC J 4543
旧字 日14【曜】〔18〕ヨウ 漢 呉 (エウ) 去 嘯 yào ヤオ

筆順

意味 ①〈かがや・く〉照らす。②〈ひかり〉日の光。③誇示する。④日・月・星の総称。国〈よう〉七曜日。「月曜」

解字 形声。日が形を表し、翟てきが音を示す。翟には、かがやく意味がある。曜は日が照って、明るくかがやくこと。翟はもともとテキという音で、尾の長いきじのことであって、高いとか、目だつという意味を含む。

名前 てる・あきら・てらす

日14【曙】〔18〕旧→曙(本ページ・上)

日14【馥】→香部九画(一三九六ページ・下)

日14【鼂】→黽部五画(一四四九ページ・上)

日15【曠】〔19〕標 コウ 漢 呉 (クヮウ) 去 漾 kuàng コワン　U 66E0 J 5905
日5【昿】〔9〕俗字　U 663F J 5906

意味 ①〈あきらか〉はっきりしている。②〈むなし・い(むな・し)〉㋐ひろい。大きい。「曠野」㋑からっぽ。③〈むなしく・する(――・す)〉㋐からにする。㋑むだにすごす。「曠歳こうさい」④遠い。

参考 新表記では、「広」に書きかえる熟語がある。

【曠遠】こう(くゎう)えん(ゑん) ①広く遠い。②こまかなことに気をとられないこと。

【曠恩】こう(くゎう)おん 大きなめぐみ。

【曠空】こう(くゎう)くう ひろびろとしている。

【曠古】こう(くゎう)こ 今までに例のないこと。未曽有みぞう。

【曠日】こう(くゎう)じつ ①一日じゅう。②むだに日をすごす。【――持久】こう(くゎう)じつじきゅう(きう) ①長い時間持ちこたえる。②長い年月をむだにすごす。【――弥(彌)久】こう(くゎう)じつびきゅう(きう) 長い年月をむだにすごす。何もせずに、長い年月がたつ。

【曠職】こう(くゎう)しょく ①仕事をなまけていいかげんにすること。②欠員のあるままにしておくこと。

【曠世】こう(くゎう)せい めったにないめずらしいこと。

【曠然】こう(くゎう)ぜん ①広いさま。がらんとしてなにもないさま。②心の広いさま。けろりとしているさま。「曠然不₂以為₁意こうぜんとしてもっていとなさず」(平然として、少しも気にかけない。)〈原善・先哲叢談せんてつそうだん〉

【曠代】こう(くゎう)だい 一世に類のない。世にもまれな。

【曠達】こう(くゎう)たつ 心がおおらかで、こまかなことにこだわらないこと。

【曠田】こう(くゎう)でん 広大な田畑。広くて荒れた田。

【曠土】こう(くゎう)ど あそんでいる土地。荒れたまま、利用されない土地。

【曠蕩】こう(くゎう)とう(たう) ①ひろびろとしたさま。②心が広いさま。③すきかってなことをするさま。

【曠年】こう(くゎう)ねん ひさしい年月。年月をむだにすごすこと。

【曠廃(廢)】こう(くゎう)はい なまけて、うっちゃらかすこと。

【曠夫】こう(くゎう)ふ 妻をなくした壮年の男。

【曠望】こう(くゎう)ぼう(ばう) 広く遠方をながめ渡す。

【曠野】こう(くゎう)や ひろびろとした野原。＝広野

日15【曟】〔19〕シン 漢 平 真 ジン 呉 chén チェン　U 66DF J 3472

[意味] ①「晨」(五九四ジ・下)の本字。②二十八宿のひとつ。心宿。＝辰

日15 【曝】〔19〕 [標] [人] ホク(漢)(入) 屋 バク(慣) pù プー J 3988 補 ― U 66DD
[意味] 〈さら・す〉 日光にあててかわかす。＝暴
[参考] 新表記では、「暴」に書きかえる熟語がある。熟語は「暴」(六〇〇ジ・下)をも見よ。
【曝書】(ばくしょ) 本を空気や日光にあてて、虫ぼしすること。

日15 〖韻〗→音部十画(一三七〇ジ・上)

日16 【曦】〔20〕 キ(漢)(平) 支 ギ(慣) xī シー J 5907 補 ― U 66E6
[意味] ①日のひかり。②太陽。

日13 【曦】〔17〕 同字 J ①8541 補 ― U 3B22

【曦月】(ぎげつ) 太陽と月。

日16 【曨】〔20〕 ロウ(漢)(平) 東 lóng ロン J ①8543 補 3473 U 66E8
[意味] 〈おぼろ〉 曈曨(とうろう)は、夜明けのうす暗いさま。

日16 〖響〗→音部十一画(一三七〇ジ・中)

日16 〖馨〗→香部十一画(一三九六ジ・下)

日17 【曩】〔21〕 ドウ(ダウ)(漢)(上) 養 ノウ(ナウ)(呉) nǎng ナン J 5908 補 ― U 66E9
[意味] 〈さき〉 以前。むかし。前。「曩日(のうじつ)」「曩昔(のうせき)」「曩者(のうしゃ)」「曩時(のうじ)」
【曩祖】(のうそ(なうそ)) 遠い先祖。

日19 【曫】〔23〕 ラン(漢)(平) 寒 (呉) luán ロワン J ― 補 3474 U 66EB
[意味] 日暮れ。たそがれ。

日19 【曬】〔23〕 [旧]↓晒(五九二ジ・下)

日20 【曮】〔24〕 ゲン(漢)(上) 琰 yǎn イエン J ― 補 3476 U 66EE
[意味] 日がめぐる。太陽の運行。

4画 曰部 ひらび

【部首解説】 「乚」と「口」が合わさり、「口から気が出る」、さらに「言葉を発すること」を表す。この部には、「曰」の形を構成要素とする文字が属する。

曰0 【曰】〔4〕 [標] エツ(ヱツ)(漢)(入) 月 ワツ(呉) yuē ユエ J 5909 補 ― U 66F0
[意味] ①〈い・う(―・ふ)〉 言うには。㋐言う。㋑名づける。よぶ。②〈いわく(いはく)〉「いわく」の敬語。おっしゃることには。③〈のたまわく(のたまはく)〉 ④〈ここに〉 さて。話のはじめに言い出す語。「曰若(えつじゃく)(ここに)」 [国]〈いわく(いはく)〉 わけ。事情。
[解字]  会意。乚と口とを合わせた字。曰は、口から気が出ることを表す。
[参考] 「日(じつ)」は別字。

曰1 〖甲〗→田部〇画(八三四ジ・上)

曰1 〖申〗→田部〇画(八三四ジ・中)

曰1 〖由〗→田部〇画(八三四ジ・下)

曰2 【曳】〔6〕 [人] [標] エイ(漢)(去) 霽 yè イエ J 1740 補 ― U 66F3
[意味] ①〈ひ・く〉 ひきずる。ひきよせる。②〈つまず・く(つまづ・く)〉 疲れてたおれる。③ゆれうごく。④越える。

曰3 【曵】〔7〕 俗字 J 5910 補 ― U 66F5

[名前] のぶ
【曳曳】(えいえい) ①長くたなびくさま。②ゆったりしたさま。

【曳航】(えいこう(かう)) [国]船が他の船を引っぱって航行すること。

【曳船】[一](えいせん) 船で引いてゆくこと。また、その船。[二](ひきふね) ①[一]に同じ。②[国]昔の劇場で、二階の正面桟敷(さじき)の前面へ張り出した観客席。

【曳兵】(えいへい) 武器をひきずって逃げる。兵は兵器。
◆揺曳(ようえい)

曰2 【曲】〔6〕 [学]3 キョク まがる・まげる
[一] キョク(漢) コク(呉) [一](入) 沃 qū チュイ
[二] キョク(漢) コク(呉) [二](上) 麌 qǔ チュイ
J 2242 補 ― U 66F2

筆順 

[意味] [一] ①〈まが・る〉 ゆがむ。ねじける。②〈ま・げる(―・ぐ)〉 折りまげる。ゆがめる。③よこしま。不正。↕直 ④〈くま〉 すみ。まがりかど。⑤くわしい。こまかに。つぶさに。⑥姓。[二] 歌。ふし。[国]①〈くせ〉 悪いことを意味する接頭辞。「曲者(くせもの)」②〈きょく〉 ㋐わざの変化。㋑おもしろみ。
[解字]  象形。入れ物の中がまるくなっているうつわの形。まがることから、まっすぐでないことになり、こまごましたという意味になる。
[名前] のり [姓] 曲田(まがた)・曲瀬(まがせ)・曲直部(まなべ)・曲直瀬(まなせ)
[難読] 曲尺(かねじゃく)・曲輪(くるわ)・曲玉(まがたま)
[参考] 曲は「麯」(一四四二ジ・上)の中国新字体としても使う。

【曲引】(きょくいん) 楽曲。音楽のふし。曲胤。引・胤は曲のこと。

【曲宴】(きょくえん) 天子が臣下に設けた私的な宴会。

【曲学(學)】(きょくがく) 真理をまげた学問。正しくない学問。【曲学阿世】(きょくがくあせい) 真理をまげた学問によって世間にこび、人気を得ようとすること。〈史記・儒林(じゅりん)列伝〉

【曲几】(きょくき) ①脇息(きょうそく)。すわるときに、ひじをのせ、からだをよせかける道具。②脚のまがった、小さな机。

【曲芸(藝)】[一](きょくげい) ①小さなわざ。②[国]危険な離れわざ。かるわざ。[二] quyì チュイイー [現]民間の演芸。歌や語り物。

【曲士】(きょくし) ①いなか者。②心のまがった人間。「―不ㇾ可ㇾ以語ㇾ於道ㇾ(きょくしにはもってみちをかたるべからず)」 教養のない人間には、道理を聞かせてもわからせることはできない。〈荘子(そうじ)・秋水〉

【曲尺】(きょくしゃく|かねじゃく) 直角にまがったものさし。さしがね。

【曲従(從)】(きょくじゅう) 自分の意志をまげて人に従う。

【曲尽(盡)】(きょくじん) つぶさに説きつくす。

【曲水宴】(きょくすいのえん) ①まがって流れる小川に杯を浮かべ、それが自分の前を通りすぎるまでに詩を作って酒を飲む宴会。②[国]①と同じ遊び。平安時代、三月三日に宮中で行われた。「ごくすいのえん」ともいう。

【曲成】(きょくせい) 少しの手落ちもなく完成する。

【曲折】(きょくせつ) ①おれまがる。まがりくねっていること。②こみいって変化のある事情。

【曲説】(きょくせつ) 正しくない意見。かたよった議論。曲論。

【曲全】(きょくぜん) でしゃばらないで、安全を保つこと。「曲則全(きょくなればすなわちまったし)」〈老子・二十三〉

【曲池】(きょくち) まがりくねった池。

【曲長】(きょくちょう(ちゃう)) 部隊の長。組の長。

【曲調】(きょくちょう(てう)) 音楽のふしと調子。

【曲直】(きょくちょく) ①まがったこととまっすぐなこと。②正しくないことと正しいこと。正邪。

【曲塘】(きょくとう(たう)) まがりくねった、どて。

【曲磴】(きょくとう) 曲がりくねった石段。

4画 心(忄・⺗)戈戸(戸)手(扌)支攴(攵) 文斗斤方无(旡・旡)日曰月(月)木欠止歹殳毋比毛氏气水(氵・氺)火(灬)爪(爫・爫)父爻爿片牙(牙)牛(牜)犬(犭)

【曲撓】(きょくとう(だう)) ①曲がりたわむ。②正直でない。③無実の罪で死ぬ。

【曲突徙薪】(きょくとつししん) 煙突を曲げ、薪をよそへうつす。災いを未然に防ぐことのたとえ。〈漢書・霍光伝〉

【曲馬】(きょくば) 国馬を使ってする曲芸。「曲馬団」

【曲庇】(きょくひ) 不正なやりかたで人をかばうこと。

【曲眉】(きょくび) 美しくまがったまゆ。【――豊(豐)頰】(きょくびほうきょう(けふ)) すんなりしたまゆと、ふっくらしたほほ。美しい顔の形容。

【曲筆】(きょくひつ) 事実をまげて書く。知っていながら、うそを書く。

【曲阜】(きょくふ) 地名。周代から戦国時代にかけて、魯国の都。今の山東省曲阜市。孔子の生まれた所。

【曲浦】(きょくほ) まがりくねった入り江。まがりくねった海岸線。

【曲目】(きょくもく) ①戯曲の目録。②国音楽の曲の名。③国演奏する曲の名をならべたもの。

【曲欄】(きょくらん) まがった、てすり。

【曲礼(禮)】(きょくれい|きょくらい) ①礼儀や作法のこまかいきまり。②「礼記」の編名。

【曲彔】(きょくろく) 国よりかかるところをまるくまげた椅子。寺院などで用いる。

【曲論】(きょくろん) 「曲説」に同じ。

【曲解】(きょっかい(きょくかい)) ①事実をまげて解釈する。②人の言うことなどをまっすぐに受けとらないこと。

【曲径(逕)】(きょっけい(きょくけい)) まがりくねった小みち。

【曲江】(きょっこう(きょくかう)) 池の名。長安(今の陝西省西安市)の付近にあったもの。宜春苑、芙蓉池。

【曲肱】(きょっこう(きょくこう)) うでを曲げて枕にする。貧しいことのたとえ。【――之楽(樂)】(きょっこう(きょくこう)のたのしみ) 清貧に安んじて道を行う楽しみ。孔子の弟子の顔回の故事にもとづく。〈論語・述而〉

【曲玉】(まがたま) 国昔、首飾りにしたり、太刀につけたりしたまが(「った形の玉。勾玉。

◆小曲・名曲・序曲・作曲・委曲・屈曲・音曲・歪曲・俗曲・浪曲・秘曲・楽曲・歌曲・戯曲・謡曲・交響曲・歌謡曲・同工異曲

曰 3 【更】〔7〕 常 コウ さら・ふける・ふかす　J 2525 補 U 66F4

旧字 曰 3 【更】〔7〕 U 補 J

一 コウ(カウ) 漢 キョウ(キャウ) 呉　一 平 庚 gēng コン

二 コウ(カウ) 漢 キョウ(キャウ) 呉　二 去 敬 gèng コン

筆順 一 丆 冂 冃 百 申 更

支 5 【㪅】〔9〕 本字 J ― 補 U 3A85

意味 一 ①〈か・える(――・ふ)〉 とりかえる。②〈あらた・める(――・む)〉 新しくする。③〈こもごも〉 かわるがわる。④経る。過ぎる。⑤つぐなう。⑥秦漢の兵役・徭役の一つ。交替で任に当たった。⑦日没から日の出までを五つに分けた時間の単位。「五更」 二 ①〈さらに〉 また。その上に。②いよいよ。ますます。国①〈さら〉 新しいこと。「更湯」 ②〈ふ・ける(―・く)〉 夜がふける。③〈ふか・す〉

解字 㪅 形声。古い形で見ると、更は、丙と攴とを合わせた字である。攴が形を表し、丙が音を示す。攴は打つこと。丙には左右に張りつめている意味を含む。更は、刺激を加えてピンとさせることで、立ちなおる、別なものにする、の意味となる。

名前 とく・とお・のぶ　姓 更田　地名 更別・更級・更埴

難読 更衣・更紗

参考 新表記では、「甦」の書きかえに用いる熟語がある。

【更月】(きさらぎ) 国陰暦二月の別名。如月。

【更衣】(こうい(かう)) ①着物を着かえること。ころもがえ。②便所。③国昔、女御に次ぐ女官。

【更改】(こうかい(かう)) 改める。変わり改まる。

【更互】(こうご(かう)) かわりばんこ。=交互

【更始】(こうし(かう)) ①新しく始めること。更新。革新。②漢末の年号(二三～二五)。③漢の劉玄をいう。

【更事】(こうじ(かう)) ①物事を改める。②経験を積む。③ありきたりのこと。

【更新】(こうしん(かう)) かえて新しくする。新たになること。

【更人】(こうじん(かう)) 時刻をつかさどる役の人。

【更正】(こうせい(かう)) 正しく改める。

【更生】(こうせい(かう)) ①生きかえる。生まれかわる。②今までのことをすっかり改めて新しい生きかたをすること。=甦生

【更代】(こうたい(かう)) かわる。=交代

【更端】(こうたん(かう)) ①他のこと。②改行する。

【更籌】(こうちゅう(かうちう)) 夜の時間をはかる時計。更は、夜の時刻をはかる単位。籌は、数をかぞえるのに用いるもの。

【更張】(こうちょう(かうちゃう)) ①琴の糸を張りなおす。②いいかげんだったことを改めてさかんにすること。

【更直】(こうちょく(かう)) 交代で宿直すること。

【更訂】(こうてい(かう)) なおして正しくする。改訂。

【更迭】(こうてつ(かう)) いれかわる。いれかえる。

【更番】(こうばん(かう)) 順々に番に当たる。

【更楼(樓)】(こうろう(かう)) 城中で、鐘や太鼓で時刻を知らせる、「やぐら。」

【更漏】(こうろう(かう)) ①水のしたたり落ちる量で時刻をはかる道具。水どけい。漏刻。②時間。

【更紗】(サラサ) 国いろいろな模様を押して染めた金巾または絹。

【更加】(コンチア) gèngjiā 現ますます。さらに一層。

◆初更・変更

曰 3 【曳】〔7〕 俗 ↓曳(六〇三ページ・中)

曰 3 【旱】〔7〕 本 ↓厚(二〇五ページ・上)

曰 4 〖東〗(六二七ページ・中) ↓木部四画

曰 4 〖杲〗(六二五ページ・上) ↓木部四画

曰 4 〖昂〗(五八六ページ・上) ↓日部四画

曰 5 【曷】〔9〕

一 カツ 漢　一 入 曷 hé ホー

二 アツ 漢　二 入 曷 è オー

三 カツ 漢　三 入 曷 hé ホー

J 5911 補 U 66F7

意味 一 ①〈なんぞ〉 どうして。疑問・反語を表す。②〈いつ〉 いつごろ。③〈なに〉 何。二 ①〈およ・ぶ〉 ②〈とど・める(――・む)〉 とめる。三 どなりつける。

語法 ❶ 〈なんぞ〉〈いずくんぞ(いづくんぞ)〉 疑問・反語。どうして…か。原因・理由を問う。類 何・奚 例「曷不委心任去留」(どうして心を自然にゆだねて運命に身を任せないのか)〈陶潜・帰去来辞〉
❷ 〈なに〉〈いつ〉 事物や時を問う。例「吾子其曷帰」(あなたはいつになったら戻るのか)〈左伝・昭公元〉
▼下に名詞をともなう場合「なんの」「いずれ(いづれ)の」と訓読する。例「曷月予還帰哉」(いつの月にわたしは帰れるのだろうか)〈詩経・王風・揚之水〉
❸ 〈なんぞ…ざる〉 反語。どうして…しないことがあろうか。再読文字。類 盍 例「中心好之、曷飲食之」(心から好むのであれば、どうして飲食させないことがあろうか)〈詩経・唐風・有杕之杜〉 ▼「何不」の縮音。

〖曷若〗(かつじゃく) どのようか。どうだ。何如。何若。

〖曷為(爲)者〗(なんするものぞ) 何をする者か。何者だ。何為者。

〖曷為(爲)〗(なんすれぞ) どうして。なぜ。何為。

曰5【冐】→冒(八七〇ページ・上)
→目部四画

曰6【書】〔10〕学2 ショ かく ショ 漢 ショ 呉 平 魚 shū シュー U補J 66F8 — 2981

筆順 フ ⺕ ⺕ ⺕ 聿 聿 書 書

意味 ①〈か・く〉字をかく。②字の書き方。「書法」③文字。④書体。「楷書」⑤〈ふみ〉㋐書物。㋑書きつけ。手紙。たより。⑥五経の一つの「書経」をさす。「詩書」(詩経と書経)

解字 形声。聿と者とを合わせた形である。聿はふで。者は、音を示すとともに、定着する、つける、という意味を持つ。書は、筆で書きつけることを表す。一説に、者の音は象と通じて、似るという意味を持ち、書は、古い人の字をまねて写すことであるという。

名前 のぶ・のり・ひさ・ふむ・ぶん

【書案】しょあん ①つくえ。②文章の下書き。

【書院】しょいん(ゐん) ①昔の、学問の講義をするところ。②書斎。③国書院造りの家の座敷。【——造】しょいんづくり 国室町時代にはじまった住宅建築の様式。禅寺の書院の作りかたを住宅建築に用いたもので、現在の普通の日本の家屋の基礎になった。

【書淫】しょいん 読書または蔵書にむちゅうになりすぎること。また、そのような人。

【書屋】しょおく(をく) ①読書する建物。または、へや。②書店。本屋。

【書架】㊀しょか 本だな。㊁シューチア shūjià 現㊀に同じ。

【書家】しょか ①書道を仕事にしている人。書道の専門家。②書道が非常にうまい人。

【書画(畫)】しょが(ぐわ) 文字と絵。

【書巻】しょかん(くわん) 本。書冊。

【書翰】しょかん 手紙。書状。＝書輸

【書簡】しょかん 「書簡」に同じ。

【書記】㊀しょき ①書きしるす。②物を書く役めの人。③記録をとるかかりの人。㊁シューチー shūji 現①㊀に同じ。②(共産党など、各組織の主な)責任者。

【書笈】しょきゅう(きふ) 本をいれて背おう箱。

【書経(經)】しょきょう(きゃう) 「尚書」のこと。もとは「書」といったが、宋代からは「書経」というようになった。↓「尚書」(三九一ページ・下)

【書篋】しょきょう(けふ) 本箱。

【書局】しょきょく ①官庁に設けた書籍編集所。②清代の末に、各省に設けた図書出版所。③出版社をいう。

【書契】しょけい ①文字。②証拠に用いる書きつけ。

【書計】しょけい 読み書きと計算。

【書剣(劍)】しょけん 本と剣。昔の文人がいつも持っていたもの。

【書庫】しょこ 本をしまっておく倉。

【書賈】しょこ 書物を売る人。本屋。書林。書肆。

【書佐】しょさ 「書記」㊀の②③に同じ。

【書斎(齋)】しょさい 書き物をしたり読書や勉強をするためのへや。

【書策】しょさく 書物。書籍。

【書冊】しょさつ 本。書物。

【書札】しょさつ 手紙。かきつけ。

【書史】ししょ ①書物。本。②経書と史書。③書物の歴史。④国書道の歴史。

【書笥】しょし 手紙などを入れる箱。文箱。本箱。

【書肆】しょし 本屋。書林。

【書誌】しょし ①書物。図書。②書物の目録。【——学(學)】しょしがく 国図書の分類・解題・鑑定などについて研究する学問。

【書写(寫)】しょしゃ 書きうつす。

【書社】しょしゃ ①周代、村の社におさめた村の戸籍簿。②読書の会。

【書状(狀)】しょじょう(じゃう) ①手紙のたより。国手紙。

【書信】しょしん ①手紙のたより。②手紙。

【書生】しょせい ①学生。②国住みこみで家事や雑用を手伝いながら勉強する人。

【書聖】しょせい 書道が非常にすぐれた人。書の名人。

【書跡】しょせき 書かれた文字。また、そのかたち。筆跡。書迹。＝書蹟

【書疏】しょそ ①手紙。②読み書き。「頗暁二書疏一」〈顔氏家訓〉

【書窓】しょそう(さう) 書斎のまど。書斎。勉強べや。

【書体(體)】しょたい ①文字の書きぶり。＝書風 ②文字のいろいろな書き方。楷書・行書・草書など。

【書痴(癡)】しょち 書物を読むことが何よりすきな者を、ばかにしたことば。

【書帙】しょちつ ①和とじの本を何冊かまとめてかぶせるおおい。②本。

【書中】しょちゅう(ちう) ①本の中。②手紙の中。

【書厨】しょちゅう(ちう) ①本箱。転じて、知識の広い人。博学者。②読書をしても実際の役にたたない人をそしることば。

【書伝(傳)】しょでん 昔の賢人が書いた本。

【書蠹】しょと 書物をいためる害虫。紙魚。

【書牘】しょとく 文字を書くふだ。手紙。書簡。↓「尺牘」(三九三ページ・下)

【書判】㊀しょはん 昔、人を選ぶときの一つの基準。書は文字のうまさ、判は文章・内容のうまさ。㊁かきはん 国名まえの下に判をおすかわりに自分で書くもの。花押。

【書幅】しょふく 字を書いたかけ物。

【書法】しょほう(はふ) ①字の書き方。②習字。書道。

【書房】しょぼう(ばう) ①本屋。②書きものや勉強をするへや。書斎。

【書目】しょもく 本の目録。

【書物】しょもつ 本。書籍。

【書問】しょもん ①手紙で安否をたずねる。②手紙のたより。

【書陵部】しょりょうぶ 国宮内庁の一部局。

【書林】しょりん ①本屋。②本をたくさん集めたところ。

【書類】しょるい 書きつけ。必要なことを書いたもの。記録文書。

【書礼(禮)】しょれい 「書経」と「礼記」。いずれも書物の名。

【書楼(樓)】しょろう 本をしまっておく建物。

【書麓】しょろく ①本をいれる箱。②本をたくさん読むばかりで理解できないこと。

【書包】シューパオ shūbāo 現学校かばん。

『書不レ尽(盡)レ言』しょはげんをつくさず 書き言葉はすべてを表現できない。〈易経・繫辞伝上〉

『書足三以記二名姓一耳』しょはもってめいせいをしるすにたるのみ 文字は自己の姓名さえ書ければ充分である。〈史記・項羽本紀〉

◆文書・手書・六書・白書・代書・史書・四書・血書・全書・字書・来書・但書・投書・図書・肩書・板書・和書・洋書・信書・勅書・前書・封書・偽書・浄書・秘書・能書・原書・添書・清書・著書・落書・密書・寄書・証書・覚書・葉書・筋書・読書・奥書・聖書・裏書・楽書・新書・辞書・叢書・蔵書・調書・緘書・戯書・遺書・檄書・願書・口上書・公文書・古文書

曰6【曺】〔10〕同 →曹(本ページ・下)

曰7【曹】〔11〕常 ソウ ソウ(サウ) 漢 ゾウ(ザウ) 呉 平 豪 cáo ツァオ U補J 66F9 — 3366

筆順 一 冂 冂 冊 曲 曲 曹 曹

曰6【曺】〔10〕同字 U補J 66FA 3477 ①8544

曰16【𣍘】〔20〕同字 U補J 23358 — —

心(忄・⺗)戈戸(戸)手(扌)支攴(攵) 4画 文斗斤方无(旡・旡)日曰月(月)木欠止歹殳毋比毛氏气水(氵・氺)火(灬)爪(爫・⺥)父爻爿片牙(牙)牛(牜)犬(犭)

意味 ①裁判の原告と被告。②〈ともがら〉なかま。つれ。おおぜい。③つかさ。役所。役人。④山東省にあった国名。周の武王の弟振鐸が封ぜられた。⑤姓。

解字  会意。𣍘と曰を合わせた字。曰は言うこと。𣍘は古い形では、二つの包みが並んでいる形。曹は、裁判所で、原告と被告が議論すること。また、同じような下級役人のなかま。

名前 とも・のぶ 姓 曹我部

【曹娥】人名。漢代の孝行な女子。父のあとを追って川に身を投げ、五日たって父の死体をかかえて浮かんで来たと伝えられる。

【曹局】役所の部局。部局に勤める役人。

【曹司】一 役所。二 国 ①宮中の官吏や女官のつめ所。②昔の大学寮の教室。③へやずみの貴族のむすこ。

【曹松】人名。字は夢徴。晩唐の詩人。

【曹参(參)】人名。漢の高祖につかえててがらをたて、のち宰相となった。

【曹操】人名。三国の魏の人。字は孟徳。子の曹丕が後漢をたおして文帝となったあと、太祖武帝と呼ばれた。

【曹大家】人名。後漢の人。名は昭、字は恵姫。「漢書」の著者である班固の妹で、「漢書」をおぎなって完成させた。大家は、すぐれた婦人への敬称。

【曹植】人名。魏王、曹操の三番めの子。曹丕の弟。字は子建。詩や文章に特にすぐれていた。

【曹霑】人名。清代の人。字は雪芹または芹圃。長編小説「紅楼夢」の作者といわれている。

【曹洞宗】禅宗の一派。日本では、鎌倉時代に道元が初めて伝えた。

【曹丕】人名。三国の魏王曹操の子。後漢の献帝のあとをうけて国名を魏として文帝となった。

【曹瞞】曹操の幼名。

【曹孟徳】「曹操」に同じ。

『曹柯之盟』春秋時代、魯の荘公が斉の桓公と柯(地名)で会見したとき、荘公のおともをしていた曹沫(曹劌ともいわれている)が短刀で桓公をおどし、斉が侵略した魯の土地を返すことを約束させた故事。〈史記・刺客列伝〉

曰7 【曽】〔11〕 常 ソウ・ゾ
旧字 曰8 【曾】〔12〕 人

一 ソウ 漢 呉 ゾ 慣 ソ 慣 一 平 蒸 céng ツォン
二 ソウ 漢 ゾウ 呉 二 平 蒸 zēng ツォン

J 3330 補 — U 66FD
J 3329 補 — U 66FE

筆順 

意味 一 ①〈かつて〉前に。以前に。「曽遊」「未曽有」②深い。③高い。二 ①〈すなわち(すなはち)〉そこで。つまり。いったい。②〈なんぞ〉なぜ。どうして。③二代へだてた親族。「曽祖父」「曽孫」④〈あ・げる(―・ぐ)〉高くあげる。⑤〈ま・す〉ふやす。‖増 ⑥姓。

語法 ❶〈かつて〉㋐これまで。以前に。…したことがある。過去の経験を示す。類 嘗 例「孟嘗君曽待レ客夜食」(孟嘗君が客人を接待して夜食をともしたことがあった)〈史記・孟嘗君列伝〉▼「曽経」も「かつて」と訓読する。㋑決して…ない。全然…ない。否定を強調する。例「讒女乱レ国兮上曽不レ寤」(人を中傷する女は国を乱すというのに、お上はさっぱりお気づきにならない)〈史記・呂后本紀〉▼㋑の用法は「すなわち(すなはち)」と訓読する場合もある。↓付録・同訓異義要覧「かつて」

❷〈すなわち(すなはち)〉㋐ところが。なんと。予想外の語気を表す。類 乃 例「紂貴為二天子一、死曽不レ若二匹夫一」(紂は貴きこと天子の位にいたが、死んでしまえばなんと匹夫にも及ばなかった)〈史記・淮南列伝〉㋑決して…ない。否定を強調する。例「老臣病レ足、曽不レ能二疾走一」(この老いぼれは足を病みとても速く走ることなどできません)〈史記・趙世家〉↓付録・同訓異義要覧「すなわち」

❸〈なんぞ〉疑問・反語。どうして。なぜ。原因を問う。例「先生既来、曽不レ発レ薬乎」(先生はせっかくお見えになったというのに、どうして薬〔になる貴重な助言〕を与えてくださらないのですか)〈荘子・列御寇〉▼「すなわち(すなはち)」と訓読する場合もある。

句形

(1)［未二曽…一］〈いまだかつて…ず〉これまで一度も…したことがない。決して…しない。例「身修者官未二曽乱一也」(自分自身をしっかりと修めた者であれば、［その］官が乱れたということはかつてないのである)〈史記・循吏列伝〉

(2)［何曽］〈なんぞすなわち(すなはち)〉どうしてまた。例「爾何曽比二予於管仲一」(君はなんでまた私を管仲などと比べようとするのか)〈孟子・公孫丑上〉

解字 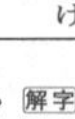 形声。八と曰が形を表し、囱の古い形である㘝が音を示す。八は気が分散する形にかたどり、曰は言葉を発することを表す。また、㘝は格子のあるまどを意味し、言葉が発せられる時に気が口から出て、まどを通って広がることから、元来は言葉がゆるやかに発せられることを意味していた。後に、かつて・かさなるの意味も表すようになった。また、一説には象形で、蒸し器の形にかたどり、甑の原字ともいう。或いは蒸の仮借字としても用いられた。

姓 曽爾・曽禰 地名 曽於 難読 曽孫

参考 「會」は別字。

【曽雲】重なった雲。

【曽益】ふやす。加える。‖増益

【曽鞏】人名。北宋の文人。字は子固、号は南豊。唐宋八大家のひとり。(一〇一九〜一〇八三)

【曽経(經)】一 かつて。以前に。二 céngjīng 現 一 に同じ。

【曽国(國)藩】人名。清末の政治家。字は滌生。太平天国(長髪賊)の乱を平定した。

【曽子】曽参の尊称。↓曽参

【曽臣】身分の低い家臣。諸侯などが天子に対して謙遜して用いる自称。

【曽参(參)】人名。春秋時代の魯の人。字は子輿。孔子の弟子で、「孝経」の著者といわれている。(前五〇五〜?)

【――殺レ人】曽子と同じ名の者が人を殺したので、町の人が「曽参が人を殺した」と曽子の母に知らせた。はじめ信用しなかった母も、三人めの知らせを聞いて本当だと信じたことから、後世、無実の罪を着せられることをいう。〈戦国策・秦〉

【曽晳】^{そうせき} 人名。曽子の父。名は点。
【曽先之】^{そうせんし} 人名。元^{げん}代の人。「十八史略」の著者。
【曽祖】^{そうそ} 曽祖父と曽祖母。祖父母の父母。ひいじじ・ひいばば。
【曽孫】^{そうそん} 孫の子。ひいまご。
【曽遊】^{そうゆう(いう)} まえに遊んだことがある。まえに行ったことが「ある。

曰7【曼】〔11〕 標 バン 漢 去 願　マン 呉 màn マン　U補J 66FC J5056
曰7【曼】〔11〕正字 U補J ―
意味 ①〈ひ・く〉ひっぱる。ながびく。②長い。長いさま。「曼曼」③広い。④うつくしい。かざる。「曼辞^{まんじ}」⑤つやつやしている。
【曼衍】^{まんえん} どこまでもはてしなく広がること。
【曼漶】^{まんかん(くわん)} はっきりしないさま。＝漫漶
【曼辞(辭)】^{まんじ} 美しく飾った言葉。
【曼珠沙華(華)】^{まんじゅしゃげ} ひがんばな。秋に赤い花が咲く野草。
【曼声(聲)】^{まんせい} 長くひいた声。
【曼陀羅】^{まんだら} 仏仏がさとりを開いた境地。また、その境地を絵に表したもの。【――華】^{まんだらげ} 仏花の名。天から降って咲き、見る者の心を喜ばせるという。
【曼曼】^{まんまん} 長く遠いさま。広いさま。

曰7【曼】〔11〕 正 →曼(本ジ・上)
曰7【勗】(一七九ジ・中) →力部九画
曰7【勖】(一七九ジ・中) →力部九画　U補J 6700 J2639

曰8【最】〔12〕 学 4 サイ　もっとも
サイ 漢 呉 去 泰 zuì ツォイ

筆順 冂 日 旦 早 星 冒 冒 最

曰8【最】〔12〕本字 U補J ― J2 0803
曰8【冣】〔10〕本字 U補J 5187 J2 1887
曰8【冣】〔11〕同字 U補J 3761 J2 0803
意味 ①〈もっとも〉いちばん。最上。③すべて。④集める。国〈も〉①すでに。「最早^{もはや}」②まこと。もっとも。「最中^{もなか}」第一。②いちばんいいもの。
解字 冣・冣 最と冣はもと別字であった。最は、会意。冃と取とを合わせた字。冃は冒で、おかすこと。最は、人のものを取ることをいう。また、これに似た字に、冣^{さい}がある。冣は、冖と取^{しゅ}とを合わせた字。冖はおおい。取は音を示すとともに、取るという意味を持つ。冣は、家の中に取りこむことで、集める意味になり、転じて、最上のことをいう。今は、冣を使わず、最が、「もっとも」という意味になっている。
名前 いろ・よし・かなめ・たかし・まさる・ゆたか　地名 最上^{もがみ}
難読 最寄^{もより}(付表)／最中^{さなか・もなか}・最早^{もはや}
【最愛】^{さいあい} いちばん愛していること。いちばんかわいがること。
【最課】^{さいか(くわ)} もっとも優秀な成績。
【最恵(惠)国(國)】^{さいけいこく} 国通商条約をむすんでいる国家間で、もっとも有利なとりあつかいを受ける国。「最恵国待遇」
【最敬礼(禮)】^{さいけいれい} 腰を深くまげて頭をさげる、もっともていねいな敬礼。
【最古】^{さいこ} もっとも古い。↔最新
【最後】 ㊀^{さいご} いちばん終わり。↔最初 ㊁^{ツォイホウ} zuìhòu 現㊀に同じ。【――通牒】^{つうちょう(てふ)} 国紛争の生じている国の間で、これがだめならあとはかってにするという、最終的な要求を示した文書。通報。
【最期】^{さいご} 国①終わり。②死ぬまぎわ。臨終^{りんじゅう}。
【最勝】^{さいしょう} もっともすぐれている。
【最上】^{さいじょう(じゃう)} いちばん上。いちばんいいもの。
【最善】^{さいぜん} ①もっともよい。↔最悪 ②国できるかぎりの努力。
【最中】 ㊀^{さいちゅう(ちう)} ①まん中。②国まっさかり。まっさいちゅう。㊁^{もなか} 国①㊀に同じ。②和菓子の名。
【最澄】^{さいちょう} 人名。平安時代の僧。唐に渡って天台山でまなび、日本に天台宗をひろめた人。伝教大師^{でんぎょうだいし}。
【最優】^{さいゆう(いう)} もっともすぐれている。最尤。
【最敏之質】^{さいびんのしつ} もっともすぐれた素質。

曰8【朁】〔12〕 ㊀サン 漢 ㊁上 感 cǎn ツァン ㊁ソン 呉 ㊂セン 漢 呉 ㊂去 豔 jiàn チエン　U補J ―
曰10【朁】〔14〕同字 U補J 6701 J2 1423
意味 ㊀意外にも。なんと。すなわち。㊁いつわり。いつわる。

曰8【替】〔12〕 常 タイ　かえる・かわる
テイ 漢 タイ 呉 去 霽 tì ティー　U補J 66FF J3456

筆順 一 二 チ 夫 扶 扶 替 替

意味 ①〈すた・れる(――・る)〉おとろえる。②〈や・める(――・む)〉とりのぞく。すてる。③〈か・える(――・ふ)〉代わりに行う。⑤現…のために。…にかわって。④〈かわ・る(かは・る)〉かえる。
解字 替 形声。扶と曰とを合わせた字。古い形では、扶は竝で人が並んで立っている形。曰は白^{はく}で、音を示す。白には、空虚という意味がある。替は人がいなくなって、むなしいことから、「すたれる」意味になる。音テイは白の音ハクの変化であるという。
難読 為替^{かわせ}(付表)
【替壊(壞)】^{たいかい(くわい)} おとろえやぶれる。
【替解】^{たいかい} おこたる。なまけているさま。
【替人】^{たいじん} かわりの人。
【替衰】^{たいすい} おとろえすたれる。
【替廃(廢)】^{たいはい} ①すたれる。衰えて役にたたなくなる。②くずれて不健全なこと。＝頽廃
【替漏】^{たいろう} 落ち度のあるさま。
◇両替^{りょうがえ}・為替^{かわせ}・振替^{ふりかえ}・畳替^{たたみがえ}・鞍替^{くらがえ}

曰8【曾】〔12〕 旧 →曽(六〇六ジ・中)
曰9【曾】〔13〕 旧 →会(七〇ジ・上)
曰9【農】(一二二八ジ・中) →辰部六画
曰10【朅】〔14〕 ㊀ケツ 漢 ㊀入 屑 qiè チエ ㊁カツ 漢 ㊁入 曷 hé ホー　U補J 6705 J2 1424 3478
意味 ㊀①〈さ・る〉立ち去る。②いさましいさま。③〈なんぞ〉…ざる〉どうして…しないのか。＝盍 ㊁〈ここに〉さて。いったい。話のはじめに言い出す語。
曰10【朁】〔14〕 同 →朁(本ジ・中)
曰16【曹】〔20〕 同 →曹(六〇五ジ・下)
曰17【朇】〔21〕 ヒ 漢 平 支 ビ 呉 pí ピー　U補J 6707 J3479
意味 おぎなう。つけたす。ふやす。＝裨^{ひ}

4画
月(月)部　つき　つきへん

【部首解説】「月が欠けているさま」にかたどり、「つき」を表す。この部には、月のようすや時間に関連するものが多く、「月・月」の形を構成要素とする文字

心(忄・㣺)戈戶(戸)手(扌)支攴(攵)　4画　文斗斤方无(旡・旡)日曰月(月)木欠止歹殳毋比毛氏气水(氵・氺)火(灬)爪(爫・⺥)父爻爿片牙(牙)牛(牜)犬(犭)

が属する。また、「月づき」を部首とする字もここに含める。なお、「にくづき（月）」は「肉部」におく。

月 0 【月】〔4〕 学1 ゲツ・ガツ つき　U補J 2378 6708

旧字 月 0 【月】〔4〕 ゲツ 漢 ガチ(グヮチ) 呉 入 月 ガツ(グヮツ) 慣 yuè ユエ　U補J

筆順 丿 冂 月 月

意味 〈つき〉①太陰。地球の衛星。②一年を十二等分した期間。ひとつき。③月ごとに。まいつき。④つきひ。年月。⑤月の光。⑥月ににた色や形のものをいう。国〈げつ〉七曜の一つ。「月曜日」の略。

解字 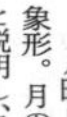 象形。月の欠けている形。日は充実しているので、実と説明し、月は欠けるので欠と通じた音で説明している。

名前 つぎ

地名 月寒

難読 五月・五月雨(付表)／月代

参考 もとは、「つき」は月、「にくづき(肉)」は月、「たん(丹)」は円、「ふね(舟)」は月と区別されていたが、新字体ではすべて「月」に統一された。

【月暈】げつうん 月のまわりにできるかさ。つきがさ。
【月影】げつえい 月の光。
【月下】げっか 月の下。月の光のもと。【月下氷人】げっかひょうじん ①月下老と氷上人。両方とも縁結びの神。月下老人。②仲人。縁結びを行う月下老の故事〈続幽怪録〉と、氷上から氷下の人と語った夢が夢占いで仲人となる予兆とされた故事〈晋書・索紞伝〉とによる。
【月華(華)】げっか(くゎ) ①月の光の輝き。月彩。②月にかさがかかったとき、そのまわりにできる美しい輝き。
【月晦】げっかい(くゎい) 月の末日。みそか。
【月宮】げっきゅう(きう) ①月の中にあるといわれる宮殿。②月の世界。
【月琴】げっきん 国昔の弦楽器の名。琵琶に似ている。
【月窟】げっくつ ①月の中にあるほら穴。「月窟水」〈李白の詩・蘇武〉②月が出る穴。③西のはての地。月氏国のこと。
【月桂】げっけい ①月の光。月の中に桂があるという伝説による。②科挙の試験に合格すること。【――冠】げっけいかん(くゎん) ①月桂樹の葉で作ったかんむり。昔、ギリシアで競技に優勝した者にあたえた。②最高の名誉。【――樹】げっけいじゅ 木の名。葉や実はよいにおいがする。
【月卿】げっけい 位の高い人。公卿。【――雲客】げっけいうんかく 公卿。宮中を天、天子を太陽、公卿を月にたとえている。雲客は雲の上人という意味。
【月光】げっこう(くゎう) 月の光。月かげ。【――菩薩】がっこう(ぐゎっこう)ぼさつ 仏薬師如来のわきにつきそっている二菩薩の一方。【――紙】げっこうし(くゎう) 陰暦八月十五日の中秋節に月にそなえる、紙にかいた神像。月光馬児ともいう。
【月行】げっこう(かう) 月の運行。
【月朔(朔)】げっさく 月の初め。月のついたち。
【月支】げっし ①弓の的。②「月氏」に同じ。
【月氏】げっし 西域にいた古代の民族の名。
【月次】げつじ 天空における月の位置。
【月日】一 げつじつ 一 つきひ ①月と日。②年月。二 がっぴ(ぐゎっ) 国日づけ。
【月樹】げつじゅ 伝説で、月の中にはえている桂の木。月桂樹。
【月性】げっしょう(しゃう) 人名。江戸時代末期の僧。（一八一七～一八五八）
【月将(將)】げっしょう(しゃう) 月々に進歩すること。〈詩経・敬之〉
【月食(「蝕」)】げっしょく 理地球が太陽と月のあいだにはいるために、月の面の一部または全部がくらくなる現象。
【月精】げっせい ①月の精。②うさぎ。
【月夕】げっせき 月夜。仲秋の名月の夜。陰暦八月十五日。
【月旦】げったん ①月の初めの日。ついたち。②月旦評。【――評】げったんひょう(ひゃう) 人物の批評。後漢の許劭が毎月のはじめにいとこと人物批評をしあったという故事による。〈後漢書・許劭伝〉
【月兎】げっと 月の別称。月には兎がいるという伝説にもとづく。
【月洞】げっどう 月の形をしたほら穴。
【月魄】げっぱく 月の精。また、月の別称。
【月半】げっぱん ①月の半ば。陰暦の十五日。②弓張り月。上弦・下弦の月。
【月賦】げっぷ ①月のことをよんだ賦。②国ある金額を何か月かに分けて払うこと。
【月餅】げっぺい 陰暦八月十五日の中秋節に作って食べる菓子の〔名。
【月俸】げっぽう 毎月の給料。
【月望】げつぼう(ばう) 十五夜。望月。
【月末】げつまつ 月の終わり。月ずえ。
【月明】げつめい 月の光が明るいこと。明るい月夜。
【月面】げつめん ①月の表面。②美しい顔。
【月余(餘)】げつよ 一か月あまり。
【月輪】げつりん 月をいう。
【月令】げつれい｜がつりょう(ぐゎつりゃう) ①一年間に行われる政令を月の順に記録したもの。②時候。③「礼記」の編名。
【月齢(齢)】げつれい 月の満ち欠けによって数える日数。新月を零とし、満月が十五になる。
【月露】げつろ 月の光を浴びた露。
【月代】一 つきしろ 国①月。②月が出ようとするとき、空が白んでいること。二 さかやき 国昔、男がまげをゆうとき、ひたいの上を半月形にそったもの。
【月季花】ユエチーホワ yuèjìhuā 現ばらの花。
【月亮】ユエリアン yuèliang 現月。お月さま。
〖月明星稀〗つきあきらかにほしまれなり 月が明るく照り輝き、星がまばらにしか見えない。偉大な人物の出現により、衆人の影が薄くなることのたとえ。〈曹操・短歌行〉
〖月落烏啼霜満(滿)ν天〗つきおちからすないてしもてんにみつ 月は西にかたむき、からすがなき渡って、霜の気配が空いちめんにみちみちている。〈張継の詩・楓橋夜泊〉
〖月白、風清〗つきしろく、かぜきよし 月は白く輝き、風はすがすがしく吹く。〈蘇軾・後赤壁賦〉
◆名月・明月・弦月・風月・残月・蜜月・望月・満月・隔月・歳月・臨月・観月・朧月・三日月・花鳥風月

月 2 【有】〔6〕 学3 ユウ・ウ ある　U補J 4513 6709

旧字 月 2 【有】〔6〕 一 ユウ(イウ) 漢 ウ 呉 一 上 有 yǒu ユー 二 ユウ(イウ) 漢 ウ 呉 二 去 宥 yòu ユー　U補J

筆順 ノ ナ 十 有 有 有

意味 一①〈あ・る(―・り)〉存在する。↕無 ②持ちもの。所有物。③財産。豊作。また、多い。豊かな。④〈たも・つ〉持つ。持ちつづける。「領有」⑤語調をととのえる接頭辞。一語の名詞あるいは動詞・形容詞の前に置かれる。「有周」「有仲」 二＝又 ①〈また〉さらに。②整数と端数の間に置かれる。「十有五年」

解字  形声。ナと月とを合わせた字。ナは又ゥで、音を示す。有ということばは、本来あるはずのないことが起こった場合に使うものである。日は欠けるはずがないのに、日食が起こるのは、月のせいであるから、月と又とを合わせて、有の字にした。一説に、月は肉であり、ナは右手で取ること、右手でかばうことで、有は、肉を手に持つことを表すとする。

名前 り・すみ・とお・とも・なお・なり・みち・もち

姓 有道・有銘・有働　地名 有田・有田一・有珠

難読 有平糖

【有明】(ありあけ) 国①よあけ。明けがた。②有明行灯の略。明けがたまでともしてあるあんどん。

【有縁(緣)】(うえん) 国①仏に縁のあること。②たがいに因果関係のあること。↕無縁

【有象無象】(うぞうむぞう) ①形のあるものとないもの。万物ことごとく。②国あってもなくてもよいような、役にたたないつまらないものども。

【有頂天】(うちょうてん) ①㊗九天のなかで最高の天。形ある天の最上のもの。②国喜んでむちゅうになること。

【有亡】(うむ) 「有無」に同じ。

【有文】(うもん) 国①服などに模様があること。文は紋の意。②連歌がで、無いものまであるように表した句。↕無文

【有耶無耶】(うやむや) 国あるかないか、はっきりしないこと。あいまい。いいかげん。

【有為(爲)】㊀(ゆう(いう)い(ゐ)) 役にたつこと。才能があること。㊁(う い(ゐ)) ㊗世の中の変わりやすい現象。【——転(轉)変(變)】(ういてんぺん) ㊗この世の物事が少しも休まず移り変わってゆき、はかないこと。

【有益】(ゆう(いう)えき) ①ためになる。↕無益 ②利益がある。

【有夏】(ゆう(いう)か) ①古代の王朝、夏后氏をいう。有は接頭辞。②中国。中国本土。中華。

【有閑】(ゆう(いう)かん) ①ひまがあること。②国生活にゆとりがあって、ひまが多いこと。

【有機】(ゆう(いう)き) ①炭素をおもな成分とすること。②まとまった構造を持って、生活力があること。【——体(體)】(ゆう(いう)きたい) 動物・植物のように生活機能を持ったもの。↕無機体

【有虞氏】(ゆう(いう)ぐし) 「舜」(一〇三七ページ・中)の③に同じ。

【有形】(ゆう(いう)けい) 形があるもの。↕無形

【有頃】(ゆう(いう)けい) 一しばらくありて　しばらくして。

【有功】(ゆう(いう)こう) てがらがあること。

【有効(效)】㊀(ゆう(いう)こう(かう)) ①ききめがある。②役にたつ。㊁(ユーシアオ) yǒuxiào 現㊀に同じ。

【有子】(ゆう(いう)し) ①子がある。②孔子の弟子、有若の敬称。

【有史】(ゆう(いう)し) 歴史として記録があること。「有史以来」

【有司】(ゆう(いう)し) 官職にある者。役人。「付二有司一」(係の役人にわたす。)

【有志】(ゆう(いう)し) あることについて、やろうという気持ちがあること。また、そのような人。

【有事】(ゆう(いう)じ) ①仕事を持っていること。②事件が起こること。「一朝有事の際」↕無事

【有時】㊀(ゆう(いう)じ) 戦争・事変などが起こること。㊁(ユーシー) yǒushí 現時には。時たま。

【有識】㊀(ゆう(いう)しき) ものしり。学問があること。㊁(うしき) ①一般の人々。②僧職。

【有若】(ゆう(いう)じゃく) 人名。孔子の弟子。魯国の人で、孔子より四十三歳若かったという。

【有周】(ゆう(いう)しゅう(しう)) 周の国。

【有終】(ゆう(いう)しゅう) ①終わりをしっかりしめくくること。②最後までやりとおすこと。

【有衆】(ゆう(いう)しゅう) 人民たち。

【有情】㊀(ゆう(いう)じょう(じやう)) ①心あること。なさけのあること。感覚や感情をそなえていること。↕無情 ②おもむきがあること。㊁(うじょう) ㊗この世に生きていて情を理解するもの。人や動物をさす。

【有職】㊀(ゆう(いう)しょく) ①職業・仕事がある。②もの知り。学者。③国朝廷や武家などの儀式やいろいろなきまりをよく知っている人。また、それを研究する学問。㊁(うしき) 僧職。㊂(ゆう(いう)そく) 国朝廷・武家の昔からの儀式その他を研究する学問。国㊀の③に同じ。【——故実(實)】(ゆう(いう)そくこじつ)

【有心】㊀(ゆう(いう)しん) 国①はっきりとした考えがある。②わざと。㊁(うしん) 国①正しい用語をもちいた連歌が。②和歌。狂歌に対していう。③藤原定家が定めた、すぐれた歌体の一つ。はなやかな美しさを重んじたもの。

【有身】(ゆう(いう)しん) ①妊娠する。②身体が存在する。

【有数(數)】(ゆう(いう)すう) ①数えるほどしかないこと。めったにないこと。↕無数 ②少数の有名な人。

【有生】(ゆう(いう)せい) ①生きているもの。生物。②人。③意義ある一生。「不レ可レ不レ知二有生之楽一」(有生の楽しみを知らざるべからず)〈菜根譚〉

【有政】(ゆう(いう)せい) 政治。まつりごと。

【有待】(ゆう(いう)たい) ①時期を待つ。②たのみとするところがある。③㊗人間は生きていく上で、衣食などに依存しなければならないこと。また、人の身。

【有土】(ゆう(いう)ど) 国土をたもつ。また、その君主。

【有道】(ゆう(いう)どう(だう)) 正しい道にかなっていること。また、そのような人。↕無道

【有徳】㊀(ゆう(いう)とく) 徳のある人。㊁(うとく) 国かねもち。【——銭(錢)】(うとくせん) 国室町時代、幕府や寺社が金持ちから徴収した一種の税金。

【有年】(ゆう(いう)ねん) 穀物がよくみのること。豊年。豊作。

【有能】(ゆう(いう)のう) 能力があること。役にたつこと。また、その人。↕無能

【有苗】(ゆう(いう)びょう(べう)) 古代中国の南方にいた部族の名。

【有方】(ゆう(いう)ほう(はう)) ①四方。②道にかなっていること。また、そのような行い。③決まった方角や場所がある。〈論語・里仁〉

【有邦】(ゆう(いう)ほう(はう)) 国。また、国を治める諸侯のこと。

【有望】(ゆう(いう)ぼう(ばう)) ①のぞみがあること。みこみがあること。②遠くながめ見る。

【有無】(ゆう(いう)む) 一うむ　①あることとないこと。②国いいとかわる」「いとかいうこと。

【有名】㊀(ゆう(いう)めい) ①名がついていること。↕無名 ②名が知られている。名高い。㊁(ユーミン) yǒumíng 現㊀に同じ。【——無実(實)】(ゆう(いう)めいむじつ) 名ばかりで実体がそれにともなわないこと。見かけだおし。

【有余(餘)】(ゆう(いう)よ) ①あまりがあること。②あまり。以上。

【有用】㊀(ゆう(いう)よう) 役にたつこと。↕無用 ㊁(ユーヨン) yǒuyòng 現㊀に同じ。

【有利】㊀(ゆう(いう)り) ①利益がある。とくである。↕不利 ②みこみがある。㊁(ユーリー) yǒulì 現㊀に同じ。

【有力】㊀(ゆう(いう)りょく) ①力があること。②勢いがあること。「有力者」③はっきりとしたみこみがあること。㊁(ユーリー) yǒulì 現㊀に同じ。

【有隣】(ゆう(いう)りん) 一となりあり　似た者がおのずと集まること。また、理解者がいること。〈論語・里仁〉

【有関(關)】(ユーコワン) yǒuguān 現関係がある。…に関する。

【有時候】(ユーシーホウ) yǒushíhou 現「有時」の㊁に同じ。

【有些】(ユーシエ) yǒuxiē 現ある一部の。

【有趣】(ユーチュイ) yǒuqù 現おもしろい。

【有点(點)児(兒)】(ユーティアル) yǒudiǎnr 現少し。少々。「も。どう」

【有的】yǒude 現ある(人)。ある(物)。たくさんある。いくらでもある。【──是】yǒudeshì 現たくさんある。

『有待之身』仏凡夫の身。他からの助けを受けて生きてゆく者。

『有之以為(爲)レ利、無之以為(爲)レ用』すべて形のあるものが役にたっているのは、それぞれに無、すなわち空虚なところがあって、それが役にたっているからである。〈老子・十一〉

△▼占有・共有・含有・私有・希有・所有・固有・国有・保有・専有・烏有・特有・領有・未曽有

月2〖刖〗(一五七ジ・下)→刀部四画

月4【服】〔8〕学3 フク
U補J 4194 670D
一フク漢 ブク呉 一入 屋 fú フー
旧字 月4【服】〔8〕
二フク漢 ブク呉 二上 有 fù フー

筆順 丿 刀 月 月 月ᄀ 肛 肕 服

意味 一①用いる。②したがう。従事する。③言うことを聞く。おそれいる。「服従」「心服」④降参する。「降服」⑤身につける。着る。⑥きもの。「衣服」⑦ふだん使う品物。車・馬・衣服など。⑧喪にふくする。⑨薬や茶などをのむ。⑩習う。⑪古代、王畿(都のある地域)の外に五百里ごとに区切って設けた地域。⑫ふくろう。＝鵩 ⑬姓。二①車箱。車の人をのせたり荷物をのせたりする部分。また、車を牛や馬につける。②一度にのむ薬の量。「一服」

解字 形声。月と𠬝とを合わせた字。月は舟で、形を表し、𠬝が音を示す。𠬝にはつきしたがう意味がある。服は、舟の両側にぴたりとつけるそえ板のことで、使用する品物とか、いうことをきく、の意味になる。一説に、月は、盤(たらい)の形で、𠬝は伏すことを表し、服は、盤に向かってうつむいて仕事をしていることであるという。

名前 よ・こと・もと・ゆき・はとり 姓 服部はっとり・はとり

【服部元喬】はっとりもとたか 人名。江戸中期の学者。字は子遷、号は南郭。荻生徂徠の弟子。

【服役】ふくえき ①命令されて公の仕事をすること。②国兵役につくこと。③国懲役に服すること。

【服加減】ふくかげん 国たてた茶の味かげん。

【服玩】ふくがん(ぐわん) 日常愛用している器物。＝服翫

【服御(馭)】ふくぎょ 天子の使う衣服や車・馬。

【服罪】ふくざい 罪をみとめて、刑に服すること。

【服事】ふくじ 従いつかえる。

【服従(從)】ふくじゅう 一したがいつく。いうことをきく。二fúcóng 現一に同じ。

【服色】ふくしょく 衣服や車馬の色。古代の中国では、王朝がかわると服色を変えた。

【服食】ふくしょく ①衣服と飲食。②食物や薬などを服用する。また、服用する食物。③道家の養生法。丹薬を服する。

【服飾】ふくしょく ①衣服と身につけるかざり。②衣服のかざり。

【服制】ふくせい ①喪に服する上のきまり。②服装のきまり。身分や職業によってきめられた。

【服馬】ふくば 四頭立て馬車の内側の二頭の馬。〈詩経・叔于田〉

【服佩】ふくはい ①身につける。②心にとどめて忘れない。「佩服」と同じ。

【服務】ふくむ 一つとめに従う。また、そのつとめ。二fúwù 現奉仕する。サービスする。

【服用】ふくよう ①衣類を身につける。着用。②薬を飲む。③身につけて用いる「おびる」。

【服養】ふくよう(やう) 着物と食べ物。

【服膺】ふくよう しっかりとおぼえて忘れないこと。よく心にとめて守ること。

【服労(勞)】ふくろう(らう) 労役にしたがう。

【服虔】ふくけん 人名。後漢の学者。字は子慎。

△▼一服・不服・内服・心服・元服・礼服・平服・衣服・式服・私服・克服・制服・承服・屈服・和服・征服・洋服・軍服・降服・被服・略服・常服・敬服・着服・喪服・感服・頓服・大礼服・平常服・燕尾服

月4【朋】〔8〕人 ホウ漢 ボウ呉 平 蒸 péng ポン
U補J 4294 670B
旧字 月4【朋】〔8〕
U補J

意味 ①古代の貨幣の単位。貝五個、一説に二個をいう。②〈とも〉㋐ともだち。「朋友」㋑同じ先生にならっている人たち。学友。同門。③なかま。つれ。「朋輩」④なかまを作る。親交を結ぶ。⑤いっしょに。

解字 象形。鳳凰の形を描いたもの。鳳が飛ぶと多くの鳥がつき従うので、なかまの意味になる。また、倗と通じて、二人がよりそう意味を表す。一説に、朋は、貝を集めてつないだ二本のひもを表すともいう。

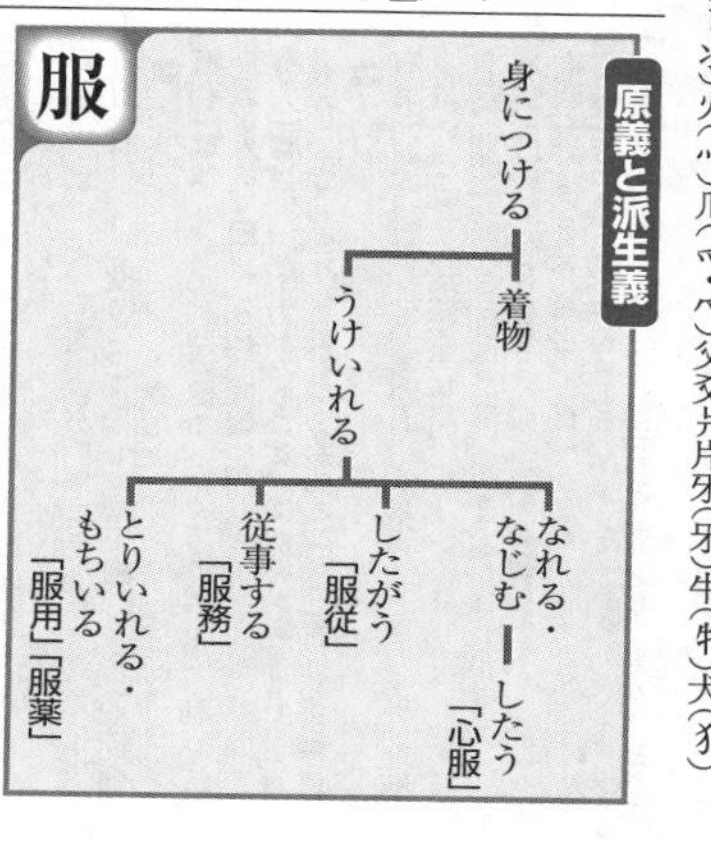

参考 「明」は別字。

【朋党(黨)】ほうとう(たう) ①なかま。②同じ考えや利害を持つ者の団体。

【朋輩】ほうばい なかま。身分・年齢の同じくらいの友だち。朋儕。朋徒。

【朋友】ほうゆう(いう) 一友だち。二péngyou 現一に同じ。

【朋遊】ほうゆう(いう) ①友人。友だち。＝朋友 ②有人同士の交際。

月4〖育〗(一〇一三ジ・中)→肉部四画

月5【朏】〔9〕
一ヒ漢 一上 尾 fěi フェイ
二コツ漢 二入 月 kū クー
U補J 5912 670F

意味 一①みかづき。新月から、三日めまでの月をいう。②陰暦で毎月の三日をいう。③月や星が出る。二①しり。②曲がったあし。

【朏明】ひめい 夜のあけがた。

月5【朎】〔9〕 レイ漢 リョウ(リャウ)呉 平 青 líng リン
U補J 3480 670E

意味 朎朧は、月の光。また、明るいさま。

月5〖前〗(一六四ジ・上)→刀部七画

月5〖冑〗(一四三ジ・中)→冂部七画

月5【兪】↓入部七画（一二九ページ・上）

月5【胡】↓肉部五画（一〇一五ページ・中）

月6【朔】〔10〕人　サク 漢 入 覚 呉 shuò シュオ　J 2683 U 6714
旧字 月6【朔】〔10〕J ― U ―

意味 ①ついたち。陰暦で月の第一日。「朔日」 ②こよみ。昔、天子が諸侯に分け与えた一年のこよみ。「朔政」 ③はじめ。 ④あさ。よあけ。 ⑤北。北方。「朔風」 ⑥州の名。戦国時代、趙の地。北魏に州をおく。山西省にあった。 ⑦地名。山西省朔州市。

解字 会意。月と屰とを合わせた字。月は空のつき。屰は逆（ぎゃく）で、月のみちかけが一回りしてもとに返る意で、朔は陰暦で、月の第一日のことをいう。ついたち。

名前 きた・もと・はじめ

【朔雲】朔北の雲。北地の雲。

【朔禽】雁の別称。北方から渡ってくる習性にちなむ。朔雁。

【朔月】陰暦で月の第一日。ついたち。朔日。

【朔漠】中国の北方の砂漠。

【朔風】北風。朔吹。

【朔方】①北のほう。 ②地名。漢代に匈奴を追いはらって朔方郡をおいたところで、今の内モンゴル自治区の【オルドス。】

【朔望】陰暦の一日と十五日。

【朔北】①北方。 ②中国の北方の未開の地。

【朔気（氣）】朔北の地の、きびしい寒気。北方のきびしい気候。「朔気伝金柝」（北方の寒さきびしい大気の中を、警備の鈴と拍子木の音がつたわってくる。）〈楽府詩集・木蘭詩〉

月6【朒】〔10〕ジク（ヂク）漢 入 屋　ニク 呉　nǜ ニュイ　J ②1425 U 6712

意味 ①ついたちづき。陰暦の一日に東の空に現れる細い月。 ②足りない。 ③ちぢむ。

月6【朓】〔10〕チョウ 漢 上 篠　（テウ）　tiǎo ティアオ　J ①8545 補 3481 U 6713

意味 陰暦の三十日、月が西方に見えること。

参考 「月」の「朓」は別字。

月6【朕】〔10〕常 チン　J 3631 U 6715

旧字 月6【朕】〔10〕チン 漢 上 寝　zhèn チェン　J ― U ―

筆順 丿 刀 月 月 月 月 朕 朕

意味 ①〈われ〉わたくし。 ②天子の自称。秦の始皇帝にはじまる。 ③〈きざし〉物事の起ころうとするしるし。 ④よろいの縫い目。

解字 形声。月が形を表し、关が音を示す。月は舟の形。关は、物を両手で持ちあげる形で、堪える意味がある。朕は、舟板の合わせめをいう。朕の古い音は、予・余と似ていたので、仮借によって「われ」の意味に使われ、秦以後は、天子の自称とされたという。

月6【朗】〔10〕学6　ロウ　ほがらか　J 4715 U 6717
旧字 月7【朗】〔11〕人　ロウ（ラウ）漢 上 養　lǎng ラン　J ①8546 U F929

筆順 ㇇ ㇋ ヨ 良 良 朗 朗

月7【朖】〔11〕本字　J 5913 U 6716

意味 ①〈ほがらか〉㋐明るい。澄んだ。「朗日」 ㋑はっきり分かる。「朗識」 ②あきらか。はっきりと。 ③大声で。高らかに。

解字 形声。月が形を表し、良が音を示す。良には、すみきって明るい意味がある。朗は、透明な月の光をいう。

名前 お・あき・さえ・とき・あきら

【朗詠】①大声ではっきりと歌う。 ②国漢詩や和歌にふしをつけて歌ったもの。 ③国「和漢朗詠集」（二四〇ページ・中）の略。

【朗吟】詩や歌をはりのある調子で歌うこと。

【朗月】明るい月。くもりのない月。

【朗誦】①声高くはっきりと読む。 ②はっきりとよく通る声で歌う。朗唱。

【朗達】賢明で道理に通じている。

【朗暢】ほがらかでのびやかなさま。

【朗徹】清く透き通る。また、物事によく通じていること。

【朗読（讀）】一 はっきりと声を出して読む。 二 lǎngdú 現 一 に同じ。

【朗報】国 明るいしらせ。よいしらせ。

【朗朗】声がはっきりとよく通るさま。「音吐朗朗」
◇明朗・晴朗

月7【望】〔11〕学4　ボウ・モウ　のぞむ　J 4330 U 671B
旧字 月7【望】〔11〕ボウ（バウ）漢 去 漾　モウ（マウ）呉　wàng ワン　J ― U FA93

筆順 亠 亡 亡 切 胡 望 望 望

月10【朢】〔14〕本字　J 3485 U 6722

意味 ①〈のぞ・む〉㋐まちのぞむ。ねがう。のぞみ。「希望」 ㋑遠く見わたす。㋒あおぐ。あおぎ見る。㋓のぞく。うかがう。 ②ながめ。ようす。 ③尊敬。信用。「人望」 ④いえがら。 ⑤うらむ。「怨望」 ⑥〈もち〉陰暦で十五日の月。満月。また、陰暦の十五日。「望月」 ⑦古代の祭りの名。 ⑧比べる。＝方 ⑨…に向かって。

解字 形声。亡と𦣠を合わせた字。𦣠は朢の略で音を示す。朢は、臣・壬・月を合わせた字。壬は朝廷、臣はけらいで、臣が朝廷で君主をのぞみ見ることは、月が日をのぞむのと同じということから、満月、のぞむの意味を持つ。亡はいなくなることで、望はいなくなった人のかえることを待ちのぞむ意味を表し、また朢のかわりに、満月の意味に使う。一説に、臣は、上から下を見る目の形。壬は人が立っている形として、朢は、月の出を待ちのぞむ姿であるとする。

【望夷】宮殿の名。秦の二世皇帝胡亥が殺されたところ。
【望雲】雲をのぞみながめる。【―之情】異郷で子が親を思い慕う気持ち。
【望外】予想以上。思いがけない。
【望気（氣）】昔のうらないの術。雲の様子を見て、吉凶を判断する。
【望郷（鄕）】ふるさとをなつかしく思うこと。
【望月】一 月をながめる。 二 十五夜の月。満月。
【望見】①はるか遠くからながめる。 ②謁見する。
【望湖楼（樓）】浙江省杭州市西湖のほとりにあった高い建物。
【望祀】はるか遠方の山や川の神を祭ること。
【望蜀】つぎからつぎへと欲ばること。↓「得隴望蜀」（一三四〇ページ・中）
【望前】陰暦の十五日以前。
【望族】人望のある家がら。名家。

心（忄・⺗）戈戸（戸）手（扌）支攴（攵）
4画
文斗斤方无（旡・旡）日曰月（⺝）木欠止歹殳毋比毛氏气水（氵・氺）火（灬）爪（⺤・⺥）父爻爿片牙（牙）牛（牜）犬（犭）

【望台(臺)】(ぼうだい) 見はらし台。ものみやぐら。

【望帝】(ぼうてい) ホトトギスの別称。蜀王の杜宇が即位して望帝と称し、退位した後、杜鵑(ほととぎす)に化したという伝説にもとづく。

【望風】(ぼうふう) ①遠くより仰ぎ慕う。②遠くより評判を聞く。

【望夫石】(ぼうふせき) 遠くに行く夫との別れを悲しんだ妻が、そのまま石になってしまったという伝説上の石。現在、湖北省武漢市の北方にある。〈幽明録〉

【望文生義】(ぼうぶんせいぎ) 文章の解釈において、文字面だけをみて勝手な解釈をすること。

【望望】(ぼうぼう) ①はずかしく思うさま。②あとを気にせず立ち去るさま。

【望羊】(ぼうよう) 「望洋」に同じ。

【望洋】(ぼうよう) ①はるか遠くをながめるさま。②とりとめのないさま。＝望羊・望佯・望陽 【――之嘆(「歎」)】(ぼうようのたん) 学問の道が広く深いのに対して、自分がせまく浅いのをなげくこと。〈荘子・秋水〉

【望楼(樓)】(ぼうろう) 遠くを見るために使うやぐら。ものみやぐら。
◆人望・大望・切望・失望・本望・有望・声望・希望・志望・所望・待望・怨望・展望・渇望・眺望・欲望・野望・絶望・衆望・羨望・熱望・懇望・輿望・願望

月7【腰】〔11〕 国字 意味 〈さおとめ(さをとめ)〉 そうとめ。 U補J ②1426 23372
参考 五月女(さおとめ)の合字。

月7【朙】〔11〕 本↓明(五八七ベー・下)

月7【朗】〔11〕 旧↓朗(六一一ベー・中)

月7【朖】〔11〕 本↓朗(六一一ベー・中)

月7〖豚〗(一一八〇ベー・下) ↓家部四画

月8【期】〔12〕 学3 キ・ゴ 一キ 漢 ゴ 呉 一 平 支 qī チー 二キ 漢 二 平 支 jī チー U補J 2092 671F

旧字 月8【朞】〔12〕 U補J

筆順 一 十 卄 甘 其 其 期 期

意味 一①あう。やくそくして会うこと。②きめる。やくそくする。③あてにする。まちうける。「期待」④とき。おり。「期運」⑤かぎられた時間。かぎり。限度。「期限」 二①まる一年。ひと月。一日。＝朞 ②「期服」の略称。一年の喪。③文末の語気を表す助詞。

解字  形声。月が形を表し、其(き)が音を示す。其には、はっきりしたものを表す気持ちがある。月は時のことで、期は、日と月がきまった時に出会うことを表す。そこから、やくそくして会うこと、ひとまわりの意味になった。一説に、其は四角いものを表す字で、期は、四箇所をぐるりとひとめぐりして、もとのところで会うことをいうとし、あるいは、其は規(コンパス)で、ひとまわりを表すとする。

名前 さね・とき・とし・のり

【期頤】(きい) 百歳のこと。〈礼記・曲礼上〉

【期会(會)】(きかい) ①約束する。②とき。おり。

【期月】(きげつ) ①きめた月。②満一か月。③満一年。

【期限】(きげん) あらかじめかぎった時日。きめられた期日。

【期日】(きじつ) きめた日。期限の日。

【期節(節)】(きせつ) とき。時節。

【期待】(きたい) 心あてにする。そうなるだろうと待ちもうけること。

【期年】(きねん) 満一年。一周年。

【期服】(きふく) 一年の喪。

【期門】(きもん) ①城門。軍門。②官名。遊猟のことをつかさどり、城門にあって非常を防ぐ。期門郎。

【期約】(きやく) 決め事。約束。

『期在必酔(醉)』(きはかならずようにあり) かならず酔うところまで酒を飲む。〈陶潜・五柳先生伝〉
◆予期・末期・年期・同期・任期・死期・初期・延期・長期・周期・定期・前期・時期・婚期・満期・最期・短期・無期・漁期・不定期・思春期・過渡期・農閑期・農繁期

月8【朞】〔12〕 キ 漢 平 支 jī チー U補J 5914 671E

意味 ひとまわり。まる一年。また、まる一か月、一日。
参考 「期」は別字であるが、混用されることが多い。
【朞功】(きこう) 近親の喪(も)の期間。朞は一年。功のうち、大功は九か月、小功は五か月の喪に服すること。【――強近之親】(きこうきょうきんのしん) 近い縁つづきで、有力な親戚。〈李密・陳情表〉

月8【朝】〔12〕 学2 チョウ あさ 一チョウ(テウ) 漢 呉 一 平 蕭 zhāo チャオ 二チョウ(テウ) 漢 呉 二 平 蕭 cháo チャオ U補J 3611 671D

旧字 月8【朝】〔12〕 U補J

筆順 一 十 卉 吉 直 卓 朝 朝

意味 一①〈あさ〉〈あした〉↕夕 ②一日の間。③はじめ。④東方。 二①天子が政治をとる場所。「朝廷」②政治。政治をとる。③諸侯(しょこう)が天子にお目見えする。朝廷に出仕する。④集める。集まる。⑤注(そそ)ぐ。⑥ひとりの天子が位(くらい)にいた期間。また、同じ王朝の天子が治めた期間。「清朝(しんちょう)」⑦(…の方に)向かって。

解字  形声。𠦝と月とを合わせた字。𠦝は倝の略で、日が出て照らし始めることを表す。月は舟(しゅう)で音を示す。朝は日の出はじめるあさをいう。一説に、月は水の流れの形で、朝は潮(あさしお)のことであるとする。

名前 さ・かた・つと・とき・とも・のり・はじめ
姓 朝夷(あさひな)・朝来(あさご)・朝明(あさけ) 地名 朝倉(あさくら)・朝霞(あさか)
難読 今朝(けさ)(付表)/朝臣(あそん)

【朝衣】(ちょうい) 朝廷に出るときに着る衣服。

【朝威】(ちょうい) 朝廷の威光・権威。

【朝隠(隱)】(ちょういん) 官職につきながら隠者の心持ちをたもつこと。また、その人。吏隠(りいん)。

【朝雨】(ちょうう) 朝降る雨。

【朝雲暮雨】(ちょううんぼう) 男女のまじわり。楚(そ)の懐王が夢の中でちぎった女性が、自分は巫山(ふざん)の南にいて、朝は雲、晩は雨になると言ったということによる。〈宋玉・高唐賦〉 ↓「巫山」(四一五ベー・中)

【朝宴】(ちょうえん) 朝廷で開く宴会。

【朝恩】(ちょうおん) 朝廷の恩義。天子の恩恵(おんけい)。

【朝家】(ちょうか) ①天子の一家。王室。皇室。②国家。

【朝賀】(ちょうが) ①朝廷に参内(さんだい)して祝いのことばを述べること。②国昔、一月一日に宮中で行われた儀式。

【朝歌夜弦(「絃」)】(ちょうかやげん) 朝でも夜でもかまわずいつでも音楽を演奏すること。

【朝暉】(ちょうき) 朝日の光。「朝暉夕陰(ちょうきせきいん)」(夕陰は、夕方のうすぐらさ。)

【朝儀】朝廷で行う儀式。

【朝議】朝廷で開く会議。朝廷での評議。

【朝菌】①朝はえて、夕方には枯れてしまうきのこ。②はかないもののたとえ。‖朝槿
【朝槿】むくげの花。朝咲いて夕方にはしぼむので、生命の短い、はかないものにたとえる。

【朝覲】天子にお目にかかること。

【朝見】臣下が朝廷で天子にお目にかかること。

【朝権(權)】朝廷の権勢。朝廷の持つ政治上の権力。

【朝憲】朝廷のおきて。国のきまり。法令。

【朝譴】天子のおとがめ。

【朝貢】外国の人が来朝して、みつぎものをたてまつること。

【朝散大夫】昔の官名。徳望のある者に与えた名誉職で、仕事のないもの。

【朝三暮四】同じ結果になることを、いかにも相手に利益があるかのようにごまかすこと。昔、さるに木の実を朝三つ、夕方四つ与えようと言ったらおこったので、朝四つ、夕方三つにするといってさるを納得させたという故事にもとづく。〈荘子・斉物論〉

【朝士】朝廷につとめる官吏。

【朝市】一①朝廷と市場。②人のより集まる場所。③朝たつ市。二一の③に同じ。

【朝四暮三】「朝三暮四」と同じ。〈朱熹・論語集注〉

【朝従(從)】朝廷に行って天子にお目にかかることと、天子のおともをすること。

【朝餉】①朝食。②天子の朝食。

【朝臣】一朝廷につかえる臣下。二国①天武天皇のときに定められた八色の姓の第二位のもの。②四位以上の人の姓または名につける敬称。

【朝紳】朝廷につかえる、身分や位の高い人。

【朝簪】官位を示す、冠をとめるかんざし。

【朝秦暮楚】朝は秦の国にいて、晩には楚の国にいるという意味から、①遠い土地を行ったり来たりすること。②敵になったり、味方になったりして、みさおのないこと。〈晁補之・北渚亭賦〉

【朝生】むくげ。↓「木槿」(六一五ページ・上)【――暮(壽)】はかない命のたとえ。むくげの花は朝に咲いて夕べに落ちることによる。〈戦国策・秦〉

【朝政】①朝廷の政事。②朝廷の発する政令。

【朝夕】一①朝と夕。あさばん。②いつも。

【朝鮮】アジア大陸東部の大きな半島。現在、南部の大韓民国と北部の朝鮮民主主義人民共和国とに分かれている。

【朝宗】①諸侯が天子にお目にかかること。②たくさんの川がみな海に流れこむこと。

【朝飧】朝ごはん。

【朝朝】毎朝。【――暮暮情】明け暮れごとの思い。「聖主朝朝暮暮情」(玄宗皇帝が明けても暮れても、死んだ楊貴妃を思いしたったその情をさす。)〈白居易の詩・長恨歌〉

【朝廷】天子が政治をとる場所。国のまつりごとが行われる場所。

【朝庭】「朝廷」に同じ。

【朝敵】朝廷の命令に従わない者。

【朝堂】「朝廷」に同じ。

【朝班】朝廷における席次。

【朝服】「朝衣」に同じ。

【朝柄】朝廷の権力。

【朝聘】諸侯が参内して、天子に物を献上すること。

【朝暮】朝な夕な。朝晩。朝朝暮暮。

【朝謨】朝廷のはかりごと。朝廷の政策。

【朝望】朝早くながめる。朝のながめ。

【朝務】朝廷の政治についての仕事。

【朝命】朝廷の命令。天子の命令。

【朝野】①朝廷と民間。政府と民間。②世の中。

【朝陽】朝の太陽。あさひ。

【朝来(來)】朝から。

【朝礼(禮)】①おがむ。②馬を調教すること。③国学校などで、職員・生徒が朝集まって、あいさつをすること。

【朝令暮改】①朝出した命令を夕方に変えるという意味から、命令がたびたび変わってあてにならないこと。〈漢書・食貨志〉②きちんとした方針が立っていないこと。

【朝露】①あさつゆ。②はかないもののたとえ。「人生如朝露」〈漢書・蘇武伝〉

【朝聞道、夕死可也】朝がたに人としての道を聞くことができたならば、もうその日の夕方には死んでもかまわない。孔子の、道を求めることの切実さを述べたことば。〈論語・里仁〉

【朝不慮夕】朝、その日の夕方のことを気にしない。病気が重く、死がせまっていることをいう。〈李密・陳情表〉
◆一朝・入朝・王朝・早朝・来朝・帰朝・登朝・歴朝

月8【朜】〔12〕同→㬿(本ページ・下)
月8【勝】→力部十画(一八〇ページ・下)
月9【朠】〔13〕エイ 漢 平 庚 yīng イン J 3484 U 6720
意味 月の色。
月9【塑】→土部十画(二九七ページ・中)
月9【塍】→土部十画(二九七ページ・上)
月9【腮】→肉部九画(一〇二四ページ・中)
月10【朢】〔14〕本→望(六一一ページ・下)
月10【愬】→心部十画(四九五ページ・下)
月10【槊】→木部十画(六五九ページ・中)
月11【膤】〔15〕国字 J 7119 U 81A4
意味 膤割は、熊本県の地名。
月11【滕】→水部十画(七四六ページ・中)
月12【朣】〔16〕トウ 漢 平 東 ドウ 慣 tóng トン U 6723
意味 朣朧は、月の光がおぼろなさま。
月12【㬿】〔16〕トン 漢 平 元 tūn トウン U 3B3F
意味 月の光。
月8【朜】〔12〕同字 J 3483 U 671C
月13【朦】〔17〕標 ボウ 漢 平 東 モウ 慣 méng モン J 5915 U 6726
意味 ①月の光がおぼろなさま。②うすぐらい。
月14【朦】〔18〕正字
参考「曚」「矇」は別字。
【朦朦】①うすぐらいさま。②ぼうっとしたさま。③混沌としたさま。
【朦朧】①ぼんやりしたさま。②かすんでいるさま。③国精

神がぼんやりしたさま。

月13〖謄〗↓言部十画(一一七二ページ・上)

月13〖臢〗↓貝部十画(一一九五ページ・下)

月14【朦】〔18〕正↓朦(六一三ページ・下)

月15〖羸〗↓羊部十三画(九九六ページ・上)

月15〖蠃〗↓虫部十三画(一一一二ページ・下)

月16【朧】〔20〕標 ロウ漢 平 東 lóng ロン J 5916 U補 U 6727

月16〖朧〗〔20〕正字

意味 ①はっきりしないさま。②月の明るいさま。「朧月(ろうげつ)」国〈おぼろ〉①春の夜、月の光がぼんやりかすんでいるさま。②魚の肉などをすりつぶして味をつけた食品。

【朧銀】(おぼろぎん) 国銀製品の表面を梨子地(なしじ)にして、つや消ししたもの。

【朧朧】(ろうろう) ぼんやりかすんでいるさま。うす明るいさま。

月16〖騰〗↓馬部十画(一四〇四ページ・上)

月16〖贏〗↓貝部十三画(一一九六ページ・下)

月17〖羸〗↓肉部十七画(一〇二九ページ・下)

4画 木部 き きへん

【部首解説】「立っている木」にかたどる。この部には、樹木の形状や種類、木製の道具に関連するものが多く、「木」の形を構成要素とする文字が属する。

木0【木】〔4〕学1 ボク・モク き・こ ボク漢 モク呉 入 屋 mù ムー J 4458 U補 U 6728

筆順 一 十 才 木

意味 ①〈き〉〈こ〉㋐たちき。㋑ざいもく。㋒木で作ったもの。②五行(ごぎょう)の一つ。方位では東、季節では春、色では青。③八音の一つ。④ありのままで、かざりけのないこと。＝樸 ⑤しびれる。感覚がまひする。⑥頭の働きがにぶいこと。⑦星の名。木星。歳星をいう。⑧姓。国〈もく〉七曜の一つ。「木曜日」の略。

解字 象形。木が地面から突き出ている形。一説に、木が葉や花をかぶっている形ともいう。下のほうは、根の形を表す。

名前 しげ 姓 木河(きっか)

地名 木田(きた)・木曽(きそ)・木更津(きさらづ)

難読 木綿(もめん)(付表)／木通(あけび)・木耳(きくらげ)・木豇豆(きささげ)・木霊(こだま)・木末(こぬれ)・木椎(さいづち)・木偶(でく)・木賊(とくさ)・木瓜(ぼけ)・木履(ぽっくり)・木天蓼(またたび)・木乃伊(ミイラ)・木菟(みみずく)・木槿(むくげ)・木綿(ゆう)

参考 「朩(じゅつ)」は別字。

【木戸】(きど) 国①城の門。②屋根のない開き戸。庭などに作る。③興行場(こうぎょうじょう)の出入り口。④興行場の入場料。木戸銭(きどせん)。

【木遣歌】(きやりうた) 国重い石や大木をおおぜいで動かすとき、調子をそろえるためにうたう歌。きやり。

【木賊】(とくさ｜もくぞく) ①トクサ科の多年生草本。②国能楽(のうがく)の曲名。

【木丸】(ぼくがん(ぐゎん)) 声を立てさせないために口にくわえさせておくもの。さるぐつわ。

【木牛流馬】(ぼくぎゅう(ぎう)りゅう(りう)ば) 三国時代、蜀の諸葛亮(しょかつりょう)が発明した兵糧を運ぶ車。牛にかたどった一輪車と馬にかたどった四輪車。

【木屐】(ぼくげき) ①くつの底に木を用いてあるもの。②木製のはきもの。あしだ。【木屧】

【木犀】(もくせい｜ぼくさい) 木の名。十月ごろかおりのよい花を開く。＝【木樨】

【木主】(ぼくしゅ) 位牌(いはい)。みたましろ。神主(しんしゅ)。

【木処(處)】(ぼくしょ) 木の上に住む。

【木匠】(ぼくしょう(しゃう)) 「木工(もっこう)」の②に同じ。

【木人】(ぼくじん) 木の人形。でく。木偶(もくぐう)。【――石心】(ぼくじんせきしん) 冷静で、ほかのことに心を動かされない人。

【木燧】(ぼくすい) こすりあわせて火を起こす木。木の火きり。

【木石】(ぼくせき) ①木と石。②人情を解しないたとえ。③人情のわからない人。

【木屑】(ぼくせつ｜きくず(くさ)) 木を切ったり、けずったりしてできたくず。

【木鐸】(ぼくたく) ①金属製で木製の舌のある鈴。昔、法令を民に示すとき鳴らした。②人・世を教え導く人。先達(せんだつ)。指導者。孔子が木鐸として天下に道を広める使命を天から受けていると評された故事による。〈論語・八佾(はちいつ)〉

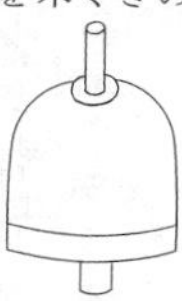
(木鐸①)

【木枕】(ぼくちん｜きまくら) 木で作ったまくら。

【木兎】(ぼくと) ①木で作ったうさぎ。②鳥の名。みみずく。このはずく。＝木菟

【木奴】(ぼくど) 柑橘類の果実。また、果樹の通称。

【木桃】(ぼくとう(たう)) ①木の名。さんざし。②大きい桃。

【木訥】(ぼくとつ) まじめで無口(むくち)で、かざりけのないこと。＝朴訥

【木母】(ぼくぼ) 梅のこと。梅の字を分けて二字に書いたもの。

【木魅】(ぼくみ) 老木の精。

【木瓜】(ぼっか(ぼくくゎ)) ①ぼけ。ばら科の落葉灌木。実は薬用になる。もけ。もっか。②「詩経(しきょう)」衛風の編名。

【木客】(ぼっかく(ぼく)) ①きこり。②山の精。山に住む化けもの。

【木簡】(ぼっかん(ぼく)｜もっかん(もく)) 昔、木をうすくそいだ札(ふだ)に文字を書き、公文書や日常の用としたもの。

【木強】(ぼっきょう(ぼくきゃう)) がんこで、ゆうずうのきかないこと。＝木彊

【木彊】(ぼっきょう(ぼくきゃう)) 「木強(ぼっきょう)」に同じ。

【木鶏(鷄)】(ぼっけい(ぼく)｜もっけい(もく)) ①木で作った鶏。②修養をつんで、物事に動じない人。③うすのろ。

【木剣(劍)】(ぼっけん(ぼく)) 木製の刀。木刀。

【木公】(ぼっこう(ぼく)) 松のこと。松の字を分けて二字に書いたもの。十八公(じゅうはっこう)ともいう。

【木乃伊】(ミイラ) 死体がくさらないで、そのままかわいてかたまったもの。

【木魚】(もくぎょ) 仏教で、僧や信者の用いる仏具の一つ。木製で魚の形をし、たたいて音を出す。

(木　魚)

【木偶】(もくぐう) 木の人形。でく。木人(ぼくじん)。

【木耳】(もくじ) きのこの一種。きくらげ。

【木食】(もくじき) 国①木の実、木の葉だけを食物にして生活すること。②人名。僧の名。豊臣秀吉(とよとみひでよし)が高野山(こうやさん)を攻めようとしたとき、話をつけて一山を助けた。木食上人(しょうにん)。

【木質】(もくしつ) ①木の性質。②木の幹(みき)の内部のかたい部分。③木材に似た性質。

【木精】(もくせい) ①木星。歳星。②木に宿っているといわれる精霊。木の精。③メチルアルコールをいう。甲醇(こうじゅん)。

【木樨】(もくせい) 「木犀(ぼくさい｜もくせい)」に同じ。

【木像】(もくぞう(ざう)) 木を彫刻して作った人などの形。

【木馬】(もくば) 一①木製の馬。②「木牛流馬」の略。③鞍(くら)を付けた手押し車。④氷上を滑らせて進む乗り物。そり。⑤体操用の器具。⑥国昔の刑具。二(きうま) 木材を運ぶ、そりに似たもの。

【木杯】(もくはい) 木で作ったさかずき。

【木版】もくはん ①印刷術の一種。版木に字や絵をほってするもの。=木板 ②木版ずりの印刷物。木版本。

【木筆】もくひつ ①木で作った筆。きふで。②花の一種。辛夷の異名。③国えんぴつ。

【木片】もくへん 木の小さい切れはし。こっぱ。

【木綿】もくめん 一 パンヤ科の常緑高木。パンヤ。きわた。二 もめん ①もめんわた。②もめん糸。③もめん糸で織った布。綿布。三 ゆう（ゆふ） 楮から作った糸。

【木蘭（蘭）】もくらん ①木の名。もくれん。しもくれん。②香草の一種。③人名。↓木蘭辞【――辞（辭）】もくらんのじ 古代の長編の詩の名。作者不明。六朝時代の末ごろ、木蘭という少女が父のかわりに従軍して、手がらを立てて帰って来たが、十二年間少女であることを知られなかったという内容のもの。木蘭従軍。

【木理】もくり 材木の切り口の年輪や繊維などの模様。木目。

【木蓮（蓮）】もくれん 木の名。①モクレン科の落葉低木。②アオイ科の落葉低木。木芙蓉。

【木活】もっかつ（もくかつ） ①木製の活字。②木製活字の印刷物。

【木槿】もっきん（もくきん） 木の名。もくげ。むくげ。花は朝開いて夕方しぼむ。→「朝生」（六一三ページ・上）

【木工】もっこう（もくこう） ①木材の加工。②だいく・さしもの師・彫刻家など。たくみ。木匠。

【木頭】ムートウ mùtou 現木。材木。

『縁（緣）レ木而求レ魚』きによりてうおをもとむ 木に登って魚を取ろうとする。目的と手段が合っていないたとえ。〈孟子・梁恵王上〉

『木葉尽（盡）脱』ぼくようことごとくおつ 冬になって、木の葉がすべて落ちてしまう。〈蘇軾・後赤壁賦〉

◆千木・大木・土木・付木・老木・肋木・杣木・青木・苗木・枕木・板木・版木・垂木・定木・香木・埋木・庭木・植木・棟木・腕木・挿木・軸木・喬木・算木・雑木・積木・樹木

木1

【札】〔5〕

学4　サツ　ふだ　サツ 漢 入 黠 zhá チャー　J 2705　補　U 672D

筆順 一 十 才 木 札

意味 ①物を書きつける木片。②書きしるしたもの。㋐手紙。㋑公文書。③書きしるす。④さね。鎧・兜をつづりあわせる革や鉄片。⑤ひきぬく。=扎 ⑥悪性の伝染病。また、それで死ぬこと。国①〈ふだ〉文字や絵がしるされた紙片・木片。特に、神社・寺院のお守り。②〈さつ〉紙幣。

解字 形声。木が形を表し、乙が音を示す。乙には曲がった刀の意味がある。札は、木片をうすく切りそいだものである。

名前 さね・ぬさ　地名 札幌

参考 札は「劄」（一七〇ページ・中）・「剳」（九三七ページ・上）の中国新字体としても使う。

【札翰】さっかん 手紙。

【札記】さっき 箇条書きのように、そのおりおり、その事ごとに記述すること。また、その本。=箚記

【札札】さつさつ ジージー、カタッカタッなどの音の形容。せみの鳴き声、鋤で耕す音などに用いる。「札札弄二機杼一」（カタッカタッと機の杼を動かす。）〈文選・古詩十九首〉

【札差】ふださし 国江戸時代、旗本の扶持米を取り扱って手数料をもらったり、金を貸したりした商人。

【札所】ふだしょ 国仏教の霊地として観音をまつる三十三か所、大師をまつる八十八か所など、巡礼して参詣のしるしに札を受ける寺の一つ一つ。

◆入札・正札・出札・合札・制札・表札・門札・一札・高札・荷札・開札・落札・標札・鑑札

木1

【朮】〔5〕

一 シュツ 漢 ジュツ 慣 一 入 質 shú シュー　二 チュツ 漢 ジュツ 慣 二 入 質 zhú チュー　J 5918　補　U 672E

意味 一〈もちあわ（もちあは）〉粟の一種。=秫 二〈おけら（をけら）〉うけら。キク科で山野に自生する。薬用。

木1

【本】〔5〕

学1　ホン　もと　ホン 漢 呉 上 阮 běn ペン　J 4360　補　U 672C

筆順 一 十 才 木 本

意味 ①〈もと〉↕末 ㋐草木の根。また、幹・茎。㋑かなめ。大切な部分。㋒基礎。㋓みなもと。㋔父母。祖先。㋕もとで。元金。「資本」㋖農業。商工業に対していう。②もとより。はじめから。③もともとの。㋐うまれつきの。「本性」㋑ただしい。「本字」④主要な。⑤〈もとづ・く〉よりどころにする。また、原因を追究する。⑥書物。「版本」⑦文書。また、上奏文。⑧自分の。自称に用いる。⑨当の。現今の。⑩草木を数える単位。⑪現書物の

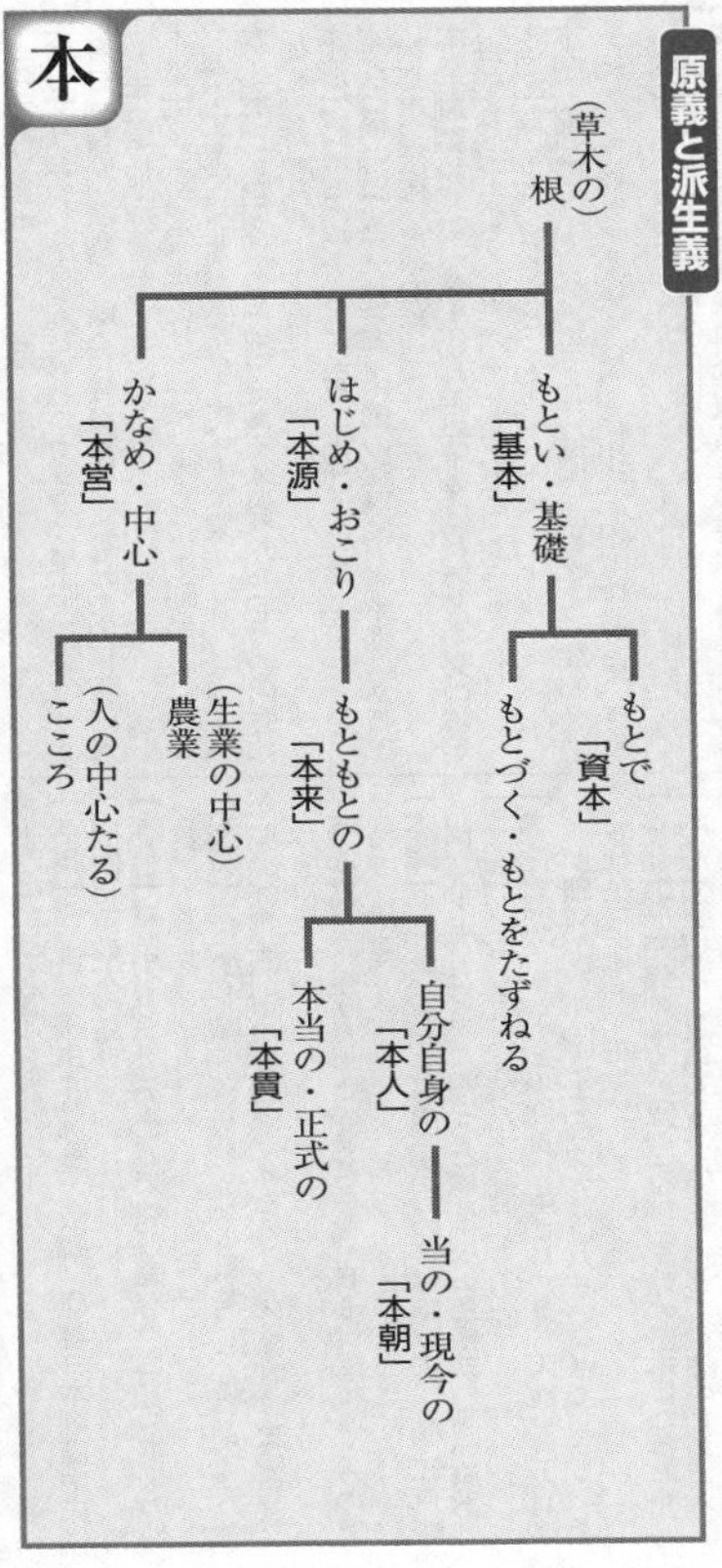

類を数える量詞。国〈ほん〉細長いもの・番組・競技の回数などを数える単位。

解字  指事。木の下に一を加えて、ねもとを表した。また、会意として、木と丅を合わせたものであり、丅は下で、本は木の下のほう、ねもとを表すとする説もある。

名前 なり・はじめ

姓 本居・本垰

地名 本吉・本庄・本荘・本部・本巣・本渡

【本位】ほんい（ゐ） ①もとの位置。もとの位。②基本。標準。中心となるもの。「本位貨幣」

【本意】ほんい｜ほい ①まことのこころ。ほんとうの心。本心。②もとからの心。本来の意志。本懐。③本来の意味。本義。

【本因坊】ほんいんぼう（ばう） 国江戸幕府碁所の一流派。京都寂光寺の本因坊の僧、算砂を始祖とするところからいう。現在は、全日本専門棋士のなかの優勝者の称号。「本因坊戦」

【本営（營）】ほんえい 本陣。総大将のいる陣屋。

【本屋】**一** ほんおく（をく） ①おもや。母屋。②本宅。**二** ほんや 国①**一**に同じ。②書籍商。③出版社。④脚本・シナリオの作家。

【本家】ほんか｜ほんけ ①実家。さと。②おおもとの血すじの家。宗家。↔分家 ③国荘園の所有者の上にいる名義上の支配者。④国物事を始めた者。元祖。始祖。

【本歌】ほんか 国①昔の人の作品をもとにして、和歌や連歌を作った場合、もとの歌をさす。②和歌をさす。【――取】ほんかどり 国昔の人の作品をもとにして和歌や連歌を作ること。

【本懐（懷）】ほんかい（くわい） 本来の願望。本願。本望。

【本覚（覺）】ほんがく 仏誰もが本来持っている悟りの智慧。

【本官】ほんかん（くわん） ①兼官に対し、主となる官。↔兼官 ②もとの官職。③正式の官職。④官公吏の自称。

【本貫】ほんかん（くわん） 本籍。本籍地。

【本願】ほんがん（ぐわん） ①もとからの願い。②仏仏が、すべての生きものを導き救おうとして起こした慈悲の願い。本誓。

【本紀】ほんぎ ①紀伝体の歴史で、帝王の一世の事跡を書いたもの。②根本の綱紀。

【本義】ほんぎ ①語句のはじめの意義。↔転義 ②もともとの意味。もとの精神。

【本拠（據）】ほんきょ よりどころとする所。主要な根拠。

【本郷（鄕）】ほんきょう（きやう）｜ほんごう（がう） ①生まれ故郷。ふるさと。②この土地。当地。

【本行】ほんぎょう（ぎやう） ①仏もともとのやり方。根本の行。②国日本音楽・演劇で、能・狂言から取ったもの（本行物）に対し、本来の能・狂言をさしていう。

【本業】ほんぎょう（げふ） ①主となる職業。本職。↔副業・兼業 ②商業・工業に対して、農業をさす。↔末業

【本化】ほんけ 仏釈迦の本地である久遠仏としての阿弥陀如来の教化。↓本地

【本形】ほんけい もとの形。もとの姿。正体。

【本渓（溪）湖】ほんけいこ 地名。中国の遼寧省東部にある工業都市、本渓市の旧称。

【本卦還】ほんけがえり（がへり） 国生まれ年の干支と同じ干支の年が再びまわって来ること。六十一歳になること。還暦。

【本源】ほんげん もと。おおもと。本原。

【本国（國）】ほんごく ①自分の生まれた国。ふるさと。故郷。②その人の国籍のある国。③属領や出先の機関に対して、本土をいう。

【本根】ほんこん おおもと。根本。

【本山】ほんざん ①一つの宗派の本部である寺院。↔末寺 ②この寺。当寺。当山。

【本支】ほんし ①幹と枝。＝本枝 ②もともとの物と、分かれた物。本枝。③本家と分家。一族。【――百世】ほんしひゃくせい 本家と分家との子孫が一族そろって長く栄えること。

【本旨】ほんし もともとの趣旨。ほんとうのわけ。＝本指

【本志】ほんし ①もともとのこころざし。②ほんとうの気持ち。

【本始】ほんし 漢の宣帝の年号。（前七三～七〇）

【本字】ほんじ ①正しい字。古いもとの形の字。↔略字 ②国漢字。↔仮名

【本地】ほんじ（ぢ） 仏仏・菩薩の本身。【――垂迹】ほんじすいじゃく（ぢ） 仏インド（本地）の仏が衆生を救うため、かりの姿として現れたのが日本の神（垂迹神）であるとする説。＝本地垂跡

【本自】ほんじ もともと。これまで。

【本事】ほんじ ①根本の事柄。商業を末とみなすのに対して、農業を指す。②由来。いわれ。③本領。技量。④文学作品の素材。

【本質】**一** ほんしつ 本来の性質。固有のたち。**二** ベンチー běnzhì 現**一**に同じ。

【本社】ほんしゃ 国①ご神体を祭ってある本殿。②主となる神社または会社。③この会社。

【本州】ほんしゅう（しう） ①生まれの地。故郷。②国日本列島中央に位置する最大の島。

【本色】ほんしょく ①もともとの色。天然固有の色。②本来の性質。もちまえ。

【本職】ほんしょく ①兼職に対し、主となる職業。本業。②この職業。③国その道の専門家。くろうと。④国官公吏の自称。本官。

【本心】ほんしん ①生まれつきのまごころ。良心。②ほんとうの気持ち。本意。

【本陣】ほんじん（ぢん） 国①本営。大将のいる陣屋。②江戸時代、大名などがとまることになっていた格式の高い旅館。

【本姓】ほんせい もともとの姓。生まれたときの姓。

【本性】**一** ほんせい もともとの性質。生まれつき。天性。ほんしょう。**二** ほんしょう（しやう） ①生まれつき。ほんせい。ほんじょう。②正体。本心。正気。

【本籍】ほんせき 戸籍のある一定の土地。戸籍の基本になる原籍。

【本然】ほんぜん｜ほんねん ①もとのまま。生まれつき。自然のままで人工を加えない。②本来そうあるべきはずの姿。

【本草】ほんぞう（ざう） ①木と草。植物。②薬用植物。③薬物の書。④「本草学」の略。【――学（學）】ほんぞうがく（ざう） 中国古来の植物・薬物を研究した学で、動物学・鉱物学などの知識をも含む。【――綱目】ほんぞうこうもく（ざう）（かう） 書名。五十二巻。明代の李時珍の著。本草学の研究書。動物・植物・鉱物について書いたもの。

【本則】ほんそく ①おおもとの規則。原則。②法法令の本体となる部分。③正式のもの。

【本尊】ほんぞん ①仏信仰・祈りの中心となる仏像。②仏本堂にまつってある仏像。③国中心人物。主人公。④国目的とするもの。

【本体（體）】ほんたい ①本来の姿。ほんとうのかたち。②主となる部分。③本尊。

【本隊】ほんたい ①主となる部隊。↔支隊 ②この部隊。当隊。

【本態】ほんたい ほんとうの姿。本来のようす。実態。

【本宅】ほんたく ①自宅。本邸。↔別宅 ②いつも住んでいる家。

【本朝】ほんちょう（てう） わが朝廷。わが国。↔異朝 【――虞初新誌】ほんちょうぐしょしんし（てう） 書名。三巻。江戸時代の儒者、菊池三渓の著。逸話類を集めたもの。【――文粋（粹）】ほんちょうもんずい（てう）

心(忄・⺗)戈戸(戶)手(扌)支攴(攵) 4画 文斗斤方无(旡・旡)日曰月(⺝)➡木欠止歹殳毋比毛氏气水(氵・氺)火(灬)爪(爫・⺤)父爻爿片牙(牙)牛(牜)犬(犭)

書名。十四巻。藤原明衡の選び編んだ平安朝中期の漢文集。

【本調子】国①三味線の調弦法の一つ。もっとも古く基本となるもの。②事のはこびが順調であること。本格的。

【本殿】国①神社の中心となる神霊を奉安した社殿。②清涼殿の別名。

【本土】①その人の生まれ育った国。もといた土地。本国。本地。②その国の主な国土。離島や属国などに対していう。「英国本土」③仏仏土。④国特に本州をさしていう。

【本堂】仏本尊をまつっておく建物。

【本道】①正しい道路。主要道路。↕間道 ②本来の正当な道。ほんみち。③漢方の内科。

【本能】生まれつきの性質・能力。生まれながらの自然な能力。

【本能寺】国京都市にある寺の名。安土桃山時代に織田信長が明智光秀に殺された場所。

【本藩】国この藩。自分の藩。

【本復】国病気が回復して、もとどおりのからだになる。

【本舞台(臺)】国①歌舞伎の劇場で、俳優が演技をする場所。もと左右大臣柱の間をさす。のち、花道に対して正面の舞台をいう。②晴れの場所。正式の場所。

【本文】①もとの文。原文。正文。注釈の文章や複写したものに対していう。②よりどころとなる文。

【本分】①自分の本来の地位。②しなければならない道徳上のつとめ。本務。

【本邦】自分の国。わが国。↕異邦

【本俸】いろいろの手当などを別にしての、本来の給料。

【本末】①もととすえ。初めと終わり。②たいせつなことと、あまりたいせつでないこと。「本末顛倒」

【本丸】国城の本部。二の丸・三の丸に対していう。

【本務】①必ずはたさなければならないつとめ。②主として当たるつとめ。↕兼務

【本名】①もとの名前。②国本当の名。実名。↕仮名・俗名

【本命】生まれた年の干支。ほんみょう。

【本望】もともとの願い。本来の希望。

【本来(來)】一①もともと。元来。②あたりまえ。通常。二 běnlái 現に同じ。

【本流】①支流のもとになっている中心の川。↕支流 ②主となる流儀。

【本領】一①本来の性質。特色。②本来のうでまえ。「本領発揮」③国本来の領土。もともと持っていた土地。④国鎌倉時代、幕府から公認された領地。二 běnlǐng 現一の②に同じ。

【本論】①主要な論説。↕序論・結論 ②この議論。

【本事】běnshi 現能力。腕まえ。

【本子】běnzi 現ノート。冊子。

【本立而道生】根本がしっかりして、はじめて進歩する道が生ずる。〈論語・学而〉

【務レ本】根本を養うことに努力する。〈論語・学而〉

【彊レ本而節(節)レ用】根本になることをしっかりやり、費用を節約する。「本」は、農業をさす。〈荀子・天論〉

◆大本・元本・手本・写本・刊本・台本・抄本・見本・豆本・定本・拓本・和本・底本・版本・根本・校本・秘本・配本・張本・基本・脚本・異本・貸本・絵本・資本・旗本・製本・種本・読本・標本・謄本・単行本

木1 【末】〔5〕4 マツ・バツ 学 すえ

バツ 漢 マツ 慣 入 曷 mò モー

J 4386 補 U 672B

筆順 一 二 キ 才 末

意味 ①〈すえ(すゑ)〉↕本 ㋐こずえ。㋑はし。先端。㋒子孫。㋓おわり。末尾。㋔下位。㋕もののあまり重要でない部分。㋖商工業。本である農業に対していう。②こまかい。「瑣末」③こな。「粉末」④〈な・い(―・し)〉=無 ⑤〈なかれ〉=勿・毋

解字 指事。木の上に一を加えて、こずえを表した。また、会意として、上と木を合わせたものであり、上は上で、末は木の上のほう、こずえを表すとする説もある。

名前 とめ・とも・ほず・ひろし

姓 末吉

【末広(廣)】国①末がしだいに広がる。②しだいに栄える。③扇の異称。祝いの進物などに祝っていう。すえひろがり。④紋所の一種。

【末裔】子孫。末孫。

【末学(學)】①重要でない学問。つまらない学問。②未熟な学者。③学者が自分をけんそんしていうことば。

【末喜】夏の桀王の妃。桀王の暴政を招いた。末嬉。

【末期】一終わりの時期。終期。二仏さいごのとき。死にぎわ。臨終。「末期の水」

【末技】①主要でない技芸。役にたたないわざ。②未熟なわざ。末芸。③農業に対して、商工業をさす。

【末議】とるにたらない議論。自分の議論の謙称。

【末業】商工業。↕本業

【末座】すえの座。しもざ。末席。↕上座

【末子】いちばん末の子。↕長子

【末寺】国本山の支配下にある寺。↕本山

【末社】国①本社に付属する小さい神社。②遊里で客のとりもちをするもの。たいこもち。③手下。部下。

【末梢(梢)】①こずえ。枝のさき。②物事のはし。すえ。さき。先端。末端。「末梢神経」

【末世】①すえの世。道徳のすたれた世。末葉。②世を終わるまで。終世。③仏釈迦の死後五百年を正法、次の千年を像法、後の一万年を末法の時といい、末世とも呼ぶ。

【末節(節)】木の枝や葉のように、ごくささいなことがら。「枝葉末節」

【末孫】血すじの末の子孫。遠い子孫。後裔。

【末代】①末の世。道のすたれた世。末世。②死後の世。のちの世。

【末塗】①道の終わり。到着点。行くすえ。②末世。道徳の衰えた世。③人生の終わり。晩年。

【末年】①人の一生の終わりごろ。晩年。②その時代・年号などの終わりごろの年。③末の年。末の世。

【末輩】①したっぱのものども。②つまらない人々。

【末筆】手紙などで、終わりのほうに書く文。

【末法】①仏釈迦の死後、正法・像法につぐ世。仏の教えがすたれた末の世。②末の世。衰えた世。

【末葉】①末の世。末代。②子孫。

【末利】商工業による利益。↓末業

【末流】①川の下流。②子孫。③末世。④末のなかま。⑤つまらない者。⑥とるにたりない流派。

【末路】①みちのすえ。②人生のみじめな終わり。

◆月末・本末・年末・季末・始末・粉末・粗末・終

心(忄・⺗)戈戶(戸)手(扌)支攴(攵) 4画 文斗斤方无(旡・旡)日曰月(月)木欠止歹殳毋比毛氏气水(氵・氺)火(灬)爪(爫・爫)父爻爿片牙(牙)牛(牜)犬(犭)

末・週末・場末・結末・葉末・歳末・幕末・顛末・不始末

木 1

【未】

〔5〕 学 4 ミ｜ミ 呉 ビ 漢 去 未 ｜wèi ウエイ｜J 4404 補 U 672A

筆順 一 二 キ 才 未

意味 ①味。滋味。②否定を表す。㋐〈…ず〉…ではない。不。㋑〈いまだ…ず〉これまで…していない。まだその時期にならない。まだじゅうぶんでない。③〈いまだ・し〉④〈…いまだしや〉文末に置いて疑問を表す。⑤〈ひつじ〉十二支の第八位。㋐方角では南南西。㋑時刻では、午後二時ごろ。また、午後一時から三時。㋒動物では羊。

語法 ❶〈いまだ…ず〉まだ…していない。ある時点においてまだ実現していないことを示す。再読文字。例「阿房宮未㆑成」(阿房宮はまだ完成していなかった)〈史記・秦始皇本紀〉

❷〈いまだし〉まだです。まだ…したことがありません。まだ…していません。まだじゅうぶんではありません。返答に用いられる。下に続く動詞が省略された形。例「春申君曰、娉入乎。対曰、未也」(春申君が、結納はすんだのか、と聞くと、まだでございます、とこたえた)〈史記・春申君列伝〉

❸〈いまだしや〉まだであるか。疑問文の文末に用いられる。例「君除㆑吏已尽未」(そなたの官吏任免はもう終わったのか、まだかね)〈史記・武安侯列伝〉

句形

(1)［未㆑足㆓…㆒］〈いまだ…するにたらず〉じゅうぶん…ではない。例「此乃諸侯之事、未㆑足㆑観也」(あれ〔子虚の賦〕は諸侯のことを述べた〔作品〕に過ぎず、お目にかけるほどのものではございません)〈史記・司馬相如列伝〉

(2)［未㆓必…㆒］〈いまだかならずしも…ず〉…とはかぎらない。例「能行㆑之者未㆓必能言㆒、能言㆑之者未㆓必能行㆒」(よく行える者がよく言葉にできるとは限らず、よく言葉にできる者がよく行えるとは限らない)〈史記・孫子呉起列伝〉

(3)［未㆓嘗…㆒］〈いまだかつて…ず〉これまで…したことがない。例「蕭何未㆔嘗有㆓汗馬之労㆒」(蕭何はこれまで馬に汗をかかせて闘う苦労をしたことがございません)〈史記・蕭相国世家〉

解字 象形。木の枝葉がしげっている形。しげってよく見えないことから、うちけしのことばになり、また、実の味がよくなっていることから、おいしい味の意味になる。

名前 いま・いや・ひで

参考 「末」は別字。

【未央】①まだつきない。②まだなかばに達しない。③漢代の宮殿の名。未央宮。

【未開】①文明や土地がまだ開けていないこと。②花のつぼみがまだ開かないこと。

【未刊】書籍・雑誌などがまだ刊行されていないこと。↕既刊

【未完】まだ完了していないこと。未了。

【未冠】二十歳の加冠の儀を経ていないこと。また、その男子。

【未形】まだ形に現れない物事。形に現れる前の物事。

【未決】①まだきまらないこと。↕既決 ②法容疑者に犯罪があるかないか、まだきまらないこと。

【未見書】まだ見たことのない書物。

【未済(濟)】①まだすまないこと。↕既済 ②易の卦の名。

【未熟】①まだ熟していない。②修行がたりなくて、まだじゅうぶんなうでまえを持たないこと。

【未詳】まだくわしくわかっていないこと。「作者未詳」

【未招魂】まだ都に呼び返されずにいるたましい。都に返ることができない人。楚の屈原が南に追放されたとき、弟子の宋玉が「招魂の賦」を作り、屈原のたましいを都へ呼ぼうとした故事にもとづいていう。「南方実有㆓未招魂㆒」〈杜甫の詩・返照〉

【未遂】まだなしとげないこと。しようとして、まだ実行しなかったこと。「殺人未遂」↕既遂

【未然】そのようになる前。事の起こる以前。【──形】国用言の活用の第一段めの形。

【未曽(曾)有】いまだかつてない。たえてない。

【未知】まだわかっていないこと。↕既知 【──数】(數) ①数方程式などでまだ数値のわかっていない数。②将来どうなっていくか、予想しにくい人や物事。

【未定】まだきまっていないこと。↕既定

【未納】まだ金銭その他を納めてないこと。↕既納

【未発(發)】①まだ外に発しないこと。②まだ発表されないこと。

【未必故意】法自分の行為によって、ある結果が発生するかも知れないと知りながら、発生してもかまわないと認めていた心理状態。

【未聞】これまでにまだ聞いたことのないこと。「前代未聞」

【未萌】物事、現象にまだきざしがないこと。

【未亡人】夫に先だたれた婦人。

【未満(滿)】一定の数量にとどかないこと。「百円未満」

【未明】よあけ前。まだ明るくならない前。

【未来(來)】❶①まだ来ていない時世。将来。これから先。ゆくすえ。②仏三世の一つ。死後の世。③文法用語で、まさに来ようとする動作をあらわす用法。❷ウェイ ライ wèilái 現①❶の①③に同じ。②今から。将来ずっと。いつまでも。【──永劫】永劫は、非常に長い時間。

【未了】①まだわからない。②まだすまない。③まだきわまり尽きない。

【未練】①まだ熟練していないこと。②国あきらめが悪い。「思いきりがつかない。」

木 2

【机】

〔6〕 学 6 キ つくえ｜キ 呉 漢 上 紙｜jī チー｜J 2089 補 U 673A

筆順 一 十 才 木 机 机

意味 ①〈つくえ(つくゑ)〉＝几 ②ひじかけ。脇息。＝几 ③木の名。はんのき。④姓。

解字 形声。木が形を表し、几が音を示す。几は台の形。机は、木製の台である。

参考 ①「机」は別字。②机は「機」(六六五ページ・下)の中国新字体としても使う。

【机案】つくえ。几案。

【机下】国つくえの下の意で、手紙のあて名の左下に書きそえる語。おそば。お手もと。

木 2

【朽】

〔6〕 常 キュウ くちる｜キュウ 漢 上 有 (キウ)｜xiǔ シウ｜J 2164 補 U 673D

筆順 一 十 才 木 朽 朽

木 3

【杇】

〔7〕 俗字｜J ② 1428 補 U 233D3

意味 〈く・ちる(──・つ)〉①腐る。②衰える。③滅びる。

解字 形声。木が形を表し、丂が音を示す。丂は、上がつかえて曲がっている形。朽は木がくちて曲がっていること

を表す。一説に丂はくさっていることで、朽は、くさった木であるという。音キウは、丂の音カウの変化。

名前 え　姓 朽木

参考 「杇」は別字。

【朽壊(壞)】くさってこわれる。

【朽索】くさったなわ。

【朽株】くさった木のかぶ。「枯木朽株」

【朽敗】くさる。くち損じる。

【朽廃(廢)】くさりすたれる。

【朽木】①古くなってぼろぼろになった木。②としより。おいぼれた人。『――不レ可レ彫』くさった木には、美しい彫刻をきざむことはできない。心のくさった人間を教え導くことはむだである。〈論語・公冶長〉

【朽葉】①古くなった落ち葉。②国朽葉色の略。赤みをおびた黄色。

【朽老】年老いておとろえる。また、その人。老朽。
◇▼不朽・老朽・腐朽

木2
【朿】〔6〕
シ 漢 ㊀ 寘 cì ツー
J 5919 補 ― U 673F

意味 木のとげ。＝刺

木2
【朱】〔6〕常
シュ　シュ 漢 ㊥ 虞 zhū チュー
J 2875 補 ― U 6731

筆順 ノ ㇒ 𠂉 牛 牛 朱

意味 ①幹の中心があかい木。マツ・コノテガシワの類。②〈あか〉〈あけ〉まっかな色。緋色。五行では、南・夏にあたる。「朱夏」③化粧用の紅・印綬など、あかいもの。④背の非常に低い人。＝侏 ⑤姓。国江戸時代の貨幣の単位。一両の十六分の一。

解字 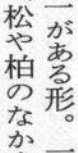 指事。木の中に一がある形。一は木の赤いしんを表す。朱は木の一種で、松や柏のなかまであるが、しんがあかい色なので、もっぱら色の名に使うようになった。

名前 あや・あけみ　姓 朱楽　地名 朱鞠内

難読 朱欒・朱雀・朱鷺

参考 朱は「硃」(八八五㌻・下)の中国新字体としても使う。

【朱殷】黒みをおびた赤い色。

【朱印】国①朱肉をつけて押した印。②「朱印状」の略。

【――状(狀)】国武家時代に武将の朱印を押した正式の文書。【――船】国豊臣時代から江戸時代にかけて正式に海外貿易の許可証を受けた船。許可証に朱印が押してあったため、こういう。御朱印船。

【朱鉛】べにとおしろい。

【朱桜(櫻)】赤く熟した、ゆすらうめ。

【朱顔】赤みをおびて、つやつやとした顔。転じて、①美人の顔色をさす。②若者をさす。

【朱熹】人名。南宋の大学者。字は元晦または仲晦。号は晦庵。儒教の経典に新しい解釈を加えて、朱子学をうちたてた。(一一三〇～一二〇〇)

【朱闕】①朱塗りの宮門。②天子のすまい。皇居。

【朱軒】①朱塗りの車。朱輪。②朱塗りの家ののき。

【朱元璋】人名。字は国瑞。元をほろぼして明を建てた。

【朱砂】鉱石の名。水銀製造・赤色絵の具などに用いられる。丹砂。辰砂。＝硃砂
【朱子】「朱熹」の尊称。【――学(學)】宋代の学者朱子によってとなえられた儒学。

【朱紫】①朱と紫。②朱や紫色の衣服やかざり。「高官の人。」③高位」

【朱雀】一①星座の名。②四神の一つ。二国①一に同じ。②「朱雀大路」の略。【――大路】国昔、平城京を東西に分けた中央の大通りの名。

【朱之瑜】人名。明末の学者。号は舜水。日本に亡命し、水戸の徳川光圀につかえて、儒学をさかんにした。(一六〇〇～一六八二)

【朱儒】①せいの非常に小さな人。＝侏儒 ②昔の道化「役者。」

【朱舜(舜)水】→朱之瑜
【朱城】朱色に塗った美しい城。

【朱唇皓(皓)歯(齒)】まっかなくちびると、まっ白な歯。美人の形容。

【朱全忠】人名。五代、後梁の太祖。名は温。

【朱頓】①陶朱と猗頓。いずれも春秋時代の大金持ちの名。②大金持ち。

【朱買臣】人名。前漢の政治家。武帝につかえて重く「用いられた。」

【朱筆】朱で書きこみなどするのに用いる筆。また、その書「きいれ。」

【朱墨】朱色のすみ。朱をにかわでねったすみ。

【朱明】①夏の別名。朱夏。②日。太陽。

【朱門】①朱塗りの門。②高貴な人の家。朱邸。

【朱邪】姓。五代、後唐の荘宗(李存勗)の旧姓。

【朱欄】朱塗りのてすり。

【朱簾】①赤いすだれ。②玉のすだれ。朱は珠と通じる。

木2
【朶】〔6〕
タ 漢 ㊤ 哿 duǒ トゥオ
ダ 慣
J 5920 補 ― U 6736

木2
【朵】〔6〕同字 J ― 補 ― U 6735

艸6
【菓】〔10〕同字 J ②8621 補 ― U 44B3

意味 ①木の枝や花がたれさがるさま。②花のつぼみ。③花や雲などを数える量詞。「万朶」④手でつかまえる。②うらやみ願うこと。

【朶頤】①あごを下げ、物を食べようとするさま。②うらや
【朶雲】①たれ下がった雲。②他人の手紙に対する敬称。〈新唐書・韋陟伝〉

木2
【杁】〔6〕
一 トウ(タウ) 漢　一 ㊥ 豪 dāo タオ
二 ボク 漢　二 ㊇ 屋 mù ムー
三 チョウ(テウ) 漢　三 ㊥ 蕭 tiáo ティアオ
J 5923 補 ― U 6737

意味 一①木の名。また、果樹の名。②木のしん。二桑を剪定してととのえる。三枝を落とす。

木2
【杒】〔6〕
一 トウ(タウ) 漢　ジョウ(ヂャウ) 呉　一 ㊥ 庚 chéng チョン
二 トウ(タウ) 漢　チョウ(チャウ) 呉　二 ㊥ 庚 zhēng チョン
三 テイ 漢　チョウ(チャウ) 呉　三 ㊥ 庚 chēng チョン
J 3487 補 ― U 673E

意味 一①突く。②杒蛭は、大きく赤い蟻。＝丁丁 二杒杒は、木をおので切る音。三春秋時代、宋国の地名。現在の河南省淮陽県の西北。

木2
【朷】〔6〕
ハツ 漢 ㊇ 黠 bā パー
ハチ 慣
J ①8547 補 ― U 6733

意味 〈えぶり〉土をならしたり、物をかき寄せる農具。横板に柄をつけたもの。

木2
【朴】〔6〕常
ボク
一 ハク 漢 ボク 慣　一 ㊇ 覚 pò ポー
二 ハク 漢 ボク 慣　二 ㊇ 覚 pǔ プー
三 ホク 漢 ボク 慣　三 ㊇ 屋 pū プー
四 ボク 慣　四 ― piáo ピアオ、pōu ポウ
J 4349 補 ― U 6734

［筆順］一 十 才 木 朩 朴

［意味］[一]①木の皮。②えのき。ニレ科の落葉高木。[二]①大きい。②〈すなお(すなほ)〉かざりけがない。＝樸 [三]うつ。たたく。＝扑 [四]姓。(国)〈ほお(ほほ)〉木の名。モクレン科の落葉高木。ほおのき。

［解字］形声。木が形を表し、卜が音を示す。卜には、裂く、剝ぐ、という意味がある。朴は、厚い木の皮のことである。一説に、ポキリと折ったまま、人工を加えない材木ともいう。樸と通じて、むき出しのまま、かざりけのない意味になる。

［名前］なお
［姓］朴木
［参考］朴は「樸」(六六八ページ・中)の中国新字体としても使う。

【朴実(實)】飾りけがなくまじめなこと。＝樸実
【朴素】飾り気がないさま。質素なさま。素朴。
【朴直】飾りけがなくて、すなおなこと。実直。＝樸直
【朴念仁】(国)①口かずが少なく、人づきあいのへたな人。②人をののしる語。わからずや。
【朴野】がさつで、あかぬけしていないこと。
【朴陋】やぼったく、ひんがないこと。
◇▼素朴・淳朴・質朴・醇朴

木2【朸】〔6〕 リョク (漢) 入 職 lì リー
U 補 J 6738 5922
［意味］①木の年輪。②かど。すみ。③漢代の県名。山東省にあった。(国)〈おうご(あふご)〉てんびんぼう。

木2【杁】〔6〕 国字
U 補 J 6741 5921
［意味］〈いり〉水を通すために堤につっこに埋めた樋。
［地名］杁下・杁前・杁ケ池・杁ケ島

木2【朿】〔6〕 (俗)↓來(六二三ページ・上)

木2〖朵〗(一五〇ページ・下)↓几部四画

木3【杅】〔7〕 ウ (漢) (平) 虞 yú ユィ
U 補 J 6745 3488
［意味］①水飲み。湯飲み。お碗の一種。＝盂 ②湯浴み用のたらい。③杅杅は、みちたりたさま。＝于于
［参考］「杆」は別字。

(杅①)

木3【杇】〔7〕 オ (漢) (平) 虞 wū ウー (ヲ)
U 補 J 6747 3489 ①8549
［意味］＝圬 ①〈こて〉かべを塗る道具。②〈ぬ・る〉かべを塗る。
［参考］「朽」は別字。

木3【杆】〔7〕 [一]カン (漢) [一](去) 翰 gàn カン [二]カン (漢) [二](平) 寒 gān カン [三]カン (慣) [三]―― gǎn カン
U 補 J 6746 5924
［意味］[一]木の名。①やまぐわ。柘ともいう。②紫檀。[二]①さお。特に、てこ。「槓杆」②〈たて〉矢・刀などを防ぐ武具。＝干 [三]器具についた棒の部分。軸。＝桿
［参考］「杅」は別字。

木3【杞】〔7〕 キ (漢) コ (慣) (上) 紙 qǐ チー
U 補 J 675E 5925
［意味］①木の名。㋐枸杞。ナス科の落葉低木。実は長円形で赤く、薬用。㋑杞柳は、いぬこりやなぎ。枝は行李などの材料。②周代の国の名。周の武王が夏王朝の子孫を封じた国。都は雍丘。河南省杞県にあった。③姓。

【杞梓】杞と梓で、ともに良材。英才のある者をいう。
【杞憂】昔、杞の国のある人が、天がくずれ落ちはせぬかと心配したという故事から、無用の心配、とりこし苦労をいう。〈列子・天瑞〉
【杞柳】木の名。かわやなぎ。こぶやなぎ。さかずきや行李の材料に用いる。

木3【杏】〔7〕 入 コウ(カウ) (漢) キョウ(キャウ) (呉) アン (唐) (上) 梗 xìng シン
U 補 J 674F 1641
［意味］①〈あんず〉果樹の名。バラ科の亜高木。梅に似て、やや大きい実をつける。からもも。②銀杏は、いちょうの実。

［解字］形声。木が形を表す。口は向の略で、音を示す。あんずの木。おいしい意味の口と合わせた会意とする説もある。

［難読］杏子・杏葉

【杏園】①あんずを植えた園。②庭園の名。唐代、天子が進士の試験に合格したものを招待して宴を開いた所。
【杏艶(艷)】あんずの花の、あでやかさ。
【杏花】①あんずの花。②(国)中世、酒をいった。
【――村】あんずの花が一面に咲いている村。「牧童遥指杏花村」〈杜牧の詩・清明〉
【杏壇】①孔子の教授した遺跡。山東省曲阜市。②学問を講ずる場所。③道士が修行する場所。
【杏仁】あんずの実の核の中の肉。薬用にする。
【杏酪】あんずの種をこなにし、あめを加えてどろりとさせたもの。
【杏林】①あんずの林。②医者。昔、董奉という医者が病人をなおして金の代わりにあんずの木をもらって植えたのが、大きな林になったという故事にもとづく。〈神仙伝〉

木3【杠】〔7〕 [一]コウ(カウ) (漢) [一](平) 江 gāng カン [二]コウ(カウ) (慣) [二]―― gàng カン
U 補 J 6760 5926
［意味］[一]①旗竿。②丸木橋。③寝台の前の横木。④星の名。[二]＝槓 ①太い棒。②てこ。③(国)木の名。ゆずりは。④(国)〈ちぎ〉熟語欄参照。

【杠秤】(国)一貫目(三・七五キログラム)以上の物をはかる大きな竿秤。ちぎばかり。＝扛・扛秤

木3【杌】〔7〕 ゴツ (漢) 入 月 wù ウー
U 補 J 674C 3491 ②1430
［意味］①枝のない木。②ゆれる。また、落ちつかないさま。＝扤 ③小さな腰掛け。「杌子」④杌杌は、愚かなさま。⑤杌陧は、不安なさま。＝兀臬
［参考］「机」は別字。

(杌③)

木3【杈】〔7〕 [一]サ (漢) [一](平) 麻 chā チャー [二]サ (漢) [二](去) 禡 chà チャー
U 補 J 6748 3490 ①8550
［意味］[一]①Yの形をした枝。また、②フォーク状の道具。＝叉・扠 ㋐さすまた。武器。㋑やす。漁具。㋒さらえ。稲たばをはさむ農具。③杈枒は木の枝がばらばらに交錯するさま。[二]やらい。人馬が立ち入らぬよう役所などの門前に設けた柵。こまよせ。

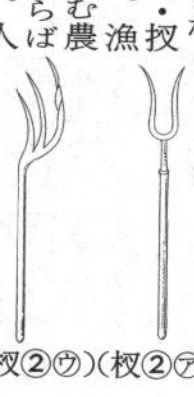
(杈②ウ)(杈②ア)

木3【材】〔7〕 学 4 ザイ サイ (漢) ザイ (呉) (平) 灰 cái ツァイ
U 補 J 6750 2664

筆順 一 十 才 木 木 村 材 材

意味 ①まるた。材木ざいもく。②原料。「材料」。③性質。素質。④はたらき。才能。⑤〈はか・る〉処置する。＝裁さい ⑥ひつぎ。「棺材かんざい」⑦たから。＝財

解字 形声。木が形を表し、才さいが音を示す。才には役にたつものという意味を含む。材は、まっすぐな木、役にたつ木の意味である。また、才には切る意味があるから、材は、切った材木のことであるともいう。

名前 き・えだ・もとき・もとし

参考 「村そん」は別字。

【材幹】ざいかん(さいかん) ①能力。はたらき。うでまえ。才幹。②材木。

【材器】ざいき 役にたつ人。はたらきのある人。才幹。才器。

【材芸(藝)】ざいげい 才能と技術。知恵とわざ。才芸。

【材士】ざいし 才知、武勇などにすぐれた者。

【材質】ざいしつ ①木材の性質。②材木の木質部。③一般に、材料の性質。

【材能】ざいのう(さいのう) 才能。はたらき。

【材吏】ざいり 有能な官吏。

【材略】ざいりゃく 才能とはかりごと。才略。

【材料】ざいりょう(れう) ㊀①物を作るもとになる物。②資料。㊁ツァイリアオ cáiliào 現㊀に同じ。

【材力】ざいりょく 才能と力量。仕事をする能力。

◆人材じんざい・巨材きょざい・木材もくざい・石材せきざい・印材いんざい・角材かくざい・俊材しゅんざい・素材そざい・教材きょうざい・逸材いつざい・詩材しざい・資材しざい・適材てきざい・礎材そざい

木3 【杉】〔7〕常 すぎ　サン 漢 平 咸 shān シャン　shā シャー　J 3189 U補 6749

筆順 一 十 才 木 杉 杉 杉

木13 【檆】〔17〕同字 J 3725 U補 6A86 木。

意味 〈すぎ〉スギ科の常緑高木。

解字 形声。木が形を表し、彡さんが音を示す。彡は三と同じく、多く集まること。杉は、多くの針葉が集まった木で、すぎを表すという。

【杉田玄白】すぎたげんぱく 人名。江戸時代の学者・医者。蘭学らんがくを修め、前野良沢らと「解体新書」を訳した。(一七三三～一八一七)

木3 【杍】〔7〕 ㊀シ 漢 ㊀上 紙 zǐ ツー ㊁リ 漢 ㊁上 紙 lǐ リー　J ②1431 U 674D

意味 ㊀＝梓し ①木名。②木材を加工する。③大工。㊁＝李り

木3 【杓】〔7〕標 ㊀ヒョウ(ヘウ) 漢 ㊀平 蕭 biāo ピアオ ㊁シャク 漢 ㊁入 薬 sháo シャオ ㊂テキ 漢 ㊂入 錫 dí ティー　J 2861 U 6753

木3 【𣏐】〔7〕俗字 J ②1434 U補 233D0

意味 ㊀①ひしゃくの柄え。②北斗星の柄にあたる第五・六・七星をさす。「斗杓とひょう」③〈ひ・く〉ひっぱる。④たたく。撃つ。＝摽 ㊁①ひしゃく。＝勺 ②〈く・む〉すくう。㊂まと。標。目標。＝的

【杓子】しゃくし ひしゃく。しゃもじ。【――定規】しゃくしじょうぎ(ぢゃうぎ) 国①しゃくしのようにまがっていて、正しくない定規じょうぎ。②規則どおりにはからって、ゆうずうのきかないこと。

木3 【条】〔7〕学5 ジョウ　J 3082 U 6761

旧字 木7 【條】〔11〕人 チョウ(テウ) 漢 平 蕭 ジョウ(デウ) 呉 tiáo ティアオ　J 5974 U補 689D

筆順 ノ ク 夂 冬 夂 冬 条 条

意味 ①細い枝えだ。②すじみち。「条理」③すじみちを立てて述べる。④ひとつひとつ順にならべる。また、項目。「箇条かじょう」⑤細長いもの。また、細長いものを数える量詞。⑥長い。⑦のびる。とどく。⑧ひも。なわ。＝絛じょう ⑨木の名。楸ひさぎ・きささげの類。一説に柚ゆずの類。⑩姓。国〈じょう(でう)〉…によって。…だから。候文そうろうぶんの用語。「…候条」

解字 形声。木が形を表し、攸ゆうが音を示す。攸にはゆっくりした意味を含む。條は、やわらかい木の小枝をいう。また、攸には、長いという意味があるから、條は、細長い枝をさすともいう。音デウは、攸の音イウの変化。

名前 え・えだ・なが

参考 条は「條」の中国新字体としても使う。 応用例 涤(滌)

【条貫】じょうかん(でうくわん) 条理。筋道。また、筋道が立っていること。

【条規】じょうき(でう) 条文の規定。規則。

【条件】じょうけん(でう) ㊀①事物の条目。箇条かじょう。くだり。②あらかじめ約束しておくことがら。③ものごとの成立や発生のもとになることがらで、直接の原因にはならないが、それを制約するもの。㊁ティアオチエン tiáojiàn 現㊀に同じ。

【条項】じょうこう(でうかう) 順序を立てて書いた箇条かじょう書きのひとつ。

【条写(寫)】じょうしゃ(でう) 箇条かじょう書きにする。箇条書きにうつす。

【条緒】じょうしょ(でう) すじみちの立った法律などの条文。

【条条(條)】じょうじょう(でうでう) ①きちんとすじみちがたっているさま。②一条一条。どの箇条も。

【条達】じょうたつ(でう) ①四方に通じる。②すじみちが通る。

【条暢】じょうちょう(でうちゃう) のびやかなこと。

【条陳】じょうちん(でう) 箇条を追って述べる。

【条風】じょうふう(でう) 北東から吹く風。春風。

【条文】じょうぶん(でう) 箇条かじょう書きにした文。法律・契約などの各箇条の文。

【条目】じょうもく(でう) 条文の箇条じょう。目次。条項。

【条約】じょうやく(でう) ㊀①条文に書いた約束。②法国家間の国際的約束。㊁ティアオユエ tiáoyuē 現㊀に同じ。

【条理】じょうり(でう) すじみち。道理がとおっていること。

【条令】じょうれい(でう) 箇条かじょう書きにした法令。

【条例】じょうれい(でう) ①規則を箇条かじょう書きにしたもの。②国都・道・府・県その他の自治体の議会できめ、その地域内に限って行われる法令。

◆別条べつじょう・信条しんじょう・軌条きじょう・逐条ちくじょう・箇条かじょう・蕭条しょうじょう・金科玉条きんかぎょくじょう

木3 【杖】〔7〕人 標 チョウ(チャウ) 漢 上 養 ジョウ(ヂャウ) 呉 zhàng チャン　J 3083 U 6756

意味 ①〈つえ(つゑ)〉②つえをつく。③〈よ・る〉たよる。＝仗 ④手にもつ。⑤棍棒こんぼう。⑥〈う・つ〉たたく。⑦棍棒でたたく刑罰けいばつ。隋ずい以後の五刑(笞ち・杖・徒と・流る・死)の一つ。杖刑。杖罰。

名前 き・もち 姓 杖部はせつかべ

【杖家】じょうか(ぢゃう) 五十歳のこと。〈礼記らいき・王制おうせい〉

【杖屨】じょうく(ぢゃう) つえとくつ。老人の持ちもの。また、老人に対する敬称。

【杖国(國)】じょうこく(ぢゃう) 七十歳のこと。〈礼記らいき・王制おうせい〉

【杖策】じょうさく(ぢゃう) 馬のむちを持つ。馬のむちをつえにする。

【杖者】じょうしゃ(ぢゃう) つえをつく老人。長老。

【杖朝】じょうちょう(ぢゃうてう) 八十歳のこと。〈礼記らいき・王制おうせい〉

【杖藜】じょうれい(ぢゃう) あかざの茎くきをほして作ったつえをつくこと。

◆錫杖しゃくじょう・松葉杖まつばづえ

心(忄・⺗)戈戸(戶)手(扌)支攴(攵) 4画 文斗斤方无(旡・旡)日曰月(月)木欠止歹殳毋比毛氏气水(氵・氺)火(灬)爪(爫・爫)父爻爿片牙(牙)牛(牜)犬(犭)

木3
【束】〔7〕学4 ソク たば ｜ ショク漢 ソク呉 入 沃 shù シュー ｜ J 3411 補 U 675F

筆順 一 𠃍 亓 日 申 束 束

意味 ①〈つか・ねる(——・ぬ)〉たばねる。②あつめる。③ととのえる。④つなぐ。ひきとめる。「拘束」⑤とりきめる。「約束」⑥〈たば〉たばねたもの。また、それを数える量詞。布帛は五疋、矢は五十本、干肉は十本。国①〈そく〉物を数える単位。稲十把、魚など百ぴき。②〈つか〉㋐にぎった手の指四本分の幅。㋑紙の厚さ。転じて、本の厚み。㋒短い時間。㋓束柱の略。

解字 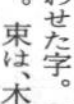 会意。木と口を合わせた字。口は囲で、とりかこむこと、たばねる意味を表す。束は、木をたばねてしばった形である。

名前 き・さと

難読 束子(たわし)

参考 「束し」は別字。

【束手】(そくしゅ) ①手をつかねる。両手を組み合わせる。②手出しをしない。だまって見ている。

【束修】(そくしゅう(しう)) 「束脩」に同じ。

【束脩】(そくしゅう(しう)) ①たばねたほし肉。昔、家来または弟子になるとき進物に用いた。‖束修 ②入学金。③束帯を身につけること。④心身をつつしむこと。

【束装(裝)】(そくそう(しゃう)) 身仕度をととのえる。

【束身】(そくしん) 身をひきしめつつしむ。

【束薪】(そくしん) たばねたたきぎ。

【束晳】(そくせき) 人名。西晋の文人。字は広微。

【束帯(帶)】(そくたい) ①礼服の上にまく帯。②朝廷で着る衣服。③国中古以後、宮中で着る正式の衣服。「衣冠束帯」

【束帛】(そくはく) たばねた絹。昔、進物として用いられた。

【束縛】(そくばく) ①つかねしばる。②制限を加えて自由にさせない。

【束髪】(そくはつ) ①成年になってはじめて髪をむすび冠をかぶること。また、その年。元服。結髪。②国明治・大正時代に流行した、婦人の西洋風に髪をたばねて結ぶゆいかた。

◇不束(ふつつか)・拘束・約束・結束・装束・幣束

木3
【村】〔7〕学1 ソン むら ｜ ソン漢呉 ジュン呉 平 元 cūn ツン ｜ J 3428 補 U 6751

筆順 一 十 才 木 木一 村 村

邑4
【邨】〔7〕同字 J 7823 補 U 90A8

意味 ①〈むら〉田舎で人が集まり住んでいる地域。②ひなびた。素朴な。③粗野な。国〈むら〉地方自治体の一つ。「市町村」

解字 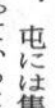 形声。古い形は邨で、阝が形を表し、屯が音を示す。屯には集まる意味を含む。阝は集落の意味で、邨は多くの人が集まっているところをいう。邨が後に村として使われた。木があり、人が集まっている場所のことである。村は、村の字体を書きまちがえてできたものである。

名前 すえ・つね 姓 村主(すぐり)・村挙(すぐる)・村拳(むらこぶし)

地名 村上(むらかみ)・村山(むらやま)

【村歌】(そんか) 村人のうたう歌。俚歌。

【村学(學)究】(そんがっ(がく)きゅう(きう)) 「村夫子」に同じ。

【村径(逕)】(そんけい) 村のこみち。‖村逕

【村巷】(そんこう(かう)) ①村の小道。②村里。

【村社】(そんしゃ) 国旧制の神社の格式の一つ。無格社の上、郷社の下。

【村墅】(そんしょ) いなかの別荘。村荘。

【村夫子】(そんぷうし) ①むらざとの先生。いなかの先生。②見識のせまい地方の学者をののしっていう語。

【村落】(そんらく) むらざと。むら。村墟。

【村閭】(そんりょ) ①村の門。②村里。

【村雨】(むらさめ) 国秋の終わりごろ、ひとしきり降って通りすぎる雨。むらしぐれ。

【村子】(ツンツ) cūnzi 現村。

◇山村・町村・帰村・寒村・郷村・農村・漁村・隣村・市町村

木3
【杔】〔7〕 一 タク漢 一 入 薬 tuō トゥオ ｜ 二 タク漢 二 入 陌 zhé チョー ｜ J ②1432 補 U 6754 J 3492

意味 一 杔櫨は、木の名。二 杔櫨は、酒をこす器。

木3
【杕】〔7〕 一 テイ漢 ダイ呉 一 去 霽 dì ティー ｜ 二 タ漢 ダ呉 二 上 哿 duò トゥオ ｜ J 3493 補 U 6755 J 3749

意味 一 木が一本だけ立っているさま。二 船のかじ。‖柁・舵

木3
【杜】〔7〕入 ト漢 ズ(ヅ)呉 ド慣 上 麌 dù トゥー ｜ J 3746 補 U 675C

意味 ①果樹の一種。やまなし。②〈と・じる(——・づ)〉〈ふさ・ぐ〉しめる。③姓。国〈もり〉森林。

解字 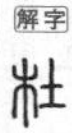 形声。木が形を表し、土が音を示す。果樹の名。やまなし。斁に音が通じ、とじる、ふさぐ意にも用いる。

参考 新表記では、「途」に書きかえる熟語がある。

難読 杜若(かきつばた)・杜氏(とうじ)・杜宇(ほととぎす)・杜鵑(ほととぎす)

【杜撰】(ずさん) ①著書などの内容にあやまりが多いこと。北宋の杜黙の撰した(書いた)詩に格律に合わないものが多かった故事による。〈野客叢書〉②仕事などがぞんざいで手落ちが多いこと。

【杜宇】(とう) 鳥の名。ほととぎす。杜鵑。

【杜鵑】(とけん) ①鳥の名。ほととぎす。②木の名。つつじ。【——花】(とけんか(くわ)) 木の名。さつき。さつきつつじ。

【杜口】(とこう) 口をとざす。

【杜康】(とこう(かう)) ①人名。大昔、はじめて酒を造った人と伝えられる。②酒の別名。

【杜衡】(とこう(かう)) 湿地にはえる香草の名。かんあおい。葵の一種。

【杜工部】(とこうぶ) 杜甫をいう。工部は官名。【——集】(とこうぶしゅう(しふ)) 書名。二十巻。唐代の詩人、杜甫の詩文を集めたもの。

【杜氏】(とじ／とうじ) 酒を造る人。さけづくり。杜康という人が酒をはじめて造ったという伝説による。

【杜子春】(とししゅん) 人名。①後漢の学者。②隋のころの人。【——伝(傳)】(としししゅんでん) 唐代の小説の名。鄭還古の作。隋のころの杜子春が仙人に会ったという話を書いたもの。

【杜子美】(としび) 杜甫をいう。子美は字。

【杜若】(とじゃく) ①草の名。やぶしょうが。②国かきつばた。

【杜少陵】(としょう(せう)りょう) 杜甫をいう。少陵は号。

【杜如晦】(とじょかい(くわい)) 人名。唐の太宗につかえた功臣。

【杜絶】(とぜつ) ふさがり、とまる。とだえる。‖途絶

【杜甫】(とほ) 人名。唐代の詩人。字は子美、号は少陵。李白とともに唐代の代表的詩人といわれる。ふつう唐末の杜牧と区別するため、杜甫を大杜・老杜、杜牧を小杜という。(七一二～七七〇)

【杜牧】(とぼく) 人名。唐末の詩人。字は牧之、号は樊川。ふつう杜甫を大杜・老杜といい、杜牧を小杜という。(八〇三～八五三)

【杜門】(ともん) 門をとざす。

【杜佑】(とゆう(いう)) 人名。唐の史学者。字は君卿。歴代の諸制度を研究して「通典」を著した。

【杜預】(とよ―どよ) 人名。晋(しん)代の武将・学者。「春秋左氏伝」をこのみ、注釈を書いた。

木3【宋】〔7〕 ボウ 漢 平 陽 (バウ) máng マン　U補J 6757
意味 〈うつばり〉 棟木(むなぎ)。梁(はり)。

木3【杙】〔7〕 ヨク 漢 入 職 yì イー　U補J 5927 6759
意味 ①〈くい(くひ)〉 棒ぐい。②木の名。

木3【来】〔7〕 学 2 ライ くる・きたる・きたす　U補J 4572 6765
旧字 人6【來】〔8〕 人　U補J 4852 4F86
一 ライ 漢 県 一 平 灰 lái ライ
二 ライ 漢 県 二 去 隊 lài ライ

筆順 一 厂 冂 □ 平 来 来

イ8【徠】〔11〕 人　U補J 5550 5FA0
木2【耒】〔6〕 俗字　U補J

意味 一 ①〈くる(く)〉〈きた・る〉 ②〈きた・す〉 来させる。召す。招く。③〈いた・る〉 至る。④〈このかた〉 …より。以来。⑤〈いざ〉 さあ。⑥文末に用い、語勢を強める助詞。⑦小麦。二 ねぎらう。励ます。励む。＝勑(らい)

解字 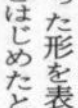 象形。むぎのみのった形を表す。むかし、周の国が天からさずかって農業をはじめたという、めでたい穀物である。天から来たということから、「くる」の意味を表す。

名前 な・ゆき　姓 来(らい)・来住(きし)・来馬(くるま)・来間(くりま)

参考 来は「來」の中国新字体としても使う。応用例 洡(淶)

【来意】(らいい) ①来訪のわけ。②手紙で伝えて来たことの趣旨。

【来裔】(らいえい) 子孫。後裔。

【来謁(謁)】(らいえつ) 来ておめにかかる。

【来援】(らいえん(ゑん)) 助けに来る。出かけて助ける。

【来王】(らいおう(わう)) ①異民族の王がはじめて位についたとき、中国に来て天子にお目見えすること。②蛮族が中国の朝廷になつきしたがうこと。

【来往】(らいおう(わう)) ①行ったり来たりする。往来。往復。往還。②行く人と来る人。

【来賀】(らいが) 喜びの言葉をのべに来る。

【来駕】(らいが) 他人の訪問をいう敬語。駕は乗り物の意。

【来会(會)】(らいかい(くわい)) ①来て集まる。②会合に出席する。


【来格】(らいかく) ①やってくる。来る。格は至るの意。②おまつりのとき、神霊の来ること。

【来学(學)】(らいがく) ①やって来てまなぶ。②後世の学者。後学。

【来簡】(らいかん) 人から来た手紙。来書。＝来翰
【来帰(歸)】(らいき) ①帰ってくる。②たよって来る。出かけてきて服従する。来付。③嫁(よめ)に来る。④離婚されて実家へ帰る。

【来儀】(らいぎ) ①やってくること。儀も来る意。②来ることの敬語。

【来客】(らいきゃく) お客としてたずねて来る。また、その人。来賓(らいひん)。

【来去】(らいきょ) ①行ったり来たりする。②行く。戻っていく。

【来享】(らいきょう(きゃう)) 諸侯が朝廷に来て自分の地方の産物を献上する。来聘(らいへい)。

【来観】(らいかん) 来てお目にかかる。

【来迎】(らいげい) 一 出かけて来て迎える。二 (らいごう(がう)) ①仏 人が死ぬとき、仏の霊が現れて、極楽浄土へ迎えてくれること。「来迎仏」②高い山の上で朝の日の出をみること。御来迎。③高山で、日の出、日の暮れ時に、立っている反対側の霧の上に自分の影がうつって仏のすがたのように見えること。【――図(圖)】(らいごうず(がう―づ)) 西方浄土の極楽(ごくらく)から阿弥陀如来(あみだにょらい)たちが人々をすくうために人間世界に迎えにくる姿を描いた平安朝時代の仏画。【――柱】(らいごうばしら(がう―)) 仏堂で本尊を安置した場所の近くにある円い柱。

【来攻】(らいこう) 攻めて来ること。攻めよる。

【来貢】(らいこう) 外国や属国からやってきてみつぎものをさし出す。

【来寇】(らいこう) 外敵が攻めよせてくる。

【来示】(らいし) ①手紙に書かれてきた事がら。＝来旨 ②来書。

【来旨】(らいし) 相手が言ってよこした事がらの要点。

【来茲】(らいじ) 来年。茲は年。「何能待二来茲一(なんぞよくらいじをまたん)」(来年を待っているわけにはいかない。)〈文選(もんぜん)・古詩十九首〉

【来日】一 (らいじつ) ①あす。翌日。②将来の日。後日。③こちらに出かけてくる日。二 (らいにち) 国 外国人が日本に来ること。【――大難】(らいじつたいなん) 将来の大難。【――裏】(らいじつり) 後日。

【来車】(らいしゃ) ①車が来る。また、車で来る。②他人の来ることの敬称。来駕(らいが)。

【来者】(らいしゃ) ①自分より後に生まれるもの。後生。後輩。後進。②自分についてくるもの。③今から後のこと。今後のこと。【――不レ拒、去者不レ追】(きたるものはこばまず、さるものはおわ(おは)ず) 自分のところにやって来る者は快くうけ入れ、自分のところを去ってゆく者は引きとめない。来るも去るもまったく当人の自由意志に任せる。〈孟子(もうし)・尽心(じんしん)下〉【――可レ追】(らいしゃはおう(おふ)べし) 今までのことはしかたないが、これから後のことはなお改善の余地がある。〈論語・微子(びし)〉【――不レ可レ知】(らいしゃはしるべからず) 将来のことというものは、どうなるか前もってわかるものではない。「往者可レ知、来者不レ可レ知」〈墨子(ぼくし)・魯問(ろもん)〉

【来状(狀)】(らいじょう(じゃう)) 先方から来た手紙。来信。来書。

【来信】一 (らいしん) 他人から来た手紙。来状。二 (ライシン) láixìn 現 一 に同じ。

【来訊】(らいじん) たずねてくる。来訪。

【来世】(らいせい―らいせ) ①のちの世。つぎの時代。②仏 死後に生まれる未来の世。後世(ごせ)。あの世。【――金】(らいせがね) 仏 来世の冥福を祈って仏にささげるお金。

【来朝】(らいちょう(てう)) ①諸侯が天子の朝廷へ来る。入朝。②多くの川が集まって海に流れそそぐ。③国 外国人がわが国へたずねて来る。

【来聴(聽)】(らいちょう(ちゃう)) 来て人の話を聞く。

【来庭】(らいてい) 諸侯が朝廷に出かけてきて天子にお目にかかる。帰順する。

【来哲】(らいてつ) 後世の賢人。

【来到】(らいとう(たう)) やってくる。

【来同】(らいどう) ①朝廷へ来る。入朝。②集まってきていっしょになる。やってきて同盟する。

【来賓】(らいひん) ①たずねてきた客。②招待した客。来客をていねいにいう。

【来付】(らいふ) なついて来る。＝来附
【来服】(らいふく) 他からやってきて服従する。

【来復】(らいふく) 去っていたものがまたもどる。もどりきたる。〈易経(えききょう)・復卦〉

【来聘】(らいへい) ①外国からやってきて、贈り物をさしあげる。②礼をつくして人を招く。来享(らいきょう)。

【来訪】(らいほう(はう)) 人がたずねて来る。

【来報】(らいほう) ①やって来て知らせる。また、その知らせ。②仏「来世の報い。」

【来奔(奔)】(らいほん) ①逃げて来る。②親の許可なく嫁入りする。

【来命】(らいめい) 人から言って来たことの敬称。

【来由】(らいゆう(いう)) いわれ。由来(ゆらい)。来歴。

【来遊】(らいゆう(いう)) 来てあそぶ。あそびに来る。＝来游
【来葉】(らいよう(えふ)) のちの世。来世。

【来莅】(らいり) 鬼神が天からおりてくる。莅は臨む意。降臨(こうりん)。

【来臨】(らいりん) 他人が自分の所に来ることの敬称。来車。来駕。

【来歴(歷)】(らいれき) ①これまでの経歴。由来(ゆらい)。由緒(ゆいしょ)。②従来のしきたり。前例。

【来自】(ライツー) láizì 現 …から来る。

【来不及】(ライブチー) láibují 現 まにあわない。
◆古来(こらい)・去来(きょらい)・以来(いらい)・外来(がいらい)・未来(みらい)・本来(ほんらい)・由来(ゆらい)・生

来世・伝来・在来・年来・再来・性来・到来・往来・従来・家来・将来・舶来・渡来・遠来・爾来・襲来・千客万来・巻土重来

木3 **【李】**〔7〕 入 リ 漢 呉 上 紙 lǐ リー　J 4591 補 U 674E

意味 ①〈すもも〉果樹の名。バラ科の落葉高木。桃に似てやや酸っぱい小形の実をつける。②＝理。㋐おさめる。㋑道理。③裁判官。獄官。④行李は、㋐使者。㋑旅行。また、旅の荷物。⑤姓。

解字  形声。木が形を表し、子が音を示す。一説に木と子(実がなる)とを合わせた会意文字。

名前 もも

参考 「季」は別字。

【李煜】 人名。五代の南唐第三代の君主で、南唐後主ともよばれる。詞にすぐれ、数多くの作品がある。

【李益】 人名。中唐の詩人。字は君虞。憲宗のころ、進士に採用され、礼部尚書にまでなったが、しっと深くて有名だった。

【李淵】 人名。唐の第一代の天子。高祖。字は淑徳。

【李延年】 人名。李夫人の兄。音楽に通じ、歌がうまく、武帝に重んじられた。

【李下】 ①すももの木の下。②↓李下不レ正レ冠

【李下不レ正レ冠】 すももの木の下で、手をあげて冠をなおそうとすると、すももを盗むのではないかと疑われるということから、人にあやしまれるような動作はすべきでないといういましめ。李下之冠。〈古楽府・君子行〉↓「瓜田不レ納レ履」(八二六ページ・下)

【李華(華)】 人名。盛唐の詩人・文人。字は遐叔。玄宗の天宝のころ監察御史になり、後、隠遁して仏教を学んだ。「弔ニ古戦場一文」が有名。

【李賀】 人名。唐代の詩人。字は長吉。

【李悝】 人名。戦国時代魏の政治家。文侯につかえ、国を富強にした。

【李瀚】 人名。唐(一説に五代後晋)の人。「蒙求」の著者。

【李漁】 人名。清初の文人。号は笠翁。特に評論にすぐれていた。

【李広(廣)】 人名。漢代の武将。武帝につかえ、たびたび匈奴征伐に従軍して、てがらをたてた。

【李翺】 人名。唐末の文章家。

【李公佐】 人名。唐代の小説家。「南柯太守伝」「謝小娥伝」の作者。

【李鴻章】 人名。清末の政治家。義和団事件・日清戦争の外交に活躍した。(一八二三～一九〇一)

【李斯】 人名。秦の政治家。始皇帝をたすけて、思想統一、文字の改定などを行った。

【李耳】 老子のこと。

【李時珍】 人名。明代の学者で、「本草綱目」を著した。

【李商隠(隱)】 人名。唐末の詩人。字は義山。(八一三～八五八)

【李少君】 人名。漢の武帝のときの方士。

【李少卿】 →李陵

【李紳】 人名。中唐の詩人・政治家。李徳裕・元稹とあわせて三俊と称された。(?～八四六)

【李清照】 人名。北宋の女流詩人。詞にすぐれていた。

【李世民】 人名。唐の第二代の天子、太宗。父を助けて天下を統一し、即位後、名君といわれた。

【李善】 人名。唐代の学者。「文選」の注釈を書いた。

【李太白集】 書名。三十巻。李白の詩文集。

【李卓吾】 人名。明の思想家。もとの名を林載贄と言い、後に姓を李に改め、名を贄とした。卓吾は号。当時の儒家を厳しく批判して投獄され、自殺した。著作に「焚書」などがある。

【李朝】 朝鮮の王朝の名。李氏朝鮮。(一三九二～一九一〇)

【李杜】 李白と杜甫。ともに唐代の代表的な詩人。

【――韓柳】 唐代の李白・杜甫・韓愈・柳宗元の四人を併称したもの。

【李唐】 王朝の名。唐のこと。唐の王室の姓が李だからいう。

【李東陽】 人名。明代の文人。「懐麓堂集」百巻を著す。(一四四七～一五一六)

【李徳裕】 人名。唐の政治家。字は文饒。元稹、李紳と並んで三俊と称された。

【李白】 人名。唐代の詩人。字は太白、青蓮居士と号した。蜀(今の四川省)の人。杜甫とならび唐代を代表する大詩人。(七〇一～七六二)

【李攀竜(龍)】 人名。明代の文人。字は于鱗、号は滄溟。詩にすぐれ、「唐詩選」の編者と伝えられている。(一五一四～一五七〇)

【李泌】 人名。唐代の政治家。玄宗・粛宗・代宗につかえた功臣。

【李夫人】 人名。漢の武帝の夫人。李延年の妹。舞の名手であったが、早く死に、武帝はその霊魂を方士に招かせた。

【李昉】 人名。宋代の学者。「文苑英華」「太平御覧」「太平広記」などの編者のひとり。

【李宝(寶)嘉】 人名。清末の小説家。字は伯元。「官場現形記」の作者。

【李夢陽】 人名。明代の文人。李東陽の弟子で、詩文ともにすぐれていた。空同子と号し、「空同集」六十三巻を著した。

【李密】 人名。晋の政治家。別名虔、字は令伯。祖母の看病のために、天子のお召しをことわり、「陳情表」をたてまつった。

【李陵】 人名。漢代の武将。字は少卿。武帝のとき匈奴と戦って捕らえられ、首長のむすめと結婚して晩年を送った。

【李林甫】 人名。唐の玄宗のときの宰相。

◆行李・桃李

木3 **【杝】**〔7〕 一 リ 漢 一 平 支 lí リー　二 イ 漢 二 平 支 yí イー　三 チ 漢 三 上 紙 chǐ チー、zhì チー　J ②1433 補 3494 U 675D

意味 一 いけがき。二 木の名。しなのき。軽くて湿気に強く、棺材に用いられる。三 木目にそって割る。

木3 **【杧】**〔7〕 マン máng　J ― 補 ― U 6767

意味 現 杧果 mángguǒ は、ウルシ科の常緑高木。実は卵形で、味は甘く、独特のかおりを持つ。＝芒果

木3 **【杁】**〔7〕 国字　J ②1429 補 U 233D2

意味 〈くるみ〉地名に用いる。杁田は、福島県の地名。

木3 **【杦】**〔7〕 国字　J ①8548 補 3501 U 6766

意味 〈すぎ〉木の名。杉。

木3 **【杣】**〔7〕 標 国字　J 5928 補 U 6763

意味 〈そま〉①材木を切り出す山。「杣山」②山から切り出した材木。「杣木」③きこり。「杣人」

木3 **【杢】**〔7〕 国字　J 4461 補 U 6762

意味 〈もく〉大工。木工。

参考「木」と「工」を合わせたもの。

【杢阿弥(彌)】もくあみ 国もとの状態にかえること。＝木阿弥

木3【杇】〔7〕俗↓朽(六一八ページ・下)

木3【杤】〔7〕同↓栃(六三六ページ・中)

木3【杓】〔7〕俗↓杓(六二一ページ・中)

木3〖困〗↓口部四画(二七三ページ・下)

木3〖呆〗↓口部四画(二三五ページ・中)

木4【枉】〔8〕オウ(ワウ) 漢呉 上 養 wǎng ワン　J 5930 U 6789

意味 ①〈まが・る〉(木が)ねじける。②〈ま・げる(―・ぐ)〉㋐湾曲(わんきょく)させる。㋑ゆがめる。㋒不当に扱う。③無実の罪に陥れる。また、無実の罪。④〈まげて〉むりに。㋐やむをえず。㋑わざわざ。相手の行為に敬意を表して用いる。⑤心のまがった人。⑥いたずらに。

参考「柱(ちゅう)」は別字。


【枉駕】おう(わう)が 車の進路を変えてあえて訪れる。人の来訪をいう敬語。

【枉屈】おう(わう)くつ ①まげかがめる。②へりくだる。「猥自枉屈、三顧臣於草廬之中(みだりにみずからおうくつして、みたびしんをそうろのうちにかえりみる)」(思いがけなくも、〔先帝は〕腰をひくくされ、三度もわたくしをあばらやにたずねて来てくださった。)〈諸葛亮(しょかつりょう)・出師表(すいしのひょう)〉③自分の意志に反して屈服すること。

【枉顧】おう(わう)こ「枉駕(おうが)」に同じ。

【枉死】おう(わう)し 思いがけない事故で死ぬこと。＝横死
【枉訴】おう(わう)そ 事実を偽ってうったえる。うそのうったえ。

【枉道】おう(わう)どう(だう) ①正しい道を曲げる。〈論語・微子(びし)〉②回り道をすること。

【枉橈】おう(わう)どう(だう) 法律を曲げて無実の人に罪をきせること。＝「枉撓」

【枉法】おう(わう)ほう(はふ) 法律をまげること。法律を無視すること。

【枉濫】おう(わう)らん 無実の罪をこうむる。

木4【果】〔8〕学4 カ はたす・はてる・はて
一 カ(クヮ) 漢呉 上 哿 guǒ クオ
二 ワ 漢 上 哿 wǒ ウオ
J 1844 U 679C

筆順 丶 冂 日 日 旦 甲 果 果

意味 一①木の実。＝菓 ②できばえ。「結果(けっか)」③〈はて〉終わり。④〈はた・す〉なしとげる。⑤〈はたして〉㋐ついに。とうとう。㋑やはり。思ったとおりに。⑥もしも…であれば。⑦みちる。転じて、飽(あ)きる。⑧思いきりがよい。「果敢」⑨仏応報。また、さとり。↔因(いん) 二はべる。仕える。＝婐
国〈は・てる(―・つ)〉終わる。死ぬ。

解字  象形。木の上にくだものがなっている形。木が実を結ぶのは最後の段階なので、おわりの意味にもなる。

名前 はた・あきら・まさる 難読 果物(くだもの)(付表)／果敢(はか)ない

【果鋭】か(くゎ)えい 思いきりがよく、するどい。

【果園】か(くゎ)えん(ゑん) 果樹園。

【果悍】か(くゎ)かん 思いきりがよく荒々しい。

【果敢】か(くゎ)かん 思いきって勇ましくたちむかうこと。思いきりよく行うこと。

【果毅】か(くゎ)き 思いきりがよくつよい。果敢。

【果然】か(くゎ)ぜん 一①はたして。案のじょう。②満腹のさま。〈荘子(そうじ)・逍遥遊(しょうようゆう)〉二 クオラン guǒrán 現一の①に同じ。

【果断(斷)】か(くゎ)だん 思いきりよく実行すること。果決。

【果腹】か(くゎ)ふく 腹いっぱいになる。満腹する。

【果報】か(くゎ)ほう ①仏「因果応報(いんがおうほう)」の略。むくい。②国しあわせ。「果報者」

【果勇】か(くゎ)ゆう 思いきりがよくいさましい。

【果蓏】か(くゎ)ら 木の実と、草の実。

【果子】クオツ guǒzi 現くだもの。
◇▼因果(いんが)・成果(せいか)・青果(せいか)・効果(こうか)・結果(けっか)・戦果(せんか)・業果(ごうか)

木4【极】〔8〕キョウ(ケフ) 漢 入 葉 jí チー　J ①8552 補 3507 U 6781

意味 荷鞍(にぐら)。荷物を積むため驢馬(ろば)の背に置く器具。
参考 极は「極」の中国新字体としても用いられる。

木4【杴】〔8〕ケン 漢 平 塩 xiān シエン　J ②1437 補 3504 U 6774
木8〖木欣〗〔12〕同字 補 23519

意味 農具の名。すき・くわの類。

木4【杬】〔8〕ゲン 漢 平 元 yuán ユワン　補 3502 U 676C

意味 ①木の名。皮の煮汁を果物や卵のつけ汁として用いる。②草の名。ふじもどき。＝芫(げん)

木4【枑】〔8〕コ 漢 ゴ 呉 去 遇 hù フー　補 3511 U 6791

意味 駒除(こまよ)け。役所などの門前に置かれる柵(さく)。駒寄せ。行馬(こうば)。

木4【杭】〔8〕標 人 コウ(カウ) 漢 平 陽 háng ハン　J 2526 U 676D

意味 ①(船で)わたる。＝航(こう) ②ふね。渡(わた)し舟。③杭州の略称。④＝抗(こう) ㋐ふせぐ。㋑あげる。㋒たかい。⑤天杭(てんこう)は、天(あま)の川。国〈くい(くひ)〉棒くい。

【杭州】こう(かう)しゅう(しう) ハンチョウ もと、府の名。宋(そう)の時代は、臨安(りんあん)ともいった。今の浙江(せっこう)省杭州市。けしきの美しいことで有名。

木4【杲】〔8〕コウ(カウ) 漢 上 皓 gǎo カオ　J 5862 U 6772

意味 ①〈あきらか〉日がかがやくさま。↔杳(よう) ②〈たか・い(―・し)〉③白い。

木4【枸】〔8〕コウ 漢 平 尤 gōu コウ　補 3508 U 6784

意味 ①木の名。楮(こうぞ)。②まがる。＝拘(こう)・鉤(こう)
参考 枸は「構」の中国新字体としても用いられる。

木4【枝】〔8〕学5 シ えだ
一 シ 漢呉 平 支 zhī チー
二 キ 漢 平 支 qí チー
J 2762 U 679D

旧字 木4【枝】〔8〕

筆順 一 十 才 木 朩 杧 枝 枝

意味 一①〈えだ〉㋐草木のえだ。㋑中心からわかれでたもの。㋒分家(ぶんけ)。②えだが出る。③わかれる。ばらばらになる。＝岐(き) ④手足(てあし)。＝支・肢(し) ⑤ささえる。ささえ。＝支 ⑥えと。十二支。＝支 二むつゆび。六本指。＝跂・岐(き)

解字  形声。木が形を、支(し)が音を示す。支には、分かれるという意味がある。枝は木のえだ。

名前 え・しげ・しな 地名 枝幸(えさし) 難読 枝折(しおり)・枝垂(しだれ)

【枝指】しし 親ゆびのそばにもう一本はえたゆび。むつゆび。
【枝柯】しか 木の枝。柯も、えだ。
【枝解】しかい 手足をばらばらに切り離す昔の刑罰。＝支解
【枝幹】しかん ①えだとみき。②末と本。本末。
【枝梧】しご さからう。抵抗する。＝支吾
【枝条(條)】しじょう(でう) 木のえだ。
【枝頭】しとう えだの先。こずえ。
【枝葉】しよう(えふ)・えだは ①えだと葉。②分かれたもの。子孫。③主要でないもの。
【――末節(節)】しよう(えふ)まっせつ ごくつまらないことがら。主要でない部分。

心(忄・⺗)戈戸(戶)手(扌)支攴(攵) 4画 文斗斤方无(旡・旡)日曰月(月)木欠止歹殳毋比毛氏气水(氵・氺)火(灬)爪(爫・⺥)父爻爿片牙(牙)牛(牜)犬(犭)

『折レ枝』（しをおる（をる）） ①木の枝を折る。②手足をもむ。「為二長者一折レ枝（ちょうじゃのためにしをおる）」〈孟子（もうし）・梁恵王（りょうけいおう）上〉③腰をまげて敬礼する。

◆楊枝（ようじ）・樹枝（じゅし）

木4【柢】〔8〕 シ 漢 ㊥ 支 shì シー U補J 233DA ②1439

意味 唐臼（からうす）の杵棒（きねぼう）。碓衡（たいこう）。

木4【杵】〔8〕 人 標 ショ 漢 ㊤ 語 chǔ チュー U補J 6775 2147

意味 ①〈きね〉臼（うす）の中の物をつきくだく道具。②〈つち〉物をうちかためる道具。③つく。うつ。④たて。敵の矢や刀をふせぐ道具。⑤寺の鐘をつく。また、その音。

名前 き 地名 杵島（きしま）・杵築（きつき）

【杵臼交】（しょきゅう（きう）のまじわり（まじはり）） 身分のちがいを問題にしないつきあい。漢代の公沙穆（こうさぼく）が呉祐（ごゆう）にやとわれて臼（うす）をついているうちに親友になった故事にもとづく。〈後漢書（ごかんじょ）・呉祐（ごゆう）伝〉

木4【松】〔8〕 学 4 ショウ まつ U補J 677E 3030

旧字 木4【松】〔8〕 ショウ 漢 ㊥ 冬 sōng ソン U補J

筆順 一 十 才 木 木 朩 松 松

木4【枀】〔8〕 同字 U補J 6780
木4【枩】〔8〕 同字 U補J 67A9 5932
木5【柗】〔9〕 同字 U補J 67D7 3532 ①8559
木7【梥】〔11〕 同字 U補J 68A5 3585 ①8571
木10【㮤】〔14〕 同字 U補J 3BA4 ②1520

解字 形声。木が形を表し、公（こう）が音を示す。音ショウは、公の音コウの変化。ショウは章に通じて、針の意味があり、針状の葉を表すという。

意味 〈まつ〉木の名。マツ科マツ属の総称。常緑樹で、樹齢も長いことから、剛健・長寿・貞節・繁栄の象徴とされた。

姓 松任谷（まつとうや）・松茂良（まつもら） 地名 松山（まつやま）・松戸（まつど）・松代（まつしろ｜まつだい）・松本（まつもと）・松江（まつえ）・松任（まつとう）・松阪（まつさか）・松前（まつまえ）・松浦（まつうら）・松原（まつばら）

難読 松魚（かつお）・松明（たいまつ）・松毬（まつかさ）

参考 松は「鬆」（一四一三㌻・上）の中国新字体としても使う。

【松筠】（しょういん（ゐん）） 松と竹。「筠」は竹をいう。

【松韻】（しょういん（ゐん）） 松に吹きつける風の音。

【松煙】（しょうえん） ①松をもやすけむり。②松をもやしてとったすす。転じて、墨をいう。

【松火】（しょうか（くわ）） たいまつ。松明。松炬（しょうきょ）。炬火（きょか）。

【松下村塾】（しょうかそんじゅく） 国江戸時代の末に吉田松陰が萩（はぎ）市（山口県）に開いた私塾の名。

【松魚】（しょうぎょ） 国魚の名。かつお。

【松喬】（しょうきょう（けう）） 赤松子（せきしょうし）と王子喬（おうしきょう）。伝説上の長寿の仙人。【――之寿（壽）】（しょうきょう（けう）のじゅ） 赤松子と王子喬との長寿。転じて、長命・ながいき。

【松江】（しょうこう（かう）） 川の名。江蘇（こうそ）省にあり、太湖（たいこ）から流れ出て黄浦江（こうほこう）にそそぐ。今の呉淞（ウーソン）江。また、地名。元代に府がおかれた。今の上海市松江区。【――之鱸】（しょうこう（かう）のろ） 松江（今の呉淞（ウーソン）江）でとれるすずき。美味で有名。

【松子】（しょうし） 松かさ。まつぼっくり。

【松脂】（しょうし） まつやに。

【松洲】（しょうしゅう（しう）） 国日本三景の一つ、松島のこと。

【松楸】（しょうしゅう（しう）） 松とひさぎ。どちらもよく墓地に植えられる。

【松蒼柏翠（翠）】（しょうそうはくすい） 松やこのてがしわのみどり色。常緑樹の葉の色。「松蒼柏翠之堅貞」（松やこのてがしわが緑を変えないように、操が堅く正しい。）〈菜根譚（さいこんたん）〉

【松濤】（しょうとう（たう）） 松風の音を波の音にたとえたもの。まつかぜ。

【松柏】（しょうはく） ①松と、このてがしわ。どちらも、墓地に植えることが多い。②ときわぎ。③松柏が一年じゅう緑であることから、みさおのかたいたとえ。【――摧為（爲）レ薪】（しょうはくくだかれてたきぎとなる） 松やこのてがしわのように、いつまでもさかえる木も、くだかれてまきになってしまう。世の中の移り変わりのはげしいたとえ。〈古詩十九首・其十四〉

【松風】 一（しょうふう） 松に吹きつけて音をたてる風。まつかぜ。二（まつかぜ） 国①茶の湯で釜（かま）の湯のにえたつ音。②和菓子（わがし）の一種。

【松樠】（しょうまん） 松の木と樠の木。

【松明】（しょうめい） たいまつ。松火。

【松蘿】（しょうら） ①松の木にからまるつたの類。②茶の名。安徽（あんき）省に産する。

【松籟】（しょうらい） 「松風」の一に同じ。

【松崎慊堂】（まつざきこうどう（かふだう）） 人名。江戸時代末期の学者。名は復、字（あざな）は明復など。慊堂は号。（一七七一～一八四四）

木4【枢】〔8〕 常 スウ U補J 67A2 3185

旧字 木11【樞】〔15〕 シュ 漢 ㊥ 虞 スウ 慣 shū シュー U補J 6A1E 6068

筆順 一 十 才 木 木 杈 杈 枢

意味 ①〈とぼそ〉開き戸を開閉する軸（じく）となる装置（そうち）。くるる。②からくり。しかけ。③かなめ。物事をうごかす中心。「枢要」④政治の中心。⑤木の名。ニレ科。刺楡（しゆ）。⑥北斗七星の第一星。枢星。

解字 形声。木が形を表し、區（く）が音を示す。區には、こまごましたものをしまうという意味がある。樞は、門のとびらについていて、開閉するときの土台になるようにつけた心棒で、穴にはめこんで開閉する細工物。くるるのこと。転じて大事なところ、かなめをいう。音スウは、區の音クの変化。

名前 たる

【枢奥】（すうおう（あう）） 奥深く重要な所。宮中。

【枢機】（すうき） ①開き戸のくるると、石弓の引きがね。②かなめとなる重要な所。③重要な政治上のつとめ。

【枢衡】（すうこう（かう）） 国家の政治上重要な職務。

【枢軸】（すうじく（ぢく）） ①開き戸のくるると、車の心棒。②物事のたいせつなところ。要点。中心。③中心となって他を動かす勢力。

【枢府】（すうふ） 「枢密院（すうみついん）」の別な呼び方。

【枢柄】（すうへい） 政治上重要な権力。

【枢密】（すうみつ） ①政治上ひみつにすべきたいせつな事がら。②ひみつにすべき重要な事がら。【――院】（すうみついん（ゐん）） 天子の政治上の相談にあずかる重要な役所。

【枢務】（すうむ） 重要な事務。たいせつな仕事。

【枢要】（すうよう（えう）） たいせつなところ。かなめとするところ。「要点。」

◆中枢（ちゅうすう）

木4【枘】〔8〕 ゼイ 漢 ㊦ 霽 ruì ロイ U補J 6798 3514 ①8554

意味 〈ほぞ〉二つの材木をつなぎ合わせるとき、一方のはしに作る出っぱり。

【枘鑿】（ぜいさく） 木のはしの四角いほぞと、それを受ける丸いあな。ぴったり合わないもののたとえ。

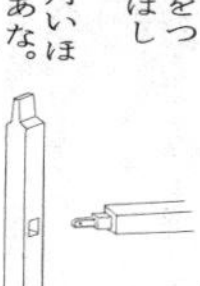

（枘）

木4【析】〔8〕 常 セキ セキ 漢 ㊇ 錫 xī シー U補J 6790 3247

筆順 一 十 才 木 木 杧 析 析

（析 続き）

意味 ①〈さ・く〉㋐(木を)割る。㋑くだく。②〈わ・ける(―・く)〉〈わか・つ〉㋐分解する。㋑明らかにする。「分析」㋒とりのぞく。③〈わか・れる(――・る)〉ばらばらになる。

解字 〔篆文〕 会意。木と斤とを合わせた字。斤はおの。析は、木をおので細かく切ること。

参考 「折」「拆」「柝」は別字。

【析肝】せきかん 肝を裂く。転じて、真心を示すこと。〈史記・鄒陽伝〉

【析句】せきく ①詩文における句をよく練る。②文の構造などを分析する。

◁▶分析・解析

木4【朳】〔8〕 ㊀ソウ(サウ)(漢) ショウ(セウ)(呉) ｜(去) 効 zhào チャオ ｜ J ①8555 補 3516 U 679B

意味 木のとげ。はり。

木4【杻】〔8〕 ㊀チュウ(チウ)(漢)(呉) ㊁ジュウ(ヂウ)(漢) ｜㊀(上) 有 chǒu チョウ ㊁(上) 有 niǔ ニウ ｜ J ①8551 補 3506 U 677B

意味 ㊀〈てかせ〉罪人の手にはめて、自由をうばう刑具。㊁もちの木。

木4【杶】〔8〕 チュン(漢) ｜(平) 真 chūn チュン ｜ J ②1438 補 3505 U 6776

意味 木の名。香椿。センダン科。

木4【杼】〔8〕 ㊀チョ(漢) ジョ(ヂョ)(呉) ㊁ショ(漢) ジョ(ヂョ)(呉) ｜㊀(上) 語 zhù チュー ㊁(上) 語 shù シュー ｜ J 5933 U 677C

意味 ㊀①〈ひ〉はた織り機で、横糸を通す道具。②そぐ。先端をけずる。③薄い。㊁〈つるばみ〉〈とち〉どんぐり。櫟・櫟などの実。＝芧

【杼機】ちょき はたを織るのに用いる道具。「ひ」と「おさ」。

【杼軸】ちょじく（ちく） ①杼と軸。軸は、はた織り機で、たて糸を通す道具。②文章を構成すること。

木4【枕】〔8〕 常 まくら ｜ ㊀シン(漢)(呉) チン(慣) ㊁シン(漢)(呉) チン(慣) ㊂チン(漢) ジン(ヂン)(呉) ｜ ㊀(上) 寝 zhěn チェン ㊁(去) 沁 zhèn, zhěn チェン ㊂(平) 侵 chén チェン ｜ J 4377 U 6795

筆順 一 十 オ 木 木' 朩 朸 枕

意味 ㊀①〈まくら〉寝るとき頭をささえるもの。②車の下の横木。＝軫 ㊁①まくらにする。②間近にのぞむ。㊂①木の名。くろもじ。②牛馬をつなぐくい。国〈まくら〉①(落語などで)前置きの短い話。②物の下に敷く台や木。

解字 〔篆文〕 形声。木が形を表し、冘が音を示す。冘は、沈と共通し、沈む、深いという意味がある。また、音を示す冘から構成される煩は、枕のあたる後頭部の骨をいう。枕は、頭をのせるまくら、まくらをするという意味を表す。

地名 枕崎

【枕戈】ちんか(くゎ) ほこをまくらにする。油断せずに戦闘準備すること。

【枕骸】ちんがい 互いをまくらにして重なり合った死体。しかばね。

【枕肱】ちんこう ひじをまくらにする。↓「曲肱」(六〇四ページ・上)

【枕藉】ちんしゃ 背中を合わせるようにして、重なり合って寝ること。

【枕上】ちんじょう(じゃう) まくらの上。まくらもと。

【枕席】ちんせき まくらとしとね。ねどこ。また、寝ること。

【枕中記】ちんちゅうき(ちう) 唐代の小説の名。沈既済の作。盧生という青年が変化に富んだ一生を夢に見たことを書いたもの。↓「邯鄲之夢」(一二六一ページ・中)

【枕簟】ちんてん まくらと、たかむしろ。簟は、竹で編んだむしろ。

【枕頭】ちんとう ㊀まくらもと。まくらのそば。㊁チェントウ zhěntou 現 まくら。

【枕刀】まくらがたな 国身を守るために、寝るときまくらのそばに置く「刀」。

【枕詞】まくらことば 国和歌の修辞法の一つで、特定の語の上につけて修飾したり句調を整えたりする語。多くは五音。「ひさかたの」「あおによし」など。

『欹レ枕』まくらをそばだつ まくらを横にして耳のそばにつけ、じっと聞き耳をたてる。

『高レ枕』まくらをたかくす 落ち着いて寝る。安心して寝る。〈史記・呂后本紀〉

◁▶草枕・高枕・陶枕・夢枕・歌枕・箱枕

木4【東】〔8〕 学2 ひがし ｜ トウ トウ (漢)(呉) ｜ (平) 東 dōng トン ｜ J 3776 U 6771

筆順 一 一 亓 亓 亘 亘 東 東

意味 ①〈ひがし〉㋐日の出る方角。㋑五行では木、季節では春、五色では青にあたる。②主人。↕賓「東人」③〈ひがし・する(――・す)〉東に行く。④姓。また、東方・東門・東郭・東野は、複姓。国〈あずま(あづま)〉箱根から東の地方。関東。

解字 〔甲骨文〕 会意。木と日とを合わせた字。東は、日が木の中にある形。太陽が東方から昇って木の間に見える状態で、万物が動き出す時の日の方向をいう。日が木の上にあるのが杲で、明るいこと、日がまだ木の下にあるのが杳で、暗いことを表す。一説に、東は、袋に荷物を入れて両端をくくった形で、登の音に通じて、日の昇る方角を表したとする。

名前 こち・はる・ひで・もと・あがり・あきら・はじめ

姓 東漢・東久邇・東海林・東恩納

地名 東予・東伯・東泊・東金・東京・東海・東根・東大阪・東大和・東田川・東広島・東臼杵・東牟婁・東村山・東国東・東彼杵・東松山・東松浦・東風平・東茨城・東津軽・東筑摩・東置賜・東蒲原・東磐井・東諸県・東久留米

難読 東風・東雲

【東歌】あずまうた(あづま) 国「万葉集」巻十四、「古今集」巻二十にある東国地方の歌。かざりがなく野趣に富む。

【東男】あずまおとこ(あづまをとこ)｜あずまのこ(あづまをのこ) 国①東国地方の男。②江戸生まれの男。「東男に京女」

【東琴】あずまごと(あづま) 国日本独特の六弦の琴。和琴。やまとごと。

【東亜(亞)】とうあ アジア州の東部。日本・中国・朝鮮などの汎称。

【東夷】とうい ①中国の東方の未開人。②国昔、京都の人が関東の武士をあざけっていったことば。あずまえびす。

【東雲】㊀とううん 東の雲。㊁しののめ あけがた。あかつき。

【東瀛】とうえい ①東の大海。東海。②日本をさす。

【東謳】とうおう 東方のうた。特に斉の国(山東省地方)のうたを指す。

【東下】とうか ①都を出て東の方へ行く。②国昔、京都から関東へくだること。あずまくだり。

【東家】㊀とうか 東どなりの家。㊁トンチア dōngjia 現 主人。地主。

【東海】とうかい ①東の方の海。②国日本の美称。③国東海道の別名。

【東岳(嶽)】とうがく 泰山のこと。五岳の中で東方に位置する。東岱。↓「泰山」(七一〇ページ・下)

【東漢】とうかん 王朝の名。後漢ともいう。都は洛陽。(二五〜二二〇)

心(忄・⺗)戈戶(戸)手(扌)支攴(攵) 4画 文斗斤方无(旡・兂)日曰月(⺝)木欠止歹殳毋比毛氏气水(氵・氺)火(灬)爪(爫・⺥)父爻爿片牙(㸦)牛(牜)犬(犭)

【東観（觀）】漢代における宮中の図書館。

【東嚮】東に向かう。＝東向・東郷
【東宮】①太子のいる宮殿。②皇太子。③東方にある宮殿。＝春宮
【東君】①太陽。②春の神。

【東京】㊀①後漢の都、洛陽。西の長安（今の西安市）に対していう。②宋代、開封をいう。㊁トンキン インドシナ半島の東北部。㊂国日本の首都。

【東呉】東方の呉の地方。呉は江蘇省一帯の地。「門泊東呉万里船」（門のあたりには、遠く東の呉の地方からはるばるさかのぼってきた船が停泊している。）〈杜甫の詩・絶句〉

【東皇】春の神。春。

【東皐】①東方の水田。「東」には、「春」の意味がこめられている。春の田。②東方の丘。＝東皋「登二東皐一以舒嘯」（舒嘯は、のびのびとした気持ちで、息を強く、長く吐く。）〈陶潜の詩・帰去来辞〉

【東国（國）】①東方の国。②国中部地方をさかいにし、特に箱根から東の国々。

【東西】㊀①東と西。②東洋と西洋。③国すもうや芝居で客をしずめるのに使うことば。㊁トンシ dōngxi 現品物。

【——南北人】一定の住所なく、自由に四方をさすらう人。「愧爾東西南北人」（あなたの自由な身に対して、私は恥ずかしい。）〈高適の詩・人日寄二杜二拾遺一〉『無二——一』無秩序なさま。「禾生二隴畝一無二東西一」〈杜甫の詩・兵車行〉

『——南北之人』「東西南北人」に同じ。「今丘也東西南北之人也」（現在、〔私〕孔丘は、行く え定めぬさすらい人である。）〈礼記・檀弓上〉

【東作】春にするしごと。春さきの農作。

【東山】㊀東の方にある山。㊁ひがしやま 国京都市の東がわ一帯の丘陵。【——時代】国美術史上の時代区分。足利義政が銀閣に隠退してから死ぬまでの時期。絵画・工芸・茶の湯・築庭・能楽などの芸術がはなやかに開花した時期。（一四八三〜一四九〇）

【東周】周国が、陝西省の豊から、河南省の雒邑（洛陽）に、都をうつしてからの時代。紀元前七七〇年以後の周。↕西周
【東塾読（讀）書記】書名。二十五巻。清の陳澧の著。経学・文字学に関する研究書。

【東序】古の大学。宮中の東に置かれていた。

【東牀】①家の東の間のねどこ。東床。②娘のむこ。晋の郗鑒の使者が、むこえらびに王導の家にゆき、他の人々がとりすましているのに、ひとり東床に腹ばいになって物を食べていた王羲之を見こんでむこにきめた故事。東牀腹坦。〈世説新語・雅量〉

【東城】①東方の城。②昔の県名。今の安徽省にある。項羽が漢軍に破られた所。

【東照公】国徳川家康の死後の謚。

【東晋（晉）】王朝の名。建康（今の南京市）に都を置いた。（三一四〜四二〇）→「西晋」（一一三五ページ・上）

【東垂】東の果て。＝東陲
【東征】東の地方を征伐に行く。

【東遷】東の方に移ること。

【東漸】①しだいに東へ移り進むこと。「文明東漸」②特に、仏教が東方諸国に伝わったことにいう。

【東船西舫】〈白居易の詩・琵琶行〉あちこちの舟。舫は互いにつなぎ合わせてある舟。

【東曹】①漢代の官名。地方長官の人事その他をつかさどった。②国平安朝、文章博士の大江家をさす。

【東大寺】国奈良市にある華厳宗の寺の名。奈良時代に建立され、大仏殿で有名。

【東天】東の方の空。【——紅】①朝、東の空が明るくなること。②国朝早く鳴く鶏の声。③国長鳴鳥の一種。高知県の原産。

【東都】①洛陽のこと。周・後漢・隋・唐のころの呼び名。②国江戸、また東京のこと。

【東道】①東への道。東方の道。②道案内。来客の接待役。もてなし役。ごちそう役。

【東南】㊀東と南との中間の方角。南東。㊁トンナン dōngnán 現㊀に同じ。

【東坡】↓「蘇軾」（一〇九二ページ・上）

【東風】①ひがしかぜ。こち。②春風。③草の名。東風菜。冬風。なずな。

【東方見聞録（錄）】書名。イタリアのマルコ＝ポーロが十三世紀に中国に来て二十年間見聞したことを記録したもの。

【東方朔（朔）】人名。漢の武帝につかえ、とんちがあって、たびたび武帝のあやまちをいさめた。

【東北】㊀①東と北との中間の方角。ひがしきた。②中国の東北部。③国本州の東北部。東北地方。奥羽地方。㊁トンペイ dōngběi 現㊀の①②に同じ。

【東奔西走】あちこちかけまわり忙しく働く。東行西「走。

【東溟】東の海。

【東遊】㊀東方に遊歴する。㊁あずまあそび 国平安時代から行われた歌舞の一つ。はじめ東国の民間歌舞であったが、のち宮廷・神社などの間に行われた。

【東洋】㊀①中国の東方の海。②アジア大陸の東部一帯をさす。↕西洋 ③日本。㊁トンヤン dōngyáng 現㊀の③に同じ。

【東来（來）】東のほうへやって来る。

【東籬】東のかきね。「采レ菊東籬下」（東側のかきねのもとで菊の花をつむ。）〈陶潜の詩・飲酒〉

【東流】㊀①東に流れること。②川。㊁とうる 仏仏法が東に移り広まること。

【東林党（黨）】明代に、顧憲成・高攀竜らの結んだ党派。

【東辺（邊）】トンビエン dōngbian 現東。東がわ。

『東岸西岸之柳遅（遲）速不レ同』春は東から訪れるので、東岸と西岸とでは、柳の芽の出かたに遅いはやいがある。〈和漢朗詠集・早春〉
△▼中東・近東・遠東・極東・関東

木 4
【枓】〔8〕
㊀シュ 漢 ㊀上 麌 zhǔ チュー
㊁トウ 漢 ㊁上 有 dǒu トウ
J ①8553
補 3512
U 6793

意味 ㊀ひしゃく。水をくむ道具。
㊁〈ますがた〉柱などの上につけ、棟や梁を支える四角い木。とがた。

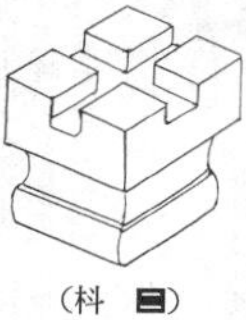
（枓 ㊁）

参考「抖」は別字。
【枓栱】ますがた。柱の上で、はりをささえる四角い木。

木 4
【杷】〔8〕
標 ㊀ハ 漢 ㊀平 麻 pá パー
人 ㊁ハ 漢 ㊁去 禡 pà パー
J 3939
U 6777
補 6777

意味 ㊀①〈えぶり〉物をかき集める農具。また、かき集める。②枇杷は、㋐果樹の名。㋑弦楽器の名。＝琵琶 ㊁①まぐわ。農地をならす道具。②ならす。③柄。＝把・欛

【杷頭】はとう まぐわ(牛馬につけて田畑をかきならす農具)の先。

木4【杯】〔8〕常 ハイ さかずき
ハイ 漢 平 灰 bēi ペイ
J 3953 補 — U 676F

筆順 一 十 オ 木 木一 杧 杯 杯

皿4【盃】〔9〕人 J 3954 補 — U 76C3
木7【桮】〔11〕本字 J ②1471 補 3565 U 686E

意味 ①〈さかずき(さかづき)〉酒を飲むうつわ。「杯盤狼藉はいばんろうぜき」「乾杯かんぱい」「献杯けんぱい」 ②さかずきの数。また、容器にいれた液体を数える量詞。国〈はい〉①船を数える語。②イカ・タコなどを数える語。

解字 形声。木が形を表し、不ふが音を示す。不には、ふっくらとしたという気持ちがある。杯は丸くふくれた木製のうつわをいう。一説に、不には、分け取る意味を含んでいて、杯は、酒を分けとる木製のうつわだという。

(杯①)

【杯盂】はいう さかずきと、わん。
【杯弓蛇影】はいきゅう(きう)だえい 疑いまどって心を悩ますこと。ある人がさかずきの中の蛇へびの形に驚いて病気になったが、のち、壁にかけた弓の影と聞かされて全快したという故事による。疑心暗鬼ぎしんあんき。杯中蛇影。〈晋書しんじょ・楽広がくこう伝〉
【杯棬】はいけん 木をまげて作ったさかずき。＝杯圏
【杯杓】はいしゃく ①さかずきと酒をくむ道具。②酒盛り。酒を飲むこと。
【杯酒】はいしゅ さかずきの酒。酒をついださかずき。「杯酒談笑はいしゅだんしょう」(酒を飲みながら、話したり笑ったりする。宴会をさす。)
【杯觴】はいしょう(しゃう) さかずき。
【杯水】はいすい さかずきに盛った水。水を入れたさかずき。【――車薪】はいすいしゃしん さかずきの水で、車につんだたきぎの燃えているのを消そうとしても無理だ、ということから、効果のないこと、役にたたないことにたとえる。〈孟子もうし・告子こくし上〉
【杯洗】はいせん 国酒席で、さかずきを洗う鉢はち。
【杯中物】はいちゅう(ちう)のもの 酒をさす。
【杯盤】はいばん さかずきと大ざら。酒席の食器。【――狼藉】はいばんろう(らう)ぜき さかずきや大ざらが取り乱れていること。酒席の乱れたさま。
【杯子】ベイツ bēizi 現コップ。湯飲み。

◆玉杯ぎょくはい・返杯へんぱい・金杯きんぱい・祝杯しゅくはい・酒杯しゅはい・乾杯かんぱい・献杯けんぱい・賞杯しょうはい・罰杯ばっぱい

木4【柹】〔8〕ハイ 漢 去 隊 fèi フェイ J 3503 補 — U 676E
木4【杮】〔8〕本字 J ②1436 補 — U 233D5
意味 〈こけら〉材木のけずりかす。国〈こけら〉柿板こけらいたの略。板屋根を葺ふくのに用いる、ひのき・まきなどを薄く剝いだ板。「柿落とし」は、新・改築した劇場で行う初興行。
参考 「柹し」(木部五画)は別字。

木4【棥】〔8〕ハイ 漢 去 卦 pài パイ J ②1441 補 — U 233DF
意味 ①麻あさ。麻布。②麻を加工する。

木4【板】〔8〕学3 ハン・バン いた
ハン 漢 呉 バン 慣 上 潸 bǎn パン
J 4036 補 — U 677F

筆順 一 十 オ 木 木一 朩 朩 板

意味 ①〈いた〉㋐薄く平らな材木。㋑薄く平らなもの。「石板」②天子の詔書しょうしょや役所の文書。③官位にあるものがもつメモを記すための木の板。笏しゃく。手板しゅはん。④版木はんぎ。⑤印刷するために字や絵を彫った板。転じて、書物。＝版 ⑤拍子ひょうしをとるための打楽器。「拍板はくはん」⑥長さの単位。一丈。一説に、八尺。⑦板板ばんばんは、そむく。また、道理に反して乱れたさま。＝版版

解字 形声。木が形を表し、反はんが音を示す。反には平らという意味がある。板は、平らな木のいたである。

地名 板野いたの
参考 板は「闆」(一三二二ジ・中)の中国新字体としても使う。

【板屋】はんおく(をく)・いたや 国板ぶきの屋根。板ぶきの家。
【板木】□はんぎ 印刷のため文字や画などをほった木。えりいた。＝版木 □ばんぎ 火災・集会などを知らせるのにたたく合図の板。
【板橋】はんきょう(けう) 板で作った橋。
【板行】はんこう(かう) 書物を印刷して世に出すこと。出版。上梓じょうし。
【板刻】はんこく 文字・図画などを版にほること。＝版刻
【板子】□はんし 罪人を打つ竹きれ。□いたご 国船の床ゆかの板。
【板下】はんした 国①版木や印材にほる下書き。薄い紙にほるべき文字や画をかいて裏返しにして貼りつける。＝版下 ②印刷製版のために清書した原稿。
【板心】はんしん 昔の書物で、紙の折りめにあたる前小口まえこぐち。書名や丁数ちょうすうを書く所。柱。＝版心
【板築】はんちく へいに用いる板と土を打つきね。転じて、「土木工事」をさす。
【板蕩】はんとう(たう) 乱世をそしる語。「詩経しきょう」の板と蕩の二編は共に厲れい王の無道を歌ったものであるのによる。
【板板】はんばん そむく。道に反する。
【板本】はんぽん 版木にほって印刷した本。＝版本
【板擦児(兒)】バンツァル bǎncār 現黒板ふき。
◆平板へいばん・甲板こうはん・かんぱん・床板ゆかいた・看板かんばん・黒板こくばん・鉛板えんばん・鉄板てっぱん

木4【杋】〔8〕ハン 漢 平 咸 ボン 呉 fán ファン J 3530 補 — U 67C9
意味 木の名。皮で縄を作る。

木4【枇】〔8〕標 入 ヒ 漢 平 支 ビ 呉 pí ピー J 4090 補 — U 6787
意味 枇杷びわは、①果樹の名。また、その果実。②弦楽器の名。＝琵琶

木4【杪】〔8〕ビョウ 漢 上 篠 (ベウ) miǎo ミアオ J 5934 補 — U 676A
意味 ①〈すえ(すゑ)〉㋐木のこずえ。＝標ひょう ㋑はし。先端。㋒おわり。特に、年・月・日のおわり。②ちいさい。ほそい。
参考 「抄しょう」は別字。
【杪顚】びょう(べう)てん ①木のこずえ。②頂上。杪頭びょうとう。
【杪冬】びょう(べう)とう 冬のすえ。陰暦十二月。

木4【枎】〔8〕□フ 漢 ブ 呉 平 虞 fú フー □フ 漢 平 虞 fū フー J 3509 補 — U 678E
意味 □扶疏ふそは、木の枝葉が四方にひろがるさま。□花の萼がく。うてな。＝柎ふ

木4【枌】〔8〕フン 漢 平 文 fén フェン J 5935 補 — U 678C
意味 ①木の名。にれの一種。白楡はくゆ。②楼閣の棟木。国〈そぎ〉うすくそいだ板。屋根をふくのに用いる。
【枌楡】ふんゆ ①木の名。にれの木。②漢の高祖劉邦りゅうほうの郷里の社やしろの名。転じて、故郷をいう。
【枌里】ふんり ふるさと。故郷。

木4【枋】〔8〕□ホウ(ハウ) 漢 平 陽 fāng ファン □ホウ(ハウ) 漢 去 漾 fǎng ファン □ヘイ 漢 去 敬 bǐng ピン J 5936 補 — U 678B
意味 □①木の名。まゆみ。ニシキギ科の落葉低木。②流れ

心(忄・⺗)戈戸(戸)手(扌)支支(攵) 4画 文斗斤方无(无・旡)日曰月(月)木欠止歹殳毋比毛氏气水(氵・氺)火(灬)爪(爫・⺥)父爻爿片牙(牙)牛(牛)犬(犭)

心(忄・⺗)戈戸(戸)手(扌)支攴(攵) 4画 文斗斤方无(旡・旡)日曰月(⺝)木欠止歹殳毋比毛氏气水(氵・氺)火(灬)爪(爫・爫)父爻爿片牙(牙)牛(牜)犬(犭)

をせき止める木のくい。㊁いかだ。＝筏 ㊂＝柄 ①取っ手。②権力。

木4 **【枚】**〔8〕学6 マイ ｜ バイ漢 ㊥灰 マイ呉 méi メイ ｜ U補J 4371 679A

筆順 一 十 才 木 木' 杧 枚 枚

意味 ①木の幹(みき)。「条枚(じょうばい)」（枝と幹） ②馬の鞭(むち)。また、杖(つえ)。③占(うらな)い用の算木。④行軍時に声を出さぬよう兵士が口にくわえた細長い木。⑤鐘の表面にある飾りの突起。⑥ひとつひとつ数える。「枚挙」⑦物を数える量詞。「個」「件」と同じ。⑧枚枚(まいまい)は、こまかく密なさま。国〈まい〉〈ひら〉薄く平たい物を数える語。

解字  会意。木と攵とを合わせた字。攵は打つこと。枚は、木のもとえだで馬を打つむちにするもの。

名前 かず・ひら・ふむ 地名 枚方(ひらかた)

【枚乗（乘）】(ばいじょう) 人名。漢代の文人。特に賦(ふ)という文体の韻文(いんぶん)にすぐれていた。

【枚挙（擧）】(まいきょ) 一つ一つ数えあげる。

【銜レ枚】(ばいをふくむ) 枚を口にふくむ。ことばを発するのをとめること。「枚」は意味④を見よ。〈楚辞(そじ)・九弁(きゅうべん)〉

木4 **【枒】**〔8〕 ㊀ヤ漢 ㊀㊥麻 yē イエ ㊁ガ漢 ㊁㊥麻 yá ヤー ｜ U補J ——

木5 **【枒】**〔9〕俗字 U補J ②1440 6792

意味 ㊀やしの木。＝椰(や) ㊁枒杈(がさ)は、木の枝がふぞろいなさま。

木4 **【枙】**〔8〕 ㊀ガ（グヮ）漢 ㊀㊥歌 ē オー ㊁アク漢 ヤク呉 ㊁㊇陌 è オー ｜ U補J 3515 6799

意味 ㊀科枙(かが)は、木の節。＝科厄(かやく) ㊁くびき。＝軛(やく)

木4 **【杳】**〔8〕 ヨウ漢 (エウ) ㊤篠 yǎo ヤオ ｜ U補J 5866 6773

意味 ①〈くら・い（――・し）〉奥深く暗い。＝窅・窈(よう)「杳杳」②〈かすか〉はっきりしない。「杳然」③〈はるか〉とおい。＝遥(よう) ④しずか。さびしい。⑤みえない。

【杳靄】(ようあい) うすぐらい、もや。深い、もや。

【杳邃】(ようすい) 奥深いさま。

【杳渺】(ようびょう) 遠く、かすむさま。

【杳冥冥兮】(ようめいめいたり) 奥深く暗いさま。

木4 **【枖】**〔8〕 ㊀ヨウ（エウ）漢 ㊀㊥蕭 yāo ヤオ ㊁ヨウ（エウ）漢 ㊁㊤篠 yǎo ヤオ ｜ U補J 3513 6796

意味 ㊀草木の若々しいさま。盛んに茂るさま。＝夭(よう) ㊁木の名。

木4 **【林】**〔8〕学1 リン はやし ｜ リン漢 リン呉 ㊥侵 lín リン ｜ U補J 4651 6797

筆順 一 十 才 木 木一 村 材 林

意味 ①〈はやし〉木や竹がむらがりはえている所。②人や物事の寄り集まる所。また、集めたもの。「学林(がくりん)」③多い。また、数多くさかんなさま。④姓。

解字  会意。木を二つ合わせた形。平らな土地に木や竹が集まっていることをいう。

名前 き・な・きみ・きむ・しげ・とき・ふさ・もと・もり・よし・しげる

【林述斎（齋）】(はやしじゅっさい) 人名。江戸時代の漢学者。名は衡(こう)、述斎は号。林家中興の祖といわれた。（一七六八～一八四一）

【林春斎（齋）】(はやししゅんさい) 人名。江戸時代の漢学者。羅山(らざん)の第三子。名は恕(じょ)。鵞峰(がほう)・春斎と号した。（一六一八～一六八〇）

【林信篤】(はやしのぶあつ) 人名。江戸時代の漢学者。春斎の第二子。号は鳳岡(ほうこう)。祖父羅山(らざん)の建てた学問所と聖堂を湯島に移した。（一六四四～一七三二）

【林羅山】(はやしらざん) 人名。江戸時代の漢学者。名は忠。羅山は号。出家して道春(どうしゅん)といった。（一五八三～一六五七）

【林下】(りんか) 林のほとり。林のあたり。

【林壑】(りんがく) 林と谷。山水のけしき。

【林間】(りんかん) 林のあいだ。林の中。【――煖レ酒焼（燒）ニ紅葉一】(りんかんにさけをあたためてこうようをたく) 林の中でもみじした葉を掃き集めて燃し、それで酒のかんをする。風流なあそびのさま。〈白居易(はくきょい)の詩・寄ニ題仙遊寺一(せんゆうじによせだいす)〉

【林丘】(りんきゅう（きう）) 林と、おか。

【林胡】(りんこ) 匈奴(きょうど)（中国北方の民族）の一部族。

【林語堂】(りんごどう（だう）) Lín Yǔtáng（リン ユィタン） 人名。福建省の人。アメリカ留学後、帰国し、多くの評論・随筆を書いたが、特にユーモア文学の提唱者として有名。（一八九五～一九七六）

【林紓】(りんじょ) 人名。清(しん)末の学者。字(あざな)は琴南(きんなん)。西洋の小説を文語文に翻訳して紹介した。（一八五二～一九二四）

【林鐘】(りんしょう) 音律の名。十二律の一つ。

【林泉】(りんせん) ①林や泉。林と泉。②林や泉のある広大な庭園。③世をさけて住む土地。

【林鼠】(りんそ) 林の中のねずみ。「林鼠山狐長酔飽(りんそさんこながくすいほうす)」（林のねずみや山のきつねどもは、いつも酒やごちそうに十分満足している。）〈白居易(はくきょい)の詩・黒潭竜(こくたんのりゅう)〉

【林叟】(りんそう（さう）) 年とったきこり。

【林藪】(りんそう) ①草木のおいしげった場所。②物のむらがり集まっている所。

【林則徐】(りんそくじょ) 人名。清(しん)末の政治家。阿片(あへん)を禁止するため、イギリス人の持って来た阿片を焼き捨てさせて、阿片戦争のきっかけを作った。（一七八五～一八五〇）

【林塘】(りんとう（たう）) ①林と、つつみ。②林の中の池のつつみ。

【林霏】(りんぴ) 林に立ちこめたもや。林靄(りんあい)。

【林府】(りんぷ) ものが多く集まる所。

【林逋】(りんぽ) 北宋の詩人。字(あざな)は君復。仕官を拒み、西湖の孤山に隠棲(いんせい)した。

【林野】(りんや) 林と野原。

【林邑】(りんゆう（いふ）) 地名。秦代の県名。今のベトナム中部地方。後漢末に独立して林邑国を称した。

【林巒】(りんらん) ①林のしげる峰(みね)。②転じて、隠遁する場所。

【林立】(りんりつ) 林のようにむらがってたくさん立つ。

◆山林(さんりん)・森林(しんりん)・竹林(ちくりん)・芸林(げいりん)・学林(がくりん)・松林(しょうりん|まつばやし)・密林(みつりん)・植林(しょくりん)・辞林(じりん)・農林(のうりん)・談林(だんりん)・儒林(じゅりん)・樹林(じゅりん)・翰林(かんりん)・防風林(ぼうふうりん)・保護林(ほごりん)・原始林(げんしりん)・酒池肉林(しゅちにくりん)

木4 **【𣏤】**〔8〕国字 ｜ U補J ②1435 233E4

意味 〈とが〉〈と〉人名・姓氏に用いる。𣏤母木(とがのき)は姓。

木4 **【枡】**〔8〕標 国字 ｜ U補J 5938 67A1

木7 **【桝】**〔11〕簡慣 ｜ U補J 4381 685D

木6 **【桝】**〔10〕同字 ｜ U補J ——

意味 〈ます〉①物の容量をはかる四角い道具。②ますの形をしたもの。③芝居(しばい)や相撲(すもう)などの観覧席で四角にしきった座席。

木4 **【枠】**〔8〕常 国字 わく ｜ U補J 4740 67A0

筆順 一 十 才 木 朩 杁 枠 枠

意味 〈わく〉①糸を巻(ま)きつける道具。②木や竹などを組んで作った骨組み。③しきり。範囲を示す線。④範囲。制約。
解字 糸巻きの形に木へんを加えたもの。

木4【枅】〔8〕 俗↓枅(六三八ジ・下)

木4【杰】〔8〕 同↓傑(一一二ジ・中)

木4【枀】〔8〕 同↓松(六二六ジ・上)

木4【枩】〔8〕 同↓松(六二六ジ・上)

木4【枏】〔8〕 本↓楠(六五六ジ・中)

木4【杮】〔8〕 本↓柿(六二九ジ・中)

木4【枦】〔8〕 俗↓櫨(六七二ジ・上)

木4【枦】〔8〕 俗↓櫨(六七二ジ・上)

木4【牀】↓爿部四画(七八九ジ・中)

木5【栄】〔9〕 学4 エイ さかえる・はえ・はえる　U補J 6804 1741
旧字 木10【榮】〔14〕 人 エイ(エイ) 漢 平 庚 ヨウ(ヤウ) 呉 róng ロン　U補J 69AE 6038

筆順 丶 ⺍ ⺍ 𫝀 𫝀 学 栄 栄

木5【栄】〔9〕 俗字 U補J 8363 ②1442

意味 ①木の名。青桐。梧桐。②(草の)花。また花がさく。③〈さか・える(──・ゆ)〉 ㋐草木がおいしげる。㋑盛んになる。「繁栄」 ㋒名声があがる。④〈は・える(─・ゆ)〉 ㋐あらわれる。㋑草木がしげること。⑤〈さかえ〉 ㋐草木がしげること。㋑隆盛。⑥〈はえ〉 ほまれ。名誉。↕辱 ⑦かがやき。また、かがやく。⑧屋根のはしの反り返った部分。飛檐。⑨栄衛は、医学用語で、人体の栄養・血気。

解字  形声。𤇾と木を合わせたもの。𤇾は熒の略で、音を示すとともに、桐の花の意味を含む。榮は桐の木のことで、花が開く意味になり、さかえることをいうようになった。

名前 さか・しげ・たか・てる・とも・なが・はる・ひさ・ひで・ひろ・まさ・よし・さこう・しげる・ひさし

姓 栄山・栄野比・栄久庵

難読 栄耀・栄螺

【栄位】 ほまれあるくらい。光栄な地位。
【栄華(華)】 ①草木が盛んに茂ること。②はなやかに世にさかえること。
【栄冠】 ①ほまれのかんむり。②勝利。成功。
【栄観(觀)】 ①すばらしい宮殿。②すばらしい名声。③すばらしい景観。
【栄顕(顯)】 出世して富み栄える。顕栄。
【栄枯】 ①しげることとかれること。②さかえることとおとろえること。盛衰。【──盛衰】 草木のしげるのとかれるのとを、さかんになったりおとろえたりする人間の運命にたとえていう。
【栄光】 ①はえあるひかり。②ほまれ。名誉。光栄。
【栄西】 人名。鎌倉時代の僧で、臨済宗を開いた。(一一四一～一二一五)
【栄爵】 ①名誉ある爵位。②たっとい位。
【栄辱】 ほまれとはじ。名誉と恥辱。
【栄進】 官職・地位が進みのぼる。栄達。
【栄達】 地位があがってさかえること。出世すること。
【栄適】 出世して満足した生活ができる。
【栄典】 国家に功労ある者に与える勲位・勲章など。
【栄転(轉)】 ①高い地位に転任する。②他人の転任をいう敬称。
【栄芬】 かおり高く栄える。
【栄問】 すばらしい名誉。＝栄聞
【栄木】 茂りさかえている木。「采采栄木」(采采は、しげりさかえているさま。)〈陶潜の詩・栄木〉
【栄誉(譽)】 ほまれ。名誉。
【栄養】 ①養分のある食物をたべて、からだをやしなうこと。②活動力をささえる養分。＝営養
【栄耀(耀)】 ①大いに栄えること。栄華。②おごりたかぶって、ぜいたくすること。「栄耀栄華」
【栄楽(樂)】 出世して楽しい生活を送る。
【栄覧(覽)】 他人の文章を見ること。
【栄利】 名誉と利益。
△光栄・虚栄・繁栄・共存共栄

木5【椣】〔9〕 一 エイ 漢 一 去 霽 yì イー　二 セツ 漢 二 入 屑 xiè シエ　U補J 67BB 3521 ①8556
木6【栧】〔10〕 同字 U補J 6827 3547
意味 一①〈かい〉 船をこぐ道具。かじ。②舟べり。③舟。二ゆだめ。弓のまがりを正す道具。
【鼓レ椣】 かいをこぐ。一説に、舟べりをたたく。〈屈原・漁父辞〉

木5【杭】〔9〕 オウ(アウ) 漢 上 篠 ヨウ(エウ) 呉 yǎo ヤオ　U補J 67FC ①8560
意味 引き寄せる。引きずる。

木5【架】〔9〕 常 カ かける・かかる　カ 漢 去 禡 jià チア　U補J 67B6 1845

筆順 フ カ 加 加 加 架 架 架

意味 ①棚。物をかけたり、のせたりする台。②〈か・ける(─・く)〉 くみたてる。③またぐ。＝駕 ④ささえる。⑤〈か・る〉 ⑥柱と柱の間を数える量詞。⑦支えのついた物や機械・機器を数える量詞。⑧現けんか。口論。殴りあい。

解字 形声。木が形を表し、加が音を示す。加には上にのせる意味がある。架は、木を組み立てて、上に積み上げることを表す。

名前 みつ

参考 「枷」は別字。

【架橋】 橋をかけわたすこと。かけわたした橋。
【架空】 ①空中にかけわたすこと。②たしかなよりどころのないこと。そらごと。
△担架・後架・高架・書架・十字架

木5【枷】〔9〕 カ 漢 平 麻 呉 jiā チア　U補J 67B7 5940
意味 ①〈からざお(からざを)〉 稲や麦などの穂をたたいて実をおとす農具。②〈くびかせ〉 罪人の首にはめて自由をうばう刑具。
【枷鎖】 くびかせとくさり。罪人をつなぎ、自由をうばう刑具。

木5【柯】〔9〕 カ 漢 平 歌 呉 kē コー　U補J 67EF 5941
意味 ①〈え〉 斧の柄。②木の枝。柯条。③草の茎。④おわん。⑤地名。今の山東省東阿県の地。⑥姓。
【柯葉】 木の枝と葉。

木5【枴】〔9〕 カイ 漢 上 蟹 (クワイ) guǎi コワイ　U補J
木5【柺】〔9〕 俗字 U補J 67B4 5942
意味 〈つえ(つゑ)〉 老人の持つつえ。
参考 「枴」は別字。

木5【柑】〔9〕 人 標 一 カン 漢 一 平 覃 gān カン　二 ケン 漢 二 平 塩 qián チエン　U補J 67D1 2027

意味 ■一 柑子こう。蜜柑みかんの一種。■二 =拑 ①馬の口に木をかませる。②(口を)閉じる。
【柑子】こうじ(かうじ) ①みかんの旧称。②みかんの一種。こみかん。
▽金柑きんかん・蜜柑みかん

木5【柬】〔9〕 カン 漢 上 潸 jiǎn チエン　J 5943 補 ― U 67EC
意味 ①〈えら・ぶ〉えりわける。=揀 ②簡略な。=簡 ③手紙てがみ。なふだ。=簡
地名 柬蒲寨カンボジア

木5【柾】〔9〕 人 キュウ 漢 去 宥 (キウ) jiù チウ　J 4379 補 ― U 67FE
意味 かんおけ。=柩 国 ①〈まさ〉まさめ。木材のもくめがまっすぐに通っているもの。②〈まさき〉木の名。ニシキギ科の常緑低木。
解字 会意。木と正とを合わせた字。正はただしい意で、柾は木目が正しく通っている木のこと。
人名 まさし

木5【柩】〔9〕 標 キュウ 漢 去 宥 (キウ) jiù チウ　J 5945 補 ― U 67E9
匚3【匛】〔5〕 同字　J ― 補 2005 U 531B
意味 〈ひつぎ〉人の死体を入れる箱。棺かん。
【柩車】きゅうしゃ(きうしゃ) ひつぎをのせる車。
【柩肉】きゅうにく(きうにく) ひつぎの中の肉。死体。「柩肉未レ冷きゅうにくいまだひえず」〈日本外史〉

木5【柜】〔9〕 キョ 漢 上 語 jǔ チュイ　J ― 補 3534 U 67DC
意味 木の名。柳の一種。杞柳きりゅう。鬼柳。
参考 柜は「櫃」(六七〇ページ・中)の中国新字体としても使う。

木5【枵】〔9〕 キョウ 漢 平 蕭 (ケウ) xiāo シアオ　J ― 補 3520 U 67B5
意味 ①大木の中がうつろなさま。②むなしい。空虚。=歊 ③腹がへる。「枵腹きょうふく」

木5【枸】〔9〕 ■一 ク 漢 呉 上 麌 jǔ チュイ ■二 コウ 漢 ク 呉 上 有 gǒu コウ ■三 コウ 漢 ク 呉 平 尤 gōu コウ　J 5946 補 ― U 67B8
意味 ■一 木の名。①けんぽなし。クロウメモドキ科の落葉高木。②きんま。コショウ科のつる性低木。③枳枸しくは、みかんの一種。■二 枸杞くこは、木の名。ナス科の落葉低木。実は長円形で赤く、薬用。■三 ①まがりくねる。=鉤 ②木の根がいりくんださま。
【枸櫞】くえん 果樹の名。まるぶっしゅかん。実はゆずに似ている。
【枸杞】くこ ナス科の落葉低木。実、葉、根は薬用。
【枸木】こうぼく まがった木。曲木。

木5【枿】〔9〕 ゲツ 漢 入 屑 niè ニエ　J ― 補 ― U 67BF
意味 =蘖げつ ①きりかぶ。木を切ったあとのかぶ。②ひこばえ。切りかぶからふき出た芽。

木5【枯】〔9〕 常 コ かれる・からす　コ 漢 呉 平 虞 kū クー　J 2447 補 ― U 67AF
筆順 一 十 才 木 朩 杆 枯 枯
意味 ①〈か・れる(—・る)〉㋐草木が生気を失う。㋑かわく。=涸こ ②〈から・す〉 ③やつれる。また、おとろえる。④死ぬ。⑤かれた木。⑥(刑罰として)死体をさらす。国〈か・れる(—・る)〉①(人格や芸などに)味わいがでる。円熟する。②新しさが尽きる。
解字 形声。木が形を表し、古こが音を示す。古には、古くて固くなったものの意味がある。枯は、木がかれること。
参考 新表記では、「涸」の書きかえに用いる熟語がある。
【枯山】からやま・かれやま 国 草木のかれた山。草木のない山。はげやま。
【枯尾花】かれおばな(をばな) 国 かれたすすきの穂ほ。
【枯渇(渴)】こかつ ①水がかれてなくなる。かわく。②ものがなくなる。ものが尽きる。=涸渇
【枯朽】こきゅう(きう) かれて朽ちる。
【枯魚】こぎょ ひもの。ほした魚。【—之肆】こぎょのし 干物屋の店。
【枯槁】ここう(かう) ①かれしぼむ。②やせおとろえる。③活気のないこと。「形容枯槁けいようここう」(形容は、からだつき。)〈屈原くつげん・漁父辞ぎょほのじ〉
【枯骨】ここつ ①かれ朽ちた死人の骨。②死人。故人。
【枯死】こし かれて死ぬ。
【枯痩(瘦)】こそう やせおとろえる。
【枯淡】こたん ①活気がおとろえ、あっさりしていること。②欲がなくて、あっさりしていること。
【枯凋】こちょう(てう) かれしぼむ。
【枯腸】こちょう(ちゃう) ①ひからびた腸。すきっぱらをいう。②詩文を作る才能のないたとえ。
【枯木】こぼく・かれき かれた木。葉の落ちた木。【—死灰】こぼくしかい(くわい) かれた木とひえた灰。生気や情熱のない人間のたとえ。【—発(發)レ栄(榮)】こぼくえい(えい)をはっす かれた木に花がひらく。衰えた者が再び元気になること。死んだ者がよみがえること。〈曹植そうしょく・七啓しちけい〉
▽木枯こがらし・栄枯えいこ・霜枯しもがれ

木5【柧】〔9〕 コ 漢 平 虞 gū クー　J ― 補 ― U ―
木6【柧】〔10〕 俗字　J 5955 補 ― U 67E7
意味 ①多角柱の木の棒。書写材料として用いる。=觚こ ②柧棱こりょうは、屋根の高く張り出したかど。=觚稜こりょう

木5【柙】〔9〕 コウ 漢 入 洽 (カフ) xiá シア　J ②1449 補 3533 U 67D9
意味 ①〈おり(をり)〉猛獣などをいれておく囲かこい。②檻おりにいれる。③〈はこ〉物をいれておく容器。=匣こう

木5【査】〔9〕 学5 サ　■一 サ 漢 ■一 平 麻 chá チャー ■二 サ 漢 ■二 平 麻 zhā チャー　J 2626 補 ― U 67FB
筆順 一 十 才 木 木 杏 杳 査
木5【査】〔9〕 俗字　J ― 補 ― U 67E5
意味 ■一 ①〈しら・べる(—・ぶ)〉 ②いかだ。=槎・楂 ③㋐ななめに切る。=槎 ㋑切り株。枝。■二 ①木の名。山査子さんざし。バラ科の落葉低木。=樝さ ②のこりかす。③姓。
解字 形声。木が形を表し、且しょが音を示す。査は樝(木の名、こぼけ)を省略したものとか、祖(てすり)と同じなどという。「しらべる」という意味は、察さつと音が通じるので、仮借して、察と同じに使ったもの。
【査閲】さえつ 実際にあたってみて、そのよい悪いを調べる。
【査験(驗)】さけん 実地に検査する。
【査察】ささつ くわしく実際のありさまを調べる。「空中査察」
【査滓】さし かす。のこりかす。
【査収(收)】さしゅう(しう) 調べた上で受けとる。
【査証(證)】さしょう ①調査して証明すること。②国 旅券を調査して入国の許可を与えること。また、その証明。ビザ。
【査照】さしょう(せう) 考え調べること。とりしらべる。
【査定】さてい 調べた上できめる。そのようであると認め定めるこ

と。
【査問】さもん 調べたずねる。
◆巡査じゅんさ・考査こうさ・捜査そうさ・検査けんさ・監査かんさ・審査しんさ・調査ちょうさ・鑑査かんさ・国勢調査こくせいちょうさ

木5【柤】〔9〕 一 サ 漢 平 麻 zhā チャー　二 ショ 漢 上 語 zǔ ツー　ソ 呉　U補J 5947 67E4
意味 一①柵さく。てすり。②地名。楚の地。今の江蘇こう そ省邳県ひけんの北。二いけにえをのせる礼器。＝俎

木5【柞】〔9〕 一 サク 漢 入 薬 zuò ツオ　二 サク 漢 入 陌 zé ツォー　U補J 5948 67DE
意味 一〈ははそ〉木の名。なら・くぬぎの総称。二①〈き・る〉草や木を切る。②せまい。＝窄さく
姓 柞なら
【柞蚕(蠶)】さくさん かいこの一種。柞の木の葉を食べ、褐色かっしょくのまゆを作る。

木5【柵】〔9〕 常 サク　サク 漢 入 陌 zhà チャー　U補J 2684 67F5
筆順 一 十 木 木 机 机 柵 柵 柵
木5【栅】〔9〕 同字 U補J 6805
意味 ①やらい。木や竹をならべて作ったかき。まがき。②かこい。おり。③とりで。④〈しがらみ〉水の流れをとめるために水中にくいをならべ、これに竹を横に組んだもの。

(柵④)

解字 形声。木が形を表し、冊さくが音を示す。冊は、長さがまちまちな木や竹のうすい長方形の板を編んだものを意味している。柵は、木や竹を並べて作った垣かきを表す。
【柵鎖】さくさ 水中に立てた柵。柵を結んだ、くさり。

木5【柿】〔9〕 常 かき　シ 漢 上 紙 shì シー　U補J 1933 67FF
筆順 一 十 木 木 村 杧 柿 柿
木5【𣐈】〔9〕 同字 U補J 23408
木5【柹】〔9〕 俗字 U補J ①8557 3524 67F9
意味〈かき〉果樹の名。カキノキ科の落葉高木。
解字 形声。木が形を表し、市しが音を示す。皮も中身も赤いくだもの、カキ。実ばかりでなく、木も表す。
参考「柿はい」(木部四画)は別字。
【柿衣】かきごろも 国山伏やまぶしなどの着る柿色のころも。
◆豆柿まめがき・渋柿しぶがき・乾柿ほしがき・熟柿じゅくし

木5【枱】〔9〕 一 シ 漢 ジ 呉 上 紙 sì スー　二 シ 漢 ジ 呉 平 支 cí ツー　三 タイ — tái タイ　U補J 3518 67B1
意味 一鋤すきの刃。＝耜し 二鎌の柄。三机。卓。＝檯たい

木5【枲】〔9〕 シ 漢 上 紙 xǐ シー　U補J ②1445 3519 67B2
意味〈からむし〉麻あさの一種。また、麻の総称。

木5【枳】〔9〕 一 シ 漢 上 紙 zhǐ チー　二 キ 漢 呉 上 紙 jǐ チー　U補J 5944 67B3
意味 一二木の名。からたち。ミカン科の落葉低木。枳殻きこく。
【枳華(華)】しか(くゎ) からたちの花。
【枳棘】しきょく ①からたちといばら。②とげとげしいもの。人のじゃまをするもの。

木5【相】〔9〕 シ 漢 上 紙 sì スー　U補J 3B52
意味 ①〈すき〉農具。＝耜 ②土を運ぶもっこ。

木5【柶】〔9〕 シ 漢 去 寘 sì スー　U補J 3539 67F6
意味〈さじ〉飲食物をすくい取る礼器。

(柶)

木5【柅】〔9〕 ジ 漢 平 支 (ヂ) nǐ ニー　U補J 3528 67C5
意味 ①木の名。梨に似た実をつける。②車どめ。また、とめる。③柅柅じじは、草木のおいしげるさま。

木5【柒】〔9〕 シツ 漢 入 質 シチ 呉 qī チー　U補J ②1448 3531 67D2
意味 ①川の名。②木の名。うるし。＝漆 ③数字の「七」の代わりに用いる。

木5【柘】〔9〕 人 標 シャ 漢 去 禡 zhè チョー　U補J 3651 67D8
意味 ①木の名。やまぐわ。のぐわ。②くわいろ。黄と赤の中間色。③諸柘しょしゃは、さとうきび。＝蔗しょ 国〈つげ〉木の名。柘植。黄楊。
姓 柘植つげ
【柘榴】ざくろ 木の名。＝石榴

木5【柊】〔9〕 人　U補J 4102 67CA
旧字 木5【柊】〔9〕 シュウ 漢 平 東 (シウ) zhōng チョン　U補J
意味 ①木の名。芭蕉ばしょうに似た木。②柊楑しゅうきは、つち。 国〈ひいらぎ(ひらぎ)〉木の名。モクセイ科の常緑高木。
解字 形声。木が形を表し、冬とうが音を示す。木の名。芭蕉ばしょうに似た低木。

木5【柔】〔9〕 常 ジュウ・ニュウ やわらか・やわらかい　ジュウ(ジウ) 漢 ニュウ(ニウ) 呉 平 尤 róu ロウ　U補J 2932 67D4
筆順 マ ヌ 予 矛 柔 柔 柔 柔 柔
意味 ①〈やわらか・い(やはらか・し)〉〈やわらか(やはらか)〉しなやかである。↔剛ごう ②おとなしい。おだやかである。③よわい。もろい。④〈やわら・げる(やはら・ぐ)〉㋐なごやかにする。㋑なつける。「懐柔かいじゅう」⑤うるおす。＝濡じゅ 国〈やわら(やはら)〉柔道・柔術をさす。
解字 形声。木が形を表し、矛ぼうが音を示す。矛はほこで、弾力を必要とするという。柔は、木が曲がったり、伸びたり、柔軟であることをいう。音ジウは、矛の音ボウの変化であるともいい、また、矛は、音に関係なく、柔は会意文字であるともいう。また、矛は新しく芽の出る意味で、柔は、木の芽が初めて出て、やわらかく弱いことであるともいう。
名前 とう・なり・やす・やわ・よし
【柔翰】じゅうかん 毛筆の別称。
【柔日】じゅうじつ 十干じっかんのうち、乙きのと、丁ひのと、己つちのと、辛かのと、癸みずのとにあたる日。偶数の日。↔剛日ごうじつ
【柔弱】じゅうじゃく・にゅうじゃく からだや気力がかよわい。
【柔術】じゅうじゅつ 国やわら。柔道。
【柔順】じゅうじゅん やさしくてすなおな。ものにさからわなくておとなしいこと。
【柔脆】じゅうぜい やわらかくて弱々しい。
【柔懦】じゅうだ かよわくて臆病である。
【柔荑】じゅうてい ①やわらかい、つばなの若芽。②女の美しい

手のたとえ。

【柔道】じゅうどう(ぢう・だう) ①やわらかでしなやかなやり方や主義。②国武道の一つ。

【柔軟】じゅうなん(じう) しなやかで、やわらかい。＝柔輭 【――性】じゅうなんせい(じう) ①しなやかなたち。②かたくるしくなく、ゆうずうのきく性質。

【柔輭】じゅうなん(じう) 「柔軟」に同じ。

【柔媚】じゅうび(じう) しなやかでなまめかしい。

【柔毛】じゅうもう(じう) ―にこげ やわらかな毛。

【柔艫】じゅうろ(じう) 「艫」は、船の櫓。「柔」は、船をこぐときにたわむ意。軽やかにこぐ櫓のこと。柔櫨じゅうろ(じう)。

【柔和】にゅうわ(にう) やさしく、なごやかな。

【柔之勝レ剛】じゅう(じう)のごう(がう)にかつ やわらかいと思われるものが、強く堅いと思われるものに勝つ。〈老子・七十八〉

◆剛柔・懐柔・優柔

木5【柷】〔9〕シュク 漢 入 屋 zhù チュー U補J ②1452 3540 67F7

意味 打楽器の名。音楽の始めに合図としてならすもの。↕敔

【柷敔】しゅくぎょ 「柷」も「敔」も、木製の楽器の名。音楽のはじめと終わりに使う。

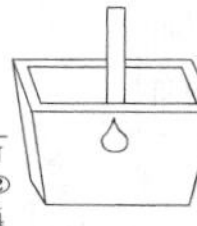
(柷)

木5【柛】〔9〕シン 漢 平 真 shēn シェン U補J ②1450 67DB

意味 枯木が自然に倒れる。また、枯死した木。

木5【染】〔9〕学6 セン そめる・そまる・しみる・しみ ゼン 漢 セン 慣 上 琰 rǎn ラン U補J 3287 67D3

筆順 氵 氵 氿 氿 沈 染 染 染

意味 ①〈そ・める(―・む)〉㋐布などに色をつける。㋑よごす。㋒色どる。また、描く。②〈そま・る〉㋐色づく。㋑感化される。㋒習慣になる。㋓よごれる。③〈しみ〉よごれ。けがれ。④(病気などが)うつる。「伝染でんせん」 国①〈し・みる(―・む)〉深く感じる。②〈じ・みる〉㋐しみついてよごれる。㋑…らしく感じられる。「子供染みた真似まね」

解字 会意。氵・九・木を合わせた字。氵は水。九は数の多いこと。木は、染め物に使う色素を含んだ植物。染は、染める材料を使って、何回も水にひたして染め上げることである。一説に、氵と朶を合わせた字として、朶は染料を入れる容器であるといい、また、肉をしおづけにすることであるともいう。

名前 そめ

【染化】せんか(くゎ) 感化する。教化する。

【染翰】せんかん 筆を墨にひたす。転じて、字を書くこと。

【染工】せんこう 染め物をする職人。染め物屋。染色工。

【染指】せんし ①指をにものなべの中にいれて、味をみる。②すべて物事をよく味わうこと。③やりはじめること。

【染色】せんしょく 色をそめだすこと。また、そめた色。

【染織】せんしょく ①そめることと織ること。②染め物と織物。

【染筆】せんぴつ 書や絵をかくこと。

◆伝染でんせん・汚染おせん・煮染にしめ・感染かんせん・馴染なじみ

木5【柁】〔9〕タ 漢 上 哿 ダ 呉 duò トゥオ U補J 3440 67C1

意味〈かじ(かぢ)〉船のうしろにつけて、船の方向をきめる道具。＝舵

木5【柂】〔9〕同字 U補J 3526 67C2

木5【柰】〔9〕ダイ 漢 ナイ 呉 去 泰 nài ナイ U補J ②1451 3537 67F0

意味 ①果樹の名。りんごの類。からなし。②＝奈 ㋐〈いかん〉どのように。「柰何いかん」 ㋑〈いかんせん〉どうする。㋒〈いかんぞ〉どうして。なぜ。③姓。

木5【柝】〔9〕タク 漢 入 薬 tuò トゥオ U補J 5949 67DD

意味 ①〈ひら・く〉ひろげる。あける。＝拓たく ②拍子木ひょうしぎ。「金柝きんたく」

参考 「析せき」「折せつ」「拆たく」は別字。

木5【柤】〔9〕タン 漢 ダン 呉 上 旱 dàn タン U補J 3536 67E6

意味 木製の器。盆や皿の類。

参考 「柤さ」は別字。

木5【柱】〔9〕学3 チュウ はしら U補J 3576 67F1

旧字 木5【柱】〔9〕 U補J

■一 チュウ(チウ) 漢 ジュ(ヂュ) 呉 ■一 上 麌 zhù チュー
■二 チュウ(チウ) 漢 チュ 呉 ■二 上 麌 zhǔ チュー

筆順 一 十 オ 木 木 朩 杧 柱

意味 ■一 ①〈はしら〉㋐棟木むなぎや梁はりをささえる材木。㋑物をささえるもの。中心となって、たよりにされるもの。㋒はしらのように立っているもの。②〈じ(ぢ)〉〈ことじ(ことぢ)〉楽器の弦げんをささえるもの。■二 ①〈ささ・える(――・ふ)〉支持する。＝拄 ②ふさぐ。とめる。国〈はしら〉①神仏や高貴の人を数える語。②印刷用語。書物のはしなどに印刷した編名や章名をさす。

解字 形声。木が形を表し、主ちゅが音を示す。主は、おもなものという意味がある。柱は家の中心の木ということで、はしらをさす。また、主には、しっかり立っているという意味があるので、しっかり立っている木、つまりはしらをいうともいう。

参考 「桂けい」は別字。

【柱下】ちゅうか(ちう) ①柱のつけ根。②「柱下史」の略。③国内記(中務省なかつかさしょうの役人)の中国式呼び名。【――史】ちゅうかし(ちう) ①官名。周の蔵書室の役人。②老子のこと。周の蔵書室の役人であったからいう。

【柱幹】ちゅうかん(ちう) 柱と幹みき。物事の中心のたとえ。

【柱国(國)】ちゅうこく(ちう) ①国都。みやこ。②戦国時代、楚その国の官名。→「上柱国じょうちゅうこく」(一八ジベー・中)

【柱史】ちゅうし(ちう) 「柱下史ちゅうかし」の略称。

【柱石】ちゅうせき(ちう) ①柱の下におく石。いしずえ。はしらいし。②柱ともいしずえとも頼るべきもの。または、人。③国家を維持するのにたいせつなもの。国家の重任を負う人。

【柱暦(曆)】はしらごよみ 国柱などに掛けて見る一枚ずりのかんたんなこよみ。

【膠レ柱鼓レ瑟】ことじ(ぢ)ににかわ(にかは)してしつをこす ①琴柱ことじを膠にかわで固定させて琴をひく。膠レ柱調レ瑟ことじににかわしてしつをととのう。〈史記・廉頗藺相如れんぱりんしょうじょ列伝〉②規則にこだわってゆうずうのきかないたとえ。

◆水柱すいちゅう｜みずばしら・支柱しちゅう・氷柱ひょうちゅう｜つらら・角柱かくちゅう｜かくばしら・貝柱かいばしら・床柱とこばしら・門柱もんちゅう・茶柱ちゃばしら・脊柱せきちゅう・琴柱ことじ・電柱でんちゅう・霜柱しもばしら・大黒柱だいこくばしら

木5【柢】〔9〕テイ 漢 上 薺 dǐ ティー U補J 5950 67E2

意味 ①木の根。②根がつく。ねざす。起因する。③物事の根本。基礎。「根柢こんてい」④もとづく。

参考 「柢てい」は別字。新表記では、「底」に書きかえる熟語がある。

木5 【柮】〔9〕 トツ㊉漢 ㊀入 月 duò トゥオ　U補J 5951 67EE

意味 ①断つ。②榾柮（こつとつ）は、木の切れはし。たきぎ。ほたぎ。

木5 【栂】〔9〕 バイ漢 ㊀平 灰 méi メイ　U補J 3646 6802

意味 うめ。＝梅 国〈つが〉〈とが〉木の名。マツ科の常緑高木。

木5 【柏】〔9〕 人 標 ハク漢 ㊀入 陌 bǎi パイ、bó ポー　U補J 3980 67CF
木6 【栢】〔10〕 同字 U補J 1992 6822

意味 ひのき・このてがしわ等の、常緑樹の総称。松とともに、堅い節操の象徴とされる。国〈かしわ（かしは）〉①木の名。ブナ科の落葉高木。槲（こく）。②食物を盛るのにつかう葉の総称。

（柏）

地名 柏（かしわ）・柏原（かしわら）・柏崎（かしわざき）
難読 柏槙（びゃくしん）

【柏手】（かしわで（かしはで）） 国①飲食のお膳（ぜん）。昔、食物をかしわの葉に盛ったことによる。②礼拝のとき、両手を打ちならすこと。
【柏悦】（はくえつ） 柏の木が美しく茂ること。
【柏酒】（はくしゅ） かしわの葉をひたして造った酒。邪気払いのため元日に飲む。
【柏城】（はくじょう（じゃう）） 天子の陵墓。みささぎ。
【柏台（臺）】（はくだい） 「御史台（ぎょしだい）」（四六二ページ・下）の別名。昔、御史台に柏を植えたことによる。柏府。
【柏梁体（體）】（はくりょうたい（りゃう）） 漢詩の体。漢の武帝が柏梁台の落成のとき、群臣に作らせた柏梁台聯句（れんく）の体。
【柏梁台（臺）】（はくりょうだい（りゃう）） 台の名。陝西（せんせい）省西安市長安県の西北にある。漢の武帝が築き、その落成のとき、群臣に詩を作らせた。
【柏林】（ベルリン） 地名。ドイツの首都。＝伯林
◆松柏（しょうはく）

木5 【柈】〔9〕 [一]ハン漢 バン呉 [一]㊀平 寒 pán パン [二]ハン慣 [二] bàn パン　U補J ②1447 3529 67C8

意味 [一]たらい。はち。＝槃・盤 [二]現 柈子（バンツ） bànzi は、大きく割ったまき。

木5 【柲】〔9〕 [一]ヒ漢 [一]㊀去 寘 bì ピー [二]ヒツ漢 [二]㊀入 質 bì ピー　U補J 3538 67F2

意味 [一][二]①（武器の）柄（え）。②ゆだめ。弓がゆがまないようにする道具。③柲丘（ひっきゅう）は、木のはえている丘。

木5 【柀】〔9〕 ヒ漢 ㊀上 紙 bǐ ピー　U補J ①8558 3525 67C0

意味 木の名。榧（かや）。国木の名。まき。材木として有用な木。

木5 【枹】〔9〕 [一]フ漢 [一]㊀平 虞 fū フー [二]ホウ（ハウ）漢 [二]㊀平 肴 bāo パオ　U補J 5952 67B9

意味 [一]太鼓を打つ棒。ばち。[二]①木の名。なら。ブナ科の落葉高木。②むらがりはえる。
【枹鼓】（ふこ） ばちとつづみ。戦闘などの際に打ち鳴らした。

木5 【柎】〔9〕 [一]フ漢 [一]㊀平 虞 fū フー [二]フ漢 [二]㊀上 麌 fǔ フー [三]フ漢 [三]㊀去 遇 fù フー　U補J 5953 67CE

意味 [一]①鐘や鼓をかける台の脚（あし）。②花の萼（がく）。③いかだ。＝桴・泭 [二]ゆづか。弓の握りの部分。[三]つける。＝付・坿・附

木5 【柄】〔9〕 常 ヘイ がら・え　U補J 4233 67C4
旧字 木5 【柄】〔9〕 ヘイ漢 ㊀去 敬 bǐng ピン　U補J
木8 【棅】〔12〕 同字 U補J ②1491 3591 68C5

筆順 一 十 オ 木 木一 朽 柄 柄

意味 ①〈え〉おののにぎり。また、器物の取っ手。②にぎる。＝秉（へい） ③権力（けんりょく）。「権柄（けんぺい）」 ④もと。㋐根本。㋑材料。「話柄（わへい）」 国〈がら〉①体格。②態度。また、身分。③（布地の）模様（もよう）。

解字 形声。木が形を表し、丙（へい）が音を示す。丙には固く緊張している気持ちがある。柄は、固く張った木で、おののの「え」をいう。

名前 えだ・かい・かみ・もと　姓 柄屋（からや）

【柄杓】（ひしゃく） 国湯や水などをくむのに使う道具。
【柄臣】（へいしん） 権力をにぎっている臣。権臣（けんしん）。
【柄用】（へいよう） 用いられて権力を得る。実力者になる。重く用いられる。
◆人柄（ひとがら）・身柄（みがら）・作柄（さくがら）・国柄（くにがら）・笑柄（しょうへい）・話柄（わへい）・続柄（つづきがら）・銘柄（めいがら）・横柄（おうへい）・権柄（けんぺい）

木5 【枰】〔9〕 ヘイ漢 ㊀平 庚 píng ピン　U補J ②1444 3517 67B0

意味 ①碁盤（ごばん）。②すごろくの盤。③こしかけ。

木5 【某】〔9〕 常 ボウ [一]ボウ漢 モ呉 [一]㊀上 有 mǒu モウ [二]バイ漢 [二]㊀平 灰 méi メイ　U補J 4331 67D0

筆順 一 卄 廿 甘 甘 苷 某 某 某

意味 [一]〈それがし〉〈なにがし〉①人・事物・場所・時間などがはっきりしない場合に用いる語。ある人。あること。②自分自身を謙遜（けんそん）していうことば。わたくし。[二]うめ。＝梅（ばい）

解字 会意。甘と木とを合わせた字。甘は、あまい、あるいは、口に含むこと。某は、あまい木、あるいは、口にふくむ木で、梅（うめ）のことである。梅の実は酸（す）っぱいが、甘は酸味のもとであるという。また、梅は、女性が妊娠すると食べるものだから、某は妊娠に関係した木の意味であるともいう。これを「それがし」の意味に使うのは、某には暗いという気持ちがあって、よくわからない者ということか、おぜいのなかの個人ということであろう。

名前 いろ

【某甲】（ぼうこう（かふ）） だれそれ。何のそれがし。
【某国（國）】（ぼうこく） ある国。これこれの国。
【某日】（ぼうじつ） ある日。これこれの日。
【某某】（ぼうぼう） だれだれ。だれそれ。二人以上にいう。

木5 【柚】〔9〕 人 [一]ユウ（イウ）漢 [一]㊀去 宥 yòu ユー [二]チク漢 ジク（ヂク）呉 [二]㊀入 屋 zhóu チョウ、zhú チュー [三]ユウ（イウ）漢 ユ呉 [三]㊀平 尤 yóu ユー　U補J 4514 67DA

意味 [一]〈ゆず〉果樹の名。ミカン科の常緑亜高木。実は黄色、香気がつよい。[二]たてまき。機織（はたお）りの縦糸（たていと）をまく道具。[三]柚梧（ゆうご）は、竹の一種。

解字 形声。木が形を表し、由（いう）が音を示す。木の名。ゆず。皮や汁を香辛料に用いる。

難読 柚香菊（ゆうがぎく）・柚子（ゆず）

木5 【棊】〔9〕 ヨウ漢 （エフ）呉 ㊀入 葉 yè イエ　U補J 3522 67BC

心（忄・⺗）戈戸（戶）手（扌）支攴（攵）　4画　文斗斤方无（旡・旡）日曰月（⺝）木欠止歹殳毋比毛氏气水（氵・氺）火（灬）爪（⺤・爫）父爻爿片牙（牙）牛（牜）犬（犭）

木6【枼】〔10〕同字 J 3523 U補 67BD
意味 ①木の葉。②薄い木片。③まど。④よ。＝世

木5【柳】〔9〕常 リュウ やなぎ ― リュウ 漢 上 有 (リウ) liŭ リウ J 4488 U補 67F3
筆順 一 十 才 木 朩 杉 柳 柳 柳
木7【栁】〔11〕本字 J ②1472 U補 3572 687A ― 木5【桺】〔9〕同字 J ①8561 U補 6801
意味 ①〈やなぎ〉木の名。しだれやなぎ。また、やなぎの総称。②星座の名。ぬりこ。二十八宿の一つ。③姓。
解字 形声。木が形を表す。卯は酉と同じで、音を示す。柳は枝が流れ下るような木で、やなぎのこと。卯には、流れ下るという気持ちがある。
姓 柳生 地名 柳川・柳井
難読 柳葉魚
【柳筥】(やないばこ・やなぎばこ) 国やなぎの細枝を編んで作った四角なはこ。
【柳樽】(やなぎだる) 国①婚礼などの祝いごとのとき使う朱塗りの細長い酒樽。②「誹風柳多留」の略。江戸時代の、川柳を集めた書物。
【柳暗花明】(りゅうあんかめい) ①やなぎはしげってほのぐらく、花はあかるく咲きにおっている。いなかの春の美しいけしきをいう。②国遊郭をいう。
【柳意】(りゅうい) ①柳が風になびく風情。②恋心のたとえ。
【柳営(營)】(りゅうえい) ①将軍の陣営。幕府。②国徳川幕府。徳川家。
【柳煙】(りゅうえん) もやが立ちこめたように柳の葉が茂る様子。
【柳眼】(りゅうがん) やなぎの新芽。「春入二枝条一柳眼垂」(枝条は、木の枝。)〈元稹の詩・寄二楽天一〉
【柳糸(絲)】(りゅうし) 糸のようにしだれたやなぎの枝。
【柳絮】(りゅうじょ) ①春の末、やなぎの種子の表面の白い毛が綿のように乱れ飛ぶもの。やなぎのわた。②雪の形容。
【柳条(條)】(りゅうじょう) やなぎのほっそりした枝。
【柳色】(りゅうしょく) 一やなぎのあおあおとした色。二(やなぎいろ) ①しろみをおびた青色。②織り色の一つ。萌黄のたて糸と白のよこ糸で織ったもの。
【柳宗元】(りゅうそうげん) 人名。唐代の文人・政治家。字は子厚。唐宋八大家のひとり。韓愈とあわせて韓柳と称せられ、ともに古文復興につとめた。(七七三～八一九)
【柳態】(りゅうたい) やなぎの様子。転じて、女性の細くしなやかな姿をいう。
【柳塘】(りゅうとう) やなぎの立ちならぶ、つつみ。「柳隄」
【柳眉】(りゅうび) やなぎの葉のようにほっそりした美しいまゆ。美人のまゆの形容。柳葉眉。
【柳腰】(りゅうよう・やなぎごし) ①やなぎのしなやかな枝。②ほっそりした、しなやかな腰。昔の美人の腰の形容。
【柳緑(綠)花紅】(りゅうりょくかこう) ①やなぎはみどり色で、花はまっか。②天地自然のままである。③よけいな手を加えたり、不必要に考えをめぐらしたりしないことのたとえ。
◇川柳・翠柳・青柳・河柳・垂柳・楊柳・蒲柳・枝垂柳

木5【柃】〔9〕レイ 漢 平 青 líng リン J ②1446 U補 3527 67C3
意味 ①麦を煎る道具。②木の名。ひさかき。

木5【粒】〔9〕ロウ 漢 入 合 (ラフ) lā ラー J 5954 U補 67C6
意味 ①木を折る。②粒木は、水をせき止める木のさく。

木5【栃】〔9〕学4 国字 とち J 3842 U補 6803
筆順 一 十 才 木 朩 朾 朾 栃 栃
木3【杤】〔7〕同字 J 5929 U補 6764 ― 木13【櫔】〔17〕同字 J ②1546 U補 2371C
意味 〈とち〉木の名。とちのき。トチノキ科の落葉高木。橡。
解字 国字。もとの形は杤で、木と万とを合わせた字。十と千をかけると万となるところから、杤を「とち」と読むようになった。
地名 栃木・栃尾

木5【栄】〔9〕俗 ↓榮(六三一ページ・上)
木5【枴】〔9〕俗 ↓枴(六三一ページ・下)
木5【柹】〔9〕俗 ↓柿(六三三ページ・上)
木5【桒】〔9〕俗 ↓桑(六四一ページ・下)
木5【枒】〔9〕俗 ↓枒(六三〇ページ・上)
木5〖相〗↓目部四画(八六八ページ・中)
木5【桺】〔9〕同 ↓桺(六三七ページ・上)
木5【柿】〔9〕同 ↓柿(六三三ページ・上)
木5【枩】〔9〕同 ↓松(六二六ページ・上)
木5【枏】〔9〕同 ↓楠(六五六ページ・中)
木5〖乗〗↓丿部八画(三八ページ・中)

木6【案】〔10〕学4 アン ― アン 漢 去 翰 呉 àn アン J 1638 U補 6848
筆順 宀 宀 安 安 安 案 案 案 案
意味 ①つくえ。台。「几案」②寝台。低く小さい寝台。③食膳。脚のついた盆。④おさえる。また、なでる。＝按 ⑤考える。また、考え。⑥文書。特に、公文書。判決文。⑦範囲。境界。⑧みまわる。⑨もとづく。…による。＝按 ⑩すなわち。つまり。国①〈あん〉予想。「案外」②〈あん・ずる(―・ず)〉心配する。

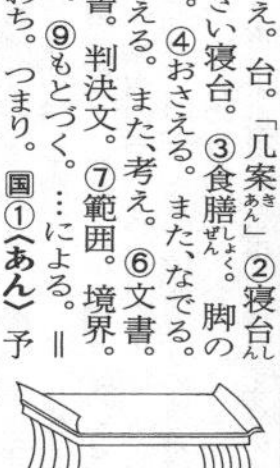

(案①)

解字 形声。木が形を表し、安が音を示す。安には落ちつくという意味がある。案は、安定した木の道具で、食卓をいう。後に、からだをもたせるつくえをいうようになった。

難読 案山子
参考 新表記では、「按」の書きかえに用いる熟語がある。

【案下】(あんか) ①机の下。机のそば。②手紙の宛名の脇に書く語。机下。

【案几(「机」)】(あんき) つくえ。几案。

【案件】(あんけん) ①事件。訴訟事件。②調べようとする議題。③問題となっていることがら。

【案検(檢)】(あんけん) 取り調べる。案験。

【案験(驗)】(あんけん) 取り調べる。＝按験
【案行】(あんこう(かう)) ①調べて歩く。②列を整える。

【案山子】(あんざんし・かかし) ①田畑の中に立てて、鳥や獣をおどすための人形。②国外見だけりっぱで、働きのないもの。

【案出】(あんしゅつ) 考え出す。

【案上】(あんじょう(じゃう)) 机の上。

【案牒】(あんちょう(てふ)) 官庁の帳簿。

【案堵】(あんど) ①その居所に安心していること。家業に安んじていること。＝安堵 ②安心。③国鎌倉・室町時代に幕府・領主などが支配下の武家・社寺の土地領有を認めたこと。「案堵状」

【案頭】(あんとう) 机の上。

【案牘】(あんとく) ①取り調べを要する書類。②公式の文書。③関係書類。

【案配】(あんばい) 国ほどよくならべる。＝按排
【案撫】(あんぶ) 安心させる。いたわる。

【案文】一(あんぶん) ①文章を作ろうとして考える。文章を考える。②下書きの文書。二(あんもん) 国下書きの文書。

【案分】「按分」(五二七ジ・下)に同じ。
【案摩】手でからだをさすったり、もんだりして病気をなおす法。また、それを業とする人。＝按摩
【案問】罪を調べたずねること。＝按問
◆立案・公案・机案・考案・名案・図案・妙案・法案・草案・思案・発案・原案・教案・提案・腹案・愚案・新案・翻案・議案・懸案・改訂案・修正案

木6【桉】〔10〕 一アン 漢 去 翰 àn アン 二アン 慣 二 ― ān アン　J ②1465 補 ― U 6849
意味 一考える。＝案。二木の名。ユーカリ。

木6【栘】〔10〕 イ 漢 平 支 yí イー　J ②1456 補 ― U 6818
意味 果樹の名。にわうめ。バラ科の落葉低木。唐棣とも。

木6【桋】〔10〕 一イ 漢 一 平 支 yí イー 二テイ 漢 二 平 斉 tí ティー　J ― 補 ― U 684B
意味 一木の名。しらかし。ブナ科の常緑高木。二桋桑は、桑の若い枝。

木6【栯】〔10〕 イク 漢 入 屋 yù ユィ　J 3550 補 ― U 682F
意味 栯李は、果樹の名。にわうめ。＝郁李

木6【桙】〔10〕 ウ 漢 平 虞 yú ユィ　J 5966 補 ― U 6859
意味 みずのみ。たらい。＝杅 国〈ほこ〉両刃の剣に長い柄をつけた武器。鉾。

木6【柡】〔10〕 エイ 漢 上 梗 yǒng ヨン　J 3535 補 ― U 67E15
木5〔栐〕〔9〕同字　J ②1443 補 ― U 6810
意味 木の名。笏を作る。

木6【桜】〔10〕 学5 オウ さくら　J 2689 補 ― U 685C
旧字 木17【櫻】〔21〕 人 オウ(アウ) 漢 平 庚 yīng イン　J 6115 補 ― U 6AFB
筆順 一 十 才 木 木ʼ 栏 桜 桜
意味 木の名。ゆすらうめ。バラ科の落葉低木。春、白もしくは淡紅色の梅に似た花を開く。国〈さくら〉木の名。バラ科の落葉樹。
解字 形声。木が形を表し、嬰が音を示す。嬰は、小さい意。櫻は、桃に似て小さい実がなることからいう。
地名 桜井　難読 桜桃
参考 「ゆすらうめ」は、日本語では、ふつう「梅桃」「山桜桃」と漢字表記する。
【桜花】①ゆすらうめの花。②国さくらの花。「桜花爛漫」
【桜桃】①木の名。さくらの一種。実は食用にする。さくらんぼ。②ゆすらうめ。
【桜紙】国ほご紙をすきかえした薄い紙。鼻紙などに用いる。
【桜狩】国さくらの花を見に行くこと。はなみ。
【桜月】国陰暦の三月。
【桜湯】国塩づけにしたさくらの花を湯に入れた飲み物。婚礼のときによく用いられる。
◆山桜・夜桜・姥桜・観桜・八重桜

木6【桅】〔10〕 ガイ 漢 平 灰 wéi ウエイ　J ②1464 補 3557 U 6845
意味 船の帆ばしら。「桅杆」

木6【格】〔10〕 学5 カク・コウ　カク 漢 キャク 呉 コウ(カウ) 慣 入 陌 gé コー　J 1942 補 ― U 683C
筆順 一 十 才 木 杦 柊 格 格
意味 ①木の長い枝。②木や竹を方形に組んだもの。格子。また、縦横の線で仕切られた枠・囲み。「空格」⑥たな。＝閣 ④柵。垣。⑤ふせぐ。制限する。⑥〈たたか・う(――・ふ)〉とっくみあう。＝挌「格闘」⑦とらえる。⑧〈ただ・す〉行いを正しくする。＝恪 ⑨のり。きまり。特に、法律条文。⑩基準。型。「規格」⑪大きさ。規模。「体格」⑫(人や作品の)おもむき。ようす。「風格」⑬〈いた・る〉〈いた・す〉㋐やってくる。㋑およぶ。㋒(心に)通じる。㋓きわめる。⑭文法用語。文中での、ある語の他の語に対する文法上の関係。「主格」国〈きゃく〉平安時代、律令を補うために発せられた勅令。「格式」

解字 形声。木が形を表し、各が音を示す。各には、かたく、きちんとしている意味がある。格は、木がひきしまって長く伸びていることで、しっかりして正しい意味になる。

名前 ただ・のり・まさ・きわめ・ただし・つとむ
参考 新表記では、「挌」「骼」の書きかえに用いる熟語がある。

【格外】なみはずれ。特別。

【格技】格闘競技の略。柔道・剣道・相撲のようにふたりで戦い、力くらべをする競技。

【格言】いましめとなるよいことば。金言。至言。

【格殺】手で打ちころす。＝挌殺
【格式】一①きまり。規則。②身分。階級。儀式。二格と式。いずれも昔の法制で、格は、刑法その他の法令運用の規則、式は、法令施行上のこまかい規則。

【格心】正しい心。

【格致】「格物致知」の略。

【格調】①詩歌の風格や調子。②人がら。人格。

【格闘(鬪)】手でうちあって戦う。組みあい戦う。組みうち。＝挌闘
【格物致知】物事の道理をきわめて、自分の知識を完成すること。一説に、すべてのことについて心をただし、先天的な良知をみがくこと。〈大学〉

【格別】①とりわけ。特別。格段。②国とにかく。とりたてて。たいして。

【格律】文章や詩を作る上の方式や基準。

【格虜】主人にはむかう下僕。

【格令】きまり。規則。

【格子】国細い木のさんをたてよこに組んで作ったもの。「格子戸」【――縞】国こうしの目を表したしま。また、そういうしまの織物。

【格天井】国こうしの目のように、さんのつくって「ある天井。
◆人格・主格・失格・本格・同格・合格・体格・価格・性格・変格・骨格・破格・規格・資格・厳格・目的格・所有格・二重人格

木6【核】〔10〕 常 カク　J 1943 補 ― U 6838
旧字 木6【核】〔10〕 カク 漢 入 陌 hé ホー　J ― 補 ― U ―
筆順 一 十 才 木 杧 柼 核 核
意味 ①〈さね〉たね。果実の中で種子をつつむもの。また、種子をもつ果実。「核果」②しん。なかみ。また、中心。かなめ。「核心」③かたい。④きびしい。⑤しらべる。ただす。＝覈 ⑥現細胞核。原子核。

解字 [seal] 形声。木が形を表し、亥が音を示す。亥には骨の意味がある。核は、木の皮を骨組みとした、野蛮人の容器のこと。後に、覈と通じて、果実のさねをいうようになった。また、亥は外がわの固いことで、やしの実や、桃李のさねをいうとする。音カクは、亥の音カイの変化。

【核実(實)】事実や実際をしらべる。

【核心】①果実の種。さね。②中心。重要。かなめ。

【核桃】木の名。種は薬用または菓子などに使う。くるみ。胡桃。

△▼中核・結核・原子核

木6【栝】〔10〕 一カツ(クヮツ)漢 一入 曷 guā コワ 二テン漢 二上 琰 tiǎn ティエン J①8563 補3544 U681D

意味 一①木の名。びゃくしん。ヒノキ科。②〈ためぎ〉物のゆがみをなおす道具。また、ただすこと。「檃栝」 二かまどの火をかきたてる棒。

木6【栞】〔10〕 人 カン漢 平 寒 kān カン J5957 補― U681E

意味 ①切りとる。けずりとる。‖刊 ②〈しおり(しをり)〉山林を行くとき、木の枝を折って目じるしにするもの。③しおる。道しるべにする。④修正する。国〈しおり(しをり)〉読みかけた書物の中に目じるしにはさむもの。転じて、手引き・案内。

解字 [seal] 形声。木が形を表し、幵が音を示す。木を斜めに切って通路の標識にしたもの。みちしるべ、しおりのこと。音カンは、幵の音ケンの変化。

【栞行】書物など、印刷して世に出す。刊行。印行。

木6【桓】〔10〕 標 カン漢呉 平 寒 (クヮン) huán ホワン J2028 補― U6853

意味 ①昔、宿場・役所などのしるしに立てた木。②木の名。葉は柳に似る。③大きい。④桓桓は、いさましいさま。また、雄大なさま。⑤盤桓は、ぐるぐるめぐるさま。⑥姓。

姓 桓原

参考 「垣」は別字。

【桓圭】三公が天子から封ぜられるときにいただく印。長さ九寸、木が柱をつらぬいた形にかたどる。

【桓公】春秋時代、斉国第十五代の王。名は小白。名臣管仲にたすけられ、春秋五覇の第一人者となった。

【桓魋】春秋時代、宋の大夫であった向魋のこと。

【桓文】春秋時代の斉の桓公と、晋の文公。ともに覇者として有名。

【桓霊(靈)】後漢の桓帝と霊帝。ともに無徳の暗君。

木6【桕】〔10〕 キュウ漢 上 有 (キウ) jiù チウ J②1467 補3560 U6855

意味 烏桕は、木の名。なんきんはぜ。トウダイグサ科。‖烏臼

木6【栱】〔10〕 キョウ漢 上 腫 gǒng コン J①8565 補3552 U6831

意味 ①大きなくい。②〈ますがた〉柱の上に置いて棟木を支える角材。とがた。「枓栱」

木6【框】〔10〕 キョウ漢 平 陽 (キャウ) kuàng コワン J5958 補― U6846

意味 ①〈かまち〉戸や窓をはめこむ周囲の枠。「門框」②枠。フレーム。③棺の口。棺門。

木6【栩】〔10〕 ク漢 上 麌 xǔ シュイ J5959 補― U6829

意味 ①木の名。くぬぎ。ブナ科の落葉高木。②栩栩は、うっとりするさま。また、のびのびと喜ぶさま。

木6【桂】〔10〕 人 ケイ漢呉 去 霽 guì コイ J2343 補― U6842

意味 ①〈かつら〉㋐香木の名。肉桂・木犀などの総称。㋑月にはえているという伝説上の木。転じて、月。②「広西チワン族自治区」の別名。国〈かつら〉木の名。カツラ科の落葉高木。

解字 [seal] 形声。木が形を表し、圭が音を示す。圭は天子が諸侯に賜う玉である。桂の実の形が圭に似ているために、できた字であろうか。

名前 かつ・よし

【桂男】国①月に住むという仙人。②月をさす。③美男子。

【桂庵】国①奉公や縁談の紹介者。くちいれや。②おせじ。ついしょう。‖慶安・慶庵

【桂冠】桂のかんむり。

【桂月】①月の別名。月の中にかつらの木がはえているという言い伝えにもとづく。②陰暦八月の別名。

【桂子】かつらの実。

【桂枝】かつらの枝。

【桂舟】かつらの木で作った舟。美しい舟のたとえ。

【桂秋】秋の別称。秋に木犀の花が咲くことにちなむ。

【桂楫】かつらの木で作った、かい。かいの美称。

【桂漿】香料にかつらを用いた飲み物。かおりのよい飲料。

【桂罇】かつらの木で作った酒だる。‖桂尊

【桂殿蘭(蘭)宮】かつらや木蘭(ともに香木)で造った宮殿。りっぱな御殿。桂と蘭は木造の建造物を美しく形容することば。〈王勃・滕王閣序〉

【桂棟】肉桂の木で作ったむな木。「桂棟兮蘭橑」(かつらや木蘭で作ったむな木やたるき。香木づくりのりっぱな家。)〈楚辞・湘夫人〉

【桂櫂兮蘭(蘭)槳】かつらの木で作ったさお、あららぎのかい。さおやかいを美しく言ったもの。兮は、語調をととのえる助詞。〈蘇軾・前赤壁賦〉

【桂林荘(莊)】国広瀬建(淡窓)が開いた塾の名。豊後(大分県)の日田にあった。

【桂林一枝】かつらの林の中の一本の枝。人なみすぐれた才能のたとえ。晋の郤詵が雍州の知事に赴任するとき、天子の問いに答えて、自分が天子に奉った対策は天下第一であったが、それとて「桂林之一枝、崐山之片玉」(崐山は山の名。ここから出る玉は天下の宝物といわれる。)のようなもの、と言った故事にもとづく。〈晋書・郤詵伝〉

『折レ桂』官吏の採用試験に及第する。〈避暑録話〉

△▼月桂・肉桂

木6【栔】〔10〕 一ケイ漢 一ケ呉 一去 霽 qì チー 二ケツ漢 二ケチ呉 二入 屑 qiè チエ J― 補3542 U6814

意味 一刻む。‖契 二断ち切る。‖鍥

木6【枅】〔10〕 ケイ漢 平 斉 jī チー J― 補― U2F8E0

木4【枅】〔8〕 俗字 J5939 補― U6785

意味 〈とがた〉ますがた。むなぎを受ける横木。

木6
【桔】〔10〕人 ケツ漢 キツ慣 jié チエ 屑 J2143 U補6854
意味 ①桔梗(けっこう|ききょう)は、草の名。ききょう。日本では秋の七草の一つ。②桔槔(けっこう)は、はねつるべ。てんびんのしかけを応用して井戸水をくむ道具。＝頡槔(けっこう)

木10【欅】〔14〕同字 J―― U補3BAE

木6
【桀】〔10〕ケツ漢 jié チエ 入 屑 J―― U補――
木7【桝】〔11〕俗字 J5960 U補6840
意味 ①〈とぐら〉鶏のとまり木。②になう。かつぎあげる。③死刑。罪人を引き裂く。＝磔 ④すぐれる。ひいでる。＝傑 ⑤あらあらしい。わるがしこい。⑥夏(か)王朝の最後の天子。
【桀黠】(けっかつ) わるぢえがあってあらあらしいこと。＝桀猾
【桀紂】(けっちゅう(ちう)) 夏(か)の桀王と殷(いん)の紂王。ともに暴君。「桀紂乃忘ニ其身一(けっちゅうはすなわちそのみをわする)」(夏の桀王や、殷の紂王は自分の身を忘れて、ぜいたくざんまいをした。暴君の最もひどい例。)〈十八史略・唐〉
【桀溺】(けつでき) 人名。「論語」微子篇に登場する隠者。
【桀犬吠レ尭(堯)】(けつのいぬぎょう(げう)にほゆ) 暴君桀の犬は主人に忠義だてして、聖天子の尭にほえかかる。悪人の手下が、相手かまわず乱暴することにいう。〈史記・鄒陽(すうよう)列伝〉

木6
【桊】〔10〕 一ケン漢 去 霰 juàn チュワン 二ケン漢 平 先 quān チュワン J3558 U補684A
意味 一牛の鼻輪。二木を曲げて作った器。椀(わん)。鉢(はち)。＝棬(けん)

木6
【桍】〔10〕 コ漢 平 虞 kū クー J5961 U補684D
意味 木の名。

木6
【校】〔10〕学1 コウ J2527 U補6821
旧字 木6【校】〔10〕 一コウ(カウ)漢 キョウ(ケウ)呉 去 效 xiào シアオ 二コウ(カウ)漢 キョウ(ケウ)呉 去 效 jiào チアオ J―― U補――

筆順 一 十 オ 木 木' 木六 杉 校

意味 一①まなびや。学校。②まねる。ならう。＝効(こう) ③姓。④現軍人の階級。将官の下、尉官の上。二①かせ。手・足・首などにはめて拘束する刑具。また、かせをはめる。②柵(さく)。やらい。また、ふせぐ。③とりで。軍営。④古代の軍隊編制単位。歩兵五百人から成る。⑤官名。㋐武官。校尉。㋑軍の指揮官。㋒役人。→校人(こうじん) ⑥〈くら・べる(――・ぶ)〉(優劣を)比較する。＝挍・較(こう) ⑦しらべる。調査する。⑧〈かぞ・える(――・ふ)〉 ⑨〈かんが・える(――・ふ)〉ひきくらべて考える。⑩〈ただ・す〉(文字の誤りを)訂正する。「校讐」⑪〈ほぼ〉およそ。

解字 形声。木が形を表し、交(かう)が音を示す。交には、まじわるという意味がある。校は罪人の手足を組み合わせてしめつける、木でできた刑罰の道具、「かせ」である。そこから、しらべるとか、しきりの中のものという意味ができた。

名前 とし・なり

【校倉】(あぜくら) 国昔の建築の一種。角材・三角材・円材を横に組んで造った倉庫。正倉院(しょうそういん)などの様式。

【校尉】(こうい(ゐ)) 漢代以後設けられた官名。天子・王族を護衛する武官。

【校閲】(こうえつ) ①調べて見ること。②文書の誤りなどを調べ見ること。

【校覈】(こうかく) 比べあわせて調べる。

【校勘】(こうかん) ①調べ考えること。②書物をくらべて、誤りをなおすこと。

【校計】(こうけい) 相談。「当レ興ニ校計一(まさにこうけいをおこすべし)」(きっと取り調べの相談が起こるだろう。)〈古詩・孤児行(こじこう)〉

【校合】(こうごう(かう)|きょうごう(けう)) 原本とてらしあわせて、あやまりをただすこと。

【校舎】(こうしゃ) ①学校。②学校の建物。

【校讐】(こうしゅう(かう)(しう)) ひとりが読み、ひとりが引きあわせて、書物のあやまりをただすこと。校正。

【校書】(こうしょ) ①諸本を比較して異同・正誤を調べること。校合。②宮中の重要図書を校定する官。校書郎(こうしょろう)。③芸妓(げいぎ)の異称。

【校人】(こうじん) ①池・沼・沢などの事をつかさどる小役人。②周代、馬の管理をつかさどった役人。

【校正】(こうせい) 原本や原稿とくらべてみて、印刷のあやまりを「ただすこと。

【校注(「註」)】(こうちゅう(かう)(ちう)) 校合(きょうごう)と注釈。原文を校定し、注釈をそえたもの。

【校長】一(こうちょう(かう)(ちゃう)) ①部隊の長。②官名。漢代、天子の陵墓を管理した。二(シアオチャン) xiàozhǎng 現校長。学長。

【校定】(こうてい(かう)) 書物の字句などを、くらべてきめること。

【校訂】(こうてい(かう)) 書物の字句を訂正すること。校正。

【校本】(こうほん(かう)) 諸本を比較校合(きょうごう)して、その差違を示した本、または正した本。校定本。＝挍本
【校了】(こうりょう(かう)(れう)) 印刷物の校正が完全に終わること。

【校猟(獵)】(こうりょう(かう)(れふ)) 柵で動物を囲い込み、その中で猟をすること。また、猟をすること。
◆▼入校(にゅうこう)・下校(げこう)・分校(ぶんこう)・休校(きゅうこう)・在校(ざいこう)・学校(がっこう)・放校(ほうこう)・退校(たいこう)・将校(しょうこう)・転校(てんこう)・検校(けんぎょう)・登校(とうこう)

木6
【桁】〔10〕常 けた 一コウ(カウ)漢 平 庚 héng ホン 二コウ(カウ)漢 平 陽 háng ハン 三コウ(カウ)漢 去 漾 hàng ハン J2369 U補6841

筆順 一 十 オ 木 木' 木彳 桁 桁

意味 一〈けた〉①柱・梁(はり)の上にかけ渡す横木。梁と直角にかけて垂木(たるき)を支える。②(ものの上にかけ渡す)横木。二①〈かせ〉罪人の首や足にはめて拘束する刑具。②浮き橋。三衣装かけ。「衣桁(いこう|えこう)」国〈けた〉そろばんの玉をつらぬくたての棒。転じて、数の位。くらいどり。

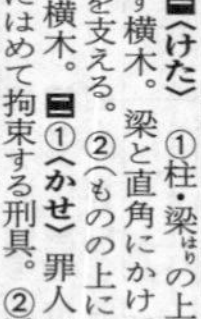
(桁一①)

解字 形声。木が形を表し、行(かう)が音を示す。行は、甲骨文や金文によれば、十字路の象形で、進む、行列などの意味を表す。桁は、行列のかたちをしたもの、横木などを示す。

木6
【栲】〔10〕コウ漢 (カウ) 上 皓 kǎo カオ J5962 U補6832
木6【椁】〔10〕同字 J②1459 U補23465
意味 ①㋐ぬるで。ウルシ科の落葉高木。山樗(さんちょ)。㋑ブナ科シイ属の総称。②栲栳(こうろう)は、細く割いた木や柳の枝を編んで作った容器。＝筹筅 たく。国〈たえ(たへ)〉梶(かじ)の木などの皮の繊維(せんい)で織った布。「白栲(しろたえ)」「和栲(にぎたえ)」

木6
【桄】〔10〕 一コウ(クヮウ)漢 去 漾 guàng コワン 二コウ(クヮウ)漢 平 陽 guāng コワン J②1463 U補3556 U補6844
意味 一①みちる。②船・車などに用いられている横木(よこぎ)。二桄榔(こうろう)は、木の名。くろつぐ。ヤシ科の常緑高木。砂糖椰子(さとうやし)。

心(忄·⺗)戈戸(戸)手(扌)支攴(攵) 4画 文斗斤方无(旡·旡)日曰月(月)木欠止歹殳毋比毛氏气水(氵·氺)火(灬)爪(爫)父爻爿片牙(牙)牛(牜)犬(犭)

心(忄・⺗)戈戸(戶)手(扌)支攴(攵) 4画 文斗斤方无(旡・旡)日曰月(⺝)木欠止歹殳毋比毛氏气水(氵・氺)火(灬)爪(⺥・⺤)父爻爿片牙(牙)牛(牜)犬(犭)

木6【桻】〔10〕 コウ(カウ) 漢 平 江 ／ ゴウ(ガウ) 呉 xiáng シアン　U補J 3543 6819

意味 桻𣟴(こうそう)は、船の帆(ほ)。

木6【根】〔10〕3 学 ね コン　コン 漢 平 元 ／ コン 呉 gēn ケン　U補J 2612 6839

筆順 一 十 才 木 杓 杓 根 根 根

意味 ①〈ね〉㋐草木のね。㋑つけね。下部。㋒物事の生ずるもと。みなもと。また、よりどころ。②ねざす。㋐ねを張る。㋑もとづく。③つきつめる。つきとめる。④徹底的に。⑤ねこそぎにする。⑥仏たち。本来の性。「性根」⑦仏認識・知覚を生ずるはたらき。また、感覚器官。⑧現細長い物を数える量詞。国〈こん〉①ひとつの事を続ける気力。根気(こんき)。②数方程式を満足させる未知数の値。③数ある数を何乗かした数に対するそのもとの数。累乗根。「平方根」④理イオンになる傾向のある基。

解字 形声。木が形を表し、艮(こん)が音を示す。艮には、とどまるという意味がある。根は木のじっと止まって動かない部分、木の地下にある、「ねもと」をいう。

名前 もと　姓 根来(ねごろ)・根路銘(ねろめ)　地名 根室(ねむろ)

【根幹】(こんかん) ①根と、みき。②ねもと。根本。③中心となるたいせつな部分。

【根気(氣)】(こんき) ①生まれながらの性質。気質。②国長く続けていられる気力。こん。忍耐力(にんたいりょく)。

【根拠(據)】一(こんきょ) ①よりどころにする。②よりどころとする場所。ねじろ。「根拠地」③物事のよりどころとなるもの。二(ケンチュイ) gēnjù 現一に同じ。

【根茎(莖)】(こんけい) ①根とくき。②ねもと。基礎。③植地下茎の一種。たけ・はすなどのような地下茎。

【根元】(こんげん) もと。おおもと。おこり。根本。

【根源】(こんげん) ①草木の根と水のみなもと。②物事のもと。はじめ。根元。根本。

【根性】(こんじょう(じゃう)) ①仏人間が生まれながらに持つ善悪をともに行う性質。②本性。本質。③国生まれつきの性質。しょうね。こころね。④国強い精神力。

【根絶】(こんぜつ) ①根からきりとる。②物事を根本的になくす。ねだやし。

【根蔕】(こんたい・こんてい) ①根と、へた。ねもと。②物事のどだい。よりどころ。根拠。基礎。

【根治】(こんじ(ち)) ①根本からなおす。また、なおる。②根づよい病気を完全になおす。

【根底】(こんてい) ①根と底。ねもと。②物事の土台。よりどころ。〔＝根柢〕

【根柢】(こんてい) 「根底」に同じ。

【根本】一(こんぽん) ①草木の根。ねもと。もと。②おおもと。基礎。③もともと。本来。二(ケンペン) gēnběn 現①一に同じ。②まったく。徹底的に。

◇大根(だいこん)・尾根(おね)・性根(しょうね)・屋根(やね)・垣根(かきね)・球根(きゅうこん)・善根(ぜんこん)・禍根(かこん)・塊根(かいこん)・精根(せいこん)

木6【栽】〔10〕常 サイ　一 サイ 漢 呉 平 灰 zāi ツァイ ／ 二 サイ 漢 去 隊 zài ツァイ　U補J 2647 683D

筆順 十 土 土 𡈼 𡈼 𡈽 𢦏 栽 栽

意味 一①〈う・える(―・う)〉苗木(なえぎ)をうえる。②若いひこばえ。また、苗木。③うえき。うえこみ。④(他人に)おしつける。⑤現ひっくりかえる。二ついじいた。土塀(どべい)を築くときに、両側に立てる長い板。また、ついじいたを立てる。

解字 形声。木が形を表し、𢦏(さい)が音を示す。𢦏には、立てる意味がある。栽は、土べいを作るとき、木を立てて、板をわたし、その中に土をつめるのに使う木で、転じて、樹木を植えることになった。また、𢦏には、断ち切る意味があり、木を切るのが栽で、衣を切るのが裁であるともいう。

名前 たね

参考 「裁(さい)」は別字。

【栽植】(さいしょく) 植物を植えつける。

【栽培】(さいばい) ①植物を植え育てる。うえつちかう。②人材を養成する。

◇盆栽(ぼんさい)・前栽(ぜんざい・せんざい)

木6【柴】〔10〕人 標　一 サイ 漢 平 佳 chái チャイ ／ 二 サイ 漢 去 卦 zhài チャイ ／ 三 シ 漢 去 寘 zì ツー ／ 四 シ 漢 平 支 cī ツー　U補J 2838 67F4

意味 一①〈しば〉小さな雑木(ぞうき)。また、まき。②祭祀(さいし)の名。まきを燃やして天をまつる。③姓。二①木で周囲をかこむ。②とりで。木の柵(さく)。＝砦・寨(さい) ③ふさぐ。とじる。三積み重ねたもの。四柴池(しち)はふぞろいなさま。＝差池(しち)

名前 しげ　難読 柴垣(ふし)

【柴扃】(さいけい) しばをたばねて作った門。枝折戸(しおりど)。柴扉(さいひ)。

【柴荊】(さいけい) ①しばといばら。②しばの戸。あばらや。

【柴車】一(さいしゃ) かざりのない、そまつな車。二(しばぐるま) ①しばをつんだ車。②しばをたばねて、山からころがし落とすこと。

【柴薪】(さいしん) しばとたきぎ。そだ。薪柴。

【柴扉】(さいひ) ①しばのとびら。しばの戸。柴門。「柴扉暁出霜如雪(さいひあかつきにいずればしもゆきのごとし)」(早朝にしばの戸を開いて出ると、霜が雪のようにおりて寒さは身にしみる。)〈広瀬建の詩・桂林荘雑詠示諸生(けいりんそうざつえいしょせいにしめす)〉②わびずまい。

【柴望】(さいぼう(ばう)) しばを燃やして天の神をまつり、山川を望んで地の神をまつること。

【柴門】(さいもん) ①しばの門。そまつな住まい。②門をとじること。

【柴野栗山】(しばのりつざん) 人名。江戸時代の漢学者。名は邦彦(くにひこ)。栗山は号。寛政三博士のひとり。(一七三六～一八〇七)

木6【栈】〔10〕常 サン　旧字 木8【棧】〔12〕　一 サン 漢 去 諫 zhàn チャン ／ 二 サン 漢 上 潸 zhàn チャン ／ 三 セン 漢 上 銑 zhàn チャン　U補J 2723 685F ／ U補J 6002 68E7

筆順 一 十 才 木 杙 杙 栈 栈 栈

意味 一二三①楼閣。日よけ。＝棚 ②〈かけはし〉険しい崖(がけ)などに板を渡して作った橋。③柵(さく)。④竹や木で編んだものを幌(ほろ)とした車(くるま)。また、柩(ひつぎ)を載せる車。⑤倉庫。「貨栈」⑥宿屋。「客栈」国〈さん〉①板が反(そ)るのをふせぐために打ちつける横木。②戸や障子(しょうじ)の骨。③ねだ。床下にわたす横木。

(栈②)

解字 形声。木が形を表し、戔(さん)が音を示す。戔には、ばらばらにする、そぎとる、という意味がある。棧は、竹を木片のようにし、組み合わせて作ったかごである。たなのような形で、下にしくものをもいうので、「かけはし」の意味にもなる。

難読 栈敷(さじき)(付表)

【栈敷】(さじき) 国①見物のために一段高く構えたゆか。②劇場で、中央土間の左右に高く構えたゆかの見物席。【——峡(峽)雨日記】書名。二巻。竹添光鴻の著。四川省を中心に遊覧した紀行文。峡雨は、「こうう」とも読む。
【桟雲】桟道のあたりにかかっている雲。
【桟道】道のけわしい所に板などを並べてたなのように作った道。かけはし。桟径。桟閣。

木6
【栨】〔10〕
シ 漢 | 去 寘 | cì ツー | J 3546 補 — U 6828
意味 ①門や戸の上に渡した梁。②できもの。

木6
【栭】〔10〕
ジ 漢 | 平 支 | ér アル | J ②1458 補 3549 U 682D
意味 ①〈ますがた〉柱の上で梁を支える角材。②木の名。しばぐり。栗の一種。③きのこの類。「芝栭」

木6
【桎】〔10〕
シツ 漢 | 入 質 | zhì チー | J 5963 補 — U 684E
意味 ①〈あしかせ〉罪人の足にはめて自由をうばう刑具。②ふさぐ。③しばる。とらえる。自由をうばう。
【桎梏】①足かせと手かせ。②きびしい束縛。自由をうばうもの。梏桎。

木6
【株】〔10〕 学6
かぶ
シュ 漢 | 平 虞 | zhū チュー | J 1984 補 — U 682A
筆順 一 十 才 木 朩 朩 杵 株
意味 ①〈かぶ〉〈くいぜ(くひぜ)〉地面に現れている木の根や幹。②草や木。③草木を数える量詞。④闘鶏で勝った方をいう。国〈かぶ〉①売買・譲渡のできる、特定の業界における身分・地位・営業上の権利。②株式。株券。③集団内におけるその人の身分・評価。「古株」④得意なこと。「お株」
解字 形声。木が形を表し、朱が音を示す。朱には、あかいの意味を含む。株は地中から出た木の根のあか茶色をしている部分をいう。一説に、朱は主と同じで、木の根本のみきをいうとする。
名前 もと・より
【株塊】きりかぶと土くれ。理性・感情のないもののたとえ。
【株守】↓「守株」(三六三ジ・上)
【株連蔓引】罪人の関係者をいもづる式に逮捕する。株蔓。
〖守レ株〗↓「守株」(三六三ジ・上)
◇▼切株・古株・持株・新株

木6
【栒】〔10〕
一 シュン 漢 | 一 平 真 | xún シュン
二 シュン 漢 | 二 上 軫 | sǔn スン
J — 補 — U 6812
意味 一①木の名。②栒邑は、陝西省の古い県名。今は「旬邑」と書く。二鐘・磬などの楽器をつるす横棒。

木6
【栻】〔10〕
ショク 漢 | 入 職 | shì シー | J ②1461 補 3554 U 683B
意味 吉凶をうらなうのに用いる道具。

木6
【栖】〔10〕 人 標
一 セイ 漢 | 一 平 斉 | qī チー
二 セイ 漢 | 二 平 斉 | xī シー
J 3220 補 — U 6816
意味 一＝棲 ①〈す・む〉㋐鳥が巣にすむ。㋑やどる。②〈す〉すみか。二栖栖は、いそがしいさま。あくせくする。
参考 ①新表記では、「生」に書きかえる熟語がある。②栖は「棲」(六五〇ジ・中)の中国新字体としても使う。
【栖鶻】はやぶさが住んでいる。
【栖息】①とまって休む。②やどる。住む。＝生息・棲息
【栖遅(遲)】①ゆっくりと休む。休息する。②官職につかないでいること。＝棲遅

木6
【栬】〔10〕
セイ 漢 | 去 霽 | zuì ツォイ | J ①8564 補 3548 U 682C
意味 小さなくい。国〈もみじ(もみぢ)〉紅葉。

木6
【栓】〔10〕 常
セン
旧字 木6 【栓】〔10〕
セン 漢 | 平 先 | shuān ショワン
J 3282 補 — U 6813
筆順 一 十 才 木 朩 朩 栓 栓
意味 ①木の釘。②ものを開閉する部分。③かんぬき。＝閂 ④現瓶などの口をふさぐもの。国木の名。せんのき。ウコギ科の落葉高木。
解字 形声。木が形を表し、全が音を示す。全には、あつまるとか完全とかの意味がある。栓は、穴をふさいで完全にする木のくぎ。また、全は丸い意味を含むので、栓は穴をふさぐ丸い木ともいう。

木6
【栫】〔10〕
セン 漢 | 去 霰 | jiàn チエン | J 5965 補 — U 682B
意味 ①細い木の枝を立ててふさぐ。②かこむ。③かきね。④たてしば。水中に木の枝をならべ立てて魚をとらえる道具。

木6
【栴】〔10〕
セン 漢 呉 | 平 先 | zhān チャン | J 3283 補 — U 6834
意味 栴檀は、香木の名。ビャクダン科の常緑高木。白檀。＝旃檀 国栴檀は、木の名。センダン科の落葉高木。棟。

木6
【桑】〔10〕 常
ソウ くわ
ソウ(サウ) 漢 呉 | 平 陽 | sāng サン | J 2312 補 — U 6851
筆順 フ ヌ 叒 叒 叒 桑 桑 桑
木6 【桒】〔10〕 俗字 J — 補 — U —
木5 【桒】〔9〕 俗字 J ①8562 補 3541 U 6852
意味 ①〈くわ(くは)〉木の名。クワ科の落葉樹。葉は蚕の飼料。②くわの葉を摘む。③くわを植え蚕を飼う。養蚕。「農桑」④姓。
解字 会意。叒と木を合わせた字。叒は、若という字の、口を除いた字で、やわらかい枝葉のしげっている形である。桑は、葉がやわらかく、かいこの食べる木で、「くわ」のこと。
姓 桑宮城 地名 桑名
【桑乾】①川の名。桑乾河。山西省北部から河北省北西部に流れる。永定河の上流。②地名。漢代におかれた県名。今の河北省蔚県東北。
【桑間】河南省の地名。〖——濮上之音〗みだらで国を滅ぼす音楽。
【桑戸】①くわの枝で作った戸。まずしい家。②古代の隠者、子桑戸の名。
【桑弧】くわの木の弓。〖——蓬矢〗昔、男子が生まれると、くわの弓とよもぎの矢を用いて天地四方を射、将来四方に発展することを祝ったこと。また、男子が志を立てること。〈礼記・内則〉
【桑綆】くわの皮でなった縄。
【桑梓】①くわとあずさ。昔、かきねの下に植えて子孫に残し、くらしのたすけにした。②ふるさと。故郷。
【桑柘】くわ。柘は、山ぐわ。
【桑田】くわばたけ。【桑田碧海】くわばたけが、いつのまにか変わって青々とした海となる。時勢の移り変わりがはげしいたとえ。〈盧照鄰の詩・長安古意〉↓「滄桑之変」(七四五ジ・下)〖——変(變)為(爲)レ

海」に同じ。〈盧照鄰の詩・長安古意〉

【桑土綢繆】そう(さう)どちゅう(ちう)びゅう(びう) 鳥が桑の根をとって来て、巣の穴をふさいで風雨をふせぐということから、災いを起こる前にふせぐこと。〈詩経・鴟鴞〉

【桑年】そう(さう)ねん 四十八歳のこと。桑の字の異体である「桒」を十が四つと八と見ることによる。

【桑麻】そう(さう)ま くわとあさ。転じて、農作物や農事をいう。【――之交】そう(さう)まのまじわり(まじはり) 田園で生活する者同士の、農事について語りあう気取らない付き合い。

【桑門】そう(さう)もん 仏ぼうさん。僧侶。沙門。

【桑楡】そう(さう)ゆ ①くわとにれ。②西方の日がしずむ所。③日暮れ。④晩年。老年。⑤死期。

【桑林禱辞(辭)】そう(さう)りんとう(たう)じ 殷の湯王が天にあまごいをしたときの詩の文句。

【桑海之変(變)】そう(さう)かいのへん 「桑田碧海」に同じ。

【桑滄之変(變)】そう(さう)そう(さう)のへん 「桑田碧海」に同じ。

【桑中之約】そう(さう)ちゅう(ちう)のやく 男女がくわばたけでこっそり会う約束をするということから、男女の密会、みだらな約束をいう。〈詩経・桑中〉

【桑林之舞】そう(さう)りんのまい(まひ) 殷の湯王の時、作られた舞。〈荘子・養生主〉

木6【梱】〔10〕 タ 漢 去 箇 duǒ トゥオ | J ②1468 補 3561 U 6857

意味 ①木の根。株。②花などを数える量詞。‖朶

木6【桃】〔10〕 常 トウ もも | トウ 漢 平 豪 (タウ) táo タオ | J 3777 U 6843

筆順 一 十 才 木 木丿 杉 机 桃

意味 ①〈もも〉果樹の名。また、その実。バラ科の落葉亜高木。不老長寿・魔除けの力をもつとされていた。②美女のたとえ。③春秋時代、魯の地名。今の山東省汶上県にあった。④姓。

解字 形声。木が形を表し、兆が音を示す。兆には二つにわれる意味がある。桃は、果実に割れめのある木で、もものこと。一説に、兆はきざしの意味で、桃は妊娠の初めに飲むジュースのもとになる木であるともいう。音タウは、兆の音テウの変化。

姓 桃原 地名 桃生 難読 桃花鳥

【桃花源記】とう(たう)か(くゎ)げんき 文章の題。晋の陶潜の作。湖南省武陵のある漁夫が偶然桃源郷にたどりつき、帰って来てまたたずねたが、二度と道が見つからなかったという物語。

【桃花水】とう(たう)か(くゎ)すい ももの咲くころ、氷がとけてみなぎり流れる水。三月の桃花水。「桃花水暖送二軽舟一(桃花水が暖かく流れて軽快に舟を走らせる。)」〈藤井啓の詩・花朝下二澱江一〉

【桃花扇】とう(たう)か(くゎ)せん 戯曲の名。清の孔尚任の作。

【桃源】とう(たう)げん ①山名。一名桃花源。湖南省桃源県の西南にある。②俗世間をはなれた、美しい清らかな夢のような別天地。桃源郷。ユートピア。→桃花源記

【桃弧】とう(たう)こ ももの木で作った弓。【――棘矢】とう(たう)こきょくし ももの木で作った弓と、いばらで作った矢。いずれも災いを払うことができると伝えられている。

【桃符】とう(たう)ふ ももの木で作ったふだ。門にかかげて魔よけに用いる。

【桃夭】とう(たう)よう(えう) ①「詩経」周南の編名。②「桃夭」の詩の内容から、嫁入りの時節をいう。

【桃李】とう(たう)り ①ももとすもも。②自分の推薦した人材。③自分のとりたてた門人。【――不レ言、下自成レ蹊】とう(たう)りものいわ(は)ざれども、したおのずから(おのづから)けいをなす もももすももは何も言わなくても、人が集まって来て、その木の下にこみちができる。徳のあるりっぱな人には、自然とほかの人がなつき従ってくるというたとえ。〈史記・李将軍列伝賛〉

【桃山時代】ももやまじだい 国豊臣秀吉が活躍した時代。秀吉が作った伏見城を桃山城ともいうことにもとづく。

◆白桃・胡桃・桜桃

木6【桐】〔10〕 人 トウ 漢 平 東 ドウ 慣 tóng トン | J 2245 補 U 6850

意味 ①〈きり〉木の名。ゴマノハグサ科の落葉高木。家具・琴などの用材となる。②梧桐は、あおぎり。アオギリ科の落葉高木。③琴。「桐君」④とおる。とおす。‖通 ⑤こども。‖僮

解字 形声。木が形を表し、同が音を示す。同は中空のつつ状のものをいう。桐は、つつのような木で、「きり」をいう。

名前 ひさ 地名 桐生

【桐一葉】きりひとは 国①きりの葉が一枚落ちるのを見て、秋の来たことを知るということから、物事のおとろえ滅びるきざしをいう。②戯曲の名。明治時代、坪内逍遥の作。

【桐棺】とうかん(くゎん) 桐の木で作った棺おけ。そまつな棺おけをいう。【――三寸】とうかん(くゎん)さんずん 桐の木の、三寸の厚さの板で作った棺おけ。ごくそまつな棺おけをいう。〈韓非子・顕学〉

【桐梓】とうし 桐とあずさ。ともに良材。

【桐城】とうじょう(じゃう) 県の名。安徽省懐寧県の北にある。

【桐油】とうゆ 油桐の実からしぼった油。

【桐葉】とうよう(えふ) あおぎりの葉。

◆青桐・梧桐

木6【梅】〔10〕 学4 バイ うめ | J 3963 補 U 6885

旧字 木7【梅】〔11〕 人 バイ 漢 平 灰 méi メイ | J ①8569 補 U FA44

筆順 一 十 才 木 木𠂉 栴 梅 梅

木9【楳】〔13〕 或体 | J 3964 補 U 6973

木10【槑】〔14〕 同字 | J ②1529 補 3671 U 69D1

土4【坆】〔7〕 同字 | J ②0464 補 2329 U 5746

意味 ①〈うめ〉果樹の名。また、その実。バラ科の落葉高木。早春、白・淡紅色の花を開く。‖栂 ②つゆ。さみだれ。「入梅」③姓。

解字 形声。木が形を表し、毎が音を示す。毎には大きいという意味があるから、梅は大木をさすともいい、毎は、子孫がふえる意味があるから、子を生む木として、うめをさすともいう。古くは、地方によって、うめをさしたり、楠(くす・ゆずりは)をさしたりしたようである。

名前 め 難読 梅雨(付表)／梅桃

【梅雨】ばいう ①うめの実の熟するころに降る長雨。つゆのあめ。さみだれ。一説に、つゆのころは衣服などに黴が生じるので黴雨といい、字の音通で梅雨と書くという。②梅雨のころ。梅雨期。「梅雨前線」

【梅園】ばいえん(ゑん) 梅の木だけをうえた庭園。

【梅花酒】ばいか(くゎ)しゅ 梅の風味をつけた酒。梅酒の一種。

【梅尭(堯)臣】ばいぎょう(げう)しん 北宋の文人。字は聖兪。号は宛陵。

【梅信】ばいしん 梅の花のたより。梅の花が咲きはじめたしらせ。

【梅天】ばいてん 梅雨のころの空。つゆ空。陰暦五月の空。

【梅里先生】ばいりせんせい 徳川光圀の称号。中国、晋の陶潜(淵明)が、みずから五柳先生と称したことにあやかった。

【梅林】梅の木の林。
△入梅・白梅・紅梅・寒梅・塩梅・松竹梅

木6
【栰】〔10〕 ハツ 漢 入 月 fá ファー
意味 ①〈いかだ〉竹や木を組んで、海や川を渡るもの。大型のものを栰、小型のものを桴という。＝筏 ②大海を渡る船。
J 3551 補 U 6830

木6
【栿】〔10〕 フク 漢 入 屋 fú フー
意味 〈はり〉うつばり。屋根を受ける横材。
J 3555 補 U 683F

木6
【栗】〔10〕 人 ■一 リツ 漢 ■一 入 質 lì リー ■二 レツ 漢 ■二 入 屑 liè リエ
意味 ■一 ①〈くり〉果樹の名。ブナ科の落葉高木。また、その実。②みのる。ぎっしりと実る。③かたい。④＝凓 ㋐きびしい。㋑さむい。⑤恐れや寒さでふるえる。＝慄 ⑥栗栗は、㋐たくさんあつまっているさま。㋑おののくさま。⑦栗烈は、さむさがきびしいさま。■二 さく。＝裂
解字 [古字] 会意。鹵と木を合わせた字。鹵は実が下にたれさがる形。上を西にするのは、西方戦慄の形。一説に西はざるの形で、くりの実がはじけてざるの形のいが残ること。
姓 栗生・栗栖 地名 栗太・栗原
参考「栗」は別字。
【栗毛】国①馬の毛色の名。たてがみと尾が赤茶色、からだがこげ茶色。②くりげの馬。
【栗鼠】①小動物の名。動作が敏捷なので、すばやいたとえに引かれる。
△柴栗・勝栗
J 2310 補 U 6817

木6
【栵】〔10〕 レツ 漢 入 屑 liè リエ
意味 ①木の名。しばぐり。栗の一種。②小さな木が群生しているさま。
J ― 補 U 6835

木6
【栳】〔10〕 ロウ 漢 上 皓 (ラウ) lǎo ラオ
意味 栲栳は、容器の名。→栲(六三九ジ・下)
J ②1460 補 3533 U 6833

木6
【梇】〔10〕 国字
意味 〈かせ〉つむいだ糸をかけてまく工字形の道具。かせぎ。かせい。
J ①8566 補 3563 U 685B

木6
【栫】〔10〕 国字
意味 〈くれ〉姓氏などに用いる。栫林は姓。
J ②1455 補 U 2344B

木6
【梓】〔10〕 国字
意味 〈する〉姓氏や人名に用いる。梓子は姓。
J ②1454 補 U 23451

木6
【栣】〔10〕 国字
意味 〈やまぶき〉
J ②1453 補 U 2344A

木6【栧】〔10〕 同 ↓枻(六三一ジ・中)
木6【桍】〔10〕 俗 ↓柧(六三二ジ・下)
木6【梳】〔10〕 同 ↓梳(六四五ジ・上)
木6【梋】〔10〕 俗 ↓槌(六六〇ジ・上)
木6【档】〔10〕 俗 ↓檔(六七〇ジ・上)
木6【栟】〔10〕 同 ↓栟(六五一ジ・下)
木6【栾】〔10〕 俗 ↓欒(六七二ジ・下)
木6【臬】〔10〕 ↓自部四画(一〇三三ジ・中)
木6【桧】〔10〕 俗 ↓檜(六六九ジ・上)
木6【栲】〔10〕 同 ↓栲(六三九ジ・下)
木6【桌】〔10〕 同 ↓卓(一九五ジ・下)
木6【椿】〔10〕 同 ↓椿(六六四ジ・中)
木6【栢】〔10〕 同 ↓柏(六三五ジ・上)
木6【桒】〔10〕 同 ↓桑(六三五ジ・下)
木6【栟】〔10〕 同 ↓栟(六三〇ジ・下)
木6【乘】↓丿部九画(三八ジ・中)

木7
【械】〔11〕 学4 カイ 漢 去 卦 xiè シエ カイ 呉
J 1903 補 U 68B0
筆順 十 オ 木 朩 朩 械 械 械
意味 ①〈かせ〉手かせ。足かせ。罪人の手足を拘束する刑具。また、拘束する。②うつわ。道具・器具の総称。③武器。④からくり。しかけ。「機械」
解字 [篆文] 形声。木が形を表し、戒が音を示す。戒は、戈を廾(手)に持っている形で、いましめる意味を含む。械は、罪人の手足につけてこらしめる刑罰の道具。また、物を盛るうつわを器というのに対し、それ以外の道具を総称して械という。
【械器】うつわ。道具。器械。
【械繫】かせをはめて、ろうやにつなぐ。
【械闘(鬭)】集団同士が武器を持ってたたかうこと。
△器械・機械

木7
【桷】〔11〕 カク 漢 入 覚 jué チュエ
意味 〈たるき〉棟から軒に渡す角材。↕椽(丸いたるき) 国〈ずみ〉木の名。こりんご。バラ科の落葉高木。ひめかいどう。
J 5968 補 U 6877

木7
【梧】〔11〕 カツ(クヮツ) 漢 入 曷 kuò クオ カチ(クヮチ) 呉
意味 ①ためぎ。物のゆがみをなおす道具。＝栝 ②弓筈。弓の両端。＝栝・筈 ③木の名。びゃくしん。＝檜
J 3567 補 U 6870

木7
【桿】〔11〕 カン 慣 gǎn カン
意味 ①器具についた棒状の部分。軸。筒。＝杆 ②棍棒。
【桿菌】細長い細菌。チフス菌・赤痢菌など。バチルス。桿状菌。
J 5969 補 U 687F

木7
【梡】〔11〕 ■一 カン(クヮン) 漢 ■一 上 旱 kuǎn コワン ■二 コン 漢 ゴン 呉 ■二 平 元 hún フン ■三 カン(クヮン) 漢 ■三 平 寒 huán ホワン
意味 ■一 礼器の名。牲をそなえる四足の台。■二 ①割ってない薪。また、その束。②木の枝。■三 ①木の名。②こする。
J 3583 補 U 68A1

木7
【梂】〔11〕 キュウ 漢 平 尤 (キウ) qiú チウ
意味 ①くぬぎの実。②鑿の柄。
J ②1474 補 3575 U 6882

木7
【梜】〔11〕 キョウ 漢 入 葉 (ケフ) jiā チア
意味 ①文書をはさむ板。②食物をはさむ箸。＝筴「梜提」
J ②1481 補 3582 U 689C

木7
【梟】〔11〕 キョウ 漢 呉 平 蕭 (ケウ) xiāo シアオ
意味 ①〈ふくろう(ふくろふ)〉鳥の名。獰猛で、母鳥を食べる悪鳥と信じられた。不孝の象徴。＝鴞 ②わるい。凶悪な。③〈たけ・し〉あらあらしい。④首領。すぐれたもの。⑤山頂。⑥さらし首にする。⑦みだす。⑧食塩の密売人。「私梟」

【梟騎】たけだけしい騎士。勇敢な騎兵。

【梟獍】①親不孝者。「獍」は、父を食べる悪獣。②凶悪な者。

【梟首】昔の刑罰の一種。首を切って、木の上にかけてさらす。さらしくび。

【梟将(將)】勇敢で、すぐれた大将。

【梟臣】勢力がある悪い家来。

J 5970 補 U 689F

心(忄・⺗)戈戸(戶)手(扌)支攴(攵) 4画 文斗斤方无(旡・旡)日曰月(月)木欠止歹殳毋比毛氏气水(氵・氺)火(灬)爪(⺤・⺥)父爻爿片牙(牙)牛(牜)犬(犭)

【梟帥】(きょうすい(けう)) ㊀強い指揮者。勇ましい大将。㊁(たける) 国勇猛な種族のかしら。
【梟名】(きょうめい(けう)) 強剛だという評判。武勇のほまれ。
【梟雄】(きょうゆう(けういう)) ①勇ましく力の強い人。②わるぢえがあって、勢力の強い人。
【梟盧】(きょうろ(けう)) ばくちの名。賽の目で勝負が決まるばくち。

木7 【梮】〔11〕 キョク 漢 | 入 沃 jū チュイ — J — 補 3588 U 68AE
意味 ①〈かんじき〉山にのぼるときにはく、くぎのついたくつ。=檋 ②土をはこぶ道具。③食物をはこぶ道具。

木7 【桾】〔11〕 クン 漢 | 平 文 jūn チュン — J 5985 補 — U 687E
意味 桾櫏・桾櫁・桾杄は、果樹の名。さるがき。
姓 桾沢 地名 桾原

木7 【桱】〔11〕 ケイ 漢 キョウ(キャウ) 呉 | 去 径 jìng チン — J — 補 3568 U 6871
意味 ①寝台の前に置くひじかけ。②木の名。

木7 【梘】〔11〕 ㊀ケン 漢 | ㊀上 銑 jiǎn チエン ㊁ケン 漢 | ㊁去 霰 jiàn チエン ㊂ケン 漢 | ㊂去 霰 xiàn シエン — J ②1478 補 3580 U 6898
意味 ㊀かけい。水を引く竹や木の管。=筧 ㊁①栓。②棺の蓋。㊂しらべる。=検 国梘水は、中華麺に用いるアルカリ性の液体。=鹹水

木7 【梧】〔11〕 人 ㊀ゴ 漢 | ㊀平 虞 wú ウー ㊁ゴ 漢 | ㊁去 遇 wù ウー — J 2472 補 — U 68A7
意味 ㊀①〈あおぎり(あをぎり)〉木の名。アオギリ科の落葉高木。梧桐。②支柱。③ささえる。④姓。㊁①魁梧は、高大なさま。②さからう。=牾・迕
解字 形声。木が形を表し、吾が音を示す。木の名。あおぎり。
【梧下】(ごか) あおぎりで作った机のそば。転じて、手紙のあて名のわきに書く敬語。机下。梧右。
【梧檟】(ごか) ①あおぎりとひさぎ。②りっぱな材木。または、人材。
【梧桐】(ごとう) ①木の名。あおぎり。②国紋所の名。ごさんのきり。【——雨】(ごとうう) 戯曲の名。元代の白仁甫の作。唐の玄宗と楊貴妃の物語を脚色したもの。
【梧右】(ごゆう(いう)) 「梧下」に同じ。

【梧葉】(ごよう(えふ)) あおぎりの葉。

木7 【梗】〔11〕 常 コウ — コウ(カウ) キョウ(キャウ) 呉 | 漢 上 梗 gěng コン — J 2528 補 — U 6897
筆順 木 木一 朩 杅 柯 柯 桓 梗 梗
意味 ①はるにれ。ニレ科の落葉高木。とげがある。②とげのある草木。③草木の枝。茎。④正直な。⑤かたい。頑固な。⑥〈ふせ・ぐ〉さえぎる。⑦病。災難。⑧あらまし。大略。
解字 形声。木が意味を表し、更が音を示す。更には、改める、また、継ぐという意味がある。梗は、はるにれを表す。はるにれにとげがあることから、とげ、かたいなど、木の性質にそった意味が生まれた。
【梗概(槪)】(こうがい(かう)) ①あらまし。大略。②剛直な意気。慷慨。
【梗塞】(こうそく(かう)) つまってふさがる。「心筋梗塞」

木7 【梏】〔11〕 ㊀コク 漢 | ㊀入 沃 gù クー ㊁カク 漢 | ㊁入 覚 jué チュエ — J 5971 補 — U 688F
意味 ㊀①〈てかせ〉罪人の手にはめて自由をうばう道具。「桎梏」②しばる。とらえる。㊁①まっすぐ。②大きい。③みだす。

(梏㊀①)

【梏亡】(こくぼう(ばう)) ①みだし、ほろぼす。②何かに気をとられて、本心を失うこと。
【梏桎】(こくしつ) 「桎梏」(六四一ページ・上)に同じ。

木7 【梱】〔11〕 コン 漢 | 上 阮 kǔn クン — J 2613 補 — U 68B1
意味 ①〈しきみ〉門の内と外のしきりにする横木。しきい。=閫 ②打つ。たたく。=捆 ③そろえる。国〈こり〉こうり。荷づくりしたにもつ。梱包。また、それを数える語。
【梱外之任】(こんがい(ぐわい)のにん) 軍隊をひきいて、国境の外に遠征する将軍の任務。=閫外之任

木7 【梭】〔11〕 サ 漢 | 平 歌 suō スオ — J 5972 補 — U 68AD
意味 〈ひ〉はた織りの道具の名。よこ糸を通すもの。

(梭)

【梭杼】(さちょ) はた織りに用いるひ。はたのひ。
【梭投】(さとう) はたのひを通すこと。転じて、物事のすみやかなことのたとえ。

木7 【桫】〔11〕 サ 漢 | 平 歌 suō スオ — J ②1470 補 3564 U 686B
意味 桫欏は、①へご。ヘゴ科の常緑羊歯植物。②娑羅。フタバガキ科の落葉高木。

木7 【梓】〔11〕 人 シ 漢 | 上 紙 zǐ ツー — J 1620 補 — U 6893
意味 ①〈あずさ(あづさ)〉木の名。ノウゼンカズラ科の落葉高木。良材とされた。②はんぎ。印刷するため文字や絵をほった木。③木材を加工する職人。④桑梓は、ふるさと。
国〈あずさ(あづさ)〉①木の名。あかめがしわ。②みこが神を呼びよせるのに用いる弓。また、神おろし。
解字 形声。木が形を表し、辛は、宰の略で、音を示す。また、辛は鋭い刃物のことであるから、梓は切るのに適した木とする説もある。
【梓弓】(あずさゆみ(あづさ)) 国①あずさの木で作った弓。②「引く」「張る」「射る」などの枕詞。
【梓宮】(しきゅう(きう)) ①天子の死体をいれる棺おけ。②天子を葬った陵。
【梓匠輪輿】(ししょうりんよ(しゃう)) だいく。梓と匠はだいく、輪と輿は車を作る職人。
【梓人】(しじん) だいくのかしら。だいく。さしもの師。
【梓沢(澤)】(したく) 地名。河南省にある。晋の石崇が別邸を造り、金谷園という庭園で宴を開いた所。
【梓里】(しり) ふるさと。故郷。

木7 【梔】〔11〕 シ 漢 | 平 支 zhī チー — J 5973 補 — U 6894
意味 〈くちなし〉木の名。アカネ科の常緑低木。実は黄色染料。

木7 【桼】〔11〕 シツ 漢 シチ 呉 | 入 質 qī チー — J ②1473 補 3574 U 687C
木11 【𣯃】〔15〕 同字 — J — 補 ①8601 U 3BC3
意味 ①うるし。うるしの木。=漆 ②黒い。③=七

木7 【梢】〔11〕 人 ソウ(サウ) ショウ(セウ) 呉 | 漢 平 肴 shāo シャオ — J 3031 補 — U 68A2
旧字 木7 【梢】〔11〕 — J — 補 — U —
意味 ①〈こずえ(こずゑ)〉木の枝のさき。=杪 ②すえ。

はし。しっぽ。③竿さお。棒ぼう。④船のかじ。⑤柴しば。⑥みぞ。どぶ。

解字 形声。木が形を表し、肖せうが音を示す。肖には、小さい、細い、の意味がある。今は、木の先をいう。

名前 すえ・たか

【梢櫓】しょう(せう)えん 柴しばのき。小さい柴のひさし。
【梢子】しょう(せう)し 舟尾でかじをとる人。船頭。梢公しょうこう。
【梢梢】しょう(せう)しょう(せう) ①風の音。②高く伸びるさま。

木7【梣】〔11〕 シン漢 ジン呉 平 侵 cén ツェン　J ①8570 U 68A3
意味 とねりこ。モクセイ科の落葉高木。白蠟樹はくろうじゅ。秦木しんぼく。

木7【梫】〔11〕 シン漢 上 寝 qǐn チン　J ②1483 U 68AB
意味 肉桂にっけい。クスノキ科の常緑高木。ニッキ。シナモン。

木7【桵】〔11〕 ズイ漢 平 支 ruí ロイ　J ①8568 U 6875
意味 木の名。バラ科。「白桜はくずい」 国〈たら〉木の名。たらの木。

木7【梲】〔11〕 一セツ漢 一入 屑 zhuō チュオ 二タツ漢 二入 曷 tuō トゥオ 三エイ漢 三去 霽 ruì ロイ　J ①8572 U 68B2
意味 一〈うだつ〉〈うだち〉梁はりの上に立てて棟木むなぎをささえる短い柱。つか。二①棒ぼう。また、杖つえ。②おろそか。＝脱 三するどい。＝鋭えい

木7【梳】〔11〕 ソ漢 平 魚 shū シュー　J 5964 U 68B3
木6【梳】〔10〕 同字　J ― U ―
意味 ①〈くし〉かみの毛をすく道具。歯のあらいくし。②〈くしけず・る(くしけづ・る)〉かみをすく。

(梳①)

【梳盥】そかん(くわん) 髪の毛をとかし、手をあらう。
【梳妝】そそう(さう) 化粧する。梳粧そしょう。
【梳沐】そもく 髪の毛をとかし、洗うこと。

木7【巣】〔11〕 学 4 ソウ す　J 3367 U 5DE3
旧字 巛8【巢】〔11〕 人 ソウ(サウ) 漢 平 肴 cháo チャオ　J ①8408 U 5DE2

筆順 丶 ⺍ ⺍ 𠀎 𠁅 当 単 巣

意味 ①〈す〉㋐木の上の鳥のすみか。㋑獣や虫のすあな。②すくう。すをつくる。③木の上のすまい。「巣居そうきょ」④かくれが。悪人などのひそんでいる所。「賊巣ぞくそう」⑤楽器の名。大笙だいしょう。⑥姓。

解字 会意。巛と木とを合わせた字。巛は鳥のすの形。巣は、木の上にある鳥のすをいう。一説に、巣は、𡿺さうが音を示す形声文字で、𡿺の音は叢さう(集まる)と通じるから、巣は、木の上に集まるという意味を表すという。

【巣居】そう(さう)きょ 鳥のように木の上にすみかをつくって住むこと。
【巣窟】そう(さう)くつ 隠れ家。
【巣車】そう(さう)しゃ 遠くを見るために、やぐらを建てた車。戦闘に用いる。
【巣燧】そう(さう)すい 有巣氏と燧人氏。転じて、太古の時代を指す。
【巣父】そう(さう)ほ 堯ぎょうの時代の隠士。山にこもり、木の上に巣を造って寝たという。
【巣林一枝】そう(さう)りんいっし 鳥は林の中のたった一本の枝に巣をつくるにすぎない。小さい住居に満足して暮らすたとえ。〈荘子そうじ・逍遥遊しょうようゆう〉
△▼古巣ふるす・卵巣らんそう・空巣あきす

木7【梍】〔11〕 ソウ漢呉 上 晧 zào ツァオ (サウ)　J 5984 U 688D
意味 ①木の名。さいかち。実はせんたくに用いた。②どんぐり。＝皁そう

木7【梯】〔11〕 人 標 テイ漢 平 斉 tī ティー　J 3684 U 68AF
意味 ①〈はしご〉高い所に登る道具。②物事のすじみち。手引き。③原因。発端。④もたれる。⑤よじのぼる。
名前 はし
姓 梯はし・かけはし
【梯航】ていこう(かう) はしごをかけて山に登り、船で海をわたる。転じて、危険を冒して遠方へ行くこと。
【梯索】ていさく なわで作ったはしご。なわばしご。

木7【桯】〔11〕 テイ漢 平 青 tīng ティン　J 3566 U 686F
意味 ①寝台の前の小さな机。②さお。柄え。③横木。

木7【梃】〔11〕 テイ漢 チョウ(チャウ)慣 上 迥 tǐng ティン　J 5976 U 6883
意味 ①(木の)棒ぼう。②〈つえ(つゑ)〉③まっすぐなさま。④まっすぐな棒を数える量詞。
【梃子】てこ 国物を動かすのに用いる棒。槓杆こうかん。

木7【梴】〔11〕 テン漢 平 先 chān チャン　J ②1484 U 6883
意味 〈なが・い(――・し)〉木の長いさま。

木7【桶】〔11〕 人 標 トウ漢 ツウ慣 上 董 tǒng トン　J 1819 U 6876
意味 ①〈おけ(をけ)〉まるいおけ。②四角の六升(一説に六斗)を入れるます。
地名 桶川おけがわ・桶狭間おけはざま

木7【梪】〔11〕 トウ漢 ズ(ツ)呉 去 宥 dòu トウ　J ②1482 U 68AA
意味 ①たかつき。高い脚あしのついた食器。＝豆とう ②容量の単位。一梪は四升。＝豆

木7【梛】〔11〕 人　J 5975 U 689B
旧字 木7【梛】〔11〕 ダ漢 ナ慣 平 歌 nà ナー　J ― U ―
意味 木の名。国〈なぎ〉木の名。力柴ちからしば。マキ科。

木7【梖】〔11〕 ハイ漢 バイ呉 去 泰 bèi ペイ　J ②1476 U 6896
意味 木の名。ばいたら。インド産の常緑樹で、その葉は経文きょうもんを書きつけるのに用いられた。根多羅ばいたら。貝多羅ばいたら。

木7【㭭】〔11〕 一ハツ漢 一入 黠 bā バー 二ヘツ漢 二入 屑 biē ビエ　J ②1477 U 3B6D
意味 一土の表面をかきならす農具。えぶり。＝朳はつ 二武器の柄え。＝柲ひつ

木7【梚】〔11〕 バン漢 上 阮 wǎn ワン　J ②1480 U 689A
意味 木の名。国ひく。＝挽ばん

木7【梶】〔11〕 人 標 ビ漢 上 尾 wěi ウエイ　J 1965 U 68B6
意味 木のこずえ。国〈かじ(かぢ)〉①船をこぐかい。②船の方向をきめる道具。③車の前にあって、手でにぎる棒。④木の名。クワ科の落葉高木。

木7【桴】〔11〕 一フウ漢 フ慣 一平 尤 fú フー 二フ漢呉 二平 虞 fú フー　J 5979 U 6874
意味 一〈ばち〉太鼓をたたく棒。＝枹ふ 二いかだ。小型のいかだ。＝柎ふ
【桴鼓】ふこ ①ばちとつづみ。転じて、打てば響くことのたとえ。②戦争で軍隊を指揮したり、急を告げるのに用いるつづみ。

心(忄・⺗)戈戶(戸)手(扌)支攴(攵) 4画 文斗斤方无(旡・旡)日曰月(⺝)木欠止歹殳毋比毛氏气水(氵・氺)火(灬)爪(爫・⺥)父爻爿片牙(牙)牛(牜)犬(犭)

木7 **【梐】**〔11〕 ヘイ 漢 上 薺 bì ビー　U補J 6890 — ②1475

意味 ①梐枑(へいご)は、駒除(こまよ)け。役所の門前に置く柵。行馬(こうば)。②牢獄(ろうごく)。

木7 **【梆】**〔11〕 ホウ 漢 平 江 (ハウ) bāng パン　U補J 6886 3577 —

意味 ①木の名。②小さな穴をあけた竹筒。昔、役所で合図にたたいた。③梆子(ほうし)は、中国劇で打つ拍子木(ひょうしぎ)。

木7 **【梈】**〔11〕 ホウ(ハウ) 漢 ヒョウ(ヒャウ) 呉 平 庚 pēng ポン　U補J 6888 3578 —

意味 木製の弩(ど)。機械じかけの大弓。

木7 **【桻】**〔11〕 ホウ 漢 平 冬 fēng フォン　U補J 687B 3573 —

意味 梢(こずえ)。

木7 **【桲】**〔11〕 ボツ 漢 入 月 bó ボー　U補J 6872 3569 ①8567

意味 ①殻竿(からざお)。穀物の穂を打って脱穀する農具。くるりぼう。②榅桲(おつぼつ)は、木の名。マルメロ。

木7 **【梵】**〔11〕 標 ハン 漢 ボン 呉 去 陥 fàn ファン　U補J 68B5 — 5980

意味 ①仏梵語 brāhman (ブラフマン)の音訳語。(バラモン教で)宇宙の根本原因。また、それが神格化されたもの。②天竺(てんじく)や仏教に関することを表す。③仏清らかでけがれのない。

難読 梵論(ぼろ)・梵論字(ぼろんじ)

【梵行】(ぼんぎょう(ぎやう)) ①仏欲情をたちきる修行(しゅぎょう)。②仏門の修行。

【梵磬】(ぼんけい) 寺で用いる石製の楽器。

【梵語】(ぼんご) 古代インドの言語。サンスクリット。

【梵妻】(ぼんさい) 僧侶(そうりょ)のつま。だいこく。

【梵刹】(ぼんさつ・ぼんせつ) 寺。寺院。梵宇(ぼんう)。梵宮(ぼんきゅう)。

【梵字】(ぼんじ) 古代のインドの文字。

【梵鐘】(ぼんしょう) 寺のつりがね。

【梵声(聲)】(ぼんせい・ぼんじょう(じやう)) お経を読む声。読経(どきょう)の声。

【梵天】(ぼんてん) ①仏欲情をはなれた清浄な天。また、この天をつかさどる神。②国修験道(しゅげんどう)などで用いる幣束(へいそく)の一種。

【梵唄】(ぼんばい) 仏声明(しょうみょう)の一種。お経(きょう)などをふしをつけて読むもの。

木7 **【栖】**〔11〕 ユウ 漢 上 有 (イウ) yǒu ユー　U補J 6884 3576 —

意味 木の名。

木7 **【梨】**〔11〕 学 4 なし　リ 漢 呉 平 支 lí リー　U補J 68A8 — 4592

筆順 ㇒ ニ 千 禾 利 利 犁 梨

木8 **【棃】**〔12〕 本字　U補J 68C3 — ②1490

意味 ①〈なし〉果樹の名。また、その実。バラ科の落葉高木。②草の名。③年をとる。

解字 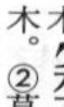 形声。木が形を表し、利(り)が音を示す。利にはよく切れる意味があるから、梨は歯切れのよい実とする説がある。

【梨雲】(りうん) なしの花がたくさん咲いているようすを白雲にみたてた言い方。

【梨園】(りえん(ゑん)) ①なしの木の植えてある庭。②唐の玄宗(げんそう)が、なしばたけで、俳優のわざを学ばせたことから、演劇の社会をさす。劇壇。劇界。〈唐書・礼楽志〉【――弟子】(りえん(ゑん)のていし) 俳優。役者。

【梨花】(りか(くわ)) なしの花。「梨花一枝春帯レ雨(りかいっしはるあめをおぶ)」(一枝のなしの花が、春雨にぬれそぼつふぜいである。)〈白居易(はくきょい)の詩・長恨歌(ちょうごんか)〉

木7 **【梩】**〔11〕 一 リ 漢 一 平 支 lí リー　二 シ 漢 二 上 紙 sì スー　U補J 68A9 3586 —

意味 二①〈すき〉農具の名。＝耜(し) ②土をはこぶ道具。もっこ。

木7 **【梠】**〔11〕 リョ 漢 上 語 lǚ リュイ　U補J 68A0 — 5981

意味 ①〈ひさし〉屋根の下の端(はし)。のき。「屋梠(おくりょ)」②山のいも。＝莒(きょ)

木7 **【梁】**〔11〕 人 標 リョウ 漢 呉 平 陽 (リャウ) liáng リアン　U補J 6881 — 4634

木11 **【樑】**〔15〕 俗字　U補J 6A11 3686 ②1543

意味 ①はし。「橋梁(きょうりょう)」②橋をかける。③〈はり〉〈うつばり〉柱の上に横たえて、屋根をささえる材木。④〈やな〉水中に木をならべて流れをせきとめ、魚をとらえるしかけ。⑤堰(せき)。堤(つつみ)。⑥おどりあがる。＝踉(りょう) ⑦国の名。戦国時代、魏(ぎ)が大梁(たいりょう)に都をうつしたあとの呼び方。⑧王朝の名。㋐六朝(りくちょう)の一つ。蕭衍(しょうえん)の建国。(五〇二～五五七) ㋑五代の一つ。後梁(こうりょう)。朱全忠が唐を滅ぼして建国。(九〇七～九二三) ⑨姓。また、梁丘(りょうきゅう)・梁由(りょうゆう)は複姓。

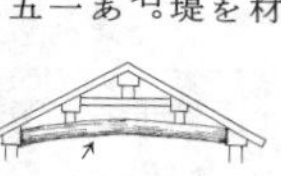

(梁 ③)

名前 むね・やね・たかし

参考 「粱(りょう)」は別字。

【梁川星巌(巖)】(やながわ(がは)せいがん) 人名。江戸時代末期の漢詩人。名は孟緯(もうい)、星巌は号。天成の詩人で日本の李白(りはく)と称された。(一七八九～一八五八)

【梁園】(りょう(りやう)えん(ゑん)) 漢代、梁の孝王が造った庭園の名。＝梁苑

【梁啓超】(りょう(りやう)けいちょう(てう)) 人名。清(しん)末の学者。雑誌に多くの論文を発表して、西洋の近代思想を紹介し、大衆に大きな影響を与えた。(一八七三～一九二九)

【梁材】(りょう(りやう)ざい) はりにする材木。転じて、立派な人物のたとえ。

【梁山伯】(りょう(りやう)ざんぱく) 人名。晋(しん)のころの人。その死後、愛人の祝英台(しゅくえいだい)が墓の前で悲しみ泣きさけぶと、大地が割れ、いっしょに葬られたという物語が伝えられている。

【梁山泊】(りょう(りやう)ざんぱく) 地名。今の山東省東平県の西南にある梁山のふもと。宋(そう)代に義賊たちがここにたむろしたことから、後世、豪傑や野心家の集まる場所をいう。

【梁書】(りょう(りやう)しょ) 書名。五十六巻。唐の姚思廉(ようしれん)の編。中国南朝の梁の正史。

【梁上君子】(りょう(りやう)じょう(じやう)のくんし) ぬすびとの別名。漢の陳寔(ちんしょく)が梁(はり)の上にかくれているぬすびとを、それとなくいさめた故事にもとづく。〈後漢書(ごかんじょ)・陳寔(ちんしょく)伝〉

【梁塵】(りょう(りやう)じん(ぢん)) はりの上のほこり。【――秘(祕)抄】(りょう(りやう)じん(ぢん)ひしょう(せう)) 国書名。平安朝末期の歌謡集。後白河院(ごしらかわいん)の編さんしたもの。【動二――一】(りょう(りやう)じん(ぢん)をうごかす) すばらしいことのたとえ。昔、歌の名人といわれた虞公(ぐこう)が歌い出したら、はりの上のほこりまで動きだしたという故事にもとづく。〈劉向(りゅうきょう)・別録〉

【梁棟】(りょう(りやう)とう) ①はりとむなぎ。②主要なもの。「なもの。たいせつ」棟梁。

【梁父吟】(りょう(りやう)ほぎん) 「梁甫吟(りょうほぎん)」に同じ。

【梁甫吟】(りょう(りやう)ほぎん) 詩の名。三国時代の諸葛亮(しょかつりょう)の作と伝えられる。人が死んで山東省にある梁甫の山にほうむられることを歌ったもの。一説に、琴の曲名の一つで、春秋時代の曽子(そうし)の作ともいう。

◆棟梁(とうりょう)・跳梁(ちょうりょう)・橋梁(きょうりょう)

木7 **【梇】**〔11〕 ロウ 漢 去 送 lòng ロン　U補J 6887 — —

意味 ①木の名。②梇棟(ろうとう)は、昔の県名。今の雲南省姚安(ようあん)

県の北。

木7【根】〔11〕ロウ 漢 平 陽 (ラウ) láng ラン J 3571 補 U 6879
意味 ①高い木。②漁のとき魚を追いたてるのに使う棒。

木11【棚】〔15〕俗字 J 3684 補 U 6A03 ＝榔(ろう)

木7【梽】〔11〕zhì チー J ― 補 U 68BD
意味 梽木山(チームーシャン) zhìmùshān は、湖南省にある地名。

木7【㭷】〔11〕国字 J ②1469 補 U 3B77
意味〈おおこ〉地名に用いる。㭷島(おおこしま)は、長崎県の地名。

木7【梻】〔11〕国字 J ②1485 補 U 68BB
意味〈しきみ〉木の名。仏前にそなえるのに用いられる。モクレン科。

木7【桬】〔11〕国字 J 5982 補 U 68BA
意味〈ふもと〉山のすそ。

木7【椛】〔11〕人 国字 J 1981 補 U 691B
意味 ①〈もみじ(もみち)〉紅葉。②〈かば〉「樺」(六五八ジ・上)の俗字。
姓 椛沢(かばさわ)

木7【梙】〔11〕同→槵(六六二ジ・中)

木7【寀】〔11〕同→松(六二六ジ・上)

木7【槗】〔11〕俗→檮(六七〇ジ・下)

木7【梅】〔11〕旧→梅(六四二ジ・下)

木7【梛】〔11〕同→椰(六五六ジ・下)

木7【𣐕】〔11〕簡→栟(六三〇ジ・下)

木7〖婪〗→女部八画(三四八ジ・上)

木7〖彬〗→彡部八画(四五四ジ・中)

木7〖渠〗→水部九画(七三七ジ・下)

木7【桀】〔11〕俗→桀(六三九ジ・上)

木7【條】〔11〕旧→条(六二一ジ・中)

木7【桮】〔11〕本→杯(六二九ジ・上)

木7【梹】〔11〕俗→檳(六七〇ジ・下)

木7【桺】〔11〕本→柳(六三六ジ・上)

木7〖埜〗→土部八画(二八一ジ・上)

木7〖郴〗→邑部八画(一二六五ジ・下)

木8【椏】〔12〕ア 漢 平 麻 yā ヤー J 5983 補 U 690F
意味〈また〉草木の枝がわかれているところ。
◆三椏(みつまた)

木8【椅】〔12〕常 イ J 1656 補 U 6905
一 イ 漢 呉 一 平 支 yī イー
二 イ 漢 呉 二 上 紙 yǐ イー
筆順
意味 一〈いいぎり(いひぎり)〉木の名。イイギリ科の落葉高木。山桐子(いいぎり)。いし。二いす。よりかかりのあるこしかけ。
解字  形声。木が形を表し、奇(き)が音を示す。椅は、いいぎりという木の名、また、同音の倚に通じ、よる、よりかかるという意味を表す。
姓 椅原(はしはら)
参考「椅」は別字。
【椅子】一(いす) よりかかりのあるこしかけ。二 ツイー yǐzi 現 いす。

木8【棭】〔12〕エキ 漢 入 陌 yì イー J ①8576 補 U 68ED
意味 木の名。国 ねむの木。

木8【棪】〔12〕エン 漢 上 琰 yǎn イエン J 3610 補 U 68EA
意味 木の名。リンゴに似た赤い実をつける。

木8【棜】〔12〕ヨ 漢 去 御 オ 慣 yù ユイ J 3606 補 U 68DC
意味 長方形の木の台。そなえ物をのせるのに用いる。
【棜禁】(おきん) そなえ物をのせる木の台。

木8【椁】〔12〕カク 漢 入 薬 (クワク) guǒ クオ J 5986 補 U 6901
木11【槨】〔15〕同字 J 6058 補 U 69E8
意味 棺(かん)をおさめる外ばこ。

木8【棺】〔12〕常 カン J 2029 補 U 68FA
一 カン(クヮン) 漢 呉 一 平 寒 guān コワン
二 カン(クヮン) 漢 呉 二 去 翰 guàn コワン
筆順
意味 一〈ひつぎ〉死体を納める箱。棺桶(かんおけ)。特に、内棺。↓椁(かく) 二 死体をひつぎに納める。
解字  形声。木が形を表し、官(かん)が音を示す。官には、とりまくという意味がある。棺は死体をとりまく木で、かんおけをいう。
【棺槨】(かんかく)(くゎんくゎく) ひつぎ。かんおけ。棺は、死体をじかにいれるはこ。槨は、棺をいれる外がわのはこ。＝棺椁・棺郭
◆出棺(しゅっかん)・納棺(のうかん)・寝棺(ねかん)

木8【棵】〔12〕J 3616 補 U 68F5
一 カン 漢 一 上 旱 (クヮン) kuǎn コワン
二 ― 二 ― kē コー
意味 一 木を切る。二 現 草木を数える量詞。

木8【棋】〔12〕常 キ J 2093 補 U 68CB
キ 漢 平 支 qí チー
筆順
木8【棊】〔12〕本字 J 5987 補 U 68CA
木14【檱】〔18〕同字 J 3738 補 U 6AB1
意味 ①囲碁(いご)・将棋(しょうぎ)・双六(すごろく)など、駒(こま)を使うゲームの称。②ゲームに使う駒や盤。③(碁・将棋を)うつ。さす。
解字  形声。木が形を表し、其(き)が音を示す。其には小さいという意味があり、棋は、将棋の駒(こま)か、碁石(ごいし)をさすという。また、其には四角いという意味があるから、碁盤(ごばん)をさすという説もある。
【棋客】(きかく) 碁(ご)打ち。将棋(しょうぎ)さし。棋士。
【棋局】(ききょく) ①碁(ご)盤と将棋(しょうぎ)盤。②碁や将棋の局面・勝負。＝棊局・碁局
【棋子】(きし) 碁石(ごいし)または将棋(しょうぎ)のこま。＝棊子
【棋峙】(きじ(ぢ)) 碁石(ごいし)を置いたように、英雄豪傑が各地に割拠して勢力を争う。＝棊峙・棊跱
【棋勢】(きせい) 碁(ご)や将棋(しょうぎ)の形勢。
【棋戦(戰)】(きせん) 碁(ご)を打つこと。将棋(しょうぎ)をさすこと。
【棋布】(きふ) 碁石(ごいし)を並べ置いたように、多く散らばる。多く分布すること。
【棋譜】(きふ) 碁(ご)や将棋(しょうぎ)の対局の経過を示した図譜。
◆奕棋(えっき)・琴棋(きんき)・将棋(しょうぎ)

木8【椈】〔12〕キク 漢 入 屋 jú チュイ J 5988 補 U 6908
意味 木の名。このてがしわ。＝柏(はく) 国〈ぶな〉木の名。

心(忄・⺗)戈戶(戸)手(扌)支攴(攵) 4画 文斗斤方无(旡・旡)日曰月(月)木欠止歹殳毋比毛氏气水(氵・氺)火(灬)爪(爫・爫)父爻爿片牙(牙)牛(牜)犬(犭)

木8【椐】〔12〕 キョ 漢 平 魚 jū チュイ J 3624 補 ― U 6910

意味 ①木の名。霊寿木。杖とした。②木の名。けやき。＝欅。③椐椐・彊彊は、したがうさま。

木8【極】〔12〕 学 4 キョク・ゴク きわめる・きわまる・きわみ キョク 漢 ゴク 呉 入 職 jí チー J 2243 補 ― U 6975

筆順 十 才 木 木 朽 柯 極 極 極

意味 ①棟木。屋根の最も高いところにわたした中心となる横木。②〈きわま・る(きはま・る)〉㋐最高点にいたる。㋑つきる。おわる。③つかれる。④〈きわ・める(きは・む)〉⑤この上もなく。非常に。⑥〈きわめて(きはめて)〉こ頂点。はて。⑦物事の最高。最上。特に、天子の位。「登極」⑧根本。天地宇宙の本体。「太極」⑨きまり。また、至善の道。⑩はて。辺境。「四極」⑪とおい。はるかな。⑫北極星。⑬地軸の両端。「北極」⑭磁石の両端。⑮ころす。誅する。＝殛。⑯すみやか。国①〈き・める(―・む)〉㋐定める。約束する。㋑決心する。②〈きめ〉約束。とりきめ。③〈きわめ(きはめ)〉目利き。みきわめ。

解字 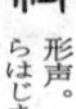 形声。木が形を表し、亟が音を示す。亟には、はじからはじまで行きわたるとか、きわめる、という意味がある。極は、屋根の一ばん上にわたした木で、むなぎ・はりをいう。そこから、最高の意味になった。

名前 きわ・なか・むね

参考 亟を九画に数え、総画数を十三画とする場合もある。

【極悪(惡)】きわめて悪いこと。この上もなく悪いこと。

【極言】①言いたいことを全部言う。思うぞんぶんに言う。②国極端なことば。極端な言いかた。

【極限】はて。きわみ。かぎり。極度。

【極口】言葉を尽くす。

【極星】①北極星。②国極にいちばん近い恒星をいう。

【極盛】この上もなくさかえていること。

【極選】最高のよりすぐり。よりすぐりの中でも最たるもの。

【極端】①いちばんはし。②ひどくかたよっていること。③常識をはずれていること。

【極地】①地のはて。②南極と北極の地。

【極致】きわまったところ。この上もないおもむき。最高の味わい。〔最高〕

【極陳】ことごとく述べる。

【極天】①天のいちばん奥の所。②この世の続くかぎり。

【極点(點)】きわまりの点。終わりの所。はて。

【極東】①東のはて。東のきわみ。②欧米からみた東アジア。日本・中国・朝鮮半島・シベリア東部など。

【極浦】遠方の入りこんだ浜べ。はるかに続く湾。

【極北】北のはて。はるか北の方。

【極妙】この上もなくすばらしい。

【極目】目のとどくかぎり。見渡すかぎり。極望。

【極力】力のあるかぎり。力の出せるかぎり。

【極陋】ひどく、いやしい。ひどく、みすぼらしい。

【極論】①極端な論じかた。②思うぞんぶん論じる。

【極寒】この上もなく寒いこと。また、その〔時節。〕

【極諫】手きびしくいさめること。

【極刑】①もっとも重い刑罰。②死刑。

【極意】国物事の核心。特に学問や芸事の最もかんじんなところ。奥の手。奥義。

【極印】国①貨幣の偽造防止・品質保証のために押したしるし。②保証。証明。

【極月】国一年の終わりの月の意で、十二月のこと。

【極彩色】国①非常にこい彩色法。②こってりした色どり。③厚化粧。はでな服装。

【極暑】きわめて暑いこと。暑さのさかり。

【極熱】ひどく暑いこと。ひどい暑さ。【――地獄】仏八熱地獄中の第七、大焦熱地獄のこと。最もあつい地獄。

【極楽(樂)】①「極楽浄土」の略。②国この上もなく気楽な境遇。【――往生】仏①この世を去って極楽浄土に生まれかわること。②安らかに死ぬこと。【――浄(淨)土】仏阿弥陀仏のいる所。苦しみやなやみがなく、この上もなく安楽な所といわれる。極楽。

【極其】jíqí 現極めて。

【極了】jíle 現とても。実に。

◇▼北極・至極・究極・南極・消極・終極・陰極・陽極・磁極・窮極・積極

木8【棘】〔12〕 標 キョク 漢 コク 呉 入 職 jí チー J 5989 補 ― U 68D8

意味 ①木の名。なつめの一種。②〈いばら〉とげのある草木の総称。③〈とげ〉はり。④〈ほこ〉武器。＝戟。⑤〈すみやか〉せまる。＝亟。⑥牢屋。⑦やせる。⑧公卿のくらい。昔、天子が政治をする場所の左右に九本ずつのいばらを植えて、公卿の位置を示したことにもとづく。

【棘囲(圍)】科挙の試験会場。むかし、不正を防ぐため、試験場の周囲をいばらで囲んだ。棘院。

【棘矜】いばらの木で作ったほこ。また、その柄。

【棘寺】官庁の名。大理寺のこと。裁判を扱い、刑罰を定める役所。いばらを植えたのでいう。

【棘手】手にとげがささること。転じて、物事の処理にこまること。

【棘心】①いばらの木の芽。②こどもが親をしたうことをいう。「凱風自ㇾ南、吹二彼棘心一」(暖かい風が南から吹いて来、あのいばらの芽に吹きつける。〔棘心は、幼児にたとえたもの〕)〈詩経・凱風〉

【棘薪】いばらの木。薪は、たきぎになるほどの大きさを表す。「凱風自ㇾ南、吹二彼棘薪一」(暖かい風が南から吹いて来、あの生長したいばらの木に吹きつける。〔棘薪は、成長したこどもにたとえたもの〕)〈詩経・凱風〉

【棘人】①悲嘆にくれている人。②父母の喪に服している人の自称。

【棘門】①ほこを並べ立てて門にしたもの。棘は戟の意。②地名。今の陝西省咸陽市の東方にあたる。

木8【椇】〔12〕 ク 漢 上 麌 jǔ チュイ J ②1507 補 ― U 6907

意味 ①そなえ物をのせる台。まがった脚がついている。②枳椇は、木の名。けんぽなし。

木8【棨】〔12〕 ケイ 漢 上 薺 qǐ チー J ①8575 補 3609 U 68E8

意味 ①割り符。てがた。②はたぼこ。さやをかけた儀式用の木のほこ。王公以下の行列で先導者が持った。

【棨戟】赤いうるし塗りのほこ。昔、行列の前方を行く者が持った儀礼用のもの。油戟。

【棨信】宮門の出入りに用いるてがた。

木8【検】〔12〕 学 5 ケン J 2401 補 ― U 691C

旧字 木13【檢】〔17〕 入 ケン 漢 呉 上 琰 jiǎn チエン J 6093 補 ― U 6AA2

筆順 十 才 木 杉 朴 柃 枠 検

意味 ①文書などを封じて縄でしばり、むすび目を泥で固めて印をおす。封印。②しめくくる。③〈しら・べる（――・ぶ）〉㋐さがす。㋑とりしらべる。「検査」④とりしまる。⑤おさえる。ひかえる。制限する。⑥のり。てほん。⑦行い。

解字 形声。木が形を表し、僉が音を示す。僉には、ひきしめるとか、とりまとめるとかの意味がある。検は、竹や木の文書をまとめて封じ、その上に木札でうわ書きをすることである。転じて、点検する意味になった。音ケンは、僉の音センの変化。

【検非違使】（けびいし（ゐ））国平安時代、京都の治安や裁判の任にあたった役人。

【検疫】（けんえき）伝染病の病原菌があるかないかを調べること。

【検閲】（けんえつ）①目を通して調べる。②国各官庁がそれぞれの監督下にある業務の状態を実地に調べること。

【検覈】（けんかく）調べて明らかにする。

【検挙（擧）】（けんきょ）①罪悪を調べ、告発する。②国警察官が犯罪の疑いのある者を警察署に引きつれて行くこと。

【検繋】（けんけい）束縛する。

【検校】一（けんこう（かう））事情を調べること。二（けんぎょう（げう））①一に同じ。②国昔、僧尼や神社・寺の事務などを監督する職。③国もと、盲人の最上級の官名。＝撿校

【検査】一（けんさ）取り調べる。ぎんみする。二（チエンチャー）jiǎnchá 現一に同じ。

【検索】（けんさく）調べさがす。

【検察】（けんさつ）①検挙して調べる。②さがす。【――官】（けんさつかん（くわん））国法刑事事件について、犯罪を捜査し、公訴を行い、法の正しい適用を請求し、裁判を監督する官。旧称は、検事。

【検算】（けんざん）計算して出た答えが、正しいかどうかためし調べる。＝験算

【検使】（けんし）事実を見とどけるためにつかわされる使い。

【検屍】（けんし）死体を調べる。

【検視】（けんし）①目で見て調べる。②国変死者などの死体を調べて、その原因を明らかにする。

【検字】（けんじ）①字を調べる。②植字する。活字を組むこと。

【検事】（けんじ）①事実を調査する。②国検察官の官名の一つ。③国検察官の旧称。

【検出】（けんしゅつ）①調べただす。②理分析して、その成分を調べ出す。

【検証（證）】（けんしょう）①調べて証明する。②法裁判官などが直接現場に行って、その場の状況などをとり調べること。

【検正】（けんせい）①正しい品行。②調べて正す。

【検束】（けんそく）①自由な行動をさせないようにとりしまる。②おさえて気ままにさせない。③法不法者や救護を要する者を一時警察につれて行くこと。昭和二十三年（一九四八）に廃止。

【検地】（けんち）国田畑の面積や等級などを検査する。さおいれ。

【検定】（けんてい）調べてよい悪いをきめる。〔なわいれ。〕

【検討】（けんとう（たう））調べたずねる。ぎんみする。じゅうぶんに調べ研究すること。

【検分】（けんぶん）国立ち会ってとりしらべる。

【検見】（けんみ｜けみ）国①検査すること。また、その役。②稲の収穫前に役人ができのよしあしを見てまわって、年貢米の量をきめたこと。

△▼点検・探検・臨検

木8【棬】〔12〕 一ケン 漢 一 平 先 quān チュワン 二ケン 漢 二 去 霰 juàn チュワン　J ②1504　補 3612　U 68EC

意味 一①木をまげて作った容器。まげもの。②棬棬は、力を用いるさま。二牛の鼻にとおす環。

木8【椢】〔12〕 コ 漢 去 遇 ク 呉 gù クー　J 3607　補 ―　U 68DD

意味 升落とし。ねずみを捕らえる仕掛け。椢斗。

木8【棡】〔12〕 コウ 漢 平 陽（カウ） gāng カン　J 5992　補 ―　U 68E1

意味 ①土塀の横木。②木の名。青棡。国棡原は、山梨県上野原市の地名。

木8【椌】〔12〕 一コウ 漢 一 平 江（カウ） qiāng チアン 二コウ 漢 二 平 東 kōng コン　J 5993　補 ―　U 690C

意味 一古代の楽器の一種。「柷」（六三四ページ・上）の小さいもの。二①飾りのない道具。②塔の下の部屋。

木8【梚】〔12〕 コウ（カウ） 漢 平 豪 ゴウ（ガウ） 呉 háo ハオ　J ②1506　補 ―　U 6903

意味 木の名。**姓** 梚木

木8【棍】〔12〕 一コン 漢 一 去 願 gùn クン 二コン 漢 二 上 阮 hùn フン　J 5994　補 ―　U 68CD

意味 一①ぼう。つえ。棍棒。②わるもの。ならずもの。二①混同する。＝混 ②くくる。＝捆

【棍棒】（こんぼう（ばう））木の棒。

木8【棔】〔12〕 コン 漢 平 元 hūn フン　J 6001　補 ―　U 68D4

意味 合棔は、ねむの木。合歓木。

木8【棌】〔12〕 サイ 漢 上 賄 cǎi ツァイ　J ②1492　補 3593　U 68CC

意味 ①木の名。㋐かしわ。槲。㋑ははそ。柞。②木を切る。＝採

木8【棤】〔12〕 サク 漢 入 薬 cuò ツオ　J ②1502　補 ―　U 68E4

意味 木の皮が裂けているさま。

木8【椔】〔12〕 シ 漢 平 支 zī ツー　J ―　補 ―　U 6914

意味 立ちがれになった木。

木8【椒】〔12〕 標 ショウ 漢 平 蕭（セウ） jiāo チアオ　J 6005　補 ―　U 6912

意味 ①〈はじかみ〉木の名。さんしょう。ミカン科の落葉低木。②〈かぐわし・い（かぐは・し）〉よいかおり。こうばしい。③いただき。山頂。

【椒花】（しょうか（せうくわ））さんしょうの花。

【椒桂】（しょうけい（せう））さんしょうとかつらの木。転じて、賢人。

【椒房】（しょうぼう（せうばう））①皇后の住む御殿。椒庭。椒屋。②皇后。

【椒蘭（蘭）】（しょうらん（せう））椒（さんしょう）と蘭。いずれもかおりのよい焚物。

△▼山椒・胡椒

木8【植】〔12〕 学 3 ショク うえる・うわる　一ショク 漢 シキ 呉 一 入 職 zhí チー 二チ 漢 二 去 寘 zhì チー　J 3102　補 ―　U 690D

筆順
十
オ
木
朩
朩
枯
植
植

木13【櫃】〔17〕 同字　J ②1561　補 ―　U 3BF0

意味 一①〈う・える（――・う）〉草木をうえる。②〈うわ・る〉③草木の総称。④〈た・てる（――・つ）〉まっすぐに立てる。⑤門を閉ざす棒。⑥柱。⑦〈よ・る〉すがる。たよる。⑧おく。＝置 ⑨ふえる。ふやす。＝殖

解字 形声。木が形を表し、直が音を示す。直には、まっすぐ立っているという意味がある。植は、まっすぐな木で、門の中央に立てて、とびらを固定するもの、たてかんぬきをいう。そこから、立てる、植えるの意味になった。音ショクは、直の音チョクの変化。

心(忄・⺗)戈戶(戸)手(扌)支攴(攵) 4画 文斗斤方无(旡・旡)日曰月(月)木欠止歹殳毋比毛氏气水(氵・氺)火(灬)爪(爫・⺤)父爻爿片牙(牙)牛(牜)犬(犭)

名前 たね・なお
参考「殖(しょく)」は別字。
【植字】しょくじ 国活字を活版に組む。印刷所では、「ちょくじ」ともいっている。
【植樹】しょくじゅ 木を植える。「植樹祭」
【植物】しょくぶつ 草や木などの総称。動物以外の生物。中 zhíwù チーウー 現中に同じ。
【植民】しょくみん 本国以外のまだ開けない土地に人を移住させて、そこを開拓(かいたく)させる。また、その移住民。＝殖民【――地】しょくみんち ①植民を受けいれる土地。植民によって開発された海外の土地。②領土となって本国の支配を受ける国外地域。
▽入植(にゅうしょく)・移植(いしょく)・誤植(ごしょく)

木8【森】〔12〕学1 シン 漢 平 侵 sēn セン / シン 呉 / もり　J 3125 補 — U 68EE

筆順 一 十 才 木 朩 朩 朩 森

意味 ①樹木の多いさま。転じて、ものの多いさま。さかんなさま。②しんと身のひきしまるさま。おごそかなさま。③陰気なさま。④ならびたつ。そびえたつ。国〈もり〉樹木が群がりしげっている所。
解字 会意。木と林を合わせた字。林は平地に木が立ち並んでいることで、森は、さらに木が多く、こんもりしげっていることを表す。一説に、木を三つ合わせた字と解する。
名前 しげ
【森厳(嚴)】しんげん おごそかで、おもおもしいさま。
【森森】しんしん ①高くそびえたっているさま。②さかんにしげっているさま。「錦官城外柏森森(きんかんじょうがいはくしんしん)」〈杜甫(とほ)の詩・蜀相(しょくしょう)〉(錦官城は、蜀(しょく)〔四川(しせん)省〕の成都をさす。柏は、ひのき類。)
【森邃】しんすい ほの暗く奥深い。
【森然】しんぜん ①樹木(じゅもく)がこんもりと茂るさま。②おごそかなさま。ぴんとはりつめた気配の形容。
【森羅】しんら ①木々がならび、しげること。集まり、ならぶこと。羅は、つらなる。②「森羅万象」の略。【――殿】しんらでん 閻魔(えんま)大王のいるという御殿。閻魔庁(えんまちょう)。【――万(萬)象】しんらばんしょう(しゃう) 宇宙のありとあらゆるもの。また、そのありさま。
【森林】しんりん 木のたくさんおいしげっている所。森と林。中 sēnlín センリン 現中に同じ。
【森列】しんれつ ①さかんにならぶ。②おごそかにならぶ。
【森槐南】もりかいなん(くわいなん) 人名。明治時代の学者。漢詩に関する著作が多い。(一八六三～一九一一)

木8【棯】〔12〕ジン 漢 上 寝 rěn レン　J 6012 補 — U 68EF
意味 果樹の名。なつめの類。国〈うつぎ〉棯小野(うつぎおの)は、山口県宇部市の地名。

木8【棰】〔12〕スイ 漢 上 紙 chuí チョイ　J ①8577 補 3614 U 68F0
意味 ①〈つえ(つゑ)〉棰(むち)。②つえでたたく。＝捶(すい) 国①〈たるき〉棟(むね)から軒(のき)にかけわたして屋根を支える木材。②〈たる〉酒樽(さかだる)。
【棰楚】すいそ 罪人をたたくむち。

木8【棷】〔12〕一 スウ 漢 一 平 尤 zōu ツォウ 二 ソウ 漢 二 上 有 sǒu ソウ　J ②1505 補 — U 68F7
意味 一①たきぎ。まき。②あさがら。麻の皮をはいだ茎。＝菆 二〈さわ(さは)〉沼地。＝藪(そう)

木8【棸】〔12〕スウ 漢 平 尤 zōu ツォウ　J — 補 — U 68F8
意味 ①木の名。②姓。

木8【棲】〔12〕標 入 一 セイ 漢 一 平 斉 qī チー 二 セイ 漢 二 平 斉 xī シー　J 3219 補 — U 68F2
手8【捿】〔11〕俗字　J — 補 3204 U 637F
意味 一＝栖 ①〈す・む〉㋐鳥が巣にすむ。㋑住む。やどる。②すみか。やど。③ねどこ。二棲棲(せいせい)は、いそがしいさま。あくせくするさま。＝栖栖
名前 す・すみ
参考 新表記では、「生」に書きかえる熟語がある。
【棲隠(隱)】せいいん かくれ住む。世俗を離れて生活する。
【棲閑】せいかん 世をのがれ、静かに暮らす。
【棲禽】せいきん 木にとまりすむ鳥。
【棲遑】せいこう(くわう) いそがしいさま。あわただしいさま。
【棲止】せいし とまる。住む。暮らす。
【棲息】せいそく ①鳥などが木にとまりすむ。②すむこと。生存すること。＝生息・栖息
【棲遅(遲)】せいち ①のんびりと遊ぶこと。②ゆったりと暮らすこと。
▽山棲(さんせい)・水棲(すいせい)・両棲(りょうせい)・同棲(どうせい)

木8【椄】〔12〕一 ショウ(セフ) 漢 一 入 葉 jiē チエ / セツ 慣 二 ショウ(セフ) 漢 二 入 葉 jiē チエ / セツ 慣　J 6006 補 — U 6904
意味 一〈つ・ぐ〉つぎ木をする。二椄槢(せっしゅう)は、小さなくさび。

木8【棈】〔12〕セン 漢 去 霰 qiàn チエン　J ①8573 補 3592 U 68C8
意味 木の名。

木8【棗】〔12〕ソウ(サウ) 漢 上 皓 zǎo ツァオ　J 6007 補 — U 68D7
意味 ①〈なつめ〉木の名。クロウメモドキ科の落葉高木。実は楕円形で食用また薬用。②なつめ色。赤。③姓。国〈なつめ〉茶器の名。抹茶(まっちゃ)をいれるもの。形がなつめの実に似ている。
【棗本】そうほん(さう) 版木(はんぎ)の材料になつめの木を用いて印刷した本。転じて、書物。
【棗栗】そうりつ(さう) なつめとくり。むかし、女性が手土産(てみやげ)に用いた。

木8【椊】〔12〕一 ソツ 漢 一 入 月 zuó ツオ 二 スイ 漢 二 去 寘 cuì ツォイ　J ①8580 補 3623 U 690A
意味 一①柱のほぞ。②椊杌(そっこつ)は、㋐柄(え)を穴にはめこむ。㋑木が少し突き出ているさま。二①木が朽ちる。②もろい。＝脆(せい)

木8【棣】〔12〕一 テイ 漢 一 去 霽 dì ティー 二 タイ 漢 二 去 隊 dài タイ　J 6008 補 — U 68E3
意味 一①木の名。にわうめ。バラ科の落葉低木。にわざくら。いくり。②おとうと。二落ち着きのあるさま。
【棣棣】たいたい 美しくて、じょうひんなさま。礼儀正しいさま。
【棣鄂】ていがく ①にわうめの花の萼(がく)。②兄弟の仲のよいことのたとえ。〈詩経(しきょう)・常棣(じょうてい)〉
【棣棠】ていとう(たう) 木の名。やまぶき。

木8【椓】〔12〕タク 漢 入 覚 zhuó チュオ　J — 補 3626 U 6913
意味 ①〈たた・く〉うつ。②うったえる。中傷する。③ついばむ。＝啄(たく) ④宮刑。陰部を切りとる刑罰。

木8【椆】〔12〕一 チュウ(チウ) 漢 一 平 尤 chóu チョウ 二 シュウ(シウ) 漢 二 去 宥 zhòu チョウ　J — 補 3621 U 6906
意味 一①木の名。②椆水は、川の名。現在の河南省にあった。二木椆(ぼくしゅう)は、舟をこぐ棹(さお)。

木8【棽】〔12〕一 チン 漢 一 平 侵 chēn チェン 二 シン 漢 二 平 侵 shēn シェン　J — 補 3620 U 68FD

意味 三 枝葉が茂るさま。また、覆いかぶさるさま。

木8【椎】〔12〕常 ツイ
一 ツイ 漢 呉 一 平 支 chuí チョイ
二 スイ 漢 ツイ 慣 二 平 支 zhuī チョイ
J 3639 補 U 690E

筆順 一 十 木 朩 杧 杵 椎 椎

意味 一 ①〈つち〉物をたたく道具。＝槌・鎚(つい) ②〈う・つ〉とんとんたたく。椎撃(ついげき)は、たたきうつ。③もとどり。まげ。「椎髻(ついけい)」④にぶい。おろか。がんこ。「椎魯(ついろ)」 二 せぼね。「脊椎(せきつい)(せきずい)」 国〈しい(しひ)〉木の名。ブナ科の常緑高木。

解字 形声。木が形を表し、隹(すい)が音を示す。隹は尾の短い鳥を意味する。堆(つい)は、追(つい)と音が同じで通用し、小さい丘の意。椎は、槌(つい)と音が同じで通用し、打ちたたく木づち、打ち鳴らす意味を表す。

【椎柴】しいしば(しひ) 国①しいのむらがりはえている所。②喪服(もふく)の色。転じて、喪中(もちゅう)をさす。
【椎結】ついけい まげが、つちのような形になったもの。さいづちまげ。＝椎髻・魋髻
【椎鑿】ついさく ①つちとのみ。②大工(だいく)道具。＝槌鑿(ついさく)
【椎殺】ついさつ つちで打ち殺す。
【椎埋】ついまい 打ち殺して埋める。
【椎輪】ついりん 大昔の、かざりのないそまつな車。椎車。
【椎魯】ついろ おろかな。ぐずで、にぶい。椎鈍(ついどん)。
▽仙椎(せんつい)・胸椎(きょうつい)・脊椎(せきつい)・腰椎(ようつい)・頸椎(けいつい)

木8【㮇】〔12〕 テン 呉 去 豔 tiǎn ティエン
J ②1508 補 U 3B87

意味 ①火かき棒。＝栝(てん) ②扉(とびら)の一部分。

木8【棟】〔12〕常 トウ むね・むな
トウ 漢 呉 去 送 dòng トン
J 3779 補 U 68DF

筆順 十 才 木 朩 杆 桁 栢 棟 棟

意味 ①〈むね〉〈むな〉㋐屋根のいちばん高い所。また、棟木(むなぎ)。㋑家を数える量詞。②主要な人物。かしら。おさ。③星の名。棟星は、大角の別名。④姓。

(棟①)

解字 形声。木が形を表し、東(とう)が音を示す。東には突き通る意味がある。棟は、家の一番上を横に通した大きいむなぎ。

名前 すけ・たか・みね
参考「楝(れん)」は別字。
【棟宇】とうう 建物。家屋。宇は、のき。
【棟幹】とうかん むなぎとなる材木。転じて、才能のある人物。
【棟梁】とうりょう(りゃう) ①むなぎとうつばり。②重い任務にあたる人。③国大工(だいく)のかしら。大工。
【棟木】むなぎ 国日本風の建物で、棟(むね)を作るために使う木。
▽上棟(じょうとう)・別棟(べつむね)・飛棟(ひとう)・病棟(びょうとう)・寄棟(よせむね)・梁棟(りょうとう)・汗牛充棟(かんぎゅうじゅうとう)

木8【棖】〔12〕 トウ 漢 平 庚 (タウ) chéng チョン
J ②1494 3604 補 U 68D6

意味 ①つえ。木の棒。②〈ほうだて(はうだて)〉門や入り口の両側にほこのように立てて、とびらをとめる木。ほこたち。③ふれる。あたる。④支える。

木8【棠】〔12〕 トウ(タウ) 漢 平 陽 ドウ(ダウ) 呉 táng タン
J 6011 補 U 68E0

意味 ①木の名。やまなし。こりんご。「棠梨(とうり)」 ②車止め。＝樘(とう)

木8【棹】〔12〕標 一 トウ 漢 去 効 zhào チャオ (タウ) 二 タク 漢 入 覚 zhuō チュオ
J 6010 補 U 68F9

意味 一〈さお(さを)〉船をこぐ道具。かじ。かい。また、さおさす。 二 ①つくえ。テーブル。＝卓 ②木の名。 国〈さお(さを)〉①竹ざお。②たんすや長持(ながもち)を数える語。
【棹歌】とうか(たう) 船頭(せんどう)がろやかいを押しながらうたう歌。ふなうた。棹唱(とうしょう)。
【棹郎】とうろう(たうらう) さおをあやつる男。船頭(せんどう)。水夫。

木8【棏】〔12〕 一 トク 漢 入 職 dé トー 二 タク 漢 チャク 呉 入 陌 zhé チョー
J ②1493 3594 補 U 68CF

意味 一 木の名。 二 蚕(かいこ)を飼うすだれを置く横木。かいこ棚。

木8【棑】〔12〕 一 ハイ 漢 平 佳 pái パイ 二 ハイ 漢 去 卦 bèi ペイ
J 3602 補 U 68D1

意味 一 ①いかだ。②盾(たて)。 二 ①木の名。②船の後ろに、ならべた木。

木8【棥】〔12〕 ハン 漢 平 元 fán ファン ボン 呉
J ②1503 3608 補 U 68E5

意味 まがき。垣(かき)。＝樊(はん)・藩(はん)

木8【棐】〔12〕 ヒ 漢 上 尾 fěi フェイ
J ①8574 3601 補 U 68D0

意味 ①〈ゆだめ〉弓のゆがみをなおす道具。②たすける。③木の名。かや。イチイ科の常緑高木。＝榧(ひ)

木8【棻】〔12〕 フン 漢 平 文 fēn フェン
J ②1486 3618 補 U 68FB

意味 香木の名。

木8【棼】〔12〕 フン 漢 平 文 fén フェン
J ①8579 3619 補 U 68FC

意味 ①高い建物。また、その棟(むね)。②〈みだ・す〉いりみだれる。もつれる。棼錯(ふんさく)は、みだれたさま。「棼棼(ふんぷん)」

木8【栟】〔12〕 ヘイ 漢 ヒョウ(ヒャウ) 呉 平 庚 bīng ピン
J ― 補 ― U 2F8E5

木6【栟】〔10〕同字 J ②1457 3545 補 U 681F

意味 ①栟櫚(へいろ)は、木の名。ヤシ科の常緑高木。椶櫚(しゅろ)。②栟茶(ベンチャー)は、江蘇省如東の地名。音 bēn ベン。

木8【椑】〔12〕 一 ヘイ 漢 平 斉 pí ピー 二 ヒ 漢 平 支 bēi ペイ 三 ヘキ 漢 入 陌 bì ピー
J 3625 補 U 6911

意味 一 ①〈たる〉酒をいれる丸いたる。②さかずき。③おの柄。 二 木の名。しぶがきの一種。 三 棺(ひつぎ)。内棺。

木8【棉】〔12〕 ベン 漢 平 先 メン 呉 mián ミエン
J 4441 補 U 68C9

意味〈わた〉①木の名。いんどわたのき。パンヤ科の常緑高木。木綿。＝綿 ②草の名。あじあわた。アオイ科の一年草。草棉。
参考「綿」に書きかえることがあるが、「綿」は、本来、繭(まゆ)から作ったわた(真綿(まわた))をいう。
【棉花】めんか(くわ) 三 miánhua 現わた。＝綿花 わたの種を包む繊維(せんい)。
【棉衣】ミエンイー miányī 現わた入れ(の服)。

木8【棚】〔12〕常 たな
ホウ 漢 平 庚 (ハウ) péng ポン
J 3510 補 U 68DA

旧字 木8【棚】〔12〕

心(忄・⺗)戈戸(戸)手(扌)支攴(攵)
4画
文斗斤方无(旡・无)日曰月(⺝)木欠止歹殳毋比毛氏气水(氵・氺)火(灬)爪(爫・⺥)父爻爿片牙(牙)牛(牜)犬(犭)

筆順 十 才 木 札 杋 枂 棚 棚

意味 ①楼閣。高い建物。＝桟 ②竹や木で組み立てた日よけ、また、小さい建物。＝桟 ③仲間。グループ。④清代の騎兵隊の単位。国〈たな〉板を平らにかけ渡して物をのせる所。また、たなの形をしたもの。

解字 形声。木が形を表し、朋が音を示す。朋には、同じものが並ぶ意味がある。棚は、竹や木を高く組み立てたもの。

【棚雲】たなぐも 国たなびく雲。空中に横に長くひく雲。

【棚機】たなばた 国①はた。織機しょっき。②たなばたつめの略。↓「織女星」(九八四ページ・下) ③たなばた祭り。＝七夕 【―祭】たなばたまつり 国五節句の一つ。陰暦七月七日の夜、天の川をへだてている牽牛けんぎゅう・織女しょくじょの二つの星が、一年に一度会うのを祭り、女子が裁縫などの上達を祈る行事。＝七夕祭

◇本棚ほんだな・茶棚ちゃだな・書棚しょだな

木8【棓】〔12〕 一 ホウ(ハウ) 漢 ボウ(バウ) 呉 一 上 講 bàng パン 二 ホウ 漢 二 上 有 pǒu ポウ J 3603 補 U 68D3

意味 一 ①ぼう。つえ。＝棒 ②農具の名。脱穀に用いる。二 でこぼこした所に置くふみいた。

木8【椖】〔12〕 ホウ 漢 (ハウ) 平 庚 pēng ポン J 3627 補 U 6916

意味 義未詳。

木8【棒】〔12〕 学6 ボウ ホウ(ハウ) 漢 上 講 ボウ(バウ) 呉 bàng パン J 4332 補 U 68D2

筆順 十 才 木 杧 桂 栚 桂 棒

意味 ①ぼう。つえ。＝棓ぼう「杖棒じょうぼう」②〈う・つ〉ぼうでたたく。

解字 形声。木が形を表し、奉ほうが音を示す。奉には、両手でささげる意味がある。棒は両手で持って立てる木。古い形は棓で、音には大きいという意味があるから、棒は大きい木であるともいう。

難読 棒棒鶏バンバンジー・棒手振ぼてふり

【棒喝(喝)】ぼうかつ 仏禅ぜんの修行で、未熟な者をしかりはげますために棒で肩などをたたくこと。

【棒球】バンチウ bàngqiú 現ベースボール。野球。

◇泥棒どろぼう・乳棒にゅうぼう・相棒あいぼう・痛棒つうぼう・棍棒こんぼう・鉄棒てつぼう・麺棒めんぼう

木8【椪】〔12〕 ポン 慣 pèng ポン J 6014 補 U 692A

意味 現椪柑ぽんかんは、みかんの一種。果実は大きくて甘い。中国南部や台湾、日本では鹿児島県に多く産する。

木8【棫】〔12〕 ヨク 漢 入 職 yù ユイ J 3611 補 U 68EB

意味 木の名。たら。一説に、くぬぎの類。ほほ。

木8【棶】〔12〕 ライ 呉 漢 平 灰 lái ライ J 3617 補 U 68F6

意味 木の名。椋みずき。

木8【椋】〔12〕 人 リョウ 漢 (リャウ) 平 陽 liáng リアン J 4426 補 U 690B

意味 木の名。みずき。ミズキ科の落葉高木。一説に、ちしゃ。国〈むく〉木の名。ニレ科の落葉高木。

解字 形声。木が形を表し、京きょうが音を示す。木の名。ちしゃの木。音リャウは、京の音キャウの変化。

姓 椋くら・椋椅部くらはしべ

木8【棱】〔12〕 ロウ 漢 リョウ 慣 平 蒸 léng ロン J ①8578 3615 補 U 68F1

木9〔楞〕〔13〕同字 U補J

木9〔楞〕〔13〕同字 J 6033 補 U 695E

意味 ①〈かど〉㋐材木のかど。㋑すみ。とがっている所。②角材。③きびしい。かどばっているさま。④威力。

参考 仏教では「棱」に変えて異体字の「楞」を用いる。「楞厳経りょうごんきょう」

【棱棱】りょうりょう ①寒さがきびしく、身にしみるさま。②かどばっているさま。＝稜稜

木8【棆】〔12〕 リン 漢 平 真 lún ルン J 6018 補 U 68C6

意味 木の名。くすのきの類。

木8【棙】〔12〕 レイ 漢 去 霽 lì リー J ②1501 3605 補 U 68D9

意味 ①〈ばち〉琵琶びわをひく道具。＝捩れい ②ねじる。また、ねじ。③からくり。ぜんまいじかけ。

木8【椀】〔12〕 人 標 ワン 漢 上 旱 wǎn ワン J 4748 補 U 6900

意味 食物をもる丸い小さな容器。もい。＝碗わん・盌わん 国〈まり〉昔、水や酒をもった容器。

◇木椀きわん・汁椀しるわん・茶椀ちゃわん

木8【椚】〔12〕 国字 J 6015 補 U 691A

意味 〈くぬぎ〉木の名。くのぎ。櫟くぬぎ。

木8【椡】〔12〕 国字 J 6017 補 U 6921

意味 〈くぬぎ〉①木の名。櫟くぬぎ。②三ツ椡みつくぬぎは、新潟県新発田しばた市の地名。

木8【椣】〔12〕 国字 J 6016 補 U 6923

意味 〈しで〉①木の名。②椣原しではらは、奈良県生駒いこま郡の地名。

木8【椙】〔12〕 国字 J 3190 補 U 6919

意味 〈すぎ〉木の名。杉。

姓 椙杜すぎもり

木8【椨】〔12〕 国字 J 6013 補 U 6928

意味 〈たぶ〉①木の名。たぶのき。②椨川たぶがわは、鹿児島県熊毛くまげ郡の地名。

木8【椦】〔12〕 国字 J 5991 補 U 6926

意味 〈ちきり〉織機の部品。縦糸を巻き取るのに用いる。

木8【椥】〔12〕 国字 J 6009 補 U 6925

意味 〈なぎ〉①木の名。竹柏ちくはく。＝梛なぎ ②椥辻なぎつじは、京都市の地名。

木8【椢】〔12〕 俗 ↓槶(六六二ページ・中)

木8【㰁】〔12〕 同 ↓杴(六二五ページ・中)

木8【椉】〔12〕 本 ↓乘(三八ページ・中)

木8【㮈】〔12〕 同 ↓㮈(六五五ページ・下)

木8【桡】〔12〕 俗 ↓橈(六六八ページ・上)

木8【棃】〔12〕 本 ↓梨(六四六ページ・中)

木8〖集〗↓隹部四画(一三四一ページ・下)

木8〖晳〗↓日部八画(五九六ページ・下)

木8【棊】〔12〕 本 ↓棋(六四七ページ・下)

木8【棧】〔12〕 旧 ↓桟(六四〇ページ・下)

木8【椶】〔12〕 俗 ↓椶(六五五ページ・下)

木8【椗】〔12〕 俗 ↓碇(八八七ページ・下)

木8【棅】〔12〕 同 ↓柄(六三五ページ・中)

木8〖閑〗↓門部四画(一三一八ページ・上)

木8〖渠〗↓水部九画(七三七ページ・下)

木9【椸】〔13〕 イ 漢 平 支 yí イー J 3632 補 U 6938

意味 ころもかけ。衣類をかける道具。衣桁いこう。

木9【椷】〔13〕 イ㊥平微 (キ) wēi ウエイ
J②1516 補3649 U6972
意味 ①おまる。小便をうける桶。「椷窬」（小便器と大便器）②水流を調節する柵。

木9【楹】〔13〕 エイ㊥平庚 yíng イン
J 6019 U 6979
意味 〈はしら〉広間の丸くふとい柱。また、柱をいう。
【楹棟】柱とむな木。転じて、最も重要な人物のたとえ。
【楹聯】柱にかける対聯。対句を書いて柱にかけたもの。

木9【椻】〔13〕 一エン㊥去願 yàn イエン 二アツ㊥入黠 yà ヤー
J②1511 補3633 U693B
意味 一せきとめる。せき。＝堰 二引き抜く。＝揠
地名 椻井原

木9【椵】〔13〕 一カ㊥ケ㊤上馬 jiǎ チア 二カ㊥ケ㊤平麻 jiā チア
J①8583 補3631 U6935
意味 一果樹の名。柚子の類。二くびかせ。＝枷

木9【楷】〔13〕 常 カイ
一カイ㊥平佳 jiē チエ 二カイ㊥上蟹 kǎi カイ
J 6020 U 6977
筆順

意味 一木の名。かいのき。ウルシ科の落葉高木。黄連木。二①かた。のり。てほん。②まねる。てほんにする。③書体の一つ。字形のきちんとしたもの。↕行・草
解字

形声。木が形を表し、皆が音を示す。皆は、きちんと並ぶ意。楷は、枝ぶりがととのっている木で、孔子の墓に植えられていた。稭と音が通じて、後世の手本となる意味を表す。

【楷書】漢字の書体の一つ。字画がかどばっていて、きちんとしたもの。↕行書・草書
【楷模】のり。てほん。楷則。楷式。

【楷法】楷書の法。楷書。

【楷隷】書体の名。楷書。

木9【楽】〔13〕 学2 ガク・ラク たのしい・たのしむ
J 1958 U 697D
旧字 木11【樂】〔15〕 人
J 6059 U 6A02
一ガク㊥㊤ 入覚 yuè ユエ
二ラク㊥㊤ 入薬 lè ロー
三ゴウ(ガウ)㊥ ギョウ(ゲウ)㊤ 去効 yào ヤオ
筆順
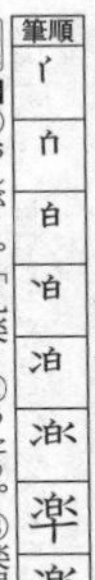
意味 一①おんがく。「礼楽」②うたう。③楽器をひく。かなでる。④楽器。⑤音楽家。⑥儒家の六経中の一つ。楽経。⑦姓。二〈たのし・い（たの・し）〉〈たのし・む〉たのしみ。よろこぶ。愉快である。おだやか。「安楽」「和楽」三〈この・む〉愛する。のぞむ。ねがう。「知者楽レ水、仁者楽レ山」〈論語・雍也〉 国〈らく〉①身心がのびのびする。↕苦 ②やさしい。たやすい。③「千秋楽」（一九二ページ・下）の略。④「楽焼」の略。
解字

会意。𢆶と木とを合わせた字。𢆶は楽器で、たいこの類。木はそれをのせる台。樂は、楽器を用いて音楽をかなでることで、音楽の総称である。音楽はたのしい場合に使われるので、たのしむ意味になる。一説に樂は、櫟（くぬぎ）、あるいは、とちの木の形であるという。

名前 ささ・もと・よし 難読 神楽（付表）／楽府・楽車
【楽経（經）】儒家の経典の一つ。音楽について述べたというが伝わらない。五経とあわせて六経とされる。

【楽師】「楽人」に同じ。

【楽手】音楽をかなでる人。

【楽書】①「史記」の八書の一つ。音楽の歴史について述べてある。②書名。二百巻。宋の陳暘の著。

【楽章】①音楽の歌詞。②曲の一くぎり。

【楽人】音楽をかなでる人。楽士。楽師。楽工。

【楽正】昔の楽官の長。

【楽隊】①音楽を演奏する組織。②国管楽器と打楽器を主として音楽を演奏する人の集団。

【楽団（團）】国音楽を演奏する団体。バンド。

【楽壇】国音楽の社会。音楽家のなかま。

【楽典】音楽上のいろいろのきまり。また、それをしるした書物。

【楽譜】歌曲または楽曲を一定の記号で書きしるしたもの。譜。

【楽屋】国①昔、舞楽で、舞台のうしろのほうで楽を奏した所。②出演者が舞台のうしろで支度するへや。③ないしょ。うちまく。

【楽律】音楽の調子。リズム。

【楽歌】音楽に合わせてうたう歌。

【楽官】音楽のことにたずさわる官吏。

【楽毅】人名。戦国時代の燕の武将。

【楽曲】①音楽のふし。②楽器で演奏する音楽の総称。

【楽府】①漢代、音楽のことをつかさどった役所。②音楽に合わせて歌われた詩。③漢詩の一体。古い楽府の題に借りて作られた詩。【——詩集】書名。百巻。宋代の郭茂倩の編。古代から唐代に至るまでの民間歌謡や歌曲などを集めたもの。【——題】楽府の題名。

【楽易】心がたのしくやすらか。

【楽逸（逸）】たのしみあそぶ。

【楽園】喜びにみちた、たのしい所。人里はなれたたのしい地。パラダイス。

【楽歳】作物のよくできたとし。豊年。「楽歳終身飽」（豊年には、一年じゅう腹いっぱいに食べられる。）〈孟子・梁恵王上〉

【楽只】たのしい。なごやかな。只は、語調をととのえる助詞。

【楽思】①なつかしみ楽しむ。「吾魂魄猶楽二思沛一」（わたしのたましいは、今でも故郷の沛〔地名〕をなつかしく思っている。）〈史記・高祖本紀〉②楽しい思い。

【楽事】たのしいことがら。

【楽胥】たのしい。なごやかな。胥は、語調をととのえる助詞。

【楽戦（戰）】①戦いを好む。②決死の戦い。

【楽然】たのしそうに。「楽然響応」（気軽に承知する。）〈柳宗元・宋清伝〉

【楽天】くよくよと心配しないで、たのしむこと。

【楽土】たのしみの多い、安楽な所。「王道楽土」

【楽浪】前漢の武帝が衛氏朝鮮を滅ぼして設けた四つの郡の一つ。今の平壌付近にあたる。

【楽観（觀）】一①人生をたのしみの多いものとみる。↕悲観 ②すべて物事を明るくたのしいものと考える。二 lèguān 現一に同じ。

【楽境】たのしい境遇。安楽な境地。楽郷。↕苦境
【楽郊】楽しい村。町はずれの楽しい土地。

【楽国（國）】楽しい国。安楽に生活できる都。
◆文楽・礼楽・田楽・気楽・行楽・安楽・快楽・伯楽・声楽・邦楽・弦楽・和楽・享楽・悦楽・神楽・音楽・洋楽・能楽・娯楽・借楽・道楽・雅楽

・極楽・舞楽・器楽・歓楽・千秋楽・吹奏楽・軽音楽・管弦楽・喜怒哀楽

木9
【棄】〔13〕常 キ
キ 漢 去 寘 呉 qì チー
J 2094 補 ― U 68C4

筆順 亠 亠 亠 亠 亠 亠 棄

意味 ①〈す・てる(―・つ)〉㋐なげすてる。㋑みすてる。㋒やめる。とりのぞく。また、すたれる。㋓忘れる。②周の先祖、后稷の名。

廾4【弃】〔7〕字 古 J 5517 補 ― U 5F03

解字 会意。云・𠦒・八を合わせた字。古い形と照らし合わせると、云は㐬、𠦒は華、八は廾を略した形である。㐬は子が生まれるとき、さかさに流れ出ること、𠦒はちりとり、廾は両手である。棄は、生まれた子を手にちりとりを持って捨てる形で、捨てる意味になる。

参考 もと、木部八画。新表記では、「毀」の書きかえに用いる熟語がある。

【棄捐】①捨てる。②相手にしない。「棄捐勿復道（たとえうちすてておかれても、もうこれ以上はとやかくはいうまい。）」〈文選・古詩十九首〉③人に金や品物をめぐむこと。

【棄却】①捨てて使わない。②国 法 裁判所が、審理の結果、申し立ての理由がないものについて無効の言い渡しをすること。

【棄権（權）】権利をうち捨てる。投票や議決参加などの権利の行使をやめること。

【棄才】世の中に用いられない優れた人材。棄材。

【棄市】罪人を死刑に処し、その死体を市にさらすこと。

【棄世】①世俗から超越する。②死ぬこと。

【棄唾】はきすてたつば。転じて、価値のないもののたとえ。

【棄擲】投げ捨てる。

【棄婦】①妻を捨てる。②夫に捨てられた妻。棄妻。

【棄養】父母の死。親への孝養をつくせないことによる。

◆自棄・投棄・放棄・破棄・唾棄・廃棄・遺棄・自暴自棄

木9
【楎】〔13〕キ 漢 平 微 huī ホイ
J 3637 補 ― U 694E

（楎②）

意味 ①三本のはをもったすき。②衣服をかける道具。いこう。

木9
【業】〔13〕学3 ギョウ・ゴウ わざ
ギョウ(ゲフ) 漢 ゴウ(ゴフ) 呉 入 葉 yè イエ
J 2240 補 ― U 696D

筆順 丷 业 业 业 业 丵 業 業

意味 ①木の板。㋐楽器の鐘や鼓をかけつるす台の飾り板。㋑壁を築くとき用いる板。㋒文字を書きしるす板。書冊。②〈わざ〉㋐おこない。㋑仕事。職務。㋒〈なりわい(なりはひ)〉よすぎ。生計。「生業」㋓学問。技芸。また、その内容。㋔てがら。功績や成果。㋕もとい。大事業の基礎。③財産。土地・建物の類。「別業」④はじめる。創業する。⑤つぐ。つづく。継承する。⑥従事する。仕事とする。⑦〈すでに〉もはや。まえに。⑧あやうい。⑨仏〈ごう(ごふ)〉梵語 karman の訳語。前世の行いによって、この世でうけるむくい。⑩業業は、㋐あやぶむさま。おそれるさま。㋑高大なさま。雄壮なさま。さかんなさま。国〈ごう(ごふ)〉「業腹」の略。しゃくにさわること。

解字 会意。丵と巾を合わせた字。丵は、楽器をかける、のこぎりの歯のようにギザギザした道具。巾は板を意味する。業の字全体で、楽器をぶらさげる板を表す。そこから楽器を鳴らすこととなり、しわざ・くらしの意味になった。また、板を学習用に使うので、学ぶことを業というようになったという。

名前 おき・かず・くに・なり・のぶ・のり・ふさ・はじめ

難読 業平

参考 「㐱」は別字。

【業績】国しごとのできあがり。事業または研究の成績。

【業務】㊀しごと。つとめ。職務。㊁ yèwù 現 ㊀に同じ。

【業余(餘)】㊀本来の仕事のほか。本職以外にすること。㊁ yèyú 現 ①㊀に同じ。②アマチュアの。

【業因】仏楽しみや苦しみを受けるもとになる善悪の行為。

【業火】仏①悪業の働きを火にたとえていったことば。②地獄の罪人を焼く猛火。転じて、ものすごく燃えさかる火。炎。「地獄の業火」

【業果】仏前世で悪いことをしたため、この世で受けるむくい。業報。

【業苦】仏前世で悪いことをしたためにこの世で受ける苦しみ。

【業腹】国くやしくて、いまいましい気持ち。しゃくにさわること。腹がたってたまらない気持ち。

【業病】前世に悪いことをしたむくいでかかった難病。

【業報】「業果」に同じ。

【業魔】仏悪業。正道を妨げる悪魔にたとえていう。業障。

【業已】早くから。もはや。とっくに。

【業師】国①柔道やすもうなどで、特にわざのじょうずな人。②はかりごとのたくみな人。

【業物】国①名工のきたえあげたするどい刀。名刀。②すぐれた技術のいる曲。

◆大業・工業・分業・本業・失業・成業・休業・企業・早業・因業・巡業・作業・卒業・実業・実業・非業・受業・事業・林業・学業・始業・夜業・怠業・神業・帝業・修業・残業・産業・家業・従業・座業・商業・授業・終業・産業・副業・偉業・廃業・開業・営業・創業・就業・軽業・農業・鉱業・漁業・賤業・稼業・罷業・遺業・操業・興業・職業・離業・覇業・手工業・重工業・軽工業・家内工業・同盟罷業

木9
【楀】〔13〕ク 漢 上 麌 yǔ ユイ
J ― 補 ― U 6940

意味 ①木の名。②姓。

木9
【楬】〔13〕ケツ 漢 入 月 jié チエ
J ② 1515 補 3646 U 696C

意味 たてふだ。ものを書きつけて立てる木のふだ。

木9
【楗】〔13〕㊀ケン 漢 ㊀上 銑 jiàn チエン ㊁ケン 漢 ㊁上 阮 jiǎn チエン
J ① 8585 補 3638 U 6957

意味 ㊀①かんぬき。門のじょうにおろす木。②流れをせきとめるしがらみ。㊁足がつかれる。＝蹇

木9
【楥】〔13〕㊀ケン 漢 ㊀去 願 xuàn シュワン ㊁エン(ヱン) 漢 ㊁平 元 yuán ユワン
J ― 補 3642 U 6965

木9【楦】〔13〕同字 J 3643 U補 6966

意味 ㊀①靴を作るとき、中に入れる型。くつがた。「楥子」「楥頭」②はめこむ。㊁①木の名。けやきの一種。②柵。かきね。

木9【楛】〔13〕㊀コ(漢)㊀(上)虜 hù フー ㊁コ(漢)㊁(上)麌 kǔ クー J 3639 U補 695B

意味 ㊀木の名。弓の矢のみきに用いられる。㊁わるい。そまつ。あらい。ぞんざい。

【楛耕】こうこう(かう) そまつなたがやしかた。いいかげんな耕作。

【楛矢】こし 楛の木で作った矢。

木9【楜】〔13〕コ(漢)ゴ(呉)(平)虞 hú フー J 6021 U補 695C

意味 楜椒は、胡椒に同じ。国〈くるみ〉楜ケ原は、富山県富山市の地名。

木9【楻】〔13〕コウ(漢)(クヮウ)(平)庚 huáng ホワン J 3651 U補 697B

意味 ①楻畢は、旗竿。②大きな船。＝艎

木9【楂】〔13〕㊀サ(漢)㊀(平)麻 chá チャー ㊁サ(漢)㊁(平)麻 zhā チャー J①8584 U補 6942 3634

意味 ㊀①いかだ。＝槎 ②楂枒は、ふぞろいなさま。㊁木の名。さんざし。バラ科の落葉低木。＝樝

木9【槧】〔13〕㊀サン(漢)㊀(去)諫 zhàn チャン ㊁セン(漢)㊁(平)先 jiān チエン J②1512 U補 3B8D

意味 ㊀かけはし。＝桟 ㊁ふだ。かきつけ。＝箋・牋

木9【楉】〔13〕ジャク(漢)ニャク(呉)(入)薬 ruò ルオ J①8581 U補 6949 3636

意味 楉榴は、ざくろ。＝石榴・柘榴 国〈すわえ(すはえ)〉〈ずわえ(ずはえ)〉〈しもと〉①まっすぐに伸びた若枝。②むち。

木9【楫】〔13〕シュウ(漢)(シフ)(入)緝 jí チー J 6023 U補 696B

木13【檝】〔17〕同字 J①8621 U補 3731 6A9D

意味 ①〈かじ(かぢ)〉船をこぐ道具。かい。②舟をこぐ。

【楫師】しゅうし(しふ) 船をこぐ人。せんどう。

【楫櫂】しゅうとう(しふたう) 舟のかい。楫は短いもの、櫂は長いもの。

木9【楸】〔13〕シュウ(漢)(シウ)(平)尤 qiū チウ J 6022 U補 6978

意味 ①木の名。ひさぎ。きささげ。ノウゼンカズラ科。この木で船や碁盤などを作る。②碁盤。楸局。

【楸梧】しゅうご(しう) ひさぎと青桐。

木9【楺】〔13〕ジュウ(ジウ)(漢)ニュウ(ニウ)(呉)(上)有 rǒu ロウ J②1517 U補 3650 697A

意味 ためる。木を曲げる。＝揉

木9【楯】〔13〕標 人 シュン(漢)ジュン(呉)(上)軫 shǔn シュン J 2961 U補 696F

意味 ①〈たて〉敵の矢や刀をふせぐ道具。＝盾 ②てすり。欄干。おばしま。

木9【楔】〔13〕標 ㊀セツ(漢)㊀(入)屑 xiē シエ ㊁ケツ(漢)㊁(入)屑 xiē シエ J 6024 U補 6954

意味 ㊀①〈くさび〉物と物との間にさしこんで、そのすきまをなくす道具。②〈ほこだち〉門の両側につけて戸をとめる役をする木。ほうだて。㊁木の名。ゆすらうめ。バラ科の落葉低木。

【楔形文字】せっけいもじ｜くさびがたもじ 紀元前三千五百年ごろから前千年ごろまで、アッシリア・バビロニアに行われた文字。楔の形の字画で、ふつう、粘土板などに鋭くかたい道具で刻まれた。楔状文字。

【楔子】せっし ①くさび。②元代の戯曲、またはそれ以後の長編小説の序幕・序論の意。まくら。プロローグ。

木9【楚】〔13〕標 人 ソ(漢)(呉)(上)語 chǔ チュー J 3331 U補 695A

意味 ①木の名。にんじんぼく。クマツヅラ科の落葉低木。④荊。②ばら。いばら。③むち。しもと。また、むちうつ。④いたむ。かなしむ。⑤しげるさま。つらなるさま。⑥周・春秋・戦国時代の国の名。長江の中流一帯の大国。今の湖北省江陵県に都があった。⑦湖北省と湖南省。また、湖北省をさす。⑧姓。国〈すわえ(すはえ)〉〈ずわえ(ずはえ)〉細く長くのびた枝。

名前 たか・うばら・しもと

【楚歌】そか 楚の国の歌。→「四面楚歌」(二七〇ページ・下)

【楚狂接輿】そきょう(きやう)せつよ 楚狂と接輿。ともに春秋時代の楚の国の隠者。〈論語・微子篇〉

【楚江】そこう(かう) 湖北省以東の長江。「天門中断楚江開」(天門山が二つに割れたあたりに、楚江が流れている。)〈李白の詩・望二天門山一〉

【楚辞(辭)】そじ 書名。十六巻。漢の劉向が楚の屈原の辞賦を中心として集めた詩集。のち、王逸が編集しなおし、十七巻にした。

【楚囚】そしゅう(しう) ①とりこになった楚の国の人。②他国にとらわれの身となっている人。

【楚声(聲)】そせい 楚の国の音楽。

【楚楚】そそ ①あざやかなさま。②清らかで美しいさま。

【楚撻】そたつ むちうつ。

【楚竹】そちく 楚の地方に生ずる、しの竹の類。

【楚腰】そよう(えう) 楚の国の女官たちの腰。転じて、ほっそりした美しい腰をいう。昔、楚の霊王がほっそりした腰の女官を寵愛したという故事にもとづく。〈戦国策・楚〉

【楚人沐猴而冠耳】そひとはもくこうにしてかん(くわん)するのみ 楚の人(項羽をさす)は、ちょうど猿が冠をかぶったようなものだ。見かけはりっぱだが心は猿なみである。〈史記・項羽本紀〉

◆清楚

木9【樧】〔13〕ソウ(漢)シュ(慣)(平)東 zōng ツォン J 6004 U補 6936

木8【椶】〔12〕俗字 J 6003 U補 68D5

意味 樧櫚は、木の名。ヤシ科の常緑高木。

木9【樬】〔13〕ソウ(漢)(上)董 sǒng ソン J①8587 U補 3641 6964

意味 木の名。ウコギ科。「樬木」国〈たら〉木の名。たらの木。

木9【榛】〔13〕㊀ソウ(漢)㊀(去)宥 còu ツォウ ㊁ソウ(漢)㊁(去)宥 zòu ツォウ J 3648 U補 6971

意味 ㊀果樹の名。みかんの類。㊁農具の名。鉄製の歯のついた杷。

木9【楕】〔13〕標 人 タ(漢)ダ(慣)(上)哿 tuǒ トゥオ J 3442 U補 6955

木12【橢】〔16〕本字 J 6083 U補 6A62

意味 ①長円形の容器。②長円形。楕円。

【楕円(圓)】だえん(ゑん) ①長円形。こばんがた。②数円錐曲線(二次曲線)の一つ。一平面上で二定点からの距離の和が一定であるような点の軌跡。長円。

木9【榇】〔13〕㊀ダイ(漢)ナイ(呉)㊀(去)泰 nài ナイ ㊁デイ(漢)ナイ(呉)㊁(去)霽 nì ニー ㊂ダツ(漢)ナツ(呉)㊂(入)曷 nà ナー J U補 3B8F

木8【棕】〔12〕同字 J②1509 U補 3B88

意味 ㊀からなし。＝柰・奈 ㊁立ち枯れした木。㊂

心(忄・⺗)戈戸(戶)手(扌)支攴(攵) **4画** 文斗斤方无(旡・旡)日曰月(月)➡木欠止歹殳毋比毛氏气水(氵・氺)火(灬)爪(爫・⺥)父爻爿片牙(牙)牛(牜)犬(犭)

ひこばえが生えているさま。

木9 **【椵】**〔13〕 タン 漢 去 翰 ダン 慣 duàn トワン　J 3846 補 ― U 6934

意味 木の名。①木槿(むくげ)。アオイ科の落葉低木。②シナノキ科の落葉高木。 国〈とどまつ〉木の名。

木9 **【楮】**〔13〕 標 チョ 漢 上 語 chǔ チュー　J 6026 補 ― U 696E

意味 ①〈こうぞ(かうぞ)〉木の名。クワ科の落葉低木。樹皮から紙を作る。②紙。転じて、手紙・紙幣(しへい)。

【楮券】(ちょけん) 紙幣(しへい)。楮幣。

【楮先生】(ちょせんせい) 紙の別名。楮夫子(ちょふうし)。

木9 **【楪】**〔13〕 チョウ(テフ) 漢 入 葉 チャ 唐 dié ティエ　J 6036 補 ― U 696A

意味 ①寝台にしく、すのこ。②楪子(ちょうし)は、食物をもる木のさら。 ‖碟(ちょう) 国〈ゆずりは〉木の名。

木9 **【椿】**〔13〕 人 チュン 漢 平 真 チン 慣 chūn チュン　J 3656 補 ― U 693F

意味 ①木の名。ちゃんちん。センダン科の落葉高木。②伝説上の霊木の名。大椿(たいちん)。春と秋がそれぞれ八千年で、長寿のたとえ。③父。 国〈つばき〉木の名。ツバキ科の常緑高木。

解字 形声。木が形を表し、春(しゅん)が音を示す。木の名。ちゃんちん(香椿)。センダン科の落葉高木。音チュンは、春の音シュンの変化。

難読 椿象(かめむし)・椿餅(つばいもち)

参考 「椿(とう)」は別字。

【椿萱】(ちんけん) 父母をさす。椿は、長寿の木、萱は、母の住む北側の建物に植える草。

【椿事】(ちんじ) ふいのできごと。思いがけない事件。‖珍事

【椿寿(壽)】(ちんじゅ) 長生き。長命。長生。高齢。

【椿庭】(ちんてい) 父親。椿堂。椿府。

◆寒椿(かんつばき)

木9 **【椹】**〔13〕 ㊀チン 漢 ㊀平 侵 zhēn チェン ㊁シン 漢 ㊁上 寝 shèn シェン ジン 慣　J 6027 補 ― U 6939

意味 ㊀木などを切ったり割ったりするとき、下じきにする台。あてぎ。㊁桑の実。‖葚(しん) 国〈さわら(さはら)〉木の名。ヒノキ科の常緑高木。

【椹質】(ちんしつ) ①ものを切ったり打ったりするときに用いる台。②腰斬の刑を執行するときに罪人を伏せさせる台。

木9 **【楨】**〔13〕 テイ 漢 平 庚 zhēn チェン　J ①8588 3644 補 U 6968

意味 ①木の名。ねずみもち。モクセイ科の常緑低木。ひめつばき。②へいの両端に立てるおやばしら。③もと。たよりになるもの。根本(こんぽん)。

【楨幹】(ていかん) 物事の根本、ささえとなるもの。楨も幹も、へいをささえる柱。

木9 **【楴】**〔13〕 テイ 漢 去 霽 tì ティー　J 6028 補 ― U 6974

意味 こうがい。かんざし。‖揥(てい)

木9 **【椽】**〔13〕 テン 漢 平 先 chuán チョワン　J 6029 補 ― U 693D

意味 ①〈たるき〉棟(むね)から軒(のき)へ渡して屋根をうけるまるきの材木。桷(かく)(四角のたるき)に対していう。②部屋の数。

参考 「掾(えん)」は別字。

【椽筆】(てんぴつ) 「椽大之筆」の略。

【椽大之筆】(てんだいのふで) たるきのようにふとい大きな筆。転じて、堂々とした、りっぱな文章。

木9 **【楠】**〔13〕 人 ダン 漢 平 覃 ナン 呉 nán ナン　J 3879 補 ― U 6960

木4 **【枏】**〔8〕 本字　J 3510 補 ― U 678F

木5 **【柟】**〔9〕 同字　J ― 補 ― U 67DF

意味 木の名。クスノキ科の常緑高木の総称。国〈くすのき〉木の名。クスノキ科の常緑高木。樟(しょう)。

解字 形声。木が形を表し、南(なん)が音を示す。南方に産する木なので、楠という。

名前 くす

姓 楠木(くすのき)

木9 **【楣】**〔13〕 ビ 漢 平 支 méi メイ　J ①8586 3640 補 U 6963

意味 ①〈のき〉ひさし。屋根の下端。②〈まぐさ〉門や入り口の上に横に渡した梁(はり)。③建物の横の梁(はり)。

木9 **【楓】**〔13〕 人 フウ 漢 平 東 fēng フォン　J 4186 補 ― U 6953

意味 木の名。ふう。楓樹。マンサク科の落葉高木。中国原産。古名、かつら。国〈かえで(かへで)〉カエデ科の落葉樹の総称。もみじ。

解字 (篆文) 形声。木が形を表し、風(ふう)が音を示す。葉が厚く茎が弱く、大風が吹くと鳴るのでいう。

参考 「楓」は「かえで」とは別種の木。日本名は「フウ」、別称「いがかえで」。古い呼び名は「かつら」「おかつら」。

【楓橋】(ふうきょう(けう)) 橋の名。江蘇(こうそ)省蘇州市の西方にある。

【楓檝】(ふうしゅう(しふ)) かつらの木で作った、舟のかじ。

【楓宸】(ふうしん) 天子の居る宮殿。朝廷。

【楓葉】(ふうよう(えふ)) かつらの葉。「盧橘花開楓葉衰(ろきつはなひらいてふうようおとろう)」(盧橘は枇杷(びわ)の異名。)〈戴(たい)叔倫の詩・湘南即事(しょうなんそくじ)〉

【楓林】(ふうりん) 楓樹(ふうじゅ)の林。かつらの林。

◆江楓(こうふう)・錦楓(きんぷう)・観楓(かんぷう)

木9 **【楅】**〔13〕 ㊀フク 漢 ㊀入 屋 fú フー ㊁ヒョク 漢 ㊁入 職 bī ビー　J 3635 補 ― U 6945

意味 ㊀㊁①牛の角(つの)が人にふれないようにその両方にかけ渡した横木。②矢を入れるうつわ。やづつ。

(楅②)

木9 **【椱】**〔13〕 フク 漢 入 屋 fù フー　J 3629 補 ― U 6931

意味 織り機で織った布を巻きつける軸。

木9 **【楩】**〔13〕 ヘン 漢 平 先 ベン 呉 pián ピエン　J ②1514 3645 補 U 6969

意味 木の名。南方に生える樟(くす)に似た高木。

木9 **【楘】**〔13〕 ボク 漢 入 屋 mù ムー　J ― 補 ― U 6958

意味 車の轅(ながえ)に皮をまきつけて固定するもの。また、飾りにしたもの。

木9 **【椰】**〔13〕 人 ヤ 漢 平 麻 yé イエ　J 6031 補 ― U 6930

木7 **【梛】**〔11〕 同字　J ― 補 ― U 3B68

意味 果樹の名。やし。椰子(やし)は、①やしの木。②やしの実(み)。

解字 形声。木が形を表し、耶(や)が音を示す。木の名。椰子(やし)の木。

名前 なぎ

木9 **【楡】**〔13〕 標 ユ 漢 平 虞 ユ 呉 yú ユィ　J 6032 補 ― U 6961

意味 〈にれ〉木の名。ニレ科の樹木の総称。

【楡莢銭(錢)】(ゆきょう(けふ)せん) 銭の名。漢の頃に用いられ、楡(にれ)

【楡枋】（ゆぼう（ぼう））の芽のさやに似た形をしていた。にれの木とまゆみの木。

木9 **【楰】**〔13〕 ユ 漢 平 虞 yú ユィ U補J 3647 6970

意味 木の名。ねずみもち。モクセイ科。

木9 **【楢】**〔13〕 人 標 ユウ 漢 平 尤（イウ） yóu ユー U補J 3874 6962

意味 〈なら〉木の名。ブナ科の落葉高木。車を作る。

木9 **【楢】**〔13〕 俗字 U補J

木9 **【楊】**〔13〕 人 ヨウ 漢 呉 平 陽（ヤウ） yáng ヤン U補J 4544 694A

意味 ①木の名。ヤナギ科はこやなぎ。ポプラの類を広くいう。②やまもも。楊梅。③あがる。あげる。＝揚 ④楊朱（ようしゅ）、またはその学問・学派をさす。⑤周代の国名。⑥姓。

解字 会意・形声。木と昜を合わせた字。昜は音をも示す。昜は揚に音が通じ、上にあがる意があり、枝が垂れ下がらないで上にあがるやなぎのこと。川やなぎをいう。枝の垂れ下がるやなぎは柳。

姓 楊津・楊侯・楊梅

参考「楊」は別字。

【楊意】（ようい（やうい））漢の楊得意という人。友人の司馬相如を武帝に推薦した。

【楊栄（榮）】（ようえい（やうえい））人名。明代の文人。楊士奇・楊溥と並んで三楊と称された。

【楊貴妃】（ようきひ（やうきひ））人名。唐の玄宗の皇后。幼名は玉環、太真は号、貴妃は官位の名。安禄山の乱のとき殺された。（七一九～七五六）

【楊弓】（ようきゅう（やうきう））国江戸時代に行われた遊戯用の小弓。

【楊巨源】（ようきょげん（やうきょげん））人名。晩唐の詩人。あざなは景山。

【楊炯】（ようけい（やうけい））人名。唐代の詩人。王勃・盧照鄰・駱賓王とともに「初唐四傑」と称された。（五六〇～？）

【楊堅】（ようけん（やうけん））隋王朝初代皇帝。諡号は文帝。

【楊国（國）忠】（ようこくちゅう（やうこくちう））人名。唐の楊貴妃の一族で、宰相になったが、のち殺された。

【楊子】（ようし（やうし））↓楊朱

【楊氏】（ようし（やうし））↓楊朱 『楊朱は為（爲）レ我』（ようし（やうし）はわがためにす）楊朱は自分の利益だけを考えている。〈孟子・滕文公下〉

【楊枝】（ようじ（やうじ））□ ①やなぎの枝。②歯をみがく道具。□ 国 ①つまようじ。くろもじ。②歯ブラシ。

【楊時】（ようじ（やうじ））北宋の学者。字は中立。亀山先生と呼ばれた。学問を程顥と程頤より授かり、また朱熹などに受け継がれた。

【楊士奇】（ようしき（やうしき））人名。明代の文人。詩の上で、楊溥・楊栄と並び、三楊と称された。

【楊朱】（ようしゅ（やうしゅ））人名。戦国時代の思想家。極端な個人主義・利己主義をとなえた。『楊朱泣レ岐』（ようしゅ（やうしゅ）きになく）楊朱が分かれ道に立ってどちらにも行けることを嘆いた故事。人間は同じように生まれても、善人にも悪人にもなりえることを悲しむたとえ。〈淮南子・説林訓〉

【楊守敬】（ようしゅけい（やうしゅけい））清末の学者。字は惺吾。号は鄰蘇。日本に滞在して、本国では散佚した多くの漢籍を調査した。

【楊慎】（ようしん（やうしん））明の文人。字は用修。号は升庵。博覧で、著作の多さは明代随一と称される。

【楊震】（ようしん（やうしん））後漢の学者。博学で、関西の孔子と称された。

【楊太真（眞）外伝（傳）】（ようたいしんがいでん（やうたいしんぐわいでん））書名。宋代の楽史の著。唐代の楊貴妃のことを書いたもの。太真は、楊貴妃の号。

【楊梅】（ようばい（やうばい））果樹の名。やまもも。

【楊万（萬）里】（ようばんり（やうばんり））人名。宋の詩人。字は廷秀。号は誠斎。（一一二七～一二〇六）

【楊溥】（ようふ（やうふ））人名。明代の文人。詩の上で、楊士奇・楊栄と並び、三楊と称された。

【楊墨】（ようぼく（やうぼく））楊朱と墨翟。いずれも戦国時代の思想家で、楊朱は利己主義、墨翟は博愛主義をとなえた。

【楊雄】（ようゆう（やういう））↓「揚雄」（五四四ページ・上）

【楊柳】（ようりゅう（やうりう））やなぎの総称。楊は、かわやなぎ、柳はしだれやなぎ。

木9 **【楆】**〔13〕 ヨウ 漢 平 蕭（エウ） yāo ヤオ U補J ②1513 6946

意味 木の名。棗の一種。国〈かなめ〉かなめもち。バラ科の常緑樹。あかめもち。

木9 **【楝】**〔13〕 レン 漢 去 霰 liàn リエン U補J 6034 695D

意味 木の名。おうち。せんだん。センダン科の落葉高木。

木9 **【楼】**〔13〕 常 ロウ U補J 4716 697C

旧字 木11 **【樓】**〔15〕 ロウ 漢 ル 呉 平 尤 lóu ロウ U補J 6076 6A13

筆順 十 木 木' 木'' 村 桦 桜 楼 楼

意味 ①〈たかどの〉二階だて以上の建物。②建物の二階以上の部分。③やぐら。城門・城壁の上に設けた建物。ものみやぐら。「望楼」④高い船や車。⑤茶店・酒場・歌舞の場所。

解字 形声。木が形を表し、婁が音を示す。婁には、かさなるという意味がある。樓は木製の重なったもので、二階・三階と重なっている建物をいう。

名前 いえ・たか・つぎ

【楼閣】（ろうかく）数階建てになっている高い建物。たかどの。

【楼観（觀）】（ろうかん（くわん））高い建物。

【楼月】（ろうげつ）高い建物の上に照る月。たかどのからみる月。

【楼車】（ろうしゃ）ものみやぐらのついた戦車。

【楼舎】（ろうしゃ）二階建ての建物。

【楼船】（ろうせん）二階づくりの船。二階のある屋形船。

【楼台（臺）】（ろうだい）①高い建物。②屋根の作ってある木や土の台。

【楼門】（ろうもん）二階づくりの門。上にやぐらのある門。

（楼 門）

【楼蘭（蘭）】（ろうらん）漢代の西域諸国の一つ。天山南路地方にあたる。

【楼梯】（ロウティー） lóutī 現階段。

◆玉楼・高楼・望楼・鐘楼・摩天楼

木9 **【椳】**〔13〕 ワイ 漢 平 灰 wēi ウエイ U補J 3630 6933

意味 門のとびらを回転させる軸。とぼそ。くるる。

【椳闑】（わいげつ）くるるとしきみ。戸を開閉するための装置と、門や戸を閉じるための中央の木。

木9 **【椿】**〔13〕 国字 U補J ②1518 3652 697F

意味 〈かつら〉木の名。桂。

木9 **【椙】**〔13〕 国字 U補J ①8589 3653 6980

意味 〈こまい（こまひ）〉①家の軒のたるきにかけ渡す木材。②壁の下地に組む細長い竹。

参考 中国でも家の骨組みを数えるときの量詞に用いる。音 pǐn ピン。

木9 **【椨】**〔13〕 国字 U補J ②1489 FA13

意味 〈たぶ〉たぶの木。＝椨

心(忄・⺗)戈戸(戸)手(扌)支攴(攵) 4画 文斗斤方无(旡・旡)日曰月(月)木欠止歹殳毋比毛氏气水(氵・氺)火(灬)爪(爫・⺥)父爻爿片牙(牙)牛(牜)犬(犭)

木9【梽】〔13〕国字 ―― 意味〈たも〉人名・地名に用いる。 J②1488 補 U2355A

木9【椋】〔13〕国字 ―― 意味〈はんぞう(はんざふ)〉昔、湯や水をつぐのに用いた器。はぞう。半挿。 J6025 補 U697E

木9【榑】〔13〕国字 ―― 意味〈ほう〉地名に用いる。榑木作(ほうのきさく)は、福島県の地名。 J②1510 補 U23594

木9【榁】〔13〕国字 ―― 意味〈むろ〉木の名。むろのき。杜松(ねず)の別名。ヒノキ科の常緑亜高木。 J6035 補 U6981

木9【椰】〔13〕同↓槨(六七一ページ・上)

木9【楳】〔13〕或↓梅(六四二ページ・下)

木9【楙】〔13〕本↓茂(一〇五四ページ・下)

木9【楞】〔13〕同↓棱(六五二ページ・中)

木9【楞】〔13〕同↓棱(六五二ページ・中)

木9【榔】〔13〕俗↓榔(六六一ページ・中)

木9【榊】〔13〕俗↓榊(六六一ページ・中)

木9【想】↓心部九画(四九三ページ・中)

木9【禁】↓示部八画(九〇〇ページ・中)

木10【榲】〔14〕 一オツ(ヲツ)漢 一入 月 wēn ウエン、wà ワー 二オン(ヲン)漢 二平 元 wēn ウエン 三イン(ヰン)漢 三上 吻 yùn ユン J6037 補 U69B2

意味 一榲桲(おつぼつ)は、果樹の名。マルメロ。二①根(ね)。②杉(すぎ)。三木の盛んに茂るさま。

木10【樺】〔14〕人 旧字 木12【樺】〔16〕 カ(クワ)漢 去 禡 huà ホワ J1982 補 U6A3A

意味〈かば〉木の名。かばなどの総称。「白樺」国〈かば〉①木の名。②かばいろ。赤みをおびた黄色。

解字 形声。木が形を表し、華(くわ)が音を示す。木の名。かば。

地名 樺戸(かばと)

【樺燭】かしょく(くわしょく) かばの木の皮で蠟(ろう)を巻いたあかり。

木10【榎】〔14〕人 標 カ漢 上 馬 jiǎ チア J1761 補 U698E

意味 木の名。ひさぎ。とうきささげ。=檟(か) 国〈えのき〉ニレ科の落葉高木。

木10【槐】〔14〕 カイ(クワイ)漢 平 灰 huái ホワイ J6039 補 U69D0

意味 ①〈えんじゅ(ゑんじゅ)〉木の名。マメ科の落葉高木。「槐樹(かいじゅ)」②三公の位。周の時代、朝廷にえんじゅを三本植えて三公の位置を示したことにもとづく。「三槐」「台槐」↓「三公」(一三ページ・上)

【槐安】かいあん(くわいあん) 「槐安夢」に同じ。【――国(國)】かいあんこく(くわいあんこく) 蟻(あり)の国。【槐安夢】かいあんのゆめ(くわいあんのゆめ) 唐の淳于棼(じゅんうふん)が槐(えんじゅ)の木の下で昼寝をし、槐安国に行って、国王のむすめと結婚してぜいたくをつくした夢を見たという物語。唐の李(り)公佐の小説「南柯記(なんかき)」にもとづく。南柯夢(なんかのゆめ)。

【槐位】かいい(くわいゐ) 三公の位。↓意味の②

【槐棘】かいきょく(くわいきょく) ①えんじゅといばら。②三公九卿(きゅうけい)をさす。昔、朝廷に三本のえんじゅを植えて三公がこれに面してすわり、九本のいばらを植えて九卿がこれに面してすわったことにもとづく。三槐九棘。

【槐市】かいし(くわいし) 漢代の長安城の東にあった市場の名。

【槐宸】かいしん(くわいしん) 天子の居る宮殿。御所。

【槐門】かいもん(くわいもん) 三公をさす。↓意味の②

【槐柳】かいりゅう(くわいりう) えんじゅとやなぎ。

木10【概】〔14〕常 ガイ J1921 補 U6982

旧字 木11【槪】〔15〕 カイ漢 ガイ慣 去 隊 gài カイ 補 U2F8EA

木11【槩】〔15〕本字 補

木12【槩】〔16〕俗字 J①8603 補 U69E9

木11【槪】〔15〕同字 補

木12【槪】〔16〕俗字 J①8604 補 U69EA

筆順 十 木 木ヨ 根 根 概 概 概

意味 ①〈とかき〉升(ます)に盛った穀物(こくもつ)を平らにならす棒。②平らにする。③ざっとまとめる。「概括」④〈おおむね(おほむね)〉あらまし。「大概(たいがい)」⑤はかる。また、量を制限する。⑥おもむき。ようす。「勝概(しょうがい)」⑦人柄。「気概(きがい)」⑧気づかう。心にかける。⑨なげく。悲しむ。=慨(がい) ⑩洗う。=漑(がい)

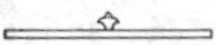

(概①)

解字  形声。木が形を表し、既(き)が音を示す。既には、いっぱいにつまる意味がある。概は、ますの中に盛った穀物を、平らにならす棒で、転じて「あらまし」の意味になる。音ガイは、既の音キの変化。

名前 むね

【概括】がいかつ(がいくわつ) 一ひとまとめにする。だいたいのまとめ。二 gàikuò カイクオ 現 一に同じ。

【概観(觀)】がいかん(がいくわん) ①ざっと見る。概見。②だいたいのようす。

【概見】がいけん ざっと目をとおす。だいたいの観察。

【概説】がいせつ あらましを述べること。また、その説。

【概然】がいぜん ①悲しむさま。②感激するさま。

【概念】一がいねん 多くの事物から共通の要素をぬき出し、これをまとめた広い観念。考え。二 gàiniàn カイニエン 現 一に同じ。

【概要】がいよう(がいえう) だいたいの眼目。事のあらまし。大要。概略。

【概論】がいろん ある学科または事がらについての大要を述べる。また、その論。

◆一概(いちがい)・大概(たいがい)・気概(きがい)・梗概(こうがい)

木10【榷】〔14〕 カク漢 入 覚 què チュエ J②1525 補 U69B7

木11【榷】〔15〕俗字 補 U2365C

意味 ①丸木橋(まるきばし)。一本橋。②専売(せんばい)。政府が物品の製造(せいぞう)・販売(はんばい)を独占して行うこと。③税(ぜい)。④検討する。=搉「商権(しょうかく)」

【榷利】かくり 専売による利益。

【榷酤】かっこ(かくこ) 昔、中国で政府が酒を専売して利益をひとりじめにしたこと。

木10【槅】〔14〕 一カク漢 一入 陌 gé コー 二カク漢 二入 陌 hé ホー J3669 補 U69C5

意味 一〈くびき〉車の轅(ながえ)の先につけて、牛や馬のくびにかける横木。軛(やく)。二〈さね〉うめ・ももなどのたね。=核(かく)

木10【槏】〔14〕 一カン漢 一上 豏 qiǎn チエン 二ケン呉 二レン漢 二平 塩 lián リエン J①8593 補 U69CF

意味 一①戸(と)。②窓枠の左右の柱。二=廉(れん)

木10【樘】〔14〕 キ漢 平 支 qī チー J6040 補 U69BF

意味〈はり〉木の名。はんの木。生長が速く、三年たてば大木となる。

木10【構】〔14〕 学5 コウ かまえる・かまう J 2529 U 69CB
旧字 木10【構】〔14〕 コウ 漢 去 宥 gòu コウ J ― 補 ― U ―

筆順 十 木 朩 朩 朩 構 構 構

意味 ①〈かま・える(──・ふ)〉㋐(材木などで)組み立てる。㋑考え・計画を立てる。「構想」㋒しくむ。こじつける。㋓むすびつく。㋔みがまえる。②〈かまえ(かま〈へ〉)〉家屋のつくり。③かじのき。クワ科の落葉高木。国①〈かま・える(──・ふ)〉㋐準備する。㋑武器を手に敵と向かいあう。㋒ある態度・姿勢をとる。②〈かま・う(──・ふ)〉㋐関心をもつ。㋑からかう。③〈かまい(かまひ)〉㋐関心。関係。㋑世話。もてなし。㋒さしつかえ。㋓追放。「江戸御構(おかまい)」

解字 形声。木が形を表し、冓(こう)が音を示す。冓は材木を組み合わせた形。構は材木を組み立てて家を造ることで、かまえる意味を表す。

【構怨】(こうえん(えん)) うらみをかまえる。うらむこと。
【構会(會)】(こうかい(くわい)) 罪をでっちあげる。
【構陥(陷)】(こうかん) 人を罪におとしいれること。計略をしくんで、人を死ぬはめにおとしいれること。
【構殺】(こうさつ) ①かまえ作る。組み立て。②罪が成立する。
【構成】(こうせい) ━ ①かまえ作る。組み立て。②罪が成立する。━ gòuchéng 現 ━の①に同じ。
【構想】(こうそう(さう)) ①考えを組み立ててまとめること。②芸術品の制作方法・ていさいなどを考えること。
【構造】(こうぞう(ざう)) ━ 組み立てをして、こしらえること。つくり。こしらえかた。━ gòuzào 現 ━に同じ。
【構築】(こうちく) かまえきずく。家などを建てる。
【構内】(こうない) かこいの中。一定の地域の中。
◇心構(こころがまえ)・虚構(きょこう)・結構(けっこう)・機構(きこう)

木10【榼】〔14〕 コウ 漢 入 合 (カフ) kē コー J ②1527 補 3668 U 69BC
意味 ①〈たる〉酒樽(さかだる)。水桶(みずおけ)。②ふた付きの容器。③刀剣の鞘(さや)。④榼藤子(こうとうし)は、もだま。つる性の植物。

木10【槁】〔14〕 コウ 漢 上 皓 (カウ) gǎo カオ J 6041 補 ― U 69C1
木10【槀】〔14〕 本字 J ②1528 補 ― U 69C0
意味 ①〈か・れる(━・る)〉草木がしぼむ。「枯槁(ここう)」②〈かわ・く〉水分がなくなる。③死ぬ。④軍隊を慰労する。

【槁梧】(こうご(かう)) 琴の別称。琴はかれたアオギリで作ることによる。
【槁壌(壤)】(こうじょう(かうじやう)) からからにかわいた土。
【槁暴】(こうばく(かう)) かれてかわくこと。
【槁木死灰】(こうぼくしかい(かうくわい)) 枯れ木と、つめたくなった灰。転じて、活気や情熱のないもの。枯木(こぼく)死灰。

木10【槓】〔14〕 コウ 慣 gàng (カウ) カン J 6042 補 ― U 69D3
意味 〈てこ〉重い物を動かすのに用いる棒。＝杠
参考 近代になって作られた字。「杠」(六二〇ページ・下)の━に同じ。
【槓杆】(こうかん(かう)) てこ。ぼう。

木10【槔】〔14〕 コウ 漢 平 豪 (カウ) gāo カオ J ― 補 ― U 69D4
木11【槹】〔15〕 同字 J 6063 補 ― U 69F9
意味 桔槔(けっこう)は、井戸から水をくむはねつるべ。

木10【榥】〔14〕 コウ 漢 上 養 (クワウ) huàng ホワン J ①8591 補 3659 U 69A5
意味 ①文机(ふづくえ)。読書用の机。②すだれ。また、垂れ絹。③窓の格子。櫺子(れんじ)。国〈くるみ〉木の名。胡桃(くるみ)。

木10【榖】〔14〕 コク 漢 呉 入 屋 gǔ クー J ②1521 補 3656 U 6996
意味 かじのき。クワ科の落葉高木。樹皮は紙の原料となる。楮(こうぞ)。
参考 「穀(こく)」は別字。

木10【榾】〔14〕 コツ 漢 入 月 gǔ クー J 6043 補 ― U 69BE
意味 ①〈ほた〉切りかぶ。木のきれはし。②枸榾(くこつ)は、しなひいらぎもち。モチノキ科の常緑高木。
【榾柮】(こつとつ) 木の切れはし。たきぎ。

木10【槎】〔14〕 サ 漢 平 麻 chá チャー J 6044 補 ― U 69CE
意味 ①〈き・る〉そぐ。木をななめに切る。②〈いかだ〉＝楂
【槎牙】(さが) 木の枝がでこぼこした感じで縦横にいりくむさま。＝槎枒

木10【榨】〔14〕 サ 漢 去 禡 サク 慣 zhà チャー J ― 補 3661 U 69A8
意味 ①〈しめぎ〉油や酒をしぼる道具。②しぼる。③しめつける。

木10【槊】〔14〕 サク 漢 入 覚 shuò シュオ J 6046 補 ― U 69CA
矛7【矟】〔12〕 同字 J ②8220 補 4735 U 77DF
意味 〈ほこ〉武器の一種。柄(え)の長い矛(ほこ)。
【横レ槊賦レ詩】(ほこをよこたえ(よこたへ)てしをふす) 馬上でほこを横にし、詩を作ること。軍人が戦いのあいだにも文学を忘れない風流さをさす。三国時代、魏(ぎ)の曹操(そうそう)の故事にもとづく。〈南史・栄祖(えいそ)伝〉

木10【㮶】〔14〕 サク 漢 入 覚 shuò シュオ J ①8594 補 3BB6 U ―
意味 ①木の名。②柵(さく)。竹、木や鉄線のかこい。③柄(え)の長い矛(ほこ)。＝槊(さく)・矟(さく)

木10【榰】〔14〕 シ 漢 平 支 zhī チー J ②1524 補 ― U 69B0
意味 ①柱の基礎。土台。礎(いしずえ)。②ささえる。＝支(し)
難読 榰柱(すけばしら)

木10【榯】〔14〕 シ 漢 ジ 呉 平 支 shí シー J ― 補 3664 U 69AF
意味 ①木がまっすぐに立っているさま。②落榯(らくじ)は、扉(とびら)の軸を支える部分。

木10【榭】〔14〕 シャ 漢 去 禡 xiè シエ J ①8592 補 3663 U 69AD
意味 ①〈うてな〉屋根のある見はらし台。②広間。③武術を講習するところ。④器物を収納するところ。

木10【榫】〔14〕 シュン 漢 上 軫 sǔn スン J ― 補 3662 U 69AB
意味 〈ほぞ〉材木をつなぎ合わせるとき、一方の先端に作る凸起(とっき)。→「枘(ぜい)－(ほぞ)」(六二六ページ・下)

木10【榺】〔14〕 ショウ 漢 去 径 shèng ション J ②1526 補 3667 U 69BA
意味 〈ちきり〉榺(ちきり)。織機で縦糸を巻いておく軸棒。

木10【榛】〔14〕 人 シン 漢 平 真 zhēn チェン J 3126 補 ― U 699B
犬10【獉】〔13〕 同字 J ― 補 ― U 7349
意味 ①〈はしばみ〉カバノキ科の落葉低木。実(み)は食用。②雑木(ぞうき)林。＝蓁(しん) ③しげる。＝蓁 国〈はり〉木の名。はしばみ。カバノキ科の落葉低木。

解字 形声。木が形を表し、秦(しん)が音を示す。実や樹皮は染料になる。はんのき。山野に自生。

名前 はる 地名 榛谷(はんがや)・榛原(はいばら)
【榛穢】(しんあい・しんわい) しばった雑草。転じて、悪政や悪習のこと。

心(忄・⺗)戈戶(戸)手(扌)支攴(攵) 4画 文斗斤方无(旡・旡)日曰月(⺝)木欠止歹殳毋比毛氏气水(氵・氺)火(灬)爪(爫・⺤)父爻爿片牙(⽛)牛(牜)犬(犭)

【榛棘】しんきょく いばらなどの、雑木ぞうのしげみ。
【榛荊】しんけい しげったいばら。雑木ぞうのしげみ。
【榛榛】しんしん 草木のしげっているさま。
【榛蕪】しんぶ 草木がぼうぼうとおいしげっているさま。
【榛莽】しんぼう(ばう)・しんもう(まう) しげった草むら。やぶ。

木10【榱】〔14〕 スイ 漢 平 支 cuī ツォイ U補J 69B1 6067
意味〈たるき〉棟むねから軒のきにかけ渡す木材。椽てん。桷かく。
【榱桷】すいかく たるき。榱椽すいてん。
【榱題】すいだい たる木のはしの切り口。たる木のこぐち。

木10【榍】〔14〕 セツ 漢 入 屑 セチ 呉 xiè シエ U補J 698D 3654
意味 ①門や戸の敷居しきい。②くさび。＝楔せっ ③木の名。

木10【榡】〔14〕 ソ 漢 去 遇 sù スー U補J 69A1 3658
意味 器物に装飾のないさま。＝素そ

木10【槍】〔14〕 人 標 ソウ 漢 平 陽 (サウ) qiāng チアン U補J 69CD 3368
意味 ①〈やり〉武器の一種。②小銃。③〈つ・く〉いたる。とどく。④草を掘りとる農具。
参考「鎗」は別字。「鑓やり」は国字。
【槍杆】そうかん やりの柄。杆は、竿・桿・幹とも書く。
【槍手】そう(さう)しゅ やりを武器とする兵士。槍兵そうへい。
【槍術】そう(さう)じゅつ やりを使う武術。槍法。

木10【榸】〔14〕 タイ 呉 漢 平 佳 zhāi チャイ U補J 69B8 3666
意味 枯れ木の根。切り株。

木10【榒】〔14〕 ダク 漢 入 陌 ジャク 慣 nuò ヌオ U補J 6992 3655 ②1519
意味 木の名。

木10【槌】〔14〕 人 標 ツイ 漢 平 支 chuí チョイ U補J 69CC 3640
木9【槌】〔13〕 俗字 U補J
木6【桘】〔10〕 俗字 U補J 6858 3562
意味 ①〈つち〉物をたたく道具。「木槌きづち」②うつ。たたく。

木10【槙】〔14〕 人 U補J 69D9 4374
旧字 木10【槇】〔14〕 人 U補J 69C7 8402
一テン 漢 一平 先 diān ティエン
二シン 漢 二上 軫 zhěn チェン
意味 一①木の梢こずえ。②木が倒れる。二①木目が堅い。②木の名。いぬまき。国〈まき〉①木の名。いぬまきなどの称。②すぎやひのきの古称。
解字 篆 形声。木が形を表し、眞しんが音を示す。眞は顚と同じく、いただき・たおれるの意味がある。

木10【榻】〔14〕 トウ 漢 入 合 (タフ) tà ター U補J 69BB 6048
意味 ①こしかけ。ながいす。また、寝台。②うつす。＝搨 ㋐拓本をとる。㋑模写もしゃする。国〈しじ(しぢ)〉牛車の轅ながえの軛くびきを置く台。また、乗り降りの踏み台。
【榻牀】とう(たふ)しょう(しゃう) こしかけ。寝台。
【榻背】とう(たふ)はい いすの背。ベンチのもたれかかるところ。
【榻布】とう(たふ)ふ きめが粗くて厚い布。

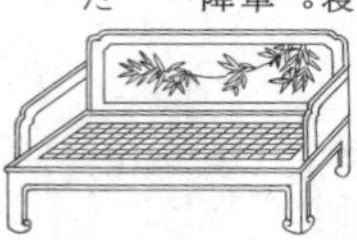
(榻①)

木10【槈】〔14〕 ドウ 漢 去 宥 (ダウ) nòu ノウ U補J 69C8 3670
意味 ①〈すき〉畑をたがやす農具の一種。②〈くさぎ・る〉畑の雑草をかりとる。＝耨・鎒

木10【槃】〔14〕 標 ハン 漢 平 寒 バン 呉 pán パン U補J 69C3 6049
意味 ①〈たらい(たらひ)〉水をいれるうつわ。＝盤 ②たのしみ。たのしむ。＝般 ③まわる。＝般
【槃桓】はんかん ①徘徊はいかいする。②あそびたのしむ。③ためらう。④広大なさま。
【槃散】ばんさん よろめく。行きなやむ。蹣跚まんさん。＝槃姍・槃跚ばんさん

(槃①)

木10【榧】〔14〕 ヒ 漢 上 尾 fěi フェイ U補J 69A7 6050
意味〈かや〉木の名。イチイ科の常緑高木。実は食用。また、油をとる。俗称、野杉やさん。

木10【榓】〔14〕 ビツ 漢 入 質 ミツ 呉 mì ミー U補J 6993
木11【樒】〔15〕 同字 U補J 6A12 6073
木14【櫁】〔18〕 同字 U補J 6AC1 6074
意味 香りのよい木。国〈しきみ〉木の名。香りがあり、墓地に植えたり、仏前にそなえたりする。

木10【榑】〔14〕 フ 漢 平 虞 fú フー U補J 6991 6052
意味 榑桑ふそうは、伝説上の神木。東海の日の出る所にあるという。＝扶桑 国〈くれ〉＝槫 ①皮のついたままの材木。②うす板。へぎいた。

木10【榜】〔14〕 標 U補J 699C 6054
一ホウ(ハウ) 漢 ボウ(バウ) 呉 一平 庚 bēng ポン
二ホウ(ハウ) 漢 ボウ(バウ) 呉 二上 養 bǎng パン
三ホウ(ハウ) 漢 ボウ(バウ) 呉 三去 敬 bàng パン
意味 一①〈ゆだめ〉弓のゆがみをなおす道具。②鞭むちでうつ刑。二①木の板いた。札ふだ。②扁額へんがく。横長の額。③たてふだ。科挙かきょ合格者を発表する看板。「放榜」④告示こくじ。布告ふこく。⑤かかげる。三①櫂かい。船をこぐ道具。②船をこぐ。③〈いかだ〉④鞭でうつ。
【榜歌】ぼう(ばう)か ふな歌。
【榜眼】ぼう(ばう)がん 北宋以降、科挙(官吏登用試験)の殿試(皇帝の前で行われる最終試験)に第二位で合格した者。→「状元じょうげん」(七九八ジ・中)
【榜人】ぼう(ばう)じん 船頭。舟人。
【榜笞】ぼう(ばう)ち むちでたたくこと。
【榜掠】ぼう(ばう)りゃく むちでたたいて、ごうもんすること。榜捶ぼうすい。
『放レ榜』ぼう(ばう)をはなつ 官吏登用試験の合格者名を書いた木の札を掲げる。

木10【榠】〔14〕 ベイ 漢 メイ 慣 平 青 ミョウ(ミャウ) 呉 míng ミン U補J 69A0 6053
意味 榠樝めいさは、果樹の名。かりん(花梨)。木瓜ぼけに似る。

木10【模】〔14〕 学6 モ・ボ U補J 6A21 4447
旧字 木11【模】〔15〕 ボ 漢 モ 呉 平 虞 mó モー U補J
筆順 十 木 朩 朩 栉 栉 档 模
意味 ①〈かた〉㋐器物をつくるための型。㋑かたち。②手本。規範。③似せる。手本とする。＝摹ぼ ④木の名。⑤模型。音 mú ムー。
解字 篆 形声。木が形を表し、莫ぼが音を示す。莫には、かくれたものをさぐりあてる意味がある。模は陶器などを作ると

きに、形を定めるための木型をいう。また、莫にはかぶせる意味があるので、模は、ねんどにかぶせる木のわくのことになるともいう。

名前 のり

参考 新表記では「摸」の書きかえに用いる。

【模楷】もかい てほん。もはん。のり。

【模(「摸」)擬】もぎ まねる。なぞらえる。

【模型】もけい ①実物と同じように作ったひながた。②かた。いがた。

【模糊】もこ ぼんやりして明らかでないさま。あいまいなさま。「曖昧模糊」

【模(「摸」)效(效)】もこう(かう) まねをする。手本としてまねる。模楷。「通相模効(たがいにあいもこうす)」〈顔氏家訓〉

【模(「摸」)刻】もこく 原本にかたどって彫ること。

【模(「摸」)索】もさく 手さぐりでさぐる。「暗中模索」

【模(「摸」)写(寫)】もしゃ 同じようにかたどってうつす。

【模(「摸」)造】もぞう(ざう) まねて作る。

【模範】もはん ①器物を作成する上での模型。②規則。きまり。③てほん。のりとなるもの。④見習う。てほんとする。

【模(「摸」)倣】もほう(はう) 一 かたどりまねる。ならう。似せる。↔創造・創作 二 モーファン mófǎng 現 一 に同じ。

【模本】もほん ①原本をまねてうつした書物。②手本。

【模様】もよう(やう) ①ようすやありさまを描くこと。②国染め物・織物などに、飾りとして作り出すいろいろな形。あや。

◆規模きぼ

木10【様】〔14〕学3 ヨウ さま　U補J 4545 69D8

旧字 木11【樣】〔15〕人　一 ヨウ(ヤウ) 漢 呉 一 去 漾 yàng ヤン　二 ショウ(シャウ) 漢 ゾウ(ザウ) 呉 二 上 養 xiàng シアン　U補J 6075 6A23

筆順 十 木 木' 栏 栏 样 様 様

意味 一 ①〈さま〉すがたかたち。②〈かた〉ア標準。手本。イ器物をつくるための型。雛型ひながた。③もよう。④種類。⑤個数や種類を数える量詞。⑥すてる。国①〈さま〉アあなた。あの人。イ人名などにつけ敬意を表す。ウ…の方向へ。エ…するやいなや。②〈よう(やう)〉ア…のように。イわけ。子細しさい。ウしかた。こと。三 木の名。くぬぎ。また、その実。

解字  形声。木が形を表し、羕やうが音を示す。くぬぎの木である。俗字が橡で、象には、似るという意味があるので、様も似ることを表し、ようす・さまの意味になった。

地名 様似さまに

【様子】よう(やう)す 一 ①みほん。②ありさま。ふう。③態度。ふるまい。④なり。かっこう。国事情。二 ヤンツ yàng-zi 現 一 ①②に同じ。

【様式】よう(やう)しき あるきまったやりかた。かた。形式。

【様態】よう(やう)たい さま。ようす。

◆一様いちよう・今様いまよう・同様どうよう・多様たよう・若様わかさま・異様いよう・貴様きさま・殿様とのさま・態様たいよう・模様もよう・雨模様あまもよう

木10【榕】〔14〕ヨウ 漢 平 冬 róng ロン　U補J 6055 6995

意味 ①熱帯樹の名。あこう。がじゅまる。クワ科イチジク属の常緑高木。②榕城じょうは、福建ふっけん省福州市の別称。

木10【榴】〔14〕標 リュウ(リウ) 漢 平 尤 liú リウ　U補J 6056 69B4

木12【橊】〔16〕同字　U補J 3709 6A4A

意味 果樹の名。ざくろ。「石榴ざくろ」

【榴火】りゅう(りう)か ざくろの花の赤い色を火にたとえていう語。

◆石榴ざくろ・柘榴ざくろ

木10【榔】〔14〕標　一 ロウ 漢 (ラウ) 一 平 陽 láng ラン　二 ロウ 漢 (ラウ) 二 上 養 lǎng ラン　U補J 4717 6994

木9【榔】〔13〕俗字　U補J

意味 一 ①漁りょうのとき魚を追いたてるのに使う棒。②檳榔びんろうは、熱帯樹の名。びろう。実みは食用・薬用。③現榔槺ランカン lángkang は、大きくて扱いにくいようす。かさばる。二 木の名。あきにれ。榔楡ろうゆ。

木10【槝】〔14〕国字　U補J 6047 69DD

意味 〈かし〉①船をつなぐためのくい。②槝之浦かしのうらは、鹿児島県阿久根あくね市の地名。

木10【榊】〔14〕人 標 国字　U補J 2671 698A

木9【榊】〔13〕俗字　U補J

意味 〈さかき〉①神事に用いる常緑樹の総称。②木の名。ツバキ科の常緑高木。枝葉は神にそなえるのに用いられる。

参考 木と神とから成り、神にささげる木の意を表す。

姓 榊原さかきばら

木10【𣗄】〔14〕国字　U補J ①8582 235C4

意味 〈たらのき〉地名などに用いる。

木10【樮】〔14〕国字　U補J 6051 6A2E

意味 〈ほくそ〉①火の燃えがら。②樮川ほくそがわは、和歌山県日高郡の地名。

木10【榮】〔14〕旧→栄(六三一ジ・上)

木10【榉】〔14〕俗→櫸(六七二ジ・上)

木10【榘】〔14〕或→矩(八八〇ジ・上)

木10【樹】〔14〕俗→樹(六六七ジ・上)

木10【槜】〔14〕同→檇(六六九ジ・中)

木10【槙】〔14〕旧→槇(六六〇ジ・上)

木10【槞】〔14〕俗→櫳(六七二ジ・上)

木10【雑】(一三四四ジ・上)→隹部六画

木10【榦】〔14〕本→幹(四三〇ジ・下)

木10【槗】〔14〕同→橋(六六六ジ・下)

木10【槹】〔14〕同→桔(六三九ジ・上)

木10【[illegible]】〔14〕同→松(六二六ジ・上)

木10【槖】〔14〕同→橐(六六七ジ・下)

木10【槑】〔14〕同→梅(六四二ジ・下)

木11【槇】〔15〕イン 漢 平 真 yīn イン　U補J ②1531 23639

意味 人名に用いる。

地名 槇原山たららやま

木11【槥】〔15〕エイ 漢 (エイ) 去 霽 huì ホイ　U補J 3675 69E5

意味 〈ひつぎ〉小さい棺桶かんおけ。

木11【横】〔15〕学3 オウ よこ　U補J 1803 6A2A

旧字 木12【橫】〔16〕人　一 コウ(クヮウ) 漢 オウ(ワウ) 呉 一 平 庚 héng ホン　二 コウ(クヮウ) 漢 オウ(ワウ) 呉 二 去 敬 hèng ホン　U補J ①8616 6A6B

筆順 十 木 朩 栐 栟 構 横 横

意味 ■一 ①門の横木(よこぎ)。②〈よこ〉↕縦 ㋐左右の方向。㋑東西の方角。㋒よこて。③よこたわる。㋐よこになってねる。㋑水平にひろがる。㋒みちあふれる。④よこたえる。⑤よこぎる。⑥交錯する。入り乱れる。⑦学校。横舎(こうしゃ)は、校舎。＝黌(こう) ■二 ①〈よこしま〉道理にはずれた。②〈ほしいまま〉かって気まま。③思いがけず。

解字 横 形声。木が形を表し、黄(わう)が音を示す。黄には、わくとか、ふせぎ止めるとかいう意味がある。横は、門の入り口に、横にさしわたしたかんぬき(閂)をいう。

地名 横手(よこて)・横浜(よこはま)・横須賀(よこすか)

【横逸(逸)】おういつ(わういつ) かって気ままにふるまう。

【横溢】おういつ(わういつ) ①水がみなぎりあふれる。②みなぎりあふれる〔ように盛んなこと。〕

【横禍】おうか(わうくわ) 思いがけない災難。

【横臥】おうが(わうぐわ) 横になって寝る。

【横檻】おうかん(わうかん) 横にわたしした、てすり。

【横議】おうぎ(わうぎ) 自分かってに議論する。気ままな議論。「処士横議(しょしおうぎ)」(処士は、官につかえていない人材。)〈孟子(もうし)・滕文公(とうぶんこう)下〉

【横虐】おうぎゃく(わうぎゃく) かって気ままで、むごたらしいこと。

【横逆】おうぎゃく(わうぎゃく) かって気ままにふるまって、道理に合わない行いをすること。

【横渠先生】おうきょせんせい(わうきょせんせい) →「張載(ちょうさい)」(四五〇ページ・下)

【横行】おうこう(わうかう) ①横に歩いて行く。②大いばりで歩きまわる。③物事をかって気ままにする。【──闊歩】おうこう(わうかう)かっぽ(くわっぽ) 大いばりで歩きまわる。すきほうだいなことをして歩く。

【横江】おうこう(わうかう) ①大河の上に横たわること。②地名。安徽(あんき)省にある長江の渡し場。

【横死】おうし(わうし) 思いがけない事故で死ぬこと。

【横恣】おうし(わうし) かって気ままなこと。

【横斜】おうしゃ(わうしゃ) ななめに横たわる。「疎影横斜水清浅(そえいおうしゃしてみずせいせん)」(まばらな枝の影が、清らかな浅い水にうつっている。)〈林逋(りんぽ)の詩・山園小梅〉

【横生】おうせい(わうせい) ①あふれ出る。②人間以外の物。万物。

【横政】おうせい(わうせい) むちゃくちゃな政治。

【横絶】おうぜつ(わうぜつ) 山川などを横ぎる。

【横説竪説】おうせつじゅせつ(わうせつ) 弁説を縦横にふるうこと。

【横塞】おうそく(わうそく) さえぎりふさぐ。

【横奪】おうだつ(わうだつ) 無理にうばい取る。よこどり。

【横断(斷)】おうだん(わうだん) ①横にたち切る。②道などを横ぎる。〔↕縦断〕

【横著】おうちゃく(わうちゃく) 「横着」に同じ。

【横着】おうちゃく(わうちゃく) 国①わがままで、ずるい。②平気でなまけたり、悪いことをする。③見せかけだけりっぱなこと。

【横笛】おうてき(わうてき) 一よこぶえ 管を横にして吹く笛(ふえ)。

【横塘】おうとう(わうたう) 堤の名。江蘇(こうそ)省南京(ナンキン)市秦淮(しんわい)河の西南、また同省呉(ご)県の西南にあり、風景がよい。

【横道】■一おうどう(わうだう) よこしまな道。不正なやりかた。■二よこみち 国①わきにはいる道。わきみち。②左右に通ずる道。③■一に同じ。

【横発(發)】おうはつ(わうはつ) ①奔放なさま。②はっきりあらわれる。③突然に起こる。

【横柄】おうへい(わうへい) 国えらそうな態度をとること。押柄(おうへい)。「大柄(おおへい)」

【横放】おうほう(わうはう) かってきまま。ほしいまま。

【横暴】おうぼう(わうぼう) 気ままで、乱暴なこと。

【横民】おうみん(わうみん) よこしまな民。法律を守らない民。

【横目】■一おうもく(わうもく) ①人間の目。「横目之民(おうもくのたみ)」(人間をいう。)②どぎつい目。悪人の目つき。③草の名。こうらいしば。④数字の四の隠語。■二よこめ 国①横を見る目つき。ながしめ。②漢字の部首「罒」の呼び名。

【横流】おうりゅう(わうりう) 水があふれて流れ出る。

【横歴(歷)】おうれき(わうれき) 自由にあまねく歩きまわる。

◇専横(せんおう)・縦横(じゅうおう)

木11 【櫆】〔15〕 カイ 漢 去 隊 (クワイ) guì コイ U補J ①8606 69F6

木8 【椢】〔12〕 俗字 U補J 5990 6922

意味 国〈くぬぎ〉木の名。また、箱。

木11 【槵】〔15〕 カン(クワン) 漢 去 諫 ゲン 呉 huàn ホワン U補J ①8605 3680 69F5

木7 【梙】〔11〕 同字 U補J ②1479 6899

意味 〈むくろじ〉むく。木の名。ムクロジ科の落葉高木。種子は、数珠のたまに、果皮は、石鹼(せっけん)の代用に使われた。槵子。無患子。油患子。木患子。

木11 【樌】〔15〕 カン 漢 去 翰 (クワン) guàn コワン U補J 6078 6A0C

意味 木が群生しているさま。＝灌(かん)

木11 【槻】〔15〕 人 キ 漢 平 支 呉 guī コイ U補J 3648 69FB

意味 〈つき〉木の名。とねりこ。モクセイ科の落葉高木。また、とねりこの類の総称。国木の名。けやきの古称。

解字 形声。木が形を表し、規(き)が音を示す。木の名。つき。

木11 【椅】〔15〕 ■一キ 漢 ■一 平 支 jī チー ■二キ 漢 ■二 平 支 guī コイ U補J ②1536 69E3

意味 ■一箸(はし)で物を取る。＝攲(き) ■二物をのせる。

木11 【樛】〔15〕 キュウ 漢 平 尤 (キウ) jiū チウ U補J 6060 6A1B

意味 ①〈まが・る〉木の枝が下にまがりくねる。②まつわる。からまる。国〈つが〉マツ科の常緑高木。とが。

【樛結】きゅうけつ(きうけつ) まつわりむすばれる。

【樛木】きゅうぼく(きうぼく) 枝が下にまがりくねった木。

木11 【槿】〔15〕 キン 漢 上 吻 jǐn チン U補J 6061 69FF

意味 〈むくげ〉木の名。アオイ科の落葉低木。朝鮮の別称。

【槿域】きんいき(きんゐき) 朝鮮の別称。

【槿花】きんか(きんくわ) ①むくげの花。朝開き夕方しぼむので、はかないものにたとえる。②国あさがおの古い呼び名。

木11 【権】〔15〕 学 6 ケン・ゴン U補J 2402 6A29

旧字 木18 【權】〔22〕 ケン 漢 平 先 ゴン 呉 quán チュワン U補J

筆順 十 木 杧 栫 栫 栫 栫 権

木17 【櫕】〔21〕 俗字 U補J 6062 6B0A

意味 ①〈おもり〉はかりの分銅。②〈はかり〉③つりあい。均衡(きんこう)。④ちから。いきおい。⑤〈はか・る〉㋐計量(けいりょう)・計測(けいそく)する。また、比べる。㋑画策(かくさく)する。⑥はかりごと。策略。⑦〈かり〉㋐かりそめの。臨時の。一時的な。㋑便宜(べんぎ)的な。まにあわせ。方便(ほうべん)。⑧(情況に即応するために)融通をきかす。臨機応変にやる。国〈ごん〉そえ。正に対する副。↕正

(権①)

解字 權 形声。木が形を表し、雚(くわん)が音を示す。雚には、口をそろえる意味がある。權は、もともと、きいろい花の咲く木の名であるが、天秤(てんびん)のように、高さをそろえてはかる木として、はかりの意味になる。また、正常な状態に反することを表す。

名前 のり・よし

【権威】①権力と威勢。権勢。②ある専門の方面で、もっともすぐれていること。また、すぐれている人。権威者。オーソリティー。「最高権威」

【権家】①権力をにぎっている家がら。権門。勢家。②兵法家。

【権官】■①権力の強い官位。また、その官位にある人。②本官のほかに他の官を兼ねること。また、その官。兼官。■国①定員以外に、かりにその官に任ずること。②次位の人。

【権貴】権力があり、身分が高いこと。また、そういう人。

【権宜】一時のまにあわせの解決策。時と場合に応じて、適当に処置すること。

【権衡】①はかりの、おもりとさお。②はかり。③つりあい。

【権豪】権力がある者。

【権詐】一時しのぎのごまかし。

【権時】しばらく。暫時。

【権術】はかりごと。たくらみ。権謀術数。

【権臣】権力を持った家来。

【権勢】権力をにぎっていきおいのさかんなこと。権力と威勢。権力。権柄。

【権戚】権力のある外戚(天子の女系の親戚)。

【権摂(攝)】一時的に他の職務を兼ねること。

【権知】①かりに務める。②兼務する。

【権度】①はかりとものさし。②法則。てほん。③つりあい。

【権道】①目的を達するため、かりに用いる臨機応変の処置。方便。↕正道・常道　②大きな権力・勢力を持つ人々。権貴。

【権能】権利を主張できる力。

【権柄】はかりのおもりと、斧の柄。転じて、権力・権勢。

【権変(變)】①その場その場に応じたはかりごと。臨機応変。②ごまかし。一時しのぎのでたらめ。

【権謀】その場合その場合に応じたはかりごと。権略。権数。

【――術策】人をあざむこうとするたくらみ。

【――術数(數)】「権謀術策」に同じ。

【権門】権力があって、勢いがさかんな家。「権門勢家」

【権輿】はかりのおもりと、車の車体。転じて、物事のはじまり、起こり。

【権要】①権力のある重要な地位。また、その人。②物事のかなめ。

【権利】①権力と利益。利権。②当然してよい資格。③㊋自分の意志を主張し、また自由に所有物を処分するなど、法律によって保証された資格。

【権略】「権謀」に同じ。

【権量】①はかりとます。重さをはかるものと分量をはかるもの。②重さや量をはかる。つりあいを考える。

【権力】①他人をおさえる力。権勢。②他人をむりに従わせる力。治める者が治められる者に服従をしいる力。

【権化】①㊊神や仏がすべての生きものを救うために、姿を変えてこの世に現れること。また、その変えた姿。権現。②国ある特質をぴったりそのまま備えているもの。化身。

【権現】①㊊「権化」に同じ。②国仏・菩薩になぞらえて、神につけた尊称。【――様】国徳川家康をさす。

◆人権・三権・民権・主権・同権・全権・利権・実権・物権・版権・政権・特権・執権・棄権・集権・越権・債権・職権・所有権・著作権・黙秘権・選挙権・優先権・治外法権

木11【槴】〔15〕コ㊞㊤麌 hù フー　U 69F4 J ②1541

意味 ①文箱。書物を納める箱。②魚を捕る仕掛け。

木11【槲】〔15〕コク㊞㊅屋 hú フー　U 69F2 J 6064

意味〈かしわ(かしは)〉木の名。ブナ科の落葉高木。

参考「檞」は別字。

木11【櫨】〔15〕サ㊞㊥麻 zhā チャー　U 6A1D 補 3689 J ②1545

意味 山櫨は、木の名。バラ科の落葉低木。さんざし。

木11【権】〔15〕■サイ㊞■㊥灰 cuī ツォイ　セ㊓　■サイ㊞■㊤賄 zuǐ ツォイ　U 69EF 補 3677 J ②1538

意味 ■木の名。杖の材となる。■積む。

木11【槧】〔15〕セン㊞　ザン㊎㊦豔 qiàn チエン　ゼン㊓　U 69E7 J 6065

意味 ①〈ふだ〉文字を書きつける板。②手紙。③版木。印刷するため文字や絵をほりつけた木。また、版本・刊本。

木11【槢】〔15〕シュウ(シフ)㊞　ジュウ(ジフ)㊓㊅緝 xí シー　U 69E2 補 3674 J ①8602

意味 ①木の名。②くさび。二つの物にまたがって打ち込んで接合する部品。

難読 槢木する

木11【槷】〔15〕シュウ㊞㊅緝(シフ) jí チー　U 23647 J ②1532

意味 泉が地中からわきだす。国つぐ。人名・姓氏に用いる。宮槷は姓。

木11【槭】〔15〕■シュク㊞■㊅屋 qī チー　セキ㊎　■サク㊞■㊅陌 sè ソー　セキ㊎　U 69ED J 6069

意味 ■木の名。もみじ。かえでの総称。■かれる。葉の落ちた木の枝。「槭槭」

参考 日本で「かえで」に当てる「楓」はマンサク科で、「槭」■とは別種の植物。↓楓(六五六ページ・中)

木11【樟】〔15〕㊅ ショウ(シャウ)㊞㊥陽 zhāng チャン　U 6A1F J 3032

意味〈くす〉木の名。くすのき。クスノキ科の常緑高木。

【樟脳(腦)】くすのきからとれる無色半透明の結晶。台湾の特産で、医薬・工業用に使われる。

木11【槳】〔15〕ショウ(シャウ)㊞㊤養 jiǎng チアン　U 69F3 補 3679 J ②1539

意味〈かじ(かぢ)〉櫂。船をこぐ道具。一説に櫓の短いもの。

木11【槦】〔15〕同字　U 3BCD J ②1540

参考「漿」は別字。

木11【樅】〔15〕ショウ㊞㊥冬 cōng ツォン　U 6A05 J 6066

意味 ①〈もみ〉木の名。マツ科の常緑高木。②たたく。突く。＝摐　③樅樅は、高くそびえるさま。

木11【槮】〔15〕シン㊞㊥侵 sēn セン　U 69EE 補 3676 J ②1537

意味 木が高くそびえるさま。

木11【槫】〔15〕■セン㊞■㊤銑 shuàn ショワン　■タン㊞■㊥寒 tuán トワン　U 69EB J 6071

意味 ■ひつぎを乗せる車。＝輲　■①屋根のむね。②まるい。まるめる。＝摶

木11【槽】〔15〕 常 ソウ | ソウ(サウ) 漢 平 豪 cáo ツァオ | J 3369 補 U 69FD

筆順 十 木 朩 杧 栅 栅 槽 槽 槽

意味 ①〈おけ(をけ)〉 ㋐かいばおけ。牛や馬などのかいばを入れる桶。㋑水や酒などを入れる四角いうつわ。②みぞ。樋(とい)。③まわりが高く、中がひくくなっている形。④琵琶(びわ)などで弦をかける部分。柱(じゅう)。

解字 形声。木が形を表し、曹(そう)が音を示す。曹は裁判所の役人のなかまで、ざらにある、上等でない意味を含む。槽は、ぶたや馬のえさを入れる木製のうつわ。

【槽櫪】(そうれき) 馬のかいばおけ。

◆水槽(すいそう)・浴槽(よくそう)

木11【樔】〔15〕 一ソウ(サウ) 漢 一 平 肴 cháo チャオ | 二ソウ(サウ) 漢 二 平 肴 zhāo チャオ、chāo チャオ | 三ショウ(セウ) 漢 三 上 篠 jiǎo チアオ | J 6070 補 U 6A14

意味 一①〈す〉 鳥の巣。また上古、人が樹上に作ったというすみか。＝巣 ②湖の見張り小屋。二①あみ。魚網。②〈すく・う(――・ふ)〉 すくいとる。三〈た・える(―・ゆ)〉 たちきれる。樔絶(しょうぜつ)は、命が絶える。

木11【槭】〔15〕 ソク 漢 入 屋 sù スー | J ①8608 補 3687 U 6A15

意味 むらがりはえている小さな樹木。

木11【樗】〔15〕 チョ 漢 平 魚 chū チュー | J 3584 補 U 6A17

意味 ①木の名。しんじゅ。にわうるし。ニガキ科の落葉高木。臭椿(しゅうちん)。②役に立たないもののたとえ。無用の長物。国木の名。①〈おうち(あふち)〉 梅檀(せんだん)。②ごんずい。

【樗散】(ちょさん) 役に立たないもの。「樗櫟散木(ちょれきさんぼく)」の略。

【樗蒲】(ちょぼ) ばくち。賭博(とばく)。

【樗櫟】(ちょれき) ①樗(にわうるし)と櫟(くぬぎ)。いずれも用途の少ない木。②役にたたない人。無能な人間。

木11【樢】〔15〕 一チョウ(テウ) 漢 一 上 篠 niǎo ニアオ | 二ボク 漢 モク 呉 二 入 屋 mù ムー | J 6088 補 U 6A22

意味 一やどり木。つた。＝蔦(つた) 二鳥の名。

木11【樤】〔15〕 チョウ(テウ) 漢 ジョウ(デウ) 呉 平 蕭 tiáo ティアオ | J 3691 補 U 6A24

意味 ①小枝。＝条(じょう) ②果樹の名。柚(ゆず)。

木11【樀】〔15〕 テキ 漢 チャク 呉 入 錫 dí ティー | J 3682 補 U 6A00

意味 ①軒(のき)。②樀樀(てきてき)は、門などを叩く音。

木11【樁】〔15〕 トウ(タウ) 漢 平 江 zhuāng チョワン | J 3683 補 U 6A01

木6【桩】〔10〕同字 U補J 6869

意味 ①〈くい(くひ)〉 棒ぐい。②基礎工事のため、地中に打ちこむ木または石のくい。③現事がらを数えるときに用いられる量詞。「一樁事」

木11【樋】〔15〕 人 標 トウ 漢 平 東 tōng トン | J 4085 補 U 6A0B

木10【樋】〔14〕俗字 U補J —

意味 木の名。国〈ひ〉 水をみちびき送るために作った長いくだ。とい。かけい。

木11【樘】〔15〕 一トウ(タウ) 漢 一 平 庚 chēng チョン | 二トウ(タウ) 漢 二 平 陽 táng タン | J 補 U 6A18

意味 一〈はしら〉 支柱。ささえ。＝橕 二扉(とびら)・窓などの木のわく。

木11【樊】〔15〕 ハン 漢 平 元 fán ファン | J 6072 補 U 6A0A

意味 ①鳥かご。檻(おり)。②垣根(かきね)。＝藩(はん) ③とりかこむ。④あたり。⑤はて。⑥乱れたようす。「樊然」⑦姓。

【樊噲】(はんかい(くわい)) 人名。漢の高祖劉邦(りゅうほう)の功臣。沛(はい)の人。鴻門(こうもん)の会のとき、高祖の危難を救った。

【樊川】(はんせん) ①陝西(せんせい)省西安市の南を流れる川。秦川(しんせん)の別名。②晩唐の詩人杜牧(とぼく)の号。樊川文集は、杜牧の別集。

【樊遅(遲)】(はんち) 人名。孔子の弟子。名は須(しゅ)。字(あざな)は子遅。

【樊籬】(はんり) ①まがき。②領域、範囲のたとえ。

【樊籠】(はんろう) ①鳥かご。②自由のきかない環境。牢獄・官吏生活などのたとえ。

木11【樠】〔15〕 一バン 漢 マン 呉 一 平 寒 mán マン | 二ボン 漢 モン 呉 二 平 元 mén メン | J 3690 補 U 6A20

意味 一木の名。松に似ている。二松やにの流れ出るさま。「樠樠然(もんもんぜん)」

木11【槾】〔15〕 一バン 漢 マン 呉 一 去 翰 màn マン | 二バン 漢 マン 呉 二 平 寒 mán マン | 三 去 願 wàn ワン | J ②1542 補 3681 U 69FE

意味 一①こて。＝鏝(ばん)・墁(ばん) ②むさぼる。③樹脂。④軒(のき)。二木の名。荊(いばら)。

木11【標】〔15〕 学 4 ヒョウ | ヒョウ(ヘウ) 漢 呉 平 蕭 biāo ピアオ | J 4124 補 U 6A19

筆順 十 木 朾 杅 栖 栖 椙 標 標

意味 ①木の梢(こずえ)。②端(はし)。末(すえ)。③いただき。また、はじめ。④高々としたさま。風格。⑤〈しるし〉 めじるし。⑥しるす。しめす。⑦まと。めあて。⑧基準(きじゅん)。⑨竿(さお)。⑩旗(はた)。⑪柱(はしら)。⑫うちたてる。⑬北斗七星の第五・六・七星。

解字 形声。木が形を表し、票(ひょう)が音を示す。票は火の飛ぶことで、軽く上がるとか、目じるしの意味を含む。標は、木のこずえのことで、目じるしの意味になる。

名前 えだ・かた・しな・すえ・たか・ひで・こずえ 地名 標茶(しべちゃ)・標津(しべつ)

【標縄(繩)】(しめなわ(なは)) 国内と外とのさかいを示すために引きわたす縄。神前に多く用いる。注連縄(しめなわ)。七五三縄(しめなわ)。

【標野】(しめの) 国皇室などの所有する原野で、他人の立ち入りを禁じた所。

【標格】(ひょうかく) 品格。品位。

【標記】(ひょうき) しるしを書きつける。また、そのしるし、題目。

【標挙(擧)】(ひょうきょ) 高くかかげる。ぬきんでる。

【標語】(ひょうご) 主義・主張などを短くはっきり表すしるしとなることば。モットー。スローガン。

【標高】(ひょうこう(かう)) ①高くかかげる。また、品格。②国海の水平面から、地上のある地点までの垂直距離。日本では東京湾の平均海水面を基準とする。

【標示】(ひょうじ) 目じるしをつけて示すこと。

【標識】(ひょうしき) しるし。目じるし。

【標準】(ひょうじゅん) 一①目じるし。目あて。②他のてほんとなるもの。模範(もはん)。二 biāozhǔn 現一に同じ。【――語】

ごひょう(へう)じゅん ↕方言　一つの国のうちで、標準となる国語。共通語。

【標題】ひょう(へう)だい　①書物の題目。②演劇・講演などの題目。タイトル。

【標致】ひょう(へう)ち　①趣旨を明らかに示す。②風格。③優美で「ある。」

【標置】ひょう(へう)ち　気位ぐらいを高く持つこと。

【標注】ひょう(へう)ちゅう(ちう)　本の欄外らんがいに書いてある解説。＝標註

【標柱】ひょう(へう)ちゅう(ちう)　①目じるしの柱。②測量の見通しに使う細長い棒。

【標的】ひょう(へう)てき　①まと。目あて。目じるし。②目的。目標。③てほん。

【標点(點)】㊀ひょう(へう)てん　①文中に用いる句読点などの符号。②詩文などで注意すべき字句に加える符号。㊁ビアオティエン 現biāo-diǎn ㊀の①に同じ。標点符号。

【標榜】ひょう(へう)ぼう(ばう)　①人の善行をほめたたえる。②かけふだ。かんばん。③国主義・主張・特色などを公然とかかげ示す。

【標本】ひょう(へう)ほん　①中国医学において、疾病の表にあらわれた症状と根本的な原因。②みほんとするもの。ひながた。

◆目標もくひょう・門標もんぴょう・座標ざひょう・商標しょうひょう・道標どうひょう・墓標ぼひょう

木11【槱】〔15〕ユウ 漢 上 有 (イウ) yǒu ユー　J ― 補 3678 U 69F1
意味 ①〈や・く〉たく。木をつみあげてもやす。②かがりび。③柴しばをたいて天をまつる祭り。

木11【樏】〔15〕㊀ルイ 漢 平 支 léi レイ ㊁ルイ 漢 上 紙 lěi レイ　J ①8607 補 3685 U 6A0F
意味 ㊀登山用の履物はきもの。裏にくぎ状のものをつける。㊁わりご。しきりのついた食器。国〈かんじき〉雪の上を歩くため、裏に木の枝やつるを丸く輪にしてつけた履物。

木11【樚】〔15〕ロク 漢 入 屋 lù ルー　J ②1544 補 3688 U 6A1A
意味 ①木の名。とうふじうつぎ。酔魚草。②樚櫨ろくろは、井戸の釣瓶つるべを上下させる滑車。＝轆轤ろくろ

木11【槺】〔15〕kāng カン　J ― 補 ― U 69FA
意味 現榔槺ランカン láng-kāng は、器物が長大で、とりあつかいにくいさま。
難読 槺本たぶもと

木11【樰】〔15〕国字　J ②1533 補 3693 U 6A30
意味 〈たら〉〈ゆき〉姓氏に用いる。樰沢たらさわ・ゆきさわは姓。

木11【標】〔15〕国字　J ②1534 補 ― U 23638
意味 〈べんど〉〈べんどう〉姓氏に用いる。
参考 旁つくりの雪は鱈たらの省略で、たらのき(ウコギ科の落葉樹)をさす。

木11【槪】〔15〕旧 ↓概(六五八ジ・中)

木11【㮣】〔15〕同 ↓概(六五八ジ・中)

木11【權】〔15〕俗 ↓権(六五八ジ・下)

木11【槼】〔15〕同 ↓規(一一三八ジ・下)

木11【槔】〔15〕同 ↓橰(六五九ジ・中)

木11【[木將]】〔15〕同 ↓槳(六六三ジ・下)

木11【[木蓋]】〔15〕同 ↓榼(六六〇ジ・中)

木11【樣】〔15〕旧 ↓様(六六一ジ・上)

木11【樃】〔15〕俗 ↓榔(六四七ジ・上)

木11〖樨〗↓木部十二画(六六七ジ・中)

木11【槩】〔15〕本 ↓概(六五八ジ・中)

木11【槨】〔15〕同 ↓椁(六四七ジ・中)

木11【樂】〔15〕旧 ↓楽(六五三ジ・上)

木11【槗】〔15〕俗 ↓橋(六六六ジ・下)

木11【㯃】〔15〕同 ↓桼(六四四ジ・下)

木11【樞】〔15〕旧 ↓枢(六二六ジ・中)

木11【模】〔15〕旧 ↓模(六六〇ジ・下)

木11【樑】〔15〕俗 ↓梁(六四六ジ・中)

木11【樓】〔15〕旧 ↓楼(六五七ジ・中)

木12【橒】〔16〕ウン 漢 平 文 yún ユン　J ②1555 補 3713 U 6A52
意味 ①木の名。②木目もくめ。

木12【樾】〔16〕エツ 漢 入 月 (ヱツ) yuè ユエ　J ①8611 補 3704 U 6A3E
意味 ①〈こかげ〉樹陰。②並木なみき。

木12【橄】〔16〕カン 漢 上 感 gǎn カン　J 6077 補 ― U 6A44
意味 橄欖かんらんは、①カンラン科の常緑高木。果実は長円形で薬用・食用。②オリーブ(モクセイ科)の誤称。

木12【橌】〔16〕カン 漢 上 潸 xiàn シエン　J ― 補 ― U 6A4C
意味 大木の茂ったさま。また、大木。

木12〖橺〗〔16〕同字　J ②1553 補 ― U 6A7A

木12【機】〔16〕学 4 キ はた　キ 漢 平 微 jī チー　J 2101 補 ― U 6A5F

筆順 十 木 朩 栏 樂 樂 機 機 機

意味 ①しかけ。からくり。「機械」②弩と(はじき弓)の矢をとばす装置そうち。③〈はた〉はた織り。布を織る器械きかい。④はたらき。作用。⑤きっかけ。はずみ。⑥きざし。「機先」⑦おり。ポイント。「時機じき」⑧かなめ。「枢機すうき」⑨ひみつ。「機密」

(機 ③)

解字 形声。木が形を表し、幾きが音を示す。幾には、細かく動く、ものごとのはずみ、きざしの意味がある。機は、布を

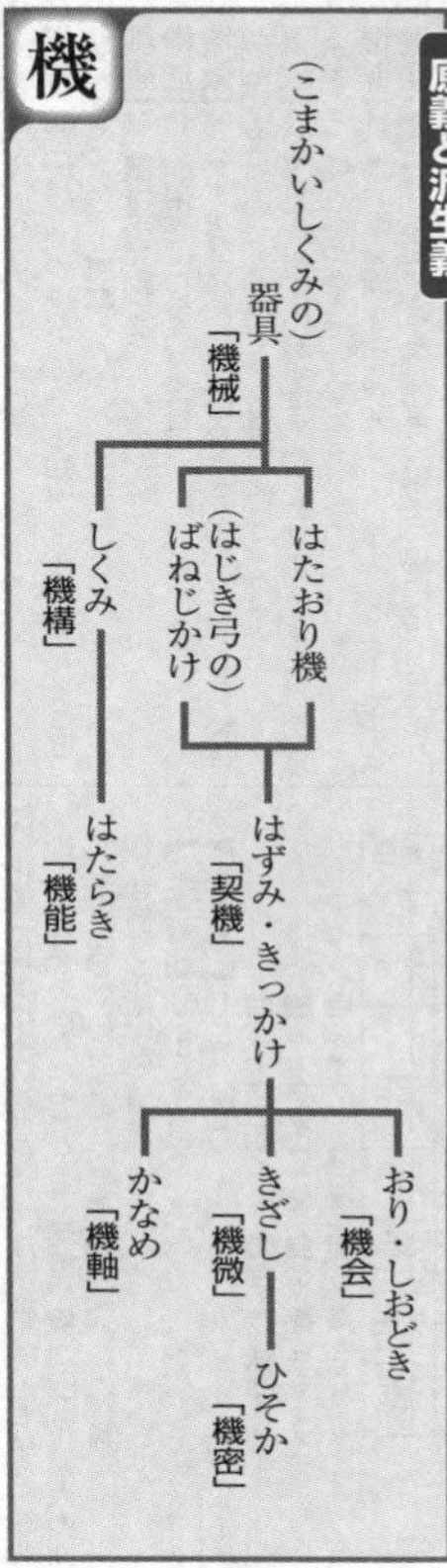

織るとき、たていとを動かす道具で、はた、しかけのある道具、はずみの意味となる。

名前 のり 難読 機関からくり

【機運】時のめぐりあわせ。とき。時運。

【機縁(緣)】①仏すべての人が仏の教えを受ける縁を持っていること。②国きっかけ。おり。ふとした縁。機会。

【機会(會)】一 ①よいおり。しおどき。機。チャンス。②物事の鍵。要点。二チーホイ jīhuì 現一に同じ。

【機械】一 ①たくみに仕事をするしかけ。からくり。②ずる賢い。③武器。④理動力を加えることにより、一定の運動をして、一定の作業を行う装置。二チーシエ jīxiè 現一に同じ。

【機関(關)】一 ①動くしかけをほどこした機械。からくり。②はかりごと。たくらみ。③口のこと。④人間の関節。⑤動力で物を動かすしかけ。エンジン。⑥ある目的を達成するために作られた人や物の組織。「調査機関」二チーコワン jīguān 現一に同じ。

【機器】一 国機械・器具の総称。「教育機器」二チーチー jīqì 現機械。

【機宜】①おりがよいこと。②時にかなっていること。

【機警】機知があって賢い。物事の悟りが早い。

【機嫌】国①気持ち。心持ち。②安否。③気持ちが愉快になること。「上機嫌」

【機巧】①たくみな装置。しかけ。くふう。②いろいろ知恵をめぐらすこと。

【機構】なりたち。しくみ。組織。

【機根】仏仏の教えをうけ、それを実践しうる衆生に備わった資質や能力。気根。

【機事】重要な秘密の事がら。機密の事がら。

【機軸】①車輪や機関の軸。②活動の起こる中心。③くみたて。計画。方法。「新機軸」

【機心】いつわり、たくらむ心。

【機枢(樞)】はじき弓のばねと戸のとぼそ。転じて、重要なところ。かなめ。

【機数(數)】「機略」に同じ。

【機先】まだ事が起こらないうち。でばな。

【機知】その場にうまく合った知恵。そのときどきのとんち。機転。ウイット。＝機智

【機智】「機知」に同じ。

【機杼】①はた織り道具のひ。はたの横糸をかよわせるもの。②はた。

【機転(轉)】心のはたらき。才知がうまくはたらくこと。気がきくこと。＝気転

【機動】機械が発動する。

【機能】作用。はたらき。役目。

【機微】かすかなけはい。微妙なきざし。ちょっと見ただけでは知ることのできないような微妙な動き。

【機敏】①動作や反応がすばやいこと。すばしこい。②気がきいて、要点をつかんでいること。

【機辟】鳥や獣を捕らえるわな。

【機変(變)】①たくらみ。②その場その場に応じたはかりごと。「ごと。

【機鋒】①ほさき。きっさき。②短くて鋭いことば。

【機密】きわめて重要な事がらに関する秘密。

【機務】重要な政務。

【機要】①物事のいちばん重要な点。かなめ。②重要な秘密の事がら。

【機利】機会に乗じて利益を得る。また、その利益。

【機略】そのおりに応じたはかりごと。はかりごと。知略。「機略縦横」

【機場】チーチャン jīchǎng 現飛行場。空港。

【機床】チーチョワン jīchuáng 現旋盤。工作機械。

『失レ機』よい時機をにがす。チャンスをのがす。

◇▼心機・好機・有機・危機・投機・契機・待機・時機・転機・動機・無機・戦機・臨機・受信機・飛行機・起重機・輪転機

木12【樻】〔16〕 キ 漢 去 寘 kuì コイ J ①8610 補 3730 U 6A3B

意味 ①木の名。霊寿木。＝椐 ②ひつ。箱。＝櫃

木12【橘】〔16〕 人 キツ 漢 入 質 jú チュイ J 2144 補 U 6A58

意味 〈たちばな〉木の名。みかんの類。また、その実。国四姓の一つ。橘氏。「源平藤橘」

解字  形声。木が形を表し、矞が音を示す。橘の実は、外が赤く内が青で、矞雲というくもに似ているため、この字ができたという。

姓 橘樹

【橘皮】みかんの皮。

【橘柚】みかんの類。大きいものを橘、小さいものを柚」という。

【橘子】チュイツ júzi 現みかん。オレンジ。

『橘化為(爲)レ枳』江南地方のたちばなを江北地方に移すとからたちとなる。環境や境遇の変化が人の性質を変えることのたとえ。〈晏子春秋・雑篇〉

◇▼甘橘・花橘・源平藤橘

木12【橋】〔16〕 学 3 キョウ はし J 2222 補 U 6A4B

一キョウ(ケウ) 漢 一 平 蕭 qiáo チアオ
二キョウ(ケウ) 漢 二 上 篠 jiǎo チアオ
三キョウ(ケウ) 漢 三 平 蕭 jiāo チアオ

筆順

木10【槗】〔14〕 同字 J 3673 補 U 69D7

木11【槁】〔15〕 俗字 J ②1535 補 U 2363A

意味 一 ①〈はし〉川や谷、道などの橋。②たかい。③ためる。ただす。＝矯 二 ①山駕籠。＝轎 ②登山用の履物。三はねつるべ。また、その横木。

解字 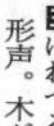 形声。木が形を表し、喬が音を示す。喬には、高くて曲がっている意味を含む。橋はもともと、はねつるべのことであったが、後には、水の上に、木を並べてかけわたしたはしをいう。

名前 たか 地名 橋本

【橋頭】橋のほとり。橋のたもと。

【橋畔】橋のたもと。橋のほとり。

【橋梁】一 橋。梁も、はし。二チアオリアン qiáoliáng 現一に同じ。

【橋掛】国能の舞台の一部で、楽屋から舞台に出入りする通路をさす。＝橋懸

◇▼土橋・石橋・架橋・陸橋・釣橋・桟橋・鉄橋

木12【橇】〔16〕 J 6082 補 U 6A47

一キョウ(ケウ) 漢 一 平 蕭 qiāo チアオ
二セイ 漢 二 去 霽
ゼイ 慣 cuì ツォイ

意味 一二〈そり〉ぬかるみの上を行くのに用いる道具。

木12【橛】〔16〕 ケツ 漢 入 月 jué チュエ J ①8615 補 3716 U 6A5B

意味 ①〈くい(くひ)〉棒ぐい。②きりかぶ。「株橛」③くつわ。馬の口にふくませておく道具。④とじきみ。門の中央にたて扉止めとする短木。⑤たたく。＝撅

【橛飾】馬のくつわにつける飾り。「前有二橛飾之患一、後有二鞭策之威一」(前のほうにはくつわの飾りなどというじゃまものがあり、後ろにはむちのおどかしがあ

る。)〈荘子・馬蹄〉

木12【樶】〔16〕 サイ 漢 平 灰 zuī ツォイ　U補J 6080 / 6A36

意味 〈ふし〉木の節。

木12【樲】〔16〕 ジ 漢 去 寘 èr アル　U補J ②1547 / 3694 / 6A32

意味 木の名。さねぶとなつめ。

【樲棘】じきょく さねぶとなつめ。一説に、さねぶとなつめといばら。価値のないもののたとえ。

木12【樹】〔16〕 学 6 ジュ　シュ 漢 ジュ 呉 去 遇 shù シュー　U補J 2889 / 6A39

筆順 十 木 朩 杧 桔 桂 樹 樹

木10【樹】〔14〕俗字　U補J

意味 ①〈き〉立ち木。「樹木」②草木。植物一般。③〈う・える(—・う)〉木をうえる。④〈た・てる(—・つ)〉㋐たてにする。㋑うちたてる。確かにする。「樹立」⑤目かくしの塀。⑥木や草を数える量詞。

解字 形声。木が形を表し、尌が音を示す。尌には立っているという意味がある。樹は立っている木である。

名前 な・しげ・みき・むら・いつき・たつき　難読 樹蔭・樹懶

【樹陰】じゅいん 立ち木のかげ。こかげ。‖樹蔭

【樹影】じゅえい 立ち木のかげ。

【樹間】じゅかん 木と木との間。このま。

【樹畜】じゅちく 桑や麻を植え、鶏や豚を飼う。転じて、農作業。

【樹芸(藝)】じゅげい 草木や穀物を植える。

【樹下石上】じゅげせきじょう(じゃう) 仏木のほとりや石の上などに宿る。出家して修行を積むこと。また、出家の身。

【樹功】じゅこう 功績をたてる。

【樹子】じゅし ①諸侯の嫡子。②木。木の実。

【樹脂】じゅし 木のはだからしみ出るねっとりした液体。木のやに。

【樹色】じゅしょく 立ち木の色。

【樹巓】じゅてん 立ち木のいただき。樹頂。

【樹杪】じゅびょう(べう) 立ち木のこずえ。

【樹裏】じゅり 木立の中。

【樹立】じゅりつ ①立つ。立てる。②助けてもり立てる。

【樹林】 一 じゅりん 樹木の密生しているもの。林。‖樹林子 二 シューリン shùlín 現

【樹欲レ静(靜)而風不レ止】きしずか(しづか)ならんとほっすれども かぜやまず 木が静かでいようとしても風がやまないので静かでいられない。親孝行をしたいときには親はいないたとえ。風樹之嘆。〈韓詩外伝〉

△▼大樹・巨樹・果樹・庭樹・植樹・緑樹・広葉樹・公孫樹・常緑樹・針葉樹・街路樹・落葉樹

木12【樵】〔16〕 ショウ 漢 (セウ) 平 蕭 qiáo チアオ　U補J 3033 / 6A35

意味 ①たきぎ。そだ。②〈こ・る〉たきぎを取る。③〈きこり〉山から木を切り出す人。「樵人」④燃やす。‖焦・燋 ⑤物見やぐら。‖譙

【樵歌】しょう(せう)か きこりのうたう歌。きこり歌。

【樵客】しょう(せう)かく きこり。

【樵汲】しょう(せう)きゅう(きふ) たきぎをとり、水をくむ。また、その人。

【樵漁】しょう(せう)ぎょ ①たきぎをとることと、魚をとること。②きこりと漁師。

【樵径(徑)】しょう(せう)けい きこりの通るこみち。

【樵蘇】しょう(せう)そ ①木を切り草を刈ること。きこりと草かり。②いなかの暮らし。

【樵父】しょう(せう)ほ きこり。年輩のきこり。樵夫。樵叟。

【樵牧】しょう(せう)ぼく きこりや牧童。

木12【橡】〔16〕 ショウ(シャウ) 漢 ゾウ(ザウ) 呉 上 養 xiàng シアン　U補J 3843 / 6A61

意味 ①〈くぬぎ〉木の名。櫟。また、どんぐり。②現ゴムの木。橡皮 xiàngpí は、ゴム。国〈とち〉とちのき。栃。

【橡栗】しょう(しゃう)りつ 木の実。どんぐりの一種。

木12【樴】〔16〕 ショク 漢 入 職 zhí チー　U補J ②1549 / 3701 / 6A34

意味 〈くい(くひ)〉家畜をつなぐ棒ぐい。

木12【樳】〔16〕 シン 漢 ジン 呉 平 侵 xún シュン　U補J ②1548 / 6A33

意味 槐に似た伝説上の大木。

木12【橤】〔16〕 ズイ 漢 上 紙 ruǐ ロイ　U補J ②1556 / 3717 / 6A64

意味 ①〈しべ〉めしべとおしべ。はなしべ。‖蕊・蘂 ②橤橤は、たれさがるさま。

木12【樨】〔16〕 セイ 漢 平 斉 xī シー　U補J 3692 / 6A28

意味 木の名。木犀。

木12【樿】〔16〕 セン 漢 上 銑 shàn シャン　U補J ②1550 / 3705 / 6A3F

意味 ①木の名。くしを作る。②樿傍は、棺桶。

木12【橪】〔16〕 一 ゼン 漢 ネン 呉 上 銑 rǎn ラン 二 エン 漢 平 先 yān イェン　U補J 3719 / 6A6A

意味 一 ①果樹の名。棗の類。②染める。二 橪支は、香草の名。

木12【橧】〔16〕 ソウ 漢 平 蒸 zēng ツォン　U補J 3718 / 6A67

意味 昔、草木をつみあげて作った住居。

参考 「檜」は別字。

木12【樽】〔16〕 人 標 ソン 漢 平 元 zūn ツン　U補J 3514 / 6A3D

木12【樽】〔16〕俗字　U補J

意味 〈たる〉酒をいれる容器。‖尊 国〈たる〉酒や醤油などをいれる木製の容器。

参考 「尊」は本字。後に「樽」「墫」「罇」が作られた。

【樽榼】そんこう(かふ) 酒だる。

【樽酒】そんしゅ・たるざけ 酒つぼの酒。たるの酒。‖尊酒

【樽俎】そんそ ①酒をいれるうつわと、さかなをのせる台。②宴会。酒宴。

【樽罍】そんらい 酒だる。

△▼空樽・酒樽

木12【橐】〔16〕 タク 漢 入 薬 tuó トゥオ　U補J ①8613 / 3711 / 6A50

木10【槖】〔14〕同字　U補J ②1530 / 3672 / 69D6

意味 ①〈ふくろ〉㋐小さな袋。㋑着物または書物を入れる袋。㋒底がなく、両端を結って使う袋。↕嚢 ②ふいごう。火を強めるための風をおこす道具。ふいご。「橐籥」③橐橐は、杵でたたく音。

【橐駝】たくだ ①駱駝。‖馲駝 ②背骨が後方に弓なりに曲がる病気。また、その病気の人。

木12【橱】〔16〕 チュウ 漢 chú チュー　U補J 3720 / 6A71

木14【櫥】〔18〕同字　U補J 3744 / 6AC9

意味 橱子 chúzi は、衣類・品物をしまう観音開きの整理たんす。

心(忄・⺗)戈戸(戸)手(扌)支攴(攵) 4画 文斗斤方无(旡・旡)日曰月(⺝)木欠止歹殳毋比毛氏气水(氵・氺)火(灬)爪(⺥・⺤)父爻爿片牙(牙)牛(牜)犬(犭)

木12 **【橙】**〔16〕 [人] [標] トウ(漢)(タウ) (平)庚 chéng チョン
U 6A59 補 — J 6084
[意味] ①〈だいだい〉木の名。みかんの一種。②〈あえたちばな(あへたちばな)〉ゆず。[国]〈だいだい〉オレンジ色。
【橙黄橘緑時】とう(たう)こう(くわう)きつりょくのとき だいだいが黄色になり、みかんが緑色になるとき。初冬のころ。

木12 **【橖】**〔16〕 トウ(漢)(タウ) (平)庚 chēng チョン
U 6A55 補 3714 J —
[意味] はしら。支柱しちゅう。また、ささえる。

木12 **【樘】**〔16〕 ㊀トウ(漢)(タウ) ㊀(平)陽 táng タン ㊁トウ(漢)(タウ) ㊁(平)庚 chēng チョン
U 6A56 補 3715 J ①8614
[意味] ㊀車用の材木。㊁①支柱。つっかい棒。②支える。

木12 **【橦】**〔16〕 ㊀トウ(タウ)(漢) ㊀(平)江 chuáng チョワン ㊁ショウ(漢) ㊁(平)冬 chōng チョン ㊂トウ(漢) ㊂(平)東 tóng トン
U 6A66 補 — J 6085
[意味] ㊀①はしら。支柱。②帆柱ほばしら。③旗竿はたざお。=幢 ㊁①突く。打つ。また、その音。②敵陣をつく戦車。㊂木の名。アジアわた。草棉。
[参考] 「撞しゅ」は別字。

木12 **【橈】**〔16〕 ㊀ドウ(漢)(ダウ) ㊀(平)肴 náo ナオ ㊁ジョウ(漢)(ゼウ) ㊁(平)蕭 ráo ラオ
U 6A48 補 — J 6086
[意味] ㊀①まがった木。②〈たわ・める(——・む)〉まげる。よわめる。③屈服する。④みだす。㊁〈かい〉船をこぐ道具。櫂。
木8【桡】〔12〕俗字 U 6861 補 — J ②1487
[参考] 「撓どう」は別字。
【橈敗】どう(だう)はい みだれやぶれる。くじけやぶれる。

木12 **【橎】**〔16〕 ハン(漢) ホン(呉) (上)阮 fǎn ファン
U 6A4E 補 3710 J ②1554
[意味] 木の名。
[参考] 「播はん」は別字。

木12 **【橆】**〔16〕
U 6A46 補 3707 J ②1551

木12 **【橅】**〔16〕 ㊀ブ(漢) ム(呉) ㊀(上)麌 wǔ ウー ㊁ブ(漢) ム(呉) ㊁(平)虞 wú ウー ㊂ボ(漢) モ(呉) ㊂(平)虞 mó モー
U 6A45 補 3706 J ①8612
[意味] ㊀茂る。ゆたか。=蕪ぶ ㊁ない。=無
[意味] ㊂=模も ①きまったかたち。手本。②手本に似せてうつす。[国]〈ぶな〉木の名。ぶなの木。

木12 **【樸】**〔16〕 ㊀ハク(漢) ボク(慣) ㊀(入)覚 pǔ プー ㊁ホク(漢) ボク(慣) ㊁(入)屋 pú プー
U 6A38 補 — J 6087
[意味] ㊀=朴はく ①〈あらき〉切り出したままの木材。②うまれつき。本性。③〈すなお(すなほ)〉ありのまま。飾らない。「質樸しっぼく」 ㊁①むらがる。また、密生した木。②くっつく。
[参考] 「撲ぼく」は別字。
【樸学(學)】ぼくがく ①名誉・利益などを考えない、まじめでじみな学問。②漢学。
【樸厚】ぼくこう 飾りけがなく、人情に厚い。
【樸質】ぼくしつ 「樸素」に同じ。
【樸実(實)】ぼくじつ 飾りけがなくすなおなこと。質朴しっぼくで誠実なこと。=朴実
【樸素】ぼくそ ㊀飾りけのないこと。自然のまま。素朴。㊁pǔsù [現]㊀に同じ。
【樸直】ぼくちょく 飾りけがなく、すなお。質朴しっぼくで正直なこと。=朴直
【樸訥】ぼくとつ 飾りけがなく、口べた。
【樸魯】ぼくろ 飾りけがなく、愚か。
【樸陋】ぼくろう がさつで、下品なこと。

木12 **【橉】**〔16〕 リン(漢) (去)震 lìn リン
U 6A49 補 3708 J ②1552
[意味] ①木の名。材質は硬く、葉は酒をつくる材料。赤い染料となる。②木の皮。③門のしきい。

木12 **【橑】**〔16〕 ㊀ロウ(漢)(ラウ) ㊀(上)皓 lǎo ラオ ㊁リョウ(漢)(レウ) ㊁(平)蕭 liáo リアオ
U 6A51 補 3712 J —
[意味] ㊀①〈たるき〉屋根を支えるための棟むねから軒のきにわたす木材。椽えん。②たきぎ。③かさぼね。車蓋しゃがいの骨組み。=轑ろう ㊁㊀の③と同じ。

木12 **【樫】**〔16〕 [人] [標] [国字]
U 6A2B 補 — J 1963
[意味] 〈かし〉木の名。ブナ科の常緑樹の総称。実みはどんぐり。

木12 **【橲】**〔16〕 [国字]
U 6A72 補 — J 6079
[意味] 橲原じさばらは、福島県南相馬みなみそうま市鹿島かしま区の地名。

木12 **【𣝣】**〔16〕 [国字]
U 6A73 補 3721 J ①8617
[意味] 〈ぬて〉〈ぬで〉地名に用いる。𣝣島ぬでじまは、群馬県の地名。

木12 **【樠】**〔16〕 [国字]
U 6A78 補 — J 6081
[意味] 〈まさ〉木目もくめがまっすぐに通っているもの。まさめ。=柾まさ

木12 【横】〔16〕 [旧] ↓横(六六一ジベー・下)
木12 【槩】〔16〕 [俗] ↓概(六五八ジベー・中)
木12 【橌】〔16〕 [同] ↓橌(六六五ジベー・下)
木12 【橏】〔16〕 [同] ↓耕(一〇〇四ジベー・中)
木12 【樽】〔16〕 [俗] ↓樽(六六七ジベー・下)
木12 【𣜜】〔16〕 [俗] ↓蘗(六七一ジベー・下)
木12 〖䡾〗(一〇三三ジベー・下)↓自部十画
木12 【樺】〔16〕 [旧] ↓樺(六五八ジベー・上)
木12 【槪】〔16〕 [俗] ↓概(六五八ジベー・中)
木12 【檠】〔16〕 [俗] ↓檠(六六九ジベー・中)
木12 【蕞】〔16〕 [同] ↓叢(二一五ジベー・上)
木12 【橢】〔16〕 [本] ↓楕(六五五ジベー・下)
木12 【橊】〔16〕 [同] ↓榴(六六一ジベー・中)

木13 **【檃】**〔17〕 イン(漢) (上)吻 yǐn イン
U 6A83 補 3724 J ②1559
[意味] ①〈ためぎ〉まがった木をまっすぐになおす道具。②ためる。まがったものをまっすぐに直す。
木17【櫽】〔21〕同字 U 6AFD 補 3760 J ②1579
【檃栝】いんかつ(くわつ) =隠括 ①ためぎ。②あやまりをただすこと。

木13 **【檐】**〔17〕 エン(漢) (平)塩 yán イエン
U 6A90 補 — J 6089
[意味] ①〈のき〉屋根のいちばん下の張り出した部分。ひさし。=簷 ②のきのように張り出したものをいう。
【檐間】えんかん 軒先。軒ば。=簷間
【檐滴】えんてき 軒先の雨だれ。檐溜えんりゅう。

心(忄・⺗)戈戶(戸)手(扌)支攴(攵)
4画
文斗斤方无(旡・旡)日曰月(月)木欠止歹殳毋比毛氏气水(氵・氺)火(灬)爪(爫・爫)父爻爿片牙(牙)牛(牜)犬(犭)

【檐鈴】(えんれい) 軒先につるしたふうりん。檐鐸(えんたく)。檐馬(えんば)。

木13 【檍】〔17〕 ヨク[漢][入]職 オク[慣] yì イー　J 6090 補 ― U 6A8D
[意味] 木の名。もち。モチノキ科の常緑高木。車・弓を作る良材。

木13 【檟】〔17〕 カ[漢][上]馬 jiǎ チア　J ②1563 補 3733 U 6A9F
[意味] ①木の名。ひさぎ。きささげ。＝榎 ②茶の木の一種。
【檟楚】(かそ) ひさぎで作ったつえと、いばらで作ったむち。

木13 【檜】〔17〕[人][標] [一]カイ(クヮイ)[漢] [一][去]隊 guì コイ、kuài コワイ [二]カイ(クヮイ)[漢] [二][去]隊 huì ホイ　J 5956 補 ― U 6A9C
木6 【桧】〔10〕[人]　J 4116 補 ― U 6867
[意味] [一]①木の名。いぶき。びゃくしん。ヒノキ科の常緑高木。②棺の蓋(ふた)の上の装飾。[二]人名に用いる。「秦檜(しんかい)」 [国]〈ひのき〉〈ひ〉 木の名。ヒノキ科の常緑高木。
[姓] 檜前(ひのくま) [地名] 檜山(ひやま)
[参考] 「橧(そう)」は別字。
【檜垣】(ひがき) [国]ひのきのうす板を、たてよこ、または山型にあんだかきね。
【檜笠】(ひがさ) [国]ひのきの網代笠(あじろがさ)。ひのきを薄くはいで作った晴雨兼用の笠。
【檜舞台(臺)】(ひのきぶたい) [国]①ひのき板で張った舞台。②自分の腕まえをあらわす晴れの場所。または、そのような場合。
【檜皮】(ひわだ(はだ)) [国]①ひのきの皮。屋根をふき、また薬用にもする。②ひわだぶきの略。ひのきの皮でふいた屋根。

木13 【檞】〔17〕 カイ[漢][上]蟹 ケ[呉] jiě チエ　J ①8622 補 3732 U 6A9E
[意味] 木の名。松樠(しょうばん)。[国]〈かしわ(かしは)〉 木の名。
[参考] 「槲(こく)」とは本来別字だが誤って混用される。

木13 【檥】〔17〕 ギ[漢][上]紙 yǐ イー　J ①8623 補 3734 U 6AA5
[意味] 船を出すしたくをする。ふなよそおいする。＝艤

木13 【橿】〔17〕[標] キョウ(キャウ)[漢][平]陽 jiāng チアン　J 1964 補 ― U 6A7F
[意味] ①木の名。車輪を作った。②鋤(すき)の柄(え)。[国]〈かし〉 木の名。ブナ科の常緑高木。
[地名] 橿原(かしはら)

木13 【檋】〔17〕 キョク[漢][入]沃 jú チュイ　J ②1560 補 3728 U 6A8B
[意味] 〈かんじき〉 山登りですべらないように、履物(はきもの)の下にくぎ状のものをつけたもの。＝梮 [国]〈かんじき〉 雪の中にふみこまないように、木の枝・つる・わらをまるく輪(わ)にして履物のうらにつけるもの。

木13 【檎】〔17〕[人] キン[漢][平]侵 ゴ[慣] qín チン　J 2473 補 ― U 6A8E
[意味] 林檎(りんご)は、果樹の名。

木13 【檠】〔17〕 ケイ[漢][平]庚 qíng チン　J ― 補 ― U ―
木12 【檠】〔16〕俗字　J 6091 補 ― U 6AA0
[意味] ①〈ゆだめ〉 まがった弓をなおす道具。②ためる。なおす。③ともしび。灯火の台。④もちあげる。＝擎(けい)

木13 【檄】〔17〕 ケキ[漢][入]錫 ゲキ[慣] xí シー　J 6092 補 ― U 6A84
[意味] ①ふれぶみ。昔、役所が木の札に書いて使者に持たせたもの。②敵の悪い点を書き、自分の正しさをおおぜいの人に知らせる文書。「檄文」「檄書」

【檄羽】(げきう) 檄文。

【檄召】(げきしょう(せう)) 檄文で人を呼び集める。檄致(げきち)。

『飛レ檄』(げきをとばす) 檄文をいそいで四方にまわす。伝レ檄(げきをつたう)。馳レ檄(げきをはす)。移レ檄(げきをうつす)。


木13 【檣】〔17〕 ショウ(シャウ)[漢][平]陽 qiáng チアン　J 6094 補 ― U 6AA3
[意味] ①〈ほばしら〉 船のマスト。＝艢(しょう) ②帆(ほ)。③帆船(はんせん)。

【檣竿】(しょうかん(しゃう)) ほばしら。

【檣頭】(しょうとう(しゃう)) ほばしらの先。

【檣楼(樓)】(しょうろう(しゃう)) ほばしらの先に設けた物見やぐら。

木13 【檇】〔17〕 スイ[漢][去]寘 zuì ツォイ　J 3726 補 ― U 6A87
木10 【槜】〔14〕同字　J ― 補 ― U 69DC
[意味] ①木で突く。②檇李(すいり)は、㋐果樹の名。すもも。㋑地名。今の浙江(せっこう)省嘉興(かこう)市の西南。呉と越の戦場。＝雋李

木13 【檖】〔17〕 スイ[漢][去]寘 suì ソイ　J ― 補 ― U 6A96
[意味] 木の名。やまなし。

木13 【橾】〔17〕 [一]スウ[漢] シュ[呉] [一][平]虞 shū シュー [二]ショウ(セウ)[漢] [二][平]蕭 qiāo チアオ　J ②1558 補 3722 U 6A7E
[意味] [一]車軸を通す轂(こしき)の穴。[二]農具の名。くわ。＝鍬(しょう)

木13 【檛】〔17〕 タ[漢][平]麻 zhuā チョワ　J ― 補 3730 U 6A9B
[意味] ①鞭(むち)。②うつ。たたく。＝撾(た) ③管楽器の一種。

木13 【檡】〔17〕 [一]タク[漢] [一][入]陌 zhái チャイ [二]セキ[漢] [二][入]陌 shì シー [三]ト[漢] [三][平]虞 tú トゥー　J ②1564 補 ― U 6AA1
[意味] [一]檡棘(たくきょく)は、木の名。弓懸(ゆがけ)の材料となった。[二]木の名。しなのがき。カキノキ科の落葉高木。[三]於檡(おと)は、虎(とら)。＝於菟(おと)

木13 【檀】〔17〕[人] タン[漢][平]寒 ダン[呉] tán タン　J 3541 補 ― U 6A80
[意味] ①木の名。車を造るのに用いた。檀車(だんしゃ)は、車輻(スポーク)を檀の木で作った車。②香木。栴檀(せんだん)(びゃくだん)の類。③淡い赤色。④檀欒(だんらん)は、竹の美しいさま。[国]〈まゆみ〉 ニシキギ科の落葉低木。

[解字] 形声。木が形を表し、亶(だん)が音を示す。木の名。

[参考] 「擅(せん)」は別字。

【檀越】(だんおつ(をつ)｜だんおち(をち)) [仏]梵語(ぼんご) dānapati (施主(せしゅ)の意)の訳語。「檀那」「檀家」に同じ。

【檀家】(だんか) [仏]一定の寺院に属する信者。また、その家。檀那。檀越(だんおつ)。(だんおち)。

【檀弓】[一](だんきゅう(きう)) 檀の木で作った弓。[二](だんぐう) 「礼記(らいき)」の中の編名。[三](まゆみ) [国]檀(まゆみ)の木。

【檀徒】(だんと) [仏]檀家である人々。

【檀特山】(だんとくせん) 北インドの古い国、犍駄羅(がんだら)にある山。釈迦(しゃか)が苦行(くぎょう)した所と伝えられる。弾多落迦(だんだらか)山。

【檀那(那)】(だんな) ①[仏]梵語 dāna の音訳語。㋐ほどこし。ほどこす。布施。㋑信者で寺に金品をおさめる人。信徒。②[国]主人。夫(おっと)。商店などで男の客を呼ぶことば。＝旦那
【檀板】(だんばん) 楽器の名。拍子をとる板状の楽器。

【檀欒】(だんらん) 竹の美しく生えたさま。

【檀林】(だんりん) ①[仏]僧の集まる場所。僧が学問をする場所。②[国]俳諧(はいかい)の一派。西山宗因(そういん)の主唱したもの。＝談林

◇白檀(びゃくだん)・栴檀(せんだん)

木13【檉】〔17〕テイ 漢 平 庚 chēng チョン　J ①8619 補 3727 U 6A89
意味 木の名。かわやなぎ。ぎょりゅう。

木13【檔】〔17〕トウ 漢 去 漾 (タウ) dàng タン　J ①8620 補 U 6A94
意味 ①官庁で、公文書を分類・整理し、保存しておく書架(しょか)。②公文書。③よこぎ。
木6【档】〔10〕俗字　J 5967 補 U 6863
【檔案】とう(たう)あん 官庁で、分類・整理して保存しておく公文書。

木13【檗】〔17〕ハク 漢 入 陌 バク 慣 bò ボー　J 6101 補 U 6A97
意味 〈きはだ〉木の名。ミカン科の落葉高木。「黄檗(おうばく)(きはだ)」
艸17【蘗】〔21〕同字　J 6102 補 U 8617

木13【檑】〔17〕一 ライ 漢 平 灰 léi レイ 二 ライ 漢 去 隊 lèi レイ　J ②1562 補 3729 U 6A91
意味 一木の名。二敵に対し石または大きな木を高所から落とすこと。その石、または木。＝礌

木13【檁】〔17〕リン 漢 上 寝 lǐn リン　J 3723 補 U 6A81
意味 〈けた〉屋根になる垂木(たるき)を支えるために梁(はり)の上にわたす横木。

木13【𣜌】〔17〕国字　J ②1557 補 U 2370C
意味 〈くろべ〉ヒノキ科クロベ属の常緑高木。ねずこ。

木13【𣜿】〔17〕国字　J ①8609 補 U 2373F
意味 〈ゆずりは(ゆづりは)〉ユズリハ科の常緑高木。＝楪(ゆずりは)

木13【檴】〔17〕俗 ↓檴(本ページ・中)
木13【檆】〔17〕同 ↓杉(六二一ページ・上)
木13【檝】〔17〕同 ↓楫(六五五ページ・上)
木13【檪】〔17〕俗 ↓櫟(六七一ページ・中)
木13〖隸〗↓隶部九画(一三四〇ページ・中)
木13【檢】〔17〕旧 ↓検(六四八ページ・下)
木13【櫛】〔17〕同 ↓櫛(六七一ページ・上)
木13【⿰木直】〔17〕同 ↓植(六四九ページ・下)
木13【⿰木萬】〔17〕同 ↓栃(六三六ページ・中)
木13〖懋〗↓心部十三画(五〇二ページ・下)

木14【檿】〔18〕エン 漢 上 琰 yǎn イエン　J 3742 補 U 6ABF
意味 木の名。やまぐわ。クワ科の落葉高木。木がかたく、弓や馬車の轅(ながえ)などを作る。
【檿弧】えんこ やまぐわで作った弓。
【檿糸(絲)】えんし やまぐわの葉で育てた蚕からとれた糸。

木14【櫆】〔18〕カイ 漢 平 灰 (クワイ) kuí コイ　J ②1568 補 3743 U 6AC6
意味 ひしゃく。＝魁(かい)

木14【檴】〔18〕一 カク 漢 入 鐸 (クワク) huò フオ 二 カ 漢 去 禡 (クワ) huà ホワ　J 補 U
意味 一あきにれ。ニレ科の落葉高木。二かば。＝樺(かば)
木13【檴】〔17〕俗字　J 3739 補 U 6AB4

木14【櫃】〔18〕標 キ 漢 去 寘 guì コイ　J 6104 補 U 6AC3
意味 ①〈ひつ〉㋐ふた付きの木箱。㋑衣服など物をしまう箱や棚。②池や水田。
◇飯櫃(めしびつ)

木14【檾】〔18〕ケイ 漢 上 梗 qǐng チン　J 3741 補 U 6ABE
意味 麻の類。いちび。その繊維(せんい)は、縄(なわ)や粗布(あらぬの)を作るのに用いられる。アオイ科。

木14【櫒】〔18〕サツ 漢 入 黠 chá チャー　J ②1566 補 3735 U 6AAB
意味 木の名。クスノキ科の落葉高木。

木14【檽】〔18〕一 ドウ 漢 去 宥 nòu ノウ 二 ゼン 漢 上 銑 ruǎn ロワン 三 ジュ 漢 平 虞 rú ルー　J ②1567 補 3740 U 6ABD
意味 一木の名。二①果樹の名。さるがき。まめがき。②木耳(きくらげ)。三うだち。梁(はり)の上に立て棟木(むなぎ)を支える短い柱。

木14【檯】〔18〕タイ 漢 平 灰 ダイ 慣 tái タイ　J 3736 補 U 6AAF
意味 ①木の名。②つくえ。テーブル。

木14【櫂】〔18〕標 トウ 漢 去 效 (タウ) zhào チャオ 人　J 6105 補 U 6AC2
意味 ①〈かい〉長いかい。船をこぐ道具。②さおさす。＝棹(とう)　③船。
【櫂歌】とう(たう)か 船頭(せんどう)が櫓(ろ)やかいを押しながらうたう歌。ふなうた。＝棹歌
【櫂舟】とう(たう)しゅう(しう) かいで舟をこぐ。

木14【檮】〔18〕標 トウ 漢 平 豪 (タウ) táo タオ　J 5977 補 U 6AAE
意味 ①切りかぶ。②おろかなさま。檮昧(とうまい)。③わる者。悪人。
木7【梼】〔11〕俗字　J 3778 補 U 68BC
【檮杌】とう(たう)こつ ①伝説上の悪獣の名。②春秋時代、楚(そ)の国の歴史をしるした書物。

木14【檸】〔18〕ドウ(ダウ) 漢 上 梗 ネイ 慣 níng ニン　J 6106 補 U 6AB8
意味 ①木の名。皮を薬用とする。②果樹の名。檸檬(ねいもう)(どうもう)は、レモン。

木14【檳】〔18〕ヒン 漢 平 真 ビン 慣 bīng ピン　J 6107 補 U 6AB3
意味 檳榔(びんろう)は、熱帯樹の名。びろう。実(み)は、食用・薬用。
木7【梹】〔11〕俗字　J 5978 補 U 68B9
【檳榔毛】びろう(らう)げ 国 檳榔毛の車の略。びろうの葉をさいてほしたものを車体にはりつけた牛車(ぎっしゃ)の名。

木14【櫋】〔18〕ベン 漢 平 先 メン 呉 mián ミエン　J 3737 補 U 6AB0
意味 木の名。杜仲。トチュウ科の落葉高木。はいまゆみ。

木14【檬】〔18〕ボウ 漢 平 東 モウ 慣 méng モン　J 6108 補 U 6AAC
意味 檸檬(ねいもう)(どうもう)は、果樹の名。レモン。

木14【檱】〔18〕同 ↓棋(六四七ページ・下)
木14【櫥】〔18〕同 ↓橱(六六七ページ・下)
木14【櫁】〔18〕同 ↓樒(六六〇ページ・中)
木14【⿳爫罒木】〔18〕同 ↓爵(七八〇ページ・中)
木14【櫈】〔18〕同 ↓凳(一五一ページ・上)

木15【櫞】〔19〕エン 漢 平 先 yuán ユワン　J 6109 補 U 6ADE
意味 枸櫞(くえん)は、果樹の名。まるぶっしゅかん(丸仏手柑)。実はゆずに似ている。

木15【檻】〔19〕標 カン 漢 上 豏 jiàn チエン、kǎn カン　J 6103 補 U 6ABB
意味 ①〈おり(をり)〉けもの、または罪人をいれておく所。②わな。③てすり。欄干(らんかん)。④板がこい。⑤とじる。ふさぐ。

【檻車】かんしゃ 罪人や猛獣をはこぶ板がこいの車。おりぐるま。
【檻穽】かんせい おりと、おとしあな。
【檻送】かんそう 罪人をおりに入れて送る。檻致。

木15【櫜】〔19〕コウ 漢 平 豪 (カウ) gāo カオ　J ②1571 補 3751 U 6ADC
意味 ①〈ゆぶくろ〉弓をいれる袋。「櫜鞬こうけん」②車に載せて弓矢や武器をいれる大袋。③袋にいれる。つつむ。

木15【櫛】〔19〕人 標 シツ 漢 入 質 zhì チー　J 2291 補 — U 6ADB
旧字 木15【櫛】〔19〕　J — 補 — U —
木9【栉】〔13〕同字　J — 補 — U —　木13【楖】〔17〕同字　J — 補 — U —
意味 ①〈くし〉かみの毛をすきとかす道具。②〈くしけず・る〉(くしけづ・る) ㋐かみの毛をすく。㋑けずり落とす。③くしの歯のように、ぎっしりとならんでいるさま。「櫛比しっぴ」
【櫛櫛】しっしつ ならんでいるさま。
【櫛梳】しっそ かみの毛をすく。
【櫛風沐雨】しっぷうもくう ①風で髪の毛をくしけずり、雨でゆあみする。②風雨にさらされ、外で苦労すること。風櫛雨沐。
【櫛沐】しつもく かみをすいて、湯あみする。

木15【櫝】〔19〕トク 漢 入 屋 dú トゥー　J ②1572 補 3752 U 6ADD
意味 ①木の箱はこ。②箱にいれる。③棺かん。
【買レ櫝還レ珠】とくをかい(かひ)たまをかえす(かへす) 昔、ある人がりっぱな箱に玉を入れて売ったところ、箱だけ買って、かんじんの玉を返してきたという故事から、ねうちのあるものをばかにし、くだらないものをありがたがることのたとえ。〈韓非子かんぴし・外儲説がいちょせつ〉

木15【櫌】〔19〕ユウ 漢 平 尤 (イウ) yōu ユー　J 3746 補 — U 6ACC
意味 田はたの土のかたまりをくだいてかきならす道具。＝耰ゆう

(櫌)

木15【櫑】〔19〕一ライ 漢 一 平 灰 léi レイ　二ライ 漢 二 上 賄 lěi レイ　J 6110 補 — U 6AD1
意味 一さかだる。雲雷のもようを彫刻したたる。＝罍 二櫑具らいぐは、剣の柄頭つかがしらの飾り。

木15【櫚】〔19〕リョ 漢 平 魚 ロ 呉 lǘ リュイ　J 6113 補 — U 6ADA
意味 ①木の名。かりん。バラ科の落葉高木。②棕櫚しゅろは、木の名。ヤシ科の常緑高木。＝棕梠

木15【櫖】〔19〕一リョ 漢 一 去 御 lǜ リュイ ロ 呉　二チョ 漢 二 平 魚 chū チュー　J — 補 3750 U 6AD6
意味 一諸櫖しょりょは、木の名。マメ科のつる性落葉低木。山櫐さんるい。二木の名。にわうるし。＝樗ちょ

木15【櫐】〔19〕ルイ 漢 上 紙 lěi レイ　J ②1570 補 3747 U 6AD0
意味 かずら。つる草。＝藟るい・虆るい

木15【櫔】〔19〕レイ 漢 去 霽 lì リー　J ②1569 補 3748 U 6AD4
意味 木の名。国とち。＝栃とち

木15【櫟】〔19〕標 一レキ 漢 一 入 錫 lì リー　二ヤク 漢 二 入 薬 yuè ユエ　J 6111 補 — U 6ADF
木13【檪】〔17〕俗字　J 6112 補 — U 6AAA
意味 一①〈くぬぎ〉木の名。ブナ科の落葉高木。②役にたたない木、または人。③欄干らんかん。④こする。こすって音をたてる。二櫟陽ようは、昔の県の名。陝西せんせい省西安市臨潼りんどう区の地。
姓 櫟井いちい
【櫟散】れきさん 役にたたないもの。樗散ちょさん。
【櫟社】れきしゃ くぬぎの木のあるやしろ。

木15【櫓】〔19〕人 標 ロ 漢 上 麌 lǔ ルー　J 4706 補 — U 6AD3
意味 ①大きな盾たて。②船をこぐ道具。＝艪 ③〈やぐら〉ものみやぐら。国〈やぐら〉①武器庫。矢倉。②木で高く組んだ台。③こたつやぐら。
【櫓太鼓】やぐらだいこ 国相撲すもうや昔の劇場など興行場のやぐらの上で打ち、開場・閉場などを知らせる太鼓。
【櫓声(聲)】ろせい 舟の櫓ろの音。

木15【𣜜】〔19〕国字　J ②1565 補 2376 U 4
意味 〈さい〉姓氏に用いる。𣜜賀さいがは姓。

木15【櫤】〔19〕国字　J ①8624 補 3753 U 6AE4
意味 〈たも〉地名・人名に用いる。櫤山たもやまは、山形県の地名。

木15【櫕】〔19〕俗 ↓欑(六七二ページ・中)

木15【櫛】〔19〕旧 ↓櫛(本ページ・上)

木15【麓】→鹿部八画(一四四〇ページ・下)

木15【攀】→手部十五画(五五四ページ・上)

木16【櫰】〔20〕カイ 漢 平 佳 (クワイ) huái ホワイ　J — 補 3756 U 6AF0
意味 木の名。槐えんじゅの類。

木16【櫱】〔20〕ゲツ 漢 入 屑 niè ニエ　J ②1576 補 3757 U 6AF1
意味 〈ひこばえ〉木の切り株から新しくはえた芽。

木16【櫧】〔20〕ショ 漢 平 魚 zhū チュー　J ①8625 補 3754 U 6AE7
意味 木の名。かし。いちいがし。ブナ科。

木16【櫬】〔20〕シン 漢 去 震 chèn チェン　J ②1575 補 3755 U 6AEC
意味 ①ひつぎ。なきがらを納めるいちばん内側の棺かん。②木の名。㋐あおぎり。梧桐ごとう。㋑むくげ。

木16【櫫】〔20〕チョ 漢 平 魚 zhū チュー　J — 補 — U 6AEB
木12【橥】〔16〕俗字　J — 補 — U 6A65
意味 楬櫫けっちょは、目じるしにする木のくい。

木16【櫲】〔20〕ヨ 漢 去 御 yù ユイ　J ②1577 補 3758 U 6AF2
意味 木の名。樟くすのきの類。また、くろもじ。

木16【欄】〔20〕常 ラン　J 4583 補 — U 6B04
旧字 木17【欄】〔21〕人 ラン 漢 平 寒 lán ラン 呉　J ①8627 補 — U F91D
筆順 木 村 椚 椚 欄 欄 欄
意味 ①〈おばしま〉てすり。＝闌 ②しきり。さかい。③おり。④かこい。わく。⑤文書などで、罫けいで囲んだ部分。
解字 形声。木が形を表し、闌らんが音を示す。闌にはさえぎり止める意味がある。欄は、もともと、せんだんの木のことであるが、出入りをさえぎり止める木、てすりの意味にもなる。
【欄外】らんがい(ぐわい) ①らんかんの外。てすりの外がわ。②書物などで、本文を囲むわくの線の外がわ。
【欄干】らんかん ①てすり。おばしま。＝欄杆・闌干・欄檻 ②涙などの盛んに流れるさま。
【欄厩】らんきゅう(きう) 獣を入れるおりと馬小屋。
【欄間】らんま 国天井てんじょうと鴨居かもいまたは長押なげしとの間に、採光・

心(忄・⺗)戈戸(户)手(扌)支攴(攵) 4画 文斗斤方无(旡・旡)日曰月(⺝)木欠止歹殳毋比毛氏气水(氵・氺)火(灬)爪(爫・爫)父爻爿片牙(牙)牛(牜)犬(犭)

通風・装飾のため設けた格子こうやすかしぼりの板。
【欄門】らんもん 国すかし模様もようのある門。

木16【櫪】〔20〕 レキ 漢 入 錫 lì リー U補J 6AEA 6114
意味①かいばおけ。馬のかいばをいれるおけ。②うまやのねだ。うまや。③木の名。くぬぎ。‖櫟れき
【櫪馬】れきば うまやにつながれた馬。転じて、束縛されて自由を奪われた身のたとえ。

木16【櫨】〔20〕 ロ 漢 平 虞 lú ルー U補J 6AE8 4007
木4【枦】〔8〕俗字 U補J
木4【枦】〔8〕俗字 U補J 67A6 5937
意味①果実の名。柑橘かんきつ類。「甘櫨かんろ」②〈はぜ〉木の名。ウルシ科の落葉低木。「黄櫨こうろ」③〈ますがた〉柱の上に用いる方形の木。

木16【櫳】〔20〕 ロウ 漢 平 東 lóng ロン U補J 6AF3 ②1578
木10【槞】〔14〕俗字 U補J 69DE 6057
意味①おり。鳥や獣けものをいれておくかこい。②れんじまど。部屋の格子こうし窓。

木16【𣟧】〔20〕国字 U補J 237E7 ②1574
意味〈ひし〉地名に用いる。𣟧輪田ひしわだは、岩手県の地名。

木16【[illegible]】〔20〕同→[illegible](九三九ジ・下)

木17【欅】〔21〕標 キョ 漢 上 語 jǔ チュイ U補J 6B05 6116
木10【﨔】〔14〕俗字 U補J FA14 ①8590
意味①〈けやき〉木の名。ニレ科の落葉高木。②木の名。さわぐるみ。クルミ科。

木17【欃】〔21〕 サン 漢 ゼン 呉 平 咸 chán チャン U補J 6B03 3762
意味①木の名。檀だん。②欃槍さんそうは、ほうき星。彗星すいせい。

木17【櫼】〔21〕 セン 漢 平 塩 jiān チエン U補J 6AFC 3759
意味〈くさび〉小さな木ぎれの先をとがらせて、すきまに打ちこむもの。楔せつ。

木17【欂】〔21〕 ハク 漢 入 薬 bó ボー U補J 6B02 3761
意味〈ますがた〉柱の上に用いる小さい四角い材木。とが。とます。国〈くれ〉‖榑くれ ①昔、柱に用いた皮つきの丸太。②うす板。へぎいた。
【欂櫨】はくろ ますがた。柱の上に立てる四角い木。

木17【櫺】〔21〕 レイ 漢 平 青 líng リン U補J 6AFA 6118
木24【欞】〔28〕同字 U補J 6B1E 3771 ①8629
意味①〈れんじ〉窓や欄干らんかんにとりつけた格子こうし。②のき。屋根のひさし。

木17【𣟿】〔21〕国字 U補J 237FF ②1573
意味〈なぎ〉姓氏や人名に用いる。𣟿良なぎらは姓。

木17【櫽】〔21〕同→檃(六六八ジ・下)

木17【權】〔21〕俗→權(六六二ジ・下)

木17【櫻】〔21〕旧→桜(六三七ジ・上)

木17【欄】〔21〕旧→欄(六七一ジ・下)

木18【欋】〔22〕 ク 漢 平 虞 qú チュイ U補J 6B0B ②1581
意味①農具の名。四つ歯のくまで。さらい。②(木の根が)曲がりくねる。からまる。わだかまる。

木18【欇】〔22〕 ショウ 漢 呉 (セフ) 入 葉 shè ショー U補J 6B07 3764
意味①木の名。楓ふう。②杖つえ。③植物の名。はっしょうまめ。

木18【欆】〔22〕 ソウ 漢 (サウ) 平 江 shuāng ショワン U補J 6B06 3763
意味船の帆。「桻欆こうそう」

木18【欉】〔22〕 ソウ 漢 去 送 cóng ツォン U補J 6B09 3765
意味①草木が群がり生える。茂る。②「叢」(二一五ジ・上)の同字。

木18【權】〔22〕旧→権(六六二ジ・下)

木18【欟】〔22〕俗→欟(本ジ・下)

木19【欑】〔23〕 サン 漢 平 寒 cuán ツォワン U補J 6B11 3768 ②1584
木15【櫕】〔19〕俗字 U補J 6AD5 3749
意味①杖つえ。竹を束たばねた杖。②むらがる。木がむらがり生える。③〈あつ・める(――・む)〉集める。

木19【欏】〔23〕 ラ 漢 平 歌 luó ルオ U補J 6B0F 3766 ②1582
意味①木の名。やまなし。檖すい。②桫欏さらは、木の名。③かきね。

木19【欒】〔23〕 ラン 漢 平 寒 luán ロワン U補J 6B12 6119
木6【栾】〔10〕俗字 U補J 683E ②1462
意味①木の名。おうち。棟れん。②うでぎ。ひじき。柱の上の受け木。③まどか。なごやか。「団欒」④ふたご。‖孿 ⑤欒欒らんらんは、体のやせたさま。

木19【欐】〔23〕 一レイ 漢 去 霽 lì リー 二リ 漢 上 紙 lǐ リー U補J 6B10 3767 ②1583
意味 一①むね。棟木。また、梁はり。うつばり。②小船こぶね。二欐佹りきは、①ささえ柱。支柱。②かさねる。かさなる。

木19【欄】〔23〕俗→欄(本ジ・下)

木21【欘】〔25〕 チョク 漢 入 沃 zhú チュー U補J 6B18
意味農具の一種。「鋤すき」の別名。

木21【欛】〔25〕 ハ 漢 去 禡 bà バー U補J 6B1B 3770 ①8628
木19【𣠽】〔23〕俗字 U補J 2383D ②1585
意味〈つか〉刀のつか。また、柄え。欛柄。‖杷

木21【欖】〔25〕 ラン 漢 呉 上 感 lǎn ラン U補J 6B16 6120
意味橄欖かんらんは、果樹の名。→「橄かん」(六六五ジ・下)

木21【欗】〔25〕 ラン 漢 呉 平 寒 lán ラン U補J 6B17 3769 ②1586
意味①香木の名。肉桂にっけいの類。②「欄」(六七一ジ・下)の俗字。

木21【欝】〔25〕俗→鬱(一四一四ジ・下)

木22【欝】〔26〕俗→鬱(一四一四ジ・下)

木24【欞】〔28〕同→櫺(本ジ・中)

木24【欟】〔28〕俗→欟(本ジ・下)

木25【欟】〔29〕国字 U補J

木24【欟】〔28〕俗字 U補J 6B1F 6122
木18【𣠤】〔22〕俗字 U補J 23824 ②1580
意味〈つき〉けやきの古名。‖槻つき

木25〘鬱〙→鬯部十九画(一四一四ジ・下)

4画

欠部　あくび

【部首解説】「口を開けて気を出す」さまにかたどり、「口を開ける」「あくびをする」ことを表す。この部には、口を開ける動作に関するものが多く、「欠」の形を構成要素とする文字が属する。

欠 0 【欠】〔4〕 学 4 ケツ かける・かく J 2371 U補 6B20

旧字 缶 4 【缺】〔10〕 ケツ 漢 入 屑 quē チュエ J 6994 U補 7F3A

筆順 ノ ⺈ ケ 欠

大 9 【鈌】〔12〕同字 J ②0539 U補 21647

缶 4 【䍁】〔10〕俗字 J ②8466 U補 7F3C 5275

意味 ①〈か・ける(―・く)〉〈か・く〉 ㋐こわれる。㋑たりない。「無欠むけつ」 ㋒すたれる。②〈かけ〉＝闕 ㋐きず。㋑不足。不備。㋒官職のあき。③すき。すきま。＝闕

解字 形声。缶が形を表し、夬けつが音を示す。缶は土器で、ほとぎのこと。夬は、一部分が欠けること。缺は、ほとぎがわれて欠けることである。

姓 欠端かけはた　難読 欠伸あくび

参考 次項の「欠けん」と「缺けつ」とは、本来は別字であるが、現在、わが国では「缺」の新字体として「欠」を用いる。新表記では「歇」・「闕」の書きかえに用いる熟語がある。

【欠遺】けつい(ゐ) かけ落ちる。また、その部分。＝闕遺

【欠員】けついん(ゐん) きまった人数にたりないこと。また、たりない人数。＝闕員

【欠画(畫)】けつかく(くゎく) 漢字の画かくをはぶいてかくこと。また、画がかけていること。昔は天子の名を書くとき、遠慮して字画をはぶいて書いた。＝闕画

【欠陥(陷)】けっかん かけていること。とのわないこと。欠点。不足。不備。＝缺陥

【欠勤】けっきん つとめをやすむ。＝缺勤 ↕出勤

【欠如】けつじょ ①かけて不足しているさま。②不満足なさま。＝闕如

【欠食】けっしょく じゅうぶんな食事をしていないこと。食事をかいていること。＝缺食

【欠唇】けっしん 兎唇とし。＝缺唇・欠脣 →「兎欠けつ」(一二六ジペー・中)

【欠席】けっせき 出席しない。＝缺席 ↕出席

【欠然】けつぜん ①たりないさま。②不満なさま。＝缺然

【欠損】けっそん ①一部分がこわれる。②そんをする。損失。くいこみ。＝缺損

【欠点(點)】けってん 一 ①ふじゅうぶんなところ。②あやまち。やりそこない。③悪いところ。短所。＝缺点 二 チュエティエン quē-diǎn 現 一に同じ。

【欠文】けつぶん ①疑問のある部分を空白のまま残した文章。疑問の箇処を空白にすること。〈論語・衛霊公えいれいこう〉②欠落した字句。③佚文。散佚してしまった文章や書物。

【欠乏】けつぼう(ぼふ) 一 物がたりないこと。不足する。＝缺乏 二 チュエファー quēfá 現 一に同じ。

【欠本】けっぽん 巻数がかけている本。また、その不足している部分の本。＝闕本

【欠落】けつらく かけ落ちる。不足する。＝闕落

【欠礼(禮)】けつれい 礼儀をかく。失礼。＝缺礼

【欠漏】けつろう ある部分が抜けて落ちていること。もれ。おち。＝闕漏

【欠少】チュエシャオ quēshǎo 現 欠く。たりない。＝缺少

◆出欠しゅっけつ・病欠びょうけつ・残欠ざんけつ・補欠ほけつ・完全無欠かんぜんむけつ

欠 0 【欠】〔4〕 ケン 漢 去 陥 ケツ 慣 qiàn チエン J 2371 U補 6B20

意味 ①あくび。②〈か・ける(―・く)〉 たりない。すくない。③借りがある。未払いの。④現(敬意を示すため、座っているときに)ちょっと腰をあげる。

解字 象形。音はケン。口を大きくあけて、あくびをすることを表す。また、不足・へこむ(坎かん)の意も持つ。

【欠佳】チエンチア いまひとつ良くない。あまり良くない。

【欠債】チエンチャイ 借金。負債。

【欠身】チエンシェン 腰をちょっと浮かせて、敬意を表す。

【欠伸】けんしん あくびと、せのび。伸は、疲れた腰をのばす。欠申。

欠 2 【次】〔6〕 学 3 ジ・シ つぐ・つぎ J 2801 U補 6B21

一 シ 漢 ジ 慣 一 去 寘 cì ツー

旧字 欠 2 【㳄】〔6〕 U補 J

二 シ 漢 二 平 支 zī ツー

筆順 丶 冫 冫 㳄 次 次

意味 一 ①〈つ・ぐ〉つづく。②〈つぎ〉二番め。第二。③ついで。㋐順序。㋑くらい。位置。㋒おり。機会。④順序をきめる。⑤〈やど・る〉 ㋐軍隊が駐屯する。㋑宿泊する。⑥〈やどり〉宿舎。旅館。⑦ところ。場所。⑧星座。⑨なか。あいだ。⑩いたる。およぶ。⑪回数。たび。⑫まげ。かつら。 二 ①次且ししょは、行きなやむさま。＝次雎・趑趄 ②次次ししは、不安なさま。

解字 会意・形声。二と欠とを合わせた字。二じは音をも示す。二は二つそろっていること。欠は、じゅうぶんでない、消極的な気持ちを表す。次は、二つそろわないこと、正式でないことから、つぎとか、かりの宿とかの意味になる。また、二は止、欠は息で、休息のため宿泊することであるともいう。

名前 ちか・ひで　姓 次田すきた　難読 次官すけ

【次位】じい(ゐ) つぎのくらい。二番めのくらい。

【次韻】じいん(ゐん) 他人の詩と同じ韻を使って詩を作ること。

【次回】じかい(くわい) このつぎの時期。このつぎのおり。↕前回

【次官】じかん(くわん) 国①昔の四部官の一つ。すけ。②大臣の仕事を助ける職。「事務次官」

【次期】じき つぎの時期。次回。

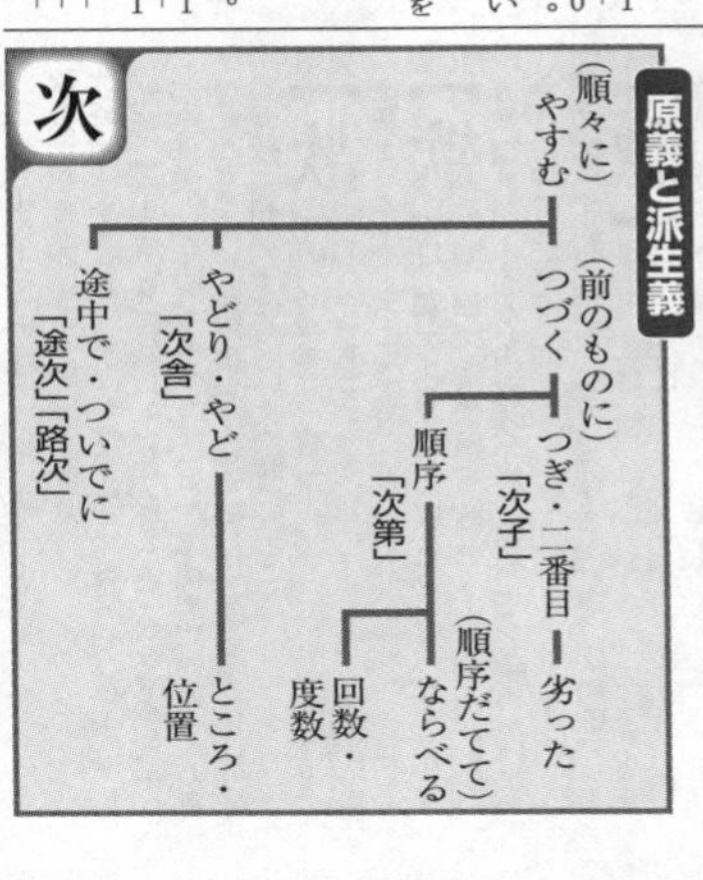

心(忄・⺗)戈戶(戸)手(扌)支攴(攵)
4画
文斗斤方无(旡・旡)日曰月(⺝)木欠止歹殳毋比毛氏气水(氵・氺)火(灬)爪(⺥・⺤)父爻爿片牙(牙)牛(牜)犬(犭)

【次骨】こついたる 程度がはなはだしいことのたとえ。
【次序】じじょ ①順序をつける。順序だてる。②順序。次第しだい。「序次。」
【次席】じせき ①桃枝(竹の一種)で編んだむしろ。②首席のつぎの席。また、その人。
【次善】じぜん 最善が得られない場合、それにつぐ第二のこと。「次善の策」
【次早】じそう(さう) つぎの日の朝。翌朝。
【次第】しだい ①順序。ついで。②国わけ。事情。③国手続き。由来ゆい。④国事のなりゆきにまかせる意を表す。「天気次第」⑤国そのもののよしあしによる意を表す。「人物次第」⑥国終わるとすぐにの意。「到着次第」
【次長】じちょう(ちゃう) 最高責任者の次席の職。
【次男】じなん 長男のつぎに生まれた男子。二男じなん。次子。
【次比】じひ ならぶ。ならべる。
◆目次もく・今次こん・序次じょ・取次とり・席次せき・逐次ちく・順次じゅん・数次すう・漸次ぜん

欠4 【欧】〔8〕常 オウ　J1804　U6B27
旧字 欠11 【歐】〔15〕 一オウ漢 一㊤有 ǒu オウ　二オウ漢 二㊥尤 ōu オウ　J6131　U6B50

筆順 一 フ ヌ 区 区 区 欧 欧

意味 一〈は・く〉もどす。＝嘔「欧吐」 二①〈うた・う(――・ふ)〉歌唱する。＝謳おう ②〈たた・く〉なぐる。＝毆 ③おいたてる。＝駆く ④欧羅巴ヨーロッパの略。⑤姓。欧陽は複姓。

解字 形声。欠が形を、區くが音を示す。欠は口を開くこと。區にはからだの曲がっている意味がある。歐は、からだを曲げて吐はくこと。一説に、區は吐く音であるという。音オウは、區の音クの変化。

【欧亜(亞)】おうあ ヨーロッパとアジア。西洋と東洋。
【欧化】おうか(くわ) ヨーロッパふうに変化すること。
【欧州(「洲」)】おうしゅう(しう) ヨーロッパ。西欧。
【欧泄】おうせつ 吐くことと下痢げりすること。
【欧風】おうふう ヨーロッパから伝わった思想や習慣。制度など。西洋ふう。
【欧陽脩】おうようしゅう(やうしう) 人名。北宋ほくそうの文人。字あざなは永叔えいしゅく、号は酔翁すいおう、六一居士こじ。詩文にすぐれ、唐宋八大家のひとり。死後、文忠公と贈り名された。欧陽修とも書く。(一〇〇七〜一〇七二)
【欧陽詢】おうようじゅん(やう) 人名。唐代の書家。(五五七〜六四一)

【欧美】オウメイ Ōu-Měi 現ヨーロッパとアメリカ。欧米。
【欧元】オウユアン Ōuyuán 現貨幣の単位。ユーロ。
◆北欧ほく・西欧せい・東欧とう・南欧なん

欠4 【欣】〔8〕人 キン漢 ㊥文 xīn シン　ゴン呉　J2253　U6B23
心8 【惞】〔11〕同字　J3016　U60DE

意味 ①〈よろこ・ぶ〉よろこび。②楽しむさま。

解字 形声。欠が形を表し、斤きんが音を示す。欠は口を開くこと。斤には、開く、よろこぶ、という意味がある。欣は、喜んで笑うことである。

名前 よし・やすし

【欣悦】きんえつ 喜ぶ。うれしがる。欣懌えき。
【欣快】きんかい(くわい) よろこばしく、こころよいこと。うれしく感じること。
【欣喜】きんき 非常に喜ぶこと。【――雀躍】きんきじゃくやく 喜びのあまりこおどりする。
【欣欣】きんきん ①にこにこするさま。②元気づいているさま。「木欣欣以向レ栄きはきんきんとしてえいにむかう」(樹木は元気よくすくすくと伸びはじめる。)〈陶潜とう・帰去来辞ききょらいの〉
【欣賞】きんしょう(しゃう) ①気にいってほめる。②鑑賞する。
【欣然】きんぜん にこにこと喜ぶさま。
【欣戚】きんせき 喜ぶこととうれえること。
【欣服】きんぷく 喜び、したがう。
【欣慕】きんぼ 喜び、したう。
【欣躍】きんやく おどりあがって喜ぶ。こおどりする。
【欣求】ごんぐ 仏喜んで願い求める。【――浄(淨)土】ごんぐじょうど(じゃうど) 仏心から喜んで、極楽ごくらく浄土に往生おうじょうすることを願い求めること。

欠4 【坎】〔8〕同→歎(六七七ジベー・下)

欠5 【㰦】〔9〕 キョ漢 ㊤御 qù チュイ　コ呉　J②1587　U3C26
意味 あくびをする。＝呿きょ

欠5 【欨】〔9〕 ク漢 ㊥虞 xū シュイ　補3773　U6B28
意味 ①〈ふ・く〉息を吹きかけて、あたためる。②〈わら・う(――・ふ)〉

欠6 【欬】〔10〕 カイ漢呉 ㊤隊 kài カイ、ké コー　ガイ慣　J①8630　補3775　U6B2C
意味 ①〈せき〉〈しわぶき(しはぶき)〉＝咳「謦欬けいがい」②せきをする。せきばらいする。
【欬嗽】がいそう せき。せきばらい。＝咳嗽
【欬唾】がいだ せきをして、つばをはくこと。また、そのつばき。＝咳唾【――成レ珠】がいだたまをなす ①せきをし、つばきをはくと、それが全部美しい玉となるということから、権勢けんせいのある人の言動にたとえる。〈後漢書ごかん・趙壱ちょういつ伝〉②むぞうさにはく一言いちげん一句が、すばらしい文や詩になること。

欠6 【欯】〔10〕 キツ漢 ㊇質 xì シー　キチ呉　J②1588　補3776　U6B2F
意味 よろこぶ。よろこんで笑う。

欠7 【欸】〔11〕 一アイ漢 一㊥灰 āi アイ　二アイ漢 二㊤賄 ǎi アイ　J6123　U6B38
意味 一ああ、ええ、などの感嘆の声。二船をこぐ時のかけ声。
参考 「欵かん」は別字。
【欸乃】あいだい ①船の櫓ろをこぐとき発するかけ声。②船歌。

欠7 【欷】〔11〕 キ漢 ㊥微 xī シー　J6124　U6B37
意味 ①むせび泣く。すすりなく。「欷歔ききょ」②なげく。

欠7 【欽】〔11〕 ケキ漢 ㊇錫 qì チー　補3774　U6B2B
意味 息をはく音。

欠7 【欶】〔11〕 一サク漢 一㊇覚 shuò シュオ　二ソク漢 二㊇屋 shuò シュオ　三ソウ漢 三㊤宥 sòu ソウ　補3778　U6B36
意味 一二〈す・う(――・ふ)〉口で吸う。水をのむ。＝嗽そく 三せきこむ。はげしくせきをする。＝嗽そう

欠7 【欲】〔11〕学6 ヨク　ほっする・ほしい　ヨク漢呉 ㊇沃 yù ユイ　J4563　U6B32

筆順 ハ 公 谷 谷 谷 谷 欲

意味 ①〈ほっ・する(――・す)〉〈ほし・い(ほ・し)〉㋐ほしがる。㋑ねがう。㋒むさぼる。「貪欲どん」㋓…しそうだ。…しようとする。②ほしいと思う気持ち。③〈よく〉仏六塵ろくじんを望み求める心。

語法 ❶〈ほっす〉…したい。…でありたい。欲求・願望を示す。例「布曰いはく、欲レ為レ帝耳ていたらんとほっするのみ」(黥布げいふは、皇帝になりたいだけだ、といった)〈史記・黥布列伝〉

❷〈ほっす〉…しそうだ。もうすぐ…になる。ある状況がまもなく起こりそうなこと、あるいはそういう状況に近いことを比喩的に示す。類将 例「江碧鳥逾白、山青花欲レ然」(川のみどりに映えて鳥はますます白く、山の青さの中で花は燃えるようである)〈杜甫の詩・絶句〉

解字 形声。欠が形を表し、谷が音を示す。谷には、中がからで、物を受け入れる意味がある。欠は、物が不足な意味を表す。欲は、足りないものをほしがることになる。

参考 新表記では、「慾」の書きかえに用いる。

【欲情】(よくじょう) ①ほしいと思う心。欲心。②男女の間の愛欲の心。色情。

【欲心】(よくしん) ほしいと望む心。欲。

【欲塵】(よくじん) 欲望というけがれ。

【欲念】(よくねん) 物をほしがり求める心。

【欲望】(よくぼう) ほしがり望む心。望み。願い。

【欲火】(よっか) はげしい欲望のたとえ。もえるような欲望。

【欲界】(よっかい) 仏三界の一つで、欲望の多い人間世界。

【欲海】(よっかい) 仏欲望の広く深いことを海にたとえたことば。

【欲求】(よっきゅう) ほしがり求める。
◆五欲・色欲・我欲・利欲・物欲・食欲・情欲・貪欲・強欲・無欲・禁欲・意欲・愛欲・知識欲

欠7【欵】〔11〕俗 ↓款(本ページ・上)

欠7〖軟〗↓車部四画(一二一八ページ・中)

欠8【款】〔12〕常 カン　カン(クヮン) 漢 呉 上 旱 kuǎn コワン　J 2030　補 ―　U 6B3E

筆順							
十	士	圭	圭	圭	款	款	款

欠7【欵】〔11〕俗字　J ①8631　補 3777　U 6B35

意味 ①のぞむ。②〈よろこ・ぶ〉楽しむ。③〈まこと〉まごころ。「款誠」④うちとける。⑤もてなす。「款待」⑥服従する。⑦いたる。とどまる。⑧ゆるやか。‖緩 ⑨空虚。‖窾 ⑩ひろい。‖寛 ⑪たたく。うつ。⑫ほる。また、青銅器に刻みつけた文字。⑬書画に記した署名・題名。「落款」⑭箇条書。項目。「定款」⑮経費。資金。「借款」

解字 会意。[illegible]と欠とを合わせた字。[illegible]は空虚なこと。欠は気が不足であくびをすること。款は、欲求不満の状態をいう。

名前 すけ・ただ・まさ・ゆく・よし

難読 款冬(ふき・やまぶき)

参考「欸」は別字。


【款款】(かんかん) ①真心のあるさま。②ゆったりとしたさま。③ゆったりと楽しむさま。

【款曲】(かんきょく) ①くわしい事情。委細。委曲。②うちとけて交際する。そつのないもてなしをする。

【款言】(かんげん) でたらめ。空言。

【款晤】(かんご) うちとけて話しあう。

【款語】(かんご) うちとけて話しあう。款話。

【款狎】(かんこう) うちとけてなれあう。

【款識】(かんし) 鐘や鼎にほりつける文字。

【款然】(かんぜん) 心からうちとけるさま。

【款待】(かんたい) ていねいにもてなす。喜んでもてなす。‖歓待
【款冬】(かんとう) 草の名。ふきの別名。

【款附】(かんぷ) よろこんでつきしたがう。

【款服】(かんぷく) ①よろこんで服従する。②罪に服する。

〖通レ款〗(かんをつうず) ①こっそりとなかよしになる。②敵に内通する。
◆定款・借款・落款

欠8【欿】〔12〕 カン 漢 上 感 kǎn カン　J 3780　補 ―　U 6B3F

意味 ①満足しない。欿然は、あきたりないさま。②もとめる。③むさぼる。④なやむ。⑤あな。‖坎

欠8【欹】〔12〕 一イ 漢 一平 支 yī イー　二キ 漢 二平 支 qī チー　J 6126　補 ―　U 6B39

意味 一〈ああ〉感嘆の声。二〈そばだ・てる(――・つ)〉横にする。かたむける。‖攲「欹レ枕」(六二七ページ・中)

【欹座(「坐」)】(きざ) 立てひざで、すわる。

【欹仄】(きそく) かたむく。‖欹側

欠8【欺】〔12〕常 ギ　あざむく　キ 漢 ゴ 呉 平 支 qī チー　ギ 慣　J 2129　補 ―　U 6B3A

筆順							
一	卄	甘	甘	其	其	欺	欺

意味 ①〈あざむ・く〉だます。②ばかにする。あなどる。

解字 形声。欠が形を表し、其が音を示す。欠は、足りないこと、好ましくない状態を表す。其にはきちんとしている気持ちがある。欺は正しくないことを口にする意味である。また、其は四角いことで、表面はいかめしくしているが、心中にひけめのあることを表すともいい、からだがだるくあくびをすることであるともいう。

【欺詐】(ぎさ) 人をだます。うそ。いつわり。

【欺誕】(ぎたん) だましてでたらめを言う。

【欺負】一(ぎふ) だます。だまして約束にそむく。二 qīfu 現 ばかにする。いじめる。

【欺誣】(ぎふ) あざむく。だます。

【欺騙】一(ぎへん) だます。かたる。かたり。ペテン。詐欺。二 qīpiàn 現 一に同じ。

【欺罔】(ぎぼう) だます。ごまかす。

【欺慢】(ぎまん) 人をばかにする。

【欺瞞】(ぎまん) だます。あざむきごまかす。

【欺謾】(ぎまん) あざむく。でたらめを言ってだます。

【欺弄】(ぎろう) 人をだましてばかにする。

【欺惑】(ぎわく) 人をだまし、まどわす。

欠8【欽】〔12〕人 キン 漢 平 侵 qīn チン　J 2254　補 ―　U 6B3D

意味 ①〈つつし・む〉うやまう。恐れつつしむ。②天子に関する事物につける。「欽差」③(あごが)まがっている。④欽欽は、㋐鐘の音。㋑うれえるさま。㋒つつしむさま。

解字 形声。欠が形を表し、金が音を示す。欠は、空気が足りないので口を開く、あくびのこと。金には、ふさぐという意味がある。欽は、足りない状態を満たそうとすることである。一説に、欠は体を曲げて腹をくぼめること、金は固くとじることで、うつむいてからだをこわばらせることから、つつしむ意味になるという。

名前 こく・ただ・よし・ひとし・まこと

【欽仰】(きんぎょう) たっとび、うやまう。あおぎ、したう。「きんこう」ともいう。

【欽差】(きんさ) 天子の使者。勅使。

【欽尚】(きんしょう) うやまい。とうとぶ。欽崇。

【欽勅(敕)】(きんちょく) 天子の詔。

【欽定】(きんてい) ①天子みずから定める。②君主の命令で選定する。

【欽天監】(きんてんかん) 明代に設けられた役所の名。天文に関する事をつかさどった。

【欽慕】(きんぼ) うやまい、したう。仰慕。

【欽命】(きんめい) 天子の使者。勅使。

心(忄・⺗)戈戸(戸)手(扌)支攴(攵)
4画
文斗斤方无(旡・旡)日曰月(⺝)木欠止歹殳毋比毛氏气水(氵・氺)火(灬)爪(⺤・爫)父爻爿片牙(牙)牛(牜)犬(犭)

欠8
【欻】〔12〕 クツ 漢 入 物 ｜ コチ 呉 xū シュイ ｜ J ― 補 3779 U 6B3B

欠12 **〔㰲〕**〔16〕同字 ｜ J ②1590 補 3786 U 6B58

意味 〈たちまち〉にわかに。ふいに。「欻然」「欻忽」

欠9
【歆】〔13〕 キン 漢 平 侵 ｜ xīn シン ｜ J ①8632 補 3781 U 6B46

意味 ①〈う・ける(―・く)〉 ㋐神や祖先の霊が、祭りの供え物を喜んで受けること。 ㋑もてなしをうける。また、もてなす。 ②よろこぶ。 ＝欣 ③むさぼる。

【歆羨】 ほしがり、うらやむ。

欠9
【歇】〔13〕 ケツ 漢 入 月 ｜ xiē シエ ｜ J 6128 補 ― U 6B47

意味 ①〈いこ・う(―・ふ)〉やすむ。休息する。「歇息」 ②〈や・む〉とまる。 ③尽きる。枯れる。なくなる。

参考 新表記では、「欠」に書きかえる熟語がある。

【歇後】 句末の語を省略した、しゃれた言い方。たとえば、「友于」は「論語」の「友于兄弟」の「兄弟」を、「提三尺」は「史記」の「提三尺剣」の「剣」を省略したもの。【――語】 ㊀「歇後」に同じ。 ㊁ xiēhòuyǔ 現 上の一句が下の句や語を引き出すようになっているしゃれたことばの一種。たとえば、「唱戯的吹鬍子」(役者がひげを吹く)と言えば、「装生気」(おこったふりをする)という句で受けるなど。

欠9
【歃】〔13〕 ソウ 漢 入 洽 ｜ (サフ) ｜ shà シャー ｜ J 6129 補 ― U 6B43

意味 ①〈すす・る〉吸って飲む。また、盟いを結ぶとき、いけにえの動物の血を口のまわりにぬる。 ②さしこむ。 ＝插(揷)

欠10
【歍】〔14〕 オ 漢 平 虞 ｜ (ヲ) ｜ wū ウー ｜ J 3783 補 ― U 6B4D

意味 ①吐く声。また、吐く。 ②ああ。嘆く声。 ＝嗚

【歍唈】 むせび泣く。 ＝嗚唈

欠10
【歌】〔14〕 学2 カ ｜ うた・うたう ｜ カ 漢 呉 平 歌 ｜ gē コー ｜ J 1846 補 ― U 6B4C

筆順 一 可 哥 歌

言10 **〔謌〕**〔17〕同字 ｜ J 7572 補 ― U 8B0C

意味 ①〈うた〉 ②〈うた・う(―・ふ)〉 ㋐楽器の演奏にあわせてうたう。 ㋑うたに作る。 ③詩の一体。「長恨歌」 国〈うた〉やまとうた。和歌。短歌。

解字 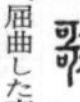 形声。欠が形を表し、哥が音を示す。哥は屈曲するという意味を持つ。欠は口を開いた形。歌は、口をあけて、屈曲した声を出すことで、ふしをつけてうたうことをいう。

地名 歌志内

【歌合】 国平安時代にはじまった文学的な遊び。左右に分かれて和歌を作りあい、判者がその優劣をきめるもの。

【歌占】 国歌の文句によって吉凶をうらなうこと。

【歌垣】 国昔、男女が集まって、たがいに歌をよみかわし、おどった遊び。

【歌口】 国①歌のよみぶり。 ②じょうずに歌をよむこと。 ③尺八や笛などの口をあてる部分。

【歌心】 国①歌の意味。 ②歌をよもうとする気持ち。 ③歌を理解できる力。

【歌枕】 国①和歌をよむとき、よりどころにする枕詞や名所などを書き集めた本。 ②歌によまれた有名な土地。和歌によみこまれた名所。

【歌謳】 歌をうたう。

【歌会(會)】 国和歌をよむ会。歌の会。

【歌学(學)】 国和歌のきまりや文法などに関する学問。

【歌楽(樂)】 ㊀歌と音楽。 ㊁歌い楽しむ。

【歌管】 歌と楽器。歌と音楽。管は、管楽器。

【歌姫】 ㊀歌をうたう女。うたいめ。歌妓。歌媛。 ㊁ 国①㊀に同じ。 ②女流声楽家。

【歌妓】 うたいめ。芸者。歌姫。歌媛。

【歌曲】 ①歌のふし。うた。 ②独唱・重唱・合唱など、人の声で歌われる楽曲。声楽の曲。リート。

【歌行】 詩の一体。長短句をまじえ、叙情性の強いもの。

【歌詞】 ㊀①歌に使われることば。 ②声楽や歌劇などの歌の文句。 ㊁ 国ふだんのことばや散文には使われず、歌にだけ使われることば。

【歌辞(辭)】 歌のもんく。歌のことば。歌詞。

【歌什】 ①詩歌。 ②歌集。

【歌書】 国和歌の本。和歌に関する書物。

【歌女】 ①歌うたいの女。 ②みみずの別称。

【歌笑】 歌ったり、笑ったりする。

【歌唱】 歌をうたうこと。うた。

【歌頌】 歌をうたって、功績や人がらをほめたたえること。

【歌鐘】 ①昔、歌をうたう前に、音階を示すために鳴らした十六個の鐘。 ②音楽のこと。

【歌人】 ㊀和歌をよむ人。 ①歌をうたう人。歌い手。 ②国歌を作る人。 ㊁歌をうたったり、笛を吹いたりする。 国㊀の②に同じ。

【歌吹】 歌をうたったり、笛を吹いたりする。

【歌聖】 国和歌の名人中の名人。

【歌仙】 国①和歌に特にすぐれている人。 ②連歌または俳諧の一体。三十六句あるもの。【――絵(繪)】 すぐれた歌人の姿絵に、歌や略伝を書き添えたもの。

【歌扇】 歌うたいの女が持つ扇、または、うちわ。

【歌僧(僧)】 国和歌のじょうずな僧。

【歌台(臺)】 歌手がうたうときにあがる高い台。

【歌壇】 国歌人の社会。歌人のなかま。

【歌道】 国和歌の道。歌学。

【歌碑】 国和歌をほりつけた石碑。

【歌舞】 歌とおどり。歌いながらおどる。

【歌舞伎(伎)】 国慶長年間に出雲の阿国によってはじめられ、江戸時代にさかえ発達したわが国特有の演劇。

【歌謡(謠)】 うた。ふしをつけて歌うもの。昔の語り物をはじめ、今日の各地の民謡や、童謡・流行歌など。

【歌留多】 国遊戯またはばくちに使うふだ。花がるた、いろはがるたなど、種類が多い。

【歌楼(樓)】 歌うたいの女のいる料理屋。妓楼。

◆小歌・反歌・古歌・名歌・狂歌・秀歌・返歌・国歌・長歌・牧歌・和歌・哀歌・軍歌・恋歌・挽歌・連歌・校歌・唱歌・船歌・替歌・凱歌・詠歌・短歌・詩歌・鼻歌・寮歌・櫓歌・艶歌・応援歌・旋頭歌・賛美歌・四面楚歌

欠10
【歊】〔14〕 キョウ 漢 平 蕭 ｜ (ケウ) ｜ xiāo シアオ ｜ J ②1589 補 3782 U 6B4A

意味 空気や蒸気が上に上がるさま。

欠10
【歉】〔14〕 ケン 漢 去 豔 ｜ qiàn チエン ｜ J 6130 補 ― U 6B49

意味 ①ものたりない。歉然は、あきたりないさま。 ②穀物がみのらない。 ③すくない。たりない。 ＝嗛 ④うらみに思う。不満を持つ。

【歉歳】 飢饉の年。

【歉敝】 不作で疲れ苦しむ。歉弊。

欠10
【歎】〔14〕 俗 ↓歎(六七七ページ・中)

欠10『嗽』↓口部十一画(二六二ジペー・上)

欠10『漱』↓水部十一画(七五〇ジペー・上)

欠11【歓】〔15〕常 カン　U補J 6B53 2031

旧字 欠18【歡】〔22〕カン 漢呉 (クヮン) 平 寒 huān ホワン　U補J

筆順 𠂉 午 牟 夲 奞 雈 雚 歓

欠17【懽】〔21〕俗字　U補J 6B61 6136

意味 ①〈よろこ・ぶ〉 ㋐喜び よろこび。‖懽・驩かん ③したしみ。④あなた。愛しあう男女が互いに呼びかける語。

②楽しむ。㋑仲良くなる。

解字 𣦆 形声。欠が形を表し、雚くゎんが音を示す。雚はまた、口をそろえるという意味を持つ。欠は口を開くこと。歡は、鳥などが口を開き、声を合わせて鳴きさえずることから、喜び、楽しむ意味になる。一説に、飲食のために口を開くことであるともいう。

名前 よし

参考 新表記では、「驩」「款」「懽」などの書きかえに用いる熟語がある。

【歓悦】かんえつ 喜ぶ。うれしがる。

【歓会(會)】かんかい うちとけた会合。楽しい集まり。

【歓喜】一かんき 喜ぶ。喜び。二かんぎ ㊕仏の教えを理解して喜ぶ。【──仏(佛)】かんぎぶつ ㊕男女の交わりを表した仏像。歓喜天。

【歓謔】かんぎゃく 遊びたわむれる。喜びふざける。

【歓迎】一かんげい 喜んで迎える。二ホワンイン huānyíng 現一に同じ。

【歓呼】かんこ 喜んで大声をはりあげる。

【歓娯】かんご 喜び楽しむこと。歓楽。娯楽。‖懽娯

【歓語】かんご 楽しく話しあう。

【歓狎】かんこう なれしたしむ。

【歓洽】かんこう 親しみやわらぐ。むつみ楽しむ。

【歓笑】かんしょう ①うちとけて、笑う。②なぐさみ。お笑いぐさ。「以為二歓笑一もってかんしょうとなす」(それをお笑いぐさにする。)〈陶潜とうせんの詩・飲酒〉

【歓心】かんしん うれしがる心。喜びの心。

【歓声(聲)】かんせい 喜びのあまり発する声。

【歓戚】かんせき 喜ぶ気持ちとうれえる気持ち。

【歓然】かんぜん 喜ぶさま。

【歓送】一かんそう 人の出発を祝い送る。二ホワンソン huānsòng 現一に同じ。

【歓待】かんたい 喜んで気持ちよくもてなす。親切なもてなし。

【歓談】かんだん うちとけて話しあう。うちとけた物語。‖款談

【歓暢】かんちょう のびのびと楽しむ。

【歓天喜地】かんてんきち うれしくてたまらないさま。大喜び【するさま。】

【歓服】かんぷく 喜んで服従する。

【歓遊】かんゆう 喜び遊ぶ。楽しみ遊ぶ。

【歓楽(樂)】かんらく 喜び楽しむこと。楽しみ。「歓楽極兮哀情多かんらくきわまりてあいじょうおおし」(楽しみが頂点に達すると、もの悲しい気持ちが深まってくる。兮は、語調をととのえる助詞。)〈漢武帝・秋風辞〉

『承レ歓』かんをうく 人の機嫌をとり、喜んでもらう。〈白居易はくきょいの詩・長恨歌ちょうごんか〉

△▼交歓こうかん・哀歓あいかん

欠11【歎】〔15〕人 標 タン 漢呉 去 翰 tàn タン　U補J 6B4E 3523

欠10【欺】〔14〕俗字　U補J

意味 ①〈なげ・く〉 ㋐ためいきをつく。㋑かなしく思う。‖嘆「感歎」「悲歎」「歎息」②ほめたたえる。賛美する。‖嘆「感歎」「称歎」③声をあわせて歌う。

参考 新表記では、「嘆」に書きかえる熟語がある。熟語は「嘆」(二五九ジペー・中)をも見よ。

【歎異】たんい すばらしいと感心する。【──鈔】たんにしょう(せう) 書名。浄土真宗開祖親鸞しんらんの死後、弟子でしたちが、教義をとり違えた異説の流行をなげき、生前の師のことばをまとめた小冊子。

欠11【歒】〔15〕テキ 漢 チャク 呉 入 錫 dí ティー　U補J 6B52 3784

意味 わらう。歒欷てききは、こどもがうれしそうに笑うさま。

欠11【歐】〔15〕旧 ↓欧(六七四ジペー・上)

欠11【歔】〔15〕俗 ↓歔(本ジペー・下)

欠12【歙】〔16〕一キュウ(キフ) 漢 一入 緝 xī シー　二ショウ(セフ) 漢 二入 葉 shè ショー　三キョウ(ケフ) 漢 三入 葉 xié シエ　U補J 6B59 6132

意味 一①息を吸う。②〈おさ・める(をさ・む)〉しまう。③〈あ・う(―・ふ)〉あつまる。あつめる。‖翕きゅう ④調和する。⑤歙歙きゅうきゅうは、㋐うれえるさま。㋑一致するようす。二地名用字。「歙県しょうけん」三①すぼめる。すくめる。‖脅きょう ②おそれる。

欠12【歔】〔16〕キョ 漢 平 魚 xū シュイ　U補J 6B54 6133

欠11【歔】〔15〕俗字　U補J 2E8F1

意味 ①息を吐く。歔欷きょきは、すすり泣く。‖嘘 ②

欠12【歖】〔16〕古 ↓喜(二五四ジペー・上)

欠12【歘】〔16〕同 ↓欻(六七六ジペー・上)

欠13【歛】〔17〕カン 漢 平 覃 hān ハン　U補J 6B5B 6134

意味 ①のぞむ。ねがう。欲する。②あたえる。

参考 「斂れん」は別字。

欠13【歜】〔17〕ショク 漢 入 沃 chù チュー　U補J 6B5C

意味 はげしく怒る。

欠13【歟】〔17〕ヨ 漢 平 魚 yú ユィ　U補J 6B5F 6135

欠4【玙】〔8〕同字　U補J 6B24 3772

意味 〈か〉〈や〉文の終わりについて、感嘆・疑問・反語・推量などの語気を表す助詞。‖与(與)よ

欠13【歠】〔17〕同 ↓歠(五六六ジペー・中)

欠13【歗】〔17〕古 ↓嘯(二六五ジペー・中)

欠15【歠】〔19〕セツ 漢 入 屑 chuò チュオ　U補J 6B60 3788 ①8634

意味 ①〈すす・る〉飲む。②飲み物。吸い物。

欠17【懽】〔21〕俗 ↓歓(本ジペー・上)

欠18【歡】〔22〕旧 ↓歓(本ジペー・上)

4画

止部　とめる　とめへん

【部首解説】「草木が生える根もとの形」にかたどり、「足」を表す。この部には、「止」の形を構成要素とする文字が属する。

止0【止】〔4〕学 2 シ シ 漢呉 上 紙 zhǐ チー　とまる・とめる　U補J 6B62 2763

筆順 丨 ⺊ 𣥂 止

意味 ①あし。また、あしあと。＝趾 ②〈とま・る〉〈とどま・る〉㋐停止する。㋑至る。㋒宿泊する。住む。③〈と・める(—・む)〉〈とど・める(——・む)〉㋐ひきとめる。おさえる。㋑禁止する。「禁止」④〈や・む〉とまる。おわる。⑤〈や・める(—・む)〉なくする。「廃止」⑥ようす。ふるまい。「容止」「挙止」⑦〈ただ〉わずかに。＝只 ⑧句末について語調をととのえる助詞。国〈とどめ〉①人を殺すとき、最後にのどをさして命をたつこと。②物事を完遂させる最終的な行為。

解字  象形。草木のはえるねもとの形という。一説に、足先の形。足がじっとしていることから、とまる意味になる。

名前 と・おる・とめ・とも・もと 姓 止美

難読 波止場(付表)

【止遏】(しあつ) おしとどめる。さえぎり、とどめる。

【止戈】(しか(くゎ)) ほこをとどめる。戦いをやめること。武の字を分解したもの。

【止観(觀)】(しかん(くゎん)) ㊃邪念をとどめ、万物を正しく見つめること。

【止住】(しじゅう(ぢゅう)) とどまり住む。居住。

【止宿】(ししゅく) とまる。宿泊。止舎。

【止水】(しすい) 動かない水。静かにすんだ水。「明鏡止水」

【止足】(しそく) とどまることと、たりること。転じて、分を知って、度を越さないこと。「老子」の「知レ足不レ辱、知レ止不レ殆」(不レ辱は、はじをかかない。不レ殆は、あぶないことはない。)にもとづく。

【止息】(しそく) とどまりやすむ。

【止揚】(しよう(やう)) 哲弁証法の用語。二つの矛盾した概念が調和して、さらに一段高まること。揚棄。アウフヘーベン。

『知レ止』(とどまるをしる) ①最高の善の境地にとどまるべきことを知る。〈大学〉②分に安んじてとどまるべきことを知る。〈老子〉

↓止足

◆中止・休止・車止・防止・阻止・妨止・制止・客止・笑止・挙止・停止・終止・廃止・歯止・禁止・静止

止1 【正】〔5〕学1 セイ・ショウ ただしい・ただす・まさ J 3221 補― U 6B63

一 セイ 漢 ショウ(シャウ) 呉 一 去 敬 zhèng チョン
二 セイ 漢 ショウ(シャウ) 呉 二 平 庚 zhēng チョン

筆順 一 丅 下 [illegible] 正

意味 一 ①〈ただし・い(ただ・し)〉㋐まっすぐな。↕斜 ㋑まちがっていない。↕邪 ②〈ただ・す〉㋐まっすぐにする。㋑ただしくする。「訂正」㋒きめる。㋓問いただす。罰する。③おさめる。④まつりごと。＝政 ⑤長官。⑥物事の主となるもの。↕従・副 ⑦正妻。また、嫡男。⑧まじりけのない。⑨まんなかの。⑩〈まさ〉〈まさに〉ちょうど。たしかに。⑪…だけ。⑫いつも。つねに。⑬数正数。プラス。↕負 二 ①(陰暦の)一月。「正月」②弓の的の中心。「正鵠」③＝征 ㋐労役につかせる。㋑税をとりたてる。

解字  会意。一と止を合わせたもの。止は足を表し、一は進んで行く目標を示す。正は、目標に向かってまっすぐ進むことで、ただしいことを表す。

名前 おさ・かみ・きみ・さだ・たか・ただ・つら・なお・のぶ・よし・あきら・まさし

姓 正田・正親町

難読 正面

【正因】(しょう(しゃう)いん) ㊃正しく法を生ずる原因。理論。根本。

【正覚(覺)】(しょう(しゃう)がく) ㊃正しいさとり。【——坊】(しょう(しゃう)がくぼう(ばう)) 国①あおうみがめの別名。②大酒飲み。

【正月】(しょう(しゃう)がつ(ぐわつ)) 年の初めの月。

【正金】(しょう(しゃう)きん) 国①金銀の貨幣。②現金。

【正午】(しょう(しゃう)ご) 昼の十二時。まひる。

【正座】一(しょう(しゃう)ざ) 座のいちばんかみて。第一の客のすわる席。上座。二(せいざ) きちんとすわること。ぎょうぎ正しくすわること。＝正坐

【正倉院】(しょう(しゃう)そう(さう)いん(ゐん)) 国奈良市にある倉庫の名。もと東大寺に属し、奈良時代の美術工芸品を多く保存していることで有名。

【正念】(しょう(しゃう)ねん) ①㊃㋐正法を思念して、往生を疑わぬこと。㋑少しも揺るがない信仰心。②本心。正気。【——場】(しょう(しゃう)ねんば) 国のっぴきならない大切な場面。

【正銘】(しょう(しゃう)めい) 国ほんもの。うそいつわりのないこと。「正真正銘」

【正位】(せいい(ゐ)) 正しい位。正しい位置。

【正衙】(せいが) 天子が正式に家臣を謁見し政務を執り行う御殿。

【正会(會)】(せいかい(くわい)) 元旦に朝廷に参内して行う祝賀の儀式。

【正解】(せいかい) 正しい解釈や見解。

【正客】(せいきゃく・しょうきゃく(しゃう)) その会合でいちばんたいせつな客人。主賓。

【正格】(せいかく) 正しい規則。正しい制度。

【正確】一(せいかく) 正しくてたしかなこと。二 zhèngquè チョンチュエ 現正しい。

【正学(學)】(せいがく) 正しい学問。↕曲学

【正諫】(せいかん) ただしくいさめる。

【正眼】(せいがん) 国剣道のかまえの一つ。中段にかまえて、刀のきっさきを敵の目に向けるもの。青眼。

【正気(氣)】一(せいき) ①天地万物のもとの気。天地にみなぎっている正大の気。②正しい気性。二(しょう(しゃう)き) 国気がたしかなこと。正常な心のはたらき。本気。【——歌】(せいきのうた) ①宋の文天祥の作った古詩の題。②国①にならって作った藤田東湖・吉田松陰らの詩。

【正規】(せいき) 正式な規則。正しいきまり。「正規軍」

【正偽(僞)】(せいぎ) 正しいものといつわりのもの。

【正義】(せいぎ) ①公平で正しい道。道理にかなった正しい行い。②正しい意義。③経書や史書などの正しい意義を示した注釈書。

【正襟】(せいきん) えりをただす。服装をととのえること。

【正系】(せいけい) 正しい血すじ。正しい系統。正統。

【正経(經)】(せいけい) ①根本の教えを説いた書物。②十三経のこと。③「詩経」の正風と正雅。周の道が正しく行われていた頃にうたわれたうたを指す。

【正卿】(せいけい) ↓「上卿」(一七ページ・中)

【正言】(せいげん) ①正しいことば。②遠慮せず忠告すること。直言。

【正鵠】(せいこく・せいこう) ①弓の的のまんなか。②目あて。ねらいどころ。要点。

【正坐】(せいざ) 「正座」の二に同じ。

【正歳】(せいさい) 夏の時代のこよみにおける正月。

【正朔(朔)】(せいさく) ①正月とついたち。年のはじめと月のはじめ。②こよみ。

【正史】(せいし) ①正確な事実にもとづいた歴史。↕外史 ②「史記」「漢書」などのように、各王朝公認の下、紀伝体で書かれた中国歴代の歴史。

【正使】(せいし) 使者の中で主となる人。↕副使

【正始】(せいし) ①礼儀などにのっとったただしいはじめ。②根本的な部分を正しくする。③年号。(↓付録「中国年号索引」)

【正視】(せいし) 正面からじっと見つめる。

【正字】(せいじ) ①略字や俗字でない、もとからの正確な文字。②字画の正しい文字。

【正式】㊀ 正しいやりかた。本式。↕略式 ㊀ zhèngshì 〔現〕㊀に同じ。

【正室】①おもて座敷。②正妻。本妻。

【正日】㊀ 一月一日をいう。㊁ 〔国〕①死後四十九日め。②一周忌の日。③毎年の命日。＝祥日
【正邪】正しいことと、よこしまなこと。

【正閏】①つねの年と、うるう年。②正しい系統や正しい位と、そうでないもの。「正ニ閏皇統ー」(天子の位の正統と正統でないものとを明らかにする。)〈徳川光圀・梅里先生碑〉

【正書】①書体の一つ。楷書。②〔国〕ことばを正しいつづりで書き表すこと。「正書法」

【正常】㊀ ふつう。あたりまえ。なみ。㊀ zhèngcháng 〔現〕㊀に同じ。

【正色】①正しい色。青・黄・赤・白・黒の五色。②本来の色。ほんとうの色。③ほんとうの美人。

【正身】㊀ ①身を正しくする。②かえ玉ではなく、その人自身。㊁ 〔国〕まさしくその人。当人。本人。

【正真(眞)】㊀ うそいつわりのないこと。㊁ ①うそいつわりのないこと。②仏の別名。【──正銘】まったくまちがいないこと。ほんもの。

【正寝(寢)】正殿。

【正正堂堂】①隊列の勢いが盛んなさま。②正面からわるびれずに事にあたるさま。③男らしいさま。態度のりっぱなさま。

【正宗】㊀ ①本家ほんもとの宗派。②正しい系統。正統。㊁ 〔国〕人名。鎌倉時代の刀鍛冶、岡崎五郎」をいう。

【正装(裝)】きちんとした正式の服装。

【正則】正しい規則。正常な法則。↕変則
【正体(體)】㊀ ①物事の本体。②あとつぎ。嫡子。③正統。正統的な格式。④正しい書体。楷書。㊁ 〔国〕①ふつうの状態。②表面からはわかりにくいほんとうの姿。③本心。正気。「正体不覚」

【正大】正しくて大きい。正しくて、堂々としていること。「公明正大」

【正旦】①正月元日の朝。元旦。②中国の旧劇で女主人公になる役者。

【正嫡】①本妻。正妻。正室。②正妻の産んだ子。③〔国〕よつぎ。あとつぎ。正適。


【正中】①まんなか。②太陽が南中すること。まひる。③盛んな最中。

【正朝】①元旦。②天子が家臣を謁見する所。おもて座敷。正殿。

【正庁(廳)】おもて座敷。正殿。

【正直】心がまっすぐで、うそのないこと。

【正丁】㊀ いちにんまえの男子。㊁〔国〕大宝令の制で二十一歳以上、六十歳以下の健康な男子。

【正定】㊀ 文字の誤りを正すなどして本文を定める。㊁ 〔仏〕八正道の一つ。三昧の意訳。

【正適】「正嫡」の②③に同じ。

【正殿】①いちばん表だった御殿。表御殿。正寝。②〔国〕宮中の紫宸殿をいう。③〔国〕神社の本殿。

【正度】正しい規則。

【正当(當)】㊀ 正しく当然なこと。道理に合っていること。㊁ 〔国〕①㊀に同じ。②ちゃんと当たっていること。③正しく命日に当たる日。④実直なこと。【──防衛(衞)】〔法〕他人から不法な侵害を受けて、法にたよるいとまのないとき、自分または別な人の権利を守るため、やむを得ず相手に危害を加えること。

【正東】まひがし。

【正統】正しい血すじ。正しい系統。

【正堂】おもて座敷。広間。宮殿の正面広間。

【正道】正しい道。正しい道理。正義。公道。

【正犯】犯罪の主謀者。主犯。

【正妃】①本妻。正妻。②〔国〕皇族の夫人。

【正否】正しいことと、そうでないこと。

【正賓】「正客」に同じ。

【正風】㊀ 「詩経」の周南・召南の二十五編の詩をさす。王道が盛んなときの正しい歌いぶりの意。↕変風 ㊁ 〔国〕松尾芭蕉の始めた俳諧の一派。蕉風。

【正副】①正式なものと、ひかえとなるもの。「正副議長」②正本と副本。

【正文】本文。注釈や付記に対して言う。

【正平】㊀ ①正しく、たいらなこと。②正しくて、公平なこと。③年号。(↓付録「中国年号索引」) ㊁ 〔国〕日本の年号。(一三四六～一三七〇)【──版論語】〔国〕正平年間に出版された「論語」。わが国における経典刊行の最も古いものとして有名。

【正方】①正しくきちんとしていること。方正。②真「四角。「正方形」

【正法】㊀ 正しい法。正当な法令。㊁ 〔仏〕正しい教え。仏法をさす。【──眼蔵(藏)】〔国〕書名。九十五巻。道元の著。曹洞宗の経典とされている。
【正房】①いちばん表だった建物。おもや。②本妻。「正妻。」
【正本】㊀ ①もとになる本。原本。②〔法〕きめられた方法で原本を写した文書。③〔国〕登記所の台帳。↕副本 ㊁ 〔国〕演劇の台帳。
【正味】㊀ 正しいあじ。㊁ 〔国〕①風袋をのぞいた中身だけの量や目方。②ほんとうの心。本心。③ほんとうのねうち。
【正夢】㊀ 自然に見るゆめ。㊁ 〔国〕夢で見たことが事実と一致すること。↕逆夢
【正名】正しい名。【──論】名分をただす議論。儒学の目的の一つで、特に宋代に盛んに行われた。
【正命】正当な寿命。↕非命
【正陽】①日中の気。②陰暦の四月のこと。
【正理】正しい道理。
【正路】①正しい道。義。②正規の道路。
【正在】zhèngzài 〔現〕ちょうど…している。
【正好】zhènghǎo 〔現〕つごうよく。あいにく。
◇▼中正・公正・不正・方正・叱正・匡正・改正・是正・訂正・修正・純正・校正・粛正・補正・賀正・僧正・適正・端正・厳正・矯正

止2
【此】
〔6〕 〔人〕 〔標〕 シ 〔呉〕〔漢〕 〔上〕 紙 cǐ ツー
J 2601
補 ―
U 6B64

〔意味〕①〈これ〉〈この〉〈ここ〉 ↕彼 ②〈かく〉このような。③〈ここに〉そこで。
【此岸】〔仏〕こちらの世界。涅槃を彼岸というのに対して、俗世を言う。↕彼岸
【此君】竹の別名。晋の王徽之が、一時かりずまいに移ったとき、庭に竹を植えて、一日でも「此君」(このひと)がいないとさびしい、と言ったという故事による。〈世説新語・任誕〉
【此外】cǐwài 〔現〕このほか。それ以外。
◇▼彼此

止3
【歩】
〔7〕 〔旧〕 ↓歩(六八〇ページ・下)

止4
【歧】
〔8〕 キ 〔漢〕 〔平〕 支 qí チー
J ①8636
補 3789
U 6B67

心(忄・⺌)戈戸(戶)手(扌)支攴(攵) 4画 文斗斤方无(旡・无)日曰月(⺝)木欠止歹殳毋比毛氏气水(氵・氺)火(灬)爪(爫・⺤)父爻爿片牙(牙)牛(牜)犬(犭)

意味 ①分かれ道。ふたまた道。‖岐 ②〈わか・れる(——・る)〉 ③むつゆび。足の指が六本あること。‖跂

止4
【武】〔8〕 学5 ブ・ム
ブ 漢 上 麌 ム 呉 wǔ ウー
J 4180 補 — U 6B66

筆順 一 二 丅 丅 正 正 武 武

意味 ①〈たけ・し〉つよい。いさましい。↕文 ②つわもの。軍人。「武士」③戦いの術。「武術」④兵器。⑤〈あと〉㋐足あと。㋑先人の残した事業。⑥継ぐ。⑦長さの単位。歩の半分。(↓付録「度量衡名称」) ⑧楽器。鐘の類。⑨舞楽の名。周の武王が作った。

解字  会意。戈と止を合わせた字。戈は「ほこ」で、武器のこと。止はとめること。武は、ほこを止めることで、武器をもって戦うのをやめるのがもとの意味である。一説に、止は足のことで、武器を持って進むことであるという。また、戈はまたぐ、止は進むことで、武は一歩ふみ出すことであるともいう。

名前 いさ・たけ・たつ・ふか・いさむ・たける

姓 武内・武市・武生・武良・武茂・武射・武衛

地名 武生・武雄・武蔵・武儀・武藤・武蔵野・武蔵村山　難読 武士

【武安君】人名。戦国時代の人、蘇秦のこと。合従の策をたて、六国の宰相となって武安(今の河南省にある)に封ぜられた。

【武威】武の力。軍隊の威光。

【武運】①武士としての運命。②戦争の勝ち負けの運。「武運長久」

【武衛(衞)】警備の武士。

【武王】①周の第一代の天子。②春秋時代、楚の第一代の王。

【武官】軍事上の仕事にたずさわる役人。↕文官
【武幹】武芸の能力。

【武漢】地名。湖北省にあり、長江の中流地帯の工業・文化の中心地。武昌・漢口・漢陽が合併した市。

【武鑑】国江戸時代に諸大名などに関するいろいろな参考事項を書きしるした書物。

【武毅】いさましく、たけだけしい。

【武技】いくさを行うのに必要な技術。‖武伎
【武挙(擧)】武官の採用試験。また、その試験に合格した者。


【武具】よろい・かぶと・弓矢など、いくさに使う道具。

【武勲】戦争でたてた手がら。武功。

【武家】国①武士の家がら。武門。②将軍・大名・小名。また、その家来の武士の総称。↕公家
【武芸(藝)】馬術・剣術・弓術など、武道のわざ。【——十八般】十八種目の武芸。弓・馬・槍・剣・柔術・なぎなたなど。

【武庫】①くら。②武器の倉庫。③博学博識な者をほめたたえるのに用いる語。「杜武庫」(晋の杜預をさす。)

【武功】戦場の手がら。いくさでたてた手がら。

【武后】唐の高宗の皇后。↓「則天武后」(一六六ページ・中)

【武皇】①漢の武帝をさす。「武皇開レ辺意未レ已」(武帝は国境地帯を開発しようとして、その気持ちはいまだに続いている。)〈杜甫の詩・兵車行〉②三国時代の魏の武帝。③晋の武帝。

【武侯】三国時代、蜀の諸葛亮の諡。

【武士】武人。さむらい。↕文士【——道】国軍人・武人の守らなければならない道。わが国の武士階級に発達した道徳。

【武事】戦争に関する事がら。↕文事
【武昌】地名。今の湖北省武漢市武昌区。

【武将(將)】①軍隊の将。②武道にすぐれた将。

【武臣】武を自分の本分として主君につくす家来。↕文臣
【武神】①いくさの神。軍神。②国武道をつかさどり、まもる神。弓矢神。

【武人】さむらい。武士。軍人。↕文人
【武装(裝)】いくさのための身じたくや装備をととのえること。また、その装備。

【武断(斷)】①武力で事を断行すること。②力をたのんで事を処理すること。

【武丁】殷の第二十代の王、高宗の名。賢臣傅説を得て、殷をふたたび栄えさせた。

【武帝】「武皇」に同じ。

【武道】①弓道・剣道など、武術に関する道。②国武士道。

【武徳】①武事に関する徳。②漢代に行われた舞の名。

【武備】武力のそなえ。いくさのそなえ。軍備。

【武廟】三国時代の蜀の勇将関羽をまつった廟。↕文廟
【武夫】さむらい。武士。軍人。

【武辺(邊)】国武道に関係することがら。

【武弁】①武官のかぶるかんむり。②武士。武人。


【武名】武人としてのほまれ・名声。勇名。

【武門】国武士の身分の家がら。武士の家すじ。

【武勇】強くいさましいこと。↕文弱
【武略】軍事上の策略。

【武旅】軍勢。軍旅。

【武陵】地名。今の湖南省常徳市にあたる。【——桃源】晋の時代、武陵に住んでいたある漁夫が桃の林の奥に平和な別天地を見つけたという物語から、世間とかけ離れた平和な別天地をいう。↓「桃花源記」(六四二ページ・上)

【武力】①軍隊の力。②武勇の力。強い力。

【武蔵(藏)野】国関東平野の南部で東京の西北部の平野をさす。

【武者】国いくさをする人。さむらい。武人。軍人。【——修行】国昔、武士が諸国をまわって試合をし、自分のわざをみがいたこと。【——所】国上皇の御所を守る武士の詰め所。また、その武士。

△▼文武・尚武

止4
【歩】〔8〕 学2 ホ・ブ・フ あるく・あゆむ
旧字 止3 【步】〔7〕 人
ホ 漢 ブ 呉 去 遇 フ 慣 bù プー
J 4266 補 — U 6B69
J — 補 ①8635 U 6B65

筆順 丨 ト 止 止 牛 半 步 歩

意味 ①〈ある・く〉〈あゆ・む〉㋐足で行く。↕騎 ㋑ゆっくり進む。↕趨 ②〈あゆみ〉㋐あるくこと。㋑すすみぐあい。③境遇。立場。「地歩」④長さの単位。二歩分の長さ。六尺あるいは八尺。(↓付録「度量衡名称」) ⑤はかる。計算する。⑥船着き場。‖埠 ⑦歩兵。⑧馬の神。災いの神。‖酺 国①〈ぶ〉㋐面積の単位。六尺四方(約〇・〇三アール)。㋑わりあい。率。歩合の略。㋒利率の単位。一割の十分の一。㋓程度。度合い。②〈ふ〉将棋の駒の一つ。

解字 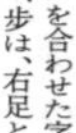 会意。止と少を合わせた字。止は右の足うら、少は左の足うらの形で、歩は、右足と左足がつづいていることを表し、ゆっくりあるくことになる。

名前 すすむ

【歩射】徒歩で弓をいること。かちゆみ。‖奉射 ↕騎射
【歩騎】歩兵と騎兵。
【歩月】月明かりの下を歩く。

【歩行】 歩いて行く。歩く。
【歩驟】 ㊀①歩くことと走ること。②物事の進み具合。順序。段取り。㊁bùzhòu 現㊀②に同じ。
【歩哨】 見張りの兵士。
【歩渉】 道を歩くことと、川を歩いて渡ること。
【歩趨】 ①歩くことと小走りに走ること。②人の後に従う。歩驟。
【歩武】 ①わずかなへだたり。②あしどり。あゆみ。「堂堂」「歩武」
【歩兵】 徒歩で戦闘に従事する兵種。また、その兵。【——校尉】 官名。漢代、上林苑の門を警護する武士の長官。
【歩歩】 一歩一歩。
【歩輿】 輿の名。人がかついで運ぶ車。
【歩揺(搖)】 歩くとき、さらさらとゆれるようになっている婦人の髪かざり。
【歩履】 歩く。また、歩きぶり。
【歩輦】 ①手ぐるま。②人に引かせる車・輿。
【歩廊】 渡り廊下。回廊。
△▼牛歩・日歩・初歩・退歩・徒歩・進歩・漫歩・闊歩・譲歩・競歩・日進月歩・五十歩百歩

止4 【肯】→肉部四画(一〇一四ページ・上)

止5 【歫】〔9〕 キョ 漢 上 語　コ 呉　jù チュイ　U補J 6B6B 3790 ―

意味 ①とめる。受けつけない。くいちがう。＝拒 ②いたる。到達する。離れている。また、とびこえる。＝距

止5 【歪】〔9〕 標 ワイ 漢 平 佳　wāi ワイ　U補J 6B6A ― 4736

意味 ①〈ゆが・む〉形がねじまがる。また、ひずみ。ゆがみ。②現まがっている。正しくない。
【歪曲】 国①ゆがめ、まげる。②事実をゆがめ、まげて、悪くする。③物事の自然な形をわざと変化させて表現する。

止6 【峙】〔10〕 ㊀チ 漢 ジ(ヂ) 呉 ㊀上 紙 zhì チー　㊁チ 漢 ジ(ヂ) 呉 ㊁平 支 chí チー　U補J 6B6D ― ―

意味 ㊀〈そな・える(――・ふ)〉そろえる。用意する。㊁峙躇は、ためらう。しりごみする。＝踟躇

止6 【歬】〔10〕 本→前(一六四ページ・上)

止8 【歮】〔12〕 同→澁(七二九ページ・下)

止9 【歳】〔13〕 常 サイ・セイ　U補J 6B73 ― 2648

旧字 止9 【歲】〔13〕 セイ 漢 去 霽　サイ 呉　suì ソイ　U補J 6B72 ― ―

筆順 

3 【㞢】〔5〕 同字 U補J 4E97 1631 ―

意味 ①星の名。木星。木星は十二年で天を一周する。その軌道を十二次に分け、一次をめぐる間を一歳と呼んだ。②〈とし〉㋐一年。㋑年齢。㋒年月。③穀物のできぐあい。

解字  形声。この字は、歩と戌とを組み合わせたもので、歩が形を表し、戌が音を示す。歩はあるくことで、星が天をめぐることを表す。戌はことごとく、つくすの意味である。歳は、木星が天をめぐりつくすことで、十二箇月、一年のことになる。また、歳は、周・終の意味で、めぐりつくすこと、あるいは、戌は鎌のことで、収穫の期間を表すともいう。音サイは、戌の音ジュツの変化。

名前 とせ　難読 二十歳(付表)

参考 「才」は別字。ただし、年齢を表すとき、代用して用いる。

【歳陰】 十二支のこと。→歳陽
【歳華(華)】 ①としつき。年月。時間。②春のけしき。
【歳寒】 ①寒い季節になること。冬。②老年。③逆境。④苦しみや困難にくじけないことのたとえ。【——三友】 ①冬に友とすべき、松・竹・梅。②乱れた世に友とすべき、山水・松竹・琴酒(ことと酒)。【——松柏】 松と柏(このてがしわ)は厳寒の中でも緑を失わないことから、逆境や困難にあっても節操を守り続ける賢者のたとえ。
【歳月】 としとつき。としつき。年月。「歳月忽已晩」(あっというまに、長い年月がたってしまった。)〈文選・古詩十九首〉
【歳功】 ①一年間の行事。②一年間の農作物の収穫。
【歳貢】 ①諸侯や属国が毎年たてまつる貢ぎもの。②諸侯が毎年天子に優秀な人物を推薦すること。
【歳歳】 まいとし。年々。「年年歳歳」
【歳次】 年。年まわり。
【歳事】 ①一年間の会計。歳計。②年ごとのまつり。③農事。農業。④諸侯が毎年秋に天子にまみえる行事。
【歳時】 ①年と四季。②一年の四季。【——記】 ①一年じゅうの行事や自然現象などを書いた書物。②国俳句の季語を集めて分類した書物。
【歳首】 一年のはじめ。年頭。年首。
【歳出】 一年間の支出。
【歳序】 一年の順序。四季のめぐり。
【歳除】 おおみそか。おおつごもり。除夜。
【歳星】 木星をいう。太歳。
【歳旦】 元旦の朝。元旦。
【歳入】 一年間の収入。
【歳晩】 年末。年のおわり。年の暮れ。
【歳費】 一年間にいる費用。
【歳幣】 侵略を受けないよう、毎年、相手の国へ贈る金品。北宋が契丹に贈った事に始まる。
【歳暮】 ㊀①年の暮れ。年末。歳末。歳晩。②老年のたとえ。㊁国①年の暮れ。②年末の贈り物。
【歳末】 としのくれ。年末。
【歳余(餘)】 一年あまり。一年以上。年余。
【歳陽】 十干のこと。→歳陰
【歳数(數)】 suìshu 現年齢。
△▼万歳

止10 【歴】〔14〕 学5 レキ　U補J 6B74 ― 4682

旧字 止12 【歷】〔16〕 人 レキ 漢 入 錫　リャク 呉　lì リー　U補J 6B77 ①8637 ―

筆順 

厂11 【厤】〔13〕 俗字 U補J 53AF 2047 ―

意味 ①〈へ・る(ふ)〉すぎる。めぐる。また、すぎた事柄。②こえる。③順序だてる。④ひとつひとつ。つぎつぎに。「歴訪」⑤あまねく。ことごとく。⑥あきらかなさま。「歴然」⑦乱れる。⑧まばらでふぞろいなさま。⑨こよみ。＝暦 ⑩三足の釜。＝鬲

解字  形声。止が形を表し、厤が音を示す。厤には、禾がつぎつぎと続く意味がある。止は足のこと。歴は、つぎつぎとめぐり歩く意味になる。

名前 つぐ・つね・ふる・ゆき　難読 歴とした

参考 「厂」は俗用の略字。

【歴階】 急いで階段を上がること。作法通りに階段の一段ごとに両足をそろえることをせずに片足ずつかけて上がること。

【歴観(觀)】れきかん(くゎん) つぎつぎに見て行く。見渡す。
【歴山】れきざん 古代、帝舜が耕したとされる山。国マケドニアの王、アレキサンダー大王の音訳。【――王】れきざんおう(わう)
【歴史】れきし 一 過去の世々のできごとをしるしたもの。また、そのできごと。二 リーシー lìshǐ 現 一に同じ。
【歴仕】れきし 二代以上の君主につかえること。歴事。
【歴指】れきし 一つ一つ次々にさし示す。
【歴事】れきじ 二代以上の君主につかえる。歴仕。
【歴日】れきじつ ①日をすごすこと。②年月。③こよみ。＝暦日
【歴象】れきしょう(しゃう) 天体をあまねく観測する。
【歴数(數)】れきすう ①いちいち数えたてること。②こよみ。③まわりあわせ。自然の運命。
【歴世】れきせい 世から世へと移りすぎること。世々。代々。「歴代。
【歴戦(戰)】れきせん 何度も戦争をした経験があること。
【歴代】れきだい 何代も経ること。代々。歴世。【――名画(畫)記】れきだいめいが(ぐゎ)き 書名。十巻。唐の張彦遠の著。画論と、太古から唐までの画家の逸話などをしるす。
【歴朝】れきちょう(てう) ①代々の朝廷。②代々の天子。③代々の王朝。
【歴抵】れきてい あまねくいたる。つぎつぎに訪問する。
【歴任】れきにん つぎつぎといろいろの官職につく。
【歴年】れきねん ①年を経ること。②としどし。年々。
【歴訪】れきほう(はう) つぎつぎにたずねて行く。
【歴遊】れきゆう(いう) つぎからつぎへと、ほうぼう旅してまわる。
【歴落】れきらく ①こだわらないさま。②音声が続いて途切れないさま。③入り交じって並ぶさま。交錯するさま。
【歴乱(亂)】れきらん いりみだれるさま。雑然としたさま。
【歴覧(覽)】れきらん あちらこちらまわって見ること。
【歴歴(歷)】れきれき ①明らかなさま。歴然。②落ちぶれたさま。③一つ一つ。④列に並ぶこと。⑤国晴れがましいさま。⑥国物がきちんと並ぶさま。⑦国身分の高い人や家。⑧国一芸一技にすぐれた名高い人。
【歴挙(擧)】れっきょ(れききょ) いちいち数えあげる。
△▼来歴・学歴・経歴・遍歴・履歴・職歴

止10【歮】〔14〕 九ジベー・下 本↓澁(七二八ジベー・中) 同↓澀(九九

止11【蹟】〔15〕 サク漢 入 陌 zé ツォー U 6B75 補 3793 J ②1592
意味 ①正しい。②ととのう。③よい。

止12【歷】〔16〕 旧↓歴(六八一ジベー・下)

止13【躇】〔17〕 チョ漢 上 語 chù チュー U 239A1
意味 躊躇は、行きつもどりつするさま。＝躊躇

土13【壔】〔16〕 俗字 U 58B8 J 5255

止14【歸】〔18〕 旧↓帰(四二一ジベー・中)

4画 歹部 がつへん かばねへん

【部首解説】「歺(骨)」を半分にした形」を表し、「死」「死体」を意味する。この部には、「歹」の形を構成要素とする文字が属する。

歹0【歹】〔4〕 一 ガツ漢 入 曷 è オー 二 タイ漢 上 賄 dǎi タイ U 6B79 J 6138
歹1【歺】〔5〕 本字 U 239B5
歹1【歺】〔5〕 同字 U 6B7A J ②1593
意味 一 ばらばらに壊れた骨。二 わるい。＝歹 ↕好

解字  指事。歺を半分にした形を表す。歺は、頭の骨の肉を取り去ったもの、あるいは、穴のある骨に、関節のはまっている形ともいう。歺は、骨をばらばらにした残りで、頭蓋骨を受けている、脊椎の先端の骨であるとも、関節の部分を表すともいう。歹(歺)は、死人に関係した字に多く使われる。

歹0【歹】〔4〕 タイ漢 上 賄 dǎi タイ U 239B6
意味 ①わるい。↕好 ②一人称または二人称。われ。なんじ。

歹1【歺】〔5〕 本↓歹(本ジベー・中)
歹1【歺】〔5〕 同↓歹(本ジベー・中)

歹2【死】〔6〕 学3 シ しぬ シ 呉 漢 上 紙 sǐ スー U 6B7B J 2764

筆順
一
厂
歹
歹
歹
死

意味 ①〈し・ぬ〉生命が絶える。↕生 ②〈ころ・す〉人を殺す。③消える。④死にものぐるいで。⑤死んだ人。また、しかばね。＝尸・屍 ⑥感覚をなくす。⑦動かないもの。⑧融通がきかない。⑨妥協できない。「死敵」⑩行き場がない。「死地」⑪現程度が甚だしい。

解字 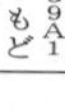 会意。歹と匕とを合わせた字。歹は肉をとった残りの骨。匕は人。死は、人の肉体と精神が分離することで、しぬことを表す。別に、人が骨になること、人の肉が尽きることとも説明する。

参考 新表記では、「屍」の書きかえに用いる熟語がある。

【死灰】しかい(くゎい) ①火の消えた後の残り灰。火の気のない灰。②活気のないもののたとえ。
【死骸】しがい しかばね。なきがら。死体。
【死角】しかく 国①鉄砲で打てる距離にありながら、まととしてねらうことのできない区域。②目のとどかない、または影響の及ばない区域。
【死活】しかつ(くゎつ) ①死と生。死ぬことと、生きること。死ぬか生きるか。「死活問題」②どうしても。
【死肌】しき 血の通わなくなった肌。
【死期】しき ①死ぬ時期。②死ななければならない時期。しご。
【死苦】しく ①仏四苦(生・老・病・死)の一つ。死という苦しみ。②死ぬときの苦しみ。③死ぬほどの苦しみ。
【死刑】しけい 命をたちきる刑罰。「死刑囚」
【死交】しこう(かう) 死んでも変わらない交わり。死も辞さない交情。
【死罪】しざい ①死刑。また、死刑に相当する罪。②恐縮の気持ちを表す語。上奏文や手紙で用いる。
【死産】しざん・しさん 死んだ胎児が生まれること。
【死士】しし 死を覚悟して事に当たる人。決死の士。
【死屍】しし しかばね。死体。
【死児(兒)】しじ 死んだ子。死子。
【死守】ししゅ 死を覚悟して守る。いのちがけで守る。
【死囚】ししゅう(しう) 死刑になる囚人。死刑囚。
【死傷】ししょう(しゃう) ①死ぬことと傷つくこと。②死人と、けが人。
【死水】一 しすい 動かない水。たまり水。二 しにみず(みづ) 国死ぬまぎわの人の口にふくませてやる水。末期の水。
【死生】しせい 死ぬことと生きること。生死。死活。【――契闊】しせいけっかつ(くゎつ) 死生を共にして努め苦しむこと。〈詩経・撃鼓〉
【死節(節)】しせつ・せつにしす 節操を守って死ぬ。
【死戦(戰)】しせん 「死闘」に同じ。
【死相】しそう(さう) 国①死に近づいたときに現れる顔のようす。

②死んだ人の顔。死にがお。

【死喪】しそう(さう) 死ぬ。死亡。

【死蔵(藏)】しぞう(ざう) [国]役にたつものを使わないでしまっておくこと。

【死地】しち ①死ぬべき所。死に場所。②生きる望みのたえた危険な場所。また、そういう場所。「死地に赴(おもむ)く」

【死闘(鬪)】しとう 死にものぐるいでたたかうこと。

【死石】しにいし [国]囲碁(いご)で敵にかこまれて殺された石。死子。

【死花】しにばな [国]死ぬまぎわのほまれ。死んだのちのほまれ。

【死魄】しはく 陰暦の朔日のこと。

【死病】しびょう(びゃう) 命のたすからない病気。不治のやまい。死にやまい。

【死物】しぶつ ①生命のないもの。活動しないもの。②役にたたないもののたとえ。

【死別】しべつ 死にわかれ。↔生別

【死命】しめい ①いずれは死ぬべき命。生命。②死ぬか生きるかのせとぎわ。「死命を制する」

【死滅】しめつ 死にたえる。死ぬ。

【死薬(藥)】しやく 服用すると死ぬ薬。毒薬。

【死友】しゆう(いう) 死んでも友情の変わらない友。死交。

【死霊(靈)】しりょう(りやう) ①死者の霊魂。②[国]人にわざわいする死者のたましい。↔生霊(いきりょう)

【死力】しりょく あるかぎりの力。必死の努力。

【死而後已】ししてのちやむ 死ぬまでやりぬく。〈論語・泰伯(たいはく)〉

【死生有レ命、富貴在レ天】しせいめいあり、ふうきてんにあり 死ぬとか生きるとか、また富貴というものはみな天命によるものだ。人の命や境遇はみな運命で、人力ではどうしようもない。〈論語・顔淵(がんえん)〉

【死諸葛走二生仲達一】しせるしょかつ いけるちゅうたつをはしらす 死んだ諸葛亮(しょかつりょう)が、生きている司馬(しば)仲達を逃走させた。三国時代、魏(ぎ)の司馬懿(しばい)(仲達)が、蜀(しょく)の諸葛亮の兵法を恐れ、亮が死んで帰国する蜀軍を見て、亮の作戦と思い、逃げたことをいう。〈蜀志(しょくし)・諸葛亮(しょかつりょう)伝注〉

【重レ死】しをおもんず 生命をたいせつにする。〈老子〉

◆水死(すいし)・犬死(いぬじに)・生死(せいし)・圧死(あっし)・必死(ひっし)・半死(はんし)・仮死(かし)・決死(けっし)・即死(そくし)・変死(へんし)・枯死(こし)・急死(きゅうし)・客死(かくし)・致死(ちし)・殉死(じゅんし)・討死(うちじに)・病死(びょうし)・凍死(とうし)・徒死(とし)・飢死(きし・うえじに)・情死(じょうし)・敗死(はいし)・斬死(きりじに)・悶死(もんし)・検死(けんし)・焼死(しょうし)・溺死(できし)・戦死(せんし)・頓死(とんし)・獄死(ごくし)・墜死(ついし)・憤死(ふんし)・横死(おうし)・餓死(がし)・縊死(いし)・擬死(ぎし)・瀕死(ひんし)・轢死(れきし)・不老不死(ふろうふし)・酔生夢死(すいせいむし)

歹4 **【歽】** 〔8〕 セツ[漢] セチ[呉] [入]屑 zhé チョー J 3794 補 U 6B7D

[意味] 若死に。夭折(ようせつ)。

歹4 **【歿】** 〔8〕 [一]ボツ[漢] モツ[慣] モチ[呉] [一][入]月 mò モー [二]ブン[漢] モン[呉] [二][上]吻 wěn ウエン J 6139 補 U 6B7F

歹4 〔歾〕〔8〕 本字 J 3801 補 U 6B7E

殳4 〔殁〕〔8〕 同字 J ②1594 補 U 6B81

[意味] [一]死ぬ。おわる。＝没 [二]くびをはねる。＝刎(ふん)

[参考] 新表記では「没」に書きかえる。熟語は「没」(七〇六ぺ・下)を見よ。

歹4 **【殀】** 〔8〕 ヨウ(エウ)[漢][呉] [上]篠 yāo ヤオ J 6140 補 U 6B80

[意味] ①わかじに。若くて死ぬこと。＝夭(よう) ②殺す。

【殀寿(壽)】ようじゅ(えうじゅ) わかじにとながいき。短命と長寿。

歹4 **【歾】** 〔8〕 [本]↓歿(本ぺ・中)

歹5 **【殃】** 〔9〕 ヨウ(ヤウ)[漢] オウ(アウ)[呉] [平]陽 yāng ヤン J 6142 補 U 6B83

[意味] ①〈わざわい(わざはひ)〉災難(さいなん)。②とがめ。つみ。③害をあたえる。

【殃禍】おうか(あうくわ) わざわい。災難。

【殃咎】おうきゅう(あうきう) わざわいと、とがめ。

【殃慶】おうけい(あうけい) わざわいとさいわい。

歹5 **【殅】** 〔9〕 セイ[漢] ショウ(シャウ)[呉] [平]庚 shēng ション J 3803 補 U 6B85

[意味] 生きかえる。復活する。

歹5 **【殂】** 〔9〕 ソ[漢] [平]虞 cú ツー J ①8638 補 3802 U 6B82

[意味] 死ぬ。殂落(そらく)は、天子が死ぬこと。徂落(そらく)。

【殂隕】そいん(ゐん) 死ぬ。殂殞。

【殂落】そらく 死ぬ。天子の死に用いる。崩御。

歹5 **【殆】** 〔9〕 [人][標] タイ[漢] [上]賄 dài タイ J 4356 補 U 6B86

[意味] ①〈あやう・い(あやふ・し)〉あぶない。あやぶむ。②〈ほとんど〉だいたい。もうすこしで。③〈ちか・い(――・し)〉にている。近づく。④つかれる。⑤そこなう。⑥おこたる。＝怠

◆危殆(きたい)

歹5 **【殄】** 〔9〕 テン[漢] [上]銑 tiǎn ティエン J 6141 補 U 6B84

[意味] ①〈つく・す〉全部なくす。ほろぼす。つきる。②〈た・える(――・ゆ)〉たちきれる。③ことごとく。すべて。

【殄瘁】てんすい つかれ苦しむ。

【殄滅】てんめつ ほろぼしたやす。ほろびたえる。

【殄戮】てんりく ことごとく殺す。みな殺し。

歹6 **【殈】** 〔10〕 ケキ[漢] [入]錫 xù シュイ J ― 補 ― U 6B88

[意味] 鳥のたまごが割れてかえらない。

歹6 **【残】** 〔10〕 [学]4 ザン のこる・のこす サン[漢] ザン[呉] [平]寒 cán ツァン J 2736 補 ― U 6B8B

[旧字] 歹8 **【殘】** 〔12〕 J 6144 補 ― U 6B98

[筆順] 一 ア 万 歹 歼 残 残 残

[意味] ①〈そこな・う(――・ふ)〉㋐ころす。㋑ほろぼす。㋒きずつける。②むごい。「残忍」③わるもの。④〈のこ・る〉あまる。あとにとどまる。⑤のこり。

[解字] 形声。歹が形を表し、戔(さん)が音を示す。歹は死体。戔は、戈(まさかり)を重ねた形で人を斬る意味がある。残は、人をきりころすこと、きずつけることである。

[地名] 残波(ざんぱ) [難読] 名残(なごり)(付表)

【残雨】ざんう なごりの雨。雨のなごり。降り残っている雨。

【残英】ざんえい 散り残った花びら。

【残煙】ざんえん 消え残ったけむり。

【残鶯】ざんおう(あう) 晩春に鳴くうぐいす。

【残花】ざんか(くわ) 散り残った花。残華。

【残夏】ざんか 残りの夏。夏の終わりごろ。

【残霞】ざんか 消え残った夕焼け。

【残害】ざんがい ①きずつける。②殺す。

【残骸】ざんがい ①とり残された死体。②老衰の身にある自己の謙称。③[国]とりちらかされた残りもの。

【残寒】ざんかん 春になってまだ残っている寒さ。余寒。

【残簡】ざんかん ①ちぎれた書き物。不完全な形で残った文書。②古代の書きつけに使われた竹や木のふだの、残り伝わったもの。

【残暉】ざんき 夕日。また、その光。

【残菊】ざんぎく 霜にいためられた菊。時期がすぎても、まだ咲き

心(忄・⺗)戈戸(戸)手(扌)支攴(攵) 4画 文斗斤方无(旡・旡)日曰月(⺝)木欠止歹殳毋比毛氏气水(氵・氺)火(灬)爪(⺤・⺥)父爻爿片牙(牙)牛(牜)犬(犭)

残っている菊。
【残虐】ざんぎゃく むごいしうちをすること。苦しめ、いじめること。
【残曛】ざんくん ①夕日の光。②日没後に残った光。入り日の余光。
【残欠(缺)】ざんけつ かけて不完全になっていること。また、そのも「の。=残闕
【残月】ざんげつ 夜明けの空に残っている月。のこんの月。
【残更】ざんこう(かう) 夜ふけ。↓五更
【残肴】ざんこう(かう) たべ残りの酒のさかな。たべちらかしたあとの「料理。
【残香】ざんこう(かう) 残りのかおり。うつりが。余香。
【残紅】ざんこう ①消え残っている赤い色。②散り残りの赤い花。
【残虹】ざんこう 消え残った虹。
【残殽】ざんこう(かう) 「残肴」に同じ。
【残酷】ざんこく むごたらしい。むざんなこと。=残刻
【残痕】ざんこん 残っているあとかた。
【残滓】ざんし 残りかす。おり。
【残疾】ざんしつ ①病気。病人。②身体に病気や障害があること。
【残日】ざんじつ ①夕日。②残りの日数。余日。
【残秋】ざんしゅう(しう) 残りの秋。秋の終わりごろ。
【残春】ざんしゅん 残りの春。春の終わりごろ。
【残暑】ざんしょ ①夏のさかりがすんでからの暑さ。②秋になってまだ残っている暑さ。
【残照】ざんしょう(せう) 夕日の光。入り日。
【残燭】ざんしょく 消え残ったともしび。
【残生】ざんせい ①生命をそこなう。②残された命。余命。
【残星】ざんせい 夜明けの空に残って光る星。ありあけの星。
【残雪】ざんせつ 消え残りの雪。
【残蟬】ざんせん 夏を過ぎ、秋まで生き残った蟬。残蜩。
【残喘】ざんぜん ①死にかかって息たえだえになっていること。②残りの命。余命。余生。「かたわれ。
【残賊】ざんぞく ①人をいためつけ、きずつける。②残った、盗賊の」まだ残っていること。残り。
【残存】ざんそん まだ残っていること。残り。
【残黛(黛)】ざんたい まゆずみを引いたあと。
【残滴】ざんてき 残ったしずく。余滴。
【残敵】ざんてき うちほろぼした敵の残り。
【残冬】ざんとう 残りの冬。冬の終わりごろ。
【残灯(燈)】ざんとう ①もえ残りのともしび。「残灯無焰影幢幢」(もえ残りのともしびには、すでにほのおも立たず、火の光がかすかにゆれているだけだ。)〈白居易・与微之書〉②夜明けごろのともしび。
【残党(黨)】ざんとう(たう) うちほろぼされた集団の生き残りの者ども。
【残忍】ざんにん むごい。無慈悲。ざんこく。
【残年】ざんねん 残りの年齢。余命。余生。
【残念】ざんねん 国①心残り。みれん。②くやしい。無念。
【残破】ざんぱ そこないやぶる。こわす。
【残兵】ざんぺい 生き残った兵。
【残片】ざんぺん 残りのきれはし。
【残亡】ざんぼう(ばう) ①やぶれほろびる。滅亡。②いためつけてほろぼす。③戦いに負けて逃げかくれる。
【残氓】ざんぼう(ばう) 生きながらえている民。
【残暴】ざんぼう むごくて乱暴である。
【残夢】ざんむ 見残した夢。
【残夜】ざんや まだ明けきらぬ夜。
【残余(餘)】ざんよ のこり。あまり。
【残陽】ざんよう(やう) 夕日。斜陽。
【残戮】ざんりく そこない殺す。
【残柳】ざんりゅう(りう) 葉の枯れ残った柳。
【残留】ざんりゅう(りう) 残りとどまる。あとに残る。
【残瀝】ざんれき 残ったしずく。残りの汁。余瀝。
△▼名残・敗残・無残

歹6
【殊】〔10〕常 シュ こと
シュ 漢 平 虞 ジュ 呉 shū シュー J 2876 補 U 6B8A

筆順 一 ア 歹 歹 歼 殊 殊 殊

意味 ①殺す。②死ぬ。③〈た・つ〉断ち切る。④〈ことな・る〉違う。同じでない。⑤わける。区別する。⑥〈こと〉〈ことに〉特に。とりわけ。⑦過ぎる。こす。⑧すぐれている。⑨特別な。抜群な。

解字 形声。歹が形を表し、朱が音を示す。歹は死ぬこと。朱には断ち切る意味がある。殊は切り殺すこと。

名前 よし

【殊裔】しゅえい はるか遠くの国。未開の地。
【殊位】しゅい(ゐ) 特別に高い位。
【殊異】しゅい ほかとちがっていること。普通とことなること。
【殊域】しゅいき(ゐき) 外国。異域。殊境。
【殊恩】しゅおん 特別なめぐみ。かくべつの恩。
【殊遇】しゅぐう 特別のもてなし。かくべつの待遇。手厚い待遇。
【殊勲】しゅくん とりわけてすぐれたてがら。
【殊功】しゅこう すぐれたてがら。特別の功績。殊勲。
【殊効(效)】しゅこう(かう) ①すぐれたてがら。大功。殊勲。②すぐれたききめ。特効。
【殊死】しゅし ①死ぬ覚悟で戦うこと。②死刑。
【殊勝】しゅしょう ①特にすぐれていること。②国けなげなこと。「んみょう。」
【殊色】しゅしょく 婦人のすぐれた顔かたち。すばらしい美人。
【殊絶】しゅぜつ とりわけ、すぐれている。抜群。
【殊相】しゅそう(さう) とりわけ、すぐれた姿。
【殊俗】しゅぞく ①風俗がちがうこと。②風俗のちがう異民俗。
【殊致】しゅち ①おもむきを異にする。②他と異なりすぐれたおもむき。
【殊寵】しゅちょう 特別にかわいがること。特別の引き立て。
【殊能】しゅのう 人なみすぐれた才能。
【殊方】しゅほう(はう) ①ちがったやりかた。②ちがった場所。
【殊類】しゅるい ①種類の異なるもの。②人間でないもの。獣。人間以外の動物。異類。
△▼特殊

歹6
【殉】〔10〕常 ジュン
シュン 漢 去 震 ジュン 呉 xùn シュン J 2962 補 U 6B89

筆順 一 ア 歹 歹 歺 殉 殉 殉

意味 ①死者を葬るとき、伴として人を埋めること。②〈したが・う(――・ふ)〉=徇 ㋐死者のあとを追って死ぬ。㋑目的のために命をすてる。③もとめる。④めぐる。=巡

解字 形声。歹が形を表し、旬が音を示す。歹は死ぬこと。旬には、したがうという意味がある。殉は、主人の死についていっしょに死ぬこと。

【殉教】じゅんきょう(けう) 信仰する宗教のために命を投げだすこと。また、主義・主張などに献身的な努力をすることにもいう。

【殉国(國)】じゅんこく 国のために命を投げだすこと。国難に命を捨てること。

【殉死】じゅんし 昔、君主や目上の人の死んだあとを追って、家来や目下の者が自殺したこと。

【殉情】じゅんじょう(じゃう) ①愛のために死ぬこと。②国感情にすべてをゆだねること。

【殉職】じゅんしょく 自分の職務のために命をおとすこと。

【殉節(節)】じゅんせつ 節義を守って死ぬ。

【殉葬】じゅんそう(さう) 高貴な人が死んだとき、そのおともとして、人間やいろいろの品物をいっしょに埋めること。

【殉道】じゅんどう(だう) 道義を守るために命をささげる。

【殉難】じゅんなん 国家の危険を救うために命をおとすこと。
【殉名】じゅんめい 名誉や名声のために命をおとすこと。
【殉利】じゅんり 利益のために命をささげる。

歹7 【殍】〔11〕 ヒョウ(ヘウ) 漢 上 篠 piǎo ピアオ　J 6143 補 ─ U 6B8D
意味 うえじにする。また、その死体。殍餓(ひょうが)は、餓死する。

歹8 【殖】〔12〕 常 ショク ふえる・ふやす　ショク 漢 シキ 呉 入 職 zhí チー　J 3103 補 ─ U 6B96
筆順 一 ア 歹 歹 歹十 歹有 殖 殖
意味 ①〈ふ・える(─・ゆ)〉数や量がます。「生殖」②〈ふや・す〉③そだつ。のびる。また、しげる。④そだてる。培う。⑤まっすぐ立てる。⑥木をうえる。＝植
解字 形声。歹が形を表し、直(ちょく)が音を示す。歹はしかばねで、直には、すなお、まっすぐの意味がある。殖は、しかばねをそのままの状態で長い間置いておくと、くさってどろどろになることを表し、財産が長い期間にふえる意味になる。また、直はねばる意味で、殖は死体の肉がくさってどろどろになることであるとか、直は植と同じで、草木を繁殖させる意味であるともいう。
名前 え・たね・なか・のぶ・ます・もち・しげる　姓 殖栗(えくり)
参考 「植(しょく)」は別字。
【殖財】しょくざい 財産をふやすこと。
【殖産】しょくさん ①財産をふやすこと。②[国]産業をさかんにして産物を多くすること。
【殖民】しょくみん 本国外の領土、または未開拓(みかいたく)の土地に人を移し住まわせる。また、その移住民。＝植民
【殖利】しょくり 利益をふやす。金をもうける。
◇生殖(せいしょく)・利殖(りしょく)・学殖(がくしょく)・増殖(ぞうしょく)・養殖(ようしょく)・繁殖(はんしょく)

歹8 【殕】〔12〕 ㊀フ 呉 ㊁ホク 漢 ボク 呉　㊀ 上 有 fǒu フォウ　㊁ 入 職 bó ボー　J 6145 補 ─ U 6B95
意味 ㊀〈くさ・る〉腐敗する。㊁〈たお・れる(たふ・る)〉＝踣(ほく)

歹8 【殗】〔12〕 ㊀ヨウ(エフ) 漢 オウ(オフ) 呉 ㊁エン 漢 呉　㊀ 入 葉 yè イエ　㊁ 平 塩 yān イェン　J ─ 補 3804 U 6B97
意味 ㊀①病気で弱る。②たおれる。③かぶさる。かさなる。㊁死ぬ。

歹8 【殘】〔12〕 旧 →残(六八三ページ・下)

歹9 【殛】〔13〕 キョク 漢 入 職 jí チー　J ②7801 補 3805 U 6B9B
意味 ころす。死刑にする。

歹10 【殞】〔14〕 イン(ヰン) 漢 上 軫 yǔn ユン　J 6146 補 ─ U 6B9E
意味 ①〈お・ちる(─・つ)〉落下する。また、おとす。＝隕 ②死ぬ。
【殞斃】いんぺい(ゐん) たおれる。死ぬ。
【殞命】いんめい(ゐん) 命をおとす。死ぬ。

歹10 【殟】〔14〕 オン(ヲン) 漢 平 元 wēn ウエン　J ─ 補 3806 U 6B9F
意味 ①急に意識を失う。②もだえる。

歹10 【殠】〔14〕 シュウ(シウ) 漢 去 宥 chòu チョウ　J ─ 補 3807 U 6BA0
意味 物のくさったにおい。

歹11 【殣】〔15〕 キン 漢 去 震 jìn チン　J ─ 補 3809 U 6BA3
意味 ①うえじに。②行きだおれ。③ほうむる。埋葬する。

歹11 【殤】〔15〕 ショウ(シャウ) 漢 平 陽 shāng シャン　J 6147 補 ─ U 6BA4
意味 ①わかじに。成年に達しないうちに死ぬこと。②国のために戦死した人。「国殤」

歹11 【殢】〔15〕 テイ 漢 タイ 呉 去 霽 tì ティー　J ─ 補 3808 U 6BA2
意味 ①とどこおる。＝滞(たい) ②つかれる。苦しむ。③まとわりつく。

歹12 【殪】〔16〕 エイ 漢 去 霽 yì イー　J 6148 補 ─ U 6BAA
意味 ①〈たお・す(たふ・す)〉一本の矢で射殺する。②〈たお・れる(たふ・る)〉死ぬ。③つきる。④うめる。

歹12 【殨】〔16〕 カイ(クヮイ) 漢 去 隊 kuì コイ　J ─ 補 3810 U 6BA8
意味 ただれる。＝潰(かい)

歹12 【殩】〔16〕 サン 漢 呉 去 翰 cuàn ツォワン　J ─ 補 3811 U 6BA9
意味 殩孝(さんこう)は、死者の出た家におくる食べ物。

歹13 【殩】〔17〕 同字　J ①8639 補 ─ U ─

歹12 【殫】〔16〕 タン 漢 平 寒 dān タン　J 6149 補 ─ U 6BAB
意味 ①〈つ・きる(─・く)〉全部なくなる。②〈ことごとく〉全部。③おそれる。はばかる。＝憚(たん) ④病む。＝癉(たん)
【殫見洽聞】たんけんこう(かふ)ぶん 知識、見聞が広いこと。
【殫残(殘)】たんざん ことごとくそこなう。すべて滅ぼす。
【殫亡】たんぼう(ばう) ことごとくほろぶ。つきてなくなる。

歹13 【殭】〔17〕 キョウ(キャウ) 漢 平 陽 jiāng チアン　J ①8640 補 3813 U 6BAD
意味 ①〈たお・れる(たふ・る)〉死ぬ。②死体がくさらずにひからびる。また、かたくなる。

歹13 【殬】〔17〕 ト 漢 去 遇 dù トゥー　J ─ 補 3812 U 6BAC
意味 やぶれる。そこなわれる。＝斁(と)

歹13 【殮】〔17〕 レン 漢 去 豔 liàn リエン　J ②7802 補 3814 U 6BAE
意味 ①〈おさ・める(をさ・む)〉死んだ人に着物をきせて棺(かん)に入れる。②〈かりもがり〉死人をほうむる前、しばらく棺にいれて安置すること。＝斂

歹13 【殩】〔17〕 同 →殩(本ページ・中)

歹14 【殯】〔18〕 ヒン 漢 去 震 bìn ピン　J 6150 補 ─ U 6BAF
意味 ①〈かりもがり〉死人をほうむる前、しばらく棺(かん)にいれて安置し、賓客(ひんきゃく)として遇すること。②埋葬する。
【殯柩】ひんきゅう(きう) 遺体を納めたひつぎ。
【殯宮】ひんきゅう(きう) 天子の棺(かん)を安置しておく仮の宮殿。かりもがりのみや。

歹15 【殰】〔19〕 トク 漢 ドク 呉 入 屋 dú トゥー　J ─ 補 3815 U 6BB0
意味 流産する。

歹15 【殱】〔19〕 俗 →殲(本ページ・下)

歹17 【殲】〔21〕 セン 漢 平 塩 jiān チエン　J 6151 補 ─ U 6BB2
意味 ①〈つく・す〉みな殺しにする。「殲滅」②〈ほろぼ・す〉

歹15 〔殱〕〔19〕 俗字　J 6152 補 ─ U 6BB1

【殲撲】せんぼく うちほろぼす。
【殲滅】せんめつ みな殺しにする。ほろぼしつくす。殄滅(てんめつ)。

心(忄・⺗)戈戶(户)手(扌)支攴(攵) 4画 文斗斤方无(旡・旡)日曰月(⺝)木欠止歹殳毋比毛氏气水(氵・氺)火(灬)爪(⺤・爫)父爻爿片牙(牙)牛(牜)犬(犭)

4画

殳部 ほこづくり るまた

【部首解説】「ほこで人を打つ」ことを表す。この部には、「殳」の形を構成要素とする文字が属する。

殳0 【殳】〔4〕 シュ 漢 | 平 虞 shū シュー | J 6153 補 U 6BB3

意味 〈ほこ〉 古代の兵器の名。竹や木でつくったもので、人を追いはらうのに用いた。

(殳)

解字 形声。又が形を表し、几(き)が音を示す。又は右手。几には立てるという意味がある。殳は兵車に立てる長い棒で、人を打って、車からへだてるための武器である。一説に、人を打ち殺す武器ともいう。打つ、立てるという意味を表す字に使う。

殳3 〖没〗(七〇六ページ・下) ↓水部四画 | J 1805 補 U 6BB4

殳4 【殴】〔8〕 常 オウ なぐる | J 1805 補 U 6BB4

旧字 殳11 【毆】〔15〕 一 オウ 漢 | 一 上 有 ǒu オウ 二 ク 漢 | 二 平 虞 qū チュイ | J 6156 補 U 6BC6

筆順 一 フ ヌ 区 区 区' 殴 殴

意味 一 ①〈う・つ〉 たたく。②〈なぐ・る〉 ひっぱたく。「殴打(おうだ)」 二 =駆・敺(く) ①走る。②かりたてる。

解字 形声。殳が形を、區(く)が音を示す。殳は打つこと。區には、からだが曲がっている意味がある。毆は、打たれて、人のからだが曲がっている形で、なぐる意味になる。音オウは、區の音クの変化。

【殴撃(撃)】(おうげき) 打つ。たたく。殴打。

【殴殺】(おうさつ) なぐり殺す。たたき殺す。撲殺(ぼくさつ)。

【殴縛】(おうばく) なぐってしばりつける。

殳4 【殁】〔8〕 同 →殁(六八三ページ・中) | J 3542 補 U 6BB5

殳5 【段】〔9〕 学 6 ダン | タン 漢 ダン 呉 | 去 翰 duàn トワン | J 3542 補 U 6BB5

筆順 ノ 亻 ⺕ 阝 阝 阝' 段 段

意味 ①うつ。うちきたえる。=鍛 ②くぎり。部分。③てだて。方法。④織物の長さの単位。一匹(ぴき)の半分。⑤絹織物。どんす。=緞 国①〈たん〉=反 ㋐布地の長さの単位。長さ二丈八尺(約一〇・六メートル)、幅九寸(〇・三四メートル)。㋑距離の単位。六間(約一一メートル)。㋒(田畑・山林の)面積の単位。三百歩(九九一・七平方メートル)。②〈だん〉 ㋐かいだん。だんだん。㋑碁(ご)・将棋(しょうぎ)・柔道・剣道などのうでまえ・技量の等級。「初段」

解字 形声。殳が形を表し、⺕が音を示す。⺕は、耑(たん)を略した形である。殳はほこで打つこと。耑には上から下へ打ちおろす意味を含む。段は、ほこで上からたたくことで、断(だん)と同様にたち切る意味になる。とくに段は石を用いるので、しき石・石段の意味になった。

参考 「叚(か)」は別字。

【段干木】(だんかんぼく) 人名。戦国魏の賢者。卜商(子夏)の弟子。

【段玉裁】(だんぎょくさい) 人名。清(しん)代の考証学者。特に説文学(せつもんがく)にくわしく、「説文解字注」三十巻を著した。(一七三五〜一八一五)

【段成式】(だんせいしき) 唐の文人。字(あざな)は柯古(かこ)。「酉陽雑俎(ゆうようざっそ)」を著した。

【段段】(だんだん) ①一段一段と。しだいに。②国だん。階段。

【段物】 一(だんもの) 国①謡曲の文句のうち、眼目(がんもく)となるうたいどころ。また、いろいろ転用していう。②箏曲(そうきょく)で、歌曲ではない器楽の練習曲として作曲されたもの。調べ物。③三味(しゃみ)線音楽で、本来、義太夫節(ぎだゆうぶし)の段組織(そしき)についていい、のち各流いろいろ転用していう。 二(たんもの) 国①一反(たん)に仕上げた布。太物(ふともの)。↕疋物(ひきもの) ②織物の総称。呉服。=反物

【段落】 一(だんらく) ①長い文章中の大きな切れめ。②くぎり。結着。 二(だんおち) 国程度がはるかにおとること。段ちがい。

△▼手段(しゅだん)・分段(ぶんだん)・石段(いしだん)・別段(べつだん)・初段(しょだん)・格段(かくだん)・値段(ねだん)

殳6 【殷】〔10〕 標 一 イン 漢 オン 呉 | 一 平 文 yīn イン 二 イン 漢 オン 呉 | 二 上 吻 yǐn イン 三 アン 漢 エン 呉 | 三 平 删 yān イエン | J 6154 補 U 6BB7

意味 一 ①〈さかん〉 盛大な。②多い。豊かな。③深い。④古代王朝の名。三代(夏(か)・殷・周(しゅう))の一つ。湯(とう)王から二十八代続いたが、前一〇二三年、紂(ちゅう)王の時、周の武(ぶ)王により滅んだ。はじめ、商(しょう)と称したが、盤庚(ばんこう)の時、殷の地(今の河南省安陽市)に都を移し、殷と改めた。「殷商(いんしょう)」 ⑤ちょうど…の時に。二 雷の鳴りひびく音。また、ふるえる。三〈あか・い(——・し)〉 赤黒い色。「殷紅(あんこう)」

【殷殷】(いんいん) ①音のなりひびくさま。②うれえるさま。

【殷墟】(いんきょ) 殷の都のあと。今の河南(かなん)省安陽市の付近にあり、十九世紀の末ごろから遺物・遺跡がたくさん掘り出されている。【——卜辞(辭)】(いんきょぼくじ) 殷墟から発見された亀(かめ)の甲、獣の骨に刻まれているうらないの文字。甲骨文(こうこつぶん)。亀甲(きこう)獣骨文字。

【殷勤】(いんぎん) ①ていねい。ねんごろ。てあつく親切なこと。=慇懃 ②親しいまじわり。③男女の情交。

【殷賑】(いんしん) はんじょうして、にぎやかなこと。富みさかえること。

【殷盛】(いんせい) 盛んなこと。はんじょうすること。殷昌(いんしょう)。

【殷紂】(いんちゅう(ちう)) 殷の紂王。暴政を行い、周の武王にほろぼされた。

【殷阜】(いんぷ) さかえること。ふえること。にぎやかさ。

【殷富】(いんぷ) 富みさかえること。

【殷憂】(いんゆう(いう)) 大いにうれえる。深いうれえ。

【殷雷】(いんらい) さかんに鳴りひびく雷。

【殷鑑不レ遠】(いんかんとお(とほ)からず) 殷代の人のいましめとすべき手本は、すぐ前の世の夏(か)の王朝の滅亡がそれである。他人の失敗をすぐ自分のことのように考え、自分のいましめとせよという意。〈詩経(しきょう)・蕩(とう)〉

【殷因二於夏礼(禮)一】(いんはかのれいによる) 殷王朝の制度・儀礼は、前王朝の夏の制度に足場を置いて、そこから出発している。〈論語・為政(いせい)〉

殳6 【殺】〔10〕 学 5 サツ・サイ・セツ ころす | J 2706 補 U 6BBA

旧字 殳7 【殺】〔11〕 一 サツ 漢 セツ 慣 セチ 呉 | 一 入 黠 shā シャー 二 サイ 漢 | 二 去 卦 shài シャイ | J ①8641 補 U F970

筆順 メ ㄨ 㐅 杀 杀 杀' 殺 殺

意味 一 ①〈ころ・す〉 命(いのち)を絶つ。②ほろぼす。③草木が枯れる。④いけにえ。⑤たたかう。⑥きびしい。「殺気」 ⑦動詞のあとについて意味を強める語。「笑殺」「抹殺(まっさつ)」 二 ①

〈そ・ぐ〉けずる。減らす。「減殺（げんさい）」②ちがい。差異。

解字 （篆文）形声。殳が形を表し、杀（さつ）が音を示す。殳はほこで打ちころすこと。杀は豕（ぶた）であるとか粟（あわ）であるとかいう。殺は、ぶたをころすこと、あるいは、家を音シと通じて死体と考え、打ちころすことであるともいい、あわをしごくようにしごきとることともいう。

難読 殺陣（たて）

【殺害（さつがい）】人を殺す。

【殺気（氣）（さっき）】①あらあらしい気。殺伐なけはい。②草木を枯らす秋冬の寒さ。

【殺生（せっしょう（せっしゃう））】㊀（さっしょう（しゃう））殺すことと生かすこと。生殺。死活。㊁①㊋生きものを殺すこと。②国むごたらしい。ざんこく。

【殺傷（さっしょう（しゃう））】殺すことと、きずつけること。殺したり、きずつけたりする。

【殺青（さっせい）】昔、竹のふだを火にあぶって汗をかかせ、青みをとって文字を書きやすくしたこと。転じて、文書のこと。汗簡。

【殺節（節）（さっせつ）】草木を枯らす季節。秋と冬。

【殺到（さっとう（たう））】はげしい勢いでおしよせる。

【殺伐（さつばつ）】①人を殺す。②あらあらしい。「ざめ。

【殺風景（さっぷうけい）】おもしろみ、または、うるおいのないこと。興（きょう）ざめ。

【殺戮（さつりく）】①罪のある者を殺す。②むごたらしく殺す。

【殺略（さつりゃく）】人を殺したり物を奪ったりする。＝殺掠

【殺鬼（せっき）】㊋人を殺し、物を滅ぼす恐ろしいもの。無常の理にたとえていう。

◆他殺（たさつ）・生殺（せいさつ｜なまごろし）・必殺（ひっさつ）・圧殺（あっさつ）・忙殺（ぼうさつ）・自殺（じさつ）・抹殺（まっさつ）・毒殺（どくさつ）・刺殺（しさつ）・相殺（そうさつ｜そうさい）・虐殺（ぎゃくさつ）・活殺（かっさつ）・笑殺（しょうさつ）・併殺（へいさつ）・捕殺（ほさつ）・残殺（ざんさつ）・射殺（しゃさつ）・斬殺（ざんさつ）・惨殺（さんさつ｜ざんさつ）・減殺（げんさい）・絞殺（こうさつ）・悩殺（のうさつ）・暗殺（あんさつ）・銃殺（じゅうさつ）・黙殺（もくさつ）・撲殺（ぼくさつ）

殳 6【㱿】〔10〕本 ↓殼（本ページ・上）

殳 6〖殺〗（九九三ページ・中）↓羊部四画

殳 7【殹】〔11〕　エイ㊥　yì　イー　㊤霽　U補J 6BB1 3897

意味 ①うめき声。②幕。覆い。③文末に置く助字。＝也（や）

殳 7【殻】〔11〕常　カク　から　U補J 6BBB 1944

旧字 殳 8【殼】〔12〕　カク㊥　qiào　チアオ　㊤覚　U補J 6BBC 6155

筆順 士 声 壳 壳 壳 壳 殻 殻

殳 6【㱿】〔10〕本字　U補J 3C7F

士 5【壳】〔8〕俗字　U補J 58F3 2462（②0522）

意味 〈から〉たまごや貝のから。転じて、物の外をおおう皮。殻族は、貝類。

解字 （篆文）形声。殳が形を表し、壳（こく）が音を示す。殳は杖で打つこと。壳は、内部が充実していて、外が堅いものをいう。殻は、堅いからをかぶったものを外から打つことである。また、打ち割った、堅いからをもいう。

【殻斗科（かくとか（くゎ））】植ブナ科。殻斗は、たとえば、どんぐりのお椀（わん）などをさす。

◆甲殻（こうかく）・地殻（ちかく）

殳 7【毃】〔11〕同 ↓毃（九四一ページ・上）

殳 7【殸】〔11〕古 ↓磬（八九一ページ・上）　同 ↓聲（一〇三六ページ・上）

殳 7【殺】〔11〕旧 ↓殺（六八六ページ・下）

殳 8【殽】〔12〕　㊀コウ（カウ）㊥　㊤肴　xiáo　シアオ　㊁コウ（カウ）㊥　㊤肴　yáo　ヤオ　㊂コウ（カウ）㊥　㊤效　xiào　シアオ　U補J 6BBD 3818（②7804）

意味 ㊀〈まじ・る〉混入する。＝淆　㊁①骨つきの肉料理。②＝肴　㋐〈さかな〉料理。㋑供えもの。③山の名。今の河南省洛寧（らくねい）県の西北の地。＝崤　㊂ならう。＝效

【殽核（こうかく（かう））】うつわに盛った食品。殽は、豆（とう）（入れ物の一種）に盛ったものをいい、核は、籩（へん）（入れ物の一種）に盛ったものをいう。

【殽函（こうかん（かう））】殽山と函谷（かんこく）。いずれも要害の地。

【殽乱（亂）（こうらん（かう））】ごちゃごちゃにいりみだれること。殽雑（こうざつ）。

殳 8【殼】〔12〕旧 ↓殻（本ページ・上）

殳 9【毀】〔13〕常　キ　キ㊥㊦　㊤紙　huǐ　ホイ　U補J 6BC0 5244

筆順 亻 亻 亻 亻 白 㒸 㒸 毀

言 13【譭】〔20〕同字　U補J 8B6D 6249

殳 9【毁】〔13〕俗字　U補J 6BC1

意味 ①〈こぼ・つ〉〈こわ・す（こは・す）〉〈やぶ・る〉わるくちを言う。破壊（はかい）する。傷つける。②取り除く。③〈そし・る〉わるくちを言う。また、そしり。「非毀」④健康をそこなう。⑤こどもの乳歯（にゅうし）が抜けかわる。

解字 （篆文）形声。土が形を表し、毇（き）が音を示す。毇は、米をうすでついて精米するという意味。毀は、道具をつかってうつ、うちこわす意味を表す。また、臼を兒の省略とみて、毀は、こどもの歯が生えかわることを示し、欠けるという意味を表すともいう。

参考 新表記では、「棄」に書きかえる熟語がある。

【毀壊（壞）（きかい（くゎい））】こわしやぶる。破壊。

【毀棄（きき）】こわして捨てる。破り捨てる。

【毀言（きげん）】悪口。そしり。

【毀歯（齒）（きし）】こどもの乳歯（にゅうし）が抜けかわること。また、その年ごろ。

【毀訾（きし）】悪口を言う。人をそしる。

【毀傷（きしょう（しゃう））】いためきずつける。そこないやぶる。

【毀瘠（きせき）】やせおとろえる。喪に服して、悲しみのために、ひどくからだがやつれる。

【毀損（きそん）】きずつけこわす。「名誉毀損」

【毀詆（きてい）】そしる。悪口をいう。

【毀敗（きはい）】①きずつけ、こわす。②負ける。敗北（はいぼく）する。

【毀謗（きぼう（ばう））】悪口をいう。そしる。

【毀誉（譽）（きよ）】①そしることと、ほめること。②いろいろと評判すること。【――歓（歡）戚（きよかん（くゎん）せき）】人からそしられたり、ほめられたりすることと、喜びや悲しみ。【――褒（褒）貶（きよほうへん）】ほめることと、そしること。世間の人のあれこれの批評。

◆破毀（はき）・排毀（はいき）・棄毀（きき）

殳 9【毄】〔13〕　シュン㊥　㊤震　xùn　シュン　U補J 6BBE 3819（②7805）

意味 築く。

殳 9【殿】〔13〕常　デン・テン　との・どの　テン㊥　デン㊦　㊤霰　diàn　ティエン　U補J 6BBF 3734

筆順 コ 尸 屏 屈 展 展 殿 殿

意味 ①〈との〉㋐大きな建物。天子・貴族の宮殿。㋑寺院。②〈しんがり〉㋐軍隊が退却するとき、最後部で敵をふせぐ

心（忄・⺗）戈戶（户）手（扌）支攴（攵）　4画　文斗斤方无（旡・旡）日曰月（月）木欠止歹殳毋比毛氏气水（氵・氺）火（灬）爪（爫・⺥）父爻爿片牙（牙）牛（牜）犬（犭）

こと。また、その部隊。④最下位。③しずめる。国①〈との〉㋐主君・貴人の敬称。㋑女性から男性を呼ぶ語。②〈どの〉他人の姓名のあとにつけて尊敬を表す語。様。

解字  形声。殳が形を表し、展が音を示す。殳は、打つこと。展は、太鼓をてんてんと打つ音。殿は、てんてんと打つことである。また、展は尻のことで、殿は、しりを打つことであるともいう。そこから、「しんがり」の意味が出た。また、殿には、ずっしりと重い意味がある。そこから、大きなごてんの意味を生じたという。

名前 あと・すえ 姓 殿来

【殿宇】①神仏を安置する建物。②御殿。大きな建物。

【殿下】①宮殿、または大きな建物の階段の下。②天子・皇后・皇太子の敬称。③国皇族、または摂政・関白・将軍の敬称。

【殿階】宮殿のきざはし。

【殿閣】宮殿と楼閣。

【殿檻】宮殿の手すり。

【殿軍】しんがりの軍隊。いちばんうしろの部隊。↕先鋒

【殿後】①しんがりの軍隊。殿軍。②宮殿の後ろ。

【殿最】①役人の成績や武人の軍功において、最下位のものと最上位のもの。②等級の高さ。③査定。批評。

【殿試】昔、官吏の採用試験で天子がみずから宮中で行う〔試験。

【殿舎】御殿。宮殿。殿宇。

【殿上】■一国①昔、宮中の清涼殿にある殿上の間のこと。②殿上の間に昇殿を許されること。③殿上人。昇殿を許され、殿上の間につかえる人。【――虎】殿上ではばからずに天子をいさめる者。北宋の劉安世の呼び名。■二宮殿または大きな建物の中。

【殿中】①御殿のうち。殿上。②宮中。

【殿堂】大きくてりっぱな建物。御殿。【――門廡】本殿や大広間、門やひさし。殿は正殿、堂は講堂。〈李覯・袁州州学記〉

【殿廡】本堂と回廊。宮殿と廊下。御殿の軒下。

【殿本】「武英殿本」の略。清代のはじめに、宮城内の武英殿で印刷・出版した書物。殿版。

◁▼仏殿・本殿・沈殿・宮殿・御殿・貴殿・湯殿・寝殿・大仏殿・伏魔殿

殳9 【轂】〔13〕同 ↓轂(本ページ・中)

殳9 〖㱿〗↓弓部十画(四五一ページ・下)

殳10 【毃】〔14〕 カク 漢 呉 入 覚 qiāo チアオ U補J 3820 6BC3 0
意味 うつ。たたく。＝敲

殳10 【毄】〔14〕 ■一 ケキ 漢 ゲキ 慣 ■一 入 錫 jī チー ■二 ケイ 漢 ■二 去 霽 jì チー U補J 3821 6BC4 1
意味 ■一 ①あたる。うちあう。②うちはらう。③つとめる。＝撃 ■二 つなぐ。＝繫

殳9 【㲃】〔13〕同字 U補J 23AA0

殳10 〖慤〗↓心部十画(四九四ページ・下)

殳10 〖慤〗↓心部十画(四九五ページ・上)

殳10 〖穀〗↓禾部九画(九一三ページ・中)

殳11 【毅】〔15〕 人 ギ 漢 キ 慣 去 未 yì イー U補J 2103 6BC5
意味 ①〈つよ・い(――・し)〉〈たけ・し〉意志がつよく、思いきりがいい。②残酷な。ひどい。③怒る。

解字  形声。殳が形を表し、豙が音を示す。殳は杖で打つこと。豙はいのししが怒って毛をさかだてることで、気力が盛んなという意味を持つ。毅は、むやみにはげしく怒ること、あるいは、決断の強いことをいう。

名前 み・かた・たか・たけ・つよ・とし・のり・よし・こわし・さだむ・しのぶ・つよき・はたす

【毅然】心が強くしっかりしているさま。剛気。

【毅勇】意志がつよく勇ましい。

◁▼弘毅・沈毅・剛毅・豪毅

殳11 【毆】〔15〕旧 ↓殴(六八六ページ・上)

殳12 【毇】〔16〕 キ 漢 呉 上 紙 huǐ ホイ U補J ②7806 6BC7
意味 ①〈しら・げる(――・ぐ)〉米を臼でつく。②こごめ。砕けた米。③粥。

殳12 【毈】〔16〕 タン 漢 ダン 呉 去 翰 duàn トワン U補J ②7807 6BC8
意味 ①卵が腐って孵化しない。②すもり。孵化しない卵。

殳12 〖縠〗↓糸部十画(九八〇ページ・上)

殳13 〖擊〗↓手部十三画(五四七ページ・上)

殳13 〖罄〗↓缶部十一画(九八八ページ・上)

殳13 〖轂〗↓車部十画(一二二四ページ・中)

殳13 〖觳〗↓角部十画(一一四五ページ・上)

殳14 【豎】〔18〕 イ 漢 呉 平 支 yī イー U補J ②7808 3822 6BC9 2
意味 ①＝醫(一八八ページ・下) ②木の名。＝鷖

殳15 〖繫〗↓糸部十三画(九八五ページ・中)

殳16 〖馨〗↓香部十一画(一三九六ページ・下)

殳24 〖鑿〗↓金部二十画(一三二二ページ・上)

4画

毋部 なかれ

【部首解説】「女」と「一」が合わさり、「禁止」を表す。この部には、「毋」の形を構成要素とする文字が属する。

毋0 【毋】〔4〕 ブ 漢 ム 呉 平 虞 wú ウー U補J 6157 6BCB
意味 ①〈な・い(―・し)〉＝無 ②〈なかれ〉禁止を表す語。…するな。…してはいけない。③姓。

語法 ❶〈なし〉否定。㋐…しない。…ではない。動作・行為を否定する。類不 例「趙王畏レ秦、欲レ毋レ行」(趙王は秦をおそれて行かないでおこうとした)〈史記・廉頗藺相如列伝〉㋑ない。いない。存在を否定する。類無 例「帝毋二壮子一」(帝には壮年[年盛り]の子がおりません)〈史記・呂后本紀〉
❷〈なかれ〉制止・禁止。…するな。…してはいけない。類勿 例「毋レ逆二朕命一」(わしの命令に逆らうな)〈史記・周本紀〉

解字  会意。女と一とから成り、一は犯す意味を表す。そういうことがあってはならない、ということから、多くの場合、…することなかれ、という禁止の意味を表すのに用いられる。

【毋寧】(むしろ) いっそのこと。どちらかといえば。＝毋乃・無寧

毌 0
【毌】
〔4〕 カン 漢 (クヮン) 去 翰 guàn コワン　J 3823 ― U補 6BCC

意味 ①つらぬく。＝貫 ②姓。

【毌丘】(かんきゅう(くわんきう)) ①地名。今の山東省曹県の南。②複姓。

毋 1
【母】
〔5〕 学 2 ボ ボ 漢 上 有 はは モ 呉 mǔ ムー　J 4276 ― U補 6BCD

筆順 ㇛ 𠃋 𠃌 母 母

意味 ①〈はは〉おかあさん。⇔父 ②目上の婦人に対する敬語。「伯母(はくぼ)」③めのと。乳母(うば)。④ものを生じるもととなるもの。もと。根源。「酵母(こうぼ)」⑤めす。⑥おやゆび。＝拇

解字 象形。女が子を抱いている形ともいい、女のちくびの形ともいう。ははのことになる。

姓 母里(もり)　難読 乳母(うば)・母(かあ)さん・叔母(おば)・伯母(おば)・母屋(おもや)・母家(おもや)(付表)／母衣(ほろ)・母屋(もや)

参考 「母(ぼ)」「毌(かん)」は別字。新表記では、「姆」の書きかえに用いる熟語がある。

【母親】(ははおや) ■一 母。■二 ムーチン mǔqin 現 ■一に同じ。

【母刀自】(ははとじ) 国 ①母の敬称。②母に当たる人に対する敬称。

【母音】(ぼいん|ぼおん) 声帯をふるわして出た声が、口の中で何のさまたげも受けないで外に出たときの音。日本語では「あ・い・う・え・お」の五つ。＝母韻 ⇔子音
【母儀】(ぼぎ) 母親としての模範。母の手本。

【母兄】(ぼけい) ①母親が同じ兄。同母兄。②母と兄。

【母系】(ぼけい) 母のほうの血すじ。母方。【――制度】(ぼけいせいど) 国 母親のほうの系統によって相続のきめられる制度。主として古代社会に行われた家系制度。母系制。

【母型】(ぼけい) 国 活字の字面を作るもとの金属製の型。字母。

【母后】(ぼこう) 皇太后。天子の母。

【母校】(ぼこう(かう)) その人の卒業した学校。出身学校。

【母国(國)】(ぼこく) ①自分の国。自分の生まれた国。自分の所属する国。生国。本国。②分かれ出た国からみて、もとの国をさしていう。

【母子】(ぼし) ①母と子。②源。根本。③国 元金と利息。元「利。

【母氏】(ぼし) ①母親。女親。「母氏労苦(ぼしろうくす)」(母親は苦労する。)〈詩経・凱風〉②特に皇帝の母親の家族のこと。

【母性】(ぼせい) 女性が母として持っている性質。また、人の子の母。【――愛】(ぼせいあい) 母親としてわが子に対して持つ深い愛「情。

【母銭(錢)】(ぼせん) もときん。資本。

【母孫】(ぼそん) 祖母と孫。

【母体(體)】(ぼたい) ①母のからだ。②分離したものに対してもと「の本体をさす。

【母胎】(ぼたい) 国 ①母の胎内。②姿を現すまでかくれ育つ場「所。

【母弟】(ぼてい) 母親が同じ弟。同母弟。

【母党(黨)】(ぼとう(たう)) 母方の親属。

【母堂】(ぼどう(だう)) 国 他人の母の尊称。

【母憂】(ぼゆう(いう)) 母親の死。母の喪。母艱。

【母衣】(ほろ) 国 ①昔の武具の一つ。布で作り、よろいの背に負って矢を防いだもの。②馬車・人力車・貨物などにつけて風雨・日光などを防ぐもの。幌。

(母衣①)

【母屋】(もや|おもや) 国 住居に使うおもな建物。屋敷の中でいちばん中心になる建物。
【母鶏(鷄)】(ムーチー mǔjī) 現 めんどり。

△▼分母・父母・生母・令母・字母・老母・伯母・実母・叔母・乳母・保母・祖母・雲母・慈母・継母・養母・聖母・酵母・養母・寮母・賢母・曽祖母

毋 2
【毎】
〔6〕 学 2 マイ　J 4372 ― U補 6BCE

旧字 毋 3
【每】
〔7〕 人 バイ 漢 上 晦 マイ 呉 měi メイ　J ①8642 ― U補 6BCF

筆順 ノ 𠂉 𠂉 乍 每 毎

意味 ①〈つね〉いつも。②〈ごと〉そのたびごと。おのおの。それぞれ。③いえども。④むさぼる。⑤草木がしげる。

解字 形声。𠂉と母を合わせた字。𠂉は屮の略で、草を表すとともに、音をも示す。母は、ははで、子を生む意味がある。毎は植物がどんどん繁殖すること。そこから、「たびたび」の意味になった。

名前 かず

【毎次】(まいじ) そのたびごとに。そのつど。毎回。毎度。

【毎毎】(まいまい) ①草が盛んにしげるさま。②つねづね。いつも。毎度。③たいてい。大体。④くらいさま。混乱したさま。

毋 3
【毎】
〔7〕 旧 ↓毎(本ページ・中)

毋 4
【毒】
〔8〕 学 5 ドク ■一 トク 漢 ドク 呉 ■一 入 沃 dú トゥー ■二 タイ 漢 ■二 去 隊 dài タイ　J 3839 ― U補 6BD2

毋 5
【毒】
〔9〕 俗字 U補 ―

筆順 一 十 キ 主 毒 毒 毒 毒

意味 ■一 ①有害なもの。また、毒をいれる。「毒薬」②わざわい。③〈そこな・う(――・ふ)〉いためる。くるしめる。④むごい。ひどい。わるい。「毒舌(どくぜつ)」⑤にくむ。恨む。⑥育てる。養う。■二 毒冒(たいまい)は、海亀の名。↓瑇(八二二ページ・中)

解字 形声。屮と毒を合わせた字で、屮が形を表し、毒が音を示す。屮は草。毒には、そこなう意味があるという。毒は、人をそこなう草が生いしげること。また、毒は、素行のみだらな男であるともいい、毒は、生(生きること)と、毋(じゃますること)とを合わせた字ともいう。

【毒悪(惡)】(どくあく) ひどくわるい。凶悪。

【毒牙】(どくが) ①毒蛇などの毒のあるきば。②あくらつなやりか「た。毒手。

【毒害】(どくがい) ①いため、そこなう。②わざわい。害毒。③毒を飲ませて殺す。毒殺。

【毒虐】(どくぎゃく) くるしめしいたげる。

【毒口】(どくこう) 悪口。人をそしる言葉。

【毒殺】(どくさつ) 毒薬を飲ませて殺す。毒害。

【毒矢】(どくし|どくや) やじりに毒をつけた矢。

【毒刺】(どくし) 動植物の毒を持ったとげ、または針。

【毒蛇】(どくじゃ|どくへび) 毒を持っているへび。

【毒手】(どくしゅ) ①人をきずつけ、または殺そうとする者。凶悪な人。凶手。②あくらつな手段。残酷な方法。毒牙。

【毒酒】(どくしゅ) 毒薬を入れた酒。

【毒暑】(どくしょ) ひどい暑さ。酷暑。

【毒瘴】(どくしょう(しゃう)) 中国南部の病気を引き起こすとされていた山川の悪気。瘴気。

【毒刃】(どくじん) 凶悪なことをするのに使う刃。凶刃。

【毒舌】(どくぜつ) ①毒を持った舌。②国 人をひどく悪くいうこと。ひどい悪口。

【毒草】(どくそう(さう)) 毒を持った草。⇔薬草
【毒茸】(どくたけ) 国 毒を持ったきのこ。

【毒尾】(どくび) 毒を持つ尾。

【毒筆】(どくひつ) 他人を傷つけようとして書くこと。あくらつな書き

心(忄・⺗)戈戸(戸)手(扌)支攴(攵) 4画 文斗斤方无(旡・旡)日曰月(⺝)木欠止歹殳毋比毛氏气水(氵・氺)火(灬)爪(⺤・⺥)父爻爿片牙(牙)牛(牜)犬(犭)

ぶり。

【毒婦】どくふ 国平気で悪いことをして人に害を与える女。「奸婦かんぷ」

【毒味】どくみ 国飲食物を他人にすすめる前に、自分で食べて毒のないことをたしかめること。味かげんをみる。毒見。

【毒霧】どくむ 毒気をふくんだ霧きり。

【毒薬（藥）】どくやく ごくわずかな量で激しい中毒作用を起こし、生命を危険にする毒物。

【毒乱（亂）】どくらん そこない、みだす。

【毒竜（龍）】どくりゅう（りう）｜どくりょう ①凶悪な竜。転じて、凶悪な人物や勢力のたとえ。②煩悩ぼんのうや欲望など人の心を乱すもの。

【毒癘】どくれい ①毒気。②毒気におかされてかかる病気。

【毒気（氣）】どっき（どくき）｜どっけ（どくけ） ①毒をふくんだ気。②わざわいの気配。③国人をいためつけようとする心。にくまれぐち。

〖以レ毒制レ毒〗どくをもってどくをせいす 毒を消すために、ほかの毒を用いる。悪者わるものをかたづけるのに、ほかの悪者を使う。以レ夷制レ夷いをもっていをせいす。→「以レ夷攻レ夷いをもっていをせむ」（三二八ジ・上）

◆中毒ちゅうどく・丹毒たんどく・有毒ゆうどく・防毒ぼうどく・胎毒たいどく・害毒がいどく・病毒びょうどく・消毒しょうどく・梅毒ばいどく・無毒むどく・鉛毒えんどく・鉱毒こうどく・解毒げどく・劇毒げきどく

毋5【毒】〔9〕俗→毒（六八九ジ・下）

毋7〖貫〗（一一八六ジ・中）→貝部四画

毋10【毓】〔14〕或→育（一〇一三ジ・中）

毋20〖纛〗→糸部十八画（九八七ジ・上）

4画 比部 くらべる ならびひ

【部首解説】「密接である」、また「くらべること」を表す。この部には、「比」の形を構成要素とする文字が属する。

比0【比】〔4〕学5 ヒ くらべる

一ヒ漢 ビ呉｜一上 紙 bǐ ピー
二ヒ漢 ビ呉｜二去 寘 bì, bí ピー

J 4070 補 U 6BD4

筆順 一 ヒ ヒ 比

大3〔夶〕〔6〕古字 J 2480 補 U 5936

意味 一①〈くら・べる（――・ぶ）〉比較する。対照する。「対比たいひ」②なぞらえる。③〈なら・う（――・ふ）〉まねる。したがう。④〈たぐい（たぐひ）〉なかま。⑤きまり。⑥「詩経しきょう」の六義りくぎの一つ。比喩ひゆ的な手法を用いる。⑦数割合。「比率」 二①〈なら・ぶ〉〈なら・べる（――・ぶ）〉②したしむ。よろこぶ。③くみする。④〈ちか・い（――・し）〉となりあっている。⑤櫛くし。すきぐし。⑥周代の地方行政組織。五家からなる。⑦易えきの卦かの名。⑧みな。しばしば。⑨〈ころ〉〈ころおい（ころほひ）〉近頃。⑩〈およ・ぶ〉…になる。⑪…のために。

解字 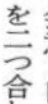 会意。匕は人という字を反対向きにしたもの。比は、匕を二つ合わせた字。从が二人並んだ形で、したがう意味であるのに対し、比は二人がぴったりつくことを表し、くらべることにもなる。

名前 これ・たか・ちか・つね・とも・なみ・ひさ・たすく

姓 比嘉ひが・比売陀ひめだ・比屋定ひやじょう・比屋根ひやね

地名 比企ひき・比婆ひば・比叡ひえい・比謝ひじゃ・比律賓フィリピン

難読 比丘びく・比丘尼びくに・比目魚ひらめ

【比屋】ひおく（をく） 並ぶ家。家ごとに。のきなみ。どの家も。

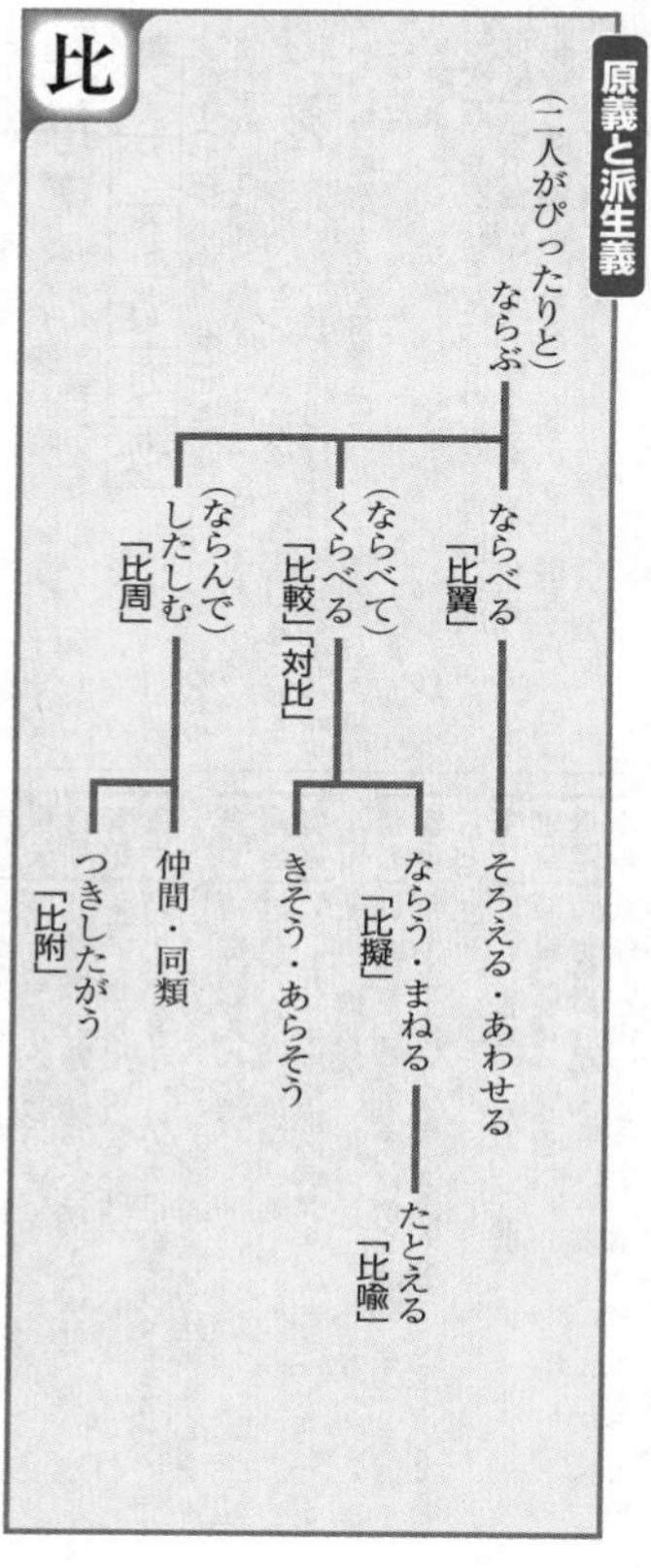

【比較】ひかく 一くらべる。くらべあわせる。二ビーチアオ bǐjiào 現①一に同じ。②比較的。わりと。

【比干】ひかん 人名。殷いんの紂ちゅう王のおじ。紂王の悪政をいさめ、かえって虐殺ぎゃくさつされた。

【比擬】ひぎ くらべなぞらえる。まねて似せる。

【比況】ひきょう（きやう） ①くらべたとえる。②国助動詞の「ごとし」のように、その動作を他に対比していう用語。

【比興】ひきょう 「詩経しきょう」の六義りくぎである比と興の併称。転じて、詩歌を作ること。

【比丘】びく ①仏出家しゅっけして僧になった男。↕比丘尼びくに ②誤って、比丘尼びくに（尼あま）にも用いる。【――尼】びくに 仏女の僧。あま。尼僧にそう。

【比耦】ひぐう ならぶ。

【比肩】ひけん かたを並べる。対等。同等。転じて、並んで歩く。

【比歳】ひさい 毎年。

【比日】ひじつ ①毎日。連日。②近ごろ。

【比周】ひしゅう（しう） ①かたよったつきあいと、公正なつきあい。②悪事をするためになかまをつくること。

【比党（黨）】ひとう（たう） 悪事をたくらんで、徒党を組むこと。

【比年】ひねん ①毎年。②近年。

【比比】ひひ ①しきりに。しばしば。②つながるさま。連続するさま。③すべてみな。どこでも。

【比附】ひふ ちかづき親しむ。ぐるになる。
【比方】ひほう(はう) くらべる。たとえる。
【比目】ひもく 比目の魚。雌雄めすおすおのおのが片目で、泳ぐとき二匹よりそい、両目の用をなすという魚。仲のよい夫婦のたとえ。【──魚】ひもくぎょ ①「比目」に同じ。②魚の名。ひらめ。
【比喩】ひゆ ①くらべたとえること。②たとえ。譬喩ひゆ。
【比翼】ひよく 雌雄が一翼一目でつねに一体になって飛ぶという想像上の鳥。比翼鳥ひよくのとり。転じて、男女の別れられない深い関係にたとえる。【──塚】ひよくづか 国心中しんじゅうまたはあと追い心中した相愛の男女をいっしょにほうむった墓。めおとづか。
【比翼連理】ひよくれんり 比翼の鳥と、連理の枝。二羽のつばさが一つになった鳥と、二本の木のもくめが一つになった木。離れられないもの、夫婦の愛情の深いたとえ。「在レ天願作二比翼鳥一、在レ地願為二連理枝一てんにあってはねがわくはひよくのとりとなり、ちにあってはねがわくはれんりのえだとならん」(天上に生まれかわったときは比翼の鳥となり、地上に生まれかわったときは連理の枝ともなって、永遠に離れないようにしよう。)〈白居易はくきょいの詩・長恨歌ちょうごんか〉
【比来(來)】ひらい このごろ。ちかごろ。最近。
【比閭】ひりょ むらざと。比と閭。周代の行政区画において、比は五家ひとまとまりの単位、閭は二十家ひとまとまりの単位。
【比倫】ひりん ①くらべること。②なかま。同類。
【比隣】ひりん となり近所。
【比類】ひるい ①くらべて種類ごとに分けること。②たぐい。くらべもの。
【比例】ひれい ①くらべること。ためし。例。②数二数または二量の比が他の二数または二量の比に等しいという関係。㊥ビーリー bǐlì 現㊥に同じ。
【比賽】ビーサイ bǐsài 現競争する。競技。試合。
【比方】ビーファン bǐfang 現たとえ。たとえば。
【比如】ビールー bǐrú 現たとえば。
◆対比たいひ・無比むひ・等比とうひ・類比るいひ・櫛比しっぴ・三角比さんかくひ・千分比せんぶんひ・百分比ひゃくぶんひ・黄金比おうごんひ

比3〖屁〗(三九五ページ・上)→尸部四画
比4〖昆〗(五八六ページ・中)→日部四画

比5【毖】〔9〕ヒ 漢 去 寘 bì ビー　J①8643 補3824 U6BD6
意味 ①〈つつし・む〉気をつける。②こまかい。③いそしむ。しきりに。④つげる。教えみちびく。⑤ねぎらう。⑥泉いずみの流れるさま。＝泌ひ

比5【毘】〔9〕標 人 ヒ 漢 平 支 ビ 呉 pí ピー　J4091 補― U6BD8
意味 ①〈たす・ける(──・く)〉②気をくばる。③すたれる。衰える。④臍へそ。
名前 すけ・てる・とも・のぶ・ひで・やす

比5〖毗〗〔9〕同字　J①8644 補― U6B7D

【毘沙門】びしゃもん 仏毘沙門天。梵語 Vaiśravaṇa の音訳。四天王のひとり。よろいかぶとをつけ、須弥山しゅみせんの北方を守る。日本では俗に七福神しちふくじんのひとりとする。多聞天たもんてん。
【毘佐】ひさ 助ける。毘賛ひさん。
【毘輔】ひほ 助け、おぎなう。毘益ひえき。
【毘盧舎那】びるしゃな 仏毘盧舎那仏。舎は遮とも書く。梵語 Vairocana の音訳。仏身のこと。光明遍照こうみょうへんじょうと訳す。宗派によって解釈が異なり、密教では大日如来だいにちにょらい、華厳けごん宗では報身仏、天台宗では法身仏と呼ばれる。

比5〖皆〗(八五七ページ・中)→白部四画
比9〖臭〗(八〇六ページ・中)→犬部九画

比13【毚】〔17〕サン 漢 平 咸 ザン 慣 chán チャン　J②7809 補3825 U6BDA
意味 ずるいうさぎ。足の速いうさぎ。
【毚檀】ざんだん 木の名。檀木だんぼくの一種。
【毚微】ざんび ごくわずか。かすか。
【毚欲】ざんよく 欲よくが深い。貪欲どんよく。

4画 毛部 け

【部首解説】人や動物の「毛」にかたどる。この部には、毛の状態や毛織物などの製品に関連するものが多く、「毛」の形を構成要素とする文字が属する。

毛0【毛】〔4〕学2 モウ け　ボウ 漢 平 豪 モウ 呉 máo マオ　J4451 補― U6BDB
筆順 ノ 二 三 毛
意味 ①〈け〉㋐動植物の毛。㋑かみの毛。ひげ。②獣けもの。③草木そうもく。また、草木の生ずること。④穀物こくもつ。⑤細こまかい。⑥大ざっぱな。粗略そりゃくな。⑦ない。⑧現貨幣の単位。一元の十分の一。「角」の口語。⑨姓。国〈もう〉①一の千分の一。一割の千分の一。寸・匁もんめの千分の一。②金銭の単位。銭せんの百分の一。厘りんの十分の一。
解字  象形。人のまゆやかみの毛、獣類の毛の形を表した字。
名前 あつ　姓 毛利もうり・毛馬内けまない・毛呂もろ
地名 毛馬けま

【毛衣】もうい ①毛皮で作った上着。②毛糸で編んだシャツ。セーター。㊥マオイー máoyī 現㊥の②に同じ。
【毛羽】もうう 羽毛。鳥のはね。
【毛奇齢(齡)】もうきれい 人名。清代の学者。字あざなは大可。西河先生と号し、経学にすぐれた。(一六二三～一七一六)
【毛血】もうけつ ①動物の血。転じて、神にそなえるいけにえ。②体力。「毛血日益衰、志気日益微もうけつひにますますおとろえ、しきひにますますびなり」(体力は日に日におとろえ、気力も日に日に弱くなる。)〈韓愈かんゆ・祭二十二郎一文じゅうにろうをまつるぶん〉
【毛孔】もうこう けあな ①皮膚ひふの毛あな。②ごく小さなもののたとえ。
【毛亨】もうこう(かう) 人名。前漢の学者。魯ろの人。荀子じゅんしの門人。「毛詩訓詁伝くんこでん」を著し、毛萇もうちょうに伝授した。
【毛詩】もうし 書名。漢初の毛亨もうこうと毛萇もうちょうによって伝えたとされる「詩経しきょう」。「詩経」を伝えた四家のうち、完全に残ったのが毛詩であることから、「詩経」の別称として用いられる。
【毛嬙】もうしょう(しゃう) ①春秋時代の美女の名。西施せいしと並び称せられる。②美女のたとえ。
【毛錐子】もうすいし 筆の別称。
【毛毳】もうぜい 獣の細い毛。にこげ。
【毛氈】もうせん 獣の毛の繊維せんいから作った広い織物状の敷物。
【毛沢(澤)東】もうたくとう マオツォートン 人名。中国の政治家・思想家。湖南こなん省に生まれ、一九三〇年代から中国共産党の指導者となり、一九四九年、中華人民共和国を樹立し、初代の主席になった。(一八九三～一九七六)
【毛虫(蟲)】㊀もうちゅう(ちう) けもの。獣類。㊁けむし 国①鱗翅りんし類の昆虫こんちゅうの幼虫で、全身に長い毛のはえるもの。②人にいやがられる者のたとえ。
【毛頭】もうとう ①少年。成人前の若者。②国毛のさきほど。転じて、少しも。ちっとも。けっして。
【毛髪】もうはつ ①毛。②かみのけ。③わずかばかりのたとえ。
【毛皮】㊀もうひ 哺乳ほにゅう類のように、毛を持った皮膚。㊁けがわ 毛のついたままの獣の皮。↕鞣革なめしがわ

【毛筆】もうひつ 獣の毛を穂ほにした筆。
【毛布】もうふ 毛で織った広い布。
【毛病】もうへい ■ ①馬の毛並の欠点。②きず。欠点。 ■マオビン máobìng ■の②に同じ。
【毛巾】マオチン máojīn 現タオル。
【吹レ毛求レ疵】けをふいてきずをもとむ ①小さな過失をわざわざきびしくさがし出す。〈韓非子かんぴし・大体だいたい〉 ②事をあらだててかえって自分の不利をまねく。「やぶをつついてへびを出す」の類たぐい。
◆不毛ふもう・羽毛うもう・羊毛ようもう・刷毛さつもう｜はけ・純毛じゅんもう・根毛こんもう・栗毛くりげ・脱毛だつもう・葦毛あしげ・綿毛わたげ・繊毛せんもう

毛4【毟】〔8〕国字 J 6159 U 6BDF
意味 〈むし・る〉むりやりつかんで引き抜く。
参考 毛をむしりとって少なくする意。

手8【挘】〔11〕同字 J ②7812 補 3830 U 6BEE

毛5【毡】〔9〕俗 →氈(六九三㌻・上)

毛6【毦】〔10〕ジ 漢 去 寘 ěr アル J ②7810 補 3828 U 6BE6
意味 ①鳥の羽毛で作った飾り。②草花の一種。

毛6【毧】〔10〕ジュウ(ジウ) 漢 平 東 róng ロン J ②7811 補 3829 U 6BE7
意味 ①細い毛。②毛糸。

毛6【毨】〔10〕セン 漢 上 銑 xiǎn シエン U 6BE8
意味 鳥や獣の毛がはえかわり美しく整う。

毛6【毣】〔10〕■ボク 漢 入 屋 mù ムー ■ボウ 漢 去 号 mào マオ 補 3827 U 6BE3
意味 ■①よいさま。②考えるさま。③毛がしめる。■くらい。よく見えない。＝眊ぼう

毛6【耗】→耒部四画(一〇〇四㌻・下)
毛6【耄】→老部四画(一〇〇二㌻・下)

毛7【毬】〔11〕人 キュウ(キウ) 漢 平 尤 qiú チウ J 6160 U 6BEC
意味 ①〈まり〉けまり。内部に毛をかたくつめたボール。②まりの形をしたもの。国〈いが〉栗くりなどのとげのついた外皮。
解字 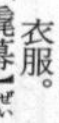 会意・形声。毛と求とを合わせた字。求きゅうは音をも示す。求は中心に引きしめる意があり、毬は毛を中に堅くつめて作った、毛まりのこと。まり。
難読 毬打ぎっちょう・毬杖ぎっちょう
【毬子】きゅう(きう)し まり。けまり。
【毬灯(燈)】きゅう(きう)とう 丸くて小さいちょうちん。
◆打毬だきゅう

毛7【毫】〔11〕標 コウ(カウ) 漢 ゴウ(ガウ) 呉 平 豪 háo ハオ J 6161 U 6BEB
意味 ①細い毛。また、長くとがった毛。②筆のさき。筆。③ごくわずか。④長さの単位。一厘りんの十分の一。(→付録「度量衡名称」) ⑤現まったく…(ない)。
参考「亳はく」は別字。
【毫光】ごう(がう)こう(くわう) 仏毛のように細い光線が四方にさすこと。また、その光線。
【毫素】ごう(がう)そ 筆と紙。毫楮ごうちょ。
【毫髪】ごう(がう)はつ ①け。毫は、獣の毛、髪は、人の毛。②ごくわずか。『——之隙ごう(がう)はつのげき』ごくわずかなすきま。ほんの少しの仲たがい。
【毫芒】ごう(がう)ぼう(ばう) 細い毛と穂さき。微細なもののたとえ。
【毫末】ごう(がう)まつ ①毛の先。②ごく小さいこと。③ほんの少し。ごくわずか。毛頭もうとう。
【毫毛】ごう(がう)もう ①細い毛。秋に抜けかわる獣の細い毛。②うぶげ。③少し。わずか。毫釐ごうり。「毫毛不ㇾ敢有ㇾ所ㇾ近ごうもうもあえてちかづくるところあらず」(ごくわずかほどでも、自分の手もとに置こうということはしていない。)〈史記・項羽本紀こううほんぎ〉
【毫釐】ごう(がう)り ごくわずか。ほんの少し。毫は釐の十分の一。
◆寸毫すんごう・白毫びゃくごう・秋毫しゅうごう・揮毫きごう

毛8【毱】〔12〕キク 漢 入 屋 jú チュイ J ②7813 補 3831 U 6BF1
意味 けまり。まり。＝鞠きく

毛8【毳】〔12〕■セイ 漢 ゼイ 慣 去 霽 cuì ツォイ ■セツ 漢 入 屑 qiāo チアオ J 6162 U 6BF3
意味 ■①むくげ。鳥獣のほそくやわらかい毛。わたげ。にこげ。「毳毛ぜいもう」②毛織物。毛布。③やわらかい。もろい。弱い。＝脆ぜい ■泥道を走るためのそり。＝橇せい
【毳衣】ぜいい ①毛織の衣服。②大夫の着る礼服。③匈奴きょうどの衣服。
【毳幕】ぜいばく 毛織りの幕。毳帳。
【毳冕】ぜいべん 周代の天子の礼装。山川を祭る際に着用した。

毛8【毯】〔12〕標 タン 漢 ダン 慣 上 感 tǎn タン J 6163 U 6BEF
意味 毛で織った敷物。毛氈もうせん。
【毯子】タンツ tǎnzi 現毛布。
◆絨毯じゅうたん

毛9【毼】〔13〕カツ 漢 入 曷 hé ホー U 6BFC
意味 ①毛織物。毛布。＝褐 ②やまどり。＝鶡

毛9【毽】〔13〕ケン 漢 去 霰 jiàn チエン U 6BFD
意味 蹴けばね。くつのかかとで蹴って遊ぶもの。「毽子けんし」

毛9【毷】〔13〕ボウ 漢 モウ 呉 去 号 mào マオ 補 3832 U 6BF7
意味 ①解ける。②毷氉ぼうそうは、思い悩むさま。

毛9【毹】〔13〕ユ 漢 平 虞 yú ユイ 補 3833 U 6BF9

毛9【毺】〔13〕同字 U 6BFA
意味 氍毹くゆは、毛織りの敷物。

毛10【毾】〔14〕トウ(タフ) 漢 入 合 tà ター U 6BFE
意味 毾㲪とうとうは、①目のこまかい毛織りの敷物。②羽のいたんださま。

毛11【毿】〔15〕サン 漢 平 覃 sān サン J ①8645 補 3834 U 6BFF
意味 毛や枝が細長く垂れるさま。「毿毿さんさん」

毛11【氂】〔15〕■ボウ 漢 平 豪 máo マオ ■リ 漢 平 支 lí リー J ②7814 補 3835 U 6C02
意味 ■①犛ぼうり(ヤク)の尾。また、ヤク。「氂牛ぼうぎゅう」②細長い毛。また、細長いもの。■長さの単位。分ぶの十分の一。＝釐り

毛11【麾】→麻部四画(一四四三㌻・中)

毛12【氅】〔16〕ショウ(シャウ) 漢 上 養 chǎng チャン J ①8646 補 3837 U 6C05
意味 ①旗につける飾りの羽毛。また、その旗。②鳥の羽。③鳥の羽や毛で作った着物。けごろも。

毛12【氄】〔16〕ジョウ 漢 上 腫 rǒng ロン 補 3836 U 6C04

毛12【氃】〔16〕 トウ 漢 平 東 tóng トン | U補J 6C03

意味 ①むくげ。鳥獣のやわらかい毛。②毛深いさま。

毛12【氄】〔16〕 トウ 漢 平 蒸 dēng トン | U補J 3CAA

意味 氃氋は、毛の散るさま。

毛12【氆】〔16〕 pǔ プー | U補J 6C06

意味 毾㲪は、①目のこまかい毛織りの敷物。②羽のいたんださま。

毛13【氈】〔17〕 セン 漢 呉 平 先 zhān チャン | U補J 6165 6C08

意味 現氆氇 pǔlu は、チベット自治区で産出するヤクの毛の織物。

毛13【氊】〔17〕 同字 U補J ②7815 6C0A

毛5【毡】〔9〕 俗字 U補J 3826 6BE1

意味 毛織りの敷物。もうせん。

【氈裘】 ①毛織りの衣服。②古代の異民族の衣服。③えびす。匈奴。

【氈車】 もうせんを張りめぐらせた車。北方民族が用いる。

【氈毳】 毛織物。また、その衣服。西方の異民族が着用した。

【氈帳】 もうせんのとばり。また、北方民族の住居用のテント。氈幄。

【氈帽】 毛織りの帽子。

毛13【毹】〔17〕 ソウ 漢 呉 去 号 (サウ) sào サオ | U補J 3838 6C09

意味 ①毛。かたい毛。②毷毹は、思い悩むさま。

毛14【氋】〔18〕 モウ 慣 平 東 méng モン | U補J 6C0B

意味 氃氋は、毛の散るさま。

毛15【氇】〔19〕 lǔ ルー | U補J 6C0C

意味 現氆氇 pǔlu は、チベット自治区で産出するヤクの毛の織物。

毛18【氍】〔22〕 ク 漢 平 虞 qú チュイ | U補J 3839 6C0D

意味 氍毹は、毛織りの敷物。じゅうたん。

毛22【氎】〔26〕 チョウ(テフ) 漢 入 葉 ジョウ(デフ) 呉 dié ティエ | U補J ②7816 3840 6C0E

意味 ①細い毛織りの布。②棉布。「白氎」

4画

氏部 うじ

【部首解説】 この部には、「くずれかかったがけの形」にかたどる。「氏」を構成要素とする文字が属する。

氏0【氏】〔4〕 学4 シ うじ | U補J 2765 6C0F

一 シ 漢 呉 上 紙 shì シー
二 シ 漢 呉 平 支 zhī チー

筆順 ノ 𠂆 ⺊ 氏

意味 一 ①〈うじ(うぢ)〉 みょうじ。もと、姓(血族集団)の中での系統を示したが、漢代以降は、姓と区別なく用いる。②太古の部族の称。「神農氏」 ③王朝・国名・諸侯につける。④官職につける。「職方氏」 ⑤結婚した女性の実家の姓につける。「姜氏」 二 ①月氏は、国名。②閼氏は、匈奴の単于の皇后の称号。国①〈うじ(うぢ)〉 家柄。家門。②〈し〉 同輩の姓名の下につけ敬意を表す。また、単独で代名詞的にも用いる。

解字 象形。山ぎわのくずれかかったがけの形。山にがけのあるように、姓にくっついているものが「うじ」である。一説に氏は、皿から肉を切りとる「さじ」であるという。

名前 え

難読 氏上

参考 「氐」は別字。

【氏神】 国①氏の祖先としてまつる神。②氏にゆかりのある神。③その地域を守る神。産土神。鎮守。

【氏子】 国①氏神の子孫。氏の子孫。②その氏神の守る地内に生まれた民。

【氏素姓】 国家柄。

【氏姓制度】 国氏と姓を基礎にした社会制度。大和時代の社会をさす。

【氏族】 ①うじとやから。同じうじの者たち。②国共同の祖先を持つ人々で構成され、その祖先の直系をかしらとしてまとまっている社会集団。【――制度】国大化改新以前、同一の氏族が氏の上を支配の中心にして作った古代の社会制度。

◆杜氏・姓氏

氏1【氐】〔5〕 | U補J ①8647 3841 6C10

一 テイ 漢 タイ 呉 上 薺 dǐ ティー
二 テイ 漢 タイ 呉 平 斉 dī ティー

意味 一 ①〈もと〉 根本。＝柢 ②いたる。＝抵 ③おおよそ。二 ①〈た・れる(―・る)〉 さげる。＝低 ②少数民族の名。西戎。③星の名。

参考 「氏」は別字。

氏1【民】〔5〕 学4 ミン たみ | ビン 漢 平 真 ミン 呉 mín ミン | U補J 4417 6C11

筆順 ㇖ コ 巳 𡰯 民

意味 〈たみ〉 ①ひと。人間。②一般の人々。官位のない人。人民。庶民。③奴隷。

解字 象形。草木の芽がたくさん出ている形という。それを「たみ」の意味に使った。一説に、奴隷の目を針でさしてものが見えないようにした形であるとして、無知の人々をいうことばであるとする。

名前 み・ひと・もと・みたみ

姓 民

【民草】 国人民。あおひとぐさ。

【民意】 人心。民心。人民の気持ち。人民の意思。

【民彝】 人として守るべき道。人倫。

【民隠(隱)】 民衆の痛み、苦しみ。

【民歌】 人民の歌。昔から民間に広がり伝えられた民謡。

【民居】 一般の人々のすみか。民家。

【民極】 民として守るべき道。

【民芸(藝)】 民衆の生活の中から生まれ、伝承された芸術。民俗芸術。郷土芸術。「民芸品」

【民権(權)】 人民の権利。人民が政治に参与する権利。「自由民権」【――主義】 孫文がとなえた三民主義の一つ。

【民国(國)】 ①中華民国の略称。②年号としての中華民国の略称。一九一二年を民国元年とする。

【民事】 ①人民に関する仕事。政治。②人民の仕事。農事など。③法民法・商法など、私法上の法律関係に関連する事柄や現象。↔刑事

【民時】みんじ 人民が農業にいそがしい時。農繁期。
【民主】みんしゅ 国①民のかしら。君主。②国の主権が人民にあること。中ミンチュー mínzhǔ 現国の②に同じ。【―主義】みんしゅしゅぎ 主権が人民にあり、人民によって人民のための政治を行うという思想。民本主義。デモクラシー。
【民衆】みんしゅう 一般の人民。多くの人々。大衆。民庶。
【民情】みんじょう(じゃう) 人民のありさま。人民の心。
【民心】みんしん 人民の意思。国民の心。民意。
【民人】みんじん たみ。人民。
【民生】みんせい ①人民の生活。②人の自然の天性。③人民の生命。人命。④人民。民。【―主義】みんせいしゅぎ 孫文がとなえた三民主義の一つ。
【民声(聲)】みんせい 民衆の声。世論。
【民政】みんせい ①人民の幸福をはかることを目的とする政治。②軍人でなく、普通の人の手によって行われる政治。↕軍政
【民選】みんせん 人民が選挙すること。↕官選
【民俗】みんぞく ①人民の風習。民風。②民間に伝承されている古い信仰・風俗・習慣・伝説の類。【―学(學)】みんぞくがく 民間に伝来した古い信仰・風俗・習慣・伝説・言語などを対象として研究する学問。
【民族】みんぞく 国 同じ土地に生まれそだち、同じ言語を使い、生活の様式や習慣・文化・歴史を同じくする同一人種の集まり。中ミンツー mínzú 現国に同じ。【―主義】みんぞくしゅぎ ①他民族の支配をたちきり、一民族で一国家を組織しようとする思想。②孫文がとなえた三民主義の一つ。
【民賊】みんぞく 人民に害を及ぼす輩。
【民団(團)】みんだん ①地主や豪族が庶民を抑圧するために作った武力団体。②外国の一定地区に居住する本国人民が組織した団体。居留民団。
【民天】みんてん 食糧。民にとってなくてはならないもの。
【民度】みんど 人民の文明または貧富の程度。
【民徳】みんとく 人民の道徳。
【民表】みんぴょう(へう) 民衆の模範。
【民部】みんぶ ①中国の昔の官名。②国民部省。【―省】みんぶしょう(しゃう) 国①平安時代の八省の一つ。土地・人民・租税などのことをつかさどった。②明治時代に置かれた省の一つ。土木・通商などのことをつかさどった。
【民風】みんぷう 民間の風俗。人民の教養や生活態度。民俗。
【民物】みんぶつ ①人々。物も人の意。②民の財物。民の財産。
【民兵】みんぺい 一般の人たちで組織した軍隊。
【民母】みんぼ ①庶民の身分にある生母。②皇后。万民の母であることによる。
【民氓】みんぼう(ばう) 人民。たみ。
【民望】みんぼう(ばう) ①人民の希望。②人民の人気。人望。
【民法】みんぽう(ぽふ) 法個人・法人の財産権その他をとりきめた法律。
【民牧】みんぼく 民を治める地方長官。郡守や県令など。
【民謡(謠)】みんよう(えう) 民衆の間から生まれて、その生活や感情を織りこみ、長く広く人々に歌われている歌。俗謡。里謡。俚謡。
【民力】みんりょく 人民の労力や財力。
【民話】みんわ 国民間に語り伝えられてきた説話。
【民無レ信不レ立】たみしんなくんばたたず もし人々に信義の心がなくなれば、一刻たりとも身を立てていられない。〈論語・顔淵〉
【民鮮久矣】たみすくなきことひさし 長い間、それを行う人はほとんどいなかった。〈論語・雍也〉
【民信レ之矣】たみこれをしんず 人民は教えみちびいて信義を身につけさせる。〈論語・顔淵〉
◆人民・文民・公民・市民・平民・住民・村民・国民・居民・流民・貧民・済民・庶民・都民・殖民・植民・遊民・愚民・義民・農民・窮民・難民・小市民・原住民

氏2 【氒】〔6〕 ケツ 漢 入 月 jué チュエ　J 3842 補 U 6C12
意味 ①根。株。②棒くい。＝橛 ③「厥」(二〇六㌻・中)の古字。

氏3 【帋】(九五七㌻・上) ↓巾部四画

氏4 【氓】〔8〕 一ボウ(バウ) 漢 一 平 庚 méng モン 二ボウ(バウ) 漢 二 平 庚 máng マン　J 6166 補 U 6C13
意味 一〈たみ〉①人々。人民。②流浪の人々。③草野に住む人々。＝甿 二流氓(りゅうぼう)は、ごろつき。
【氓隷】ぼうれい いやしい民。また、一般の人民。

氏4 【昏】↓日部四画(五八六㌻・中)

4画 气部 きがまえ

【部首解説】「雲がわき起こるさま」にかたどる。この部には、気体に関連するものが多く、「气」の形を構成要素とする文字が属する。

气0 【气】〔4〕 一キ 漢 一 去 未 qì チー 二キツ 漢 二 入 物 qǐ チー　J 6167 補 U 6C14
意味 一雲霧(うんむ)。雲気。＝気 二もとめる。＝乞
解字 象形。雲のわき起こる形を表したもの。一説に、口から出る息の形とも、屈曲しながら出る湯気の形ともいう。
参考 气は「氣」の中国新字体としても使う。応用例 忾(愾)

气1 【氕】〔5〕 piē ピエ　J ― 補 ― U 6C15
意味 現 水素の同位元素の一つ。(^{1}H)。

气2 【気】〔6〕 学1 キ・ケ　J 2104 補 U 6C17
旧字 气6 【氣】〔10〕 人 キ 漢 去 未 qì チー ケ 呉　J 6170 補 U 6C23
筆順 ノ 𠂉 ⺈ 气 気 気
火4 【炁】〔8〕 同字　U補J ―
火5 【炁】〔9〕 俗字　J ②7960 補 4141 U 7081
意味 ①雲気(うんき)。かすみ。②気体の総称。特に、空気。③一年を二十四に分けた、その一期間。二十四気。④いき。呼吸。⑤におい。かおり。「香気」⑥こころもち。「怒気」「勇気」⑦ようす。おもむき。「和気」⑧うまれつき。⑨万物の根源となる力。「元気」⑩万物を構成する要素。↕理 ⑪現怒る。怒らせる。
解字 形声。米が形を表し、气が音を示す。气には、ゆげの立ちのぼる意味がある。氣は、客をもてなすためにむした米をいう。後に、气のかわりに使うようになり、別に餼という字が、客をもてなす米の意味に作られた。
名前 おき 姓 気良(きら)
地名 気仙(けせん)・気高(けたか)・気仙沼(けせんぬま)
難読 意気地(いくじ)・浮気(うわき)(付表)／気質(かたぎ)・気障(きざ)
【気圧(壓)】きあつ ①空気の圧力。上空にいくにつれ小さくなる。②空気の圧力を示す単位の一。水銀柱が七六〇ミリ

の高さを示す圧力を一気圧とし、これは一〇一三ヘクトパスカルにあたる。

【気韻】けだかいおもむき。風雅なおもむき。上品なおもむき。

【気宇】気ぐらい。心の広さ。「気宇壮大」

【気鬱】気分がふさぐ。気持ちがはればれしないこと。

【気運】時勢のなりゆき。まわりあわせ。

【気鋭】意気ごみがするどいこと。「新進気鋭」

【気炎】さかんな意気。気勢。＝気焔・気燄【――万(萬)丈】気勢が非常にあがっているさま。

【気温(溫)】■一 空気の温度。■二 qìwēn 現■一に同じ。

【気概】物事に負けない強い意気。意気の盛んなこと。

【気格】気ぐらい。気がまえ。品格。気品。

【気岸】意志が強いこと。気概。

【気義】意気と義侠がある。

【気侠】おとこぎ。おとこだて。義侠心。

【気孔】①植植物の葉・茎の表皮にあってガス交換を行う小さなあな。②動昆虫などのからだの側面にあって呼吸作用をする小さなあな。

【気候】■一 季節。陽気。時候。■二 qìhòu 現■一に同じ。

【気骨】■一 正義や信念を守りぬく意気。■二 国気をつかうこと。心づかい。心配。

【気質】■一 ①人における気だてや心がまえなどの素質。②詩文における気高くて力強い風格。■二 国年齢や職業・身分などによって共通に形成される特別な気風。「職人気質」【――之性】宋の程伊川や朱子などが主張した学説。人が後天的に気から授かる肉体的、精神的な性質。先天的な「本然之性」に対する概念で、気の清濁などによって決定する。

【気習】気質と習慣。

【気尚】人格が気高いこと。

【気性】①人が天より授かった気と命。②気質。性質。

【気象】■一 ①空中に起こる物理的現象。寒暖・晴曇・風雨など。②けしき。おもむき。「気象万千」(万千は、非常に変化に富むさま。)〈范仲淹・岳陽楼記〉③心だて。気質。気性。■二 qìxiàng 現■一に同じ。

【気丈】国①心がしっかりしていること。②相場が手がたく、また、値が上がるけはいがあること。

【気色】■一 ①顔や態度に見られる心の動き。②ようす。ありさま。③心もち。気分。■二 ①■一に同じ。②きげん。③おぼしめし。④わけ。

【気数(數)】めぐりあわせ。運命。

【気勢】いきおい。元気。いきごみ。

【気節(節)】①気骨があり、みさおがかたいこと。②時候。気候。

【気絶】一時、息がとまって気を失うこと。

【気息】いき。呼吸。【――奄奄】いきもたえだえなさま。今にも死にそうなさま。

【気付】■一 国①元気をつけること。②気を失った人の意識を回復させること。また、気付け薬。③通信物を直接本人の住所に送らないで本人の関係先に送る場合、その送り先の名の下に書く語。■二 ■一の③に同じ。＝気附

【気転(轉)】①大気の変化。②国気がきくこと。すばしこい。機知。＝機転

【気魄】たましい。精神力。気力。気概。＝気迫

【気品】①万物。②人に備わった風格や品位。③国上品なおもむき。けだかい品位。

【気稟】天から与えられた気だて。生まれつき。

【気風】国①気だて。気性。②一般の風習。

【気分】①気持ち。心持ち。気だて。②国感じ。おもむき。ふんいき。ムード。

【気泡】空気をふくんだあわ。あぶく。

【気味】①においとあじ。②おもむき。けはい。③気持ち。感じ。

【気脈】①血気と脈拍。②詩文の流れや構成。③つながり。連絡。「気脈を通じる」④風気や習俗。⑤気運。

【気量】心のはたらき。度量。器量。

【気力】①精神力。元気。②体力。③力量。また、勢力。④権勢。

【気類】①万物。天地に生じた、いっさいの生物・無生物。②気風の似ているどうし。

【気配】国①気づかい。手配。②ありさま。ようす。③相場。

『気蒸雲夢沢(澤)』雲夢沢(洞庭湖北方にあった沼地)のあたりに水蒸気がむんむんと上がっている。〈孟浩然の詩・臨洞庭〉

『恃気』気おう。りきむ。

◇▼人気・元気・正気・生気・平気・血気・呆気・志気・男気・狂気・妖気・邪気・夜気・空気・若気・英気・毒気・油気・和気・食気・勇気・乗気・臭気・怒気・侠気・活気・根気・病気・鬼気・酒気・浮気・弱気・殺気・剛気・悪気・堅気・陰気・脚気・寒気・暑気・景気・湿気・湯気・換気・陽気・勝気・短気・蒸気・意気・電気・稚気・厭気・豪気・磁気・精気・語気・熱気・鋭気・覇気・小意気・不景気・水蒸気・生意気・空元気・雰囲気・頓痴気

气 2【氘】〔6〕 dāo タオ ｜意味｜現水素の同位元素(D)。重水素。｜J ―― 補 ―― U 6C18

气 2【氖】〔6〕 nǎi ナイ ｜意味｜現元素名。ネオン(Ne)。氖气 nǎiqì。｜J ―― 補 ―― U 6C16

气 3【氙】〔7〕 xiān シエン ｜意味｜現元素名。キセノン(Xe)。希ガス元素の一つ。｜J ―― 補 3843 U 6C19

气 3【氚】〔7〕 chuān チョワン ｜意味｜現水素の同位元素の一つ。トリチウム(T)。｜J ―― 補 ―― U 6C1A

气 4【氛】〔8〕 フン 漢 平 文 fēn フェン ｜J 6168 補 ―― U 6C1B

意味 ①気。吉凶を暗示する雲気。②妖気。③災い。

【氛埃】立ちこめたほこりやちり。

【氛囲(圍)気(氣)】「雰囲気」(一三五一ページ・上)に同じ。

【氛氳】さかんに立ちこめる気。また、気のさかんなさま。

【氛翳】悪い気。邪気。不吉な気配。

气 5【氡】〔9〕 dōng トン ｜意味｜現元素名。ラドン(Rn)。｜J ―― 補 ―― U 6C21

气 5【氟】〔9〕 fú フー ｜意味｜現元素名。弗素(F)。｜J ―― 補 3844 U 6C1F

气 6【氤】〔10〕 イン 漢 平 真 yīn イン ｜J 6169 補 ―― U 6C24

意味 氤氳は、天地の気が合してさかんなさま。＝絪縕

气6 【氨】〔10〕 ān アン 意味 現 アンモニア(NH_3)。窒素と水素の化合物。 U補J 6C28 3847

气6 【氦】〔10〕 hài ハイ 意味 現 元素名。ヘリウム(He)。 U補J 6C26 3845

气6 【氧】〔10〕 yǎng ヤン 意味 現 元素名。酸素(O)。氧気 yǎngqì。 U補J 6C27 3846

气6 【氣】〔10〕 旧 →気(六九四ページ・下)

气7 【氪】〔11〕 kè コー 意味 現 元素名。クリプトン(Kr)。 U補J 6C2A

气7 【氫】〔11〕 qīng チン 意味 現 元素名。水素(H)。 U補J 6C2B

气8 【氮】〔12〕 dàn タン 意味 現 元素名。窒素(N)。 U補J 6C2E 3849

气8 【氬】〔12〕 yà ヤー 意味 現 元素名。アルゴン(Ar)。＝氩 U補J 6C2C 3848

气8 【氯】〔12〕 lǜ リュイ 意味 現 元素名。塩素(Cl)。 U補J 6C2F

气10 【氳】〔14〕 ウン 漢 平 文 yūn ユン 意味 氤氳・氳氳は、気のさかんなさま。 U補J 6C33 3850 ①8648

4画 水(氵・氺)部 みず さんずい したみず

【部首解説】「水の流れているさま」にかたどる。この部には、水の状態や河川、また水にかかわる動作を表すものが多く、「水・氵・氺」の形を構成要素とする文字が属する。偏になるときは「氵(さんずい)」(三画)、脚になるときは「氺(したみず)」(五画)となる。

水0 【水】〔4〕 学1 スイ みず スイ 漢 呉 上 紙 shuǐ ショイ U補J 6C34 3169

筆順 亅 刁 水 水

意味 ①〈みず(みづ)〉 ㋐みずをたたえた場所。川・湖・海など。↕陸 ㋑おおみず。水害。②みず状のもの。③水をくむ。水をくむこと。④たいら。「水平」⑤うるおす。⑥水攻めにする。⑦泳ぎ。⑧五行の一つ。方位では北、季節では冬、色では黒。⑨星の名。国①〈みず(みづ)〉相撲で、㋐力水の略。㋑水入りの略。②〈すい〉七曜の一つ。「水曜日」の略。

解字 象形。水の流れている形。すらりと流れているのが川で、水紋が見えるのが水。水は平らなものの代表とされる。また、易の卦で陽を一、陰を‐‐で表すが、水は☵で、陰の間に陽が含まれた形、火は☲で、陽の間に陰が含まれた形になる。

名前 な・み・ゆ・なか・みな・ゆく・たいら 姓 水口・水上・水主・水取・水海・水上・水無瀬・水海道・水馬・水夫・水鶏・水母・水団・水葱・水脈・水蚤・水翻・水準・水上・水無月・水泡・水松・水雲 地名 水戸・水沢・水俣 難読 清水(付表)／水綿・水黽・水蚤・

【水圧(壓)】水の圧力。

【水衣】①みずごけ。水藻。②国水の中で作業する際に着る衣服。水着。

【水位】①川・海・湖などの水量を高さで示したもの。②北方のこと。陰陽五行説において、水は北方に配される。

【水陰】①水。水は陰陽の陰に属する。②川の南側。↕「水陽」

【水雲】①水と雲。②水の上に出ている雲。

【水運】水上の交通や運送。↕陸運

【水裔】水辺。川の岸べ。

【水駅】船着場の宿。

【水烟】「水煙」に同じ。

【水煙】一 水の上に立つもや。二 水しぶき。

【水甕】水をいれるかめ。

【水火】①水と火。日常生活に必要なもの。②おおみずと火事。③水におぼれ、火に焼かれるような苦しみ。また は、非常に危険なもの。「水火も辞せず」④仲が悪いたとえ。

【水花】①はすの花の別称。水華。②うきくさ。③水しぶき。

【水茄】草の名。いぬほおずき。こなすび。竜葵。

【水害】洪水によって起こる災害。水災。水患。

【水涯】みぎわ。水辺。

【水客】①船で旅する人。②行商人。③船頭。水夫。④菱の花の別称。

【水郭】川べりの村。水村。

【水閣】川べりに建つ高殿。

【水干】①水のほとり。②国のりを使わないで水張りして、かわかした絹。③国狩衣の一種。

(水干③)

【水旱】①洪水によって起こる災害と、ひでりによって起こる災害。水害と旱害。②水上と陸上。水陸。

【水脚】①水路を使って物を運ぶのにかかる費用。②水でぬれた跡。③国ふなあし。舟の水に沈む部分。

【水牛】牛の一種。水辺に住み、耕作に使われる。

【水郷(鄕)】一 水のほとりの村。まわりに沼や川などの多い集落。二 国沼や川が多く、そのけしきで有名な土地。特に、利根川の下流、潮来あたりをさす。

【水鏡】一 ①水をかがみにして姿をうつすこと。②かがみともすべきりっぱな人。③月。二 国書名。中山忠親の作といわれる。神武天皇から仁明天皇までのことを仮名で書いた歴史書。

【水曲】川、池、湖などの屈曲したところ。

【水玉】一 ①水晶の別名。②ガラスの別名。③草の名。二 国①球状の水滴。②ガラス玉の中に水のはいっているもの。③水玉もよう。

【水禽】水の上や水ぎわに住む鳥。みずとり。

【水銀】①理元素の名。みずがね。汞。②水滴の形容。

【水軍】①ふないくさ。水戦。②水兵。水師。海軍。

【水経(經)】書名。四十巻。著者不明。三国時代の作といわれる。長江・黄河その他について地理・水系などを記録したもの。後魏の酈道元の著「水経注」によって伝わった。【——注】書名。四〇巻。後魏の酈道元著。古代の地理書「水経」にもとづいて、各地の地理・風物・歴史などをしるしたもの。名文として知られる。

【水鶏(鷄)】①かえるの別名。かじか。②鳥の名。くいな。水辺にすみ、夜明けを告げるので水鶏という。③こがも。

【水月】①水と月。②水にうつる月の姿。

【水源】川や水道のみなもと。

【水光】水面の輝き。水にうつった光。「水光接レ天」(水面の輝きが空と接している。)〈蘇軾・前赤壁賦〉「水光瀲灎晴偏好」(水面に反射する日光は、波のまにまにきらめき、晴れた日の景色はすばらしくよい。晴れた日の湖面の美しさをのべた句。)〈蘇軾の

詩・飲二湖上一〉

【水行】①水上をゆくこと。船の旅。②水の流れ。

【水攻】①川の水をせきとめて、敵の城を水びたしにして攻めること。②国敵の用水路をたちきり、飲料水をなくさせて敵を苦しめ攻めること。水ぜめ。

【水閘】水門。川の水量を調節する設備。

【水国(國)】川や湖の多い土地。

【水滸伝(傳)】小説の名。元の施耐庵の作といわれる。宋代に百八人の豪傑が山東省の梁山泊にたてこもって活躍する物語。

【水痕】水のあと。水のついたしるし。

【水災】洪水の災害。水害。水患。

【水彩】①水の光。②水彩画。水彩画に用いる顔料。「絵の具。」

【水際】水と陸と接するあたり。波うちぎわ。「水際立つ」(ひときわ目だってすばらしく見えること。)

【水芝】はすの別称。

【水師】①ふないくさ。水軍。海軍。②船頭。

【水次】①川や湖の岸にある宿駅。②舟つき場。

【水車】①水神の乗る車。②水の力で回転させる車。田畑に水を送りこんだり、米つきや粉ひきなどに使われる。

【水榭】水ぎわに建てられた休息所。

【水手】水夫。

【水腫】水ぶくれ。むくみ。

【水準】①水平。②みずもり。水準器。③物事の標準。平均した段階・程度。

【水晶】鉱石の一種。純粋なものは無色透明。不純なものに黒水晶・紫水晶などがある。水玉。【――宮】水晶で作ったりっぱな宮殿。【――簾】水晶の玉をつらぬいて作ったすだれ。「水晶簾動微風起」〈高駢の詩・山亭夏日〉

【水漿】①水と、どろりとした飲み物。②飲み物。飲料。

【水上】㊀①川のほとり。②水面。

【水城】㊀水ぎわの城。㊁国堤防を作って、中に水をたたえた城。天智天皇のとき、九州の北部に設けたもの。

【水色】㊀水の色。水の景色。㊁国うすい藍色。淡青色。

【水心】㊀水面の中心。川や湖の中央。㊁国①水泳のたしなみ・こころえ。②相手の出かたしだいで持つ好意。親切心。「魚心あれば水心」


【水神】水の神。水を守る神。火災を防ぐ神。河の神。河伯。

【水生】(理)水中に生育・棲息すること。「水生植物」「水生動物」＝水棲
【水星】星の名。惑星の中でもっとも小さく、太陽にもっとも近い。

【水棲】「水生」に同じ。

【水勢】水の流れるいきおい。

【水精】㊀①水の精。②水星や月をさす。㊁「水晶」に同じ。

【水仙】①水中の仙人。②草の名。

【水戦(戰)】ふないくさ。海戦。

【水草】①水と草。②水中・水辺にはえる草。みずくさ。

【水葬】水中に死体を投じてほうむること。

【水想観(觀)】(仏)水の姿を見てさとりを開くこと。

【水族】魚貝などの水生生物。

【水賊】川などの水上で活動する盗賊。

【水村】水のほとりの村。水郭。

【水沢(澤)】水のある沢。水と沢。沢。

【水獺】獣の名。かわおそ。かわうそ。

【水底】水の底。川の底。みずそこ。みなそこ。

【水程】船旅の旅程。水路の里程。

【水滴】①水のしずく。②文房具の一つ。すずりに水をそそぐもの。水さし。

【水田】水を引いて稲などを植える耕作地。みずた。↕陸田・旱田
【水殿】①水ぎわの宮殿。②天子の乗る豪華な遊覧船。

【水土】①水と陸。水陸。②その地方の気候・風土。自然環境。③地。土地。

【水稲(稻)】㊀水田で栽培する稲。㊁shuǐdào 現㊀に同じ。

【水頭】①水源。②水のほとり。

【水道】①船の通る道。②水流の通る道すじ。③飲料水を供給するための施設。上水道。④海峡。「豊後水道」

【水難】①大水による災害。水災。水害。②水上の災難。沈没・溺死・難船など。「水難救護法」

【水波】なみ。波浪。

【水馬】①水中にすむ伝説上の怪獣。②虫の名。あめんぼ。③たつのおとしごの別称。

【水伯】①水神。②黄河の別称。


【水畔】水のほとり。

【水飯】国昔、乾飯を冷水にひたしたもの。後世は、やわらかくたいた飯を冷水で洗ったもの。

【水盤】国水を盛る大きなはち。浅く平らで陶器または金属で作ったもの。特にいけ花や盆石に使うもの。

【水浜(濱)】水ぎわ。浜べ。

【水夫】①ふなのり。②下級の船員。

【水府】①水中の都。水神のごてん。②国水戸の別名。

【――流】国日本古来の泳ぎかたの一派。水戸の近くで発達した。

【水分】みずけ。物の中にふくまれた水の量。

【水平】㊀①水平をはかる道具。みずもり。水準。②静止した水面のたいらなこと。③物の表面のたいらなこと。④普通。なみ。⑤地球の重力の方向と直角にまじわる方向。㊁shuǐpíng 現①㊀に同じ。②レベル。

【水兵】水軍の兵士。

【水辺(邊)】水のほとり。水ぎわ。川べ。

【水母】①水神。②くらげ。

【水泡】①水のあわ。うたかた。みなわ。②人生のはかないたとえ。③むだになるたとえ。

【水墨画(畫)】墨の色の濃淡によって描いた絵。すみえ。

【水沫】①水面に生じるあわ。水泡。②水しぶき。

【水密桃】果実の名。ももの一種。

【水脈】①水の流れる道すじ。水路。②地下水の流れる道すじ。③川や海で船のかよう道。

【水明】水流がすんで明らかなこと。水のながめが美しいこと。「山紫水明」

【水面】水のおもて。水の表面。

【水門】水の流れる量をととのえるため、水路や貯水池に設ける門。水の取り入れ口。水閘。

【水陽】川の北側。↕水陰
【水楊】かわやなぎ。水辺に生える枝のたれない柳。

【水浴】水をあびる。水あび。

【水雷】水中で爆発させて、艦船を破壊する兵器。

【水利】①水上の交通や運輸の便利。②飲料・農耕・工業用などの水の利用。【――権(權)】国水利のために川や湖などの水または水面を用いることのできる権利。

【水理】水面に生じる波紋。また、自然界における水の様々な変化。

【水竜(龍)】①軍船のこと。②火を消す道具。消火器。

【水蓼】草の名。みずたで。

【水力】水の力。水の勢い。

【水簾】滝。簾は、すだれ。

【水路】①水の流れる道すじ。②船の航行する道。航路。

【水潦】①雨水。水たまり。にわたずみ。②ながあめ。

【水楼(樓)】水のほとりの高殿。水閣。

【水漏】水時計。

【水絵(繪)】国①浮世絵版画の一つ。黒線の輪郭を用いず、うすい色だけですったもの。②水彩画。

【水菓子】国食用のくだもの。

【水茎(莖)】国①毛筆。②毛筆で書いた文字。筆跡。③手紙。消息文。

【水芸(藝)】国水を用いた曲芸・手品の類。

【水垢離】国神仏に願いごとをするとき、冷水をあび、身心を清らかにすること。垢離。

【水杯】国二度とあえないような別れのとき、酒のかわりに水をさかずきについで飲みかわすこと。

【水先】国①船の進んで行く方角。②船の進むとき、水をかきわけるところ。③水の流れて行く前方。④「水先案内」の略。【――案内】国①港や湾の中で、出入りする船のためにその進路を案内すること。②水先案内を職業とする人。水先人。

【水茶屋】国昔、道ばたで茶などを飲ませて、人を休息させた店。

【水引】国紙こよりに水のりをひいてかわかしたもので、紅白や金銀にそめ分けたものは祝いごとに、黒白にしたものは不幸のときの贈り物にかけるのに使われる。

【水屋】国①神社などで参拝者が手を洗う所。②茶道で、茶室のすみに作って茶器を洗う所。③茶器などをいれておく小型のたんす。④飲料水など水物を売る人。⑤台所。かって。

【水戸学(學)】国江戸時代、水戸藩に起こった学問。徳川光圀の「大日本史」編修をもととし、皇室崇拝・国体擁護などを主張した。

【水無月】国陰暦六月の別称。【――祓】国陰暦六月のみそかに神社で行うおはらい。なごしのはらえ。＝六月祓
【水庫】shuǐkù 現ダム。貯水池。

【水果】shuǐguǒ 現くだもの。フルーツ。

【水泥】shuǐní 現セメント。
【水魚之交】魚と水との関係のように離れられない親しい交際。君臣・夫婦などにいう。親交。↓「孤之有孔明、猶魚之有水也」(三五九ページ・中)
【水天髣髴青一髪】水と空が見わけられないほどに続いていて、青い水平線は一本の髪の毛のように見える。〈頼山陽の詩・泊天草洋〉
【水至清、無魚】「水清、無大魚」に同じ。
【水落石出】①冬、川の水がかれて、岩が現れる。〈蘇軾・後赤壁賦〉②真相がすっかり暴露される。
【水清、無大魚】水が清いとかえって大魚がすまない。人もあまりきちんとした性格だと、人が近づかない。〈後漢書・班超伝〉
【水大、魚多】川や海が広いと、そこに住む魚の数も多い。〈論衡〉
【水随(隨)方円(圓)器】水は四角形や円形といった器の形によってその形が変わる。人民の善悪が、君主の善悪によって決定することのたとえ。〈荀子・君道〉
◆入水・小水・上水・下水・大水・山水・手水・王水・用水・吃水・汚水・行水・冷水・汲水・防水・若水・呼水・治水・泥水・香水・泉水・洪水・浄水・浸水・清水・淡水・渇水・排水・進水・給水・軟水・断水・雲水・減水・湖水・湯水・硬水・疎水・散水・溜水・墨水・増水・静水・噴水・潜水・撒水・我田引水

水0 【氵】〔3〕 J 2817 補 3851 U 6C35
意味 漢字の偏の一つ。さんずい。三点水。

水0 【氺】〔5〕 J 2819 補 3853 U 6C3A
意味 したみず。漢字の構成要素。「泰」など、「水」が脚になるときに用いる。

水1 【永】〔5〕 学5 エイ 漢 ヨウ(ヤウ) 呉 上 梗 yǒng ヨン J 1742 補 ― U 6C38
エイ ながい

筆順

意味 ①〈なが・い(――・し)〉長さや時間がながい。永遠。永永は、長く続くさま。②〈とこしえ(とこしへ)〉いつまでも。③ながくする。

解字  象形。水流の広がっている形。転じてながいという意味になる。古い字形では、永の反対向きの字が辰で、わかれる意味である。永も、水流がいくすじにも分かれている形と見る説がある。

名前 つね・とう・のぶ・のり・ひさ・ひら・はるか・ひさし
難読 永久・永劫・永沈

【永安】①長らく安定していること。②永遠に安らかであること。③地名。現在の四川省重慶市奉節県の東で、白帝城がある。④年号の名。(→付録「中国年号索引」)

【永遠】一 いつまでも限りなく続くこと。永久。二 yǒngyuǎn 現 一に同じ。

【永久】長く、ひさしいこと。いつまでも続くこと。とわ。とこしえ。永遠。

【永懐(懷)】ながく思い続ける。

【永訣】永遠のわかれ。死にわかれ。永別。

【永言】ことばをながくのばし、節をつけてうたう。

【永巷】①後宮。②奥まった通り。深巷。

【永劫】仏非常にながい年月。永遠。「未来永劫」

【永日】①長い日。②朝から晩まで。一日中。

【永字八法】「永」の字によって、八つの筆づかい(側・勒・努・趯・策・掠・啄・磔)を説明する書道の法。

(永字八法)

【永寿(壽)】ながいき。長寿。長命。

【永住】長らく住む。いつまでも同じ所に居住する。

【永世】長い年月。これから先のながい間。永久。

【永生】①ながいき。長生。②永遠のいのち。③仏仏のさとり。

【永続(續)】ながく続く。ながつづき。

【永代】長い世。永世。永久。

【永嘆】ながくなげく。永歎。

【永年】ながい年月。

【永別】永久のわかれ。死別。永訣。

【永楽(樂)銭(錢)】明の永楽年間に造られた青銅の貨幣。日本でも室町時代から通用した。

【永楽(樂)大典】書名。二万二千八百七十七巻。明

の永楽帝の命令によって編集された類書(百科事典)で、現在ではごく一部分しか残っていない。
【永楽(樂)帝】えいらくてい 明みんの第三代の天子。都を北京ペキンに移し、内政につとめた。永楽は年号。
【永路】えいろ 長く続く街道かいどう。「出㆓門臨㆑永路㆒」もんをいでて えいろにのぞむ(門を出て、長く続く大通りに立ってながめる。)〈阮籍げんせきの詩・詠懐詩えいかいし〉

水1 【丞】〔5〕 ㊀ショウ 漢 ㊀上 迥 zhěng チョン ㊁ショウ 漢 ㊁平 蒸 chéng チョン　J ②7818 補 3852 U 6C36

意味 ㊀①すくう。=拯じょう。②川の名や地名に用いる。丞水しょうすいは、山東さんとう省にある川の名。㊁うけつぐ。=承しょう

水1 【氷】〔5〕 学3 ヒョウ こおり・ひ　ヒョウ 漢 呉 平 蒸 bīng ピン　J 4125 補 U 6C37

筆順 丨 丬 氵 氺 氷

4 冫 【冰】〔6〕 字 本　J 4954 補 U 51B0

意味 ①〈こおり〉(こほり)〈ひ〉水が冷えて固まったもの。②〈こお・る〉(こほ・る) こおりつく。ひえる。③透明なものの形容。「氷心」

解字 会意。古い形は冰。冫は、こおったもの。水がこおったのが冰。

名前 きよ　姓 氷ひ・氷上ひかみ
地名 氷上ひかみ・氷見ひみ　難読 氷柱つらら

【氷雨】ひさめ 国①雪まじりの雨。みぞれ。②ひょう。
【氷夷】ひょうい 川の神の名。馮夷ひょうい。河伯かはく。
【氷翁】ひょうおう(をう) 妻の父親。岳父。→「氷清玉潤」
【氷河】ひょうが ①氷のはった川。②理高山や極地につもった万年雪が氷となり、その重みで低い方へ川のように流れるもの。
【氷解】ひょうかい 氷がとけるように、疑問がすっかりとける。氷釈。
【氷肌】ひょうき ①氷のようにすき通った清らかな肌はだ。②梅の花の形容。
【氷鏡】ひょうきょう(きゃう) ①鏡のように川に氷が張ること。②月の別称。
【氷玉】ひょうぎょく ①氷と玉。高尚な人格や清らかで美しいもののたとえ。②妻の父親、娘婿のこと。→「氷清玉潤」
【氷結】ひょうけつ 氷がはりつめる。こおりつく。
【氷山】ひょうざん ①氷の山。②たよりにならないもののたとえ。③理氷河の末端が落下したり、陸地を囲む氷壁が割れたりして海に流れ出て、小山のように浮かんでいるもの。
【氷室】㊀ひょうしつ 氷をしまっておく所。㊁ひむろ 国昔、冬の氷を夏まで貯蔵するため特別の装置をした場所。
【氷釈(釋)】ひょうしゃく ①氷がとける。②消えてなくなる。とけさる。氷解。
【氷心】ひょうしん 氷のようにすき通った清らかな心。
【氷人】ひょうじん 結婚のなかだちをする人。なこうど。媒酌人ばいしゃくにん。月下げっか氷人。
【氷刃】ひょうじん 氷のようにとぎすまされた刃は。
【氷清玉潤】ひょうせいぎょくじゅん 氷のように清らかで玉のようにうるおいがある。すぐれた人物のたとえ。晋代、人々が楽広がくこうを氷清と評し、また、その娘婿の衛玠えいかいを玉潤と評した故事による。〈晋書しんじょ・衛玠伝〉
【氷雪】ひょうせつ ①氷と雪。②潔白な物または心の形容。
【氷霜】ひょうそう(さう) 木の枝にふりつもって、氷がついているように見える霜しも。
【氷柱】ひょうちゅう(ちう) ①つらら。②夏、室内をひやすために使われる氷の柱。
【氷轍】ひょうてつ こおった道路の上にきざまれた車輪のあと。「輾㆓氷轍㆒」ひょうてつをひく(輾は、ころがす。)〈白居易はくきょいの詩・売炭翁〉
【氷点(點)】ひょうてん 理水がこおるとき、あるいは、氷のとけるときの温度。摂氏せっし温度の零度。
【氷輪】ひょうりん 月の別称。
【氷箱】ピンシアン bīngxiāng 現冷蔵庫。
【氷炭不㆓相容㆒】ひょうたんあい(あひ)いれず 氷と炭火すみとは性質が正反対のもので、お互いに調和・一致することができない。氷炭不㆓相並㆒ひょうたんあいならばず。氷炭不㆑同㆑器ひょうたんきをおなじうせず。〈韓非子かんぴし・顕学〉
◆砕氷さいひょう・流氷りゅうひょう・結氷けっぴょう・薄氷はくひょう・うすごおり・樹氷じゅひょう

水1 【氹】〔5〕 タン dàng　J 補 U 6C39

意味 現水たまり。

水2 【氿】〔5〕 キ 漢 上 紙 guǐ コイ　J ②7821 補 3855 U 6C3F

意味 ①水が横から流れ出る。②横穴から流れ落ちる泉。「氿泉きせん」③水の干上がった岸。

水2 【求】〔7〕 学4 キュウ もとめる　キュウ(キウ) 漢 グ 呉 平 尤 qiú チウ　J 2165 補 U 6C42

筆順 一 寸 寸 才 才 求 求

意味 ①〈もと・める(――・む)〉さがす。ほしがる。願う。「求索きゅうさく」「要求ようきゅう」②もとめ。③おわる。つきる。④かわごろも。=裘

解字 象形。毛皮の衣の形である。古い形で、裘となっているのは、裘(毛皮)の衣の部分を上と下に分けた形である。毛皮はぎゅっと引きしめて着るので、求には、ひきしめる意味を含んでいる。そこから「もとめる」の意味が生じたという。

名前 ひで・まさ・もと
難読 求肥ぎゅうひ・求道ぐどう・求法ぐほう

【求愛】きゅうあい 愛を求める。特に、すきな異性に愛を求めること。
【求雨】きゅうう(きう) 雨乞こいをする。
【求解】きゅうかい ①弁解、弁護をお願いする。②悟りを得ることを追求する。
【求婚】きゅうこん 結婚を申しこむ。
【求志】きゅうし 志を守り続ける。〈論語・季氏きし〉
【求心】きゅうしん ①心のうちで求める。②中心に近づこうとする。
【求仙】きゅうせん ①仙人になろうとする。②仙人をたずねる。
【求道】㊀きゅうどう ①道をさがし求めること。②正しい道理をたずね求めること。㊁ぐどう 仏仏教により安心立命の境地を得ること。
【求同存異】きゅうどうそんい お互いに意見のちがいを残しながらも、一致点を求めてともに行動しようという精神。
【求法】ぐほう(ほふ) 仏仏法をさぐり求めること。
【求全之毀】きゅうぜんのそしり 完全を追求して、かえって思いがけず他人から受けるそしり。〈孟子もうし・離婁りろう上〉
◆希求ききゅう・苛斂誅求かれんちゅうきゅう・欣求ごんぐ・追求ついきゅう・要求ようきゅう・欲求よっきゅう・探求たんきゅう・請求せいきゅう

氵2 【汁】〔5〕 常 ジュウ しる　シュウ(シフ) 漢 ジュウ(ジフ) 慣 入 緝 zhī チー　J 2933 補 U 6C41

筆順 丶 丷 氵 汁 汁

意味 ①〈しる〉液体。飲み物。②みぞれ。「雨汁うじゅう」③なみだ。「目汁もくじゅう」

解字 形声。氵が形を表し、十じゅうが音を示す。氵は水。十には深く入りこむという意味がある。汁は、容器の中深くに沈んだしるをいう。また、叶きょうと通じて、かなうという意味に用いる。
◆灰汁かいじゅう・あく・肉汁にくじゅう・果汁かじゅう・毒汁どくじゅう・胆汁たんじゅう・墨汁ぼくじゅう

氵2【汀】〔5〕人 ティ 漢 平 青 tīng ティン　U補J 3685 6C40
意味〈みぎわ(みぎは)〉みずぎわ。みずぎし。なぎさ。

解字 形声。水が形を表し、丁ていが音を示す。水ぎわの平らな所。みぎわ。

【汀曲】曲線形になっている岸べ。

【汀州(「洲」)】なぎさ。川の州す。

【汀渚(渚)】水ぎわ。岸べ。

【汀蘭(蘭)】波うちぎわにはえている蘭らん。

水2【氽】〔6〕トン 漢 上 阮 tǔn トゥン　U補J —— 6C3D
意味 人が水に浮かぶ。また、水に浮かす。

氵2【氾】〔5〕常 ハン　ハン 漢 去 陥 fàn ファン　U補J 4037 6C3E
筆順 丶 冫 氵 汀 氾
意味 ①水があふれる。②〈ただよ・う(――・ふ)〉うかぶ。氾は、水に浮かび、ただようさま。＝泛 ③〈ひろ・い(――・し)〉あまねくゆきわたっている。④ひろがる。⑤姓。
解字 形声。氵が形を表し、㔾はんが音を示す。氵は水。㔾は凡と音が近く、氾と汎は水があふれる、浮かぶ、ひろい、といった共通した意味を有している。
参考「汜し」は別字。
【氾水】①川の名。山東省曹県そうけんの北。漢の劉邦が即位した。②河南省鞏義きょうぎ。
【氾濫】①水があふれて流れる。②人や物の多いたとえ。
【氾論】広く全体を論じる。また、その論説。＝汎論・泛論

水2【氻】〔5〕ロク 漢 入 職 lè ロー 呉　U補J 3854 6C3B
意味 泉の湧わく音。水の流れる音。

水2【汆】〔6〕ツォワン cuān　U補J —— 6C46
意味 現 ①湯をわかす。②湯がく。③汆子ツォワンツは、湯わかしの道具。

水2【汈】〔5〕diāo ティアオ　U補J —— 6C48
意味 現 汈汊ティアオチャー diāo-chà は、湖北省にある湖の名。

水2【𣱿】〔5〕国字　U補J ②7820 23C7F
意味〈ぬかり〉𣱿は、福島県にある地名。

氵3【汚】〔6〕常 オ　けがす・けがれる・けがらわしい・よごす・よごれる・きたない　一 オ(ヲ) 漢 ウ・オ(ヲ) 呉　一 平 虞 wū ウー　二 ワ 漢 呉　二 平 麻 wā ワー　U補J 1788 6C5A
筆順 丶 冫 氵 汀 汅 汚

水3【污】〔6〕本字　U補J —— 6C61
水3【汙】〔6〕同字　U補J ①8649 3862 6C59

意味 一①〈けがれ〉〈よごれ〉㋐きたないもの。㋑はじ。㋒みにくさ。不正。②〈けが・す〉〈よご・す〉㋐きたなくする。㋑傷つける。③〈けが・れる(――・る)〉〈よご・れる(――・る)〉④〈きたな・い(――・し)〉〈けがらわし・い(けがらは・し)〉⑤(程度・水準が)ひくい。⑥よごれをおとす。⑦水たまり。小さな池。＝洿 二①くぼむ。土を掘る。②誇大こだいなる。国①〈けがれ〉月経・出産・服喪など、不浄とされる状態・事柄。②〈けが・す〉女性をはずかしめる。

解字 形声。氵が形を表し、亏うが音を示す。氵は水。亏には、くぼんでいる意味がある。汚は、地面のくぼみにたまる水で、にごったまま流れないから、きたない意味になる。音ヲは、亏の音ウの変化。

参考「汗かん」は別字。

【汚穢】①きたないこと。けがれ。②きたない物。③大便や小便。

【汚下】①低い土地。②堕落だらく。低下。

【汚行】けがれた行為。悪い行い。

【汚垢】①よごれたあか。②よごれ。けがれ。

【汚職】国職務を利用して、自分の利益をはかること。瀆職とくしょく。

【汚辱】①人をばかにし、はじをかかせること。②はじ。はずかしめ。

【汚世】一けがれた世の中。

【汚染】一よごれにそまる。きたなくなる。「大気汚染」二 wūrǎn 現 一に同じ。

【汚損】よごれいたむ。よごす。

【汚濁】(じょく)(ちょく) けがれよごれること。よごれてにごること。きたない。

【汚泥】①きたない泥どろ。②よごれ。けがれ。

【汚点(點)】①よごれ。しみ。②欠点。③不名誉。

【汚瀆】くぼみや水たまり。たまり水でできたみぞ。

【汚物】①きたない物。よごれ物。②大便や小便。

【汚漫】けがす。けがれる。よごれ。

【汚名】悪い評判。不名誉。

【汚吏】けがれた官吏。不正な役人。

【汚隆】①土地などの高低。②勢力などの盛衰。

氵3【汗】〔6〕常 カン　あせ　一 カン 漢　一 去 翰 hàn ハン　二 カン 漢　二 平 寒 hán ハン　U補J 2032 6C57
筆順 丶 冫 氵 汀 汗 汗
意味 一①〈あせ〉②あせをかく。③とりかえしのつかないことのたとえ。→「綸言如汗りんげんあせのごとし」(九七六ページ・中) ④姓。二突厥とっけつ・蒙古もうこなど西北異民族の王の称。可汗かかん・こうかんの略。「成吉思汗ジンギスカン」
解字 形声。氵が形を表し、干かんが音を示す。氵は水。干には、かわく意味がある。汗は暑くかわいたときに出る水で、あせをいう。また干は、ばらばらと降りそそぐことで、汗は、身にふりそそぐ水で、あせのことになるともいう。
難読 汗疹あせも・汗衫かざみ
参考「汙お」は別字。
【汗汗】水が広大にひろがっているさま。
【汗簡】①油を抜いた竹で作った札ふだ。昔、紙のない時代に、青竹を火にあぶって油気をとり除き、青みを去って字を書く材料とした。汗青。②書物。③歴史。
【汗顔】①顔に汗をかくこと。②はずかしく思うこと。汗背かんぱい。
【汗牛充棟】(かんぎゅうじゅうとう) 蔵書の多いたとえ。車につめば牛が汗をかいて引き、家の中につめば棟むねまでとどくほどの意。〈柳宗元りゅうそうげん・陸文通墓表りくぶんつうぼひょう〉
【汗血馬】①名馬。昔、大宛だいえん国に産した駿馬しゅんめで、血のような汗を出したという。汗馬。②りっぱな才能のある人のたとえ。

【汗衫】㊀かん はだ着。下着。あせ取り。㊁かざみ 国あせ取りの服から、中古に宮女やこどもたちが初夏に着るうわぎとなったもの。
【汗疹】かんしん あせも。皮膚病の一種。
【汗青】かんせい 「汗簡」に同じ。
【汗馬】かんば ①りっぱな馬。→汗血馬 ②走って、汗をかいている馬。【――之労(勞)】かんばのろう ①戦功。馬に汗をかかせるほど、戦場をかけまわる苦労。〈韓非子・五蠹〉 ②運搬などで馬に汗をかかせる苦労。③他人のためにいっしょけんめい働くこと。
【汗漫】かんまん ①広大なさま。②散漫としてまとまりのないさま。
【汗瀾】かんらん 広々として、限りないさま。
◆冷汗・油汗・発汗・流汗・脂汗

水3【汍】〔6〕 ガン 漢 平 寒 (グヮン) huán ホワン
意味 汍瀾は、涙の流れるさま。
J ②7822 補 3858 U 6C4D

水3【汔】〔6〕 キツ 漢 入 物 qì チー
意味 ①水がかれる。②ほとんど。ちかい。
J ― 補 3861 U 6C54

氵3【江】〔6〕 常 コウ え
コウ(カウ) 漢 呉 平 江 jiāng チアン
ゴウ(ガウ) 慣
J 2530 U 6C5F

筆順 丶 冫 氵 氵一 汀 江
意味 ①長江をさす。②川の総称。③姓。国〈え〉いりえ。海や湖水が陸地に入りこんだ所。
解字 形声。氵が形を表し、工が音を示す。氵は水。工には、広大とか、つきぬけるという意味がある。江は、中国大陸を東西につらぬく大河で、長江のこと。
名前 きみ・ただ・のぶ
姓 江人・江尻・江南・江野元・江面
地名 江戸・江良・江別・江刺・江沼・江南・江津
【江雲】こううん 川の上にたなびく雲。
【江淹】こうえん 人名。南朝梁代の文人。字は文通。(四四四～五〇五)
【江煙】こうえん 川の上にたちこめるもや。
【江火】こうか 川の上の漁船の火。
【江花】こうか 川のほとりに咲く花。江華。
【江夏】こうか 地名。湖北省武漢市武昌のあたり。
【江河】こうが ①長江と黄河。②大きな川。
【江海】こうかい ①大きな川と海。②広く大きなもの。③世の中。
【江外】こうがい 「江表」に同じ。
【江漢】こうかん ①長江とその支流の漢水。②漢水の下流域。
【江魚】こうぎょ 川の魚。
【江月】こうげつ 川の流れにうつる月影。
【江源】こうげん 川のみなもと。
【江湖】こうこ ①川とみずうみ。水を広くたたえた所。②世の中。世間。民間。③隠士の住む所。【――客】こうこのかく あちこちをさすらい歩く人。各地をまわり歩く人。【――之楽(樂)】こうこのたのしみ 自然の中で遊ぶたのしみ。
【江滸】こうこ 川のほとり。
【江口】こうこう 大川の河口。
【江郊】こうこう 川ぞいの野原。
【江皐(臯)】こうこう 大河のほとり。水辺の低地。
【江左】こうさ 長江の下流の南がわ江蘇省一帯をさす。江東。
【江山】こうざん ①川と山。山川。山河。②国土をさす。
【江酒】こうしゅ 江州産の酒。江は、「九江」(四〇ページ・上)をさす。
【江樹】こうじゅ 川岸の木。
【江州】㊀こうしゅう 州名。今の江西省の九江から、湖北省の武漢一帯にかけての地方。㊁ごうしゅう 国近江の国(滋賀県)の別名。【――司馬】こうしゅうのしば 唐の白居易をさす。江州の司馬の官についていたのでいう。
【江渚(渚)】こうしょ 川の中または川岸の州。
【江湘】こうしょう 長江と湘水。
【江上】こうじょう ①川の水面。②川岸。
【江城】こうじょう 川に面して建てられた城。
【江心】こうしん 川の流れの中央。
【江津】こうしん 川の船着き場。
【江水】こうすい ①長江を指す。②長江の水。
【江西】こうせい ①「江右」に同じ。②省の名。
【江声(聲)】こうせい ①川の水の音。②人名。清の学者。字は叔澐。文字学、音韻学にひいでた。(一七二一～一七九九)
【江浙】こうせつ 江蘇省と浙江省。
【江船】こうせん 川に浮かんでいる舟。
【江蘇】こうそ 省の名。
【江村】こうそん 川岸の村。江郷。
【江潭】こうたん ①川で特に深く、水の動かない所。②川岸。
【江亭】こうてい 川のほとりの、小さな建物。
【江隄】こうてい 川のつつみ。川の土手。
【江都】こうと ①県の名。江蘇省揚州市西南にある。②国江戸の別名。
【江東】こうとう 「江左」に同じ。【――子弟】こうとうのしてい 長江下流東部地方の若者たち。
【江頭】こうとう 川の岸。
【江濤】こうとう 川の波。
【江豚】こうとん 水中にすむ獣の一種。いるか。
【江南】こうなん 長江の中流・下流の南がわ一帯をさす。江表。
【江梅】こうばい 川岸の梅。
【江表】こうひょう 長江南岸の地域。江南。江外。
【江楓】こうふう 川岸にはえているかつらの木。「江楓漁火対愁眠」(川岸の楓樹のあたり、漁火が、旅寝のうれえにうつらうつらしている私の目に映る。)〈張継・詩・楓橋夜泊〉
【江北】こうほく 長江の北がわ一帯をさす。
【江右】こうゆう 長江の中流の西がわ一帯をさす。江西。
【江籬】こうり 水草の名。おんなかずら。おんなぐさ。
【江流】こうりゅう 川の流れ。長江の流水。
【江陵】こうりょう 地名。今の湖北省江陵県。
【江路】こうろ 長江の川すじ。
【江楼(樓)】こうろう 大河のほとりの高い建物。
【江淮】こうわい ①長江とその支流の淮水。②長江以北、淮河以南の地。
◆入江・大江・長江

水3【汞】〔7〕 コウ 漢 上 董 gǒng コン
意味 ①みずがね。②現元素名。水銀(Hg)。
J 6171 補 ― U 6C5E

水3【汊】〔6〕 サ 漢 去 禡 chà チャー
意味 河流が二つに分かれる。また、その分岐点。
J ― 補 3856 U 6C4A

水3【汕】〔6〕 サン 漢 去 諫 shàn シャン
意味 ①魚のおよぐさま。②あみで魚をすくいとる。また、あみ。③汕頭は、広東省にある港の名。汕頭市。
J 6172 補 ― U 6C55

水3【汜】〔6〕 シ 漢 上 紙 sì スー
意味 ①川の支流が、本流から分かれて、また本流にもどること。②流れのない水。③ほとり。みずぎし。＝涘 ④汜水
J ①8650 補 3864 U 6C5C

は川の名。河南省滎陽県を流れる。

参考 「氾」は別字。

水 3 【汋】〔6〕 ━シャク漢 ━入 薬 zhuó チュオ ━ヤク漢 ━入 薬 yuè ユエ　J 3857 補 ― U 6C4B

意味 ━①水が激しく流れる音。②くむ。とる。＝勺・杓・酌。━煮る。＝瀹

氵3 【汝】〔6〕 人 標 ジョ漢 ニョ呉 上 語 rǔ ルー　J 3882 補 ― U 6C5D

意味 ①〈なんじ（なんぢ）〉〈なれ〉きみ。おまえ。②川の名。汝水。河南省魯山県から流れ出て、淮河にそそぐ。③姓。

【汝輩】 なんじ（なんぢ）がともがら おまえたち。きさまたち。汝曹。

水 3 【汛】〔6〕 ジン漢 去 震 xùn シュン　J ②7823 補 3863 U 6C5B

意味 ①そそぐ。②きまった時期の洪水。

氵3 【汐】〔6〕 人 セキ漢 入 陌 xī シー　J 2814 補 ― U 6C50

意味 ①〈しお（しほ）〉夕方に起こる海水の干満。ゆうしお。↕潮 ②ひきしお。干潮。

解字 形声・会意。氵が形を表し、夕が音を示すとともに、夕方の意を表す。朝のしおを潮というのに対して、夕のしおをいう。

名前 きよ

【汐潮】 夕しおと朝しお。うしお。

氵3 【池】〔6〕 学 2 チ漢 チ呉 平 支 chí チー いけ　J 3551 補 ― U 6C60

筆順 丶 冫 氵 汁 沖 池

意味 〈いけ〉①天然、または人工の池。②池のような形をしたもの。「硯池」③城のまわりの堀。④雨樋。

解字 形声。氵が形を表し、也が音を示す。氵は水。也には、つつみの意味がある。池は、つつみに囲まれた水で、いけをいう。また、也は女子の陰部で、池は、へこんだところにたまっている水であるともいう。一説に、也は移と同じく、うつすことで、池は運河・水路のことであるという。

姓 池上・池後・池宮城　地名 池田

【池苑】 池と庭。池園。

【池魚】 池の中の魚。「──思二故淵一」池に飼われている魚は、もとの自由な川の淵をなつかしがる。〈陶潜の詩・帰二園田居一〉【──之殃】（ちぎょのわざわい（わざはひ））①わざわいが他におよぶたとえ。そばづえをくうこと。春秋時代、宋の桓魋が宝珠を池の中に投じて逃げたので、王がこれを求めて池をさらい、珠は得られず、魚がわざわいをこうむって死んだという故事。〈呂氏春秋・必己〉一説に、城門が焼けたとき、池水で消したため魚が死んだという故事。〈日知録・古事〉②火災。

【池隍】 城壁の周りの堀。転じて、街のこと。

【池心】 ①池の中央。②池の底。

【池砌】 池のほとりに敷きつめた石。

【池台（臺）】 池に面して建てられた高い建物。

【池亭】 池のそばに建てられた屋根のある休憩所。池榭。

【池塘】 ①池のまわりのどて。「未レ覚池塘春草夢」（池のつつみの春草がまだ夢から覚めきらない。少年が人生のきびしさを自覚しないで、いつまでも甘い夢をむさぼっているたとえ。）〈伝朱熹の詩・偶成〉②池。

【池頭】 池のほとり。池辺。池畔。

【池氷】 池に張ったこおり。＝池氷

【池辺（邊）】 池のふち。池のそば。池頭。池畔。

◆古池・沼池・電池・貯水池

氵3 【汎】〔6〕 常 ハン漢 去 陥 fàn ファン ハン　J 4038 補 ― U 6C4E

筆順 丶 冫 氵 汎 汎 汎

意味 ①〈うか・べる（──・ぶ）〉②ただよう。③〈ひろ・い（──・し）〉ひろくゆきわたったさま。④ひろく。＝氾 ⑤あふれる。＝氾

解字 形声。氵が形を表し、凡が音を示す。氵は水。凡には、多くのものを集めてまとめるという意味があり、そこからすべて、みな、という意味が生じる。汎は、ひろい、ひろく、また、水に浮かぶさま、という意味を表す。氾と通用する。

参考 新表記では、「範」に書きかえる熟語がある。

【汎愛】 広くわけへだてなく愛する。〈論語・学而〉

【汎舟】 舟を浮かべる。また、浮かんだ舟。

【汎称（稱）】 ひろく概括していう言い方。総称。

【汎渉】 広きにわたること。さまざまなことに精通していること。

【汎心論】 哲 すべてのものに心があると考える学説。

【汎神論】 哲 宇宙のいっさいのものが神のあらわれであるとする説。

【汎汎】 ①浮かびただようさま。②水のとどこおりなく流れるさま。③水の広くみなぎるさま。

【汎濫】 ①水があふれひろがる。＝氾濫 ②広く行きわたるさま。

【汎論】 全般に通じる論説。一般論。氾論。

水 3 【汒】〔6〕 ━ボウ漢（バウ） ━平 陽 máng マン ━ボウ漢（バウ） ━上 養 mǎng マン　J 3860 補 ― U 6C52

意味 ━①うすぐらくて、はっきりしないさま。＝茫 ②あわただしいさま。━水の広々としたさま。＝漭

水 3 【汢】〔6〕 国字　J 6173 補 ― U 6C62

意味 〈ぬた〉①沼地。沼田。②汢川は、高知県高岡郡の地名。

水 3 【汙】〔6〕 同 ↓汚（七〇ジ・中）

水 3 【汏】〔6〕 本 ↓汰（七〇四ジ・下）

水 3 【汲】〔6〕 俗 ↓汲（七〇三ジ・中）

水 4 【汩】〔7〕 ━イツ漢 ━入 質 yù ユィ ━コツ漢 ━入 月 hú フー ━コツ漢 ━入 月 gǔ クー　J ― 補 ― U 6C69

意味 ━（水の流れが）はやい。「汩流」━波。また、波の立つさま。━①〈おさ・める（をさ・む）〉㋐治水する。㋑民を治める。管理する。②みだす。また、みだれる。③しずむ。④明るくけがれがないさま。

参考 「汨」は別字。

【汩汩】 ①水がたえず流れるさま。②物事がすらすらと進むさま。③落ちぶれたさま。④不安なさま。

【汩没】 ①水中に沈む。②かたいなかに住んで、世間に出ないこと。③浮き沈み。

水 4 【沄】〔7〕 ウン漢 平 文 yún ユン　J ②7825 補 ― U 6C84

意味 水がうずまき流れるさま。

【沄沄】 水の流れてやまないさま。

水 4 【沇】〔7〕　J 3875 補 ― U 6C87

水 4 【汪】〔7〕 一 オウ 漢 平 陽 wāng ワン (ワウ) J 6174 補 — U 6C6A

意味 ①深く広いさま。大きいさま。②水などが、たまりあふれるさま。③池。水たまり。④姓。

【汪琬】(おうえん)(わうゑん) 清の文人。字は苕文。号は鈍翁、尭峰。王士禎と並び称された。(一六二四〜一六九〇)

【汪汪】(おうおう)(わうわう) ①水の深く広いさま。②満ちあふれるさま。③度量の大きなさま。

【汪然】(おうぜん)(わうぜん) ①はらはらと涙を流すさま。②広く奥深いさま。

【汪兆銘】(おうちょうめい)(わうてうめい) ワンチャオミン 人名。中国の政治家。字は精衛。広東省の人。一九四四年、日本で病死。六〇歳。

【汪洋】(おうよう)(わうやう) ①広々した海。②海の広々としたさま。③広く、ゆったりしたさま。

氵4 【汽】〔7〕 学 2 キ 一 キ 漢 去 未 qì チー 二 キツ 漢 入 物 qì チー J 2105 補 — U 6C7D

筆順 丶 氵 氵 氵 汽 汽 汽

意味 一 ゆげ。水蒸気。二 =汔。①水がかれる。②ほとんど。ちかい。

解字 形声。氵が形を表し、气が音を示す。氵は水。气には発散する意味がある。汽は水が蒸発してかれることである。また、气には、いきの意味があり、汽は水蒸気を表すともいう。

【汽缶(罐)】(きかん)(くゎん) 容器の中で水を加熱・蒸発させ、高温・高圧の蒸気を発出させる装置。かま。ボイラー。=汽関

【汽車】(きしゃ) 一 国 蒸気機関車が客車・貨車を引いてレールの上を運転するもの。一般には電気機関車の引く列車をも便宜上いう。二 チーチョー qìchē 現 自動車。【——站】チーチョーチャン qìchē-zhàn 現 バスの停留所。

【汽水】チーショイ qìshuǐ 現 炭酸入り清涼飲料水。サイダー、ラムネの類。

【汽油】チーユー qìyóu 現 ガソリン。

水 4 【沂】〔7〕 一 ギ 漢 キ 慣 一 平 微 yí イー 二 ギン 漢 二 平 真 yín イン J 6175 補 — U 6C82

意味 一 川の名。沂水。山東省曲阜市に発し、西に流れ、泗水にそそぐ。二 横笛。大篪。

氵4 【汲】〔7〕 人 標 キュウ 漢 呉 入 緝 jí チー (キフ) J 2166 補 — U 6C72

水 3 【汲】〔6〕 俗字 J — 補 — U —

意味 ①〈く・む〉水をくむ。㋐ひっぱる。㋑引きあげる。㋒みちびく。②ひく。③いそがしいさま。せわしい。④姓。

名前 くみ

【汲汲】(きゅうきゅう)(きふきふ) いそがしく努力するさま。

【汲古】(きゅうこ)(きふこ) 古書を熟読する。【——閣】(きゅうこかく)(きふこかく) 明の毛晋の蔵書楼。江蘇省常熟にあり、蔵書によって多くの書籍を刊行した。

【汲索】(きゅうさく)(きふさく) 水をくむおけにつけた綱。つるべなわ。汲綆。「汲綆」

【汲冢書】(きゅうちょうしょ)(きふちょうしょ) 晋代に汲郡の不準が古墳を掘って手にいれた先秦時代の書。現存のものとして「逸周書」「竹書紀年」「穆天子伝」がある。

【汲腰】(きゅうよう)(きふえう) 腰をかがめて水をくむ。

氵4 【決】〔7〕 学 3 ケツ きめる・きまる ケツ 漢 ケチ 呉 入 屑 jué チュエ J 2372 補 — U 6C7A

氵4 【决】〔6〕 俗字 J 4951 補 — U 51B3

筆順 丶 氵 氵 汀 沪 沪 決

意味 ①きる。さく。ひらく。②堤をきって水を流す。堤がきれて水があふれる。「決潰」③〈き・める(—・む)〉㋐よい悪いをきめる。「判決」㋑さだめる。「決定」④〈きま・る〉⑤きめ。きまり。⑥わかれる。=訣「与武決」(蘇武と別れた。)⑦〈かならず〉きっと。たしかに。⑧思いきって。「決然」⑨はやいさま。⑩〈ゆがけ〉弓を射るとき手につけて弦を引く道具。=玦 国〈き・める(—・む)〉思いこむ。

(決⑩)

解字 形声。氵が形を表し、夬が音を示す。氵は水。夬には切り開く意味がある。決は、川岸のどてを切り開いて、水を下に流すことである。

名前 さだ

参考 新表記では、「訣」「蹶」の書きかえに用いる熟語がある。

【決意】(けつい) 覚悟をきめる。また、その意思。決心。

【決潰】(けっかい)(くゎい) 「決壊」に同じ。

【決壊(壞)】(けっかい)(くゎい) ①勢いよく立ちあがる。②思いきって事を起こす。=決潰 …

【決起】(けっき) ①勢いよく立ちあがる。②思いきって事を起こす。=蹶起「決起集会」

【決議】(けつぎ) ①会議によってきめる。②会議で決められた議案・条項。

【決去】(けっきょ) 別れ去る。別れる。

【決決】(けつけつ) 水が音を立てて流れるさま。

【決獄】(けつごく) 裁判で罪をきめる。断罪。

【決算】(けっさん) 一定期間内の収入・支出を計算する。また、その計算。

【決死】(けっし) 死ぬ覚悟をきめること。必死。

【決勝】(けっしょう) ①勝利を得ること。②最終的に勝敗をきめること。

【決心】(けっしん) 一 心をきめる。覚悟する。決意。二 チュエシン juéxīn 現 一 に同じ。

【決絶】(けつぜつ) ①すっぱりとたち切る。②縁を切る。わかれる。

【決然】(けつぜん) 決心するさま。思いきりよくするさま。断固。

【決断(斷)】(けつだん) ①きっぱりときめる。断定。②事のよしあしを判断してきめる。

【決著】(けっちゃく) 「決着」に同じ。

【決着】(けっちゃく) ①けりがつく。きまりのつくこと。②きまり。けり。=決著

【決定】(けってい) 一 ①きっぱりときめる。②かならず。きっと。二 (けつじょう)(ぢゃう) 国 ①まちがいないこと。三 チュエティン juédìng 現 一 に同じ。

【決闘(鬭)】(けっとう) ①勝敗をきめる最後の戦い。②双方が約束のうえ、いっぽうの倒れるまで戦って勝敗をきめること。はたしあい。

【決(「訣」)別】(けつべつ) わかれる。いとまごいをする。

【決裂】(けつれつ) ①切りさく。切れてさける。②会議や交渉などで意見が合わなくて物わかれになる。「談判決裂」

『決河之勢』(けっかのいきおい)(いきほひ) 堤防が切れて水があふれ出るような勢い。とめようのない激しい態度のたとえ。〈淮南子・兵略訓〉

◆可決・未決・自決・判決・即決・対決・否決・表決・論決・既決・速決・採決・票決・評決・裁決・解決・議決・多数決

水 4 【沅】〔7〕 ゲン 漢 平 元 yuán ユワン J ①8654 補 3873 U 6C85

意味 川の名。貴州省都匀県に発し、湖南省で洞庭湖

にそそぐ。沅水。沅江。

【沅湘】 沅水と湘水。どちらも洞庭湖に流れこむ川。「沅湘日夜東流去」(沅水も湘水も、昼となく夜となく私の故郷である東の方角に流れ流れている。)〈戴叔倫の詩・湘南即事〉

水4 【汻】〔7〕 コ 漢 上 麌 hǔ フー　J 3872 補 ― U 6C7B

意味 みぎわ。川岸。=滸

水4 【沍】〔7〕 コ 漢 去 遇 ゴ 慣 hù フー　J 6176 補 ― U 6C8D

意味 ①かたくこおる。②とじふさがる。③水がかれる。

【沍寒】 凍るような寒さ。非常に寒いこと。

水4 【沆】〔7〕 コウ 漢 上 養 (カウ) hàng ハン　J ①8655 補 3874 U 6C86

意味 ①湖沼。②もや。③沆漭・沆茫は、水面が広がるさま。

【沆瀣】 夜半の気。また、夜露。

水4 【汯】〔7〕 コウ(クヮウ) 漢 平 庚 オウ(ワウ) 呉 hóng ホン　J ― 補 3867 U 6C6F

意味 ①汯汯は、水が勢いよく流れるさま。②泓汯は、水がうずまくさま。③深い所を舟を用いずに渡る。

水4 【沟】〔7〕 コウ 漢 平 尤 gōu コウ　J ― 補 3882 U 6C9F

意味 水の音。

参考 沟は、「溝」の中国新字体としても用いる。

氵4 【沙】〔7〕 常 サ　サ 漢 平 麻 シャ 呉 shā シャー　J 2627 補 ― U 6C99

筆順
丶
冫
氵
氵丨
氵𠁣
沙

意味 ①〈すな〉=砂 ②すなはま。さばく。③〈よな・げる(――・ぐ)〉水でもって砂や石などをよりわける。悪いものをすててよいものをとる。

解字  会意。氵と少とを合わせた字。氵は、水。少は、こまかい砂粒の象形。沙は、水が少なくなって、水辺の砂が現れているさまを示す。また、砂そのものも表す。

姓 沙田　地名 沙流　難読 沙蚕・沙魚

【沙翁】 イギリスの文豪、シェークスピアのこと。

【沙鷗】 砂浜の上にいるかもめ。「天地一沙鷗」(天地のあいだをさまよう一羽の沙鷗。)〈杜甫の詩・旅夜書懐〉

【沙岸】 ①砂の岸べ。砂岸。②「沙灘」に同じ。

【沙塞】 ①砂漠の中に設けられたとりで。②北方の異民族。

【沙觜】 砂原が海中に突き出たみさき。すさき。

【沙州(「洲」)】 水中にできた砂の州。砂州。

【沙場】 ①砂原。②砂漠の戦場。

【沙磧】 ①砂原。砂漠。②砂の川原。

【沙草】 砂地にはえている草。

【沙汰】 ①米などを水で洗って砂を取り去る。②よしあしをえり分ける。③国政府の命令。④国処置。⑤国たより。うわさ。

【沙灘】 川の中洲。

【沙頭】 川岸の砂のあたり。

【沙棠舟】 沙棠で作った舟。沙棠は、崐崘山にはえているという珍しい木。

【沙漠】 一 雨が少なくて、砂や小石ばかりになった平野。=砂漠 二 shāmò 現 一に同じ。

【沙羅双(雙)樹】 インド原産の木の名。釈迦の死の時、その四方に二本ずつ立っていたと伝えられる。

【沙礫】 砂と小石。じゃり。=砂礫

【沙鹵】 塩分を含んだ砂地。

【沙漏】 砂時計。

【沙弥(彌)】 仏梵語 śrāmanera の音訳。出家して僧になった男。仏道にはいってまもない者。

【沙門】 仏梵語 śramana の音訳。出家。僧。

【沙子】 shāzi 現砂。

【沙発(發)】 shāfā 現ソファー。

水4 【沚】〔7〕 シ 漢 上 紙 zhǐ チー　J 6177 補 ― U 6C9A

意味 ①なぎさ。水ぎわ。②なかす。川の中の小さな州。

氵4 【沁】〔7〕 標 シン 漢 去 沁 qìn チン　J 6178 補 ― U 6C81

意味 ①〈し・みる(―・む)〉ひたす。=浸 ②水中をさぐる。③川の名。山西省沁源県に発し、南に流れ、河南省武陟県で黄河に合流する。国①〈し・みる(―・む)〉深く感じる。②沁沁は、つくづく。

水4 【汫】〔7〕 セイ 漢 上 迥 ジョウ(ジャウ) 呉 jǐng チン　J ― 補 3865 U 6C6B

参考 「泌」は別字。

水4 【泲】〔7〕 セイ 漢 上 薺 サイ 呉 jǐ チー　J ― 補 3909 U 6CF2

意味 ①小さな川の流れるさま。②あな。=阱・穽 ②川の名。済水は、泲水とも書かれる。

意味 ①酒をこす。かすを取り澄ませる。

水4 【汭】〔7〕 ゼイ 漢 去 霽 ruì ロイ　J ②7824 補 3866 U 6C6D

意味 ①まがって流れる川の内がわの部分。くま。②川の北側。③川が合流するところ。④昔の川の名。陝西省旬邑県にあり、黄河にそそいだ。

水4 【沏】〔7〕 一 セツ 漢 入 屑 qiè チエ 二 ― qī チー　J ― 補 ― U 6C8F

意味 一 ①水の流れの速いさま。②水の音。二 現 茶をいれる。

氵4 【汰】〔7〕 常 タ　タイ 漢 去 泰 タ 慣 tài タイ　J 3433 補 ― U 6C70

筆順
丶
冫
氵
氵一
汁
汰
汰

水3 【汏】〔6〕 本字　J ― 補 3859 U 6C4F

意味 ①〈よな・げる(――・ぐ)〉水で洗いすすいで悪い部分をとりのぞく。選びわける。「淘汰」②洗う。③波。大波。④すぎる。通り越す。⑤〈おご・る〉ほこる。ぜいたくをする。

解字 会意・形声。氵(みず)と太とを合わせた字。太は音をも示す。また、太は泰で豊かな意。汰は水を多くかけて洗い流す意から、より分ける意となる。また、水を多く用いることからおごる意となる。

【汰侈】 おごりたかぶること。おごり。ぜいたく。=泰侈

▲沙汰・淘汰・音沙汰・自然淘汰

氵4 【沢】〔7〕 常 タク さわ

旧字 水13 【澤】〔16〕 タク 漢 入 陌 ジャク 呉 zé ツォー　J 3484 補 ― U 6CA2 / J 6323 補 ― U 6FA4

筆順
丶
冫
氵
氵フ
氵コ
沪
沢

意味 ①〈さわ(さは)〉水がたまって、水草がはえたところ。湿地。②〈つや〉つやつやしい。「光沢」③うるおす。めぐむ。④うるおい。めぐみ。「恩沢」⑤俸禄。⑥体から分泌される液体。唾液・汗など。「手沢」⑦肌着。下着。=襗 国〈さわ(さは)〉谷川。

解字 澤 形声。氵が形を表し、睪が音を示す。氵は水。睪には、つぎつぎと続く意味がある。澤は水が浅くて、水と草が入りまじっている状態を表している。また、水にぬれてうるおう意味にもなる。音タクは、睪の音エキの変化。

名前 ます　姓 沢柢・沢潟・沢瀉　難読 沢庵

【沢雨】恵みの雨。慈雨。

【沢雉】沢にすむ野生のキジ。

【沢畔】沢のほとり。「行吟二沢畔一」（湿地帯のほとりを、詩歌を口ずさみながら歩いていた。）〈屈原・漁父辞〉

【沢陂】①沼地のどて。②「詩経」の編名。

【沢国(國)】池や沢の多い国。池や沢の多い所。

【沢梁】沢に仕掛けた魚を捕るためのやな。

▽▼光沢・沼沢・恵沢・恩沢・贅沢

水 4

【泜】〔7〕 チ 漢 上 紙 zhǐ チー　J ―　補 ―　U 6C66

意味 ①とどまる。②泜泜は、整然としたさま。

氵4

【沖】〔7〕 学4 チュウ　チュウ(チウ) 漢 平 東 chōng チョン　おき　J 1813　補 ―　U 6C96

筆順 沖

意味 ①水が涌きあがる。②〈つ・く〉つきすすむ。＝衝 ③〈のぼ・る〉まっすぐにあがる。④注ぐ。⑤空虚なさま。＝盅 ⑥やわらぐ。⑦淡泊な。⑧おさない。「沖弱」「沖幼」＝僮 国〈おき〉①海・湖などの、岸より遠くはなれたところ。②広々とした田地・原野。

解字 沖 形声。氵が形を表し、中が音を示す。氵は水。中は動と同じ意味を含む。沖は、水がゆれ動き、わき上がることである。濤(なみ)と同じであるともいう。

名前 なか・ふかし　地名 沖縄

【沖気(氣)】天地の間のよく調和した気。

【沖虚(虛)】雑念をはらい去り、無心になること。

【――真(眞)経(經)】書名。「列子」の別名。

【沖人】①年の小さな者。②天子が自分をけんそんしていうことば。

【沖淡】心にわだかまりがなくあっさりしている。

【沖沖】①氷に穴をあける音。②たれさがるさま。③まっすぐにあがるさま。④うれえるさま。忡忡。

【沖天】力強く空に立ちのぼること。

【沖漠】「沖虚」に同じ。＝沖莫

【沖和】おだやかにやわらぐこと。

氵4

【沈】〔7〕 常 チン　しずむ・しずめる　一 チン 漢 平 侵 chén チェン　二 シン 漢 上 寝 shěn シェン　ジン(ヂン) 呉　J 3632　補 ―　U 6C88

筆順 沈

水4 【沉】〔7〕 俗字　J ②7826　補 3876　U 6C89

意味 一 ①〈しず・む（しづ・む）〉 ㋐水の中にはいる。「沈没」 ㋑おぼれる。㋒おちぶれる。㋓さがる。㋔おちつく。「沈着」 ㋕気がふさぐ。㋖ふける。酒色におぼれる。②〈しず・める（しづ・む）〉 ③ひそむ。かくれる。④おもい。⑤水にぬれたように色がこい。⑥はなはだしい。二 姓。

解字 沈 形声。氵が形を表し、冘が音を示す。氵は水。冘には、甚(はなはだしい)とか、深く入りこむ意味がある。沈は、ひどく長い雨がつづいて、おかの上に水がたまること、また、水の中に深くはいることで、しずむことを表す。

名前 うし

【沈括】人名。宋の学者。字は存中。「夢渓筆談」を著す。

【沈既(既)済(濟)】人名。唐代の史学者。伝奇小説「枕中記」「任氏伝」の作者。

【沈徳潜(潛)】人名。清の詩人・学者。「唐宋八大家文読本」の編者。（一六七三～一七六九）

【沈約】人名。六朝、梁の詩人・学者。「宋書」の著者。（四四一～五一三）

【沈痾】長い間なおらない病気。宿痾。

【沈飲】深酒をする。酒にふける。

【沈鬱】①気が重く、気分がはればれしないこと。②落ち着いた感じで、はでではないこと。

【沈下】沈む。沈める。「地盤沈下」

【沈毅】落ち着いて、物事にあわてないこと。

【沈魚落雁】美人の形容。もとは、鳥魚は美人を知らず、かえって驚き逃げることから、世に定まった美はないと説いたもの。のち、鳥を雁にかえ、魚や雁が美人に恥じてかくれる意味に用いる。閉月羞花。

【沈吟】①静かに口の中で吟じる。②考えこむ。思いなやむ。

【沈痼】①ながねんわずらっている病気。宿痾。②ながねんの悪いしきたり。積弊。宿弊。

【沈香】①香木の名。②沈香から採った天然の香料。つやのある黒色の優良品は伽羅という。【――亭】唐の玄宗が離宮に建てたあずまや。

【沈思】深く考えこむ。【――黙考】じっと考えこむ。

【沈愁】深いうれい。深憂。

【沈浸】液につかってしみこむ。しずみひたる。

【沈深】人がらが落ち着いていて、考え深いこと。

【沈酔(醉)】ひどく酒に酔うこと。酩酊。大酔。

【沈睡】ぐっすり眠る。熟睡。

【沈静(靜)】落ち着いてしずかなこと。沈着。冷静。

【沈積】①水の底に沈んで、つもりかさなること。②水や風にはこばれた土砂などが水底に沈みつもること。

【沈潜(潛)】①水の底に沈む。②心を落ち着けて静かに考える。

【沈滞(滯)】①底に沈んで動かないこと。②同じ状態のまま変化または発展しないこと。

【沈著】「沈着」に同じ。

【沈着】落ち着いている。かるはずみでない。＝沈著

【沈沈】①夜おそくひっそりとしたさま。②静かに時がすぎるさま。③奥深いさま。④だまっているさま。

【沈痛】悲しみのために心をひどくいためること。

【沈溺】①沈みおぼれる。②物事にふけること。③水におぼれるような苦しみ。

【沈殿(「澱」)】水の底に沈んでたまる。

【沈廃(廢)】沈みすたれる。世間に見離されてうずもれる。「斥棄沈廃」（斥棄は、世間から見離される意。）〈柳宗元・宋清伝〉

【沈没】①水中に沈む。②かくれてなくなる。ほろびる。③国酔って正体を失う。また、思いがけない所に泊まりこむこと。

【沈冥】①奥深く、ひっそりしているさま。②埋没する。

【沈湎】酒や女にむちゅうになること。沈溺。

【沈黙】一 じっとだまっている。二 chénmò 現 一に同じ。

【沈勇】落ち着いて勇ましいこと。沈着で勇敢なこと。

【沈憂】「沈愁」に同じ。

【沈淪】(ちんりん) ①深く沈む。②おちぶれる。
◆升沈(しょうちん)・浮沈(ふちん)・撃沈(げきちん)・爆沈(ばくちん)・轟沈(ごうちん)・意気消沈(いきしょうちん)

水4【沓】〔8〕 人 標 トウ漢 入 合 (タフ) tà ター J2303 補— U6C93

意味 ①水があふれるさま。②まじりあう。③沓沓(とうとう)は、水が流れるさま。また、話がなめらかなさま。国〈くつ〉はきもの。=鞜

参考 新表記では、「踏」に書きかえる熟語がある。

【沓至】(とうし)(たふ) たくさんやって来る。続々と至る。

【沓雑(雜)】(とうざつ)(たふ) 混み合う。

氵4【沌】〔7〕 人 標 J3857 補— U6C8C
一トン漢 一上 阮 dùn トゥン
二テン漢 二上 銑 zhuàn チョワン
三トン漢 三平 元 tún トゥン

意味 一混沌(こんとん)は、はっきりとしないさま。二水が勢いよく流れるさま。三川の名。湖北省東北に流れ、長江にそそぐ。

【沌沌】(とんとん) ①愚かなさま。②水の流れるさま。

水4【沛】〔7〕 ハイ漢 去 泰 pèi ペイ J6179 補— U6C9B
人4【伂】〔6〕 同字 J1651 補— U4F02
水5【沛】〔8〕 俗字 J— 補— U—

意味 ①沼。湿地。②さかんなさま。「沛乎(はいこ)」③雨がひどく降るさま。④たおれる。「顛沛(てんぱい)」⑤地名。今の江蘇(こうそ)省沛県。

【沛艾】(はいがい) 馬の頭がゆらぐさま。

【沛公】(はいこう) 漢の高祖、劉邦(りゅうほう)のこと。初め沛の地に兵を起こしたので、沛公と呼ばれた。→「劉邦」(一七二ページ・中)

【沛然】(はいぜん) ①広々と大きいさま。②雨が強く降るさま。③水のさかんに流れるさま。④心に感動するさま。⑤恩恵(おんけい)の深いさま。

【沛沢(澤)】(はいたく) 草木の茂った沼地。

【沛沛】(はいはい) 水の流れるさま。

水4【沜】〔7〕 ハン漢 去 翰 pàn パン J①8657 補3881 U6C9C

意味 ①水ぎわ。水辺。岸。②水の流れ。

水4【泛】〔7〕 J6202 補— U6CDB
一ハン漢 一去 陥 fàn ファン
二ホウ漢 二上 腫 fěng フォン

意味 一①〈うか・ぶ〉水面にうかぶ。②あふれる。③ひろい。=氾 ④ひろく。一般に。=汎 二ひっくりかえす。

【泛愛】(はんあい) 広く愛する。=汎愛

【泛舟】(はんしゅう)(しう) 舟を浮かべる。=汎舟

【泛称(稱)】(はんしょう) 普通一般にとなえること。また、そのとなえ。全体をひっくるめての名称。=汎称

【泛説】(はんせつ) 広く、ひっくるめて説明すること。総説。=汎説

【泛然】(はんぜん) ①浮かびただようさま。②落ち着きのないさま。

【泛泛】(はんはん) ゆらゆらと浮かぶさま。

【泛論】(はんろん) 広く全般的に論じる。また、その論説。=汎論

水4【沘】〔7〕 ヒ漢 上 紙 bǐ ビー J①8656 補3880 U6C98

意味 ①沘水は、川の名。㋐安徽(あんき)省にあり、現在は淠(ひ)水または白沙(はくさ)河という。㋑河南(かなん)省にあり、現在は泌(ひ)水という。②沘源県は、県名。現在の河南(かなん)省唐河(とうか)県。

水4【沕】〔7〕 J②7829 補3878 U6C95
一ブツ漢 一入 物 wù ウー
二ミツ慣 二入 質 mì ミー

意味 一ふかくかすかなさま。二①ひそみかくれる。②がっかりする。

【沕穆】(ぶつぼく) おく深くかすかなさま。

水4【汾】〔7〕 フン漢 平 文 fén フェン J6180 補— U6C7E

意味 川の名。山西省中央を流れ黄河に合流する。汾河(ふんが)。

水4【汶】〔7〕 J①8653 補3869 U6C76
一ブン漢 一去 問 wèn ウエン
二ボン漢 モン呉 二平 元 mén メン

意味 一川の名。山東(さんとう)省西部にある。汶水。汶河。二①けがれ。はずかしめ。②くらいさま。愚かなさま。

【汶汶】(もんもん)(ぼんぼん) ①けがれ。はずかしめ。②道理にくらいさま。

水4【汨】〔7〕 ベキ漢 入 錫 mì ミー J6181 補— U6C68

意味 川の名。汨水(べきすい)。湖南(こなん)省の東北部にある。

参考 「汨(いつ)」は別字。

【汨羅】(べきら) 川の名。湖南(こなん)省の東北部を流れ、湘水(しょうすい)に合流する。屈原(くつげん)が身を投じた所と伝えられる。

水4【汴】〔7〕 ヘン漢 去 霰 ベン呉 biàn ビエン J①8652 補3868 U6C74
水4【汳】〔7〕 本字 J6182 補— U6C73

意味 ①昔の川の名。河南(かなん)省滎陽(けいよう)市にあり、黄河にそそいでいた。汴水(べんすい)。②地名。五代の梁(りょう)と北宋(ほくそう)の都。今の河南(かなん)省開封(かいほう)市。「汴京(べんけい)」「汴梁(べんりょう)」

水4【沔】〔7〕 ベン漢 上 銑 メン呉 miǎn ミエン J②7828 補3877 U6C94

意味 ①川の名。陝西(せんせい)省勉県にあり、東南に流れて漢江となり、長江にそそぐ。沔水(べんすい)。②水流のみちるさま。みなぎる。③おぼれる。=湎(べん)

【沔陽】(べんよう)(やう) 地名。現在の陝西(せんせい)省勉県の東に当たり、沔水の北側に位置する。

水4【汸】〔7〕 ホウ漢 平 陽 (ハウ) fāng ファン J— 補3870 U6C78

意味 ①二つの舟をつなぎならべる。また、その舟。②ならべる。くらべる。=方

氵4【没】〔7〕 常 ボツ J4355 補— U6CA1

旧字 水4【沒】〔7〕 J6183 補— U6C92
一ボツ漢 モチ呉 モツ慣 一入 月 mò モー
二— 二— méi メイ

筆順
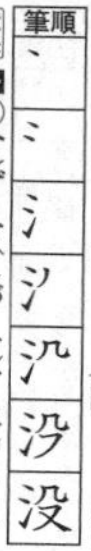

意味 一①〈しず・む(しづ・む)〉水中にもぐる。また、おぼれる。おちる。②かくれる。きえる。③うまる。はまりこむ。④〈おわ・る(をは・る)〉つきる。なくなる。⑤死ぬ。=歿(ぼつ) ⑥ほろぼす。⑦とりあげる。「没収」二無い。

解字  形声。氵が形を表し、殳(ぼつ)が音を示す。氵は水。殳には、見えなくなる意味がある。沒は、水の中にかくれて見えなくなることをいう。

難読 没義道(もぎどう)・没分暁漢(わからずや)

参考 新表記では「歿」の書きかえに用いる。

【没我】(ぼつが) 自分の身を忘れる。物事にむちゅうになるさま。

【没却】(ぼっきゃく) ①なくしてしまう。②心にとめない。

【没後】(ぼつご) ①最後。②人の死後。=歿後 ↔生前

【没交渉】(ぼっこうしょう)(かう)(せふ) かかわりあいのないこと。無関係。

【没死】(ぼっし) 死をおかす。上書文などに常用することば。冒死。昧死。

【没歯(齒)】(ぼっし) ①生涯。一生。②歯のはえかわる年。男子八歳、女子七歳を指す。

【没収(收)】(ぼっしゅう)(しう) ①取りあげること。②㊋犯罪に関係のある物の所有権を国家の所有に移すこと。

【没人】ぼつじん 水にもぐって魚貝を取る人。潜水夫。
【没世】ぼっせい 生涯。終生。また、一生を終える。＝没歯
【没頭】ぼっとう 首をつっこむ。転じて、物事に熱中する。
【没入】ぼつにゅう(にふ) ①落ちいる。おとしいれる。②沈め入れる。③政府に取りあげること。没収。
【没年】ぼつねん 死んだときの年齢。卒年。行年ぎょう。享年きょう。＝歿年
【没落】ぼつらく ①ほろびてなくなる。②破産する。③おちぶれる。
【没骨】もっこつ まわりの線をかかないで、直接に墨や絵の具で対象を描きだす方法。花鳥画の描法の一つ。
【没関(關)係】メイコワンシ méi guānxi 現かまわない。だいじょうぶ。
【没有】メイユー méiyǒu 現無い。
◆日没にち・出没しゅつ・沈没ちん・埋没まい・病没びょう・陥没かん・戦没せん・神出鬼没しんしゅつきぼつ

水4 【沐】〔7〕 ボク 漢 入 屋 モク 呉 mù ムー　J 6184 補 U 6C90
意味 ①あらう。かみの毛をあらう。②うるおう。めぐみを受ける。「沐恩もくおん」③休暇。漢の時代、官吏が五日ごとに家に帰って髪を洗い清めたことにもとづく。
【沐雨】もくう ①雨でからだを洗う。②転じて、苦労すること。
【沐浴】もくよく からだや髪を洗い清める。
【沐露】もくろ 霜露にさらされる。苦労することのたとえ。
【沐猴而冠】もっこう(もくこう)にしてかん(くわん)す さるが冠をかぶっている、ということから、心のいやしい人間が外見を飾っていることをさす。〈史記・項羽本紀こううほんぎ〉

氵4 【沃】〔7〕 常 ヨク　ヨク 漢 入 沃 wò ウォ　J 4564 補 U 6C83
筆順 丶 ⺀ 氵 汇 汘 沃 沃
意味 ①〈そそ・ぐ〉㋐水をかける。㋑灌漑かんがいする。②〈こ・える(―・ゆ)〉土地がこえている。③潤いがあり美しい。
解字 形声。氵が形を表し、夭が音を示す。氵は水。夭は、頭が曲がっている人の形をかたどり、事物が初めなお屈曲して伸びていないさま。また、人が両うでをふりながら走る象形ともいう。沃は、水をかけてうるおす意を表す。
【沃盥】よくかん(くわん) 水を注ぎ、手を洗う。
【沃若】よくじゃく ①つややかなさま。②従順でおとなしいさま。
【沃壌(壤)】よくじょう(じゃう) 「沃土よくど」に同じ。
【沃饒】よくじょう(ぜう) 土地がこえて作物がよくとれること。
【沃瘠】よくせき 地味ちみのこえていることと、やせていること。
【沃田】よくでん 地味のこえた田畑。作物のよくとれる田畑。
【沃土】よくど 地味のこえた土地。作物のよくとれる土地。
【沃野】よくや 地味ちみがこえて、作物のよくとれる平野。「沃野千里せんり」(千里は、広大なさま。)
【沃霖】よくりん めぐみの長雨。
◆肥沃ひよく・饒沃じょうよく

水4 【㳂】〔7〕 同→沿(本ページ・中)
水4 【汧】〔7〕 同→汧(七一六ページ・下)
水4 【沉】〔7〕 俗→沈(七〇五ページ・中)
水4 【汳】〔7〕 本→汴(七〇六ページ・中)
水4 【汹】〔7〕 同→洶(七一六ページ・下)
水4 【[氵卆]】〔7〕 俗→淬(七二九ページ・下)
水4 【[天氺]】〔9〕 同→添(七三四ページ・中)
氵4 【沪】〔7〕 簡→滬(七六〇ページ・中)

水5 【泆】〔8〕 イツ 漢 入 質 yì イー　J ①8659 補 3887 U 6CC6
意味 ①水があふれる。②ほしいまま。気まま。

氵5 【泳】〔8〕 学3 エイ およぐ　エイ 漢 去 敬 yǒng ヨン　J 1743 補 U 6CF3
筆順 丶 ⺀ 氵 氵 汸 泳 泳 泳
意味 〈およ・ぐ〉水中をおよぐ。また、水中や水上をおよぐ。「水泳」国〈およ・ぐ〉①前のめりになっておよぐような姿勢になる。②世の中をうまく渡る。
解字 形声。氵が形を表し、永えいが音を示す。氵は水。永はうねうねと長い、という意味がある。泳は水の流れのままにおよぐことをいう。
◆水泳すいえい・力泳りきえい・平泳ひらおよぎ・背泳はいえい・せおよぎ・遊泳ゆうえい・遠泳えんえい

氵5 【沿】〔8〕 学6 エン そう　エン 漢 平 先 yán イエン　J 1772 補 U 6CBF
旧字 水5 【沿】〔8〕 U補J
筆順 丶 ⺀ 氵 氵 氵八 氵几 沿 沿
意味 ①〈そ・う(―・ふ)〉㋐川の流れや道すじにしたがって行く。㋑習慣や前例にしたがう。②水際みぎわ。ふち。
水4 【㳂】〔7〕 同字 U 3CC2 補J
解字 形声。氵が形を表し、㕣えんが音を示す。氵は水。㕣は、したがう、そう、という意味がある。沿は、水の流れにそって下ること。
【沿洄】えんかい(くわい) 川の流れにそう。
【沿海】えんかい 陸の海にそった所。海ぞいの陸地。
【沿革】えんかく 移り変わり。変遷。
【沿岸】えんがん 水にそっている岸。
【沿習】えんしゅう(しふ) 昔からのしきたり。昔から伝えられたならわし。
【沿襲】えんしゅう(しふ) 昔からの習慣に従う。しきたり。因襲。
【沿泝】えんそ 流れをくだるのとさかのぼるのと。
【沿道】えんどう(だう) 道にそうこと。また、そったところ。道路の両側。道すじ。
【沿辺(邊)】えんぺん 辺境。国境くにざかいの地。
【沿用】えんよう そのまま用いる。前のしきたりに従って使う。

水5 【泓】〔8〕 オウ(ワウ) 漢 平 庚 hóng ホン　J 6187 補 U 6CD3
意味 ①水が深く、すんでいるさま。泓泓。②ふち(淵)。③川の名。
【泓涵】おうかん(わう) 水を深くたたえるさま。学識が深いことのたとえ。
【泓宏】おうこう(わうくわう) 声が大きく響きわたるさま。

水5 【泱】〔8〕 ㊀オウ(アウ) 漢 ㊀上 養 yǎng ヤン　㊁ヨウ(ヤウ) 漢 オウ(アウ) 呉 ㊁平 陽 yāng ヤン　J 6186 補 U 6CF1
意味 ㊀①泱漭おうもうは、㋐広々としたさま。㋑くらいさま。②泱瀼おうじょうは、水の流れるさま。㊁水の流れの速いさま。
【泱泱】おうおう(あうあう) ①奥深く広々としたさま。②音が途切れずに続くさま。③雲のわき立つさま。④旗のひらめくさま。

氵5 【河】〔8〕 学5 カ かわ　カ 漢 平 歌 ガ 呉 hé ホー　J 1847 補 U 6CB3
筆順 丶 ⺀ 氵 汀 汀 沪 河 河
意味 ①黄河をさす。②〈かわ(かは)〉川の総称。③天あまの川。銀河。④姓。
解字 形声。氵が形を表し、可かが音を示す。氵は水。可は、かぎ型に曲がっている形。河は、中流がかぎ型に曲がっている、黄河のことである。江(長江)と並ぶ大河。
姓 河勾かわわ・河曲かわわ|かわくま|かわまがり・河鰭かわばた・河辺かわべ・河西かさい・河東かとう・河沼かわぬま・河内長野かわちながの　地名 河内かわち|ハノイ・河北かほく・河

心(忄・⺗)戈戸(戶)手(扌)支攴(攵)
4画
文斗斤方无(旡・旡)日曰月(⺝)木欠止歹殳毋比毛氏气水(氵・氺)火(灬)爪(爫・⺥)父爻爿片牙(牙)牛(牜)犬(犭)

難読 河岸・河原(付表)／河童・河骨・河豚

【河陰】①黄河南岸の地域。②川の南側。

【河海】①黄河と海。②川と海。【――不レ択(擇)ニ細流一】黄河や海のような大きなものは、どんな小さな流れをも受け入れる。人も度量を大きくして広く他人を受け入れるがよい。〈史記・李斯列伝〉

【河岳(嶽)】黄河と五岳。→「五岳」(四八ページ・中)

【河漢】①黄河とその支流の漢水。②天の川。銀河。③ばくぜんとしたもののたとえ。【――女】星の名。織女星。「皎皎河漢女」(皎皎は、清らかに光り輝くさま。)〈文選・古詩十九首〉

【河渠】川と、みぞや運河。広く水道を指す。

【河口】河が、海あるいは湖に流れこむところ。かわぐち。

【河湟】黄河と湟水の合流するあたりの地。西戎の領域のあたり。

【河朔(朔)】黄河の北方。河北。

【河鹿】国かえるの一種。谷川に住み、夏美しい声で鳴く。

【河上】黄河のほとり。

【河心】河流の中央。

【河津】黄河の渡し場。

【河西】黄河以西の地。河右。

【河内】㊀河南省の黄河の北がわ一帯をさす。㊁国昔、近畿地方にあった国の名。㊂地名。ベトナム社会主義共和国の首都。

【河中】①大河の中。②地名。今の山西省永済市付近。

【河童】国①伝説上の動物。こどもの形をし、主として水中に住むという。②水泳のじょうずな人のたとえ。

【河図(圖)】昔、黄河から現れたという馬の背中のもようで、易の八卦のもとになったものといわれる。【――洛書】河図と洛書。洛書は、昔、洛水という川から現れた亀の背中に書かれていたと伝えられる文。いずれも太平の世のめでたいしるしとされる。

【河東】山西省の黄河の東がわ一帯をさす。

【河豚】魚の名。

【河南】①黄河の南方をさす。②省名。

【河伯】①黄河の神をさす。②国想像上の動物。かっぱ。「河童。」

【河汾】①黄河と汾水。また、その付近の地。②汾河。

【河北】①黄河の下流の北がわ一帯をさす。河朔。②省名。

【河右】黄河以西の地。河西。

【河陽】①黄河の北がわの地方。②県名。漢代におかれる。今の河南省孟州市の西方にある。

【河洛】①黄河と洛水。また、その流域の地。②「河図洛書」の略称。

【河梁】①川にかけた橋。②送別。送別の地。↓ 河梁別【――別】人を送って、橋の上で別れること。送別。漢の李陵が蘇武と、河梁で別れたという故事にもとづく。

【河隴】唐代に、今の甘粛省の西部一帯をさしたこと「ば。

△▼大河・山河・氷河・江河・星河・運河・渡河

水5 【泇】〔8〕 カ 漢 | 平 麻 jiā チア | J ―― 補 ―― U 6CC7

意味 泇河は、川の名。山東省から江蘇省に流れる。

水5 【泔】〔8〕 カン 漢 | 平 覃 gān カン | J ①8660 補 3893 U 6CD4

意味 ①米のとぎ汁。②米のとぎ汁にひたす。

氵5 【泣】〔8〕 学 4 キュウ | キュウ 漢 呉 入 緝 なく | (キフ) qì チー | J 2167 補 ―― U 6CE3

筆順 丶 氵 氵 氵 汁 汁 泣 泣

意味 ①〈な・く〉声をあげずになく。↕哭 ②〈なみだ〉

解字 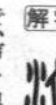 形声。氵が形を表し、立が音を示す。氵は水。立は粒と同じく、つぶである。泣は、目から水滴を出すことで、声を出さずに泣くことをいう。一説に、しゃくりあげて泣くこと。

名前 なき

【泣諫】泣いていさめる。

【泣血】心のそこから泣き悲しむこと。

【泣涕】泣く。涙を流して泣く。「泣涕零如レ雨」(零は、こぼれる。)〈文選・古詩十九首〉

△▼号泣・男泣・啼泣・貰泣・感泣

水5 【洶】〔8〕 キョ 漢 | 去 遇 jù チュイ | J ―― 補 ―― U 6CC3

意味 洶河は、河北省の川の名。錯河とも。

氵5 【況】〔8〕 常 キョウ | キョウ(キャウ) 漢 呉 | 去 漾 kuàng コワン | J 2223 補 ―― U 6CC1

筆順 丶 冫 氵 氵 氵 泂 沪 況

氵5 【况】〔7〕 俗字 | J 4955 補 ―― U 51B5

意味 ①〈いわんや(いはんや)〉いうまでもなく。②〈まして〉なおさら。③〈たと・える(――・ふ)〉くらべる。「比況」④ますます。いよいよ。⑤ありさま。ようす。「情況」

語法 〈いわんや(いはんや)〉(～でさえそうなのだから)まして…はなおさらだ。…はいっそうだ。ある条件における結果を前提として、それより程度が進めばいうまでもないと強調する。例「布衣之交尚不ニ相欺一、況大国乎」(庶民の交際でさえ互いにだましあったりしないのだから、ましてや大国ではなおさらだ)〈史記・廉頗列伝〉▼「尚」「猶」「且」などと呼応し、文末には「乎」「哉」「邪」などが置かれる場合が多い。例「中材已上且羞ニ其行一、況王者乎」(中等の人物でさえそのような行いを恥じるのだから、ましてや王者ではなおさらである)〈史記・彭越列伝〉

●句形●

(1) [況於ニ…一乎]〈いわんや(いはんや)…においてをや〉まして…においてはなおさらだ。例「臣猶知レ之、況於レ君乎」(わたくしでさえそのことを知っているのですから、わが君においてはなおのことです)〈史記・晋世家〉

(2) [而況]〈しかるをいわんや(いはんや)〉まして…はなおさらだ。例「此於ニ親戚一若レ此、而況於ニ仇讐之国一乎」(この〔秦国は〕血縁の国に対してさえこのようですから、ましてや仇敵の国においてはいうまでもありません)〈史記・魏世家〉

解字  形声。氵が形を表し、兄が音を示す。氵は水。兄には、つめたいという意味を含んでいて、況は、つめたい水のことであるという。また、兄には、大きいとか、ますという意味があるので、況は「ます」「まさる」の意味に使った。

△▼不況・比況・市況・好況・近況・状況・実況・活況・情況・商況・盛況・現況・景況・概況・戦況

水5 【泂】〔8〕 ケイ 漢 | 上 迥 jiǒng チョン | J ②7832 補 3886 U 6CC2

意味 ①さむい。つめたい。②遠い。＝迥 ③深く広いさま。

参考「洞」は別字。

水5【泬】〔8〕 ㊀ケツ 漢 ㊀入 屑 xuè シュエ ㊁ケツ 漢 ㊁入 屑 jué チュエ J②7839 補3907 U6CEC

意味 ㊀泬寥けつりょうは、①広々としてはてしないさま。②晴れあがったさま。㊁川の名。渭水いすいの支流。陝西せんせい省にある。＝潏けつ

【泬泬】けつけつ 奥深くさびしい。

水5【泧】〔8〕 ㊀ケツ 漢 ㊀入 月 xuè シュエ ㊁サツ 漢 ㊁入 曷 sà サー J― 補3904 U6CE7

意味 ㊀大水が流れるさま。㊁濊泧は、ぬぐいさる。

水5【泫】〔8〕 ケン 漢 上 銑 ゲン 慣 xuàn シュワン J①8662 補3906 U6CEB

意味 ①涙や露つゆがしたたり落ちるさま。「泫然げんぜん」 ②泫沄げんうんは、水がほとばしるさま。

水5【沽】〔8〕 ㊀コ 漢 ㊀平 虞 gū クー ㊁コ 漢 ㊁上 麌 gǔ クー J6188 U6CBD

意味 ㊀①〈う・る〉品物を売る。＝酤こ ②〈か・う(―・ふ)〉品物を買う。＝酤こ ㊁①酒を売る商人。②おろそか。

参考「沾せん」は別字。

【沽券】こけん 国①売買の証文。②売り値。③品位。体面。＝估券

【沽酒】こしゅ ①世間で売っている酒。買った酒。②酒を売る。

【沽販】こはん 売り買い。商売。

水5【泒】〔8〕 コ 漢 平 虞 ク 呉 gū クー J― U―

水6【泒】〔9〕 俗字 J― 補3892 U6CD2

意味 川の名。山西さんせい省から河北かほく省を流れて海に入る。今の大沙河だいさか。

水5【泗】〔8〕 シ 漢 去 寘 sì スー J6189 U6CD7

意味 ①川の名。山東さんとう省から江蘇こうそ省をへて淮河わいがにそそぐ。泗水。②涙を流すとき出る鼻じる。「涕泗ていし」

【泗洙】ししゅ ①泗水と洙水。②孔子の教え。

【泗上】ししょう(じゃう) ①泗水のほとり。②孔子の教え。

氵5【治】〔8〕 学4 ジ・チ おさめる・おさまる・なおる・なおす チ 漢 ジ(ヂ) 呉 去 寘 zhì チー J2803 U6CBB

筆順 丶 冫 氵 氵 汁 沚 治 治

乙10【乿】〔11〕 同字 J― 補1628 U4E7F

意味 ①〈おさ・める(をさ・む)〉㋐人民をおさめる。統治する。「治国」 ㋑しずめる。㋒ととのえる。㋓営む。㋔病気をなおす。㋕処分する。②〈おさま・る(をさま・る)〉世の中が安らかにおさまること。また、その状態。③〈なお・る(なほ・る)〉〈なお・す(なほ・す)〉「根治」 ④その地方をおさめる役所のある土地。「県治けんち」

解字 形声。氵が形を表し、台いが音を示す。氵は水。台は、私と口とを合わせた字で、個人的な意見とか、作為を加えるという意味がある。治は、もと川の名であるが、川の流れを人工を加えて調整する意味で、「おさめる」ことになるという。

名前 ず・さだ・つぐ・とお・のぶ・はる・よし・ただす 姓 治田はった

【治中】じちゅう(ぢちゅう) 官名。各州の刺史の属官。別駕べつがに次ぐ要職で、文書の責任者として、諸部局を総轄した。

【治安】ちあん ①国家が安らかに治まっていること。②社会の安静と秩序ちつじょをたもつこと。

【治下】ちか ①民を治める。②支配を受けていること。管下かんか。統治下とうちか。

【治化】ちか(くわ) 人民を治め導くこと。

【治教】ちきょう(けう) 政治と教化。広く政治のこと。

【治具】ちぐ 国を治めるための材料。法律や施設。

【治国(國)】ちこく 国を治めること。また、よく治まっている国。

【治獄】ちごく 訴訟そしょうをさばくこと。裁判すること。

【治罪】ちざい 罪をとり調べること。また、裁判をして処理すること。

【治山】ちさん 木を植えたりして、山をととのえること。「治山治水ちすい」

【治産】ちさん ①産業につとめて収益をあげること。②財産を管理または処分すること。

【治者】ちしゃ 上に立って下を治める人。統治者。

【治所】ちしょ 州郡において長官の勤める役所のある地。

【治人】ちじん ①人民を治めること。また、治める人。②人を感化する。⇔修己しゅうこ

【治水】ちすい 川のはんらんを防ぎ、かんがいの便を計ること。

【治世】ちせい ①世を治めること。また、よく治まっている世。太平の世。⇔乱世 ②天子の在位の年限。

【治生】ちせい 生活をたてる。

【治績】ちせき 政治上の功績。政治上の成績。

【治体(體)】ちたい 政治の大本。政治のだいじなところ。

【治道】ちどう(だう) ①人民を治める方法。政治のやりかた。治法。②道路を作り、または、修理すること。

【治癒】ちゆ 病気がすっかりなおる。

【治要】ちよう(えう) 国を治める要点。政治上たいせつな事がら。

【治乱(亂)】ちらん 世の中が治まることとみだれること。【―興亡】ちらんこうぼう 国や世の中の大きな移り変わり。興亡は、おこることと、ほろびること。

【治療】ちりょう(れう) 病気の手当てをする。病気をなおす。

【治而不レ忘レ乱(亂)】おさまれどもらんをわすれず 世の中がよく治まっているときでも、乱れたときに対する心がまえを忘れないこと。〈易経えききょう・繋辞けいじ〉

◆不治ふじ・ふち・全治ぜんち・自治じち・灸治きゅうじ・法治ほうち・退治たいじ・政治せいじ・根治こんじ・こんち・湯治とうじ・統治とうち・療治りょうじ

水5【泅】〔8〕 シュウ 漢 平 尤 (シウ) qiú チウ J6190 U6CC5

意味 〈およ・ぐ〉水の上を泳ぐ。

水5【沭】〔8〕 シュツ 漢 入 質 ジュツ 慣 shù シュー J②7831 U6CAD

意味 ①川の名。山東省から江蘇こうそ省に流れる。沭水じゅつすい。②沭陽じゅつようは、江蘇こうそ省の県名。

氵5【沼】〔8〕 常 ショウ ぬま ショウ(セウ) 漢 呉 上 篠 zhǎo チャオ J3034 U6CBC

筆順 丶 冫 氵 氵 沼 沼 沼 沼

意味 〈ぬま〉浅くてどろ土や水草の多い池。

解字 形声。氵が形を表し、召せうが音を示す。氵は水。召にはまねく意味がある。沼は外から水を引きこんだため池をいう。一説に、召は小と同じで、沼は、小さい池のことであるとか、召は曲線をえがくことで、曲線の池ということで、ぬまを表すとかいう。

地名 沼田ぬまた・沼津ぬまづ・沼隈ぬまくま

【沼湖】しょうこ(せう) ぬまとみずうみ。湖沼。

【沼沢(澤)】しょうたく(せう) 水たまりや湿地帯。ぬまとさわ。

◆泥沼どろぬま・湖沼こしょう

水5【泚】〔8〕 セイ 漢 上 薺 cǐ ツー J②7836 補3901 U6CDA

意味 ①水の清らかなさま。②汗の出るさま。③あざやかなさま。＝玼

水5【泩】〔8〕 セイ 漢 ショウ(シャウ) 呉 平 庚 shēng ション J②7838 補3905 U6CE9

心(忄・⺗)戈戶(戸)手(扌)支攴(攵) **4画** 文斗斤方无(旡・旡)日曰月(⺝)木欠止歹殳毋比毛氏气水(氵・氺)火(灬)爪(爫・⺥)父爻爿片牙(牙)牛(⺧)犬(犭)

氵5 **【泄】**〔8〕 標 ■一セツ漢 ■二エイ漢 ■一入 屑 xiè シエ ■二去 霽 yì イー U補J 6CC4 6185

意味 ■一①〈も・れる(—・る)〉 =洩・渫 ㋐しみ出る。㋑露見する。㋒腹をくだす。②あがる。③発散する。④あなどる。なれなれしくする。■二①〈ち・る〉 去る。発する。②泄泄は、㋐ゆるやかに飛ぶさま。㋑ゆったりとしたさま。㋒人の多いさま。③安徽省にある川の名。泄水。

【泄痢】腹くだし。下痢。泄利。

【泄漏】秘密などをもらす。

水5 **【泉】**〔9〕 学6 センゼン いずみ セン漢 ゼン呉 平 先 quán チュワン U補J 6CC9 3284

筆順 ′ ′ 白 白 自 泉 泉 泉 泉

水6 **【洤】**〔9〕 同字 U補J 6D24 ②7844

意味 ①〈いずみ(いづみ)〉 地中からわき出る水。②もと。みなもと。「源泉」③地下にある死後の世界。「黄泉」「九泉」④ぜに。貨幣。=銭

解字  象形。古い形で見るとわかるように、水が穴から流れ出ている形を表した字である。

名前 い・み・ずみ・みぞ・もと・きよし 姓 泉井

地名 泉・泉北・泉南・泉大津・泉佐野

【泉殿】(いずみ) 国泉水の中にかけ渡して造った建物。

【泉下】黄泉の下。あの世。めいど。

【泉州】(しう) ①地名。㋐昔の県名。今の天津市武清区にある。㋑隋代におかれる。現在の福建省福州市にある。②国和泉の国(今の大阪府南部)の別名。

【泉上】(じゃう) いずみのほとり。

【泉水】①わき出る水。②庭園などに設けた池。

【泉声(聲)】わき出る水の流れる音。泉韻。

【泉石】いずみと石。転じて、山水のけしき。

【泉台(臺)】死後の世界にあると伝えられる高殿。死者が登って生前を思うという。転じて、死後の世界。また、墓中。

【泉布】ぜに。貨幣。

【泉脈】地下の水脈。地下水の流れ。

【泉路】あの世。死後の世界。よみじ。黄泉。冥土。「泉路無ニ賓主一」(賓は客、主は主人。)〈大津皇子の詩・臨終〉

◆林泉・飛泉・渓泉・黄泉・清泉・温泉・源泉・鉱泉

水5 **【沾】**〔8〕 ■一テン漢 セン慣 ■二テン漢 ■一平 塩 zhān チャン ■二平 塩 tiān ティエン U補J 6CBE 6194

意味 ■一〈うるお・う(うるほ・ふ)〉 ぬれる。うるおす。=霑 ■二そえる。=添

【沾洽】(かふ) ①雨によってあまねくうるおう。②君主の恩恵があまねくゆきわたる。③学識などが広く深い。

【沾湿(濕)】ぬれる。うるおす。

【沾沾】①軽薄なさま。②衣服のきちんとしたさま。

【沾被】影響を及ぼす。

水5 **【沮】**〔8〕 ■一ショ漢 ソ呉 ■二ショ漢 ソ呉 ■三ショ漢 ソ呉 ■一平 魚 jū チュイ ■二上 語 jǔ チュイ ■三去 御 jù チュイ U補J 6CAE 6192

意味 ■一①川の名。済水の支流。山東省菏沢市。②姓。■二①〈はば・む〉 くいとめる。ふせぐ。さまたげる。=阻 ②やぶれる。だめになる。③もれる。もらす。④くじける。■三低くて、湿気の多い土地。「沮洳」「沮沢」

参考 新表記では、「阻」に書きかえる熟語がある。

【沮遏】「沮止」に同じ。

【沮害】途中でじゃまをする。=阻害・阻礙

【沮止】はばみとどめる。くいとめる。=阻止

【沮洳】葦などの茂った湿地。

【沮喪】(さう) 勢いがくじける。気落ちする。「意気沮喪」=阻喪

【沮廃(癈)】①さまたげしりぞける。②くじけすたれる。

【不レ沮不レ挫】元気を失わず、途中でくじけもしない。〈塩谷世弘・送ニ安井仲平東遊一序〉

水5 **【泝】**〔8〕 ソ漢 去 遇 sù スー U補J 6CDD 6191

意味 ①〈さかのぼ・る〉 流れにさからってのぼる。=溯・遡 ②向かう。迎える。

水5 **【沱】**〔8〕 タ漢 ダ慣 平 歌 tuó トゥオ U補J 6CB1 6193

意味 ①長江の支流。②涙の流れるさま。「滂沱」③大雨のさま。

水5 **【沲】**〔8〕 同字 U補J 6CB2 3884

氺5 **【泰】**〔10〕 常 タイ タイ漢 呉 去 泰 tài タイ U補J 6CF0 3457

筆順 一 三 夫 夫 夫 泰 泰 泰 泰

氵3 **【𣲙】**〔5〕 古字 U補J 51AD 1888 ②0314

大2 **【𡗗】**〔5〕 古字 U補J 5938 2478

心5 **【𢗍】**〔9〕 俗字 U補J 3917 ②1238

水6 **【㳘】**〔11〕 俗字 U補J 23CFE ①8664

意味 ①なめらか。②〈とお・る(とほ・る)〉 通じ達する。③〈やすらか〉〈やす・い(—・し)〉 平穏な。「安泰」④ゆるやか。⑤大きい。⑥〈はなはだ〉〈はなはだし・い(はなはだ・し)〉 非常に。=太 ⑦度を越した。⑧〈おご・る〉 思いあがる。⑨易の卦の名。

解字  会意・形声。古い形を参照すると、大・廾・水を合わせた形で、大が音を示す。大は大きいこと、たっぷりしていること。廾は両手。泰は、たっぷりした水が、両手から、さらさらとなめらかに抜け落ちることで、ありあまる、大きいの意味になる。

名前 ひろ・やす・よし・あきら・とおる・ひろし・やすし・ゆたか

【泰一】伝説上の天神の名。泰壱。太一。

【泰運】泰平の気運。

【泰華】(くわ) 泰山と華山。

【泰山】①中国の名山の一つ。山東省泰安市の北方にある。ともに五岳の一つ。②夫の父。しゅうと。【――北斗】泰山と北斗星。人から仰ぎしたわれるもの。またその道の権威者。泰斗。『――不レ譲(讓)ニ土壌(壤)一』(たいざんはどじょう(じゃう)をゆずら(ゆづら)ず) 泰山は小さな土のかたまりもいやがらないで受けいれているので、りっぱな山になっている。りっぱな人物はつまらない人の意見をもとりいれるべきだというたとえ。〈史記・李斯列伝〉

【泰侈】おごりたかぶること。おごり。ぜいたく。=汰侈

【泰西】①西のはて。②西洋の国々。

【泰然】物事にあわてないさま。【――自若】意外なことに出あっても、少しもあわてないさま。

【泰斗】「泰山北斗」の略。第一等の人物。その道の「権威者。」

【泰東】①東のはて。極東。大東。⇔泰西 ②日本。

【泰平】世の中がよく治まって、おだやかなこと。=太平「天下泰平」

水5 **【汅】**〔8〕 ■一タク漢 呉 ■二タク漢 呉 ■一入 薬 tuō トゥオ ■二入 薬 duó トゥオ U補J 6CB0 3883

意味 一①落とす。②雨がふる。水をまく。③赤い。三〈したた・る〉滴沰は、雨の降る音。

水5
【泜】〔8〕
一 チ漢 ジ(ヂ)呉 | 一 平 支 chí チー
二 テイ漢 タイ呉 | 二 去 霽 dì ティー
三 シ漢呉 | 三 平 支 zhī チー
J②7837 補 U6CDC

意味 一二三川の名。今の槐河。河北省にあった。泜水。

氵5
【注】〔8〕 学3 チュウ そそぐ
旧字 水5【注】〔8〕
シュ漢 チュウ(チウ)慣 | 去 遇 zhù チュー
J3577 補 U6CE8

筆順 丶 冫 氵 氵 汁 汼 注

意味 ①〈そそ・ぐ〉〈つ・ぐ〉㋐水などをつぎこむ。「注入」㋑水が流れこむ。㋒心をそのほうへ向ける。「注意」②うつ。投げる。③くっつける。集まる。④書き記す。また、記録。＝註 ⑤本文をくわしく説明すること。また、その説明。＝註「注釈」

解字 形声。氵が形を表し、主が音を示す。氵は水。主は、ともしびがまっすぐにともって動かない形である。注は、水をつぎこむときに、続いて流れ下って、動かないように見える状態である。

難読 注連縄(しめなわ)

参考 新表記では、「註」の書きかえに用いる。また、注は「註」の中国新字体としても使う。

【注意】(ちゅうい) 一①気をつける。②用心する。③国気をつけさせる。いましめ。二 zhùyì 現 一の①②に同じ。

【注音字母】(ちゅうおんじぼ) 中華民国七年(一九一八)に制定された中国語の音表文字。のちに注音符号と改称された。母音が十六、子音が二十一から成る。→「この辞典の使い方」

【注解】(ちゅうかい) 本文の意味を解釈するために、必要なところにつけられた説明の文または句。ノート。注釈。＝註解

【注記】(ちゅうき) ①書きしるす。記録する。＝註記 ②注釈を書きそえる。また、その文。

【注脚】(ちゅうきゃく) 「注釈」に同じ。＝註脚

【注視】(ちゅうし) じっと見つめる。目をつける。注目。

【注射】(ちゅうしゃ) ①ことばがよどみなく、すらすらと出る。②薬液を注射器で体内に注入する。

【注釈(釋)】(ちゅうしゃく) 本文の意味を説明し、解釈すること。また、その句あるいは文。＝註釈

【注進】(ちゅうしん) 国急に起こった変事などをいそいで上級の者に報告すること。

【注疏】(ちゅうそ) 経書などの本文に対する説明の文または句。注は、本文の説明、疏は、注をさらにくわしく説明したもの。「十三経注疏」＝註疏

【注入】(ちゅうにゅう) ①そそぎこむ。つぎこむ。②書きこむ。

【注文】(ちゅうぶん) 一注釈の文章。二(ちゅうもん) 国①物をあつらえる。②必要なことがらを望み求めること。＝註文

【注目】(ちゅうもく) 注意してよく見る。じっと見つめる。注視。

【注連】(ちゅうれん) 一①不浄なものがはいらないようにはりめぐらすなわ。②つらなる。連続する。二(しめ) 国しめなわ。しめかざり。

◆傾注・頭注・増注・校注・脚注・傍注・割注・補注・傍注

水5
【泏】〔8〕
一 チュツ漢 チュチ呉 | 一 入 質 zhú チュー
二 コツ漢 コチ呉 | 二 入 月 kū クー
J3889 補 U6CCF

意味 一水の流れでるさま。二貯水池。

氵5
【泥】〔8〕 常 ディ どろ
一 デイ漢 ナイ呉 | 一 平 斉 ní ニー
二 デイ漢 ナイ呉 | 二 上 薺 nǐ ニー
三 デイ漢 ナイ呉 | 三 去 霽 nì ニー
四 デツ漢 | 四 入 屑 niè ニエ
J3705 補 U6CE5

筆順 丶 冫 氵 氵 氾 沪 沪 泥

意味 一①〈どろ〉〈ひじ(ひぢ)〉水混じりの土。ぬかるみ。②どろのようなもの。「印泥」「金泥」③やわらかい。④伝説上の虫の名。二泥泥は、①露にぬれているさま。②やわらかく、つやのあるさま。三①〈なず・む(なづ・む)〉㋐とらわれる。こだわる。「拘泥」㋑(物事が)すすまない。②(泥・石灰などを)塗る。四〈くろ・む〉黒くなる。＝涅 国〈どろ〉①恥。②どろぼうの略。

解字 形声。氵が形を表し、尼が音を示す。氵は水。尼には、ねばりつくという意味がある。泥は、ねばねばするどろの意味である。音ディは、尼の音ヂの変化。

難読 泥障(あおり)・泥鰌(どじょう)・泥濘(ぬかるみ)

【泥金】(でいきん) 金粉をにかわの液にとかしたもので、絵をかくのに使われる。金泥。こんでい。

【泥行】(でいこう) どろみちを行く。

【泥沙】(でいさ) どろとすな。転じて、価値の卑しいもののたとえ。

【泥人】(でいじん) どろで作った人形。雨乞いなどの祭祀で用いた。泥塑人。

【泥水】(でいすい) ①どろみず。②家屋を建てる作業のこと。

【泥酔(醉)】(でいすい) ひどく酒によようこと。ふかよい。

【泥塗】(でいと) どろ。土。価値のないもののたとえ。泥土。

【泥土】(でいど) どろつち。

【泥濘】(でいねい) どろみち。ぬかるみ。どろんこ道。

『泥牛入レ海』(でいぎゅう うみにいる) どろで作った牛が海にはいる。転じて、行ったままもどらないこと。〈伝灯録〉

◆汚泥・金泥・拘泥・雲泥

水5
【沺】〔8〕
テン漢 デン呉 | 平 先 tián ティエン
J6201 補 U6CBA

意味 沺沺(てんてん)は、川の水が広々と果てしなく流れるさま。また、広く果てしないさま。

氵5
【波】〔8〕 学3 ハ なみ
ハ漢呉 | 平 歌 bō ポー
J3940 補 U6CE2

筆順 丶 冫 氵 氵 汀 沙 波 波

意味 ①〈なみ〉水面が揺れて生じる起伏。②ゆれうごく。③影響する。「波及」④流れ。傾向。⑤走ってにげる。⑥目づかい。「秋波」

解字 形声。氵が形を表し、皮が音を示す。氵は水。皮には、かたむくとか、細かいという意味がある。波は水面がかたむく、あるいは、水面に立つ細かい水という意味である。音ハは、皮の音ヒの変化。

姓 波良(なみはら)・波瀬(はせ)・波座間(はざま)・波照間(はてるま)　地名 波浮(はぶ)

難読 波止場(はとば)(付表)

【波及】(はきゅう) 波紋が広がるように、だんだんとまわりに伝わる。

【波光】(はこう) 波に反射した光。

【波心】(はしん) 湖や海などの真ん中。

【波臣】(はしん) ①水を治める役人。②魚などの水生動物。「我東海之波臣也(われはとうかいのはしんなり)」〈荘子・外物〉

【波長】(はちょう) 理波動の山と山、または谷と谷との間の長さ。

心(忄・小)戈戶(戸)手(扌)支攴(攵) 4画 文斗斤方无(旡・旡)日曰月(月)木欠止歹殳毋比毛氏气水(氵・氺)火(灬)爪(爫・爫)父爻爿片牙(牙)牛(牜)犬(犭)

【波頭】(はとう・なみがしら) 波のいちばん高くもりあがったところ。

【波濤】(はとう(たう)) 大きな波。おおなみ。波浪。

【波動】(はどう) ①波の動き。②波のように不安定にゆれ動くこと。③㊫振動が波のように動くこと。④㊫振動が波のように伝わり進む運動。

【波紋】(はもん) 波が水面にえがく模様。＝波文
【波羅蜜】(はらみつ) ㊎生死の境を脱して、永遠のさとりを開く修行。波羅蜜多(はらみった)ともいう。

【波乱(瀾)】(はらん) ①波が立つこと。＝波瀾 ②さわぎ。ごたごた。③変化。

【波瀾】(はらん) ①大なみ。「波瀾不㆑驚(はらんおどろかず)」(大きな波も立たない。)〈范仲淹・岳陽楼記〉②文章に変化があること。③問題や事件に変化があること。④もめごと。ごたごた。さわぎ。【――万(萬)丈】(はらんばんじょう(ぢゃう)) 大きな波のうねりのように、次々と大きな変化が起こるさま。

【波浪】(はろう(らう)) 大きい波と小さい波。

【波斯】(ペルシア) 国名。イランの古い名。

【波蘭(蘭)】(ポーランド) ポーランドのあて字。ヨーロッパの国名。
△▼大波(おおなみ)・小波(こなみ)・中波(ちゅうは)・白波(しらなみ)・余波(よは)・金波(きんぱ)・音波(おんぱ)・風波(ふうは)・風波(かざなみ)・荒波(あらなみ)・津波(つなみ)・秋波(しゅうは)・浦波(うらなみ)・短波(たんぱ)・寒波(かんぱ)・電波(でんぱ)・穂波(ほなみ)・超短波(ちょうたんぱ)

水 5【沬】〔8〕
□一 バイ ㊐ □一 ㊋ 泰 mèi メイ
□二 カイ ㊐ □二 ㊋ 隊 huì ホイ
(クヮイ)
J ―
補 ―
U 6CAC
意味 □一 ①ほのかに暗い。＝昧(まい) ②地名。殷(いん)の都の朝歌(ちょうか)。今の河南(かなん)省淇(き)県の地。□二顔を洗う。

氵5【泊】〔8〕 常 ハク とまる・とめる
□一 ハク ㊐ □一 ㊇ 薬 bó ボー
□二 ハク ㊐ □二 ㊇ 陌 pō ポー
J 3981
補 ―
U 6CCA
筆順 丶 冫 氵 氵 氵 泊 泊 泊
意味 □一 ①〈とま・る〉㋐船が岸につく。「停泊(ていはく)」㋑停止する。㋒休息する。宿にとまる。②〈と・める(―・む)〉 ③〈とまり〉とまること。船つき場。宿屋(やど)。④しずかなさま。⑤うすい。「淡泊(たんぱく)」⑤うすい。＝薄 □二湖。沼。
解字 (古字形) 形声。氵が形を表し、白(はく)が音を示す。古い形では洦と書いた。氵は水。白には、しろいとか、薄(うす)いとかの意味がある。泊は、水のうすい、浅い川をいう。浅い川は止まりやすいので、とまることにもなるという。
地名 泊瀬(はつせ・はせ)
【泊如】(はくじょ) 淡泊で欲がないさま。泊然。
【泊船】(はくせん) 船をとめること。船をつなぐこと。
【泊然】(はくぜん) 「泊如(はくじょ)」に同じ。
△▼外泊(がいはく)・宿泊(しゅくはく)・停泊(ていはく)・淡泊(たんぱく)・漂泊(ひょうはく)・飄泊(ひょうはく)

水 5【泮】〔8〕 ハン ㊐ ㊋ 翰 pàn パン
J ①8663
補 3908
U 6CEE
意味 ①中国古代の諸侯(しょこう)の学校。「泮宮(はんきゅう)」②氷がとける。③わける。わかれる。＝判 ④つつみ。＝畔(はん)

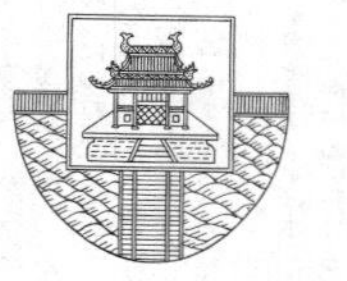
(泮 ①)

氵5【泌】〔8〕 常 ヒツ・ヒ
□一 ヒツ ㊐ □一 ㊇ 質 bì ピー
□二 ヒ ㊐ □二 ㊋ 寘 mì ミー
J 4071
補 ―
U 6CCC
筆順 丶 冫 氵 氵 沙 泌 泌 泌
意味 □一 ①泉の流れるさま。②河南省にある川の名。泌水。また、県名。泌陽(ひつよう)。□二〈し・みる(―・む)〉にじみ出る。
解字 (古字形) 形声。氵が形を表し、必(ひつ)が音を示す。氵は水。必には絶えないという意味を含む。泌は、絶えず流れ出る水。また、必には分かれる意味がある。泌は、両がわにはさまれ、その間からしみ出る水のことであるともいう。
【泌尿器】(ひにょう(ねう)き・ひつにょう(ねう)き) ㊩腎臓(じんぞう)や膀胱(ぼうこう)など、尿を体外に出す器官。
△▼分泌(ぶんぴ・ぶんぴつ)

水 5【泯】〔8〕 ビン ㊐ ㊤ 軫 mǐn ミン
ミン ㊇
J 6203
補 ―
U 6CEF
氵5〔泯〕〔7〕 同字
J 1890
補 ―
U 51BA
意味 ①〈ほろ・びる(―・ぶ)〉なくなる。②乱れる。
【泯然】(びんぜん) ①滅びるさま。尽きるさま。②はっきりしないさま。暗いさま。＝棼(びん)
【泯泯】(びんびん) ①みだれるさま。②多いさま。③水の清らかなさま。④滅びるさま。⑤静かなさま。
【泯滅】(びんめつ) 滅びる。消えてなくなる。
【泯乱(亂)】(びんらん) 道徳や秩序が混乱する。

水 5【泭】〔8〕 フ ㊐ ㊥ 虞 fú フー
ブ ㊇
J ②7840
補 ―
U 6CED
意味 いかだ。＝桴(ふ)・柎(ふ)

氵5【沸】〔8〕 常 フツ わく・わかす
□一 ヒ ㊐ フツ ㊭ □一 ㊋ 未 fèi フェイ
□二 フツ ㊐ □二 ㊇ 物 fú フー
J 4208
補 ―
U 6CB8
筆順 丶 冫 氵 氵 氵 沪 沸 沸
意味 □一 ①〈わ・く〉㋐水がにえたつ。㋑泉が涌(わ)き出る。「畢沸(ひっふつ)」㋒さわぎたてる。②〈わか・す〉 ③にえゆ。□二 ①そそぐ。②水の音。
解字 (古字形) 形声。氵が形を表し、弗(ふつ)が音を示す。氵は水。弗には、ふき出す意味がある。沸は、水がふき出すこと。
【沸瀋】(ふっしん) 煮立った汁(しる)。「索㆑得沸瀋㆒(ふっしんをもとめえたり)」〈聊斎志異(りょうさいしい)〉
【沸騰】(ふっとう) ①液体が熱せられて、煮え立つこと。②さわぎたつこと。わきたつ。
【沸沸】(ふつふつ) わきおこるさま。

氵5【法】〔8〕 学4 ホウ・ハッ・ホッ
ホウ(ハフ) ㊐ ハッ ㊭ ㊇ 洽 fǎ ファー
ホウ(ホフ) ㊇ ホッ ㊭
J 4301
補 ―
U 6CD5
筆順 丶 冫 氵 氵 汁 汁 注 法
水18【灋】〔21〕 本字
J ②7951
補 4128
U 7044B
人 6【佱】〔8〕 古字
J ―
補 1685
U 4F715
水 5【灋】〔8〕 本字
J ②7834
補 ―
U 3CD2
意味 ①〈のり〉㋐おきて。規則。㋑やりかた。「方法(ほうほう)」㋒手本。㋓みち。道理。②〈のっと・る〉ならう。手本にする。③法をまもる。④法によって処罰する。⑤㊎仏の教え。⑥㊞フランス。「法国(ファークオ) Fǎguó」 国 ①〈のり〉㋐差し渡しの長さ。「内法(うちのり)」㋑地面の傾斜したところ。「法面(のりめん)」②〈フラン〉もと、フランスの貨幣の単位。
解字 (古字形)(灋) 会意。古い形では、氵・廌・去を合わせた字。氵は水。廌は、さわると罪人を区別できる動物。去は、追放すること。灋は、廌にさわって、悪い者を見分けて追放し、水のように公平にさばくことで、刑罰をいう。他の説に、廌は囲むことを表し、灋は、水を流し去らぬようにかこむことであるとか、水でかこまれた島に、珍しい獣を追い去って、出さないようにおさ

えることであるという。

名前 かず・つね・はかる　姓 法心ほっしん・法水ほっすい　難読 法螺ほら

【法被】はっぴ　国①昔、武家ぶけの仲間ちゅうげんなどの着たはんてん。②転じて、職人などのはおる、しるしばんてん。

【法案】ほう(はふ)あん　法律の案文。

【法印】ほう(ほふ)いん　①仏昔、僧の最高の位。②国武家時代、医師・画工などに授けた位。③国やまぶしの別称。

【法会(會)】ほう(ほふ)え(ゑ)　仏①説教のために多くの人をよせ集めること。②死者の霊を慰めるための行事ぎょうじ。法事。法要。

【法衣】［一］ほう(ほふ)え　僧侶の服。けさ。［二］ほう(はふ)い　国裁判官が法廷で着る衣服。法服。

【法悦】ほう(ほふ)えつ　①仏仏教を深く知ることによって得られる喜び。②うっとりするような喜び。

【法筵】ほう(ほふ)えん　仏説法の会。

【法王】ほう(ほふ)おう(わう)　①仏仏法のかしら。ほとけ。②ローマ＝カトリック教会で最高の職にある人。ローマ法王。③国孝謙こうけん天皇のとき、僧道鏡に授けられた僧位。

【法皇】ほう(ほふ)おう(わう)　国平安時代、天皇の位をしりぞいて仏門にはいった上皇じょうこう。

【法科】ほう(はふ)か(くわ)　①刑法の条例。②大学などで、法律を研究する学科の総称。③仏戒律のこと。

【法家】ほう(はふ)か　法律一点ばりで国を治めることを主張する学派。戦国時代の韓非子かんぴしらがその例。↓法治主義

【法駕】ほう(はふ)が　天子の乗り物。転じて、天子を指す。

【法外】ほう(はふ)がい(ぐわい)　①一定の教えやきまりからはずれること。②国程度をこすこと。度はずれ。とてつもない。

【法官】ほう(はふ)かん(くわん)　司法の官吏。裁判官。司法官。

【法規】ほう(はふ)き　法律またはそれと同じ効力を持つ規則。

【法義】ほう(はふ)ぎ　おきて。規則。法儀。

【法禁】ほう(はふ)きん　刑法と禁令。

【法顕(顯)】ほう(ほふ)けん　一ほっけん　人名。東晋とうしんの僧。その著「仏国記」は、中央アジアに関する貴重な史料とされている。

【法言】ほう(はふ)げん　①正しいことば。のりとなることば。②書名。十三巻。漢の揚雄ようゆうが「論語」をまねて作ったもの。

【法眼】ほう(ほふ)げん　①仏すべての物を正しく見る心の目。②国昔、僧の位の一種。③国昔、医師や画工に授けられた位。

【法故】ほう(はふ)こ　古いしきたり。旧法故制。

【法語】［一］ほう(はふ)ご　正しいことば。［二］ほう(ほふ)ご　仏仏法を説いたことば。［三］ファーユィ fǎyǔ 現フランス語。法文。

【法効(效)】ほう(はふ)こう(かう)　のっとりならう。手本にする。

【法号(號)】ほう(ほふ)ごう(がう)　仏①僧になるとき師から授けられる名。戒名かいみょう。法名ほうみょう。↕俗名ぞくみょう。②人の死後、つけられる名。

【法三章】ほう(はふ)さんしょう(しゃう)　漢の高祖が秦しんを破ってまず公布した三つの法令。人を殺したら死刑、人を傷つけたり、物を盗んだら処罰する、というもの。〈史記・高祖本紀こうそほんぎ〉

【法師】ほう(ほふ)し　①仏仏法に通じている人。②仏僧。③国男の子。「長法師」

【法事】［一］ほう(はふ)じ　法律、政令。［二］ほう(ほふ)じ　仏①仏法の儀式。②死者の追善ついぜん、供養くようのために行う行事。法要。法会ほうえ。

【法式】ほう(はふ)しき　ひとつのきまったやりかた。おきて。きまり。

【法主】ほう(ほふ)しゅ　一ほっしゅ・一ほっす　仏①釈迦しゃか。②仏教で一つの宗派の長。

【法守】ほう(はふ)しゅ　のっとり守る。模範もはんとして守る。

【法術】ほう(はふ)じゅつ　①てだて。方法。②法家の国を治める方法。③法律で国を治めるやりかた。

【法相】［一］ほう(ほふ)しょう(しゃう)　仏教の一宗派。［二］ほっそう(さう)　国法務大臣。国法相宗の略称。

【法帖】ほう(ほふ)じょう(でふ)　古人の筆跡を石ずりにした習字の手本。

【法親王】ほう(ほふ)しんのう(わう)　一ほっしんのう(わう)　国出家しゅっけした後に親王の称号を受けた人。

【法正】ほう(はふ)せい　法律制度。おきて。法令。

【法制】ほう(はふ)せい　法律と制度。法律組織。

【法曹】ほう(はふ)そう(さう)　一ほっそう(さう)　①漢代、郵便をつかさどる部署。②司法をつかさどる役人。③国司法官または弁護士をさす。「一の関係」

【法則】ほう(はふ)そく　①きまり。おきて。②事物相互の間にある一定の関係。

【法談】ほう(ほふ)だん　仏仏の道をやさしく説いた話。説教。説法。

【法治】ほう(はふ)ち　法律によって政治を行うこと。【——主義】ほうしゅぎ(はふ)ち　法家　①法律一点ばりで国を治めようとする考え方。↓法家 ↕徳治主義　②「法をもととする政治」を主張する近代市民社会の政治原理。

【法廷】ほう(はふ)てい　裁判官が裁判を行う場所。

【法定】ほう(はふ)てい　法律によりきめること。

【法典】ほう(はふ)てん　①おきて。きまり。②同じ種類の法律を組織的に集めた成文法規。

【法度】［一］ほう(はふ)ど　おきて。さだめ。手本。［二］はっと　国何かをしてはいけないという規則。禁制。

【法灯(燈)】ほう(ほふ)とう　仏仏の法が世のまよいやくらやみを灯火のように照らすというたとえ。のりのともしび。

【法難】ほう(ほふ)なん　仏信仰しんこうのことで世間から受ける迫害。

【法服】［一］ほう(はふ)ふく　①一定の制服。②国もと、判事・検事・弁護士などが法廷で着用した衣服。③国裁判官が着用する、ガウン形式の制服。［二］ほう(ほふ)ふく　仏僧の着るころも。法衣ほうえ。

【法名】ほう(ほふ)みょう(みゃう)　仏①仏門にはいって僧となる人に与える名。法号。②死者につける名。戒名かいみょう。

【法務】［一］ほう(はふ)む　司法関係の仕事。［二］ほう(ほふ)む　寺の事務。

【法網】ほう(はふ)もう(まう)　法律のあみ。罪のある人をにがさない法律の制裁。

【法文】［一］ほう(はふ)ぶん　①法律・規則などの文。②法科と文科。［二］ほう(ほふ)もん　仏仏法を説いた文章。［三］ファーウエン fǎwén 現フランス語。法語。

【法門】ほう(ほふ)もん　仏人が仏法にはいる門。仏門。

【法要】ほう(ほふ)よう(えう)　仏死者の霊を慰めるために行う行事。法会ほうえ。法事。

【法楽(樂)】ほう(ほふ)らく　①仏善行をつむ楽しみ。②仏を楽しませるもよおし。転じて、楽しみ。なぐさみ。

【法力】［一］ほう(ほふ)りき　仏仏法の力。仏法の威力。［二］ほう(はふ)りょく　「律の威力。法」

【法律】［一］ほう(はふ)りつ　①強制力を持つ国家の規律。②国国会で可決して、法律という名称で公布した規則。［二］ファーリュイ fǎlǜ 現［一］に同じ。

【法隆寺】ほう(ほふ)りゅうじ　国奈良なら県にある寺の名。聖徳しょうとく太子の建てたもので、世界最古の木造建築物として有名。

【法輪】ほう(ほふ)りん　仏仏法のこと。仏の教えの進み広がることを車輪にたとえたもの。仏の教法。

【法令】ほう(はふ)れい　法律と命令。おきて。

【法例】ほう(はふ)れい　①法律や条例。②国法律的に効力を持つ習慣。③国ある法令と同じようにみなされる規則。

【法界】［一］ほっかい　仏①全宇宙。②真如しんにょ。実相。［二］ほう(ほふ)かい　国「法界悋気りんき」の略。自分に関係のないことで他人をねたむこと。おかやき。

【法橋】ほっきょう(けう)　①仏法の橋。仏法。②国昔、僧の位で、法眼ほうげんにつぐもの。

【法華(華)】ほっけ　国①「妙法蓮華経みょうほうれんげきょう」の略。仏教の経典の一つ。②法華宗ほっけしゅうの略。仏教の宗派の一つ。【——経(經)】ほけきょう(きゃう)　「妙法蓮華経みょうほうれんげきょう」の略。仏教の経典の一つ。

【法体(體)】ほったい　仏①すべての物事の本体。②仏法の門にはいって出家しゅっけした身。

【法螺】ほら　①ほら貝。②国おおげさに言うこと。でたらめ。

【法郎】ファラン fǎláng 現〔貨幣〕フラン。

◆寸法・不法・六法・方法・手法・文法・公法・仏法・立法・用法・末法・司法・句法・民法・加法・礼法・合法・刑法・兵法・作法・軍法・便法・除法・秘法・剣法・常法・商法・無法・筆法・減法・違法・話法・戦法・暦法・算法・製法・語法・説法・遵法・論法・憲法・療法・厳法・魔法・不作法・不調法・生兵法・非合法・修辞法・三段論法

氵5 【泡】〔8〕 常 ホウ あわ

旧字 水5 【泡】〔8〕 ホウ(ハウ) 漢 呉 平 肴 pào, páo パオ J 4302 補 — U 6CE1

筆順 丶 冫 氵 氵' 汋 泃 泃 泡

意味 〈あわ〉あぶく。うたかた。また、はかないもののたとえ。

解字 形声。氵が形を表し、包が音を示す。包にはつつむ意味がある。泡は、水につつまれた空気で、あわのこと。

【泡影】ホウエイ 水のあわと物のかげ。はかない、とりとめのない物のたとえ。

【泡幻】ホウゲン あわとまぼろし。はかないもののたとえ。

【泡沫】ホウマツ ①あわ。あぶく。うたかた。②はかないもののたとえ。

◆水泡・水泡

水5 【泙】〔8〕 ホウ(ハウ) 漢 平 庚 pēng ポン J 6204 U 6CD9

意味 ①水の音。「泙泙」②泙湃は、水の勢いのさかんなさま。＝澎湃

水5 【泖】〔8〕 ボウ(バウ) 漢 上 巧 mǎo マオ J ②7835 補 3894 U 6CD6

意味 ①上海市松江区にあった湖の名。上泖・中泖・下泖の三泖に分かれていた。②池。湖。

水5 【泍】〔8〕 一 ホン 漢 一 平 元 bēn ベン 二 ホン 漢 ボン 呉 二 上 阮 bèn ベン J — 補 3888 U 6CCD

意味 一 水の流れがはやい。二 泉のわき出るさま。

氵5 【沫】〔8〕 標 人 バツ 漢 入 曷 マツ 慣 mò モー J 4387 U 6CAB

意味 ①〈あわ〉あぶく。②つばき。③しぶき。④尽きる。終わる。⑤ゆばな。⑥四川省にあった川の名。今の大渡河。

参考 「沬」は別字。

◆泡沫・飛沫

氵5 【油】〔8〕 学3 ユ あぶら ユウ(イウ) 漢 ユ 呉 平 尤 yóu ユー J 4493 補 — U 6CB9

筆順 丶 冫 氵 氵丨 汩 汩 油 油

意味 ①〈あぶら〉 ②ゆるやかに流れるさま。③つやつやとして美しいさま。④雲のさかんにわき起こるさま。「油雲」

解字 形声。氵が形を表し、由が音を示す。氵は水。由には、なめらかな意味がある。油は、もと、川の名であるが、なめらかな水の意味で、水あぶらのことにもなる。

【油然】ユウゼン ①気にかけないさま。②雲がむくむくとわき立つさま。③態度などがゆったりとしたさま。④おのずとそうであるさま。

【油油】ユウユウ ①ゆったりとしたさま。②草木が生い茂りうるおっているさま。③雲や水が流れるさま。④うやうやしいさま。⑤多いさま。広大なさま。

【油煙】ユエン 油・樹脂などを燃やすときにでる黒いこまかな炭素のこな。墨の原料に用いられる。

【油井】ユセイ 石油をくみあげるために掘った井戸。

【油断(斷)】ユダン 国うっかりする。不注意。「油断大敵」

【油印】ユーイン yóuyìn 現謄写印刷。

【油灯(燈)】ユートン yóudēng 現明かり。ランプ。

◆石油・灯油・肝油・重油・香油・桐油・原油・髪油・青油・種油・醬油・鯨油・揮発油

水5 【泑】〔8〕 ユウ(イウ) 漢 平 尤 yōu ユー J — 補 3891 U 6CD1

意味 ①泑沢は、湖の名。今の新疆ウイグル自治区の羅布泊ロプノール。②伝説上の山の名。③水の色が黒い。④うわぐすり。＝釉

水5 【沴】〔8〕 レイ 漢 去 霽 lì リー J — 補 3885 U 6CB4

意味 わざわい。悪い気。「沴孽」

水5 【泠】〔8〕 レイ 漢 リョウ(リャウ) 呉 平 青 líng リン J ①8661 補 3903 U 6CE0

意味 ①清らかなさま。②かろやかなさま。③ひややかなさま。④さとる。了解する。＝聆 ⑤〈さと・す〉教えみちびく。⑥音楽をかなでる人。「泠人」＝伶 ⑦落ちる。＝零

参考 「冷」は別字。

【泠然】レイゼン ①軽やかなさま。②涼しげなさま。③音が清らかで激しいさま。

【泠風】レイフウ おだやかな風。

【泠泠】レイレイ 音声などの清らかで涼しげなさま。「泠泠一何悲」〈蘇武の詩・別李陵詩〉

水5 【泐】〔8〕 ロク 漢 入 職 lè ロー J ②7833 補 3890 U 6CD0

意味 石にできた割れ目やすじ目。

水5 【泵】〔9〕 ポン bèng J — 補 — U 6CF5

意味 現ポンプ。

水5 【[氵/皿]】〔9〕 同 ↓盥(八六四ジ・中)

水5 【沛】〔8〕 俗 ↓沛(七〇六ジ・上)

水5 【泻】〔8〕 俗 ↓瀉(七五九ジ・中)

水5 【泪】〔8〕 同 ↓涙(七二六ジ・中)

水6 【洟】〔9〕 一 イ 漢 一 平 支 yí イー 二 テイ 漢 二 去 霽 tì ティー J 6206 補 — U 6D1F

意味 一 なみだ。鼻水。＝涕

水6 【洧】〔9〕 イ 漢 (ヰ) 上 紙 wěi ウェイ J ②7846 補 3920 U 6D27

意味 昔の川の名。河南省にあった。

水6 【洇】〔9〕 一 イン 漢 呉 一 平 真 yīn イン 二 イン 漢 呉 二 平 真 yān イェン 三 エツ 漢 三 入 屑 yè イエ J — 補 3912 U 6D07

意味 一 ①川の名。②にじむ。二 うもれる。＝湮 三 水の流れるさま。

氵6 【洩】〔9〕 標 一 エイ 漢 一 去 霽 yì イー 二 セツ 漢 二 入 屑 xiè シエ J 1744 補 — U 6D29

意味 一 ①〈の・べる(―・ぶ)〉のびのびする。②ゆったりとしたさま。「洩洩」 二 ①〈も・れる(―・る)〉もらす。「洩漏」＝泄 ②へらす。③やむ。やめる。

水6 【洿】〔9〕 オ 漢 (ヲ) 平 虞 wū ウー J ①8670 補 3928 U 6D3F

意味 ①低くくぼんだ地。池などをいう。②ほる。③けがれる。けがす。＝汚

【洿下】おか 土地が低く、くぼんでいる。また、その地。転じて、地位や身分が低いこと。

【洿池】おち(をち)　地面が低く水がたまった所。ため池。

【洿隆】おりゅう(をりう)　すたれることとさかんなこと。盛衰。

氵6【海】〔9〕学2 カイ うみ　J1904 U6D77

旧字 氵7【海】〔10〕人 カイ 漢 上 賄　具 hǎi ハイ　補J①8673 UFA45

筆順　丶 冫 氵 氵 氵 汇 海 海 海

意味 ①〈うみ〉㋐わたつみ。↕陸 ㋑大きな湖。「洱海」 ②広く大きい。また、広く大きいもの。③多くの川の水が流れこむところ。④人や物が多く集まったそのまとまり。「学海」「雲海」 ⑤地の果て。「四海」

解字 形声。氵が形を表し、毎が音を示す。氵は水。毎には、くらい、黒いという意味がある。海は、黒く、くらい水で、「うみ」のことである。一説に、海は灰と音が通じるので、アルカリ性の水をいうとする。

名前 あま・うな　姓 海上・海保・海部・海老名・海勢頭　地名 海上・海防・海南・海津・海草・海部　難読 海士・海女・海原(付表)／海豹・海驢・海人・海参・海豚・海境・海栗・海胆・海老・海髪・海月・海鼠腸・海象・海馬・海嘯・海鼠・海苔・海星・海盤車・海鞘・海人草・海仁草・海松・海蘊・海獺・海神

【海千山千】うみせんやません　国海に千年、山に千年住んだへびは竜になる、ということから、世の中の苦労をなめつくして、わるがしこくなった人。

【海坊主】うみぼうず　国①海上に現れるという怪物の一種。②大きな海がめ。おおうみがめ。正覚坊。

【海域】かいいき(ゐき)　あるくぎられた範囲の中の海面。

【海運】かいうん　①海面がゆれ動く。②潮の満干。③海上の運送。海上を船で人や品物をはこぶこと。

【海燕】かいえん　うみつばめ。

【海王星】かいおうせい(わう)　太陽系を回転する第八番めの惑星。

【海外】かいがい(ぐわい)　海の外。外国。

【海角天涯】かいかくてんがい　世界のはて。はるか遠くはなれた地。

【海関(關)】かいかん(くわん)　[一]開港場に設けた税関。[二] hǎi-guān 現税関。

【海岸】かいがん　海のきし。海べ。

【海客】かいかく　①海上を旅行する人。②諸方を流れ歩く人。

【海峡(峽)】かいきょう(けふ)　両方から陸地にはさまれて、海のせまくなっている所。

【海曲】かいきょく　海のはて。北海のすみ。海阿。

【海隅】かいぐう　①海岸のかたほとり。②北方の蛮地。「凜冽海隅一」(遠い辺境の地に、きびしい寒さがみなぎっている。)〈李華・弔古戦場文〉

【海軍】かいぐん　海上の国防を任務とする一切の軍備・軍隊。

【海月】[一]かいげつ　①海の上の空にうかぶ月。②海面にうつった月影。[二]くらげ　国腔腸動物の一種。

【海賈】かいこ　海上で活動する商人。海商。

【海寇】かいこう　海賊。

【海溝】かいこう　海の底にある細長い谷。日本海溝、フィリピン海溝など。

【海国(國)】かいこく　まわりが海になっている国。しまぐに。【──兵談】かいこくへいだん　国書名。十六巻。林子平著。江戸時代、外国に対する軍備の必要を説いたもの。

【海産】かいさん　①海中に産すること。また、その産物。②国船その他の海上に関係する財産。

【海士】かいし　男の漁師。あま(男をさす)。

【海市】かいし　光線の屈折によって、海上の空中に町や物の形があらわれる現象。しんきろう。

【海事】かいじ　海上のことがらに関する事。

【海日】かいじつ　海からのぼる太陽。

【海若】かいじゃく　海の神。わたつみ。

【海女】[一]かいじょ(ぢょ)　海神のむすめ。[二]あま　国海にはいって、貝・海藻などを取ることを職業とする女。

【海松】かいしょう　①海辺に生えた松。②海藻の名。みる。「みる」

【海嘯】かいしょう(せう)　①海底の地震その他によって起こった大波のはげしいひびき。②満潮のとき、特に三角形に開いた河口のところに起こる高い波。

【海城】かいじょう(じゃう)　海べの街。

【海神】かいしん｜かいじん　海の神。わたつみ。

【海人】[一]かいじん　①漁夫。漁師。②海外の異族。③海中の怪物。[二]あま　国①[一]の①に同じ。②海にはいって貝や海藻などを取って生活する者。

【海図(圖)】かいず(づ)　水路や海の深さ、海底のようすなどを示す海の地図。

【海鼠】かいそ｜なまこ　海産の動物の名。なまこの類。

【海草】かいそう(さう)　海にそだつ草の総称。

【海藻】かいそう(さう)　海中にはえる藻類の総称。海のも。

【海象】かいぞう(ざう)　海獣の一種。せいうち。

【海賊】かいぞく　船を使って海上の船または沿岸をおそう盗賊。

【海蛇】かいだ｜うみへび　①魚の一種。うなぎに似たもの。②海にすむへび類の総称。

【海岱】かいたい　舜帝の時代の十二州の中の一つ。東海から泰山までの地域。現在の山東省のあたり。

【海苔】[一]かいたい　海藻の一種。あさくさのり・あおのりなど。[二]のり　国①[一]に同じ。②食品の一種。あさくさのり・あおのりなどを薄くすいて、ほしたもの。

【海内】かいだい｜かいない　四海の内。国内。天下。【──無双(雙)】かいだいむそう(さう)　天下に比べるものがないほどすぐれていること。「天下第一。」

【海鳥】かいちょう(てう)　海洋にすむ鳥。

【海潮】かいちょう(てう)　海のうしお。【──音】かいちょうおん(てう)　仏菩薩の説法の声。また、多勢の僧侶による読経の声。

【海甸】かいでん　海べの町。海べの土地。

【海濤】かいとう(たう)　海の大波。

【海棠】かいどう(だう)　木の名。はなかいどう。

【海童】かいどう　海の神。また、海の神の子。

【海道】かいどう(だう)　①船で行く道。うみじ。海路。②海岸にそった街道。③国東海道の略称。

【海豚】かいとん　海獣の一種。いるか。

【海難】かいなん　航海中に起こる思いがけない災難。沈没・座礁・衝突など。

【海人草】かいにんそう(さう)｜かいじんそう(さう)　海藻の名。まくり。虫くだしに用いる。

【海馬】かいば　①小魚の一種。たつのおとしご。②「海象」に同じ。

【海抜】かいばつ　海面を基点としてはかる陸地や山の高さ。

【海畔】かいはん　海のほとり。海べ。

【海表】かいひょう(へう)　海外の地。海の向こうの地。

【海豹】かいひょう(へう)｜あざらし　海獣の一種。大部分のものが寒い海にすむ。

【海浜(濱)】かいひん　海岸。はまべ。

【海辺(邊)】かいへん｜うみべ　海のほとり。海のそば。

【海防】[一]かいぼう(ばう)　海岸の防備。外敵に対する海の備え。[二]ハイフォン　地名。ベトナム社会主義共和国の港湾都市。

【海味】かいみ　海からとれる食品。海産物。

【海面】かいめん　海の表面。海上。

【海洋】[一]かいよう(やう)　うみ。おおうみ。大洋。[二]ハイヤン hǎiyáng 現[一]に同じ。

【海容】かいよう　海のようなおおらかな心で、人の罪やあやまちをゆるすこと。

心(忄・⺗)戈戸(戶)手(扌)支攴(攵)　4画　文斗斤方无(旡・旡)日曰月(月)木欠止歹殳毋比毛氏气水(氵・氺)火(灬)爪(爫・爫)父爻爿片牙(牙)牛(牜)犬(犭)

【海里】(かいり) 海上の距離をはかる単位。一海里は一八五二メートル。＝浬(かいり)

【海流】(かいりゅう(りう)) 海水が一定の方向に流れるもの。寒流と暖「流とがある。」

【海路】(かいろ) 船の行くみち。航路。舟路(ふなじ)。

【海老】 ■一(かいろう(らう)) 海水が枯渇する。■二(えび) 国甲殻類の生物。

【海楼(樓)】(かいろう) ①海岸の高い建物。②しんきろう。「雲生結二海楼一(くもしょうじてかいろうをむすぶ)」〈李白(りはく)の詩・渡二荊門一送別(けいもんをわたりてそうべつす)〉
◇▼大海(たいかい・おおうみ)・内海(ないかい・うちうみ)・公海(こうかい)・四海(しかい)・外海(がいかい・そとうみ)・泥海(どろうみ)・沿海(えんかい)・青海(せいかい・あおうみ)・荒海(あらうみ)・航海(こうかい)・深海(しんかい)・雲海(うんかい)・絶海(ぜっかい)・蒼海(そうかい)・領海(りょうかい)・樹海(じゅかい)・臨海(りんかい)

水6【洄】〔9〕 ■一 カイ㊥(クヮイ) ㊥灰 huí ホイ | J①8665 補3911 U6D04
意味 ①〈さかのぼ・る〉 逆流する。「溯洄(そかい)」 ②うずまく。

氵6【活】〔9〕 学2 カツ | J1972 U6D3B
■一 カツ(クヮツ)㊥ ■一 ㊅ 曷 huó フオ
カチ(クヮチ)㊦
■二 カツ(クヮツ)㊥ ■二 ㊅ 曷 guō クオ

水12【澕】〔15〕同字 | J— 補— U23F45

筆順 丶 冫 氵 氵 汘 汗 活 活

意味 ■一①〈い・きる(—・く)〉 ㋐いきている。↕死 ㋑生計をたてる。「生活」 ㋒いきいきしている。②〈いか・す〉 命をたすける。■二活活は、①水の流れる音。②ぬかるみのすべるさま。国①〈かつ(くゎつ)〉 気絶した人をよみがえらせる術。②〈い・ける(—・く)〉 草花や木の枝などをうつわにさす。

解字  形声。氵が形を表し、舌(くゎつ)が音を示す。舌(くゎつ)は昏(くゎつ)の略字。氵は水。昏には、勢いのよい意味がある。活は、水が勢いよく流れる音をいう。そこから、生き生きしたという意味を生ずる。

名前 新表記では、「闊」の書きかえに用いる熟語がある。

【活火】(かっか(くゎっくゎ)) はげしく燃えている火。

【活火山】(かっかざん(くゎっくゎざん)) 火山活動が今も継続している火山。現在噴火している火山。↕死火山・休火山
【活眼】(かつがん(くゎつがん)) 物事の道理をはっきりと見抜くことのできる「目。」

【活気(氣)】(かっき(くゎっき)) いきいきとした気分。元気。

【活況】(かっきょう(くゎっきゃう)) 活気のある状況。勢いのよいようす。

【活句】(かっく(くゎっく)) ①詩文において含蓄があり味わい深い句。②禅宗において、意味が深く、言外でしか理解しえないような言葉。↕死句。

【活計】(かっけい(くゎっけい)) ①生活のてだて。くらしむき。なりわい。②「仕事。」

【活語】(かつご(くゎつご)) 国①現在用いられている語。↕死語 ②活用する品詞。動詞・形容詞・助動詞など。

【活殺】(かっさつ(くゎっさつ)) 生かすことと殺すこと。生殺。【—自在】(かっさつじざい) ①生かすも殺すも自由にできること。②思うままにあつかうこと。自由自在にあやつること。

【活字】(かつじ(くゎつじ)) ①活版印刷に用いる字型。②動詞。動字。↕死字
【活人】(かつじん(くゎつじん)) ①生きている人。生人。②人をいかす。【—剣(劍)】(かつじんけん(くゎつじんけん)) 人命を助けるためにふるう剣。本来人を殺傷する刀剣も使いようでは人を救うこと。

【活水】(かっすい(くゎっすい)) 流れている水。

【活脱】(かつだつ(くゎつだつ)) ①生き写したようによく似ているさま。②生き生きとしたさま。

【活動】 ■一(かつどう(くゎつどう)) ①生き生きと動く。②うでをふるうこと。■二 huódòng フォトン 現①からだを動かす。運動する。②ぐらぐらする。

【活剝生呑】(かっぱくせいどん(くゎっぱくせいどん)) 生きたまま皮をはいで、生のままのみこむ。他人の詩文を剽窃(ひょうせつ)して全く独創性がないこと。

【活発(發・「潑」)】 ■一(かっぱつ(くゎっぱつ)) ①魚が勢いよく水上にはねること。②精神・行動の勢いのよいこと。■二 huópo フォポ 現【■一の②に同じ。】

【活版】(かっぱん(くゎっぱん)) 活字による印刷。＝活板
【活仏(佛)】(かつぶつ(くゎつぶつ)) ①いきぼとけ。高徳の僧。②なさけ深い人。③ラマ教の首長。ダライ＝ラマ。

【活物】(かつぶつ(くゎつぶつ)) ①生き物。②人を救う。

【活躍】 ■一(かつやく(くゎつやく)) ①勢いよくおどりはねる。②勢いよく活動する。■二 huóyuè フォユエ 現■一の②に同じ。

【活用】(かつよう(くゎつよう)) ①実地の役にたつように用いる。生かして使う。応用。②国動詞・形容詞・助動詞などの語尾が変化すること。

【活力】(かつりょく(くゎつりょく)) 生きていく力。活動する力。生活の能力。

【活路】(かつろ(くゎつろ)) ①通行できる道。②生命の助かるみち・方法。のがれ出るみち。血路(けつろ)。

【活児(兒)】 huór フォル 現仕事。
◇▼生活(せいかつ)・死活(しかつ)・自活(じかつ)・快活(かいかつ)・復活(ふっかつ)

水6【洹】〔9〕 カン㊥(クヮン) ㊥寒 huán ホワン | J①8669 補3926 U6D39
意味 洹水(かんすい)は、川の名。山西(さんせい)省から河南(かなん)省に流れる。

水6【洦】〔9〕 キ㊥ ㊦寘 jì チー | J①8666 補3914 U6D0E
意味 ①〈そそ・ぐ〉 水をつぐ。②〈およ・ぶ〉 至る。および。＝曁(き) ③〈と〉 …と…。並列を表す。④汁(しる)。肉のスープ。
【洦夫藍】(サフラン) 草の名。

水6【洭】〔9〕 キョウ㊥(キャウ) ㊥陽 kuāng コワン | J— 補— U6D2D
意味 洭水は、川の名。現在の広東(カントン)省北部を流れる連江。

水6【洶】〔9〕 キョウ㊥ ㊥冬 xiōng ション | J6208 補— U6D36
水4【汹】〔7〕同字 | J— 補3871 U6C79
意味 ①水がはげしくわき立つさま。②物音がさわがしい。
【洶洶】(きょうきょう) ①水のわきたつ音の形容。②さわがしい物音の形「容。」
【洶涌】(きょうよう) 波がさかんにわきたつこと。＝洶湧

水6【洫】〔9〕 キョク㊥ ㊅職 xù シュイ | J6209 補— U6D2B
意味 ①〈みぞ〉 田の間のみぞ。②からにする。③こわれる。

水6【絜】〔10〕 | J②7848 補3924 U6D2F
■一 ケツ㊥ ■一 ㊅屑 qiè チエ
ケチ㊦
■二 ケツ㊥ ■二 ㊅屑 jié チエ
ケチ㊦
意味 ■一川の名。■二「潔」(七五三ページ・上)の同字。

水6【汧】〔9〕 ケン㊥ ㊥先 qiān チエン | J②7847 補3922 U6C67
水4【汧】〔7〕同字 | J— 補— U—
意味 ①汧水は、川の名。陝西(せんせい)省隴(ろう)県から東南に流れて、渭(い)水にはいる。②水が集まり沼沢(しょうたく)となる。

氵6【洪】〔9〕 常 コウ | J2531 U6D2A
コウ㊥ ㊥東 hóng ホン

筆順 丶 冫 氵 氵 汁 汁 洪 洪 洪

意味 ①おおみず。「洪水」②大きい。盛大な。「洪化」③脈に力がある。④姓。

解字  形声。氵が形を表し、共(きょう)が音を示す。洪は洚と同じく、上からどっと流れくだって、川の道にそわない水で、大水をいう。転じて、大きいという意味になる。

名前 おお・ひろ 地名 洪牙利(ハンガリー)

【洪恩】(こうおん) 大きなめぐみ。大恩。＝鴻恩
【洪闊】(こうかつ(くゎつ)) ひろびろとしている。

【洪基】(こうき) 大いなるもとい。帝王の事業。洪緒。

【洪業】(こうぎょう(げふ)) 大きな仕事。帝王の業。大業。‖鴻業
【洪鈞】(こうきん) 天。また、造物主。

【洪勲】(こうくん) 大きなてがら。

【洪荒】(こうこう(くわう)) ①はてしなく広く大きいこと。②世界のはじまりに、まだ秩序がなかったさま。「宇宙洪荒」

【洪儒】(こうじゅ) 大学者。大儒。鴻儒。

【洪秀全】(こうしゅう(しう)ぜん) 人名。広東の人。清の道光年間に兵を起こし、南京を都として太平天国を建てたが、約十五年後、やぶれて自殺した。(一八一三～一八六四)

【洪水】(こうずい) おおみず。

【洪積世】(こうせきせい) (理)地質時代の第四期の前半期。地球上に広く氷河が存在した時期。

【洪積層(層)】(こうせきそう) (理)洪積世に作られた地層。

【洪纎(纖)】(こうせん) 大きいことと、小さいこと。大小。洪細。

【洪大】(こうだい) 非常に大きいこと。‖鴻大
【洪図(圖)】(こうと) 大きなはかりごと。‖鴻図
【洪蕩】(こうとう(たう)) 水面が広々としているさま。

【洪福】(こうふく) 大きな幸福。

【洪武帝】(こうぶてい) 明の太祖、朱元璋をさす。洪武は年号。

【洪謨】(こうぼ) 大きな計画。すばらしいはかりごと。

【洪邁】(こうまい) 人名。南宋の政治家・文人。字は景盧、容斎と号した。諸学に通じ、「容斎随筆」などを著した。(一一二三～一二〇二)

【洪量】(こうりょう(りゃう)) ①ひろく大きい度量。②大酒のみ。

【洪鑪】(こうろ) 大きな炉。天地をさしていう。

氵6 **【洸】**〔9〕 [人]
㊀コウ(クヮウ)(漢) ㊀(平)陽 guāng コワン
㊁コウ(クヮウ)(漢) ㊁(上)養 huàng ホワン
J 6211 補 U 6D38

[意味] ㊀①波が揺れて光るさま。②勇ましいさま。㊁①ぼんやりしたさま。②水の深く広いさま。‖滉

[解字]  会意・形声。氵が形を表し、光がひかるという意味と音を示す。洸は水が光ること。

[名前] ひろ・たけし・ひろし・ふかし

【洸洸】(こうこう(くわうくわう)) ①勇ましいさま。②大水のさま。水が涌き返り逆巻くさま。③水がわき出るさま。

【洸忽】(こうこつ(くわう)) ぼんやりしたさま。明らかでないさま。恍惚。

【洸洋】(こうよう(くわうやう)) ①水が深く広いさま。②議論・学説などが深遠ではかり知れぬさま。汪洋。

水6 **【洚】**〔9〕 コウ(カウ)(漢) (去)絳 jiàng チアン J 3918 補 U 6D1A

[意味] ①おおみず。洪水。「洚水」②くだる。‖降

水6 **【洨】**〔9〕 コウ(カウ)(漢) (平)肴 xiáo シアオ J 3921 補 U 6D28

[意味] 川の名。河北省を流れる。

水6 **【洽】**〔9〕 コウ(カフ)(漢) ゴウ(ガフ)(呉) (入)洽 qià チア J 6210 補 U 6D3D

氵6 〔㕩〕〔8〕 同字 J 1892 補 U 51BE

[意味] ①〈あまね・し〉すみずみまで行きわたる。②あう。かなう。③やわらぐ。うちとける。④うるおす。

【洽浹】(こうしょう(かふせふ)) ①あまねく広い。ひろくゆきわたる。②あまねくしみこむ。あまねくうるおう。

【洽著】(こうちょ(かふ)) 遠くまで知れわたる。

【洽博】(こうはく(かふ)) あまねく広い。博洽。

【洽比】(こうひ(かふ)) うちとけてしたしむ。

【洽聞】(こうぶん(かふ)) 物事をよく知っていること。見聞が広く知識が多いこと。

氵6 **【洒】**〔9〕 [標]
㊀サイ(漢) シャ(呉) ㊀(去)卦 sǎ サー
㊁セイ(漢) ㊁(上)薺 xǐ シー
㊂セン(漢) ㊂(上)銑 xiǎn シエン
㊃ソン(漢) ㊃(上)阮 sěn セン
㊄サイ(漢) ㊄(上)賄 cuǐ ツォイ
J 6215 補 U 6D12

[意味] ㊀‖灑 ①〈そそ・ぐ〉水をまく。②わだかまりのないさま。㊁‖洗 ①〈あら・う(――・ふ)〉水をかけて洗う。②〈すす・ぐ〉恥をすすぐ。㊂①つつしむさま。「洒然」②洒洒は、寒いさま。㊃驚くさま。「洒然」㊄高く切り立ったさま。

[参考] 洒は「灑」(七六二ページ・上)の中国新字体としても使う。

【洒心】(さいしん) 心を洗い清める。

【洒掃】(さいそう(さう)) 水をまき、ほうきではくこと。ふきそうじ。

【――応(應)対(對)】(さいそう(さう)おうたい) ふきそうじや、目上の人に対する受け答え。年の若い者のつとめ。

【洒洒落落】(しゃしゃらくらく) 「洒落」を分けて重ねて言ったことばで、性質や言動がさっぱりしていて、執着しないさま。

【洒脱】(しゃだつ) 俗気がなくて、さっぱりしていること。

【洒落】㊀(しゃらく) 心にわだかまりがなく、さっぱりしていること。㊁(しゃれ) [国]①気のきいたさま。②みなりを飾りたてること。③おもしろくて、気のきいたことば。④同音異義のかけことば。

水6 **【涑】**〔9〕
㊀サク(漢) シャク(呉) ㊀(入)陌 sè ソー
㊁シ(漢) ジ(呉) ㊁(去)寘 zì ツー
J 3917 補 U 6D13

[意味] ㊀小雨が降るさま。㊁つける。ひたす。‖漬

水6 **【洱】**〔9〕 ジ(漢) (上)紙 ěr アル J ①8668 3925 補 U 6D31

[意味] 洱海は、湖の名。雲南省大理市の北にある。

水6 **【洏】**〔9〕 ジ(漢) ニ(呉) (平)支 ér アル J 3915 補 U 6D0F

[意味] ①あたたかい湯。②よく煮る。‖胹

水6 **【洙】**〔9〕 シュ(漢) (平)虞 zhū チュー J 6212 補 U 6D19

[意味] 川の名。山東省新泰市から、西南に流れる。泗水の支流。洙水。

【洙泗】(しゅし) ①泗水と、その支流である洙水。孔子の生地でもあり死んだ地でもある。②孔子の学。

氵6 **【洲】**〔9〕 [人] シュウ(シウ)(漢) ス(呉) (平)尤 zhōu チョウ J 2907 補 U 6D32

[意味] ①〈す〉川や湖の中にできた陸地。②大陸。「五大洲」

[解字] 会意・形声。水と州とを合わせた字。州は音をも示す。また、州は水中の陸地を意味し、洲は川や湖の中のなかすの意となる。

[名前] くに [地名] 洲本

[参考] 新表記では、「州」に書きかえる。熟語は「州」(四一二ページ・下)をも見よ。

【洲渚(渚)】(しゅうしょ(しう)) 川の中洲と波うちぎわ。洲嶼。

【洲汀】(しゅうてい(しう)) 中洲のなぎさ。また、なぎさ。

氵6 **【洵】**〔9〕 [人] シュン(漢) ジュン(呉) (平)真 xún シュン J 6213 補 U 6D35

[意味] ①〈まこと〉まことに。本当に。②とおい。③涙が流れる。④川の名。陝西省にあり、東に流れ漢水に入る。

[解字]  形声。氵が形を表し、旬が音を示す。旬にはあまねくめぐるという意味がある。洵は恂の仮借で、恂は心がゆきとどくことから、「まこと」の意味になる。

[名前] のぶ

水6 **【洳】**〔9〕 ジョ(漢) (去)御 rù ルー J 6214 補 U 6D33

[意味] ①川の名。河北省にある。②沮洳は、湿気の多い

心(忄・⺗)戈戶(戸)手(扌)支攴(攵) 4画 文斗斤方无(旡・旡)日曰月(⺝)木欠止歹殳毋比毛氏气水(氵・氺)火(灬)爪(爫・⺥)父爻爿片牙(牙)牛(⺧)犬(犭)

さま。

氵6 【浄】〔9〕常 ジョウ　J 3084 補 U 6D44
旧字 氵8 【淨】〔11〕人 セイ 漢 ジョウ(ジャウ) 呉 去 敬 jìng チン　J 6238 補 U 6DE8

筆順 丶 冫 氵 氵' 浄 浄 浄 浄 浄

意味 ①〈きよ・い(——・し)〉よごれがない。「清浄」 ②きれいにする。③とりのぞく。④かたき役。芝居の役柄。花臉。

解字 形声。氵が形を、争が音を示す。氵は水。争には、清らかでけがれのない意味がある。浄は、清らかな水をいう。

名前 きよ・しず　姓 浄山・浄村

参考 新表記では、「滌」の書きかえに用いる熟語がある。

【浄衣】じょう(じゃう)え　｜じょう(じゃう)い　国①白い色の衣服。②神仏につかえるとき着る白い服。

【浄火】じょう(じゃう)か(くわ)　国清らかな火。神聖な火。

【浄化】じょう(じゃう)か(くわ)　けがれを去って、きれいにする。清める。

【浄戒】じょう(じゃう)かい　仏仏のいましめ。五戒・十戒などのこと。

【浄界】じょう(じゃう)かい　①清浄な場所。寺・墓地など。浄域。②「浄土」に同じ。

【浄几】じょう(じゃう)き　清らかな机。「明窓浄几」

【浄机】じょう(じゃう)き　「浄几」に同じ。

【浄財】じょう(じゃう)ざい　国①清らかな金銭。神社・寺院などへの寄付金。②慈善のために出す金。義捐金。

【浄書】じょう(じゃう)しょ　国きれいに書きあげること。清書。浄写。

【浄水】じょう(じゃう)すい　①清浄な水。きれいな水。②国手を洗い清める水。手洗い水。

【浄刹】じょう(じゃう)せつ　①「浄土」に同じ。②寺院。

【浄土】じょう(じゃう)ど　国①仏けがれのない国。如来のいる所。極楽。↔穢土 ②「浄土宗」の略称。【——教】じょう(じゃう)どきょう(けう) 国念仏によって極楽浄土に生まれかわることを願う教え。【——宗】じょう(じゃう)どしゅう 国仏教の一派。平安時代に法然が開いた宗派で、念仏をとなえることによって極楽浄土に生まれかわることを願うもの。【——真宗】じょう(じゃう)どしんしゅう ↓「真宗」(八七一ページ・中)

【浄玻璃】じょう(じゃう)はり　国①くもりのない玻璃(水晶やガラス)。②浄玻璃の鏡をいう。地獄の閻魔の庁に備えつけてある鏡。人の生前の行為をすべてうつし出すという。

【浄瑠璃】じょう(じゃう)るり　①仏清浄透明な瑠璃。最も清らかなもののたとえ。②仏薬師如来の浄土。③国語り物の一つ。平曲などから派生し、のち三味線を伴奏とし、人形にあわせて語る人形浄瑠璃を生じた。④国義太夫・常磐津などで、三味線に対する語り手のがわをいう。

【浄話】じょう(じゃう)わ　仏仏法の話。法話。
◆不浄・洗浄・清浄・六根清浄

氵6 【津】〔9〕常 シン　つ　シン 漢 平 真 シン 呉 jīn チン　J 3637 補 U 6D25

筆順 丶 冫 氵 氵ｰ 汀 津 津 津 津

意味 ①〈つ〉ふなつき場。②銀河。③(交通・軍事の)要所。④ひきつぐ。⑤手だて。方法。⑥しみ出る。⑦つば・あせなど。「津唾」⑧うるおっている。

解字 形声。氵が形を表し、聿が音を示す。氵は水。聿には進むという気持ちがある。津は、岸から岸へ進む渡し場のこと。また、聿には、したたるという意味があるので、津は水滴がしたたり落ちることをもいう。

姓 津門・津波・津夫江・津波木・津波古・津保山
地名 津・津山・津毛・津名・津久井・津久見

【津液】しんえき　①にじみ出る液体。②人体からにじみ出る液体。③つば。つばき。
【津涯】しんがい　川の岸。水岸。
【津津】しんしん　たえずわき出るさま。
【津逮】しんたい　①渡しで向こう岸に至る。②手引きする。案内する。
【津渡】しんと　渡し場。
【津頭】しんとう　渡し場のほとり。渡し場。
【津筏】しんばつ　①渡しのいかだ。②案内。
【津要】しんよう(えう)　①たいせつな地点。重要な所。②重要な地位。
【津梁】しんりょう(りゃう)　①渡し場の橋。②事をするのにたよりとなるもの。てびき。しおり。案内。
【津津浦浦】つつうらうら｜つづうらうら　国いたるところの海辺。沿岸の各地。国のすみずみ。
【津波】つなみ　国地震や台風などのため、高い波が陸地に押しあがってくること。＝津浪
【知レ津】しんをしる　川の渡し場を知っている。
【問レ津】しんをとう(とふ)　渡し場のありかをたずねる。転じて、人に教えをこうときに用いる。〈論語・微子〉

氵6 【洗】〔9〕学 6 セン　あらう　J 3286 補 U 6D17
一 セイ 漢　一 上 薺 xǐ シー
二 セン 漢 呉　セン 慣　二 上 銑 xiǎn シエン

筆順 丶 冫 氵 氵' 氵ﾅ 汁 洸 洗 洗

意味 一①〈あら・う(——・ふ)〉㋐足をあらう。㋑汚れをおとす。㋒(恥を)すすぐ。②たらいの類。③現(写真を)現像する。二①洗然は、㋐つつしむさま。㋑おちついたさま。②なつめの一種。大棗。③姓。＝洗　国〈あら・う(——・ふ)〉調べる。

解字 形声。氵が形を表し、先が音を示す。氵は水。先は跣で、はだしのこと。洗は足を水であらうこと。

名前 きよ・よし　姓 洗波

【洗眼】せんがん　①目をぬぐう。仔細に見る。②美しい風景を観賞する。
【洗浄(淨)】せんじょう(じゃう)　洗い清める。新表記では「洗滌」の書きかえに用いる。
【洗心】せんしん　心の汚れを洗い清める。転じて、改心すること。
【洗雪】せんせつ　洗いすすぐ。ぬれぎぬや恥辱をすすぎ去る。
【洗濯】せんたく　①洗いすすぐ。②国衣服などを洗ってきれいにする。
【洗滌】せんでき｜せんじょう(でう)　洗いすすぐ。洗い清める。「せんでき」が本来の読み方。洗浄。
【洗馬】せんば　官名。太子洗馬のこと。皇太子の外出の、案内役。後に、皇太子の図書を扱い経書を教える役。
【洗兵】せんぺい　①武器を洗う。戦争をやめること。また、勝利して戦いを終えること。②従軍中に雨にあうこと。
【洗米】せんまい｜あらいごめ(あらひ)｜あらいよね(あらひ)　②一般に、米を洗うこと。国①神にそなえるため清く洗った白米。また、洗った米。
【洗面】せんめん　顔を洗うこと。
【洗練】せんれん　国①ねりみがいてりっぱにする。②思想・詩歌・文章などをねりあげてよくする。③人がらや趣味などを品よくすっきりさせること。＝洗煉
【洗衣機】シーイーチー xǐyījī 現電気洗濯機。
【洗澡】シーツァオ xǐzǎo 現入浴する。
◆杯洗・筆洗・髪洗

氵6 【浅】〔9〕学 4 セン　あさい　J 3285 補 U 6D45
旧字 水8 【淺】〔11〕　J 6241 補 U 6DFA

心(忄・⺗)戈戸(戶)手(扌)支攴(攵) 4画 文斗斤方无(旡・旡)日曰月(⺝)木欠止歹殳毋比毛氏气水(氵・氺)火(灬)爪(爫・⺤)父爻爿片牙(⽛)牛(⽜)犬(犭)

筆順 丶 冫 氵 氵 汐 浅 浅 浅

━セン 漢 呉 ━ 上 銑 qiǎn チエン
━セン 漢 ━ 平 先 jiān チエン

意味 ━①〈あさ・い(―・し)〉↕深 ②あさはかな。かるがるしい。③時間がみじかい。④すくない。⑤うすい。⑥ていねいでない。━浅浅は、水の流れの速いさま。

解字 形声。氵が形を表し、戔が音を示す。氵は水。戔には、少ない、細いという意味がある。淺は水の少ないことで、「あさい」意味になる。

姓 浅羽 地名 浅口 難読 浅葱・浅蜊

【浅葱裏】あさぎうら 国①あさぎ色の裏地。②江戸時代、江戸に来た、いなか侍をあざけっていった語。＝浅黄裏

【浅草紙】あさくさがみ 国古紙・ぼろなどからすきかえした下等品の「紙。

【浅茅生】あさじう(ふ) 国ちがやのまばらにはえたところ。あさじがはら。

【浅見絅斎(齋)】あさみけいさい 人名。江戸時代の学者。名は安正、絅斎は号。尊皇思想をとなえ、「靖献遺言」などの著がある。(一六五二〜一七一一)

【浅易】せんい てがるでうすっぺら。あさはか。

【浅学(學)】せんがく ①浅い学問。②自分の学識をけんそんしていう語。【―菲才】せんがくひさい ①学問が浅く、才能が少ないこと。②自分の学識才能をけんそんしていうことば。

【浅近】せんきん あさはかなこと。うすっぺらで内容のないこと。

【浅見】せんけん ①あさはかな考え・意見。②自分の意見をけんそんしていうことば。

【浅絳】せんこう(かう) うすい赤。

【浅才】せんさい ①あさはかな才知。②自分の才能をけんそんして「いうことば。

【浅識】せんしき あさはかな考え。うすっぺらな知識。

【浅酌】せんしゃく ①静かにほどよく酒を飲むこと。②あっさりした酒宴。【―低唱】せんしゃくていしょう(しゃう) ほどよく酒を味わいながら、小声で歌をうたうこと。浅酌微吟。浅斟低唱。

【浅笑】せんしょう(せう) ほほえむ。微笑。

【浅帯(帶)】せんたい 儒者の用いる幅の広い帯。

【浅短】せんたん あさはかで、不十分なこと。

【浅薄】せんぱく 考えや学問などの浅いこと。人がらがうすっぺらな「こと。

【浅膚】せんぷ あさはかなこと。膚浅。

【浅聞】せんぶん 見聞がせまいこと。また、あさはかな見聞。

【浅謀】せんぼう あさはかなはかりごと。

【浅慮】せんりょ あさはかな考え。浅見。↕深慮

【浅劣】せんれつ あさはかで劣っていること。

【浅陋】せんろう 見かたや考えかたが、あさはかでせまいこと。浅陋。

△▼卑浅・深浅・遠浅

水6 【洊】〔9〕 セン 漢 去 霰 jiàn チエン　J②7843 補3913 U6D0A

意味〈しきりに〉たびたび。何度も。

水6 【洮】〔9〕 トウ 漢 平 豪 (タウ) táo タオ　J①8667 補3923 U6D2E

意味 ①〈あら・う(―・ふ)〉洗い清める。②川の名。甘粛省を経て黄河にそそぐ。洮水。

氵6 【洞】〔9〕 常 ドウ ほら　トウ 漢 去 送 ドウ 呉 dòng トン　J3822 補― U6D1E

筆順 丶 冫 氵 汈 汌 洞 洞 洞 洞

意味 ①〈ほら〉ほら穴。②がらんとしている。③〈とお・る(とほ・る)〉つらぬく。④広く開く。⑤奥深い。つつしみ深い。⑥(水の)流れが速い。

解字 形声。氵が形を表し、同が音を示す。同には中空の意味がある。洞は、水が突き抜けて流れること、また、ほらあなをいう。

名前 ひろ・あきら 地名 洞爺

参考「洞」は別字。

【洞開】どうかい 広々とひらける。

【洞観(觀)】どうかん(くわん) ①見ぬく。見通す。②直観的に真理「をさとること。

【洞窟】どうくつ ほら穴。いわや。洞穴。

【洞穴】どうけつ ほら穴。洞窟。

【洞見】どうけん 先まで見とおす。見ぬく。洞察。

【洞戸】どうこ ①ほら穴の口。②婦人の住むへや。③おおぜいの人。④立ちならんでいる出入り口。洞門。

【洞察】どうさつ 先まで見とおす。見ぬく。洞見。

【洞視】どうし 先まで見ぬく。はっきりと見とおす。洞察。

【洞照】どうしょう(せう) 明らかに照らす。はっきり見通す。

【洞簫】どうしょう(せう) 楽器の一種。尺八に似て、上下に底のないもの。

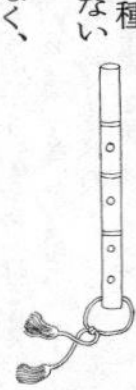

(洞簫)

【洞然】どうぜん さえぎるものなく、見とおせるさま。

【洞庭湖】どうていこ 湖南省北部にある湖。鄱陽湖に次ぐ中国第二の大きな淡水湖。

【洞徹】どうてつ ①抜け通ること。②はっきりと見とおすこと。

【洞天】どうてん 仙人のいる所。仙人のすまい。【―福地】どうてんふくち 仙人の住む場所。転じて、景勝の地をいう。

【洞洞】どうどう ①つつしみかしこまるさま。②限りなく奥深い「さま。

【洞房】どうぼう(ばう) ①奥深いへや。②婦人のへや。③新婚のへや。【―花燭】どうぼう(ばう)かしょく(くわ) ①婦人のへやにかがやく灯火。②結婚式の夜。結婚。

【洞門】どうもん ①ほら穴の入り口。②門のようになったほら穴。

△▼空洞・鍾乳洞

氵6 【派】〔9〕 学6 ハ　旧字 水6 【派】〔9〕 ハイ 漢 去 卦 ハ 慣 pài パイ　J3941 補― U6D3E

筆順 丶 冫 氵 汇 沂 泝 泝 派

意味 ①川の支流。②分かれた系統。流派。③グループ。集団。④つかわす。行かせる。⑤現割り当てる。⑥現タイプ。類型。

解字 会意・形声。氵が形を表し、𠂢が形とともに音をも示す。氵は水。𠂢は分かれること。派は、水が分かれて流れることである。

名前 また

【派遣】はけん ①手分けして人をさしむける。②公務などで出張「させる。

【派出】はしゅつ 手分けして人を出張させる。

【派生】はせい ある一つの物から分かれ生じる。

【派手】はで 国色どりや着物がはなやかなこと。けばけばしい。おおげさ。↕地味

【派閥】はばつ 国出身地や利益などで結びついている排他的集団。

【派兵】はへい 軍隊をさしむけること。「海外派兵」

△▼一派・分派・別派・門派・宗派・学派・流派・特派・党派・軟派・硬派・保守派

水6 【洦】〔9〕 ━ハク 漢 ヒャク 呉 ━ 入 陌 pò ポー　J②7845 補3919 U6D26

意味〈あさ・い(―・し)〉水が浅いさま。

水6 【洀】〔9〕 ━ハン 漢 バン 呉 ━ 平 寒 pán パン　━シュウ 漢 (シウ) ━ 平 尤 zhōu チョウ　J②7842 補― U6D00

水 6 【洑】〔9〕 フク 漢 入 屋 fú フー U補J 6D11 3916

意味 一 湴桓(ばんかん)は、ぐるぐる回るさま。＝盤桓(ばんかん) 二 さざなみ。

水 12 【澓】〔15〕 同字 U補J 6F93 4075 意味 ①めぐり流れる。うずまき流れる。②地下を流れる。伏流する。③魚などがおよぐ。音 fú フー。

【洑流】(ふくりゅう(りう)) めぐり流れる。うずをまいて流れる。

水 6 【洺】〔9〕 ベイ 漢 メイ 慣 平 庚 míng ミン U補J 6D3A

意味 ①川の名。河南(かなん)省から河北(かほく)省に流れる。②州の名。今の河北(かほく)省永年県にあった。

氵 6 【洋】〔9〕 学 3 ヨウ ヨウ(ヤウ) 漢 呉 平 陽 yáng ヤン U補J 6D0B 4546

筆順 丶 冫 氵 氵' 氵'' 氵兰 洋

意味 ①おおい。②ひろい。③みちあふれる。④〈なだ〉そとうみ。大海。⑤外国。海外。⑥銀貨。洋銀。国西洋。

解字 形声。氵が形を表し、羊(やう)が音を示す。氵は水。羊には盛んで大きい気持ちがある。洋は、川の名であるが、水の大きく盛んな意味に使う。

名前 み・うみ・きよ・なみ・ひろ・ひろし

【洋夷】(ようい(やうい)) 国西洋の野蛮人。西洋人をいやしめていったことば。

【洋溢】(よういつ(やういつ)) みちあふれて広がるさま。

【洋貨】(ようか(やうくわ)) ①外国から輸入された品物。②国西洋の品物。③国西洋の貨幣。

【洋銀】(ようぎん(やうぎん)) ①ニッケル合金の一種。②国西洋の銀。西洋の銀貨。

【洋行】(ようこう(やうかう)) ①中国にある外国人の商店。②国西洋に行くこと。

【洋人】(ようじん(やうじん)) 外国人。多く西洋人をさす。

【洋装(裝)】(ようそう(やうさう)) ①西洋風の服装。②西洋風の書物のとじかた。「洋装本」

【洋灯(燈)】(ようとう(やう)) 石油を燃料に用いた旧式の明かり。「ランプ」

【洋綴】(ようとじ(やうとぢ)) 国西洋風の書物のとじかた。↕和綴(わとじ)

【洋泌】(ようひ(やう)) 泉などがあふれ流れる。

【洋普】(ようふ(やう)) 恩恵などが広くゆきわたる。

【洋風】(ようふう(やう)) ①あたたかい風。春風。②国西洋のやり方・風俗。洋式。↕和風

【洋文】(ようぶん(やう)) ①外国の言語・文字。②国西洋語で書かれた文章。

【洋洋】(ようよう(やうやう)) ①広々としたさま。②満ちあふれるさま。「其喜洋洋(そのよろこびようようたり)」③ゆったりとして美しいさま。【――焉】(ようようえん(やうやう)) ひろびろとしたさま。のびのびとするさま。【――乎】(ようようこ(やうやう)) 「洋洋」に同じ。

【洋灰】(ヤンホイ) yánghuī 現セメント。

△▼大洋(たいよう)・外洋(がいよう)・西洋(せいよう)・和洋(わよう)・南洋(なんよう)・海洋(かいよう)・遠洋(えんよう)

氵 6 【洛】〔9〕 人 標 ラク 漢 呉 入 薬 luò ルオ U補J 6D1B 4576

意味 ①川の名。陝西(せんせい)省洛南県から東に流れ河南省鞏義(きょうぎ)市で黄河にそそぐ。洛水。＝雒(らく) ②地名。洛陽(らくよう)の略称。③連なる。つづく。＝絡(らく) 国京都をさす。

【洛花】(らくか(くわ)) 牡丹(ぼたん)の別称。洛陽花。

【洛外】(らくがい(ぐわい)) 国京都の郊外。

【洛学(學)】(らくがく) 宋の程顥(ていこう)・程頤(ていい)兄弟の学問。二人が洛陽出身であることにちなむ。

【洛橋】(らくきょう(けう)) ①洛陽の天津(てんしん)橋。②洛陽をさす。

【洛京】(らくけい|らくきょう(きやう)) 洛陽。転じて、都のこと。

【洛書】(らくしょ) 大昔、禹(う)が天子のとき、洛水から現れた亀(かめ)のせなかに書いてあったという模様。↓「河図(かと)洛書」(七〇八ページ・上)

【洛城】(らくじょう(じやう)) 洛陽の町。

【洛神】(らくしん) 洛水の川の神。

【洛西】(らくせい) ①洛水の西。②洛陽の西。③国京都の鴨川(かもがわ)以西をさす。

【洛中】(らくちゅう(ちう)) ①洛陽の中。②国京都の町の中。

【洛東】(らくとう) ①洛水の東。②国京都の鴨川(かもがわ)以東をさす。

【洛浦】(らくほ) 洛水のほとり。洛水の浜。

【洛邑】(らくゆう(いふ)) 地名。河南(かなん)省洛陽市の東北にある。洛陽。

【洛陽】(らくよう(やう)) 地名。今の河南省洛陽市東北。洛水の北にあることから名づけられた。東周・後漢(ごかん)・西晋(せいしん)・後魏(こうぎ)・隋(ずい)・五代の都した所。洛邑(らくゆう)。＝雒陽 【――伽藍記】(らくようがらんき) 書名。五巻。後魏(こうぎ)の楊衒之(ようげんし)が、洛陽の遺跡を仏寺を中心として書きしるしたもの。【――紙価(價)貴】(らくようのしかたかし) ①晋(しん)の左思(さし)が三都の賦(ふ)を作ったとき、都の人たちが争ってこれを書き写したので洛陽の紙のねだんが高くなったという。〈晋書(しんじょ)・文苑(ぶんえん)伝〉②著書の評判がよいこと。名著の出版をほめる語。

【洛閩之学(學)】(らくびんのがく) 宋の程顥(ていこう)・程頤(ていい)及び朱子の学問。二程は洛陽出身で、朱子は建陽(福建省。むかしの閩の地)で学問を講じたことにちなむ。宋代の理学をいう。

水 6 【洌】〔9〕 レツ 漢 入 屑 liè リエ U補J 6D0C 6216

意味 ①〈きよ・い(――・し)〉水や酒が清らかにすむ。②つめたい。ひややか。＝冽(れつ)

参考 「冽(れっ)」は別字であったが、通用するようになった。

水 6 【洼】〔9〕 ワ 漢 平 麻 wā ワー U補J 6D3C 3927 ②7849

意味 ①深い池。②くぼみ。＝窪(わ)

参考 洼は「窪」(九二二ページ・上)の中国新字体としても使う。

【洼水】(わすい) たまり水。

水 6 【溛】〔9〕 国字 U補J 23D00 ②7841

意味 〈す〉姓名に用いる。

水 6 【洦】〔9〕 同 ↓涓(七二一ページ・上)

水 6 【泒】〔9〕 俗 ↓泒(七〇九ページ・上)

水 6 【浃】〔9〕 俗 ↓浹(七二二ページ・中)

水 6 【洤】〔9〕 同 ↓泉(七一〇ページ・上)

水 6 【桊】〔11〕 俗 ↓泰(七一〇ページ・下)

水 6 【浊】〔9〕 俗 ↓濁(七五七ページ・上)

水 6 【洴】〔9〕 俗 ↓洴(七三五ページ・上)

水 6 【流】〔9〕 旧 ↓流(七二四ページ・下)

氵 6 〖染〗 ↓木部五画(六三四ページ・上)

水 6 〖柒〗 ↓木部五画(六三三ページ・中)

水 7 【涅】〔10〕 一 エイ 漢 ヨウ(ヤウ) 呉 一 上 梗 yǐng イン 二 エイ 漢 二 平 庚 yíng イン 三 チョウ 漢 (チャウ) 三 上 梗 chéng チョン U補J 6D67 3934

意味 一 〈どろ〉ぬかるみ。また、しずむ。二 〈み・ちる(――・つ)〉いっぱいになる。＝盈(えい) 三 〈す・む〉＝澄(ちょう)

水 7 【泂】〔10〕 一 オウ 漢 (ワウ) 一 上 梗 yǐng イン 二 ケイ 漢 二 上 梗 jiǒng チョン U補J 6D7B

意味 一二 泂濙(おうけい|けいけい)は、水のうずまくさま。

水 7 【浣】〔10〕 カン 漢 (クヮン) 去 翰 huàn ホワン U補J 6D63 6217

【意味】①〈あら・う(──・ふ)〉洗い清める。すすぐ。「浣濯」＝澣。②十日間。昔、官吏が十日ごとに家に帰って、入浴や休息することを許されたことにもとづく。また、上浣・中浣・下浣はそれぞれ上旬・中旬・下旬を意味する。

【浣花渓(溪)】川の名。四川省成都市の西郊を流れる。ほとりに杜甫が草堂を構えた。

【浣雪】罪名をすすぐ。

【浣腸】①はらわたを洗い清めること。②国便通や栄養補給のため、肛門から薬を入れること。洗腸。

水7【浛】〔10〕カン漢平覃 ガン慣 hán ハン　J②7850 U 6D5B

【意味】①ひたす。うるおす。＝涵 ②浛洸は、広東省の地名。

水7【浠】〔10〕キ漢平微 xī シー　J②7852 U 6D60

【意味】川の名。浠水。湖北省を流れて、長江にそそぐ。

水7【浗】〔10〕グ呉 キュウ(キウ)漢平尤 qiú チウ　J 3929 補 U 6D57

【意味】川の名。所在は不明。

水7【涇】〔10〕ケイ漢平青 jīng チン　J①8675 補3939 U 6D87

【意味】①川の名。涇水。陝西省にあり、渭水にそそぐ。②ながれる。水が通る。③みぞ。水路。

【涇渭】涇水と渭水。涇水の流れはにごり、渭水の水はすんでいることから(涇水はすみ、渭水はにごっている、という説もある)、人柄のよしあし、または物事の区別がはっきりしていることのたとえ。

【涇流】川の流れ。

水7【涓】〔10〕ケン漢平先 juān チュワン　J 6218 補 U 6D93
水6【㳙】〔9〕同字 J ── 補 ── U 3CD9

【意味】①小さな流れ。「涓流」②しずく。水滴。③ごく小さなもの。④えらぶ。⑤いさぎよい。また、きよい。「涓潔」⑥すてる。＝捐

【涓埃】①水一しずくと、ちり一点。②物事のわずかなことのたとえ。涓塵。

【涓涓】水がちょろちょろと流れるさま。「泉涓涓而始流」(泉の水がちょろちょろと流れはじめる。)〈陶淵明・帰去来辞〉

【涓子】仙人の名。宕山に隠れ、仙術がじょうずで、風の神を使ったという。

【涓人】宮中のそうじや取り次ぎをする者。

【涓滴】しずく。

水7【涀】〔10〕ケン漢去霰 ゲン呉 xiàn シエン　J②7854 U 6D80

【意味】古代の川の名。①陝西省にあった。②河南省にあった。

水7【浯】〔10〕ゴ漢平虞 wú ウー　J 3935 補 U 6D6F

【意味】川の名。山東省を流れて濰河にそそぐ。

氵7【浩】〔10〕人　J 2532 U 6D69
旧字 水7【浩】〔10〕コウ(カウ)漢上皓 hào ハオ　J ── 補 ── U 2F903
水12【澔】〔15〕同字 J①8718 補4076 U 6F94

【意味】①〈ひろ・い(──・し)〉水の広々としたさま。②非常に大きい。③多い。④ふかい。

【解字】形声。氵が形を表し、告が音を示す。氵は水。告は大きい、深いという意味を含む。浩は、水が広く大きいこと。一説に、高いところから低いところへ水の流れ落ちることという。

【名前】はる・ひろ・いさむ・おおい・きよし・ひろし・ゆたか

【浩飲】おおいに酒を飲む。

【浩恩】大きな恩。洪恩。

【浩歌】大声で歌う。

【浩瀚】①水が広大なさま。②書物のページ数が非常に多いこと。③物がゆたかなさま。

【浩浩(浩)】広大なさま。【──乎】広々と。広大なさま。【──湯湯】水量ゆたかな水がはてしなく広がっているさま。

【浩劫】①宮殿の階段。きざはし。②無窮に遠い世。はてしなく長い時間。③大きな災害。

【浩笑】大いに笑う。

【浩然】①心がはればれとするさま。②ずんずん進んで、おさえきれないさま。③「浩然之気」の略。【──之気】①天地の間にみちている強い道徳的勇気。＝浩気〈孟子・公孫丑上〉②国物事から解放され、のびのびとした心持ち。「浩然之気を養う」

【浩歎】大きく、ためいきをつく。＝浩嘆

【浩蕩】①ひろびろとして、大きい。②思慮のないさま。③心の思うままのさま。世俗から離れたさま。④うれいの限りないさま。

【浩渺】広大ではるかなさま。浩緲。

水7【浤】〔10〕コウ漢平庚 (クヮウ) hóng ホン　J 6219 補 U 6D64

【意味】浤浤は、波がさかまくさま。また、その音。

水7【涍】〔10〕コウ(カウ)漢 キョウ(ケウ)呉 去效 xiào シアオ　J②7857 U 6D8D

【意味】①古代の川の名。②姓。

水7【浞】〔10〕サク漢入覚 zhuó チュオ　J②7851 補3930 U 6D5E

【意味】①ぬれる。②ひたす。

水7【涘】〔10〕シ漢上紙 sì スー　J②7859 補3945 U 6D98

【意味】みぎわ。岸。ほとり。「両涘渚崖之間」(川岸と川岸との間。)〈荘子・秋水〉

水7【浚】〔10〕シュン漢去震 jùn チュン　J 6220 補 U 6D5A

【意味】①〈さら・う(──・ふ)〉㋐井戸や川の底を深くする。＝濬 ㋑くむ。くみとる。㋒財物をうばいとる。②深い。③地名。浚邑。今の河南省濮陽県の南にあった村の名。

【浚急】水の流れが深くて速い。

【浚渫】水底の泥をさらって深くすること。【──船】水底の泥をさらって深くする装置を設けた船。

氵7【消】〔10〕学3 ショウ きえる・けす　J 3035 U 6D88
旧字 水7【消】〔10〕ショウ(セウ)漢呉平蕭 xiāo シアオ　J ── 補 ── U ──

筆順 丶 氵 氵 氵 氵 氵 消 消 消 消

【意味】①〈き・える(──・ゆ)〉㋐つきてなくなる。㋑とける。＝銷 ②〈け・す〉③まぎらす。「消遣」④もちこたえる。「消夏」⑤〈もち・いる(──・ふ)〉使う。必要とする。

【解字】形声。氵が形を表し、肖が音を示す。氵は水。肖には、けずるという意味がある。消は、水がへることで、「きえる」意味になった。

【参考】新表記では、「銷」の書きかえに用いる。

【消化】一 ①食物を栄養分として吸収できるように

する作用。②他から得た知識などをじゅうぶん理解して自分の物にする。[二]xiāohuà 現[一]に同じ。

【消夏】しょう(せう)か 夏の暑さをしのぐ。あつさしのぎ。＝銷夏

【消渇(渇)】しょう(せう)かつ｜しょう(せう)かち 病名。のどがかわいて流動物をほしがり、小便が通じなくなる。

【消寒】しょう(せう)かん 寒さをしのぐこと。寒さしのぎ。

【消閑】しょう(せう)かん ひまつぶし。たいくつをまぎらす。

【消(「銷」)却】しょう(せう)きゃく ①消してなくす。②国借金をかえす。③国ついやす。つかう。

【消去】しょう(せう)きょ 消え去る。消す。

【消極】しょう(せう)きょく 進んで事をしない。ひかえめなこと。↕積極

【消歇】しょう(せう)けつ 消えてなくなる。とどまりやむ。

【消遣】しょう(せう)けん ①消し去る。②気ばらしをする。

【消光】しょう(せう)こう(くわう) 月日をすごす。毎日を送る。

【消魂】しょう(せう)こん 魂がなくなる。極度に悲しんだり、楽しんだり、恐れたりすることのたとえ。

【消索】しょう(せう)さく 消えつきる。なくなる。

【消散】しょう(せう)さん 散るようにして、消えてなくなる。消失。

【消失】[一]しょう(せう)しつ 消えうせる。なくなる。消滅。[二]xiāoshī 現[一]に同じ。

【消日】しょう(せう)じつ 日をすごすこと。一日をくらす。消光。

【消暑】しょう(せう)しょ 「消夏しょう」に同じ。

【消釈(釋)】しょう(せう)せき｜しょう(せう)しゃく 消えとける。とけてなくなる。

【消瘠】しょう(せう)せき 身体がやせおとろえる。

【消息】[一]しょう(せう)そく ①消えることと生じること。時が移り変わること。②たより。連絡。③手紙。消息文。④ようす。事情。[二]xiāoxi 現①[一]の②に同じ。②報道。ニュース。

【消長】しょう(せう)ちょう(ちゃう) 消えることと、生ずること。おとろえることと、さかえること。盛衰。

【消沈】しょう(せう)ちん 消えうせる。＝銷沈「意気消沈」

【消毒】しょう(せう)どく ①害毒をのぞく。②病原菌を殺して、感染を防止すること。

【消費】しょう(せう)ひ ①使ってなくなる。使ってなくす。②浪費する。

【消伏】しょう(せう)ふく 災いをなくす。

【消磨】しょう(せう)ま ①すりへる。②時間をすごすこと。

【消滅】[一]しょう(せう)めつ 消えてなくなる。ほろびてなくなる。[二]xiāomiè 現[一]に同じ。

【消耗】しょう(せう)もう｜しょう(せう)こう(かう) 使ってなくなる。使ってなくす。へる。へらす。「耗」は「コウ」が正しい音。

【消憂】しょう(せう)ゆう(いう) うさをはらす。うれいをとく。

【消揺(搖)】しょう(せう)よう(えう) ぶらぶら歩きまわる。＝逍遥

◇打消うちけし・抹消まっしょう・取消とりけし・費消ひしょう・解消かいしょう

水7 【浹】〔10〕 ショウ 漢 入 葉 jiā チア U補J 6221 6D79

水6 【浃】〔9〕 俗字 U補J 6D43

意味 ①〈あまね・し〉すみずみまで行きわたる。②とおる。③うるおう。④めぐる。一周する。ひとめぐりする。

【浹洽】しょう(せふ)こう(かふ) ①すみずみまで行きわたる。②なかよくする。

【浹日】しょう(せふ)じつ 十日間。浹は、ひとめぐりの意で、十干の甲から癸きに至る十日間を浹日・浹旬しょうじゅんといい、十二支の子ねから亥いに至る十二日間を浹辰しょうしんという。

氵7 【浸】〔10〕 常 シン ひたす・ひたる U補J 3127 6D78

旧字 水7 【浸】〔10〕 シン 漢 呉 去 沁 jìn チン U補J

筆順 丶 冫 氵 氵⺕ 氵ヨ 浔 浔 浸

宀10 【寖】〔13〕 本字 U補J ②0807 2663 5BD6

水10 【湜】〔13〕 同字 U補J 23DFD

水13 【濅】〔16〕 本字 U補J 4091 6FC5

意味 ①〈ひた・す〉〈ひた・る〉水につける。水にしずめる。②〈し・みる(──・む)〉しみこむ。＝滲しん ③うるおす。④〈やや〉ようやく。ますます。

解字  形声。氵が形を表し、㑴しんが音を示す。氵は水。㑴は、ほうきを手に持ってそうじをすることで、だんだんすすむ意味がある。浸は水がじわじわとしみこむこと。また、ぬれることともいう。

参考 新表記では、「滲」の書きかえに用いる熟語がある。

【浸淫】しんいん ①しだいにしみとおる。②しだいに親しくなる。

【浸漬】しんし ①水にひたす。②教訓などがしだいに心にしみる。

【浸潤】しんじゅん ①しだいにしみとおってぬれる。②浸潤の譖そしり③思想や傾向がしだいに人々の心にしみこんでゆく。【──之譖】しんじゅんのそしり 水がだんだんしみこむように、しだいに深く信じられてゆく讒言ざんげん。〈論語・顔淵がんえん〉

【浸食(「蝕」)】しんしょく ⑲流水が地盤をしだいに破壊、変形させる作用。

【浸水】しんすい ①水につかる。しみこんできた水。②洪水こうずいなどで田地・家屋などが水びたしになること。

【浸染】しんせん しだいに感化される。

【浸潭】しんたん ①広くゆきわたるさま。②ようやく。しだいに。

【浸透】しんとう ①水がしみとおる。②思想・傾向などがしだいに人々の心にしみこむ。＝滲透

水7 【涔】〔10〕 シン 漢 平 侵 cén ツェン U補J ①8677 3942 6D94

意味 ①たまり水。②なが雨。③したたる。

【涔雲】しんうん 雨を降らせる雲。雨雲。

【涔涔】しんしん ①雨が降り続くさま。②涙、血、汗などが流れるさま。③空がどんよりくもっているさま。④腹痛で苦しみもだえるさま。

水7 【涚】〔10〕 セイ 漢 去 霽 shuì ショイ U補J 3944 6D97

意味 ①〈した・む〉酒をこしてすます。②すむ。清い。③ぬるま湯。④ぬぐう。

氵7 【浙】〔10〕 標 セツ 漢 入 屑 zhè チョー U補J 6222 6D59

意味 ①川の名。浙江せっこう。古の漸水ぜんすい。下流を銭塘江せんとうこうといい、杭州こうしゅう湾にそそぐ。②地名。浙江せっこう省の略称。

参考 「淅せき」は別字。

水7 【涎】〔10〕 [一]セン 漢 [一] 平 先 xián シエン [二]テン 漢 [二] 去 霰 diàn ティエン U補J 6223 6D8E

意味 [一]①〈よだれ〉流れ出るつばき。「垂涎すいぜん」②うらやむ。＝羨せん [二]涎涎てんてんは、つやのあるさま。

水7 【涑】〔10〕 [一]ソク 漢 [一] 入 屋 sù スー [二]ソウ 漢 [二] 平 尤 sōu ソウ U補J ②7858 3940 6D91

意味 [一]涑水は、川の名。山西さんせい省西南部を流れて、黄河にそそぐ。涑川そくせんともいう。[二]あらう。すすぐ。＝漱そう

水7 【涕】〔10〕 テイ 漢 去 霽 tì ティー U補J 6224 6D95

意味 ①〈なみだ〉「涕涙ているい」②泣く。③鼻水。

【涕泣】ていきゅう(きふ) なみだを流して泣く。泣涕。

【涕泗】ていし なみだ。涕はなみだ、泗は鼻汁はなじる。涕洟ていい。

氵7 【涅】〔10〕 標 デツ 漢 ネチ 呉 入 屑 niè ニエ ネツ 慣 ネ 慣 U補J 6226 6D85

水7 【湼】〔10〕 俗字 U補J ②7860 23D40

意味 ①くろつち。②〈くろ・い(──・し)〉黒い。くろ。③〈くろ・める(──・む)〉黒くそめる。黒くなる。④ふさ

ぐ。土などをぬりこんでふさぐ。⑤川の名。㋐山西(さんせい)省にある。㋑河南(かなん)省にある。

【涅歯(齒)(でっし)】歯を黒くそめる。黒くそめた歯。

【涅槃(ねはん)】(仏)梵語(ぼんご) nirvāṇa の音訳。①いっさいの迷いを去って、真理をさとった境地。②仏の死。入寂(にゅうじゃく)。入滅。

【——会(會)(ねはんえ(ゑ))】陰暦二月十五日、釈迦(しゃか)の死を追悼(ついとう)する法会(ほうえ)。

水7【涊】〔10〕 デン(漢)(上)銑 niǎn ニエン　U補J 6D8A ②7856

意味 ①汗の出るさま。②洟涊(てんでん)は、よごれる。

水7【涂】〔10〕 ㊀ト(漢)(平)虞 tú トゥー ㊁チョ(漢)(平)魚 chú チュー　U補J 6D82 3938 ①8674

意味 ㊀①〈みち〉=途 ②川の名。今の四川(しせん)省にあった。③十二月の異名。「涂月(とげつ)」④姓。㊁川の名。今の滁河(ちょか)。安徽(あんき)省と江蘇(こうそ)省の境を流れる。

氵7〔涂〕〔9〕同字　U補J 51C3 ①1453

参考 涂は「塗」(二九七ページ・下)の中国新字体としても使う。

水7【涒】〔10〕 ㊀トン(漢)(平)元 tūn トゥン ㊁イン(漢)(平)真 yūn ユン (ヰン)　U補J 6D92 3941

意味 ㊀①吐く。もどす。②涒灘(とんなん)は十二支の申(さる)の異名。㊁涒鄰(いんりん)は、水がうずまくさま。

水7【浼】〔10〕 バイ(漢)(上)賄 měi メイ　U補J 6D7C 3937

氵7〔浼〕〔9〕同字　U補J 51C2 1894

意味 ①〈けが・す〉けがれる。②水が平らに流れるさま。

水7【浘】〔10〕 ビ(漢)(上)尾 wěi ウエイ ミ(呉)　U補J 6D58 ①8671

意味 ①浘浘(びび)は、水量が多くいきおいがあるさま。②泉の底。

氵7【浜】〔10〕 常 ヒン はま　U補J 6D5C 4145

旧字 水14【濱】〔17〕 ヒン(漢)(平)真 bīn ピン ヒン(呉)　U補J 6FF1 6332

筆順 、 ⺀ 氵 氵 汇 沂 沍 浜

水14【濵】〔17〕同字　U補J 6FF5 4106 ①8727

意味 ①〈はま〉みぎわ。なぎさ。②はて。辺境。③せまる。近づく。④ほとんど…(の状態)になる。=瀕(ひん)

解字 形声。氵が形を表し、賓(ひん)が音を示す。氵は水。賓には、くっつくという意味がある。濱は、水がすれすれまで迫っている岸をいう。また、その音が辺(へん)と似ているから、水辺のことであるともいう。

地名 浜田(はまだ)・浜北(はまきた)・浜名(はまな)・浜松(はままつ)・浜益(はまます)・浜頓別(はまとんべつ)

参考 ①「濱(ひん)」と次項の「浜(ほう)」とは、本来は別字であるが、現在、わが国では「濱」の新字体として「浜」を用いる。②中国では、「濱」の新字としては「滨」を用いる。

【浜千鳥(はまちどり)】国①浜べにいる千鳥。②枕詞(まくらことば)。「ゆくへもしらぬ」「あとやたえぬる」にかかる。

【浜木綿(はまゆう(ゆふ))】国草の名。はまおもとの別名。

【浜海(ひんかい)】海にそう。海に面すること。浜べ。海岸。

【浜涯(ひんがい)】浜べ。なぎさ。

【浜死(ひんし)】死にかかる。死にそうである。=瀕死

◆海浜(かいひん)・砂浜(すなはま)

水7【浜】〔10〕 ホウ(ハウ)(漢)(平)庚 bāng パン　U補J 6D5C 4145

意味 ①船を入れておく堀。②現 小川(おがわ)。

氵7【浮】〔10〕 常 フ うく・うかれる・うかぶ・うかべる　U補J 6D6E 4166

旧字 水7【浮】〔10〕 フ(漢)(平)尤 fú フー　U補J

筆順 、 ⺀ 氵 氵 泙 浮 浮 浮

意味 ①〈うか・ぶ〉〈うか・べる(——・ぶ)〉㋐水中・空中をただよう。↕沈 ㋑ふねにのって行く。②〈う・く〉③たしかでない。「浮説」④〈うか・れる(——・る)〉おちつかない。「浮華(ふか)」⑤〈うき〉うき袋、また、つり糸のうき。⑥罰として酒を飲ませる。⑦〈す・ぎる(——・ぐ)〉度を越す。⑧現 泳ぐ。国①〈う・く〉余りが生じる。②〈うか・れる(——・る)〉陽気になる。③〈うか・ぶ〉物事が表面に現れる。

解字  形声。氵が形を表し、孚(ふ)が音を示す。氵は水。孚は、子をかばう形である。浮は子をかばうようなかっこうで、水にうかぶことである。

名前 ちか　地名 浮羽(うきは)

難読 浮気(うわき)・浮つく(うわつく)(付表)/浮子(うき)・浮塵子(うんか)・浮腫(むくむ)

【浮河竹(うきかわ(かは)たけ)】国川べの竹のように、水に浮き沈みするはかない、つらい身の上。遊女などの身の上にたとえる。「浮き」に「憂き」をかけていう。=憂河竹

【浮腰(うきごし)】国①腰に力がはいらないこと。へっぴりごし。②態度・方針が不安定なこと。③相場(そうば)がきまらないので売買に迷うこと。④柔道の投げわざの一つ。

【浮寝(寢)(うきね)】国①船中に寝ること。波まくら。②落ち着いてゆっくりと眠れないこと。

【浮淫(ふいん)】①舟遊びをする。②行いが軽薄であること。

【浮雲】㊀(ふうん) ①空に浮かぶ雲。うきぐも。「浮雲蔽₌白日₋(ふうんはくじつをおおう)」(空に浮かぶ雲が、太陽をおおいかくしている。何かがじゃまをしていることにたとえたもの。)〈文選(もんぜん)・古詩十九首〉「浮雲遊子意(ふうんゆうしのい)」(空に浮かぶ雲は、そのまま旅に立つきみの胸中である。)〈李白(りはく)の詩・送₌友人₋(ゆうじんをおくる)〉②遠く離れて何の関係もないたとえ。③あてにならない、はかないたとえ。④徳のない小人のたとえ。富貴(ふうき)・名利(みょうり)などをさす。㊁(うきぐも) 国㊀の①②③に同じ。

【浮漚(ふおう)】水面のあわ。うたかた。転じて、はかないもののたとえ。

【浮華(華)(ふか(くゎ))】うわべだけはなやかで実質のないこと。軽薄ではでなこと。

【浮客(ふかく|ふきゃく)】旅人。故郷を離れあてもなくさすらう人。

【浮気(氣)】㊀(ふき) ①空にただよっている気。かげろう。②移りやすい気性。うわっ調子で意志が弱い。うわき。㊁(うわき(うは)) 国①㊀の②に同じ。②男女の情愛の移り気なこと。多情。③うかれること。

【浮蟻(ふぎ)】酒に浮かんだあわ。

【浮菊酒(ふぎくのさけ)】国菊の花びらをひたした酒。菊酒(きくしゅ)。

【浮言】㊀(ふげん) でたらめなうわさ。根拠のない説。㊁(うわごと(うは)) 国病気や睡眠中、無意識に言う取りとめもないこと。

【浮誇(ふこ|ふか(くゎ))】①ほらを吹くこと。大言壮語。②文章が大げさで、はでなこと。

【浮光(ふこう(くゎう))】水にうかぶ光。水面の反射光。水にうつる月影。「浮光躍レ金(ふこうきんをおどらす)」(水にうつる月影は、金が砕けちるかのようだ。)〈范仲淹(はんちゅうえん)・岳陽楼記(がくようろうのき)〉

【浮紅(ふこう)】水に浮かんだもみじ。

【浮辞(辭)(ふじ)】あてにならないことば。飾りの多いことば。浮詞。

【浮舟(ふしゅう(しう))】水に浮かぶ舟。うきふね。

【浮腫(ふしょう|ふしゅ)】(医)主として皮膚の下に水分がたまる病的な状態。むくみ。

【浮世】㊀(ふせい) 定めないこの世の中。うきよ。㊁(うきよ) 国①㊀に同じ。②(他の語の前について)㋐現代的。当世風。㋑好色。色ごのみ。

【——絵(繪)(うきよえ(ゑ))】国日本画の一様式。土

心(忄・⺗)戈戸(戸)手(扌)支攴(攵) 4画 文斗斤方无(旡・旡)日曰月(⺝)木欠止歹殳毋比毛氏气水(氵・氺)火(灬)爪(爫・⺥)父爻爿片牙(牙)牛(牜)犬(犭)

佐絵の分派で岩佐又兵衛いわさまたべえが始めたといわれる。【—草子】うきよぞうし 国江戸時代、元禄期を中心に行われた小説の一体。当時の人情・風俗を写実的にえがいたもの。

【浮生】ふせい はかない人の一生。「浮生若レ夢ふせいはゆめのごとし」（はかない人生はまるで夢のようである。）〈李白りはく・春夜宴二桃李園一序しゅんやとうりえんにえんするのじょ〉

【浮説】ふせつ 根拠のないうわさ。

【浮浅(淺)】ふせん うわついて、あさはかなこと。

【浮草】ふそう(さう) ㊀水面にただよう水草。うきくさ。㊁うきくさ 国水面に浮かんでいる草の総称。【—稼業】うきくさかぎょう(げふ) 国浮き草があちこちに移るように、一つの場所に落ちつかない職業。

【浮躁】ふそう(さう) うわっ調子なこと。おっちょこちょい。

【浮沈】ふちん うきしずみ(しづみ) ①浮くことと、沈むこと。②重いことと軽いこと。③さかえたりおとろえたりの運命。

【浮図(圖)】ふと ＝浮屠 ①㊄梵語ぼんご Buddha の音訳。ほとけ。仏陀ぶっだ。②㊄塔。そとば。③寺。僧。

【浮動】ふどう ①水面または空中をただよい動く。②心がふらふら移り動く。浮蕩。

【浮薄】ふはく 気持ちがうすっぺらで、変わりやすい。軽薄。

【浮萍】ふひょう(ひゃう)・ふへい 水草の一種。うきぐさ。定まりなくただようことのたとえ。

【浮漂】ふひょう(へう) ①水に浮かびただよう。②しっかりとした中身を持たないこと。

【浮標】ふひょう(へう) ①水上に浮かせた目じるし。②海上の一定の場所に浮かべて船の目じるしとするもの。ブイ。

【浮浮】ふふ ①雨や雪が盛んにふるさま。②気の立ちのぼるさま。③流れゆくさま。

【浮文】ふぶん うわついた文章。

【浮木】ふぼく ㊀木を水に浮かべること。水に浮かんだ木。㊁うきぎ ①㊀に同じ。②いかだ。③舟。④㊄浮木の亀かめ。出あうことがむずかしいたとえ。

【浮沫】ふまつ 浮いているあわ。うたかた。

【浮名】ふめい ㊀実際よりもよすぎる評判。虚名。㊁うきな 国①当人にとって、いやな評判。②男女間の情事のうわさ。

【浮遊】ふゆう(いう) ①ぶらぶらと遊びまわる。＝浮游 ②虫の名。かげろう。＝蜉蝣 ③ふわりふわりと浮かんでいる。

【浮流】ふりゅう(りう) 水に浮かんで流れる。

【浮梁】ふりょう(りゃう) ①舟を連ねて造った浮き橋。浮航。②地名。今の江西省景徳鎮けいとくちん市のあたり。

【浮力】ふりょく ㊥物体が流体の中で、周囲の流体の圧力で押し上げられる力。

【浮浪】ふろう(らう) 一定の住所も職業もなく、ぶらぶらとさまよう。「浮浪者」

氵7【浦】〔10〕常 うら ホ 漢 上 麌 pǔ プー　J 1726 補 U 6D66

筆順 丶 冫 氵 汀 沪 浦 浦 浦

意味 ①〈うら〉水べ。浜。②水面。③川が海に流れこむところ。国〈うら〉海や湖がまがって陸地に入りこんだ所。

解字 形声。氵が形を表し、甫ほが音を示す。氵は水。甫には、ぴったりくっつく意味がある。浦は、水が岸に接するところ、水ぎわをいう。

名前 ら 地名 浦上うらがみ・浦安うらやす・浦河うらかわ・浦和うらわ・浦添うらそえ・浦幌うらほろ・浦賀うらが・浦塩斯徳ウラジオストック

【浦人】うらびと 国海べに住む人。漁村の人。

【浦安国(國)】うらやすのくに 国日本の古い呼び名。

【浦溆】ほじょ 水べ。浜べ。

水7【浡】〔10〕 ホツ 漢 入 月 ボツ 慣 bó ポー　J 3932 補 U 6D61

意味 ①さかんに起こるさま。＝勃「浡然」②水が涌わくさま。

【浡潏】ぼっけつ 水が涌き出るさま。

水7【浟】〔10〕 ㊀ユウ 漢 ㊀ 平 尤 yóu ユー (イウ) ㊁テキ 漢 ㊁ 入 錫 dí ティー　J 3931 補 U 6D5F

意味 ㊀水の流れ行くさま。「浟湙ゆうえき」㊁浟浟てきてきは、欲深いさま。

水7【浥】〔10〕 ユウ 漢 入 緝 (イフ) yì イー　J ①8672 補 3933 U 6D65

意味 ①〈うるお・う(うるほ・ふ)〉しめる。うるおす。②浥浥ゆうゆうは、香りのたつさま。

氵7【涌】〔10〕標 ヨウ 漢 上 腫 ユウ 呉 yǒng ヨン　J 4516 補 U 6D8C

意味 ＝湧〈わ・く〉①水がふき出る。ほとばしる。②あふれる。さかんに起こる。国〈わ・く〉自然に発生する。

参考 涌は「湧」(七四二ページ・上)の中国新字体としても使う。

【涌溢】よういつ 水がわきあふれる。＝湧溢

【涌出】ようしゅつ わき出る。＝湧出

氵7【浴】〔10〕4 学 あびる・あびせる ヨク 漢 呉 入 沃 yù ユィ　J 4565 補 U 6D74

筆順 丶 冫 氵 氵 汃 汵 浴 浴

意味 ①〈あ・びる(―・ぶ)〉㋐湯や水でからだを洗う。㋑身に受ける。こうむる。②〈あび・せる(―・す)〉③〈ゆあみ〉入浴。④鳥が高く低く飛ぶさま。

解字 形声。氵が形を表し、谷よくが音を示す。谷にはからだの意味を含むようである。浴は、からだを洗うこと。また、谷はぱらぱらと水をふりかけることで、浴は、からだに水をかけることであるともいう。

難読 浴衣ゆかた(付表)

【浴衣】よくい ㊀入浴するとき着る着物。㊁ゆかた 国木綿もめんのひとえの着物。

【浴景】よくけい ①池から日がのぼること。②朝日が波にうつりあうこと。景は、太陽。太陽が咸池かんちで湯あみをするという伝説にもとづく。

【浴室】よくしつ ふろのあるへや。ふろば。ゆどの。

【浴日】よくじつ 太陽がのぼる。また、日光をあびる。

【浴槽】よくそう(さう) ふろおけ。ゆぶね。

【浴殿】よくでん ふろのある建物。ゆどの。ふろば。

【浴仏(佛)節(節)】よくぶつせつ 「灌仏会かんぶつえ」(七六一ページ・中)に同じ。

◆入浴にゅうよく・水浴すいよく・沐浴もくよく・温浴おんよく・日光浴にっこうよく・冷水浴れいすいよく・海水浴かいすいよく

氵7【浬】〔10〕人 リ 漢 平 支 lǐ リー　J 1929 補 U 6D6C

意味 〈かいり〉海上の距離を表す単位。約一八五二メートル。海里。

水7【涖】〔10〕 リ 漢 去 寘 lì リー　J 3943 補 U 6D96

意味 〈のぞ・む〉その場所に行く。事にたずさわる。＝莅り

氵7【流】〔10〕3 学 リュウ・ル ながれる・ながす リュウ(リウ) 漢 ル 呉 平 尤 liú リウ　J 4614 補 U 6D41

旧字 水6【流】〔9〕　U FA97

筆順 丶 冫 氵 氵 汒 浐 浐 流 流

意味 ①〈なが・れる(―・る)〉㋐水がながれる。㋑さすらう。「流浪るろう」㋒移動する。「流転るてん」②〈なが・す〉㋐水などをながす。㋑つたえる。㋒罪人を遠い地方へ追放する。③〈し・く〉広める。④〈ながれ〉㋐川のながれ。㋑ながれるもの。「気流」㋒系統。⑤階級。等級。⑥〈もと・める(―

―・む)〉 ⑦根拠がない。「流言」 ⑧ふらふらして落ちつかないさま。 国①〈なが・す〉 ㋐(芸人などが)客を求めてあること。 ㋑予定・計画などをとりやめる。 ㋒心にとめない。②〈ながし〉 台所・風呂の洗い場。 ③〈ながれ〉 血統。 血すじ。 ④〈りゅう(りう)〉 旗・幕などを数えることば。

解字 会意。氵と㐬とを合わせた字。氵は水。㐬は子をさかさにした形と川で、子が生まれる形を表す。 川は出産のときの羊水である。そこから、流れ出る、急に出るの意味になる。 流は水が急に流れること、また、なめらかに、いくすじにも分かれて流れることを表す。

名前 しく・とも・はる　地名 流山

難読 流連・流石・流離・流行る・流鏑馬 国鎌倉時代に最も盛んに行われた騎射の一つ。馬をはしらせながら鏑矢で的を射るもの。

【流亜(亞)】りゅう(りう)あ 同じ流派の人。亜流。

【流移】りゅう(りう)い 故郷を離れてさすらう。

【流域】りゅう(りう)いき(ゐき) 川の流れに沿う地域。

【流淫】りゅう(りう)いん 行いにしまりがなく乱れている。

【流裔】りゅう(りう)えい 子孫。末流。

【流鶯】りゅう(りう)おう(あう) ①枝から枝へ移って鳴くうぐいす。②美しい声で鳴くうぐいす。

【流下】りゅう(りう)か 流れくだる。

【流火】りゅう(りう)か(くわ) ①心星。二十八宿の一つ。②陰暦七月の別称。

【流霞】りゅう(りう)か ①たなびき流れる雲。②仙人が飲むと伝えられる酒。

【流外】りゅう(りう)がい(ぐわい) 官位において九品官に数えられない者。また、その官職。↔流内

【流汗】りゅう(りう)かん 汗を流すこと。また、流れる汗。

【流観(觀)】りゅう(りう)かん(くわん) 見渡す。

【流儀】りゅう(りう)ぎ 国①学問・芸術などの特殊な型。各流派のつたえ。流派。②一般に、それぞれのやり方。

【流渠】りゅう(りう)きょ ①掘り割り。②漢の宮殿の名。

【流金鑠石】りゅう(りう)きん しゃくせき 金や石を溶かすほどに暑い。天気が非常に暑いこと。

【流寓】りゅう(りう)ぐう 一時他国に身を寄せること。他国をさすらうこと。

【流刑】りゅう(りう)けい ―るけい 昔、罪人を遠い場所などに追いはらった刑罰。流罪。

【流形】りゅう(りう)けい ①万物が流動的に形を変えて現れること。②万物。森羅万象。

【流蛍(螢)】りゅう(りう)けい 川の流れのように群がり飛ぶほたる。

【流景】りゅう(りう)けい ①流れゆく日月。②夕日の光。

【流憩】りゅう(りう)けい 歩きまわって、あちこちで休息する。

【流血】りゅう(りう)けつ ①血を流すこと。また、流れしたたる血。②戦いや殺傷事件。【――淋漓】りゅう(りう)けつりんり 血がひどく流れしたたるさま。

【流言】りゅう(りう)げん ①根拠のないうわさ。だれ言うともなく伝わるうわさ。デマ。②うわさを言いふらすこと。③世間に伝わった言葉。【――蜚語】りゅう(りう)げんひご 根拠のないうわさ。＝流言飛語

【流光】りゅう(りう)こう(くわう) ①川の流れにうつる月の光。月光に輝く流れ。「撃ニ空明一兮、泝ニ流光一」(水中にうつる月影にかいをこぎ、月光に輝く流れをさかのぼる。兮は、語調をととのえる助詞。)〈蘇軾・前赤壁賦〉②流れる光。ふりそそぐ月光。③過ぎゆく時間。④恩徳や感化を後世にまで及ぼす。

【流行】りゅう(りう)こう(かう) ①世に広くゆきわたる。②国芭蕉の俳諧の術語。詩の永遠性を不易、詩の流れ移る姿を流行といい、この二体は風雅の誠に一致すると説く。③国はやる。はやり。時好。

【流黄】りゅう(りう)こう(くわう) ①いおう。硫磺。②もえぎ色。

【流恨】りゅう(りう)こん とめどなく流れ出る嘆き。

【流沙】りゅう(りう)さ ①砂漠。＝流砂 ②中国西北方の砂漠をいう。

【流罪】りゅう(りう)ざい ―るざい 昔、罪人を遠い島などに追いはらった刑罰。流刑。遠島。

【流竄】りゅう(りう)ざん ―るざん 罪によって、遠い土地に追いはらわれること。流罪。流刑。

【流矢】りゅう(りう)し ―ながれや ①それた矢。②飛んでくる矢。

【流澌】りゅう(りう)し 流れて行く氷。流氷。

【流失】りゅう(りう)しつ 水に流されてなくなる。「流失家屋」

【流出】りゅう(りう)しゅつ 流れ出す。流し出す。

【流觴】りゅう(りう)しょう(しゃう) 杯を流す。流杯。【――曲水】りゅう(りう)しょう(しゃう)きょくすい 觴は、杯。曲水は、屈曲した流れ。陰暦三月三日の節句に、曲水に杯を流し、それが自分の前に来るまでに詩を作るという風流の遊び。〈荊楚歳時記〉

【流人】りゅう(りう)じん 一他国をさすらう人。二るにん―じん 流罪になった人。遠方に流された人。

【流水】りゅう(りう)すい ①流れる水。流れる川。流れ。川。②物の進み方の早いたとえ。【――対(對)】りゅう(りう)すいつい 詩の対句の作り方の一種で、上下二句が関連して一つのまとまった意味を表すもの。【――不ㇾ腐】りゅう(りう)すいくさらず 流れる水は腐らない。転じて、常に活動しているものは、生気を失わないことをいう。〈呂氏春秋・尽数〉

【流星】りゅう(りう)せい ①ながれぼし。②物事の早いたとえ。③いにしえの名刀の名。④のろしや花火。⑤国打ち上げ花火の一種。【――光底】りゅう(りう)せいこう(くわう)てい 流星が光った一瞬の間。流星は剣の光をさし、底は下を示す。「流星光底逸ニ長蛇一」(剣はきらりと光ったが、敵の大将〔武田信玄〕を討ちそこなってしまった。)〈頼山陽の詩・題ニ不識庵撃ニ機山一図上〉

【流石】りゅう(りう)せき 一①流れる石。②石をとかして、流す。二さすが 国①そうはいうものの。②いかにも。やはり…だけあって。

【流蘇】りゅう(りう)そ 五色の糸を編んで作った、飾りのふさ。

【流俗】りゅう(りう)ぞく ①世俗の悪いならわし。②世間一般のならわし。③世俗の人。世間。

【流謫】りゅう(りう)たく ―るたく 刑罰として島流しになること。

【流暢】りゅう(りう)ちょう(ちゃう) すらすらとよどみのないこと。

【流通】りゅう(りう)つう ①流れが通じる。②世の中に広く行われる。行きわたる。③国貨幣などが経済界で移転されること。

【流涕】りゅう(りう)てい なみだをながすこと。

【流伝(傳)】りゅう(りう)でん ―るでん 世に伝わり広がる。世間のうわさ。「言い伝え。」

【流電】りゅう(りう)でん いなずま。また、すばやいことのたとえ。

【流灯(燈)】りゅう(りう)とう 国へぎ板を底にして種々の形を作り、中に灯火をいれて水に流す行事。灯籠流し。

【流宕】りゅう(りう)とう(たう) ①気ままにふるまうさま。②遠くに遊ぶ。

【流動】りゅう(りう)どう 流れ動く。動きが変わる。物事が固定せず常に変わること。↔固定

【流毒】りゅう(りう)どく 害毒を流す。また、流された害毒。

【流内】りゅう(りう)ない 官位において一品から九品までの官吏。また、その官職。

【流年】りゅう(りう)ねん ①流れ去る年月。過ぎ行く年月。②年月。

【流波】りゅう(りう)は ①美しい目で流し目で見ること。秋波。②恋いしたう情の深いさま。③流れの波。流水。

【流派】りゅう(りう)は ①分かれ流れること。支流。②分かれて一派をなすもの。流儀。

【流輩】りゅう(りう)はい なかま。同輩。朋輩。

【流氷】りゅう(りう)ひょう ①氷が流れる。流れている氷。②寒帯の氷が割れて、風や海流のため海面へ流れ出たもの。

【流風】りゅう(りう)ふう ①先人が残した美風。↔流弊 ②音楽の音が風によって流れること。

【流弊】(りゅうへい(りうへい)) 昔からの悪いならわし。昔からの弊害。

【流別】(りゅうべつ(りうべつ)) ①水が分かれて流れること。②流派による区別。流派別。

【流芳】(りゅうほう(りうはう)) 後世まで伝わる名声。

【流亡】(りゅうぼう(りうばう)) さすらう。また、さすらう人。

【流氓】(りゅうぼう(りうばう)) ①あちこちの土地を流れ歩く人。流民。②わるもの。ならずもの。

【流木】㊀(りゅうぼく(りうぼく)) 水に浮いて流れる木。㊁(ながれぎ) 国①㊀に同じ。②流人のたとえ。

【流漫】(りゅうまん(りうまん)) ①しまりがなく、おこたる。②流れて広がる。③光彩が入り乱れる。

【流民】(りゅうみん(りうみん)) 知らない土地をさすらい歩く人。流浪の民。

【流目】㊀(りゅうもく(りうもく)) 目をあちこち移して見る。㊁(ながしめ) 国顔を向けず、視線だけその方に向けて斜めに見ること。また、その目つき。よこめ。秋波。

【流用】(りゅうよう(りうよう)) 一定の用途以外にゆうずうして用いる。

【流落】(りゅうらく(りうらく)) おちぶれて、さすらう。

【流覧(覽)】(りゅうらん(りうらん)) 目を通す。見渡す。

【流利】㊀(りゅうり(りうり)) 書き方・文章・ことばなどが、すらすらとしているさま。㊁(リウリー) liúlì 現㊀に同じ。

【流離】(りゅうり(りうり)) ①他国をさすらうこと。流浪。②流れそそぐさま。③光りかがやくさま。④鳥の名。ふくろうの別称。⑤宝石の名。るり。

【流麗】(りゅうれい(りうれい)) 文章などがのびのびと、なだらかで美しいこと。

【流連】(りゅうれん(りうれん)) ①遊びごとにふけり、家に帰るのを忘れる。②国遊女屋にずっと居つづける。居つづけ。【――荒亡】(りゅうれんこうぼう(りうれんくわうばう)) 遊びごとにふけって、帰るのを忘れ、毎日をでたらめにすごす。〈孟子・梁恵王下〉

【流露】(りゅうろ(りうろ)) ありのままに現れる。飾ることなく自然のままに出ること。

【流浪】(るろう(らう)・りゅうろう(りうらう)) あてもなくさまよう。さすらい歩く。

【流転(轉)】(るてん・りゅうてん(りうてん)) 移り変わって行く。人の生死など、変化してやまないこと。

【流配】(るはい) 国島ながし。配流。

【流布】(るふ・りゅうふ(りうふ)) 広く世にゆきわたる。流伝。【――本】(るふぼん) 国同じ原本から出た伝本中、もっとも世に広く流布している本。

【枕レ流漱レ石】(ながれにまくらし いしにくちすすぐ) ①晋の孫楚が、石に枕し流れに漱ぐと言おうとして、逆に、流れに枕し石に漱ぐと言った。この誤りを友人に指摘され、世俗によごれた耳を流れに洗い、歯を石でみがくのだと強弁した故事。〈世説新語・排調〉②まけ惜しみの強いたとえ。
◆一流・上流・下流・女流・中流・支流・末流・本流・交流・合流・気流・亜流・我流・対流・底流・奔流・直流・風流・急流・海流・逆流・島流し・貫流・渓流・清流・寒流・電流・源流・暖流・漂流・潮流・濁流・整流

氵7 【涙】〔10〕 常 ルイ なみだ
旧字 氵8 【淚】〔11〕 人
㊀ルイ 漢 呉 ㊀去 寘 lèi レイ
㊁レイ 漢 ㊁去 霽 lì リー
U補J 4662 6D99
U補J ①8683 6DDA

筆順 丶 冫 氵 … 涙

水5 【泪】〔8〕 同字 U補J 6205 6CEA

意味 ㊀①〈なみだ〉②なみがはやい。「漻涙」②寒々しい。「淒涙」 国〈なみだ〉なさけ。人情。 ㊁①水流だを流す。泣く。

解字 形声。氵が形を表し、戻が音を示す。氵は水。戻は零と同様に、しずくのたれること。涙は、水滴のたれることで、なみだを流すことをいう。音ルイは、戻の音レイの変化。

【涙河】(るいか) なみだが河のようにさかんに流れること。

【涙眼】(るいがん) なみだをふくんだ目。

【涙痕】(るいこん) なみだの流れた跡。

【涙珠】(るいしゅ) 流れるなみだの玉。
◆血涙・声涙・紅涙・落涙・感涙・暗涙・熱涙

水7 【浰】〔10〕 レン 漢 ㊀去 霰 liàn リエン U補J ②7853 3936 6D70

意味 ①清浰は、速いさま。②川の流れが速いさま。③広東省和平県にある川の名。

氵7 【浪】〔10〕 常 ロウ
㊀ロウ(ラウ) 漢 呉 ㊀去 漾 làng ラン
㊁ロウ(ラウ) 漢 呉 ㊁平 陽 láng ラン
U補J 4718 6D6A

筆順 丶 冫 氵 … 浪

意味 ㊀①〈なみ〉大きな波。②波が起こる。③気ままにする。④とりとめなく。⑤さすらう。「放浪」 ㊁①滄浪は、水が青く澄んださま。②汪浪は、涙がとまらないさま。③聊浪は、気ままなさま。④浪浪は流れるさま。

原義と派生義
浪
なみ ― なみだつ ― おこる ― きざす
（波のように）とりとめない ― みだりに・むだに「浪死」
― さまよう「流浪」

解字  形声。氵が形を表し、良が音を示す。氵は水。良には青白で透明な意味がある。浪は青く澄んだ水。

姓 浪平(なみのひら)

【浪花】㊀(ろうか(らうくわ)) ①波のしぶき。なみの花。②実を結ばないむだ花。㊁(なにわ(なには)) 国大阪の古い呼び方。＝浪華・浪速・難波 ㊂(なみのはな) 国塩の別名。【――節(節)】(なにわぶし(なにはぶし)) 国語り物の一つ。江戸末期大阪に起こり、明治以後、桃中軒雲右衛門らがさかんにした。浪曲。

【浪語】(ろうご(らうご)) でたらめな言葉。妄語。漫語。

【浪痕】(ろうこん(らうこん)) 波のあと。

【浪士】(ろうし(らうし)) 国「主人を持たぬ武士」。浪人。

【浪子】(ろうし(らうし)) ①仕事がなくて、さすらっている人。②仕事に就かずにぶらぶらしている者。

【浪死】(ろうし(らうし)) むだ死に。いぬ死に。

【浪跡】(ろうせき(らうせき)) あてもなくさまようこと。浪迹。

【浪人】(ろうにん(らうにん)) ①きまった住所がなく、さまよい歩く人。②国主君を持たない武士。浪士。③国失業などにより身分の定まらない人。

【浪費】㊀(ろうひ(らうひ)) 時間・物品・金銭などをむだに使う。㊁(ランフェイ) 「làng fèi」現㊀に同じ。

【浪漫】(ろうまん(らうまん)) ①意のまま。気の向くまま。②草木が盛んに繁るさま。③詩意に富み、幻想にあふれていること。④唐の詩人元結のこと。英語 romantic の訳語。爛漫。【――主義】(ローマンしゅぎ) 十八世紀末から十九世紀の初め、古典主義のあとを受けて、ヨーロッパに起こった文学・芸術上の傾向。伝統を捨て、個性の尊重、思想感情の自由を説く。ロマンチシズム。

【浪莽】(ろうもう(らうまう)) ①とりとめのないさま。②失意のさま。浪孟。

【浪浪】ろうろう(らうらう) ①涙がとまらないさま。②水の流れ落ちるさま。③国あちこちを流れ歩くこと。④国おちぶれたさま。
◇波浪・放浪・風浪・浮浪・流浪・激浪

氵7【海】〔10〕旧→海(七一五ページ・上)

氵7【涉】〔10〕旧→渉(七三〇ページ・下)

水7【渗】〔10〕俗→滲(七四九ページ・下)

水7【湼】〔10〕俗→涅(七二二ページ・下)

水7【涛】〔10〕俗→濤(七五八ページ・下)

水7【涜】〔10〕俗→瀆(七五九ページ・中)

氵7〖酒〗→酉部三画(一二七〇ページ・中)

水7〖黍〗→黍部〇画(一二四五ページ・中)

水8【淯】〔11〕イク 漢 入 屋 yù ユィ　J ― 補 3966 U 6DEF

意味 ①川の名。河南省から湖北省に流れ、漢水にそそぐ。淯河。淯水。②そだてる。＝育

氵8【淫】〔11〕常 イン みだら　イン 漢 呉 平 侵 yín イン　J 1692 U 6DEB

筆順 氵 氵 氵 氵 氵 淫 淫 淫

水8【婬】〔11〕同字 J ― U補 ―

意味 ①ひたす。水につける。②ふける。おぼれる。③〈す・ぎる(―・ぐ)〉度をこす。④〈みだ・れる(―・る)〉＝婬 ㋐男女の関係が不純なこと。㋑だらしがない。⑤〈みだら〉⑥よこしまな。⑦まどう。まどわす。⑧〈みだりに〉むやみに。⑨長雨。＝霪

解字 形声。氵が形を表し、㸒いんが音を示す。氵は水。㸒は爪を立てて手近のものをつかみ取ろうとする意。淫は、水がしだいにしみこむこと、また、みだりに求める、度をこすことも表す。

【淫逸(逸)】いんいつ ＝淫佚 ①度をこして楽しむこと。なまけて楽しみにふけること。②男女間のみだらなまじわり。
【淫淫】いんいん ①どんどん増えるさま。②涙などの流れるさま。③行き来するさま。④遠くに去り行くさま。
【淫雨】いんう ながあめ。＝霪雨
【淫楽(樂)】一いんらく 正しくない音楽。二いんらく 度をこした楽しみ。「みだらな楽しみ。」
【淫戯(戲)】いんぎ ①過度に遊びほうけること。②みだらな内容の劇曲。③国みだらな遊び。
【淫虐】いんぎゃく みだらで、むごい。
【淫驕】いんきょう(けう) 酒色にふけり、わがままであること。
【淫刑】いんけい 刑罰を乱用する。また、行き過ぎた刑罰。
【淫行】いんこう(かう) みだらな行い。
【淫荒】いんこう(くわう) 酒色にふけり生活がすさむ。
【淫志】いんし ①みだらな気持ち。欲深すぎる望み。色気。②みだらな心を起こすこと。欲望を起こすこと。
【淫祀】いんし いかがわしいもの、または、正当でないものを神として祭ること。
【淫祠】いんし いかがわしいもの、または、正当でないものを祭ったやしろ。祭るべきでないものを祭ったやしろ。
【淫辞(辭)】いんじ ①飾りが多く、真実でないことば。②みだらなことば。
【淫酒】いんしゅ 酒にふける。
【淫心】いんしん みだらな心。
【淫声(聲)】いんせい 正統でない音楽。みだらな音楽。
【淫蕩】いんとう(たう) ①ほしいままにふるまうこと。②酒や色欲におぼれること。
【淫靡】いんび みだらなこと。
【淫婦】いんぷ 淫乱で身もちの悪い女性。
【淫風】いんぷう みだらな風俗。特に、男女間のみだらな風潮。
【淫奔】いんぽん 男女が正式の結婚でなく、むやみに異性と肉体関係を結ぶこと。みだら。
【淫欲(「慾」)】いんよく みだらな欲望。男女の色欲。情欲。
【淫乱(亂)】いんらん ①道にはずれた行いをすること。②みだらな行いにふけること。また、そういう性質。
【淫猥】いんわい みだらなこと。
◇邪淫・姦淫・荒淫

氵8【液】〔11〕学5 エキ　エキ 漢 入 陌 yè イエ　J 1753 U 6DB2

筆順 氵 氵 氵 汁 汸 汸 液 液

意味 ①しる。流動する物質。「液体」②わき。＝掖

解字 形声。氵が形を表し、夜えきが音を示す。氵は水。夜には、つぎつぎと続く意味がある。液は水滴がつぎつぎとしたたることである。また、しみ出る水ともいう。

【液化】えきか(くわ) 理固体や気体が温度・圧力の変化によって液体に変わる。また、変える。
【液晶】えきしょう(しゃう) 国固体と液体との中間的な状態の物質。電磁力・圧力・温度などに敏感に反応する性質を利用して、各種機器の表示装置に用いられる。「液晶画面」
【液状(狀)】えきじょう(じゃう) 液体になっている状態。
【液体(體)】えきたい 理水や油のように一定の体積はあるが、固体のような一定の形を持たないもの。↔気体・固体
【液庭】えきてい 宮中で宮女たちのいる所。後宮。
【液樠】えきまん やにが出る。松の木のしんから出るやに。
◇血液・胃液・唾液・粘液・溶液・腸液

水8【涴】〔11〕一エン 漢(ヱン) 一上 阮 wǎn ワン 二ワ 漢 二去 箇 wò ウォ　J ②7867 補 3948 U 6DB4

意味 一水が曲がりくねるさま。「涴演えんえん」 二〈けが・す〉よごす。けがれる。

水8【淹】〔11〕エン 漢 平 塩 yān イエン　J 6227 U 6DF9

意味 ①〈ひた・す〉水につける。②満ちる。③〈とどま・る〉久しくとどまる。「淹滞」④久しい。国〈い・れる(―・る)〉茶をいれる。

【淹該】えんがい 学問や知識が広くて深い。淹貫。淹通。
【淹歳】えんさい 長い年月。
【淹恤】えんじゅつ 長らく異郷に滞在して心を痛める。＝淹卹
【淹速】えんそく 遅いのと速いのと。遅速。淹数えんさく。
【淹泊】えんぱく ①停泊する。船がいかりをおろしてとまる。②長い間とどまる。官吏が長らく下位にいること。
【淹留】えんりゅう(りう) 長い間とどまる。長く滞在する。淹滞。

水8【淤】〔11〕ヨ 漢 平 魚 オ 呉 yū ユィ　J 6243 U 6DE4

意味 ①水の底にたまるどろ。②中洲なかす。③つもる。堆積する。④ふさぐ。

【淤閼】おあつ どろがつまって水がとどこおる。
【淤泥】おでい どろつち。どろどろになった水たまり。

氵8【涯】〔11〕常 ガイ　ガイ 漢 平 佳 yá ヤー　J 1922 U 6DAF

筆順 氵 氵 氵 汇 沪 沪 涯 涯

水11【漄】〔14〕同字 J ― 補 4033 U 6F04

意味 ①〈みぎわ(みぎは)〉水ぎわ。岸。②〈きし〉③〈はて〉終わり。かぎり。きわみ。「生涯しょうがい」

解字 形声。氵が形を表し、厓がいが音を示す。氵は水。厓には、切り立ったがけという意味がある。涯は、水ぎわのがけである。

【涯岸】がいがん ①水ぎわ。②はて。「無涯岸がいがんなし」(はてしない。)
【涯際】がいさい ①かぎり。はて。②ほとり。

心(忄・⺗)戈戸(戶)手(扌)支攴(攵) 4画 文斗斤方无(旡・旡)日曰月(月)木欠止歹殳毋比毛氏气水(氵・氺)火(灬)爪(爫・⺥)父爻爿片牙(牙)牛(牜)犬(犭)

【涯涘】がいし ①水ぎわ。②かぎり。はて。
【涯分】がいぶん 身分相応の程度。分際。
◆天涯てんがい・生涯しょうがい・境涯きょうがい

氵8 【渇】〔11〕常 カツ かわく　U補J 6E07 — 1973

旧字 氵9 【渴】〔12〕人　U補J 6E34 — ①8688

一 カツ 漢 カチ 呉　一 入 曷 kě コー
二 ケツ 漢 カツ 慣　二 入 屑 jié チエ

筆順 氵 氵 氵 氵 渇 渇 渇

意味 一 ①〈かわ・く〉のどがかわく。②しきりにほしがる。「渇望」③〈かわき〉㋐のどのかわき。㋑切実なこと。二〈か・れる(―・る)〉水が涸かれる。「枯渇こかつ」

解字  形声。氵が形を表し、曷かつが音を示す。氵は水。曷には、尽きる、かすれるの意味がある。渇は、水がなくなることである。

【渇愛】かつあい 非常に愛する。
【渇仰】かつごう(がう)・かつぎょう(ぎゃう) ①㊣のどがかわいて水をほしがるように、また高い山をあおぎ見るように、深く仏道を信仰すること。②心からあこがれ、したう。
【渇水】かっすい ひでりで水がなくなること。水量がへってしまうこと。「渇水期」
【渇望】かつぼう(ばう) のどがかわいて水をほしがるように、心から希望する。熱望。
【渇而穿レ井】かっしてせいをうがつ のどがかわいてから井戸を掘る。事が起こってから慌てても手遅れであることのたとえ。〈説苑ぜいえん・奉使〉
【渇者易レ為(爲)レ飲】かっするものはいんをなしやすし のどがかわいている者はどんなものでも喜んで飲む。暴政に苦しんでいる者は小さな恩恵もありがたく感じることのたとえ。〈孟子もうし・公孫丑こうそんちゅう上〉
【渇不レ飲二盗泉之水一】かっすれどもとうせんのみずをのまず のどがかわいても、「盗泉」という悪い名まえの泉の水を飲まない。苦しくても不正なことをしない。〈陸機りくき・猛虎行もうこう〉
◆枯渇こかつ・飢渇きかつ・涸渇こかつ

氵8 【涵】〔11〕標 カン 漢 平 覃 hán ハン　U補J 6DB5 — 6230

水10 【𣹢】〔13〕同字　U補 23E62

意味 ①〈ひた・す〉水につける。＝浛 ②〈うるお・う(うるほ・ふ)〉うるおす。＝浛かん ③いれる。納める。
【涵煦】かんく 恩恵をほどこしてやしなう。
【涵濡】かんじゅ ひたしうるおす。
【涵碧】かんぺき みどりにひたす。一面がみどり色になるさま。
【涵養】かんよう(やう) ①めぐみを与えること。②だんだんと養成する。学問・知識をしみこむようにやしない育てる。

水8 【淦】〔11〕 一 カン 漢　一 去 勘 gàn カン　二 カン 漢　二 平 覃 hán ハン　U補J 6DE6 — 6232

意味 一 ①水が船の中にしみこんでくる。②船底にたまるあか。③どろ。④川の名。淦水。江西こうせい省にあり、西北に流れて贛江かんこうにそそぐ。二 しずむ。＝浛・涵

水8 【涫】〔11〕 カン 漢 呉 (クヮン) 去 翰 guàn コワン　U補J 6DAB — ②7865

意味 ①〈わ・く〉水が沸騰する。②〈たらい(たらひ)〉たらいで洗う。＝盥かん

水8 【淊】〔11〕 一 カン 漢 ガン 呉　一 上 感 hàn ハン　二 エン 漢　二 平 塩 yān イエン　U補J 6DCA 3955

意味 一 ①〈にご・る〉泥水がにごったさま。②まゆから糸を引きだす時、まゆを煮るお湯。二 水没する。＝淹えん

水8 【淇】〔11〕 キ 漢 平 支 qí チー　U補J 6DC7 — 6231

意味 川の名。淇水きすい。河南かなん省林州市から流れでて、白溝はっこう(今の衛河えいが)にそそぐ。
【淇奥】きいく ①淇水のくま。淇水が曲がって入りこんだところ。淇水の水ぎわ。②淇水と奥水。二つの川の名。
【淇園長】きえんちょう(ゑんちゃう) 竹の異名。

氵8 【渓】〔11〕常 ケイ　U補J 6E13 — 2344

旧字 水10 【溪】〔13〕 ケイ 漢 呉 平 斉 xī シー　U補J 6EAA — 6268

山10 【嵠】〔13〕同字　U補J 5D60 — 2757

筆順 氵 氵 氵 氵 渓 渓 渓 渓

意味 ①〈たに〉たにがわ。たにみず。＝谿けい ②小川。

解字 形声。氵が形を、奚けいが音を示す。氵は水。奚には、細い糸をつなぐという意味を含む。渓は、水が山から出て、川に注ぐまでの、たにをいう。

【渓雲】けいうん 谷あいから立ちのぼるもや。
【渓壑】けいがく 谷川。
【渓澗】けいかん 谷川。
【渓月】けいげつ 谷まに見える月。
【渓谷】けいこく 谷。川が流れている谷。
【渓上】けいじょう(じゃう) 谷川のほとり。渓頭。渓畔。
【渓声(聲)】けいせい 谷川の流れる音。
【渓嵐】けいらん 谷あいに立ちこめるもや。
【渓流】けいりゅう(りう) 谷川の流れ。
【渓路】けいろ 谷川ぞいの道。
◆雪渓せっけい

水8 【涬】〔11〕 ケイ 漢 上 迥 xìng シン　U補J 6DAC 3947 ①8679

意味 ①引く。②涬溟けいめいは、広くくらいさま。また、天地自然の気がまだ分かれないさま。

氵8 【涸】〔11〕標 一 コ 漢　一 去 遇 hù フー　二 カク 漢　二 入 薬 hé ホー　U補J 6DB8 — 6233

意味 一二〈か・れる(―・る)〉水がなくなる。かわく。また、つきる。

参考 新表記では、「枯」に書きかえる熟語がある。

【涸陰】こいん 水分がなくなってしまうほどの厳しい寒さ。極寒。
【涸渇(渴)】こかつ ①水がかれてなくなる。②一般に、物が尽きてなくなること。＝枯渇
【涸轍】こてつ 車のわだちのわずかばかりな水たまり。困っている境地のたとえ。〈荘子そうじ・外物がいぶつ〉
【涸鮒】こふ 車のわだちのたまり水にいるふな。転じて、困っている人のたとえ。
【涸鱗】こりん 水枯れに苦しむ魚。困っているもののたとえ。

水8 【淆】〔11〕 コウ 漢 (カウ) 平 肴 xiáo シアオ　U補J 6DC6 — 6234

意味 ①〈みだ・れる(―・る)〉まじる。いりまじる。「混淆こんこう」②みだす。③にごる。にごす。

参考 新表記では、「交」に書きかえる熟語がある。

【淆乱(亂)】こうらん(かう) にごり、乱れること。

水8 【淏】〔11〕 コウ 漢 (カウ) 上 皓 hào ハオ　U補J 6DCF 3957 ②7872

意味 水がすんで清らかなさま。

水8 【淈】〔11〕 コツ 漢 入 月 gǔ クー　U補J 6DC8 3954 ②7870

意味 ①〈にご・す〉にごる。「何不下淈二其泥一而揚中其波上なんぞ

水 8 のどろをにごして、そのなみをあげざる」（「世の中の人が全部きたないことをしているなら、あなたも）同じようにどろ水をかきまわして、きたないしぶきをはねあげたらどうか。」）〈屈原・漁父辞〉 ②〈みだ・す〉 みだれる。 ③つきる。つくす。 ④水がはげしく流れるさま。「淈淈」 ⑤泥水。

水 8 【淴】〔11〕 コツ 漢 入 月 hū フー　J ― 補 3968 U 6DF4
意味 ①淴泱は、水の早く流れるさま。 ②現淴浴 hūyù フーユィは、蘇州・上海などで、入浴のこと。

氵8 【混】〔11〕 学5 コン まじる・まざる・まぜる・こむ　J 2614 補 ― U 6DF7
一 コン 漢 一 上 阮 hùn フン
二 コン 漢 二 平 元 hún フン
筆順 氵 氵 沪 沪 涅 涅 混 混
意味 一 ①〈まじ・る〉〈まざ・る〉 ㋐いりまじる。入り乱れる。 ㋑あわさってひとつになる。 ②〈ま・ぜる（―・ず）〉 ③〈にご・る〉 ④水がさかんに流れる。「混混」 ⑤いいかげんにすごす。 二 すべて。みな。そっくり。 ＝渾 国〈こ・む〉 人や物が集まっていっぱいになる。
解字  形声。氵が形を表し、昆が音を示す。氵は水。昆には、まるくまとまる意味がある。混は水が満ちあふれて回転するようす。転じて、まじる意味になる。
名前 むら・むろ
【混一】 一つにする。統一する。
【混元】 ①天地の根本の気。 ②天地がまだ分かれていない状態。 ③天地開闢の頃。はるか昔。
【混交（「淆」）】 まじりあう。ごちゃごちゃになる。
【―文】 国和文脈と漢文脈のまじりあってできた文体。「和漢混交文」
【混淆】 まじりあう。まぜあわせる。 ↓混交
【混合】 ①水がわき出るさま。 ②水が流れるさま。 ③ごた「ごたしたさま。」
【混混】 ①水がわき出るさま。 ②水が流れるさま。 ③「ごたごたしたさま。」
【混雑（雜）】 いりまじる。いりみだれる。ごたごた。
【混成】 いりまじって、できあがる。まぜあわせて編成する。
【混戦（戰）】 敵味方がいりみだれて戦うこと。
【混然】 いりまじったさま。
【混濁】 ①まざってにごること。 ②世の中が乱れにごっていること。 ③意識がはっきりしなくなること。
【混同】 ①集めて一つにする。 ②まじって区別がつかないこと。「と。」
【混沌】 ①天地がまだはっきりと分かれきれないときのさま。 ②物事の区別のはっきりしないさま。
【混入】 まぜ入れる。まぜこむ。まじり入る。
【混茫】 いりまじり、物の区別がつかないさま。天地の開け始め、すべてが分かれていない状態。＝混芒 「昏迷」
【混迷】 まじりみだれて、どうしていいかわからないこと。＝「昏迷」
【混冥】 ＝混溟 ①ぼんやりして奥深い。 ②うす暗くて明らかでない。 ③人の胸のうち。心の中。
【混乱（亂）】 まじりみだれる。みだれて、すじみちがなく「なってしまう。」

水 8 【涽】〔11〕 コン 漢 平 元 hūn フン　J 3951 補 ― U 6DBD1
意味 乱れたさま。まとまりのないさま。＝湣

氵8 【済】〔11〕 学6 サイ すむ・すます　J 2649 補 ― U 6E08
旧字 水14 【濟】〔17〕　J 6327 補 ― U 6FDF
一 セイ 漢 サイ 呉 一 去 霽 jì チー
二 セイ 漢 サイ 呉 二 上 薺 jǐ チー
筆順 氵 氵 氵 汁 汶 浐 浐 済
意味 一 ①〈わた・る〉〈わた・す〉 川を渡る、渡す。 ②〈わたし〉 渡し場。 ③通る。通す。 ④〈すく・う（―・ふ）〉 援助する。「救済」 ⑤利用する。 ⑥〈ま・す〉 ふやす。 ⑦〈な・す〉 成しとげる。完成する。 ⑧とまる。 二 ①済水は、川の名。河南省を流れる。江・淮・河と合わせ四瀆の一つ。 ②済済は、数が多い。また、さかんなさま。 国〈す・む〉〈すま・す〉 ①事が無事に終わる。きまりがつく。 ②借りを返し終わる。 ③言い訳がたつ。義理がたつ。 ④気がすむ。
解字  形声。氵が形を表し、齊が音を示す。氵は水。齊には、ととのえる、そろえるという意味がある。濟は水の流れを調整することを表す。そろえて同じくするということから、たすける意味にもなる。一説に齊には清いという意味があるから、濟は清水の川をいうとする。
名前 お・かた・さだ・すみ・ただ・なり・なる・まさ・やす・よし・いつき・さとる・とおる・わたり
【済化】 人々を救い、教化する。
【済世】 世を救う。世の中の欠点を正し、人民の難儀をとりのぞくこと。「済世救民」
【済度】 仏仏の道によって、まよっている世の人を救い、安楽の境地に到達させること。「衆生済度」
【済美】 子孫が父や祖先の業を受けついで、よい行いをなしとげること。
【済民】 世の中の人を助け救うこと。「経世済民」
【済済多士】 優秀な人材が沢山いる。〈詩経・大雅・文王〉
◆未済・弁済・共済・全済・返済・皆済・救済・経済・多士済済

水 8 【淬】〔11〕 サイ 漢 去 隊 cuì ツォイ　J 6235 補 ― U 6DEC
水 4 【汼】〔7〕 俗字　J ②7827 補 ― U 3CC3
意味 ①〈にら・ぐ〉 鉄をきたえるとき、まっかに焼いて水にいれること。＝焠 ②水に漬ける。 ③染める。
【淬励（勵）】 ①きたえ、みがくこと。 ②物事につとめはげむこと。＝淬礪

水 8 【涮】〔11〕 サン 漢 去 諫 shuàn ショワン　J ②7866 補 ― U 6DAE
意味 ①〈あら・う（―・ふ）〉 水で洗う。 ②現肉片などを熱湯の中で揺り動かしてゆがく。しゃぶしゃぶ。

水 8 【淄】〔11〕 シ 漢 平 支 zī ツー　J ①8681 補 3953 U 6DC4
水 9 【湽】〔12〕 同字　J 4006 補 ― U 6E7D
意味 ①川の名。山東省淄博市から流れでる。淄水。 ②黒色。また、黒くそめる。＝緇

水 8 【淖】〔11〕　J ①8682 補 3958 U 6DD6
一 ドウ 漢（ダウ） 一 去 効 nào ナオ
二 シャク 漢 二 入 薬 chuò チュオ
意味 一 ①どろ。ぬかるみ。 ②やわらか。 二 ＝綽 ①しなやかなさま。 ②よわよわしいさま。
【淖約】 やさしくて美しいこと。美人の形容。＝綽約

氵8 【渋】〔11〕 常 ジュウ しぶ・しぶい・しぶる　J 2934 補 ― U 6E0B
旧字 氵12 【澁】〔15〕 人　J 6307 補 ― U 6F81
ジュウ（ジフ） 慣 シュウ（シフ） 漢 入 緝 sè ソー
筆順 氵 氵 氵 氵 汁 沙 洪 渋

心(忄・⺗)戈戸(戶)手(扌)支攴(攵)
4画
文斗斤方无(旡・旡)日曰月(⺝)木欠止歹殳毋比毛氏气水(氵・氺)火(灬)爪(⺥・⺤)父爻爿片牙(牙)牛(牜)犬(犭)

止10【歰】〔14〕本字 J補3792 U6B70

止8【歮】〔12〕同字 J補3791 U6B6E

水12【澀】〔15〕同字 J補6308 U6F80

意味 ①〈しぶ・い(──・し)〉㋐味がしぶい。㋑なめらかでない。㋒文章などが難解である。「晦渋」②〈しぶ・る〉すらすらとはこばない。「難渋」③さびる。国①〈しぶ〉㋐草木から出る赤黒い液。㋑柿渋の略。②〈しぶ・い〉㋐出しおしむ。㋑落ち着いている。③〈しぶ・る〉ためらう。

解字 形声。氵が形を表し、歮が音を示す。氵は水。歮は、古い形で見ると、止(足)が四つあって、上の二つは逆になっている。これは足が進まない、立ち止まる意味である。澁は、水がつかえて、すらすらと流れないこと。

地名 渋川

【渋紙】国紙をはり合わせた上に柿のしぶをぬったもの。敷物や包み紙に使われる紙。

【渋滞(滯)】物事がはかばかしくゆかない。とどこおる。「交通渋滞」

【渋濁】しぶりにごっていること。音声などがすらすら出ないで、しかもすんでいないこと。

【渋面】国①しかめっつら。にがにがしい顔つき。やかましそうな顔。②茶色の顔。

◇苦渋・晦渋・難渋

氵8【淑】〔11〕常 シュク J2942 U補6DD1

シュク 漢|入 屋 shū シュー

筆順 氵 氵 汁 汁 汢 汁 沫 淑

意味 ①〈よ・い(──・し)〉行いが正しい。「貞淑」②うつくしい。③〈しとやか〉つつましい。④澄む。

解字 形声。氵が形を表し、叔が音を示す。氵は水。叔には、若いとか、清いという意味がある。淑は、水が深いところまで清らかなことである。

名前 きよ・すえ・すみ・とし・ひで・きよし・ふかし

【淑景舎】国昔の皇居内の建物の名。桐壺ともいい、女官が住んでいた。

【淑婉】しとやかでうるわしい。

【淑媛(媛)】①「淑女」に同じ。②女官の位の一つ。

【淑気(氣)】のどかな気。やわらいだ気。春のよい気候。

【淑景】春の日ざし。美しいけしき。

【淑質】よい性質。りっぱな資質。

【淑淑】①清らかで美しいさま。②水の深くたたえるさま。

【淑女】①かしこくすぐれた若い女性。②教養のある、しとやかな婦人。↕紳士

【淑徳】正しいよい徳。主として、婦人の善良な徳。

【淑問】①正しく裁判する。②よいほまれ。淑聞。

【淑均】性質がすなおで、行いが正しいこと。「性行淑均」(性行は、性質と行為。)

◇私淑・貞淑

氵8【淳】〔11〕人 シュン 漢|平 真 J2963 U補6DF3

ジュン 呉 chún チュン

水9【湻】〔12〕同字 J補4005 U6E7B

意味 ①〈あつ・い(──・し)〉深い。ゆたか。特に情があつい。②飾りけがない。「淳朴」③まじりけがない。=純 ④あきらか。=焞 ⑤ひとそろい。一式。⑥大きい。

解字 形声。氵が形を表し、享が音を示す。氵は水。享には、じゅうぶんに煮るという意味がある。淳は、水にじゅうぶんにひたすこと。

名前 ぬ・あき・あつ・きよ・すな・とし・よし・きよし・すなお・ただし・まこと

【淳化】①すなおになる。すなおにする。②淳朴な教化。

【淳澆】人情や風俗の厚いことと薄いこと。

【淳風】淳朴な風俗。

【淳朴】すなおで飾りけがない。人情が厚く、いつわりがない。=淳樸

【淳和】すなおでおだやかである。

氵8【渚】〔11〕人 J2977 U補6E1A

旧字 氵9【渚】〔12〕人 ショ 漢|上 語 zhǔ チュー J補①8687 UFA46

意味 ①〈なぎさ〉水ぎわ。②水中の小さな州。③海中の島。

解字 形声。氵が形を表し、者が音を示す。者には、あつまる意味がある。渚は、川の中に土砂が集まってできた小高い丘。転じて、川岸の意味にもなる。音ショは、者の音シャの変化。

姓 渚鋤 地名 渚滑

【渚崖】水ぎわ。なぎさ。渚岸。

【渚宮】①なぎさに面して建てられた宮殿。②春秋時代の楚国の宮殿の名。今の湖北省にあった。

氵8【渉】〔11〕常 ショウ J3036 U補6E09

旧字 氵7【涉】〔10〕人 ショウ 漢|入 葉 shè ショー (セフ) J補①8676 U6D89

筆順 氵 氵 氵 汁 沚 汫 涉 渉

意味 ①〈わた・る〉㋐水を歩いて渡る。㋑舟で渡る。㋒歩きまわる。㋓広く見聞する。㋔およぶ。②関係する。「干渉」

解字 会意。氵と歩とを合わせた字。氵は水。歩は乗物なしにあるくこと。渉は、水の中を、しぶきを立てながら渡ることをいう。

名前 さだ・たか・ただ・わたり

【渉外】①外国あるいは外国の出先機関と連絡交渉すること。②一般に、外部と交渉すること。

【渉世】世事を経験する。

【渉猟(獵)】①水を渡って、獣をさがし求めるように、あちこち歩きまわる。②書物を広くさがし読むこと。広く各方面のことを調査すること。

【渉歴(歷)】①めぐり歩く。②「渉猟」の②に同じ。

◇干渉・交渉・跋渉

水8【淌】〔11〕 J6237 U補6DCC

一 ショウ(シャウ) 漢|一 去 漾 chàng チャン

二 ショウ(シャウ) 漢|二 上 養 chǎng チャン

三 トウ(タウ) 慣|三 ── tǎng タン

意味 一①大きな波。②水の流れるいきおい。二水が流れるさま。三流れ落ちる。

水8【淞】〔11〕 ショウ 漢|平 冬 sōng ソン J6236 U補6DDE

意味 川の名。呉江市の太湖を水源とし、上海の北で、黄浦江と合流し、長江にそそぐ。呉淞江。

水8【淐】〔11〕 ショウ(シャウ) 漢|平 陽 chāng チャン J補②7873 U6DD0

意味 川の名。

氵8【深】〔11〕学3 シン J3128 U補6DF1

シン 漢|平 侵 shēn シェン

ジン 呉 慣

ふかい・ふかまる・ふかめる

筆順 氵 氵 氵 氵 浐 浐 泙 深

水10 【㴱】〔13〕字J── 本U3D31 補── 意味 ①〈ふか・い（──・し）〉↕浅 ㋐底がふかい。㋑奥ぶかい。㋒はなはだしい。㋓気持ちがつよい。㋔草木がしげる。㋕色がこい。㋖夜おそい。②〈ふかま・る〉〈ふか・める（──・む）〉③〈ふかく〉大いに。非常に。④〈はなはだ〉非常に。⑤きびしい。ひどい。国①〈ふか〉程度のはなはだしい意味を表す接頭辞。「深情ふかなさけ」②〈み〉奥深い意味を表す接頭辞。「深山みやま」

解字  形声。氵が形を表し、罙しんが音を示す。氵は水。罙には奥深いという意味がある。深は、水が深いことである。

名前 とう 姓 深栖みすみ・深山みやま 地名 深川ふかがわ・深安ふかやす・深谷ふかや

（深衣）

【深愛】しんあい 深く愛する。非常にかわいがる。
【深衣】しんい 古代の礼服。祝いごとや喪もに用いたもの。
【深意】しんい 深い意味。深い考え。
【深淵】しんえん 深いふち。↕浅瀬あさせ
【深遠】しんえん 深くて遠い。物事の起こり・計画などが深くて容易に知りがたいこと。
【深奥】しんおう ①奥深い。②おくそこ。
【深恩】しんおん 深い恩。
【深穏（穩）】しんおん 奥深く、おだやか。気品があり、おちついている。
【深間】一しんかん 敵国のようすをさぐる者。スパイ。二ふかま 国①深い所。ふかみ。②男女の間の深い関係。
【深閑】しんかん ひっそりと静かなさま。＝森閑
【深鑑】しんかん 深くかんがみる。また、すぐれた見識。
【深仇】しんきゅう ①深いうらみ。②深いうらみのあるかたき。
【深宮】しんきゅう 宮中の奥深く。奥深くにある女官たちの御殿ごてん。
【深居】しんきょ 奥深くとじこもり、住む。
【深刑】しんけい きびしい刑罰。厳刑。
【深契】しんけい かたい契り。深交。
【深計】しんけい 深く計画すること。深く考えた計画。
【深恵（惠）】しんけい 深いめぐみ。厚い恩。
【深閨】しんけい ①家の奥にあるへや。②婦人のへや。深窓しんそう。
【深玄】しんげん 奥深い。幽玄。
【深交】しんこう 深い交際。
【深更】しんこう ふけた夜。よふけ。深夜。
【深厚】一しんこう ①山川。②深くあつい。③親切でなさけ深い。二シェンホウ shēnhòu 現二の②③に同じ。

【深巷】しんこう 町の中の奥まった通り。「狗吠深巷中いぬはほゆしんこうのうち」（犬が奥まった通りのほうでほえている。）〈陶潜とうせんの詩・帰二園田居一えんでんのきょにかえる〉
【深紅】しんこう こいくれない。まっか。
【深耕】しんこう 深くたがやす。
【深谷】しんこく 深い谷。深渓。深谿。
【深刻】一しんこく ①非常にむごたらしい。②身にしみて切実なこと。③深くきざみつけること。④国程度がはなはだしくて重大なこと。二シェンコー shēnkè 現二の②③④に同じ。
【深根】しんこん 深い木の根。「伐二深根一者難レ為レ功しんこんをきるものはこうをなしがたし」（深い木の根を切る者は、なかなかしあげられない。困難な事業は容易に完成しないこと。）〈曹冏そうけい・六代論りくだいろん〉
【深山】しんざん・みやま 奥深い山。遠く人里ひとざと離れた山。おくやま。
【──幽谷】しんざんゆうこく 奥深い山と人里ひとざと離れた静かな谷。
【──木】みやまぎ 国奥深い山にはえている木。
【深旨】しんし 深い意味や考え。
【深思】しんし 深く思う。深い考え。
【深識長慮】しんしきちょうりょ 深い知識を持ち、遠い将来まで考えめぐらすこと。
【深室】しんしつ ①家の奥のへや。②囚人しゅうじんを入れておくへや。
【深謝】しんしゃ ①深く礼をいう。②ていねいにわびる。
【深樹】しんじゅ 深くおいしげった木々。
【深秀】しんしゅう 非常にすばらしい。特にすぐれている。
【深愁】しんしゅう 心の底からうれえる。深いうれい。
【深情】一しんじょう ①まごころ。誠意。②相手を深く思う心。二ふかなさけ 国異性を深く思う感情。
【深深】一しんしん ①静かでかすかなさま。②奥深く薄ぐらいさま。③夜のふけるさま。④寒さが身にしみるさま。二ぶかぶか 国たいそう深いさま。すっぽりかぶるさま。
【深蓁】しんしん 深い木のしげみ。しげみの奥。
【深甚】しんじん 非常に深いこと。甚深。
【深邃】しんすい 地が奥深いこと。また、学問が奥深いこと。
【深省】しんせい ①しっかり悟る。②深く反省する。
【深切】しんせつ ①非常にぴったりしていること。②非常にていねいなこと。③人情にあついこと。親切。
【深浅（淺）】しんせん ①深いことと浅いこと。②深さ。③物の高さ、濃こさ、よしあしなどの程度。
【深阻】しんそ 山が深く、けわしい。
【深窓】しんそう ①家の奥深い所にあるまど。②奥のへや。「深閨しんけい」

【深造】しんぞう 奥深いところまで到達する。特に、学問の研究が進んだことにいう。深到。
【深蔵（藏）】しんぞう ①奥にしまいこむ。②姿をかくす。
【深長】しんちょう ①奥深く遠い。②事がらが複雑でこみいっている。「意味深長」
【深重】しんちょう ①山がいくえにも重なるさま。②罰の程度が重くて深いさま。③慎重に。よくよく。
【深沈】しんちん ①考えが深く、よく行きとどいていること。②心が落ち着いて、物に動じないこと。③ものものしく、しめやかなこと。④物事に深くうちこむこと。没頭。⑤国夜がふけて、もの静かなこと。
【深痛】しんつう 深く心をいためる。非常に悲しむこと。
【深轍】しんてつ 深い車輪のあと。
【深殿】しんでん 奥深い宮殿。
【深洞】しんどう 深いほらあな。
【深秘（祕）】しんぴ 奥深くかくれて知りがたいこと。
【深矉蹙頞】しんぴんしゅくあつ 顔をしかめて憂える。〈荘子そうじ・至楽しらく〉
【深謀】しんぼう 深く計画すること。深いはかりごと。
【──遠慮】しんぼうえんりょ 深い計画。深く考え、将来まで気をくばること。
【深墨】しんぼく まっくろ。顔がやつれて黒ずんでいるさま。悲しみに沈んだ顔色。
【深妙】しんみょう 奥深く微妙なこと。
【深夜】しんや よふけ。深更。↕早朝
【深憂】しんゆう 深いしんぱい。
【深窈】しんよう 奥深く静かである。
【深慮】しんりょ 深く考えめぐらすこと。先の先まで考えてあるはかりごと。「深慮遠謀えんぼう」↕浅慮
【深緑（綠）】しんりょく こいみどり色。ふかみどり。↕浅緑
【深林】しんりん 奥深い林。

氵8 水8 【清】〔11〕 学4 セイ・ショウ きよい・きよまる・きよめる J3222 U6E05 補

旧字 水8 【淸】〔11〕 補J U6DF8

一セイ漢 ショウ（シャウ）呉 一平 庚 qīng
二シン唐 二平 庚 qīng チン

筆順
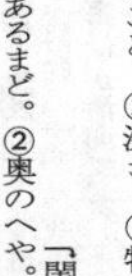

意味 一①〈きよ・い（──・し）〉㋐水がすきとおっている。↕

心(忄・⺗)戈戸(戶)手(扌)支攴(攵) 4画 文斗斤方无(旡・旡)日曰月(⺝)木欠止歹殳毋比毛氏气水(氵・氺)火(灬)爪(爫・⺥)父爻爿片牙(牙)牛(牜)犬(犭)

濁 ㋑くもりがない。きよらか。㋒さわやか。②〈きよ・める(——・む)〉〈きよま・る〉㋐きよくする。㋑きちんとかたづける。③すます。にごりをとりのぞく。④まじりけがなくすんだ。⑤すずしい。ひややか。⑥目もとが美しい。⑦すんだ酒。㊁王朝の名。満州族のヌルハチが明を破って建てた国。宣統帝の三年に辛亥革命が起こって滅びた。十二代、二百九十七年。(一六一六〜一九一二)

解字 清 形声。氵が形を表し、青が音を示す。氵は水。青には、あおくすみきっている意味がある。清は、水が澄んできよらかなこと。

名前 すが・すみ・すむ 姓 清湍 地名 清水・清瀬

難読 清水(付表)／清清しい

参考 「清」は別字。

【清元】きよもと 国浄瑠璃の一つ。清元節の略称。浄瑠璃の中でも歌曲的で、高音ときびしいふしまわしを特色とする。

【清夷】せいい 清く平安に治まること。

【清渭】せいい(ゐ) 清らかな渭水の流れ。「清渭東流剣閣深」(清らかな渭水は東に向かって流れ、剣閣の山々は、深々とたたずんでいる。)〈杜甫の詩・哀江頭〉

【清逸(逸)】せいいつ 清らかですぐれている。

【清陰】せいいん 涼しい木かげ。転じて、恩恵のこと。＝清蔭

【清韻】せいいん(ゐん) 清らかなひびき。

【清栄(榮)】せいえい(ゑい) ①清らかに栄えること。②国手紙で、相手の健在・繁栄などを喜ぶときに使う語。

【清影】せいえい 清らかな光。月光。

【清越】せいえつ(ゑつ) 音色が澄んで調子が高い。

【清怨】せいえん(ゑん) すっきりとした、もの悲しさ。

【清婉】せいえん(ゑん) 清らかでやさしい。清らかでなまめかしい。

【清音】せいおん ①清らかな音声。②声帯の振動を伴わない音。無声音。↔濁音

【清化】せいか(くわ) 清らかな教化。天子の徳をたたえる語。

【清河】せいか 漢代の郡の名。今の河北省清河県付近に当たる。

【清華(華)】㊀せいか(くわ) 清らかではなやかなこと。㊁せいが(ぐわ) 国昔、摂家のつぎ、大臣家の上に位置した家がら。

【清介】せいかい 心が清らかで公正で、自分の考えをしっかり持っていること。

【清歌妙舞】せいかみょう(めう)ぶ 清らかに歌い、美しく舞う。「清歌妙舞落花前」(落花を前にして清らかに歌い、美しく舞う。)〈劉廷芝の詩・代悲白頭翁〉

【清官】せいかん(くゎん) ①身分が高く、実務の少ない官。清班。②行いの清らかな官吏。↔汚吏・貪吏

【清寒】せいかん ①すがすがしい寒さ。②行いが清潔で、貧しさに安んじている。清貧。

【清閑】せいかん ①清らかで、ゆったりしていること。俗っぽい仕事がなく、静かなこと。②国手紙などで、いそがしい仕事を持たない相手に対していう語。

【清漢】せいかん 天の川をいう。銀河。天漢。河漢。

【清鑑】せいかん ①明らかに見分けること。その鑑識。②国手紙で、相手の見ることに対する敬語。

【清貴】せいき 清らかで高貴な地位。

【清輝】せいき 日月などの清らかな輝き。＝清暉

【清機】せいき 清らかな心の発動。悟りを得る機縁。

【清議】せいぎ 清らかで立派な議論。

【清客】せいきゃく｜せいかく ①世俗的な欲のない人。②風流な人。③梅の別称。

【清興】せいきょう 清らかな楽しみ。上品な楽しみ。

【清穹】せいきゅう(きう) すがすがしく澄んだ空。

【清虚(虛)】せいきょ 心が清らかで欲がない。

【清狂】せいきょう(きゃう) ①狂人ではないが、狂人じみた人。②世俗の価値にとらわれない奔放な人。

【清苦】せいく 清廉で苦しい生活をする。

【清迥】せいけい 遠くまで、すみわたること。

【清渓(溪)】せいけい ①清らかな谷川の水。②唐代の県名。今の四川省内江市の東北にあった。

【清潔】せいけつ ①清らかでいさぎよい。②きれいでよごれがない。↔不潔

【清倹(儉)】せいけん 清らかでつましい。

【清光】せいこう(くゎう) 清らかに輝く月の光。「猶恐清光不同見」(だが、この清らかに輝く月の光も、[そちらでは]こちらと同じようには見えないのではないかと心配している。)〈白居易の詩・八月十五日夜、禁中独直、対月憶元九〉

【清香】せいこう(かう) 清らかなかおり。

【清斎(齋)】せいさい ①祭祀の前などに身を清める。ものいみする。②清らかな部屋。

【清削】せいさく すっきりと、やせる。

【清時】せいじ 政治の正しい時代。平和な時代。太平の世。

【清室】㊀せいしつ ①清らかですずしいへや。②へやをきれいにする。㊁しんしつ 清朝の帝室。

【清酒】せいしゅ ①清らかな酒。②国よくすんだ日本酒。↔濁酒

【清秀】せいしゅう(しう) 顔かたちが清らかで美しい。「眉目清秀」

【清秋】せいしゅう(しう) ①空がすきとおっている秋。②陰暦八月をさす。

【清粛(肅)】せいしゅく ①清らかで静かに治まること。②公正で明らか。③清らかでおごそか。

【清純】せいじゅん 清らかで汚れがない。純潔。

【清醇】せいじゅん 清らかでまじりけがない。また、その酒。

【清商】せいしょう(しゃう) ①澄んで哀調を帯びた、商調の音。商は五音(宮・商・角・徴・羽)の中でもっとも清らかな音色なのでいう。②秋の清らかで涼しい風。

【清唱】せいしょう(しゃう) ①清らかな声で歌う。きれいなうた声。②鳴り物のはいらない歌。

【清湘】せいしょう(しゃう) 清らかな湘江(湖南省にある川の名)の水。

【清浄(淨)】㊀せいじょう(じゃう) ①清らかでよごれがない。②悪い心や私心がない。㊁しょうじょう(しゃうじゃう) 仏悪い行いを離れ、なやみを去ること。「六根清浄」【——寂滅】しょうじょう(しゃうじゃう)じゃくめつ 清浄無為を説く老子の道と、寂滅為楽を重んじる仏教。

【清真(眞)】せいしん 清らかで飾りのないこと。【——教】せいしんきょう(けう) イスラム教。回教。

【清晨】せいしん すがすがしい明けがた。早朝。清旦。

【清慎(愼)】せいしん 行いが清潔でつつしみ深い。

【清新】せいしん 清らかで新しい。

【清塵】せいじん(ぢん) ①ちりをはらってきれいにすること。②りっぱな遺風。すぐれた業績のあと。③御前。天子の道さき。「犯属車之清塵」(天子の車の前に出てくる。)〈漢書・司馬相如伝〉

【清世】せいせい 泰平の世。

【清声(聲)】せいせい ①清らかな声。すんだ音色。②美しいほまれ。

【清静(靜)】せいせい ①天気が晴れておだやか。②清らかで、じっとしている。無欲で静か。「清静寂滅」(老荘思想と仏教思想のこと。)〈韓愈・原道〉

【清切】せいせつ ①非常に清らかなこと。②音声がするどくきびしい。③地位や職務が高貴なこと。

【清雪】せいせつ 汚れを清めすすぐ。

【清節(節)】せいせつ 清らかなみさお。清らかな志。

【清絶】せいぜつ すぐれて清い。比べるもののないほど清い。

【清素】せいそ 清らかで質素なこと。

【清楚】(せいそ) ㊀①きれいでさっぱりしている。②はっきりと明らか。㊁(チンチュ) qīngchu 現㊀に同じ。

【清操】(せいそう(さう)) 清いみさお。清節。

【清濁】(せいだく) ①すんでいることと、にごっていること。②善悪。また、優劣、治乱など。③清音と濁音。

【清淡】(せいたん) 清らかでさっぱりしている。

【清談】(せいだん) ①世俗を離れた高尚な談論。②老荘思想にもとづき、世俗を離れ、清浄無為の談論をしたこと。魏・晋のころ流行し、竹林の七賢が特に有名。

【清重】(せいちょう) 行いが清潔で、人がらが重々しい。

【清朝】㊀(せいちょう(てう)) りっぱな朝廷。時の朝廷をほめたたえた語。㊁(しんちょう(てう)) 王朝の名(一六一六～一九一二)。都は北京。

【――活字】(しんちょう(てう)かつ(くわつ)じ・せいちょう(てう)かつ(くわつ)じ) 漢字の活字体の一種。毛筆で書いた楷書体のもの。たとえば、**清・朝・体**。清朝体。↔明朝活字
【清澄】(せいちょう) 清らかにすみきっていること。

【清聴(聽)】(せいちょう(ちゃう)) ①清らかによく聞こえること。②他人の聞くことに対する敬語。

【清貞】(せいてい) 心が清らかで正しい。

【清涕】(せいてい) つめたいなみだ。

【清適】(せいてき) ①さっぱりとして気持ちがいい。②手紙などで相手の無事・健康に対する敬語。

【清徹】(せいてつ) ①清くすんでいる。②心が清く明るい。③明らかに見とおすこと。＝清澈
【清寧】(せいねい) やすらか。天下がやすらかに治まる。

【清白】(せいはく) ①けがれなく、清らかなこと。清廉潔白なこと。②清代、家柄・職業のいやしくないものをいう。

【清発(發)】(せいはつ) 清らかでりこう。ひらめきがある。

【清泌】(せいひ) 清らかに流れる。その流れ。

【清謐】(せいひつ) 清らかで静か。

【清蹕】(せいひつ) 先ばらいする。天子の行幸の際に道を清めること。

【清標】(せいひょう(へう)) 上品な風采。けだかい風貌。

【清廟】(せいびょう(べう)) ①祖先をまつるみたまや。②「詩経(しきょう)」周頌の篇名。

【清貧】(せいひん) 心や行いが清らかで、貧しさに安んじていること。

【清風】(せいふう) ①すがすがしい風。②清らかな風格。

【清福】(せいふく) 清らかな幸福。手紙などで、相手の幸福に対する敬語。

【清芬】(せいふん) 清らかなかおり。転じて、行いや作品がすぐれていることのたとえ。


【清平】(せいへい) ①清らかで公平なこと。②静かで平安に治まること。【――調】(せいへいちょう(てう)) ①楽府題の名。李白が天子の命によって作った。②雑劇の名。清の尤侗の作。李白の清平調を題材としたもの。

【清望】(せいぼう(ばう)) 人物が高潔であるという評判。

【清穆】(せいぼく) ①清らかでやわらぐこと。②手紙で、相手の健在・幸福をいう語。

【清明】(せいめい) ①清らかで明るい。②世の中が平和に治まること。③心がくもりなく清く明るいこと。④二十四気の一つ。清明節。陰暦三月の祭日。春分後十五日め。陽暦四月五、六日ごろ。「清明時節雨紛紛」(清明のよい時節で、郊外を歩くのにもっともよいころであるのに、あいにく雨が乱れ降っている。)〈杜牧の詩・清明〉

【清門】(せいもん) りっぱな家がら。名門。

【清夜】(せいや) すがすがしくて静かな夜。清宵。

【清野】(せいや) ①清らかな野。②野を清めること。㋐天子の行幸などのために、野を清くすること。㋑敵を防ぐため、人家や耕作物などをとり除くこと。

【清約】(せいやく) 人がらが清らかでつづまやかなこと。

【清幽】(せいゆう(いう)) 世俗を離れた清らかで静かな所。

【清遊】(せいゆう(いう)) 世間を離れて清らかな遊びをする。風流な遊び。＝清游
【清要】(せいよう(えう)) ①すっきりとして要領を得ている。②重要な職務。③高貴な官位。

【清覧(覽)】(せいらん) 清らかなながめ。相手の見ることに対する敬語。高覧。

【清流】(せいりゅう(りう)) ①清らかな流れ。↔濁流 ②心や行いの清らかな人。

【清亮】(せいりょう(りゃう)) 人格、性格などが清らかで明るい。

【清涼】(せいりょう(りゃう)) ①清らかですずしい。澄んでいてつめたい。②漢代の宮殿の名。③国平安京の紫宸殿の西北にあった宮殿。

【清羸】(せいるい) 清らかに、やせているさま。

【清冷】(せいれい) 水が清くつめたいこと。

【清冽】(せいれつ) ①水がすんで、つめたい。②さっぱりしている。③音が清らかで胸に迫る。

【清烈】(せいれつ) 行いがすぐれて清潔である。また、すぐれた行い、業績。

【清廉】(せいれん) 心が清らかで、物事のすじめをはっきりさせること。

【――潔白】(せいれんけっぱく) 生活の態度が清らかで、不正のないこと。

【清漣】(せいれん) 清らかなさざなみ。清漪。


【清朗】(せいろう(らう)) 清らかで、からりとしているさま。

【清和】(せいわ) ①清らかでやわらぐこと。②世の中がよく治まること。③陰暦四月。また四月一日の別称。④国清和天皇。第五十六代の天皇。

【清話】(せいわ) 清らかな話。俗世を離れた高雅な話。
◆血清・粛清

水8 【淒】〔11〕 セイ 漢 平 斉 qī チー　J 6239 補 U 6DD2
意味 ①雲がわきたつ。②〈すご・い(――・し)〉〈すさまじ・い(すさま・じ)〉ぞっとするほどさびしい。＝凄 ③さむい。＝凄 ④いたましい。＝悽 国〈すご・い(――・し)〉〈すさまじ・い(すさま・じ)〉ものすごい。おそろしく。

【淒異】(せいい) 特別にすごい。ひどくものさびしい。

【淒艶(艷)】(せいえん) ものすごくあでやかで美しい。

【淒淒】(せいせい) 「凄凄」(一四七㌻・下)に同じ。

【淒絶】(せいぜつ) 非常にものすごいさま。ぞっとするようなものすごさ。淒切。

【淒然】(せいぜん) ①すずしいさま。②ものさびしいさま。③さびしく痛ましいさま。

【淒楚】(せいそ) 「凄楚」(一四七㌻・下)に同じ。

【淒涼】(せいりょう(りゃう)) ぞっとするようなさびしさ。

【淒寥】(せいりょう(れう)) 「凄寥」(一四七㌻・下)に同じ。

水8 【淛】〔11〕 セイ 漢 去 霽 zhì チー　J ①8684 補 3959 U 6DDB
意味 淛水は、「浙江」(七二二㌻・下)の古い呼び名。

水8 【淅】〔11〕 セキ 漢 入 錫 xī シー　J 6240 補 U 6DC5
意味 ①川の名。河南省盧氏県から流れでる。②米をとぐ。また、洗った米。③淅淅は、風雨や鈴の音。
参考「浙」は別字。
【淅瀝】(せきれき) ①雨や風などのさらさらという音。②ものさびしいさま。

水8 【淙】〔11〕 ソウ 漢 平 冬 cóng ツォン　J 6242 補 U 6DD9
意味 ①水の流れる音。「淙淙」②流れる水。滝。
【淙潺】(そうせん) 水のさらさら流れる音。
【淙琤】(そうそう(さう)) 水の流れる音。玉を鳴らすような流れの音。

水8 【涿】〔11〕 タク 漢 入 覚 zhuō チュオ　J ①8680 補 3952 U 6DBF

意味 ①川の名。河北省にある。②県名。河北省にある。③流れしたたる。④たたく。
【涿鹿】たくろく 地名。今の河北省涿鹿県の南。黄帝が蚩尤しゆうと戦い、破ったと伝えられる地。

氵8 【淡】〔11〕 常 タン あわい
一タン 漢 一 上 感 dàn タン
二エン 漢 二 上 琰 yǎn イエン
J 3524 補 — U 6DE1

筆順 氵 氵 氵 氵 淡 淡 淡 淡

意味 一 ①〈あわ・い(あは・し)〉うすい。↕濃 ㋐味がうすい。㋑色がうすい。㋒あっさりしている。㋓つまらない。②塩味のうすい料理。二 淡淡えんえんは、①満々と水をたたえるさま。②ただようさま。③見えかくれする。

解字 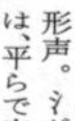 形声。氵が形を表し、炎えんが音を示す。氵は水。炎には、平らで安らかな気持ちがある。淡は、味がうすく、しつこくない液体をいう。音タンは、炎の音エンの変化。

名前 あう・あわじ 姓 淡輪たんのわ 地名 淡路あわじ 難読 淡竹はちく

【淡海三船】おうみ(あふみ)のみふね 人名。奈良時代の漢学者で、特に詩にすぐれていた。三船は御船とも書く。(七二三～七八五)
【淡靄】たんあい うっすらかかったもや。
【淡煙】たんえん 「淡靄たんあい」に同じ。＝淡烟
【淡雅】たんが 人がらがあっさりしていて上品なこと。
【淡久】たんきゅう(きう) 色はうすいが、長続きする花。淡泊で永続性のあるもの。「濃天不レ及二淡久一のうようはたんきゅうにおよばず」(濃厚であっても寿命じゅみょうの短いものは、淡泊で永続性のあるものにかなわない。)〈菜根譚さいこんたん〉
【淡交】たんこう(かう) あっさりしたつきあい。さらっとした交際。君子(りっぱな人物)のまじわりをいう。
【淡彩】たんさい うすい色どり。「淡彩画」
【淡粧】たんしょう(しゃう) あっさりとした化粧けしょう。うすげしょう。「淡粧濃抹たんしょうのうまつ」一たんそう(さう)のうまつ」(薄化粧と、厚化粧。)〈蘇軾そしょくの詩・飲二湖上一こじょうにいんす〉
【淡水】たんすい 塩けをふくまない水。まみず。↕鹹水かんすい
【淡然】たんぜん あっさりして欲のないさま。淡爾。淡如。
【淡淡】たんたん あっさりとしているさま。こだわりのないさま。無欲なさま。
【淡泊】たんぱく ①味や色があっさりしている。②気だてがさっぱりしている。欲がない。
◆冷淡れいたん・恬淡てんたん・枯淡こたん・濃淡のうたん

氵8 【添】〔11〕 常 テン そえる・そう
旧字 水8 【添】〔11〕
テン 漢 呉 平 塩 tiān ティエン
J 3726 補 — U 6DFB

筆順 氵 氵 汇 沃 添 添 添 添

水4 【忝】〔9〕 同字 J ②7830 補 3879 U 6C97
水8 【㳷】〔11〕 俗字 J ②7863 補 — U 23DF9

意味 ①〈そ・える(―・ふ)〉つけ加える。「添付」②そえもの。おかず。国〈そ・う(―・ふ)〉①つきそう。②よりそう。③つれそう。夫婦になる。④かなう。あう。適応する。

解字 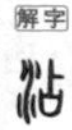 形声。氵が形を表し、忝てんが音を示す。氵は水。忝には、満ちるとか、しみをつけるという意味がある。添は、水がたくさんあること、また水分でうるおうことを表し、そえる意味になる。古い形では沾。

名前 そえ 姓 添そお 地名 添上そえかみ

【添加】てんか つけ加える。つけたす。加添。
【添削】てんさく 詩や文の字句を書きたしたり削ったりして直す。
【添書】一てんしょ 国①人をよそに行かせたり、物を送ったりなどするとき、そのわけを書きそえてやる手紙。②人を紹介するとき、本人に持たせてやる紹介状。二そえがき(そへ) 国①文書に書きそえてしるす文句。また、書きそえること。②書画にそえて、その由来ゆらいなどを書きしるした文書。また、書きそえること。追って書き。
【添丁】てんてい 男子を生む。丁は壮丁そうてい。
【添付】てんぷ そえ加える。さらにつけたす。＝添附
◆介添かいぞえ・巻添まきぞえ

氵8 【淀】〔11〕 人 標 テン 漢 去 霰 diàn ティエン
J 4568 補 — U 6DC0

意味 ①〈よど・む〉流れる水がたまって、よく流れないこと。また、その所。＝澱でん ②〈よど〉よどみ。浅いみずうみ。国〈よど・む〉すらすらと進まない。ためらう。とまる。

参考 「澱でん」に通用する。淀は「澱」(七五七ジペー・中)の中国新字体としても使う。

水8 【淟】〔11〕 テン 漢 上 銑 tiǎn ティエン
J ②7874 補 3961 U 6DDF

意味 ①けがれる。にごる。②卑劣なさま。
【淟涊】てんでん ①けがれたさま。にごったさま。②卑劣なさま。

水8 【淰】〔11〕 一デン 漢 ネン 呉 一 上 琰 niǎn ニエン 二シン 漢 呉 二 上 寝 shěn シェン
J — 補 3967 U 6DF0

意味 一 ①にごる。②水の流れるさま。二 魚が驚いて逃げる。③軟弱・臆病なさま。④蒸し暑いさま。

水8 【涷】〔11〕 トウ 漢 平 東 dōng トン
J — 補 3949 U 6DB7

意味 ①涷雨とううは、にわか雨。②涷滝とうろうは、しめって活気のないさま。③川の名。山西省内を流れる。

参考 「凍」は別字。

氵8 【淘】〔11〕 標 トウ 漢 (タウ) 平 豪 táo タオ
J 3781 補 — U 6DD8

意味 〈よな・げる(――・ぐ)〉①米を水ですすいで洗う。②米のように細かい物を容器に入れ、水をそそぎ、ゆり動かして、よどませ、よいものと悪いものにより分ける。③善を取り、悪を捨てる。

【淘金】とうきん(たう) 水で砂金をより分けること。
【淘汰】とうた(たう) ①洗い清める。②より分ける。③悪いものをのぞき、よいものをとる。④生存競争により、すぐれたものが残り、おとったものがほろびてゆく現象。「自然淘汰」

水8 【淂】〔11〕 トク 漢 呉 入 職 dé トー
J ②7868 補 — U 6DC2

意味 ①川の名。②水のさま。③＝得(四六一ジペー・下)

水8 【淝】〔11〕 ヒ 漢 平 微 féi フェイ
J ①8685 補 3960 U 6DDD

意味 川の名。淝水。安徽あんき省肥西県西北から流れでて、淮水わいすいにそそぐ。晋の謝玄が苻堅ふけんの率いる前秦軍を破った地。

水8 【渒】〔11〕 ヒ 漢 去 寘 pì ピー
J — 補 3962 U 6DE0

意味 ①川の名。渒水。河南かなん省新県から流れでて、淮水わいすいにそそぐ。白露河。白鷺河。②船の行くさま。

水8 【淠】〔11〕 ヒ 漢 平 微 féi フェイ
J — 補 3972 U 6E04

意味 川の名。湘水しょうすいの支流。

水8 【淼】〔12〕 ビョウ 漢 (ベウ) 上 篠 miǎo ミアオ
J ①8686 補 3970 U 6DFC

意味 大水の限りなく広いさま。

【淼茫】(びょうぼう(べうばう)) 水の広々として、はてしないさま。淼漫(びょうまん)。

水8【涪】〔11〕 フウ 漢 平 尤 fú フー　U補J ①8678 3946 6DAA
意味 川の名。涪水(ふうすい)。四川(しせん)省にある。

水8【洴】〔11〕 一 ヘイ 漢 一 平 青 píng ピン 二 ホウ(ハウ) 漢 二 平 庚 pēng ポン　U補J ②7869 6D34
意味 ＝洴

水6【洴】〔9〕 俗字　U補J
意味 一 綿を水でさらして白くする。また、その音。二 水

【洴澼】(へいへき) 綿を水にさらし、たたいて洗う。また、その音。や太鼓の音。＝泙・澎

水8【淎】〔11〕 ホウ 漢 上 腫 pěng ポン　U補J ②7871 3956 6DCE
意味 川の名。

水8【渀】〔11〕 一 ホン 漢 一 去 願 bèn ペン 二 ホン 漢 二 平 元 bēn ペン　U補J 3971 6E00
意味 一 ①水に飛びこむさま。②しぶきをあげる。二 ①川の名。②＝奔(三三〇ページ・中)

水8【淢】〔11〕 一 ヨク 漢 一 入 職 yù ユィ 二 キョク 漢 二 入 職 xù シュイ　U補J 3963 6DE2
意味 一 水が早く流れるさま。二 みぞ。城のまわりのほり。＝洫(きょく)

水8【淶】〔11〕 ライ 漢 平 灰 lái ライ　U補J ②7876 3969 6DF6
意味 ①淶水(らいすい)は、川の名。河北(かほく)省淶源(らいげん)県から流れでる。②淶源(らいげん)は、河北省の県の名。

水8【淕】〔11〕 リク 漢 入 屋 ロク 呉 lù ルー　U補J 6244 6DD5
意味 みぞれをいう。

氵8【涼】〔11〕 常 リョウ すずしい・すずむ　一 リョウ(リャウ) 漢 呉 一 平 陽 liáng リアン 二 リョウ(リャウ) 漢 呉 二 去 漾 liàng リアン　U補J 4635 6DBC

筆順
氵
氵
氵
汁
泞
浯
涥
涼

冫8【凉】〔10〕 人　U補J 4958 51C9

意味 一 ①〈すずし・い(すず・し)〉うすらさむい。すがすがしい。②うすい。思いやりにかける。③かなしむ。④さびしい。「荒涼」二 ①〈たす・ける(――・く)〉補佐(ほさ)する。＝亮 ②〈まこと〉まことに。まったく。＝諒 ③さめる。さます。ひやす。国 ①〈すずし・い(すず・し)〉きよらかな感じを与える。②〈すず・む〉暑さしのぎに風にあたる。

解字  形声。氵が形を表し、京(きゃう)が音を示す。氵は水。京には明るく清らかな気持ちがある。涼は水の明るくすがすがしい状態で、うすらさむい、すずしいことを表す。音リャウは、京の音キャウの変化。

名前 すけ

【涼意】(りょうい(りゃうい)) すずしいおもむき。すずしさ。

【涼陰】(りょういん(りゃういん)) ①すずしい気。陰気。②すずしいこかげ。③喪(も)に服すること。

【涼月】(りょうげつ(りゃうげつ)) ①ひややかな感じの月。秋の夜の月。②陰暦七月の別名。

【涼州】(りょうしゅう(りゃうしう)) 州の名。漢代に今の甘粛(かんしゅく)省清水(せいすい)県に置かれ、魏の時武威市に置かれた。五胡十六国時代の前涼、後涼、南涼、北涼、西涼はこの地に拠った。清代には涼州府となった。【――詞】(りょうしゅうし(りゃうしうし)) 楽府(がふ)の一つ。唐の玄宗の開元年間に西方から伝えられた歌曲に合わせて作った歌詞。唐詩には同題の作品が多い。

【涼秋】(りょうしゅう(りゃうしう)) すずしい秋。ものさびしい秋。

【涼亭】(りょうてい(りゃうてい)) すずむためのあずまや。

【涼天】(りょうてん(りゃうてん)) 秋のすずしい空。冷たく澄んだ空。

【涼徳】(りょうとく(りゃうとく)) 薄い人徳。徳が少ないこと。

【涼風】(りょうふう(りゃうふう)) ①すずしい風。すず風。②秋風。

【涼涼】(りょうりょう(りゃうりゃう)) ①親しみのないさま。②寒々しいさま。

【涼快】(リアンコワイ) liángkuai 現 すずしい。
◇荒涼(こうりょう)・凄涼(せいりょう)・納涼(のうりょう)・清涼(せいりょう)

水8【淩】〔11〕 リョウ 漢 平 蒸 líng リン　U補J ②7875 3965 6DE9
意味 ①〈しの・ぐ〉＝凌 ㋐のぼる。㋑こえる。㋒あなどる。②乗る。③かける。速くゆく。

水8【淥】〔11〕 リョク 漢 入 沃 ロク 呉 lù ルー　U補J 3964 6DE5
意味 ①〈こ・す〉布などでこす。＝漉(ろく) ②水の澄んださま。清らか。③よい酒。＝醁
【淥潭】(りょくたん) 清らかに澄んで、水の深くよどんでいるところ。清らかな水のふち。

氵8【淋】〔11〕 人 標 リン 漢 平 侵 lín リン　U補J 4652 6DCB
意味 ①〈そそ・ぐ〉水をかける。②水がしたたるさま。「淋淋」③長雨(ながあめ)。＝霖(りん) ④病気の名。淋病。＝痳(りん) 国〈さびし・い(さび・し)〉
【淋雨】(りんう) ながあめ。＝霖雨
【淋巴】(リンパ) 医 lymph の訳語。高等動物の組織のすきまを満たす体液。【――節(節)】(リンパせつ) 医 淋巴管系の合流している所にある豆つぶぐらいの器官。淋巴に新しい細胞(さいぼう)を与え、病原菌(びょうげんきん)をここでせきとめる作用をする。淋巴腺(せん)。
【淋漓】(りんり) ①汗や血などがしたたり落ちるさま。②勢いのよいさま。「墨痕淋漓」
【淋浪】(りんろう(らう)) ①水のしたたり流れるさま。②物や音が入り乱れるさま。

水8【淪】〔11〕 一 リン 漢 呉 一 平 真 lún ルン 二 ロン 漢 呉 二 上 阮 lǔn ルン　U補J 6245 6DEA
意味 一 ①小さい波。②〈しず・む(しづ・む)〉おちこむ。③おとろえる。④ほろびる。二 混淪(こんろん)は、水がうずまき流れるさま。

【淪猗】(りんい) さざなみが立つ。猗は助詞。〈詩経(しきょう)・伐檀(ばつだん)〉

【淪棄】(りんき) 世間に知られずに棄てておかれる。

【淪降】(りんこう(かう)) 沈み下る。

【淪喪】(りんそう(さう)) ほろびる。ほろぼす。滅亡。

【淪暮】(りんぼ) 落ちぶれて老いる。

【淪没】(りんぼつ) 沈む。衰えほろびる。

【淪滅】(りんめつ) ほろびる。ほろぼす。滅亡。消滅。

【淪落】(りんらく) 沈む。衰えほろびる。おちぶれる。

水8【涹】〔11〕 ワ 漢 平 歌 wō ウオ　U補J 3950 6DB9
意味 ①にごる。②ひたす。③たまった水。④山の名。

水8【淮】〔11〕 カイ(クワイ) 漢 平 佳 エ(ヱ) 呉 ワイ 慣 huái ホワイ　U補J 6246 6DEE
意味 川の名。江(こう)・河(か)・済(せい)と合わせ四瀆(しとく)の一つ。河南(かなん)省から安徽(あんき)省・江蘇(こうそ)省をへて長江にそそぐ。淮水。淮河(わいが)。
参考 「淮(じゅん)」は別字。
【淮陰】(わいいん) 地名。今の江蘇(こうそ)省淮安市淮陰区。前漢の韓信(かんしん)が封じられた地。
【淮南子】(えなんじ(ゑなんじ)) 書名。二十一巻。淮南王(わいなんおう)劉安(りゅうあん)が多くの学者に命じて、各自の説を記録させたもの。もと「淮南鴻烈(こうれつ)」といった。
【淮陰侯】(わいいんこう) 漢の高祖(劉邦)の功臣、韓信(かんしん)をさす。淮陰は秦代に置かれた県名、今の江蘇(こう)省淮安市淮陰区で、韓

心(忄・⺗)戈戸(戸)手(扌)支攴(攵)
4画
文斗斤方无(旡・旡)日曰月(月)木欠止歹殳毋比毛氏气水(氵・氺)火(灬)爪(爫・爫)父爻爿片牙(牙)牛(牜)犬(犭)

信はここに封ぜられた。

水 8 【浸】〔11〕 国字 意味 〈そう〉〈そぶ〉 姓名に用いる。 U補J ②7862 23DFA

水 8 【洏】〔11〕 国字 意味 〈なぎ〉 波がおだやかになること。 姓 音洏 地名 野洏 U補J ②7864 23DD3

水 8 【渕】〔11〕 俗 ↓淵(本ジ・中)

水 8 【淵】〔11〕 俗 ↓淵(本ジ・中)

氵 8 【浄】〔11〕 旧 ↓浄(七一八ジ・上)

水 8 【滲】〔11〕 俗 ↓滲(七四九ジ・下)

水 8 【淺】〔11〕 旧 ↓浅(七一八ジ・下)

水 8 【添】〔11〕 俗 ↓添(七三四ジ・中)

水 8 【涿】〔11〕 俗 ↓瀰(七六一ジ・下)

氵 8 【涙】〔11〕 旧 ↓涙(七二六ジ・中)

氵 8 〖梁〗↓木部七画(六四六ジ・中)

氵 9 【渥】〔12〕 人 アク 漢 入 覚 wò ウオ U補J 1615 6E25

意味 ①うるおす。また、うるおい。②〈あつ・い(――・し)〉濃い。手厚い。

解字 形声。氵が形を表し、屋が音を示す。屋はへやのとばりで、その奥ということから「てあつい」意味になる。渥は水がてあつくしみこむさま。

名前 ひく 姓 渥美

【渥恩】あつい恩恵。渥恵。

【渥厚】あついこと。ゆたかなこと。

【渥美】つややかで美しい。

◆優渥

水 9 【渭】〔12〕 イ 漢 去 未 (ヰ) wèi ウエイ U補J 6247 6E2D

意味 川の名。甘粛省渭源県から発し、陝西省をへて洛水と合わさり、黄河にそそぐ。渭水。

【渭城】秦の都、咸陽の別名。陝西省咸陽市の東にある。「渭城朝雨浥軽塵」(渭城の朝の雨が、しっとりと軽い砂ほこりをしめらせている。)〈王維の詩・送元二使安西〉

【渭浜器】大臣や将軍になれる才能、人物。周の太公望呂尚が渭水のほとりで釣りをしていたところ、文王に抜擢されて宰相にまでなった故事にちなむ。

【渭流】渭水の流れ。

水 9 【湋】〔12〕 イ 漢 平 微 (ヰ) wéi ウエイ U補J ②7886 39856E4B5

意味 ①川の名。陝西省から流れ出て、武水と合流して渭水にそそぐ。②うずまく。③ふち。

水 9 【湮】〔12〕 一 イン 漢 一 平 真 yīn イン 二 エン 漢 二 平 先 yān イエン U補J 6248 6E6E

意味 一①〈しず・む(しづ・む)〉うもれる。ほろびる。「埋湮」②〈ふさ・ぐ〉ふさがる。

【湮鬱】気がはれず、ふさぐ。気が重い。＝陰鬱・堙鬱

【湮没】沈み滅びる。あとかたなく消えてなくなる。

【湮滅】あとかたなく消えてなくなる。かくしてなくす。消滅。＝堙滅「証拠湮滅」

【湮厄】ふさがって苦しむ。湮阨。

【湮淪】おちぶれる。没落する。

水 9 【渶】〔12〕 エイ 漢 平 庚 ヨウ(ヤウ) 呉 yīng イン U補J ②7877 39776E36

意味 川の名。山東省にあった。

氵 9 【淵】〔12〕 人 標 エン 漢 呉 平 先 (ヱン) yuān ユワン U補J 4205 6DF5

口 4 【囦】〔7〕 古字 U補J 2289 56E6

水 8 【渕】〔11〕 俗字 U補J 6229 6E0A

水 8 【渆】〔11〕 俗字 U補J 6228 6E15

意味 ①〈ふち〉水を深くたたえている所。②物の多く集まる所。「淵藪」③〈ふか・い(――・し)〉「深淵」④静か。ひっそりした。「淵静」

名前 すえ・すけ・のぶ・ひろ・ふかし

参考 水部八画に数える場合もある。

【淵鑑類函】書名。四百五十巻。清の康熙帝の勅撰で成った。故事成語を集めて注釈する。

【淵淵】①深遠で静かなさま。②太鼓の音。

【淵雅】もの静かで落ち着いている。

【淵源】みなもと。はじめ。根源。

【淵乎】奥深いさま。

【淵潜(潛)】深くひそむ。

【淵然】①水が深くて静かなさま。②奥深いさま。

【淵藪】①淵と藪。魚や鳥の集まる所。②物事が寄り集まる所。＝淵叢

【淵博】見聞・知識が深く広いこと。

【淵黙】静かにおしだまっている。

水 9 【湲】〔12〕 エン 漢 平 元 (ヱン) yuán ユワン U補J 6251 6E72

意味 潺湲は、水の流れるさま。また、水の流れる音。

氵 9 【温】〔12〕 学 3 オン あたたか・あたたかい・あたたまる・あたためる U補J 1825 6E29

旧字 氵 10 【溫】〔13〕 人 U補J ①8692 6EAB

一 オン(ヲン) 漢 呉 一 平 元 wēn ウエン 二 ウン 漢 二 去 問 yùn ユン

筆順 氵 氵' 氵冂 氵日 氵日 氵昌 温 温

意味 一①〈あたたか〉〈あたたか・い(――・し)〉②〈あたた・める(――・む)〉〈あたたま・る〉㋐あたたかくする。㋑大事にする。③〈たず・ねる(たづ・ぬ)〉復習する。④おだやか。⑤熱病。「湿温」⑥温邑。周、春秋時代に蘇が都をおいた。今の河南省済源市。⑦県名。春秋時代、晋がおいた。今の河南省温県の西南。二〈つつ・む〉ふくむ。心ひろくつつむ。＝薀 国〈ぬく・い(――・し)〉ぬるい。

解字 形声。氵が形を表し、𥁕が音を示す。氵は水。𥁕には、気がこもる意味がある。溫は、水蒸気がこもってあたたかいことをいう。音ヲンは、𥁕の音ウンの変化。

名前 あつ・いろ・なが・はる・まさ・みつ・やす・よし・あつし・すなお・ただす・ならう・のどか・ゆたか 姓 温井・温義 地名 温泉

難読 温州・温明殿・温突

【温飩】食品の一種。うどん。＝饂飩

【温温】①やさしくておだやかなさま。②うるおいのあるさま。③気候が温暖なさま。

【温雅】おだやかで品位があること。やさしく奥ゆかしいこと。

【温顔】おだやかな顔。やさしい顔つき。

【温恭】おだやかでつつましい。

【温言】やさしいことば。温かいことば。

【温厚】おだやかで、誠意があること。【――篤実(實)】人がらがおだやかで誠意があり、しんせつなこと。

【温故知新】「ふるきをたずねて、あたらしきをしる」とも読み、すでに学んだことをよく研究してこそ、新しい道理

がわかるということ。〈論語・為政〉

【温藉】おん(をん)しゃ｜うんしゃ　おだやかでやさしいこと。度量がひろく、動作がしとやかなこと。

【温石】おん(をん)じゃく　国①蛇紋じゃもん石を焼いて布に包み、ふところに入れ、からだを暖めるもの。石の代わりに塩をかためて焼いたり、また瓦かわらなども用いる。②ぼろを着た人をあざけっていう語。温石をぼろに包むことにもとづく。

【温州】おん(をん)しゅう(しう)　唐代の州名。今の浙江省温州市のあたり。

【温習】おん(をん)しゅう(しふ)　すでに学んだことを、くりかえして習うこと。おさらい。復習。

【温柔】おん(をん)じゅう(じう)　①ものやわらかで、おとなしい。②あたたかで、やわらかい。【──郷(鄉)】おん(をん)じゅう(じう)きょう(きやう)　①寝室。②あそび場。いろざと。

【温順】おん(をん)じゅん　おだやかで素直。

【温潤】おん(をん)じゅん　温かくうるおいがあること。やさしいこと。

【温恕】おん(をん)じょ　心がおだやかで思いやりがある。

【温情】おん(をん)じょう(じやう)　やさしい心づかい。温かい気持ち。

【温色】おん(をん)しょく　①おだやかな顔つき。②すなお、あたたかい感じの色。赤・黄・橙だいなど。↔寒色・冷色

【温凊】おん(をん)せい　父母を、冬は暖かく夏はすずしく過ごさせること。親孝行。温凊定省ていせい。【──定省】おん(をん)せいていせい　父母に対して、冬は暖かく、夏はすずしく、夜は寝具をととのえ、朝は安否あんぴをうかがうこと。〈礼記らいき・曲礼きょく上〉

【温泉】おん(をん)せん　①地下からわき出る、わりあいに温度の高い鉱泉。いでゆ。②国温泉場の略称。

【温存】おん(をん)ぞん　①慰問する。②たいせつに保存しておく。

【温帯(帶)】おん(をん)たい　現地球表面の、熱帯と寒帯の間にある、気候の温和な地帯。赤道の南北二十三度半から六十六度半の間。

【温暖】[一]おん(をん)だん　気候が暖かなこと。＝温煖　[二]ウエンノワン wēn-nuǎn　現[一]に同じ。

【温庭筠】おん(をん)ていいん(ゐん)　人名。唐代の詩人。字あざなは飛卿ひけい。李商隠しょういんとともに温李と呼ばれた。

【温度】[一]おん(をん)ど　あたたかさの度合い。[二]ウエントゥー wēndù　現[一]に同じ。

【温突】オンドル　朝鮮半島や中国東北地区などで、床下ゆかしたに火気を通して室内をあたためる装置。

【温飽】おん(をん)ぽう(ばう)　暖かく衣服を着、じゅうぶんに食うこと。生活に不自由のないこと。

【温容】おん(をん)よう　おだやかな顔かたち。

【温良】おん(をん)りょう(りやう)　おとなしくて、すなおなこと。やさしくて善良なこと。

【温和】おん(をん)わ　①おだやかでやさしい。②気候が暖かくておだやかなこと。

【温蠖】おん(をん)わく　心がみだれ、ぼんやりするさま。

◆水温すい・平温へい・気温き・体温たい・低温てい・高温こう・検温けん・微温びおん・三寒四温さんかんしおん

氵9【渦】〔12〕常　うず　カ(クヮ) 漢 平歌 wō ウオ　J 1718　補 U 6E26

筆順　渦

意味 ①〈うず(うづ)〉うずまき。②うずまく。③えくぼ。酒渦しゅか。

解字 形声。氵が形を表し、咼かが音を示す。氵は水。咼は音が果かと通じて、まるい、という意味を含む。渦は水のうずまきである。うずまく。

【渦旋】か(くゎ)せん　うずまいてまわる。うずまく。

【渦中】か(くゎ)ちゅう(ちう)　①うずの中。②国紛争・もめごとの中。

【渦紋】か(くゎ)もん　うずまきの模様。

水9【渮】〔12〕　カ 漢 平歌 hé ホー　J 6249　補 U 6E2E

意味 ①川の名。渮水かすい。済水せいの支流で、山東省にあった。②渮沢たくは、湿地の名。山東省渮沢市定陶県にあった。

水9【湝】〔12〕　[一]カイ 漢 [一]平佳 jiē チエ　[二]カイ 漢 [二]平佳 xié シエ　J 3993　補 U 6E5D

意味 [一]水がさかんに流れるさま。[二]寒いさま。

水9【湏】〔12〕　カイ(クヮイ) 漢 呉 去隊 huì ホイ　J ②7888　補 U 6E4F

意味 顔を洗う。＝沬かい・靧かい

水9【渙】〔12〕　カン(クヮン) 漢 去翰 huàn ホワン　J 6250　補 U 6E19

意味 ①ちる。飛び散る。②とける。③水がさかんに流れるさま。「渙渙」④あきらかで美しいさま。＝煥　⑤易えきの卦かの名。

【渙汗】かん(くゎん)かん　天子の詔勅しょうちょく。一度出たら、修正・中止をしないことから、もとにもどらない汗にたとえる。

【渙散】かん(くゎん)さん　飛び散る。また、とけて散らばる。

【渙然】かん(くゎん)ぜん　さらっととけるさま。「渙然氷釈ひょうしゃく」

【渙発(發)】かん(くゎん)ぱつ　天子の詔勅を広く天下に発布する。

水9【湆】〔12〕　キュウ(キフ) 漢 入緝 qì チー　J ─　補 U 6E46

意味 しめっぽい。うるおう。

氵9【渠】〔12〕標　[一]キョ 漢 [一]平魚 qú チュイ　[二]キョ 漢 [二]去御 jù チュイ　J 2184　補 U 6E20

意味 [一]①〈みぞ〉ほりわり。人工水路。「河渠かきょ」②大きい。＝巨　③車輪の外輪。④たて。⑤〈かれ〉あの人。第三者をさす。[二]〈なんぞ〉どうして。反語を表す。＝詎きょ

【渠魁】きょかい(くゎい)　悪者のかしら。

【渠渠】きょきょ　①深く広いさま。②落ち着かないさま。

【渠水】きょすい　ほりわりの水。また、ほりわり。

【渠帥】きょすい　悪者のかしら。渠魁きょかい。

【渠輩】きょはい　かれら。あいつら。

水9【湨】〔12〕　ケキ 漢 入錫 jú チュイ　J 4003　補 U 6E68

意味 川の名。河南かなん省を流れ、黄河こうがにそそぐ。

氵9【減】〔12〕学5　ゲン　へる・へらす　カン 漢　ゲン 呉 上豏 jiǎn チエン　J 2426　補 U 6E1B

筆順　減

氵9【减】〔11〕俗　字 J 1902　補 U 51CF

意味 ①〈へ・る〉〈へら・す〉ひきざん。↔増　②〈ひ・く〉↔加　③そこなう。④…より少ない。…に及ばない。

解字  形声。氵が形を表し、咸かんが音を示す。氵は水。咸には「みな」という意味とともに、足りない気持ちもある。減は、水が少ないことを表す。

名前 き・つぎ　難読 減上めりかり・減張めりはり

【減価(價)】げんか　①ねだんをさげること。②ねうちがさがること。

【減却】げんきゃく　へらす。へる。

【減刑】げんけい　罪を軽くする。刑を軽くする。

【減軽(輕)】[一]げんけい　へらして軽くする。[二]チエンチン jiǎnqīng　現[一]に同じ。

【減耗】げんこう(かう)　へる。へらす。

【減殺】げんさい　へらす。少なくする。殺は、「さい」と読む。

【減少】[一]げんしょう(せう)　数や量が少なくなる。へらす。[二]チエンシャオ jiǎn-shǎo　現[一]に同じ。

【減水】げんすい　①水の量をへらすこと。②水かさがへること。↔増水

【減税】げんぜい　租税の額をへらすこと。↔増税

【減竈】げんそう 軍陣のかまどを減らす。兵数を少なく見せる計略。〈史記・孫武伝〉

【減退】げんたい へる。おとろえる。「食欲減退」

【減俸】げんぽう ①俸給の額をへらすこと。減禄。↕増俸 ②国懲戒処分の一種。一定期間、その俸給をへらすもの。国家公務員法では減給という。

◇半減・加減・低減・削減・軽減・節減・増減・漸減・激減・手加減

氵9 【湖】〔12〕学3 コ みずうみ 一コ漢 一平 虞 hú フー J 2448 補 ― U 6E56

筆順 氵 氵 汁 沽 沽 湖 湖 湖 湖

意味 〈みずうみ（みづうみ）〉池や沼より大きいものをいう。「江湖」

解字 形声。氵が形を、胡こが音を示す。氵は水。胡には、大きいという意味がある。湖は大きな池で、みずうみをいう。

名前 ひろし 地名 湖西こさい

【湖煙】こえん 湖上にたちこめたもや。＝湖烟

【湖海】こかい ①みずうみとうみ。②世の中。世間。江湖。【一志】こかいのこころざし 隠遁を願う気持ち。

【湖月】こげつ みずうみの上に照る月。

【湖沼】こしょう(せう) みずうみとぬま。

【湖上】こじょう(じゃう) みずうみの上。みずうみのほとり。

【湖心】こしん みずうみのまん中。みずうみの中央。

【湖水】こすい ①みずうみの水。②みずうみ。

【湖南】こなん ①みずうみの南。②省の名。湘しょう。

【湖畔】こはん みずうみのほとり。みずうみの岸べ。

【湖北】こほく ①みずうみの北。②省の名。鄂がく。

◇大湖たいこ・江湖こうこ・沼湖しょうこ・鹹湖かんこ・淡水湖たんすいこ

氵9 【港】〔12〕学3 コウ みなと 一コウ（カウ）漢 一上 講 gǎng カン J 2533 補 ― U 6E2F

旧字 氵9 【港】〔12〕 二コウ漢 二去 送 hòng ホン J ― 補 ― U ―

筆順 氵 氵 汁 泄 洪 洪 洪 港 港

意味 一①〈みなと〉船つきば。②支流。③現香港ホンコンの略称。二港洞こうどうは、①通じているさま。②水のさま。

解字 形声。氵が形を表し、巷こうが音を示す。氵は水。巷は町なかの道である。港は水の中の小道で、水路、あるいは支流を表す。みなとの意味に使うのは、湊そう（みなと）の音を借りたか、あるいは、水のほとりの町の意味からであろう。

【港口】こうこう(かう) みなとの出入り口。みなとぐち。

【港湾（灣）】こうわん(かう) 湾になっているみなと。みなと。

【港澳】カンアオ gǎng-ào 現香港ホンコンと澳門マカオ。港澳こういく。

◇入港にゅうこう・良港りょうこう・空港くうこう・帰港きこう・寄港きこう・開港かいこう

水9 【湟】〔12〕 コウ（クヮウ）漢 平 陽 huáng ホワン J 6252 補 ― U 6E5F

意味 湟水は、青海省の川の名。黄河の支流。

水9 【渹】〔12〕 一コウ（クヮウ）漢呉 一平 庚 hōng ホン 二セイ漢 ショウ（シャウ）呉 二去 敬 qìng チン J 3978 補 ― U 6E39

意味 一①波のぶつかる音。②大きい。二冷たい。涼しい。

氵9 【渾】〔12〕人 標 一コン漢 一平 元 hún フン 二コン漢 二上 阮 hùn フン 三コン漢 三上 阮 gǔn クン J 6253 補 ― U 6E3E

意味 一①水が激しく流れる音。②〈にご・る〉 ③まじる。また、まじりあって一つになる。④いっしょにする。混同する。⑤すべて。みな。⑥まるで。まったく。⑦山西省の川の名。渾河こんが。二まざる。まじる。＝混 三水の流れるさま。

難読 渾名あだな

【渾一】こんいつ まとめて一つにすること。一つにまとまること。＝混一

【渾元】こんげん 天地の気。また、天地。

【渾厚】こんこう 全体がよくととのい、どっしりしている。

【渾殽】こんこう(かう) 入りまじること。＝混交・混淆

【渾渾】こんこん ①みだれ、にごったさま。②もやもやしてはっきりしないさま。③質朴なさま。④水が勢いよく流れるさま。＝滾滾こんこん

【渾身】こんしん からだ全体。全身。

【渾然】こんぜん ①差別または区別のないさま。②かどやくぼみがないさま。③きずや欠点のないさま。

【渾濁】こんだく にごること。＝混濁

【渾天】こんてん 天を丸いものとみなす宇宙観。漢魏の頃、天と地は卵の殻と黄身のようなものと考えられていた。【一儀】こんてんぎ 昔、天体の観測に用いた器械。

（渾天儀）

【渾沌】こんとん ①天地がまだはっきりと分かれきらないときのさま。＝混沌 ②物事の区別のはっきりしないさま。

【渾淪】こんりん 天地がまだ分かれない状態。渾沌こんとん。＝渾侖

◇雄渾ゆうこん

水9 【湣】〔12〕 一コン漢 一平 元 hūn フン 二ビン漢 二上 軫 mǐn ミン J ②7893 補 4402 U 6E63

意味 一湣湣こんこんは、ごたごたと乱れたさま。＝涽こん 二諡おくりなに用いる。＝閔びん

水9 【渣】〔12〕 サ漢 平 麻 zhā チャー J 6254 補 ― U 6E23

意味 のこりかす。しぼりかす。くず。「渣滓さし」

氵9 【滋】〔12〕学4 ジ シ漢呉 ジ慣 平 支 zī ツー J 2802 補 ― U 6ECB

旧字 水10 【滋】〔13〕 J ― 補 ― U 2F90B

筆順 氵 氵 汻 汻 泫 泫 滋 滋 滋

意味 ①〈ま・す〉ふえる。②〈ますます〉さらに。③〈しげ・る〉（草木が）そだつ。④（種を）まく。そだてる。⑤うるおす。⑥しる。液汁。⑦うまみ。

解字 形声。氵が形を表し、茲じが音を示す。氵は水。茲には、草木がしげってふえる意味がある。滋は、水によって草木がどんどん生長することで、「ますます」の意味になる。

名前 あさ・しげ・ふさ・しげし 姓 滋野しげの 地名 滋賀しが

難読 滋籐しげとう

【滋雨】じう ①作物・草木のためによい雨。ひでりのとき草木に降る雨。②めぐみ。思いがけぬめぐみのたとえ。

【滋籐】しげとう 国下をうるしぬりにし、その上を籐とうでぐるぐるまいた弓。大将などの持つもの。＝重籐

【滋滋】じじ つとめいそしむさま。勤勉なさま。

【滋蔓】じまん 草木がはびこる。転じて、権勢などがいよいよ強大になること。また、災いが広がること。

心（忄・⺗）戈戶（戸）手（扌）支攴（攵） 4画 文斗斤方无（旡・旡）日曰月（月）木欠止歹殳毋比毛氏气水（氵・氺）火（灬）爪（爫・爫）父爻爿片牙（牙）牛（牜）犬（犭）

【滋味】①よいあじ。また、うまいもの。②からだの栄養になるおいしい食物。
【滋養】①そだてやしなうこと。②からだの栄養になること。栄養。

氵9 【湿】〔12〕常 シツ しめる・しめす J 2830 補 — U 6E7F
旧字 氵14 【濕】〔17〕人 シツ 慣 シュウ(シフ) 漢 呉 入 緝 shī シー J 6328 補 — U 6FD5
筆順 氵 沪 沪 浔 浔 湿 湿
水10 【溼】〔13〕本字 J — 補 — U 6EBC
意味 ①〈しめ・る〉〈うるお・う(うるほ・ふ)〉ぬれる。②〈しめ・す〉〈うるお・す(うるほ・す)〉ぬらす。しめらせる。③しめりけ。うるおい。「湿気」
解字 会意。古い形で見ると、氵・一・絲・土を合わせた字。一は、おおうもの、あるいは水面をさす。絲はいと。一の下、土の上の水中に、いとを沈めた形で、しめることを表す。あるいは、土が水にぬれることであるともいう。
参考 湿は「濕」の中国新字体としても使う。
【湿気(氣)】しっけ・しっき ①しめりけ。水け。
【湿湿】しっしゅう(しふしふ) ①水面がゆれるさま。②家畜が耳を動かすさま。
【湿潤】しつじゅん しめること。うるおうこと。しめりけ。うるおい。
【湿疹】しっしん 医 皮膚の表面にできる炎症。赤いつぶつぶが無数にでき、かゆく、かくとただれてじめじめする。
【湿舌】しつぜつ 国 天気図で、南方から舌のような形にはいりこんだ、水蒸気の多い気団。
【湿地】しっち じめじめした土地。しめりけの多い所。
【湿度】しつど 大気中にふくまれた水蒸気のわりあい。しめりの度あい。
◇乾湿

水9 【湫】〔12〕 一 ショウ(セウ) 漢 上 篠 jiǎo チアオ 二 シュウ(シウ) 漢 平 尤 qiū チウ 三 シュウ(シウ) 漢 平 尤 jiū チウ J 6255 補 — U 6E6B
意味 一 低くてせまい。また、そのような土地。二 ①ほら穴。②あつまる。三 ①すずしい。②つきる。なくなる。国〈くて〉土地が低くて沼などのように水草のはえた場所。
【湫隘】しゅうあい(しうあい)・しょうあい(せうあい) 土地が低くせまいこと。
【湫湫】しゅうしゅう(しうしう) うれい悲しむさま。愁愁。

水9 【湒】〔12〕 シュウ(シフ) 漢 呉 入 緝 jí チー J — 補 3988 U 6E52
意味 ①雨の降るさま。②水の沸くさま。③おだやかなさま。

水9 【渞】〔12〕 シュウ(シウ) 漢 平 尤 qiú チウ ジュ 呉 J ②7878 補 3973 U 6E1E
意味 みなもと。水源。

水9 【湑】〔12〕 ショ 漢 上 語 xǔ シュイ J ②7889 補 3987 U 6E51
意味 ①〈した・む〉酒をこす。②こした酒。＝醑 ③露の多いさま。④さかんなさま。しげる。

氵9 【湘】〔12〕人 標 ショウ(シャウ) 漢 平 陽 xiāng シアン J 3037 補 — U 6E58
意味 ①川の名。湘水。広西チワン族自治区から流れ出て、湖南省をへて洞庭湖にそそぐ。②湖南省の古い呼び方。③〈にる〉物を煮る。
【湘君】しょうくん(しゃうくん) 尭帝のふたりのむすめ、娥皇と女英をさす。ふたりとも舜帝のきさきになったが、舜帝が死んだあと湘水に身を投げて死に、湘水の神になったと伝えられる。湘夫人。湘妃。
【湘竹】しょうちく(しゃうちく) 湘水のほとりに産する竹。まだら模様があり、湘君の涙によってできたと伝えられる。簫の材料にもなった。
【湘南】しょうなん(しゃうなん) ①湘水の南の地方。②国 神奈川県の相模湾の沿岸一帯の地域。葉山・逗子・鎌倉・大磯のあたりをさす。

水9 【渻】〔12〕 ショウ(シャウ) 漢 上 梗 shěng ション J — 補 3979 U 6E3B
意味 ①へる。へらす。はぶく。＝省 ②岡の名。「渻丘」③姓。

水9 【湜】〔12〕 ショク 漢 入 職 shí シー J ①8690 補 3992 U 6E5C
意味〈きよ・い(――・し)〉(水が)澄んでいる。

水9 【渫】〔12〕 一 セツ 漢 入 屑 xiè シエ 二 チョウ(テフ) 漢 入 葉 dié ティエ J 6256 補 — U 6E2B
意味 一 ①〈さら・う(――・ふ)〉井戸や川の底をさらう。「浚渫」②ちる。ちらす。③やむ。やめる。④けがす。けがれ。⑤もれる。もらす。＝泄・洩 ⑥あなどる。軽くみる。二 水の流れるさま。
【渫渫】ちょうちょう(てふてふ) 水の流れるさま。涙がたれるさま。

水9 【渲】〔12〕 セン 漢 去 霰 xuàn シュワン J ②7882 補 3976 U 6E32
意味 ①小さな流れ。小川。②画法のぼかし。

水9 【湔】〔12〕 セン 漢 平 先 jiān チエン J ②7891 補 3990 U 6E54
意味 ①〈あら・う(――・ふ)〉水で洗う。②(はじを)そそぐ。「湔雪」
【湔除】せんじょ(ぢょ) 洗い去る。すっかり取り除く。

水9 【湶】〔12〕 セン 漢 平 先 quán チュワン J 6257 補 — U 6E76
意味 〈いずみ(いづみ)〉＝泉 国〈あわら〉①わき水のある地。②姓氏や地名に用いる。

氵9 【湊】〔12〕人 標 ソウ 漢 去 宥 còu ツォウ J 4411 補 — U 6E4A
氵9 【凑】〔11〕俗字 J — 補 1903 U 51D1
意味 ①〈あつま・る〉②おもむく。むかう。③人や物の集まる所。④〈みなと〉ふなつきば。⑤皮膚のきめ。＝腠
【湊会(會)】そうかい(くわい) あつまる。湊集。
【湊泊】そうはく かき集める。とりまとめる。

氵9 【測】〔12〕学 5 ソク はかる ショク 漢 シキ 呉 ソク 慣 入 職 cè ツォー J 3412 補 — U 6E2C
筆順 氵 氵 汈 汨 泪 浿 測
意味 ①〈はか・る〉㋐深さ・長さ・大きさなどをはかる。㋑おしはかる。「推測」②深い。③澄んでいる。④刑具の名。
解字 形声。氵が形を表し、則が音を示す。氵は水。則には、のり・基準の意味がある。測は、一定の基準によって、水の深さをはかることである。
名前 ひろ
【測恩】そくおん 深い恩恵。
【測度】一 そくたく はかる。おしはかる。二 そくど 国 度数をはかること。
【測地】そくち 土地の広さや高さをはかること。
【測定】そくてい はかって、その数量をきめる。

【測量】①おしはかる。けんとうをつける。②器械を使って、物の高さ・深さ・長さ・広さ・距離などを計ること。

【測揆】はかる。測度。

【測候】天文や気象を観測する。

【測驗(驗)】cèyàn 現測定する。テストする。
◆不測・予測・目測・実測・歩測・推測・憶測・臆測・観測

氵9
【湛】〔12〕 人 標
一タン 漢 一上 蘸 zhàn チャン
二チン 漢 二平 侵 chén チェン
三タン 漢 三去 覃 dān タン
四セン 漢 四平 塩 jiān チエン
J 3525 補 U 6E5B

意味 一①〈たた・える(――・ふ)〉みちあふれる。②(露が)多い。③濃い。④うるおう。⑤やすらか。⑥澄んでいる。⑦ゆるやか。二〈しず・む(しづ・む)〉=沈 三①楽しむ。=耽 ②ふける。おぼれる。=酖 四ひたす。=漸
【湛然】①水がたたえられているさま。②おちついて静かなさま。

【湛湛】一①水を深くたたえたさま。②おもおもしいさま。③水の平らなさま。④厚く積み重なったさま。⑤露のしっとりとおりたさま。二水の激しく流れる音。

【湛溺】水にひたりおぼれる。転じて、物事におぼれふける。

【湛湎】酒色などにおぼれる。ふける。

水9
【湍】〔12〕
タン 漢 平 寒 tuān トワン
J 6258 補 U 6E4D

意味 ①はやせ。瀬。急流。②はやい。流れがはやい。③水がうずまく。さかまき流れる。

【湍激】水の流れが激しくはやい。

【湍水】①はやい流れ。早瀬。②うずまく水。急流。

【湍中】川の急流の中。

【湍瀬】はやせ。

水9
【湳】〔12〕
ダン 漢 上 感
ナン 呉 nǎn ナン
J 4004 補 U 6E73

意味 ①川の名。内蒙古にあった黄河の支流。②姓。

水9
【渟】〔12〕
テイ 漢 平 青 tíng ティン
J 6259 補 U 6E1F

意味 〈とどま・る〉水がたまって流れない。
地名 渟足
【渟泓】水がよどんで深いこと。
【渟膏湛碧】清らかな水が油のようによどんで、まっさおな色をたたえていること。

水9
【湞】〔12〕
テイ 漢 平 庚 zhēn チェン
J ①8691 補 U 6E5E 3994

意味 湞水は、川の名。広東省を流れる。

水9
【渧】〔12〕
一テイ 漢 一去 霽
タイ 呉 dì ティー
二テイ 漢 二平 斉
ダイ 呉 tí ティー
J ②7880 補 U 6E27 3975

意味 一①水がしみこむ。②水がたれる。=滴 ③泣くさま。④精液。二声をあげて泣く。=啼

水9
【湉】〔12〕
テン 漢 平 塩
デン 呉 tián ティエン
J ②7885 補 U 6E49 3984

意味 澶湉は、水がゆったりと流れるさま。

氵9
【渡】〔12〕 常 ト わたる・わたす
ト 漢 ド 呉 去 遇 dù トゥー
J 3747 補 U 6E21

筆順 氵 氵 汁 沪 沪 浐 浐 渡 渡

意味 ①〈わた・る〉〈わた・す〉㋐川をわたる。㋑通る。②渡し。渡し場。③くらす。日をすごす。国①〈わた・る〉他人のものになる。②〈わた・す〉手わたす。③〈わたり〉きっかけ。糸口。

解字 渡 形声。氵が形を表し、度が音を示す。氵は水。度は、長さをはかることで、はじからはじへと、手ではかって行く意味がある。渡は、一歩一歩水をわたること。

名前 ただ・わたり
姓 渡名喜・渡真利・渡嘉敷・渡慶次
【渡御】国①天子のおでまし。②祭りのみこしが神社を出てまわること。

【渡口】わたし場。

【渡世】①世の中を救う。②国この世に生きて行くこと。世わたり。③国なりわい。生業。生計。

【渡船】わたし場の船。わたし舟。

【渡頭】①わたし場のほとり。②わたし場。

【渡殿】国昔、寝殿造で、二つの建物をつなないだろうか。
◆譲渡

氵9
【湯】〔12〕 学3 トウ ゆ
一トウ(タウ) 漢 呉 一平 陽 tāng タン
タン 唐
二トウ(タウ) 漢 呉 二上 漾 tàng タン
三ショウ(シャウ) 漢 三平 陽 shāng シャン
四ヨウ(ヤウ) 漢 四平 陽 yáng ヤン
J 3782 補 U 6E6F

筆順 氵 氵 沪 沪 沪 浧 浧 湯 湯

意味 一①〈ゆ〉水をわかしたもの。②煎じ薬。③吸い物。スープ。④殷王朝の初代の天子の名。湯王。成湯。⑤姓。二①ゆであたためる。煮る。=燙 ②ぶつかる。③ゆれる。=蕩 三湯湯は、水がごうごうと流れるさま。四湯谷は、伝説上で、日がのぼるとされる場所。=暘谷・陽谷

解字 湯 形声。氵が形を表し、昜が音を示す。氵は水。昜は太陽のことで、熱い意味がある。湯は、熱い水。

地名 湯沢 難読 湯麺・湯湯婆
【湯熨】患部を湯と火のしで温める治療法。

【湯火】①熱湯と烈火。転じて、危険なもののたとえ。②火傷。

【湯鑊】昔の刑罰で人をかまゆでにするとき使う脚のない大きなかま。

【湯顕(顯)祖】人名。明代の文人。臨川先生と称され、「玉茗堂集」を著す。(一五五〇～一六一七)

【湯治】国温泉に入って病気を治すこと。「湯治場」

【湯誓】書経の編名。殷の湯王が夏の桀王を討伐するときに立てた誓いを記録したもの。

【湯池】①にえ湯をたたえた池。城のほりの守りのかたいたとえ。「金城湯池」②温泉。【――鉄(鐵)城】守りのかたい城。

【湯殿】ふろば。浴室。浴場。

【湯婆】金属または陶器で作った楕円形の道具。中に湯を入れ、せんをして寝床にいれ、からだをあたためるのに用いる。湯湯婆。

【湯武】殷の湯王と周の武王。どちらもその主君を討って天子の位についた。

【湯沐】湯でからだを洗いきよめる。【――邑】入浴の費用にあてるための特別な領土。もとは天子が

諸侯に賜ったものであるが、後世は天子・皇后・公主なども所有した。

【湯薬(藥)】せんじぐすり。煎薬。薬湯。

【湯帷子】国入浴のとき、または入浴のあとに着るひとえ。ゆかた。

【湯桶読(讀)】国「湯桶」「手本」などのように、漢字の熟語の上の字を訓で読み、下の字を音で読むこと。↕重箱読

【湯女】国江戸時代、市中の湯屋にいた遊女。

【湯文字】国①ゆかた。②女性のこしまき。

【湯麵(麪)】tāngmiàn 現中華料理の一つ。タンメン。

▲▽白湯・産湯・銭湯・熱湯・薬湯・微温湯

水9【湩】〔12〕 トウ (漢) (去) 送 dòng トン　U 6E69 補 ― J ―

意味 ①ちち。乳汁。②つづみの音。

【湩酪】牛・羊の乳や乳製品。乳汁やチーズ。

水9【湃】〔12〕 ハイ (漢) (去) 卦 pài パイ　U 6E43 補 ― J 6260

意味 湃湃は、波のわき立ち、ぶつかるさま。また、その音。

水9【湈】〔12〕 バイ (漢) (平) 灰 méi メイ　U 6E48 補 3983 J ②7884

意味 やぶる。だめにする。国〈うるし〉姓名に用いる。

水9【渼】〔12〕 ビ (漢) (上) 紙 měi メイ　U 6E3C 補 3980 J ②7883

意味 ①なみ。②渼陂は、古代の湖の名。今の陝西省戸県の西にあった。

水9【湄】〔12〕 ビ (漢) (平) 支 méi メイ　U 6E44 補 3981 J ①8689

意味 みぎわ。岸。ほとり。水辺。

水9【渺】〔12〕 ビョウ(ベウ) (漢) (上) 篠 miǎo ミアオ　U 6E3A 補 ― J 6261

意味 ①水などの広々としたさま。はるか。‖淼 ②ごく小さいさま。かすか。「渺然」

【渺小】ごく小さいさま。

【渺渺】はるかに遠いさま。

【渺茫】①ひろびろとして限りないさま。②かすかではっきりしないさま。

水9【湢】〔12〕 ヒョク (漢) (入) 職 bì ピー　U 6E62 補 4001 J ―

意味 ①湯殿。浴室。②つつしむさま。③水のわき立つさま。④湢測は、さしせまったさま。

水9【渢】〔12〕 [一] フウ (漢) [一] (平) 東 féng フォン　[二] ハン (漢) [二] (平) 咸 fán ファン　U 6E22 補 3974 J ②7879

意味 [一] 渢渢は、①水の流れる音。②風の音。③声の大きいさま。[二] 渢渢は、音楽におだやかな抑揚があるさま。

水9【湗】〔12〕 ホウ (漢) (去) 宋 フウ (呉) fèng フォン　U 6E57 補 3991 J ②7892

意味 ①深い泥。②まこもの根。‖葑 国〈ふけ〉地名、姓名に用いる。湗田は、愛知県の地名。

水9【渤】〔12〕 ホツ (漢) (入) 月 ボツ (慣) bó ボー　U 6E24 補 ― J 6263

意味 ①水のわきたつさま。②渤海をいう。

【渤海】①地名。漢代におかれた郡。今の河北省滄州市東南にあった。②海洋の名。遼東半島と山東半島との間の部分。

水9【湓】〔12〕 ホン (漢) (平) 元 ボン (慣) pén ペン　U 6E53 補 3989 J ②7890

意味 ①水があふれる。②川の名。湓水。湓江。江西省九江市の西を流れて長江にそそぐ。竜開河ともいう。

【湓魚】江西省九江市の西、湓口でとれる魚。

【湓口】「湓浦口」に同じ。

【湓浦口】湓水(竜開河)が長江に流れ入る所。

【湓湓】水のわきあがるさま。

氵9【満】〔12〕 学4 マン みちる・みたす バン (漢) (上) 旱 マン (呉) mǎn マン　U 6E80 補 ― J 4394

旧字 水11【滿】〔14〕　U 6EFF 補 ― J 6264

筆順 氵 氵一 氵艹 氵艹 満 満 満 満

意味 ①〈み・ちる(―・つ)〉㋐いっぱいになる。㋑期限に達する。②〈みた・す〉 ③すべての。「満面」 ④おごりたかぶる。⑤満州の略。国〈まん〉その数にみちたことを表す。まる。

解字 滿 形声。氵が形を表し、㒼が音を示す。氵は水。㒼には、平らの意味がある。満はうつわに平らになるまで水をみたすことである。

名前 あり・ます・まろ・みち・みつる　姓 満生

難読 満天星・満俺

【満意】[一] ①意をもっぱらにする。いちずに。②意にかなう。満足する。[二] mǎnyì 現 [一]の②に同じ。

【満溢】みちあふれること。

【満員】①定員がいっぱいになること。②満洲族の役人。

【満院】中庭いっぱい。屋敷じゅう。

【満悦】じゅうぶんに満足して喜ぶこと。心からの喜び。大喜び。

【満甕】かめにいっぱいはいっている。

【満貫】銭さしいっぱいに銭がささっていること。転じて、極点に達することのたとえ。

【満眼】見わたすかぎり。満目。

【満願】仏①願いがかなうこと。②国日数をきめて神仏に願いごとをし、その期間の終わること。

【満期】①ひたすら願うこと。②所定の期限に達すること。

【満喫】①じゅうぶんに飲み食いする。②欲望をじゅうぶんにみたす。じゅうぶんに味わう。

【満月】①陰暦十五日の夜の月。②赤ん坊が生まれて、まる一か月たつこと。③国出産予定の月がみちること。

【満腔】胸いっぱい。からだじゅう。全身。

【満座】①その場にいあわすすべての人。‖満坐 ②座にあふれる。

【満載】①船や車などにいっぱい積みこむ。②国新聞や雑誌に記事・読み物をいっぱいのせてあること。

【満山】①山全体。山じゅう。全山。②寺じゅう。

【満酌】さかずきに、なみなみとつぐ。満斟。

【満州(「洲」)】国中国の東北地区の昔の呼び名。

【――国(國)】国日本が「満州事変」のあと、中国の東北地区に作りあげた国。第二次世界大戦終了とともに消滅した。

【満身】からだじゅう。からだいっぱい。全身。渾身。

【満足】[一] ①心に不平不満のないこと。②十分なこと。[二] mǎnzú 現①[一]に同じ。②満たす。

【満担(擔)】ぎっしりと肩いっぱいにかつぐこと。「満担不レ抵一壜直」(肩いっぱいにかつぎ出ても、それが酒一本の飲代にも足りない。)〈坂井華の詩・売花翁〉

【満地】地上いたるところ。そこらじゅう全部。

【満潮】海のしおがみちること。みちしお。↕干潮

【満廷】朝廷・法廷などにいるすべての人。

【満鉄(鐵)】まんてつ 国①もとの「南満州鉄道株式会社」の経営した鉄道。②もとの「南満州鉄道株式会社」の略称。

【満天】まんてん 空いっぱい。空いちめん。

【満天星】まんてんせい 植①はくちょうげ。②どうだんつつじ。

【満堂】まんどう(だう) 大きなへやにいっぱいになること。へやじゅう。へや全体。

【満帆】まんぱん 帆船が帆をいっぱいにはること。

【満満(滿)】まんまん みちあふれるさま。「闘志満満」

【満面】まんめん 顔じゅう。顔いっぱい。満臉。

【満目】まんもく 目に見えるかぎり。見わたすかぎり。【――蕭条(條)】まんもくしょう(せう)じょう(でう) あたり一面ものさびしいこと。【――瀟然】まんもくしょう(せう)ぜん あたり一面ものさびしいさま。

『満招レ損、謙受レ益』まんはそんをまねき、けんはえきをうく みちたりて心がおごると、かならず失敗をまねくものであり、反対に、へりくだって、でしゃばらないようにつとめると、かならず利益を得るものである。〈書経・大禹謨〉

『持レ満』まんをじす(ぢす) ①みちてあふれないでいる。②弓をじゅうぶんに引きしぼって、そのままかまえている。〈史記・李広列伝〉③大いに活躍しようとして、しばらくその勢いをもちこたえている。〈史記・越世家〉

『引レ満』まんをひく ①弓を十分にひきしぼる。②なみなみと酒をついださかずきを引きよせて飲みほす。〈漢書・叙伝〉
◆干満・不満・円満・未満・充満・肥満・豊満・膨満

水 9 【湎】〔12〕 ベン 漢 メン 呉 上 銑 miǎn ミエン　U補J 6262 6E4E
意味 〈しず・む(しづ・む)〉(酒や物事に)おぼれる。ふける。
【湎湎】べんべん 流れるさま。また、移り変わるさま。

水 9 【渝】〔12〕 ユ 漢 平 虞 yú ユィ　U補J 6265 6E1D
意味 ①〈かわ・る(かは・る)〉変化する。②〈か・える(――・ふ)〉あらためる。③地名。渝州は隋代に置かれた。巴は国・巴郡・巴県の地で、今の四川省重慶市。
【渝替】ゆたい 変わる。変わり衰える。
【渝盟】ゆめい 誓いをかえる。約束にそむく。

氵 9 【湧】〔12〕 常 ユウ わく　U補J 4515 6E67
旧字 水 9 【湧】〔12〕 ヨウ 漢 ユウ 呉 上 腫 yǒng ヨン　U補J

筆順 氵 氵 氵 汚 汚 涌 涌 湧 湧

意味 ＝涌 〈わ・く〉水がわきあがる。ほとばしる。

解字 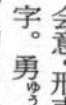 会意・形声。涌と同字。氵と勇、または甬とを合わせた字。勇ゆう・甬ようは、水がわき上がる(＝滕)意がある。したがって、湧・涌は、水がわき出る意となる。

姓 湧稲国わきなぐに　地名 湧別ゆうべつ

水 9 【游】〔12〕 ユウ 漢 平 尤 (イウ) yóu ユー　U補J 6266 6E38
意味 ①〈およ・ぐ〉(水に)うかぶ。②〈あそ・ぶ〉＝遊 ㋐歩きまわる。㋑たのしむ。㋒仕事をしないでぶらぶらする。㋓交際する。㋔(仕官・学問のため)他国へ行く。③川を上流・中流・下流と区分していう。「上游」④姓。

参考 「遊」(一二五一ページ・上)と同じに用いられることが多い。熟語は、「遊」をも参照。

【游泳】ゆうえい(いう) 一 泳ぐこと。泳ぎ。水泳。二 ヨン yóuyǒng 現 一に同じ。【――池】ユーヨンチー yóuyǒngchí 現 水泳プール。

【游衍】ゆうえん(いう) ①ほしいままにする。気ままにふるまう。②遊び楽しむ。

【游観(觀)】ゆうかん(いうくわん) ①あそびたのしむ。②高楼。物見台。

【游魚】ゆうぎょ(いう) 水中をおよいでいる魚。

【游禽】ゆうきん(いう) ①飛びまわる鳥。②水鳥。がんやかもの類。

【游子】ゆうし(いう) 故郷を離れ異郷をさすらう者。旅人。

【游事】ゆうじ(いう) 他国に行って仕えること。游仕。

水 9 【湅】〔12〕 レン 漢 呉 去 霰 liàn リエン　U補J 3982 6E45
意味 〈ね・る〉生糸を煮て柔らかく白くする。＝練れん

氵 9 【湾】〔12〕 常 ワン　U補J 4749 6E7E
旧字 水 22 【灣】〔25〕 ワン 漢 平 删 wān ワン　U補J 6352 7063

筆順 氵 氵 氵 汁 汁 汗 汸 湾 湾

意味 ①川の湾曲わんきょくしているところ。入り江。②海水が陸地に大きく入りこんだ所。③まがる。入りこむ。＝彎わん

解字 形声。氵が形を表し、彎わんが音を示す。氵は水。彎は弓を引きしぼって曲げること。灣は、海岸線が弓なりに曲がっていること。

名前 みずくま

参考 新表記では、「彎」の書きかえに用いる。
【湾曲】わんきょく 弓なりにまがること。＝彎曲
【湾然】わんぜん 水が陸地に弓形になって入りこんでいるさま。
【湾頭】わんとう 入り江のほとり。
【湾入】わんにゅう(にふ) 水が陸地に弓がたになって入りこむ。＝彎入
◆港湾こうわん

水 9 【溂】〔12〕 国字　U補J 6267 6E82
意味 潑溂はつらつは、元気の良いさま。＝潑剌はつらつ

氵 9 【渴】〔12〕 旧 ↓渇(七二八ページ・上)

水 9 【溲】〔12〕 本 ↓溲(七四四ページ・下)

氵 9 【渚】〔12〕 旧 ↓渚(七三〇ページ・中)

水 9 【滔】〔12〕 俗 ↓滔(七四六ページ・中)

水 9 【淄】〔12〕 同 ↓淄(七二九ページ・下)

水 9 【湻】〔12〕 同 ↓淳(七三〇ページ・中)

水 9 【泝】〔12〕 本 ↓遡(一二五三ページ・下)

水 9 【浇】〔12〕 俗 ↓澆(七五五ページ・中)

氵 10 【溢】〔13〕 人 標 イツ 漢 入 質 yì イー　U補J 1678 6EA2
水 10 【溢】〔13〕 同字　U補J
意味 ①〈あふ・れる(――・る)〉〈こぼ・れる(――・る)〉水がみちあふれるさま。②みちる。いっぱいになる。③すぎる。度をこす。④おごる。ぜいたくする。⑤昔の容量の単位。片手にいっぱいの量。⑥昔の重量の単位。二十両もしくは二十四両。＝鎰いつ
【溢溢】いついつ 水がみちあふれるさま。
【溢喜】いっき あふれる喜び。非常な喜び。
【溢美】いつび ①見かけがよすぎること。②人をほめすぎること。
【溢満(滿)】いつまん いっぱいになること。
【溢誉(譽)】いつよ 実際よりもよすぎるほまれ。ほめすぎ。
◆横溢おういつ

水 10 【溵】〔13〕 イン 漢 平 文 yīn イン　U補J 6EB5
意味 川の名。河南かなん省から安徽あんき省に流れる。

水 10 【湏】〔13〕 ウン 漢 平 文 yún ユン　U補J 4015 6EB3
意味 川の名。湖北こほく省を流れ、漢水にそそぐ。

水 10 【滃】〔13〕 オウ 漢 (ヲウ) 上 董 wěng ウォン　U補J ②7905 4020 6EC3
意味 ①雲や霧きりがさかんに立ちのぼるさま。「滃渤おうぼつ」②泉がさかんにわき出るさま。「滃然」

水10【滆】〔13〕カク [漢] [入] 陌 gé コー　J — 補 — U 6EC6

[意味] 湖の名。江蘇省にあり、太湖につらなる。

[参考]「潝」は別字。

氵10【滑】〔13〕[常] カツ・コツ すべる・なめらか　J 1974 補 — U 6ED1

[一] カツ(クヮツ) [漢] [一] [入] 黠 huá ホワ
[二] コツ [漢] [二] [入] 月 gǔ クー

[筆順] 氵 氵冖 氵冂 氵冎 氵咼 滑 滑 滑

[意味] [一]①〈なめらか〉すべすべしているさま。すらすらと通るさま。②〈すべ・る〉「滑走」③ずるい。＝猾 [二]①〈みだ・れる(――・る)〉みだす。＝汨 ②にごる。[国]〈すべ・る〉入学試験に落ちる。

[解字]  形声。氵が形を表し、骨が音を示す。氵は水。骨には、自由自在に動く意味がある。滑は、水がなめらかに流れること、水気を帯びて自由に回転することである。

[地名] 滑川 [難読] 滑子・滑革・滑滑

【滑車】(くゎっ) [理]まきあげ機械の一種で、軸にとりつけた円板のまわりに縄をかけ、これを回転させて重い物を小さな力で引きあげる用をする車。

【滑走】(くゎっ) [国]①すべり走る。②飛行機が離着陸のときすべるように走ること。

【滑沢(澤)】①なめらかでつやがあるさま。②言葉が流暢なさま。

【滑脱】(くゎつ) ことばなどの、とどこおりなくたくみなこと。自由自在なこと。「円転滑脱」

【滑稽】①口先で人をまるめこむこと。②口先がうまくて、しゃれたことをいうこと。③おどけ。おかしみ。じょうだん。諧謔。【――本】[国]江戸時代の小説の一体。日常生活の中のおかしさを描いたもの。「東海道中膝栗毛」など。

【滑澾】みだれる。不安定なさま。

【滑雪】huáxuě [現]スキー(をする)。

【滑氷】huábīng [現]アイス・スケート(をする)。

◆円滑・潤滑

氵10【漢】〔13〕[学]3 カン　J 2033 補 — U 6F22

[旧字] 氵11【漢】〔14〕[入] カン [呉][漢] [去] 翰 hàn ハン　J ①8705 補 — U FA47

[筆順] 氵 氵一 氵艹 氵㓞 氵𦰩 漢 漢 漢

[意味] ①川の名。陝西省から流れ出て、沔水を合わせ、武漢市漢陽で長江にそそぐ。漢水。②あまの川。銀河。「天漢」「河漢」③おとこ。男子。「好漢」④漢族の省略。転じて、中国をさす。⑤王朝の名。劉邦(漢の高祖)が秦をほろぼして建てた国。王莽の新をはさんで前漢(西漢)(前二〇六～八)と、後漢(東漢)(二五～二二〇)とに分かれる。[国]〈から〉中国をさす。

[解字]  形声。氵が形を表し、𦰩が音を示す。氵は水。𦰩は、黄色のねん土、わずか、かわく、つつしむなどの意味がある。漢は、川の名であるが、その意味は、黄色い水、わずかな水などのどれであるか、はっきりした説がない。音カンは、𦰩の音キンの変化。

[名前] かみ・くに・なら [姓] 漢人 [難読] 漢氏・漢書

【漢意】[国]中国の書物を読んで、中国の文化にあこがれる気持ちを持つこと。

【漢音】[国]漢字音の一つ。平安時代の初めごろまでに遣唐使・留学生などによって伝えられた中国北方の音。↔呉音・唐音

【漢家】①漢の王室。②[国]中国をさす。

【漢学(學)】①漢・唐時代の訓詁学(経書の解釈を研究する学問)。②[国]中国の古い文化を研究する学問。漢文学。

【漢奸】漢民族を裏切る悪者という意味で、敵に内通するスパイ・売国奴をいう。

【漢宮】漢の宮室。漢のきさきや女官の宮殿。【――秋】①元曲の題名。王昭君が匈奴に嫁入りした故事の脚本。馬致遠作。②漢の宮殿の秋。

【漢語】[一]①中国の言語。②中国語のうち、特に漢民族の標準語。③[国]日本で、漢字の熟語中、漢字音で読まれるもの。[二] hànyǔ [現][一]の②に同じ。

【漢口】地名。湖北省にある都会。以前は長江をはさんで、武昌・漢陽とともに武漢三鎮とよばれたが、現在ではこれらが統合されて武漢市となった。

【漢皇】漢の天子。「漢皇重レ色思二傾国一」(漢の天子〔唐の玄宗をはばかって漢皇と言った〕は女色におぼれて、すばらしい美人を手に入れたいと願っていた。)〈白居易の詩・長恨歌〉

【漢皐解佩】周代、鄭交甫が漢皐(湖北省にある山の名)のもとで二人の仙女に出会い、その身につけている珠がほしくなり、たのんでもらい受けたが、何歩も歩かないうちに珠も仙女も消えてなくなったという故事。〈韓詩外伝〉

【漢国(國)】①漢の国。②漢の国土。長安(今の西安)のあたりをさす。

【漢才】[国]漢学を学んで漢詩・漢文を作る才。「和魂漢才」

【漢塞】漢のとりで。

【漢使】漢から出された使者。

【漢詩】①漢代の詩。②[国]中国の詩。また、それにならって日本人が作った詩。↔和歌

【漢字】[一]①漢民族の言語を表す表意的音節文字。(→付録「漢字について」)②[国]中国の文字。本字。↔和字・国字 [二] hànzì [現][一]に同じ。

【漢時】漢代の祭壇。時は、天地の神を祭る祭壇。

【漢室】漢の皇室。

【漢儒】漢代の儒者。

【漢書】[一]書名。百巻。後漢の班固の著。前漢約三百年間の歴史を書いた歴史書。[二][国]中国の書物。漢籍。↔和書・洋書

【漢城】大韓民国の首都、ソウルの古称。

【漢人】①漢民族の人。②漢王朝の人。

【漢籍】①漢代の書物。②[国]中国の書物。漢書。

【漢節(節)】漢の天子から使臣として授けられた割り符。

【漢楚】漢と楚。漢の沛公(劉邦)と楚の項羽。

【漢中】昔の郡の名。現在の陝西省の南部と湖北省の西北部一帯をさす。

【漢庭】漢の朝廷。

【漢徹】前漢の武帝をいう。徹は武帝の名。

【漢土】①漢の土地。中国本土。②[国]中国をさす。

【漢高祖】人名。前漢第一代の天子。劉邦。沛公ともいわれた。

【漢武帝】人名。前漢第七代の天子、孝武帝。名は劉徹。匈奴を北に追い、西域・安南・朝鮮半島にも武威を示し、また、儒教を盛んにした。(前一五六～前八七)

【漢文】①漢代の文章。②漢の文帝。③[国]中国の古文と、それにならって日本人が作った漢字だけの文章。

【漢文学(學)】[国]中国古代の文学・思想・言語などを研究する学問。

【漢方】[国]中国から伝わった医術。【――医(醫)】

心(忄・㣺)戈戶(戸)手(扌)支攴(攵)
4画
文斗斤方无(旡・旡)日曰月(⺝)木欠止歹殳毋比毛氏气水(氵・氺)火(灬)爪(爫・⺥)父爻爿片牙(牙)牛(牜)犬(犭)

国漢方の医者。【――薬(藥)】国漢方で使う草の根、木の皮などの薬。

【漢訳(譯)】国漢文に訳すこと。「漢訳仏典」

【漢陽】地名。湖北省にある都市。武漢三鎮の一つ。→「漢口」

【漢和】国①中国と日本。②漢字・漢語と国語。

◆天漢・凶漢・好漢・和漢・悪漢・酔漢・痴漢・銀漢・暴漢・羅漢・冷血漢・肥大漢・門外漢・卑劣漢・無頼漢・頓珍漢・熱血漢

水10 【滊】〔13〕 一 キ漢 ケ呉 一去 未 xì シー　二 ケツ漢 ケチ呉 二入 月 xiè シエ　三 キ漢 三去 未 qì チー　J②7906 補4023 U6ECA

意味 一川の名。二塩を産出する湖。三蒸気。=汽

水10 【滎】〔14〕 ケイ漢 平 青 xíng シン　J①8702 補4025 U6ECE

意味 ①きわめて少ない水。ちょろちょろ水。②滎沢は、河南省浚県西にある湖沼の名。③滎陽は、県名・郡名。今の河南省滎陽市東北。

氵10 【源】〔13〕 学6 ゲン みなもと　ゲン漢 平 元 yuán ユワン　J2427 補― U6E90

筆順 氵 氵 氵 汇 沥 洉 源 源

28 【厵原】〔30〕 同字　J― 補2050 U53B5

意味 〈みなもと〉①川の流れ出るもと。「水源」②物事のはじめ。もと。「起源」 国四姓の一つ。源氏。

解字 形声。氵が形を表し、原が音を示す。氵は水。原は、がけの下からいずみがわき出る形である。源はいずみのわき出るもとで、みなもとをいう。

名前 もと・よし・はじめ　姓 源

【源委】もとと末。本末。

【源源】水がたえず流れるさま。転じて、物事がたえず続くさま。

【源氏】国①源を姓にする氏族。②「源氏物語」の略。【――名】国もと「源氏物語」五十四帖の名にちなんで女官につけられた名。後世、遊女にもつけられ、転じて、遊女の呼び名をいう。【――物語】国書名。紫式部の著。平安時代の宮廷生活を中心とした長編小説。

【源水】流れの、みなもと。源流。=原泉 ②物事のみなもと。根源。

【源泉】①水のわき出るもと。

【源平】国①源氏と平氏。②紅白。源氏は白旗、平氏は赤旗であったことにもとづく。

【源流】①みなもと。②物事の起こりはじめ。

【源順】人名。平安朝中期の歌人。後撰集の撰者で、三十六歌仙のひとり。「和名類聚抄」を著す。(九一一～九八三)

◆水源・本源・光源・病源・根源・桃源・起源・財源・淵源・電源・資源・語源・震源・桃花源

氵10 【溝】〔13〕 常 コウ みぞ　J2534 補― U6E9D

旧字 水10 【溝】〔13〕 コウ漢 呉 平 尤 gōu コウ　J― 補― U―

筆順 氵 氵 氵 氵 浅 溝 溝 溝

意味 ①〈みぞ〉田の用水をひく水路。②城のほり。③へだてる。④谷。たに川。

解字 形声。氵が形を表し、冓が音を示す。冓には、交わるとか、組み立てる意味がある。溝は、田畑や村に縦横に通したみぞ。広さ四尺、深さ四尺という。

【溝澮】「溝洫」に同じ。

【溝壑】谷。谷ま。谷あい。

【溝渠】みぞ。ほり。下水。

【溝洫】田畑の間のみぞ。

【溝池】①みぞや池。②城のほり。

【溝中瘠】みぞに落ちて死んだ人の死体。〈荀子・栄辱〉

【溝瀆】みぞ。どぶ。

◆下水溝・排水溝

氵10 【滉】〔13〕 人 コウ漢 上 養 (クワウ) huǎng ホワン　J6270 補― U6EC9

意味 ①滉瀁は、水が深く、広いさま。②滉瀁は、水が揺れうごくさま。

解字 会意・形声。氵と晃を合わせた字。晃は音をも示す。氵は水、晃はひろがる意がある。そこで滉は水が深く広いさまを意味する。

名前 ひろ・あきら・ひろし

【滉洋自恣】学問・知識がゆたかで、応用力のあるさま。

水10 【溘】〔13〕 コウ漢 入 合 (カフ) kè コー　J6269 補― U6E98

意味 ①〈たちまち〉にわかに。急に。②おおいかくす。

【溘焉】不意に。急に。人の死の形容に用いられる語。

【溘溘】①水の流れる音。②寒いさま。

【溘死】不意に死ぬこと。急死。

【溘然】「溘焉」に同じ。

水10 【滈】〔13〕 コウ漢 上 皓 (カウ) hào ハオ　J― 補4022 U6EC8

意味 ①長雨。②水勢が雄大なさま。③川の名。陝西省西安市の西を流れ、渭水にそそぐ。=鎬・鄗 ④地名。周の旧都。=鎬

水10 【溷】〔13〕 一 コン漢 一去 願 hùn フン　二 コン漢 二平 元 hún フン　J6271 補― U6EB7

意味 一①〈みだ・れる(――・る)〉〈みだ・す〉=混 ②〈にご・る〉=混 ③〈けが・れる(――・る)〉〈けが・す〉 ④〈かわや(かはや)〉便所。「溷廁」⑤豚小屋。二むしあつい。

【溷淆】入り乱れる。混乱する。溷肴。

【溷濁】①にごること。にごり、よごれること。よごれ。=混濁 ②国意識がはっきりしなくなること。=混濁

水10 【溠】〔13〕 サ漢 去 禡 zhà チャー　J― 補4010 U6EA0

意味 川の名。扶恭河。湖北省を流れる。

水10 【溹】〔13〕 サク漢 入 薬 suǒ スオ　J― 補― U6EB9

意味 川の名。河南省の須索河の上流。

水10 【溮】〔13〕 シ漢 平 支 shī シー　J― 補4013 U6EAE

意味 川の名。河南省を流れ、淮水にそそぐ。

水10 【㴲】〔13〕 シ漢 平 支 sī スー　J― 補― U3D32

意味 川の名。百泉河ともいい、河北省にある。

氵10 【滓】〔13〕 標 シ漢 サイ慣 上 紙 zǐ ツー　J6272 補― U6ED3

意味 ①〈おり〉沈殿物。②〈かす〉③ちり。くず。

水10 【溲】〔13〕　J6276 補― U6EB2

水9【溲】〔12〕[本字] U補J 23E08　[一] シュウ(シウ) [漢] [一][上] 有 sǒu ソウ　[二] シュウ(シウ) [漢] [二][平] 尤 sōu ソウ
[意味] [一] ①ひたす。②あらう。また、米をとぐ。③粉をこねる。[二] ①米をとぐ音。②小便。
【溲器】(しゅうき(しうき)) 便器。しびん。おまる。

水10【溴】〔13〕 [一] シュウ(シウ) [漢] [一][去] 宥 chòu チョウ　[二] シュウ [慣] [二] ── xiù シウ　U補J ②7903 6EB4
[意味] [一] 水の気。[二] [現] 元素名。臭素(Br)。

氵10【準】〔13〕[学] 5 ジュン　[一] シュン [漢] [呉] ジュン [慣] [一][上] 軫 zhǔn チュン　[二] セツ [漢] [二][入] 屑 zhuó チュオ　U補J 2964 6E96

[筆順] 氵 氵 汁 汁 汁 淮 準

氵10【凖】〔12〕[同字] U補J 5037 51D6
[意味] [一] ①《みずもり(みづもり)》水平をはかる道具。水準器。②水平。③めやす。「基準」④《なぞら・える(──・ふ)》てほんにする。「準拠」⑤はかる。推測する。⑥ただす。⑦《ひとし・い(ひと・し)》⑧正確な。⑨抵当にする。⑩鼻すじ。⑪ゆるす。＝准 ⑫[現] たしかに。[二] 鼻すじ。[国]《じゅん》あるものになぞらえる意、つぐ意をあらわす接辞。「準優勝」

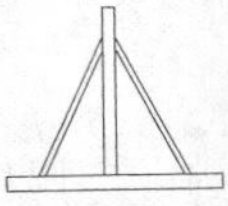
(準[一]①)

[解字]  形声。氵が形を表し、隼が音を示す。氵は水。隼には、ずっしりと落ちつく、平らかなどの意がある。準は、水平をはかる水準器。一説に、音符の隼は、また、はやぶさの意であり、準は、はやぶさの形をした水準器という。

[名前] とし・のり・なろう

【準拠(據)】(じゅんきょ) ①のっとる。より従う。②標準。

【準縄(繩)】(じゅんじょう) ①水平をはかるのに使う水もりと、直線を引くのに使うすみなわ。②標準。のり。規則。「規矩準縄」

【準則】(じゅんそく) ①のっとること。手本にすること。②のっとるべき規則。

【準的】(じゅんてき) まと。めど。標準。標的。

【準備】(じゅんび) [一] そなえる。用意する。したく。[二] チュンペイ zhǔnbèi [現] [一] に同じ。

【準用】(じゅんよう) [国] 手本として使う。ある規定を標準として他の同じような場合に適用する。

【準時】(チュンシー zhǔnshí) [現] 時間どおりに。定刻に。

【準確】(チュンチュエ zhǔnquè) [現] たしかである。正確。
▷水準・規準・基準・照準・標準

水10【滁】〔13〕 チョ [漢] ジョ(ヂョ) [慣] [平] 魚 chú チュー　U補J ①8694 4019 6EC1
[意味] ①川の名。滁河。安徽省肥東県から流れでて、長江にそそぐ。②州の名。
【滁州】(じょしゅう(ぢょしう)) 地名。安徽省東部にある。欧陽脩の酔翁亭がある。

水10【溭】〔13〕 ショク [漢] ジキ [呉] [入] 職 zé ツォー　U補J 4012 6EAD
[意味] 溭減は、波の揺れ動くさま。

水10【溽】〔13〕 ジョク [漢] [入] 沃 rù ルー　U補J 6273 6EBD
[意味] ①むし暑い。②うるおう。しめる。③味がこい。
【溽暑】(じょくしょ) ①むし暑いこと。むし暑さ。②[国] 陰暦六月。

水10【溱】〔13〕 シン [漢] [平] 真 zhēn チェン　U補J ①8693 4014 6EB1
[意味] ①溱溱は、多いさま。さかんなさま。②川の名。溱水。河南省の開封の近くを流れる。

水10【湆】〔13〕 シン [漢] [呉] [去] 震 jìn チン　U補J 4007 6E8D
[意味] ①川の名。②水のさま。

水10【溯】〔13〕 ソ [漢] [去] 遇 sù スー　U補J 6274 6EAF
[意味] ①《さかのぼ・る》＝泝・遡 ②回想する。
[参考] 熟語は「遡」(一二五三ページ・下)を見よ。

水10【滄】〔13〕 ソウ [漢] (サウ) [平] 陽 cāng ツァン　U補J 6275 6EC4
[意味] ①寒い。＝滄 ②青々として広いさま。＝蒼 ③海。おおうなばら。

[参考]「滄」は本来別字だが、あてて用いることがある。

【滄海】(そうかい(さうかい)) おおうなばら。大海。【──遺珠】(そうかい(さうかい)のいしゅ(ゐしゅ)) 大海の中に取り残された宝珠。世に知られていない賢者のたとえ。〈新唐書・狄仁傑伝〉【──之一粟】(そうかい(さうかい)のいちぞく) 大海の中のひとつぶの粟。ごく小さな、とるにたりない物のたとえ。〈蘇軾・前赤壁賦〉

【滄江】(そうこう(さうかう)) 青々とした川。長江をさす。

【滄洲】(そうしゅう(さうしう)) 川が湾曲して洲になっている所。隠者の住む所といわれる。

【滄波】(そうは(さうは)) 青々とした波。

【滄茫】(そうぼう(さうばう)) 青々とした水がはてしなく広がるさま。

【滄冥】(そうめい(さうめい)) はてしない青うなばら。大海。滄溟。

【滄浪】(そうろう(さうらう)) ①青々とした水の色。②川の名。漢水。【──詩話】(そうろう(さうらう)しわ) 書名。宋の厳羽の著。詩論書として代表的なもの。【──之水清兮、可以濯吾纓】(そうろう(さうらう)のみずすまば、もってわがえいをあらうべし(みづすまば、もってわがえいをあらふべし)) 滄浪(川の名)の水がすんでいたら、わたしの冠のひもを洗えばよい。兮は、語調をととのえる助詞。〈孟子・離婁上〉

【滄桑之変(變)】(そうそう(さうさう)のへん) 滄海が一変して桑畑となる。世の移り変わりの激しいことのたとえ。仙人の麻姑が東海が三度も桑畑に変わったのを見た故事による。〈神仙伝・麻姑〉↓「桑田碧海」(六四一ページ・下)

氵10【滞】〔13〕[常] タイ　とどこおる　U補J 3458 6EDE
[旧字] 氵11【滯】〔14〕[人] テイ [漢] タイ [慣] [去] 霽 zhì チー　U補J 6292 6EEF

[筆順] 氵 氵 汁 汁 汫 洪 滞 滞

[意味] ①《とどこお・る(とどこほ・る)》㋐(水が)たまる。㋑はかどらない。②こだわる。「滞泥」③久しい。④すてる。⑤すてられた。のこされた。
[解字]  形声。氵が形を表し、帶が音を示す。氵は水。帶は、おびで、じっと止まって動かない意味がある。滞は、水が止まって流れないこと。

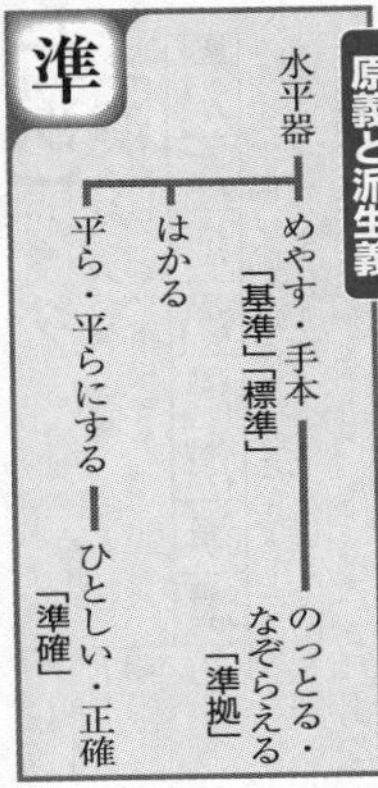

【滞淹】長くとどこおる。転じて、賢人が世に埋もれていること。

【滞貨】①売れ残りの品物。たなざらし。

【滞礙】①とどこおる。②さまたげ。

【滞思】胸につもった思い。晴れない気持ち。滞想。滞念。

【滞留】とどこおりとどまる。滞在する。

【不レ滞レ物、不レ著レ事】無欲で、物事にこだわったり、執着したりしない。〈徳川光圀・梅里先生碑〉

◁▶沈滞・延滞・停滞・渋滞・遅滞・凝滞

水10【溙】〔13〕タイ 漢 去 泰 tài タイ U補J 6E99 4009
意味 ①水のさま。②流す。洗う。＝汰

水10【溠】〔13〕チ 漢 上 紙 zhì チー U補J 6ECD 4024
意味 ①川の名。今は沙河といい、河南省にある。②溠陽は、県名。今の河南省宝豊県にあたる。

水10【滀】〔13〕チク 漢 入 屋 chù チュー U補J 6EC0 4018
意味 ①水がたまる。②気がふさがる。③むっと怒るさま。「滀乎」

氵10【溺】〔13〕常 デキ おぼれる U補J 6EBA 3714
■ デキ 漢 入 錫 nì ニー
■ ジョウ(デウ) 漢 ニョウ(ネウ) 呉 去 嘯 niào ニアオ

筆順 氵 氵 氵 氵 汈 汈 溺 溺

水10【溺】〔13〕俗字 U補J ―――
意味 ■〈おぼ・れる(――・る)〉①水におぼれる。②酒色にふける。③困難に陥る。■小便。＝尿
解字 形声。氵が形を表し、弱じゃくが音を示す。氵は水。弱は、弓のように曲がっていて、細い毛のように弱いものを二つ並べて、合わせてよわいことを意味する。溺は、水の中でよわり、おぼれることを表す。弱と通じて、よわよわしい意も表し、また、尿とも通じる。
【溺愛】むちゃくちゃにかわいがる。また、その愛情。
【溺死】水におぼれて死ぬ。水死。
【溺職】職務に堪えないこと。

【溺惑】物事にむちゅうになって、分別がなくなる。

【溺壺】便器。小便つぼ。溺器。

◁▶沈溺・耽溺

水10【滇】〔13〕テン 漢 平 先 diān ティエン U補J 6EC7 4021 ①8701
意味 ①滇池は、雲南省昆明市にある湖の名。②戦国時代に滇池付近にあった国名。③雲南省の別称。

水10【溏】〔13〕トウ 漢 (タウ) 平 陽 táng タン U補J 6E8F 6279
意味 ①いけ。②どろ水。③うすい。④現どろりとしたもの。

水10【溚】〔13〕■ トウ 漢 (タフ) ■ 入 合 dá ター ■ トウ 漢 (タフ) ■ 入 合 tǎ ター U補J 6E9A ―――
意味 ■うるおう。■①川の名。山東省西北部にあった。②現理タール。

水10【溻】〔13〕トウ 漢 (タフ) 入 合 tā ター U補J 6EBB 4016
意味 ①しめる。うるおう。②現汗でびっしょりになる。

水10【滔】〔13〕トウ 漢 (タウ) 平 豪 tāo タオ U補J 6ED4 6277
水9【滔】〔12〕俗字 U補J 3D1E ②7894
意味 ①〈はびこ・る〉水がみなぎりあふれるさま。満ちる。②広く大きいさま。③むらがり集まる。④(激しく)うごく。
参考 「滔かん」は別字。
【滔天】水が天までみなぎりあふれる。転じて、天をあなどるほどに勢いのものすごく激しいことにいう。
【滔滔】①広大なさま。②水などが勢いよく流れ行くさま。「滔滔逝水流二今古一」(川の水は、昔から今まで、なんの変わりもなく滔々と流れつづけている。)〈曽鞏の詩・虞美人草〉③水の流れるように弁舌のよどみないさま。④おごりたかぶり傲慢なさま。

水10【滕】〔15〕トウ 漢 平 蒸 téng トン U補J 6ED5 6278
意味 ①水がわきあがる。②周代の国名。文王の子の国。今の山東省滕州市西南。③姓。
【滕王閣】楼閣の名。唐の太祖の弟の李元嬰によって新建(今の江西省新建県)に建てられた。

氵10【漠】〔13〕常 バク U補J 6F20 3989
水11【漠】〔14〕旧字 U補J ―――
バク 漢 マク 呉 入 薬 mò モー

筆順 氵 氵 氵 泮 泮 潢 漠 漠

意味 ①広い砂はら。「砂漠」②ひろびろとしてはてしないさま。③しずかなさま。＝寞ばく ④はっきりしないさま。

解字 形声。氵が形を表し、莫ばくが音を示す。莫は、おおいかくす意味がある。漠は、水のないさばく。

名前 とお・ひろ
【漠然】①広くてはてのないさま。②ぼんやりしていて、つかみどころのないさま。

【漠南】ゴビ砂漠の南の地。

【漠漠】①広大なさま。②いちめんにひろがっているさま。③ぼんやりしていて、とりとめのないさま。

【漠北】ゴビ砂漠の北の地。

◁▶広漠・沙漠・空漠・砂漠・茫漠

水10【澥】〔13〕ハン 漢 呉 去 翰 pàn パン U補J 6EBF 4017 ②7904
意味 みぎわ。岸。＝泮はん
姓 川澥かわばた 地名 池澥いけ

水10【溥】〔13〕■ ホ 漢 フ 漢 ■ 上 麌 pǔ プー ■ ハク 漢 ■ 入 薬 pò ポー U補J 6EA5 6280
意味 ■①広大な。溥大。②〈あまね・し〉すみずみまで行きわたっている。＝普 ③水辺。＝浦 ■溥漠はくばくは、鳥の羽が水面をかすめるさま。
【溥洽】恩恵などがあまねくゆきわたる。
【溥天】あめがした。天下。天のおおうかぎり。＝普天

水10【滏】〔13〕フ 漢 上 麌 fǔ フー U補J 6ECF 4026
意味 ①川の名。滏水。今の河北省磁県にある滏陽河。②滏陽は昔の県名。今の河北省磁県にあたる。

水10【滂】〔13〕ホウ(ハウ) 漢 ボウ(バウ) 慣 平 陽 pāng パン U補J 6EC2 6281
雨13【霶】〔21〕同字 U補J 9736 ②9189
意味 ①水または涙がさかんに流れるさま。②水の音。③広々としたさま。
【滂潤】うるおす。広くうるおす。

【滂沱】(ぼうだ)(ぼう) ①雨がはげしく降るさま。②涙がとめどもなくこぼれるさま。

【滂沛】(ぼうはい)(ぼう) ①水が豊かで広大なさま。②雨がさかんに降るさま。③気力が高大でさかんなさま。④恩恵がゆきわたっているさま。

【滂湃】(ほうはい)(はう) 水の勢いがさかんなさま。＝澎湃

【滂薄】(ぼうはく)(ぼう) ①水の勢いがさかんなさま。②気の勢いがさかんなさま。③混じり合って一つになっている。

【滂洋】(ぼうよう)(ばうやう) ①広々としたさま。②盛大なさま。

水10【溟】〔13〕 ミョウ(ミャウ) 呉 メイ 慣 ｜ 平 青 míng ミン ｜ J 6282 補 ― U 6E9F

意味 ①〈くら・い(――・し)〉うすぐらい。②海。おおうなばら。溟海。③海の水の黒ずんださま。④小雨にかすむ。

参考「溟」は別字。

【溟溟】(めいめい) ①うすぐらいさま。＝冥冥 ②奥深くてはかり知ることのできないさま。

【溟蒙】(めいもう) 小雨が降ってぼんやりしているさま。また、小雨。

【溟沐】(めいよく) 小雨が降るさま。また、小雨。

氵10【滅】〔13〕 常 メツ ほろびる・ほろぼす

ベツ 漢 メチ 呉 メツ 慣 ｜ 入 屑 miè ミエ ｜ J 4439 補 ― U 6EC5

筆順 氵 氵 汇 汇 泝 泝 滅 滅

意味 ①〈ほろ・びる(――・ぶ)〉〈ほろぼ・す〉たえる。うしなう。「滅亡(めつぼう)」②火をけす。消える。③しずむ。④死ぬ。

解字 形声。氵が形を表し、威(めつ)が音を示す。氵は水。威は、火だねを消してしまう意味を持つ。滅は、火を水で消すこと、尽きることの意味になる。

難読 滅入(めい)る・滅茶(めちゃ)・滅金(めっき)

【滅却】(めっきゃく) ①ほろびる。ほろぼす。つぶす。②問題にしない。無視する。

【滅口】(めっこう) 秘密を守るために人を殺す。転じて、口止めをすること。

【滅国(國)】(めっこく) ほろびた国。

【滅罪】(めつざい) 仏 善を行い、罪悪を消滅すること。

【滅相】(めっそう)(さう) ①仏 万物がほろびるすがた。②国 とんでもない。法外な。むやみな。

【滅多】(めった) 国 分別(ふんべつ)のないさま。むやみやたらな。めちゃくちゃ。

【滅亡】(めつぼう)(ばう) ほろびてなくなる。滅没(めつぼつ)。

【滅法】(めっぽう)(ほふ) ①仏 いっさいの現象から離れて、悩みや苦しみをなくす法。②国 むやみに。非常に。たいへん。法外な。

【滅名】(めつめい) 名誉を失う。

【滅裂】(めつれつ) 散り散りでめちゃくちゃなさま。統一のないさま。「支離滅裂」

▽入滅(にゅうめつ)・不滅(ふめつ)・仏滅(ぶつめつ)・幻滅(げんめつ)・必滅(ひつめつ)・自滅(じめつ)・死滅(しめつ)・全滅(ぜんめつ)・明滅(めいめつ)・点滅(てんめつ)・消滅(しょうめつ)・破滅(はめつ)・寂滅(じゃくめつ)・隠滅(いんめつ)・絶滅(ぜつめつ)・撃滅(げきめつ)・撲滅(ぼくめつ)・磨滅(まめつ)・壊滅(かいめつ)・生者必滅(しょうじゃひつめつ)

氵10【溶】〔13〕 常 ヨウ とける・とかす・とく

ヨウ 漢 ユウ 呉 ｜ 平 冬 róng ロン ｜ J 4547 補 ― U 6EB6

筆順 氵 氵 沪 沱 浓 浓 溶 溶

意味 ①水がさかんに流れるさま。②ゆったりしたさま。③〈と・ける(―・く)〉固体が水や熱でとけて液体になる。④〈と・く〉〈とか・す〉

解字 形声。氵が形を表し、容(よう)が音を示す。氵は水。容は、ゆったりとして盛り入れる意味がある。溶は、水をいっぱいに汲(く)み入れることである。また、鎔(よう)と通じて、とける意味にもなる。

参考 新表記では、「熔」「鎔」の書きかえに用いる。

【溶液】(ようえき) 理 ある物質をとかした液。

【溶解】(ようかい) ①とかす。とける。②金属を熱し液状にする。「鎔解」＝」

【溶(「熔」)岩】(ようがん) 火山からふき出すどろどろにとけた岩石。また、それが冷えてかたまった物。ラバ。

【溶媒】(ようばい) 理 水やアルコールのように、物質をとかすなかだちをする液体。

【溶溶】(ようよう) 広大なさま。ゆったりしたさま。豊(ゆた)かなさま。

【溶漾】(ようよう)(やう) 波のゆらぐさま。

水10【滃】〔13〕 ヨウ 漢 ｜ 平 冬 yōng ヨン ｜ J ― 補 ― U 3D29

水18【灉】〔21〕 本字 ｜ J 4126 補 ― U 7049

意味 川の名。山東省を流れる黄河(こうが)の支流。

水10【溧】〔13〕 リツ 漢 ｜ 入 質 lì リー ｜ J ②7902 補 4011 U 6EA7

意味 川の名。溧水。安徽(あんき)省を流れて太湖(たいこ)にそそぐ。

参考「凓(りつ)」は別字。

氵10【溜】〔13〕 人 標 一 リュウ 漢 (リウ) 一 去 宥 liù リウ 二 リュウ 漢 (リウ) 二 平 尤 liú リウ ｜ J 4615 補 ― U 6E9C

水12【澑】〔15〕 本字 ｜ J 6317 補 ― U 6F91

意味 一 ①川の名。広西(カンシー)チワン族自治区にあった。潭水(たんすい)。②流れる。③〈したた・る〉しずくが落ちる。④しずく。水滴。雨だれ。⑤雨だれ受け。＝霤(りゅう) 二 ①すべる。すべり落ちる。②こっそり逃げ去る。国 ①〈たま・る〉集まりとどまる。とどこおる。②〈たまり〉㋐おおぜいの人が集まって待つ所。㋑醤油(しょうゆ)の一種。③〈ため〉ためておくこと。ためておく所。

参考 新表記では、「留」に書きかえる熟語がある。

【溜飲】(りゅういん)(りう) 国 たべ物が胃の中にたまって、すっぱい液がしみでる状態。「溜飲がさがる」(不平・不満がいっぺんにふきとぶこと。)

【溜溜】(りゅうりゅう)(りうりう) 水のしたたる音。

【溜亮】(りゅうりょう)(りうりやう) はっきりしているさま。

氵10【滝】〔13〕 常 たき

旧字 氵16【瀧】〔19〕 人

一 ロウ(ラウ) 漢 一 平 江 lóng ロン
二 ロウ 漢 二 平 東 lóng ロン
三 ソウ(サウ) 漢 三 平 江 shuāng ショワン
｜ J 3476 補 ― U 6EDD ｜ J 3477 補 ― U 7027

筆順 氵 氵 氵 泸 浐 浐 淹 滝

意味 一 はやせ。急流。二 滝滝(ろうろう)は、雨の降るさま。三 ①川の名。広東(カントン)省郁南(いくなん)県から流れでる。②滝岡(そうこう)は、地名。江西(こうせい)省永豊(えいほう)県にある。国〈たき〉高い所から流れ落ちる水。

解字 形声。氵が形を表し、龍(りょう)が音を示す。氵は水。龍には、かすかという意味と、ぽとぽと落ちる意味とを含む。瀧は、雨がかすかに降ることと、雨だれが落ちることを表す。

名前 よし・たけし

地名 滝川(たきかわ)

【滝口】(たきぐち) 国 ①滝の落ち口。②昔、皇居の清涼殿(せいりょうでん)東北方にあった場所の名。また、そこをひかえ室にした武士。

水10【滘】〔13〕 jiào チアオ ｜ 意味 現 川の支流。多く、地名に用いられる。 ｜ J ― 補 ― U 6ED8

広東(カントン)省に多い。＝滘(こう)

水10【溢】〔13〕 同 →溢(七四二ジベー・下)

水10【滙】〔13〕 同 →匯(一八九ジベー・下)

氵10【溫】〔13〕 旧 →温(七三六ジベー・下)

水10【涵】〔13〕 同 →涵(七二八ジベー・上)

心(忄・⺗)戈戸(戶)手(扌)支攴(攵) 4画 文斗斤方无(旡・旡)日曰月(月)木欠止歹殳毋比毛氏气水(氵・氺)火(灬)爪(爫・⺥)父爻爿片牙(牙)牛(牜)犬(犭)

水10【溪】〔13〕旧 ↓渓(七二八ジ・中)

水10【滋】〔13〕旧 ↓滋(七三八ジ・下)

水10【濅】〔13〕同 ↓浸(七二二ジ・中)

水10【漭】〔13〕俗 ↓漭(七五五ジ・下)

水10【溓】〔13〕本 ↓濂(七五八ジ・上)

氵10〘塗〙↓土部十画(二九七ジ・下)

水10【滾】〔13〕同 ↓滾(七四九ジ・上)

水10【溼】〔13〕本 ↓濕(七三九ジ・上)

水10【滖】〔13〕本 ↓深(七三〇ジ・下)

水10【漣】〔13〕俗 ↓漣(七五一ジ・下)

氵10〘羨〙↓羊部七画(九九五ジ・中)

水11【漪】〔14〕イ 漢 平 支 yī イー　J ①8706 補 4044 U 6F2A

意味 ①〈さざなみ〉小さい波。②岸辺。

【漪瀾】いらん なみ。さざなみとおおなみ。

水11【潁】〔15〕エイ 漢 上 梗 yǐng イン　J 6283 補 4041 U 6F41

意味 川の名。河南かなん省から安徽あんき省を流れ淮河わいがにそそぐ。

【潁水隠(隱)士】えいすいいんし 尭ぎょうの時、世を避けて潁水のほとりに隠れすんだ許由きょゆうのこと。↓「許由」(一一四九ジ・中)

氵11【演】〔14〕学 5 エン　エン 漢 呉 上 銑 yǎn イエン　J 1773 補 U 6F14

筆順 氵 氵' 氵宀 氵宀 氵宀 氵宀 氵宀 演

意味 ①遠くへ流れていく。②しみこむ。うるおす。③〈の・べる(―・ぶ)〉㋐おし広める。㋑説明する。「講演」④(劇・舞踊・楽奏などを)おこなう。「演奏」⑤訓練する。「演武」

解字 演 形声。氵が形を表し、寅いんが音を示す。氵は水。寅は、長く引く意味がある。演は、水が長く延びて流れることである。

名前 ひろ・ひろし 難読 演物だしもの

【演迤】えんい ①絶えず続くさま。②広まる。流伝する。③文章の勢いが流れるように進むこと。

【演繹】えんえき ①説明し、述べること。②哲 ある一つの原理を土台として、これによって他の事実をも推論し説明すること。↔帰納きのう

【演義】えんぎ ①意義または道理を引きのばして説明すること。②歴史上の事実を小説化したもの。演義小説。

【演戯(戲)】えんぎ 芝居を演じる。

【演芸(藝)】えんげい 国多くの人の前で、劇・落語・講談・踊り・曲芸などをしてみせること。また、その芸。

【演劇】えんげき 俳優が舞台で脚本の内容を実際に演じて見せる芸術。芝居しばい。

【演算】えんざん 数式に従って数値を計算すること。運算うんざん。

【演習】えんしゅう(しふ) ①けいこする。練習する。②軍隊が野外で行う戦闘の実地練習。

【演出】えんしゅつ 日 変化して新たに生まれ変わる。日イエンチュー yǎnchū 現 公演する。上演する。

【演説】えんぜつ ①解き明かす。述べて明らかにする。②多くの人の前で、自分の主義・主張や意見を述べること。

【演奏】えんそう 音楽を奏する。

【演武】えんぶ 武芸をけいこすること。

【演漾】えんよう(やう) ①波がゆれるさま。②ただよいゆらぐさま。

【演員】ユワン yǎnyuán 現 演技者。出演者。俳優。

◆上演じょう・公演こう・出演しゅつ・共演きょう・実演じつ・独演どく・開演かい・熱演ねつ・講演こう

水11【漚】〔14〕日 オウ 漢 去 宥 òu オウ　日 オウ 漢 平 尤 ōu オウ　J ①8704 補 4040 U 6F1A

意味 日〈ひた・す〉水につける。やわらかくする。日 ①あわ。気泡。②かもめ。漚鳥おうちょう。＝鷗

水11【漷】〔14〕カク(クヮク) 漢 入 薬 huò フオ　U 6F37 補 J

意味 山東さんとう省を流れる川の名。

水11【漍】〔14〕カク(クヮク) 漢 入 陌 guó クオ　J 補 4037 U 6F0D

意味 川の名。

水11【漶】〔14〕カン(クヮン) 漢 去 翰 huàn ホワン　J ②7916 補 4048 U 6F36

意味 曼漶まんかんは、文字などがはっきりしないさま。＝漫漶

氵11【漁】〔14〕学 4 ギョ・リョウ　ギョ 漢 ゴ 呉 リョウ(レフ) 慣 平 魚 yú ユィ　J 2189 補 U 6F01

筆順 氵 氵' 氵𠂊 氵𠂊 氵鱼 氵鱼 漁

意味 ①〈すなど・る〉〈いさ・る〉魚や貝を捕らえる。②〈あさ・る〉さがしまわる。うばいとる。③漁夫。「漁人」「漁者」④姓。

解字 漁 会意・形声。氵と魚とを合わせた字。魚ぎょは音をも示す。氵は水。漁は、水中のうおをとることである。

参考 音リョウ(レフ)は、もともと「猟」の字からできた国訓。

【漁翁】ぎょおう(をう) 年とった漁夫。

【漁火】ぎょか(くゎ) いさりび。夜、魚をとるために燃やす火。

【漁歌】ぎょか 漁夫のうたう歌。

【漁獲】ぎょかく(くゎく) 魚などの水産物をとること。また、そのとれた物。

【漁戸】ぎょこ 漁夫の家。漁家。

【漁舟】ぎょしゅう(しう) 漁をする舟。いさり舟。漁船。

【漁樵】ぎょしょう(せう) ①魚をとることと、木を切ること。②りょうしときこり。また、そういう生活。

【漁色】ぎょしょく つぎからつぎへと女をあさり求めること。

【漁船】ぎょせん 魚をとる船。魚つり舟。いさりぶね。

【漁罾】ぎょそう 漁夫のよつで網あみ。

【漁村】ぎょそん 漁業によって生活している村。

【漁奪】ぎょだつ 民の物をうばいとる。

【漁釣】ぎょちょう(てう) 魚をつること。魚つり。

【漁汀】ぎょてい 漁村の岸べ。

【漁夫】ぎょふ 魚をとる漁師りょうし。漁父。【――之利】ぎょふのり「漁父之利」に同じ。

【漁父】ぎょふ・ぎょほ りょうし。漁夫。父は、年輩ねんぱいの男を意味する。【――辞(辭)】ぎょほのじ 戦国時代、楚その屈原くつげんが、漁夫と問答する形式で自分の不遇な境遇と、それに対する信念とを述べた文。文選もんぜん・史記・古文真宝後集こぶんしんぽうこうしゅうなどに収録。【――之利】ぎょふのり・ぎょほのり しぎ(鳥の一種)とどぶがい(貝の一種)とが争っているうち、漁夫が双方ともつかまえたという故事から、両者が争っている間に第三者が利益を横取りすること。〈戦国策せんごくさく・燕えん〉

【漁浦】ぎょほ 漁村のある海べ。

【漁陽】ぎょよう(やう) 地名。今の北京市の東北にある。安禄山あんろくざんの赴任していた所。

【漁利】ぎょり ①漁業の利益。②人をだまして利益を得ること。

【漁猟(獵)】ぎょりょう(れふ) 魚をとったり、狩りをしたりする。

【漁労(勞・撈)】ぎょろう(らう) 水産物をとること。

◆大漁たいりょう・不漁ふりょう・出漁しゅつぎょ・しゅつりょう・密漁みつりょう・禁漁きんりょう

水11【漌】〔14〕キン 漢 上 吻 コン 呉 jǐn チン　J ②7913 補 4036 U 6F0C

意味 ①すんでいる。②ひたす。

水11【滬】〔14〕コ 漢 上 麌 hù フー　U 補 J ―

水11【滬】〔14〕字 J6286 俗 U6EEC
意味 ①えり。あじろ。竹の簀を立てて魚を捕るしかけ。②川の名。上海の東北にある松江の下流。滬瀆ともいう。③上海の別称。

水11【滸】〔14〕コ 漢 上 麌 hǔ フー U補J 6287 6EF8
意味〈ほとり〉みずぎわ。岸。ほとり。

水11【滹】〔14〕コ 漢 上 麌 hū フー U補J ②7910 4030 6EF9
意味 ①〈ほとり〉みずぎわ。=滸 ②滹沱は、川の名。山西省から河北省をへて黄河にそそぐ。

水11【滱】〔14〕コウ 漢 去 宥 kòu コウ U補J 6EF1
意味 川の名。山西省にあり、河北省に入って唐河とよばれる。

水11【漖】〔14〕コウ(カウ) 漢 キョウ(ケウ) 呉 去 効 jiào チアオ U補J
意味 ①川の名。②現地名に多く用いられる。広東省に多い。=滘
水11【漖】〔14〕同字 U補J 4038 6F16

水11【滶】〔14〕ゴウ 漢 平 豪 (ガウ) áo アオ U補J 6EF6
意味 昔の川の名。河南省魯山県から流れだし、汝水にそそぐ。

水11【滾】〔14〕コン 漢 上 阮 gǔn クン U補J 6288 6EFE
水10【滚】〔13〕同字 U補J 6EDA
意味 ①水のさかんに流れるさま。=渾 ②〈たぎ・る〉湯がわきかえる。③ころころころがる。④現出ていけ。ののしる時に使うことば。
【滾滾】①水がさかんにわき出るさま。=混混 ②ころころころがるさま。③移り変わるさま。

水11【漼】〔14〕一サイ 漢 一 上 賄 cuǐ ツォイ 二サイ 漢 二 平 灰 cuī ツォイ U補J ②7917 4050 6F3C
意味 一①深いさま。②涙の流れるさま。二①くじけるさま。=摧 ②漼溰は、雪や霜のつもるさま。

水11【滻】〔14〕サン 漢 上 潸 chǎn チャン U補J ②7911 4031 6EFB
意味 ①涙を流すさま。②川の名。陝西省にあり、西安市を流れ渭水にそそぐ。

氵11【漬】〔14〕常 つける・つかる シ 漢 去 寘 zì ツー U補J 3650 6F2C
筆順 氵 氵一 氵十 氵䒑 氵丰 清 清 漬
意味 ①〈ひた・す〉〈つ・ける(―・く)〉水などにひたす。②〈ひた・る〉〈つか・る〉③しみこむ。④染める。⑤感化する。国〈つ・ける(―・く)〉〈つか・る〉つけものにする・なる。
解字 形声。氵が形を表し、責が音を示す。責には、積み重ねる意味がある。漬は、水中に物を積み重ねてひたすこと。音シは、責の音セキの変化。
【漬浸】水などにひたる。ひたす。染める。
◆粕漬・酢漬・塩漬・味噌漬・味醂漬

水11【漦】〔15〕シ 漢 平 支 chí チー U補J 4042 6F26
意味 ①流れる。したたる。②竜の口から出るあわ。

氵11【漆】〔14〕常 シツ うるし シツ 漢 シチ 呉 入 質 qī チー U補J 2831 6F06
筆順 氵 汁 汢 沐 汰 浃 漆 漆
意味 ①〈うるし〉㋐木の名。ウルシ科の落葉高木。㋑うるしの樹液から作った塗料。②(うるしのように)黒い。③うるしを塗る。④川の名。陝西省彬県にあり、渭河にそそぐ。
解字 形声。氵が形を表し、桼が音を示す。氵は水。桼は、木と㳄とを合わせた字で、木の下に、汁がしみ出て、点々と落ちる形を表す。つまり、桼が、うるしの木の意味を持っている。漆はもともと川の名であるが、桼に氵を加えた形で、うるしの意味に使った。
【漆園】戦国時代の思想家荘子が役人となったとされる地。【―吏】漆園の役人。荘子の別称。
【漆器】うるしぬりのうつわ。塗り物。
【漆喰】国石灰・粘土・ふのり・わらなどをまぜてこね、壁・天井などにぬるもの。=漆食
【漆工】うるしぬりの職人。
【漆黒】まっくろ。うるしのように黒いこと。
【漆書】うるしで書くこと。
【漆宅】ひつぎ。死体を収める箱。
◆乾漆・膠漆

水11【滫】〔14〕シュウ 漢 上 有 (シウ) xiǔ シウ U補J ②7909 4027 6EEB
意味 ①米のとぎ水などのくさったもの。②かきまぜてなめらかにする。
【滫瀡】でんぷんをからめて、食品にとろみをつける。

水11【潊】〔14〕ショ 漢 ジョ 呉 上 語 xù シュイ U補J ②7908 6F35
意味 川の名。湖南省を流れ、沅水にそそぐ。

水11【漳】〔14〕ショウ 漢 平 陽 (シャウ) zhāng チャン U補J ①8708 4047 6F33
意味 川の名。①河北省を流れて衛河にそそぐ。②福建省にあり、海にそそぐ。

水11【漿】〔15〕標 ショウ 漢 平 陽 (シャウ) jiāng チアン U補J 6289 6F3F
意味 ①〈こんず〉㋐粟などから作ったすっぱい汁。㋑米を煮て作った汁。おもゆ。②飲み物の総称。③どろりとしたもの。④服をのりづけする。
参考「槳」は別字。
◆血漿・岩漿・脳漿

氵11【滲】〔14〕標 一シン 漢 一 去 沁 shèn シェン 二シン 漢 二 平 侵 qīn チン U補J 6290 6EF2
水8【渗】〔11〕俗字 U補J ②7861 6E17
水7【涁】〔10〕俗字 U補J ②7855 6D81
意味 一①〈にじ・む〉〈し・みる(―・む)〉しみでる。しみこむ。②したむ。こす。③水が涸れる。つきる。二滲淫は、ちょろちょろとにじみでるさま。
参考 新表記では、「浸」に書きかえる熟語がある。
【滲出】しみ出る。にじみ出る。
【滲透】しみとおる。=浸透
【滲漏】しみとおりもれる。

水11【漘】〔14〕シン 漢 平 真 chún チュン U補J ②7914 4039 6F18
意味〈みぎわ(みぎは)〉岸。水辺。

水11【漈】〔14〕セイ 漢 去 霽 jì チー U補J 4034 6F08
意味〈みぎわ(みぎは)〉岸。

水11【漩】〔14〕セン 漢 平 先 xuán シュワン U補J 4043 6F29
意味 めぐる。うずをまく。うずまき。

氵11

【漸】〔14〕 常 ゼン

一 セン 漢 ゼン 呉 | 一 上 琰 jiàn チエン
二 セン 漢 | 二 平 塩 jiān チエン
三 サン 漢 ザン 呉 | 三 平 咸 chán チャン
J 3318 補 — U 6F38

筆順 丶 氵 氵 沪 洹 漸 漸 漸 漸

意味 一 ①〈すす・む〉 ㋐少しずつ進む。じわじわ進む。㋑病気が重くなる。②〈ようやく(やうやく)〉しだいに。③糸口。発端。④成長する。⑤通ずる。⑥易えきの卦かの名。 二 ①そそぐ。流れこむ。②〈ひた・す〉〈ひた・る〉 ③うるおす。④そめる。感化する。⑤だます。 三 山が切り立ってけわしい。＝巉ざん

解字 形声。氵が形を表し、斬ざんが音を示す。氵は水。斬には、するどい刃物でわりこんでゆく意味がある。漸は、先に立って、少しずつ進んでゆくことを表す。

名前 つぐ
難読 漸やっと

【漸減】ぜんげん しだいにへって行く。また、へらして行く。
【漸悟】ぜんご 仏しだいに悟っていく。
【漸漬】ぜんし ①水がしだいにしみこむ。②風習などにしだいにそまる。
【漸次】ぜんじ だんだん。しだいしだいに。
【漸進】ぜんしん すこしずつ、だんだんに進むこと。↕急進 【――主義】ぜんしんしゅぎ 国急激な手段をさけ、少しずつしだいに進もうとする主義。
【漸染】ぜんせん そまる。しだいに習慣となる。
【漸漸】ぜんぜん 一 ①しだいに。だんだんと。②麦がすくすくのびているさま。 二 チエンチエン jiànjiàn 現 一の①に同じ。
【漸増(增)】ぜんぞう しだいにふえて行くこと。また、ふやして行くこと。
【漸層(層)法】ぜんそうほう(はふ) 文章で、前の語句を後で承けてだんだんにかさねて表現を強め、効果をあげる方法。

氵11

【漱】〔14〕 人 ソウ 漢 | 去 宥 shù シュー、sòu ソウ
J 6291 補 — U 6F31

意味 ①〈すす・ぐ〉うがいをする。②〈あら・う(――・ふ)〉水を強くかけて洗う。

解字 会意・形声。氵と欶とを合わせた字。欶そくは音をも示す。氵は水、欶は口を忙しく動かす意がある。そこで漱はうがいをする、すすぐなどの意となる。音ソウは、欶の音ソクの変化。

【漱玉】そうぎょく ①玉をすすいで洗う。②水しぶきが飛び散るたとえ。
【漱石枕流】そうせきちんりゅう(りう) →「枕レ流漱レ石ながれにまくらしいしにくちすすぐ」(七二六ページ・上)

氵11

【漕】〔14〕 人 標 ソウ 漢 (サウ) | 平 豪 cáo ツァオ
J 3370 補 — U 6F15

意味 ①〈はこ・ぶ〉物を船ではこぶ。②車や舟。③川が流れを変える所。④春秋時代の地名。今の河南かなん省滑かっ県の東。国〈こ・ぐ〉船をこぐ。「漕艇」

【漕運】そううん(さう) 船で物をはこぶこと。水上運送。
【漕渠】そうきょ(さう) 船で物をはこぶために掘ったみぞ。運河。
【漕漼】そうさい(さう) 水や人声などのざわざわいう音。
【漕転(轉)】そうてん(さう) 船で物を運んで移す。また、船での運送と車での運送。

△▼力漕りきそう・回漕かいそう

水11

【漅】〔14〕 ソウ 漢 (サウ) | 平 肴 cháo チャオ
U補J 6F05 — —

意味 湖の名。安徽あんき省巣湖そうこ市にあり、巣湖そうこともいう。

水11

【漙】〔14〕 タン 漢 | 平 寒 tuán トワン
U補J 6F19 — —

意味 露の多いさま。
参考「漙ふ」は別字。

水11

【漐】〔15〕 チュウ 漢 (チフ) | 入 緝 zhí チー
J ①8703 補 — U 6F10

意味 汗の出るさま。国〈しと・る〉湿しめる。

水11

【漲】〔14〕 一 チョウ 漢 (チャウ) | 一 上 養 zhǎng チャン
二 チョウ 漢 (チャウ) | 二 去 漾 zhàng チャン
J 6293 補 — U 6F32

意味 一 ①〈みなぎ・る〉水がみちあふれる。②潮しおがみちる。みちしお。③現物価があがる。 二 ①増大する。拡大かくだいする。②広がる。ふくれる。

【漲溢】ちょういつ(ちゃう) みなぎりあふれる。
【漲天】ちょうてん(ちゃう) 空一面に広がる。

氵11

【滴】〔14〕 常 テキ しずく・したたる
J 3709 補 — U 6EF4

旧字 水11

【滴】〔14〕 テキ 漢 チャク 呉 | 入 錫 dī ティー
U補J — — —

筆順 丶 氵 氵 汁 泞 浐 渧 滴 滴

意味 ①〈したた・る〉しずくが落ちる。②〈しずく(しづく)〉したたり。③しずくを数えることば。

解字 形声。氵が形を表し、啇てきが音を示す。氵は水。啇には集まるという意味がある。滴は水気が集まってたれるもので、しずくをいう。また、啇は打つ音で、滴は音をたてて落ちる水のことであるともいう。

【滴著】てきちゃく したたり、つく。
【滴滴】てきてき ①しずくの落ちるさま。②つややかで美しいさま。
【滴瀝】てきれき しずくがしたたる。また、しずくのしたたる音。

△▼水滴すいてき・雨滴うてき・点滴てんてき・硯滴けんてき

水11

【滌】〔14〕 テキ 漢 ジョウ(デウ) 慣 デキ 慣 | 入 錫 dí ティー
J 6294 補 — U 6ECC

意味 ①あらう。すすぐ。「洗滌せんでき(せんじょう)」②はらう。のぞく。
参考 新表記では、「浄」に書きかえる熟語がある。

【滌濯】できたく あらいすすぐ。滌洗。
【滌滌】できでき ①日照りで山も川もかわいたさま。②しだいにあたたかくなるさま。
【滌蕩】できとう(たう) ①洗い去る。②ゆれ動くさま。③ほろびる。

水11

【漯】〔14〕 トウ 漢 (タフ) | 入 合 tà ター
J ①8707 補 4045 U 6F2F

意味 川の名。山東さんとう省を流れ、海にそそぐ。

水11

【滕】〔14〕 トウ 漢 | 平 蒸 téng トン
J — 補 4041 U 6F1B

意味 波なみ。

水11

【滭】〔14〕 ヒツ 漢 | 入 質 bì ピー
J — 補 4028 U 6EED

意味 水がさかんにわき出るさま。

水11

【滮】〔14〕 ヒュウ 漢 (ヒウ) | 平 尤 biāo ピアオ
J — 補 4029 U 6EEE

意味 滮池ひゅうちは、川の名。陝西せんせい省西安市の西北を流れる。

氵11

【漂】〔14〕 常 ヒョウ ただよう
一 ヒョウ(ヘウ) 漢 呉 | 一 平 蕭 piāo ピアオ
二 ヒョウ(ヘウ) 漢 呉 | 二 去 嘯 piǎo, piào ピアオ
J 4126 補 — U 6F02

筆順 丶 氵 氵 沪 洒 湮 漂 漂

意味 ━①〈ただよ・う(――・ふ)〉㋐水に浮いてゆらゆらする。㋑波に流される。「漂流」②ひらひら飛ぶ。③風が吹く。＝飄 ━〈さら・す〉水または薬品で白くする。「漂白」

解字 (篆文) 形声。氵が形を表し、票(へう)が音を示す。氵は水。票は、火が飛ぶことで、軽く上がる意味がある。漂は、水の上に浮かぶことである。

【漂寓】ひょう(へう)ぐう 故郷を離れさまよい、異郷に身を寄せる。
【漂説】ひょう(へう)ぜい 遊説(ゆうぜい)する。
【漂蕩】ひょう(へう)とう(たう) ①水上に浮かぶ。②水が激しくぶつかる。③水に財産が流され沈む。④ただよう。⑤光などがゆらぐ。ゆらめく。
【漂白】ひょう(へう)はく ①さらして白くする。②化学薬品を使って白くする。
【漂泊】ひょう(へう)はく ①水の上をただよう。②あてもなくさまよい歩く。さすらい。
【漂母】ひょう(へう)ぼ 水で古わたをさらす女。母は、年輩(ねんぱい)の女性を意味する。
【漂流】ひょう(へう)りゅう(りう) ①水の上を流れのままにただよう。②あちらこちらをさすらい歩く。
【漂淪】ひょう(へう)りん おちぶれてさすらう。
【漂亮】ピアオリアン piàoliang 現 きれいな。すっきりした。

水11【漰】〔14〕 ホウ 漢 ㊥ 蒸 pēng ポン J 4046 補 ― U 6F30
意味 水のぶつかりあう音。

氵11【漫】〔14〕 常 マン バン 漢 マン 呉 ㊦ 翰 màn マン J 4401 補 ― U 6F2B
筆順 氵 氵冂 氵冃 氵昌 氵㬎 氵曼 漫 漫
意味 ①広々としたさま。②いちめんに広がる。「瀰漫(びまん)」③氾濫(はんらん)する。④とりとめがない。「散漫(さんまん)」⑤〈みだりに〉ほしいままに。でたらめに。⑥〈そぞろ〉なんとなく。⑦けがす。
解字 形声。氵が形を表し、曼(まん)が音を示す。氵は水。曼には、長く引く、突き進むの意味がある。漫は、水が道なしに長く突き進んで、いっぱいにひろがることである。
名前 ひろ・みつ
【漫衍】まんえん ①流れあふれるさま。②不規則でとりとめがないさま。③きわまりなく広がりゆくさま。続くさま。
【漫汗】まんかん ①広大なさま。②散乱したさま。
【漫漶】まんかん(くゎん) はっきりしないさま。＝曼漶
【漫興】まんきょう そぞろに興がおこる。なんとなく詩情がわく。
【漫言】まんげん とりとめのないことば。漫談。
【漫然】まんぜん ①なんとはなしに。②まったく。③広大なさま。
【漫談】まんだん 形式にとらわれずに問題を論じたり、意見を述べること。
【漫天】まんてん 空一面。空にはびこる。
【漫罵】まんば みだりに、ののしる。
【漫波】まんぱ 一面の波。大波。
【漫筆】まんぴつ これというあてもなく、心に浮かぶままに書くこと。また、その文。随筆。随想。漫文。
【漫評】まんぴょう(ぴゃう) 国 格式ばらず、気がるに批評する。また、その批評。
【漫歩】まんぽ ぶらぶら歩く。そぞろ歩き。散歩。
【漫漫】まんまん ①広々として、はてしないさま。②長く久しいさま。③おだやかでゆったりとしたさま。④多いさま。⑤好き勝手なさま。⑥ぼんやりしたさま。
【漫滅】まんめつ ①文字がすれて消え、はっきりしなくなる。②埋没する。沈む。
【漫遊】まんゆう(いう) 気のむくまま、ほうぼうを旅行して歩くこと。
【漫爛】まんらん ①散り乱れたさま。②あざやかで美しいさま。
【漫浪】まんろう(らう) ①とりとめがない、でたらめ。おろそか。孟浪(もうろう)。②あてもなくさすらう。放浪する。③水のあふれるさま。
【漫録(錄)】まんろく 「漫筆(まんぴつ)」に同じ。
◇冗漫(じょうまん)・弥漫(びまん)・放漫(ほうまん)・浪漫(ろうまん｜ロマン)・散漫(さんまん)・爛漫(らんまん)・瀰漫(びまん)・天真爛漫(てんしんらんまん)

水11【滺】〔14〕 ユウ 漢 (イウ) ㊥ 尤 yōu ユー J ― 補 ― U 6EFA
意味 滺滺(ゆうゆう)は、水の流れるさま。

水11【滽】〔14〕 ヨウ 漢 ㊥ 冬 yōng ヨン J 4032 補 ― U 6EFD
意味 滽滽(ようよう)は、川の名。＝庸庸 ①河南(かなん)省嵩(すう)県の西。②河南省孟津(もうしん)県にあった。

水11【漾】〔14〕 ヨウ 漢 呉 (ヤウ) ㊦ 漾 yàng ヤン J 6301 補 ― U 6F3E
意味 ①〈ただよ・う(――・ふ)〉水がゆれる。＝瀁(よう) ②水に浮かべる。③陝西(せんせい)省寧強(ねいきょう)県の嶓冢山(はちょうさん)から流れ出る川の名。漢水の上流。
【漾漾】ようよう(やうやう) 水のゆれ動くさま。

水11【漤】〔14〕 ラン 漢 ㊤ 感 lǎn ラン J ― 補 ― U 6F24
意味 ①砂糖や塩で漬けた果物。②柿のしぶを抜く。

水11【漓】〔14〕 リ 漢 ㊥ 支 lí リー J 6302 補 ― U 6F13
意味 ①しみる。水が地中にしみこむ。＝灕(り) ②水の流れるさま。③うすい。④うすい酒。＝醨(り)

水11【漻】〔14〕 ━リョウ 漢 (レウ) ━㊥ 蕭 liáo リアオ ━リュウ 漢 (リウ) ━㊥ 尤 liú リウ J 4049 補 ― U 6F3B
意味 ━①清らかで奥深いさま。②大水。③さびしい。＝寥(りょう) ④うれえかなしむ。━変化するさま。「漻然」

水11【漊】〔14〕 ━ル 漢 ━㊤ 麌 lǚ リュイ ━ロウ 漢 ━㊥ 尤 lóu ロウ J 4035 補 ②7912 U 6F0A
意味 ━雨が降り続くさま。かすかに続くさま。「漊漊(るる)」(＝縷縷(るる)) ━漊水(ろうすい)は、川の名。湖北(こほく)省鶴峰(かくほう)県から湖南(こなん)省に流れる。

氵11【漣】〔14〕 人 標 レン 漢 ㊥ 先 lián リエン J 4690 補 ― U 6F23
水10【漣】〔13〕 俗字 J ― 補 ― U ―
意味 ①〈さざなみ〉こまかに立つ波。②涙の流れるさま。
名前 なみ
【漣猗】れんい 波だつ。水面の波紋。漣漪。〈詩経(しきょう)・伐檀(ばつだん)〉
【漣漣】れんれん ①涙がこぼれるさま。さめざめと泣くさま。②さざ波の立つさま。

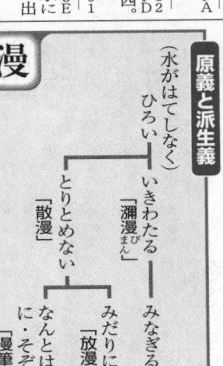

漫 原義と派生義
(水がはてしなく)ひろい ― いきわたる「瀰漫(びまん)」― みなぎる
　　　　　　　　　　　 ― とりとめない「散漫」― みだりに「放漫」
　　　　　　　　　　　 　　　　　　　　　　　― なんとはなしに・そぞろに「漫筆」

水 11 【滷】〔14〕 ロ 漢 上 麌 lǔ ルー J 6303 U補 6EF7
意味 ①塩からい水。にがり。②塩からい。③しおち。作物も生えない塩分を含んだ土。＝鹵

氵11 【漏】〔14〕 常 ロウ もる・もれる・もらす ロウ 漢 ロ 呉 去 宥 lòu ロウ J 4719 U補 6F0F

筆順 氵 氵 氵 沪 沪 涓 漏 漏 漏 漏

戸 8 【屚】〔11〕本字 J 2688 U補 5C5A

意味 ①〈も・る〉〈も・れる（―・る）〉㋐すきまからもれる。㋑ひみつがばれる。㋒取りこぼす。てぬかりを犯す。「遺漏」②〈もら・す〉③水どけい。④時刻。とき。

解字 会意・形声。氵は水。屚は、屋根の下に雨水が落ちている形である。家の中が暗いので、上に穴をあけて、あかりとりにしたころの字である。漏は、銅の水盤に水を受けて、時刻をはかる水時計である。また、「もる」意味にもなった。

【漏屋】ろうおく（をく） 雨のもる家。また、あばらや。
【漏鼓】ろうこ 時刻を知らせる太鼓。
【漏刻】ろうこく ①昔、水のもれ出る量によって時刻をはかったもの。水時計。②わずかな時間のこと。しばらく。
【漏卮】ろうし ①底に穴のあいた酒を酌む杯。②底ぬけの酒飲み。③利益が外部にもれること。
【漏水】ろうすい ①水がもれる。また、もれた水。②水時計の水。
【漏泄】ろうせつ・ろうえい ①水などが外にもれる。また、もらす。②秘密がもれる。また、もらす。「ろうえい」は慣用音。＝漏洩
【漏洩】ろうせつ・ろうえい 「漏泄（ろうせつ・ろうえい）」に同じ。
【漏箭】ろうせん 漏刻のつぼの中に立てる目盛りのついた矢。
【漏天】ろうてん 雨の多い空。また、長雨。
【漏斗】ろうと 口の小さいうつわに液体をそそぎいれる用器。「じょうご」。

△▼粗漏・疎漏・遺漏・歯槽膿漏

氵11 【漉】〔14〕 標 ロク 漢 入 屋 lù ルー J 2587 U補 6F09
意味 ①川を干上がらせる。②〈こ・す〉酒などをこす。くみだす。③しみだす。国〈す・く〉紙をすく。
【漉酒】ろくしゅ 酒をこす。【―巾】ろくしゅきん 酒をこすのに用いる頭巾。晋の陶潜は酒を好み、自分の頭巾で酒をこしたという故事にちなむ。〈晋書・陶潜伝〉

水 11 【漑】〔14〕 正 ↓漑（本ページ・下）
水 11 【漼】〔14〕 同 ↓涯（七二七ページ・下）
水 11 【潅】〔14〕 俗 ↓灌（七六一ページ・上）
水 11 【漢】〔14〕 旧 ↓漢（七四六ページ・下）
水 11 【漥】〔14〕 本 ↓窪（九二二ページ・上）
氵11 〖窪〗（九二二ページ・上） ↓穴部九画

水 11 【漑】〔14〕 同 ↓漑（本ページ・下）
氵11 【漢】〔14〕 旧 ↓漢（七四三ページ・上）
氵11 【滯】〔14〕 旧 ↓滞（七四五ページ・下）
水 11 【滿】〔14〕 旧 ↓満（七四一ページ・中）
水 11 〖慂〗（四九六ページ・中） ↓心部十画

水 12 【潙】〔15〕 イ（ヰ） 漢 呉 平 支 wéi ウエイ J ①8710 U補 6F59
意味 川の名。湖南省を流れ、湘水にそそぐ。

水 12 【潿】〔15〕 イ（ヰ） 漢 平 微 wéi ウエイ J ― U補 6F7F
意味 ①たまり水。②現 潿洲（ウエイチョウ）は、広西チワン族自治区にある島の名。

水 12 【澐】〔15〕 ウン 漢 呉 平 文 yún ユン J ②7926 U補 6F90
意味 ①川の大波。特に、長江の大波をいう。②澐澐は、水のうずまくさま。

氵12 【潰】〔15〕 常 カイ つぶす・つぶれる カイ（クヮイ） 漢 去 隊 kuì コイ J 3657 U補 6F70

筆順 氵 氵 氵 沖 沖 浐 漕 潰 潰 潰

意味 ①〈つい・える（つひ・ゆ）〉〈つぶ・れる（―・る）〉㋐堤防がきれる。「決潰」㋑やぶれる。逃げ散る。②ただれる。「潰瘍」③〈つい・や・す（つひや・す）〉〈つぶ・す〉くずす。④とげる。達成する。国〈つぶし〉金属製器具をとかして地金にすること。また、その地金。

解字 形声。氵が形を表し、貴が音を示す。氵は水。貴はもののねだんが高いという意味がある。潰は、水がもる、堤防がくずれることを表す。また、遂と通じて、達成する。殨と通じて、ただれるという意味になる。

参考 新表記では「壊」に書きかえる熟語がある。熟語は「壊」(三〇二ページ・中)をも見よ。

【潰散】かいさん（くわい） やぶれて散り散りになる。
【潰走】かいそう（くわい） やぶれてにげる。敗走。
【潰叛】かいはん（くわい） そむいて逃げ散る。乱れそむく。
【潰冒】かいぼう（くわい） 堤防を突きくずす。
【潰瘍】かいよう（くわいやう） 医 内臓・皮膚・粘膜などの表面の大きなただれ。組織がくずれて、その部分がなくなること。「胃潰瘍」

△▼半潰・倒潰・崩潰

氵12 【漑】〔15〕 標 カイ 漢 ガイ 慣 去 隊 gài カイ J 6284 U補 6F11
水 11 〔漑〕〔14〕正字 J ― U補 ―
水 11 〔溉〕〔14〕同字 J ― U補 ―
意味 ①〈そそ・ぐ〉川の水をある地域に引く。農地などに水を引く。「灌漑」②〈すす・ぐ〉洗う。洗ってきれいにする。

氵12 【澗】〔15〕 標 カン 漢 去 諫 jiàn チエン J 2034 U補 6F97
水 12 〔磵〕〔15〕正字 J ― U補 3D4E
意味 ＝磵 ①谷がわ。峡谷。②河南省にある川の名。
【澗華（華）】かんか（くわ） 谷にさく花。谷間の花。
【澗渓（溪）】かんけい 谷川。澗壑。澗谷。＝澗谿
【澗戸】かんこ 谷間にある家。
【澗声（聲）】かんせい 谷川の音。澗響。澗籟。
【澗泉】かんせん 谷間の泉。
【澗道】かんどう（だう） 谷川にそった道。
【澗辺（邊）】かんぺん 谷川のあたり。

水 12 【澉】〔15〕 カン 漢 上 感 gǎn カン J ― U補 6F89
意味 ①味がない。味がうすい。②澉浦は、浙江省海塩県の南の地名。

水 12 【澖】〔15〕 カン 漢 平 刪 xián シエン J ②7927 U補 6F96
意味 はてしないさま。無限に広いさま。

水 12 【潝】〔15〕 キュウ（キフ） 漢 入 緝 xì シー J 4059 U補 6F5D
意味 ①流れのはやいさま。②急流の水の音。③潝潝は、おおぜいの人があいづちをうつさま。
参考 「滃」は別字。

心(忄・⺗)戈戸(戸)手(扌)支攴(攵) 4画 文斗斤方无(旡・旡)日曰月(⺝)木欠止歹殳毋比毛氏气 水(氵・氺)火(灬)爪(⺥・⺤)父爻爿片牙(牙)牛(牜)犬(犭)

水12【澆】〔15〕 キョウ(ケウ)漢 ㊥蕭 jiāo チアオ　ギョウ(ゲウ)慣　U補J 6F86 — 6304

意味 ①〈そそ・ぐ〉水をかける。川から水を引く。②〈うす・い(──・し)〉うすっぺら。また、うすくする。

【澆訛】ぎょう(げう)か(くゎ) 軽薄で、まごころがない。うすっぺらで誠実さがない。

【澆灌】ぎょう(げう)かん(くゎん) 田畑に水を注ぐ。澆漑ぎょうがい。

【澆季】ぎょう(げう)き ①道徳がおとろえ、人情のうすくなったこと。②末の世。③のちの世。後世。

【澆薄】ぎょう(げう)はく 人情がうすく、まごころのないこと。

水12【潓】〔15〕 ケイ漢 エ(ヱ)呉 ㊤霽 huì ホイ　U補J 6F53 4055 —

意味 ①川の名。安徽あんき省を流れる。淮水わいすいの支流。②泉の名。

水12【澃】〔16〕 ケイ漢 キョウ(キャウ)呉 ㊤敬 jiǒng チョン　U補J 6F83 4067 —

意味 水がすむ。清い。

氵12【潔】〔15〕 学5 ケツ いさぎよい　ケツ漢 ㊇屑 jié チエ　U補J 6F54 — 2373

旧字 水12【潔】〔15〕 ケチ呉　U補J — — —

筆順 氵 氵 汁 沣 洯 潔 潔 潔

氵12【㓗】〔14〕 俗字　U補J 34D7 — —

意味 ①〈いさぎよ・い(──・し)〉㋐けがれがない。「清潔」㋑行いが正しく欲がない。「高潔こうけつ」②〈いさぎよく・する(──・す)〉正しさを守る。

解字 会意・形声。氵と絜を合わせた字。絜けつは音をも示す。氵は水。絜は清浄なこと。潔は、水で清めること。

名前 きよ・ゆき・よし

【潔斎(齋)】けっさい ①心やからだを清くし、食物・行為にも気をつけて身をつつしむこと。ものいみ。②国神につかえる前に心身を清め、ものいみをすること。

【潔白】けっぱく ①清らかでまっ白。潔白皙けっぱくせき。②けがれのないさま。③心や行いが清らかで、不正のないこと。

【潔癖】けっぺき ①少しのきたならしさをも、いやがる性質。②不正なことを極端にきらう性質。「潔癖家」

【潔廉】けつれん 心や行いが清らかで、欲がない。

◆不潔ふけつ・高潔こうけつ・純潔じゅんけつ・清潔せいけつ・廉潔れんけつ・簡潔かんけつ

水12【㵐】〔15〕 ケツ漢 ㊇月 jué チュエ　U補J 3D50 — —

意味 㵐水けっすいは、川の名。湖北こほく省を流れる。

水12【潢】〔15〕 一コウ(クヮウ)漢 一㊥陽 huáng ホワン　二コウ(クヮウ)漢 二㊦漾 huàng ホワン　三コウ(クヮウ)漢 三㊤養 huǎng ホワン　U補J 6F62 4062 ①8713

意味 一水たまり。池。二①紙を染める。②表装ひょうそうする。三水の深く広いさま。

【潢汚】こう(くゎう)お(を) 水たまり。たまり水。潢洿こうお。

【潢洋】こう(くゎう)よう(やう) 深く広いさま。広大なさま。＝潢瀁

【潢潦】こう(くゎう)ろう(らう) 雨の降ったあと、地上にたまって流れる水。にわたずみ。水たまり。

水12【澋】〔15〕 一コウ(クヮウ)漢 一㊤梗 hòng ホン　オウ(ワウ)呉　二ケイ漢 二㊤梗 jǐng チン　ギョウ(ギャウ)呉　U補J 6F8B 4070 —

意味 一泂澋こうは、水のうずまくさま。二①泂澋けいは、水のうずまくさま。②かげ。＝影けい

水12【澒】〔15〕 一コウ漢 一㊤董 gǒng コン　グ呉　二コウ漢 二㊦送 hòng ホン　グ呉　U補J 6F92 4074 —

意味 一水銀。＝汞こう 二①ころがるさま。②水銀。

水12【潸】〔15〕 サン漢 ㊥刪 shān シャン　U補J 6F78 — 6306

意味 ①涙の流れるさま。「潸然さんぜん」②雨の降るさま。

水12【澘】〔15〕 同字　U補J 6F98 — ②7924

【潸潸】さんさん ①雨がぱらぱらと落ちる音。②涙がはらはらと流れるさま。

水12【澌】〔15〕 シ漢 ㊥支 sī スー　U補J 6F8C 4071 ①8716

意味 ①〈つ・きる(─・く)〉なくなる。ほろびる。②雨や風のさらさらいう音。「澌澌」

参考 「凘し」は別字。

【澌尽(盡)】しじん 消えてなくなる。尽きる。

【──泯滅】しじんびんめつ 消えて滅びる。

水12【澍】〔15〕 一シュ漢 一㊦遇 shù シュー　ジュ呉　二シュ漢 二㊦遇 zhù チュー　ジュ呉　U補J 6F8D 4072 ①8717

意味 一①時機をえて降る雨。雨がほどよい時に降って万物をうるおす。②〈うるお・す(うるほ・す)〉 二〈そそ・ぐ〉＝注

参考 「樹じゅ」は別字。

水12【潗】〔15〕 シュウ(シフ)漢呉 ㊇緝 jí チー　U補J 6F57 4056 ②7920

意味 泉が湧わきだすさま。また、その音。

水12【潏】〔15〕 一ジュツ漢 一㊇質 shù シュー　二ケツ漢 二㊇屑 jué チュエ　U補J 6F4F 4052 —

意味 一水中に作った石がき、魚礁など。二①(水が)わきでる。②潏水けっすいは、川の名。泬水けっすい。陝西せんせい省長安県から流れて西安市で渭水いすいにそそぐ。

氵12【潤】〔15〕 常 ジュン うるおう・うるおす・うるむ　ジュン漢 ㊦震 rùn ルン　U補J 6F64 — 2965

筆順 氵 氵 氵 氵 潤 潤 潤

意味 ①〈うるお・う(うるほ・ふ)〉㋐しめる。㋑めぐみを受ける。②〈うるお・す(うるほ・す)〉 ③〈うる・む〉 ④〈うるおい(うるほひ)〉水分。⑤雨。⑥めぐみ。⑦もうけ。「利潤りじゅん」⑧つや。光沢がある。⑨かざる。りっぱにする。

解字 形声。氵が形を表し、閏じゅんが音を示す。氵は水。閏はうるうのことで、あまるという意味がある。潤は、水があまることで、水があふれて流れ下る、うるおう意味になる。

名前 うる・ひろ・ます・みつ・うるお・さかえ・ひろし・まさる

難読 潤香うるか・潤目鰯うるめいわし

【潤益】じゅんえき ①付け加える。②利益。

【潤屋】じゅんおく(をく) 家庭を立派にする。

【潤滑】じゅんかつ(くわつ) しめりけがあって、なめらかなこと。

【潤色】じゅんしょく ①色をつけて飾る。②文章などを修飾して美しく作りあげる。③つくろい飾ること。とりなし。

【潤飾】じゅんしょく 「潤色」に同じ。

【潤沢(澤)】じゅんたく ①うるおすこと。うるおうこと。②めぐみいつくしむこと。③つや。うるおい。④国もうけ。⑤国物が

たっぷりあること。

【潤美】じゅんび 光沢があって美しい。

【潤筆】じゅんぴつ ①筆をぬらすこと。転じて、書画などをかくこと。②潤筆料。【――料】じゅんぴつりょう（れう） 書画または文章を書いてもらった礼金。揮毫料きごうりょう。

◇▼利潤りじゅん・浸潤しんじゅん・湿潤しつじゅん

水12【潯】〔15〕 シン 漢 平 侵 ／ ジン 呉 xún シュン　J 6309 U補 6F6F

意味 ①ほとり。みぎわ。岸。＝潭しん ②地名。江西省九江市の古い呼び方。

【潯陽】じんよう（やう） ①川の名。江西省九江市北部一帯の長江をさす。②地名。今の江西省九江市。

氵12【潟】〔15〕 学4 かた　セキ 漢 入 陌 xì シー　J 1967 U補 6F5F

筆順 氵 … 潟 潟

意味 ①〈かた〉遠浅とおあさの海でひきしおになると砂浜になる所。ひがた。②しおち。塩分の多い土地。国〈かた〉砂丘さきゅうなどのため、外海と切りはなされたようになっている湖や沼。

解字 形声。氵が形を表し、舄せきが音を示す。舄は、斥と同じく、しりぞける意味がある。潟は、水が引いて現れる、植物も生えていない荒れ地。

氵12【潜】〔15〕 常 セン ひそむ・もぐる　J 3288 U補 6F5C

旧字 水12【潛】〔15〕 セン 漢 平 塩 qián チエン　J 6310 U補 6F5B

筆順 氵 … 潜 潜

水16【濳】〔19〕同字　J 6311 U補 6FF3

意味 ①〈くぐ・る〉〈もぐ・る〉水中へしずむ。②〈ひそ・む〉㋐かくれる。㋑心を静かに落ち着ける。集中する。「沈潜ちんせん」③〈ひそかに〉こっそりと。④柴を水中に沈めて、魚をとらえるしかけ。

解字 形声。氵が形を表し、朁しんが音を示す。氵は水。朁には深く入りこむ意味がある。潜は、水の中に深く入りこむこと。ひざより深くはいること、からだ全部を沈めることを含む。また、かくれる意味にもなった。音センは、朁の音シンの変化。

名前 すみ　地名 潜戸鼻くけどはな

【潜逸（逸）】せんいつ 世間から隠れる。潜晦せんかい。潜虚せんきょ。

【潜隠（隱）】せんいん ①世間から隠れる。②隠居する。

【潜研（研）】せんけん 心をうちこんで研究する。

【潜行】せんこう（かう） ①水の中をもぐって行く。②こっそりとしのび歩く。秘密に行う。

【潜航】せんこう（かう） ①水中をくぐって航行する。②ひそかに航海すること。

【潜蛟】せんこう（かう） ひそみかくれているみずち。蛟は、へびに似た想像上の動物。「幽壑之潜蛟ゆうがくのせんこう」（奥深い谷川にひそんでいるみずち。）〈蘇軾そしょく・前赤壁賦せんせきへきのふ〉

【潜在】せんざい ひそみかくれている。↕顕在

【潜竄】せんざん 隠れのがれる。

【潜志】せんし 気持ちを集中させて研究にいそしむ。

【潜思】せんし 「潜心せんしん」に同じ。

【潜心】せんしん 心をひそめること。心を落ち着けていっしんに考えること。潜思せんし。

【潜水】せんすい 水中にもぐること。

【潜蔵（藏）】せんぞう（ざう） ①世間から隠れる。②隠居する。③ためてしまっておく。

【潜匿】せんとく ①ひそみかくれる。または、かくす。②ゆくえをくらます。

【潜徳】せんとく 人に知られていない美徳。

【潜入】せんにゅう（にふ） ①こっそりとしのびこむ。②もぐりこむ。

【潜熱】せんねつ 理物がとけたり、また、液体が蒸発するときに必要な熱。

【潜夫】せんぷ 俗世をさけ、人目に立たないようにして暮らす男。「世捨て人。」

【潜伏】せんぷく 外に出ないで、こっそりとかくれている。

【潜躍】せんやく 水中にひそみながら、はねる。

【潜竜（龍）】せんりょう（りゅう）（りう） 深い淵ふちにかくれていて、まだ天にのぼらない竜。時期がこなくてまだ天子の位につかないでいる人や、まだ世に現れて活躍していない大人物のたとえ。臥竜がりょう。伏竜ふくりょう。

水12【潺】〔15〕 ㊀サン 漢 ㊀平 刪 chán チャン ／ ㊁セン 漢 ㊁平 先 chán チャン　J 6305 U補 6F7A

意味 ㊀㊁水の流れるさま。また、その音。

【潺湲】せんかん（くゎん）・せんえん（ゑん） ①水がさらさらと流れる音。②涙がしきりにこぼれるさま。

【潺潺】せんせん ①水がさらさらと流れる音。②雨がしとしとと降る音。

水12【潨】〔15〕 ソウ 漢 平 東 cóng ツォン　J ②7923 補 4063 U 6F68

水18【灇】〔21〕同字　J ②7950 U補 7047

意味 ①〈あつま・る〉小川が大川にそそぐ。②水の速く流れるさま。また、その音。「潨然」

水12【潠】〔15〕 ソン 漢 去 願 ／ 呉 sùn スン　J ②7922 U補 6F60

意味 ①噴ふきだす。吐はく。＝噀そん ②水が湧わき出す。

水12【潭】〔15〕 ㊀タン 漢 ㊀平 覃 tán タン ／ ㊁シン 漢 ㊁平 侵 xún シュン　J U補

水12【潭】〔15〕同字　J 6312 U補 6F6D

意味 ㊀①〈ふち〉水がよどんで深い所。②〈ふか・い（―し）〉＝覃たん ㊁岸。水辺。＝潯しん

【潭影】たんえい 淵ふちの色。淵にたたえる光。

【潭思】たんし 深く思う。深い考え。

【潭水】たんすい 底の深い淵の水。

【潭潭】たんたん ①水が深くたたえているさま。②奥深いさま。

【潭底】たんてい 淵のそこ。

【潭府】たんぷ ①水の深くたたえている所。ふち。②奥深い場所。役所や役人の邸宅をいう。

水12【潬】〔15〕 ㊀タン 漢 ㊀平 寒 tān タン ／ ダン 呉 ／ ㊁セン 漢 ㊁上 銑 shàn シャン ／ ゼン 呉　J 4064 U補 6F6C

意味 ㊀川の中の砂洲さす。＝灘たん ㊁涴潬えんせんは、川の流れが曲がりくねるさま。＝宛潬えんせん

氵12【潮】〔15〕 学6 しお チョウ　J 3612 U補 6F6E

旧字 水12【潮】〔15〕 チョウ（テウ） 漢 呉 平 蕭 cháo チャオ　J U補 2F90F

筆順 氵 … 潮 潮

意味 ①〈しお（しほ）〉〈うしお（うしほ）〉㋐海水が周期的に満ちたり引いたりする現象。特に、朝方におこるものをいう。↕汐せき ㋑（物事・時勢の）変化・流れ・傾向。「思潮しちょう」「風潮ふうちょう」㋒海水。②うるおう。しめる。また、しっけ。③みちる。みなぎる。

解字 形声。氵が形を表し、朝ちょうが音を示す。氵は水。朝は、臣下が天子に、定期的に集まってお目にかかりに行くこと。潮は、川が海に流れこむとき、海が高く上がって、出むかえること。海水の干満をしおといい、朝のしおを潮、夕方のしおを汐せきという。

地名 潮来（いたこ）

【潮合】しおあい（しほあひ） 国①海のしおが満ち合う所。②しおどき。しおのさしひき。③物事の、ほどよいころあい。おり。しお。

【潮汲】しおくみ（しほ） 国①塩を作るための海水をくむこと。また、その人。多くは女。②昔のしおくみ女をかたどった人形（にんぎょう）・おどりなど。＝汐汲

【潮路】しおじ（しほぢ） 国①しおの満ちたり引いたりする道すじ。②ふなじ。海路。航路。

【潮騒】しおさい（しほさゐ） 国しおが満ちてくるときのひびき。

【潮干】しおひ（しほ） 国海の水が引くこと。

【潮候】ちょうこう（てう） しおどき。しおの満ち干（ひ）の時刻。

【潮痕】ちょうこん（てう） しおのよせたあと。

【潮州】ちょうしゅう（てうしう） 地名。今の広東（カントン）省潮州市。

【潮信】ちょうしん（てう） 「潮候」に同じ。

【潮人】ちょうじん（てう） 潮州の人。広東（カントン）省付近の人。

【潮汐】ちょうせき（てう） しおの満ち干（ひ）。うしお。

【潮頭】ちょうとう（てう） 沖からよせてくる、しおのいただき。波がしら。

【潮陽】ちょうよう（てうやう） 地名。県名・郡名。広東（カントン）省にある。昔の潮州。

【潮流】ちょうりゅう（てうりう） ①しおの満ち干（ひ）によっておこる海水の流れ。②世間の動き。時勢のなりゆき。

◆干潮（かんちょう）・引潮（ひきしお）・血潮（ちしお）・初潮（しょちょう）・赤潮（あかしお）・思潮（しちょう）・退潮（たいちょう）・風潮（ふうちょう）・紅潮（こうちょう）・差潮（さししお）・海潮（かいちょう）・高潮（たかしお）・黒潮（くろしお）・満潮（まんちょう）・親潮（おやしお）

氵12【澄】〔15〕 常 チョウ すむ・すます　J 3201 U 6F84

チョウ 漢 平 蒸 chéng チョン

筆順 氵 氵ヲ 氵ヌ 氵ヌ' 氵癶 氵癶 浴 澄

水12【澂】〔15〕同字　J 6313 U 6F82

意味 ①〈す・む〉にごりがなくなる。すきとおる。②〈す・ま・す〉にごりをなくす。③安定する。国〈すま・す〉まじめそうな顔つきをする。

解字 形声。氵が形を表し、登（とう）が音を示す。氵は水。登には、のぼるという意味がある。澄は、水のうわずみ。にごったものは下に沈んで、上のほうのすんでいること。音チョウは、登の音トウの変化。

名前 きよ・すみ・きよし・きよむ・すめる・とおる

【澄瑩】ちょうえい すみわたってあかるい。

【澄高】ちょうこう（かう） 月が清らかに高くかかる。

【澄心】ちょうしん ①心をすますこと。精神を統一すること。②静かにすんだ心。

【澄清】ちょうせい ①清らかにすみわたっていること。②にごりをすませ清めること。乱れた世を清め治めること。

【澄澈】ちょうてつ ①すんですき通ること。②すみきってあかるい。

【澄碧】ちょうへき 水が清くすんで緑をたたえている。

【澄明】ちょうめい きれいにすんでいること。

◆明澄（めいちょう）・清澄（せいちょう）

水12【澈】〔15〕 テツ 漢 入 屑 chè チョー　J ①8715 補 4069 U 6F88

意味 ①水がすむ。清い。②とおる。＝徹

水12【潒】〔15〕 一 トウ（タウ）漢 ドウ（ダウ）呉 一 上 養 dàng タン　二 ショウ（シャウ）漢 ゾウ（ザウ）呉 二 上 養 xiàng シアン　J ②7919 補 4054 U 6F52

意味 一 ①潒瀁（とうよう）は、水のゆれうごくさま。＝蕩瀁（とうよう） ②川の広大なさま。二 漭潒（もうしょう）は、水流が急なさま。

水12【潼】〔15〕 トウ 漢 平 東 ドウ 慣 tóng トン　J 6314 U 6F7C

意味 ①高いさま。②川の名。四川（しせん）省にあった。③潼関（どうかん）は、関門の名。陝西（せんせい）省潼関県境にあった。

水12【潡】〔15〕 トン 漢 上 阮 ドン 呉 dùn トゥン　J ①8712 補 4061 U 6F61

意味 大水（おおみず）。

氵12【潑】〔15〕 標 ハツ 漢 入 曷 pō ポー　J ①8709 補 4053 U 6F51

水9【溌】〔12〕俗字　J 4014 U 6E8C

意味 ①〈そそ・ぐ〉水をまき散らす。はねる。②勢いのさかんなさま。生き生きしたさま。「活潑」③あくらつな。

参考 新表記では、「発」に書きかえる熟語がある。

【潑墨】はつぼく 山水画の書き方の一つ。筆にたっぷり墨をつけて、はねちらかすようにして書くもの。

【潑剌】はつらつ ①魚がぴちぴちとびはねるさま。②生き生きとして元気のよいさま。

水12【潘】〔15〕 一 ハン 漢 一 平 寒 pān パン　二 ハン 漢 二 平 寒 pān パン　三 ハン 漢 三 平 元 fān ファン　J 6315 U 6F58

意味 一 ①しろみず。米のとぎ汁。②川の名。河南（かなん）省滎陽（けいよう）市にあった。③姓。二 うずまき。三 あふれでる。

【潘岳】はんがく 人名。晋（しん）代の文人。字（あざな）は安仁（あんじん）。美男子として有名。陸機（りくき）と並び称された。

水12【潷】〔15〕 ヒツ 漢 入 質 bì ビー　J ― U 6F77

意味 液体をこして、かすと分ける。

水12【潎】〔15〕 一 ヘイ 漢 一 去 霽 pì ピー　二 ヘツ 漢 二 入 屑 piē ピエ　J ― U 6F4E

意味 一 水中でわたをうつ。二 潎洌（へつれつ）は、波の激しいさま。

水12【潽】〔15〕 一 ホ 漢 一 上 麌 pǔ プー　二 フ 呉 二 ― pū プー　J ②7925 補 4065 U 6F7D

意味 一 川の名。二 現 液体が沸騰しふきこぼれる。

水12【澎】〔15〕 ホウ 漢（ハウ） 平 庚 pēng ポン　J 6316 U 6F8E

意味 大波がぶつかり合うさま。＝泙・洴

【澎湖島】ほうことう（はうこたう） 台湾（たいわん）の西方にある島の名。

【澎湃】ほうはい（はう） 水や波がぶつかりあう。水がわき立つさま。

水12【漭】〔15〕 ボウ（バウ）漢 モウ（マウ）呉 上 養 mǎng マン　J ― U ―

水10【漭】〔13〕俗字　J ― 補 4051 U 6F2D

意味 （水の）広大なさま。

【漭沆】もうこう（まうかう） 深くて広大なさま。漭漭（もうもう）。漭瀁（もうよう）。

水12【潾】〔15〕 リン 漢 平 真 lín リン　J ― U ―

水13【潾】〔16〕俗字　J ①8714 補 4066 U 6F7E

意味 ①水がすんでいるさま。「潾潾」②川の名。

水12【潞】〔15〕 ロ 漢 去 遇 lù ルー　J ①8711 補 4060 U 6F5E

意味 ①川の名。山西（さんせい）省にあった。今の濁漳（だくしょう）水。②古代の国名、また県名。

水12【潦】〔15〕 一 ロウ（ラウ）漢 一 上 皓 lǎo ラオ　二 ロウ（ラウ）慣 二 平 蕭 liáo リアオ　J 6319 U 6F66

意味 一 ①おおみず。②大雨。③〈にわたずみ（にはたづみ）〉雨のあとで地上を流れる水。たまり水。二 →潦草・潦倒

【潦水】ろうすい（らう） ①たまり水。にわたずみ。②大水。

【潦草】ろうそう（らうさう） 物事をいいかげんにやること。

【潦倒】ろうとう（らうたう） ①顔かたちやものごしに品（ひん）があること。②

心(忄・⺗)戈戸(戶)手(扌)支攴(攵) 4画 文斗斤方无(旡・旡)日曰月(⺝)木欠止歹殳毋比毛氏气水(氵・氺)火(灬)爪(爫・⺤)父爻爿片牙(牙)牛(牜)犬(犭)

老いぼれたさま。ぐずで役にたたないさま。「潦倒新停濁酒杯」(老いぼれたわが身は、つい最近好きな酒もやめてしまったばかりである。)〈杜甫の詩・登高〉

水12【澇】〔15〕 ロウ(ラウ) 漢 去 号 lào ラオ　J 4068 補 ― U 6F87
意味 ①大雨で起こった水害。↕旱。②大波。③陝西省にある川の名。

水12【澋】〔15〕 国字　J ②7918 補 ― U 23F7E
意味〈いと〉姓名に用いる。

水12【澚】〔15〕 国字　J 4078 補 ― U 6F9A
意味〈おき〉＝沖・澳。

水12【㶂】〔15〕 同 ↓活(七一六ジベー・上)

水12【澔】〔15〕 同 ↓浩(七二一ジベー・中)

水12【澀】〔15〕 同 ↓澁(七二九ジベー・下)

水12【瀦】〔15〕 同 ↓瀦(七六〇ジベー・下)

水12【澓】〔15〕 同 ↓洑(七二〇ジベー・上)

水12〖鋈〗(一二九八ジベー・中)↓金部七画

水12【潤】〔15〕 正 ↓潤(七五二ジベー・下)

氵12【澁】〔15〕 旧 ↓渋(七二九ジベー・下)

水12【潛】〔15〕 旧 ↓潜(七五四ジベー・上)

水12【澂】〔15〕 同 ↓澄(七五五ジベー・上)

水12【澑】〔15〕 本 ↓溜(七四七ジベー・中)

水13【澳】〔16〕 一 イク 漢 一 入 屋 yù ユィ 二 オウ(アウ) 漢 二 去 号 ào アオ　J 6320 補 ― U 6FB3
意味 一 岸べ。二 ①〈くま〉いり江。②水洗いする。③澳門の略称。④澳太利の略称。国〈おき〉海や湖の岸から遠い水面。
【澳太利】オーストリア ヨーロッパにある国名。オーストリアの当て字。
【澳門】マカオ・アオメン 地名。広東省にある港。一八八七年からポルトガル領であったが、一九九九年中国に返還された。

水13【澥】〔16〕 カイ 漢 上 蟹 xiè シエ　J ②7930 補 4081 U 6FA5
意味 ①湾。また、海。②とだえた流れ。

水13【澮】〔16〕 カイ(クヮイ) 漢 去 泰 kuài コワイ　J ― 補 4085 U 6FAE
意味 田畑の間の小さな水路。「溝澮」

水13【澣】〔16〕 カン(クヮン) 漢 上 旱 huǎn ホワン　J 6321 補 ― U 6FA3
意味 ①〈あら・う(――・ふ)〉衣服を洗い清める。すすぐ。＝浣 ②十日間。唐代に官吏が十日めごとに休暇を許され、家に帰って入浴したことにもとづく。上澣・中澣・下澣は、上旬・中旬・下旬の意味。
【澣濯縫紉】かん(くゎん)たくほうじん よごれ物を洗い、ほころびを縫う。

水13【澴】〔16〕 カン(クヮン) 漢 平 刪 huán ホワン　J ― 補 ― U 6FB4
意味 ①澴河は、川の名。河南省・湖北省を流れ、漢水にそそぐ。②水がうずまく。

水13【濾】〔16〕 キョ 漢 去 御 jù チュイ　J ― 補 ― U 6FBD
意味 川の名。陝西省を流れ、黄河にそそぐ。

氵13【激】〔16〕 学 6 ゲキ はげしい　ケキ 漢 ゲキ 慣 入 錫 jī チー　J 2367 補 ― U 6FC0

筆順
氵
氵冫
泊
泹
滂
滂
滶
激

意味 ①流れをせきとめる。また、流れをさえぎって勢いを強くする。②〈はげし・い(はげ・し)〉㋐勢いが強い。㋑きびしい。③〈はげ・む〉ふるいたつ。また、はげます。「激励」④(感情が)高ぶる。「感激」

解字  形声。氵が形を表し、敫が音を示す。氵は水。敫には、白く固いという意味を含む。激は、急流が岩などにつき当たって波をあげることをいう。また、敫は躍で、激は、水がおどりあがる意味であるともいう。音ゲキは、敫の音ヤクの変化。

参考 新表記では、「戟」の書きかえに用いる熟語がある。

【激越】げきえつ(ゑつ) 声の調子のはげしく高いさま。

【激激】げきげき はげしい音を立てる。勢いのはげしいさま。

【激昂】げきこう(かう) はげしくいかる。いきりたつ。＝激卬
【激賞】げきしょう(しゃう) ものすごくほめる。

【激情】げきじょう(じゃう) 感情がはげしく動かされる。また、急にはげしく起こった感情。

【激声(聲)】げきせい 声をあげる。

【激切】げきせつ ①はげしくきびしい。②はげまして元気づける。③はげしく心にせまる。

【激戦(戰)】げきせん はげしい戦い。

【激濁】げきだく 濁流をさえぎる。転じて、悪をしりぞけること。

【――揚清】げきだくよう(やう)せい 悪をしりぞけて善をすすめること。

【激湍】げきたん 流れがはげしい早瀬。急流。

【激怒】げきど ひどくおこる。

【激動】一 げきどう はげしくゆれ動く。二 チートン jīdòng 現 興奮する。感動する(させる)。

【激発(發)】げきはつ ①はげしく起こり立つ。ふるいたたせる。②はげしく声を出す。

【激憤】げきふん はげしくいきどおる。強い不満をいだく。

【激変(變)】げきへん ①急に変わる。急変。＝劇変 ②はげしく変わる。

【激揚】げきよう(やう) ①はげしく起こる。②はげまされて奮起する。③はげしく天下に広める。④はげしく高ぶる。

【激流】げきりゅう(りう) はげしい勢いの流れ。

【激励(勵)】げきれい はげます。強くはげます。

【激烈】一 げきれつ きわめてはげしい。二 チーリエ jīliè 現 一 に同じ。

【激浪】げきろう(らう) はげしい波。

【激論】げきろん はげしく議論する。また、その議論。
◇▼刺激・急激・過激・感激・奮激

水13【澯】〔16〕 サン 呉 漢 去 翰 càn ツァン　J ②7931 補 4086 U 6FAF
意味 水がすんでいるさま。

水13【濈】〔16〕 シュウ(シフ) 漢 入 緝 jí チー　J ②7934 補 4093 U 6FC8
意味 ①(水が)流れでる。②はやい。③濈濈は、㋐やわらぐさま。㋑集まり、休息するさま。

水13【潚】〔16〕 一 シュク 漢 一 入 屋 sù スー 二 ショウ(セウ) 漢 二 平 蕭 xiāo シアオ 三 シュウ(シウ) 漢 三 平 尤 sōu ソウ　J ②7921 補 4058 U 6F5A
意味 一 ①水が深くすんでいる。②はやい。二 潚潚は、風雨のはげしいさま。＝瀟瀟 三 米をゆらして洗う。＝溲

水13【濇】〔16〕 ショク 漢 入 職 sè ソー シキ 呉　J ①8723 補 4092 U 6FC7
意味 ①とどこおる。なめらかでない。しぶる。②はにかむ。

水13【漸】〔16〕 シン 呉 漢 平 真 zhēn チェン　J ②7933 補 4088 U 6FB5
意味 川の名。河南省にある。

水13【濉】〔16〕 スイ 呉 漢 平 支 suī ソイ　J ②7935 補 ― U 6FC9
意味 川の名。国〈さら〉姓名に用いる。

水13【澨】〔16〕 セイ 漢 去 霽 ゼイ 呉 shì シー U 6FA8 補 4084 J —

意味 ①みぎわ。水辺。ほとり。②川の名。湖北省京山県から流れて漢水にそそぐ。

水13【澶】〔16〕 一セン 漢 一平 先 chán チャン 二タン 漢 二去 翰 dàn タン 三テン 漢 三平 先 zhān チャン U 6FB6 補 4089 J ①8721

意味 一澶淵は、湖沼の名。今の河南省濮陽市にあった。二澶漫は、①ほしいままなこと。②ゆるやかに長いさま。三水の静かなさま。

水13【澡】〔16〕 ソウ(サウ) 漢 上 皓 zǎo ツァオ U 6FA1 補 — J 6322

意味 ①あらう。すすぐ。②清める。

【澡熨】そう(さう)い(ゐ) 洗って火のしする。転じて、改善すること。

【澡雪】そう(さう)せつ 洗いすすぐ。澡灑。澡洗。澡濯。

【澡豆】そう(さう)とう 洗い粉。豆のこなで作った洗い粉。

【澡沐】そう(さう)もく からだと髪を洗う。身を清める。

【澡堂】ツァオタン zǎotáng 現 ふろや。浴場。

水13【溴】〔16〕 ソウ(サフ) 漢 ショウ(セフ) 呉 入 洽 shà シャー U 3D64 補 — J ②7932

意味 いっぱいに満ちあふれる。

氵13【濁】〔16〕 常 ダク にごる・にごす タク 漢 ジョク(ヂョク) 呉 入 覚 zhuó チュオ ダク 慣 U 6FC1 補 — J 3489

筆順 濁

水6【浊】〔9〕 俗字 U 6D4A 補 — J —

意味 ①〈にご・る〉〈にご・す〉〈にごり〉↕清・澄 ②けがれる。きたない。③はっきりしない。くもっている。④混乱する。

解字 形声。氵が形を表し、蜀が音を示す。氵は水。蜀には、くっつくという意味を含んでいる。濁は、水によごれがついていることで、にごる意味になる。音ダクは、蜀の音ショクの変化。

難読 濁声・濁酒

【濁穢】だくあい(わい) ①にごり。けがれ。②俗世のけがれ。

【濁悪(惡)】じょくあく 仏けがれていること。

【濁音】だくおん 声帯の振動をともなう音。有声音。↕清音

【濁酒】だくしゅ 酒の一種。作り方は清酒と同じだが、精製しないので、こうじのかすがまじって白くにごっているもの。にごり酒。どぶろく。↕清酒

【濁世】一だくせい ①にごった世の中。けがれた世の中。②うきよ。現世。二じょく(ぢょく)せ 仏にごりけがれた世。末世。

【濁流】だくりゅう(りう) ①にごった水の流れ。②心のにごった人たちの集まり。③貴族社会において身分の低い階層。

【濁浪】だくろう(らう) にごっている大波。「濁浪排ﾚ空」(にごった大波が、空高くおどりあがる。)〈范仲淹・岳陽楼記〉

【濁醪】だくろう(らう) 「濁酒」に同じ。

◇汚濁・清濁・混濁

水13【澾】〔16〕 タツ 漢 入 曷 tà ター U 6FBE 補 — J ②7928

意味 ①なめらかなさま。②すべる。

水13【澹】〔16〕 一タン 漢 一上 感 dàn タン 二タン 漢 二平 覃 tán タン 三セン 漢 三去 豔 shàn シャン U 6FB9 補 — J 6324

意味 一①安らかなさま。おだやか。「澹然」②うすい。‖淡 ③波が立つ。二姓。澹台は、複姓。三たりる。みちたりる。‖贍

【澹艶(艷)】たんえん あっさりしていて美しい。

【澹台(臺)滅明】たんだいめつめい 人名。孔子の門人。澹台が姓。字は子羽。徳行にすぐれた。

【澹淡】たんたん ①水のゆらぐさま。②水や風にゆれてただようさま。

【澹澹】たんたん ①あっさりしたさま。‖淡淡 ②水が静かに動くさま。③心が穏やかなさま。④色彩のうすいさま。

【澹泊】たんぱく ①あっさりしている。‖淡泊 ↕濃厚 ②欲の少ないこと。さっぱりしていること。③もったいぶらない。

【澹味】たんみ うすい味。‖淡味

◇活澹・暗澹

氵13【澱】〔16〕 標 テン 漢 去 霰 デン 呉 diàn ティエン U 6FB1 補 — J 3735

意味 ①〈おり〉液体などの底に沈んだかす。どろ。「澱淤」②〈よど・む〉㋐水の底に固体がたまる。㋑流れがとどこおる。③〈よど〉よどみ。④水深のあさい湖や沼。‖淀

参考 新表記では、「殿」に書きかえる熟語がある。

氵13【濃】〔16〕 常 ノウ こい ジョウ(ヂョウ) 漢 ノウ 慣 平 冬 nóng ノン U 6FC3 補 — J 3927

◇沈澱

筆順 濃

意味 〈こ・い(—・し)〉↕淡 ①色・味・においなどがつよい。②密である。③深い。厚い。④〈こまやか〉情が厚く心がこもっている。

解字 形声。氵が形を表し、農が音を示す。氵は水。農には厚い、多いという意味がある。濃は水がこいこと、露の多いことである。

名前 あつ・あつし

【濃艶(艷)】のうえん こってりとして美しいさま。あくどくあでやかなさま。

【濃厚】のうこう ①色や味などのこいこと。②こってりしていること。↕淡泊

【濃春】のうしゅん 春の盛り。たけなわの春。

【濃粧】のうしょう(しゃう) こいよそおい。あつげしょう。↕淡粧

【濃翠(翠)】のうすい こい緑色。ふかみどり。

【濃淡】のうたん こいことと、うすいこと。濃薄。

【濃抹】のうまつ こってりぬりたくる。厚化粧のこと。

【濃霧】のうむ 深くたちこめたきり。

【濃夭】のうよう(えう) 色がこく、美しいが、早く散る花。濃厚だが早く衰えるもの。「濃夭不ﾚ及二淡久一」(美しくて早く衰えるのよりも、淡白で長つづきするほうがよい。)〈菜根譚〉

水13【濆】〔16〕 一フン 漢 一上 吻 pěn ペン 二フン 漢 二平 文 fén フェン U 6FC6 補 — J 6325

意味 一〈ふ・く〉水をふき出す。‖噴 二みぎわ。岸。

【濆薄】ふんはく はげしく波立つ。

水13【澼】〔16〕 ヘキ 漢 入 錫 pì ピー U 6FBC 補 4090 J ①8722

意味 水の中でわたをさらして白くする。

水13【澠】〔16〕 一ショウ 漢 ジョウ 呉 一平 蒸 shéng ション 二ベン 漢 メン 呉 二上 銑 miǎn ミエン U 6FA0 補 4080 J ①8719

意味 一川の名。澠水。山東省淄博市から北に流れて時

水にそそぐ。㊁澠池は、昔の地名。今の河南省澠池県西にあたる。また、県名・郡名。

水13 【澦】〔16〕 ヨ㊥ ㊤御 yù ユィ U補J 6FA6 4082 —
意味 灩澦堆は、長江上流、三峡の瞿唐峡にある大きな岩の名。四川省重慶市奉節県にある。

水13 【澰】〔16〕 ㊀ラン㊥㊦ ㊤感 liàn リエン ㊁レン㊥㊦ ㊤琰 liǎn リエン U補J 6FB0 4087 —
意味 ㊀①すんでいる。②ひたす。㊁澰灩は、水のあふれるさま。＝瀲灩

氵13 【澪】〔16〕 人 レイ㊥ ㊤青 líng リン U補J 6FAA — 6326
意味 川の名。国〈みお(みを)〉川や海で船の通れる深い道すじ。水路。澪標は、水路を示すために立てたくい。
解字 形声。氵(みず)が形を表し、零が音を示す。川の名。

水13 【澧】〔16〕 レイ㊥ ㊤薺 lǐ リー U補J 6FA7 4083 ①8720
意味 ①川の名。湖南省にあり、洞庭湖にそそぐ。②あまざけ。うまい酒。また、うまい泉。＝醴

水13 【濂】〔16〕 レン㊥ ㊥塩 lián リエン U補J 6FC2 — 6318
水10 【溓】〔13〕本字 U補J 6E93 4008 ②7901
意味 濂渓は、川の名。①湖南省にあり、瀟水にそそぐ。②江西省九江市にあり、宋の周敦頤が名づけ、それを自分の呼び名とした。
【濂洛関(關)閩之学(學)】宋学をさす。濂は湖南省の濂渓出身の周敦頤、洛は河南省の洛陽出身の程顥・程頤、関は陝西省の関中出身の張載、閩は福建省の閩中出身の朱熹をさす。みな宋代の代表的な学者。

水13 【濊】〔16〕 ㊀ワイ㊥ ㊦泰 huì ホイ ㊁カツ(クヮツ)㊥ ㊁㊀曷 huò フオ U補J 6FCA 4094 ①8724
意味 ㊀〈けがれ〉＝穢 ㊁濊濊は、あみを打つ音。

水13 【濩】〔16〕 俗 ↓濩(本ジペー・中)

水13 【澤】〔16〕 旧 ↓沢(七〇四ペー・下)

水13 【濅】〔16〕 本 ↓浸(七二二ペー・中)

水13 【濂】〔16〕 俗 ↓濂(七五五ペー・下)

水13 【澟】〔16〕 同 ↓凜(一四九ペー・上)

水14 【濰】〔17〕 イ㊥ ㊥支 wéi ウエイ (ヰ) U補J 6FF0 4105 ①8726
意味 川の名。山東省を流れ、海にそそぐ。

水14 【濩】〔17〕 ㊀カク㊥ ㊀薬 huò フオ (クヮク) ㊁コ㊥ ㊦遇 hù フー U補J — — —
水13 【濩】〔16〕 俗字 U補J 6FE9 4104 ②7938
意味 ㊀①〈にる〉煮る。＝鑊 ②雨だれのしたたるさま。㊁①広める。②殷の湯王の音楽の名。
【濩落】①がらんとして何もないさま。②不遇なさま。落ちぶれたさま。

水14 【濚】〔17〕 ㊀ケイ㊥ ㊥青 xíng シン ㊁エイ㊥ ㊥庚 yíng イン U補J 6FDA 4101 ②7936
意味 ㊀「滎」(七四四ペー・上)の同字。㊁「瀯」(七六一ペー・上)の同字。

氵14 【濠】〔17〕 標 コウ(カウ)㊥ ゴウ(ガウ)㊦ ㊥豪 háo ハオ U補J 6FE0 — 2574
意味 ①〈ほり〉城のまわりの川。＝壕 ②安徽省にある川の名。国濠州の略称。オーストラリア。＝濠太剌利亜
【濠梁】①ほりにかけた橋。②ほりのふちのどて。

水14 【濨】〔17〕 シ㊥ ジ㊦ ㊥支 cí ツー U補J 6FE8 4103 —
意味 川の名。河北省にある。

氵14 【濡】〔17〕 人 標 ジュ㊥ ㊥虞 rú ルー U補J 6FE1 — 3908
意味 ①〈うるお・う(うるほ・ふ)〉しっとりとぬれる。②〈うるお・す(うるほ・す)〉③うるおい。また、みずみずしい。④おだやか。⑤小便。⑥とどまる。⑦たえる。しのぶ。
【濡翰】筆をぬらす。筆に墨をつけて字や絵などをかく。翰は、筆をさす。
【濡潤】うるおう。うるおす。
【濡染】目濡耳染の略。目や耳からはいってくる知識が、長い間に自然に身につくこと。耳濡目染。〈韓愈・清河郡公房公墓碣銘〉
【濡滞(滯)】ぐずぐずしていること。
【濡忍】たえしのぶ。侮辱によく我慢する。

水14 【濬】〔17〕 シュン㊥ ㊦震 jùn チュン U補J 6FEC — 6329
意味 ①〈さら・う(――・ふ)〉井戸や川の底を深くする。＝浚 ②〈ふか・い(――・し)〉「濬哲」③水を通じさせる。
【濬潭】深いふち。
【濬哲】深い知恵。すぐれた知識。また、そのような人。

水14 【濜】〔17〕 ジン㊥ ㊦震 jìn チン U補J 6FDC — —
意味 川の名。湖北省を流れ、漢水にそそぐ。

氵14 【濯】〔17〕 常 タク U補J 6FEF — 3485
旧字 水14 【濯】〔17〕 タク㊥ ㊀覚 zhuó チュオ U補J — — —

筆順

意味 ①〈あら・う(――・ふ)〉〈すす・ぐ〉きれいにする。②大きい。盛大な。あきらかな。③よごれた水。
解字  形声。氵が形を表し、翟が音を示す。翟には、高く抜き上げる意味がある。濯は、水中から高くあげるようにして洗うこと。
【濯纓】冠のひもを洗う。世俗を超越することのたとえ。
【濯足】足を洗う。世俗を超越することのたとえ。
【濯濯】①光りかがやくさま。②楽しみ遊んでいるさま。③山に草木がなく、すべすべしたさま。④肥えたさま。
◆洗濯

氵14 【濤】〔17〕 標 トウ㊥ ㊥豪 tāo タオ (タウ) U補J 6FE4 — 6225
水7 【涛】〔10〕俗字 U補J 6D9B — 3783
意味 〈なみ〉大きな波。「濤瀾」
【濤声(聲)】大波の音。
【濤瀾】大波。また、波。
◆波濤・怒濤

水14 【濘】〔17〕 ネイ㊥ ㊦径 nìng ニン U補J 6FD8 — 6331
意味 ①〈ぬか・る〉道がどろんこになる。②どろんこ。どろ道。
【濘淖】

水14 【濞】〔17〕 ヒ㊥ ビ㊦ ㊦寘 pì ピー U補J 6FDE 4102 ②7937

意味 ①水の流れるさま。②水がどっとやってくる音。

水14【瀰】〔17〕 ビ 漢 | mǐ ミー 上 紙 | J 6330 補 ― U 6FD4
意味 ①多いさま。水がみちたさま。「瀰瀰(びび)」②広く平らなさま。

水14【瀀】〔17〕 フウ 漢 | féng フォン 平 東 | J ― 補 ― U 3D6F
意味 水の音。

水14【濮】〔17〕 ホク 漢 ボク 慣 | pú プー 入 屋 | J 6333 補 ― U 6FEE
意味 川の名。濮水。昔の黄河と済水(せいすい)の分かれたもので、河南(かなん)省から山東(さんとう)省に流れていた。
【濮上之音】(ぼくじょう(じゃう)のいん) 濮水のほとりの音楽。殷の紂王のときに作られたみだらで国を滅ぼす音楽。〈礼記(らいき)・楽記〉

水14【濛】〔17〕 ボウ 漢 モウ 慣 | méng モン 平 東 | J 6334 補 ― U 6FDB
意味 ①小雨の降るさま。②暗い。うす暗い。
【濛雨】(もうう) きりさめ。小雨(こさめ)。
【濛昧】(もうまい) きりなどが立ちこめてうすぐらいさま。
【濛濛】(もうもう) きりや小雨(こさめ)でけぶっているさま。
【濛鴻】(もうこう) 天地がまだ分かれていない混沌とした状態。＝溟涬

水14【濶】〔17〕 俗→闊(一三二二ページ・上)

水14【濟】〔17〕 旧→済(七二九ページ・中)

水14【瀞】〔17〕 俗→瀞(七六〇ページ・下)

水14【濵】〔17〕 同→濱(七二三ページ・上)

氵14『鴻』(一四三〇ページ・下)↓鳥部六画

水14【瀔】〔17〕 俗→瀔(本ページ・中)

氵14【濕】〔17〕 旧→湿(七三九ページ・上)

水14【濱】〔17〕 旧→浜(七二三ページ・上)

水14【濹】〔17〕 俗→濹(七六〇ページ・中)

水14『塹』(二九九ページ・上)↓土部十四画

水15【瀅】〔18〕 エイ 漢 ヨウ(ヤウ) 呉 | yíng イン 去 径 | J ①8728 補 4151 U 7005
意味 ①小川。②水が清く澄んでいる。

水15【瀇】〔18〕 ■一 オウ(ワウ) 漢 ■二 オウ(ワウ) 漢 | ■一 上 養 wǎng ワン ■二 平 陽 wāng ワン | J ②7942 補 4113 U 7007

意味 ■一 水の深く広いさま。「瀇滉(おうこう)」「瀇瀁(おうよう)」■二 よごれた水たまり。

水15【瀡】〔18〕 カク(クヮク) 漢 | guó クオ 入 陌 | J ― 補 ― U 3D81
意味 瀡瀡(かくかく)は、水の流れる音。

水15【瀔】〔18〕 コク 漢 | gǔ クー 入 屋 | J ― 補 ― U 7014
意味 川の名。河南(かなん)省を流れ、洛水(らくすい)にそそぐ。瀔水。

水14【瀔】〔17〕 俗字 | J ― 補 ― U 6FF2

水15【瀉】〔18〕 シャ 漢 | xiè シエ 去 禡 | J 6335 補 ― U 7009

水5【泻】〔8〕 俗字 | J ①8658 補 ― U 6CFB
意味 ①〈そそ・ぐ〉㋐上からふりそそぐ。㋑流す。流しこむ。②はらくだし。げりする。③食べたものをもどす。吐(は)く。④作物の育たない荒地。「瀉土(しゃど)」
参考「潟(せき)」は別字。
【瀉下】(しゃか) そそぎくだる。そそぎくだす。
【瀉出】(しゃしゅつ) 水がそそぎ出る。また、そそぎ出す。
◆吐瀉(としゃ)

水15【瀋】〔18〕 シン 漢 | shěn シェン 上 寝 | J 6336 補 ― U 700B
意味 ①汁。スープ。②瀋陽(しんよう)(シェンヤン)は、地名。遼寧(りょうねい)省にある。

水15【濺】〔18〕 ■一 セン 漢 ■二 セン 漢 | ■一 去 霰 jiàn チエン ■二 平 先 jiān チエン | J 6337 補 ― U 6FFA
意味 ■一〈そそ・ぐ〉水をはねかける。水がはねる。■二 濺濺(せんせん)は、水がざあざあ流れるさま。浅浅(せんせん)。

水15【瀍】〔18〕 テン 漢 | chán チャン 平 先 | J ― 補 4114 U 700D
意味 川の名。河南(かなん)省洛陽(らくよう)市から流れでて、洛水(らくすい)にそそぐ。

氵15【瀆】〔18〕 標 トク 漢 | dú トゥー 入 屋 | J ①8729 補 4112 U 7006

水7【渎】〔10〕 俗字 | J 3834 補 ― U 6D9C
意味 ①〈みぞ〉㋐田の間の用水路。㋑どぶ。②大川。四瀆(しとく)は、江(長江)・河(黄河)・淮(わい)(淮水)・済(せい)(済水)をさす。③〈けが・れる(――・る)〉〈けが・す〉よごす。よごれる。④〈な・れる(―・る)〉なれなれしくする。⑤あなどる。ばかにする。⑥むさぼる。＝黷(とく)
【瀆職】(とくしょく) ①職務を尽くさず、任務中に過ちを犯すこと。②国 役人がわいろを取るなどの不正な行いをして職務をけがすこと。汚職(おしょく)。
『決ㇾ瀆』(とくをけっす) みぞを切り開いて、水を流す。
◆汚瀆(おとく)・冒瀆(ぼうとく)・溝瀆(こうとく)

氵15【瀑】〔18〕 標 ■一 ホク 漢 バク 慣 ■二 ホウ 漢 バク 慣 | ■一 入 屋 pù プー ■二 去 号 bào パオ | J 6338 補 ― U 7011
意味 ■一〈たき〉高い所から落ちる流れ。「瀑布(ばくふ)」■二 ①水しぶき。②強くふる雨。暴風雨。
地名 瀑谷(たきたに)
【瀑泉】(ばくせん) たき。瀑布。
◆飛瀑(ひばく)・懸瀑(けんばく)

水15【瀊】〔18〕 ハン 漢 バン 呉 | pán パン 平 寒 | J ②7943 補 ― U 700A
意味 水がうずまく。国 瀊(さかのぼり)は、愛知県にある地名。

水15【瀌】〔18〕 ヒョウ(ヘウ) 漢 | biāo ピアオ 平 蕭 | J ― 補 ― U 700C
意味 瀌瀌(ひょうひょう)は、雪のはげしく降るさま。

水15【瀎】〔18〕 マツ 漢 | mò モー 入 曷 | J ― 補 ― U 700E
意味 ぬぐう。＝沫(まつ)

水15【瀀】〔18〕 ユウ(イウ) 漢 ウ 呉 | yōu ユー 平 尤 | J ②7941 補 4110 U 7000
意味 ①潤(うるお)う。水にぬれる。②川がせきとめられる。③ゆったりする。

水15【瀁】〔18〕 ■一 ヨウ 漢 呉 (ヤウ) ■二 ヨウ 漢 呉 (ヤウ) | ■一 去 漾 yàng ヤン ■二 上 養 yǎng ヤン | J 6339 補 ― U 7001
意味 ■一 ただよう。水面がゆらめく。＝漾(よう) ■二 瀁漭(ようもう)は、あふれ、広がるさま。はてしないさま。瀁瀁。

水15【濼】〔18〕 ■一 ラク 漢 ■二 ハク 漢 | ■一 入 薬 luò ルオ ■二 入 薬 pō ポー | J ②7940 補 4108 U 6FFC
意味 ■一 濼水(らくすい)は、川の名。山東(さんとう)省を流れる。■二 みずうみ。＝泊(はく)

氵15【濫】〔18〕 常 ラン | J 4584 補 ― U 6FEB

心(忄・⺗)戈戸(戶)手(扌)支攴(攵) 4画 文斗斤方无(旡・旡)日曰月(⺝)木欠止歹殳毋比毛氏气水(氵・氺)火(灬)爪(爫・⺥)父爻爿片牙(牙)牛(牜)犬(犭)

筆順 氵 氵 泸 泸 泸 泸 濫 濫

一 ラン 漢 呉 一 去 勘 làn ラン
二 カン 漢 二 去 勘 jiàn チエン

水21〔灠〕〔24〕同字 J ― U 7060

意味 一 ①水が広がりあふれる。「氾濫はん」②うかぶ。うかべる。③ひたす。水につける。④〈みだ・れる（――・る）〉度をすごす。道理にそむく。みだす。⑤〈みだりに〉むやみに。でたらめに。「濫造」⑥むさぼる。⑦うわべだけのことば。二 ①(泉が)わきでる。②からだを洗うたらい。＝鑑かん

解字 濫 形声。氵が形を表し、監かんが音を示す。氵は水。監は上から下を見おろすことで、広い、ひきしめる、の意味を含む。濫は、水が広くひろがってあふれること、水が上から下にぬらすこと、水が清いことの意味である。音ランは、監の音カンの変化。

参考 臣を六画に数え、氵(水)部十四画とする場合もある。

【濫竽】らんう 才能のない者が才能があるかのように人目をごまかすこと。斉せいの宣王せんおうが竽(ふえの一種)を聞くのがすきだったので、ある人がおおぜいのふえ吹きの間にまじって、吹くようなかっこうをし、俸給ほうきゅうをもらっていたという故事にもとづく。濫竽充数じゅうすう。〈韓非子かんぴし・内儲説ないちょせつ〉

【濫獲】らんかく(くわく) 魚などをむやみにとってしまうこと。＝乱獲

【濫挙(擧)】らんきょ むやみに人を採用する。

【濫巾】らんきん みだりに道士のずきんをかぶる。みせかけの隠者。

【濫刑】らんけい ①重すぎる刑罰。②みだりに断罪する。

【濫觴】らんしょう(しゃう) 物事のはじまり。長江のような大きな川も、そのみなもとは觴さかずきを濫うかべるほどの小さな流れだということにもとづく。〈荀子じゅんし・子道〉

【濫吹】らんすい 「濫竽らんう」に同じ。

【濫造】らんぞう(ざう) むやみにつくる。「粗製濫造」

【濫用】らんよう むやみに用いる。かってに使う。＝乱用

◆氾濫はん

水15【瀏】〔18〕 リュウ(リウ) 漢 平 尤 liú リウ J 6340 U 700F

意味 ①流れの清いさま。②深いさま。③さっぱり、または、からっとしたさま。④瀏瀏りゅうりゅうは、㋐すずしいさま。㋑風のはやいさま。

【瀏覧(覽)】りゅうらん(りう) ひととおり目を通すこと。また、他人の見ることに対する敬語。＝劉覧

【瀏亮】りゅうりょう(りう りやう) 楽器の音などがさえて、明るくひびきわたるさま。＝嚠喨

氵15【濾】〔18〕 標 リョ 漢 ロ 呉 去 御 lǜ リュイ J 6341 U 6FFE

氵4〔沪〕〔7〕簡慣 J ①8651 U 6CAA

意味 〈こ・す〉布などでこす。「濾過」

参考 「瀘ろ」は別字。

【濾過】ろか(くわ) こす。液体をこしてきれいにする。

水15【濹】〔18〕 国字 ボク J ①8725

水14〔濹〕〔17〕俗字 J 4107 U 6FF9

意味 隅田川すみだがわの漢語風呼称。「濹東ぼくとう」

水15【瀕】〔18〕 同 ↓瀕(七六二ジ・中)

水15【瀦】〔18〕 俗 ↓瀦(本ページ・下)

水15〖懣〗↓心部十四画(五〇三ジ・中)

水15【瀆】〔18〕 俗 ↓瀆(七六二ジ・中)

水15〖懣〗↓心部十四画(五〇三ジ・上)

水16【瀛】〔19〕 エイ 漢 平 庚 yíng イン J 6342 U 701B

意味 ①海。大海。「滄瀛そうえい」②池。沼。③伝説上の山の名。東海にあり、仙人せんにんが住むという。「瀛洲えいしゅう」

【瀛表】えいひょう(へう) 海の向こう。海外。

水16【瀠】〔19〕 エイ 漢 平 庚 yíng イン J 4116 U 7020

意味 〈めぐ・る〉 水がうずまくさま。「瀠瀠」＝濴

水16【瀣】〔19〕 カイ 漢 去 卦 xiè シエ J ②7944 U 4117 U 7023

意味 沆瀣こうかいは、①露つゆ。また、夜の気。②水がゆっくり流れる。

水16【瀚】〔19〕 カン 漢 去 翰 hàn ハン J 6343 U 701A

意味 ①〈ひろ・い（――・し）〉 広大なさま。「浩瀚こうかん」②瀚海かんかいは、㋐ゴビ砂漠さばくをさす。一説に、バイカル湖。㋑唐代の都護府の名。ゴビ砂漠以北を管轄した。

水16【瀗】〔19〕 ケン 漢 コン 呉 去 願 xiàn シエン 4115 U 7017

意味 川の名。

水16【瀡】〔19〕 スイ 漢 去 寘 suǐ ソイ U 7021

氵16【瀞】〔19〕 標 セイ 漢 去 敬 jìng チン J 3852 U 701E

水14〔瀞〕〔17〕俗字

意味 水の清らかなさま。＝浄 国〈とろ〉 川の流れの静かなこと。また、その所。

意味 なめらか。↓「滫瀡しゅうずい」(七四九ジ・下)

氵16【瀦】〔19〕 標 チョ 漢 平 魚 zhū チュー J 3585 U 7026

水12〔潴〕〔15〕同字 J 6344 U 6F74

水15〔瀦〕〔18〕俗字

意味 ①水たまり。②水がたまる。

氵16【瀕】〔19〕 人 標 ヒン 漢 ビン 呉 平 真 bīn ピン J 4146 U 7015

水17〔瀕〕〔20〕俗字

意味 ①みぎわ。なぎさ。岸。＝浜 ②せまる。近づく。

【瀕海】ひんかい 海に面していること。海ぞい。

【瀕死】ひんし 死にかかっていること。

氵16【瀬】〔19〕 常 せ J 3205 U 702C

旧字 氵16【瀨】〔19〕 人 ライ 漢 去 隊 lài ライ J ①8730 U 7028

筆順 氵 氵 泸 沖 涑 涑 瀨 瀬

意味 〈せ〉 ①流れの浅い所。あさせ。②流れの早い所。はやせ。急流。国〈せ〉 ①機会。②立場。

解字 瀨 形声。氵が形を表し、賴らいが音を示す。氵は水。賴は、するどくはげしい意味を持つ。瀨は急流のこと。また砂の上の水が、砂をこしてしたたり落ちることともいう。

姓 瀬尾せのお・瀬名波せなは・瀬良垣せらがき 地名 瀬戸せと・瀬棚せたな

【瀬戸】せと 国 ①せまい小さな海峡。せとぎわ。③地名。愛知県の市で、日本最大の陶器工業地。④瀬戸物・瀬戸焼せとやきの略称。②勝ち負けなどの分かれめ。【――際】せとぎわ(ぎは) 国 ①瀬戸と海とのさかい。②勝つか負けるか、成功するか、失敗するかなど、重大な事の分かれめ。

◆早瀬はやせ・浅瀬せんらい|あさせ・急瀬きゅうらい|せ・淵瀬ふちせ

水16【瀝】〔19〕 レキ 漢 入 錫 lì リー J 6345 U 701D

意味 ①〈したた・る〉 しずくがたれる。②したたり。しずく。③こす。したむ。④すんだ酒。⑤風や雨の音の形容。「瀝

瀝」

【瀝血】(れきけつ) ①したたる血。②血をしたたらせてかたきを討つことを誓うこと。③血をしたたらせて文字を書き、真心を示すこと。

【瀝青】(れきせい) 理アスファルト・石油など、天然に産する炭化水素化合物の名。ビチューメン。チャン。【――炭】(れきせいたん) 理石炭の一種。まっ黒で油質が多く、燃やすとすすがはげしく出る。黒炭。

【瀝滴】(れきてき) したたる。また、したたり。しずく。

△▼披瀝(ひれき)

水16 【瀘】〔19〕 ロ 漢 平 虞 lú ルー　U7018 J6346

意味 川の名。四川省にあり、長江にそそぐ。上流を若水(今の雅礱江)といい、下流を金沙江という。三国時代、蜀の諸葛亮が南征したとき渡ったことで有名。瀘江水ともいう。

参考「濾」は別字。

水16 【濳】〔19〕 同→潜(七五四ジ・上)

氵16 【瀨】〔19〕 旧→瀬(七六〇ジ・下)

氵16 【瀧】〔19〕 旧→滝(七四七ジ・下)

水17 【瀯】〔20〕 エイ 漢 平 庚 yíng イン　U702F 補4118

意味〈めぐ・る〉水がうずまくさま。＝濴

【瀯瀯】(えいえい) 水の流れる音。

水17 【瀴】〔20〕 [一]エイ 漢 ヨウ(ヤウ) 呉 [一]平 庚 yíng イン [二]エイ 漢 ヨウ(ヤウ) 呉 [二]上 迥 yǐng イン [三]エイ 漢 ヨウ(ヤウ) 呉 [三]去 敬 yìng イン　U7034 補4119

意味 [一]瀴溟(えいめい)は、水がはるか遠くまでつづく。[二]瀴涬(えいけい)は、川の大きいさま。大水のさま。[三]瀴瀴(えいえい)は、冷たいさま。

氵17 【灌】〔20〕 標 [一]カン(クヮン) 漢呉 [一]去 翰 guàn コワン [二]カン(クヮン) 漢呉 [二]去 翰 huàn ホワン　U704C J6285

水18 【灌】〔21〕 正字

水11 【潅】〔14〕 俗字　U6F45 J2035

意味 [一]①〈そそ・ぐ〉㋐そそぎかける。㋑水を引きこむ。水が流れこむ。「灌漑(かんがい)」㋒あらう。すすぐ。㋓祭礼のとき、地に酒をそそぐ。②飲む。③鋳造する。④木がむらがりはえる。「灌木(かんぼく)」[二]灌灌(かんかん)は、①水の流れがさかんなさま。②ねんごろなさま。③うれえてうったえるところのないさま。④伝説上の鳥の名。鳩の類。

【灌嬰】(かんえい) 前漢の武将。劉邦の建国に功があり、文帝の時に丞相にまで至った。

【灌園】(かんえん) 畑に水をかけること。転じて、畑仕事。

【灌漑】(かんがい) 作物のとれるよう土地に水をそそぐこと。

【灌水】(かんすい) 水をそそぐこと。

【灌頂】(かんちょう・かんじょう) 仏①密教で、はじめて仏門にはいるとき、または修道者がある地位に進むとき、香水を頭の上にふりかける儀式。②墓に水をそそぐ。

【灌腸】(かんちょう) ①中国式の腸づめ。ソーセージ。②大便の出をうながしたり、人工栄養をつぎこむため、肛門から薬物を注入すること。＝浣腸

【灌仏(佛)会(會)】(かんぶつえ) 仏四月八日(昔は陰暦。釈迦の生まれた日)に、釈迦の像に水または甘茶をそそぎかける行事。花まつり。

【灌莽】(かんぼう) 草木が群生した原野。

【灌木】(かんぼく) ①群生する木。叢木。②植いばら・つつじなどのように、たけが低く、みきは細くて根もとからむらがりはえているもの。現在は、低木という。

水17 【瀽】〔20〕 ケン 漢 上 銑 jiǎn チエン　U703D

意味 ①水をくみだす。②水田の水を出し入れするために設けた穴。

水17 【瀺】〔20〕 サン 漢 ゼン 呉 上 豏 chán チャン　U703A J②7947

意味 ①汗(あせ)。②瀺灂(せんさく)は、㋐水の落ちるさま。㋑水の音の形容。㋒浮き沈みするさま。

水17 【瀟】〔20〕 ショウ(セウ) 漢 平 蕭 xiāo シアオ　U701F J6347

意味 ①川の名。湖南省寧遠県九嶷山から流れて、永州市で、湘水にそそぐ。②水がすんで深いさま。

【瀟洒】(しょうしゃ・しょうさい) ①さっぱりとしたさま。②俗気がなくて、あっさりしているさま。＝瀟灑

【瀟湘】(しょうしょう) 瀟水と湘水。瀟水が湘水に合流して洞庭湖に流れこむあたりは風景の美しいことで有名。【――八景】(しょうしょうはっけい) 瀟水・湘水付近にある八か所の景色のよい所。→「八景」(一三〇ジ・上)

【瀟瀟】(しょうしょう) 風雨のはげしいさま。また、風雨のものさびしい音。

【瀟然】(しょうぜん) ものさびしいさま。「満目瀟然」(満目は、あたりいちめん、見渡すかぎり。)

水17 【瀼】〔20〕 [一]ジョウ(ジャウ) 漢 [一]去 漾 ràng ラン [二]ジョウ(ジャウ) 漢 [二]平 陽 ráng ラン　U703C 補4122 J②7948

意味 [一]川の名。四川省奉節県東北から南に流れて、長江にそそぐ。[二]露の多いさま。

水17 【瀰】〔20〕 ビ 漢 平 支 mí ミー　U7030 J6348

水8 【沵】〔11〕 俗字　U3CFD

意味 ①(水が)みちあふれるさま。②はるかに広がるさま。

【瀰瀰】(びび) ①水がみちあふれ流れるさま。②ものが多くみちあふれるさま。さかんなさま。

【瀰漫】(びまん) いちめんにひろがりはびこること。＝弥漫

水17 【瀹】〔20〕 ヤク 漢 入 薬 yuè ユエ　U7039 補4121 J②7946

意味 ①〈ひた・す〉水につける。②〈にる〉物を煮る。③川の流れをよくする。治水する。

氵17 【瀾】〔20〕 標 [一]ラン 漢 [一]平 寒 lán ラン [二]ラン 漢 [二]去 翰 làn ラン　U703E J6349

意味 [一]なみ。大波。「波瀾」[二]①瀾汗(らんかん)は、波が大きくうねるさま。②瀾漫(らんまん)は、㋐あふれしたたるさま。㋑乱雑でまとまりのないさま。㋒色彩があでやかなさま。

△▼回瀾(かいらん)・狂瀾(きょうらん)・波瀾(はらん)

水17 【瀲】〔20〕 レン 漢 上 琰 liàn リエン　U7032 J6350

意味 ①水のあふれるさま。②みぎわ。波打ちぎわ。③うかぶ。ただよう。

【瀲灩】(れんえん) ①みちあふれるさま。②さざ波が光りかがやくさま。

水17 【濶】〔20〕 俗→闊(一三二ジ・上)

水17 【瀬】〔20〕 俗→瀬(七六〇ジ・下)

水17【瀷】〔20〕同→瀷(本ページ・上)

水18【瀿】〔21〕ク漢 グ呉 平 虞 qú チュイ U7048 補4125 J — 意味 川の名。今の石羊河。河南省を流れる。

水18【灄】〔21〕ショウ漢 (セフ) 入 葉 shè ショー U7044 補4124 J — 意味 ①川の名。灄水。昔の流れは、湖北省漢川県東北から東流し長江にそそいだ。②筏。

水18【瀺】〔21〕セン漢 ゼン呉 平 塩 qián チエン U704A 補4127 J ①8731 意味 ①川の名。今の渠江。四川省を流れる。②古代の県の名。今の安徽省に置かれた。

水18【灃】〔21〕ホウ漢 平 東 fēng フォン U7043 補4123 J ②7949 意味 ①川の名。源を陝西省の秦嶺に発し、北流して渭水に注ぐ。②周代の地名。今の陝西省西安市戸県。

水18【瀷】〔21〕ヨク漢 イキ呉 入 職 yì イー U— 補— J — 意味 ①川の名。河南省を流れる。②雨のあとの水たまり。③急な流れ。

水17【瀷】〔20〕同字 U7037 補4120 J —

水18【灌】〔21〕正→灌(七六一ページ・上)

水18【灘】〔21〕俗→灘(本ページ・中)

水18【灉】〔21〕本→灉(七四七ページ・中)

水18【灋】〔21〕同→灋(七五四ページ・中)

水18【灋】〔21〕本→法(七一二ページ・下)

水19【灑】〔22〕一サ漢 シャ呉 二サイ漢 三シ漢 一上 馬 sǎ サー 二上 蟹 sǎ サー 三上 紙 xǐ シー U7051 補— J6351 意味 一二①〈そそ・ぐ〉水をまきちらす。まく。②すすぐ。洗い清める。③ちる。散り落ちる。④物事にこだわらないさま。三〈あら・う(――・ふ)〉=洗

【灑泣】さいきゅう(きふ) なみだをぬぐう。灑涙。

【灑灑】さいさい ①四方にちらばるさま。②ながく続くさま。

【灑然】さいぜん ①さっぱりしたさま。=洒然 ②喜ぶさま。

【灑掃】さいそう(さう) 水をまいて掃除する。=灑埽・洒掃

【灑落】さいらく・しゃらく ①葉がおちる。②物事にこだわらない。

水19【灒】〔22〕サン漢 呉 去 翰 zàn ツァン U7052 補— J — 意味 泥水をはねる。水を衣服にはねかける。=濺

水15【濽】〔18〕俗字 U6FFD 補4109 J —

氵19【灘】〔22〕標 人 タン漢 ダン慣 平 寒 tān タン U7058 補— J3871 意味 ①せ。流れが早く、岩が多くて航行に危険な所。②川の中にできた砂浜。洲。国〈なだ〉潮流が強く、また波があらくて航海に困難な海。「玄界灘」

水18【灘】〔21〕俗字 U— 補— J —

【灘声(聲)】たんせい 急流の音。灘響。

水19【灕】〔22〕リ漢 平 支 lí リー U7055 補4130 J — 意味 ①水がしみこむ。=漓 ②流れるさま。

水19【灔】〔22〕同→灩(本ページ・中)

水19【灞】〔22〕俗→灞(七六二ページ・中)

水21【灝】〔24〕コウ漢 (カウ) 上 皓 hào ハオ U705D 補4131 J ①8732 意味 ①広大なさま。②すがすがしい。=浩

水15【澔】〔18〕同字 U2409 6 補— J ②7939

【灝気(氣)】こうき(かうき) 天上の清らかな気。

水21【灞】〔24〕ハ漢 去 禡 bà パー U705E 補4132 J ①8733 意味 川の名。陝西省中部にあり、渭水にそそぐ。灞水。

水19【灞】〔22〕俗字 U3D9A 補— J ②7952

【灞橋】はきょう(けう) 長安(今の陝西省西安市)の東の灞水にかかっていた橋の名。昔、東へ旅立つ人をここまで送り、柳の枝を折ってはなむけとして別れをつげた。

【灞陵】はりょう 「覇陵」に同じ。

水21【灠】〔24〕同→濫(七五五ページ・下)

水22【灣】〔25〕旧→湾(七四二ページ・中)

水22【灩】〔25〕同→灩(本ページ・中)

水23【灩】〔26〕エン漢 去 豔 yàn イエン U7069 補— J ②7955 意味 ①瀲灩は、㋐みちあふれるさま。㋑さざなみが光りかがやくさま。瀲灩。②灩澦堆は、四川省重慶市奉節県の付近の長江上流、三峡の瞿唐峡にある大きな岩の名。難所として有名。

水28【灩】〔31〕本字 U— 補— J —

水22【灔】〔25〕同字 U704E 補4133 J ①8734

水19【灔】〔22〕同字 U7054 補4129 J ②7953

水23【灥】〔27〕一シュン漢 二セン漢 三セン漢 一平 真 xún シュン 二平 先 quán チュワン 三去 霰 quàn チュワン U7065 補4135 J ②7954 意味 一①多くの泉。②多くの川の流れ。二いずみ。みなもと。=泉 三雨で泉が湧き出る。

水23【灤】〔26〕ラン漢 平 寒 luán ロワン U7064 補4134 J ①8735 意味 川の名。河北省を流れ、渤海にそそぐ。

水28【灩】〔31〕本→灩(本ページ・中)

4画 火(灬)部 ひ ひへん れっか・れんが

【部首解説】「火が燃え上がる形」にかたどる。この部には、火や炎の状態、輝き、また火に関する動作を表すものが多く、「火・灬」の形を構成要素とする文字が属する。脚になるときは「灬(れっか・れんが)」となる。

火0【火】〔4〕学1 カ ひ・ほ カ(クワ)漢 呉 コ唐 上 哿 huǒ フオ U706B 補— J1848

筆順 丶 丷 ⺌ 火

意味 ①〈ひ〉〈ほ〉㋐物体が燃えるときに出る光と炎。「火炎」㋑ともし火。㋒火事。②燃える。燃やす。③五行の一つ。方位では南、季節では夏、色では赤。④物事のさしせまったこと。「火急」⑤はげしい感情。「心火」⑥星の名。大火。心宿。アンタレス。⑦唐代の軍隊組織の名。十人組。⑧病気の原因。火邪。国〈か(くゎ)〉七曜の一つ。「火曜日」の略。

解字 象形。火が燃えあがる形。五行では、南の方角にあたる。

名前 ほ 姓 火撫 難読 火熨斗・火傷

【火雲】か(くわ)うん 夏雲。入道雲。

【火炎】か(くわ)えん ほのお。＝火焔・火燄

【火焔】か(くわ)えん 「火炎」に同じ。

【火燄】か(くわ)えん 「火炎」に同じ。

【火化】か(くわ)か ①火で物を煮ること。②火葬。

【火花】一 か(くわ)か ①はなび。煙火。②灯心の燃えのこり。③灯の周りを飛ぶ蛾の別称。二 ひばな 国金物や石を強く打ったとき、または放電したときに発する火。火の粉。

【火官】か(くわ)かん(くわん) 官名。「火正」に同じ。

【火患】か(くわ)かん(くわん) 火災。

【火浣布】か(くわ)かん(くわん)ぷ 石綿で織った、火に焼けない布。＝「火澣布」

【火気(氣)】か(くわ)き ①火のけ。②火の勢い。③熱気。

【火器】か(くわ)き ①鉄砲・大砲の類。火薬で弾丸を発射する兵器。②火を入れる物。

【火急】か(くわ)きゅう(きふ) はなはだ急な。至急。火速。

【火牛計】か(くわ)ぎゅう(ぎう)のけい 戦国時代、斉の田単が燕軍のかこみを破るのに用いた計略。牛のつのに刀をつけ、尾に油をひたした葦を結び、これに火をつけて敵軍になだれこませた。〈史記・田単列伝〉

【火炬】か(くわ)きょ たいまつ。松明。炬火。火把。

【火教】か(くわ)きょう(けう) 古代ペルシアの宗教。拝火教。祆教(ゾロアスター教)。

【火刑】か(くわ)けい 火炙り。罪人を火で焼き殺す刑罰。

【火鶏(鷄)】か(くわ)けい ①多くの鶏を縄でつなぎ、これに火をつけ敵陣に放って混乱させる攻撃法。②七面鳥。③火くいどり。

【火伍】か(くわ)ご 唐代の軍隊組織で、火は十人組。伍は五人組。

【火坑】か(くわ)こう(かう) ①火の穴。②苦しい境地のたとえ。③仏焦熱地獄。

【火攻】か(くわ)こう ひぜめ 火をつけて敵を攻める方法。焼き討ち。

【火候】か(くわ)こう ①火の燃えかげん。②道教で仙丹を練ること。③学問や修業をさす。

【火耕】か(くわ)こう(かう) 草木を焼きはらい、そのあとにその灰を肥料として種をまく耕作法。

【火災】か(くわ)さい 火によるわざわい。火事。火難。

【火山】か(くわ)ざん ①地中から吹き出した溶岩でできた山。また、現在、溶岩やガスを吹き出している山。噴火山。②山の名。今の山西省大同市の西にある。③山の名。今の新疆鄯善の東にある。

【火車】一 か(くわ)しゃ ①焼き討ちに用いる車。②仏罪人を地獄に運ぶという、火の燃えている車。二 ひのくるま 国暮らしがひどく苦しいこと。三 フオチョー huǒchē 現汽車。【──站】フオチョーチャン huǒchēzhàn 現(鉄道の)駅。

【火酒】か(くわ)しゅ アルコール分の多い酒。焼酎。

【火定】か(くわ)じょう(ぢやう) 仏仏教徒が涅槃にはいるため、自分から火中に身を投げて死ぬこと。

【火縄(繩)】か(くわ)じょう ひなわ 竹・檜皮・木綿糸などを縄にして、硝石を含ませたもの。火縄筒に火をつけ発射させるのに用いた。

【火食】か(くわ)しょく ①食物を、火で煮たり焼いたりして食べること。↔生食 ②食事。

【火燼】か(くわ)じん 燃え残り。燃えかす。

【火正】か(くわ)せい 官名。五官の一つ。火星をまつり、火にまつわる政務をつかさどる。

【火星】か(くわ)せい ①太陽系の中の惑星の一つ。地球にもっとも近い。マース。②星の名。二十八宿の一つ。大火。③火の神。

【火成岩】か(くわ)せいがん 地中の溶岩が固まってできた岩。火山岩。

【火石】か(くわ)せき ①火打ち石。②昔の大砲。石を弾丸として用いた。

【火戦(戰)】か(くわ)せん ①火を用いた戦術法。②鉄砲・大砲をうち合う戦い。

【火箭】一 か(くわ)せん ひや 火をつけて射る矢。二 フオチエン huǒjiàn 現ロケット。

【火葬】か(くわ)そう(さう) 人の死体を焼いて葬る。↔水葬・土葬・鳥葬

【火槍】か(くわ)そう(さう) 鉄砲。＝火鎗

【火速】か(くわ)そく 大急ぎ。火急。

【火宅】か(くわ)たく 仏焼けている家。煩悩(なやみ)の多い世の中をたとえた語。この世。現世。

【火馳】か(くわ)ち 火が燃え広がるように動きのはやいさま。

【火田】か(くわ)でん ①草木を焼き払って狩りをすること。②山林・原野を焼いて作った田畑。焼畑。↔水田

【火斗】か(くわ)と ひのし 炭火を中に入れ、その熱で布地のしわをのばす器具。火熨斗。

【火徳】か(くわ)とく 王者が受ける五行の徳の一つ。

【火遁】か(くわ)とん 火を利用して自分の姿をかくす方術。

【火魚】かながしら ①魚の名。ほうぼう科の海魚。②金魚の別名。

【火伴】か(くわ)はん ①同じ軍隊に属する同僚。↓「火伍」②なかま。

【火夫】か(くわ)ふ ①消火活動にたずさわる人。②汽車・汽船などの汽缶の火をたく人。火手。

【火兵】か(くわ)へい ①火を用いた攻撃を担当する兵士。②火薬を使用する兵器。鉄砲や大砲。

【火米】か(くわ)べい ①草地を焼いたあとに作った米。②湿った米を火でかわかしたもの。③水分の少ない土地でも育つ品種の米。

【火薬(藥)】か(くわ)やく ①硝石・硫黄・木炭などをまぜて作った発火薬。②薬の名。

【火力】か(くわ)りょく ①火の勢い。②道教において修練することで得られる成果。効き目。③鉄砲・大砲などの射撃力。

【火輪】一 か(くわ)りん 太陽。二 フオルン huǒlún 現汽船。火輪船。

【火炉(爐)】か(くわ)ろ ①ひばち。②いろり。

【火燵】こたつ →「炬燵」(七六七ページ・上)

【火桶】ひおけ 国木製の丸い火ばち。↔炭櫃

【火責】ひぜめ 国火を用いて罪人や容疑者を拷問すること。

【火見櫓】ひのみやぐら 国火事を見つけ、その出火場所を見定めるための高い塔。ひのみ。

【火柱】ひばしら 国ほのおが柱のように高くふきあげること。

【火蓋】ひぶた 国火縄筒の火皿をおおうふた。「火蓋を切る」(攻撃を開始する。物事にとりかかる意。)

【火祭】ひまつり 国火事のないように祈る祭り。鎮火祭。

【火柴】フオチャイ huǒchái 現マッチ。

〖若二火之燎一于原一〗ひのはらをやくがごとし 猛火が野原を焼きつくすようだ。勢いのすさまじく、防ぎとめられないさま。燎原火。〈書経・盤庚上〉

〖挙(擧)レ火〗ひをあぐ ①のろしをあげる。合図の火をあげる。②かまどの火をたく。暮らしをたてる。

〖失レ火〗ひをしっす 火の不始末のため、火事を出す。

〖若レ観(觀)レ火〗ひをみるがごとし 火を見るように物事がはっきりしている。〈書経・盤庚上〉

◆口火・大火・水火・付火・失火・灯火・兵火・迎火・防火・劫火・花火・炉火・狐火・怪火・放火・発火・飛火・送火・点火・耐火・砲火・狼火・鬼火・野火・蛍火・焚火・業火・煙火・聖火・漁火・噴火・燐火・類火・電光石火

火0【灬】〔4〕 [一]ヒョウ[漢][一][平]蕭 (ヘウ) biāo ピアオ [二]カ[漢][二][上]哿 (クヮ) huǒ フォ　J②7956 補4136 U706C

[意味][一]つよい火。[二]〈ひ〉火。「火」が漢字の脚になる時の形。

火2【灰】〔6〕[学]6 カイ[漢][平]灰 はい (クヮイ) huī ホイ　J1905 補— U7070

旧字 火2【灰】〔6〕　J— 補— U—

[筆順] 一 厂 厂 𠂆 灰 灰

[意味]①〈はい（はひ）〉もえがら。②ほこり。③はいにする。はいになる。④生気を失う。「灰心(かいしん)」⑤ねずみ色。

[解字] 会意。ナと火を合わせた字。ナは又で、手を表す。火が消えて、手で持てるような状態になったのが灰である。

[難読] 灰汁(あく)

【灰死】(かい（くゎい）し) ①灰がひえきって、再び燃えないこと。②心の静止するたとえ。

【灰汁】(かいじゅう（くゎいじふ）) 一あく 灰を水に浸してそのかすを取除いたうわずみの液。

【灰色】[一](かい（くゎい）しょく) ねずみ色。グレー。[二](はい（はひ）いろ) [国]①態度のはっきりしないこと。②希望のないたとえ。

【灰心】(かい（くゎい）しん) ①冷えきった灰のように、冷静な心。②力をおとし、がっかりした心。失望した心。

【灰身】(かい（くゎい）しん) 身を灰にする。身を粉にして懸命にはげむことのたとえ。

【灰塵】(かい（くゎい）じん（ぢん）) ①灰とちり。滅び去ること。②価値のないもの。とるに足らないもの。

【灰燼】(かい（くゎい）じん) 灰と燃えがら。『帰(歸)ニ――ニ』(かい（くゎい）じんにきす) 燃えて、あとかたがなくなってしまう。

【灰滅】(かい（くゎい）めつ) ①身が滅び死ぬこと。②燃えて、あとかたがなくなること。

【灰冷】(かい（くゎい）れい) 心が灰のように冷え、なんの欲望もないこと。

◆土灰(どばい)・石灰(せっかい)(いしばい)

火2【灯】〔6〕[学]4 トウ ひ　J3784 補— U706F

旧字 火12【燈】〔16〕[人] トウ[漢][呉][平]蒸 トン[唐] dēng トン　J3785 補— U71C8

[筆順] 丶 丷 ⺌ 火 灯 灯

[意味]①〈ひ〉〈ともしび〉火をともす道具。あかり。「光灯(こうとう)」②仏の教え。仏法が迷いのやみを照らすのを、灯火にたとえたもの。法灯(ほうとう)。「伝灯(でんとう)」

[解字] 鐙 形声。旧字体は「燈」。火が形を表し、登(とう)が音を示す。登は、燭台(ともしびをのせるもの)で、金属を使った。だから古い形では、鐙を使う。燈は、鐙の、かねへんのかわりに火を加え、ともしびの台を表した。

[難読] 灯心(とうしみ)

[参考] ①「燈(とう)」と次項の「灯(てい)」とは別字であるが、古くから「燈」に代えて「灯」を用いることがあった。②灯は「燈」の中国新字体としても使う。

【灯影】(とうえい) ともしびの光。

【灯下】(とうか) ともしびのもと。

【灯火】(とうか（くゎ）) ともしび。あかり。あかし。『灯火可レ親』(とうかしたしむべし) さわやかな秋の夜長のころは、灯火のもとで読書するのに適している。〈韓愈(かんゆ)の詩・符読ニ書城南ニ(ふしょをじょうなんによむ)〉

【灯花】(とうか（くゎ）) ①灯心の先にできる燃えかす。②ともしびが燃えはじけること。火花。

【灯架】(とうか) ともしびをのせる台。灯台。灯檠(とうけい)。

【灯蛾】(とうが) 火とり虫。好んであかりにたかる。

【灯檠】(とうけい) 「灯架(とうか)」に同じ。

【灯光】(とうこう（くゎう）) ともしびの光。

【灯盞】(とうさん) ともしびの油ざら。灯椀(とうわん)。

【灯燭】(とうしょく) ともしび。あかり。

【灯心】(とうしん) 油をひたし、火をともすもの。糸または藺(い)草のしんをつかう。灯炷(とうしゅ)。

【灯穂(穗)】(とうすい) ともしびのほのお。穂はほのおの形容。

【灯台(臺)】(とうだい) ①ともしびをのせる台。②航海の目標を示すため、夜間、強い光を放つ高い台。海岸・島などに設ける。[国]【――守】(とうだいもり) [国]灯台の番人。『灯台(臺)下暗』(とうだいもとくらし) 身近(みぢか)のことがかえってわかりにくいことのたとえ。

【灯明】(とうみょう（みゃう）) 神仏の前にともすあかり。みあかし。

【灯油】(とうゆ) ともしびに用いる油。「白灯油」

【灯籠】(とうろう) 神社や寺の境内(けいだい)、庭などにおき、または軒先につるす灯火の用具。「石灯籠」

(灯籠)

◆幻灯(げんとう)・門灯(もんとう)・弧灯(ことう)・消灯(しょうとう)・残灯(ざんとう)・街灯(がいとう)・電灯(でんとう)・走馬灯(そうまとう)・昼行灯(ひるあんどん)・探照灯(たんしょうとう)・常夜灯(じょうやとう)・蛍光灯(けいこうとう)・誘蛾灯(ゆうがとう)

火2【灯】〔6〕 テイ[漢] チョウ(チャウ)[呉][平]青 チン[唐] dīng ティン　J3784 補— U706F

[意味]①〈ひ〉火。②はげしくもえる。また、そのようす。

火2【灮】〔6〕 [本]→光(一二三ページ・上)

火3【灸】〔7〕[人][標] キュウ[漢][上]有 (キウ) jiǔ チウ　J2168 補— U7078

[意味]①〈やいと〉もぐさを皮膚(ひふ)の灸点(きゅうてん)にのせて焼き、その熱で病気をなおすこと。「針灸」②やく。③ささえる。

[参考] 「炙(しゃ)(あぶ-る)」は別字。

【灸刺】(きゅう（きう）し) 灸と鍼(はり)。ともに医療の方法に用いる。灸鍼(きゅうしん)。

【灸師】(きゅう（きう）し) 灸で病気をなおす医師。

【灸治】(きゅう（きう）じ（ぢ）) [国]灸をすえて病気をなおす。灸療(きゅうりょう)。

【灸鍼】(きゅう（きう）しん) 灸と鍼(はり)。鍼とは、針をからだにさして病気をなおす治療法。

【灸点(點)】(きゅう（きう）てん) [国]①灸をすえる場所。灸所。灸穴(きゅうけつ)。②灸をすえる。

火3【災】〔7〕[学]5 サイ わざわい サイ[漢][呉][平]灰 zāi ツァイ　J2650 補— U707D

[筆順] 〈 〈〈 巛 巛 巛 災 災

火3【灾】〔7〕或体　J②7959 補4140 U707E

火6【烖】〔10〕[本]字　J— 補4161 U70D6

[意味]①〈わざわい（わざはひ）〉㋐自然に発生した火事。㋑自然におこる災害。②もえる。③つみ。あやまり。④不幸。

[解字] 会意・形声。巛と火を合わせた字。巛は巛(さい)で、川の流れをせきとめることから、わざわい・害の意味を持つとともに、音をも示す。災は、自然の火によるわざわいをいう。

【災異】(さいい) 天災地異の略。大水・暴風・地震などのさいなん。災変(さいへん)。

【災疫】(さいえき) 大自然のおこすわざわいと流行病。災厲。

【災殃】(さいおう（あう）) わざわい。災も殃もわざわい。

【災禍】（さいか（くゎ）） わざわい。災厄。災難。

【災害】 一（さいがい） わざわい。大水・火事・暴風などによる損害。 二 zāihài（ツァイハイ） 現 一に同じ。

【災旱】（さいかん） 干ばつ。ひでりによる被害。

【災患】（さいかん（くゎん）） わざわいと心配ごと。

【災咎】（さいきゅう（きう）） 天が人間の罪をとがめて下すわざわい。咎はとがめ。

【災祥】（さいしょう（しゃう）） ①わざわいとさいわい。②わざわいのきざし。

【災眚】（さいせい） 天災と病気のわざわい。

【災難】（さいなん） わざわい。なんぎ。

【災変（變）】（さいへん） 「災異（さいい）」に同じ。

【災厄】（さいやく） わざわい。災難。

【災妖】（さいよう（えう）） わざわい。妖もわざわい。天災地妖。

【災癘】（さいれい） 「災疫（さいえき）」に同じ。
◆人災（じんさい）・火災（かさい）・厄災（やくさい）・天災（てんさい）・防災（ぼうさい）・息災（そくさい）・戦災（せんさい）・震災（しんさい）・罹災（りさい）

火 3
【灺】〔7〕 一 シャ（漢） 二 タ（漢） 一（上）馬 xiè シエ 二（上）哿 tuǒ トゥオ U補J 707A
意味 一二 ともしびの燃えかす。

火 5
【炧】〔9〕 同字 U補J 70A7

火 3
【灼】〔7〕 人 標 シャク（漢） （入）薬 zhuó チュオ U補J 2862 707C
意味 ①〈や・く〉 あぶる。まっかにやく。②〈あきらか〉 明るくてらす。「灼然」③あつい。④やいと。灸（きゅう）をする。

【灼灼】（しゃくしゃく） ①花の美しく咲くさま。「灼灼其華（しゃくしゃくたりそのはな）」（桃の花が美しく咲きほこっている。）〈詩経（しきょう）・桃夭（とうよう）〉 ②輝くさま。③姿の美しいさま。

【灼爍】（しゃくしゃく） ①輝くさま。②色の美しいさま。

【灼然】（しゃくぜん） 光り輝くさま。灼灼。灼焉（しゃくえん）。灼爾（しゃくじ）。

【灼熱】（しゃくねつ） ①焼けて熱くなる。②焼けるような熱さ。③急ぐ。

【灼爛】（しゃくらん） 焼けただれる。

【灼煥】（しゃっかん（くゎん）） 照りはえる。

【灼見】（しゃっけん（しゃくけん）） 明らかに見える。はっきりわかる。

火 3
【灾】〔7〕 或 ↓災（七六四ページ・下）

火 3
【灶】〔7〕 俗 ↓竈（九二三ページ・下）

火 3
【灵】〔7〕 俗 ↓靈（一三五三ページ・中）

火 4
【炎】〔8〕 常 エン ほのお
一 エン（漢）（呉） 一（平）塩 yán イエン
二 エン（漢）（呉） 二（去）豔 yàn イエン
三 タン（漢） 三（平）覃 tán タン
U補J 1774 708E

筆順 丶 丷 ⺌ 火 ⺌ 炏 炎 炎

意味 一 ①燃える。②あつい。「炎夏」③さかんなさま。④炎帝（えんてい）をいう。 二 〈ほのお（ほのほ）〉 燃える火のさき。ほむら。＝焔（えん） 「火炎」 三 ことばが美しく雄弁である。「炎炎（たんたん）」

解字 炎 会意。火を二つ重ねた字。火が盛んに燃えることを表す。

参考 新表記では「焔（えん）」の書きかえ字に用いる。

【炎炎】（えんえん） ①燃えて、ほのおが高く上がるさま。②ひどく暑いさま。③色あざやかなさま。④盛んなさま。

【炎旱】（えんかん） ひでり。

【炎漢】（えんかん） 漢王朝のこと。五行説（ごぎょうせつ）では、漢は火徳（かとく）（火の恵み）によって王になったと言われることによる。

【炎光】（えんこう（くゎう）） ①ほのおの光。②漢の王室の威光。↓「炎〔漢〕」

【炎暑】（えんしょ） 「炎熱（えんねつ）」に同じ。

【炎症】（えんしょう（しゃう）） からだの一部が熱をもち、はれいたむ症状。

【炎瘴】（えんしょう（しゃう）） ①夏の暑さにあてられて起こす病気。暑さあたり。②熱病を起こす水辺の毒気。

【炎上】（えんじょう（じゃう）） ①燃えあがる。②国 大きな建物が燃える。

【炎蒸】（えんじょう） むし暑い。炎溽（えんじょく）。

【炎帝】（えんてい） ①伝説上の皇帝の名。神農氏。②夏を支配する神。

【炎天】（えんてん） ①夏のひどく暑い空。②南方の空。

【炎毒】（えんどく） 暑さの苦しみ。

【炎熱】（えんねつ） ひどい暑さ。炎暑。酷暑（こくしょ）。「炎熱地獄」

【炎風】（えんぷう） ①暑い風。熱風。②東北の風。八風の一つ。

【炎陽】（えんよう（やう）） ①夏の太陽。炎日。②夏の季節。

【炎涼】（えんりょう（りゃう）） ①暑さと涼しさ。②人情の厚い薄いのたとえ。③歳月。時の移り変わり。
◆火炎（かえん）・気炎（きえん）・肺炎（はいえん）・涼炎（りょうえん）・脳炎（のうえん）・陽炎（ようえん｜かげろう）

火 4
【炘】〔8〕 キン（漢） （上）吻 xīn シン U補J 4148 7098
意味 ①あぶる。②あつい。③ほのおが光り輝く。「炘炘」

火 4
【炔】〔8〕 一 ケイ（漢） 二 ケツ（漢） 一（去）霽 guì コイ 二（入）屑 quē チュエ U補J 4144 7094
意味 一 ①煙の出るさま。②姓。 二 ①煙の出るようす。②姓。③現 化学用語。有機化合物の一種。

火 4
【炅】〔8〕 一 ケイ（漢） 二 ケイ（漢） 一（上）迥 jiǒng チョン 二（去）霽 guì コイ U補J ①8737 4142 7085
意味 一 ①明るくかがやく。②体内の熱。 二 ①煙の出るさま。＝炔（けい） ②姓。

火 4
【炕】〔8〕 コウ（漢） （カウ） （去）漾 kàng カン U補J ②7962 4145 7095
意味 ①〈あぶ・る〉 かわかす。②かわく。③たかぶる。④温突（オンドル）。床下に火気を通す暖房装置。
【炕暴】（こうぼう（かう）） たかぶって横暴である。
【炕陽】（こうよう（かうやう）） 陽気が盛んでひからびる。統治者が残虐で横暴であることのたとえ。

匚 4
【匟】〔6〕 同字 U補J 2008 531F

火 4
【炙】〔8〕 一 セキ（漢） 二 シャ（漢） 一（入）陌 zhì チー 二（去）禡 zhì チー U補J 6353 7099
意味 一二 ①〈あぶ・る〉 火で焼く。②あぶり肉。焼き肉。炙肉（しゃにく）。③親しんで、感化をうける。「親炙（しんしゃ）」
参考 「灸（きゅう）」は別字。
【炙輠】（しゃか（くゎ）） 車の油さしをあぶる。油が流れ出し、車輪がよく回転することから、ことばが流暢で絶えないことのたとえ。
【炙背】（しゃはい） 背中を日にあてる。気持ちのよいことのたとえ。また、反対に苦しいことのたとえ。
◆親炙（しんしゃ）・膾炙（かいしゃ）

火 4
【炒】〔8〕 標 ソウ（サウ） ショウ（セウ） （漢） 慣 （上）巧 chǎo チャオ U補J 6354 7092
意味 ①〈い・る〉 鍋（なべ）などで熱しこがす。「炒飯（チャーハン）」 ②〈いた・める〉 油を加えていためる。③さわがしい。「炒鬧（しょうどう）」
【炒豆】（しょうとう（せう）） 火でいった豆。いり豆。

火 4
【炊】〔8〕 常 スイ たく
一 スイ（漢）（呉） 一（平）支 chuī チョイ
二 スイ（漢）（呉） 二（去）寘 chuì チョイ
U補J 3170 708A

筆順 丶 丷 ⺌ 火 火' 炏 炒 炊

心(忄・小)戈戸(戸)手(扌)支攴(攵) 4画 文斗斤方无(旡・旡)日曰月(月)木欠止歹殳毋比毛氏气水(氵・氺)火(灬)爪(爫・爫)父爻爿片牙(牙)牛(牜)犬(犭)

意味 ■〈た・く〉〈かし・ぐ〉火を使って調理する。「炊飯」「炊夫」「炊婦」 ■ほこりが舞いあがる。「炊累」

解字 [篆文] 形声。火と欠を合わせた字。欠は吹の略で、音を示す。炊は、かまどで火を吹いて燃すことから、煮たきすることになる。

名前 い・かし・とぎ・かしぎ

【炊烟】かまどの煙。炊事の煙。炊煙。

【炊金】金をたいて食べる。ぜいたくな食事のこと。【――饌玉】饌玉は、珠玉を食べる。飲食物の豪華さをほめていうことば。〈駱賓王の詩・帝京編〉

【炊桂】他国で苦しい生活をする。薪の値が高いので、桂の木を燃やして炊事をするということ。〈戦国策・楚〉

【炊爨】ごはんをたく。煮たきする。炊事。

【炊事】ごはんをたくなど料理すること。

【炊累】ほこりの舞い上がるさま。

◇一炊・自炊・雑炊

火 4 【炖】〔8〕 ■トン 漢 ■平 元 tún トゥン ■トン 漢 ■上 阮 dùn トゥン　J ―― 補 4146 U 7096

意味 ■風が吹いて火がもえあがるさま。■①水を加え長時間煮てやわらかくする。②湯煎にしてあたためる。

火 4 【炆】〔8〕 ブン 漢 平 文 wén ウエン　J ②7961 補 4143 U 7086

意味 ①あたたかい。②現とろ火で食物を長時間煮る。

火 4 【炉】〔8〕 常 ロ　J 4707 補 ―― U 7089

火 16 旧字 【爐】〔20〕 ロ 漢 具 平 虞 lú ルー　J 6404 補 ―― U 7210

筆順 丶 丷 丬 火 炉 炉 炉 炉

意味 ①いろり。火をもやしたくわえる器具。「炉火」 ②火ばち。③香炉。香をたく炉。④金属を加熱する装置。「炉冶」 ⑤酒屋。

解字 形声。火が形を表し、盧が音を示す。盧には、いれものの意味がある。爐は、火のいれもの、火鉢をいう。

参考 ①炉は、本来は爐の俗字。②また、炉は「爐」の中国新字体としても使う。

【炉烟】香炉の煙。

【炉頭】いろりばた。ろばた。炉辺。頭はほとりの意。

【炉開】国茶人が、陰暦十月一日に炉を開き、茶をたてる儀式。↕炉塞

【炉辺(邊)】いろりばた。ろばた。炉頭。

◇香炉・暖炉・反射炉・溶鉱炉・冬扇夏炉

火 4 【炁】〔8〕 同 ↓氣(六九四ジ・下)

火 4 【炛】〔8〕 同 ↓光(一二三ジ・上)

火 4 【炚】〔8〕 俗 ↓光(一二三ジ・上)

火 4 【杰】(一二二ジ・下) ↓木部四画

灬 5 【為】〔9〕 常 イ　J 1657 補 ―― U 70BA

灬 8 旧字 【爲】〔12〕 人 ■イ(ヰ) 漢 具 ■平 支 wéi ウエイ ■イ(ヰ) 漢 具 ■去 寘 wèi ウエイ　J 6410 補 ―― U 7232

筆順 丶 ソ 为 为 為 為 為 為 為

意味 ■①〈な・す〉する。行う。「為レ政以レ徳」〈論語・為政〉 ②〈な・る〉でき上がる。…になる。「古墓犂為レ田」〈文選・古詩十九首〉 ③〈おさ・める(をさ・む)〉㋐統治する。「為レ国以レ礼」〈論語・先進〉 ㋑まなぶ。④〈しわざ〉行い。行為。「異二二者之為一何哉」〈范仲淹・岳陽楼記〉 ⑤〈たり〉…である。「難レ為レ兄難レ為レ弟」(優劣をつけがたい。)〈十八史略・東漢〉 ⑥〈つく・る〉「人為」 ⑦まねする。いつわる。「佯為レ不レ知」〈史記・范雎列伝〉 ⑧〈れる(る)〉〈られる(らる)〉受身の意に用いる。⑨〈しむ〉…させる。使役の意に用いる。⑩〈おも・う(――・ふ)〉…だと思う。「以為」 ■①〈ため〉㋐…のために。…のためにする。「古之学者為レ己」〈論語・憲問〉 ㋑助ける。かわる。②…という。＝謂 ③いつわる。＝偽

語法 ❶〈なす〉…にする。…である。例「項王乃立二章邯一為二雍王一」(項王はそこで章邯を任命して雍王とした)〈史記・項羽本紀〉

❷〈なる〉…になる。例「陳渉乃立為レ王」(陳渉はそこで王となった)〈史記・陳渉世家〉 ▼動作・行為性が弱まりそのものとしての性質・特徴を表す場合がある。「…としては」「という…は」と訳す。例「太子為レ人仁孝」(太子さまの人柄は他人を思いやり親につくす方でございます)〈史記・留侯世家〉

❸〈たり〉…である。判断を強調し断定する。例「人方為二刀俎一、我為二魚肉一」(相手はまさしく包丁・まな板で、われわれはまるでかれらに料理される魚や肉のようなものです)〈史記・項羽本紀〉

❹〈ために〉㋐原因・理由。…のために。例「漢卒十余万人皆入二睢水一、睢水為レ之不レ流」(漢の兵十余万人はみな睢水に浸かってしまい、このために睢水は流れなくなってしまった)〈史記・項羽本紀〉 ㋑目的。…のために。例「天下熙熙、皆為レ利来、天下壌壌、皆為レ利往」(天下が和楽してにぎやかになれば、みな利益のためにやって来る。天下が入り乱れて騒がしくなれば、みな利益のために去っていく)〈史記・貨殖列伝〉 ▼「ためにす」と訓読する場合がある。例「古之学者為レ己」(昔の学問をした人間は自分のためにしたのである)〈論語・憲問〉 ㋒動作・行為を受益する対象をみちびく。…のために。例「為レ人治レ病」(人のために病気を治してあげた)〈史記・扁鵲列伝〉 ▼「…に代わって」と訳すと適当な場合がある。

❺〈る〉〈らる〉受け身。…される。例「父母宗族皆為二戮没一」(父母親戚はみな殺された)〈史記・刺客列伝〉 ▼「為二…所一レ～(…の～するところとなる)」の省略された形。

句形

(1)［何為］〈なんすれぞ〉なぜ。どうして。例「媼子何為見レ殺」(ばあさんの子はどうして殺されたのだい)〈史記・高祖本紀〉

(2)［以為…］［以為二…一］〈もって…となす〉〈おもえらく(おもへらく)…と〉…であるとおもう。例「項羽卒聞二漢軍之楚歌一、以為三漢尽得二楚地一」(項羽の兵士たちは漢軍が楚の歌を歌うのを聞いて、漢が楚の地をすべて得たと思い込んだ)〈史記・高祖本紀〉

(3)［以二～一為二…一］〈～をもって…となす〉❶～を…にする。例「昭王即以二孟嘗君一為二秦相一」(昭王はすぐに孟嘗君を秦の宰

相とした)〈史記・孟嘗君列伝〉 ❷〜を…だとおもう。 例「鮑叔不三以レ我為二貪一、知二我貧一也」(〔私が利益を多く取っても〕鮑叔は私を欲深いとはみなさなかった。〔というのは、彼は〕私が貧しいことを知っていたからである)〈史記・管晏列伝〉

解字 象形。母ざるの形。爪と母ざるのからだを表した字。一説に会意。古い形を参照すると、爪と象を合わせた字。爪は手。手で象を引いている形。また、象を手なづける形で、人手を加える意味とも、象は似ていることで、手振りをまねする意味ともいう。

名前 す・た・ち・さだ・しげ・すけ・なり・ゆき・よし・より

難読 為替(付表)／為体・為人

【為学(學)】学問をする。

【為人】↓「為レ人」(五九ページ・中)

【為我説】戦国時代、楊朱がとなえた説。自分の利益を第一に考えて行動することを主張する。

【為政】①政治をとり行う。政治にあたる。②「論語」の編名。

【為甚麽】wèi shénme 現なぜ。どうして。

【為了】wèile 現…のため。…のために。

◇人為・行為・有為・作為・無為

火5【炔】〔9〕 オウ 漢 上 養 (アウ) yǎng ヤン U 70B4 補 4154 J —

意味 ①火が燃えて明るい。②気のさま。

火5【炬】〔9〕 標 キョ 漢 上 語 コ 呉 jù チュイ U 70AC 補 — J 6357

火5【炬】〔9〕 正字 U — 補 — J —

意味 ①かがり火。たいまつ。②ろうそく。③ともし火。④火をたく。

【炬火】たいまつの火。松明。火把。

【炬眼】かがり火のように光る目。物事をはっきり見きわめる才能。

【炬燵】国上にやぐらを置き、ふとんをかけてからだを暖め「るいろり。=火燵

火5【炯】〔9〕 ケイ 漢 上 迥 jiǒng チョン U 70AF 補 — J 6355

火7【烱】〔11〕 同字 U 70F1 補 — J 6356

意味 ①〈あきらか〉はっきりしている。②ひかり。③明るくまっすぐである。「炯心」

参考「烔」は別字。

【炯介】かくすこともなくまっすぐである。

【炯眼】物事をはっきり見ぬく目。鋭い眼力。

【炯炯】①光り輝くさま。②眼光の鋭いさま。③不安で眠れないさま。耿耿。④物事をはっきり見きわめるさま。

【炯然】①はっきりしたさま。②明るいさま。③目の鋭いさま。

火5【炫】〔9〕 ケン 漢 去 霰 ゲン 呉 xuàn シュワン U 70AB 補 4151 J ①8739

意味 ①〈かがや・く〉ひかる。「炫炫」②ひかり。③目をくらます。=眩 ④ほこる。てらう。=衒

【炫怪】あやしげな言行で、人をまどわす。

【炫目】目がくらむ。目をくらます。炫視。

【炫燿(燿)】①光り輝く。②目をくらましてまどわす。③ほこる。

【炫惑】人目をくらましてまどわす。=眩惑

火5【炸】〔9〕 標 一 サク 漢 一 去 禡 zhà チャー 二 ソウ(サフ) 漢 二 入 洽 zhá チャー U 70B8 補 — J 6358

意味 一火薬が爆発する。爆発させる。二①食物を油であげる。②古い金属を光らせる。

【炸裂】火薬で砲弾が破裂し飛び散る。炸発。

【炸弾(彈)】zhàdàn 現爆弾。

火5【炷】〔9〕 シュ 漢 去 遇 zhù チュー U 70B7 補 4155 J ①8740

意味 ①灯心。②やく。香をたく。「炷香」

火5【炤】〔9〕 一 ショウ 漢 一 平 蕭 zhāo チャオ (セウ) 二 ショウ 漢 二 去 嘯 zhào チャオ (セウ) U 70A4 補 4150 J ①8738

意味 一〈あきらか〉明るい。=昭 二明るく照らす。=照

【炤炤】明らかなさま。「炤燿」

火5【炻】〔9〕 セキ shí シー U 70BB 補 — J ②7964

意味 炻器は、水がめなど、陶器と磁器の中間の堅さの焼き物。

参考 本来日本の国字であるが、中国でも用いられる。

火5【炱】〔9〕 タイ 漢 平 灰 tái タイ U 70B1 補 4153 J ②7967

火5【炲】〔9〕 同字 U 70B2 補 — J —

意味 ①すす(煤)。「炱煤」②黒い色。

火5【炟】〔9〕 タツ 漢 入 曷 dá ター U 709F 補 — J ②7966

意味 ①火がもえあがる。火がはじける。②人名に用いる。

火5【炭】〔9〕 学 3 タン すみ U 70AD 補 — J 3526

旧字 火5【炭】〔9〕 タン 漢 呉 去 翰 tàn タン U 2F91A 補 — J —

筆順 丶 山 山 岂 岸 岸 岸 炭

意味 ①〈すみ〉木を蒸し焼きにした燃料。「木炭」②すみ火。③苦しみや災禍のたとえ。「塗炭」④灰。⑤石炭。⑥元素名。炭素。

解字 形声。屵と火とを合わせた字。火が形を表し、屵が音を示す。屵はがけで、ごつごつしている意味がある。一説に、炭は、木を焼いて、まだ灰にならないもののことで、屵は反でかえる意を表し、炭は、もう一度火にかえることから「消しずみ」の意味になるという。

難読 炭櫃・炭団

【炭櫃】国いろり。四角のひばち。↕火桶

【炭団(團)】炭の粉をまるめた燃料。

【炭化】理①他の元素が炭素と化合する。「炭化水素」②有機化合物が熱の作用などで、中にふくむ炭素を分離する現象。

【炭坑】石炭を掘りだす穴。石炭坑。

【炭鉱(鑛・「礦」)】石炭を掘り出し処理する所。

【炭礦】「炭鉱」に同じ。

【炭酸】炭酸ガスが水と化合してできる弱い酸。

【炭車】木炭をはこぶ車。「暁駕二炭車一輾二氷轍一」(朝早く炭をはこぶ車に牛をつけ、こおりついた道を引かせて行く。)〈白居易の詩・売炭翁〉

【炭水化物】炭素・水素・酸素からできている化合物。糖分・澱粉など。含水炭素。

【炭素】元素名。無味無臭の固体。

【炭田】地中に石炭層の多い地域。

◇木炭・泥炭・消炭・塗炭・獣炭・薪炭・無煙炭

心(忄・⺗)戈戸(戸)手(扌)支攴(攵) 4画 文斗斤方无(旡・旡)日曰月(⺝)木欠止歹殳毋比毛氏气水(氵・氺)火(灬)爪(爫・⺥)父爻爿片牙(牙)牛(牜)犬(犭)

灬5 【点】〔9〕学2 テン J 3732 補 U 70B9

旧字 黒5 【點】〔17〕テン 漢 上 琰 呉 diǎn ティエン J 8358 補 U 9EDE

筆順 丨 ⺊ 占 占 占 点 点 点 点

意味 ①〈ほし〉ぼち。くろぼし。②小さいもの。③しみ・よごれ。きず・欠点。④漢字の筆画の一つ。⑤したたり。しずく。⑥ぽつぽつと落ちる。滴る。⑦命中する。⑧点を打つ。文の切れ目や重点箇所を示す。⑨字句を消す。修正する。⑩指す。指定する。⑪指摘する。教える。⑫ひとつひとつ照らし合わせる。調べる。数える。⑬うなずく。⑭〈とも・す〉〈とぼ・す〉〈つ・ける(―・く)〉火や灯をつける。⑮〈た・てる(―・つ)〉お茶を入れる。⑯時刻。㋐一更の五分の一。㋑時間の単位。時。⑰場所や限度を示すことば。「終点」「氷点」⑱〈なかで〉囲碁で敵の目の中に入れる石。⑲数位置だけあって、広がりのないもの。国〈てん〉①詩歌の批評。②品数を数える語。③得点。成績。

解字  形声。黒が形を表し、占が音を示す。占は定着していること。點は、黒いものがくっついていることで、「しみ」をいう。また、占は小の意味で、點は、小さい黒丸のことであるとも解する。

【点前】てまえ(まへ) 国茶道の作法。茶のたてかた。＝手前

【点汚】てんお(を) ①よごす。②よごれ。恥辱。③欠点。汚点。

【点火】てんか(くわ) あかりをつける。火をつける。

【点化】てんか(くわ) ①良い風俗をけがす。②従来のものを改めて新しいものを作る。変化させる。

【点画(畫)】てんかく(くわく) 書道でいう文字の点や線。

【点額】てんがく ①ひたいにしるしをつける。②試験に合格しない。落第。魚が竜門を登って竜になりそこない、ひたいにけがをして帰ることからいう。

【点勘】てんかん 書物などを読むとき、いちいち調べてしるしをつける。

【点眼】てんがん ①目薬をつける。②涙をおとす。泣く。③囲碁の術語。

【点鬼簿】てんきぼ 死者の名まえをしるす帳面。過去帳。〈朝野僉載〉

【点景】てんけい ①風景画の中に、動物や静物をとりあわせてあしらう。②盆景にいろいろあしらいをつける。

【点検(檢)】てんけん 一つ一つくわしく調べる。

【点呼】てんこ ひとりひとり名まえを呼んで、人数をしらべる。点名。

【点行】てんこう(かう) 名簿によって、兵役に召集する。召集令。「行人但云点行頻」〈杜甫の詩・兵車行〉

【点茶】てんさ(ちゃ) ①抹茶をたてる。②禅寺で茶を出す。

【点索】てんさく ①検査する。②料理を注文する。

【点竄】てんざん ①文章の字句を改め変える。②和算でいう代数学。

【点字】てんじ 盲人用の、文字のかわりにする符号。

【点者】てんじゃ 国連歌・俳諧などの優劣を判定する点をつけ、批評する人。

【点心】てんしん 一じん 禅宗の僧の軽い食事。二てん ①おやつ。間食。②中華料理に添える菓子。目ディエン diǎnxin 現二に同じ。

【点睛】てんせい 動物を描いて最後にひとみを書き入れる。ものごとの眼目となるところを仕上げて完成する。↓「画竜点睛」(一五四ページ・上)

【点石】てんせき ①石版印刷。石印。②石を変化させること。【―成金】てんせきせいきん 石を変えて金にする。詩文の添削を感謝することば。点鉄成金。

【点染】てんせん ①そめつける。②よごされる。よごれ。③絵をえがく。色どる。④文章を飾りたてる。

【点定】てんてい 文章を調べてなおす。

【点綴】てんてい(てつ) ①飾りをつける。②ちらほらとあしらう。

【点滴】てんてき ①したたり落ちるしずく。雨だれ。②「点滴注射」の略。高い所につり下げた容器から、栄養分や薬液を一滴ずつ静脈内に注入すること。『――不レ施』てんてきもほどこさず すこしも与えない。全然なにもしてやらない。

【点点(點)】てんてん ①あちこちにぽつぽつとある。②液体のしたたり落ちるさま。

【点灯(燈)】てんとう あかりをつける。

【点頭】てんとう 承知のしるしとしてうなずく。

【点破】てんぱ ①仏すべてを消し去って跡を残さないこと。②見破ること。③秘密をあばくこと。

【点本】てんぽん 国訓点をつけた漢文の書物。

【点滅】てんめつ あかりをつけたり消したりする。あかりがついたり消えたりする。

◆力点・欠点・支点・氷点・句点・汚点・合点・交点・地点・利点・返点・拠点・沸点・盲点・要点・美点・重点・訓点・起点・弱点・零点・採点・黒点・頂点・終点・得点・満点・評点・極点・焦点・読点・総点・濁点・観点・難点・露点・三角点・中心点・出発点・句読点・早合点・紅一点

火5 【炳】〔9〕ヘイ 漢 上 梗 bǐng ピン J 6359 補 U 70B3

日5 【昞】〔9〕同字 J ①8515 補 3401 U 661E　日5 【昺】〔9〕同字 J ①8516 U 663A

意味 ①〈あきらか〉はっきりしている。②いちじるしい。③火をもやす。

【炳蔚】へいい(ゐ) ①あやが鮮やかで美しい。②文官のこと。

【炳然】へいぜん ①明らかなさま。②光り輝くさま。炳焉。炳乎。炳如。

【炳炳】へいへい 「炳然」に同じ。

【炳若二日星一】へいとしてじっせいのごとし 太陽や星のように明るいこと。〈韻府引・玉海〉

火5 【炮】〔9〕一ホウ(ハウ) 漢 平 肴 páo パオ 二ホウ(ハウ) 漢 去 効 pào パオ J 6360 U 70AE

意味 一①〈あぶ・る〉やく。＝炰「炮煮」②火をもやす。③たきぎをもやし、天を祭る。「炮祭」④煮たきする。⑤かきまぜながら火を通す。二大砲。＝砲

参考 炮は「砲」(八八五ページ・中)の中国新字体としても使う。

【炮祭】ほうさい たきぎをもやし、天を祭ること。炮柴。

【炮烙】一ほうらく 殷の紂王の行った火あぶりの刑。炭火の上に油をぬった銅柱を置き、罪人を渡らせて火中に落とした。〈韓非子・喩老〉『――之刑』ほうらくのけい 「炮烙」の一を見よ。二ほうろく 国素焼の平らな土鍋。＝焙烙

【炮碌】ほうろく 「炮烙」の二に同じ。〈韓詩外伝〉

火5 【炰】〔9〕一ホウ(ハウ) 漢 平 肴 páo パオ 二フウ 漢 上 有 fǒu フォウ J 4152 U 70B0

意味 一①あぶる。焼く。②たかぶり、たけりたつ。＝咆 二むし煮する。

【炰咻】ほうこう(はうかう) 「炰烋」に同じ。「炰二咻中国一」(国じゅうにいばりちらす。)〈日本外史・楠氏論〉

【炰烋】ほうこう(はうかう) ①ほえる。ほえたける。＝咆哮 ②勢いの強いさま。たけだけしく気の強いさま。「汝炰二烋于中国一」

」〈詩経・蕩〉

火5【烰】〔9〕 fú 意味 現（ふたをしっかりと閉じて）煮る。 J ― 補 ― U 70C0

火5【烟】〔9〕 俗 ↓煙（七七七ページ・中）

火5【炁】〔9〕 俗 ↓氣（六六九四ページ・下）

火5【炬】〔9〕 正 ↓炬（七六七ページ・上）

火5【炮】〔9〕 同 ↓炮（七六五ページ・上）

火5【秋】↓禾部四画（九〇六ページ・下）

火5【畑】↓田部四画（八三六ページ・下）

灬6【烏】〔10〕 標 オ（ヲ） 漢 平 虞 人 ウ 呉 wū ウー J 1708 補 ― U 70CF

意味 ①〈からす〉鳥の名。②太陽。③くろいものをいう。④〈ああ〉嘆息の声。「烏乎」 ⑤〈いずくんぞ（いづくんぞ）〉〈なんぞ〉どうして…だろうか、…でない（反語）。⑥姓。

語法 〈いずくんぞ（いづくんぞ）〉〈なんぞ〉 疑問・反語。どうして…か。どうして…だろうか、…でない。原因・理由を問う。類 安・悪・焉 例 「遅速有レ命、烏識ニ其時一（遅いか速いかは巡り合わせであるから、どうしてその時がわかろうか）」〈漢書・賈誼伝〉

【烏乎】 嘆いたり、感嘆したときに出る声。＝烏呼・嗚呼

【烏衣】 ①黒い着物。②つばめ。

【烏衣巷】 南京の町の名。両晋時代、王導・謝安らの貴族の住んだ所。

【烏竜（龍）茶】 中国で産出する半発酵茶の一種。

【烏烟】 ①煙の煤。墨を作るのに用いる。②阿片の別称。

【烏焉】 形の似ている文字の書き誤り。烏と焉とは形が似ているので誤りやすい。魯魚の誤り。

【烏鳶】 からすととび。

【烏喙】 ①からすのくちばし。②欲深い人相。「越王為レ人、長頸烏喙」〈十八史略・春秋戦国〉 ③毒草の名。とりかぶと。

【烏獲】 人名。戦国時代、秦の武王の臣で勇気のあった人。

【烏巾】 黒い頭巾。烏角巾。

【烏滸】 一 中国南方の異民族。 二 国 おろか。ばか。

【烏江】 川の名。安徽省和県東北にある。今の烏江浦。楚の項羽が自殺した所。

【烏膏】 黒っぽい口べに。くろあぶら。「烏膏注レ唇唇似レ泥」〈白居易の詩・時世粧〉

【烏号（號）】 中国古代の帝王、黄帝の用いた弓の名。〈史記・封禅書〉

【烏合】 からすの集まりのように規律のないこと。〈魏志・張既伝〉【――之衆】 統制のない集まり。〈漢書・酈食其伝〉

【烏紗帽】 黒い布で作った頭巾。官吏がかぶったことから転じて、官位を指す。

【烏鵲】 鳥の名。かささぎ。「月明星稀、烏鵲南飛」（星稀は、星が少ない。）〈魏武帝の詩・短歌行〉

【――橋】 かささぎが、つばさを連ねて渡す橋。陰暦七月七日、牽牛星と織女星が天の川で会うときに、かささぎが橋をかけるという。

【烏集】 ①からすが集まる。②からすが集まるように、組織のないものが多くより集まる。寄せ集め。烏合の衆。「烏集之衆」〈曹冏・六代論〉

【烏賊】 足が十本ある、海産の軟体動物の総称。いか。

【烏孫】 漢代、西域にあった国名。トルコ族。【――公主】 前漢の武帝の時代の人。江都王、劉建の娘で、武帝の政略のため公主（天子の娘）として西域の烏孫王、昆莫に嫁入りさせられた。「悲愁歌」は公主がその悲しみを歌ったもの。

【烏台（臺）】 御史台（官吏を監督した役所）の別名。烏府。【――詩案】 宋の蘇軾の詩が法に触れ、烏台の獄にくだされ、黄州に流された事件。

【烏鳥私情】 からすは親に恩返しをして養うということから、親孝行をしたいと思う個人の気持ち。孝行の例に引かれる。〈李密・陳情表〉

【烏兎】 ①太陽と月。金烏玉兎の略。太陽には三本足のからすが住み、月にはうさぎがいるという伝説による。②年月。歳月。【烏兎匆匆】 年月が早く過ぎる。烏飛兎走。

【烏頭】 一 ①黒い髪の頭。②馬の後足の、外側に向いた節。③烏帽子。 二 毒草の名。とりかぶと。

【烏麦（麥）】 ①蕎麦の別名。②からすむぎ。食用にする。

【烏羽玉】 国 ①檜扇の実。ぬばたま。②「ぬばたまの」は、黒・夜・夢・暗などの枕詞。

【烏髪】 黒い髪の毛。

【烏府】 監察・裁判を行う役所、御史台の別名。多くの烏が住んでいたので烏府といった。

【烏哺】 からすには反哺の孝（哺は口の中の食物。子がらすが親に恩返しとして哺を与える）があることから、親孝行のたとえ。

【烏帽】 黒い頭巾。古くは身分の高い者が身に付けていたが、隋唐以後は、庶民や隠者がかぶるようになった。

【烏夜啼】 楽府題の一つ。夕暮れに遠くにいる人を思う歌。

【烏有】 ①烏んぞ有らんや（どうしてあろうか）の意で、何もないこと。②火事で家財を失うこと。【――先生】 漢の司馬相如がその文中に仮にもうけた人名。実際にはいない架空の人物の意。〈漢書・司馬相如伝〉

【烏鷺】 ①からすとさぎ。②黒と白。③囲碁の別名。「烏鷺を戦わす」【――争（爭）】 碁をうつこと。碁石の黒白を烏と鷺の色にたとえたもの。

【烏乱（亂）】 国 怪しく、疑わしい。＝胡乱

【烏帽子】 国 昔、元服した男子のかぶる帽子。【――親】 国 男子が元服するとき、烏帽子をかぶせ、名をつけた人。

（烏帽子）

【烏烏然】 オーオーと声を出すさま。

【烏亀（龜）】 wūguī 現 かめ。

【烏鴉】 wūyā 現 からす。

『烏有ニ反哺之孝一』 からすは、親に養われた恩返しとして、親がらすにくちうつしで食物を食べさせる孝行心がある。このことから転じて、子が父母に対する恩返しのたとえにいう。

『烏之雌雄』 からすの雌雄はともに黒くて、見分けにくいことによる。「誰知ニ烏之雌雄一」〈詩経・正月〉 物事の似ていて見分けにくいこと。

火6【烓】〔10〕 一 エイ 漢 一 平 斉 wēi ウエイ （エイ） 二 ケイ 漢 二 上 迥 jiǒng チョン J ②7972 補 4158 U 70D3

意味 一 二 ①携帯用のこんろ。小型のかまど。②あかるい。

③姓。

火6 【烕】〔10〕 ケツ(漢) メツ(慣) (入) 屑 xuè シュエ、miè ミエ | J 4160 補 — U 70D5

意味 ＝滅 ①ほろびる。ほろぼす。②火がきえる。

火6 【烜】〔10〕 一 ケン(漢) 一(上) 阮 xuǎn シュワン 二 キ(漢) 二(上) 紙 huǐ ホイ | J ②7973 補 4163 U 70DC

意味 一①あきらか。②盛んなさま。「烜赫(けんかく)」③かわく。かわかす。二神を祭るための火。

火6 【烋】〔10〕 一 コウ(カウ)(漢) 一(平) 肴 xiāo シアオ 二 キュウ(キウ)(漢) ク(呉) 二(平) 尤 xiū シウ | J 6362 補 — U 70CB

意味 一 烋烋(こうこう)は自ら誇り、気強いさま。二①幸福。さいわい。②めでたい。③美しい。④かすか。⑤ふすぶる。くすぶる。

火6 【烘】〔10〕 コウ(漢) (平) 東 hōng ホン | J ①8742 補 4162 U 70D8

意味 ①かがり火。②火をたく。もやす。③火でかわかす。④てらす。⑤かきたてる。「烘染(こうせん)」

火6 【烤】〔10〕 コウ(カウ)(漢) (去) 号 kǎo カオ | J ①8743 補 4164 U 70E4

意味 火であぶる。あぶって焼く。「烤鴨(カオヤー)」(アヒルの丸焼き)

火6 【烝】〔10〕 ショウ(漢) ジョウ(慣) (平) 蒸 zhēng チョン | J 6363 補 — U 70DD

意味 ①〈む・す〉㋐熱気が上がる。㋑蒸気でものをふかす。㋒むし暑い。「烝暑」②すすめる。献上する。「烝薦(じょうせん)」③多い。もろもろ。「烝民」④きみ。君主。⑤天子や諸侯が冬におこなう先祖の祭り。「烝祫(じょうこう)」「烝祭(じょうさい)」⑥美しい。⑦助詞。文頭におかれる。ここに。

【烝矯】(じょうきょう(けう)) 曲がった木をむしてまっすぐにする。

【烝烝】(じょうじょう) ①盛んになるさま。②物事の進むさま。「烝烝乂不レ格レ姦(じょうじょうとしておさめて かんにいたらしめず)」(しだいに善に向かわせ、身を修め、悪に至らないようにさせた。)〈書経(しょきょう)・尭典(ぎょうてん)〉③火気がのぼるさま。

【烝民】(じょうみん) 多くの人民。万民。庶民。衆民。蒼生(そうせい)。黎民(れいみん)。烝庶(じょうしょ)。「立ニ我烝民一、莫レ匪ニ爾極一(わがじょうみんをたつるは、なんじのきょくにあらざるはなし)」(私たち万民を存立させてくれているものは、みんな尭帝(ぎょうてい)さまの中正の徳にほかならない。)〈十八史略・五帝〉

火6 【烔】〔10〕 一 トウ(漢) 一(平) 東 tóng トン 二 トウ(漢) 二(去) 送 dòng トン | J ①8741 補 4159 U 70D4

意味 一①熱いさま。ひどく熱い。②烔煬河(とうようか)は、安徽(あんき)省の地名。二火がもえるさま。

参考 「炯(けい)」は別字。

火6 【烊】〔10〕 ヨウ(ヤウ)(漢) (平) 陽 yáng ヤン | J ②7970 補 4156 U 70CA

意味 ①火にあぶる。②金属をとかす。＝煬(よう)

火6 【烑】〔10〕 ヨウ(エウ)(漢) (平) 蕭 yáo ヤオ | J ②7971 補 4157 U 70D1

意味 〈ひか・る〉 明るく輝く。

火6 【烙】〔10〕 一 ラク(漢) 一(入) 薬 lào ラオ 二 ラク(漢) 二(入) 薬 luò ルオ | J 6364 補 — U 70D9

意味 一①やく。鉄を熱し、焼印(やきいん)をつける。また、布のしわをのばす。②やけど。③鉄板の上で食物を焼く。二やく。

【烙印】(らくいん) やきいん。やきはん。熱した鉄板の上でやき殺す刑罰。

灬6 【烈】〔10〕 常 レツ | レツ(漢) レチ(呉) (入) 屑 liè リエ | J 4685 補 — U 70C8

筆順
一
ア
万
歹
列
列
列
烈

意味 ①〈はげし・い(はげ・し)〉㋐火の勢いが強い。「烈火」㋑きびしい。「烈風」「猛烈」②味や香りがつよい。③正義感が強い。「義烈」④てがら。「功烈」「烈業」⑤あきらか。⑥もやす。やく。

解字  形声。灬が形を表し、列(れつ)が音を示す。列は、きれる、さけるという意味がある。烈は、火がはじけるようにはげしく燃えること。

名前 たけ・つよ・つら・やす・よし・いさお・たけし

【烈火】(れっか(くゎ)) 激しく燃える火。

【烈寒】(れっかん) ひどく寒いこと。また、その寒さ。

【烈公】(れっこう) 水戸の藩主、徳川斉昭(とくがわなりあき)(一八〇〇〜一八六〇)の贈り名。尊王攘夷(じょうい)派の巨頭。弘道館を興して文武を奨励し、外交問題で井伊大老にきらわれ、禁固(きんこ)された。

【烈士】(れっし) 正義のためにふるいたつ人物。烈夫。烈丈夫(れつじょうぶ)。

【烈志】(れっし) 激しく盛んな志。大志。

【烈日】(れつじつ) きびしく照りつける日。「秋霜(しゅうそう)烈日」

【烈暑】(れっしょ) ひどく暑いこと。また、その暑さ。

【烈女】(れつじょ(ぢょ)) みさおを堅く守る婦人。烈婦(れっぷ)。

【烈性】(れっせい) 激しい気質。

【烈祖】(れっそ) すぐれた業績を残した先祖。

【烈直】(れっちょく) 気性が激しく剛直であること。

【烈婦】(れっぷ) 「烈女(れつじょ)」に同じ。

【烈風】(れっぷう) 激しく吹く風。

【烈烈】(れつれつ) ①寒さや性質の激しいさま。②勇ましいさま。③山の高いさま。④水や風や火の盛んなさま。⑤盛大なさま。

◇▼壮烈(そうれつ)・苛烈(かれつ)・猛烈(もうれつ)・強烈(きょうれつ)・義烈(ぎれつ)・劇烈(げきれつ)・熱烈(ねつれつ)・激烈(げきれつ)

火6 【烮】〔10〕 | J ②7968 補 — U 241EE

意味 漢字の字形を構成する要素。榮(栄の旧字体)、螢(蛍の旧字体)などを構成。

火6 【烟】〔10〕 或 ↓煙(七七七ジペー・中)

火6 【烖】〔10〕 本 ↓災(七六四ジペー・下)

火6 【烛】〔10〕 俗 ↓燭(七八四ジペー・下)

火6 【烬】〔10〕 俗 ↓燼(七八五ジペー・中)

火6 〖烮〗(一六六ジペー・下) ↓刀部八画

火6 〖耿〗(一〇〇六ジペー・下) ↓耳部四画

火6 〖羔〗(九九三ジペー・中) ↓羊部四画

灬7 【焉】〔11〕 標 エン(漢) (平) 先 yān イエン | J 6365 補 — U 7109

意味 ①鳥の名。②口を開かない。③〈いずくんぞ(いづくんぞ)〉〈なんぞ〉 どうして。疑問・反語。「人焉廋哉(ひといずくんぞかくさんや)」(人は、いかに本性をかくそうとしても、とうていかくせるものではない。)〈論語・為政(いせい)〉 ④〈いずくにか(いづくにか)〉 どこに。いずこに。疑問・反語。「焉求(いずくにかもとめん)」(どこに求めようか、求めはしない。) ⑤〈なにをか〉 なにを…しようか。反語。⑥〈これ〉〈ここ〉 ㋐物・事・場所を示す代名詞。「心不レ在レ焉、視而不レ見(こころここにあらざれば、みれどもみえず)」(心がそこに向けられていないと、目で見ていても実際には見えない。)〈大学・伝・七〉 ㋑文句の初めに用いる語。発語。⑦形容詞の語尾につき、状態を示す。「忽焉在レ後(こつえんとしてしりえにあり)」(前にあったかと思うと)たちまち後方にあって、とらえようとしてもとらえることができない。)〈論語・子罕(しかん)〉 ⑧文末につける助詞。㋐〈か〉〈や〉 疑問・反語を示す。「雖ニ褐寛博一、吾不レ惴焉(かつかんぱくといえども、われおそれざらんや)」(だぶだぶの粗末な服を着た、いやしい人でも恐れないでいられようか。）〈孟子・公孫丑上〉 ㋑語調を整える語。 ㋒断定の意を示す。 ⑨〈すなわち（すなはち）〉 ⑩〈に〉〈より〉 場所・比較を示す。

語法 ❶〈いずくにか（いづくにか）〉 どこに。場所を問う。例「仲尼焉学」（仲尼はどこで学んだのか）〈論語・子張〉

❷〈いずくんぞ（いづくんぞ）〉 疑問・反語。どのようにして。どうして。方式・理由を問う。類悪・安・烏 例「未レ知レ生、焉知レ死」（まだ生を知らないのにどうして死がわかろうか）〈論語・先進〉▼「どうして…か、いやそうではない」という反語の語気を含むことが多く、その場合「なんぞ」と訓読してもよい。

❸〈なにをか〉 疑問・反語。なにを…しようか。事物を問う。例「欲レ仁而得レ仁、又焉貪」（仁を求めて仁を得たならそのうえいったい何をむさぼることがあろうか）〈論語・尭曰〉

❹〈ここに〉 ここに。そこで。動詞の後に置かれ、その動作の行われる場所を示す。例「積水成レ淵、蛟竜生レ焉」（水が集まり淵をなせばそこに蛟や竜が生ずるのである）〈荀子・勧学〉

❺〈これ〉 指示代詞。これ。それ。類之 ㋐〈これを〉 動詞の後に置かれ、その対象を示す。例「衆悪レ之必察レ焉、衆好レ之必察レ焉」（大勢が憎んでもかならずそれを調べるし、大勢が好むときもかならずそれを詳しく調べる）〈論語・衛霊公〉 ㋑〈これに〉 動詞の後に置かれ、その対象・原因・理由などを示す。例「皆信レ斉而欲レ附レ焉」（〔諸侯は〕みな斉を信用し、斉につこうとした）〈史記・斉太公世家〉▼受け身文などでは「それが原因で」「このことで」「このために」などと訳すとよい場合がある。例「智者作レ法、愚者制レ焉」（知恵のあるものが法を作り、愚かなものがそれに支配される）〈史記・商君列伝〉 ㋒〈これより〉 形容詞の後に置かれ、比較の対象を表す。例「農天下之本、務莫レ大レ焉」（農業は天下の本であり、民の務めはこれより大きなものはない）〈史記・文帝本紀〉

❻文末に置かれる語気助詞。㋐認定・断定。…である。…なのだ。訓読では読まずに置き字として扱う。例「三人行、必有二我師一焉」（三人で行えばその中にかならず師となるものがいるものだ）〈論語・述而〉▼「焉」は「也」「矣」と比べて言い切る感じが弱く余韻の残る言い方となる。また「…であり、…である」のように、物事を列挙・例示・提起するときにも用いられる。 ㋑疑問・反語。例「君臣淫乱、民何効焉」（君も臣もみだらであれば民は何をみならうでしょうか）〈史記・陳世家〉▼「か」「や」を補って訓読することが多い。

❼形容詞の語尾につき、そのような状態にあることを示す。類然・如 例「瞻レ之在レ前、忽焉在レ後」（みてみると前方にあったのだが、ふいに後方にある）〈論語・子罕〉▼「少焉」「頃焉」は「しばらく」と読む。

❽〈すなわち（すなはち）〉 つまり。そこで。すると。例「必知二乱之所一レ自起、焉能治レ之」（きっと乱の起こるところを知れば、それをよくおさめることができる）〈墨子・兼愛上〉▼「ここに」と訓読する場合もある。

【焉烏】形の似ている文字の書き誤り。焉と烏は形が似ているので誤りやすい。烏焉。

【焉哉乎也】四字とも、文の終わりに用いる助詞。

【焉爾】…だけ。限定を示す助詞。＝焉耳

火7【焃】〔11〕 カク 漢 入 陌 hè ホー U7103 補 — J ②7974 4166

意味 ①〈あか・い（――・し）〉 赤く輝くさま。＝赫 ②〈あかる・い（――・し）〉

火7【烷】〔11〕 カン（クワン） 漢 平 寒 wán ワン U70F7

意味 ①火。②現 有機化合物の一種。

火7【焊】〔11〕 カン 漢 上 旱 hàn ハン U710A

意味 ①火でかわかす。②現 金属を溶接する。

火7【烯】〔11〕 キ 漢 平 微 xī シー U70EF

意味 ①火の色。②ほす。＝晞 ③現 有機化合物の一種。

火7【焄】〔11〕 クン 漢 平 文 xūn シュン U7104 補 4167 J ②7975

意味 ①くすべる。いぶす。＝熏 ②祭祀品の香気。

【焄蒿】祭祀の供物が発する香気。転じて、祭祀を言う。＝薫

火7【烴】〔11〕 ㊀ケイ 漢 ㊀上 迥 jǐng チン ㊁―― ㊁―― tīng ティン U70F4

意味 ㊀①あたためる。②こげるさま。③こげるにおい。㊁現 炭化水素の総称。

火7【焆】〔11〕 ㊀ケン 漢 呉 ㊀平 先 juān チュワン ㊁エツ 漢 ㊁入 屑 yè イエ U7106 補 4169 J ②7976

意味 ㊀明るいさま。②火がもえて明るい。㊁①けむりがたちのぼるさま。けむるさま。

火7【焅】〔11〕 ㊀コク 漢 呉 ㊀入 沃 kù クー ㊁コウ（カウ） 漢 ㊁去 号 kào カオ U7105 補 4168 J ―

意味 ㊀①火の熱気。②むごい。＝酷 ㊁火であぶる。

火7【焌】〔11〕 ㊀シュン 漢 ㊀去 震 jùn チュン ㊁シュツ 漢 ㊁入 質 qū チュイ U710C 補 4172 J ②7979

意味 ㊀①火をつける。②火を消す。㊁①焼く。②うらないのために亀の甲らを焼く。③線香やたばこの火などで焼く。燃えているものを水につけて消す。④料理法の一種。野菜を油でいためる。

火7【焇】〔11〕 ショウ（セウ） 漢 呉 平 蕭 xiāo シアオ U7107 補 4170 J ②7977

意味 ①かわく。乾燥する。②金属をとかす。＝銷

火7【焋】〔11〕 ショウ（シャウ） 呉 ソウ（サウ） 漢 去 漾 zhuàng チョワン U710B 補 4171 J ―

意味 ①米を蒸器に入れる。②火をもやし蒸す。

火7【焍】〔11〕 テイ 漢 去 霽 dì ティー U710D

意味 うらないに用いる亀の甲らを焼く木の枝。

火7【烹】〔11〕 ホウ（ハウ） 漢 平 庚 pēng ポン U70F9 補 — J 4303

意味 ①〈にる〉 煮て調理する。「烹茶」「烹煮」②ごちそ

う。料理。「割烹かっぽう」 ③鼎かなえなどで人を煮て殺す刑罰。

【烹醢ほうかい】①肉を煮たり、細く切って塩づけにしたりする。②むごたらしく殺す。

【烹割ほうかつ】料理する。割烹かっぽう。

【烹刑ほうけい】罪人をかなえで煮殺す刑罰。かまゆでの刑。

【烹宰ほうさい】①料理する。②料理人。料理番。

【烹飪ほうじん】食物を煮る。また、煮た食物。

【烹煎ほうせん】料理すること。烹は煮る、煎はいる。

【烹鮮ほうせん】国の政治を処理する。小魚(鮮)をくだけないように煮るには、あまり手を加えてはならないように、政治も繁雑であってはならないというたとえ。〈老子・六十〉

【烹滅ほうめつ】殺しほろぼす。殺しつくす。

火7【烽】〔11〕 ホウ 漢 平 冬 fēng フォン J 6366 補 ― U 70FD

火11【㷭】〔15〕本字 J ― 補 ― U 3DED

火11【熢】〔15〕同字 J ②7922 補 4211 U 71A2

意味 ①〈のろし〉敵の攻めてくるのを知らせる火。②あかりをかかげる。

【烽煙ほうえん】のろしの煙。

【烽火ほうか】①のろし。②戦争。兵乱。「烽火連三月ほうかさんげつにつらなる」(敵の襲来を告げるのろしが三か月間もあげ続けられる。)〈杜甫とほの詩・春望しゅんぼう〉

【烽起ほうき】のろしがあがる。転じて、戦争の起こること。

【烽鼓ほうこ】戦争。兵乱。烽はのろし、鼓はつづみでともに戦争の起こったことを知らせるもの。

【烽戍ほうじゅ】のろしのための見張り番。烽卒ほうそつ。烽子。

【烽燧ほうすい】のろし。烽は、火で知らせる夜ののろし。燧は、煙をあげて知らせる昼ののろし。

【烽台(臺)ほうだい】のろしをあげる高い台。烽楼ほうろう。

火7【烺】〔11〕 ロウ 漢 (ラウ) 上 養 lǎng ラン J 4165 補 ― U 70FA

意味 ①光の明るいようす。はっきりしている。「烺烺」②＝朗(六二二ジ・中)

火7【焐】〔11〕 wù ウー J ― 補 ― U 7110

意味 現 あたためる。

火7【焔】〔11〕 俗 →焰(本ジ・中)

火7【烝】〔11〕 同 →亟(五二ジ・下)

火7【〓】〔11〕 同 →熙(七八一ジ・中)

火7【烱】〔11〕 同 →炯(七六七ジ・上)

火7【焭】〔11〕 同 →煢(七七八ジ・中)

灬7【黒】〔11〕 →黒部〇画(一四四六ジ・上)

火8【焰】〔12〕 人 標 エン 漢 呉 去 豔 yàn イエン J ①8749 補 4179 U 7130

火12【燄】〔16〕本字 J ①8764 補 4220 U 71C4

火10【熖】〔14〕俗字 J ②7988 補 ― U 7196

火9【㷔】〔13〕俗字 J ②7987 補 ― U 3DD4

火7【焔】〔11〕俗字 J 1775 補 ― U 7114

火9【〓】〔13〕俗字 J ― 補 ― U ―

意味 ①〈ほのお(ほのほ)〉ほむら。②明るく光る。

参考 新表記では、「炎」に書きかえる。熟語は「炎」(七六五ジ・中)を見よ。

火8【焱】〔12〕 エン 漢 呉 去 豔 yàn イエン J ②7982 補 4180 U 7131

意味 ①〈ほのお(ほのほ)〉②火のもえ上がるさま。「焱焱えんえん」③はやて。猋ひょう。

火8【焮】〔12〕 キン 漢 去 問 xìn シン J ①8748 補 ― U 712E

意味 ①火であぶってやく。②強い太陽にさらす。③かがやく。④炎症をおこしてはれて痛む。

火8【焸】〔12〕 一 ケイ 漢 キョウ(キャウ) 呉 上 迥 xiǒng ション 二 エイ ― yīng イン 三 コ 漢 呉 上 麌 gǔ クー J ― 補 4181 U 7138

意味 一 火がもえて明るい。二 明るい。三 中国で人名に用いる。

火8【焜】〔12〕 一 コン 漢 上 阮 hùn フン 二 コン 漢 平 元 kūn クン J 6367 補 ― U 711C

意味 一 二 ①輝く。②あきらか。③色あせおとろえるようす。

【焜黄こんこう(くゎう)】色があせるさま。草木の色がおとろえる。「焜黄華葉衰こんこうとしてかようおとろう」(色あせて、花も葉も枯れしぼむ。)〈文選もんぜん・古詩十九首〉

【焜燿(燿)こんよう(えう)】輝く。明らかにする。焜煌こんこう。

【焜炉(爐)こんろ】国 物を煮る鉄または土製の小さな炉。しちりん。

火8【焠】〔12〕 サイ 漢 去 隊 cuì ツォイ J ①8747 補 4175 U 7120

意味 ①〈にら・ぐ〉刀の刃を焼き、水に入れて堅くする。焼きいれ。②火で焼く。③そめる。

【焠掌さいしょう(しゃう)】苦しんで勉学する。孔子の弟子での有若ゆうじゃくが掌ひらを焼き、眠けをさまし勉学した故事。「有子悪レ臥而焠レ掌ゆうしはふすをにくんでしょうをやく」〈荀子じゅんし・解蔽かいへい〉

灬8【煮】〔12〕 常 シャ にる・にえる・にやす J 2849 補 ― U 716E

旧字 灬9【煮】〔13〕 人 ショ 漢 呉 上 語 zhǔ チュー シャ 慣 J ①8753 補 ― U FA48

筆順 十 土 耂 者 者 者 者 煮

火9【煑】〔13〕或体 J ①8752 補 ― U 7151

意味 ①〈にる〉下から火で熱する。②〈に・える(―・ゆ)〉③塩しお。国〈にや・す〉気をいらだたす。

解字 形声。灬が形を表し、者しゃが音を示す。灬は火。者は火を集める意味がある。煮は、物を集めて下から火で熱することで、「にる」ことを表す。

難読 煮麺にゅうめん

【煮沸しゃふつ】湯などを煮えたたせる。「煮沸消毒」

【煮茗しゃめい】茶を煎せんじる。煮茶しゃちゃ。煎茶せんちゃ。

【煮レ豆燃レ萁まめをにるにまめがらをもやす】豆がらを燃やして豆を煮る。兄弟どうしが傷つけあう。〈曹植そうしょく・七歩詩しちほのし〉

◆甘煮あまに・生煮なまにえ・旨煮うまに・雑煮ぞうに

火8【焯】〔12〕 一 シャク 漢 入 薬 zhuó チュオ 二 ― chāo チャオ J ②7981 補 4178 U 712F

意味 一 ①あきらか。「焯焯しゃくしゃく」②輝く。③焼く。二 現 野菜をかるくゆでる。

火8【焼】〔12〕 学4 ショウ やく・やける J 3038 補 ― U 713C

旧字 火12【燒】〔16〕 人 一 ショウ(セウ) 漢 呉 平 蕭 shāo シャオ 二 ショウ(セウ) 漢 呉 去 嘯 shào シャオ J 6386 補 ― U 71D2

筆順 丷 火 火一 火十 火土 火卉 火垚 焼

意味 一 ①〈や・く〉もやす。火であぶる。②〈や・ける(―・く)〉もえる。③あかるくてらす。④加熱して変化させる。二 ①野焼きする。②野火。国 ①〈や・く〉ねたむ。②熱した金属を水にいれ強くする。やきを入れる。

心(忄・⺌)戈戸(戶)手(扌)支攴(攵) 4画 文斗斤方无(旡・旡)日曰月(⺝)木欠止歹殳毋比毛氏气水(氵・氺)火(灬)爪(爫・⺥)父爻爿片牙(牙)牛(⺧)犬(犭)

解字 形声。火が形を表し、堯が音を示す。堯は、高いという意味がある。焼は、火が燃えて高くのぼること。音セウは、堯の音ゲウの変化。一説に、この字は会意で、形声ではないともいう。

名前 やき　地名 焼津

【焼夷】しょう(せう)い 焼きはらう。

【焼却】しょう(せう)きゃく 焼きすてる。焼棄。「焼却炉」

【焼香】しょう(せう)こう(かう) ①香をくゆらす。②㊋香をたき仏にたむける。

【焼残(殘)】しょう(せう)ざん 一 焼きほろぼす。二 やけのこり 国焼けた残り。

【焼失】しょう(せう)しつ 焼けてなくなる。焼亡。

【焼酒】しょう(せう)しゅ ①唐代にあった酒の名。②蒸留酒。白酒。

【焼溺】しょう(せう)でき 焼けたり、おぼれたりする。

【焼燔】しょう(せう)はん 焼く。焼ける。

【焼尾】しょう(せう)び ①唐代に、はじめて大臣を拝命した者が、天子に食物を献上するしきたり。②唐代に、士人の子弟が栄進したときなどに行う祝宴。③伝説に、魚が竜門を登り、竜となるとき、雷がその尾を焼くという。

【焼焚】しょう(せう)ふん 焼ける。

【焼石】やきいし 国石を焼き、布でつつんでからだを暖めるもの。温石。

【焼討】やきうち 国火をつけて攻め討つ。＝焼打

【焼餅】シャオビン shāobing 現小麦粉をこねて丸くひらたく焼いたもの。

【焼売(賣)】シャオマイ shāomai 現中国料理の一つ。シューマイ。

『焼眉之急』しょう(せう)びのきゅう(きふ) 火で眉毛が焼けるほど、さしせまった急なこと。火急。＝焦眉之急

◆付焼・全焼・岡焼・延焼・壺焼・蒸焼・楽焼・蒲焼・燃焼・霜焼・類焼・七宝焼

灬 8　【焦】〔12〕 常 ショウ　こげる・こがす・こがれる・あせる

J 3039　補 ―　U 7126

ショウ(セウ) 漢 呉 ― 平 蕭 jiāo チアオ

筆順 亻 亻 仁 什 佯 隹 隹 焦

意味 ①〈こ・げる(―・ぐ)〉〈こが・す〉 火にこがす。②こげくさい匂い。③こげた色。④かわく。⑤〈こが・れる(―・る)〉 思いなやむ。⑥〈あせ・る〉 気がいらだつ。⑦やつれる。⑧姓。

解字 会意。隹と灬を合わせた字。隹は「とり」。焦は、鳥を火であぶることを表し、「こがす」意味となる。一説に、阜

【焦渇(渴)】しょう(せう)かつ ①のどがかわく。②気をもむ。あせる。③と同じく黒い意味で、火で焼いてまっくろになることともいう。

【焦死】しょう(せう)し ①枯れ死ぬ。②大変気をもむこと。

【焦心】しょう(せう)しん 気をもむ。心がいらだつ。焦慮。焦思。焦志。

【焦瘁】しょう(せう)すい やみつかれる。＝焦衰

【焦燥】しょう(せう)そう(さう) ①焼けこげる。②あせる。いらいらして落ち着かない。＝焦躁

【焦躁】しょう(せう)そう(さう) 「焦燥」の②に同じ。

【焦点(點)】しょう(せう)てん ①光がレンズにあたり、反射または屈折して集まる所。ピント。②物事の集中する所。

【焦土】しょう(せう)ど ①焼け土。②火事の焼けあと。

【焦尾琴】しょう(せう)びきん ①琴の名。後漢の蔡邕が焼かれていた桐の木で作った。②良い琴の総称。

【焦熱】しょう(せう)ねつ こげるような熱さ。【―地獄】しょう(せう)ねつじごく ①㊋八大地獄の一つ。死者をひどい火の熱で苦しめる地獄。②ひどく熱いことのたとえ。

【焦爛】しょう(せう)らん 焼けただれる。

【焦慮】しょう(せう)りょ 気をもむ。いらいらする。焦心。苦慮。

『焦眉之急』しょう(せう)びのきゅう(きふ) 眉毛に火のついたようにさしせまった急ぎのこと。火急。＝焼眉之急

火 8　【焫】〔12〕 ゼツ 漢 ― 入 屑　ネツ 呉 ruò ルオ

J ①8745　補 4176　U 712B

意味 ①もやす。火でやく。＝爇 ②中国医学で、やいた針でつぼを刺激する療法。

灬 8　【然】〔12〕 学 4 ゼン・ネン

J 3319　補 ―　U 7136

ゼン 漢 ネン 呉 ― 平 先 rán ラン

筆順 ク タ タ タ˗ 外 肰 肰 然

意味 ①〈も・える(―・ゆ)〉 火がもえる。もやす。＝燃 ②〈しかり〉 ㋐正しい。㋑そうである。㋒そのようである。③〈しかして〉 そして。順接の接続詞。④〈しかるに〉〈しかれども〉 そうではあるが。逆接の接続詞。⑤形容詞の語尾につき状態を示す。「断然」「俄然」 ⑥文末において強い語気を示す助詞。

語法 ❶〈しかり〉 ㋐正しい。本当である。例「雍之言然」(雍の言ったことは本当である)〈論語・雍也〉 ㋑そのとおり。そうである。肯定・同意の返答に用いる。例「然、有是言也」(そのとおり、そういうことを言ったことがある)〈論語・陽貨〉 ㋒このようである。そのようである。例「古之人皆然」(昔の人はみなそのようであった)〈論語・憲問〉

❷〈しかして〉〈しかれば〉 そして。そこで。順接の接続詞。例「吾得斗升之水然活耳」(私はわずか一斗か数升ほどの水を得てそうして生きていけるだけなのです)〈荘子・外物〉

❸〈しからば〉 そうであるならば。そうすると。例「子曰、書不尽言、言不尽意。然則聖人之意、其不可見乎」(孔子は、文字は言おうとしていることを書き尽くせないし、言葉は思いを言い尽くせない、といっている。としてみると、聖人の真意は見極めることができないのだろうか)〈易経・繫辞上〉 ▽多く「則」と呼応して「しからばすなわち(すなはち)」と訓読する。

❹〈しかるに〉〈しかれども〉 けれども。そうではあるが。しかしながら。逆接の接続詞。例「荊軻雖游於酒人乎、然其為人沈深好書」(荊軻は酒飲みの連中とつきあってはいたが、しかしその人物はしっかりしていて読書を好んだ)〈史記・刺客列伝〉

❺句末に置かれて断定の語気を示す。訓読ではふつう置き字として読まない。類焉 例「若由也、不得其死然」(由〔子路〕のような男はふつうの死に方はできまい)〈論語・先進〉

句形

(1) [若…然] 〈…のごとくしかり〉 …のようである。例「天下之乱若禽獣然」(天下が乱れること禽獣のごとくである)〈墨子・尚同上〉

(2) [雖然] 〈しかりといえども(いへども)〉 そうではあるが、しかし。例「諸侯之礼吾未之学也。雖然、吾嘗聞之矣」(諸侯の礼については私はまだ学んだことはないが、そうはいってもそれについて聞いたことがある)〈孟子・滕文公上〉

解字 形声。灬が形を表し、肰が音を示す。灬は火。肰は、犬の肉。然は、火をもやして犬の肉をやくこと。一説に、

火が炎々と立つことという。

【然則】一 そうであるならば。そうすると。

【然而】一 ①そして。②しかしながら。 二 rán ér 現 二に同じ。

【然後】一 その後で。そうして。そこでやっと。 二 rán-hòu 現 二に同じ。

【然故】一 その結果。そうであるので。

【然賛(贊)】 賛同する。

【然諾】 承知する。請け合う。『重二──一』他人からの頼みを安請け合いせず、一度引き受けたことは必ず実行する。「季布重二然諾一」〈江淹の詩・贈レ友詩〉

【然否】一 そうであるか、ないか。 二 そうであることと、そうでないこと。

◆天然・平然・必然・未然・当然・自然・呆然・判然・決然・沛然・依然・画然・突然・昂然・忽然・俄然・浩然・泰然・茫然・陶然・啞然・釈然・断然・悠然・隠然・超然・渾然・敢然・愕然・慄然・奮然・雑然・漠然・漫然・漂然・蒼然・歴然・黙然・毅然・憤然・厳然・瞭然・燦然・蕭然

火8 【焞】〔12〕 一 トン 漢 一 平 元 tūn トゥン 二 タイ 漢 二 平 灰 tuī トイ | J ①8746 補 4174 U 711E

意味 一 ①あきらか。②占いで亀のこうらを焼く火。③うすぐらい。光の弱いさま。「焞焞」 二 勢いの盛んなようす。「焞焞」

火8 【焙】〔12〕 ハイ 漢 バイ 呉 ホイ 唐 ホウ(ハウ) 慣 去 隊 bèi ペイ | J 6368 補 ― U 7119

意味 〈あぶ・る〉 弱い火でやく。ほうじる。「焙茶香」 国 茶・豆などをいる、素焼きの平たい土なべ。

【焙烙】

火8 【焚】〔12〕 人 標 一 フン 漢 一 平 文 fén フェン 二 フン 漢 二 去 問 fèn フェン | J 4218 補 ― U 711A

火12 【燓】〔16〕 同字 | J ②8004 補 4223 U 71D3

火12 【燌】〔16〕 俗字 | J ― 補 4222 U 71CC

火13 【燌】〔17〕 同字 | J ― 補 ― U ―

意味 一 〈や・く〉〈た・く〉 野や山を焼く。また、もやす。 二 たおす。たおれる。

【焚毀】 焼けてこわれる。焼いてこわす。

【焚却】 焼きすてる。焚棄。

【焚刑】 焼き殺す刑罰。火あぶりの刑。

【焚券】 借金の証文を焼く。借金を棒引きにすること。

【焚灼】 ①焼く。②火あぶりにする。③ひどく暑い。④苦心する。

【焚舟】 ①舟を焼く。②戦争で、川を渡ってから、その舟を焼くこと。自分で逃げ道をなくして、必死に戦うこと。

【焚書坑儒】 ①秦の始皇帝が大臣の李斯の勧めに従い、民間の書物を焼きすて、学者を穴埋めにした故事。坑は穴埋め。儒は学者。〈史記・秦始皇本紀〉 ②学者が政治的迫害にあうこと。焚坑。

【焚如】 ①火が盛んに燃えるさま。②火災。③火あぶりの刑。

【焚身】 ①祈禱や贖罪のために身を焼く。②賄賂をむさぼって身をほろぼす。

【焚燼】 焼け残り。灰燼。余燼。

【焚溺】 ①火に焼かれ、水におぼれる。②人民がひどい苦しみにあう。暴虐な政治をいう。

【焚蕩】 焼けつくす。焼失する。

【焚滅】 焼き滅ぼす。

【焚掠】 家を焼き、物をうばいとる。焚劫。

灬8 【無】〔12〕 学 4 ム・ブ ない ブ 漢 ム 呉 平 虞 wú ウー | J 4421 補 ― U 7121

筆順 ノ 𠂉 𠂒 無 無 無 無 無

意味 ①〈な・い(―・し)〉「無才」「無罪」 ‖ 无 ↕ 有 ②〈なし〉 打ち消しの語。㋐…しない。「無レ偏」 ㋑…でない。㋒これまでなかった。③〈なかれ〉 禁止の語。…するな。「無レ失二其時一」(時期をまちがえるな。)〈孟子・梁恵王上〉 ‖ 勿・毋 ④…でも…でも。「無レ小無レ大」(小でも大でも) ⑤文頭に置いて、意味をもたない。⑥ものが存在しないこと。道家で、万物の根源としての無名・無形の状態。⑦〈なみ・する(――・す)〉 ないがしろにする。無視する。⑧姓。

語法 ❶ 〈なし〉 ない。いない。人・物が存在しないことを示す。 類 莫 例 「相レ人多矣、無レ如二季相一」(〔私は〕人の相をずいぶんとみてきましたが、あなたの人相におよぶものはありませんでした)〈史記・高祖本紀〉

❷ 〈なし〉 …しない。…ではない。動作・状態を否定する。 類 不 例 「貧而無レ諂、富而無レ驕、何如」(貧しくともへつらわず、金持ちであってもいばらないというのはいかがでしょうか)〈論語・学而〉

❸ 〈なくんば〉 仮定。…なければ。 例 「民無レ信不レ立」(民は信義がなければ存立しない)〈論語・顔淵〉

❹ 〈なかれ〉 禁止。…するな。 類 勿・毋 例 「無レ友二不レ如レ己者一」(自分より劣ったものを友人にしてはいけない)〈論語・学而〉

❺ 〈…となく〉 …であろうとなかろうと。…の区別なく。みな。 例 「且天之亡レ秦、無二愚智一皆知レ之」(さらに天が秦を滅ぼそうとしていることは、愚者智者の区別なくみな知っていることだ)〈史記・項羽本紀〉

❻ 〈いなや〉 …かどうか。文末について疑問を示す。 類 否 例 「晩来天欲レ雪、能飲二一杯一無」(夕方には雪も降りそうだ、どうだい一杯飲まないか)〈白居易の詩・問劉十九〉

句形

(1) [無二以…一] 〈もって…なし〉 …できない。…しようがない。 例 「軍中無二以為一レ楽、請以剣舞」(陣中では娯楽もございません。どうか剣の舞をごらんに入れましょう)〈史記・項羽本紀〉

(2) [無寧…乎] 〈むしろ…か〉 …のほうがよいのではなかろうか。 例 「予与二其死一於臣之手一也、無寧死二於二三子之手一乎」(わたしは〔おまえたちが用意した〕家臣の手で死ぬよりも、むしろおまえたちの世話になって死にたいのだ)〈論語・子罕〉 ▼「無寧…乎」で「むしろ…することなからんか」と訓読してもよい。

(3) [無レ不二…一] 〈…ざるはなし〉 …しないものはない。みな…する。 例 「客無二不レ流レ涕而去者一」(客で涙を流さずに去る者はなかった)〈史記・刺客列伝〉

(4) [無二…一無二〜一] 〈…となく〜となく〉 …や〜にかかわらず。 例 「無レ貴無レ賤、無レ長無レ少、道之所レ存、師之所レ存也」(身分の上下や年齢の上下に関係なく道理のあるところに師が存する)〈韓愈・師説〉

(5) [無二…不一レ〜] 〈…として〜ざるなし〉 どんな…でもみな〜する。 例 「苟得二其養一、無二物不一レ長

物として長ぜざる無し」(育て方がよければ、生長しないものはない)〈孟子・告子上〉

[解字] 形声・会意。古い形では、𣞤・林・亡を合わせた字。亡は、うしなう意味で形を表す。𣞤は多いこと、林は草木の茂っていることで、𣞤は、音を示すとともに、多いという意味を含む。無は多いものがなくなることで「ない」という意味になる。

[難読] 無花果(いちじく)・無言(しじま)・無患子(むくろじ)

【無花果】(いちじく) 果樹の名。クワ科の植物。果実・葉・乳汁は、それぞれ薬用にもなる。

【無射】(ぶえき) ①音律の名。十二律の一つ。②九月をいう。③嫌わない。いやがらない。④鐘の名。

【無沙汰】(ぶさた) [国]①長い間、たよりをしない。②長い間、訪問しない。

【無作法】(ぶさほう(はふ)) 礼儀を知らない。無躾(ぶしつけ)。

【無似】(ぶじ) ①賢人に似ない。おろか。②父に似ない。おろか。③自分をけんそんしていう語。不肖(ふしょう)。

【無事】(ぶじ) ①変わりがない。さしさわりがない。②体のじょうぶなこと。

【無難】(ぶなん) ①非難すべき点がない。②むずかしいところがない。③無事。

【無頼】(ぶらい) ①あてにならない。②一定の職業がなく悪事をして世を送る。ならず者。ごろつき。③憎みののしる語。④愛するときに、わざとののしる語。⑤苦しい。たよりない。

【――漢】(ぶらいかん) 漢は人の意。ならず者。ごろつき。

【無礼(禮)】(ぶれい・なめ) 礼儀を知らない。無作法(ぶさほう)。失礼。

【――講】(ぶれいこう(かう)) [国]身分の区別をしないでうちとけてする酒宴や会合。〈日本政記・後醍醐(だいご)天皇〉

【無已】(むい・やむなし) ①とどまることがない。つきない。②やむをえない。しかたがない。

【無為(爲)】(むい(ゐ)) ①何もしない。②自然のままにする。↕作為【無為自然】(むいしぜん) 人為的な技巧をいっさい廃し、万事自然のままにするゆきかた。老子(ろうし)がとなえた主義。

【無異】〔一〕(むい) ちがわない。〔二〕(ぶい) 変わったことがない。「異状がない。何もない。」

【無一物】(むいちぶつ) ①(仏)心が何物にもとらわれない。②何一つない。

【無逸(逸)】(むいつ) 楽しまない。安逸に流れない。

【無依】(むえ) (仏)物事にとらわれない。

【無益】(むえき・むやく) むだ。利益がない。役にたたない。

【無縁(緣)】(むえん) ①関係がない。つながりがない。②(仏)だれも、とむらってくれる人がない死者。無縁仏(むえんぼとけ)。

【無音】〔一〕(むおん) 音がしない。〔二〕(ぶいん) [国]長くたよりがない。長くおとずれない。無沙汰(ぶさた)。久濶(きゅうかつ)。

【無仮(假)】(むか) ①真なるもの。道。本体。仮とは形体を有するもの、相対的なものの意。②いつわりのないこと。

【無価(價)】(むか) ①値段のつけられないほど高価な。この上なくたっとい。②つまらない。価値がない。

【無我】(むが) ①公平なこと。②無心で、なにものにもとらわれない。③[国]我を忘れる。【無我夢中】(むがむちゅう(ちう)) 物事に気をとられ、自分自身を忘れてしまう。

【無涯】(むがい) 果てしがない。無限。

【無碍】(むがい・むげ) じゃまがない。さえぎるものがない。無礙(むげ)。「融通(ゆうずう)無碍」

【無懐(懷)氏】(むかい(くわい)し) 中国古代の伝説の帝王の名。「無懐氏之民歟(むかいしのたみか)。葛天氏之民歟(かってんしのたみか)」〈陶潜(とうせん)・五柳先生伝〉

【無何有】(むかう・むかゆう(いう)) 何もない。〖――之郷(鄕)〗(むかうのさと・むかゆう(いう)のきょう(きゃう)) 自然のままで何の作為もない所。ユートピア。略して、無何(むか)・無何有(むかゆう)・無何郷(むかきょう)ともいう。〈荘子(そうじ)・逍遥遊(しょうようゆう)〉

【無学(學)】(むがく) 学問がない。

【無官】(むかん(くわん)) 官職のないこと。「無位無官」【――大夫】(むかん(くわん)のたゆう(たいふ)) [国]①四位、五位の位にありながら、官職のない者。②公卿(くぎょう)の子で、元服する前に五位を与えられた者。「無官大夫敦盛(あつもり)」

【無季】(むき) [国]俳句で季語をいれないこと。↕有季

【無軌】(むき) ①車の行き交った跡がない。②不規則。

【無記】(むき) (仏)善でも悪でもない状態。白紙の状態。

【無幾】(むき) ①いくばくもない。時間や数量が少ない。②願うものではない。

【無期】(むき) ①限りがない。②機会がない。③期限がない。

【無機】(むき) ①自然にまかせて、はかりごとを持たない。②機会がない。

【無窮】(むきゅう(きう)) きわまりない。果てしない。永久。「天壌(てんじょう)無窮」

【無彊】(むきょう(きゃう)) ①無理にすることはしない。②強いこと。

【無疆】(むきょう(きゃう)) きわまりない。無限。無窮。

【無極】(むきょく) ①果てしない。無限。②宋(そう)代の儒学(じゅがく)の説で、天地・万物を形づくる最も根本のもの。宇宙の本体。太極(たいきょく)。「無極而太極(むきょくにしてたいきょく)」〈周敦頤(しゅうとんい)・太極図説〉

【無垢】(むく) (仏)けがれがなく、なにものにも染まっていないこと。

【無患子】(むくろじ・むかんし(くわん)) ムクロジ科の落葉樹。種子は羽根(はね)突きの玉にする。

【無下】(むげ) ①下がない。②投降しない。③[国]いちがいに。④[国]最低の。なんともいいようがない。⑤[国]ひどくいやしい。

【無礙】(むげ) (仏)なんのじゃまもない。すらすらと物事がはこぶ。「融通(ゆうずう)無礙」

【無形】(むけい) 形がない。形に現れない。↕有形

【無稽】(むけい) よりどころがない。根拠がない。でたらめ。「荒唐(こうとう)無稽」

【無芸(藝)】(むげい) ①きまりがない。常道がない。②限りがない。③文才がない。

【無弦】(むげん) 弓づるがない。【――琴】(むげんきん) 糸のない琴。陶潜(とうせん)が愛用したという。

【無限】〔一〕(むげん) 果てがない。かぎりがない。↕有限 〔二〕(ウーシエン) wú-xiàn [現]〔一〕に同じ。

【無間地獄】(むげんじ(ぢ)ごく) (仏)八大地獄の一つ。間断なく苦しみを受けるという、責苦(せめく)が最も重い地獄。

【無故】(むこ) ①原因や理由がない。②事故などがない。③古くない。日々新しい。

【無辜】(むこ) 罪のない。罪のない人。

【無後】(むご) ①後継ぎがない。②おくれがない。③おそくない。

【無行】(むこう(かう)) ①良い行いがない。行いが悪い。②列を成していない。

【無効(效)】(むこう(かう)) ききめがない。効果がない。↕有効

【無告】(むこく) 苦しみを訴える相手のない人。

【無骨】〔一〕(むこつ) ①からだに骨がない。②骨を折ってはいけない。③気骨がない。だらしない。④詩文などに風格がない。〔二〕(ぶこつ) [国]①礼儀を知らない。無作法(ぶさほう)。②風流を解しない。③つごうが悪い。ぐあいが悪い。

【無根】(むこん) 何のよりどころもない。根も葉もない。「事実無根」

【無産】(むさん) ①財産がない。②職業がない。

【無慙】(むざん) =無慚 ①心に恥じない。恥じるところがない。②悪事をしても恥じない。恥知らず。「破戒(はかい)無慙」③[国]ふびんな。いたわしい。④[国]むごたらしい。残酷な。

【無私】(むし) 公平で私心がない。「公平無私」

【無始】(むし) ①はじめがない。②太古。【――無終】(むしむしゅう) 初めも終わりもない。

【無視】(むし) ①見ない。②問題にしない。抹殺(まっさつ)。

【無識】(むしき) ①知識や見識がない。②しるしがない。

心(忄・⺗)戈戸(戸)手(扌)支攴(攵) 4画 文斗斤方无(旡・旡)日曰月(月)木欠止歹殳毋比毛氏气水(氵・氺)火(灬)爪(爫・⺤)父爻爿片牙(牙)牛(牜)犬(犭)

【無色界】むしきかい (仏)色界しきかいの上位にある物質の束縛を脱した精神の世界。

【無実(實)】むじつ ①植物が実を結ばない。②誠実さがない。③実体がない。④[国]実際は、罪がないのに罪があるとされること。「無実の罪」

【無着】むじゃく(ぢゃく) ①(仏)物事にとらわれない。②姓。

【無住】むじゅう(ぢう) (仏)①何にも依拠しないこと。②寺に住職が住んでいないこと。また、その寺。

【無所畏】むしょい(ゐ) 恐れる者がない。恐れることがない。

【無償】むしょう(しゃう) ①つぐないのない。↕有償 ②無料。ただ。↕有料

【無上】むじょう(じゃう) この上ない。最上。

【無状(狀)】むじょう(じゃう) ①形がない。「無形無状」②よい行いがない。③功績がない。「治レ水無状みずをおさむることむじょう」〈史記・夏本紀かほんぎ〉④無礼。無作法。⑤なんとも形容することができない。

【無常】むじょう(じゃう) ①定まりがない。一定でない。②はかない。変わりやすい。③(仏)万物はたえず移り変わり、永久不変のものがない。【——観(觀)】むじょうかん(じゃうくわん) 世の中をはかなく思う考え方。【無常迅速】むじょうじんそく ①世の移り変わりがきわめて早いこと。②人の死の早く来ること。

【無情】むじょう(じゃう) ①感情がない。非情。↕有情うじょう ②思いやりがない。同情心がない。つれない。薄情はくじょう。③真心がない。【——遊】むじょう(じゃう)のゆう(いう) 俗世間の人情を超越した交わり。

【無乃】むしろ いっそ。どちらかといえば。

【無寧】むしろ どちらかといえば。いっそ。＝無乃

【無心】むしん ①自然である。あどけない。②欲がない。③(仏)煩悩ぼんのうを離れた心。④[国]遠慮なく物をねだる。

【無人】[一]むじん・むにん 人がいない。[二]ぶにん 人手がたりない。【——之野】むじんのや 人のいない野。「遊二於無人之野一むじんのやにあそぶ」〈荘子そうじ・山木さんぼく〉

【無尽(盡)】むじん 尽きない。限りがない。【——蔵(藏)】むじんぞう(ざう) 取っても取っても尽きない蔵。「是造物者之無尽蔵也これぞうぶつしゃのむじんぞうなり」(これが、天地を作った神の持つ、無限の蔵である。)〈蘇軾そしょく・前赤壁賦ぜんせきへきのふ〉【——灯(燈)】むじんとう ①油ざらの油がへるにつれて自然に油が注ぎ加わるように作ったともし火。②(仏)ひとりが得た仏法の功徳くどくをつぎつぎに伝えて尽きないことを、一つの灯火をともすことにたとえたもの。

【無神論】むしんろん (哲)神はいないと考える論。↕有神論

【無数(數)】[一]むすう ①数えきれないほど多い。②規定数がない。[二]ウーシュー wúshù [現][一]①に同じ。

【無声(聲)】むせい ①声がない。音がしない。②声を呑のむ。話さないこと。

【無性】[一]むせい 下等動物で雌雄めすおすの区別のないこと。[二]むしょう(しゃう) ①宇宙間のすべての物事に実体がないこと。②(仏)仏になる素質がない。③[国]むやみに。[三]ぶしょう(しゃう) なまけがちな。ものぐさな。不精ぶしょう。

【無籍】むせき ①戸籍に姓名がのっていない。「無籍者むせきもの」②無頼漢ぶらいかん。

【無前】むぜん ①前をはばむものがない。②過去に前例がない。

【無双(雙)】むそう(さう)・ぶそう(さう) 比べて並ぶものがない。無二。無比。無類。「国士こくし無双」〈史記・淮陰侯わいいんこう列伝〉

【無想】むそう(さう) 何も考えない。無心。「無念無想」

【無他】むた ＝無佗 ①他のものがない。②害がない。③二心がない。

【無体(體)】むたい ①礼の実行において一定の動作がないこと。②形体がない。③形式がない。④[国]無理。「無理無体」

【無題】むだい 詩歌や文章などに題をつけないもの。「無題詩」

【無端】むたん ①起点も終点もない。②はしがない。限りがない。③はしなくも。はからずも。思いがけず。

【無断(斷)】むだん ①決断力がない。②[国]ことわりをいわない。承諾をえない。「無断借用しゃくよう」

【無地】[一]むち ①土地がない。②高い所から見て、地のないように見えること。底の無いこと。③きわまりないこと。恐れや喜びの感情がはなはだしいことを表す。[二]むじ(ぢ) [国]すべて同じ色で、模様のないこと。

【無知】むち ①知識がない。ものを知らない。「無知無能」〈荘子そうじ・知北遊ちほくゆう〉②おろか。知恵がない。＝無智 【無知蒙昧】むちもうまい 物事を知らず、おろかなこと。

【無恥】むち 恥知らず。恥を恥と考えない。

【無智】むち 「無知」の②に同じ。

【無茶】むちゃ [国]①筋道が立たない。無茶苦茶むちゃくちゃ。②普通でない。非常識な。③知識のないさま。

【無敵】むてき かなうものがいない。

【無点(點)】むてん [国]漢文に句読点くとうてん・返り点をつけないこと。「無点本」

【無道】むどう(だう)・ぶどう(だう) ①世の中に道徳が行われない。②道徳にはずれた行い。「極悪ごくあく無道」

【無二】むに 二つとない。比べるもののない。無双むそう。【——無三】むにむさん ①(仏)仏道はただ一つで、そのほかにないこと。②ひたすら。

【無年】むねん ①凶作の年。稔りがないこと。②寿命が長くない。

【無念】むねん ①何も考えない。②くやしい。残念。「残念無念」【——無想】むねんむそう(さう) (仏)すべての思いをなくす。無我むがの境地。

【無能】むのう 才能がない。はたらきがない。↕有能

【無比】[一]むひ 比べるものがない。無二。無双。無類。[二]ウービー wúbǐ [現][一]に同じ。

【無望】むぼう(ばう) ①のぞみがない。希望がない。②期待しない。③はてしない。

【無分別】むふんべつ ①(仏)物事を分別して考えない悟り、智恵。②物事の道理をわきまえない。考えがない。

【無辺(邊)】むへん 限りがない。果てしない。「広大無辺こうだいむへん」「無辺落木蕭蕭下むへんのらくぼくしょうしょうとしてくだる」(果てしない木々の落ち葉は、ものさびしげな音をたてて散り落ちる。)〈杜甫とほの詩・登レ高たかきにのぼる〉【——際】むへんさい 広大で果てしない。

【無方】むほう(はう) ①ほしいままなこと。②限りがないこと。【——之民】むほう(はう)のたみ 道をふみ行うべきことを知らない人民。

【無法】むほう(はふ) 法にはずれる。乱暴。「無法者むほうもの」

【無妄】むぼう(ばう)・むもう(まう) ①易えきの卦かの名。②真実で偽りがない。③思いがけずに起こる。

【無謀】むぼう 深い考えがない。計画がない。むこうみず。無鉄砲。無分別むふんべつ。

【無味】むみ ①味がない。②味わいがない。つまらない。

【無明】[一]むめい 目が見えないこと。[二]むみょう(みゃう) (仏)誤った考えやとらわれた考えのため、仏教の真理がつかめないこと。

【無名】むめい ①世間に名が知られない。↕有名 ②姓名がわからない。「無名氏」③正しい理由がない。④名がついていない。道家思想において、天地がまだ形成される以前の状態のこと。【——指】むめいし くすり指。手の第四指。

【無銘】むめい 刀や器物などに作者の名が書いてない。

【無用】むよう ①役にたたない。↕有用 「知二無用一而始可二与言一レ用矣むようをしりてはじめてともにようをいうべし」(無用ということのわかった人であって、はじめて、有用とはなんであるかを語る資格がある。)〈荘子そうじ・外物がいぶつ〉②[国]してはならない。【——之長物】むようのちょう(ちゃう)ぶつ あっても何の役にもたたない物。〈世説新語せせつしんご・徳行

〉『無用之用』むようの 役にたたないように見えるものが、かえって大いに役だつということ。〈荘子・人間世〉

【無恙】むよう(やう) つつがない。病気や心配事などがない。無事。
【無庸】むよう ①平凡で役に立たないこと。②～する必要がない。
【無理】むり ①道理にかなわない。②制度や決まりがない。【――無体(體)】むりむたい 国むりやりに。しいて。
【無慮】むりょ ①深い考えがない。②心配することがない。③乱してはいけない。④およそ。だいたい。「無慮三万人」
【無聊】むりょう(れう) ―ぶりょう(れう) ①どうしようもないこと。②貧しくてよるべのないこと。③心配ごとがあって、楽しくない。④することがなくてたいくつな。むなしい。
【無量】むりょう(りゃう) ①分量に定めがない。②はかれないほど多い。「感無量」【――劫】むりょうごう(りゃうごふ) 仏はかりしれないほど長い時間。永久。永遠。【――寿(壽)経(經)】むりょう(りゃう)じゅきょう(きゃう) 真宗・浄土宗の教えの根本となっている経の名。「浄土三部経」の一つ。阿弥陀の功徳を説いたもの。【――寿(壽)仏(佛)】むりょう(りゃう)じゅぶつ 仏阿弥陀如来の別名。
【無類】むるい ①一定の決まりがない。②類別、違いがない。③礼儀がない。④仲間がいない。⑤たぐいない。無比。「珍無類」
【無漏】むろ 仏煩悩(俗世間の悩み)がないこと。
【無禄(祿)】むろく ①不幸。禄は、しあわせ。②俸禄(給料)がない。③士の身分(卿・大夫・士の順)にある者の死。
【無論】むろん いうまでもなく。勿論。
【無綫電】ウーシエンティエン wúxiàndiàn 現無線電信。ラジオ。
◇▼有無・南無・皆無・虚無・絶無

火8【焭】〔12〕同↓煢(七七八ページ・中)
火8【煉】〔12〕俗↓煉(七八〇ページ・上)
火8〖舃〗↓臼部六画(一〇三五ページ・中)
火8〖喣〗↓口部九画(二五五ページ・上)
火8〖勞〗↓力部十画(一七六ページ・上)
火8〖欻〗↓欠部八画(六七六ページ・上)
火8〖毯〗↓毛部八画(六九二ページ・下)
火8〖爲〗↓爪部八画(七六六ページ・中)

火9【煒】〔13〕一イ 漢(ヰ) 上 尾 wěi ウエイ 二キ 漢 平 微 huī ホイ U補J ―――
火10【煒】〔14〕俗字 U補J ①8754 4189 7152
意味 一①あかるいさま。②赤くてつやがある。③さかんなさま。二光りかがやく。
【煒煒】いい(ゐゐ) ①まばゆく光り輝く。②盛んなさま。
【煒煌】いこう(ゐくわう) 光り輝く。
【煒曄】いよう(ゐえふ) 輝くさま。盛んなさま。煒燁。

火9【煜】〔13〕イク 漢 入 屋 yù ユイ U補J ①8755 4192 715C
意味 ①光り輝く。「煜燿」②ほのお。③さかんなさま。
【煜煜】いくいく 光り輝くさま。

火9【煐】〔13〕エイ 漢 ヨウ(ヤウ) 呉 平 庚 yīng イン U補J ②7983 4188 7150
意味 人名に用いる。

火9【煙】〔13〕常 エン けむる・けむり・けむい U補J 1776
旧字 火9【煙】〔13〕エン 漢 呉 平 先 yān イエン U補J 7159
筆順 丷 火 火一 炉 煙 煙 煙 煙
火6【烟】〔10〕或体 U補J 6361 70DF
火5【𤇆】〔9〕俗字 U補J ②7965 241C6

意味 ①〈けむり〉㋐火がもえるとき、立ち上る気体。㋑煙のようにたちこめるもの。「雲煙」②〈けむ・る〉〈けぶ・る〉③すす。「煤煙」④たばこ。「煙草」⑤阿片。「煙犯」国〈けむ・い(――・し)〉けむたい。
解字  形声。火が形を表し、垔えんが音を示す。垔は、ふさぐ、かくす、の意。煙は、火がふさがれて燃えず、くすぶることである。
難読 煙管きせる・煙草たばこ・煙火はなび
【煙靄】えんあい ①煙ともや。②ぼんやりかすむさま。
【煙雨】えんう けむるように降る雨。きりあめ。きりさめ。細雨。「多少楼台煙雨中」(多くの高殿が、煙雨の中にかすんで見える。)〈杜牧の詩・江南春〉
【煙雲】えんうん ①煙と雲。雲煙。②ぼんやりけむったけしき。③はるかにへだたっているさま。【――過眼】えんうんか(くわ)がん 煙や雲が眼前を過ぎ去るように、物事がたちまちに過ぎさること。
【煙炎(「焔」)】えんえん ①煙とほのお。②今にも消えそうな火。
【煙火】えんか(くわ) ①飯をたく煙。人煙。②のろし。変事の起こったことを知らせる煙。③火で煮た食物。④はなび。⑤煙のすす。「満面塵灰煙火色」(顔じゅうほこりだらけで、すすけた色をしている。)〈白居易の詩・売炭翁〉
【煙花】えんか(くわ) ①かすみがかかった春のけしき。「煙花三月下㆓揚州㆒」〈李白の詩・送㆔孟浩然之㆓広陵㆒〉②町のにぎやかさ。③妓女。うたいめ。④たばこと綿。
【煙霞】えんか ①もやかすみ。②山や川のよいけしき。【――痼疾】えんかのこしつ ①「煙霞癖」に同じ。②隠居すること。【――癖】えんかへき 山や川のけしきをひどく好むこと。
【煙海】えんかい ①かすみがかかった海。②霧やもやなどが一面にひろがって、海のように見えるもの。③物が多くて入り乱れているさま。
【煙管】えんかん(くわん) ―きせる 刻み煙草をすうための細長いくだ。
【煙鬟】えんかん(くわん) ①女の髪の毛が多くて美しいさま。②青々とした山の形容。
【煙景】えんけい ①かすみたなびく春げしき。「陽春召㆑我以㆓煙景㆒」(うららかな春が、かすみたなびく春げしきで私を招く。)〈李白・春夜宴㆓桃李園㆒序〉②煙や雲のたなびくさま。
【煙月】えんげつ かすんだ月。おぼろ月。
【煙光】えんこう(くわう) かすんだ光。もや・きりなどにかすむ灯火。
【煙樹】えんじゅ かすんでぼんやり見える木。
【煙嶼】えんしょ もやなどのたちこめている小島。
【煙硝】えんしょう(せう) 火薬。
【煙瘴】えんしょう(しゃう) 南方にはやる悪性の風土病。
【煙津】えんしん かすんで見える渡し場。
【煙塵】えんじん(ぢん) ①煙とちり。②兵馬の往来のために立つ砂ぼこり。戦乱。「九重城闕煙塵生」(ここのえの宮中にも兵馬の塵が舞い上がった。)〈白居易の詩・長恨歌〉③人里。街。【――千里】えんじん(ぢん)せんり 軍隊が通るために起こるちり煙が、もうもうと千里もたちこめる。
【煙燼】えんじん ①煙ともえのこり。「覇業已随㆓煙燼㆒滅」(覇者の事業も煙燼とともにすでに滅んだ。)〈曽鞏の詩・虞美人草〉②もえのこりの煙。
【煙草】一えんそう(さう) 草原にかすみのたなびいているさま。二たばこ 草の名。たばこ。
【煙筒】えんとう けむりだし。煙突。
【煙突】えんとつ 煙だし。煙筒。
【煙波】えんぱ もやのたちこめた水面。遠くの水面がかすんでいる

心(忄・⺗)戈戸(戶)手(扌)支攴(攵) 4画 文斗斤方无(旡・旡)日曰月(⺝)木欠止歹殳毋比毛氏气水(氵・氺)火(灬)爪(爫・爫)父爻爿片牙(牙)牛(牜)犬(犭)

さま。「煙波江上使二人愁一」(長江上のもやたちこめる川波は、人をして故郷を思い、わびしくさせる。)〈崔顥の詩・黄鶴楼〉

【煙霏】①煙ともや。②煙がたなびくこと。

【煙蕪】①もやにかすむ草原。②一面にたちこめたもや。

【煙霧】①煙と霧。②もやもやかすみ。

【煙滅】①煙が消えうせる。②煙のように消える。

【煙嵐】山林に立ちこめるもや。

【煙縷】糸のように細い煙。

【煙浪】もやのたちこめる波の上。煙波。

【煙楼(樓)】もやのかかった高い建物。

◆人煙・水煙・炊煙・油煙・砂煙・香煙・砲煙・紫煙・喫煙・雲煙・硝煙・煤煙・節煙・翠煙・塵煙・潮煙・噴煙

火9【煆】〔13〕カ 漢 平 麻 xiā シア　U補J 7146 4184 ①8750

意味 ①熱い。②かわく。③焼く。

火9【煥】〔13〕カン 漢 去 翰 (クヮン) huàn ホワン　U補J 7165 — 6369

意味 ①光り輝くさま。「煥赫」「煥煥」②〈あきらか〉③あやのあるさま。美しい。

【煥乎】光り輝くさま。「煥乎、其有二文章一」(その残した文物・制度は、実に光り輝いている。)〈論語・泰伯〉

【煥然】①輝くさま。煥乎。②さらりととけるさま。

【煥発(發)】①輝き照らす。②輝き表れる。

火9【煇】〔13〕一キ 漢 一平 微 huī ホイ　二コン 漢 二平 元 hún フン　三ウン 漢 三去 問 yùn ユン　四コン 漢 四平 文 xūn シュン　U補J 7147 4185 ①8751

意味 一光り輝く。「煇光」「煇煇」四火であぶりやく。二赤い。三かさ。日や月の周囲にできるかげ。

火9【煦】〔13〕ク 漢 去 遇 xù シュイ　U補J 7166 — 6372

意味 ①〈あたた・か-い(——・し)〉(太陽の光で)あたたかい。②あたためる。「煦伏」③めぐむ。④朝やけ。また、赤いさま。

【煦育】暖かい気持ちで育てる。はぐくみ育てる。

【煦嫗】①いつくしみ育てる。②あたたかい。

【煦煦】①暖かいさま。②情をかけるさま。

火9【煢】〔13〕ケイ 漢 平 庚 qióng チョン　U補J 7162 — 6373

火7【㷀】〔11〕同字　U補J 3DC0 — ②7980

火8【焭】〔12〕同字　U補J 712D 4177 —

意味 ①ひとりもの。兄弟のない者。また、配偶者のない者。②うれえる。なやむ。③鳥が急旋回する。④さいころ。

【煢煢】①心配するさま。②ひとりぼっちで身よりのないさま。③驚き恐れるさま。

【煢独(獨)】①兄弟のない者と、子のない者。②たよる所のないひとり者。「哀二此煢独一」〈孟子・梁恵王上〉

火9【煚】〔13〕ケイ 漢 キョウ(キャウ) 呉 上 梗 jiǒng チョン　U補J 715A 4191 —

意味 ①火。②太陽の明るいこと。③中国で人名に用いる。

火9【煊】〔13〕ケン 漢 平 元 xuān シュワン　U補J 714A 4186 ②7984

意味 ①あたたかい。＝暄・煖 ②かがやく。

火9【煌】〔13〕人 標 コウ 漢 平 陽 (クヮウ) huáng ホワン　U補J 714C — 6374

意味 ①光り輝く。「煌輝」②さかんなようす。

名前 あき・てる

【煌煌】きらきら輝くさま。「明星煌煌」〈詩経・東門之楊〉

火9【煞】〔13〕一サツ 漢 一入 黠 shā シャー　二セチ 呉　二サイ 漢呉 二去 卦 shà シャー　U補J — — —

火9【煞】〔13〕同字　U補J 715E 4193 ②7986

意味 一①殺す。＝殺 ②くくる。二①魂魄。②悪鬼の類。③程度がたかい。とても。④早い。⑤そぐ。

灬9【照】〔13〕学4 ショウ ショウ(セウ) 漢呉 去 嘯 zhào チャオ　てる・てらす・てれる　U補J 7167 — 3040

日12【曌】〔16〕同字　U補J 66CC — 3467

目13【瞾】〔18〕同字　U補J 77BE — 4727

意味 ①〈てら・す〉㋐光をあてる。㋑鏡にうつす。㋒見くらべる。問いあわせる。②〈て・る〉輝く。日がさす。③日光。④通知する。問いあわせる。⑤かえりみる。⑥証明書。⑦姿。写真。国①〈てり〉晴天。ひより。②〈て・れる〉はずかしがる。

解字 形声。灬が形を表し、昭が音を示す。灬は火。昭には、あきらかという意味がある。照は火の光で明らかになることで、てらす意味。

名前 あき・あり・とし・のぶ・みつ・あきら・てらし

姓 照喜名

参考 「曌」「瞾」は、唐の則天武后が自分の名のために作った字。

【照映】光または色が、照りはえる。

【照応(應)】①協力する。②二つの物事が互いにつりあっていること。③面倒をみる。

【照会(會)】①役所が通知する文書。②照らしあわせる。③通知する。④了解する。

【照鑑】神仏がごらんになる。照覧。

【照査】比べ合わせてしらべる。

【照察】明らかに調べる。はっきりと見ぬく。

【照射】日光などが照りつける。

【照照】明るいさま。

【照破】光がやみを照らすように、知恵によって真理に対する無知を開く。

【照明】①照らして明るくする。②明るい。

【照覧(覽)】①神仏がごらんになる。②はっきりと正しく見る。

【照臨】①太陽や月が四方を照らす。②君主が人民をおさめる。君臨。③賓客が訪ねることの尊敬表現。④神仏がごらんになる。

【照顧】zhàogù 現めんどうを見る。考慮する。

【照相】zhàoxiàng 現写真をとる。また、写真。＝照像

【——機】zhàoxiàngjī 現写真機。カメラ。

【照像】「照相」に同じ。

【照常】zhàocháng 現いつものとおり。

【照片】zhàopiàn 現写真。

◆対照・参照

火9【煁】〔13〕シン 漢 ジン 慣 平 侵 chén チェン　U補J 7141 4182

意味 持ち運びできる、あかり取りの炉。

火9【煋】〔13〕セイ 漢 ショウ(シャウ) 呉 平 青 xīng シン　U補J 714B 4187

灬 9
【煎】〔13〕(常) セン　いる

[一]セン(漢)[一](平) 先 jiān チエン
[二]セン(漢)[二](去) 霰 jiàn チエン
[三]セン(漢)[三](上) 銑 jiǎn チエン

J 3289　補 ―　U 714E

[意味] ①火が強い。②炎が四方を照らす。太陽の光がかがやく。

[筆順] 丷 䒑 䒑 䒑 前 前 前 煎

火 9【煎】〔13〕俗字　J ―　補 ―　U ―

[意味] [一]①〈い・る〉火で熱しこがす。②〈にる〉煮つめる。せんじる。③とかす。きえる。④あせる。[二]くだものの蜜づけ。[三]へる。＝減

[解字] 形声。灬が形を表し、前が音を示す。灬は火。前は剪と通じ、切りそろえることを意味する。煎は、切りそろえた材料を加熱している、また煮つめることを表す。

【煎海鼠】いりこ [国]海鼠の腸をとり去り、ゆでてかわかしたもの。ほしこ。

【煎茶】①茶の葉を煮だすこと。②煮だした茶。また、それ「に用いる葉茶。

【煎督】厳しく督促する。

【煎餅】①粉をねり、油であげた食物。②[国]米や小麦粉を、こねて焼いた菓子。

【煎薬(藥)】せんじぐすり。煮つめてのむ薬。

【煎和】せんじて味をととのえる。

火 9
【煔】〔13〕

[一]セン(漢)[一](去) 豔 shǎn シャン
[二]セン(漢)[二](平) 塩 qián チエン
[三]サン(漢)[三](平) 咸 shān シャン

J ―　補 ―　U 7154

[意味] [一]火がもえあがる。[二]肉をゆでる。[三]木の名。すぎ。＝杉

火 10【燗】〔14〕同字　J 4206　補 ―　U 718C

火 9
【煓】〔13〕

タン(漢)(平) 寒 tuān トワン

J ②7985　補 ―　U 7153

[意味] 火があかあかとおこるさま。

火 9
【煖】〔13〕

[一]ダン(漢)　ナン(呉)[一](上) 旱 nuǎn ノワン
[二]ケン(漢)　カン(クヮン)(呉)[二](平) 元 xuān シュワン

J 6375　補 ―　U 7156

火 9【煗】〔13〕本字　J 4190　補 ―　U 7157

[意味] [一]①〈あたたか・い(―・し)〉あたたか。②あたためる。あたたまる。③火のけ。④やわらかい。[二]①あたたか。＝暄 ②人名。「馮煖」

[参考] 新表記では、「暖」に書きかえる熟語がある。熟語は「暖」(五九九ページ・上)をも見よ。

【煖衣飽食】暖かい着物を着、あきるほど食べる。満ち足りた生活。〈荀子・栄辱〉＝暖衣飽食
【煖房】①床下に暖房装置のついた部屋。②引越し祝いをすること。③[国]部屋をあたためる。

火 9
【煤】〔13〕(人)(標)

バイ(漢)(平) 灰 méi メイ

J 3965　補 ―　U 7164

[意味] ①〈すす〉油煙やちり。②石炭。③墨を作る煙。また、墨。

【煤掃】すすはき [国]正月を迎えるため、歳末に家の中のすす・ほこりをはらい清める行事。煤払い。

【煤煙】①すすけむり。②石炭を燃やして出る煙。

【煤気(氣)】[一]すす煙。[二] méiqì [現]石炭ガス。

【煤炭】石炭。

【煤球児(兒)】méiqiúr [現]豆炭。

【煤油】méiyóu [現]石油。

火 9
【煩】〔13〕(常) ハン・ボン　わずらう・わずらわす

ハン(漢)　ボン(呉)(平) 元 fán ファン

J 4049　補 ―　U 7169

[筆順] 丷 火 火 炉 炉 煩 煩 煩

[意味] ①熱により頭痛がする。②〈わずら・う(わづら・ふ)〉苦しむ。③〈わずらわ・す(わづらは・す)〉なやます。苦しめる。④〈わずらわし・い(わづらは・し)〉うるさい。めんどうな。煩雑。⑤みだれる。[国]〈わずらい(わづらひ)〉病気。

[解字] 会意。火と頁とを合わせた字。頁は頭。煩は頭が熱して痛むこと。また、かきみだす意味にもなる。

【煩紆】憂いが胸のうちにわだかまる。

【煩冤】もだえ苦しむ。思いわずらう。「新鬼煩冤旧鬼哭」(新しい戦死者の魂はもだえ苦しみ、古い戦死者の魂は泣く。)〈杜甫の詩・兵車行〉

【煩厭】めんどうでいやに思う。

【煩苛】くどくてやかましい。

【煩簡】①めんどうなことと、たやすいこと。②忙しいことと、ひまなこと。

【煩急】めんどうで、きびしい。

【煩歊】①めんどうで忙しい。わずらわしい熱気。うんざりするむしあつさ。

【煩劇】①めんどうで忙しい。＝繁劇 ②めんどうで忙しい事務。

【煩言】①くどいことば。②怒り争うことば。

【煩囂】うるさくやかましい。そうぞうしい。

【煩瑣】くどくてめんどうなこと。煩雑。

【煩雑(雜)】ごたごたしてわずらわしい。煩瑣。

【煩冗】めんどうで、くどい。煩瑣。

【煩擾】ごたごたとり乱れて騒がしい。

【煩縟】わずらわしくくどい。煩雑。煩冗。

【煩想】わずらわしい思い。＝煩慮
【煩多】ごたごたしてめんどうなこと。「政事煩多」

【煩文】ごたごたした文章。＝繁文
【煩悶】もだえ苦しむ。思いわずらう。

【煩懣】「煩悶」に同じ。

【煩憂】もだえうれえる。

【煩乱(亂)】①思いみだれる。思いわずらう。②乱れてわずらわしい。

【煩慮】くどくてめんどうな考え。＝煩想
【煩累】わずらわしい。ごたごたした。また、そのこと。

【煩礼(禮)】くどい礼儀作法。縟礼。

【煩労(勞)】めんどうでつかれる。

【煩悩(惱)】[仏]人々の心やからだを、苦しめなやます「迷い」。

火 9
【煠】〔13〕

[一]ヨウ(漢)(エフ)[一](入) 葉 yè イエ
[二]ソウ(漢)(サフ)[二](入) 洽 zhá チャー

J ①8756・4194　補 ―　U 7160

[意味] [一]ひかる。また、火でやく。[二]①ゆでる。②油であげる。

火 9
【煬】〔13〕

[一]ヨウ(漢)(ヤウ)[一](去) 漾 yàng ヤン
[二]ヨウ(漢)(ヤウ)[二](平) 陽 yáng ヤン

J 6376　補 ―　U 716C

[意味] [一]①あぶる。かわかす。②火の盛んなこと。③さえぎる。[二]金属をとかす。

【煬竈】かまどの火にあたる。転じて、へつらい者が政権をにぎり、君主の明をおおい隠すこと。

【煬帝】人名。隋の第二代皇帝。楊広。父の文帝を殺して即位。ぜいたくを好み、大土木工事を起こして民

心(忄・⺗)戈戸(戶)手(扌)支攴(攵)　4画　文斗斤方无(旡・旡)日曰月(⺝)木欠止歹殳毋比毛氏气水(氵・氺)火(灬)爪(⺤・爫)父爻爿片牙(牙)牛(牜)犬(犭)

衆に恨まれ、ついに臣下に殺された。(五八〇〜六一八)

火9 **【煉】**〔13〕 人 標 レン 漢 去 霰 liàn リエン J 4691 補 — U 7149

火8 **【煉】**〔12〕俗字 U補J — — —

意味〈ね・る〉①金属を火でとかして精製し鍛練する。②心身をきたえる。③薬をまぜて、こねる。

参考 新表記では、「練」に書きかえる熟語がある。

【煉香】国麝香・沈香などの粉末に、甲香(巻貝のふたを粉にしたもの)をまぜ、蜜でねり合わせた香の一種。くゆらせて用いる。練香。

【煉句】詩文の創作においてよく考えること。練句。

【煉丹】①仙人がねって作る不老長生の薬。②へその下の所に気力を集中する修養法。

火9 **【煨】**〔13〕 ワイ 漢 平 灰 wēi ウエイ J ①8757 補 4201 U 7168

意味 ①うずみ火。灰の中にうずめた火。「煨火」「煨炭」②物を熱い灰に埋めて焼く。

【煨塵】①熱い灰。まだ火の気のある灰。②灰燼。また、卑賤な立場のたとえ。

【煨燼】①もえ残り。灰燼。また、灰燼と化すこと。②燃やしつくす。③火災。

火9 **【煲】**〔13〕 bāo パオ J — 補 — U 7172

意味 現①とろ火で煮る。②底の深い鍋。

火9 **【煳】**〔13〕 hú フー J — 補 — U 7173

意味 現①こげる。②こがす。

火9 **【焔】**〔13〕 俗↓焰(七七二ページ・中)

火9 **【熈】**〔13〕 旧↓熙(七八一ページ・中)

火9 **【煑】**〔13〕 或↓煮(七七二ページ・下)

火9 **【煗】**〔13〕 本↓煖(七七九ページ・上)

灬9 〖蒸〗↓艸部十画(一〇七五ページ・上)

火9 **【熖】**〔13〕 俗↓焰(七七二ページ・中)

灬9 **【煮】**〔13〕 旧↓煮(七七二ページ・下)

火9 **【煅】**〔13〕 同↓鍛(一三〇三ページ・中)

火10 **【熅】**〔14〕 ウン 漢 平 文 yūn ユン J ①8759 補 4204 U 7185

意味 ①うずみ火。「熅火」②形がきまる前の未分化の状態。「熅熅」③あたたか。④たちこめたけむり。

火10 **【熇】**〔14〕 一 カク 漢 入 薬 hè ホー 二 コウ 漢 上 皓 kǎo カオ (カウ) J ①8760 補 4205 U 7187

意味 一①あつい。「熇暑」「熇蒸」②火の盛んなさま。「熇熇」 二 火であぶる。＝烤

火10 **【熏】**〔14〕 クン 漢 平 文 xūn シュン J 6377 補 — U 718F

火14 **【燻】**〔18〕同字 J 6378 補 — U 71FB

意味 ①〈くすぶ・る〉〈ふすぶ・る〉けむる。いぶる。〈くす・べる(――・ぶ)〉㋐煙をたたせる。㋑香をくゆらす。②「熏香」③やく。④感化をあたえる。⑤日暮れ。

【熏熏】①和らぎよろこぶさま。②多いさま。③あたたかいさま。

【熏煮】暑さのはなはだしいたとえ。

【熏灼】①煙をたたせて焼く。②勢いの盛んなたとえ。

【熏夕】夕方。日暮れ。＝曛夕

【熏天】天をいぶすほどに気の勢いが盛んなこと。

火10 **【熒】**〔14〕 一 ケイ 漢 平 青 yíng イン 二 ケイ 漢 平 庚 xíng シン J ①8761 補 4207 U 7192

意味 一①ともしび。小さいあかり。「熒燭」②光りかがやくようす。「熒煌」③ほたる。＝蛍「熒火」④まどう。まどわす。 二＝滎 ①川の名。河南省にあった。②大沼の名。熒沢。

【熒火】ほたる。

【熒熒】①光のほのかなさま。②顔につやのあるさま。

【熒光】ほのかな光。

【熒煌】光り輝くさま。

【熒惑】一①火星。兵乱の徴候を示すと伝えられる。②火の神の名。 二 まどわす。

火10 **【熕】**〔14〕 コウ 漢 去 送 gòng コン J 6380 補 — U 7195

意味 船の名。国砲熕・熕礮は、大砲。

火10 **【熀】**〔14〕 一 コウ 漢 上 養 huǎng ホワン (クヮウ) 二 ヨウ 漢 入 葉 yè イエ (エフ) J ②7989 補 4203 U 7180

意味 一 あかるい。 二 火がいきおいよくもえる。あかるい。＝燁

火10 **【煹】**〔14〕 コウ 漢 去 宥 gōu コウ J — 補 4202 U 7179

意味 あかりやたいまつをかかげる。

火10 **【煽】**〔14〕 標 セン 漢 平 先 shān シャン J 3290 補 — U 717D

火10 **【煽】**〔14〕俗字 U補J — — —

意味 ①〈あお・る(あふ・る)〉㋐火をおこす。㋑人をけしかける。「煽動」②火が盛んにおこる。「煽熾」③盛んなようす。

参考 新表記では、「扇」に書きかえる熟語がある。

【煽熾】①おだてあおって、盛んにする。②盛んなさま。

【煽情】欲情をあおりたてる。＝扇情

【煽動】おだてて事件をおこさせる。＝扇動

【煽惑】人をほめあげて、まよわせる。

火10 **【熄】**〔14〕 ショク 漢 呉 入 職 xī シー ソク 慣 J 6379 補 — U 7184

意味 ①うずみ火。②〈や・む〉㋐火が消える。㋑ほろびる。㋒なくなる。

参考 新表記では、「息」に書きかえる熟語がある。

【熄滅】消えて、あとかたもなくなる。消えうせる。

灬10 **【熊】**〔14〕 学 4 くま ユウ 漢 平 東 xióng ション J 2307 補 — U 718A

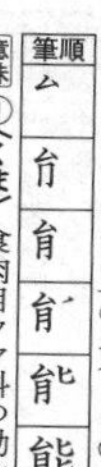

意味 ①〈くま〉食肉目クマ科の動物。②あざやかに光るさま。「熊熊」③姓。

解字  形声。能が形を表し、炎を省略した灬が音を示す。炎の古い音はユウ。能は、くまの意。この能がもともと「くま」を表していて、下に灬を置いた熊は、後から作られた字ではないかともいわれる。あざやかに光るという意味は、字音を借用したもの。

名前 かげ 姓 熊谷・熊野

地名 熊毛・熊本・熊谷・熊野

難読 熊襲・熊野権現

【熊沢(澤)蕃山】人名。江戸時代の儒学者。字は了介。通称は次郎八。蕃山はその号。中江藤樹に陽明学を学び、岡山藩に仕えた。(一六一九〜一六九一)

【熊襲】国古代南九州に住んでいた部族。

【熊虎】①くまとら。②軍旗。昔、軍旗によく描かれたこ

とによる。③勇猛であることのたとえ。また、勇猛の士。

【熊掌】くまの手のひら。非常にうまい料理の名。熊蹯。「熊掌亦、我所レ欲也」〈孟子・告子上〉

【熊胆(膽)】くまのい(ゐ)。くまのきも。健胃剤に用いる。

【熊羆】①くまとひぐま。男子の生まれる吉兆とされた。②勇猛なこと。勇士のたとえ。③野蛮で凶暴な者のたとえ。

【熊猫】シヨンマオ xióngmāo 現パンダ。

◇白熊・北極熊・月輪熊

火10 【熔】〔14〕 標 ヨウ 慣 róng ロン | J 4548 補 — U 7194

意味 ①〈と・ける(—・く)〉 ②〈とか・す〉 金属をとかす。

参考 ①中国近代に、科学用字として作られた。②新表記では、「溶」に書きかえる。熟語は「溶」(七四七ジベー・中)を見よ。

火10 【熗】〔14〕 qiàng チアン | J — 補 — U 7197

意味 現料理法の一種。材料をゆがいて調味料とあわせる。また、油でさっといためてから煮る。

火10 【煒】〔14〕 俗 ↓煒(七七七ジベー・上)

火10 【熖】〔14〕 俗 ↓焰(七七二ジベー・中)

火10 【熈】〔14〕 同 ↓熙(本ジベー・中)

火10 【煕】〔14〕 同 ↓熙(本ジベー・中)

火10 【熌】〔14〕 同 ↓黏(七七九ジベー・上)

火10 【燁】〔14〕 俗 ↓燁(七八四ジベー・中)

火10 〖膋〗↓肉部十画(一〇二六ジベー・下)

火10 〖犖〗↓牛部十画(七九七ジベー・上)

火11 【熨】〔15〕 一 イ(ヰ) 漢 一 去 未 wèi ウエイ 二 ウツ 漢 二 入 物 yù ユイ、yùn ユン | J 6381 補 — U 71A8

意味 一 熱いものでおさえる。二 ①〈の・す〉熱を加えてのばす。②ひのし。

【熨帖】うっちょう(てふ) ①衣服をひのしする。②平ら。平坦。③おさえてはりつける。④適当。適切である。⑤心地よいさま。 ‖熨貼

【熨斗】一 うっと ひのし。炭火を入れ、熱で布のしわをのばす器具。二 のし 国 ①のしあわび。②正方形の色紙を細長い六角形に折りたたみ、中にのしあわびを張って贈り物にそえるもの。

(熨斗 一)

【——鮑】のしあわび(あはび) 国 鮑の肉を薄く長くはぎ、ほしたもの。古くは食用とし、のちには祝儀の進物にそえた。

【——昆布】のしこんぶ 国 のした昆布。のしあわびの代わりに祝儀に用いる。

【——目】のしめ 国 江戸時代、麻上下の下に着た、武士の礼服。

火11 【熰】〔15〕 オウ 漢 平 尤 ōu オウ | J 4213 補 — U 71B0

意味 火がもえてひどく熱い。

灬11 【熙】〔15〕 人 キ 漢 平 支 xī シー | J 8406 補 — U 7199

旧字 火9 【熈】〔13〕 | J 6370 補 — U 7155

火10 〖熈〗〔14〕同字 | J ①8758 補 — U FA15

灬14 〖熈〗〔16〕同字 | J ①1455 補 1908 U 51DE

火7 〖㷩〗〔11〕同字 | J — 補 ②7978 U 7108

火10 〖熈〗〔14〕同字 | J 6371 補 — U 7188

意味 ①日にあてて乾かす。②ひかる。「熙光」③〈ひろ・い(—・し)〉ひろまる。ひろめる。④〈やわら・ぐ(やはら・ぐ)〉ゆったりする。⑤たのしむ。「熙笑」⑥盛んになる。「熙隆」⑦さかえる。

解字  形声。灬(火)が形を表し、巸が音を示す。かわく、また、ひかる意。

名前 み・さと・ひろ・ひろむ

参考 臣を七画に数え、灬(火)部十画とする場合もある。

【熙熙(熙)】きき ①やわらぎたのしむ。「万民熙熙」〈史記・匈奴列伝〉②広い。

【熙洽】きこう(かふ) ①やわらぎたのしむ。②繁栄が広がる。

【熙春】きしゅん やわらいだ春。ゆったりとした春。

【熙笑】きしょう(せう) のどやかにやわらぎ、笑う。

【熙朝】きちょう(てう) ①盛んでよく治まっている御代。盛世。②王朝を隆盛させる。

火11 【熲】〔15〕 ケイ 漢 上 迥 jiǒng チョン | J 4214 補 — U 71B2

意味 ①ひかり。火の光。②かがやく。③めざましまくら。

火11 【熬】〔15〕 ゴウ 漢 平 豪 (ガウ) áo アオ | J 6382 補 — U 71AC

意味 ①〈い・る〉とろ火にかけ水分をとばす。「熬煎」②うれえる声。「熬熬」③がまんする。

火11 【熠】〔15〕 ユウ(イフ) 漢 入 緝 シュウ(シフ) 漢 yì イー | J ②7991 補 4210 U 71A0

意味 ①光り輝く。②あざやか。

【熠燿(燿)】しゅうよう(しふえう)・ゆうよう(いふえう) ①光の定まらないさま。②あざやかなさま。③ほたる火。

灬11 【熟】〔15〕 学 6 ジュク うれる シュク 漢 入 屋 ジュク 呉 shú シュー、shóu ショウ | J 2947 補 — U 719F

筆順 亠 亩 享 享 孰 孰 孰 熟

火12 【㷵】〔16〕 俗字 | J ②8002 補 — U 243BC

意味 ①〈にる〉煮る。にえる。②〈う・れる(—・る)〉果実穀物が十分にみのる。③じゅうぶんな程度に達する。「成熟」④よく知る。⑤すばらしい。⑥〈つらつら〉つくづくと。十分に。「熟視」⑦なれる。精通する。「習熟」

解字 形声。灬が形を表し、孰が音を示す。灬は火。孰には、食物をやわらかにする意味がある。熟は、火にかけて、食物をやわらかにすることで、よく煮る意。

難読 熟寝うまい

【熟臥】じゅくが(ぐわ) じゅうぶんに寝る。よく眠る。熟睡。

【熟議】じゅくぎ よくよく相談する。熟談。

【熟計】じゅくけい 周密に計画する。

【熟語】じゅくご ①二字以上の漢字を合わせてつくった、一つのことば。成語。②よく使うことば。

【熟歳】じゅくさい 豊年。みのり豊かな年。

【熟察】じゅくさつ よくよく考える。よく見きわめる。

【熟思】じゅくし よくよく考える。熟考。熟慮。

【熟視】じゅくし じっと見つめる。つくづく見る。

【熟悉】一 じゅくしつ よく知りつくす。熟知。詳知。悉知。 二 シューシー shúxī 現 一 に同じ。

【熟食】じゅくしょく よく煮たり焼いたりした食物。火食。

【熟酔(醉)】じゅくすい じゅうぶんに酔う。すっかり酔っぱらう。

【熟睡】じゅくすい・うまい ぐっすり眠る。熟臥。熟眠。

【熟成】じゅくせい ものごとがじゅうぶんな状態に達すること。成熟。

【熟達】じゅくたつ よくなれてうまくなる。熟精。

【熟知】じゅくち よく知りつくす。じゅうぶんに知る。

【熟読(讀)】じゅくどく よく考えて読む。じゅうぶんに味わって読む。

【——玩味】じゅくどくがん(ぐわん)み くりかえし読んで、意味を深く味わう。〈小学・嘉言〉

【熟蛮(蠻)】じゅくばん 政府の教化によく従っている原住民。熟蕃。↔生蕃

【熟否】じゅくひ ①煮えることと、煮えないこと。②穀物・果物

心(忄・⺗)戈戶(戸)手(扌)支攴(攵) 4画 文斗斤方无(旡・旡)日曰月(月)木欠止歹殳毋比毛氏气水(氵・氺)火(灬)爪(爫・⺥)父爻爿片牙(牙)牛(牜)犬(犭)

などのみのることと、みのらないこと。③物事になれることと、なれないこと。

【熟覧(覽)】じゅくらん くわしく見る。よくよく見る。熟視。

【熟爛】じゅくらん ①みのりすぎて、ただれる。②十分に身に付ける。習熟する。爛熟。

【熟慮】じゅくりょ じゅうぶんに考えぬく。熟考。熟思。【――断(斷)行】じゅくりょだんこう(かう) じゅうぶん考えたうえで思いきって行う。

【熟練】じゅくれん 一①よくなれて、うまくなる。熟達。②ねりぎぬの衣服。二シューリエン shúliàn 現一の①に同じ。

【熟路】じゅくろ 歩きなれた道。よく知っている道。

【熟客】じゅっかく(じゅくかく) いつもの客。なじみの客。

【熟田津】にきたづ 国地名。伊予国いよのくに(愛媛県えひめけん)道後どうご温泉付近にあった船着場ふなつきば。

◆円熟えんじゅく・未熟みじゅく・半熟はんじゅく・成熟せいじゅく・老熟ろうじゅく・早熟そうじゅく・習熟しゅうじゅく・爛熟らんじゅく

火11
【熯】〔15〕 一ゼン漢 一上 銑 rǎn ラン 二カン漢 二上 旱 hàn ハン U補J ②7994 4212 71AF

意味 一おそれうやまう。二①火でかわかす。②あぶる。③もやす。

灬11
【熱】〔15〕 学 4 ネツ あつい ゼツ漢 ネチ呉 ネツ慣 入 屑 rè ロー U補J 3914 — 71B1

筆順 十 土 夫 坴 埶 埶 埶 熱

意味 ①〈あつ・い(――・し)〉↕冷 ②あつさ。高い温度。③やく。もやす。④あせる。いらいらする。⑤興奮する。⑥強い情熱をもつ。⑦熱がでる。体温の高くなる病状。

解字 形声。灬が形を表し、埶げいが音を示す。灬は火。埶は熱気がこもること。熱は、火であたためる意味。音ネツは、埶の音ゲイの変化。

名前 あつ 地名 熱川あたがわ・熱海あたみ

【熱愛】ねつあい 一強く愛する。二ローアイ rè'ài 現一に同じ。

【熱河】ねっか 一ローホー 地名。清シン代の行政区名。今の河北省承徳市。

【熱官】ねっかん(くわん) 権勢のある役人。

【熱気(氣)】ねっき ①あつい空気。あつさ。②高ぶった感情。

【熱狂】ねっきょう(きやう) ①非常な情熱。②国物事にひどくむちゅうになる。

【熱血】ねっけつ ①いき血。②あつい血しお。献身的なあつい気持ち。

【熱暑】ねっしょ ひどいあつさ。暑熱。炎暑。

【熱情】ねつじょう(じやう) 一①あつい情愛。②熱心。二ローチン rèqíng 現①一に同じ。②親切な。

【熱心】ねっしん 一物事に心をこめる。いっしょけんめいになる。二ローシン rèxīn 現①一に同じ。②親切な。やさしい。

【熱誠】ねっせい ①強い真心。熱情からでる真心。赤誠。②熱心で真摯しんしなこと。

【熱帯(帶)】ねったい 理赤道を中心にして南北それぞれ二十三度半以内の地帯。↕寒帯・温帯

【熱地】ねっち 権勢のある地位や立場。

【熱中】ねっちゅう(ちう) ①心がせくこと。転じて、名利を求めることにむちゅうになること。②むちゅうになる。③病名。熱病の一種。

【熱腸】ねっちょう(ちやう) 強い真心。献心的なあつい気持ち。「言言都自熱腸迸げんげんすべてねっちょうよりほとばしる」(口に出すことばは、すべて真心からほとばしり出ている。)〈竹添光鴻たけぞえこうこうの詩・双殉そうじゅん行〉

【熱鬧】ねっとう(たう) 一人が混雑してやかましい。繁華。二ローナオ rènao 現にぎやかである。にぎわい。にぎやかにさわぐ。

【熱罵】ねつば ひどくののしる。痛罵つうば。

【熱病】ねつびょう(びやう) 高い熱を出す病気。

【熱風】ねっぷう ①熱気をふくむ風。あつい風。②病名。風邪による熱がもたらす病気。

【熱望】ねつぼう(ばう) 心から願い望む。熱心に望む。切望。

【熱涙】ねつるい あつい涙。感激して流す涙。

【熱烈】ねつれつ 一勢いのはげしいさま。二ローリエ rèliè 現一に同じ。

【熱水瓶(甁)】ローショイピン rèshuǐpíng 現魔法瓶まほうびん。ジャー。

◆白熱はくねつ・平熱へいねつ・地熱ちねつ・灼熱しゃくねつ・余熱よねつ・炎熱えんねつ・泉熱いずみねつ・耐熱たいねつ・情熱じょうねつ・微熱びねつ・解熱げねつ

火11
【熚】〔15〕 ヒツ漢 ヒチ呉 入 質 bì ビー U補J 4208 — 719A

意味 ①火がもえるさま。②熚熚ひつひつは、火が勢いよくもえて立てる大きな音。

火11
【熛】〔15〕 ヒョウ(ヘウ)漢 平 蕭 biāo ピアオ U補J ②7990 4209 719B

意味 ①火がとぶ。②ほのお。火の粉。「熛火ひょうか」③きらめく。④早い。疾風。「熛風」⑤赤い。

【熛起】ひょうき(へうき) 火がとぶように早くおこる。

【熛怒】ひょうど(へうど) 火の盛んに燃えるさま。

【熛風】ひょうふう(へう) はげしい風。＝飄風

火11
【熳】〔15〕 マン màn マン U補J ②8001 4215 71B3

意味 爛熳らんまんは、①色があざやかで美しい。②あてもなくさまよう。

火11
【熮】〔15〕 リュウ(リウ)漢 上 有 liǔ リウ U補J ②7993 — 71AE

意味 ①火がもえるさま。②辛味がつよい。③やけただれる。

火11
【熵】〔15〕 shāng シャン U補J 71B5

意味 現熱力学上の単位の名。エントロピー。

火11
【熥】〔15〕 tēng トン U補J 71A5

意味 現つめたくなったものを蒸したり、焼いたりしてあたためる。

火11
【㷭】〔15〕 本 ↓烽(七七二ページ・上)

火11
【禜】↓示部十画(九〇二ページ・下)

灬11
【勲】↓力部十三画(一八二ページ・下)

火11
【熢】〔15〕 同 ↓烽(七七二ページ・上)

灬11
【黙】↓黒部四画(一四四六ページ・下)

火12
【燚】〔16〕 イツ漢 入 質 yì イー U補J 4226 — 71DA

意味 火のさま。

灬12
【燕】〔16〕 人 標 一エン漢 一去 霰 yàn イエン 二エン漢 二平 先 yān イエン U補J 1777 — 71D5

鳥12
【鷰】〔23〕 俗字 U補J 7641 — 9DF0

意味 一①〈つばめ〉〈つばくらめ〉②さかもり。＝宴 ③たのしむ。やすむ。くつろぐ。二①春秋戦国時代の国の名。今の北京ペキン市の西南。燕国。②古代の地名。今の河北省北部一帯。

名前 てる・なる・やす 地名 燕つばめ 難読 燕子花かきつばた

【燕安】えんあん くつろぎ、たのしむ。

【燕飲】えんいん ①酒盛りする。②楽しんで酒をのむ。＝宴飲

【燕婉】えんえん(ゑん) なかよくうちとける。やすらかでしとやか。転じて、美女のこと。

【燕王棣】えんおう(わう)てい 人名。明みんの成祖(永楽帝)、朱棣しゅていをいう。

【燕窩】えんか(くわ) 海つばめの巣。中華料理で珍重する。燕巣えんそう。＝燕窠

【燕歌】えんか 燕えん地方の歌。「燕歌趙舞えんかちょうぶ」

【燕楽(樂)】一えんがく 酒盛りのときに奏する音楽。二えんらく ①ゆっ

くりとくつろいで楽しむ。②酒盛りの楽しみ。

【燕頷虎頭】えんがんことう　つばめのようなあごと、とらのような頭。遠国で諸侯に封ぜられる人相。〈十八史略・東漢〉

【燕喜】えんき　宴会をして、楽しむ。

【燕居】えんきょ　くつろいで休息する。

【燕京】えんけい　北京の別名。春秋戦国時代の燕国に由来する。

【――歳時記】えんけいさいじき　書名。北京の年中行事を書いたもの。

【燕娯】えんご　ゆっくりとした気分で楽しむ。燕楽。

【燕語】えんご　①酒盛りしてうちとけて話し合う。＝宴語　②つばめがさえずる。

【燕好】えんこう（かう）　①宴会に招待して贈り物をすること。②友好。よしみ。③夫婦の愛情。

【燕鴻】えんこう　①つばめとひしくい。つばめは夏の渡り鳥で、ひしくいは冬の渡り鳥であることから、お互い遠く離れていること、会いにくいことのたとえに用いる。②北方の燕から来る雁。

【燕子】えんし　つばめ。乙鳥。玄鳥。【――花】えんしか（くわ）　①つる草の名。つばめに似た紫の花を咲かす。②水草の名。かきつばた。

【燕支】えんし　①植物の名。あか色の染料になる。②べに。胭脂。③あか色。紅色。④美女のこと。⑤匈奴の王、単于の正妻の称号。⑥匈奴の地にあった山の名。⑦北方の辺地のこと。

【燕私】えんし　①祭祀の後に同族の者同士がくつろいで語ること。②くつろいで休む。安息。③平日。日常。

【燕脂】えんし　べに。べにをとる草。臙脂。

【燕室】えんしつ　①休息するへや。②つばめの巣。転じて、家や王朝を指す。

【燕射】えんしゃ　周代の礼射（礼を行い、音楽をかなでながら弓を射る）の一つで、王が諸侯・諸臣と弓を射て、酒盛りをして楽しむ。

【燕雀】えんじゃく　①つばめとすずめ。②小人物のこと。【――安知二鴻鵠之志一哉】えんじゃくいずくんぞ（いづくんぞ）こうこくのこころざしをしらんや　小人物にどうして大人物の心持ちがわかろうか。小人物を燕雀に、大人物を鴻と鵠にたとえた。〈史記・陳渉世家〉

【燕寝（寑）】えんしん　休息する座敷。居室。

【燕石】えんせき　燕山に出る、玉に似た石。転じて、にせもの。〈山海経注〉

【燕説】えんせつ　こじつけて解釈する。「郢書燕説」（一二六三ページ・下）、「挙レ燭」（七八五ページ・上）を見よ。

【燕息】えんそく　のんびりと休む。

【燕惰】えんだ　しまりがなくなる。だらける。〈漢書・李夫人伝〉＝燕媠

【燕丹】えんたん　人名。戦国時代、燕の国の太子。荊軻に秦の始皇帝を暗殺させようとして失敗した。父、燕王喜は丹を切り、秦に献じた。

【燕朝】えんちょう（てう）　天子が休息する御殿。

【燕趙】えんちょう（てう）　戦国時代の二国、燕と趙（河北省南部、山西省東部一帯）。【――悲歌士】えんちょう（てう）ひかのし　憂国の人物をいう。燕・趙には荊軻のような悲歌慷慨の人が多かったことによる。

【燕泥】えんでい　燕の運ぶどろ。また、燕が巣を作ること。

【燕麦（麥）】えんばく　からすむぎ。①麦の一種。②有名無実のたとえ。麦を称していても食用には向かないことによる。

【燕服】えんぷく　ふだん着。

【燕毛】えんもう　祖先の祭りのあとの宴会で、髪の色で年の上下を分け、席を定めること。

【燕遊】えんゆう（いう）　①酒盛りして遊ぶ。＝宴遊　②楽しみ遊ぶ。

火12【熹】〔16〕　キ 漢 平 支 xī シー　J 6384 補 U 71B9

意味 ①あぶる。②さかんな。③光り輝く。「熹炙きしゃ」④よろこぶ。＝喜「熹娯きご」⑤かすかな日光。「熹微きび」

【熹微】きび　①太陽のかすかなさま。②朝の光のかすかなさま。一説に、夕ぐれの色。

火12【𤌎】〔16〕同字　J ①8763 補 4216 U 71BA

火12【爌】〔16〕　一 コウ（クヮウ）漢 オウ（ワウ）呉 平 陽 huáng ホワン　二 コウ（クヮウ）漢 オウ（ワウ）呉 上 養 huǎng ホワン　J 4217 補 U 71BF

意味 一 火がもえて明るい。＝煌こう　二 光りかがやいて明るい。＝晃こう

火12【熾】〔16〕標　シ 漢 呉 去 寘 chì チー　J 6385 補 U 71BE

意味 ①〈さかん〉㋐火の勢いが強い。㋑勢いがはげしい。「熾盛しせい」②さかんにする。③もやす。「熾炭」国〈おき〉燃えて赤くなった炭や薪。

火12【𤊶】〔16〕正字

【熾灼】ししゃく　火の勢いが強いさま。転じて、権勢が盛んなさま。

【熾烈】しれつ　盛んではげしい。火が盛んに燃えるさま。

火12【燋】〔16〕　一 ショウ（セウ）漢 平 蕭 jiāo チアオ　二 ショウ（セウ）漢 平 蕭 qiáo チアオ　三 セキ 漢 入 薬 jué チュエ　J ②8003 補 4220 U 71CB

意味 一 ①火をつける木。つけ木。②うらないで、亀の甲らを焼くときのつけ木。③こげる。こがす。二 やつれる。＝憔しょう　三 たいまつ。

【燋心】しょうしん（せうしん）　ひどく思いなやむ。焦心。

【燋然】しょうぜん（せうぜん）　心配するさま。

【燋爛】しょうらん（せうらん）　焼けただれる。

火12【燖】〔16〕　シン 漢 ジン 慣 平 侵 xún シュン　J 4224 補 U 71D6

意味 ①煮る。②〈あたた・める（――・む）〉

火12【燂】〔16〕　セン 漢 平 塩 jiān チエン　J 補 U 71B8

意味 ①火が消える。②滅びる。

火12【燀】〔16〕　一 セン 漢 上 銑 chǎn チャン　二 タン 漢 上 旱 dǎn タン　J 4218 補 U 71C0

意味 一 ①かしぐ。飯をたく。②盛んなさま。③もえる。④輝く。「燀燿せんよう」二 厚あつい。度がすぎる。「燀熱たんねつ」

火12【燂】〔16〕　セン 漢 平 塩 qián チエン　J 補 U

意味 ①熱する。②あたためる。③あつい。「燂爍せんしゃく」

火12【𤏲】〔16〕俗字　J 補 U 71C2

火12【燙】〔16〕　トウ 漢 （タウ） 去 漾 tàng タン　J ②8005 補 4225 U 71D9

意味 ①あたためる。②やけどをする。熱い。③現 パーマをかける。

火12【燽】〔16〕　一 トウ（タウ）漢 去 効 zhào チャオ　二 ショウ（シャウ）漢 去 効 shào シャオ　J 補 U 3DF9

意味 一 火を急に強くして煮る。二 強い火を急にもやす。

火12【燉】〔16〕　トン 漢 平 元 tūn トゥン、dūn トゥン　J 6387 補 U 71C9

意味 ①火の盛んなさま。②火の色。③地名。

【燉煌】とんこう(くわう) 地名。今の甘粛省敦煌市西にある。前漢武帝時代より、シルク＝ロードの基地として東西交通の要地であった。特に鳴沙山にある石窟(一名、千仏洞)・莫高窟からは古写本・彫刻・壁画など古代仏教芸術に関する貴重な資料が多数発見されたことで有名。＝敦煌

火12【燃】〔16〕学5 ネン ゼン漢 ネン呉 平 先 rán ラン もえる・もやす・もす J 3919 補 U 71C3

筆順 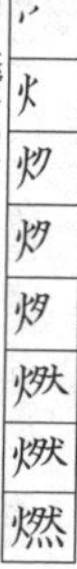

意味 ＝然。①〈も・える(ー・ゆ)〉「燃焼」②〈もや・す〉〈も・す〉

解字 形声。火が形を表し、然が音を示す。然にもと、もえるという意味があるが、然が、しかりの意味に使われるようになって、火を加えた燃が、もえる意味になった。

【燃犀】ねんさい 犀の角を燃やす。見えにくいものを照らして見る。犀の角を燃やした火はよく照らすと伝えられ、東晋の温嶠が犀の角を燃やした火で水中の怪物を照らし見たという故事にもとづく。〈異苑〉

【燃焼(燒)】ねんしょう(せう) 一 もえる。二 ランシャオ ránshāo 現 一に同じ。

【燃眉】ねんび 眉を燃やす。事がさしせまっているたとえ。「燃眉之急ねんびのきゅう」→「焼眉之急」(七七三ページ・上)

【燃料】ねんりょう(れう) まき・石炭など、火をもやす材料。

【燃藜】ねんれい あかざの杖を燃やす。夜に読書、学問にいそしむこと。漢の劉向が夜に暗い中で書物を読んでいたところ、老人が現れ、杖を燃やして照らしてくれたという故事にもとづく。〈拾遺記〉

△▼不燃・可燃・再燃

火12【燔】〔16〕ハン漢 平 元 fán ファン J 6388 補 U 71D4

意味 ①焼く。「燔焼」②ひもろぎ。祭りに供える肉。「燔肉」③焼いた肉。

【燔劫】はんきょう(けふ) 家を焼き、おどす。

【燔柴】はんさい しばを焼いて天を祭る。中国古代の祭天の法。

【燔炙】はんしゃ・はんせき ①やきあぶる。②焼き肉。

【燔燧】はんすい のろしをあげる。

【燔肉】はんにく ひもろぎ。祭祀で供えた肉。

【燔燎】はんりょう(れう) 天や祖先を祭るために、たきびをする。

火12【燁】〔16〕ヨウ漢 入 葉 (エフ) yè イエ J ― 補 U ―
火10【燁】〔14〕俗字 J ①8762 補 4219 U 71C1

意味 ①火がいきおいよく燃えるさま。②輝く。光る。「燁然」

【燁燁】ようよう(えふえふ) ①照り輝くさま。②さかんなさま。

火12【燗】〔16〕ラン漢 去 翰 làn ラン J 6383 補 U 71D7

意味 煮る。＝爛 国〈かん〉酒をあたためること。

火12【燎】〔16〕人 一 リョウ(レウ)漢 一 上 篠 liǎo リアオ 二 リョウ(レウ)漢 二 平 蕭 liáo リアオ 三 リョウ(レウ)漢 三 去 嘯 liào リアオ J 6389 補 U 71CE

意味 一①火をつけて野の草木をもやす。②火にあぶる。③こがす。④明らかなさま。二かがり火。にわ火。三①火をたいて天を祭る。②夜のかり。「燎猟」

解字  会意・形声。火と尞とを合わせた字。尞りょうは音をも示す。また、尞には、つらなるという意を含んでいる。燎は火を放ち、次々とつらなりもえる意で、かがり火の意となる。

【燎火】りょうか(れうくわ) かがり火。

【燎炬】りょうきょ(れう) たいまつ。松や竹などをたばねて火をつけ、照明に用いたもの。

【燎原火】りょうげんのひ(れうげんの) 野原を焼く火。勢いが盛んで、防ぎとめられないたとえ。〈左伝・隠公〉

【燎髪】りょうはつ(れう) 髪をやく。極めて簡単なことのたとえ。「燎毛」

火12【燜】〔16〕mèn メン J ②8006 補 4227 U 71DC

意味 現とろ火で長く物を煮て、さめないようにすること。

火12【燄】〔16〕本↓焰(七七二ページ・中)

火12【燒】〔16〕旧↓焼(七七二ページ・下)

火12【燓】〔16〕同↓焚(七七四ページ・上)

火12【燐】〔16〕正↓燐(七八五ページ・中)

火12〖螢〗↓虫部十画(一一〇一ページ・上)

火12【[illegible]】〔16〕俗↓熟(七八一ページ・下)

火12【燈】〔16〕旧↓灯(七六四ページ・上)

火12【燌】〔16〕俗↓焚(七七四ページ・上)

火12〖歘〗↓欠部十二画(六七六ページ・上)

灬12〖黛〗↓黒部五画(一四四七ページ・上)

火13【燠】〔17〕一 イク漢 一 入 屋 yù ユイ 二 オウ(アウ)漢呉 二 去 号 ào アオ 三 ウ漢 三 去 遇 yù ユイ J 6390 補 U 71E0

意味 一二〈あたたか〉あたたかい。あつい。「燠暑」三苦しみを慰める声。「燠休」

【燠燠】いくいく あたたかいさま。

火13【燬】〔17〕キ漢 上 紙 huǐ ホイ J 6391 補 U 71EC

意味 ①はげしい火。「燬火」②やける。やく。「燬燃」

火13【燦】〔17〕人 サン漢呉 去 翰 càn ツァン J 2724 補 U 71E6

意味 あきらか。あざやか。きらめく。「燦燦」

解字  会意・形声。火と粲とを合わせた字。粲さんは音をも示す。粲にはあざやかの意があり、燦はあざやか、あきらかの意となる。

【燦然】さんぜん 光り輝くさま。あざやかなさま。＝粲然

【燦爛】さんらん まばゆいほど美しいさま。きらびやか。

火13【燮】〔17〕ショウ漢 入 葉 (セフ) xiè シエ J 5057 補 U 71EE
火15【爕】〔19〕俗字 J ①8767 補 U 7215

意味 ①やわらぐ。ほどよくととのえる。「燮和」②おさめる。

【燮燮】しょうしょう(せふせふ) 木の葉の落ちる音。また、風にざわめく音。

【燮理】しょうり(せふ) ①やわらげととのえるほどよく治める。②宰相のこと。

火13【燭】〔17〕人 標 ショク漢 ソク呉 入 沃 zhú チュー J 3104 補 U 71ED
火6【烛】〔10〕俗字 J 補 U 70DB

意味 ①〈ともしび〉あかり。照らす。「燭照」②ろうそく。③〈てら・す〉④見ぬく。国〈しょく〉光度の単位。「燭光」

【燭影】しょくえい ①ともしびの光。②ともしびが映し出す人や物の影。

【燭台(臺)】しょくだい ろうそく立て。燭架。灯檠。

【燭涙】しょくるい 涙が落ちるように、ろうそくがとけ流れたもの。

心(忄・⺗)戈戸(戶)手(扌)支攴(攵) 4画 文斗斤方无(旡・旡)日曰月(月)木欠止歹殳毋比毛氏气水(氵・氺)火(灬)爪(爫・⺤)父爻爿片牙(牙)牛(牜)犬(犭)

【燭花】しょっか(しょっくゎ) ①ともしびのほのお。②ろうそくのしんの燃えかす。

【燭架】しょっか(しょくか) 「燭台しょくだい」に同じ。

【燭光】しょっこう(しょくくゎう) ①ともしびの光。②もとの光度の単位。

【挙(擧)レ燭】しょくをあげよ 賢人をあげ用いること。郢えいから燕えんの大臣に出す手紙を書くとき、暗いので「燭をあげよ」というと、書記はそのまま挙燭と手紙に書きこんだ。この手紙を見た燕の大臣は、これを賢人をあげ用いる意味にとったという故事。→「燕説えんせつ」(七八三ページ・下)〈韓非子かんぴし・外儲説がいちょせつ左上〉「郢書燕説えいしょえんせつ」(一二六三ページ・下)

【秉レ燭夜遊】しょくをとりてよるあそぶ よい季節を惜しんで夜まで火をともして遊ぶ。〈李白りはく・春夜宴二桃李園一序しゅんやとうりのえんにえんするのじょ〉

◆手燭しゅしょく・てしょく・花燭かしょく・蠟燭ろうそく

火13【燧】〔17〕 スイ 漢 去 寘 suì ソイ U補J 6392 71E7

意味 ①〈ひうち〉鉄片に打ち合わせて火を出す石。「燧石すいせき・ひうちいし」②のろし。敵の襲来を知らせる合図の火。「燧烽」

【燧火】すいか(くゎ) ①ひうち石でつけた火。②のろし。烽火ほうか。

【燧人氏】すいじんし 太古の帝王。初めて人民に食物を煮焼きすることを教えたという。〈史記・三皇本紀さんこうほんぎ〉

【燧石】すいせき・ひうちいし 鉄片に打ちつけて火を発する石。

【燧象】すいぞう(ざう) 象の尾に火をつけて敵中に追い入れる戦法。〈左伝・定公〉

【鑽レ燧】すいをきる 火を出すために、木や石をきりもみする。

火13【燥】〔17〕 常 ソウ 一ソウ(サウ) 漢 呉 一 上 皓 zào ツァオ 二ソウ(サウ) 漢 呉 二 去 号 sào サオ U補J 3371 71E5

筆順 

意味 一①〈かわ・く〉乾燥する。乾燥させる。②かわいているさま。二燥子そうしは、細く切った肉。

解字  形声。火が形を表し、喿そうが音を示す。喿には水がなくなる意味がある。燥は、火によって水分がとれてかわくこと。一説に、喿には、浮わついている意味があり、燥は、かわいて表面にうかぶこと、燃え上がって浮く火をさすという。

参考 新表記では、「躁」の書きかえに用いる熟語がある。

【燥渇(渴)】そうかつ(さうかつ) のどが、やけるようにかわく。

【燥剛】そうごう(さうがう) 土地が高くてかわき、地質の堅いこと。

【燥子】そうし 肉を細かに切ったもの。

【燥湿(濕)】そうしつ(さうしつ) ①かわくことと、しめること。②日常生活における立ち居。

【燥荻枯柴】そうてきこさい(さうてきこさい) かわいたおぎと、枯れたしば。〈資治通鑑しじつがん・漢紀〉

◆焦燥しょうそう・乾燥かんそう

火13【燐】〔17〕 標 リン 漢 平 真 lín リン U補J 4653 71D0
火12【燐】〔16〕 正字 U補J

意味 ①おに火。動物の死体から出る火。「燐光」②ほたる火。③元素の一つ。「燐酸」

【燐火】りんか(くゎ) 湿地などで、空中に自然にもえ浮かぶ青い火。おに火。きつね火。

【燐寸】りんすん・マッチ 軸木じくぎのはしに燐などの発火剤をつけ、摩擦まさつ板に強くすりつけて、発火させるもの。

【燐乱】りんらん 光がゆらめく。

火13【燴】〔17〕 huì ホイ U補J 71F4

意味 現 ①煮えやすいもの。②多くの材料をまぜて煮つめた料理。

火13【燵】〔17〕 標 国字 タツ U補J 6393 71F5

意味 こたつ。上にやぐらを置き、ふとんをかけて足を暖めるいろり。「炬燵こたつ」

火13【營】〔17〕 旧 →営(二五三ページ・上)

火13【燌】〔17〕 同 →焚(七七四ページ・上)

火14【燸】〔18〕 一ジュ 漢 一 平 虞 rú ルー 二ダン 漢 二 去 翰 ruǎn ロワン U補J 4228 71F8

意味 一①とろ火であたためる。②焼く。二やわらかい。=偄だん

火14【燼】〔18〕 シン 漢 ジン 呉 去 震 jìn チン U補J 6394 71FC
火6【烬】〔10〕 俗字 U補J ②7969 70EC

意味 ①もえのこり。もえかす。火のもえさし。「燼余じんよ」「余燼」「灰燼かいじん」②あまり。生きのこり。③もえつきる。

【燼灰】じんかい(くゎい) もえ残りと灰。

【燼滅】じんめつ ①燃えつくす。②滅び絶える。

火14【燹】〔18〕 セン 漢 上 銑 xiǎn シエン U補J 6401 71F9

意味 ①のび。野を焼く火。②戦争のため起こる火事。「燹火」「兵燹へいせん」

火14【燾】〔18〕 一トウ(タウ) 漢 一 去 効 dào タオ 二トウ(タウ) 漢 二 平 豪 tāo タオ U補J ①8765 4229 71FE

意味 一①すみずみまで照らす。②おおいかぶせる。

火14【燿】〔18〕 人 一ヨウ(エウ) 漢 一 去 嘯 yào ヤオ 二ショウ(シャウ) 漢 二 去 効 shào シャオ 三シャク 漢 三 入 薬 shuò シュオ U補J 6402 71FF
旧字 火14【燿】〔18〕 U補J

意味 一①〈かがや・く〉照る。輝く。「燿燿ようよう」②目をくらます。二細くするどいさま。三①にえたった湯で煮る。②金属をとかす。

解字  会意・形声。火と翟を合わせた字。翟じゃくが音をも示す。翟にはきじが尾の羽を高く掲げて見せる意があり、燿は輝く、照る意となる。音エウは、翟の音ジャクの変化。

名前 てる

【燿日】ようじつ(えうじつ) ①輝く日。②太陽に輝く。

火14【爀】〔18〕 同 →赫(一一九八ページ・下)

火14【燁】〔18〕 俗 →爗(七八六ページ・上)

火14【燻】〔18〕 同 →熏(七八〇ページ・中)

火15【爍】〔19〕 一シャク 漢 一 入 薬 shuò シュオ 二ラク 漢 二 入 覚 luò ルオ U補J 6403 720D

意味 一①〈ひか・る〉輝く。「爍爍しゃくしゃく」②とかす。「爍金」③あつい。二爍爍らくらくは、はがれおちる。=鑠しゃく

火15【㸅】〔19〕 一セツ 漢 セチ 呉 一 入 屑 jié チエ 二シツ 漢 二 入 質 jí チー U補J ②8008 3E05

意味 一〈ほくそ〉ともしびの芯しんの燃えかす。二とろ火でじっくりにる。

火15【爇】〔19〕 ゼツ 漢 ネツ 慣 入 屑 ruò ルオ U補J ②8007 4231 7207

意味 〈や・く〉火で焼く。

心(忄・⺗)戈戸(戶)手(扌)支攴(攵) 4画 文斗斤方无(旡・旡)日曰月(月)木欠止歹殳毋比毛氏气水(氵・氺)火(灬)爪(爫・⺥)父爻爿片牙(牙)牛(牜)犬(犭)

火15
【爆】〔19〕 常 バク
㊀ホウ(ハウ) 漢 呉 バク 慣 ㊀去 効 bào パオ
㊁ハク 漢 呉 バク 慣 ㊁入 覚 bó ポー
U補J 3990｜7206

筆順 火 … 爆

意味 ㊀①火でさける。はじける。爆発する。②やく。㊁はがれおちる。「爆爍」

解字 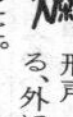 形声。火が形を表し、暴が音を示す。暴には、はじける、外に出るという意味がある。爆は、火がはじけるようにもえること。

【爆竹】①竹のつつに火薬をつけて爆発させるもの。中国で祝日などに用いる。②国正月十五日前後にかどまつ・しめなわなどをやくこと。どんど。
【爆破】火薬を爆発させて破壊する。
【爆発(發)】①火薬が、火をうけて破裂する。②物事が急に起こる。
【爆裂】①激しく破裂する。②爆発して破裂する。「爆裂弾」
◆水爆・自爆・空爆・盲爆・原爆・猛爆・原水爆

火15
【爈】〔19〕 リョ 漢 ロ 呉 平 魚 lǘ リュイ
U補J 4232｜7208
意味 山を焼く。野焼き。

火15
【爉】〔19〕 ㊀ロウ 漢 (ラフ) ㊀入 合 là ラー
㊁リョウ 漢 呉 (レフ) ㊁入 葉 liè リエ
U補J 4233｜7209
意味 ㊀火が燃えるさま。㊁火が燃える音。

火15
【爕】〔19〕 俗 ↓燮(七八四ページ・下)

火16
【爓】〔20〕 ㊀エン 漢 ㊀去 豔 yàn イェン
㊁ジン 漢 ㊁平 塩 xián シエン
U補J 4234｜7213
意味 ㊀〈ほのお(ほのほ)〉火焰。光。＝焰・炎 ㊁肉をゆでる。

火16
【爗】〔20〕 ヨウ 漢 (エフ) 入 葉 yè イエ
U補J
火14
〔燁〕〔18〕 俗字 U補J 4235｜7217
意味 光の盛んなこと。「爗爗」＝燁

火16
【爐】〔20〕 旧 ↓炉(七六六ページ・上)

火16
〖黧〗↓黒部八画(一四四七ページ・下)

火17
【爚】〔21〕 ㊀ヤク 漢 ㊀入 薬 yuè ユエ
㊁シャク 漢 ㊁入 薬 shuò シュオ
U補J 4236｜721A
意味 ㊀㊁①焼く。②光。③いなびかり。電光。④輝く。＝灼 ⑤散らす。「爚乱」

火17
【爛】〔21〕 標 ラン 漢 呉 去 翰 làn ラン
U補J 6405｜721B
火21
〔爤〕〔25〕 本字 U補J 4239｜7224
意味 ①火がとおる。②くだものが熟してやわらかくなる。③〈ただ・れる(――・る)〉やけどのために肌がやぶれくずれる。④くさる。くずれる。⑤あきらか。輝く。

参考 新表記では、「乱」に書きかえる熟語がある。

【爛熟】①果物などが熟しすぎ、実がくずれる。②じゅうぶんに知る。③じゅうぶん発達して衰えが見える。
【爛酔(醉)】酒にひどく酔う。泥酔。
【爛然】①あざやかで美しいさま。②明らかなさま。
【爛発(發)】①光り輝く。②美しく咲き乱れる。
【爛漫】①花の咲き乱れるさま。「桜花爛漫」②盛んで、あふれるさま。③消えちらばるさま。④よく眠っているさま。⑤光り輝くさま。⑥はっきり現れるさま。⑦ありのままでとらわれないさま。
【爛爛】①きらきらと光り輝くさま。②色あざやかなさま。
◆絢爛・腐爛・燦爛・靡爛

火17
〖鶯〗↓鳥部十画(一四三五ページ・上)

火18
【爟】〔22〕 カン 漢 呉 (クワン) 去 翰 guàn コワン
U補J 4238｜721F
意味 ①祭祀の時、不吉なことを除くために、はねつるべに火を入れてかかげる。②祭祀に用いるたいまつ。③祭祀の時最初に火をつける人。④日常生活で用いる火。⑤のろし。⑥星の名。

火18
【爝】〔22〕 シャク 漢 入 薬 jué チュエ
U補J 4237｜721D
意味 あしを束ねたかがり火。「爝火」

火18
【𤒽】〔22〕 トウ 漢 (タウ) 去 効 zhào チャオ
U補J 244BD
意味 急に飯をたく。＝燂

火19
【㸏】〔23〕 ビ 漢 平 支 mí ミー
U補J 3E0F
意味 ①ただれる。②熟する。③くずれる。破れる。「㸏散」

火21
【爥】〔25〕 ショク 漢 ソク 慣 入 沃 zhú チュー
U補J 7225
意味 ①照らす。「爥燿」②ともしび。＝燭 「爥房」

火21
【爤】〔25〕 本 ↓爛(本ページ・中)

火21
〔龝〕↓龜部九画(九〇六ページ・下)

火25
【爨】〔29〕 サン 漢 去 翰 cuàn ツォワン
U補J 6406｜7228
意味 ①〈かし・ぐ〉飯をたく。「炊爨」②かまど。

【爨室】飯をたく部屋。
【爨炊】飯をたく。炊事。炊爨。
【爨婦】飯たきの女。炊事婦。

4画 爪(爫・⺤)部 つめ つめかんむり そうにょう

【部首解説】「下向きの手の形」にかたどり、「つかんで持つこと」を表す。この部には、「爪・爫・⺤」の形を構成要素とする文字が属する。冠になるときは、新字体では「爫」となる。

爪0
【爪】〔4〕 常 つめ・つま
ソウ(サウ) 漢 呉 上 巧 zhǎo チャオ、zhuǎ チョワ
U補J 3662｜722A

筆順 … 爪

意味 ①〈つめ〉〈つま〉㋐手足のつめ。㋑鳥やけもののつめ。㋒つめの形をしたもの。②つめで、ひっかく。③葬礼として、死者のつめを切る。

解字  象形。手を下向きにした形にかたどり、物をつかむことを意味する。後に、爪はつめを表し、つかむ意は主に抓が表すようになった。

姓 爪工
地名 爪哇

【爪印】そういん（さういん） 一 つめのあと。 二 つめいん・つまいん 国 印を押す代わりに、親指に墨や印肉をつけて証書などに押すこと。

【爪牙】そうが（さうが） ①つめと、きば。②君主を助け守る臣や仲間。「爪牙之臣」③かくしている野心。

【爪角】そうかく（さうかく） ①つめと、つの。②他の攻撃から自分を守るもの。

【爪痕】そうこん（さうこん） つめあと。

【爪弾（彈）】 一 つまびき・つめびき 国 三味線などを指先でひく。 二 つまはじき 国 親指の腹に他の指の指先をかけてはじく。転じて、人をいやしみ、きらって排斥する。

【匿㆑爪】つめをかくす 「能ある鷹は爪を匿す」の意。実力のある者は、平生はかくしていて、むやみにそれを外に示さないこと。

爪0 【⺥】〔4〕 意味 漢字の部首の一。つめかんむり。「⺤」の変わった形、常用漢字ではこの形を用いる。受・愛などを構成。 J②8009 補 U FA49

爪0 【⺤】〔4〕 意味 漢字の部首の一。つめかんむり。爰・爲（為の旧字体）などを構成。 J②8010 補4240 U722B

⺥3 〖妥〗↓女部四画（三三八ページ・中）

爪4 【爬】〔8〕 標 ハ 漢 平 麻 pá パー J6408 補 U722C
意味 ①〈か・く〉つめでかく。（くしで）とかす。「爬梳」②はって歩く。「爬沙」

【爬行】はこう（かう） つめをひっかけて、はって行く。

【爬虫（蟲）類】はちゅう（ちう）るい 動 冷血・卵生で、皮膚にうろこがあり、地をはって歩く動物。へび・とかげ・かめなどがそれで、脊椎動物に属する。

【爬痒】はよう（やう） かゆいところをかく。

【爬羅剔抉】はらてっ（てき）けつ ①つめでかいてかき集め、えぐり出す。②人の欠点や秘密など、かくれたものをかき集め、えぐり出す。③かくれている人材を捜し出す。「爬羅剔抉刮㆑垢磨㆑光」〈韓愈・進学解〉

⺤4 【争】〔8〕 旧 ↓争（四四ページ・下）

⺥4 〖采〗（一二七七ページ・中）↓釆部一画

爪5 【爰】〔9〕 エン 漢 平 元 （ヱン）yuán ユワン J6409 補 U7230
意味 ①〈ここに〉ここにおいて。このときに。②…と。③そして。そこで。④とりかえる。⑤ゆるやかなさま。「爰爰」
【爰居】えんきょ（ゑん） ①海鳥の一種。②すまいをかえる。
【爰書】えんしょ（ゑん） 確定裁判の判決書。爰は交換の意。昔、裁判官の不公平な処置がないようにと、互いに裁判の書類を交換して調べたことからいう。〈史記・張湯列伝〉
【爰田】えんでん（ゑん） 公田の税収をきりかえ、賞与として与えるようにした田。
【爰許】ここもと 国 ①この場所。ここ。②私。拙者。

爪5 【爯】〔9〕 ショウ 漢 平 蒸 呉 chēng チョン J4241 補 U722F
意味 ①二つを同時にとりあげる。②手でものを持ちあげる。＝称

⺥7 〖彩〗↓彡部八画（四五四ページ・上）

爪7 〖覓〗↓見部四画（一一三九ページ・中）

⺤8 【爲】〔12〕 旧 ↓為（七六六ページ・中）

⺥9 〖愛〗↓心部九画（四八九ページ・中）

⺥9 〖舜〗↓舛部六画（一〇三七ページ・中）

爪11 【爴】〔15〕 俗 ↓攫（五五五ページ・上）

⺥13 【爵】〔17〕 常 シャク J2863 補 U7235

旧字 爪14 【爵】〔18〕 シャク 漢 入 薬 呉 jué チュエ 補 U

筆順
一
⺈
爫
爫罒
爯
爵
爵
爵

鬯11 【𪊨】〔21〕 本字 補 U29C26

木14 【𣝡】〔18〕 同字 J①8618 補 U23763

意味 ①〈さかずき（さかづき）〉三本の足をもつ青銅製の酒器。②くらい。爵位。③すずめ。＝雀「爵踊」

（爵①）

解字 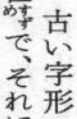 会意。古い字形の上部は雀で、それに鬯と又を加えた字。雀は、雀の形をした酒器、鬯はにおいのよい酒、又は手。爵は、酒を入れたさかずきを手に持っていることで、さかずきをいう。

名前 くら・たか

【爵位】しゃくい（ゐ） ①くらい。②貴族に与えられる階級（公・侯・伯・子・男の五等級）と役人に与えられる位の等級。
【爵秩】しゃくちつ 爵位と扶持。爵禄。
【爵服】しゃくふく 爵位と、それに相当して定められた服装。
【爵弁】しゃくべん 冠の一種。形はすずめの頭に似、色は赤黒い。
【爵封】しゃくほう 諸侯の爵位と領地。爵邑。
【爵邑】しゃくゆう（いふ） 爵位と領地。邑は村里。
【爵羅】しゃくら すずめをつかまえる網。雀羅。
【爵禄（祿）】しゃくろく 爵位と秩禄（給料の意）。
◇子爵・公爵・男爵・伯爵・官爵・侯爵・叙爵・授爵・勲爵・五等爵

爪13 〖谿〗↓谷部十画（一一七八ページ・下）

4画

父部　ちち

【部首解説】「右手で杖を持つさま」を表し、「家長」を意味する。この部には、「父」の形を構成要素とする文字が属する。

父0 【父】〔4〕 学2 フ ちち J4167 補 U7236
一 フ 漢 ブ 呉 ホ 慣 二 上 麌 fù フー

旧字 父0 【父】〔4〕 二 フ 漢 ブ 呉 ホ 慣 二 上 麌 fǔ フー 補 U

筆順
ノ
ハ
グ
父

意味 一 ①〈ちち〉おとこおや。てて。「父君」②親族中の年長の男性をいう。「伯父」「祖父」「岳父」 二 ①男性の老人の尊称。「父老」②男子の美称。「亜父」「仲父」③年をとった男。老人。「漁父」「田父」

解字  会意。古い形を参照すると、丨と彐とを合わせた字。丨は杖。彐は又で、右手のこと。父は右手で杖を持つ形で、家長をいう。一説に、丨は石おので、父は石おので打つ意味である。夫の字と通じて、大人・ちちの意味を表す。

名前 のり

難読 父さん・伯父・叔父（付表）

心（忄・⺗）戈戸（戶）手（扌）支攴（攵）
4画
文斗斤方无（旡・旡）日曰月（⺝）木欠止歹殳毋比毛氏气水（氵・氺）火（灬）爪（⺥・⺤）父爻爿片牙（⽛）牛（牜）犬（犭）

【父君】ふくん ①自分の父の敬称。②他人の父の敬称。

【父兄】ふけい ①父と兄。「入則事ニ父兄一」いりてはふけいにつかう〈論語・子罕〉②長老。土地の有力者。③君主と同姓の臣下たち。

【父子】ふし 父と子。〖—有レ親〗ふししんあり 親は子を愛し、子は親によく仕えるというふうに、親子の間には自然の親しみがあるべきである。〈孟子・滕文公上〉〖—之間、不レ責レ善〗ふしのあいだ(あひだ)はぜんをせめず 父と子の間では(情愛を主とすべきであるから)善行を行えと責め合うことはしない。〈孟子・離婁上〉

【父師】ふし ①父親と先生。②殷代の官名。三公の一つ。太師。③大司成。太子の教育係。④七十歳で退官した大夫。⑤年長者への尊称。

【父執】ふしゅう(しふ) 父の友人。父と同志の人。執とは、志を同じくする者の意。

【父事】ふじ 相手を父として尊び仕える。

【父祖】ふそ ①父と祖父。②祖先。

【父党(黨)】ふとう(たう) 父方の親族。

【父道】ふどう(だう) ①父が行ったやり方。②父として守らなければならない道。③父と同列の者。父の同輩。

【父母】ふぼ ①ちちはは。両親。②君主を尊敬して呼ぶ語。君主。③万物生成の根源。④父母官のこと。→「父母官」

〖—官〗ふぼかん(くわん) 州県を治める地方官の長官のこと。

【父老】ふろう(らう) ①村里のおもだった年寄り。②老人の尊称。

〖父為(爲)レ子隠(隱)〗ちちはこのためにかくす 父は、子のためにその悪事をもかくす。子の悪事をさらけ出す人情を無視した正直さよりも、子の悪事をかくす親子の情愛を高く評価したことば。〈論語・子路〉

〖父雖レ不レ父、子不レ可ニ以不ヒ子〗ちちはちちたらずといえども(いへども)、こはもってこたらざるべからず たとえ、父が父としてつくすべき慈愛・教導の道を行わなくても、子は子として親につくす道を行わなくてはいけない。〈孔安国・古文孝経序〉

〖父母在不ニ遠游一〗ふぼいませばとおく(とほく)あそばず 父母が生きている間は、父母を置き去りにして遠くに出かけることをしない。〈論語・里仁〉

◆伯父・叔父・岳父・祖父・神父・師父・尊父・慈父・継父・義父・養父・厳父・曽祖父

父4【爸】〔8〕ハ 漢 上 哿 bà パー　J②8012 補4243 U7238

意味 ①父親。「爸爹」「爸爸」②老人の尊称。

【爸爸】パーパー bàba 現おとうさん。

父4【斧】↓斤部四画(五七二ジ・上)

父6【爹】〔10〕タ 漢 平 麻 diē ティエ　J②8013 補4244 U7239

意味 ①父親。「爹爹」②年長者。③目上の尊称。

【爹娘】たじょう(ぢやう) 父母の俗称。

父6【釜】↓金部二画(一二八六ジ・上)

父7【爺】〔11〕同 ↓爺(本ジ・中)

父9【爺】〔13〕標 ヤ 漢 平 麻 yé イエ　J4476 補— U723A

父7【爺】〔11〕同字　J— 補— U2453

意味 ①父親。「阿爺あや」②年よりの尊称。「老爺ろうや」③〈じじ(ぢぢ)〉祖父。国〈じじ(ぢぢ)〉年よりの男子。老人。おきな。↕婆ばば

【爺嬢(孃)】やじょう(ぢやう) 父母の俗称。「爺嬢妻子走相送」やじょうさいしはしりあいおくる〈杜甫の詩・兵車行〉「旦辞ニ爺嬢一去」あしたにやじょうをじしてさる(朝早く、とうさんやかあさんに別れを告げて出かける。)〈楽府詩集・木蘭詩〉‖爺娘・耶嬢

【爺爺】一 やや 父や年長者に対する尊称。二 イエイエ yéye 現おじいさん(父の父)。

4画 爻部 こう

【部首解説】「棒が交わるさま」にかたどり、「交わる」「交差する」ことを表す。この部には、「爻」の形を構成要素とする文字が属する。

爻0【爻】〔4〕コウ(カウ) 漢 平 肴 yáo ヤオ　J6411 補— U723B

意味 易えきの卦かを組み立てる横棒のしるし。⚊を陽爻ようこうといい、⚋を陰爻いんこうという。↓「卦」(二〇〇ジ・下)

解字 爻 象形。棒の交わった形を二つ重ねて、交差することを表したもの。一説に、計算用の小竹を交わらせたものであるともいう。

【爻辞(辭)】こうじ(かう) 易えきの各卦かのそれぞれの爻について説明したことば。

爻5【俎】〔9〕俗 ↓俎(九四ジ・上)

爻7【爽】〔11〕常 ソウ さわやか　J3354 補— U723D

一 ソウ(サウ) 漢 一 上 養 shuǎng ショワン
二 ソウ(サウ) 漢 二 平 陽 shuāng ショワン

筆順 一 ナ 大 丈 丈 爽 爽

意味 一 ①〈さわやか(さはやか)〉すがすがしい。すっきりしている。「爽快そうかい」「颯爽さっそう」②〈あきらか〉㋐夜があけて明るい。「味爽まいそう」㋑物事がはっきりする。③がっかりする。「爽然」④〈たが・う(——・ふ)〉違う。二 粛爽しゅくそうは、馬の名。

解字 爽 会意。大と㸚を合わせた字。大は盛んであることを表し、㸚は、穴がいくつもあいていること、また、窓の格子をかたどるともいう。爽は、明るいさまを意味する。爽は、一説に、左右の手にあかりを持つ姿の象形ともいう。

名前 さ・あき・さや・さわ・あきら

参考「夾きょう」は別字。

【爽然】そうぜん(さう) ①ぼんやりするさま。失望するさま。②さわやかなさま。

【爽旦】そうたん(さう) 夜明け。爽昧そうまい。

【爽徳】そうとく(さう) 誤った行為。悪い徳。

【爽邁】そうまい(さう) 気性がさっぱりとしていて、すぐれている。

【爽約】そうやく(さう) 約束をやぶる。

【爽籟】そうらい(さう) さわやかな笛の音。

【爽涼】そうりょう(さうりゃう) さっぱりとしてすずしいこと。

【爽朗】そうろう(さうらう) 人がらが、さっぱりしてほがらかなこと。

爻10【爾】〔14〕人 ジ 漢 二 呉 上 紙 ěr アル　J2804 補— U723E

小2【尒】〔5〕同字　J①4759 補— U5C12

小2【尔】〔5〕俗字　J5385 補— U5C13

意味 ①〈なんじ(なんぢ)〉おまえ。汝なん。②〈その〉〈それ〉③〈これ〉この。ここ。④〈しか・り〉そのとおり。⑤〈しかく〉このように。そのように。⑥〈のみ〉それだけ。限定する意。⑦他の語の下につき形容詞をつくる接尾辞。状態を意味する。「卓爾たくじ」⑧〈ちか・い(——・し)〉近い。‖邇じ「道在レ爾、而求ニ諸遠一」みちはちかきにあり、しかるにこれをとおきにもとむ〈孟子・離婁上〉

語法 ❶〈しかり〉そのようである。そのような状態である。類然 例「問レ君何能爾、心遠地自偏」（君に問う、どうしてそのようにできるのか、心が世俗から遠ざかればこの場所も〔人里にありながらも〕自然と僻遠の地に変わってしまうのだ）〈陶潜の詩・飲酒〉▼「そのとおりである」と肯定の返答にも用いる。

❷〈しか〉〈しかく〉このように。そのように。例「非三天之降レ才爾殊一也」（天が人にその性情を与えるのにそのように〔豊年と凶年とによって〕異なっているわけでない）〈孟子・告子上〉▼「かくのごとし」と訓読する場合もある。

❸〈のみ〉限定・断定。…だけだ。…にすぎない。類耳 例「特畏三高帝呂太后威一爾」（ただ高帝・呂太后の威光をおそれているだけにすぎませんでした）〈史記・孝文本紀〉▼「但」「特」「唯」「徒」などと呼応して「ただ…のみ」と訓読することが多い。

❹〈か〉〈や〉疑問・反語。…か。例「百姓何苦爾」（民はどうして苦しむでしょうか）〈塩鉄論・非鞅〉▼「何」「曷」などとともに用いられる場合が多い。

解字  会意・形声。丅・冂・㸚を合わせた字。丅は尒で音を示す。冂はおおうこと。㸚ははっきりと続いていること。爾はこまごまとしていること。また尒は、「必ずそうである」という意味を持つ。爾は、尒の仮借で「のみ」の意味を表す。一説に糸まきのこと。また、印を押すことともいう。

名前 み・しか・ちか・あきら・みつる　地名 爾志

【爾雅】①書名。十三経の一つ。十九巻。中国古代の字書で、内容によって分類し、同じ意味の語を並べて解釈してある。②言語・文章が正しく美しいこと。

【爾後】その後。それから以後。＝自後

【爾今】今後。今からのち。＝自今

【爾時】その時。その当時。

【爾爾】①応答のことば。そのとおり。②しかじか。かくのごとし。③進退が適当であるさま。

【爾汝】①おまえ。きさま。相手をばかにしていう語。②親しい間がらで用いる二人称代名詞。

【爾曹】おまえたち。爾輩。

【爾余(餘)】そのほか。その他。＝自余

【爾来(來)】①それから。そののち。それ以来。②このごろ。ちかごろ。

〖云レ爾〗前に述べた文をまとめて、これこのとおりという語。「不レ知三老之将二至云レ爾」（老年になるのも知らないでいると、こう言っている。）〈論語・述而〉

〖出三乎爾一者反三乎爾一者也〗自分から出たことは、また自分のところにもどってくるものである。悪い結果をまねいた責任は自分自身にある。身から出たさび。〈孟子・梁恵王下〉

◆卓爾・徒爾・莞爾・率爾

4画

爿部 しょうへん

【部首解説】「木の字をたてに二つに割った左半分」を表す。この部には、「爿」の形を構成要素とする文字が属する。

爿0【爿】〔4〕ショウ㊊（シャウ）|㊥陽 qiáng チアン　J 6413 / 補 / U 723F

意味 ①木のきれはし。木を二つに割った左の方。↕片 ②寝台。＝牀

解字  指事。木の字をたてに二つに割ると、爿と片になる。その左の部分で、割った木を表す。一説に、寝台の形をたてにしたものともいう。

爿0【丬】〔3〕　J ②8014 / 補 / U 4E2C

意味 漢字の部首の一。しょうへん。「爿」の変わったもので、常用漢字で用いられる。

爿3〖妝〗↓女部四画（三三八ページ・上）

爿3〖壯〗↓士部四画（三〇五ページ・中）

爿4【牀】〔8〕ソウ㊊（サウ）ショウ㊋（シャウ）|㊥陽 chuáng チョワン　J 6414 / 補 / U 7240

意味 ①寝台。ベッド。＝床「病牀」②腰掛け。「牀几」③物をおく台。「筆牀」④いげた。井戸をかこむわく。⑤底の部分。「河牀」

【牀几】㊀しょう（しゃう）寝台と腰掛け。㊁しょうぎ（しゃうぎ）国①折りたたみの腰掛け。②腰掛け。

【牀子】しょうし（しゃうし）腰掛け。

【牀蓐】しょうじょく（しゃうじょく）ねどこ。病床。

【牀褥】しょうじょく（しゃうじょく）ねどこ。しとね。

【牀前】しょうぜん（しゃうぜん）寝台の前。「牀前看二月光一」〈李白の詩・静夜思〉

【牀榻】しょうとう（しゃうたふ）腰掛け。寝台。

【牀頭】しょうとう（しゃうとう）寝台のあたり。

爿4〖斨〗↓斤部四画（五七二ページ・上）

爿4〖戕〗↓戈部四画（五〇七ページ・中）

爿4〖狀〗↓犬部四画（七九八ページ・上）

爿5【牁】〔9〕カ㊊|㊥歌 gē コー　J 4245 / 補 / U 7241

意味 舟つなぎ。舟をつなぐくい。

爿6【牂】〔10〕ソウ㊊（サウ）|㊥陽 zāng ツァン　J ②8015 / 補 4246 / U 7242

意味 ①めひつじ。「牂羊」②牂牂は、葉の盛んにしげるようす。③怪しい。「牂雲」④牂牁は、漢代に置かれた郡名。今の貴州省凱里市西北。範囲は、貴州、雲南、広西が含まれる。

爿7〖将〗↓寸部七画（三八四ページ・下）

爿7〖將〗↓寸部八画（三八五ページ・上）

爿9【牒】〔13〕チョウ㊊（テフ）|㊇葉 dié ティエ　J 4247 / 補 / U 7243

意味 ベッドの部分。敷きぶとんをのせる木の板。

爿10〖臧〗↓臣部八画（一〇三〇ページ・下）

爿11〖牖〗〔15〕㊗↓墉（三〇一ページ・上）

爿11〖漿〗↓水部十一画（七四九ページ・下）

爿11〖槳〗↓木部十一画（六六三ページ・下）

爿13【牆】〔17〕ショウ㊊（シャウ）|㊥陽 qiáng チアン　J 6415 / 補 / U 7246

土13【墻】〔16〕同字　J 5254 / 補 / U 58BB

广13【廧】〔16〕同字　J / 補 / U 5EE7

意味 ①〈かき〉土やれんがなどで築かれたかきね。「牆垣」②さかい。へい。壁。③棺おけの飾り。棺おけのわ ➡

心(忄・⺗)戈戸(戶)手(扌)支攴(攵)　4画　文斗斤方无(旡・旡)日曰月(月)木欠止歹殳毋比毛氏气水(氵・氺)火(灬)爪(爫・⺥)父爻爿片牙(牙)牛(牜)犬(犭)

き板。

参考 新表記では、「障」に書きかえる熟語がある。

【牆衣】しょう(しゃう)い 土べいの上にむした苔こけ。

【牆下】しょう(しゃう)か かきね。牆根。

【牆隅】しょう(しゃう)ぐう かきねのすみ。へいのかど。

【牆頭】しょう(しゃう)とう 土べいのあたり。かきねのほとり。

【牆壁】しょう(しゃう)へき ①まわりを囲うかべ。②へだてのかべ。＝障壁
【牆面】しょう(しゃう)めん・かきにめんす かきに向かって立つ。学問をしないため、道理にくらいことのたとえ。「猶二正牆面一而立也与なおまさにかきにめんしてたつがごときか」〈論語・陽貨ようか〉

【牆籬】しょう(しゃう)り まがき。かき。

【鬩レ牆】かきにせめぐ かきの中で争う。兄弟どうしのうちわもめ。「兄弟鬩二于牆一けいていかきにせめぐ」〈詩経しきょう・常棣じょうてい〉

【牆有レ耳】かきにみみあり 密談などが、人にもれやすいたとえ。壁に耳あり。〈管子・君臣下〉

4画 片部 かた かたへん

【部首解説】「木の字をたてに二つに割った右半分」を表す。この部には、「片」の形を構成要素とする文字が属する。

片0 **【片】**〔4〕学6 ヘン かた J 4250 U 7247
ヘン 呉 漢 去 霰 piàn ピエン
筆順 ノ 丿 片 片
片1【片】〔5〕同字 J ― U補 ―
意味 ①〈きれ〉㋐木のきれはし。木を二つに割った右の方。↔爿 ㋑きれはし。「一片いっぺん」「紙片しへん」②〈かた〉かたほう。③ひら。花びら・雪などのように薄く平たいもの。「花片かへん」「片雲へんうん」国〈ペンス〉イギリスの貨幣の単位。
解字  指事。木という字を二つにわけた右の方。木を二つにわることで、かたほうの意味を表す。
姓 片角かたすみ
【片歌】かたうた 国奈良なら時代以前に行われた歌謡の一種で、五・七・七、または五・七・五の三句で一首にまとめる歌。
【片庇】かたびさし 国①一方だけに出したひさし。②母屋おもやに屋根をさしかけて造ったそまつな家。
【片面】一 かためん 国(物・事柄の)一方の面。↔両面 二 ピエンミエン piàn-miàn 現 一方的な。片よった。
【片雨】へんう 一片の雨。通り雨。一時の雨。
【片雲】へんうん 一切れの雲。ちぎれ雲。
【片影】へんえい ちらりと見えた影。少しの影。孤影。
【片月】へんげつ ①かたわれ月。弓張月ゆみはりづき。弦月げんげつ。②月光。
【片言】一 へんげん ①ちょっとしたことば。ひとこと。片語。②一方だけの言い分。二 かたこと 国幼児・外国人などがはなす、ととのわない不完全なことば。【片言隻句】へんげんせっく「片言隻辞」に同じ。【――隻辞(辭)】へんげんせきじ ちょっとした短いことば。ひとこと、ふたこと。一言半句いちごんはんく。
【片刻】へんこく わずかの時間。寸時。片時。
【片時】へんじ・かたとき 一時いっときの半分。わずかな時間。片刻。
【片石】へんせき ①一つの石。孤石。②石碑を指す。③一片の石。
【片楮】へんちょ ①紙のきれはし。②手紙。
【片帆】一 へんぱん 一そうの船・孤舟こしゅう。二 かたほ 国帆を一方に寄せて張ったもの。↔真帆まほ
【片片】へんぺん ①軽くひるがえる。②きれぎれのさま。③かたかた。一方。
【片鱗】へんりん ①魚のうろこの一部分。②物事のごく細かな一部。
◆一片いっぺん・木片もくへん・阿片あへん・砕片さいへん・残片ざんぺん・破片はへん・紙片しへん・断片だんぺん・弾片だんぺん・薄片はくへん・鱗片りんぺん

片1 **【片】**〔5〕同→片(本ページ・上)

片4 **【版】**〔8〕学5 ハン J 4039 U補 7248
ハン 漢 上 潸 バン 慣 bǎn パン
筆順 ノ 丿 片 片 片一 片厂 版 版
意味 ①いた。板ぎれ。②ふだ。文字を書く木の板。③はんぎ。印刷するため、文字や絵を彫りつける木の板。④印刷すること。「出版しゅっぱん」⑤戸籍簿。人口や戸数を書きつけた帳簿。「版籍はんせき」⑥長さの単位。一丈。また八尺。⑦かきねを築くとき、土を両側からはさむ板。⑧城壁の長さの単位。
解字 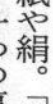 形声。片が形を表し、反はんが音を示す。片は木をわった形。反には平らという意味がある。版は平らな木で板のことである。
【版謁】はんえつ 名刺を持って面会する。
【版画(畫)】はんが(ぐわ) 木版・銅版・写真版などで印刷した絵。
【版木】はんぎ 国文字や絵などを彫りつけて印刷する木。＝板木
【版権(權)】はんけん 図書を発行・発売する権利。出版権。
【版行】はんこう(かう) 出版。図書を印刷して発行する。
【版刻】はんこく 文字や絵を木版に彫刻すること。＝板刻
【版式】はんしき 書物の印刷版の様式。字数や行数など。
【版下】はんした 国版木を彫るために、はりつける下書き。＝板下
【版授】はんじゅ ①朝廷の命令を経ずに白板を用いて官職や爵位を授ける。②爵位や称号。封号。
【版心】はんしん 袋とじの書物で葉の折れ目になる中心の部分。巻数、頁数などが記される。＝板心
【版籍】はんせき ①土地と戸籍。また、土地・戸籍を書きしるした帳簿。②土地と住民。③領土。④書籍。【――奉還】はんせきほうかん 国明治二年(一八六九)、王政復古とともに、諸大名がそれまでもっていた土地と住民を朝廷に返上したこと。
【版鍤】はんそう(さふ) 城ぶしんの道具。鍤は、土を掘りおこす鋤すきの類。版は「版築はんちく」の①を見よ。版挿。
【版築】はんちく ①土木工事に用いる道具。版は土をはさみ築く板、築は土をたたきかためる杵きね。②城ぶしん。「傅説挙二于版築之間一ふえつははんちくのかんよりあげらる」(傅説ふえつは城ぶしんの人夫の中から挙げ用いられた。)〈孟子もうし・告子こくし下〉
【版図(圖)】はんと 国家の治める領地。版は戸籍、図は地図。
【版本】はんぽん 文字や絵画などを彫った版木で印刷した本。＝板本
【版元】はんもと 国図書を出版する出版元。発行所。＝板元
◆木版もくはん・凹版おうはん・凸版とっぱん・出版しゅっぱん・石版せきばん・瓦版かわらばん・再版さいはん・改版かいはん・初版しょはん・活版かっぱん・重版じゅうはん・勅版ちょくはん・原版げんぱん・絶版ぜっぱん・新版しんぱん・製版せいはん・銅版どうばん・亜鉛版あえんばん・写真版しゃしんばん・私家版しかばん

片5 **【牉】**〔9〕ハン 漢 去 翰 pàn パン J ― U補 7249
意味 ①分かれる。②半分。

片8 **【牋】**〔12〕セン 漢 平 先 jiān チエン J 6416 U補 724B
意味 ＝箋せん ①天子に奉る文。上奏文。北周以後は表ひょうという。「牋奏せんそう」②かきつけ。文書。手紙。「牋札せんさつ」「書牋しょせん」③文書を書きつける紙や絹。
【牋檄】せんげき まわしぶみ。一つの事をおおぜいの人に知らせるために、つぎつぎにまわす文書。

【牋疏】せんそ　天子に意見を申したてる書状。牋奏。
【牋奏】せんそう　天子に奉る書。

片8【牌】〔12〕標　ハイ 漢 平 佳　pái パイ　U補J 3955 724C
片9【牌】〔13〕俗字　U補J ||
意味 ①ふだ。㋐立てふだ。掲示。「牌示はいじ」㋑名ふだ。㋒功績をかいたふだ。㋓看板。「牌子」「牌牓はいぼう」㋔位牌いはい。死んだ人の戒名かいみょうを書いたふだ。「牌位」㋕証拠とするふだ。㋖麻雀マージャン・かるたのふだ。「骨牌こっぱい」②たて(盾)。矢を防ぐ武器。③命令を伝える公文書の一種。
【牌子】はいし　①盾。また、盾を持った兵士。②看板。③札。切符。④位牌。⑤かるたのふだ。
【牌牓】はいぼう(ばう)　①掲示。②看板。
【牌楼(樓)】はいろう　中国の市街地によくあるやぐら門。
▲木牌もくはい・位牌いはい・金牌きんぱい・銀牌ぎんぱい・銅牌どうはい・賞牌しょうはい

片9【牐】〔13〕ソウ 漢 入 洽 (サフ)　zhá チャー　U補J 4251 7250
意味 ①城門をしめる道具。②板がこい。③現水門。=閘こう

片9【牒】〔13〕人 標　チョウ 漢 入 葉 (テフ)　dié ティエ　U補J 3613 7252
意味 ①ふだ。文書をしるす木や竹の板。②役所の文書。公用文。㋐役所の回覧用の文書。まわしぶみ。「通牒つうちょう」「牒状ちょうじょう」㋑任命の辞令。③訴え出る文書。訴状そじょう。④系図けいず。「譜牒ふちょう」⑤かきもの。記録。⑥姓。
参考 新表記では、「丁」に書きかえる熟語がある。
【牒訴倥偬】ちょうそ(てふ)こうそう　通知の文書が忙しい。訴訟の書類に追われる。〈孔稚珪こうちけい・北山移文ほくざんいぶん〉
【牒中】ちょう(てふ)ちゅう(ちう)　公文書の中。名簿の中。「兵部牒中有二名字一へいぶのちょうちゅうにめいじあり」(召集兵士の名簿に名まえが出ている。)〈白居易はくきょいの詩・新豊折臂翁しんぽうせっぴのおう〉

片9【牏】〔13〕一ユ 漢 平 虞 yú ユィ　二トウ 漢 去 宥 tóu トウ　U補J 4250 724F
意味 一土塀どべいを築くために用いる短い板。二①便所。②はだじゅばん。

片9【牕】〔13〕同→窓(九二一ページ・上)

片9【牌】〔13〕俗→牌(本ページ・上)

片10【牓】〔14〕ホウ(ハウ) 漢 上 養　ボウ(バウ) 慣　bǎng パン　U補J ②8016 4252 7253
意味 ①たて札。②がく。かけ札。「牓額ぼうがく」「牓札ぼうさつ」
【牓札】ぼう(ばう)さつ　①かけふだ。掲示のふだ。②看板。
【牓子】ぼう(ばう)し　①名刺。②天子にお目にかかるときに、さし出す書きつけ。
【牓示】ぼう(ばう)し　掲示する。

片11【牖】〔15〕ユウ(イウ) 漢 去 有　ユ 呉　yǒu ユー　U補J ①8769 4254 7256
意味 ①〈まど〉れんじ窓。格子こうしをとりつけた窓。「牖嚮ゆうきょう」②みちびく。=誘
片11【牗】〔15〕俗字　U補J ②8017 7257
【牖戸】ゆう(いう)こ　①窓と戸。②出入口。
【牖民】ゆう(いう)みん　人民を善にみちびく。

片11【牕】〔15〕同→窓(九二一ページ・上)

片15【牘】〔19〕トク 漢 入 屋　dú トゥー　U補J 6417 7258
意味 ①ふだ。文字を書きつける木の札。②書籍や文書。③手紙。尺牘せきとく。④楽器の名。

4画　牙(牙)部　きば　きばへん

【部首解説】「きばが上下交差している形」にかたどる。この部には、「牙・牙」を構成要素とする文字が属する。新字体の構成要素となるときは「牙」(五画)になる。

牙0【牙】〔4〕常　ガ・ゲ　きば　ガ 漢 平 麻　ゲ 呉　yá ヤー　U補J 1871 7259
筆順 一 二 于 牙
牙0【牙】〔5〕俗字　U補J ||
意味 ①〈きば〉㋐歯の総称。㋑糸きり歯。㋒動物の犬歯・門歯などが発達して口の外に長くでたもの。「象牙ぞうげ」②かむ。③天子や将軍のたてる旗。「牙旗」④役所。「牙門」⑤仲買商。売買の中に立って手数料をとるもの。「牙儈がかい」⑥芽が出る。=芽
解字 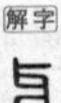 象形。臼歯きゅうしが上下かみ合っている形にかたどり、臼歯、歯を表す。動物のきば、特に象牙に用いられることもある。さらに、歯のように組みあった形をしたものを指すようになった。
【牙営(營)】がえい　本営。本陣。牙旗が立てられ、大将軍が陣している場所の意。
【牙旗】がき　天子や大将軍の旗。旗ざおの上を象牙ぞうげで飾ってある。牙幢がとう。牙纛がとう。
【牙行】がこう(かう)　①仲買人。②市場いちば。
【牙璋】がしょう(しゃう)　出征のさい、天子から将軍に賜る割り符。
【牙城】がじょう(じゃう)　牙旗をたてた城。大将の居城。本丸。
【牙人】がじん　仲買人。問屋と小売人の間で売買のなかだちをする人。牙郎。牙儈がかい。
【牙銭(錢)】がせん　手数料てすうりょう。
【牙籤】がせん　①書物につける象牙製の札。標題などを書いて検索しやすくした。②書物を指す。③つまようじ。
【牙爪】がそう(さう)　①きばとつめ。防御に用いる道具。爪牙。②勇士や武将のたとえ。③召し使い。僕従。
【牙籌】がちゅう(ちう)　象牙ぞうげで作ったそろばん。
【牙幢】がとう(たう)　「牙旗がき」に同じ。
【牙纛】がとう(たう)　「牙旗がき」に同じ。
【牙牌】がはい　①象牙や動物の骨で作った札。物の名などを標記するのに用いる。②象牙製の腰につける札。宋・元以降、役人の身分証となった。③博打ばくち用の道具の一つ。骨牌。
【牙門】がもん　①大将軍の旗をたてた門。②大将軍の陣。③役所。官庁。
【牙膏】ヤーカオ　yágāo 現ねり歯みがき。
【牙刷子】ヤーショワツ　yáshuāzi 現歯ブラシ。
【牙粉】ヤーフエン　yáfěn 現歯みがき粉。
▲毒牙どくが・歯牙しが・象牙ぞうげ

牙0【牙】〔5〕俗→牙(本ページ・中)

牙8【牚】〔12〕一トウ 漢 去 敬 (タウ) chèng チョン　二トウ 漢 平 庚 (タウ) chēng チョン　U補J ||
意味 一支柱。つっかい棒。二支える。さからう。はりあう。「牚距とうきょ」
牙8【牚】〔13〕俗字　U補J 4255 725A

牙8〖雅〗→隹部五画(一三四三ページ・上)

牙11〖鴉〗→鳥部四画(一四二九ページ・中)

心(忄・⺗)戈戸(戶)手(扌)支攴(攵) 4画 文斗斤方无(旡・旡)日曰月(月)木欠止歹殳毋比毛氏气水(氵・氺)火(灬)爪(爫・⺥)父爻爿片牙(牙)牛(牜)犬(犭)

心(忄・⺗)戈戸(戸)手(扌)支攴(攵) 4画 文斗斤方无(旡・旡)日曰月(⺝)木欠止歹殳毋比毛氏气水(氵・氺)火(灬)爪(爫・⺥)父爻爿片牙(牙)➡牛(牜)犬(犭)

4画 牛(牜)部 うし うしへん

【部首解説】「うしの形」にかたどる。この部には、牛の種類や牛を利用する行為に関連するものが多く、「牛・牜」を構成要素とする文字が属する。偏になるときは「牜(うしへん)」となる。

牛0 【牛】〔4〕 ギュウ 学2 うし ギュウ(ギウ) 漢 ゴ 呉 ― 平 尤 niú ニウ J 2177 補 ― U 725B

筆順 ノ 𠂉 𠂒 牛

意味 ①〈うし〉家畜の一つ。「牛刀」「牛毛」 ②星の名。ひこぼし。牽牛星。 ③二十八宿の一つ。(↓付録「二十八宿略図」) ④姓。

解字  象形。牛の二本の角と、頭・肩・尾を表したもの。古い形のUが角、一が肩、|は頭から尾までを表している。

名前 とし 姓 牛屎 地名 牛津・牛深・牛久

難読 牛膝・牛車・牛尾魚・牛蒡

参考 「午」は別字。

【牛飲】牛が水を飲むように、大いに酒を飲む。「牛飲者三千人」〈史記・殷本紀注〉【牛飲馬食】牛が水を飲み、馬が草を食べるように、むやみやたらに飲み食いする。鯨飲馬食。

【牛王】■一 牛の神。■二 国 牛王宝印の略。熊野・祇園・八幡神社などから出す厄除けのお守り。

【牛鬼】①頭が牛の形をした怪物。②醜い顔かたち。

【牛驥同皁】のろまな牛と足の速い馬を同じように飼う。賢人と愚人が同じ待遇を受けていることのたとえ。〈史記・鄒陽伝〉

【牛後】①牛のしり。②権勢ある者の下に従う。「寧為二鶏口一、無レ為二牛後一」(鶏の口となるも、牛のしりにはなるな。大国のしりに従うより、小国のかしらになるほうがよい、というたとえ。)〈史記・蘇秦列伝〉

【牛耕】牛をつかって耕地をたがやす。

【牛山】地名。斉国の南東にある山。今の山東省淄博市の東。〈孟子・告子上〉

【牛耳】①牛の耳。②仲間をさしずするかしら。『執二――一』昔、諸侯が集まってちかいあうとき、いけにえの牛の左耳をさき、同盟の主人公がその牛の耳をもってその血を互いにすすりあった。転じて、仲間のかしらとなって、さしずすることをいう。〈左伝・定公八〉

【牛車】■一 牛がひく車。■二 国 平安時代に、貴族などが、その乗用として牛にひかせた屋形車。糸毛・檳榔毛など、身分の上下により種々あった。【――宣旨】国 牛車に乗ったままで、御所の建礼門まで出入することを許した宣旨。親王・摂政・関白・大臣などに対して下された。

【牛酒】牛肉と酒。祭りや宴会の時に用いる。

【牛豎】牛飼いのこども。牛童。

【牛溲】①牛の小便。②草の名。車前草。『――馬勃、敗鼓之皮』牛溲・馬勃は湿地などにはえるきのこ、敗鼓は破れたつづみの皮。ともに下等な薬品。転じて、㋐平生用いるつまらないもの。㋑役にたたないもの。〈韓愈・進学解〉

【牛宿】星座の名。二十八宿の一つ。

【牛渚(渚)】山名。安徽省馬鞍山市の西南。山のふもとの長江と接する所を采石磯(牛磯)という。

【牛女】牽牛星(ひこぼし)と織女星(たなばたひめ)。

【牛心炙】牛の心臓を火にあぶったごちそう。

【牛酥】牛乳から作ったバター・チーズの類。

【牛斗】①二つの星宿の名。②牽牛星と北斗星。牛宿と斗宿。やぎ座と、いて(射手)座の付近。

【牛刀】牛を解体するのに用いる包丁。転じて、優れた人材のたとえ。『――割レ鶏(鷄)』牛を解体する大きな刀で、鶏を料理する。小さな事を処理するのに、わざわざ大げさな方法を用いることのたとえ。

【牛痘】種痘の材料になる小牛のほうそう。

【牛童】牛飼いのこども。牛豎。

【牛犢】牛と小牛。

【牛馬走】①牛や馬のように走りまわる召使。自分をけんそんしていうことば。②牛や馬が奔走するように苦労すること。

【牛歩】①牛のあゆみ。②物事のはかどらないこと。

【牛毛】牛の毛。①きわめて多いことのたとえ。②法令などが細かすぎることのたとえ。③小さいことのたとえ。

【牛酪】バター。

【牛李】①唐の牛僧孺と李宗閔。文宗の時に宰相となり、結託して反対派を弾圧した。②唐代、牛僧孺・李宗閔の一派と李吉甫・李徳裕の一派。二大派閥を形成し、激しく対立しあった。牛李の党争。

【牛郎】①牛を養う者。②彦星。牽牛星。

【牛黄】牛の腸や胆などにできる結石。薬用として珍重された。

【牛頭天王】仏 祇園精舎の守護神。頭に牛頭をいただいた、厄よけの神。

【牛頭馬頭】仏 ともに地獄で亡者を扱う獄卒。頭は牛・馬で、からだは人の姿。

【牛蒡】野菜の名。キク科の二年生植物。根を食用にする。

【牛奶】niúnǎi 現 牛乳。ミルク。

『汗レ牛充レ棟』書物を多くもっていること。運ぼうとすると、牛に汗をかかせ、積みあげると、棟にまでとどくほど多いの意。かんぎゅうじゅうとう。〈柳宗元・陸文通墓表〉

『放二牛于桃林之野一』戦争が終わり、平和になったこと。周の武王が殷を滅ぼしたのち、戦いに使った牛を桃林(地名)の野に放した故事による。「帰二馬于華山之陽一、放二牛于桃林之野一」〈書経・武成〉

『懸二牛頭一売(賣)二馬脯一』牛の頭を店先に飾っておきながら、実は、馬肉を売る。名に実がともなわないこと。羊頭狗肉。〈後漢書・官志注〉

◇▼水牛・乳牛・牽牛・猛牛・種牛・闘牛

牛0 【牛】〔4〕 J 4256 補 ― U 725C
意味 漢字の部首の一。うしへん。

牛2 【牣】〔6〕 キュウ(キウ) 漢 ク 呉 ― 平 尤 jiū チウ J 4257 補 ― U 725E
意味 力の強い牛。

牛2 【牝】〔6〕 標 ヒン 漢 ― 上 軫 pìn ピン J 4438 補 ― U 725D
意味 ①〈めす〉鳥獣のめす。「牝馬」「牝鶏」 ↕牡 ②かぎ穴。③渓谷。④陰。

【牝朝】女性が政治をとる朝廷。唐の則天武后の世をいう。

【牝牡】獣のおすとめす。

『牝鶏(鷄)之晨』婦人が勢力をふるうこと。晨とは夜

明け。おすをおしのけ、めすの鶏が鳴いて夜明けをしらせる。牝鶏晨鳴(ひんけいしんめい)。〈書経・牧誓〉

【牝馬之貞】(ひんばのてい) めす馬のすなおさ。すなおさを守り続け成功すること。〈易経・坤卦〉

牛2【牟】〔6〕 入 ム 標 ボウ 漢 平 尤 呉 móu モウ　J 4422　補　U 725F

意味 ①牛の鳴き声。「牟然」 ②〈むさぼ・る〉うばいとる。＝蛑。「牟利」「牟食」 ③大麦。「牟麦」 ④大きい。倍になる。 ⑤ひとしい。＝侔 ⑥ひとみ。＝眸。「牟子」 ⑦きび・あわをもる器。 ⑧山東省萊蕪市西南にあった国の名。また、県名・州名。 ⑨姓。

(牟 ⑦)

名前 ます・もと 姓 牟邪(むさ)・牟義(むげ)

【牟槊】(ぼうさく) ほこ。戟槊。＝矛槊

【牟食】(ぼうしょく) がつがつ食べる。むさぼり食べる。

【牟利】(ぼうり) 利益をむさぼる。

【牟尼】(むに) 仏聖者のこと。梵語 muni の訳語。多くは釈迦牟尼(しゃかむに)を指す。

牛3【牣】〔7〕 ジン 漢 去 震 rèn レン　J ②8018　補 4259　U 7263

意味 ①〈み・ちる(―・つ)〉いっぱいになる。ふとる。「充牣(じゅうじん)」 ②しなやか。

牛3【牡】〔7〕 人 標 ボウ 漢 上 有 ボ 慣 mǔ ムー　J 1820　補　U 7261

意味 ①〈おす(をす)〉鳥獣のおす。「牡馬」↕牝 ②かぎ。 ③丘陵。 ④陽。

地名 牡鹿(おじか)

【牡丹】(ぼたん) 低木の名。花は観賞用となり、中国では、花の王と呼ばれる。【―亭還魂記】(ぼたんていかんこんき) 戯曲の名。明(みん)時代の作品。杜宝(とほう)の娘が柳春卿(りゅうしゅんけい)の愛情により死後に生きかえる話。

【牡牝】(ぼひん) おすとめす。

【牡鑰】(ぼやく) ①かぎ。②かぎをあける。＝牡籥

【牡蠣】(ぼれい・かき) 貝類の一種。美味で食用とする。

牛3【牢】〔7〕 標 ロウ 漢 呉 平 豪 (ラウ) láo ラオ　J 4720　補　U 7262

穴4【窂】〔9〕 同字　J ②8313　補 4951　U 7A82

意味 ①おり。牛・馬などを飼う所。 ②かこい。 ③〈ひとや〉監獄。刑務所。「牢獄(ろうごく)」 ④扶持米(ふちまい)。てあて。 ⑤いけにえ。神に供える家畜。牛・羊・ぶたを太牢(たいろう)といい、羊・ぶたを少牢(しょうろう)という。「牢祭(ろうさい)」 ⑥ごちそう。 ⑦〈かた・い(―・し)〉堅い。「牢固」「堅牢(けんろう)」 ⑧心配する。なやむ。

【牢記】(ろうき) しっかりと覚える。

【牢乎】(ろうこ) 堅くてしっかりしている。牢堅。＝牢固

【牢固】(ろうこ) かたい。牢堅。＝牢乎

【牢獄】(ろうごく) ろうや。罪人をとじこめておく所。牢檻(ろうかん)。

【牢死】(ろうし) 牢獄の中で死ぬ。

【牢愁】(ろうしゅう) ふさぎこんで、心配する。また、憂い。牢騒。

【牢牲】(ろうせい) いけにえ。牲牢。

【牢俎】(ろうそ) 牛・羊・豕(ぶた)の三つのいけにえをのせる台。

【牢騒(騷)】(ろうそう) 不満なさま。牢愁。

【牢落】(ろうらく) ①落ちぶれて荒れ果てたさま。②まばらなさま。③さびしいさま。

【牢稟】(ろうりん) 軍中で俸禄として賜う米。扶持米(ふちまい)。

【牢礼(禮)】(ろうれい) 牲牢(いけにえ)を供して、お客をもてなす周代の礼法。

【牢牢】(ろうろう) ①がらんとして広いさま。②気分が晴れ晴れしないさま。③堅固なさま。

【牢籠】(ろうろう) ①ひとつにまとめる。②他人を意のままに使う。籠絡(ろうらく)。③国牢におしこめる。④国苦しむ。

牛3【牠】〔7〕 tā ター 意味 現あれ。あの。 tuō トゥオ ＝它(た)　J 4258　補　U 7260

牛3【牤】〔7〕 māng マン 意味 現方言で、牡牛(おうし)。　J　補　U 7264

牛4【牪】〔8〕 カ 漢 呉 平 歌 gē コー　J 4261　補　U 726B1

意味 群がる角。

牛4【牨】〔8〕 コウ 漢 呉 平 陽 (カウ) gāng カン　J 4260　補　U 7268

意味 ①水牛(すいぎゅう)。 ②おすの牛。

牛4【物】〔8〕 学3 ブツ・モツ もの　ブツ 漢 モチ 呉 モツ 慣 入 物 wù ウー　J 4210　補　U 7269

筆順 ノ ㇒ 牛 牛 牜 牞 物 物

意味 ①〈もの〉㋐世の中にあるすべてのもの。「万物(ばんぶつ)」 ㋑こと。ことがら。 ②名づける。 ③色。 ④雑色の旗。 ⑤種類。 ⑥じっくり見る。 ⑦死ぬ。「物故」 ⑧ひと。 国〈もの〉 ①何となく。「物悲し」 ②ことば。「物言う」 ③苦情。「物言い」 ④費用。「物いり」

解字 物 形声。牛が形を表し、勿(ふつ)が音を示す。勿は、物と同じ。牛は大きいものの代表。物は、万物を表す。一説に、勿は色のまじっていることで、物は、色のまじった牛のことであるとする。そこから、いろいろの色や形の「もの」を表す。

名前 たね 姓 物忌(ものいみ)・物射(ものい)・物部(もののべ)・物集(もずめ)

難読 果物(くだもの)(付表)／物怪(もっけ)

【物役】(ぶつえき) 世の中の様々な物事や価値観に支配されること。

【物化】(ぶっか) ①万物が移り変わるすがた。「此之謂物化(これをこれぶっかという)」〈荘子・斉物論〉 ②人の死ぬこと。物故。

【物価(價)】㊀(ぶっか) 物のねだん。 ㊁ wùjià 現 ㊀に同じ。

【物華(華)】(ぶっか) ①物の光。宝物などのかがやき。 ②自然の風景。また、美しい景色。【―天宝(寶)】(ぶっかてんぽう) 土地に産する物はみな美しく、天然の宝である。

【物我】(ぶつが) 物と自分。客観と主観。

【物怪】㊀(ぶっかい) あやしいもの。ばけもの。怪物。変化(へんげ)。 ㊁(もっけ) 国思いがけないこと。予期しないこと。案外。意外。「物怪の幸い」 ㊂(もののけ) 国死んだ人の霊や、生きている人の思いが、他の人にとりついてたたりをするもの。

【物外】(ぶつがい) 俗世から離れた場所。物表。

【物議】(ぶつぎ) 世間のうわさ。世評。世論。物論。

【物件】(ぶっけん) ①品物。↕人件 ②人を貶めた呼称。

【物故】(ぶっこ) ①人の死ぬこと。 ②事故。

【物候】(ぶっこう) 物のありさま。夏には燕(つばめ)、秋には雁(かり)が渡ってくるように、万物がその気候に応じてあらわれること。

【物産】(ぶっさん) 各地で天然もしくは人工によって産出する物品。

【物資】(ぶっし) 品物。材料。

【物質】㊀(ぶっしつ) ①品物。もの。 ②物体を構成するもので、空間の一部を占め、われわれの感覚で認めることができるもの。「物質的」「物質主義」「物質文明」 ㊁ wùzhì 現 ㊀に同じ。また、特に金銭や生活上の物品を指す。【―交代】(ぶっしつこうたい) 理生体内で行われる物質変化の総称。外界からとりこんだ物質を、自分のからだを作る有機物に変える同化作用と、その同化作用で生じたからだの成分(有機物)をたえず分解する異化作用のこと。新陳代謝(しんちんたいしゃ)。物質代謝。

【物象】(ぶっしょう) ①物のかたち。無生物の現象。物形。 ②自然の風景。

【物情】(ぶつじょう) ①物事のようす。 ②世の中のようす。人々

の心。「物情騒然」

【物色】①動物の毛色。②物の色。③形。ありさま。④景色。風景。⑤物。品物。⑥たずね求める。さがし求める。

【物性】物の性質。物の本性。

【物騒(騷)】国おだやかでない。

【物体(體)】一 物の本体。器物の形体。二 国えらがること。尊大ぶること。

【物表】万物の外。俗世の外。物外。

【物望】世間の期待。人望。衆望。

【物欲(「慾」)】物質上の欲望。欲心。

【物理】一 ①物の道理。②物理学。二 wùlǐ 現一に同じ。【――学(學)】自然科学の中の一部門。物質の運動・熱・光・音・エネルギーなどの作用や物質の構造などを研究する学問。

【物力】①使える物資。②租税以外に財産に応じて徴収する税金。金・元の頃に行われた。また、それを負担する家をいう。③財力。富力。

【物累】さまざまな物がもたらすわずらわしさ。物質上の苦しみ。

【物類】①ものの種類。②同じ種類のもの。③すべてのもの。万物。④万物のうち、特に人や動物を指す。

【物論】世の中のうわさ。世間の議論。

【物忌】国①祭りなどのため、一定の期間、飲食をつつしみ、身を清めること。斎戒。②陰陽道で、天一神などのふさがりを犯すことを避けて、その日の過ぎるまで家にこもり、慎むこと。③ある物事を、不吉としてきらい避けること。

【物語】国①あれこれと話すこと。②国文学の様式の一つ。作者の見聞や想像をもとにして、作りあげた文学作品。平安時代から室町時代にかけて盛行した。【――書】「物語」②に同じ。

【物具】国①道具・調度。②武器。よろい・弓・矢など。

【物部】国①古代氏族の一つ。軍事・刑罰のことをつかさどった。②昔、罪人を処罰した役。

〖有レ物有レ則〗すべて物事には、きまった法則があるものだ。〈詩経・烝民〉

〖物換星移幾度秋〗世の中が移り変わる。「物換星移」(世の中も事物も移り変わり、もう幾年たったことか。)〈王勃の詩・滕王閣〉

〖物盛則衰〗あらゆるものは、ひとたび盛んになれば、また必ず衰えるものだ。〈戦国策・秦〉「物壮則老」〈老子〉も同じ意。

〖開レ物成レ務〗人々がまだ知らない事物の道理を明らかにし、人々がなすべき務めをなしとげる。かいぶつせいむ。〈易経・繋辞上〉

〖玩レ物喪レ志〗耳目を喜ばす話を愛玩していると、心が奪われ、ついには本心をも失う。〈書経・旅獒〉

△▼人物・万物・刃物・文物・反物・什物・古物・一物・生物・一物・外物・好物・汚物・名物・見物・吸物・作物・一物・事物・果物・毒物・青物・怪物・供物・宝物・一物・呼物・染物・荒物・乗物・指物・拾物・俗物・巻物・品物・風物・建物・捕物・財物・一物・書物・荷物・屑物・乾物・据物・現物・異物・産物・貨物・一物・動物・進物・得物・御物・一物・煮物・景物・着物・詠物・植物・博物・傑物・廃物・愚物・塗物・瑞物・置物・禁物・催物・鉱物・漬物・穀物・静物・雑物・際物・鋳物・遺物・獲物・薬物・臓物・魔物・無一物・遺失物・絵巻物・無用長物・薬籠中物

牛 4

【牦】

〔8〕 ボウ 漢 平 豪 máo マオ

U 補 J 7266 — —

意味 中国西北部に住む野牛の一種。からうし。やく。長い毛で力が強い。犛牛。旄牛。

牛 4

【牧】

〔8〕 学 4 ボク まき ボク 漢 モク 呉 入 屋 mù ムー

U 補 J 7267 — 4350

筆順
ノ
㇐
牛
牜
牝
牞
牧

意味 ①牛馬などを放し飼いにする。②〈まき〉まきば。牧場。牛馬などを放し飼いにする所。「牧地」③牛や馬を放牧する人。「牧夫」④〈か・う(―・ふ)〉やしなう。⑤おさめる。「牧民」⑥地方長官。つかさ。「州牧」⑦農地を区切る。⑧郊外。⑨姓。

解字 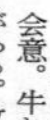 会意。牛と攵とを合わせた字。攵には、追い立てる意味がある。牧は、牛を追い立てることで、家畜をかうことを表す。一説に、攵は、動詞を表す記号で、牧は、家畜に子を生ませてふやすことであるという。

【牧牛】①放し飼いにした牛。②牛を放し飼いにする。

【牧圉】①牛馬。転じて、牛馬にひかれて移動中の天子の車駕を指す。②牛馬を飼う人。牛飼いを牧といい、馬を飼う人を圉という。③牛馬を放牧する地。転じて、辺境。④家畜を養う。

【牧師】①官名。牧場をつかさどる官。また、殷代の地方長官。②キリスト教の教師で、教会の責任を持つ人。

【牧守】州や郡の長官。牧は州、守は郡の長官。

【牧豎】牛や羊などを飼うこども。牧童。

【牧場】一 牛や馬などの家畜を放し飼う所。二 まきば。

【牧神】ローマ神話で半人半獣の神。林野・牧畜をつかさどる。牧羊神。パン。

【牧人】①官名。周代、牧畜のことをつかさどる官。②牧畜をする人。

【牧畜】家畜を養い飼う。

【牧長】①まきばの長。②国大名。諸侯。牧伯。

【牧豬奴戯(戲)】賭博(ばくち)。豚飼いなどがするいやしい遊戯。

【牧笛】牛飼いが吹く笛。笛の音。

【牧童】牧畜をする少年。牧豎。

【牧馬】①飼い馬。②馬を飼う。

【牧伯】諸侯、または地方長官。

【牧夫】①牛や羊を飼う男。②牧民の官。人民を治める地方の役人。

【牧民】人民を養い治める。【――官】「の別称。地方長官」

【牧野】①家畜を放し飼いにする野原。牧場。②地名。周の武王が殷の紂王を滅ぼした地。

【牧羊】①羊を飼う。②放し飼いにした羊。

【牧養】①牛・馬などを牧場で養う。②養育する。③人民を養う。統治する。

【牧歌】①牛飼いがうたう歌。②牧人や農民の生活をうたった詩歌。③田園生活のこと。【――的】ひろびろとして、田園の気分にみちている。

△▼放牧・耕牧・遊牧・農牧

牛 4

【犁】

〔8〕 国字

U 補 J 2462 9 — ②8019

意味 〈ぐし〉人名に用いる。

牛 5

【牯】

〔9〕 コ 漢 上 麌 gǔ クー

U 補 J 7263 F ④2 ②8021

意味 ①めうし。②去勢した牛。

牛 5

【牲】

〔9〕 常 セイ セイ 漢 ショウ(シャウ) 呉 平 庚 shēng ション

U 補 J 7272 — 3223

筆順　丿 𠂉 牛 牛 牜 牪 牲

意味 〈いけにえ(いけに〈へ〉)〉祭りに神前にそなえる、からだの完全な牛、その他、生きた動物。「犠牲(ぎせい)」

解字 牲 形声。牛が形を表し、生(せい)が音を示す。生は、きずがなく生きていることで、牲は完全な牛をいう。一説に、生は生きていることで、牲は、神の前にささげる生きた牛、いけにえであるという。また、生と清とは同じ音で、牲は、神にささげるために洗い清めた牛をいうとする。

【牲殺】(せいさつ) いけにえ。牲(いけにえ)は必ず殺して用いるところからいう。

【牲牷】(せいせん) 祭祀にいけにえとして用いる毛色が純粋で体も完全な牛。

【牲犢】(せいとく) いけにえとして神にそなえる小牛。

【牲牢】(せいろう(らう)) いけにえ。牢は、いけにえを入れるおり。牢牲。「宗廟之祭、不レ用ニ牲牢一(そうびょうのまつりに、せいろうをもちいず)」(祖先の祭りには、いけにえを供えることをしない。)〈韓愈(かんゆ)・論ニ仏骨一表(ぶっこつをろんずる)〉

【牲口】(ションコウ) shēngkou 現家畜。

牛 5【牮】〔9〕 セン 漢 去 霰 jiàn チエン　J ②8020　補 4262　U 726E

意味 ①家のかたむいたのを支える柱。支柱。②土や石で水をせき止めること。

牛 5【牠】〔9〕 タ 漢 平 歌 / ダ 慣 tā ター、tuō トゥオ　J ―　補 ―　U 3E30

意味 つののない牛。

牛 5【牴】〔9〕 一 テイ 漢 上 薺 dǐ ティー / 二 テイ 漢 平 斉 dī ティー　J 6418　補 ―　U 7274

意味 一 ①〈ふ・れる(―・る)〉あたる。さわる。「牴触」 ②おおよそ。③いたる。二 おひつじ。牴羊(ていよう)。＝羝(てい)

【牴牾】(ていご) くいちがう。矛盾する。「牴ニ牾朱子一(しゅしにていごす)」

【牴触(觸)】(ていしょく) 「抵触(ていしょく)」(五二五ジ・上)に同じ。

牛 5【牱】〔9〕 gē コー　J ―　補 4271　U 7271

意味 貴州省の地名。＝牁(か)

牛 6【牸】〔10〕 シ 漢 去 寘 / ジ 慣 zì ツー　J ②8022　補 4266　U 7278

意味 ①雌牛。②動物の雌。「牸馬(しば)」

牛 6【牷】〔10〕 セン 漢 平 先 / ゼン 慣 quán チュワン　J ―　補 4265　U 7277

意味 祭りのいけにえとする毛が一色で、からだの完全な牛。

【牷犠(犧)】(せんぎ) いけにえ。犠牲(ぎせい)。

牛 6【特】〔10〕 学 4　トク　トク 漢 入 職 / ドク 呉 tè トー　J 3835　補 ―　U 7279

筆順　丿 𠂉 牛 牛 牛 牜 牡 特

意味 ①おうし。②おす。動物のおす。③三歳のけもの。④〈ひとり〉ただひとつ。「特立」⑤〈ことな・る〉他よりすぐれる。「特級」⑥とくに。⑦〈ただ〉〈ただに〉これだけ。⑧つれあい。あいて。⑨姓。

解字 特 形声。牛が形を表し、寺(じ)が音を示す。寺は、手でじっと持っている意。特は、おすの牛、たね牛がじっと立っている形。また、寺は士(し)に通じ、成年の男子の意味なので、特は、成長した雄牛(おうし)であるともいう。ひとり立ちの牛という意味から、転じて「ひとり」の意となる。音トクは、寺の音ジの変化。

名前 こと・よし　難読 特牛(ことい・こってい)

参考 「持」は別字。

【特異】(とくい) ①きわめて怪異な現象。②他のものと、とりわけちがっている。③きわめてすばらしい。

【特技】(とくぎ) その人だけが持っている技能・技術。

【特牛】(とくぎゅう(ぎう)) ①いけにえの牛。②雄牛(おうし)。

【特産】(とくさん) その土地だけで産出すること。また、その物。

【特旨】(とくし) 天子の特別のおぼしめし。

【特使】(とくし) 特別にさしむける使者。

【特賜】(とくし) 特別にたまう。

【特峙】(とくじ(ぢ)) ひとりだけ特にそびえたつ。

【特赦】(とくしゃ) ①特別にゆるす。②法恩赦の一つ。刑の言い渡しを受けた罪人に対し、特別に刑の執行を免除する。

【特殊】(とくしゅ) 一 普通と異なる。特別。特異。二 トーシュー tèshū 現 一に同じ。【――教育】(とくしゅきょういく(けういく)) 心身に障害のある児童・生徒に対して行う教育。↕普通教育　【――鋼】(とくしゅこう(かう)) 炭素鋼に他の特殊な元素を加えたはがね。ニッケル鋼・コバルト鋼など。

【特種】(とくしゅ) 特別な種類。

【特秀】(とくしゅう(しう)) 特にすぐれていること。特勝。

【特輯】(とくしゅう(しふ)) 一つの事件・問題を主題として、それに関する記事を特別に編集すること。

【特色】(とくしょく) ①他と異なり、そのものだけにあるところ。②他にすぐれているところ。

【特進】(とくしん) ①㋐漢代、特に功労のあった諸侯や将軍などに賜った名誉の称号。三公に次ぐ。㋑国正二位のこと。②国特別進級の略。きまりによらないで、特別に進級させること。

【特性】(とくせい) そのものだけにそなわっている性質。特質。

【特牲】(とくせい) 祭りに供える一頭のいけにえの牛。または、豚。

【特選】(とくせん) 官吏を特別に選抜する。特別な官吏の選抜。

【特操】(とくそう(さう)) 他に左右されずにかたく守り通すみさお。

【特達】(とくたつ) ①自薦する。②突出している。③物事に非常に通じている。④特別に知り合うこと。

【特地】(とくち) ①特別に。②突然。にわかに。

【特長】(とくちょう(ちゃう)) 特にすぐれているところ。

【特徴】(とくちょう) ①そのものだけにある、目だつところ。②特に呼び出して手厚くもてなす。徴は、呼び出す意。

【特定】(とくてい) 特に定めてあること。特に定めること。

【特典】(とくてん) ①特別な取り扱い。特別のめぐみ。恩典。②特別の儀式。

【特派】(とくは) 特別にさしむける。「特派大使」「特派員」

【特筆】(とくひつ) ①独特な筆法。②特に目だつように書く。【――大書】(とくひつたいしょ) 特に人目につくように大きく書く。

【特別】(とくべつ) 一 普通とちがうところ。特異。特殊。二 トービエ tèbié 現特別な。特に。とりわけ。

【特務】(とくむ) 一 特別の任務。二 トーウ tèwu 現スパイ。

【特命】(とくめい) ①特別に命令する。②特別に任命する。

【特免】(とくめん) その人に限って特別に許す。

【特約】(とくやく) 特別な条件をつけた約束。

【特有】(とくゆう(いう)) 他に類がなく、そのものだけに備わっている。

【特立】(とくりつ) ①かたい志や節操を持つこと。②すぐれて目だつこと。孤立する。一人立つ。【――独(獨)行】(とくりつどっこう(どくかう)) 他人の意見に屈従することなく、あくまで自分の信ずることをつらぬき通す。「士之特立独行、適ニ於義一而已(しのとくりつどっこう、ぎにかなうのみ)」(士がひとり立ちして行動する場合、ただ義にかなうようにする。)〈韓愈(かんゆ)・伯夷頌(はくいしょう)〉【――之士】(とくりつのし) ひとり立ちをし、一見識を持つりっぱな人物。〈漢書(かんじょ)・元帝本紀(げんていほんぎ)〉

【特例】(とくれい) 一般と異なる特別の例。

【特許】(とっきょ(とく)) 一 特に許す。二 トーシュイ tèxǔ 現特許権。発明者やそれを受けつぐ者が、一定の期間、その製作・販売などを独占できる権利。

【特権(權)】(とっけん(とく)) ある特別な人たちだけが持っている権利。「特権階級」

【特効(效)】(とっこう(とくかう)) とりわけききめがよい。

心(忄・⺗)戈戶(戸)手(扌)支攴(攵)　4画　文斗斤方无(旡・无)日曰月(月)木欠止歹殳毋比毛氏气水(氵・氺)火(灬)爪(爫・⺤)父爻爿片牙(牙)牛(牜)犬(犭)

【特点(點)】tèdiǎn 現特徴。
◇奇特・独特

牛7【牼】〔11〕 ケイ 漢 平 耕 kēng コン　J — 補 4268 U 727C
意味 ①牛のすねの骨。②宋牼は、戦国時代の思想家。

牛7【牽】〔11〕 人 標 [一] ケン 漢 呉 [一] 平 先 qiān チエン　[二] ケン 漢 呉 [二] 去 霰 qiàn チエン　J 2403 補 — U 727D
意味 [一]①〈ひ・く〉㋐前へひっぱる。「牽㆑牛」㋑ひきつれる。㋒ひきとめる。②〈ひか・れる(――・る)〉物事にひきつけられる。「牽拘」③つらなる。④いけにえ。⑤地名。河南省にあった。⑥姓。[二]舟をひくつな。
名前 くる・とき・とし・ひき・ひた
【牽引】ひく。ひっぱる。ひきあう。「牽引車」
【牽牛】星の名。彦星。牽牛星。【――花】草花の名。観賞用に植える。朝顔。
【牽強付会(會)】都合のよいようにこじつける。=牽強附会・牽強傅会
【牽制】①相手をひきつけて、その行動を自由にさせない。②相手を自分の思う方面に引き寄せておく。
【牽累】①かかわりあう。②まきぞえにする。
【牽連(聯)】つらなり、つづくこと。
【牽攣乖隔】互いに相手のことを思いあいながら、身は遠くに離れている。「牽攣乖隔、各欲㆓白首㆒」(各欲㆓白首㆒は、それぞれしらが頭になりかけている。)〈白居易・与㆓微之㆒書〉

牛7【牾】〔11〕 ゴ 漢 平 麌 wǔ ウー　J 6419 補 — U 727E
意味 ①さからう。啎の俗字。=忤「牴牾」②あう。

牛7【牿】〔11〕 コク 漢 入 沃 gù クー　J ②8023 補 4269 U 727F
意味 ①牛や馬を飼うかこい。かこい。②牛のつのぎ。人を傷つけないように角のはしにつけるもの。

牛7【牻】〔11〕 ボウ(バウ) 漢 平 江 máng マン　J — 補 4267 U 727B
意味 ①白黒のまだら牛。②いりまじる。

牛7【犊】〔11〕 俗 →犢(七九七ページ・上)

牛7【犁】〔11〕 同 →犂(本ページ・中)

牛7【䚮】→角部四画(一一四三ページ・中)

牛8【犄】〔12〕 [一] イ 漢 [一] 平 支 yī イー　[二] キ 漢 [二] ― jī チー　J — 補 4270 U 7284
意味 [一]①去勢した牛。②牛の名。[二]①牽制する。②角がむきあう。③牽制する。④長い。

牛8【犀】〔12〕 人 標 セイ 漢 サイ 呉 平 斉 xī シー　J 2652 補 — U 7280

尸6【𡱝】〔9〕 俗字　U 21C5D
意味 ①大型の哺乳動物。一本、または二本の鋭い角があり、草食性。皮でよろいを作り、角は薬用にした。②さいの皮、また角。「文犀」③かたく鋭い。「犀利」
【犀角】①さいの角。薬に用いた。②ひたいの髪のはえぎわの骨。
【犀甲】さいの皮を用いて造ったよろい。
【犀首】①戦国時代の官名。②人名。戦国時代、魏の宰相、公孫衍の異称。
【犀利】①堅くて鋭い。②鋭い武器。③文章の勢いが強い。

牛8【犉】〔12〕 ジュン 漢 平 真 rún ルン　J — 補 4271 U 7289
意味 ①あか牛の口が黒いもの。「犉牡」②身長七尺の牛。

牛8【犆】〔12〕 [一] トク 漢 [一] 入 職 tè トー　[二] ショク 漢 [二] 入 職 zhí チー　J — 補 — U 7286
意味 [一]ただひとり。ひとつ。[二]①去勢した牛。②へり。
【犆牲】一匹のいけにえ。

牛8【犇】〔12〕 ホン 漢 平 元 bēn ペン　J 6422 補 — U 7287
意味 ①牛が驚いてはしる。②はしる。「犇走」「犇散」
国〈ひしめ・く〉おしあう。
【犇走】①かけまわる。②いろいろと世話をやく。=奔走

牛8【犂】〔12〕 リ 漢 呉 平 斉 lí リー　レイ 漢 呉　J 6420 補 — U 7282

牛7【犁】〔11〕 同字　J 6421 補 — U 7281
意味 ①〈すき〉からすき。牛にひかせて田畑を耕す道具。「犂耕」②〈す・く〉たがやす。③まだら牛。「犂牛」④老人の皮膚にしみができていること。「犂老」⑤黒い。うす暗い。「犂黒」⑥およぶ。まさに…となる。「犂明」「犂旦」⑦姓。

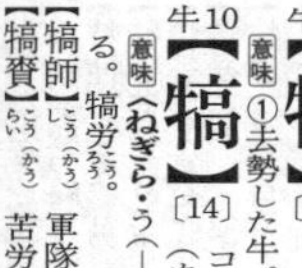
(犂 ①)

【犂牛】毛の色に黄と黒のまじった牛。「犂牛之子」〈論語・雍也〉
【犂老】老人。としより。
【犂黒】黒い。黒い色。
【犂旦】夜明け。犂明。黎明。
【犂明】「犂旦」に同じ。

牛8【犋】〔12〕 jù チュイ　J — 補 — U 728B
意味 現一頭または二、三頭の家畜が、「すき」または「種まき機」を引くこと。また、そのひと組の家畜をさす。

牛8【惣】→心部八画(四八七ページ・中)

牛9【犍】〔13〕 [一] ケン 漢 [一] 平 元 jiān チエン　[二] ケン 漢 [二] 平 先 qián チエン　J ①8771 補 4272 U 728D
意味 [一]①去勢した牛。②去勢する。[二]①犍為は、漢代に今の四川省宜賓市西南に置かれた郡名。②犍陀羅は、インド西北にあった、昔の国名。=健駄羅

牛9【犏】〔13〕 ヘン 漢 平 先 piān ピエン　J — 補 — U 728F
意味 ①封牛と牦牛の雑種。②からうし。やく。

牛9【犎】〔13〕 ホウ 漢 平 冬 fēng フォン　J ②8024 補 4273 U 728E
意味 広東・広西・安南地方に産する野牛の一種。首に肉が盛り上がり、らくだに似ている。犎牛。爆牛。

牛9【𤚥】〔13〕 バン 漢 マン 呉 上 感 mǎn マン　J ②8025 補 — U 246A5
意味 仏典の音訳にあてた。多羅吒干𤚥は、仏教の真言の一部。羚とも書く。

牛10【犗】〔14〕 カイ 漢 去 卦 jiè チエ　J — 補 — U 7297
意味 ①去勢した牛。②強健な家畜。

牛10【犒】〔14〕 コウ(カウ) 漢 去 号 kào カオ　J 6423 補 — U 7292
意味 〈ねぎら・う(――・ふ)〉飲食物を贈って兵士を慰労する。犒労。
【犒師】軍隊を慰労する。〈左伝・僖公〉
【犒賚】苦労をいたわって贈る品物。犒錫。

心(忄・⺌)戈戸(戶)手(扌)支攴(攵) 4画 文斗斤方无(旡・旡)日曰月(⺼)木欠止歹殳毋比毛氏气水(氵・氺)火(灬)爪(爫・⺤)父爻爿片牙(牙)牛(牜)犬(犭)

牛10【犓】〔14〕 ス 漢 平 虞 スウ 慣 chú チュー　U補J 4274 7293 ―

意味 ①まぐさで牛や羊をかう。「犓牛」 ②＝芻(一〇四七ページ・下)

【犓豢】①犓は牛・羊など、草を食べる動物。豢は、犬・豚など、穀物を食べる動物。②牛・羊・犬・豚などを養う。〈墨子・非楽上〉

【犓豢】「犓豢」に同じ。

牛10【犖】〔14〕 ラク 漢 入 覚 luò ルオ　U補J 6424 7296 ―

意味 ①まだら牛。②明らか。「犖犖」 ③すぐれる。「卓犖」

【犖确】「犖然」 山に大石が多いさま。山のけわしいさま。

牛11【犛】〔15〕 ボウ 漢 平 肴 (バウ) lí リー、máo マオ　U補J ①8772 4275 729B

意味 から牛。やく。牛の一種。「犛牛」

牛13【犧】〔17〕 常 ギ　U補J 2130 72A0 ―

旧字 牛16【犧】〔20〕 キ 漢 平 支 ギ 慣 xī シー　U補J 6426 72A7 ―

筆順 牛 牜 牪 牱 牲 犠 犠 犧

意味 ①〈いけにえ(いけに(へ))〉 祭りのとき神前にそなえる、生きたままの動物。②いけにえの牛をかたどった酒だる。「犧尊」

解字 犧 形声。牛が形を表し、羲が音を示す。羲は、まじりけのない色の意。犧は、神にささげる牛で、まじりけのない色をした純粋なもの。一説に、羲は、そろっている意で、犧は五体完全な牛をさすといい、また、羲は、小さいおすのことで、犧は、色がまじっていない小さい雄牛であるともいう。

【犧牛】いけにえとして神にささげる牛。

【犧牲】㊀ ①天地・祖先の祭りにそなえるいけにえ。②他人のために、自分の生命・財産をなげうつこと。「以身為犧牲」〈呂氏春秋・順民〉 ㊁ xīshēng 現 正義のために命をささげる。

【犧尊】祭器の名。いけにえの牛にかたどった酒だる。犧樽。

牛15【犢】〔19〕 トク 漢 入 屋 dú トゥー　U補J 6425 72A2 ―

牛7【犊】〔11〕 俗字　U補J ①8770 3E3F

意味 〈こうし〉 牛の子。

【犢車】小牛に引かせる車。牛車。

【犢鼻褌】ふんどしの一種。布を腰の前から、うしろにまわして結びとめ、陰部をおおったもの。

牛15【犦】〔19〕 ハク 漢 入 覚 bó ボー　U補J 72A6 ―

意味 牛の一種。野牛。犎牛。

【犦牲鶏(雞)卜】野牛のいけにえと、鶏を煮た形によって行ううらない。ともに南方の風俗。〈蘇軾・潮州韓文公廟碑〉

牛16【犨】〔20〕 シュウ 漢 平 尤 (シウ) chōu チョウ　U補J 4276 72A8 ―

意味 ①牛が息をする声。②牛が鳴く。③牛の名。④出現する。

牛23【犫】〔27〕 同字　U補J 72AB ―

牛16【犧】〔20〕 旧 ↓犠(本ページ・上)

牛23【犫】〔27〕 同 ↓犨(本ページ・中)

4画 犬(犭)部 いぬ けものへん

【部首解説】「いぬの形」にかたどる。この部には、犬や類似の動物、また狩猟に関連するものが多く、「犬・犭」を構成要素とする文字が属する。偏になるときは「犭(けものへん)」(三画)となる。

犬0【犬】〔4〕 学1 ケン いぬ　ケン 漢 呉 上 銑 quǎn チュワン　U補J 2404 72AC ―

筆順 一 ナ 大 犬

意味 〈いぬ〉 ①動物の名。②君に対する臣下のへりくだったいい方。また、自分の子供をいう。③人を見下したり、ばかにしたりする語。国〈いぬ〉 ①スパイ。②むだなこと。「犬死(いぬじに)」

解字 象形。犬が左を向いて、しゃがんでいる形。猟犬であるともいう。

姓 犬甘・犬粮・犬養・犬飼

地名 犬山

【犬侍】(いぬざむらい) 国 武士をののしることば。武士として恥ずかしい行いをするもの。

【犬死】(いぬじに) 国 むだ死に。役にたたない死に方。徒死。

【犬子】犬の子。転じて、自分の子に対する謙称。

【犬家】犬と豚。卑賤な人のたとえ。

【犬戎】中国古代、西方にいた異民族の呼び名。周を攻めて東遷させた。

【犬儒学(學)派】哲 文明を退け、禁欲生活をしていたギリシアのソクラテス学派の一つ。社会の伝統や文化を無視し、個人精神の自由を唱えた。

【犬彘】犬と豚。いやしいもの。畜生。「行雖犬彘」〈漢書・貢禹伝〉

【犬馬】①犬と馬。②臣下が君主に対して用いる謙称。③自己の謙称。

【犬羊】①犬と羊。②犬や羊のようなつまらないもの。

【――狐鼠賊】とるにたりない獣のような悪い賊。〈日本外史・楠氏論〉

『犬吠之盗』犬にほえられるぬすびと。〈史記・酷吏列伝〉

『犬馬之心』犬や馬が主人に尽くすように、臣下が君主に尽くす忠誠心。＝狗馬之心

『犬馬之養』犬や馬を養うような孝行。親に衣食を与えるだけで敬う心の欠けていること。〈論語・為政〉

『犬馬之歯(齒)』自分の年齢をけんそんしていうことば。犬や馬のように何もしないで年をとるという意味。〈漢書・趙充国伝〉

『犬馬之労(勞)』君主や他人のためにつくす努力を、自分でけんそんしていうことば。犬や馬のように使われることをおしまないの意。汗馬之労。

◆名犬・老犬・狂犬・忠犬・畜犬・猛犬・番犬・野犬・猟犬・愛犬・駄犬

犬0【犭】〔3〕　U補J ②8026 4277 72AD

意味 部首として使われる。犬が偏になるときの形。けものへん。

犬1【犮】〔5〕 ハツ 漢 バチ 呉 入 曷 バツ 慣 bá パー　U補J ②8027 4278 72AE

意味 ①犬が走るさま。②ふむ。ふみつける。＝跋 ③ひきぬく。＝拔

犬2【犰】〔5〕 キュウ 漢 平 尤 (キウ) qiú チウ　U補J ②8028 72B0 ―

心(忄・⺗)戈戶(戸)手(扌)支攴(攵)
4画
文斗斤方无(旡・旡)日曰月(⺝)木欠止歹殳毋比毛氏气水(氵・氺)火(灬)爪(⺥・⺤)父爻爿片牙(牙)牛(牜)犬(犭)

心(忄・⺌)戈戸(戶)手(扌)支攴(攵)文斗斤方无(旡・旡)日曰月(⺝)木欠止歹殳毋比毛氏气水(氵・氺)火(灬)爪(爫・⺤)父爻爿片牙(㸦)牛(牜)犬(犭)
4画

意味 犰狳は、伝説中の獣の名。また、せんざんこう(穿山甲)の類。

犭2 【犯】〔5〕 学5 ハン おかす ― ハン 漢 ボン 呉 上 䡙 fàn ファン
J 4040 補 U 72AF

筆順 ノ 犭 犭 犯 犯

意味 ①〈おか・す(をか・す)〉 ㋐法律や道徳にそむく。「犯法」「犯礼」 ㋑さからう。「犯逆」 ㋒かつ。しのぐ。「好レ犯レ上者鮮矣」〈論語・学而〉 ㋓そこなう。㋔攻める。②つみ。③つみびと。罪人。④現(病気に)なる。

解字 形声。犭が形を表し、㔾が音を示す。犭は犬。㔾には、害するという意味がある。犯は、犬が人をきずつけることで、おかす意味になる。

【犯科】はんか(くゎ) 法律を犯す。犯法。
【犯顔】はんがん 君主のごきげんに逆らうのもかまわずにいさめる。
【犯逆】はんぎゃく 君主や親にそむく。「犯逆児」
【犯禁】はんきん 禁令を犯す。
【犯闕】はんけつ 兵をつれて、宮中におし入る。闕は宮門。
【犯罪】はんざい ①犯した罪。②法律にそむいて罪を犯す。
【犯上】はんじょう(じゃう) 目上の者にそむいたり、反抗したりする。
【犯人】はんにん 罪を犯した者。
【犯蹕】はんぴつ 天子の行幸の道を邪魔する。
【犯分乱(亂)理】はんぶんらんり 定まったきまりを超え、物の道理を乱す。「合二犯分乱理一」〈荀子・性悪〉
〖犯而不レ校〗おかさ(をかさ)れどもこう(かう)せず ①人から乱暴されても、逆らってしかえしをしない。②おかされても、どちらが正しいかを比較してはりあうことをしない。〈論語・泰伯〉

◆主犯・再犯・共犯・初犯・防犯・重犯・違犯・侵犯・戦犯・現行犯

犬3 【犴】〔6〕 一 ガン 漢 一 平 寒 ǎn アン 二 ガン 漢 二 去 翰 àn アン
J ― 4280 補 U 72B4

意味 一 のら犬。二 ろうや。村の刑務所。

犬3 【犾】〔6〕 ケキ 漢 入 陌 ゲキ 慣 jì チー
J ②8029 補 4279 U 72B1

意味 獣の名。

犬3 【状】〔7〕 学5 ジョウ ソウ(サウ) ジョウ(ジャウ) 漢 呉 去 漾 zhuàng チョワン
J 3085 補 U 72B6

旧字 犬4 【狀】〔8〕 人
J ①8774 補 U 72C0

筆順 丨 丬 丬 丬 壯 状 状

意味 ①〈かたち〉さま。ようす。「行状」 ②すぐれた行い。③物の様子を形容する。のべる。「名状」 ④手紙。文書。「書状」 ⑤上奏文の文体の一種。

解字 形声。犬が形を表し、爿が音を示す。爿は、細長い意味、または、すがたかたちの意味がある。狀は、犬の形。犬は、いろいろな動作をする動物なので、犬を出して、一般の動作を代表させることが多い。狀も、「すがたかたち」の意味。

名前 かた・のり

【状況】一 じょうきょう(じゃうきゃう) ありさま。ようす。情勢。＝情況 二 チョワンコワン zhuàngkuàng 現 一 に同じ。

【状元】じょうげん(じゃう) 科挙(官吏の登用試験)の最終試験(殿試)(天子の御前で行われる最終試験)で一番に及第した者。状はかきつけ、元は始。試験の報告書の第一にその氏名が書きつけられるところからいう。

【状差】じょうさし(じゃう) 国柱などにとりつけ、手紙などをさし入れるもの。

【状態】一 じょうたい(じゃう) ありさま。ようす。二 チョワンタイ zhuàngtài 現 一 に同じ。

【状箱】じょうばこ(じゃう) 国手紙を入れる小箱。

【状日】じょうび(じゃう) 国飛脚がもってくる手紙が届く日。

【状貌】じょうぼう(じゃうばう) 顔かたち。ようす。容貌。容状。

◆凶状・白状・令状・礼状・行状・別状・形状・啓状・波状・免状・悔状・便状・弧状・書状・症状・病状・原状・惨状・情状・異状・液状・現状・球状・賀状・罪状・暴状・敵状・賞状・窮状・免許状・信任状・連判状

犬3 【犲】〔6〕 同 ↓豺(一一八二ページ・下)

犬4 【狁】〔7〕 イン 漢 上 軫 yǔn ユン
J ②8030 補 4282 U 72C1

意味 玁狁は、古代北方の民族。匈奴。

犭4 【狂】〔7〕 常 キョウ くるう・くるおしい キョウ(キャウ) 漢 オウ(ワウ) 慣 平 陽 kuáng コワン
J 2224 補 U 72C2

筆順 ノ 犭 犭 犭 犴 犴 狂

意味 ①〈くる・う(――・ふ)〉気が狂う。精神が乱れる。②狂人。③〈くるおし・い(くるほ・し)〉気が狂うばかりだ。④勢いが激しい。「狂風」 ⑤おろか。「狂愚」 ⑥志が大きいが、実行が伴わないこと。「狂簡」 ⑦一つのことにとりつかれる。国〈くる・う(――・ふ)〉 ①普通と調子が違う。②ねらいがはずれる。

解字 形声。犭が形を表し、王が音を示す。犭は犬。王は、㞷で、草木がむやみに生えることで、むやみに何かをする意味。狂は、犬がむやみにはねまわることで、くるうことを表す。

【狂飲】きょういん(きゃう) ①精神異常。むやみやたらに酒を飲む。暴飲。

【狂易】きょうえき(きゃう) ①精神異常。②おおらかで軽率なこと。

【狂花】きょうか(きゃうくゎ) ①季節はずれに咲く花。②花を咲かしても実を結ばない花。あだ花。③狂い咲いた花。④酔っぱらって目を見開いて怒る人。狂華。

【狂歌】きょうか(きゃう) ①感情をほしいままにして歌う。また、その歌。②常軌を逸したような声で歌う。③ふざけて作った歌。狂詩。④国しゃれや、こっけいを主とした和歌。万葉集の戯咲歌、古今集の俳諧歌などから変わってきたもので、江戸中期以後に盛んに作られた。庶民文学の一つ。

【狂怪】きょうかい(きゃうくわい) ほしいままで異常なこと。

【狂簡】きょうかん(きゃう) 理想が高すぎて、行いが粗末なこと。

【狂気(氣)】きょうき(きゃう) ①奔放で何事にもとらわれない気質。②異常をきたした精神の状態。

【狂喜】きょうき(きゃう) 狂わんばかりに喜ぶ。ひどく喜ぶ。

【狂句】きょうく(きゃう) 国しゃれが多く、卑俗な内容を持つおどけた俳句。

【狂狷】きょうけん(きゃう) ①志が極めて高い人と意志がかたく偏屈な人。共に中庸の道からはずれた人。〈論語・子路〉 ②でたらめで偏屈。しばしば手紙文などでけんそんの言葉として用いられる。③礼法などにとらわれず奔放であること。その人。

【狂獧】きょうけん(きゃう) 「狂狷」に同じ。〈孟子・尽心下〉

【狂言】きょうげん(きゃう) ①道理にはずれたことば。常識はずれのことば。しばしば自分の言葉に対してけんそんの意味で用いる。②病人のうわ言。③おおげさな言葉。④国能狂言。室町時代に完成された、こっけい・風刺を中心とする演劇。ふつう、能と組み合わせて演じられる。⑤国歌舞伎の上演番組。⑥国他人をだますために仕組んだ計画。【――綺語】きょう(きゃう)げんきご 人の注意を集めるように飾ったことば。〈白居易・香山寺白氏洛中集記〉

【狂胡】きょう(きゃう)こ 乱暴な北方の野蛮人。あれ狂う匈奴。

【狂狡】きょう(きゃう)こう(かう) ①考え方がまともでなく、ずる賢い。そのような者。②反乱者。

【狂号(號)】きょう(きゃう)ごう(がう) 常軌を逸して大声で叫ぶ。

【狂士】きょう(きゃう)し ①目的に向かってむちゅうで進む人。志は大きいが、やることはがさつな者。「何思二魯之狂士一」〈孟子・尽心下〉②奔放な人。

【狂死】きょう(きゃう)し 正気を失って死ぬ。狂い死に。

【狂恣】きょう(きゃう)し 著しく、自分かってなこと。

【狂詩】きょう(きゃう)し 国おどけた内容を主にした漢詩。江戸中期以後に盛行。【――曲】きょう(きゃう)しきょく きわめて自由な形式の楽曲。ラプソディー(rhapsody)。

【狂疾】きょう(きゃう)しつ 精神に異常をきたす病気。

【狂人】きょう(きゃう)じん ①でたらめで無知な人。②何事にもとらわれず奔放な人。③精神に異常をきたした人。狂夫。

【狂草】きょう(きゃう)そう(さう) 書体の一つ。ひどく形をくずした草書。唐に始まる。

【狂躁】きょう(きゃう)そう(さう) ①常軌を逸してさわぐ。異様にさわがしい。②軽はずみ。＝狂噪・狂譟

【狂態】きょう(きゃう)たい 気が狂ったようなありさま。

【狂痴(癡)】きょう(きゃう)ち 常軌を逸して分別がなくなる。

【狂佻】きょう(きゃう)ちょう(てう) 軽々しくでたらめに振る舞うこと。

【狂直】きょう(きゃう)ちょく 世間の事情などにかまわず、正しさを押し通すこと。

【狂顚】きょう(きゃう)てん 狂気。顚は癲と同じで、精神に異常をきたす病気の意。

【狂濤】きょう(きゃう)とう(たう) 荒れ狂う大波。転じて、戦乱などの災難のたとえ。狂瀾怒濤。

【狂悖】きょう(きゃう)はい・きょう(きゃう)ぼつ 考え方がまともでなく、反逆的であること。非常識で不道徳な言動をすること。また、その人。狂誖。

【狂夫】きょう(きゃう)ふ ①正気を失った人。自己をさしていうけんそんの語としても用いる。②妻が夫をさしていうけんそんの語。③奔放で何事にもとらわれない人。

【狂風】きょう(きゃう)ふう はげしい風。

【狂文】きょう(きゃう)ぶん 国こっけいな趣を出すことをねらった文章。江戸時代中期から起こった。

【狂暴】きょう(きゃう)ぼう 国常識はずれの乱暴。著しくわがままなこと。狂悖。

【狂勃】きょう(きゃう)ぼつ ①常軌を逸したように走りまわる。②仕事に夢中になって、あちこちを走りまわる。

【狂妄】きょう(きゃう)もう(まう)・きょう(きゃう)ぼう(ばう) ほしいままにふるまい、行いが道理にはずれる。

【狂薬(藥)】きょう(きゃう)やく ①人の正気を失わせる薬。②酒の別称。

【狂乱(亂)】きょう(きゃう)らん 心が乱れて、普通でなくなる。

【狂瀾】きょう(きゃう)らん 荒れ狂う大波。【――怒濤】きょう(きゃう)らんどとう(たう) ①荒れ狂い、激しくうちよせる大波。②物事の激しく動揺するさま。『廻二狂瀾於既(旣)倒一』きょう(きゃう)らんをきとうにめぐらす 一度押し寄せてきた大波を、もとに押し返す。衰えた時勢をもとのようにたて直すことのたとえ。〈韓愈・進学解〉

【狂惑】きょう(きゃう)わく ①正気を失って、物事の判断がつかなくなる。②物事の道理に明らかでない。愚か。

『発(發)レ狂』きょう(きゃう)をはっす 正気を失わんばかりに喜ぶ。狂喜する。〈陳玄祐・離魂記〉

◇▼佯狂・発狂・風狂・粋狂・酔狂・番狂わせ・頓狂・熱狂

犬4【犾】〔7〕ギン 漢 平 真 yín イン　U 72BE　補 4281　J ①8773

意味 二匹の犬がかみあう。また、ほえあう。

犬4【㹜】〔8〕本字　U 3E5C　補 ―　J ―

姓 犾館いだて・犾守いずもり　地名 犾館いだて・犾森えぞもり

犬4【狃】〔7〕ジュウ 漢 上 有 (ヂウ) niǔ ニウ　U 72C3　補 ―　J 6429

意味 ①〈な・れる(――・る)〉㋐たびたび経験して習慣となる。なれ親しむ。「狃恩」㋑くり返し習う。「狃習」②むさぼる。③たよる。くり返す。④けものの足あと。

犬4【狆】〔7〕チュウ 漢 平 東 (チウ) zhōng チョン　U 72C6　補 ―　J 6430

意味 貴州・雲南地方に住む少数民族。国〈ちん〉犬の種類。からだが小さく、毛が多い。

犬4【狄】〔7〕テキ 漢 入 錫 dí ティー　U 72C4　補 ―　J 6431

意味 ①〈えびす〉中国古代、北方の異民族。北狄。②異民族の総称。「夷狄」③位の低い役人。④とび上がるさま。「狄然」

【狄人】てきじん 古代、中国北方にいた異民族。

【狄仁傑】てきじんけつ 人名。唐の則天武后に仕えた名臣。(?～七〇〇)

【狄鞮】てきてい 周代に設けられた西方の国の言語を訳す官職。

犬4【狇】〔7〕ボク mù ムー　U 72C7　補 4283　J ―

意味 狇猪ぼくろう(ムーラオ)族は、中国西南部に居住する少数民族の名。今は、仫佬ムーラオと書く。

犬4【⿰木犬】〔8〕本→狇(本ページ・中)

犬4【⿰犭屯】〔7〕同→豚(一一八〇ページ・下)

犬4【狀】〔8〕旧→状(七九八ページ・上)

犬4【犹】〔7〕同→猶(八〇六ページ・中)

犬5【狕】〔8〕オウ(アウ) 漢 上 巧 ヨウ(エウ) 呉 ǎo アオ　U 72D5　補 4286　J ―

意味 獣の名。豹に似て頭にもようがある。

犬5【狋】〔8〕一ギ 漢呉 平 支 yí イー　二ケン 漢 平 先 quán チュワン　三シ 漢 平 支 chí チー　U 72CB　補 ―　J ―

意味 一①犬の怒るさま。「狋狋」②二匹の犬の争うさま。「狋吽牙ぎごうが」二狋氏けんしは、県名。漢代に山西省渾源県東にあった。三けわしいさま。

犬5【狘】〔8〕ケツ 漢 入 月 xuè シュエ　U 72D8　補 4288　J ―

意味 ①獣が驚いて走るさま。②獣の名。

犬5【狎】〔8〕コウ 漢 入 洽 (カフ) xiá シア　U 72CE　補 ―　J 6432

意味 ①〈な・れる(――・る)〉㋐たびたび経験して平気になる。「狎近」㋑なれて軽んじる。あなどる。「狎侮」②ならす。③かわるがわる。

【狎愛】こう(かふ)あい なれ親しんで、かわいがる。また、その愛される者。

【狎客】こう(かふ)かく ①なれ親しんだ関係にある客人。②人のきげんをとりもつ者。たいこもち。幇間。

【狎翫】こう(かふ)がん(ぐわん) なれ親しんであなどる。もてあそぶ。狎玩。

【狎昵】こう(かふ)じつ(ぢつ) なれ親しむ。狎近。

【狎邪】こう(かふ)じゃ ①礼儀をわきまえず、心が正しくない。②遊

心(忄・⺗)戈戸(戶)手(扌)支攴(攵) 4画 文斗斤方无(旡・旡)日曰月(⺼)木欠止歹殳毋比毛氏气水(氵・氺)火(灬)爪(⺤・爫)父爻爿片牙(牙)牛(牜)犬(犭)

女。酒宴の席で歌舞などをして客をもてなす女。

【狎臣】(こうしん (かふ)) 気に入りの家来。

【狎侮】(こうぶ (かふ)) なれてばかにする。

【狎弄】(こうろう (かふ)) なれてあなどる。もてあそぶ。

犭5 **【狗】**〔8〕 標 コウ 漢 ク 呉 上 有 gǒu コウ　J 2273 U 72D7

犬9 【㺃】〔12〕 同字 J ②8041 U 3E83

意味 ①〈いぬ〉犬。小さな犬。②いやしい者のたとえ。「走狗(そうく)」。③星の名。

難読 狗鷲(いぬわし)・狗母魚(えそ)・狗尾草(えのころぐさ)

【狗監】(くかん) 漢代の役人の職名。天子の猟犬を飼育する役。また、その人。

【狗盗】(くとう こうとう(たう)) 犬のまねをしてそっと忍び込む、こそどろ。＝狗偸「鶏鳴(けいめい)狗盗」

【狗竇】(くとう こうとう) ①犬が出入りするための壁穴。犬くぐり。②前歯の欠けたさま。「狗竇開(くとうひらく)」

【狗肉】(くにく) 犬の肉。「羊頭(ようとう)狗肉」

【狗鼠】(くそ こうそ) ①犬とねずみ。②つまらない人間。とるにたりない人間。

【狗彘】(くてい こうてい) ①犬とぶた。「鶏豚狗彘之畜(けいとんこうていのやしない)」〈孟子(もうし)・梁恵王(りょうけいおうの)上〉②品性の劣った人をののしることば。

【狗屠】(くと こうと) ①犬を殺す。②卑賤な職業のこと。

【狗吠】(くばい こうはい) ①犬がほえる。また、その声。「鶏鳴狗吠相聞」〈孟子(もうし)・公孫丑(こうそんちゅう)上〉②主人の恩に報いる。

【狗馬之心】(くばのこころ) 犬や馬が主人に恩返しをするまごころ。自分のまごころをけんそんしていうことば。犬馬之心(けんばのこころ)。

◇天狗(てんぐ)・走狗(そうく)

犬5 **【狌】**〔8〕 セイ 漢 平 庚 ショウ(シャウ) 呉 xīng シン　J ②8032 補 4285 U 72CC

意味 ①狌狌(しょうじょう)は、獣の名。＝猩猩(しょうじょう) ②いたち。＝鼪(せい)

犭5 **【狙】**〔8〕 常 ソ ねらう　ショ 漢 ソ 慣 平 魚 jū チュイ　J 3332 U 72D9

筆順 ノ … 狙

意味 ①〈さる〉 ②わるがしこい。「狙詐(そさ)」 ③〈ねら・う(―・ふ)〉うかがう。「狙撃(そげき)」

解字 形声。犭が形を表し、且(しょ)が音を示す。狙は、さる、ずるがしこい。また、犬が隙を見て人にかみつく、という意味もある。ねらうという訓も、こうした用法の発展したものであろう。

【狙害】(そがい) ひそかに人をねらってきずつける。

【狙撃(擊)】(そげき) ひそんでねらいうつ。

【狙公】(そこう) さるまわし。さるひき。さるを飼う人。「狙公賦芧、曰朝三而暮四(そこうしょをあたうるに、いわく、あしたにさんにしてくれにしにす)」(さるまわしが、さるにとちの実を与えるのに、朝三個、暮れに四個やるといった。)〈荘子(そうじ)・斉物論(せいぶつろん)〉

【狙候】(そこう) ねらって、相手のすきをうかがう。狙伺(そし)。

【狙猴】(そこう) さるの別名。猿猴(えんこう)。

犬5 **【㹦】**〔8〕 チョウ 漢 平 蕭 (テウ) diāo ティアオ　J ②8033 U 3E66

意味 ①短い尾の犬。②獣の名、テン。＝貂(ちょう)

犬5 **【狛】**〔8〕 ハク 漢 入 薬 pò ポー　J 2593 U 72DB

意味 狼(おおかみ)に似た獣。国〈こま〉高麗犬(こまいぬ)。社寺の前におかれる、一対の獅子(しし)に似た犬の像。

姓 狛馮(こまより)

地名 狛江(こまえ)

(狛国)

犬5 **【狉】**〔8〕 ヒ 漢 平 支 pī ピー　補 4284 U 72C9

意味 ①動物の名。たぬきの類。②狉狉(ひひ)は、獣が群れ走るさま。

犬5 **【狒】**〔8〕 ヒ 漢 去 未 fèi フェイ　J 6433 U 72D2

意味 狒狒(ひひ)は、オナガザル科の大型の猿(さる)の一種。国 好色な中年以上の男性をののしっていう語。

犬5 **【狍】**〔8〕 ホウ 漢 平 肴 (ハウ) páo パオ　U 72CD

意味 獣の名。顔が人間、からだが羊の伝説上の獣。「狍鴞(ほうきょう)」

犬5 **【狖】**〔8〕 ユウ 漢 去 宥 (イウ) yòu ユー　補 4287 U 72D6

犬5 〔㹨〕〔8〕 俗字 J ②8034 U 3E68

意味 ①黒い色の尾長猿。②いたち。

犬5 【狐】〔8〕 正 ↓狐(八〇一ジ・上)

犬5 【㹨】〔8〕 俗 ↓狖(本ジ・中)

犬5 〘畎〙↓田部四画(八三六ジ・中)

犬6 **【㹭】**〔9〕 エイ 漢 去 霽 yì イー　U 3E6D

意味 狸(たぬき)に似た獣の名。

犬6 **【狢】**〔9〕 カク 漢 入 薬 háo ハオ、hé ホー　J 6434 U 72E2

意味 〈むじな〉狸(たぬき)に似た獣。＝貉

犬6 **【狟】**〔9〕 一 カン(クヮン) 漢 一 平 寒 huán ホワン　二 ケン 漢 二 平 元 xuān シュワン　補 4289 U 72DF

意味 一 勇ましいさま。「狟狟(かんかん)」 二 あなぐま。＝貆(けん)

犭6 **【狭】**〔9〕 常 キョウ せまい・せばめる・せばまる　J 2225 U 72ED

旧字 犭7 【狹】〔10〕 人 コウ(カフ) 漢 キョウ(ケフ) 呉 入 洽 xiá シア　J 6437 U 72F9

筆順 ノ … 狭

意味 ①〈せま・い(―・し)〉↕広・寛 ②〈せばま・る〉狭くなる。③〈せば・める(―・む)〉狭くする。国〈さ〉語調をととのえる接頭語。「狭山(さやま)」

解字 形声。この字は、陜が、まちがって狭になったものである。陜は、阝が形を表し、夾(けふ)が音を示す。阝は大きな山。夾には、はさまる意味がある。陜は、山にはさまれている状態で、せまいことを表す。

姓 狭山(さやま)・狭井(さい)・狭間(はざま)・狭隅(さくま)・狭々城山(ささきやま)　地名 狭山(さやま)

難読 狭霧(さぎり)・狭衣(さごろも)・狭間(はざま)

【狭阨】(きょうあい (けふ)) ①土地が狭い。②範囲がせまい。③度量や見識がせまい。＝狭隘

【狭隘】(きょうあい (けふ)) 「狭阨(きょうあい)」に同じ。

【狭軌】(きょうき (けふ)) 鉄道でレールの間隔が標準の一・四三五メートルより狭いもの。↕広軌

【狭義】(きょうぎ (けふ)) 狭く限って考えた意義。↕広義

【狭郷(鄕)】(きょうきょう (けふきやう)) 土地が狭く人口が多い地区。↕寛郷(かんきょう)

【狭窄】(きょうさく (けふ)) 「狭阨(きょうあい)」に同じ。

【狭斜】(きょうしゃ (けふ)) せまくて曲がりくねった道。一般に遊里を指す。花柳街。

【狭中】(きょうちゅう (けふちう)) 心がせまい。せまい心。

【狭長】(きょうちょう (けふちやう)) 狭くて長い。

【狭量】(きょうりょう (けふりやう)) 度量が狭い。心が狭い。

【狭陋】(きょうろう) ①狭くてむさくるしい。②卑しい。貧しい。

【狭霧】(さぎり) 国きり。狭は接頭語。

【狭間】(さま・はざま) 国①すきま。②矢や鉄砲などを放つため、城壁にあけた穴。

【狭山】(さやま) 国①小さな山。はやま。小山。②山。狭は接頭「語。
◇▼広狭(こうきょう)・偏狭(へんきょう)

犭6 犬5
【狐】〔9〕〔8〕
標 コ 漢 呉 平 虞 hú フー
正字 J 2449 補 ― U 72D0 ―

意味 ①〈きつね〉獣の一種。野干(やかん)。②姓。国〈きつね〉①他人をだます人。②娼妓(しょうぎ)の別名。③いなりずし。④きつねうどん。

【狐憑】(きつねつき) 国きつねの霊がとりついたという、異常な精神状態。また、その人。

【狐火】(きつねび) 国おに火。湿地で雨のふる夜など燃え出して、空中に浮いて見える青い火。俗にきつねが口からはくという。陰火。

【狐貉】(こかく) ①きつねと、むじな。②きつねやむじなの皮で作った上等の皮の衣。

【狐疑】(こぎ) ①ひどく疑う。②疑い深くてためらう。【狐疑逡巡】(こぎしゅんじゅん) 疑い深い動物のきつねのように、事にのぞんで疑いためらうこと。ぐずぐずして思いきりの悪いたとえ。

【狐裘】(こきゅう) きつねの腋(わき)の下の白い毛皮で作った着物。狐白裘(こはっきゅう)。【―三十年】(こきゅうさんじゅうねん) 昔、斉(せい)の晏子(あんし)が、一枚の狐裘を三十年も着たという倹約ぶりをほめたことば。〈礼記(らいき)・檀弓(だんぐう)下〉

【狐臭】(こしゅう) わきの下が臭くなる病気。

【狐鼠】(こそ) ①きつねと、ねずみ。②こそどろ。小盗。狐狸。

【狐兎】(こと) きつねと、うさぎ。

【狐白裘】(こはっきゅう) 「狐裘(こきゅう)」に同じ。

【狐媚】(こび) ①きつねが人をまどわす。②こびへつらう淫乱な女。③こびへつらって人をまどわす。

【狐狸】一(こり) ①きつねと、たぬき。②こそどろ。小盗。二(フーリ) húli 現きつね。

【狐狼】(ころう) ①きつねとおおかみ。②ずる賢くて凶悪な者。

【狐惑】(こわく) ①疑いまどう。また、まどわされる。②人をだましてまどわせる。

『狐死首レ丘』(きつねししておかをかしらす) 故郷を忘れないたとえ。きつねは死ぬときも、自分のすんでいた丘のほうに首を向けるという。〈礼記(らいき)・檀弓(だんぐう)上〉

『狐仮(假)ニ虎威一』(きつねとらのいをかる) きつねがとらの威勢を借りて、他の動物をおどす。弱小な者が、他の強大な者の権力をかさにきていばること。〈戦国策・楚(そ)〉

犭6
【狡】〔9〕
標 コウ(カウ) 漢 キョウ(ケウ) 呉 上 巧 jiǎo チアオ
J 6436 補 ― U 72E1

意味 ①〈わるがしこ・い(――・し)〉〈ずる・い(――・し)〉「狡悪」②すばやい。はしこい。「狡騎(こうき)」③くるう。乱れる。「狡心」④顔が美しく心がねじけている。⑤そこなう。

【狡獪】(こうかい) 「狡猾(こうかつ)」に同じ。

【狡猾】(こうかつ) わるがしこくずるい。

【狡黠】(こうかつ) 「狡猾(こうかつ)」に同じ。

【狡譎】(こうけつ) 「狡詐(こうさ)」に同じ。

【狡詐】(こうさ) ずるくて、人をだます。わるがしこく、うそをつく。

【狡捷】(こうしょう) ずるくて、すばしこい。

【狡知(「智」)】(こうち) ずるい知恵。わるがしこい知恵。「知恵。わる」

【狡童】(こうどう) ①ずるいこども。いたずらっ子。＝狡僮　②顔はきれいだが、まじめでないこども。

【狡兎三窟】(こうとさんくつ) ずるいうさぎは、三つも隠れ穴を用意しているの意。災難をのがれるため、用心深くするたとえ。

【狡吏】(こうり) わるがしこい役人。

『狡兎死良狗烹』(こうとししてりょうくにらる) ずるくてすばしこいうさぎが死ぬと、今までそのうさぎを追うのに用いられた猟犬はいらなくなり、煮て食われてしまう。敵国が滅びると、てがらのあった忠臣も殺されてしまう。用がなくなると捨てられるというたとえ。〈史記・淮陰侯(わいいんこう)列伝〉

犬6
【狠】〔9〕
一 ガン(グヮン) 漢 一 平 刪 wán ワン
二 コン 漢 二 上 阮 hěn ヘン
J 6435 補 ― U 72E0

意味 一犬のかみあう声。二①争う。②もとる。ねじける。「狠心(こんしん)」③非常に。しっかりと。＝很(こん)
参考 「狼(ろう)」は別字。

【狠恣】(こんし) 心がねじけて勝手にふるまうこと。

【狠愎】(こんぷく) 「狠戻(こんれい)」に同じ。

【狠戻】(こんれい) 心がねじけて人にさからう。

犭6
【狩】〔9〕
常 シュ かる・かり
シュウ(シウ) 漢 シュ 呉 去 宥 shòu ショウ
J 2877 補 ― U 72E9

筆順 ノ 犭 犭 犭' 犷 犷 狞 狩 狩

意味 ①〈かり〉㋐鳥獣をおいたてて囲みこんで捕らえること。「狩田(しゅでん)」㋑君主の行う冬の狩りをいう。②〈か・る〉狩りをする。③命令を受け、守り治める所。④巡狩(じゅんしゅ)は、天子が諸侯の地を見まわること。⑤征伐をする。

解字 形声。犭が形を表し、守(しゅ)が音を示す。犭は犬。守は、ぐるりと取りまいてまもる意味がある。狩は、犬でまわりをとりまいて、鳥獣を捕らえることで、「かり」をいう。

名前 もり 姓 狩野(かの・かのう) 地名 狩勝(かりかち)

【狩野派】(かのうは) 国室町時代の画家、狩野正信(まさのぶ)を始祖とする日本画の一派。

【狩衣】一(かりぎぬ) 国むかし、公家(くげ)が用いたふだんぎ。江戸時代には武家(ぶけ)の礼服。もとは狩りに用いた服で、丸えりで、袖(そで)にくくりがある。二(かりごろも) 国狩りをするときの着物。

(狩衣一)

【狩座】(かりくら) 国①狩りをする場所。②狩りくらべ。狩りの競争。鳥や獣の、とりくらべをする。

【狩谷棭斎(齋)】(かりやえきさい) 人名。江戸後期の漢学者。名は望之(もちゆき)。旧姓は高橋。和・漢の古典について、詳細・確実な考証をし、また古い金石文を収集してその研究につとめた。(一七七五～一八三五)

【狩人】(しゅじん・かりゅうど・かりうど) 狩りをする人。猟人(りょうじん)。

【狩田】(しゅでん) 狩り(田にも狩りの意味がある)。冬の狩り。

【狩猟(獵)】(しゅりょう) 鳥や獣をとる。
◇▼兎狩(うさぎがり)・虎狩(とらがり)・桜狩(さくらがり)・蜜柑狩(みかんがり)・紅葉狩(もみじがり)・潮干狩(しおひがり)

犬6
【狨】〔9〕
ジュウ 漢 平 東 róng ロン
J ― 補 ― U 72E8

意味 ①金色の毛をもつ猿。②その猿の毛皮で作ったしきもの。③やわらかい布。

犭6 旧字 犬13
【独】〔9〕【獨】〔16〕
学5 ドク ひとり
トク 漢 ドク 漢 入 屋 dú トゥー
J 3840 補 ― U 72EC
J 6455 補 ― U 7368

筆順 ノ 犭 犭 犳 犳 独 独 独

意味 ①〈ひとり〉㋐相手がいない。「独子(どくし)」㋑ひとりで。「独立(どくりつ)」㋒単に。ただ。②ひとり者。子や孫のいない老人。夫のいない妻。「孤独」③獣の名。さるの類。国独逸ドイツの略称。「独文」

語法 ❶〈ひとり〉…だけ。動作・行為の主体を限定・強調する。例「人皆有₂兄弟₁、我独亡」(人にはみな兄弟がいるのに、わたしだけにはいない)〈論語・顔淵〉▼「ひそかに」と訳すと適当な場合がある。例「高祖乃心独喜」(高祖はそれで心中ひそかに喜んだ)〈史記・高祖本紀〉
❷〈ひとり〉範囲・対象を限定・強調する。ただ。単に。例「所ㇾ患独呂産」(心配なのは呂産だけであったが、今やそれを誅殺したからには天下はもう定まった)〈史記・呂太后本紀〉▼文末に「耳」や「而已」が置かれることがある。
❸〈ひとり〉反語。どうして…なのか。例「朕独不ㇾ得下与₂此人₁同₂時哉」(わしはどうしてこの人と時代を同じくすることはできなかったのだろうか)〈史記・司馬相如列伝〉▼文末に「乎」や「哉」が置かれる場合が多い。
↓付録・同訓異義要覧「ひとり」

句形
(1)［非₂独…₁］〈ひとり…のみにあらず〉ただ…だけではない。例「非₂独賢者有₂是心₁也、人皆有ㇾ之」(ただ賢者だけがこの〔正義を愛する〕心を持っているのではなく、人という人はみなそれを持っているのである)〈孟子・告子上〉
(2)［豈独…］〈あにひとり…のみならんや〉どうして…だけということがあろうか。例「所ㇾ盗者、豈独其国邪」(その盗んだものははたして国だけであったろうか)〈荘子・胠篋〉

解字  形声。犭が形を表し、蜀が音を示す。犭は犬。蜀は、くっつく意味。獨は、犬がとっくみ合ってたたかうこと。ひとりの意味になるのは、犬にはひとりになる性質があるからとか、獨は、犬がとっくみ合って一つになることを表すからとかいう。音ドクは、蜀の音ショクの変化。

地名 独乙ドイツ・独逸ドイツ 難読 独活うど・独楽こま

【独演】ひとりで出演・講演する。

【独往】①ひとりで行く。②他人にかまわず、自分の考えでやってゆく。【――独(獨)来(來)】他の物事にとらわれず、自由自在に天下に往来する。〈荘子・在宥〉

【独臥】①ひとりで寝る。ひとりね。②隠者が俗世を離れてひとり生活すること。

【独学(學)】先生につかないで、ひとりで学ぶ。

【独眼】かた目。↕両眼【――竜(龍)】①片目の豪傑。②仏片目で徳の高い人。③国伊達政宗の別称。

【独吟】ひとりで詩歌を作ったり吟じたりする。

【独言】①ひとりで言う。②たたそれだけについて言う。

【独鈷】仏真言宗で用いる武器にかたどった仏具。心の迷いをうち破る意をふくむ。

(独鈷)

【独語】①ひとりで語る。②国独乙ドイツ語・独逸ドイツ語の略。

【独坐】①ひとり座る。②敷き物を占有してひとりで座る。非常におごっていることのたとえ。〈後漢書・宣秉伝〉③御史中丞の別称。②の故事にちなむ。

【独裁】自分ひとりで物事をきめる。

【独自】①自分ひとり。ひとりぼっち。単独。②国そのものだけにあって、他に類がない。独特。

【独酌】相手がなく、ひとりで酒を飲む。

【独修】①他人にかまわず、自分の身をりっぱにする。独侑。②先生につかないでひとりで学ぶ。独学。独習。

【独宿】①ひとりで、とまる。②ひとりで宿直する。独直。「独宿相思在₂翰林₁」(ひとりで宿直し、君を思いつつ翰林院にいる。)〈白居易の詩・八月十五日夜、禁中独直、対ㇾ月憶₂元九₁〉③配偶者がおらず、ひとり身でいる。

【独且】とにかく。それはさておき。独は強意の助詞。「独且急帰」(ともかくも家路にいそぐ。)〈古詩・孤児行〉

【独唱】①ひとりで歌う。↕合唱・斉唱②ひとりで主張する。

【独嘯】ひとりうそぶく。また、ひとりで詩を吟じる。

【独身】①ひとり。自分だけ。単身。②ひとり身。結婚していない人。

【独醒】ひとり醒めている。世が混乱している中で、ひとり正気でいること。

【独占】ひとりじめする。

【独専(專)】①ひとりじめする。独占。②ひとりで思うままにする。

【独擅】自分かってにふるまう。ひとりで、ほしいままにする。【――場】国自分かってにふるまえる所。ひとり舞台。俗に誤って独壇場という。

【独善】①ひとりで規律を守り、また節操を守り続けること。〈孟子・尽心上〉②特別すばらしい。群を抜いてよい。③国ひとりよがり。

【独奏】①ひとりで、天子に申し上げる。②ひとりで楽器を演奏する。↕合奏
【独創】まねをしないで自分だけの考えで新しくつくり出す。↕模倣
【独尊】①ひとりだけ尊重される。②自分だけを尊いと思う。「唯我独尊」

【独断(斷)】①ひとりで判断する。ひとりぎめ。②書名。後漢の人、蔡邕の随筆。二巻。

【独特】①身寄りがないこと。②ひとり際立っていること。

【独得】①ただそれだけを得る。②ひとりで満足すること。自得。③品行や節操が高いこと。

【独白】ひとりぜりふ。劇の中で、ひとりでいうせりふ。

【独夫】①妻のいない老夫。②とるにたりぬ、つまらぬ男。匹夫。〈書経・泰誓下〉③道にそむき、悪行の多い君主。

【独房】①離れ座敷。②罪をおかした者をひとりだけ「いれておくへや。」

【独木危橋】丸木の一本橋。

【独木舟】丸木舟。一本の丸木をえぐりくぼめて造った舟。

【独夜】ひとりぼっちの夜。「危檣独夜舟」(帆をおろした高い帆柱の舟の中に、ただひとり目ざめている。)〈杜甫の詩・旅夜書懐〉

【独楽(樂)】一①自分ひとりで楽しむ。②ただそれだけを楽しむ。二こどものおもちゃの一つ。こま。【――園】宋の司馬光の庭園の名。

【独立】一①人の助けによらず、自分の力で権利・義務を実行することができる。②ひとりだけ特にすぐれる。③俗世間の外にある。「遺ㇾ世独立」(遺ㇾ世は、俗世の事は忘れて。)〈蘇軾・前赤壁賦〉④孤立する。二 dúlì 現一の①に同じ。【――語】国文法用語の一つ。主語・述語・修飾語のいずれでもなく、それ自身独立して、他

の文節とは直接の関係をもたない文節。【―自尊】りっそん 人の助けを借りずに世に生き、かけがえのない自分の尊厳さを保つこと。【―独(獨)行】どくりつどっこう(かう) 人にたよらないで、自分の信じるところを行う。【―独(獨)歩】どくりっぽ ①「独立独行」に同じ。②他に並ぶもののないこと。

【独力】どくりょく 自分ひとりの力。

【独活】どっかつ(くわつ)|うど ウコギ科の多年草。根を食用にする。

【独居】どっきょ ①ひとりでいる。②配偶者がなく、ひとりで住む。独処どくしょ。

【独行】どっこう(かう) ①ただひとりで行く。②他人にたよらないで、自分ひとりで行う。「独立独行」③独断で行う。④限られたものが通行する。⑤節操が高く、俗世の動向に左右されないこと。

【独歩】どっぽ ㊀どくほ ①ただひとりで歩く。②他に比べるものがないほどすぐれている。③独力で物事を行う。「独立独歩」㊁ひとりあるき 国①㊀の①に同じ。②㊀の③に同じ。

【独相撲】ひとりずもう(まふ) 国①相手なしに、ひとりで相撲をとる。②相手もいないのに、自分ひとりで意気ごむ。

◆単独たん・孤独こ

犬6【狷】〔9〕同↓狷(本ページ・上)

犬6【狥】〔9〕俗↓徇(四五八ページ・下)

犬7【狶】〔10〕㊀キ漢 ㊀平 微 xī シー ㊁シ漢 ㊁上 紙 shǐ シー　J ― 補 ― U 72F6

意味 ㊀ぶた。＝豨き ㊁狶韋しいは、大昔の帝王の名。

【狶苓】きれい 薬草の名。いのくそぐさ。豬苓ちょれい。＝豨苓

犬7【狺】〔10〕ギン漢 平 真 yín イン　J ②8036 補 4293 U 72FA

意味 ①犬のかみあう声。②犬のほえる声。「狺狺然ぎんぎんぜん」

犬7【狷】〔10〕ケン漢 去 霰 juàn チュワン　J 6438 補 ― U 72F7

意味 ①心がせまく気がみじかい。「狷急」②自分の考えを守り通す。③かたいじをはる。「狷介けんかい」

犬6【狷】〔9〕同字　J ― 補 ― U ―

【狷隘】けんあい 心が狭く気みじか。褊隘へんあい。

【狷介】けんかい 自分の主義をかたく守って、人と協調しない。片意地で、人と協力しない。

【狷急】けんきゅう(きふ) 心が狭く、せっかちなこと。

【狷狭(狹)】けんきょう(けふ) せっかちで心が狭い。気みじかで、人の意見を受け入れられない。

【狷者】けんしゃ 正しい道を固く守るが、心の狭い者。「狷者有レ所レ不レ為也けんしゃはなさざるところあり」(心の狭い者は不善不義をしない美点がある。)〈論語・子路しろ〉

【狷忿】けんふん 気みじかで怒りっぽい。狷憤。

【狷戻】けんれい 心が狭く、道理にさからう。

犬7【狻】〔10〕サン漢 平 寒 suān ソワン　J ①8775 補 4294 U 72FB

意味 狻猊さんげいは、しし。ライオン。

【狻下】さんか 仏高僧を呼ぶ敬称。

犬7【狾】〔10〕セイ漢 去 霽 zhì チー　J ― 補 4301 U 72FE

意味 犬がくるう。また、くるう。＝瘈せい

犭7【狽】〔10〕標 ハイ漢 バイ慣 去 泰 bèi ペイ　J 3966 補 ― U 72FD

意味 ①獣の名。狼おおかみの一種。②狼狽ろうばいは、あわてること。

犬7【狴】〔10〕ヘイ漢 平 斉 bì ピー　J ― 補 4292 U 72F4

意味 ①狴犴へいかんは獣の名。②狴牢へいろうは、ろうや。刑務所。

犬7【狳】〔10〕ヨ漢 平 魚 yú ユィ　J ②8035 補 4291 U 72F3

意味 犰狳きゅうよは、獣の名。せんざんこうの類。

犭7【狸】〔10〕標 リ漢呉 平 支 lí リー　J 3512 補 ― U 72F8

豸7【貍】〔14〕本字　J 7630 補 ― U 8C8D

意味 ①〈たぬき〉獣の名。食肉目イヌ科の動物。毛は毛筆に用いられる。②ねこの類。③いたち。

地名 狸穴まみあな

【狸囃子】たぬきばやし 国農民が祭りのはやしの練習をするのを、たぬきが腹つづみではやしたてたという伝説。

【狸狌】りせい たぬきと、いたち。いたちの類。

【狸奴】りど ねこの別名。

【狸毛筆】りもうひつ たぬきの毛を用いて作った筆。

犭7【狼】〔10〕人 標 ロウ漢呉 (ラウ) 平 陽 láng ラン　J 4721 補 ― U 72FC

意味 ①〈おおかみ(おほかみ)〉犬に似た猛獣。②残忍である。③むさぼる。④みだれる。⑤星の名。「天狼星てんろうせい」

参考 「狠こん」は別字。

【狼煙】ろうえん(らう)|のろし 「狼火ろうか」に同じ。

【狼火】ろうか(らうくわ) ①のろし。敵の進入しんにゅうを知らせるために、あげる火。おおかみの糞ふんを入れて火をたくと、風が吹いても煙がまっすぐにのぼるという。狼煙。②国昼間あげる花火。

【狼虎】ろうこ(らう) ①おおかみと、とら。②道理を無視して、欲が深く、他人に害を加える者のたとえ。虎狼。

【狼顧】ろうこ(らう) ①おおかみのように、びくびくしてうしろをふりかえる。②凶暴で貪欲に物を奪おうとすること。③おおかみのように、からだは前に向いたままでうしろに向けることのできる首。導引術の一種。

【狼疾】ろうしつ(らう) ①心が乱れ反省できないたとえ。ふだんは反省できる狼も、病気になると反省できないという。②致命的な病気。

【狼心】ろうしん(らう) ①おおかみのように、欲の深い心。②あわれむ心のないこと。

【狼藉】ろうぜき(らう) ①とり乱した状態。乱雑なさま。おおかみが草を藉しいて寝たあとが、非常に乱雑なことによる。「落花狼藉」「杯盤狼藉はいばんろうぜきたり」(さかずきやさらがとり乱してある。)〈蘇軾そしょく・前赤壁賦ぜんせきへきのふ〉②行いが悪くて評判が悪いこと。③困難にあえぐことのたとえ。④国無法なおこない。「狼藉者ろうぜきもの」

【狼貪】ろうたん(らう) おおかみのように、欲が深くて満足することを知らない。

【狼狽】ろうばい(らう) ①狼と狽ばい。狽は狼に似た獣。②悪人のたとえ。③苦しみあえぐこと。④あわてる。あわてふためく。⑤結託しあうこと。

【狼戻】ろうれい(らう) ①おおかみのように、よくばりで道理にはずれる。②ごたごたと乱れて、物の多くあること。

犬7【猁】〔10〕lì リー　J ― 補 ― U 7301

意味 現猞猁ショーリーは、狸たぬきに似た獣の名。

犬7【猂】〔10〕同↓悍(四八三ページ・下)

犭7【狹】〔10〕旧↓狭(八〇〇ページ・下)

犬8【猗】〔11〕㊀イ漢 ㊀平 支 yī イー ㊁イ漢 ㊁上 紙 yǐ イー　J 6440 補 ― U 7317

意味 ㊀①〈ああ〉感嘆の語。②美しい。③草木が茂るさま。④すなおなさま。「猗移いい」㊁①たよる。②くわわる。

【猗猗】いい ①美しくさかんなさま。②鳥が遊ぶさま。

【猗違】いい(ゐ) はっきり決めないさま。どっちつかず。

【猗蔚】いい(ゐ) 草木のおい茂るさま。

【猗嗟】いさ|ああ 嘆息の声。猗歟いよ。

【猗狔】いじ(ぢ) ①しなやかで美しい。なよなよとしているさま。たおやか。②なびくさま。③思い合っ

て、互いに忘れないさま。

【猗頓之富】いとんのとみ 巨万の富。猗頓は中国、春秋時代の魯ろの金持ちの名。〈賈誼かぎ・過秦論かしんろん〉

犬8 【猓】〔11〕 ㊀カ 漢(クワ) ㊁ラ 慣 ㊀㊤哿 guǒ クオ ㊁― luǒ ルオ　J 4309 補 U 7313

意味 ㊀猓然かぜんは、猿の類。㊁現猓猓ららは、雲南・貴州地方の少数民族。今の彝い族。

犬8 【猄】〔11〕 ケイ 漢 キョウ(キャウ) 呉 (平)庚 jīng チン　J 4303 補 U 7304

意味 獣の名。

犬8 【猊】〔11〕 ゲイ 漢 (平)斉 ní ニー　J 6441 U 730A

意味 ①狻猊さんげいは、獅子しし。ライオン。＝貎 ②㊕仏や高僧がすわる席。「猊座げいざ」「猊側げいそく」

【猊下】げいか 猊座下の略。①高僧の敬称。獅子座しし。猊座げいざ。②一つの宗派しゅうはの管長の敬称。

犬8 【猇】〔11〕 コウ 漢(カウ) (平)肴 xiāo シアオ　J ②8037 補 4305 U 7307

意味 ①虎が人にかみつこうとする声。＝唬こう・哮こう ②犬のほえる声。③漢代の県名。山東さんとう省章丘しょうきゅう市北にあった。

犬8 【猜】〔11〕 サイ 漢 (平)灰 cāi ツァイ　J 6442 U 731C

意味 ①〈そね・む〉〈ねた・む〉うらむ。「猜怨さいえん」②疑う。③もとる。道理にたがう。④おしはかる。⑤あてる。推測する。

【猜畏】さいい(ゐ) ねたみおそれる。猜懼さいく。
【猜意】さいい 他をねたむ心。
【猜怨】さいえん(ゑん) そねみうらむ。猜恨。
【猜害】さいがい そねんで人をきずつける。
【猜忌】さいき 人をうらやみ、にくんできらう。疑忌ぎき。
【猜毀】さいき 他人をねたみ、悪くいう。ねたみそしる。猜謗さいぼう。
【猜疑】さいぎ ねたみうたがう。にくんで、うたがう。「猜疑心」
【猜険(險)】さいけん そねみ深くて陰険。
【猜嫌】さいけん そねみきらう。うらやみにくんで、きらう。
【猜弐(貳)】さいじ そねみうたがう。うらやみにくんで、うたがう。弐も、うたがうの意。
【猜忍】さいにん そねみ深く無慈悲な。他人をうらやましがり、にくんで、むごくあつかう。
【猜吝】さいりん 疑い深く、けちなこと。

犬8 【猖】〔11〕 ショウ 漢(シャウ) (平)陽 chāng チャン　J 6443 U 7316

意味 〈くる・う(――・ふ)〉たけり狂う。あばれる。

【猖狂】しょうきょう(しゃうきゃう) かってきままに、あばれ狂う。狂ったような行いをする。狂猖。「深折項籍猖狂之勢ふかくこうせきのしょうきょうのいきおいをくじく」〈蘇軾そしょく・三国論〉
【猖獗】しょうけつ(しゃう) ①たけり狂うこと。②かたむきくつがえる。「＝猖蹶」
【猖披】しょうひ(しゃう) ①帯をせずに乱れているさま。気狂いをいう。②放蕩してとらわれないさま。③入り乱れる。

犬8 【猘】〔11〕 セイ 漢 (去)霽 zhì チー　J ②8039 補 4310 U 7318

意味 ①狂犬。「猘犬」「猘狗せいく」②猘児せいじは、勇猛な少年。

犬8 【猙】〔11〕 ソウ 漢(サウ) (平)庚 zhēng チョン　J ②8040 補 4311 U 7319

意味 ①豹ひょうに似た伝説上の獣。②猙獰そうどうは、あらあらしく、凶悪なこと。

犬8 【猝】〔11〕 ソツ 漢 (入)月 cù ツー　J 6444 U 731D

意味 ①〈にわか(にはか)〉だしぬけ。急に。「猝然そつぜん」「猝急そっきゅう」②はやい。あわただしい。

【猝嗟】そっさ 急に出るためいきの声。

犭8 【猪】〔11〕 人　J 3586 U 732A
旧字 犭9 【猪】〔12〕 人　J ①8779 U FA16
チョ 漢 呉 (平)魚 zhū チュー

意味 家畜の名。ぶた。＝豬ちょ 国〈い(ゐ)〉〈いのしし(ゐのしし)〉いのしし。

解字 形声。犭が形を表し、者しゃが音を示す。犭は獣。者には一箇所に集まるという意味を含む。猪は、いのししで、一箇所の毛穴から三本ずつ毛の生えているものという。

名前 しし 姓 猪甘いかい・猪食いじき 地名 猪苗代なわしろ 難読 猪豚いのぶた・猪牙船ちょきぶね・猪口ちょこ

【猪武者】いのししむしゃ(ゐのしし) 国前後を考えない、むこうみずの勇者。
【猪口】㊀ちょこ・ちょく 国底のすぼんだ、小さな焼き物のさかずき。㊁いぐち(ゐ) 国食用きのこの一種。あわたけ・やまどりたけなど。
【――才】ちょこざい 国さしでがましいこと。小才があってなまいき。
【猪突】ちょとつ いのししのように、まっしぐらに進む。「猪突猛進」
【猪勇】ちょゆう 国むこうみずの勇気。

犬8 【猅】〔11〕 ハイ 呉 漢 (平)佳 pái パイ　J 4304 補 U 7305

意味 頭の短い犬。

犬8 【猋】〔12〕 ヒョウ 漢(ヘウ) (平)蕭 biāo ピアオ　J 4306 補 U 730B

意味 ①犬のむらがり走るようす。②速く走る。③つむじ風。「猋風」＝飆ひょう「猋忽ひょうこつ」「猋迅ひょうじん」

犭8 【猫】〔11〕 常 ビョウ ねこ　J 3913 U 732B
旧字 犬9 【猫】〔12〕 ビョウ(ベウ) 漢 ミョウ(メウ) 呉 (平)蕭 māo マオ
豸9 【貓】〔16〕 本字　J 6305 U 8C93

筆順 ノ 犭 犭 犷 犷 猎 猫 猫

意味 〈ねこ〉動物の名。

解字 形声。犭が形を表し、苗べうが音を示す。犭はけもの。苗はねこの鳴き声に当てたものであろう。一説に、からだがしなやかで細いけもので、ねこをさすという。

姓 猫崎ねこざき

参考 猫は「貓」の中国新字体としても使う。

【猫鼠同眠】びょう(べう)そどうみん ねことねずみが一緒に寝る。上下の者がなれあって悪事を働くことのたとえ。猫鼠同乳。猫鼠同処。〈旧唐書くとうじょ・五行志〉

犭8 【猛】〔11〕 常 モウ　J 4452 U 731B
ボウ(バウ) 漢 ミョウ(ミャウ) 呉 ㊤梗 měng モン
モウ(マウ) 慣

筆順 ノ 犭 犭 犭 犭 猛 猛 猛

力8 【勐】〔10〕 同字　J ①1469 補 U 52D0

意味 ①〈たけ・し〉㋐勇ましい。強い。「猛卒もうそつ」㋑きびしい。はげしい。「猛烈」「猛雨」㋒残酷な。②たける。いかる。③とがっている。するどい。④いきなり。突然に。⑤姓。

解字 形声。犭が形を表し、孟まうが音を示す。犭は犬。孟には、大きいとか、強いとかの意味がある。猛は、強い犬をいう。

名前 たか・たけ・たけお・たけき・たける 難読 猛者もさ(付表)

【猛悪(惡)】(もうあく(まうあく)) ①荒々しくて悪い。②険しくて危険。

【猛威】(もうい(まうゐ)) ものすさまじい威勢。

【猛雨】(もうう(まう)) ものすごい雨。豪雨。

【猛火】(もうか(まうくわ)) はげしくもえたつ火。

【猛悍】(もうかん(まう)) 気性が強く荒々しい。

【猛気(氣)】(もうき(まう)) 勇猛な気性。たけだけしい気概。

【猛毅】(もうき(まう)) ①強くしっかりしている。意志が堅く、人に動かされない。②凶暴で残酷。

【猛禽】(もうきん(まう)) わし・たかのように、性質が荒く、他の鳥や獣を捕らえて食う鳥の総称。

【猛勁】(もうけい(まう)) たけだけしく強い。勇ましくきわめて強い。

【猛虎】(もうこ(まう)) ①荒くて強いとら。②勇ましく強い者のたとえ。〖―一声(聲)山月高〗(もうこいっせいさんげつたかし) 深い山中に、猛虎が一声すさまじくほえ、空高くすんだ月が、こうこうと照っている。しんしんとふけゆく夜、山中のすさまじい情景。明の兪和の句。

【猛士】(もうし(まう)) 勇ましくて強い兵士。勇士。「安得二猛士一兮守二四方一」(どうかして勇士を得て、四方を守らせたい。)〈漢高祖の詩・大風歌〉

【猛志】(もうし(まう)) ①物事に勇ましくたち向かう心。②雄壮な〔志。

【猛者】(もうじゃ(まう)｜もさ) 非常に強い者。

【猛獣(獸)】(もうじゅう(まうじう)) とら・ししのように性質の荒い獣。

【猛将(將)】(もうしょう(まうしゃう)) 勇ましく強い大将。勇将。

【猛捷】(もうしょう(まうせふ)) 強くてすばやい。

【猛政】(もうせい(まう)) 過酷な政治。ひどい政治。

【猛省】(もうせい(まう)) ①深く反省する。深省。②突然に悟る。

【猛然】(もうぜん(まう)) ①突然。急に。②国勢いのはげしいさま。

【猛卒】(もうそつ(まう)) 勇ましく強い兵卒。

【猛勇】(もうゆう(まう)) たけだけしく、勇ましい。剛勇。

【猛戻(戾)】(もうれい(まう)) たけだけしく、道理にそむく。

【猛烈】(もうれつ(まう)) ①勢いがきわめてはげしい。②意志がかたく、はげしい。

【猛浪】(もうろう(まうらう)) 荒れ狂う波。はげしい波。
◆獰猛・勇猛

犬8【猍】〔11〕ライ 漢 平 灰 呉 lái ライ U補J 730D 4307
意味 ①獣の名。＝狸。②やって来る。＝来

犭8【猟】〔11〕常 リョウ U補J 731F 4636

旧字 犬15【獵】〔18〕リョウ 漢 呉 入 葉 (レフ) liè リエ U補J 7375 6458
筆順 ノ 犭 犭 犭' 犭" 犭巛 犭巛 猟
意味 ①〈かり〉鳥獣を追いとらえること。②〈か・る〉狩りをする。③さがし求める。あさる。「猟奇」④ふむ。こえる。
犬14【𤢪】〔17〕同字 U補J 248AA
解字 形声。犭が形を表し、巤が音を示す。犭は犬。巤には、高く飛ぶ意味がある。獵は、犬をかりたてて走らせ、動物を捕らえる意味。一説に、巤には、集まるという意味があり、獵は犬をもって、動物をかり出して、ひと所に集めることであるという。
難読 猟人(かりゅうど)・猟夫(さつお)・猟矢(さつや)・猟虎(らっこ)
【猟矢】(りょうし(れふ)｜ししや｜さつや) 国猟に用いる矢。
【猟較】(りょうかく(れふ)｜りょうこう(れふかう)) 祭祀に用いる獲物を争う。魯の習俗としてあり、孔子は悪習と考えていたが従っていた。転じて、周囲の風俗・習慣に合わせること。〈孟子・万章下〉
【猟奇】(りょうき(れふ)) 奇怪なもの、変わったことを、あさり探す。
【猟犬】(りょうけん(れふ)) 狩りに使う犬。猟狗。
【猟戸】(りょうこ(れふ)) ①かりゅうどの家。②かりゅうど。猟人。
【猟師】(りょうし(れふ)) 「猟人」に同じ。〔猟夫。
【猟場】一(りょうじょう(れふぢゃう)) 狩り場。狩りをする所。二(りょうば(れふ)) 国 ①一に同じ。②魚をとる場所。漁場。
【猟人】(りょうじん(れふ)) 狩りをする人。かりゅうど。猟師。猟夫〔。
【猟塵】(りょうじん(れふぢん)) 猟のために起こる塵ほこり。
【猟夫】(りょうふ(れふ)｜さつお(を)) 狩りをする人。猟師。
【猟猟(獵)】(りょうりょう(れふれふ)) ①風の吹く音の形容。②物のひるがえるさま。
◆狩猟・密猟・禁猟・漁猟

犬8【猞】〔11〕 shē ショー U補J 731E 4312
意味 現猞猁は、獣の名。狸に似ており、その毛皮は珍重される。林独。猞猁猻。

犬8【猒】〔12〕本 ↓厭(二〇六ページ・下)

犬8【然】↓火部八画(七七三ページ・中)

犬9【猰】〔12〕一アツ 漢 一入 黠 yà ヤー 二カツ 漢 二入 黠 jiá チア U補J 7330
意味 一猰貐は、人を食う怪獣。二①ぶち犬。②猰犬は、犬のような悪者。

犬9【猬】〔12〕イ 漢 去 未 (ヰ) wèi ウエイ U補J 732C 4317 ②8043
意味 はりねずみ。＝蝟

犬9【猨】〔12〕エン 漢 平 元 (ヱン) yuán ユワン U補J 7328 4316 ①8778
意味 さる。＝猿「猨狙」「猨猱」「猨猴」
【猨臂】(えんぴ(ゑん)) さるのうでのように長いうで。転じて、からだのわりに長いうで。＝猿臂
【猨狖】(えんゆう(ゑんいう)) てながざると、おながざる。

犬9【猤】〔12〕キ 漢 去 寘 guì コイ U補J 7324 4314
意味 獷猤は、勇壮なさま。また、力にまかせた乱暴なさま。

犬9【猲】〔12〕一ケツ 漢 一入 月 xiē シエ 二カツ 漢 二入 曷 hè ホー U補J 7332 4319
意味 一猲獢は、口の短い犬。二猲狙は、狼ににた怪獣。

犬9【献】〔13〕常 ケン・コン U補J 732E 2405
旧字 犬16【獻】〔20〕ケン 漢 去 願 コン 呉 xiàn シエン U補J 737B 6459
筆順 十 冇 冇 南 南 献 献
意味 ①〈たてまつ・る〉〈ささ・げる(──・ぐ)〉㋐神に物をさし上げる。㋑目上の人に物をさし上げる。㋒申し上げる。「献言」「献進」㋓酒をすすめる。②たてまつる物。③賢人。国〈こん〉客に酒をすすめる。「一献」
解字 形声。犬が形を表し、鬳が音を示す。鬳は、神を祭るとき、いけにえとしてささげることを表す。一説に、鬳は、かまを上にのせてむすので、高くあげる意味があり、献は、祭りに、神へのおそなえとして犬をさしあげることであるという。
名前 たけ
参考 献は「獻」の中国新字体としても使う。
応用例 瓛(讞)
【献遺】(けんい(ゐ)) 謹んで物を贈る。
【献詠】(けんえい) 国自作の詩歌を、君主や神社仏閣にささげる。
【献可】(けんか) 君主によい意見を申し上げ、その欠点を補い助け〔る。
【献饗】(けんきょう(きゃう)) もてなす。献享。

【献芹】けんきん 贈り物や、目上の人に呈する自分の意見をへりくだっていうことば。芹(せり)(つまらないもの)を奉る意味。「言
【献言】けんげん 意見を申し上げる。また、その意見。建白。＝建」
【献功】けんこう ①政務の様子・成果を報告する。②冬の祭礼の時に穀物・絹などの産物をたてまつる。
【献歳】けんさい 正月元日。↕守歳(しゅさい)(大晦日(おおみそか))
【献策】けんさく はかりごとをたてまつる。
【献寿(壽)】けんじゅ 長寿を祝う。
【献酬】けんしゅう(しう) ①さかずきのやりとりをする。②応答する。
【献醜】けんしゅう(しう) みにくいものをさしあげる意。転じて、自分の詩歌や歌舞などをへりくだっていう語。
【献助】けんじょ 献上する。税のほかに、お上にさしあげる。「じ。
【献捷】けんしょう(せふ) ①勝利を天下に報告する。②「献俘(けんぷ)」に同」
【献觴】けんしょう(しやう) 酒を客にすすめる。觴は、さかずき。
【献上】けんじょう(じやう) さしあげる。たてまつる。
【献身】けんしん ①自分で進み出る。②一身をささげて努力する。
【献体(體)】けんたい 服を脱いで裸をさらすこと。
【献替】けんたい―けんてい 善をすすめ、悪をやめさせる。君主を補佐すること。献可替否(けんかたいひ)。
【献呈】けんてい さしあげる。贈呈。
【献灯(燈)】けんとう 国神社や寺などに奉納する灯明。
【献納】けんのう(なふ) ①君主に真心をこめて意見を申し上げる。②金や品物を神社・寺または国家などに奉る。③祖先を祭りたてまつる。
【献杯】けんぱい 相手にさかずきの酒をすすめる。＝献盃
【献盃】けんぱい 「献杯」に同じ。
【献俘】けんぷ 勝ちいくさから帰り、先祖のおたまやの前に捕虜を献じて、戦いの成功を告げること。俘は捕虜。献捷。
【献木】けんぼく 国神社などにさしあげる木。
◇一献(いっこん)・文献(ぶんけん)・奉献(ほうけん)・貢献(こうけん)

犬9【猢】〔12〕 コ 漢 ㊥ 虞 hú フー | U 7322 補 ― J 4313
意味 ①さるの別名。「猢猻(こそん)」②猢猻(さんこ)は、さるに似たけもの。

犬9【猴】〔12〕 コウ 漢 ㊥ 尤 hóu ホウ | U 7334 補 ― J 6445
犬9【㺅】〔12〕 本字 | U 3E85 補 ― J ―
意味〈さる〉ましら。「猿猴(えんこう)」「猴猿(こうえん)」
【猴酒】さるざけ 国猿(さる)が岩のくぼみや木の穴にたくわえておいた木の実が、自然に発酵(はっこう)して酒のようになったもの。
【猴子】ホウツ hóuzi 現さる。

犬9【猩】〔12〕 一セイ 漢 一 ㊥ 青 xīng シン 二セイ 漢 ショウ(シャウ) 呉 二 ㊥ 庚 xīng シン | U 7329 補 ― J 6447
意味 一犬のほえる声。「猩猩(せいせい)」 二①↓猩猩(しょうじょう) ②赤い色。「猩紅(しょうこう)」
地名 猩々畑(しょうじょうばた)
【猩血】しょうけつ(しやう) 猩猩(しょうじょう)の血。真紅(しんく)の色のたとえ。
【猩紅】しょうこう(しやう) 猩猩(しょうじょう)の血のようなあか色。真紅。
【猩猩】しょうじょう(しやうじやう) ①想像上の獣。長髪赤顔、声は小児に似て、人のことばがわかり、酒を好むという。②酒豪のたとえ。③猿の一種。オラン＝ウータン。【――緋】しょうじょう(しやうじやう)ひ あざやかな深紅色。
【猩狖】しょうゆう(しやういう) さる。狖はおながざる。

犬9【㹶】〔13〕 チャク 漢 ㊇ 薬 zhuó チュオ | U 247ED 補 ― J ―
意味 ①うさぎに似た獣。②弱い。

犬9【猱】〔12〕 一ドウ 漢 一 ㊥ 豪 náo ナオ (ダウ) 二ジュウ 漢 二 ㊥ 尤 náo ナオ (ヂウ) | U 7331 補 4318 J ②8044
意味 一二①さるの一種。②たわむれる。
【猱玃】どうかく(だうくわく) さる。おおざる。
【猱雑(雜)】どうざつ(だう) まじりみだれる。さわぎたわむれる。

犬9【猸】〔12〕 ビ 漢 ㊥ 支 méi メイ | U 7338 補 ― J ―
意味 獣の名。水辺に住み、その毛皮は珍重(ちんちょう)される。マングースの類。

犬9【猵】〔12〕 ヘン 漢 ㊥ 先 biān ピエン | U 7335 補 4320 J ―
意味 かわうそ。かわおそ。「猵獺(へんだつ)」

犭9【猶】〔12〕 常 ユウ | U 7336 補 4517 J ―
旧字 犬9【猶】〔12〕 | U ― 補 ― J ―
一ユウ(イウ) 漢 ユ 呉 一 ㊥ 尤 yóu ユー
二ヨウ(ヤウ) 漢 呉 二 ㊥ 蕭 yáo ヤオ

筆順 ノ 犭 犭 犭' 犷 猶 猶 猶

犬4【犹】〔7〕 同字 | U 72B9 補 ― J 6427
意味 一①さるの類。②〈なお(なほ)〉㋐まだ。それでも。㋑さらに。その上。㋒…でさえ。③〈なお(なほ)…ごとし〉まるで…のようだ。…と同じだ。「過猶レ不レ及(すぎたるはなおおよばざるがごとし)」〈論語・先進〉④はかる。もとめる。⑤ゆったりするさま。「猶然(ゆうぜん)」⑥ためらう。「猶予(ゆうよ)」⑦…より。…から。＝由
二ゆり動かす。＝揺(よう)

語法 ❶〈なお(なほ)〉㋐まだ。やはり。それでもなお。状態の持続を示す。例「三径就レ荒、松菊猶存(さんけいこう(くわう)につくも、しょうきくなお(なほ)そんす)」(三本の小道は荒れてしまっているが、松や菊は依然として残っている)〈陶潜・帰去来辞〉㋑さらに。そのうえ。程度がさらに進むようすを示す。例「学如レ不レ及、猶恐レ失レ之(がくはおよばざるがごとくして、なお(なほ)これをうしなわんことをおそれよ)」(学問は追いかけても追いつかないもののように〔懸命に努力〕して、その上さらにそれを失ってしまわないかと恐れるようにしなければならない)〈論語・泰伯〉㋒…でさえ(…なのだから、まして〜はなおさらだ)。…すら。ある主張を裏打ちするために、それより程度の低い条件とその結果を前提として示す。例「臣猶知レ之、而況君乎(しんすらなお(なほ)これをしる、いわんや(いはんや)きみをや)」(臣下でさえ知っているのだから、君においてはなおさらである)〈国語・晋〉▼「況」「而況」などと呼応する場合が多い。↓付録・同訓異義要覧「なお」
❷〈なお(なほ)…ごとし〉類似。ちょうど…のようだ。再読文字。例「過猶レ不レ及(すぎたるはなお(なほ)およばざるがごとし)」(やり過ぎてはやり足りないのと同じようなものである)〈論語・先進〉

解字  形声。犭が形を表し、酋(いう)が音を示す。猶は、てながざるの一種で、うたがいぶかい動物である。それで猶豫と熟して、ためらう意味になる。
名前 さね・より 難読 猶太(ユダヤ)
【猶疑】ゆうぎ(いう) ためらって、事をきめかねる。
【猶子】一ゆうし(いう) 兄弟の子。おいやめい。二ゆうじ(いう) 国養子。
【猶父】ゆうふ(いう) 父に対するのと同じようにする。転じて、先生をいう。〈論語・先進〉
【猶猶】ゆうゆう(いういう) ぐずぐずしてなかなか決行しない。
【猶予(豫)】一ゆうよ(いう) ①ぐずぐずして物事をきめない。ため

心(忄・⺌)戈戸(戸)手(扌)支攴(攵) 4画 文斗斤方无(旡・旡)日曰月(⺝)木欠止歹殳毋比毛氏气水(氵・氺)火(灬)爪(⺥・爫)父爻爿片牙(牙)牛(牜)➡犬(犭)

らう。猶も予も、ともに疑い深い動物の名。‖猶与 ②国期限をのばす。㊁ユイー yóuyú 現㊀の①に同じ。

【猶二魚之有一レ水】うおのみずあるがごとし 魚にとって水があるように、切っても切れない密接な関係。君臣の間の親密なたとえ。〈蜀志・諸葛亮伝〉

犬9 【猷】〔13〕標 ユウ 漢 平 尤 (イウ) yóu ユー　U補J 4518 ― 7337

犬9 【猷】〔13〕俗字　U補J ― ― ―

意味 ①〈はか・る〉㋐相談する。㋑よく考える。②〈はかりごと〉計画。③道。④したがう。⑤〈ああ〉感嘆の語。

犬9 【猧】〔12〕ワ 漢 呉 平 歌 wō ウォ　U補J ①8777 4315 7327

意味 小形の犬の名。チン。「猧子わし」「猧児わじ」

犭9 【猥】〔12〕標 ワイ 漢 上 賄 wěi ウエイ　U補J 6448 ― 7325

意味 ①多い。②つみあげる。③みだれる。「猥濫わいらん」④〈みだりに〉㋐身分にかまわず。㋑むやみに。やたらに。⑤いやしい。身分が低い。「卑猥ひわい」⑥自分を卑下することば。

【猥雑(雜)】わいざつ いりみだれて、ごたごたしているさま。乱雑。

【猥褻】わいせつ みだらなこと。男女の間の性的行為の見苦しいこと。

【猥多】わいた むやみやたらに多いこと。

【猥談】わいだん みだらな話。とりとめのない話。

【猥煩】わいはん 面倒をかける。相手に対する敬語表現。

犬9 【猹】〔12〕chá チャー　U補J ②8042 ― 7339

意味 現獣の名。あなぐまに似た獣。

犬9 【𤟱】〔12〕国字　U補J ①8776 ― 247F1

意味 〈たじひ(たぢひ)〉蛇の一種、マムシ(蝮)の古い呼び名。

犬9 【猳】〔12〕俗 ↓豭(一一八二㌻・中)

犬9 【猯】〔12〕同 ↓貒(一一八三㌻・下)

犬9 【猫】〔12〕旧 ↓猫(八〇四㌻・下)

犬9 【㺃】〔12〕同 ↓狗(八〇〇㌻・上)

犭9 【猪】〔12〕旧 ↓猪(八〇四㌻・中)

犬9 【猶】〔12〕旧 ↓猶(八〇六㌻・中)

犭10 【猿】〔13〕常 エン さる　エン 漢 平 元 (ヱン) yuán ユワン　U補J 1778 ― 733F

筆順 ノ 犭 犭 … 猿 猿 猿

意味 〈さる〉獣の名。ましら。‖猨えん

解字 形声。犭が形を表し、袁えんが音を示す。もとの字は猨で、爰は引くという意味である。手で木の枝を引っぱるけもので、さるをいう。

姓 猿子まし・猿山さやま・猿島さしま　地名 猿島さしま

難読 猿公えてこう・猿子まし

【猿猴】えんこう さる。猴も、さるの意。

【猿愁】えんしゅう さるが悲しげになく声。

【猿嘯】えんしょう さるのなき声。

【猿狙】えんそ さる。狙は、てながざる。

【猿臂】えんぴ さるのようにからだのわりに長いうで。弓を引くにつごうがよい。‖猨臂

【猿狖】えんゆう さる。狖はおながざる。

【猿楽(樂)】さるがく 国①即席の余興。茶番狂言。②田楽でんがくと並び行われた中世の芸能。能楽のうがくの源流となった。散楽さんがく。‖申楽

【猿轡】さるぐつわ 国声を出させないために、口にかませておく布など。

▽犬猿けんえん・意馬心猿いばしんえん

(猿楽②)

犬10 【獃】〔14〕ガイ 漢 平 灰 ái アイ　U補J ― 4324 7343

意味 幼稚で、物のわきまえのないこと。おろか。

犬10 【猾】〔13〕カツ 漢 入 黠 (クヮツ) huá ホワ　U補J 6449 ― 733E

意味 ①みだれる。「猾乱かつらん」②わるがしこい。「猾民かつみん」「狡猾こうかつ」③わるがしこい人。

【猾悪(惡)】かつあく わるがしこい。猾獪かっかい。

【猾横】かつおう わるがしこくて粗暴。

【猾獪】かっかい 「猾悪かつあく」に同じ。

【猾賊】かつぞく わるがしこく、人をきずつける。

【猾吏】かつり わるがしこい役人。

犬10 【獄】〔14〕常 ゴク　ギョク 漢 ゴク 呉 入 沃 yù ユィ　U補J 2586 ― 7344

筆順 ノ 犭 犭 … 獄 獄

意味 ①うったえる。訴訟そしょうする。②訴訟。③〈ひとや〉ろうや。罪人を入れる所。「牢獄ろうごく」④さばく。しらべる。⑤裁判。「獄辞ごくじ」⑥つみ。罪状。

解字  会意。犭は犬で、獄は、犾と言とを合わせた字。犾は二ひきの犬。言は、ものをいうこと。獄は、二ひきの犬が向き合って、声を立ててあらそうこと。あるいは、裁判で論争の結果、罪人をおしこめる場所で、二ひきの犬は、番をする意ともいう。裁判でがんばることから、固いという意味がある。

【獄掾】ごくえん 「獄吏ごくり」に同じ。

【獄犴】ごくかん ①牢獄。②訴訟。裁判。③刑罪を定める法律。獄豻ごくかん。

【獄辞(辭)】ごくじ 法廷で被告が自白したことば。

【獄舎】ごくしゃ 罪人を入れる所。獄屋ごくや。獄牢ごくろう。

【獄囚】ごくしゅう ろうやにいれられている罪人。

【獄胥】ごくしょ 「獄吏ごくり」に同じ。

【獄訟】ごくしょう うったえ。あらそい。

【獄訴】ごくそ 罪をうったえる。うったえ。

【獄窓】ごくそう ①ろうやのまど。鉄窓。②ろうやのうち。獄中。獄内。

【獄卒】ごくそつ ①囚人を取り扱う下級役人。②仏地獄で死者をいじめる鬼。

【獄丁】ごくてい ろうやの番人。看守。獄卒。

【獄道】ごくどう 国①悪いことをする。また、その人。②身持ちがわるく、酒色にふける者。‖極道「獄道者ごくどうもの」

【獄法】ごくほう 裁判に関する法律。

【獄房】ごくぼう 罪人の入れられている室。

【獄門】ごくもん ①ろうやの門。②国江戸時代の刑罰の名。死刑囚の首を、獄門または刑場に作った木製のたなにさらしたこと。さらしくび。

【獄吏】ごくり ろうやの役人。獄胥ごくしょ。

▽入獄にゅうごく・下獄げごく・出獄しゅつごく・囚獄しゅうごく・地獄じごく・牢獄ろうごく・投獄とうごく・典獄てんごく・脱獄だつごく・監獄かんごく・疑獄ぎごく

犭10 【獅】〔13〕人 標 シ 漢 呉 平 支 shī シー　U補J 2766 ― 7345

意味 猛獣の名。ライオン。「獅子」

【獅子】しし ㊀①食肉獣の猛獣。ライオン。②国獅子頭ししがしらの略。獅子の頭にかたどって木で作ったかぶりもの。獅子舞ししまいに用いる。③国「獅子舞」の略。㊁シーツー shīzi 現㊀の①に同じ。

【――吼】ししく ①獅子がほえること。②仏の説法が、悪魔・外道げどうを恐れ従わせること。〈涅槃経ねはんぎょう〉③大いに弁舌をふるうさま。

【――国(國)】ししこく スリランカの古称。

【――座】ししざ ①仏の座席。②高僧の座席。③星座の名。乙女おとめ座の西方にある。主星はレグルス。(↓付録「二十八宿略

心(忄・⺗)戈戸(戶)手(扌)支攴(攵)
4画
文斗斤方无(旡・旡)日曰月(⺝)木欠止歹殳毋比毛氏气水(氵・氺)火(灬)爪(爫・⺥)父爻爿片牙(牙)牛(牜)犬(犭)

図」）【―身中虫(蟲)】 ①内部にあって、味方に害をなす悪人や災い。②㊀獅子の身体に寄生する害虫のように、仏の弟子でありながら、仏法を害する者。〈梵網経〉【―舞】 国獅子頭をかぶって舞う舞楽。【―奮迅之勢】 ㊀獅子があばれまわるように、全身の力をふりしぼって動き働くさま。〈大般若経〉

犬10【猻】〔13〕 ソン㊥㊞ 元 sūn スン　U 7 3 3 B　補 ―　J 4 3 2 2
意味 獣の名。さる。「猴猻」

犬10【猽】〔13〕 ベイ㊥ ミョウ(ミャウ)㊐ メイ㊞ ㊞ 青 míng ミン　U 7 3 3 D　補 ②8 0 4 6　J 4 3 2 3
意味 ちいさいぶた。

犬10【猺】〔13〕 ヨウ㊥(エウ) ㊞ 蕭 yáo ヤオ　U 7 3 3 A　補 ―　J 4 3 2 1
意味 ①獣の名。②獏猺は、犬の一種。③中国西南の少数民族の名。ヤオ族。＝瑤(瑶)

犬10【猽】〔13〕 mǎ マー　U 7 3 4 1　補 ―　J ―
意味 現 猛猽は、古代のマンモス象。毛象。

犬10【獉】〔13〕 同 ↓榛(六五九ジ・下)

犬11【獍】〔14〕 ケイ㊥ キョウ(キャウ)㊐ ㊞ 敬 jìng チン　U 7 3 4 D　補 ―　J 4 3 2 5
意味 想像上の悪獣の名。とらやひょうに似て小さく、生まれたばかりでその母(一説に父)を食べるという。

犬11【獒】〔15〕 ゴウ㊥(ガウ) ㊞ 豪 áo アオ　U 7 3 5 2　補 ②8 0 4 7　J 4 3 2 7
意味 大形の猛犬。人のいうことをよくきく犬。

犬11【獐】〔14〕 ショウ㊥(シャウ) ㊞ 陽 zhāng チャン　U 7 3 5 0　補 ①8 7 8 0　J 4 3 2 6
意味 のろ。鹿の一種。

犬11【獏】〔14〕 一ボ㊥ 二バク㊥ 一㊞ 虞 mú ムー 二㊂ 陌 mò モー　U 7 3 4 F　補 ―　J 6 4 5 1
意味 一獣の名。熊に似ている。＝貘 二獣の名。哺乳動物。ばく。＝貘 国〈ばく〉夢を食うという伝説上の獣の名。

犬11【獘】〔15〕 本 ↓奨(三三三ジ・中)

犬11〖黙〗↓黒部四画(一四四六ジ・下)

犬12【獟】〔15〕 一カイ㊥ 二キ㊥ 一㊤ 泰 hài ハイ 二㊞ 支 huī ホイ　U 3 E 9 4　補 ②8 0 4 8　J ―
意味 一獣の名。二獏獟は、伝説上の怪獣の名。人に似る。ボロを着て、とらのつめを持ち、人の脳を食べるという。
参考 和訓は、「おけざる」。

犬12【獝】〔15〕 一キツ㊥ 二イツ㊥ 一㊂ 質 xù シュイ 二㊂ 質 yù ユイ　U 7 3 5 D　補 ―　J 4 3 3 0
意味 一①くるう。「狂獝」②鳥がおどろいてとびたつ。二獣の走るさま。あわてる。

犬12【獟】〔15〕 一キョウ㊥(ケウ) 二キョウ㊥(ケウ) 一㊤ 嘯 yào ヤオ 二㊞ 蕭 xiāo シアオ　U 7 3 5 F　補 ―　J 4 3 3 2
意味 一猛犬。狂犬。二勇猛。あらあらしい。「獟悍」

犬12【獗】〔15〕 ケツ㊥ ㊂ 月 jué チュエ　U 7 3 5 7　補 ―　J 6 4 5 3
意味 苦しくなる。勝手にふるまう。「猖獗」

犬12【獣】〔16〕 常 ジュウ けもの　U 7 3 6 3　補 ―　J 2 9 3 5
旧字 犬15【獸】〔19〕 人 シュウ(シウ)㊥ シュ㊐ ジュウ(ジウ)㊞ ㊤ 宥 shòu ショウ　U 7 3 7 8　補 ―　J 6 4 5 7

筆順

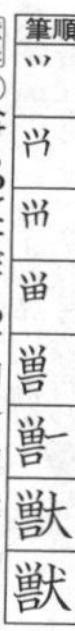

意味 ①〈けもの〉〈けだもの〉四足の哺乳動物。多く野生のものをいう。②ほし肉。③狩りをする。

解字  会意。嘼と犬とを合わせた字。嘼は、養い守ること。獣は家を守る犬をいう。また、嘼は、家畜のことで、獣は、けものの総称であるともいう。一説に、獣は、形声文字で、犬が形を表し、嘼が音を示すという。

【獣医(醫)】 ①官名。家畜の病気の治療をつかさどる。②家畜の病気をなおすことを専門とする医者。
【獣檻】 獣を入れるおり。獣圏。
【獣畜】 一獣として養う。転じて、まるで獣を飼うように、愛するだけで尊敬しないこと。二野獣と家畜。
【獣行】 獣のような行い。人道にはずれた行為。
【獣骨文】 殷代に獣の骨に刻みつけた文字。
【獣心】 獣のような、いやしい心。道徳をかえりみない、むごい心。
【獣性】 ①獣の性質。②人間の心にひそむ、動物的な性質。③むごい性質。
【獣炭】 ①獣骨を焼いて作った炭。骨炭。②粉炭をねって獣の形に作ったもの。
【獣蹄】 獣のひづめ。獣の足あと。
【獣欲(「慾」)】 動物的な欲望。特に野蛮な性欲。
〖逐レ獣者目不レ見二太山一〗 獣を追う者はその獣ばかりに目を奪われ、太山のような大きな山が目の前にあっても見えない。利欲に迷う者は、利欲にとらわれ、道理を忘れることのたとえ。〈淮南子・説林訓〉
〖率レ獣食レ人〗 獣を連れてきて、人を食わせる。残虐な政治をいう。〈孟子・梁恵王上〉
◆百獣・怪獣・野獣・禽獣

犬12【獘】〔16〕 ヘイ㊥ ㊤ 霽 bì ピー　U 7 3 5 8　補 ―　J 4 3 2 9
意味 ①獣の名。きつねの一種。②＝弊(四四四ジ・下)

犬12【獠】〔15〕 一リョウ㊥(レウ) 二ロウ㊥(ラウ) 一㊞ 蕭 liáo リアオ 二㊦ 皓 lǎo ラオ　U 7 3 6 0　補 ―　J 4 3 3 3
意味 一狩り。夜の狩り。二中国西南部に住んでいた少数民族の古名。
【獠猟(獵)】 狩り。狩猟。
【獠洞】 獠族の住んでいるほら穴。獠族は中国の西南部に住んでいた民族。
【獠面】 獠族のような顔つき。人のみにくい顔だちをののしることば。

犬12【獞】〔15〕 zhuàng チョワン　U 7 3 5 E　補 ―　J 4 3 3 1
意味 現 中国西南部に住む少数民族。チワン族。後に僮に改め、今は、「壮族」と書く。

犬12【獖】〔15〕 俗 ↓獖(八〇九ジ・中)

犬12〖憖〗↓心部十二画(四九九ジ・中)

犬13【獪】〔16〕 カイ㊥(クワイ) ㊤ 泰 kuài コワイ　U 7 3 6 A　補 ―　J 6 4 5 4

意味〈わるがしこ・い(――・し)〉ずるい。「狡獪」

【獪猾】わるがしこい。猾獪。狡猾。

犬13【獬】〔16〕カイ 漢 上 蟹 xiè シエ
意味 ①強いさま。②獬豸は、㋐牛に似た神獣。不正な人物を見わけ、これをかむという。㋑裁判官の冠。
U 7 3 6 C 補 4 3 3 8 J ②8 0 5 0

犭13【獲】〔16〕常 カク える
旧字 犬14【獲】〔17〕カク(クヮク) 漢 入 陌 huò フオ ギャク 呉
U 7 3 7 2 J 1 9 4 5

筆順 犭 犷 犷 犷 犷 犷 獾 獲

意味 ①〈える(う)〉㋐猟をして鳥獣をとらえる。㋑手に入れる。㋒奪いとる。㋓農作物を収穫する。②えもの。㋐猟でとったもの。㋑とりこ。捕虜。

解字 形声。犭が形を表し、蒦が音を示す。犭は犬。蒦は、外からかこんでつかむ意味。獲は、犬を使って「かり」をして、動物を捕らえること。

【獲罪】一 罪にあたる。罪人になる。
【獲得】一 ①手に入れる。②捕らえる。二 huòdé 現一の①に同じ。
【獲麟(麟)】①魯の哀公が、西に狩りをして麒麟(聖人の治める世に現れるという動物)を得たという故事。②文を書くことをやめる。また、臨終のこと。孔子が、「西に狩りして麟を獲たり」という句で「春秋」を書く筆をとどめたことによる。〈春秋・哀公〉
◆捕獲・漁獲・濫獲

犬13【猲】〔16〕一 カツ 漢 一 入 曷 gé コー 二 カツ 漢 二 入 曷 xiē シエ 三 リョウ(レフ) 漢 呉 三 入 葉 liè リエ
U 7 3 6 6 補 4 3 3 4 J ①8 7 8 1
意味 一 猲狚は、伝説上の獣の名。おおかみに似て、赤い頭、ねずみの目をし、ぶたのようになく。二 口の短い犬。三 狩りをする。=獵

犬13【獧】〔16〕ケン 漢 去 霰 juàn チュワン
U 7 3 6 7 補 4 3 3 5 J ―
意味 ①犬がはねる。②はやい。③自分の考えをまもる。かたくなである。

【獧者】あまりまじめすぎて、一般の人々と折り合わない者。〈孟子・尽心下〉

犬13【獫】〔16〕ケン 漢 上 琰 xiǎn シエン
U 7 3 6 B 補 4 3 3 7 J ②8 0 4 9
意味 ①口の長い犬。②民族の名。=獫狁

【獫狁】周代、北の地方にいた異民族の名。周以前は獯鬻、漢以後は匈奴といった。=獫允・玁狁

犬13【獟】〔16〕ショウ(セウ) 漢 呉 平 蕭 sāo サオ
U 2 4 8 9 6 補 ― J ②8 0 5 1
意味 山獟は、西方の深山に住む人に似た怪物。山鬼ともいう。

犬13【獖】〔16〕一 フン 漢 一 平 文 fén フェン 二 ホン 漢 二 上 阮 běn ペン 三 フン 漢 三 上 吻 fěn フェン
U ― 補 ― J ―
犬12【豮】〔15〕俗字
U 7 3 5 6 補 4 3 2 8 J ―
意味 一 去勢したぶた。また、去勢する。=豶 二 犬の一種。番犬。三 羊の名。獖羊は、怪獣の名。

犬13【獩】〔16〕ワイ 漢 去 隊 huì ホイ
U 7 3 6 9 補 4 3 3 6 J ―
意味 獩貊は、むかし朝鮮半島・中国東北部に住んでいた民族。

犬13【獨】〔16〕旧 ↓独(八〇一ページ・下)

犬14【獯】〔17〕クン 漢 平 文 xūn シュン
U 7 3 6 F 補 4 3 4 0 J ②8 0 5 3
意味 獯鬻は、古代北方民族の名。夏の時代には獯鬻、周代には玁狁、漢以後は匈奴といった。

犬14【獮】〔17〕セン 漢 上 銑 xiǎn シエン
U 7 3 6 E 補 4 3 3 9 J ②8 0 5 2
意味 ①〈かり〉秋の猟。②殺す。「獮撃」

犬14【獰】〔17〕ドウ(ダウ) 漢 平 庚 níng ニン
U 7 3 7 0 補 ― J 6 4 5 6
意味 ①わるい。姿や性質がにくにくしい。「獰悪」②狰獰は、犬に毛の多いさま。

【獰悪(惡)】にくにくしくわる強い。
【獰颷】おそろしい風。大風。
【獰猛】荒々しくわる強い。獰悪。

犬14【獱】〔17〕ヒン 漢 平 真 bīn ピン
U 7 3 7 1 補 4 3 4 1 J ②8 0 5 4
意味 かわうそ。猵獺。=猵「獱獺」

犬14【獴】〔17〕ボウ 漢 平 東 měng モン
U 7 3 7 4 補 ― J ―
意味 獣の名。マングースの類。

犬14【獲】〔17〕旧 ↓獲(本ページ・上)

犬14【獵】〔17〕同 ↓獵(八〇五ページ・中)

犬15【獷】〔18〕一 コウ(クヮウ) 漢 一 上 養 guǎng コワン 二 ケイ 漢 二 上 梗 jǐng チン
U 7 3 7 7 補 4 3 4 2 J ②8 0 5 5
意味 一 ①荒々しい。「獷獣」②悪い。③あらい犬。猛犬。二 覚悟のようす。=憬

【獷悪(惡)】荒々しくて悪い。わる強い。
【獷悍】荒々しくて、ひどく強い。
【獷獷】凶悪で粗暴なさま。
【獷俗】荒々しい風習。
【獷戾】行動が荒々しく道理にはずれている。悍戾。

犬15【獸】〔19〕旧 ↓獣(八〇〇ページ・中)

犬15【獵】〔18〕旧 ↓猟(八〇五ページ・上)

犬16【獺】〔19〕タツ 漢 入 曷 tǎ ター ダツ 慣
U 7 3 7 A 補 ― J 6 4 6 0
意味 〈かわうそ(かはうそ)〉獣の名。いたちに似た動物で、水辺に住み、水中にもぐってよく魚をとる。

【獺祭】①かわうそが、自分の捕らえた魚を、祭りの供え物のように並べたてること。②詩文を作るとき、多くの参考書を広げちらすこと。また、故事を多くひくこと。③唐の李商隠の呼び名。

犬16【獹】〔19〕ロ 漢 平 虞 lú ルー
U 7 3 7 9 補 4 3 4 3 J ―
意味 中国、戦国時代、韓のすぐれた犬の名。

犬16【獻】〔20〕旧 ↓献(八〇五ページ・下)

犬17【獼】〔20〕ビ 漢 平 支 mí ミー
U 7 3 7 C 補 4 3 4 4 J ①8 7 8 2
意味 さる。おおざる。「獼猴」「獼猿」

犬17【飆】(一三八五ページ・中)↓風部十二画

犬19【玀】〔22〕ラ 漢 平 歌 luó ルオ
U 7 3 8 0 補 4 3 4 5 J ―

心(忄・⺗)戈戸(戶)手(扌)支攴(攵) 4画 文斗斤方无(旡・旡)日曰月(⺝)木欠止歹殳毋比毛氏气水(氵・氺)火(灬)爪(爫・⺥)父爻爿片牙(牙)牛(牜)犬(犭)←

意味 玀玀は、中国西南の少数民族。今の彝族。

犬20【玃】〔23〕 キャク漢 カク(クヮク)呉 入 薬 jué チュエ J 4347 補 ― U 7383

意味 ①大ざる。②手でつかむ。玃猱。

【玃猴】 さる。

【玃鳥】 たけだけしい鳥。鷹・隼など。〈老子・五十五〉

犬20【玁】〔23〕 ケン漢 上 琰 xiǎn シエン J ②8056 補 4346 U 7381

意味 玁狁は、北方の少数民族。↓獯(八〇九ジ・中)

5画 玄部 げん

【部首解説】「亠」と「幺」が合わさり、「奥深くはるかなさま」を表す。この部には、「玄」の形を構成要素とする文字が属する。

玄0【玄】〔5〕 常 ゲン ケン漢 ゲン呉 平 先 xuán シュワン J 2428 補 ― U 7384

筆順 丶 亠 ナ 玄 玄

意味 ①〈くろ〉黒い色。赤黒い色。「玄雲」②〈くろ・い(―・し)〉③北。北方。④天。そら。「玄象」⑤奥深い。「玄妙」⑥しずか。「玄静」⑦道家が説く奥深い道理の形容。「玄門」「玄牝」⑧姓。

解字 会意。亠と幺とを合わせた字。亠は、物をおおう形。幺は、かすかなこと。玄は、かすかなものをおおうことで、くらい、よく見えないの意味になる。そこから、はるかに遠いこと、あるいは、赤みのかかった黒色をいう。

名前 しず・つね・とお・とら・のり・はる・ひろ・ふか・しずか・はじめ・はるか・ひかる・ふかし

難読 玄人(付表)/玄能・玄孫

【玄衣】 赤味をおびた黒色の衣。

【玄遠】 奥深く遠いさま。深い意味をもったことばなどの形容。

【玄燕】 つばめ。玄鳥。

【玄奥】 はかりしれないほど深いこと。

【玄鶴】 老いた鶴。羽が黒色になるので玄という。

【玄学(學)】 老子・荘子の学問。

【玄冠】 天子の冠。黒色に赤みをおびている。

【玄間】 空中。天空。「竜乗二是気一、茫洋窮二乎玄間一」〈韓愈・雑説〉

【玄関(關)】 ①家の正面入り口。②奥深い道理に進む入り口。仏道への入り口。③禅寺で客殿にはいる門。

【玄鑑】 すばらしい見通し。深く見通す心。

【玄旗】 赤みをおびた黒色の旗。

【玄機】 深遠な道理。

【玄穹】 大空。玄天。

【玄虚(虛)】 ①老荘の学説。②大空。

【玄教】 奥深い教え。老荘の教えをいう。

【玄月】 陰暦九月の別名。

【玄玄】 奥深い。深遠な。

【玄元皇帝】 唐代に、老子に贈った尊称。

【玄功】 ①偉大な功績。②天子の功績。

【玄黄】 ①玄は黒の意。黒い天の色と、黄色い地の色。「天地玄黄」②天地。宇宙。③美しい色。④病気。一説に馬の病気。黒毛の馬が病みつかれると黄色をおびるからいう。「我馬玄黄」〈詩経・巻耳〉

【玄曠】 心が深く大きく、私欲のないこと。

【玄旨】 ①奥深くて、なかなかさとりにくい道理。②老荘哲学の道理。

【玄酒】 水の別名。

【玄珠】 道の本体。道家で用いることば。

【玄裳】 黒いもすそ。【――縞衣】黒いもすそと白い上着。つるの形容。〈蘇軾・後赤壁賦〉

【玄氅】 黒い毛のころも。

【玄奘】 人名。唐の名僧。太宗の貞観三年、西域をへて、インドに行き、帰国後、持ち帰った経典を漢訳した。「大唐西域記」の著者。三蔵法師。(六〇〇～六六四)

【玄聖】 非常にすぐれた聖人の意で、孔子をさす。

【玄静(靜)】 きわめて静かなこと。

【玄宗】 唐の六代めの天子。睿宗の三子。はじめはりっぱな政治を行い、「開元の治」と称せられたが、後に楊貴妃への愛におぼれて政治をかえりみず、安禄山の乱をひきおこした。(六八五～七六二)

【玄孫】 孫の孫。曾孫(ひこまご)の子。

【玄端】 黒い色の礼服。周代の礼服の一つ。

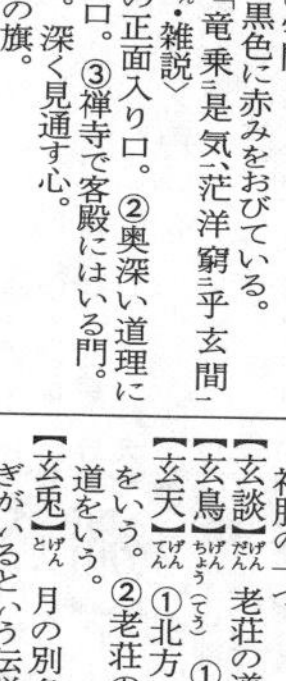

(玄 端)

【玄談】 老荘の道に関する話。

【玄鳥】 ①つばめ。②つる。

【玄天】 ①北方の天。転じて天をいう。②老荘の教えで自然の道をいう。

【玄兎】 月の別名。月にはうさぎがいるという伝説にもとづく。

【玄都】 仙人の住む所。

【玄冬】 冬のこと。玄英。

【玄同】 すべて平等で差別のない状態。他人と自分の区別がないこと。「和二其光一、同二其塵一、是謂二玄同一」(鋭い光をやわらげ包み、世俗の塵と同調してゆく。こうした態度を玄同という。)〈老子・五十六〉

【玄徳】 ①内部に深く備わっていて、外に現れない徳。②天地間を支配する奥深い道理。③三国時代、蜀の劉備の字。

【玄翁】 国鉄で造った大きな槌。石工・大工などの道具の一つ。

【玄蕃寮】 国律令制で、外国人の接待、寺院や僧尼の名簿をつかさどった役所。

【玄冰】 厚い氷。

【玄牝】 万物を生み出す道。玄は奥深い、牝は雌牛の意。万物を生み出す奥深い作用を、雌牛が子を生む作用にたとえたもの。「谷神不死、是謂二玄牝一」(谷神つまり道は死滅することがない。これを玄牝という。)〈老子・六〉

【玄武】 ①北方の神。四神(東―青竜、南―朱雀、西―白虎、北―玄武)の一つ。②北方。【――岩】火成岩の一つ。多くは暗黒色で、その質はこまかい。

【玄冕】 礼服の黒い冠。

【玄牡】 黒色の雄牛。神に供えるいけにえの牛。

【玄謨】 「玄謀」に同じ。

【玄圃】 崑崙山にあるという、神々の住む場所。

【玄謀】 奥深いはかりごと。深謀。玄謨。

【玄米】 もみがらをとっただけで、ついて白くしない米。〔白米 ↕〕

【玄妙】 奥深く知りがたくて、すばらしいこと。

【玄黙】 もの静かに黙っている。

【玄覧(覽)】 ①心を奥深いところにひそめて、万物を見ぬく。②遠い昔の文を読む。③天子がご覧になる。

【玄理】 深い道理。

5画 ➡玄玉(王)瓜(瓜)瓦甘生用田疋(⺪)疒癶白皮皿目(罒)矛矢石示(ネ)内禾穴立

『玄之又玄』(げんのまたげん) はかりしれないほど、奥深いこと。道のはてしもなく広大なさま。「玄之又玄衆妙之門」〈老子・一〉

玄 4【玅】〔9〕本↓妙(三三九ページ・上)

玄 5【玆】〔10〕ケン 漢 平 先 xuán シュワン　J 4349 補 ― U 7386

意味 ①黒い。②にごる。

参考 「玆(し・じ)」は別字。

玄 5〖畜〗↓田部五画(八三六ページ・下)

玄 6【率】〔11〕学 5 ソツ・リツ ひきいる　J 4608 補 ― U 7387

旧字 玄 6【率】〔11〕

一 シュツ 漢 ソツ 慣 一 入 質 shuài ショワイ
二 スイ 漢 呉 二 去 寘 shuài ショワイ
三 リツ 漢 リチ 呉 三 入 質 lǜ リュイ

筆順 丶 亠 亠 玄 玄 泫 泫 率

十 19【繂】〔21〕同字 J 2026 補 ― U 535B

意味 一 二 ①〈ひき・いる(―・ゐる)〉ひき従える。「統率」②〈したが・う(―・ふ)〉③〈おおむね(おほむね)〉おおかた。だいたい。④すすめる。⑤かるがるしい。急な。「軽率」「率然」⑥かしら。＝帥(すい) 三 ①きまり。標準。「彀率(こくりつ)」②計算する。

解字 会意。亠・十・幺・氺を合わせた字。幺は糸で、氺は、あみを張った形。亠と十は上下の柄で、あみのさおを表す。率は、鳥を捕らえる網である。他の説に、くず糸で作ったつなをいうとか、氺はけずること、十はまとめることで、率は、はみ出た部分をそぎとって、ひとまとめにすることであるとかいう。

名前 のり

【率更丞】(しゅっこうじょう(かう)) 官名。水時計(すいけい)をつかさどる役人。

【率爾】(そつじ) ①かるはずみ。②あわてるさま。率然。「率爾而対(そつじとしてこたう)」〈論語・先進〉

【率循】(そつじゅん) 従う。率由。

【率先】(そっせん) 人に先だって行う。＝帥先

【率然】(そつぜん) ①あわてるさま。率爾(そつじ)。②にわかなさま。

【率土】(そっと) 「率土之浜」の略。『──之浜(濱)』(そっとのひん) 国のはての海べ。陸地の続く限り。天下すべての意。「率土之浜莫レ非二王臣一」(そっとのひんおうしんにあらざるはなし)(陸地の続く限り、そこに住む民は王の臣下でない者はない。)〈詩経・小雅〉

【率服】(そっぷく) 引き連れてきて服従する。率従。

【率由】(そつゆ) 従いよる。

【率履】(そつり) 国法に従い正しく行動する。礼に従う。

【率領】(ショワイリン) shuàilǐng 現 ひきいる。統率(とうそつ)する。

◆比率(ひりつ)・引率(いんそつ)・利率(りりつ)・低率(ていりつ)・能率(のうりつ)・税率(ぜいりつ)・統率(とうそつ)・軽率(けいそつ)・円周率(えんしゅうりつ)・百分率(ひゃくぶんりつ)・因果率(いんがりつ)

玄 6〖牽〗↓牛部七画(七九六ページ・上)

5画　玉(王)部　たま　たまへん　おうへん

【部首解説】「ひもで貫いたたま」にかたどる。偏のときは「王」(四画)と記し、便宜上「王」もここに含める。この部には、玉石の種類やその美しさに関連するものが多く、「玉・王」の形を構成要素とする文字が属する。

玉 0【玉】〔5〕学 1 ギョク たま　ギョク 漢 ゴク 呉 入 沃 yù ユィ　J 2244 補 ― U 7389

筆順 一 丅 干 王 玉

意味 ①〈たま〉光沢のある美しい石。宝石。「玉石(ぎょくせき)」②美しいもの、けがれのないもののたとえ。「玉心(ぎょくしん)」③たいせつにする。助ける。④物事についての尊称。「玉文(ぎょくぶん)」国〈たま〉①まるいものの総称。②人物・物件をいう。

(玉①)

解字 王 象形。玉の石を並べて、|でつらぬいた形。三が石で、|が通したひもを表す。

姓 玉米(たまい・たまいまい)・玉作(たまつくり)・玉前(たまさき・たまえ)・玉城(たまき)・玉祖(たまのや)・玉造(たまつくり)

地名 玉名(たまな)・玉城(たまぐすく)・玉造(たまつくり)・玉野(たまの)

難読 玉筋(いかなご)・玉響(たまゆら)・玉蜀黍(とうもろこし)

参考 ①玉の古字「王」は「王(おう)」(第一・三画の間より、第三・四画のほうが長い)とは別字。②「玊(きゅう)」と「玉(ぎょく)」とを別字とする説、同字とする説とがある。

【玉案】(ぎょくあん) 玉で飾ったりっぱな机。また、机の美称。

【玉鞍】(ぎょくあん) 玉で飾ったりっぱなくら。

【玉衣】(ぎょくい) 玉で飾った衣服。また、玉を綴り合わせて作った「衣。

【玉英】(ぎょくえい) 美しい玉。宝石。

【玉詠】(ぎょくえい) 他人の作った詩歌の美称。

【玉鉞】(ぎょくえつ(ゑつ)) ①玉で飾ったまさかり。②むかし、征伐に出かける大将に、天子がその信頼を示すために与えたまさかり。

【玉音】(ぎょくおん・ぎょくいん) ①天子のおことば。②他人のことばの敬称。③楽器の美しいねいろ。④人の手紙の敬称。「おことば。手紙。」

【玉芽】(ぎょくが) 竹の子。

【玉海】(ぎょくかい) 書名。宋(そう)の王応麟(おうおうりん)が、勅命により編した類書。二百四十余の部類より成る。二百巻。

【玉檻】(ぎょくかん) 玉をちりばめ飾った、美しいてすり。

【玉顔】(ぎょくがん) ①玉のように美しい顔。美人の顔。「不レ見二玉顔一空死処(ぎょくがんをみずむなしくしせしところ)」〈白居易(はくきょい)の詩・長恨歌(ちょうごんか)〉②天子のお顔。天顔。竜顔(りゅうがん)。

【玉鏡】(ぎょくきょう(きゃう)) ①玉で作ったかがみ。②月。

【玉座】(ぎょくざ) 天子のすわる所。

【玉砕(碎)】(ぎょくさい) ①玉のように美しく砕ける。②いさぎよく死ぬ。↕瓦全(がぜん)

【玉釵】(ぎょくさい) 玉で作った美しいかんざし。

【玉札】(ぎょくさつ) ①他人の手紙の敬称。玉章。②不老長寿の薬の名。玉名泉。③宝玉をすったくず。薬品にする。玉屑(ぎょくせつ)。玉泉(ぎょくせん)。

【玉山】(ぎょくざん) ①姿の美しいたとえ。②雪の山。『──崩』(ぎょくざんくずる(くづる)) 酒に酔いくずれた形容。＝玉山頽

【玉巵】(ぎょくし) 玉で作ったさかずき。玉杯。『──無レ当(當)』(ぎょくしとう(たう)なし) 用をなさない宝物。当は底。玉で作ったさかずきも、底がなければ用をなさない。〈韓非子(かんぴし)・外儲説(がいちょせつ)〉

【玉姿】(ぎょくし) 玉のように美しい姿。玉容。

【玉珥】(ぎょくじ) 玉で作った耳飾り。

【玉璽】(ぎょくじ) 天子の印。御璽(ぎょじ)。

【玉杓】(ぎょくしゃく) 玉で作ったひしゃく。玉斗。

【玉爵】(ぎょくしゃく) 玉のさかずき。玉杯。

【玉樹】(ぎょくじゅ) ①美しい木。②姿のすぐれてりっぱな人のたとえ。③槐(えんじゅ)の木の別名。

【玉甃】(ぎょくしゅう(しう)) 玉の石だたみ。

【玉潤】(ぎょくじゅん) ①みずみずしく、美しい。②娘のむこの美称。

【玉杵】(ぎょくしょ) ①玉で作ったきね。②月の別称。③やまいも(薯蕷(しょよ))の別称。

【玉女】(ぎょくじょ(ぢょ)) ①美女。②天女。仙女(せんにょ)。神女。③他人の「むすめの尊称。」

←玄玉(王)瓜(瓜)瓦甘生用田疋(⺪)疒癶白皮皿目(罒)矛矢石示(礻)内禾穴立

5画

【玉章】ぎょくしょう（しゃう） ①他人の詩文の美称。玉簡。②他人の手紙の敬称。たまずさ。玉梓。

【玉觴】ぎょくしょう（しゃう） 玉で作ったさかずき。玉杯。

【玉簫】ぎょくしょう（せう） 宝玉で飾った簫（笛の一種）。

【玉条（條）】ぎょくじょう（でう） ①美しい木の枝。②玉のように尊ばねばならぬ、たいせつな規則。「金科玉条」

【玉乗（乘）】ぎょくじょう 玉で飾った乗り物。天子の乗り物。

【玉津】ぎょくしん ①仙人の薬の名。②口中の液。③美しい港。

【玉簪】ぎょくしん 玉のかんざし。

【玉人】ぎょくじん ①玉をみがく職人。玉工。②玉で作った人形。③玉のように美しい人。転じて、美女の意。

【玉塵】ぎょくじん（ぢん） ①降っている雪の形容。②風に散る花びらの形容。

【玉成】ぎょくせい 玉のように美しくみがきあげる。りっぱな人物にしあげる。

【玉砌】ぎょくせい 玉を敷きつめた石畳。

【玉石】ぎょくせき ①玉と石。②よいものと、悪いもの。③玉のような石。

【玉石混交（「淆」）】ぎょくせきこんこう（かう） よいものも悪いものも、区別なくいりまじっている。玉石雑糅。〈抱朴子〉

【玉折】ぎょくせつ ①玉がくだかれる。りっぱな物が失われるたとえ。②りっぱな死にかた。③りっぱな人の若死に。夭折。

【玉屑】ぎょくせつ ①仙人が不老不死の薬として用いる玉の粉。②すぐれた詩文の文句の形容。③雪の降るさま。

【玉藻】ぎょくそう（さう） ■一 ①天子の冠の前後にたれる玉の飾り。②「礼記」の編名。■二 たまも 国水草の美称。

【玉搔頭】ぎょくそう（さう）とう 玉で作ったかんざし。「翠翹金雀玉搔頭」（ひすいの髪飾り、金の雀の髪飾り、それと玉のかんざし。）〈白居易の詩・長恨歌〉

【玉体（體）】ぎょくたい 天子のおからだ。

【玉台（臺）】ぎょくだい 玉で飾った高い御殿。天子のいる所。【――新詠集】ぎょくだいしんえいしゅう（しふ） 書名。十巻。中国、南北朝時代の陳の徐陵の編。漢から梁までの恋愛詩を集めてある。

【玉墀】ぎょくち 玉石を敷いた階上の庭。墀は階段を登りつめた場所。

【玉柱】ぎょくちゅう（ちう） 玉の柱。

【玉帳】ぎょくちょう（ちゃう） 玉で美しく飾ったとばり。

【玉牒】ぎょくちょう（てふ） ①天を祭るときの祭文をしるした札。②王室・帝室の系図をしるしたもの。③歴史の書物。

【玉枕】ぎょくちん 玉で飾ったまくら。

【玉笛】ぎょくてき 玉で作った美しい笛。「誰家玉笛暗飛レ声」（だれの家で吹く笛か、どこからか、たえなる音が聞こえる。）〈李白の詩・春夜洛城聞レ笛〉

【玉殿】ぎょくでん 玉で飾った美しい宮殿。
【玉斗】ぎょくと ①玉で作ったひしゃく。酒をくむのに用いる。玉杓。「玉斗一双、欲レ与ニ亜父一」〈史記・項羽本紀〉②北斗星。
【玉兎】ぎょくと ①月の中にいるという、うさぎ。②月の別名。【――銀蟾】ぎょくとぎんせん 月の別名。銀蟾は月の中にいるという蝦蟇。
【玉桃】ぎょくとう（たう） 美しい桃の実。
【玉洞】ぎょくどう 仙人の住むほら穴。
【玉堂】ぎょくどう（だう） ①りっぱな家。②漢代の宮殿の名。また、役所の名。③宋以後、翰林院のこと。
【玉道】ぎょくどう（だう） 玉を敷きつめた道。石を敷いた道の美称。
【玉佩】ぎょくはい おびのところにつける玉。
【玉杯】ぎょくはい 玉で作ったさかずき。また、さかずきの美称。

（玉 杯）

【玉帛】ぎょくはく ①玉ときぬ。②むかし、天子にお目にかかったり、諸侯の集会のときに用いた贈り物。諸侯は玉を、諸侯の世継ぎや、属国の君は帛を贈った。
【玉箔】ぎょくはく 玉で飾ったすだれ。玉簾。珠簾。
【玉璞】ぎょくはく 掘り出したままで、まだみがきをかけてない玉。あらたま。
【玉版】ぎょくはん ①玉で作った板。また、それに文字を刻んだ貴重な書物。②つやのある上等の画仙紙。③牡丹の一種。
【玉盤】ぎょくばん ①玉で作った美しいさら。また、たらい。②月の別名。
【玉臂】ぎょくひ 美しい腕。白く玉のように美しいかいな。
【玉膚】ぎょくふ 玉のように美しい色つやの肌。玉肌。
【玉芙蓉】ぎょくふよう 国美しい富士山の意。芙蓉ははすの花。「誰将ニ東海水一濯出玉芙蓉」（だれが東海の水をもって、あの、美しい富士山を洗いだしたのだろうか。）〈柴野栗山の詩・富士山〉
【玉陛】ぎょくへい 天子の御殿の階段。玉階。
【玉篇】ぎょくへん 書名。三十巻。南北朝、梁の顧野王の著した字書。
【玉歩】ぎょくほ ①天子が歩かれること。②貴人・婦人などが歩くことの美称。
【玉房】ぎょくぼう（ばう） ①玉で飾りたてた美しいへや。②美しい花ぶさ。
【玉貌】ぎょくぼう（ばう） 玉のように美しい顔のかたち。
【玉面】ぎょくめん ①玉のように美しい顔。玉顔。②他人の顔の敬称。お顔。
【玉門関（關）】ぎょくもんかん（くわん） 今の甘粛省敦煌市の西にあった関所。漢代以後西域に通じる要所として有名。玉関。「春光不レ度玉門関」〈王之渙の詩・出塞〉
【玉容】ぎょくよう 玉のように美しい顔かたち。玉顔。「玉容寂寞涙闌干」（美しい顔もの寂しく、涙がはらはら流れる。）〈白居易の詩・長恨歌〉
【玉葉】ぎょくよう（えふ） ①天子のご一門。「金枝玉葉」②人から送られた手紙の敬称。③国藤原兼実の日記。
【玉鑾】ぎょくらん 天子の御車につけた鈴。
【玉輪】ぎょくりん 月の別名。
【玉塁（壘）】ぎょくるい 山の名。四川省理県の東南。「玉塁浮雲変ニ古今一」（玉塁山上にとぶ雲は定めなく、古今の盛衰の変を示している。）〈杜甫の詩・登楼〉
【玉輦】ぎょくれん 玉で飾った天子の乗る手車。
【玉簾】ぎょくれん ①玉で飾った、美しいすだれ。②すだれの美称。
【玉路】ぎょくろ 玉で飾った天子の車。＝玉輅
【玉輅】ぎょくろ 「玉路」に同じ。
【玉露】ぎょくろ ①玉のように美しい露。②国上等の茶。
【玉楼（樓）】ぎょくろう ①美しい高殿。玉殿。「金殿玉楼」「玉楼宴罷酔和レ春」（美しい高殿で酒宴が終わり酒に酔って春の気分にとけこむ。）〈白居易の詩・長恨歌〉②雪の積もった高殿。
【玉漏】ぎょくろう 宮中にある水時計。漏は漏刻（水時計）。
【玉盌】ぎょくわん 「玉椀」に同じ。
【玉椀】ぎょくわん 玉で作った美しい椀。＝玉盌・玉碗
【玉珂】ぎょっか（ぎょくか） 馬のくつわにつける、玉の飾り。
【玉階】ぎょっかい（ぎょくかい） 玉のきざはし。大理石の階段。【――怨】ぎょくかいえん（ゑん） 宮女の悩みをうたった、南北朝斉の謝朓、唐の李白作の詩の名。
【玉函】ぎょっかん（ぎょくかん） 玉をちりばめたりっぱな箱。玉匣。玉匱。
【玉冠】ぎょっかん（ぎょくくわん） 玉で飾った美しい冠。
【玉琯】ぎょっかん（ぎょくくわん） 玉で作った笛の一種。穴が六つある。＝玉管
【玉関（關）】ぎょっかん（ぎょくくわん） 「玉門関」に同じ。「総是玉関情」（すべてが玉関にいる夫を思う情をそそる。）〈李白の詩・子夜呉歌〉
【玉環】ぎょっかん（ぎょくくわん） ①腰につける飾りの玉の輪。②唐の玄宗皇帝の愛人、楊貴妃の幼時の字。
【玉几】ぎょっき（ぎょくき） 玉で飾った机。美しい机。玉案。

【玉肌】ぎょっき（ぎょく） ①玉のように美しい肌。美人の白い肌。玉膚。②梅。

【玉扃】ぎょっけい（ぎょく） 玉で作ったかんぬき。

【玉閨】ぎょっけい（ぎょく） 婦人のりっぱなへや。

【玉玦】ぎょっけつ（ぎょく） 丸い輪の、一部が欠けている帯玉。玦は決に通じ、決意を示す意味に用いた。「挙ニ所レ佩玉玦ニ示レ之」（帯につけていた玉玦をあげて、項羽に見せた。）〈史記・項羽本紀〉

【玉潔】ぎょっけつ（ぎょく） 玉のように、清らかなこと。

【玉闕】ぎょっけつ（ぎょく） 玉で飾った、美しい宮殿の門。闕は宮門。

【玉壺】ぎょっこ（ぎょく） 玉で作った美しいつぼ。「一片氷心在ニ玉壺ニ」（玉壺に浮かぶ氷のように清らかな心でいる。）〈王昌齢の詩・芙蓉楼送ニ辛漸ー〉

【玉匣】ぎょっこう（かふ）（ぎょく） ①玉で作った箱。②鏡を入れる箱。

【玉皇】ぎょっこう（くわう）（ぎょく） 道教で天帝をいう。玉帝。玉皇大帝。

【玉缸】ぎょっこう（かう）（ぎょく） 玉で作ったかめ。

【玉虹】ぎょっこう（ぎょく） ①にじ。②橋の美称。

【玉衡】ぎょっこう（かう）（ぎょく） ①玉をちりばめ飾った天文観測器。「璿璣玉衡」②北斗七星の中の五番めの星。また、北斗七星のこと。

【玉笏】ぎょっこつ（ぎょく） 玉で作ったしゃく。

【玉蜀黍】とうもろこし とう（たう） イネ科の一年生植物。食用にする。

【玉米】ユィーミ yùmi 現とうもろこし。

『如レ玉』たまのごとし ①美しいものの形容。②おとなしく、すなおなさま。③少ないもの、尊いもののたとえ。

『玉不レ琢（琢）不レ成レ器』たまみがかざればきをなさず どんなにりっぱな玉でも、みがきをかけなければりっぱな器となることはできない。どんなにすぐれた才能の持ち主でも、学問・修養しなければ、りっぱな人物となることができないの意。〈礼記・学記〉

『懐（懷）レ玉其罪』たまをいだいてそれつみあり つまらない人が貴重なものをもっていたため、かえって災難をひきおこす。〈左伝・桓公十〉

『攻レ玉』たまをおさむ（をさむ） 玉をみがき美しくしあげる。〈詩経・鶴鳴〉

『食レ玉炊レ桂』たまをくらい（くらひ）けいをかしぐ 物価の高いたとえ。食物や薪の値が、宝物の玉や桂より高いので、しかたなく、玉を食べ、桂を燃やして炊事をするの意。〈戦国策・楚〉

◆勾玉・宝玉・紅玉・珠玉・悪玉・善玉・替玉・親玉・繭玉

王 0

【王】

〔4〕 学1 オウ

J 1806
補 —
U 738B

筆順 一 丅 干 王

一 オウ（ワウ） 漢呉 一 平 陽 wáng ワン
二 オウ（ワウ） 漢呉 二 去 漾 wàng ワン
三 オウ（ワウ） 漢呉 三 上 養 wǎng ワン

意味 一 ①〈きみ〉天子。一国の君主。②春秋戦国時代の諸侯の自称。③爵位。㋐皇帝の一族の男子。㋑臣下の最高の爵位。④徳により天下を統一する者。↔覇。⑤かしら。相手に対する尊称。「王父」⑥大きいものをいう。「王蛇」⑦姓。二 ①王になる。②勢いが盛んである。三 ゆく。＝往。国親王でない皇族の男子。

解字 王 会意。三と丨を合わせた字。三は天地人で、丨は、それをつらぬくこと。王は、天地人をつらぬく人で、天下のすべてがつきしたがう者である。他の説に、火が地中にある形、男子の生殖器、おのの形で、天下を支配する王者のこと、ぐんと曲がって大きいこと、などがある。

名前 み・わ・たか・わか 姓 王

参考 「玉」「玊」は別字。

【王安石】おうあんせき（わう） 人名。北宋の大政治家・大文章家。唐宋八大家の一人。神宗のとき、進歩的な政治、新法を実施して、反対党から攻撃された。（一〇二一〜一〇八六）

【王維】おうい（わうゐ） 人名。盛唐の詩人。字は摩詰。玄宗・粛宗に仕えて尚書右丞となり、王右丞とも呼ばれる。「王右丞集」がある。また、絵画にたくみで南画の祖と仰がれる。（六九九〜七五九）

【王引之】おういんし（わう） 人名。清代の学者。江蘇省、高郵の人。字は伯申。王念孫の子で、文字学に詳しい。著書に「経義述聞」「経伝釈詞」がある。（一七六六〜一八三四）

【王応（應）麟（麟）】おうおうりん（わう） 人名。宋末の学者。「困学紀聞」などの著書がある。（一二二三〜一二九六）

【王化】おうか（わうくわ） 天子の情ある政治により、人々が善に化すること。

【王学（學）】おうがく（わう） 王陽明の学派の学問。

【王翰】おうかん（わう） 人名。唐、晋陽の人。王瀚とも書き、詩に巧みであった。

【王気（氣）】おうき（わう） 王者の出現する前兆として現れる気。

【王圻】おうき（わう） 人名。明代の人。字は元翰。「続文献通考」などの著がある。

【王畿】おうき（わう） 王城を中心とした千里四方をいう。周代の制度。

【王羲之】おうぎし（わう） 人名。晋の有名な書家。字は逸少。右軍とも呼ばれる。草書・隷書（今の楷書）にすぐれ、後世、書聖と仰がれた。子の献之とともに二王と呼ばれる。（三二一〜三七九諸説ある。）

【王業】おうぎょう（わうげふ） 帝王の事業。帝王として人民を治める事業。

【王荊公】おうけいこう（わう） 人名。王安石のこと。

【王月】おうげつ（わう） 正月のこと。

【王建】おうけん（わう） 人名。中唐の詩人。韓愈と親しく楽府に「すぐれていた。

【王憲】おうけん（わう） ①天子の法。国家の法律。おおやけのおきて。大法。②人名。新の王莽の臣となり、莽を殺して自立した。

【王献（獻）之】おうけんし（わう） 人名。王羲之の子。晋の有名な書家。父と合わせて、二王と称される。（三四四〜三八六）

【王権（權）神授説】おうけん（わう）しんじゅせつ 君主の権力は神から授けられたものだから、人民には反抗する権利がないとする説。帝王神権説。

【王公】おうこう（わう） 天子および諸侯。また、身分の高い人。

【王后】おうこう（わう） きさき。皇后。

【王国（國）】おうこく（わう） 王が治めている国。

【王国（國）維】おうこくい（わうゐ） 人名。清朝末、民国初期の歴史家。はじめドイツ哲学を学び、のち、歴史学に転じた。清朝の没落を悲しみ、北京郊外で入水自殺をした。「観堂集林」など著書多数。（一八七七〜一九二七）

【王佐】おうさ（わう） 帝王をたすける人物。「王佐才」「王佐之材」

【王座】おうざ（わう） ①天子のご座所。②第一等の地位。

【王粲】おうさん（わう） 人名。三国、魏の詩人。曹操に仕え、建安七子のひとりに数えられた。（一七七〜二一七）

【王師】おうし（わう） ①帝王のひきいる軍隊。②帝王の先生。

【王子】おうじ（わう） ①帝王の子。②国親王以外の皇族の男子。

【王事】おうじ（わう） ①王室（帝室）に関する事がら。②王者・天子の事業。

【王之渙】おうしかん（わうくわん） 人名。盛唐の詩人。好んで辺塞地方の風物をよんだので、辺塞詩人の名がある。（六八八〜七四二）

【王子喬】おうしきょう（わうけう） 周の霊王の太子晋。好んで笙を吹き、仙術を学び、ついに仙人となって鶴にのり、天に昇ったという。

【王士禛】おうししん（わう） 人名。王士禎の本名。清の雍正帝の名が胤禛であったので、それに対して遠慮して、いったん、士正と改め、後に士禎と改め呼んだ。

【王室】おうしつ（わう） ①帝王の家。帝室。皇室。②国家。

【王実(實)甫】(おう(わう)じっぽ) 人名。元の雑劇の作家。「西廂記」の作者。

【王士禎(禎)】(おう(わう)してい) 人名。清朝初期の大詩人。号は阮亭・漁洋山人。「精華録」「漁洋詩話」などの著書がある。王士禛。(一六三四〜一七一一)

【王者】(おう(わう)しゃ) ①天子。帝王。②博愛主義の王道により天下を治める人格の高い天子。⇔覇者 【――師】(おう(わう)しゃのし) ①天子の先生。②天子の軍隊。

【王充】(おう(わう)じゅう) 人名。後漢の学者。字は仲任。「論衡」の著者。(?〜一九二)

【王粛(肅)】(おう(わう)しゅく) 人名。三国時代。魏の学者。鄭玄の学に対抗した。「孔子家語」の偽作者。(?〜二五六)

【王守仁】(おう(わう)しゅじん) 人名。明朝の思想家・政治家。号は陽明。諡は文成。朱子学派に対し知行合一の説を唱え、陽明学派の祖となった。(一四七二〜一五二八)

【王将(將)】(おう(わう)しょう(しゃう)) 国将棋で大将格になるこま。

【王城】(おう(わう)じょう(じゃう)) ①宮城。天子の都城。②仏仏のいる所。

【王昭君】(おう(わう)しょう(せう)くん) 人名。前漢、元帝の後宮に仕えた女官。匈奴の王の求めに応じて、漢の王女の代わりに匈奴に嫁入りさせられた不運の女性。

【王昌齢(齡)】(おう(わう)しょう(しゃう)れい) 人名。盛唐の詩人。国境地帯の自然・人事をよく歌った辺塞詩人。李白とともに七言絶句にすぐれていた。

【王水】(おう(わう)すい) 理硝酸と塩酸を混ぜた液。金・白金などを溶かすことができる。

【王制】(おう(わう)せい) ①帝王の定めたきまり。②君主制。国の主権が王にある制度。③「礼記」「荀子」の編名。

【王政】(おう(わう)せい) ①帝王が行う政治。⇔共和政 ②王道によって行う政治。【――復古】(おう(わう)せいふっ(ふく)こ) 武家政治や共和政をやめて、帝王みずから行う昔の政治のやり方にかえる。

【王世貞】(おう(わう)せいてい) 人名。明の政治家・文学者。李攀竜とともに詩文の復古を主張、わが国の荻生徂徠に深い影響を与えた。(一五二六〜一五九〇)

【王先謙】(おう(わう)せんけん) 人名。清末の学者。湖南省長沙の人。曽国藩に学び、「東華録」「続皇清経解」「荀子集解」「荘子集解」などの著がある。(一八四二〜一九一七)

【王族】(おう(わう)ぞく) 帝王の一族。皇族。

【王孫】(おう(わう)そん) ①帝王の子孫。②貴族の若い子弟。貴公子。③こおろぎの別名。

【王沢(澤)】(おう(わう)たく) 天子・王者の恵み。皇沢。

【王朝】(おう(わう)ちょう(てう)) 帝王自身が政治を執る朝廷。【――時代】(おう(わう)ちょう(てう)じだい) わが国では、大化の改新から平安末期まで。

【王土】(おう(わう)ど) 国王の領地。王地。「溥天之下、莫レ非二王土一」(天の下すべてが王の土地でない所はない。)〈詩経・北山〉

【王度】(おう(わう)ど) 王者のきめた法律。王法。

【王統】(おう(わう)とう) 帝王の血筋。

【王道】(おう(わう)どう(だう)) ①帝王の行うべき道。②仁義の道(博愛と正義)によって政治をする方法。孟子が、力の政治(覇道)に対して唱えた。「養レ生喪レ死無レ憾王道之始也」(生きている者を養い、死者をとむらって心残りをなくすのが王道の第一歩である。)〈孟子・梁恵王上〉 ⇔覇道

【王念孫】(おう(わう)ねんそん) 人名。清代の学者。字は懐祖。「広雅疏証」「読書雑誌」の著がある。(一七四四〜一八三二)

【王覇(霸)】(おう(わう)は) 王者と覇者。王者は徳治主義、覇者は権力を中心として政治を行う。また、王道と覇道。

【王八】(おう(わう)はち) 人をののしる語。ばかやろう。王八蛋ワンパタン。

【王妃】(おう(わう)ひ) ①帝王のきさき。皇后。②皇族や王族の妻。

【王弼】(おう(わう)ひつ) 人名。三国、魏の学者。字は輔嗣。「老子」「易」の注釈をした。(二二六〜二四九)

【王父】(おう(わう)ふ) ①祖父の尊称。②帝王の父。⇔王母

【王夫之】(おう(わう)ふし) 人名。明朝の末、清初の学者・思想家。民本主義の政治論を唱えた。(一六一九〜一六九二)

【王母】(おう(わう)ぼ) ①祖母。②帝王の母。⇔王父

【王法】一(おう(わう)ほう(はふ)) ①国王が定めた法律。②王者が守らなければならないおきて。二(おう(わう)ぼう(ぼふ)) 仏国王の法令。政治。

【王勃】(おう(わう)ぼつ) 人名。初唐の詩人・文人。初唐の四傑(王勃・楊炯・盧照鄰・駱賓王)の一人。「滕王閣の序」の名文を作ったので有名。(六四八〜六七五)

【王命】(おう(わう)めい) 帝王の命令。

【王鳴盛】(おう(わう)めいせい) 人名。清代、江蘇嘉定の人。史学者。詩人。「十七史商榷」の著がある。(一七二二〜一七九七)

【王莽】(おう(わう)もう(まう)) 人名。前漢の平帝を毒殺して、みずから帝位につき国号を新と称した。在位十五年。後漢の光武帝に滅ぼされた。(前四五〜後二三)

【王猷】(おう(わう)ゆう(いう)) 帝王のはかりごと。帝王政治のやり方。

【王右丞】(おう(わう)ゆう(いう)じょう) 「王維」に同じ。

【王陽明】(おう(わう)よう(やう)めい) 「王守仁」に同じ。

【王旅】(おう(わう)りょ) 天子の軍隊。

【王仁】(わに) 人名。応神天皇の十六年(二八五)来朝した百済の学者。わが国に初めて漢籍(「論語」「千字文」)をもたらした。菟道稚郎子の師。

【王侯将(將)相寧有レ種乎】(おう(わう)こうしょう(しゃう)しょう(しゃう)いずくんぞ(いづくんぞ)しゅあらんや) 帝王・諸侯・大将・大臣は、どうして特別の人種・家がらから出るものであろうか。だれでも心がけや努力しだいでなれるものだの意。秦末の陳勝がいったことば。〈史記・陳渉世家〉

▽女王・仁王・法王・明王・帝王・勤王・親王

玉 0
【玊】〔5〕 一キュウ(キウ)漢 一去宥 xiù シウ 二シュク漢 スク呉 二入屋 sù スー U738A 補②8058 J―

意味 一二①玉をさいくする職人。玉みがき。「玊人」②きずのある玉。

参考「玉」は別字。

玉 2
【玎】〔6〕 一テイ漢 一平青 dīng ティン 二トウ漢(タウ) 二平庚 dīng ティン U738E 補4350 J―

意味 一二玉の鳴る音。

玉 2
【玐】〔6〕 ハツ漢 ハチ呉 入黠 bā パー U7390 補4351 J―

意味 玉から生じる音。

王 2
〖全〗→入部四画(七二ページ・下)

王 2
〖匡〗→匸部四画(一八八ページ・中)

玉 3
【玗】〔7〕 ウ漢 ウ呉 平虞 yú ユィ U7397 補4354 J―

意味 玉のように美しい石。

玉 3
【玕】〔7〕 カン漢 平寒 gān カン U7395 補4353 J①8783

意味 琅玕は、玉に似た美しい石。

玉 3
【玘】〔7〕 キ漢 上紙 qǐ チー U7398 補4355 J②8060

意味 ①玉の名。②腰のベルトにつける玉。佩玉。

王 3
【玖】〔7〕 人 キュウ(キウ)漢 ク呉 上有 jiǔ チウ U7396 補― J2274

意味 ①玉に次いで美しい、黒い石。②九の大字。

解字 形声。王が形を表し、久が音を示す。王は玉で、玖は玉に次ぐ黒色の美しい石。
名前 き・たま・ひさ 地名 玖珂・玖珠
参考 書きかえなどを防ぐため、九の代りに用いられる。

玉3【玔】〔7〕 セン 漢 去 霰 chuàn チョワン
U 7394 補 ― J ②8059
意味 〈たまき〉輪の形をした玉。玉環。＝釧

玉3【玓】〔7〕 テキ 漢 入 錫 dì ティー
U 7393 補 ― J 4352
意味 玓瓅は、真珠の光沢。また、かがやくさま。

王3〖弄〗（四四四ページ・中）↓廾部四画

玉3〖瓩〗（三九二ページ・中）↓尢部四画

玉4【玠】〔8〕 カイ 漢 去 卦 jiè チエ
U 73A0 補 4359 J ①8785
意味 諸侯として命じた印に与える玉。径、一尺二寸。

玉4【玪】〔8〕 一カン 漢 平 咸 jiān チエン 二ケン 漢 平 塩 qián チエン 三リン 漢 平 侵 lín リン 四ギン 漢 平 侵 yín イン
U 73AA 補 4363 J ―
意味 一玪塾は、玉についで美しい石。二玉の名。三美しい玉。＝琳 四玉の名。

王4【玩】〔8〕 常 ガン ガン(グヮン) 漢 呉 去 翰 wán ワン
U 73A9 補 ― J 2065
筆順 一 丅 干 王 王一 王二 王亓 玩
意味 ①〈もてあそ・ぶ〉おもちゃにする。なぐさみにする。「玩愛」②なぐさみとする物。③めでる。珍しがる。珍重する。「賞玩」④なれる。反復してなれ親しむ。⑤深く味わう。研究する。「玩習」⑥あなどる。
解字 形声。王が形を表し、元が音を示す。王は玉、貴石をいう。元・兀は人の頭の象形。玩は、翫・翫と書くこともあり、もてあそぶ意味を表す。
【玩詠】 意味をよく味わってうたう。
【玩好】 もてあそび、好む。また、好むもの。
【玩索】 よく読んで意味を考え求める。
【玩辞(辭)】 ことばをもてあそび、親しむ。
【玩読(讀)】 ①意味をよく味わいながら読む。②内容を批判しないで、ただいたずらに読みふける。
【玩物喪志】 無用なものをもてあそんで、たいせつな本心を失ってしまう。〈書経・旅獒〉
【玩味】 ①食物の味をよくかみ味わう。②詩文のあじわいをよく理解する。
【玩弄】 もてあそび、おもちゃにする。弄玩。
【玩児(兒)】 wánr 現 ①遊ぶ。②娯楽活動をする。
◇愛玩・賞玩

玉4【玦】〔8〕 ケツ 漢 入 屑 jué チュエ
U 73A6 補 4362 J ①8787
意味 ①帯につける玉。C字形のもので、決断の意志を示す。②弓を射るとき、右手の親指にはめるもの。ゆがけ。
【玦環】 半円形の玉の輪。

玉4【玥】〔8〕 ゲツ 漢 入 月 yuè ユエ
U 73A5 補 4361 J ②8063
意味 伝説上の超能力をもつ珠。神珠。

玉4【玜】〔8〕 コウ 漢 平 東 hóng ホン
U 739C 補 4356 J ②8061
意味 玉の名。

玉4【玢】〔8〕 ヒン 漢 平 真 bīn ピン
U 73A2 補 4360 J ①8786
意味 玉に模様のあるさま。「玢豳」

玉4【玭】〔8〕 ヒン 漢 平 真 pín ピン
U 73AD 補 4365 J ―
意味 真珠。また、かいの名。

玉4【玞】〔8〕 フ 漢 平 虞 ブ 呉 fū フー
U 739E 補 4357 J ②8062
意味 珷玞は、玉のように美しい石。

石4〔砆〕〔9〕 同字
U 7806 補 4747 J ②8231

玉4【玤】〔8〕 ホウ 漢 上 講 bàng パン
U 73A4 補 ― J ―
意味 ①玉に次ぐ美しい石。②河南省の地名。

玉4【玫】〔8〕 バイ 漢 平 灰 マイ 呉 méi メイ
U 73AB 補 4364 J ①8788
意味 玫瑰は、①美しい赤色の玉。②真珠。③植物の名。ばら。はまなし。

玉4【玨】〔8〕 同 ↓珏（本ページ・下）

玉4【玟】〔8〕 同 ↓珉（八一六ページ・下）

玉4〖尪〗（三九二ページ・上）↓尢部四画

玉4〖枉〗（六二五ページ・上）↓木部四画

玉5【珆】〔9〕 一イ 漢 平 支 yí イー 二タイ 漢 平 灰 tāi タイ
U 73C6 補 4373 J ―
意味 一玉のように美しい石。二①玉の名。②竜の文様をもつ圭（将棋の駒に似た形をした玉）。

王5【珂】〔9〕 人 標 カ 漢 呉 平 歌 kē コー
U 73C2 補 ― J 1849
意味 ①玉の一種。白瑪瑙。②くつわ貝。馬のくつわを飾るのに用いる。③くつわの飾り。

王5【珈】〔9〕 人 カ 漢 平 麻 jiā チア
U 73C8 補 ― J 6461
意味 婦人のかみかざり。国珈琲は、コーヒーのあて字。

玉5【珏】〔9〕 カク 漢 入 覚 jué チュエ
U 73CF 補 4377 J ①8790
意味 一対の玉。

玉4〔玨〕〔8〕 同字
U 73A8 補 ― J ②8064

玉5【玵】〔9〕 一ガン 漢 平 覃 án アン 二カン 漢 平 寒 gān カン
U 73B5 補 4366 J ②8065
意味 一美しい玉。二＝玕

玉5【玹】〔9〕 ケン 漢 平 先 xuán シュワン
U 73B9 補 4368 J ②8067
意味 ①玉の色。②玉についで美しい石。

玉5【玽】〔9〕 コウ 漢 上 有 ク 呉 gǒu コウ
U 73BD 補 4370 J ―
意味 ①玉のように美しい石。②玉の名。

王5【珊】〔9〕 人 標 サン 漢 平 寒 シャン 呉 shān シャン
U 73CA 補 ― J 2725
意味 ①珊瑚は、珊瑚虫の骨が海底に集積して石状に変化したもの。加工して装飾品にする。②槃珊は、よろめき歩くようす。
国〈サンチ〉「センチメートル」の略音訳。
名前 さん・さぶ

玉5〔珊〕〔9〕 同字
U 補 J

玉6〔珊〕〔10〕 同字
U 補 J

玉5〔珊〕〔9〕 同字
U 補 J

【珊瑚礁】 珊瑚虫の骨が集まってできた海中の岩、または島。
【珊珊】 ①腰にさげた玉の音。②鈴の音のすんださま。③「女子が着物をひいて歩くさま。」

玉5【玼】〔9〕 一セイ 漢 上 薺 cǐ ツー 二シ 漢 平 支 cī ツー
U 73BC 補 4369 J ②8068
意味 一あざやか。「玼玼」二①玉のきず。②玼吝は、欠

点。心の卑しいこと。

玉5【玿】〔9〕ショウ漢平蕭（セウ） sháo シャオ U補J ②8069 4371 73BF
意味 美しい玉。

玉5【珅】〔9〕シン漢呉平真 shēn シェン U補J ②8070 4372 73C5
意味 玉の名。

玉5【玳】〔9〕タイ漢去隊 dài タイ U補J 6462 73B3
意味 玳瑁(たいまい)は、海亀(うみがめ)の一種。その甲羅(こうら)は装飾品に用いられる。鼈甲(べっこう)。＝瑇(たい)

王5【珍】〔9〕常 チン めずらしい チン漢呉平真 zhēn チェン U補J 3633 73CD

筆順 一 丅 干 王 王' 玪 珍 珍 珍

玉5【珎】〔9〕俗字 U補J 6463 73CE

意味 ①宝玉のなかのもっともすぐれたもの。②〈めずらし・い（めづら・し）〉めったにない。貴重な。「珍書」「珍木」③おいしい食物。「珍味(ちんみ)」④たっとぶ。⑤重んじる。

解字 形声。王が形を表し、㐱(てん)が音を示す。王は宝玉。㐱は、密度の濃い髪。珍は、きめのこまかい玉で、重く、貴重な宝玉。一説に、㐱は、善とか純とかの意味で、珍は、色にまじりけのない、よい玉をいうとする。音チンは、㐱の音テンの変化。

名前 うず・くに・くる・たか・はる・よし 姓 珍(ちぬ)・珍奴(ちぬ)

【珍愛】(ちんあい) 珍しがり、愛する。

【珍華(華)】(ちんか(くゎ)) 珍しくて、美しい。

【珍貨】(ちんか(くゎ)) 珍しい宝物。

【珍嘉】(ちんか) 珍しくて、よい。

【珍客】(ちんかく・ちんきゃく) たまに来る客人。

【珍玩】(ちんがん(ぐゎん)) ①珍しがり、もてあそぶ。②珍しいおもちゃ。

【珍卉】(ちんき) 珍しい草花。

【珍希(「稀」)】(ちんき) 珍しくて、種類が少ない。

【珍奇】(ちんき) 珍しく、かわっている。珍しく、まれな。珍異。

【珍巧】(ちんこう(かう)) 珍しく、うまくできている。奇巧。

【珍肴】(ちんこう(かう)) 珍しい酒の肴(さかな)。

【珍事】(ちんじ) ①珍しい事。②思いがけない事件。

【珍錫】(ちんしゃく) 珍しいいただき物。珍しいたまもの。

【珍羞】(ちんしゅう(しう)) うまい料理。珍しく、おいしい食べ物。「玉盤珍羞直万銭(ぎょくばんちんしゅうあたいばんせん)」（玉のさらにもったうまい料理は一万銭もする。）〈李白(りはく)の詩・行路難〉

【珍襲】(ちんしゅう(しふ)) たいせつにしまう。珍蔵。秘蔵(ひぞう)。

【珍什】(ちんじゅう(じふ)) 珍しい器物。珍器。

【珍書】(ちんしょ) 珍しい書物。類の少ないかわった本。珍本。奇書。

【珍説】(ちんせつ) かわった珍しい意見。珍しい話。珍談。

【珍饌】(ちんせん) 珍しくてうまい料理。珍羞(ちんしゅう)。珍膳(ちんぜん)。

【珍膳】(ちんぜん) 珍しくて、おいしい料理。珍羞(ちんしゅう)。珍饌(ちんせん)。

【珍蔵(藏)】(ちんぞう(ざう)) 宝としてたいせつにしまっておく。また、その物。秘蔵(ひぞう)。

【珍陀】(チンタ) ポルトガルからきたぶどう酒。ポルトガル語 tinto「(赤色)」のあて字。

【珍重】(ちんちょう) ①珍しい物としてたいせつにする。②手紙文で、「おからだをたいせつに」の意。③別れのあいさつのことば。さようなら。④めでたいこと。

【珍簟方牀】(ちんてんほうしょう(はうしゃう)) りっぱなすのこと、四角い寝床(しんしょう)。竹の敷き物とベッド。

【珍投】(ちんとう) 珍しい贈り物。

【珍品】(ちんぴん) 珍しい品物。

【珍聞】(ちんぶん) 珍しい評判。

【珍宝(寶)】(ちんぽう) 珍しい宝物。「珍宝尽有之(ちんぽうことごとくこれあり)」〈史記・項羽本紀(こううほんぎ)〉

【珍烹】(ちんぽう(ぱう)) 珍しい料理。珍味。珍羞(ちんしゅう)。

【珍本】(ちんぽん) 珍しい本。珍書。奇書。

【珍味】(ちんみ) 珍しい料理。おいしい食べ物。

【珍妙】(ちんみょう(めう)) 一風変わっていておかしい。

【珍無類】(ちんむるい) 国 珍しくて、他に比べるものがない。
◆袖珍(しゅうちん)・別珍(べっちん)

玉5【玷】〔9〕テン漢去豔 diàn ティエン U補J ②8066 4367 73B7
意味 ①〈か・ける（―・く）〉㋐玉に傷がつく。㋑あやまちをおかす。失敗する。②きず。㋐玉の傷。㋑欠点。③はずかしめる。「玷辱(てんじょく)」
【玷欠(缺)】(てんけつ) ①玉の一部分がかける。②欠点。おちど。玷漏(てんろう)。

王5【玻】〔9〕ハ漢呉平歌 bō ポー U補J 6464 73BB
意味 玻璃(はり)は、水晶。また、ガラス。
【玻璃】(はり) ㊀①水晶(すいしょう)。七宝の一つ。②ガラス。㊁ポーリ bōli 現 ㊀の②に同じ。

王5【珀】〔9〕入 ハク漢呉入陌 pò ポー U補J 6465 73C0
意味 琥珀(こはく)は、松などの樹脂の化石。

玉5【珌】〔9〕ヒツ漢入質 bì ピー U補J 4376 73CC
意味 刀のさやの先につける、飾りの玉。

玉5【珉】〔9〕ミン呉 ビン漢平真 mín ミン U補J ①8789 4374 73C9
玉9【瑉】〔13〕同字 U補J 7449
石9【碈】〔14〕同字 U補J 40C9
玉4【玟】〔8〕同字 U補J ①8784 4358 739F
意味 玉(ぎょく)のように美しい石。「珉玉(びんぎょく)」「珉石(びんせき)」

玉5【聊】〔9〕リュウ漢上有（リウ） liǔ リウ U補J ②8071 4375 73CB
意味 光沢のある美しい石。「璧聊(へきりゅう)」

王5【玲】〔9〕入 レイ漢平青 líng リン U補J 4672 73B2
玉24【𤫩】〔28〕同字 U補J 24AE9
意味 玉の鳴る音。「玲玎(れいてい)」「玲玲(れいれい)」

解字 形声。王が形を表し、令(れい)が音を示す。王は玉。令には、澄んできれいという意味がある。玲は、玉のたてる澄んだ音をいう。

名前 たま・あきら
【玲琅】(れいろう(らう)) 金属や玉のふれあう音。
【玲瓏】(れいろう) ①玉の鳴る、美しい音の形容。瓏玲。②玉のように、あざやかで美しい。③美しく輝くさま。

玉5【珎】〔9〕俗 →珍(本ページ・上)

玉5【珐】〔9〕俗 →琺(八二一ページ・中)

玉6【珙】〔10〕㊀キョウ漢 ㊁コウ漢 ㊀上腫 gǒng コン ㊁平東 gōng コン U補J ①8792 4381 73D9
意味 ㊀㊁①玉(ぎょく)の名。②手でかかえるほど、大きな玉。「珙璧(きょうへき)」

玉6【珦】〔10〕キョウ(キャウ)漢 コウ(カウ)呉去漾 xiàng シアン U補J 4385 73E6
意味 玉(ぎょく)の名。

玉6【珝】〔10〕ク漢上麌 xǔ シュイ U補J 4382 73DD
意味 玉(ぎょく)の名。

王6【珪】〔10〕標 ケイ漢平斉 guī コイ U補J 2330 73EA
意味 ①「圭(けい)」の古字。天子や諸侯がもつ長方形の板状の玉（ぎょく）。②珪素（けいそ）は、元素の一つ。おもに石英からできている鉱物。陶器・ガラスなど」の原料になる。

【珪石】けいせき

玉6【珩】〔10〕 コウ 漢 平 庚　(カウ) héng ホン　J ①8794 補 4387 U 73E9

意味 ①おびだま。②かんむりの飾り。

【珩璜】こう(かう)こう(くわう) ①帯にさげる玉。②徳の備わったさま。

【珩佩】こう(かう)はい 帯につける玉の飾り物。

玉6【珖】〔10〕 コウ 漢 呉 平 陽　(クヮウ) guāng コワン　J ①8791 補 4380 U 73D6

意味 ①珖琯（こうかん）は、玉（ぎょく）で作った笛。②玉（ぎょく）の名。

玉6【珓】〔10〕 コウ(カウ) 漢 去 効　キョウ(ケウ) 呉 jiào チアオ　J — 補 4379 U 73D3

意味 うらないの道具。玉（ぎょく）や貝がらなどで作り、組み合わせた二つを地上に投げて吉凶をうらなう。「杯珓（はいこう）」

玉6【珥】〔10〕 ■一 ジ 漢 ■一 上 紙 ěr アル　■二 ジ 漢 ■二 去 寘 èr アル　J 6466 補 — U 73E5

意味 ■一 ①みみだま。耳に飾る玉。「珥笄（じけい）」②剣のつば。③耳にはさむ。戴く。■二 えものの数を数えるため左耳を切りとる。

【珥璫】じとう(たう) 耳にかざる玉。＝耳璫

【珥筆】じひつ 筆をさしはさむ。昔の役人は、筆を冠の横にはさんで筆記に用いた。

王6【珠】〔10〕 常 シュ　シュ 漢 呉 平 虞 zhū チュー　J 2878 補 — U 73E0

筆順 一 T F 王 玎 玗 玝 珠

意味 〈たま〉①貝の中にできる玉。「真珠（しんじゅ）」②真珠ににた宝玉。③まるい粒状のもの。「涙珠」④美しいもののたとえ。「文の美称。」④人の詩

解字 珠　形声。王が形を表し、朱（しゅ）が音を示す。王は玉。朱はあかい色。珠は、はまぐりの中にある真珠である。一説に、朱には丸い球の意味があり、珠は、まるい玉をいうとする。

地名 珠洲（すず）　難読 数珠（じゅず）（付表）

【珠纓】しゅえい 美しい玉で飾った冠のひも。

【珠閣】しゅかく 美しい宮殿。

【珠璣】しゅき 丸い玉と、四角な玉。宝石。

【珠玉】しゅぎょく ①たま。②美しいもの。③尊いもの。④人の詩文の美称。

【珠江】しゅこう(かう) 川の名。広東（カントン）省を流れる。

【珠算】しゅざん／たまざん そろばんを用いてする計算。↕筆算

【珠珥】しゅじ 真珠で作った耳かざり。玉珥（ぎょくじ）。

【珠樹】しゅじゅ ①仙境にあるという木。②玉をちりばめたように美しい木。③雪のつもった木の形容。

【珠簪】しゅしん 玉で飾ったかんざし。

【珠翠(翠)】しゅすい 真珠と翡翠（ひすい）。

【珠唾】しゅだ 名言・佳句などの形容。

【珠璫】しゅとう(たう) 玉で作った耳飾り。

【珠貝】しゅばい こやす貝。たから貝。

【珠箔】しゅはく 玉で作ったすだれ。珠簾（しゅれん）。「珠箔銀屏邐迤開（しゅはくぎんぺいりいとしてひらく）」（玉のすだれ、銀のびょうぶがつぎつぎと開く。）〈白居易（はくきょい）の詩・長恨歌（ちょうごんか）〉

【珠履】しゅり 玉で飾ったくつ。

【珠簾】しゅれん 玉で飾ったすだれ。珠箔（しゅはく）。「珠簾暮捲西山雨（しゅれんくれにまくせいざんのあめ）」（夕暮れには玉で飾ったすだれを巻き上げて西山の雨をながめる。）〈王勃（おうぼつ）の詩・滕王閣（とうおうかく）〉

【珠楼(樓)】しゅろう 玉で飾りたてた高い建物。

『跳レ珠』たまをおどらす（をどらす） 玉をはねあげる。雨が湖の上に降ってはね返るさま。「白雨跳レ珠乱入レ船（はくうたまをおどらしみだれてふねにいる）」〈蘇軾（そしょく）・望湖楼酔書〉

◇▼文珠（もんじゅ）・念珠（ねんじゅ）・数珠（じゅず）・宝珠（ほうしゅ）

玉6【珣】〔10〕 シュン 漢 平 真 xún シュン　J ①8793 補 4384 U 73E3

意味 ①珣玗琪（しゅんうき）は、玉（ぎょく）の名。②玉器。玉（ぎょく）で作ったうつわ。

玉6【珒】〔10〕 シン 漢 平 真 jīn チン　J — 補 4378 U 73D2

意味 玉（ぎょく）の名。

玉6【珮】〔10〕 ハイ 漢 去 隊 pèi ペイ　J 6467 補 — U 73EE

意味 帯につける飾りの玉。おびだま。＝佩

（珮）

【珮珂】はいか 帯につける飾りの玉。

【珮環】はいかん(くわん) 帯につける、輪の形をした玉。

王6【班】〔10〕 学6 ハン　ハン 漢 呉 平 刪 bān パン　J 4041 補 — U 73ED

玉6【班】〔10〕 本字　J — 補 2493B U —

筆順 一 T F 王 玎 玗 玝 班

意味 ①わける。分配する。②くらい。席次。順序。「班序」「班列」③つらねる。ならべる。④ひとしい。⑤あまねく。至らぬところなく。「班告」「班治」⑥しく。敷。⑦まじる。まだら。⑧かえる。かえす。⑨群れから離れる。⑩くみ。グループ。⑪姓。

解字 班　会意。玨とりとを合わせた字。玨は、二つで一対になった玉。りは刀で二つに分ける意味。班は、一対の玉を二つに分けることで、「わける」意味。玉は、諸国の王が、天子からもらう宝玉で、天子交代の時、服従のしるしとして差し出し、天子はそれを改めて、王たちに分け与える。

名前 つら・なか

【班位】はんい(ゐ) ①列位。くらい。②同列に位する。

【班固】はんこ 人名。後漢（ごかん）の歴史家。字（あざな）は孟堅（もうけん）。父、班彪（はんぴゅう）の志を継いで、「漢書（かんじょ）」を著した。「白虎通義（びゃっこつうぎ）」もその著。年六十一で獄死。（三二～九二）

【班史】はんし 「漢書（かんじょ）」の別名。後漢（ごかん）の班固が書いた歴史の意。

【班師】はんし 軍隊を引き返させる。

【班資】はんし 地位や給料。

【班次】はんじ 席次。順序。班列。

【班爵】はんしゃく 爵位を階級の順に分ける。諸侯や大夫の序列。

【班如】はんじょ 馬の進まないさま。

【班昭】はんしょう(せう) 人名。班彪（はんぴゅう）の娘、班固の妹。兄の固の死後、「漢書（かんじょ）」の未完の部分を書きたして完成した。

【班婕妤】はんしょうよ(せふよ) 人名。前漢、成帝時代の女流詩人。その作品に「怨歌行（えんかこう）」がある。

【班長】■一 はんちょう(ちゃう) 一つの班の長。■二 バンチャン bānzhǎng 現 グループの責任者。級長。分隊長。

【班超】はんちょう(てう) 人名。班彪（はんぴゅう）の子、班固の弟。後漢（ごかん）の明帝・章帝のとき、三十一年も西域（さいいき）にあって、てがらをたてた。（三二～一〇二）

【班田収(收)授】はんでんしゅう(しう)じゅ 国家が成年の男子に一定の耕地を分け与え、死後はこれを返させた制度。中国では、隋（ずい）唐に始まり、わが国では、大化の改新の時に行われた。

【班馬】はんば ①列から別れた馬。「蕭蕭班馬鳴（しょうしょうとしてはんばなく）」（別れゆく馬も、ものさびしく鳴く。）〈李白（りはく）の詩・送二友人一（ゆうじんをおくる）〉②班固と司馬遷（しばせん）。ともに漢代の歴史家。

【班白】はんぱく しらが混じりの頭。＝半白・斑白・頒白

【班班】はんぱん ①はっきりしたさま。明らか。②車の音。③まだらなさま。

【班彪】はんぴゅう(ぴう) 人名。班固の父。「漢書（かんじょ）」を作り、完成しないうちに死んだ。（三～五四）

5画

玄玉(王)瓜(瓜)瓦甘生用田疋(⺪)疒癶白皮皿目(罒)矛矢石示(礻)内禾穴立

玉6【珧】〔10〕ヨウ 漢 平 蕭 (エウ) yáo ヤオ
意味 ①海貝の名。たいらぎ。②貝のから。弓や刀の飾りとする。③たいらぎで飾った弓の名。
J ②8073 補 4386 U 73E7

玉6【珞】〔10〕ラク 漢 呉 入 薬 luò ルオ
意味 ①瓔珞(ようらく)は、玉をつないだ首飾り。②珞珞(らくらく)は、小石などが多いようす。また、多いようす。
J 6468 U 73DE

玉6【琹】〔10〕同 →琴(八二〇ページ・中)

玉6【珊】〔10〕同 →珊(八一五ページ・下)

玉6【珱】〔10〕俗 →瓔(八二六ページ・上)

玉6【琉】〔10〕旧 →琉(八二〇ページ・上)

玉7【珴】〔11〕ガ 漢 平 歌 é オー
意味 玉器(ぎょくき)をうやうやしくささげもつさま。
補 4388 U 73F4

玉7【琀】〔11〕カン 漢 去 勘 hán ハン
意味 死者の口の中に含ませる玉(ぎょく)。＝含(がん)
補 4402 U 7400

王7【球】〔11〕学 3 キュウ たま
キュウ(キウ) 漢 グ 呉 ク 呉 平 尤 qiú チウ
J 2169 U 7403
筆順 一 丅 干 王 玎 玗 球 球
意味 ①〈たま〉㋐美しい玉。㋑玉で作った楽器。玉磬(ぎょくけい)をいう。㋒まるい玉の形のもの。「球玉(きゅうぎょく)」②数 半円の直径を軸(じく)として一回転させてできた立体。
解字 球 形声。王が形を表し、求(きゅう)が音を示す。王は玉。求には、引きあつめて丸くする意味を含む。球は、まるい玉。
地名 球美(くみ)・球磨(くま)
【球球】きゅう(きう)きゅう(きう) 角のあるさま。
【球玉】きゅう(きう)ぎょく 美しい玉。
【球場】㊀きゅう(きう)じょう(ぢゃう) 球技を行う場所。コート。グラウンド。㊁チウチャン qiúchǎng 現 ㊀に同じ。
【球琳】きゅう(きう)りん ①美しい玉。②すぐれた才能のたとえ。
◆地球(ちきゅう)・血球(けっきゅう)・気球(ききゅう)・卓球(たっきゅう)・直球(ちょっきゅう)・庭球(ていきゅう)・排球(はいきゅう)・野球(やきゅう)・撞球(どうきゅう)・蹴球(しゅうきゅう)・軽気球(けいききゅう)・籠球(ろうきゅう)

玉7【珺】〔11〕クン 漢 去 問 jùn チュン
意味 美しい玉。
J ②8076 補 4392 U 73FA

5画 玄玉(王)瓜(瓜)瓦甘生用田疋(⺪)疒癶白皮皿目(罒)矛矢石示(礻)内禾穴立

玉7【琄】〔11〕ケン 漢 上 銑 xuàn シュワン
意味 ①腰にさげる玉(ぎょく)のゆれるさま。「琄琄(けんけん)」②腰にさげる玉。佩玉(はいぎょく)。
補 4404 U 7404

王7【現】〔11〕学 5 ゲン あらわれる・あらわす
ケン 漢 ゲン 呉 去 霰 xiàn シエン
J 2429 U 73FE
筆順 一 丅 干 王 玑 玥 珇 現
意味 ①〈あらわ・れる(あらは・る)〉かくれていたものが見えてくる。②〈あらわ・す(あらは・す)〉表面に出して示す。国〈うつつ〉〈うつ・し〉①現在、目の前にある。いま。実際。②本心。正気(しょうき)。↕夢 ③生きている。
解字 形声。王が形を表し、見(けん)が音を示す。王は玉。見はみえること。現は、玉が光ってはっきり見えることで、あらわれる意味になる。
名前 み・あり
難読 現津神(あきつかみ)・現人神(あらひとがみ)
【現在】㊀げんざい ①いま。ただいま。現今。②いま、目前にある。③仏 過去と未来の間にある今。④現に行いつつある動作として、書き表す形。「現在形」↕未来・過去 ㊁シエンツァイ xiànzài 現 ㊀に同じ。
【――物】げんざいもの 国 能楽(のうがく)で実在の人をシテ(主役)とする曲。
【現実(實)】㊀げんじつ 現在の事実。現在の実状。㊁シエンシー xiànshí 現 ㊀に同じ。
【――主義】げんじつしゅぎ 現実に即して事物を処理する主義。
【現出】げんしゅつ 現れ出る。現し出す。
【現象】㊀げんしょう(しゃう) ①目の前に現れた様子。②哲 感覚器官を通して感じとったものの姿・形。↕本体・物 ㊁シエンシアン xiànxiàng 現 ㊀に同じ。
【現身】㊀げんしん ①現世のからだ。②仏の三身(法身・報身・応身)の一つ。＝現身 ㊁うつしみ 国 生きている身。今のからだ。
【現世】げんせい|げんせ|げんぜ ①今の世。この世。うつしよ。②仏 三世(さんぜ)の一つ。過去と未来の間にある今。今世(こんせい|こんぜ)。↕前世・後世(ごせ)
【現前】げんぜん 目の前にある。
【現存】げんそん|げんぞん いま現に存在する。いま、この世に残っている。
【現代】㊀げんだい ①今の時代。当世。②歴史での時代区分の一つ。↕古代 ㋐わが国ではふつう、第二次世界大戦後。㋑中国では辛亥(しんがい)革命以後。㋒西洋史では第一次世界大戦以後。㊁シエンタイ xiàndài 現 ㊀に同じ。
◆出現(しゅつげん)・示現(じげん)・再現(さいげん)・体現(たいげん)・具現(ぐげん)・実現(じつげん)・表現(ひょうげん)・夢現(ゆめうつつ)

玉7【珸】〔11〕ゴ 漢 平 虞 wú ウー
意味 琨珸(こんご)は、山の名。また、そこで産出される美石の名。＝昆吾(こんご)
J 6473 U 73F8

玉7【琇】〔11〕シュウ 漢 去 宥 (シウ) xiù シウ
意味 玉(ぎょく)に似た美しい石。琇瑩(しゅうえい)は、①美しい宝石。②光り輝いていること。
J ①8801 補 4405 U 7407

玉7【珿】〔11〕シュク 漢 入 屋 chù チュー
意味 同じように整っている。
補 4401 U 73FF

玉7【珹】〔11〕セイ 漢 ジョウ(ジャウ) 呉 平 庚 chéng チョン
意味 ①玉(ぎょく)の名。②美しい真珠(しんじゅ)の類をいう。
J ②8074 補 4391 U 73F9

玉7【琁】〔11〕㊀セン 漢 平 先 xuán シュワン ㊁ケイ 漢 平 庚 qióng チョン
意味 ㊀①美しい玉。②玉に次ぐ美しい石。＝璇(せん) ㊁赤い玉。＝瓊(けい)
J ②8077 補 4403 U 7401
【琁璣】せんき 美玉で飾った天文測定機。「琁璣玉衡(せんきぎょくこう)」
【琁玉】せんぎょく 赤い玉。

王7【琢】〔11〕人
旧字 王8【琢】〔12〕人
タク 漢 入 覚 zhuó チュオ
J 3486 U 7422
J ①8805 U FA4A
意味 ①〈みが・く〉㋐玉をみがく。㋑修養し学問やわざをみがく。②かざる。
解字 形声。王が形を表し、豖(ちく)が音を示す。王は玉。豖は、鳥がえさをついばむ、あるいは、きつつきが木をつつくような動作を表す。琢は宝玉をたがねで、きざみこんで、仕上げること。
名前 あや・たか
【琢磨】たくま ①琢は、つちで打ち形を整える。磨は、砂や石でみがくこと。玉をみがくことにいう。②学問や人格をみがき修める。「切磋(せっさ)琢磨」「如レ琢如レ磨(たくするがごとくまするがごとし)」〈詩経(しきょう)・淇奥(きいく)〉
【琢句】たっく(たく) 詩文の字句にみがきをかける。

玉7【珽】〔11〕テイ 漢 上 迥 tǐng ティン
補 4394 U 73FD

意味 大きな圭。天子がもつ玉で作った笏。

玉7【珵】〔11〕 一テイ漢一平庚 chéng チョン　二テイ漢二上迥 tǐng ティン　U補J 73F5 4389
意味 一①美しい玉の名。②腰のベルトにさげる玉。佩玉。二天子がもつ玉で作った大形の圭（長方形で上がとがっている）。＝珽

玉7【琈】〔11〕 バイ漢平灰 マイ呉 méi メイ　U補J 73FB 4393
意味 ①玉の名。②＝玫（八一五ジ・中）

玉7【瑘】〔11〕 ヤ漢平麻 yā ヤー　U補J ——
玉8【瑘】〔12〕 俗字 U補J 7440A 4406 ①8802
意味 瑯瑘は、地名。↓「琅瑘」（八二〇ジ・上）

王7【理】〔11〕 学2 リ リ漢呉上紙 lǐ リー　U補J 7406 4593

筆順 一 丁 干 王 玎 玾 玾 理

意味 ①〈おさ・める（をさ・む）〉㋐玉をみがく。㋑つかさどる。はからう。「処理」㋒ただす。ととのえる。「理乱」㋓さばく。裁判する。㋔つくろう。㋕治療する。②〈ことわり〉道理。すじみち。③哲学用語。宇宙の本体。その現象を気という。↔気 ④〈きめ〉㋐玉の表面にある細いすじ。㋑皮膚のきめ。㋒木のもくめ。⑤法。また、法官。

解字 理　形声。王が形を表し、里が音を示す。王は玉。里には、すじみちの意味がある。理は、玉をすじ目にしたがってみがくこと。

名前 あや・おさ・すけ・たか・ただ・とし・のり・まさ・まろ・みち・よし・さだむ・ただし・ただす　難読 理無い

【理化】①道理の変化。②政治と教化。治め導く。③物理学と化学。

【理科】①自然界の諸現象を研究の目的とする教科。②大学などのそれを修める部門。↔文科 ③学校教育で、教科の一つ。

【理会（會）】物事の道理をさとる。

【理解】一事物の道理をよくさとる。了解。会得。二 lǐjiě 現一に同じ。

【理外】理屈ではわからないこと。

【理学（學）】①性理学の略。心の本体である性と、宇宙の根本である理とを、中心問題とする宋代の学問。↔訓詁学・考証学 ②自然科学のこと。自然を研究の対象とする学問。

【理官】裁判官。

【理気（氣）】①呼吸をととのえる。②理は宇宙の本体、気はそのあらわれ。中国の宋学（宋時代に起こった学問）における用語。【——二元論】宋の程伊川の説。宇宙は理と気の二元からできているという。

【理義】道理。ものの筋道。

【理事】①物事をさばき治める。また、その人。②法人を代表して、その事務をあつかう機関。

【理実（實）】道理にかなった真実。「終有二理実一」〈蒙求〉

【理性】①合理的に物事を考え、判断するはたらき。②神や道徳を考える力。

【理勢】自然のなりゆき。当然そうなるべき勢い。

【理想】一実現可能と考えられる最高のもの。↔空想 理想的な郷土。ユートピア。【——郷（鄉）】二 lǐxiǎng 現一に同じ。【——主義】①すべての行動や現象を理想にもとづいて説明し考える主義。↔現実主義 ②文芸上の主義の一つ。作者がもつ理想を標準として題材を選ぶ主義。【——的】完全・最高と考えられる状態。

【理知（「智」）】理性と知恵。物事を考える力。道理を分別する能力。【——的】感情などに動かされず、知のはたらきによって、判断しようとする傾向。↔感情的
【理念】理性の判断によって得た最高の概念。もののほんとうの姿が、心にうつってできた考え。イデー。イデア。

【理髪】一髪を刈りととのえる。「理髪店」二 lǐfà 現一に同じ。

【理蛮（蠻）】蛮地を治める。

【理非】道理にかなうことと、かなわないこと。【——曲直】道理にかなっていることと、はずれていること。また、曲がったことと正しいこと。

【理不尽（盡）】道理をつくさないで、むやみにおしつける。

【理法】条理。すじみち。

【理由】一①物事の原因。わけ。②物事が、そうなるすじみち。二 lǐyóu 現一に同じ。

【理乱（亂）】①天下がよく治まることと、乱れること。②乱れを治める。

【理路】物事の道筋。「理路整然」

【理論】一①ある事物についての筋道だった考え。②純粋の観念による論理。「理論家」↔実践 二 lǐlùn 現一に同じ。【——物理学（學）】主として理論によって研究を進める物理学。
◇▼天理・公理・心理・生理・処理・代理・地理・合理・条理・受理・学理・物理・定理・事理・哲理・料理・真理・修理・倫理・原理・推理・無理・道理・義理・管理・総理・調理・論理・摂理

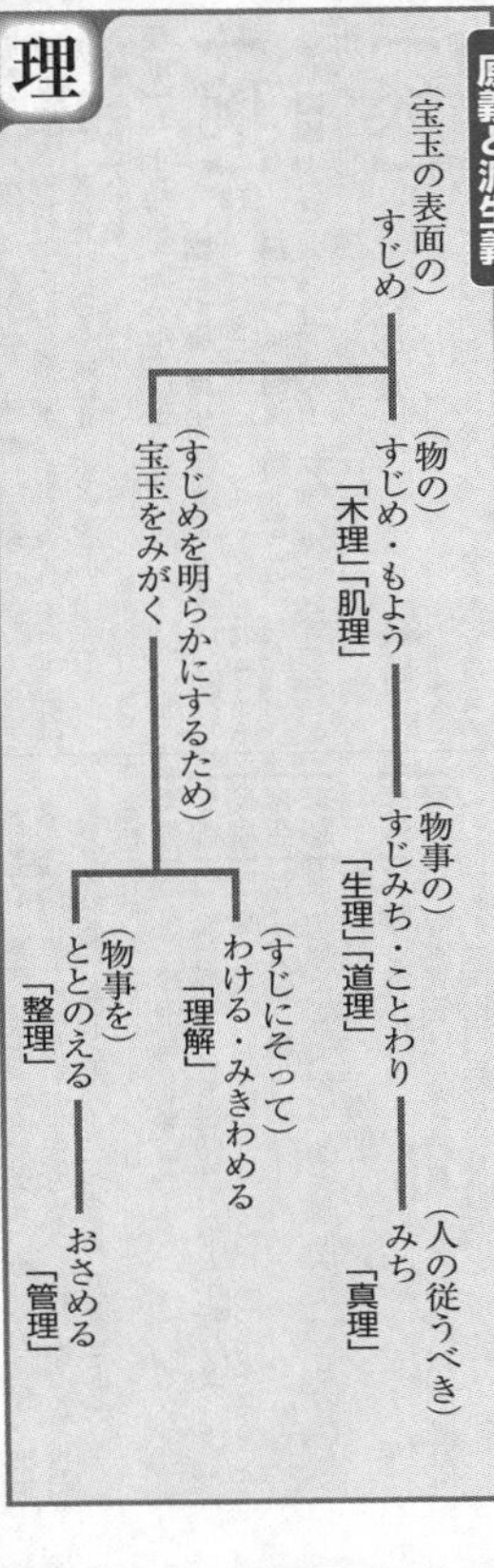

5画
玄玉（王）瓜（瓜）瓦甘生用田疋（⺪）疒癶白皮皿目（罒）矛矢石示（礻）内禾穴立

王7【琉】〔11〕人 リュウ(リウ)漢平尤 liú リウ　J 4616 U 7409
旧字 玉6【琉】〔10〕ル呉

意味 ①琉璃(るり)は、㋐美しい光沢をもった宝玉。七宝の一つ。㋑色どりの美しい瓦(かわら)。「琉璃瓦(るりがわら)」②琉球(りゅうきゅう)は、沖縄(おきなわ)の別称。

解字 形声。王が形を表し、㐬(りゅう)が音を示す。王は、玉。琉は、瑠(る)と通じ、琉璃(るり)という双声語を構成し、用いられる。

【琉球薯】(りゅうきゅう(りうきう)いも) 国さつまいも。琉球から渡来したのでいう。

【琉璃】(るり) ①美しい光沢をもった宝玉の名。七宝の一つ。②ガラスの古い呼び名。＝瑠璃

王7【琅】〔11〕ロウ(ラウ)漢平陽 láng ラン　J 6470 U 7405
玉10【瑯】〔14〕俗字　J 6471 U 746F

意味 ①玉(ぎょく)のような美しい石。「琅玕(ろうかん)」②金物や玉の鳴る音。「琅琅(ろうろう)」③門のかなわ。

【琅玕】(ろうかん(らうかん)) ①玉(ぎょく)に似た美しい石。②美しい竹の称。

【琅然】(ろうぜん(らうぜん)) 玉の鳴る音。玉のなるような、美しい水の音。

【琅璫】(ろうとう(らうたう)) ①罪人の首をしばる長いくさり。②腰にさげた玉のなる音。③ぶらさげた鈴(すず)。

【琅琊】(ろうや(らうや)) ①秦(しん)代に置かれた郡の名。山東省膠南(こうなん)市、諸城(しょじょう)市一帯にあたる。また、邑(ゆう)名・国名・県名。②山の名。㋐今の安徽(あんき)省滁州(じょしゅう)市西南。「蔚然而深秀者、琅琊也(うつぜんとしてふかくひいでたるものは、ろうやなり)」〈欧陽脩(おうようしゅう)・酔翁亭記(すいおうていのき)〉㋑今の山東省諸城市。＝琅邪

【琅邪台(臺)】(ろうやだい(らうやだい)) 琅邪山上に、秦(しん)の始皇帝が建てた台の名。

王7【琀】〔11〕国字 カン　J ②8075 U 7413

意味 人名に用いられた。

王7【琑】〔11〕俗 ↓瑣(八二三ページ・上)

王7【珋】〔11〕本 ↓瑠(八二二ページ・中)

王7『望』(六二一ページ・下) ↓月部七画

王8【瑛】〔12〕人 エイ漢平庚 yīng イン　J 1745 U 745B
旧字 玉9【瑛】〔13〕

意味 ①玉の光。②透明な玉。水晶。「玉瑛」

解字  形声。王が形を表し、英(えい)が音を表す。王は玉。英は花の意味がある。瑛は花のように美しい玉。

名前 あき・てる・あきら

【瑛琚】(えいきょ) 水晶(すいしょう)で作ったおび玉。

王8【琬】〔12〕 一 エン(ヱン)漢 一 上 阮 wǎn ワン　二 ワン漢 二 去 翰 wǎn ワン　J ①8810 補 4416 U 742C

意味 一二 ①かどのない圭(けい)(天子が有徳の諸侯を賞するとき用いる宝石)。「琬圭(えんけい)」②琬琰(えんえん)は、美しい玉。

王8【琰】〔12〕エン漢上琰 yǎn イエン　J ①8813 補 4420 U 7430

意味 ①玉をみがく。②光沢のあるさま。「琰琰(えんえん)」③先のとがった圭(けい)(諸侯を討つとき、王の使者がもってゆくもの)。「琰圭(えんけい)」

王8【琯】〔12〕カン(クヮン)漢上旱 guǎn コワン　J ①8812 補 4419 U 742F

意味 ①玉で作った笛。②姓。

王8【琦】〔12〕キ漢平支 qí チー　J ①8806 補 4411 U 7426

意味 ①玉(ぎょく)の名。②珍しい。「琦行」「琦辞」③すぐれた。

王8【琪】〔12〕キ漢平支 qí チー　J ①8808 補 4414 U 742A

意味 美玉の一種。

【琪樹】(きじゅ) ①玉のように美しい樹。②雪におおわれた木の形容。

王8【琚】〔12〕キョ漢平魚 jū チュイ　J ①8803 補 4408 U 741A

意味 ①帯につける飾りの玉の名。「琚瑀(きょう)」②玉(ぎょく)に似た赤い石。

王8【琴】〔12〕常 キン こと　キン漢平侵 qín チン　ゴン呉　J 2255 U 7434

筆順							
一	丅	干	王	玨	珡	琹	琴

玉6【珡】〔10〕同字　J ②8072 補 4383 U 73E1
玉8【琹】〔12〕俗字　J ②8080 補 4422 U 7439

意味 ①〈こと〉弦楽器の名。古代は五弦、周代に七弦、漢代に十三弦となる。日本では、主に十三弦の箏(そう)をさす。②墓。③姓。

解字 形声。珡と今を合わせた字。今(きん)は音を示す。珡は、ことの形を表した象形という。今には、閉じる気持ちがある。琴は、箱(はこ)を閉じた形の上に、つるを張った楽器である。

難読 琴柱(ことじ)

【琴韻】(きんいん(ゐん)) 琴の音。＝琴音

【琴鶴】(きんかく) 琴と鶴(つる)。ともに高尚(こうしょう)な人が好むもの。

【琴棋】(きんき) 琴と碁。

【琴曲】(きんきょく) 琴の曲。箏曲(そうきょく)。

【琴瑟】(きんしつ) ①琴と瑟(大琴)。②夫婦仲のよいことのたとえ。

【――相和】(きんしつあいわす(あひわす)) 夫婦仲のよいこと。

【琴酒】(きんしゅ) 琴と酒。

【琴書】(きんしょ) 琴と書物。音楽や読書。「楽二琴書一以消レ憂(きんしょをたのしみもってうれいをけさん)」〈陶潜(とうせん)・帰去来辞(ききょらいのじ)〉

【琴心】(きんしん) 自分の心を、琴の音にあらわした演奏者の心。

【琴線】(きんせん) ①琴の糸。②深く感動し共鳴することのたとえ。

【琴柱】(ことじ(ぢ)/きんちゅう(ちう)) 琴の弦をささえて張りを強くしたり、また、これを移動して音調の高低を調節するもの。

【琴調和暢】(きんちょうわちょう(てうわちゃう)) 琴の調子がやわらいで、のびのびしている。〈王禹偁(おううしょう)・黄州竹楼記〉

◆木琴(もっきん)・月琴(げっきん)・和琴(わごん)・洋琴(ようきん)・風琴(ふうきん)・提琴(ていきん)・弾琴(だんきん)・鉄琴(てっきん)・竪琴(たてごと)

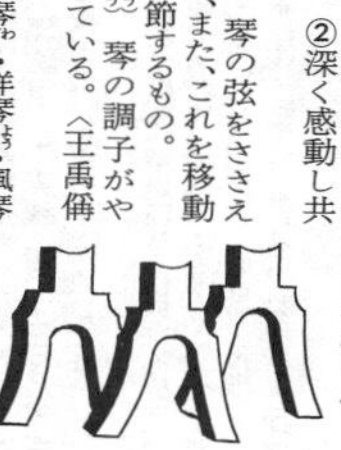
(琴　柱)

王8【琥】〔12〕人 コ漢上麌 hǔ フー　ク呉　J 6472 U 7425

意味 ①虎(とら)の形の玉器。西方をまつる。②琥珀(こはく)は、古代の樹脂が地中で黄色の化石に変化したもの。

【琥珀光】(こはくこう(くゎう)) 琥珀のように黄色にすんだ、美しい酒の色をいう。「玉碗盛来琥珀光(ぎょくわんもりきたるこはくのひかり)」〈李白(りはく)の詩・客中行(かくちゅうこう)〉

王8【琨】〔12〕コン漢平元 kūn クン　J ①8807 補 4412 U 7428

意味 ①美しい石。②帯につける飾りの玉。

【琨玉秋霜】(こんぎょくしゅうそう(しうさう)) 美しい玉と、きびしい霜。気高いもののたとえ。〈後漢書(ごかんじょ)・孔融(こうゆう)伝論〉

【琨瑜】(こんゆ) 美しい玉。

玉8【琖】〔12〕サン漢上潸 zhǎn チャン　U 7416

意味 小さな玉の杯。＝盞(さん)

玉8【琩】〔12〕 ショウ 漢 平 陽 (シャウ) chāng チャン　U 7429 補 4413 J —
意味 耳飾りの玉(ぎょく)。

玉8【琤】〔12〕 ソウ 漢 平 庚 (サウ) chēng チョン　U 7424 補 4410 J ②8078
意味 ①玉のなる音。②物のぶつかる音。
【琤琤】そうそう(さうさう) ①谷川の音。②琴の音いろ。③玉などのふれあう音。

玉8【琮】〔12〕 ソウ 漢 平 冬 cóng ツォン　U 742E 補 4418 J ①8811
意味 ①八角形で中央に円柱形の穴のある玉器。②琮琤(そうそう)は、玉石のふれあう音。また、流水の音。

玉8【琱】〔12〕 チョウ 漢 平 蕭 (テウ) diāo ティアオ　U 7431 補 4421 J ②8079
意味 ①玉に彫刻する。②彫刻する。＝彫(ちょう) ③玉にちかい石。
【琱文】ちょうぶん(てう) ほりきざんで飾る。また、その飾り。＝彫文

玉8【琛】〔12〕 チン 漢 平 侵 chēn チェン　U 741B 補 4409 J ①8804
意味 ①珍しいたから物。「琛賂(ちんろ)」②玉。「琛瑞(ちんずい)」③国琛(こくちん)は、国宝級の賢人。

王8【琶】〔12〕 標 人 ハ 漢 呉 平 麻 pá パー　U 7436 補 — J 3942
意味 琵琶(びわ)は、楽器の名。

玉8【琲】〔12〕 ハイ 漢 上 賄 bèi ペイ　U 7432 補 — J 6474
意味 ①多くの玉に穴をあけひもでつづった飾り。②つき通す。つらぬく。国 珈琲は、コーヒーのあて字。

王8【琵】〔12〕 標 人 ヒ 漢 ビ 呉 平 支 pí ピー　U 7435 補 — J 4092
意味 楽器の名。琵琶(びわ)。漢代に中国に伝わった。
【琵琶】びわ(は) 弦楽器の一種。茄子(なす)のような形をした胴で、四弦または六弦。【――記】びわ(は)き 元朝末期の劇作家、高明が作った戯曲。【――行】びわ(は)こう(かう) 中唐の詩人、白居易の詩の題名。作者が江州に左遷されていた年(八一六)、潯陽(じんよう)江で、女の弾ずる琵琶を聞き、その身の上話に感じて作ったもの。楽府(がふ)体の長詩。【――法師】びわ(は)ほう(ほふ)し 国 中世、盲人で琵琶をひきながら語り物などを語った法師。

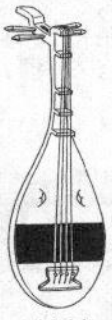
(琵琶)

玉8【珷】〔12〕 ブ 漢 ム 呉 上 麌 wǔ ウー　U 73F7 補 4390 J —
意味 珷玞(ぶふ)は、玉(ぎょく)のように美しい石。石の名。

玉8【琫】〔12〕 ホウ 漢 上 董 běng ポン　U 742B 補 4415 J ①8809
意味 刀剣の、さやの飾り。＝鞛(ほう)

玉8【琺】〔12〕 ホウ 慣 (ハフ) fà ファー　U 743A 補 — J 6475
意味 琺瑯(ほうろう)は、不透明なガラス質の物質。金属器の表面に焼きつけ、さび防止と、美化のため用いる。
玉5〔珐〕〔9〕 俗字　U 73D0 補 — J —

王8【琳】〔12〕 人 リン 漢 平 侵 lín リン　U 7433 補 — J 4654
意味 ①美しい玉の名。②玉の鳴る音。「琳琅」
解字  形声。王が形を表し、林(りん)が音を示す。王は玉(ぎょく。たま)で、琳は、美しい玉の名。
【琳宇】りんう ①美しい玉で飾りたてた家。②道教(どうきょう)の寺。道観(どうかん)。琳宮(りんきゅう)。
【琳瓊】りんけい 美しい玉。宝玉。
【琳闕】りんけつ 美しい玉で飾りたてた宮殿の門。
【琳琅】りんろう(らう) ①美玉の一種。②玉が触れ合い鳴る音。③美しい詩文のたとえ。

玉8【琭】〔12〕 ロク 漢 入 屋 lù ルー　U 742D 補 4417 J —
意味 ①玉(ぎょく)の名。②玉の形容。
【琭琭】ろくろく 少ないさま。「琭琭如レ玉(ろくろくとしてたまのごとし)」〈老子・三十九〉

玉8【琹】〔12〕 俗 ↓琴(八二〇ページ・中)
王8【琢】〔12〕 旧 ↓琢(八一八ページ・下)
玉8【琊】〔12〕 俗 ↓琊(八一九ページ・上)
王8〖斑〗→文部八画(五六九ページ・下)
王8〖閏〗→門部四画(一三一八ページ・中)

玉9【瑋】〔13〕 イ 漢 上 尾 (ヰ) wěi ウエイ　U — 補 — J —
意味 ①美しい玉。②すぐれて珍しい。「瑋宝」③ほめる。ほこる。
玉10〔瑋〕〔14〕 俗字　U 744B 補 4428 J ①8817

玉9【瑀】〔13〕 ウ 漢 上 麌 yǔ ユイ　U 7440 補 4423 J ②8082
意味 ①帯につける飾りの玉。②玉に似た美しい石。

玉9【瑗】〔13〕 エン 漢 (ヱン) 去 霰 yuàn ユワン　U 7457 補 4432 J ①8818
意味 中心の穴の直径が周囲の厚みの倍であるおび玉の名。

王9【瑕】〔13〕 標 カ 漢 ケ 呉 平 麻 xiá シア　U 7455 補 — J 6476
意味 ①赤みのある玉。②〈きず〉玉のきず、くもり。③あやまち。欠点。④なに。どうして。⑤太陽にかかる赤いかげ。＝霞 ⑥殷(いん)周(しゅう)時代の邑(ゆう)。山西(さんせい)省臨猗(りんい)県西南。⑦春秋時代の地名。河南(かなん)省霊宝(れいほう)市西北。⑧姓。
【瑕穢】かあい きずと、けがれ。転じて、欠点と不潔。
【瑕瑾】かきん 国 欠点。きず。
【瑕釁】かきん ①あやまち。失敗。②すきま。仲の悪いこと。
【瑕疵】かし ①玉のきず。②あやまち。短所。欠点。過失。
【瑕瑜】かゆ 過失と美徳。瑜は玉の光。【――不二相揜一】かゆあい(あひ)おおわ(おほは)ず 過失も美徳もともにかくさず、正直なこと。〈礼記・聘義(へいぎ)〉

玉9【瑊】〔13〕 カン 漢 平 咸 jiān チエン　U 744A 補 — J —
意味 玉(ぎょく)に似た美しい石。

玉9【瑍】〔13〕 カン 漢 (クヮン) 去 翰 huàn ホワン　U 744D 補 4429 J ②8084
意味 玉(ぎょく)の美しい模様。また、玉の明るいさま。

王9【瑚】〔13〕 人 コ 漢 ゴ 呉 平 虞 hú フー　U 745A 補 — J 2474
意味 ①珊瑚(さんご)は、珊瑚虫の骨が海底に集積し、石状に化したもの。②宗廟の祭りにあわなどをもる祭器の一つ。「瑚璉」
解字  形声。王が形を表し、胡(こ)が音をも示す。王は玉(ぎょく。たま)で、瑚はさんご(珊瑚)。
【瑚璉】これん ①きび・あわをのせて、先祖を祭るおたまやに供える容器。夏(か)時代の呼び名。殷(いん)時代には、璉(れん)といった。②瑚璉のようにすぐれた人物。

玉9【瑝】〔13〕 コウ 漢 (クヮウ) 平 庚 huáng ホワン　U 745D 補 4433 J ②8086
意味 玉(ぎょく)から生じる大きな音。

玉9【琿】〔13〕 コン 漢 平 元 hún フン　U 743F 補 — J 6477

5画
←玄玉(王)瓜(瓜)瓦甘生用田疋(⺪)疒癶白皮皿目(罒)矛矢石示(礻)禸禾穴立

玉9【瑟】〔13〕 シツ漢 シチ呉 入 質 sè ソー
U補J 6478 745F

意味 ①美しい玉の名。②琿春は、吉林省にある県名。

意味 ①琴に似た二十五弦の大きな楽器。②さびしい。「蕭瑟」 ③おごそか。きびしいさま。④風の音の形容。⑤水の流れるさま。

【瑟琴】①大琴と琴。②夫婦の仲がよいこと。琴瑟。

【瑟瑟】①寂しく吹く風の音の形容。②ものさびしい色。「楓葉荻花秋瑟瑟」(かえでのもみじ、白いおぎの花、深みゆく秋はもの寂しい。)〈白居易・琵琶行〉

(瑟 ①)

王9【瑞】〔13〕 人 スイ漢 ズイ呉 去 寘 ruì ロイ
U補J 3180 745E

意味 ①天子が諸侯を任命する印として与える玉。②めでたい前知らせ。吉兆。③めでたい。「瑞雨」 国《みず(みづ)》 みずみずしい。

解字 形声。王が形を表し、耑が音を示す。王は玉。耑には、まっすぐ、正しい、という意味がある。瑞は、天子が諸侯を封ずるときに賜る証拠の宝玉である。一説に、耑は専と音が通じ、もっぱら誠実であることを表すもので、瑞は誠信を表するしの玉であるという。

名前 たま 地名 瑞士・瑞西・瑞典・瑞浪

【瑞異】めでたく不思議なこと。

【瑞雲】めでたいしるしの雲。慶雲。

【瑞烟】めでたい、かすみ。

【瑞応(應)】めでたいことに応じて、現れるもの。瑞感。

【瑞気(氣)】めでたい雲気。

【瑞慶】めでたいこと。

【瑞光】めでたい光。

【瑞獣(獸)】瑞兆として現れる獣。麒麟など。

【瑞祥】「瑞兆」に同じ。

【瑞世】①めでたい世。繁栄している時代。②仏宗門の中で出世する。格の高い寺の住持になる。

【瑞相】①よいことの前ぶれ。瑞兆。吉兆。瑞験。②めでたい人相。福相。

【瑞兆】めでたいことの前ぶれ。吉兆。瑞祥。＝瑞徴

【瑞鳥】めでたい鳥。鳳凰など。

【瑞徴】めでたいことの前ぶれ。瑞祥。＝瑞兆

【瑞夢】めでたい夢。

【瑞命】天から下された、めでたい命令。

【瑞暦(曆)】めでたいこよみ。〈荀子・天論〉

◆吉瑞・奇瑞・祥瑞

玉9【瑆】〔13〕 セイ漢 ショウ(シャウ)呉 平 青 xīng シン
U補J ①8815 4426 7446

意味 玉の光。玉が光る。

玉9【瑄】〔13〕 セン漢 平 先 xuān シュワン
U補J ①8814 4425 7444

意味 天を祭るとき用いる大きさ六寸の璧。璧は輪の形をした平らな玉。「瑄玉」

玉9【瑇】〔13〕 タイ漢 去 隊 dài タイ
U補J ①8816 4427 7447

意味 瑇瑁は、海亀の一種。その甲羅は美しく、装飾品に加工される。＝玳

玉9【瑃】〔13〕 チュン漢 平 真 chūn チュン
U補J ②8083 4424 7443

意味 玉の名。

玉9【瑑】〔13〕 テン漢 上 銑 zhuàn チョワン
U補J 4430 7451

意味 ①玉に施した浮き彫り。「瑑刻」 ②彫刻する。

玉9【瑙】〔13〕 ドウ(ダウ)漢 ノウ(ナウ)呉 上 皓 nǎo ナオ
U補J 6479 7459

石9【碯】〔14〕 同字
U補J 6685 78AF

意味 瑪瑙は、美しい光沢をもつ石の名。

玉9【瑁】〔13〕 一 ボウ漢 去 号 mào マオ 二 バイ漢 マイ慣 去 隊 mèi メイ
U補J 6480 7441

意味 一 むかし、諸侯が参朝したとき、天子が諸侯の圭とあわせた割符の玉。二 瑇瑁は、海亀の一種。↓瑇(本ページ・中)

玉9【瑜】〔13〕 ユ漢 ユ呉 平 虞 yú ユィ
U補J 6481 745C

意味 ①美玉の一種。「瑾瑜」 ②玉の光彩。③美しい。

【瑜伽】仏梵語 yoga の音訳。ヨガ。心をしずめて、正しい道理と相応じて一体となる状態。【——宗】①密教の総称。②インドでは、中国の法相宗のことをさす。

玉9【瑶】〔13〕 人

旧字 玉10【瑤】〔14〕 ヨウ漢 (エウ) 平 蕭 yáo ヤオ
U補J 6486 7476
U補J 8404 7464

意味 ①美しい玉。②玉のように美しい。③ゆれ動く。＝揺

解字 形声。王が形を表し、䍃が音を示す。王は玉。美しい石の名。

名前 たま

【瑶階】①玉で飾った階段。②雪でおおわれた階段。

【瑶函】美しい手紙。お手紙。他人の手紙の敬称。

【瑶顔】美しい顔。

【瑶宮】玉で飾った美しい宮殿。

【瑶簴】宝玉製の鐘かけ。鐘をかけるための、玉で飾った器。

【瑶瓊】美しい玉。

【瑶剣(劍)】宝剣。

【瑶札】お手紙。他人の手紙の敬称。

【瑶觴】玉の杯。玉杯。

【瑶台(臺)】①玉のうてな。玉で飾った美しい高殿。②仙人の住む高殿。「会向瑶台月下逢」〈李白の詩・清平調〉 ③月のこと。④夏の桀王、殷の紂王の造った高台。

【瑶池】①仙人のいる所。崑崙山にあり、周の穆王が西王母に会った所。②美しい池。宮中の池。

玉9【瑒】〔13〕 一 チョウ漢 (チャウ) 去 漾 chàng チャン 二 ヨウ漢 (ヤウ) 平 陽 yáng ヤン
U補J ②8085 4431 7452

意味 一 先祖を祭る時の圭の一種。二 ①玉の名。②花の名。瑒花は、色は白、春に咲き、香りがいい。

玉9【瑓】〔13〕 レン漢 レン呉 去 霰 liàn リエン
U補J ②8081 7453

意味 玉の名。

玉9【瑛】〔13〕 旧→瑛(八二〇ページ・上)

玉9【琘】〔13〕 同→珉(八一六ページ・下)

玉10【瑩】〔15〕 エイ漢 平 庚 yíng イン
U補J 6482 7469

意味 ①あきらか。あざやか。「瑩鏡」 ②光。つや。③玉などをみがく。「瑩磨」 ④てらす。あきらかにする。⑤美しい石。⑥しぼむ。「瑩冥」

【瑩徹】(えいてつ) 底の見えるほど、透き通る。

玉10【瑦】〔14〕 オ漢上 麌 (ヲ) wǔ ウー U補J 7466 4435
意味 玉(ぎょく)のように美しい石。

玉10【瑰】〔14〕 カイ漢平 灰 (クヮイ) guī コイ U補J 7470 6483
意味 ①美しい玉。「玫瑰(まいかい)」②大きい。すぐれた。「瑰姿」③めずらしい。「瑰木」

玉16【瓌】〔20〕同字 U補J 74CC 4476

【瑰偉】(かいい(くわいゐ)) すぐれて大きいこと。＝瑰瑋
【瑰岸】(かいがん(くわい)) 人相が人なみすぐれてたくましい。
【瑰奇】(かいき(くわい)) 珍しいさま。＝瑰琦
【瑰詭】(かいき(くわい)) ふしぎなほど珍しい。
【瑰傑】(かいけつ(くわい)) 人なみはずれてすぐれている。
【瑰姿】(かいし(くわい)) すぐれた顔かたち。
【瑰麗】(かいれい(くわい)) 文字が非常に美しいこと。

玉10【瑳】〔14〕 人 サ漢平 歌 呉 cuō ツオ U補J 7473 2628
意味 ①玉が白くあざやかなようす。「瑳瑳(さき)」②白い歯をみせて愛らしく笑うさま。③みがく。＝磋
解字  会意・形声。王と差を合わせた字で、差(さ)は音をも示す。王は玉(ぎょく)。たまの意で、差はぎざぎざの物の意で、みがくことを意味する。そこで、瑳は玉を磨くこと、また磨かれて白くあざやかなさまをいう。

玉10【瑣】〔14〕 サ漢上 哿 呉 suǒ スオ U補J 7463 6484
玉10【瑣】〔14〕同字 U補J 24A0F
玉7【琐】〔11〕俗字 U補J 7411 4407
意味 ①玉のぶつかり合うかすかな音。②こまかい。小さい。③つまらない。とるにたりない。④わずらわしい。「瑣砕(ささい)」⑤いやしい。⑥玉で作ったくさり。⑦くさりの模様。

【瑣闈】(さい(ゐ)) くさり模様で飾った宮殿の門。
【瑣瑣】(ささ) ①こまかいさま。②玉のなる音。③疲れたさま。
【瑣砕(碎)】(ささい) ①こまかいこと。②わずらわしく、めんどうなこと。
【瑣細】(ささい) こまかい。わずか。瑣末。瑣小。＝些細
【瑣小】(さしょう(せう)) きわめてわずか。きわめて小さい。瑣細。
【瑣屑】(させつ) こまかすぎる。ごくこまかい。瑣細(ささい)。瑣砕(ささい)。
【瑣末】(さまつ) ごくわずか。瑣細。些細(ささい)。

◆煩瑣(はんさ)

玉10【瑨】〔14〕 シン漢去 震 jìn チン U補J 7468 4437
意味 玉(ぎょく)につぐ美しい石。

玉10【瑧】〔14〕 シン漢平 真 zhēn チェン U補J 7467 4436
意味 玉(ぎょく)の名。

玉10【瑲】〔14〕 ショウ(シャウ)漢 ソウ(サウ)慣平 陽 qiāng チアン U補J 7472 4442
意味 ①玉の鳴る音。「瑲瑲(そうそう)」②金属や楽器のひびき。

玉10【瑱】〔14〕 一テン漢 一去 霰 tiàn ティエン 二チン漢 二去 震 zhèn チェン U補J 7471 4441 ②8087
意味 一①みみだま。冠の両側にさげて、耳をかくす飾り。②玉の一種。二おさえる。しずめる。＝鎮

【瑱紞】(てんたん) 耳飾りの玉につけるひも。

玉10【瑭】〔14〕 トウ漢平 陽 (タウ) táng タン U補J 746D 4439 ①8821
意味 玉(ぎょく)の名。また、玉に似た石。

玉10【瑫】〔14〕 トウ漢平 豪 (タウ) tāo タオ U補J 746B 4438 ①8820
意味 ①玉(ぎょく)の名。美しい玉。②玉(ぎょく)で飾った剣。

玉10【瑪】〔14〕 バ漢 メ呉上 馬 mǎ マー U補J 746A 6485
意味 瑪瑙(めのう)は、宝石の一つで、石英の一種。

玉10【瑢】〔14〕 ヨウ漢平 冬 róng ロン U補J 7462 4434 ①8819
意味 瑽瑢(しょうよう)は、腰にさげた佩玉(はいぎょく)が、触れて立てる音。

玉10【瑮】〔14〕 リツ漢入 質 lì リー U補J 746E 4440
意味 玉(ぎょく)の模様がきちんと美しい筋目になっているさま。

玉10【瑠】〔14〕 常 ル リュウ(リウ)漢 ル呉平 尤 liú リウ U補J 7460 4660
玉7【琉】〔11〕本字 U補J 24957
玉12【璢】〔16〕同字 U補J 74A2 6469

筆順 王 王丆 王卬 王卯 王卯 王留 瑠 瑠

意味 瑠璃(るり)は、①紫紺色の宝石。七宝の一つ。②ガラスの古い呼び名。＝琉璃

解字 形声。王が形を表し、留(りゅう)が音を示す。王は玉。

玉10【瑋】〔14〕俗 →瑋(八二一ジベ・中)

玉10【瑤】〔14〕旧 →瑶(八二二ジベ・下)

玉10【瑯】〔14〕俗 →琅(八二〇ジベ・上)

王10〖碧〗(八八九ジベ・上) →石部九画

玉11【璆】〔15〕 キュウ漢平 尤 (キウ) qiú チウ U補J 7486 4446 ①8822
意味 ①美しい玉の名。②玉の飾りの鳴る音。

【璆鏘】(きゅう(きう)そう(さう)) 玉の鳴る美しい音。

玉11【瑾】〔15〕 キン漢去 震 jǐn チン U補J 747E 6487
意味 ①美しい玉。「瑾瑜(きんゆ)」②赤い玉。

玉11【璈】〔15〕 ゴウ漢平 豪 (ガウ) áo アオ U補J 7488 ②8090
意味 楽器の名。

玉11【璀】〔15〕 サイ漢上 賄 cuǐ ツォイ U補J 7480 4443
意味 ①玉(ぎょく)の名。②璀璨(さいさん)は、㋐玉の光。つや。㋑あざやか。光りかがやくさま。㋒きぬずれの音。

玉11【璋】〔15〕 ショウ(シャウ)漢平 陽 zhāng チャン U補J 748B 6488
意味 ①祭りや儀式に用いる圭(けい)(玉器)の一種。②璋瓚(しょうさん)は、宗廟、山川の祭りに、酒をくむひしゃく。

(璋①)

玉11【璇】〔15〕 セン漢平 先 xuán シュワン U補J 7487 4447 ①8823
意味 ①美しい玉。②星の名。北斗のひしゃくの口からかぞえて第二星。

【璇璣】(せんき) 渾天儀(こんてんぎ)。地球儀のように、球体に天文をえがき、天体の運行をはかるのに用いた器械。【――玉衡】(せんきぎょっこう(ぎょくかう)) ①美しい玉で飾った、天体観測の器械。璇璣と同じ。②北斗のこと。北斗星の第一星から第四星までを璇璣といい、第五星から第七星までを玉衡という。

玉11【璁】〔15〕 ソウ漢平 東 cōng ツォン U補J 7481 4444 ②8088
意味 玉(ぎょく)に似た、美しい石。

5画
玄玉(王)瓜(瓜)瓦甘生用田疋(⺪)疒癶白皮皿目(罒)矛矢石示(ネ)内禾穴立

玉11【璪】〔15〕 一ソウ漢(サウ) 一上 皓 zǎo ツァオ 二サ漢 二上 哿 suǒ スオ
意味 一玉ぎょくに似た石。二＝瑣 ①玉の鳴る音。②小さな。つまらない。
U補J ②8089 4455 7485

玉11【璊】〔15〕 バン漢 平 元 マン慣 mén メン
意味 ①赤い玉。②赤い。
U補J 748A

王11【璃】〔15〕 常 リ　リ漢 呉 平 支 lí リー
筆順 王 玗 玢 玹 珂 璃 璃
意味 ①琉璃るりは、㋐宝玉。七宝の一つ。㋑ガラスの古い呼び名。②玻璃はりは、ガラス。
解字 形声。王が形を表し、离りが音を示す。王は玉。
名前 あき
◇玻璃はり・琉璃るり・瑠璃るり・浄瑠璃じょうるり
U補J 4594 7483

玉11【璉】〔15〕 レン漢 上 銑 liǎn リエン
意味 穀物をもり、宗廟に供える殷いん代の祭器。「瑚璉これん」
U補J ①8824 4448 7489

玉12【璟】〔16〕 エイ漢 上 梗 jǐng チン
意味 玉の光。
U補J ①8827 4457 749F

玉12【璏】〔16〕 エイ漢 去 霽 (エイ) wèi ウエイ
意味 剣のさやに取りつけてある玉製の部品。ひもを通して腰のベルトから剣を下げる。
U補J 4449 748F

玉12【璣】〔16〕 キ漢 平 微 jī チー
意味 ①丸くない玉。かどのある玉。②天文を測る機械。渾天儀こんてんぎ。「璿璣せんき」「璇璣せんき」③北斗の第三星。
【璣衡】きこう(かう) 渾天儀こんてんぎ。璇璣せんき。球体の表面に天文をえがき、これを回転させて、天文を観測する機械。
U補J ①8828 4460 74A3

玉12【璚】〔16〕 一ケイ漢 一平 庚 qióng チョン 二ケツ漢 二入 屑 jué チュエ
意味 一①玉ぎょくの名。＝瓊けい ②老いた鹿の角の中にできる玉。二環形で切れ目のあり、帯につける飾りの玉。佩玉はいぎょく。＝玦けつ
【璚琯】けいかん(くゎん) 玉のくだ。
【璚枝】けいし 玉がみのるという珍しい木。
U補J 4455 749A

玉12【璜】〔16〕 コウ漢 平 陽 (クヮウ) huáng ホワン
意味 ①おび玉。環形の璧へきを二分あるいは三分した形のもの。「璜珩こうこう」②光り輝くさま。
U補J ①8826 4456 749C

玉12【璡】〔16〕 シン漢 呉 平 真 jīn チン
意味 玉ぎょくのように美しい石。
U補J ②8102 4459 74A1

玉12【璒】〔16〕 トウ漢 平 蒸 dēng トン
意味 玉ぎょくのように美しい石。
U補J ②8092 4452 7492

玉12【璗】〔17〕 トウ漢 上 養 (タウ) dàng タン
意味 ①黄金。玉ぎょくのように美しい金。②玉ぎょくの名。
U補J ②8093 7497

玉12【璞】〔16〕 ハク漢 入 覚 pú プー
意味 ①〈あらたま〉まだみがかない玉。「璞玉はくぎょく」②生まれつきのままで手を加えていない。
【璞玉渾金】はくぎょくこんきん みがいてない玉と、掘り出したままの金属。飾りけのないものの形容。〈晋書じんじょ・王戎おうじゅう伝〉
U補J 6489 749E

玉12【璠】〔16〕 ハン漢 平 元 fán ファン
意味 璠璵はんよは、春秋時代の魯ろの宝玉の名。
U補J ②8101 4458 74A0

玉12【璑】〔16〕 ブ漢 平 虞 wú ウー
意味 赤・白・青三色の玉ぎょく。また、質の悪い玉。
U補J 4451 7491

玉12【璙】〔16〕 リョウ漢 平 蕭 (レウ) liáo リアオ
意味 ①玉ぎょくの名。②美しいさま。③良質の美しい銀。
U補J ②8094 4454 7499

玉12【璘】〔16〕 リン漢 平 真 lín リン
U補J

玉13【璘】〔17〕 俗字
U補J ①8825 4453 7498
意味 ①玉の光るさま。「璘璘りんりん」②模様のあるさま。「璘㻞りんぴん」

玉12【璐】〔16〕 ロ漢 去 遇 lù ルー
意味 美しい玉。「宝璐ほうろ」
U補J ①8829 4450 7490

玉12【𤩍】〔16〕 国字
意味 〈つまごと〉弦楽器。箏そう。また、琴を爪弾つまびくこと。
U補J ②8091 24A4D

玉12【璬】〔16〕 俗 ↓璬(八二五ページ・上)

玉12【瑠】〔16〕 同 ↓瑠(八二三ページ・中)

玉13【璦】〔17〕 アイ漢 去 隊 ài アイ
意味 美しい玉。
U補J ①8830 4461 74A6

玉13【璯】〔17〕 一カイ漢 (クヮイ) 一去 泰 huì ホイ 二カイ漢 (クヮイ) 二去 卦 kuài コワイ
意味 一冠の縫い目につける玉ぎょくの飾り。二中国人の名。
U補J 4467 74AF

玉13【環】〔17〕 常 カン
U補J 2036 74B0

旧字 玉13【環】〔17〕 カン漢 平 刪 (クヮン) huán ホワン
U補J

筆順 T 王 玗 玾 珊 瑻 環 環
意味 ①〈たまき〉輪わの形をした玉。②〈わ〉輪わの形のもの。③〈めぐ・る〉〈めぐら・す〉かこむ。まわる。「環攻」④姓。

解字 形声。王が形を表し、睘くゎんが音を示す。王は玉。睘には、とりまくという意味がある。環は、まるく輪になった玉。とくに、中の穴と、外の肉のはばが等しいものをいう。

名前 たま
【環暈】かんうん(くゎんうん) 水蒸気などのため、光線の屈折で太陽や月のまわりに、輪のように見える物。かさ。

【環海】かんかい(くゎんかい) ①国のまわりを取り囲んでいる海。②海内かいだい。国内。

【環球】かんきゅう(くゎんきう) 地球。全世界。

【環境】かんきょう(くゎんきゃう) 一①まわりを取り囲まれた所。②まわりを取り囲み、これに影響を与えるもの。まわりのふんいき。二 huánjìng ホワンチン 現 一に同じ。

【環合】かんごう(くゎんがふ) 取り囲む。

【環座(「坐」)】かんざ(くゎんざ) 輪になってすわる。車座くるまざ。

【環視】かんし(くゎんし) 四方から取り囲んで見る。「衆人環視」

【環周】かんしゅう(くゎんしう) ①まわりを取り囲む。②まわる。

【環聚】かんしゅう(くゎんしう) 集まって取り囲む。輪になって集まる。

【環礁】かんしょう(くゎんせう) 海の中に輪の形にできた珊瑚礁さんごしょう。

【環繞】かんじょう(くゎんぜう) めぐらす。取り巻く。

【環翠】かんすい(くゎんすい) 緑の竹・木をめぐらすこと。また、家の

5画
玄玉(王)瓜(瓜)瓦甘生用田疋(⺪)疒癶白皮皿目(罒)矛矢石示(礻)内禾穴立

周囲にある竹・木。
【環旋】めぐる。めぐらす。
【環匝】まわりを取り巻く。「溝池環匝」〈仲長統・楽志論〉
【環堵】家の外回りのかきね。【――蕭然】狭くて貧しい家のさま。〈陶潜・五柳先生伝〉
【環佩】帯玉。帯につける玉。佩玉。
【環列】まるく並ぶこと。
◆金環・指環・循環

玉13【璩】〔17〕キョ 漢 平 魚 qú チュイ　U 74A9 補 4463 J ①8832
意味 ①耳飾り。②姓。

（璩）

玉13【璬】〔17〕キョウ（ケウ）漢 上 篠 jiǎo チアオ　U 74AC
意味 ①帯につける、玉の飾り。②白い玉石。

玉13【璥】〔17〕ケイ 漢 上 梗 jǐng チン

玉12【璥】〔16〕俗字　U 74A5 J ②8103
意味 玉の名。

玉13【璨】〔17〕サン 漢 去 翰 càn ツァン　U 74A8 補 4462 J ①8831
意味 ①玉の光。②美しい玉。③璨璨は、光り輝くさま。明るいさま。

玉13【璱】〔17〕シツ 漢 入 質 シチ 呉 sè ソー　U 74B1 補 4468
意味 玉の色が美しくあざやかであるさま。

玉13【璲】〔17〕スイ 漢 去 寘 suì ソイ　U 74B2 補 4469
意味 帯につける玉。

玉13【璪】〔17〕ソウ（サウ）漢 上 皓 zǎo ツァオ　U 74AA 補 4464 J ②8104
意味 ①冕冠に垂れる玉の飾り。②水草の模様を彫った玉。

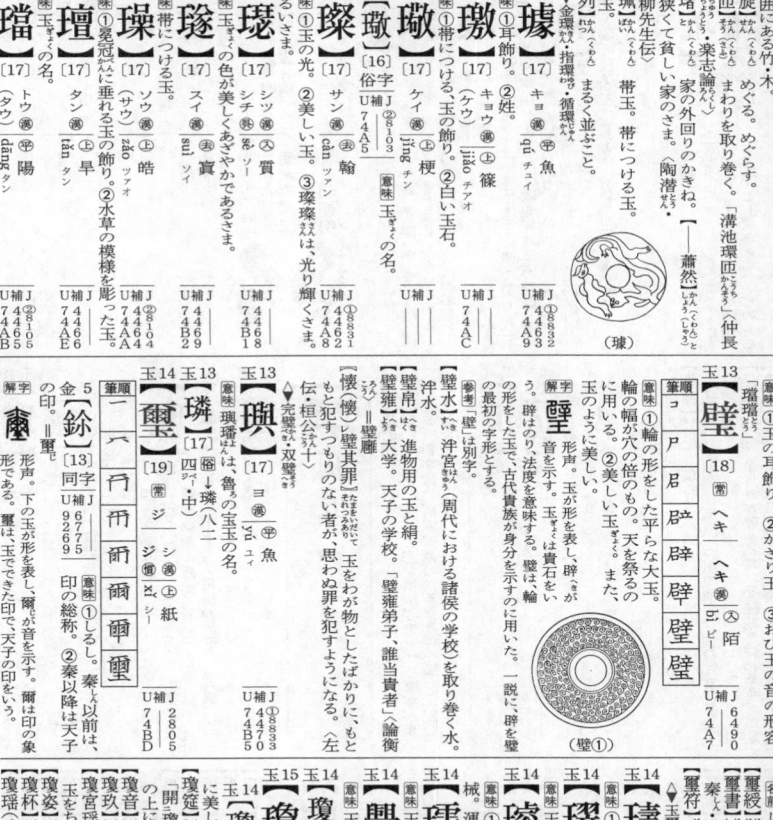

玉13【璮】〔17〕タン 漢 上 旱 tǎn タン　U 74AE 補 4466
意味 玉の名。

玉13【璫】〔17〕トウ（タウ）漢 平 陽 dāng タン　U 74AB 補 4465 J ②8105
意味 ①玉の耳飾り。②かざり玉。③おび玉の音の形容。「璫璫」

玉13【璧】〔18〕常 ヘキ　ヘキ 漢 入 陌 bì ピー　U 74A7 J 6490
筆順 コ　尸　居　辟　辟　辟　璧　璧
意味 ①輪の形をした平らな大玉。輪の幅が穴の倍のもの。天を祭るのに用いる。②美しい玉。また、玉のように美しい。
解字 璧 形声。玉が形を表し、辟が音を示す。玉は貴石をいう。辟はのり、法度を意味する。璧は、輪の形をした玉で、古代貴族が身分を示すのに用いた。一説に、辟を璧の最初の字形とする。

（璧①）

参考「壁」は別字。
【璧水】泮宮（周代における諸侯の学校）を取り巻く水。泮水。
【璧帛】進物用の玉と絹。
【璧雍】大学。天子の学校。「璧雍弟子、誰当貴者」〈論衡〉＝璧廱
【懐（懷）ㇾ璧其罪】玉をわが物としたばかりに、もともと犯すつもりのない者が、思わぬ罪を犯すようになる。〈左伝・桓公十〉
◆完璧・双璧

玉13【璵】〔17〕ヨ 漢 平 魚 yú ユィ　U 74B5 補 4470 J ①8833
意味 璵璠は、魯の宝玉の名。

玉13【璘】〔17〕俗 ↓璘（八二四ページ・中）

玉14【璽】〔19〕常 ジ　シ 漢 上 紙 ジ 慣 xǐ シー　U 74BD J 2805
筆順 一　𠆢　币　冊　爾　爾　璽
意味 ①しるし。秦以前は、印の総称。②秦以降は天子の印。＝璽

金5【鉩】〔13〕同字　U 9269 補 6775

解字 形声。下の玉が形を表し、爾が音を示す。爾は印の象形である。璽は、玉でできた印で、天子の印をいう。

名前 しるし
【璽綬】天子の印と、それにつけた組みひも。
【璽書】①周代の諸侯・大夫の印を押した書きつけ。②秦・漢以後は、天子の印を押した文書。また、親勅。手詔。
【璽符】天子の印。御璽。印璽。
◆玉璽・御璽

玉14【璹】〔18〕シュク 漢 入 屋 shú シュー　U 74B9 補 4471 J ②8106
意味 ①玉で作った器。②玉の名。

玉14【璻】〔18〕スイ 漢 上 紙 zuǐ ツォイ　U 74BB 補 4472 J ②8107
意味 玉の美しい色。

玉14【璿】〔18〕セン 漢 平 先 xuán シュワン　U 74BF 補 4473 J ①8834
意味 ①美しい玉。②璿璣は、玉で飾った天文観測の機械。渾天儀。璇璣。

玉14【瓀】〔18〕ゼン 漢 平 先 ruǎn ロワン　U 74C0
意味 玉に似た美しい石。「瓀石」「瓀珉」

玉14【璺】〔19〕ブン 漢 去 問 wèn ウエン　U 74BA J ②8108
意味 玉のひび。きず。

玉14【瓊】〔18〕俗 ↓瓊（本ページ・下）

玉15【瓊】〔19〕ケイ 漢 平 庚 qióng チョン

玉14【瓊】〔18〕俗字　U 74CA J 6491
意味 ①〈たま〉〈に〉赤い美玉。「瓊玉」②玉のように美しい。③さいころ。④仙薬の材料。
【瓊筵】玉で飾った美しい敷物。玉のように美しい宴席。「開二瓊筵一以坐ㇾ花」（玉の敷物を広げ、散った花の上にすわる。）〈李白・春夜宴二桃李園一序〉
【瓊音】清らかで美しい声や音。
【瓊玖】帯につける飾り玉。
【瓊宮瑤（瑶）台（臺）】玉で飾りたてた御殿と、玉をちりばめた高殿。
【瓊姿】玉のように美しい姿。
【瓊杯】玉で造ったさかずき。玉杯。
【瓊瑤（瑶）】①美しい玉。②他人から贈られたもの。

5画

玄玉（王）瓜（瓜）瓦甘生用田疋（⺪）疒癶白皮皿目（罒）矛矢石示（礻）禸禾穴立

詩文などをいう。

玉15【瓈】〔19〕 レイ 漢 平 斉 lí リー U補J 74C8 4474 ①8835
意味 玻瓈(はれい)は、ガラス。玻璃(はり)。

玉15【瓉】〔19〕 同→瓚(本ページ・中)

玉16【瓐】〔20〕 ロ 漢 平 虞 lú ルー U補J 74D0 4477
意味 みどりの玉。碧玉(へきぎょく)。

玉16【瓏】〔20〕 ロウ 漢 平 東 lóng ロン U補J 74CF 6492
意味 ①雨ごいの祭りに用いる玉。竜(りゅう)の模様がある。②玉や金物の鳴る音。「瓏玲(ろうれい)」③明らかな。あざやかな。
【瓏玲】(ろうれい) ①光り輝くさま。②金物や、玉の鳴る音。
【瓏瓏】(ろうろう) ①玉などのふれ合う音。②明らかなさま。玲瓏(れいろう)。

(瓏 ①)

玉16【瓌】〔20〕 同→瑰(八二三ページ・上)

玉17【瓖】〔21〕 ショウ(シャウ) 漢 平 陽 ジョウ(ジャウ) 慣 xiāng シアン U補J 74D6 ②8109
意味 ①馬の腹帯につける玉(ぎょく)の飾り。②玉(ぎょく)の名。

玉17【瓔】〔21〕 エイ 漢 ヨウ(ヤウ) 呉 平 庚 yīng イン U補J 74D4 6493
意味 ①玉に似た美しい石。②瓔琅(えいろう)は、玉の首飾り。
【瓔珞】(ようらく(やうらく)) 玉をつないだ首飾り。

玉6【珱】〔10〕 俗字 U補J 73F1 6494

玉17【瓓】〔21〕 ラン 漢 呉 去 翰 làn ラン U補J 74D3 4478
意味 ①瓓玕(らんかん)は、玉(ぎょく)のように美しい石。＝琅玕(ろうかん) ②玉(ぎょく)の色彩。

玉17【瓘】〔21〕 俗 →瓘(本ページ・上)

玉18【瓘】〔22〕 カン 漢 去 翰 (クヮン) guàn コワン U補J 74D8 4479
意味 ①玉。②天子が諸侯の印として与える、かどのある玉。圭(けい)。

玉17【瓘】〔21〕 俗字 U補J —— —— ②8110

玉19【瓚】〔23〕 サン 漢 上 旱 zàn ツァン U補J 74DA 4480 ①8837
意味 ①祭器の名。神の降臨を願う祭りに、酒を注ぐのに用いるひしゃく。②質の良くない玉。

玉15【瓉】〔19〕 同字 U補J 74C9 4475 ①8836

(瓚①)

玉20【瓛】〔24〕 ■カン 漢 ■ 平 寒 (クヮン) huán ホワン ■エツ 漢 ■ 入 屑 yè イエ U補J 74DB 4481
意味 ■公(こう)の地位を示す圭(けい)(将棋の駒形の玉器(ぎょくき))の一種。桓圭(かんけい)。■馬のくつわ。

玉24【瓗】〔28〕 同→玲(八一六ページ・下)

5画 瓜(瓜)部 うり

【部首解説】「つるに実っているうり」にかたどる。この部には、「瓜・瓜」の形を構成要素とする文字が属する。新字体の構成要素となるときは「瓜」(六画)になる。

瓜0【瓜】〔6〕 人 標 カ 漢 平 麻 (クヮ) guā コワ U補J 74DC 1727

旧字 瓜0【瓜】〔5〕 U補J —— ——

意味 〈うり〉ウリ科のつる草の果実。
解字 象形。うりのつるの下に、うりの実がなっている形。ころころしたもの、あるいは曲線の形を表す字に使われる。
姓 瓜生(うりゅう)
地名 瓜生(うりゅう)・瓜哇(ジャワ)
参考 「爪(そう)」は別字。

【瓜期】(かき(くゎき)) 「瓜時(かじ)」に同じ。
【瓜沙】(かさ(くゎさ)) 地名。瓜州・沙州の地方。今の甘粛省安西一帯の地。
【瓜時】(かじ(くゎじ)) ①うりが熟する時。②任期が終わる時。瓜期。
【瓜車】(かしゃ(くゎしゃ)) うりを積んだ車。「将ニ是瓜車一(このかしゃをすすむ)」(この瓜車をおして進める。)〈古詩・孤児行(こじこう)〉
【瓜代】(かだい(くゎだい)) うりがみのる時期に役人がかわることから任期が満了して他人とかわること。瓜時。
【瓜田】(かでん(くゎでん)) うり畑。【——不レ納レ履】(かでんにくつをいれず) 人に疑われるような行為はしない。(うり畑では履(くつ)が脱げても、かがんで、はきなおすことをしない。うり盗人と疑われるといけないから。)「瓜田不レ納レ履、李下不レ整レ冠(りかにかんむりをただす)」〈古楽府(こがふ)・君子行〉
【瓜分】(かぶん(くゎぶん)) うりを割るように、国土を分けあたえる。瓜剖(かぼう)。
【瓜剖】(かぼう(くゎぼう)) 「瓜分(かぶん)」に同じ。
【瓜李】(かり(くゎり)) 人に疑われやすいことをすること。
【瓜子児(兒)】(クワツル) guāzǐr 現 うりの種を、塩あじでいった物。
◆木瓜(ぼけ)・冬瓜(とうが)・糸瓜(へちま)・西瓜(すいか)・苦瓜(にがうり)・南瓜(かぼちゃ)・胡瓜(きゅうり)・烏瓜(からすうり)・破瓜(はか)

瓜5【瓞】〔10〕 テツ 漢 入 屑 dié ティエ U補J —— ——
意味 小さいうり。

瓜5【瓞】〔11〕 俗字 U補J 74DE 4482 ②8111

瓜5【瓟】〔10〕 ■ハク 漢 ■ 入 覚 bó ボー ■ホウ(ハウ) 漢 ■ 平 肴 páo パオ U補J —— ——
意味 ■小さいうり。「瓟瓜(はくか)」■ひさご。水をくむのに用いる。

瓜5【瓟】〔11〕 俗字 U補J 74DF 4483

瓜6【瓠】〔11〕 ■コ 漢 ■ 去 遇 hù フー ■コ 漢 ■ 平 虞 hú フー ■カク(クヮク) 漢 ■ 入 薬 huò フオ U補J —— ——
意味 ■①植物の名。ひょうたん。②瓠子(こし)は、河南(かなん)省にあった地名。■つぼ。＝壺(こ) ■瓠落(かくらく)は、①大きいさま。②がらんとしたさま。

瓜6【瓠】〔12〕 俗字 U補J 74E0 6501

【瓠落】(かくらく(くゎくらく)) ①大きいさま。②がらんとしたさま。
【瓠犀】(こさい) ひさごの一種。美人のきれいに並んだ白い歯のたとえ。
【瓠巴】(こは) 人名。昔の楚(そ)の人で、琴にすぐれていた。

5画

玄玉(王)瓜(瓜)瓦甘生用田疋(⺪)疒癶白皮皿目(罒)矛矢石示(礻)内禾穴立

瓜11【瓢】〔17〕人 標 J4127 U補74E2
ヒョウ 漢 平 蕭 piáo ピアオ
旧字 瓜11【瓢】〔16〕(ヘウ) J— 補— U—
意味 ①〈ひさご〉〈ふくべ〉ひょうたん。②ひさごで作った容器。水や酒を入れたり、くんだりする。
難読 瓢虫(てんとうむし)
【瓢壺】ひょうこ ひょうたん。瓢瓢。
【瓢樽】ひょうそん 酒を入れる器。ひさご。瓢尊。
【瓢箪】ひょうたん ①酒を入れるひさごと、飯をもる竹かご。「瓢箪屢空、草滋二顔淵之巷一(瓢箪しばしば空しくして、草顔淵の巷に滋し)」(顔淵はまずしく、飲食物もしばしばなくなり、家のあたりは草が深く茂っていた。)〈本朝文粋・六・橘直幹の文〉②国 ㋐うりの一種。㋑酒を入れるひさご。

瓜14【瓣】〔19〕旧→弁(四四三ジ・中)

瓜17【瓤】〔22〕ジョウ 漢 平 陽 (ジャウ) ráng ラン J— 補— U—
瓜17【瓤】〔23〕俗字 J— 補4484 U74E4
意味 ①うりの中で、実を包んでいる綿状のもの。なかご。②蜜柑(みかん)などの実の内部が分かれて、房となった部分。

5画 瓦部 かわら

【部首解説】「土器」にかたどる。この部には、「瓦」の形を構成要素とする文字が属する。

瓦0【瓦】〔5〕常 ガ かわら J2004 U補74E6
ガ(グヮ) 漢 呉 上 馬 wǎ ワー
筆順 一 丆 丅 瓦 瓦
意味 ①〈かわら(かはら)〉屋根をふく焼き物。②かわらけ。素焼きの土器。「瓦樽(がそん)」③糸まき。④宋(そう)・元(げん)時代の繁華街。「瓦子(がし)」「瓦市(がし)」⑤春秋時代の衛(えい)の地名。⑥現ワット。「瓦特」の略称。仕事率の単位。国〈グラム〉重さの単位。一瓦(グラム)は、約〇・二六七匁(もんめ)。
解字 瓦 象形。焼き上がった土器の形を表したもの。
【瓦甌】がおう かわらのかめ。
【瓦甕】がおう かわらけ。素焼きのかめ。
【瓦屋】がおく かわらぶきの家。
【瓦解】ががい かわらがくだけるように、物事があっけなくこわれる。
【瓦合烏集】がごううしゅう かわらのように合わさり、からすのように集まる。統一も規律もない寄り集まり。烏合の衆。
【瓦棺】がかん かわらで造ったひつぎ。陶棺(とうかん)。
【瓦子】がし ①かわら。②町の名。北宋の時、汴京(べんけい)の都にあった盛り場の名。瓦子巷。瓦舎(がしゃ)。瓦肆(がし)。
【瓦石】がせき かわらのかけらや、石ころ。価値のない不用物のたとえ。
【瓦磚】がせん かわらとれんが。磚は、れんが。
【瓦全】がぜん なにもせずに、むだに生きのびること。瓦となって安全に残る意。甎全(せんぜん)。「寧可二玉砕一不レ能二瓦全一(むしろ玉砕すべきも瓦全たるあたわず)」(いっそ玉と砕けようとも、むだに生きのびることはできない。)〈北斉書(ほくせいしょ)・元景安伝〉↔玉砕(ぎょくさい)
【瓦缶】がふ 素焼きの缶(ほとぎ)。缶は口の部分が小さく、腹の部分が大きなかめ。
【瓦瓶(甁)】がへい 素焼(すや)きの瓶子(へいし)(徳利)。
【瓦甓】がへき かわら。甓は、敷き石のように、地に敷くかわら。
【瓦縫】がほう 屋根がわらのふき合わせ。
【瓦卜】がぼく かわらを打ちつけ、その裂け目により吉凶を判断する占(うらな)い。
【瓦礫】がれき かわらと小石。価値のないもののたとえ。
【瓦剌】ワラ(オイラート) 蒙古(もうこ)部族の一つ。モンゴルに住み、元(げん)より清(しん)の高宗時代まで続いた。
◆鬼瓦(おにがわら)・煉瓦(れんが)

瓦2【瓧】〔7〕国字 J6503 U補74E7
意味 〈デカグラム〉重さの単位。一瓦(グラム)の十倍。

瓦3【瓨】〔8〕コウ 漢 平 江 (カウ) xiáng シアン J— 補4485 U74E8
意味 〈もたい(もたひ)〉みそなどを入れる背の高いかめ。罌(おう)に似て首が長い。＝缸(こう)

瓦3【瓩】〔8〕国字 J6504 U補74E9
意味 ①〈キログラム〉重さの単位。一瓦(グラム)の千倍。②現キロワット。千ワット。電気工学での仕事率の単位。
音 qiān wǎ チエンワー。
参考 国字だが②の意味で中国でも使われる。

瓦4【瓮】〔9〕オウ 漢 去 送 (ヲウ) wèng ウォン J6505 U補74EE
意味 〈もたい(もたひ)〉水などを入れるかめ。＝甕(おう)
参考 「瓫(ぼん)」は別字。

瓦4【瓪】〔9〕ハン 漢 上 潸 bǎn パン J— 補4486 U74EA
意味 ①かわらの破片。②〈めがわら(めがはら)〉牝瓦。凹面を上にふくかわら。

瓦4【瓫】〔9〕ホン 漢 平 元 ボン 呉 pén ペン J②8113 補4487 U74EB
意味 ①〈ほとぎ〉水などをいれる浅めの口の広い容器。＝盆 ②水があふれる。＝湓(ぼん)

瓦4【瓰】〔9〕国字 J6507 U補74F0
意味 〈デシグラム〉重さの単位。一瓦(グラム)の十分の一。

瓦4【瓲】〔9〕国字 J6506 U補74F2
意味 〈トン〉重さの単位。一キロ瓦(グラム)の千倍。

瓦4【瓱】〔9〕国字 J6508 U補74F1
意味 〈ミリグラム〉重さの単位。一瓦(グラム)の千分の一。

瓦4【瓯】〔9〕俗→甌(八二八ジ・中)

瓦4【瓯】〔9〕俗→甌(八二八ジ・中)

瓦5【瓴】〔10〕レイ 漢 平 青 líng リン J— 補4489 U74F4
意味 ①かめ。とってのついたかめ。「瓴水」②かわら。樋(とい)の形をしたかわら。
【瓴甋】れいてき 敷きがわら。瓴甓(れいへき)。
【建二瓴水一】れいすいをくつがえす 高い屋根の上から、かめの水をあける。勢いが強く防ぎきれないこと。

瓦6【瓷】〔11〕シ 漢 平 支 ジ 呉 cí ツー J6510 U補74F7
瓦10【甆】〔15〕俗字 J— 補4494 U7506
意味 ①きめが細かく堅い焼き物。磁器(じき)。②かめ。
【瓷器】じき 陶器。すえもの。
【瓷土】じど 焼き物に用いる土。陶土(とうど)。

瓦6【瓶】〔11〕常 ビン J4151 U補74F6

5画
玄玉(王)瓜(瓜)瓦甘生用田疋(⺪)疒癶白皮皿目(罒)矛矢石示(礻)禸禾穴立

旧字 瓦8【瓶】〔13〕 ヘイ 漢　ビョウ(ビャウ) 呉　ビン 唐　平 青　píng ピン　U 7501　補 ①8839　J —

筆順 丷 丷 并 并 瓶 瓶 瓶

石6【研】〔11〕同字　U 7851　補 ①8904　J —

意味 ①〈かめ〉 口が小さく、腹のふくれた陶器。「水瓶」 ②つるべ。③こしき。国〈びん〉 ガラス製の容器。＝壜

解字 形声。瓦が形を表し、并が音を示す。并は二つ並んでいること。瓶は、二つ並んだ水汲み用の土器で、つるべのこと。炊事用のうつわや、とっくりをもいうようになった。

姓 瓶子・瓶尻・瓶尾・瓶原

【瓶子】 一 ①かめ。②国徳利。 二 píngzi 現びん。

【瓶筲】 かめと竹製のはこ。度量の小さい人物のたとえ。

【瓶裏】 かめの中。

瓦6【瓸】〔11〕国字　U 74F8　補 —　J 6509

意味 〈ヘクトグラム〉 重さの単位。一グラムの百倍。

瓦7【甁】〔12〕 チ 漢　平 支　chī チー　U 74FB　補 —　J 4491

意味 かめ。酒を入れるかめ。

瓦7【瓺】〔12〕 チョウ 漢 (チャウ)　平 陽　cháng チャン　U 74FA　補 ②8115　J 4490

意味 かめのような土器。

瓦7【瓺】〔12〕同字　U 24B56　補 ②8114　J —

〈みか〉 日本の神の名。櫛瓺玉命（くしみかたまのみこと）。国

瓦7【甅】〔12〕国字　U 74FC　補 —　J 4492

意味 〈さらけ〉 底の浅いかめ。酒を作るのに用いた。

瓦7【瓻】〔12〕同 ↓瓺（本ページ・上）

瓦8【瓿】〔13〕 一 ホウ 漢　上 有　bù ブー、pǒu ポウ　二 フ 漢　平 虞　fú フー　U 74FF　補 ①8838　J —

意味 一 二 かめ。塩からや、ひしお（みその一種）などを入れる小さなかめ。

（瓿）

瓦8【甁】〔13〕旧 ↓瓶（八二七ページ・下）

瓦9【甄】〔14〕 一 ケン 漢 呉　平 先　zhēn チェン　二 シン 漢　平 真　zhēn チェン　U 7504　補 —　J 6511

意味 一 二 ①〈すえもの〉(すゑもの) 陶器を作るろくろ。また、陶器を作る。「甄工」 ②人材を育成する。「甄陶」 ③あきらかにする。「甄序」 ④見わける。⑤つくる。⑥軍隊の左右両翼。⑦姓。

【甄工】 焼き物師。陶器を造る職人。陶工。

【甄序】 分けて、順序だてる。

【甄陶】 土をこねて、陶器を造る。転じて、天地が万物を造る。民を教え導く。

【甄抜】 人物を見分け、選抜する。

【甄別】 はっきりと区別する。

◇陶甄

瓦9【甃】〔14〕 シュウ 漢 (シウ)　去 宥　zhòu チョウ　U 7503　補 —　J 6512

意味 ①れんがのかきね。②井戸を囲むれんがの壁。③れんがを積む。④〈しきがわら〉(しきがはら) 地上に敷きつめるかわら。⑤飾る。

【甃砌】 いしだたみ。

【甃甎】 敷きがわら。

瓦9【甅】〔14〕国字　U 7505　補 —　J 6513

意味 〈センチグラム〉 重さの単位。一グラムの百分の一。

瓦9【甈】〔14〕国字　U 24B6F　補 ②8116　J —

意味 〈はぞう〉(はざふ) 〈はんぞう〉(はんざふ) 湯、水をつぐ道具。注ぎ口が器の中にさしこんであることからいう。＝楾

瓦10【甈】〔15〕 ケイ 漢　去 霽　qì チー　U 7508　補 —　J —

意味 ①かめ。つぼ。ほとぎ。②われたかめ。ひびの入った陶器。③かわいてわれる。

瓦10【甆】〔15〕俗 ↓瓷（八二七ページ・下）

瓦10【甍】〔15〕俗 ↓甍（本ページ・下）

瓦11【甌】〔16〕 オウ 漢　平 尤　ōu オウ　U 750C　補 —　J 6514

瓦4【瓯】〔9〕俗字　U 74EF　補 —　J 4488

瓦4【瓯】〔9〕俗字　U —　補 ②8112　J —

意味 ①小さいかめ。ほとぎ。「甌瓿」 ②深いわん。③陶器で作った打楽器の一つ。④地名。浙江省温州市の別名。

【甌檠】 小さな鉢と燭台。

【甌脱】 北方異民族が敵状をさぐるために作った穴ぐら。

【甌北】 清朝の詩人趙翼の号。↓「趙翼」（一二〇二ページ・上）【―詩話】 書名。十巻。続、二巻。李白・杜甫・韓退之・白楽天・蘇東坡・陸放翁・元遺山・高青邱・呉梅村・査初白の十人の詩を集め、論評したもの。

【甌臾】 かめのように、くぼんだ土地。

【甌窶】 狭い高地。【―満(滿)篝】 高地の狭い畑でとれた米が、竹かごにいっぱいになる。篝は竹かご。〈史記・滑稽列伝〉

瓦11【甎】〔16〕 セン 漢　平 先　zhuān チョワン　U 750E　補 —　J 6515

意味 ①〈しきがわら〉(しきがはら) 地に敷き並べるかわら。＝磚 ②現れんが。

【甎全】 かわらのように価値のない生き方で、人生をむだに終わる。たいした事もしないで、むだに生きのびる。瓦全。「丈夫玉砕恥甎全」(男子はいさぎよく玉と砕けるとも、むなしく生きのびることを恥じる。)〈西郷隆盛の詩・偶成〉 ↕玉砕

瓦11【甍】〔16〕 ボウ 漢 (バウ)　平 庚　méng モン　U —　補 —　J —

瓦10【甍】〔15〕俗字　U 750D　補 —　J 6516

意味 〈いらか〉 ①屋根のむね。②屋根の背。②屋根の先。③いらか。かわらぶきの屋根のむね。建物。

【甍宇】 かわら屋根と、むね。

【甍棟】

瓦11【甑】〔16〕俗 ↓甑（本ページ・下）

瓦12【甃】〔17〕 シ 漢　平 支　sī スー　U 3F44　補 —　J —

意味 ①かめ。②かめが、こわれる。③かわらのわれる音。

瓦12【甑】〔17〕標　ショウ 漢　ソウ 呉　去 径　zèng ツォン　U 7511　補 —　J 2589

瓦11【甑】〔16〕俗字 U 補 J

意味〈こしき〉かわら製の煮たりむしたりする道具。せいろう。

地名 甑島

『坐レ甑』こしきの中にすわる。夏の暑さの形容。

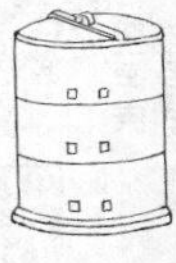

（甑）

瓦12【甒】〔17〕ブ 漢 上 麌 wǔ ウー U 補 J 7512 4501

意味 かめ。酒を入れる小さいかめ。もたい。

（甒）

瓦12【甏】〔17〕ホウ 漢 去 敬 （ハウ） bèng ポン U 補 J 750F

意味 大きなかめ。＝瓮

瓦12【甈】〔17〕或 ↓鬲（一四一五ページ・中）

瓦13【甕】〔18〕標 オウ 漢 去 送 （ヲウ） wèng ウォン U 補 J 7515 6517

意味 ＝瓮 ①〈かめ〉〈みか〉〈もたい（もたひ）〉酒などを入れるかめ。②楽器の一つ。③甕門は、城門の外の防護の門。

（甕①）

【甕天】せまい見聞のたとえ。

【甕頭】できあがったばかりの酒。

【甕牖】丸い窓。そまつな家のさま。【――縄（繩）枢（樞）】かめの口を窓にし、なわでとぼその代わりにする。貧民の家。〈賈誼・過秦論〉

【甕裡醯鶏（鷄）】甕裡は、かめの中。醯鶏は酒や酢の中にわくかつおむし。見聞や知識の狭いこと。孔子が老子に会い、老子に比べると自分は、かめの中のかつおむしのようだと言った故事による。〈荘子・田子方〉

瓦13【甑】〔18〕トウ 漢 平 蒸 dēng トン U 補 J 24B98

意味 お供えの食物をもる、焼き物のたかつき。

瓦13【甓】〔18〕ヘキ 漢 入 錫 pì ピー U 補 J 7513 6518

意味 ①かわら。②敷きがわら。

瓦14【甖】〔19〕オウ 漢 平 庚 （アウ） yīng イン U 補 J 7516 4502

意味 かめ。酒などを入れるかめ。＝罌

瓦16【甗】〔21〕ゲン 漢 上 銑 ケン 慣 yǎn イェン U 補 J 7517 4503 ①8840

意味〈こしき〉穀物を煮たりむしたりする道具。

（甗）

5画 甘部 あまい

【部首解説】「味がよい。おいしい」ことを表す。この部には、「甘」の形を構成要素とする文字が属する。

甘0【甘】〔5〕常 カン 漢 呉 平 覃 gān カン U 補 J 7518 2037

カン

あまい・あまえる・あまやかす

筆順 一 十 廿 廿 甘

意味 ①〈あま・い（――・し）〉味の一つ。↕苦 ②味が良い。うまい。③耳に心地良い。④〈あまん・じる（――・ず）〉㋐心からねがう。㋑しかたなく満足する。⑤よろこばしい。このむ。⑥ゆるい。⑦地名。㋐陝西省戸県の地。㋑河南省宜陽県の地。⑧姓。国①〈あま・い（――・し）〉考えかたや態度がいいかげんである。②〈あま・える（――・ゆ）〉人の好意をあてにする。③〈あまやか・す〉人をあまやかす。

解字 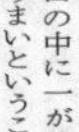 指事。口の中に一がはいっている形。口に物を含むことで、うまいということになる。

名前 かい・よし 姓 甘南備 地名 甘木・甘楽

難読 甘藷

【甘雨】草木をうるおし、生育を助ける雨。農業に必要なときにふる雨。よい雨。時雨。滋雨。膏雨。

【甘瓜】あまいうり。まくわうり。甜瓜。

【甘滑】甘く、口あたりがよい。また、その食べ物。

【甘橘】みかん類の総称。＝柑橘

【甘苦】①甘いことと、苦いこと。②楽しみと、苦しみ。

【甘言】こびへつらうことば。甘辞。「甘言好辞」〈戦国策・韓〉

【甘酸】①甘いことと、すっぱいこと。②楽しみと苦しみ。【甘苦】

【甘蔗】さとうきび。

【甘酒】一①よい酒。②酒を好む。二 国 飲み物の一種。もち米の粥に麹をまぜて作ったもの。

【甘受】あまんじて受ける。満足して受け入れる。

【甘粛（肅）】中国西北の省。西域に接し、古くから中央アジア・インドへの交通路に当たっていた。

【甘薯】さつまいも。＝甘藷

【甘藷】「甘薯」に同じ。

【甘食】①うまがって食べる。「甘ニ食其土之有一」（その土地の産物をうまがって食べる。）〈柳宗元・捕レ蛇者説〉②うまい食物。

【甘心】①思いのままにする。②心に満足する。

【甘脆】美味でやわらかな食物。＝甘毳

【甘毳】おいしくて、やわらかな食べ物。甘膬。＝甘脆

【甘泉宮】漢の武帝が、もとの秦の離宮を増築して造った宮殿。陝西省淳化県の西北、甘泉山にある。

【甘草】マメ科の多年草。根に甘味があり薬用・甘味料とする。

【甘棠】果樹の名。やまなし。

【甘美】①あまく、味がよいこと。②うっとりと快く感じられること。

【甘芳】甘くてよいかおりがする。

【甘味】①おいしい味。②あまい味。③菓子。

【甘眠】ぐっすりと眠る。熟睡。

【甘藍】①キャベツ。たまな。②葉牡丹。

【甘醴】あまざけ。醴酒。

【甘露】①甘いつゆ。中国の伝説で、王者がよい政治をすると、そのしるしとして天がふらすという。天下太平のしるし。②仏長生きをさせ、死者を生き返らせるというふしぎな液。仏の教えのたとえ。③国㋐美味。㋑酒の一種。甘露酒。

甘4【甚】〔9〕常 シン 漢 ジン 呉 去 沁 shèn シェン U 補 J 751A 3151

ジン

はなはだ・はなはだしい

筆順 一 十 廿 甘 甘 苴 其 甚

意味 ①〈はなはだし・い（はなはだ・し）〉〈はなはだ〉㋐基準をこえている。㋑ひどい。㋒非常に。とても。②正しい。③なに。なんの。疑問の語。音 shén シェン。＝什

5画

玄玉(王)瓜(瓜)瓦甘生用田疋(⺪)疒癶白皮皿目(罒)矛矢石示(礻)内禾穴立

解字 𤯔 会意。甘と匹を合わせた字。甘は飲食、匹は男女のカップルで、甚は、安楽をいう。一説に、甘は飲食、匹は衣服。また、匹を甘しとすということで、男女の楽しみ。楽しみに過ぎるので、はなはだしい意味になる。

名前 しげ・たね・とう・ふか・やす 難読 甚麼(そも)・(いん)も

【甚雨】(じんう) ひどく降る雨。「甚雨及レ之(じんうこれにおよぶ)」〈左伝・襄公(じょうこう)〉

【甚大】(じんだい) 非常に大きい。

【甚適】(じんてき) とても暇なこと。適は、気ままに楽しむ意。

◇幸甚(こうじん)・深甚(しんじん)・劇甚(げきじん)

甘 6 【甜】〔11〕 テン 漢 平 塩 tián ティエン J 3728 補 ― U 751C

甘 6 【甛】〔11〕 本字 J ― 補 ― U 751B

意味 ①味があまい。「甜物」②うまい。良い。③十分である。

参考 甘(かん)と意味が近いが、後出の字である。

【甜瓜】(てんか(くわ)) まくわうり。

【甜言蜜語】(てんげんみつご) 耳に聞いて気持ちのよいことば。人を誘いこむうまいことば。

【甜菜】(てんさい) 砂糖大根のこと。ビート。

【甜美】(てんび) おいしいこと。甘美。

甘 8 【甞】〔13〕 同 →嘗(二六一ジペー・下)

5画 生部 うまれる

【部首解説】 「草木が地上に芽を出すさま」を表す。この部には、誕生に関連するものが多く、「生」の形を構成要素とする文字が属する。

生 0 【生】〔5〕 学 1 セイ・ショウ いきる・いかす・いける・うまれる・うむ・おう・はえる・はやす・き・なま J 3224 補 ― U 751F

セイ 漢 ショウ(シャウ) 呉 平 庚 サン 唐 shēng ション

筆順 ノ 𠂉 牛 牛 生

意味 ①〈は・える(―・ゆ)〉〈お・う(―・ふ)〉〈はや・す〉 草木が芽を出す。生長する。生長させる。②〈う・む〉〈うま・れる(―・る)〉 子供をうむ。子供がうまれる。③育てる。④おこる。発生する。⑤病気になる。⑥〈い・きる(―・く)〉〈いか・す〉 命をたもつ。生きている。↕死 ⑦いきもの。生物。⑧生命。⑨いけどりにする。いけどり。捕虜(ほりょ)。⑩生まれつき。生まれたまま。「天生(てんせい)」⑪一生。生涯(しょうがい)。⑫〈なま〉 ㋐煮てない。↕熟 ㋑なれない。ふなれ。㋒加工してない。㋓果物などが熟してない。㋔あまり知らない。「生客」⑬子が父の位を継ぐ。⑭人民。「生民(せいみん)」⑮くらし。なりわい。「生業」「生活」⑯学問のある年長の人。「先生」「儒生(じゅせい)」⑰学問を学ぶ人。「学生」⑱人の本性。＝性 ⑲家畜。＝牲(せい) ⑳財産。㉑古典劇中の男役。「老生(ろうせい)」㉒姓。国①〈き〉 まじりけのない。人工を加えない。「生薬(きぐすり)」②〈うぶ〉 世なれぬ。ういういしい。③〈いき〉「生蕎麦(きそば)」「生薬(きぐすり)」④〈い・ける(―・く)〉 花や枝を花器にさす。

解字 𡳿 会意。屮と土を合わせた字。屮は草の芽ばえの形。生は、草の芽が土の上に出たことで、進む意味になる。別に、屮は芽ばえであるが、その下は二で、屮より過ぎたのが出、さらに進んだのが生であるとし、進む意味と説明する説もある。

名前 い・う・お・ふ・ぶ・み・よ・あり・いき・いく・おき・たか・なり・のり・ふゆ・いける・すすむ 姓 生方(うぶかた)・生田(しょうだ)・生田(いくた)・生田(いけだ)・生地(おうち)・生津(なまつ)・生田目(なまため) 地名 生野(いくの)・生駒(いこま)・越生(おごせ)

難読 芝生(しばふ)・弥生(やよい)(付表)／生憎(あいにく)・生土(うぶすな)・生姜(しょうが)・生薑(しょうが)・生絹(すずし)・生業(なりわい)

参考 新表記では、「栖」「棲」の書きかえに用いる熟語がある。

【生粋(粹)】(きっすい) 国まじりけがなくすぐれている。

【生害】(しょうがい(しゃう)) 国自殺する。自害。

【生涯】(しょうがい(しゃう)) この世にいるあいだ。終生。畢生(ひっせい)。

【生者必滅】(しょうじゃひつめつ(しゃう)) 仏命ある者は、必ず死滅する。万物の無常なことをいう。〈平家物語・維盛入水(これもりじゅすい)〉

【生薬(藥)】(しょうやく(しゃう)) 自然物を使った漢方薬。

【生老病死】(しょうろうびょうし(しゃう)(らう)(びゃう)) 仏生まれ、年をとり、病気になり、死ぬこと。人間の避けられぬ四つの苦しみ。四苦。

【生衣】(せいい) 夏に着る衣。

【生意】(せいい) 一 ①生き生きとしたさま。生気。②万物が生き生きと生長する意。③あきない。なりわい。商業。生業。二 ①(ション イー) shēngyì 現 一の①②に同じ。②(ション イ) shēngyi 現 一の③に同じ。

【生育】(せいいく) ①生まれ育つ。生長する。②生んで、養い育てる。

【生員】(せいいん(ゐん)) 科挙(かきょ)(むかし中国で行われた官吏任用試験)の受験生。秀才ともいう。

【生花】(せいか(くわ)) 一 ①植物の花。↕造花 ②二と同じ。二(いけばな) 国花を趣(おもむき)をそえて花器にいける。また、その技術。華道。

【生家】(せいか) 自分が生まれた家。

【生孩】(せいがい) あかご。嬰児(えいじ)。

【生獲】(せいかく(くわく)) いけどる。生擒(せいきん)。

【生活】(せいかつ(くわつ)) 一 ①生きてゆく。生きながらえる。②暮らし。なりわい。二(ション フオ) shēnghuó 現 一に同じ。【―給】(せいかつきゅう(くわつきふ)) 最低生活を保証する給料。↕能率給 【―語】(せいかつご(くわつ)) 日常生活に用いることば。【―様式】(せいかつようしき(くわつやう)) 生活のしかた。【―力】(せいかつりょく(くわつ)) 人間が、社会で働き生きて行く力。

【生還】(せいかん(くわん)) 死の危険からのがれ、生きて帰る。

【生気(氣)】(せいき) 一 ①生き生きとしているさま。②万物が生き生きとのびる力。二(ション チー) shēngqì 現 ①一に同じ。②怒る。

【生魚】(せいぎょ) 生きている魚。

【生姜】(せいきょう(きやう)) 【―】(しょうが(しゃう)) ショウガ科の多年草。根を食用、薬用にする。はじかみ。生薑。

【生業】(せいぎょう(げふ)) 【―】(なりわい(はひ)) 生きるための仕事。

【生擒】(せいきん) ①いけどり。＝生禽 ②いけどる。

【生計】(せいけい) 【―】(たつき) 暮らしをたててゆく方法。

【生絹】(せいけん) 【―】(きぎぬ) 【―】(すずし) 生糸(きいと)で織った織物。生縑(せいけん)。

【生縑】(せいけん) 「生絹(せいけん)」に同じ。

【生枯】(せいこ) 生きていることと、枯れていること。

【生口】(せいこう) ①とりこ。捕虜。②家畜。

【生硬】(せいこう(かう)) ①ぎごちないこと。よくねれていない。②詩文の字句がよくねれていない。

【生国(國)】(せいこく) 【―】(しょうごく(しゃう)) 生まれた国。故国。

【生殺】(せいさつ) 生かすことと、殺すこと。【―与(與)奪】(せいさつよだつ) ①生かすことと殺すこと、与えることと奪うこと。②どのようにしようと思いのままのこと。

【生産】(せいさん) 一 経自然物に人力を加え、生活に必要な物を作り出す。↕消費 二(ション チャン) shēngchǎn 現 一に同じ。

【生死】(せいし) 一 ①生きることと死ぬこと。②生まれることと死ぬこと。二(しょうじ(しゃう)) 仏生老病死の四苦のはじめと終わり。迷いの世界。【―長夜】(しょうじじょうや(しゃう)(ちゃう)) 長い人生の迷いを、夜のやみにたとえたことば。【―流転(轉)】(しょうじるてん(しゃう)) 仏悟

5画 玄玉(王)瓜(瓜)瓦甘生用田疋(⺪)疒癶白皮皿目(罒)矛矢石示(礻)内禾穴立

りきれない人々は、その迷える行いの報いとして、いろいろな生死の世界（地獄・餓鬼・畜生・修羅・人間・天上の六道）をめぐりさまよう。流転輪廻。【——之境】（せいしのさかい（さかひ））生きるか、死ぬかの瀬戸際。

【生師】（せいし）生徒と先生。

【生祠】（せいし）まだ生存している人物を神にまつる。

【生臭】[一]（せいしゅう（しう））①生き物のにおい。②なまぐさい。[二]（なまぐさ）[国]なまぐさいこと。【——坊主】（なまぐさぼうず（ばうず））[国]なまぐさい物を食べる僧。堕落した僧。

【生聚】（せいしゅう）人民を育て、国力を養う。

【生熟】（せいじゅく）①よく実ったものと実らないもの。②物事に未熟なことと、熟達していること。

【生色】（せいしょく）生き生きした色。

【生殖】（せいしょく）生物が、種族を維持して繁殖させてゆく現象。

【生人】（せいじん）①人民。生民。②生きている人。↕死人 ③見知らぬ人。生客。

【生生】[一]（せいせい）①生き生きしているさま。②生い育つさま。③生きてゆく。生活する。「生生所ㇾ資、未ㇾ見㆓其術㆒（せいせいのしするところ、いまだそのじゅつをみず）」（生活のよりどころにする手段が、まだ見つからない。）〈陶潜・帰去来辞〉[二]（しょう（しゃう）じょう（じゃう））[国]いつの世までもの意。現世も未来も。未来永劫。【——世世】（しょう（しゃう）じょう（じゃう）せぜ）「生生[二]」に同じ。【——流転（轉）】（しょう（しゃう）じょう（じゃう）るてん）万物がおいたち育っては、やがて移り変わってゆくこと。生まれては死に、死んではまた生まれつつ、生死因果のきわまりない状態。【——発（發）展】（せいせいはってん）たえず、生き生きと発展する。

【生成】（せいせい）生じる。育つ。

【生鮮】（せいせん）魚・肉などがなまで新しい。生きがよい。新鮮。

【生前】（せいぜん）生きている時。↕死後

【生息】（せいそく）①生きる。生活する。②ふえる。繁殖する。③住む。＝棲息・栖息

【生存】（せいぞん）①生きながらえる。②生き残る。【——競争（爭）】（せいぞんきょう（きゃう）そう（さう））生きながらえるための争い。

【生態】（せいたい）生きているさま。生活している状態。

【生地】（せいち）①生きようとすれば、生きられる所。↕死地〈史記・淮陰侯列伝〉②生まれた土地。出生地。③知らない土地。未知の土地。↕熟地

【生知】（せいち）学ばないでも、生まれつき道理を知っていること。↓「生而知ㇾ之」【——安行】（せいちあんこう（かう））生まれつき道理を知り、安んじてこれを行うこと。聖人をいう。〈中庸〉

【生長】[一]（せいちょう（ちゃう））①草木が伸び育つ。②成長し育つ。[二]（ションチャン）shēngzhǎng [現][一]に同じ。

【生姪】（せいてつ）おい、めい。

【生徒】（せいと）①学校で教えられる者。②中学生・高校生のこと。

【生動】[一]（せいどう）①生きて動く。②絵や文字などがよく書けていて、生き生きとしている。[二]（ショントン）shēngdòng [現][一]の②に同じ。

【生得】[一]（せいとく）①いけどる。②生まれつき持っている性質。[二]「しょう（しゃう）とく」[一]の②に同じ。

【生呑】（せいどん）なまのまま飲み込む。【——活剝】（せいどんかっ（くわっ）ぱく）他人の詩文をそっくり盗み取る。

【生年】[一]（せいねん）①生まれどし。②生きている間。生涯。一生。「生年不ㇾ満ㇾ百（せいねんひゃくにみたず）」（人生、百歳まではなかなか生きられない。）〈文選・古詩十九首〉[二]（しょう（しゃう）ねん）生きている間。

【生蕃】（せいばん）①教育の及んでいない野蛮人。②おい茂る。

【生仏（佛）】（せいぶつ｜いきぼとけ）[仏]人の形になって現れた仏。転じて、高僧の意。

【生物】[一]（せいぶつ）動物・植物の総称。[二]（ションウー）shēngwù [現][一]に同じ。【——学（學）】（せいぶつがく）生物の形態・生理・生態・分類などを研究する学問。

【生平】（せいへい）平生。平素。ふだん。

【生別】（せいべつ）生き別れ。生訣。生別離。【——離】（せいべつり）「生別」に同じ。

【生母】（せいぼ）生みの母。実母。

【生民】（せいみん）人民。たみ。蒼生。「自ㇾ有㆓生民㆒（せいみんありてより）」〈孟子・公孫丑上〉

【生命】[一]（せいめい）①いのち。②ある物事の、もっともたいせつなもの。[二]（ションミン）shēngmìng [現][一]に同じ。

【生滅】[一]（せいめつ）生まれることと、死ぬこと。[二]（しょう（しゃう）めつ）[仏]生と死。【——滅已】（しょう（しゃう）めつめつい）生も死も、共に滅びつきる。生滅してやまないこの世（無常の現象界）を超越する。〈涅槃経〉

【生面】（せいめん）①生き生きとした顔つき。②新しい方面。新機軸。③はじめて会う。初対面。

【生友】（せいゆう（いう））生きている間だけの友。

【生来（來）】（せいらい）①生まれてから、ずっと。②生まれつき。天性。

【生理】（せいり）①生物が生きてゆく原理。②人として生まれた理由。③生活。暮らし。④生物の生活する現象や、そのはたらき。つまり、血液・循環・呼吸・消化・生殖・排泄などの総称。⑤生理学の略。【——学（學）】（せいりがく）動植物の生活する働きや、生活現象を研究する学問。

【生霊（靈）】[一]（せいれい）①たみ。人民。＝生黎 ②いのち。生命。[二]（いきりょう（りゃう））[国]生きている人のたましいで、他にたたりをするもの。生きすだま。↕死霊

【生詞】（ションツー）shēngcí [現]知らない単語。新出の単語。

【生日】（ションリー）shēngrì [現]誕生日。生年月日。

【生而知ㇾ之】（うまれながらにしてこれをしる）生まれつき、すべての正しい道理を知っている。〈論語・季氏〉〈中庸〉

【問ㇾ生】（せいをとう（とふ））生きている人を慰問する。「弔ㇾ死問ㇾ生（しをとぶらいせいをとう）」〈十八史略・春秋〉

【偸ㇾ生】（せいをぬすむ）①恥をしのんで生きながらえる。②なすこともなく、むだに生きる。媮ㇾ生。貪ㇾ生。

【養ㇾ生喪ㇾ死】（せいをやしない（やしなひ）しをもうす）生きている人はよく世話をして養い、死んだ人は手厚くとむらう。〈孟子・梁恵王上〉

【労（勞）ㇾ生】（せいをろう（らう）す）生きることに苦労する。

◆一生・人生・小生・互生・写生・平生・半生・更生・弥生・往生・学生・後生・前生・回生・再生・先生・芝生・対生・余生・抗生・芽生・厚生・発生・派生・畜生・殺生・書生・奇生・密生・野生・終生・衆生・摂生・群生・新生・養生・衛生・誕生・叢生・蘇生・立往生・優等生・一蓮託生・九死一生・半死半生・起死回生

生4【晆】〔9〕

セイ㊇　㊥庚　qíng チン　U補J ②8117 4504 7520

[意味]はれる。雨が夜にあがり、星が見える。＝晴

生5【甡】〔10〕

シン㊇　㊥真　shēn シェン　U補J 4505 7521

[意味]数が多いさま。甡甡は、動物が群れて多く集まっている。

生5【眚】↓目部五画（八七一ページ・中）

生6【産】〔11〕[学]4

サン　うむ・うまれる・うぶ　U補J 2726 7523

[旧字]生6【產】〔11〕

サン㊇　セン㊁　㊤潸　chǎn チャン　U補J 7522

[筆順] 亠 ㇸ 立 产 产 产 産 産

[意味]①〈う・む〉㋐うみ出す。㋑物を作り出す。「産地」②うみ出されたもの。「産品」③〈うま・れる（——・る）〉う

まれ出る。生じる。④〈うぶ〉㋐うまれたときの。「産毛」㋑うまれたときのままに純なこと。ういういしい。⑤うまれた所。成長した所。⑥財産。⑦くらし。生業。「恒産」⑧笛ににた楽器。⑨姓。

解字 形声。生が形を表し、产が音を示す。产は彥の略で、彥には、ふっくらとしてりっぱな男の意味がある。産は子を生むこと。一説に、草木の芽が伸びることをいうとする。

名前 ただ・むすび 姓 産 難読 土産(付表)／産土

【産育】生み育てる。

【産院】産婦を入院させて、出産の世話をする一種の医院。

【産額】作り出される物の数量。またはそれを金銭になおしたもの。

【産気(氣)】万物を産みだす気。

【産業】①世わたりの仕事。なりわい。生業。②物を生産する事業。【——革命】十八世紀の中ごろから十九世紀にかけて、機械が発明されたために起こった産業界の大変動。イギリスが中心となった。

【産後】子を産んだのち。↕産前
【産児(兒)制限】こどもを多く産まないように、人工的に受胎や出産を調節する。受胎調節。

【産室】子を産むためのへや。産所。産屋。

【産出】産みだす。作りだす。物ができる。

【産褥】子を産むときに産婦がねる寝床。＝産蓐「産褥熱」

【産前】子を産む前。「産前産後」↕産後
【産地】品物のできる土地。

【産婆】出産のとき、産婦や、生まれた子の世話をする女。助産婦。

【産婦】お産をする婦人。また、お産をした直後の婦人。

【産物】その土地にできた物。

【産卵】卵を生む。

【産生】chǎnshēng 現生産する。

【産品】chǎnpǐn 現生産した品物。生産物。製品。

【産量】chǎnliàng 現生産量。

『破レ産』職業を投げやりにする。財産を捨てる。「破レ産不レ為レ家」〈李白の詩・経ニ下邳圯橋ニ懐ニ張子房ー〉

◆土産・水産・財産・生産・出産・多産・共産・動産・名産・物産・国産・恒産・倒産・畜産・流産・不動産・授産・殖産・農産・資産・遺産・難産・禁治産

生6【產】〔11〕旧 ↓産(八三一ページ・下)

生7【甤】〔12〕ズイ 漢 平 支 ruí ロイ J②8118 補4506 U7524

意味 ①草木の花や実が垂れさがるさま。＝蕤 ②草が実らない。「甤甤」

生7【甥】〔12〕人 標 セイ 漢 平 庚 shēng ション J1789 補— U7525

意味 ①〈おい(をひ)〉姉妹の子。②むこ。むすめの夫。女婿。③むすめの子。外孫。

【甥舅】①甥は姉妹の子。舅は母の兄弟。②むこ(娘の夫)と、しゅうと(妻の父)。

【甥姪】①姉妹の子と、兄弟の子。②国おい(兄弟・姉妹の生んだ男の子)と、めい(兄弟・姉妹の生んだ女の子)。

生7【甦】〔12〕標 ソ 漢 平 虞 sū スー J6520 補— U7526

意味〈よみがえ・る(よみがへ・る)〉死んで生きかえる。

生9〔𤯳〕〔14〕同字 J— 補— U24BF3

参考「穌」(九一六ページ・中)の俗字。「甦生」

生9【甧】〔14〕シン 漢 平 真 shēn シェン J4507 補— U7527

意味 数が多い。

生9【𤯳】〔14〕同 ↓甦(本ページ・中)

5画 用部 もちいる

【部首解説】古い字形は「卜」と「中」が合わさり、「占いがあたり実行できること」を表す。この部には、「用」の形を構成要素とする文字が属する。

用0【用】〔5〕学2 ヨウ もちいる ヨウ 漢 呉 去 宋 yòng ヨン J4549 補— U7528

筆順 ノ 冂 月 月 用

意味 ①〈もち・いる(——・ふ)〉㋐使う。「用レ心」㋑職につかせる。「任用」㋒おこなう。②はたらき。作用。↕体「礼之用」③ついえ。費用。「用不レ足」④つかいみち。⑤〈もって〉によって。＝以 ⑥たから。財力。⑦道具。国①しなければならないこと。「用事」「用務」②大小便をする。「用便」

解字 会意。古い形で見ると、卜と中を合わせた字。卜はうらない、中はあたること。用はうらないがあたって、実行できるようになること。それが「もちいる」「はたらく」の意味となる。他の説に、卜(くい)と冃(いた)とを合わせた字で、つき通る意味であるとか、用は牧場のかきねで、いけにえのこと、また、いけにえをそなえて祭ることとかいう。

名前 ちか・もち 姓 用瀬・用宗

参考 新表記では、「傭」の書きかえに用いる熟語がある。

【用意】心をつかう。【——周到】①すみずみまで注意がゆきとどく。②手落ちなく準備がゆきとどいていること。

【用間】間者を使用して敵の様子をさぐらせる。間は忍びの者。スパイ。

【用器画(畫)】用具(定木・コンパス・分度器など)を使用してえがく図形。

【用金】①必要な金。②公用の金。③国江戸時代、大名が臨時に住民から取りたてた税金。

【用言】国文法で動詞・形容詞などのように語形変化(活用)があり、述語となりうる語。↕体言
【用語】用いることば。使用していることば。

【用功】㊀勉強する。努力する。㊁ yònggōng 現㊀に同じ。

【用行舎蔵(藏)】「用舎行蔵」に同じ。

【用材】①建築などで、その材料に使用するもの。②才知のある人物を選び用いる。

【用紙】ある目的に使うための紙。

【用事】①なすべきこと。②必要なこと。『用レ事』①政治の権力を思うままにふるう。②故事を引用する。

【用舎】①用いることと用いないこと。②国手加減する。ゆるす。＝用捨 【——行蔵(藏)】世に認められれば、仕えて自分の信ずる道を行い、認められず捨てられれば、身をかくして生活する。「用レ之則行、舎レ之則蔵」(これをもちうるときはすなわちおこない、これをすつるときはすなわちかくす)〈論語・述而〉

【用捨】「用舎」に同じ。

【用心】①心をくばる。気をつかう。②国注意する。警戒する。

5画 玄玉(王)瓜(瓜)瓦甘生用田疋(⺪)疒癶白皮皿目(罒)矛矢石示(ネ)内禾穴立

【用水】①水を使う。②国飲料・防火・水田などのために、ためたり引きこんだりした水。「用水池」「用水堀」

【用船】①ある目的のために使う船。②貨物や旅客を運ぶために、運送業者が船主から船を(船員も含めて)借り入れること。また、その船。傭船。

【用談】用事についての話し合い。用むきの相談。

【用地】建築物などのために必要な土地。

【用度】必要な費用・物品。

【用人】国江戸時代、貴族・幕府・大名の家で出納などを取り扱った役。

【用兵】①兵士・兵器を使用する。②軍隊を動かす。「をする。戦争」

【用弁(辨)】用をたすこと。用事をすますこと。

【用法】使い方。使用する方法。

【用命】上役の命令を受け、これを行う。

【用例】①用い方。使い方。②用いられた実例。

【用処(處)】yòngchu 現用途。使いみち。

【用不着】yòngbuzháo 現必要がない。

【用力】yònglì 現力を入れる。

▲入用・不用・土用・小用・公用・日用・互用・引用・功用・外用・両用・任用・有用・利用・作用・私用・応用・実用・併用・効用・使用・服用・急用・信用・俗用・専用・活用・食用・借用・流用・起用・通用・兼用・盗用・悪用・採用・転用・常用・無用・登用・着用・援用・運用・雇用・愛用・徳用・徴用・誤用・慣用・適用・雑用・器用・濫用・反作用・野暮用

用0
【甩】〔5〕 shuǎi ショワイ 意味 現①振る。②振り捨てる。 J 4508 補 7529 U 7529

用1
【角】〔6〕 ロク漢入 屋 lù ルー 意味 ①つの。「角」の誤字。②獣の名。③甪里先生は、漢の高祖のときの人。乱を避け、商山に入った。商山四皓の一人。禄里・角里とも書く。 J ②8119 補 4509 U 752A

用2
【甫】〔7〕 入 フ漢上 麌 ホ慣 fǔ フー 意味 ①男子の美称。＝父「尼甫」(孔子) ②〈はじめ〉はじめて。③広く大きい。「甫田」 ④多い。「甫甫」 J 4267 U 752B

解字  会意・形声。用と父ふとを合わせた字で、父はまた音を示す。用もって父となすべき人の意。一説に芽ばえと田のの会意文字。圃と同じく野菜畑のこと。

名前 かみ・すけ・とし・なみ・のり・まさ・もと・よし

用2
【甬】〔7〕 ■一ヨウ漢上 腫 yǒng ヨン ■二トウ漢上 董 tǒng トン 意味 ■一①両側に塀のある道。②鐘のとって。③地名。今の浙江省寧波市をいう。この地を流れる川の甬江より取る。■二ますめの単位。一斗の十倍。 J 6521 U 752C

【甬東】地名。今の浙江省舟山列島。春秋時代、越国の地。

【甬道】土塀を両側に築いて目かくしにした通路。高貴な人の通路となり、ひそかに兵糧を運んだ。

用4
【甭】〔9〕 béng ポン 意味 現…する必要がない。「不用」が一語になったもの。 J — 補 — U 752D

用7
【甯】〔12〕 ■一デイ漢 ニョウ(ニャウ)呉 ■一平 青 ネイ慣 níng ニン ■二デイ漢 ニョウ(ニャウ)呉 ■二去 径 ネイ慣 nìng ニン J ①8841 補 4510 U 752F

宀10
【寗】〔13〕 俗字 J 2664 U 5BD7 意味 ■一①ねがう。＝寧 ②むしろ。いっそ。■二①■一の②に同じ。②姓。

【甯戚飯レ牛】甯戚という人は、牛を飼いながら、斉の桓公に用いられるのを待って、のちに大臣にまでなったという故事。〈呂氏春秋・挙難〉

5画

田部　た　たへん

【部首解説】「あぜ道で区切られた耕地」をかたどる。この部には、田畑に関連するものが多く、「田」の形を構成要素とする文字が属する。

田0
【田】〔5〕 学1 デン テン漢平 先 デン呉 た tián ティエン J 3736 U 7530

筆順 

意味 ①〈かり〉狩猟。また、かりをする。＝畋「田猟」 ②〈た〉穀物をうえる耕地。田畑。③土地の総称。④たがやす。国〈た〉稲をうえる所。水田。

解字  象形。囗が区域、十があぜみちを表す。田は穀物を植える田をいう。

名前 だ・ただ・みち　姓 田子・田能村・田道間

地名 田川・田方・田辺・田村・田無・田町

難読 田舎(付表)／田鶴・田圃

【田園】①田畑の総称。「田園将レ蕪」(田畑が荒れはてようとしている。)〈陶潜・帰去来辞〉②いなか。【——詩人】田園の美しさを歌う詩人。

【田翁】いなかの老人。

【田横】人名。戦国末期の斉の首相。独立して斉王となり、漢の高祖に仕えるのをいやがって自殺した。

【田家】①いなかや。②いなか。

【田作】畑つくり。

【田舎】■一①田地と家。②いなか。都会から離れて、耕地の多い所。③いなかの家。■二国①■一の②に同じ。②生まれ故郷。ふるさと。【——漢】いなか者。農夫。〔田舎子。田舎人。〕

【田塍】田のあぜ道。田のくろ。

【田常】人名。斉の簡公の権臣。

【田紳】田舎紳士。いなか出の紳士。

【田租】田地に課する税。

【田荘(莊)】権力者の私有地の田地。

【田宅】田地と住宅。田畑と住まい。

【田単(單)】戦国時代の斉の武将。燕の楽毅と戦い、七十余城を取りもどした。

【田地】耕地。

【田疇】①耕地。②田のあぜ。③水田と麻畑。

【田田】①緑色にかがやくさま。「蓮葉何田田」(はすの葉の緑の美しさよ。)〈楽府詩集・江南曲〉②葉のあおあおとしたさま。③物が遠く続いているさま。④盛んにたたく音のさま。⑤倒れそうなさま。

【田夫】農夫。または、いなかもの。【——野人】礼儀を知らないぶこつ者。粗野な人。いなかものをいやしめることば。

【田父】①年とった農夫。②農夫。【——野老】農夫といなかの人。村ざとに住む人々。

【田賦】耕地に課する税。

5画　玄玉(王)瓜(瓜)瓦甘生用田疋(⺪)疒癶白皮皿目(罒)矛矢石示(ネ)内禾穴立

【田麩】 魚肉をむしてつきくだき、乾燥して甘く味をつけた食品。

【田圃】㊀ ①田と畑。②郊外。㊁ 国田になっている土〔地。田。〕

【田畝】 ①でんぱた。田畑。②田のうね。

【田野】㊀ ①耕地と野原。②いなか。㊁ tiányě 現㊀に同じ。

【田螺】 貝の名。長さ三センチメートルほどの巻き貝で、田や〔池などに住み、食用となる。〕

【田里】 ①田と住居。②むらざと。村里。

【田猟(獵)】 狩りをする。＝畋猟

【田廬】 いなかや。田畑にある小屋。田の中のいおり。「家。田〕

◁▶刈田・水田・公田・沃田・良田・油田・青田・美田・泥田・炭田・班田・桑田・塩田・稲田・墾田

田0

【甲】

〔5〕 常 コウ・カン

コウ(カフ) 漢呉 カン 慣 カツ 慣｜入 洽 jiǎ チア

J 2535
補 ―
U 7532

筆順 丨 冂 日 曰 甲

意味 ①〈きのえ〉 十干の第一番目。②こうら。かめ・かになどの外部をおおう、堅い殻。また、植物の実の殻。③よろい。④よろいをつけた兵士。「甲兵」⑤つめ。⑥等級の第一位。「甲第」⑦二つ以上の物事があるとき、その一つの名にかえていう語。

国 ①〈かぶと〉 ②〈こう(かふ)〉 ③〈かん〉 声の高い調子。手足の表。

(甲③)

解字 象形。草木のたねが芽を出したてで、殻をかぶっている形。一説に、かぶとをかぶる姿とか、上部はたね、十ははぜることで、甲は草木の実がはじけることであるなどという。

名前 か・き・まさる 姓 甲・甲斐・甲賀 難読 甲比丹・甲必丹・甲足 地名 甲奴・甲府・甲斐・甲賀

【甲冑】 よろいとかぶと。

【甲必丹】 ①首領。②船長。ポルトガル語 capitão（英語 captain）の音訳。

【甲乙】 ①優劣。②だれかれ。どれこれ。

【甲科】 ①科挙(官吏登用試験)の中で最もむずかしい科目。↕乙科 ②後には、進士の科をさす。

【甲殻】 こうら。えびやかにのように、皮膚に石灰質が多く含まれている。堅い殻から。

【甲観(觀)】 城下に設けた屋敷。

【甲騎】 よろいをつけ、馬に乗った武士。

【甲骨文字】 亀の甲や、獣の骨に刻みつけた文字。漢字のもとになったもの。おもに殷墟から発掘された。

【甲子】 ①きのえね。干支の第一。②十干・十二支の総称。③年月。

【甲士】 よろいを着た兵士。甲兵。

【甲首】 ①よろい武者の首。②よろい武者。

【甲族】 貴族。格式の高い家がら。

【甲第】 ①「甲科」に同じ。②りっぱな屋敷。「賜列侯甲第」(諸侯に屋敷をくださる。)〈史記・武帝本紀〉

【甲板】 船のデッキ。

【甲兵】 ①よろいをつけた兵。②よろいと武器。③戦争。「王興甲兵、危士臣」(王は戦争を始めて家来の命を危うくする。)〈孟子・梁恵王上〉

【甲夜】 五夜(午後七時から午前五時までの十時間を二時間ずつ、甲・乙・丙・丁・戊の五つに区切った数え方)の最初。午後七時ごろから午後九時ごろまでの二時間。一説には、午後八時ごろから十時ごろまでの二時間。初更。戌の刻。

【甲論乙駁】 甲・乙二者が互いに反対の論を述べ〔る。議論のまちまちなこと。〕

◁▶堅甲・亀甲・鉄甲・装甲・鼈甲

田0

【申】

〔5〕 学3 シン もうす

シン 漢呉｜平 真 shēn シェン

J 3129
補 ―
U 7533

筆順 丨 冂 日 曰 申

意味 ①〈の・びる(―・ぶ)〉 まっすぐのばす。＝伸 ②〈かさ・ねる(―・ぬ)〉 くりかえす。③〈もう・す(まう・す)〉 申し上げる。述べる。④〈さる〉 十二支の第九位。㋐方角では西南西。㋑時刻では午後四時ごろ。また、午後三時から五時。㋒動物では猿。⑤息を長くすう。⑥地名。㋐周代の国名。今の河南省南陽市の北にあった。㋑上海の別称。⑦姓。

解字 会意。日と丨を合わせた字。日は、古い形で見ると、臼で、両手である。丨は、まっすぐなもの、のびている状態。申は、まっすぐなことと、両手でまとめている形を合わせたものともいい、両手で引っぱって、まっすぐにのばしている形ともいう。一説に、申は、いなずまの象形で、電(いなずまで、雨と申を合わせた字)のもとであるという。

名前 み・のぶ・もち・しげる 難読 申楽

【申韓】 申不害と韓非。ともに法家の学者。

【申救】 無実の罪を申し開き、とりなす。

【申厳(嚴)】 重ねていましめる。

【申公豹】 中国の伝説上の架空の動物で、顔が後ろ向きについているという。「後ろ向き」の姿勢の比喩。

【申告】 役所に申し出る。

【申申如】 ゆったりとしたさま。「子之燕居、申申如也」(孔子さまが家でくつろがれるときは、ゆったりしていた。)〈論語・述而〉

【申請】 申し出で。役所に願い出る。

【申達】 下級の役所に文書で知らせる。通知する。通達。

【申不害】 人名。戦国時代、韓の昭侯に仕えた政治家。法家の祖。

【申文】㊀ 上役へ事情を申しのべる文書。㊁ 国公卿などが官位を授かることを、または、その昇進を、朝廷に願いでた文書。

【申報】 知らせること。また、そのしらせ。

【申命】 さらに命令する。重ねて命令する。重命。

【申諭】 申しさとす。述べさとす。

【申呂】 申伯と呂侯。ともに周の宣王を助けて国を治めた〔人。〕

【申令】 命令する。また、その命令。

◁▶上申・内申・具申・追申・答申

田0

【由】

〔5〕 学3 ユ・ユウ・ユイ よし

ユウ(イウ) 漢 ユ 呉 ユイ 慣｜平 尤 yóu ユー

J 4519
補 ―
U 7531

筆順 丨 冂 巾 由 由

意味 ①〈よ・る〉 ㋐ちなむ。関係する。㋑へる。経由する。「由来」㋒たよる。従う。②〈より〉 …から。③〈よし〉 ㋐わけ。理由。㋑手段。方法。㋒原因。④〈なお(なほ)〉 やはり。まだ。⑤〈なお(なほ)…のごとし〉 ちょうど…のようだ。＝猶 ⑥ひこばえ。切り株から出た芽。「由蘖」 国〈よし〉 …だとのこと。伝え聞きを示す語。

語法 ❶〈より〉 …から。起点・経由点を示す。類自 例「夫礼由外入、楽自内出」(そもそも礼というものは外から入るものであり、楽というものは内から出てくるものである)〈史記・楽書〉 ❷〈よって〉…によって。由来・根拠を示す。例「布又称レ病不レ佐レ楚」(布はまた病と称して楚を佐けず)と。項王由レ此怨レ布」(これによりて布をうらむ)(鯨布はまたも病と称して楚を助けなかった。項王はこのことから鯨布をうらんだ)〈史記・鯨布列伝〉 ❸〈なお(なほ)…のごとし〉ちょうど…のようだ。再読文字。類猶 例「以レ斉王、由レ反レ手也」(斉をもって王たるは、なお手をかえすがごときなり)(斉をもってすれば王者になるのはまるで手のひらを返すよう〔に容易〕なことだ)〈孟子・公孫丑上〉 ↓付録・同訓異義要覧「なお」

解字 象形。口のくびれた容器の形。酒などをつぐかめ、また、酒のかすをしぼるかご。また、草木の芽の出はじめの形ともいう。他の説に、西と同じ字ともいう。口の細いところを抜け出ることから、「よる」という意味を表した。

名前 ただ・ゆき 姓 由井 地名 由仁・由利

【由緒】ゆいしょ ①物事が、由ってできたいわれ。由来。来歴。②物事が伝わってきたいわれ。

【由由】ゆうゆう(いういう) ①自分で満足するさま。②喜ぶさま。③ためらう。【――然】ゆうぜん(いうぜん) ①自分で満足するさま。②ゆったりしたさま。

【由縁(緣)】ゆえん ①事のいわれ。由来。②縁故。ゆかり。「路遐無二由縁一」(みちはるかにしてゆえんなし)〈陶潜の詩・雑詩〉

【由旬】ゆじゅん (仏)梵語(古代インド語)で距離の単位。一里を六町とする中国の単位になおして、四十里・三十里・十六里など、諸説がある。

【由来(來)】ゆらい ①よって来たるところ。いわれ。②もとから。元来。

【由于】ユーユィ yóuyú 現…によって。…なので。

△▼自由・因由・事由・経由・理由・解由

田1【由】〔6〕 フツ(漢)(入) 物 ホチ(呉) fú フー U補J 4511 7536

意味 幽鬼のあたま。

田2【男】〔7〕 (学)1 ダン・ナン おとこ ダン(漢) ナン(呉)(平) 覃 nán ナン U補J 3543 7537

筆順 丨 冂 m 田 田 甼 男

意味 ①〈おとこ(をとこ)〉㋐男子。男性。↔女 ㋑むすこ。②父母に対する男の子の自称。③爵位の名。五等爵(公・侯・伯・子・男)の第五位。男爵。国〈おとこ(をとこ)〉 ①おっと。②まおとこ。③男子の体面。

人7【侽】〔9〕 俗字 U補J 1720 4FBD

解字 会意。田と力を合わせた字。男は、田の仕事で力を出して働く人で、おとこをいう。田は、畑仕事、または、かりの仕事。一説に「入りむこ」の意味ともいう。古代の母系社会では、男は外から家庭にはいり、労働力を提供したからである。

名前 お・おと 姓 男谷・男牀・男衾 地名 男衾・男鹿 難読 男郎花

【男児(兒)】だんじ ①男子。男の子。おのこ。むすこ。↔女児 ②一人まえのりっぱな男。ますらお。「包レ羞忍レ恥是男児」(はじをつつみはじをしのぶこれだんじ)(一時の恥をしのんでも、再挙を計るのが真の男子である。)〈杜牧の詩・烏江亭〉「男児立レ志出二郷関一」(だんじこころざしをたててきょうかんをいず)(男子が一生の志を立てて故郷を出る。)〈釈月性の詩・題レ壁〉

【男爵】だんしゃく 爵位の一つ。親字の意味③を見よ。

【男性】だんせい ①男。男子。②男の性質。↔女性

【男装(裝)】だんそう(さう) 女子が男子の服装をする。↔女装

【男尊女卑】だんそんじょ(ぢょ)ひ 男子の地位を女子より高くみる考え方。

【男色】なんしょく・だんしょく 男の同性愛。男寵。

【男人】ナンレン ① nánrén 現男。男の人。② nánren 現夫。

【男女不レ同レ席】だんじょ(ぢょ)せきをおなじくせず 男子と女子とは、同じ席にすわらない。〈礼記・内則〉

【男女有レ別】だんじょ(ぢょ)べつあり 男子は男子、女子は女子で、守るべき礼式には区別があるとの意。〈礼記・郊特性〉

△▼山男・次男・豆男・作男・長男・美男・嫡男・善男善女

田2【町】〔7〕 (学)1 チョウ まち ■テイ(漢) ■(上) 迥 tǐng ティン ■チョウ(チャウ)(呉) ■トウ(漢) ■(上) 梗 zhèng チョン U補J 3614 753A

筆順 丨 冂 m 田 田 町 町

意味 ■①あぜ。田のさかい。②農耕地。③土地の広さの単位。■平地。国①〈ちょう(ちゃう)〉 ㋐距離の単位。三百六十尺。六十間。約一〇九メートル。㋑面積の単位。三千坪。約九九三〇平方メートル。②〈まち〉 ㋐商店の多いにぎやかな場所。㋑市町村制による自治体の一つ。

田2【甼】〔7〕 同字 U補J 6522 753C

解字 形声。田が形を表し、丁が音を示す。丁は踏の音と似て、ふむ意味。町は、田のさかいで、人がふむところ、あぜみち。一説に、丁はT字形で、町は、田に通じるT字型のあぜみちをいうとする。

地名 町田

【町畦】ていけい ①田のあぜ。②物のけじめ。区別。

【町町】とうとう 土地の平らなさま。

△▼下町・港町・裏町

田2【甸】〔7〕 ■テン(漢) デン(呉) ■(去) 霰 diàn ティエン ■テン(漢) デン(呉) ■(平) 先 tián ティエン ■ショウ(漢) ジョウ(呉) ■(去) 径 shèng ション U補J 5020 7538

意味 ■①天子直属の地。周代、都の周囲五百里以内の地。畿内。「甸服」②都市の周辺の地域。町はずれ。郊外。「甸地」■かり。狩猟。＝田 ■古代の土地の単位。＝乗

【甸甸】でんでん 車の音の盛んなさま。

田2【甹】〔7〕 ヘイ(漢)(平) 青 pīng ピン U補J 4512 7539

意味 ①すばやいことを表す語。②義のためには、財産・命さえも捨てる心がまえの人。

田2【甼】〔7〕 同↓町(本ページ・中)

田2【畂】〔7〕 俗↓畝(八三七ページ・中)

田2【畆】〔7〕 俗↓畝(八三七ページ・中)

田3【甾】〔8〕 シ(漢)(平) 支 zī ツー U補J ②8123 4514 753E

意味 ①酒を入れるかめ。②山東省にある川の名。＝淄 ③わざわい。音 zāi ツァイ。＝災 ④現有機化合物の一種。ステロール。音 zāi ツァイ。

田3【畃】〔8〕 シュン(漢)(平) 真 xún シュン U補J 4517 7543

意味 命令。

田3【畀】〔8〕 ヒ 漢 去 寘 bì ピー U補J ②8124 4516 7540
意味 ①あたえる。たまう。②たのむ。

田3【甿】〔8〕 ボウ(バウ) 漢 平 庚 méng モン U補J 4515 753F
意味 ①農民。「甿庶」②地位の低い人。「甿隷」「甿俗」③無知な人。

田3【甽】〔8〕 古 →畎(本ページ・中)

田3【𤰝】〔8〕 同 →畎(本ページ・中)

田3【畄】〔8〕 俗 →留(八三七ページ・下)

田3〖畁〗→十部六画(一九八ページ・中)

田4【畏】〔9〕 常 イ おそれる
一 イ(ヰ) 漢 呉 去 未 wèi ウエイ
二 イ(ヰ) 漢 平 微 wēi ウエイ
U補J 1658 754F

筆順 丨 冂 罒 田 甶 甹 畏

意味 一 ①〈おそ・れる(――・る)〉 ㋐こわがる。「畏怖」 ㋑うやまう。たっとぶ。「畏事」 ㋒つつしむ。用心する。㋓きらう。にくむ。②死ぬ。武器で殺される。③弓の曲がった所。二 賞罰を行う。国 ①〈かしこ・い(――・し)〉 〈かしこ〉 ㋐恐ろしい。㋑もったいない。②〈かしこま・る〉 ㋐おそれ入る。㋑正座する。㋒つつしんでうけたまわる。

解字 会意。古い字形の畏は、甶と、虎から虍を省略した形の儿を合わせた字。甶は幽鬼の頭。下の儿は、人の足に似て爪があることに由来する。幽鬼や虎に似た恐ろしいものをおそれにくむことを表す。一説に、幽鬼が武器を持っているさまを表し、おどすことを意味する。

【畏忌】恐れはばかる。いやがる。
【畏懼】恐れる。びくびくする。
【畏敬】恐れ敬う。
【畏事】敬って仕える。「予深畏₂事之₁」〈塩谷世弘・送₂安井仲平東遊₁序〉
【畏日】激しい太陽。転じて夏の日をいう。〈左伝・文公注〉
【畏縮】恐れてちぢこまる。畏怖。
【畏慎(愼)】恐れつつしむ。相手を尊んで、かしこまる。
【畏憚】相手を恐れて遠慮する。
【畏怖】恐れてびくびくする。
【畏服】恐れて服従する。畏附。
【畏友】①尊敬している友人。②友人に対する敬称。
◆怖畏・敬畏・無所畏

田4【畇】〔9〕
一 イン 漢 平 真 yún ユン
(ヰン)
二 テン 漢 平 先 tián ティエン
デン 慣
U補J 4518 7547
意味 一 畇畇は、耕されたさま。二 地名。山西省にあった。

田4【界】〔9〕 学3 カイ
カイ 漢 呉 去 卦 jiè チエ
U補J 1906 754C

筆順 丨 冂 罒 田 甲 甼 界 界

意味 ①〈さかい(さかひ)〉 くぎり。はて。=堺「境界」 ②さかいの中。範囲。世界。「学界」 ③境を接する。さかいする。④間をさく。⑤分ける。

解字 形声。田が形を表し、介が音を示す。介には、二つにへだてる意味がある。界は田と田をくぎるさかいをいう。

【界域】さかいめ。境界。
【界限】さかい。かぎり。くぎり。
【界隈】近所。近辺。あたり。限界。
◆三界・下界・他界・仙界・世界・外界・法界・俗界・限界・幽界・政界・財界・冥界・租界・視界・眼界・斯界・境界・劇界・天上界・生物界・銀世界

田4【畍】〔9〕 本字 U補J 6524 754D

田4【畎】〔9〕 ケン 漢 上 銑 quǎn チュワン U補J ②8126 4520 754E
意味 ①農地の中の用水みぞ。田の間のみぞ。②通ずる。③谷川。
【畎澮】田の間のみぞ。
【畎畝】①田のみぞとうね。②民間。「挙₂於畎畝₁」(民間から選び用いた。)〈十八史略・五帝〉

田3【甽】〔8〕 古字 U補J ②8122 4513 753D

田3【𤰝】〔8〕 同字 U補J 24C1D

田4【甾】〔9〕
一 サイ 漢 平 灰 zāi ツァイ
二 シ 漢 平 支 zī ツー
U補J 2F936
意味 一 わざわい。=災 二 耕さない農地。あれた農地。

田4【畋】〔9〕 テン 漢 平 先 デン 呉 tián ティエン U補J 5834 754B
意味 ①農作業をする。耕す。「畋食」②〈かり〉 狩猟。狩りをする。「畋猟」「畋漁」

田4【畈】〔9〕 ハン 漢 去 願 ホン 呉 fàn ファン U補J ②8125 4519 7548
意味 広く平らな農地。また、農地を数える量詞。

田4【畉】〔9〕 フ 漢 平 虞 ブ 呉 fú フー U補J 6526 7549
意味 〈たがや・す〉 =耕 国 畉田は、新潟県佐渡市の地名。

田4【畐】〔9〕
一 フク 漢 入 屋 fú フー
二 ヒョク 漢 入 職 bì ピー
U補J ②8127 4521 7550
意味 一 ①中がいっぱいになる。みちる。②容器の名。足のない鬲。二 ぎゅうづめになる。せまる。=逼・迫

田4【畑】〔9〕 学3 国字 はた・はたけ U補J 4010 7551

筆順 丶 丷 火 火 灯 灯 畑 畑

意味 〈はた〉〈はたけ〉 野菜・穀物などを作る水田ではない耕地。「畑打」「畑地」

解字 火と田を合わせた字。火は焼くこと。畑は、草木を焼いて作ったはたけ。水田に対していう。

◆田畑・茶畑・桑畑・段段畑

田4【畍】〔9〕 本 →界(本ページ・中)

田4【畊】〔9〕 同 →耕(一〇〇四ページ・中)

田4【畆】〔9〕 同 →畝(八三七ページ・中)

田4【畂】〔9〕 俗 →畝(八三七ページ・中)

田4〖毘〗(六九一ページ・中) →比部五画

田4〖胃〗(一〇一五ページ・上) →肉部五画

田5【畟】〔10〕 ショク 漢 入 職 cè ツォー U補J 4525 755F
意味 畟畟は、鋭いすきで深く耕すさま。

田5【畛】〔10〕 シン 漢 上 軫 zhěn チェン U補J 6527 755B
意味 ①あぜみち。農地の間の道。②あぜ。農地と農地のさかい。③さかい。「畛畦」④つげる。⑤物事の根本。
①あぜ。②境界。
【畛域】

田5【畜】〔10〕 常 チク U補J 3560 755C

筆順 丶 亠 玄 玄 斉 斎 畜

一 チク 漢 呉 ｜ 一 入 屋 chù チュー
二 キュウ(キウ) 漢 呉 ｜ 二 去 宥 chù チュー
三 キク 漢 チク 慣 ｜ 三 入 屋 xù シュイ

意味 一二 ①家畜。②〈たくわ・える(たくは・ふ)〉集積する。＝蓄「畜怒」③たくわえたもの。④とどめる。「畜止ちくし」 三 ①〈やしな・う(――・ふ)〉「畜民」②〈か・う(―・ふ)〉飼う。「畜牧」③したがう。④よろこぶ。⑤受け入れる。⑥姓。

解字 会意。玄と田を合わせた字。玄は黒いこと。畜は黒色の土の田で、収穫が多く、たくわえる意味になる。また、玄を、糸と見て、畜は、狩りで捕らえたけものをひもでしばって、家畜にすることともいい、畜は休と同じ音で、田を休めて、土地の力をたくわえることであるともいう。

名前 ます

【畜産】ちくさん ①牛・馬・鶏・犬などの家畜。②人をののしることば。

【畜積】一ちくせき たくわえ。貯蓄。畜蔵。二ちくせき 積みたくわえる。［＝蓄積］

【畜舎】ちくしゃ 家畜小屋。

【畜生】ちくしょう(しやう) 一きくしょう(しやう) ①鳥や獣。けだもの。②人をののしることば。③にくんだり、うらやましがったりしていうことば。④「畜生道」の略。【――道】ちくしょうどう(しやうだう) 仏生きているときに犯した悪業のため、死後に畜生に生まれ苦しみを受ける所。畜生界。

【畜蔵(藏)】ちくぞう(ざう) たくわえ、しまう。畜聚ちくしゅ。

【畜牧】ちくぼく 牛馬などを、山野に放し飼いすること。牧畜。

【畜養】ちくよう(やう) ①家畜を飼い養う。②給料を与える。

【畜類】ちくるい ①家畜。②けだもの。

◆人畜じんちく・牧畜ぼくちく・家畜かちく・鬼畜きちく

田5 【畐】〔10〕 一 トウ(タフ) 漢 呉 ｜ 一 入 合 dá ター　二 フク 漢 ｜ 二 入 屋 fú フー　U補J 7557 4523 ―

意味 一答える。＝答とう 二①いっぱいである。②＝福ふく

田5 【畔】〔10〕 常 ハン　U補J 7554 ― 4042

旧字 田5 【畔】〔10〕 ハン 漢 バン 呉 ｜ 去 翰 pàn パン　U補J ― ― ―

筆順 丨 冂 Ⅲ 田 田 田' 田⺌ 畔 畔 畔

意味 ①〈あぜ〉〈くろ〉農地の中のしきり。「畔路」②さかい。「畔際」③〈ほとり〉あたり。そば。④きし。水ぎわ。「沢畔」⑤避ける。⑥〈そむ・く〉＝叛はん「畔逆」「畔心」

解字 形声。田が形を表し、半はんが音を示す。半には、二つに分ける意味がある。畔は田のさかいをいう。叛と同じ音なので、そむく意味にもなる。

名前 べ　姓 畔柳くろやなぎ

【畔援】はんえん(ゑん) そむいたり、助けたり。わがままをすること。

【畔界】はんかい 田と田との境界。あぜ。

【畔岸】はんがん ①田のあぜと川の岸。②はて。かぎり。③へだて。人をへだてて近づけない。④かってきまま。

【畔逆】はんぎゃく そむく。謀反する。＝反逆・叛逆

【畔疇】はんちゅう(ちう) 土地の境界。さかい。

◆池畔ちはん・沢畔たくはん・湖畔こはん・橋畔きょうはん

田5 【畝】〔10〕 常 うね　ボウ 漢 ホ 慣 ｜ 上 有 mǔ ムー　U補J 755D ― 3206

筆順 丶 亠 亣 亩 亩 亩 畆 畝

田7【畮】〔12〕本字 U補J 756E ― ―
田4【畂】〔9〕同字 U補J 7552 4522 ②8128
田2【甽】〔7〕俗字 U補J 3F57 ― ②8120
田5【畞】〔10〕或体 U補J 755E 4524 ―
田4【畆】〔9〕俗字 U補J 7546 ― 6528
田2【畒】〔7〕俗字 U補J 24C16 ― ②8121

意味 ①〈せ〉田畑の面積の単位。㋐周代で百歩(一歩は六尺平方)。(→付録「歴代度量衡変遷表」) ㋑現約六・六七アール。②〈うね〉田畑の種をまく所。さく。国〈せ〉わが国では三十歩(三十坪つぼ)。約一アール。

解字 会意・形声。亠・田・久を合わせた字で、久きゅうが音を示す。亠は、古い形では十で、くぎり・さかいを示す。久は、丘おかと同じ音で、高い意味を持つ。畝は、かぎられた畑の中のうねをいう。一説に十は、数の十で、畝は、十歩四方の田地のことであるという。音ホは、久の音キュウの変化。

地名 畝傍うねび

田5 【畚】〔10〕 ホン 漢 ｜ 上 阮 běn ペン　U補J 755A ― 6529

ム8【畚】〔10〕同字 U補J 20AFB ― ―
大7【奙】〔10〕同字 U補J 5959 2486 ―

意味 ①〈ふご〉〈もっこ〉なわや竹を編んで作った、土や石などを運ぶ道具。②もっこに入れる。③食糧をもる器。

◆餌畚えふご

(畚)

田5 【留】〔10〕 学5 リュウ・ル　とめる・とまる　リュウ(リウ) 漢 ル 呉 ｜ 平 尤 liú リウ　U補J 7559 ― 4617

筆順 丿 ⺈ 厶 𠫔 𠫔 卯 畄 畄 留 留

田7【畱】〔12〕本字 U補J 7571 4528 ②8131
田6【留】〔11〕俗字 U補J 3F5E ― ―
田3【畄】〔8〕俗字 U補J 7544 ― 6523

意味 ①〈とま・る〉〈とどま・る〉㋐ある場所から動かない。㋑とどこおる。同じ状態でいる。㋒待つ。②〈と・める〉〈とど・める(――・む)〉㋐ひきとめる。㋑あとに残す。③治める。④待つ。うかがう。⑤久しい。⑥地名。現在の江蘇こう省沛はい県の東南。漢の張良の封ぜられた地。⑦星の名。すばる。昴ぼうの別名。⑧姓。国〈ルーブル〉ロシアの貨幣単位。

解字 形声。田が形を、丣りゅうが音を示す。丣は、卯の反対の形に一を加えたもの。卯が戸をおし開くことであるのに対し、戸を固くしめることで、一は、閉じることを表す。畱は、畑仕事を止めることで、「とまる」意味になる。一説に、田は馬のくつわのとめ金、丣は、くつわがみで、畱は、くつわがみをたづなでしっかりとめることであるという。音リュウは、丣の音イウの変化。

名前 と・たね・とめ・ひさ　地名 留別るべつ・留萌るもい・留辺蘂るべしべ

参考 新表記では、「溜」の書きかえに用いる熟語がある。

【留意】りゅうい(りう) 心をとめる。気をつける。

【留学(學)】りゅうがく(りう) 一 外国に在留して、勉学すること。二 liúxué 現 一に同じ。

【留後】りゅうご(りう) 官名。留守役。

【留侯】りゅうこう(りう) ①漢の張良が封ぜられた爵位。②漢の高祖の臣の張良。のちに留に封ぜられたのでいう。

【留止】りゅうし(りう) とどまる。その場所に残っている。

5画
玄玉(王)瓜(瓜)瓦甘生用田疋(⺪)疒癶白皮皿目(罒)矛矢石示(礻)内禾穴立

【留錫】錫杖(僧侶が旅に持つ杖)を止める。行脚中の僧が、一時ある場所にとどまること。

【留守】㊀ ①天子の行幸中の朝廷を守る重臣。②主人がいないとき、その家をまもる。㊁ 国①㊀の②に同じ。②よそに行って、家にいない。不在。

【留取】とどめておく。「留二取丹心一照二汗青一」(誠心をこの世に留めおき、長く歴史を照らそう。)〈文天祥の詩・過二零丁洋一〉

【留住】とどまる。残っている。

【留滞(滯)】とどこおること。物事が進まない。

【留任】現在の役職にとどまること。

【留別】出発する人が送る人に別れをつげること。

【留落】さすらう。流浪。流離。

【留連】①ぐずぐずして、立ち去りかねているさま。②失業してぶらぶらしているさま。

【留念】liúniàn 現記念として残す。

◁去留・在留・居留・拘留・抑留・保留・残留・書留・帯留・停留・逗留・寄留・遺留・蒸留・滞留・駐留

田5【畠】〔10〕 人 標 国字 意味〈はた〉〈はたけ〉 ＝畑 J 4011 補 ― U 7560

田6【異】〔11〕 学6 イ こと J 1659 補 ― U 7570
旧字 田7【異】〔12〕 イ 漢 去 寘 呉 yì イー J ― 補 ― U 2F938

筆順 冂 田 田 田 畀 畢 異 異

意味 ①〈こと〉〈ことな・る〉 ㋐普通とちがう。「異能」 ㋑ちがう。同じでない。「異議」 ②〈ことに・する(――・す)〉 ㋐別々にする。㋑分ける。㋒特別にする。③めずらしい。「異蛇」「異草」「異服」 ④すぐれた。「異士」 ⑤ふしぎな。奇妙な。「奇異」 ⑥〈あやし・む〉疑う。⑦わざわい。「災異」 ⑧むほん。「異心」

解字  会意。畀の間に廾がはさまった形。畀は与えること。廾は両手。異は、両手で持って、人に与えることで、いっしょにする意味の「同」と反対に、分かれることになる。一説に田は、鬼の頭、下のほうは人の形で、異は、人が鬼の頭をのせていることから、人と全然別物の怪物の意味になるという。

名前 こと・より

【異域】異郷。よその土地。外国。『――之鬼』他郷または他国で死ぬ人。客死した人。「死而為二異域之鬼一」〈李陵・答二蘇武一書〉

【異客】旅にある人。旅人。遊子。

【異学(學)】①異端の学。聖人の道にはずれた、正統でない学問。正しくない学問。②時の政府が公認していない学問。【――禁】江戸時代、寛政二年(一七九〇)、柴野栗山のすすめで、幕府が朱子学以外の学問を禁じたこと。

【異卉】珍しい草。卉は草の総称。

【異義】①違った別の意味。「同訓異義」②異なった意見。異議。

【異議】人とは別な意見・考え。

【異教】①正統の宗教でない宗教。②自分の信仰する以外の宗教。

【異郷(鄉)】よその土地。自分のふるさとでない土地または国。他郷。「独在二異郷一為二異客一」〈王維の詩・九月九日憶二山東兄弟一〉

【異境】他国。外国。異郷。

【異形】①風変わりな形。②怪しいものの姿。

【異曲同工】①作る方法は違っても、できた結果は同じくらいであること。大同小異。②詩文などの、構成のうまさは同じでも、その味わいが異なること。同工異曲。

【異見】人と違った意見。一般とは異なった見方。

【異行】普通の人と変わった行い。

【異香】変わったにおい。よいにおい。芳香。

【異口同音】違った人の口から、同じことばが出る。人々の意見が、みな一致する。〈宋書・庾炳之伝〉

【異国(國)】よその国。外国。異邦。【――情調】外国のような気分や景色、風物。

【異才】①人並みすぐれた才能。②すぐれた人物。秀才。

【異彩】①他にすぐれた色どり。②特に目だつこと。＝異采「異彩を放つ」

【異士】常人と違う、すぐれた人物。

【異志】①ふたごころ。そむく心。②一般の者とは違って特別すぐれた志。

【異時】①他日。ほかの時。②以前。往日。

【異疾】かわった病気。

【異質】性質が違う。

【異日】他日。ほかの日。前日または後日。


【異種】①風がわり。②種類が違うこと。

【異臭】悪臭。いやなにおい。

【異状(狀)】変わった状態。

【異常】㊀ 普通でない。変わっていること。↕正常 ㊁ yìcháng 現㊀に同じ。

【異色】①違った色。美しい色。②人にすぐれている。

【異心】二心。ふたごころ。むほんの心。

【異人】①風変わりな人。②すぐれた人物。③国人種の違う人。西洋人。

【異数(數)】普通と異なる。めったにない。特別。「異数の出世」

【異性】①たちが違う。性質が異なる。②男女や、おす・めすの性の違い。③男性から女性を、女性から男性をさしていう。↕同性
【異姓】①自分とは先祖が違う一族。②名字が違うこと。

【異迹】普通の所と違った、神聖な土地。霊域。

【異説】①異論。他人と違う意見。②珍しい考え。

【異相】普通の人と変わった人相・服装。

【異操】①人と違った心がまえ。すぐれたみさお。②人と違った生活態度。

【異俗】①変わった風俗習慣。殊俗。②悪いならわし。③よその国の風俗。

【異体(體)】①からだを異にする。別なかたち。②違った様子。

【異端】①正しい教えにそむく道。邪道。②儒家が他の学派の思想をさしていう話。「攻二乎異端一、斯害也已」(本道から離れた学問をするのは害があるだけだ。)〈論語・為政〉【――者】その時世に入れられない宗教・学説を信じる人。【――邪説】正しくない、よこしまの説。〈宋史・道学伝〉

【異朝】①外国の朝廷。また、外国。↕本朝 ②今までと違う支配者の朝廷、または時代。

【異図(圖)】異心。そむく心。

【異土】他国。外地。

【異同】違い。相違。

【異能】人なみすぐれた才能。奇才。異才。

【異稟】特にすぐれた生まれつき。

【異父】母が同じで父が違うこと。実父でない父親。

【異腹】母親の違う兄弟姉妹。腹違い。

5画 玄玉(王)瓜(瓜)瓦甘生用田疋(⻊)疒癶白皮皿目(罒)矛矢石示(礻)内禾穴立

【異物】①死者。②あやしくふしぎなもの。③国組織になじまないもの。

【異聞】①変わった話。珍しい話。珍聞。②自分だけが特別に聞いた話。「子亦有二異聞一乎」（あなたもやはり、特別の教えをうけましたか。）〈論語・季氏〉

【異変（變）】天災・地変のような、変わったできごと。

【異母】ままはは。父は同じで母の違うこと。【――兄】腹違いの兄。自分の母と異なる母から生まれた兄。

【異方】外国。他国。

【異邦】外国。よその国。異国。

【異本】①珍しい書物。②国世間に行われている本と多少内容や文字の異同がある同種の本。↕定本
【異味】珍しくうまい味。珍味。

【異夢】普通と変わった夢。ふしぎな夢。奇夢。

【異名】本名以外の名。別名。異称。

【異様】普通と変わった様子。異態。異状。

【異類】①異民族。②鳥獣や鬼神など人間以外の物。③種類の違うこと。

【異例】①前例がなく、特別なこと。②からだの調子がふだんと違うこと。不例。病気。

【異論】他人と違った意見。異なった説。反対論。

『異代之師』時代が異なっても、同じように仰がれる偉大な師。
◆地異・奇異・怪異・変異・特異・差異・驚異・大同小異

田6
【畦】〔11〕標 ケイ 漢 平 斉 qí チー　J 2345 補 U 7566
意味 ①農地の広さの単位。五十畝。②小さく区分した農地。「田畦」③〈あぜ〉農地のさかい。④〈うね〉農地の中の種をまいたり、作物が育ったりする場所。

【畦畛】①山地のさかい。境界。②法則。

【畦丁】畑を耕す農夫・作男。

田6
【畤】〔11〕シ 漢 上 紙 ジ 呉 zhì チー　J 6531 補 U 7564
意味 ①天地・五帝を祭る所。②境界。さかい。③水中の陸地。④植える時。＝蒔

田6
【畢】〔11〕標 人 ヒツ 漢 入 質 ヒチ 呉 bì ピー　J 4113 補 U 7562
意味 ①あみ。鳥やうさぎをとる長い柄の網。また、その網でつかまえる。②〈おわ・る（をは・る）〉しまいにする。しまいになる。③〈お・える（を・ふ）〉しまいにする。おわりに。④〈ことごとく〉みな。すべて。⑤〈ついに（つひに）〉おわりに。⑥文字を書いた木の札。⑦星座の名。二十八宿の一つ。あめふりぼし。⑧ひざかけ。＝韠 ⑨周代の諸侯の国。陝西省西安市の北にあった。⑩姓。

【畢竟】けっきょく。つまり。

【畢業】一卒業する。業を終える。二 bìyè 現 二「」に同じ。

【畢生】一生涯。一生が終わるまで。終生。

田6
【略】〔11〕学 5 リャク 漢 入 薬 リャク 呉 lüè リュエ　J 4612 補 U 7565
筆順 冂 冊 田 田' 田ク 田夂 略 略
意味 ①さかい。境界。②地域をおさめる。「経略」③めぐる。みまわる。④おかす。奪う。＝掠「侵略」「略取」⑤〈はか・る〉計画する。⑥はかりごと。計画。「戦略」⑦要点。「要略」⑧〈ほぼ〉あらまし。およそ。「大略」⑨はぶく。簡単にする。「省略」⑩〈あら・い（――・し）〉そまつにあつかう。

解字 形声。田が形を表し、各が音を示す。各には、二つに分ける意味がある。略は、田を東西に線を引いて分けること。

名前 のり・もと
参考 新表記では、「掠」の書きかえに用いる。

【略儀】簡単な方法。略式。

【略言】①簡単にいう。細かいことを省いて、述べる。↕詳言 ②簡単にしたことば。

【略語】一部分を省略してちぢめたことば。特急（特別急行）・ゼネスト（ゼネラル＝ストライキ）など。

【略史】簡単にあらましを書いた歴史。

【略字】字画を省略し、字体を簡単にした文字。（例）學→学、醫→医。学・医は現在、常用漢字だが、本来は略字。

【略式】手順・手続きを簡単にしたやりかた。↕正式
【略（「掠」）取】かすめ取る。奪い取る。略奪。

【略述】あらましを述べる。簡単にのべる。↕詳述
【略称（稱）】正式の呼び名を一部はぶいた呼びかた。

【略章】勲章の略式のもの。

【略図（圖）】要点だけを書きしるした図面。簡単な地図。要図。

【略（「掠」）奪】むりやりに奪い取る。略取。

【略（「掠」）地】①土地を攻め取る。②国境をまわって視察する。

【略定】攻略し平定する。攻め落として平らげる。「行略二定秦地一」〈史記・項羽本紀〉

【略伝（傳）】一生の履歴のあらましを書いた文。「伝記」

【略服】国簡略な服装。略式の服装。略装。↕正装
【略法】簡単にした方法。

【略有】①国境を定めて、国内を治める。②攻め取る。

【略歴（歷）】簡単に書いた履歴。

【略解】あらましの意味を解釈する。また、そのもの。「万葉集略解」

【略記】簡単にしるす。また、そのしるしたもの。
◆兵略・攻略・知略・計略・前略・侵略・省略・粗略・策略・疎略・概略・謀略・簡略

田6
【畧】〔11〕同字　J 6532 補 U 7567

田6
【畩】〔11〕国字　J 6530 補 U 7569
意味 〈けさ〉①袈裟。②畩ケ山は、鹿児島県曽於市の地名。

田6
【畡】〔11〕同 →垓（二八七ジベ・上）

田6
【畱】〔11〕俗 →留（八三七ジベ・下）

田6
〖累〗→糸部五画（九六四ジベ・下）

田6
【畧】〔11〕同 →略（本ジベ・中）

田7
【畯】〔12〕シュン 漢 去 震 jùn チュン　J ①8842 補 U 4527 756F
意味 ①たおさ。農業を監督する役人。②農民。③すぐれた人。＝俊

田7
【畳】〔12〕常 ジョウ たたむ・たたみ　J 3086 補 U 7573
旧字 田17
【疊】〔22〕人 チョウ（テフ）漢 入 葉 ジョウ（デフ）呉 dié ティエ　J 6540 補 U 758A
筆順 冂 皿 田 田 甲 畳 畳 畳 畳
田17
【曡】〔22〕本字　J 6541 補 U 7589
田11
【疂】〔16〕俗字　J 6542 補 U 7582
又11
【叠】〔13〕俗字　J 2064 補 U 53E0
意味 ①つみ重なる。②〈たた・む〉㋐重ねる。㋑折りたたむ。③ゆれ動く。④数える語。㋐重なっているもの。㋑

5画
玄玉(王)瓜(瓜)瓦甘生用田疋(⺪)疒癶白皮皿目(罒)矛矢石示(ネ)内禾穴立

世代。㋒音楽や歌のくりかえし。⑤恐れる。⑥皿。‖碟・楪。②〈たたみ〉国①〈たた・む〉㋐店などをとじる。㋑すぼめる。②〈たたみ〉日本間の床にしくもの。「畳表」

解字  会意。古い形では、晶と宜とを合わせた字。畳は、昔の裁判で、三日間調べて、宜しきにしたがって決定することであるという。他の説に、晶も畾も、重なることを表し、宜も、家の中に物が多いことであって、疊は多くのものを重ねることであるという。

名前 あき 難読 畳紙(たとう・たとうがみ)

【畳韻】じょういん(ゐん) ①二字の熟語で、上下の文字の母音が同じもの。散漫・馥郁など。②同じ韻を用いて詩を作ること。
【畳穎】じょうえい(でふ) 重なっている草の穂。
【畳起】じょうき(でふ) 重なりあって立ち並んでいる。
【畳句】じょうく(でふ) 同一の句をくり返し、重ねて用いたもの。
【畳語】じょうご(でふ) 同じ単語を重ねて一語にしたことば。「時時」「たびたび」「それぞれ」など。
【畳次】じょうじ(でふ) 重ね重ね。しばしば。たびたび。
【畳畳(疊)】じょうじょう(でふでふ) 積み重なる。重なりあうさま。
【畳重】じょうちょう(でふ) 重なる。重ねる。重畳。
【畳峰】じょうほう(でふ) 重なり連なる山。山なみ。畳嶂。「畳嶺」
【畳用】じょうよう(でふ) 重ねて使用する。くりかえし用いる。
◁▼半畳・青畳・重畳

田7 【番】〔12〕学2 バン

一 ハン 漢 バン 慣 一 平 元 fān ファン
二 ハン 漢 二 平 元 fán ファン
三 ハ 漢 三 平 歌 bō ボー
四 ハ 漢 四 平 歌 pó ボー
五 ハン 漢 五 平 寒 pān パン

J 4054 補 — U 756A

筆順 ノ ⺍ 䒑 平 釆 ⺢ 番

意味 一 ①交代で勤める。かわるがわるする。②順序や回数を数える語。たび。「三番」③西方の少数民族や外国に対する呼び名。‖蕃「番地」「番船」 二 ①けものの足。‖蹯 ②かきね。‖藩 三 番番は、勇ましいさま。四 番陽は江西省の地名。鄱陽。今は波陽と書く。五 ①番禺は、地名。今の広東省広州市にある。②姓。国 ①見張り。「番人」②〈つがい(つがひ)〉㋐一組。一対。㋑つぎめ。「蝶番」③〈つが・う(──・ふ)〉㋐対にする。㋑矢に弓をつがえる。㋒交尾する。

解字  会意。釆と田を合わせた字。釆はけものの足のつめ。田は、けものの足うらの形。番はけものの足をいう。一説に釆は、たねをまき散らす形で、番は、田にたねをまき散らすことであるとする。播と同じ。

名前 つぎ・つぐ・つら・ふさ

【番語】ばんご ①野蛮人のことば。②外国語。
【番船】ばんせん ①見張りの舟。②外国の舟。蕃船。
【番僧(僧)】ばんそう 異民族の僧。チベット・モンゴルなどのラマ教の僧。番は蕃と同じ。
【番頭】ばんとう ①兵卒の組頭。②国商店などで、やとい人のかしら。
【番舶】ばんぱく 「番船」に同じ。
【番茄】ファンチエ fānqié 現トマト。
◁▼交番・当番・門番・非番・茶番・週番・輪番・順番・十八番・不寝番

田7 【畬】〔12〕 一 ヨ 漢 一 平 魚 yú ユィ 二 シャ 漢 二 平 麻 shē ショー
J ②8129 補 — U 756C

田7 【畭】〔12〕同字 J 6534 補 — U 756D

田7 【畲】〔12〕同字 J ②8130 補 — U 7572

意味 一 新しく開墾した田。新田。「畬田」 二 ①雑木・雑草を焼いて作物の種をまく。そうして作った農地。焼畑。「畬田」②少数民族の名。

参考 二②を、現在中国では「畲」と記す。

田7 【異】〔12〕旧 ↓異(八三八ページ・上)
田7 【畫】〔12〕旧 ↓画(一五三ページ・中)
田7 【畴】〔12〕俗 ↓疇(八四一ページ・上)
田7 【晦】〔12〕本 ↓畝(八三七ページ・中)
田7 【畭】〔12〕同 ↓畬(本ページ・中)
田7 【畬】〔12〕同 ↓畬(本ページ・中)
田7 【畱】〔12〕本 ↓留(八三七ページ・下)
田7 〖𡌛〗(二九五ページ・下)↓土部九画

田8 【畹】〔13〕 エン 漢 (エン) 上 阮 wǎn ワン
J ①8843 補 4529 U 7579

意味 ①耕地。はたけ。②田の広さの単位。㋐三十畝。㋑十二畝。③花などを植える所。‖苑

田8 【畸】〔13〕 キ 漢 平 支 jī チー
J 6535 補 — U 7578

意味 ①井田にくぎれない、はしたの田。②はした。余分。③形の正常でないこと。④珍しい。

参考 新表記では「奇」に書きかえる熟語がある。

【畸形】きけい 形態が正常でないこと。‖奇形
【畸人】きじん ①言動、性格などがふつうと違う人。風変わりな人。‖奇人 ②身体に障害のある人。

田8 【畷】〔13〕 テイ 漢 去 霽 zhuì チョイ
J 3877 補 — U 7577

意味 ①〈なわて(なはて)〉農地と農地の間の道。②つなぐ。

田8 【畽】〔13〕 tán タン
J — 補 — U 6983

意味 現池。広東省の地名に用いられる。「畽賓」「畽濮」

田8 【畵】〔13〕本 ↓畫(一五三ページ・中)
田8 【畺】〔13〕本 ↓疆(八四一ページ・上)
田8 【當】〔13〕旧 ↓当(三九〇ページ・上)
田8 〖畾〗(一三五一ページ・下)↓雨部五画

田9 【暘】〔14〕 チョウ 漢 呉 (チャウ) 去 漾 chàng チャン
J 4532 補 — U 757C

意味 ①農地が荒れて作物が育たない。②農地の雑草をとる。③のばす。のびのびする。‖暢 ④祭りに用いる香草をひたした酒。‖鬯

田9 【畽】〔14〕 一 トン 漢 一 上 阮 tǔn トゥン 二 タン 漢 二 上 旱 tuǎn トワン
J ②8133 補 4533 U 757D

意味 一 行いが正しくない。 二 町畽は、家のまわりの空地。

田9 【睦】〔14〕同 ↓畽(一一九七ページ・上)

田10 【畿】〔15〕常 キ キ 漢 平 微 jī チー
J 2106 補 — U 757F

筆順 ⺈ 幺 幺幺 丝 畿 畿 畿 畿

意味 ①みやこ。②王城を中心に五百里以内の地。天子の直属地。「王畿」「邦畿」「近畿」「畿内」③門の中。

解字  会意・形声。田と、幾を省略した形の戈を合わせた字、また、田が形を表し、幾が音を示す。田は、区域。幾は近いことを表す。畿は、天子の住むみやこ、また、みやこに近い領地を意味している。古くは、幾と畿は通じて用いられた。

【畿甸】きでん 都を中心にした五百里四方の地。
【畿内】きない ①都を中心に、五百里四方の土地で、天子が直接

治める所。畿甸。②国わが国では、京都を中心に、山城(京都府)・大和(奈良県)・河内・和泉(大阪府)・摂津(大阪府・兵庫県)をさす。五畿内ともいう。

田10【畾】〔15〕ライ 漢 平 灰 | léi レイ　J ②8134 補 4534 U 757E
意味 ①〈かみなり〉＝雷。②農地と農地の間の土地。③土を積み重ねてとりでを築く。＝塁。④土を運ぶもっこ。＝虆

田11【畱】〔16〕リュウ(リウ) 漢 平 尤 | liú リウ　ル 呉　J ②8135 補 4535 U 7581
意味 ①山焼きをして作物の種をまく。②農地に灌漑する。③中国人の姓。

田11【疊】〔16〕俗 ↓疊(八三九ページ・下)

田11〖鴫〗↓鳥部五画(一四三〇ページ・下)

田11〖奮〗↓大部十三画(三三四ページ・上)

田12〖嬲〗↓女部十四画(三五三ページ・上)

田13【畺】〔18〕キョウ(キャウ) 漢 平 陽 | jiāng チアン　J 4536 補 7585
意味 さかい。境。＝疆

田13〖壘〗↓土部十五画(二九五ページ・下)

田14【疆】〔19〕標 キョウ(キャウ) 漢 平 陽 | jiāng チアン　J 6537 補 7586
田8【畺】〔13〕本字 J ②8132 補 4530 U 757A
土13【壃】〔16〕同字 J ②0519 補 58C3
意味 ①〈さかい(さかひ)〉㋐国のさかい。「疆界」「疆土」㋑土地のさかい。「疆場」②かぎる。くぎる。③かぎり。きわまり。はて。
参考「彊」は別字。新表記では、「境」に書きかえる熟語がある。
【疆域】きょう(きゃう)いき(ゐき) くにざかい。国境。国境以内の土地。封域。＝彊域
【疆宇】きょう(きゃう)う 領土。国土。国境。
【疆場】きょう(きゃう)えき ①あぜ。耕地の境界。疆は大きなさかい、場は小さなさかいのこと。②くにざかい。辺境。疆域。
【疆土】きょう(きゃう)ど ①国ざかい。②領土。

田14【疇】〔19〕標 チュウ(チウ) 漢 平 尤 | chóu チョウ　J 6538 補 7587
田7【畴】〔12〕俗字 J 6539 補 7574
意味 ①田。畑。②農地のさかい。③〈うね〉④〈たぐい(たぐひ)〉なかま。同類。「疇生」「疇輩」⑤むくいる。「疇答」⑥〈たれ〉誰。⑦昔。以前。「疇曩」⑧等しくする。ならぶ。
【疇日】ちゅう(ちう)じつ 過日。前日。疇昔。
【疇人】ちゅう(ちう)じん ①代々、祖先からの家業をうけつぐ人。②算数にすぐれた人。③天文・暦算にすぐれた人。
【疇昔】ちゅう(ちう)せき ①先の日。前日。先ごろ。疇日。②昔。昔時。「疇昔之夜、飛鳴而過ㇾ我者」〈蘇軾・後赤壁賦〉
【疇曩】ちゅう(ちう)のう(なう) 昔。過日。

田16〖纍〗↓糸部十五画(九八六ページ・中)

田16〖罍〗↓缶部十五画(九八八ページ・上)

田17【疊】〔22〕旧 ↓畳(八三九ページ・下)

田17【疉】〔22〕本 ↓疊(八三九ページ・下)

5画 疋(⺪)部 ひき ひきへん

【部首解説】「ふくらはぎと足」にかたどる。この部には、「疋・⺪」の形を構成要素とする文字が属する。偏になるときは「⺪」となる。

疋0【疋】〔5〕入 標 一 ソ 漢 ショ 呉 | 一 平 魚 shū シュー 二 ヒツ 漢 | 二 入 質 pǐ ピー　J 4105 補 758B
意味 一あし。足。二①〈ひき〉動物を数える語。＝匹 国「疋馬」②長さの単位。八十尺。(→付録「度量衡名称」) 国〈ひき〉①江戸時代、銭十文のこと。②反物二反。
解字 象形。ふくらはぎと足とを表したもの。一説に、ひざこぞうと、その下部全体を表したものともいう。ひざから下の足である。
名前 ただ
【疋夫】ひっぷ ひとりの男。身分の低い男。とるにたりない、つまらない男。
【疋練】ひつれん 一匹のねりぎぬ。匹とは二反のこと。

疋0【⺪】〔5〕　J ②8136 補 24D14
意味 部首の一。ひきへん。「疋」が偏となるときの形。

疋3【疌】〔8〕ショウ(セフ) 漢 呉 | 入 葉 jié チエ　J ②8137 補 758C
意味 すばやい。動作がはやい。＝捷

疋4〖胥〗↓肉部五画(一〇一六ページ・中)

疋6【疏】〔11〕同 ↓疏(八四二ページ・上)

⺪7【疎】〔12〕常 ソ うとい・うとむ　ソ 漢 ショ 呉 | 平 魚 shū シュー　J 3334 補 758E
足7【踈】〔14〕俗字 J 7683 補 8E08

筆順 ⺪ ⺪ ⺪ ⺪ 𤴓 𤴔 疎

意味 ①〈とお・る(とほ・る)〉通じる。②〈うと・い(――・し)〉よそよそしくする。③〈うと・む〉④〈あら・い(――・し)〉すきまがある。細かくない。⑤〈まばら〉
解字 会意・形声。疎は俗字で、正字は疏。疏は疋と㐬とを合わせた字で、疋は音をも示す。疋は両足の形で、動かす意味と、二つに分かれる意味とを含む。㐬は、母の産道から子が流れ出ること。疏は、ふさがった水を動かし、分かれて流すことで、通ずるの意になる。俗字の疎の束は、たばねること。疎はたばねたものを、動かして通ずる意味であろう。
参考「疏」は正字。新表記では、「疏」の書きかえに用いる熟語がある。
【疎逸(逸)】そいつ 人と親しまず、気ままなこと。「徴性疎逸なり」〈李景亮・人虎伝〉
【疎雨】そう まばらに降る雨。ぱらぱらと降る雨。
【疎影】そえい まばらなかげ。
【疎遠】そえん(ゑん) ①うとんじ遠ざける。親しみ近づかない。②久しくあわない。久闊。疎闊。
【疎開】そかい ①開き通じさせる。②国空襲の被害を少なくするために、人や建物を分散させる。
【疎解】そかい ①ときあかす。②申しひらく。
【疎懈】そかい ①怠って、いいかげんにする。②待遇が悪くなる。
【疎外】そがい(ぐわい) 嫌って、のけものにする。うとんじる。疎斥。
【疎隔】そかく うとんじへだてる。親しくなくなる。仲が遠くなる。疎遠。
【疎豁】そかつ(くわつ) ①精密でない。②まわりくどい。迂遠。「③久しく会わないこと。」
【疎狂】そきょう(きゃう) 言行が大まかで普通の人と異なっている。
【疎傲】そごう(がう) 物事に大まかで、えらがる。そこつで気が荒い

5画
玄玉(王)瓜(瓜)瓦甘生用田疋(⺪)疒癶白皮皿目(罒)矛矢石示(礻)内禾穴立

こと。‖疎豪

【疎忽】（そこつ） ①そそっかしい。かるはずみ。②過失。手ぬかり。

【疎鑿】（そさく） 土地を切り開き、川の水を通す。

【疎鐘】（そしょう） 間遠に聞こえる鐘の音。

【疎(「疏」)水】（そすい） 土地を切り開き水路をつくり、水を通すこと。また、その水路。

【疎斥】（そせき） 「疎外」に同じ。

【疎疎】（そそ） ①衣服の美しくりっぱなさま。②まばらなさま。

【疎(「疏」)通】（そつう） ①さしさわることなく通じる。「意志疎通」②筋道がたつこと。物事の道理が通っている。

【疎灯(燈)】（そとう） ものさびしい灯火。わびしいともしびの光。「疎灯自照」〈杜甫の詩・夜〉

【疎蕩】（そとう（たう）） いいかげんで、おおまか。

【疎薄】（そはく） うとんじ軽んずる。きらってばかにする。

【疎放】（そほう（はう）） ①気ままで、だらしない。やりっぱなし。②あらっぽい。

【疎木】（そぼく） まばらな木立ち。

【疎昧】（そまい） 物事にうとく、暗い。

【疎密】（そみつ） ①あらいことと、こまかいこと。「以観二其疎密一」〈柳宗元・種樹郭橐駝伝〉②むらがある。様でない。

【疎野】（そや） 礼儀作法を知らない。ぶさほう。

【疎慵】（そよう） 無精。めんどうくさがる。

【疎懶】（そらん） なまけて、おろそかにする。

【疎略】（そりゃく） ぞんざい。おろそか。‖粗略

【疎林】（そりん） 立木や葉のまばらな林。

【疎糲】（それい） そまつな食物。疏食。

【疎簾】（それん） あらく編んだすだれ。まばらなすだれ。

【疎漏】（そろう） 手落ちがある。手ぬかりがある。

◇空疎・親疎

疋7 【疏】〔12〕 人 標 J 3333 U 758F

一 ソ 漢 ショ 呉 一 平 魚 shū シュー、sū スー

二 ソ 漢 ショ 呉 二 去 御 shù シュー

疋6 【疏】〔11〕 同字 U 補 J

足7 【疏】〔14〕 同字 U 47FD 補 J ②8931

意味 一 ①〈とお・る(とほ・る)〉通ずる。②〈とお・す(とほ・す)〉③〈うと・い(――・し)〉㋐親しくない。㋑まわりどおい。④〈うとん・じる(――・ず)〉㋐遠ざける。㋑いやしむ。⑤〈あら・い(――・し)〉㋐こまかくない。↕密 ㋑まばら。㋒そまつ。「疏食」⑥わける。わかれる。⑦きざむ。彫刻する。⑧野菜。‖蔬 二 ①箇条書きにする。②経典の意味を説明する。③手紙。④天子にさしあげる文。上奏文。注疏は、旧注にさらに詳しい解釈を加えること。

参考 「疎」は「疏」と同じに用いる。新表記では、「疎」に書きかえる熟語がある。ただし、一の⑧と二の意味には「疎」を用いない。

【疏遠】（そえん（ゑん）） ①うとんじ、遠ざける。②久しくあわない。‖疎遠

【疏客】（そかく・そきゃく） 関係のうすい客。親しくない客。

【疏隔】（そかく） ①うとんじ、へだてる。②交際しなくなる。‖疎隔

【疏記】（そき） 箇条書きにしるす。

【疏食】（そし） 粗末な食物。粗食。『飯二疏食一飲レ水、曲レ肱而枕レ之』（そしをくらい(くらひ)みず(みづ)をのみ、ひじ(ひぢ)をまげてこれをまくらとす） そまつな食べ物を食べ、水を飲み、寝るのにまくらもなく、ひじをまげてまくらの代わりとする。貧しい生活をいう。〈論語・述而〉

【疏奏】（そそう） 箇条書きにして申し上げること。また、その文。

【疏竹】（そちく） まばらな竹林。

【疏注】（そちゅう（ちう）） ①注釈。書物を解釈したもの。②前の人の注釈したものを、さらに解説したもの。注疏。‖疏註

【疏圃】（そほ） 菜園。野菜畑。

疋8 『楚』→木部九画（六五五ページ・中）

疋9 【疑】〔14〕 学 6 ギ うたがう J 2131 U 7591

一 ギ 漢 呉 一 平 之 yí イー

二 ギョウ 漢 呉 二 平 蒸 níng ニン

三 ギ 漢 呉 三 上 紙 nǐ ニー

筆順
匕
𠤎
𠤕
𠤕
𠤕
𠤕
𠤕
疑

意味 一 ①〈うたが・う(――・ふ)〉㋐まよって決めることができない。「疑問」㋑あやしむ。②〈うたがい(うたがひ)〉③〈うたがわし・い(うたがは・し)〉④おそれる。⑤〈うたごうらくは(うたがふらくは)〉おしはかる。おそらく…だろう。たぶん。⑥似ていて区別できない。まるで…だ。「疑似」⑦官名。天子を補佐する。二 こり固まる。こおる。‖凝「疑立」三〈なぞら・える(――・ふ)〉まねる。比べる。‖擬

解字  会意・形声。匕・矢・子・止を合わせた字で、矢が音を示す。匕は人。矢は、人が立ってふり返っている形。疑は、子の愛に引かれて、止まってふり返り、まよっていることを表す。一説に子どもが立っても歩くことができない状態であるとする。

【疑異】（ぎい） 疑いあやしむ。

【疑懐(懷)】（ぎかい（くわい）） ①疑いをいだくこと。②疑いの心。疑念。

【疑忌】（ぎき） 疑ってきらう。

【疑義】（ぎぎ） 意味がはっきりせず、疑わしいこと。

【疑懼】（ぎく） 疑い恐れる。ふしぎがり、こわがる。疑惧。

【疑惧】（ぎぐ） 疑い恐れる。ふしぎがり、こわがる。疑懼。

【疑獄】（ぎごく） ①事の真相がはっきりしない、裁判事件。②政府高官にかかわる大規模な贈賄収賄（汚職）事件。

【疑似】（ぎじ） 似ていてまぎらわしい。

【疑心暗鬼】（ぎしんあんき） 「疑心生二暗鬼一」に同じ。

【疑憚】（ぎたん） 疑い、ためらう。

【疑団(團)】（ぎだん） 胸中に疑いの念がこり固まっていること。

【疑点(點)】（ぎてん） 疑わしい点。

【疑念】（ぎねん） 疑いの心。疑心。

【疑兵】（ぎへい） 敵をまどわすための、いつわりの兵。多くの兵がいるように見せかけるもの。

【疑問】（ぎもん） 一 疑わしい事がら。また、疑って問いただす。二 「yíwèn」 現 一 に同じ。

【疑惑】（ぎわく） 疑いまどう。また、そのこと。

『疑行無レ名、疑事無レ功』（ぎこう(かう)なく、ぎじこうなし） 疑わしく思いながらする行為は、名誉にならないし、疑わしく思いながらする事業は、功績にならない。〈史記・商君列伝〉

『疑心生二暗鬼一』（ぎしんあんきをしょう(しやう)ず） 心に疑うことがあると、実際にない事まであれこれと想像する。〈列子・説符〉

◇容疑・嫌疑・質疑・懐疑・半信半疑

疋9 【疐】〔14〕 J 4537 U 7590

一 チ 漢 一 去 寘 zhì チー

二 テイ 漢 タイ 呉 二 去 霽 dì ティー

意味 一 ①つまずく。②とどまる。③たおれる。二 果物などのへた。

5画

疒部 やまいだれ

【部首解説】 「人が病気で寝ているさま」にかたどり、「病気」を表す。この部には、病気や病状に関連するものが多く、「疒」の形を構成要素とする文字が属する。

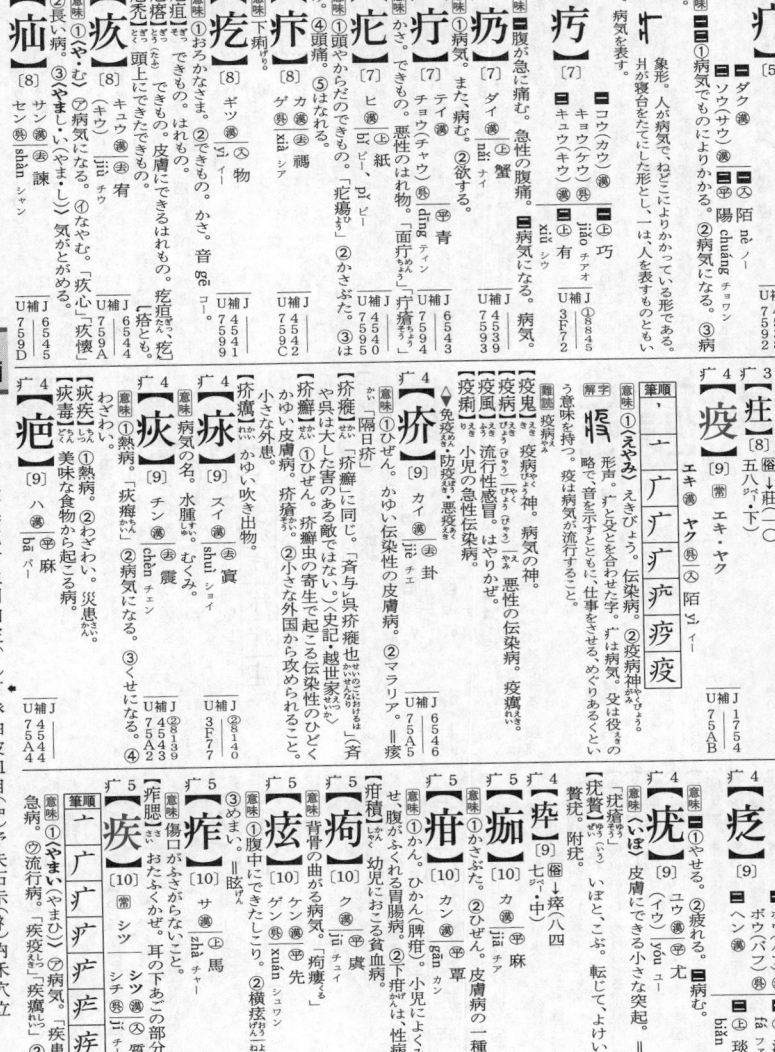

疒0 【疒】〔5〕 一ダク 漢　一入 陌 nè ノー　二ソウ(サウ) 漢　二平 陽 chuáng チョワン　J ①8844 補 4538 U 7592

意味 一二①病気でものによりかかる。②病気になる。③病気。

解字 象形。人が病気で、ねどこによりかかっている形である。爿が寝台をたてにした形とし、一は、人を表すものともいう。病気を表す。

疒2 【疛】〔7〕 一コウ(カウ) 漢　キョウ(ケウ) 呉　一上 巧 jiǎo チアオ　二キュウ(キウ) 漢　二上 有 xiǔ シウ　J ①8845 U 3F72

意味 一腹が急に痛む。急性の腹痛。二病気になる。病気。

疒2 【疓】〔7〕 ダイ 漢　上 蟹 nǎi ナイ　補 4539 U 7593

意味 ①病気。また、病む。②欲する。

疒2 【疔】〔7〕 テイ 漢　チョウ(チャウ) 呉　平 青 dīng ティン　J 6543 U 7594

意味 かさ。できもの。悪性のはれ物。「面疔」「疔瘡」

疒2 【疕】〔7〕 ヒ 漢　上 紙 bǐ ビー、pǐ ピー　補 4540 U 7595

意味 ①頭やからだのできもの。「疕瘍」②かさぶた。③はげ。④頭痛。⑤はなれる。

疒3 【疜】〔8〕 カ 漢　ゲ 呉　去 禡 xià シア　補 4542 U 759C

意味 下痢。

疒3 【疙】〔8〕 ギツ 漢　入 物 yì イー　補 4541 U 7599

意味 ①おろかなさま。②できもの。かさ。音 gē コー。

【疙疸】できもの。はれもの。

【疙瘩】できもの。皮膚にできるはれもの。疙疸、疙瘩とも。

【疙禿】頭上にできたできもの。

疒3 【疚】〔8〕 キュウ(キウ) 漢　去 宥 jiù チウ　J 6544 U 759A

意味 ①〈や・む〉㋐病気になる。㋑なやむ。「疚心」「疚懐」②長い病。③〈やまし・い(やま・し)〉気がとがめる。

疒3 【疝】〔8〕 サン 漢　セン 呉　去 諫 shàn シャン　J 6545 U 759D

意味 腹・腰などがひきつれていたむ病気。＝疝気

疒3 【疘】〔8〕 俗 ↓疟(一〇五八ページ・下)

疒4 【疫】〔9〕 常 エキ・ヤク　エキ 漢　ヤク 呉　入 陌 yì イー　J 1754 U 75AB

筆順 丶 亠 广 疒 疒 疒 疫 疫

意味 ①〈えやみ〉えきびょう。伝染病。②疫病神。

解字 形声。疒と殳とを合わせた字。疒は病気。殳は役の略で、音を示すとともに、仕事をさせる、めぐりあるくという意味を持つ。疫は病気が流行すること。

難読 疫病

【疫鬼】疫病の神。病気の神。

【疫病】一(えきびょう) 悪性の伝染病。疫癘。二(やくびょう) 一(えやみ)

【疫風】流行性感冒。はやりかぜ。

【疫痢】小児の急性伝染病。

◆免疫・防疫・悪疫

疒4 【疥】〔9〕 カイ 漢　去 卦 jiè チエ　J 6546 U 75A5

意味 ①ひぜん。かゆい伝染性の皮膚病。②マラリア。＝痎「隔日疥」

【疥瘧】「疥癬」に同じ。「斉与呉疥瘧也」(斉や呉は大した害のある敵ではない。)〈史記・越世家〉

【疥癬】①ひぜん。疥癬虫の寄生で起こる伝染性のひどくかゆい皮膚病。疥瘡。②小さな外国から攻められること。小さな外患。

【疥癘】かゆい吹き出物。

疒4 【痳】〔9〕 スイ 漢　去 寘 shuì ショイ　J ②8140 U 3F77

意味 病気の名。水腫。むくみ。

疒4 【疢】〔9〕 チン 漢　去 震 chèn チェン　J ②8139 補 4543 U 75A2

意味 ①熱病。「疢痗」②病気になる。③くせになる。④わざわい。

【疢疾】①熱病。②わざわい。災患。

【疢毒】美味な食物から起こる病。

疒4 【疤】〔9〕 ハ 漢　平 麻 bā パー　補 4544 U 75A4

意味 できものの、あと。

疒4 【疺】〔9〕 一ホウ(ハフ) 漢　ボウ(バフ) 呉　一入 洽 fá ファー　二ヘン 漢　二上 琰 biǎn ピエン　補 4546 U 75BA

意味 一①やせる。②疲れる。二病む。

疒4 【疣】〔9〕 ユウ 漢　(イウ)　平 尤 yóu ユー　J 6547 U 75A3

意味 〈いぼ〉皮膚にできる小さな突起。＝肬「疣子」「疣瘡」

【疣贅】いぼと、こぶ。転じて、よけいなもののたとえ。贅疣。附疣。

疒4 【痊】〔9〕 俗 ↓瘁(八四七ページ・中)

疒5 【痂】〔10〕 カ 漢　平 麻 jiā チア　J 6548 U 75C2

意味 ①かさぶた。②ひぜん。皮膚病の一種。疥癬。

疒5 【疳】〔10〕 カン 漢　平 覃 gān カン　J 6549 U 75B3

意味 ①かん。ひかん(脾疳)。小児によくみかける全身がやせ、腹がふくれる胃腸病。②下疳は、性病の一つ。

【疳積】幼児におこる貧血病。

疒5 【痀】〔10〕 ク 漢　平 虞 jū チュイ　J ②8144 補 4548 U 75C0

意味 背骨の曲がる病気。「痀瘻」

疒5 【痃】〔10〕 ケン 漢　ゲン 呉　平 先 xuán シュワン　J 6550 U 75C3

意味 ①腹中にできたしこり。②横痃は、性病の一つ。③めまい。＝眩

疒5 【痄】〔10〕 サ 漢　上 馬 zhà チャー　補 4550 U 75C0

意味 傷口がふさがらないこと。

【痄腮】おたふくかぜ。耳の下あごの部分がはれて痛む。

疒5 【疾】〔10〕 常 シツ　シツ 漢　シチ 呉　入 質 jí チー　J 2832 U 75BE

筆順 亠 广 疒 疒 疒 疒 疾 疾

意味 ①〈やまい(やまひ)〉㋐病気。「疾患」「疾病」㋑急病。㋒流行病。「疾疫」「疾癘」②〈や・む〉㋐病気

5画　玄玉(王)瓜(瓜)瓦甘生用田疋(⺪)疒癶白皮皿目(罒)矛矢石示(礻)内禾穴立

にかかる。はやりやまいになる。㋑心配する。なやむ。「疾苦」「疾怨」③〈にく・む〉「疾視」「疾忌」④ねたむ。うらやみにくむ。⑤〈と・し〉早い。↕徐「疾走」「疾速」⑥はげしい。ひどい。「疾雨」「疾風」

解字 形声・会意。疒と矢を合わせた字。疒は病気。矢は音を示すとともに、矢が速いこと、あるいは、矢きずをおう意味を持つ。疾は、急な病気。病より軽いもの。音シツは矢の音シの変化。

【疾悪(惡)】㊀悪人を憎む。㊁憎む。嫌悪。「生而有疾悪」〈荀子〉

【疾雨】ひどく降る雨。猛雨。

【疾疫】流行病。はやりやまい。

【疾患】病気。

【疾苦】なやみくるしむ。なやみくるしみ。

【疾駆(驅)】はやく駆ける。車や馬をはやく駆けさせる。

【疾言】口ばやにものをいうこと。〈論語・郷党〉【――遽色】落ちつかないさま。遽色は、あわてた顔つき。

【疾呼】しきりに呼ぶ。激しく呼ぶ。

【疾很】心がまがっていて、人の言を聞き入れないさま。

【疾視】憎み見る。にらみつける。

【疾日】悪日。不吉の日。

【疾首】心にうらむことがあって、頭をいためる。心配する。

【疾徐】はやいことと、おそいこと。

【疾状(狀)】病状。病気の様子。症状。「上報疾状」〈白居易・与元稹書〉↓「病心」(八四五ページ・中)

【疾走】速く走る。

【疾痛】①病気にかかったり、負傷したりすること。②病気の苦しみ。「非疾痛害事也」(ひどく痛んで物事をするのに害があるほどではない。)〈孟子・告子上〉

【疾風】①激しく吹く風。はやて。あらし。暴風。烈風。②疾病を生ずる風。【――迅雷】①激しい風と激しい雷。②行動のすばやくて激しいさま。【――知勁草】ひどい風に吹かれて弱い草が倒れ伏すと、はじめて強い草の存在がはっきりわかる。困難にあって、はじめて節操のかたいことがわかることのたとえ。〈後漢書・王覇伝〉

【疾病】㊀やまい。病気。疾患。㊁病気が重い。病気が重くなる。

【疾恙】やまい。病患。

【疾癢】いたみとかゆみ。

【疾雷】急に鳴りだした、はげしい雷。

【疾癘】流行病。はやりやまい。

◆淋疾・眼疾・悪疾・廃疾

疒5 【疰】〔10〕 シュ 漢 去 遇 zhù チュー　J②8141 U補75B0

意味 伝染病。邪気が注入されて起こるという。

疒5 【症】〔10〕 常 ショウ　ショウ(シャウ) 呉 去 敬 zhèng チョン　J3041 U75C7

筆順 亠 广 疒 疒 疔 疔 疔 症

意味 ①病気。②病気のあらゆる性質・状態。「症候」

解字 形声。疒が形を表し、正が音を示す。疒は病気。正は證と同じで、しるしの意味がある。症は、病気のしるしである。

参考 症は「癥」(八五一ページ・上)の中国新字体としても使う。

【症候】病気の症状。

◆炎症・重症・病症・不眠症・原爆症

疒5 【疹】〔10〕 標 ㊀シン 漢 上 軫 zhěn チェン ㊁チン 漢 去 震 chèn チェン　J3130 U75B9

疒12 【𤺋】〔17〕 同字　J②8173 U補24E8B

意味 ㊀①皮膚に小さな赤い吹き出物のできる病気。はしか。「麻疹」②病気。「疹疾」③診断する。㊁熱病。

疒5 【痁】〔10〕 ㊀セン 漢 平 塩 shān シャン ㊁テン 漢 去 豔 diàn ティエン　J4549 U75C1

意味 ㊀㊁①おこり。マラリア。②病気。③せまる。近づく。

疒5 【疽】〔10〕 標 ソ 呉 ショ 漢 平 魚 jū チュイ　J6552 U75BD

意味 皮下の組織まで深くできるできもの。癰の一種。「疽腫」「疽癰」

【疽嚢】害毒のありか。

参考 「疸」は別字。

◆炭疽・骨疽・脱疽・壊疽・瘭疽

疒5 【痆】〔10〕 ㊀ダツ 漢 入 黠 niè ニエ ㊁ジツ(ヂツ) 漢 入 質 nì ニー　J②8145 U補75C6

意味 ㊀①傷。傷あと。②傷の痛み。㊁かゆい。

疒5 【疸】〔10〕 標 タン 漢 上 旱 dǎn タン　J6553 U75B8

意味 おうだん。黄疸。皮膚や粘膜が黄色みをおびてくる症状。＝癉

疒5 【疼】〔10〕 標 トウ 漢 平 冬 téng トン　J6554 U75BC

疒5 【疼】〔10〕 俗字 U補

意味 ①〈うず・く(うづ・く)〉痛む。②いたみ。③かわいがる。いとおしむ。

【疼愛】ひどくかわいがる。ひどく好む。痛愛。酷愛。

【疼腫】痛んではれあがる。

【疼痛】痛む。いたみ。

疒5 【疲】〔10〕 常 ヒ つかれる　ヒ 漢 呉 平 支 pí ピー　J4072 U75B2

筆順 亠 广 疒 疒 疒 疒 疒 疲 疲

意味 ①〈つか・れる(――・る)〉くたびれる。「疲労」②〈つから・す〉つかれさせる。③とぼしい。④やせる。⑤病み苦しむ。

解字 形声。疒が形を表し、皮が音を示す。疒は病気。皮には、傾くという意味がある。疲は、からだが傾いて倒れかかる病気の状態で、つかれることをいう。

【疲倦】疲れ、うむ。疲れて、あきる。

【疲困】疲れ苦しむ。疲れはてる。疲労困憊。疲憊。

【疲心】心をついやす。

【疲怠】疲れおこたる。

【疲鈍】疲れて、動きがにぶくなる。疲困。

【疲憊】疲れ弱る。疲れはてる。疲労困憊。疲困。

【疲兵】疲れた兵士。

【疲弊】疲れて、よわる。疲悴。「今天下三分、益州疲弊」〈諸葛亮・出師表〉

【疲斃】疲れて、たおれる。

【疲乏】疲れきる。よわる。

【疲癃】ひりゅう(りう)　①腰や背のまがった人。年老いた人。②困難のある人。

【疲労(勞)】ひろう(らう)　㊀くたびれる。疲れる。疲れ。㊁ピーラオ píláo

疒5
【痱】〔10〕
ヒ 漢 去 未 fèi フェイ
J ②8143　補 4547　U 75BF
現 ㊀に同じ。
意味 あせも。＝疿ひ

疒5
【病】〔10〕
学 3
ビョウ・ヘイ　やむ・やまい
ヘイ 漢　ビョウ(ビャウ) 呉 ｜去 敬 bìng ビン
J 4134　補 ―　U 75C5

筆順 亠 广 疒 疒 疔 病 病 病

意味 ①〈やまい(やまひ)〉㋐病気。「病人」㋑うれい。心配。㋒くせ。欠点。②〈や・む〉〈なや・む〉㋐病気になる。㋑病気が重くなる。㋒うれえる。㋓むずかしい。苦しい。㋔つかれる。困窮する。㋕うらむ。③〈やまし・める(――・む)〉なやます。④重態になる。⑤はずかしめる。

解字 㾏　形声。疒が形を表し、丙(へい)が音を示す。疒は病気。丙には幷と同じく、加わる意味があり、病は、病気がひどくなることを表す。

【病因】びょう(びゃう)いん　病気の原因。

【病家】びょう(びゃう)か　①病人のある家。②医者が往診する病人の家。

【病臥】びょう(びゃう)が(ぐわ)　病気で床につく。

【病患】びょう(びゃう)かん(くわん)　わずらい。病気。

【病間】びょう(びゃう)かん　①病気が少しよくなったとき。②病気中。

【病眼】びょう(びゃう)がん　①目がかすむこと。②眼疾。

【病気(氣)】びょう(びゃう)き　①やまいの状態。②国やまい。

【病起】びょう(びゃう)き　病がいえること。

【病菌】びょう(びゃう)きん　病気をひき起こす病因になる細菌。病原菌(びょうげんきん)。

【病苦】びょう(びゃう)く　①病気の苦しみ。②仏四苦(生・老・病・死の苦しみ)の一つ。

【病軀】びょう(びゃう)く　病気のからだ。病体。病骨。

【病原】びょう(びゃう)げん　病気の原因。病気のもと。＝病源【――菌】びょう(びゃう)げんきん　病気のもとになる細菌。バクテリア。病菌(びょうきん)。

【病根】びょう(びゃう)こん　①病気のもと。②深くしみこんだ悪い風習。

【病死】びょう(びゃう)し　病気で死ぬ。

【病舎】びょう(びゃう)しゃ　入院患者を収容する建物・病室。

【病床】びょう(びゃう)しょう(しゃう)　病人が寝ている床(とこ)。病蓐(びょうじょく)。＝病牀

【病証(證)】びょう(びゃう)しょう　病気の状態。病症。

【病蓐】びょう(びゃう)じょく　病気の床(とこ)。＝病褥

【病心】びょう(びゃう)しん　①胸の病気をわずらう。②病気中の気持ち。「上報二疾状一次序二病心一(かみにしつじょうをほうじ、つぎにびょうしんをじょす)」(手紙の初めには病状が知らせてあり、次には病気中の気持ちが述べられてある。)〈白居易(はくきょい)・与二元稹一書(げんしんにあとうるしょ)〉③うれいの心。

【病身】びょう(びゃう)しん　病気がち。病気のからだ。病軀(びょうく)。

【病痛】びょう(びゃう)つう　①病気や痛み。②病気の痛み。③欠点。過失。

【病棟】びょう(びゃう)とう　病室の並んでいる一棟(ひとむね)の建物。

【病毒】びょう(びゃう)どく　①病気の原因になる毒。②現ウイルス。

【病人】びょう(びゃう)にん　㊀病気にかかっている人。患者(かんじゃ)。㊁ビンレン bìngrén 現㊀に同じ。

【病夫】びょう(びゃう)ふ　病人。病気がちの人。

【病癖】びょう(びゃう)へき　病的なくせ。普通でないくせ。

【病痡】びょう(びゃう)ほ　病気。「此不二是小病痡一(これはこれしょうびょうほならず)」(これは軽い病気ではない。)〈伝習録〉

【病坊】びょう(びゃう)ぼう(ばう)　①病人を収容し、治療をする所。病院。②唐代、秘書監(ひしょかん)・著作郎・秘書郎などの職をいう。いずれも暇な役職で、老人や弱い人を任じたので、この名がある。

【病没(「歿」)】びょう(びゃう)ぼつ　病気で死ぬ。病死。

【病魔】びょう(びゃう)ま　人体にとりつき病気をおこさせる悪魔。病気。

【病葉】びょう(びゃう)よう(えふ)　虫の食った葉。わくらば。

【病来(來)】びょう(びゃう)らい　病気になってから。

【病理】びょう(びゃう)り　病気についての理論。

【病歴(歷)】びょう(びゃう)れき　病気の経過。今までにかかった病気の経験。

【病房】ビンファン bìngfáng 現病室。病棟(とう)。

『取レ病』へいをとる　恥をかく。

『病革』やまい(やまひ)あらたまる　病気がにわかに重くなる。危篤(きとく)におちいる。

『病癒多忘レ慎(愼)』やまい(やまひ)いゆればおおく(おほく)つつしみをわする　病気がなおったとたんに、たいがいの人はもう摂生(せっせい)を忘れてしまうものである。〈慎思録〉

『病入二膏肓一』やまい(やまひ)こう(かう)こう(くわう)にいる　病気が重くて、もはや治療のできないこと。晋(しん)の景公が、病魔が名医を恐れて膏の下、肓の上(心臓の下、横隔膜の上の部分で治療の及ばない所)にかくれたという夢を見た故事。俗に「肓」を「盲」に誤って、「やまいこうもうにいる」という。〈左伝・成公十〉

『病従(從)レ口入』やまい(やまひ)はくちよりいる　病気は飲食物がもととなって起こる。

『養レ病』やまい(やまひ)をやしなう(やしなふ)　病気をなおすために養生する。〈礼記(らいき)・射義〉

◆万病(まんびょう)・死病(しびょう)・仮病(けびょう)・臥病(がびょう)・看病(かんびょう)・疫病(えきびょう)・肺病(はいびょう)・胃病(いびょう)・持病(じびょう)・急病(きゅうびょう)・重病(じゅうびょう)・疾病(しっぺい)・淋病(りんびょう)・業病(ごうびょう)・傷病(しょうびょう)・熱病(ねつびょう)・臆病(おくびょう)・難病(なんびょう)・日射病(にっしゃびょう)・風土病(ふうどびょう)・原子病(げんしびょう)・夢遊病(むゆうびょう)

疒5
【疱】〔10〕
標
ホウ 漢　(ハウ)｜去 効 pào パオ
J 6555　補 ―　U 75B1
意味 〈もがさ〉皮膚に水泡のできる伝染性の病。天然痘(てんねんとう)。「疱瘡(ほうそう)」
参考 「疱(ほう)」は別字。

疒5
【疴】〔10〕
本 ↓痾(八四七ジベ・上)

疒5
【疷】〔10〕
同 ↓胝(一〇一七ジベ・中)

疒6
【痍】〔11〕
イ 漢 ｜平 支 yí イー
J 6556　補 ―　U 75CD
意味 ①〈きず〉武器によるけが。「傷痍(しょうい)」②戦乱、武器できずつく。きずつける。

疒6
【痏】〔11〕
イ 漢 (ヰ)｜上 紙 wěi ウェイ
J ②8146　補 4554　U 75CF
意味 ①なぐられてできた傷。②傷あと。③鍼(はり)治療のあと。④鍼(はり)治療などを施す、体の定まった位置。つぼ。

疒6
【痎】〔11〕
カイ 漢 ｜平 佳 jiē チエ
J ①8846　補 4553　U 75CE
意味 病気の名。おこり。二日に一度、発熱、寒けを起こす病気。マラリアの一種。「痎瘧」

疒6
【痕】〔11〕
常
コン　あと
コン 漢 ｜平 元 hén ヘン
J 2615　補 ―　U 75D5

筆順 亠 广 疒 疒 疗 疸 痕 痕

意味 ①きずやできもの、炎症のあと。②〈あと〉物事のあと。「痕跡(こんせき)」

解字 㾗　形声。疒が形を表し、艮(こん)が音を示す。疒は病気。艮はとどまること、残ることを意味する。痕は、きずやできものが治った後に残ったあと、また、たこのあとを表す。

◆刀痕(とうこん)・血痕(けっこん)・弾痕(だんこん)・墨痕(ぼっこん)

疒6
【疵】〔11〕
標
シ 漢 ｜平 支 cī ツー
J 6551　補 ―　U 75B5
意味 ①軽い病気。「疵癘(しれい)」②〈きず〉㋐傷。㋑欠点。あやまち。「疵病(しへい)」③悪口をいう。「疵毀(しき)」

5画
玄玉(王)瓜(瓜)瓦甘生用田疋(⻊)疒癶白皮皿目(罒)矛矢石示(⻖)内禾穴立

【疵瑕】しか ①きず。欠点。過失。②きずつける。害を与える。瑕疵かし。
【疵釁】しきん きず。非難されるような欠点。
【疵厲】しれい わざわい。たたり。

疒6 【痓】〔11〕 シ漢 去 至 chì チー J②8147 U75D3
意味 ①悪い。病状が悪い。②身体がひきつり、こわばる病気。

疒6 【痔】〔11〕 標 チ ジ(ヂ)呉 漢 上 紙 zhì チー J2806 U75D4
意味 肛門こうもんに化膿や炎症などを起こす病気。
【痔瘻】じろう 病気の名。肛門こうもん・直腸ちょくちょうに穴のあく悪性のできもの。

疒6 【痊】〔11〕 セン漢 平 先 quán チュワン J6557 U75CA
意味 ①〈い・える(―・ゆ)〉病気がすっかりなおる。「痊癒せんゆ」②〈いや・す〉

疒6 【痌】〔11〕 トウ漢 平 東 tōng トン 補4552 U75CC
意味 〈いた・む〉痛む。苦しむ。＝恫どう

疒6 【痒】〔11〕 標 一ヨウ(ヤウ)漢 一平 陽 yáng ヤン 二ヨウ(ヤウ)漢 二上 養 yǎng ヤン J6558 U75D2
意味 一①思いなやんで病気になる。②できもの。かさ。③害をこうむる。二〈かゆ・い(―・し)〉「隔靴掻痒かっかそうよう」
参考 痒は「癢」(八五一ジペ・上)の中国新字体としても使う。

疒7 【痗】〔12〕 一バイ漢 一去 隊 mèi メイ 二カイ(クヮイ)漢 二去 隊 huì ホイ 補4555 U75D7
意味 一①やむ。心になやむ。②くいる。＝悔

疒7 【痙】〔12〕 標 ケイ漢 上 梗 jìng チン J6559 U75D9
意味 筋肉がひきつり、ふるえ、またこわばること。「痙攣けいれん」

疒7 【痧】〔12〕 サ漢 平 麻 shā シャー J②8151 補4561 U75E7
意味 病気の名。①嘔吐と下痢をともなう急性の病。②麻疹(はしか)の俗称。③おこり。マラリア。「痧子」

疒7 【痤】〔12〕 サ漢 ザ呉 平 歌 cuó ツオ J①8847 補4560 U75E4
意味 皮下にできたできもの。「痤疽ざしょ」

疒7 【痠】〔12〕 サン呉 漢 平 寒 suān ソワン J②8150 補4558 U75E0
意味 発熱などで体がだるい。

疒7 【痣】〔12〕 シ漢 去 寘 zhì チー J6560 U75E3
意味 皮膚に生じる斑点はんてん。㋐ほくろ。㋑あざ。

疒7 【痟】〔12〕 ショウ(セウ)漢 平 蕭 xiāo シアオ J②8149 補4557 U75DF
意味 ①頭痛。痛み。②痩やせる。また、おとろえる。③痟渇病しょうかつびょうは、糖尿病をいう。

疒7 【痩】〔12〕 常 ソウ やせる J3373 U75E9
旧字 疒10 【瘦】〔15〕 人 シュウ(シウ)漢 シュ呉 ソウ慣 去 宥 shòu ショウ J①9493 U7626

筆順 亠 广 疒 疒 疒 疒 疒 疒 痩

疒9 【瘦】〔14〕 俗字 補4587 U7626

意味 ①〈や・せる(―・す)〉↔肥「痩長そうちょう」「痩身そうしん」②土地の養分が少ない。③書体が細い。

解字 瘦 形声。疒が形を表し、叟そうが音を示す。疒は病気。叟は老人の意。瘦は、やせていることを表す。

参考「瘐ゆ」は別字。

【痩軀】そうく やせこけたからだ。痩身そうしん。
【痩古】そうこ やせて古びている。
【痩骨】そうこつ やせて骨のあらわれていること。
【痩削】そうさく やせこけて、ほねばる。
【痩容】そうよう やせた姿。やせた顔かたち。

疒7 【痛】〔12〕 学6 ツウ いたい・いたむ・いためる トウ漢 ツウ呉 去 送 tòng トン J3643 U75DB

筆順 亠 广 疒 疒 疒 疒 疒 疒 痛

意味 ①〈いた・む〉㋐病気や傷で体がいたむ。「疼痛とうつう」㋑心になやむ。苦しむ。㋒悲しみなげく。㋓残念に思う。「痛惜つうせき」②〈いたみ〉いたさ。なやみ。苦しみ。「痛苦くつう」③〈いた・い(―・し)〉④ひどく。はげしく。「痛罵ばつう」⑤〈いた・める(―・む)〉いたい思いをさせる。傷つけ苦しめる。

解字 痛 形声。疒が形を表し、甬ようが音を示す。疒は病気。甬には、通と同様、つきぬけるという意味がある。痛は、からだをつきぬけるいたみをいう。

【痛飲】つういん 大いに酒を飲む。
【痛快】一つうかい(くわい) 心から愉快に思う。二トンコワイ tòngkuai 現 一に同じ。
【痛感】つうかん ①身にしみて感じる。②いたみの感覚。
【痛苦】一つうく 痛み苦しむ。ひどい苦しみ。二トンクー tòngkǔ 現 一に同じ。
【痛撃(擊)】つうげき ①ひどく攻撃する。②はげしく打つ。ひどい〔打撃〕。
【痛哭】つうこく 大声をあげてひどく泣く。
【痛恨】つうこん たいそう残念に思う。「未嘗不嘆息痛恨於桓霊也いまだかつてかんれいにたんそくつうこんせずんばあらざるなり」(今までに桓帝・霊帝に対し、ため息をつき、残念に思わなかったことはない。)〈諸葛亮しょかつりょう・出師表すいしのひょう〉
【痛心】つうしん 心をいたませる。心配する。
【痛惜】つうせき ひどく残念に思う。
【痛切】つうせつ ①深く身にしみる。②身をきられるほどつらい。③てあつい。④きわめて親切な。
【痛絶】つうぜつ 思いきってやめる。
【痛嘆(歎)】つうたん ひどくなげく。
【痛罵】つうば ①ひどくののしる。②てひどく非難する。
【痛憤】つうふん ひどく怒る。
【痛棒】つうぼう ①座禅ざぜんのとき、心の落ち着かない者を打ちこらすための棒。②きびしくしかりつけること。
【痛痒】つうよう(やう) いたみとかゆみ。「痛痒を感じない」
【痛烈】つうれつ 非常にはげしい。
◆心痛しんつう・沈痛ちんつう・苦痛くつう・哀痛あいつう・陣痛じんつう・娩痛べんつう・悲痛ひつう・劇痛げきつう・激痛げきつう・頭痛ずつう・鎮痛ちんつう

疒7 【痘】〔12〕 常 トウ トウ漢 去 宥 dòu トウ J3787 U75D8

筆順 亠 广 疒 疒 疒 疒 疒 疒 痘

意味 〈もがさ〉天然痘てんねんとう。疱瘡ほうそう。また、痘苗。「痘瘡とうそう」

解字 形声。疒が形を表し、豆とうが音を示す。疒は病気。豆には、立っているとか、「まめ」の意味がある。痘は、天然痘で、からだに水泡の

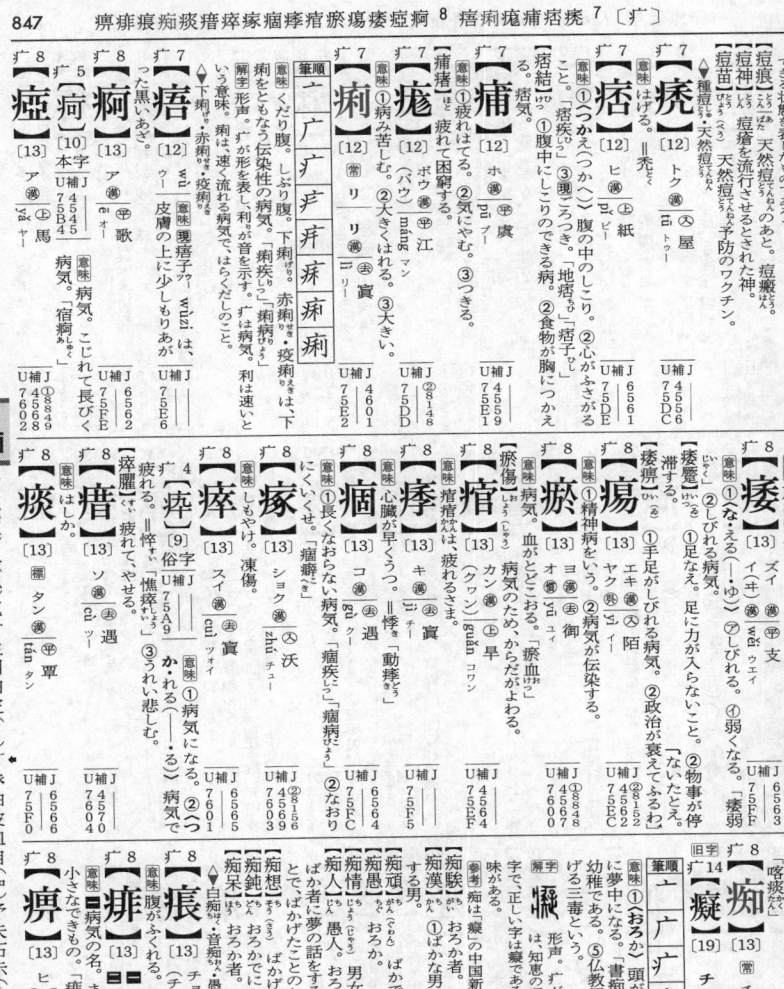

できる状態を表したものであろう。

【痘痕】(とうこん・あばた) 天然痘のあと。痘瘢(とうはん)。
【痘神】(とうしん) 痘瘡を流行させるとされた神。
【痘苗】(とうびょう(べう)) 天然痘予防のワクチン。
◇種痘(しゅとう)・天然痘(てんねんとう)

疒7 【痜】〔12〕 トク(漢) (入)屋 tū トゥー　U補J 4556 75DC
意味 はげる。＝禿(とく)

疒7 【痞】〔12〕 ヒ(漢) (上)紙 pǐ ピー　U補J 6561 75DE
意味 ①〈つかえ(つかへ)〉腹の中のしこり。②心がふさがること。「痞疾(ひしつ)」③(現)ごろつき。「地痞(ちひ)」「痞子(ひし)」
【痞結】(ひけつ) ①腹中にしこりのできる病。②食物が胸につかえる。痞気。

疒7 【痡】〔12〕 ホ(漢) (平)虞 pū プー　U補J 4559 75E1
意味 ①疲れはてる。②気にやむ。③つきる。
【痡瘏】(ほと) 疲れて困窮する。

疒7 【痝】〔12〕 ボウ(バウ)(漢) (平)江 máng マン　U補J ②8148 75DD
意味 ①病み苦しむ。②大きくはれる。③大きい。

疒7 【痢】〔12〕 (常) リ　リ(漢) (去)寘 lì リー　U補J 4601 75E2

筆順 亠 广 疒 疒 疒 痢 痢

意味 くだり腹。しぶり腹。下痢(げり)。赤痢(せきり)・疫痢(えきり)は、下痢をともなう伝染性の病気。「痢疾(りしつ)」「痢病(りびょう)」
解字 形声。疒が形を表し、利(り)が音を示す。疒は病気。利は速いという意味。痢は、速く流れる病気で、はらくだしのこと。
◇下痢(げり)・赤痢(せきり)・疫痢(えきり)

疒7 【痦】〔12〕 wù ウー　U補J 75E6
意味 (現)痦子(ウーツ) wùzi は、皮膚の上に少しもりあがった黒いあざ。

疒8 【痾】〔13〕 ア(漢) (平)歌 ē オー　U補J 6562 75FE
疒5 【疴】〔10〕 本字　U補J 4545 75B4
意味 病気。こじれて長びく病気。「宿痾(しゅくあ)」

疒8 【瘂】〔13〕 ア(漢) (上)馬 yǎ ヤー　U補J ①8849 4568 7602
意味 声が出ないこと。口のきけないこと。＝啞(あ)

疒8 【痿】〔13〕 ズイ(漢) イ(ヰ)(漢) (平)支 wěi ウエイ　U補J 6563 75FF
意味 ①〈な・える(―・ゆ)〉 ㋐しびれる。㋑弱くなる。「痿弱(いじゃく)」②しびれる病気。
【痿躄】(いへき(ゐ)) ①足なえ。足に力が入らないこと。②物事が停滞する。
【痿痺】(いひ(ゐ)) ①手足がしびれる病気。②政治が衰えてふるわないたとえ。

疒8 【痬】〔13〕 エキ(漢) (入)陌 ヤク(呉) yì イー　U補J ②8152 4562 75EC
意味 ①精神病をいう。②病気が伝染する。

疒8 【瘀】〔13〕 ヨ(漢) (去)御 オ(慣) yū ユイ　U補J ①8848 4567 7600
意味 病気。血がとどこおる。「瘀血(おけつ)」
【瘀傷】(おしょう(しゃう)) 病気のため、からだがよわる。

疒8 【痯】〔13〕 カン(クヮン)(漢) (上)旱 guǎn コワン　U補J 4564 75EF
意味 痯痯(かんかん)は、疲れるさま。

疒8 【痵】〔13〕 キ(漢) (去)寘 jì チー　U補J 75F5
意味 心臓が早くうつ。＝悸(き)「動痵(どうき)」

疒8 【痼】〔13〕 コ(漢) (去)遇 gù クー　U補J 6564 75FC
意味 ①長くなおらない病気。「痼疾(こしつ)」「痼病(こびょう)」②なおりにくいくせ。「痼癖(こへき)」

疒8 【瘃】〔13〕 ショク(漢) (入)沃 zhú チュー　U補J ②8156 4569 7603
意味 しもやけ。凍傷。

疒8 【瘁】〔13〕 スイ(漢) (去)寘 cuì ツォイ　U補J 6565 7601
疒4 【疩】〔9〕 俗字　U補J 75A9
意味 ①病気になる。②〈つか・れる(―・る)〉病気で疲れる。＝悴(すい)「憔悴(しょうすい)」③うれい悲しむ。
【瘁臞】(すいく) 疲れて、やせる。

疒8 【瘄】〔13〕 ソ(漢) (去)遇 cù ツー　U補J 4570 7604
意味 はしか。

疒8 【痰】〔13〕 (標) タン(漢) (平)覃 tán タン　U補J 6566 75F0

疒8 【痴】〔13〕 (常) チ　U補J 3552 75F4
旧字 疒14 【癡】〔19〕 チ(漢)(呉) (平)支 chī チー　U補J 6587 7661

筆順 亠 广 疒 疒 疒 疒 痴 痴

意味 ①〈おろか〉頭がぼんやりしてにぶい。「痴人」②物事に夢中になる。「書痴(しょち)」③精神が異常である。「狂痴」④幼稚である。⑤仏教用語の一つ。貪・瞋(しん)・痴で、悟りを妨げる三毒という。
解字  形声。疒が形を表し、知(ち)が音を示す。疒は病気。痴は、知恵の遅れている病気。うすぼんやり。この字は俗字で、正しい字は癡である。癡の疑には、ためらうとか、おそいという意味がある。
参考 痴は「癡」の中国新字体としても使う。
【痴騃】(ちがい) おろか者。
【痴漢】(ちかん) ①ばかな男。漢は男子の意。②女性にいたずらをする男。
【痴頑】(ちがん(ぐゎん)) ばかで頑固なこと。
【痴愚】(ちぐ) おろか。
【痴情】(ちじょう(じゃう)) 男女の愛欲に迷う情。
【痴人】(ちじん) 愚人。おろか者。『対(對)二痴人一説レ夢』(ちじんにたいしてゆめをとく) ばか者に夢の話をする。いうことが、相手に通じないということで、ばかげたことのたとえ。〈冷斎(れいさい)夜話〉
【痴想】(ちそう(さう)) ばかげた考え。
【痴鈍】(ちどん) おろかでにぶい。
【痴呆】(ちほう) おろか者。呆は愚の俗語。
◇白痴(はくち)・音痴(おんち)・愚痴(ぐち)

疒8 【痮】〔13〕 チョウ(チャウ)(漢) (去)漾 zhàng チャン　U補J ②8153 4563 75EE
意味 腹がふくれる。腫(は)れる。＝脹(ちょう)

疒8 【痱】〔13〕 一 ヒ(漢) (平)微 féi フェイ　二 ヒ(漢) (去)未 fèi フェイ　U補J ②8154 4565 75F1
意味 一病気の名。まひをともなう脳疾患。中風(ちゅうふう)。二①小さなできもの。「痱癗(ひらい)」②あせも。

疒8 【痺】〔13〕 ヒ(漢) (去)寘 bì ピー (呉)　U補J ②8155 4566 75F9

5画

玄玉(王)瓜(瓜)瓦甘生用田疋(⺪)疒癶白皮皿目(罒)矛矢石示(礻)内禾穴立

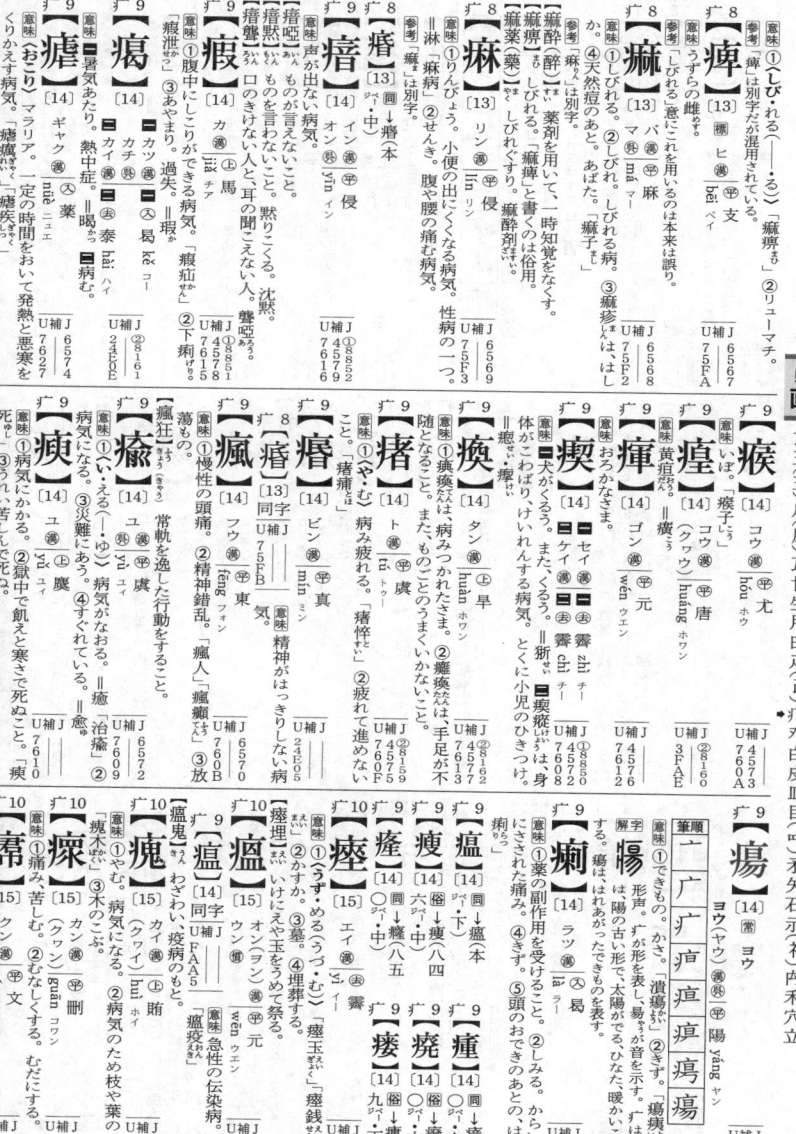

意味 ①〈しび・れる(――・る)〉「痲痺(まひ)」 ②リューマチ。
参考 「痺」は別字だが混用されている。

疒8 **【痺】**〔13〕 標 ヒ 漢 平 支 bēi ペイ
意味 うずらの雌(めす)。
参考 「しびれる」意にこれを用いるのは本来は誤り。
J 6567 補 ― U 75FA

疒8 **【痲】**〔13〕 バ 漢 平 麻 マ 呉 má マー
意味 ①しびれる。②しびれ。しびれる病。③痲疹(ましん)は、はしか。④天然痘のあと。あばた。「痲子(まし)」
参考 「痳(りん)」は別字。
【痲酔(醉)(ますい)】薬剤を用いて、一時知覚をなくす。
【痲痺(まひ)】しびれる。「麻痺」と書くのは俗用。
【痲薬(藥)(まやく)】しびれぐすり。痲酔剤(ますいざい)。
J 6568 補 ― U 75F2

疒8 **【痳】**〔13〕 リン 漢 平 侵 lín リン
意味 ①りんびょう。小便の出にくくなる病気。性病の一つ。＝淋「痳病」 ②せんき。腹や腰の痛む病気。
参考 「痲(ま)」は別字。
J 6569 補 ― U 75F3

疒8 **【瘖】**〔13〕 同→瘖(本ページ・中)

疒9 **【瘖】**〔14〕 イン 漢 平 侵 オン 呉 yīn イン
意味 声が出ない病気。
【瘖啞(いんあ)】ものが言えないこと。黙りこくる。沈黙。
【瘖默(いんもく)】ものを言わないこと。
【瘖聾(いんろう)】口のきけない人と、耳の聞こえない人。聾啞(ろうあ)。
J ①8852 補 4579 U 7616

疒9 **【瘕】**〔14〕 カ 漢 上 馬 jiǎ チア
意味 ①腹中にしこりができる病気。「瘕疝(かせん)」 ②下痢(げり)。 ③あやまり。過失。＝瑕(か)
J ①8851 補 4578 U 7615

疒9 **【𤸎】**〔14〕 一 カツ 漢 一 入 曷 kě コー カチ 呉 二 カイ 漢 二 去 泰 hài ハイ
意味 一 暑気あたり。熱中症。＝暍(かつ) 二 病む。
J ②8161 補 ― U 24E0E

疒9 **【瘧】**〔14〕 ギャク 漢 入 薬 nüè ニュエ
意味 〈おこり〉マラリア。一定の時間をおいて発熱と悪寒をくりかえす病気。「瘧癘(ぎゃくれい)」「瘧疾(ぎゃくしつ)」
J 6574 補 ― U 7627

疒9 **【瘊】**〔14〕 コウ 漢 平 尤 hóu ホウ
意味 いぼ。「瘊子(こうし)」
J ― 補 4573 U 760A

疒9 **【㾮】**〔14〕 コウ 漢 平 唐 (クヮウ) huáng ホワン
意味 黄疸(おうだん)。＝癀(こう)
J ②8160 補 ― U 3FAE

疒9 **【瘒】**〔14〕 ゴン 漢 平 元 wēn ウエン
意味 おろかなさま。
J ― 補 4576 U 7612

疒9 **【瘈】**〔14〕 一 セイ 漢 一 去 霽 zhì チー 二 ケイ 漢 二 去 霽 chì チー
意味 一 犬がくるう。また、くるう。＝狾(せい) 二 瘈瘲(けいしょう)は、身体がこわばり、けいれんする病気。とくに小児のひきつけ。＝瘛(せい)・瘛(けい)
J ①8850 補 4572 U 7608

疒9 **【瘓】**〔14〕 タン 漢 上 旱 huàn ホワン
意味 ①瘓瘓(たんたん)は、病みつかれたさま。②癱瘓(たんたん)は、手足が不随となること。また、ものごとのうまくいかないこと。
J ②8162 補 4577 U 7613

疒9 **【瘏】**〔14〕 ト 漢 平 虞 tú トゥー
意味 ①〈や・む〉病み疲れる。「瘏悴(とすい)」 ②疲れて進めないこと。「瘏痡(とほ)」
J ②8159 補 4575 U 760F

疒9 **【𤸅】**〔14〕 ビン 漢 平 真 mín ミン
意味 精神がはっきりしない病気。
J ― 補 ― U 24E05

疒8 **【痻】**〔13〕 同字
J ― 補 ― U 75FB

疒9 **【瘋】**〔14〕 フウ 漢 平 東 fēng フォン
意味 ①慢性の頭痛。②精神錯乱。「瘋人」「瘋癲(ふうてん)」 ③放蕩もの。
【瘋狂(ふうきょう)(きゃう)】常軌を逸した行動をすること。
J 6570 補 ― U 760B

疒9 **【瘉】**〔14〕 ユ 呉 漢 平 虞 yú ユィ
意味 ①〈い・える(――・ゆ)〉病気がなおる。＝癒「治瘉」 ②病気になる。③災難にあう。④すぐれている。＝愈(ゆ)
J 6572 補 ― U 7609

疒9 **【瘐】**〔14〕 ユ 漢 上 麌 yǔ ユィ
意味 ①病気にかかる。②獄中で飢えと寒さで死ぬこと。「瘐死(ゆし)」 ③うれい苦しんで死ぬ。
J ― 補 ― U 7610

疒9 **【瘍】**〔14〕 常 ヨウ
ヨウ(ヤウ) 漢 呉 平 陽 yáng ヤン
筆順
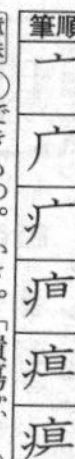
意味 ①できもの。かさ。「潰瘍(かいよう)」 ②きず。「瘍痍(ようい)」
解字 形声。疒が形を表し、昜(よう)が音を示す。疒は病気。昜は、陽の古い形で、太陽がでる、ひなた、暖かいことを意味する。瘍は、はれあがったできものを表す。
J 6571 補 ― U 760D

疒9 **【瘌】**〔14〕 ラツ 漢 入 曷 là ラー
意味 ①薬の副作用を受けること。②しみる。からい。③虫にさされた痛み。④きず。⑤頭のおできのあとの、はげ。「瘌痢(らつり)」
J ― 補 4574 U 760C

疒9 **【瘟】**〔14〕 同→瘟(本ページ・下)

疒9 **【瘦】**〔14〕 俗→瘦(八四六ページ・中)

疒9 **【癃】**〔14〕 同→癃(八五〇ページ・中)

疒9 **【瘇】**〔14〕 同→瘇(八五〇ページ・上)

疒9 **【癈】**〔14〕 俗→癈(八五〇ページ・中)

疒9 **【瘘】**〔14〕 俗→瘻(八四九ページ・下)

疒10 **【瘞】**〔15〕 エイ 漢 去 霽 yì イー
意味 ①〈うず・める(うづ・む)〉「瘞玉(えいぎょく)」「瘞銭(えいせん)」「瘞埋(えいまい)」 ②かすか。③墓。④埋葬する。
【瘞埋(えいまい)】いけにえや玉をうめて祭る。
J ①8854 補 4584 U 761E

疒10 **【瘟】**〔15〕 オン(ヲン) 漢 平 元 ウン 慣 wēn ウエン
意味 急性の伝染病。えやみ。「瘟疫(おんえき)」
【瘟鬼(うんき)】わざわい、疫病のもと。
J 6573 補 ― U 761F

疒9 **【瘟】**〔14〕 同字
J ― 補 ― U FAA5

疒10 **【瘣】**〔15〕 カイ 漢 上 賄 (クヮイ) huì ホイ
意味 ①やむ。病気になる。②病気のため枝や葉のない木。「瘣木(かいぼく)」 ③木のこぶ。
J ― 補 4585 U 7623

疒10 **【瘝】**〔15〕 カン 漢 平 刪 (クヮン) guān コワン
意味 ①痛み、苦しむ。②むなしくする。むだにする。
J ― 補 4583 U 761D

疒10 **【𤸷】**〔15〕 クン 漢 平 文 qún チュン
J ②8165 補 ― U 24E37

5画
玄玉(王)瓜(瓜)瓦甘生用田疋(⺪)➡疒癶白皮皿目(罒)矛矢石示(礻)内禾穴立

疒10【瘥】〔15〕 [一]サ(漢) [一](平)歌 cuó ツオ [二]サイ(漢)(呉) [二](去)卦 chài チャイ U 7625 補 4586 J ②8166
意味 [一]①疫病になる。②つかれる。[二]①〈い・える(―・ゆ)〉病気がだんだんと治る。②〈いや・す〉病気を治す。

疒10【瘜】〔15〕 ショク(漢) ソク(呉) (入)職 xī シー U 761C 補 4582 J ②8164
意味 体内にできた突起した肉のかたまり。「瘜肉(そくにく)」

疒10【瘛】〔15〕 セイ(漢) (去)霽 chì チー U 761B 補 4581 J ②8163
意味 ①瘛瘲(せいしょう)は、小児のひきつけ。②身体がこわばりけいれんする病気。③解決する。

疒10【瘠】〔15〕 セキ(漢) (入)陌 jí チー U 7620 補 ― J 6575
意味 ①〈や・せる(―・す)〉㋐からだが細くなる。㋑土地の養分が少なくなる。②うすい。③はぶく。省略する。
【瘠軀(せきく)】やせたからだ。
【瘠痩(痩)(せきそう)】やせこけている。からだがやせている。
【瘠土(せきど)】地味のやせた土地。やせち。瘠薄(せきはく)。↕沃土(よくど)

疒10【瘡】〔15〕 (標) ソウ(漢) (サウ) (平)陽 chuāng チョワン U 7621 補 ― J 6576
意味 ①〈かさ〉できもの。ふきでもの。「瘡瘍(そうよう)」「瘡痂(そうか)」②きず。きずあと。「瘡傷(そうしょう)」
【瘡痍(そうい)(さうい)】①刀きず。②戦争や災害で受けた損害や苦しみ。
【瘡痏(そうい)(さうゐ)】①きずあと。②虫にくわれたきず。③災害。
【瘡瘢(そうはん)(さうはん)】きずあと。瘢痕(はんこん)。
【瘡疣(そうゆう)(さういう)】かさと、いぼ。

疒10【瘙】〔15〕 ソウ(漢) (サウ) (去)号 sào サオ U 7619 補 4580 J ①8853
意味 ①皮膚にできるかさ。②瘙槎(そうさ)は、樹木の名。

疒10【瘨】〔15〕 テン(漢) (平)先 diān ティエン U 7628 補 ― J ②8167
意味 ①苦しむ。②病気。てんかん。＝癲(てん) ③狂う。④災害。

疒10【瘩】〔15〕 トウ(慣) dá ター U 7629 補 4588 J ―
意味 ①疙瘩(ぎっとう)は、皮膚にできた小さなはれもの。②瘩背(とうはい)は、せなかにできたはれもの。

疒10【瘢】〔15〕 ハン(漢) (平)寒 bān パン U 7622 補 ― J 6577
意味 ①〈きず〉きずあと。②あと。③皮膚に沈着した色素。そばかすなど。
【瘢痍(はんい)】きずあと。きず。
【瘢痕(はんこん)】きずあと。

疒10【瘤】〔15〕 (標) リュウ(漢) (リウ) (平)尤 liú リウ U 7624 補 ― J 6578
意味 〈こぶ〉①病気で皮膚がもり上がったもの。②木のこぶ。

疒12【癅】〔17〕 本字 U 7645 補 4608 J ―

疒10【瘦】〔15〕 (旧) ↓痩(八四六ジベー・中)

疒11【癊】〔16〕 イン(漢) オン(呉) (去)沁 yìn イン U 764A 補 4603 J ―
意味 ①胸のつかえ。②内出血のあと。

疒11【瘸】〔16〕 カ(漢) (クヮ) (平)歌 qué チュエ U 7638 補 4593 J ―
意味 ①手足の病気。②(現)瘸子(チュエツ) quézi は、足の不自由な人。

疒11【瘵】〔16〕 [一]サイ(漢) [一](去)卦 zhài チャイ [二]セイ(漢) [二](去)霽 jì チー U 7635 補 4592 J ①8856
意味 [一]①病気。②つかれる。疲労する。③わざわい。④肺結核。[二]①接する。②筋(すじ)が引きつる病気。また、ゆるむ病気。

疒11【瘴】〔16〕 ショウ(漢) (シャウ) (去)漾 zhàng チャン U 7634 補 ― J 6579
意味 南方の山川の湿熱の気によっておこる熱病。「瘴気(しょうき)」「瘴地」「瘴霧(しょうむ)」
【瘴疫(しょうえき)(しゃうえき)】山川の毒気のためにおこる熱病。「湿気。
【瘴煙(しょうえん)(しゃうえん)】熱病の気を含む煙。マラリヤなどをおこす」
【瘴江(しょうこう)(しゃうかう)】毒気がたちこめる川。「好収(よしわがほねをおさめよ)二我骨一瘴江辺(しょうこうのほとりに)」(よろしい、どうか私の骨をあの毒気の多い川のあたりで拾ってくれ。)〈韓愈(かんゆ)の詩・左遷至(させんせられてらんかんにいたり)二藍関一示(てっそんしょうにしめす)二姪孫湘一〉
【瘴毒(しょうどく)(しゃうどく)】熱病をおこす山川の毒気。瘴気。
【瘴癘(しょうれい)(しゃうれい)】山川に発生する毒気にあてられておこる熱病。マラリヤなど。南方に多い。

疒11【瘲】〔16〕 ショウ(漢) (去)宋 zòng ツォン U 7632 補 4590 J ―
意味 瘈瘲(けいしょう)・瘛瘲(せいしょう)は、①小児のひきつけ。②からだがこわばり、けいれんする病気。

疒11【瘮】〔16〕 シン(漢) (上)寝 shèn シェン U 762E 補 ― J ―
意味 ①驚き恐れる。②病気で寒けがする。

疒11【㿅】〔16〕 セン(漢) (上)銑 xuǎn シュワン U 3FC5 補 ― J ―
意味 〈ひぜん〉皮膚病の一種。＝癬(せん)

疒11【瘳】〔16〕 チュウ(チウ)(漢) リョウ(レウ)(慣) (平)尤 chōu チョウ U 7633 補 4591 J ②8169
意味 ①病気がなおる。元気をとりもどす。「瘳愈(ちゅうゆ)」②病気をなおす。③へる。④楽しむ。

疒11【瘹】〔16〕 チョウ(漢) (テウ) (去)嘯 diào ティアオ U 7639 補 4594 J ―
意味 ①精神障害。②こどもの病気。

疒11【瘼】〔16〕 バク(漢) (入)薬 mò モー U 763C 補 4602 J ②8168
意味 ①病気で苦しむ。②苦しむ。

疒11【瘭】〔16〕 ヒョウ(漢) (ヘウ) (平)蕭 biāo ピアオ U 762D 補 4589 J ①8855
意味 ①根のある悪性のはれもの。「瘭瘡(ひょうそう)」②瘭疽(ひょうそ)は、指先のうむ病気。

疒11【瘰】〔16〕 ラ(漢) ルイ(慣) (上)哿 luǒ ルオ U 7630 補 ― J 6580
意味 瘰癧(るいれき)は、首のまわりにできるリンパ節のしこり。

疒11【瘻】〔16〕 (標) [一]ロウ(漢) ル(呉) [一](去)宥 lòu ロウ [二]ル(漢)(呉) [二](平)虞 lú リュイ U 763B 補 ― J 6581
意味 [一]①首のまわりの結核性のはれもの。②痔瘻(じろう)は、肛門(こうもん)が化膿する病気。[二]瘻痀(ろうく)は、背が曲がっていること。
参考 「瘦(ろう)」は別字。
【瘻癘(ろうらい)】首のあたりにできるはれもの(るいれき)とハンセン病。「已二大風・攣踠・瘻癘一(たいふうれんえんろうらいをいやす)」〈柳宗元(りゅうそうげん)・捕レ蛇者説(へびをとらうるものの せつ)〉

疒11【瘺】〔16〕 同字 U 763A 補 4601 J ―

疒9【瘘】〔14〕 俗字 U 7618 補 ― J ②8157

5画
玄玉(王)瓜(瓜)瓦甘生用田疋(⺪)疒癶白皮皿目(罒)矛矢石示(礻)内禾穴立

疒11【⿸疒區】〔16〕同↓傴(一一一ジ・下)

疒12【癋】〔17〕カク漢 入 薬 hè ホー U補J ①8858 4610 764B
意味 胸の病気。国 癋見(べしみ)は、異相の能面。

疒11【⿸疒扁】〔16〕同↓瘻(八四九ジ・下)

疒12【癇】〔17〕カン漢 平 刪 xián シエン U補J 6582 7647
意味 ①ひきつけ。きょうふう。筋肉がひきつり、気がいらだつ小児の病気。②癲癇(てんかん)は、脳の異常によって一時的にひきつけをおこす病気。国 神経過敏なこと。
【癇癖】(かんぺき) 感情が激しく、怒りやすい性質。

疒12【癎】〔17〕俗字 U補J 764E

疒12【癌】〔17〕標 ガン漢 平 咸 yán イエン、ái アイ U補J 2066 764C
意味 悪性のはれもの。がん。「胃癌」「癌瘤」「癌腫(がんしゅ)」

疒12【癀】〔17〕コウ(クヮウ)漢 オウ(ワウ)呉 平 陽 huáng ホワン U補J 4604 7640
意味 牛・馬・豚などの伝染病の一種。炭疽(たんそ)病。

疒12【𤺄】〔17〕ショウ漢 上 腫 zhǒng チョン U補J 24E84
意味 足がはれる病気。＝尰(しょう)

疒9【瘇】〔14〕同字 U補J ②8158 4571 7607

疒12【癄】〔17〕㊀ ソウ(サウ)漢 ショウ(セウ)呉 ㊀ 去 効 jiào チアオ ㊁ ショウ(セウ)漢 ㊁ 平 蕭 qiáo チアオ U補J 4607 7644
意味 ㊀縮んで小さくなる。「癄瘁(しょうすい)」 ㊁「憔」(五〇〇ジ・上)の同字。

疒12【㿉】〔17〕タイ漢 平 灰 tuí トイ U補J ②8171 3FC9
意味 陰部のはれる病気。男性では陰嚢(いんのう)のはれ、女性では腹のはれや子宮脱。「㿉疝(たいせん)」

疒16【㿗】〔21〕同字 U補J ②8176 3FD7

疒12【癉】〔17〕㊀ タン漢 ㊁ タン漢 ㊂ タン漢 ㊀ 去 翰 dàn タン ㊁ 平 寒 dān タン ㊂ 上 旱 dǎn タン U補J ②8174 4609 7649
意味 ㊀①つかれ苦しむ。②身体が黄色くなる病気。「黄癉(おうたん)」 ㊁糖尿病の古いよび名。㊂はやりやまいの悪気。
【癉疽】(たんそ) 悪性のできもの。

疒13【𤺺】〔18〕同字 U補J 24EBA

疒12【癈】〔17〕ハイ漢 フェイ呉 去 隊 fèi フェイ U補J 6583 7648
意味 ①なおらない病気。②身体に重大な欠陥を生じること。③除く。すてる。

疒9【㾱】〔14〕俗字 U補J 3FB1

参考「癈(廃)(はい)」は別字。
【癈疾】(はいしつ) ①なおらない病気。不治の病。②障害者。
【癈兵】(はいへい) 戦争で傷病をえた元軍人。

疒12【癍】〔17〕ハン bān パン U補J 764D
意味 現 皮膚病の一種。皮膚にできる斑点(はんてん)。

疒12【癁】〔17〕フク漢 入 屋 fù フー U補J ②8172 4605 7641
意味 病気がぶり返す。

疒12【癃】〔17〕リュウ漢 (リウ) 平 東 lóng ロン U補J ①8857 4606 7643
意味 ①年をとって病弱になる。「癃疾(りゅうしつ)」 ②小便が出ない病気。③足が不自由であること。

疒9【𤸇】〔14〕同字 U補J 24E07

疒12【療】〔17〕常 リョウ リョウ(レウ)漢 呉 去 嘯 liáo リアオ U補J 4637 7642

筆順 广 疒 疒 疒 疒 疒 疒 療

意味 ①〈いや・す〉なおす。病気をなおす。「療病」「療渇(りょうかつ)」「療護」「治療(ちりょう)」 ②救う。

解字  形声。疒が形を表し、尞(れう)が音を示す。疒は病気。尞は労と同じく、火をもやすとか、力を加える意味がある。療は、病気に手を加えてなおすことである。一説に、病気の根をすりつぶしてばらばらにすることという。

【療渇(渇)】(りょうかつ(れうかつ)) のどのかわきをとめる。
【療治】(りょうじ(れうぢ)) (りょうち(れうち)) 病気をなおす。治療する。
【療愁】(りょうしゅう(れうしう)) 薬草の一種、萱草(かんぞう)の別名。
【療法】(りょうほう(れうはふ)) 病気をなおす方法。治療法。＝療方
【療養】(りょうよう(れうやう)) 病気の治療と養生。
◇医療(いりょう)・治療(ちりょう)・施療(せりょう)・診療(しんりょう)

疒12【癆】〔17〕ロウ漢 (ラウ) 去 号 láo ラオ U補J 6584 7646
意味 ①結核。②疲労し衰弱する病気。
【癆症】(ろうしょう(らうしゃう)) 肺結核の古いよび名。結核菌が侵入して起こる肺の病気。癆病。癆痎(ろうがい)。

疒12【瘮】〔17〕同↓疹(八四四ジ・中)

疒12【⿸疒畱】〔17〕本↓瘤(八四九ジ・中)

疒13【癙】〔18〕ショ漢 ソ呉 上 語 shǔ シュー U補J 4612 7659
意味 ①気がふさぐことによって病気になる。②穴のあくできもの。現 ペスト。「癙疫(そえき)」
【癙憂】(そゆう(いう)) 気がふさいではればれしない。

疒13【癜】〔18〕テン漢 デン慣 去 霰 diàn ティエン U補J 6585 765C
意味 〈なまず(なまづ)〉 皮膚に白または紫の斑点(はんてん)のできる病気。「癜風(てんぷう)」

疒13【癖】〔18〕常 ヘキ くせ ヘキ漢 入 陌 pǐ ピー U補J 4242 7656

筆順 广 疒 疒 疒 疒 疒 疒 癖

意味 ①〈くせ〉 好みがかたよること。「酒癖(しゅへき)」「盗癖(とうへき)」 ②冷えが原因による腹部のしこり。

解字 形声。疒が形を表し、辟(へき)が音を示す。疒は病気。辟には、かたよるという意味がある。癖は、胃の消化の悪い病気、あるいは、病的にかたよっている状態をいう。

【癖痼】(へきこ) 長い間なおらない病気。
【癖性】(へきせい) くせ。性癖。
◇奇癖(きへき)・性癖(せいへき)・酒癖(しゅへき)・悪癖(あくへき)・盗癖(とうへき)・習癖(しゅうへき)・髪癖(かみぐせ)・潔癖(けっぺき)・難癖(なんくせ)

疒13【癒】〔18〕常 ユ いえる・いやす ユ漢 呉 上 麌 yù ユイ U補J 4494 7652

旧字 疒13【癒】〔18〕 U補J

筆順 广 疒 疒 疒 疒 疒 疒 癒

意味 ＝瘉(ゆ) ①〈い・える(―・ゆ)〉 病気がなおる。「治癒」「快癒」 ②〈いや・す〉

解字 形声。疒が形を表し、愈(ゆ)が音を示す。疒は病気。兪は中空のことで、愈は心が晴れること。癒は、病気がすっかりなおることをい

う。

◆平癒・治癒・腹癒

疒13【癘】〔18〕レイ 漢 去 霽 lì リー　U補J 6586 7658
意味 ①〈えやみ〉悪性の流行病。はやりやまい。②ハンセン病。③殺す。
【癘疫】れいえき 流行病。はやりやまい。

疒13【癚】〔18〕同 →癉(八五〇ジ・上)

疒13【癒】〔18〕旧 →癒(八五〇ジ・下)

疒13【癕】〔18〕同 →癰(本ジ・中)

疒14【癠】〔19〕セイ 漢 去 霽 jì チー　U補J 7660
意味 ①病気になる。②小さい。③短い。

疒14【癟】〔19〕ヘツ 漢 入 屑 biě, biē ピエ　U補J 4613 765F
意味 ①飛べないこと。②しなびる。③空腹。④かろんじる。

疒14【癡】〔19〕旧 →痴(八四七ジ・下)

疒15【癤】〔20〕セツ 漢 入 屑 jiē チエ　U補J ①8859 4614 7664
意味 毛穴が化膿した炎症性のできもの。

疒15【癥】〔20〕チョウ 漢 平 蒸 zhēng チョン　U補J ①8860 4615 7665
意味 ①腹の中に、かたまりのできる病気。「癥瘕」「癥結」②＝症(八四四ジ・中)

疒15【癢】〔20〕ヨウ 漢 上 養 (ヤウ) yǎng ヤン　U補J 6588 7662
意味 ＝痒 ①〈かゆ・い(――・し)〉「痛癢」「掻癢」②もだえる。「癢心」③もどかしい。むずむずする。「技癢」
【癢痾疾痛】ようあしっつう かゆい病気と痛む病気。〈呂与叔・克己銘〉

疒16【癨】〔21〕カク 漢 入 薬 (クヮク) huò フオ　U補J 6589 7668
意味 腹痛を伴い、吐いたり下したりする病気。「癨乱」

疒16【癩】〔21〕ライ 漢 呉 去 泰 lài ライ　U補J 6590 7669
意味 ハンセン病。麻風。

疒16【癧】〔21〕レキ 漢 入 錫 lì リー　U補J 6592 7667
意味 ①瘰癧は、頸のリンパ節がはれる病気。②癧瘍は、なまず。白や紫の斑点のできる皮膚病。

疒16【癪】〔21〕国字　U補J 6591 766A
意味 〈しゃく〉①さしこみ。腹や胸が痛み、けいれんをおこす病気。②癇癪。かっとなって怒りやすい性質。

疒16【癪】〔21〕同 →癀(八五〇ジ・上)

疒17【癮】〔22〕イン 漢 上 吻 yǐn イン　U補J ②8177 4617 766E
意味 ①しっしん。②酒・たばこなどの中毒。「酒癮」

疒17【癭】〔22〕エイ 漢 上 梗 yǐng イン　U補J ①8861 4616 766D
意味 ①こぶ。首のこぶ。「癭腫」②樹木にできるこぶ。③のどの病気。「癭人」

疒17【癬】〔22〕標 セン 漢 呉 上 銑 xuǎn シュワン　U補J 6593 766C
意味 ①たむし。赤い輪の形でひろがる、かゆい皮膚病。「頑癬」②ひぜん。わきの下や下腹などにできる、伝染性のかゆい皮膚病。「疥癬」

疒18【癯】〔23〕ク 漢 平 虞 qú チュイ　U補J ①8862 4618 766F
意味 〈や・せる(―・す)〉＝臞「癯瘠」
【癯瘁】くすい やせ疲れる。

疒18【癰】〔23〕ヨウ 漢 平 冬 オウ 呉 yōng ヨン　U補J 6594 7670
意味 皮下に浅くできる化膿性のはれもの。よう。↕疽

疒13【癕】〔18〕同字　U補J ②8175 4611 7655

【癰腫】ようしゅ ①悪性のはれもの。②ふしやこぶの多い、役にたたぬ木。転じて、大きいだけで役にたたぬ物のたとえ。
【癰疽】ようそ ①悪性のはれもの。はれが大きくて根の浅いものを癰、深いものを疽という。②癰ができた人。それを治療する医者。〈孟子・万章上注〉

疒19【癱】〔24〕タン 漢 平 寒 tān タン　U補J ①8863 4619 7671
意味 癱瘓は、手足が不随となること。

疒19【癲】〔24〕テン 漢 平 先 diān ティエン　U補J 6601 7672
意味 ①精神錯乱。「癲狂」「瘋癲」②癲癇。脳の働きの一時的な異常によって、意識障害やけいれんなどの症状がおこる病気。

疒19【癵】〔24〕同 →癴(本ジ・下)

疒23【癴】〔28〕ラン 漢 平 寒 luán ロワン　U補J 4620 7674
意味 〈ひきつ・る〉病気で身体がこわばりゆがむ。

疒19【癵】〔24〕同字　U補J 24F19

5画

癶部　はつがしら

【部首解説】「両足が反対を向き、そむいていること」を表す。この部には、「癶」の形を構成要素とする文字が属する。

癶0【癶】〔5〕ハツ 漢 ハチ 呉 入 曷 bō ポー　U補J 6602 7676
意味 ①そむく。互いに背を向ける。②行く。
解字 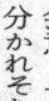 会意。古い形で見ると、左足と右足が反対側に向いて、分かれそむいている形。人が左右の足をむちゃくちゃに踏みつける。あるいは、パッと二つに分かれる意味を持つ。

癶4【癸】〔9〕キ 漢 呉 上 紙 guǐ コイ　U補J 6603 7678
意味 ①〈はか・る〉測量する。②〈みずのと(みづのと)〉十干の第十番め。水の弟の意。季節では冬、方角では北、五行では水にあたる。③月経。「癸水」「天癸」

癶4【発】〔9〕学 3 ハツ・ホツ　ハツ 漢 ホチ 呉 ホツ 慣 入 月 fā ファー　U補J 4015 767A
旧字 癶7【發】〔12〕　U補J 6604 767C

筆順 フ ヌ ヌ 癶 癶 癸 癸 発

意味 ①〈はな・つ〉㋐矢をはなつ。銃砲をうつ。㋑引き出す。「啓発」②出る。㋐芽が出る。「発芽」㋒声を出す。

5画

玄玉(王)瓜(瓜)瓦甘生用田疋(⺪)疒癶白皮皿目(罒)矛矢石示(礻)禸禾穴立

す。「発声」㋓光や熱を出す。「発光」「発火」「発熱」㋔生まれる。「発生」③〈ひら・く〉㋐花がさく。㋑あける。「発倉」④〈あば・く〉隠れたものごとを、表にだす。「発掘」⑤あらわす。あらわれる。「発表」「発現」⑥〈おこ・す〉㋐ひきおこす。「発病」㋑はじめる。「発売」⑦〈おこ・る〉㋐はじまる。㋑身をたてる。「奮発」⑧のびる。盛んになる。「発育」⑨出発する。⑩動く。⑪つかわす。「発送」

解字  形声。癶と弓とを合わせた字。弓が形を表し、癶(はつ)が音を示す。癶は、開く、はじくの意味。發は、弓ではじくことで、矢を射ることを表す。

名前 あき・おき・しげ・ちか・とき・なり・のぶ・のり・あきら

参考 新表記では、「醱」「潑」「撥」の書きかえに用いる熟語がある。

【発案】(はつあん) 新しい事を考え出す。また、その考え。

【発意】(はつい) 一 考え出す。発案する。二(ほつい) ㊗仏道を信じはじめる。発心(ほっしん)。

【発育】(はついく) ①ものをのばし育てる。②育つ。成長する。

【発引】(はついん) 葬式のとき、棺を送り出すこと。

【発音】(はつおん) 一 ①声をだす。②出した声のひびき・音調。二 fāyīn 現一に同じ。【――符号】(はつおんふごう(がう)) ことばの発音を表すために用いる符号。

【発芽】(はつが) 芽を出す。芽ばえる。

【発解】(はっかい) 昔、中国で、州県で行う試験の優等合格者を、中央政府に公文書(解)で報告して、その人を都で、さらに試験を受けさせること。

【発覚(覺)】(はっかく) 秘密にしていたことが人にさとられる。ばれる。

【発刊】(はっかん) 新聞・雑誌・著書などをはじめて世の中に送り出す。発行。

【発汗】(はっかん) 汗がでる。汗をだす。

【発揮】(はっき) 一 現し、ふるう。内にあるものを外に現す。二 fāhuī 現一に同じ。

【発議】(はつぎ) ①新しい意見を言い出す。異議を唱える。②会議に、議案を提出する。

【発狂】(はっきょう(きゃう)) 精神に異常をきたす。

【発句】一(はっく) 律詩(りっし)の起聯(きれん)(第一・二句)をいう。二(ほっく) 国①連歌・連句の最初の句をいう。②俳句をいう。③和歌のはじめの五字。五・七・五の十七音から成る。

【発掘】(はっくつ) 掘り出す。掘り起こす。

【発見】(はっけん) 一 見つけだす。はじめて見つける。二(はつげん) 表に現れ出る。＝発現

【発言】(はつげん) 一 ①言い出す。また、そのことば。②意見を述べる。二 fāyán 現一に同じ。

【発現】(はつげん) 一 現れ出る。出現する。二 fāxiàn 現現れる。発見する。

【発語】(はつご) ①言い出すときに用いることば。さて・そもそもなど。②発言する。

【発向】(はっこう(かう)) 目的地に向かって出発する。

【発行】(はっこう(かう)) 新聞・雑誌・著書などを出版する。発刊。

【発効(效)】(はっこう(かう)) 効力が発生する。ききめがあらわれる。

【発(「醱」)酵】(はっこう(かう)) 理酵母・細菌などの作用により、有機化合物が分解して、アルコール類・炭酸ガス・有機酸類などを生じること。酒・味噌(みそ)・醤油(しょうゆ)などは、この作用を利用して作る。物の腐敗もこの作用による。

【発散】(はっさん) 外部へ出て、とび散る。外部へ出して、散らす。

【発射】(はっしゃ) 弾丸などをうち出す。

【発祥】(はっしょう(しゃう)) ①きざす。起こり始め。②天子となる、めでたいきざしが現れる。【――地】(はっしょう(しゃう)ち) ①帝王の先祖が出た土地。②物事の起こり始まった土地。

【発条(條)】(はつじょう(でう)) ぜんまい。ばね。

【発信】(はっしん) 郵便・電信などを発する。↕受信

【発疹】(はっしん・ほっしん) ①医吹き出物が出る。②吹き出物。

【発生】(はっせい) 一 ①生じる。生まれ出る。②物事が起こる。二 fāshēng 現一に同じ。

【発送】(はっそう) ①使いを出して見送る。②品物を送り出す。

【発倉】(はっそう(さう)) ①貧乏な人や災害をうけた人などに、金品を与える。賑恤(しんじゅつ)。②倉庫をあける。

【発想】(はっそう(さう)) ①思想を表現する。②ある考えが浮かぶ。

【発兌】(はつだ) 書物などを印刷して売り出す。発行。

【発達】(はったつ) 一 しだいにのびて成長する。二 fādá 現一に同じ。【――心理学(學)】(はったつしんりがく) 精神生活の発達や、精神の現れである人間の行動の発達を研究する心理学。

【発展】(はってん) 一 だんだんと盛んになる。栄える。二 fāzhǎn 現一に同じ。

【発電】(はつでん) 電気を起こす。「発電所」「発電機」

【発動】(はつどう) 一 ①活動しはじめる。②動力を動かす。二 fādòng 現一に同じ。【――機】(はつどうき) 内燃機関(ないねんきかん)の総称。石油・ガソリン機関など。

【発熱】(はつねつ) ①熱を出す。②からだの調子が異常になって体温が上がる。

【発破】(はっぱ) 国①岩石にほった穴に火薬をつめて爆破すること。また、その火薬。②励ましの荒いことば。「発破をかける」

【発売(賣)】(はつばい) 売り始める。売り出す。

【発発(發)】(はつはつ) ①風のはやいさま。②魚のはねるさま。

【発凡】(はっぱん・はつぼん) 書物の大意を明示し、または、その書物の記述の要領を明示したもの。凡例(はんれい)。

【発病】(はつびょう(びゃう)) 病気になる。病気を起こす。

【発表】(はっぴょう(ぺう)) 一 世間の人に表向きに広く知らせる。公表。二 fābiǎo 現一に同じ。

【発布】(はっぷ) 新しく定めた法律などを世間に広く知らせる。「憲法発布」

【発憤】(はっぷん) ①怒りを発する。いきどおる。おこる。②心をふるいおこす。奮発する。発奮(はっぷん)。「発憤忘レ食、楽以忘レ憂(発憤しては食を忘れ、楽しんでもって憂いを忘る)」(道を求めて心を奮い起こすと食べることも忘れ、道を得ればこれを楽しんで、すべての心配事も忘れてしまう。)〈論語・述而(じゅつじ)〉

【発奮】(はっぷん) 心を奮い起こす。

【発墨】(はつぼく) すった墨の色の、濃淡の度合い。

【発明】(はつめい) 一 ①まだよくわからなかった事を明らかにする。②新しい物をくふうして作りだす。③国かしこい。りこう。怜悧(れいり)。二 fāmíng 現一の①②に同じ。

【発揚】(はつよう(やう)) 一 ①奮い起こす。盛んにする。②世間に表す。二 fāyáng 現一に同じ。

【発令】(はつれい) ①命令を出す。②新しい法令や任免の辞令などを発表する。

【発輦】(はつれん) 天子のご出発。輦は天子の車。

【発露】(はつろ) 表に現れ出る。

【発願】(ほつがん(ぐわん)) ①㊗神仏に事の成功を願い祈る。②願いを起こす。

【発起】(ほっき) ①思い立って事をくわだて、始める。最初に計画する。②㊗仏道を信じる心を起こして、仏門にはいる。発心。「一念発起」【――人】(ほっきにん) ①新しい事をくわだて、始める人。②国株式会社の設立をくわだて、定款(ていかん)(会社設立の規約)に署名する人。

【発作】(ほっさ) 一 ①急に起こる病気。②急に起こる。二(はっさく・はっさ) 起こる。始まる。

【発心】(ほっしん) ①思い立つ。決心すること。②㊗「発菩提心(ほつぼだいしん)」の略。㋐仏を信じる心を起こす。㋑出家する。

【発足】(ほっそく・はっそく) ①出かける。出発する。旅立ちする。②物事が始まる。

【発端】(ほったん・はったん) 物事のはじめ。

【発菩提心】(ほつぼだいしん) →発心(ほっしん)

【発焼(燒)】 fāshāo 現熱が出る。発熱。

【発出】 fāchū 現発する。出す。

【発抖】 fādǒu 現身ぶるいする。

◆不発(ふはつ)・双発(そうはつ)・出発(しゅっぱつ)・再発(さいはつ)・先発(せんぱつ)・自発(じはつ)・告発(こくはつ)・利発(りはつ)・乱発(らんぱつ)・突発(とっぱつ)・併発(へいはつ)・勃発(ぼっぱつ)・活発(かっぱつ)・挑発(ちょうはつ)・連発(れんぱつ)・啓発(けいはつ)・偶発(ぐうはつ)・開発(かいはつ)・揮発(きはつ)・蒸発(じょうはつ)・触発(しょくはつ)・続発(ぞくはつ)・奮発(ふんぱつ)・徴発(ちょうはつ)・誘発(ゆうはつ)・摘発(てきはつ)・憤発(ふんぱつ)・頻発(ひんぱつ)・濫発(らんぱつ)・爆発(ばくはつ)・一触即発(いっしょくそくはつ)

癶7 【登】〔12〕学3 トウ・ト のぼる
トウ 漢呉 ト 慣 ─平 蒸 dēng トン
J3748 補─ U767B

筆順 フ ヲ ヌ 癶 癶 登 登 登

意味 ①〈のぼ・る〉㋐高い所にあがる。「登天とうてん」 ㋑位につく。「登位」 ㋒合格する。②〈のぼ・せる(──・す)〉書きつける。「登記」 ③あげる。用いる。「登用」 ④〈みの・る〉成熟する。⑤すすめる。たてまつる。⑥ただちに。すぐに。「登時とうじ」 ⑦なす。つくる。⑧さだめる。⑨年齢がたかくなる。⑩祭りに用いる陶製の器。

解字 会意。癶と豆を合わせた字。癶は、古い形では、𣥄で、両足の形。豆は車の形。登は、車に両足でのぼることを表す。また豆とうが音を示す形声文字ともいう。一説に、豆は登の略で、登は、たかつきに肉を盛って両手でささげる形であるから、登は、足をあげることでのぼる意味であるとする。

名前 み・たか・ちか・とみ・とも・なり・なる・のり
姓 登米とめ・とよめ・登野城とのしろ 地名 登米とめ・登別のぼりべつ

【登科】とうか(くわ) 役人を採用する試験(科挙かきょ)に及第する。登第とうだい。

【登遐】とうか 天子の死をいう。遐は、はるかの意。はるかなる天に登るの意。崩御ほうぎょ。登仮。

【登記】㊀とうき ①帳簿にしるし載せる。②法 法律上の権利などを登記所の帳簿に書き載せること。また、その手続き。㊁トンチー dēngjì 現①㊀①に同じ。②登録する。

【登極】とうきょく ①屋根の棟むねの上に登る。②天子の位につく。極は北極星で、天子の位にたとえる。即位。登祚とうそ。

【登高】とうこう(かう) ①高い所に登る。②陰暦九月九日に茱萸しゅゆ(木の名)の実を入れた赤い袋をもって高い山に登り、菊酒を飲んで災難を除く行事。

【登校】とうこう(かう) 学校へ行く。↔下校げこう
【登城】㊀とうじょう(じゃう) 城の上に登る。㊁とじょう(じゃう) 国江戸時代、大名が江戸城に出仕したこと。

【登場】とうじょう(ぢゃう) ①役者・俳優が舞台に現れる。②ある事件に関係した人物が現れる。

【登仙】とうせん 天に上って仙人となる。＝登僊 「如遺世独立、羽化而登仙よをわすれてどくりつし、うかしてとうせんするがごとし」(世の中のことはすべて忘れて自分ひとり立ち、羽がはえて、仙人となり天に上るようだ。)〈蘇軾そしょく・前赤壁賦ぜんせきへきのふ〉

【登祚】とうそ 天子の位につく。登極とうきょく。践祚せんそ。

【登第】とうだい 役人を採用する試験に及第する。登科。及第。また、一般に試験に及第する。

【登壇】とうだん ①大将を任命する壇に上る。転じて、大将や諸侯になる。「不問登壇万戸侯とうだんばんこうをとわず」(功をあげ大将・宰相になろうなどということは問題にしない。)〈岳飛がくひの詩・題寺壁じへきにだいす〉 ②天子の位につく。③国弁士が演壇に上る。

【登庁(廳)】とうちょう(ちゃう) 役所に出勤する。

【登頂】とうちょう(ちゃう) 山の頂上に登る。

【登朝】とうちょう(てう) ①朝廷に出て仕える。②役人になる。

【登登】とうとう ①力を入れるかけ声のさま。②物をうつ音。③登ってゆくさま。

【登攀】とうはん 高い所によじ登る。登山。登高。

【登望】とうぼう(ばう) 高所に登り、見わたす。

【登用】とうよう 働きのある人物をとりたて用いて、役職につかせる。挙用きょよう。＝登庸
【登庸】とうよう 「登用」に同じ。

【登覧(覽)】とうらん 高い所に登って下をながめる。

【登竜(龍)門】とうりゅう(りょう)もん 立身出世への道の入り口。黄河こうが上流の竜門という難所を泳ぎ上った鯉こいは、化して竜となるという伝説による。〈後漢書ごかんじょ・李膺りよう伝〉

【登臨】とうりん 高い所に登り、下を見おろす。

【登楼(樓)】とうろう ①高い建物に登る。②遊女屋にあがって遊ぶ。

【登録(錄)】とうろく ①帳簿に書きしるす。②法 権利・身分関係などを公式の帳簿に記載する。

癶7 【發】〔12〕旧 ↓発(八五一ページ・下)

5画 白部 しろ しろへん

【部首解説】古い字形は、「入」と「二」を合わせて、「白色」を表す。この部には、「白」の形を構成要素とする文字が属する。

白0 【白】〔5〕学1 ハク・ビャク しろ・しら・しろい
ハク 漢 ビャク 呉 ─入 陌 bái バイ
J3982 補─ U767D

筆順 ノ 亻 白 白 白

意味 ①〈しろ〉〈しら〉㋐五色の一つ。しろいろ。㋑五行では金、方角では西方、季節では秋に配当する。②〈しろ・い(──・し)〉㋐色が白い。㋑かざりがない。㋒きよらか。「潔白」 ㋓正しい。↔黒「黒白」 ③〈もう・す(まう・す)〉のべる。申し上げる。「告白」 ④つげる。「建白」 ⑤せりふ。「科白」 ⑥日の光。夜明け。「白日」 ⑦あきらか。「明白」 ⑧何もない。むなしい。「白手」 ⑨無位無官。「白丁はくてい」 ⑩銀。しろがね。⑪さかずき。罰杯。⑫むだに。⑬ただで。無料で。「白納」 ⑭姓。

解字 会意。古い形では、入と二を合わせた字。陰陽の思想では、一は陽で、二は陰、出は陽で、入は陰となる。白は、日の入る西方の色で、陰の行事に用いる色、夕暮れのはっきりしない色である。また、白は擘はくと同じ意で、おや指をさし、魄はくと通じて白骨を表すとか、白は、どんぐりの実の象形ともいう。

名前 し・あき・きよ・しら・あきら・きよし 地名 白石しらいし・白老しらおい・白河しらかわ・白根しらね・白糠しらぬか・白村江はくすきのえ・白耳義ベルギー
難読 白髪しらが(付表)／白馬あおうま・白朮祭おけらまつり・白粉おしろい・白湯さゆ・白鑞しろめ・白膠木ぬるで・白乾児パイカル・白板パイパン・白熊はぐま

【白馬節(節)会(會)】あおうまのせちえ(あをうまのせちゑ) 国平安時代、正月七日、馬寮めりょうの馬を天皇にお目にかけ、その後に宴会が催された儀式。
【白堊】はくあ|はくあく ①白壁しらかべ。②石灰岩の一種。白色粉末状の炭酸石灰。③白墨はくぼく。【──館】はくあかん(くわん) アメリカ合衆国大統領官邸。ホワイトハウスの訳語。
【白衣】㊀はくい ①白い着物。②官位のない者。平民。庶人。布衣ふい|ほい。㊁びゃくえ 仏黒衣の僧侶そうりょに対して俗人のこと。
【──宰相】はくいのさいしょう(しゃう) 白衣の平民でありながら、大臣の待遇を受ける人。
【白雨】はくう ①白く見える雨。にわか雨。夕立。②雹ひょう。
【白雲】はくうん(しらくも) 白い雲。「白雲千載空悠悠はくうんせんざいむなしくゆうゆう」(空には白雲が、千年もの長きにわたって、むなしくゆったりとなびいているばかりである。)〈崔顥さいこうの詩・黄鶴楼こうかくろう〉 【──郷(鄉)】はくうんきょう(きゃう) 天帝のいる所。仙郷せんきょう。天上界。「公昔騎竜白雲郷こうむかしりゅうにのるはくうんきょう」〈蘇軾そしょく・潮州韓文公廟碑ちょうしゅうかんぶんこうびょうひ〉
【白屋】はくおく(をく) ①白い茅かやで屋根をふいた家。②身分の低い者の住む家。
【白皚皚】はくがいがい 雪がいちめんに降り積もるさま。

5画 玄玉(王)瓜(瓜)瓦甘生用田疋(⺪)疒癶白皮皿目(罒)矛矢石示(礻)内禾穴立

【白間】窓。

【白眼】人を冷たくあしらうときの目つき。↔青眼 【白眼視】白い目で見る。冷淡に扱う。仲間はずれにする。魏の阮籍が礼儀にこだわる人には白眼で応対した故事による。〈晋書・阮籍伝〉

【白魚】①白い魚。②しらうお。③紙魚の別名。④似鯉の別名。【――入舟】敵が降伏するという、めでたいしるし。周の武王が殷の紂王を討つとき、白魚が王の舟中にとびこんだが、それが殷の降伏を示す前兆であったという故事による。〈史記・周本紀〉

【白居易】人名。中唐の詩人。字は楽天、号は香山居士。山西省太原の人。杜甫の詩風をうけ、社会悪を風刺する諷諭詩のほか、閑適詩・感傷詩などに多くのすぐれた詩を残した。「長恨歌」「琵琶行」の二編は感傷詩の中の傑作。白楽天の詩はわが国の平安朝文学に大きな影響を与えた。（七七二～八四六）

【白玉楼(樓)中人】死亡した文人。唐の詩人、李賀が死ぬとき、天帝から天上世界にある白玉楼の記を作れと命ぜられたという故事による。〈唐詩紀事・李賀〉

【白圭】①白く清らかな玉。圭は長方形で上がとがった玉。②ことばを慎まなければならないという意。白圭がかけた場合には、これをみがきおさめることもできるが、ことばのしくじりは改められないことから。

【白霓裳】白い虹の模様のもすそ。

【白月】㊀白く輝く月。冬の寒い月。㊁〔仏〕インドの暦で一日から十五日までの月。↔黒月

【白香山】「白居易」に同じ。

【白沙】白い砂。白砂。

【白菜】㊀野菜の名。アブラナ科の一、二年草。㊁バイツァイ「bái-cài」現㊀に同じ。

【白砂青松】白い砂と青いまつの意で、海岸の風景の美しいことをいう語。＝白沙青松

【白衫】白色のひとえの着物。唐代ではふだん着に用いたが、宋以後は喪服に用いられるようになった。涼衫ともいう。【――児(兒)】白い服を着た少年。

【白紙】①白い紙。②文字や絵の書いてない紙。③前もって自分の意見などを持っていない状態。④何の条件もないときの状態。【――委任状】決議の結果がどうなろうと、すべてを委任するという証拠の書状。

【白髭】白い口ひげ。

【白幟】白いのぼり旗。白旗。

【白氏長慶集】書名。白居易の友人、元稹が選んだ白居易の詩文集。「白氏文集」は、この書に白居易自選の「後集」「続後集」とを加えたもの。

【白日】①まひる。白昼。②光り輝く太陽。「浮雲蔽白日」（浮き雲が太陽をおおいかくしている）（じゃまをするもののたとえ）。〈文選・古詩十九首〉③疑いがはれ、身のけがれのないことが証明されたときのたとえ。「青天白日」【――夢】①まひるに見る夢。②空想をたくましくすること。③実現できる見込みのないことのたとえ。

【白氏文集】書名。白居易の詩文集。七十一巻。白氏が生存中すでにわが国に伝来し、平安朝文学に大きな影響を与えた。

【白社】中国湖南省澧県の地名。春秋時代、楚の白公勝が隠退した所。

【白首】㊀しらが頭。「各欲白首」（それぞれ年をとり、しらが頭になりかかっている。）〈白居易・与微之書〉㊁〔国〕淫売婦の別名。

【白寿(壽)】〔国〕九十九歳（百から一をとると白の字となることから）。

【白州(洲)】㊀白い砂でできた川の中の州。㊁〔国〕①庭や玄関などに白砂を敷いた所。②昔の裁判所。法廷。奉行所。

【白書】①白いところに記した文字。②〔国〕実情を報告する文書。「経済白書」

【白状(狀)】①犯した罪のすべてを述べる。②罪人の申し出たことをかいた文書。くちがき。供述書。

【白色人種】赤みがかった白い皮膚を特徴の一つとする人種。ヨーロッパ人など。コーカソイド。↔黒色人種・黄色人種。

【白人】①一般の人民。平民。②はだの色の白い人種。白色人種。↔黒人

【白刃】①さやから引き抜いた刀。抜き身。②するどい刀。

【白尽(盡)】ことごとく、白くなる。

【白水】白く澄んだ水。「白水遶東城」（白く澄みかがやいた水が、内城の東を流れめぐっている。）〈李白の詩・送友人〉

【白水郎】海人。漁夫。

【白石】①白い石。②江戸時代の学者、新井君美の号。

【白晳】肌の色が白いこと。

【白癬】皮膚病の一つ。

【白地】㊀①明白なさま。②わけもなく。なんとなしに。㊁〔国〕白い地色。

【白痴(癡)】知能の程度がきわめて低い者。

【白昼(晝)】ひるひなか。まひる。

【白鳥】①羽の白い鳥。②鵠の別名。③大型の水鳥。くぐい。スワン。

【白丁】㊀平民。無位無官の者。白民。白身。㊁〔国〕白の狩衣を着て、神の行事などに物を運ぶ人。

【白帝】①五帝の一人。秋・西方の神。②白帝城。「朝辞白帝彩雲間」（白帝城を美しい朝焼け雲の間に望みながら、早朝船出する。）〈李白の詩・早発白帝城〉【――城】四川省奉節県東の白帝山にあった城。漢末、公孫述が命名し、三国の蜀漢はここによって呉を防いだ。

【白兎】白いうさぎ。月の中にいて、仙薬を臼でついているといわれる。

【白頭】しらがあたま。「此翁白頭真可憐」〈劉廷芝の詩・代悲白頭翁〉「白頭掻更短」（白髪の頭は、掻けば掻くほどに短くなる。）〈杜甫の詩・春望〉

【白銅】①〔理〕銅・亜鉛・ニッケルの合金。②〔国〕白銅貨の略。

【白塔骨】仏舎利。仏・聖者の遺骨。

【白熱】①物体が白色の光を放つほど、非常に高い温度で熱する。②物事に熱中する。③最高潮に達する。たけなわになる。「白熱化」

【白波】①白くあわだつ波。②ぬすびと。緑林。盗賊。

【白白】㊀きわめてはっきりしていること。㊁〔国〕①そしらぬ様子。②座がしらけるさま。③夜の明けてゆくさま。

【白馬寺】河南省洛陽市にある、中国最初の寺の名。後漢の明帝のとき、大月氏国のふたりの高僧が白馬にのせて経文をもたらしたが、それをおさめた寺。

【白髪】①白い髪の毛。しらが。②老人。【――三千丈】李白の詩「秋浦歌」の句。しらがの長いこと。苦労の多いさま。誇張した表現の例に用いる。

【白馬非馬論】中国戦国時代の詭弁家、公孫竜がとなえた有名な認識論。白馬とは、白という「色」の概念と、馬という「形」の概念の二つからなり、馬とはその一つの概念であるので、白馬は馬と同じではない、という論。〈公孫竜子・白馬論〉

【白蘋】はくひん　はますげ。水辺に生ずる秋草。

【白眉】はくび　兄弟の中でいちばんすぐれている者。転じて、多くの者の中で、最もすぐれた者。昔、蜀の馬氏の五人兄弟の中で長兄の馬良は眉の中に白い毛があり、最もすぐれていたという故事による。〈蜀志・馬良伝〉

【白票】はくひょう(へう)　①賛成の意をあらわす白色の投票用紙。↕青票　②候補者名を書かず、そのまま投票した用紙。

【白蘋紅蓼】はくひんこうりょう(れう)　白い花のうき草と、赤い花のたで。

【白粉】㊀はくふん　白い粉。㊁おしろい　化粧に用いる白い粉。

【白文】はくぶん　国句読点・返り点をつけていない漢文。

【白兵】はくへい　刀剣などの白刃をいう。【──戦(戰)】はくへいせん　敵味方が入り乱れて切り合う戦い。

【白璧】はくへき　白い色の玉。【──微瑕】はくへきのびか　白玉に、ほんのわずかきずがある。完全に近いが、わずかの欠点があるたとえ。〈昭明太子・陶淵明集序〉

【白茅】はくぼう(ばう)　草の名。白いかや。白いちがや。

【白旄】はくぼう　から牛の白い毛をさおの先につけた、指揮官の旗。

【白鳳時代】はくほうじだい　国わが国美術史上の時代区分の一つ。飛鳥時代と天平時代との間。

【白墨】はくぼく　チョーク。白堊・焼石膏の粉末を棒状に固めたもの。

【白米】はくまい　ついて、白くした米。ぬかを取り去った白い米。精白米。↕玄米
【白面】はくめん　①色が白く美しい顔。②年が若く、経験のとぼしいこと。【──書生】はくめんのしょせい　「白面郎」の①②に同じ。【──郎】はくめんろう(らう)　①色白の美少年。②経験のとぼしい若者。③貴族の子弟。

【白夜】はくや・びゃくや　現極地地方で、夏、日没後も反映する太陽光線のために、薄明の状態が続くこと。

【白楊】はくよう(やう)　木の名。はこやなぎ。マッチの軸木や製紙の原料にする。「白楊多二悲風一」(墓場のはこやなぎには風が悲しい声を立てて吹く。)〈文選・古詩十九首〉

【白羊宮】はくようきゅう(やうきう)　天の黄道を春分点から十二等分した最初の部分の名称。現在の魚座の西部と牡牛座をふくむ。

【白楽(樂)天】はくらくてん　「白居易」に同じ。

【白蓮(蓮)】はくれん　①白い蓮の花。②かきつばた。【──社】びゃくれんしゃ　晋の慧遠が廬山のふもとの東林寺に、名高い学者を集めて結んだ、念仏修行の結社の名。

【白露】はくろ　①露の美称。しらつゆ。「白露横レ江、水光接レ天」(白い露の気が川いちめんに漂い、水の光ははるかに天に続く。)〈蘇軾・前赤壁賦〉　②二十四気の一つ。九月八日ごろ。秋の気配が著しくなる時期。

【白鷺】はくろ　鳥の名。しらさぎ。【──鷥】はくろし　「白鷺」に同じ。

【白鹿洞書院】はくろくどうしょいん(ゐん)　江西省廬山の五老峰下にある書院の名。唐代、李渤と李渉の兄弟がここに隠居して白鹿を養って、読書したのに始まり、宋代に朱熹が再興して天下一の学校となり、清代まで続いた。

【白鷺州】はくろしゅう(しう)　南京市の西南にある長江中の州。

【白話】はくわ　中国の口語体のことば。【──小説】はくわしょうせつ(せう)　中国文学史で、口語で書かれた小説のこと。「三国志演義」「水滸伝」「西遊記」など。【──文学(學)】はくわぶんがく　中国の近代文学のこと。口語を用いるところから呼ぶ語。

【白簡】はっかん(はく)　役人の悪事をあばいて、天子に上奏する文。

【白旗】はっき(はく)・しらはた　①白い旗。②降伏するときに、その印にかかげる旗。③国源氏の旗。

【白金】はっきん(はく)　①しろがね。銀。↕黄金　②銀と錫との合金。③銀白色の貴金属。金属元素の一つ。プラチナ。

【白血球】はっけっきゅう(はくけつきう)　血液の中にある無色の血球で、体内にはいる細菌を死滅させる。↕赤血球
【白血病】はっけつびょう(はくけつびゃう)　血液の中の白血球がひどく増加する病気。

【白黒】はっこく(はく)・しろくろ　①白と黒。②正しいことと、よくないこと。黒白。【──之弁(辨)】はっこく(はく)のべん　正しいことと、よくないことの区別。

【白鵠】はっこく(はく)　白鳥。

【白骨】はっこつ(はく)　白いほね。死者の骨。

【白毫】びゃくごう(がう)　①白い毛。②仏仏のひたいにあって光を放ち、すべての国土を照らすという白い毛。

【白檀】びゃくだん　熱帯産の香木。香料・薬材・器具を作る。

【白蓮(蓮)教】びゃくれんきょう(けう)　明末・清初における秘密結社の名。清代には数回暴動を起こした。

【白虎】㊀びゃっこ(びゃく)　①白いとら。②白いとらを描いた旗。③四神(蒼竜・朱雀・玄武・白虎)の一つ。西方を守る。㊁はっこ　豆腐の別名。【──通(義)】びゃっこ(びゃく)つうぎ　書名。四巻。略して「白虎通」ともいう。後漢の班固の著。五経の義について議論したもの。

【白薯】バイシュー báishǔ 現さつまいも。

【白糖】バイタン báitáng 現白ざとう。

【白天】バイティエン báitiān 現ひるま。

【挙(擧)レ白】はくをあぐ　杯をあげて酒を飲む。また、酒をすすめる。

【白駒過レ隙】はっ(はく)くげきをすぐ　年月の過ぎ去ることの、きわめて早いたとえ。歳月は、白馬が駆け過ぎるのを壁の隙間からちらりと見るように、あっけなく過ぎる。〈荘子・知北遊〉

【白虹貫レ日】はっ(はく)こうひをつらぬく　白い虹が太陽をつらぬく意で、兵乱の前兆。〈戦国策・魏〉
◆自白・余白・告白・卵白・建白・科白・紅白・独白・純白・黒白・蛋白・腕白・敬白・関白・漂白・潔白・亭主関白

白1
【百】
［6］1　学　ハク 漢　ヒャク 呉　入 陌　bǎi バイ、bó ボー　J 4120　補 U 767E

筆順　一　ァ　了　百　百　百

意味　①〈もも〉㋐十の十倍。ひゃく。㋑多くの。もろもろの。②ももたびする。百回おこなう。何度もする。③姓。

解字　　会意。一と白を合わせた字。白は、人にいうことで、数が百より多くなると、人に告げることができるので、百の数を白といった。百は一白のこと。

姓 百武・百済・百目鬼・八百屋(付表)／百日紅・百足・百舌・百合　地名 百済　難読 八百長

【百鎰】ひゃくいつ　多くの金。鎰は金貨の目方の単位で二十両。
【百王】ひゃくおう(わう)　①百代の帝王。代々の多くの帝王。②多くの王。
【百殃】ひゃくおう(あう)　多くのわざわい。
【百悔】ひゃっかい(くわい)　たびたび後悔する。深く悔いる。「不則百悔亦竟無レ益」(そうでなかったならば、いかに後悔してみても、けっきょく無益である。)〈言志録〉
【百済(濟)】ひゃくさい・くだら　国名(四世紀?～六六〇)。朝鮮半島の西南部にあり、唐と新羅との連合軍に滅ぼされた。
【百史】ひゃくし　多くの歴史。史書。
【百司】ひゃくし　多くの役人。百官。百僚。
【百事】ひゃくじ　すべてのこと。万事。
【百爾】ひゃくじ　多くの意。爾は助詞。凡百。
【百日紅】ひゃくじつこう・さるすべり　植物の名。ミソハギ科の落葉高木。
【百獣(獸)】ひゃくじゅう(じう)　いろいろの獣。
【百出】ひゃくしゅつ　次から次に出る。
【百仞】ひゃくじん　非常に高い。また、深いこと。仞は八尺。千仞。
【百世】ひゃくせい　のちのちの代。百代。【──之師】ひゃくせいのし　後世長く、世人の師と仰がれる人。「聖人百世之師也」〈孟子

尽心下〉

【百姓】㊀①多くの姓。②多くの役人。③人民。万民。庶民。㊁国農民。

【百折】①いくえにも折れ曲がる。②何度も失敗する。

【――不撓】何度失敗してもくじけない。意志の強固なさま。

【百川】多くの川。あらゆる川。【――学(學)レ海】すべての川は、海を慕って流れ、ついには海に入る。転じて、人も道に志して学べば、ついには道に達しうるというたとえ。〈法言・学海〉【――東到レ海】天下のあらゆる川は東に流れて海にたどりつく。人間の命を川に、死を海にたとえたもの。〈楽府詩集・長歌行〉

【百千彊】数百。彊は、強と同じで、「…あまり」の意。「賞賜百千彊」(ごほうびの品は、何百というほど。)〈楽府詩集・木蘭詩〉

【百戦(戰)百勝】百たび戦い百たび勝つ。戦えば必ず勝つ。〈孫子〉

【百草】①多くの草。②百種の薬草から作ったという薬の名。

【百足】虫の名。むかで。蜈蚣。

【百代】「百世」に同じ。【――之過客】永久に歩き続ける旅人の意で、絶えず流れてゆく時間をたとえたことば。

【百端】いろいろの方法。

【百度】①百回。ももたび。②多くの法律・規則。

【百人一首】国百人の歌人の和歌を、一首ずつ選んだもの。小倉百人一首は藤原定家が選んだもの。

【百年】①百歳。②長い年月。【――戦(戰)争(爭)】フランスの王位継承問題をめぐって、イギリスとフランスとの間に約百年間(一三三九～一四五三)行われた戦争。ジャンヌ＝ダルクもこの戦いにあらわれた。【――待二河清一】百年間も、黄河の水の澄むことを待ちわびる意から、望んでも実現の見込みのない事のたとえ。

【百衲衣】僧侶の着る衣。僧衣。袈裟。衲は、つづれ。袈裟は、つぎはぎしたところが多いのでいう。

【百敗】何度も何度も負ける、または失敗する。

【百廃(廢)】多くのすたれたもの。すたれた制度などをいう。【――倶興】多くのすたれていた事が、いっせいに再興してくる。〈范仲淹・岳陽楼記〉

【百八鐘】国仏おおみそかの夜、つきならす鐘。除夜の鐘。人間の百八煩悩をさますためにつくという。

【百八煩悩(惱)】仏人間のいだく、すべての迷い。

【百媚】なんとも言い表せない、なまめかしさ。「回レ眸一笑百媚生」〈白居易の詩・長恨歌〉

【百物】すべての生物。万物。

【百分率】百分比。パーセンテージ。全体の百分のいくつかという比率の出し方。

【百辟】多くの大名。諸侯たち。辟は、君主の意。

【百万(萬)遍】仏百万遍念仏の略。百万回、念仏を唱えること。浄土宗の知恩寺で、信者が集まって念仏を唱えながら大数珠をまわす行事。

【百味】多くの食べ物。いろいろのうまい食べ物。

【百薬(藥)】たくさんの薬。いろいろの薬。【――之長】酒はたくさんの薬の中で、もっともすぐれたものであるの意。酒をほめることば。〈漢書・食貨志〉

【百憂】多くの心配。

【百葉】①百代。百世。②八重の花びら。③牛やひつじの胃。【――箱】気象観測用の、白ぬりですきまを作った箱。中に温度計・湿度計などを入れる。

【百里奚】人名。春秋時代、秦の穆公の大臣。

【百里才】県知事としての才能・度量をいう。百里四方の地方を治める才能。

【百里宰】県知事。県令。宰は一地方の長。

【百僚】「百官」に同じ。多くの役人。

【百齢(齡)】百歳。百年のよわい。

【百錬鉄(鐵)】①幾度も鍛えた鉄。精鋭なもののたとえ。②国比べる物のないほど鋭い日本刀。〈藤田東湖・正気歌〉

【百禄(祿)】多くの幸い。多くの幸福。

【百科】各種の科目、または学科。

【百貨】多くの品。「百貨店」【――公司】bǎihuò gōngsī 現デパート。

【百禍】多くのわざわい。

【百花斉(齊)放】百花の一時に咲き出るように、古いものを批判・整理して、その精華を現す意。毛沢東の唱えた推陳出新(「温故知新」と同じく、古いものを究めて、新しいものを生み出す意。)・百花斉唱のモットーから出たことば。

【百家争(爭)鳴】多くの学者が自由に論争しあう。

【百花繚乱(亂)】多くの花が咲き乱れること。

【百官】多くの役人。百司。百僚。

【百揆】①政治を取り締まる役人。総理大臣にあたる。②「百官」「百僚」に同じ。

【百鬼夜行】①多くの化け物が、夜、列をつくって歩きまわる。②多くの悪人が時に乗じて悪い行いをする。〈江談抄・三〉

【百鈞】非常に重いさま。一鈞は三十斤。「吾力足三以挙二百鈞一」(私の力は百鈞の重さの物を持ち上げることができる。)〈孟子・梁恵王上〉

【百計】多くのはかりごと。

【百口】家族全部。一族すべて。

【百工】①多くの役人。百官。②各種の職人・職工。「巫医楽師百工之人」〈韓愈・師説〉

【百穀】たくさんの穀物。すべての穀物。

【百谷王】多くの谷川のかしら。

【百恨】多くのうらみ。

【百発(發)百中】①百たびうてば百たびあたる。すべてが命中する。〈戦国策・西周〉②計画したことが一つ残らず成功する。

【百般】各方面。いろいろ。さまざま。

【百方】①いろいろな方法・手段。②あちこち。四方の国。

【百舌】モズ科の鳥。秋、鋭い声で鳴く。鵙。伯労。

【百合】ユリ科植物の総称。花は観賞用、根は食用。

『百歳之後』①人の死後。②人の死。百歳は容易に達しがたい年齢であるから、死を忌みはばかっていう語。〈詩経・葛生〉

『出二百死一得二一生一』必ず死ぬというような危険からのがれて、やっと生きることができた。〈十八史略・唐〉

『百乗(乘)之家』周代、卿大夫の身分ある者をさした語。乗は兵車一台。兵車百乗を出す家の意。「百乗之家可レ使レ為二之宰一」(卿大夫の家で、その家老とすることができる。)〈論語・公冶長〉

『百尺竿頭進二一歩一』百尺の長いさおの上にあって、さらに一歩進めること。すでにくふうをこらしたうえに、さらにくふうを加え向上するたとえ。〈書言故事・釈教〉

『百尺之室』百尺の家。堂々たる建築物。〈韓非子・喩老〉

【百敗而其志不レ折】ひゃくはいすれども そのこころざしくじけず　何度負けても、最後までその志を変えない。〈蘇轍・三国論〉

【百聞不レ如二一見一】ひゃくぶんは いっけんにしかず　百度聞くよりは、一度実際に見たほうがよい。〈漢書・趙充国伝〉

【百里之命】ひゃくりのめい　一国の政治。百里は百里四方の諸侯の国。命は命令。「可三以寄二百里之命一」(百里四方の諸侯の国の政令を任せることができる。)〈論語・泰伯〉

【行二百里一者半二九十一】ひゃくりをゆくものは くじゅう(じふ)をなかばとす　事業をなす場合には、最後の努力がたいせつだというたとえ。百里は、遠い道のりの意。〈戦国策・秦〉

【百畝之田】ひゃっ(ひゃく)ぽのでん　井田制における私有耕地。夏・殷・周三代では、九百畝を一井としてそれを九等分し、中央の百畝を公田とし、他の八百畝は八家の私有地としたといわれる。「百畝之田勿レ奪二其時一」(百畝の田地を与えて、その農繁期に住民を公役に使わない。)〈孟子・梁恵王上〉

◆凡百・嘘八百

白2【皀】〔7〕
㊀キュウ(キフ) 漢 ㊀入 緝 jí チー
㊁キョウ(キャウ) 漢 ㊁平 陽 xiāng シアン
㊂ヒョク 漢 ㊂入 職 bī ピー
J 6605 補 U 7680

意味 ㊀㊁穀物の炊きあがったかおり。㊂穀物のひとつぶ。

白2【皁】〔7〕
ソウ(サウ) 漢 上 皓 zào ツァオ
J ①8864 補 4621 U 7681

白2【皂】〔7〕同字
J ― 補 ― U 7682

意味 ①どんぐり。とち、くぬぎなどの木の実。煮汁が黒い染料となる。②〈くろ・い(―・し)〉「皁白」「皁巾」③役所のしもべ。雑役夫。④うまや。⑤かいばおけ。馬の食料を入れるおけ。⑥しいな。みのらない穀物。⑦馬三乗(十二頭)のこと。

【皁衣】そう(さう)い　漢代、役人の着た黒色の服。

【皁莢】そう(さう)きょう(けふ)　木の名。マメ科の落葉高木。

【皁桟(棧)】そう(さう)さん　馬小屋。馬房。「編レ之以二皁桟一」(馬たちを馬小屋にならべておく。)〈荘子・馬蹄〉

【皁鵰】そう(さう)ちょう(てう)　羽の黒い、くま鷹。

【皁隷】そう(さう)れい　しもべ。召使。卑しい家臣。

【皁櫪】そう(さう)れき　馬を飼う所。うまや。＝槽櫪

白2【皃】〔7〕本↓貌(二一八三ページ・中)

白3【的】〔8〕学4
テキ
まと
㊀テキ 漢 ㊀入 錫 dì ティー
㊁テキ 漢 ㊁入 錫 dí ティー
J 3710 補 U 7684

筆順 ′ 亻 ń 白 白 白′ 的 的

意味 ㊀①明らか。はっきりしている。「的的」「的然」②〈まと〉㋐弓のまと。㋑目的。目標。㋒かなめ。だいじなところ。③女性がひたいに赤く点をつけて化粧としたもの。④白い色。⑤とおい。⑥はすの実。＝菂 ⑦現助詞。音 de。㋐修飾関係を示す。「新的生活」(新しい生活)㋑所有関係を示す。「我的書」(私の本)㋒動詞・形容詞の下につけ、「…のもの」の意。「好的」(よいもの)㋓文末につけて、確認や肯定を示す。㊁①たしかに。②かならず。きっと。国名詞の下につけて「…のような」「…の性質をもつ」などの意味を表す語。「芸術的」「哲学的」

解字 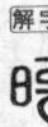　形声。古い形は旳で、日が形を表し、勺が音を示す。勺には目だつ意味がある。旳は、日が明らかなこと。的も、白くめだつことで、まとの意味になったのであろう。

名前 まさ・あきら　姓 的

【的然】てきぜん　明らかなさま。

【的中】てきちゅう(ちう)　①まとに当たる。②問題の中心点にふれる。

【的的】てきてき　明らかなさま。明るく輝くさま。

【的例】てきれい　ぴったりとあてはまる例。＝適例

【的歴(歷)】てきれき　明らかなようす。はっきりしたさま。＝的皪

【的皪】てきれき　「的歴」に同じ。

【的確】㊀てっ(てき)かく　まとをはずれず、確かなこと。まちがいがない。確実。㊁ティーチュエ díquè 現㊀に同じ。

【的話】ホワ dehuà 現(もし)…ならば。

◆目的・金的・射的・量的・端的・質的・標的・劇的・形式的・実質的・精神的・高踏的

白3【帛】(四二〇ページ・中)↓巾部五画

白4【皆】〔9〕常
カイ
みな
カイ 漢 呉 平 佳 jiē チエ
J 1907 補 U 7686

筆順 - ト ト′ 比 比′ 比白 皆 皆

意味 ①〈みな〉すべて。ことごとく。全部。②ともに。いっしょに。＝偕 ③広い。ゆきわたる。＝偕 ④ならぶ。

解字 　会意。比と白を合わせた字。比は並ぶ意味。白は言う意味。皆は、人々が並んで口を合わせて言うことで、みなの意味になる。

名前 み・とも・みち

【皆無】かいむ　まったくない。

【皆目】かいもく　国まるっきり。まったく。

【皆川淇園】みながわ(がは)きえん(ゑん)　人名。江戸時代後期、古学派の漢学者。名は愿。淇園は号。(一七三四〜一八〇七)

白4【皇】〔9〕学6
コウ・オウ
コウ(クヮウ) 漢
オウ(ワウ) 呉 平 陽 huáng ホワン
J 2536 補 U 7687

筆順 ′ 亻 ń 白 白 白 皁 皇

意味 ①大きい。②〈きみ〉㋐君主。天子。「皇帝」㋑三皇のは、上古の伝説上の三天子。伏羲・神農・女媧。異説がある。③天帝。万物をつかさどる者。④天。「皇天」⑤父母や祖先を祭るときの敬称。「皇考」⑥かがやかしい。美しい。＝煌 ⑦羽根飾りのついた古代の冠。⑧鳥の名。＝鳳 ⑨姓。国①〈すめら〉〈すべら〉②〈すめらぎ〉〈すべらぎ〉天皇・神などに関する語につけて尊称にする語。天皇。

解字 　会意。古い形を見ると、自と王を合わせた字。自は鼻で、はじめの意味を表す。皇は、初めて王になった、偉大な君主をいう。一説に、白は鬼の頭で、王は、たなの形と、大きいという意味があるから、皇は、大きな鬼の頭が、たなの上にのっていることであるとする。

難読 皇孫・皇子・皇女

参考 新表記では、「惶」の書きかえに用いる熟語がある。

【皇侃】おう(わう)がん　―こう(くわう)がん　人名。梁の人。「論語義疏」「礼記義疏」を著す。皇侃とも書く。(四八八〜五四五)

【皇子】おう(わう)じ　天子の男の子。みこ。

【皇女】おう(わう)じょ(ぢょ)　―こう(くわう)じょ(ぢょ)　天子のむすめ。

【皇位】こう(くゎう)い(ゐ)　天皇の位。皇祚。

【皇威】こう(くゎう)い(ゐ)　天子の威勢。御稜威。

【皇胤】こう(くゎう)いん　天子の子孫。

【皇運】こう(くゎう)うん　皇室の運。天皇のご運。

5画
玄玉(王)瓜(瓜)瓦甘生用田疋(⺪)疒癶白皮皿目(罒)矛矢石示(礻)内禾穴立

【皇英】こう(くわう)えい 蛾皇がこうと女英じょえい。ともに尭ぎょう帝の娘で舜しゅん帝の妃きさき。

【皇恩】こう(くわう)おん 天子の恵み。天子の恩沢。

【皇化】こう(くわう)か(くわ) 天子の徳化。天子が恵みぶかい政治を行って、人民を教化する。

【皇家】こう(くわう)か 王室・天皇家け。帝王の家。

【皇学(學)】こう(くわう)がく 国わが国の神道しんとうの書物や、国史・国文を研究する学問。皇国の学。↕漢学・洋学
【皇漢】こう(くわう)かん ①漢の国。皇は美称。「皇漢薬」「皇漢医学」②国わが国と中国。

【皇祇】こう(くわう)ぎ ①地の神。②天地の神。

【皇紀】こう(くわう)き 国神武天皇の即位の年を元年とする紀元。皇紀六六一年が西暦元年にあたる。↕西紀・西暦
【皇基】こう(くわう)き 皇室のもとい。天子が国威を輝かす事業の基礎となるもの。

【皇居】こう(くわう)きょ 天子の住居。宮城。皇宮。

【皇極】こう(くわう)きょく ①いずれにも片よらない広大な正道。②天子の位。

【皇恐】こう(くわう)きょう おそれかしこむ。おそれいる。＝惶恐
【皇考】こう(くわう)こう(かう) ①死んだ父親。皇は大、考は亡父の意。②祖父。また、曽そう祖父。③国天子の亡父。または、先代の天子。

【皇皇】こう(くわう)こう(くわう) ①うるわしく盛んなさま。②あざやかなさま。＝煌煌 ③あわただしいさま。＝遑遑 ④望み求めても得られないさま。

【皇后】こう(くわう)ごう ①上古では、天子のこと。②秦しん・漢かん以後は、天子の正妻。きさき。皇妃こうひ。

【皇嗣】こう(くわう)し 天子の世嗣よつぎ。皇太子。皇儲こうちょ。「東宮とうぐう」「春宮とうぐう」

【皇室】こう(くわう)しつ 天子の一門。天皇と皇族。

【皇州】こう(くわう)しゅう(しう) 天子の住む所。都。

【皇緒】こう(くわう)しょ 天子の血すじ。皇統。

【皇上】こう(くわう)じょう(じゃう) 現在の皇帝・天皇。今上きんじょう。

【皇情】こう(くわう)じょう(じゃう) 天子の御心。

【皇神】一 こう(くわう)しん 天の神。二 すべらがみ・すめがみ 国神代の神の尊称。

【皇清経(經)解】こう(くわう)せいけいかい 叢書の名。千四百八巻。清しんの阮元げんげんが清代学者の経書についての研究を集めたもの。続編千四百三十巻は、王先謙おうせんけんが編集。

【皇祖】こう(くわう)そ ①天子の先祖。②国天照大神あまてらすおおみかみ。また、神武じんむ天皇。

【皇祚】こう(くわう)そ 皇位。天子の位。


【皇宗】こう(くわう)そう ①天子の一族。皇族。②代々の天子。

【皇族】こう(くわう)ぞく 天子の一族。

【皇孫】一 こう(くわう)そん ①天子の孫。②天子の子孫。二 すめみま 国①天照大神あまてらすおおみかみの孫。②天照大神の子孫。

【皇太后】こう(くわう)たいごう 先帝の皇后。

【皇太子】こう(くわう)たいし 天子の世嗣よつぎ。皇儲こうちょ。皇嗣こうし。

【皇儲】こう(くわう)ちょ 「皇嗣こうし」に同じ。

【皇朝】こう(くわう)ちょう(てう) ①現在の朝廷。本朝。②国外国に対し、わが国。またはわが国の朝廷。↕異朝 【――史略】こう(くわう)ちょう(てう)しりゃく 書名。青山延于のぶゆきの著。神武天皇から後小松ごこまつ天皇までの漢文体の歴史。

【皇帝】一 こう(くわう)てい 帝国の君主の尊称。秦しんの始皇帝に始まる。二 ホワンティー huángdì 現 一に同じ。

【皇天】こう(くわう)てん 天帝。天の神。【――后土】こう(くわう)てんこうど 天の神と地の神。天神地祇てんしんちぎ。【――上帝】こう(くわう)てんじょう(じゃう)てい 天の神。「皇天上帝眼分明こうてんじょうていまなこぶんめい」(天の神は、はっきり見ていらっしゃる。)〈謝枋得しゃぼうとくの詩・初到建寧賦詩はじめてけんねいにいたってしをふす〉

【皇図(圖)】こう(くわう)と ①天子のはかりごと。②天子の領有する土地。

【皇都】こう(くわう)と 天子の住まわれる都。帝都。皇邑こうゆう。

【皇統】こう(くわう)とう 天子の血すじ。【――連綿】こう(くわう)とうれんめん 天子の血すじが絶えることなく続くこと。

【皇道】こう(くわう)どう(だう) ①帝王として行うべき道。②大道。大きな道。③国天皇の行うべき政道。

【皇妃】こう(くわう)ひ 「皇后」の②に同じ。

【皇妣】こう(くわう)ひ ①死んだ母の尊称。②なくなった先代の皇后。

【皇風】こう(くわう)ふう 天子の徳。

【皇謨】こう(くわう)ぼ 「皇猷こうゆう」に同じ。

【皇猷】こう(くわう)ゆう(いう) 帝王のはかりごと。皇謨こうぼ。
◆上皇じょうこう・法皇ほうおう・勤皇きんのう・太上皇たいじょうこう

白4【皅】〔9〕 ハ 漢 平 麻 pā パー
J — 補 4622 U 7685
意味 ①草花の白いもの。②花。

白4【𤽌】〔9〕 ハツ 漢 入 曷 ハチ 呉 pō ポー
J — 補 — U 24F4C
意味 𤽌皌はつばつは、うっすらと白いさま。

白4【皈】〔9〕 同→歸(四二一ページ・中)

白4【皍】〔9〕 同→卽(二〇二ページ・下)

白4【卽】→卩部七画(二〇二ページ・下)

白4【泉】→水部五画(七一〇ページ・上)

白5【皌】〔10〕 バツ 漢 入 曷 マチ・マツ 呉 mò モー
J — 補 4623 U 768C
意味 𤽌皌はつばつは、うっすらと白いさま。

白5【皋】〔10〕 本→皐(本ページ・下)

白5【袙】→衣部五画(一一二四ページ・上)

白5【畠】→田部五画(八三八ページ・上)

白6【皐】〔11〕 人 一 コウ(カウ) 漢 一 平 豪 gāo カオ 二 コウ(カウ) 漢 二 平 豪 háo ハオ
J 2709 補 — U 7690
白5【皋】〔10〕 本字 J 6608 補 — U 768B
白6【臯】〔12〕 俗字 J — 補 — U 81EF
意味 一 ①湖や沼。「皐沢」②岸。水辺。③すすむ。④ゆるい。⑤たかい。＝高「皐如こうじょ」⑥水田。⑦五月。皐月こうげつ。さつき。⑧姓。二 よびかける。命ずる。
解字 会意。皐の異体字。皋は白と夲とを合わせた字。白は白い気、夲はすすむ意がある。皋は白い気がすすむ意から、広い沢辺の意となり、また単に、すすむ意ともなる。
名前 たか・すすむ 難読 皐月さつき
【皐月】こう(かう)げつ 陰暦の五月。さつき。
【皐皐】こう(かう)こう(かう) がんこで道理を知らないさま。
【皐比】こう(かう)ひ ①虎とらの皮。②虎の皮を敷いた将軍の座席。③講義の席。
【皐陶】こう(かう)よう(えう) 中国太古の舜しゅん帝の臣。獄官の長となった。「人物」

白6【皎】〔11〕 キョウ(ケウ) 漢 上 篠 コウ(カウ) 慣 jiǎo チアオ
J 6609 補 — U 768E
日6【晈】〔10〕 同字 J ①8524 補 — U 6648
貝6【賋】〔13〕 同字 J — 補 6315 U 8CCB
意味 ①〈しろ・い(――・し)〉月の光が白く明るい。「皎月こうげつ」②〈あきらか〉光が明るい。③きよい。いさぎよい。④姓。
【皎皎】きょう(けう)きょう(けう)・こう(かう)こう(かう) ①まっ白なさま。皓皓こうこう。②月光などの明るいさま。「皎皎河漢女こうこうたるかかんのじょ」(明るく輝く織女星。河漢は、天あまの川。)〈文選もんぜん・古詩十九首〉
【皎潔】きょう(けう)けつ 白くてよごれのないさま。
【皎如】こう(かう)じょ 月が明るく輝いている。

5画
玄玉(王)瓜(瓜)瓦甘生用田疋(⺪)疒癶白皮皿目(罒)矛矢石示(ネ)内禾穴立

【皎然】こうぜん(かう) ①明らかなさま。②白いさま。

白6〖兜〗→儿部九画（一二七ページ・下）

白6〖習〗→羽部五画（九九七ページ・上）

白7【皖】〔12〕 一カン 漢 一平 寒 huàn ホワン （クヮン） 二カン 漢 二上 潸 wǎn ワン （クヮン） U補J 7696 — 6610

意味 一①明星みょうじょう。②あきらか。きよらか。二地名。①春秋時代の国名。安徽あんき省にあった。②現安徽省の簡称。

白7【皓】〔12〕人 コウ 漢 上 皓 hào ハオ （カウ） U補J 7693 — 6611

旧字 白7【皓】〔12〕 U補J — — —

意味 ＝皓・皜・皞 ①明るくかがやく。②きよらか。③〈しろ・い（―・し）〉白い。「皓髪」「皓皓」④大きい。＝昊こう 「皓天こうてん」

解字 晧 皓の俗字。皓は形声。日が形を表し、告こくが音を示す。日の進み出ること。明るく白いことをもいう。

名前 あき・てる・ひろ・あきら・ひかる・ひろし

【皓月】こうげつ(かう) 白く照り輝く月。さえわたった月。明月。【―千里】こうげつせんり(かう) よくさえた月の光が、遠くまで輝きわたる。〈范仲淹はんちゅうえん・岳陽楼記がくようろうのき〉

【皓皓（皓）】こうこう(かうかう) ①明らかなさま。②潔白なさま。「安能以二皓皓之白一、而蒙二世俗之塵埃一乎いずくんぞよくこうこうのしろきをもって、せぞくのじんあいをこうむらんや」（潔白なからだに、俗世間のほこりなどかぶってたまるものか。）〈屈原くつげん・漁父辞ぎょほのじ〉③水のひろびろとしたさま。

【皓歯（齒）】こうし(かう) 白い歯。美人の歯の形容。「明眸皓歯めいぼうこうし今何在いまいずくにありや」〈杜甫とほの詩・哀江頭あいこうとう〉

【皓首】こうしゅ(かう) 白髪の首。老人の意。白頭はくとう。白首はくしゅ。

白7【皕】〔12〕ヒョク 漢 ヒキ 呉 入 職 bì ビー フク 慣 U補J 7695 4625 ②8178

意味 〈にひゃく〉二百。

白8【皙】〔13〕セキ 漢 入 錫 xī シー U補J 7699 — 6612

意味 ①皮膚の白いこと。「白皙」②白い。③実のならないなつめ。

参考 「晳せき」は別字。

白10【皚】〔15〕ガイ 漢 平 灰 ái アイ U補J 769A — 6613

氵10【溰】〔12〕同字 U補J 51D2 — 1904

意味 白い。霜や雪の白いこと。「皚然」

【皚皚】がいがい ①霜・雪が一面に白いさま。②花が一面に白く咲くさま。

白10【皛】〔15〕 一キョウ 漢 一上 篠 xiǎo シアオ、jiǎo チアオ （ケウ） 二ハク 漢 二入 陌 pāi パイ U補J 769B 4626 ①8865

意味 一①明らか。②白い。二たたく。うつ。

【皛皛】きょうきょう(けうけう) 白いさま。明らかなさま。

白10【皜】〔15〕コウ 漢 上 皓 hào ハオ （カウ） U補J 769C 4627 ②8179

意味 ＝皓・皞 ①白い。②正しい。③きよらか。

【皜皜】こうこう(かうかう) ①まっ白なさま。純白。＝皓皓 ②堅実で正しいこと。【―乎】こうこ(かう) 非常に白いさま。

白10【皝】〔15〕コウ（クヮウ） 漢 上 養 huǎng ホワン オウ（ワウ） 慣 U補J 769D 4628 ①8866

意味 人の名に用いる。前燕えんの創建者の慕容皝ぼようこう。

白10【皞】〔15〕コウ 漢 上 皓 hào ハオ （カウ） U補J 769E — ①8867

日10【暤】〔14〕本字 U補J 66A4 3456 —

日11【暭】〔15〕俗字 U補J 66AD 3457 ②1415

白11【皡】〔16〕同字 U補J 76A1 — ②8180

白12【皥】〔17〕俗字 U補J 76A5 4634 —

意味 ＝皓・皜 ①けがれなく明るい。②白い。③心が広くおちついたさま。④神の名。「少皞」は春、「太皞」は夏の神。

【皞皞】こうこう(かうかう) 心がひろくゆったりとしているさま。皞如。

白10【皣】〔15〕同 →皣（本ページ・下）

白10〖魄〗→鬼部五画（一四一七ページ・上）

白11【皠】〔16〕サイ 漢 上 賄 cuǐ ツォイ スイ 呉 U補J 76A0 4630 ②8181

意味 ①高く険けわしい。②純白のさま。

白11【皟】〔16〕サク 漢 入 陌 zé ツォー シャク 呉 U補J 769F 4629 —

意味 ①きれい。よごれがない。②まっしろ。純白。③土地がやせている。

5画

玄玉(王)瓜(瓜)瓦甘生用田疋(⺪)疒癶白⬅皮⬅皿目(罒)矛矢石示(ネ)内禾穴立

白11【皥】〔16〕同 →皞（本ページ・中）

白12【皤】〔17〕ハ 漢 平 歌 pó ポー U補J 76A4 4633 —

意味 ①老人の髪の毛の白いさま。「皤皤はは」②白い。「皤如はじょ」「皤然」③腹の大きく、肥えたさま。

白12【皣】〔17〕ヨウ 漢 呉 （エフ） 入 葉 yè イエ U補J — — —

白10【皣】〔15〕同字 U補J 76A3 4632 —

意味 ①草木の花の白いさま。②明るい。＝曄よう

白12【皢】〔17〕同 →暁（五九五ページ・中）

白12【皥】〔17〕俗 →皞（本ページ・中）

白13【皧】〔18〕アイ 漢 呉 去 隊 ài アイ U補J 76A7 4636 ②8182

意味 ①清い。よごれがない。②白い。

白13【皦】〔18〕キョウ 漢 上 篠 jiǎo チアオ （ケウ） U補J 76A6 4635 ①8868

意味 ①白い。玉や石が白い。②明らか。＝皎「皦皦きょうきょう」「皦然」「皦日きょうじつ」③きよらか。

【皦如】きょうじょ(けう) 音曲の音色がはっきりしているさま。

白13【皨】〔18〕同 →星（五九一ページ・中）

白15【皫】〔20〕ヒョウ 漢 上 篠 piǎo ピアオ （ヘウ） U補J 76AB — —

意味 ①白い。②鳥の羽の、つやのないこと。③物の色のつやのないこと。

白15【皪】〔20〕 一レキ 漢 一入 錫 lì リー 二ラク 漢 二入 薬 luò ルオ U補J 76AA 4638 ①8869

意味 一的皪てきれきは、①白いさま。②明るいさま。③輝くさま。二白い色。

白18【皭】〔23〕シャク 漢 入 薬 jiào チアオ U補J 76AD 4639 —

意味 ①白い。②きよらか。けがれがない。

5画 皮部 けがわ ひのかわ

【部首解説】「𠂆」と「又」を合わせて、「手で皮をは

ぐこと」を表す。この部には、皮膚の状態に関連するものが多く、「皮」の形を構成要素とする文字が属する。

皮0 **【皮】**〔5〕学3 ヒ かわ ヒ 漢 平 支 pí ピー J4073 補 U76AE

筆順 ノ 厂 广 皮 皮

意味 ①〈**かわ**（かは）〉㋐毛皮。毛をとったものを革という。㋑人の皮膚。㋒物の表面。②表面。うわつら。うわべ。③かわごろも。皮で作った着物。「皮裘」④まと。皮を張った弓のまと。⑤皮をはぐ。⑥姓。

解字 形声。广と又を合わせた字。又は手で、形を表す。广は爲の略で、音を示すとともに、てながざるの意味を表す。皮は、手でけものの皮をはぎとることである。他の説に、皮は被と同じで、けものの皮を手で引きよせてかぶることとか、广は離す意味で、皮は、手ではがすことであるとかいう。

【皮裘】皮ごろも。

【皮日休】晩唐の詩人。字は逸少、のち襲美。「皮子文藪」がある。

【皮相】①うわつら。表面。②うわべの事しか知らない。浅薄。【——之見】物事のうわべだけしかみない見方。

【皮肉】①皮と肉。②あさはか。浅薄なこと。皮相。③国意地の悪い非難。

【皮膚】一 からだの表面をおおいつつんでいる薄い皮。二 pífū 現一に同じ。

【皮幣】美しいけものの皮や、絹織物。りっぱな贈り物。

【皮弁】鹿皮で作った冠。朝廷に出廷するときに用いた。弁は冠。

【皮鞋】píxié 現短ぐつ。

【皮帯(帶)】pídài 現革のバンド。

◇牛皮・毛皮・竹皮・表皮・帯皮・脱皮・敷皮・樹皮・鉄面皮

皮3 **【皯】**〔8〕カン 漢 呉 上 旱 gǎn カン J②8184 補 U76AF

意味 皮膚が黒ずむ。やつれる。

皮5 **【皰】**〔10〕ホウ（ハウ） 漢 去 効 pào パオ J6614 補 U76B0

意味 ①〈**にきび**〉青年期に、顔にできるふきでもの。②もがさ。手足にできる、水泡状のできもの。

【皰瘡】国天然痘。もがさ。＝疱瘡

5画

玄玉(王)瓜(瓜)瓦甘生用田疋(⻊)疒癶白皮皿目(罒)矛矢石示(礻)内禾穴立

皮7 **【皴】**〔12〕シュン 漢 平 真 cūn ツン J6615 補 U76B4

意味 ①〈**しわ**〉皮膚の表面にしわがよること。②〈**ひび**〉〈**あかぎれ**〉寒さで皮膚がさけること。③ものの表面がざらざらすること。④皴法は、山や石のひだを描く画法の一つ。

皮9 **【皸】**〔14〕クン 漢 平 文 jūn チュン J6616 補 U76B8

意味 〈**ひび**〉〈**あかぎれ**〉寒さで皮膚がさけること。

皮9 **【皹】**〔14〕同字 J6617 補 U76B9

【皸裂】ひび・あかぎれがきれること。

皮9 **【皶】**〔14〕一 サ 漢 一 平 麻 zhā チャー 二 ソ 漢 二 上 麌 cǔ ツー J①8870 補 U76B6

意味 一 ①赤鼻。②にきび。二 ひび。

皮9 **【皻】**〔14〕同 ↓皶(本ページ・中)

皮9 **【皷】**〔14〕同 ↓鼓(一四五〇ページ・上)

皮10 **【皺】**〔15〕標 シュウ（シウ） 漢 去 宥 zhòu チョウ シュ 呉 スウ 慣 J6618 補 U76BA

意味 ①〈**しわ**〉㋐皮膚がたるんでできるひだ。「皺面」㋑物の表面のしわ。②しわをよせる。③栗などのいが。

【皺月】水面に映る月。

◇大皺・小皺

皮11 **【皻】**〔16〕サ 漢 平 麻 zhā チャー 補 U76BB

意味 ①にきび。皮下にできる米粒状のできもの。②小鼻の両側が、赤くぶつぶつふくれる症状。

皮13 **【皽】**〔18〕一 ショウ（セウ） 漢 呉 一 平 蕭 zhāo チャオ 二 セン 漢 二 上 銑 zhǎn チャン J4640 補 U76BD

意味 一 かわ。皮膚のうすかわ。二 はなれる。

5画 皿部 さら

【部首解説】「食物をのせるうつわ」にかたどり、「さら」を表す。この部には、皿やうつわの状態・使用に関連するものが多く、「皿」の形を構成要素とする文字が属する。

皿0 **【皿】**〔5〕学3 さら ベイ 漢 上 梗 mǐn ミン J2714 補 U76BF

筆順 丨 冂 冂 冊 皿

意味 ①〈**さら**〉食物を盛る平らな器。②食器のおおい。

解字 象形。飯や食物をのせるうつわの形。

◇大皿・小皿

皿2 **【盁】**〔7〕同 ↓盈(本ページ・下)

皿3 **【盂】**〔8〕標 ウ 漢 呉 平 虞 yú ユィ J6619 補 U76C2

意味 ①わん。はち。飲食物の容器。②狩猟の陣形の名。③地名。㋐河南省睢県の地。㋑山西省陽曲県の地。

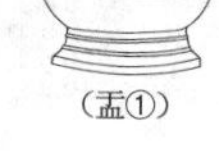

（盂①）

【盂蘭(蘭)盆】仏陰暦の七月十五日に行う仏事。盂蘭は梵語で、さかさにつるされるの意。さかさにつるされたのを救う。つまり死者の苦を救う仏事。盂蘭盆会。

【盂方水方】盂方なれば水方なり 容器が方形であれば、中の水も方形となる。民の善悪は、君主の善悪によって左右されることのたとえ。〈韓非子・外儲説〉

◇腎盂

皿3 **【盂】**〔8〕同字 J— 補 U2F93D

皿3 『孟』→子部五画(三五八ページ・上)

皿4 **【盈】**〔9〕エイ 漢 ヨウ（ヤウ） 呉 平 庚 yíng イン J1746 補 U76C8

意味 ①〈**み・ちる**（—・つ）〉いっぱいになる。②いっぱいになってこぼれる。「盈満」③あふれる。④あまる。みなぎる。⑤満月になる。「盈月」⑥姓。

皿2 **【盁】**〔7〕同字 J4641 補 U76C1

地名 盈田

【盈溢】みちあふれること。いっぱいになって、こぼれる。

【盈盈】えいえい ①水がみちあふれるさま。「盈盈一水間（えいえいたるいっすいのかん）」（水のみちあふれた一すじの川をへだてている。）〈文選もんぜん・古詩十九首〉②しとやかな美女の形容。
【盈羨】えいせん みち余る。みちあふれる。盈溢えいいつ。
【盈科】えいか（くゎ） 水の流れは、穴をみたして後、先に進む。科は、穴の意。学問も同様に順を追って先に進むべきであるというたとえ。〈孟子もうし・離婁りろう下〉
【盈虧】えいき 月がみちることと、かけること。
【盈虚（虛）】えいきょ ①いっぱいになることと、からになること。②みちることと、かけること。
【盈月】えいげつ もちづき。満月。十五夜の月。
【盈縮】えいしゅく みちることと、ちぢむこと。伸縮しんしゅく。
【盈満（滿）】えいまん ①みちる。いっぱいになる。②富貴・権勢などが強大なさま。
【盈則虧】みつればすなわち（すなはち）かく 月もみちれば必ずかける。転じて、物事も極盛に達すれば必ず衰えに向かう意。〈史記・蔡沢さいたく列伝〉

皿4【盅】〔9〕 一チュウ 漢 一平 東 chōng チョン 二チュウ 漢 二平 東 zhōng チョン　J ①8871 補 4642 U 76C5
[意味] 一むなしい。容器のなかに何もないこと。二小さなさかずき。

皿4【盆】〔9〕 [常] ボン　ホン 漢 平 元 ボン 呉 pén ペン　J 4363 補 U 76C6
[筆順] 八 分 分 分 岔 岔 盆 盆
[意味] ①はち。ほとぎ。水や酒などをいれる浅めの口の広いつわ。②古代の炊器。③古代の計量器。④あふれる。[国]①茶器・食器などをのせる平らな台。②盂蘭盆会うらぼんえの略。陰暦七月十五日に行う仏事。
[解字] 形声。皿が形を表し、分ふんが音を示す。皿はさら。分は、大きいという気持ちを含む。盆は、大きいさらである。
【盆景】ぼんけい 鉢に木などを植え、自然の風景に似せて作ったもの。
【盆地】ぼんち 四方が山や高地で囲まれた平地。
【盆瓿】ぼんぶ 酒・汁しるなど飲み物を入れる土器。
『傾レ盆』ぼんをかたむく 雨がどしゃぶりに降る形容。
『鼓レ盆而歌』ぼんをこしてうたう（うたふ） 昔、荘子そうじが妻を失ったとき、少しも悲しまず、盆をたたいて歌ったという故事。生死にとらわれない思想を表す。〈荘子そうじ・至楽しらく〉
◇茶盆ちゃぼん・盂蘭盆うらぼん

皿4【盇】〔9〕 [本] ↓盍（本ページ・下）

皿4【盋】〔9〕 [同] ↓鉢（一二九一ページ・中）

皿4【盃】〔9〕 [俗] ↓杯（六二九ページ・上）

皿5【益】〔10〕 [学]5 エキ・ヤク　J 1755 補 U 76CA
[旧字] 皿5【益】〔10〕 エキ 漢 入 陌 ヤク 呉 yì イー　J 補 U FA17
[筆順] ⺍ 䒑 䒑 䒑 兴 兴 益 益
[意味] ①みちあふれる。＝溢いつ ②〈ま・す〉㋐ふやす。ふえる。㋑つけ加える。③ためになる。役に立つ。④利益。もうけ。⑤〈ますます〉いよいよ ⑥易えきの卦かの名。
[解字] 会意。水を横にした形と、皿を合わせた字。益は、皿さらの上に水をいっぱいにした形で「ます」「ゆたか」という意味になる。
[名前] み・あり・のり・まし・また・みつ・やす・よし・すすむ
[姓] 益子ましこ
[地名] 益田ました・益子ましこ
[難読] 益益ますます・益荒男ますらお
【益者三友】えきしゃさんゆう（いう） 交わって利益となる三つの友。直（直言する人）・諒りょう（誠実の人）・多聞（見聞の広い人）の三つ。〈論語・季氏きし〉
【益州】えきしゅう（しう） 漢代の州の名。現在の四川しせん省広漢こうかん県北。三国時代の蜀漢しょっかんの地。唐代以後は成都と改められた。
【益友】えきゆう（いう） ためになるよい友人。
◇公益こうえき・収益しゅうえき・有益ゆうえき・利益りえき・純益じゅんえき・無益むえき・むやく・損益そんえき・増益ぞうえき

皿5【盎】〔10〕 オウ 漢 去 漾 （アウ） àng アン　J ①8873 補 4646 U 76CE
[意味] ①はち。ほとぎ。酒などをいれる腹のふくれたかめ。②盛んなさま。③みちあふれるさま。「盎然おうぜん」「盎盎おうおう」
【盎甌】おうおう（あうおう） 土器の小ばち。
【盎水】おうすい（あうすい） 水盤の中にいれた水。

皿5【𥁕】〔10〕 オン 漢 呉 平 元 （ヲン） wēn ウエン　J ②8187 補 U 25055

日5【昷】〔9〕 [同字]　J ― 補 3416 U 6637
[意味] （昷は、字体記述要素。溫おん、慍うんなどを構成する。）＝温おん ①あたたかい。②おもいやりのある。

皿5【盉】〔10〕 カ 漢 平 歌 （クヮ） hé ホー　J ②8186 補 4643 U 76C9
[意味] ①中国戦国時代の青銅製の酒器。②ととのえる。調和させる。

（盉①）

皿5【盍】〔10〕 コウ 漢 入 合 （カフ） hé ホー　J 6620 補 U 76CD
[意味] ①〈おお・う（おほ・ふ）〉ふたをする。②あう。集まる。③〈なんぞ…ざる〉どうして…しないのか。疑問詞。「何不かふ」を「盍かふ」の一字に代用したもの。

皿4【盇】〔9〕 本字　J ― 補 U 76C7

[語法] ❶〈なんぞ…ざる〉反問。どうして…しないのか。…してみなさい。再読文字。[類]蓋 [例]「盍三各言二爾志一なんぞおのおのなんじ（なんぢ）のこころざしをいわ（いは）ざる」（それぞれの自分の考えを述べてみなさい）〈論語・公冶長こうやちょう〉▼「何不」を読音の近い「盍」一字で代用したもの。
❷〈なんぞ〉どうして。原因・理由を問う。[類]何・曷 [例]「盍不レ為レ行なんぞこう（かう）をおさめ（をさめ）ざる」（どうして行いをおさめないのか）〈荘子・盗跖とうせき〉

【盍簪】こうしん（かふ） ①友人が寄り集まり、早くやってくる。盍は集まり合う、簪は早いの意。②友人の集まり。

皿5【盌】〔10〕 ワン 漢 上 旱 wǎn ワン　J ①8872 補 4645 U 76CC
[意味] 食器の一種。わん。こばち。＝碗・椀

皿5【益】〔10〕 [旧] ↓益（本ページ・中）

皿5【盋】〔10〕 [同] ↓鉢（一二九一ページ・中）

皿6【盔】〔11〕 カイ 漢 平 灰 （クヮイ） kuī コイ　J ①8874 補 4647 U 76D4
[意味] ①はち。わん。②かぶと。「盔甲かいこう」

皿6【盒】〔11〕 コウ（カフ） 漢 入 合 ゴウ（ガフ） 慣 hé ホー　J 6622 補 U 76D2
[意味] ①さら。はち。②はちのふた。③ふたもの。ふたつきの容器。「香盒こうごう」「飯盒はんごう」

5画 玄玉（王）瓜（瓜）瓦甘生用田疋（⻊）疒癶白皮皿目（罒）矛矢石示（ネ）内禾穴立

皿6 【盛】〔11〕 学6 セイ・ジョウ もる・さかる・さかん J 3225 U補 76DB

旧字 皿7 【盛】〔12〕 U補 FAA7

一 セイ 漢 ジョウ(ジャウ) 呉 一 去 敬 shèng ション

二 セイ 漢 ジョウ(ジャウ) 呉 二 平 庚 chéng チョン

筆順 ノ 厂 成 成 成 成 盛 盛 盛

意味 一①〈さかん〉〈さかり〉㋐勢いがさかんである。㋑みちあふれるさま。㋒多いさま。ゆたかなさま。「盛饌(せいせん)」㋓十分なさま。㋔極点。②〈さか・る〉勢いがでる。③ほめたたえる。④まもり育てる。⑤姓。二①もりもの。祭祀(さいし)の時のそなえもの。また、そなえものをもる容器。②〈も・る〉容器に入れる。国①〈さかん〉はやる。②〈も・る〉㋐高くもりあげる。㋑薬を調合する。㋒度をきざむ。

解字  形声。皿が形を表し、成(せい)が音を示す。皿はさら。成には、まとめるという意味がある。盛は、さらの上にまとめてつみかさねること。

名前 しげ・たけ・もり・しげる

地名 盛岡(もりおか)

【盛者必衰】(じょうしゃひっすい)(じゃうしゃ)——(しょうじゃ)(しゃうじゃ)ひっすい 仏栄えている者も、いつかは必ず衰える。〈仁王経(にんのうきょう)・護国品(ごこくぼん)〉

【盛位】(せいい)(ゐ) たっといくらい。高位。顕位(けんい)。

【盛運】(せいうん) ①栄えて行く運命。昌運(しょううん)。②しあわせな運命。好運。

【盛筵】(せいえん) にぎやかで盛んな宴会。＝盛宴

【盛会(會)】(せいかい)(くわい) 非常ににぎやかな会合・集会。

【盛観(觀)】(せいかん)(くわん) 盛んなようす。りっぱな見もの。壮観。

【盛気(氣)】(せいき) 盛りあがった気力。はりきった気分。

【盛儀】(せいぎ) 盛んな儀式。りっぱな式典。盛典。

【盛挙(擧)】(せいきょ) 盛大な計画。りっぱな事業。壮挙(そうきょ)。

【盛京】(せいきょう)(きやう) 地名。瀋陽(しんよう)(もとの奉天)の旧名。清(しん)の太祖の旧都。

【盛況】(せいきょう)(きやう) 盛んなようす。活気にみちた状態。

【盛彊】(せいきょう)(きやう) 勢いが強い。彊は強の意。

【盛業】(せいぎょう)(げふ) ①盛大な事業。②商売が栄える。

【盛事】(せいじ) ①りっぱなこと。盛んなこと。②盛んな事業。

【盛時】(せいじ) 勢いが盛んな時。盛世。

【盛暑】(せいしょ) 暑さの最もひどい時候。酷暑(こくしょ)。

【盛粧】(せいしょう)(しやう) 美しく化粧する。厚化粧(あつげしょう)。

【盛色】(せいしょく) ①美しい顔色。美人。②りっぱな服装。

【盛衰】(せいすい) 盛んなことと衰えること。世のうつりかわり、人生の浮沈。「栄枯(えいこ)盛衰」

【盛饌】(せいせん) 立派な飲食物。

【盛世】(せいせい) 国家が栄えている時代。盛代。盛時。

【盛壮(壯)】(せいそう)(さう) 年ざかりで、元気さかんなこと。

【盛装(裝)】(せいそう)(さう) 美しくりっぱに着飾る。また、その服装。

【盛大】(せいだい) 非常に盛んなさま。

【盛典】(せいてん) 盛大な儀式。盛儀(せいぎ)。

【盛唐】(せいとう)(たう) 文学史上、唐代を四区分した一つで、初唐のつぎ。唐詩の体裁が完成し、李白(りはく)・杜甫(とほ)・王維(おうい)らの大詩人が出た時代。玄宗皇帝の開元(七一三)から粛宗(しゅくそう)の宝応(七六五)に至る約五〇年。↕初唐・中唐・晩唐

【盛徳】(せいとく) ①盛んな徳望がある。りっぱな徳がある。また、その徳。②天地が、万物を生育する気の盛んなこと。

【盛年】(せいねん) 血気盛んな年ごろ。働きざかりの年。壮年。『—不二重来(來)一』(せいねんかさねてきたらず) 若く元気な時代は、二度とやって来ない。〈陶潜(とうせん)の詩・雑詩〉

【盛名】(せいめい) 世間的に有名な評判。世に高い名声・名誉。

【盛誉(譽)】(せいよ) 盛んなほまれ。盛名。

【盛烈】(せいれつ) りっぱな手がら。

△▼日盛(ひざかり)・全盛(ぜんせい)・旺盛(おうせい)・娘盛(むすめざかり)・隆盛(りゅうせい)

皿6 【盗】〔11〕 常 トウ ぬすむ J 3780 U補 76D7

旧字 皿7 【盜】〔12〕 人 トウ(タウ) 漢 去 号 dào タオ J 6125 U補 76DC

筆順 冫 ン 氵 次 咨 咨 盗 盗

意味 ①〈ぬす・む〉㋐人のものを取る。㋑取るべきでないものを奪いとる。「盗位」「盗名」②〈ぬすみ〉③ぬすびと。

解字  会意。次と皿を合わせた字。次は欲で、ほしがること。盗は器物の皿(さら)をほしがることで、人の物をとって、自分のものにすることを表す。

【盗位】(とうい)(たうゐ) 正当な方法によらないで位につく。

【盗汗】(とうかん)(たう) —(ねあせ) 眠っている間にかく汗。寝汗(ねあせ)。

【盗視】(とうし)(たう) ひそかに見る。見ないふりをして見る。

【盗跖】(とうせき)(たう) 人名。中国古代の大盗。〈荘子(そうじ)・盗跖(とうせき)〉＝盗蹠

【盗竊(竊)】(とうせつ)(たう) そっと盗む。盗み。窃盗。

【盗泉】(とうせん)(たう) 泉の名。山東省泗水(しすい)県東にあった。孔子はその名を憎んでその水を飲まなかったという。〈酈道元(れきどうげん)・水経(すいけい)注〉

【盗賊】(とうぞく)(たう) ぬすびと。どろぼう。

【盗難】(とうなん)(たう) 国金や品物を盗まれる災難。

【盗伐】(とうばつ)(たう) 他人が所有する山林の立ち木を盗み切る。

【盗癖】(とうへき)(たう) 他人のものを盗む悪いくせ。

【盗名】(とうめい)(たう) 名を盗む。実力がないのに名声をえる。

【盗用】(とうよう)(たう) 他人の所有物を盗んで使用する。

【盗掠】(とうりゃく)(たう) かすめ取る。盗み取る。

『齎二盗糧一』(とう(たう)にりょう(りゃう)をもたらす) ぬすびとに食糧を持たせてやる。敵の利益をはかってやり、かえって自分の害になることのたとえ。〈史記・范雎(はんしょ)列伝〉

△▼夜盗(やとう)・狗盗(くとう)・窃盗(せっとう)・強盗(ごうとう)・剽盗(ひょうとう)

皿6 【盖】〔11〕 俗 ↓蓋(一〇七三ページ・下)

皿7 【盗】〔12〕 旧 ↓盗(本ページ・中)

皿7 【盛】〔12〕 旧 ↓盛(本ページ・上)

皿7 【盙】〔12〕 俗 ↓簠(九四三ページ・上)

皿8 【盞】〔13〕 サン 漢 上 潸 zhǎn チャン J 6623 U補 76DE

意味 〈さかずき(さかづき)〉①小さなさかずき。②灯火の油ざら。③さかずきを単位としてはかる。

皿8 【盟】〔13〕 学6 メイ J 4433 U補 76DF

一 メイ 漢 一 平 庚 méng モン

二 ボウ(バウ) 漢 モウ(マウ) 慣 二 去 敬 mèng モン

筆順 冂 日 明 明 明 明 盟 盟

意味 一①〈ちか・う(——・ふ)〉㋐神前でいけにえを殺し、その血をすり合って、お互いの約束を固める。「同盟」「盟誓」㋑かたく約束する。②〈ちかい(ちかひ)〉約束。③モンゴルの行政単位。二地名。盟津(もうしん)。＝孟(もう)

解字  形声。明と皿とを合わせた字。皿は古い形を見ると血の字で、形を表す。明(めい)は音を示すとともに、神明の意味を持つ。ちかいをするとき、いけにえの血をすり合って、神に対して

5画

玄玉(王)瓜(瓜)瓦甘生用田疋(⻊)疒癶白皮皿目(罒)矛矢石示(ネ)内禾穴立

約束することである。一説に、明は、するという意味を含んでいて、盟は、血をすする意味であるという。

【盟契】ちかい。ちぎり。堅い約束。
【盟主】ちかいあった仲間の中の、かしら。〈左伝・襄公〉＝盟首
【盟誓】①ちかう。ちかいをたてる。②ちかい。
【盟府】天子や諸侯がとりかわした、約束の文書をしまっておく倉。
【盟邦】同盟をむすんだ国。
【盟約】ちかい。ちかう。
【盟友】親しい交際をむすんでいる友人。盟兄。
【盟津】地名。河南省孟津県東、黄河の近くの地。
【尋レ盟】もとのちかいを、さらに強力にする。〈左伝・哀公〉↕寒レ盟

◇▼加盟・同盟・連盟

皿8【盝】〔13〕ロク 漢 入 屋 lù ルー U補J 76DD
意味 ①したたらして水を除く。なくなる。②小箱。

皿8〖塩〗(二九六ページ・上)↓土部十画

皿8〖蓋〗(一〇七三ページ・下)↓艸部十画

皿9【盠】〔14〕レイ 漢 平 斉 lí リー U補J 76E0 4649
意味 ①古代の官名。②ひょうたんで作ったおわん。③虫が木の芯を食う。＝蠡

皿9【盡】〔14〕旧 四ページ・上)↓尽(三九

皿9〖氳〗(六九六ページ・上)↓气部十画

皿10【監】〔15〕常 カン
■一カン 漢 ケン 呉 ■一平 咸 jiān チエン
■二カン 漢 ■二去 陥 jiàn チエン
U補J 76E3 2038

筆順 丨 ｢ 𠂇 戶 臣 臣⺅ 監 監

言14【譼】〔21〕同字 U補J 8B7C 6253

意味 ■一①〈みる〉㋐上から見おろす。㋑みはる。監視する。②つかさどる。③古代、政治を代行すること。④おさ。かしら。⑤ろうや。監獄。■二①水をはったたらいで姿をうつす。②水かがみ。かがみ。③〈かんが・みる〉＝鑑 ㋐かがみにうつして見る。㋑手本にてらし考える。④いましめ。手本。＝鑑 ⑤官名。「四監」 ⑥役所の名。「国子監」 ⑦宦官をいう。「太監」

解字 (篆文) 会意。臣と⺅および皿からなる。臣は目、⺅は人の体をかたどる。皿は水をはったたらい。水かがみをのぞきこむ姿から、監はうつしてみるの意。

名前 み・あき・かね・ただ・てる・あきら　姓 監物

参考 臣を六画に数え、皿部九画とする場合もある。

【監河侯】戦国時代、魏の文侯のこと。一説に西河のほとりの県令(村長)。荘子に金を貸そうとした人。〈荘子・外物〉

【監宮】宮女のとりしまり。女官長。

【監禁】人を一定の場所におしこめ、自由を奪う。

【監軍】軍隊を取り締まる役。いくさめつけ。侍大将。

【監護】見まもる。かばいながら見張る。監督し保護する。

【監国(國)】①諸侯の国を監視する。②国の政治を監督する。③太子。

【監獄】犯罪人、刑事被告人などを拘禁する施設。

【監査】監督し、取り調べる。取り締まり調べる。【――役】株式会社の役員の一つ。株主から選ばれ、会社の仕事を監督・検査する監督機関。

【監察】調べる。監督する。また、その人。【――御史】役人のよしあしを調べ、農業を監督し、盗賊を取り締まったりする役人。

【監司】州・郡を監察する官。憲司。

【監視】気をつけて見張る。見張り。

【監者】城門を守る人。門番。

【監守】取り締まること。監督守護すること。


【監修】文書・書籍をつくる監督をする。また、その人。

【監生】国子監の学生。大学生。国子監は大学。

【監督】仕事を見張り、取り締まる。また、その人。【――官庁(廳)】法律上、下級の官庁や、公共団体などを監督する権利をもっている上級官庁。

【監房】刑務所で罪人を入れておくへや。

【監本】国子監(貴族の子弟や、一般の秀才を教育する所)で出版した本。

【監門】門の出入りを見張る役。門番。

【監理】取り締まる。

【監物】国昔、中務省の属官で、大蔵・内蔵などの出納の監視をつかさどった役人。

◇▼舎監・総監

皿10【盤】〔15〕常 バン
ハン 漢 平 寒
バン 呉 pán パン
U補J 76E4 4055

筆順 丿 𠃌 舟 舟 舟⺄ 般 盤 盤

意味 ①浅くて平たい大ざら。食物をのせる容器。「盤盂」 ②体を洗うたらい。③まがりくねる。まがる。「盤縈」 ④わだかまる。わのように、まるくかがまる。＝蟠 ⑤うずまき。「盤渦」 ⑥大きな石。＝磐 「盤石」 ⑦たのしむ。「盤遊」 ⑧現皿に盛ったものなどを数える量詞。国物をのせる台。「碁盤」

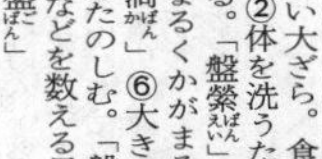
(盤 ①)

原義と派生義

監
(水かがみにうつった姿を) みる
- (上から下のものを) みる・おさめる「監督」
  - みはる・とりしまる「監察」
    - 役人「太監」
    - 牢獄「監獄」
  - つかさどる「監修」
- かがみ ― 手本・いましめ
- (前例・手本などにてらして) かんがみる・みさだめる

解字 形声。皿が形を表し、般(はん)が音を示す。皿はさら。般には、平らなという意味がある。盤は平らなさらをいう。一説に、般には、手を洗う意味を含むから、盤は、手洗い水をうける器をいうとする。

名前 まる・やす 姓 盤若(はんにゃ) 地名 盤谷(バンコク) 難読 盤陀(はんだ)

参考 新表記では、「磐」の書きかえに用いる熟語がある。

【盤盂】(ばんう) ①食物を盛るさらや鉢。②書物の名。

【盤紆】(ばんう) わだかまり、まがる。ぐるぐるとめぐる。曲折が多い。屈曲。

【盤渦】(ばんか(くゎ)) ①うずをまく。②うず。

【盤牙】(ばんが) たがいに入り組んでいる。盤互(ばんご)。

【盤回(「廻」)】(ばんかい(くゎい)) ぐるぐると、まわりめぐる。

【盤桓】(ばんかん(くゎん)) ①進みにくいさま。立ち去りにくいさま。「撫二孤松一而盤桓(こしょうをぶしてばんかんす)」(撫二孤松一は、一本だけ離れて立っている松をなでる。)〈陶潜(とうせん)・帰去来辞(ききょらいのじ)〉 ②ぐずぐずして心のきまらないさま。

【盤拠(據)】(ばんきょ) よりどころが広く、しっかりしている。わだかまり、よる。

【盤踞】(ばんきょ) がっしりと根をすえて守る。

【盤曲】(ばんきょく) ①まがりくねる。盤屈。盤盤。②わだかまること。

【盤屈】(ばんくつ) めぐりまわる。屈曲。盤曲。

【盤古】(ばんこ) ①おおむかし。太古。②伝説にある中国古代の天子の名。

【盤盒】(ばんこう(かふ)) 小さな鉢と、ふたのある小箱。

【盤谷】 一 (ばんこく) 河南省済源(せいげん)市の北の地名。 二 (バンコク) 地名。タイ王国の首府 Bangkok の音訳。

【盤根錯節(節)】(ばんこんさくせつ) まがりくねった木の根と、入り組んだ木の節(ふし)。物事の困難なたとえ。〈後漢書(ごかんじょ)・虞詡(ぐく)伝〉 〔不レ遇二――一、何以別二利器一乎〕(ばんこんさくせつにあわ(あは)ずんば、なにをもってりきをわかたん) 曲がった木の根や、入り組んだ節(ふし)を切ってみないと、どうして鋭い刃物を見分けられよう。転じて、困難に出会わないと、優れた才能がわからないというたとえ。〈後漢書(ごかんじょ)・虞詡(ぐく)伝〉

【盤坐】(ばんざ) あぐらをかいてすわる。安らかにすわる。

【盤錯】(ばんさく) ①入り組んでまじわる。事の困難なさま。②「盤根錯節(ばんこんさくせつ)」の略。

【盤珊】(ばんさん) よろよろと、足どりの定まらぬさま。

【盤散】(ばんさん) ①片足をひいて歩くさま。②よろよろ歩くさま。＝盤跚・盤珊

【盤渉】(ばんしき) 国 日本の十二律の一つ。【――調】(ばんしきちょう(てう)) 盤渉を主音とする雅楽の調子。

【盤繞】(ばんじょう(ぜう)) ぐるぐると、まといめぐらす。

【盤食】(ばんしょく) 大きなさらに盛った食べ物。

【盤石】(ばんせき・ばんじゃく) ①大きい岩。②堅固で動かないさま。「君当レ作二盤石一」(きみはまさにばんじゃくとなるべし)〈古詩・焦仲卿妻(しょうちゅうけいのつま)〉 ＝磐石 【――之安】(ばんじゃくのやすき) きわめて堅固なたとえ。

【盤折】(ばんせつ) まがりくねる。盤回。盤曲。曲折(きょくせつ)。

【盤旋】(ばんせん) ①ぐるぐると、まわっている。めぐり歩く。②遊びめぐる。

【盤饌】(ばんせん) 大ざらのごちそう。

【盤飡】(ばんそん) さらなどに盛った食物。＝盤飧

【盤飧】(ばんそん) 大ざらに盛った食物。＝盤飡

【盤陀】 一 (ばんだ) ①石がごつごつしていて平らでない。②馬のくら。 二 (ハンダ) 錫(すず)と鉛との合金。金属の接合に使用。＝半田

【盤中飧】(ばんちゅう(ちう)のそん) 大ざらに盛った飯。

【盤飣】(ばんてい) 鉢に、食物をたくわえること。また、間食用にそなえた食物。

【盤纏】(ばんてん) 旅費。旅行の費用。盤費(ばんぴ)。

【盤盤】(ばんばん) ぐるぐるとまわりめぐるさま。

【盤舞】(ばんぶ) ぐるぐるとまわりながら舞う。また、まわしながら舞う。

【盤遊】(ばんゆう(いう)) 楽しみ遊ぶ。

【盤子】(パンツ) pánzi 現 大ざら。

◆水盤(すいばん)・円盤(えんばん)・石盤(せきばん)・地盤(じばん)・吸盤(きゅうばん)・胚盤(はいばん)・胎盤(たいばん)・骨盤(こつばん)・旋盤(せんばん)・碁盤(ごばん)・算盤(そろばん)・銅盤(どうばん)・鍵盤(けんばん)・羅針盤(らしんばん)

皿11 【盦】〔16〕 アン 漢 平 覃 ān アン J ①8875 補 4650 U 76E6

意味 ①ふたのついた器(うつわ)。②器のふた。③＝庵(四三七ページ・中)

(盦 ①)

皿11 【盥】〔16〕 一 カン(クヮン) 漢 去 翰 guàn コワン 二 カン(クヮン) 漢 上 旱 guǎn コワン J 6625 U 76E5

水5 【氺】〔9〕 同字 補 3910 U 6CF4

意味 一二 ①〈たらい(たらひ)〉手を洗う器。「盥器(かんき)」 ②手を洗う。「盥浴(かんよく)」 ③すすぐ。洗い清める。「盥濯(かんたく)」

【盥櫛】(かん(くゎん)しつ) 盥は、たらい。櫛は、くし。顔を洗い、髪をすく。化粧すること。

【盥洗】(かん(くゎん)せん) 手足を洗う。

【盥漱】(かん(くゎん)そう) 手を洗い、口をすすぐ。起床後の動作。

【盥嗽】(かん(くゎん)そう) 「盥漱(かんそう)」に同じ。

【盥濯】(かん(くゎん)たく) すすぎ洗う。濯盥。

【盥沐】(かん(くゎん)もく) 顔や髪を洗う。また、行水(ぎょうずい)する。

皿11 【盧】〔16〕 ロ 漢 呉 平 虞 lú ルー J 6626 U 76E7

意味 ①飯びつ。②火を入れる器。＝炉(ろ) ③酒屋のかまどの台。④酒を売る所。⑤黒い。「盧弓」 ⑥ひとみ。「清盧」 ⑦樗蒲(ちょぼ)(かけごとの一種)の、賽(さい)の目の名。⑧頭蓋骨。＝顱(ろ) ⑨あし。よし。＝蘆(ろ) ⑩ゆうがお。ふくべ。

【盧橘】(ろきつ) ①枇杷(びわ)の別名。②金柑(きんかん)の別名。「盧橘花開楓葉衰(ろきつはなひらきふうようおとろう)」〈戴叔倫(たいしゅくりん)・湘南即事(しょうなんそくじ)〉

【盧胡】(ろこ) しのび笑い。のどもとで、ひそかに笑う。

【盧照鄰】(ろしょう(せう)りん) 人名。初唐の詩人・文人。四傑(王勃(おうぼつ)・楊炯(ようけい)・駱賓王(らくひんおう)・盧照鄰)の一人。病のため自殺した。(六三七～六八九?)

【盧綸】(ろりん) 人名。唐の詩人。徳宗に仕えて、そのすぐれた詩才をたたえられた。「盧綸集」十巻がある。

『盧生之夢』(ろせいのゆめ) 人生の栄枯盛衰は、まるで夢のようにはかないというたとえ。盧生が、邯鄲(かんたん)の旅宿で、道士呂翁(りょおう)から枕(まくら)を借りて眠ったところ、宿屋の主人が炊事をする間に、栄えたり衰えたり、長い一生の夢を見た故事。一炊之夢。邯鄲之夢。〈沈既済(しんきさい)・枕中記(ちんちゅうき)〉

皿11 【盬】〔16〕 gǔ クー U補J 4007

意味 現 盬子(クーツ) gǔzi は、料理に用いる深い鍋(なべ)。

皿12 【盨】〔17〕 ソ 漢 ス 慣 ショ 呉 上 語 xǔ シュイ J ②8188 補 4651 U 76E8

意味 青銅器の一種。口が楕円(だえん)形で、ふたと取っ手があり、食器として用いられる。

皿12 【盩】〔17〕 チュウ(チウ) 漢 平 尤 zhōu チョウ U 76E9

意味 ①打つ。②盩厔(ちゅうちつ)は、旧県名。今の周至。陝西(せんせい)省西安の西。③ひきぬく。＝抽

皿12 【盪】〔17〕 トウ(タウ) 漢 去 漾 dàng タン J 6627 U 76EA

意味 ①あらう。あらい清める。②〈うご・く〉うごかす。「震盪(しんとう)」 ③ほしいままにする。④突く。突き殺す。

【盪夷】(とう(たう)い) 賊を討ち平らげる。

【盪撃(擊)】(とう(たう)げき) 水と水とが、激しくぶつかりあう。

【盪舟】(とう(たう)しゅう(しう)) 舟を陸上から動かし進める。一説に、舟をひっくりかえす。

【盪尽(盡)】(とう(たう)じん) すっかりなくなる。＝蕩尽

【盪滌】よごれを洗いすすぐ。けがれをとりのぞく。

【盪盪】①広大なさま。②広くてとりとめがないこと。

皿13
【盬】〔18〕コ 漢 上 麌 gǔ クー　J②8189 補4652 U76EC
意味 ①あらしお。製精してない塩。「盬塩」②もろい。堅くない。③あらい。粗雑。「盬悪」④すする。⑤しばらく。

皿18
【蠱】↓虫部十七画（一一一三ページ・下）

皿19
【鹽】↓鹵部十三画（二九六ページ・上）

5画

目（罒）部　め　めへん

【部首解説】縦にした「目の形」にかたどる。この部には、目の状態や見る動作に関連するものが多く、「目・罒」の形を構成要素とする文字が属する。

目0
【目】〔5〕学1 モク・ボク　め・ま　ボク 漢 モク 呉 入 屋 mù ムー　J4460 補 U76EE
筆順 丨 冂 月 月 目
意味 ①〈め〉〈ま〉㋐まなこ。めだま。動物の、物を見る感覚器官。㋑めつき。まなざし。②見る。㋐見つめる。㋑めくばせする。㋒注意する。目をつける。③かなめ。重要な点。④箇条。条目。細かい区別。「項目」⑤…という。…と称する。⑥しなさだめする。評価する。国①〈め〉㋐めもり。「目方」㋑目方の単位。匁。㋒順序を示す接尾語。「三年目」㋓状態を示す。「憂き目」②〈もく〉㋐平安朝時代の第四等官。さかん（主典）。㋑動物学の分類上の名。↕綱・科
解字  象形。人の目の形を、たてにしたもの。古代の字には、ひとみのしるしもついていた。

名前 ま・より 地名 目梨 難読 真面目（付表）／目差し・目出度い・目眩・目利安・目論見
【目逆】ことばや態度には表さず、目で迎える。↕目送
【目撃(擊)】その場で、実際に見る。

【目算】①見積もり。目分量。②計画の予想。

【目指】口でいわず、めくばせでさしずする。

【目眥】まなじり。目じり。【――尽(盡)裂】目じりがさけんばかりに、大きく目を開く。目を大きく見開いて、にらみつけること。〈史記・項羽本紀〉

【目次】書物の見出しの順序。「目で見る。

【目笑】①目と目を見合わせて笑う。②あなどりの」

【目睫】①目とまつげ。②ごく接近していること。

【目前】一 目の前。二 mùqián 現目下。現在。

【目送】目をはなさないで、行く人を見送る。

【目測】目分量ではかる。↕実測
【目代】国①平安・鎌倉時代に国守が任地にいないとき、代わって事務をとった役人。②室町時代以後は、代官の意味。③昔、寺で、寺領や雑務を処理した役。

【目的】一 めあて。めざすもの。「目的地」「目的物」二 mùdì 現一に同じ。

【目途】見込み。めあて。あてど。

【目睹】目で見る。睹は、見ること。

【目標】一 目じるし。めあて。二 mùbiāo 現一に同じ。

【目礼(禮)】ことばはかわさずに、目つきでえしゃくし、あいさつする。

【目連】仏釈迦の弟子。地獄におちた母を救うため施餓鬼を行った。盂蘭盆会はこの故事による。

【目録(錄)】①書物の名を書き集めたもの。②書物の内容の、細かい見出しの順序。目次。

【目論】目は小さいものも見えるが、自分のまつ毛は見えない。相手の欠点はわかるが、自分の欠点はわからないこと。〈史記・越王句践世家〉

【目下】一 ①ただいま。現在。②目の前。二 国自分よりも身分・地位が下の者。自分より年の若い者。↕目上
【目耕】目で紙面を耕す意で、読書すること。

【目今】ただいま。さしあたり。

〖遊レ目〗思うままに、眺めまわす。

〖怒レ目〗にらみつける。怒って鋭い目でにらむ。

〖奪レ目〗光で目がくらむ。人目をひく。

〖寓レ目〗目をよせる。注目する。

〖側レ目〗まっすぐ見ないで横目でみる。

〖属(屬)レ目〗注意して見る。注目。注視。
◇▼木目・反目・井目・尻目・布目・名目・伏目・曲目・耳目・式目・条目・役目・刮目・盲目・注目・金目・要目・眉目・科目・品目・面目・茶目・針目・欲目・眼目・細目・鳥目・着目・落目・費目・筋目・結目・衆目・項目・属目・量目・遠目・駄目・境目・総目・綱目・種目・嘱目・瞑目・課目・瞠目・頭目・題目

目2
【盯】〔7〕一 トウ 漢 一 平 庚 chéng チョン　二 テイ 慣 二 ―― dīng ティン　J―― 補―― U76EF
意味 一 ①直視する。「盯矃」②目を見はる。「盯瞪」③にらむ。二 見つめる。

目3
【盰】〔8〕カン 漢 去 翰 gàn カン　J―― 補4653 U76F0
意味 ①白目が大きいさま。②目を大きく見張る。

目3
【盱】〔8〕ク 漢 平 虞 xū シュイ　J①8876 補4654 U76F1
意味 ①目を見はる。②心配する。うれえる。③ほこる。自慢する。④薬草の名。

目3
【盵】〔8〕同字　J―― 補―― U2F941

【盱盱】①目を見はるさま。②得意になってわがままにふるまうさま。

【盱衡】目を見開いて、ぐっとにらむ。

目3
【直】〔8〕学2 チョク・ジキ　ただちに・なおす・なおる　チョク 漢 ジキ(ヂキ) 呉 チ 慣 入 職 zhí チー　J3630 補―― U76F4
筆順 一 十 十 冇 有 有 直 直
意味 ①〈なお・し(なほ・し)〉㋐まっすぐ。「直立」㋑正しい。↕曲 ㋒すなお。㋓かざらない。「直情」②〈なおく・する(なほく・す)〉㋐正しくする。㋑のばす。③〈あた・る〉㋐向かいあう。㋑ひきあたる。相当する。④当番になる。また、宿直する。⑤〈あたい(あたひ)〉ねだん。価値。＝値 ⑥〈ただ〉㋐しかし。㋑やっと。わずかに。㋒もっぱら。まったく。⑦〈ただちに〉㋐すぐに。㋑まっすぐに。国①〈なお・す(なほ・す)〉㋐改める。正しくする。㋑つくろう。㋒病気をなおす。㋓もとのようにする。②〈なお・る(なほ・る)〉もとのようになる。正しくなる。③〈ひた〉ひたすら。いちず。

語法 ❶〈ただ〉〈ただに〉㋐ただ…だけ。わずかに…だ。
例「公罷矣、吾直戯耳」(もうやめてくれ、わしはちょっとふざけてみただけだ)〈史記・叔孫通〉

5画
玄玉(王)瓜(瓜)瓦甘生用田疋(⺪)疒癶白皮皿目(罒)矛矢石示(礻)内禾穴立

尊列伝〉㋑まるで…ようだ。じつに…だ。まったく…だ。なんと…だ。例「何昔日之芳草兮今直為二此蕭艾一也」(どうしたことか、昔は香り高かった芳草が今はなんと雑草になってしまった)〈楚辞・離騒〉

▼㋑の用法では「以前はそうではなかったのに」「本来そうあるべきではないのに」という意外・非難の語気を含むことが多い。↓付録・同訓異義要覧「ただ」

❷〈ただちに〉すぐに。まっすぐに。そのまま。時間的・空間的な間を置かずに続くことを示す。例「回レ車馳還而直入二長楽宮一」(車を返して急いでかえるとそのまま長楽宮に入った)〈史記・外戚世家〉

❸〈ことさらに〉わざと。例「直堕二其履圯下一、顧謂レ良曰」(わざとくつを橋の下に落として、張良のほうを向いて、おい小僧、下に降りてくつを取ってこい、といった)〈史記・留侯世家〉

解字 直 会意。十と目と乚を合わせた字。十は数の十。乚は、曲がり曲がって逃げかくれること。直は、十の目で見れば、逃げかくれできないことから、正しく見ることになる。他の説に、十は正の意味で、直が正しく見ることになるという。

名前 ね・ま・すぐ・ちか・なお・なが・まさ・すなお・ただし・ただす・なおき・のぶる 地名 直入・直方・直江津

難読 直会・直衣・直面・直垂

【直千金】千金のねうちがあること。はかりしれないほどの価値があること。‖値千金〈蘇軾の詩・春夜〉

【直参(參)】国①直接に主君に仕える家来。↕陪臣 ②江戸時代、将軍家に直属した一万石以下の武士。旗本・御家人など。

【直奏】直接、天子に申し上げる。

【直猗】①水が平らに流れる。②波がおだやかに流れる。猗は助詞。〈詩経・伐檀〉

【直衛(衞)】御殿に宿直して守る。

【直言】①他人へ気がねせず、はばかることなく思うことをいう。②正直なことば。

【直後】すぐそのあと。事件の起こった、すぐあと。

【直裁】①その場ですぐきめる。②責任者が自分で決定する。

【直士】道理にかなったことを言い、行う人物。

【直視】まっすぐに見つめる。正面から見る。

【直詞】率直な諫言。

【直日】宿直の日。とのいの当日。

【直射】①まともに照らす。「直射日光」②まっすぐにまともに射る。

【直柔】正直で、ものやわらかなこと。

【直書】事件を、ありのままに書く。

【直省】天子直轄(直接に支配する)の省。

【直情】自分の感情をまる出しにする。【――径(徑)行】周囲の事情などを考えず、自分の思うことをそのまま実行にうつす。〈礼記・檀弓下〉

【直臣】①正直な家来。②正しい事を遠慮しないで申し上げる家来。

【直接】■じかに。じきじきに。↕間接 ■zhíjiē 現■に同じ。【――税】納税者から直接に取りたてる税金。↕間接税

【直截】①てっとりばやく、てきぱきとしていること。②すぐに裁決する。「ちょくさい」は俗読み。

【直線】①まっすぐな線。↕曲線 ②数初等幾何学では二点間の最短距離。【――形】三角形・四角形のように、三つ以上の直線で囲まれた平面図形。

【直前】①すぐ前。目の前。②わきめもふらず進む。

【直属(屬)】直接その下に属する。

【直腸】腸の最後の部分。S状結腸の下にあって、肛門につづく。

【直通】①目的のところにまっすぐに通じる。②乗り物で、乗りかえなしに目的地に行くこと。

【直答】①その場でただちに答える。②間に人を入れず、直接に答える。

【直入】まっしぐらにはいる。「単刀直入」

【直披】国受け取り人が直接自分で封をあけるように、との意味で書く、手紙のわきづけ。親展。

【直筆】■①他にはばからず、ありのままに書く。②筆をまっすぐに立てて書く。↕曲筆 ■国本人自身で書く。また、その書いたもの。自筆。真筆。真跡。

【直方大】正直・方正・巨大の三つの徳。君子の柔順の徳。〈易経・坤卦〉

【直面】■めんと向かう。じかにあい対する。■国①能を演じるとき、面をつけないこと。②直接にあい対すること。

【直夜】宿直した夜。

【直訳(譯)】原文の字句に忠実に翻訳する。

【直喩】二つのものを、直接に比べる修辞法。↕隠喩

【直立】まっすぐに立つ。「直立不動」

【直流】①まっすぐな流れ。②理流れる方向がきまっている電流。↕交流

【直諒】正直で誠実さがある。

【直隷】天子または中央政府に直接に所属する。

【直列】理電池などの陽極と陰極とを交互に一列につなぐこと。↕並列

【直下】①すぐ下。ました。②まっすぐに下る。「飛流直下三千尺」〈李白の詩・望二廬山瀑布一〉

【直角】数九十度の角度。

【直覚(覺)】推理・経験からではなく、じかに感じさとる。直観。

【直轄】直接に治める。

【直感】説明や推理などによらず、直接に物事の真相を感じとる。

【直諫】相手に遠慮しないで忠告する。

【直観(觀)】「直覚」に同じ。

【直躬】正直な躬という名の人。一説に、「躬を直くす」と読み、自分の身を正直に保つ意。〈論語・子路〉

【直系】祖先から子孫まで、まっすぐに続いた血族関係。↕傍系 【――尊属(屬)】祖先から、直接に自分に至るまでの血族。父母・祖父母など。【――卑属(屬)】自分から直接に続いて子孫にいたる血族関係。子・孫など。

【直径(徑)】数円や球の中心を通る直線が、円周または球面と交わる二点の間の線分。さしわたし。

【直行】①まっすぐ進むこと。②正しくまっすぐな行い。③思うとおり行う。

【直衣】国平安時代以来、高貴な男子の平常服。着用のときは、烏帽子・指貫を用いる。

【直垂】国①もとは庶民の平服。②江戸時代は武家の礼服。方領・無紋で、そでぐり・胸ひもがある。風折烏帽子・長袴とともに着用。

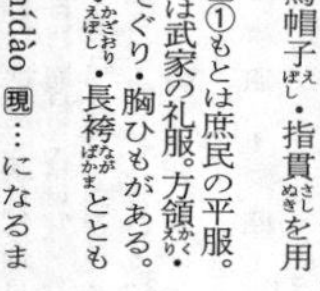

(直垂②)

【直到】zhídào 現…になるま

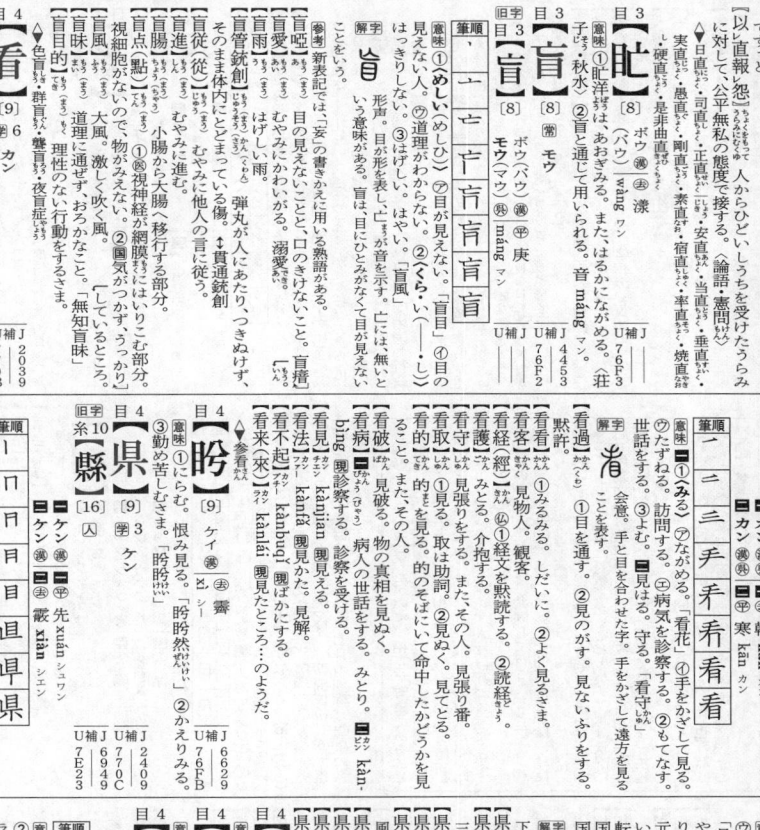

でずっと。

【以レ直報レ怨】(ちょくをもってうらみにむくゆ) 人からひどいしうちを受けたうらみに対して、公平無私の態度で接する。〈論語・憲問(けんもん)〉

◆日直(にっちょく)・司直(しちょく)・正直(しょうじき)・安直(あんちょく)・当直(とうちょく)・垂直(すいちょく)・実直(じっちょく)・愚直(ぐちょく)・剛直(ごうちょく)・素直(すなお)・宿直(しゅくちょく)・率直(そっちょく)・焼直(やきなお)し・硬直(こうちょく)・是非曲直(ぜひきょくちょく)

目 3 【盳】〔8〕 ボウ 漢 去 漾 (バウ) wàng ワン　J ―― 補 ―― U 76F3

意味 ①盳洋(ぼうよう)は、あおぎみる。また、はるかにながめる。〈荘子(そうじ)・秋水〉 ②盲と通じて用いられる。音 máng マン。

目 3 【盲】〔8〕 常 モウ　J 4453 補 ―― U 76F2

旧字 目 3 【盲】〔8〕 ボウ(バウ) 漢 平 庚 モウ(マウ) 呉 máng マン　J ―― 補 ―― U ――

筆順 丶 亠 亡 亡 育 盲 盲 盲

意味 ①〈めしい(めしひ)〉㋐目が見えない。「盲目」 ㋑目の見えない人。㋒道理がわからない。②〈くら・い(――・し)〉はっきりしない。③はげしい。はやい。「盲風」

解字 [篆文] 形声。目が形を表し、亡(ぼう)が音を示す。亡には、無いという意味がある。盲は、目にひとみがなくて目が見えないことをいう。

参考 新表記では、「妄」の書きかえに用いる熟語がある。

【盲唖】(もうあ) 目の見えないことと、口のきけないこと。盲瘖(もういん)

【盲愛】(もうあい) むやみにかわいがる。溺愛(できあい)。

【盲雨】(もうう) はげしい雨。

【盲管銃創】(もうかんじゅうそう) 弾丸が人にあたり、つきぬけず、そのまま体内にとどまっている傷。↔貫通銃創

【盲従(從)】(もうじゅう) むやみに他人の言に従う。

【盲進】(もうしん) むやみに進む。

【盲腸】(もうちょう) 小腸から大腸へ移行する部分。

【盲点(點)】(もうてん) ①医視神経が網膜(もうまく)にはいりこむ部分。視細胞がないので、物がみえない。②国気がつかず、うっかりしているところ。

【盲風】(もうふう) 大風。激しく吹く風。

【盲昧】(もうまい) 道理に通ぜず、おろかなこと。「無知盲昧」

【盲目的】(もうもくてき) 理性のない行動をするさま。

◆色盲(しきもう)・群盲(ぐんもう)・聾盲(ろうもう)・夜盲症(やもうしょう)

目 4 【看】〔9〕 学 6 カン　J 2039 補 ―― U 770B

筆順 一 二 三 手 手 看 看 看

一 カン 漢呉 一 去 翰 kàn カン
二 カン 漢呉 二 平 寒 kān カン

意味 一①〈みる〉㋐ながめる。「看花」 ㋑手をかざして見る。㋒たずねる。訪問する。㋓病気を診察する。②もてなす。世話をする。③よむ。二見はる。守る。「看守(かんしゅ)」

解字 [篆文] 会意。手と目を合わせた字。手をかざして遠方を見ることを表す。

【看過】(かんか(くわ)) ①目を通す。②見のがす。見ないふりをする。黙許。

【看看】(かんかん) ①みるみる。しだいに。②よく見るさま。

【看客】(かんきゃく) 見物人。観客。

【看経(經)】(かんきん) 仏①経文を黙読する。②読経(どきょう)。

【看護】(かんご) みとる。介抱する。

【看守】(かんしゅ) 見張りをする。また、その人。見張り番。

【看取】(かんしゅ) ①見る。取は助詞。②見ぬく。見てとる。

【看的】(かんてき) 的(まと)を見る。的のそばにいて命中したかどうかを見ること。また、その人。

【看破】(かんぱ) 見破る。物の真相を見ぬく。

【看病】 一(かんびょう(びゃう)) 病人の世話をする。みとり。二(カンビン) kànbìng 現診察する。診察を受ける。

【看見】(カンチエン) kànjiàn 現見える。

【看法】(カンファー) kànfǎ 現見かた。見解。

【看不起】(カンプチー) kànbuqǐ 現ばかにする。

【看来(來)】(カンライ) kànlái 現見たところ…のようだ。

◆参看(さんかん)

目 4 【盻】〔9〕 ケイ 漢 去 霽 xì シー　J 6629 補 ―― U 76FB

意味 ①にらむ。恨み見る。「盻盻然(けいけいぜん)」 ②かえりみる。③勤め苦しむさま。「盻盻(けいけい)」

目 4 【県】〔9〕 学 3 ケン　J 2409 補 ―― U 770C

旧字 糸 10 【縣】〔16〕 人 一 ケン 漢 一 平 先 xuán シュワン 二 ケン 漢 二 去 霰 xiàn シエン　J 6949 補 ―― U 7E23

筆順 丨 冂 冃 月 目 且 県 県

意味 一①〈か・ける(――・く)〉㋐つり下げる。㋑結びつける。㋒示す。=懸 ②〈かか・る〉たれさがる。③かけ離れる。「県絶」 ④重さをはかる。「県衡(けんこう)」 ⑤つり下げる楽器。鐘や磬(けい)をいう。⑥姓。二①行政区域の名。㋐周代では郡より大きい。㋑秦(しん)代以降は、郡に属し、唐代は州に属し、宋(そう)・元・明(みん)・清(しん)代は府州に属す。㋒現在は、省、自治区あるいは直轄市に属する。②古代、天子が治めた地。畿内(きない)。転じて天下をいう。「宇県(うけん)」 国①〈あがた〉㋐上代に、諸国にあった皇室や豪族の領地。㋑平安時代、地方官の任国。㋒いなか。地方。②〈けん〉地方自治体の一つ。

解字 [篆文] 会意。県と系を合わせた字。県は、首をさかさにした形。系は、糸でつなぐこと。縣は首をさかさにしてつり下げることで、「かける」という意味になる。

【県主】(あがたぬし) 国昔、県(あがた)を治めた長官。

【県召】(あがためし) 国地方官を任命する公事(くじ)。正月十一日から十三日までに行われた。↔司召(つかさめし)

【県隔】(けんかく) かけ離れる。遠く離れる。=懸隔

【県官】(けんかん(くわん)) ①天子。または朝廷。②州県の官吏。

【県旌】(けんせい) ①旗(旌)をかかげる。②遠くに軍を出す。③旗が風になびくように、心が動揺し不安になるさま。

【県絶】(けんぜつ) ①かけ離れる。②かけたなわが切れる。=懸絶

【県圃】(けんぽ) 昔、仙人(せんにん)が住んでいたといわれる山。玄圃。

【県疣】(けんゆう(いう)) こぶや、いぼ。むだなもののたとえ。懸疣。

【県令】(けんれい) 県の長官。

目 4 【盶】〔9〕 ゲン 漢 上 阮 yuǎn ユワン　J 4655 補 ―― U 76F6

意味 ①見る。②外見が悪い。

目 4 【盹】〔9〕 一 シュン 漢 一 去 震 dǔn トゥン 二 シュン 漢 二 平 真 zhūn チュン　J 4656 補 ―― U 76F9

意味 一いねむり。二盹盹(しゅんしゅん)は、誠実であるさま。

目 4 【盾】〔9〕 常 ジュン たて 一 シュン 漢 ジュン 呉 一 上 軫 shǔn シュン 二 トン 漢 二 上 阮 dùn トゥン　J 2966 補 ―― U 76FE

筆順 一 厂 广 斤 斤 斤 盾 盾

意味 一二①〈たて〉矢・槍(やり)などを防ぐ武器。「盾戈(じゅんか)」 ②星の名。③人名用字。「趙盾(ちょうとん)」 ④〈ギルダー〉もと、オランダの貨幣の単位。

5画
玄玉(王)瓜(瓜)瓦甘生用田疋(⺪)疒癶白皮皿目(罒)矛矢石示(ネ)内禾穴立

解字 盾 会意。𠂆と目を合わせた字。𠂆は「たて」の形を表したもの。盾は、たてをもって、人の目から身を守ることである。一説に、イと十・目を合わせた字とし、盾は、おおぜいの目から、身をかくすことであるという。

◁▼矛盾

目4【省】〔9〕 学4 セイ・ショウ かえりみる・はぶく

一 セイ 漢 ショウ(シャウ) 呉 ｜ 一 上 梗 xǐng シン
二 セイ 漢 ショウ(シャウ) 呉 ｜ 二 上 梗 shěng ション
三 セン 漢 ｜ 三 上 銑 xiǎn シエン

J 3042 ｜ U補 7701

筆順 丿 ⺌ 小 少 少 省 省 省 省

意味 一 ①〈みる〉視察する。調べる。②〈かえり・みる(かへり・みる)〉 ㋐自分の心や行いをよく考える。「反省」 ㋑たずねる。問う。「帰省」「省問」 ③周代、天子が臣下に諸侯を訪ねさせる礼をいう。④つまびらかにする。あきらかにする。⑤よくする。⑥〈あきらか〉はっきりしている。 二 ①〈はぶ・く〉とりのぞく。へらす。簡単にする。「省略」「省約」 ②漢代、中央に置かれた役所名。③中国の行政区画の名。 三 秋の狩り。

解字 省 形声。古い形で見ると、屮と𥃩を合わせたもの。屮は草木が芽を出し始める形で、𥃩は眉の略。省は、草木のまだ芽が出たばかりの細かいものや、眉までで目にとどかないかすかなものまで見ることで、細かくしらべる意味となる。かすかなことから、「へらす」意味にもなる。他の説に、省は、少と目を合わせた字で、目がかすんで見えないこと、目を細めて見ること、などと解する。

名前 み・かみ・みる・よし・あきら・さとる

【省諐録(錄)】書名。佐久間象山の感想録。一巻。

【省悟】反省して、さとる。

【省察】①考えてはっきりさせる。②自分を反省してよく考える。

【省視】①くわしく調べる。②見舞う。

【省試】中国の唐・宋時代、地方の試験に合格した者を集めて中央で行う官吏登用試験。貢挙。貢試。

【省審】じゅうぶんにしらべる。

【省文】①点や画をはぶいた漢字。略字。省筆。②一部の文句をはぶいた文章。

【省墓】墓まいり。墓参。展墓。拝墓。

【省略】はぶく。一部を取り去る。

【省会(會)】shěnghuì 現省政府の所在地。

◁▼三省・内省・反省・帰省・人事不省

目4【相】〔9〕 学3 ソウ・ショウ あい

一 ショウ(シャウ) 漢 ソウ(サウ) 呉 ｜ 一 平 陽 xiāng シアン
二 ショウ(シャウ) 漢 ソウ(サウ) 呉 ｜ 二 去 漾 xiàng シアン

J 3374 ｜ U補 76F8

筆順 一 十 才 木 札 机 相 相 相

目4【眛】〔9〕 同字 J ②8190 ｜ U補 25122

意味 一 ①〈あい(あひ)〉 ㋐たがいに。㋑動詞の上につけ、対象があることを示す。②ただす。③ことなる。 二 ①〈みる〉 ㋐よくみる。㋑うらなう。②〈かたち〉 ㋐顔つき。㋑すがた。③たすける。補佐する。④みちびく。⑤補佐役。⑥大臣。「宰相」 ⑦楽器の名。⑧旧暦七月の別称。⑨星の名。「相星」

語法 ❶〈あい(あひ)〉たがいに。相互が対象であることを示す。例「鄰国相望、鶏犬之声相聞、民至老死不相往来」(隣国どうしがたがいに眺められ、鶏や犬の声はたがいに聞こえてくるほどでありながら、人々は死ぬまで行き来することがない)〈老子・八十〉
❷〈あい(あひ)〉ともに。共同して行うことを示す。例「沛公項羽相与謀」(沛公と項羽は一緒に相談した)〈史記・項羽本紀〉
❸〈あい(あひ)〉動作・行為が一方的にむかい及んでいること、あるいは単に対象があることを示す。訳は状況に応じて動作の対象が明らかになるようにする。例「明月来相照」(明月がやって来て私を照らす)〈王維の詩・竹里館〉
❹〈あい(あひ)〉次々に。同様のことが繰り返されることを示す。例「父子相伝、此漢之約也」(父から子へと次々に[皇位を]伝えるのが漢の規則です)〈史記・魏其侯列伝〉

解字 相 会意。木と目とを合わせた字。地上でいちばんよく目だつものは木である。それで、相は、木と目を合わせ、目が木に向かい合っている形をもって、よく調べ見ることを表した。向かい合うことから、「たがいに」「たすける」意味を生じた。後世は、「たがいに」から発展して、相手に対していう、「あい」の意味も生じた。

名前 さ・み・あう・すけ・とも・はる・まさ 姓 相良・相馬・相賀・相模 地名 相生・相馬・相楽・相模・相模原

難読 相撲(付表)／相応しい

【相印】大臣・宰相の印。「豈能佩六国相印乎」(どうして六国の宰相の印綬を身につけることができようか。)〈史記・蘇秦列伝〉

【相器】大臣となるべき才能・器量。

【相君】大臣のこと。

【相公】大臣・宰相の敬称。相君。

【相国(國)】秦の時に設けられた官で、宰相をいう。

【相才】大臣となるべき才能。

【相事】宰相のしごと。首相の職務。

【相室】①大臣。②嫁のかいぞえ人。

【相者】一 ①会合のとき、主人を助けるかいぞえ役。②おともの者。従者。 二 人相・家相などをみてうらなう人。相人。

【相伴】①客の相手をする。②正客につき従っていっしょにもてなしを受ける。陪食。

【相府】宰相の役所。また、そのすまい。【──蓮(蓮)】①楽府の曲名。南斉の大臣王倹が、秀才を多く召し集めたので、当時の人は倹の府(役所)を蓮花池と呼び、これを歌ったもの。後になって想夫恋となった。②国雅楽の名。音楽のみで舞がない。〈楽府詩集・相府蓮〉

【相門】大臣の家がら。相家。

【相羊】①さまよい歩く。＝相伴・逍遥 ②頼るところがないさま。

【相違】ちがい。両者のちがっている点。

【相応(應)】①あい応じる。②ふさわしい。

【相互】一 ①おたがい。②かわるがわる。 二 xiāng-hù 現 一に同じ。【──扶助】①互いに助け合う。②ロシアの無政府主義者、クロポトキンの主張した学説。ダーウィンが生物の進化は生存競争によると主張したのに反

5画 玄玉(王)瓜(瓜)瓦甘生用田疋(⺪)疒癶白皮皿目(罒)矛矢石示(礻)禸禾穴立

対して、生物・社会の進化は自発的な助け合いによるものと主張した説。

【相好】㊀そうごう（さうがう）たがいに親しい。仲がよい。㊁そうごう（さうがう）顔かたち。人相。すがた。

【相剋】そうこく「相尅」に同じ。

【相尅】そうこく ①五行の運行のしかたで、木は土を、土は水を、水は火を、火は金を、金は木をそれぞれそこなうような関係性があることをいう。↕相生 ②互いに相手に勝とうとして争う。

【相殺】㊀そうさつ（さうさつ）殺しあう。㊁そうさい（さうさい）互いにさしひきして、損得や増減のないようにする。

【相思】そうし（さうし）①相手を思う。したう。②思いあう。慕いあう。

【相似】㊀そうじ（さうじ）①互いに似ている。②数二つの多角形で、対応する角が等しく、対応する辺が比例するとき、相似という。③動種類の異なる生物の器官で、発生の系統は違うが形や作用が同じであること。類似。㊁シアンスー xiāngsì 現㊀の①に同じ。

【相識】そうしき 知り合い。相知。「如二旧相識一」〈左伝・襄公〉「一朝臥レ病無二相識一」（ひとたび病気になると、もうだれひとりたずねてくる友人もなくなる。）〈劉廷芝の詩・代下悲二白頭一翁上〉

【相術】そうじゅつ 人相をみる方法。

【相生】㊀そうしょう（さうしやう）中国古代の学説で、万物を形づくる五つの相である五行（木・火・土・金・水）の運行が、木から火を、火から土を、土から金を、金から水をと、次々に生じ力をますような関係にあること。↕相剋 ㊁あいおい（あひおひ）国①いっしょにはえでる。双生。②一つの根から、二本の幹が分かれ出たもの。

【相乗（乘）】㊀そうじょう 二つ以上の数値をかけあわせる。㊁あいのり（あひのり）車などにいっしょに乗る。

【相人】そうじん（さうじん）①人相を見る。人の顔かたちを見て、その人の運をうらなう。②人相を見る人。人相見。③土・木などで作った人形。

【相続（續）】そうぞく（さうぞく）①受けつぐ。②家督・遺産をつぐこと。

【相対（對）】㊀そうたい（さうたい）①あい対する。②互いに関係を持ち、一方だけでは存立しない関係。↕絶対

【相知】そうち（さうち）知人。知りあい。相識。

【相伝（傳）】そうでん（さうでん）代々伝わる。「一子相伝」

【相当（當）】㊀そうとう（さうたう）①あいあたる。②力が互いにつりあう。ひとしい。㊁シアンタン xiāngdāng 現かなり。

【相同】㊀そうどう 動生物の器官が、外形は変わっていても、もともとの器官の原型が同一なこと。たとえば、鳥のつばさと獣の前足。㊁シアントン xiāngtóng 現同じである。

【相場】ば（さうば）国①時価または市価。②市価の変動によって、その差額をもうけようとする取り引き。

【相反】そうはん 相反する。反対に。

【相誣】そうふ 互いにそしる。互いに悪口をいう。

【相貌】そうぼう（さうばう）顔かたち。姿。

【相撲】㊀そうぼく 組み打ちをして勝負をあらそう。㊁すもう（すまふ）国土俵の中で、ふたりが組みあい、勝負するわざ。

【相聞】そうもん ①互いに便りをやりとりする。②詩歌の部類別の一つ。互いに消息を述べ合うもので、恋愛歌が多い。

【相陽】そうよう（さうやう）国相模の南。湘南地方。中世では、主として鎌倉をさす。

【相輪】そうりん 仏塔の頂上に金属で作られた飾り。九輪。

【相声（聲）】シアンション xiàngsheng 現掛け合い漫談。漫才。

【相信】シアンシン xiāngxìn 現信じる。信用する。

【相片】シアンピエン xiàngpiàn 現写真。＝像片

【相属（屬）】あいぞく（あひぞく）つぎつぎと続く。

◆人相・手相・世相・皮相・血相・死相・色相・丞相・様相・面相・首相・骨相・家相・実相・真相・宰相・滅相・瑞相・賢相

目4【眨】〔9〕ソウ（サフ）漢 入 洽 zhǎ チャー　J 4670 補 U 7728

意味 ①まばたきする。②片目。

目4【眈】〔9〕タン 漢 平 覃 dān タン　J 6630 補 U 7708

意味 ①見おろす。虎がねらい見る。「虎視眈眈」②楽しむ。＝耽

目4【盼】〔9〕ハン 漢 去 諫 pàn パン　J ①8877 補 4657 U 76FC

意味 ①目もとが美しい。目の白黒がはっきりしている。②美人が目を動かすさま。③見る。じっと見る。「盼望」

目4【眉】〔9〕常 ビ・ミ まゆ　ビ 漢 ミ 呉 平 支 méi メイ　J 4093 補 U 7709

筆順

目7【睂】〔12〕本字　J 4680 補 U 7742

意味 ①〈まゆ〉目の上の毛。②ふち。へり。③老人。年より。④美女。⑤額に文字を書く。

解字  象形。目の上の毛の形にかたどったもの。まゆ。

【眉宇】びう ①まゆのあたり。②顔つき。

【眉月】びげつ 三日月。新月。

【眉山】びざん ①四川省内の県名。蘇軾・蘇轍の郷里。②美人の眉。

【眉寿（壽）】びじゅ 老人。長生きの人。長生きの人は長いまゆ毛がはえることによる。〈詩経・七月〉

【眉雪】びせつ まゆが雪のように白い。老人をいう。

【眉黛（黛）】びたい ①まゆ毛をそったあとに墨で書いたまゆ。ひきまゆ。②まゆ毛をかく墨。まゆずみ。

【眉目】びもく ①まゆと目。②顔つき。③非常に近いことのたとえ。

【眉間】みけん ①両まゆの間のところ。②ひたい。

【揚レ眉】まゆをあぐ ①まゆをあげて見る ②意気のさかんなさま。〈漢書・翟方進伝〉

【斂レ眉】まゆをおさむ（をさむ）まゆをひそめる。悲しい顔つき。または不愉快な顔つきの形容。「旧曲聞来似レ斂レ眉」（古い昔の楚の曲を聞くと、もの悲しげに、まゆをひそめるような、しょんぼりした姿をする。）〈曽鞏の詩・虞美人草〉

◆白眉・柳眉・愁眉・蛾眉

目4【眇】〔9〕㊀ビョウ（ベウ）漢 ミョウ（メウ）呉 上 篠 miǎo ミアオ　㊁ビョウ（ベウ）漢 ミョウ（メウ）呉 去 嘯 miào ミアオ　J 6631 補 U 7707

意味 ㊀①〈すがめ〉片目。「眇視」②じっと見る。注視する。③小さい目。くぼんだ目。④小さい。いやしい。「眇小」「眇身」⑤遠い。高い。㊁①こまやかなさま。＝妙 ②奥深い。「眇思」

【眇嫗】びょうう 片目の老婆。

【眇軀】びょうく ちっぽけなからだ。

【眇然】びょうぜん ①ちっぽけなさま。「眇然小丈夫」②遠いさま。

【眇眇】びょうびょう ①ちっぽけなさま。かすかなさま。「眇眇之身」②遠いさま。「眇眇復眇眇」（はるかはるか限

りない。)〈和漢朗詠集・行旅こうりょ〉③目のかわいいさま。

【眇目】びょうもく(べうぼく) すがめ。片目。

目4 【眄】〔9〕 ベン㊚ ㊤銑 miǎn ミエン U補J 6632 — 7704

意味 ①流し目に見る。横目で見る。②かえりみる。「右顧左眄うこさべん」

【眄顧】べんこ ふりかえって見る。

【眄視】べんし 流し目でみる。

目4 【昉】〔9〕 ホウ㊚ (ハウ) ㊤養 fǎng ファン U補J 4659 7706

意味 ①ほのかに見える。「昉彿ほうふつ」②ならう。=倣

目4 【冒】〔9〕 常 ボウ おかす U補J 4333 — 5192

旧字 冂7 【冒】〔9〕 ㊀ボウ㊚ モウ㊣ ㊀㊤号 mào マオ ㊁バイ㊚ マイ㊣ ㊁㊤隊 mèi メイ ㊂ボク㊚ ㊂㊇職 mò モー U補J

筆順 冂 冂 冃 冃 冐 冐 冐 冒

冂6 【冐】〔8〕 俗字 U補J 7078 — 5190

意味 ㊀①おおう。おおい。かぶりもの。②〈おか・す(をか・す)〉 ㋐強引ごういんに進む。㋑しのぐ。㋒ふれる。ぶつかる。㋓いつわる。かたる。「冒姓ぼうせい」③むさぼる。④そねむ。ねたむ。㊁亀かめの名。毒冒たいまい=瑁まい ㊂冒頓ぼくとつは、漢初の匈奴きょうどの単于ぜんうの名。

(冒㊀①)

解字 冃 会意・形声。冃と目とを合わせた字。冃ぼうは、おおいをかぶせることを表し、音をも示す。冒は、おおいを目ぶかにかぶったままで進むことを表し、「むりをする」「おかす」という意味になる。また、目は頭で、頭の上にかぶるぼうしでもある。

【冒雨】ぼうう 雨をおかす。【――剪韭】ぼううせんきゅう(きう) 雨をおかして韭にらを摘み、ごちそうの用意をする。友人をよろこんで迎える意。

【冒火】ぼうか(くゎ) 気がせく。のぼせる。

【冒寒】ぼうかん ①寒さをしのぐ。②かぜをひく。感冒。

【冒険(險)】ぼうけん 危険をおかす。【――小説】ぼうけんしょうせつ(せう) 主人公の冒険を主題にして書かれた小説。

【冒行】ぼうこう(かう) おしきって行う。

【冒絮】ぼうじょ 老人がかぶる綿帽子。

【冒称(稱)】ぼうしょう ①他家の姓を名乗る。冒姓。②氏名などを「いつわっていう。」

【冒上】ぼうじょう(じゃう) 欲の深い君主。貪欲どんよくな君主。

【冒進】ぼうしん 危険や障害をおかして進む。しゃにむに進む。

【冒頭】ぼうとう 文章や談話のはじめの部分。物事の前おき。

【冒瀆】ぼうとく おかし汚す。無礼をする。

【冒昧】ぼうまい ①ものの道理も考えないで、むこうみずに進むこと。②わがままなふるまい。無礼。

【冒名】ぼうめい 他人の名をなのること。

【冒夜】ぼうや 夜を夜とも思わずに物事をする。

【冒乱(亂)】ぼうらん おかし乱す。=冒濫

◆感冒かんぼう

目4 【眊】〔9〕 ボウ㊚ モウ㊣ ㊤号 mào マオ U補J ①8878 4660 770A

意味 =耄ぼう ①くらい。よく見えない。「眊昏ぼうこん」②目がくらむ。目がどんよりする。「眊眩ぼうげん」③おいぼれ。老年。=耄もう ④失望する。

【眊眩】ぼうげん 目がくらむ。

目4 【明】〔9〕 メイ㊚ ミョウ(ミャウ)㊣ ㊤庚 míng ミン U補J — 4658 7700

意味 ①見る。はっきり見る。②あかるい。=明めい

目4 【眛】〔9〕 同→相(八六八ページ・中)

目5 【眴】〔10〕 ㊀ク㊚ ㊀㊤虞 jū チュイ ㊁ク㊚ ㊁㊤虞 xū シュイ ㊂コウ㊚ ㊂㊤尤 kōu コウ U補J ②8191 4665 7717

意味 ㊀おそれてあたりを見まわす。=瞿く ㊁眴瞜くるは、笑う。㊂目のくぼんださま。

目5 【眩】〔10〕 標 ㊀ケン㊚ ゲン㊣ ㊀㊤霰 xuàn シュワン ㊁ケン㊚ ゲン㊣ ㊁㊤諫 huàn ホワン U補J 6633 — 7729

意味 ㊀①〈くら・む〉 ㋐目まいがする。目がくらむ。「眩瞑めんげん」「眩曜げんよう」 ㋑心が迷う。②くらます。③〈めまい(めまひ)〉 ④まばゆい。⑤〈まど・う(――・ふ)〉 まよう。㊁幻術。あやしげな魔術。=幻

【眩暈】げんうん 目がくらむ。めまい。

【眩人】げんじん 人目をくらまし、奇術を行う人。魔術使い。手品「師。」

【眩目】げんもく 目をくらます。目がくらむ。

【眩耀(燿)】げんよう(えう) まばゆいほど光り輝く。=眩耀

【眩惑】げんわく 目がくらんでまどう。まどわす。

目5 【眥】〔10〕 ㊀シ㊚ ㊀㊤寘 zì ツー ㊁セイ㊚ ㊁㊤霽 jì チー ㊂サイ㊚ ㊂㊤卦 zhài チャイ U補J 6636 — 7725

目5 【眦】〔10〕 同字 U補J 6637 — 7726

意味 ㊀㊁①〈まなじり〉目じり。②えりのあわせめ。㊂にらむ。「睚眥がいさい」

【決ㇾ眥】まなじりをけっす 目を怒らして見る。目を大きくみはる。

目5 【眤】〔10〕 ジツ㊚ (ヂツ) ㊇質 nì ニー U補J 6634 — 7724

意味 ①〈ちかづ・く〉 なれしたしむ。=昵じつ ②ちらっと見る。ぬすみ見る。

目5 【真】〔10〕 学3 シン ま U補J 3131 — 771F

旧字 目5 【眞】〔10〕 ㊅ シン㊚ ㊤真 zhēn チェン U補J 6635 — 771E

筆順 一 十 𠂉 冇 肓 首 直 真

意味 ①〈まこと〉 ㋐うそでない。真実。↔偽 ㋑本来のもの。本性。↔仮 ㋒まじりけがない。㋓正しい。②〈まことに〉ほんとうに。③みち。自然の道。④ありのまま。自然。「天真」⑤道教における理想の境地。⑥書体の一つ。楷書かいしょ。「真書しんしょ」「真行草しんぎょうそう」⑦えすがた。肖像。「写真」

国〈ま〉接頭辞。①ほんとうの。「真心まごころ」②まじりけのない。完全な。「真黒まっくろ」「真暗まっくら」「真盛まっさかり」「真赤まっか」③正確な。「真正面」④ほめる意。「真弓まゆみ」⑤中心。「真冬まふゆ」

解字 眞 会意。匕・目・乚・八を合わせた字。匕は変化すること。目は仙人の修業の第一に必要なもの。乚はかくれること。八は乗り物。眞は、仙人が、形を変えて、竜りゅうなどに乗って、天に登り、姿をかくすことである。他の説に、眞は、匕と県とを合わせた字とする。匕は人を逆にした形。県は首を逆にした形。眞は、ひっくりかえること。あるいは、殉死者などを、穴の中にさかさに埋めることという。

名前 み・さだ・さな・さね・ただ・ちか・なお・まさ・ます・まな・ただし

姓 真田さなだ・真野まの・真玉橋まだんばし・真栄田まえだ・真栄城まえしろ・真喜志まきし・真嘉比まかび・真喜屋まきや・真境名まじきな 地名 真岡もおか・真庭まにわ・真壁まかべ・真鶴まなづる 難読 真面目まじめ・真っ赤まっか・真っ青まっさお(付表)/真田さなだ・真葛さねかずら・真砂まさご・真字まな・真似まね

【真意】しんい 心の底のほんとうの心。真の精神。

【真仮(假)】ほんものと、にせもの。

【真果】①[仏]真のさとり。②梅・桃などのように、受精後に、子房の部分だけが成熟してできた果実。↕仮果
【真贋】ほんものと、にせもの。

【真偽(僞)】まことと、いつわり。

【真義】ほんとうの意義や意図。

【真況】ほんとうの様子。実況。

【真空】①[理]空気などの気体がまったく存在しない空間の状態。②いっさいの現象の底にある本体は空であること。

【真君】①道教で、神仙を尊んで呼ぶ語。②万物の支配者。天。

【真剣(劍)】①木刀や竹刀に対して、ほんものの刀。②[国]ほんき。まじめで熱心。

【真賢】真の賢者。ほんとうにすぐれた人物。

【真個】まこと。ほんとう。真箇。

【真吾】ほんとうの自己。飾りけのない自然のままの吾。

【真紅】まっかな色。まじりけのない紅色。

【真言】[仏]①真実のことば。仏のことば。②梵語 mantra の訳語で、秘密の意。呪文。③真言宗のこと。【――宗】[仏]弘法大師がわが国に伝えた、仏教の宗派の一つ。密教の一つ。陀羅尼の力によって成仏を期するのがその本旨。

【真宰】宇宙の万物を支配する。老荘の学で、天をいう。

【真摯】まじめ。ひたむきで、いつわりがない。

【真字】①楷書。②真名。漢字。↕仮字
【真実(實)】[一]ほんとうのこと。まこと。[二] zhēnshí [現][一]に同じ。

【真珠】あこや貝の中にできる美玉。装飾に用いる。

【真書】①正確に書いた文字。楷書。②真実をしるした書物。

【真情】①まことの心。まごころ。②実際の様子。〔事実。〕

【真心】まことの心。真実の心。

【真人】[一]①道家で、道の奥義を悟った人。至人。真仙。②仙人。[二][国]天武天皇の時代に、皇族に賜った姓。

【真髄(髓)】物事の根本。本質。その道の奥義。精髄。〔＝心髄・神髄〕

【真正】[一]まこと。ただしい。[二] zhēnzhèng [現]正真正銘の。本当に。

【真成】まったく。ほんとうに。


【真性】[一]①生まれつき。天性。天真。②病気がほんものなこと。[二][国]まじりけのない性質。

【真跡(「蹟」)】①真理をさとること。②さとりを書いた文。＝真筌
【真詮】「真筆」に同じ。

【真宗】[一]真の教え。[二][仏]浄土宗の一派で、親鸞上人の開いたもの。阿弥陀仏を念じることにより極楽往生できると説く。浄土真宗。一向宗。

【真相】物事のいつわりのないありさま。まことの姿。

【真底】[国]①心の奥底。本心。②いちばんのそこ。

【真率】①ありのままで飾らない。②ひたむきのさま。

【真諦】[仏]いつわりのないまことの道。真理。聖諦。↕俗諦
【真知(「智」)】真の知識。まことの知恵。真理をさとった知恵。根本知。聖知。↕俗知
【真鍮】銅と亜鉛の合金。黄色でさびにくく、伸ばしやすい金属。黄銅。

【真独(獨)】あるがままで正直なこと。

【真読(讀)】[仏]お経を略さずに、全部読みとおすこと。

【真如】[仏]仏法の本体。不変・不易・平等・絶対の真理。

【真筆】その人が手ずから書いた筆跡。真跡。

【真面目】[一]本来の姿。誠実な態度。[二][国]飾らずにつとめるさま。

【真友】まことの友。

【真理】[一]①ほんとうの道理。②正しい判断。だれにも、どこでも、いつでも正しいと認められる道理。↕虚偽 [二] zhēnlǐ [現][一]に同じ。

【真名】[国]漢字をさしていう語。↕仮名
〔保真〕天然の姿を保って失わない。〈楚辞・卜居〉
◆写真・純真・青写真・電送写真

目5【眒】〔10〕シン [漢] [呉] [平] 真 shēn シェン　U 7712 補 4662
[意味]①目を見張る。②すばやい。③驚く。

目5【眕】〔10〕シン [漢] [呉] [上] 軫 zhěn チェン　U 7715 補 4664
[意味]①自重する。おさえる。②みる。

目5【眚】〔10〕セイ [漢] [上] 梗 shěng ション　U 771A 補 4667 J ②8192
[意味]①目がかすむ病気。②あやまち。③〈わざわい(わざはひ)〉「眚裁」「眚沴」④あやしい。⑤ふしぎな病気。⑥はぶく。＝省「眚礼」
【眚災】あやまちのために、ひきおこした害。

目5【眙】〔10〕[一]チ [漢] [去] 寘 chì チー [二]イ [漢] [平] 支 yí イー　U 7719 補 4666 J ①8879
[意味][一]①見つめる。②驚くさま。眙駭。[二]①目をあげる。②盱眙は、江蘇省の県名。

目5【眔】〔10〕トウ(タフ) [漢] ドウ(ダフ) [呉] [入] 合 dà ター　U 7714 補 4663
[意味]①見送る。見やる。②およぶ。追いつく。③〈および〉…と。

目5【眜】〔10〕[一]バツ [漢] マツ・マチ [呉] [入] 曷 mò モー [二]ベツ [漢] メチ [呉] [入] 屑 miè ミエ　U 771C 補 4668
[意味][一]①目がはっきり見えない。②無理におこなう。[二]春秋時代の地名。今の山東省泗水県の東。

目5【眛】〔10〕バイ [漢] マイ [呉] [去] 隊 mèi メイ　U 771B J 6638
[意味]〈くら・い(――・し)〉①五色を区別できない。②物事の道理にくらい。

目5【眠】〔10〕[常] ミン ねむる・ねむい　ベン [漢] メン [呉] ミン [慣] [平] 先 mián ミエン　U 7720 J 4418
[筆順] 丨 ⺆ 月 目 目ᄀ 目 眂 眠
[意味]①〈ねむ・る〉ねる。②〈ねむり〉「睡眠」③〈ねむ・い(――・し)〉ねむたい。④死んだふりをする。⑤横にたおれる。[国]死ぬ。「永眠」
[解字]形声。目が形を表し、民が音を示す。民には、目が見えないという意味がある。眠は、目をつむって見えない状態になること。
【眠食】①眠りと食事。②日常生活のようす。起居。たちふるまい。
◆不眠・冬眠・永眠・安眠・春眠・快眠・惰眠・就眠・催眠・睡眠・熟眠

目5【眢】〔10〕[一]ワン [漢] [平] 寒 wān ワン [二]エン(ヱン) [漢] [平] 元 yuān ユワン　U 7722 補 4669
[意味][一][二]①目がつぶれて見えないこと。②水のかれた井戸。

5画
玄玉(王)瓜(瓜)瓦甘生用田疋(⺪)疒癶白皮皿目(罒)矛矢石示(礻)内禾穴立

眢井。

目5【眦】〔10〕同→眥(八七〇ページ・下)

目5【眞】〔10〕旧→真(八七〇ページ・下)

目5【眎】〔10〕同→視(一一三九ページ・上)

目5【眿】〔10〕同→脈(八七三ページ・上)

目6【眼】〔11〕学5 ガン・ゲン まなこ
ガン漢 ゲン呉 上 潸 yǎn イエン　J 2067 U 773C

筆順 冂 月 目 目ヨ 目ヨ 眀 眼 眼

意味 ①〈まなこ〉〈め〉㋐めだま。「眼前」「眼下」㋑めつき。㋒目のような模様。②目で見る。③あな。「銃眼」④かなめ。要点。「主眼」⑤井戸や泉を数える量詞。

解字  形声。目が形を表し、艮が音を示す。艮は、目と匕とを合わせた字で、目が並んでいることを表す。眼は両方の目をいう。また、艮には止まるという意味があるから、眼は、じっと見て動かない目をいうとも、目の白い部分と黒い部分を合わせた眼球をいうとも解く。

名前 ま・み・まくはし　難読 眼鏡(付表)／眼差し・眼奈陀

参考 新表記では、「嵌」の書きかえに用いる熟語がある。

【眼下】①目の下。②目の前。目下。現在。

【眼花】目がかすむ。

【眼窩】頭骨の前面で、目の玉のはいっているあなの部分。

【眼界】①目に見える範囲。視界。②考えの及ぶところ。

【眼眶】まぶた。

【眼鏡】■めがね。■yǎnjing 現■に同じ。

【眼瞼】まぶた。目の玉をおおう皮。眼眶。

【眼孔】①目のあな。目。②物事を見通す力。

【眼光】①目の光。②物事を底の底まで見ぬく力。【――徹二紙背一】本を読み、その真の意味を見通す。読書力の鋭い形容。

【眼識】物の価値を見分ける力。

【眼疾】目のやまい。眼病。

【眼睛】■①ひとみ。眸子。瞳子。②めだま。めのたま。眼球。■yǎnjing 現■に同じ。

【眼前】■目の前。当面の。■yǎnqián 現■に同じ。

【眼中】目の中。【――人】いつも気にかかっている人。【――無レ人】おごりたかぶり、人を無視すること。

【眼眸】目のひとみ。

【眼目】①要点。主眼。②め。

【眼力】①視力。見る力。②物事の善悪・正邪などを見分ける力。洞察力。観察力。

【眼涙】yǎnlèi 現なみだ。

【眼透二紙背一】文章の奥深く読み取る。隠れた意味まですどく見とおす。〈塩谷世弘・送三安井仲平東遊二序〉
◇心眼・主眼・半眼・両眼・点眼・肉眼・老眼・近眼・青眼・具眼・衰眼・隻眼・酔眼・象眼・着眼・義眼・慈眼

目6【眭】〔11〕■キ漢 ■平 支 huī ホイ　■ケイ漢 エ(ヱ)呉 ■平 斉 xié シエ　■スイ漢 ■平 支 suī ソイ　J ②8193 補 4671 U 772D

意味 ■①じっと見つめるさま。「眭然」②仰ぎ見るさま。「眭盱」■にらむ。■姓。

目6【眶】〔11〕キョウ漢(キャウ) 平 陽 kuàng コワン　J ①8881 補 4676 U 7736

意味〈まぶち〉目のふち。まぶた。「眼眶」

目6【眴】〔11〕■ケン漢 ■去 霰 xuàn シュワン　■シュン漢 ■去 震 shùn シュン　J ①8880 補 4674 U 7734

意味 ■①目がくらむ。＝眩「眴眴」②あざやか。■①めくばせする。②驚くさま。

目6【眷】〔11〕ケン漢 去 霰 juàn チュワン　J 6639 U 7737

目8【睠】〔13〕同字　J ②8206 補 4693 U 7760
心11【惓】〔14〕俗字　補 3056 U 617B

意味 ①〈かえり・みる(かへり・みる)〉㋐ふりかえる。㋑目をかける。②心ひかれる。したう。愛する。「眷愛」③めぐみ。④身うち。親類。「眷族」

【眷焉】思いをこめ、かえりみるさま。

【眷遇】特に目をかけて、もてなす。手厚くもてなす。眷顧。

【眷眷】①常に心にかけるさま。②恋いしたうさま。

【眷顧】①ふりかえりみる。②ひいきする。目をかける。愛顧。

【眷然】「眷焉」に同じ。「眷然有二帰与之情一」(ふるさとが懐かしくなり、帰りたいと思う気持ちがわいた。)〈陶潜・帰去来辞の自序〉

【眷想】ふりかえって思う。

【眷属(屬)】①親族。みうち。②国家の子。手下の者。

【眷盼】ふりかえって見る。

【眷命】ひいきにする。目をかける。

【眷恋(戀)】恋いこがれる。愛恋。恋着。

目6【眵】〔11〕シ漢 平 支 chī チー　J ②8194 補 4675 U 7735

目10【瞝】〔15〕同字　U 2524D

意味 ①めやに。②めやにの出る眼病。

目6【眺】〔11〕常 チョウ ながめる
チョウ(テウ)漢呉 去 嘯 tiào ティアオ　J 3615 U 773A

筆順 冂 月 目 目) 目ﾉ 目ﾉ 眺 眺

意味 ①〈なが・める(――・む)〉見渡す。のぞむ。「眺目」「眺覧」②見る。

解字  形声。目が形を表し、兆が音を示す。兆は二つに分ける意味がある。眺は、あちこち見回すこと。

【眺矚】遠くまでながめる。

【眺望】遠くながめる。ながめ。

【眺覧(覽)】遠くながめる。風景をながめる。また、そのながめ。みはらし。

目6【眹】〔11〕チン漢 ジン(ヂン)呉 上 軫 zhèn チェン　補 4677 U 7739

意味 ①瞳。②きざし。＝朕

目6【眮】〔11〕トウ漢 ドウ呉 平 東 tóng トン　補 4672 U 772E

意味 ①目をむく。にらみつける。②見まわす。③目のふち。

目6【眯】〔11〕■ベイ漢 ■上 薺 mǐ ミー　■ビ漢 ■去 寘 mì ミー　補 4673 U 772F

目10【瞇】〔15〕同字　U 7787

意味 ■①目がくらむ。②目にほこりがはいる。③現目をほそめる。音 mī ミー。■うなされる。

目6【眸】〔11〕人 ボウ漢 平 尤 móu モウ　J 6640 U 7738

意味 ①〈ひとみ〉くろめ。「眸子」「明眸皓歯」②目をこらして見る。

解字 𥄕（篆文） 形声。目が形を示し、牟（ぼう）が音を表す。牟には包みおおう意がある。眸子はまぶたに包みおおわれたもの。ひとみ。

目6 **【眽】**〔11〕 バク 漢 ミャク 呉 入 陌 mò モー　U補J 4 6 7 8 / 7 7 3 D
目5 〔𥄎〕〔10〕 同字 U 7 7 3 F
意味 ①ぬすみみる。②見合う。

【眽眽】みゃくみゃく・ばくばく じっと互いに見つめあうさま。

目6 **【眾】**〔11〕 本 ↓衆（一一一五ページ・中）

目6 〖勖〗（一七九ページ・中） ↓力部九画

目7 **【睅】**〔12〕 カン 漢 （クヮン） 上 潸 hàn ハン　U補J 4 6 8 1 / 7 7 4 5
意味 ①目をみはったさま。②目がとび出たさま。「睅目（かんもく）」

目7 **【睆】**〔12〕 カン 漢 （クヮン） 上 潸 huǎn ホワン　U補J ①8 8 8 2 / 4 6 8 2 / 7 7 4 6
意味 ①目がとび出たさま。②大きな目。③よく見る。見きわめるさま。「睆睆（かんかん）」④星の明らかなさま。⑤睍睆（けんかん）は、美しいさま。⑥実のみのるさま。

目7 **【睎】**〔12〕 キ 漢 平 微 xī シー　U補J ①8 8 8 4 / 4 6 8 5 / 7 7 4 E
意味 ①望み見る。遠くをながめる。②慕う。

目7 **【睊】**〔12〕 ケン 漢 去 霰 juàn チュワン　U補J 4 6 8 3 / 7 7 4 A
意味 睊睊（けんけん）は、恨んで横目で見るさま。

目7 **【睍】**〔12〕 ケン 漢 上 銑 xiàn シエン　U補J ①8 8 8 3 / 4 6 8 4 / 7 7 4 D
意味 ①目の出ているさま。②睍睍（けんけん）は、ちょっと見るさま。③睍睆（けんかん）は、美しいさま、うるわしいさま。また、声の美しいさま。

目7 **【睒】**〔12〕 一 ショウ（セフ） 漢 一 入 葉 jié チエ　二 コウ（カフ） 漢 二 入 洽 jiá チア　U補J ②8 2 0 2 / 4 0 3 9
意味 一まつげ。＝睫 二片目で見る。すがめ。

目7 **【着】**〔12〕 学 3 チャク・ジャク きる・きせる・つく・つける　チャク 漢 ジャク（ヂャク） 呉 入 薬 zhuó チュオ　U補J 3 5 6 9 / 7 7 4 0

筆順 丷 𠂉 䒑 𦍌 羊 着 着 着

意味 ①〈きる〉〈き・せる（―・す）〉身につける。「着衣」②うける。こうむる。③〈つ・く〉〈つ・ける（―・く）〉㋐くっつく。「着色（ちゃくしょく）」㋑行きつく。㋒きまりがつく。「落着」④ものを入れる。ものを置く。音 zhāo チャオ。⑤碁などをさす。音 zhāo チャオ。⑥思う。感じる。音 zháo チャオ。⑦受けいれる。「着悩（ちゃくのう）」zháo チャオ。⑧眠る。音 zháo チャオ。⑨現他の語について、動作や状態の継続を表す。音 zhe チョ。国①〈ちゃく〉㋐着物を数える語。㋑競争などで到着の順位を数える語。②〈き〉着物。「晴着（はれぎ）」「上着（うわぎ）」「下着（したぎ）」

解字 箸（篆文） 形声。箸の俗字。箸は竹が形を表し、者（しゃ）が音を示す。箸の者はくっつくという意味で、箸は、飯や菜につくもの、はしのことである。それが変化して著となり、さらに略して着となった。現在は、著はチョの音で、ことがらを文章に書きつけること、着はチャクの音で、つくことを表すようになった。

【着意】ちゃくい ①気をつける。留意する。注意。②思いつき。着想。

【着眼】ちゃくがん ①目をつける。よく注意して見る。着目。②目のつけ所。着眼点。

【着実（實）】ちゃくじつ 落ちついていて、まじめなこと。

【着手】ちゃくしゅ 仕事にとりかかる。

【着色】ちゃくしょく 色をつける。彩色。

【着信】ちゃくしん とどいた便り。来信。↕発信

【着席】ちゃくせき 座席につく。

【着想】ちゃくそう（さう） 構想。思いつき。

【着弾（彈）】ちゃくだん 発射した弾丸が目標に達すること。また、その弾丸。

【着着】ちゃくちゃく 物事が順序をおってはかどるさま。しだいに。

【着到】ちゃくとう（たう） ①その場所につく。到着。②国昔、役人の出勤簿。③国出陣のために、集まってきた武士の名を記した帳簿。

【着任】ちゃくにん ①命ぜられた任務につく。②任地（勤務する土地）につく。

【着服】ちゃくふく ①着物を着る。また、着ている着物。着衣。②国こっそり金品をごまかして自分のものにする。

【着目】ちゃくもく 目をつける。心をくばる。注意する。着眼。

【着用】ちゃくよう 衣服を着る。

【着陸】ちゃくりく 航空機が地上に到着する。↕離陸

【着急】チャオチー zháojí 現あせる。いらいらする。

◇土着（どちゃく）・巾着（きんちゃく）・付着（ふちゃく）・未着（みちゃく）・近着（きんちゃく）・決着（けっちゃく）・沈着（ちんちゃく）・定着（ていちゃく）・延着（えんちゃく）・到着（とうちゃく）・発着（はっちゃく）・産着（うぶぎ）・胴着（どうぎ）・密着（みっちゃく）・執着（しゅうちゃく・しゅうじゃく）・粘着（ねんちゃく）・悶着（もんちゃく）・落着（らくちゃく）・結着（けっちゃく）・晴着（はれぎ）・愛着（あいちゃく・あいじゃく）・頓着（とんちゃく・とんじゃく）・漂着（ひょうちゃく）・膠着（こうちゃく）・肌着（はだぎ）・横着（おうちゃく）・撞着（どうちゃく）・瞞着（まんちゃく）・癒着（ゆちゃく）・不時着（ふじちゃく）・腰巾着（こしぎんちゃく）

目7 **【睇】**〔12〕 一 テイ 漢 一 去 霽 dì ティー　二 テイ 漢 二 平 斉 tí ティー　U補J 6 6 4 1 / 7 7 4 7
意味 一①〈ながしめ〉ちらっとぬすみ見る。「睇睨（ていげい）」②わき見する。二見る。のぞむ。

【睇視】ていし 流し目に見る。

【睇眄】ていべん 横目で見る。わき見する。ぬすみ見る。

目7 **【睏】**〔12〕 kùn クン　U補J 4 6 8 6 / 7 7 4 F
意味 現眠くなる。いねむりをする。

目7 **【睍】**〔12〕 俗 ↓睍（本ページ・下）

目7 **【𥆩】**〔12〕 本 ↓眉（八六九ページ・中）

目8 **【睪】**〔13〕 一 エキ 漢 一 入 陌 yì イー　二 タク 漢 二 入 陌 zé ツォー　U補J ②8 2 0 7 / 4 7 0 3 / 7 7 6 A
意味 一うかがい見る。二睪芷（たくし）は、香草。
参考 「睾（こう）」は別字。

目8 **【睚】**〔13〕 ガイ 漢 平 佳 yá ヤー　U補J 6 6 4 2 / 7 7 5 A
意味 ①〈まなじり〉まぶち。目のふち。②にらむ。怒った目で見る。「睚眥（眦）（がいさい）」

【睚眦之怨】がいさいのうらみ 人ににらまれたくらいの、わずかなうらみ。〈史記・范雎（はんしょ）列伝〉

目8 **【睢】**〔13〕 一 キ 漢 一 平 支 huī ホイ　二 スイ 漢 二 平 支 suī ソイ　U補J ①8 8 8 7 / 4 6 9 4 / 7 7 6 2
意味 一①見あげる。「睢睢（きき）」②目を見はる。「睢盱（きく）」③とくいなさま。根本の気をもつさま。二①河南省から安徽（あんき）省に流れていた川の名。②河南省の地名。
参考 「雎（しょ）」は別字。

【睢園】きえん（ゑん） 漢の文帝の子、梁（りょう）の孝王が造った庭園。

目8 **【睘】**〔13〕 ケイ 漢 平 庚 qióng チョン　U補J ②8 2 0 5 / 7 7 5 8
意味 （睘は、字体記述要素。還（かん）、環（かん）などを構成する）＝瞏（けい） ①驚いて見つめる。②たよるところがない。③うれえる。

目8 **【睨】**〔13〕 標 ゲイ 漢 去 霽 nì ニー　U補J 6 6 4 3 / 7 7 6 8

5画
玄玉(王)瓜(瓜)瓦甘生用田疋(⻊)疒癶白皮皿目(罒)矛矢石示(ネ)内禾穴立

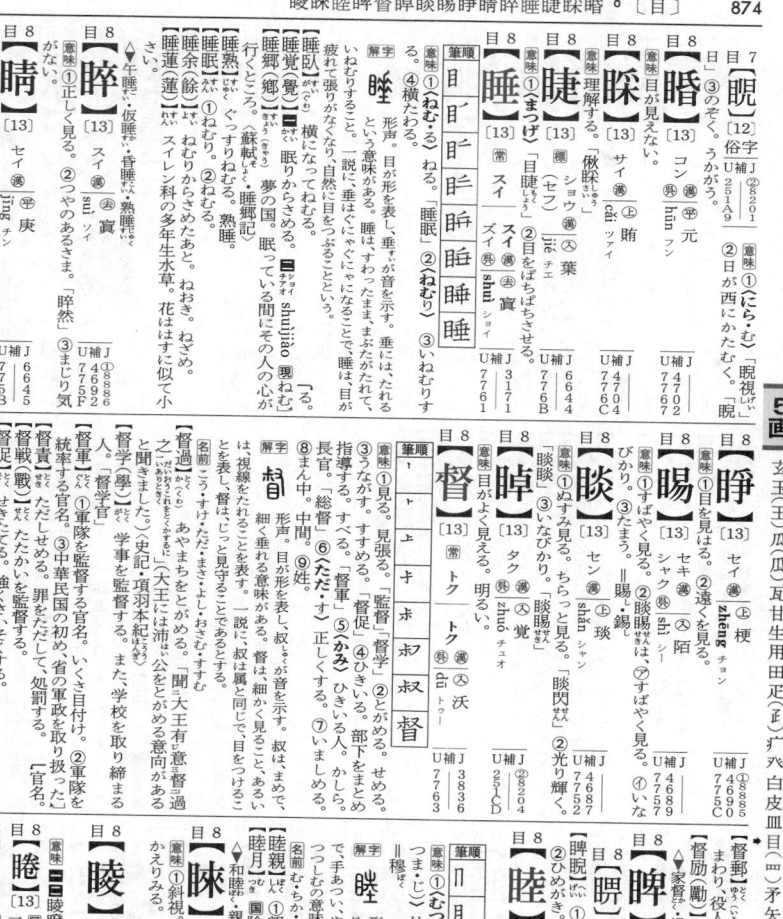

目7【𥆩】〔12〕俗字 U補J 251A9 ②8201 意味①〈にら・む〉「睨視(げいし)」②日が西にかたむく。「睨日」③のぞく。うかがう。

目8【睧】〔13〕 コン 漢 平 元 / 呉 hūn フン U補J 7767 4702
意味 目が見えない。

目8【睬】〔13〕 サイ 漢 上 賄 cǎi ツァイ U補J 776C 4704
意味 理解する。「偢睬(しゅうさい)」

目8【睫】〔13〕 標 ショウ 漢 入 葉 (セフ) jié チエ U補J 776B 6644
意味 ①〈まつげ〉「目睫(もくしょう)」②目をぱちぱちさせる。

目8【睡】〔13〕 常 スイ / スイ 漢 ズイ 呉 去 寘 shuì ショイ U補J 7761 3171
筆順 目 目' 目⼆ 目ニ 目午 目岳 睡 睡
意味 ①〈ねむ・る〉ねる。「睡眠」②〈ねむり〉③いねむりする。④横たわる。
解字 形声。目が形を表し、垂(すい)が音を示す。垂には、たれるという意味がある。睡は、すわったまま、まぶたがたれて、いねむりすること。一説に、垂はぐにゃぐにゃになることで、睡は、目が疲れて張りがなくなり、自然に目をつぶることという。
【睡臥】(すいが(ぐわ)) 横になってねむる。
【睡覚(覺)】 □一(すいかく) 眠りからさめる。□二(ショイチアオ) shuìjiào 現「ねむる。」
【睡郷(鄕)】(すいきょう(きゃう)) 夢の国。眠っている間にその人の心が行くところ。〈蘇軾(そしょく)・睡郷記〉
【睡熟】(すいじゅく) ぐっすりねむる。熟睡。
【睡眠】(すいみん) ①ねむり。②ねむる。
【睡余(餘)】(すいよ) ねむりからさめたあと。ねおき。ねざめ。
【睡蓮(蓮)】(すいれん) スイレン科の多年生水草。花ははすに似て小さい。
◇午睡(ごすい)・仮睡(かすい)・昏睡(こんすい)・熟睡(じゅくすい)

目8【睟】〔13〕 スイ 漢 去 寘 suì ソイ U補J 775F 4692 ①8886
意味 ①正しく見る。②つやのあるさま。「睟然」③まじり気がない。

目8【睛】〔13〕 セイ 漢 平 庚 jīng チン U補J 775B 6645
意味 ①〈ひとみ〉くろめ。「眼睛(がんせい)」②視力。

5画

玄玉(王)瓜(瓜)瓦甘生用田疋(⺪)疒癶白皮皿目(罒)矛矢石示(ネ)内禾穴立

目8【睜】〔13〕 セイ 漢 上 梗 zhēng チョン U補J 775C 4690 ①8885
意味 ①目を見はる。②遠くを見る。

目8【睗】〔13〕 セキ 漢 入 陌 / シャク 呉 shì シー U補J 7757 4689
意味 ①すばやく見る。②睒睗(せんせき)は、㋐すばやく見る。㋑いなびかり。③たまう。＝賜(し)・錫(し)

目8【睒】〔13〕 セン 漢 上 琰 shǎn シャン U補J 7752 4687
意味 ①ぬすみ見る。ちらっと見る。「睒閃(せんせん)」②光り輝く。「睒睒」③いなびかり。「睒睗(せんせき)」

目8【𥇍】〔13〕 タク 漢 呉 入 覚 zhuó チュオ U補J 251CD ②8204
意味 目がよく見える。明るい。

目8【督】〔13〕 常 トク / トク 漢 呉 入 沃 dū トゥー U補J 7763 3836
筆順 丨 ト 上 丯 扌 尗 叔 督
意味 ①見る。見張る。「監督」「督学」②とがめる。せめる。③うながす。すすめる。「督促」④ひきいる。部下をまとめ指導する。すべる。「督軍」⑤〈かみ〉ひきいる人。かしら。長官。「総督」⑥〈ただ・す〉正しくする。⑦いましめる。⑧まん中。中間。⑨姓。
解字 形声。目が形を表し、叔(しゅく)が音を示す。叔は、まめで、細く垂れる意味がある。督は、細かく見ること、あるいは、視線をたれることを表す。一説に、叔は属と同じで、目をつけることを表し、督は、じっと見守ることであるとする。
名前 こう・すけ・ただ・まさ・よし・おさむ・すすむ
【督過】(とくか(くゎ)) あやまちをとがめる。「聞(きく)二大王有(あり)ト意(い)三督(とくするに)二過之(これをとくかするに)一」(大王には沛(はい)公をとがめる意向があると聞きました。)〈史記・項羽本紀(こううほんぎ)〉
【督学(學)】(とくがく) 学事を監督する。また、学校を取り締まる人。「督学官」
【督軍】(とくぐん) ①軍隊を監督する官名。いくさ目付け。②軍隊を統率する官名。③中華民国の初め、省の軍政を取り扱った〔官名。
【督責】(とくせき) ただしせめる。罪をただして、処罰する。
【督戦(戰)】(とくせん) たたかいを監督する。
【督促】(とくそく) せきたてる。強くさいそくする。
【督率】(とくそつ) 取り締まりつつ、ひきいる。
➡【督郵】(とくゆう(いう)) 官名。漢代、郡の大守補佐役で所属の県を見まわり、役人の成績を調査し指導する役人。
【督励(勵)】(とくれい) 取り締まり、はげます。
◇家督(かとく)・提督(ていとく)・総督(そうとく)・監督(かんとく)

目8【睥】〔13〕 ヘイ 漢 去 霽 pì ピー U補J 7765 6646
意味 ①にらむ。②ながし目に見る。③うかがい見る。
【睥睨】(へいげい) ①ながし目に見る。横目でみる。にらむ。＝俾倪 ②ひめがき。城の上から敵のようすをひそかにうかがう所。

目8【睤】〔13〕 同字 U補J 7764 4701

目8【睦】〔13〕 常 ボク / ボク 漢 入 屋 mù ムー U補J 7766 4351
筆順 冂 目 目一 目十 目土 目夫 目幸 睦
意味 ①〈むつ・ぶ〉親しくする。「親睦」②〈むつまじ・い(むつま・じ)〉仲がよい。「睦友(ぼくゆう)」③したがう。④つつしむ。＝穆(ぼく)
解字 形声。目が形を表し、坴(りく)が音を示す。坴は土のかたまりで、厚い、やわらぐという意味がある。睦は、すなおな目で、手あつい、やわらぐの意味を表す。また、穆(ぼく)と通用して、しずか、つつしむの意味にもなる。
名前 む・ちか・とき・とも・むつ・よし・あつし・ちかし・まこと・むつみ
【睦親】(ぼくしん) ①親しみ、むつまじくする。仲よくする。親睦。②〔親しい親類。
【睦月】(むつき) 国陰暦一月の別称。
◇和睦(わぼく)・親睦(しんぼく)

目8【睞】〔13〕 ライ 漢 呉 去 隊 lài ライ U補J 775E 4691
意味 ①斜視。②わき見をする。③見まわす。ながめる。④かえりみる。

目8【睖】〔13〕 □一チョウ 漢 □一 平 蒸 chēng チョン □二リョウ 漢 □二 平 蒸 lèng ロン U補J 7756 4688
意味 □一□二睖瞪(りょうとう)は、じっと見つめる。

目8【睠】〔13〕 同 ↓眷(八七二ページ・中)

目8【睑】〔13〕 俗 ↓瞼(八七七ページ・上)

目8【睤】〔13〕 同 ↓睥(本ページ・下)

目8 〖鼎〗↓鼎部〇画（一四四九ページ・中）

目9 【睽】〔14〕 ㊀ケイ㊥漢 ㊀平 斉 kuí コイ ㊁キ漢 ㊁去 至 jì チー　U補J 777D 4710 ②8211
意味 ㊀①そむく。相反する。背をむける。「睽別(けいべつ)」②離れる。③易(えき)の卦(か)の名。㊁目を見はる。
【睽睽】(きき) 目をみはるさま。
【睽乖】(けいかい)(くわい) にらみあい。そむく。そむき離れる。乖はそむく。
【睽孤】(けいこ) 人がそむき去り、孤独になる。
【睽離】(けいり) そむき離れる。睽乖(けいかい)。

目9 【睳】〔14〕 ケイ漢 ケ呉 平 斉 huī ホイ　U補J 7773 4707
意味 ①目がかすむ。②ふりむいてきょろきょろ見る。③やせたさま。④やせた人が見るさま。

目9 【睺】〔14〕 コウ漢 平 尤 hóu ホウ　U補J 777A 4708 ①8888
意味 ①片目。②くぼんだ目。

目9 【睾】〔14〕 標 ㊀コウ漢(カウ) ㊀平 豪 gāo カオ ㊁コウ漢(カウ) ㊁上 皓 hào ハオ　U補J 777E 6648
意味 ㊀①きんたま。「睾丸(こうがん)」②高いさま。‖皐(こう)「睾然(こうぜん)」㊁広く大きいさま。「睾睾(こうこう)」
参考「睪(えき)」は別字。

目9 【睴】〔14〕 コン漢呉 去 願 gùn クン　U補J 7774 4708
意味 ①眼球が大きく突き出たさま。②じっと見る。③よく見えないさま。

目9 【睲】〔14〕 ㊀セイ漢 ショウ(シャウ)呉 ㊀上 梗 xǐng シン ㊁セイ漢 ショウ(シャウ)呉 ㊁去 径 xìng シン　U補J 7772 4706 ②8209
意味 見る。

目9 【睼】〔14〕 ㊀テン漢呉 ㊀去 霰 tiàn ティエン ㊁テイ漢 ㊁去 霽 tì ティー　U補J 777C ②8210
意味 ㊀見る。㊁瞳(ひとみ)が輝く。

目9 【睹】〔14〕 ト漢 上 麌 dǔ トゥー　U補J 7779 6649
意味 ㊀㊁じっと見つめる。遠くながめる。

見9 【覩】〔16〕 古字　U補J 89A9 7515

目9 【睰】〔14〕 バツ漢 入 黠 mà マー　U補J 7770 4705
意味 ①〈みる〉よく見る。②見わける。調べる。

目9 【瞀】〔14〕 ボウ漢 去 宥 mào マオ　U補J 7780 4711 ①8889
意味 視(み)る。

意味 ①〈くら・い（——・し）〉㋐目がくらんではっきり見えない。㋑ものごとを理解できない。「瞀儒」②もだえる。③乱れる。「瞀乱」
【瞀瞀】(ぼうぼう) ①目がくらみ、よく見えない。②暗いさま。③伏し目で、慎んで見るさま。

目9 【瞅】〔14〕 chǒu チョウ　U補J 7785
意味 現 見る。のぞむ。

目9 【瞄】〔14〕 miáo ミアオ　U補J 7784 4712
意味 現 見つめる。ねらう。

目9 【睿】〔14〕 古→叡（二二四ページ・下）

目9 【瞒】〔14〕 俗→瞞（八七六ページ・上）

目9 〖夐〗↓夊部十一画（三〇九ページ・下）

目10 【瞎】〔15〕 カツ漢 入 黠 xiā シア　U補J 778E 6650
意味 ①盲目。②片目。③ものごとにくらい。④でたらめ。

目10 【瞏】〔15〕 ケイ漢 平 庚 qióng チョン　U補J 778F
意味 ①驚いて見る。②たよるところがない。「瞏瞏(けいけい)」③うれえる。なげく。

目10 【瞌】〔15〕 コウ漢(カフ) 入 合 kē コー　U補J 778C 4713
意味 ①いねむり。「瞌睡(こうすい)」②眠ろうとするさま。「瞌然」

目10 【瞋】〔15〕 シン漢呉 平 真 chēn チェン　U補J 778B 6651
意味 ①〈いから・す〉目を見開く。「瞋目」②〈いか・る〉怒る。「瞋怒」③仏教の三毒の一つ。④盛大なさま。
【瞋恚】(しんい)(しんに) ①いかる。いきどおる。②貪欲(どんよく)・愚痴(ぐち)とともに三毒の一つ。自分の心に違うものを怒り恨む。

目10 【瞍】〔15〕 ソウ漢 上 有 sǒu ソウ　U補J 778D 4714
意味 盲目。「瞍矇(そうもう)」「瞽瞍(こそう)」

目10 【𥉌】〔15〕 トウ漢(タフ) 入 合 dá ター　U補J 2524C ②8212
意味 ひどい垂れ目。

目10 【瞑】〔15〕 標 ㊀ベイ漢 ミョウ(ミャウ)呉 メイ慣 ㊀平 青 míng ミン ㊁ベン漢 メン呉 ㊁平 先 mián ミエン　U補J 7791 6652
意味 ㊀①目をとじる。「瞑坐」②〈くら・い（——・し）〉目がかすんでよく見えない。③盲目。㊁①〈ねむ・る〉かりねする。‖眠 ②めまいがする。「瞑眩(めんげん)」
【瞑眩】(めいげん)(めんげん) ①苦しくて目がくらむ。めまい。②薬の副作用がある。
【瞑座(「坐」)】(めいざ) 目をつぶって、すわる。
【瞑想】(めいそう)(さう) 目をとじて思い考える。
【瞑瞑】(めいめい) はっきり見えないさま。
【瞑目】(めいもく) ①目をとじる。②死ぬ。

目10 【䁘】〔15〕 ヨウ漢呉(エウ) 上 篠 yǎo ヤオ　U補J 4058 ②8213
意味 ①美しい目。②眇䁘(びょうよう)は、見つめているさま。③遠くを見る。

目10 【瞝】〔15〕 同→眵（八七二ページ・下）

目10 【瞇】〔15〕 同→眯（八七二ページ・下）

目10 【瞢】〔15〕 俗→瞢（八七六ページ・上）

目10 【瞱】〔15〕 同→瞱（八七六ページ・下）

目11 【瞖】〔16〕 エイ漢 去 霽 yì イー　U補J 7796 4717
意味 ①目がかすむ。‖翳(えい) ②白内障。

目11 【瞘】〔16〕 コウ漢 平 尤 kōu コウ　U補J 7798
意味 瞘瞜(こうろう)は、目がくぼんださま。

目11 【瞔】〔16〕 サク漢 シャク呉 入 陌 zé ツォー　U補J 7794 4715 ①8890
意味 目を見張る。

目11 【瞚】〔16〕 シュン漢 去 震 shùn シュン　U補J 779A 4718 ②8214
意味 国 人の目。

目11 【瞕】〔16〕 ショウ漢呉(シャウ) 去 漾 zhàng チャン　U補J 7795 4716
意味 ①またたく。②目が動く。③互いに見合わす。

5画

玄玉(王)瓜(瓜)瓦甘生用田疋(⺪)疒癶白皮皿←目(罒)矛矢石示(礻)内禾穴立

[意味]①目にかげが生じ見えない。②さわる。さしつかえる。＝障(しょう)

目11 【瞠】〔16〕 トウ(タウ)[漢][平]庚 chēng チョン ドウ(ダウ)[慣] U補J 6653 77A0

[意味]①見つめる。②目を見張る。驚いて見る。「瞠瞠(どうどう)」

【瞠若】(どうじゃく) 目を見張って驚くさま。あきれて見つめるさま。若は助詞。瞠乎(どうこ)。

【瞠然】(どうぜん) 「瞠若」に同じ。

【瞠目】(どうもく) あきれて見つめる。驚いて目をみはる。

目11 【瞟】〔16〕 ヒョウ[漢][上]篠 piǎo ピアオ (ヘウ) U補J ②8215 4719 779F

[意味]①横目で見る。②かすんでよく見えない。「瞟眇(ひょうびょう)」

目11 【瞢】〔16〕 [一]ボウ[漢][平]東 méng モン [二]ボウ(バウ)[漢][平]庚 máng マン [三]ボウ[漢][去]送 mèng モン U補J 4720 77A2

目16 【矒】〔21〕同字 U補J 4731 77D2

目10 【瞢】〔15〕俗字 U補J ②8216

[意味][一]①〈くら・い(──・し)〉はっきりしない。「瞢瞢(ぼうぼう)」②はじる。「瞢容(ぼうよう)」③心がはればれしない。[二]盲目。＝盲 [三]＝夢 ①沼沢の名。「雲瞢(うんぼう)」②ゆめを見る。

【瞢然】(ぼうぜん) 明らかでないさま。くらいさま。

【瞢騰】(ぼうとう) ぼんやりする。ふらふらする。

目11 【瞞】〔16〕[標] [一]バン[漢][平]寒 mán マン マン[県] [二]ボン[漢][平]元 mén メン モン[県] U補J 6654 779E

目9 【𥈞】〔14〕俗字 U補J ②8208 2521E

[意味][一]①くらい。はっきり見えない。「瞞然(まんぜん)」②だます。あざむく。「欺瞞(ぎまん)」[二]はじる。はずかしい。「瞞然(もんぜん)」

【瞞着】(まんちゃく) 人をたぶらかし、ごまかす。＝瞞著

目11 【瞜】〔16〕 ロウ[漢][平]尤 lóu ロウ U補J 779C

[意味]①見る。②細かに見る。③瞜睺(ろうこう)は、片目。

目12 【瞯】〔17〕 [一]カン[漢][平]刪 xián シエン [二]カン[漢][去]諫 jiàn チエン U補J 4724 77AF

[意味][一]ながし目に見る。[二]〈うかが・う(──・ふ)〉そっと見る。

目12 【瞰】〔17〕[標] カン[漢][去]勘 kàn カン U補J 6655 77B0

[意味]①〈みる〉見おろす。「瞰下(かんか)」「瞰臨(かんりん)」②ながめる。のぞむ。「瞰望(かんぼう)」③〈うかが・う(──・ふ)〉

◆下瞰(かかん)・俯瞰(ふかん)・鳥瞰(ちょうかん)

目12 【瞶】〔17〕 [一]キ[漢][去]未 guì コイ [二]イ(ヰ)[漢][去]寘 wèi ウエイ U補J 6656 77B6

[意味][一]じっと見つめる。[二]目の病気。

目12 【瞤】〔17〕 [一]ジュン[漢][平]真 rún ルン [二]シュン[漢][去]震 shùn シュン U補J ②8217 77A4

[意味][一]①まぶたがぴくぴくする。②ひきつける。けいれんする。[二]まばたきする。＝瞚(しゅん)・瞬(しゅん)

目12 【瞧】〔17〕 ショウ[漢][平]蕭 qiáo チアオ (セウ) U補J 4721 77A7

[意味]①ぬすみ見る。②見る。③訪ねる。面会する。④目がかすむ。

目12 【瞮】〔17〕 テツ[漢][入]屑 chè チョー U補J 4723 77AE

[意味]明るい。明らか。

目12 【瞪】〔17〕 トウ[漢][平]庚 dèng トン (タウ) U補J ①8891 4722 77AA

[意味]①みつめる。まっすぐに見る。「瞪視(とうし)」②目をみはる。③にらむ。

目12 【瞳】〔17〕[常] ドウ ひとみ トウ[漢][平]東 tóng トン ドウ[慣] U補J 3823 77B3

旧字 目12 【瞳】〔17〕 U補J

筆順
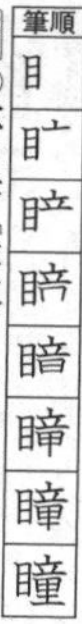

[意味]①〈ひとみ〉「瞳子(どうし)」②無知であるさま。「瞳焉(どうえん)」③無心であるさま。

[解字]形声。目が形を表し、童(どう)が音を示す。童には、重い、つきぬく、小さい、などの意味がある。瞳は、ひとみで、目をつきぬく穴とか、小さくうつるものとか、諸説がある。

[名前]あきら

【瞳孔】(どうこう) ひとみ。瞳子。瞳睛(どうせい)。

【瞳人】(どうじん) ひとみ。他人の瞳に、自分の姿が見られることによる。瞳子。

【瞳睛】(どうせい) 「瞳孔」に同じ。

【瞳矇】(どうもう) 物事の道理にくらいさま。

目12 【瞥】〔17〕[人][標] ヘツ[漢][入]屑 piē ピエ ベツ[慣] U補J 4245 77A5

目12 【瞥】〔17〕俗字 U補J

[意味]①ちらりと見る。「一瞥(いちべつ)」②目の前をかすめる。

【瞥見】(べっけん) ちらりと見る。瞥観(べっかん)。「瞥見大魚波間跳(べっけんすたいぎょのはかんにおどるを)」(大きな魚が波まにおどりあがるのがちらりと見える。)〈頼山陽・泊天草洋(あまくさなだにはくす)〉

【瞥然】(べつぜん) ちらっと頭にかすめるさま。わずかに見るさま。

【瞥瞥】(べつべつ) ①ちらっと見る。②定まらないさま。

目12 【瞸】〔17〕 ヨウ[漢][県][入]葉 yè イエ (エフ) U補J

目10 【瞱】〔15〕同字 U補J 4725 77B1

[意味]①目の動くさま。②にらみつける。

目12 【瞭】〔17〕[常] リョウ リョウ(レウ)[漢][県][上]篠 liǎo リアオ U補J 4638 77AD

筆順
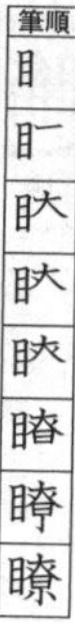

[意味]①〈あきらか〉㋐はっきり見える。「明瞭(めいりょう)」㋑ことがらがはっきりしている。②はるか。「瞭望(りょうぼう)」

[解字]会意・形声。目と尞とを合わせた字。尞(れう)は音をも示す。尞は燎で、明るい、かがり火の意で、瞭はあきらかの意となる。

[名前]あきら

【瞭然】(りょうぜん) 明らかなさま。はっきりしているさま。

【瞭眊】(りょうぼう) 明らかなことと、暗いこと。

◆明瞭(めいりょう)・不明瞭(ふめいりょう)

目12 【瞵】〔17〕 [一]リン[漢][県][平]真 lín リン [二]リン[漢][県][去]震 lìn リン [三]レン[漢][県][平]先 lián リエン U補J

目13 【瞵】〔18〕俗字 U補J 4726 77B5

[意味][一]①瞳(ひとみ)。②じっと見る。[二]よく見えない。[三]①にらむ。②目でしらせる。③斑瞵(はんりん)は、色や模様がまじりあって美しいさま。＝斑斕(はんらん)

目12 【瞬】〔17〕[旧] →瞬(八七七ページ・上)

目12 【瞩】〔17〕[俗] →矚(八七七ページ・下)

目13【瞹】〔18〕アイ㊅|ài アイ㊄泰　U補J 6657 77B9
意味 おおいかくす。気づかない。

目13【瞿】〔18〕一ク㊅㊈ 一㊄遇 jù チュイ 二ク㊅㊈ 二㊉虞 qú チュイ　U補J 6658 77BF
意味 一①みる。㋐驚いて見る。㋑おそれてあたりを見まわす。「瞿視」②驚くさま。③おそれる。＝懼 ④つつまやか。つつしみ深い。二①まち。＝衢 ②刃先の四つあるほこ。③姓。

【瞿瞿】①きまりがないさま。だらしないさま。②驚きあわてるさま。③ひかえめで礼儀正しいさま。④いそがしく見まわすさま。⑤目を見はって見つめるさま。

【瞿然】①驚いて見るさま。②恐れるさま。＝懼然 ③喜ぶさま。

【瞿唐峡(峡)】地名。四川省重慶市奉節県の東にあたり、長江にそう峡谷の名。蜀に入る要地で、蜀の三峡(巫峡・西陵峡・瞿唐峡)の一つ。

【瞿曇】仏梵語のゴータマ(Gautama 釈迦の姓)の音訳。①釈迦のこと。②仏教。

【瞿麦(麥)】草花の名。山野や河原に自生する。「撫子」

目13【瞼】〔18〕標 ケン㊅㊤琰 jiǎn チエン　U補J 6659 77BC
目8【睑】〔13〕俗字　U補J ②8203 251E5
意味 ①〈まぶた〉目をおおう皮。「眼瞼」②目。

目13【瞽】〔18〕コ㊅㊤麌 gǔ クー　U補J 6660 77BD
意味 ①盲目。「瞽者」②道理がわからない。「瞽辞」「瞽言」③音楽家。楽人。

【瞽言】でたらめなことば。また、つまらないことば。

【瞽師】盲目の音楽師。

【瞽者】盲人。

【瞽説】道理にあわない説。愚説。愚論。

【瞽瞍】古代の皇帝、舜の父親の呼び名。おろかで事の善悪の見分けがつかなかったので、盲目を意味するこの語で呼んだ。〈書経・尭典〉＝瞽叟

目13【瞬】〔18〕常 シュン またたく　U補J 2954 77AC
旧字 目12【瞬】〔17〕シュン㊅㊈㊄震 shùn シュン　U補J

意味 ①〈またた・く〉まばたきをする。まばたき。②非常に短い時間。③じっと見つめる。
解字 形声。目が形を表し、舜が音を示す。舜は草の名で、つるでつながり続いていながら、そむき合って咲く。瞬は、目をパチパチとまばたきすること。眴・瞚と同じで、目がしばしば動揺することといわれる。

筆順 目 目一 目ヒ 目爫 瞬 瞬 瞬 瞬

【瞬間】またたくま。きわめて短い間。

【瞬刻】きわめて短い時間。瞬間。瞬時。

【瞬時】「瞬刻」に同じ。

【瞬息】まばたきや息をするくらいの、きわめて短い時間。「瞬間。瞬刻。」

目13【瞻】〔18〕セン㊅㊈㊉塩 zhān チャン　U補J 6661 77BB
意味 ①〈みる〉「瞻視」②見あげる。あおぎみる。
【瞻依】尊び親しむ。
【瞻仰】仰ぎ見る。うやまう。＝瞻卬
【瞻視】①見る。②目つき。「尊二其瞻視一」〈論語・尭曰〉
【瞻慕】仰ぎしたう。仰慕。
【瞻望】①はるかに仰ぎ見る。「瞻望咨嗟」(仰ぎ見てなげく。見上げて感嘆する。)「陟二彼岵一兮、瞻二望父一兮」(あの丘にのぼって、はるか遠くに住む父をながめやる。兮は、語調をととのえる助詞。)〈詩経・陟岵〉②思いしたう。瞻仰。

目13【瞾】〔18〕同 ↓照(七七八ジ・中)

目13【瞵】〔18〕俗 ↓瞵(八七六ジ・下)

目14【矃】〔19〕一ネイ㊅ 一㊤迥 nǐng ニン 二トウ(タウ)㊅ ドウ(ダウ)慣 二㊉庚 chēng チョン　U補J 4728 77C3
意味 一見る。二目を見開く。＝瞠

目14【矉】〔19〕ヒン㊅㊉真 pín ピン　U補J 4729 77C9
意味 ①まゆをひそめる。ひたいにしわをよせる。＝顰 ②怒って目を見開く。

目14【矇】〔19〕ボウ㊅ モウ㊈㊉東 méng モン　U補J 6662 77C7
意味 ①盲目。ひとみはあるが目の見えぬこと。②盲人。楽官。③くらい。㋐はっきり見えない。「矇然」㋑おろか。

【矇瞽】盲目。

【矇瞍】①盲目。②楽人。音楽家。

【矇昧】①物の道理にくらいこと。暗いさま。＝蒙昧 ②盲目。

【矇矇】はっきりしないさま。

目15【矍】〔20〕カク㊅(クヮク)㊇薬 jué チュエ　U補J 6663 77CD
意味 ①驚いて見る。きょろきょろする。「矍視」「矍然」②あわてる。「矍矍」
【矍鑠】老人の元気盛んなさま。「矍鑠哉是翁也」〈後漢書・馬援伝〉

目15【懸】↓心部十六画(五〇四ジ・上)

目16【矑】〔21〕ロ㊅㊉虞 lú ルー　U補J 4730 77D1
意味 ①見る。②ひとみ。

目16【曨】〔21〕同 ↓瞢(八七六ジ・上)

目19【矗】〔24〕チク㊅ シュク㊅㊇屋 chù チュー　U補J 6664 77D7
意味 ①草木が盛んに茂るさま。②まっすぐなさま。「矗立」「矗然」③そびえたつさま。
【矗出】まっすぐにはえ出る。まっすぐに立っている。「如二春筍矗出一」(春の竹の子が、そびえたっているようだ。)〈頼山陽・耶馬渓図巻記〉
【矗矗】高くそびえ立つさま。

目19【矕】〔24〕バン㊅㊤潸 mǎn マン　U補J 4732 77D5
意味 ①みる。みとれる。②目の美しいさま。また、美しいさま。③おおう。かぶる。身につける。④目が見えない。

目20【矙】〔25〕カン㊅㊄勘 kàn カン　U補J 4733 77D9
意味 みる。うかがう。すきをねらう。

目21【矚】〔26〕ショク㊅㊇沃 zhǔ チュー　U補J 6665 77DA
目12【瞩】〔17〕俗字　U補J ②8218 77A9
意味 みる。注視する。「矚覧」
【矚望】望みをかける。
【矚目】気をつけて見る。目をつける。注目。注視。矚盼。

5画 矛部 ほこ ほこへん

【部首解説】 「武器のほこ」にかたどる。この部には、「矛」の形を構成要素とする文字が属する。

矛 0
【矛】〔5〕 常 ム ほこ | ボウ 漢 ム 呉 | 平 尤 máo マオ | J 4423 補 U 77DB

筆順 マ マ 予 予 矛

意味 〈ほこ〉 両刃の剣を長い棒の先につけた武器。「矛戈(ぼうか)」

(矛)

解字 象形。ほこの形。とがったやりである。矛には、敵の抵抗をおかして刺すとか、とげがあって、とがっているとかの意味を含むという。

名前 たけ

参考 「予(よ)」は別字。

【矛戟】(ぼうげき) ほこ。矛と戟。戟は二またのほこ。

【矛叉】(ぼうさ) さすまた。ほこの先端が二本に分かれている武器。

【矛槊】(ぼうさく) 柄(え)の長い、ほこ。

【矛盾】(むじゅん) 一 ①ほことたて。②前後のつじつまのあわないこと。昔、楚(そ)国で、矛(ほこ)と盾(たて)とを売る者が、その矛をほめ「この矛はどんな盾でもつき通せる」と言い、また、その盾を「この盾は、どんな矛でも、つき通すことはできない」と言った故事による。〈韓非子(かんぴし)・難一(なんのいち)〉 ‖矛楯 二 (マオトウン) máodùn 現 一に同じ。【——撞着】(むじゅんどうちゃく) 「矛盾」の②に同じ。撞着は、つきあたること。前後つじつまのあわない意。自家撞着。

矛 4
【矜】〔9〕 一 キョウ 漢 コウ 呉 二 キン 漢 三 カン(クヮン) 漢 | 一 平 蒸 jīn チン 二 平 真 qín チン 三 平 删 guān コワン | J 6666 補 U 77DC

意味 一 ①〈あわれ・む(あはれ・む)〉 「矜憐(きょうれん)」「矜憫(きょうびん)」「矜勉(きょうべん)」 ②〈ほこ・る〉 自負する。「矜誇(きょうこ)」 ③〈つつし・む〉 ④うやまう。たっとぶ。⑤おごそか。⑥そばだつ。二 ②ほこの柄(え)。 三 ①年とって妻のない人。やもお。‖鰥(かん) ②病む。

【矜寡】(かんか(くゎんくゎ)) 老いてひとりぼっちの者。年とって夫のない者と妻のない者。‖鰥寡
【矜育】(きょういく) あわれみ育てる。かわいがって養う。

【矜貴】(きょうき) 誇りたかぶる。

【矜矜】(きょうきょう) つつしんで自重するさま。

【矜厳(嚴)】(きょうげん) つつしみ深く、おごそか。注意深くひかえめで、まじめ。謹厳(きんげん)。

【矜肆】(きょうし) おごりたかぶって、ほしいままにする。いばって、自分かってにふるまう。

【矜恃】(きょうじ) ①自分の力に頼り、他人に誇る。尊大にかまえる。②「矜持」の①に同じ。

【矜持】(きょうじ(ぢ)・きんじ(ぢ)) ①わがままな気持ちをおさえて、つつしむ。②「矜恃」の①に同じ。

【矜恤】(きょうじゅつ) きのどくがって、なさけをかける。あわれみ恵む。「憐恤(れんじゅつ)。」

【矜恕】(きょうじょ) あわれみゆるす。きのどくに思って、ゆるす。

【矜式】(きょうしょく) 慎んで手本とする。矜は敬、式は法の意。

【矜人】(きょうじん) 貧乏で、きのどくな人。

【矜荘(莊)】(きょうそう(さう)) 威儀の正しいこと。おごそか。

【矜泰】(きょうたい) たかぶりおごる。いばって、自分でえらがる。‖「泰驕」

【矜大】(きょうだい) えらがる。おごりたかぶる。尊大。矜伐(きょうばつ)。

【矜伐】(きょうばつ) 「矜大(きょうだい)」に同じ。伐も誇る意。

【矜愍】(きょうびん) あわれむ。きのどくに思う。矜憐(きょうれん)。‖矜憫
【矜憫】(きょうびん) 「矜愍(きょうびん)」に同じ。

【矜負】(きょうふ) 才能を誇りたのむ。自分の力を誇り、じまんする。

【矜憐】(きょうれん) 「矜愍(きょうびん)」に同じ。

【矜羯羅童子】(こんがらどうじ) 仏 不動明王(ふどうみょうおう)の八大童子の第七で、制吒迦(せいたか)とともに明王の左右につき従っている。

矛 6
〖務〗(一八〇ページ・上)→力部九画

矛 7
【矞】〔12〕 一 イツ 漢 二 ケツ 漢 三 キツ 漢 | 一 入 質 yù ユィ 二 入 屑 jué チュエ 三 入 質 xù シュイ | J ②8219 補 U 77DE 4734

意味 一 ①きりで穴をあける。②あふれでる。③二色、また、三色のめでたい雲。「矞雲(いつうん)」 二 だます。たぶらかす。‖譎(けつ) 三 驚いて、馬が走ったり、鳥がとびたつさま。

【矞宇】(うけつ) いつわり。でたらめ。

矛 7
【矟】〔12〕 同 →槊(六五九ページ・中)

矛 7
〖埜〗(二九五ページ・下)→土部九画

矛 7
〖婺〗(三四九ページ・中)→女部九画

矛 8
【矠】〔13〕 サク 漢 シャク 呉 | 入 陌 zé ツォー | J ①8892 補 U 77E0 4736

意味 ①ほこの類の武器。②やすで魚などをついてとる。国 〈やす〉魚などを刺して取る漁具。

矛 14
〖鶩〗(一四〇三ページ・下)→馬部九画

5画 矢部 や やへん

【部首解説】 「武器の矢」を表す。この部には、「矢」の形を構成要素とする文字が属する。

矢 0
【矢】〔5〕 学 2 シ 漢 シ 呉 や | 上 紙 shǐ シー | J 4480 補 U 77E2

筆順 ノ ᐟ 亠 チ 矢

竹 5
【笶】〔11〕 同字 J 6793 補 U 7B36

意味 ①〈や〉 弓のつるにつがえて射るもの。②つらねる。ならべる。③〈ちか・う(——・ふ)〉 「矢誓(しせい)」 ④〈ただし・い(ただ・し)〉 まっすぐ。「矢臣(ししん)」 ⑤ほどこす。⑥くそ。ふん。‖屎(し) ⑦かずとり。投壺(とうこ)(勝負ごとの名)の計算に使う矢。

解字 会意。入と大を合わせた字。下の大はかぶらやの形。矢には、短く、まっすぐな意味がある。

名前 ただ・なお・ちこう 姓 矢作(やはぎ)・矢集(やつめ)・矢田部(やたべ)

参考 木で作ったものを矢(し)といい、竹で作ったものを箭(せん)という。「失(しつ)」は別字。

【矢丸】(しがん(ぐゎん)) 矢と鉄砲の弾丸。

【矢言】(しげん) ①誓いのことば。誓い。誓言。②正しいことば。

【矢口】(しこう) ①誓いをたてる。②口にまかせる。思うままにしゃべる。

【矢人】(しじん) 矢を作る職人。「矢人豈不レ仁二於函人一(しじんはあにかんじんよりじんならざらんや)」(どうして矢を作る職人が、よろいを作る職人より仁徳がないといえようか。)〈孟子(もうし)・公孫丑(こうそんちゅう)上〉

【矢石】(しせき) ①矢と弩(いしゆみ)。②戦争。

【矢鏃】矢じり。矢先。矢の根。目標に突きささるように、矢の先にはめこんだ、とがった金具。

【矢箙】えびら。矢を入れる道具。矢房。矢壺。＝矢服

【矢礮】礮は砲。弓矢と鉄砲。武器。

【矢立】国矢立ての硯。軍中などで、箙の中に入れておく小さな硯。また、腰に帯びる墨つぼ。筆はその柄の中に入れる。

【矢束】国矢の長さ。一束は一握り（四本の指を並べたの「長さ。

【矢筈】国①矢の上端部で、弓の弦を受ける所。②矢はず形の模様。

【矢衾】国すきまなく、矢がとんでくること。

【矢来（來）】国竹や木などをあらく組んで作った仮の囲い。

◇▼弓矢・毒矢・流矢・嚆矢

矢 2

【矣】〔7〕

イ 漢上 紙 呉 yǐ イー

J 6667 補 ― U 77E3

意味 ①文末に置かれ、さまざまな語気を示す。㋐判断・断定。「禄在二其中一矣」〈論語・衛霊公〉 ㋑疑問。「可三以為二仁矣一」〈論語・憲問〉 ㋒反語。「則将焉用二彼相一矣」〈論語・季氏〉 ㋓詠嘆。②文中に置かれ、詠嘆の語気を示す。「甚矣吾衰也」〈論語・述而〉 ③ほかの助詞を続け、詠嘆の意を示す。「矣乎」「矣哉」「矣夫」

語法 ❶…である。…なのだ。主観的な判断・断定の語気を強調する。例「凡事易レ壊而難レ成矣」（すべて物事は壊れやすく成りがたいものなのだ）〈史記・暦書〉

❷…であった。すでに起こった事実を確認する。例「秦王後悔レ之、使二人赦一レ之、非已死矣」（秦王は後悔して、人をやってゆるそうとしたが、韓非はすでに死んでしまっていた）〈史記・韓非列伝〉

❸意志を強調する。例「諸生且待レ我、我不レ忘矣」（諸君もうしばらく待っていてくれ、私はけっして忘れない）〈史記・叔孫通列伝〉

❹…ということになった。…ということになる。状況・前提をふまえて結果・結論を導きだす。例「両主共幸レ君、君貴富益倍矣」（両主がともにあなたを寵愛なさり、あなたの身分と財産はいっそう増すことになりましょう）〈史記・陸賈列伝〉

❺命令。例「汝可二疾去一矣。且レ見レ禽」（おまえははやく逃げたほうがよい。捕まってしまうぞ）〈史記・商君列伝〉

❻疑問。例「可三以為二仁矣一」（仁としてよいだろうか）〈論語・憲問〉

❼反語。例「則将焉用二彼相一矣」（主君が危うくても支えず、転んでも助けないのであれば）補佐役など必要ないではないか）〈論語・季氏〉

❽詠嘆。㋐文末に置かれる。例「天下無レ道久矣」（天下に道が行われなくなって久しいことだ）〈史記・孔子世家〉 ㋑文中に置かれる。例「甚矣吾不レ知レ人也」（ひどいものだ、私の人を見る目がないことよ）〈史記・刺客列伝〉

矢 2 〖医〗→匚部五画（一八八ページ・下）

矢 3

【知】〔8〕 学 2 チ しる

一 チ 漢呉 一 平 支 zhī チー

二 チ 漢呉 二 去 寘 zhì チー

J 3546 補 ― U 77E5

筆順 ノ 𠂉 ⺧ 矢 矢 知 知 知

意味 一 ①〈し・る〉㋐さとる。わきまえる。理解する。㋑みとめる。㋒見わける。㋓おぼえる。記憶する。㋔見知る。㋕感じとる。②〈しら・せる（――・す）〉 ③〈しらせ〉通知。通報。「報知」 ④〈さと・い（――・し）〉 ⑤知識。しること。⑥まじわる。また、まじわり。「知友」 ⑦もてなし。「知遇」 ⑧おさめる。つかさどる。「知政」 ⑨州や県の長官。「知県」 二 ちえ。＝智

解字 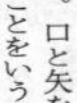 会意。口と矢を合わせた字。知は、矢のように速く口に出ることをいう。心が明らかであると、物事がよくわかって、すぐことばに出るからである。一説に、矢のようにずばりと真相につき当たることともいう。

名前 し・あき・おき・かず・さと・しり・ちか・とし・とも・のり・はる・あきら・さとる

地名 知立・知多・知床・知花・知念

難読 知客

参考 新表記では「智」の書きかえに用いる。

【知音】①音楽の音をよく聞き知る。②自分の心をよく理解する人。真の友人。知己。昔、鍾子期がその友伯牙のひく琴の音によって伯牙の心境をよく聞き知ったという故事による。〈列子・湯問〉→「伯牙」（八二ページ・上） ③自分をよく世話してくれる人。知りあい。知人。

【知（「智」）恵（「慧（慧）」）】①道理を知り、物のよしあしを見分ける心の働き。②知識の内容。

【知覚（覺）】①知り、さとる。②哲目・耳などの感覚器官によって、外界の事物を感じとり、さとる働き。

【知己】自分をよく知ってくれる友人。親友。「莫レ愁前路無二知己一」〈高適・別二董大一〉

【知遇】人格や才能が認められてよく待遇されること。

【知県（縣）】県知事。県の長官。

【知言】①道理をわきまえたことば。〈左伝・襄公十四〉 ②ことばの真意をよくくみとること。〈論語・尭曰〉

【知行】一 知ることと、行うこと。知識と行為。二 国①大名の所領・領地。②扶持。給料。【――合一】王陽明（一四七二～一五二八）が唱えた学説。知識と行為とはもともと一つのものであるとし、朱子学の先知後行説と対する。〈伝習録・上〉

【知事】①物事を知りわきまえる。②中国で州・県の長官。③仏禅寺の役僧。④国都・道・府・県の長官。

【知（「智」）識】一 ①物事を知る心の働き。知恵。②知っている事がらの内容。③知り合い。④仏高僧。善知識。二 zhīshi 現 一の①②に同じ。【――階級】知的労働に従事する社会層。インテリゲンチア。インテリ。【――産業】教育・新聞・映画・印刷・テレビなどのように、人間の精神的欲求を満足させるための産業。情報産業。

【知悉】知りつくす。すべてを知る。

【知者】物の道理に通じた人。【――不レ博、博者不レ知】真に道を知っている者は、博識をてらって論じたりしないし、博識をてらって論じる者は、真に道を知っている者ではない。〈老子・八十一〉【――不レ言】真に物事を知っている者は、ことば多く言わない。〈老子・五十六〉【――不レ惑】道理をよく知っている者は、事にあたっても迷うことはない。〈論語・子罕〉【――楽（樂）レ水】事物の道理に通じている知者は流れてやまない水のすがたに心楽しいものを感じる。〈論語・雍也〉

【知（「智」）術】①知恵とはかりごと。「知術浅短」（知恵とはかりごとが劣っている。）〈司馬光・資治通鑑〉 ②

うまいはかりごと。【――之士(ちじゅつのし)】はかりごとにすぐれている人。〈韓非子・孤憤〉

【知人】知り合い。相識。

【知(「智」)仁勇】知恵と仁愛と勇気。三達徳。三徳。〈中庸〉

【知性】①かしこい性質。②哲物事を正しく認識し、考え判断する能力。

【知制誥】官名。唐代では翰林学士が学士院にはいって一年たってなる役。勅命をつかさどる。

【知足】満足することを知る。自分の分に安んじて、むやみとむさぼらないこと。

【知(「智」)能】①頭のはたらき。②知恵と才能。

【知(「智」)嚢】知恵者。知恵に富んだ人。

【知(「智」)謀】知恵のすぐれたはかりごと。

【知名】①有名。名を知られること。「知名之士」②名を知る。姓名を知る。

【知命】①天命・天運を知る。②五十歳をいう。〈論語・為政〉

【知友】知り合い。親しい友人。

【知(「智」)勇】知恵と勇気。【――兼備】知恵と勇気と両方をそなえる。

【知(「智」)略】知恵とはかりごと。

【知(「智」)慮】知恵のすぐれた考え。知恵のすぐれたはかりごと。

【知了】知りつくす。よくさとる。

【知道】zhīdào 現知る。知っている。

◆人知・下知・才知・大知・予知・世知・未知・存知・奇知・周知・承知・英知・既知・故知・通知・理知・探知・衆知・報知・頓知・察知・熟知・機知

矢3【矤】〔8〕本↓矧(本ページ・上)

矢4【矧】〔9〕シン 漢 上 軫 shěn シェン J 3974 補 U 77E7

矢3【矤】〔8〕本字 J ②8221 補4737 U 77E4 言4【訠】〔11〕同字 J 6144 補 U 8A20

意味 ①〈いわんや(いはんや)〉まして。②また。又。③はぐき。歯齦(しぎん)。国〈は・ぐ〉竹にはねをつけて矢を作る。

矢4【矦】〔9〕本↓侯(九二ページ・上)

矢5【矩】〔10〕入 ク 漢 呉 上 麌 jǔ チュイ J 2275 補 U 77E9

木10【榘】〔14〕或体 J ②1522 補3657 U 6998

意味 ①さしがね。かねざし。直角に曲がったものさし。「規矩」②〈のり〉法則。③四角。「矩形」④直角。⑤大地。

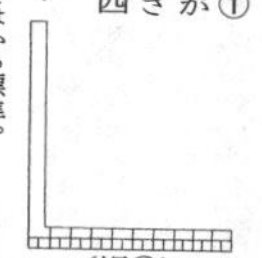

(矩①)

解字 会意・形声。矢と巨を合わせた字で、巨(きょ)は音を示す。巨はものさし。矢は長さをはかる標準。

名前 かど・かね・つね・ただし・ただす

【矩形】長方形。長四角。

【矩尺】大工の用いるものさし。かねざし。曲尺(かねじゃく)。「尺」魯般

【矩則】守らなければならない法則。矩度。規矩。

【矩度】①きまり。のり。法則。②日常動作の規律。矩則。

「不レ踰レ矩(のりをこえず)」法則にはずれない。「従二心所一レ欲不レ踰レ矩(こころのほっするところにしたがってのりをこえず)」(心の欲するままに行動して、道徳の規範をこえることがない。)〈論語・為政〉

◆規矩

矢6【矪】〔11〕チュウ 漢 平 尤 (チウ) zhōu チョウ J ②8223 補4739 U 77EA

意味〈くるり〉鳥を射る矢。

矢7【矬】〔12〕サ 漢 平 歌 ザ 呉 cuó ツオ J ②8224 補4740 U 77EC

意味 ①短い。②背の低い人。③低くする。さげる。

矢7【短】〔12〕学3 タン 漢 上 旱 タン 呉 duǎn トワン みじかい J 3527 補 U 77ED

筆順

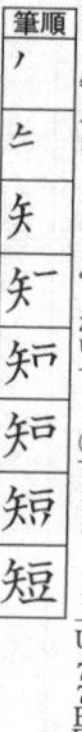

意味 ①〈みじか・い(――・し)〉↕長 ア長さがたりない。「短兵」イ時間がみじかい。「短期」「短夜」②たりない。少ない。とぼしい。③おとる。「長短」④あやまち。欠点。「短見」⑤〈そし・る〉悪くいう。⑥わかじに。若くて死ぬ。「短世」「短折」「短命」

解字  形声。矢が形を表し、豆(とう)が音を示す。矢は長短をはかるものさし。豆には小さい意味がある。短は、ものさしではかって短いこと。音タンは豆の音トウの変化。一説に、会意。豆はたかつきで、せいの低いもの。矢は、横にのびるものでいちばん短い。短は、たてよこに、短いものを合わせて、短いことを表したとする。

【短景】短い日かげ。景は影と同じ。

【短詠】短い詩。短い歌。

【短歌】①短い詩。②国五・七・五・七・七の五句、三十一音の歌。三十一文字(みそひともじ)。和歌。↕長歌【――行(たんかこう)】楽府(がふ)の題名。人生の短いことを嘆き、楽しめるときに楽しむべきだという内容をうたったもの。

【短褐(褐)】たけの短いそまつな着物。身分の低い者が着る。「短褐穿結(たんかつせんけつ)」(短い毛織りのみすぼらしい服をつづり合わせて身につける。粗末な衣服を着る。)〈陶潜・五柳先生伝〉

【短気(氣)】①気みじか。せっかち。②力を落とす。落胆。

【短晷】日が短い。短日。

【短期】■たんき わずかの間。短い期間。↕長期 ■トワンチー duǎnqī 現■に同じ。

【短軀】背の低いからだ。短身。矮軀。

【短計】あさはかなはかりごと。考えの浅いはかりごと。拙計。拙策。

【短檠】低い燭台。

【短欠(缺)】欠ける。一部分がかけている。

【短見】浅くてつまらない考え。あさはかな考え。浅見。

【短才】才能がとぼしいこと。鈍才。

【短窄】短くてせまい。また、低くてせまい。

【短冊】国①和歌・俳句・絵などを書く細長い紙。②物の名などを書き、はりつけたりするための細長い小さな紙。

【短札】①短い手紙。②自分の手紙をへりくだっていう。寸楮。寸書。

【短詞】短い詞。詞は、韻文の一つ。

【短日】①少しの日数。②冬の短い日。

【短縮】短くちぢめる。きりつめる。「操業短縮」

【短章】短い詩歌。短い文章。

【短長】①短いことと、長いこと。②短所と長所。優劣。③寿命の短いことと、長いこと。

【短兵】刀剣のこと。短い武器。【――急(たんぺいきゅう)】①短い武器をもって急に迫る。②国にわかに。だしぬけに。

【短編(「篇」)】①短い詩文。②小説などの短い作品。

【短命】命が短い。わかじに。夭折。夭死。↕長命「不幸短命死矣」〈論語・雍也〉

【短慮】①浅薄な考え。浅慮。②国気が短い。短気。

◆長短・操短・一長一短

矢7【規】〔12〕同↓規(一一三八ページ・下)

矢7【智】↓日部八画(五九七ページ・上)

矢8
【矮】〔13〕

アイ 漢 上 蟹　ワイ 慣　ǎi アイ

J 6668 補 U 77EE

意味 ①〈ひく・い（――・し）〉もののたけが短い。低い。「矮屋(わいおく)」「矮樹(わいじゅ)」②人の背が低い。「矮人(わいじん)」

【矮屋】(わいおく) 低い家。小さな家。

【矮几】(わいき) 小さな低い机。

【矮軀】(わいく) 背の低いからだ。短軀(たんく)。

【矮子】(わいし) 一 背の低い人。二 ǎizi 現 一 に同じ。【――看戯(戲)】(わいしかんぎ) 背の低い人が芝居を見る。見識がせまく、雷同することをいう。矮人観場。

【矮小】(わいしょう(せう)) ①背が低くて小さい。短小。②家などが小さくてきたないさま。

【矮陋】(わいろう) 背が低くてみにくい。

矢8 〖肄〗（一〇一一ページ・下）↓聿部七画

矢8 〖雉〗（一三四三ページ・下）↓隹部五画

矢12
【矯】〔17〕

常 キョウ　ためる

キョウ(ケウ) 漢 呉 上 篠 jiǎo チアオ

J 2226 補 U 77EF

筆順 ノ　𠂉　矢　矢　矢　矯　矯　矯

意味 ①〈た・める（――・む）〉㋐曲がったものをまっすぐにする。「矯矢(きょうし)」㋑正しくする。「矯正」②ためぎ。矢をまっすぐにするもの。③〈いつわ・る（いつは・る）〉㋐だます。「矯奪(きょうだつ)」㋑他にかこつけそむく。「矯レ命(めいをいつわる)」④強い。勇ましい。＝強 ⑤高くあげる。「時矯レ首而游観(ときにくびをあげてゆうかんす)」（時には首をあげて辺りを眺めやる。）〈陶潜(とうせん)・帰去来辞(ききょらいのじ)〉⑥たかぶる。えらぶる。⑦君主が即位する。⑧姓。

解字  形声。矢が形を表し、喬(けう)が音を示す。喬は、高くてしなう意味を持つ。矯は、矢をたわめて、わくに入れること。曲がったものを直す意味にも、曲げて形に合わせる意味にもなる。

名前 ただ

【矯枉】(きょうおう(けうわう)) 曲がっているものを、まっすぐに直す。

【矯革】(きょうかく(けう)) 正し改める。

【矯矯】(きょうきょう(けうけう)) ①勇ましいさま。②志を高く持つさま。

【矯激】(きょうげき(けう)) ①ことさらに正直ぶる。②正しく直して激励する。

【矯健】(きょうけん(けう)) 強くてじょうぶなこと。矯は、趫に同じで、強い意。

【矯亢】(きょうこう(けうかう)) わざと人と異なった事をして、えらそうにする。＝矯抗

【矯詐】(きょうさ(けう)) 事実をまげ、いつわる。矯誣(きょうふ)。

【矯殺】(きょうさつ(けう)) 偽って殺す。矯戮(きょうりく)。

【矯揉】(きょうじゅう(けうじう)) ためなおす。矯糅。

【矯詔】(きょうしょう(けうせう)) 勅命であるといつわる。

【矯情】(きょうじょう(けうじやう)) わざと人情にそむき、人と異なった行動をする。

【矯飾】(きょうしょく(けう)) ①いつわり、かざる。うわべをかざる。②矯正し修飾する。「矯二飾人之情性一(ひとのじょうせいをきょうしょくす)」〈荀子(じゅんし)・性悪〉

【矯正】(きょうせい(けう)) ため、ただす。誤っていることを、正しい方向にもどす。

【矯制】(きょうせい(けう)) 天子の詔(みことのり)と称してだます。

【矯俗】(きょうぞく(けう)) ①悪い風俗を正しい状態にもどす。矯風。②世間と変わったことをする。また、そのこと。

【矯対(對)】(きょうたい(けう)) ひねった返答をする。

【矯誣】(きょうふ(けう)) いつわり、あざむく。

【矯風】(きょうふう(けう)) よくない風俗を正しくする。

【矯厲】(きょうれい(けう)) 人なみにすることを嫌って、超然としていること。＝矯勵

矢12
【矰】〔17〕

ソウ 漢 平 蒸 zēng ツォン

J ②8226 補 U 4741 77F0

意味 〈いぐるみ〉「矰弋(そうよく)」を見よ。「矰矢(そうし)」「矰繳(そうしゃく)」

【矰弋】(そうよく) いぐるみ。糸を結びつけた矢。飛ぶ鳥をとるもの。矰繳は、いぐるみ。いぐるみで鳥をとるように、自分の利益を得るためにまぐれあたりを期待しあれこれと人に説く。

『矰繳之説』(そうしゃくのせつ)

〈韓非子(かんぴし)・五蠹(ごと)〉

矢13 【矱】〔18〕 俗 ↓矱（本ページ・中）

矢14
【矱】〔19〕

ワク 漢 入 薬 huò フォ

J 補 U

意味 ①〈のり〉標準。②ものさし。

矢13 〔矱〕〔18〕 俗字

J 4742 補 U 77F1

5画

石部　いし　いしへん

【部首解説】「がけの下の岩の固まり」を表す。この部には、岩石の状態や種類、加工品に関連したものが多く、「石」の形を構成要素とする文字が属する。

石0
【石】〔5〕

学1 セキ・シャク・コク　いし

セキ 漢　シャク 呉 入 陌　コク 慣　shí シー、dàn タン

J 3248 補 U 77F3

筆順 一　ア　不　石　石

石1 〔石〕〔6〕 同字

J 補 U 4096

意味 ①〈いし〉いわ。岩石。②石で作った楽器。磐(ばん)。③いしぶみ。石碑。「金石文」④いしばり。治療に使う石の針。⑤鉱物を材料とする薬。⑥かたい。堅固である。⑦量詞。音 dàn タン。㋐容量の単位。十斗をいう。周代では約一九・四リットル。（↓付録「度量衡名称」）㋑重さの単位。百二十斤(きん)。㋒秦、漢以後の禄高(ろくだか)の単位。「千石之令」⑧姓。国〈こく〉①わが国のますめの単位。十斗。約一八〇・四リットル。②わが国の禄高(ろくだか)の名。③舟の容積の名。十立方尺。「千石舟(せんごくぶね)」④材木の容積を計る単位。十立方尺。

解字 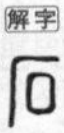 象形。厂はがけの形で、がけの下にある岩のかたまりが石である。あるいは、岩から分離した小石をいう。

名前 し・あつ・いそ・いわ・かた

姓 石上(いそのかみ)・石毛(いしげ)・石禾(いさわ)・石見(いわみ)・石谷(いしがや)・石門(いわかど)・石野(いわの)・石母田(いしもだ)・石清水(いわしみず)

地名 石川(いしかわ)・石辺(いそべ)・石見(いわみ)・石和(いさわ)・石岡(いしおか)・石狩(いしかり)・石垣(いしがき)・石巻(いしのまき)・石動(いするぎ)・石神井(しゃくじい)・石榴市(つばいち)・石廊崎(いろうざき)

難読 石蓴(あおさ)・石決明(あわび)・石投(いしなぎ)・石首魚(いしもち)・石斑魚(うぐい)・石榴(ざくろ)・石楠花(しゃくなげ)・石蕗(つわぶき)・石竜子(とかげ)

参考 「コク」は国訓。

【石川丈山】(いしかわ(かは)じょう(ぢやう)ざん) 人名。江戸初期の漢詩人。藤原惺窩(ふじわらせいか)の門人。（一五八三～一六七二）

【石摺】(いしずり) 国 石碑の文を、油墨などで紙に刷りうつしたもの。

【石突】(いしづき) 国 槍(やり)・薙刀(なぎなた)などを立てたとき、地面につく部分。また、そこにつけた金具。

【石楠花】(しゃくなげ) ツツジ科の常緑低木。高山に産し、夏、花を開く。＝石南・石南花

【石印】(せきいん) 石版で印刷する。また、その印刷物。

【石英】(せきえい) 鉱石の一つ。硅素(けいそ)と酸素(さんそ)の化合物。水晶・めのう・ひうち石など。

【石階】(せきかい) 石の階段。

【石崖】(せきがい) 石のがけ。石壁。

【石棺】(せきかん(くわん)) 石で作った棺おけ。

5画

玄玉(王)瓜(瓜)瓦甘生用田疋(𤴔)疒癶白皮皿目(罒)矛矢石示(礻)内禾穴立

【石龕】せきがん 石の塔。龕は塔。
【石渠】せききょ ①石を組んで作ったみぞ。②石の多いみぞ。
【石橋】㊀せききょう(けう) 石の橋。㊁しゃっきょう(しゃくけう) ①能楽の曲名。世阿弥の作。②石橋物の略。能楽「石橋」にもとづく所作事の総名。連獅子・鏡獅子など。
【石季倫】せききりん 人名。晋の石崇。季倫はその字。当時の富豪。(二四九〜三〇〇)
【石鯨】せきげい 石で刻んだ鯨。漢の武帝が昆明池においた。
【石壕】せきごう(がう) 地名。現在の河南省陝県の東南にある。
【――吏】せきごう(がう)のり 唐代の杜甫の五言古詩の題名。石壕の役人の無慈悲さを述べたもの。
【石材】せきざい 建築に用いる石。
【石桟(棧)】せきさん 石のかけはし。
【石砥】せきし 土台石。礎石。
【石室】せきしつ ①いしむろ。石で作った室。②書庫。③御史の別名。④石作りの塚・墓。
【石甃】せきしゅう(しう) ①石だたみ。敷石。②石で作った井戸の壁。
【石獣(獸)】せきじゅう(じう) 墓前などに並べる、石製の獅子や馬、羊など。
【石皴】せきしゅん ①石のしわ。石のひだ。②石のしわを描く筆法。
【石筍】せきじゅん 鍾乳洞の中に石灰分をふくんだ水がたれ、かたまってできた筍形の石。
【石女】せきじょ(ぢょ) 一うまずめ 子を生まない女。
【石匠】せきしょう(しゃう) 「石工」に同じ。
【石菖】せきしょう(しゃう) 石菖蒲。水辺に生える多年草でショウブより小形。黄色の花をつける。
【石牀】せきしょう(しゃう) 石の寝台。石のゆか。
【石晋(晉)】せきしん 国名(九三六〜九四六)。五代の後晋の別名。石敬瑭が建てた国なので、石を加えていう。
【石人】せきじん ①石作りの人形で、墓の道に立てるもの。②永久に死なない人。③人の形をしているだけで無知な者。
【石心鉄(鐵)腸】せきしんてっちょう(ちゃう) 石のような心と、鉄のような腸。転じて主義主張を堅く守りとおすこと。鉄心石腸。
【石崇】せきすう 人名。晋の人。荊州の刺史となり、金谷園を作った。
【石泉】せきせん 石の間に湧く泉。
【石鏃】せきぞく 石作りの矢の根。
【石黛(黛)】せきたい 眉をえがくのに用いる顔料の名。まゆずみ。
【石炭】せきたん 古代の植物が地下に埋もれて炭化したもの。媒炭。
【石壇】せきだん 石をたたみあげて作った壇。

【石竹】せきちく 草の名。からなでしこ。ナデシコ科の多年生植物。
【石腸】せきちょう(ちゃう) 石のように堅く動かない心。強い意志。石心鉄腸。鉄石心。
【石塔】せきとう(たふ) ①石の塔。②石で作った墓。
【石榻】せきとう(たふ) 石で作った腰掛け。
【石頭】㊀せきとう 石のほとり。石の上。㊁シートウ shítou 現石。㊂いしあたま 国頭がかたい。物事の変化に応じ得ないこと。
【――記】せきとうき 書名。清代の長編小説。「紅楼夢」のもとの名。
【――城】せきとうじょう(じゃう) 地名。南京付近の石頭山にあった。六朝時代の帝都金陵の所在地であったところ。唐の劉禹錫に、これを題にした詩がある。
【石磴】せきとう ①石段。②石の多い坂道。
【石馬】せきば 石作りの馬。墓前などに立てる。「故物独石馬」(昔のもので残っているのはただ石馬だけだ。)〈杜甫の詩・玉華宮〉
【石版】せきばん 石の表面に、脂肪性のインクで字や絵を書いて印刷する印刷の原版。
【石盤】せきばん 粘板岩を平らにし板状にしたもの。石筆で字を書くのに用いる。
【石碑】せきひ 石ぶみ。何かを記念するため、文字を刻んで建てておく石。
【石筆】せきひつ 蠟石で作ったもので、石盤に文字などを書くのに用いる。
【石斧】せきふ 石で作ったおの。
【石趺】せきふ 石碑などをのせる石の台。
【石仏(佛)】㊀せきぶつ 石で作った仏像。また、岩石に彫りつけた仏像。㊁いしぼとけ ①㊀と同じ。②喜怒哀楽を表さぬ人。
【石壁】せきへき 城壁などの石かべ。
【石砭】せきへん 石で作った針。昔、医療に用いた。
【石墨】せきぼく 炭素から成る鉱物の一つ。
【石綿】せきめん 一いしわた 鉱物の名。蛇紋石が繊維状になったもの。電気や熱の不良導体。アスベスト。
【石油】㊀せきゆ 地中にある、燃えやすい液体。種々の炭化水素の混合物。燃料に用いる。㊁シーユー shíyóu 現㊀に同じ。
【石瀬】せきらい はやせ。
【石蘭(蘭)】せきらん 香草の名。「疏二石蘭一兮為レ芳」(石蘭をしいて香料とする。)〈楚辞・湘夫人〉
【石欄】せきらん 石で作った手すり・欄干。
【石榴】せきりゅう(りう) 一ざくろ 植物の名。実が食用になる。
【石梁】せきりょう(りやう) ①石の橋。②庭などの飛び石。
【石林】せきりん 林のように、むらがり立つ石。

【石廊】せきろう(らう) 石の廊下。

【石勒】せきろく 人名。後趙(十六国の中の一つ)の高祖。初め劉淵に属したが、のち前趙にそむいて自立して帝を称し、後趙を建てた。

【石火】せっか(せきくわ) ①石をうちつけるとき、出る火。「石火光中寄二此身一」(人がこの世に身をよせるのは、石火のようにほんの一瞬である。)〈白居易の詩・対レ酒〉②非常にすばやい。「電光石火」

【石罅】せっか(せき) 石の割れめ。

【石介】せっかい(せき) 人名。北宋の学者。徂徠先生と称された。(一〇〇五〜一〇四五)

【石灰】せっかい(せきくわい) 一いしばい(ばひ) 石灰石、貝がらなどを焼いて作る生石灰と、これに水を加えた消石灰の総称。

【石塊】せっかい(せきくわい) 石ころ。石くれ。

【石画(畫)】せっかく(せきくわく) 石のように堅く動かないはかりごと。

【石槨】せっかく(せきくわく) 石で作った棺の外わく。‖石椁
【石花菜】せっかさい(せきかさい) 海藻の名。てんぐさ。心太・寒天の原料。

【石澗】せっかん(せき) 石の多くある谷川。

【石器】せっき(せき) 古代人が石で作った道具。

【――時代】せっき(せき)じだい 石斧・石刀などを使用していた太古の時代の称。

【石級】せっきゅう(せききふ) いしだん。石の階段。石階。

【石窟】せっくつ(せき) いわや。石のほらあな。岩窟。

【石径(逕)】せっけい(せき) 石の多い小道。

【石経(經)】せっけい(せき) 経書の文を石にほりつけたもの。蔡邕が後漢の霊帝の命で大学構内に立てた熹平石経が最も有名。

【石磬】せっけい(せき) 「へ」の字形の堅い石をつりさげ、鳴らした楽器の名。

【石敬瑭】せっけいとう(せきけいたう) 人名。五代の晋の建国者。

【石碣】せっけつ(せき) 丸形の石碑。

【石工】せっこう(せき) いしや。石を切り、細工をする職人。石匠。

【石膏】せっこう(せきかう) 無色または黄色がかった鉱石。石灰に硫酸を加えて作ることもできる。

【石刻】せっこく(せき) 石に刻みつける。また、石の彫刻品。

【石鼓文】せっこぶん(せきこ) 鼓の形の石に刻んだ文字。周の宣王が作らせたものという。

『漱レ石枕レ流』いしにくちすすぎながれにまくらす 負け惜しみの強いこと。昔、晋の孫楚が隠居しようとして、「石を枕にしたり、流れに漱ぐ自由な生活をしよう」というところを、「石に漱ぎ、流れに枕しようと思う」と言ったので、友人が聞きとがめると、「流れに枕するとは、自分の耳を洗うため、石に漱ぐとは、歯をみがく

ためだ」とこじつけた故事による。〈晋書・孫楚伝〉

【石上題レ詩掃ニ緑(綠)苔ニ】石の上にはえたみどりのこけを払いのけて、その上に詩を書きつける。〈白居易の詩・寄ニ題仙遊寺ー〉

◇▼化石・木石・玉石・瓦石・投石・定石・岩石・宝石・飛石・盆石・砥石・胆石・柱石(一いし)・庭石・捨石・基石・軽石・焼石(一いし)・硝石・碁石・置石・墓石・碑石・磁石・踏石・盤石(一じゃく)・敷石・薬石・礎石・鏡石・蠟石・大理石・他山石

石1【石】〔6〕同→石(八八一ページ・下)

石2【矴】〔7〕テイ 漢 去 径 dìng ティン　U77F4 補4743 J②8227
意味 舟を停めるために水底におろすおもり。

石3【矸】〔8〕カン 漢 去 翰 gàn カン　U77F8 補4744 J—
意味 ①石の白く清らかなさま。②きぬた。砧。

石3【矼】〔8〕■一コウ(カウ) 漢 ■一平 江 gāng カン ■二コウ(カウ) 漢 ■二平 江 qiāng チアン　U77FC 補— J6669
意味 ■一石の橋。水中に石を置いて渡り場としたもの。■二すなおでまじめなこと。

石3【矻】〔8〕コツ 漢 入 月 kū クー　U77FB 補4745 J②8228
意味 矻矻は、①よくはたらくさま。つとめはげむさま。②つかれる。

石3【矽】〔8〕xī シー　U77FD 補— J—
意味 現元素名。硅素(Si)の旧称。→硅(八八五ページ・下)

石4【砑】〔9〕ガ 漢 去 禡 yà ヤー　U— 補— J—

石5〔砑〕〔10〕俗字　U7811 補4751 J—
意味 ①みがいてつや出しする。②といし。

石4【砎】〔9〕カイ 漢 去 卦 jiè チエ　U780E 補4750 J—
意味 石のようにかたい。

石4【砍】〔9〕カン 漢 上 感 kǎn カン　U780D 補4749 J②8233
意味 たたき切る。割く。「砍開」「砍殺」

石4【砉】〔9〕■一ケキ 漢 ■二カク(クヮク) 漢 ■一入 錫 xū シュイ ■二入 陌 huō フォ　U7809 補4748 J②8232
意味 ■一■二擬音語。①骨と皮とがはなれる音。「砉然」②雷鳴など、さまざまな音。

石4【研】〔9〕学3 ケン とぐ ■一ゲン 漢 呉 ケン 慣 ■一平 先 yán イエン ■二ゲン 漢 呉 ケン 慣 ■二去 霰 yàn イエン　U7814 補— J2406

旧字 石6【硏】〔11〕　U784F 補— J①8903

筆順 一 厂 不 石 石 石ニ 矸 研

意味 ■一①〈みが・く〉〈と・ぐ〉といしでけずりみがく。②物事の理を深くきわめる。「研究」■二すずり。＝硯

解字 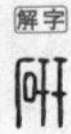 形声。石が形を表し、幵が音を示す。幵には平らという意味がある。研は、石をといで、平らにすることである。

名前 あき・きし・きよ　難読 研師

【研右】「研北」に同じ。

【研覈】「研究」に同じ。

【研学(學)】学問を研究する。

【研詰】問い詰める。

【研究】■一深く調べきわめる。研覈。■二 yánjiū 現■一に同じ。

【研鑽】みがき、きわめる。深く研究する。

【研修】学芸をみがきおさめる。

【研精】くわしく研究する。

【研堂見聞雑(雜)録(錄)】書名。明末清初の動乱の見聞記。著者不明。

【研北】手紙のあて名のわきに書きそえる語。机下。おそば。研は硯。机を南向きに置くとき、人は硯の北になるのでいう。＝硯北
【研磨(「摩」)】①とぎみがく。②励み、努めて精進する。

石4【砂】〔9〕学6 サ・シャ すな サ 漢 シャ 呉 平 麻 shā シャー　U7802 補— J2629

筆順 一 厂 不 石 石 石丨 砂 砂

意味 ①〈すな〉〈いさご〉岩石がくだけて細かくなったもの。＝沙 ②砂状のもの。③「丹砂」(三四ページ・中)の略。

解字 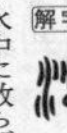 会意。石と少とを合わせた字。古い形では、沙であった。少は、小石が散らばっている形を表したもの。沙は、水中に散らばっている小石で、すなをいう。後に、砂として、すなを表すようになった。

姓 砂沢　地名 砂川　難読 砂利(付表)／砂子

【砂丘】風で吹き集められてできた砂のおか。

【砂金】川底の砂の中からとれる、小つぶの細かな金。

【砂州(「洲」)】川・湖・海辺の水面上にできた砂地。

【砂床】丹砂(道士の練る仙丹の材料)の底にある石の床。

【砂塵】砂をふくんだほこり。砂ぼこり。

【砂鉄(鐵)】岩石中の磁鉄鉱が細かいつぶにくだけ、川底の砂にまじったもの。

【砂嚢】①砂を入れた、ズック製の袋。洪水や弾丸を防ぐのに用いる。②鳥類の腸の直前にある胃の一部。

【砂漠】大陸にある、雨が少なく砂ばかりで植物の育たない、広い野原。＝沙漠
【砂礫】砂と小石。＝沙礫
【砂煙】風のために砂が煙のようにまいあがること。

◇▼土砂・丹砂・金砂

石4【砕】〔9〕常 サイ くだく・くだける　U7815 補— J2653

旧字 石8【碎】〔13〕人 サイ 漢 呉 去 隊 suì ソイ　U788E 補— J6676

筆順 一 厂 不 石 石 石丿 石九 砕

意味 ①〈くだ・く〉㋐こわして細かくする。「砕破」㋑敵を破る。㋒悩ます。②〈くだ・ける(――・く)〉こわれる。③くず。こな。④くだくだしい。めんどうな。「砕務」「砕辞」

国〈くだ・く〉心をなやます。

解字  形声。石が形を表し、卒が音を示す。卒には、細かいという意味がある。砕は石を細かくくだくことである。

参考 新表記では、「摧」の書きかえに用いる熟語がある。

【砕金】①くだけた黄金。②すぐれた文章。

【砕劇】めんどうで忙しいこと。

【砕瑣】①細かくくだけたさま。②めんどう。わずらわし

い。

【砕身】(さいしん) 身をくだいて粉にするほど、いっしんに働く。「粉骨砕身(ふんこつさいしん)」

【砕屑】(さいせつ) 細かくくだけた、くず。

【砕務】(さいむ) わずらわしい務め。めんどうな事務。

◇玉砕(ぎょくさい)・破砕(はさい)・粉砕(ふんさい)・爆砕(ばくさい)

石 4【砌】〔9〕 セイ 漢 去 霽 qì チー | U 補 J 780C 6670

意味 ①〈みぎり〉門の敷石。石だたみ。階段。②つみかさねる。③つづく。国〈みぎり〉そのおり。そのとき。

石 4【砒】〔9〕 標 ヘイ 漢 呉 平 斉 pī ピー / ヒ 慣 | U 補 J 7812 6671

石 10【磇】〔15〕同字 U 補 J 78C7 4804

意味 ①砒石(ひせき)は、毒性の強いもろい結晶性の固体。②現元素名。砒素(ひそ)の旧称。↓砷(八八五ページ・下)

石 4【砭】〔9〕 ヘン 漢 平 塩 biān ピエン | U 補 J 782D 4756 ①8893

意味 ①〈いしばり〉治療に使う石製のメス。「砭灸(へんきゅう)」「砭鍼(へんしん)」②いしばりで治療する。③救う。

【砭愚】(へんぐ) 愚か者を戒める。

石 4【砅】〔9〕 レイ 漢 去 霽 lì リー | U 補 J 7805 4746 ②8230

意味 石づたいに浅い川を渡る。＝厲(れい)

石 4【砘】〔9〕 dùn トウン | U 補 J 7818

意味 現農地を平らにならす石のローラー。また、それを用いて土地をならすこと。

石 4【𥐮】〔9〕 国字 ジャク | U 補 J 2542E ②8229

意味 地名に用いる。𥐮打(じゃくうち)は、福島県の地名。

石 4【砿】〔9〕 同 →砿(八八六ページ・下)

石 4【砆】〔9〕 同 →玞(八一五ページ・中)

石 4〖斫〗→斤部五画(五七二ページ・上)

石 5【砙】〔10〕 ガ wǎ ワー | U 補 J 7819 ②8234

意味 甑砙(がはん)は、建築材として用いる長方形の大きなしきがわら。

石 5【砡】〔10〕 ギク 漢 入 屋 yù ユィ | U 補 J 7821 4753 ②8235

意味 積み重ねた石の端がそろっている。また、そろっている。

石 5【砝】〔10〕 一 キョウ(ケフ) 漢 一 入 葉 jié チエ / 二 キョウ(ケフ) 漢 二 入 合 gé コー / 三 ホウ(ハフ) 慣 三 ― fǎ ファー | U 補 J 781D 4752

意味 一 かたい。二 石のぶつかる音。三 現砝碼(ファーマー) fǎmǎ は、天秤(てんびん)ばかりのおもり。

石 5【砟】〔10〕 一 サ 漢 一 去 禡 zhà チャー / 二 サク 漢 二 入 薬 zuó ツオ | U 補 J 781F

意味 一 いしぶみ。碑。二 ①石。②岩のでこぼこしたさま。③現砟子(チャーツ) zhǎzi は、小さなかたまり。

石 5【砥】〔10〕 入 標 シ 漢 上 紙 zhǐ チー、dǐ ティー | U 補 J 7825 3754

意味 ①〈と〉といし。砥石(しせき・といし)。②とぐ。みがく。③たいらな。たいらにする。「砥路(しろ)」④修養する。⑤安定している。

姓 砥波(となみ) 地名 砥波(となみ)

【砥柱】(しちゅう(ちう)) 山の名。河南(かなん)省三門峡市の黄河の激流の中にある。動かないので、節操をかたく守る者にたとえる。

【砥平】(しへい) 砥石(といし)のように平らなこと。

【砥磨(「摩」)】(しま) といしでみがく。

【砥礪】(しれい) ①とぎみがく。②学問にはげむ。修養につとめる。＝砥厲 ③といし。

石 5【砫】〔10〕 一 シュ 漢 一 上 麌 zhǔ チュー / 二 チュウ 慣 二 ― zhù チュー | U 補 J 782B

意味 一 おたまやの、祭神を納める石びつ。二 石砫は、四川(しせん)省の県の名。現在は石柱と書く。

石 5【砠】〔10〕 ショ 漢 平 魚 jū チュイ / ソ 慣 | U 補 J 7820 6673

意味 ①石を上にのせた土山。②つちやま。土を上にのせた石山。

石 5【砣】〔10〕 タ 漢 平 歌 tuó トゥオ / ダ 慣 | U 補 J 7823 4755

意味 ①はかりのおもり。②やげん。③玉器のやすり。

石 5【砧】〔10〕 入 チン 漢 平 侵 zhēn チェン | U 補 J 7827 2146

意味 ①〈きぬた〉衣のつやを出すためにのせて打つ石の台。＝碪(ちん)「砧声(ちんせい)」②ものを切る台。

名前 きぬ

【砧几】(ちんき) 肉を載せる道具。まないたの類。

【砧杵】(ちんしょ) きぬたに用いるきね。

【砧声(聲)】(ちんせい) きぬたの音。

【砧斧】(ちんぷ) 人を切るための、台とおの。

(砧①)

石 5【砮】〔10〕 ド 漢 上 麌 nǔ ヌー | U 補 J 782E 4757

意味 ①石の矢じり。②矢じりにする石。

石 5【破】〔10〕 学 5 ハ 漢 呉 去 箇 pò ポー / やぶる・やぶれる | U 補 J 7834 3943

筆順 一 ｱ 石 石 矿 矿 砷 破

意味 ①〈やぶ・る〉㋐こわす。くだく。㋑裂く。㋒うち負かす。②〈やぶ・れる(―・る)〉③つくす。しとげる。「読破」④長い楽曲の中の調子の急な部分。「序破急」⑤花が咲く。⑥現おんぼろの。くだらない。

解字  形声。石が形を表し、皮(ひ)が音を示す。皮は動物の皮をはぐことから、取り去る、人工的にこわすという気持ちがある。破は、石をくだくことである。音ハは、皮の音ヒの変化。

難読 破落戸(ごろつき・ならずもの)・破籠(わりご)

【破駅(驛)】(はえき) 荒れはてた宿場。廃駅(はいえき)。

【破屋】(はおく(をく)) 破れ屋。あれはてた家。あばらや。

【破瓜】(はか(くわ)) ①瓜の字を二つに分けると八・八となるので、女子の十六歳をいう。②男子の六十四歳をいう。八八・六〔十四の意。

【破戒】(はかい) 国いましめを破る。

【破壊(壞)】 一 (はかい(くわい)) 破れこわれる。破りこわす。二 pòhuài 現 一 に同じ。

【破格】(はかく) ①きまりを破る。②普通でない。

【破顔】(はがん) 顔をほころばせる。【―一笑】(はがんいっしょう(せう)) 顔色をやわらげて、にっこりほほえむ。

【破棄(「毀」)】(はき) 破りすてる。やめてしまう。

【破却】(はきゃく) すっかり破りすてる。

【破鏡】(はきょう(きゃう)) ①こわれた鏡。②夫婦の離婚をいう。別れるとき、鏡を破ったという故事による。↕合鏡(ごうきょう) ③片割れ月。④父親を食い殺すという悪獣。

5画
玄玉(王)瓜(瓜)瓦甘生用田疋(⺪)疒癶白皮皿目(罒)矛矢石示(礻)内禾穴立

【破巾】はきん　破れたずきん。
【破軍星】はぐんせい　北斗七星の第七星。
【破月】はげつ　欠けた月。片月。かたわれ月。
【破獄】はごく　牢を破って逃げ出す。脱獄する。破牢。
【破砕(砕・「摧」)】はさい　粉々にくだける。また、粉々にうちくだく。破壊。
【破邪顕(顯)正】はじゃけんしょう(しゃう)　㊕邪道をうち破り、正道をあらわす。
【破傷風】はしょうふう　病気の名。傷口から破傷風菌がはいって起こる伝染病。
【破損】はそん　破れたり、こわれたりする。こわれて形が損ずる。
【破題】はだい　文の初めに、その文の主旨を言い表すこと。
【破綻】はたん　①ほころび破れる。②事業がすっかり失敗する。
【破竹勢】はちくのいきおい(いきほひ)　勢いが盛んで、かなう者がないこと。刃物で竹を割ると、一直線に割れるのにたとえた語。〈北史・周高祖紀〉
【破天荒】はてんこう(くわう)　前人がなしとげられなかったことをなしとげる。唐の荊州の劉蛻が、今まで、州で及第する者のなかった登用試験(天荒)に初めて及第したので、破天荒と称されたことによる。〈唐摭言〉
【破風】はふ　国日本建築で、棟のはしが両方に低く流れて書物をなかば開いて立てたような形をした所。また、そこにつける飾りの板。
【破迸】はほう(はう)　こわれて飛び散る。
【破墨】はぼく　水墨画の技法の一つ。薄墨で描いた上に、しだいに濃い墨で描き、墨色の濃淡やしみ方の趣を見せるもの。
【破滅】はめつ　破れほろびる。滅亡。
【破門】はもん　①師が弟子を門下から除名する。②信徒を宗門から除名する。
【破約】はやく　約束を破る。きめた事を守らない。背約。違約。
【破倫】はりん　人道をふみはずす。
【破裂】はれつ　破れさける。
◇大破・打破・走破・突破・看破・喝破・説破・読破・撃破・踏破・論破・難破・爆破・横紙破

石5【砵】〔10〕ハツ　bō ポー　U補J 4759 7835
意味 ①地名に用いる。砵は、広東省にある地名。②陶製の容器。＝鉢

石5【砯】〔10〕ヒョウ 漢 平 蒸　pīng ピン　U補J 782F
意味 ①水が山の岩をうつ音。②砯砰は、車の音。

石5【砲】〔10〕常 ホウ　U補J 4304 7832
旧字 石5【砲】〔10〕ホウ 漢(ハウ) 去 效　pào パオ　U補J
石16【礮】〔21〕同字　U補J ①8916 792E
石14【礟】〔19〕同字　U補J 4834 791F

筆順
一
ア
不
石
石'
矽
砲
砲

意味 ①いしゆみ。石をはじきとばして敵にあてる、古代の武器。②おおづつ。火薬で弾丸を発射する武器。大砲。
解字 形声。石が形を表し、包が音を示す。包は放・抛と同じ音で、はなつ、なげうつ気持ちをもつ。砲は、石をうちだすしかけのものをいう。
【砲煙弾(彈)雨】ほうえんだんう　大砲の煙がいちめんにたちこめ、弾丸が雨のように降るさま。激戦の形容。
【砲火】ほうか(くわ)　①大砲・小銃などをうつときに出る火。②うち出す弾丸。③戦い。
【砲撃(擊)】ほうげき　大砲で射撃する。
【砲座】ほうざ　大砲をすえておく台。
【砲弾(彈)】ほうだん　大砲のたま。砲丸。
【砲門】ほうもん　①砲丸を発射する大砲のつつ先。砲口。②軍艦の側面や城壁などに設けた射撃のための穴。
◇大砲・山砲・火砲・鉄砲・巨砲・臼砲・午砲・弔砲・野砲・礼砲・号砲・空砲・銃砲・艦砲

石5【砰】〔10〕ホウ 漢(ハウ) 平 庚　pēng ポン　U補J 4758 7830
石6【硑】〔11〕同字　U補J ①8904 7851
意味 ①物が落ちたりする時のとどろきひびくさま。②激しく鳴り響く音。砰然。②盛んなさま。「砰隠」③つく。うつ。
【砰湃】ほうはい　①波がさかまくさま。②激しく流れる音。
【砰磅】ほうぼう(ぼう)　水が激しく流れる音。

石5【砢】〔10〕㊀ラ 漢 上 哿　luǒ ルオ　㊁カ 漢 呉 平 歌　kē コー　U補J 4754 7822
意味 ㊀磊砢は、①たくさんの石が積み重なっているさま。②壮大なさま。③人や詩文がすぐれているさま。㊁玉に似た美しい石。＝珂

石5【砬】〔10〕㊀リュウ(リフ) 漢 入 緝　lì リー　㊁ロウ(ラフ) 漢 入 合　lā ラー　U補J ②8236 782C
意味 ㊀石の薬。㊁①砬礰は、石の音。②砬子溝は、中国東北部の地名。

石5【砷】〔10〕シェン　shēn　U補J 4760 7837
意味 現元素名。砒素(As)。

石5【砸】〔10〕ツァー　zá　U補J 7838
意味 現①押しつぶす。②重い物で上から打ちこわす。また、その力。③やりそこなう。④なげすてる。

石5【砹】〔10〕俗 ↓砹(八八三ページ・上)

石5【砺】〔10〕俗 ↓礪(八八九ページ・中)

石5【砿】〔10〕俗 ↓礦(八八九ページ・上)

石6【硈】〔11〕カツ 漢 入 黠　qià チア　U補J 4764 7848
意味 ①石のようにかたいさま。②いきおいよくぶつかる。

石6【硅】〔11〕ケイ 慣 カク 漢 入 陌　hè ホー　U補J 6675 7845
意味 ①破る。②現元素名。硅素(Si)。音は guī コイ。
【硅素】けいそ　非金属元素の一つ。石英は、その酸化物の不純なもの。

石6【硄】〔11〕コウ 漢(クワウ) 平 陽　kuāng コワン　U補J 4762 7844
意味 ①石が波に動かされてたてる音。②(guāng)光沢のある石。

石6【砦】〔11〕人 標 サイ 漢 去 卦　zhài チャイ　U補J 2654 7826
意味 ①〈とりで〉敵を防ぐためのさく。軍隊の駐屯地。＝寨「砦柵」②村里。

石6【硃】〔11〕シュ 漢 平 虞　zhū チュー　U補J ①8901 4761 7843
意味 しゅ。鉱物の一種。赤い砂。赤い絵の具や朱墨を作る。丹砂。辰砂。
【硃批】しゅひ　臣下の上奏文に、皇帝みずからが朱筆で可否を書くこと。

石6【硐】〔11〕㊀トウ 漢 平 東　tóng トン　㊁トウ 漢 上 董　dòng トン　U補J 7850
意味 ㊀磨く。㊁①総硐は、刀で竹の節をぬくこと。②洞穴。鉱山の坑道。＝洞

石6【硇】〔11〕ドウ 漢(ダウ) 平 肴　náo ナオ　U補J ②8237 4763 7847

5画

玄玉(王)瓜(瓜)瓦甘生用田疋(⺪)疒癶白皮皿目(罒)矛矢石示(礻)内禾穴立

石6【硌】〔11〕 ラク 漢 入 薬 luò ルオ
意味 硇砂は、鉱物の名。塩化アンモニウム。
U補J 4765 784C

石6【砹】〔11〕 アイ ài
意味 ①山の上の大石。「硌石」 ②玉に次ぐ石。 ③磊硌は、大きな石のさま。④磥硌は、壮大なさま。
意味 現 元素名。アスタチン(At)。
U補J 7839

石6【硒】〔11〕 シー xī
意味 現 元素名。セレン(Se)。
U補J 4767 7852

石6【硎】〔11〕 同↓硎(八八七ジ・上)

石6【(石+戋)】〔11〕 俗↓碊(八八七ジ・中)

石6【硑】〔11〕 同↓砰(八八五ジ・中) 同↓瓶(八二八ジ・上)

石6【硏】〔11〕 旧↓研(八八三ジ・中)

石6【硫】〔11〕 旧↓硫(八八七ジ・上)

石7【硪】〔12〕 ガ 漢 平 歌 é オー
意味 ①岩の切り立った所。②高い。＝峨 ③現 何人かで力を合わせて、石で地を押しかためる。また、その道具。音 wò ウオ。
U補J ②8239 4775 786A

石7【确】〔12〕 カク 漢 入 覚 què チュエ
意味 ①石の多いやせ地。「磽确」「确瘠」 ②かたい。③うすい。④たしかに。⑤あらそう。
参考 确は「確」(八九〇ジ・上)の中国新字体としても使う。
U補J ①8906 4776 786E

石7【硞】〔12〕 一カク 漢 一 入 覚 què チュエ 二カク 漢 二 入 陌 kè コー 三コク 漢 呉 三 入 沃 kù クー
意味 一①石が当たる音。②石のようにかたい。二磬硞は、水が岩に強くあたるさま。三碌硞は、石がごつごつしているさま。
U補J 4769 785E

石7【硯】〔12〕 標 入 ゲン 漢 ケン 慣 去 霰 yàn イェン
意味 ①つるつるした石。②〈すずり〉墨をする道具。
【硯海】「硯池」に同じ。
【硯蓋】硯箱のふた。
【硯池】すずりの、水を入れるくぼんだ所。硯海。墨池。
【硯滴】すずりの水さし。すずりに用いるため、水を入れておく小さな容器。水さし。
【硯屏】すずりの前にたてるついたて。＝研屏
【硯北】手紙のあて名のわきにつける脇付の語。＝研北
【硯台(臺)】yàntai 現 すずり。
U補J 2407 786F

（硯 滴）

石7【硬】〔12〕 常 コウ かたい ゴウ(ガウ) 漢 コウ(カウ) 慣 去 敬 yìng イン
旧字 石7【硬】〔12〕

筆順 一 ア 石 石一 石コ 石百 硬 硬

意味 ①〈かた・い(――・し)〉 ↔軟「硬性」「硬度」 ②強い。「硬弓」 ③力がある。④むりやりに。あくまで。
解字 形声。石が形を表し、更が音を示す。更には、固くてつかえるという意味がある。硬は、かたい石をいう。
名前 かた 難読 硬山
参考 新表記では、「鯁」の書きかえに用いる熟語がある。
【硬化】①かたくなる。②意見・態度が強硬になる。
【硬貨】金属でつくった貨幣。↔紙幣
【硬玉】鉱物の名。質がかたく、白または緑色。中国で玉というのは多くこれに属す。
【硬骨】節操がかたく、人に屈しない。＝鯁骨【――漢】気骨のある男子。硬漢。
【硬渋(澁)】かたくるしいこと。晦渋。↔流暢
【硬水】カルシウム塩・マグネシウム塩などを多く含んでいる水。↔軟水
【硬直】かたくなって曲がらなくなる。
【硬軟】かたいことと、やわらかいこと。
【硬派】①強い意見・主義を持つ党派。②暴力をふるう不良。↔軟派
【硬筆】鉛筆・ペンなどの総称。「硬筆習字」 ↔毛筆
△▼生硬・堅硬・強硬
U補J 2537 786C

石7【硜】〔12〕 コウ 漢 平 庚 (カウ) kēng コン
意味 ①石をうつ音。②硜硜は、㋐かたくるしい小人物のさま。㋑いやしいさま。
U補J 4768 785C

石7【硤】〔12〕 コウ 漢 入 洽 (カフ) xiá シア
意味 ①山と山との間のせまい所。②硤石は、河南省や浙江省の地名・山名。
U補J ②8238 4773 7864

石7【硡】〔12〕 コウ 漢 平 庚 (クヮウ) hōng ホン
意味 ①あたりにとどろく大きな音。＝訇 ②石。③石のころがる音。
U補J 4771 7861

石4【砿】〔9〕 同字 U補J 2542A

石7【硣】〔12〕 コウ 漢 平 肴 (カウ) xiāo シアオ
意味 硣磟は、山のけわしい尾根。
U補J 4772 7863

石7【硨】〔12〕 シャ 漢 呉 平 麻 chē チョー
意味 硨磲は、①玉に次ぐ美しい石。②インド産の美しい貝。七宝の一つ。
U補J ①8905 4774 7868

石7【硝】〔12〕 常 ショウ
旧字 石7【硝】〔12〕 ショウ 漢 呉 平 蕭 (セウ) xiāo シアオ

筆順 一 ア 石 石' 石'' 石ッ 硝 硝

意味 ①鉱物の名。硝石。火薬・ガラスの原料とする。②皮をなめす。

解字 形声。石が形を表し、肖が音を示す。肖は消で、きえる意味がある。硝は消える石の意味で、石の一種。

【硝煙】銃砲の射撃や、火薬の爆発のときに出る煙。「硝煙弾雨」

【硝酸】無色で激しいにおいのある液体。セルロイド・薬品・爆薬などの原料となる。【――銀】銀を硝酸に溶かして得られる板状の結晶。医薬・写真薬・銀めっきなどに利用する。

【硝子】一水晶。二ガラス 石灰・けいさ(珪砂)・炭酸ソーダなどをとかし固めた、透明な物質。

【硝石】硝酸カルシウム。酸化剤・医薬・火薬・肥料の原料となる。

【硝薬(藥)】火薬。

U補J 3043 785D

石7【硭】〔12〕 ボウ 漢 平 陽 (バウ) máng マン
U補J 786D

石7【𥒴】〔12〕同字 U補J 254B4 ― ―
意味 硭硝(ぼうしょう)は薬品の名。硝石。

石7【硲】〔12〕 ヨク 漢 入 沃 yù ユイ U補J 7872 4003
意味 〈はざま〉谷あい。谷間。＝峪(よく)

石7【硫】〔12〕 常 リュウ U補J 786B 4618
旧字 石6【硫】〔11〕 リュウ(リウ) 漢 平 尤 liú リウ ル 呉 U補J ― ― ―

筆順 一 厂 石 石' 砬 矿 硫 硫

意味 元素名。いおう(S)。→硫黄
解字 石が形を表し、㐬(りゅう)が音を示す。㐬は流で、ながれること。硫は、流れる石で、いおうのことをいう。
難読 硫黄(いおう)(付表)／硫黄(ゆおう)

【硫安】(りゅうあん) 硫酸アンモニウムの略。アンモニアを硫酸に吸収させて作った肥料。
【硫黄】(りゅうおう) ―(いおう) 黄色無臭の結晶体。火薬・マッチ・医薬などの原料となる。
【硫化】(りゅうか) 硫黄(いおう)と他の物質が化合する。【――銀】(りゅうかぎん) 硫黄と銀との化合物。陶器の絵の具となる。
【硫酸】(りゅうさん) 無色の油状の液体。金・白金以外、ほとんどすべての金属をとかす。医薬や火薬の製造に用いる。

石7【硠】〔12〕 ロウ 漢 平 陽 (ラウ) láng ラン U補J 7860 4770
意味 ①硠硠(ろうろう)は、㋐石のうちあう音。㋑堅いさま。②硠磕(ろうがい)は、雷のなる形容。

石8【碕】〔13〕 キ 漢 平 支 qí チー U補J 7895 2676
石9【碕】〔14〕同字 U補J 2550E ①8909
意味 ①湾曲している岸。②まがる。③山が連なる。＝崎・埼

石8【硎】〔13〕 一 ケイ 漢 一 平 青 xíng シン 二 コウ(カウ) 漢 二 平 庚 kēng コン U補J 2F94E ― ―
石6【硎】〔11〕同字 U補J 784E ①8902 4766
意味 一 ①といし。みがく。②食物をもる皿。二 ①石。②洞穴。鉱道。

石8【碁】〔13〕 常 ゴ キ 漢 ゴ 呉 平 支 qí チー U補J 7881 2475

筆順 一 廾 甘 甘 其 其 其 碁

意味 ①囲碁・将棋(しょうぎ)。＝棊(き)・棋(き) ②碁石(ごいし)や将棋のこま。
解字 棊 形声。石が形を表し、其(ご)が音を示す。其には四角い意味がある。碁は、四角い盤の上で、石を並べて争うゲーム。また、其には小さい意味があるので、小さい駒(こま)を並べるゲームともいう。古い形では、棊と書いた。

【碁盤】(ごばん) 碁をうつのに使う、四角で、脚のついた盤。
【碁盤割】(ごばんわり) 国碁盤の目のように、縦横に正しく区切る。
◆囲碁(いご)・持碁(じご)・笊碁(ざるご)

石8【硿】〔13〕 コウ 漢 平 東 kōng コン U補J 787F ― ―
意味 ①硿硿然(こうこうぜん)は、石に水があたる音。②硿礲(こうろう)は、岩の隆起したさま。

石8【碙】〔13〕 コウ 慣 gāng カン U補J 7899 ― ―
意味 碙州は、地名。広東(カントン)省の広州湾外にある。

石8【碏】〔13〕 シャク 漢 入 薬 サク 慣 què チュエ U補J 788F 4780
意味 ①つつしむ。②石碏(せきさく)は、人名。春秋時代、衛(えい)国の大夫(たいふ)。

石8【碊】〔13〕 一 セン 漢 一 平 先 jiān チエン 二 サン 漢 二 上 潸 zhàn チャン U補J 788A 4779 ②8241
石6【残】〔11〕俗字 U補J 2548E ①8894
意味 一 ①棚(たな)。②移動する。③水をかける。＝濺(せん) かけはし。④山の坂。二 険しいがけに板をかけてつくった橋。＝桟(さん)

石8【碓】〔13〕 人 標 タイ 漢 去 隊 duì トイ U補J 7893 1716
意味 〈うす〉からうす。ふみうす。足で穀物をつく仕掛けをしたうす。「碓声(たいせい)」
地名 碓氷(うすい)
【碓擣】(たいとう(たう)) からうすでつく。

石8【硺】〔13〕 タク 漢 入 覚 zhuó チュオ U補J 787A 4777
意味 リズミカルに打つ。

石8【碉】〔13〕 チョウ 漢 平 蕭 (テウ) diāo ティアオ U補J 7889 ― ―
意味 ①いわや。石室。②軍事上の要塞。

石8【硾】〔13〕 一 ツイ 漢 一 去 寘 zhuì チョイ 二 タ 漢 呉 二 上 哿 duǒ トゥオ U補J 787E 4778
意味 一 ①重い物をつり下げる。沈める。＝縋(つい) ②ひっかけてたらす。③重さをはかる。④太い棒でたたく。二 石のようにかたい。

石8【碇】〔13〕 標 テイ 漢 去 径 dìng ティン U補J 7887 3686
木8【椗】〔12〕俗字 U補J 6917 3628
意味 ①〈いかり〉舟をとめるために水中におろす大石。②いかりをおろす。
参考 新表記では、「停」に書きかえる熟語がある。
【碇泊】(ていはく) 船がいかりをおろしてとまる。碇宿(ていしゅく)。＝停泊

石8【碡】〔13〕 トク 漢 入 屋 ドク 慣 zhóu チョウ、dú トゥー U補J 78A1 4783
意味 ①碌碡(ろくとく)は、ローラーの形の農具。②磟碡(ろくとく)は、酒器。

石8【碆】〔13〕 ハ 漢 平 歌 bō ポー U補J 7886 6678
意味 ①いぐるみ(糸で結んだ矢)に石をつける。また、その石。②やじりの石。

石8【碚】〔13〕 ハイ 漢 上 賄 bèi ペイ U補J 789A 6680
意味 ①つぼみ。＝蓓(はい)「碚礧(はいらい)」②地名用字。「北碚(ほくはい)」

石8【碔】〔13〕 ブ 漢 上 麌 wǔ ウー U補J 7894 4781 ②8242
意味 ①水に浮く石。②碔砆(ぶふ)は、玉(ぎょく)のように美しい石。
参考 碔砆は、珷玞・武夫・碱砆(ぶふ)なども書く。

石8【硼】〔13〕 ホウ 漢 平 庚 (ハウ) pēng ポン U補J ― ― ―
石8【硑】〔13〕俗字 U補J 787C 6679
意味 ①石の名。②大きな音の形容。硼隠(ほういん)は、太鼓の音。硼砰(ほうほう)は、水の音。③ぶつかる。④硼沙(ほうしゃ)は、鉱物の名。⑤硼酸(ほうさん)は、薬品の名。⑥現元素名。硼素(ほうそ)(B)。
【硼磕】(ほう(はう)がい) 多くの音の、まじり合うさま。

石8【碌】〔13〕 ロク 漢 呉 入 屋 lù ルー U補J 788C 6681
意味 ①石の多いさま。②青い鉱石。③碌碡(ろくとく)は、ローラー

5画 玄玉(王)瓜(瓜)瓦甘生用田疋(⺪)疒癶白皮皿目(罒)矛矢石示(礻)内禾穴立

の形の農具。農地をならし、脱穀に用いる。

【碌青】ろくしょう（しゃう） 銅にできる緑色のさび。＝緑青

【碌碌】ろくろく ①平凡で役にたたないさま。②独立しようとする気力に乏しく、人のあとにつき従うさま。③車の音。

石8【碗】〔13〕 人 標 ワン 漢 上 旱 wǎn ワン U補J 7897 4750

意味 飲み物や食物を入れる小さな容器。＝椀わん・盌わん

石8【碘】〔13〕 ティエン diǎn U補J 7898 4782

意味 現 ①元素名。沃素（I）。②碘酊てんていは、ヨードチンキ。

石8【𥓙】〔13〕 国字 U補J 254D9 ②8240

意味〈うす〉人名や地名に用いる。茶𥓙山ちゃうすやまは、京都府の地名。

石8【硴】〔13〕 国字 U補J 7874 6677

意味〈かき〉①牡蠣かき。②硴江かきのえは、熊本県熊本市の地名。

石8【碍】〔13〕 俗→礙(八九三ページ・上)

石8【碑】〔13〕 旧→碑(本ページ・下)

石8【碎】〔13〕 旧→砕(八八三ページ・下)

石9【碤】〔14〕 エイ 漢 平 庚 yīng イン U補J 78A4 4787 ②8243

意味 ①水中の石。②美しい模様のある石。

石9【碬】〔14〕 カ 漢 平 麻 jiā チア U補J 78AC 4789

意味 高低があるさま。「磍碬かか」

石9【𥔲】〔14〕 ガク 漢 入 薬 è オー U補J 25532

意味 碪𥔲がんがくは、山のそびえるさま。また、石のそびえるさま。

石9【碞】〔14〕 ガン 漢 平 咸 yán イエン U補J 789E 4785 ②8245

意味 ①岩山が高くけわしいさま。また、いわあな。岩石。＝巌がん ②ごつごつしている。③不ぞろいである。立場をこえる。

石9【碣】〔14〕 ケツ 漢 入 屑 jié チエ U補J 78A3 6682

意味 ①高く立っている石。②山のそびえ立っているさま。③いしぶみ。円形の石碑。↕碑ひ「碑碣ひけつ」④碣石けっせきは、山名。遼寧りょうねい省綏中すいちゅう県東南の海中にある。

【碣石宮】けっせききゅう（きう） 戦国時代に燕えんの昭王が鄒衍すうえんを迎えて住まわせた邸。今の北京ペキン市の西南。

石9【磁】〔14〕 学 6 ジ シ 漢 ジ 呉 平 支 cí ツー U補J 78C1 2807

旧字 石10【𥔵】〔15〕 U補J 25535

石14【礠】〔19〕 同字 U補J 7920 4835

筆順 一 ア 石 石' 石" 矿 碰 磁

意味 ①磁石。鉱物の一つ。②堅い、高温でやいたやきもの。

解字 形声。石が形を表し、茲じが音を示す。茲には、どんどんふえる意味がある。磁は、鉄を吸い取って、どんどんふえる石。あるいは、茲には引くという意味があり、磁は、鉄を引く石のことである。

【磁気(氣)】じき 磁石が南北をさし、鉄を引きつける作用。

【磁器】じき 石のように堅く焼いた陶器の一つ。河南かなん省の磁州で産するので磁器という。

【磁極】じきょく 磁石の陰いん・陽ようの両はし。

【磁石】じしゃく 鉄を引きつけ、南北をさす性質を持つ鉱物。

【磁針】じしん 磁石・羅針盤らしんばんの針。

【磁力】じりょく 磁石の同じ極は、しりぞけあい、違う極は引き合うという力。

【磁碗】じわん せとものの碗。

【磁帯(帶)】ツータイ cídài 現 磁気テープ。録音テープ。

◆白磁はくじ・青磁せいじ

石9【碩】〔14〕 人 セキ 漢 入 陌 shuò シュオ、shí シー U補J 78A9 3257

意味 ①おおきい。大。「碩鼠せきそ」 ㋐頭が大きい。㋑盛んな。㋒りっぱな。「碩士せきし」「碩老せきろう」②石のようにかたい。③物をはかる単位。＝石せき

解字 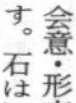 会意・形声。石と頁とを合わせた字。石せきが音をも示す。石はいし。頁はあたまのこと。碩は頭の大きいことで、また、大きい意となる。

名前 おう・ひろ・みち・ひろし・みつる・ゆたか

【碩学(學)】せきがく 学問の広い人。大学者。碩士。

【碩言】せきげん りっぱなことば。

【碩士】せきし 一 学問・人格がひいでた人。二 シュオシー shuòshì 現 修士。マスター。

【碩師名人】せきしめいじん 徳の高い先生や、有名な人物。

【碩人】せきじん ①すぐれた人物。大人。君子。②美人。

【碩鼠】せきそ 大きなねずみ。畑に住んで穀物を食う大きなねずみ。重税をとりたてる役人にたとえる。〈詩経しきょう・碩鼠せきそ〉

【碩大】せきだい ①りっぱな顔つきで、徳の高いさま。②大きい。

【碩徳】せきとく 偉大な徳。また、偉大な徳のある人物。

【碩謀】せきぼう 遠大なはかりごと。

【碩茂】せきも ①茂りに茂る。「無下不二活且碩茂蚤実以蕃一」（もしはやくみのりもってしげらざるはなし）（よく生長し、早く実がなり、茂らないものがない。）〈柳宗元りゅうそうげん・種樹郭橐駝しゅじゅかくたくだ伝〉②子孫が繁栄する。

【碩量】せきりょう（りゃう） りっぱな人物。器量が大きい。

【碩老】せきろう（らう） 人格がすぐれた老人。

石9【碟】〔14〕 セツ 漢 入 屑 shé ショー U補J 789F 4786 ②8246

意味 ①皮をなめす。②皿。小皿。音 dié ティエ。

石9【碝】〔14〕 ゼン 漢 上 銑 ruǎn ロワン U補J 789D 4784 ②8244

意味 玉ぎょくのように美しい石。国〈さざれいし〉小石。

石9【䃎】〔14〕 タ 漢 上 馬 zhǎ チャー U補J 40CE

意味 ①䃎砑ただは、石の垂れさがるさま。②石炭。③大水䃎だいすいたは、甘粛かんしゅく省の地名。音 zhà チャー。

石9【碪】〔14〕 一 チン 漢 平 侵 zhēn チェン 二 ガン 漢 上 感 ǎn アン U補J 78AA 6684

意味 一〈きぬた〉↓砧(八八四ページ・中) 二 碪𥔲がんがくは、山のそびえるさま。また、石のそびえるさま。

石9【碭】〔14〕 トウ 漢 去 漾 (タウ) dàng タン U補J 78AD 4790 ①8910

意味 ①もようのある石。②あふれる。③広い。④碭山とうざんは、安徽あんき省碭山県の山名。

石9【碑】〔14〕 常 ヒ U補J 7891 4074

旧字 石8【碑】〔13〕 人 ヒ 漢 呉 平 支 bēi ペイ U補J FA4B ①8907

筆順 一 ア 石 矿 砷 砷 碑 碑

意味 ①昔、その日かげで時間を計った石の柱。②棺を墓穴におろすのに、穴の四方に立てた石。③いけにえをつないだ石。④〈いしぶみ〉文を刻んだ石。四角なものを碑という。↕碣けつ「石碑」⑤死者の功績をたたえる石柱。⑥文体の一つ。

解字 形声。石が形を表し、卑ひが音を示す。卑には「低い」という意味がある。碑は、小さい石を立てたものをいう。日時計、おたまやでいけにえをつるすもの、葬式に、棺を穴に入れるときのひもをつなぐ棒などに使った。功績を記念して立てる石は、もとは刻石こくせきといったが、後にはこれも碑という字で表すようになった。

【碑陰】ひいん ①石碑の裏面。②石碑の裏面に書く文章。

【碑碣】ひけつ 文をきざみつけた石。いしぶみ。碑は四角。碣は円形。

（碑碣）

【碑誌】ひし 石碑にきざまれた文章。碑文。

【碑帖】ひじょう（でふ） 石ずり（石碑などの文字を、紙に刷り写したもの）などをまとめて本にしたもの。

【碑版】ひはん ①碑。②碑にしるした文章。碑誌ひし。

【碑表】ひひょう（へう） 石碑の表面。↕碑陰ひいん

【碑文】ひぶん 石碑に彫りつける文章。碑誌ひし。

【碑銘】ひめい 石碑にしるす文。終わりに一種の韻文をつける。

【碑林】ひりん 石碑を多く集め並べた所。西安の孔子廟こうしびょう内にある。

◆口碑こうひ・石碑せきひ・墓碑ぼひ・歌碑かひ・詩碑しひ・記念碑きねんひ

石9【碧】〔14〕人 ヘキ 漢 入 陌 bì ピー　J 4243 補 ― U 78A7

意味 ①青緑色の美しい玉石。②〈みどり〉あおみどり。濃い青色。「碧空へきくう」「碧草へきそう」「碧海へきかい」

解字 碧 会意・形声。玉と石と白を合わせた字で、白はくは音をも示す。青白い玉に似た石のこと。

名前 たま・きよし　姓 碧海あおみ　地名 碧南へきなん・碧海へきかい・あおみ

【碧宇】へきう 青空。碧天。

【碧雲】へきうん 青い雲。

【碧瓦】へきが（ぐわ） 青い瑠璃るり色の瓦。

【碧海】へきかい 青うなばら。青い海。蒼海そうかい。

【碧漢】へきかん 青空と天あまの河。大空をさしていう。

【碧澗】へきかん みどりの谷川の水。

【碧眼】へきがん 青い目。

【碧巌（巖）録（錄）】へきがんろく 書名。宋そうの圜悟えんご禅師が、先人の公案（修行の研究課題）について評した語を、門人が編した禅宗の聖典。

【碧虚（虛）】へききょ 大空。碧天。碧旻へきびん。

【碧玉】へきぎょく ①青く美しい玉。サファイア。酸化鉄をふくんだ石英の一種。②空や水の、青く清らかな形容。

【碧空】へきくう 青空。碧天。「孤帆遠影碧空尽こはんのえんえいへきくうにつく」（一そうの帆舟はいつか遠い影となり、やがて遠い青空のかなたに消えた。）〈李白りはくの詩・送孟浩然之広陵もうこうねんのこうりょうにゆくをおくる〉

【碧渓（溪）】へきけい みどりの谷川。

【碧血】へきけつ 青みをおびた、濃い血。

【碧梧】へきご あおぎり。梧桐ごとう。

【碧紗】へきさ 青いうす絹のカーテン。

【碧山】へきざん 青々とした樹木の多い山。深山。「問余何意栖碧山よになんのいありてへきざんにすむと」（どういう考えで碧山に住むのかと、私に尋ねる。）〈李白りはくの詩・山中問答〉

【碧甃】へきしゅう（しう） 青緑色のしきがわら。いしだたみ。

【碧霄】へきしょう（せう） あおぞら。碧空。

【碧岑】へきしん みどりの山頂。

【碧水】へきすい あおみどり色の水。

【碧青】へきせい ①ろくしょう。②青色の絵の具。

【碧草】へきそう（さう） あおあおとした草。「映階碧草自春色かいにえいずるへきそうおのずからしゅんしょく」（階段にうつりあう青い草は、おのずから春の色を見せている。）〈杜甫とほの詩・蜀相しょくしょう〉

【碧窓】へきそう（さう） みどりのうす絹をかけた窓。

【碧潭】へきたん 水が深くて、青々と見えるふち。

【碧蹄館】へきていかん（くわん） 朝鮮半島ソウルの北方、碧蹄にあった、明みんの使を歓迎する宿舎。豊臣秀吉とよとみひでよしの朝鮮半島出兵のとき、小早川隆景たかかげらが明軍を破った所。

【碧天】へきてん 青く澄んだ空。

【碧瞳】へきどう 「碧眼」に同じ。

【碧旻】へきびん 青空。碧虚へききょ。

【碧峯】へきほう みどりの峰。＝碧峰

【碧羅】へきら みどり色の薄物の絹。

【碧蘿】へきら 青いつたかずら。青蘿。緑蘿。

【碧落】へきらく 青空。碧天。「上窮碧落下黄泉かみはへきらくをきわめしもはこうせん」（上は大空の果てまで捜し求め、下は地の底まで捜した。）〈白居易はくきょいの詩・長恨歌ちょうごんか〉

【碧流】へきりゅう（りう） 青々とした流れ。

【碧寥】へきりょう（れう） 青空。寥は天空。

【碧緑（綠）】へきりょく ふかみどり色。

【碧楼（樓）】へきろう 青い色のたかどの。

石9【碥】〔14〕ヘン 漢 上 銑 biǎn ピエン　J ― 補 ― U 78A5

意味 ①車に乗るためのふみ石。②水流にけずられ、きりたった川岸。

石9【碨】〔14〕ワイ 漢 平 灰 wěi ウエイ　J 4788 補 ― U 78A8

意味 ①碨柍わいおうは、多くの音がいりまじるさま。②碨磊わいあいは、石の平らでないさま。

石9【碳】〔14〕tàn タン　J 4794 補 ― U 78B3

意味 現元素名。炭素（C）。

石9【碴】〔14〕chá チャー　J ― 補 ― U 78B4

意味 現①小さなかけら。②品物の欠け口。③皮膚や肉をひっかけて傷つく。④争いのきっかけ。

石9【碲】〔14〕dì ティー　J 4793 補 ― U 78B2

意味 現元素名。テルル（Te）。

石9【碸】〔14〕fēng フォン　J ― 補 ― U 78B8

意味 現有機化合物の一種。スルフォン。

石9【碰】〔14〕pèng ポン　J ①8908 補 4791 U 78B0

意味 現①ぶつかる。衝突する。②出遇であう。③ためしにやってみる。

【碰見】ポンチエン pèngjiàn 現ぶつかる。出くわす。

石9【碵】〔14〕音義未詳。　J 6683 補 ― U 78B5

石9【碕】〔14〕同→碕（八八七ジページ・上）

石9【碱】〔14〕俗→鹼（一四三九ジページ・上）

石9【磁】〔14〕同→瑙（八二二ジページ・中）

石9【碯】〔14〕同→珉（八一六ジページ・下）

石10【磤】〔15〕イン 漢 上 吻 yǐn イン　J ①8911 補 4813 U 78E4

意味 雷のとどろく音。＝殷「磤磤いんいん」

石10【磒】〔15〕イン 漢（ヰン）上 軫 yǔn ユン　J ― 補 4809 U 78D2

意味 おちる。落下する。＝隕いん

石10【磈】〔15〕一 ワイ 漢 上 尾 wěi ウエイ　二 カイ（クヮイ）漢 上 賄 kuǐ コイ　三 ワイ 漢 上 賄 wěi ウエイ　J ②8248 補 4805 U 788C8

意味 一①石の山のさま。②高くてけわしいさま。三碨礧かいらい・磈磊かいらいは、①石。②石がでこぼこしているさま。③心の中に不平をもつさま。三石の多くあるさま。

5画

玄玉(王)瓜(瓜)瓦甘生用田疋(⺪)疒癶白皮皿目(罒)矛矢石示(礻)内禾穴立

石10【磕】〔15〕 ㊀カイ(漢) ㊀(去)泰 kē コー ㊁コウ(カフ)(漢) ㊁(入)合 kē コー　J②8251 補4811 U78D5

意味 ㊀㊁①大きい音。②石や太鼓をうちあう音。「硼磕」③磕頭は、地に頭をうちつけるあいさつ。④磕睡は、いねむりする。

石10【磑】〔15〕 ㊀ガイ(漢)(呉) ㊀(去)隊 wèi ウエイ ㊁ガイ(漢)(呉) ㊁(平)灰 ái アイ　J6686 補― U78D1

意味 ㊀①いしうす。②細かくひく。㊁①高いさま。②堅いさま。③つみ重なっているさま。

【磑磑】①高いさま。②堅いさま。③白いさま。＝皚皚

【磑茶】茶うすで、茶をひく。

【磑磨】ひきうすでひく。

石10【確】〔15〕 学5 カク たしか・たしかめる　カク(漢)(呉) (入)覚 què チュエ　J1946 補― U78BA

筆順 厂 石 矿 砟 砟 碓 確

意味 ①〈かた・い(――・し)〉しっかりしていて動かない。「確乎」②〈たしか〉真実でまちがいがない。「確実」「確論」③〈たしか・める(――・む)〉はっきりしない点を明らかにする。④つよい。

解字 確 形声。石が形を表し、隺が音を示す。隺には、固いという意味がある。確は、固い石をいう。

名前 かた・たい・あきら

【確言】①はっきり言いきる。②はっきり言いきったことば。

【確志】他から動かされない、かたい志。

【確執】①互いに自説を主張してはりあうこと。「争い。」②不和。

【確実(實)】㊀確かなこと。誤りのないこと。㊁ què-shí 現㊀に同じ。

【確商】よく相談しあう。

【確証(證)】確かな証拠。確かなよりどころ。

【確信】①疑うことなくかたく信じる。②かたく信じて動かない心。

【確定】㊀確かに定める。確かに定まる。㊁ quèdìng 現㊀に同じ。

【確答】はっきりした答え。確かな返事。

【確認】確かに認める。まちがいがないと認める。

【確聞】確かに聞く。確実なことを聞く。

【確保】確かにもちこたえる。確実に保つこと。

【確報】誤りのない、確かなしらせ。

【確立】しっかりと立てる。しっかりと立つ。

【確率】(数)ある現象が起こり得る割合。プロバビリティ。公算。

【確乎】たしかなさま。しっかりしたさま。【――不抜】しっかりとして動かすことができない。

【確固】しっかりと定まっているさま。確乎。

◆正確・明確・的確

石10【碻】〔15〕 ㊀カク(漢)(呉) ㊀(入)覚 què チュエ ㊁コウ(カウ)(漢) ㊁(平)肴 qiāo チアオ　J②8247 補4801 U78BB

意味 ㊀①かたい。＝確 ②たしかである。＝確 ㊁石がごろごろしている。「碻磝」

石10【磆】〔15〕 カツ(漢) (クヮツ) (入)黠 huá ホワ　J6687 補― U78C6

意味 磆石は、薬の名。＝滑石

石10【磧】〔15〕 コウ(漢) (平)東 gōng コン　J― 補4802 U78BD

意味 ①何かをたたく音。②アーチ型の石、また、アーチ型の橋。③姓。

石10【磋】〔15〕 標 サ(漢) (平)歌 cuō ツオ　J6688 補― U78CB

意味 〈みが・く〉象牙をみがく。転じて、物事にはげむ。「切磋琢磨」

石10【磜】〔15〕 ソウ(漢) (サウ) (上)養 sǎng サン　J― 補4806 U78C9

意味 土台石。いしずえ。

石10【磠】〔15〕 ㊀ソツ(漢) ㊀(入)月 sù スー ㊁セツ(漢) ㊁(入)屑 xiè シエ　J― 補4803 U78BF

意味 ㊀みがく。とぐ。㊁くだいた石。石をくだく。

石10【磓】〔15〕 ㊀タイ(漢) ㊀(平)灰 duī トイ ㊁ツイ(呉) ツイ(漢) ㊁(去)寘 zhuì チョイ　J― 補4810 U78D3

意味 ㊀①おちる。なわの先に石を結んで、なげ落として深さをはかる。②たたく。打つ。③石を高くつむ。㊁太い棒でたたく。＝硾

石10【磔】〔15〕 タク(漢) (入)陌 zhé チョー　J― 補― U―

石11【磔】〔16〕 俗字 J6689 補― U78D4

意味 ①〈はりつけ〉死体を衆人にさらす刑罰。棄市。②車ざき。からだをひきさく刑罰。③さく。いけにえの動物をさいて神に供える。「磔鶏」④書法の一つ。とめ。②(国)はりつけにして殺す。

【磔殺】①体を引き裂いて殺す。②はりつけにして殺す。

【磔磔】①鳥のはばたく音。②鳥の声。

【磔刑】①からだをひきさく刑罰。②はりつけ。

石10【碾】〔15〕 デン(漢) (去)霰 テン(慣) niǎn ニエン　J6690 補― U78BE

意味 ＝輾 ①うす。ひきうす。「碾磑」②ひく。臼でひく。「碾米」

石10【磌】〔15〕 テン(漢) (平)先 デン(呉) tián ティエン　J②8249 補4807 U78CC

意味 ①石が落下する時の大きな音。②柱の礎石。

石10【碼】〔15〕 バ(漢) (上)馬 メ(呉) mǎ マー　J6691 補― U78BC

意味 ①碼瑙は、宝石に似た石。②〈ヤード〉ヤール。イギリスの尺度の単位。九一・四四センチ。

【碼頭】mǎtou 現はとば。埠頭。

石10【磐】〔15〕 人 標 ハン(漢) (平)寒 バン(呉) pán パン　J4056 補― U78D0

意味 ①〈いわ(いは)〉いわお。大きな石。②わだかまる。「磐紆」③広大なさま。「磐礴」④とどまる。「磐桓」

名前 いわお　姓 磐城　地名 磐田・磐余・磐城

参考 新表記では、「盤」に書きかえる熟語がある。

【磐牙】互いに連なり続く。

【磐峙】高くそばだつ。高くそびえる。

【磐石】①大きな石。②しっかりと落ち着いて動かないたとえ。＝盤石

石10【磅】〔15〕 ㊀ホウ(ハウ)(漢) ㊀(平)陽 páng パン ㊁ボウ(慣) ㊁― bàng パン　J6692 補― U78C5

意味 ㊀①水音や落石や門をしめる音の擬音。「砰磅」②→磅礴 ㊁〈ポンド〉①イギリスの重さの単位。〇・四五キログラム。一六オンス。②イギリスの貨幣単位。一〇〇ペ

ンス。

【磅礴】(ほうはく) ①みちあふれる。広がる。②はてしないさま。③多くのものが雑然といりまじっている。＝旁薄

石10【磊】〔15〕ライ 漢 上 賄 lěi レイ　U 78CA 補 — J 6693

意味 ①石がごろごろしているさま。②つみあげる。③大きいさま。小事にとらわれず心の大きなさま。

【磊塊】(らいかい(くわい)) ①石のかたまり。②平らでない。山の高いさま。＝磊嵬・磊磈 ③不平をいだくさま。

【磊嵬】(らいかい(くわい)) 高く大きなさま。

【磊磊】(らいらい) ①多くの石が積み重なったさま。②心が広く小事にこせこせしない。

【磊落】(らいらく) ①心が広く小事にこせこせしないさま。磊磊落落(らいらいらくらく)。②数の多いさま。③多くの果実がみのるさま。

石10【磙】〔15〕クン gǔn　U 78D9 補 — J —

意味 現 石で作った、円柱形のローラー。

石10【磎】〔15〕同↓谿(一一七八ジペ・下)

石10【磈】〔15〕同↓砒(八八四ジペ・上)

石10【磁】〔15〕旧↓磁(八八八ジペ・中)

石11【磡】〔16〕カン 漢 去 勘 kàn カン　U 78E1 補 4817 J ②8253

意味 ①山のがけの下。②山の岩。

石11【磬】〔16〕ケイ 漢 去 径 qìng チン　U 78EC 補 — J 6694

殳7【殸】〔11〕古字　U 6BB8 補 3816 J —

意味 ①楽器の一つ。玉や石で「へ」の字形に作り、これをつるしてたたく。②寺で僧を集めるかね。③首をしめ殺す。

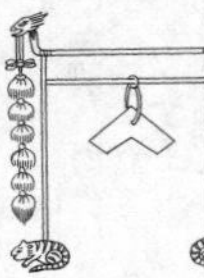

(磬①)

【磬折】(けいせつ) 磬の形のようにからだをへの字にまげて、うやうやしく礼をする。

石11【確】〔16〕サイ 漢 平 灰 cuī ツォイ　U 78EA 補 4819 J —

意味 ①山が高い。「確嵬(さいかい)」＝崔 ②なげき悲しむ。＝摧

石11【磛】〔16〕サン 漢 平 咸 chán チャン　U 78DB 補 4814 J —

意味 山の岩が険しく切りたち、重なっているさま。「磛礹(さんがん)」

石11【磣】〔16〕シン 漢 上 寝 chěn チェン　U 78E3 補 — J —

意味 ①食物などに砂のまじること。②ぶかっこう。③とても。

石11【磧】〔16〕セキ 漢 入 陌 qì チー　U 78E7 補 — J 6701

意味 ①〈かわら(かはら)〉浅瀬の石。「磧沙(せきさ)」②砂利。小石。③砂漠。「磧漠(せきばく)」

【磧中】(せきちゅう(ちう)) 砂漠の中。

【磧礫】(せきれき) 川原の小石。

石11【磚】〔16〕セン 漢 平 先 zhuān チョワン　U 78DA 補 — J 6702

意味 ①かわら。しきがわら。煉瓦の一種。＝塼・甎 ②かわら状のもの。「磚壁(せんぺき)」

【磚茶】(せんちゃ・たんちゃ・だんちゃ) 茶の粉を板状に固め、削って飲む茶。

石11【磦】〔16〕ヒョウ(ヘウ) 漢 平 蕭 piāo ピアオ　U 78E6 補 4818 J ②8254

意味 ①山の峰が高くつき出ているさま。②山の峰。③赤い顔料。「朱磦(しゅひょう)」

石11【磨】〔16〕常 マ みがく　U 78E8 補 4365 J —

旧字 石11【磨】〔16〕一 バ 漢 マ 呉 一 平 歌 mó モー　二 バ 漢 マ 呉 二 去 箇 mò モー　U — 補 — J —

筆順 亠 广 广 庐 麻 麻 磨 磨

意味 一 ①〈みが・く〉とぐ。「研磨(けんま)」②する。こする。③すりへる。④学問・技芸などにはげむ。「琢磨(たくま)」二 ①石うす。②うすでひく。

解字 形声。石が形を表し、麻が音を示す。麻には、こするという意味がある。磨は、石でこすること。

名前 きよ・おさむ

【磨崖】(まがい) 仏像を彫刻したり、記念の碑文などを刻んだきりたった岩壁面。

【磨研(研)】(まけん) みがきとぐ。研磨。

【磨淬】(まさい) 刀剣などを熱して水中に入れ、錬り鍛えみがく。

【磨擦】(まさつ) すれあうこと。また、こする。＝摩擦

【磨石】(ませき) 石うす。ひきうす。

【磨琢】(またく) みがく。文章や人格をみがく。

【磨滅】(まめつ) すりへらす。すりへる。すり消す。＝摩滅

【磨礪】(まれい) ①みがく。②努力し、はげむ。みがきをかける。

◆不磨(ふま)・研磨(けんま)・消磨(しょうま)・砥磨(しま)・鈍磨(どんま)・練磨(れんま)・錬磨(れんま)・切磋琢磨(せっさたくま)

石11【磟】〔16〕リク 漢 入 屋 lù リウ、lù ルー　U 78DF 補 4815 J —

意味 磟碡(りくとく)は、ローラーの形の農具の名。耕したあとを平らにならす。

石11【磠】〔16〕ロ 漢 上 麌 lǔ ルー　U 78E0 補 4816 J ②8252

意味 磠砂(ろさ)は、鉱物の名。塩化アンモニウム。「硇砂(どうさ)」と同じ。

石11【磖】〔16〕ロウ(ラフ) 漢 入 合 lā ラー　U 78D6 補 4812 J —

意味 ①磖礏(ろうしょう)は、物がこわれる音。②二つに折れる。

石11【磡】〔16〕quàn チュワン　U — 補 — J —

意味 現 アーチ形の建築物。石橋や鉱山の坑道など。

石11【磲】〔16〕俗↓磲(八九〇ジペ・下)

石12【磵】〔17〕カン 漢 去 諫 jiàn チエン　U 7900 補 4822 J ①8913

意味 谷川。山中の小川。

【磵戸】(かんこ) 谷川のそばの家。

石12【磯】〔17〕人 キ 漢 平 微 jī チー　U 78EF 補 — J 1675

意味 ①水が岩に激しくぶつかる。②〈いそ〉岩の多い波うちぎわ。「石磯(せきき)」

解字 形声。石が形を表し、幾が音を示す。幾の音は、近と同じく、近いという意味を含む。磯は、海に近いところの岩で、いその意味になる。

姓 磯城(しき)

地名 磯谷(いそや)・磯城(しき)・磯城島(しきしま)

難読 磯蚯蚓(いそめ)・磯馴松(そなれまつ)

石12【磲】〔17〕キョ 漢 ゴ 呉 コ 慣 平 魚 qú チュイ　U 78F2 補 4820 J ①8912

意味 硨磲(しゃこ)は、①美石の名。②美しい貝。

5画

玄玉(王)瓜(瓜)瓦甘生用田疋(⺪)疒癶白皮皿目(罒)矛矢石示(礻)内禾穴立

石12【磺】〔17〕 ㊀コウ(クヮウ)㊈ ㊁コウ(クヮウ)㊈ オウ(ワウ)㊇ ㊀㊤ 梗 kuàng コワン ㊁㊥ 陽 huáng ホワン U補J 78FA 4825 ②8256
意味 ㊀①銅や鉄の鉱石。あらがね。②強い。㊁①石の名。②硫黄。

石12【磽】〔17〕 コウ㊈(カウ) ㊥ 肴 qiāo チアオ U補J 78FD 6703
意味 ①石の多いやせ地。「磽野」「磽薄」②かたい。③わるい。
【磽确】石のごろごろした、地味のやせた土地。
【磽瘠】小石が多く、地味のやせた土地。

石12【礁】〔17〕 常 ショウ ショウ(セウ)㊈ ㊥ 蕭 jiāo チアオ U補J 7901 3044
筆順 厂 石 石' 石'' 矿 砟 碓 礁
意味 海面からかくれて見えない岩。かくれいわ。「暗礁」
解字 形声。石が形を表し、焦が音を示す。焦には、ちぢむという意味がある。礁は、水面下にちぢんでいて見えない石。あるいは、焦には、焼けこげて、くろいという意味がある。礁は、水につかって黒く見える石のことであろう。
◇座礁・暗礁・珊瑚礁

石12【磶】〔17〕 セキ㊈ ㊇ 陌 xì シー U補J 78F6 4823
意味 建物の柱をのせる礎石。

石12【磳】〔17〕 ソウ㊈ ㊥ 蒸 zēng ツォン U補J 78F3 4821
意味 ①硱磳は、岩石のごつごつしたさま。②山の切りたった場所。山のふもと。

石12【磾】〔17〕 テイ㊈ ㊥ 斉 dī ティー U補J 78FE ②8258
意味 ①絹を染めるのに使う、黒い石。②金日磾は、漢の武帝の時代の人。

石12【磹】〔17〕 テン㊈ ㊤ 豔 diàn ティエン U補J
意味 ①石のくさび。②礟磹は、いなびかり。

石12【磹】〔17〕 俗字 U補J 78F9 ②8255

石12【磴】〔17〕 トウ㊈ ㊤ 径 dèng トン U補J 78F4 6704
意味 ①石の坂道。石段。②石橋。③水があふれる。
【磴桟(棧)】石で造ったかけ橋。
【磴道】石だたみの道。石段。

石12【磻】〔17〕 ㊀ハン㊈ ㊀㊥ 寒 pán パン ㊁ホ㊈ ㊁㊥ 歌 bō ポー U補J 78FB 4826 ②8257
意味 ㊀磻渓は、陝西省の川の名。太公望呂尚がつりをした川。㊁いしゆみに使う石ころ。

石12【磷】〔17〕 ㊀リン㊈㊇ ㊀㊥ 真 lín リン ㊁リン㊈㊇ ㊁㊤ 震 lìn リン U補J
意味 ㊀①水が石の間を流れるさま。②磷磷は、㋐玉石のつやがあるさま。㋑水中に石のあらわれるさま。㊁①薄い。石がすりへらされ、薄くなる。②雲母。きらら。磷石。③現元素名。燐(P)。

石13【磷】〔18〕 俗字 U補J 78F7 4824 ①8914

石12【磿】〔17〕 レキ㊈ ㊇ 錫 lì リー U補J 78FF 4827
意味 ①石の小さな音。②戦いでとりこになった者の名簿。③磿室は、こよみを作る所。

石12【礄】〔17〕 qiáo チアオ U補J 7904
意味 現礄頭 qiáo-tóu は、四川省の地名。

石12【礃】〔17〕 zhǎng チャン U補J 7903
意味 現礃子 zhǎngzi は、鉱山の現場。＝掌子。

石12【礅】〔17〕 dūn トゥン U補J 7905
意味 現①盛り土。②石や木などで、ふみ台・腰かけ用として置かれたもの。

石13【礇】〔18〕 イク(ヰク)㊈ ㊇ 屋 yù ユィ U補J 7907 6705
意味 玉に似た美石。

石13【礐】〔18〕 ㊀カク㊈ ㊀㊇ 覚 què チュエ ㊁コク㊈ ㊁㊇ 沃 hù フー U補J 7910 4830 ②8260
意味 ㊀①水が石にぶつかる音。②山に大石が多い。③かたい。㊁石や玉の名。

石13【礒】〔18〕 ギ㊈㊇ ㊤ 紙 yǐ イー U補J 7912 6706
意味 岩がつき出ているさま。国〈いそ〉海などの水ぎわ。＝磯

石13【礓】〔18〕 キョウ㊈(キャウ) ㊥ 陽 jiāng チアン U補J 7913
意味 ①小石。「礓礫」②砂礓は、鉱石の一種。耐水性があり、建築用材料。

石13【礎】〔18〕 常 ソ いしずえ ソ㊈ ㊤ 語 chǔ チュー U補J 790E 3335
筆順 厂 石 石' 矿 石林 礎 礎 礎
意味 ①〈いしずえ(いしずゑ)〉土台石。柱の下におく石。礎石。②物事のもと。基礎。
解字  形声。石が形を表し、楚が音を示す。楚は、木の茂っている下に、足のある形である。礎は、石でできた土台をいう。一説に、楚は、下に敷く意味を含み、礎は、柱の下にしく石をいうとする。
名前 き
【礎材】土台の材料に用いる木や石。
【礎舃】①家などの土台。②ものごとの基礎。
【礎柱】土台の石と柱。
◇国礎・定礎・基礎

石13【礑】〔18〕 トウ㊈(タウ) ㊤ 漾 dàng タン U補J 7911 6707
意味 底。国〈はた〉はたと。①手をうつ音。②思いあたるさま。③にらみつけるさま。

石13【礜】〔18〕 ヨ㊈ ㊤ 御 yù ユィ U補J 791C 4832 ①8915
意味 礜石は、砒素を含む鉱石の名。毒砂ともいう。

石13【礌】〔18〕 ㊀ライ㊈ ㊀㊤ 隊 lèi レイ ㊁ライ㊈ ㊁㊤ 賄 lěi レイ U補J 790C 4829
意味 ㊀石を高いところからおとす。＝礧 ㊁①多くの石。②心の大きいさま。
【礌礌】①大きな石。②心のもち方が広くて大きい。「磊落」
【礌落】心が広く大きいこと。＝磊落

石13【𥖧】〔18〕 国字 U補J 255A7 ②8259
意味 〈ほし〉人名に用いる。

石13【礆】〔18〕 同→險(一三三一ページ・中)

石13【磷】〔18〕 俗→磷(本ページ・中)

石14【礚】〔19〕 カイ㊈ ㊤ 泰 kē コー U補J 791A 4831
意味 ①礚礚は、水や石のぶつかりあう音。②駍礚は、馬

5画
玄玉(王)瓜(瓜)瓦甘生用田疋(⻊)疒癶白皮皿目(罒)矛矢石示(礻)内禾穴立

車や人のたてる音。

石14【礙】〔19〕ガイ 漢 去 隊　ゲ 呉 ài アイ　J 6708 U 7919
石8【碍】〔13〕字 J 1923 俗 U 788D
意味 ①〈さまた・げる（──・ぐ）〉じゃまする。②へだてる。さえぎる。③とどめる。
【礙滞（滞）】がいたい じゃまされて、すらすらと進まない。
◆無礙むげ・障礙しょうがい・融通無礙ゆうずうむげ

石14【礛】〔19〕一カン 漢 一 平 咸 jiān チエン　二ラン 呉 二 平 覃 lán ラン　J ②8261 U 791B
意味 一①礛諸かんしょは、玉ぎょくをみがく砥石といし。②先がとがって鋭い。

石14【䃰】〔19〕サツ 漢 入 黠 cǎ ツァー　J — U 40F0
意味 姜䃰きょうさつは、石の階段。

石14【礞】〔19〕ボウ 漢 平 東 méng モン　J — 補 4833 U 791E
意味 礞石ぼうせきは、鉱物の名。青色と白色の二種類があり、青礞石は薬剤に用いられる。

石14【礠】〔19〕同→磁(八八八ページ・中)

石14【礟】〔19〕同→砲(八八五ページ・中)

石15【礥】〔20〕一ケン 漢 一 平 先 xián シエン　二キン 漢 二 平 真 xín シン　J ②8263 補 4836 U 7925
意味 一①困難なさま。②力強い。二堅固なさま。

石15【礦】〔20〕コウ(クヮウ) 漢 上 梗 kuàng コワン　J 6672 U 7926
石5【砿】〔10〕字 J 2560 俗 U 783F
意味 ①〈あらがね〉掘り出したままの鉱石。＝鉱 ②鉱物の採掘場。③石針。
参考 新表記では「鉱」に書きかえる。熟語は「鉱」(一二八九ページ・中)を見よ。

石15【礩】〔20〕シツ 漢 入 質 zhì チー　J — 補 4838 U 7929
意味 ①いしずえ。柱の下の石。②ふさがる。

石15【礬】〔20〕ハン 漢 平 元　バン 慣 fán ファン　J 6709 U 792C
意味 ①硫酸をふくんだ鉱物の一種。みょうばんせき。「明礬みょうばん」「礬石はんせき」②山礬さんばんは、低木の名。沈丁花じんちょうげ。
【礬紙】ばんし 膠にかわをまぜた明礬みょうばん水をぬってかわかした紙。どうさがみ。

石15【礧】〔20〕一ライ 漢 一 去 隊 lèi レイ　二ライ 漢 二 上 賄 lěi レイ　J — 補 4837 U 7927
意味 一①石がぶつかりあう。②防御のため、高い所から木や石をなげつける。また、その木や石。二①平らでないさま。②大きな石。③つみかさねる。

石15【礨】〔20〕ライ 漢 上 賄 lěi レイ　J — U 7928
意味 ①礨空らいくうは、小さな穴。②＝礧(前項)の二

石15【礪】〔20〕レイ 漢 去 霽 lì リー　J 6674 U 792A
石5【砺】〔10〕字 J 3755 俗 U 783A
意味 ①〈あらと〉めの荒いといし。礪石。②〈みが・く〉とぐ。③つとめはげむ。「勉礪べんれい」
地名 礪(砺)波となみ
【礪行】れいこう(かう) 行いをみがく。修養する。
【礪砥】れいし ①といし。②とぎみがく。

石15【礫】〔20〕標 レキ 漢 入 錫　リャク 呉 lì リー　J 6710 U 792B
意味 〈こいし〉石ころ。「礫石れきせき」
◆瓦礫がれき・石礫せきれき・砂礫されき(しゃれき)・紙礫かみつぶて・雪礫ゆきつぶて

石15【礤】〔20〕cǎ ツァー　J — U 7924
意味 ①大きい石。②野菜・くだものをうすくむいて細切りする。

石16【礭】〔21〕カク 漢 呉 入 覚 què チュエ　J — 補 4839 U 792D
意味 ①しっかりしてゆるがない。＝確かく・塙かく ②たたく。③川の水がはげしく奇岩きがんにあたる。

石16【礰】〔21〕レキ 漢 入 錫 lì リー　J ②8262 U 7930
意味 礔礰へきれきは、雷鳴など大きな音の擬音語。＝霹靂へきれき

石16【礱】〔21〕ロウ 漢 平 東 lóng ロン　J ①8917 補 4840 U 7931
意味 ①とぐ。みがく。「礱磨ろうま」②といし。③ひきうす。④ひきうすでもみがらをとる。
【礱斲】ろうたく みがくことと切ること。
【礱厲】ろうれい ①みがきとぐ。②といし。＝礱礪

石16【礳】〔21〕mò モー　J — U 7933
意味 礳石渠モーシーチュイは、山西さんせい省の地名。

石16【礮】〔21〕同→砲(八八五ページ・中)

石17【礵】〔22〕ソウ(サウ) 漢 平 陽 shuāng ショワン　J — 補 4842 U 7935
意味 砒礵ひそうは、無機化合物の名。砒素ひそ化合物。白色の粉末、劇毒。

石17【礴】〔22〕ハク 漢 入 薬 bó ボー　J ①8918 補 4841 U 7934
意味 ①磅(旁)礴ぼうはくは、㋐みちあふれる。広がる。㋑はてしないさま。㋒雑然といりまじる。②般礴はんぱくは、足をなげ出してすわる。

石17【䃹】〔22〕ラン 漢 去 翰 làn ラン　J — U 40F9
意味 ①䃹䃹らんらんは、玉石のさま。②䃹州らんしゅうは、唐代の州の名。現在の四川しせん省にあった。

5画 示(ネ)部　しめす　しめすへん

【部首解説】「二」と「川」が合わさり、「天意を示し表すこと」を表す。一説に、「神をまつる祭台」にかたどるともいう。この部には、神事や吉凶に関連するものが多く、「示・ネ」の形を構成要素とする文字が属する。新字体の偏になるときは「ネ」（四画）となる。なお、「表外漢字字体表」では「礻」を印刷標準字体としているが、現に「ネ」を印刷文字として用いている場合は許容されている。

示0【示】〔5〕学 5 ジ・シ しめす　J 2808 U 793A
一シ 漢 ジ 呉 一 去 寘 shì シー　二キ 漢 二 平 支 qí チー
筆順 一 二 亍 亓 示
意味 一①〈しめ・す〉㋐人に見せる。㋑つげる。㋒教える。さしずする。②みる。③姓。音 shì シー。二くにつかみ。

5画　玄玉(王)瓜(瓜)瓦甘生用田疋(⺪)疒癶白皮皿目(罒)矛矢石示(ネ)内禾穴立

地の神。＝祇

解字 示　会意。二と川を合わせた字。二は上で、天を表す。川は三つのたて棒で、日・月・星を表す。示は、天が、天文によって、人に吉凶を示すことである。したがって、示は、神のことを表す字につけて用いる。他の説に、示は、脚つきの祭壇の象形ともいい、神を祭るとき机に肉をのせて、血が垂れている形を表すともいう。

名前 み・しめ・とき

【示威】じい ⦅名⦆ 威勢や威力を示し、気勢をあげる。【──運動】ある目的をとげるため、大勢の人がその意志を表示し、行進または集会をすること。また、その行進・集会。デモンストレーション。デモ。

【示教】じきょう(けう)・しきょう(けう) 示し教える。

【示訓】じくん 教え示す。

【示現】じげん ①神仏が、ふしぎなしるしをあらわし示す。②菩薩が衆生を救うため、いろいろな姿となって現れる。

【示唆】しさ ①ほのめかす。それとなく示す。②そそのかす。さそいすすめる。

【示寂】じじゃく ⦅仏⦆僧侶の死をいう。入寂。

【示談】じだん 国法廷で争うことをやめ、話し合いで問題を解決すること。

【示範】じはん もはん。てほんを示す。

◆内示・告示・呈示・提示・表示・指示・訓示・展示・掲示・啓示・誇示・暗示・黙示

示 0 【ネ】〔4〕 J ②8264 補 4843 U 793B

意味 漢字の部首の一。しめすへん。「示」が偏となるときの形。

ネ 1 【礼】〔5〕 学3 レイ・ライ J 4673 U 793C

旧字 示13 【禮】〔18〕 人 レイ 漢 上 薺 ライ 呉 lǐ リー J 6725 U 79AE

筆順 、 ラ ネ ネ 礼

示 1 【礼】〔6〕 古字 U FA18

意味 ①神をまつること。また、その儀式。②〈いや(ゐや)〉人と交わるのにふみ行うべきみち。のり。③敬意を表す行為。作法。「礼貌」④敬意を表す贈り物。「礼物」⑤うやまう。敬意を表して、厚くもてなす。⑥法律。制度。⑦礼について書いた書物。「儀礼」「礼記」

解字 禮　会意・形声。示と豊とを合わせたもので、豊はまた音をも示す。示は神。豊は、豆に、うずたかく物を盛りあげた形。禮は神にお供えをすること。お供えをするのは、神をたよりにして、幸福を招こうとすることである。それで、たよる、足がかりにするということから、手順をつくすこと、ふみ行うべき道をいうようになる。

名前 あき・あや・うや・かた・なり・のり・ひろ・まさ・みち・ゆき・よし・あきら・まさし・ひろし　地名 礼文

【礼記】らいき 書名。五経(「易経」「書経」「詩経」「礼記」「春秋」)の一つ。周代の礼制に関するもので、漢代の儒家が編したもの。「周礼」「儀礼」と合わせて三礼という。

【礼賛(贊・讚)】らいさん ①⦅仏⦆仏・法・僧の三宝を礼拝し、その恵みをほめたたえる。②ほめたっとぶ。ほめたたえる。

【礼紙】らいし 国手紙を中に巻きおさめ、その上にあて名を書く白紙。

【礼意】れいい ①相手を尊敬する気持ち。②礼の精神。

【礼闈】れいい ⦅名⦆ 漢代、尚書省の別名。

【礼楽(樂)】れいがく ①礼儀と音楽。②書名。「礼記」と「楽記」。

【礼器】れいき ①祭りに用いる器物。②「礼記」の編名。

【礼義】れいぎ ①礼と義。②人のふみ行わなければならない礼法。「奚暇治礼義哉」〈孟子・梁恵王上〉

【礼儀】れいぎ 敬意を示す作法。礼儀作法。

【礼教】れいきょう(けう) 礼儀に関する教え。

【礼遇】れいぐう 「礼待」に同じ。

【礼交】れいこう(かう) 礼儀正しく交際する。敬意をもってつきあう。

【礼式】れいしき 礼をあらわす儀式。礼儀の方式。礼儀作法。

【礼状(狀)】れいじょう(じやう) 謝礼の手紙。

【礼譲(讓)】れいじょう(じやう) 礼儀正しく人にへりくだる。「能以礼譲為国乎」〈論語・里仁〉

【礼節(節)】れいせつ 礼儀と節度。

【礼装(裝)】れいそう(さう) 儀式の際、着用するよそおい。礼服。

【礼俗】れいぞく 礼儀風俗。古くから行われる風俗習慣。【──之士】れいぞくのし 礼儀風俗にこだわる人。

【礼待】れいたい うやうやしくもてなす。礼遇。礼接。

【礼典】れいてん ①礼式のさだめ。国の礼法を規定したもの。②礼法の書物。

【礼拝(拜)】一れいはい・らいはい 神仏を拝む。二バイ lǐbài 現①週。週間。②日曜日。

【礼部】れいぶ ①役所の名。礼楽・儀式・学校などをつかさどる。②国治部省の唐名。

【礼服】れいふく 儀式の際、着用するよそおい。礼装。

【礼物】一れいぶつ ①礼式と文化。②礼式に用いる品物。二れいもつ 贈答用の品物。贈りもの。進物。三リーウー lǐwù 現二に同じ。

【礼文】れいぶん ①制度・学問などの文化的産物。②お礼の手紙・文章。

【礼聘】れいへい ①礼を厚くして人を呼び招く。②礼を厚くして妻をよび迎える。

【礼法】れいほう(はふ) 礼儀作法。礼式。

【礼砲】れいほう(はう) 軍隊礼式の一つ。敬意をあらわすためにうつ空砲。

【礼貌】一れいぼう(ばう) ①顔色をやわらげ、礼儀正しく人に接する。②礼儀正しいようす。礼容。二リーマオ lǐmào 現礼儀。マナー。

【礼容】れいよう うやうやしいさま。礼式にかなった姿。礼貌。

【礼堂】リータン lǐtáng 現講堂。

【礼尚往来(來)】れいはおうらいをたっとぶ 礼法では、たがいに往来して訪問しあうのが大事である。答礼が必要であること。〈礼記・曲礼上〉

◆目礼・失礼・巡礼・返礼・典礼・拝礼・非礼・洗礼・祭礼・虚礼・婚礼・喪礼・順礼・敬礼・朝礼・葬礼・答礼・黙礼・儀礼・謝礼

示 2 【礽】〔7〕 ジョウ 漢 去 蒸 réng ロン 補 4844 U 793D

意味 ①さいわい。②自分より八世下の子孫。

示 3 【祁】〔8〕 人 標 キ 漢 平 支 qí チー J 2323 U 7941

示 3 【祁】〔7〕 同字

意味 ①大きい。②盛んなさま。はなはだ。「祁寒」③しずか。④地名。祁県は、春秋時代に晋がおいた。今の山西省祁県東南。⑤姓。

姓 祁答院　地名 祁答院

【祁祁】きき ①静かでゆったりしたさま。②多いさま。

【祁山】きざん 甘粛省礼県にある山の名。諸葛亮はこの地で六たび魏と戦った。

示 3 【祀】〔8〕 標 シ 漢 上 紙 sì スー J 6711 U 7940

示12 【禩】〔17〕 同字

示11 【禩】〔16〕 俗字 J ②8276 補 4877 U 79A9

意味 ①〈まつ・る〉神として祭る。②〈まつり〉祭祀。③とし。殷代の、年の称。夏では歳、周では年という。

【祀天】してん 古代において、冬至の日に南郊で天をまつること。

【祀典】してん 祭りの儀式。祭典。

ネ 3 【社】〔7〕 学2 シャ やしろ J 2850 U 793E

旧字 示3【社】〔8〕人 シャ 漢 上 馬 ジャ 呉 shè ショー J ①8919 補U FA4C

筆順 丶 ラ ネ ネ ネ 社 社

意味 ①くにつかみ。土地の神。「社公」②〈やしろ〉土地の神を祭るお宮。③土地の神の祭り。「社日」④地方の行政単位。二十五戸を一社とする。⑤同志の団体。結社。組合。国①神社。やしろ。②会社。

解字 社 会意。示は神。土は地。社は土地の神。また、土地の神を祭るやしろ。二十五軒の集落を里といい、里ごとに社があった。

名前 あり・たか

【社会(會)】[一]しゃかい ①昔、二十五家を一社とし、その集会をいう。転じて、生活の便利上集まってできた団体をいう。②世の中。[二]ショーホイ shèhuì 現[一]に同じ。【——科】しゃかいか 国小・中学校の教科の名。社会生活を理解させ、社会生活に必要な基本的知識・態度等を養う教科。【——科学】しゃかいかがく 国社会現象をとりあつかう学問の総称。政治・社会・歴史・経済学など。【——教育】しゃかいきょういく 国学校組織によらないで、青少年・成人の教育を組織的に行うもの。【——契約説】しゃかいけいやくせつ 国社会・国家・法律は、人民の契約によって成りたつものとする説。ロック、ルソーらによってとなえられた。民約論。契約説。【——奉仕】しゃかいほうし 国公共のために尽くすこと。【——面】しゃかいめん 国新聞で、社会のできごとを扱う紙面。

【社交】しゃこう 世間のつきあい。人々との交際。

【社債】しゃさい 株式会社が、一般の人々から募集して資金を借りる債務。

【社祠】しゃし 土地の神として祭られること。

【社寺】しゃじ 国やしろと寺。

【社日】しゃじつ 立春または立秋後の第五の戊の日。土地の神を祭り、豊作を祈る。

【社掌】しゃしょう 国かんぬし。

【社稷】しゃしょく ①諸侯がその宮殿の右側に祭った、土地の神(社)と五穀の神(稷)。「有社稷焉」〈論語・先進〉②国家。【——之臣】しゃしょくのしん 国家の重臣・大臣。「是社稷之臣也」〈論語・季氏〉

【社人】[一]しゃじん 村人。里びと。[二]しゃにん 国神社に仕える人。かんぬし。

【社説】しゃせつ 新聞・雑誌などに、その社を代表して述べた論説。

【社鼠】しゃそ 神殿に巣くうねずみ。人がかってに退治できぬところから、君主のそばについている悪臣にたとえる。「社鼠城狐」

【社倉】しゃそう ①昔、凶作のとき貧民を救助するため、組(集落)ごとに設けた米倉。〈隋書・食貨志〉②国諸国の朝廷の御料地の収穫物を納めておいた倉。

【社壇】しゃだん 神を祭る壇。神社の場所。

【社中】しゃちゅう ①組合のなかま。②やしろの中。③国氏子(うじこ)仲間。

【社殿】しゃでん 神社で、神体を安置する建物。

【社頭】しゃとう 神社のまえ。神社のほとり。

【社日】しゃにち 立春、または立秋後の第五の戊の日。土地の神を祭り、豊作を祈る。

【社廟】しゃびょう やしろ。ほこら。

【社友】しゃゆう 国①その会社のなかま。②社員以外の人で、社員同様の待遇を受ける人。

◆大社・支社・会社・神社・商社・結社

示3【礿】〔8〕ヤク 漢 入 薬 yuè ユエ J 4845 補U 793F

意味 まつり。天子の行う祭り。夏・殷では春の祭りを、周では夏の祭りをいう。

示3【宗】(三六六ページ・下)→宀部五画

示3【奈】(三二九ページ・下)→大部五画

示4【祄】〔9〕カイ 漢 去 卦 xiè シエ J 4846 補U 7944

意味 人の力を超えたものからのたすけ。

ネ4【祈】〔8〕常 キ いのる J 2107 補U 7948

旧字 示4【祈】〔9〕人 キ 漢 平 微 qí チー J ①8923 補U FA4E

筆順 丶 ラ ネ ネ ネ 祈 祈 祈

意味 ①〈いの・る〉天や神、また仏に願う。「祈雨」②〈いのり〉祈願。祈念。③つげる。④〈もと・める(——・む)〉ねがう。「祈求」

解字 祈 形声。示が形を表し、斤きんが音を示す。示は神。斤には、旂はた、近い、求めるなどの意味を含む。祈は、幸福を求めて神にいのることで、戦うときに、軍旗の下でいのることとか、神に近づこうとすることとかの解がある。

【祈雨】きう 雨ごい。雨ごいをすること。

【祈願】きがん 神仏に祈り願う。

【祈求】ききゅう 心から求め願う。

【祈穀】きこく 穀物がよく実ることを祈る。

【祈賽】きさい 神から授かった福に対し、金銭でお礼をする。お礼参り。

【祈誓】きせい 神仏に誓いをたてて祈る。がんかけ。

【祈禱】きとう 祈り。

【祈念】きねん 心をこめて祈る。

【祈年祭】きねんさい 国年ごいの祭り。五穀がよく実ることを祈る。神祇官や国司の庁で陰暦二月四日に行われた。

示4【祇】〔9〕人 標 [一]キ 漢 ギ 呉 平 支 qí チー [二]シ 漢 平 支 zhǐ チー J 2132 補U 7947

示4【祇】〔8〕同字 J — 補U —

意味 [一]①土地の神。くにつかみ。↔神「天神地祇」②大きい。「祇悔」③やすらぐ。[二]①〈ただ〉ただし。②〈まさに〉ちょうど。

参考「祇し」は別字。

【祇園】ぎおん ①祇樹給孤独園の略。昔、インド、マガダ国の須達長者が釈迦のために建てた寺の名。②京都の八坂神社の別名。【——精舎】ぎおんしょうじゃ ①「祇園」の①に同じ。精舎とは僧侶が修行する所の意。「祇園精舎の鐘の声、諸行無常の響きあり」〈平家物語〉②寺。

【祇樹林】ぎじゅりん 寺の林。祇樹は寺の異名。祇樹給孤独園の略。

示4【祆】〔9〕ケン 漢 平 先 xiān シエン J ①8922 4848 補U 7946

意味 古代ペルシア(現在のイラン)の宗教、拝火教(ゾロアスター教)の神。また、その教え。祆教。

参考「祅よう」は別字。

ネ4【祉】〔8〕常 シ J 2767 補U 7949

旧字 示4【祉】〔9〕人 チ 漢 上 紙 シ 慣 zhǐ チー J ①8920 補U FA4D

筆順 丶 ラ ネ ネ 礼 祉 祉 祉

意味 〈さいわい(さいはひ)〉①神の下す幸い。②めぐみ。「福祉」

解字 祉 形声。示が形を表し、止しが音を示す。示は神。止には、とまるという意味がある。祉は神が身に止まることで、幸福をいう。

示4【祋】〔9〕 タイ 漢 去 泰 duì トイ U補J 4850 794B
名前 とみ・よし

示4【祊】〔9〕 ホウ 漢 平 庚 (ハウ) bēng ポン U補J ②8265 4849 794A
意味 ほこ。武器の名。「祋殳」

示12【鬃】〔17〕 本字 U補J 256F1
意味 ①本祭りの翌日行う祭りの名。②宗廟の門。③周代、魯国の村の名。

示4【祆】〔9〕 ヨウ 漢 平 蕭 (エウ) yāo ヤオ U補J ①8921 4847 7945
意味 〈わざわい(わざはひ)〉変事。自然の災禍。=妖「祆変」「祆言」「祆星」
参考 「祆」は別字。
【祆怪】もののけ。わざわいを引きおこす魔物。
【祆孽】わざわい。まがごと。祆災。
【祆祥】わざわいの前兆。

示4【柰】→木部五画（六三四ジ・中）

示5【祛】〔10〕 キョ 漢 平 魚 qū チュイ U補J ②8267 4855 795B
意味 ①はらう。わざわいを除く。②おいちらす。「祛散」③祛祛は、強大なさま。

示5【祜】〔10〕 コ 漢 上 麌 hù フー U補J ①8926 4856 795C
意味 さいわい。神から授かる大いなる幸福。「祜休」
参考 「祜(祐)」は別字。

示5【祘】〔10〕 サン 漢 去 翰 suàn ソワン U補J ②8266 4854 7958
意味 ①数える。②算木。数を数える道具。=算

示5【祗】〔10〕 シ 漢 平 支 zhī チー U補J 6713 7957
意味 ①〈つつし・む〉「祗仰」「祗敬」②〈まさに〉ちょうど。まさしく。③〈ただ〉…だけ。④ふるいおこす。

参考 「祇」は別字。

【祗畏】つつしみ、おそれる。

【祗役】つつしんで君主の命令に従う。君主の命令で、他の所へ行く。「祗役江戸」〈塩谷世弘・送安井仲平東遊序〉

【祗敬】つつしみ、うやまう。

【祗候】①貴人の側にひかえて命を待つ。②国もと、宮中に参上できる資格。華族や功労ある高官を特に礼遇するために与えた。

【祗粛(肅)】つつしみ、うやまう。

【祗服】つつしんで命令に服する。祗若。


示5【祠】〔10〕 標 シ 漢 平 支 cí ツー U補J 6712 7960
意味 ①〈まつり〉春の祭り。②〈まつ・る〉しあわせを神に感謝する。「祠禱」③〈ほこら〉神を祭るやしろ。「祠屋」

【祠宇】神社の建物。祠屋。

【祠官】神主。神官。社掌。

【祠祭】まつり。

【祠賽】神から福を授けられた事に対してむくいる祭り。お礼まいり。

【祠祀】①神を祭る。②祭りをつかさどる役人。

【祠者】祭りをする者。

【祠堂】①おたまや。先祖を祭る所。②やしろ。ほこら。「丞相祠堂何処尋」〈杜甫の詩・蜀相〉③寺院。

ネ5【祝】〔9〕 学4 シュク・シュウ いわう U補J 2943 795D
旧字 示5【祝】〔10〕 人 一 シュク 漢 入 屋 zhù チュー 二 シュウ(シウ) 漢 去 宥 zhòu チョウ U補J ①8927 FA51

筆順 、 ㇇ ネ ネ 礻 ⺭ 祝

意味 一①〈はふり〉祀廟で祭りを行う男性。かんぬし。「祝史」「巫祝」②神に福をねがう。いのる。「祝福」③ねがう。④〈いわ・う(いは・ふ)〉㋐めでたいことを喜ぶ。「祝宴」「慶祝」㋑幸福を祈る。⑤〈いわい(いはひ)〉⑥〈た・つ〉断ち切る。二①〈の・る〉神につげる。②のりと。神に申し上げることば。

解字  会意。示・口・儿を合わせた字。示は神。儿は人。祝は、人の口をもって神に交わることで、いのることばを言う意味である。一説に、兄は、みこのことで、祝は、みこが神を呼んで祈ることであるとする。

名前 い・とき・のり・ほう・よし・はじめ 姓 祝部 難読 祝詞(付表)／祝歌
【祝儀】①祝いの式。②国祝いの贈り物。引出物。③国チップ。心づけ。はな。

【祝言】①祝いのことば。②国婚礼。

【祝誓】神に祈りのことばを述べてちかう。

【祝着】祝いよろこぶ。慶賀。

【祝酹】酒を地に注いで祈る。

【祝意】祝いの気持ち。

【祝允明】明の学者・書家。江蘇省蘇州の人。字は希哲。枝山・枝指と号した。文徴明と並ぶ能書家。

【祝宴】祝いの酒盛り。=祝筵
【祝筵】祝賀の宴席。=祝宴
【祝賀】一祝いよろこぶ。祝慶。二 zhùhè 現一に同じ。

【祝祭】祝い祭る。祝いと祭り。

【祝詞】一祝詞。祝いのことば。二国神前に祈るときのことば・文章。

【祝辞(辭)】祝意をのべることば・文章。祝辞。

【祝捷】戦勝の祝い。戦勝を祈る。=祝勝
【祝勝】勝利を祝う。=祝捷「祝勝会」

【祝佗】人名。春秋時代、衛の人。口先が達者であった。=祝鮀
【祝典】祝いの儀式。

【祝禱】神にいのる。いのり。

【祝杯】祝いのさかずき。

【祝髪】髪の毛をたち切ること。祝は断。剃髪。

【祝福】①幸福であるように祈る。②キリスト教で、神の与える恵み。

【祝文】①神を祭る文。②祝いの気持ちをのべた文。

【祝砲】祝いのためにうつ空砲。

【祝融】①夏の神。②火の神。転じて、火災。③南海の神。

【祝部】一国神に奉仕する人。神主。神官。二国古代の姓氏の名。

【祝女】国神に仕え、神楽を行ったり、神意を伺ったりする未婚の少女。巫子。
◆奉祝・前祝

ネ5【神】〔9〕 学3 シン・ジン かみ・かん・こう U補J 3132 795E
旧字 示5【神】〔10〕 人 シン 漢 平 真 ジン 呉 shén シェン U補J ①8928 FA19

[筆順] 丶　ラ　ネ　ネ　ネ　礻冂　礻日　神

[意味] ①〈かみ〉㋐天の神。あまつかみ。↔祇 ㋑人間以上の不思議な力をもつもの。㋒宗教的信仰の対象となるもの。㋓人知でははかりしれない、不思議なはたらき、力。②人のこころ。精神。③たっとぶ。尊しとする。④人の表情。「神色」 [国]①〈かん〉「かみ」の撥音便。「神主」 ②〈こう〉(〈かう〉)「かみ」のウ音便。「神神しい」

[解字]  形声。示が形を表し、申が音を示す。示は神。申には引きのばすという意味がある。神は、天の神で、万物を引き出すもののことである。一説に、申の音は、電(いなびかり)、震(ふるう)と通じるから、神は、雷神をいうとする。

[名前] か・かむ・きよ・しの・たる・みわ [姓] 神・神人・神山・神戸・神主・神田・神吉・神社・神足・神谷・神門・神松・神津・神前・神原・神部・神崎・神野・神子上・神麻績・神家満

[地名] 神戸・神石・神威・神崎・神奈川・神居古潭

[難読] お神酒・神楽(付表)/神籬・神子・神輿

【神無月】かみなづき|かんなづき 陰暦十月の別称。

【神嘗祭】かんなめさい [国]天皇が、十月十七日に、その年にとれた穀物を伊勢神宮に奉納する祭り。

【神異】しんい 人間わざでなく不思議なこと。

【神意】しんい ①神のおぼしめし。神慮。②こころ。たましい。

【神域】しんいき(ゐき) 神社の境内。

【神韻】しんいん(ゐん) すぐれた趣。神籟。【──縹緲】しんいんひょうびょう(ゐんへうべう) 神わざのようなすばらしい趣が、ただよっていること。とくに詩や文章などのすばらしい味わいにいう。

【神影】しんえい 神の画像。神像。

【神易】しんえき ①神の意志の現れた占い。②不思議によくあたる占い。

【神苑】しんえん(ゑん) 神社の境内にある庭園。

【神火】しんか(くわ) ①不思議な火。②けがれのない火。③火山の火や煙。

【神怪】しんかい(くわい) あやしく、不思議なこと。

【神格】しんかく ①神の資格。②神の地位。

【神学(學)】しんがく キリスト教で、神の教えや、信仰・宗教生活に守るべき道などを研究する学問。

【神楽(樂)】[一]しんがく 霊妙な音楽。[二]かぐら [国]祭りのとき、神前で奏する舞楽。

【神官】しんかん(くわん) [国]かんぬし。禰宜。神職。

【神気(氣)】しんき ①空中に雲のようになびく不思議な気。②心。精神。③万物を生み出す不思議な力。

【神奇】しんき すぐれて不可思議なこと。

【神器】しんき ①帝位継承のしるしとする器物。中国では、玉璽・鼎など。日本では三種の神器(八咫鏡・草薙剣・八尺瓊曲玉)。②帝位。③人の器量がすぐれている場合にいう。

【神祇】しんぎ|じんぎ 天の神と地の神。天神地祇。「禱二爾于上下神祇一」〈論語・述而〉

【神宮】[一]しんきゅう(きう) 神を祭る御殿。神殿。[二]じんぐう [国]①伊勢神宮のこと。②特に尊い神社の称号。「明治神宮」「熱田神宮」

【神曲】しんきょく ダンテの書いた叙事詩。人間の霊魂が罪悪の世界から永遠の天国に浄化、向上されることを描いたもの。

【神供】じんく ①神への供え物。②[仏]密教で護摩をたくとき、十二天や鬼神を祭ること。

【神君】しんくん ①道家の神。②地方長官の称。③[国]江戸時代、徳川家康の尊称。東照神君。

【神経(經)】[一]しんけい ①不思議な書物。②動物体の脳・脊髄と末端の器官をつらね、知覚・運動・栄養などをつかさどる繊維状の器官。③物事を感じ、考える力。知覚。[二]シェンチン shén-jing [現][一]の②③に同じ。【──過敏】しんけいかびん(くわびん) 物事を心配しすぎること。神経の作用がするどいこと。【──質】しんけいしつ 物事に感じやすく、何でも気にする性質。多血質・胆汁質・粘液質と並んで人間の四つの気質の一つ。【──病】しんけいびょう(びやう) 神経系の病気。

【神譴】しんけん 神のとがめ。神罰。天罰。

【神功】しんこう 神の不思議な働き・てがら。

【神交】しんこう(かう) ①心と心との親しい交わり。②神の定めによる不思議な交際。

【神国(國)】しんこく [国]神が開いた国。わが国の美称。神州。

【神座(「坐」)】しんざ 神のいる席。位牌の類。

【神彩】しんさい ①すぐれた姿。②精神と姿。

【神算】しんさん すぐれたはかりごと。神策。神機。神略。

【神事】しんじ 神を祭る行事。まつり。祭典。

【神璽】しんじ ①天子の御印。②[国]八尺瓊曲玉(八坂瓊勾玉)のこと。③[国]三種の神器の神鏡と神剣。

【神社】じんじゃ 神を祭るやしろ。

【神主】[一]しんしゅ ①すべての神の主。天に代わって人民を治めるもの。②位牌。[二]かんぬし [国]神に奉仕する人。神職。神官。

【神酒】しんしゅ|みき 神に供える酒。

【神授】しんじゅ 神から授かる。天授。

【神州】しんしゅう(しう) ①むかし、中国人が自国を呼んだことば。②仙人が居るところ。③都付近の地。④[国]わが国の美称。神国。

【神出鬼没】しんしゅつきぼつ 人間わざと思われないほど、自由自在にその身を現したり、かくしたりする。神出鬼行。

【神女】しんじょ(ぢょ)|しんにょ ①女神。②仙女。

【神助】しんじょ 神の助け。天佑。

【神将(將)】しんしょう(しやう) ①神のようにすぐれた働きをする将軍。②天・地・陰・陽・日・月・四時・兵の主である八神をいう。③[仏]仏教の修行者を守護する神。

【神蹤】しんしょう 神仙の古跡。むかし、神仙の事蹟のあったあと。

【神色】しんしょく 心と顔色。態度。様子。【──自若】しんしょくじじゃく 態度が静かなさま。若は助詞。〈晋書・王戎伝〉

【神職】しんしょく 神に仕える人。かんぬし。

【神人】しんじん ①神と人。②神通力を得た人。③けだかい人物。④神官。神主。⑤キリスト教で、キリストの称。

【神髄(髓)】しんずい その道の奥義。蘊奥。

【神通力】じんずう(づう)りき|じんつうりき 何事でも、思うとおりにできる不思議な力。

【神性】しんせい ①神としての性格。神の属性。②心。

【神聖】しんせい 少しの汚れもなく、威厳があっておかすことのできないこと。【──同盟】しんせいどうめい 一八一五年、ウィーン会議後、ロシア・プロシア・オーストリア三国で結んだ条約。キリスト教の教えを国民生活の最高原則とし、正義・博愛・平和の精神で互いに協力するという趣旨。

【神仙】しんせん ①不老不死の世界に住む者。仙人。‖神僊 ②[国]日本の十二律の一つ。【──術】しんせんじゅつ 仙人の行う不思議な術。不老不死の奇跡を行う術。【──伝(傳)】しんせんでん 書名。晋の葛洪の著。八十四人の仙人の伝記を集め記した書。

【神僊】しんせん 「神仙」に同じ。

【神饌】しんせん 神に供える酒や食物。

【神宗】しんそう ①尭帝の称。②宋の天子、趙頊の廟号。

【神像】しんぞう(ざう) 神の像。

【神速】しんそく 人間わざと思えないほどの速さ。

【神体(體)】しんたい ①心とからだ。②神社に祭る、神の本体。

【神代】じんだい|かみよ 神が支配していたという、太古の時代。

【神託】しんたく 神のお告げ。託宣。

【神勅(敕)】しんちょく 神の仰せ・命令。

【神典】しんてん 神のことを書きしるした書物。

【神伝(傳)】しんでん ①神から受け伝えられる。②生まれつき。天賦。

5画
玄玉(王)瓜(瓜)瓦甘生用田疋(⺪)疒癶白皮皿目(罒)矛矢石示(ネ)禸禾穴立

【神殿】しんでん 国神を祭る御殿。
【神灯(燈)】しんとう 神前にそなえるあかり。
【神童】しんどう 才知がとびぬけてすぐれているこども。
【神道】一しんどう(だう) ①墓場への道。②人間の考えられない不思議な道理。二しんとう(たう) ①神の意志のままに従い、人為を加えない、日本固有の伝統的な道。かんながらの道。②わが国の神の教えを信仰する宗派。【――碑】しんどうひ(だう) 墓への道に立てる石碑。
【神徳】しんとく すぐれた人格。
【神女】しんにょ|しんじょ(ぢょ) ①女性の神。めがみ。天女。②かささぎの異名。
【神農】しんのう 中国古伝説の皇帝。人民に農作を教えたので、神農という。炎帝えんてい。「神農・虞・夏忽焉没兮しんのうぐかこつえんとしてぼっしぬ(神農や舜しゅん・禹うのような理想の天子たちは、たちまちすがたを消してしまった。)〈史記・伯夷伝〉」
【神罰】しんばつ 神のくだす罰。天罰。神譴しんけん。
【神秘】しんぴ ①人の知識ではかり知ることのできない不思議さ。②秘密にして人に見せないこと。【――主義】しんぴしゅぎ 神・真理を認識する場合、理論や知識によって知るのでなく、沈思黙考して直接にその神や真理にふれ、体験しようとする主義。
【神品】しんぴん 非常にすぐれた品。気高い品位。逸品。絶品。
【神武】しんぶ 人間わざとは思えない、なみなみでない武徳。
【神父】しんぷ カトリック教の僧侶そうりょ。
【神符】しんぷ ①神の守り札。②神の予言。③天のわりふ。天の意志。
【神風】しんぷう|かみかぜ 神がその威力によって吹かせるという激しい風。
【神仏(佛)】しんぶつ ①神と仏。②国神道と仏教。【――混交】しんぶつこんこう(かう) 神と仏とは元来一つであるとして、神仏をいっしょにまつること。＝神仏混淆
【神別】しんべつ 国古代氏族制の一つ。神から分かれ出たとするもの。↔皇別こうべつ・蕃別ばんべつ
【神変(變)】しんぺん 人の知識では知ることのできない不思議な変化。
【神謀】しんぼう 人知では考えられない、巧妙なはかりごと。鬼策きさく
【神宝(寶)】しんぽう ①神聖な宝物。②天子の位。③神社に蔵している宝物。
【神木】しんぼく ①不思議な木。②神霊が宿るという木。神社の境内にあって、その神社に特別深い関係をもつ木。
【神妙】しんみょう(めう)|しんびょう(べう) ①人の力では及ばない不思議な作用。②国感心な。けなげな。殊勝しゅしょう。③国すなお。
【神明】しんめい ①神。②人の心。精神。③国天照大神あまてらすおおみかみのこと。【――造】しんめいづくり 国伊勢いせ神宮に代表される、神社の建築様式の一つ。
【神佑】しんゆう(いう) 神の助け。天佑てんゆう。神助。＝神祐
【神輿】しんよ みこし。中に神霊が祭ってある。
【神欲】しんよく 精神の作用。
【神来(來)】しんらい ①神が下界にくだっている。②神が乗りうつったような、人力以上の力を感じる。インスピレーション。
【神籟】しんらい 詩歌・文章・美術品などのすぐれたおもむき。神韻。神の声。
【神竜(龍)】しんりゅう(りょう) 神通力を持った竜。
【神慮】しんりょ ①神のおぼしめし。神意。②天子の心。天意。
【神力】しんりき|しんりょく ①神の威力。②「神通力じんずうりき」に同じ。
【神路】しんろ|かみじ(ぢ) ①神のお通りになる道。②神社への道。
【神話】しんわ 太古に神のしわざとして伝承された説話。
【神籬】ひもろぎ 国古代に、神が宿ると信じられた森・老木などの周囲に、常磐木ときわを植え、玉垣を造り、尊び祭った所。
【神祖尊】みおやのみこと 国祖先の神。
【放神】一しんをほしいままにす 心を気ままにする。思うままにする。二しんをはなつ 国気をゆるす。放念。
◆入神にゅうしん・女神じょしん|めがみ・氏神うじがみ・明神みょうじん|めいじん・牧神ぼくしん・軍神ぐんしん・風神ふうじん・鬼神きしん|おにがみ・精神せいしん・雷神らいじん・七福神しちふくじん・道祖神どうそじん

示5【祟】〔10〕標 スイ 漢 去 寘 suì ソイ J6714 補 U795F
意味 〈たた・る〉〈たたり〉 神が人に下すわざわい。
参考 「崇すう」は別字。

示5【祏】〔10〕 セキ 漢 入 陌 shí シー J4851 補 U794F
意味 ①先祖の、石の位牌いはい。神位しんい。②霊廟おたまやの中で、位牌を収める石室。

ネ5【祖】〔9〕学5 ソ J3336 補 U7956
旧字 示5【祖】〔10〕人 ソ 呉 漢 上 麌 zǔ ツー J①8925 補 UFA50

筆順 丶 ラ ネ ネ ネ 初 祖 祖

意味 ①〈おや〉先祖。「始祖」②祖父。③国をはじめた君。「祖宗そそう」④宗派や物事のはじまりの人。「祖師」⑤おたまや。祖先の霊を祭る所。「祖廟そびょう」⑥のっとる。模範としてならう。⑦道祖神どうそじん。道路の安全を守る神。道祖神を祭る。⑧送別の宴。祖道。「祖筵そえん」「祖席」⑨姓。
解字 祖 形声。示が形を表し、且そが音を示す。示は神。且には、積み重ねる意味がある。祖は、何代も前の先祖をさすという。一説に、且には始の意味があり、祖は、最初の祖先をいうこと。
名前 さき・のり・ひろ・もと 姓 祖納そな|そない・祖納元そなもと 地名 祖谷いや
難読 祖父じじ・祖母ばば
参考 「租」は別字。

【祖宴】そえん 旅に出る人を見送るために開く宴会。
【祖業】そぎょう(げふ) 祖先から受けついでいる、しごとや事業。
【祖訓】そくん 先祖が残した教え。
【祖考】そこう(かう) 死んだ祖父。
【祖国(國)】一そこく ①自分の生まれた国。先祖から代々住んでいる国。母国。本国。②その国民がでた、もとの国。本国。二ツークオ zǔguó 現一に同じ。
【祖師】そし ①学派を初めて開いた先生。②仏一派の宗門を開いた人。開祖。
【祖述】そじゅつ 先人の説を受けついでのべる。
【祖席】そせき 送別の宴席。祖宴。
【祖先】そせん ①家系の初代。②家系につらなる代々の人(当代はのぞく)。
【祖餞】そせん はなむけ。餞別せんべつ。
【祖宗】そそう ①初代の先祖と中興の祖。②代々の君主。
【祖送】そそう 旅に出る人を送る。
【祖帳】そちょう(ちゃう) ①旅だつ時に、道路の神を祭るために張る幕。②旅立ちを送る宴会。
【祖道】そどう(だう) ①旅に出発するとき、道祖神を祭る。②旅に出る人を送る会。送別会。
【祖妣】そひ 死んだ祖母。
【祖廟】そびょう(べう) 先祖の霊を祭るおたまや。
【祖父】そふ 父母の父。おじいさん。
【祖母】そぼ 父母の母。おばあさん。
【祖法】そほう(はふ) 先祖が定めたきまり・おきて。
【祖竜(龍)】そりゅう|そりょう(りう) 秦の始皇帝のこと。祖は始、竜は皇帝の意。
【祖霊(靈)】それい 祖先のみたま。
【祖生之鞭】そせいのむち 先鞭をつける。人に先立って着手すること。
◆元祖がんそ・父祖ふそ・先祖せんぞ・外祖がいそ・始祖しそ・教祖きょうそ・開祖かいそ・遠

祖・鼻祖

示5【祚】〔10〕ソ 漢 去 遇 zuò ツオ J 6715 U補 795A

意味 ①さいわい。神から与えられた幸い。「天祚」②天子の位。「践祚」③とし。年齢。

【祚胤】①子孫が長く続く。②幸福な子孫。

示5【祑】〔10〕チツ 呉 漢 入 質 zhì チー J 4852 U補 7951

禾6【秩】〔11〕字 同 J 4909 U 79FC

意味 祭祀が順序よく行われること。

示5【祔】〔10〕フ 漢 去 遇 fù フー J 4853 U補 7954

意味 ①死者の霊を先祖のおたまやに合わせ祭る儀式。「祔祭」②先祖の墓に合わせ葬る。

示5【祓】〔10〕標 フツ 漢 入 物 fú フー J 6717 U補 7953

意味 ①〈はらい(はらひ)〉〈はらえ(はらへ)〉神に祈って災いやけがれを除く行事。祓除。②〈はら・う(――・ふ)〉神に祈って災いなどを除く。③弊害をとり除く。④きよめる。

【祓箱】国①おはらいの玉串を入れる箱。②やとい人を解雇すること。お払い箱。

【祓禊】①わざわいをはらう。②昔、三月の上巳(最初の巳の日)に行ったみそぎ。

【祓飾】古いものをとり除き、新しく飾る。

ネ5【祐】〔9〕人 J 4520 U補 7950

旧字 示5【祐】〔10〕人 J ①8924 U補 FA4F

ユウ 漢 去 宥 yòu ユー (イウ)

意味 ①人の力をこえたもののたすけ。「天祐」②〈たす・ける(――・く)〉神がたすける。「祐助」③さいわい。福。

解字 形声。示が形を表し、右が音を示す。示は神。右には助けるという意味がある。祐は、神が助けることである。

名前 ち・さち・すけ・まさ・ます・むら・よし・たすく

参考 「祏」「祜」は別字。

【祐助】天の助け。神助。天祐。

【祐筆】国①貴人のそばにひかえる書記役。②文筆をつかさどった武家の職名。③文筆に長じた人。=右筆

ネ5【祢】〔9〕俗 →禰(九〇三ジ・中)

示5【祢】〔9〕同 →禰(九〇三ジ・中)

示5【祢】〔10〕同 →禰(九〇三ジ・中)

示5【祕】〔10〕旧 →秘(九〇九ジ・下)

示6【䄅】〔11〕ケン 漢 去 霰 ジン 慣 juàn チュワン U補J ――

示6【䄅】〔11〕俗字 J ②8268 U補 4105

意味 祭祀の名。国〈はた〉姓などに用いる。

参考 「秦」(九〇八ジ・下)との混用による誤り。

示6【祫】〔11〕コウ 漢 入 洽 (カフ) xiá シア J 4859 U補 796B

意味 天子諸侯の先祖をすべて初代の廟に合わせ祭ること。「祫祭」「祫祀」

示6【祭】〔11〕学3 サイ まつる・まつり J 2655 U補 796D

一 セイ 漢 サイ 呉 一 去 霽 jì チー

二 サイ 漢 二 去 卦 zhài チャイ

筆順 ク タ タ 夕又 夕又 祭 祭 祭

意味 一①〈まつ・る〉㋐神を祭る。㋑先祖を祭る。②〈まつり〉 二①周代の国の名。②姓。

解字 会意。月と又と示を合わせた字。月は肉、又は手、示は神を表す。祭は、手に肉を持って神をまつることである。

【祭器】祭りに用いる器具。「器。祭」

【祭具】祭りのとき使用する道具。また、その供え物。

【祭司】①祭りを行う神官。②ユダヤ教・キリスト教で神に奉仕する人。

【祭祀】祭礼。祭り。

【祭粢】①神前に供える黍。②供え物。

【祭日】国①神を祭る日。②神道で、死者の霊を祭る日。③第二次世界大戦の終わりまで、わが国に行われた国家的な祭りの行われた日。神嘗祭、新嘗祭など。

【祭主】①祭りをとり行うとき、その主となる者。②国伊勢神宮の神官の長。

【祭酒】①むかし、集会を始めるときに、上席の年長者がまず酒で地を祭ったこと。②年長者で、徳行のすぐれた人。③博士祭酒・国子監祭酒は、国立学校の学長。④国江戸時代、大学頭の中国風の呼び方。

【祭政一致】神を祭ることが、政治を行うことであると考えた、古代国家の政治方式。

【祭壇】祭りの場所。祭りを行う壇。祭場。

【祭天】天を祭ること。天子だけにこれを行う資格があった。

【祭典】祭りの儀式。祭礼。

【祭奠】祭りの供え物。また、祭り。

【祭肉】祭りの供え物に使った肉。

【祭服】祭りのときに着る服。

【祭文】一①祭りのとき神にささげる文。祭詞。②死者の霊を祭る文。二国俗曲の一つ。社会のできごとを三味線に合わせて語ったもの。

【祭礼(禮)】祭りの儀式。祭典。

◆大祭・火祭・司祭・花祭・例祭・星祭・祝祭・喪祭・葬祭・霊祭・地鎮祭・前夜祭・降誕祭・復活祭・冠婚葬祭

示6【祩】〔11〕シュ 漢 去 遇 zhù チュー J 4858 U補 7969

意味 ①のろう。②祩子は、みこの名。=祝

ネ6【祥】〔10〕常 ショウ J 3045 U補 7965

旧字 示6【祥】〔11〕人 J ①8929 U補 FA1A

ショウ 漢 平 陽 (シャウ) xiáng シアン

筆順 丶 ラ ネ ネ ネ' ネ'' 祥 祥

意味 ①〈さち〉さいわい。しあわせ。めでたいこと。「祥雲」「祥光」②〈きざし〉吉凶を前もって知らせること。「吉祥」③父母親族の忌みあけの祭り。父母の死後、十三か月後の祭りを小祥、二十五か月後の祭りを大祥という。④くわしい。=詳

解字 形声。示が形を表し、羊が音を示す。示は神。羊には、善という気持ちがある。祥は、神の力によって善になることで、めでたいこと、幸福、の意味になる。音シャウは、羊の音ヤウの変化。悪い意味で、わざわいを表す場合もある。

名前 さか・さき・さむ・ただ・なが・やす・よし・あきら 姓 祥雲

【祥雲】めでたい雲。瑞雲。

【祥応(應)】めでたいしるし。祥瑞。

【祥気(氣)】めでたい気配。

【祥瑞】めでたいしるし。吉兆。祥応。嘉瑞。

【祥月】国一周忌が終わった後、故人の死んだ月にあたる月をいう。「祥月命日」

【祥符】よいしるし。瑞祥。吉兆。

◆不祥・吉祥・瑞祥・嘉祥・慶祥

5画 玄玉(王)瓜(瓜)瓦甘生用田疋(⺪)疒癶白皮皿目(罒)矛矢石示(礻)内禾穴立

示6 【祧】〔11〕 チョウ 漢 平 蕭 (テウ) tiāo ティアオ J ②8269 U補 7967

意味 ①初代の祖先を祭る廟(びょう)。②五代以前の先祖を初代の廟に合わせ祭る。③継承する。

示6 【票】〔11〕 学4 ヒョウ J 4128 U 7968

一 ヒョウ(ヘウ) 漢 呉 一 平 蕭 piāo ピアオ
二 ヒョウ(ヘウ) 漢 呉 二 去 嘯 piào ピアオ

筆順 冖 冖 襾 覀 覀 覀 覀 票

意味 一 ①火が飛ぶ。②軽くあがるさま。＝飄(ひょう) 二 ①はやい。②ふだ。紙のかきつけ。③紙幣。「鈔票(しょうひょう)」④現 切手。切符。

解字 㶾 会意。古い形は㶾で、舁と火とを合わせた字。舁は舁の略で、舁は、高所へ登ること。票は火が飛ぶこと、火が高く上がることである。転じて、目印の意味になる。

【票決】ひょうけつ 投票して決める。
【票選】ひょうせん 投票による選挙。
【票然】ひょうぜん 軽くあがるさま。

◆白票(はくひょう)・伝票(でんぴょう)・死票(しひょう)・投票(とうひょう)・青票(せいひょう)・得票(とくひょう)・証票(しょうひょう)・開票(かいひょう)・散票(さんぴょう)・信任投票(しんにんとうひょう)

示6 【斎】→齊部三画(一四五三ページ・中)

示7 【祲】〔12〕 シン 漢 平 侵 jìn チン J ②8270 U補 7972

意味 ①災いを起こす悪い気。「祲兆(しんちょう)」②太陽にかかるかさ。③祲祥(しんしょう)は、春秋時代の山東省の地名。

ネ7 【祷】〔11〕 簡→禱(九〇三ページ・中)

ネ7 【視】→見部四画(一一三九ページ・上)

示8 【祼】〔13〕 カン 漢 去 翰 (クワン) guàn コワン J 4863 U補 797C

意味 ①祭りの名。酒を地にそそぎ、神の降臨を願う祭り。②客に酒をふるまう。

示8 【祺】〔13〕 キ 漢 平 支 qí チー J 6718 U補 797A

意味 ①さいわい。「祺祥(きしょう)」②やすらかなさま。「祺然(きぜん)」

示11 【禥】〔16〕 同字 J — 補 — U —

禁 原義と派生義

(林によりふさがれた)神域 ―― ふせぐ・とどめる
- (避けなくてはならない) いましめ 「禁忌」
- (自由をうばい) とじこめる 「禁錮(きんこ)」
- (人にはあかさない) ひみつ・ひそかな 「禁方」
- (神聖で俗人をうけいれない) 宮城・宮中 「禁中」

示8 【禁】〔13〕 学5 キン J 2256 U 7981

一 キン 漢 呉 一 去 沁 jìn チン
二 キン 漢 呉 二 平 侵 jīn チン

筆順 一 十 木 林 林 埜 梺 禁

意味 一 ①〈いみ〉不吉としていみさけること。「禁忌(きんき)」②〈とど・める(――・む)〉とめる。さしとめる。「禁止(きんし)」「禁断(きんだん)」③かこう。しまっておく。④おきて。規則。「禁令」⑤天子の居所。御所(ごしょ)。「禁裏」「禁廷(きんてい)」⑥ろうや。刑務所。「禁卒」⑦まじない。「禁呪(きんじゅ)」⑧祭祀(さいし)のとき酒樽(さかだる)をのせる台。二〈た・える(―・ふ)〉ささえる。

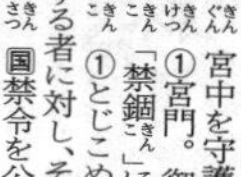
(禁一⑧)

解字 禁 会意。示は神。林は木の並んだ形で、かきねのように出入りをふせぐ意。禁は、林をめぐらせた神域の意。一説に、林(りん)はまた音を示すという。

【禁遏】きんあつ おさえつけて、とめる。
【禁闈】きんい(ゐ) 天子の住居。宮廷。闈は、宮中の門。
【禁衛(衞)】きんえい(ゑい) 宮中を守る兵士。近衛(このえ)の軍。
【禁掖】きんえき 宮中。禁中。掖は、宮殿に付属する小さい室。
【禁園】きんえん(ゑん) 宮中の庭園。御苑(ぎょえん)。禁苑(きんえん)。
【禁煙】きんえん ①宮中から出る煙。②国 たばこを吸うのを禁止する。
【禁戒】きんかい 一 さしとめ戒める。法度(はっと)。二 ごんかい 仏 仏が定めた戒法。
【禁忌】きんき ある物事を凶事としていみきらうこと。タブー。忌諱(きき)。
【禁句】きんく 国 ①和歌・俳諧(はいかい)などを作るとき、さけることば。②人の気分を害しないために、言ってはならないことば。
【禁衢】きんく 宮中の庭の道。
【禁軍】きんぐん 宮中を守護する近衛(このえ)の兵。禁旅。
【禁闕】きんけつ ①宮門。御所の門。禁門。②御所。
【禁固】きんこ 「禁錮(きんこ)」に同じ。
【禁錮】きんこ ①とじこめておく刑罰。＝禁固 ②役所に仕えようとする者に対し、その道をふさいでしまうこと。
【禁札】きんさつ 国 禁令を公衆にしらせるための立て札。制札(せいさつ)。
【禁止】きんし 一 禁じとどめる。さしとめる。二 チンチー jìnzhǐ 現 一 に同じ。
【禁色】きんじき 国 ①昔、位階に応じて定められ、それ以外は用いることを禁じられた、役人の服色。②臣下の袍(ほう)に用いることを禁じた、天皇・皇族専用の色。青・赤・黄丹(おうに)・梔子(くちなし)・深紫・深緋(ふかひ)・深蘇芳(すおう)の七色。⇔許色(ゆるしいろ)
【禁呪】きんじゅ 道家(どうか)の方士が行ったまじない。まじない。
【禁書】きんしょ ①法令で、刊行・所蔵を禁じた書物。②国 江戸時代、キリスト教を禁止するために、洋書の輸入を禁じたこと。

【禁城】 天子の住む城。宮城。御所。
【禁制】 さしとめ。さしとめること。禁令。
【禁足】 あしどめ。外出を禁止する。
【禁池】 宮中の池。宮廷内の池。
【禁中】 皇居の中。宮中。禁裏。禁廷。
【禁庭】 宮中の庭。宮中。
【禁物】 一 禁制品。売買をさしとめてある物品。 二 国 ①所持することを禁じた物。②してはならないこと。③好ましくないもの。
【禁兵】 宮城を守る兵士。近衛の兵。親兵。
【禁方】 秘伝の治療法。治療薬。
【禁門】 ①宮門。禁闕。②出入りを禁じた門。
【禁欲(「慾」)】 欲望をおさえる。
【禁裏】 「禁中」に同じ。
【禁林】 ①宮中の庭の林。②「翰林」(九九九ジ・上)の別称。
【禁令】 さしとめる命令。とりしまる規則。
◆大禁・失禁・国禁・拘禁・発禁・軟禁・紫禁・解禁・監禁・厳禁

示8【祻】〔13〕 コ 漢 去 遇 gù クー　U補J 797B 4862
意味 ①祭祀。②わざわい。=禍

示8【䄍】〔13〕 サ 漢 去 禡 zhà チャー　U補J 410D
意味 祭りの名。年末に、神々に感謝する祭り。

示8【祹】〔13〕 トウ 漢 平 豪 (タウ) táo タオ　U補J 7979 4861 ①8930
意味 ①さいわい。②神。人知をこえたもの。

示8【祾】〔13〕 リョウ 漢 平 蒸 líng リン　U補J 797E 4864
意味 ①祭祀の名。②神異がくだす恵みと脅威。

ネ8【禄】〔12〕 人　U補J 7984 4729

旧字 示8【祿】〔13〕 人 ロク 漢 入 屋 lù ルー　U補J 797F 6719
意味 ①さいわい。よろこび。「福禄」「天禄」②扶持。俸給。「禄位」③禄禄は、人のいいなりになるようす。
解字 𥘉 形声。示が形を表し、彔が音を示す。示は神。彔には、一つ一つ穴をうめてゆく意味がある。祿は、神が、さずけものをして、足りないものを足してくれることである。一説に、音が食、あるいは穀と通じるから、神から与えられた食物・穀物をいうとする。
名前 さち・とし・とみ・よし
【禄位】 給料と官位。禄爵。
【禄仕】 俸禄を受け、官に仕える。
【禄爵】 給料と官位。禄位。
【禄食】 ①給料をもらって生活する。②俸給。扶持。
【禄秩】 ふち。給料。秩は、順序の意。給料は身分によって差があるので禄秩という。禄俸。秩禄。
【禄米】 昔、役人が給料としてもらった米。扶持米。
【禄命】 一生の間の運命。盛衰・貧富・貴賤など。
【禄物】 国その場の賞としてもらう物。はな。纏頭。
【禄利】 給料を受ける利益。
【干禄】 官に仕える。仕官する。〈詩経・旱麓〉
◆俸禄・高禄・秩禄・貫禄

示8【禀】〔13〕 俗 →稟(九一三ジ・上)

示9【禕】〔14〕 イ 漢 平 支 yī イー　U補J
示10【褘】〔15〕 俗字　U補J 7995 4870 ②8272
意味 ①よい。美しい。②めずらしい。

示9【禋】〔14〕 イン 漢 平 真 yīn イン　U補J 798B 4865
意味 ①煙をのぼらせて天をまつる。また、その祭り。②真心をこめてまつる。

ネ9【禍】〔13〕 常 カ　U補J 798D 1850

旧字 示9【禍】〔14〕 人 カ 漢 上 哿 (クヮ) huò フォ　U補J FA52 ①8931

筆順 ⺾ ネ ネ 礻冂 礻冂 礻冎 禍 禍

9 旡【旤】〔13〕 同字　U補J 65E4
意味 ①〈わざわい(わざはひ)〉〈まが〉ふしあわせ。災難。「禍難」「災禍」②危害にあう。③つみ。「罪禍」
↕福
解字 𥙋 形声。示が形を表し、咼が音を示す。示は神。咼には、ゆがむ、さからう、悪いなどの意味がある。禍は神が不幸を与えること、そこなうこと。他の説に、咼は穴の意味で、禍は悪魔のおとし穴にはまりこむことでわざわいをいうとも、咼は訶で、禍は、神のしかり、とがめをいうとも解する。

【禍殃】 わざわい。災難。禍患。
【禍階】 わざわいの起こりはじめ。
【禍害】 わざわい。災難。
【禍患】 わざわい。外から起こってくる困難な事情。「災難。」
【禍機】 ①わざわいの起こるきざし。②わざわいを引き起こすきっかけ。
【禍咎】 わざわいと、とがめ。禍害。
【禍根】 わざわいのもと・原因。
【禍災】 わざわい。災禍。災難。
【禍心】 ①わざわいの中心地・中心点。②むほんをたくらむ悪い心。
【禍胎】 わざわいの起こる原因。
【禍難】 わざわいと災難。
【禍乱(亂)】 わざわい。災難。禍害。災禍。災害。
【禍福如糾纆】 禍と福とは、ちょうどよりあわせたなわのように、わざわいのつぎには幸せが、幸せのつぎにはわざわいがくるものだという意。人の運命のはかり知りがたいたとえ。
【禍従(從)口生】 仏 人のわざわいは口をつつしまぬところから起こる。
【転(轉)禍為(爲)福】 わざわいもよくこれを処置すれば、かえって幸せな結果をみることができる。〈戦国策・燕〉

示9【禊】〔14〕 標 ケイ 漢 去 霽 xì シー　U補J 798A 6720
意味 〈みそぎ〉水辺でからだを洗い清め、悪をはらいのぞく祭り。春禊は三月三日、秋禊は七月十四日に行う。禊祠。禊事。
【禊宴】 みそぎの日に開く酒盛り。禊飲。
【禊事】 みそぎの行事。流水のほとりで身を清め、汚れをはらうこと。「修禊事也」〈王羲之・蘭亭記〉

示9【禑】〔14〕 ゴ 漢 平 虞 wú ウー　U補J 7991 4867
意味 しあわせ。幸福。

示9【禔】〔14〕 一 シ 漢 一 平 支 zhī チー 二 テイ 漢 二 平 斉 tí ティー　U補J 7994 4869 ②8271
意味 一 ①さいわい。幸福。「禔福」②安らか。③ただ。 二 まさに。=祇

示9【禌】〔14〕 ジ 漢 平 支 zī ツー　U補J 798C 4866

5画

玄玉(王)瓜(瓜)瓦甘生用田疋(⺪)疒癶白皮皿目(罒)矛矢石示(ネ)内禾穴立

意味 息をする。やすむ。

ネ9【禅】〔13〕常 ゼン
旧字 示12【禪】〔17〕人
㊀セン(漢) ゼン(呉) ㊀(去) 霰 shàn シャン
㊁セン(漢) ゼン(呉) ㊁(平) 先 chán チャン
J 3321 補 — U 7985
J 6724 補 — U 79AA

筆順 ラ ネ ネ ネ゛ 禅 禅 禅 禅

意味 ㊀①祭りの名。天子が土地を清め、山川の神を祭ること。「封禅」②〈ゆず・る(ゆづ・る)〉天子の位をゆずる。「禅位」㊁梵語 dhyāna（悟り、禅那）の音訳。①しずか。②禅宗。仏教の一派。③座禅。静座して悟りを求めること。

解字 禪 形声。示が形を表し、單が音を示す。示は神。單には、大きく平らな意味がある。禪は、神を祭るため、地を清めて作った土盛り。祭壇のことである。

【禅院】寺。寺院。禅刹。禅房。

【禅客】禅宗の僧侶。禅僧。

【禅学(學)】禅宗の学問。

【禅機】禅の深いさとりによる心の働き。

【禅家】①禅宗。②禅宗の寺。

【禅閤】㊗仏門にはいった太閤。太閤は関白を子にゆずった人の尊称。摂政・関白などで仏門に入った人。

【禅刹】禅宗の寺。禅寺。禅房。禅堂。

【禅師】①禅宗の高僧。②朝廷から知徳の高い禅僧に贈る称号。

【禅室】寺のへや。

【禅寂】静寂で煩悩のない境地。静かに冥想にふけること。

【禅宗】㊗仏教の一派。座禅することによって、さとりを求める宗派。達磨がインドから中国に伝えた。日本に伝わったものとしては、臨済・曹洞・黄檗の諸派がある。

【禅杖】㊗①座禅のとき、眠る者を打っていましめるためのつえ。警策。②禅宗の僧侶のつえ。

【禅定】㊗座禅をくんで心を静め、精神を集中して真理を考える。

【禅譲(讓)】天子が位を徳の高い者にゆずること。譲位。〈書経・尭典・疏〉↕「放伐」(五五八ページ・中)

【禅心】悟りを開いた心。

【禅僧(僧)】禅宗の僧侶。

【禅榻】座禅を組む腰掛け。禅牀。

【禅堂】「禅刹」に同じ。

【禅尼】仏門にはいった女子。

【禅房】禅寺。禅室。

【禅味】禅のおもむき。俗気のないおもむき。

【禅門】①仏門にはいった男子。②禅宗。

【禅林】①禅宗の寺。②禅僧の仲間。
△▼受禅・参禅・座禅・逃禅・野狐禅

ネ9【禎】〔13〕人
旧字 示9【禎】〔14〕人 テイ(漢) (平) 庚 zhēn チェン
J 3687 補 — U 798E
J — 補 ①8932 U FA53

意味 ①めでたいしるし。「禎祥」②さいわい。③ただしい。＝貞

解字 禎 形声。示が形を表し、貞が音を示す。貞には、うらなってピタリと当たる意味がある。禎は、神のおつげによって下される幸福。また、正しいことを表す。

名前 さだ・さち・ただ・つぐ・とも・よし・さだむ・ただし

示9【禘】〔14〕 テイ(漢) (去) 霽 dì ティー
J — 補 ①8934 U 4872 / 7998

意味 ①天をまつる祭り。②天子がその始祖を中心に、祖先をも合わせ祭ること。③夏・殷の時代、天子の行った夏祭り。

【禘祫】祖先の霊を合わせ祭る。祫禘。

【禘嘗】①天子が祖先を祭った廟の前に、その年とれた穀物を供える祭り。②夏祭りと秋祭り。

示9【禖】〔14〕 バイ(漢) (平) 灰 méi メイ
J — 補 ②8273 U 4871 / 7996

意味 天子が子を求めるための祭り。「禖祠」

ネ9【福】〔13〕学3 フク
旧字 示9【福】〔14〕人 フク(呉)(漢) (入) 屋 fú フー
J 4201 補 — U 798F
J — 補 ①8933 U FA1B

筆順 ラ ネ ネ ネ 祀 祀 福 福 福

意味 ①〈さいわい(さいはひ)〉富貴長命をいう。幸福。↕禍 ②天の助け。③ひもろぎ。祭りにそなえて、余った肉。

解字 福 形声。示が形を表し、畐が音を示す。示は神。畐は満ちるという意味がある。福は神の力によって、豊かになることである。他の説に、畐は、ふっくらとした壺の形で、豊かの意味を表すとする。また、この壺は、神に供えた酒樽から、おさがりを分けてもらうもので、福は祭りの酒を分けてもらうことであるともいう。

名前 よ・さき・さち・たる・とし・とみ・むら・もと・よし

地名 福山・福井・福生・福江・福岡・福島・福家・福知山

【福音】①キリストによる救い。②よろこばしいたより。

【──書】「新約聖書」の中で、キリストの一生・教訓を書いたもの。マタイ・マルコ・ルカ・ヨハネの四書。

【福運】幸運。めでたい運命。

【福祉】さいわい。幸運。【──国(國)家】国民健康保険法・雇用保険法などの社会保障制度が徹底していて、いわゆる国民の最低生活が保障されている国家。

【福寿(壽)】幸福と長生き。

【福相】福々しい人相。↕貧相
【福沢(澤)】さいわいと、めぐみ。

【福地】道家で仙人の住む所。また、安楽の土地。

【福茶】国黒豆・こんぶ・梅干し・さんしょうなどを加えて飲む茶。大晦日や節分に飲むもの。

【福田】①㊗福を生じるもとの意。三宝(仏・法・僧)・父母・貧者をさす。これらに善行を施せば、福を生じるということによる。

【福徳】①幸福と利益。②国鏡餅の別称。

【福利】幸福と利益。さいわい。福祉。「福利厚生」②㊗善行に報いられる幸福と利益。

【福禄(祿)寿(壽)】①幸福と禄と寿命。②七福神中のひとりの神の名。

【福慈岳(嶽)】富士山の別称。

【福建】省名。中国東南部で、台湾の対岸にある。
△▼万福・幸福・祝福・寿福・冥福・裕福・禍福

示9【禓】〔14〕
㊀ヨウ(ヤウ)(漢) ㊀(平) 陽 yáng ヤン
㊁ショウ(シャウ)(漢) ㊁(平) 陽 shāng シャン
J — 補 4868 U 7993

示10【禜】〔15〕
㊀エイ(漢) ㊀(去) 敬 yǒng ヨン
㊁エイ(漢) ㊁(平) 庚 yíng イン
J — 補 4874 U 799C

意味 ㊀①道で行う祭り。②道祖神を祭る。㊁不自然な死にかたをした人の霊。また、そうした霊を追いはらう祭り。

示10【禝】〔15〕ショク 漢 入 職 jì チー
意味 一二 なわ張りの中で行う、天災をはらう祭り。三 五穀の神。堯帝の臣下で、よく五穀を育てた功績によってまつられた。＝稷
J 6721 U 799D

示10【禛】〔15〕シン 漢 平 真 zhēn チェン
意味 真心が神を感動させて福をさずかる。
J ②8274 補 4873 U 799B

示10【禡】〔15〕バ 漢 去 禡 mà マー
意味 陣中でのいくさの神の祭り。「禡祭」
J ②8275 補 4875 U 79A1

示10【禕】〔15〕俗→禕(九〇一ページ・中)

示11【禦】〔16〕ギョ 漢 上 語 yù ユィ
意味 ①〈ふせ・ぐ〉㋐まつってわざわいを防ぐ。㋑防ぎ守る。防御する。㋒抵抗する。「抗禦」㋓さまたげる。㋔とどめる。くいとめる。②まもり。防御。
参考 新表記では、「御」に書きかえる熟語がある。
【禦火】火を防ぐ。
【禦寒】寒さをふせぐ。防寒。
【禦寇】敵の侵入を防ぐ。禦敵。
【禦侮】①敵が攻めてくるのをくじく。あなどりをふせぐ意。②敵の攻めて来るのを防ぐ武臣。
J 2190 U 79A6

示11【禥】〔16〕同→祺(九〇〇ページ・上)

示11【禩】〔16〕俗→祀(八九四ページ・下)

示12【禧】〔17〕キ 漢 平 支 xī, xǐ シー
意味 ①さいわい。禧福。②めでたい。よい。③新禧は、新年おめでとうの意。
J 6722 U 79A7

示12【禨】〔17〕一 キ 漢 平 微 jī チー 二 キ 漢 去 未 jì チー
意味 一 ①鬼神をまつり福を求める。②たたり。二 体を水できよめて酒を飲む。
【禨祥】たたりと、さいわい。鬼神のくだすわざわいと福。
補 4876 U 79A8

示12【禫】〔17〕タン 漢 上 感 dàn タン
意味 喪を終わった後に行う祭り。
補 4878 U 79AB

示12【⿰礻巽】〔17〕同→祀(八九四ページ・下)

示12【鬃】〔17〕本→祊(八九六ページ・上)

示12【禪】〔17〕旧→禅(九〇二ページ・上)

示13【禯】〔18〕ジョウ 漢 平 冬 (ヂョウ) nóng ノン
意味 心をこめて手厚く祭る。
補 4879 U 79AF

示13【禮】〔18〕旧→礼(八九四ページ・上)

示14【禰】〔19〕人 標 デイ 漢 ネイ 呉 ネ 慣 上 薺 mǐ ニー、mí ミー
意味 ①父を祭る廟。「禰廟」②かたしろ。戦争に捧げ持ってゆく位牌。③地名。山東省菏沢市西にある。④姓。音 mí。
姓 禰津・禰寝
【禰祖】父と祖先の霊廟。おたまや。
【禰宜】国 神職の位の一つ。宮司、または神主に次ぐ神職。一般には神職の総称。
J 3909 U 79B0

ネ5【祢】〔9〕人 J 3910 U 7962

示5【⿰示尔】〔10〕同字

示14【禰】〔18〕同字

示5【袮】〔9〕同字 U補J 25644

示14【禱】〔19〕人 標 トウ 漢 上 皓 (タウ) dǎo タオ
意味 ①〈いの・る〉幸福を求めて祈る。「禱祥」「黙禱」「禱祠」「祈禱」②まつる。
【禱祀】祈り祭る。
J ①8935 補 4880 U 79B1

ネ7【祷】〔11〕人 簡慣 J 3788 U 7977

示17【禳】〔22〕ジョウ 漢 平 陽 (ジャウ) ráng ラン
意味 〈はら・う(――・ふ)〉神を祭り、わざわいをのぞく。「禳疾」
参考 「穰(穣)」は別字。
【禳災】わざわいをはらう。
【禳禱】神をまつって災いをはらうこと。
J 6726 U 79B3

示17【禴】〔22〕ヤク 漢 入 薬 yuè ユエ
意味 春の祭り。また、夏の祭り。＝礿
J ②8277 補 4881 U 79B4

5画 禸部 ぐうのあし

【部首解説】「禸」(「内」と同じく五画に数える)の形を構成要素とする文字が属する。

禸0【禸】〔5〕ジュウ 漢 上 有 (ジウ) róu ロウ
意味 獣の足跡。
解字  形声。古い形で見ると、ムと九とを合わせた字。九きゅうが音を示す。禸は、獣の足が地をふんでいる形。一説に、動物の足と尾の形。また、尾の曲がっている形ともいう。
J ①8936 補 4882 U 79B8

禸4【禹】〔9〕ウ 漢 上 麌 yǔ ユィ
意味 ①虫の名。「蠁禹」②夏の初代の帝王の名。堯・舜二帝に仕え、黄河の水害を治めて功があり、舜から位を譲られた。③姓。

地名 禹父山
【禹域】中国をいう。禹が洪水を治めて、九つの州の境界をただしたという伝説による。禹跡。

【禹穴】会稽山にある、禹王を葬ったと伝えられる穴。一説に禹王が、この穴に入ったため名づけたともいう。

【禹貢】「書経」の編名。中国を九つの州に分け、それぞれの地理・産物がしるされている。

【禹行舜趨】夏の禹王や、虞の舜帝のような聖人の、表面的な行動ばかり真似すること。形式を追い求め、実質がないこと。〈荀子・非十二子〉

【禹日粮】藤の根。禹が食料にしたと伝える。

【禹跡】「禹域」に同じ。禹の足跡の意。

【禹湯黄老】中国古代の聖人、夏の禹王、殷の湯王・黄帝・老子のこと。ともに道家が重んずる。

【禹湯文武】儒家が尊ぶ中国古代の聖天子、夏の禹王、殷の湯王、周の文王・武王のこと。

【禹廟】禹をまつった廟。現在の四川省忠県にある。

【禹謨】「書経」の大禹謨篇。夏の禹王の言行を記した篇。

J 6727 U 79B9

5画 玄玉(王)瓜(瓜)瓦甘生用田疋(⺪)疒癶白皮皿目(罒)矛矢石示(ネ)禸禾穴立

内 4

【禺】〔9〕

[一]グ [漢] グウ [慣] | [一] [去] 遇 yù ユィ
[二]グ [漢] グウ [慣] | [二] [平] 虞 yú ユィ

U補J 6728 79BA

[意味] [一]けものの名。おながざる。[二]①すみ。はし。＝隅 ②区域。③禺谷は、日の入る所。④山の名。⑤木の人形。＝偶

【禺車】木で作った車。

【禺馬】木で作った馬。

内 6

【离】〔11〕

[一]チ [漢] | [一] [平] 支 chī チー
[二]リ [漢] | [二] [平] 支 lí リー

U補J ②8278 79BB 4883

[意味] [一]獣の姿をした山の神。＝魑・螭 [二]①散る。②はなれる。

[参考] 离は「離」(一三四七ぺ・上)の中国新字体としても使う。

[応用例] 篱(籬)

内 8

【禽】〔13〕 [人] [標]

キン [漢] [呉] | [平] 侵 qín チン

U補J 2257 79BD

[意味] ①走る獣の総称。②〈とり〉鳥。「禽語」③鳥獣の総称。④〈とりこ〉いけどり。「禽囚」⑤とりこにする。つかまえる。⑥姓。

【禽獲】とりこにする。つかまえる。擒獲。

【禽語】鳥のさえずり。鳥の鳴き声。

【禽獣(獸)】鳥や獣。

【禽翦】つかまえて、切り殺す。

【禽鳥】鳥。鳥類の総称。

【禽犢】鳥と子牛。贈り物のこと。転じて、小人の学問の意。小人が学問を手段にして地位を得ることを、人々が贈り物で地位を得るのにたとえた語。〈荀子・勧学〉

5画 禾部 のぎ のぎへん

【部首解説】「穂がたれている穀物」を表す。この部には、穀物の種類や状態、収穫などに関連するものが多く、「禾」の形を構成要素とする文字が属する。

禾 0

【禾】〔5〕 [人]

カ [漢] (クヮ) | [平] 歌 hé ホー

U補J 1851 79BE

[意味] ①あわ。②〈いね〉稲。「禾苗」③穀物。穀類の総称。④わら。[国]〈のぎ〉穀類の穂さきの毛。

[解字] 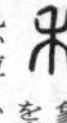 象形。木の上の穂が曲がって下にたれている形。穀物を表す。一説に、クヮという音は丸い粒を表すので、禾は穂の丸い粒という。

【禾穎】いねの穂。

【禾稼】穀類。穀物。

【禾穀】①稲。②穀類の総称。

【禾菽】稲と豆。菽は豆。

【禾黍】稲ときび。【――油油】稲・きびなどが盛んに生長しているさま。「麦秀漸漸兮禾黍油油」〈史記・宋世家〉

【禾本科】イネ科ともいう。稲・麦などの総称。

禾 2

【私】〔7〕 [学] 6

シ [漢] [呉] | [平] 支 sī スー

シ わたくし・わたし

U補J 2768 79C1

筆順						
一	二	千	矛	禾	私	私

[意味] ①〈わたくし〉㋐個人的なこと。↔公「私心」「私田」㋑自分のこと。へりくだっていう。㋒よこしま。㋓不公平。㋔秘密。㋕正しくない男女の関係。「私通」②〈わたくし・する(――・す)〉㋐自分の物にする。㋑自分の利をはかる。㋒不公平な事をする。㋓悪事をする。③〈ひそかに〉そっと。こっそり。④自分ひとりで。⑤家族。みうち。⑥けらい。家臣。⑦小便する。⑧男女の陰部。「私病」⑨小さい。いやしい。[国]〈わたくし〉〈わたし〉第一人称。

[解字] 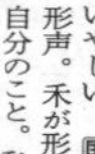 形声。禾が形を表し、ムが音を示す。禾はいね。ムは自分のこと。私は、とり入れたいねを、自分の所有にすること。昔の井田法で、公田に対して、私田があった。その私田のいねのことであろうともいう。

[姓] 私市 [難読] 私語

【私愛】①かたよった愛し方。えこひいき。②ひそかに愛する女性。

【私意】①自分ひとりの考え。②自分だけの利益を考える心。私心。

【私謁(謁)】ひそかに貴人にお目にかかる。

【私怨】個人的な恨み。私恨。私憾。私忿。

【私恩】個人的に施す恵み。恩を売るために施す恵み。

【私家】①朝廷や役所に対して、自分の家をいう。②民間人。在野の人。③妻の実家。【――版】個人や神社・寺などで刊行した書物。

【私回】正しくない。よこしま。私曲。

【私学(學)】①個人・民間の力で設立した学校。私立学校。↔官学 ②自分が好きな学問。

【私窩子】淫売婦。売春婦。

【私議】①かげで、ひそかに批評したり議論したりする。自分かっての議論・意見。②自分の家で相談する。

【私曲】自分かってな悪事。邪曲。私回。

【私刑】法律によらないで、個人、または集団がかってに加えるこらしめの刑。私的制裁。リンチ。

【私恵(惠)】①「私恩」に同じ。②不公平な恵み。

【私見】自分ひとりの考え・意見。

【私権(權)】[法]私法上の権利。↔公権

【私言】自分ひとりのことば。個人のことば。

【私己】個人的な。自分だけの。「私己之偏辞」(個人的なかたよった意見。)〈資治通鑑・正閏論〉

【私語】ささやき。ひそかに話す。ないしょ話。耳語。

【私交】個人としての交際。

【私行】①公人としてではない、一個人としての行動。②秘密の行為。

【私財】私有財産。私産。

【私史】朝廷の命令によるのでなく、個人的に著した歴史の書。私乗。野史。↔正史

【私諡】門人や一族の人々がつけた、おくり名(死後の名)。

【私事】①個人に関する事がら。「公事畢、然後治私事」(おおやけの事がすんで、そのあとで個人的な事をする。)〈孟子・滕文公上〉↔公事 ②内密の事。

【私室】①自分のへや。自室。②自分の家。

【私讎】個人的な恨み。個人的なかたき。私怨。私恨。「先国家之急、而後私讎」〈史記・廉頗藺相如列伝〉

【私讐】「私讎」に同じ。

【私従(從)】自分の家の召使。家来。

【私淑】直接にその人から教えを受けるのではなく、ひそかにその人を手本として、わが身を向上させる。「予私淑諸人也」(私は人を手本にして、ひそかに自分の身をよくしてゆく。)〈孟子・離婁下〉

【私塾】個人が経営する小規模の学校。

【私消】公共の物品を私用に用いたり、こっそりとつかいこんだりする。

【私娼】(ししょう(しゃう)) もと、役所の許可を受けないで、ひそかに営業していた売笑婦。密淫売婦(みついんばいふ)。
【私情】(しじょう(じゃう)) ①個人的な人情。②自分だけの利益をはかる考え。
【私心】(ししん) ①自分ひとりの考え。私意。②自分だけの利益を考える心。自分かっての考え。
【私信】(ししん) 私用のたより。個人の通信。
【私人】(しじん) 一 ①召使。しもべ。家来。②国家・社会に対して、一個人をさしていう。↕公人 ③親類。 二 (スーレン) sīrén 現
一の②に同じ。
【私製】(しせい) 個人の製作。「私製はがき」↕官製
【私設】(しせつ) 個人的に設立する。また、そのもの。↕公設・官設
【私褻】(しせつ) ふだん着。平服。
【私戦(戰)】(しせん) 個人的な戦争。
【私撰】(しせん) 一私人の著作。個人の選び集めたもの。【――集】(しせんしゅう(しふ)) 私撰の和歌集・漢詩集。↕勅撰集
【私訴】(しそ) 法旧制度で、検事がおこす公訴に加えて、被害者自身がおこす民事上の訴訟(そしょう)。傷害や、自由・名誉を傷つけられた場合など。
【私蔵(藏)】(しぞう(ざう)) 個人が自分の物として所有する。
【私宅】(したく) 自分の家。↕官宅・社宅
【私知(「智」)】(しち) ①他に通じない自分だけの視野の狭い知恵。つまらない知恵。②公正でない知恵。
【私通】(しつう) ①ひそかに他と通じる。②男女がひそかに情を通じる。密通。
【私第】(してい) 「私宅」に同じ。
【私覿】(してき) 使者が公式の儀礼を終わった後、非公式に先方の君主にお目にかかる礼。覿は会う意。「私覿愉愉如也(してきにはゆゆじょたり)」(非公式に先方の君主にお目にかかる場合は、いかにも愉快そうである。)〈論語・郷党(きょうとう)〉
【私鉄(鐵)】(してつ) 国民間企業体が経営する鉄道。
【私田】(しでん) ①個人がもっている耕地。②昔の井田制(せいでんせい)で共同で耕す公田(こうでん)を真中にして、まわりに八区画の耕地があり、この一つを成年の男子に与え、私田とよんだ。③国中古の田制で、位田・職田など、私有の田地。
【私党(黨)】(しとう(たう)) 個人の利益のために集まった仲間。
【私闘(鬭)】(しとう) 個人的な恨み・利害のためにたたかい争う。
【私道】(しどう(だう)) 民間の所有地内に設けられた道路。↕公道
【私徳】(しとく) 自己一身に関する徳目(とくもく)。質素・謙遜(けんそん)など。
【私慝】(しとく) ひそかにかくす。人に知れない悪事。
【私販】(しはん) ①許可なくして政府の専売品を売る。密売。②一個人の営業で売る。
【私費】(しひ) 個人がついやす費用。私的に使う費用。↕官費・「公費」
【私服】(しふく) 国①制服でない個人の服。↕制服 ②制服以外の服を着て、刑事事件の捜査にあたる警察官の通称。
【私腹】(しふく) 国自分のふところ。一個人の利益。私利。「私服を肥やす」
【私物】(しぶつ) 国個人の所有する物。↕官物
【私憤】(しふん) 個人的な問題から発するいきどおり。＝私忿 ↕公憤
【私兵】(しへい) 国国家の兵隊でなく、個人が自分の勢力を張るためにまかなっている軍隊。
【私法】(しほう(はふ)) 法私人相互間の権利・義務の関係をきめた法律。民法・商法など。↕公法
【私報】(しほう) ①そっと知らせる。②個人的なしらせ。↕公報・「官報」
【私門】(しもん) ①朝廷に対して、臣下の家、個人の家。②権力のある家。権門。
【私有】(しゆう(いう)) 私人・個人としての所有。「私有地」「私有財産」↕公有
【私邑】(しゆう(いふ)) 私有の領地。私有の知行所(ちぎょうしょ)。
【私用】(しよう) ①自分の用事。②自分個人の用に使う。↕公用
【私欲(「慾」)】(しよく) 自分の利益だけを求める心。自分かってな欲望。「欲」
【私利】(しり) 公共の利益を無視した、自分だけの利益。「私利私欲」
【私立】(しりつ・わたくしりつ) 個人・民間の力で設立・維持すること。「私立学校」↕公立・国立
【私累】(しるい) 自分につながる面倒なものの意。妻・子・親族などをさす。
【私論】(しろん) 一個人としての議論。また、かってな議論。↕公「論」
『無レ私(わたくしなし)』 私心がない。自己中心の考え方をしない。
◇▼公私(こうし)・無私(むし)

禾2
【秀】
〔7〕 常 シュウ ひいでる
シュウ(シウ) 漢 去 宥 xiù シウ
U補J 2908 ― 79C0

筆順 一 二 千 禾 禾 秀 秀

意味 ①〈ひい・でる(――・づ)〉 ㋐粟(あわ)・稲などの穂がでて花が咲く。㋑他より高くぬきんでる。「秀出」 ㋒すぐれる。「秀士」「秀偉」 ②草が実をつける。③花がさく。花。④美しい。「秀麗」 ⑤あらわれる。⑥えりすぐったもの。

解字  会意。禾と乃とを合わせた字。禾はいね。乃は垂れること。秀は、いねの細長くのびた穂(ほ)をいう。花を咲かせないで実のなる植物である。別の説に、乃は、人のかがんでいる形で、出と同じ音であるから、秀は、穂が出ることであるという。

名前 ほ・すえ・ひで・ほず・ほら・みつ・よし・さかえ・しげる・みのる

【秀異】(しゅう(しう)い) 他に比べて特にすぐれている。

【秀偉】(しゅう(しう)い(ゐ)) すぐれて、えらい。

【秀逸(逸)】(しゅう(しう)いつ) ひいでてすぐれている。

【秀英】(しゅう(しう)えい) 特にすぐれている。

【秀穎】(しゅう(しう)えい) 稲・麦などの穂の特にのびていること。転じて、才能がひいでていること。

【秀歌】(しゅう(しう)か) 国すぐれてよい歌。名歌。

【秀気(氣)】(しゅう(しう)き) ①ひいでた気。まじりけのない気。②「すぐれた景色。」

【秀吟】(しゅう(しう)ぎん) すぐれた詩歌。

【秀句】(しゅう(しう)く) ①すぐれてうまい詩歌。②国じょうずな俳句。③国うまいしゃれ。

【秀才】(しゅう(しう)さい) ①才能のすぐれた人。↕凡才(ぼんさい)・菲才(ひさい) ②科挙(むかしの官吏登用試験)の科目の名。③科挙を受験する資格のある人。④国大学寮で、文章生(もんじょうしょう)の試験に合格した者。文章得業生(もんじょうとくごうしょう)。

【秀作】(しゅう(しう)さく) すぐれてよい作品。

【秀士】(しゅう(しう)し) 徳行・学芸にすぐれた人物。

【秀粋(粹)】(しゅう(しう)すい) まじりけがなく、すぐれている。

【秀絶】(しゅう(しう)ぜつ) 特別にすぐれている。秀越。特絶。秀挺(しゅうてい)。

【秀発(發)】(しゅう(しう)はつ) ①容姿のすぐれてりっぱなこと。②花の美しいさま。

【秀抜】(しゅう(しう)ばつ) 人にぬきんでてすぐれている。

【秀敏】(しゅう(しう)びん) 他の者よりすぐれてかしこい。

【秀峰】(しゅう(しう)ほう) すぐれて高い山。

【秀茂】(しゅう(しう)も) ①草木などが高くしげること。②詩や文の才能がすぐれていること。

【秀麗】(しゅう(しう)れい) ひいでて、うるわしい。特別、美しい。

『秀外而恵(惠)中』(しゅう(しう)がい(ぐわい)にしてけいちゅう(ちう)) 容姿が人にすぐれ、心もさとい。恵は慧(さとい。頭がよい)。〈韓愈(かんゆ)・送ニ李愿帰ニ盤谷一序(りげんのばんこくにかえるをおくるじょ)〉
◇▼俊秀(しゅんしゅう)・閨秀(けいしゅう)・優秀(ゆうしゅう)

禾2
【秂】
〔7〕 ジン 漢 平 真
ニン 呉 rén レン
U補J ②8279 4884 79C2

禾2
【秃】
〔7〕 標 トク 漢 入 屋 tū トゥー
U補J 3837 ― 79BF

意味 稲や粟(あわ)が実を結びかけている。

5画　玄玉(王)瓜(瓜)瓦甘生用田疋(⺪)疒癶白皮皿目(罒)矛矢石示(ネ)内禾穴立

意味 ①〈はげ〉㋐髪の毛のないこと。㋑鳥や獣の羽毛がないこと。㋒草木がはえないこと。「禿山(とくざん)」②はげる。③筆の穂先がすりきれる。「禿筆(とくひつ)」国〈かむろ〉〈かぶろ〉①やや長く髪を切り、まわりにたらしたこどもの髪形の名。また、その子ども。②遊女に仕える少女。禿童。

姓 禿氏(とくし)

【禿翁】(とくおう(をう)) 頭のはげた老人。禿老。

【禿山】(とくざん) はげ山。草木のはえていない山。

【禿頭】(とくとう) はげ頭。

【禿筆】(とくひつ) ①穂先がきれた筆。禿毫(とくごう)。②自作の詩文をけんそんしていう語。

禾2〖利〗(一六〇ページ・中)→刀部五画

禾3【秄】〔8〕 シ 漢 上 紙 zǐ ツー　J 4885 補— U 79C4

意味 〈つちか・う(――・ふ)〉稲や粟(あわ)などの苗の根元に土をよせる。

禾3【秈】〔8〕 セン 漢 平 先 xiān シエン　J ①8937 補 4887 U 79C8

意味 わせのうるち米。

禾3【秅】〔8〕 一 タ 漢 一 平 麻 chá チャー 二 ナ 漢 二 平 麻 ná ナー　J — 補 — U 79C5

意味 一 ①容量の単位。稲四百たば。(→付録「度量衡名称」) ②稲のたば。二 古代、西域にあった国。烏秅(うな)。

禾3【秉】〔8〕 ヘイ 漢 上 梗 bǐng ピン　J 6729 補— U 79C9

意味 ①〈と・る〉㋐手に握る。㋑心に守る。「秉徳(へいとく)」②稲のたば。③容量の名。十六斛(こく)。(→付録「度量衡名称」) ④柄(え)。⑤権秉(けんぺい)は、権力。⑥姓。

【秉彝】(へいい) 永遠に変わらない天の道を、とり守る。彝は、不変の天の道。＝秉夷

【秉燭】(へいしょく) 手で灯火をもつ。【――夜遊】(へいしょくやゆう(いう)) 灯火をつけて夜まで遊ぶ。「古人秉燭夜遊」〈李白(りはく)・春夜宴桃李園序(しゅんやとうりのえんにえんするのじょ)〉

【秉心】(へいしん) 正しい心をたもつこと。

禾3【秆】〔8〕 或 →稈(九一一ページ・上)

禾3【秊】〔8〕 本 →年(四二九ページ・中)

禾3【秇】〔8〕 同 →藝(一〇四六ページ・下) 同 →執(二九〇ページ・中)

禾3【⿰禾亡】〔8〕 同 →芒(一〇四四ページ・下)

禾3〖和〗(二三九ページ・下)→口部五画

禾3〖季〗(三五七ページ・下)→子部五画

禾3〖委〗(三四〇ページ・上)→女部五画

禾4【科】〔9〕 学 2 カ　カ 漢 (クワ) 呉 平 歌 kē コー　J 1842 補— U 79D1

筆順 ノ 二 千 禾 禾 禾 科 科

意味 ①〈しな〉㋐等級。㋑種別。分類。②すじ。箇条(かじょう)。③税を徴収する。④法律。条文。「金科玉条」⑤罰する。⑥官吏登用試験。「登科」「科挙」⑦〈あな〉穴(あな)。⑧〈しぐさ〉役者の動作。↕白(せりふ)「科白(かはく)」国①動植物学上の分類名。「綱目科」②とが。罪科。

解字  会意。禾と斗を合わせた字。禾は穀物。斗はます。科は、穀物の量をますではかることから、程度とか、品とかの意味になる。

【科役】(かえき(くわ)) 租税と夫役(ぶやく)。夫役は、公用のために労力を提供すること。

【科学(學)】(かがく(くわ)) 一 ①系統的組織をもつ学問。②特に自然科学をいう。二 コーシュエ kēxué 現 一に同じ。【――的】(かがくてき(くわ)) 原理にかない、体系をもっているさま。学的。【――家】コーシュエチア kēxuéjiā 現 科学者。【――院】コーシュエユワン kēxuéyuàn 現 科学院。アカデミー。

【科挙(擧)】(かきょ(くわ)) むかし、中国で官吏を採用するために行った試験。科目(明経(めいけい)・進士などの試験の種目)によって人材を挙用する意。

【科甲】(かこう(くわ)(かふ)) ①科挙(かきょ)の別名。②科挙に優秀な成績で及第した者。「中二科甲一(かこうにあたる)」

【科条(條)】(かじょう(くわ)(でう)) 法律やきまりの条文。法令。

【科場】(かじょう(くわ)(ぢやう)) 科挙を行う場所。官吏の採用試験場。場屋(じょうおく)。

【科第】(かだい(くわ)) ①試験で優劣をきめる。②「科挙」に同じ。

【科斗】(かと(くわ)) ①おたまじゃくし。＝蝌蚪 ②「科斗文字」の略。【――文字】(かともんじ(くわ)) 中国古代の文字。竹や木の棒の先に漆をつけて書いたので、文字の線の頭が太く、尾が細く書け、その形がおたまじゃくしに似ていたことによる。

【科頭】(かとう(くわ)) 冠や、頭巾(ずきん)を頭につけないこと。

【科白】(かはく(くわ)) 一 役者のしぐさと、せりふ。二 せりふ 役者がつかうことば。台詞。国①芝居で役者がつかうことば。台詞。②苦情の文句。言い分。

【科名】(かめい(くわ)) 科挙に合格した者の種類(進士・明経(めいけい)など)の名。

【科目】(かもく(くわ)) ①条目。科条。②学問の区分。学科目。③官吏登用試験。

【科徭】(かよう(くわ)(えう)) 「科役」に同じ。

【科研】コーイエン kēyán 現「科学研究」の略称。

【科技】コーチー kējì 現「科学技術」の略称。

〖盈レ科而後進〗(あなにみちてのちすすむ) 水の流れるときはくぼんだところからいっぱいに満たしつつ、先へ先へと進んでゆく。人が学問をするのもこれと同様に、順序を追って着実に一歩一歩前進すべきである。〈孟子(もうし)・離婁(りろう)下〉

◇工科(こうか)・文科(ぶんか)・内科(ないか)・外科(げか)・全科(ぜんか)・百科(ひゃっか)・医科(いか)・法科(ほうか)・理科(りか)・歯科(しか)・産科(さんか)・眼科(がんか)・専科(せんか)・重科(じゅうか)・教科(きょうか)・前科(ぜんか)・罪科(ざいか)・罪科(つみとが)・小児科(しょうにか)

禾4【秏】〔9〕 一 コウ(カウ) 漢 一 去 号 hào ハオ モウ 慣 二 ボウ 漢 二 去 号 mào マオ　J 4889 補— U 79CF

意味 一 ①稲の一種。②むなしい。明らかでない。くらい。みだれている。③へる。少なくなる。二

禾4【秔】〔9〕 コウ 漢 (カウ) 平 庚 gēng コン、jīng チン　J ①8940 補 4890 U 79D4

意味 ①うるち。ねばりけのない米。＝粳(こう)・稉(こう) ②おくて。

禾4【秖】〔9〕 シ 漢 平 支 zhī チー　J ②8283 補 4891 U 79D6

意味 ①穀物がようやくみのる。②〈ただ〉ひたすら。それだけ。③〈まさに〉ちょうど。＝祇

禾4【秋】〔9〕 学 2 シュウ あき　シュウ 漢 (シウ) 平 尤 qiū チウ　J 2909 補— U 79CB

筆順 ノ 二 千 禾 禾 禾 秋 秋 秋

禾16 龜9【龝】〔25〕 古字　J — 補 — U 2A6C1

禾16【龝】〔21〕 同字　J 6752 補— U 9F9D

禾4【秌】〔9〕 同字　J ②8281 補— U 79CC

禾11【穐】〔16〕 俗字　J 1612 補— U 7A50

意味 ①みのり。穀物がみのる。②〈あき〉四季の一つ。五行では金、西、白に配当する。「秋夜」「秋月」「秋気」③〈とき〉たいせつなとき。危ういとき。「危急存亡之秋(ききゅうそんぼうのとき)」④とし。年月。「千秋」

解字 形声。禾が形を表し、𤈦(せう)の略である火が音を示す。禾は穀物。𤈦は焦と同じで、かわかす、ちぢむの意味を持ち、また、揫と通じて、束(たば)ねるの意味を持つ。秋は穀物が熟してとり入れることで、収穫の季節をもいう。音シウは、𤈦の音セウの変化。古い形では、秋を秌、和を咊と書いたりする。

名前 とし・あきら・おさむ・みのる 姓 秋鹿(あいか)・秋宅(あきやけ)・秋庭(あきば)

地名 秋川(あきがわ)・秋田(あきた)・秋勇留(あきゆり) 難読 秋沙(あいさ)・秋桜(コスモス)・秋刀魚(さんま)

参考 秋は「鞦」(一三六五ジペ・下)の中国新字体としても使う。

【秋津島】あきつしま 国日本の別称。＝蜻蛉島

【秋意】しゅう(しう)い 秋の風情(ふぜい)。秋興。

【秋陰】しゅう(しう)いん 秋の日のくもり空。↕秋陽 「江陵卑湿足二秋陰一」(江陵の地は低く湿気があり、曇り日が多い。)〈白居易(はくきょい)の詩・八月十五夜、禁中独直、対レ月憶二元九一〉

【秋韻】しゅう(しう)いん(ゐん) 秋のひびき。秋のおとずれの声。

【秋影】しゅう(しう)えい ①秋の太陽の光。②秋らしい姿。

【秋河】しゅう(しう)か あまの川。銀河。

【秋稼】しゅう(しう)か ①秋に取り入れる作物。②秋の田畑。

【秋槐】しゅう(しう)かい(くわい) 秋のえんじゅの木。

【秋懐(懷)】しゅう(しう)かい(くわい) 「秋思」に同じ。

【秋海棠】しゅう(しう)かいどう(だう) シュウカイドウ科の多年草。九月ごろ、淡紅色の花が咲く。

【秋穫】しゅう(しう)かく(くわく) 「秋収」に同じ。

【秋官】しゅう(しう)かん(くわん) 刑罰をつかさどる官。司法官。

【秋巻】しゅう(しう)かん(くわん) 科挙(官吏登用試験)の落第者が、都に留まり、完成した詩文を秋にとりまとめること。

【秋雁】しゅう(しう)がん 秋、北から飛んで来るかり。

【秋顔】しゅう(しう)がん 衰え、色あせた顔。

【秋気(氣)】しゅう(しう)き ①秋の気候・けはい。②秋げしき。③「きびしい気性。」

【秋季】しゅう(しう)き 秋の季節。【――皇霊(靈)祭】しゅう(しう)きこう(くわう)れいさい 国秋分の日、宮中で歴代天皇の霊をまつる祭り。

【秋暉】しゅう(しう)き 秋の日の光。

【秋蛩】しゅう(しう)きょう 秋に鳴く、こおろぎ。

【秋興】しゅう(しう)きょう 「秋意」に同じ。

【秋月】しゅう(しう)げつ ①秋の月。②秋をいう。

【秋憲府】しゅう(しう)けんぷ 御史台(ぎょしだい)。役人の罪悪を正す役所。

【秋光】しゅう(しう)こう(くわう) ①秋の日の光。②秋のけしき。

【秋郊】しゅう(しう)こう(かう) 秋の野外。秋の野べ。

【秋缸】しゅう(しう)こう(かう) 秋の酒。缸は、かめ。

【秋毫】しゅう(しう)ごう(がう) ①秋になり、細くなって見えにくい獣の毛。「明以足レ察二秋毫之末一」(視力は秋の獣の細い毛の先まで見分けられる。)〈孟子(もうし)・梁恵王(りょうけいおう)上〉②ごく細いもののたとえ。

【秋蚕(蠶)】しゅう(しう)さん 一あきご 秋に飼(か)うかいこ。↕春蚕(はるご)

【秋思】しゅう(しう)し 秋のさびしい思い。秋懐。「秋思詩篇独断レ腸」(秋思の詩篇独り腸を断つ)〈菅原道真(すがわらみちざね)の詩・九月十日〉

【秋収(收)】しゅう(しう)しゅう(しう) 秋の取り入れ。秋成。秋蔵。秋穫(しゅうかく)。

【秋秋】しゅう(しう)しゅう(しう) 鳥などの飛びかい舞うさま。

【秋熟】しゅう(しう)じゅく 秋、穀物がみのること。秋成。

【秋娘】しゅう(しう)じょう(ぢゃう) 美人。もとは、美人の名まえ。「粧成毎被二秋娘妬一」(よそおいなりてはつねに秋娘にねたまれた。)〈白居易(はくきょい)の詩・琵琶行(びわこう)〉(化粧したあとで、いつも秋娘にねたまれた。)

【秋色】しゅう(しう)しょく 秋のけしき。秋のけはい。

【秋心】しゅう(しう)しん 秋のさびしい物思い。秋思。

【秋信】しゅう(しう)しん ①秋のおとずれ。秋げしきになること。②秋げしきを知らせるたより。

【秋水】しゅう(しう)すい ①秋の大水。②秋の清らかにすんだ水。③はっきりと、すみきった気分。④よくとぎみがいて、くもりなく光る刀剣。⑤鏡。

【秋成】しゅう(しう)せい 穀物が、秋にみのること。秋熟(しゅうじゅく)。

【秋声(聲)】しゅう(しう)せい ものさびしい秋のけはい。「階前梧葉已秋声」(かいぜんのごよう すでにしゅうせい)(階段の前の青ぎりの葉には、もはや秋のけはいがある。)〈伝朱熹(しゅき)の詩・偶成〉

【秋霽】しゅう(しう)せい 秋晴れ。秋空の晴れること。

【秋節(節)】しゅう(しう)せつ 秋の季節。秋季。

【秋千】しゅう(しう)せん ぶらんこ。＝鞦韆

【秋扇】しゅう(しう)せん 一あきのおうぎ(あふぎ) ①秋になり不要になった扇。②女が捨てられてかえりみられないたとえ。

【秋蟬】しゅう(しう)ぜん 秋のせみ。秋蜩(しゅうちょう)。

【秋霜】しゅう(しう)そう(さう) ①秋におりる霜。②刑罰や権力のきびしさ、意志の堅いようすなどのたとえ。③白髪のたとえ。「何処得二秋霜一」(いずれのところにか しゅうそうをえたる)(いつどこで、こんな白髪になったのか。)〈李白(りはく)の詩・秋浦歌〉【――烈日】しゅう(しう)そう(さう)れつじつ 「秋霜」の②に同じ。秋の霜と真夏の太陽の意。

【秋刀魚】しゅう(しう)とう(たう)ぎょ さんま。形が細長く刀に似ている。

【秋波】しゅう(しう)は ①秋の澄みきった波。②女性の人にこびる目つき。いろめ。流し目。ウインク。

【秋旻】しゅう(しう)びん 秋空。旻天(びんてん)。

【秋風】しゅう(しう)ふう 一あきかぜ ①秋の風。金風(きんぷう)。「秋風起兮白雲飛」(しゅうふう おこって はくうん とぶ)〈漢武帝の詩・秋風辞(しゅうふうのじ)〉②国二①に同じ。②国男女間の愛情が衰える。「秋」を「飽き」にかけたことば。【――辞(辭)】しゅう(しう)ふうのじ 楽府(がふ)の名。漢の武帝が河東(かとう)(地名)に行幸(ぎょうこう)し、船の中で宴会を開いたとき、秋のけしきを歌ったもの。

【秋分】しゅう(しう)ぶん 二十四気の一つ。白露の次に来る気節。九月二十三日ごろで、昼夜の長短の差がない。↕春分

【秋浦】しゅう(しう)ほ ①秋の海岸。②地名。安徽(あんき)省池州(ちしゅう)市の西南。

【秋芳】しゅう(しう)ほう(はう) 秋に開く花。特に、菊をいう。

【秋望】しゅう(しう)ぼう(ばう) 秋のながめ。

【秋夜】しゅう(しう)や 秋の夜。

【秋陽】しゅう(しう)よう(やう) 秋の太陽。

【秋霖】しゅう(しう)りん 秋の長雨。霖は、長雨。

【秋冷】しゅう(しう)れい 秋の冷気。

【秋潦】しゅう(しう)ろう(らう) 秋の大雨。

【秋天】チウティエン qiūtiān 現秋。

【秋高馬肥】あきたかくうまこゆ 秋は空が澄みわたって高く、馬もたくましく肥える。秋のよい季節をいう。〈杜審言(しんげん)の詩・贈二蘇味道一詩(そみどうにおくるし)〉

◇千秋(せんしゅう)・中秋(ちゅうしゅう)・立秋(りっしゅう)・早秋(そうしゅう)・仲秋(ちゅうしゅう)・初秋(しょしゅう)・涼秋(りょうしゅう)・新秋(しんしゅう)・麦秋(ばくしゅう｜むぎあき)・春秋(しゅんじゅう)・晩秋(ばんしゅう)・暮秋(ぼしゅう)

禾 4 【种】〔9〕 チュウ 漢 平 東 (チウ) chóng チョン J ②8282 補 U 79CD

意味 ①幼い。②姓。

参考 种は「種」(九一三ジペ・下)の中国新字体としても使う。

禾 4 【秕】〔9〕 ヒ 漢 上 紙 bǐ ピー J 6730 補 U 79D5

意味 ①〈しいな(しひな)〉㋐よくみのらない穀物。㋑悪い米。＝粃 ②悪い。けがれた。実質がない。「秕政」

【秕糠】ひこう(かう) ①しいなと、ぬか。②役にたたないかす。＝粃糠

【秕政】ひせい 悪い政治。＝粃政

禾 4 【秒】〔9〕 学 3 ビョウ ビョウ(ベウ) 漢 上 篠 miǎo ミアオ J 4135 補 U 79D2

筆順 ノ ニ 千 禾 禾 利 秒

意味 ①のぎ。稲などの穂先の毛。②かすか。わずか。③時間と角度の単位。一分の六十分の一。④長さの単位。(↓付録「度量衡名称」)

5画
玄玉(王)瓜(瓜)瓦甘生用田疋(⺪)疒癶白皮皿目(罒)矛矢石示(礻)内禾穴立

解字 形声。禾が形を表し、少せうが音を示す。禾はいね。少は、細く小さい意味。秒はいねの細い穂さき、「のぎ」をいう。音べウは、少の音セウの変化。

【秒忽】びょう(べう)こつ きわめて細いさま。秒はのぎ、忽はくもの糸。

【秒速】びょう(べう)そく 一秒間にすすむ速さ。

禾4 【秄】〔9〕国字 ジョ　J①8939 補 U25771

意味 数の単位。垓がいの一万倍。=秭し

参考 秭しの誤ったものか。

禾4 【秌】〔9〕同 →秋(九〇六ページ・下)

禾4 【〔香〕】(一三九五ページ・下) →香部〇画

禾5 【秧】〔10〕ヨウ(ヤウ)漢 平 陽 yāng ヤン　J6731 補 U79E7

意味 ①〈なえ(なへ)〉㋐稲の苗。「秧田おうでん」「秧苗おうびょう」㋑移植できる草木の苗。②うえる。③小動物を飼う。④魚の子。「魚秧ぎょおう」

【秧鶏(鷄)】おうけい(あう) 鳥の名。くいな。

【秧田】おうでん(あう) 稲の苗を育てる田。苗代なわしろ。

【秧稲(稻)】おうとう(あうたう) いねの苗。秧苗びょう。

【秧馬】おうば(あう) 農具の名。馬のように人がこれに乗り、苗の植えつけのときに使用する。

禾5 【秬】〔10〕キョ漢 上 語 jù チュイ　J6732 補 U79EC

意味 ①黒きびの総称。「秬黍きょしょ」「秬酒きょしゅ」②秬鬯きょちょうは、祭りに用いる香りの良い酒。

禾5 【秭】〔10〕シ漢 上 紙 zǐ ツー　J①8943 補 4906 U79ED

意味 ①容量の単位。稲、三千二百斛こく。(→付録「度量衡名称」) ②数の単位。㋐十億、千億、一万億の数。㋑垓がいの十倍、または万倍。

禾5 【秫】〔10〕一 シュツ漢 ジュツ慣 一 入 質 shú シュー　二 シュツ漢 ジュツ慣 二 入 質 shù シュー　J①8942 補 4905 U79EB

意味 一①〈もちあわ(もちあは)〉ねばりけのある粟あわ。「秫酒じゅっしゅ」②もちごめ。「秫穀じゅっこく」 二長い針。

【秫紩】じゅっちつ 長い針を用いて縫う。秫縫じゅっぽう。

禾5 【称】〔10〕常 ショウ　J3046 U79F0

旧字 禾9 【稱】〔14〕　U補J ― ― ―

一 ショウ漢呉 一 平 蒸 chēng チョン
二 ショウ漢呉 二 去 径 chèn チェン
三 ショウ漢呉 三 去 径 chèng チョン

筆順 ノ ニ 千 禾 禾 禾 秎 称

禾9 【稱】〔14〕同字 U補J 7A31 6742

禾14 【穪】〔19〕同字 U補J 7A6A ②8310 4945

意味 一①〈はか・る〉重さをはかる。②〈とな・える(―・ふ)〉㋐いう。㋑よぶ。㋒名のる。③となえ。よび名。「呼称こしょう」「敬称けいしょう」④〈たた・える(―・ふ)〉ほめる。名が知られる。⑤名声。名誉。⑥〈あ・げる(―・ぐ)〉㋐人をあげ用いる。㋑挙行する。㋒兵をあげる。二①〈かな・う(―・ふ)〉㋐適している。㋑つりあう。②服のひとそろいを数える語。三はかり。重さをはかる器具。=秤しょう

解字 形声。禾が形を表し、爯しょうが音を示す。禾は穀物。爯には持ち上げる意味がある。稱は、穀物を平均に並べておいて、持ち上げることから、はかる意味になる。

名前 な・かみ・のり・みつ・よし

【称意】しょうい 心にかなう。

【称謂】しょうい(ゐ) よび方。となえ方。名称。

【称引】しょういん 例を引く。ひきあいに出す。引証。

【称挙(擧)】しょうきょ 人をあげ用いる。

【称愜】しょうきょう(けふ) 心にかない、満足する。

【称計】しょうけい 数えあげる。

【称呼】しょうこ 呼び名。となえ。

【称号(號)】しょうごう(がう) よびな。名称。称呼。

【称賛(贊・讚)】しょうさん 一ほめたたえる。称美。二 chēng-zàn チョンツァン 現 一に同じ。

【称首】しょうしゅ 第一人者。第一等の者。はじめに名を呼ぶことによる。

【称誦】しょうしょう ほめたたえる。

【称制】しょうせい 天子に代わって政治を行う。

【称貸】しょうたい 金を貸して利息をとる。

【称嘆(歎)】しょうたん ほめたたえる。ほめそやす。嘆称。

【称道】しょうどう(だう) ほめていう。ほめたたえる。道は、言う意。

【称美】しょうび ほめる。称賛。

【称慕】しょうぼ 仰ぎしたう。ほめしたう。

【称名】しょうみょう(みゃう) 仏 仏の名をとなえる。念仏。称仏。

【称誉(譽)】しょうよ ①ほまれ。名誉。②ほめたたえる。称美しょうび。称賛しょうさん。

【称揚】しょうよう(やう) ほめあげる。称説。=賞揚

◆公称こうしょう・自称じしょう・他称たしょう・仮称かしょう・名称めいしょう・改称かいしょう・対称たいしょう・卑称ひしょう・俗称ぞくしょう・美称びしょう・併称へいしょう・略称りゃくしょう・通称つうしょう・異称いしょう・詐称さしょう・尊称そんしょう・敬称けいしょう・謙称けんしょう・愛称あいしょう・総称そうしょう・僭称せんしょう・一人称いちにんしょう

禾5 【秤】〔10〕人 標 一 ショウ漢 一 去 径 chèng チョン　ビン慣　二 ショウ漢 二 平 蒸 chēng チョン　J3973 補 U79E4

禾5 【秤】〔10〕俗字 U補J ― ― ―

意味 一①〈はかり〉重さをはかる器具。=称 ②重さの単位。十五斤。(→付録「度量衡名称」) 二=称 ①重さをはかる。②くらべる。

禾5 【秦】〔10〕人 シン漢 平 真 qín チン　J3133 補 U79E6

意味 ①国名。㋐周代の諸侯の一つ。陝西せんせい省にいて、戦国時代、七雄の一つとなり、始皇の時に天下をとる。㋑東晋しんの時、苻健ふけんの建てた国。前秦。㋒東晋の時、姚萇ようちょうが苻堅を殺して建てた国。後秦。②王朝の名。始皇帝が六国を滅ぼして天下を統一した王朝。中国の通称 China もこの国名から起こるという。③陝西省の略称。国〈はた〉姓。

解字 会意。禾と舂とを合わせた字。禾はいね、穀物の形を表し、舂は春を略した形で、うすでつく意味を表す。秦は穀物のよく生長する地を意味し、今の陝西の地を指す。

地名 秦野はだの　難読 秦皮とねりこ

参考 「奏そう」「泰たい」は別字。

【秦苑】しんえん(ゑん) 秦の宮殿の庭。

【秦火】しんか(くわ) 秦の始皇帝が、国じゅうの書物を集めて焼き捨てたこと。焚書ふんしょ。「顚錯於秦火一」(秦火にひっくりかえされた。)〈宋史そうし・芸文げいもん志〉

【秦檜】しんかい(くわい) 人名。南宋なんそうの政治家。北宋の末、金国に捕らわれたが、のち帰され宰相さいしょうとなり、金国を恐れて講和を主張し、岳飛がくひらの主戦論の忠臣を多く殺した。(一〇九〇～一一五五)

【秦関(關)】しんかん(くわん) 潼関とうかん(陝西せんせい省潼関県)のこと。秦の時代に設けられた関所。

【秦宮】しんきゅう(きう) 秦国の宮殿。

【秦皇】「秦始皇」に同じ。

【秦声(聲)】①秦の国の流行歌。②秦の国の音楽。

【秦政】①秦の始皇帝の名。②秦の政治。

【秦川】昔の地名。川は平原の意。現在の陝西省、また甘粛省の秦嶺以北の平原地帯をいう。

【秦楚】①秦と楚。戦国時代の二大国。②距離の遠いたとえ。秦は中国の西の果て、楚は南の果て。「不ㇾ遠二秦楚之路一」〈孟子・告子上〉

【秦中吟】唐の詩人、白楽天の詩の名。長安(今の西安)で見聞した悲しむべき事を歌ったもの。

【秦篆】文字の一種。小篆。秦代に、李斯が大篆(籀文)を略して作ったという。

【秦始皇】秦の初代皇帝。名は政。戦国末期、諸国を滅ぼして天下を統一し、都を咸陽にさだめ、自ら始皇帝と称し、天下を三十六郡として中国最初の官僚統制国家を建設した。法家の李斯を用いて法を重んじ厳刑主義で政治を行った。思想弾圧をするため、学者を穴に埋め、書物を焼き(焚書坑儒)、また、蒙恬に匈奴を討たせ、万里の長城を増築させるなど、数々の専制政治を行った。(前二五九〜前二一〇)

【秦陵】秦の始皇帝の墓。長安(今の西安)の東、驪山の下にある。

【秦隷】文字の一種。秦の始皇帝の時、程邈が奴隷にも使えるようにと、秦篆(小篆)を簡略にして作ったもの。

【秦嶺】山の名。長安(今の西安)の南にある。秦山。南山ともいう。「雲横二秦嶺一家何在」(雲が秦嶺山脈にたなびいていて、わが家はどこの方向やら見定めもつかない。)〈韓愈の詩・左遷到二藍関一示二姪孫湘一〉

【秦淮】南京を通り、長江にそそぐ運河の名。秦の時代につくられたもの。その両岸は歓楽の地、遊覧地として栄えた。「夜泊二秦淮一近二酒家一」〈杜牧の詩・泊二秦淮一〉

禾5
【租】
〔10〕常 ソ | ソ 漢 平 虞 | 呉 zū ツー | J 3337 | 補 — | U 79DF

筆順　ノ　ニ　千　禾　利　和　租　租

意味　①みつぎ。ねんぐ。田地にかける税。「租賦」②税金。「租税」③租税をとる。④たくわえる。「蓄租」⑤借りる。⑥借り賃。

解字　形声。禾が形を表し、且が音を示す。禾は穀物。且には、かさねるという意味がある。昔の税法に、助法というのがあり、自分の収入になる私田のほかに、公田を耕して、その収穫を、税として納めた。租は、私田の上にかさねて耕す公田の税をいう。これに対し、徹法というのは、公田はなく、私田の収穫の一部をとって納めた。これが税であるという。

名前　つみ・もと

【租課】税。年貢。

【租界】もと中国の開港都市で、外国が中国の領土の一部を借り、行政権・司法権のすべてをにぎった地域。

【租借】国家が、他国の領土の一部を借り受けて、きめられた期間だけ治める。

【租税】①みつぎもの。年貢。②税金。

【租入】①年貢を納める。②租税の収入。税収。

【租賦】租税。

【租徭】年貢と徭役。徭は人夫として労役につかせること。

【租庸調】唐代の三種の徴税法。穀物を取りたてることを租、人民を労役につかせることを庸、布帛を取りたてることを調という。わが国の古代にも用いられた。

◆地租・免租・税租・賦租

禾5
【秪】
〔10〕チ | 漢 平 支 | 呉 zhī チー | J 4904 | 補 — | U 79EA

意味　①稲や粟が実りはじめる。②植物の根。③もういちどまく。④ただ。ひたすら。ちょうど。＝秖

禾5
【秩】
〔10〕常 チツ | チツ 漢 入 質 | zhì チー | J 3565 | 補 — | U 79E9

筆順　ノ　ニ　千　禾　禾　秆　秩　秩

意味　①ふち。給料。俸禄。「秩禄」「秩米」②官職の等級。③官位。「爵秩」④順序。次第。秩次。「秩然」⑤順序だてる　⑥十年間をいう。「八秩」

解字　形声。禾が形を表し、失が音を示す。禾は穀物。失は、実と同じく、充実する気持ちがある。秩は、穀物を積みかさねることである。すきまなく順序に積みかさねることから、秩序の意味ができたという。

名前　ちち・つね・さとし　姓　秩父　地名　秩父

【秩序】㊀物事の正しい順序。秩次。㊁zhìxù 現㊀に同じ。

【秩然】きちんと順序だっているさま。

【秩宗】①神々の地位に等級をつけたり、またその祭りをつかさどる役人。②隋・唐以後は礼部(祭祀官)の別称。③知恵のあるさま。

【秩秩】①水の流れるさま。②うやうやしく慎むさま。③知恵のあるさま。④清らかなさま。⑤順序正しいさま。

【秩米】給料として与える米。ふちまい。秩禄。

【秩禄(祿)】俸給。俸禄。給料。知行。

禾5
【秥】
〔10〕デン 漢 平 塩 | ネン 呉 nián ニエン | J 4903 | 補 — | U 79E5

意味　穀物の名。ねばりけの強い稲。もちいね。

禾5
【秡】
〔10〕ハツ 漢 入 曷 | bó ポー | J 6733 | 補 — | U 79E1

意味　稲が傷んでいるさま。国〈はら・う(——・ふ)〉災いやけがれをとり除く。＝祓

禾5
【秚】
〔10〕ハン 漢 上 旱 | バン 呉 bàn パン | J 4892 | 補 — | U 79DA

意味　物をまぜあわせる。＝拌

禾5
【秘】
〔10〕学6 ヒ　ひめる | J 4075 | 補 — | U 79D8

旧字 示5
【祕】
〔10〕入 ヒ | 漢 去 寘 | 呉 mì ミー、bì ピー | J 6716 | 補 — | U 7955

筆順　ノ　ニ　千　禾　秒　秘　秘　秘

意味　①人の知識でははかり知れないこと。「神秘」②〈ひ・め・る(—・む)〉かくす。人に知らせない。秘密。「秘奥」③奥深い。④秘露は国名。

解字　形声。示が形を表し、必が音を示す。示は神。必には、門を堅くしめる意味がある。祕は、神を、門の奥深くとじて、人前に出さないことである。音ヒは、必の音ヒツの変化。

【秘蘊】学問・芸術などの奥義。

【秘奥】物事の奥深い所。秘密。

【秘閣】①朝廷の書庫。秘府。②国墨ばさみ。墨柄。

【秘儀】国秘密に行う儀式。おもに宗教上のもの。

【秘笈】たいせつなものを入れる箱。

【秘境】世間にまだ知られていない地方。

【秘曲】特別な人にしか教えない楽曲。秘楽。

【秘計】秘密のはかりごと。秘策。秘謀。

【秘訣】ある物事を行うのに効果的な方法。人には知らせない奥義。

【秘結】大便がつまって通じないこと。便秘。

【秘庫】①宮中の書庫。秘府。②たいせつな品を入れておく所。

5画
玄玉(王)瓜(瓜)瓦甘生用田疋(⺪)疒癶白皮皿目(罒)矛矢石示(ネ)内禾穴立

【秘校】ひこう(かう) ①秘書省の校書郎。宮中の図書の校正をする官。②初めて科挙(官吏登用試験)に合格した人。むかしは科挙合格者は、まず秘書省の校書郎に採用される事が多かったため。「釈₂褐秘校₁」(かつをひこうにとく)(秘書省で、初めて役人になった。)〈沈既済しんきさい・枕中記ちんちゅうき〉

【秘策】ひさく ひそかな計画。秘密のはかりごと。秘計。秘謀。

【秘事】ひじ 秘密にしていること。隠し事。

【秘術】ひじゅつ 隠しておき他人には示さない術。

【秘書】ひしょ ①天子が所蔵する書物。②人には見せないたいせつな秘密の本。③大臣・社長などの下で、秘密の事務や、文書を扱う役。秘書官。【――監】ひしょかん 宮中の図書をつかさどる秘書省の長官。【――省】一ひしょしょう(しゃう) 書物や記録をつかさどる役所。二ひしょせい 国図書寮を中国風にいった名。【――丞】ひしょじょう 官名。秘書省(宮中の図書をつかさどる)の次官。名門の貴族がついた役。

【秘色】ひしょく(ひそく) 青磁の色の一つ。臣下が用いることを禁じていた。

【秘籍】ひせき 珍しい書物。

【秘蔵(藏)】ひぞう(ざう) ①だいじにしまっておく。また、そのもの。②国特別にかわいがる。また、そのこども・弟子でし。

【秘伝(傳)】ひでん たやすく人に授けたり、伝えたりしない秘密の術。ひけつ。奥義。

【秘匿】ひとく 国人に知られぬよう、こっそりと隠す。

【秘府】ひふ ①重要品を入れておく蔵。主として宮中の書庫。秘閣。秘館。②秘書省の別名。【――略】ひふりゃく 国書名。平安初期、天長八年(八三一)、勅命により滋野貞主しげののさだぬしが編集した百科事典。千巻のうち現存は二巻。

【秘方】ひほう(はう) 秘密にして、他人に知らせない薬の調合法。

【秘宝(寶)】ひほう 人に見せず、隠してある宝。

【秘法】一ひほう(はふ) 秘密の方法。二ひほう(ほふ) 仏真言しんごん宗で行う秘密のいのり。

【秘密】一ひみつ ①人には隠して知らせないこと。②仏真言しんごん宗の教え。密教。二ミーミー mìmì 現一の①に同じ。【――結社】ひみつけっしゃ その目的・組織・存在などを他にかくして、ひそかに活動する団体。

【秘鑰】ひやく 秘密の蔵をあける鍵かぎ。秘密をとき明かすヒント。

【秘話】ひわ ①世間にまだ知られてない話。②ないしょ話。

◆便秘べん・黙秘もく・神秘しん・極秘ごく

禾5 【秠】〔10〕 ヒ 漢 平 支 pī ピー　J ― 補 4901 U 79E0

意味 黒きび。一つのもみの中に実が二つある黒きび。

禾5 【秣】〔10〕 バツ 漢 入 曷 マツ 慣 mò モー　J 6734 U 79E3

意味 ①〈まぐさ〉かいば。牛馬の食用にする草。②〈まぐさか・う(――・ふ)〉牛馬にまぐさをたべさせる。「秣飼まっし」「秣馬ばつば」

【秣粟】まつぞく 馬の食糧にするもみ。

【秣陵城】まつりょう(りょう)じょう(じゃう) 南京ナンキンの古いよび名。

禾5 【秞】〔10〕 ユウ 漢 平 尤 (イウ) yóu ユー　J ①8941 補 4894 U 79DE

意味 ①稲や粟あわがよく実っているさま。②作物が芽生えるさま。

禾5 【秢】〔10〕 レイ 漢 平 青 líng リン　補 4902 U 79E2

意味 ①穀物が実りはじめる。穀物がようやく実る。②年齢。=齢れい

禾5 【秝】〔10〕 レキ 漢 入 錫 lì リー　補 4893 U 79DD

意味 ①間隔かんかくが均等にあいている。②こよみ。=暦れき

禾6 【移】〔11〕 学5 イ うつる・うつす　J 1660 U 79FB

一イ 漢 呉 一平 支 yí イー
二イ 漢 呉 二去 寘 yì イー
三シ 漢 呉 三上 紙 chǐ チー

筆順 ノ ニ 千 禾 禾 秒 移 移

意味 一①〈うつ・る〉㋐うごく。㋑変化する。②〈うつ・す〉㋐場所をかえる。㋑変化させる。③あたえる。ほどこす。④時間がすぎる。「移日」「移時」⑤まわし文。回覧する文書。「檄移げき」 二人をうらやむ。 三①大きい。②多い。=侈し 国〈うつ・る〉①色がかわる。②花がちる。③伝染する。④転住する。

解字 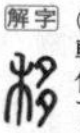 形声。禾が形を表し、多たが音を示す。禾はいね。多は、倚傞いなどという熟語の音と同じで、なよなよとする意味を持つ。移は、いねの穂先がなよなよとなびくことである。逶いと通じて、「うつる」という意味にも使う。音イは、多の音タの変化。

名前 や・のぶ・よき・より・わたる

難読 移徙わたまし

【移易】いい うつしかえる。うつりかわること。

【移景】いえい ①日かげがうつる。時間が長びくこと。②日や月のかげが移り変わる。

【移管】いかん(くゎん) 仕事の管理が変わる。仕事の管理を他に移す。

【移檄】いげき ふれをまわす。人々に告げ知らせる文書を広く方々にまわす。

【移行】いこう(かう) 新しい場所・状態などに移って行く。

【移徙】いし ①移る。移す。移転いてん。②草木を他の場所に移し植える。「駝所₂種樹、或移徙₁」(だのしゅじゅし、あるいはいしするところは)〈柳宗元りゅうそうげん・種樹郭槖駝伝しゅじゅかくたくだでん〉

【移書】いしょ 人々にまわして告げ知らせる文書。ふれぶみ。移文。

【移譲(讓)】いじょう(じゃう) 権利・権限などを他に譲る。

【移植】いしょく 草木を他の場所に移し植える。

【移籍】いせき 本籍や所属などを他に移す。

【移奪】いだつ うばいとる。移したり奪ったり。「使₂人不₁レ可₂移奪₁」(ひとをしていだつすべからざらしむ)(だれも動かせないようにする。)〈資治通鑑しじつがん・魏ぎ〉

【移牒】いちょう(てふ) 文書を他の役所にまわして通知する。また、その文書。

【移調】いちょう(てう) 楽曲の形を変えないでもとの調子と異なる他の調子に移すこと。

【移転(轉)】いてん ①移り変わる。②他の所に引っ越す。③他に権利が移る。「移転登記」

【移動】一いどう 他の場所に移り動く。二イートン yídòng 現一に同じ。

【移入】いにゅう(にふ) 国内のある土地から他の土地へ物資を移し入れること。

【移文】いぶん 政府の回し文。ふれぶみ。通達。移書。

【移変(變)】いへん 移り変わる。変動。転変てんぺん。

【移封】いほう 昔、諸大名の領地を他の土地に移し変えること。国替くにがえ。

【移民】いみん ①外国に移り住む人。②昔、中国で、凶年のとき、困った人を救う方法。凶作地の住民を他の地方に移し、穀物などを凶作地に送ること。

◆変移へん・推移すい

禾6 【秸】〔11〕 カツ 漢 入 黠 jiē チエ　補 4908 U 79F8

意味 脱穀したあとの穀物や豆のから。

参考 秸は、「稭」(九一三ジ・中)の中国新字体としても使う。

禾6 【粲】〔11〕 ゲン 漢 去 願 ジン 慣 yuàn ユワン　U ― 補 ― J ―

5画 玄玉(王)瓜(瓜)瓦甘生用田疋(𤴔)疒癶白皮皿目(罒)矛矢石示(礻)内禾穴立

禾6【𥞀】〔11〕俗字 U補J ②8284 4148
意味 義未詳。国〈はた〉姓などに用いる。
参考 「秦」(九〇八ページ・下)との混用による誤り。

禾6【秺】〔11〕ト 漢 去 遇 dù トゥー U補J 79FA
意味 ①稲のたば。②県名。③漢の侯国の名。

禾6【䅌】〔11〕 U補J 413B
一 トウ(タウ) 漢 一 平 肴 cháo チャオ
二 チョウ(テウ) 漢 二 平 蕭 tiāo ティアオ
意味 一 ①刈りとったあとから生えた稲。②桃秫は、高粱コーリャンをさす。二 稲。

禾6【稠】〔11〕トウ 漢 平 東 tóng トン U補J 4907 79F1
意味 ①稲や粟がよく実っているさま。②稲などで穂を構成する側枝。枝梗。

禾6【秼】〔11〕同 ↓秩(八九九ページ・上)

禾6【秾】〔11〕俗 ↓秾(九一三ページ・上)

禾7【稈】〔12〕カン 漢 上 旱 gǎn カン U補J 6735 7A08
禾3【秆】〔8〕或体 U補J 79C6
意味 〈わら〉 穀物のくき。「麦稈」「禾稈」

禾7【稀】〔12〕人 キ 漢 平 微 ケ 呉 xī シー U補J 2109 7A00
意味 ①〈まれ〉 まばら。めったにない。「稀覯」②少ない。「稀少」③うすい。

解字 会意・形声。禾と希とを合わせた字。希が音をも示す。禾はいね、穀物の形を表し、希のメは交差した糸の模様、巾はぬのを表し、織りのあらい布のことである。そこで、稀は穀物のまばらなことを意味し、転じて、まれな意となる。

参考 新表記では、「希」に書きかえる。熟語は「希」をも見よ。

【稀覯】めったに見られない。珍しい。「稀覯本」

【稀覯書】まれに現存する、貴重な書物。

【稀釈】ある溶液に水などを加えて濃度をうすめる。

【稀少】まれ。すくない。めったにないこと。

【稀星】まばらな星。

【稀代】世にも珍しい。稀世。 ＝希代
【稀飯】xīfàn 現 おかゆ。

◁▼古稀

禾7【稉】〔12〕コウ(カウ) 漢 平 庚 jīng チン U補J 4913 7A09
意味 稉稲は、うるち米。＝杭・粳

禾7【秸】〔12〕コク 漢 入 沃 kù クー U補J
意味 稲や粟がよく実る。

禾7【稍】〔12〕ソウ(サウ) 漢 去 効 ショウ(セウ) 呉 shāo シャオ U補J 6736 7A0D
禾7【䅵】〔12〕俗字 U補J ②8286 257B4
意味 ①稲の末端。転じて事物の末。②〈やや〉 少し。③ようやく。しだいに。「稍稍」④少ない。「稍微」⑤ふち。給料。「稍食」⑥王城から三百里の地。大夫の領地。「稍地」
【稍微】shāowēi 現 やや。ちょっと。

禾7【税】〔12〕学5 ゼイ U補J 3239 7A0E
旧字 禾7【稅】〔12〕 U補J 7A05
一 セイ 漢 ゼイ 慣 一 去 霽 shuì ショイ
二 タツ 漢 ダツ 慣 二 入 曷 tuō トゥオ
三 タイ 漢 三 去 泰 tuì トイ
四 タン 漢 四 去 翰 tuàn トワン

筆順 ノ 二 千 禾 禾' 秒 秒 税

意味 一 ①みつぎ。政府が人民からとりたてる米または金。「租税」「税法」②とりたてる。税をとりたてる。③物を人におくる。④とく。ときはなす。「税車」⑤お金を払って借りる。⑥姓。二 とく。脱ぐ。「税冕」三 期日がすぎてから喪に服する。四 赤いふちどりのついた黒い服。＝褖
解字 形声。禾が形を表し、兌が音を示す。禾は穀物。兌には、抜き取るという意味がある。税は、収穫の一部を税として取り上げることである。この税法は、徹というやり方で、これに対し、助という税法は、私田のほかに、さらに公田を耕して、公田の収穫を税として納めることで、これを租という と解する。音ゼイは、兌の音セツの変化。

名前 おさむ・ちから・みつぎ 姓 税部・税所
【税駕】①車から馬を解き放す。②旅人が休息すること。

【税額】税の金高。

【税関(關)】国境や、外国との船・車・飛行機の発着地にあり、旅客の携帯品や貨物などの検査をし、税金の取り立てをする役所。

【税吏】税金の割り当てや、徴収を取り扱う役人。税務官。「吏」

【税理士】納税者の依頼をうけて、税務の代理、書類の作成などを職業とする人。

【税率】租税を割り当てる割合。

【税斂】租税を取り立てる。年貢を受け収める。

【税冕】冠をぬぐ。

◁▼印税・血税・免税・国税・県税・町税・雑税・重税・一税・苛税・酒税・納税・租税・郵税・脱税・減税・関税・徴税・賦税・課税・源泉課税

禾7【程】〔12〕学5 テイ ほど U補J 3688 7A0B
旧字 禾7【程】〔12〕テイ 漢 平 庚 chéng チョン U補J

筆順 ノ 二 千 禾 和 和 程 程

意味 ①長さの単位。一寸の十分の一。また、一寸の百分の一ともいう。②度量衡の基準。「章程」③のり。きまり。規則。「程式」「規程」④みちのり。「旅程」⑤〈はか・る〉 ㋐計量する。㋑見つもる。⑥示す。⑦陝西省にあった地名。⑧姓。国〈ほど〉 ①身分。②時間・空間のへだたり。③どあい。限り。…くらい。「程度」
解字 形声。禾が形を表し、呈が音を示す。禾は穀物。呈には、平らという意味がある。程は、穀物を公平にならすことである。一説に、呈は、整えることで、程は、穀物を整頓することという。
名前 たけ・のり・みな
【程頤】人名。北宋の大学者。伊川先生と呼ばれた。兄の顥と共に二程子といわれる。周濂渓について学び、性理の学を大成した。「伊川文集」などの著書がある。(一〇三三～一一〇七)
【程限】①かぎり。限度。②一定の日程。また、行程。
【程顥】人名。北宋の大学者。明道先生と称せられ、弟の程頤と共に二程子といわれる。周濂渓の門人。(一〇三二～一〇八五)
【程子】宋の思想家。程顥(明道)・程頤(伊川)の尊称。二程子。
【程式】①方式。②書式。

5画
玄玉(王)瓜(瓜)瓦甘生用田疋(⺪)疒癶白皮皿目(罒)矛矢石示(ネ)内禾穴立

【程朱学(學)】(ていしゅがく) 程は二程子(程顥(ていこう)と程頤(ていい))、朱は朱熹(しゅき)(朱子)のこと。二程子や朱熹らが唱えた学問。経典の字句の解釈のみを追求する漢・唐の学風に対して、思索を深め、身を修めようとする独特の哲学をうちたてた。性理学。

【程度】[一](ていど) どあい。ほどあい。ころあい。[二](チョントゥー) chéngdù [現][一]に同じ。

【程邈】(ていばく) 人名。秦(しん)の人。獄中にある間に、隷書(れいしょ)を作った。始皇帝はこれを賞美して御史(ぎょし)に任じたという。

『計レ程』(ていをはかる) 旅のみちのりをはかる。

◁▼工程・日程・行程・里程・音程・射程・旅程・教程・規程・過程・道程(みちのり)・路程・標程・課程

禾7【稊】〔12〕 テイ(漢)(平) 斉 tí ティー ｜ U 7A0A 補 4914 J ②8288

意味 ①いぬびえ。稗(ひえ)の一種。②枯れた柳(やなぎ)の芽。

【稊稗】(ていはい) ①いぬびえと、くさびえ。②つまらないもの。

【稊秕】(ていひ) ①野びえと、しいな。②つまらないもの。

禾7【稌】〔12〕 ト(漢)(平) 虞 tú トゥー ｜ U 7A0C 補 4915

意味 ①もちいね。もち米。②うるち。

禾7【䅏】〔12〕 ビ(漢)(去) 未 ミ(呉) wèi ウエイ ｜ U 414F J ②8287

意味 かゆ。

禾7【稃】〔12〕 フ(漢)(平) 虞 fū フー ｜ U 7A03 補 4911 J ①8944

意味 穀つぶのから。

禾7【稂】〔12〕 ロウ(漢)(平) 陽 (ラウ) láng ラン ｜ U 7A02 補 4910

意味 いぬあわ。穀物の苗を害する雑草。

【稂莠】(ろうゆう(らういう)) いぬあわと、はぐさ。ともに害のある草。

禾7【稇】〔12〕 同 ↓稛(本ページ・中)

禾7【稆】〔12〕 同 ↓穭(九一七ページ・下)

禾7〖酥〗↓酉部五画(一二七三ページ・上)

禾7〖黍〗↓黍部〇画(一四四五ページ・中)

禾7〖嵇〗↓山部九画(四〇八ページ・下)

禾7〖棃〗↓木部八画(六四六ページ・中)

禾8【稞】〔13〕 [一]カ(クワ)(漢) [一](上) 馬 huà ホワ [二]カ(クワ)(漢) [二](平) 歌 kē コー ｜ U 7A1E 補 4919 J ②8292

意味 [一]①良質の穀物。穀粒の大きいもの。②からを取った穀物。[二]麦の一種。はだかむぎ。青稞(チンコー)。チベット・青海(せいかい)・新疆(しんきょう)などで栽培される。

禾8【稘】〔13〕 キ(漢)(平) 支 jī チー、qí チー ｜ U 7A18 J 6737

意味 ①年月の一まわり。まる一年。一か月。音 jī チー。＝期(き) ②まめがら。豆をとり去った茎。音 qí チー。＝其(き)

禾8【稒】〔13〕 コ(漢)(去) 遇 gù クー ｜ U 7A12

意味 稒陽(こよう)は、漢代の県名。内モンゴル自治区包頭(ほうとう)市にあった。

禾8【稛】〔13〕 コン(漢)(上) 阮 kǔn クン ｜ U 7A1B 補 4918 J ②8291

意味 ①たばねる。②みのる。

禾7〔稇〕〔12〕 同字 ｜ U 7A07 補 4912

【稛載】(こんさい) 車にたばね積む。

禾8【稡】〔13〕 [一]サイ(漢) [一](去) 泰 zuì ツォイ [二]ソツ(漢) [二](入) 月 zú ツー ｜ U 7A21 補 4920

意味 [一]①稲や粟(あわ)が穂を出しても実らない。②集める。[二][禾弗]稡(ほっそつ)は、穀物が実らないまま穂を上にむけているさま。

禾8【稕】〔13〕 シュン(漢)(去) 震 zhùn チュン ｜ U 7A15 補 4917 J ②8290

意味 ①敷きわら用に稲わらなどをうでほどの太さに束ねたもの。②(zhǔn)酒屋の看板。

禾8【稔】〔13〕 人 ジン(漢)(上) 寝 rěn レン ネン(慣) ｜ U 7A14 J 4413

意味 ①〈みの・る〉 穀物が熟する。「稔熟(じんじゅく)」②つむ。重なる。③とし。穀物が一年に一度みのることからいう。＝年 ④熟している。十分に。

解字 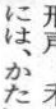 形声。禾が形を表し、念(ねん)が音を示す。禾は穀物。念には、かたい、ふくむ、という意味がある。稔は、穀物が熟して、かたくなることである。

名前 とし・なり・なる

【稔歳】(じんさい) 作物のみのりのよい年。豊年。

【稔聞】(じんぶん) 聞きなれる。

禾8【稚】〔13〕 常 チ ｜ チ(漢)(去) 寘 zhì チー (呉) ｜ U 7A1A J 3553

筆順 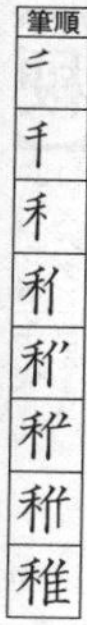

意味 ①小さい稲。②〈わか・い(——・し)〉 おさない。「稚心」「幼稚(ようち)」③おそい。おそく実る稲。④姓。

解字  形声。古い形では、禾と犀(ち)を合わせた字。禾が形を表し、犀(ち)が音を示す。禾はいね。犀は遅と同様に、おくれる意味がある。稺は、いねの幼いものである。稚の隹(すい)は、「とり」で、尾の長いのを鳥というのに対し、尾が短く、ずんぐりした小型のとりをいう。稚は、いねの小さいもの。転じて、「わかい」「おさない」の意味になる。

名前 のり・わか・わく 地名 稚内(わっかない) 難読 稚児(ちご)(付表)／稚児(やや)

【稚気(氣)】(ちき) こどもらしい気持ち。こどもっぽい気分。

【稚魚】(ちぎょ) 生まれたばかりの魚の子。

【稚子】(ちし) ①おさなご。幼児(ようじ)。稚児。「稚子候レ門(ちしもんにまつ)」(おさない子たちは、自分の帰りを門のところで待っている。)〈陶潜(とうせん)・帰去来辞(ききょらいのじ)〉②竹の子の別名。

【稚児(兒)】[一](ちじ) 国 幼い子。ちのみご。幼児。[二](ちご) 国 ①むかし、公家(くげ)・武家(ぶけ)・寺などで給仕に使われた少年。②神社や寺の祭礼・法会(ほうえ)などのとき、美しく着飾ってねり歩くこども。

【稚拙】(ちせつ) 国 へたで飾りけがないこと。こどもらしく、へたなこ「と。」

【稚竜(龍)】(ちりゅう(りう)) ①筍(たけのこ)の別名。②鯉(こい)の別名。

禾8【稠】〔13〕 [一]チュウ(チウ)(漢)(呉) [一](平) 尤 chóu チョウ [二]チョウ(テウ)(漢) [二](去) 嘯 diào ティアオ [三]チョウ(テウ)(漢) ジョウ(デウ)(呉) [三](平) 蕭 tiáo ティアオ ｜ U 7A20 J 6739

意味 [一]①多い。「稠人」②〈しげ・る〉 密である。「稠林」[二]動く。「稠嵕(ちょうごう)」[三]調和する。＝調

【稠畳(疊)】(ちゅうじょう(ちうでう)) いくえにも重なる。

【稠人】(ちゅうじん(ちう)) 多くの人。衆人。

【稠密】(ちゅうみつ(ちう)) びっしりと集まる。こみあう。

禾8【稙】〔13〕 チョク(漢)(入) 職 zhī チー ｜ U 7A19 J 6738

意味 ①早まきの穀物。わせ。「稙禾(ちょくか)」②早い。

姓 稙田(わさだ)

禾8【稗】〔13〕 標 ハイ(漢)(去) 卦 bài パイ ｜ U 7A17 J 4103

禾9【稗】〔14〕 俗字 ｜ U 補 J

意味 ①〈ひえ〉 穀物の名。稲に似て、稲を害する。②小

5画 玄玉(王)瓜(瓜)瓦甘生用田疋(⺪)疒癶白皮皿目(罒)矛矢石示(ネ)内禾穴立

さい。つまらない。

姓 稗田ひえだ　地名 稗貫ひえぬき

【稗官】はいかん(くゎん) ①昔、王者の政治の参考にするため、民間の物語などを集める仕事をした地位の低い役人。小役人。②小説。【――小説】はいかん(くゎん)しょう(せう)せつ ①王者が稗官に集めさせた物語や説話など。小説はつまらないことばの意で、君子くんしの経伝けいでんに対して、小人の説話本をいう。②小説。

【稗史】はいし ①民間のこまごまとしたことを記録した小説ふうの歴史。②伝記小説。

【稗田阿礼(禮)】ひえだのあれ 人名。天武てんむ天皇時代の語部かたりべ。その語り伝えた神話・歴史を、太安万侶おおのやすまろが筆記して「古事記」を作った。

禾8【稟】〔13〕(人) ㊀ヒン(漢) ホン(呉) ㊀(上) 寝 bǐng ピン ㊁リン(漢) ㊁(上) 寝 lǐn リン J6740 U7A1F

示8【禀】〔13〕俗字 J6741 U補7980

意味 ㊀①ふち。役所が与える穀物。「稟給ひんきゅう」②〈う・ける(―・く)〉命令をうける。天からうけた性質。「稟承ひんしょう」③あたえる。さずける。④生まれつき。天性。「天稟」⑤申す。申しあげる。「稟白ひんぱく」「稟報ひんぽう」㊁米倉。＝廩りん

【稟議】ひんぎ|りんぎ 官庁・会社などで、会議によらないで、その仕事の主管者が決定案を作成し、関係する上役にまわしその承認を受けること。

【稟給】ひんきゅう(きふ) 俸給。給料。

【稟告】ひんこく ①命令を受けて、告げ知らせる。②申し上げる。

【稟質】ひんしつ 生まれつき。天性。

【稟食】ひんしょく 昔、官から支給された穀物。俸禄ほうろく。

【稟申】ひんしん 上役に申しあげること。上申。

【稟性】ひんせい 天からさずかった性質。生まれつき。「質。稟賦ひんぷ。稟受ひんじゅ。稟」

【稟奏】ひんそう 天子の命令を受けることと、天子に申し上げること。

【稟賦】ひんぷ 生まれつきの性質。

【稟命】ひんめい 生まれつき。

禾8【稝】〔13〕ホウ(漢) (平) 庚 (ハウ) bēng ポン J― U補―

禾6【𥞩】〔11〕俗字 J②8285 U補257A9

意味 義未詳。国〈ひび〉姓。として用いる。

禾8【稑】〔13〕リク(漢) (入) 屋 lù ルー J②8289 U補4916 7A11

意味 〈わせ〉おそくまいても早く実る穀物こくもつ。↕穜とう

禾8【稜】〔13〕(人) ロウ(漢) リョウ(慣) (平) 蒸 léng ロン J4639 U7A1C

意味 ①〈かど〉すみ。「稜角りょうかく」②いきおい。威勢。「稜威りょうい」③打つ。④農地の広さをはかる単位。音 lèng ロン。

解字 会意・形声。禾と夌とを合わせた字。また、夌りょうが音をも示す。禾は穀物の形で、夌にはかどだつ意があり、稜は穀物のかどをいう。転じて、かど、すみの意となる。

名前 いず・たか・たる

【稜威】りょうい(ゐ) 天子の威光。みいつ。

【稜角】りょうかく とがった角。

【稜岸】りょうがん 姿がすぐれてりっぱで、たくましい。

【稜線】りょうせん 峰から峰へ続く山の背。尾根おね。

【稜稜】りょうりょう ①寒さが身にしみるさま。②かどだって正しいさま。おりめ正しいさま。

禾9【稭】〔14〕㊀カツ(漢) (入) 黠 jiē チエ ㊁カイ(漢) (平) 佳 jiē チエ J②8294 U7A2D

意味 ㊀㊁農作物のくき。わら。編んでしきものを作る。

禾9【稧】〔14〕㊀ケイ(漢) (去) 霽 xì シー ㊁ケツ(漢) (入) 屑 qiè チエ J4921 U7A27

意味 ㊀①稲の苗をうえる。②みそぎ。けがれをはらう祭り。＝禊けい ㊁稲のわら。

禾9【䅣】〔14〕コウ(漢) (平) 陽 (クヮウ) huáng ホワン J②8293 U4163

意味 䅭䅣ぼうこうは、穀物こくもつの名。黍きびに似て、ねばりけがないもの。

禾9【穀】〔14〕(学)6 コク J2582 U7A40

旧字 禾10【穀】〔15〕(人) コク(漢)(呉) (入) 屋 gǔ クー J①8945 U補FA54

米10【糓】〔16〕同字 J5132 U補7CD3

筆順 士 声 壴 壳 㯖 㯖 榖 穀

意味 ①〈たなつもの〉穀物こくもつ。米・麦・豆・粟あわ・黍きびの五穀。②よい。「穀日」「穀旦こくたん」③ふち。給料。④養う。⑤若い召使。⑥つげる。⑦生きる。⑧乳ちち。

解字  形声。禾が形を表し、㱿かくが音を示す。禾は穀物。㱿には、堅いからという意味がある。穀は、からのついたもので、穀物の総称となる。

名前 よし・より　難読 穀潰ごくつぶし

【穀雨】こくう 二十四気(陰暦で一年を二十四に分けたもの)の一つ。春の終わり。陽暦の四月二十一日ごろ。

【穀穀】こくこく 鳥の鳴き声の形容。

【穀日】こくじつ よい日。めでたい日。吉日。

【穀倉】こくそう(さう) ①米などの穀物を保存するために入れておく蔵。②穀物の多くとれる土地。

【穀旦】こくたん よい朝。天気のよい朝。

【穀帛】こくはく 穀物や絹の布。財産。

【穀物】こくもつ 主食とする農作物。米・麦・粟あわ・黍きび・豆のいわゆる五穀。

【穀梁伝(傳)】こくりょう(りやう)でん 書名。二十巻。「春秋穀梁伝」の略。孔子の著した春秋を、孔子の高弟の子夏しかの弟子でし、周の穀梁赤こくりょうせきが解釈したもの。「左氏伝」「公羊伝くようでん」を合わせて春秋三伝という。

◆五穀ごこく・米穀べいこく・新穀しんこく・雑穀ざっこく・脱穀だっこく

禾9【種】〔14〕(学)4 シュ たね ㊀ショウ(漢) シュ(呉) ㊀(上) 腫 zhǒng チョン ㊁ショウ(漢) シュ(呉) ㊁(去) 宋 zhòng チョン J2879 U7A2E

筆順 二 千 禾 禾 秱 稍 稙 種

意味 ㊀①〈たね〉㋐穀物・草木のたね。㋑もと。原因。㋒血すじ。種族。②〈くさ〉しな。品目。「種種しゅじゅ」③たぐい。種類。「種別」㊁①〈う・える(―・う)〉草木を植える。「種植」②たねをまく。③しく。広める。「種徳」

解字  形声。禾が形を表し、重ちょうが音を示す。禾はいね。重には、おもいという意味、あるいは憧ちょうと同じく、おそいという意味がある。種は、先にうえて、後から熟する穀物、「おくて」をいう。「うえる」という意味を表す字は、もともと「種」であったが、種と区別なく用いられてきた。

名前 おさ・かず・ぐさ・しげ・ふさ　地名 種子島たねがしま

【種芸(藝)】しゅげい 草木を植えつける。栽培さいばい。

【種作】しゅさく 果樹・穀物を植えて耕す。

【種子】㊀しゅし たね。または、もとになるもの。㊁しゅじ (仏)①菩提心ぼだいしん。仏道を求める心。②すべての物を生み出すもととなる力。㊂チョンツ zhǒngzi 現 ㊀に同じ。

【種種】しゅじゅ ①いろいろ。さまざま。②いろいろのもの。③髪の毛が短くなり衰えたさま。④慎み深いさま。

【種樹】しゅじゅ ①農業や園芸。②植木屋。植木師。「種樹郭橐駝伝しゅじゅかくたくだでん」(柳宗元りゅうそうげんの文の名)

5画
玄玉(王)瓜(瓜)瓦甘生用田疋(⺪)疒癶白皮皿目(罒)矛矢石示(礻)禸禾穴立

【種姓】氏と素姓。

【種族】①人の種類。人種。②動植物などで同じ種類のもの。③一族みな殺しにされること。族滅。族誅。④同一の先祖から出た氏族などで構成している社会。

【種畜】子をふやしたり改良するために養っている家畜。種馬・種牛など。

【種痘】牛痘を人体に接種して、天然痘のうつるのを予防する方法。

【種物】一たね。もと。二国①草木の種。②てんぷら・肉などの副食物を入れた、そばやうどん。③シロップやさとうなどをかけたかき氷。

【種別】種類によって分けること。

【種目】種類別の項目。

【種落】同じ種族の人が集まっている所。

【種類】しなじな。物事のいろいろなたぐい。部類。
◆人種・各種・品種・別種・変種・特種・接種・雑種・諸種・業種・職種

禾9【稰】〔14〕 一ショ 漢 一 平 魚 xū シュイ 二ショ 漢 二 上 語 xǔ シュイ　U 7A30 補 J 4925
意味 一穀物の実が落ちる。二①おそく実る稲。②神に供える米。

禾9【稯】〔14〕 一ソウ 漢 一 平 東 zōng ツォン 二ソウ 漢 呉 二 上 董 zǒng ツォン　U 7A2F 補 J 4924
意味 一①数量の単位。稲四十たばをいう。（→付録「度量衡名称」）②布の縦糸、八十本をいう。③たば。二稯稯は、集っているさま。

禾9【稬】〔14〕 ダ 漢 去 箇 nuò ヌオ　U 7A2C 補 J ―
意味 ①稲。②もちごめ。＝糯

禾9【稲】〔14〕 常 トウ いね・いな　U 7A32 補 J 1680
旧字 禾10【稻】〔15〕 人 トウ(タウ) 漢 呉 上 皓 dào タオ　U 7A3B 補 J 6743
筆順
意味 〈いね〉①米のなるイネ科の植物。②もみがらのついたものを禾、もみがらをとったものを稲という。国〈いな〉「いね」の語尾の音が転じたもの。熟語の場合に用いる。
解字 形声。禾が形を表し、舀が音を示す。禾は穀物。舀は、臼で米をこねることで、ねばる、やわらかいという意味を持つ。稲は、やわらかい穀物で、もちごめをいう。
名前 ね・しね 姓 稲生・稲荷山 地名 稲沢・稲城・稲敷
難読 稲荷・稲熱病・稲架
【稲妻】国いなびかり。電光。
【稲舟】国刈った稲をつんで運ぶ舟。
【稲叢】国刈り入れた稲をつみかさねておくもの。
【稲荷】国①五穀をつかさどる倉稲魂神を祭った神社。②いなりずしの略。③きつねのこと。
【稲熱病】国稲の病虫害の中でも被害の最も大きいもの。病原は、かびの一種で、その胞子が稲に寄生すると、葉や茎が褐色に枯れる。
【稲畦】稲を植えつけた田。稲田。
【稲穀】稲。
【稲田】稲を植えた田。
【稲麻竹葦】物が多く、いり乱れるさま。群がり乱れるさま。
【稲粱】稲と、粟。

禾9【稫】〔14〕 ヒョク 漢 入 職 フク 慣 bì ピー　U 7A2B 補 J 4922
意味 稲や粟の苗がよくしげっている。「稫稄」

禾9【稱】〔14〕 旧 →称（九〇八ページ・中）
禾9【稗】〔14〕 俗 →稗（九一二ページ・下）
禾9【稱】〔14〕 同 →稱（九〇八ページ・中）

禾10【稼】〔15〕 常 カ かせぐ　カ 漢 去 禡 jià チア　U 7A3C 補 J 1852
筆順
意味 ①実のついた稲。②〈う・える(―・う)〉穀物をうえる。③作物。穀物。国〈かせ・ぐ〉仕事にはげむ。働いて金を得る。「稼高」
解字 形声・会意。禾が形を表し、家が音と意味を示す。禾はいね。家は、いねの実の充実していること、あるいは、とり入れは家の仕事であることを示すという。また、家は嫁の略で、嫁取りと同じく、生産のいとなみであるともいう。
名前 たか・たね
【稼業】①農業。②肉体労働の家業。③一家の生計をたてる仕事。家業。
【稼穡】①作物の植えつけと取り入れ。②農事。農業。「耕稼」
◆出稼・共稼・荒稼

禾10【稽】〔15〕 常 ケイ　一ケイ 漢 一 平 斉 jī チー 二ケイ 漢 二 上 薺 qǐ チー　U 7A3D 補 J 2346
禾11【稽】〔16〕 俗字　U 25874 補 J ―

筆順
意味 一①〈とど・まる〉とどこおる。「稽留」②とどめる。ひきとめる。③〈かんが・える(――・ふ)〉思考する。「稽度」④はかる。かぞえる。⑤合う。あたる。⑥いたる。「稽天」二頭を地につけて礼をする。「稽首」

解字 形声。禾と尤が形を表し、旨が音を示す。禾は、木の先端が曲がって伸びない意を表し、尤はとがめる、禁止する意を表す。旨は詣に通じ、いたる意を表す。一説に、尤は、色の美しいもの、旨は、うまいものの意。稽は、これ以上成長せずに止まることから、とどまる、とどめることを意味する。また、計に通じ、はかる、考えることも意味する。

名前 とき・のり・よし
【稽古】①昔の事を考える。②学問のこと。③国習う。練習する。修業する。「寒稽古」④国遊芸を習う。

【稽式】①法則。法式。②考え合わせて手本とする。

【稽首】「稽顙」に同じ。

【稽顙】頭を地につけて礼をする。また、その礼。稽首。

【稽同】考え合わせる。

【稽留】①引き止めて残らせる。②とどまる。
◆滑稽・荒唐無稽

禾10【稴】〔15〕 一ケン 漢 一 平 塩 xián シエン 二レン 漢 二 去 豔 liàn リエン　U 7A34 補 J 4926
意味 一うるち米。ねばりけの少ない稲。二稴稴は、稲などの穂が実らないさま。

禾10【稿】〔15〕 常 コウ　コウ(カウ) 漢 上 皓 gǎo カオ　U 7A3F 補 J 2538
筆順
禾10【稾】〔15〕 同字　U 7A3E 補 J 6744
艸15【藁】〔19〕 同字　U 85F3 補 J 5792

5画
玄玉(王)瓜(瓜)瓦甘生用田疋(⺪)疒癶白皮皿目(罒)矛矢石示(礻)内禾穴立

き。「草稿」 【意味】①〈わら〉稲・麦などの茎。②したがき。詩文の下書きをいう。

【解字】形声。禾が形を表し、高(かう)が音を示す。禾は穀物。高には、たかいという意味がある。稿は、穀類の背の高いくき、わらをいう。

【稿人】(こうじん)(かうじん) わらで作った人形。
【稿草】(こうそう)(かうさう) 下書き。草稿。
【稿砧】(こうちん)(かう) わらを打つ台石のことで、妻が夫をいう隠語。
【稿本】(こうほん)(かう) 書きおろしたままで清書していない本。下書き。草稿。原稿。
【稿料】(こうりょう)(かうれう) 原稿を書いたことに対して支払う料金。「稿料。原」
△▼投稿・起稿・原稿・寄稿・脱稿・遺稿

禾10【稵】〔15〕 シ 漢 平 支 zī ツー U補J 4927 7A35
【意味】①稲や粟(あわ)の苗が生えそろっているさま。②移植する。③ますます。＝滋

禾10【稷】〔15〕 一ショク 漢 一入 職 jì チー 二ソク 漢 二入 職 zè ツォー U補J 6745 7A37
【意味】一①〈きび〉五穀の一つ。ねばりけのない黍(きび)。「稷黍(しょくしょ)」②五穀の神、また、それを祭る所。「社稷」③農業を管理する役。「稷官(しょくかん)」④星座の名。⑤地名。㋐春秋時代の斉(せい)の地名。㋑春秋時代の晋(しん)の地名。㋒春秋時代の楚(そ)の地名。二日がかたむく。＝昃(そく)
【稷正】(しょくせい) 穀物の神。稷神。穀神。
【稷契】(しょくせつ) 尭(ぎょう)帝・舜(しゅん)帝に仕えた二人の賢明な臣下、稷(しょく)と契(せつ)。「棄(き)と契」
【稷下】(しょくか)(しょく) 地名。春秋時代の斉(せい)の都。今の山東省淄博(しはく)市の稷門付近にあった。斉の宣王(せんのう)は学問を好み、学者を優遇したので、孟子(もうし)をはじめとして多くの学者がここに集まった。これを「稷下の学」という。
【稷狐】(しょくこ)(しょく) 五穀の神を祭る神社に住むきつね。転じて、君主の側にいる悪人。

禾10【稹】〔15〕 一シン 漢 一上 軫 zhěn チェン 二ヘン 漢 二平 先 biān ピエン U補J ①8946 4929 7A39
【意味】一①むらがりはえる。茂る。こみいっている。②細かい。③草木の根が入りくむ。二いんげん豆。

禾10【穂】〔15〕 常 スイ ほ U補J 4270 7A42
旧字 禾12【穗】〔17〕 人 スイ 漢 去 寘 suì ソイ U補J 6747 7A57

筆順 二 千 禾 禾 秆 秱 秞 穂

【意味】①〈ほ〉ほさき。穀物のさきの実をつけるところ。「禾穂(かすい)」②植物のほのような花や実。③ほのような形をしたもの。灯火などを指す。④広州(こうしゅう)の別称。

【解字】形声。禾が形を表し、恵(けい)が音を示す。禾はいね。恵には、めぐむという意味がある。穂は、天のめぐんだ穀物の意味から、実った穀物をいうのであろう。音スイは、恵の音ケイの変化という。

【名前】お・みのる 【姓】穂積(ほづみ)
【穂波】(ほなみ) 国稲などの穂が波のように風になびくさま。
【穂並(竝)】(ほなみ) 国米や麦などの穂が出そろったさま。
△▼初穂(はつほ)・落穂(おちぼ)・稲穂(いなほ)

禾10【稺】〔15〕 チ 漢 去 寘 zhì チー U補J 4930 7A3A
禾12【穉】〔17〕 同字 U補J 6748 7A49
【意味】＝稚 ①小さい稲。②〈わか・い(―・し)〉おさない子。「稺子(ちし)」③おそい。おそくみのる稲。

禾10【穃】〔15〕 音義未詳。 U補J 6746 7A43

禾10【稾】〔15〕 同→稿(九一四ページ・下)

禾10【穀】〔15〕 旧→穀(九一三ページ・中)

禾10【稸】〔15〕 同→蓄(一〇七六ページ・中)

禾10【稻】〔15〕 旧→稲(九一四ページ・上)

禾10【黎】〔15〕→黍部三画(一四四五ページ・下)

禾11【穎】〔16〕 標 エイ 漢 上 梗 yǐng イン U補J 1747 7A4E
頁7【頴】〔16〕 簡慣 U補J 1748 9834
【意味】①穀物ののぎ。ほさき。②ほさきのようにとがった物。③芽。④才能がすぐれている。「穎敏(えいびん)」⑤筆のほさき。

【姓】穎娃(えい)
【参考】新表記では、「英」に書きかえる熟語がある。
【穎異】(えいい) すぐれて賢い。すぐれて人と異なる。
【穎悟】(えいご) 才知がすぐれている。
【穎才】(えいさい) すぐれた才能。また、すぐれた才能をもっている人。
【穎脱】(えいだつ) 袋の中にある錐(きり)の穂先が外まで脱(ぬ)け出る意。才能がとびぬけてすぐれているさま。〈史記・平原君列伝〉
【穎哲】(えいてつ) すぐれてかしこいこと。

禾11【穏】〔16〕 常 オン おだやか U補J 1826 7A4F
旧字 禾14【穩】〔19〕 オン 漢 具 (ヲン) 上 阮 wěn ウエン U補J 6751 7A69

筆順 二 千 禾 秆 稃 稃 稃 穏

【意味】①穀物を足でふんでからと実を分ける。②〈おだやか〉㋐やすらか。落ち着いている。「安穏(あんのん)」「穏穏(おんおん)」㋑妥当(だとう)である。合っている。「穏帖(おんちょう)」

【解字】形声。禾が形を表し、㥯(いん)が音を示す。禾は穀物。㥯には、かくれる、よりかかる、やわらかい、という意味がある。穏は、穀物の穂をやわらかにふんで集めることという。やわらかいことから、安の意味を生じた。一説に、収穫した穀物を目立たぬようにかくすことという。

【名前】しず・とし・やす・やすき
【穏健】(おんけん)(をん) 考え方やことばなどがおだやかでしっかりしている。
【穏睡】(おんすい)(をん) ゆっくり眠る。
【穏当(當)】(おんとう)(をんたう) ①道にかなって無理のないこと。②おだやか。
【穏便】(おんびん)(をん) 国あらだてない。かど立てない。
【穏和】(おんわ)(をん) おだやか。おとなしい。
△▼不穏(ふおん)・平穏(へいおん)・安穏(あんおん・あんのん)

禾11【穊】〔16〕 キ 漢 去 寘 jì チー U補J 2F95A
【意味】数が多い。密集している。

禾11【穅】〔16〕 コウ 漢 (カウ) 平 陽 kāng カン U補J 4932 7A45
【意味】①〈ぬか〉穀物の外皮。もみぬか。②むなしい。①ぬかと、しいな。②つまらないもの。
【穅秕】(こうひ)(かう)

禾11【穄】〔16〕 サイ 漢 去 霽 jì チー U補J 4931 7A44
【意味】きびの一種。くろきび。ねばりけのない、きび。

禾11【穆】〔16〕 一サン 漢 一平 咸 cǎn ツァン 二サン 漢 二平 咸 shān シャン 三シン 漢 三平 侵 cēn ツェン U補J ②8302 4933 7A47
【意味】一いぬびえ。二穇穆(さんさん)は、みのらない穀物の穂(ほ)。三背の低い穀物。また、背の高い穀物。

5画
玄玉(王)瓜(瓜)瓦甘生用田疋(⺪)疒癶白皮皿目(罒)矛矢石示(礻)禸禾穴立

5画 玄玉(王)瓜(瓜)瓦甘生用田疋(⺪)疒癶白皮皿目(罒)矛矢石示(礻)内禾穴立

禾11 【積】〔16〕 学4 セキ つむ・つもる
一 セキ 漢 シャク 呉 一 入 陌 jī チー
二 シ 漢 二 去 寘 zì ツー
U補J 7A4D 3249

筆順 二 千 禾 秆 秸 秸 積 積

意味 一 ①〈つ・む〉〈つも・る〉 ㋐つみ重ねる。「堆積」 ㋑だんだん多くなる。 ㋒たくわえる。「積財」「積粟」 ②とどこおる。 ③数 二つ以上の数をかけて得た数値。せき。 二 たくわえる。「積聚」 国〈つもり〉 ①みつもり。予算。 ②心ぐみ。前もって思いはかること。

解字 形声。禾が形を表し、責が音を示す。禾は穀物。責には、あつめるという意味がある。積は、穀物をあつめてたばねることである。

名前 さ・あつ・かず・さつ・さね・つね・つみ・もち・もり 姓 積組

地名 積丹

【積聚】 一 ①集めたくわえる。積集。集積。 ②長い間積みたくわえた物品。 二 胃けいれん。

【積悪(惡)】 積もり積もった悪事。↕積善 【――之余(餘)殃】 悪事を行い続けていると、いつかは悪い報いがあること。〈易経・坤卦〉 ↕積善之余慶

【積雨】 降り続く長雨。淫雨。霖雨。

【積鬱】 ①心に積もる心配。 ②長い間、気がふさいでいること。

【積怨】 積もりに積もった恨み。積恨。

【積殃】 積もり重なったわざわい。

【積学(學)】 学問を積み重ねること。

【積載】 船・車などに荷物を積みあげる。「積載量」

【積財】 多くの財産。

【積尸】 積み重なった死骸。

【積志】 かねてのこころざし。「奮二大辱之積志一」(生けどりになった大きな恥をそそごうという年来のこころざしをふるいたたせる。)〈漢書・蘇武伝〉

【積日】 多くの日数。

【積習】 古くからの習慣。

【積襲】 積み重なる。積類。

【積水】 ①集まりたまった水。 ②湖。海。「積水不レ可レ極」(海のはてをきわめつくすことはできない。)〈王維の詩・送三秘書晁監還二日本国一〉

【積翠(翠)】 幾重にも重なりあって茂っている木々の緑。青々とした山の形容。

【積雪】 ふり積もった雪。

【積善】 積もり積もった善行。↕積悪 【――之余(餘)慶】 善い行いを続けていれば、その報いとして、いつかは幸福がくること。積善之家、必有二余慶一。〈易経・坤卦〉 ↕積悪之余殃

【積漸】 しだいに。

【積素】 ①雪などの白く積もったもの。 ②古くから。

【積粟】 たくわえた穀物。

【積蓄】 積みたくわえる。積貯。積集。

【積稲(稻)】 積みかさねたわら。

【積年】 積もり積もった長い年月。多年。累年。

【積忿】 積もる怒り。＝積憤

【積弊】 長い間、行われてきた悪いならわし。

【積憂】 積もり積もった心配事。積愁。

【積乱(亂)雲】 入道雲。雷雲のこと。

【積量】 船舶・馬車などに積む荷物の量。積載量。

【積霖】 降り続く長雨。

【積累】 一 積み重なる。累積。 二 jīlěi 現 一 に同じ。

【積潦】 長雨による大水。

【積極】 一 進んで事にあたること。「積極的」 ↕消極 二 jījí 現 ① 一 に同じ。 ②肯定的である。

【積薪之嘆(歎)】 長い間、下積みの生活をしていてむくいられない悲しみ。〈史記・汲黯列伝〉

【積水成レ淵】 「積土成レ山」(次項)に同じ。〈荀子・勧学〉

【積土成レ山】 ちりも積もれば、山となる。少しの物でも積もれば、大きくなるたとえ。〈荀子・勧学〉

▲山積・体積・沈積・面積・容積・累積・堆積・集積・蓄積・鬱積

禾11 【穌】〔16〕 ソ 漢 平 虞 sū スー U補J 7A4C 4935 ②8303

意味 ＝蘇 ①かき集めて、とる。 ②〈よみがえ・る〉(よみがへ・る) 生きかえる。 ③目がさめる。 ④いこう。休む。

禾11 【穆】〔16〕 ボク 漢 入 屋 mù ムー U補J 7A46 4352

意味 ①稲の名。 ②つつしむ。 ③〈やわら・ぐ〉(やはら・ぐ) なごやか。＝睦 ④喜ばしい。喜ぶ。 ⑤美しい。 ⑥だまる。＝黙 ⑦宗廟の序列で、子の位。父の位は昭という。↓昭(五九〇ページ・中) ⑧姓。

【穆実(實)】 慎み深くまじめなこと。

【穆然】 ①静かに思うさま。 ②深遠なさま。 ③ゆったりとして注意深いさま。

【穆天子伝(傳)】 書名。六巻。晋の時代に、魏の襄王の墓から発掘された。周の穆王の西遊の故事を記した書。

【穆穆】 ①ことばも姿も美しくりっぱなさま。 ②ゆったりしたさま。 ③奥深いさま。 ④礼にかなない威厳あるさま。【――棣棣】 朝廷の君臣が威儀あるさま。天子は奥深くやわらぎ、首相はきちんと落ち着いている。〈李華・弔二古戦場一文〉

禾11 【穈】〔16〕 ボン 漢 モン 呉 平 元 mén メン U補J 7A48 4934

意味 穀物の名。きび。苗が赤いものをいう。

禾11 【穋】〔16〕 一 リク 漢 一 入 屋 lù ルー 二 キュウ 漢 (キウ) 二 平 尤 jiū チウ U補J 7A4B

意味 一 わせ。早く成熟する稲。 二 薬草の名。

禾11 【稽】〔16〕 俗 ↓稽(九一四ページ・下)

禾11 【穐】〔16〕 俗 ↓秋(九〇六ページ・下)

禾12 【穖】〔17〕 キ 漢 上 尾 jǐ チー U補J 7A56 4937 ②8304

意味 稲や粟の大きな粒を真珠にたとえたもの。穀物の珠。

禾12 【穛】〔17〕 サク 漢 入 覚 zhuō チュオ U補J 7A5B

意味 十分みのってない穀物を取り入れる。

禾12 【穕】〔17〕 ショウ 漢 呉 入 葉 qiè チエ (セフ) U補J 7A55 4936

意味 古代の農具の名。「土穕」

禾12 【穜】〔17〕 一 トウ 漢 一 平 東 tóng トン 二 ショウ 漢 シュ 呉 二 去 宋 zhòng チョン U補J 7A5C 4939 ②8306

意味 一 おくて。はやくまいて、おそく実る穀物。↕稑 二 うえる。＝種

禾12 【穙】〔17〕 ホク 漢 入 屋 pú プー U補J 7A59 4938 ②8305

【意味】①稲や粟を積みかさねたもの。②穀物や雑草がしげっているさま。

禾12【穝】〔17〕国字 サイ J①8947 補4940 U7A5D
【意味】姓・地名として用いる。穝東は、岡山県の地名。

禾12【穗】〔17〕旧→穂(九一五ページ・上)

禾12【稺】〔17〕同→稺(九一五ページ・中)

禾12【黏】→黍部五画(一四四五ページ・下)

禾13【穫】〔18〕常 カク J1947 U7A6B
旧字 禾14【穫】〔19〕カク漢(クヮク) 入 薬 huò フオ

筆順 禾 秆 秆 秆 秆 秆 穫 穫

【意味】①稲などをかりとる。「穫稲」②かり入れる。おさめる。「収穫」③得る。

【解字】形声。禾が形を表し、蒦が音を示す。禾は穀物。蒦は、手にしっかりにぎるという意味がある。穫は、穀物を刈りいれることである。

【名前】え・みのる

◇収穫

禾13【穣】〔18〕人 一ジョウ漢(ジャウ) 一平 陽 ráng ラン 二ジョウ漢(ジャウ) 二上 養 rǎng ラン J3087 U7A63
旧字 禾17【穰】〔22〕人 J6753 U7A70

【意味】一①きびがら。きびの茎の皮をとったもの。②〈ゆたか〉穀物がゆたかにみのる。「穣歳」「豊穣」③草。④果実の肉の部分。‖瓤 ⑤豊年をいのる。二①盛んなさま。②地名。今の河南省にあった。

【解字】形声。禾が形を表し、襄が音を示す。禾はきび・穀物。襄には、間にはいるという意味がある。穣は、とうきびが、皮を割って出ることで、みのるという意味を表す。

【名前】しげ・おさむ・みのる

【穣歳】豊作の年。

【穣穣(穰穰)】①物の多いさま。豊富。②幸福なさま。

◇豊穣・富穣

禾13【穠】〔18〕ジョウ漢(チョウ) 平 冬 nóng ノン J②8308 補4942 U7A60
【意味】①草木がしげる。「穠緑」「穠繁」②さかんに咲く。「穠李」

【穠華(華)】①さかんに咲いている花。②花のように美しい女性のたとえ。

【穠纖(纖)】ふとっていることと、やせていること。

【穠李】花がたくさん咲いているすもも。

【穠緑(綠)】草木が茂り、緑がこいこと。

禾13【穡】〔18〕ショク漢 入 職 sè ソー J6749 U7A61
【意味】①よくみのった穀物。②とり入れる。穀物をとり入れる。とり入れ。③農事。「穡事」④倹約する。おしむ。‖嗇

【穡事】耕作のしごと。農事。

禾13【穟】〔18〕スイ漢 去 寘 suì ソイ J②8307 補4941 U7A5F
【意味】①ほ。稲などの穂。②穟穟は、苗の美しいさま。

禾13【穥】〔18〕ヨ漢 呉 去 御 yù ユイ 補4943 U7A65
【意味】①黍や粟がよく実っているさま。「穥穥」②黍や粟などの作物。③(yǔ)穀物の苗がしげっている。

禾13【穢】〔18〕標 ワイ漢 エ(ヱ)呉 去 隊 huì ホイ アイ慣 J6750 U7A62
【意味】①〈あ・れる(――・る)〉雑草がはえて荒れる。②荒れ地。雑草。③〈けが・れる(――・る)〉よごれる。「穢行」④〈けが・す〉よごす。⑤〈けがれ〉よごれ。「汚穢」「穢慝」⑥悪事。悪人。「穢徳」⑦きたない。みにくい。⑧東方の異民族(東夷)の名。「穢貊」

【穢草】作物の生長を害する雑草。

【穢濁】けがれ濁る。穢溷。濁穢。垢濁。

【穢身】仏けがれたからだ。

【穢土】仏この世。濁世。娑婆。汚れた世界。「厭離穢土」↔浄土

【穢悪(惡)】けがす。けがれ。けがらわしいこと。

◇汚穢・触穢・蕪穢・醜穢

禾13【馥】→香部九画(一三九六ページ・下)

禾14【穧】〔19〕セイ漢 去 霽 jì チー J②8309 補4944 U7A67
【意味】①刈り倒したままの稲。かりいね。②穀物を刈りとる。③すくない。

禾14【穩】〔19〕旧→穏(九一五ページ・下)

禾14【穪】〔19〕同→稱(九〇八ページ・中)

禾14【穫】〔19〕旧→穫(本ページ・上)

禾15【穭】〔20〕リョ漢 上 語 lǚ リュイ J①8948 補4946 U7A6D
【意味】①〈ひつじ(ひつぢ)〉自然にはえた穀物。②野生の。「穭生」

【穭穀】自然にはえた穀物。

禾7【稆】〔12〕同字 U7A06

禾16【穐】〔21〕同→秋(九〇六ページ・下)

禾17【穰】〔22〕旧→穣(本ページ・上)

禾17【龢】→龠部五画(一三九ページ・下)

禾18【黐】→黍部十一画(一四四五ページ・下)

禾20【龝】→龜部九画(九〇六ページ・下)

5画 穴部 あな あなかんむり

【部首解説】「ほらあな」を表す。この部には、穴の状態や穴を開けることに関連したものが多く、「穴」の形を構成要素とする文字が属する。

穴0【穴】〔5〕学6 ケツ あな J2374 U7A74
旧字 穴0【穴】〔5〕ケツ漢 入 屑 xué シュエ

筆順 丶 宀 宀 穴 穴

【意味】①〈あな〉㋐つちむろ。土の中の住居。「穴居」㋑墓あな。㋒ほらあな。「洞穴」㋓動物の巣。㋔くぼみ。㋕身体のツボ。「灸穴」②あなをほる。③せまい。「穴見」
国〈あな〉①欠点。②損失。③他人の知らないよい場所や物

5画 玄玉(王)瓜(瓜)瓦甘生用田疋(⻊)疒癶白皮皿目(罒)矛矢石示(ネ)内禾穴立

事。「穴場」

解字  形声。宀が形を表し、八が音を示す。宀はやね、おおうもの。八は、入り口の形という。穴は、土の住居。転じて、あなをいう。音ケツは八の音ハツの変化。一説に、八は、あなの入り口の形を示すだけで、音は関係ないとする。その場合は会意文字である。

名前 な・こし 姓 穴太

【穴居】(けっきょ) 先史時代の人類の住居。穴に居住する。穴処。〔「穴居生活」〕

【穴窟】(けっくつ) あな。あなぐら。洞穴。

【穴隙】(けつげき) あな。すきま。

【穴見】(けっけん) 見方の狭いこと。識見の狭いこと。

【穴蔵(藏)】(けつぞう) 穴にかくれる。穴にかくれ住む。
◆虎穴・洞穴・落穴・墓穴・偕老同穴

穴1
【穵】〔6〕
一 アツ 漢 一 入 黠 yà ヤー
二 オツ(ヲツ) 漢 二 入 黠 wà ワー
J②8311 補4947 U7A75

意味 一①からっぽである。②深い。二穴をほる。穴をあける。

穴2
【究】〔7〕
キュウ 学3 キュウ きわめる
キュウ(キウ) 漢 ク 呉 去 宥 jiū チウ
J2170 U7A76

筆順 丶 丷 宀 穴 穴 究 究

意味 ①〈きわ・める(きは・む)〉 ㋐最後までつきつめる。㋑深く調べ求める。「究審」 ㋒あまねく及ぶ。②〈きわま・る(きはま・る)〉つきる。③きわまり。おわり。④川の水源。

解字  形声。穴が形を表し、九が音を示す。穴はあな。九には、曲がりくねる意味がある。究は、曲がりくねったあなの奥で、掘った狭い穴のへやのことをいう。

名前 さた・すみ 難読 究竟

【究覈】(きゅうかく) よく考え調べる。

【究究】(きゅうきゅう) ①憎みあうさま。②とまることがないさま。

【究竟】一(きゅうきょう) ①つまるところ。最後。終局。②最後まで、つきとめる。究極。畢竟。二(くきょう) ①に同じ。②仏物事の道理の、最も奥そこ。四(くっきょう) 国①最もすぐれていること。②非常に力が強い。=屈強 ③つごうがよい。三 jiūjìng 現一の①に同じ。

【究極】(きゅうきょく) 物事のはて。結局。最後。=窮極
【究詰】(きゅうきつ) 問いつめる。問いただす。責めなじる。

【究悉】(きゅうしつ) きわめつくす。すべてを調べつくす。

【究明】(きゅうめい) 根本をつきとめ明らかにする。

【究問】(きゅうもん) 問いただす。

【究理】(きゅうり) 物事の道理をきわめる。=窮理 【――学(學)】(きゅうりがく) 物理学のこと。
◆研究・探究・論究・考究・学究

穴3
【穹】〔8〕
人 キュウ 漢 平 東 qióng チョン
(キウ)
J6754 U7A79

宀3 【宫】〔6〕 同字 J2641 補5B86

意味 ①中央が隆起した形をいう。②大きい。③高い。④深い。「穹谷」 ⑤大空。天。「穹蒼」「穹円」「穹蓋」 ⑥弓がた。アーチがた。⑦穴。⑧きわめる。

【穹蓋】(きゅうがい) 大空。

【穹谷】(きゅうこく) 深い谷。

【穹蒼】(きゅうそう) 大空。弓なりで青々としているのでいう。蒼穹。蒼天。穹天。

【穹天】(きゅうてん) 天。大空。穹円。穹玄。

【穹隆】(きゅうりゅう) ①アーチがた。天の形。②高く弓のような形に曲がる。③大空。=弓窿
【穹廬】(きゅうろ) ①匈奴(中国北方の遊牧民族)が住む天幕の住居。②匈奴のこと。

穴3
【空】〔8〕
学1 クウ そら・あく・あける・から
一 コウ 漢 クウ 呉 一 平 東 kōng コン
二 コウ 漢 クウ 呉 二 去 送 kòng コン
三 コウ 漢 クウ 呉 三 上 董 kǒng コン
J2285 U7A7A

筆順 丶 丷 宀 穴 穴 空 空 空

意味 一①〈むなし・い(むな・し)〉〈から〉 ㋐何もない。から。「空空」 ㋑さびしい。ひっそりしている。「空谷」 ㋒かいがない。むだな。「空説」 ㋓事実でない。「空談」 ②〈むなしく〉むなしくする。からにする。いたずらに。むだに。③〈あ・ける(―・く)〉〈あ・く〉からにする。④広い。「空豁」 ⑤〈そら〉天。大空。「天空」 ⑥仏一切の事物はすべて仮のもので実体がないこと。「色即是空」 ⑦穴をあける。うがつ。通す。二①困窮する。②欠ける。③ひま。すきま。三①あな。=孔 ②墓穴。③大きい。=孔 国〈そら〉①うそ。いつわりの。②暗唱する。

解字  形声。穴が形を表し、工が音を示す。穴はあな。工には、つきぬける意味がある。空は、つき抜けたあなのことで、からの意味にもなる。

名前 たか 姓 空閑 地名 空知
難読 空木・空蝉・空穂

【空蝉】(うつせみ) 国①せみのぬけがら。②せみ。③気のぬけたさま。④「源氏物語」の巻の名。

【空穂(穗)】(うつぼ) 国弓の矢を入れて腰につけるもの。靫。

【空念仏(佛)】(からねんぶつ|そらねんぶつ) 国①心に信じていないのに、口先だけで唱える念仏。②誠意のないことば。空念誦。

【空位】(くうい) ①欠員になっている地位。②位だけあって、実権がない。

【空王】(くうおう) 仏仏の尊称。仏が、いっさいが空だと説いたことによる。

【空海】(くうかい) ↓「弘法大師」(四四七ページ・上)

【空懐(懷)】(くうかい) 役にたたない思い。むだな考え。

【空闊】(くうかつ) ①ひろびろしていること。②あいた場所。

【空豁】(くうかつ) からりと開けている。広々としているさま。

【空間】(くうかん) 一①物の何もない所。すきま。②天地の間。③哲四方・上下・長短・遠近などの生じる場で、時間とともに物体を存在させているもの。↔時間 二 kōngjiān 現宇宙。

【空観(觀)】(くうかん) 仏宇宙間の事物は、すべて仮のもので実在でないという道理を悟ること。

【空気(氣)】(くうき) 一①大気。地球の表面をとりまく気体。②国その場の雰囲気。二 kōngqì 現一の①に同じ。

【空宮】(くうきゅう) 人けのない宮殿。

【空居】(くうきょ) 心をむなしくして住む。寺をいう。

【空虚(虛)】(くうきょ) ①からっぽで、何もない。むなしい。②大空。虚空。③物足りない気持ち。うつろ。

【空竅】(くうきょう) ①すきま。あな。竅はあな。②耳・目・鼻・口。

【空曲】(くうきょく) 人気のない山のすみ。

【空空】(くうくう) ①愚かなさま。②まじめ。誠実。「空空如」(非常にきまじめなさま。)③何もないさま。④仏道を悟り、この世にとらわれないこと。【――寂寂】(くうくうじゃくじゃく) ①何物にもとらわれず、いっさい考えない。②仏宇宙の万物はみな仮の物で実体がないということ。

【空華(華)】(くうげ) 仏かすんだ目で空を見ると、空に花があるように見える。そのように、心の迷いのために起こるいろいろな根拠のない現像。妄想。

【空閨】(くうけい) 夫または妻がひとりさびしく寝る寝室。空房。

【空隙】すきま。あな。間隙。

【空拳(拳)】手に何の武器も持たないこと。からて。「徒手空拳」

【空言】①うそ。いつわり。②役にたたないことば。

【空語】「空言」に同じ。

【空港】旅客の乗り降りする大規模な飛行場。

【空曠】何もなくむなしい。

【空谷】人のいない、静かな谷。【——足音】①だれもいない谷間に、聞こえてくる人の足音。空谷跫音。〈荘子・徐無鬼〉②非常に珍しいことのたとえ。

【空斎(齋)】人のいないへや。人けのないへや。

【空札】文字の書いてないふだ。

【空山】人けのない、さびしい山。だれも人がいないで、静まりかえった山。「空山不レ見レ人」(ものさびしい山には人かげも見えない。)〈王維の詩・鹿柴〉

【空寂】①さびしいこと。寂寥。②「空空寂寂」に同じ。

【空手】㊀手に何も持たないこと。てぶら。からて。素手。徒手。空拳。㊁国①㊀に同じ。②沖縄で起こった一種の格闘術で、素手で敵をたおす術。唐手術。㊂国老人に自然に起こる手のいたみ。

【空襲】航空機が爆弾・機関銃・焼夷弾などで空から攻撃する。

【空床】独り寝のさびしい寝床。＝空牀

【空城】①人のいない町。ひっそりとした城壁。②とりでをからにする。

【空翠(翠)】①空高くそびえる山々の木々のみどり。②山気。

【空船】からの舟。人の乗っていない舟。

【空前】㊀今までに無いこと。未曽有。㊁kōngqián 現㊀に同じ。【——絶後】前にもなかったし、これからもまたとあるまいと思われる珍しいこと。〈宣和画譜〉

【空疎】内容がないこと。

【空巣】㊀鳥のいない、からっぽの巣。㊁国①人のいない家。②空巣狙い。留守をねらってはいりこむどろぼう。

【空想】①現実からはなれた考え。②実行できない考え。

【空即(卽)是色】㊣いっさいの万物は空(仮のもので真実の存在でない)であるが、それがそのまま色(この世の形をもった万物の姿)なのである。〈般若心経〉↓「色即是空」

【空潭】人けのないふち。

【空中】㊀空。㊁kōngzhōng 現㊀に同じ。

【空中楼(樓)閣】①空中に築いた、たかどの。蜃気楼。②なんの根拠もない議論や希望などのたとえ。〈翟灝・通俗編〉

【空洞】①ほらあな。うつろ。②中になにもないこと。

【空堂】人けのないへや。ひっそりとしたへや。

【空波】目をさえぎるもののない、広々とした水面。

【空白】①何も書いてない紙面。②何もないこと。むなしい。からっぽ。ブランク。

【空漠】①果てしなく広い砂原。②限りなく広いさま。③とらえどころのないさま。とりとめなく、ぼんやりしたさま。

【空費】むだに費やす。むだづかい。徒費。

【空腹】㊀腹がへっていること。すきばら。㊁国①腹の痛むふりをする。②腹を切ったふりをする。

【空文】①何の役にもたたない文章。②実際に行われない法律・規則。

【空母】航空母艦の略。飛行機を発着させる甲板や格納庫をもつ軍艦。

【空砲】実弾のはいっていない火薬だけの鉄砲や大砲。また、それをうつこと。

【空乏】何もない。欠乏。「空二乏其身一」〈孟子・告子下〉

【空房】①「空閨」に同じ。②人のいないへや。空室。

【空木】㊀幹がうつろになった木。㊁国ユキノシタ科の落葉低木。卯木。初夏、白い花を開き、観賞用にする。

【空無】㊣すべての事物に真実や実体がないこと。

【空名】事実に合わない名声。

【空明】水に映った月かげ。「撃二空明一兮泝二流光一」(水に映る月にさおさし、きらきら光る波の上をさかのぼる。)〈蘇軾・前赤壁賦〉

【空濛】小雨が降って薄暗いさま。「山色空濛雨亦奇」(山の色もぼんやりかすむ雨のけしきもまたすばらしい。)〈蘇軾の詩・飲二湖上一〉

【空門】㊣仏教。すべて仏道への門は、万物はすべて空であると悟ることにあるのでいう。

【空遊】空中にあそぶ。空間をおよぐ。

【空理】役にたたない理屈。【——空論】事実とかけ離れた理論。現実味のない道理。

【空裏】空中。

【空林】①木の葉が落ちつくした静かな林。②人里離れた林。

【空論】役にたたない議論。空談。「空理空論」

【空似】国同じ血すじでない人の、顔だちがよく似ていること。

【空耳】国①聞きちがい。②聞こえないふりをする。

【空児(兒)】kòngr 現ひま。

◆上空・大空・中空・天空・低空・防空・架空・真空・航空・虚空・寒空

穴3 【穸】〔8〕 セキ 漢 入 陌 xī シー　J②8312 補4948 U7A78

意味 ①夜。深夜。＝夕 ②墓穴。③埋葬する。

穴3 【突】〔8〕 常 トツ つく　J3845 U7A81

旧字 穴4 【突】〔9〕 入 トツ 漢 入 月 tū トゥー　J①8949 UFA55

筆順 丶 丷 宀 穴 穴 空 穾 突

意味 ①にわかに。だしぬけに。「突然」②〈つ・く〉㋐つきあたる。「衝突」㋑つき出る。③うがつ。穴をあける。④けむり出し。「煙突」

解字 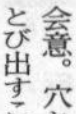 会意。穴と犬とを合わせた字。突は、犬が急に穴からとび出すことを表す。

【突貫】①つき貫く。つき通す。②一気に激しく進む。「突貫工事」③「突撃」に同じ。

【突起】①高くつき出る。②つき出たもの。

【突撃(擊)】敵陣につっ込む。

【突厥】六世紀、南北朝ごろから中国の北方で勢いをふるった民族。トルコ系の遊牧民で、唐朝に服従した。

【突兀】山などが高くそびえるさま。「何時眼前突兀見二此屋一」(いつの日に、目の前にこうした家が高くそびえ立つのを見ることができるだろう。)〈杜甫の詩・茅屋為二秋風所一レ破歌〉

【突忽】突然。だしぬけ。

【突至】突然にやってくる。つきすすむ。

【突出】㊀①つき出る。②突然にとび出る。㊁tūchū 現①㊀に同じ。②特に目立つ。きわ立たせる。㊂国①つき出すこと。②料理で、最初に出す小鉢物。③相撲のわざの一つ。

【突如】だしぬけ。不意。突然。

【突将(將)】突進する大将。最前線の部隊長。突撃隊長。

【突然】㊀急に。だしぬけに。思いがけなく。いきなり。俄然。突如。㊁tūrán 現㊀に同じ。【——変(變)異】㊣祖先になかった形質がその子孫の生物体に

5画
玄玉(王)瓜(瓜)瓦甘生用田疋(⺪)疒癶白皮皿目(罒)矛矢石示(ネ)内禾穴立

突然現れて、新種となること。偶然変異。

【突端】突き出た、物のはし。

【突堤】海中につき出して作ったどて。＝突隄

【突隄】波をよけるために海中に突き出して作った堤防。波止場。＝突堤

【突怒偃蹇】人が突然に怒り、またおごりたかぶるように、岩石が高く突き出たり、奇異な形をしているさま。〈柳宗元・鈷鉧潭西小邱記〉

【突破】①つき破る。②ぬけ出る。

【突発(發)】だしぬけに起こる。不意に起こる。「突発事故」

【突飛】国①奇想天外。はなはだしく変わっていること。②だしぬけ。

【突風】急に吹き出す、ものすごい風。

◆唐突・煙突・衝突・猪突・激突

穴3 〖帘〗(四二〇ページ・下) →巾部五画

穴4 【穽】〔9〕 セイ 漢 去 敬 jǐng チン U補J 6755 7A7D

意味 ①〈おとしあな〉獣をおとしいれる穴。＝阱「陥穽」②おとし入れる。③わな。

穴4 【窃】〔9〕 常 セツ U補J 3264 7A83

旧字 穴17 【竊】〔22〕 セツ 漢 入 屑 qiè チエ U補J 6770 7ACA

筆順

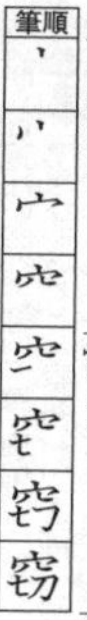

意味 ①〈ぬす・む〉こっそりぬすみとる。「窃取」②ぬすびと。「窃賊」③自分。へりくだったいいかた。④〈ひそかに〉そっと。「窃視」「窃聴」⑤あさい。⑥見分ける。

解字  会意・形声。古い形は、穴・廿・米・禼を合わせた字。穴と米が形を表し、廿・禼が音を示す。廿は、疾と同じく速いという意味がある。禼は虫である。竊は、虫が穴からひそかにすばやく米を取ることで、内部から出るぬすびとをいう。

参考 窃は「竊」の中国新字体としても使う。

【窃位】徳も才能もないのにその位についていること。

【窃視】ひそかにぬすみ見ること。

【窃笑】くすくす笑う。ひそかに笑う。

【窃吹】資格もないのに、その地位にあること。笛を吹けぬ者が、笛吹きの地位をぬすんだという故事による。

【窃窃(竊竊)】①知ったかぶりをするさま。②私語するさま。こそこそ話すさま。

【窃盗】盗む。また、盗人。狗窃。

【窃鈇疑】疑いの心で見ると、その人の動作すべてが疑わしく見えること。

◆剽窃

穴4 【穿】〔9〕 人 標 一セン 漢 具 一 平 先 chuān チョワン 二セン 漢 具 二 去 霰 chuàn チョワン U補J 3292 7A7F

穴5 【穿】〔10〕 俗字 U補J

意味 一①〈うが・つ〉㋐穴をあける。「穿孔」㋑ほる。㋒通る。②穴。③穴があく。やぶれる。「穿決」④着る。はく。二①つらぬく。つき通す。「穿貫」②ぐるになる。

【穿決】穴があいたり、はしが欠けたりしていること。転じて、きず物。

【穿結】穴があき、ぼろになった着物を結びつくろう。「の着物。ぼろ」

【穿鑿】①穴をあける。②無理に解釈してこじつける。③根ほり葉ほり調べる。

【穿耳】耳飾りをつけるため、耳たぶに穴をあけること。

【穿破】うがち破る。

【穿鼻】①鼻に穴をあける。②他人のいうままになり、自主的に行動できないたとえ。

【穿敝】衣服に穴があき、破れる。

【穿窬】壁に穴をあけ、垣根をのりこえて忍びこむこそどろ。「其猶ニ穿窬之盗一也与」〈論語・陽貨〉

【穿楊】楊は柳。柳の葉を一枚一枚矢で射ぬくこと。射術の巧みなこと。

穴4 【窀】〔9〕 チン 漢 平 真 zhūn チュン U補J 4950 7A80

意味 ①てあつく葬る。②窀穸は、墓穴。

穴4 【窆】〔9〕 ヘン 漢 去 豔 biǎn ビエン U補J 4953 7A86

意味 ①ほうむる。棺を墓穴にうめる。「埋窆」②墓穴。

穴4 【突】〔9〕 ヨウ(エウ) 漢 去 嘯 yào ヤオ U補J 4949 7A7E

意味 ＝窔 ①へやの東南のすみ。②暗い所。「突奥」③深い。奥深い。④二重のしきりで囲まれた奥のへや。複室。

穴4 【突】〔9〕 旧 →突(九一九ページ・下)

穴4 【窂】〔9〕 同 →牢(七九三ページ・上)

穴5 【窄】〔10〕 人 標 サク 漢 入 陌 zhǎi チャイ U補J 2685 7A84

意味 ①〈せま・い(――・し)〉狭い。「窄窄」「窄狭」②さしせまる。余裕がない。

【窄狭(狹)】狭い。狭窄。

【窄小】狭くて小さい。狭小。

穴5 【窋】〔10〕 一チツ 漢 一 入 質 zhú チュー 二タツ 漢 二 入 黠 kū クー U補J 4955 7A8B

意味 一穴から出かかるさま。「窋窡」二①一に同じ。「窋詫」②いわや。「窋室」

穴5 【窅】〔10〕 ヨウ(エウ) 漢 上 篠 yǎo ヤオ U補J ①8950 4952 7A85

意味 ①目のくぼんださま。②はるかに遠い。奥深い。「窅窕」「窅眇」③遠くをながめる。

【窅然】①なげいてぼんやりする。②奥深く遠い。

【窅窕】奥深いさま。

【窅冥】奥深くて暗いさま。

【窅窅】奥深くて遠いさま。

穴5 【窈】〔10〕 一ヨウ(エウ) 漢 一 上 篠 yǎo ヤオ 二ヨウ(エウ) 漢 二 去 嘯 yào ヤオ U補J 6756 7A88

意味 一①奥深い。「窈窈」「窈然」②かすか。暗い。③美しい。奥ゆかしい。「窈窕」④のびやか。「窈糾」二へやの東南のすみ。また、奥深い。＝窔

【窈糾】女性の姿がのびのびと、しなやかなさま。

【窈窕】①婦人の心や、ふるまいのしとやかなさま。奥ゆかしい。上品。「窈窕淑女、君子好逑」(しとやかな、よい娘は、りっぱな紳士のよいつれあいとしてふさわしい。)〈詩経・関雎〉②姿が美しい。③なまめかしい。あだっぽい。妖冶。④奥深い。「窈窕以尋レ壑」(奥深い谷川をさぐり進む。)〈陶潜・帰去来辞〉

【──之章】「詩経」の「関雎」の詩をさす。詩の中に「窈窕淑女、君子好逑」の句のあることによる。一説に、「詩経」の「月出」の第一章をさすともいう。〈蘇軾・前赤壁賦〉

【窈冥】①奥深くて暗いさま。②道理が深くてさとり

がたいさま。

穴5【窊】〔10〕ワ 漢 平 麻 wā ワー　U補J

意味 ①くぼむ。低い。窊隆は、高下起伏するさま。

穴6【窊】〔11〕俗字　U補J 7A8A 4954 ②8314

＝窪 ②くぼみ。＝窪「窊下」 ③おとろえる。

穴5【穿】〔10〕俗 →穿(九二〇ページ・中)

穴6【窐】〔11〕㊀ケイ 漢 ㊀平 斉 guī コイ ㊁アイ 漢 ㊁平 佳 wā ワー　U補J 7A90 4956 ②8315

意味 ㊀①蒸器の下のゆげを通す小さなあな。②門のわきの将棋のこま形をした小さなのぞき穴。㊁①くぼむ。くぼみ。②深い。＝洼

穴6【窓】〔11〕学6 まど ソウ　ソウ(サウ) 漢 ソウ 呉 平 江 chuāng チョワン　U補J 7A93 3375

筆順 ′ ′′ 宀 穴 空 空 窓 窓

穴9【窻】〔14〕本字　U補J 41AB

穴7【窗】〔12〕同字　U補J 7A97 6757

片9【牎】〔13〕同字　U補J 724E 4249

穴11【窻】〔16〕本字　U補J 7AB6 4966 ①8954

片11【牕】〔15〕同字　U補J 7255 4253 ①8768

意味〈まど〉てんまど。あかりとり。「窓前」「窓辺」＝囱

解字 形声。穴が形を表し、悤が音を示す。穴はあな。悤は囱の略字。囱は、あかりとりに心を加えた字。もともと窗だけで、家にあかりとりをつけた形で、まどを表すが、心が明るい意味を含んで、心を加えた窻が、そのまま、まどの意味に使われている。

【窓架】窓わく。

【窓頭】窓べ。窓さき。

【窓牖】まど。牖は格子をはめた窓。

【窓櫺】格子のある窓。れんじ窓。

【窓戸】chuānghu 現まど。

『窓前草不ㇾ除』自然のままに従うこと。北宋の周敦頤が、窓の前の草も自分の心と同じく天地生々の気を受けたものだと言い、のびるに任せ、取り去らなかった故事。〈程氏遺書〉

◆天窓・同窓・学窓・書窓・舷窓・深窓・獄窓

穴6【窒】〔11〕常 チツ　チツ 漢 入 質 zhì チー　U補J 7A92 3566

筆順 ′ ′′ 宀 穴 穴 空 空 窒 窒

意味 ①〈ふさ・ぐ〉さまたげる。おさえつける。②〈ふさが・る〉つまる。通らない。

解字 形声。穴が形を表し、至が音を示す。穴はあな。至には、ゆきつく、つまるという意味がある。窒は、あなの中にいっぱいにふさがること。

【窒礙】ふさいで、じゃまする。さわり。障害。

【窒息】①息がつまる。②行きづまる。

【窒扶斯】チフス菌などの感染による伝染病。「腸窒扶斯」

穴6【窕】〔11〕㊀チョウ 漢 ㊀上 篠 tiǎo ティアオ ㊁チョウ 漢 ㊁平 蕭 tiāo ティアオ　U補J 7A95 6758

意味 ㊀①ふかい。②すき間がある。③細い。小さい。④美しい。なまめかしい。「窕冶」⑤おくゆかしい。しとやか。「窈窕淑女」〈詩経・関雎〉㊁①かるがるしい。＝佻 ②挑発する。

穴6【窔】〔11〕ヨウ(エウ) 漢 去 嘯 yào ヤオ　U補J 7A94 4958

意味 ＝突 ①へやの東南のすみ。②暗い所。「窔奥」③深い。奥深い。④二重のしきりで囲まれた奥のへや。複室。

穴6【窑】〔11〕俗 →窯(九二三ページ・上)

穴6【窊】〔11〕俗 →窊(本ページ・上)

穴7【窘】〔12〕キン 漢 上 軫 jiǒng チョン　U補J 7A98 6759

意味 ①〈くるし・む〉苦しむ。ゆきづまる。「窘然」「窘窮」②急な。あわただしい。③とらわれる。束縛される。国〈たしな・める(――・む)〉叱責する。

【窘急】急なことで困る。

【窘窮】苦しみ、困りきる。

【窘困】①貧しくて苦しむ。②災難。窘厄。

【窘蹙】苦しみ、ちぢこまる。

【窘迫】追いつめられて、苦しむ。さしせまる。

【窘歩】①せかせか歩く。急歩。②歩くのに苦しむ。

【窘乏】苦しむ。貧乏になる。

【窘厄】災難。窘困。艱窘。

穴7【窖】〔12〕コウ(カウ) 漢 去 効 jiào チアオ　U補J 7A96 6760

意味 ①穴ぐら。「窖中」②穴にたくわえる。

穴7【窗】〔12〕同 →窓(本ページ・上)

穴8【窠】〔13〕カ(クワ) 漢 平 歌 kē コー　U補J 7AA0 4960 ①8951

意味 ①す。鳥の巣。穴の中の巣。②へや。住みか。③くぼみ。穴。④草木を数える語。＝棵

【窠臼】①臼のような形に作った鳥の巣。②落ち着ける場所。③きまったしきたり。つきなみ。

穴8【窟】〔13〕常 クツ　コツ 漢 クツ 呉 入 月 kū クー　U補J 7A9F 2302

筆順 宀 穴 穵 穸 穻 窟 窟 窟

意味 ①〈いわや(いはや)〉ほらあな。「窟穴」②人の集まる所。すみか。「巣窟」③ものの集まる所。「牡丹窟」④穴をほる。⑤穴に住む。

解字 形声。穴が形を表し、屈が音を示す。穴はあな。屈は尾が短い、或いは曲がっていることを意味する。窟は、かがんで入るほらあなを表す。

参考 新表記では、「屈」に書きかえる熟語がある。

【窟居】いわやの生活。いわや住まい。

【窟穴】①あな。ほら穴。②ねじろ。根拠地。

【窟室】地下室。むろ。

◆岩窟・洞窟・巣窟・魔窟

穴8【窣】〔13〕ソツ 漢 入 月 sū スー　U補J 7AA3 4961 ②8316

意味 ①穴から急に出る。②急なこと。にわか。「窣地」③なでる。はらう。④かすかな音のさま。

穴8【窞】〔13〕タン 漢 上 感 dàn タン　U補J 7A9E 4959

意味 ①穴の底にある小さな穴。②横から入る。

穴9【窩】〔14〕標 ワ 漢 カ(クワ) 慣 平 歌 wō ウオ　U補J 7AA9 6761

意味 ①あな。いわや。②くぼみ。③鳥やけものの巣穴。④すみか。住居。⑤かくす。かくまう。「窩逃」

【窩闊台】オゴタイ 人名。元の第二代皇帝。金を滅ぼし、高

5画　玄玉(王)瓜(瓜)瓦甘生用田疋(⺪)疒癶白皮皿目(罒)矛矢石示(ネ)内禾穴立

麗(こうらい)を征服し、ヨーロッパにまで侵入した。

【窩家】か(くわ)か 盗人のすみか。

【窩蔵(藏)】か(くわ)ぞう(ざう) 盗賊をかくまったり、その盗品をかくしたりすること。

【窩頭】ウォトウ wōtóu 現とうもろこしの粉で作っただんご形のパン。窩窩頭(ウォウォトウ)。

穴 9 【窬】〔14〕 ユ 漢 平 虞 yú ユィ J②8317 補4962 U7AAC

意味 ①くぐり戸。門のわきのくぐり戸。②こえる。のりこえる。「穿窬(せんゆ)」③穴をあける。④空(から)である。⑤大便をうける桶(おけ)。

穴 9 【窪】〔14〕 標 人 ワ 漢 平 麻 ア 慣 wā ワー J2306 補 U7AAA

水 11 【漥】〔14〕 本字 J②7915 補 U6F25

意味 ①水たまり。③くぼむ。②〈くぼ〉くぼみ。③くぼむ。低い。④ふかいさま。「窪然(わぜん)」

【窪田】くぼた 国くぼみにある田。

【窪下】わか くぼんで低い。

【窪隆】わりゅう(りう) ①起伏している。でこぼこしている。②衰えること、盛んになること。

穴 9 【窻】〔14〕 本 ↓窓(九二一ページ・上)

穴 9 【竈】〔14〕 俗 ↓竈(九二三ページ・下)

穴 10 【窮】〔15〕 常 キュウ きわめる・きわまる キュウ(キウ) 漢 グ・グウ 呉 平 東 qióng チョン J2171 補 U7AAE

筆順 窮

穴 14 【竆】〔19〕 本字 J 補4968 U7AC6

意味 ①〈きわま・る(きはま・る)〉㋐つきる。終わる。㋑困る。苦しむ。「困窮(こんきゅう)」㋒ゆきづまる。②〈きわ・める(きは・む)〉㋐つきつめる。深く研究する。「窮理」㋑しらべる。③〈きわみ(きはみ)〉きわまり。はて。終わり。「窮極」④ふしあわせ。悪い境遇。↕達「窮命」⑤貧しい。「窮乏」⑥へんぴな。僻地(へきち)の。「窮僻(きゅうへき)」

解字  形声。穴が形を表し、躬(きゅう)が音を示す。穴はあな。躬は、からだを弓のようにかがめることである。窮は、あなのいちばん奥深い所にはいって、動きがとれないことをいう。

名前 み

【窮案】きゅう(きう)あん 徹底的に取り調べる。

【窮陰】きゅう(きう)いん 「窮冬(きゅうとう)」に同じ。【――凝閉】きゅう(きう)いんぎょうへい 冬の気がこりかたまって物みなとじこもる、冬のようす。〈李華(りか)・弔二古戦場一文(こせんじょうをとむらうぶん)〉

【窮裔】きゅう(きう)えい 国のはて。きわめて遠い土地。

【窮海】きゅう(きう)かい ①はるかに遠い海。②文化の及ばない遠い不便な土地。

【窮期】きゅう(きう)き 終わる時期。最後のとき。「不レ悲者無二窮期一矣(かなしまざることきゅうきなけん)」(悲しまない時が、果てしなく続くだろう。)〈韓愈(かんゆ)・祭二十二郎一文(じゅうにろうをまつるぶん)〉

【窮匱】きゅう(きう)き 「窮乏」に同じ。貧しく乏しい。

【窮究】きゅう(きう)きゅう(きう) きわめつくすこと。

【窮居】きゅう(きう)きょ わびずまい。困った生活。

【窮竟】きゅう(きう)きょう(きやう) ①最後のところまで、つきつめる。②つまり。結局。

【窮境】きゅう(きう)きょう(きやう) ①苦しい立場。②へんぴな土地。窮地。

【窮極】きゅう(きう)きょく ①最後。おわり。きわまり。②最後までつきつめる。③この上ない貧乏。

【窮苦】きゅう(きう)く ①苦しみ。なんぎ。②苦しむ。

【窮屈】きゅう(きう)くつ 国のびのびとできず、自由がきかない。

【窮蹇】きゅう(きう)けん 貧乏で苦しみなやむ。

【窮涸】きゅう(きう)こ 水がかれきって苦しむこと。

【窮巷】きゅう(きう)こう(かう) 貧しい町。むさくるしいちまた。

【窮荒】きゅう(きう)こう(くわう) ①凶作のために、苦しむ。②国の遠い果て。荒れ果てた辺地。

【窮谷】きゅう(きう)こく 奥深い谷間。幽谷(ゆうこく)。

【窮困】きゅう(きう)こん 困りきる。困窮。【――廃(廢)辱】きゅう(きう)こんはいじょく 貧乏で、世間から見捨てられる。〈柳宗元(りゅうそうげん)・宋清(そうせい)伝〉

【窮策】きゅう(きう)さく 困ったあげくに考え出した方法。苦しまぎれの考え。

【窮愁】きゅう(きう)しゅう(しう) 困窮のうれい。貧苦のなやみ。また、ひどいなやみ。

【窮状(狀)】きゅう(きう)じょう(じやう) こまっているようす。苦しい状態。

【窮新】きゅう(きう)しん 有窮氏と新国。有窮氏は、夏(か)王朝を中絶させ、新の王莽(おうもう)は、漢代を中絶した。「比二之窮新一(これをきゅうしんにひす)」〈資治通鑑(しじつがん)・魏(ぎ)〉

【窮人】きゅう(きう)じん ①貧乏で困っている人。貧乏人。②身分のいやしい人。

【窮尽(盡)】きゅう(きう)じん きわめつくす。

【窮尋】きゅう(きう)じん つきつめて、調べる。

【窮措大】きゅう(きう)そだい 措大は大事を処理するの意で、学生・書生のこと。貧しい学生。

【窮達】きゅう(きう)たつ 「窮通」に同じ。

【窮地】きゅう(きう)ち ①苦しい立場。②へんぴな地方。窮境。

【窮致】きゅう(きう)ち きわめつくす。「窮二致其理一(そのりをきゅうちす)」〈近思録〉

【窮追】きゅう(きう)つい 追いつめる。

【窮通】きゅう(きう)つう 不運で苦しむことと、出世すること。困窮と栄達。窮達。

【窮途】きゅう(きう)と ①道の果て。ゆきどまり。②行きづまった道。不遇な人生の行路。

【窮冬】きゅう(きう)とう 冬の終わり。深冬(しんとう)。窮陰(きゅういん)。

【窮年】きゅう(きう)ねん 年をきわめる。一生涯。

【窮迫】きゅう(きう)はく すっかり困っている。

【窮髪】きゅう(きう)はつ 髪は草木。草木の育たない北辺の地。

【窮弊】きゅう(きう)へい 苦しみ疲れる。窮敝(きゅうへい)。困窮疲弊(こんきゅうひへい)。

【窮乏】きゅう(きう)ぼう(ぼふ) 貧乏しきっている。

【窮北】きゅう(きう)ほく 北のはて。北のゆきづまり。

【窮民】きゅう(きう)みん 苦しみ困っている人々。貧乏人。「此四者、天下之窮民」〈孟子(もうし)・梁恵王(りょうけいおう)の下〉

【窮目】きゅう(きう)もく 見えるかぎり。見わたすかぎり。

【窮問】きゅう(きう)もん つきつめて、たずねる。

【窮厄】きゅう(きう)やく 貧しくて生活に困る。不幸で苦しむ。＝窮阨

【窮阨】きゅう(きう)やく 「窮厄」に同じ。

【窮余(餘)】きゅう(きう)よ 困ったあまり。困ったあげく。苦しまぎれ。【――一策】きゅう(きう)よのいっさく 国苦しんだあげく、やっと考え出した一つの手段・方法。

【窮理】きゅう(きう)り 物事の道理を、深くつきつめて考える。＝究理

【窮廬】きゅう(きう)ろ まずしい住居。貧乏な家。

【窮老】きゅう(きう)ろう(らう) 困っていることと、年とったこと。

【窮臘】きゅう(きう)ろう(らふ) 年のくれ。臘は陰暦十二月に行われる祭りの名。

〖窮寇勿レ追〗きゅう(きう)こうは おう(おふ)なかれ 困りきっている敵を、それ以上追いつめるな。人は困りきると、かえって必死の勢いで攻めかえすものだから。〈孫子・軍争〉

〖窮必通〗きゅう(きう)すれば かならずつうず ゆきづまると、かならずそれを切り抜ける方法も出てくるの意。

〖窮鼠嚙レ猫〗きゅう(きう)そ ねこをかむ 追いつめられて逃げ場を失ったねずみは、かえって逆に猫にかみつく。弱い者も追いつめられて、必死になると、強い者に勝つことがあるたとえ。〈太平記・四〉

〖窮鳥入レ懐(懷)〗きゅう(きう)ちょう(てう) ふところにいる 追いつめられて逃げ場のなくなった鳥は、猟師のふところにも飛びこむ。困りきったあげくに頼って来る者があれば、これをあわれまなければならないことのたとえ。〈顔氏家訓・省事〉

◇困窮(こんきゅう)・貧窮(ひんきゅう)・無窮(むきゅう)

穴10【窴】〔15〕 テン 漢 平 先 tián ティエン J ― 補 ― U 7AB4
意味 ふさがる。ふさぐ。＝塡(てん)「窴滅(てんめつ)」

穴10【窳】〔15〕 ユ 漢 上 麌 yǔ ユィ J ― 補 ― U ―
穴12【窳】〔17〕俗字 J ①8953 補 4963 U 7AB3
意味 ①ひくい。くぼむ。「窳隆(ゆりゅう)」「窳下(ゆか)」②形がゆがんでいる。③おとろえる。④なまける。⑤弱る。
【窳楛】ゆこ もろくてゆがんだ器物。苦窳(くゆ)。
【窳惰】ゆだ なまけ怠る。

穴10【窯】〔15〕常 ヨウ かま ヨウ 漢 平 蕭 (エウ) yáo ヤオ J 4550 補 ― U 7AAF
筆順 … 窯
穴10【窰】〔15〕同字 J 6763 補 ― U 7AB0　穴6【窑】〔11〕俗字 J 4957 補 ― U 7A91
意味 ①〈かま〉〈かまど〉陶器などをやくかま。②陶器。すえもの。「窯器(ようき)」
解字 形声。穴が形を表し、羔(かう)が音を示す。この字は窰と同じである。穴はあなで、かまどを表す。羔はこひつじ、缶は、肉と、下のふくらんだかめを合わせた字で、どちらも、丸いことと、火に関係がある。窯は、土器を焼くかまどである。音エウは、羔の音カウの変化。
【窯業】ようぎょう(えうげふ) ガラス・セメント・れんが・陶磁器などを造り出す産業。
【窯洞】ようどう(えう) 崖(がけ)の面に横穴をうがった地下住居。

穴10【[穴+氣]】〔15〕同 →屁(三九五ページ・上)
穴10【窰】〔15〕同 →窯(本ページ・上)

穴11【窺】〔16〕人 標 一キ 漢 平 支 kuī コイ 二キ 漢 上 紙 kuǐ コイ J 1714 補 ― U 7ABA
意味 一＝闚(き) ①〈うかが・う(――・ふ)〉㋐ひそかに見る。㋑中から外を見る。②見る。のぞく。「窺見(きけん)」「窺測(きそく)」
二片足をふみ出す。＝跬(き)
【窺管】きかん(くわん) 細いくだを通してのぞく。見識の狭いこと。
【窺覬】きき のぞきうかがう。すきをうかがう。
【窺見】きけん そっとのぞいてみる。
【窺伺】きし 人の様子をうかがう。のぞき見る。
【――倣慕】きしこうぼ(かう) 人の様子をうかがい、そのまねをする。
【窺測】きそく うかがい、はかる。推測する。
【窺知】きち 様子をうかがい知る。
【窺窬】きゆ すきをねらう。ひそかに身分不相応のことを実現する時をねらう。窺覦(きゆ)。窺覬(きき)。＝窺覦(きゆ)

穴11【窶】〔16〕 ク 漢 上 麌 jù チュイ J 6764 補 ― U 7AB6
意味 ①人との交際もできないほど貧しい。また、貧しい。「窶人(くじん)」「窶貧(くひん)」「窶困(くこん)」②小さい。③うすっぺらである。国①〈やつ・れる(――・る)〉やせ衰える。②〈やつ・す〉㋐姿を目立たぬようにする。㋑やせるほど心を苦しめる。

穴11【窹】〔16〕 ゴ 漢 去 遇 wù ウー J ②8320 補 4965 U 7AB9
意味 ①かまど。②目がさめる。＝寤(ご)

穴11【[穴+浸]】〔16〕 シン 漢 上 寝 jìn チン J ― 補 ― U 259F2
意味 ①水を引く。②ようやく。次第に。＝浸(しん) ③前漢時代の県名。[穴+浸]県。今の河南(かなん)省沈丘(しんきゅう)県。

穴11【窼】〔16〕 一ソウ 漢 平 肴 (サウ) cháo チャオ 二カ 漢 平 歌 (クヮ) kē コー J ②8321 補 4967 U 7ABC
意味 一鳥の巣。二ねぐら。鳥や動物の巣。＝窠(か)

穴11【窱】〔16〕 チョウ 漢 去 嘯 (テウ) tiǎo ティアオ J ― 補 ― U 7AB1
意味 遠い。奥深い。「窱窱(ちょうちょう)」

穴11【窵】〔16〕 チョウ 漢 具 去 嘯 (テウ) diào ティアオ J ― 補 4964 U 7AB5
意味 ①窵窅(ちょうよう)は、奥深いさま。②遠い。「窵遠(ちょうえん)」

穴11【窻】〔16〕本 →窓(九二一ページ・上)
穴11【竃】〔16〕俗 →竈(本ページ・下)

穴12【窾】〔17〕 カン 漢 上 旱 (クヮン) kuǎn コワン J ②8322 補 ― U 7ABE
意味 ①むなしい。から。②実(じつ)がない。でたらめ。「窾言」③枯れる。「窾枯(かんこ)」④中がからっぽである。「窾木(かんぼく)」⑤銅器にいこまれた文字。＝款(かん)

穴12【窿】〔17〕 リュウ 漢 平 東 (リウ) lóng ロン J 6767 補 ― U 7ABF
宀12【[宀+隆]】〔15〕同字 J ②0809 補 ― U 376B
意味 穹窿(きゅうりゅう)は、中央が隆起した形。アーチ形。

穴12【竃】〔17〕俗 →竈(本ページ・下)
穴12【窳】〔17〕俗 →窳(本ページ・上)

穴13【竅】〔18〕 キョウ 漢 去 嘯 (ケウ) qiào チアオ J 6765 補 ― U 7AC5
意味 ①〈あな〉㋐ほらあな。「竅穴(きょうけつ)」㋑耳や目など器官のあな。「九竅(きゅうきょう)」②あなをあける。

穴13【竄】〔18〕 ザン 慣 サン 漢 具 去 翰 cuàn ツォワン J 6766 補 ― U 7AC4
意味 ①〈かく・れる(――・る)〉姿をくらます。②〈かく・す〉「竄レ悪(あくをかくす)」③〈のが・れる(――・る)〉逃げる。「竄伏」「竄走」「竄逃(ざんとう)」④追放する。追いはらう。「流竄(りゅうざん)」「竄謫(ざんたく)」⑤改める。文字をかえる。「改竄(かいざん)」⑥薬を中にしみこませる。
【竄改】ざんかい 改め変える。
【竄斥】ざんせき おいしりぞける。おいはらわれる。
【竄窃(竊)】ざんせつ 他人の詩文などの一部分を盗んで、自分の作品とする。
【竄走】ざんそう のがれ走る。
【竄謫】ざんたく 罪のため遠い所に流されること。
【竄黜】ざんちゅつ 退けられ流されること。竄貶(ざんぺん)。
【竄定】ざんてい 改定する。けずり改める。
【竄匿】ざんとく にげかくれる。竄伏(ざんぷく)。竄避(ざんぴ)。
【竄入】ざんにゅう(にふ) ①にげこむ。はいりこんで、かくれる。②原文の中に、他の文字や文句がまぎれこむ。攙入(ざんにゅう)。
【竄貶】ざんぺん 「竄黜(ざんちゅつ)」に同じ。
【竄奔】ざんぽん にげる。急いでのがれ去る。逃走(とうそう)。逃奔(とうほん)。
【竄流】ざんりゅう(りう) 島流しになる。流竄(りゅうざん)。

穴13【[穴+黽]】〔18〕本 →竈(本ページ・下)
穴13【竃】〔18〕俗 →竈(本ページ・下)
穴14【竆】〔19〕本 →窮(九二二ページ・上)
穴14【竉】〔19〕同 →寵(三八一ページ・上)

穴15【竇】〔20〕 トウ 漢 去 宥 dòu トウ J 6769 補 ― U 7AC7
意味 ①〈あな〉丸い穴。②穴をあける。③水の流れる道。④くぐり門。⑤姓。
【決レ竇】とうをけっす 堤にみぞを切って水を流す。

穴16【竈】〔21〕標 ソウ 漢 去 号 (サウ) zào ツァオ J 6762 補 ― U 7AC8

5画

玄玉(王)瓜(瓜)瓦甘生用田疋(⺪)疒癶白皮皿目(罒)矛矢石示(礻)内禾穴立

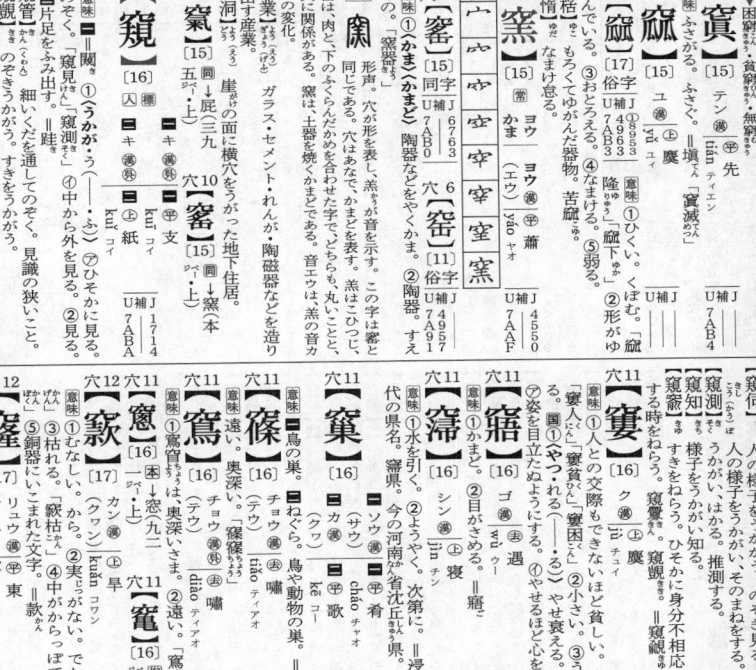

穴13【竈】〔18〕本字 U補J — — —

火3【灶】〔7〕俗字 U補J 7076 4139 ②7958

穴11【竃】〔16〕俗字 U補J 41B4 — ②8319

穴12【竈】〔17〕俗字 U補J 7AC3 — 1986

穴9【竈】〔14〕俗字 U補J 259C4 — ①8952

穴13【竈】〔18〕俗字 U補J — — —

意味 ①〈かまど〉へっつい。「竈煙」「竈下」②かまどの神。「竈神(そうしん)」③つくる。＝造

【竈君(そうくん)】かまどの神。竈神。

【竈戸(そうこ)】①塩を売る家。②塩を焼く人。竈丁。亭戸。

【竈突(そうとつ)】かまどの煙突。【――未レ黔(そうとついまだくろまず)】かまどの煙突が、まだ黒くならない。新しい家に移ってまだ幾日もたたない。〈塩谷世弘(しおのやせいこう)・送三安井仲平東遊一序(やすいちゅうへいのとうゆうをおくるじょ)〉

穴16【竉】〔21〕ロウ 漢 上 董 lǒng ロン U補J 7AC9 — 4969

意味 ①あな。②地名に用いる。「竉州(ろうしゅう)」

穴17【竊】〔22〕旧 →窃(九二〇ページ・上)

5画

立部 たつ たつへん

【部首解説】「大」と「一」が合わさり、「人が立っていること」を表す。この部には、「立」の形を構成要素とする文字が属する。

立0【立】〔5〕学 1 リツ・リュウ たつ・たてる リュウ(リフ) 漢 呉 リツ 慣 入 緝 lì リー U補J 7ACB — 4609

筆順 丶 亠 亣 亣 立

意味 ①〈た・つ〉㋐まっすぐにたつ。「直立」㋑しっかりした立場ができる。「三十而立(さんじゅうにしてたつ)」〈論語・為政(いせい)〉㋒さだまる。㋓存在する。「両立」㋔位につく。②〈た・てる(―・つ)〉㋐樹立する。㋑つくる。「立法」「立案」㋒位につける。㋓さだめる。「立志」③〈たちどころに〉すぐに。④姓。国〈リットル〉容量の単位。千立方センチメートル。約五合五勺。

解字 会意。大と一を合わせた字。大は人が手足を広げている形で、大人を表す。下の一は地面。立は、人が地の上に立っていることを表す。

名前 たか・たち・たて・たる・はる・たかし・たつる・のぼる 姓 立津(たき) 地名 立川(たちかわ) 難読 立(た)ち退(の)く(付表)

【立会(會)(たちあい(あひ))】国 ①たちあうこと。②証人・参考人などとして、その場に同席すること。③取引所で取引員が売買取り引きを行い、相場を決定すること。また、その人。④能を競演すること。

【立往生(たちおう(わう)じょう(じゃう))】国 ①立ったままで死ぬ。②動きがとれなくなる。

【立場(たちば)】一 国 立っている所。その人の状況。二 リーチャン lìchǎng 現 一に同じ。

【立回(たちまわり(まはり))】国 ①演劇で、入り乱れ戦うこと。また、その場面。殺陣(たて)。②つかみあい。

【立役(たてやく)】一 国 ①おもだった役者。立役者。②上方(かみがた)の芝居で侠客(きょうかく)になる役者。③中心人物。幹部。二(たちやく) 国 歌舞伎で、善人の男役。

【立案(りつあん)】①計画の下組みを作る。②下書きを書く。

【立花(りっか(くゎ))】国 ①花の枝などをいけて、風景をあらわす芸ごと。のちの生け花。たてばな。②池坊流花道の一形式。

【立夏(りっか)】二十四気の一つ。暦の上で夏になる初めの日。陽暦の五月六日ごろ。

【立願(りつがん(ぐゎん)・りゅう(りふ)がん(ぐゎん))】神や仏に願いをかける。

【立脚(りっきゃく)】立場を定める。より所とする。「立脚地」

【立僵(りっきょう(きゃう))】つっ立つ。棒立ちになる。

【立憲(りっけん)】憲法をつくり定める。【立憲政体(體)(りっけんせいたい)】憲法を定めてこれを政治の根本原理とし、立法・司法・行政の三権のそれぞれ独立した機関によって政治を行う政体。↕専制政体

【立元(りつげん)】年号を定める。

【立言(りつげん)】①後世にも伝わるりっぱなことば。②意見を発表する。

【立語(りつご)】立ったまま話す。立ち話をする。立談。

【立功(りっこう)】てがらをたてる。仕事の上でりっぱな成績をあげる。立勲(りっくん)。

【立后(りっこう)】公式に皇后を定めること。

【立号(號)(りつごう(がう))】①天子を名のる。②号令する。③立ちながら泣く。

【立国(國)(りっこく)】①新しく国を立てる。建国。②国 国の政策を立てること。

【立志(りっし)】①志をたてること。目的を定めること。②目的に向かって心をふるいたたせること。

【立秋(りっしゅう(しう))】二十四気の一つ。暦の上で秋になる初めの日。陽暦の八月八、九日ごろ。

【立春(りっしゅん)】二十四気の一つ。暦の上で春になる初めの日。陽暦の二月三、四日ごろ。節分(せつぶん)の翌日。

【立証(證)(りっしょう)】証拠をあげる。証明する。

【立身(りっしん)】①修養して、りっぱな人間になる。②出世する。【――出世(りっしんしゅっせ)】世の中に出て、高い地位につき、世間に名の知られたりっぱな人になる。

【立体(體)(りったい)】長さ・幅・厚さのあるもの。立方体など。

【立太子(りったいし)】公式に皇太子と定める。立坊。

【立談(りつだん)】①立ち話。立ったままで話す。立語。「無三与立談者一(ともにりつだんするものなし)」〈孟子(もうし)・離婁(りろう)下〉②説をたてる。

【立地(りっち)】①新領土を手に入れる。②即刻。すぐ。③気候・地質などの自然条件が、そこにすむ生物の成長や、農工業などに作用すること。「立地条件」

【立儲(りっちょ)】「立太子」「立坊」に同じ。儲は儲君(もうけのきみ)で、皇太子のこと。

【立冬(りっとう)】二十四気の一つ。暦の上で冬になる初めの日。陽暦の十一月七、八日ごろ。

【立坊(りつぼう(ばう)・りゅう(りふ)ぼう(ばう))】「立太子」に同じ。立儲(りっちょ)。坊は春宮坊(とうぐうぼう)の略で、皇太子をさす。

【立方(りっぽう(ばう))】一 ①同じ数を三乗する。②立方体。二 リーファン lìfāng 現 一に同じ。

【立法(りっぽう(ぱふ))】法律を定めつくる。「立法権」「立法機関」

【立命(りつめい)】人が天から与えられた本性をきずつけないように、完全に守り通すこと。「安心立命」

【立礼(禮)(りつれい)】①礼式を制定する。②立ってする敬礼。↕座礼

【立論(りつろん)】①議論のすじみちを立てる。②すじみちの立った議論。

【立刻(リーコー)】lìkè 現 すぐに。

【立即(リーチー)】lìjí 現 ただちに。

『立錐之地(りっすいのち)』とがった錐(きり)の先を立てるくらいの、わずかの土地。わずかのあき地。置錐之地(ちすいのち)。「使レ無三立錐之地一(りっすいのちなからしむ)」(錐を立てるほどの余地さえないようにした。)〈史記・留侯世家(りゅうこうせいか)〉

◆中立(ちゅうりつ)・両立(りょうりつ)・共立(きょうりつ)・公立(こうりつ)・出立(しゅったつ)・矢立(やたて)・成立(せいりつ)・自立(じりつ)・両立・乱立(らんりつ)・私立(しりつ)・対立(たいりつ)・国立(こくりつ)・林立(りんりつ)・取立(とりたて)・併立(へいりつ)・府立(ふりつ)・独立(どくりつ)・建立(こんりゅう)・県立(けんりつ)・逆立(さかだち)・孤立

（…孤）立・旅立ち・起立・設立・巣立ち・棒立ち・筆立て・創立・廃立・一立・献立・鼎立・確立・樹立・積立・顔立ち

立2【竌】〔7〕 ショ 漢 去 御 chù チュー　U補J 2832 4970 7ACC
意味 正しい。

立2【竍】〔7〕 国字　U補J 6771 7ACD
意味 〈デカリットル〉 容量の単位。一リットルの十倍。

立3【竎】〔8〕 フウ 漢 去 宥 fù フー　U補J 1895 4971 7ACE
意味 上にのぼる。

立3【竏】〔8〕 国字　U補J 6772 7ACF
意味 〈キロリットル〉 容量の単位。一リットルの千倍。

立4【竑】〔9〕 コウ 漢 平 庚 (クヮウ) hóng ホン　U補J 2832 4972 7AD1
意味 ①ひろい。②ものさしではかる。③つよい。

立4【竕】〔9〕 国字　U補J 6773 7AD5
意味 〈デシリットル〉 容量の単位。一リットルの十分の一。

立4【竓】〔9〕 国字　U補J 6774 7AD3
意味 〈ミリリットル〉 容量の単位。一リットルの千分の一。

立4【竒】〔9〕 俗 ↓奇(三二八ページ・下)

立4『音』(一三六九ページ・上) ↓音部○画

立5【站】〔10〕 タン 漢 去 陥 zhàn チャン　U補J 6775 7AD9
意味 ①たつ。たちどまる。②旅の途中で宿泊する所。③駅。
【站赤】たんせき 元代に行われた軍用郵便。

立5【竚】〔10〕 チョ 漢 上 語 zhù チュー　U補J 6776 7ADA
意味 たたずむ。長くたちどまる。＝佇
【竚望】ちょぼう(ばう) たたずんで、ながめる。

立5【竛】〔10〕 レイ 漢 リョウ(リャウ) 呉 平 青 líng リン　U補J 4973 7ADB
意味 竛竮れいへいは、①歩きかたがしっかりしていないさま。②孤独なさま。＝伶俜れいへい

立5【竝】〔10〕 旧 ↓並(三〇ページ・上)

立5『竜』(一四五六ページ・上) ↓龍部○画

立6【竟】〔11〕 標 一 ケイ 漢 キョウ(キャウ) 呉 一 去 敬 jìng チン 二 ケイ 漢 キョウ(キャウ) 呉 二 上 梗 jǐng チン　U補J 8079 7ADF
意味 一 ①〈おわ・る(をは・る)〉 ㋐楽曲がおわる。㋑終了する。②きわめる。③あまねく。「竟日きょうじつ」④〈ついに(つひに)〉 とうとう。つまり。「畢竟ひっきょう」⑤かえって。意外なことに。二 さかい。＝境「越竟えっきょう」

【竟宴】きょうえん(きゃうえん) 国 宮中で書物の講義や和歌集の編纂へんさんなどが終わったあとに行った酒宴。

【竟日】きょうじつ(きゃうじつ) 一日じゅう。終日。

【竟夕】きょうせき(きゃうせき) よもすがら。一晩じゅう。

【竟内】きょうない(きゃうない) 区域の中。国内。領土。四境の内。「願以二竟内一累矣ねがわくはきょうないをもってわずらわさん」(ぜひ国内の政治をあなたにおまかせしたい。)〈荘子そうじ・秋水〉 ↕竟外けいがい

立6【竟】〔11〕 正字　U補J

立6【章】〔11〕 学3 ショウ　U補J 3047 7AE0

旧字 立6【章】〔11〕 ショウ 漢 呉 平 陽 (シャウ) zhāng チャン　U補J

筆順 丶 亠 产 立 咅 音 章 章

意味 ①音楽の一節。②詩や文の一節。③ふみ。文書。てがみ。「文章」「章牘しょうとく」④文体の名。臣下が天子にさしあげる文。上奏じょうそう文。「章奏」⑤〈あきらか〉 あきらかにする。＝彰「章理」⑥あらわれる。あらわす。⑦地位や身分のしるし。「印章」⑧〈あや〉 模様。いろどり。⑨のり。規則。「章条」⑩旗。⑪草書体の一つ。「章草」⑫あわてるさま。「周章狼狽しゅうしょうろうばい」⑬姓。

解字 章　会意。音と十を合わせた字。音は音楽で、十は数の終わり。章は、音楽が一くぎり終わったことを表す。また、章は、辛と日とを含む形と見ると、辛は針で、いれずみを表し、日は明らかなことで、章は、いれずみのもようが明らかな意味を表す。

名前 き・あき・たか・とし・のり・ふさ・ゆき・あきら　難読 章魚たこ

【章魚】しょうぎょ(しゃうぎょ) たこの別名。蛸たこ。

【章句】しょうく(しゃうく) 文章の章と句。句は短いくぎりで、章は句が集まって一段落をなすもの。【――学(學)】しょうくがく(しゃうくがく) 文章の解釈ばかりにとらわれ、内容全体に通じない学問。訓詁学くんこがく。

【章識】しょうしき(しゃうしき) 旗じるし。

【章章】しょうしょう(しゃうしゃう) 明らかで美しいさま。

【章疏】しょうそ(しゃうそ) 天子にたてまつる書面。

【章奏】しょうそう(しゃうそう) 天子にたてまつる文書。

【章草】しょうそう(しゃうさう) 草書の一体。前漢の末、史游しゆうが古隷これいをくずして書いたのに始まるという。

【章程】しょうてい(しゃうてい) 規則。おきて。法律。

【章牘】しょうとく(しゃうとく) 文書。書き物。

【章表】しょうひょう(しゃうへう) ①しるし。②あらわす。

【章服】しょうふく(しゃうふく) ①紋もんや記号などのかざりをつけた衣服。②罪人用衣服の一つ。

【章炳麟(麟)】しょうへいりん(しゃうへいりん) 人名。中華民国の人。音韻学・史学にくわしく、多くの著書がある。孫文そんぶん・黄興こうこうらとともに、革命の三尊と称される。(一八六六〜一九三六)

【章甫】しょうほ(しゃうほ) ①礼式にかぶる冠の名。②殷いん時代の冠。③儒者のかぶる冠。

【章法】しょうほう(しゃうはふ) 文章の一章を組み立てる方法。↕句法
◆文章ぶんしょう・印章いんしょう・典章てんしょう・記章きしょう・紋章もんしょう・帽章ぼうしょう・腕章わんしょう・喪章もしょう・楽章がくしょう・勲章くんしょう・憲章けんしょう・徽章きしょう

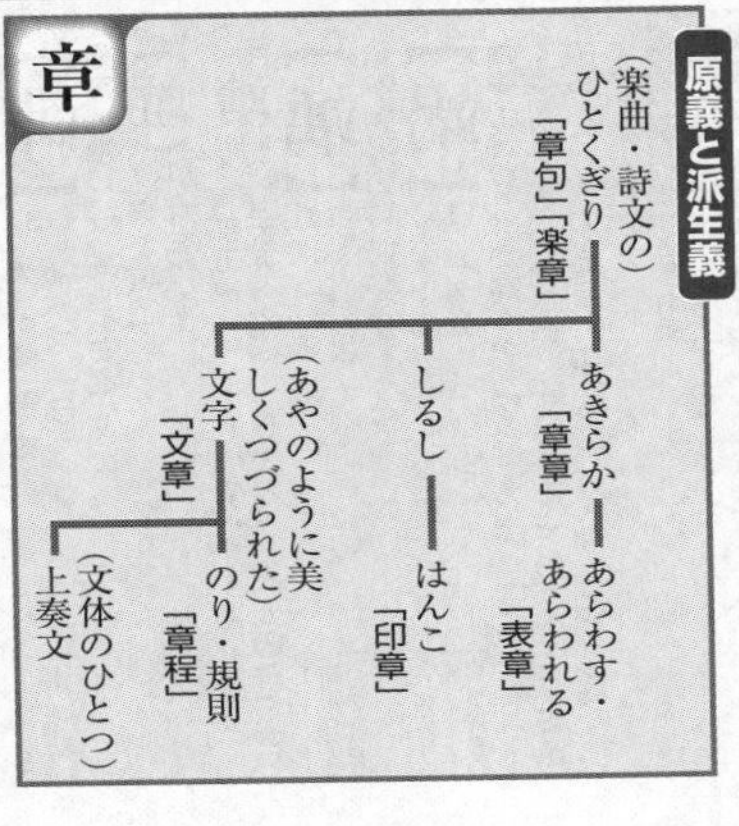

立6【竡】〔11〕 国字
意味 〈ヘクトリットル〉容量の単位。一リットルの百倍。
J 6778 補 — U 7AE1

立6〖翊〗↓羽部五画（九九七ページ・中）

立7【竢】〔12〕 シ 漢 | sì スー 上 紙
意味 〈ま・つ〉まちうける。 ＝俟
参考 「俟」の古字。
J 6779 補 — U 7AE2

立7【竣】〔12〕 人 シュン 漢 | jùn チュン 平 真
意味 ①しりぞく。とどまる。②〈おわ・る（をは・る）〉〈お・える（を・ふ）〉仕事を完了する。③改める。 ＝悛
解字  会意・形声。立と夋を合わせた字。夋が音をも示す。立は人が両足で地に立つ形で、夋には立ちどまる意があり、竣は物事が終わって、立ちどまる意を表す。とどまる、おわるの意。
【竣工】仕事や工事ができあがること。竣成。完工。
【竣功】仕事をなしとげる。
【竣成】「竣工」に同じ。
J 2955 補 — U 7AE3

立7【竦】〔12〕 標 ショウ 漢 | sǒng ソン 上 腫
意味 ①つつしむ。用心する。「竦心」②〈すく・む〉〈おそ・れる（――・る）〉おそれおののく。「竦然」「竦懼」③そびやかす。「竦身」④そびえたつ。「竦峙」「竦石」⑤つまさきで立つ。⑥手にとる。⑦ふるえる。ゆれ動く。⑧すすめる。 ＝慫
【竦企】足をつまだてて、待つさま。

【竦懼】恐れおののく。

【竦峙】そびえ立つ。

【竦竦】高くそびえ立つさま。

【竦然】ぞっとするさま。

【竦動】つつしんで行動する。かしこまる。

J 6780 補 — U 7AE6

立7【竧】〔12〕 一 セイ 漢 | 一 去 敬 jìng チン 二 シン 漢 | 二 上 吻 zhěn チェン
意味 一 人名に用いる。 二 からだのバランスがよい。
J — 補 ②8326 U 7AE7

立7【童】〔12〕 学3 ドウ わらべ
旧字 立7【童】〔12〕 トウ 漢 ドウ 呉 | tóng トン 平 東
J 3824 補 — U 7AE5

筆順 亠 亣 立 产 音 竜 章 童

意味 ①古代、罪によって労役に服した男子。②召使い。しもべ。③〈わらべ〉〈わらわ（わらは）〉こども。「童体」「童髪」「童孩」「童稚」「童豎」④こどもの召使。「童僕」⑤おろかである。⑥あたまがはげる。「頭童」⑦山に草木がはえていない。⑧盛んなさま。「童童」

解字  形声。古い形で見ると、辛と、重を略した形とを合わせた字。辛が形を表し、重が音を示す。辛は罪。重は男子に関係した意味を含む。童は、男の罪人をいう。女の罪人は妾という。童は僮と通じて、こどもの意味にも使われた。音ドウは、重の音チョウの変化。

【童孩】こども。童稚。

【童丱】こども。丱は幼児の髪の形で、総角（あげまき）のこと。

【童顔】①こどもの顔。②いかにも無邪気な顔つき。

【童形】幼いこどもの姿。童体。

【童山】はげ山。草木のはえない山。

【童子】一 ①こども。「童子六七人」〈論語・先進〉②仏 菩薩のなかま。 二 ①こども。②ひとみ。 ＝瞳子 〖――之師〗こどもにつけた先生。家庭教師。

【童豎】①幼いこども。童子。童幼。②こどもの召使。ボーイ。童僕。

【童心】こども心。こどものように無邪気な心。稚心。

【童稚】おさない子。

【童貞】異性に接したことのないこと。特に、男子についていう。↕処女
【童童】①盛んなさま。②木の枝のないさま。

【童僕】こどものしもべ・召使。

【童蒙】蒙昧。物事を知らないさま。転じて、こども。

【童幼】幼いこども。童稚。

【童謡（謠）】①こどもがうたう歌。②こどもの気持ちを、こどもらしいことばで作ったこどもむきの歌。

【童話】おとぎばなし。こどものためにつくられた話。
◆大童・児童・河童・牧童・京童・学童・俊童・神童

立8【竫】〔13〕 セイ 漢 ジョウ（ジャウ）呉 | jìng チン 上 梗
意味 ①おちついている。 ＝静 ②なにかにかこつけて作りあげる。「竫言」③よい。④つつしむ。 ＝靖
J ①8956 補 4976 U 7AEB

立8【竨】〔13〕 チョウ 漢（テウ）| diào ティアオ 去 嘯
意味 竨嶢は、高く不安定なさま。
J ②8327 補 4974 U 7AE8

立8【竩】〔13〕 同 ↓誼（一一六三ページ・上）

立8〖靖〗↓青部五画（一三五九ページ・中）

立8〖意〗↓心部九画（四九〇ページ・上）

立9【竬】〔14〕 ク 漢 | qǔ チュイ 上 麌
意味 たつ。たっている。
J — 補 4977 U 7AEC

立9【竭】〔14〕 ケツ 漢 カツ 慣 カチ 呉 | jié チエ 入 屑
意味 ①背負う。②高くかかげる。 ＝掲 ③〈つ・きる（――・く）〉なくなる。「竭尽」④〈つく・す〉㋐なくす。「竭産」㋑ありたけの力をだす。「竭誠」⑤ことごとく。すべて。⑥水が枯れる。

【竭蹶】つまずき倒れる。

【竭尽（盡）】つくす。つきる。

【竭塞】川の水がかれたり、ふさがったりする。

【竭力】力をつくす。尽力。

J 6781 補 — U 7AED

立9【竪】〔14〕 人 標 シュ 漢 ジュ 呉 | shù シュー 上 麌
意味 ＝豎 ①〈た・てる（――・つ）〉まっすぐに立てる。②〈たて〉↕横 ③成人まえの男子。④雑役をする男子。
名前 たつ・なお
J 3508 補 — U 7AEA

立9【端】〔14〕 常 タン はし・は・はた
一 タン 漢 呉 | 一 平 寒 duān トワン 二 セン 漢 | 二 上 銑 chuǎn チョワン
J 3528 補 — U 7AEF

筆順 亠 屰 立 立 竍 竗 竡 端 端

意味 一 ①正しい。まっすぐである。「端立」「端行」「端志」「端人」②〈ただ・す〉正しくする。③〈はし〉〈はた〉㋐さき（先）。すえ。「筆端」「舌端」㋑はて。かぎり。「端崖」㋒へり。ふち。ほとり。④〈いとぐち〉物事のはじめ。おこり。原因。「端緒」⑤〈まさに〉ちょうど。たしかに。⑥織物の長さの単位。周代の長さの単位で二丈。（↓付録「度量衡名称」）⑦周代の礼服。「玄端」⑧姓。⑨現（両手または片方の手で、水平に）きちんと持つ。 二 小声で話す。 ＝

5画 玄玉(王)瓜(瓜)瓦甘生用田疋(⺪)疒癶白皮皿目(罒)矛矢石示(礻)内禾穴立

端 国①〈たん〉織物の長さの単位。二丈六尺または二丈八尺、幅九寸。②〈は〉はした。はんぱ。「端数はすう」

解字  形声。立が形を表し、耑たんが音を示す。立は人が立っている形。耑は草が地上に芽を出している形。端は、まっすぐ立つことをいう。また、草の芽の先端であるとも、物の両はじに垂れたへりのことであるともいう。

名前 ただ・なお・まさ・もと・ただし・ただす・はじめ　難読 端折はしょる

【端衣】たんい 正しい礼服。

【端委】たんい(ゐ) 周代に用いられた、朝廷の礼服。

【端一】たんいつ ①性質がまっすぐなこと。②五月一日の別名。

【端揆】たんき 端は正、揆ははかる。政治を正しくはかる意。転じて、大臣のこと。

【端居】たんきょ 一①ふだん。平生。②なにもしないでじっとしている。「端居恥二聖明一たんきょしてせいめいにはず」(なにもせずに、じっとしていては、天子の明らかな徳に対して恥ずかしい。)〈孟浩然もうこうねんの詩・臨二洞庭一どうていにのぞむ〉 二はしい(ゐ) 国家のはし近くに出る。縁側などにいる。

【端拱】たんきょう ①正しく腕組みをする。転じて、天子が特に何もしないでいて天下がよく治まる意。②臣下がつつしんで朝廷に立つさまをいう。③腕組みして、なすことのないさま。

【端渓(溪)】たんけい ①広東カントン省内の地名。硯すずり石の名産地。②端渓の石で作った硯。

【端倪】たんげい ①端はいとぐち、倪は田のおわる所。転じて、物事の初めと終わり。②推測する。③手がかり。

【端月】たんげつ 正月の別称。

【端研(硏)】たんけん 顔かたちがととのって美しいさま。

【端言】たんげん 正しく言う。また、そのことば。

【端厳(嚴)】たんげん きちんとして、おごそか。

【端午】たんご 五月五日の男の節句。五節句の一つ。重五。端五。↕上巳じょうし節句

【端行】たんこう(かう) 正しい行い。

【端坐】たんざ 「端座」に同じ。

【端座(「坐」)】たんざ きちんと行儀正しくすわる。正座。

【端州】たんしゅう(しう) 地名。今の広東カントン省の高要市。端渓硯たんけいけんという、すずり石の産地。

【端粛(肅)】たんしゅく きちんとしていて、気持ちがひきしまる。

【端緒】たんしょ はし。いとぐち。手がかり。物の初め。「たんちょ」は慣用読み。

【端章甫】たんしょう(しゃう)ほ 端は玄端げんたんの服。章甫は、殷いん代の礼式用の冠。〈論語・先進せんしん〉周代に着用した黒色の服。

【端人】たんじん 心の正しい人。

【端正】たんせい きちんと、ととのっていること。＝端整

【端整】たんせい 「端正」に同じ。

【端然】たんぜん 行儀作法がきちんとして正しいさま。

【端荘(莊)】たんそう(さう) きちんとして、おもおもしい。

【端重】たんちょう 正しくおもおもしい。

【端直】たんちょく 正しい。正しくまっすぐなこと。

【端的】たんてき ①はっきり。明白な。②正確。正しい。③ありのままに。率直に。④事情。

【端方】たんぼう(ばう) 「端正」に同じ。

【端末】たんまつ ①はし。末端。②国コンピューター本体から離れた所に設置され、通信回線などによってデータのやりとりを〔行う装置。「端末機」

【端門】たんもん 宮殿の正門。

【端麗】たんれい 姿がきちんと、ととのって美しい。「容姿端麗」

【端境期】はざかい(ざかひ)き 国古い米に代わり、新米が出まわる時期。九、十月ごろ。野菜・くだものなどにもいう。

【端書】一はしがき 国①手紙のはしに書きそえることば。②和歌の初めにその歌の由来などを書きしるした文。③書物の初めにかきそえる文。序文。二はがき 国郵便はがき。＝葉書

【端数(數)】はすう 国はんぱな数。

【端本】はほん 国一部分がかけて、完全にそろっていない本。

〖無レ端〗一たんなし ①いとぐちがない。はしがない。②わびしい。二はしなくも 思いがけず。「無レ端更渡桑乾水はしなくもさらにわたるそうかんのみず」〈賈島かとうの詩・度二桑乾一そうかんをわたる〉

◆一端いったん・万端ばんたん・末端まったん・尖端せんたん・両端りょうたん・舌端ぜったん・突端とったん・発端ほったん・軒端のきばた・異端いたん・極端きょくたん

立9【竰】〔14〕国字　意味〈センチリットル〉容量の単位。一リットルの百分の一。　J 6782　U補 7AF0

立9〖颯〗(一三八四ページ・上)→風部五画

立11【竱】〔16〕セン 漢 上 銑　zhuǎn チョワン　意味 ①ひとしい。同一どういつである。②ひとつにする。　J 4978　U補 7AF1

立12【竴】〔17〕シュン 漢 平 真　cūn ツン　意味 よろこぶ。よろこぶさま。　J ②8328　U補 7AF4

立15【競】〔20〕学 4　キョウ・ケイ　きそう・せる　J 2205　U 7AF6

ケイ 漢　キョウ(キャウ) 呉　去 敬　jìng チン

筆順 亠 亠 立 音 竟 竞 竸 競

立17【競】〔22〕同字　J 4931　U補 7AF8

意味 ①〈きそ・う(――・ふ)〉あらそう。「競進きょうしん」②強い。さかんである。③いそぐ。④きそって。⑤さかい。＝境

国①〈せ・る〉争って値をつける。②〈せり〉

解字  会意。古い形で見ると、上は誩、下は、人を二つ並べた形である。誩は、ことばをきそうこと。競は、二人が強く対立して争うことをいう。とくに、はっきり黒白のけじめをつけることであるという。そこから、逐おう、おいかけるの意味にもなった。

参考「兢きょう」は別字。

【競泳】きょう(きゃう)えい 水泳で競争すること。

【競演】きょう(きゃう)えん 演技の優劣をきそうこと。

【競技】きょう(きゃう)ぎ ①互いに技術の優劣を争う。②陸上競技・運動競技の略。

【競進】きょう(きゃう)しん 争い進む。並び進む。

【競争(爭)】きょう(きゃう)そう(さう) 争いあう。

【競走】きょう(きゃう)そう かけっこ。かけくらべ。

【競売(賣)】きょう(きゃう)ばい 一けいばい おおぜいの買い手の中で最も高い値をつけた者に売ること。せり売り。

【競歩】きょう(きゃう)ほ かかとを地面につけて、速く歩く競争。

【競奔】きょう(きゃう)ほん われ先に、先を争ってはしる。

【競馬】けいば 職業騎手によって行われる馬の競走。

【競市】せりいち 国せりうりの市場。

【競賽】チンサイ jìngsài 現競技。競争する。

立17【競】〔22〕同 →競(本ページ・中)

6画

竹部　たけ　たけかんむり

【部首解説】「たけの生えている形」にかたどる。この部には、竹の種類や竹製品に関するものが多く、「竹」の形を構成要素とする文字が属する。

竹0【竹】〔6〕学 1　チク　たけ

チク 呉 漢 入 屋　zhú チュー　J 3561　U補 7AF9

筆順 ノ ㇒ ⺮ 竹 竹 竹

意味 ①〈たけ〉イネ科の多年生の植物の名。②竹製のふえ。③竹をうすく細くはいだふだ。紙が無い時代に紙のかわりに用いた。「竹簡」「竹帛」④姓。

解字 象形。たけの生えている形を表したもの。草が、艸で、竹も草も、字を作る場合に、かんむりとして使われる。また、昔は、竹の札に字を書いたので、書物を表す字に応用する。

名前 たか 姓 竹城 地名 竹田・竹原・竹野

難読 竹刀(付表)/竹篦

【竹添光鴻】(たけぞえみつひろ) 人名。明治時代の漢学者。本名進一郎。号は井井。「左氏会箋」「論語会箋」「毛詩会箋」「桟雲峡雨日記」などを著す。(一八四二～一九一七)

【竹光】(たけみつ) 国①刀身を竹で作った代用の刀。②よく切れない刀をばかにしていうことば。

【竹園】(ちくえん(ゑん)) ①たけやぶ。②皇族。天子の子孫。→竹之園生

【竹管】(ちくかん(くゎん)) ①ふえ。②竹のくだの容器。③筆の軸。④竹のこと。

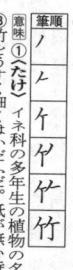

【竹簡】(ちくかん) 文字をしるすのに使った細長い竹のふだ。竹冊。

【竹紙】(ちくし) ①竹を原料にして作った紙。②薄い鳥の子がみ。③雁皮紙(雁皮の樹皮で作った薄い紙)や唐紙の一名。④竹の中にある薄いまく。

【竹書】(ちくしょ) 竹のふだに書いた文書。【――紀年】(ちくしょきねん) 書名。二巻。晋の武帝のとき、魏の襄王の墓から発掘されたもので、紀年十四編は夏の時代から魏までの事がしるされている。

【竹床】(ちくしょう(しゃう)) すのこの縁がわ。竹張りのゆか。

【竹牀】(ちくしょう(しゃう)) 竹のこしかけ。

【竹槍】(ちくそう(さう)) ―(たけやり) 竹の先をやりのようにとがらせたもの。

【竹刀】(ちくとう(たう)) 一 竹で作った刀。二(しない(しなひ)) 国四本の割り竹をたばね、刀の形にしたもの。剣道のけいこに使う。

【竹馬】(ちくば) ―(たけうま) ①こどもが、馬の代わりに竹をまたにはさんで遊ぶもの。②二本の竹ざおに足がかりをつけ、これに乗って歩くこどもの遊び道具。【――之友】(ちくばのとも) 竹馬でともに遊んだ、幼いころの友。幼友だち。

(竹馬①)

【竹牌】(ちくはい) ①敵の矢を防ぐために竹をたばにして作ったたて。②マージャン。

【竹帛】(ちくはく) ①書物。竹簡と帛(絹)。中国で、紙の発明される前はこれに文字をしるしたことからいう。②①から転じて、歴史。

【竹柏】(ちくはく) ①竹と柏。柏は、針葉樹のこのてがしわ。志操の堅固なことにたとえる。②なぎ。葉は竹に似、幹は柏に似た高木の名。

【竹扉】(ちくひ) 竹のとびら。

【竹夫人】(ちくふじん) 夏、寝るときに手足を休め、すずしくするため、だいてねる円筒の竹かご。竹婦。

【竹里館】(ちくりかん(くゎん)) ①唐の詩人王維の別荘。竹林の中に建てられていたのでこの名があり、輞川(今の陝西省西安の郊外)二十景の一つ。②王維の五言絶句の題名。

【竹涼】(ちくりょう(りゃう)) 竹やぶの涼風。

【竹林七賢】(ちくりんのしちけん) 晋の時代に老荘思想をもち、俗世間をさけ、形式的な礼式・作法をいやしみ、竹林にはいって詩酒を楽しんだ七人の隠者。阮籍・嵆康・山濤・向秀・劉伶・阮咸・王戎。

【竹子】(チューツ) zhúzi 現竹。

『竹之園生』(たけのそのう(ふ)) ①竹やぶ。②皇族の別称。漢の文帝の時、梁の孝王の東の庭に竹を多く植えた故事による。竹園。

◇▼呉竹・青竹・若竹・破竹・真竹・煤竹・爆竹・孟宗竹

竹2【竺】[8] 入 標 一チク 漢 ジク(ヂク) 慣 一 入 屋 zhú チュー 二トク 漢 二 入 沃 dǔ トゥー U補J 7AFA 2819

意味 一①たけ。②天竺は、インドの古名。③姓。二あつい。てあつい。=篤

姓 竺志

【竺学(學)】(じくがく(ぢく)) 天竺(インド)の学問の意で、仏教学。

【竺経(經)】(じくきょう(ぢくきやう)) 仏書。仏教の教典。

竹2【竻】[8] 一ロク 漢 一 入 職 lè ロー 二キン 漢 二 平 文 jīn チン U補J 7AFB 4980

意味 一①竹の根。②竻竹は、竹の名。とげのある竹。二筋肉。=筋

竹3【竽】[9] ウ 漢 平 虞 yú ユィ U補J 7AFD ①8957 4981

意味 管楽器の一種。笙のふえの大きいもので、三十六(後世は十九)の管がついている。

参考「竿」は別字。

【竽笙】(うしょう(しゃう)) ふえ。

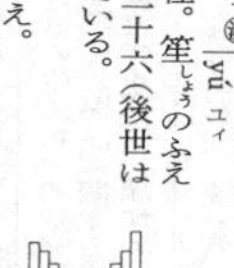
(竽)

竹3【竿】[9] 人 標 一カン 漢 一 平 寒 gān カン 二カン 漢 二 去 翰 gàn カン U補J 7AFF 2040

意味 一①〈さお(さを)〉竹ざお。「竿頭」②竹のふだ。竹簡。③竹を数える。二衣類掛け。

参考「竽」は別字。

【竿頭】(かんとう) 竹ざおの先。「百尺竿頭」

【竿牘】(かんとく) ①書簡。手紙。②書物。

竹3【竾】[9] チ 漢 平 支 chí チー U補J 7AFE 4982

意味 笛の名。=篪

竹3【笂】[9] 国字 U補J 7B02 6783

意味 〈うつぼ〉①矢を入れて腰につける用具。②笂井は、群馬県前橋市の地名。

竹3【𥫤】[9] 国字 U補J 25AE4 ②8329

意味 〈や〉人名に用いる。

竹3【笈】[9] 俗 →笈(本ページ・下)

竹3【笋】[9] 俗 →筍(九四三ページ・下)

竹4【笈】[10] 入 標 キュウ 漢 (キフ) 入 緝 jí チー U補J 7B08 2172

竹3【笈】[9] 俗字 U補J

意味 ①〈おい(おひ)〉書物などを入れて背おうもの。②書物。

【負レ笈】(きゅう(きふ)をおう(おふ)) 本箱を背負う。転じて、遠く他の土地に出かけていって学ぶこと。

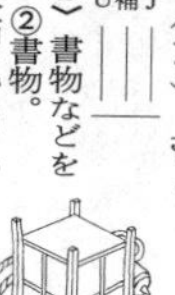
(笈①)

竹4【笏】[10] コツ 漢 入 月 hù フー U補J 7B0F 6784

意味 君臣が会合の際に手にもつ細長い板。地位により玉、象牙、竹と材質が違い、忘れてはならな

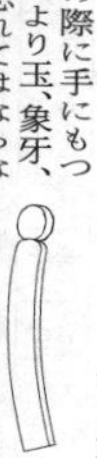
(笏)

い事を書きとめるのに用いた。骨こっと同音であるのを嫌いシャクとよんだ。

竹4【笇】〔10〕 サン 漢 去 翰 suàn ソワン
意味 ①「算」(九三七ジー・中)の同字。②竹製の器。③姓。
U 7B07　補 4983　J ②8331

竹4【笑】〔10〕 学 4 ショウ わらう・えむ
ショウ(セウ) 漢 呉 去 嘯 xiào シアオ
U 7B11　J 3048
筆順 ノ ⺊ ⺈ ⺮ 竺 笁 笑
意味 ①〈わら・う(――・ふ)〉〈え・む(ゑ・む)〉㋐喜んでわらう。㋑あざけりわらう。ばかにしてわらう。㋒えむ。ほほえむ。㋓花が開く。②〈わらい(わらひ)〉〈えみ(ゑみ)〉ほほえみ。

竹4【𥬇】〔10〕 本字 U 25B07

解字 形声。この字は古くから、竹と犬の会意文字とされてきた。竹は楽器で、簫しょうのこと。犬は人によくなれる動物。笑は、よろこぶことである。また、笑は、竹が形を表し、夭ようが音を示す形声文字とされる。夭には、なよなよとする、小さいなどの意味がある。そこで、笑は、竹がしなった形で、人の笑うかっこうとか、夭は容と同様で、笑は口にかっこうをつけることとか、笑は咲と同じで、口を小さくすぼめて、ホホと笑うことなどと解す。音セウは夭の音エウの変化。

名前 え・えみ　難読 笑顔えがお(付表)

【笑噱】しょう(せう)きゃく 大いに笑う。噱は大笑い。哄笑こうしょう。

【笑語】しょう(せう)ご ①笑いながら話す。②「笑話」に同じ。

【笑殺】しょう(せう)さつ ①大いに笑わせる。大いに笑う。殺は助詞。②笑いとばして、相手にしない。

【笑止】しょう(せう)し 国①おかしい。ばかばかしいこと。②きのどくなこと。【――千万(萬)】しょう(せう)しせんばん 国ひどくおかしい。笑わずにはおられぬこと。

【笑納】しょう(せう)のう(なふ) つまらないものをくれたと笑いながらしまうという意味で、自分の贈り物を相手が受け入れてくれることを望む意味のことば。

【笑府】しょう(せう)ふ 書名。十三巻。明みんの馮夢竜ふうむりょう編。古今の笑話を集めた本。

【笑柄】しょう(せう)へい 笑い話のたね。お笑いぐさ。笑草わらいぐさ。

【笑貌】しょう(せう)ぼう(ばう) 笑うさま。笑い顔。

【笑靨】しょう(せう)よう(えふ)・えくぼ 笑ったとき、ほほにできるくぼみ。

【笑楽(樂)】しょう(せう)らく 笑い楽しむ。

【笑覧(覽)】しょう(せう)らん 国自分のものを人に見せるとき、けんそんしていうことば。

【笑話】しょう(せう)わ 一 笑い話。二 シアオホワ xiàohua 現①一に同じ。②あざ笑う。
◆失笑しっしょう・冷笑れいしょう・泣笑なきわらい・苦笑くしょう・にがわらい・哄笑こうしょう・微笑びしょう・談笑だんしょう・憫笑びんしょう・嘲笑ちょうしょう・微苦笑びくしょう

竹4【笒】〔10〕 一 シン 漢 平 侵 cén ツェン　二 キン 漢 去 沁 jìn チン
意味 一 竹の名。二 ①竹製のふだ。②竹製のくじ。
U 7B12　J ①8958

竹4【笊】〔10〕 ソウ(サウ) 漢 去 效 zhào チャオ
意味 ①〈ざる〉竹であんだ容器。②鳥の住む穴。
U 7B0A　J 6785

竹4【𥫱】〔10〕 トン 漢 上 阮 dùn トゥン
意味 穀物を蓄える容器。竹を編んで作る。いざる。＝囤とん
U 25AF1　J ②8332

竹4【笆】〔10〕 ハ 漢 平 麻 bā パー
意味 ①いばら竹。とげのある竹。②竹のかきね。
【笆籬】はり 竹のかきね。
U 7B06　J 6786

竹4【筓】〔10〕 俗 →笄(九三二ジー・上)

竹4【笋】〔10〕 同 →筍(九三二ジー・中)

竹4【笔】〔10〕 同 →筆(九三三ジー・下)

竹5【䇦】〔11〕 一 オウ(アウ) 漢 上 養 ǎng アン　二 エイ 漢 平 庚 yīng イン
意味 一 ①竹の名。②色のない竹。二 たけのこ。
U 41E6　J ②8339

竹5【笳】〔11〕 カ 漢 平 麻 jiā チア
意味 あしぶえ。蘆あしの葉をまいて作った笛。「笳音かいん」
【笳管】かかん(くわん) 胡人こじん(中国西方にいた民族)が吹く笛。
U 7B33　J 6787

竹5【笴】〔11〕 カ 漢 上 哿 gě コー
意味 やがら。矢の竹の部分。
U 7B34　補 5002

竹5【笱】〔11〕 コウ 漢 上 有 gǒu コウ
意味 やな。竹をあんで作った、魚をとる漁具。
U 7B31　補 5001　J ②8338

竹5【笧】〔11〕 サク 漢 入 陌 cè ツォー
意味 ①＝冊(一四〇ジー・中) ②＝策(九三二ジー・上) 国〈しがらみ〉水をせく竹のあみもの。
U 7B27　補 4987　J ②8334

竹5【笮】〔11〕 一 サク 漢 入 陌 zé ツォー　二 サク 漢 入 薬 zuó ツオ　三 サ 漢 サク 慣 去 禡 zhà チャー
意味 一 ①屋根のたる木と瓦の間にしく竹やあしで編んだむしろ。②竹で編んだ矢の袋。③〈せま・い(――・し)〉④せまる。＝迮さく ⑤おしつける。しぼる。⑥姓。二 ①竹で編んだなわ。②国の名。笮都。漢代、今の四川しせん省にあった。＝筰さく 三 汁をしぼる。また、その道具。＝榨さ
U 7B2E　補 4992　J ②8336

竹5【笥】〔11〕 標 シ 漢 ス 唐 去 寘 sì スー
意味 〈け〉〈はこ〉竹などで編んだ、飯や衣服をいれる四角い箱。「笥篋しきょう」
【笥子】けご 国上代に食物をもるのに用いたうつわ。
【笥中】しちゅう(ちう) 竹の箱の中。
◆簞笥たんす
U 7B25　J 3158

(笥)

竹5【第】〔11〕 シ 漢 上 紙 zǐ ツー
意味 竹製のベッドのすのこ。「牀第しょうし」
U 7B2B　補 4990

竹5【笡】〔11〕 シャ 漢 去 禡 qiè チエ
意味 ①支える。②つっかい柱。③ななめ。
U 7B21

竹5【笙】〔11〕 人 セイ 漢 ショウ(シャウ) 呉 平 庚 shēng ション
意味 ①管楽器の名。しょうのふえ。十九または十三の管を立て、横からふくもの。②東方の音楽。③こまかいもの。④竹製のむしろ。
解字 形声。竹が形を表し、生しょうが音を示す。しょうの笛。
【笙鼓】しょう(しゃう)こ しょうの笛とつづみ。
【笙簧】しょう(しゃう)こう(くわう) しょうの笛の舌(穴の下部にあって、吹くときに音をだす薄い板)。
U 7B19　J 6789

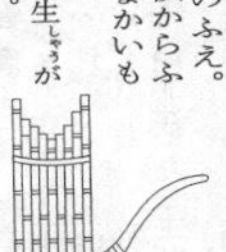
(笙①)

【笙詩】「詩経・小雅」の中の南陔・白華などの六編で、笙に合わせて歌った詩。現在の「詩経」には、題と序があるのみで、詩はない。

竹5
【第】〔11〕学3 ダイ
テイ(漢)(去)霽 ダイ(呉) dì ティー
J 3472 補 U 7B2C
筆順 ノ 𠂉 ⺮ ⺮ 笃 筜 第 第

艸5【苐】〔9〕俗字 J ― 補 5547 U 82D0
J3【才】〔4〕俗字 J 3427 補 ― U ―

意味 ①順序。次第。「第次」②順序を示す接頭語。「天下第一」③等級。④しなさだめをする。序列をつける。⑤やしき。邸。「第舎」「第館」⑥官吏を任用する試験「科挙」に合格する。転じて、試験に合格する。「及第」「落第」⑦〈ただ〉㋐…だけ。㋑たとい…でも。

解字 会意。竹と弟を合わせた字。弟は弟を略したもの。弟は、順序・次第を表す。第は竹札を順序に並べることである。また、弟には末端の意味があり、第は、竹札を順序に並べた末端をいうとも解する。

名前 くに・つき

参考 ①異体字の「才」は国字。②「第」は別字。

【第一】①最初。いちばん初め。②もっともすぐれていること。③もっとも重要なこと。④国いったい。まず。もっとも。【――印象】国ある物事に接して、最初に受けた印象。【――義】①仏そのこと本来の意義。②最上の方法。③もっともたいせつな事がら。④第一に行うべき道。【――人者】その道で最もすぐれている者。【――流】最上の地位にある者。また、その地位。【――等】第一流。一番。その道でいちばんすぐれている。「将二第一等一譲二与別人一(第一等の地位を他人にゆずる。)」〈近思録〉

【第下】①相手の尊称。貴下。閣下。②唐代、太守の尊称。

【第家】やしきや家。

【第三者】ある事に直接、関係のない人。↕当事者

【第六感】五官(嗅覚・視覚・味覚・聴覚・触覚)以外にあって物事を感じとる作用。直観。

【第館】やしき。邸宅。第舎。第宅。

【第舎】やしき。邸宅。=邸舎

【第宅】やしき。いえ。=邸宅

〖就レ第〗官職を退いて家に帰る。

◆及第・次第・私第・別第・落第

竹5
【笪】〔11〕
一 タン(漢) 一(上)旱 dǎn タン
二 タツ(漢) 二(入)曷 dá ター
J ②8335 補 4989 U 7B2A

意味 一打つ。二①竹の皮。②竹であんだむしろ。③姓。

竹5
【笞】〔11〕
チ(漢)(平)支 chī チー
J 6790 補 ― U 7B1E

意味 ①〈むち〉罪人などをうつ竹や杖。②〈むちう・つ〉むちでたたく。③むちでたたく刑罰。「笞罪」

【笞刑】むちで打つ刑罰。

【笞撃(擊)】むちでうちたたく。むちうつ。鞭撻。

【笞杖】むちでたたく刑罰と、杖でたたく刑罰。

【笞掠】むちでたたいて、きびしく調べる。

竹5
【笘】〔11〕
一 チョウ(漢)(テフ) 一(入)葉 shān シャン
二 セン(漢) 二(平)塩 shān シャン
J 6788 補 ― U 7B18

意味 一二①竹のむち。②竹のふだ。児童が文字の練習に用いた。国〈とま〉=苫

竹5
【笤】〔11〕
チョウ(漢)(テウ)(平)蕭 tiáo ティアオ
J ― 補 ― U 7B24

意味 竹ぼうき。「笤箒」

竹5
【笛】〔11〕学3 テキ ふえ
テキ(漢) ジャク(ヂャク)(呉)(入)錫 dí ティー
チャク(慣)
J 3711 補 ― U 7B1B

筆順 ノ 𠂉 ⺮ ⺮ 笁 笜 笛 笛

意味 〈ふえ〉竹の管に穴をあけて吹き鳴らす楽器。

解字 形声。竹が形を表し、由が音を示す。由には清らかな感じがある。笛は、清らかな音を発する竹の楽器で、ふえをいう。また、由には中を通りぬけるという意味があるから、笛は、竹の節を抜き通して、中空にした楽器であるともいう。笛のあなの数は、漢代にも、七つと五つの二説があった。また、長さを一尺四寸とする説がある。

姓 笛吹

【笛伶】笛を吹く楽人。

◆口笛・玉笛・汽笛・角笛・明笛・牧笛・喉笛・霧笛・警笛・横笛・魔笛・呼子笛

竹5
【筬】〔11〕
ド(漢)(平)虞 nú ヌー
J ②8337 補 4993 U 7B2F

意味 鳥かご。国〈ど〉水の中にしかけて魚をとるかご。

竹5
【筏】〔11〕
一 ハイ(漢) バイ(呉) 一(去)泰 pèi ペイ
二 ハツ(漢) バツ(慣) 二(入)月 fà ファー
J ― 補 4988 U 7B29

意味 一筏筏は、飛び揚がるさま。二=筏(九三三ジベ・中)

竹5
【筓】〔11〕
ハン(漢)(平)元 fán ファン
J ― 補 ― U 7B32

匚5【匥】〔7〕同字 J ― 補 2009 U 5325

意味 なつめ・栗などを盛る、竹製のかご。

竹5
【笵】〔11〕
ハン(漢)(上)䡊 fàn ファン
J 6791 補 ― U 7B35

意味 ①きまり。ルール。②竹で作った型。

竹5
【符】〔11〕常 フ
フ(漢)(平)虞 fú フー
J 4168 補 ― U 7B26

筆順 ノ 𠂉 ⺮ ⺮ 竺 竻 符 符

意味 ①〈わりふ〉朝廷が官位や命令の発令に証拠としたもの。竹の札に文字を書いたり、または銅で虎の形に作り(銅虎符)、それを割って互いにその一方をもち、後日の証拠にした。「符契」②出入りの際のしるし。③おふだ。神仏の守り札。④しるし。きざし。めでたい前ぶれ。「符瑞」⑤将来を予言した書物。未来記。「符籙」「符讖」⑥文体の一種。下級の官職への公文書に用いる。⑦合う。一致する。⑧姓。

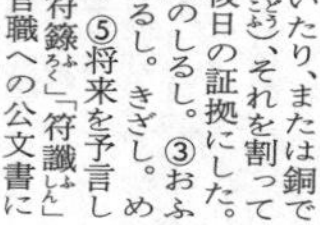

(符 ①)

解字 形声。竹が形を表し、付が音を示す。付には、ぴったり合うという意味がある。符は、漢代に、竹の札を二つにわり、その両片を分けて持って、「わりふ」とした。二つを合わせて、ぴったり合うことで、証拠の手形にしたものである。

【符運】運命。天命。

【符応(應)】しるし。予言に応じたしるしがある。

【符契】①割り符。②よく的中するたとえ。

【符験(驗)】証拠。しるし。

【符号(號)】しるし。記号。

【符合】一割り符が合う。転じて、物事がぴったりと

合致すること。

【符璽】①天子の御印。璽符。②はん。はんこ。印。

■フー ホー fúhé 現■に同じ。

【――斗斛権(權)衡】割り符、印章、ます、はかり。人がだましあわないようにするしるしや標準。〈韓愈・原道〉

【符信】「符節」に同じ。

【符水】神様のおふだ(符)と、神にお供えした水。

【符瑞】めでたいしるし。

【符節(節)】割り符。↓親字の意味①『若レ合二――一』二つのものが、割り符を合わせるようにぴったりと合うこと。〈孟子・離婁下〉

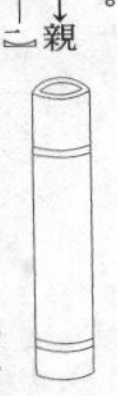
(符節)

【符丁(「牒」)】①国家の命令であることを証明する書きつけ。②お客にわからぬようにつける商品のねだんの記号。③ある人々の間にだけ通じる合言葉。

【符帳】「符丁」の②③に同じ。

【符牒】「符丁」に同じ。

【符伝(傳)】①関所の通行許可を証明する札。せきふだ。②軍勢を動かすときの、証明に用いるもの。

【符命】①その人を天子にするという天の命令。②天子の命令。

【符籙】未来記。未来のできごとを予言して書いたもの。「符讖」

『剖レ符』割り符をさき、半分を諸侯に与え、他の半分を天子の手もとに留めて後日の証拠とすることで、大名に封ずること。

◇切符・音符・割符・護符

竹5【笰】〔11〕 ■フツ 漢 ■入 物 fú フー ■ヒ 漢 ■去 未 fèi フェイ U補J 4994 7B30

意味 ■①ひもをつけた矢。②車の後部のおおい。＝茀

竹5【笣】〔11〕 ホウ(ハウ) 漢 ヒョウ(ヘウ) 呉 平 肴 bāo パオ U補J 4986 7B23

意味 ③かんざし。笄。■矢を削り細くする。

竹5【笨】〔11〕 ホン 漢 上 阮 bèn ペン U補J 6792 7B28

意味 竹の名。

意味 ①竹の裏側の白い部分。②あらい。粗末。「笨車」③愚かな。ぶきような。「笨伯」

【笨拙】そまつでへた。そまつでつたない。

竹5【笠】〔11〕 入 標 リュウ 漢 (リフ) 入 緝 lì リー U補J 1962 7B20

意味〈かさ〉①竹べらで編んだ、頭にかぶる笠。また、笠のようにおおうもの。②門のかんぬき。

姓 笠・笠岡 地名 笠・笠岡・笠間

【笠懸】国鎌倉時代の弓術の一つ。笠を的にし、馬に乗り、遠矢でこれを射る。

【笠檐】かさのひさし。かさのふち。

◇花笠・松笠・雨笠・陣笠・菅笠・編笠

竹5【笭】〔11〕 レイ 漢 平 青 líng リン U補J ①8959 7B2D 4991

意味 ①馬車前部の横木の下の竹で編んだ部分。②かご。「笭箵」③魚を入れるかご。「笭箵」④舟中で物を置く台。

竹5【筂】〔11〕 pǒ ポー U補J 7B38

意味 現 筂籮 pǒluo は、食物などを入れるかご。

竹5【笹】〔11〕 入 国字 U補J 2691 7B39

意味〈ささ〉①小さな竹の類。「笹藪」②酒の別名。

解字 会意。竹と葉の一部とを合わせた字。一説に竹と世とを合わせた字。

竹5【笽】〔11〕 国字 U補J ②8333 7B3D 5003

意味 ①〈そうけ(さうけ)〉竹で編んだざる。②人名や地名に用いる。笽島は姓。

【笹竜(龍)胆(膽)】紋所の名。竜胆の葉五枚に花を三つあしらったもの。源氏の紋。

竹5【笰】〔11〕 俗 ↓笰(本ページ・中)

竹5【笶】〔11〕 同 ↓矢(八七八ページ・下)

竹5【笟】〔11〕 同 ↓箍(九三七ページ・上)

竹6【筈】〔12〕 入 標 カツ 漢 (クワツ) 入 曷 kuò クオ U補J 4006 7B48

意味〈はず〉矢はず。矢のはしの、つるを受ける所。国〈はず〉当然そうなる。

竹6【筇】〔12〕 キョウ 漢 平 冬 qióng チョン U補J ①8961 7B47 5007

意味 ①つえ。竹のつえ。②竹の一種。布袋竹。

竹5【笻】〔11〕 俗字 U補J ①8960 7B3B

竹6【筐】〔12〕 キョウ 漢 (キャウ) 平 陽 kuāng コワン U補J 6794 7B50

竹7【筺】〔13〕 俗字 U補J 6801 7B7A

意味 ①〈かたみ〉かご。四角に編んだ竹かご。「筐篚」②寝台。「筐牀」③小さなかんざし。

(筐①)

【筐筥】四角のかごと、丸いかご。

【筐篋】竹で作った箱。書籍入れ。本箱。

竹6【篚】〔12〕 キョク 漢 入 沃 qū チュイ コク 呉 U補J ②8342 7B41 5006

意味 蚕を飼う道具。まぶし。蚕薄。国〈おい(おひ)〉背負いかご。笈。

竹6【筋】〔12〕 学 6 キン すじ キン 漢 コン 呉 平 文 jīn チン U補J 2258 7B4B

筆順
ノ
⺈
⺮
竹
笁
笞
筋
筋

艸6【肋】〔10〕 同字 U補J ①9084 8355 5590

意味〈すじ(すぢ)〉①骨を連結する組織。体を組み立てる力。②筋肉。③血管。④すじに似たものを広くいう。国〈すじ(すぢ)〉①道すじ。②血すじ。③物語の骨組み。「筋書」④関係する方面。また、それをぼかしていう。「関係筋」

解字  会意。竹と月と力を合わせた字。月は肉で、力は、人体のすじ。肋は、肉のすじである。竹は、すじの多い植物である。筋は、筋肉をいう。

参考「筯」は別字。

【筋骨】①筋肉と骨格。②体力。体格。「労二其筋骨一」〈孟子・告子下〉

【筋斗】からだをさかさに一回転させること。とんぼがえり。もんどりうつこと。

【筋肉】医動物体の運動をつかさどる器官。人間の場合、骨格筋・心筋・内臓筋とに大別される。

【筋力】①筋肉の力。②体力。

【筋交】国①はすかい。ななめ。②家や橋などを作るとき、耐風・耐震などの目的で、柱と柱の間に対角線状に入れる木材。＝筋違

【筋書】国①劇や映画などのあらすじが書いてあるもの。②もくろみ。計画。

【筋金】国やりの柄や、刀のさやなどを強くするためにはめこんだ細長い金。【――入】国①すじがねがはいって

いっていて、じょうぶな物。②ある物事を堅く信じこんでいること。

【筋違】㊀すじちがい(すぢちがひ) 国①筋肉のすじがねじれて痛むこと。②道理や順序にはずれること。③見当ちがい。㊁すじかい(すぢかひ) 国「筋交(すじかい)」の②に同じ。

【筋道】すじみち(すぢ) 国①物事の道理。②手続き。順序。

【筋目】すじめ(すぢ) 国①条理。道理。すじみち。②家柄(いえがら)。血統。由緒(ゆいしょ)。③面と面とがまじわるところ。折りめ。

◇血筋(ちすじ)・青筋(あおすじ)・背筋(はいせすじ)

竹6【筓】〔12〕 ケイ 漢 平 斉 jī チー U補J ― 7B53

竹4【笄】〔10〕俗字 U補J 6802 7B04

意味 ①〈こうがい(かうがい)〉かんざし。髪をとめるもの。また、冠をとめるもの。「筓冠」②女子の成人の礼。成人したしるしにかんざしをさす。国〈こうがい(かうがい)〉①女子が丸髷(まるまげ)の下にさして飾りにするもの。②刀のさやにさしておく櫛(くし)。

(筓①)

【筓冠】けいかん(くゎん) かんざしとかんむり。男女ともに成人の礼をあげること。

【筓字】けいじ ①かんざしと、あざな。女子の婚約がきまると、かんざしをさし、あざなをつけたこと。②女子が婚約すること。

【筓年】けいねん 女子が一人まえになって、かんざしをつける年ごろ。十五歳。

竹6【筀】〔12〕 ケイ 漢 ケ 呉 去 霽 guì コイ U補J 5005 7B40

意味 竹の名。

竹6【筘】〔12〕 コウ 漢 去 宥 kòu コウ U補J ― 7B58

意味 織機のたて糸を固定する装置。

竹6【筕】〔12〕 コウ(カウ) 漢 ゴウ(ガウ) 呉 平 陽 háng ハン U補J ②8344 5009 7B55

意味 筕篖(こうとう)は、竹で編んだしきもの。 難読 筕篖(あんぺら)

竹6【策】〔12〕 学6 サク サク 漢 シャク 呉 入 陌 cè ツォー U補J 2686 7B56

筆順 ノ ⺊ ⺈ ⺮ 竺 笞 笧 策

艸8【萗】〔12〕同字 U補J ②8637 8417

意味 ①〈むち〉馬をうつむち。②〈むちう・つ〉㋐むちでうつ。「策馬」㋑はげます。「策励」③〈つえ(つゑ)〉杖。④杖(つえ)をつく。⑤木や竹を文字を書くために細くうすくしたもの。また、これを何枚もつなげたもの。＝冊(さつ) ⑥書きしるす。⑦〈はかりごと〉計画。「策慮(さくりょ)」⑧〈はか・る〉計略をめぐらす。⑨王の命を伝える文書。「策書(さくしょ)」⑩文体の名。天子に奉る政治上の意見書。「対策」⑪官吏登用試験の問題。

解字 形声。竹が形を表し、朿(し)が音を示す。朿は刺と同じで、とげがさす意味を持つ。策は、馬を打つ、とがった竹のむちである。冊(さく)と音が同じなので、冊と同じく、たんざくの意味にも使う。音サクは、朿の音シの変化。

【策応(應)】さくおう 互いにしめしあわせる。はかりごとを通じ合う。

【策勲】さくくん 策はふだ。戦いの功績を竹ふだに書き、功績のあった者に賞を与える。「策勲十二転(さくくんじゅうにてん)」(戦いの手がらを認められて、十二回進級する。)〈楽府(がふ)詩集・木蘭詩(もくらんのし)〉

【策源地】さくげんち ①作戦計画をたてて戦場の軍隊に命令を発する所。②計略をこらす中心部。

【策策】さくさく ①木の葉の散る音。②秋風の音。

【策士】さくし はかりごとをめぐらす人物。

【策試】さくし 「策問」に同じ。

【策書】さくしょ ①天子の命令文書。②天子が役人を任免する辞令。

【策定】さくてい 計画をきめる。

【策動】さくどう 国ひそかに計略を立て行動する。

【策謀】さくぼう はかりごと。策略。

【策命】さくめい ①天子の命令文書。策書。②国古語で書きしるした詔勅。策文(さくぶん)。「策命使」

【策問】さくもん 官吏登用試験で、題を与え、政治上の意見などを問うこと。また、その文体。策試。

【策略】さくりゃく はかりごと。計略。

【策励(勵)】さくれい むちうちはげます。

『挟(挾)レ策』さくをはさむ 書物をかかえる。本を手に持つ。

◇万策(ばんさく)・上策(じょうさく)・下策(げさく)・方策(ほうさく)・失策(しっさく)・対策(たいさく)・金策(きんさく)・国策(こくさく)・政策(せいさく)・秘策(ひさく)・得策(とくさく)・術策(じゅっさく)・散策(さんさく)・献策(けんさく)・愚策(ぐさく)・善後策(ぜんごさく)

竹6【筍】〔12〕 ㊀シュン 漢 ジュン 慣 ㊀上 軫 sǔn スン ㊁シュン 漢 ジュン 慣 ㊁去 震 xùn シュン U補J 6803 7B4D

竹4【笋】〔10〕同字 U補J 6804 7B0B

竹9【箰】〔15〕同字 U補J 5032 7BB0

意味 ㊀①〈たけのこ〉②たけのこの皮。③楽器をかける横木(よこぎ)。㊁竹製のこし。「筍輿(じゅんよ)」

竹6【筎】〔12〕 ジョ 漢 平 魚 rú ルー U補J ①8962 5008 7B4E

意味 舟に水のしみこむのを防ぐもの。竹の皮で作る。

竹6【䇮】〔12〕 ジン 漢 ニン 呉 上 寝 rèn レン U補J ②8343 41EE

意味 寝台に敷く竹製のしきもの。ねござ。

竹6【筅】〔12〕 セン 漢 上 銑 xiǎn シエン U補J 6806 7B45

意味 ①ささら。なべ・かまをこすり洗う小さなほうき。「筅箒(せんそう)」②兵器の名。「狼筅(ろうせん)」

竹6【筌】〔12〕 セン 漢 平 先 quán チュワン U補J 6805 7B4C

意味 〈うえ(うへ)〉竹を編んで作った、魚をとる道具。

【筌蹄】せんてい ①魚をとるふせごと、うさぎを取るわな。転じて、物を手に入れるための方便。②案内。手びき。

竹6【筑】〔12〕 人 標 チク 漢 呉 ツク 慣 入 屋 zhú チュー U補J 3562 7B51

旧字 竹6【筑】〔12〕 U補J

意味 竹でうち鳴らす琴に似た弦楽器。

参考 筑は、「築」(九四〇ページ・上)の中国新字体としても使う。

姓 筑井(つくい)・筑紫(つくし)・筑摩(つくま・ちくま) 難読 筑子(こきりこ) 地名 筑波(つくば)・筑後(ちくご)・筑前(ちくぜん)・筑紫(つくし)・筑

(筑)

【筑紫】つくし 国①北九州の地方名。筑前(ちくぜん)と筑後(ちくご)。②九州のこと。

【筑波】つくば 国①茨城(いばらき)県の地名。②茨城県にある山の名。古来の名山。

竹6【等】〔12〕 学3 トウ ひとしい トウ 漢 呉 上 迥 děng トン U補J 3789 7B49

筆順 ノ ⺊ ⺈ ⺮ 竺 笙 等 等

意味 ①〈ひとし・い(ひと・し)〉おなじ。「等分」②階段(かいだん)のひとつの段。「土階三等」③上下の区別。段階。順序。「等級」④たぐい。なかま。「等輩(とうはい)」⑤はかる。比べる。

⑥待つ。⑦多数を示す接尾辞。「公等」⑧〈なに〉疑問を表す。「何等」⑨〈など〉〈ら〉多くの類似したものをまとめていう語。

解字 会意。竹と寺を合わせた字。竹は、竹の札で、書類のこと。寺は役所で、公平なことを表す。等は、竹の札を平らにそろえることで、ひとしいという意味となる。また、物をそろえると、高低がはっきりと区別できることから等級の意味になった。

名前 しな・たか・とし・とも　姓 等禰(とね)・等々力(とどろき)　難読 等閑(なおざり)

【等夷】(とうい) 同じ地位にあるなかま。同輩。

【等温(溫)線】(とうおんせん) ①温度の等しい地点を地図の上に結んだ線。②理 一定温度のもとで物質が圧力をうけたとき、その圧力とその物質の体積との関係を示す曲線。

【等間】(とうかん) ①両者の間が離れて、仲がうとくなる。②「等閑」に同じ。

【等閑】(とうかん・なおざり) なげやりにして注意しない。いいかげん。

【等級】(とうきゅう) くらい。階級。

【等差】(とうさ) さべつ。等級。差等。級差。【――級数(數)】(とうさきゅうすう) 数 各項の差が順次に常に等しく、すぐ前の項に一定の数を加えると、次の項がえられる級数。

【等親】(とうしん) 国 家族関係の緊密度を示す語。夫は一等親、妻は二等親。しばしば親等と混用される。

【等身大】(とうしんだい) 人のからだと同じ大きさ。

【等儕】(とうせい) なかま。等夷。等輩。

【等比】(とうひ) 数 二つの数量の比が等しいこと。【――級数(數)】(とうひきゅうすう) 数 各項の比が順次に常に等しく、すぐ前の項に一定の数をかけると次の項が得られる級数。

【等分】(とうぶん) ①等しく分ける。②等しく分けた分量。

【等倫】(とうりん) 仲間。同輩。

【等列】(とうれつ) ①同等の地位。②貴賤(きせん)上下の区別。

【等待】(トンタイ) děngdài 現 待つ。

【等于】(トンユィ) děngyú 現 …に等しい。イコール。
◆平等(びょうどう)・均等(きんとう)・劣等(れっとう)・同等(どうとう)・初等(しょとう)・対等(たいとう)・郎等(ろうとう)・優等(ゆうとう)・機会均等(きかいきんとう)

竹6【答】〔12〕学 2 トウ こたえる・こたえ　J 3790 U補 7B54
トウ(タフ) 漢 呉 入 合 dá ター

筆順 ノ ⺈ ⺮ 𥫗 笒 笒 答 答

意味 ①〈こた・える(――・ふ)〉㋐返事をする。㋑応対する。②〈こたえ(こたへ)〉③むくいる。おかえしする。「答辞」

解字 形声。竹が形を表し、合(がふ)が音を示す。もともと合に、こたえるという意味があった。合は、「あう」という意味に使うようになり、答(たふ)をこたえる意味に代用した。荅は、あずきのことである。後に、艹を竹に代えて、答を用いるようになった。音タフは合の音ガフの変化。

名前 さと・とし・とみ・とも・のり

【答案】(とうあん) 一 答えをしるした文書。答え書き。二 dá'àn ターアン 現 一 に同じ。

【答辞(辭)】(とうじ) ①こたえのことば。返事のことば。②式場で式辞・告辞などに答えて、述べることば。

【答申】(とうしん) 国 直属する上役や上部機関の問いに答えて、意見を申し述べる。

【答電】(とうでん) 返事の電報。返電。

【答拝(拜)】(とうはい) 先方がおじぎをしたときに返すおじぎ。

【答弁(辯)】(とうべん) 申し開き。いいひらき。

【答問】(とうもん) ①人の問いに答える。②こたえの文書。

【答礼(禮)】(とうれい) 人から受けた礼に答える。返礼。

【答応(應)】(ターイン) dāying 現 承知する。

【答覆】(ターフー) dáfù 現 返事をする。
◆回答(かいとう)・即答(そくとう)・応答(おうとう)・返答(へんとう)・明答(めいとう)・速答(そくとう)・問答(もんどう)・筆答(ひっとう)・報答(ほうとう)・解答(かいとう)・確答(かくとう)・贈答(ぞうとう)・押問答(おしもんどう)・自問自答(じもんじとう)・質疑応答(しつぎおうとう)

竹6【筒】〔12〕常 トウ つつ　J 3791 U補 7B52
トウ 漢 平 東 tǒng トン

筆順 ノ ⺈ ⺮ 𥫗 筲 筒 筒 筒

意味 〈つつ〉①竹のくだ。②つつ状のもの。③魚をとる道具。国〈つつ〉銃砲。

解字 形声。竹が形を表し、同(どう)が音を示す。同には、つきぬけるという意味がある。筒は、竹の中がつつぬけになっている楽器で、洞簫(どうしょう)(日本の尺八のようなもの)をいう。

難読 筒親(どうしん)・筒元(どうもと)

【筒井】(つつい) 国 筒のように丸く掘ったいど。「筒井筒(つついづつ)」

【筒袖】(つつそで) 国 和服でたもとのない、つつのようなそで。また、その着物。

【筒抜】(つつぬけ) 国 ①筒の底がぬけたように、物がそのまま通りぬける。②話や秘密などがそのまま他人にもれること。

竹6【筏】〔12〕標 ハツ 漢 バツ 慣 入 月 fá ファー　J 4021 U補 7B4F

意味 ①〈いかだ〉竹や木を編んで水を渡るもの。②海中の大船。

竹6【筆】〔12〕学 3 ヒツ ふで　J 4114 U補 7B46
ヒツ 漢 ヒチ 呉 入 質 bǐ ピー

筆順 ノ ⺈ ⺮ 𥫗 筀 筀 笔 筆

意味 ①〈ふで〉文字や絵を書く道具。「毛筆」②書きしるす。「筆削(ひっさく)」③筆で書いたもの。詩文書画。「名筆」④散文。↕文

竹4【笔】〔10〕同字　J ―― 補 4984 U 7B14

解字 会意。竹と聿を合わせた字。聿(いつ)は、聿と一とを合わせた字。聿は手先の器用なこと、一は書きつけるふでで、聿は、ふでを表す。筆は、竹のふでのことである。

姓 筆氏(うじ)

【筆意】(ひつい) ①書画などの筆づかい。②詩文を作る人の心持ち。

【筆架】(ひっか) 筆をのせておく台。筆牀(ひっしょう)。

【筆禍】(ひっか) 自分が書いた文章のために災難をこうむること。

【筆翰】(ひっかん) ①ふで。②文字を書くこと。

【筆記】(ひっき) 一 ①書きしるす。②書きしるしたもの。二 bǐjì ピーチー 現 ① 一 に同じ。②随筆。紀行文。【――体(體)】(ひっきたい) 筆や、ペンなどを用いて書くときの字体。筆写体。↕活字体
【――本】(ピーチーペン) bǐjìběn 現 ノート。帳面。

【筆硯】(ひっけん) ①筆とすずり。②詩文を作ったり、書物をあらわしたりすること。

【筆耕】(ひっこう(かう)) ①字を書き写す仕事で生活する。また、その人。②詩文を書くことを職業とする人。

【筆削】(ひっさく) 書いたり、書き改めたりする。

【筆札】(ひっさつ) ①筆と紙。②筆跡。手跡。

【筆算】(ひっさん) 数字を書いて計算する算術。↕珠算・暗算
【筆写(寫)】(ひっしゃ) 書き写す。書写。

【筆順】(ひつじゅん) 国 文字の一点一画を書く順序。

【筆触(觸)】(ひっしょく) 絵をかくときの筆づかい。タッチ。

【筆陣】(ひつじん(ぢん)) ①詩歌・文章などが力強いこと。②文章で論戦するかまえ。

【筆生】(ひっせい) 文字を書き写すことを生活のための仕事とする人。

【筆跡】(ひっせき) 文字の書きぶり。書かれた文字。手跡。＝筆蹟
【筆蹟】(ひっせき) 「筆跡」に同じ。

【筆舌】(ひつぜつ) ①筆と口。②文に書くことと、口で言うこと。

【筆洗】(ひっせん) 筆を洗う器。

➡竹米糸缶网(罒・⺳)羊(⺶)羽(羽)老(耂)而耒(耒)耳

【筆戦(戰)】ひっせん 文章を書いて議論する。文章で論争する。

【筆端】ひったん ①筆の先。②絵や文章の勢い。

【筆談】ひつだん 国外国人や耳の聞こえない人と話すことができない場合、用件を文字に書いてお互いの考えを通じさせること。

【筆致】ひっち 文字・文章の書き方。書きぶり。

【筆誅】ひっちゅう(ちう) 他人の罪悪を文章に書きたてて責める。

【筆答】ひっとう(たふ) 文章で答える。また、その答え。筆対ひったい。↔口答

【筆頭】ひっとう ①筆の穂先。②連名の中の最初に名を書いた人。ふでがしら。【─者】ひっとうしゃ 戸籍で各家の第一位に書かれる人。

【筆法】ひっぽう(ぱふ) ①筆の運び方。筆づかい。書法。②文の書き方。③やり方。「春秋の筆法」

【筆鋒】ひっぽう ①筆のさき。筆の勢い。②文章の勢い。

【筆墨】ひつぼく ①筆と墨。②筆で書いたもの。筆跡。手跡。

【筆力】ひつりょく ①筆づかいの勢い。②文章の勢い。

【筆録(錄)】ひつろく 筆で記録する。

【筆不精】ふでぶしょう(しやう) 国手紙・文章など書くのを、めんどうくさがること。また、その人。＝筆無精 ↔筆忠実ふでまめ

【筆無精】ふでぶしょう(しやう) 「筆不精」に同じ。

【落レ筆】ふでをおとす 筆をおろす。字を書く。

【呵レ筆】ふでをかす 寒さで凍った筆に、息を吹きかけ暖める。寒いときに文を書く。

【投レ筆】ふでをとうず ①筆を投げすてる。②詩・文を書く仕事をやめる。〈後漢書ごかんじょ・班超はんちょう伝〉

【曲レ筆】ふでをまぐ 事実をまげて書く。〈後漢書ごかんじょ・臧洪ぞうこう伝〉

◆一筆いっぴつ・三筆さんぴつ・才筆さいひつ・文筆ぶんぴつ・毛筆もうひつ・主筆しゅひつ・代筆だいひつ・石筆せきひつ・末筆まっぴつ・朱筆しゅひつ・加筆かひつ・自筆じひつ・肉筆にくひつ・曲筆きょくひつ・乱筆らんぴつ・弄筆ろうひつ・直筆じきひつ|ちょくひつ・真筆しんぴつ・能筆のうひつ・執筆しっぴつ・特筆とくひつ・悪筆あくひつ・運筆うんぴつ・偽筆ぎひつ・随筆ずいひつ・絶筆ぜっぴつ・試筆しひつ・達筆たっぴつ・鉛筆えんぴつ・硬筆こうひつ・鉄筆てっぴつ・漫筆まんぴつ・擱筆かくひつ・鋼筆こうひつ

竹6 【筶】〔12〕 ラク 漢 入 薬 呉 luò ルオ　J 5004 補 ─ U 7B3F

意味 ①食器をいれるかご。②竹で編んだ円筒形のかごに、石をつめて河川工事に使う。じゃかご。③まきつく。からむ。＝絡らく

竹6 【筬】〔12〕 同 ↓篋(九三七ページ・上)

竹6 【筬】〔12〕 俗 ↓筬(本ページ・下)

竹6 【箋】〔12〕 俗 ↓箋(九三七ページ・下)

竹6 【筝】〔12〕 俗 ↓箏(九三七ページ・下)

6画

竹7 【筠】〔13〕 イン 漢 平 真 yún ユン　J ①8963 補 5010 U 7B60

意味 ①たけ。「筠竹いんちく」②竹の青い皮。③竹の笛。

【筠心】いんしん 竹のようにまっすぐな心。

【筠籠】いんろう 竹で編んだかご。

竹7 【筵】〔13〕 標 エン 漢 呉 平 先 yán イエン　J 6807 補 ─ U 7B75

意味 ①〈むしろ〉竹を編んで作った敷物。②敷物をしく。③座席。「講筵」④宴会。

【筵上】えんじょう(じやう) 宴会の席上。

【筵席】えんせき ①場所。むしろ。筵は下に敷くもの。席はその上に敷くもの。②宴会の席。

竹7 【筦】〔13〕 カン 漢 (クヮン) 上 旱 guǎn コワン　J ②8347 補 5012 U 7B66

意味 ①管くだ。②ふえ。管楽器。「筦籥かんやく」③つかさどる。④かぎ。「筦鍵かんけん」⑤姓。

竹7 【筥】〔13〕 キョ 漢 上 語 jǔ チュイ　J 6808 補 ─ U 7B65

意味 ①〈はこ〉食物を盛る竹製のかご。丸いのを筥、四角なのを筐きょうという。「筥米」②稲のたば。③容量の単位。(↓付録「度量衡名称」)④姓。

(筥①)

竹7 【筧】〔13〕 ケン 漢 上 銑 jiǎn チエン　J 6810 補 ─ U 7B67

意味 〈かけい(かけひ)〉ふしをとり除いた竹をかけわたして水を通すくだ。「筧水」

竹7 【筺】〔13〕 コウ 漢 (カフ) 入 洽 xiá シア　J ─ 補 5014 U 7B6A

意味 ①竹の名。②竹製の箱はこ。＝匣こう

竹7 【筰】〔13〕 サク 漢 入 薬 zuó ツオ　J 6811 補 ─ U 7B70

意味 ①舟を引く、竹のなわ。「筰橋さくきょう」②せまる。③筰都は、国の名。漢代、今の四川しせん省漢源県にあった。＝笮さく

【筰橋】さくきょう 竹製のつなで作ったかけ橋。

竹7 【筴】〔13〕 一 サク 漢 一 入 陌 cè ツォー 二 キョウ 漢 (ケフ) 二 入 葉 jiā チア　J 6809 補 ─ U 7B74

意味 一 ①めどぎ。占いに用いる細い竹の棒。②はかりごと。＝策 二 ①はさむ。②はさむもの。箸はし。

竹7 【筭】〔13〕 サン 漢 呉 去 翰 suàn ソワン　J ①8964 補 5015 U 7B6D

意味 ＝算さん ①さんぎ。数をかぞえる道具。②はかりごと。③かぞえる。

竹7 【筲】〔13〕 ソウ(サウ) 漢 ショウ(セウ) 慣 平 肴 shāo シャオ　J ①8966 補 5017 U 7B72

意味 ①一斗二升(約二・三三リットル)はいる竹製のいれもの。②わずかな量。転じて、つまらない人。「斗筲としょう」③はしばこ。

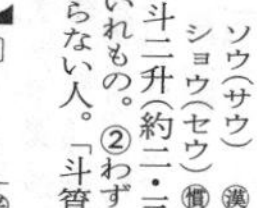

(筲①)

竹7 【筬】〔13〕 セイ 漢 平 庚 chéng チョン　J ─ 補 ─ U ─

意味 ①竹の名。②〈おさ(をさ)〉機はたを織るとき、たて糸をととのえる道具。

竹6 【筬】〔12〕 俗字　J 6813 補 ─ U 7B6C

竹7 【筮】〔13〕 セイ 漢 ゼイ 呉 去 霽 shì シー　J 6814 補 ─ U 7B6E

意味 ①〈めどぎ〉占いに用いる五十本の細い竹。「筮竹ぜいちく」②占う。「筮問ぜいもん」③占い。「筮占ぜいせん」

【筮仕】ぜいし 吉凶を占って官に仕える。はじめて仕官すること。

【筮卜】ぜいぼく 占い。占う。筮はめどぎで占う。卜は亀の甲を焼いて占うこと。

竹7 【節】〔13〕 学4 セツ・セチ ふし　セツ 漢 セチ 呉 入 屑 jié チエ　J 3265 補 ─ U 7BC0

旧字 竹9 【節】〔15〕　J ─ 補 ─ U ─

筆順 ノ ⺈ ⺮ ⺮ 笞 筲 節 節

竹9 【節】〔15〕 人　J ①8968 補 ─ U FA56

意味 ①〈ふし〉㋐竹のふし。㋑草木のふし。㋒からだの関節。㋓音楽のしらべ。「曲節」②季節や節気。「二十四節」③祝日や記念日。④時期。おり。「時節」⑤おこない。行事。「大節」⑥〈みさお(みさを)〉主義・道義をかたく守り通すこと。「節操」⑦さだめ。きまり。⑧礼儀のきまり。「礼節」⑨きりめ。段落。詩文の一くぎり。⑩ころあい。度をすごきぬこと。ひかえめにする。「節酒」⑪はぶく。

聿肉(月)臣自至臼(臼)舌舛(舛)舟艮色艸(艹・艹)虍虫血行衣(衤)襾(西)

倹約する。「節約」⑫割り符。「符節」⑬旗印。旄牛の尾で作り、大将や使者に与えたもの。⑭易の卦の名。⑮高くけわしいさま。⑯現物事の区切りを数える量詞。国〈ノット〉一時間に一海里（一八五二メートル）走る船の速度。

解字  形声。竹が形を表し、即が音を示す。即には、「つく」「ひざ」「きれめ」などの意味を含む。節は、竹のふし、竹についているもの、竹のきれめ、関節などと解しうる。もともと、卩（⺋）にわりふの意味があり、節は、わりふの意味にもなる。

名前 お・ふ・よ・さだ・たか・たけ・とき・とも・のり・ほど・みさ・みね・もと・よし・たかし・まこと

【節会（會）】せちえ（ゑ）｜せつえ（ゑ） 国中古、節日やその他の行事の日に朝廷で行われた宴会。「白馬節会」

【節鉞】せつえつ（ゑつ） 天子が賊を討伐する将軍に賜った、割り符とまさかり。

【節解】せっかい ①霜のために草木の葉が落ちること。②音節が分解すること。③刑罰の名。

【節概（概）】せつがい 節操気概のこと。みさおが堅く、気概があること。

【節気（氣）】せっき 一年（十二か月）を二十四気に分かち、各月の始めにあるものを節気といい、月の中にあるものを中気といい、この節気・中気を合わせて節気という。→「二十四気」（四六ページ・中）（→付録「二十四気」）

【節季】せっき ①季節の終わりめ。②国年の暮れ。歳暮。③国昔、盆と暮れとの二回、貸借関係の清算をしたこと。

【節義】せつぎ ①節操と道義。②節操。みさお。

【節句】せっく 五節句（一月七日の人日、三月三日の上巳、五月五日の端午、七月七日の七夕、九月九日の重陽）のこと。節日。＝節供

【節倹（儉）】せっけん むだを省いて、倹約する。節約。【――力行】せっけんりょっこう（かう） けんやくで勤勉。力行は、つとめておこたらないこと。

【節減】せつげん 国節約して消費をへらす。節略。

【節孝】せっこう（かう） みさおがあり、孝行なこと。

【節候】せっこう 一年の季節の区切り。二十四気と、七十二候。五日を一候とし、三候を一節とする。

【節日】■せつじつ｜せちにち 季節の変わりめに行う祝日のこと。節句。■チエリー jiérì 現①■に同じ。②記念日。

【節酒】せっしゅ 酒を飲むのをひかえめにする。

【節序】せつじょ 季節が移りかわる順序。季節。順序。

【節制】せっせい ①度をすごさないように、取り締まる。ひかえめに、ほどよくする。②規律のきびしいこと。

【節奏】せっそう 音楽のほどよいしらべ。リズム。

【節操】せっそう（さう） 主義・主張・道義などを堅くまもって変えないこと。みさお。

【節鎮（鎭）】せっちん ①節度使の役所。②節度使と藩鎮（地方の治安を保つために兵士を置く所）。

【節度】せつど ①さしず。命令。②きまり。法則。③ほど。ころあい。④国むかし、天子が出征の将軍に、任命の印として与えた太刀や旗など。【――使】せつどし ①唐、宋時代に、地方の軍政・行政をつかさどった官。②国奈良時代に、地方の軍政をつかさどった官名。

【節刀】せっとう（たう） 国奈良時代に、天子から出征する将軍に任命の印として与えられた刀。

【節婦】せっぷ みさおを堅く守る婦人。貞女。

【節分】せつぶん ①季節の変わる前日。立春・立夏・立秋・立冬の前の日。②とくに、立春の前日。陽暦で二月三、四日ごろ。

【節文】せつぶん 適当に物事をかげんして、かざる。文とは文飾のことで、飾る意。

【節旄】せつぼう 天子が任命の印として使者に与える旗。さおの先に旄牛の尾の毛がついている。「節旄尽落」（使者の印の旗についていた牛の毛はすべてぼろぼろに落ちてしまった。）〈漢書・蘇武伝〉

【節目】■せつもく ①木のふしと、もくめ。②細かい部分わけ。細目。③箇条書き。法律などの条文。■国ふしめ ①木のふしのある部分。②物事の区切り目。転機。■チエムー jiémù 現番組。プログラム。

【節約】■せつやく 倹約すること。節減。■チエユエ jiéyuē 現■に同じ。

【節用】せつよう ①むやみに金を使わない。費用を節約する。倹約。②「墨子」の編名。【――集】せつようしゅう（しふ） 国書名。室町・江戸時代の手軽な和漢字書。

【節葉】せつよう（えふ） 竹のふしと葉。

【節略】せつりゃく ①あらまし。概要。②覚え書き。③適当に略す。④「荀子」の編名。

【節録（錄）】せつろく 不要な所を適当にはぶいて、大事な点をしるす。また、そのしるしたもの。

【節博士】ふしはかせ 国声明・平家琵琶・謡曲などの節のきまり。また、それを示すために句のそばにつける点。

【節省】チエション jiéshěng 現節約する。

『死レ節』せつにしす 正しい道義を守って一命をすてる。「此悉貞亮、死レ節之臣也」〈諸葛亮・出師表〉

『折レ節』せつをおる（をる） 志をまげて人に従う。

『持レ節』せつをじす（ぢす） ①天子から賜った使者の印を堅くとり持つ。②主義・道義を堅く守る。〈漢書・昭帝紀〉

『尽（盡）レ節』せつをつくす 変わらぬ真心を尽くす。

『全レ節』せつをまっとうす（まつたうす） みさおを守り通す。自分の主義・信念を最後まで変えない。

◆大節・小節・末節・礼節・折節・気節・季節・忠節・使節・削節・音節・貞節・時節・関節

竹7【筳】〔13〕 テイ 漢 平 青 tíng ティン U7B73 補5018 J②8349
意味 ①織物に用いる糸を巻くくだ。②小さい木の枝。③小さく折った竹。

竹7【筩】〔13〕 トウ 漢 平 東 tǒng トン U7B69 補5013 J②8348
意味 ①竹の筒。「気筩」②つつ状のもの。③魚をつかまえるかぎ。

竹7【筢】〔13〕 ハ 漢 平 麻 pá パー U7B62 補— J—
意味 歯のついた、竹製のくまで。

竹7【筤】〔13〕 ロウ 漢 呉（ラウ） 平 陽 láng ラン U7B64 補5011 J②8346
意味 ①車蓋の竹の骨組み。②若竹。「蒼筤」③竹藪。

竹7【筸】〔13〕 カン gān U7B78 補— J—
意味 現鎮筸 zhèn-gān は、湖南省の地名。

竹7【筻】〔13〕 カン gàng U7B7B 補— J—
意味 現筻口 gàng-kǒu は、湖南省の地名。

竹7【筷】〔13〕 コワイ kuài U7B77 補5019 J—
意味 現箸。「筷子 kuàizi」

竹7【筺】〔13〕 俗→筐（九三一ページ・中）

竹7【筱】〔13〕 本→篠（九四一ページ・中）

竹7【筿】〔13〕 俗→篠（九四一ページ・中）

竹7【筹】〔13〕 同→籌（九四四ページ・中）

竹7【筯】〔13〕 同→箸（九三九ページ・上）

竹8【箇】〔14〕 常 カ　カ 漢 呉　コ 唐　去 箇 gè コー U7B87 補— J1853

筆順
ノ
⺊
⺮
⺮⺮
竹
笛
箇
箇

意味 ①物を数える語。＝個・个「六箇月」②物や場所を

竹米糸缶网（罒・⺳）羊（⺶）羽（羽）老（耂）而耒（耒）耳
6画
聿肉（月）臣自至臼（臼）舌舛（舛）舟艮色艸（艹・艹）虍虫血行衣（衤）西（覀）

さす語。この。あの。

【解字】[箇] 形声。竹が形を表し、固(こ)が音を示す。固には、かたいという意味がある。箇は、竹の数を数えることば。一説に、竿(かん)と同じで、竹一本を竹一竿・一箇と呼んだという。箇の代わりに、个を使うこともある。个は、竹の半分の形ともいい、介の略字ともいう。

【名前】かず・とも

【参考】①俗に、「個」を代用する。②「个(か)」「介(かい)」に同じ。

【箇所】(かしょ) 国その物のあるところ。その場所。＝個所

【箇条(條)】(かじょう(でう)) 国すじ。一つ一つの条項。＝個条

【箇箇】(ここ) ひとつひとつ。＝個個

竹8【篣】〔14〕 ㊀カイ 漢 ㊀上 蟹 (クヮイ) guǎi コワイ ㊁タイ 漢 ㊁上 蟹 dài タイ ｜J 5021 補 U 7B89

【意味】㊀①竹製の漁具。②竹製の杖(つえ)。＝枴(かい) ㊁農具の名。ふるい。

竹8【管】〔14〕 学4 カン くだ ｜ カン(クヮン) 漢 呉 ｜ 上 旱 guǎn コワン ｜J 2041 補 U 7BA1

筆順 ノ ㇉ ⺮ 竹 竺 笁 管 管

【意味】①ふえ。また、吹き鳴らす楽器をいう。「管弦(かんげん)」 ②〈くだ〉細長い中空のつつ。「管窺(かんき)」 ③筆の軸。④つかさどる。支配する。「管理」「管下」「主管」 ⑤かなめ。⑥かぎ。「管鍵」 ⑦かねる。つつむ。⑧姓。⑨現かまう。口出しをする。

(管①)

【解字】[管] 形声。竹が形を表し、官(かん)が音を示す。官には、丸いものの中をつらぬいている、くだの意味がある。管は、竹のくだに、六つの穴をあけた、ふえの一種。

【名前】うち・すげ

【管晏】(かんあん(くわん)) 管仲(かんちゅう)と晏嬰(あんえい)の称。ともに、春秋時代の斉(せい)の賢臣。

【管下】(かんか(くわん)) 受け持っている区域の中。担当区域内。「管内。」

【管轄】(かんかつ(くわん)) 権限によって取り締まり、事務や人事を支配する。また、その権限のおよぶ範囲。「管轄官庁」「管轄区域」

【管楽(樂)器】(かんがっき(くわんがく)) 管の中の空気を振動させて音を出す楽器。木管楽器(笛・クラリネットなど)と金管楽器(トロンボーンなど)とがある。↕弦楽器・打楽器

【管窺】(かんき(くわん)) 見識の狭いこと。管見。窺は、ひそかに見る意。

【管区(區)】(かんく(くわん)) 取り締まり、支配する区域。「管轄区域。」

【管見】(かんけん(くわん)) ①細い管(くだ)を通して物を見る。狭い物の見方。管窺(かんき)。②自分の見識をけんそんしていうことば。

【管鍵】(かんけん(くわん)) かぎ。管籥(かんやく)。

【管弦(絃)】(かんげん(くわん)) ①吹く楽器と、ひく楽器。笛や琴など。②音楽を奏すること。【――楽(樂)】(かんげんがく(くわん)) 管楽器(フルート・トランペットなど)、弦楽器(バイオリン・チェロなど)、打楽器(シンバルなど)を組み合わせ演奏する音楽。オーケストラ。

【管蔡】(かんさい(くわん)) 周の王族、周公旦(たん)の弟の、管叔(かんしゅく)と蔡叔(さいしゅく)。ともに乱を起こし殺された。

【管子】(かんし(くわん)) ①管仲の尊称。②書名。二十四巻。管仲の著書というが、未詳。

【管掌】(かんしょう(くわんしゃう)) 取り締まり処置する。支配する。

【管城子】(かんじょうし(くわんじゃう)) 筆の別名。管城は筆の発明者蒙恬(もうてん)の封ぜられた地。

【管制】(かんせい(くわん)) 非常の場合、国家や特定の機関が強制的に管理・制限すること。「報道管制」

【管説】(かんせつ(くわん)) 見識の狭い意見。

【管仲】(かんちゅう(くわんちう)) 人名。春秋時代、斉(せい)の桓公(かんこう)の臣。若いとき鮑叔(ほうしゅく)と親しく交わり、後世、「管鮑の交わり」と称せられる。桓公を助けて外敵を退け、諸侯を統一し、桓公を覇者(はしゃ)にした。(?～前六四五)

【管長】(かんちょう(くわんちゃう)) 神道・仏教などの一宗一派の長。

【管到】(かんとう(くわんたう)) 漢文で、上の文字の意味が、下の句のある部分までかかること。

【管内】(かんない(くわん)) 「管下」に同じ。

【管寧】(かんねい(くわん)) 人名。三国魏(ぎ)の政治家。倹約と読書で有名。(一五八～二四一)

【管鮑交】(かんぽうのまじわり(くわんぱうのまじはり)) 非常に親しい交わり。春秋時代、鮑叔(ほうしゅく)が管仲の貧乏や困窮をも顧みず、終始親しく交わった故事による。「君不レ見管鮑貧時交(きみみずやかんぽうひんじのまじわり)」〈杜甫(とほ)・貧交行(ひんこうこう)〉

【管籥】(かんやく(くわん)) ①ふえ。籥は三つまたは六つの穴のある笛。②かぎ。

【管理】㊀(かんり(くわん)) 物事を取り締まる。㊁コワンリー guǎnlǐ 現「㊀に同じ。」

【管領】(かんりょう(くわんりゃう)) ①取り締まる。支配する。②受領する。うけとる。③国室町(むろまち)時代、将軍を補佐した重い役職。かんれい。

【管蠡】(かんれい(くわん)) 管とほら貝。転じて、管で天をのぞき、ほら貝で一ぱい一ぱい大海の水を測るように、物の見方の非常にせまいこと。管見蠡測(かんけんれいそく)の略。

【管玉】(くだたま) 国古代に、糸でつらねて首飾りに用いた円筒形の玉。↕曲玉(まがたま)

(管玉)

【用レ管闚レ天】(かん(くわん)をもちい(もちひ)てんをうかがう(うかがふ)) くだを通して、天をのぞく。見識の狭いこと。〈荘子(そうじ)・秋水〉

◇土管(どかん)・気管(きかん)・血管(けっかん)・保管(ほかん)・移管(いかん)・煙管(えんかん/きせる)・鉄管(てっかん)・鉛管(えんかん)・毛細管(もうさいかん)

竹8【箝】〔14〕 ケン 漢 ｜ 平 塩 カン 慣 qián チエン ｜J 6815 補 U 7B9D

【意味】①はさむ。②〈くびかせ〉罪人などの首にはめて自由を奪う器具。③口にはめこむ。④うらなう。「箝兆」

【箝口】(かんこう) ①口をとじて言わないこと。②物を言わせないようにする。言論を束縛する。「箝口令」

【箝制】(かんせい) 自由にさせない。束縛して思うようにさせない。

竹8【箕】〔14〕 人 標 キ 漢 ｜ 平 支 jī チー ｜J 4407 補 U 7B95

【意味】①〈み〉穀物をふるい、もみがらやごみをとり除く農具。②ちりとり。③星座の名。二十八宿の一つ。みぼし。④両足をなげだしてすわる。「箕坐(きざ)」

【名前】みる 【姓】箕勾(みのわ)・箕作(みつくり)・箕河(みかわ)

【地名】箕面(みのお)

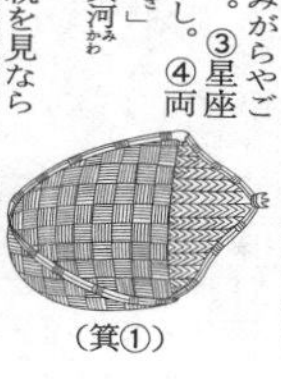
(箕①)

【箕裘】(ききゅう(きう)) 弓作りの子は親を見ならって、箕(み)を作ることを学び、鍛冶屋(かじや)の子は親を見ならって、裘(かわごろも)を作ることを学ぶ。転じて、先祖代々の仕事を受けつぐこと。弓裘(きゅうきゅう)。

【箕踞】(ききょ) あぐらをかいてすわる。箕坐(きざ)。「荘子則方箕踞(そうしすなわちまさにききょし)」〈荘子(そうじ)・至楽(しらく)〉

【箕山】(きざん) 山の名。尭(ぎょう)帝が帝位を譲ろうとするのをふりきって、許由(きょゆう)が隠れた山。【――之志】(きざんのこころざし) 俗世間から離れて自分の主義を全うする志。

【箕子】(きし) 人名。殷(いん)の紂(ちゅう)王の叔父(おじ)。紂王の暴政をいさめたが、きかれず、狂人のまねをして逃げた。殷の滅亡後、

朝鮮の王となる。

【箕帚(きそう(さう))】ちりとりとほうき。＝箕掃　【執二箕帚一(きそう(さう)をとる)】①家来となって仕える。②妻となる。〈国語・呉〉

【箕伯(きはく)】①風の神。風伯。②箕子をさす。

竹8【箘】〔14〕 一 キン 漢 上 軫 jǔn チュン／二 キン 漢 平 真 qūn チュン　U 7B98 補 J 6816

竹8【箟】〔14〕同字　U 7B9F 補 J 6817

意味 一①しの竹。矢を作るのに用いる。「箘簬(きんろ)」②たけのこ。③すごろくのさい。二 桂(かつら)の木。

竹8【箜】〔14〕 コウ 漢 クウ 呉 平 東 kōng コン／ク 呉　U 7B9C 補 J 6819

意味 箜篌(くご)は、漢代に作られたハープに似た弦楽器。二十二弦(一説に二十三弦)あり、両手でならす。百済から わが国に伝わった。百済(くだら)琴。

(箜篌)

竹8【箞】〔14〕 ケン 漢 呉 平 先 qiān チエン　U 7B9E 補 5027 J ①8967

意味 竹を曲げる。

竹8【箍】〔14〕 コ 漢 平 虞 gū クー　U 7B8D 補 J 6818

竹5【笟】〔11〕同字　U 補 J ―

竹6【笟】〔12〕同字　U 7B1F 補 4985 J ―

意味 ①〈たが〉おけなどの外側をしめる割り竹。②たがをかける。

竹8【箎】〔14〕 一 コ 漢 上 麌 hǔ フー／二 チ 漢 平 支 chí チー　U 7B8E 補 5022 J ―

意味 一 竹の名。二「篪」(九四〇ページ・上)の同字。

竹8【箛】〔14〕 コ 漢 ク 呉 平 虞 gū クー　U 補 J ―

竹9【箛】〔15〕俗字　U 7B9B 補 5026 J ②8354

意味 ①笛(ふえ)。あしぶえ。＝笳(か)。②竹の名。

竹8【箚】〔14〕 サツ 慣 トウ(タフ) 漢 入 洽 zhá チャー　U 7B9A 補 J 6820

刀12【劄】〔14〕同字　U 5284 補 J ②0329

意味 ①さす。針でさす。②君主に申し上げる文書。「箚子(さっし)」「奏箚(そうとう)」③上官から下に下す公文書。④しるす。

【箚記(さっき)】(とうき(たふ)) 書物を読んで得たものを、随時書きしるしたもの。随録(ずいろく)。＝札記(さっき)

竹8【算】〔14〕 学 2 サン　サン 漢 呉 上 旱 suàn ソワン　U 7B97 補 J 2727

筆順 ノ ⺊ ⺈ ⺮ 竹 笪 筫 算

意味 ①〈かぞ・える(――・ふ)〉㋐数をかぞえる。㋑数の中にふくめる。「計算」②かず。③はかる。はかりごと。計画。「算画(さんかく)」④さんぎ。数をかぞえる道具。＝筭(さん)

解字 会意。竹と具を合わせた字。具はそろえること。算は、竹の棒をそろえて数えることである。もともとは祘(さん)が、数える道具を表した。横棒二本と、縦棒三本を並べ、それを二組合わせて十本で計算した。その形に、竹と両手を加えた字が筭で、直径一分、長さ六寸の竹棒を、手で扱って数えた。筭が、計算の道具で、それを使って計算することを算という。

名前 かず・とも　難読 算盤(そろばん)

【算画(畫)】(さんかく(くゎく)) くふうする。計画する。

【算木】(さんぎ) 国①占いに用いる、方柱状の木。②中国から伝わった和算の計算器具。そろばんではやりにくい複雑な計算を赤・黒の算木で正・負数を表しておこなった。

【算出】(さんしゅつ) 計算して結果を出す。

【算術】(さんじゅつ) ①計算の方法。数学。②国旧制度の初等教育で教えた、簡単な数量計算をあつかう数学。現行制度の「算数」。

【算数(數)】(さんすう) ①数。②計算。算法。③おしはかる。推測する。④国小学校教科の一つ。数学。

【算段】(さんだん) 国くふう。くめん。

【算定】(さんてい) 見積もる。

【算入】(さんにゅう(にふ)) かぞえ入れる。数に加える。「らない。

【算盤】(さんばん|そろばん) 計算に用いる器具。

【算命】(さんめい) ①計画して命令すること。②運命を占うこと。う」

【算用】(さんよう) 計算。勘定。「胸算用(むなざんよう)」【――数(數)字】(さんようすうじ) 計算に用いる数字。123…のアラビア数字のこと。

【算暦(曆)】(さんれき) 算数と暦象。計算のしかたと、こよみを見て天文を観測する方法。＝算歴

【算了】(ソワンロ) suànle 現やめにする。よす。(…なら)それまで「だ。」

【無レ算】(さんなし) ①数えることができないほど多い。②定数が定め「られていない。」

【乱(亂)レ算】(さんをみだす) 国ちりぢりになる。

◆予算(よさん)・打算(ださん)・目算(もくさん)・加算(かさん)・成算(せいさん)・合算(がっさん)・決算(けっさん)・和算(わさん)・計算(けいさん)・起算(きさん)・通算(つうさん)・珠算(しゅざん)・寄算(よせざん)・採算(さいさん)・掛算(かけざん)・精算(せいさん)・清算(せいさん)・誤算(ごさん)・勝算(しょうさん)・換算(かんさん)・検算(けんざん)・割算(わりざん)・暗算(あんざん)・概算(がいさん)・験算(けんざん)

竹8【箠】〔14〕 スイ 漢 上 紙 chuí チョイ　U 7BA0 補 5028 J ―

意味 ①〈むち〉馬を打つむち。「箠策(すいさく)」②罪人を打つむち。「箠殺」「箠笞(すいち)」③むちで打つ刑罰。「箠楚(すいそ)」

竹8【箐】〔14〕 一 セイ 漢 平 庚 jīng チン／二 セン 漢 去 霰 qiàn チエン／三 ショウ(シャウ) 漢 平 陽 qiāng チアン　U 7B90 補 5023 J ②8352

意味 一 笭箐(れいせい)は、小さなかご。二①棺(かん)をのせた車にかけるおおい。②竹の弓をひく。③竹のおい茂る谷。三 竹の名。

竹8【箋】〔14〕 常 セン　セン 漢 呉 平 先 jiān チエン　U 7B8B 補 J 6821

筆順 ⺊ ⺈ ⺮ 竺 笺 笺 笺 箋

竹6【䇳】〔12〕俗字　U 41F3 補 J ②8340

意味 ①ふだ。注釈などを書いて書物にはる紙。②古典の注釈。③てがみ。④詩文やてがみを書く紙。「花箋(かせん)」⑤名刺。⑥文体の名。上奏文に用いた。

解字 形声。竹が形を表し、戔(せん)が音を示す。戔は、口先だけのうすっぺらな意を表す。一説に、少ない、小さい意を表すともいう。古代、紙が作られるまでは、文字は、竹の皮をうすくけずったもの、木のうすい板、絹布などに書かれた。箋は、書物にはる、注釈を記したふだ、注釈の一種を意味する。

【箋釈(釋)】(せんしゃく) 本文に対する注釈。

【箋注】(せんちゅう(ちう)) 本文の意味を解釈すること。また、そのもの。箋釈(せんしゃく)。＝箋註

竹8【箏】〔14〕 標 ソウ 漢 (サウ) ショウ 呉 (シャウ) 平 庚 zhēng チョン　U 7B8F 補 J 6823

竹6【筝】〔12〕俗字　U 7B5D 補 J 6824

意味 弦楽器。箏(そう)の琴(こと)。十三弦(古くは五弦または十二弦)の琴。「箏曲」「箏声」

竹8【箒】〔14〕 標 シュウ(シウ) 漢 ソウ(サウ) 慣 上 有 zhǒu チョウ　U 7B92 補 J 6822

意味 ＝帚(そう) ①〈ほうき(はうき)〉 ②はく。はらう。「箒掃(そうそう)」

竹8【箑】〔14〕 ソウ(サフ)漢 ショウ(セフ)呉 入洽 shà シャー　U補J 7B91 5024 ②8353
意味 おうぎ。うちわ。扇子。

竹8【箥】〔14〕 ハ漢 上哿 bǒ ポー　U補J 7BA5 5029
意味 箥籮(はら)は、竹で編んだかご。

竹8【箔】〔14〕 入 標 ハク漢 入薬 bó ポー　U補J 7B94 3983
意味 ①すだれ。「珠箔(しゅはく)」 ②金属を薄くのばしたもの。「金箔(きんぱく)」 ③かいこを飼う時、下に敷く竹のすだれ。

竹8【箄】〔14〕 一ヒ漢 一上紙 bǐ ビー　二ヒ漢 二平支 bēi ペイ　三ハイ漢 三平佳 pái パイ　U補J 7B84 5020
意味 一①かご。②竹をさく。二竹製の漁具。三いかだ。

竹8【箙】〔14〕 フク漢 入屋 fú フー　U補J

竹8【箙】〔14〕 俗字　U補J 7B99 6825
意味 〈えびら〉 やなぐい。矢を入れて背負う道具。

(箙)

竹8【箅】〔14〕 ヘイ漢 去霽 bì ビー　U補J 7B85
意味 蒸し器の下にしく竹のすのこ。また、広くすき間を作る器具をいう。

竹8【箖】〔14〕 リン漢呉 平侵 lín リン　U補J 7B96 5025
意味 ①竹の名。臥竜山(がりょうざん)にある諸葛亮(しょかつりょう)の祠(ほこら)に生ずる。 ②箖箊(りんお)は、竹の名。

竹8【𥮲】〔14〕 国字　U補J 25BB2 ②8350
意味 〈おさ〉 地名に用いる。𥮲作(おさがさく)は、福島県の地名。

竹8【箟】〔14〕 同 ↓箘(九三七ジペー・上)

竹8【箸】〔14〕 同 ↓箸(九三九ジペー・上)

竹8【⿱竹卓】〔14〕 同 ↓罩(九九〇ジペー・上)

竹8【箆】〔14〕 俗 ↓篦(九四〇ジペー・下)

竹9【箼】〔15〕 オク(ヲク)漢 入屋 wū ウー　U補J 7BBC 5038 ②8358
意味 竹が密生するさま。

6画

竹9【篋】〔15〕 キョウ(ケフ)漢呉 入葉 qiè チエ　U補J 7BCB 6826
意味 小さいはこ。長方形のはこ。「書篋(しょきょう)」

匚7【匧】〔9〕 本字　U補J 5327 2010

【篋笥】(きょうし) 衣服などを収める箱。
【篋扇】(きょうせん) ①箱の中に棄て忘れられた扇。 ②愛されなくなった婦人。
【篋中】(きょうちゅう) 箱の中。

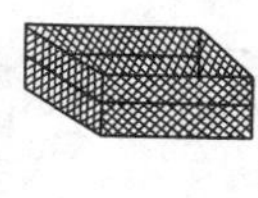
(篋)

竹9【箶】〔15〕 コ漢 平虞 hú フー　U補J 7BB6 5035
意味 箶簏(ころく)は、やなぐい。矢を入れて背負う道具。

竹9【篁】〔15〕 コウ(クヮウ)漢 平陽 huáng ホワン　U補J 7BC1 6827
意味 ①〈たかむら〉 竹やぶ。竹林。「幽篁(ゆうこう)」 ②竹の通称。 ③管楽器をいう。

竹9【篌】〔15〕 コウ漢 ゴ呉 平尤 hóu ホウ　U補J 7BCC 6828
意味 箜篌(くご)は、弦楽器の名。↓箜(九三七ジペー・上)

竹9【篊】〔15〕 コウ漢 グ呉 平東 hóng ホン　U補J 7BCA 5043 ②8360
意味 ①樋(とい)。 ②竹や木の束。 ③漁具。やな。国ひび。のり・かきを養殖するため海中にたてる竹や木。

竹9【箬】〔15〕 ジャク漢 入薬 ruò ルオ　U補J 7BAC 5030
竹10【篛】〔16〕 同字　U補J 7BDB 5049
意味 ①竹の皮。「箬笠(じゃくりゅう)」 ②くまざさ。

竹9【箺】〔15〕 シュン漢 上軫 chǔn チュン　U補J 7BBA 5036
意味 竹の名。

竹9【箴】〔15〕 シン漢 平侵 zhēn チェン　U補J 7BB4 6830
意味 ①〈はり〉 ㋐着物をぬう針。 ㋑病気をなおすのに用いる石の針。「箴石」 ②〈いましめ〉〈いまし・める(――・む)〉 「箴誡(しんかい)」「箴諫(しんかん)」 ③文体の名。いましめをのべたもの。

【箴誡】(しんかい) ①いましめる。 ②いましめのことば。
【箴諫】(しんかん) 注意してあやまちのないようにする。いましめる。いさめる。
【箴規】(しんき) いましめ正す。注意して正しく改めさせる。
【箴言】(しんげん) いましめとなることば。教訓のことば。〈書経(しょきょう)・盤庚(ばんこう)上〉
【箴石】(しんせき) 治療用の石の針。箴砭(しんぺん)。
【箴銘】(しんめい) いましめを書いた文と銘。文体の名。

竹9【箵】〔15〕 一セイ漢 ショウ(シャウ)呉 一上迥 xǐng シン　二セイ漢 ショウ(シャウ)呉 二平青 xīng シン　三セイ漢 ショウ(シャウ)呉 三上梗 shěng ション　U補J 7BB5 5034 ②8357
意味 一箵䈥(せいれい)は、①竹のかご。②馬車前部の横木下の、竹で編んだ部分。䈥箵(れいせい)。 二䈥箵(れいせい)は、魚をいれるびく。 三竹の名。

竹9【篂】〔15〕 セイ漢 ショウ(シャウ)呉 平青 xīng シン　U補J 7BC2 5040
意味 箳篂(へいせい)は、馬車後部のちりよけ。

竹9【箭】〔15〕 標 セン漢呉 去霰 jiàn チエン　U補J 7BAD 3293
意味 ①やだけ。矢を作るのに用いる、幹のまっすぐな竹。「箭竹(やだけ)」 ②やがら。矢の幹の部分。「箭簳(せんかん)」 ③〈や〉 矢。「箭羽(せんう)」 ④水どけいの目盛りを刻んだ矢。「漏箭(ろうせん)」
姓 箭口(やぐち)・箭集(やつめ)

【箭眼】(せんがん) 城のやぐらなどに設けた、矢を射る窓。
【箭鏃】(せんぞく) 矢じり。矢の先にはめこんで、目標に突きさすもの。
【箭筒】(せんとう) 矢を入れ、肩に背負う筒形の道具。

竹9【篅】〔15〕 一セン漢 一平先 chuán チョワン　二タン漢 二平寒 duān トワン　U補J 7BC5 5041 ②8359
意味 一竹がこいの円形をした米ぐら。 二竹の名。

竹9【箲】〔15〕 セン漢呉 上銑 xiǎn シエン　U補J 7BB2 5033
意味 ささら。細かく割った竹を束ねたブラシ。＝筅(せん)

竹9【箱】〔15〕 学3 はこ　ショウ(シャウ)漢 ソウ(サウ)呉 平陽 xiāng シアン　U補J 7BB1 4002

筆順
ノ
⺈
⺮
⺮⺮
竺
笶
箱
箱

意味 ①車内で人や荷物を乗せる所。 ②〈はこ〉 物を入れる

容器。「箱筥(そうきょ)」③わきべや。＝廂(しょう) 国〈はこ〉列車の車両。

解字 形声。竹が形を表し、相(しょう)が音を示す。相には、互いに向き合う、対するの意味がある。箱は、牛車の両側につけた、竹製の荷物入れ。

【箱筥】(そう(さう)きょ) はこ。筥は円形のはこ。

【箱篋】(そう(さう)きょう(けふ)) はこ。篋は長四角のはこ。

【箱書】(はこがき) 国書画などを入れた箱の外に、その内容・題・筆者などをしるすこと。

【箱枕】(はこまくら) 国箱の形をしたまくら。

【箱子】(シアンツ) xiāngzi 現箱。トランク。

◆手箱(てばこ)・状箱(じょうばこ)・重箱(じゅうばこ)・巣箱(すばこ)

竹9【箸】〔15〕 常 はし
一チョ 漢 一去 御 zhù チュー
二チャク 漢 二入 薬 zhuó チュオ
U補J 4004 7BB8

筆順 ⺈ ⺮ 竺 笁 笋 箬 箸 箸

竹7【筯】〔13〕 字 U補J ①8965 5016 7B6F
竹8【箸】〔14〕 同字 U補J

意味 一①〈はし〉食物をはさむ棒。②あきらか。いちじるしい。＝著(ちょ) 二＝著(ちゃく) ①服を着る。②つく。くっつく。

解字 形声。竹が形を表し、者(しゃ)が音を示す。者は諸に通じ、多くの、いろいろなものという意を表す。箸は、食事の時、いろいろなものをはさむ竹製のはし。

名前 あき・つく・あきら

竹9【篆】〔15〕 標 テン 漢 上 銑 zhuàn チョワン U補J 6831 7BC6

意味 ①書体の名。篆書。篆字。篆文。大小二種があり、大篆は周の宣(せん)王の太史籀(ちゅう)が作り、小篆は秦(しん)の李斯(りし)が作ったという。②印章。③官印。転じて官職を指す。④篆字を彫る。刻みこむ。⑤鐘の上の部分。

【篆額】(てんがく) 石碑の上部に篆字で彫りつけた題字。

【篆刻】(てんこく) ①篆字を彫りつける。②印材に篆字を彫る。③文章を飾る。

【篆籀】(てんちゅう(ちう)) 大篆。篆書の一種。籀字 意味①参照。

【篆隷】(てんれい) 篆書と隷書。いずれも書体の名。

竹9【箽】〔15〕 トウ 漢 上 董 dǒng トン U補J 5039 7BBD

意味 ①竹製の器。②竹の名。③姓。

竹9【範】〔15〕 常 ハン
ハン 漢 上 豏 fàn ファン U補J 4047 7BC4

筆順 ノ ⺈ ⺮ 竺 笵 笵 範 範

意味 ①〈のり〉てほん。「模範(もはん)」②鋳型(いがた)。③くぎり。しきり。「範囲」④手本となる。「範民(はんみん)」

解字 形声。車が形を表し、笵が音を示す。笵は笵(はん)の略。笵は犯と同じで、おかすという意味。範は、戦いや旅行のために車が出発する際、いけにえを殺して行うおはらいの祭り。禁じられたわくをおかして出発する意味であるとも、燔(はん)と音が通じるから、火をもやす祭りであるともいう。また、笵には法の意味があるから、逆に、法則の意味にも使う。

参考 新表記では、「汎」の書きかえに用いる熟語がある。

【範囲(圍)】(はんい(ゐ)) 一一定の区域。限られた部分。二(ファンウエイ) fànwéi 現一に同じ。

【範疇】(はんちゅう(ちう)) ①分類。種類。部門。「書経(しょきょう)」の「洪範九疇(こうはんきゅうちゅう)」の略。②哲事物を認識して、これを分類し判断してゆくときに、必ずよらなくてはならない根本的な形式。「カテゴリー」。

【範例】(はんれい) 手本になる例。

【垂範】(はんをたる) 手本を示す。〈宋書・謝霊運伝〉

◆典範(てんぱん)・垂範(すいはん)・軌範(きはん)・師範(しはん)・規範(きはん)・教範(きょうはん)・模範(もはん)

竹9【篇】〔15〕 入 標 ヘン 呉 漢 平 先 piān ピエン U補J 4251 7BC7
竹9【篇】〔15〕 俗字 U補J

意味 ①書物。竹簡。「篇籍(へんせき)」②始めと終わりをそなえた、まとまりのある詩や文章。③詩文を数える語。「詩三百篇」④書物の部わけ。「前篇」「孟子七篇(もうしななへん)」

名前 あむ・かく

参考 新表記では「編」に書きかえる。

【篇翰】(へんかん) ①書物。文書。②詩文。文章。＝篇簡

【篇次】(へんじ) 書物の内容を並べる順序。

【篇什】(へんじゅう(じふ)) 詩歌文章のこと。

【篇章】(へんしょう(しゃう)) 篇と章。篇とは一つのまとまりのある詩文。章とは詩文の一段落。転じて、文章や書物のこと。

【篇籍】(へんせき) 書物。

【篇題】(へんだい) 文章や詩の題。

【篇帙】(へんちつ) ①書物の外包み。ふみづつみ。巻帙(かんちつ)。②書物。

【篇牘】(へんとく) 書物。篇籍。

【篇目】(へんもく) ①書物の内容を部類別にして、その一つ一つにつけた題目。②箇条書き。

竹9【箯】〔15〕 ヘン 漢 平 先 ベン 慣 biān ピエン U補J ②8356 5031 7BAF

意味 竹で編んで作った輿(こし)。「箯輿(べんよ)」

竹9【篈】〔15〕 ホウ 漢 平 冬 フウ 呉 fēng フォン U補J 5042 7BC8

意味 竹の名。

竹9【䈎】〔15〕 ヨウ 漢 (エフ) 入 葉 yè イエ U補J ②8355 420E

意味 書物のページや書・絵の一枚。＝葉(よう)

竹9【箻】〔15〕 リツ 漢 リチ 呉 入 質 lǜ リュイ U補J 5037 7BBB

意味 鳥を射るのに用いる竹筒。吹き矢。「箻筒(りっとう)」

竹9【篏】〔15〕 同→嵌(四〇八ページ・中)

竹9【𥱼】〔15〕 同→筍(九三二ページ・中)

竹9【節】〔15〕 同→節(九三四ページ・下)

竹9【箛】〔15〕 俗→箛(九三七ページ・上)

竹9【節】〔15〕 旧→節(九三四ページ・下)

竹9【箪】〔15〕 俗→簞(九四三ページ・上)

竹10【篔】〔16〕 ウン 漢 平 文 yún ユン U補J ②8363 5044 7BD4

意味 ①篔簹(うんとう)は、竹の一種。長さ十メートルをこす大竹。②篔簹谷(うんとうこく)は、陝西(せんせい)省洋県の西北にある谷の名。

竹10【篙】〔16〕 コウ 漢 (カウ) 平 豪 gāo カオ U補J ①8970 5047 7BD9
木16【㰏】〔20〕 同字 U補J ①8626 3C0F

意味 ①さお。ふなざお。②篙師(こうし)は、せんどう・水夫。「篙人(こうじん)」「篙手(こうしゅ)」

竹10【篝】〔16〕 標 コウ 漢 平 尤 gōu コウ U補J 6832 7BDD
竹10【篝】〔16〕 俗字 U補J

意味 ①ふせご。火の上にふせるかご。衣類を上にかけ、かわかす。また、香をたきしめる。②〈かがり〉火をたく鉄製のかご。「篝火(こうか)」「篝灯(こうとう)」

竹10【簑】〔16〕 サ 漢 平 歌 suō スオ U補J 6834 7C11
竹11【簔】〔17〕 俗字 U補J 6835 7C14

意味 〈みの〉菅(すげ)などで作った雨具。＝蓑(さ)「簑笠(さりゅう)」

竹10【簒】〔16〕 サン 漢 去 諫 cuàn ツォワン U補J ― 7BE1
竹11【簒】〔17〕 俗字 U補J 5053 7C12

意味 〈うば・う(――・ふ)〉うばいとる。むりにとる。「簒取」

【簒位】君主の地位を奪いとること。

【簒逆】臣下が君主にそむいて、その位を奪う。

【簒弑】臣下が君主を殺して、その位を奪う。

【簒窃(竊)】臣下が君主の位をそっと奪いぬすむ。

【簒奪】臣下が君主の位を奪いとる。

【簒立】臣下が、君主の位を奪いとり、代わってその位につく。

竹10【篩】〔16〕 一 シ 漢 一 平 支 shāi シャイ 二 シ 漢 二 平 支 shī シー U補J 6833 7BE9
竹19【籭】〔25〕 本字 U補J ①8980 7C6D 5105

意味 一 ①〈ふるい(ふるひ)〉粉をふるいわける道具。②〈ふる・う(――・ふ)〉ふるいでふるいわける。③すき間からもれる。④散らばる。⑤酒をつぐ。 二 ①竹の名。②草の名。

(篩一①)

竹10【篨】〔16〕 チョ 漢 ジョ(ヂョ) 慣 平 魚 chú チュー U補J 5050 7BE8

意味 籧篨は、目のあらい竹のしきもの。

竹10【篪】〔16〕 チ 漢 平 支 chí チー U補J ②8366 7BEA 5051

意味 楽器の名。ちの笛。横笛の一種。八つ、または七つのあながある。

(篪)

竹10【築】〔16〕 学 5 チク きずく U補J 3559 7BC9
旧字 竹10【築】〔16〕 チク 漢 入 屋 zhù チュー U補J

筆順
⺮
⺮⺮
竺
笻
筑
筑
築
築

意味 ①土をうつきね。②〈きず・く(きづ・く)〉㋐きねでつきかためる。㋑建物・庭などを作る。「築城」③〈つ・く〉つき刺す。打つ。

解字 形声。木が形を表し、筑が音を示す。筑は、竹製の打楽器で、打つ意味がある。築は木製のきねで、土を打ちかためることである。

難読 築山(付表)/築地

【築港】港をきずく。また、その港。

【築城】城をきずく。

【築造】きずき、つくる。

【築地】一 国 海や沼などを埋めたてて陸地にした所。埋立地。 二 国 柱をたて板をしんにして、その上を泥でぬり、屋根をかわらでふいた塀。

【築山】国 山に見たてて、庭などに小高く築いた所。

◆改築・建築・修築・新築・構築・増築

(築地二)

竹10【篖】〔16〕 トウ(タウ) 漢 ドウ(ダウ) 呉 平 陽 táng タン U補J ②8364 7BD6 5045

意味 筕篖は、竹で編んだしきもの。

難読 筕篖

竹10【篤】〔16〕 常 トク トク 漢 呉 入 沃 dǔ トゥー U補J 3838 7BE4
艸10【蔦】〔14〕 同字 U補J ②8652 450D

筆順
⺮
⺮⺮
竺
笁
竹
篤
篤
篤

意味 ①〈あつ・い(――・し)〉㋐てあつい。ていねい。「篤信」㋑一つの事に心が集中している。「懇篤」㋒病気が重い。②てあつくする。③まこと。誠実。④はなはだ。非常に。

解字 形声。馬が形を表し、竹が音を示す。竹は、太いとか厚いとかの意味に使われる。篤は、太った馬が堅実にゆっくり進むこと。竺と同じ音なので通じて使われる。竺は、厚いこと。音トクは、竹の音チクの変化。

名前 あつ・しげ・すみ

【篤学(學)】学問研究に忠実・熱心なこと。

【篤志】①熱心にこころざす。②親切な思いやり・厚意。

国 公共の事業などに深く心をよせ、金品を出す人。

【――家】

【篤実(實)】親切で正直。

【篤農】農業に打ちこんでいること。「篤農家」

【篤老】ひどく年をとっていること。高齢。

【篤恭】人情にあつく、つつしみ深くうやうやしい。「篤敬。

【篤敬】誠実で、つつしみ深い。篤恭。「言忠信、行篤敬」(言忠信、行篤敬)〈論語・衛霊公〉

【篤行】①誠実に実行する。②人情のあつい、ねんごろな行い。「篤行レ之」〈中庸〉 ③まごころのこもった行い。

【篤孝】まごころこめて、手あつくつくす孝行。

【篤厚】親切で手あつい。人情があつい。

竹10【篚】〔16〕 ヒ 漢 上 尾 fěi フェイ U補J ②8365 7BDA 5048

意味 〈かたみ〉はこ。四角の竹かご。また、丸い竹かご。

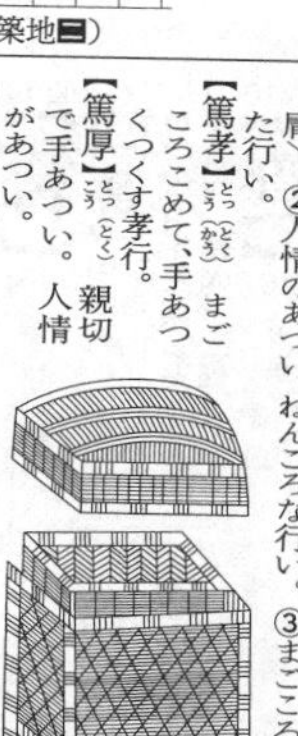
(篚)

竹10【篦】〔16〕 一 ヘイ 漢 一 平 斉 bì ピー 二 ヒ 漢 二 平 支 pí ピー U補J 6836 7BE6
竹8【箆】〔14〕 同字 U補J 4247 7B86

意味 一 すきぐし。歯の細かいくし。「銀篦」 二 えびを取る道具。
国 ①〈へら〉細長い、平らに削った竹片。物を練ったり、塗ったりするのに用いる。②〈の〉矢にする竹。矢だけ。

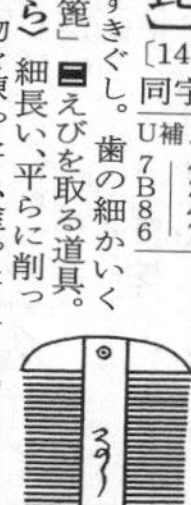
(篦一)

竹10【篥】〔16〕 リツ 漢 リキ 慣 入 質 lì リー U補J 6837 7BE5

意味 ①竹の一種。②篳篥は、笛の一種。

竹10【篠】〔16〕 国字 U補J ②8362 25C64

意味 〈いざき〉〈いざさ〉姓名に用いる。

竹10【篛】〔16〕 同 →箬(九三八ジベ・中)
竹10【篭】〔16〕 俗 →籠(九四五ジベ・上)
竹10【簗】〔16〕 同 →簗(九四二ジベ・上)
竹10【篠】〔16〕 同 →篠(九四一ジベ・中)
竹10【簑】〔16〕 同 →簑(九四四ジベ・中)

竹11【簃】〔17〕 イ 漢 平 支 yí イー U補J ②8368 7C03 5062

意味 わきべや。高どのに連なる小屋。

竹11【篶】〔17〕 エン 漢 平 先 yān イエン U補J 6846 7BF6

意味 黒い竹。 国 〈すず〉細い竹。また、細いたけのこ。

竹11 【簂】〔17〕 一 カイ(クワイ) 漢 去 隊 guì コイ 二 カク(クワク) 漢 入 陌 guó クオ U補J 7C02 5061

意味 一はこ。かご。＝櫃(かい) 二①女性の髪飾り。②女性が喪中(もちゅう)にかぶるずきん。

竹11 【簋】〔17〕 キ 漢 上 紙 guǐ コイ U補J 7C0B ②8369 5066

殳7【𣪘】〔11〕同字 U補J 23A98 ②7803

意味 祭りに用いる容器の一つ。黍(きび)を盛って神に供える。

【簠簋】(ほき) 黍(きび)を盛って神に供える容器。

(簋)

竹11 【簄】〔17〕 コ 漢 上 麌 ゴ 呉 hù フー U補J 7C04 5063

意味 魚を捕る竹製の網。

竹11 【簆】〔17〕 コウ 漢 去 宥 kòu コウ U補J 7C06 5064

意味 おさ。はた織りの道具。

竹11 【簀】〔17〕 標 サク 漢 入 陌 zé ツォー U補J 7C00 6839

意味 〈す〉①竹や木で編んだベッドのしきもの。②あしで編んだむしろ。③竹や木で作ったゆか。

(簀③)

【簀子】(すのこ) 国①細長い板をならべ、少しずつ間をあけて打ちつけ、水はけをよくした物。②竹で編んだむしろを用いて作った床や縁。

【易レ簀】(さくをかう(かふ)) りっぱな人の死。孔子の弟子(でし)の曽参(そうしん)が、臨終のとき、魯(ろ)の大夫から贈られた敷物を、自分にはふさわしくないといって、とりかえさせた故事による。〈礼記(らいき)・檀弓(だんぐう)上〉

竹11 【簎】〔17〕 一 サク 漢 入 陌 cè ツォー 二 セキ 漢 入 陌 jí チー 三 サン 漢 上 旱 suǎn ソワン U補J 7C0E ②8370 5068

意味 一刺す。やす・もりで魚やすっぽんを突く。三うつ。

竹11 【篹】〔17〕 一 セン 漢 二 上 潸 zhuǎn チョワン U補J 7BF9 5056

意味 一竹のうつわ。かたみ。二①書物を記す。＝撰 ②そなえもの。＝饌(せん)

竹11 【簁】〔17〕 シ 漢 平 支 シ 呉 shī シー U補J 7C01 ①8971 5060

意味 ①物をもる竹かご。「簁箄(しひ)」②ふるい。＝篩(し) ③ふるう。こす。

【簁簁】(しし) 魚のおどりあがるさま。

竹11 【簉】〔17〕 シュウ(シウ) 漢 去 宥 chòu チョウ(旧読) zào ツァオ U補J 7C09 5065

意味 ①そえ。副の。付属の。②集める。まじえる。③そろえる。④満たす。

竹11 【篠】〔17〕 人 標 ショウ(セウ) 漢 呉 上 篠 xiǎo シアオ U補J 7BE0 2836

竹7【筱】〔13〕本字 U補J 7B71 6812

竹7【筿】〔13〕俗字 U補J 7B7F ②8341

竹10【篠】〔16〕同字 U補J

意味 ①〈しの〉細く小さな竹。しのだけ。ささ。すず。幹が細く、矢を作るのに用いる。「篠湯(しょうとう)」②竹の器。

【篠堦】(しょう(せう)かい) ささの茂る階段。

【篠懸】(すずかけ) 国山伏が衣の上に着るもの。菊綴(きくとじ)をつけた麻の衣。

竹11 【篸】〔17〕 一 シン 漢 平 侵 cēn ツェン 二 サン 漢 平 覃 zān ツァン U補J 7BF8 5055

意味 一①長さのそろわないさま。参差(しんし)。②竹の長いさま。二①ぬいばり。②かんざし。

【篸差】(しんし) 底のない笛。洞簫(どうしょう)。

竹11 【篲】〔17〕 スイ 漢 去 霽 huì ホイ U補J 7BF2 5052

意味 ①〈ほうき(はうき)〉＝彗(すい) ②ほうき星。＝彗(すい)「篲星(すいせい)」③はらう。④しのだけ。

竹11 【簇】〔17〕 一 ソウ 漢 去 宥 còu ツォウ ゾク 慣 二 ソク 漢 入 屋 cù ツー chuò チュオ U補J 7C07 6840

意味 一〈むらが・る〉あつまる。＝族「簇生」「簇火」 二①小さい竹。②群れ。③まぶし。竹やあしでつくった、蚕が繭をつくる時のよりどころ。＝蔟(ぞく) ④矢の根。矢じり。音

参考 新表記では、「族」に書きかえる熟語がある。

【簇生】(そうせい) むらがって、はえ出る。

【簇簇】(そうそう) むらがり集まるさま。

竹11 【篵】〔17〕 ソウ 漢 平 東 cōng ツォン U補J 7BF5 5054

意味 病変で役にたたなくなった竹。

竹11 【簌】〔17〕 ソク 漢 入 屋 sù スー U補J 7C0C 5067

意味 ①ふるい。②ゆり動かす。③物の落ちる音。また、ざわざわいう音。

竹11 【篴】〔17〕 一 テキ 漢 ジャク(ヂャク) 呉 入 錫 dí ティー 二 チク 漢 ジク(ヂク) 呉 入 屋 zhú チュー U補J 7BF4 5053

意味 一ふえ。＝笛(てき) 二竹の名。

竹11 【篼】〔17〕 トウ 漢 平 尤 dōu トウ U補J 7BFC 5058

意味 ①馬に食物や水を与える容器。②竹の輿(こし)。

竹11 【篺】〔17〕 一 ハイ 漢 平 佳 pái パイ 二 ヒ 漢 平 支 pí ピー U補J 7BFA 5057

竹12【簰】〔18〕同字 U補J 7C30

意味 一二①人名。②篺洲(はいしゅう)は、湖北(こほく)省の地名。

竹11 【篳】〔17〕 ヒツ 漢 入 質 ヒチ 呉 bì ピー U補J 7BF3 6842

意味 ①まがき。かきね。②いばら。しば。「篳門」③篳篥(ひつりつ(ひちりき))は笛の一種。横笛に似て、葦(あし)を上端にさし入れて吹く。

(篳篥)

【篳路】(ひつろ) しばで作った粗末な車。

竹11 【篾】〔17〕 ベツ 漢 入 屑 miè ミエ U補J 7BFE 5059

意味 ①うすくさいた竹の皮。②籐(とう)の一種。桃枝竹(とうしちく)。

竹11 【篷】〔17〕 ホウ 漢 平 東 péng ポン U補J 7BF7 6843

意味 ①〈とま〉竹や菅(すげ)などを編んで、舟や車の上を覆うもの。「篷舟(ほうしゅう)」②舟の帆。また、舟。「篷底」

【篷窓】(ほうそう(さう)) 苫(とま)で屋根を覆った舟の窓。「烟横ニ篷窓ニ日漸没(けむりはほうそうによこたわりひようやくぼっす)」〈頼山陽の詩・泊ニ天草洋ニ(あまくさなだにはくす)〉

竹11 【篰】〔17〕 ホウ 漢 上 有 ブ 呉 bù プー U補J 7BF0 ②8367

意味 ①竹の札(ふだ)。②竹製のかご。国〈しとみ〉＝蔀(ほう)

竹11【簍】〔17〕 一ロウ 漢 一上 有 lǒu ロウ 二グ 漢 二上 麌 jù チュイ J 6845 U補 7C0D
意味 一竹かご。「簍筐(ろうきょう)」 二①篕簍(くぐ)は、車輪のゆがみをただす工具。②車のおおい。音 lǚ リュイ。

竹11【簏】〔17〕 ロク 漢 入 屋 lù ルー J ②8371 5069 U補 7C0F
意味 竹で編んだ背の高い円形の容器。

竹11【簕】〔17〕 lè ロー J — U補 7C15
意味 ①とげのある竹。②現 簕竹圩(ローチューシュイ)は、広東(カントン)省の地名。

竹11【簓】〔17〕 国字 セン J 6841 U補 7C13
意味〈ささら〉竹の先を細くわったもの。楽器として、またそうじなどに用いる。

竹11【簗】〔17〕 国字 J 6844 U補 7C17
意味〈やな〉木などで川をせきとめ、魚をとるしかけ。

竹10【𥱋】〔16〕 同字 J ②8361 U補 25C4B
姓 簗田(やないだ・やなだ)

竹11【簴】〔17〕 同→虡(一〇九七ページ・下)

竹11【簒】〔17〕 俗→篡(九四〇ページ・上)

竹11【簔】〔17〕 俗→簑(九三九ページ・下)

竹12【簡】〔18〕 学6 カン J 2042 U補 7C21

旧字 竹12【𥳑】〔18〕 カン 漢 上 潸 jiǎn チエン ケン 呉 J — U補 25CD1

筆順 ⺮ 𥫗 竹 竹 筲 筲 簡 簡 簡

意味 ①ふだ。戦国時代から魏晋(ぎしん)時代にかけて文字を書きしるした竹のふだ。「竹簡(ちくかん)」 ②書きもの。書物。③てがみ。「書簡(しょかん)」「簡冊(かんさつ)」「簡牒(かんちょう)」 ④省いてある。てがるな。⑤えらぶ。「簡取(かんしゅ)」「簡定」「簡出(かんしゅつ)」「簡選(かんせん)」 ⑥おごる。いばる。「簡倨(かんきょ)」 ⑦おろそかにする。怠る。なまける。「簡民」 ⑧あなどる。「簡侮(かんぶ)」 ⑨大きい。「簡兮(かんけい)」 ⑩しらべる。「簡校(かんこう)」 ⑪姓。

解字  形声。竹が形を表し、閒(かん)が音を示す。竹は、書物に使う竹の札。閒には、あいだという意味がある。簡は、竹札をひもでとじたもので、札と札とのあいだにすきまができているもの。他の説に、閒は柬(かん)と同じ意で、ばらばらになっていることを表し、簡は、まだ編んでない、ばらばらの状態になっている竹札であるとか、揀(けん)と同様で、より分ける意味を持つなどと解する。

名前 ひろ・ふみ・あきら・やすし

参考 新表記では、「翰」の書きかえに用いる熟語がある。

【簡易】(かんい) てがるで、たやすい。「簡易水道」「簡易裁判所」

【簡閲】(かんえつ) ①選んで調べる。②軍隊の状況を調べ見る。「簡閲点呼」

【簡潔】(かんけつ) ①欲ばらず、さっぱりしている。②簡単で要領をえている。

【簡傲】(かんごう)(がう) 志が大きく、人に対しておごりたかぶる。

【簡冊】(かんさく) ①むかし、文書を書くのに用いた、薄い竹の札。②手紙。書物。

【簡策】(かんさく) 書物。簡編。

【簡札】(かんさつ) てがみ。簡牘(かんとく)。

【簡書】(かんしょ) ①命令書。軍中に出した法律。軍規。②てがみ。書簡。

【簡浄(淨)】(かんじょう)(じゃう) 簡単で、こみいっていない。

【簡静(靜)】(かんせい) おおまかでものしずか。おっとりとして、しとやか。

【簡素】(かんそ) ①てがるで、飾らない。簡略質素。②竹の札(簡)ときぬ(素)。むかし、文字を書くのに用いた。

【簡体(體)字】(かんたいじ) 中国の文字改革運動の一環として行われた漢字の簡略化の結果、正式に認められるようになった字。簡略化した漢字に対して、そのもとの字を繁体(はんたい)字という。簡化字。(→付録「中国新旧字体対照表」)

【簡択(擇)】(かんたく) 選び出す。簡選(かんせん)。

【簡擢】(かんてき) えらんで抜き出す。抜擢(ばってき)する。簡抜。

【簡単(單)】(かんたん) 一てがる。単簡。簡略。 二チエンタン jiǎndān 現 ①一に同じ。②やさしい。平凡である。

【簡牘】(かんとく) むかし、文字を書きしるした竹の札と木の札。②書きもの。てがみ。簡札。

【簡任】(かんにん) 選び出して、任命する。

【簡能】(かんのう) 能力ある者をえらび用いる。選能。

【簡抜】(かんばつ) 選びぬく。おおぜいの中から選び用いる。「先帝簡抜以遺二陛下一(せんていかんばつしてもっていかにのこせり)」〈諸葛亮(しょかつりょう)・出師表(すいしのひょう)〉

【簡兵】(かんぺい) 強い兵を選び出して、訓練する。

【簡便】(かんべん) てがるで便利。

【簡編】(かんぺん) 書物。簡策。

【簡朴】(かんぼく) 簡単で、飾りけがない。

【簡明】(かんめい) てがるで、はっきりしている。簡単明瞭(かんたんめいりょう)の略。

【簡黙】(かんもく) あまりしゃべらない。ことばが少ない。寡黙(かもく)。

【簡約】(かんやく) はぶいて、てがるにする。簡省。

【簡要】(かんよう)(えう) てみじかで、要をえている。

【簡略】(かんりゃく) 「簡単」に同じ。

【簡礼(禮)】(かんれい) 礼を簡単にする。

【簡練】(かんれん) えらび出して、ねりきたえる。
▼尺簡(せきかん)・竹簡(ちくかん)・料簡(りょうけん)・書簡(しょかん)・錯簡(さっかん)

竹12【簣】〔18〕 キ 漢 去 未 kuì コイ J 6847 U補 7C23
意味〈あじか〉もっこ。土を運ぶ竹かご。
参考「簀(さく)」は別字。

竹12【簥】〔18〕 キョウ 漢 平 蕭 (ケウ) jiāo チアオ J 5073 U補 7C25
意味 ①大型の笛。②農具の名。③かご。乗りもの。＝轎(きょう)

竹12【簧】〔18〕 コウ 漢 平 陽 (クヮウ) huáng ホワン J 6848 U補 7C27
意味 ①笛の舌。笛を吹くとき、振動させ音を出すもの。②笛の一種。笙(しょう)・竽(う)の類。

竹12【簁】〔18〕 一シ 漢 一平 支 shāi シャイ 二シ 漢 二平 支 sī スー J 5071 U補 7C1B
意味 一ふるい。＝篩(し) 二①竹の枝。②竹の節。

竹12【簨】〔18〕 一シュン 漢 一上 軫 sǔn スン 二サン 漢 二上 潸 zhuàn チョワン J 5075 U補 7C28
意味 一鐘(しょう)・磬(けい)・鼓(こ)などの楽器をかける横木。二竹で作った容器。

竹12【簪】〔18〕 一シン 漢 一平 侵 zān ツァン 二サン 漢 二上 感 zǎn ツァン J 6849 U補 7C2A
意味 一①〈かんざし〉冠をとめるために髪にさすもの。②かんざしをさす。二早い。すみやか。

竹14【簮】〔20〕 俗字 J — U補 —

儿2【先】〔4〕 同字 J — U補 —

儿3【兂】〔5〕 俗字 J 1869 U補 5142

【簪笏】(しんこつ) ①冠をとめるため髪にさすこうがいと、手にもつしゃく。転じて、礼服。②礼服をつけた役人。③役人になる。

【簪筆】(しんぴつ) 役人が筆を頭髪にさす。転じて、下級の役人になること。

竹12【簞】〔18〕人 標 タン 漢 平 寒 dān タン U補J 7C1E ①8973

意味 ①竹で編んだ飯びつ。「簞飯たんぱん」②ひさご。ひょうたん。「瓢簞ひょうたん」

参考「簟てん」は別字。

竹9【箪】〔15〕俗字 J 3529 U補 7BAA

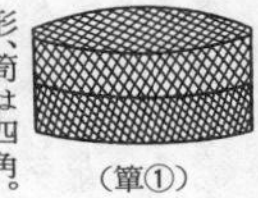

(簞①)

【簞壺】たんこ「簞食壺漿たんしこしょう」の略。

【簞笥】㊀たんし 食物を入れる容器。簞は丸い形、笥は四角。㊁たんす 国 衣類を入れる家具。

【簞食壺漿】たんしこしょう(しゃう) 竹の器に入れた食物と、つぼに入れた飲み物。転じて、飲食物を準備して軍隊を歓迎する意。「簞食壺漿、以迎王師たんしこしょうして、もっておうしをむかう」〈簞食壺漿をもって、王の軍を歓迎する。〉〈孟子・梁恵王下〉

【簞瓢】たんぴょう(べう) 飯を盛る器と、飲み物を入れる器。「簞瓢屢空、晏如也たんぴょうしばしばむなしきも、あんじょたり」〈飲食物もしばしばなくなるが、平気である。〉〈陶潜・五柳先生伝〉

竹12【簟】〔18〕テン 漢 上 軫 diàn ティエン U補J — — —

竹12【簟】〔18〕同字 U補J 7C1F 6850

意味〈たかむしろ〉竹で編んだ敷物。「簟席てんせき」

参考「簞たん」は別字。

【簟床】てんしょう(しゃう) 竹のすのこ。＝簟牀てんしょう

竹12【簦】〔18〕トウ 漢 平 蒸 dēng トン U補J 7C26 5074 ②8372

意味 ①柄えのある、手でもつ傘。②竹の名。

竹12【簙】〔18〕ハク 漢 呉 入 薬 bó ポー U補J 7C19 5070

意味 ばくち。双六すごろく。＝博はく

竹12【簠】〔18〕フ 漢 上 麌 fǔ フー U補J 7C20 5072 ①8974

皿7【盙】〔12〕俗字 J 4648 U補 76D9

意味 神に供える穀物をもる長方形の容器。

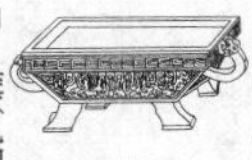

(簠)

【簠簋】ほき 神に供える穀物を盛る器。簠は稲いねや粱あわを盛り、簋は黍きびを盛る。

竹12【篺】〔18〕同→簰(九四一ページ・下)

竹12【簱】〔18〕同→旗(九四四ページ・下)

竹13【簷】〔19〕エン 漢 平 塩 yán イエン U補J 7C37 6851

意味〈のき〉ひさし。＝檐えん「簷下」「簷前」

【簷雨】えんう のきに降りかかる雨。

【簷牙】えんが のきのかど。家ののきの先が上にそりかえってとがっているところ。「簷牙高啄えんがたかくついばむ」〈宮殿ののき先がまるで大空をついばんでいるかのように高くするどくそりあがっている。〉〈杜牧とぼく・阿房宮賦あぼうきゅうのふ〉

【簷間】えんかん のきのあたり。のきば。簷際えんさい。「飛泉落於簷間ひせん、えんかんにおつ」〈滝がのきのあたりに落ちている。〉〈白居易はくきょい・与微之書びしにあとうるしょ〉

【簷端】えんたん のきば。のき。

【簷溜】えんりゅう(りう) のきから落ちる雨だれ。簷滴えんてき。

竹13【簳】〔19〕カン 漢 上 旱 gǎn カン U補J 7C33 5078 ①8975

意味 ①しの竹。矢を作る竹。②〈やがら〉矢の幹。

竹13【簴】〔19〕キョ 漢 ゴ 呉 上 語 jù チュイ U補J 7C34 5079

意味 鐘しょう・磬けいなどの楽器を掛ける台。

竹13【簺】〔19〕サイ 漢 呉 去 隊 sài サイ U補J 7C3A 5082

意味 ①双六すごろくの類。「博簺はくさい」②〈やな〉〈やなす〉竹や木を組み魚を捕える仕掛け。

竹13【簫】〔19〕ショウ(セウ) 漢 呉 平 蕭 xiāo シアオ U補J 7C2B 6852

意味 ①笛の一種。しょうの笛。「簫笛しょうてき」「簫管しょうかん」②ゆはず。弓の末。③しのだけ。音 xiǎo シアオ。

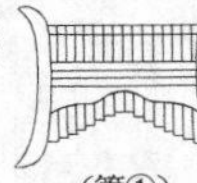

(簫①)

【簫鼓】しょうこ(せうこ) 簫の笛と鼓。「簫鼓鳴兮発棹歌しょうこなってとうかをはっす」〈笛や太鼓が鳴り、舟歌もうたわれる。〉〈漢武帝の詩・秋風辞〉

【簫史】しょうし(せうし) 秦の穆公ぼっこう時代の人。簫の名手。

【簫韶】しょうしょう(せうせう) 中国古伝説上の天子の舜しゅんが作った楽曲の名。

【簫鐘】しょうしょう(せうしゃう) 笛とかね。

竹13【簽】〔19〕セン 漢 平 塩 qiān チエン U補J 7C3D 6853

意味 ①ふだ。文字を書くふだ。②文書に名を書く。「簽名せんめい」③意見を書き加える。「簽注せんちゅう」

【簽書】せんしょ ①名を書きつける。署名する。②宋そう代の官名。

【簽訂】チエンティン qiāndìng 現〈契約を〉結ぶ。調印する。

竹13【簹】〔19〕㊀トウ(タウ) 漢 平 陽 dāng タン ㊁トウ(タウ) 漢 去 漾 dàng タン U補J 7C39 5081

意味 ㊀篔簹うんとうは、竹の名。㊁車の前後のおおい。

竹13【簸】〔19〕㊀ハ 漢 呉 上 哿 bǒ ポー ㊁ハ 漢 呉 去 箇 bò ポー U補J 7C38 4086

意味 ㊀①〈ひる〉箕みでふるって、穀物のぬかやちりをとりのぞく。②あおりあげる。ゆらす。㊁箕み。ふるい。「簸箕はき」

地名 簸川ひのかわ

【簸蕩】はとう(たう) 箕であおるように、揺れ動く。

【簸揚】はよう(やう) あおりあげる。

【簸弄】はろう おもちゃにする。翻弄ほんろう。

竹13【簿】〔19〕常 ㊀ホ 漢 ボ 呉 上 麌 bù プー ㊁ハク 漢 入 覚 bó ポー U補J 7C3F 4277

旧字 竹13【簿】〔19〕 U補J — —

筆順 … 簿

意味 ㊀①ちょうめん。「帳簿ちょうぼ」「簿籍ぼせき」②帳簿に記録する。③笏こつ。役人が記録する小さな板。④文書。⑤功労や経歴。「簿閥ぼばつ」㊁養蚕に用いるすだれ。

解字 形声。竹が形を表し、溥はくが音を示す。溥は薄の略で、うすいという意味がある。簿は、竹をうすくそいで、物を書く札である。

【簿記】ぼき ①帳面に書きつける。②会計帳簿の記入整理のしかた。

【簿書】ぼしょ ①金銭・穀物の出納簿。②役所の文書。

【簿正】ぼせい 帳簿によって数を正しくそろえること。

【簿責】ぼせき 書類を証拠として、問い責める。

【簿録(錄)】ぼろく ①帳簿に書きしるす。②書物の目録。

◆名簿めいぼ・原簿げんぼ・帳簿ちょうぼ・鹵簿ろぼ・会計簿かいけいぼ・成績簿せいせきぼ・点鬼簿てんきぼ・通信簿つうしんぼ・家計簿かけいぼ

竹13【籅】〔19〕ヨ 漢 呉 平 魚 yú ユィ U補J 7C45 ②8373

竹3【𥫣】〔9〕俗字 U補J 25AE3 ②8330

意味〈そうけ(さうけ)〉牛にえさをやるかご。国

竹13【簾】〔19〕人 標 レン 漢 平 塩 lián リエン U補J 4692 7C3E

竹13【簾】〔19〕俗字 U補J F9A6 ——

意味〈す〉〈すだれ〉門や窓などをかくすため竹などを編んで作ったとばり。「珠簾しゅれん」「帷簾いれん」

名前 みす

【簾帷】れんい すだれととばり。

【簾政】れんせい 皇太后・皇后などが、帝に代わって政治をとること。垂簾之政すいれんのせい。

【簾中】れんちゅう(ちう) ①すだれの中。転じて、皇后・皇妃のへや。②国公卿くぎょうや大名などの正夫人の敬称。

竹13【簬】〔19〕ロ 漢 去 遇 ル 呉 lù ルー U補J 5076 7C2C

竹13【簵】〔19〕古字 U補J 7C35 ——

意味 竹の名。矢を作るのに適する。矢だけ。

竹13【簶】〔19〕ロク 漢 入 屋 lù ルー U補J ①8976 5080 7C36

意味 胡簶ころくは、やなぐい。矢を入れて背おう道具。

参考「籙ろく」は別字。

竹13【籔】〔19〕俗 ↓籔(本ページ・下)

竹13【簵】〔19〕古 ↓簬(本ページ・上)

竹13【籒】〔19〕同 ↓籀(本ページ・下)

竹13【籑】〔19〕俗 ↓籑(本ページ・中)

竹14【籍】〔20〕常 セキ U補J 3250 7C4D

一 セキ 漢 ジャク 呉 入 陌 jí チー

二 シャ 漢 去 禡 jiè チエ

旧字 竹14【籍】〔20〕 U補J ——

筆順 竹 笁 笋 筣 箝 籍 籍 籍

意味 一①戸籍。②人名簿。また、資格を有して名を連ねること。「官籍」③書物。「書籍」④税のとりたて。⑤〈しる・す〉㋐書く。㋑戸籍にのせる。⑥〈し・く〉下に敷く。＝藉 ⑦借りる。＝藉 ⑧姓。二ゆるす。＝藉

解字 形声。竹が形を表し、耤せきが音を示す。耤には、しきかさねるという意味がある。籍は、竹の札に文字を書きつけて、かさねて保存するもの。文書をいう。

名前 もり・より

【籍記】せきき 帳簿に書きつける。

【籍甚】せきじん 名誉や評判の高いこと。甚は盛と同じ。

【籍籍】せきせき ①やかましく、言いはやす。籍甚せきじん。②乱れちらばっているさま。＝藉藉

【籍田】せきでん 天子が祖先の霊に供える米を作るために耕作する田。

【籍没】せきぼつ 犯人の財産を取りあげる。帳簿にしるして没収する。

◆入籍にゅうせき・戸籍こせき・本籍ほんせき・史籍しせき・在籍ざいせき・典籍てんせき・国籍こくせき・除籍じょせき・書籍しょせき・鬼籍きせき・移籍いせき・落籍らくせき・漢籍かんせき

竹14【籌】〔20〕チュウ(チウ) 漢 呉 平 尤 chóu チョウ U補J 6854 7C4C

竹7【筹】〔13〕同字 U補J ②8345 7B79

意味 ①矢。投壺とうこという遊びに用いる。②数とりの道具。③考えはかる。④〈はかりごと〉計画。「籌謀ちゅうぼう」「籌策」⑤くじ。

(籌②)

【籌画(畫)】ちゅうかく(ちうくゎく) 「籌策」に同じ。

【籌議】ちゅうぎ(ちう) 相談する。籌商。

【籌策】ちゅうさく(ちう) 計画。はかりごと。また、計画する。画策。籌略ちゅうりゃく。策謀。【運二籌策帷幄之中一、決二勝於千里之外一】ちゅう(ちう)さくをいあくのうちにめぐらし、かちをせんりのそとにけっす 陣屋の幕の中で軍略を考えめぐらし、それによって、遠い戦場で勝利をうる。〈漢書かんじょ・張良ちょうりょう伝〉

【籌算】ちゅうさん(ちう) ①計算する。②計画。はかりごと。③見積もる。

【籌略】ちゅうりゃく(ちう) はかりごと。企画。

【籌備】ちょうべい chóubèi 現準備する。

竹14【籊】〔20〕テキ 漢 入 錫 チャク 呉 tì ティー U補J ②8374 5084 7C4A

意味 籊籊てきてきは、竹竿たけざおの細く長いさま。

竹14【籃】〔20〕ラン 漢 平 覃 lán ラン U補J 6855 7C43

意味 ①〈かご〉手にさげる竹かご。②大きいかご。③籃輿らんよは、竹を編んで作った乗り物。

【籃球】ランチウ lánqiú 現バスケットボール。

(籃①)

竹14【籆】〔20〕ワク 漢 入 薬 yuè ユエ U補J ——

竹10【篗】〔16〕同字 U補J ①8969 5046 7BD7

竹13【籆】〔19〕俗字 U補J 5083 7C46

意味 糸を巻きつける道具。＝籰

竹14【籏】〔20〕国字 U補J 6857 7C4F

竹12【簱】〔18〕同字 U補J ①8972 5077 7C31

意味〈はた〉姓氏や地名に用いる。旗。

竹14【簮】〔20〕俗 ↓簪(九四二ページ・下)

竹14【籒】〔20〕俗 ↓籀(本ページ・下)

竹14〖纂〗↓糸部十四画(九八六ページ・上)

竹15【籑】〔21〕セン 漢 去 霰 ゼン 呉 zhuàn チョワン U補J ②8375 5086 7C51

食14【籑】〔23〕本字 U補J 4275 ——

意味 ①＝饌せん ㋐たべものを準備する。また、供える。㋑たべもの。また、たべる。②＝撰せん ㋐文章をえらぶ。編集する。㋑文を作る。著述する。

参考 異体字欄の「籑」は、説文・食部に見出し字としてみえる。「籑」はこの「籑」を省略して書いたもので、両字は古くから通じて用いられている。また説文では、「饌」を「籑」の或体字とする。

竹15【籔】〔21〕一 ソウ 漢 上 有 sǒu ソウ 二 ス 漢 上 麌 shǔ シュー U補J 6856 7C54

竹13【籔】〔19〕俗字 U補J ①8977 4264 ——

意味 一米を洗い、水をきるざる。二十六斗のことをいう。(→付録「度量衡名称」) 国〈やぶ〉竹やぶ。＝藪そう

参考「藪そう」は別字。

竹15【籀】〔21〕チュウ(チウ) 漢 去 宥 zhòu チョウ U補J 5087 7C52

竹13【籒】〔19〕同字 U補J 6858 7C40

竹14【籒】〔20〕俗字 U補J 5085 7C55

意味 ①読む。②書体の一つ。周の太史籀が作ったといわれる。大篆だいてん。「籀文ちゅうぶん」「籀篆ちゅうてん」

竹15【籐】〔21〕トウ 漢 平 蒸 téng トン U補J ——

竹16【籘】〔22〕同字 U補J 6860 7C58

竹15【籐】〔21〕俗字 U補J 6859 7C50

意味 ①竹に似た、つる性の植物。②竹の器。

参考「藤(藤)」は別字。

竹15【籓】〔21〕ハン 漢 平 元 fān ファン ホン 呉 U補J 5088 7C53

意味 ①箕み。ふるい。②かきね。＝藩はん

竹15 【𥶡】〔21〕 国字 意味 〈たが〉 桶（おけ）・樽（たる）の周囲にはめる竹製の輪。 U 25DA1 補 — J ①8978

竹15 【籖】〔21〕 俗 ↓籤（本ページ・下）

竹16 【籝】〔22〕 エイ 漢 平 庚 yíng イン 意味 ①かご。②籝金（えいきん）は、金入れの中の金。 U 7C5D 補 5093 J —

竹16 【籞】〔22〕 ギョ 漢 上 語 ゴ 呉 yù ユィ 意味 ①天子の御苑（ぎょえん）。②鳥獣をかう庭園の垣（かき）。③ふせぐ。＝禦（ぎょ） ④いけす。 U 7C5E 補 5094 J ②8377

竹16 【籛】〔22〕 セン 漢 平 先 jiān チエン 意味 ①馬具。②姓。籛鏗（せんこう）は大昔の仙人。また彭祖（ほうそ）のことで、周の柱下史（ちゅうかし）となり、七百歳生きたという。 U 7C5B 補 5091 J —

竹16 【籜】〔22〕 タク 漢 入 薬 tuò トゥオ 意味 ①竹の皮。「籜冠（たくかん）」②草の名。 U 7C5C 補 5092 J —

竹16 【籗】〔22〕 タク 漢 入 覚 zhuó チュオ 意味 魚を捕る竹かご。国〈ひし〉 魚を刺すやすの類。 U 7C57 補 — J ②8376

竹16 【籟】〔22〕 ライ 漢 去 泰 lài ライ 意味 ①ふえ。②ひびき。音声。「松籟（しょうらい）」「人籟」 U 7C5F 補 — J 6861

竹16 【籚】〔22〕 ロ 漢 平 虞 ル 呉 lú ルー 意味 ①矛（ほこ）や戟（げき）の柄（え）。②かご。ごはんをいれるひつ。③竹の名。 U 7C5A 補 5090 J —

竹16 【籠】〔22〕 常 ロウ かご・こもる ロウ 漢 平 東 lóng ロン U 7C60 補 — J 6838

旧字 竹16 【籠】〔22〕 U — 補 — J —

竹10 【篭】〔16〕 俗字 U 7BED 補 — J 4722

筆順

意味 ①〈かご〉〈こ〉 竹で編んだもの。㋐土を運ぶ道具。㋑鳥かご。「籠鳥」㋒物を入れる竹かご。②えびら。矢を入れて背負う道具。③〈こ・める〉〈―・む〉 ㋐かごに入れる。㋑かねる。まとめる。つつみおおう。②城にたてこもる。③神仏に祈るため、社寺にとまる。国〈こも・る〉 ①家の中にいて、外に出ない。②城にたてこもる。③神仏に祈るため、社寺にとまる。

解字 形声。竹が形を表し、龍（ろう）が音を示す。龍は、壟（ろう）に通じ、小高いおかや墓を表す。籠（ろう）は、土を盛る竹製のかご、もっこを意味する。

【籠輿】（かごこし・ろうよ） 国乗り物のかご。

【籠脱】（かごぬけ） 国①高い竹のかごを、すばやくくぐりぬける軽わざ。②他の家の表口などを利用して人から金品をいつわり取り、裏口から逃げる詐欺（さぎ）。籠脱詐欺。

【籠手】（こて） 国①よろいの付属品で、両手の肘と手との間を覆うもの。②剣道の道具の一つ。手の指から肘まではめるもの。

【籠鶯】（ろうおう（あう）） かごの中のうぐいす。転じて、自由を奪われた身の意。

【籠蓋】（ろうがい） おおいかぶさる。かごのようにおおう。

【籠球】（ろうきゅう（きう）） バスケットボール。

【籠居】（ろうきょ） 家の中にはいったきりでいる。

【籠禽】（ろうきん） 「籠鳥（ろうちょう）」に同じ。

【籠系】（ろうけい） かごをつるすひも。

【籠鉤】（ろうこう） かごをつるすかぎ。かごのとって。

【籠城】（ろうじょう（じゃう）） 国①城中にこもって敵を防ぐ。②家の中にとじこもる。

【籠鳥】（ろうちょう（てう）） ①かごの鳥。②自由にならない身のたとえ。

【――檻猿】（ろうちょうかんえん（てう）（ゑん）） かごの鳥と、おりの中のさる。束縛され自由を奪われた者のたとえ。「籠鳥檻猿倶未（ともにいまだ）レ死（しせず）（ろうちょうかんえん）」〈白居易（はくきょい）・与（あとうるしょ）二微之一書（びしに）〉

【籠頭】（ろうとう） 馬の頭からほおにかける、糸で作ったくつわの飾り。

【籠養】（ろうよう（やう）） かごに入れて飼う。

【籠絡】（ろうらく） 他人を言いくるめて、自分の思うとおりに行動させる。

【籠籠】（ろうろう） かくれこもったさま。明らかでないようす。

◁▶灯籠（とうろう）・印籠（いんろう）・竹籠（たけかご）・尾籠（びろう）・参籠（さんろう）・旅籠（はたご）・薬籠（やくろう）

竹16 【籙】〔22〕 ロク 漢 入 沃 lù ルー 意味 ①名簿。②籙図（ろくと）は、予言を記した書物。 U 7C59 補 5089 J ①8979

竹16 【籡】〔22〕 国字 意味 〈しんし〉 洗濯や染色の時に布が縮まないようにする竹製の棒。伸子（しんし）。しいし。 U 7C61 補 5107 J ②8378

竹16 【籘】〔22〕 同 ↓籐（九四四ページ・下）

竹17 【籧】〔23〕 キョ 漢 平 魚 qú チュイ U 7C67 補 5103 J —

竹17 【籤】〔23〕 セン 漢 平 塩 qiān チエン 意味 籧篨（きょじょ）は、①めの粗い竹のむしろ。②竹で編んだ円い容器。＝筥（きょ） ③うつむくことのできない病気。④へつらう。 U 7C64 補 — J 6862

竹15 【籖】〔21〕 俗字 U 7C56 補 — J 6863

意味 ①しるし。標題。「籤題（せんだい）」②意見や自分の姓名を竹のふだに記す。また、そのふだ。「籤記（せんき）」③〈くじ〉 おみくじ。吉凶を占うのに用いるふだ。④物を数えるのに用いる竹のふだ。かずとり。⑤つらぬく。刺す。⑥くし。竹のくし。
◁▶当籤（とうせん）・抽籤（ちゅうせん）

竹17 【籥】〔23〕 ヤク 漢 入 薬 yuè ユエ 意味 ①〈ふえ〉 三つの穴のある短い笛。②かぎ。③かぎをかける。閉じる。④ふいごの送風管。 U 7C65 補 — J 6864

（籥①）

竹17 【籣】〔23〕 ラン 漢 平 寒 呉 lán ラン 意味 〈えびら〉 矢を入れて背負う道具。 U 7C63 補 5102 J —

竹17 【籢】〔23〕 本 ↓奩（三三三ページ・下）

竹17 【籑】 ↓食部十四画（九四四ページ・下）

竹18 【籪】〔24〕 タン 漢 去 翰 duàn トワン 意味 水中に竹を並べて、魚をとる道具。 U 7C6A 補 — J —

竹18 【籩】〔24〕 同 ↓籩（本ページ・下）

竹19 【籩】〔25〕 ヘン 漢 平 先 biān ピエン 意味 竹を編んで作った、たかつき。祭りに果物やほし肉などを盛る。 U — 補 — J ②8379

竹18 【籩】〔24〕 同字 U 7C69 補 5104 J —

【籩豆】（へんとう） 礼器の名。籩は竹製、豆は木製のたかつき。「籩豆之事、則有司存（へんとうのことはすなわちゆうしそんす）」（礼器の事などの小事は、役人がいるので、それに任せればよい。）〈論語・泰伯（たいはく）〉

（籩）

竹19 【籮】〔25〕 ラ 漢 平 歌 luó ルオ U 7C6E 補 5106 J ②8380

➡竹米糸缶网(罒・⺳)羊(⺶)羽(羽)老(耂)而耒(耒)耳
6画
聿肉(月)臣自至臼(臼)舌舛(舛)舟艮色艸(艹・艹)虍虫血行衣(衤)襾(西)

る。意味 竹で編んだ容器。ざる。物を盛ったり、米を洗ったりする。

竹19【籬】〔25〕 標 リ 漢 平 支 lí リー U補J 7C6C 6865
意味〈まがき〉〈かき〉竹や柴しばなどをあらく編んで作ったかき。「籬垣りえん」「籬柵りさく」「籬藩りはん」
【籬根】りこん まがきの根もと。
【籬牆】りしょう(しゃう) まがき。かき。
【籬豆】りとう いけがきにはわせた豆。＝籬荳
【籬辺(邊)】りへん まがきのあたり。籬畔りはん。
【籬落】りらく まがき。かきね。

竹19【籭】〔25〕 本 →篩(九四〇ページ・上)

竹20【籯】〔26〕 エイ 漢 ヨウ(ヤウ) 呉 平 庚 yíng イン U補J 7C6F ②8381
意味 ①竹製のかご・箱の類。②竹製の箸はしやしゃくし立て。

竹20【籰】〔26〕 ワク 漢 入 薬 yuè ユエ U補J 7C70 5107 ②8382
意味 糸を巻きつけるわく。＝籆

竹26【𥸤】〔32〕 ユ 漢 去 遇 yù ユイ U補J 25E24
意味 ①よぶ。さけぶ。＝籲ゆ ②やわらげる。「籲レ天てんにさけぶ」「籲号ゆごう」

竹26〔籲〕〔32〕 同字 U補J 7C72 5108

6画 米部 こめ こめへん

【部首解説】「いねの実」にかたどる。この部には、米や穀物の種類や状態、それを原料とした食品に関連するものが多く、「米」の形を構成要素とする文字が属する。

米0【米】〔6〕 学 2 ベイ・マイ こめ ベイ 漢 マイ 呉 メ 慣 上 薺 mǐ ミー U補J 7C73 4238

筆順 丶 丷 䒑 半 米 米

意味 ①殻をとった穀物の実。稲の実。②〈こめ〉〈よね〉脱穀だっこくした米。③衣服のこまかいもよう。④姓。⑤現〈メートル〉長さの単位。百センチメートル。国 アメリカ。亜米利加(アメリカ)の略称。

解字 米 象形。まわりの四つの点が米つぶで、まんなかの十は、それを分けている形。また、一と米を合わせた字で、一はもみがら、米は、もみがらから出た米つぶを表すともいう。

名前 みつ 姓 米内よない・米良めら 地名 米子よなご・米原まいばら・米沢よねざわ

【米騒(騷)動】こめそう(さう)どう 国 大正七年(一九一八)、米価が高くなって生活難に落ち入った大衆が、米屋・富豪などを襲った事件。
【米英】べいえい 国 アメリカとイギリス。
【米塩(鹽)】べいえん ①米と塩。転じて、生きるために欠くことのできないもの。②めんどうなことのたとえ。【――博弁(辯)】べいえんはくべん こまかい事までたち入って話す。くだくだしく話すこと。〈韓非子かんぴし・説難ぜいなん〉
【米国(國)】べいこく 国 アメリカ合衆国。漢字にあてはめて亜米利加と書いたものを略したもの。
【米穀】べいこく ①こめ。②米や、その他の穀物。穀類。
【米寿(壽)】べいじゅ 国 八十八歳をいう。米の字を分解すると八十八になる。
【米粟】べいぞく 米ともみ。粟はもみがらのついたままの米。
【米囊】べいのう(なう) 花の名。罌粟けしの花。
【米飯】べいはん 一 米のめし。二 mǐfàn ミーファン 現 一に同じ。
【米芾】べいふつ 人名。字あざなは元章。北宋ほくそう時代の書家・画家・文人。(一〇五一～一一〇七)
【米突】メートル メートルのあて字。長さの単位。
【米利堅】メリケン 国 アメリカ。American を漢字で書いたもの。
◇白米はくまい・玄米げんまい・欧米おうべい・施米せまい・粗米ほどこしまい・屑米くずまい・渡米とべい・飯米はんまい・禄米ろくまい・新米しんまい・節米せつまい・精米せいまい・年貢米ねんぐまい・胚芽米はいがまい

米2【籴】〔8〕 一 テキ 漢 一 入 錫 dí ティー 二 ソウ 漢 (サフ) 二 入 合 zá ツアー U補J 7C74
意味 一「糴」(九五二ページ・下)の俗字。二 まぜる。＝雜
参考 籴は「糴」の中国新字体としても使う。

米2【籵】〔8〕 国字 U補J 7C75 6866
意味〈デカメートル〉長さの単位。一メートルの十倍。

米2〖匊〗→勹部六画(一八五ページ・上)

米3【籺】〔9〕 ケツ 漢 入 屑 hé ホー U補J 7C7A
意味 米や麦のくず。また、粗食をいう。

米3【籹】〔9〕 ジョ(ヂョ) 漢 ニョ 呉 上 語 nǚ ニュイ U補J 7C79 5109 ①8981
意味 粔籹きょじょは、かりんとうに似た食べ物。みつと粉をねりあわせて油であげたもの。

米3【籼】〔9〕 セン 漢 平 先 xiān シエン U補J 7C7C 5110
意味 うるち。ねばりけのない米。＝秈

米3【籽】〔9〕 zǐ ツー U補J 7C7D 5111
意味 現 植物のたね。

米3【粁】〔9〕 国字 U補J 7C81 2246
意味〈キロメートル〉長さの単位。千メートル。

米3【粂】〔9〕 標 国字 U補J 7C82 2309
意味〈くめ〉姓・地名に用いる。久と米との合字。

米3【𥸮】〔9〕 国字 U補J 25E2E ②8383
意味〈くわ〉姓名に用いる。

米3【籾】〔9〕 人 標 国字 U補J 7C7E 4466
意味〈もみ〉①脱穀してない米。②もみがらの略。

米3〔籾〕〔9〕 同字 U補J

米3【类】〔9〕 俗 →類(一三七九ページ・下)

米3〖屎〗→尸部六画(三九七ページ・上)

米4【䉼】〔10〕 キ 漢 平 支 qí チー U補J 427C
意味 赤い米。

米4【粆】〔10〕 一 サ 漢 一 平 麻 shā シャー 二 ショウ 漢 (セウ) 二 ―― chǎo チャオ U補J 7C86 5112

米4【粋】〔10〕 常 スイ いき U補J 7C8B 3172
意味 一 砂糖。二 米をいって乾燥させた携帯食。干し飯いい。

旧字 米8【粹】〔14〕 人 U補J 7CB9 6879

筆順 ソ ソ 半 米 米 籵 籵 粋

一スイ 漢呉　一 去 寘 cuì ツォイ
二サイ 漢　二 去 隊 suì ソイ

意味 一①まじりけがない。「純粋(じゅんすい)」②質がよい。すぐれた。美しい。③くわしい。精通している。④集める。＝萃(すい) 二くだいた米。また、くだく。＝砕 国〈すい〉〈いき〉人情・あそび事、芸事に通じていること。

解字 粹 形声。米が形を表し、卒(しゅつ)が音を示す。卒には、ひとすじに、という意味を含む。粋は、まじりけのない米、精米をいう。

名前 きよ・ただ

参考 新表記では、「萃」の書きかえに用いる熟語がある。

【粋人】(すいじん) 国①芸事や遊郭(ゆうかく)の事情などをよく知っていて、やることがその道にかなっている人。②世態(せたい)・人情に通じている人。いきな人。

【粋然】(すいぜん) まじりけのないさま。

【粋白】(すいはく) ①まじりけがない。②まっ白。

【集レ粋】(すいをあつめる) すぐれたものを、よりぬいて集める。

◆不粋(ぶすい)・生粋(きっすい)・抜粋(ばっすい)・国粋(こくすい)・純粋(じゅんすい)・無粋(ぶすい)

米4 【粑】〔10〕 ハ 慣 bā パー　U補J 7C91

意味 現穀物の粉をこねて焼いたもの。「糌粑(ツァンパ)」

米4 【粃】〔10〕 ヒ 漢 上 紙 bǐ ピー　U補J 6867 7C83

意味 ①〈しいな(しひな)〉 皮ばかりで実のない穀物。＝秕 ②良くない。

【粃糠】(ひこう(かう)) ①しいなとぬか。②役にたたないもののたとえ。

【粃政】(ひせい) よくない政治。悪政。＝秕政

米4 【粉】〔10〕 学5 フン こ・こな　U補J 4220 7C89

旧字 米4 【粉】〔10〕 フン 呉 漢 上 吻 fěn フェン

筆順 ソ ソ 半 米 米 米 粉 粉

意味 ①〈こな〉〈こ〉 ㋐穀物をくだいたもの。㋑細かにくだいたもの。②こなにする。細かにくだく。③おしろい。④化粧(けしょう)する。⑤白い。国〈デシメートル〉 長さの単位。十センチ(メートル)。

解字 粉 形声。米が形を表し、分(ふん)が音を示す。分には分散するという意味がある。粉は、米のこなで、顔につけるもの、おしろいである。

【粉骨砕(碎)身】(ふんこつさいしん) 力のかぎり努めはげむさま。骨を粉にし、身を砕くほど働く意。

【粉砕(碎)】(ふんさい) こなごなに打ちくだく。

【粉牆】(ふんしょう(しゃう)) 白壁の塀。土塀(どべい)。

【粉食】(ふんしょく) ①穀物を粉にひいて食べること。②パン・うどんなど、粉を用いて作った食物を食べること。

【粉飾】(ふんしょく) ①おしろいや紅(べに)で飾る。化粧(けしょう)。②表面を飾る。よく見せかける。【――決算】(ふんしょくけっさん) 企業の決算成績をごまかして、事実よりもよかったように見せかける決算。

【粉黛(黛)】(ふんたい) ①おしろいと、まゆずみ。②化粧(けしょう)する。「況乃粉黛仮(いわんやふんたいのかりをや)」(ましてや、おしろいやまゆずみのような借り物はあとかたもない。)〈杜甫(とほ)の詩・玉華宮〉③美人のたとえ。「六宮粉黛無二顔色一(りくきゅうのふんたいがんしょくなし)」(奥御殿の美女も、楊貴妃(ようきひ)に比べると問題にならない。)〈白居易(はくきょい)の詩・長恨歌(ちょうごんか)〉

【粉蝶】(ふんちょう(てふ)) 白い羽の蝶。

【粉乳】(ふんにゅう(にう)) 粉末にした牛乳。粉ミルク。

【粉白黛(黛)緑(綠)】(ふんぱくたいりょく) 白いおしろいや、みどりのまゆずみ。化粧(けしょう)した女たち。〈韓愈(かんゆ)・送三李愿帰二盤谷一序(りげんのばんこくにかえるをおくるじょ)〉

【粉壁】(ふんぺき) ①胡粉(ごふん)でぬった白いかべ。②白壁のような白色。

【粉墨】(ふんぼく) ①おしろいと墨。転じて、ひどく相違しているたとえ。②美しい色どり。③おしろいと、まゆずみ。粉黛(ふんたい)。

【粉本】(ふんぽん) ①東洋画で絵の下書き。胡粉(ごふん)で下書きをし、その上に、墨で書いた。②手本。

【粉末】(ふんまつ) こな。末にも粉の意がある。

【粉筆】(フェンビー) fěnbǐ 現白墨(はくぼく)。チョーク。

◆花粉(かふん)・胡粉(ごふん)・取粉(とりこ)・金粉(きんぷん)・脂粉(しふん)・骨粉(こっぷん)・澱粉(でんぷん)

米4 【粏】〔10〕 国字　U補J ①8982 5144 7C8F

意味 〈た〉 糂粏(じんた)は、ぬかみそ。

米4 【粐】〔10〕 国字　U補J 6868 7C90

意味 〈ぬか〉 粐薪沢(ぬかまきざわ)は、秋田県の地名。

米4 【粍】〔10〕 国字　U補J 4416 7C8D

意味 〈ミリメートル〉 長さの単位。一メートルの千分の一。

米4 【粇】〔10〕 同 →糠(九五一ページ・下)

米4 【料】 →斗部六画(五七〇ページ・下)

米4 【敉】 →攴部六画(五六〇ページ・上)

米4 【氣】 →气部六画(六九四ページ・下)

米5 【粔】〔11〕 キョ 漢 コ 呉 上 語 jù チュイ　U補J ①8983 5115 7C94

意味 粔籹(きょじょ)は、かりんとうに似た食べ物。みつと粉をねりあわせて油であげたもの。

米5 【粗】〔11〕 常 ソ あらい　ソ 呉 漢 平 虞 cū ツー　U補J 3338 7C97

筆順 ソ ソ 半 米 米 粈 粗 粗

意味 ①精白していない米。⇔精 ②〈あら・い(――・し)〉 大ざっぱ。くわしくない。⇔精 ③そまつ。「粗衣」④あらあらしい。粗野な。⑤〈ほぼ〉 おおかた。⑥現ふとい。⇔細

解字 粗 形声。米が形を表し、且(しょ)が音を示す。且は疏(そ)と音が同じで、ばらばらになっている状態を表す。粗は、ばらばらになった米で、くだけた米をいう。

【粗壁】(あらかべ) 国あら塗りのままの壁。中塗りや上塗りをしない壁。

【粗悪(惡)】(そあく) 品質が粗末で、わるい。

【粗肴】(そこう(かう)) 国そまつな(酒の)さかな。転じて、料理を他人にすすめるときの、へりくだった言い方。

【粗忽】(そこつ) ①かるはずみ。不注意。軽率(けいそつ)。②そそっかしい。③あやまち。失敗。粗相(そそう)。

【粗雑(雜)】(そざつ) そまつであらい。ざつ。

【粗餐】(そさん) 国そまつな食事。転じて、食事を人にすすめるときの、へりくだった言い方。

【粗酒】(そしゅ) ①そまつな酒。②他人に酒をすすめるとき、けんそんしていうことば。

【粗食】(そしょく) そまつな食べ物。

【粗製濫造】(そせいらんぞう(ざう)) そまつな品物をやたらに造る。

【粗相】(そそう(さう)) ①そそっかしい。粗忽。②あやまち。過失。

【粗率】(そそつ) おおざっぱで、飾りけがない。あらくて、落ち着きがない。

【粗朶】(そだ) たきぎなどにするために、切りとった木の枝。

【粗鄙】(そひ) 無作法で下品。あらあらしくていなかくさい。

【粗品】(そひん) 国①そまつな品物。②他人に贈る品物をけんそんしていうことば。

【粗放】(そほう(はう)) おおざっぱで、うっちゃらかしてある。やりっぱなし。

【粗暴】(そぼう) 態度が下品で荒っぽい。荒々しい。

【粗笨】(そほん) あらっぽくて、ざつなこと。

【粗末】そまつ 国①品質が劣っている。②念入りでない。③できがわるい。
【粗密】そみつ あらいことと、こまかいこと。精粗。
【粗野】そや 露骨で無作法なこと。ぶこつであらっぽい。下品。
【粗略】そりゃく おろそか。いいかげん。
【粗厲】それい あらく、激しい。大ざっぱで、きびしい。
【粗糲】それい あらい玄米。くろ米。
【粗漏】そろう おおざっぱで手ぬかりのある。

米5 【粘】〔11〕 常 ネン ねばる　デン 漢 平 塩 nián ニエン　ネン 呉 zhān チャン　J 3920 U補 7C98
筆順
意味 〈ねば・る〉ねばねばする。＝黏「飯粘」
解字 形声。米が形を表し、占が音を示す。占には、くっつくという意味がある。粘は米がくっつくことで、ねばるという意味になる。古い形では、黏で、へんが黍(もちきび)になっている。音デンは、占の音センの変化。
【粘液】ねんえき ねばねばした液。【――質】ねんえきしつ 感じがにぶく活気にとぼしいが、意志の強い気質。
【粘着】ねんちゃく ねばりつく。「粘着力」【――語】ねんちゃくご 言語を形態上から分類したものの一つ。主要語に、独立した付属語をつけて、文法的な関係を示す語。日本語・朝鮮語・トルコ語などウラル＝アルタイ系の語がこれに属する。膠着語。漆着語。↔屈折語・孤立語
【粘土】ねんど ねばりけの多い土。瓦・磁器などの原料になる。
【粘膜】ねんまく 消化器・呼吸器などの内臓器官の内面をおおっている、しめった柔らかい膜。

米5 【𥹖】〔11〕 ハ pǒ ポー　J ②8384 U補 25E56
意味 義未詳。国〈すくも〉地名に用いる。𥹖塚(すくもづか)は、鳥取県にある地名。

米5 【粕】〔11〕 標 ハク 漢 入 薬 pò ポー　J 3984 U補 7C95
意味 〈かす〉酒のしぼりかす。「酒粕」「糟粕」
地名 粕屋
◇豆粕・油粕・酒粕・糟粕

米5 【粒】〔11〕 常 リュウ つぶ　リュウ(リフ) 漢 呉 入 緝 lì リー　J 4619 U補 7C92
筆順
意味 ①〈つぶ〉㋐穀物のつぶ。㋑穀物のつぶのような形のもの。②穀物を食べる。③やしなう。④小さいものを数える量詞。
解字 形声。米が形を表し、立が音を示す。立には、立ちならぶ意味を含む。粒は、米の一つぶ一つぶをいう。
【粒子】りゅうし 理物質を構成している最も小さいつぶ。
【粒状(狀)】りゅうじょう つぶのような状態。
【粒食】りゅうしょく 穀物をつぶのまま食べること。
【粒米】りゅうべい 米つぶ。
【粒粒辛苦】りゅうりゅうしんく こつこつと苦労して努力すること。「粒粒皆辛苦」(米の一粒一粒は、みな農民の辛苦の結果である。)〈李紳の詩・憫レ農〉

米5 【粜】〔11〕 俗 ↓糶(九五三ペ・上)

米6 【粤】〔12〕 エツ(ヱツ) 漢 入 月 yuè ユエ　J 6869 U補 7CA4
意味 ①〈ここに〉文の初めに用いる語。②〈ああ〉嘆息の語。③地名。今の広東省・広西チワン族自治区地方。
【粤江】えっこう 川の名。広東の南を流れる珠江の別名。
【粤省】えっしょう 広東省の別名。
【粤犬吠レ雪】えっけんゆきにほゆ 粤の地方は雪が少ないため、雪が降ると犬が怪しんでほえる。転じて、見識のせまい者が、賢人のすぐれた言行を理解できず、非難・攻撃をすること。

米6 【粠】〔12〕 コウ 漢 平 東　グ 呉 hóng ホン　J ①8984 U補 7CA0
意味 ①変質して赤くなった古米。②あか米。

米6 【粢】〔12〕 一シ 漢 平 支 zī ツー　二セイ 漢 去 霽 jì チー　J 6871 U補 7CA2
意味 一①穀類の総称。②きび。穀物の一種。③神に供える穀物。④もち。米のもち。二酒。
【粢盛】しせい 神に供える、きびの盛りもの。
【粢糲】しれい 玄米のもち。くろ米のもち。

米6 【粥】〔12〕 人 標 一シュク 漢 入 屋 zhōu チョウ　二イク 漢 入 屋 yù ユイ　J 2001 U補 7CA5
意味 一①〈かゆ〉米を柔らかく煮たもの。②粥粥は、㋐弱々しいさま。㋑にわとりの鳴きあう声。二①売る。「粥米」②育てる。養う。③粥粥は、つつしみおそれるさま。

米6 【粧】〔12〕 常 ショウ　ソウ(サウ) 漢 平 陽　ショウ(シャウ) 呉 zhuāng チョワン　J 3049 U補 7CA7
筆順
意味 ①〈よそお・う(よそほ・ふ)〉㋐顔・かたちを飾る。＝妝 ㋑ふりをする。＝装 ②よそおい。飾り。「粧飾」
解字 形声。米が形を表し、庄が音を示す。米は米の粉で、おしろいのこと。庄は荘と同じ音で、盛んなという意味がある。粧は、女がおしろいで、美しく飾ること。
【粧鏡】しょうきょう 化粧に用いる鏡。
【粧飾】しょうしょく よそおいかざること。
【粧梳】しょうそ 化粧と髪形。
【粧点(點)】しょうてん ①よそおい飾る。②ところどころを色どる。
【粧涙】しょうるい 化粧した顔にたれる涙。
【粧楼(樓)】しょうろう 女性が化粧をするためのたかどの。

米6 【粞】〔12〕 セイ 漢 平 斉 xī シー　J 5116 U補 7C9E
意味 こごめ。くだいた米。

米6 【粟】〔12〕 人 標 ショク 漢 ソク 呉 入 沃 sù スー　ゾク 慣　J 1632 U補 7C9F
意味 ①穀物の総称。②〈あわ(あは)〉穀物の一種。イネ科の一年草。③もみ。皮つきのままの穀物。④ふち。俸禄。給料。⑤容量の単位。(→付録「度量衡名称」)⑥姓。
姓 粟国・粟生田・粟飯原　地名 粟国
参考「栗」は別字。
【粟散辺(邊)地】ぞくさんへんち 仏世界のはてにある、あわを散らしたようなちっぽけな国。粟散国。粟散辺土。
【粟帛】ぞくはく 穀物ときぬ。
【粟膚】ぞくふ 鳥肌だつこと。
【粟米】ぞくべい もみごめと米。農産物。【――麻糸(絲)】ぞくべいまし もみ米、白米、あさ、きいと。
【食レ粟】ぞくをはむ・ぞくをくらう(くらふ) ①穀物を食べる。②仕えて俸給をもらう。

米6 【粡】〔12〕 トウ 漢 平 東 tóng トン　J 6873 U補 7CA1
意味 ①ちまき。②精白していない米。粗米。

米6【粦】〔12〕 リン㊅漢 ㊇去 lín リン 震 U補J ―|―
[地名] 粦町（あらまち）
[意味]（漢字の字体記述要素。隣（りん）・鱗（りん）などを構成）鬼火（おにび）。人や動物の死体から出る火。燐光（りんこう）。

米7【粦】〔13〕俗字 U補J 7CA6|②8386 5118

米6【粭】〔12〕 [国字] U補J 7CAD|6870
[意味]〈すくも〉①もみがら。②粭島（すくもじま）は、山口県徳山市の地名。

米6【粨】〔12〕 [国字] U補J 7CA8|6874
[意味]〈ヘクトメートル〉長さの単位。百メートル。

米6【粫】〔12〕 音義未詳。 U補J 7CAB|6872

米6【粡】〔12〕 [俗]↓糖（九五一ジベー・下）

米6【眷】〔12〕 [同]↓聞（一〇〇八ジベー・下）

米7【粳】〔13〕 コウ㊅漢 ㊇平 庚（カウ） jīng チン U補J 7CB3|6875
[意味]〈うるち〉ねばりけの少ない普通の米。＝秔・稉
【粳稲（稻）】こう(かう)とう(たう)｜うるしね うるち米の稲。
【粳糧】こう(かう)りょう(りやう) うるち米で作った食物。

米7【粲】〔13〕 サン㊅漢 ㊇去 翰 càn ツァン U補J 7CB2|6876
[意味]①特によくついて、白くした米。②あざやか。明らか。「粲如（さんじょ）」③きよらか。④笑うさま。⑤美しい。
【粲粲】さんさん ①色どり美しく盛んなさま。②顔かたちの美しいさま。【――然】さんさんぜん 多くの色がきらきらと美しく光りかがやくさま。
【粲然】さんぜん ①にこやかに笑うさま。②あざやかなさま。
【粲爛】さんらん ①きらきらと美しく輝くさま。②美しくあざやかなさま。

米7【粰】〔13〕 ■フウ㊅漢 ㊇平 尤 fū フー ■フ㊅漢 ㊇平 虞 fū フー U補J 7CB0|5119
[意味]■①もちごめの粉を油でいため、あめをからめたもの。おこし。②粥（かゆ）。■穀物の殻（から）。

米7【粮】〔13〕 リョウ(リャウ)㊅漢 ㊇平 陽 ロウ(ラウ)㊅呉 liáng リアン U補J 7CAE|6878
[意味]〈かて〉〈かれい（かれひ）〉①食料にする穀物。②貯蔵用・旅行用の食物。＝糧「兵粮（ひょうろう）」
[参考] 粮は「糧」（九五二ジベー・中）の中国新字体としても使う。

米7【粱】〔13〕 リョウ(リャウ)㊅漢 ㊇平 陽 liáng リアン U補J 7CB1|6877
[意味]①あわ。大粒のあわ。②質のよい米。「粱米（りょうべい）」
[参考]「粱（りょう）」は別字。
【粱肉】りょう(りゃう)にく 上等の米と肉。美食。
【粱飯】りょう(りゃう)はん うまい米の飯。

米7【粦】〔13〕 [俗]↓粦（本ジベー・上）

米7【数】↓支部九画（五六四ジベー・下）

米8【粿】〔14〕 ■カ㊅漢 ■㊇上 哿（クワ） guǒ クオ ■カ㊅漢 ■㊇上 馬（クワ） huà ホワ U補J 7CBF|②8390 5125
[意味]■①精白した米。②米や麦の粉。③米でつくられた食物。■良質の穀物。＝粿（か）

米8【粷】〔14〕 キク ㊇入 屋 jū チュイ U補J 7CB7|②8389 5121
[意味]こうじ。＝麹（きく）

米8【精】〔14〕 [学]5 セイ・ショウ U補J 7CBE|3226

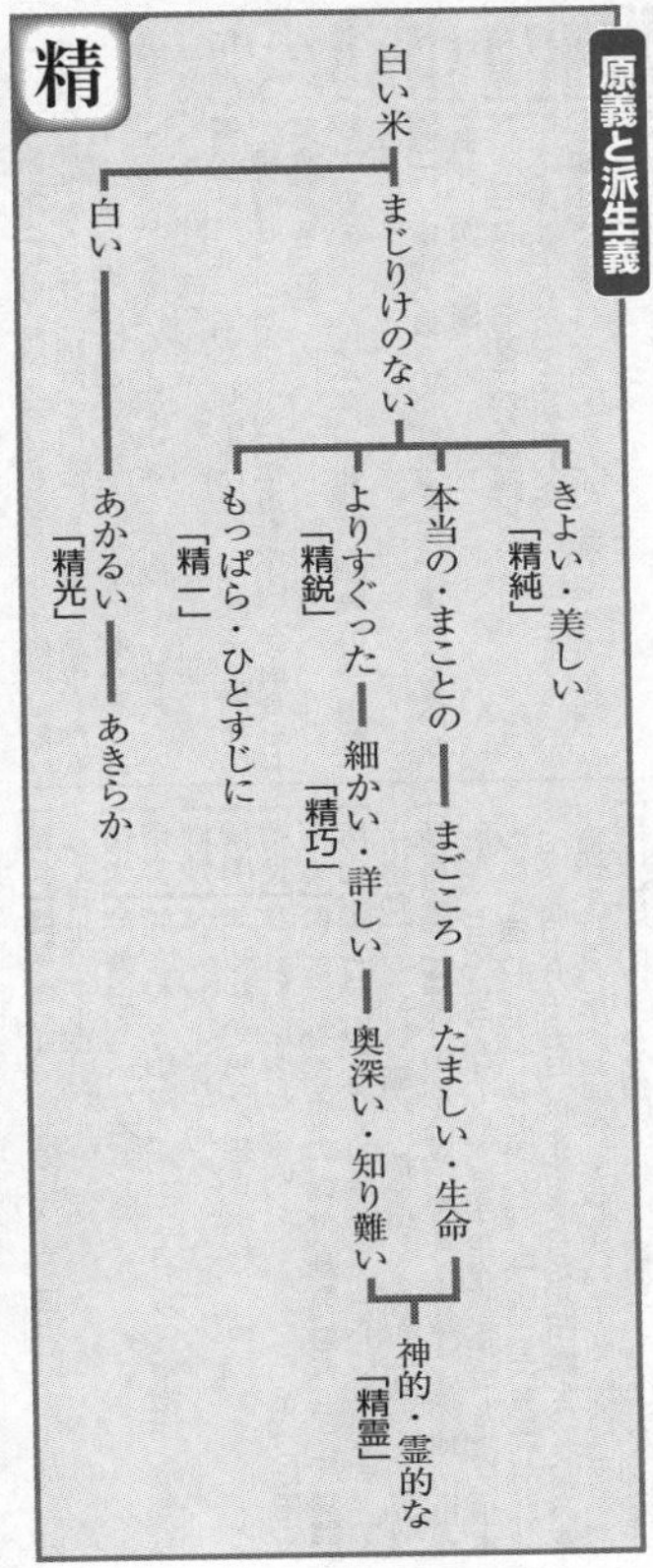

[旧字] 米8【精】〔14〕 セイ㊅漢 ㊇平 庚 ショウ(シャウ)㊅呉 jīng チン U補J FA1D|―
[筆順] 丶 丷 半 米 米 粁 粁 精
[意味]①よくついて、白くした米。「精米（せいまい）」②〈しら・げる（――・ぐ）〉白くする。まじりけなしにする。「精鑿（せいさく）」③〈くわし・い（くは・し）〉こまかい。つまびらかな。「精詳（せいしょう）」④すぐれている。「精兵」「精騎」⑤もっぱら。純粋な。「精純（せいじゅん）」⑥美しい。きよらか。⑦明らか。明るい。⑧奥深い。「精遠」⑨万物を作り出す根本の力。「精気（せいき）」⑩生命のもと。気力。「精気」⑪神。不思議な力をもつもの。⑫星。
[解字] 精　形声。米が形を表し、青（せい）が音を示す。青には、清いという意味がある。精は、米をよりわけて、清らかなものにすること。
[名前] あき・きよ・しげ・しら・すみ・ただ・もり・よし・あきら・きよし・すぐる・ただし・つとむ・ひとし・まこと・まさし
【精一】せいいつ 心がひとすじなこと。ひたむき。
【精鋭】せいえい ①すぐれてするどい。②えりすぐった強兵。
【精液】せいえき 雄（おす）の生殖器から出る、精子をふくんだ液。
【精華（華）】せいか(くわ) ①すぐれて美しいこと。②まじりけのないもの。純粋。その代表する最もよい所。＝菁華

【精解】せいかい ①くわしく悟る。②くわしく説明する。
【精核】せいかく ①くわしく確か。②くわしく調べる。＝精覈
【精確】せいかく くわしく、たしかなこと。
【精覈】せいかく 「精核」に同じ。
【精悍】せいかん 気性が激しく、勇ましい。
【精鑑】せいかん ①くわしく観察する。②観察のすぐれていること。「すぐれた目きき。」
【精気(氣)】せいき ①精神。気力。まことの心。②万物を作り出す根本の力。③生命のみなもととなる元気。精力。
【精騎】せいき すぐれた騎兵。
【精義】せいぎ ①くわしい道理。くわしい意義。②意味をくわしく説いたもの。
【精強】せいきょう(きゃう) すぐれて強い。＝精彊
【精勤】せいきん 休まず熱心に勤める。
【精勁】せいけい すぐれて強い。精強。
【精妍】せいけん すぐれてうるわしい。精美。
【精研(硏)】せいけん くわしく、どこまでも調べる。精究。
【精甲】せいこう(かふ) ①念入りに作ったよろい。②よりぬきの強い「よろい武者。」
【精巧】せいこう(かう) 細工がこまかでうまい。
【精光】せいこう(くわう) ①さえた光。②すばらしい評判。③容姿のすぐれているさま。④すっかり。すべて。
【精根】せいこん 根気。心の力。「精根尽きる」
【精魂】せいこん たましい。精神。精魄。
【精査】せいさ くわしく調べる。審査。
【精彩】せいさい ■一■ ①輝かしい色どり。②いきいきとしている。＝精采 ■二■ jīngcǎi 現 ■一■に同じ。
【精細】せいさい 細工物などの、細かい所まで念入りなこと。
【精察】せいさつ 注意してくわしく見る。熟察。
【精算】せいさん 細かく計算をする。また、そのこと。
【精子】せいし 雄の精液中にある生殖細胞。精虫。
【精思】せいし 心をこめて、くわしく考える。また、その考え。
【精舎】■一■せいしゃ ①生徒を教える所。学校。②精神の宿る所。心。■二■しょう(しゃう)じゃ 仏寺。「祇園精舎」
【精熟】せいじゅく 物事によくなれている。
【精純】せいじゅん 清らかで、まじりけのないこと。
【精神】■一■せいしん ①心。「精神生活」↕物質 ②たましい。③気力。根気。④意義。理念。■二■ jīngshén 現 ■一■に同じ。
【――科学(學)】せいしんかがく 人間精神が作り出した文化現象を理論的に研究する学問。哲学・倫理学・心理学・論理学・政治学・経済学・宗教学・言語学・美学など。↕自然科学
【――年齢(齡)】せいしんねんれい 精神の発達程度を示す年齢。知能の発達が、標準となる発達程度の何歳にあたるかを測定したもの。
『――一到何事不ㇾ成』せいしんいっとう(たう)なにごとかならざらん 人が心を一つに集中して行えば、どんなむずかしい事でも、成しとげられないことはない。〈朱子語類〉
【精進】■一■せいしん ①一心に道にはげむ。②よく職務につくす。■二■しょう(しゃう)じん 仏①一心に仏道を学ぶ。②肉食をしないで菜食をとること。
【精粋(粹)】せいすい ①まじりけがない。純粋。醇粋。精華。②清い空気。
【精髄(髓)】せいずい 事物の最もすぐれたところ。事物の真の意味。真髄。神髄。心髄。
【精誠】せいせい まごころ。まじりけのない誠実さ。
【精製】せいせい 心をこめて作る。↕粗製
【精精】せいぜい 国①できるだけ。②たかだか。③じゅうぶんに。
【精選】せいせん えらびにえらぶ。念入りにえらぶ。
【精鮮】せいせん 非常にあざやか。
【精粗】せいそ 細かいことと、おおざっぱなこと。＝精疎・精麤
【精麤】せいそ 「精粗」に同じ。
【精巣】せいそう(さう) 動物の雄性生殖器官。精子をつくり、性ホルモンを分泌する。睾丸。↕卵巣
【精卒】せいそつ 強い兵卒。精強の兵。
【精緻】せいち 非常にくわしく細かい。精細。緻密。
【精虫(蟲)】せいちゅう(ちう) 「精子」に同じ。
【精忠】せいちゅう(ちう) ひたむきに誠をつくす。純忠。「精忠無ㇾ比」〈宋史・岳飛伝〉
【精通】せいつう ①くわしく通じている。よく知っている。精暁。②国思春期の男子におこる最初の射精。
【精鉄(鐵)】せいてつ ①じゅうぶんにねり鍛えた鉄。②質のよい「鉄。」
【精到】せいとう(たう) 細かなところまで、ゆきとどく。
【精討】せいとう(たう) くわしくさがし求める。
【精読(讀)】せいどく 念入りにしっかり読む。熟読。↕多読
【精肉】せいにく えりぬきの上等の肉。
【精農】せいのう 熱心にはたらく農民。篤農。
【精白】せいはく ①まじりけがなく、まっしろ。②米・麦をついて、まっしろにすること。「精白米」
【精美】せいび すぐれて美しい。精妍。
【精微】せいび くわしくこまかい。精密。精細。
【精分】せいぶん ①心身の活動力。②まじりけのない正味。③栄養「分。」
【精兵】■一■せいへい よりすぐった強い兵士。↕小兵 ■二■せいびょう(びゃう) 強い弓をひく兵士。
【精米】せいまい 国白くついた米。
【精密】せいみつ くわしく細かい。細かくて、ちみつ。精緻。緻密。
【精妙】せいみょう(めう) すぐれて巧み。
【精明】せいめい くわしく明らかなこと。
【精良】せいりょう(りゃう) すぐれてよい。
【精力】■一■せいりょく 心身の活動力。精分。精気。■二■ jīnglì 現 ■一■「に同じ。」
【精励(勵)】せいれい 職務に精を出し、まじめに勤める。精勤。
【――恪勤】せいれいかっ(かく)きん 力を尽くして努める。一心に努力する。
【精霊(靈)】■一■せいれい ①仙人。神仏。②草木その他、山川などにやどるというたましい。③宇宙万物を形成している根本の気。■二■しょう(しゃう)りょう(りゃう) 仏死者の魂。
【――会(會)】しょう(しゃう)りょう(りゃう)え(ゑ) 仏七月十五日、供え物をして祖先の霊を祭り、その冥福を祈る行事。おぼん。盂蘭盆。盂蘭盆会。
【精練】せいれん ①よくねり鍛える。よく練習する。②天然繊維のまじりけをとり去り、純粋なものに作る。③「精錬」に同じ。
【精錬】せいれん ①よくねり鍛える。②よく鍛えた金属。③原料鉱石から不純物をとり除き、良質な金属にすること。
【精廬】せいろ ①読書する場所。学校。書斎。②寺。寺院。
【精和】せいわ 陰陽調和した天地の精気。道家では、この気を吸って、生命力を養うという。「呼ㇾ吸精和」〈仲長統・楽志論〉
◁▼不精ぶしょう・酒精しゅせい(アルコール)・木精もくせい(こだま)・丹精たんせい・妖精ようせい・金精きんせい(こんせい)・無精ぶせい

米8 【粽】〔14〕 ソウ 漢 去 送 zòng ツォン
U 7CBD　補 ―　J 6880
意味 〈ちまき〉もち米を茅や笹などの葉で包んで蒸したもの。＝糉 「粽子」「粽茭」

米8 【粻】〔14〕 チョウ 漢 (チャウ) 平 陽 zhāng チャン
U 7CBB　補 5123　J ―
意味 米のごはん。

米8 【粺】〔14〕 ハイ 漢 去 卦 bài パイ
U 7CBA　補 5122　J ―
意味 ①白くついた米。精米。②ひえ。

米8 【粼】〔14〕 リン 漢 平 真 lín リン
U ―　補 ―　J ―

米9 【粼】〔15〕 同字
U 7CBC　補 5124　J ①8985

米9 【粼】〔15〕 俗字
J ②8391

意味 ①粼粼(りんりん)は、㋐水が清く、石の見えるさま。㋑月光のすんでいるさま。②竹の一種。国〈すはま〉浜辺の入りこんだところ。
参考 俗字「粼」は、「粼」を日本で誤用したものか。その国語用法として、「粼々水(ちょろちょろみず)」がある。

米8【粶】〔14〕 ロク 漢 入 屋 lù ルー　J ②8388 補 5120 U 7CB6
意味 火ではぜた米。

米8【粷】〔14〕 国字　J 6881 U 7CC0
意味 〈こうじ(かうぢ)〉米・麦などを蒸し、こうじかびを繁殖させたもの。

米8【粹】〔14〕 旧 ↓粋(九四六ジペー・下)

米9【糊】〔15〕 人 標 コ 漢 ゴ 呉 平 虞 hú フー　J 2450 U 7CCA
意味 ①〈のり〉米などを煮て作ったのり。また、のりづけする。②かゆ。米などを煮て作ったねばりけの多いもの。③かゆを食べる。④貧しい暮らしをする。⑤ねばりけのあるものでぬり固める。音 hū フー。
【糊口】(ここう) ①かゆを口にする。転じて、生活する。また、生活。「糊口をしのぐ」②でたらめ。㊁くちすぎ。②貧しい生活をすること。
【糊塗】(こと) ㊀ ①ごまかす。あいまいにする。②でたらめ。㊁ hútu 現 ばかな。ぼんやりした。
△▼模糊(もこ)

米9【糇】〔15〕 コウ 漢 平 尤 hóu ホウ　J 5127 U 7CC7
意味 〈ほしいい(ほしいひ)〉かて。ほした飯。貯蔵・旅行用の食料。‖餱(こう)「糇糧(こうりょう)」

米9【糍】〔15〕 シ 慣 cí ツー　J ②8401 補 5130 U 7CCD
食9【餈】〔18〕 同字　J ②9261 補 2975 U 9F50
意味 もち米をむしてついたもち。‖餈(し)

米9【糅】〔15〕 ジュウ 漢 (ヂウ) 去 宥 róu ロウ　J 6882 U 7CC5
意味 ①〈まじ・える(——・ふ)〉〈まじ・る〉「糅雑(じゅうざつ)」「糅錯(じゅうさく)」②他の穀物がまざった飯。

米9【糈】〔15〕 ショ 漢 上 語 xǔ シュイ　J ②8394 補 5128 U 7CC8
意味 ①かて。食料。②神に供える白米。③米のごはん。

竹米糸缶网(罒・⺲)羊(⺶)羽(羽)老(耂)而耒(耒)耳
6画
聿肉(月)臣自至臼(臼)舌舛(舛)舟艮色艸(艹・艹)虍虫血行衣(衤)襾(西)

米9【糂】〔15〕 サン 漢 ジン 慣 上 感 sǎn サン　J 6883 U 7CC2
意味 肉や野菜の吸い物に米を入れる。また、米を入れたもの。ぞうすい。‖糝(さん)

米9【糉】〔15〕 ソウ 漢 去 送 zòng ツォン　J 5129 U 7CC9
意味 〈ちまき〉もち米を茅(ち)や笹(ささ)などで包み、蒸したもの。‖粽

米9【糄】〔15〕 ㊀ヘン 漢 ㊀ 上 銑 biǎn ピエン ㊁ヘン 漢 ㊁ 平 先 biān ピエン　J ②8392 補 5126 U 7CC4
意味 ㊀もみごと焼いて、殻(から)を除き、米にする。いりごめ。㊁米。

米9【糋】〔15〕 ラン 漢 去 翰 làn ラン　J ②8393 U 25EC2
意味 「糷」(九五三ジペー・上)の同字。国〈すくも〉地名に用いる字。糋塚(すくもづか)は、鳥取県にある地名。

米9【糌】〔15〕 zān ツァン　U 7CCC
意味 現 糌粑(ツァンパ) zānba は、西蔵(チベット)の主食の名。

米9【糎】〔15〕 国字　J 3324 U 7CCE
意味 〈センチメートル〉長さの単位。一米(メートル)の百分の一。

米9【粼】〔15〕 同 ↓粼(九五〇ジペー・下)
米9【粼】〔15〕 俗 ↓粼(九五〇ジペー・下)

米10【糗】〔16〕 キュウ 漢 (キウ) 上 有 qiǔ チウ　J ②8403 補 5135 U 7CD7
意味 いりごめ。いった米や麦。「糗飯(きゅうはん)」「糗糒(きゅうび)」「糗糧(きゅうりょう)」

米10【糕】〔16〕 コウ 漢 (カウ) 平 豪 gāo カオ　J ①8986 補 5134 U 7CD5
意味 穀物の粉を蒸して作った食品。‖餻(こう)

米10【糦】〔16〕 サク 漢 入 陌 sè ソー　J ②8402 U 25EE8
意味 水を多くして米を煮る。

米10【糔】〔16〕 シュウ 漢 (シウ) 上 有 xiǔ シウ　J 5133 U 7CD4
意味 水をまぜ、穀物の粉をこねる。

米10【糏】〔16〕 セツ 漢 セチ 呉 入 屑 xiè シエ　補 5131 U 7CCF

米10【糖】〔16〕 学 6 トウ　J 3792 U 7CD6
旧字 米10【糖】〔16〕 トウ 漢 (タウ) 平 陽 táng タン　U FA03
意味 臼でひいた時に砕けた米や麦。くず米。

筆順

米13【餹】〔19〕 俗字　補 25F3D
米6【粓】〔12〕 俗字　J ②8385 補 25E65
意味 ①あめ。米や麦からとった甘味料。②砂糖(さとう)。③現 キャンデー。
解字

形声。米が形を表し、唐(とう)が音を示す。唐は、煬と音が通じて、熱を加える意味を含む。糖は、餳(とう)の俗字で、米で作ったあめを煮つめた甘味料である。
名前 あら
△▼乳糖(にゅうとう)・果糖(かとう)・砂糖(さとう)・製糖(せいとう)・麦芽糖(ばくがとう)・葡萄糖(ぶどうとう)

米10【糒】〔16〕 ヒ 漢 ビ 慣 去 寘 bèi ペイ　J 6885 U 7CD2
意味 〈ほしいい(ほしいひ)〉ほした飯。水や湯にひたして食べる。貯蔵・旅行用にする。かれいい。かれい。

米10【糘】〔16〕 国字　J 6884 U 7CD8
意味 〈すくも〉①もみがら。②糘地(すくもじ)は、広島県の地名。

米10【穀】〔16〕 同 ↓穀(九一三ジペー・中)

米11【糡】〔17〕 キョウ 漢 (キャウ) 去 漾 jiàng チアン　U 7CE1
米12【糨】〔18〕 同字　U 7CE8
意味 ①のり。糊。②濃(こ)い。

米11【糠】〔17〕 標 コウ 漢 (カウ) 呉 平 陽 kāng カン　J 2539 U 7CE0
米4【粇】〔10〕 同字　J 5113 U 7C87
意味 ①〈ぬか〉米や麦をついて精白する時にとり除く殻や皮。②つまらないもののたとえ。「糠粃(こうひ)」
【糠秕】(こうけつ(かうけつ)) ぬかと、くず米。きわめて粗末な食べ物。
【糠粞】(こうせい(かうせい)) ぬかや砕けたこごめ。
【糠皮】(こうひ(かうひ)) ①ぬかと、しいな。糠粃(こうひ)。②とるにたりないもののたとえ。
【糠粃】(こうひ(かうひ)) 米ぬかと、しいな。つまらないもののたとえ。

➡竹米糸缶网(罒・⺳)羊(⺶)羽(羽)老(耂)而耒(耒)耳 6画 聿肉(月)臣自至臼(臼)舌舛(舛)舟艮色艸(艹・艹)虍虫血行衣(衤)襾(西)

【糠袋】(ぬかぶくろ) 国ぬかを、布製の袋に入れたもの。入浴時、からだを洗うのに用いる。

米11 【糝】〔17〕 サン 漢 | 上 感 シン 慣 | sǎn サン U 7CDD 補 5138 J ①8988

意味 ①肉や野菜の吸い物に米を入れたもの。＝糂。「糝食(さんしょく)」②飯つぶ。「糝粒(さんりゅう)」③まじる。④散らばる。国糝粉(しんこ)は、白い米をひいて作った粉。

米11 【糙】〔17〕 ソウ(サウ) 漢 | 去 号 ゾウ(ザウ) 慣 | cāo ツァオ U 7CD9 補 5136 J ①8987

意味 ①玄米。まだ、ついてない米。「糙米(そうべい)」②きめがあらい。粗末なもの。

米11 【糟】〔17〕 ソウ(サウ) 漢 呉 | 平 豪 zāo ツァオ U 7CDF 補 — J 3376

意味 ①もろみ。にごり酒。②〈かす〉酒をしぼったかす。③肉などをかす漬けにする。「糟肉」

【糟丘】(そうきゅう) 酒かすを積み上げて作った丘。転じて、飲酒にふけること。夏の桀王の故事による。

【糟糠】(そうこう) ①酒のかすと、米のぬか。②貧しい者の食べる、そまつな食べもの。【――之妻不レ下レ堂】(そうこうのつまはどうよりくださず) 貧しかったとき、糟や糠を食べていっしょに苦労した妻は、夫が出世しても、堂から下に降ろさないほどたいせつにして、見すてない。〈後漢書・宋弘伝〉

【糟隄】(そうてい) 酒かすで築いた土手。

【糟粕】(そうはく) ①酒かす。かす。②よいものを取り去った残りもの。つまらないもののたとえ。「古人の糟粕」

【糟糕】(ツァオカオ) zāogāo 現だめになる。

米11 【糜】〔17〕 ビ 漢 | 平 支 mí ミー U 7CDC 補 — J 6886

意味 ①かゆ。濃いおかゆ。「糜粥(びしゅく)」②ほろびる。ほろぼす。「糜散(びさん)」③つかいつくす。＝靡。④ただれる。

【糜沸】(びふつ) かゆが煮え、米つぶが上になり、下になるように、群雄がならび争う。「遭二群雄糜沸一(ぐんゆうのびふつするにあう)」〈資治通鑑〉

【糜爛】(びらん) ①ただれる。②ひどくつかれたさま。

米11 【糞】〔17〕 標 フン 漢 呉 | 去 問 fèn フェン U 7CDE 補 — J 4221

意味 ①〈はら・う(――・ふ)〉掃除する。「糞除」②〈くそ〉大便。「糞尿(ふんにょう)」③きたない。④肥料をやってそだてる。

【糞壌(壤)】(ふんじょう) けがれた土。

【糞土】(ふんど) ①くそと土。②きたない土。腐って、ぼろぼろの土。【――之牆不レ可レ杇】(ふんどのしょうはぬるべからず) ぼろぼろに腐った土の壁は、上塗りができない。気のゆるんだなまけ者は教育によって向上させることはできない。〈論語・公冶長〉

◇▼人糞(じんぷん)・馬糞(ばふん)・脱糞(だっぷん)

米11 【糢】〔17〕 ボ 漢 | 平 虞 モ 呉 | mó モー U 7CE2 補 — J 6887

意味 糢糊(もこ)は、はっきりしない。明らかでない。＝模糊

米11 【糚】〔17〕 同 ↓粧(三三八ページ・上)

米12 【糦】〔18〕 シ 漢 | 去 寘 chì チー U 7CE6 補 5139 J ②8405

意味 ＝饎 ①酒と食物。②きび。③むした飯。

米12 【糧】〔18〕 常 リョウ・ロウ かて リョウ(リャウ) 漢 ロウ(ラウ) 呉 | 平 陽 liáng リアン U 7CE7 補 — J 4640

筆順 … 糧

意味 ①〈かて〉㋐穀物。食料。㋑ほしいい。貯蔵用・旅行用の乾燥した食料。「糧食」「糧餽(りょうき)」②扶持(ふち)。給料。③ねんぐ。税。

解字 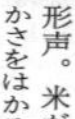 形声。米が形を表し、量(りゃう)が音を示す。量は、穀物のかさをはかることである。糧は、旅行などに行くとき、分量をはかって持って行く米である。また、粮と同じで、透明な穀粒のことであるともいう。

【糧運】(りょううん) 食料を運送すること。

【糧餉】(りょうしょう) 軍隊の食糧。兵糧(ひょうろう)。糧食。

【糧仗】(りょうじょう) 兵糧(ひょうろう)と兵器。

【糧食】 一(りょうしょく) 食糧。二(リアンシ) liángshi 現一に同じ。

【糧道】(りょうどう) 食糧を運び入れる道。「糧道を絶つ」

【糧秣】(りょうまつ) 兵糧(ひょうろう)と馬のかいば。

◇▼口糧(こうりょう)・兵糧(ひょうろう)・食糧(しょくりょう)

米12 【糩】〔18〕 国字 U 25F23 補 — J ②8404

意味 〈しいな(しひな)〉実のないもみ。

地名 糩塚(しいなづか)

米12 【糨】〔18〕 同 ↓糡(九五一ページ・下)

米12 〖類〗 ↓頁部九画(一三七九ページ・下)

米12 〖彝〗 ↓彐部十五画(四五二ページ・下)

米13 【糩】〔19〕 カイ 漢 | 去 泰 (クヮイ) | kuài コワイ U 7CE9 補 5140 J —

意味 ぬか。

米13 【糫】〔19〕 カン(クヮン) 漢 | 平 删 ゲン 呉 | huán ホワン U 7CEB 補 5141 J ②8406

意味 〈まがり〉小麦粉を練って油で揚げた食品。まがりもち。

米13 【糰】〔19〕 俗 ↓糖(九五一ページ・下)

米14 【糯】〔20〕 ダ 漢 | 去 箇 nuò ヌオ U 7CEF 補 — J 6889

意味 ①〈もちごめ〉もちを作る、ねばりのある米。②酒の別名。③糯餈(だし)は、もち。

米14 【糰】〔20〕 タン 漢 | 平 寒 ダン 慣 | tuán トワン U 7CF0 補 — J —

意味 だんご。「糰子(だんし)」

米15 【糲】〔21〕 一 レイ 漢 | 一 去 霽 lì リー 二 ライ 漢 | 二 去 泰 lài ライ U 7CF2 補 — J 6890

意味 一 ①くろごめ。皮をとっただけで精白しない米。玄米(げんまい)。「糲飯(れいはん)」「糲米(れいまい)」②〈あら・い(――・し)〉そまつな。「粗糲(それい)」

【糲食】(れいし) 玄米のめし。そまつなめし。

【糲粢】(れいし) 玄米ときび。そまつで、まずい食物。

米15 【糮】〔21〕 国字 U 25F5C 補 — J ②8407

意味 〈はぜ〉姓名に用いる。

米15 〖纇〗 ↓糸部十五画(九八六ページ・中)

米16 【糴】〔22〕 テキ 漢 | 入 錫 dí ティー U 7CF4 補 — J 6891

意味 ①〈か・う(―・ふ)〉穀物を買い入れる。「糴米(てきべい)」「市糴(してき)」↕糶(ちょう) ②姓。

米2 【籴】〔8〕 俗字 U 7C74 補 — J —

米16 〖鬻〗 ↓鬲部十二画(一四一五ページ・下)

米17 【糱】〔23〕 ゲツ 漢 | 入 屑 niè ニエ U 7CF5 補 5142 J ②8408

意味 ①もやし。②〈こうじ(かうぢ)〉米・麦などをむして、こうじかびを繁殖させたもの。「麴糱(きくげつ)」

参考 「蘖(げつ)」は別字。

米19【糶】〔25〕チョウ(テウ) 漢 去 嘯 tiào ティアオ J 6892 補 U 7CF6
意味〈う・る〉穀物を売り出す。↕糴 国〈せり〉せりうり。競売。行商。

米5【粜】〔11〕俗字 J — 補 — U 7C9C

米21【糷】〔27〕ラン 漢 去 翰 làn ラン J — 補 — U 7CF7

米9【𥻂】〔15〕同字 J ②8393 U 25EC2 意味 飯がひえてかたまる。

6画 糸部 いと いとへん

【部首解説】「かいこの吐く糸をよって作った細い糸」を表す。この部には、糸やなわ、織物の種類や形状に関連するものが多く、「糸」の形を構成要素とする文字が属する。


糸0【糸】〔6〕学1 シ いと J 2769 補 U 7CF8
旧字 糸6【絲】〔12〕シ 漢 平 支 sī スー J 6915 補 U 7D72
筆順 く 幺 幺 糸 糸 糸
意味 ①〈いと〉㋐きいと。絹糸。㋑いとの総称。②いとのように細長いもの。「糸雨」③絹。④つむぐ。⑤いとを張って鳴らす楽器。弦楽器。⑥数 一の一万分の一。⑦かすかな。わずかな。「糸毫」⑧長さ・重さの単位。(↓付録「度量衡名称」)

解字  会意。糸を二本合わせた形。蚕の吐く糸を合わせて作った細い生糸。文字の偏に使うときは、糸を用いる。

地名 糸島・糸満・糸魚川
難読 糸遊・糸瓜
参考「絲」と次項の「糸」は別字であるが、古くから「絲」に代えて「糸」を用いることがあった。

【糸切歯(齒)】国 前歯の両側に上下二本ずつある、先のとがった歯。糸を切るのに用いる。犬歯。

【糸繰】国 ①繭から糸を引きだす。また、その人。②いとをたぐり、まきつけるわく。

【糸車】国 糸くり車の略。繭や綿から、糸をくり出し、よりあわせるための車。

【糸毛】国 ①糸毛車のこと。色染めのねり糸で牛車の外部を飾りつけたもの。②糸おどし。糸で札(鉄や皮の小さな板)をつづった鎧。

【糸底】国 陶器の底のまわりを少し高くした部分。「いとじり」

【糸鬢奴】国 元禄ごろ流行した男子の髪のゆい方。頭髪をそり下げ、両耳の部分を細く糸のように残したもの。奴鬢。

【糸目】国 ①糸すじ。線。②凧の表面につけた糸。③糸の目方。④器物に細くきざみつけた筋。

【糸雨】糸のように細い雨。小雨。

【糸瓜】うりの一種。実を水につけ、さらしてとった繊維は、あかすり用や、はき物の底などに用い、茎からとった水は、化粧用にする。

【糸管】弦楽器と管楽器。琴と笛。

【糸毫】ほんのわずか。

【糸事】糸をつむいだり、裁縫したりする仕事。

【糸条(條)】糸のように細い枝。

【糸竹】①琴や笛の類。糸は、琴・三味線など、竹は、笛・笙などをさす。②音楽。

【糸桐】琴の別名。

【糸髪】糸と髪の毛。転じて、ほんのわずかなこと。

【糸遊】陽炎。かげろう。

【糸履】絹糸で編んだくつ。

【糸綸】天子の詔。

【糸縷】いとすじ。

【糸路】①楊子は岐路(分かれ道)を見て泣き、墨子は練(ねり糸)を見て泣いたという故事。そのもとが同じであるのに、末が異なることを悲しむ意。②一説に、細い道。
◆生糸・金糸・蚕糸・屑糸・麻糸・絹糸・綿糸・銀糸・練糸・製糸・縫糸・繭糸・繰糸・人造絹糸

糸0【糸】〔6〕ベキ 漢 入 錫 mì ミー J 2769 補 U 7CF8
意味 ①きいと。細い絹糸。②かすか。③ごくわずかな量。

糸1【系】〔7〕学6 ケイ ケイ 漢 去 霽 xì シー、jì チー J 2347 補 U 7CFB
筆順 一 ㇇ 幺 玄 系 系 系
意味 ①〈か・ける(―・く)〉つなぐ。つながる。②つぐ。続く。③糸すじ。④ちすじ。血統。「系族」「系孫」⑤現(大学の)学部。⑥現…である。＝係
解字  形声。糸が形を表し、丿が音を示す。丿には、引っぱる意味がある。系は、糸を引っかけること、細い糸をつなぐことである。もっと古い形では、爪と絲とを合わせた形で、二本の糸を手でつなぐことを表す。音ケイは、丿の音エイの変化。
名前 いと・つぎ・つら・とし
参考 系は「係」(九一ジ・下)・「繋」(九八五ジ・中)の中国新字体としても使う。
【系図(圖)】祖先からの血すじをしるしたもの。系譜。
【系族】血すじの一族。
【系孫】血すじをひいた子孫。
【系統】一 ①順序正しくつづき、統一があること。②順序正しいすじ道。③家すじ。血すじ。二 xìtǒng 現 ①システム。②系列。関連部門。
【系譜】系図。譜は、順序を正しく書きしるしたもの。
【系列】順序だてて全体をつなげた並べ方。
◆体系・父系・母系・男系・直系・傍系

糸1【糺】〔7〕同→糾(九五四ジ・下)

糸2【糾】〔8〕旧→糾(九五四ジ・下)

糸3【紆】〔9〕ウ 漢 平 虞 yū ユイ J 6894 補 U 7D06
意味 ①まがる。うねる。「紆行」「紆曲」②まげる。屈する。③めぐる。まわる。④からまりつく。まつわる。まとう。「紆纏」⑤気がふさぐ。「紆鬱」

【紆縈】ぐるぐるとまつわり巡る。紆繞。

【紆回】遠まわりをする。まわり道をする。＝迂回
【紆徐】①ゆっくり行くさま。②たれさがっているさま。

【紆軫】①気がはれずに悲しみ憂えるさま。②地形が屈曲しているさま。

【紆盤】山路などの、曲がりめぐるさま。

【紆余(餘)】①まがりくねる。②才能があり、ゆったりとしているさま。③文章がのびのびとしているさま。【――曲折】①くねくねと、うねりまがること。②事情が複雑で、いろいろに変化すること。


糸3【紈】〔9〕カン(クヮン) 漢 平 寒 ガン(グヮン) 慣 wán ワン J ①8990 補 5145 U 7D08

竹米糸缶网(罒・⺳)羊(⺶)羽(羽)老(耂)而耒(耒)耳
6画
聿肉(月)臣自至臼(臼)舌舛(舛)舟艮色艸(艹・艹)虍虫血行衣(衤)襾(西)

➡竹米糸缶网(罒・⺳)羊(⺶)羽(羽)老(耂)而耒(耒)耳 **6画** 聿肉(月)臣自至臼(臼)舌舛(舛)舟艮色艸(艹・艹)虍虫血行衣(衤)襾(西)

【紈綺】(がんき(ぐわんき)) 意味 細く、つやのある白絹。①白絹とあや絹。貴族の服装。綺紈。②貴族の子女。

【紈袴】(がんこ(ぐわんこ)) ①白いねり絹でつくったはかま。②貴族の子」「弟。紈袴子。

【紈扇】(がんせん(ぐわんせん)) 白いねり絹でつくったうちわ。

【紈素】(がんそ(ぐわんそ)) 白いねり絹。

糸 3 **【紀】** 〔9〕 学 5 キ | キ 漢 呉 jì チー 上 紙 J 2110 補 U 7D00

筆順 く 幺 幺 糸 糸 糸 紀 紀 紀

意味 ①糸すじを分ける。いとぐちを区別する。②いとぐち。糸の先。転じて、物事の初め。「紀緒」③みち。人の道。きまり。法則。「紀綱」④〈おさ・める(をさ・む)〉すじ道を立てる。⑤〈のり〉きそく。⑥〈しる・す〉順序だてて書く。‖記「紀載」「紀識」⑦歴史記述の一つの体裁。帝王の事跡を書いたもの。「本紀」⑧十二年。⑨とし。年数。⑩極まる。終わる。⑪国名。山東省寿光市にあった。⑫姓。音 jì チー。国「日本書紀」の略。「記紀」

解字 形声。糸が形を表し、己が音を示す。己には、きちんと立つという意味がある。紀は、もつれた糸を整理して、いとぐちを見つけることで、すじみちの意味になる。

名前 おさ・かず・こと・すみ・ただ・つな・とし・のり・もと・おさむ・かなめ・ただし

姓 紀辛(きのから) 地名 紀伊(きい)

【紀記】(きき) 国「日本書紀」と「古事記」との併称。‖記紀

【紀極】(ききょく) 終わり。

【紀元】(きげん) ①建国の最初の年。②一国の経過した年数を数えるもとになる年。【——節(節)】(きげんせつ) 国もと、神武天皇の即位の日を記念して祝った祭日。二月十一日。現在は、「建国記念の日」として、国民の祝日の一つ。

【紀行】(きこう(かう)) 旅行中のことをしるしたもの。紀行文。

【紀綱】(きこう(かう)) ①細いつな(紀)と、太いつな(綱)。転じて、国家の制度。紀律。綱紀。②おさめる。とりしまる。

【紀載】(きさい) 書物に書きのせる。‖記載

【紀事】(きじ) 事実をありのままに書きしるす。また、その文体。記事文。【——本末体(體)】(きじほんまつたい) 大事件の本末(事の起こりと結果)を中心として書き、年代にとらわれない歴史記述の一体裁。↕編年体・紀伝体

【紀伝(傳)体(體)】(きでんたい) 人物の伝記を中心にした歴史記述の一つの体裁。本紀(天子のことをしるす)と列伝(臣下のことをしるす)とを合わせていったもの。↕編年体・紀事本末体

【紀伝(傳)道】(きでんどう(だう)) 国平安時代の大学における学科の一つ。史書・詩文を研究する科。

【紀年】(きねん) ①年齢。②ある一つの紀元をもとにして数えた年数。③干支によって年をしるすこと。

【紀念】(きねん) 一 ↓「記念」(一一四七ページ・中) 二 jìniàn チーニエン 現 一に同じ。

【紀貫之】(きのつらゆき) 人名。平安前期の歌人。古今集の撰者となり、仮名序や「土佐日記」を書いた。三十六歌仙の一人。(？～九四五)

【紀徳民】(きのとくみん) ↓「細井平洲」(九六三ページ・上)

【紀淑望】(きのよしもち) 人名。平安時代の学者。紀長谷雄の子。「古今集」の、漢文の序を作る。(？～九一九)

【紀要】(きよう(えう)) ①要点を書きしるしたもの。②学術論文などをまとめて一冊とし、つぎつぎに刊行する物。

【紀律】(きりつ) 一 ①規則。のり。おきて。②順序。二 jìlǜ チーリュイ 現 規律。

【紀略】(きりゃく) 綱目に従って天下のできごとを書いた書物。「日本紀略」

【紀録(錄)】(チールー) jìlù 現 記録。

◆世紀・西紀・芳紀・風紀・綱紀

糸 3 **【級】** 〔9〕 学 3 キュウ J 2173 補 U 7D1A

旧字 糸 4 **【級】** 〔10〕 キュウ 漢 呉 (キフ) jí チー 入 緝 J — 補 — U —

筆順 く 幺 幺 糸 糸 糸 紗 紛 級

意味 ①糸の品質の順序。②〈しな〉くらい。等級。順序。「級差」③階段。④うち取った首。秦のとき、うちとった敵の首の数によって位が上がったことによる。「首級」⑤現 学年。国 学級。クラス。

解字 形声。糸が形を表し、及が音を示す。及には、追いつくという意味がある。級は、糸をつぎつぎと足していくことで、順序の意味になる。

【級数(數)】(きゅうすう(きふ)) 数 一定のきまりに従って増減する数を順に並べた数の列。また、その和。「等差級数」「等比級数」

◆同級・低級・高級・初級・昇級・学級・進級・等級・階級・中産階級

糸 3 **【糾】** 〔9〕 常 キュウ J 2174 補 U 7CFE

旧字 糸 2 **【糺】** 〔8〕 キュウ 漢 (キウ) jiū チウ 上 有 J — 補 — U —

糸 1 **【糺】** 〔7〕 同字 J 6893 補 U 7CFA

筆順 く 幺 幺 糸 糸 糸 糸 糾 糾

意味 ①よりあわせたなわ。②〈あざな・う(——・ふ)〉なわをよりあわす。③集め合わせる。「糾糾」「糾結」④まつわる。からみつく。⑤〈ただ・す〉罪をしらべる。誤りをただす。「糾正」

解字 形声。糸が形を表し、丩が音を示す。丩には、からみあうという意味がある。糾は、糸をより合わせること。

名前 ただ・ただし

参考 新表記では、「糺」の書きかえに用いる。

【糾按】(きゅうあん(きう)) 道理をたしかめしらべる。

【糾案】(きゅうあん(きう)) 事実をただし調べる。

【糾合】(きゅうごう(きうがふ)) 集め合わせる。よせ集める。

【糾察】(きゅうさつ(きう)) 罪を取り調べて明らかにする。糾明。

【糾正】(きゅうせい(きう)) 一 調べて正しくする。二 jiūzhèng チウチョン 現 一に同じ。

【糾奏】(きゅうそう(きう)) 役人の罪を問いただし、天子に申し上げる。

【糾弾(彈)】(きゅうだん(きう)) 罪をきびしく取り調べ、これをあばく。‖糺弾

【糾黜】(きゅうちゅつ(きう)) 罪を問いただし、その人物をしりぞける。

【糾繆】(きゅうびゅう(きうびう)) あやまちをただし改める。

【糾紛】(きゅうふん(きう)) ①入り乱れ、もつれる。②山などが重なりあうさま。

【糾纆】(きゅうぼく(きう)) ①なわ。縄。②なわのようによりあわせる。

【糾明】(きゅうめい(きう)) 道理を問いただして明らかにする。犯罪の様子をしらべて明らかにする。糾察。‖糺明

【糾問】(きゅうもん(きう)) 罪を取り調べたずねる。

【糾戮】(きゅうりく(きう)) 罪を取り調べて殺す。

『糾縵縵兮』(きゅうまんまんたり(きう)) 雲が集まりたなびく。教育がよくゆきわたるさま。〈十八史略・五帝〉

糸 3 **【紅】** 〔9〕 学 6 コウ・ク べに・くれない J 2540 補 U 7D05

一 コウ 漢 グ 呉 ク 慣 | 一 平 東 hóng ホン

二 コウ 漢 | 二 平 東 gōng コン

筆順 く 幺 幺 糸 糸 紅 紅 紅

意味 **一** ①〈くれない(くれなゐ)〉㋐うす赤色の絹布。㋑あざやかな赤色。べに色。「紅白」②赤色の花。③〈あか・い(―し)〉赤い。赤くなる。④〈べに〉べに花から作った赤い顔料。化粧に用いる。また、美人を指す。⑤おめでたい事。婚礼などを指す。「紅白事」 **二** ①女性の仕事。機織り、裁縫などを指す。②喪に服す期間。＝工 ＝功

解字  形声。糸が形を表し、工こうが音を示す。工には、重く濁にごった気持ちを含む。紅は、赤と白のまじった間色の布である。

名前 いろ・くれ・もみ 姓 紅林くればやし・紅松くれまつ

難読 紅葉もみじ(付表)／紅娘てんとうむし・紅型びんがた・紅殻ベンガラ・紅絹もみ・紅裏もみうら

【紅蓮(蓮)】ぐれん ①赤い色の蓮はすの花。②盛んにもえるほのおのたとえ。③㊔ひどい寒さのため、皮膚がやぶれて紅蓮のように赤くなるという地獄。紅蓮地獄。

【紅夷】こうい オランダ人。毛髪の赤い異国人の意。「紅毛人」

【紅衣】こうい ①赤い衣。女性の美しい衣服。②蓮はすの花びら。

【紅一点(點)】こういってん ①一面の青葉の中に咲く一輪の赤い花。②多くの男性の中にいる、ただ一人の女性。③多くのつまらないものの中にある、ただ一つのすぐれたもの。

【紅雨】こうう ①花にふりそそぐ雨。②赤い花が雨の降るように散るさま。

【紅雲】こううん ①くれないの雲。②紅の花が一面に咲き乱れているさま。

【紅怨】こうえん(ゑん) 美人のうらみ。夫のいない悲しみ。

【紅簷】こうえん 赤く塗った軒先。

【紅於】こうお 楓かえでの別名。杜牧とぼくの詩句「霜葉紅於二月花」(紅葉は春の花より美しい。)から出た語。

【紅霞】こうか 夕やけ。

【紅顔】こうがん ①若々しい、元気な顔。少年。「寄言全盛紅顔子」(今を盛りの若者に一言する。)〈劉廷芝りゅうていしの詩・代悲白頭翁〉②つやつやした美しい顔。美人の顔。

【紅教】こうきょう(けう) チベット・蒙古もうこに行われた喇嘛ラマ教の旧派。⇔黄教

【紅頰】こうきょう(けふ) 赤いほお。

【紅玉】こうぎょく ①赤い玉。②赤い宝石の名。ルビー。③りんごの一種。④美人の顔色の美しいのをいう。

【紅巾賊】こうきんのぞく 元げん代の末に、江淮こうわい地方に起こった盗賊の団体。紅色の布を目印にした。

【紅裙】こうくん ①赤色のもすそ。②芸妓・遊女などにいう。

【紅霓】こうげい にじ。赤いにじ。

【紅絹】こうけん もみ 赤い色の無地の絹布。

【紅桟(棧)】こうさん 紅色のかけはし。朱桟。

【紅脂】こうし ①べにと、あぶら。②女性の化粧。③美人。

【紅紫】こうし ①紅と紫。②色とりどりの花の色。

【紅日】こうじつ まっかに輝く太陽。

【紅樹】こうじゅ 紅葉した木。

【紅十字会(會)】こうじゅうじかい(じふじくわい) 中国の赤十字社。

【紅粧】こうしょう(しやう) 女性の化粧したようす。また、美しい女性。紅妝こうそう。「何用屑屑悲紅粧」(どうしてこせこせと美人との別れを悲しむ必要があろうか。)〈曽鞏そうきょうの詩・虞美人草ぐびじんそう〉

【紅綃】こうしょう(せう) まっかなうす絹。「半匹紅綃一丈綾」(半匹は、たんもの一匹(四丈)の半分。綾は、もようのある絹。)〈白居易はくきょいの詩・売炭翁ばいたんおう〉

【紅唇】こうしん べにをつけた美人のくちびる。＝紅脣

【紅塵】こうじん(ぢん) ①土けむり。にぎやかな町のちりほこり。②うき世のわずらわしいできごと。

【紅雪】こうせつ ①桃の花。②とび散る血の形容。

【紅箋】こうせん 詩などを書きつける、べに色の用紙。

【紅妝】こうそう(さう) 女性の化粧したようす。また、美しい女性。紅粧。「当戸理紅妝」(入り口に立って身づくろいをする。)〈楽府がふ詩集・木蘭詩もくらんのし〉

【紅黛(黛)】こうたい ①べにと、まゆずみ。②化粧。

【紅茶】 **一** こうちゃ 茶の葉を発酵させてほした茶。ブラックティー。⇔緑茶 **二** ホンチャー hóngchá 現 **一** に同じ。

【紅潮】こうちょう(てう) ①太陽にはえ、赤く見える海。②顔を赤くほてらすこと。③月経。

【紅灯(燈)】こうとう ①赤いともしび。「紅灯緑酒」②国赤い提灯ちょうちん。「紅灯の巷ちまた」(花柳界)

【紅豆】こうとう とうあずき。想思子。広東カントン地方に生ずる植物。

【紅杜鵑】こうとけん 植物の名。べにつつじ。杜鵑ほととぎすの鳴くころに花がさく。

【紅暾】こうとん 紅旭こうきょく。赤い朝日。

【紅粉】こうふん ①べにと、おしろい。②美人をいう。

【紅明】こうめい 赤い花。

【紅毛】こうもう ①西洋人の赤い毛。②オランダ人。③西洋人。

【――人】こうもうじん ①オランダ人。②西洋人。

【紅薬(藥)】こうやく 芍薬しゃくやくの別名。

【紅友】こうゆう(いう) 酒の別名。

【紅葉】こうよう(えふ) もみじ ①秋、草木の葉が紅色になること。また、その葉。②木の名。もみじ。かえで。

【紅榴】こうりゅう(りう) 赤いざくろ。また、その花。

【紅涙】こうるい ①血の涙。悲しみなげきのあまりに流す涙。②美人の流す涙。

【紅楼(樓)】こうろう ①朱塗りのたかどの。②金持ちの女のりっぱな家。③女子のすまい。④妓楼ぎろう。遊女屋。

【――夢】こうろうむ 書名。曹雪芹そうせっきんの作。上流二家庭の盛衰を描いた清しん代の代表的な長編小説。

【紅蠟】こうろう(らふ) 赤い色のろうそく。

【紅殻】べにがら 国ベンガラ。黄赤色の顔料。

【紅幇】ホンパン 清しん代に、長江流域に起こった秘密結社。青幇チンパンから分かれ、もっぱら賭博とばく・強盗を業とした。

【紅旗】ホンチー hóngqí 現赤旗。

【紅闌干】こうらんかん 涙が化粧した顔をはらはらと流れる。〈白居易はくきょいの詩・琵琶行びわこう〉

◆深紅しんく・真紅しんく・千紫万紅せんしばんこう

糸3【紇】[9] コツ 漢 入 月 hé ホー J①8989 補5147 U7D07

意味 ①質の悪い糸。②たばねる。③人名。叔梁紇しゅくりょうこつは、孔子の父。④回紇ウイグルは、中国西北の民族の名。

糸3【紃】[9] シュン 漢 平 真 ジュン 慣 xún シュン J②8409 補5143 U7D03

意味 ①うちひも。丸く組んだひも。②のり。法則。＝訓 ③したがう。＝循しゅん

【紃察】じゅんさつ そのものについて、細かに調べる。

糸3【紉】[9] ジン 漢 平 真 rèn レン J②8410 補5146 U7D09

意味 ①なわ。②なわをなう。よりあわせる。③ぬう。つづる。また、針に糸をとおす。④むすぶ。たばねる。⑤しなやか。⑥マッサージする。

糸3【紂】[9] チュウ(チウ) 漢 上 有 zhòu チョウ J6901 補 U7D02

意味 ①しりがい。馬のしりにかけ、馬車とつないで安定させるひも。②殷いんの最後の王の名。夏かの桀けつとあわせて暴虐無道の天子の例にひかれる。受じゅとも書く。帝辛ていしん。「桀紂けっちゅう」

←竹米糸缶网(罒・罓)羊(⺶)羽(羽)老(耂)而耒(耒)耳
6画
聿肉(月)臣自至臼(臼)舌舛(舛)舟艮色艸(艹・艹)虍虫血行衣(衤)襾(西)

竹米糸缶网(罒・⺲)羊(⺷)羽(羽)老(耂)而耒(耒)耳 **6画** 聿肉(月)臣自至臼(臼)舌舛(舛)舟艮色艸(艹・艹)虍虫血行衣(衤)襾(西)

糸3【紃】〔9〕 チン 漢 ㊤ 軫 zhěn チェン U補J 42B6 — —

意味 牛の鼻につけるつな。＝紖

糸3【約】〔9〕 学4 ヤク U補J 7D04 — 4483

㊀ヤク 漢呉 ㊀入 薬 yuē ユエ

旧字 糸3【約】〔9〕 ㊁ヤク 漢呉 ㊁去 嘯 yào ヤオ U補J — — —

筆順 く 幺 幺 糹 糸 糸 約 約

意味 ㊀①たばねる。あわせる。②制約する。くくる。③ちかう。約束する。④ちかい。約束。「誓約」⑤〈つづ・める（――・む）〉省く。縮める。⑥〈つづまやか〉ひかえめ。「節約」⑦くるしみ。貧窮。⑧規定する。束縛する。⑨おおよそ。ほぼ。「約略」「大約」⑩ととのえる。そなえる。「約レ車」⑪さえぎる。とどめる。⑫誘う。招く。㊁要点。かぎ。

解字  形声。糸が形を表し、勺が音を示す。勺には、しばる、むすぶという意味を含む。約は、糸でしめくくることで、まとめる意味になる。音ヤクは、勺の音シャクの変化。

名前 なり

【約客】約束してあった客。
【約結】①約束する。②心がはればれしない。
【約倹(儉)】物事をひかえめにする。つづまやか。倹約。
【約言】簡単にまとめて言う。
【約章】条約。国際間のとりきめの法文。
【約定】約束してとりきめる。
【約数(數)】数 aの数がbの数で割りきれるとき、bをaの約数という。↔倍数
【約束】①誓う。とりきめる。とりきめ。②たばねくくる。
【約諾】うけあう。約束して承知する。
【約分】数 分数の分母と分子を公約数で割る。
【約盟】ちかいを結ぶ。また、ちかい。盟約。
【約物】印刷用語。文字・数字以外の記号活字。句読点・「括弧」など。
【約款】①取りきめ。②約束の箇条。
【約礼(禮)】礼をもって身をしめくくる。〈論語・雍也〉
【約会(會)】yuēhuì 現 人と会う約束をする。デート(する)。
【処(處)レ約】苦しい生活状態にある。貧しい生活をしている。〈論語・里仁〉
【負レ約】約束にそむく。

◆口約・大約・公約・予約・旧約・先約・条約・売約・制約・協約・要約・契約・倹約・集約・規約・婚約・盟約・違約・節約・誓約・簡約

糸3【紂】〔9〕 同→緇(九七二ページ・下)

糸4【紖】〔10〕 イン 漢 ㊤ 軫 zhèn チェン U補J 7D16 5151 —

意味 ①牛の鼻につけるつな。②つな。

糸4【紜】〔10〕 ウン 漢 ㊥ 文 yún ユン U補J 7D1C — 6902

意味 ①みだれる。②紜紜は、物事がいり乱れるさま。

糸4【紟】〔10〕 ㊀キン 漢 ㊀去 沁 jìn チン ㊁ケン 漢 ㊁平 塩 jīn チン U補J 7D1F — —

意味 ㊀ひとえのかけぶとん。㊁①帯。②布の名。

糸4【紒】〔10〕 ㊀ケイ 漢 ㊀去 霽 jì チー ㊁ケツ 漢 ケチ 呉 ㊁入 屑 jié チエ ㊂カイ 漢 ㊂去 卦 jiè チエ U補J 7D12 5149 ②8412

意味 ㊀①髪を結ぶ。②かしこくない。さとくない。㊁ひもでむすぶ。㊂紫色のひも。

糸4【紘】〔10〕 人 コウ 漢 ㊥平 庚 (クヮウ) hóng ホン U補J 7D18 — 2541

糸5【紭】〔11〕 同字 U補J 7D2D 5157 —

糸7【綋】〔13〕 同字 U補J 7D8B 5188 ①9007

意味 ①冠のひも。②太いつな。③つなぐ。④あみ。あみのつな。⑤広い。＝宏

解字  形声。糸が形を表し、厷が音を示す。厷は、ひじのことで、広いとか、弓なりという意味を持つ。紘は、あごの下をぐるっと回し、かんざしで止めるひもで、あごの下で結ばないもの。

名前 ひも・ひろ・ひろし

糸4【紗】〔10〕 人 サ 漢 シャ 呉 ㊥平 麻 shā シャー U補J 7D17 — 2851

意味 ①うすぎぬ。軽くて薄い織物。「軽紗」②もめんの糸。

解字 形声。糸が形を表し、少は沙の略で、音を示す。沙には、かすかという意味を含む。紗は、軽い織物。

【紗帷】うすぎぬのカーテン。幕。＝紗幃
【紗巾】うすぎぬで作ったずきん。
【紗縠】うすい絹物やちりめん。高価な衣服。
【紗障】うすぎぬばりのふすま。
【紗窓】うすぎぬをはった窓。＝紗窗・紗牕
【紗綾】国 さあやの略。ひし垣・いなずまなどの模様を表した絹織物。
【紗籠】うすぎぬばりの灯籠。

糸4【索】〔10〕 常 サク サク 漢呉 ㊀入 薬 suǒ スオ U補J 7D22 — 2687

筆順 一 十 … 索

意味 ①なわ。つな。②なわをなう。③〈もと・める（――・む）〉㋐さがす。「索求」㋑取る。㋒嫁をもらう。④さびしいさま。「索居」⑤つきる。つくす。なくなる。⑥散る。離れる。⑦涙が流れるさま。「索然」⑧長さの単位。(→付録「度量衡名称」)

解字  会意。𠂉と糸を合わせた字。𠂉は、草の茎がからんでいる形。索は、糸をなって、なわにすること。

【索引】①さがし出す。②書物中の語句・内容をさがし出すために、それらの見出しを一定の順序に従ってならべたもの。インデックス。
【索隠(隱)】①書名。「史記索隠」の略。唐の司馬貞の著。②かくれた事実をさがしもとめる。
【索具】つな。なわ。物をひっぱったり、つないだりする道具。
【索索】①心の落ち着かないさま。②風の音や、羽音。③尽きるさま。
【索爾】あじけない。つまらない。索然。
【索然】①涙の流れおちるさま。②なくなり尽きたさま。③興味がなくなるさま。④ちらばってなくなるさま。
【索敵】敵をさがしもとめる。「索敵機」
【索莫】①「索漠」に同じ。②希望がとげられないでがっかりしたさま。
【索漠】ものさびしいさま。＝索莫
【索麪】小麦粉を水と塩でこね、油を加えてのばし、索のように細く切り、干した食品。
【索虜】髪を編んでいる北方の異民族。南北朝時代、南朝から、北魏をあざけって呼んだことば。
【索居】ひとりさびしく生活するさま。

◆思索・捜索・探索・模索・暗中模索

糸4【紙】〔10〕学2　シ　かみ　シ 漢 具　上 紙　zhǐ チー　J 2770　補 ―　U 7D19

筆順　ㄑ　幺　幺　糸　糸　紅　紅　紙

巾4【帋】〔7〕同字　J 5467　補 ―　U 5E0B

意味 ①〈かみ〉楮・麻などの繊維をさらして作る。前漢以来の製法を、後漢の蔡倫が改良し完成した。後世、蔡倫を紙の発明者と称する。②枚数を表す語。

解字 形声。糸が形を表し、氏が音を示す。氏には、平らという意味がある。紙は、やわらかい糸を水中で打って、平らにしたもの、かみをいう。

難読 紙鳶・紙衣・紙縒・紙魚・紙凧

参考 かみが発明される前、紙字は、まわた、また、絹糸を原料とした布を指す。

【紙入】国①紙幣を入れておくもの。さいふ。②外出のとき、鼻紙・楊子などを入れてもち歩く用具。

【紙子】国厚い和紙に渋をぬり、もみやわらげて作った着物。紙衣。

【紙衣】一 死者に着せる紙製の衣服。二 国「紙子」に同じ。

【紙鳶】竹の上に紙をはり、それに糸をつけて空中に揚げる「玩具。たこ。

【紙魚】書物や布地を食いあらす銀白色の小虫。しみ。しみむし。きららむし。

【紙型】①活字の組版の上に特殊の厚紙を押しあて、凹版の鋳型にしたもの。②紙で作った型。

【紙肆】紙を売る店。紙屋。

【紙燭】国①こよりに油をぬって火をともすもの。②細くけずった松の木の先をこがし、油をしみこませて火をつけるともしび。

【紙銭(錢)】祭りあるいは葬式のとき、神霊に供えるために用いる銭型の紙。六道銭。紙幣。

【紙帳】①紙のうら。②書かれていないが、文章の底にひそんでいる意味。内容。「眼光徹二紙背一」

【紙背】①紙製の防寒用のかや。②紙のカーテン。

【紙筆】①かみと、ふで。②勉強道具。

【紙幅】①紙のはば。②書物などを書くとき、定められた原稿の分量。

【紙幣】①紙の貨幣。さつ。②ぬさ。神に供えるもの。紙銭。

【紙墨】紙と墨。転じて、墨で書いたもの。文書。「紙墨遂多、辞無二詮次一」(紙や墨は多く使ったが、詩の文句に脈絡がない。)〈陶潜・飲酒の序〉

【紙本】紙に書いた、書や絵。↕絹本

【紙面】①紙のおもて。紙上。②新聞紙で記事をのせるところ。③手紙など、書きしるしたもの。

【紙烟】zhǐyān 現まきたばこ。

◆双紙・白紙・台紙・印紙・色紙・別紙・折紙・和紙・表紙・油紙・巻紙・洋紙・型紙・唐紙・原紙・料紙・張紙・渋紙・畳紙・罫紙・懐紙・印画紙・頼信紙・機関紙

糸4【純】〔10〕学6　ジュン　一 シュン 漢 ジュン 呉　一 平 真 chún チュン　二 シュン 漢　二 上 軫 zhǔn チュン　三 トン 漢 呉　三 平 元 tún トゥン　J 2967　補 ―　U 7D14

筆順　ㄑ　幺　幺　糸　糸　紀　紀　純

意味 一 ①絹糸。また、同じ色の絹布。②まじりけがない。「純粋」「純金」③〈もっぱら〉それだけ。専一に。④飾らない。自然のまま。「純樸」⑤あつい。人情がこまやか。⑥やわらぐ。調和する。⑦よい。美しい。⑧すべて。みな。二 ①ふちをかざる。また、ふちかざり。②布のはば。三 ①包む。たばねる。②織物一反を単位として数える語。

解字 形声。糸が形を表し、屯が音を示す。屯には、厚いという意味がある。純は厚い絹織物である。また、屯は美しいことで、純は、まじりけのない生糸であるとか、布のはしに、ずっしり垂れたふちどりであるともいう。

名前 あつ・あや・いと・すみ・つな・とう・よし・あつし・いたる・きよし・すなお・まこと　姓 純

【純一】①まじりけのないこと。②ありのままで、かざりけがない。③まこと。ひとすじ。【――無雑(雑)】まったく、まじりけのないさま。

【純益】正味の利益。総収入からすべての経費をさしひいた残り。純利。

【純化】①まじりけのない純粋なものにする。にごっているものを、きれいなものにする。②複雑なものを単純なものにする。

【純金】まじりけのない金。

【純血】純粋な血統。同種の雌雄の間に生まれたもの。

【純潔】①けがれたところのないこと。②青少年男女が、一度も異性に接していないこと。「純潔教育」

【純乎】まじりけのないさま。純然。

【純孝】まごころをこめて両親に仕えること。

【純厚】たいそう、手厚い。

【純儒】純粋の儒学者。純粋な学者。

【純如】おだやかなさま。ゆったりしたさま。

【純情】①すなおで清らかな心。②まじりけのない、清らかな愛情。

【純真(眞)】①かざりけがなく、自然のまま。②世俗にそまらず、けがれない。【――無垢】心に飾りけがなく、少しのけがれもないこと。不純な気持ちや、私欲のないこと。

【純粋(粹)】少しもまじりけのないさま。

【純正】まじりけなく正しい。↕雑駁

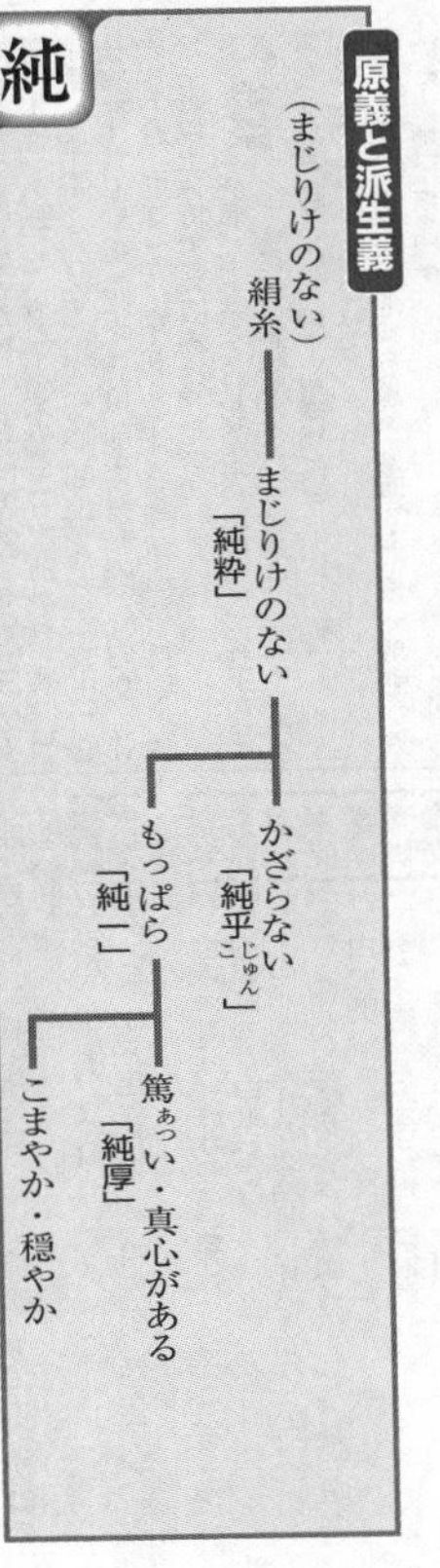

【純忠】じゅんちゅう(ちう) 家来がまごころをもって君主につくすこと。
【純度】じゅんど 純粋さの度あい。
【純篤】じゅんとく 真心があって手厚く親切なこと。
【純白】じゅんぱく まっしろ。
【純美】じゅんび まじりけがなく美しい。すっきりしていて、見た目によい。
【純風】じゅんぷう まごころのこもった、手厚い教化。
【純文学(學)】じゅんぶんがく 広い意味での文学に対して、その中で特に純粋な芸術性を追求する文学。詩・小説など。↕大衆文学・通俗文学
【純朴】じゅんぼく すなおで飾りけがない。＝純樸
【純樸】じゅんぼく ①ありのままで、少しもかざらないさま。＝純朴 ②切ったままで、けずらない木。
【純明】じゅんめい まじめでかしこいこと。「汝之純明、不レ克レ蒙ニ其沢一乎なんじのじゅんめいなる、そのたくをこうむるあたわざらんや」(まじめで賢いおまえが、その余沢を受けられないはずがあろうか。)〈韓愈かんゆ・祭ニ十二郎一文じゅうにろうをまつるぶん〉
【純綿】じゅんめん 化学繊維などの、まじり物の入っていない純粋な木綿の織物。
【純緜】じゅんめん 生糸きいとや、まわた。上等な絹織りの服。
【純毛】じゅんもう 他の繊維をまぜない毛糸や毛織物。
【純吏】じゅんり まじめで、忠実な役人。
【純理】じゅんり 純粋な理論。理論だけでおしすすめること。
【純良】じゅんりょう(りゃう) ①まじりけがなく品質がよい。②まじめで性質がよい。
▽◆不純ふじゅん・単純たんじゅん・清純せいじゅん

糸4【紓】〔10〕 ショ 漢 平 魚 ジョ 慣 shū シュー J①8991 補5150 U7D13

意味 ①〈ゆる・い(――・し)〉ゆるむ。ゆるめる。②〈の・べる(――・ぶ)〉㋐広げる。広がる。㋑述べる。③やわらげる。和解する。

糸4【紝】〔10〕 ジン 漢 去 沁 rèn レン J①8992 補5152 U7D1D

糸6〔絍〕〔12〕 同字 補5166 U7D4D

意味 ①はたいと。機はたにかける糸。②織る。「紝織じんしょく」

糸4【素】〔10〕 学5 ソ・ス ソ 漢 去 遇 ス 呉 sù スー J3339 U7D20

筆順 一 十 𡗗 … 素

意味 ①白絹。染めていない絹。②白い。「素衣」「素光」③きじのまま。飾り気がない。「質素」「素倹」④〈もと〉㋐本質。本性。㋑初め。もと。⑤〈もとより〉前から。⑥つね。平生。「平素」⑦むなしい。ただ。⑧位がない。「素王」⑨仕官せず貧しい。「素士」⑩以前からの願い。⑪旧交。昔のよしみ。⑫まこと。真心。＝愫 ⑬現精進しょうじん料理。⑭理それ以上分析できない物質。元素。

解字  会意。𡗗と糸とを合わせた字。𡗗は垂で、たれ下がること。また、白い意味もあるという。素は、つやつやと垂れ下がっている、白く、きめの細かい絹織物をいう。

名前 しろ・しろし・すなお・はじめ

難読 素人しろうと(付表)／素地きじ・素湯さゆ・素面しらふ・素足すあし・素敵すてき・素的すてき・素麺そうめん・素見ひやかす

【素湯】さゆ 国なにもまぜない湯。白湯さゆ。
【素人】しろうと 国①その道の専門家でない人。②経験の浅い人。③芸者・遊女のように接客を業とする人に対して、一般の女性をいう。↕玄人くろうと
【素姓】すじょう(じゃう) 「素性」(本ページ・下)の[二]に同じ。
【素直】すなお(なほ) 国①飾り気がなく正直。②従順で人にたてつかない。
【素袍】[一] すほう(はう) 国白色の上衣。[二] すおう(あう) 国昔の庶民の服。後世は武家の礼服。
【素焼(燒)】すやき 国一度焼いただけで、うわぐすりをかけない陶器。
【素案】そあん 検討のための素材としてまとめた、大もとになる考え。
【素衣】そい 白い着物。白衣。
【素位】そい(ゐ) 地位に甘んじ、その勤めに全力をつくすこと。
【素意】そい 初めからの志。もとからの望み。
【素因】そいん ことのおこり。
【素烏】そう 白いからす。
【素麺(麵)】そうめん 国索麪さくめん(そうめん)のあて字。↓「索麪」(九五六ページ・下)
【素影】そえい 白い光。白い月光。
【素謁(謁)】そえつ 貧しい人々の語り合い。貧しい人々の交わり。
【素王】そおう(わう) 実際には王の位にはいないが、王としての資格をそなえている人物。孔子や老子をいう。
【素娥】そが ①月の世界の宮殿にすむという仙女せんにょ。②月の別名。嫦娥こうが(じゃうが)。
【素懐(懷)】そかい(くわい) 前々からの願い。素意。
【素官】そかん(くわん) 地位の低い官職。
【素紈】そがん(ぐわん) 白い絹。
【素顔】[一] そがん ①白い顔。②化粧していない顔。③ひげのない顔。[二] すがお(がほ) 国①酒に酔っていない顔。しらふ。②[一]の②に同じ。
【素願】そがん(ぐわん) 平生からの願い。
【素業】そぎょう(げふ) ①平生の仕事。②祖先から伝えられている家業。
【素琴】そきん 白木の琴。飾りのない琴。
【素霓】そげい 白い虹にじ。白虹はっこう。
【素月】そげつ ①白くさえた月。②陰暦八月のこと。
【素見】そけん｜すけん 国ただ見て歩くだけで買わないこと。ひやかし。
【素絹】そけん 白い絹。
【素縑】そけん かたく織った白色の絹。素繒そそう。
【素交】そこう(かう) 平素からのつきあい。旧交。
【素行】そこう(かう) ①平生の行い。②現在の身分に応じて、正しく行う。
【素材】そざい 国①もとになる材料。原料。②芸術作品などを作る材料や題材。
【素餐】そさん 功績も才能もないのに、その位にいて、給料をもらう。「尸位しい素餐」
【素士】そし 無位無官の士。
【素糸(絲)】そし 白い糸。白い絹のひも。
【素志】そし 前からの志。初めからの希望。宿志。素意。
【素質】そしつ ①生まれつきの性質・たち。②将来のびるべき性質。
【素車白馬】そしゃはくば 白木の車を白馬に引かせること。葬式や敵に降参するときなどに用いる。
【素手】[一] そしゅ 白く美しい手。女の手の形容。「纖纖擢ニ素手一せんせんとしてそしゅをあぐ」〈文選もんぜん・古詩十九首〉[二] すで 国手に何も持っていないこと。
【素秋】そしゅう(しう) しらじらとしたさびしい秋。素は白、五行ごぎょう思想で、秋は白に配することによる。白秋。
【素習】そしゅう(しふ) 平生のならわし。
【素書】そしょ 手紙。昔は、絹に書いたので、素(絹の意)という。
【素食】[一] そしょく ①仕事をせずに俸給をもらう。②肉を食べずに、野菜だけを常食とする。[二] そし ふだんの食べ物。
【素心】そしん 飾り気がなく正直な心。
【素数(數)】そすう 数 一と、それ自身以外では割りきれない正の整数。
【素性】[一] そせい 生まれつき。性質。[二] すじょう(じゃう) ①家がら。血すじ。②そだち。③生まれつき。

【素髯】そぜん 白いほおひげ。髯は頰ほおひげ。
【素像】そぞう（ざう） 彩色をほどこさない像。
【素族】そぞく 身分の低い家がら。
【素湍淥潭】そたんりょくたん 白い急流と、清らかなふち。白波の立つ早瀬や、澄んだよどみ。〈酈道元れきどうげん・水経すいけい注〉
【素地】そち｜そじ（ぢ） ①きじ。もとのままのもの。②土台。基礎。
【素読（讀）】そどく｜すよみ 意味・内容を考えずに、ただその文章を読むこと。
【素波】そは しらなみ。白波。
【素髪】そはつ 白髪。しらが。
【素描】そびょう（べう） 黒などの一色だけで描いた絵。すがき。デッサン。
【素服】そふく 白い着物。不吉なときに用いる。
【素封】そほう 領地や位は持たないが、大名と並ぶ大金持ちのこと。財産家。素封家。〈史記・貨殖列伝〉
【素木】そぼく けずったままで、ぬったり飾ったりしてない木。白木。
【素朴】そぼく 飾り気のないこと。＝素樸
【素本】そほん｜すほん ①返り点・送りがなのついてない漢文の本。②訓点・注釈などのない書物。
【素面】㊀そめん ①白い顔。②すがお。化粧していない顔。㊁すめん 国①剣道で面をかぶらないこと。②しらふ。酒に酔わないときの顔。
【素問】そもん 中国最古の医書。作者不明。漢以前の作といわれる。黄帝素問。
【素養】そよう（やう） ①つね日ごろの修養。②その人のもっている素質と教養。平素から身につけている学問や知識。
【素粒子】そりゅうし 理原子を構成する、物質の最小の単位。陽子・中性子・電子・中間子など。
【素練】それん 白い練り絹。
◆元素げんそ・平素へいそ・色素しきそ・毒素どくそ・要素ようそ・倹素けんそ・酵素こうそ・酸素さんそ・質素しっそ・簡素かんそ

糸4 【紞】〔10〕 タン 漢 上 感 dǎn タン　J ②8413 補 5153 U 7D1E

意味 ①冠の両側に耳ふさぎの玉をつけるひも。②かけぶとんの襟につける、組ひもの飾り。③太鼓をうつ音。「紞紞たんたん」

糸4 【紐】〔10〕 標 ジュウ(ヂウ) 漢 上 有 入 チュウ(チウ) 慣 niǔ ニウ　J 4119 補 — U 7D10

意味 ①〈ひも〉②むすぶ。ゆわえる。③もとづく。④印章のひも。
地名 紐育ニューヨーク
【紐釦】ちゅう（ちう）こう ①ボタン。②ちょうつがい。
◆付紐つけひも・細紐ほそひも・結紐けっちゅう｜むすびひも・腰紐こしひも

糸4 【紏】〔10〕 トウ 漢 上 有 ツ 呉 tǒu トウ　J 5147 補 — U 7D0F

意味 黄色い絹。

糸4 【納】〔10〕 学 6 ノウ・ナッ・ナ・ナン・トウ おさめる・おさまる　J 3928 補 — U 7D0D

旧字 糸4 【納】〔10〕 ドウ(ダフ) 漢 ノウ(ナフ) 呉 入 合 ナ・ナッ・ナン 慣 トウ(タフ) 慣 nà ナー　J — 補 — U —

筆順 く 幺 幺 糸 糸 糸 糸冂 納 納

意味 ①糸がしめっているさま。「納納のうのう」②〈おさ・める（をさ・む）〉㋐しまう。しまいこむ。「収納しゅうのう」㋑官にさし出す。「納税」㋒さしあげる。たてまつる。③〈い・れる（―・る）〉㋐中に入れる。ひき入れる。㋑受け入れる。取り入れる。「受納じゅのう」㋒身につける。くつをはく。㋓嫁をもらう。
国①〈おさ・める（をさ・む）〉終わりにする。②〈おさま・る（をさま・る）〉物事がかたづく。

解字 納 形声。糸が形を表し、内ないが音を示す。内には、ぬれる気持ちを含む。納は、糸がぬれること。また、内は、入れるという意味があるから、納は、織物をしまいこむ意味になるともいう。

名前 とも・のり　姓 納戸なんど
地名 納沙布のさっぷ

【納殿】おさめどの 国宮中で宝物などを納めておく所。

【納蘇利】なそり 国雅楽ががくの名。高麗こま楽の一つ。二人で舞う。

【納所】なっしょ 国寺内の事務室。また、その事務にあたる下級の僧。

【納豆】なっとう 国大豆だいずを煮て、これに納豆菌を繁殖させ、ねばりけを出させた食品。なっと。

【納得】なっとく 国①理解する。②事の事情を承知する。

【納屋】なや 国物置小屋。

【納戸】なんど 国①物をしまっておくへや。②金銭を出し入れする役。納戸役。③灰色がかったあい色。納戸色。

【納衣】のうえ（なふ） ①木綿の質素な衣服。②仏そまつな布を集めて作った僧衣。また、それを着た僧。

【納会（會）】のうかい（なふくわい） 国①おさめの会。総ざらいの会。②取引所で、その月最後の立ち会い。「大納会」

【納吉】のうきつ（なふ） 周代、結婚の六礼の一つ。嫁にむかえる女子の可否をうらない、吉の結果をもって女子の家に報告すること。

【納経（經）】のうきょう（なふきゃう） ①寺に参詣さんけいして、経を読む。②死者の霊を慰めるため、経文を写して寺に納めること。

【納金】のうきん（なふ） 金銭を納める。また、その金。

【納言】㊀のうげん（なふ） 中国太古の官名。㊁なごん 国太政官だいじょうかんの官制で、大・中・少の各納言があった。ものもうすつかさ。

【納貢】のうこう（なふ） 地方から、その地の産物などを朝廷に納める。

【納骨】のうこつ（なふ） 死者の骨を寺や墓に納める。「納骨堂」

【納采（釆）】のうさい（なふ） 結納ゆいのう。婚約が成立したときに贈り物をとり交わすこと。納幣。わが国では、現在皇室の場合にいう。「納采の儀」

【納日】のうじつ（なふ） 夕日。

【納受】のうじゅ（なふ） 受け納める。受納。

【納税】のうぜい（なふ） 国税金を納める。「納税義務」

【納納】のうのう（なふなふ） ①あらゆる物を包みこむ。②しっとりと湿るさま。

【納杯】のうはい（なふ） 国おさめの杯。これを飲んで酒宴を終える。

【納付】のうふ（なふ） 税金などを納め入れること。納入。

【納幣】のうへい（なふ） ①神前に供え物をささげる。また、その供え物。②「納采のうさい」に同じ。

【納本】のうほん（なふ） 国①旧出版法で、出版物を見本として一定の官庁に納めたこと。また、その図書。②国立国会図書館法で、文化財の蓄積およびその利用に資するために、出版物を国会図書館に納めること。また、その出版物。③本屋が注文された書物をその人にとどけること。

【納履】のうり（なふ） はきものをはく。

【納涼】のうりょう（なふりゃう） 真夏の暑さをさけて、涼しい所ですずむ。すずみ。「納涼船」
◆未納みのう・出納すいとう・奉納ほうのう・帰納きのう・笑納しょうのう・結納ゆいのう・滞納たいのう

糸4 【紦】〔10〕 ハ　J 5155 補 — U 7D26

意味 絹布の一種。

糸4 【紕】〔10〕 ㊀ヒ 漢 ㊀平 支 pí ピー ㊁ヒ 漢 ㊁平 支 pī ピー　J 6903 補 — U 7D15

意味 ㊀①ふちを飾る。②織物のふち飾り。「素紕そひ」㊁あやまり。まちがい。「紕繆ひびゅう」

竹米糸缶网（罒・⺲）羊（⺶）羽（羽）老（耂）而耒（耒）耳
6画
聿肉（月）臣自至臼（臼）舌舛（舛）舟艮色艸（艹・艹）虍虫血行衣（衤）襾（西）

糸4【紑】〔10〕 フ 漢 平 尤 fóu フォウ　U補J 7D11 5148

意味 衣の白くあざやかなさま。

糸4【紛】〔10〕常 フン まぎれる・まぎらす・まぎらわす・まぎらわしい　U補J 7D1B 4222

旧字 糸4【紛】〔10〕 フン 漢 平 文 fēn フェン　U補J ―

筆順 く 幺 幺 糸 糸 糸 糸' 紛 紛

意味 ①旗につけるかざり。②みだれる。もつれる。「紛乱」③〈まぎ・れる(──・る)〉㋐いりまじる。「紛錯」㋑ごたごたする。もめる。④争い。災難。⑤多い。⑥盛んなさま。⑦馬の尾をつつむ布。「紛紜」「紛縕」国①〈まぎら・す〉〈まぎらわ・す(まぎらは・す)〉②〈まぎらわし・い(まぎらは・し)〉混同しやすい。

解字 形声。糸が形を表し、分が音を示す。分には、分かれる意味がある。紛は、馬の尾が分かれるのを防ぐために使う布である。また、紛は、糸がばらばらに分かれて乱れること、もつれることをいう。

名前 お・もろ

【紛紜】①乱れるさま。「当二紛紜征伐之衝一」(入り乱れた征伐の仕事にあたらせた。)〈蘇轍・三国論〉②多く盛んなさま。

【紛議】もつれて、定まらない議論。

【紛糾】乱れもつれる。

【紛劇】めんどうで忙しい。

【紛訌】仲間同士のもめごと。内紛。内訌。

【紛淆】入り交じり乱れる。

【紛囂】乱れてさわがしいこと。

【紛雑(雜)】ごたごたと入り交じる。

【紛失】物がどこかにまぎれ込んで、なくなる。

【紛奢】はでやかでおごる。ぜいたく。

【紛集】たくさん集まる。

【紛擾】乱れ。ごたごた。紛争。

【紛然】ごたごたしているさま。まぎらわしいさま。

【紛争(爭)】入り乱れて争う。ごたごた入り乱れて争う。もめごと。

【紛諍】入り乱れて争う。

【紛拏】入り乱れ争う。打ち合う。

【紛鬧】ごたごたして忙しいこと。

【紛披】①花が乱れ咲くさま。②乱れ散ること。

【紛紛】一①入り乱れたさま。②多いさま。「紛紛軽薄何須レ数」(世の中に多くある軽薄な行為はいちいち数えられないほどだ。世人の薄情をなげいたことば。)〈杜甫の詩・貧交行〉③花などがひらひら散るさま。二 fēnfēn 現 つぎつぎと。

【紛乱(亂)】①もつれる。乱れる。②もめごと。

【紛綸】①糸がもつれるようにごたごたする。②多いさま。③広大なさま。

【紛如雪】雪のように乱れとぶ。「鴻門玉斗紛如レ雪」(鴻門で沛公が贈った玉のひしゃくを、范増は、雪のようにこなごなに打ちくだいた。)〈曽鞏の詩・虞美人草〉

【解レ紛】①もつれた糸をときなおす。②乱れた世を平和にする。人の争いをやめさせる。

糸4【紊】〔10〕 ブン 漢 去 問 ビン 慣 wèn, wěn ウエン　U補J 7D0A 6904

意味 ①〈みだ・れる(──・る)〉乱れる。乱れること。乱す。②〈みだ・す〉③盛んなさま。

【紊乱(亂)】乱れる。

糸4【紡】〔10〕常 ボウ つむぐ ホウ(ハウ) 漢 ボウ(バウ) 慣 上 養 fǎng ファン　U補J 7D21 4334

筆順 く 幺 幺 糸 糸 糸 紆 紡 紡

意味 ①〈つむ・ぐ〉綿や麻などをひきのばし、より合わせて糸にする。②つむいだ糸。③絹織物。④しぼりつける。かける。音 bǎng パン。

解字 形声。糸が形を表し、方が音を示す。方には、ならべる、あわせるという意味がある。紡は、繊維をより合わせて糸にすること。

【紡機】綿などをひきのばし、よりあわせて糸にする機械。

【紡車】糸をよりあわせる機械。

【紡織】一 糸をよりあわせることと、織物を織ること。二 fǎngzhī 現 一に同じ。

【紡錘】糸をよりあわせて巻きつけるもの。【──形】糸をつむぐ錘のような形。円柱形の両端がとがった形。

【紡績】糸をよりあわせること。

糸4【紋】〔10〕常 モン　U補J 7D0B 4470

旧字 糸4【紋】〔10〕 ブン 漢 平 文 モン 呉 wén ウエン　U補J ―

筆順 く 幺 幺 糸 糸 糸 糸' 紋 紋

意味 ①〈あや〉織物の模様。②物の表面のすじやしわ。国〈もん〉家ごとに定まっている紋章。もんどころ。

解字 形声。糸が形を表し、文が音を示す。糸は織物。文はもよう。紋は織物の模様。

地名 紋別

【紋切型】国①紋の形を切り抜く法式。②いつもきまったやり方。

【紋章】国紋じるし。

【紋付】国家の紋を染めぬいた衣服。

【紋所】国その家の家系を表す紋章。

【紋服】国紋章をつけた衣服。儀式のおりに用いる。

【紋理】もようのすじ。手足のすじめ。

◆衣紋・声紋・波紋・定紋・指紋・風紋・家紋・掌紋・斑紋・渦紋

糸4【䋆】〔10〕国字　U補J 42C6 ②8411

意味 〈かせ〉紡いだ糸を巻く器具。

糸4【級】〔10〕旧 →級(九五四ジ・中)

糸4【紥】〔10〕俗 →紮(九六三ジ・上)

糸4【紣】〔10〕俗 →綷(九七二ジ・下)

糸5【紻】〔11〕 ヨウ(ヤウ) 漢 上 養 オウ(アウ) 慣 yǎng ヤン　U補J 7D3B ―

意味 まいた冠のひも。

糸5【絇】〔11〕 ク 漢 平 虞 qú チュイ　U補J 7D47 5164 ②8419

意味 ①くつかざり。くつ先の飾り。「絇屨」②魚や鳥をとるあみ。

糸5【経】〔11〕学5 ケイ・キョウ へる　U補J 7D4C 2348

旧字 糸7【經】〔13〕 ケイ 漢 キョウ(キャウ) 呉 キン 唐 平 青 jīng チン　U補J 7D93 6920

筆順 ㄑ 幺 幺 糸 糸 紁 経 経

〔意味〕①織物のたていと。↕緯。②たて。③南北に通じる道路。④みち。道理。⑤つね。「経常」⑥のり。一定不変の道理。↕権 ⑦〈おさ・める(をさ・む)〉㋐統治する。「経国」⑧はかる。測量する。さかいを定める。㋑いとなむ。⑨さかい。「経界」⑩首をくくる。「経縊」⑪〈へる(ふ)〉通る。過ぎる。⑫聖人が書いた書物。「経典」⑬図書の四部分類の一つ。儒家・小学(文字・音韻・訓詁)関連の書物。「経書」⑭㊀仏〈きょう(きゃう)〉仏の教えを書いた書物。「経典」⑮宗教の開祖の、根本の教えを書いたもの。⑯月経。⑰経脈の略。気血の通り道。

〔解字〕 經 形声。糸が形を表し、巠が音を示す。巠は、機の器械で、糸をたてに張った形を表している。經は、たて糸。よこ糸は緯という。

〔名前〕つね・のぶ・のり・ふる・おさむ

〔難読〕読経(付表)／経緯

【経帷子】(きょうかたびら) 国仏死者に着せる白衣。

【経木】(きょうぎ) 国木材を紙のように薄くけずったもの。物を包むのに用いる。多く、杉・檜を用いる。昔はこれに経文を写した。

【経蔵(藏)】(きょうぞう) 仏①仏教の経典の総称。②一切経を納めておく蔵。

【経塚】(きょうづか) 国仏経文を経筒に入れて埋めた塚。

【経堂】(きょうどう) 仏経文をおさめておく堂。

【経緯】(けいい) ①たて糸(経)と、よこ糸(緯)。②いりくんだ事情。いきさつ。③経線と緯線。経度と緯度。

【経営(營)】(けいえい) ①建築工事のとき、土地をはかり、土台をすえること。②計画をたて、事業をいとなむ。

【経筵】(けいえん) 天子が経書を学ぶところ。筵は席、場所の意。

【経過】(けいか) [一]①通りこす。通りすぎる。②物事のなりゆき。[二]jīngguò 現①[一]に同じ。②…を通して。…した結果。

【経学(學)】(けいがく) 聖人が著した書物(経書)を研究する学問。儒学。経術。

【経巻】(けいかん) [一]聖人がその教えを書いた書物。四書・五経など。経典。[二](きょうかん) 仏教の教えを書いた書物。

【経紀】(けいき) ①すじみち。のり。国を治める法律。②一家のくらしをたてる。経営する。③すじみちをつけ、通りよくする。

④天文の運行する度合い。

【経義】(けいぎ) 聖人の著した書物の内容の意味。

【経業】(けいぎょう) ①一定の仕事。日常決まっている仕事。②経学の修業。

【経験(驗)】(けいけん) [一]実際にやってみる。また、その結果体得したもの。[二]jīngyàn 現[一]に同じ。【――主義】(けいけんしゅぎ) ①哲経験論。②物事を主として経験に基づいて考える主義。【――論】(けいけんろん) 哲すべて認識は経験によって得られるもので、経験以外に認識の得られるところはないという説。ジョン＝ロックの説。

【経国(國)】(けいこく) 国を治めること。「経国人老草野間(経国の人は草野の間に老ゆ)」(国を治める大人物は、むなしく草深いいなかに朽ち果ててゆく。)〈坂井華の詩・売花翁〉 【――集】(けいこくしゅう) 国書名。二十巻。勅撰の漢詩文集。良岑安世らが淳和天皇の勅を奉じて編集したもの。六巻が現存。

【経済(濟)】(けいざい) [一]①国を治め民を救う。経世済民。②物や金を得て、これを利用して生活の満足を得ようとする行為や状態。economy ③金がかからぬようにする。節約。倹約。[二]jīngjì 現[一]に同じ。【――学(學)】(けいざいがく) 経人間社会の物や金の動きを研究して、そこに一定の法則を見いだそうとする学問。【――協力】(けいざいきょうりょく) 政府や民間による海外投資と、これに関係する技術とを、他国に提供すること。【――成長率】(けいざいせいちょうりつ) 物資の生産、投資、国民所得などの経済量が年々に成長・増大する率。国民所得の人口一人当たりや、国民総生産などによってはかる。【――闘(鬭)争(爭)】(けいざいとうそう) 労働者が、労働条件や経済状況を向上させるため、使用者に対して行う闘争。

【経史】(けいし) 経書と史書。【――子集】(けいししゅう) 昔の中国における書籍の分類法。経書、歴史書、諸子の書、詩文集の意。

【経死】(けいし) 縊死。首くくり。

【経始】(けいし) ①なわばりをして家屋を建てはじめること。②仕事にとりかかる。はじめる。開始する。

【経師】(けいし) [一]漢代に経学を教えた先生。[二](きょうじ) ①仏教のお経を書き写した人。②書画を紙や絹にはって掛け物などに作ったり、ふすま・びょうぶを作ったりする人。表具師。

【経首】(けいしゅ) 尭帝の時に作られた音楽の名。〈荘子・養生主〉

【経宿】(けいしゅく) 一夜をすごす。一泊。

【経術】(けいじゅつ) ①経学。聖人の著した経書を研究する学問。②経学の知識を政治に応用する方法。

【経書】(けいしょ) 中国の図書分類である四部(経・史・子・集)分類の一つ。儒家・小学(文字・音韻・訓詁)関連の書物。四書(「大学」「中庸」「論語」「孟子」)、五経(「易経」「書経」「詩経」「礼記」「春秋」)など。経典。経籍。

【経承】(けいしょう) あとを受け継ぐこと。

【経商】(けいしょう) 四方に物を売り歩く人。たびあきんど。行商。貿易商。

【経常】(けいじょう) [一]常とかわらないこと。「平常」に同じ。↕臨時 [二]jīngcháng 現①[一]に同じ。②いつも。常に。【――費】(けいじょうひ) 毎年きまって出す費用。↕臨時費

【経水】(けいすい) ①山から流れ出て海にはいる川。本流。②婦人の月経。

【経世】(けいせい) 世を治める。

【経制】(けいせい) ①国家を治める制度。②適当にきめる。③経書。

【経籍簒詁】(けいせきせんこ) 書名。一〇六巻。清の阮元らの編。古書の文字の注釈を集め、韻によって分類したもの。

【経説】(けいせつ) ①経書のことば。②経書を解説した書物。

【経線】(けいせん) 地球上の場所の位置をはかるため、図面上に仮に設けた線の一つ。地球の表面上に、縦に南北両極をつなぐ線。子午線。↕緯線

【経典】(けいてん) [一]聖人が著した、世の規範とされる書物。[二](きょうてん) 仏の教えをしるした書物。【――釈(釋)文】(けいてんしゃくもん) 書名。三十巻。唐の陸徳明の著。周易や尚書などおもな経書、および老子・荘子について、漢・魏・六朝時代の音注や語義を集大成し、テキスト間の文字の異同にも言及する。日本の経書解釈にも大きな影響を与えた。

【経伝(傳)】(けいでん) 経と伝。経は、儒家が規範とする書物、伝は、その注釈。また、聖人の書(経)と賢人の書(伝)。

【経度】(けいど) 地球上の位置を示すため、子午線を中心として、地球の表面上に南北に引いた仮定の線で表す角度。↕緯度

【経費】(けいひ) ①ふだんの費用。②必要なかかり。

【経文】(けいぶん) [一]四書・五経など儒教の教典の文。[二](きょうもん) 仏お経の文。

【経文緯武】(けいぶんいぶ) 文を縦糸(経)とし、武を横糸(緯)とする。学問と武術の両者をあわせ身につけること。

【経由】(けいゆ) その地を通って行くこと。

【経絡】(けいらく) 動脈と静脈。

【経乱(亂)】(けいらん) 戦乱に遭う。戦時を経験する。「経乱之民愁苦(経乱の民は愁苦す)」(戦争に遭った民は悲しみ苦しんでいる。)

竹米糸缶网(罒・⺲)羊(⺶)羽(羽)老(耂)而耒(耒)耳
6画
聿肉(月)臣自至臼(臼)舌舛(舛)舟艮色艸(艹・艹)虍虫血行衣(衤)襾(西)

〈資治通鑑(しじつがん)・唐〉

【経理】(けいり) ■一 ①治め整える。また、その方法。②会計事務。③すじみち。■二(チンリー) jīnglǐ 現支配人。

【経略】(けいりゃく) 天下を治め、四方の国を攻め従える。

【経綸】(けいりん) ①国家を治めること。②物事を治める計画。

【経歴(歷)】(けいれき) ■一 ①過ぎ去る。年月がたつ。②めぐり歩く。③その人が今までやってきたこと。履歴(りれき)。来歴。■二(チンリー) jīnglì 現①■一に同じ。②経験する。

【経路】(けいろ) 通りすぎる道すじ。

◆月経(げっけい)・看経(かんきん)・神経(しんけい)

糸5 【絅】〔11〕 ■一 ケイ 漢 ■一 上 迥 jiǒng チョン ■二 ケイ 漢 ■二 平 青 jiōng チョン J 6905 補 ― U 7D45

糸7 【褧】〔13〕 俗字 J ②8433 補 5193 U 7D97

意味 ■一 うすぎぬ。ひとえの服。「絅裳(けいしょう)」 ■二 あわてて引く。

【尚レ絅】(けいをくわう(くはふ)) 錦(にしき)の衣の上にうすぎぬをかけて、美しさをかくすこと。

糸5 【絃】〔11〕 人 ケン 漢 ゲン 呉 平 先 xián シエン J 2430 補 ― U 7D43

意味 ①〈いと〉〈つる〉楽器にはる糸。＝弦 ②糸を張った楽器の総称。弦楽器。③弦楽器をかなでる。

解字 会意・形声。糸と玄とを合わせた形。玄(げん)は音をも示す。また、玄(げん)は懸(けん)に音が通じ物をかける意を含んでいる。そこで絃は琴などにかけわたす糸の意となる。

参考 新表記では、「弦」に書きかえる。熟語は「弦」(四四八ページ・上)をも見よ。

【絃歌】(げんか) ①三味線(しゃみせん)をひき、歌をうたう。遊興の歌声。②琴をひき、それに合わせて詩などをうたう。＝弦歌

【絃管】(げんかん(くゎん)) 「管絃(かんげん)」に同じ。管楽器と絃楽器。

【絃絃】(げんげん) 一本一本の弦。

【絃誦】(げんしょう) 琴をひいたり、書物を声高く読んだり、儒教(じゅきょう)の礼楽の学問が盛んに行われていること。

糸5 【紺】〔11〕 常 コン カン 漢 コン 呉 去 勘 gàn カン J 2616 補 ― U 7D3A

筆順 ㄑ 幺 幺 糸 糸 糸 紺 紺

意味 こん色。濃い青に赤を含んだ色。「紺青(こんじょう)」

解字  形声。糸が形を表し、甘(かん)が音を示す。甘には、含むという意味がある。紺は、青色の中に赤色を含む色の糸をいう。

【紺幰】(かんけん) 車に垂れる、紺色のとばり。

【紺緅】(かんすう・こんすう)|(かんしゅう(しう)) ①紺色のきぬ。また、紺色とこげ茶色。②斉服(さいふく)(ものいみの服)や喪服(もふく)の襟(えり)飾り。

【紺宇】(こんう) ①紺色の軒。②身分のたっとい人のやしき。③寺の別名。

【紺園】(こんえん(ゑん))|(かんえん(ゑん)) 草木の、あおあおと茂った庭園。

【紺紙】(こんし) 紺色の紙。

【紺珠】(こんじゅ)|(かんじゅ) 手でなでると、記憶がよみがえるという紺色の玉。唐の宰相、張説の故事。

【紺青】(こんじょう(じゃう)) あざやかな藍色の顔料。

【紺碧】(こんぺき) 黒ずんだ、濃い青色。紺緑。

【紺屋】(こんや)|(こうや) 国染め物屋。「紺屋の白袴(しろばかま)」

◆紫紺(しこん)・濃紺(のうこん)・茄子紺(なすこん)

糸5 【細】〔11〕 学2 サイ ほそい・ほそる・こまか・こまかい セイ 漢 サイ 呉 去 霽 xì シー J 2657 補 ― U 7D30

筆順 ㄑ 幺 幺 糸 糸 糸 細 細 細

意味 ①細い絹糸。②かすかな。「細風」③〈ほそ・い(――・し)〉はばがせまい。↕大 ④〈こまか・い(――・し)〉〈こまか〉↕粗 ㋐小さい。「細雨」㋑少し。わずか。「細怨(さいえん)」㋒くわしい。「細読」㋓つまらない。取るに足らない。「細人(さいじん)」㋔わずらわしい。めんどう。⑤ひっそりと。国〈ほそ・る〉「身が細る」

解字 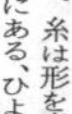 形声。糸と田とを合わせた字。糸は形を表し、田は囟(しん)で、音を示す。囟は、幼児の頭にある、ひよめきの形で、かすかとか、とおりぬけるという意味を持つ。細は、糸が細いこと。

姓 細迫(ほそさこ)|(ほそせこ)

難読 細螺(きさご)|(きしやご)・細波(さざなみ)・細雪(ささめゆき)・細石(さざらいし)|(さざれいし)・細魚(さより)・細枝(しもと)

【細雨】(さいう) こさめ。きりさめ。糸雨。微雨。

【細瑕】(さいか) ちょっとしたきず。小さな欠点。

【細菌】(さいきん) ■一 ばいきん。バクテリア。■二(シーチュン) xìjūn 現■一に同じ。

【細謹】(さいきん) とるに足りないつつしみごと。つまらない礼儀作法。「大行不レ顧二細謹一(たいこうはさいきんをかえりみず)」(偉大な行為のためには、こまかな礼儀はかまってはいられない。)〈史記・項羽本紀(こううほんぎ)〉

【細工】(さいく) 国①細かな什器(じゅうき)・道具を作ること。②「企て。」「策略。」

【細君】(さいくん) ①自分の妻をけんそんしていうことば。②他人の妻。③諸侯の夫人。小君。

【細故】(さいこ) ①細かなこと。②度量の狭い人。小人。

【細行】(さいこう(かう)) ①小さな行為。②とるに足りない礼儀。

【細査】(ささ) くわしく調べる。

【細瑣】(さいさ) 細かくて、めんどうなこと。瑣細。

【細作】(さいさく) まわし者。間者。スパイ。

【細疵】(さいし) 小さな傷。転じて、わずかな欠点。

【細視】(さいし) よく見ること。こまかく見る。細看。

【細事】(さいじ) 細かな事がら。

【細心】(さいしん) ■一 ①注意深い。②気が小さい。小心。■二(シーシン) xìxīn 現■一の①に同じ。

【細人】(さいじん) ①つまらない人物。小人。②官位のひくい人。

【細雪】(さいせつ)|(ささめゆき) 細かな雪。

【細説】(さいせつ) ①細かに説明する。②とるに足りない、くだらない意見。「聴二細説一(さいせつをきく)」〈史記・項羽本紀(こううほんぎ)〉

【細草】(さいそう(さう)) 葉の細かい草。「細草微風岸(さいそうびふうのきし)」〈杜甫(とほ)の詩・旅夜書懐(りょやしょかい)〉

【細則】(さいそく) 規約実施にあたって、細かにその要領を決めたもの。

【細緻】(さいち) 細かい。細かく綿密な。

【細徳】(さいとく) 徳が少ない。

【細波】(さいは)|(さざなみ)|(さざれなみ) 小さな波。小波。

【細微】(さいび) ①きわめて細かいこと。②身分のいやしいこと。

【細評】(さいひょう(ひゃう)) 細かい批評。

【細胞】(さいぼう(ばう)) ①生物のからだを作りあげている組織の最小単位。核(かく)をふくむ原形質のかたまり。②共産党がその活動のためにもうけた、最小の団体組織。【――分裂】(さいぼう(ばう)ぶんれつ) 細胞が二つに分かれること。

【細末】(さいまつ) ①こまかいもの。わずかなこと。②こまかい。

【細密】(さいみつ) 細かいこと。細かくて、くわしい。綿密。

【細民】(さいみん) 身分もひくく、貧乏な人々。

【細務】(さいむ) 細かな仕事。

【細目】(さいもく) 細かな箇条。

【細腰】(さいよう(えう))|(ほそごし) 細くて弱々しい腰。柳腰(やなぎごし)。美人の形容。

【細流】(さいりゅう(りう)) 細い流れ。「河海不レ択二細流一(かかいはさいりゅうをえらばず)」〈李斯(りし)〉

【細柳新蒲】初春の細い柳と新芽をふいたがま。「細柳新蒲為誰緑」（細柳も新蒲も、今はいったいだれに見せようとして緑にもえているのか。）〈杜甫の詩・哀江頭〉
【細鱗】小さなうろこ。小魚をいう。
【細論】くわしく細かに論ずる。詳論。
【細石】国小さな石。
【細井平洲】国人名。江戸後期の儒学者。名は徳民。平洲はその号。尾張の人。古注学派。米沢藩・尾張藩などに招かれ、教育上、大きな効果をあげた。（一七二八〜一八〇一）
【細腕】国①細い腕。弱々しい腕。②弱い生活力。
【細殿】国①御殿と御殿とをつなぐための渡り廊下。②御殿のまわりに、人の通るためにつくった廊下。
◆子細・委細・明細・些細・詳細・零細・繊細

糸5 【紮】〔11〕 標 サツ 漢 入 黠 zā ツァー　J6907 U補7D2E
糸4 【紥】〔10〕 俗字　J── U補7D25
意味 ①たばねる。からげる。②とどまる。駐在する。音 zhā チャー。

糸5 【絁】〔11〕 シ 漢 平 支 shī シー　J①9001 補5163 U7D41
意味 〈あしぎぬ〉〈つむぎ〉あらい糸で織った絹。「絁縵」

糸5 【終】〔11〕 学3 シュウ おわる・おえる　J2910 補── U7D42
旧字 糸5 【終】〔11〕 シュウ 漢 呉 平 東 ジュウ 慣 zhōng チョン　J── 補── U──

筆順 く 幺 幺 糸 糸 糹 紁 終 終

意味 ①糸の終わりを結んで止める。②〈おわ・る（をは・る）〉↔始 ㋐しまいになる。㋑つきる。㋒完成する。㋓死ぬ。③〈お・える（を・ふ）〉㋐しまいにする。㋑やりとげる。④量の単位をいう。㋐十二年間。㋑歌や音楽の一章。㋒農地の百里四方。⑤〈おわり（をはり）〉㋐最後。㋑人の死。⑥〈ついに（つひに）〉㋐しまいに。とうとう。㋑しまいまで。⑦一定時間のあいだずっと。「終日」⑧姓。

解字 形声。糸が形を表し、冬が音を示す。冬には、ひきしめて、たくわえるという意味がある。また、四季の最後でもある。終は、糸をひきしめること、糸の終わりを結んで球のようにして止めることをいう。

名前 つき・のち
難読 終日・終夜

【終焉】①身を落ち着けること。世間から離れて晩年をすごすこと。②一生の終わり。臨終。死。

【終竟】おわり。

【終期】期限の終わり。終わりの時。

【終業】①一日の仕事を終わる。仕事の終わり。②学年または学期が終わること。「終業式」

【終曲】①ソナタや交響曲の最後の楽章。②歌劇の結びの曲。フィナーレ。

【終局】①碁の一勝負の終わり。②終わり。

【終極】いちばん終わり。はて。結局。

【終結】①物事の終わり。しまい。終局。②数「もしAならば、Bとなる」という判断のとき、Aを仮説といい、その結果としてのBを終結という。

【終古】①永遠に。いつまでも。②むかし。③常に。いつも。

【終歳】①一年を終わること。②一年じゅう。「終歳栖栖殆レ耗」（一生あくせくとして、精神もこのため、すりへりそうだ。）〈塩谷世弘・送ニ安井仲平東遊一序〉

【終止】終わる。終わり。

【終始】①終わりとはじめ。②はじめから終わりまで。しじゅう。③しまいまでやりとおす。【──一貫】はじめから終わりまで、ずっと変わらないこと。〔念ニ──一典ニ于学（學）一〕はじめから終わりまで、いつも学問することを思う。たえず学問に心がける。〈書経・説命〉〈礼記・学記〉

【終日】一日じゅう。ひねもす。「終日不レ成レ章」（一日かかっても、〔織物の〕もようができあがらない。）〈文選・古詩十九首〉

【終宵】夜どおし。終夜。よもすがら。

【終身】「終生」に同じ。【──大事】一生の大事件。ふつう、結婚をさす。

【終生】一生涯。死ぬまで。終身。

【終世】一生涯。一生。死ぬまで。

【終制】①三年間の喪を終わること。②葬礼の制度。

【終夕】夜どおし。ひとばんじゅう。よもすがら。終夜。終宵。

【終戦（戰）】戦争が終わること。「終戦後」

【終息（熄）】終わる。やむ。物事が終わりとなる。

【終熄】「終息」に同じ。

【終朝】あけ方から朝食までの間。

【終天】この世の続くかぎり。永遠に。

【終点（點）】国終わりの所・地点。

【終南山】西安の南にある山の名。南山・周南山・秦嶺ともいう。

【終年】①一年じゅう。②一生。

【終盤】碁や将棋などの勝負の終わりごろ。

【終幕】①劇で最後の一幕。②劇の終わること。③物事の終わり。

【終末】終わり。結末。終尾。

【終夜】夜どおし。一晩じゅう。よもすがら。終夕。終宵。

【終養】①最後まで親に孝養をつくす。②親の臨終に、最後まで看病する。

【終了】終わる。終わり。

【終于】zhōngyú 現ついに。とうとう。

【慎（愼）レ終】①物事の最後を、よく注意して行う。〈老子・六十四〉②親の葬式をていねいに行う。「慎レ終追レ遠」〈論語・学而〉

【終食之間】一度の食事をすます間の、ごくわずかの時間。終食は、食事をすます間。ごく短い時間をいう。「君子無ニ終食之間違一レ仁」（有徳の人はわずかの間の行為でも仁愛の精神にたがうことはない。）〈論語・里仁〉
◆有終・始終・最終・臨終

糸5 【紹】〔11〕 常 ショウ　ショウ（セウ） 漢 上 篠 shào シャオ　J3050 補── U7D39

筆順 く 幺 幺 糸 糸 糹 紹 紹 紹

意味 ①〈つ・ぐ〉受けつぐ。継承する。②ひきあわせる。とりもつ。「紹介」③地名。浙江省紹興市の略。④姓。

解字 形声。糸が形を表し、召が音を示す。糸は、糸でつなぐこと。召には、まわり道をする意味を含む。紹は、まわり道をしてつなぐこと。

名前 あき・つぎ
【紹介】ひきあわせる。
【紹恢】事業を受け継いで、ますます発展させる。

「紹₌恢前緒₋」(ぜんしょをしょうかいす)(先人の残した仕事を受けつぎ盛んにした。)〈資治通鑑(しじつがん)・東漢〉

【紹興】しょうこう(せう) 地名。浙江(せっこう)省にあり、紹興酒を産する。

【紹述】しょうじゅつ(せう) 先人の事業を受け継ぎ、いっそうはっきりさせる。

糸5 【紳】〔11〕 常 シン ｜ シン 漢 平 真 shēn シェン ｜ J 3134 補 U 7D33

筆順 ㄑ 幺 幺 糸 糸 紀 紳 紳

意味 ①大帯(おおおび)。役人が、一方のはしを下にたらして腰にしめた帯。②束ねる。③地方の有力者。「郷紳」

解字 紳 形声。糸が形を表し、申(しん)が音を示す。糸は絹織物。申には、重いという意味がある。紳は、重く垂れた絹の大帯である。他に、申は引きしめる意味で、紳は、からだをひきしめる大帯であるとか、申は伸と同じく、のばす意味で、紳は、からだをきつく締めて伸ばす帯であるなどと解する。

参考 「紬(ちゅう)」は別字。

【紳士】しんし ①上流階級の人物。地方にいる官吏。または、もと官吏だった人。②国㋐教養があり、人格の高い人物。㋑富貴な人。【――協約】しんしきょうやく(けふ) ①国と国との間の非公式なとりきめ。②互いに相手を信頼して結ぶとりきめ。紳士協定。

【紳商】しんしょう(しやう) りっぱな商人。豪商。

【書₂紳₁】しんにしょす 忘れないように大帯に書きつける。

糸5 【紾】〔11〕 シン 漢 ｜ 上 軫 zhěn チェン ｜ J ②8417 補 U 5161 7D3E

意味 ①もとる。ねじる。「紾臂(しんぴ)」②転変。変化。③ひとえ(単衣)。

糸5 【紲】〔11〕 セツ 漢 ｜ 入 屑 xiè シエ ｜ J 6908 補 U 7D32

意味 ①きずな。犬や馬をつなぐつな。②つなぐ。しばる。③牢屋(ろうや)に入れる。④肌着(はだぎ)。下着の一つ。＝褻「紲袢(せつはん)」

糸5 【組】〔11〕 学2 ソ くむ・くみ ｜ ソ 呉 漢 上 麌 zǔ ツー ｜ J 3340 補 U 7D44

筆順 ㄑ 幺 幺 糸 糸 糿 組 組

意味 ①くみひも。冠や印につけるひも。②官印や役人にたとえる。③〈く・む〉㋐ひもを編む。㋑現くみあわせる。くみたてる。㋒現団体を作る。④はなやか。美しい。「組繡(そしゅう)」⑤こんぶ。国〈くみ〉①なかま。②学級。クラス。

解字 組 形声。糸が形を表し、且(そ)が音を示す。且には、つみ重ねるという意味がある。組は、糸をくみ合わせ、重ねて編んだひもである。

【組合】くみあい(あひ) 国①からみあい。組み合ったもの。②たがいに相手ととっくみあうこと。③共通の利害・目的をもつ、多くの人々が集まり、その実現のために活動する組織。④ふたり以上の者が資金を出し合い、共同の事業をする目的で組織した団体。「協同組合」

【組討】くみうち 国敵ととっ組み合って戦うこと。

【組曲】くみきょく 国いくつかの楽曲を組み合わせ、一曲としたもの。

【組閣】そかく 国内閣を組織する。

【組甲】そこう(かふ) 組みひもでつづったよろい。

【組織】■そしき ■そしょく ①糸を組んで機(はた)を織る。②物事を組み立てる。③ばらばらのものを集めて秩序のある一つの物事を組み立てる。また、そのもの。④同一の働きと同一の構成をもつ細胞の集まり。■ツー チー zǔzhī 現■に同じ。

【組綬】そじゅ 佩玉(はいぎょく)や印をつるすための組みひも。

【組成】そせい ①集まってできあがる。②組みたてる。

【組帳】そちょう(ちやう) ひもでつるすとばり。

【組練】それん ①よろいと、よろいしたの着物。組はよろいの組み糸、練はねり絹の下着。軍服。②武装した兵士。

◇▼乗組(のりくみ)・骨組(ほねぐみ)・番組(ばんぐみ)・縁組(えんぐみ)

糸5 【紽】〔11〕 タ 漢 ｜ 平 歌 tuó トゥオ ｜ J ②8416 補 U 5160 7D3D

意味 量詞。絹糸五本をいう。「素糸五紽(そしごた)」

糸5 【紿】〔11〕 タイ 漢 ｜ 上 賄 dài タイ ｜ J 6909 補 U 7D3F

意味 ①古くなって弱った絹糸。②〈あざむ・く〉だます。いつわる。＝詒 ③いたる。

糸5 【紬】〔11〕 人 ■チュウ 漢 (チウ) ■チュウ 漢 (チウ) ｜ ■平 尤 chóu チョウ ■平 尤 chōu チョウ ｜ J 3661 補 U 7D2C

意味 ■〈つむぎ〉真綿をつむいで織った、あらい絹織物。■①〈つむ・ぐ〉綿・繭から繊維をひき出し、糸をよる。②ひき出す。③つづる。つなぎ合わせる。

解字 紬 会意・形声。糸と由とを合わせた字。由(いう)が音をも示す。由は抽で、ぬき出す意があり、紬は繭から糸をひき出して織ったあらい絹のこと。つむぎ。また、ひき出す意ともなる。

【紬繹】ちゅうえき(ちう) 糸口をひき出して、尋ねる。

【紬績】ちゅうせき(ちう) 糸をつむぐ。

糸5 【絀】〔11〕 チュツ 漢 ｜ 入 質 chù チュー ｜ J ②8418 補 U 5162 7D40

意味 ①縫う。縫いめ。②不足する。欠けている。③〈しりぞ・ける(――・く)〉官職から追う。位をおとす。＝黜 ④かがむ。屈する。＝詘

【絀陟】ちゅっちょく 位をおとすことと、位をあげること。

糸5 【紵】〔11〕 チョ 漢 ｜ 上 語 zhù チュー ｜ J 6910 補 U 7D35

意味 ①麻の一種。②麻の布。「紵衣(ちょい)」「紵布(ちょふ)」

糸5 【絈】〔11〕 バク 漢 ｜ 入 陌 mò モー ｜ J ①9002 補 U 5165 7D48

意味 頭に巻く布。国〈かす〉〈かせ〉 絈井(かすい)・絈沢(かせざわ)など、姓名に用いる。

糸5 【絆】〔11〕 人 標 ハン 漢 バン 慣 ｜ 去 翰 bàn パン ｜ J 6911 補 U 7D46

意味 ①〈きずな(きづな)〉〈ほだし〉馬の足をつなぐひも。②つなぐ。つなぎとめる。国〈きずな(きづな)〉断つにしのびない恩や愛情のつながり。

糸5 【紱】〔11〕 フツ 漢 ｜ 入 物 fú フー ｜ J ①8994 補 U 5158 7D31

意味 ①官印につけるひも。印綬(いんじゅ)。また、官印。「印紱(いんふつ)」②ひざおおい。祭服の飾りをいう。

【紱冕】ふつべん ①印綬(役人の職印を帯びるひも)と冠(冕)。②礼服。③高い官位。

糸5 【紼】〔11〕 フツ 漢 ｜ 入 物 fú フー ｜ J 5159 補 U 7D3C

意味 ①乱れた麻。②太い麻つな。③棺(かん)を引くつな。④ひざかけ。＝芾(ふつ) ⑤印につけるひも。

【紼絻】ふつべん 古代の礼服。

糸5 【累】〔11〕 常 ルイ ｜ ■ルイ 漢 呉 ■ルイ 漢 呉 ■ルイ 漢 呉 ｜ ■上 紙 lěi レイ ■平 支 léi レイ ■去 寘 lèi レイ ｜ J 4663 補 U 7D2F

筆順 冂 冊 田 甲 𭅸 畏 累 累

意味 一①〈かさ・ねる(――・ぬ)〉〈かさな・る〉積みかさねる。＝絫・纍「累積(るいせき)」②〈しきりに〉たびたび。「累時(るいじ)」③すべて。合計。④重さの単位。黍(きび)十粒の重さ。(↓付録「度量衡名称」) 二＝縲・纍 ①罪人をしばる太いなわ。②しばる。つなぐ。③捕らえる。つかまえる。「累紲(るいせつ)」 三①〈わずらわ・す(わづらは・す)〉㋐手数をかける。㋑まかせる。たのむ。②〈わずらい(わづらひ)〉心配。なげき。③まきぞえ。かかわりあい。「累及(るいきゅう)」④みうち。一族。「家累」⑤現疲れる。

解字 会意。田と糸とを合わせた字。田は、古い形でわかるように、厽の変化、あるいは畾の略ともいい、重なる意味を表す。糸は細い糸で、これを重ねて絹にする。累は、増すこと、かさねることである。

名前 たか

参考 累は「纍」(九八六ジ・中)の中国新字体としても使う。

【累加】るいか 重ねて加える。「累加成績」
【累害】るいがい わずらい。被害。
【累挙(擧)】るいきょ つぎつぎと推薦される。
【累計】るいけい 数をつぎつぎに加え合わせる。すべての数の合計。総計。
【累月】るいげつ 月を重ねる。幾月も続く。連月。
【累次】るいじ 国つぎつぎに重なる。しばしば。たびたび。
【累時】るいじ たびたび。しばしば。
【累日】るいじつ 多くの日を重ねる。幾日も続く。連日。
【累囚】るいしゅう(しう) とりこ。捕虜。
【累進】るいしん ①つぎつぎに官位が上がる。累遷。②数量・金額などが増加するにつれ、割合がだんだん多くなること。【――税】るいしんぜい 財産や所得がふえるにつれ、その税率をふやす税。
【累世】るいせい 代を重ねる。代々。歴代。累代。累葉(るいよう)。
【累積】るいせき かさなり、つもる。かさね、つむ。
【累紲】るいせつ ①人をしばるなわ。②とらわれること。
【累戦(戰)】るいせん 休むひまなく、つづけて戦う。
【累遷】るいせん つぎつぎに高い官位にうつり進むこと。累進。
【累増(增)】るいぞう しだいしだいにふえる。
【累重】るいちょう 足手まとい。じゃまになるもの。妻子・資産の類をさす。
【累朝】るいちょう(てう) 歴代の朝廷・天子。
【累土】るいど ①土を積み重ねる。②積み重ねた土。わずかの土。「九層之台、起二於累土一(きゅうそうのだいも るいどよりおこる)」〈老子・六十四〉
【累徳】るいとく ①徳をつみ重ねる。積徳。②善行のさまたげになるもの。悪行。
【累年】るいねん 年を重ねる。年々。累歳。連年。
【累犯】るいはん 二度以上、犯罪を重ねる。
【累葉】るいよう(えふ) 葉は世のこと。よ。代々。累世。歴代。
【累累】るいるい ①物が重なりあうさま。②物がうちつづくさま。
【累卵之危】るいらんのき ひどく危ういたとえ。積みかさねた卵が危うげなことによる。〈枚乗(ばいじょう)・諫二呉王一書(ごおうをいさむるしょ)〉
【及レ累】るいをおよぼす 他に迷惑をかける。
◆係累(けいるい)

糸5【絺】〔11〕 国字 意味〈かたびら〉歌舞伎(かぶき)の外題に用いる字。帷子(かたびら)。「関取菖蒲絺(せきとりしょうぶかたびら)」 U 25FE0 補 J ②8414

糸5【絞】〔11〕 国字 意味〈ひきづな〉歌舞伎(かぶき)の外題に用いる字。引綱。「高瀬川恋絞(たかせがわこいのひきづな)」 U 25FD4 補 J ②8415

糸5【紭】〔11〕 同 ↓紘(九五六ジ・中)

糸5【絏】〔11〕 同 ↓緤(九七三ジ・中)

糸5【紘】〔11〕 俗 ↓纊(九八六ジ・中)

糸5【紫】↓糸部六画(九六七ジ・下)

糸6【緈】〔12〕 イツ 漢 イチ 呉 入 質 yù ユィ 意味 ①長いさま。②上衣が長い。 U 42D6 補 J ②8422

糸6【絪】〔12〕 イン 漢 平 真 yīn イン 意味 ①しとね。ざぶとん。＝茵(いん) ②絪縕(いんうん)は、天地の間に、陰と陽とが調和している状態。 U 7D6A 補 J ②8425 5176

糸6【絓】〔12〕 一 カ 漢 (クヮ) 一 去 卦 guà コワ 二 カイ 漢 (クヮイ) 二 平 佳 kuā コワ 意味 一①〈かか・る〉ひっかかる。「絓法」②とどめる。とどこおる。二しけ糸。まゆの外側の質の悪いまわた。 U 7D53 補 J ①9003 5168

糸6【絵】〔12〕 学 2 カイ・エ
旧字 糸13【繪】〔19〕 カイ(クヮイ) 漢 去 泰 huì ホイ エ(ヱ) 呉 U 7D75 補 J 1908 / U 7E6A 補 J 6973

筆順 ㇰ 幺 糸 糸 紒 絵 絵 絵 絵

意味 一①五色の糸を使った刺繡(ししゅう)。②縫いとりする。③〈えが・く(ゑが・く)〉絵をかく。④〈え(ゑ)〉色どりえがいたもの。

解字 形声。糸が形を表し、會(くわい)が音を示す。會には、合わせるという意味がある。繪は五色のいろ糸を使った刺繡(ししゅう)である。昔は、絵画の意味を表す字としては、繢(くわい)を用いた。

地名 絵鞆(えとも)

【絵合】えあわせ(ゑあはせ) 国平安時代の遊びの一つ。左右に組を分け互いに絵を出し合って判者(はんじゃ)に判定してもらい、その優劣を争う遊び。

【絵詞】えことば(ゑ) 国絵巻物で、絵を説明している文。

【絵師】えし(ゑ) 絵かき。画家。

【絵仏(佛)師】えぶっし(ゑ) 仏像を描いたり、寺の装飾などをした僧。

【絵本】えほん(ゑ) 国①絵を中心にして、その絵の説明文をつけて、物語などを展開している本。②絵の手本。

【絵馬】えま(ゑ) 国願かけやお礼のため、社寺に奉納する額(がく)。もとは、馬を描いたのでいう。

【絵巻物】えまきもの(ゑ) 国物語や伝記などを絵に描いて説明したもの。

【絵事】かいじ(くわい) 絵をかくこと。

【絵素】かいそ(くわい) 絵。

【絵塑】かいそ(くわい) 色をぬった土人形。

【絵像】かいぞう(くわいざう)・えぞう(ゑざう) 画像。肖像画。ポートレート。
◆水絵(みずえ)・油絵(あぶらえ)・姿絵(すがたえ)・挿絵(さしえ)・影絵(かげえ)・踏絵(ふみえ)・錦絵(にしきえ)・似顔絵(にがおえ)・浮世絵(うきよえ)

糸6【絙】〔12〕 一 カン 漢 (クヮン) 一 平 寒 huán ホワン 二 コウ 漢 二 平 蒸 gēng コン U 7D59 補 J ②8423 5170

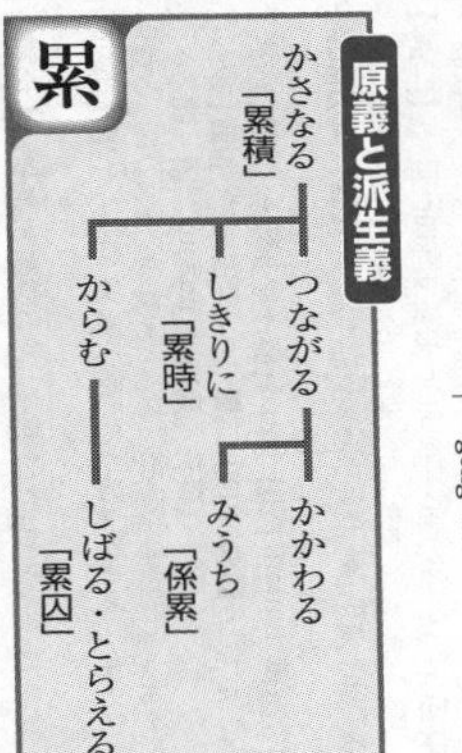

竹米糸缶网(罒・⺲)羊(⺶)羽(羽)老(耂)而耒(耒)耳
6画
聿肉(月)臣自至臼(臼)舌舛(舛)舟艮色艸(艹・艹)虍虫血行衣(衤)襾(西)

意味 一①ゆるい。＝緩(かん) ②くみひも。印綬。二大綱(おおつな)。＝緪(こう)

糸6 【給】〔12〕 学4 キュウ

キュウ(キフ) 漢呉 入 緝 jǐ チー

J 2175 補 U 7D66

筆順 く 幺 幺 糸 糸 紒 紒 給 給 給

意味 ①〈た・りる(―・る)〉物がじゅうぶんにある。②たす。じゅうぶんにあてがう。「供給」③〈たま・う(―・ふ)〉あたえる。④てあて。給料。⑤すばやい。明敏な。⑥およぶ。とどく。⑦口がよくまわる。⑧現音 gěi ケイ。㋐…のために。㋑…に対して。国〈たま・う(―・ふ)〉動詞にそえて敬意を示す語。

解字 給 形声。糸が形を表し、合(かふ)が音を示す。合は、くっつくこと、おいつくことの意味。給は、あとからあとから、糸を足すことである。音キフは、合の音カフの変化。

名前 たり・はる

【給遺】(きゅうい(ゐ)) 贈り物を与える。「持帷帳錦繡給遺焉」(カーテンやりっぱな布を贈った。)〈漢書(かんじょ)・西域伝(せいいきでん)〉

【給金】(きゅうきん) 給料として与える金。

【給仕】(きゅうじ) 国①そばにいて雑用をつとめる。また、その人。②食事の世話をする。また、その人。③もと官庁・会社などで雑用をした少年少女。④飲食店のボーイ。

【給事】(きゅうじ) 身分の尊い人のそばに仕える。【――中】(きゅうじちゅう) ①官職名。㋐秦漢(しんかん)時代では、天子のそばで雑事をする役。㋑隋(ずい)・唐(とう)以後では、天子の詔(みことのり)を検討する役。㋒明(みん)・清(しん)では天子のいさめ役。②国少納言(しょうなごん)の唐風の呼び名。

【給助】(きゅうじょ) 金品を与えて助ける。

【給足】(きゅうそく) ①十分に足りること。②足す。十分に与えること。

【給費】(きゅうひ) 学費や食費などを与えること。【――生】(きゅうひせい) 団体などから学費を与えられている学生・生徒。

【給付】(きゅうふ) わたし与える。

【給与(與)】(きゅうよ) ①金銭や品物を与えること。また、その金銭や品物。②給料として与えること。給料。

【給養】(きゅうよう(やう)) 衣服・食物などをあてがって養うこと。

【給料】(きゅうりょう(れう)) 仕事をしたことに対して支払う金。月給。俸給(ほうきゅう)。

◆女給・日給・月給・支給・年給・自給・昇給・供給・俸給・恩給・配給・週給・減給・補給・需給・初任給

糸6 【結】〔12〕 学4 ケツ

一 ケツ 漢 ケチ 呉 一 入 屑 jié チエ

二 ケイ 漢 二 去 霽 jì チー

むすぶ・ゆう・ゆわえる

J 2375 補 U 7D50

筆順 く 幺 幺 糸 糸 紅 紸 結 結

意味 一①〈むす・ぶ〉〈ゆ・う(―・ふ)〉〈ゆわ・える(ゆは・ふ)〉㋐ひもなどをむすぶ。㋑つらねる。つなぐ。「連結」㋒たばねる。「結髪」㋓ちぎる。約束する。「結誓(けっせい)」㋔交わる。関係を持つ。「結盟」㋕かまえる。くみたてる。「結廬(いおりをむすぶ)」㋖おわる。㋗かたまる。重なる。「結氷(けっぴょう)」②〈むすび〉㋐むすぶこと。㋑むすびめ。㋒おわり。「結尾(けつび)」③実をむすぶ。音 jiē チエ。二①もとどり。まげ。②つなぐ。

解字 結 形声。糸が形を表し、吉(きつ)が音を示す。吉には、引きしめる意味がある。結は、糸の末端の余ったところを結ぶことで、むすぶ、終わる、曲がるなどの意味になる。

名前 かた・ゆい・ひとし 姓 結城(ゆうき)・結解(けっけ)・結縁(けちえん) 地名 結城(ゆうき)

【結宇】(けつう) 家を建てる。

【結縁(緣)】一(けつえん) 縁を結ぶ。近づきになる。二(けちえん) 仏仏道修行のため、仏法や僧に縁を結ぶこと。

【結果】一(けっか(くわ)) ①ある原因によって起こった物事の最終的状態。成果。↔原因 ②最後。あげくのはて。③実を結ぶ。二チエクオ jiēguǒ 現一の①②に同じ。【――論】(けっかろん) ある行為を、その結果だけを問題にして評価する議論。

【結課】(けっか(くわ)) 役人の成績を調べる。勤務評定。

【結界】(けっかい) ①仏修行にさわりのあるものを入れない場所。「七里(しちり)結界」「女人(にょにん)結界」②寺院で、本尊をおさめる内陣と、参拝者のお参りする外陣との境として設ける柵(さく)。

【結核】(けっかく) 結核菌がおこす病気。「肺結核」

【結跏趺坐】(けっかふざ) 仏座禅のとき、正しい姿勢をたもつためのすわり方。左右の足首を、互いに反対の足のももの上に組む。

【結願】(けつがん(ぐゎん)・けちがん(ぐゎん)) 仏神や仏に願をかけた、その期日が終わること。満願。

【結局】(けっきょく) ①碁の一勝負が終わること。②とどのつまり。結末。

【結句】(けっく) ①詩の最後の句。②国㋐とうとう。つまり。㋑かえって。

【結構】一(けっこう) ①家や文章などの作り方。かまえ。しくみ。②国りっぱなこと。③国もくろみ。計画。④国じゅうぶんであるの意。二チエコウ jiégòu 現構成。構造。

【結合】一(けつごう(がふ)) 結びつく。二チエホー jiéhé 現一に同じ。

【結婚】一(けっこん) 夫婦の縁を結ぶこと。二チエフン jiéhūn 現一に同じ。

【結実(實)】一(けつじつ) ①実を結ぶ。実がなる。②成果をあげること。二チエシー jiēshi 現じょうぶな。しっかりした。

【結社】(けっしゃ) 同じ目的を実現しようとする者が集まって、団体を組織すること。また、その団体。

【結綬】(けつじゅ) 官印のひもを結ぶ。転じて、官吏になること。

【結集】一(けっしゅう(しふ)) 一つに集める。二(けつじゅう(じふ)) 仏釈迦(しゃか)の思想・遺訓を、弟子(でし)たちが編集したこと。

【結晶】(けっしょう(しゃう)) ①理原子・イオンなどが、一定の法則に従って、規則正しい数個の平面でかこまれた固形の形にかたまること。また、そのもの。②国愛や、忍耐・努力などが積み重なって、ある形となって現れること。所産。「汗の結晶」

【結縄(繩)】(けつじょう) 文字発明以前に、なわの結び方で意見の交換をしたり、記憶にとどめたりしたこと。

【結駟連騎】(けっしれんき) 多くの車馬を並べて行く。行列のさかんなさま。〈史記・仲尼弟子(ちゅうじていし)列伝〉

【結審】(けっしん) 裁判で取り調べが終わること。

【結成】(けっせい) ①同盟する。②作りあげる。会や団体などを組織する。

【結束】一(けっそく) ①むすびたばねる。②旅じたくをする。③むすばれて、自由にならない。④団結する。かたく結びあう。二チエシュー jiéshù 現しめくくり。始末(しまつ)をつける。

【結滞(滯)】(けったい) 脈はくがとどこおる。脈が不規則になる。

【結託】(けったく) 力を合わせ、助けあう。ぐるになる。

【結着】(けっちゃく) ①結びつける。②国決定する。きまりがつく。落着(らくちゃく)。＝決着

【結党(黨)】(けっとう(たう)) ①仲間をつくる。②政党など、ある一つの主義をもつ団体をつくる。

【結納】一(けつのう(なふ)) ①相手にとりいって深くまじわる。結託。②礼物を贈って約束する。③婚約の成立したしるしに、両家で取りかわす儀礼上の品物。納采(のうさい)。ゆいのう。二(ゆいのう(ゆひなふ)) 国一の③に同じ。

【結髪】㊀①髪をゆう。ゆった髪。②結婚の晩、男女が髪をゆうこと。夫婦になること。③元服すること。男子は二十歳、女子は十五歳で髪をゆって成人になる。④元服する年ごろ。⑤本妻。㊁国たばねておく女の髪。

【結尾】むすび。結末。

【結氷】氷が張る。また、その氷。

【結末】事の終末。しめくくり。

【結了】おわる。おわり。

【結緑(綠)】宋国にあったという宝玉の名。

【結論】㊀議論しつくして出した、最終的な見解。㊁ jié-lùn 現㊀に同じ。

▽団結・完結・妥結・直結・集結・連結・凍結・秘結・帰結・締結・凝結・鬱結・起承転結

糸6【絜】〔12〕㊀ケツ漢 ㊁ケツ漢 ㊀入屑 jié チエ ㊁入屑 xié シエ J①9004 補5172 U7D5C

意味 ㊀①よごれていない。清らか。「絜白」②ととのえる。㊁はかる。計りかぞえる。計り比べる。

【絜矩】さしがね(矩)ではかる。〖――之道〗自分の心をものさしとして、他人の心を思いやる道徳的法則。思いやり。〈大学〉

【絜行】清潔な行い。品行を正しくすること。

糸6【絢】〔12〕入 ケン漢 去霰 xuàn シュワン J1628 補 U7D62

意味 ①〈あや〉模様があって美しい。②輝く。いろどりを添える。③早い。＝侚

解字 形声。糸が形を表し、旬が音を示す。旬には、ゆきわたるという意味がある。絢は、もようができあがった布。音ケンは、旬の音ジュンの変化。

名前 じゅん

【絢飾】きらびやかに飾る。

【絢爛】①いろどり美しく、きらびやかなさま。②詩歌・文章の字句が美しいこと。

糸6【絝】〔12〕コ漢 去遇 kù クー J5173 補 U7D5D

意味 ももひき。はかま。＝袴・褲「絝下」

糸6【絞】〔12〕常 コウ しぼる・しめる・しまる J2542 補 U7D5E

旧字 糸6【絞】〔12〕 U補J

㊀コウ(カウ)漢 キョウ(ケウ)呉 ㊀上巧 jiǎo チアオ
㊁コウ(カウ)漢 キョウ(ケウ)呉 ㊁平肴 xiáo シアオ

筆順 ㄑ 幺 幺 糸 糸 紅 紵 紋 絞

意味 ㊀①〈くび・る〉〈し・める(―・む)〉〈しま・る〉首をしめる。首をしめて殺す。「絞戮」②〈しぼ・る〉強く圧して水分をとる。③くくる。しばる。④なわをなう。⑤きびしい。さしせまる。「絞直」⑥そしる。悪口をいう。⑦湖北省にあった国の名。㊁①死者の衣服をしばる帯。②あさぎ色。国①〈しぼ・る〉㋐むりにとりあげる。㋑写真機のレンズの口径をせばめる。②〈しぼり〉㋐しぼり染め。㋑写真機のレンズの口径のとじぐあい。

解字 形声。糸が形を表し、交が音を示す。交には、互いちがいという意味がある。絞は、ひもを互いちがいに交差させてしぼることで、くびる意味を表す。

【絞縊】首をくくる。首をしめる。

【絞殺】「絞首」に同じ。

【絞首】首をしめて殺す。「絞首刑」

【絞染】国布地のところどころを、糸でくくって染める方法。

糸6【絎】〔12〕コウ漢 去敬 (カウ) háng ハン J6914 補 U7D4E

意味 ①衣服のへり。②わた入れのわたが動かないように、あらく縫う。国〈く・ける(―・く)〉縫いめが見えないように縫う。

糸6【絖】〔12〕コウ漢 去漾 (クヮウ) kuàng コワン J6913 補 U7D56

意味 わた。国〈ぬめ〉書画をかくのに用いる、つやのある絹。

糸6【絳】〔12〕コウ漢 去絳 (カウ) jiàng チアン J6912 補 U7D73

意味 ①〈あか〉濃い赤色。「絳衣」②染料とする草の名。③地名。春秋時代、晋の都。今の山西省翼城県。

【絳河】天の別称。

【絳裙】あかいもすそ。転じて、芸妓のこと。

【絳幘】赤い頭巾。赤い帽子。

【絳唇】赤いくちびる。＝絳脣

【絳繒】絳はかとりぎぬ(細かく堅く織った絹)。赤いかとりぎぬ。

【絳帳】①赤い色の、たれ幕。絳帷。②先生の席。また、学者の書斎。

【絳羅】赤いうすぎぬ。

糸6【絗】〔12〕コツ漢 入月 ゴチ呉 hú フー J 補5169 U7D57

意味 絹糸がからまる。

糸6【紫】〔12〕常 シ むらさき シ漢 上紙 シ呉 zǐ ツー J2771 補 U7D2B

筆順 ｜ ト 止 此 此 些 紫 紫 紫

意味 〈むらさき〉青と赤との間色。国〈むらさき〉①むらさき草。むかしは根から染料をとった。武蔵野の特産。②しょうゆの別名。

解字 形声。糸が形を表し、此が音を示す。此には、疵と同様に、ふぞろい、きず、という意味がある。紫は、青と赤とのまじった間色の布で、ふぞろいで人をまどわせる色である。

名前 むら 地名 紫波 難読 紫陽花・紫雲英

参考 此を五画に数え、総画数を十一画とする場合もある。

【紫衣】㊀しい 紫色の衣服。㊁しえ 仏僧が着る紫色の袈裟。諸侯や道士が用いた。

【紫葳】草の名。のうぜんかずら。七、八月ごろ赤い花をつける。凌霄花。

【紫雲】①めでたい前じらせをあらわす、紫色の雲。②念仏修行をする人の臨終のとき、極楽から迎えに来られる弥陀三尊が乗るという、紫色の雲。〖――英〗草の名。れんげそう。

【紫炎(「焔」)】紫色のほのお。

【紫苑】㊀紫の花園。㊁草の名。初秋に紫の花をつける。しおに。＝紫菀

【紫煙】①紫色の煙。もや。②たばこの煙。③山の水蒸気が日光をうけて紫色に見えるさま。「日照香炉生紫煙」(日は香炉峰を照らし、山一帯が紫色にけむって見える。)〈李白の詩・望廬山瀑布〉

【紫豔】紫色に、つややかなさま。

【紫菀】「紫苑」の㊁に同じ。

【紫霞】①紫のかすみ。②仙人の宮殿。

【紫外線】理電磁波の中で、波長がX線よりも長く、可視光線(光)より短いもの。目には見えないが、太陽光線中に含まれ、そのスペクトルは、可視光線のスペクトルの紫

竹米糸←缶网(罒・罓)羊(⺶)羽(羽)老(耂)而耒(耒)耳 6画 聿肉(月)臣自至臼(臼)舌舛(舛)舟艮色艸(艹・艹)虍虫血行衣(衤)襾(西)

色の外側に現れる。化学線。↕赤外線・熱線
【紫綺】しき あかむらさき色のあや絹。
【紫宮】しきゅう(きう) ①星座の名。「紫微」に同じ。②天子の宮殿。③仙人の住む所。④道教の寺院。
【紫虚(虛)】しきょ 天のこと。
【紫極】しきょく 天子の位。
【紫金】しきん あかがね。赤銅。
【紫禁】しきん 天子の住居。皇居。【――城】しきんじょう(じやう) 明・清両朝の宮城。南京の紫禁城は明の太祖が、北京の紫禁城は明の成祖が作り、清末まで宮城となっていた。
【紫荊】しけい マメ科の落葉樹。はなずおう。四月ごろ、紅紫色の小さな花が群生する。観賞用。
【紫紺】しこん 紫がかった紺色。
【紫芝】しし 薬草の名。きのこの一種。ひじりだけ。
【紫霄】ししょう(せう) 宮中。霄は雲。
【紫宸殿】ししんでん ①天子の宮殿の名。②国平安時代以後、宮中の正殿。即位式などの大礼が行われる。ししいでん。
【紫翠(翆)】しすい ①山の色の形容。②宝玉の名。
【紫石】しせき 紫の水晶。人の眼光をたとえていう。
【紫髯緑(綠)眼】しぜんりょくがん 赤黒いほおひげと、青い目。中国西方の異民族の、顔かたちの形容。「紫髯緑眼胡人吹」〈岑参の詩・胡笳歌〉
【紫蘇】しそ においの良い草。葉と実を食用にする。
【紫檀】したん 熱帯産の香木。堅くて、つやがあり、上等の建築・家具材として珍重される。
【紫団(團)】しだん 山名。山西省壺関県の西方にある。薬用にんじんの名産地。
【紫壇】しだん むらさき貝をしきつめた祭壇。祭壇に色のある貝を美しくしきつめてあること。「蓀壁兮紫壇」〈楚辞・湘夫人〉
【紫庭】してい ①宮城の庭。②転じて、皇居のこと。
【紫電】しでん ①紫色に光るいなずま。②早いさま。③するどい目の光。
【紫陌】しはく 都の道路。
【紫微】しび ①星座の名。紫微垣ともいう。十五星よりなり、北斗星の北にある。天帝の居所という。紫宮。②王宮の意。③中書省の別名。
【紫薇】しび ミソハギ科の落葉樹。幹の皮が滑らかで、八、九月ごろ、赤い小さな花が咲く。さるすべり。百日紅。
【紫陽花】しようか(やうくゎ)・あじさい(あぢさゐ) ユキノシタ科の落葉低木。初夏に白い花をつけ、やがて紫・薄赤色に変わる。
【紫嵐】しらん 紫色に見える山の気。
【紫騮】しりゅう(りう) 黒いくり毛の馬。

糸6 【絑】〔12〕 シュ 漢 平 虞 zhū チュー U補J 7D51 5167
意味 ①あか。=朱。②赤い絹布。

糸6 【絨】〔12〕 標 ジュウ 漢 平 東 róng ロン U補J 7D68 6916
意味 ①目の細かい布。②軟らかい毛をもった織物。③刺繡に用いる絹糸。
【絨毯】じゅうたん 地の厚い毛織物。敷物・壁掛などに用いる。=絨緞・絨氈

糸6 【絮】〔12〕 ショ 漢 去 御 xù シュイ ジョ 慣 U補J 7D6E 6917
意味 ①まゆから作ったわた。まわた。古いまわた。②もめんのわた。③わたのように白くて軽いもの。「柳絮」「絮纊」④わたいれ。⑤くどい。くどくどしい。「絮説」「絮煩」⑥絮絮は、ためらうさま。
【絮衣】じょい 綿入れのきもの。

糸6 【絏】〔12〕 セツ 漢 入 屑 xiè シエ U補J 7D4F 6918
意味 =紲 ①きずな。牛馬をつなぐつな。②しばる。③縲絏は、牢屋。

糸6 【絶】〔12〕 学5 ゼツ たえる・たやす・たつ セツ 漢 ゼチ 呉 入 屑 jué チュエ U補J 7D76 3268
旧字 糸6 【絕】〔12〕 ゼツ 慣 U補J 7D55

筆順
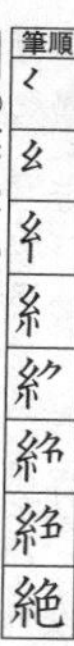

意味 ①〈た・つ〉㋐ふたつに分ける。㋑やめる。とどめる。「絶食」㋒へだてる。㋓ことわる。こばむ。「謝絶」②〈た・える(―・ゆ)〉きれる。「断絶」③つきる。ほろびる。「絶滅」④死ぬ。「絶命」⑤〈たや・す〉㋐なくなるようにする。㋑ほろぼす。⑥まずしい。⑦すぐれる。「絶景」⑧かけ離れている。⑨けわしい。⑩〈たえて〉けっして。全く。⑪〈はなはだ〉非常に。⑫〈わた・る〉よこぎる。⑬詩の形式の一つ。絶句。

解字  形声・会意。糸と刀と卩を合わせた字で、卩が音を示すとともに、切・截と同じ音で、切る意味を含む。絶は、糸を刀で断ち切ることである。

名前 たう・たえ

【絶異】ぜつい ひどく他と異なる。
【絶域】ぜついき(ゐき) 「絶境」に同じ。
【絶遠】ぜつえん(ゑん) はるかに遠い。①交わりをたち切り、遠ざける。②はなはだ遠い。
【絶縁(緣)】ぜつえん ①関係をなくす。縁をたちきる。②熱や電流が、通じないようにする。【――体(體)】ぜつえんたい 熱や電流を他に伝えない物体。
【絶佳】ぜっか まことに美しい。絶好。「風光絶佳」
【絶家】ぜっか・ぜっけ あとつぎのない家。
【絶海】ぜっかい ①海を渡ってゆく。②陸地から遠く離れた海。「絶海の孤島」
【絶学(學)】ぜつがく 途中で中絶した学問。学問をやめる。
【絶壑】ぜつがく 奥深くけわしい谷。
【絶奇】ぜっき まことに珍しいさま。
【絶叫】ぜっきょう(けう) 声の出るかぎり叫ぶ。
【絶境】ぜっきょう(きやう) けがれた世間から、遠くかけ離れた土地。
【絶句】ぜっく ①漢詩の一体。五言または七言を一句とし、四句から成り立つ。②途中で、ことばにつまる。
【絶景】ぜっけい 非常に美しいけしき。絶勝。
【絶弦(「絃」)】ぜつげん 伯牙は琴の名手で、親友の鍾子期はそれをよく理解したが、鍾子期の死を聞くと、伯牙は琴の弦を断ち切って二度と琴を弾かなかったという故事。転じて、親友の死のこと。〈呂覧・本味〉
【絶巘】ぜつげん そびえたつ山。高い山。
【絶後】ぜつご ①またと出ることがない。「空前絶後」②死後。③あとつぎがいない。
【絶交】ぜっこう(かう) 交際をたち切る。つきあいをやめる。
【絶好】ぜっこう(かう) ①非常によい。「絶好の機会」②つきあいをやめる。よしみをたつ。
【絶塞】ぜっさい 遠方のかけはなれた土地にあるとりで。
【絶賛(贊・「讃」)】ぜっさん 非常にほめたたえること。この上なくほめる。
【絶唱】ぜっしょう(しやう) すぐれている詩歌・文章。
【絶勝】ぜっしょう ①非常にすぐれる。②けしきの非常に美しい所。絶景。③地形がきわめて有利な要地。
【絶色】ぜっしょく すぐれた顔かたち。なみはずれた美人。
【絶食】ぜっしょく 食事をとらないこと。断食。
【絶塵】ぜつじん(ぢん) ①世の中から遠ざかる。②きわめて早く走ること。
【絶衰】ぜっすい 絶え衰える。関係が絶え、交情が衰える。「長命

無ニ絶衰一」（命長く、いつまでも心変わりしない。）〈古詩・上邪〉

【絶世】①比べるものもないほどすぐれていること。「絶世の美人」②子孫が絶えはてる。

【絶足】すぐれて早い足。駿馬。また、すぐれた人物。

【絶息】①息が絶える。絶命。②とぎれて、なくなる。

【絶俗】①世間との関係をたちきること。②普通のものよりはるかにすぐれる。脱俗。

【絶対(對)】■一 ①他に並ぶものがない。↕相対 ②すべての差別を超越すること。③他から何の制約も受けない。④まったく。どうしても。■二 juéduì 現■一に同じ。【――者】主体と客体、精神と物質、時間と空間というような、対立や差別の立場を離れて、それ自身で存在するもの。神。【――零度】物理的にそれ以上低い温度がないと考えられる温度。摂氏零下二七三・一五度のこと。

【絶大】極めて大きい。この上なく大きい。莫大。甚大。

【絶代】①世に並ぶ者のないほどすぐれていること。②かけ離れた遠い時代。

【絶体(體)絶命】のがれる方法もないほど、こまった状態。からだも命もきわまるの意。

【絶頂】①ものごとの頂点。②山のいちばん高いところ。

【絶倒】①ころがり笑う。「捧腹絶倒」②感激のあまり、倒れる。③ひどく悲しむ。

【絶版】書物の版木や、印刷の版をこわし、以後、印刷・発行をしないこと。

【絶筆】①死ぬ直前に書いた筆跡。②筆を置いて書くことをやめる。擱筆。③このうえなくすぐれた筆跡。

【絶品】非常にすぐれた品・作品。

【絶壁】切り立ったがけ。

【絶望】望みがなくなる。失望。

【絶妙】きわめてすぐれている。文章や書画が、非常にうまいこと。

【絶無】少しもないこと。絶対にないこと。皆無。

【絶命】命が絶える。死ぬこと。絶息。「絶体絶命」

【絶滅】①滅びたえる。②滅ぼし絶やす。

【絶倫】人なみはずれること。非常にすぐれていること。「精力絶倫」

◆中絶・気絶・壮絶・杜絶・卓絶・拒絶・根絶・断絶・悶絶・廃絶・隔絶・謝絶

糸6
【経】
〔12〕テツ (漢) (入) 屑 dié ティエ　U補J 7D70 5177 ②8426

[意味] 喪中に頭と腰につける麻の帯。

糸6
【統】
〔12〕 [学] 5　トウ すべる　トウ (漢) (去) 宋 tǒng トン　U補J 7D71 3793

[筆順] く 幺 糸 糸 紅 統 統 統

糸7【綂】〔13〕俗字　U補J 7D82 5183

[意味] ①いとぐち。糸のはじまりの部分。②はじめ。③すじ。血すじ。「道統」④首領。⑤のり。きまり。「統紀」⑥〈す・べる(―・ぶ)〉 ㋐まとめる。「統一」 ㋑おさめる。支配する。「統御」

[解字]  形声。糸が形を表し、充が音を示す。充には順調に成長するという意味がある。統は、まゆから糸をとるときに、糸のはじまりをうまくひき出して伸ばすことで、いとぐち、根本の意味になる。また、長い糸の意味ともいう。

[名前] おさ・かね・すみ・つな・つね・のり・むね・もと・おさむ・すめる・つづき

【統一】■一 一つにまとめる。一統。■二 tǒngyī 現■一に同じ。

【統覚(覺)】㊖知覚を統一する。いろいろと知っている内容を一つの点に集中すること。

【統括】すべてをひとまとめにする。

【統轄】まとめ治める。

【統監】全体をまとめて監督する。また、その人。

【統御】ひとまとめにして治める。総御。

【統計】①ひとまとめにして計算する。②同じ種類の現象を集め、これを数字の上に表すこと。

【統合】一つにまとめあわせる。

【統帥】すべての軍隊をまとめてさしずする。また、その人。

【統制】①規則を作って、とりしまる。②まとめてとりしまる。統御。③官名。出征軍の司令官。

【統率】まとめひきいる。

【統治】■一 ①すべ治める。②国土・国民を支配する。■二 tǒngzhì 現■一に同じ。【――権(權)】国家・国民をまとめ治める権力。

【統領】すべての事をとりまとめ、さしずする。また、その人。かしら。総領。「大統領」

◆一統・血統・伝統・系統・総統

糸6
【絧】
〔12〕■一 トウ (漢) ■一 (去) 送 dòng トン　■二 トウ (漢) ■二 (平) 東 tóng トン　■三 トウ (漢) ■三 (平) 東 tōng トン　U補J 7D67 5175

[意味] ■一 鴻絧は、①まっすぐ走るさま。②次々に連なるさま。③深く遠いさま。■二 布の名。■三 広くまっすぐに通るさま。

糸6
【紱】
〔12〕フク (漢) ブク (呉) (入) 屋 fú フー　U補J 7D65 5174

[意味] 軾（車の前方にある横木）を覆う飾り。

糸6
【絣】
〔12〕 [標] ■一 ホウ(ハウ) (漢) ■一 (平) 庚 bēng ポン　■二 ヘイ (漢) ■二 (平) 庚 bīng ピン　U補J 7D63 6919

糸8【絣】〔14〕正字　U補J 2F96C

[意味] ■一 ①古代、氐族がさまざまな色の糸で織った布。②よろいをつなげるひも。③つぐ。続ける。④織る。⑤無地の布。■二 まじる。まざる。 国〈かすり〉 織物の一種。かすり模様の織物。飛白。

糸6
【絡】
〔12〕 [常] ラク　ラク (漢)(呉) (入) 薬 luò ルオ　からむ・からまる・からめる　U補J 7D61 4577

[筆順] く 幺 糸 糸 紗 終 絡 絡

[意味] ①質の良くないまわた。また、水にさらしてない麻。②きいと。③きずな。馬をつなぐつな。④〈まと・う（―・ふ）〉〈から・まる〉〈から・む〉〈から・める〉からみつく。まきつく。まつわる。⑤めぐらす。とりまく。「纏絡」⑥つづく。つながる。「連絡」⑦おおう。⑧網。網状のもの。⑨網状のもので頭をつつむ。⑩すじ。すじみち。「脈絡」⑪気血の通り道。「経絡」

[解字] 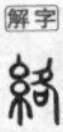 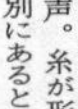 形声。糸が形を表し、各が音を示す。各には、おのおの別にあるという意味がある。絡は、別の糸ということであるが、その意味については、別々の糸をつなぐこと、まとめること、別の糸がからむこと、糸と別の状態で真綿になっていることなどと解する。音ラクは、各の音カクの変化。

[名前] つら・なり　[難読] 絡繰

【絡緯】くつわむし。または、こおろぎ・きりぎりす。

【絡繹】往来に人馬が続き絶えないさま。「金鞍絡繹向ニ侯家一」（金のくらをおいた馬にのった公子たちが、ひきもきらず、貴族の家に向かう。）〈盧照鄰の詩・長安古意〉

【絡頭】①頭にまといつけるもの。②馬のたてがみにつける飾り。おもがい。羈絡。
◇▼連絡・脈絡・籠絡

糸6【絫】〔12〕 ルイ 漢 上 紙 lěi レイ
U 7D6B 補 ― J ―
意味 ①重さの単位。黍六粒の重さ。また、一説に黍十粒の重さ。(↓付録「度量衡名称」) ②かさねる。＝累

糸6【絎】〔12〕 国字
U 25EFB 補 ②8421 J ―
意味〈きぬ〉絹。姓名に用いる。

糸6【絖】〔12〕 国字
U 2600C 補 ②8420 J ―
意味〈のみ〉船の浸水をふせぐ詰めもの。

糸6【緵】〔12〕 俗 ↓縷(九八六ページ・下)

糸6【絠】〔12〕 同 ↓緪(九七八ページ・上)

糸6【絍】〔12〕 同 ↓紝(九五八ページ・上)

糸6【絹】〔12〕 同 ↓絹(本ページ・中)

糸6【絲】〔12〕 旧 ↓糸(九五三ページ・上)

糸7【綖】〔13〕 一 エン 漢 一 平 先 yán イエン 二 セン 漢 二 去 霰 xiàn シエン
U 7D96 補 5192 J ―
意味 一 ①冠の前後に垂れるおおい。②ゆったりしている。二 糸。

糸7【絿】〔13〕 キュウ(キウ) 漢 平 尤 qiú チウ
U 7D7F 補 5181 J ②8428
意味 ①あわただしい。せっかちな。②求める。

糸7【継】〔13〕 常 ケイ つぐ
U 7D99 補 2349 J ―

旧字 糸14【繼】〔20〕 ケイ 漢 去 霽 jì チー
U 7E7C 補 6975 J ―

筆順 ㄑ 幺 糸 糸 糸' 糸⺷ 糸米 継

幺11【㡭】〔14〕 同字
U 386D 補 ― J ―
意味 ①〈つ・ぐ〉㋐受けつぐ。「継承」 ㋑つけ加える。増す。㋒つなぐ。つながる。続く。「継続」 ②〈つぎ〉よつぎ。あとつぎ。③〈ついで〉続いて。

解字  会意。糸と㡭とを合わせた字。㡭は、糸をたち切った形。繼は、切れたものを、糸でつなぐことである。他の説に、㡭が絶で、たち切ること、㡭は、その反対で、つなぐことであるとか、㡭という字自身が、切れた糸を一でつないでいる形ともいう。

名前 つね・ひで

【継起】前の人のあとをついで、盛んにする。再興。
【継子】一 けいし 二 まま こ 配偶者の子で自分とは血縁関係のないこども。国仲間外れにされる者。
【継嗣】あとつぎ。あととり。
【継室】妻の死後、新しく迎えた妻。のちぞい。後妻。
【継述】むかしの人の残した仕事を受けついで、それを明らかにする。紹述。
【継承】あとを受けつぐ。前人の身分・権利・義務・仕事などを受けつぐ。承継。
【継続(續)】一 つづけること。「継続審議」 二 現 一 に同じ。jìxù
【継体(體)】①祖先のあとをつぐ。②天子の位を受けつぐ。【──之君】あとつぎの君。皇太子。
【継父母】まま父と、まま母。

糸7【綌】〔13〕 ケキ 漢 入 陌 ゲキ 慣 xì シー
U 7D8C 補 5189 J ②8432
意味 あらく織った葛の布。↕絺

糸7【絹】〔13〕 学6 ケン きぬ
U 7D79 補 2408 J ―

旧字 糸7【絹】〔13〕 ケン 呉 漢 去 霰 juàn チュワン
U ― 補 ― J ―

筆順 ㄑ 幺 糸 糸 糸 糸口 絹 絹

糸6【絹】〔12〕 同字
U ― 補 ― J ―
意味〈きぬ〉蚕の繭からとった糸で織った織物。

解字  形声。糸が形を表し、肙が音を示す。肙は稍と通じて、麦の茎のことである。絹は、むぎわらの色、あさぎ色をした布をいう。一説に肙は、ぼうふらの丸くなる形で、絹は、まゆか生糸の丸くなっていることであろうという。

【絹素】書画をかくのに用いる白い絹。
【絹紬】作蚕(やままゆがに似た蚕)の糸で織った絹織物。＝絹紬
【絹本】①書画をかくのに用いる絹地。②絹地にかいた書画。↕紙本

糸7【綆】〔13〕 コウ(カウ) 漢 上 梗 gěng コン
U 7D86 補 5186 J ②8430
意味 ①つるべなわ。井戸水をくみあげるおけのなわ。②なわ。

糸7【綑】〔13〕 コン 漢 上 阮 kǔn クン
U 7D91 補 5191 J ―
意味 ①織る。②たたく。＝捆 ③現しばる。

糸7【綉】〔13〕 一 トウ 漢 一 去 宥 tòu トウ 二 シュウ(シウ) 漢 二 去 宥 xiù シウ
U 7D89 補 ― J 6921
意味 一 綿の一片。二 五色の糸で、模様を縫いとったもの。＝繡
参考 綉は「繡」(九八五ページ・中)の中国新字体としても使う。
【綉闥】縫いとりのある、小門の扉。一説に小窓。

糸7【綃】〔13〕 一 ショウ(セウ) 漢 一 平 蕭 xiāo シアオ 二 ソウ(サウ) 漢 ショウ(セウ) 呉 二 平 肴 shāo シャオ
U 7D83 補 5184 J ①9006
意味 一 ①きいと。②まだねらない絹布。③あやぎぬ。模様のある美しい絹。うすぎぬ。「綃縠」 二 舟の帆柱。
【綃帳】あや絹のとばり。

糸7【絛】〔13〕 トウ(タウ) 漢 ジョウ(デウ) 慣 平 豪 tāo タオ
U 7D5B 補 ― J 6922

糸11【縧】〔17〕 同字
U 7E27 補 5239 J ②8453
意味 ①うちひも。くみひも。②現絛虫 tāochóng は、人体の寄生虫の一つ。さなだむし。

糸7【綅】〔13〕 一 シン 漢 一 平 侵 qīn チン 二 セン 漢 二 平 塩 xiān シエン
U 7D85 補 5185 J ―
意味 一 糸。二 たて糸が黒く、横糸が白い絹布。祭服に用いる。

糸7【綏】〔13〕 一 スイ 漢 一 平 支 suí ソイ 二 タ 漢 二 上 哿 tuǒ トゥオ
U 7D8F 補 ― J 6923
意味 一 ①車中でからだをささえるためのひも。②〈やすん・じる(──・ず)〉やすらかにする。なぐさめる。③〈やす・い(──・し)〉やすらか。④しりぞく。退却する。二 ①たれる。さげる。＝妥 ②一 の②③に同じ。
【綏慰】やすんじなぐさめる。
【綏遠】①遠い地方を治めて平和にする。②中華民国時代の省名。現在の内モンゴル自治区内にある。
【綏懐(懷)】人民の気持ちを、安んじ、なつける。
【綏綏】①つれだって歩くさま。②雪などが降るさま。③ゆったりと落ち着いたさま。【──灑灑】水がさらさらと流れ落ちるさま。

【綏靖(靖)】気持ちを安め、静める。
【綏撫】いたわりやすんじる。

糸7【続】〔13〕学4 ゾク つづく・つづける U補J 3419 7D9A
旧字 糸15【續】〔21〕ショク 漢 ゾク 呉 入 沃 xù シュイ U補J 6984 7E8C

筆順 く 幺 糸 糸 紅 紆 続 続

意味 ①〈つづ・く〉〈つづ・ける(――・く)〉つらなる。つなげる。②〈つ・ぐ〉受けつぐ。③〈つづき〉前と同じことをくりかえす。二の舞。④つぎつぎに続くさま。⑤つぐなう。＝贖 ⑥姓。

解字 形声。糸が形を表し、賣が音を示す。賣は属と同じで、かける、続くという意味がある。續は、糸がつづくこと、糸をひっつけてつなぐことである。

名前 つぎ・ひで 難読 続飯

【続日本紀】書名。四十巻。六国史の一つ。「日本書紀」に続けて、延暦十六年(七九七)菅野真道らの著。文武天皇の元年から桓武天皇の延暦十年(七九一)までの間のことを書いた歴史書。
【続日本後記】書名。二十巻。六国史の一つ。貞観十一年(八六九)藤原良房らの編。仁明天皇の天長十年(八三三)から、嘉祥三年(八五〇)までの間のことを書いた歴史書。
【続弦(「絃」)】切れた琴の弦をつなぐ。転じて、二度めの妻を迎えること。
【続稿】原稿を書きつづけること。また、初編について」「出す、第二編。
【続皇清経(經)解】書名。二百九部、千四百三十巻。清代の王先謙編。清の阮元の「皇清経解」に続け、経書の研究を集めたもの。
【続出】あいついで、現れ出て来る。
【続続(續)】ひき続くさま。続いてたえないさま。
【続貂】①むやみに爵位を与えること。②他人の未完成の仕事を続けること。③りっぱなもののあとに、つまらないものが続くこと。〈晋書・趙王倫伝〉
【続文章軌範】書名。七巻。明の鄒守益の著。周末から明までの文を選んだもの。宋の謝枋得の「文章軌範」の例にならって編纂してある。
【続編】正編や本編に続く書物。
◆手続・継続・永続・存続・持続・相続・断続・接続・勤続

糸7【絺】〔13〕一 チ 漢 呉 平 支 chī チー 二 チ 漢 上 紙 zhǐ チー U補J ①9005 7D7A
意味 一 ①細かく織った葛布。↕綌 「絺衣」②かたびら。葛布で作った衣。細衣。二 刺繡。
【絺綌】絺と綌(あらく織ったくず布)。ひとえもの。

糸7【綈】〔13〕テイ 漢 平 斉 tí ティー U補J ②8431 7D88
意味 あつぎぬ。ふとおりの絹織物。つむぎ。
【綈袍】どてら。厚い綿入れ。

糸7【綍】〔13〕フツ 漢 入 物 fú フー U補J 5190 7D8D
意味 ①棺をひくなわ。②大づな。転じて、天子の下す詔書。「綸綍」

糸7【絻】〔13〕一 ベン 漢 メン 呉 上 銑 miǎn ミエン 二 ブン 漢 モン 呉 去 問 wèn ウエン U補J 5180 7D7B
意味 一 かんむり。＝冕 二 服喪の際、頭にまく布。

糸7【綁】〔13〕ホウ 漢 (ハウ) 上 養 bǎng パン U補J 5182 7D81
意味 ①しばる。②かどわかす。

糸7【絽】〔13〕リョ 漢 ロ 呉 上 語 lǚ リュイ U補J 6924 7D7D
意味 国〈ろ〉薄くて織りめの透いた絹織物。

糸7【綛】〔13〕国字 U補J
意味 衣服をぬう。

糸7【綛】〔13〕同字 U補J 6925 7D9B
意味 ①〈かすり〉織物の名。かすり模様の織物。②〈かせ〉桛からはずした糸。

糸7【經】〔13〕旧 ↓経(九六〇ページ・下)
糸7【絸】〔13〕古 ↓繭(九八四ページ・上)
糸7【[糸+赤]】〔13〕同 ↓織(九八四ページ・中)
糸7【綟】〔13〕俗 ↓綟(九七六ページ・中)
糸7【絧】〔13〕俗 ↓絅(九六二ページ・上)
糸7【綋】〔13〕同 ↓紘(九五六ページ・中)
糸7【綂】〔13〕俗 ↓統(九六九ページ・中)

糸8【維】〔14〕常 イ イ(ヰ) 漢 ユイ 呉 平 支 wéi ウエイ U補J 1661 7DAD

筆順 幺 糸 糸 紆 紆 紆 維

意味 ①太いつな。ものを結ぶつな。②すじ。すじみち。法則。「綱維」③〈つな・ぐ〉結びつける。④ささえる。たもつ。「維持」⑤おもう。はかる。＝惟 ⑥隅。⑦〈これ〉〈ただ〉語調を整える語。＝唯

解字 形声。糸が形を表し、隹が音を示す。隹は、太く短いとか、強いという意味を含む。維は、車のかさをしっかりとつなぐ太い綱のことである。

名前 しげ・すけ・すみ・ふさ・まさ・ゆき・たもつ 地名 維納

【維綱】①大きなつな。②大きなつなで、つなぎ止める。③のり。法則。
【維持】もちつづける。もちこたえる。つなぎ持つ。
【維新】①すべてが改められ、新しくなる。「周雖旧邦、其命維新」(周は、国としては古いが、王者たるべく受けた天命は新しい。)〈詩経・文王〉②政治が新しく改められる。③国明治維新のこと。
【維縶】つなぐ。むすびつける。
【維斗】北斗星の別名。
【維摩】仏人名。釈迦の教えを受け、在家のままで仏道を修行した。
【維護】wéihù 現守る。
◆四維・国維・皇維・綱維・繊維・人造繊維

糸8【緎】〔14〕ヨク 漢 イキ(ヰキ) 慣 入 職 yù ユイ U補J 5216 7DCE
意味 縫い目。皮の衣の縫い目。

糸8【綶】〔14〕カ 漢 呉 (クワ) 上 哿 guǒ クオ U補J ②8438 7DB6
意味 まとう。まつわる。くくる。

糸8【綺】〔14〕人 キ 漢 上 紙 qǐ チー U補J 6926 7DBA
意味 ①あや絹。模様のある絹織物。②〈あや〉いろ。つや。かがやき。③美しい。「綺雲」④年がわかい。「綺年」

解字 会意・形声。糸と奇を合わせた字。奇は音をも示す。また、奇は片より、曲がる意があり、模様を表す。綺はあや絹(文繒)をいう。

姓 綺

参考 新表記では、「奇」に書きかえる熟語がある。

竹米糸缶网(罒・⺲)羊(⺶)羽(羽)老(耂)而耒(耒)耳 6画 聿肉(月)臣自至臼(臼)舌舛(舛)舟艮色艸(艹・艹)虍虫血行衣(衤)襾(覀)

【綺雲】(きうん) 美しい雲。

【綺筵】(きえん) 美しいむしろ。

【綺霞】(きか) 美しいかすみ。美しい夕焼け。

【綺閣】(きかく) 美しい高殿。

【綺紈】(きがん(ぐゎん)) あや絹と、ねり絹。

【綺語】(きご) ①美しく飾ったことば。②詩文・小説などで、うまく修飾したことば。③㊀十悪の一つ。事実をかくして、いつわり飾ったことば。「狂言綺語」

【綺穀】(きこく) 模様を織り出したうす絹。

【綺窓】(きそう(さう)) 美しい窓。彫り物で飾った窓。「来日綺窓前(らいじつきそうのまえ)」(あなたが来られる日、あの美しい窓の前に。)〈王維(おうい)の詩・雑詩〉

【綺談】(きだん) おもしろく仕組んだ話。

【綺帳】(きちょう(ちゃう)) あや絹のとばり。あや織り絹のカーテン。

【綺靡】(きび) はでな美しさ。はなやかで美しい。華美。

【綺羅】(きら) ①模様のある絹と、うすい絹。②美しい着物の形容。また、はなやかなさま。③国栄華をきわめるさま。【――星】(きらぼし) 国大空に無数に光る星。「綺羅、星のごとく」を読み誤ってできた語。

【綺麗】(きれい) ①美しい。うるわしい。②国いさぎよい。清い。③国残りなく。

糸8 【綦】〔14〕 キ 漢 平 支 qí チー U 7DA6 補 5202 J ①9009

意味 ①青緑色の絹。「綦巾(ききん)」②あやぎぬ。③くつのひも、または飾り。④足あと。「綦迹(きせき)」⑤きわめる。きわめて。

糸8 【綮】〔14〕 一ケイ 漢 一去 霽 qǐ チー 二ケイ 漢 二去 径 qìng チン U — 補 — J —

糸8 【綮】〔14〕俗字 U 7DAE 補 6927 J —

意味 一①きめ細かい絹。②はたじるし。二肯綮(こうけい)は、骨と肉のつながりめ。物事の要点。

糸8 【綣】〔14〕 ケン 漢 上 阮 quǎn チュワン U 7DA3 補 6928 J —

意味 ①ちぢむ。②ねんごろなさま。
【綣繾】(けんけん) 深く慕い、つきまとって離れないさま。

糸8 【綱】〔14〕 常 **コウ** **つな** コウ(カウ) 漢 呉 平 陽 gāng カン U 7DB1 補 — J 2543

筆順
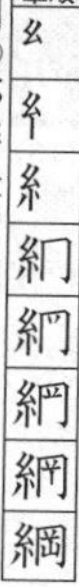

意味 ①〈つな〉太いつな。あみづな。②物事をおさめる原則。「綱紀」③人として守るべき道。「綱常(こうじょう)」④同類のうちでさらに分けた大きな区分。「綱目」⑤すべる。まとめる。⑥つなぐ。⑦ならび。行列。⑧大量の貨物を輸送するため組織された船団。

解字 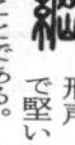 形声。糸が形を表し、岡(かう)が音を示す。岡は、まっすぐで堅いという意味。綱は、ピンと張った太くしっかりしたつなのことである。

参考 「網(もう)」は別字。

【綱維】(こうい(かうゐ)) ①大きなつなでつなぎとめる。②国家の法律のこと。③三綱(君臣・父子・夫婦のそれぞれの間に守られなければならない道)と四維(礼・義・廉(れん)・恥)。

【綱紀】(こうき(かう)) ①大きなつなと、小さなつな。国家を治める大きい法律と、小さい法律。紀綱。綱維。綱条。②国家を統べ治める。③地方の役所で、各部を総轄する役。府の長史・司馬、州の別駕(べつが)・治中(ちちゅう)、郡の主簿・功曹(こうそう)など。【――粛(肅)正】(こうきしゅくせい) 役人の不正をただし、規律の乱れたのをただすこと。

【綱常】(こうじょう(かうじゃう)) 人が行動するのに守らなければならない道徳である、三綱(君臣・父子・夫婦の道)と五常(仁・義・礼・知・信)の略。

【綱目】(こうもく(かう)) 物事を整理・分類するときの、大きな見出し(綱)と、小さな見出し(目)。

【綱要】(こうよう(かうえう)) 物事のいちばんだいじなところ。かなめ。要点。要綱。

【綱領】(こうりょう(かうりゃう)) ①物事のたいせつな点。眼目。②団体の行動目標などを要約したもの。
◇大綱(たいこう・おおづな)・要綱(ようこう)・紀綱(きこう)・横綱(よこづな)

糸8 【緄】〔14〕 コン 漢 上 阮 gǔn クン U 7DC4 補 5211 J —

意味 ①帯。「緄帯」②なわ。③縫う。④緄夷(こんい)・緄戎(こんじゅう)は、西方の少数民族。音 hùn フン。

糸8 【綵】〔14〕 サイ 漢 呉 上 賄 cǎi ツァイ U 7DB5 補 6929 J —

意味 ①〈あや〉色どり。模様。「綵雲(さいうん)」「綵糸」「五綵」②あやぎぬ。模様のある絹。「綵帛(さいはく)」

【綵衣】(さいい) いろいろの模様をかいた着物。

【綵雲】(さいうん) 美しい色の雲。＝彩雲
【綵花】(さいか(くゎ)) つくり花。造花。＝綵華
【綵舟】(さいしゅう(しう)) 美しく飾った舟。綵船。

【綵章】(さいしょう(しゃう)) あや模様。

【綵帳】(さいちょう(ちゃう)) 美しい色の絹のカーテン。

【綵筆】(さいひつ) 五色に色どった筆。

【綵房】(さいぼう(ばう)) 美しく塗ったへや。

糸8 【綷】〔14〕 サイ 漢 呉 去 隊 cuì ツォイ U 7DB7 補 5207 J ②8439

糸4 【紣】〔10〕俗字 U 7D23 補 5154 J ①8993

意味 ①五色の糸で織った絹布。②五色。③まじえる。あわせる。

糸8 【緇】〔14〕 シ 漢 呉 平 支 zī ツー U 7DC7 補 6930 J —

糸9 【緇】〔15〕本字 U 2F96E 補 — J —

糸3 【䊷】〔9〕同字 U 42B7 補 — J —

意味 ①黒い絹。②〈くろ・い(――・し)〉黒色の。③墨染めの僧衣。④僧侶(そうりょ)。⑤黒くそめる。

【緇衣】(しい) ①黒い服。②坊さんの衣。③坊さん。僧侶。

【緇黄】(しこう(くゎう)) ①黒と黄色。②僧と道士。黄は道士の冠の色。

【緇塵】(しじん(ぢん)) ちりによごれる。世俗のけがれのこと。

【緇素】(しそ) ①黒と白。②僧と俗人。

【緇徒】(しと) 坊さん。僧侶。緇侶(しりょ)。緇流(しりゅう)。

【緇流】(しりゅう(りう)) 黒い衣を着る人の意で、僧のこと。

糸8 【綽】〔14〕 標 シャク 漢 入 薬 chuò チュオ U 7DBD 補 6931 J —

意味 ①〈ゆるやか〉ゆったりしている。「綽然」②しとやか。たおやか。③吹きはらう。④つかみ取る。音 chāo チャオ。

【綽号(號)】(しゃくごう(がう)) 「綽名(しゃくめい)」に同じ。

【綽綽】(しゃくしゃく) ゆったりして、こせつかぬさま。「綽綽有二余裕一(しゃくしゃくとしてよゆうあり)」〈孟子・公孫丑(こうそんちゅう)下〉

【綽名】(しゃくめい) 人の顔かたち・くせなどによってつける呼び名。「渾名(あだな)」

【綽約】(しゃくやく) ①弱々しいさま。②しとやかなさま。「其中綽約多二仙子一(そのなかにしゃくやくとしてせんしおおし)」(その御殿にはしとやかな仙女が大勢住んでいる。)〈白居易(はくきょい)の詩・長恨歌(ちょうごんか)〉

糸8 【綬】〔14〕 標 ジュ 呉 シュウ(シウ) 漢 去 宥 shòu ショウ U 7DAC 補 — J 2890

意味 ①官職をあらわす、印や佩玉(はいぎょく)をつける絹のひも。②絹のくみひも。糸をあんで作ったひも。国〈じゅ〉勲章・褒章(ほうしょう)などをつるすひも。
【解レ綬】(じゅをとく) 印をつけるひもをとき去る。官職をやめる。辞職。挂冠(けいかん)。↕結レ綬(じゅをむすぶ)
【結レ綬】(じゅをむすぶ) 印綬を結ぶ。役人に任官すること。

▽大緅・小緅・略緅・紫緅

糸8【緅】〔14〕 シュウ(シウ) 漢 平 尤 zōu ツォウ U補J 7DC5 5212

意味 ①青と赤の間の色のきぬ。また、その色。②濃い青色。「紺緅」

糸8【綧】〔14〕 ■シュン 漢 ジュン 慣 ■ 上 軫 zhǔn チュン ■シュン 漢 ■ 去 震 zhùn チュン U補J 7DA7 5203 ②8436

意味 ■①布の幅。＝純・淳 ②標準。基準。＝准・準 ■絹糸がもつれる。

糸8【緒】〔14〕 常 ショ・チョ お U補J 7DD2 2979
旧字 糸9【緒】〔15〕 人 ショ 漢 チョ 慣 上 語 xù シュイ U補J 7DD6 ①9012

筆順 幺 糸 糹 紶 緒 緒 緒 緒

意味 ①〈いとぐち〉㋐糸のはし。㋑物事の初め。おこり。②順序。次第。「緒次」③すじ。系統。④断ちきれない気持ち。情緒。「思緒」⑤しごと。事業。⑥残り。余り。「緒余」⑦姓。国〈お(を)〉①糸。ひも。②げたの鼻緒。

解字 形声。糸が形を表し、者が音を示す。者には、集める、置く、の意味を含む。緒は、まゆの糸をつむぐときに、引き出してまとめるいとぐちをいう。

名前 つぐ

【緒業】(しょぎょう(げふ)) やりはじめた事業。
【緒言】(しょげん) 書物や論文のはじめに書くことば。はしがき。序言。序文。
【緒正】(しょせい) たずねただすこと。
【緒戦(戰)】(しょせん・ちょせん) 戦いはじめ。第一回めの戦い。
【緒風】(しょふう) ①なごりの風。余風。②続いて吹く風。
【緒余(餘)】(しょよ) ①使い残した、あまり。②仕事の余力。③本業以外の余技。
【緒論】(しょろん・ちょろん) 前おき。序説。叙論。
『就レ緒』(しょにつく・ちょにつく) 事業をやりはじめる。成功の糸口が開ける。
▽由緒・情緒・端緒

糸8【綜】〔14〕 ショウ 漢 平 冬 シュ 呉 zōng ツォン U補J 7DC3 5210

意味 ①衣服の縁飾り。レースの類。②車馬の装飾。

糸8【緌】〔14〕 ズイ 漢 平 支 ruí ロイ U補J 7DCC 5214 ①9011

意味 ①冠のたれひも。「緌纓」②緌緌は、たれ下がるさま。③せみの口。国〈おいかけ〉武官が、冠の両耳の上につけた毛の飾り。菊花を半切にした形のもの。老懸。

糸8【緀】〔14〕 セイ 漢 平 斉 サイ 呉 qī チー U補J 7DC0 ②8440
糸5【紕】〔11〕 同字 U補J 7D2A 5156

意味 絹布のあや模様の美しいさま。

糸8【緆】〔14〕 セキ 漢 入 錫 xì シー U補J 7DC6 5213

意味 ①上質の麻の布。②すその飾り。

糸8【綪】〔14〕 ■セン 漢 ■ 去 霰 qiàn チエン ■ソウ(サウ) 漢 ■ 平 庚 zhēng チョン U補J 7DAA 5204 ②8437

意味 ■①茜草。また、茜草で染めたきぬ。②赤色。あかね色。③青赤色。■かがむ。屈する。

糸8【綫】〔14〕 セン 漢 去 霰 xiàn シエン U補J 7DAB 6932

意味 ①糸。細い糸。＝線 ②線。細長いもの。

糸8【総】〔14〕 学5 ソウ U補J 7DCF 3377
旧字 糸11【總】〔17〕 ソウ 漢 呉 上 董 zǒng ツォン U補J 7E3D 6933

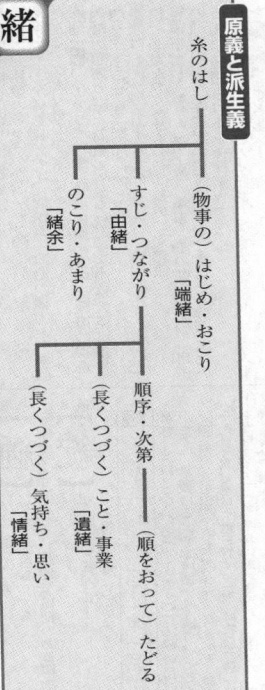

緒

原義と派生義

糸のはし ─ (物事の) はじめ・おこり 「端緒」
　├ すじ・つながり 「由緒」 ─ 順序・次第 ─ (順をおって) たどる
　│　　├ (長くつづく) こと・事業 「遺緒」
　│　　└ (長くつづく) 気持ち・思い 「情緒」
　└ のこり・あまり 「緒余」

筆順 幺 糸 糹 紒 絵 総 総 総

糸9【緫】〔15〕 同字 U補J 7DEB 5224
手11【摠】〔14〕 同字 U補J 6460 3268 ①8490

意味 ①〈す・べる(――・ぶ)〉㋐集める。㋑まとめて一つにする。たばねる。㋒おさめる。とりしまる。ひきいる。「総理」「総統」②つなぐ。結ぶ。③〈すべて〉みな。「総目」④〈ふさ〉色糸を集めくくった飾り。また、車馬の飾り。⑤たとい。たとえ…でも。⑥唐代の州名。今の雲南省塩津県南。

解字 形声。糸が形を表し、悤が音を示す。悤は、叜と同じく、おさめる、ちぢめるという意味を含む。總は糸をまとめてくくることで、広く、髪をたばねる、いねをたばねるなどにも使う。

名前 さ・おさ・のぶ・みち・すぶる 地名 総社 難読 総角

参考 新表記では、「惣」の書きかえに用いる。また、「綜」の書きかえに用いる熟語がある。

【総意】(そうい) 全体の人の一致した意見。全体に共通した意志。
【総会(會)】(そうかい(くわい)) すべての会員が一か所に集まること。
【総角】(そうかく・あげまき) ①髪のゆい方の一つ。髪を頭の両側によせ集めて、角のような形に結んだもの。こどもの髪形。②転じて、こども。小児。総丱。
【総画(畫)】(そうかく(くわく)) 一つの漢字を組みたてている、点と線を「ぜんぶ加えた数。
【総額】(そうがく) すべてを合わせた額。
【総括】(そうかつ(くわつ)) ひとまとめにする。しめくくる。＝綜括
【総轄】(そうかつ) 全体をまとめ、とりしまる。

竹米糸缶网(罒・⺳)羊(⺶)羽(羽)老(耂)而耒(耒)耳
6画
聿肉(月)臣自至臼(臼)舌舛(舛)舟艮色艸(艹・艹)虍虫血行衣(衤)襾(西)

【総丱】（そうかん）「総角（そうかく・あげまき）」に同じ。

【総監】（そうかん）すべての事務・職員を監督する。また、その人。

【総計】（そうけい）全部の合計。しめだか。

【総見】（そうけん）国芝居などの興行を後援する意味で、団体などが総出で見物すること。総見物。

【総（綜）合】（そうごう（がふ））すべてのものを一つに集め合わせる。

【――雑（雜）誌】（そうごうざっし（がふ））政治・経済・文学・哲学・科学など、すべての部門にわたる評論・随筆などを、総合的に編集した雑誌。

【総裁】（そうさい）全体をまとめておさめること。また、その役。

【総辞（辭）職】（そうじしょく）すべての人が、その職を一度にやめること。「内閣総辞職」

【総集】（そうしゅう（しふ））①すべてのものが集まる。また、すべてを集める。②関係のある詩文や書物などを、全部集めたもの。全集。↔選集・別集
【総称（稱）】（そうしょう）全体をまとめて一つにしていう呼び名。

【総帥】（そうすい）①すべまとめ、ひきいる。②総大将。

【総説】（そうせつ）すべてをひっくるめて説明する。また、その説。

【総則】（そうそく）全体についての規則。

【総体（體）】（そうたい）全体。ある団体の構成員のすべて。

【総代】（そうだい）ぜんたいの人の代表者。代表。代理。

【総長】（そうちょう（ちやう））①全体をすべおさめる長官。②総合大学の「学長」。

【総追捕使】（そうついぶし）国①一国または数か国の警察・軍事をつかさどった役。守護。②神社や寺などの領地で警察・軍事をつかさどった役。

【総統】（そうとう）㊀すべ治めること。また、その人。㊁ zǒngtǒng 「現大統領」

【総動員】（そうどういん（ゐん））国一つの目的を達成するため、すべての人を動員して任務につかせること。

【総督】（そうとく）①すべくくり、取り締まること。また、その役。②明（みん）・清（しん）時代の各省長官の称。③植民地などの長官。

【総髪】（そうはつ）国江戸時代の男子の髪のゆい方の一つ。髪全体をのばし、これをたばねて結ぶもの。

【総花】（そうばな）国①芸界や料理屋などで、全部の者に金品を分け与えること。②だれにでも気に入られるようにすること。

【総辦】（そうべん）事務の全体をまとめ、処理する。また、その職。

【総本山】（そうほんざん）㊂一つの宗派（しゅうは）に属するいくつかの本山をまとめておさめる、おおもとの寺院。

【総務】（そうむ）全体についての事務。また、それをまとめてしめくくる人。

【総名】（そうめい）全体をまとめて呼ぶ名。総称。


【総目】（そうもく）すべての目次。総目録。

【総門】（そうもん）屋敷のいちばん外側にある門。

【総攬】（そうらん）①全体を自分の手ににぎる。政治の権力を一手ににぎる。②人々を心から服従させる。

【総理】（そうり）㊀①とりまとめて管理する。②中央政府の首班。内閣の首席として、行政の各部を統一する国務大臣。首相。㊁ zǒnglǐ 現㊀の②に同じ。

【総領】（そうりょう（りやう））①すべてをまとめ、とりしまる。また、その役。②家をつぐべきもの。③長男。＝惣領
【総領事】（そうりょうじ（りやう））最上位の領事。その駐在国内で、自国の通商の促進、在留民の保護にあたり、また、その駐在国にいるすべての領事以下を指揮監督する。

【総論】（そうろん）①すべてにわたる議論。②書物の初めにその大要をのべる論。↔各論
【総和】（そうわ）総計額。全部を合わせたもの。

【総是】zǒngshì 現いつも。いつまでも。

【総之】zǒngzhī 現要するに。

【総結】zǒngjié 現総括（する）。

糸8 【綜】〔14〕人 ㊀ソウ漢 ㊁ソウ漢 ㊀去 宋 zèng ツォン、zòng ツォン ㊁去 宋 zōng ツォン U補J 3378 7D9C

意味 ㊀はた織り機で、横糸をくぐらせて通すためにたて糸を上下に分ける装置。「綜絖（そうこう）」 ㊁〈す・べる（――・ぶ）〉①まとめる。②集める。③おさめる。つかさどる。

解字 会意・形声。糸と宗を合わせた字。宗（そう）が音をも示す。宗は総（そう）に通じ、すべる意があるという。はた織機で、横糸をくぐらせるためにたて糸を上下に分ける装置をいう。

名前 おさ

参考 新表記では「総」に書きかえる熟語がある。

【綜芸（藝）種智院】（しゅげいしゅちいん（ゐん））国空海が庶民に仏教と儒教を教えるために建てた、わが国最初の私立学校。

【綜核】（そうかく）まとめてはっきりさせる。物事の全体を調べ明らかにする。＝綜覈
【綜合】（そうごう（がふ））㊀ →「総合」（本ページ・上） ㊁ zōnghé 現㊀に同じ。

【綜覧（覽）】（そうらん）ある事がらのすべてにわたって見ることができるように編集された書物。

【綜理】（そうり）物事をまとめて、よくしまつをつける。＝総理

糸8 【綞】〔14〕 タ漢 呉 上 哿 duǒ トゥオ U補J 5201 7D9E

意味 綞子（たし）は、綾（あや）。薄地で模様のある絹織物。

糸8 【綻】〔14〕常 タン ほころびる タン漢 去 諫 zhàn チャン U補J 3530 7DBB

筆順 く 幺 糸 糸' 紵 綻 綻 綻

意味 ①〈ほころ・びる（――・ぶ）〉㋐縫い目がとける。㋑花がさく。㋒裂ける。やぶける。②縫う。つくろう。

解字 形声。糸が形を表し、定（てい）が音を示す。定は旦（たん）に通じ、明らかになる、姿を現す意を表す。袒（たん）は衣服の縫い目がほどけることを意味する。この袒が、後に綻と書かれるようになった。

糸8 【緂】〔14〕 タン漢 平 覃 tián ティエン U補J ①9010 5209 7DC2

意味 ①衣服の色があざやかなさま。②絹織物の名。③よりあわせて糸にする。国〈だん〉種々の色糸を使ったひもや織物。

糸8 【綢】〔14〕 ㊀チュウ漢 ㊁トウ漢 ㊀平 尤 chóu チョウ （チウ） ㊁平 豪 tāo タオ （タウ） U補J 6934 7DA2

意味 ㊀①〈まと・う（――・ふ）〉からむ。もつれる。②しばる。くくる。③こまかい。＝稠（ちゅう） ④絹織物の総称。㊁つつむ。つつみ。ふくろ。

【綢繆】（ちゅうびゅう（ちうびう））①からみつく。まといつく。②奥深い。③こみあっている様子。

【綢直】（ちゅうちょく（ちう））心がこまやかで、正直なこと。

【綢密】（ちゅうみつ（ちう））こみあっている。細かく茂っている。＝稠密

糸8 【綴】〔14〕人 標 ㊀テイ漢 ㊁テツ漢 ㊀去 霽 zhuì チョイ ㊁入 屑 chuò チュオ U補J 3654 7DB4

意味 ㊀①〈つづ・る〉㋐つぎ合わせる。ぬい合わせる。㋑詩文を作る。②かざる。ふちかざり。③〈と・じる（――・づ）〉とじ合わす。④つらねる。つなぐ。㊁①とめる。やめる。②指図する。

地名 綴喜（つづき）

【綴集（輯）】（ていしゅう（しふ））つづり集める。

【綴緝】つないで一つに集める。＝綴集

糸8【綯】〔14〕 トウ㊥㊤豪 (タウ)|táo タオ　J 6935 補 U 7DAF
意味 ①なわをなう。糸をよる。②なわ。

糸8【緋】〔14〕 入 ヒ㊥㊤微 |fēi フェイ　J 4076 補 U 7DCB
意味 ①赤いねり絹。②〈あか〉赤色。
解字 形声。糸が形を表し、非が音を示す。非にはぱっと左右に開ける感じがあるので、そのような色の糸や布の色を緋という説がある。
【緋縅】国鎧の、鉄や革の札(小さな板)をつづり合わす糸の色が緋色のもの。

糸8【綳】〔14〕 ホウ㊥㊤庚 (ハウ)|bēng ポン　J 5205 補 U 7DB3
意味 ①たばねる。くくる。②赤ん坊をくるむ衣類。産衣。③ぴんと張る。④こわばらせる。音 běng ポン。

糸8【綿】〔14〕 学5 メン ベン㊥㊤先 メン㊥|mián ミエン　J 4442 補 U 7DBF わた
筆順 幺 糸 糸 糸' 糸' 糸白 綿 綿

糸9【緜】〔15〕本字 J 6936 補 U 7DDC
意味 ①〈つらな・る〉〈つら・ねる(――・ぬ)〉長くつづく。「連綿」②遠い。はるか。③小さい。細かい。「綿密」④力が弱い。「綿力」⑤〈わた〉㋐まわた。㋑もめんわた。

解字 会意。糸と帛とを合わせた字。糸は系を略したもの。系はつなぐこと。帛は絹布。綿は、細い糸をつないで絹布を作ることである。

名前 つら・まさ・ます・やす　難読 木綿(付表)／木綿
参考 新表記では、「棉」の書きかえに用いる熟語がある。

【綿衣】一 ①もめんの着物。②綿を入れた着物。綿いれ。二 国 一の②に同じ。

【綿(「棉」)花】綿の木の実の表面にある白い毛。綿「を作る原料。

【綿火薬(薬)】綿花を、硫酸と硝酸を混ぜた液にひたしてつくった火薬。

【綿亘(亙)】長くつらなる。

【綿糸(絲)】もめんの糸。

【綿紙】厚みのある上等の紙。

【綿弱】よわよわしい。かよわい。かぼそい。纖弱。

【綿邈】はるかに、遠い。悠遠。

【綿蛮(蠻)】小鳥が鳴く声の形容。〈詩経・綿蛮〉

【綿布】①もめんの布地。②綿と布。

【綿服】もめんで作った着物。綿衣。

【綿紡】綿から糸をつむぐこと。

【綿密】よくゆきとどくこと。周密。

【綿綿】①長々と続き絶えないさま。②細かいさま。

【綿毛】国綿のようにやわらかい毛。

【綿羊】ひつじの一種。その毛を用いて毛織物をつく「る。＝緬羊
【綿連】続く。つらなる。連綿。
◆木綿・海綿・真綿・脱脂綿

糸8【網】〔14〕 常 モウ あみ　J 4454 補 U 7DB2
旧字 糸8【網】〔14〕 ボウ(バウ)㊥㊤養 モウ(マウ)㊥|wǎng ワン　J 補 U
筆順 幺 糸 糸 糸 網 網 網 網 網
意味 ①〈あみ〉㋐魚や鳥獣を捕らえるもの。㋑あみ状のもの。②おきて。法律。「網墨」③〈あみ・する(――・す)〉㋐あみで捕らえる。㋑法のあみにひっかける。㋒すべて取りこむ。「網羅」
解字 会意・形声。糸・冂・亡を合わせた字で、亡が音を示す。冂は网で、冂がおおうもの、㐅が、あみの交錯しているもようを表し、あみをかぶせる形になっている。亡には、かくす意味がある。網は、糸を編んで、魚や鳥を上からおおい隠すもので、あみをいう。
姓 網部　地名 網代・網走　難読 投網(付表)／網代
参考 「綱」は別字。
【網代】国 ①冬、川で魚を取る道具。竹や木などをあみの目のように組みあわせたもの。②びょうぶ・天井などにはるもの。竹・あし・檜などで作る。③網代車の略。②を、車の屋形に張りつけた牛車。公卿の乗り物。
【網罟】あみ。罟は、目の細かいあみ。
【網疏】網目があらいこと。転じて、法律のぬけ穴。
【網虫(蟲)】蜘蛛の別名。
【網膜】目の最も奥にあって、物の形、色などを感じとる薄い膜。
【網密】①あみの目のように細かい。②法律のきびし「いたとえ。
【網目】①あみの目。②法律のこと。あみの目のように細かくとりしまるたとえ。
【網羅】残りなく集める。網は魚あみ、羅は鳥あみ。あみで残りなく、すくうこと。
【網球】wǎngqiú 現テニス。庭球。
◆投網・通信網

糸8【綹】〔14〕 リュウ㊥㊤有 (リウ)|liǔ リウ　J 5208 補 U 7DB9
意味 ①糸を数える単位。横の生糸十本。また、生糸二十本ともいう。②糸などのたばを数える単位。③組ひも。

糸8【綾】〔14〕 入 リョウ㊥㊤蒸 リン㊥|líng リン　J 1629 補 U 7DBE
旧字 糸8【綾】〔14〕 J 補 U
意味 〈あや〉薄く模様のある絹織物。
解字 形声。糸が形を表し、夌が音を示す。糸は織物。夌は、かどばっている、すじめがある、という意味をもつ。綾は織物に細かいすじのみえるものをいう。
地名 綾部・綾歌・綾瀬
【綾織】美しい模様を織り出した絹。
【綾紈】あや絹と白い柔らかな絹。
【綾綺】①模様を織り出した絹。あやぎぬ。②あやぎぬで「作った衣。
【綾羅】模様を織り出した絹と薄い絹。【――錦繡】すばらしく美しい着物。錦は、模様のある厚地の絹。繡は、ぬいとりした布。

糸8【緑】〔14〕 学3 リョク・ロク みどり　J 4648 補 U 7DD1
旧字 糸8【綠】〔14〕 入 一 リョク㊥ ロク㊥ 一 入 沃 lǜ リュイ 二 リク㊥ ロク㊥ 二 入 屋 lù ルー　J ①9008 補 U 7DA0
筆順 幺 糸 糸 糸 紀 紀 紀 緑
意味 一〈みどり〉①青と黄の中間色。②つやのある黒色。「緑髪」二草の名。かりやす。＝菉
解字 形声。糸が形を表し、彔が音を示す。彔は、錄と同様に、ろくしょうの意味を持つ。綠は、ろくしょう色、青黄色の絹布である。
名前 つか・つな・のり　難読 緑啄木鳥
【緑衣】緑色の衣服。身分の低い者の服。
【緑陰】青葉の木かげ。＝緑蔭「緑陰幽草勝花時」

」(青葉の木かげ、深く茂った草の夏景色は、花さく春の趣にもまさっている。)〈王安石の詩・初夏即事〉

【緑雨】りょくう 青葉にふりそそぐ雨。

【緑雲】りょくうん 緑の雲。髪の毛の形容。

【緑煙】りょくえん ①夕もや。青い色の煙。暮煙。②緑の木々にかかるもや。

【緑眼】りょくがん 青い目。胡人(中国西北方の民族)の目をいう。碧眼。「紫髯緑眼胡人吹」(赤ひげで青い目の胡人が笛を吹く。)〈岑参の詩・胡笳歌〉

【緑玉】りょくぎょく ①緑色の玉。②緑色の宝玉の名。エメラルド。③竹のこと。

【緑字】りょくじ ①黒色の文字。②石碑に刻まれた文字。③神のおつげの文字。

【緑酒】りょくしゅ 緑色をおびた酒。美酒。

【緑樹】りょくじゅ 緑に茂った木々。

【緑綬褒(襃)章】りょくじゅほうしょう(しゃう) 国孝子・節婦など徳行のすぐれた人や、実業に励んだ人に与えるきしょう。

【緑縟】りょくじょく 緑色の敷物のような、草の茂み。緑の色がこいこと。

【緑叢】りょくそう 青々としたくさむら。

【緑尊】りょくそん 酒だるのこと。

【緑苔】りょくたい 緑色のこけ。青苔。碧蘚。碧苔。

【緑潭】りょくたん 深い緑色の水をたたえたふち。碧潭。

【緑地】りょくち ①青々と草木の茂った土地。②都市計画で、都市の中で保健・防火・美観などの目的で、特に指定した草木の多い土地。「緑地帯」

【緑竹】りょくちく ①かりやすとにわやなぎ。どちらも川のふちに青々と生長する植物。②緑色の竹。「緑竹猗猗」(猗猗は美しくのびているさま。)〈詩経・淇奥〉

【緑豆】りょくとう 緑色の豆。あずきに似る。食用。「もやし」にも用いる。りょくず。

【緑波】りょくは 緑色の波。青い波。

【緑髪】りょくはつ 黒く、つやのある婦人の毛髪。みどりの黒髪。

【緑肥】りょくひ えんどう・れんげそうなどの青草を畑の土中にすき入れて、肥料とするもの。草肥。

【緑蘋】りょくひん 緑の浮き草。

【緑蕪】りょくぶ ①青々と茂った雑草。緑叢。②亡国のあと。

【緑風】りょくふう 青葉を吹き渡る五月ごろの風。

【緑蘿】りょくら 緑色のつた。

【緑林】りょくりん ①緑色の林。②盗賊。前漢末、張覇らが緑林山(湖南省)にこもり盗賊をはたらいたのでいう。

【緑化】りょっか(りょくか(くわ)) 緑の草木を植え、地域を美化すること。

【緑青】ろくしょう(しゃう) 銅が酸化してできる緑色のさび。絵の具の原料となる。

◆浅緑・深緑・淡緑・新緑

糸8 **【綸】** 〔14〕 人 ㊀リン 漢 ㊀平 真 lún ルン ㊁カン 漢 (クヮン) ㊁平 删 guān コワン　J 6937 U補 7DB8

意味 ㊀①青いおびひも。②つり糸。③太い糸。④おさめる。「経綸」⑤皇帝のみことのり。「綸旨」㊁①海草の名。こんぶ。②頭巾の名。→綸巾

解字 会意・形声。糸と侖を合わせた字。侖は音をも示す。侖には整える意があるという。青糸をより合わせて作った印綬。転じて、吊り糸の意となる。「くゎん」の音は誤りともいい、また、侖(巻の古字)の音を残したものともいう。

名前 お

【綸巾】かんきん(くわん) ①青いおびひもで作った頭巾。俗に「りんきん」と続む。「羽扇綸巾」(羽扇は、鳥の羽で作ったうちわ。)②漢・魏時代に、風流な人の用いた白い頭巾。

【綸言】りんげん 天子のおことば。詔。綸旨。【──如レ汗】りんげんあせのごとし 天子の詔は一度出たら、取り消せないこと。汗は一度出たら、ふたたびもとにはもどらない。〈礼記・緇衣〉

【綸旨】りんし(じ) みことのり。天子のおことば。綸言。

【綸子】りんず 紋を織り出した、つやのある厚地の絹織物。

【綸命】りんめい 天子のおことば。みことのり。綸言。

糸8 **【綝】** 〔14〕 ㊀チン 漢 ㊀平 侵 chēn チェン ㊁リン 漢 ㊁平 侵 lín リン ㊂シン 漢 ㊂平 侵 shēn シェン　J ②8435 U補 7D9D

意味 ㊀①止まる。②良い。㊂綝纚は、盛んに飾るさま。㊂綝纚は、衣の羽毛の垂れるさま。

糸8 **【綟】** 〔14〕 ㊀レイ 漢 ㊀去 霽 lì リー ㊁レツ 漢 ㊁入 屑 liè リエ　J ―― U補 ――

意味 ㊀①もえぎ色。もえぎ色の絹。②草の名。‖莨 ③太い麻糸。㊁①印綬。②ねじる。‖捩 国〈もじ(もぢ)〉麻糸をよじって、目をあらく織った織物。

糸7 【綟】 〔13〕 俗字　J 6938 U補 7D9F

糸8 **【練】** 〔14〕 学3 レン ねる　J 4693 U補 7DF4

旧字 糸9 **【練】** 〔15〕 人 レン 呉 漢 去 霰 liàn リエン　J ①9014 U補 FA57

筆順 幺 糸 糸 糸 紅 絅 紳 練

意味 ①〈ね・る〉㋐生糸を煮て柔らかく白くする。また、その加工をしたもの。ねりぎぬ。「練糸」㋑きたえる。訓練する。「練兵」㋒詩・文をよくする。「練句」②なれる。習熟する。③えらぶ。‖柬 ④一周忌。また、その時に着る喪服。

解字 形声。糸が形を表し、柬が音を示す。柬は湅で、糸や布をばらばらにして水にさらすことである。練は糸を煮て、やわらかくし、つやを出すことで、これを「ねる」という。

参考 新表記では「煉」の書きかえに用いる熟語がある。

【練絹】ねりぎぬ 国灰汁で煮て柔らかにした絹布。

【練冠】れんかん(くわん) ねりぎぬのかんむり。

【練光】れんこう(くわう) ねりぎぬの光。

【練糸(絲)】れんし 一ねりいと 白いねり糸(煮て柔らかくした糸)。【悲ニ──一】れんしをかなしむ 墨子が、白いねり糸が黒く染まるのを見て、人も環境などのために、善人にも悪人にもなるのを悲しんだ故事。〈淮南子・説林訓〉

【練実(實)】れんじつ 竹の実。

【練習】れんしゅう(しふ) ㊀くりかえしならう。学問・技術などをよくけいこする。稽古。㊁リエンシー liànxí 現㊀に同じ。

【練熟】れんじゅく じゅうぶんになれて、よくできる。

【練成】れんせい よく訓練して心身をきたえること。

【練択(擇)】れんたく ねり、えらぶ。文章をいろいろと考えみがく。

【練達】れんたつ 訓練をじゅうぶんに行い、じょうずになること。

【練嚢】れんのう(なう) ねりぎぬでつくったふくろ。

【練帛】れんぱく ねりぎぬ。

【練武】れんぶ 武術をねりみがく。

【練兵】れんぺい ①兵隊を訓練する。「練兵場」②きたえられた兵。「器。

【練磨】れんま ねりみがく。くりかえし習って技術を上達させる。練習研磨。

◆手練・未練・老練・洗練・修練・訓練・教練・習練・試練・調練・熟練・鍛練

糸8 **【綰】** 〔14〕 ワン 漢 上 潸 wǎn ワン　J 6939 U補 7DB0

意味 ①うすい赤色。②つなぐ。結ぶ。「綰号」③まげをゆう。「綰髪」④おさめる。国①〈たく・る〉たぐる。②〈わが・ねる(──・ぬ)〉まげて輪にする。

糸8 **【綳】** 〔14〕 国字　J ②8434 U補 26060

意味 〈あけ〉姓名に用いる。

糸8【綪】〔14〕国字

意味〈かすり〉＝絣(かすり)

U補J 7DD5 6978

糸8【緍】〔14〕同→緡(九七九ページ・上)

糸8【絣】〔14〕正→絣(九六九ページ・下)

糸8【緊】→糸部九画(本ページ・下)

糸9【緭】〔15〕イ(ヰ) 漢呉 去 未 wèi ウェイ

意味 ①絹織物。②絹のわた。まわた。③絹糸のはし。緒(いとぐち)。

U補J 7DED 5225

糸9【縁】〔15〕常 エン ふち

U補J 7E01 1779

旧字 糸9【緣】〔15〕人

一 エン 漢呉 去 霰 yuàn ユワン
二 エン 漢呉 平 先 yuán ユワン

U補J 7DE3 ①9013

筆順 幺 糸 糸 紀 紀 紀 緑 緑 縁

意味 一①〈ふち〉〈へり〉衣服のふちにつける飾り。②衣服のふちを飾る。二①〈ふち〉〈へり〉物のはし。はた。②〈よ・る〉㋐もとづく。ちなむ。㋑たよる。したがう。③〈よって〉そのために。④めぐらす。とり囲む。めぐる。⑤ゆかり。えにし。㋐関係。特に人間関係。㋑仏因縁(いんねん)の略。国〈えん〉縁側(えんがわ)の略。

解字 形声。糸が形を表し、彖(てん)が音を示す。彖は、衣服のふちにそって、ぐるりと模様がある意味。縁は、衣服のふちに飾りをつけることで、きもののはしのふちどり、そう、たよる、の意味になった。

名前 まさ・むね・やす・ゆか・よし・より

【縁家】(えんか) 血縁関係のある家。

【縁起】(えんぎ) ①社寺の歴史・御利益(ごりやく)などについての伝説をしるしたもの。②出版物についてのいわれなどをしるしたもの。序。③起源。由来(ゆらい)。④前兆。きざし。

【縁故】一(えんこ) ①ゆかり。関係。②親類関係の人。縁続きの人。二(ユワンクー) yuángù 現理由。わけ。

【縁語】(えんご) 国修辞法の一つ。和歌や文章を美しく飾るために用いる、意味や音韻の上で他の語に関係のあることば。

【縁坐】(えんざ) 罪もない人が、罪のある人といっしょに罰をうける。まきぞえ。連座。

【縁日】(えんにち) ①仏その神仏に縁のある日。②国神社や寺で、その神仏に縁があって、お祭りや供養(くよう)の行われる日。

【縁辺(邊)】(えんぺん) ①周囲。外まわり。②縁者。よるべ。

【縁由】(えんゆう(いう)) 縁。かかりあい。ゆかり。関係。

◇内縁(ないえん)・由縁(ゆえん)・因縁(いんねん)・血縁(けつえん|けちえん)・良縁(りょうえん)・無縁(むえん)・腐縁(くされえん)・額縁(がくぶち)・離縁(りえん)

糸9【䌂】〔15〕オウ 漢 去 宥 òu オウ / ウ 呉

意味 納棺(のうかん)の際、死者の手をおおう喪具。

U補J 4302 ②8446

糸9【緺】〔15〕カ(クヮ) 漢 平 麻 guā コワ / ケ 呉

意味 ①青紫色のくみひも。②うずまき状にゆったかみ。

U補J 7DFA 5230

糸9【緙】〔15〕カク 漢 入 陌 kè コー

意味 刺繍(ししゅう)に似た織物の名。

U補J 7DD9 5218 ②8442

糸9【緩】〔15〕常 カン ゆるい・ゆるやか・ゆるむ・ゆるめる

U補J 7DE9 2043

旧字 糸9【緩】〔15〕カン 漢 (クヮン) 上 旱 huǎn ホワン

筆順 幺 糸 糸 糸 紀 絆 綏 緩

意味 ①〈ゆる・い(──・し)〉〈ゆるやか〉㋐ゆとりがある。「緩服」㋑急がないさま。⇔急「緩緩(かんかん)」㋒きびしくない。②〈ゆる・む〉㋐ゆるくなる。㋑寛大になる。③〈ゆる・める(──・む)〉㋐ゆるくする。㋑寛大にする。「緩刑」④おそい。おくらせる。⑤しまりがない。だらしない。

解字 形声。糸が形を表し、爰(ゑん)が音を示す。爰は、ゆるやかという意味。緩は糸がゆるやかな意であり、したがって、糸でゆるやかに締めること、むすばれた糸を、ゆとりをもたせてほどくこと、などの意になる。

名前 のぶ・ひろ・ふさ・やす

【緩歌】(かんか) ゆったりと歌う。「緩歌慢舞凝糸竹(かんかまんぶ しちくをこらす)」(ゆるやかに歌い、ゆったりと舞い、管弦の音楽の粋をこらす。)〈白居易(はくきょい)の詩・長恨歌(ちょうごんか)〉

【緩急】(かんきゅう(きふ)) ①ゆったりしたことと、さしせまっていること。②急に事件が起こること。危急。この場合、緩には意味はない。

【緩頬】(かんきょう(けふ)) 顔色をやわらげること。また、顔色をやわらげて物を言うこと。

【緩結】(かんけつ) 結び目をゆるめる。

【緩衝】(かんしょう) 二つのもののぶつかりあうのを、その間で和らげる。「緩衝地帯」

【緩怠】(かんたい) 心がゆるみおこたる。なまける。

【緩帯(帶)】(かんたい) ゆるいおび。ゆったりした服装。武装しないこと。

【緩舞】(かんぶ) 動きのゆるやかな舞。

【緩慢】(かんまん) ①ゆっくりしていて、のろい。②ぐずぐずしている。

【緩和】(かんわ) ゆるめやわらげる。おだやかにする。

◇弛緩(しかん|ちかん)

糸9【緘】〔15〕カン 漢 平 咸 jiān チエン

U補J 7DD8 6940

意味 ①箱をくくるなわ。②くくる。しばる。③〈と・じる(──・づ)〉㋐つつみ隠す。しまいこむ。㋑手紙の封をする。「封緘(ふうかん)」④手紙。

【緘口】(かんこう) 口をとじてしゃべらない。緘黙。緘唇(かんしん)。

【緘札】(かんさつ) 「緘書(かんしょ)」に同じ。

【緘書】(かんしょ) 封をした手紙。

【緘黙】(かんもく) 口を閉じて、黙りこむ。

糸9【緊】〔15〕常 キン / キン 漢呉 上 軫 jǐn チン

U補J 7DCA 2259

筆順 丨 厂 戸 臣 臤 堅 緊

意味 ①糸がぴんと張っている。②ひきしまる。ひきしめる。いそぐ。「緊縮」③〈きびし・い(きび・し)〉さしせまる。「緊急」④かたい。つよい。「緊緊」⑤大切。

解字 会意・形声。臤と糸とを合わせた字で、臤(かん)は音をも示す。臤は堅いこと。緊は糸を堅くしめつけることである。

参考 臣を六画に数え、糸部八画とする場合もある。

【緊急】(きんきゅう(きふ)) ①糸などをゆるみなく、張ること。②物事を急にしなければならない状態。さしせまったこと。

【緊褌一番】(きんこんいちばん) 国ふんどしを堅くしめる。心をひきしめて、事にあたる気構え。

【緊縮】(きんしゅく) ①引きしめる。②節約する。

【緊切】(きんせつ) ①非常にさしせまって、たいせつな。②よくあてはまる。

【緊張】一(きんちょう(ちゃう)) ①はりきって、ゆるみがない。②忙しい。手づまりだ。二(チンチャン) jǐnzhāng 現①一に同じ。

【緊縛】(きんばく) かたくしばる。緊束。

竹米糸缶网(罒・⺲)羊(⺶)羽(羽)老(耂)而耒(耒)耳
6画
聿肉(月)臣自至臼(臼)舌舛(舛)舟艮色艸(艹・艹)虍虫血行衣(衤)襾(西)

➡竹米糸缶网(罒・⺳)羊(⺶)羽(羽)老(耂)而耒(耒)耳
6画
聿肉(月)臣自至臼(臼)舌舛(舛)舟艮色艸(艹・艹)虍虫血行衣(衤)襾(西)

【緊迫】(きんぱく) 国たいそうさしせまる。

【緊密】(きんみつ) かたくついて、すきまがない。非常に密接な。

【緊要】(きんよう(えう)) いちばんたいせつ。肝要(かんよう)。

糸9 【緪】〔15〕 一コウ 漢 一平 蒸 gēng コン 二コウ 漢 二去 径 gèng コン U補J 7DEA 5223

糸6 【絚】〔12〕 同字 U補J 7D5A 5171 ②8424

意味 一①太いなわ。②弦(げん)を強くはる。「緪レ瑟(しつをこうす)」〈楚辞(そじ)・九歌〉 二終える。終わる。

糸9 【緱】〔15〕 コウ 漢 平 尤 gōu コウ U補J 7DF1 5226 ②8444

意味 ①刀のつかにまいたひも。②緱氏(こうし)は、河南(かなん)省偃師(えんし)市にあった県名。③姓。

糸9 【緦】〔15〕 シ 漢 平 支 sī スー U補J 7DE6 5222 ②8443

意味 細い麻糸で織った目のあらい布。喪服に用いる。

糸9 【緝】〔15〕 シュウ(シフ) 漢 入 緝 qī チー U補J 7DDD 6941

意味 ①つむぐ。糸をよる。「緝績(しゅうせき)」②あつめる。③やわらげる。おだやかにする。④かがやく。光る。⑤ぬう。⑥とらえる。音 jī チー。「緝捕(しゅうほ)」⑦つぐ。続ける。

【緝熙(煕)】(しゅうき(しふき)) 徳望があり、光りかがやくこと。

【緝綴】(しゅうてい(しふてい)) 集めて、つづる。

【緝穆】(しゅうぼく(しふぼく)) あつめ、むつまじくする。仲良くする。「和穆。緝和。」

糸9 【緗】〔15〕 ショウ(シャウ) 漢 平 陽 xiāng シアン U補J 7DD7 5217 ②8441

意味 ①あさぎ色のきぬ。②あさぎ色。黄色がかった水色。

【緗綺】(しょうき(しゃうき)) あさぎ色のあやぎぬ。

【緗素】(しょうそ(しゃうそ)) あさぎ色のきぬ。

糸9 【縄】〔15〕 学4 ジョウ なわ U補J 7E04 3876

旧字 糸13 【繩】〔19〕 一ショウ 漢 ジョウ 呉 一平 蒸 shéng ション 二ビン 漢 ミン 呉 二上 軫 mǐn ミン U補J 7E69 6974

筆順 幺 糸 糸 糸 糸 絹 縄 繩

意味 一①〈なわ(なは)〉㋐わら・麻などを長くより合わせたもの。「縄索(じょうさく)」㋑すみなわ。大工が直線をひくのに用いる道具。②のり。法則。「縄度(じょうど)」「準縄(じゅんじょう)」③〈ただ・す〉正しくする。「縄正」④いましめる。おさえる。⑤はかる。⑥受けつぐ。⑦ほめる。＝譝 二縄縄(びんびん)は、多いさま。また、絶え間のないさま。

解字 形声。糸が形を表し、黽が音を示す。黽は蠅(よう)の略で、はえのこと。縄は細いつな。はえの飛びまわるようにもつれる意味を含むか。一説に、黽はとかげで、とかげのように細いなわという会意文字と見る。

名前 ただ・つな・つね・のり・まさ

【縄妓】(じょうぎ) つな渡りの女芸人。

【縄矩】(じょうく) ①直線をひくすみなわと、長さをはかるさしがね。②物事の標準にする手本。規範。規矩準縄(きくじゅんじょう)。

【縄検(檢)】(じょうけん) 物事や心を正してしめくくること。

【縄尺】(じょうしゃく) ①すみなわと、ものさし。②のり。法則。

【縄牀】(じょうしょう(しゃう)) なわを張って作ったこしかけ。胡牀(こしょう)。

【縄縄(繩)】(じょうじょう) ①注意深くし、慎重にするさま。②多いさま。③きわまりないさま。

【縄枢(樞)】(じょうすう) 枢(とぼそ)の代わりに、なわで戸をくくり、開閉すること。貧しい生活をいう。

【縄墨】(じょうぼく) ①すみなわ。直線をひく道具。②物事の手本とする規則。規範。

【縄文土器】(じょうもんどき) 国石器時代につくられた、なわめ模様の土器。

【縄子】(ションツ) shéngzi 現つな。ロープ。

【在二縄之外一】(じょうのそとにあり) 法律の外にはじき出される。「智術能法之士用、則貴重之臣必在二縄之外一矣(ちじゅつのうほうのしもちいらるれば、すなわちきちょうのしんかならずじょうのそとにあらん)」(はかりごとにすぐれ、法律をじょうずに使いこなす人が腕をふるったら、高い地位にいる重臣たちは、きっと法律の外にはじき出されるだろう。)〈韓非子(かんぴし)・孤憤(こふん)〉

【結レ縄】(なわ(なは)をむすぶ) なわに結び目を作って約束の印とする。上古、文字のないころの風俗。

糸9 【緤】〔15〕 セツ 漢 入 屑 xiè シエ U補J 7DE4 6942

意味 ①家畜をつなぐつな。＝紲 ②つなぐ。③いとぐち。

糸9 【線】〔15〕 学2 セン セン 呉 漢 去 霰 xiàn シエン U補J 7DDA 3294

筆順 幺 糸 糸 糸 絈 綿 綿 線

意味 ＝綫(せん) ①絹・もめん・麻・毛などをよった糸。「線縷(せんる)」②糸のように細長いもの。「線香」③一線は、ごくわずかの。④数位置と長さだけがあって、幅も厚みもないもの。⑤姓。

解字 形声。糸が形を表し、泉(せん)が音を示す。泉はいずみで、細く小さいことを表す。線は、細いいとすじ。この字はまた、綫とも書いた。

【線香】(せんこう(かう)) 香料を粉にし、やにで固めて細くしたもの。火をつけて仏前に供える。

【線路】(せんろ) ①細い道。②国汽車・電車の走る軌道(きどう)。「レール」
◆支線(しせん)・光線(こうせん)・伏線(ふくせん)・曲線(きょくせん)・実線(じっせん)・直線(ちょくせん)・沿線(えんせん)・垂線(すいせん)・単線(たんせん)・点線(てんせん)・配線(はいせん)・斜線(しゃせん)・混線(こんせん)・視線(しせん)・脱線(だっせん)・琴線(きんせん)・無線(むせん)・幹線(かんせん)・戦線(せんせん)・電線(でんせん)・複線(ふくせん)・双曲線(そうきょくせん)・地平線(ちへいせん)・放射線(ほうしゃせん)・導火線(どうかせん)・不連続線(ふれんぞくせん)

糸9 【緵】〔15〕 一ソウ 漢 スウ・ス 呉 一平 東 zōng ツォン 二ソウ 漢 スウ・ス 呉 二去 送 zòng ツォン U補J 7DF5 5227

意味 一一緵(いっそう)は、縦糸(たていと)八十本分の布。二目のこまかい漁網。

糸9 【締】〔15〕 常 テイ しまる・しめる U補J 7DE0 3689

旧字 糸9 【締】〔15〕 テイ 漢 去 霽 dì ティー U補J

筆順 幺 糸 糸 糸 糸 糸 締 締

意味 ①〈むす・ぶ〉㋐しっかり結ぶ。㋑交わりを結ぶ。「締交」㋒とり決める。「締約」②心がはればれしない。国①〈し・める(―・む)〉㋐かたくしめる。㋑合計する。㋒戸をとじる。②〈しま・る〉③〈しまり〉㋐ゆるみがないこと。㋑戸をとじること。

解字 形声。糸が形を表し、帝(てい)が音を示す。帝は、しめてまとめる意味を持つ。締は、糸を結びつけて、解けないこと。

【締姻】(ていいん) 夫婦の縁を結ぶこと。

【締結】(ていけつ) ①一つにくくり結ぶ。しめくくる。②約束・契約・条約などをとりきめる。「条約締結」

【締交】(ていこう(かう)) まじわりを堅く結ぶ。

【締盟】(ていめい) 約束をかわす。ちかいを結ぶ。盟約。
◆戸締(とじまり)・取締(とりしまり)・帯締(おびじめ)

糸9 【緹】〔15〕 テイ 漢 平 斉 tí ティー U補J 7DF9 5229 ②8445

意味 ①赤黄色のきぬ。「緹繒(ていそう)」②赤い色。「緹扇(ていせん)」③軍服の色。

【緹縈】ていえい 人名。前漢の文帝の時、父の身代わりに刑を受けようと申し出た孝女。

【緹騎】ていき 赤い衣をつけた騎兵の意で、漢代では執金吾しっきんごに属する騎兵。のち罪人を捕らえる役人。

糸9【緞】〔15〕 タン 漢 上 旱 ドン 唐 duàn トワン　J6943 補 U7DDE

糸9【縀】〔15〕 俗字　J5219 補 U7E00

意味 ねり糸で織った厚い絹織物。緞子どんす。

【緞帳】どんちょう(ちゃう) 国①緞子どんす製の幕。②まき上げ、まきおろすようにした幕。もとは下等な芝居小屋で用いた。

糸9【緲】〔15〕 ビョウ(ベウ) 漢 上 篠 miǎo ミアオ　J6945 補 U7DF2

意味 縹緲ひょうびょうは、はるか遠く離れてかすかであるさま。

糸9【緢】〔15〕 一 ビョウ(ベウ) 漢 ミョウ(メウ) 呉 平 蕭 miáo ミアオ　二 ボウ(バウ) 漢 ミョウ(メウ) 呉 平 肴 máo マオ　J5220 補 U7DE2

意味 一牦牛からうしの尾の細い毛。二糸を巻いて結ぶ。

糸9【緡】〔15〕 一 ビン 漢 平 真 mín ミン　二 ベン 漢 メン 呉 平 先 mián ミエン　三 コン 漢 平 元 hūn フン　J6946 補 U7DE1

糸8【緍】〔14〕 同字　J5215 補 U7DCD

意味 一①つり糸。②貨幣の穴になわをさしてまとめる、そのなわ。また、なわにさした貨幣。「緡銭びんせん」③かける。つける。二緡蛮めんばんは、鳥の鳴き声。＝緜蛮　三盛んなさま。

糸9【編】〔15〕 学5 ヘン あむ　J4252 補 U7DE8

旧字 糸9【編】〔15〕 ヘン 漢 呉 平 先 biān ピエン

筆順 幺 糸 糸 … 編

意味 ①〈あ・む〉 ㋐竹簡を細い皮やひもでつなぐ。㋑組みあわせて糸でとじる。㋒かきものを集めて書物を作る。㋓順番にならべる。「編次」②かきもの。文書。③書物の一部分。「前編」④詩・文などを数えることば。「一編」⑤とじ糸。⑥でっちあげる。⑦姓。

解字 形声。糸が形を表し、扁へんが音を示す。扁は平らな竹の札で、文書を書きつけるもの。編は、竹の札を並べ、糸でつなぐことである。

参考 新表記では「篇」の書きかえに用いる。

【編簡】へんかん 書物。本。書籍。

【編纂】へんさん 「編集」に同じ。

【編次】へんじ 順序立て配列する。

【編者】へんしゃ 編集する人。

【編修】へんしゅう(しう) ①多くの書物から材料を集め、一書にまとめる。編纂。②国史の編修にあたる官。

【編集(「輯」)】へんしゅう(しふ) 材料を集め、新聞・雑誌・書物などを作る。編纂。

【編述】へんじゅつ 多くの材料を集めて書物を作る。

【編成】へんせい 国まとめ、組み立てる。

【編制】へんせい 国①いくつかのものを集め、一つの団体にすること。②軍隊の組織。

【編隊】へんたい 二機以上の飛行機を一隊とし、隊列をつくること。

【編(「篇」)帙】へんちつ 書物を保存するためのおおい。布をはった厚紙でつくる。また、その書。

【編入】へんにゅう(にふ) あるものの中に組み入れる。

【編年体(體)】へんねんたい 歴史を記述する一つの形式。年月順に史実をしるす形式。↕紀伝体・紀事本末体

◇改編かいへん・長編ちょうへん・短編たんぺん・続編ぞくへん・新編しんぺん

糸9【緶】〔15〕 ヘン 漢 平 先 ベン 慣 biàn ピエン、pián ピエン　J5228 補 U7DF6

意味 ①麻や草であむ。②衣のへりを縫う。

糸9【緥】〔15〕 ホウ 漢 上 皓 bǎo パオ　J5221 補 U7DE5

意味 〈むつき〉 嬰児えいじの着物。「繈緥きょうほう」 国おしめ。おむつ。

糸9【緬】〔15〕 ベン 漢 メン 呉 上 銑 miǎn ミエン　J4443 補 U7DEC

意味 ①細い絹糸。②はるか遠いさま。「緬想」③思うさま。

【緬然】めんぜん ①はるかなさま。②遠く思いやるさま。思いにふけるさま。

【緬甸】めんでん ビルマ 国名。ミャンマー連邦の旧称。

【緬邈】めんばく はるかに遠いさま。

糸9【縅】〔15〕 国字　J6947 補 U7E05

意味 ①〈おど・す(をど・す)〉 鎧よろいの札さねを皮でつづり合わすこと。②〈おどし(をどし)〉 鎧よろいの札さねをつづった糸。

糸9【緯】〔15〕 旧→緯(本ページ・下)

糸9【緇】〔15〕 本→緇(九七二ページ・下)

糸9【緫】〔15〕 同→總(九七三ページ・中)

糸9【緞】〔15〕 俗→緞(本ページ・上)

糸9【練】〔15〕 旧→練(九七六ページ・中)

糸9【緼】〔15〕 同→縕(九八〇ページ・上)

糸9【緒】〔15〕 旧→緒(九七三ページ・上)

糸9【緻】〔15〕 旧→緻(九八一ページ・上)

糸9【緜】〔15〕 本→綿(九七五ページ・上)

糸10【緯】〔16〕 常 イ　J1662 補 U7DEF

旧字 糸9【緯】〔15〕 イ(ヰ) 漢 呉 去 未 wěi ウエイ

筆順 幺 糸 … 緯

意味 ①〈よこいと〉 織物の横糸。↕経　②(前後に対して)左右。また、(南北に対して)東西。③東西の方向に運行する惑星をいう。↕経星けいせい　④緯線いせん。地球上の位置を示すため、地球の表面に赤道に平行してひいた仮定の線。⑤緯書いしょ。漢代にできた一種の未来記。「讖緯しんい」⑥織る。⑦治める。⑧束ねる。⑨琴の弦げん。

解字 形声。糸が形を表し、韋ゐが音を示す。韋は圍と同じく、とりかこむ意味がある。緯は、機はたを織るとき、たていとを、とりかこんで往復する、よこいとをいう。

【緯書】いしょ(ゐしょ) ①予言の書。②聖人・賢人の書いた経書けいしょにかこつけて、未来を予言した書物。漢代に作られた。

【緯度】いど(ゐど) 地球の表面を、赤道を基線としてこれに平行し、それぞれ南北に距離をはかってゆく座標。↕経度けいど

【緯武経(經)文】いぶけいぶん(ゐぶけいぶん) 武を緯(横糸)とし、文を経(縦糸)とすること。文武両道を兼ね備えていること。経文緯武。

◇北緯ほくい・南緯なんい・経緯けいい

糸10【縊】〔16〕 一 エイ 漢 去 霽 yì イー　二 イ 漢 去 寘 yì イー　J6948 補 U7E0A

意味 一二 ①〈くび・る〉 首をしめて殺す。「縊殺いさつ」②〈くび・れる(――・る)〉 自分で首をくくって死ぬ。「縊死いし」

糸10【縜】〔16〕 イン(ヰン) 漢 呉 平 真 yún ユン　J5236 補 U7E1C

竹米糸缶网(罒・罓)羊(⺶)羽(羽)老(耂)而耒(耒)耳
6画
聿肉(月)臣自至臼(臼)舌舛(舛)舟艮色艸(艹・艹)虍虫血行衣(衤)襾(西)

意味 弓の標的の上下の綱を固定するひも。

糸10【縕】〔16〕 一ウン 漢 上 吻 yùn ユン 二オン(ヲン) 漢 平 元 wēn ウエン　U 7E15 補 5234 J ①9018

糸9【緼】〔15〕 同字　U 7DFC 補 — J —

意味 一①ふるいわた。②おく深い。＝蘊「縕奥」③収める。たくわえる。＝蘊 二①赤と黄の中間色。②みだれる。

【縕奥】うんのう(あう) 学問などの奥深いところ。

【縕袍】おんぽう(をんばう) 身分の低い者の着る、そまつな服。どてら。綿入れの服。「衣＝敝縕袍＝」(破れたどてらを着る。)〈論語・子罕〉【―無レ表】どてらに表のきれもない。貧しいさま。〈荘子・譲王〉

糸10【縈】〔16〕 エイ 漢 平 庚 yíng イン　U 7E08 補 5231 J ①9016

意味 ①〈めぐ・る〉からむ。とりまく。「縈回」②まがる。「縈紆」③むすびつける。

【縈紆】えいう まがりくねる。「雲桟縈紆、登＝剣閣＝」(雲にとどくような高いかけはしをぐるぐるとまわり、剣閣山に登る。)〈白居易の詩・長恨歌〉

【縈回】えいかい(くわい) まわりにまといつく。ぐるぐるまわる。＝縈廻

【縈繞】えいじょう(ぜう) とりまく。まとい、めぐる。縈回。

【縈帯(帶)】えいたい ①まとい、めぐる。②おび。

【縈纏】えいてん まわりについて、めぐる。まといついてめぐる。

糸10【縑】〔16〕 ケン 漢 平 塩 jiān チエン　U 7E11 補 5233 J ①9017

意味〈かとり〉かとりぎぬ。二本あわせた糸で細かく織った絹。「縑布」「縑帛」

糸10【縞】〔16〕 標 人 コウ(カウ) 漢 上 皓 gǎo カオ　U 7E1E 補 — J 2842

意味 ①しろぎぬ。白いねり絹。「縞衣」②白い。国〈しま〉たてよこに筋目のはいった模様。

【縞衣綦巾】こう(かう)いききん ①白い着物と、もえぎ色のひざかけ。身分の低い女の服装。②自分の妻をけんそんしていうことば。〈詩経・出其東門〉

【縞素】こう(かう)そ ①白いきぬ。②白色の喪服。

糸10【縠】〔16〕 コク 漢 入 屋 hú フー　U 7E20 補 5238 J ②8452

意味 ちりめん。細かいしわのある白絹。「縠衫」

糸10【縗】〔16〕 サイ 漢 平 灰 cuī ツォイ　U 7E17 補 5235 J ②8450

意味 ①喪服の名。②羽毛で作った衣。

【縗斬】さいざん はしを縫ってない、麻の喪服。

【縗素】さいそ 白い喪服。↕縗墨

糸10【縡】〔16〕 サイ 漢 去 隊 zǎi ツァイ　U 7E21 補 — J 6950

意味〈こと〉事がら。事。国〈こと〉息。生命。「縡きれる」

糸10【縒】〔16〕 一シ 漢 一 平 支 cī ツー 二サク 漢 二 入 薬 cuò ツオ　U 7E12 補 — J 6951

意味 一参縒は、糸の乱れるさま。ふぞろいなさま。二縒綜は、入り乱れるさま。国①〈よ・る〉糸をよりあわせる。②〈より〉よったもの。

糸10【縐】〔16〕 シュウ(シウ) 漢 去 宥 zhòu チョウ　U 7E10 補 5232 J ②8449

意味 ①上質のくずの布。②細いしわのある織物。ちぢみ。「縐絺」「縐布」③ちぢむ。

糸10【縦】〔16〕 学 6 ジュウ たて　U 7E26 補 — J 2936

旧字 糸11【縱】〔17〕 人 一ショウ 漢 ジュウ 慣 一 去 宋 zòng ツォン 二ショウ 漢 ジュウ 慣 二 平 冬 zōng ツォン　U 7E31 補 — J 6952

筆順 幺 糸 糸 糸' 糸" 紒 紒 縦

意味 一①ゆるやか。また、ゆるやかにする。②〈はな・す〉〈はな・つ〉㋐ゆるしにがす。㋑矢を射る。㋒火をつける。③〈ゆる・す〉自由にさせる。④〈ほしいまま〉かって気まま。⑤〈たとい(たとひ)〉たとえ…であっても。⑥姓。二①〈たて〉現代中国語では、zòng と発音。↕横 ②南北。↕衡・横 ③足あと。＝蹤

> 語法 〈たとい(たとひ)〉仮定・譲歩。…であっても。例「縦江東父兄憐而王レ我、我何面目見レ之」(たとえ江東の父兄が憐れんでわしを王としようとも、わしはどのつらさげて彼らに会うというのか)〈史記・項羽本紀〉

解字 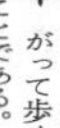 形声。糸が形を表し、従が音を示す。従は、つきしたがって歩く形で、ゆるやかなという意味を含む。縦は、糸をゆるめることである。また、従と同じく、たて、追う、はなつ、などの意味を持つ。

【縦横】じゅうおう(わう) ①たてと、よこ。②縦は南北、横は東西のこと。東西南北に。四方。③たてよこ十文字。④自由自在。⑤中国の戦国時代、秦国に対処するための方策。合縦(六国が同盟して、秦に対抗する策)と、連衡(六国が並んで秦に仕える策)。【―家】じゅうおう(わう)か ①合従家の蘇秦、連衡家の張儀らをはじめとする遊説者たち。②両者の間に立ち、策を用いる人々。【縦横無尽(盡)】じゅうおう(わう)むじん 思う存分。自由自在にふるまい、止まるところがない。

【縦貫】じゅうかん(くわん) ①たてにつきぬく。②南北につき通す。南北を縦、東西を横・衡という。

【縦走】じゅうそう 国山々の峰から峰をつたわって歩きぬくこと。

【縦断(斷)】じゅうだん ①物をたてに切り離す。②南北の方向に切り離す。↕横断

【縦談】じゅうだん・しょうだん 気ままに話す。放談。

【縦目】じゅうもく ①目がたてについていること。②遠くをながめる。

【縦列】じゅうれつ たての列。

【縦逸(逸)】しょういつ かって気ままにする。ほしいままにする。

【縦飲】しょういん ほしいままに飲む。思いのままに飲む。

【縦観(觀)】しょうかん(くわん) 「縦覧しょうらん・じゅうらん」に同じ。

【縦恣】しょうし かって気まま。自分の思うまま。放恣。恣肆。

【縦肆】しょうし 「縦恣」に同じ。

【縦囚】しょうしゅう(しう) 罪人を釈放して自由な身分にかえす。

【縦迹】しょうせき 足あと。

【縦誕】しょうたん 大きなことを言う。大言壮語。

【縦騁馳騖】しょうていちぶ 思うままに馬を走らせる。〈王褒・聖主得＝賢臣＝頌〉

【縦適】しょうてき 「縦恣」に同じ。

【縦放】しょうほう(はう) ①わがまま。かって気まま。放縦。②本人のかってにさせる。放任する。③自由自在。

【縦覧(覽)】しょうらん・じゅうらん 気のむくままに見る。思うままに見る。

【縦令】たとい(たとひ) かりに…としても。よしや…であっても。＝仮令【令・設令】

【縦使】たとい(たとひ) 「縦令」に同じ。

◇▼放縦ほうじゅう・ほうしょう・操縦そうじゅう

糸10【縟】〔16〕 ジョク 漢 入 沃 rù ルー　U 7E1F 補 — J 6953

意味 ①こまかい飾りや彫刻。「縟麗じょくれい」②多い。くどい。③しとね。＝褥じょく
【縟礼(禮)】じょくれい 礼儀作法のわずらわしいさま。「繁文縟礼」

糸10 【縉】〔16〕 シン 漢 去 震 jìn チン　U 補 J 7E09 ― 6954
糸10 【搢】〔16〕 俗字　U 補 J FA58 ― ②8448
意味 ①赤い絹。うすあか色。②さしはさむ。笏しゃくを大帯にはさむ。＝搢
【縉紳】しんしん ①縉はさしはさむ。紳は大帯。礼式の服装をしたとき、笏しゃくを大帯にさしはさむこと。②転じて、官位・身分の高い人。

糸10 【縝】〔16〕 シン 漢 上 軫 zhěn チェン　U 補 J 7E1D 5237 ②8451
意味 ①こまかい。「縝緻しんち」②くろかみ。＝鬒しん「縝髪しんぱつ」③縝密しんみつは、注意ぶかい。

糸10 【縓】〔16〕 セン 漢 去 霰 quàn チュワン　U 補 J 7E13 ― ―
意味 ①薄赤色の絹。②桃色。「縓冠」

糸10 【緻】〔16〕 常 チ　U 補 J 7DFB 6944
旧字 糸9 【緻】〔15〕 チ 漢 去 寘 zhì チー　U 補 J ― ― ―
筆順 幺 糸 糹 紅 経 緻 緻 緻
意味 ①〈こまか・い(――・し)〉細かく念入りである。②目の細かい絹織物。
解字 形声。糸が形を表し、致ちが音を示す。致は、送りとどけることから、細かくゆきとどいているさまを表す。緻は、細かいこと、また、念入りであること、布目の細かい織物を意味する。
【緻工】ちこう 細かな細工。手のこんだ細工さいく。
【緻密】ちみつ ①細かい。②詳密。くわしい。③手落ちがない。
◇巧緻こうち・細緻さいち

糸10 【縋】〔16〕 ツイ 漢 去 寘 zhuì チョイ　U 補 J 7E0B 6955
意味 ①なわにぶらさがる。なわにつかまっておりる。②なわ。
国〈すが・る〉なわにとりつく。転じて、人をたよりにする。

糸10 【縚】〔16〕 トウ 漢 平 豪 (タウ) tāo タオ　U 補 J 7E1A ― ―
意味 絹のくみひも。うちひも。＝絛

糸10 【縢】〔16〕 トウ 漢 平 蒸 téng トン　U 補 J 7E22 ― 6956
意味 ①しばる。からげる。②とじる。封じる。③むかばき。きゃはん。「行縢こうとう」④ふくろ。⑤なわ。ひも。帯。

糸10 【縛】〔16〕 常 バク しばる　U 補 J 7E1B 3991
旧字 糸10 【縛】〔16〕 ハク 漢 入 薬 バク 呉 fù フー　U 補 J ― ― ―
筆順 幺 糸 糹 絔 縛 縛 縛 縛
意味 ①〈しば・る〉㋐たばねる。くくる。㋑なわをかける。㋒とらわれる。②制約する。③しばるなわ。
解字 形声。糸が形を表し、尃はくが音を示す。尃は薄や迫と同じく、せまるという意味を持つ。縛は、糸でぴったりときつくしばることをいう。
【縛擒】ばくきん しばり、とりこにする。捕縛ほばく。
【縛紲】ばくせつ しばったなわ。つな。
【縛纏】ばくてん ①しばり、からげる。②身を束縛し、自由を奪うもの。俗事。③まつわりついた糸。
◇収縛しゅうばく・自縛じばく・束縛そくばく・捕縛ほばく・自縄自縛じじょうじばく

糸10 【繁】〔16〕 常 ハン　U 補 J 7E41 4043
旧字 糸11 【繁】〔17〕 人 ハン 漢 平 元 fán ファン　U 補 J FA59 ①9019
筆順 𠂉 𠂉 每 每 每 敏 繁 繁
意味 ①馬のたてがみにつける飾り。おもがい。②〈しげ・し〉㋐多い。盛ん。「繁多」㋑たびたび。しばしば。㋒複雑でわずらわしい。「繁礼はんれい」③〈しげ・る〉㋐草木が盛んに生える。「繁茂」㋑ふえる。多くなる。④忙しい。

（繁①）

解字 会意。毎・攵・糸を合わせた字。毎は、草がどんどん茂ること。攵は、打つことで、動詞化するしるし。繁は、馬のたてがみにつける、糸をたくさん集めた飾りをいう。他の説に、馬のたてがみがどんどん生えること、糸をないまぜて作ったひも、などという。
名前 えだ・しげ・とし　難読 繁縷はこべ
参考 新表記では、「蕃」の書きかえに用いる熟語がある。
【繁陰】はんいん 葉のよく茂った、林や竹やぶのかげ。
【繁栄(榮)】一はんえい(えい) さかえる。しげりさかえる。二ファンロン〔fánróng〕 現二に同じ。
【繁衍】はんえん 盛んにふえはびこる。
【繁苛】はんか 法律・規則などがめんどうできびしい。＝煩苛
【繁華(華)】はんか(くわ) ①人が多くにぎわうこと。②草木がよく生長して花がひらく。③若く元気な年ごろ。
【繁閑】はんかん せわしいことと、ひまなこと。
【繁簡】はんかん めんどうなことと、大ざっぱなこと。＝煩簡
【繁劇】はんげき 「繁忙」に同じ。
【繁雑(雜)】はんざつ 事が多く入りまじって、わずらわしい。
【繁昌】一はんしょう(しゃう) ①富み栄える。②にぎわう。③草木が生い茂る。二はんじょう(じゃう) 国「繁昌」の①②に同じ。
【繁殖】はんしょく 生物が生まれふえること。増殖。＝蕃殖
【繁縟】はんじょく こまごまして、わずらわしい。繁文縟礼。
【繁盛】一はんせい 富み栄える。盛んになる。二はんじょう(じゃう)
【繁霜】はんそう(さう) たくさん降りた霜。【――鬢】はんそう(さう)のびん 鬢(耳わきの毛)に白い毛がまじること。「艱難苦恨繁霜鬢かんなんはなはだうらむはんそうのびん」(さまざまな苦難を体験し、うらめしいことに鬢の毛も真白になった。)〈杜甫とほの詩・登レ高たかきにのぼる〉
【繁多】はんた ①物事が多いこと。②仕事が多くてせわしい。
【繁文縟礼(禮)】はんぶんじょくれい ①むやみと飾りが多く、複雑な礼式。②手続きのめんどうな規則。
【繁忙】はんぼう(ばう) 用事が多くて非常に忙しい。繁劇。
【繁務】はんむ 多忙なつとめ。劇務。
【繁茂】はんも 草木が盛んにおい茂る。
【繁用】はんよう 用事の多いこと。
【繁乱(亂)】はんらん いりまじる。乱雑であること。
【繁露】はんろ ①たくさんの露。②冠にたれさがる、玉を連ねたかざり。③草の名。つるむらさき。

糸10 【槃】〔16〕 ハン 漢 平 寒 pán パン　U 補 J 7E0F ― ―
意味 小さい袋。

糸10 【縫】〔16〕 常 ホウ ぬう　U 補 J 7E2B 4305
旧字 糸11 【縫】〔17〕 一ホウ 漢 一 平 冬 féng フォン 二ホウ 漢 二 去 宋 fèng フォン　U 補 J ― ― ―
筆順 幺 糸 紁 紁 綘 縫 縫 縫
意味 一①〈ぬ・う(―・ふ)〉㋐糸でつぎあわせる。「縫合ほうごう」

竹米糸缶网(罒・⺳)羊(⺶)羽(羽)老(耂)而耒(耒)耳
6画
聿肉(月)臣自至臼(臼)舌舛(舛)舟艮色艸(艹・艹)虍虫血行衣(衤)襾(覀)

ⓘぬいとりする。②ふさぐ。すき間をうめる。㊂①ぬいめ。「縫界」②すきま。

解字 形声。糸が形を表し、逢が音を示す。逢には、出会うという意味がある。縫は、針で布をぬい合わせることをいう。

【縫腋】①そで下から両わきをぬいつけた服。②国むかし、天皇・文官、四位以上の武官が着用した、わきの下を縫いつけた袍。‖縫掖 ↕闕腋

【縫罅】①ぬいめ。合わせめ。②さけめ。割れめ。

【縫合】縫い合わせる。

【縫紉機】féngrènjī 現ミシン。

◆裁縫・天衣無縫

糸10【縞】〔16〕国字 意味〈しま〉島と縞を掛けたもの。 U補J ②8447 260ED

糸10【緥】〔16〕国字 意味〈ほろ〉幌。①よろいの背につける矢よけの布。②おおい。③姓名や地名に用いる。 U補J ①9015 7E28 5240

糸10【縣】〔16〕旧→県(八六七ジ・中)

糸11【緊】〔17〕㊀エイ漢 ㊀平 斉 yī イー ㊁エイ漢 ㊁去 霽 yì イー 意味㊀①ほこをいれるふくろ。②赤黒い絹。③〈これ〉言い初めの語。㊁〈ああ〉詠嘆の語。 U補J 7E44 5247

糸11【縯】〔17〕㊀エン漢 ㊀上 銑 yǎn イエン ㊁イン漢 ㊁上 軫 yǐn イン 意味㊀長い。㊁①ひく。②のばす。 U補J 7E2F 5243

糸11【繈】〔17〕キョウ漢 上 養 qiǎng チアン (キャウ) 意味①なわ。②ぜにさし。ぜにの穴に通してたばにするなわ。③〈むつき〉こどもを背負う帯。国おしめ。おむつ。 U補J 7E48

糸12【繦】〔18〕同字 U補J 6958 7E66

【繈褓】①嬰児を背負う帯と、嬰児のうぶぎ。②国おしめ。むつき。‖襁褓

糸11【縴】〔17〕ケン漢 去 豔 qiàn チエン 意味①舟や家畜を引くつな。「縴縄」「縴夫」②とりもつ。中に入って世話をする。「縴手」 U補J 7E34

糸11【縿】〔17〕 U補J 5246 7E3F

糸11【縦】〔17〕㊀サン漢 ㊀平 咸 shān シャン ㊁ショウ(セウ)漢 ㊁平 蕭 xiāo シアオ 意味㊀旗の主要部分。旗のはたあしのつく、もとの部分。㊁①生絹。きいと。②もようのある絹織物。

糸11【縰】〔17〕シ漢 上 紙 xǐ シー 意味①髪を包む黒い絹。②縰縰は、物事の多いさま。参考「縦(縱)」は別字。 U補J 7E30

糸11【縮】〔17〕学6 シュク シュク漢 呉 入 屋 suō スオ ちぢむ・ちぢまる・ちぢめる・ちぢれる・ちぢらす U補J 2944 7E2E

筆順 幺 糸 糸' 紵 紵 縮 縮 縮

意味①〈ちぢ・む〉〈ちぢま・る〉〈ちぢ・れる(——・る)〉㋐しわがよる。㋑短くなる。小さくなる。㋒恐れる。すくむ。㋓しりぞく。㋔足りない。②〈ちぢ・める(——・む)〉〈ちぢら・す〉㋐短くする。小さくする。㋑節約する。③〈なお・い(なほ・し)〉正しい。④納める。しまいこむ。⑤くくる。束ねる。国〈ちぢみ〉ちぢみ織り。しわのある織物。

解字 形声。糸が形を表し、宿が音を示す。宿にはちぢむという意味がある。縮は、糸の乱れをおさめること、ひきしめることである。

【縮減】①形を小さくし、数を少なくする。ちぢめ、へらす。②金額をへらす。↕増大

【縮刷】原本の内容は少しも変えないで、形だけを小さくちぢめて印刷すること。また、その書物。「縮刷版」

【縮写(寫)】もとの大きさより小さく写す。

【縮尺】製図で、もとの形より小さく図をかくとき、その小さくする一定の比例の寸法。製図の寸法を、実物の寸法で割った数値。

【縮図(圖)】①もとの大きさより小さくしてかいた図。②国その物事全体の本質をひと目で分かるように表したもの。「社会の縮図」

【縮慄】ちぢこまり、恐れる。‖縮栗

【縮緬】国絹織物の一つ。ちぢみ織り(横糸のよりぐあいを、たて糸のよりぐあいより強くして織る)にした絹。

◆収縮・圧縮・伸縮・畏縮・軍縮・恐縮・短縮・萎縮

糸11【縬】〔17〕シュク漢 入 屋 cù ツー 意味①ちぢむ。収縮する。‖縮 ②絹織物のあや模様。国〈しじら〉織り方を変えて出した筋目。 U補J ②8454 7E2C 5241

糸11【績】〔17〕学5 セキ セキ漢 入 錫 jī チー U補J 3251 7E3E

筆順 幺 糸 糸一 糸十 糸圭 結 績 績

意味①〈つむ・ぐ〉〈う・む〉綿や繭から繊維をひき出し、糸にする。麻をより、糸にする。「紡績」②続ける。受けつぐ。③〈いさお(いさを)〉てがら。功績。④わざ。仕事。

解字 形声。糸が形を表し、責が音を示す。糸は麻糸。責は積で、つみ重ねること。績とは、麻の皮を水にひたして、細かくさき、それをより合わせ、つなぎ合わせて糸にすること。それができあがることから、仕事をなしとげる意味にもなる。

名前 いさ・さね・つみ・なり・のり・もり

【績学(學)】学問をつみかさねる。

【績効(效)】仕事のりっぱなできばえ。てがら。功績。

【績文】文章を書く。

【績紡】糸をつむぐ。

【績用】てがら。功績。

◆功績・成績・治績・敗績・業績

糸11【繊】〔17〕常 セン U補J 3301 7E4A

糸17【纖】〔23〕人 旧字 セン漢 呉 平 塩 xiān シエン U補J 6989 7E96

筆順 幺 糸 糸土 紆 紼 絲 繊 繊

糸15【纎】〔21〕同字 U補J 6990 7E8E

意味①ほそい。こまかい。「纖腰」②細い絹。③ほそいすじ。「纖維」④手の美しいさま。「纖纖」⑤弱い。「纖身」「纖人」⑥わずか。少し。「纖介」⑦つつましい。⑧取るに足らない。

解字 形声。糸が形を表し、韱が音を示す。韱は、山にらで、細くやわらかいものを表す。纖は、細い糸である。

【纖維】㊀①生物のからだを作りあげている、きわめて細い糸のような形のもの。②細長い糸状のもの。「人造纖維」㊁xiānwéi 現㊀に同じ。

【纖翳】少しのくもり。

竹米糸缶网(罒・⺳)羊(⺶)羽(羽)老(耂)而耒(耒)耳 6画 聿肉(月)臣自至臼(臼)舌舛(舛)舟艮色艸(艹・艹)虍虫血行衣(衤)襾(西)

【纖婉】(せんえん(えん)) 弱々しくて、美しい。

【纖芥】(せんかい) ①細かいごみ。ちり。②ほんのわずか。

【纖月】(せんげつ) 細い月。三日月。

【纖妍】(せんけん) からだの細くすんなりしている形容。

【纖巧】(せんこう(かう)) 細工が細かくじょうずなこと。

【纖毫】(せんごう(がう)) ごく細かい。ほんのわずか。少し。

【纖細】(せんさい) ①細かく、ほそい。細やか。②国感情が細やかで、神経が鋭いこと。デリケート。

【纖兒(兒)】(せんじ) こども。小児。人を軽んじていう言葉。

【纖弱】(せんじゃく) ①かよわいこと。かぼそいこと。②しなやかなこと。

【纖手】(せんしゅ) 細くしなやかな女性の手。

【纖柔】(せんじゅう(じう)) ①弱々しい。②細くてしなやか。

【纖塵】(せんじん(ぢん)) 細かいちり。纖埃。

【纖纖(纖)】(せんせん) ①細かいさま。②弱々しいさま。婦人の手の形容。「纖纖擢素手」(纖纖として素手を擢(あ)ぐ)(かぼそい手をあげる。)〈文選・古詩十九首〉③鋭くとがったさま。

【纖眉】(せんび) 細いまゆ。美人。

【纖毛】(せんもう) ①非常に細かい毛。②細胞の表面にある細毛状の突起。

【纖腰】(せんよう(えう)) ほっそりとした美しい腰。

【纖麗】(せんれい) すらりとして美しい。

糸11【繅】〔17〕 一 ソウ漢(サウ) 一 平 豪 sāo サオ 二 ソウ漢(サウ) 二 上 皓 zǎo ツァオ U補J 7E45 5248 ②8455

意味 一 繭から糸を取る。「繅車」 二 ①あや。もよう。②冠の垂れひも。③玉を置く敷き皮。「繅席」

糸11【縶】〔17〕 チュウ漢(チフ) 入 緝 zhí チー U補J 7E36 5245

意味 ①つなぐ。「縶維」②とらえる。つかまえる。「縶拘」③ほだし。馬の足をしばるなわ。

糸11【縳】〔17〕 一 テン漢 デン呉 一 上 銑 zhuàn チョワン 二 ケン漢呉 二 去 霰 juàn チュワン U補J 7E33 5244

意味 一 羽を束ねたもの。また、それを数える単位。二 ①白い絹織物。②しばる。束ねる。

糸11【縻】〔17〕 ビ漢 平 支 mí ミー U補J 7E3B 6959

意味 ①きずな。牛の鼻につけるなわ。②つなぐ。しばる。③なわ。つな。④すり減らす。そこなう。
参考 「縻(び)」は別字。

糸11【繆】〔17〕 一 ビュウ(ビウ)漢 一 去 宥 miù ミウ 二 キュウ(キウ)漢 二 平 尤 jiū チウ 三 リョウ(レウ)漢 三 上 篠 liǎo リアオ 四 ボク漢 四 去 屋 mù ムー U補J 7E46 6957

意味 一 ①あやまり。まちがい。＝謬「誤繆」②あやまる。まちがう。③いつわる。だます。「繆巧」二 ①〈まと・う(——・ふ)〉まつわる。からむ。「繆纏」②首をくくる。「繆死」③入りまじる。三 ①二の①に同じ。②繆繆は、糸のもつれたさま。四 ＝穆 ①宗廟の序列。子の位をいう。②つつしむ。うやうやしい。③やわらいで美しい。「繆繆」④姓。音 miào ミアオ。

【繆巧】(びゅう(びう)こう(かう)) 巧妙なはかりごと。

【繆説】(びゅう(びう)せつ) まちがった意見。繆論。繆言。

【繆篆】(びゅう(びう)てん) 漢代に印刻に用いた篆書の一種。うねりまがった形のもの。

【繆迷】(びゅう(びう)めい) まちがいまよう。まちがわす。

【繆繞】(りょう(れう)じょう(ぜう)) まといつき、とりまいている。まつわり、めぐる。

糸11【縹】〔17〕 ヒョウ漢(ヘウ) 上 篠 piǎo ピアオ U補J 7E39 6961

意味 ①薄いあい色の絹。②〈はなだ〉薄いあい色。はなだ色。③軽くひるがえる形容。音 piāo ピアオ。＝飄「縹縹」④遠い。はるか。音 piāo ピアオ。
【縹縹】(ひょう(へう)ひょう(へう)) 軽くあがるさま。ひるがえるさま。＝飄飄
【縹眇】(ひょう(へう)びょう(べう)) ①遠くかすかに見えるさま。②広々としたさま。＝瞟眇・縹緲

糸11【繃】〔17〕 ホウ漢(ハウ) 平 庚 bēng ポン U補J

意味 ①たばねる。②まきつける。③こどもを背負う帯。④ぴんと張る。⑤現こらえる。音 běng ポン。
参考 新表記では、「包」に書きかえる熟語がある。
【繃帯(帶)】(ほう(はう)たい) 傷口に巻きつける細い布。＝包帯

糸11【绷】〔17〕 俗字 U補J 7E43 6962

糸11【縵】〔17〕 バン漢 マン呉 去 翰 màn マン U補J 7E35 6960

意味 ①模様のない絹。「縵帛」②他の楽器に合わせて演奏すること。③めぐる。囲む。④たれ幕。⑤ゆるやかなさま。＝慢
姓 縵
【縵縵】(まんまん) ①雲のたなびくさま。②教化の及ぶさま。③ゆるやかなさま。

糸11【繇】〔17〕 一 ヨウ(エウ)漢 一 平 蕭 yáo ヤオ 二 ユウ(イウ)漢 二 平 尤 yóu ユー 三 チュウ(チウ)漢 三 去 宥 zhòu チョウ U補J 7E47 5249 ①9020

意味 一 ①労役。労働によって国家に奉仕させること。＝徭 ②茂る。③ゆれ動く。＝揺 ④うた。歌謡。＝謡 二 ①〈よ・る〉もとづく。＝由 ②〈より〉…から。③〈よって〉…のために。④みち。道理。＝猷 三 うらないのことば。
【繇役】(よう(えう)えき) 税の一種として、土木工事などに従事させられること。＝徭役
【繇戍】(よう(えう)じゅ) 人民を使って国境を守る。また、その兵。＝徭戍

糸11【縭】〔17〕 リ漢 平 支 lí リー U補J 7E2D 5242

意味 ①糸でくつを飾る。②つなぐ。③女性のひざかけ。④匂い袋を下げるひも。

糸11【綷】〔17〕 リツ漢 入 質 lǜ リュイ U補J 7E42

意味 ①麻なわ。②棺桶を穴におろすなわ。③舟をつなぐなわ。④なめし皮で作った、玉を置く下じき。

糸11【縷】〔17〕 一 ル漢呉 一 上 麌 lǚ リュイ 二 ロウ漢 二 平 尤 lóu ロウ U補J 7E37 6963

意味 一 ①いと。いとすじ。「不レ絶如レ縷」(絶えざること縷のごとし)〈蘇軾・前赤壁賦〉②細長いもの。③細かい。④くわしい。「縷説」二 つづれ。ぼろ。＝褸
【縷言】(るげん) こまごまと、くわしく語る。また、そのことば。くりごと。
【縷述】(るじゅつ) こまごまと述べる。縷陳。
【縷縷】(るる) ①糸すじなどが、細長くつづくさま。②こまごまと述べたてるさま。

糸11【縲】〔17〕 ルイ漢 平 支 léi レイ U補J 7E32 6964

…ぐ。

糸21【纍】〔27〕同字 U補J 7E9D 5273 ―
意味 ＝累・纍 ①罪人をしばる黒いなわ。②しばる。つなぐ。

【縲絏】①罪人をしばる黒いなわ。②罪人をおしこめておく所。牢屋。③とらえられた恥。縲紲。

糸11【縺】〔17〕 レン 漢 平 先 lián リエン U補J 7E3A 6965
意味 〈もつ・れる(――・る)〉糸がもつれる。国①〈もつ・れる(――・る)〉ことばや動作が自由にならない。②〈もつれ〉事件がもめて解決できないこと。もめごと。

糸11【繫】〔17〕 俗 →繫(九八五ジペー・中)

糸11【縱】〔17〕 旧 →縦(九八〇ジペー・中)

糸11【總】〔17〕 旧 →総(九七三ジペー・中)

糸11【縫】〔17〕 旧 →縫(九八一ジペー・下)

糸11【繡】〔17〕 簡 →繡(九八五ジペー・中)

糸11【縧】〔17〕 同 →絛(九七〇ジペー・下)

糸11【繁】〔17〕 旧 →繁(九八一ジペー・中)

糸12【繢】〔18〕 カイ 漢 去 隊 (クヮイ) huì ホイ U補J 7E62 5256 ―
意味 ①〈えが・く(ゑが・く)〉絵をかく。いろどる。②いろどり。模様。③絵。「繢画」④模様のある絹。「繢繡」

糸12【繝】〔18〕 カン 漢 去 諫 ケン 呉 jiàn チエン U補J 7E5D 6967
意味 にしきの文様。国繧繝・暈繝は、段層的に濃淡をつけた染め、または織り。

糸12【繥】〔18〕 キ 漢 平 支 呉 xī シー U補J 7E65 5257 ―
意味 笑う。たのしい。

糸12【繘】〔18〕 一 キツ 漢 一 入 質 yù ユイ 二 ケツ 漢 二 入 屑 jué チュエ U補J 7E58 5253 ―
意味 一①つるべの縄。「繘綆」②井戸の水をくむ。二糸。

糸12【繐】〔18〕 ケイ 漢 去 霽 suì ソイ U補J 7E50 5251 ―
意味 細くて荒い麻ぬの。喪服とした。「繐帷」

糸12【繭】〔18〕 常 ケン まゆ U補J 7E6D 4390 ―
旧字 糸13【繭】〔19〕 ケン 漢 上 銑 jiǎn チエン U補J ― ― ―

筆順 一 艹 芇 芇 莔 莔 繭 繭

糸7【絸】〔13〕古字 U補J 7D78 5178 ―　虫14【蠒】〔20〕俗字 U補J 8812 5980 ―
意味 ①〈まゆ〉⑦昆虫の幼虫が、さなぎになる時に作る繊維の巣。④かいこのまゆ。生糸の原料にする。②くずわた。③わたいれ。④たこ。まめ。

解字 会意。芇と糸と虫とを合わせた字。芇は相当すること。糸は蚕の糸。虫は蚕である。繭は、かいこの糸をとるまゆである。芇の相当するという意味については、かいこのからだにぴったり合っていること、まゆの形が左右つりあった丸みをもっていること、などと解する。また、芇は音を示すともいう。

【繭糸(絲)】①きぬ糸。②人民から税をとるのに、まゆから糸を引き出すように、つぎつぎと取りつくすこと。

【繭紬】絹織物の一種。山繭の糸で織ったもの。＝絹紬

【繭雲】まゆのような、柔らかい感じの雲。

糸12【繖】〔18〕 サン 漢 上 旱 sǎn サン U補J 7E56 6968
意味 ①かさ。絹がさ。「繖蓋」②雨がさ。

糸12【繞】〔18〕 ジョウ(ゼウ) 漢 去 嘯 ニョウ(ネウ) 呉 rào ラオ U補J 7E5E 6969
意味 ①〈まと・う(――・ふ)〉まつわる。からまる。「繞繞」②〈めぐ・る〉とりまく。かこむ。「繞郭」

【繞梁】歌声がすぐれて美しく、余音が長くつづくこと。

【繞繚】まわりをとりまき、まといつく。まといからむ。

糸12【織】〔18〕 学5 ショク・シキ おる U補J 7E54 3105
旧字 糸12【織】〔18〕 一 ショク 漢 一 入 職 zhī チー シキ 呉 二 シ 漢 二 去 寘 zhì チー U補J ― ― ―

筆順 幺 糸 糸 紵 綍 織 織 織

糸7【絍】〔13〕同字 U補J 26017 ②8429 ―
意味 一①〈お・る〉⑦糸をおり合わせて布を作る。④くみたてる。くみあわせる。「組織」②編む。③織物の総称。二①あやぎぬ。②しるし。旗印。＝幟

解字 形声。糸が形を表し、戠が音を示す。戠は、幟と同じく、目じるしという意味。織は、目じるしになる布のことで、染めた糸で模様を織ることを表す。麻糸で布を作ること、絹糸で帛を作ることを総称して織という。また、たて糸とよこ糸を組んで作りあげることを織というとも解する。

名前 り　難読 織女

【織女】①はたを織る女。②織女星。【――星】星の名。たなばたつめ。ベーガ。一年に一度、陰暦七月七日に天の川をわたって彦星(牽牛星)と会うという伝説がある。

【織文】模様のある織物。

【織縫】機織り仕事と針仕事。

【織機】機織り機械。

【織耕】機を織ったり、耕したりする。「自給自足する。」

▲染織・組織・綾織

糸12【繟】〔18〕 セン 漢 上 銑 chǎn チャン U補J 7E5F 5254 ―
意味 繟然は、ゆるやか。広くて大きいさま。

糸12【繕】〔18〕 常 ゼン つくろう セン 漢 ゼン 呉 去 霰 shàn シャン U補J 7E55 3322

筆順 幺 糸 糸 紸 絆 繕 繕 繕

意味 ①〈つくろ・う(――・ふ)〉破れたものをなおす。「修繕」②おさめる。よくする。「繕性」③あつめる。文書を集めしるす。④つよくする。

解字 形声。糸が形を表し、善が音を示す。善には、不足がないという意味がある。繕は布の破れたところを足し、おぎなうことで、つくろう意味になる。

【繕写(寫)】①写しなおす。②不足を補って書く。

【繕修】つくろい、なおす。修繕。

糸12【繎】〔18〕 ゼン 漢 平 先 ネン 呉 rán ラン U補J 7E4E 5250 ―
意味 ①糸がもつれる。②紅。濃い赤。

糸12【繒】〔18〕 ソウ 慣 ショウ 漢 ゾウ 呉 平 蒸 zēng ツォン U補J 7E52 5252 ①9021
意味 ①きぬ。きぬの総称。「繒帛」「繒布」②〈いぐるみ〉糸をつけた矢で鳥をとるしかけ。＝矰

【繒纊】①きぬとわた。絹布と綿布。②厚く織った軍服。

【繒繳】そうしゃく 矢に糸をつけて鳥を射るもの。いぐるみ。
【繒絮】そうじょ きぬとわた。繒纊そうこう。

糸12【繙】〔18〕ハン 漢 平 元 ホン 呉 fān ファン J 6970 U 7E59
意味 ①〈ひもと・く〉帙ちつ(書物をおおい包むもの)のひもをといて書物を開く。書物を読む。②ひるがえるさま。③声や音が入り乱れる。
【繙閲】はんえつ 書物をめくって調べる。
【繙訳(譯)】はんやく・ほんやく ある国のことばや文章を、他の国のことばや文章に直すこと。＝翻訳ほんやく

糸12【繚】〔18〕リョウ 漢 呉 平 蕭 (レウ) liáo リアオ J 6971 U 7E5A
意味 ①まとう。まつわる。からみつく。②〈めぐ・る〉めぐらす。とりかこむ。③もとる。ねじる。「繚戻れいりょう」
【繚繞】りょうじょう(れうぜう) ①まつわりめぐる。繞繚。②袖そでが長く、ひるがえるさま。
【繚乱(亂)】りょうらん(れうらん) 散り乱れる。「百花繚乱」

糸12【繧】〔18〕国字 ウン J 6966 U 7E67
意味〈うん〉繧繝うんげんは、色と色の間をぼかして染めたもの。「繧繝うんげん彩色」

糸12【繦】〔18〕同 →繈(九八二ジ・上)

糸13【繹】〔19〕エキ 漢 入 陌 ヤク 呉 yì イー J 6972 U 7E79
意味 ①ひく。まゆから糸をひきだす。②〈たず・ねる(たづ・ぬ)〉さがし求める。きわめる。「繹理」③つらなる。つづいてたえないさま。「絡繹らくえき」④述べる。つらねる。
【繹繹】えきえき ①よく走るさま。②続くさま。③盛んなさま。④高いさま。
【繹如】えきじょ ひきつづいて絶えないさま。
【繹味】えきみ 意味をしらべきわめる。

糸13【繮】〔19〕キョウ 漢 平 陽 (キャウ) jiāng チアン 補 5259 U 7E6E
意味 たづな。「繮縄」

糸13【繳】〔19〕一 シャク 漢 入 薬 zhuó チュオ 二 キョウ(ケウ) 漢 二 上 篠 jiǎo チアオ J ②8456 補 5261 U 7E73
意味 一 ①生糸きいと。②〈いぐるみ〉糸をつけた矢で鳥をとるしかけ。二 ①まといつく。②納める。
【繳進】きょうしん(けうしん) 他人の悪い点をあげて、天子に申し上げる。

糸13【繫】〔19〕標 人 ケイ 漢 去 霽 ケ 呉 xì シー、jì チー J ①9494 補 5258 U 7E6B
糸11【繋】〔17〕俗字 J 2350 U 7E4B
意味 ①質のわるいわた。②〈つな・ぐ〉㋐むすびつける。「繫舟」㋑しばる。とらえる。㋒つづける。③〈つなが・る〉㋐むすびつく。㋑つづく。「繫続」④〈か・ける(―・く)〉㋐つり下げる。㋑かかわる。⑤〈かか・る〉㋐ぶらさがる。㋑気にかける。⑥つながり。系統。⑦ひも。なわ。
参考 新表記では、「係」に書きかえる熟語がある。
【繫辞(辭)伝(傳)】けいじでん 周易十翼じゅうよくの一つ。易えきの象辞たんじと爻辞こうじとをくわしく説明したもの。孔子の作と伝えるが、明らかでない。
【繫囚】けいしゅう(しう) ①捕らえて牢獄にいれる。②捕らわれた罪人。
【繫争(爭)】けいそう(さう) →「係争」(九一ジ・下)
【繫属(屬)】けいぞく つなぎ続ける。つながり続く。＝係属
【繫縛】けいばく つなぎしばる。繫束。
【繫留】けいりゅう(りう) つなぎとめる。捕らえて留置する。＝係留
【繫累】けいるい ①足手まとい。かかりあい。②妻子など、自分が養わなければならないもの。＝係累

糸13【繯】〔19〕ケン 漢 上 銑 ゲン 呉 huán ホワン 補 5260 U 7E6F
意味 ①くくる。からむ。②めぐる。③もとにかえる。④けものをつかまえる網あみ。⑤縄の輪。

糸13【繡】〔19〕標 人 シュウ 漢 去 宥 (シウ) xiù シウ J ①9022 補 5255 U 7E61
糸11【綉】〔17〕簡慣 J 2911 U 7E4D
意味 ①〈ぬいとり(ぬひとり)〉五色の糸で模様をぬいとったもの。刺繡ししゅう。②ぬいとりのある布。③ぬいとりする。刺繡する。④華やかな。美しい。

【繡鞋】しゅうあい(しう) ぬいとりをした靴くつ。女性のはく靴。

【繡閣】しゅうかく(しう) 美しく飾ったたかどの。婦人のへや。

【繡戸】しゅうこ(しう) 美しく飾ったへや。女性のへや。

【繡虎】しゅうこ(しう) ①虎をぬいとりした布。②詩文が美しく、すぐれていること。

【繡鍼】しゅうしん(しう) ぬいとりに用いる針。＝繡針
【繡橐】しゅうたく(しう) ぬいとりをした小さいふくろ。

【繡段】しゅうだん(しう) ぬいとりをした美しい織物。転じて、美しい詩文のこと。

【繡幕】しゅうばく(しう) ぬいとりをした幕。

【繡仏(佛)】しゅうぶつ(しう) ぬいとりで縫い描いた仏像。

【繡文】しゅうぶん(しう) ぬいとり。刺繡ししゅう。また、その模様。

【繡軛】しゅうやく(しう) 美しく飾った車馬。

【繡羅】しゅうら(しう) ぬいとりをした薄ぎぬ。

【衣レ繡夜行】しゅう(しう)をきてよるゆく 美しいぬいとりを着て暗い夜、出歩く。転じて、富貴の身分になっても故郷に帰らず、人に知られないたとえ。〈史記・項羽本紀こううほんぎ〉

糸13【繸】〔19〕スイ 漢 去 寘 ズイ 呉 suì ソイ 補 5262 U 7E78
意味 ①佩玉はいぎょくのひも。②死体におおいかぶせる衣。

糸13【繰】〔19〕常 くる 一 ソウ(サウ) 漢 一 上 皓 zǎo ツァオ 二 ソウ(サウ) 漢 二 平 豪 sāo サオ J 2311 U 7E70
筆順 幺 糸 糸口 糸吅 糸品 繰 繰 繰
意味 一 紺色の絹。二〈く・る〉まゆから糸をたぐりとる。＝繅「繅糸」国〈く・る〉①順々に送る。「繰越金くりこしきん」「繰上くりあげ」②順々に数える。③順々にめくる。
解字 形声。糸が形を表し、喿そうが音を示す。喿には、落ちつかないという気持ちがある。繰は、紺こん色に似て、ちょっと違う色の絹布である。深い紺色の布ともいう。ふつう繅と通じて使われる。喿・巣ともに、うわつく、表面的、の意味がある。繰は、まゆの表面から糸をとることで、「くる」という意味になる。
【繰綿】くりわた 国綿花の種子と綿とを分けること。また、その綿。
◆順繰じゅんぐり・臍繰へそくり・遣繰やりくり

糸13【繵】〔19〕一 タン 漢 一 上 旱 dǎn タン 二 タン 漢 二 平 寒 tán タン 三 テン 漢 三 平 先 chán チャン J ②8457 補 5257 U 7E75
意味 一 ①ひとえの衣服。②大帯おおび。二 縄なわ。三 まとう。まとわりつく。＝纏てん

糸13【繪】〔19〕旧 →絵(九六五ジ・中)
糸13【繩】〔19〕旧 →縄(九七八ジ・上)
糸13【繭】〔19〕旧 →繭(九八四ジ・上)

糸14【纁】〔20〕クン 漢 平 文 xūn シュン 補 5264 U 7E81

竹米糸缶网(罒・罓)羊(⺶)羽(羽)老(耂)而耒(耒)耳
6画
聿肉(月)臣自至臼(臼)舌舛(舛)舟艮色艸(艹・艹)虍虫血行衣(衤)襾(覀)

意味 ①薄赤い色。②薄赤い絹。③纁黄(くんこう)は、たそがれ。夕暮れ。

糸14 【繾】〔20〕 ケン 漢 ｜上 銑 qiǎn チエン ｜J ②8458 補 5263 U 7E7E
意味 ①まといつく。からみつく。②繾綣(けんけん)は、いつまでも思い続けるさま。また、離れないさま。

糸14 【纂】〔20〕 人 標 サン 漢 ｜上 旱 zuǎn ツォワン ｜J 2728 補 ― U 7E82
意味 ①赤いくみひも。②〈あつ・める(――・む)〉㋐よせ集める。㋑文書を集め整理して、書物をつくる。「編纂」③〈つ・ぐ〉うけつぐ。＝纘(さん)「纂承(さんしょう)」
【纂次】(さんじ) 文章を集めて、順序だてる。編集する。
【纂修】(さんしゅう(しう)) 資料を集め書物を編集する。
【纂集】(さんしゅう(しふ)) 資料を集めて整理し、書物に編集する。＝纂輯
【纂述】(さんじゅつ) 集めて文章にする。
【纂録(錄)】(さんろく) 資料を集めて書きしるす。集録。輯録。

糸14 【縡】〔20〕 シ 漢 呉 ｜平 支 zī ツー ｜J 6977 補 ― U 7E83
意味 縡縗(しさい)は、昔の麻布(あさぬの)で作った喪服。＝齊衰(しさい)
参考 「縡(かす)」は別字。

糸14 【繻】〔20〕 シュ 漢 ｜平 虞 xū シュイ、rú ルー ｜J 6976 補 ― U 7E7B
意味 ①色のついた絹。②薄い、目のこまかい絹。③漢代に関所を出入りするとき用いた絹布の割り符。
【繻子】(しゅす) 国 厚くて光沢のある、ねり絹の織物。
【繻珍】(しゅちん・しっちん) 繻子(しゅす)の地に数種の色糸で模様を織り出したもの。婦人の帯や羽織の裏などに用いる。

糸14 【繽】〔20〕 ヒン 漢 ｜平 真 bīn ピン ｜J 6979 補 ― U 7E7D
意味 ①盛んなさま。数が多いさま。②乱れる。
【繽繽】(ひんぴん) ①多く盛んなさま。②もつれ乱れるさま。
【繽紛】(ひんぷん) ①多く盛んなさま。②まじり乱れるさま。③花の乱れ散るさま。「落英繽紛(らくえいひんぷん)」〈陶潜(とうせん)・桃花源記〉

糸14 【辮】〔20〕 ヘン 漢 ベン 呉 ｜上 銑 biàn ピエン ｜J 6980 補 ― U 8FAE
意味 ①編む。組み合わせる。②編んだ髪。
【辮髪】(べんぱつ) 頭髪に糸を組み合わせて長く編み、うしろにたらしたもの。中国北方の民族の風俗で、清(シン)代に全国に広まった。

糸14 【繼】〔20〕 旧 ↓継(九七〇ジベー・上)

糸14 【繿】〔20〕 同 ↓襤(一一三二ジベー・下)

糸15 【纈】〔21〕 ケツ 漢 ｜入 屑 xié シエ ｜J 6982 補 ― U 7E88
意味 ①〈しぼり〉しぼり染め。「纈衣簾(けついれん)」②目がかすむ。

糸15 【纊】〔21〕 コウ 漢 呉 (クヮウ) ｜去 漾 kuàng コワン ｜J ①9023 補 5267 U 7E8A
意味 ①わた。新しいわた。②わたいれ。③まゆ。
糸5 【絋】〔11〕 俗字 ｜J 6906 補 ― U 7D4B

糸15 【纏】〔21〕 人 標 テン 漢 ｜平 先 chán チャン ｜J 3727 補 ― U 7E8F
糸16 【纒】〔22〕 俗字 ｜J 6985 補 ― U 7E92
意味 ①〈まと・う(――・ふ)〉からむ。まつわる。「纏絡(てんらく)」②くくる。しばる。③なわ。④日、月、星などの天体が運行する。国〈まとい(まとひ)〉①さおの上方に飾りをつけ、その下に馬簾(ばれん)をたれたもの。②江戸時代は消防組の印。
【纏足】(てんそく) 中国女性の古い風習の一つ。幼時から足を布でかたくしばり、大きくならないようにしたこと。
【纏頭】(てんとう) ①かずけもの。歌や舞をしたものに与えるほうび。②祝儀。はな。チップ。
【纏綿】(てんめん) ①からみつく。まといつく。②心に強くまといついて、はればれしない。③情緒が深く、離れにくいさま。「情緒纏綿」
【纏絡】(てんらく) まつわり、からみつく。

糸15 【纆】〔21〕 ボク 漢 ｜入 職 mò モー ｜J ②8459 補 5265 U 7E86
意味 ①なわ。二本をよったなわ。「纆索(ぼくさく)」②纆牽(ぼくけん)は、家畜をつなぐたづな。

糸15 【纇】〔21〕 ライ 漢 ｜去 隊 lèi レイ ｜J ②8460 補 5266 U 7E87
意味 ①糸のふし。結びめ。②平らでない。③きず。欠点。④もとる。さからう。

糸15 【纍】〔21〕 ■一 ルイ 漢 呉 ｜■一 平 支 léi レイ ■二 ルイ 漢 呉 ｜■二 上 紙 lěi レイ ｜J ①9024 補 5268 U 7E8D
意味 ＝累 ■一 ①まとう。からむ。②つなぐ。しばる。とらえる。「纍囚(るいしゅう)」③太いつな。＝縲 ④つらなる。つながる。⑤よろいを置く道具。⑥無実の罪で死ぬ。■二 かさなる。「纍然」
【纍紲】(るいせつ) とらわれの身となる。また、牢獄(ろうごく)。ひとや。
【纍纍】(るいるい) ①望みがとげられないで、がっかりしたさま。「鬱鬱纍纍(うつうつるいるい)」(鬱鬱は、心がはればれしないさま。)②疲れ弱ったさま。③つながっているさま。つらなって絶えないさま。「清涕纍纍(せいているいたり)」(涙がしきりにこぼれておさえられない。)〈古詩・孤児行(こじこう)〉④重なり積もっているさま。

糸15 【纐】〔21〕 国字 コウ (カウ) ｜J 6986 補 ― U 7E90
意味 〈こう(かう)〉くくり染め。しぼり染め。「纐纈(こうけつ)」

糸15 【纘】〔21〕 同 ↓纘(九八七ジベー・上)

糸15 【纖】〔21〕 同 ↓纖(九八二ジベー・下)

糸15 【續】〔21〕 旧 ↓続(九七一ジベー・上)

糸16 【纑】〔22〕 ロ 漢 ル 呉 ｜平 虞 lú ルー ｜J ②8462 補 5269 U 7E91
意味 ①つむいだ麻糸。②煮てやわらかくした麻糸。③植物の名。ちょま。

糸16 【纒】〔22〕 俗 ↓纏(本ジベー・中)

糸16 【纜】〔22〕 俗 ↓纜(九八七ジベー・上)

糸16 『轡』↓車部十五画(一二二五ジベー・下)

糸17 【纓】〔23〕 エイ 漢 ヨウ(ヤウ) 呉 ｜平 庚 yīng イン ｜J 6987 補 ― U 7E93
糸6 【緓】〔12〕 俗字 ｜J ②8427 補 ― U 42DD
意味 ①冠のひも。②女性が婚約したとき身につける飾りひも。③むながい。馬の胸をおおう皮。④鳥のくびの毛。⑤まとう。からみつく。

(纓①)

【纓冠】(えいかん(くゎん)) 冠のひもを結ぶ。
【纓緌】(えいずい) ①冠のひもと、ひも飾り。②身分の貴い人。
【纓絡】(ようらく(やう)) ①玉をつないで作った首飾り。＝瓔珞 ②まといつくこと。
【請レ纓繫ニ南粵一】(えいをこうてなんえつをつなぐ(こふて)) 冠のひもをいただいて、それをもって南方の蛮族をしばる。前漢(ぜんかん)武帝のとき、終軍という人が、今の広東(カントン)地方の蛮族に使者として出かけるとき、南粵王をしばってつれてくることをちかった故事。〈魏徴(ぎちょう)の詩・述懐〉

糸17 【纔】〔23〕 ｜J 6988 補 ― U 7E94

糸17【纕】〔23〕 ㊀サン 漢 呉 ㊀平 咸 shān シャン ㊁サイ 漢 ㊁平 灰 cāi ツァイ ㊂ジョウ(ジャウ) 漢 ニョウ(ニャウ) 呉 ㊂上 養 rǎng ラン ㊃ショウ(シャウ) 漢 ソウ(サウ) 呉 ㊃平 陽 xiāng シアン U補J 5270 7E95

意味 ㊀赤みをおびた黒。㊁①〈わずか(わづか)〉すこし。②わずかに。やっと。㊂①腕をまくる。②たすき。おび。㊃①佩玉(おびだま)を通すひも。②馬のはらおび。

糸17【纖】〔23〕 旧 ↓纎(九八二ページ・下)

糸17【鷥】〔23〕 ↓鳥部十二画(一四三七ページ・上)

糸18【纛】〔24〕 トウ 漢 (タウ) 去 号 dào タオ U補J 6991 7E9B

意味 はた。ヤク(旄牛(からうし))の尾で作った大旗。昔は葬式に用い、のち軍中にも、また天子の馬車の飾りにも用いた。

(纛)

糸19【纘】〔25〕 サン 漢 上 旱 zuǎn ツォワン U補J ②8463 5271 7E98

意味 ①〈つ・ぐ〉うけつぐ。「纘業」「纘継(さんけい)」「纘承(さんしょう)」 ②あつめる。＝纂(さん)

【纘述】(さんじゅつ) 受けつぎ、のべる。

【纘緒】(さんしょ) 前人の残した仕事を受け継ぐ。

糸15【纉】〔21〕 同字 U補J 6983 7E89

糸19【纚】〔25〕 ㊀シ 漢 ㊀上 紙 xǐ シー ㊁リ 漢 ㊁平 支 lí リー U補J ②8464 5272 7E9A

意味 ㊀①髪を包む布。②つづくさま。つらなるさま。「纚迤(しい)」 ③纚纚(しし)は、つながが長くて良いさま。また、水が流れ落ちるさま。㊁①つなぐ。②なわ。

糸21【纜】〔27〕 ラン 漢 去 勘 lǎn ラン U補J ②8461 6992 7E9C

意味 ①〈ともづな〉舟をつなぎとめるなわ。②舟をつなぐ。

【解レ纜】(ともづなを とく) 舟が出帆する。

糸16【繿】〔22〕 俗字 U補J 432B

糸21【纝】〔27〕 同 ↓纍(九八三ページ・下)

糸21【鑾】 ↓金部十九画(一三一一ページ・下)

糸23【纞】〔29〕 レン 呉 漢 去 霰 liàn リエン U補J 5274 7E9E

意味 絶えまない。続く。

糸24【鸞】〔30〕 ↓鳥部十九画(一四三八ページ・中)

6画 缶部 ほとぎ ほとぎへん

【部首解説】 「素焼きのかめ」にかたどる。この部には、かめなどの容器に関連するものが多く、「缶」の形を構成要素とする文字が属する。

缶0【缶】〔6〕 常 カン U補J 2044 7F36

旧字 缶18【罐】〔24〕 カン 漢 (クヮン) 去 翰 guàn コワン U補J

筆順 ノ ㇐ 𠂉 午 缶 缶

金18【鑵】〔26〕 同字 U補J

金17【鑵】〔25〕 俗字 U補J 9475 7949

缶17【罐】〔23〕 俗字 U補J 7F50 7005

金11【𨫝】〔19〕 俗字 U補J 28ADD ②9130

意味 土や金属で作った円筒形の容器。㋐水汲み。つるべ。㋑なべ。国〈かん(くゎん)〉ブリキ製の容器。

解字 旧字体は形声。缶が形を表し、雚(くゎん)が音を示す。

参考 「罐(かん)」と次項の「缶(ふ)」とは、本来別字であるが、現在、わが国では「罐」の新字体として「缶」を用いる。

【缶頭】(コワントウ) guàntou 現 かんづめ。

缶0【缶】〔6〕 フ 漢 上 有 fǒu フォウ U補J 2044 7F36

意味 ①〈ほとぎ〉腹が大きく、口がつぼんだすやきのかめ。酒を入れる。②つるべ。水を汲(く)む容器。③打楽器。④容量の単位。四斛(こく)。四十斗。一説に十六斗。(↓付録「度量衡名称」)

缶5【缻】〔11〕 同字 U補J ②8467 5276 7F3B

解字 象形。水や酒を入れるふたつきのかめである。実用を主として、ふくらんでいる。

【撃(撃)レ缶】(ほとぎをうつ) 歌にあわせて缶(ほとぎ)をうって拍子をとる。〈史記・廉頗藺相如(れんぱりんしょうじょ)列伝〉

缶2【匋】 ↓勹部六画(一八五ページ・上)

缶3【缸】〔9〕 コウ 漢 (カウ) 平 江 gāng カン U補J 6993 7F38

意味 ①〈かめ〉大きなつぼ。②灯火(とうか)の油をいれる皿。

【缸花】(こうか(かうくゎ)) ともし火。

缶4【䍃】〔10〕 ユウ(イウ) 漢 ユ 呉 平 尤 yóu ユー U補J ②8465 4343

意味 土器の名。かめ。

缶4【缺】〔10〕 旧 ↓欠(六七三ページ・上)

缶4【缼】〔10〕 俗 ↓缺(六七三ページ・上)

缶5【䍉】〔11〕 タイ 漢 上 蟹 zhǎi チャイ U補J 4349

意味 ①欠ける。②器物やくだものの傷。

缶5【缽】〔11〕 俗 ↓鉢(一二九一ページ・中)

缶5【缻】〔11〕 同 ↓缶(本ページ・中)

缶6【缿】〔12〕 コウ 漢 (カウ) 上 講 xiàng シアン U補J 5279 7F3F

意味 ①土器や竹製の貯金箱。②投書箱。「缿筩(こうとう)」

缶6【缾】〔12〕 同 ↓缾(本ページ・下)

缶8【缾】〔14〕 ヘイ 漢 平 青 píng ピン U補J FAB1

意味 ①水をくみあげるつるべ。②かめ。もたい。酒器。＝瓶

缶6【缾】〔12〕 同字 U補J ②8468 5278 7F3E

【缾罌】(へいおう(あう)) かめや、つぼ。

缶10【罃】〔16〕 オウ(アウ) 漢 ヨウ(ヤウ) 呉 平 庚 yīng イン U補J ②8469 5280 7F43

意味 ①昔、灯火の油をいれる油壺。一説に水を入れる首の長いかめ。②土器の名。かめ。＝罌(おう)

缶11【罅】〔17〕 カ 漢 去 禡 xià シア U補J 7001 7F45

竹米糸缶网(罒・⺳)羊(⺶)羽(羽)老(耂)而耒(耒)耳
6画
聿肉(月)臣自至臼(臼)舌舛(舛)舟艮色艸(艹・艹)虍虫血行衣(衤)襾(西)

意味 ①〈さ・ける(―・く)〉ひびがいる。②〈ひび〉すきま。あな。

【罅隙】かげき われめや、すきま。

【罅漏】かろう すきま。欠けたところ。

◆裂罅れっか

缶11【罄】〔17〕ケイ 漢 去 径 qìng チン J ②8470 補 5281 U 7F44

意味 ①容器の中のからっぽの部分。②〈つ・きる(―・く)〉なくなる。つくす。「罄竭けいけつ」③ことごとく。みな。すべて。

【罄竭】けいけつ ①「罄尽」に同じ。②すべてを出しつくす。

【罄尽(盡)】けいじん すっかりなくなる。つきる。

缶12【罇】〔18〕ソン 漢 平 元 zūn ツン J ①9025 補 5282 U 7F47

意味 酒を入れるかめ。たる。＝樽「罇前」「罇酒」「罇罍そんらい」

缶12【罈】〔18〕タン 漢 平 元 tán タン J ― 補 ― U ―

意味 かめ。＝壜たん・罎たん「罈子たんし」

缶12【罈】〔18〕俗字 J ― 補 ― U 7F48

缶13【罋】〔19〕オウ(ヲウ) 漢 去 送 wèng ウォン J ― 補 ― U 7F4B

意味 ＝瓮おう ①つるべ。②かめ。

缶14【罌】〔20〕オウ(アウ) 漢 平 庚 yīng イン J 7002 補 ― U 7F4C

意味 かめ。もたい。酒を入れる容器で、腹が大きく口のつぼんだかめ。「罌缶おうふ」

(罌)

【罌粟】おうぞく(あうぞく)|けし 草の名。実から阿片あへんをとる。芥子けし。

【罌缾】おうへい(あうへい) かめ。もたい。

缶15【罍】〔21〕ライ 漢 平 灰 léi レイ J 7003 補 ― U 7F4D

意味 酒だる。雲雷の文様をかいた青銅製の酒だる。「罍罌らいおう」「罍樽らいそん」

(罍)

【罍觴】らいしょう(しゃう) 酒だると、さかずき。

【罍洗】らいせん ①酒のかめと水を捨てる器。とっくりと杯洗。②大きい酒だる。

【罍恥】らいち 酒だるの恥。酒宴の際、用意した酒だるの酒が尽きること。〈詩経しきょう・蓼莪りくが〉

缶16【罎】〔22〕タン 漢 平 覃 tán タン / ドン 慣 J 7004 補 ― U 7F4E

意味 つぼ。かめ。＝罈たん・壜たん

缶16【罏】〔22〕ロ 漢 ル 呉 平 虞 lú ルー J ②8471 補 5283 U 7F4F

意味 ①かめ。酒壺さかつぼ。②こんろ。＝炉ろ ③酒店で酒壺を置く台。＝盧ろ・壚ろ

缶17【罐】〔23〕俗→罐(九八七ページ・中)

缶18【罐】〔24〕旧→缶(九八七ページ・中)

6画

网(罒・⺳)部 あみがしら

【部首解説】「冂」と「㐅」が合わさり、「あみ」を表す。この部には、あみの種類や、あみで捕らえることに関連するものが多く、「网・罒・⺳」の形を構成要素とする文字が属する。構成要素になるときは「罒」(五画)となることが多い。

网0【网】〔6〕ボウ(バウ) 漢 上 養 wǎng ワン J 7006 補 ― U 7F51

意味 あみ。＝網

网2【𦉮】〔6〕同字 J ― 補 ― U 2626E

解字 会意。冂と㐅を合わせた字。冂はおおうもの。㐅はあみの目で、网は、あみをかぶせた形である。捕らえる、かくす、の意味になる。

网0【罓】〔4〕 J ― 補 5285 U 7F53

意味 部首の一つ。あみがしら。「网」の変形の一つ。罔ぼうなどを構成する。

网0【㓁】〔4〕 J ②8472 補 ― U 34C1

意味 部首の一つ。あみがしら。「网」の変形の一つ。罕かんなどを構成する。

网0【𦉰】〔5〕 J ②8473 補 ― U 26270

意味 部首の一つ。あみがしら。「网」の変形の一つ。字体記述要素。「罔」などを構成する。

网0【罒】〔5〕 J ②8474 補 5284 U 7F52

意味 部首の一つ。あみがしら。「网」の変形の一つ。罪ざい・署しょなどを構成する。

网2【罓】〔6〕同→网(本ページ・中)

网3【罕】〔7〕カン 漢 上 旱 hǎn ハン J 7007 補 ― U 7F55

意味 ①鳥をとる網。「罕罔かんもう」②旗。「罕旗かんき」③〈まれ〉少ない。めったにない。「罕言」

网3【䍑】〔9〕本字 J ― 補 ― U 4351

网3【䍐】〔8〕同字 J ― 補 ― U 4350

网3【罔】〔8〕ボウ(バウ) 漢 モウ(マウ) 呉 上 養 wǎng ワン J 7008 補 ― U 7F54

意味 ①〈あみ〉㋐獣や魚鳥を捕らえる網。㋑罪人を捕らえる網。法律。②〈あみ・する(―・す)〉捕らえる。③〈な・い(―・し)〉ない。④〈なかれ〉するな。禁止。⑤〈くら・い(―・し)〉おろか。「罔然」⑥しいる。あざむく。いつわる。⑦うれえる。心配する。

【罔極】もうきょく(まうきょく)|ぼうきょく ①きわまりがない。限りがない。「罔極之恩」②中正でないこと。罔は無、極は中正の意。③悪のかぎりをつくす人。極悪人ごくあくにん。

【罔罟】もうこ(まうこ) 獣を捕らえるあみ(罔)と、魚を捕らえるあみ(罟)。

【罔象】もうしょう(まうしゃう) ①ただようさま。②虚無のさま。③水中にいる怪物。

【罔疎】もうそ(まうそ) 網の目があらい。法律がきびしくないこと。

【罔羅】もうら(まうら) ①大網と小網。魚や獣を捕らえる道具。②すべてをひっくるめる。＝網羅

【―機辟之患】もうら(まうら)きへきの 網やはじきにかかって捕らえられる災難。〈荘子そうじ・山木さんぼく〉

【罔両(兩)】もうりょう(まうりゃう) ①影のそばにできる薄いかげ。〈荘子・斉物論せいぶつろん〉②よりどころがないさま。たよりないさま。③山や川にすむばけもの。＝魍魎「魑魅ちみ罔両」〈左伝・宣公せんこう〉

网4【罡】〔9〕コウ(カウ) 漢 呉 平 陽 gāng カン J ②8475 補 ― U 26286

意味 「罡」(九八九ページ・上)の同字。国〈おか(をか)〉姓名に用いる。

网4【罘】〔9〕フ 漢 平 尤 fú フー J 7009 補 ― U 7F58

意味 ①うさぎを捕らえる網。「罘罝ふしゃ」②罘罳ふしは、宮門外のへい。また、網を張った窓のついたもの。③芝罘しふ(チーフー)は、

山東省の港の名。

网5【罛】〔10〕コ 漢 平 虞 gū クー　U 補 J ――
意味 ①魚をとる網。②建物が高く広いさま。

网6【罛】〔11〕俗字　U 補 J 7F5B 5286

网5【罟】〔10〕コ 漢 上 麌 gǔ クー　U 補 J 7F5F 7010
意味 ①〈あみ〉㋐網の総称。㋑魚網。②のり。法規。法の網。③〈あみ・する（――・す）〉網にかける。捕らえる。

网5【罟】〔11〕本字　U 補 J 2629F

【罟擭陥（陷）阱】鳥や獣を捕獲するもの。罟は網、擭はわな、陥阱は落とし穴。〈中庸〉
【罟師】漁師。罟客。
【罟網】網。＝罟罔

网5【罡】〔10〕コウ 漢 平 陽 (カウ) gāng カン　U 補 J 7F61 5289 ②8476
意味 ①天罡は、北斗星。②〈おか（をか）〉岡。

网4【罡】〔9〕同字　U 補 J 26286 ②8475

网5【罝】〔10〕シャ 漢 平 麻 jū チュイ　U 補 J 7F5D 5288
意味 ①〈あみ〉㋐うさぎを捕らえる網。㋑獣を捕らえる網。「罝罘」②捕らえる。

网5【罜】〔10〕シュ 漢 去 遇 zhǔ チュー、dú トゥー　U 補 J 7F5C 5287
意味 罜麗は、小さな魚をとる網。

罒5【罠】〔10〕標 ビン 漢 平 真 ミン 呉 mín ミン　U 補 J 7F60 7011
意味 ①魚をつる。また、つり糸。②鳥獣をとる網。国〈わな〉①獣を捕らえるしかけ。②人をだます計略。

网5【罢】〔10〕俗 →罷（九九〇ジー・中）

网6【罣】〔11〕カイ 漢 去 卦 (クヮイ) guà コワ　U 補 J 7F63 5290 ②8477
意味 ①かける。かかる。②気にかける。心配する。③さまたげる。

网6【罛】〔11〕俗 →罛（本ジー・上）

网7【罥】〔12〕ケン 漢 去 霰 juàn チュワン　U 補 J 7F65 5292

意味 ①鳥獣をなわやあみにかけて捕らえる。②あみ。③むすぶ。かける。④罥索は、ぶらんこ。

网7【罤】〔12〕一 テイ 漢 一 平 斉 tí ティー　二 コン 漢 二 平 元 kūn クン　U 補 J 7F64 5291 ②8478
意味 一 うさぎをとる網。二 兄。＝昆

网7【罦】〔12〕一 フ 漢 一 平 虞 fú フー　二 フ 漢 二 平 尤 fú フー　U 補 J 7F66 5293
意味 一 ①車の轅の間に張って鳥獣をとる網。②おおう。

网8【罨】〔13〕エン 漢 上 琰 アン 慣 yǎn イエン　U 補 J 7F68 7012
意味 ①魚をとるあみ。②あみで捕らえる。③かぶせる。
【罨画（畫）】彩色した絵。
【罨法】炎症・充血を治療する方法。冷水または温湯で湿布すること。

网8【罫】〔13〕カイ（クヮイ）漢 上 蟹 ケイ 慣 guǎi コワイ　U 補 J 7F6B 2351
意味 碁盤の縦横の線。すじ。あみめ。国〈けい〉ノートなどに引いてある線。「罫紙」「罫線」

罒8【罪】〔13〕学 5 ザイ つみ　サイ 漢 上 賄 ザイ 呉 zuì ツォイ　U 補 J 7F6A 2665

筆順 罪

意味 ①魚をとる竹のあみ。②〈つみ〉㋐法を犯すこと。「罪過」「罪人」㋑とがめ。刑罰。㋒あやまち。過失。㋓わざわい。③〈つみ・する（――・す）〉とがめる。罪にあてる。国〈つみ〉人から恨まれるようなしうち。

辛6【辠】〔13〕本字　U 補 J 8FA0 6514

解字  会意。初めは、魚を捕らえる網のことで、形声文字であった。つみの意味には、辠を使っていた。秦の始皇帝が、辠は、皇の字と似ているとして、使用を禁じ、代わりに、罪を使うようにしたという。罪は罒と非を合わせた字。罒は網。非は悪いこと。罪は、悪人を法の網にかけることをいう。

【罪悪（惡）】①道徳上からみて、正しくない行い。悪業。②法律にふれた悪い行い。
【罪科】①つみ。つみと、とが。②罪に対する処置。刑罰。しおき。
【罪過】つみ。過失。
【罪譴】つみ。とがめ。
【罪業】仏身・口・意の三つがおかす悪い行い。また、「罪のむくい。」
【罪死】死罪。罪によって死ぬこと。死刑。
【罪障】仏極楽に行くさまたげとなる悪行。
【罪状（狀）】罪をおかしたときの事情・状態。犯罪の実状。
【罪累】①罪を重ねる。②まきぞえ。連座。
【罪戻】つみ。戻も、罪の意。
【罪滅】国善い行いをして、犯した罪をつぐなう。
【罪不レ容ニ於死一】非常に重い罪で、死刑にしてもまだたりぬ。〈孟子・離婁上〉
◆犯罪・功罪・有罪・死罪・余罪・服罪・重罪・原罪・流罪・冤罪・斬罪・断罪・無罪・微罪・謝罪・贖罪

罒8【署】〔13〕学 6 ショ　U 補 J 7F72 2980

旧字 罒9【署】〔14〕人 ショ 漢 去 御 shǔ シュー　U 補 J FA5A ①9026

筆順 署

意味 ①役割をきめる。わりあてる。「部署」②役所。「官署」③地位のしるし。④しるす。名を書きつける。「署名」「署記」⑤職務を代行する。「署理」

解字  形声。罒が形を表し、者が音を示す。罒はあみで、つながることをいう。者は、他と区別する意味がある。署は、役所の各部が、独立しながら、関係を持つことである。また、者は定着することで、署は、鳥獣を捕らえるあみを、あちこちに配置することであるともいう。

【署置】それぞれの官職に、わりあて任ずる。
◆分署・本署・自署・官署・連署・部署・消防署・税務署・警察署

网8【罧】〔13〕シン 漢 去 沁 shèn シェン 呉　U 補 J 7F67 7014
意味 ふしづけ。木の小枝を水中に積んで魚を捕らえるしかけ、また、その漁法。

罒8【置】〔13〕学 4 チ おく　チ 漢 去 寘 zhì チー 呉　U 補 J 7F6E 3554

筆順 置

意味 ①〈お・く〉㋐ゆるす。㋑すてる。やめる。㋒残す。とどめる。「留置」㋓もうける。「設置」㋔すえておく。「安

竹米糸缶网(罒・⺲)羊(⺶)羽(羽)老(耂)而耒(耒)耳 6画 聿肉(月)臣自至臼(臼)舌舛(舛)舟艮色艸(艹・艹)虍虫血行衣(衤)襾(西)

置」②うまつぎ。宿場。駅。

解字 会意。罒と直とを合わせた字。罒は法の網。直は正しいこと。置は、正しい人は法に触れても罪にあてないで、ゆるすことをいう。ゆるす意味から、そのままにほうっておくことにもなる。また、直は立てることで、置は、鳥を捕らえる網を立てることであるとも解する。

地名 置戸

【置字】国漢文訓読の際、原文中にあっても読まない文字をいう。
【置酒】酒宴。酒や料理を用意して宴会をする。【――高会(會)】さかんな酒宴。〈漢書・高帝紀〉
【置亭】宿場。置郵。
【置伝(傳)】「置郵」に同じ。
【置念】心にとどめる。忘れずに思う。
【置郵】宿駅のこと。宿場のこと。置伝。
【置錐之地】やっと錐の先を立てるくらいの、わずかな土地。立錐之地。〈荘子・盗跖〉
◆布置・処置・安置・位置・拘置・並置・放置・前置・倒置・併置・配置・留置・留置・書置・常置・設置・据置・措置・装置

网8【罩】〔13〕トウ漢 去効 (タウ) zhào チャオ J 7013 補 ― U 7F69
意味 ①鳥や魚をとる竹かご。また、かごで取る。②おおい。③おおう。
竹8【䈇】〔14〕同字 J ②8351 補 ― U 4207

网8【罭】〔13〕ヨク漢 入職 yù ユィ J ②8479 補 5294 U 7F6D
意味 魚をとる小さい目の網。

网8【睪】↓目部八画(八七三ページ・下)
网8【蜀】↓虫部七画(一一〇四ページ・中)

网9【罳】〔14〕シ漢 平支 sī スー J ― 補 ― U 7F73
意味 ①罘罳は、宮門外のへい。②城壁の四すみにある見張り用の小さい建物。

罒9【罰】〔14〕常 バツ・バチ
ハツ漢 バチ呉 バツ慣 入月 fá ファー J 4019 補 ― U 7F70
筆順 罰

网10【罸】〔15〕俗字 J 7015 補 ― U 7F78
意味 ①ささいな罪。②とがめ。刑罰。③法を犯した者を罪にあてる。④星の名。㋐参宿にある星。㋑火星。
国〈ばち〉神仏が悪行を犯した人をこらしめること。

解字 会意。詈とリを合わせた字。詈は、ののしること。リは刀。罰は、刀を手に持ってののしることで、まだ人を傷つけるようなことをしていない、軽い罪をいう。一説に、罪人を伐ることで、処罰することであるという。

【罰金】罪を犯したこらしめにとりたてる金。罰銀。
【罰則】国法規にそむいたものを処罰する規則。
【罰杯】勝負に負けた罰として飲ませる酒。罰酒。罰爵。〈石崇・金谷園詩序〉
【罰俸】罰として、一定期間、給料を減ずること。
◆天罰・必罰・処罰・刑罰・体罰・神罰・罪罰・賞罰・厳罰・懲罰・信賞必罰

网9【罱】〔14〕ラン漢 上感 lǎn ラン J 5301 補 ― U 7F71
意味 ①魚をとる道具。②水草や水中の泥をすくう道具。また、それらを、すくうこと。

罒9【署】〔14〕旧↓署(九八九ページ・下)

罒10【罵】〔15〕常 ののしる
バ漢 メ呉 去禡 mà マー J 3945 補 ― U 7F75
筆順 罵
意味 ①〈ののし・る〉㋐声高く悪口をいう。㋑騒ぎたてる。どなる。②〈ののしり〉悪口。

解字 形声。罒は形を表し、馬が音を示す。罒(网)はあみ。馬は動物のウマであるが、古代中国では、怒りや武事などの荒々しさを属性としていた。罵は、荒々しい言葉を相手に浴びせる、ののしることを意味する。

【罵辱】悪口をあびせかけて、ばかにする。
【罵倒】ひどく口ぎたなくののしる。
【罵詈】ののしる。ののしり。「罵詈雑言」
◆悪罵・痛罵

罒10【罷】〔15〕常 ヒ
一ハイ漢 ヒ慣 一去禡 bà パー 二ヒ漢 二平支 pí ピー J 4077 補 ― U 7F77
筆順 罷

网5【罢】〔10〕俗字 J ― 補 ― U 7F62

意味 一①ゆるす。罪人をとき放す。②〈や・める(―・む)〉㋐中止する。㋑免職にする。「罷官」㋒帰る。帰す。㋓終わる。二①〈つか・れる(―・る)〉「罷士」「罷労」「罷病」②きわまる。つきる。国〈まか・る〉①貴人の前から退出する。②他の動詞につけてけんそんする意を表す。

解字 会意。罒と能を合わせた字。罒は法の網。能は才能のあること。罷は、有能の人が法に触れた場合、罪にあてずに、職をやめさせて、遠くへやることである。また、罒は、無いことを表し、罷は、疲れて力がなくなることとか、とりつけた網をとりはずすことなどと解する。

【罷休】仕事を中止して休む。
【罷市】①市場をとざす。商人が同盟して店をしめる。②不売同盟。ボイコット。
【罷牛】疲れた牛。
【罷業】労働者が仕事を放棄すること。ストライキ。罷工。
【罷極】つかれ、きわまる。つかれはてる。つかれきる。
【罷倦】くたびれ飽きる。＝疲倦
【罷黜】やめて、退ける。
【罷駑】①疲労しきって、のろくなった馬。②役にたたないばか者のたとえ。自己の謙称。〈漢書・司馬遷伝〉
【罷敝】「罷弊」に同じ。
【罷弊】つかれ弱る。＝疲弊
【罷免】くびにする。職務をやめさせる。免職。
【罷労(勞)】つかれる。＝疲労
【罷工】bàgōng 現ストライキをする。

网10【罶】〔15〕リュウ漢 (リウ) 上有 liǔ リウ J ― 補 ― U 7F76
意味 魚を捕らえる竹の道具。うえ。
网12【羀】〔18〕同字 J 5305 補 ― U 7F80

网10【罸】〔15〕俗↓罰(本ページ・上)

网10【睘】↓目部十画(八七五ページ・中)

网11【罻】〔16〕イ漢 (ヰ) 去未 wèi ウエイ J ― 補 ― U 7F7B

意味 ①鳥を捕らえる小さい網。「罻羅」②魚を捕らえる網。

罒11【罹】〔16〕 標 リ 漢 平 支 lí リー J 5677 補 U 7F79

意味 ①うれい。なやみ。②〈かか・る〉であう。こうむる。「罹病」「罹疾」

【罹災】災害にあう。罹厄。

网12【罽】〔17〕 ケイ 漢 去 霽 jì チー J ②8480 補 5302 U 7F7D

意味 ①魚をとる網。②毛織物。③罽賓は、インドのカシミール地方にあった国。

网12【罿】〔17〕 一ショウ 漢 一平 冬 chōng チョン 二トウ 漢 二平 東 tóng トン J — 補 5304 U 7F7F

意味 一二 鳥獣を捕らえる網。

网12【罾】〔17〕 ソウ 漢 平 蒸 zēng ツォン J ②8481 補 5303 U 7F7E

意味 四つ手網。また、あみですくう。「罾網」「罾繳」

【罾弋】四つ手網と、いぐるみ。

网12【罸】〔18〕 同→罰(九九〇ジ・下)

网13【羂】〔18〕 ケン 呉 漢 上 銑 juàn チュワン J 7016 補 U 7F82

意味 ①わな。②わなにかけて捕らえる。③くくる。しばる。

【羂索】①わな。②仏 民を救う五色の網。③仏 私欲にとらわれた心。

网14【羆】〔19〕 ヒ 漢 平 支 pí ピー J 7017 補 U 7F86

意味〈ひぐま〉力の強い大きなくま。

罒14【羅】〔19〕 常 ラ 呉 漢 平 歌 luó ルオ J 4569 補 U 7F85

筆順 罒 罒 罗 羅 羅 羅 羅 羅

意味 ①網。鳥をとる網。②あみする。網にかけてとる。③つつみこむ。「網羅」④〈つら・ねる(──・ぬ)〉続ける。ならべる。「羅列」⑤〈うすぎぬ〉うすもの。⑥〈かか・る〉出会う。こうむる。=罹。⑦春秋時代の国名。⑧姓。

解字 会意。罒と維を合わせた字。罒は網。維はつなぐこと。羅は、糸で作った鳥網。

姓 羅井・羅漢 地名 羅臼・羅馬・羅馬尼亜

【羅衣】うすぎぬの着物。

【羅帷】うすもののカーテン・とばり。

【羅宇】国 きせるの首と吸い口とをむすぶもの。竹でつくる。=喇宇

【羅蓋】うすぎぬで張ったかさ。

【羅漢】仏 阿羅漢の略。小乗仏教で修行者がさとりによって達しうる最高の地位。なやみをたちきり、人から供養される価値のある聖者。【──松】マキ科の常緑樹。羅漢槙。庭木・生垣などにする。【──柏】木の名。あすなろ。

【羅貫中】人名。元末の人。名は本、字は貫中。一説に、名は貫ともいわれる。「三国志演義」「五代史演義」「水滸伝」などの著者と伝えられる。(一三三〇～一四〇〇?)

【羅綺】①うすぎぬと、あやぎぬ。また、薄いあやぎぬ。②美しく着飾った美人。

【羅襟】うすぎぬのきもののえり。

【羅裙】うすぎぬのすそ。

【羅紗】もと、ポルトガル語。室町末期に西洋からわが国に伝わった、羊毛の毛織物の一つ。

【羅襦】うすぎぬの袖なし。【──裳】うすぎぬの短いきものとスカート。

【羅袖】うすぎぬのそで。

【羅城】城の外ぐるわ。城のまわりを土や石などでかこった所。

【羅織】人を罪におとしいれる。

【羅振玉】中国の学者。浙江省の人。金石文・甲骨文を研究し、著書も多い。(一八六六～一九四〇)

【羅針盤】磁石を利用して方位をはかる器械。羅針儀。

【羅生】続いてはえている。「紅榴白蓮羅生池砌」〈白居易・与微之書〉

【羅切】仏 陰茎を切り取ること。

【羅刹】仏 人を食うという悪魔。

【羅致】網をかけて、まねきよせる。鳥を網でとるように、うまい方法を用いて人をまねきよせる。

【羅帳】うすぎぬのとばり。絹のカーテン。

【羅甸】一 県名。また昔の駅名。今の貴州省羅甸県にあたる。二 ラテン語の略。=拉丁・羅典 【──語】もと、イタリアのラチュウム地方に用いられた言語で、中世にはヨーロッパの知識階級の公用語となる。ギリシア語と共に、ヨーロッパの古典語・学術語。

【羅浮】広東省増城市にある山名。葛洪が仙術を得た所。また、梅の名所。↓「葛洪」(一〇六九ジ・上)

【羅敷】人名。戦国時代趙の美女。王仁の妻となり、後趙王の誘惑に対して、陌上桑の詩を作って断った。後世、節操ある美女の代名詞にされる。

【羅文】一 ①うすぎぬについている模様。②すずりの名。二 国 戸・蔀などの上に、細い木をはすかいに打って飾りにしたもの。

【羅屏】うすぎぬのびょうぶ。

【羅襪】うすぎぬのくつした。

【羅幔】うすぎぬの幕。

【羅網】①鳥を捕らえる網。②法律。③網をかけて捕らえる。=羅罔

【羅紋】「羅文」の一①に同じ。【──硯】うすぎぬのような模様のある硯の名。

【羅列】ならび連なる。ならび連ねる。

【羅馬】①イタリア共和国の首都。②古代ヨーロッパの国名。ローマ帝国。

◆伽羅・網羅・綺羅・一張羅・阿修羅・倶梨伽羅

网14【羃】〔19〕 同→冪(一四五ジ・下)

网17【羇】〔22〕 キ 呉 漢 平 支 jī チー J 7020 補 U 7F87

西17【覉】〔23〕 俗字 J ②8838 補 6104 U 8989

意味 =羈 ①たび。旅。「羇心」②たびびと。「羇客」

【羇客】旅人。

【羇愁】旅愁。旅のものがなしさ。客愁。

【羇心】旅ごこち。旅するときの心持ち。旅情。

【羇鳥】旅の鳥。もとのねぐらを離れた鳥。

【羇離】故郷を離れて旅をする。

【羇旅】①旅行。②旅人。【──之臣】他国から来て、客の身分で一時、家来になっている者。

网18【蠲】↓虫部十七画(一一一三ジ・下)

网19【羈】〔24〕 キ 呉 漢 平 支 jī チー J 7019 補 U 7F88

西19【覊】〔25〕 俗字 J 7511 補 U 898A

意味 ①馬のおもがい。馬の頭にまといつけるつな。②たづな。くつわ。③〈つな・ぐ〉⑦つなぎとめる。④束縛する。「羈束」④とりしまる。「羈検」⑤女性のまげ。⑥たび。たびびと。=羇

【羈懐】旅に出ている人のさびしい気持ち。旅愁。

竹米糸缶网(罒・⺲)羊(⺶)羽(羽)老(耂)而耒(耒)耳 6画 聿肉(月)臣自至臼(臼)舌舛(舛)舟艮色艸(艹・艹)虍虫血行衣(衤)西(覀)

【羈客】きかく 旅人。旅客。＝羇客

【羈思】きし 旅の思い。

【羈紲】きせつ ①馬のたづな。②つなぎ止められる。③しもべ。家臣。

【羈靮】きちゃく(ちゃく) 馬の頭につけるおもがいと、前足二本をしばっておくつな。

【羈絆】きはん きずな。つなぎとめるもの。転じて、束縛。ほだし。〔羈束きそく。〕

【羈離】きり 旅。羈旅。

【羈旅】きりょ 旅。旅行。＝羇旅

【羈鳥恋(戀)旧(舊)林】きちょう(てう)きゅう(きう)りんをこう(こふ) 籠かごの中の鳥が、もと住んでいた林を恋しく思う。一説に、旅にある鳥がもとの林を恋いしたう。転じて、旅人が故郷を恋しく思う気持ちのたとえ。〈陶潜とうせんの詩・帰二園田居一えんでんのきょにかえる〉

◆不羈ふき

网19【羉】〔24〕 ラン 漢 平 寒 luán ロワン　J — 補 — U 7F89

意味 いのししを捕らえる網。

6画 羊(⺶)部 ひつじ ひつじへん

【部首解説】「ひつじ」にかたどる。この部には、羊に関連するものが多く、「羊・⺶」の形を構成要素とする文字が属する。冠になるときは「⺶」となる。

羊0【羊】〔6〕 学3 ヨウ ひつじ　ヨウ(ヤウ) 漢 呉 平 陽 yáng ヤン　J 4551 補 — U 7F8A

筆順 丶 丷 䒑 兰 兰 羊

意味 ①〈ひつじ〉家畜の一つ。めんよう、やぎ、かもしかなどを広くいう。②よい。＝祥しょう ③陽の気。＝陽 ④さまよう。＝佯よう ⑤姓。

解字 羊 象形。ひつじの角のある頭部の形と、四本の足と尾を表した字。

地名 羊蹄ようてい　難読 羊蹄ぎし・羊歯しだ・羊栖菜ひじき・羊皮ヤンピー

参考 「芈」は別字。

【羊裘】ようきゅう(やうきう) 羊の皮で作った服。裘は皮ごろも。粗末な衣服をいう。

【羊羹】一ようこう(やうかう) 羊肉を煮た、熱い吸い物。羊のスープ。二ようかん(やうかん) 国和菓子の名。蒸むし羊羹と練ねり羊羹とがある。

【羊歯(齒)】一ようし(やうし) 二しだ わらび・ぜんまい・うらじろなど羊歯植物の総称。

【羊質虎皮】ようしつこひ(やうしつこひ) 中身が羊で、外がわが虎とらの皮。外見ばかりがりっぱなたとえ。見かけだおし。〈魏志ぎし・陳思王植ちんしおうしょく伝〉

【羊城】ようじょう(やうじゃう) 広東省広州市の別名。五羊城。

【羊腸】ようちょう(やうちゃう) 山みちなどが羊のはらわたのように曲がりくねってけわしいさま。九十九折つづらおり。

【羊頭狗肉】ようとう(やう)くにく 羊の頭を看板にして、犬の肉を売る。見かけだけをりっぱにして、人をだまし、裏ではそれにともなわない行いをするたとえ。

◆山羊やぎ・牧羊ぼくよう・綿羊めんよう

羊0【⺶】〔6〕 ジン 漢 去 沁 ニン 呉 rèn レン　J ②8482 補 — U 2634C

意味 〈漢字の構成要素の一つ。「羊」がかんむりになる時の形〉すこし育った羊。

羊1【芈】〔8〕 ビ 漢 上 紙 mǐ ミー　J 5306 補 — U 7F8B

意味 ①ひつじが鳴く。②姓。楚そ国の先祖。

羊2【羌】〔8〕 キョウ 漢 平 陽 (キャウ) qiāng チアン　J 7021 補 — U 7F8C

意味 ①中国西部にいた遊牧民族。②〈ああ〉詠嘆の語。③〈すなわち(すなはち)〉そこで。かえって。

羊4【羗】〔10〕 俗字　J ①9028 補 5312 U 7F97

【羌夷】きょうい(きゃうい) 西方の異民族の名。

【羌児(兒)】きょうじ(きゃうじ) ①西方の異民族。②羌族の若者。

【羌笛】きょうてき(きゃうてき) 羌人(中国西部の異民族)の吹く笛。「羌笛何須レ怨二楊柳一きょうてきなんぞもちいんようりゅうをうらむるを」(羌人は折楊柳の曲を笛で吹いているが、どうしてここで楊柳を折り、別れを怨む必要があろう。)〈王之渙おうしかんの詩・涼州詞〉

【羌虜】きょうりょ(きゃうりょ) 異民族の軍隊。羌は西方の異民族の名。

羊3【羍】〔9〕 タツ 漢 入 曷 タチ 呉 dá ター　J 5307 補 — U 7F8D

意味 小羊。生まれて七か月の羊。

羊3【美】〔9〕 学3 ビ うつくしい　ビ 漢 ミ 呉 上 紙 měi メイ　J 4094 補 — U 7F8E

筆順 丷 䒑 兰 兰 羊 羌 美 美

意味 ①うまい。「美酒」「甘美」②〈うつくし・い(うつくし)〉㋐うるわしい。容貌がよい。「美女」㋑りっぱ。「美衣」③よい。善。「美政」「美悪」↔醜しゅう ④よくする。美しくする。⑤〈ほ・める(—・む)〉よみする。ほめたたえる。「賞美しょうび」⑥現アメリカ合衆国の略称。「美国メイクオ měiguó」

解字 美 会意。羊と大とを合わせた字。美は、大きなひつじ。肥えていておいしい動物であるので、おいしい意味を表し、うつくしい、善よいの意味にもなった。

名前 よ・うま・とみ・はし・はる・ふみ・みつ・よし・うまし・きよし

姓 美土路みどろ　地名 美方みかた・美作みまさか・美祢みね・美馬みま・美唄びばい・美瑛びえい・美幌びほろ・美濃みの・美嚢みのう・美濃加茂みのかも

難読 美味うまい・美味おいしい・美人局つつもたせ

【美化】びか(くゎ) ①うるわしい教化。②国きれいにする。美しくする。「美化運動」

【美学(學)】びがく 自然や人生・芸術などの美を研究する科学。審美しんび学。

【美感】びかん 国①美しいという感じ。②美を感じとる感覚。

【美観(觀)】びかん(くゎん) 美しいながめ。

【美顔】びがん ①美しい顔だち。②顔を美しく化粧する。「美顔術」

【美姫】びき 美女。「好二美姫一びきをこのむ」〈史記・項羽本紀こううほんぎ〉

【美挙(擧)】びきょ 美しい行い。ほめたたえる価値のある行い。

【美言】びげん ①美しく飾ったことば。②ためになるよいことば。嘉言かげん。③ほめたてることば。④うまいことば。甘言。

【美事】びじ りっぱなことがら。ほめてよい行為。

【美辞(辭)】びじ 美しいことば。巧みな言いまわしのことば。

【—麗句】びじれいく 美しく飾りたてたことばや文句。

【美酒】びしゅ うまい酒。「葡萄美酒ぶどうのびしゅ」〈王翰おうかんの詩・涼州詞〉

【美醜】びしゅう(しう) 美しいことと、醜いこと。美悪。

【美術】一びじゅつ 美を表現することを目的とする芸術。絵画・彫刻・建築など。二メイシュー měishù 現一に同じ。

【美称(稱)】びしょう ①ほめて言う呼び方。②よい評判。美名。

【美丈夫】びじょうふ(ぢゃうふ) 顔かたちのりっぱな若者。

【美食】びしょく ①うまい食べ物。ごちそう。②うまい食べ物を食べる。

【美人】びじん ①顔かたちの美しい女。②君主をさしていう。③

才や徳のすぐれた人。賢人。④漢代の女官の位。

【美饌】びせん りっぱなご馳走。

【美髯】びぜん 美しい、りっぱなほおひげ。

【美俗】びぞく よいならわし。よい風俗。「良風美俗」

【美態】びたい 美しい姿。ありさま。

【美談】びだん 感心な話。ほめたたえるべき話。

【美点(點)】びてん 国よいところ。すぐれたところ。長所。

【美田】びでん 土地のよく肥えた田地。りっぱな田畑。↔薄田

【美徳】びとく 美しい徳。りっぱな行い。りっぱな心がけが表に現れて美しい行いとなったもの。

【美風】びふう 美しい風俗。美しいならわし。

【美文】びぶん 美しいことばや句を用いて飾った文。

【美貌】びぼう(ばう) 美しい顔。

【美味】びみ ①おいしいあじ。よいあじ。②おいしい飲食物。

【美妙】びみょう(めう) 比べようもなく美しい。

【美名】びめい ①美しい名。②よい評判。よい名声。③うまい口実。

【美目】びもく 美しい目もと。「美目盼兮びもくへんたり」(黒目・白目がくっきりとして美しい。)〈詩経しきょう・碩人せきじん〉

【美誉(譽)】びよ すばらしいほまれ。

【美容】びよう ①美しい姿。②顔かたちを美しくする。「美容院」

【美麗】[一]れい 美しいこと。きれい。[二]メイリー měilì 現[一]に同じ。

【美禄(祿)】びろく ①すばらしくよい俸給ほうきゅう。②酒の別称。天が授けてくれたよい賜物たまものの意。

【美国(國)】メイクオ měiguó 現アメリカ合衆国。

【美好】メイハオ měihǎo 現美しい。すばらしい。

【美元】メイユワン měiyuán 現(貨幣)ドル。

◆甘美かんび・華美かび・善美ぜんび・頌美しょうび・賞美しょうび・賛美さんび・耽美たんび・褒美ほうび・審美しんび・優美ゆうび・醜美しゅうび・艶美えんび

羊3【羑】〔9〕 ユウ 漢 上 有 (イウ) yǒu ユー　J ①9027 補 5310 U 7F91

羊3【羐】〔10〕 同字　J ②8483 補 5309 U 7F90

意味 ①みちびく。すすめる。②羑里ゆうりは、地名。殷いんの紂ちゅう王が周しゅうの文王をおしこめた所。河南かなん省湯陰とういん県北にあった。③姓。

羊3【羏】〔9〕 [一]ヨウ 漢 [一]平 陽 (ヤウ) yáng ヤン [二]ショウ 漢 [二]平 陽 (シャウ) xiáng シアン　J — 補 5308 U 7F8F

意味 [一]美しい。良い。[二]とぶ。＝翔しょう

羊4【羖】〔10〕 コ 漢 上 麌 gǔ クー　J ②8486 補 5311 U 7F96

羊5【𦍩】〔11〕 同字　J — 補 — U 26369

意味 ①黒い雄羊。②山羊やぎ。③五羖大夫ごこたいふは、春秋時代、秦しんの宰相百里奚ひゃくりけいの別名。

羊4【羔】〔10〕 コウ 漢 平 豪 (カウ) gāo カオ　J 7022 補 — U 7F94

意味 ①〈こひつじ〉羊の子。②黒い羊。③動物の子や植物の苗なえ。

【羔裘】こうきゅう(かうきう) 子羊の皮ごろも。

【羔豚】こうとん(かう) 子羊とぶた。

【羔羊】こうよう(かうやう) ①子羊と、大きな羊。②位の高い役人の、心が清くその行動が適切で行きすぎのないたとえ。「羔羊之義」

羊4【羓】〔10〕 ハ 漢 平 麻 bā パー　J — 補 — U 7F93

意味 ①干し肉。②乾燥食品。

羊4【𣴎】〔10〕 ヨウ 漢 去 漾 呉 yàng ヤン　J ②8485 補 — U 23D0E

意味 ①長く大きい。②「羕」(五一八ジ・上)の俗字。人名などに用いられた。

羊4【羗】〔10〕 俗 ↓羌(九九二ジ・中)

羊4【养】〔10〕 俗 ↓養(一三九〇ジ・中)

羊4〖差〗(四一五ジ・下)→工部七画

羊5【羞】〔11〕 常 シュウ　シュウ(シウ) 漢 平 尤 xiū シウ　J 7023 補 — U 7F9E

筆順 丷 䒑 兰 羊 羊 差 差 着 羞

意味 ①〈すす・める(──・む)〉食物をそなえすすめる。②ごちそう。そなえもの。「膳羞ぜんしゅう」③〈は・じる(──・づ)〉恥ずかしく思う。「羞辱しゅうじょく」④〈はずかし・める(はづかし・む)〉恥ずかしくする。ばかにする。恥を与える。⑤恐れる。

解字 会意・形声。羊と丑ちゅうを合わせた字。また、羊が形を表し、丑が音を示す。羊は、ひつじ。古代、先祖への祭祠には、牛やひつじがそなえものとして用いられた。丑は手をかたどり、手に持ってすすめることを表す。羞は、いけにえの羊をそなえることを表し、また、はじる意を表す。

【羞花閉月】しゅう(しう)かへいげつ 花も恥ずかしがり、月も隠れる。すぐれて美しい婦人の形容。

【羞愧】しゅう(しう)き 「羞恥」に同じ。

【羞紅】しゅう(しう)こう 顔を赤らめる。恥ずかしがる。赤面。

【羞渋(澁)】しゅう(しう)じゅう(じふ) 恥ずかしがってぐずぐずする。

【羞饌】しゅう(しう)せん ごちそうをそなえてすすめる。料理を出す。「儲二羞饌礼一しゅうせんのれいをもうく」〈大江匡房おおえのまさふさ・狐媚記こびき〉

【羞赧】しゅう(しう)たん 「羞紅しゅうこう」に同じ。

【羞恥】しゅう(しう)ち はじらう。恥ずかしがる。

【羞悪(惡)之心】しゅう(しう)お(を)のこころ 自分の不善に対して恥ずかしく思い、他人の不善に対してはにくみきらう心の作用。〈孟子もうし・公孫丑こうそんちゅう上〉

羊5【羜】〔11〕 チョ 漢 上 語 zhù チュー　J ②8487 補 5313 U 7F9C

意味 子羊。生まれて五か月たった子羊。

羊5【羝】〔11〕 テイ 漢 平 斉 dī ティー　J 7024 補 — U 7F9D

意味 雄羊。「羝羊ていよう」

【羝乳】ていにゅう 雄羊が子を生む。転じて、ありえないこと。

〖羝羊触(觸)レ藩〗ていよう(やう)まがきにふる 雄の羊が勢い余って、垣根かきねに角を引っかけ、動けなくなる。転じて、むやみに突進する者は、かえって進退きわまって動きがとれない結果になるとの意。〈易経えききょう・大壮たいそう〉

羊5【羚】〔11〕 人 レイ 漢 平 青 líng リン　J 7025 補 — U 7F9A

意味 〈かもしか〉大きな角のあるやぎに似た動物。深山にすむ。「羚羊れいよう」

【羚羊】れいよう(やう) かもしか。【──挂レ角】れいよう(やう)つのをかく かもしかは夜、木の枝に角をかけて寝るということから、物事の痕跡こんせきの見えないこと。

羊5【𦍩】〔11〕 同 ↓羖(本ジ・中)

羊6【羢】〔12〕 ジョウ 漢 平 冬 róng ロン　J — 補 5315 U 7FA2

意味 ①羊の細い毛。②毛糸。

羊6【羡】〔12〕 同 ↓羨(九九五ジ・中)

羊6〖翔〗↓羽部六画(九九七ジ・下)

竹米糸缶网(罒・⺳)羊(⺶)羽(羽)老(耂)而耒(耒)耳
6画
聿肉(月)臣自至臼(臼)舌舛(舛)舟艮色艸(艹・艹)虍虫血行衣(衤)襾(西)

竹米糸缶网(罒・⺲)羊(⺶)羽(羽)老(耂)而耒(耒)耳
6画
聿肉(月)臣自至臼(𦥑)舌舛(舛)舟艮色艸(艹・艹)虍虫血行衣(衤)襾(西)

羊 7 【羦】〔13〕 カン(クヮン)漢 ガン(グヮン)呉 平 寒 huán ホワン　J ― 補 5316 U 7FA6

意味 ①角の細い山羊。②羊ににた野獣。

羊 7 【義】〔13〕 学5 ギ ギ 漢 呉 去 寘 yì イー　J 2133 補 ― U 7FA9

筆順 丷 䒑 䒒 羊 羊 羊 羛 義

意味 ①〈よ・い(―・し)〉 物事の処置が適切なこと。②正しい。公正な。正義。③みち。人として行わなければならない道。五常の一つ。「仁義礼知信」④つとめ。国家や主君のためにつくす心。「忠義」⑤公共の利益のために行われること。「義田」⑥弱い者を助け危急を救ってやる心。「義侠」⑦わけ。意味。「意義」⑧血のつづかない親類。「義兄」「義父」⑨名目上の。かりの。「義髻」

解字 義 会意。羊と我を合わせた字。羊は、美・善で、美しい、よい、の意味。我は自分のこと。義は、我を美しくすることで、自分がきちんとして、りっぱなことをいう。また、義の下の我は音を示すもので、形声文字であるともいう。他の説に、義は、美しい舞い姿、礼法の姿の意とか、神にささげる羊が美しくそろっていることなどと解する。義は宜と同じ意味にも使う。

名前 あき・いさ・しげ・たけ・ちか・とも・のり・みち・より・ただし・つとむ

参考 新表記では、「誼」の書きかえに用いる熟語がある。

【義捐】ぎえん 貧しい人や困っている人を助けるために、金品を寄付すること。

【義気(氣)】ぎき ①正義を重んじる心。②おとこ気。

【義旗】ぎき 正義のための戦いにあげる旗。また、その戦いを起こすこと。

【義挙(擧)】ぎきょ 正義のために起こしたくわだて。

【義侠】ぎきょう(けふ) おとこぎ。正義を重んじ、強い者をおさえつけ、弱い者を助けること。任侠。「義侠心」

【義軍】ぎぐん ①忠義のために起こすいくさ。②正しい道のために起こすいくさ。

【義兄】ぎけい 義理の兄。姉の夫。夫や妻の兄。【――弟】ぎけいてい(ぎきょう(きやう)だい) ①他人どうしが兄弟の約束を結んだもの。②義理の兄弟。配偶者の兄弟。

【義犬】ぎけん 主人に忠義な犬。〈捜神記〉

【義山雑(雜)纂】ぎざんざっさん 書名。唐の李商隠(義山は字)の著した「雑纂」という随筆集。

【義士】ぎし 正義の心を堅く守り、これを実行する人物。「赤穂義士」

【――還レ家尽(盡)錦衣】ぎしいえ(いへ)にかえ(かへ)ってことごとくきんいす 義士たちはそれぞれわが家に帰り、戦場のちりによごれた衣を脱ぎすてて、みな錦の衣に着がえた。〈李白の詩・越中懐古〉

【義子】ぎし 義理の子。他人の子を自分の子としたもの。養子。

【義姉】ぎし 義理の姉。兄の妻、夫や妻の姉。↔義妹

【義臣】ぎしん 忠義な家来。主君のために真心をつくす家来。「忠臣」

【義人】ぎじん ①私心がなく、正義感の強い人。②すぐれた人。

【義絶】ぎぜつ 義理のために、君臣・親子・兄弟などの縁故関係をたちきること。

【義戦(戰)】ぎせん 正義の戦い。

【義疏】ぎそ｜ぎしょ 書物の意味を解明したもの。

【義荘(莊)】ぎそう(さう) 「義田」に同じ。

【義倉】ぎそう(さう) 凶年にそなえて食糧を貯蔵しておく倉。

【義台(臺)】ぎだい 儀式を行う台。

【義太夫】ぎだゆう(だいふ) 国 義太夫節の略。竹本義太夫が大成した浄瑠璃節の一派。

【義帝】ぎてい 秦末に、楚の項羽が天子として立てた楚の懐王をさす。義帝は、かりの天子という意。

【義田】ぎでん 親類の中の貧しい者を救うために、一族で耕す田地。

【義父母】ぎふぼ 義理の父母。また、養父母。

【義憤】ぎふん 正義心から起こる怒り・いきどおり。

【義兵】ぎへい ①正義のために戦ういくさ。義師。義軍。②正義を守るために立ちあがった兵士。

【義方】ぎほう(はう) ①正しい道理。②家庭内の教え。庭訓。

【義謀】ぎぼう 義にかなったはかりごと。

【義僕】ぎぼく 忠実な召使。忠僕。

【義民】ぎみん ①正義心のあつい人民。また、賢者。②国 命を捨てて世の人のためにつくした人物。

【義務】ぎむ ①その人その人の分に応じてなすべき務め。②法律に定められた、しなければならない務め。↔権利

【義勇】ぎゆう ①正義のために奮い立つ勇気。②忠義と勇気。【――兵】ぎゆうへい 軍籍にない者が、義のために勇気を奮い起こし、自分から願い出て兵士になった者。

【義理】ぎり ①人がふみ行うべき正しいすじみち。②国 他人に対して、しなければならないみち。③国 血縁関係ではない親子兄弟の間がら。【――之学(學)】ぎりのがく 経書の字句の解釈にとらわれずに、道・理・性などの宇宙の原理、人間の本質を研究する学問。宋代に起こった学風。宋学。理学。性理学。道学。

【義烈】ぎれつ 正義の心が強烈なこと。

【配二義与(與)一レ道】ぎとみちとにはいす 人のふみ行うべき道と、自然の法則とに、一体となって活動する。倫理と天理に配合する。〈孟子・公孫丑上〉

【喩二於義一】ぎにさとる 物事の正しいすじ道に対して、感じさとる。「君子喩二於義一」くんしはぎにさとる〈論語・里仁〉

【義人路也】ぎはひとのみちなり 義は、人としてふみ行わなければならない道である。〈孟子・告子上〉

【後レ義而先レ利】ぎをのちにしてりをさきにす 道義をあとまわしにし、何をおいても名利をむさぼる。〈孟子・梁恵王上〉

【見レ義不レ為(爲)無レ勇也】ぎをみてなさざるはゆうなきなり 人としてしなくてはならない事を見ていながら、それをしないのは、勇気がないのである。〈論語・為政〉

◇▼大義・不義・仁義・本義・正義・主義・広義・名義・多義・狭義・定義・忠義・信義・教義・奥義・道義・意義・語義・三民主義・事大主義

羊 7 【羥】〔13〕 コウ(カウ)漢 キョウ(キャウ)慣 平 刪 qiān チエン　J ― 補 ― U 7FA5

意味 ①羊の名。②現 化学用語。羥基は水酸基。水素と酸素から組成される原子団。音 qiǎng チアン。

羊 7 【群】〔13〕 学4 グン クン 漢 グン 呉 平 文 qún チュン　むれる・むれ・むら　J 2318 補 ― U 7FA4

筆順 ㇆ ヨ 尹 君 君 君 群 群

羊 7 【羣】〔13〕 同字　J 7026 補 ― U 7FA3

意味 ①〈むれ〉〈むら〉 ㋐けもののむれ。㋑人の集まり。集団。②〈む・れる(―・る)〉〈むらが・る〉 集まる。集める。「群翔」③なかま。「群輩」④多くの。もろもろ。「群臣」

解字 羣 形声。羊が形を表し、君が音を示す。君には、おおぜいをひきいる、とりまくという意味を含む。群は、ひつじがたくさん集まっていることで、なかまを表す。一説に、君は調和する意味を持ち、群は、丸く一団を成して調和したものをいうとする。

名前 とも・もと　地名 群馬

【群飲】ぐんいん 多くの人々が集まって酒を飲む。

【群英】ぐんえい 多くの、すぐれた人物。

【群鷗】ぐんおう 集まって遊ぶかもめ。むれ遊ぶかもめ。

【群下】ぐんか 多くの臣下・召使など。

【群季】ぐんき ①多くの弟たち。②一族のうちの多くの年下の人。〔たち〕

【群疑】ぐんぎ 多くの疑問・うたがい。

【群議】ぐんぎ 多くの人々が論議する。また、そのこと。

【群居】ぐんきょ 集まっている。おおぜいの人といっしょにいる。「群居終日ぐんきょしゅうじつ」〈論語・衛霊公えいれいこう〉

【群凶】ぐんきょう 多くの悪人。群醜ぐんしゅう。‖群兇

【群経(經)】ぐんけい 多くの経書けいしょ。経書は聖人の書いた書物。

【群賢】ぐんけん 多くの賢者たち。群彦ぐんげん。

【群行】ぐんこう(かう) 群がり行く。おおぜいで行く。

【群豪】ぐんごう(がう) 「群雄ぐんゆう」に同じ。

【群衆】ぐんしゅう 一 群がり集まった多くの人々。二 チュンチョン qúnzhòng 現人民大衆。一般勤労大衆。

【群集】ぐんしゅう(しふ) 人々が群がり集まる。また、その集まり。

【群聚】ぐんしゅう 「群集」に同じ。

【群醜】ぐんしゅう(しう) ①「群類ぐんるい」に同じ。醜は類。②多くの悪人。群凶。

【群小】ぐんしょう(せう) ①多くの、くだらない人たち。②多くの小さなもの。

【群翔(翔)】ぐんしょう(しやう) 群がって大空をとぶ。群飛。

【群青】ぐんじょう(じやう) 紺青こんじょう色より、やや薄い青色。

【群情】ぐんじょう(じやう) 多くの人々の気持ち。

【群臣】ぐんしん 多くの家臣。

【群生】一 ぐんせい ①群がって生える。叢生そうせい。②多くの人々。群氓ぐんぼう。群黎ぐんれい。③仏生きているすべての人。衆生しゅじょう。二 ぐんじょう(じやう) 仏一の③に同じ。

【群籍】ぐんせき 多くの書籍。群書。群典。

【群像】ぐんぞう(ざう) ①多くの人々の像。②一つの画面に多くの人物をえがいたもの。③一つの作品の中に、多くの人物を彫刻したもの。

【群盗】ぐんとう(たう) 集団で行動する盗賊。

【群動】ぐんどう 多くのものが、群がり動く。また、群がり動くもの。「日入群動息ひいりてぐんどうやむ」〈陶潜とうせんの詩・飲酒〉

【群芳】ぐんぽう(ぱう) ①多くの花。②多くの美人。多くの賢人。

【群牧】ぐんぼく ①多くの地方官。②多くの諸侯。

【群雄】ぐんゆう(いう) 多くの英雄。群英。群豪。【――割拠(據)】ぐんゆうかっきょ 多くの英雄たちが、それぞれの土地を根拠として勢力をふるうこと。

【群落】ぐんらく ①多くの村里。聚落しゅうらく。②植同じ植物の群がり生えている所。

【群巒】ぐんらん 群がった山々。

【群侶】ぐんりょ おおぜいのなかま。

【群僚】ぐんりょう(れう) 多くの官僚・役人。百官。百僚。

【群類】ぐんるい 多くの生物。万物。

【群黎】ぐんれい 多くの人々。多くの人民。

【群盲撫レ象】ぐんもう(まう)ぞう(ざう)をなず(なづ) 多くの盲人が、それぞれ象のからだをなでて、自分がさわったほんの一部の感じによって象の全体の姿を論ずること。凡人には、大人物や大事業の一部分しかわからないたとえ。

◆大群たいぐん・抜群ばつぐん・魚群ぎょぐん

羊7【羧】〔13〕サイ 漢 平 灰 zuī ツォイ　J — 補 — U 7FA7

意味 ①羊の病気。②現化学用語。羧基スオチーは、カルボキシル基。音 suō スオ。

羊7【羨】〔13〕常 セン　うらやむ・うらやましい　J 3302 補 — U 7FA8

一 セン 漢 去 霰 xiàn シエン
二 エン 漢 呉 上 銑 yán イエン
三 イ 漢 平 支 yí イー

羊6【羡】〔12〕同字　J — 補 5314 U 7FA1

筆順 丷 䒑 羊 羊 羊 羕 羕 羨

意味 一 ①〈うらや・む〉〈うらやまし・い〉ア うらやましがる。ほしがる。イ したう。②〈あま・る〉あふれる。すぎる。③あまり。あまりもの。「羨財せんざい」「羨余せんよ」 二 ①墓道。‖埏 ②推薦する。 三 沙羨さいは、地名。戦国時代の楚の地。漢代に江夏こうか郡に属した。今の湖北省武漢市武昌区。

解字 羨 会意・形声。次せんと、羑ゆうを省略した羊を合わせた字。また、羊が形を表し、次が音を示す。羊はおいしいごちそう、次はよだれを流すことを表し、よって羨はうらやむことを意味する。

参考 「羨」は「羡」とも書かれた。羡は「羨」の中国新字体としても使う。

【羨慕】一 せんぼ うらやみ、したう。欽羨きんせん。二 シエンムー xiànmù 現 一に同じ。

【羨望】せんぼう(ばう) うらやみ、のぞむ。

羊7【羣】〔13〕同 →群(九九四ページ・下)

羊7【羪】〔13〕俗 →養(一三九〇ページ・中)

羊9【羯】〔15〕ケツ 漢 入 月　カツ 慣 jié チエ　J 7027 補 — U 7FAF

意味 ①去勢した羊。②山西さんせい省にいた民族の名。匈奴きょうどの一種族。

【羯鼓】かっこ 鼓の一種。羯族が用いたつづみの一種。撥ばちで両面を打つつづみ。

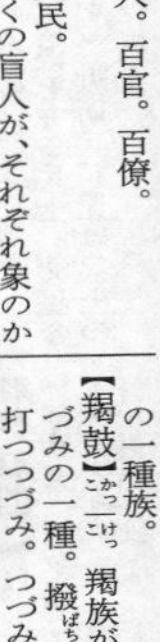
(羯鼓)

羊9【羭】〔15〕ユ 漢 平 虞 yú ユィ　J ②8488 補 5318 U 7FAD

意味 ①黒い雌羊。②美しい。

羊9【羰】〔15〕タン tāng　J — 補 — U 7FB0

意味 現化学用語。カルボニル基。

羊9【羮】〔15〕俗 →羹(本ページ・下)

羊9【養】→食部六画(一三九〇ページ・中)

羊10【羲】〔16〕キ 漢 平 支　ギ 慣 xī シー　J 7028 補 — U 7FB2

意味 ①気。また、気が広がることをいう。②人の姓名に用いられる。「伏羲ふっき」「羲和」「王羲之おうぎし」

羊10【羲】〔16〕俗字　J — 補 263C1 U —

【羲和】ぎか(くわ) ①中国古伝説中の人物。尭ぎょう帝の世に暦法をつかさどったといわれる羲氏と和氏。②太陽の御者。日御にちぎょ。

【羲皇】ぎこう(くわう) 中国古代の伝説上の帝王、伏羲ふっきの尊称。

羊11【鮮】→魚部六画(一四二一ページ・上)

羊12【羴】〔18〕セン 漢 呉 平 先 shān シャン　J 5319 補 — U 7FB4

意味 ①〈なまぐさ・い(―・し)〉羊の肉がなまぐさい。‖羶せん ②多くの羊。

羊13【羹】〔19〕コウ(カウ) 漢　カン 唐 平 庚 gēng コン　J 7029 補 — U 7FB9

意味 ①〈あつもの〉すいもの。肉に野菜をまぜて煮た、熱い吸いもの。②煮る。

羊9【羮】〔15〕俗字　J 7030 補 — U 7FAE

【羹椀】こう(かう)わん 吸い物のわん。スープ皿ざら。

【懲レ羹吹レ齏】あつものにこりてなますをふく 一度失敗すると、以後用心しすぎることのたとえ。なますは、冷たいあえもの。〈書言故事・事物譬類じぶつひるい〉

羊13【羶】〔19〕セン 呉 漢 平 先 shān シャン　J 7031 補 — U 7FB6

意味 ①羊のにおい。②〈なまぐさ・い(――・し)〉生肉のくさみがある。③人に慕われる。「羶行」

【羶血】①なまぐさい血。②肉食する人。西洋人。

【羶肉】なまぐさい肉。

羊13 【羸】〔19〕 ルイ 漢 呉 平 支 léi レイ　J 7032 補 ― U 7FB8

意味 ①〈や・せる(―・す)〉「羸馬」②〈よわ・い(――・し)〉弱い。③〈つか・れる(――・る)〉くたびれる。疲労する。「羸病」④木の葉が落ちる。⑤わるい。「羸車」⑥まとわりつく。＝纍

【羸驂】三頭だての、やせ馬の馬車。また、その馬。

【羸師】疲れ弱った軍隊。

【羸弱】かよわいさま。

【羸兵】疲れて弱った兵士。羸卒。

羊13 〖羹〗(一四二二ページ・下)→魚部八画

羊15 【羼】〔21〕 サン 漢 セン 呉 去 諫 chàn チャン　J ― 補 5320 U 7FBC

意味 ①羊がまじっている。②まじる。まぜる。

6画 羽(羽)部 はね

【部首解説】「鳥の長い羽毛」にかたどる。この部には、羽や飛ぶことに関連するものが多く、「羽・羽」の形を構成要素とする文字が属する。新字体では「羽」となる。

羽0 【羽】〔6〕 学2 ウ はね・はね　J 1709 補 ― U 7FBD

旧字 羽0 【羽】〔6〕 ウ 漢 呉 上 麌 yǔ ユィ　J ― 補 ― U FA1E

筆順 ㇆ ㇆ ヨ 羽 羽 羽

意味 ①〈はね〉〈は〉㋐鳥のつばさ。㋑虫のはね。㋒矢につける鳥のはね。矢ばね。②雉の尾で作った舞楽の道具。かざし。③儀式のとき用いる羽で作った飾り。はねかざり。羽葆。④鳥の総称。「羽族」⑤音階の名。五音(宮・商・角・徵・羽)の一つ。⑥たすける。たすけるもの。⑦姓。国〈わ(は)〉〈ば〉〈ぱ〉鳥などを数える語。

(羽③)

解字 象形。鳥のつばさに、長い毛がはえている形。羽に対して、毛は、細かい毛をいう。

名前 わね

姓 羽仁・羽生・羽生・羽柴

地名 羽生・羽合・羽咋・羽咋・羽茂・羽前・羽後・羽島・羽幌・羽曳野

【羽衣】①鳥の羽で作ったうわぎ。②天人や仙人が着て大空を飛ぶのに用いるという衣。③道教の僧。道士。

【羽化】①羽がはえて仙人となること。「羽化而登仙」(羽がはえて、仙人となり天に登る。)〈蘇軾・前赤壁賦〉②昆虫が、さなぎや幼虫から脱皮して成虫になること。

【羽客】羽がはえて仙人になった者。

【羽騎】護衛の騎馬武者。

【羽檄】「羽書」に同じ。

【羽書】将軍が出す、至急の命令文。鶏の羽をつけて、この印とした。羽檄。飛檄。

【羽觴】さかずきの一種。雀にかたどって、つばさの形をつけたさかずき。「飛羽觴而酔月」(さかずきをやりとりし、月の下に酔う。)〈李白・春夜宴桃李園序〉

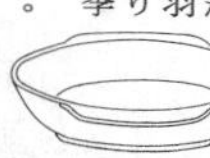

(羽　觴)

【羽扇】羽うちわ。隠者が用いるもの。

【――綸巾】羽扇を手に持ち、綸巾をかぶっている。綸巾は、青いおびひもで作った頭巾。諸葛亮の服装の形容に用いられる。

【羽旄】①舞に用いるもの。雉の羽とからうしの尾。②雉の羽とからうしの尾で飾った旗。王者の車に立てた。

【羽毛】①鳥の羽と獣の毛。②鳥の羽。【――球】現バドミントン。yǔmáoqiú

【羽翼】①羽とつばさ。②鳥が左右の羽でおおうように左右から他の者を助ける。また、その人。補佐。

【羽林】①近衛兵。天子の御殿を守る兵士。②星の名。羽林天軍。【――児(兒)】近衛兵。児は兵士の意。【――郎】「羽林児」に同じ。

【羽鱗】鳥類と魚類。鳥魚。

【羽目】国①壁の上に、板をならべて張ったもの。②場合。③限度。「羽目をはずす」

◇合羽・雨合羽

羽3 【羿】〔9〕 ゲイ 漢 去 霽 yì イー　J ①9029 補 5321 U 7FBF

意味 ①鳥がまいあがる。②人名。㋐弓の名人。堯の時、十の太陽のうち九つをうち落とし、人民を救ったとされる。㋑夏の時代、有窮氏の君主。弓の名人。

羽4 【翁】〔10〕 常 オウ　J 1807 補 ― U 7FC1

旧字 羽4 【翁】〔10〕 オウ 漢 (ヲウ) 平 東 wēng ウォン　J ― 補 ― U ―

筆順 八 公 公 䍃 翁 翁 翁 翁

意味 ①鳥の首すじの羽毛。②㋐父。㋑夫または妻の父。③〈おきな〉㋐年よりの男。㋑男の年長者の敬称。④姓。国〈おきな〉能楽の曲の名。また、面の名。

解字 形声。羽が形を表し、公が音を示す。公は、項と音が通じる。項はうなじのこと。翁は、鳥の首の毛をいう。また、相手を公という代わりに、翁と呼ぶこともある。

名前 おい・おき・とし・ひと　姓 翁長

【翁媼】おじいさんと、おばあさん。＝翁嫗

【翁主】王侯のむすめで、一般人と結婚した人。

◇老翁・漁翁・信天翁

羽4 【翃】〔10〕 コウ(クヮウ) 漢 オウ(ワウ) 呉 平 庚 hóng ホン　J ②8490 補 5323 U 7FC3

意味 〈と・ぶ〉虫が飛ぶ。

羽4 【翅】〔10〕 標 シ 漢 去 寘 chì チー　J 7034 補 ― U 7FC5

意味 ①〈つばさ〉〈はね〉鳥や虫のはね。「翅翼」②魚のひれ。③翅翅は、飛ぶさま。④〈ただ〉〈ただに〉わずかに。

【翅膀】chìbǎng 現つばさ。

羽4 【狆】〔10〕 チュウ(チウ) 漢 ジュウ(ヂウ) 呉 平 東 chōng チョン　J ― 補 5322 U 7FC0

意味 天にむかってまっすぐ飛びあがる。

羽4 【翆】〔10〕 俗 ↓翠(九九八ページ・上)

羽4 【翄】〔10〕 同 ↓翼(九九九ページ・中)

羽4【栩】→木部六画（六三八ページ・中）

羽4【扇】→戸部六画（五二二ページ・下）

羽5【翈】〔11〕コウ(カフ)漢 ⊗洽 ギョウ(ゲフ)呉 xiá シア　J 5324 補 U 7FC8

意味 はね。鳥の羽の短いもの。

羽5【習】〔11〕学3 シュウ ならう　J 2912 補 U 7FD2

旧字 羽5【習】〔11〕シュウ(シフ)漢 ジュウ(ジフ)呉 ⊗緝 xí シー　補 U

筆順

意味 ①〈なら・う(――・ふ)〉㋐ひな鳥がくりかえし羽ばたいて、飛び方をならう。㋑くりかえし行う。「練習」㋒まなぶ。②〈な・れる(――・る)〉㋐なれ親しむ。また、その人。㋑熟達する。③〈ならい(ならひ)〉㋐ならわし。習慣。「慣習」㋑風俗。④重ねる。積む。⑤しばしば。よく。⑥姓。

解字 形声。羽と白とを合わせた字。羽が形を表す。白は自で音を示す。自は自分のことで、動作を表す。習は、鳥がしばしば飛ぶことで、練習の意味となる。また羽は、二枚の羽を並べて、重ねることを表したもので、習は、なんども重ねてする意味であるともいう。音シフは、自の音シの変化。

名前 しげ　地名 習志野ならしの

【習学(學)】しゅう(しふ)がく 何度も何度もくりかえし学ぶ。

【習慣】しゅう(しふ)かん(くゎん) 一 ならわし。二 シーコワン xíguàn 現(…に)慣れる。

【習作】しゅう(しふ)さく 練習のために作った作品。

【習示】しゅう(しふ)じ たびたび見せる。

【習字】しゅう(しふ)じ 手習い。字の書き方を習う。書き方。「硬筆こうひつ習字」

【習習】しゅう(しふ)しゅう(しふ) ①風のそよ吹くさま。②飛び動くさま。

【習熟】しゅう(しふ)じゅく じゅうぶんによくなれる。

【習誦】しゅう(しふ)しょう 何度もくりかえし、習い読む。誦習。

【習親】しゅう(しふ)しん なれ近づく。

【習性】しゅう(しふ)せい ①習慣と性質。②習慣によってできた性質。

【習染】しゅう(しふ)せん くせになってしまうこと。

【習俗】しゅう(しふ)ぞく 世間のならわし。風俗。

【習得】しゅう(しふ)とく 習って身につける。何度も習って自分のものにする。

【習聞】しゅう(しふ)ぶん 聞きなれる。よく聞く。

【習癖】しゅう(しふ)へき くせ。ならわし。

【習練】しゅう(しふ)れん よく習い、なれる。練習。

【習相遠也】ならい(ならひ)あい(あひ)とおし(とほし)なり （人の生まれつきはたいした違いがないが）習慣によって、人がらに大きなへだたりができる。人物の上下は、後天的な生活態度によってきまる。〈論語・陽貨ようか〉

【習与(與)レ性成】ならい(ならひ)せいとなる 習慣が身につき、ついには生まれつきの性質のようになる。〈書経しょきょう・太甲上たいこうじょう〉

◆予習よしゅう・自習じしゅう・因習いんしゅう・実習じっしゅう・学習がくしゅう・奇習きしゅう・俗習ぞくしゅう・陋習ろうしゅう・風習ふうしゅう・悪習あくしゅう・教習きょうしゅう・復習ふくしゅう・慣習かんしゅう

羽5【翌】〔11〕学6 ヨク　J 4566 補 U 7FCC

旧字 羽5【翌】〔11〕ヨク漢 ⊗職 yì イー　補 U

筆順

意味 ①あくる日。つぎの。「翌日」②つばさ。③たすける。補佐する。

解字 形声。羽が形を表し、立りゅうが音を示す。立には、立つという意味がある。翌は、鳥が羽を立てて飛ぶことである。この字の音は、イフ、またはリフであったが、後に翼と同じく、ヨクの音を生じたものという。

名前 あきら　難読 翌檜あすなろ

羽5【翊】〔11〕ヨク漢 ⊗職 yì イー　J 7036 補 U 7FCA

意味 ①飛ぶさま。②＝翼よく ㋐たすける。㋑つばさ。③翊翊よくよくは、つつしむさま。④あくる日。＝翌

【翊賛(贊)】よくさん 君主をたすける。＝翼賛

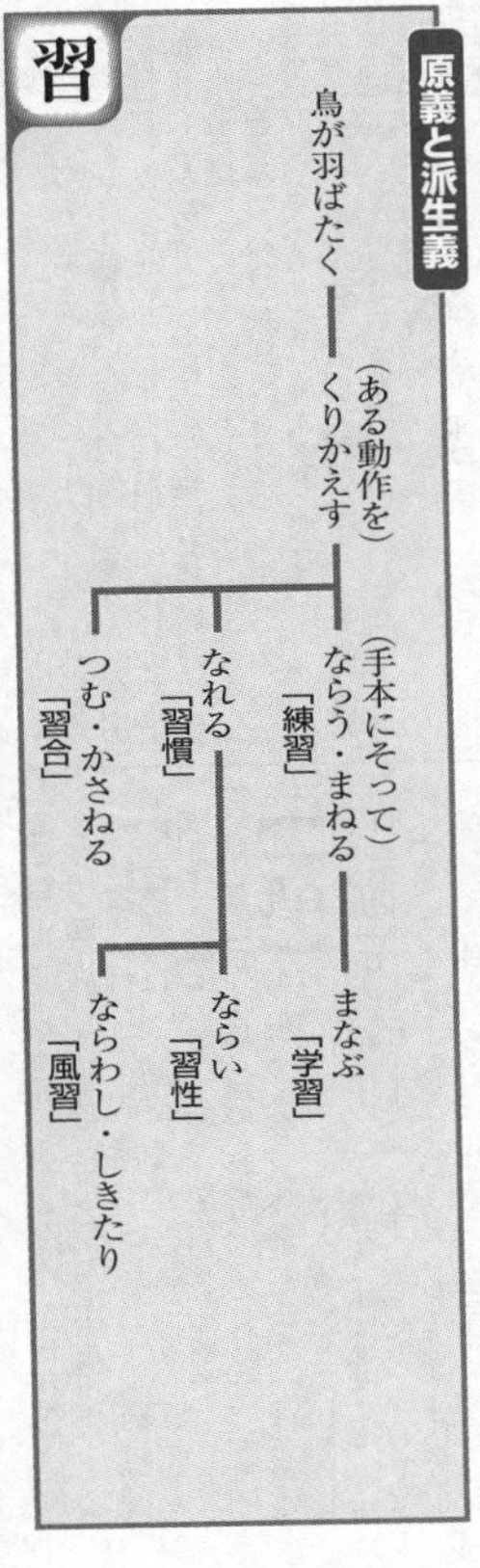

羽5【翏】〔11〕一 リュウ漢 一⊕宥 liù リウ 二 リク漢 二⊗屋 lù ルー (リウ) リュウ慣　J ②8491 補 5326 U 7FCF

意味 一 高く飛ぶ。二 翏翏りくりく・りゅうりゅうは、風がぴゅうぴゅうと吹く音。

羽5【翎】〔11〕レイ漢 ⊕青 líng リン　J ①9030 補 5325 U 7FCE

意味 ①鳥のはね。羽。②矢ばね。

羽6【翕】〔12〕キュウ漢 (キフ) ⊗緝 xī シー　J 7037 補 U 7FD5

意味 ①鳥が飛び立つ。②起こる。多くのものが一度に起こる。③集まる。集める。「翕合きゅうごう」④盛ん。⑤おさめる。羽をたたむ。⑥とじる。

【翕赫】きゅう(きふ)かく 盛んな様子。

【翕合】きゅう(きふ)ごう(がふ) 集め合わせる。集める。集まる。

【翕忽】きゅう(きふ)こつ 速い。すみやか。

【翕習】きゅう(きふ)しゅう(しふ) ①勢いの盛んなこと。②たくさん集まる。集まりかさなる。「群情翕習ぐんじょうきゅうしゅうす」（人々の信頼が集まる。）〈沈既済しんきさい・枕中記ちんちゅうき〉

【翕如】きゅう(きふ)じょ ①音楽がいっせいに起こるさま。「始作、翕如也はじめおこるや、きゅうじょたり」〈論語・八佾はちいつ〉②盛んな様子。

【翕然】きゅう(きふ)ぜん ①集まってくるさま。②心を一つに合わせるさま。③勢いよく飛ぶさま。

羽6【翔】〔12〕人　J 7038 補 U 7FD4

竹米糸缶网(罒・⺲)羊(⺶)羽(羽)老(耂)而耒(耒)耳
6画
聿肉(月)臣自至臼(臼)舌舛(舛)舟艮色艸(艹・⺾)虍虫血行衣(衤)襾(西)

旧字 羽6【翔】〔12〕 ショウ 漢 平 陽 (シャウ) xiáng シアン U補J ——

意味 ①〈かけ・る〉⑦飛びめぐる。①高く飛ぶ。⑨両手を広げ、かけまわる。②さまよう。「翔佯しょう」 ③ゆうゆうと歩く。④止まる。⑤物価が上がる。「翔貴しょう」 ⑥つまびらか。くわしい。＝詳

解字 形声。羽が形を表し、羊やうが音を示す。翔は、羽を広げ、ゆうゆうと飛ぶさま。

名前 さね

【翔翱】しょうこう(しゃうかう) 空を飛びめぐる。飛翔。

【翔集】しょうしゅう(しゃうしふ) ①飛び集まる。「沙鷗翔集さおうしょうしゅう」(かもめが、飛び集まる。)〈范仲淹はんちゅうえん・岳陽楼記がくようろうのき〉 ②よせ集める。

【翔翔(翔)】しょうしょう(しゃうしゃう) ①礼儀正しくつつしむさま。②ゆったりしたさま。

【翔佯】しょうよう(しゃうやう) さまよい歩く。＝翔羊・逍遥

羽7【翛】〔13〕 一 ショウ 漢 一 平 蕭 (セウ) xiāo シアオ 二 シュク 漢 二 入 屋 shū シュー U補J ①9031 5327 7FDB

意味 一①翛翛しょうしょうは、⑦草木が風にゆれるさま。①雨の音のさま。⑨まじりあうさま。②翛然しょうぜんは、物事にとらわれないさま。二早いさま。＝倏しゅく

羽7【勠】(一八二ページ・中)→力部十一画

羽8【翠】〔14〕 人 U補J 3173 7FE0

旧字 羽8【翠】〔14〕 スイ 漢 呉 去 寘 cuì ツォイ U補J ——

羽4【翆】〔10〕 俗字 U補J 7035 7FC6

意味 ①かわせみの雌。↔翡ひ ②〈みどり〉⑦青緑色の玉ぎょく。「翡翠ひすい」 ①こいみどり色。青緑色。「翠松すいしょう」 ③鳥の尾の肉。④色があざやかである。

解字 形声。羽が形を表し、卒すいが音を示す。卒には、急な、とか、純粋の意味がある。翠は、純粋な青色の鳥。

【翠靄】すいあい 山の青々としたもや。

【翠陰】すいいん 青葉の木かげ。

【翠雨】すいう ①青葉にふりそそぐ雨。緑雨。②みどりの黒髪にかかるしずく。

【翠煙】すいえん ①みどり色の煙。②遠くにかかる、かすみの形容。

【翠華(華)】すいか(くゎ) 旗ざおの先を、かわせみの羽で飾った天子の旗。

【翠蛾】すいが みどり色のまゆ。美人のまゆのたとえ。

【翠鬟】すいかん(くゎん) ①輪に巻いた美人の髪。②青々とした山のたとえ。

【翠翹】すいぎょう(げう) ①かわせみの尾の長い羽。②かわせみの尾の羽に似た女の髪飾り。「翠翹金雀玉搔頭すいぎょうきんじゃくぎょくそうとう」(かわせみの髪飾り、金のすずめの形をしたかんざし、玉のかんざし。)〈白居易はくきょいの詩・長恨歌ちょうごんか〉

【翠髻】すいけい みどりのもとどり。美人の髪の形容。

【翠幌】すいこう(くゎう) ①かわせみの羽で飾ったほろ。②みどり色のカーテン。

【翠嶂】すいしょう(しゃう) 青々とした連山。

【翠岑】すいしん 草木の緑こい峰。

【翠曽(曾)】すいそう かわせみのように飛び上がって舞う。

【翠苔】すいたい みどり色のこけ。青いこけ。緑苔。

【翠黛(黛)】すいたい ①みどり色のまゆずみ。美人の形容。②青黒く茂った山に、もやがかかった形容。

【翠髪】すいはつ 女の黒い髪の毛。

【翠眉】すいび ①みどりのまゆ。美人のまゆ。②まゆずみで描いた、美人のまゆ。

【翠微】すいび ①青い山々に、もやがたちこめているさま。②山の八合目あたりをいう。③もえぎ色。

【翠屏】すいへい ①みどり色の屏風びょうぶ。濃いみどり色に、こけのはえた、がけの形容。②山が連なっているさま。

【翠壁】すいへき 青くこけむした山のがけ。

【翠蔓】すいまん みどりのつる草。青いつたかずら。

【翠嵐】すいらん ①青々とした山の姿。嵐翠。②木々のみどりの鮮やかなたとえ。

【翠巒】すいらん 青々とした山の峰。翠嶺すいれい。

【翠柳】すいりゅう(りう) みどりの柳。緑柳。

【翠輦】すいれん かわせみの羽で飾った手車。輦は手でひく車。

【翠簾】すいれん 青竹のすだれ。

【翠瀲】すいれん みどりの波うちぎわ。

【翠楼(樓)】すいろう ①青く塗ったたかどの。②遊女屋の別称。「青楼。」

羽8【翣】〔14〕 ソウ 漢 入 洽 (サフ) shà シャー U補J ②8492 5329 7FE3

止10【翜】〔14〕 同字 U補J 3792 6B70

意味 ①ひつぎの飾り。羽を用いてうちわの形を作り、棺かんのそばに立てる飾りもの。②鐘や鼓などの打楽器をのせる台の飾り。③うちわ。扇。

羽8【翟】〔14〕 一 テキ 漢 一 入 錫 dí ティー 二 タク 漢 二 入 陌 zhái チャイ U補J ①9032 5328 7FDF

意味 一①きじ。鳥の名。②きじの羽。③北方の異民族。＝狄てき 二①姓。②陽翟ようたくは県名。河南省禹州市。

羽8【翡】〔14〕 ヒ 漢 去 未 fěi フェイ U補J 7039 7FE1

意味 ①かわせみの雄。↔翠すい ②かわせみの羽。

【翡翠(翠)】ひすい ①雄と雌のかわせみ。②宝石の一つ。

羽9【翫】〔15〕 標 ガン 漢 呉 去 翰 (グヮン) wàn ワン U補J 2069 7FEB

羽9【翫】〔15〕 俗字 U補J ——

意味 ①〈もてあそ・ぶ〉⑦手にもって遊ぶ。おもちゃにする。①めでる。鑑賞する。②おもちゃ。③なれる。平気になる。④あなどる。ばかにする。「翫笑がんしょう」 ＝玩

【翫習】がんしゅう(ぐゎんしふ) ①なれて、うちとけすぎる。なれ、あなどる。②楽しんで習う。心ゆくまでじゅうぶんに習う。

【翫味】がんみ(ぐゎんみ) よく味わう。＝玩味

【翫弄】がんろう(ぐゎんろう) おもちゃにする。もてあそぶ。＝玩弄

羽9【翬】〔15〕 キ 漢 平 微 huī ホイ U補J ①9033 5332 7FEC

意味 ①速くとぶ。また、その羽の音。「翬翬きき」 ②五色の羽をもつ雉きじ。

【翬飛】きひ 宮殿が壮麗なさま。

羽9【翨】〔15〕 シ 漢 呉 去 寘 chì チー U補J 5331 7FE8

意味 ①はね。鳥の羽の大きなもの。②「趐」(一二〇一ページ・下)の俗字。

羽9【翥】〔15〕 ショ 漢 去 御 zhù チュー U補J ②8493 5330 7FE5

意味 とびあがる。とびたつ。

羽9【翩】〔15〕 ヘン 漢 平 先 piān ピエン U補J ——

羽9【翩】〔15〕 俗字 U補J 7041 7FE9

意味 ①早くとぶ。②〈ひるがえ・る(ひるがへ・る)〉ひらひらする。③人品、文才にすぐれている。

【翩躚】へんせん ひらひらさせる。衣などが風にふかれてふわふわする。「羽衣翩躚」〈蘇軾そしょく・後赤壁賦のちのせきへきのふ〉

【翩然】へんぜん 身をひるがえすさま。ひらりと。

【翩翩】へんぺん ①鳥がひらひらと飛ぶさま。②落ち着かないさま。③往来するさま。④得意になるさま。⑤文才があり、姿もいきなさま。⑥風流なさま。⑦宮殿のりっぱなさま。

【翩翻】ひるがえるさま。

羽9【翦】〔15〕本 →剪(一六八ページ・下)

羽9【戮】→戈部十一画(五一〇ページ・上)

羽10【翮】〔16〕 一カク漢 入 陌 hé ホー 二レキ漢 入 錫 lì リー J ①9034 U補 7FEE

意味 一①羽のもと。羽のくき。②つばさ。③鳥。二鼎の類。＝鬲・甗

羽10【翯】〔16〕 一コク漢 入 沃 hè ホー 二カク漢 入 覚 hè ホー J ②8494 U補 7FEF

意味 一①鳥が肥えて、羽のつやつやしているさま。「翯翯」②白く光るさま。「翯乎」

羽10【翰】〔16〕 標 カン漢 去 翰 hàn ハン J 2045 U 7FF0

羽10【翰】〔16〕俗字 U補J

意味 ①やまどり。②鳥の羽。③高く飛ぶ。「翰鳥」「翰飛」④筆。昔は鳥の羽で作った。⑤ふみ。手紙。文書。「書翰」「翰札」⑥柱。みき。＝幹 ⑦白馬。

参考 新表記では、「簡」に書きかえる熟語がある。

【翰苑】①翰林院。②翰林学士。③詩文を書きしるす。文筆。「若非翰苑、何以攄心」(詩文に書かなければ風流な心を表せない。)〈万葉集・梅花歌序〉

【翰音】①高く飛ぶ音。声だけで実力のともなわないたとえに用いる。②にわとりの別名。

【翰札】手紙。書き物。翰牘。

【翰藻】詩文のこと。

【翰長】①翰林院の長官。②国もと、内閣書記官長。

【翰墨】①書いたもの。筆跡。②文章。③筆墨。

【翰林】①文人・学者の集まり。②翰林院の略。天子のそばに仕え、詔勅の文章をつかさどり、また、天子を諫める人々の出仕するところ。【――学(學)士】官名。唐代天子の詔勅を起草する職で、のちには宰相をしのぐ勢力を持った。

【投翰】筆を投げ出す。書くのを途中でやめてしまうこと。

羽10【翶】〔16〕本 →翱(本ページ・下)

羽10【歙】→欠部十二画(六七七ページ・中)

羽11【翳】〔17〕 標 エイ漢 去 霽 yì イー J 7042 U補 7FF3

意味 ①羽毛で飾った車のおおい。②〈おお・う(おほ・ふ)〉さえぎる。「翳塞」③〈かく・す〉〈かく・れる(――・る)〉おおいかくす。身をかくす。④〈かざ・す〉さしかける。⑤〈かざし〉舞に用いる羽の飾り。⑥〈かげ〉ひかげ。こかげ。くもり。⑦かすむ。目がかすむ。「翳目」⑧木が自然に枯れる。

参考 新表記では、「影」に書きかえる熟語がある。

【翳翳】夕暮れに日が傾いて薄暗いさま。「景翳翳以将入」(太陽は傾きうすぐらく、西の空にはいろうとしている。)〈陶潜・帰去来辞〉

羽11【翲】〔17〕 ヒョウ(ヘウ)漢呉 平 蕭 piāo ピアオ J ②8501 U補 7FF2

意味 ①高く飛ぶ。また、飛ぶさま。②軽快なさま。

羽11【翼】〔17〕 常 ヨク つばさ J 4567 U 7FFC

旧字 羽12【翼】〔18〕 ヨク漢 入 職 yì イー U補J

羽4【𦐂】〔10〕同字 J ②8489 U補 26402

筆順
ヨ
ヨヨ
羽
習
留
單
翌
翼

意味 ①〈つばさ〉㋐鳥のつばさ。㋑虫のはね。②〈たす・ける(――・く)〉補佐する。「翼成」③つつしむ。うやうやしい。④家の軒。⑤わきぞなえ。左右の部隊。「右翼」「左翼」⑥あくる日。＝翌 ⑦星座の名。二十八宿の一つ。⑧船。

解字 形声。羽が形を表し、異(い)が音を示す。異は、ことなる、別にあるという意味を持つ。翼は、つばさが両方別々に分かれていることを表し、両方で力を合わせて飛ぶことから、たすける意味、両方きちんとそろうことから、つつしむ意味になる。

名前 すけ

【翼賛(贊)】助ける。政治を助ける。

【翼如】①腕を組み、両ひじをはるさま。②つつしむさま。うやうやしくするさま。翼翼。

【翼軫】二つの星宿の名。二十八宿のうち南方の七宿に属する。コップ座とからす座。

【翼然】鳥が翼を広げたように、左右に広がっているさま。

【翼戴】君主を助けて、上に敬いいただく。

【翼蔽】親鳥が子鳥を翼でおおいかばうように、かばい助けること。「以身翼蔽沛公」(自分のからだで沛公をかばった。)〈史記・項羽本紀〉

【翼輔】たすける。たすけること。輔佐。補佐。

【翼翼】①うやうやしく慎むさま。②馬のじょうぶなさま。③整っているさま。④やわらぐさま。⑤飛ぶさま。⑥盛んに茂るさま。⑦礼儀正しくりっぱなさま。

◆左翼・比翼・右翼・羽翼・尾翼・扶翼・鵬翼

羽12【翹】〔18〕 キョウ(ケウ)漢 ギョウ(ゲウ)呉 平 蕭 qiáo, qiào チアオ J 7043 U補 7FF9

意味 ①鳥の長い尾羽。②〈あ・げる(―・ぐ)〉起こす。持ち上げる。「翹翼」③つま先で立つ。「翹足」④才能がすぐれる。「翹材」「翹秀」⑤示して気づかせる。あばく。⑥婦人の首飾り。

【翹企】足をつまだて、のびあがって待つ。しきりに望む。熱望。切望。

【翹翹】①高くぬき出ているさま。②危ないさま。③遠いさま。④多いさま。

【翹思】思いをかける。強く心にとめて思う。

【翹首】首をあげる。転じて、熱望する。

【翹然】①得意になっているさま。②立ち上がるさま。

【翹楚】とりわけすぐれている人。

【翹望】首をのばして待ち望む。強く期待する。

羽12【翺】〔18〕 ゴウ(ガウ)漢 コウ(カウ)慣 平 豪 áo アオ J ①9035 5336 U補 7FFA

羽10【翱】〔16〕本字 U補J 7FF1

意味 〈かけ・る〉飛びまわる。飛びあがる。「翺翺」

【翺翔(翔)】①鳥が高く飛ぶさま。②さまよう。③得意そうにふるまう。④遠く去る。

羽12【翻】〔18〕 常 ホン ひるがえる・ひるがえす J 4361 U 7FFB

旧字 羽12【翻】〔18〕 ハン漢 ホン呉 平 元 fān ファン U補J

筆順
ノ
丷
平
采
番
番
翻
翻

飛12【飜】〔21〕 入 J 7044 U補 98DC

意味 ①飛ぶ。②〈ひるがえ・る(ひるがへ・る)〉風にひらひらなびく。「翻然」③〈ひるがえ・す(ひるがへ・す)〉風

竹米糸缶网(罒・⺲)羊(⺶)羽(羽)老(耂)而耒(耒)耳 6画 聿肉(月)臣自至臼(臼)舌舛(舛)舟艮色艸(艹・艹)虍虫血行衣(衤)襾(西)

になびかす。④ひっくりかえす。「翻覆(ほんぷく)」⑤〈かえ(へ)って〉逆に。⑥他国語に言いかえる。「翻訳」

解字 翻 形声。羽が形を表し、番(はん)が音を示す。羽は鳥の飛ぶこと。番には、反と同じく、ひるがえるという意味がある。翻は、鳥が、羽をひるがえして飛ぶことである。

難読 翻車魚(まんぼう)・翻筋斗(もんどり)

【翻案】(ほんあん) ①前の決定を改める。②国外国の小説・戯曲などのすじをそのままにして、人物・地名などを自国風に作りかえる。

【翻意】(ほんい) 国考えをまったく改める。思い直すこと。

【翻刻】(ほんこく—はんこく) もとの本のとおりに印刷して出版する。

【翻然】(ほんぜん) ①心をがらりと変えるさま。②ひるがえるさま。

【翻倒】(ほんとう(たう)) ひっくり返りさかさまになる。

【翻覆】(ほんぷく) 上に向けたり、下に向けたりすること。変わりやすいこと。

【翻訳(譯)】一(ほんやく) ある国のことばや文章を、他国語に言いかえる。二(ファンイー) fānyì 現①一に同じ。②通訳。

【――権(権)】(ほんやくけん) ある原作を、他国語に翻訳して出版することのできる権利。

【翻流】(ほんりゅう(りう)) しぶきをあげて勢いよく流れる。また、その流れ。奔流。

【翻弄】(ほんろう) 相手をばかにし、おもちゃにする。てだまにとる。

【翻身】(ファンシェン) fānshēn 現生まれ変わって新しい生活にはいる。

羽12【翼】〔18〕旧 ↓翼(九九九ジペー・中)

羽13【翽】〔19〕 カイ 漢 (クヮイ) | 去 泰 huì ホイ

J — 補 5337 U 7FFD

意味 ①鳥の羽ばたく音。②飛ぶ。

羽13【翾】〔19〕 ケン 漢 | 平 先 xuān シュワン

J — 補 5338 U 7FFE

意味 ①少し飛ぶ。「翾翾(けんけん)」「翾飛」②はやい。③〈かる・い(――・し)〉軽薄(けいはく)な。

羽14【翿】〔20〕 トウ 漢 (タウ) | 去 号 dào タオ

J — 補 5339 U 7FFF

意味 はたぼこ。羽の飾りを先につけた旗。

(翿)

羽14【耀】〔20〕 人 ヨウ 漢 呉 (エウ) | 去 嘯 yào ヤオ

J 4552 補 — U 8000

旧字 羽14【耀】〔20〕

J — 補 — U —

意味 ①〈かがや・く〉光りかがやく。「耀耀(ようよう)」②〈かがやき〉ひかり。③明らかに示す。

解字 会意・形声。光と翟とを合わせた字。翟(えう)は音をも示す。また、翟はきじが尾の羽を高く掲げて見せる意があり、耀は光りかがやく意となる。

名前 あき・てる・あきら

羽16〖耀〗↓米部十六画(九五二ジペー・下)

羽19〖糶〗↓米部十九画(九五三ジペー・上)

6画 老(耂)部 おいかんむり おいがしら

【部首解説】 古い字形は「毛」「人」「匕」が合わさり、「白髪の老人」を表す。一説に「背の曲がった老人」にかたどるともいう。この部には、「老・耂」の形を構成要素とする文字が属する。冠になるときは「耂」(四画)となる。

老0【老】〔6〕 学 4 ロウ おいる・ふける ロウ(ラウ) 漢 | 上 皓 lǎo ラオ

J 4723 補 — U 8001

筆順 一 十 土 耂 耂 老

意味 ①〈おい〉年より。七十歳以上の老人。一説に六十以上、また、五十以上ともいう。②〈お・いる(―・ゆ)〉〈ふ・ける(―・く)〉㋐年とる。㋑おとろえる。おいぼれる。③老人を敬う。「老老(ろうをろうとす)」④年長者。「長老」⑤家臣の尊称。⑥家臣の自称。⑦他人の父母の尊称。⑧なれる。経験をつむ。「老練」⑨古い。長年の。⑩年とって職を退く。⑪老子の略。⑫現㋐同輩の姓の前につけて親しみを表す。「老王」㋑高齢の人の姓のあとにつけて敬意を表す。「周老」⑬現㋐いつも。常に。㋑とても。

解字 老 会意。古い形で見ると、毛・人・匕を合わせた字。匕は化で、変化すること。老は、人の髪の毛が白く変化することで、年よりをいう。一説に、髪の毛の長い人が、背を曲げて杖をついている象形文字で、老人をいうと解する。

名前 おみ・とし 地名 老曽(おいそ)・老榾(ラオス)

難読 老舗(しにせ)(付表)/老成(ひね)・老麺(ラーメン)・老酒(ラオチュー)・老頭児(ロートル)

【老嫗】(ろうう(らう)) 年とった女。おうな。老女。老婆。

【老翁】(ろうおう(らうをう)) 年より。おきな。老叟(ろうそう)。老爺(ろうや)。

【老鶯】(ろうおう(らうあう)) 春が過ぎて鳴くうぐいす。晩鶯。

【老獪】(ろうかい(らうくわい)) 経験を積み、わるがしこいさま。

【老猾】(ろうかつ(らうくわつ)) 年とってずるがしこい。

【老漢】(ろうかん(らう)) 年とった男。老人をばかにしていうことば。「漢は男子の意。」

【老眼】(ろうがん(らう)) ①年をとって、よく見えなくなった目。②経験をつみ、物事をよく見分けられる眼力(がんりき)。

【老朽】(ろうきゅう(らうきう)) ①おいくちる。年をとり役にたたない。また、その人。おいぼれ。②国古くなって、役にたたなくなること。

【老境】(ろうきょう(らうきゃう)) ①老人の身の上。②年をとったこと。老年。

【老軀】(ろうく(らう)) 年をとり体力の弱ったからだ。

【老君】(ろうくん(らう)) ①老子。太上老君。②老人を尊んでいう。③隠居した君主をいう。

【老兄】(ろうけい(らう)) ①年よりの兄。②兄の自称。③同輩に対する敬称。④年上の友人に対する敬称。

【老巧】(ろうこう(らうかう)) 物事によくなれて巧みなこと。

【老子】一(ろうし(らう)) ①人名。周(しゅう)代の思想家。姓は李(り)、名は耳(じ)、おくり名は聃(たん)。孔子に礼を教えたという伝説もあるが、その履歴は明確でない。無為(むい)自然の教えをたて、その学は儒家の学と表裏をなして、中国思想の中核となっている。道家の祖。②書名。老子の著という。上・下二巻。道徳経ともいう。二(ラオツ) lǎozi 現父。おやじ。「lǎoshì 現先生。」

【老師】一(ろうし(らう)) ①年とった先生。②年をとった僧。二(ラオシー) lǎoshī

【老実(實)】一(ろうじつ(らう)) 物事になれ着実なこと。二 現まじめな。おとなしい。

【老舎】(ろうしゃ(らう)—ラオショー) 人名。作家。本名は舒(じょ)慶春。老舎はペンネーム。革命前は「駱駝祥子(ルオトゥオシアンツ)」「四世同堂」など多くの小説を創作し、革命後は「竜鬚溝(りゅうしゅこう)」「茶館」などの脚本を書き、人民芸術家の称号を贈られた。文化大革命中に自殺。(一八九九～一九六六)

【老若】(ろうじゃく(らう)—ろうにゃく(らう)) 老人と若者。老弱。【老若男女】(ろうにゃくなんにょ) 年よりと若者、男と女。年齢・男女の区別なく、すべての者。

【老弱】(ろうじゃく(らう)) 老人と若者。「老弱男女」=老若

【老儒】(ろうじゅ(らう)) ①年老い、学問・人格のすぐれた学者。②老い衰えた学者。

【老中】(ろうじゅう(らうぢう)) 国江戸幕府で、将軍を補佐した職。

【老宿】(ろうしゅく(らう)) ①年をとり、修業を積んだ人。②老僧・高僧への尊称。

【老女】㊀ろうじょ(らうぢょ) ①年とった婦人。②国武家の侍女をとりしまった婦人。㊁おうな ㊀の①に同じ。

【老小】ろうしょう(らうせう) ①老人とこども。②年よりと若者。

【老将(將)】ろうしょう(らうしゃう) ①年よりの大将。②経験をつんで、いくさになれた大将。宿将。

【老娘】ろうじょう(らうぢゃう) ①助産婦。産婆。②乳母。③婦人の自称。④母親の俗称。

【老少不定】ろうしょうふじょう(らうせうふぢゃう) 仏老人であろうと、若者であろうと、死期はいつ来るかわからないこと。

【老人】㊀ろうじん(らうじん) としより。㊁ラオレン lǎorén 現①㊀に同じ。②父母。親。

【老衰】ろうすい(らうすい) 年とってからだが衰え弱る。老憊(ろうはい)。

【老生】㊀ろうせい(らうせい) ①年より。老人。②老人が自分をけんそんしていうことば。㊁ラオション lǎoshēng 現京劇で、大臣・忠臣・学者などに扮(ふん)する俳優。

【老成】ろうせい(らうせい) ①経験が多く物事によくなれている。また、その人。老練。老功。②年のわりにおとなびていること。

【老蘇】ろうそ(らうそ) 人名。宋(そう)の大文学者、蘇洵(そじゅん)のこと。子の蘇軾(そしょく)(兄)を大蘇、蘇轍(そてつ)(弟)を小蘇という。

【老壮(壯)】ろうそう(らうさう) 年よりと血気盛んな若者。

【老荘(莊)】ろうそう(らうさう) ①老子と荘子。②老子・荘子を祖とする一派の学説。老荘学。

【老叟】ろうそう(らうそう) 「老翁」に同じ。

【老措大】ろうそだい(らうそだい) 年とった書生。年よりの学者。

【老体(體)】ろうたい(らうたい) ①年とった人のからだ。老骨。老軀(ろうく)。②老人を敬っていうことば。

【老大】ろうだい(らうだい) 年をとること。また、その人。「少小離レ家老大回(しょうしょういえをはなれろうだいにしてかえる)」(若い時に家を出、年をとって故郷に帰った。)〈賀知章の詩・回レ郷偶書(きょうにかえりたまたましょす)〉「少壮不ニ努力一、老大徒傷悲(しょうそうにしてどりょくせざれば、ろうだいいたずらにしょうひせん)」(若いうちに努力しておかないと、年をとってから嘆き悲しんでも役にたたない。)〈楽府(がふ)詩集・長歌行〉

【老台(臺)】ろうだい(らうだい) 年長者に対する敬称。

【老大家】ろうたいか(らうたいか) 国年をとり経験を積んで、それぞれの専門の道に通じた人。

【老耼】ろうたん(らうたん) ↓老子

【老聃】ろうたん(らうたん) 「老耼(ろうたん)」に同じ。↓老子

【老杜】ろうと(らうと) 杜甫(とほ)の別称。晩唐の詩人杜牧(とぼく)を小杜というのに対する。↓「杜甫」(六二二ページ・下)

【老党(黨)】ろうとう(らうたう) 年をとった家来。↕若党(わかとう)

【老衲】ろうのう(らうなふ) 老僧。衲は僧が着用する衣。

【老農】ろうのう(らうのう) 老練な農夫。年功を積んで、農業に熟練した人。

【老婆】㊀ろうば(らうば) 年とった女。老媼(ろうおう)。老嫗(ろうう)。㊁ラオポ lǎo-po 現妻。女房。【――心】ろうばしん(らうばしん) ①くどすぎる親切。②忠告などをする時、自分の意見をけんそんしていうことば。

【老廃(廢)】ろうはい(らうはい) 年とったり、古くなったりして、役に立たなくなること。「老廃物」

【老病】ろうびょう(らうびゃう) ①年をとり病弱であること。「老病有ニ孤舟一(ろうびょうこしゅうあり)」(老病のわが身をまかせるものとては、わずかに一そうの小舟があるだけである。)〈杜甫(とほ)の詩・登ニ岳陽楼一(がくようろうにのぼる)〉②老衰病。

【老父】㊀ろうふ(らうふ) 年老いた父。㊁ろうほ(らうほ) 年長者に対する敬称。

【老物】ろうぶつ(らうぶつ) ①一年間、天の仕事を助けて疲れた万物の神。物とは万物の神の意。②人をののしる語。おいぼれ。③年より。老人。

【老躄】ろうへき(らうへき) 年をとって、足が不自由になること。

【老圃】ろうほ(らうほ) 農事に熟練した人。老農。

【老舗】ろうほ(らうほ)・しにせ 古くから続いてきた店。

【老母】ろうぼ(らうぼ) ①年とった母。↕老父 ②年よりの女。老女。

【老姥】ろうぼ(らうぼ) 年老いた女。おばあさん。老婆。

【老彭】ろうほう(らうはう) 人名。殷(いん)時代のすぐれた太夫(家老)。古典学にくわしかったという。一説に、老は老耼(ろうたん)、彭は彭祖(ほうそ)ともいう。「窃比ニ我於老彭一(ひそかにわれをろうほうにひす)」〈論語・述而(じゅつじ)〉

【老耄】ろうぼう(らうぼう) おいぼれ。耄は八十または九十歳。

【老爺】㊀ろうや(らうや) 年をとった男。㊁ラオイエ lǎoye 現だんなさま。

【老雄】ろうゆう(らういう) 年をとった英雄。

【老幼】ろうよう(らうえう) 年よりとこども。

【老来(來)】ろうらい(らうらい) 年をとってから。年をとってこのかた。

【老莱子】ろうらいし(らうらいし) 人名。周(しゅう)代の親孝行な人。年七十になっても幼児のまねをして親を喜ばせたという。一説に老子であるという。

【老懶】ろうらん(らうらん) 年とって動くのがめんどうになること。

【老羸】ろうるい(らうるい) 年をとり体力が弱り衰えること。

【老練】ろうれん(らうれん) 多年の経験により、物事に練達していること。老熟。

【老錬】ろうれん(らうれん) 「老練」に同じ。

【老是】ラオシー lǎoshì 現いつも…だ。

【老鼠】ラオシュー lǎoshǔ 現ねずみ。

【老大爺】ラオターイエ lǎodàye 現おじいさん。

【老大娘】ラオターニアン lǎodàniáng 現おばあさん。

【老太婆】ラオタイポー lǎotàipó 現おばあさん。

【老酒】ラオチウ lǎojiǔ 現中国の酒の一種。もちごめ・あわなどから造る。

【老頭児(兒)】ラオトウル lǎotóur 現年より。おじいさん。

【老百姓】ラオパイシン lǎobǎixìng 現庶民。民衆。

【老板】ラオパン lǎobǎn 現商店の主人。

【老虎】ラオフー lǎohǔ 現とら。

【不レ知ニ老之将(將)一レ至】おいのまさにいたらんとするをしらず 老年になるのも気がつかない。〈論語・述而(じゅつじ)〉

【老馬識レ途】ろうば(らうば)みちをしる 春秋時代に斉(せい)の管仲が道に迷い、老馬を放ってそのあとについて道を知ったという故事。〈韓非子(かんぴし)・説林(ぜいりん)上〉

◁▼大老(たいろう)・元老(げんろう)・古老(ころう)・早老(そうろう)・初老(しょろう)・長老(ちょうろう)・故老(ころう)・家老(かろう)・敬老(けいろう)・養老(ようろう)

老 0

【耂】〔4〕

意味 おいかんむり。漢字の構成要素のひとつ。「老」を省略した形。考(こう)・者(しゃ)などを構成する。

J ②8502 補 U 8002

耂 2

【考】〔6〕

学 2 コウ かんがえる

コウ(カウ) 漢 呉 上 皓 kǎo カオ

J 2545 補 U 8003

筆順 一 + 土 耂 耂 考

攵 2 【攷】〔6〕本字 J 5831 補 U 6537

意味 ①老いる。長生きする。②父親。死んだ父。亡父。「先考」③〈かんが・える(――・ふ)〉㋐思いはかる。思案する。㋑取り調べる。㋒とがめる。せめる。④〈かんがえ(かんがへ)〉思慮。⑤こころみる。ためす。試験。「考試」⑥〈な・す〉しとげる。⑦おわる。⑧〈たた・く〉うつ。

解字 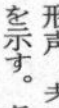 形声。耂と丂を合わせた字。耂は老の略で、丂(こう)は音を示す。丂は曲がる意味。考は、からだの曲がった老人をいう。また、攷(こう)の仮借として、奥深くきわめる意味から、考えることになる。

名前 たか・ただ・ちか・とし・なか・なり・なる・のり・やす・よし

【考案】こうあん(かうあん) 考え、くふうする。また、その考えやくふう。

【考異】こうい(かうい) 文字の異同・疑問などを調べ正す。

【考課】こうか(かうくわ) 官吏・学生の成績をしらべること。

【考究】こうきゅう(かうきう) 考えきわめる。深く考える。

【考拠(據)】こうきょ(かうきょ) 研究して、根拠の確かなもの。考証。「考拠之学」

【考現学(學)】こうげんがく(かうげんがく) 現代の社会現象を研究し、その真相をきわめる学問。↕考古学

【考工】こうこう(かうこう) 機械の製作をつかさどる役人。

竹米糸缶网(罒・⺲)羊(⺶)羽(羽)老(耂)而耒(耒)耳 6画 聿肉(月)臣自至臼(臼)舌舛(舛)舟艮色艸(⺾・艹)虍虫血行衣(衤)襾(覀)

【考古学(學)】こうこがく 遺跡・遺物を調査して古代の文化を研究する学問。↔考現学

【考査】こうさ ①考えしらべる。②学校で、生徒の成績をしらべること。試験。

【考察】こうさつ よく考え、調べる。また、そのこと。

【考試】こうし ㊀①学生の学力を試験する。また、試験。②官吏採用の試験。㊁カオシー kǎoshì 現 ㊀の①に同じ。

【考証(證)】こうしょう 証拠によって調べ考える。【――学(學)】こうしょうがく 正しい根拠によって古典の意義を研究しようとする学問。清朝の学風。↓「訓詁学」(一一四八ページ・上)・「宋学」(三六四ページ・上)

【考正】こうせい あやまりを考えてただす。

【考績幽明】こうせきゆうめい 役人の成績を調べる。成績のよい者はその官を進め、よくない者はその官をさげること。幽は愚か、明は賢明の意。

【考治】こうち 拷問にかけてしらべる。掠考。掠治。

【考定】こうてい 考えて定める。考えてきめる。

【考訂】こうてい 書物の誤りをしらべ正す。＝校訂

【考槃】こうはん 俗世をさけ隠居し、思うままに楽しむこと。一説には、楽器をならして楽しむこと。

【考妣】こうひ なき父母。考は死んだ父。妣は死んだ母。

【考慮】こうりょ 考えおもんばかる。あれこれと深く考えてみる。思案。㊁カオリュイ kǎolǜ 現 ㊀に同じ。

【考量】こうりょう 考えはかってみる。思慮。商量。

◆再考・長考・参考・思考・備考・愚考・雑考・熟考・沈思黙考

老4 **【耆】** 〔10〕 標 ㊀キ 漢 ギ 呉 ㊀平 支 qí チー ㊁シ 漢 ㊁去 寘 shì シー ㊂シ 漢 ㊂上 紙 zhǐ チー J 7045 補 U 8006

意味 ㊀①老人。六十歳。②つよい。③にくむ。㊁たしなむ。このむ。＝嗜「耆酒」 ㊂いたる。いたす。

【耆艾】きがい ①年より。老人。耆は六十歳、艾は五十歳。②先生。

【耆儒】きじゅ ①年とった学者。老儒。②学問・人格ともにすぐれた老人。耆宿。

【耆宿】きしゅく 学問・人格ともにすぐれた老人。宿老。耆儒。

【耆老】きろう(らう) ①年とって徳の高い者。②年より。老人。耆は六十歳、老は七十歳。

【耆欲】しよく 欲望。＝嗜欲

耂4 **【者】** 〔8〕 学3 シャ もの J 2852 U 8005

旧字 耂5 **【者】** 〔9〕 人 シャ 漢 ㊤ 馬 zhě チョー J ①9036 補 U FA5B

筆順 一 十 土 耂 耂 者 者 者

意味 ①〈もの〉〈こと〉動詞または句などにつき、これを名詞化する助詞。人・物・事・所などをさす。②〈ものは〉〈とは〉〈は〉文中においてその句が提示句であることを示す。③〈…ば〉〈…れば〉仮定の条件を示す。④時を示す語につける。「頃者」「昔者」⑤これ。この。

語法 ❶〈もの〉…をする人。…な人。…な物。動詞・形容詞などを体言化し、その行為・状態の主体を示す。例「臣不敢亡也、臣追亡者」(臣敢へて亡げざるなり、臣は亡ぐる者を追ふ)(わたくしは逃げたりなどしておりません。わたくしは逃げた者を追いかけていたのです)〈史記・淮陰侯列伝〉

❷〈こと〉…すること。動詞・句などを体言化する。例「范増数目項王、挙所佩玉玦以示之者三」(范増数項王に目し、佩ぶる所の玉玦を挙げて以て之に示す者三たびす)(范増はたびたび項王に目配せをして、身につけていた玉玦を挙げて合図を送ること三回に及んだ)〈史記・項羽本紀〉▼特に回数などを数える場合が多い。

❸〈は〉〈とは〉…とは。…というものは。…したのは。主題を提示したり、他と区別して強める助詞。例「道者、万物之始」(道は、万物の始めなり)(道とはすべてのものの根本である)〈韓非子・主道〉

❹〈…ば〉〈…れば〉…であれば。仮定の条件を表す。例「伍奢有二子、不殺者為楚国患」(伍奢に二子有り、殺さざれば楚国の患ひと為らん)(伍奢には二人の子がおります。彼らを殺さなければ楚の国のわざわいとなりましょう)〈史記・楚世家〉

❺疑問・反語を強調する。例「周衰、何国興者」(周衰へば、何れの国か興らん)(周が衰えたとき、いったいどの国が栄えるであろうか)〈史記・鄭世家〉▼「孰」「誰」「何」などと呼応して用いられることが多い。

❻(まるで)…のようだ。行為・状態を誇張して強調する。例「其於郷党、恂恂似不能言者」(其の郷党に於けるや、恂恂として言ふ能はざる者に似たり)(彼〔孔子〕が郷里にいるときは大変に慎み深くてものも言わないふうであった)〈史記・孔子世家〉▼「若」「如」「似」などと呼応して用いられることが多い。

❼時間を表す語につく接尾語。訓読では読まない。例「今者」「昔者」「古者」「昨者」「頃者・比者」「曩者・往者・向者」

●句形

(1)【不者】〈しからずんば〉〈しからざれば〉さもないと。例「使者去、不者且得罪」(使者去れ、しからずんば且に罪を得んとす)(使者よ去りなさい。さもないとひどい目に遭うぞ)〈史記・越王句践世家〉▼「不然者」も同じ。

(2)【何者】〈なんとなれば〉なぜかといえば。どうしてかというと。例「蝮螫手則斬手、螫足則斬足。何者、為害於身也」(蝮手を螫せば則ち手を斬り、足を螫せば則ち足を斬る。何者なれば、身に害を為せばなり)(まむしが手をかめば手をきり、足をかめば足をきる。というのは、体中に毒がまわるからである)〈史記・田儋列伝〉

解字  形声。耂と白とを合わせた字。白は自で、形を表す。耂は旅りょと同じで音を示す。旅には、おおぜいという意味がある。者は、おおぜいの中の自分で、他と区別することを表す。一説に、白は箕みで、入れ物、耂は旅で、集まることを表すとし、箕にまきを入れて燃している形から、多くのまきを集めて貯蔵することと解する。

名前 ひさ・ひと 難読 猛者もさ(付表)

◆亡者・仁者・王者・巧者・壮者・曲者・行者・作者・役者・走者・易者・若者・武者・使者・学者・長者・信者・冠者・勇者・記者・従者・患者・猛者・著者・筆者・隠者・間者・達者・愚者・聖者・読者・縁者・賢者・選者・識者・覇者・律義者・前科者・荒武者・候補者・修験者・影武者

老4 **【耄】** 〔10〕 ボウ 漢 ㊤去 号 モウ 慣 mào マオ J 7046 補 U 8004

意味 ①年より。九十歳・八十歳・七十歳の諸説がある。「耄老」②年をとってはっきりしない。③考えがきまらない。

【耄耋】ぼうてつ おいぼれる。おいぼれ。耋は八十歳をいう。

【耄碌】もうろく 国 年をとって、ぼける。おいぼれる。また、その人。

老5 **【耇】** 〔9〕 コウ 漢 ㊤ 有 gǒu コウ J 5340 補 U 8007

意味 ①老人の黒いしみのできた顔。②としとる。老いる。③老人。「耇老」「耇長」

老5 **【耉】** 〔11〕 同字 J ②8504 補 5341 U 8008

耂5【者】〔9〕旧→者(一〇〇二ページ・上)

老6【耋】〔12〕テツ 漢 入 屑 dié ティエ　J 7047 補 U 800B

6【耊】〔10〕字 J ②8503 補 5342 本 U 800A

意味 年より。八十歳。また、七十歳、六十歳ともいう。

【耋艾】てつがい 老人と若者。艾は少艾(少年)、一説に老人の意ともいう。

6画 而部 しかして しこうして

【部首解説】「ほおひげ」にかたどる。この部には、「而」の形を構成要素とする文字が属する。

而0【而】〔6〕人 標 一ジ 漢 一平 支 ér アル 二ドウ 漢 ノウ 呉 二平 蒸 néng ノン　J 2809 補 U 800C

意味 一①ほおひげ。口のひげ。②似ている。③〈しこうして〉(しかうして)〈しかして〉〈して〉そして。順接の接続詞。④〈しかれども〉しかし。しかるに。逆接の接続詞。⑤そのうえに。さらに。⑥〈すなわち〉(すなはち)そこで。そのときは。⑦〈と〉…と、ともに。⑧〈なんじ〉(なんぢ)おまえ。汝。二〈よく〉よくする。…することができる。＝能

語法 ❶〈しこうして〉(しかうして)〈しかして〉順接の接続詞。訓読の場合、直前の語に「テ」「シテ」などの送り仮名を付し、「而」は置き字として扱うことも多い。㋐そして…。それから…。時間的な前後関係や原因と結果を示す。例「上二会稽一、祭二大禹一、望二于南海一、而立二石刻一頌二秦徳一」(会稽山に登り、大禹を祀り、南海を望み、それから石碑を立てて文字を刻み秦の徳をほめたたえた)〈史記・秦始皇本紀〉㋑しかも。さらに。累加。例「漢有二天下太半一、而諸侯皆附レ之」(漢は天下の大半を所有し、しかも諸侯はみな漢に付き従っております)〈史記・項羽本紀〉㋒同格。例「晋唐叔虞者、周武王子而成王弟」(晋の唐叔虞は、周の武王の子で成王の弟である)〈史記・晋世家〉㋓…の状態で。…しながら。後に続く動作の方法・状態を示す。例「重レ足而立、側レ目而視矣」(足をかさねて立ちすくみ、伏し目でそっとうかがう)〈史記・汲黯列伝〉▼特に「唶然」「芒然」「默然」「欣然」などの語をともなうことが多い。例「上欣然而笑」(皇帝はうれしそうに笑った)〈史記・張丞相列伝〉㋔仮定。もし…であって。例「夫諸侯而驕レ人則失二其国一、大夫而驕レ人則失二其家一」(もし諸侯であって人におごればその国を失い、大夫が人におごればその領地を失う)〈史記・魏世家〉▼㋔の用法では「而」を「もし」と訓読する場合もある。❷〈しかれども〉〈しかるに〉逆接の接続詞。しかし。例「立レ功成レ名而身死亡」(〔大夫種と范蠡は〕功を立て名声はあがりましたが、しかしその身は亡んでしまいました)〈史記・淮陰侯列伝〉❸〈すなわち〉(すなはち)そこで。そのときは。例「与レ楚則漢破、与レ漢而楚破」(〔彭王が〕楚に味方すれば漢は破れ、漢に味方すれば楚が破れるだろう)〈史記・欒布列伝〉

句形 (1)【然而】〈しかりしこうして〉(しかりしかうして)❶そして。それで。例「士大夫務レ節死レ制、然而兵勁」(士大夫が節義をつとめて職務に生命をかけるようになってそうしてはじめて軍隊は強くなるのである)〈荀子・王覇〉❷それなのに。例「吾友張也、為レ難レ能也。然而未レ仁」(私の友達の子張はなかなかできないことをやってのける。けれどもまだ仁ではないのだ)〈論語・子張〉
(2)【既而】〈すでにして〉…してみると。まもなく。例「既而帰、其妻請レ去」(〔男が〕まもなくして帰ってくると、妻は離縁したいと申し出た)〈史記・晏子列伝〉
(3)【得而】〈えて〉…することができる。例「礼楽自レ此可二得而述一」(このときより礼と楽はくわしく述べ伝えることができるようになった)〈史記・孔子世家〉

解字  象形。ほおひげの形である。

名前 しか・なお・ゆき

【而還】じかん(くわん) その後。爾来じらい。今後。

【而後】じご 以後。今から後。

【而今】じこん 今。今という今。【──而後】じこんじご これからのち。「政せい」

【而立】じりつ(りふ)・じりゅう(りふ) 三十歳。「三十而立さんじゅうにしてたつ」〈論語・為政〉

【而已】のみ …だけ。それだけ。それでよい。文末に置かれ、限定・強意を表す。「書足三以記二名姓一而已しょはもってめいせいをきするにたるのみ」(文字など名前が記せればそれでよいのだ)〈史記・項羽本紀こうううほんぎ〉

【而且】アルチエ érqiě 現 そして。その上。

而3【要】〔9〕サ 漢 上 馬 shuǎ シュワ　J 5343 補 U 800D

意味 ①あそぶ。ふざける。②からかう。もてあそぶ。③あつかう。使う。④ばくちをする。

而3【耏】〔9〕一ジ 漢 一平 支 ér アル 二ダイ 漢 二去 隊 nài ナイ　J 5345 補 U 800F

意味 一①ほおひげ。②髪や毛が多い。二ほおひげをそり落とす刑。

而3【耎】〔9〕ゼン 漢 上 銑 ruǎn ロワン　J ②8505 補 5344 U 800E

意味 ①よわい。「耎国」「耎弱じゃく」②やわらかい。③しりぞく。「耎退たい」④前が後より大きい。

【耎脆】ぜんぜい よわよわしい。弱い。

而3【耐】〔9〕常 タイ たえる 一ダイ 漢 タイ 慣 一去 隊 nài ナイ 二ドウ 漢 ノウ 呉 二平 蒸 néng ノン　J 3449 補 U 8010

筆順 一 丆 丆 丙 丙 而 耐 耐

意味 一①罪人のひげをそりおとす刑罰。②〈た・える(―・ふ)〉がまんする。こらえる。③〈いかんぞ〉どうして。＝奈 二〈よく〉よくする。…することができる。＝能

解字  会意・形声。而と寸とを合わせた字で、而じはまた音をも示す。寸は法のきまり。而はあごひげ。耐は、軽い刑罰で、髡こんという、髪をまる坊主にする罰に対し、あごひげやびんの毛だけをそり落とすものである。古い音はジで、能も同じ音だったので、能と同じく、「堪える」という意味にもなった。

名前 たう・つよし

【耐火】たいか(くわ) 火に耐える。火にあっても焼けない。燃えにくい。「耐火煉瓦れんが」

【耐寒】たいかん 寒さに耐える。↕耐熱

【耐久】たいきゅう(きう) 長持ちする。長くこらえる。「耐久力」

【耐震】たいしん 地震に強い。地震にあっても容易にこわれないこと。「耐震家屋」

【耐水】たいすい 水を受けても、しめり気が内部に通らない。水に耐える。「耐水性」

【耐忍】たいにん 耐え忍ぶ。こらえる。がまんする。忍耐。

【耐乏】たいぼう(ぼふ) 物の乏しいのを耐え忍び、がまんする。

【耐用】たいよう 🈩 機械・施設・用具などが長期間の使用にもちこたえること。「耐用年数」 🈪ナイヨウ nàiyòng 現🈩に同じ。

【耐心】ナイシン nàixīn 現しんぼう強い。

【耐煩】ナイファン nàifán 現がまん強い。

而3 【耑】〔9〕 🈩タン 漢 🈩 平 寒 duān トワン 🈪セン 漢 🈪 平 先 zhuān チョワン J ②8506 補 5346 U 8011

意味 🈩=端(九二六ページ・下) 🈪=専(三八三ページ・中)

6画 耒(耒)部 すきへん らいすき

【部首解説】 「農具のすき」を表す。この部には、農具や耕作に関連するものが多く、「耒・耒」の形を構成要素とする文字が属する。

耒0 【耒】〔6〕 🈩ライ 漢 🈩 去 隊 lèi レイ 🈪ライ 漢 🈪 上 紙 lěi レイ J 7048 補 U 8012

意味 🈩🈪①〈すき〉土を掘り起こす農具。②すきの柄え。

解字 耒 会意。丰と木とを合わせた字。丰は雑草が乱れてはえていること。木は木の柄、すき。耒は、すきで雑草を押したがやすことである。一説に耒は、三本刃のすきの形、またすきの手もとの曲がった部分ともいう。

【耒耜】らいし すき。耜は、すきの刃。耒は、その柄え。

【耒臿】らいそう(さふ) すき。土を掘り起こす道具。=耒鍤

(耒耜)

【耒耨】らいどう ①すきとくわ。②耕す。

耒2 【耓】〔8〕 テイ 漢 チョウ(チャウ) 呉 平 青 tīng ティン J 補 5347 U 8013

意味 農具の名。すき。

耒3 【耔】〔9〕 シ 漢 上 紙 zǐ ツー J ①9037 補 5348 U 8014

意味 つちかう。木の根元に土をよせ集める。

耒4 【耘】〔10〕 ウン 漢 平 文 yún ユン J 7049 補 U 8018

意味 ①〈くさぎ・る〉雑草をとる。②とりのぞく。③作物の根に土をよせ集める。

【耘艾】うんがい 草をかりとる。

【耘芸(藝)】うんげい 雑草を刈り、穀物を植える。

【耘耕】うんこう(かう) 草をとり、耕す。

【耘耔】うんし 田畑の雑草をはらい、作物の根に土をよせ集める。「植レ杖而耘耔つえをたてて」〈陶潜とうせん・帰去来辞ききょらいのじ〉

【耘鉏】うんじょ すきで、草をきりとる。転じて、天下を平定すること。

【耘鋤】うんじょ 「耘鉏うんじょ」に同じ。

【耘耨】うんどう 草かり。除草。

耒4 【耕】〔10〕 学5 コウ たがやす J 2544 補 U 8015

旧字 耒4 【耕】〔10〕 コウ(カウ) 漢 平 庚 gēng コン J 補 U

筆順 一 二 三 丰 耒 耒 耒 耒 耕

田4 【畊】〔9〕 同字 J 6525 補 U 754A

木12 【𣚣】〔16〕 同字 J 補 U 2F8EC

意味 ①〈たがや・す〉作物を植えるため、田畑を掘りかえす。「耕地」②農夫がたがやすように、なにか仕事をして生活する。「筆耕」

解字 耕 会意・形声。耒と井を合わせた字。耒は農具の一種、すきのこと。井せいは、昔の農地制度である井田法をさすとともに、音をも示す。耕は田畑をたがやすこと。

名前 やす・おさむ・つとむ

【耕耘】こううん(かう) 田畑を耕したり、雑草をとったりすること。

【耕稼陶漁】こうかとうぎょ(かう) 農業をしたり、陶器作りをしたり、漁業をしたりする。〈孟子もうし・公孫丑こうそんちゅう上〉

【耕牛】こうぎゅう(かうぎう) 田畑の耕作に使用する牛。

【耕作】こうさく(かう) 田や畑を耕して、穀物や野菜をつくる。

【耕種】こうしゅ(かう) 田畑を耕し、種をまく。

【耕穡】こうしょく(かう) 植えつけ、刈り取ること。

【耕織】こうしょく(かう) 田畑を耕したり、はたを織ったりすること。

【耕田】こうでん(かう) 田を耕す。また、耕した田。

【耕耨】こうどう(かう) 田を耕し、草をきりとる。

【耕農】こうのう(かう) ①田畑を耕す仕事。②農民。

◆筆耕ひっこう・農耕のうこう

耒4 【耖】〔10〕 ソウ(サウ) 漢 去 効 chào チャオ J ②8507 補 5349 U 8016

意味 ①重ねて耕す。②まぐわ。土をくだいてさらに細かくする農具。

耒4 【耙】〔10〕 ハ 漢 去 禡 bà パー J 7050 補 U 8019

意味 ①まぐわ。一度耕した土をさらに細かくする農具。②穀物や灰などをかき集める、くまで形の農具。音 pá パー。

耒4 【耗】〔10〕 常 モウ・コウ J 4455 補 U 8017

旧字 耒4 【耗】〔10〕 🈩コウ(カウ) 漢 モウ 呉 🈩 去 号 hào ハオ 🈪ボウ(バウ) 漢 モウ 呉 🈪 平 豪 máo マオ 🈫ボウ(バウ) 漢 モウ 呉 🈫 去 号 mào マオ J 補 U

筆順 一 二 三 丰 耒 耒 耒 耗

意味 🈩①〈へ・る〉〈へら・す〉少なくなる。すりへる。「消耗しょうもう」②つきる。なくなる。「耗尽じん」③損なう。おとろえる。④たより。しらせ。「耗問もん」🈪まったく無い。🈫乱れる。はっきり決められない。「耗乱らん」

解字 秏 形声。古い形では、秏で、禾が形を表し、毛もうが音を示す。秏は、穀物で、いねの一種という。また、毛には、毛のようにかすかである意味を含むので、秏は、いねが無いという意味になる。耒は農具で、すきのこと。

【耗竭】こうけつ(かう) 減って、なくなる。

【耗損】こうそん(かう) 使い減らす。耗減。

【耗斁】こうと(かう) へりやぶれる。つかれ衰える。

耒5 【耞】〔11〕 カ 漢 平 麻 ケ 呉 jiā チア J 5351 補 U 801E

意味 からざお。稲や麦の穂(ほ)をたたいて実をおとす農具。＝枷(か)

耒5
【耟】〔11〕
キョ 漢 上 語 jù チュイ
意味 農具の名。すきの類。
U 8 0 1 F　補 5 3 5 2　J ―

耒5
【耜】〔11〕
シ 漢 上 紙 sì スー
意味 ①〈すき〉土を掘り起こす農具。「耒耜(らいし)」②すきの先。
U 8 0 1 C　補 ―　J 7 0 5 1

耒5
【耝】〔11〕
一 ショ 漢 ソ 呉 ― 一 去 御 qù チュイ
二 ソ 漢 ジョ 呉 ― 二 平 魚 chú チュー
意味 一 ①土地を耕す。②地名。二 農具の名。すき。＝鉏(しょ)
U 8 0 1 D　補 5 3 5 0　J ―

耒6
【耠】〔12〕
コウ 漢 入 合 (カフ) huō フオ
意味 ①耕す。②現 耠子(フォツ) huōzi は、畑を耕す農具の一種。すきや、くわの代わりに用いる。
U 8 0 2 0　補 5 3 5 3　J ―

耒7
【耡】〔13〕
ショ 漢 ジョ 慣 平 魚 chú チュー
意味 ①殷(いん)・周(しゅう)時代の税法の名。公田(こうでん)(共同耕作地)の収穫だけを税として納めさせる税法。②〈す・く〉耕す。
U 8 0 2 1　補 ―　J 7 0 5 2

耒8
【耤】〔14〕
一 セキ 漢 一 入 陌 jí チー
二 シャ 漢 二 去 禡 jiè チエ
意味 ＝藉 一 ①天子が民の助けを借りて、田を耕す。「耤田(せきでん)」②税。二 ①敷物。祭祀の時に用いる。②かりる。
U 8 0 2 4　補 5 3 5 4　J ②8 5 0 8

耒9
【耦】〔15〕
ゴウ 漢 グウ 慣 上 有 ǒu オウ
意味 ①ふたり並んで耕す。「長沮・桀溺耦而耕(ちょうそけつできぐうしてたがやす)」〈論語・微子(びし)〉②たぐい。㋐仲間。㋑つれあい。夫婦。③〈あ・う(―・ふ)〉㋐むきあう。「耦座(ぐうざ)」㋑つれあう。㋒つり合う。④偶数。⑤すき。耒(らい)の二倍の幅をもつ。
【耦語】(ぐうご) ふたりが向かいあって、ひそひそ話をする。
【耦耕】(ぐうこう(かう)) ふたりが並んで耕す。
【耦刺】(ぐうし) ふたりが互いに刺しちがえて死ぬ。
【耦進】(ぐうしん) ふたりが、並び進む。
U 8 0 2 6　補 5 3 5 5　J ①9 0 3 8

耒10
【耩】〔16〕
コウ 漢 上 講 (カウ) jiǎng チアン
意味 ①〈くさぎ・る〉雑草をとる。②耕す。③種まき機で種をまく。
U 8 0 2 9　補 ―　J ―

耒10
【耨】〔16〕
一 ドウ 漢 ― 一 去 宥 nòu ノウ
二 ジョク(ヂョク) 漢 ノク 呉 ― 二 入 沃 nòu ノウ
意味 一 二 ①〈くさぎ・る〉雑草をとる。「耨耕(どうこう)」②のぞく。とり去る。③草をとるすき。
U 8 0 2 8　補 ―　J 7 0 5 3

(耨③)

耒10
【耪】〔16〕
pǎng パン
意味 現 すきで耕す。
U 8 0 2 A　補 ―　J ―

▽耒耨(らいどう)・耕耨(こうどう)

耒11
【耬】〔17〕
一 ロウ 漢 一 平 尤 lóu ロウ
二 ロウ 漢 二 上 有 lǒu ロウ
意味 一 牛にひかせて種をまく仕掛けの農具。「耬車(ろうしゃ)」「耬犂(ろうれい)」二 耕す。
U 8 0 2 C　補 5 3 5 6　J ②8 5 0 9

耒12
【耮】〔18〕
ロウ 漢 呉 去 号 (ラウ) lào ラオ
意味 四角のわくを木の枝やつるで編んだ農具。土地を平らにならすのに用いる。また、その農具で土地をならす。
U 8 0 2 E　補 5 3 5 7　J ―

耒15
【耲】〔21〕
ヒ 漢 平 支 bēi ペイ
意味 ①すき。農具の名。②現 ＝耙(一〇〇四ジ・下) 音 pá パー。
U 4 3 B 1　補 ―　J ―

耒15
【耰】〔21〕
ユウ 漢 平 尤 (イウ) yōu ユー
意味 ①種をまき、土をかける。「耰而不レ輟(ゆうしてやめず)」〈論語・微子(びし)〉②土をならす農具。③すき。「耰鉏(ゆうしょ)」「耰鋤(ゆうじょ)」
U 8 0 3 0　補 5 3 5 8　J ②8 5 1 0

(耰③)

耒16
【耱】〔22〕
バ 漢 マ 呉 去 箇 mò モー
意味 現 農具の一種。また、土地をならす。＝耮(ろう)
U 8 0 3 1　補 ―　J ―

6画

耳部　みみ　みみへん

【部首解説】「みみの形」にかたどる。この部には、耳の状態や聴くことに関連したものが多く、「耳」を構成要素とする文字が属する。

耳0
【耳】〔6〕 学1 ジ みみ
一 ジ 漢 ニ 呉 ― 一 上 紙 ěr アル
二 ジョウ 漢 ― 二 平 蒸 réng ロン
U 8 0 3 3　補 ―　J 2 8 1 0

筆順 一 丅 下 下 丁 耳

意味 一 ①〈みみ〉㋐五官(目・耳・鼻・口・皮膚)の一つ。㋑耳の形をしたもの。「木耳(もくじ)」㋒耳のように両わきについているもの。「鼎耳(ていじ)」②聞く。耳にする。③穀物の、雨上がりにはえた芽。④〈のみ〉それだけ。ばかり。⑤耳耳(じじ)は、盛んなさま。二 耳孫(じじょうそん)は、遠い子孫の意。自分から数えて①四代め、②六代め、③八代め、の三説がある。

語法 〈のみ〉文末に置いて限定・断定の語気を強調する。「而已」の縮音。㋐限定。だけ。ばかり。例「趙王田猟耳(ちょうおう(わう)はでんりょう(れふ)するのみ)」(趙王は狩りをしていただけです。攻めてきたのではありません)〈史記・魏公子列伝〉㋑断定。…するだけ。…するのみ。例「発レ兵撃レ之(へいをはっしてこれをうち)、阬二豎子一耳(じゅしをあなにせんのみ)」(出兵して討伐し、あの小僧〔黥布(げいふ)〕を生き埋めにするまでです)〈史記・黥布列伝〉▽「徒」「直」「唯」などと呼応して「ただ…のみ」と訓読する。

句形
(1)［徒(唯・但・直・止)…耳］〈ただ…のみ〉ただ…にすぎない。…だけである。例「天下匈匈数歳者(てんかきょうきょうすうさいなるは)、徒以二吾両人一耳(ただわがりょう(りやう)にんをもってするのみ)」(天下が長い間ごたごたと混乱しているのはただわれら二人のせいである)〈史記・項羽本紀〉
(2)［特…耳］〈ただに…のみ〉とくに…した。例「河東吾股肱郡(かとうはわがここうのぐん)、故特召レ君耳(ゆえ(ゆゑ)にただにきみをめすのみ)」(河東はわしが手足と頼む郡である。そこでとくにおまえを召し出したのだ)〈史記・季布列伝〉
(3)［独…耳］〈ひとり…のみ〉ただ…にすぎない。…だけである。例「桓楚亡(かん(くわん)そはのがれて)、人莫レ知二其処一(ひとそのところをしるものなし)、独籍知レ之耳(ひとりせきこれをしるのみ)」(桓楚は逃げて、その居所を知る者はなく、ただ項籍が知っているだけである)〈史記・項羽本紀〉

竹米糸缶网(罒・⺳)羊(⺶)羽(羽)老(耂)而耒(耒)耳 6画 聿肉(月)臣自至臼(臼)舌舛(舛)舟艮色艸(艹・艹)虍虫血行衣(衤)襾(西)

(4)［不レ過ニ…ー耳］〈…にすぎざるのみ〉 たった…にすぎない。例「従ニ此道一至ニ吾軍一、不レ過ニ二十里一耳」(この道をたどってわが陣地に行けば、たった二十里くらいにすぎない)〈史記・項羽本紀〉

解字 象形。耳の形を表したもの。やわらかいとか、さとるとかの意味を含む。

【耳学(學)】(じがく) 耳で聞いておぼえる学問。耳学問(みみがくもん)。

【耳環】(じかん(くわん)|みみわ) 耳飾り。女子が耳たぶにつける飾りの輪。

【耳語】(じご) 耳に口をよせて、ひそひそ話す。みみうち。ささやき。

【耳孔】(じこう) 耳のあな。

【耳視】(じし) 耳で見るという意。耳で聞いたことを、よく確かめもしないで、そのまま行うこと。

【耳熟】(じじゅく) 聞きなれること。

【耳順】(じじゅん) 六十歳。孔子は、六十歳になると、すべての物事の道理をさとり、何を聞いてもすらすらと理解できたということによる。〈論語・為政〉

【耳食】(じしょく) 耳で聞いて、食物の味を判断する。転じて、他人の説を聞いただけで早合点して、これに従うこと。

【耳朶】(じだ) 一 耳たぶ。＝耳埵 二 アルトゥオ ěrduo 現 耳。

【耳璫】(じとう(たう)) 婦人の耳につける飾り。耳だま。耳飾り。

【耳目】(じもく) ①耳と目。②人の手先。③人をさしずし、みちびく者。④世間の注目・関心。『──之官』(じもくのかん(くわん)) ①国家の治安をとりしまる役。天子の耳目の代わりとなる役人の意。御史大夫(ぎょしたいふ)。②耳や目のはたらき。『──之欲』(じもくのよく) よい音楽や美しいものを見たいという欲望。

【耳孫】(じょうそん|じそん) 遠い子孫の意。三説ある。①曽孫(そうそん)の別名。②玄孫(孫の孫)の子。六代めの子孫。③四代めの子孫。玄孫の曽孫(孫の子。ひまご)。八代めの子孫。

【耳聾】(じろう) 耳が聞こえなくなること。

『逆レ耳』(みみにさからう(さからふ)) 聞きにくい。「忠言逆レ耳」(忠言はききにくい。)〈漢書・淮南王(わいなんおう)伝〉

『洗レ耳』(みみをあらう(あらふ)) 自分の身を清らかにすること。許由(きょゆう)が、尭(ぎょう)から天下を譲られると聞き、けがれたとして、潁川(えいせん)で耳を洗ったという。〈史記・伯夷(はくい)列伝注〉

『掩レ耳盗レ鐘』(みみをおおい(おほひ)てかねをぬすむ) 自分の悪事が、人に知られるのを恐れて自分をあざむく。鐘を盗むのに、自分の耳をふさぐ。掩レ耳盗レ鈴(みみをおおいてすずをぬすむ)。〈資治通鑑(しじつがん)・隋紀(ずいき)〉

『傾レ耳』(みみをかたむく) 「側レ耳」(次項)に同じ。

『側レ耳』(みみをそばだつ) 耳をかたむけて聞く。

◇牛耳(ぎゅうじ)・兎耳(うさぎみみ)・空耳(そらみみ)・俗耳(ぞくじ)・聞耳(ききみみ)

耳 1 【耴】〔7〕 ギツ 漢 入 質 yì イー | J — 補 5359 U 8034

意味 聱耴(ごうぎつ)は、多くの物音がまじるさま。

耳 2 【耵】〔8〕 テイ 漢 チョウ(チャウ) 呉 上 迥 dǐng ティン | J ①9039 補 5360 U 8035

意味 耵聹(ていねい)は、耳あか。

耳 2 『刵』↓刀部六画(一六二ページ・下) | J ①9040 補 5361 U 8037

耳 2 『取』↓又部六画(二一三ページ・上)

耳 3 【耷】〔9〕 トウ 漢 (タフ) 入 合 dā ター | J — 補 5360 U 8037

意味 ①大きな耳。②垂れ下がる。「耷拉(とうら)」

耳 3 【耶】〔9〕 人 ヤ 漢 呉 平 麻 yé イエ | J 4477 U 8036

意味 ①〈や〉〈か〉 疑問・反語・詠嘆を示す助詞。＝邪 ②父。＝爺(や) ③耶蘇(やそ)の簡称。音 yē イエ。

語法 〈や〉〈か〉 …か。…であろうか。文末に置かれ、疑問・反語・詠嘆などの意を表す。類 邪 例「民亦無レ恙耶、王亦無レ恙耶」(たみもまたつつがなきや、おう(わう)もまたつつがなきや)(民にも変わりはないか、王にも変わりはないだろうか)〈戦国策・斉〉

解字 「邪」と同じであるが、特に疑問を表す助詞として使われる。

地名 耶麻(やま)

難読 耶蘇(やそ)・耶馬台国(やまたいこく)

【耶嬢(孃)】(やじょう(ぢやう)) 父と母。＝爺嬢・爺娘

【耶蘇】(やそ) ①キリスト。②キリスト教。『──会(會)』(やそかい(くわい)) キリスト教で、新教の勢力の発展に対抗するため、一五四〇年にローマ旧教がはじめた宗教団体。ジェズイト会。イエズス会。『──教』(やそきょう(けう)) キリスト教。

【耶馬台(臺)】(やばたい|やまたい) 国名。昔、中国人がわが国の九州の一部をさして呼んだ語。倭(わ)国の女王卑弥呼(ひみこ)が支配していた国。また、やまとの漢訳で大和地方をさすともいう。＝邪馬台

【耶耶】(やや) ①父。②祖父。

【耶律楚材】(やりつそざい) 人名。元(げん)朝の名臣。太祖を助けて四方を平定し、太宗のとき、中書令となる。(一一九〇～一二四四)

耳 4 【耺】〔10〕 ウン 呉 漢 平 文 yún ユン | J — 補 5363 U 803A

意味 ①耳鳴り。②鐘や鼓の音の形容。国〈しょく〉「職」(一〇一〇ページ・中)の俗字。

耳 4 【聆】〔10〕 キン 漢 ゴン 呉 平 侵 qín チン | J — 補 5362 U 8039

意味 ①音。②聆隧(きんすい)は、地名。

耳 4 【聀】〔10〕 コウ 漢 (クヮウ) 平 庚 hóng ホン | J — 補 5365 U 803E

意味 ①大きい音。「聀聀」②ささやく。③耳が聞こえないこと。

耳 4 【耿】〔10〕 コウ 漢 (カウ) 上 梗 gěng コン | J 7054 U 803F

意味 ①〈あきらか〉明るい。②光る。光。③志がかたい。④清らか。「耿潔(こうけつ)」⑤心情が不安定である。「耿耿」⑥春秋時代、山西(さんせい)省にあった国の名。⑦姓。

【耿湋】(こう(かう)い(ゐ)) 人名。中唐の詩人。大暦十才子の一人。(七三四～？)

【耿介】(こう(かう)かい) ①堅く節義を守ること。②徳の偉大なさま。

【耿光】(こう(かう)こう(くわう)) 明るい光。転じて、徳の高いさま。

【耿耿】(こう(かう)こう(かう)) ①心が定まらないさま。②少し明るいさま。③寝つかれないさま。④光り輝くさま。

耳 4 【耽】〔10〕 人 標 タン 漢 平 覃 dān タン | J 3531 U 803D

身 4 【躭】〔11〕 俗字 | J — 補 6446 U 8EAD

意味 ①耳たぶが肩までたれる。②たのしむ。③〈ふける〉 ㋐度をすごして楽しむ。㋑熱中する。「耽学」④遅れさせる。

参考 「耽(たん)」は別字。

【耽学(學)】(たんがく) 学問に熱中する。夢中で学ぶ。

【耽思】(たんし) 思いにふける。考えこむ。

【耽嗜】(たんし) ふけり、たしなむ。深く好む。

【耽耽】(たんたん) ①奥深いさま。②木が茂り合っているさま。③威厳をもって見つめるさま。

【耽溺】(たんでき) ふけり、おぼれる。一つの物事に夢中になって、ぬけ出せなくなる。耽湎(たんめん)。

【耽読(讀)】(たんどく) 書物を読みふける。

【耽美】(たんび) 美を求めて、もっぱらこれに心を注ぐ。美にふける。『──主義』(たんびしゅぎ) 美を最高の価値として求め、これにおぼれる

のが芸術の本意であるとする立場。唯美主義。

【耽湎】たんべん・たんめん 酒や女色などに夢中になる。荒酒。淫湎。

耳4【聃】〔10〕タン 漢 平 覃 dān タン 意味 ①耳たぶがたれる。②老子の名。老聃。 J①9041 補5364 U803C

耳5【聃】〔11〕同字 J②8511 U8043

耳4【耽】〔10〕俗 ↓職(一〇一〇ページ・中)

耳4【耻】〔10〕俗 ↓恥(四八一ページ・中)

耳4〖恥〗(四八一ページ・中) ↓心部六画

耳4〖珥〗(八一七ページ・上) ↓玉部六画

耳5【聄】〔11〕シン 漢 上 軫 zhěn チェン 意味 ①鬼神にもうしあげる。②聞く。 J7056? 補5367 U8047

耳5【聊】〔11〕標 リョウ(レウ) 漢 平 蕭 liáo リアオ 意味 ①耳が鳴る。②たのむ。たよる。③たのしむ。「無聊」④〈いささか〉ちょっと。しばらく。かりそめ。⑤やすんじる。安心する。⑥語調を整える助字。⑦姓。 J7056 補 U804A

【聊斎(齋)志異】りょうさいしい 書名。清代の怪奇小説集。十六巻。蒲松齢(一六四〇～一七一五)の作。

【聊爾】りょうじ ①ちょっとした。ほんの。②かるはずみ。失礼。

【聊頼】りょうらい 安心して、たよる。

【聊浪】りょうろう 自由にぶらつく。

【聊天児(兒)】リアオティアル liáotiānr 現 世間話をする。雑談する。

耳5【聆】〔11〕レイ 漢 平 青 líng リン 意味 ①聞く。②聆聆は、はっきりとわかる。齢。 J7057 補 U8046

耳5【聃】〔11〕同 ↓聃(本ページ・上)

耳6【聒】〔12〕カツ(クヮツ) 漢 入 曷 guō クオ 意味 ①〈かまびすし・い(かまびす・し)〉やかましい。うるさい。「聒然」②おろかなさま。 J7058 補 U8052

【聒聒】かつかつ(くわつくわつ) ①おろかなさま。一説に、人の心をかき乱すさま。②やかましいさま。

耳6【聠】〔12〕俗 ↓聯(一〇一〇九ページ・上)

耳6〖衈〗(一一一五ページ・上) ↓血部六画

耳7【聖】〔13〕学6 セイ J3227 補 U8056

旧字 耳7【聖】〔13〕セイ 漢 ショウ(シャウ) 呉 去 敬 shèng ション J 補 U

筆順 一 丅 F 耳 耳 耵 耶 聖 聖

土6【垩】〔9〕俗字 J2367 補 U57A9

意味 ①〈ひじり〉㋐知恵や徳が最もすぐれた人。聖人。㋑ある方面で最もすぐれた人。「書聖」②天子。また、天子に関する事物の上にそえる敬語。「聖代」「聖恩」③かしこい。聡明な。④すんだ酒にたとえる。濁酒は賢という。⑤〈セント〉聖人・聖者の意の英語 saint の漢訳。「聖ピーター寺院」 国〈ひじり〉徳の高い僧。

解字 形声。耳が形を表し、呈ていが音を示す。呈は口と壬とを合わせた字で、壬にはまっすぐという意味を含むから、呈は、まっすぐに言うことである。聖は、声がまっすぐに耳に入ることで、道理に通ずる意味になる。神の声が聞こえる人をいう。音セイは、呈の音テイの変化。

名前 きよ・さと・とし・まさ・あきら・さとし・さとる・たから

【聖衆】しょうじゅ(しゃう) 仏 極楽浄土ごくらくじょうどの菩薩ぼさつたち。

【聖意】せいい ①聖人の心。②天子のみこころ。

【聖域】せいいき(ゐき) ①聖人の境地。②神聖な場所。③国 他人の介入を許さない地域や事がら。

【聖運】せいうん 天子のご運。

【聖王】せいおう(わう) すぐれた天子。聖主。聖天子。

【聖恩】せいおん 天子のご恩。天子の恵み。皇恩。皇沢こうたく。

【聖火】せいか(くゎ) ①神にささげる神聖な火。②オリンピック大会で、ギリシアのオリンピアから競技場にリレーで運ばれる火。

【聖歌】せいか 聖書の中のことばをとった歌。賛美歌さんびか。「聖歌隊」

【聖駕】せいが ①天子の乗り物。車駕。竜駕りょうが。②天子を尊んでよぶことば。

【聖学(學)】せいがく 聖人の学問。儒学。経学けいがく。

【聖鑑】せいかん 天子のおめがね。天子のみさだめ。

【聖顔】せいがん 天子のお顔。

【聖儀】せいぎ ①天子。②天子のおもおもしいふるまい。

【聖教】せいきょう(けう) 聖人の教え。聖訓。

【聖業】せいぎょう(げふ) 天子のご事業。

【聖愚】せいぐ 聖人と愚人。道理に通じた最高の人と、道理のわからないおろかな人。

【聖訓】せいくん ①聖人の教え。②天子のおさとし。聖諭。

【聖勲】せいくん 天子の功業・功績。

【聖眷】せいけん 天子のおひきたて。天子のごひいき。

【聖賢】せいけん 聖人と賢人。賢聖。聖哲。「以二聖賢一律レ人せいけんをもってひとをりっす」(すぐれた聖人や賢人を尺度にして、他人の評価をする。)〈慎思録〉

【聖作】せいさく 天子自らお作りになった詩文。聖製。御製ぎょせい。

【聖算】せいさん ①天子のお年。聖寿せいじゅ。宝算。②天子自ら考えられたはかりごと。

【聖餐】せいさん キリストが最後の晩餐で、パンと葡萄ぶどう酒を自分の肉と血とにたとえたことを記念して、教会でパンと葡萄酒を飲食する儀式。

【聖旨】せいし 天子のお考え。

【聖姿】せいし 天子のお姿。聖容。

【聖嗣】せいし 天子のあとつぎ。皇太子。皇嗣。皇儲こうちょ。

【聖日】せいじつ ①神聖な太陽。転じて、天子のこと。②キリスト教で、日曜日をさす。

【聖寿(壽)】せいじゅ 天子の年齢。皇寿。帝寿。

【聖獣(獸)】せいじゅう(じう) 麒麟きりんの別名。聖人の出現に応じて現れるという、中国の想像上の動物。

【聖書】せいしょ ①聖人の著作したもの。②国 キリスト教のバイブル。聖典。

【聖上】せいじょう(じゃう) 天子の尊称。主上。

【聖職】せいしょく ①尊い職業。②神仏に仕える職業。キリスト教の司祭・宣教師など。

【聖人】一 せいじん ①知識・人格ともに最もすぐれ、人類の模範と仰がれる、理想的な人。ひじり。尭ぎょう・舜しゅん・禹う・湯・文王・武王・周公・孔子らをさす。②清酒の別名。二 しょうにん(しゃう) 仏 ①徳がすぐれ、慈悲深い人。②学問・人格ともにすぐれた僧。＝上人 【—乃万(萬)世之標準也】せいじんはすなわちばんせいのひょう(へう)じゅんなり 聖人というものは、どんな時代にも、永久に人の行動の手本となる人である。〈韓愈かんゆ・伯夷頌はくいしょう〉

【聖瑞】せいずい 聖人となるという、めでたい前ぶれ。

【聖戦(戰)】せいせん ①神聖な戦い。正義のための戦い。②宗教のための戦い。

【聖祖】せいそ ①天子の先祖。②清しん朝第四代の天子。康熙こうき帝。

【聖祚】せいそ 天子の位。祚は位の意。天位。宝祚。

【聖像】一 せいぞう(ざう) ①孔子の像。②天子の像。③キリストの像。二 しょうぞう(しゃうざう) 仏 仏像。

【聖体(體)】せいたい ①天子のからだ。②キリストのからだ。

【聖代】天子の治められるみ代。聖世。昭代。

【聖誕】①天子の誕生した日。②キリストの誕生した日。③仏の誕生した日。

【聖断(斷)】天子のご判断。天子のおさばき。

【聖鳥】鳳凰の別名。聖天子の治める太平の世に現れるという、伝説上の鳥。

【聖朝】当代の朝廷に対する敬称。今のみ代。

【聖聴(聽)】天子がお聞きになること。

【聖帝】①徳の高い天子の敬称。②天子の敬称。聖天子。

【聖哲】聖人と賢人。また、事理に通じて知のすぐれた人。

【聖典】①聖人の書いた書物。②キリスト教のバイブル(聖書)。③仏教の経典。

【聖殿】神をお祭りするご殿。

【聖天子】「聖王」に同じ。

【聖徒】①キリスト教の殉教者。②キリスト教の信者。

【聖統】①天子のお血すじ。②天子のご事業。

【聖堂】孔子を祭った堂。聖廟。文廟。

【聖道】㊀聖人の教えさとした道。㊁仏①聖者になる道。仏道。②「聖道門」の略。③寺に仕える稚児の別名。【――門】仏自力で、この世においても悟りを開こうとする教え。天台宗・真言宗など。

【聖徳】天子の徳をたたえていうことば。【――太子】用明天皇の第一皇子。推古天皇の摂政となり、十七条憲法の制定、仏教の奨励、法隆寺の建立、遣隋使の派遣等、政治・文化の上に大きな功績をあげた。(五七四～六二二)

【聖廟】「聖堂」に同じ。

【聖武】知徳にすぐれ、また勇ましく強いこと。また、天子の武徳をほめたたえる語。

【聖母】①天子の母を尊んでよぶことば。②神仙の術を得た巫女。③唐の則天武后の別称。④キリストの母、マリア。

【聖謨】天子の自ら考えられた計画。聖算。

【聖明】天子の敬称。「欲下為二聖明一除中弊事上」(天子のために弊害を除こうと思った。)〈韓愈の詩・左遷至二藍関一示二姪孫湘一〉

【聖門】孔子の門人。孔門。

【聖夜】キリスト誕生の前夜。クリスマス＝イブ。

【聖諭】天子が国民に告げるおさとし。勅諭。詔勅。

【聖覧(覽)】天子が自ら観覧されること。天覧。叡覧。

【聖慮】天子のみ心。天子のお考え。

【聖林】①孔子の墓所(山東省曲阜市)をかこむ林。孔林。②アメリカのカリフォルニア州の映画都市。ハリウッド。

【聖霊(靈)】神から出て人にやどり、精神の働きを力づけるもの。キリスト教で、三位一体(神・キリスト・聖霊)の中の三番めの神格。【――降臨祭】キリストが復活したのち五十日(第七日曜日)に、聖霊があらわれたことを記念する祭り。

【聖輦】天子のお車。鳳輦。

『聖之時者』聖人で、その時機にもっとも適切に行動をとる者。

『楽(樂)レ聖称(稱)レ避レ賢』①聖人の道をゆうゆうと楽しみ、「自分は退官して、他の賢者に地位をゆずる。」と言う。②清酒を楽しんで飲み、「濁酒はえんりょする。」といっている。聖は清酒、賢は濁酒を意味する。唐の李適之の語。〈杜甫の詩・飲中八仙歌〉
◇▼列聖・亜聖・画聖・神聖・書聖・詩聖・歌聖

耳7
【聘】
〔13〕 標 ヘイ 漢 去 敬 pìn ピン J 7059 補 U 8058

意味 ①〈と・う(――・ふ)〉訪問する。②使者を遣わし他国との友好を求める。③めす。礼物を贈り人を招いて登用する。「聘用」「招聘」④めとる。結納を贈って妻を迎える。

解字 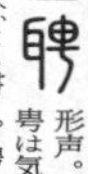 形声。耳が形を表し、甹が音を示す。耳は、聞くこと、甹は気前良く財物を差し出す男だてを意味する。聘は、贈り物をして相手の意向をたずねること。娉とも書く。傳も書く。また、たずねる、迎える意味を表す。

【聘君】①かくれていた賢人で、召し出されて役人になった者。②召されても、仕えなかった人。

【聘召】「聘命」に同じ。

【聘物】贈り物。進物。

【聘幣】①敬意を示すための贈り物。②一般に、贈り物。進物。

【聘命】礼をつくして人を召すこと。聘招。聘召。聘徴。〔召聘。〕

【聘問】見舞う。見舞い。訪問する。

【聘礼(禮)】品物を贈るときの礼式・作法。

耳8
【聚】
〔14〕 標 シュ 漢 ジュ 呉 去 遇 jù チュイ シュウ 慣 J 7060 補 U 805A

意味 ①〈あつま・る〉人がより集まる。つどう。②〈あつ・める(――・む)〉ひとところによせる。「聚集」③集まり。なかま。集まったもの。④村ざと。村落。

参考 新表記では、「集」に書きかえる熟語がある。
【聚会(會)】集まり。会合。＝集会
【聚議】多人数が集まって相談すること。＝集議
【聚散】集まったり、散ったりする。また、集めたり、散らしたりする。＝集散
【聚訟】互いに事のよしあしを論争してきまらない。
【聚蔵(藏)】集めて、しまっておく。
【聚珍版】活字版の別称。もと、清の乾隆帝の時に作られた活字版の別名。
【聚落】集落。
【聚斂】①きびしく税を取りたてること。②収め集める。「聚二斂魂魄一無二賢愚一」(死に神が人間のたましいを集めおさめるのに、賢者とか愚者とかは問題にしない。)〈楽府詩集・蒿里曲〉

耳8
【聡】
〔14〕 人 ソウ 漢 呉 平 東 cōng ツォン J 3379 補 U 8061

旧字 耳11 【聰】〔17〕 J 7066 補 U 8070

9 耳 【聦】〔15〕 同字 J ②8512 補 5370 U 8066

意味 ①〈さと・い(――・し)〉㋐耳で聞く力がすぐれている。㋑かしこい。物事がよくわかる。②聴覚。聴力。

解字  形声。耳が形を表し、悤が音を示す。耳は、聞くこと。悤は、窓と心を合わせた字で、心が明るく通じている意味がある。聰は、耳がさとく、道理を聞き分ける力のあること。

名前 さ・と・あき・さと・とき・とし・とみ・あきら・さとし・さとる・ただし

【聡穎】年が若くて、才がすぐれている。

【聡叡】かしこく、物事にあかるい。聡慧。

【聡慧(慧)】かしこく、才知にすぐれている。聡敏。

【聡警】かしこくて、すばしこい。りこうで、はしこい。

【聡悟】かしこい。さとい。

【聡察】さとくて、物事を見ぬく力があること。

【聡達】かしこく、よく道理に通じている。

【聡哲】さとく、かしこい。

【聡敏】かしこくて、すばしこい。聡明慧敏。聡慧。

【聡明】㊀①耳でよく聞き分け、目でよく見分ける。②かしこくて、物事の道理がよくわかる。㊁ツォン ミン cōngming 現 ㊀の②に同じ。

耳8
【聞】
〔14〕 学2 ブン・モン きく・きこえる J 4225 補 U 805E

■一ブン 漢 モン 呉 ■平 文 wén ウエン
■二ブン 漢 モン 呉 ■去 問 wèn ウエン

筆順

米6【𥹢】〔12〕同字 U補J ②8387 25E62

意味 ■一①〈き・く〉㋐音声を耳に感じとる。㋑きいて理解する。「聞知」㋒うけたまわる。したがう。㋓においをかぐ。「聞香」②もうしあげる。つげしらせる。「上聞」③〈きこ・える(──・ゆ)〉㋐耳にはいる。㋑知れわたる。④姓。■二〈きこえ〉①名声。名誉。②うわさ。評判。「風聞」

解字 形声。耳が形を表し、門もんが音を示す。門には、通り抜ける口という意味を含む。聞は、耳にはいってくることで、聞こえる意味になる。聴が、積極的に聞こうとすることであるのに対し、聞は、自然に耳にはいることである。一説に、門には、物の区別をわきまえる意味を含み、聞は、耳にはいった声を聞き分けることであるという。

名前 ひろ

【聞見】ぶんけん 聞くことと、見ること。また、その結果得た知識。」見聞。

【聞人】ぶんじん 有名な人。世間によく知られた人。

【聞奏】ぶんそう 天子に申し上げる。奏上。奏聞そうもん。

【聞達】ぶんたつ 出世すること。名声が高まり、官位が進み高官になること。「不レ求二聞達於諸侯一ぶんたつをしょこうにもとめず」〈諸葛亮しょかつりょう・出師表すいしのひょう〉

【聞知】ぶんち 聞き知る。耳で聞いただけで、さとり知ること。

【聞道】■一ぶんどう(だう) 道を聞く。道理を聞き知る。■二きくならく 聞くところによると。=聞説きくならく

【聞望】ぶんぼう(ばう) ほまれと人望。

【聞香】もんこう(かう) 香りをかぐ。かぎわける。また、その遊び、競技。

『聞斯行レ諸』きくがままにこれをおこなわん(おこなはん)か 聞いたことをそのまますぐ実行してよいでしょうか。聞は、先生や先輩から正しい道について聞くこと。〈論語・先進せんしん〉

『聞説』きくならく 「聞道」の■二に同じ。

◇▼又聞またぎき・仄聞そくぶん・内聞ないぶん・他聞たぶん・外聞がいぶん・旧聞きゅうぶん・未聞みぶん|みもん・伝聞でんぶん・多聞たぶん・見聞けんぶん|けんもん|みきき・風聞ふうぶん・珍聞ちんぶん・新聞しんぶん・寡聞かぶん・醜聞しゅうぶん・聴聞ちょうぶん|ちょうもん・艶聞えんぶん・如是我聞にょぜがもん

耳8【聠】〔14〕ヘイ 漢 ヒョウ(ヒャウ) 呉 ■平 青 pīng ピン U補J 5368 8060

意味 耳が閉じる。

耳6【聠】〔12〕俗字 U補J 2F97D

耳8【聢】〔14〕国字 U補J 7062 8062

意味 〈しかと〉たしかに。確実に。

耳8【聝】〔14〕本 ↓馘(一三九五ページ・中)

耳8【聟】〔14〕俗 ↓婿(三四八ページ・下)

耳9【聤】〔15〕テイ 漢 ジョウ(ヂャウ) 呉 ■平 青 tíng ティン U補J 5369 8064

意味 みみだれ。耳の病気で膿うみが出る。

耳9【聦】〔15〕同 ↓聰(一〇〇八ページ・下)

耳9【聨】〔15〕俗 ↓聯(一〇一〇ページ・上)

耳9【聫】〔15〕俗 ↓聯(一〇一〇ページ・上)

耳10【聵】〔16〕キ 漢 呉 ■去 寘 kuì コイ U補J 5371 806D

意味 ①恥じる。=愧き・媿き ②はずかしめ。

耳11【聱】〔17〕ゴウ(ガウ) 漢 ■平 肴 áo アオ U補J ②8513 5372 8071

意味 ①人の話を聞き入れない。②聱牙ごうがは、言語・文章が分かりにくいこと。

耳11【聳】〔17〕標 ショウ 漢 ■上 腫 sǒng ソン U補J 7064 8073

意味 ①〈そび・える(──・ゆ)〉高く立つ。「聳立しょうりつ」②おそれる。③つつしむ。④すすめる。「聳善」⑤耳がきこえない。

【聳懼】しょうく びくびくして恐れる。=悚懼・竦懼

【聳峙】しょうじ(ぢ) そびえ立つ。聳立。峙立。屹立きつりつ。

【聳然】しょうぜん ①高くそばだつさま。②恐れつつしむさま。びくびくして、用心するさま。=悚然・竦然

【聳動】しょうどう ①恐れ動く。恐れる。驚く。②驚かす。

【聳楼(樓)】しょうろう 高くそびえ立っているたかどの。

耳11【聴】〔17〕常 チョウ きく U補J 3616 8074

旧字 耳16【聽】〔22〕人 U補J 7069 807D

■一テイ 漢 チョウ(チャウ) 呉 ■平 青 tīng ティン
■二テイ 漢 チョウ(チャウ) 呉 ■去 径 tìng, tīng ティン

筆順

意味 ■一①〈き・く〉㋐耳できく。㋑くわしく聞く。②〈ゆる・す〉ききいれる。承知する。「聴納」「聴容」③罪をきめる。処理する。④スパイ。⑤役所。=庁 ■二まかせる。

解字 会意・形声。耳と壬と悳とを合わせた字で、壬ていが音を示す。壬にはまっすぐ立つという意味がある。悳は、得とくで、得ること。聴は、音声をまっすぐに取り入れることで、はっきり聞く意味を表す。

名前 あき・とし・より・あきら

難読 聴牌テンパイ

【聴許】ちょうきょ(ちゃう) 願いを聞いて、これを許す。聞きとどける。允許いんきょ。

聴 原義と派生義

(注意ぶかく)聞く
- (聞いてうけいれる)承知する・ゆるす「聴許」 ── したがう・まかせる「聴任」 ── させておく
- (耳にしたことを)考察する「聴察」 ── さばく・おさめる「聴断」 ── 役所「聴事」
- (耳をそばだてて)ようすをさぐる ── しのび・スパイ

【聴決】ちょう(ちゃう)けつ 訴えを聞いて、さばく。

【聴講】㊀ちょう(ちゃう)こう(かう) 講義を聞く。㊁ティンチアン tīngjiǎng 現㊀に同じ。【――生】ちょう(ちゃう)こう(かう)せい その大学の学生以外の人で、その大学の授業を受けることを許された者。

【聴獄】ちょう(ちゃう)ごく 訴えを聞く。裁判する。聴訟。

【聴罪】ちょう(ちゃう)ざい キリスト教で、信者の罪の告白を聞くこと。

【聴察】ちょう(ちゃう)さつ きちんと取り調べる。

【聴事】ちょう(ちゃう)じ ①事をきいて判断する。②政治を行う。またその場所。

【聴取】ちょう(ちゃう)しゅ 聞き取る。聞きいれる。【――者】ちょうしゅしゃ 放送を聞いている者。

【聴衆】ちょう(ちゃう)しゅう 多くの聞き手。

【聴従(從)】ちょう(ちゃう)じゅう 命令を聞いて、そのとおりに従う。

【聴政】ちょう(ちゃう)せい まつりごとをみる。政務をみる。

【聴断(斷)】ちょう(ちゃう)だん 訴えごとを聞いて、これをさばききめること。裁判。聴決。

【聴任】ちょう(ちゃう)にん 信じる。まかせる。

【聴聞】㊀ちょう(ちゃう)ぶん 聞く。㊁ちょう(ちゃう)もん ㊕仏の教えを説く話を聞く。

【聴用】ちょう(ちゃう)よう 君主から信頼され、仕事をまかせられる。

【聴写(寫)】ティンシエ tīngxiě 現書き取り(をする)。

【聴説】ティンシュオ tīngshuō 現…だそうだ。

【聴見】ティンチエン tīngjian 現聞こえる。
△▼来聴・吹聴・拝聴・視聴・傍聴・敬聴・傾聴・静聴・謹聴

耳11【聯】〔17〕レン 漢 平 先 呉 lián リエン　U 806F 補 ― J 4694
耳9【聨】〔15〕俗字　U 8068 補 ― J 7063
耳9【聫】〔15〕俗字　U 806B 補 ― J ―

意味 ①〈つらな・る〉つづく。②〈つら・ねる(――・ぬ)〉つづける。つなげる。③対句。相対する二句をひとまとめにしていう。④対になるように書かれた書画のかけ軸。「柱聯」⑤周代の戸籍制度。十戸または十人をいう。
参考 新表記では「連」に書きかえる。他の熟語は「連」(一二四二ページ・中)をも見よ。
【聯句】れんく ①数人で句をつらねて一編の詩を作ること。前漢の武帝時代にはじまるといわれる。②律詩の、対になる両句。一句・二句(起聯)、三句・四句(頷聯)、五句・六句(頸聯)、七句・八句(尾聯)。
【聯繫】㊀れんけい つらなる。つなげる。㊁リエンシー liánxì 現連絡。関係。
【聯合】㊀れんごう(がふ) 二つ以上のものが結びつく。㊁リエンホー liánhé 現結合する。団結する。
【聯珠】れんじゅ ①玉をつらねる。転じて、美しい詩文のこと。②国五目ならべ。＝連珠
【聯歓(歡)】リエンホワン liánhuān 現互いにうちとけて楽しむ。【――会(會)】リエンホワンホイ liánhuānhuì 現懇親会。親睦会。

耳11【聲】〔17〕旧→声(三〇六ページ・上)
耳11【聰】〔17〕旧→聡(一〇〇八ページ・下)

耳12【聵】〔18〕ガイ(グワイ) 漢 去 卦 カイ(クワイ) 慣 kuì コイ　U 8075 補 5373 J ②8514
意味 ①生まれついて耳が聞こえないこと。「聵聾」②無知なさま。「聵聵」
【聵眊】がいぼう(ぐわい) 耳も目も不自由なこと。自分をへりくだっていうことば。

耳12【聶】〔18〕㊀ジョウ(デフ) 漢 ㊀入 葉 niè ニエ ㊁ショウ(セフ) 漢 ㊁入 葉 zhé チョー ㊂セツ 漢 ㊂入 葉 shè ショー　U 8076 補 ― J 7067
意味 ㊀①〈ささや・く〉耳もとで小声で話す。＝囁「聶許」②姓。㊁①肉を薄切りにする。②合わせる。㊂にぎりもつ。＝攝(摂)
【聶政】じょうせい 人名。戦国時代の刺客。韓の厳仲子に頼まれ、宰相の俠累を殺し、自殺した。

耳12【職】〔18〕学5 ショク　U 8077 補 ― J 3106
旧字 耳12【職】〔18〕㊀ショク 漢 シキ 呉 ソク 慣 ㊀入 職 zhí チー ㊁トク 漢 ㊁入 職 tè トー　U 補 J ―
筆順
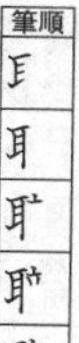
身12【軄】〔19〕俗字　U 8EC4 補 ― J 6455
耳4【聀】〔10〕俗字　U 8040 補 ― J 5366
意味 ㊀①書き記す。②平常。つね。③〈つかさど・る〉担当する。④〈つかさ〉やくめ。任務。⑤くらい。官位。⑥仕事。わざ。「職業」⑦〈もとより〉おもに。もっぱら。⑧みつぎもの。「職貢」㊁木のくい。国〈しき〉①昔、省の下の官庁の名。②中宮職。③荘園の持つ権利。
解字  形声。耳が形を表し、戠が音を示す。戠には、しるしをつける意味がある。職は、耳にしるしをつけることで、聞いたことをおぼえている意味を表す。それぞれの専門の仕事をおぼえ知っているのが職である。一説に、耳はくっつくこと、戠は旗で、めいめいがそれぞれの職業ののぼりをつけていることを表すともいう。
名前 つね・もと・よし・より
【職田】しきでん｜しょくでん 官職に応じて俸禄として朝廷から支給された田。中国では隋、わが国では奈良・平安時代に行われていた。職分田。采邑。↔功田・位田
【職印】しょくいん 職務上に用いる印。↔私印
【職業】㊀しょくぎょう(げふ) 生活をしていくための毎日の仕事。生業。㊁チーイエ zhíyè 現㊀に同じ。
【職司】しょくし ①役目。②役所。
【職事】㊀しょくじ ①官職上の仕事。②職業。㊁しきじ 国①職務のある役。↔散事 ②宮中で儀式のある日に、事務をとる者。
【職掌】しょくしょう(しゃう) 受け持っている役目。管掌。
【職制】しょくせい 職務についての制度。
【職責】しょくせき 職務上の責任。
【職秩】しょくちつ つかさ。官位。
【職人】しょくにん 手先の技術をもって職業とする人。大工・左官職など。
【職能】しょくのう 職務上の能力。つとめの働き。
【職服】しょくふく 職務上着ることを義務づけられた衣服。制服。
【職分】しょくぶん 自分の職務上、しなければならない仕事。
【職方】しょくほう(はう) 周代の官名。天下の地図をつかさどり、各地からの貢物を取り扱った。
【職俸】しょくほう 俸禄。俸給。また、職分と俸給。
【職階】しょっかい(しょく) 職務上の職級。
【職官】しょっかん(しょくくわん) ①役人の職務とその地位。②役目。職務。官職。③きまった実際の職務のある役人。↔散官
【職権(權)】しょっけん(しょく) 職務を行うために認められた権力。
【職工】㊀しょっこう(しょく) 国①職人。手先で物を作ることを職とする人。②工場などで働く労働者。工員。㊁チーコン zhígōng 現職員と労働者。
△▼内職・天職・本職・汚職・休職・求職・住職・免職・官職・退職・殉職・教職・現職・停職・就職・閑職・復職・辞職

耳14 **【聻】**〔20〕 一ジ(ヂ)漢 一上 紙 ní ニー 二セキ漢 二入 陌 jì チー 三セン漢 三去 霰 jiàn チエン J②8515 U補807B

意味 一①あれ。あの。②か。かな。文末の語気助詞。＝呢(じ)
二三鬼(亡者)がさらに死んだもの。

耳14 **【聹】**〔20〕 ネイ漢 ニョウ(ニャウ)呉 平 青 níng ニン J7068 U8079

意味 ①聤聹(ていねい)は、耳あか。②かまびすしい。やかましい。

耳16 **【聾】**〔22〕 標 ロウ漢 リョウ慣 平 東 lóng ロン J4724 U807E

耳16 **【聾】**〔22〕 正字 J U補 ─

意味 ①耳の聞こえない人。「聾者」②おろか。道理にくらい。「聾昧(ろうまい)」

【聾啞】(ろうあ) 耳が聞こえない人と口がきけない人。聾喑(ろういん)。

【聾聵】(ろうかい(くわい)) ①耳が聞こえない人。聵は生まれつき耳の聞こえない人。②無知。おろか。

【聾俗】(ろうぞく) 耳が聞こえず物事を聞き分けられない俗人の意で、無知の者。

【聾盲】(ろうもう(まう)) 耳の聞こえない人と目の見えない人。

耳16 **【聽】**〔22〕 旧 ↓聴(一〇〇九ページ・下)

耳20 **【鑷】** ↓金部十八画(一三二一ページ・中)

耳21 **【顳】** ↓頁部十八画(一三八一ページ・下)

6画

聿部 ふでづくり

【部首解説】「⺻」と「一」が合わさり、「筆」を意味する。この部には、「聿」の形を構成要素とする文字が属する。

聿0 **【聿】**〔6〕 イツ漢 入 質 yù ユィ J7070 U807F

意味 ①〈ふで〉筆。②聿皇(いっこう)は、すばやい。③したがう。④助字。ここに。これ。

解字 会意。⺻と一とを合わせた字。⺻は手が器用なことを表す。一は、字を書く札。聿は、字を書くふでである。一説に、竹のふでがまっすぐ立っている形ともいう。

【聿修】(いっしゅう(しう)) 先祖の徳を受けつぎ、習う。聿は、述べる意。

聿4 **【肁】**〔10〕 チョウ(テウ)漢 ジョウ(デウ)呉 上 篠 zhào チャオ J5374 U8081

意味 ①はじめて戸を開く。②はじめる。はじめ。＝肇(ちょう) ③謀る。④姓。

聿5 **【粛】**〔11〕 常 シュク J2945 U7C9B

旧字 聿7 **【肅】**〔13〕 シュク漢 入 屋 sù スー J7073 U8085

筆順
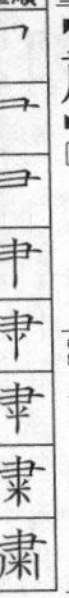

意味 ①〈つつし・む〉うやうやしくする。「粛敬」②おごそかである。「厳粛(げんしゅく)」③きびしい。「粛正」④手を地につけてあいさつする。⑤ちぢむ。おとろえる。⑥みちびく。すすめる。⑦すばやい。⑧姓。

解字 会意。聿と㸚とを合わせた字。聿は筆。㸚は淵で、ふち。淵は危ない場所で、気をつけなければならない。粛は、筆で仕事をするときに、じゅうぶん気をつけることで、ちぢむようにつつしむ意味になる。一説に、聿は、青黒い色の意味を持っているので、粛は、淵の水が深く澄んで青黒い色をしていることであるという。

名前 かく・かた・かね・すみ・ただ・たり・とし・はや・まさ・きよし・すすむ

【粛軍】(しゅくぐん) 乱れた軍隊の規律を正しくする。

【粛啓】(しゅくけい) うやうやしく申し上げる。手紙の初めに、敬意を表すために書くことば。粛呈(しゅくてい)。

【粛敬】(しゅくけい) つつしみ、うやまう。

【粛殺】(しゅくさつ) きびしい秋の気が、草木をそこない枯らす。

【粛粛(肅肅)】(しゅくしゅく) ①つつしむさま。②静かなさま。「鞭声粛粛夜渡レ河(べんせいしゅくしゅくよるかわをわたる)」〈頼山陽の詩・題下不識庵撃二機山一図上(ふしきあんきざんをうつのずにだいす)〉③早いさま。④おごそかなさま。⑤松風や羽ばたきの形容。

【粛慎(愼)】(しゅくしん) ①つつしむ。②中国の古代に、東北地方の東部にいた民族の名。ツングース族の一つ。唐では靺鞨(まっかつ)、わが国では、みしはせと呼んだ。③粛慎族の住んだ地方。

【粛正】(しゅくせい) ①つつしみ深く正しい。②きびしく不正をただす。

【粛清】(しゅくせい) ①不正をとり除く。②静かなさま。

【粛整】(しゅくせい) つつしみ深く、行儀正しいこと。

【粛然】(しゅくぜん) ①つつしむさま。②早いさま。③静かなさま。

【粛荘(莊)】(しゅくそう(さう)) おごそかで、おもおもしい。

【粛拝(拜)】(しゅくはい) 立ったまま、体をまげ手をさげておじぎをする。

◆自粛(じしゅく)・静粛(せいしゅく)・整粛(せいしゅく)・厳粛(げんしゅく)

聿7 **【肄】**〔13〕 イ漢 去 寘 yì イー J7071 U8084

意味 ①〈なら・う(――・ふ)〉習う。②苦労する。③しらべる。④切った後に生える若枝。⑤亡国の子孫。

聿7 **【肆】**〔13〕 シ漢 シ呉 去 寘 sì スー J7072 U8086

意味 ①のべる。ひろめる。②〈つら・ねる(――・ぬ)〉ならべる。「肆陳(しちん)」③みせ。店。「書肆」「肆廛(してん)」④〈ほしいまま〉きまま。わがまま。＝恣(し)「放肆(ほうし)」⑤きわめる。きわまる。⑥〈ゆる・す〉ゆるめる。放つ。⑦大きい。「肆大」⑧つとめる。力をつくす。「肆力」⑨〈ついに(つひに)〉⑩〈ゆえに(ゆゑに)〉⑪〈さら・す〉罪人の死がいを示して、みせしめにする。⑫数字の四の代用。⑬姓。

【肆意】(しい) 思うぞんぶんにすること。かってきまま。

【肆応(應)】(しおう) どんなことにもたやすく応じる。「肆応之才」

【肆議】(しぎ) 正しい議論。

【肆虐】(しぎゃく) したいほうだいに、むごいあつかいをする。

【肆行】(しこう(かう)) 思うぞんぶんにふるまう。

【肆志】(しし) 思いのままにする。

【肆赦】(ししゃ) 罪人を許したり免除したりする。

【肆然】(しぜん) ①思うまま。ほしいまま。②のどやかなさま。くつろいだきま。

【肆中】(しちゅう(ちう)) 店の中。

【肆廛】(してん) みせ。＝肆店

【肆目】(しもく) ①目の力をつくす。見えるかぎり見る。②自由にながめる。

聿7 **【肅】**〔13〕 旧 ↓粛(本ページ・中)

聿8 **【肇】**〔14〕 人 チョウ(テウ)漢 上 篠 zhào チャオ J4005 U8087

旧字 聿8 **【肇】**〔14〕 J─ U補─

聿8 **【肈】**〔14〕 本字 J5375 U補8088

意味 ①〈はじ・める(――・む)〉開始する。「肇始」「肇国(ちょうこく)」②〈はじめ〉③はかる。謀。④きちんとさせる。

解字 形声。肁と攵とを合わせた字。攵が形を表し、肁(てう)が音を示す。攵は、打つことで、動作させることを表す。肁は、戸と聿を合わせた字。戸は、「と」。聿は筆で、始めるという意味を含む。肁は初めて戸を開くことである。肇は、物事を始めることを表

竹米糸缶网(罒・⺳)羊(⺶)羽(羽)老(耂)而耒(耒)耳 ← 6画 ← 聿肉(月)臣自至臼(臼)舌舛(舛)舟艮色艸(艹・艹)虍虫血行衣(衤)襾(西)

す。

名前 こと・ただ・とし・なが・はつ・ただし

【肇域】 国家の領界を定める。

【肇基】 基礎をさだめる。もとをひらく。

【肇国(國)】 はじめて国家を建てる。建国。

【肇歳】 一年の始め。

【肇造】 初めて造る。

6画 肉(月)部 にく にくづき

【部首解説】「切り裂いた肉」にかたどる。この部には、肉の状態や人間の身体に関連するものが多く、「肉・月」の形を構成要素とする文字が属する。構成要素になるときは「月(にくづき)」(四画)となることが多い。

肉0 【肉】〔6〕学2 ニク ジク 漢 入 屋 ニク 呉 ròu ロウ J 3889 U補 8089

筆順 丨冂内内肉肉

意味 ①㋐動物の皮下で骨をつつむ組織。「筋肉」㋑食用にする動物の肉。「牛肉」②野菜・果物の皮の中の柔らかい部分。「果肉」③からだ。「肉体」④人の歌声。楽器に対していう。「肉竹」⑤あなのあいている璧玉や貨幣などの、あなの周辺部分をいう。あなは好。国〈にく〉①印肉。②厚み。③性欲。「肉欲」

解字 象形。切りさいた柔らかい肉を表した。からだに関係する文字に使われるが、その場合、多くは「月」の形にする。

【肉眼】 ①人間の目。②めがねなどにたよらない、生まれつきの視力。③物の表面だけ見る目の力。↔心眼

【肉山脯林】 肉を山のように積み、ほし肉を林のように並べる。ぜいたくな宴会のたとえ。夏の桀王の故事による。〈十八史略・夏〉

【肉刺】 荒仕事や運動などのため、手足にできる豆のような水ぶくれ。

【肉餌】 肉のえさ。

【肉腫】 筋肉内にできる悪性のはれもの。

【肉食】 ①鳥獣や魚などの肉を食物とすること。↔菜食・草食 ②うまい物をたべる。【――妻帯(帶)】僧が肉を食べ妻をもつこと。

【肉親】 親子や兄弟などのように同じ血すじの者の間がら。

【肉豆蔲】 熱帯産の常緑樹。種は香料・薬用にする。

【肉体(體)】 人間の生きたからだ。↔精神・霊魂

【肉袒】 上半身はだぬぎになる。謝罪すること。【――負レ荊】 上半身はだぬぎになって、いばらのつえを背に負う。つえで上体をうって自分を罰してくれと、謝罪の意をあらわす。〈史記・廉頗藺相如列伝〉

【肉竹】 ひろく音楽をいう。肉は、人の歌声。竹は、管楽器。

【肉薄】 まぢかくせまる。きびしくつめよる。

【肉欲】 肉体に関する欲望。食欲・性欲など。

【肉刑】 からだを傷つける刑罰。いれ墨・耳きり・火あぶりなどの刑。

【肉桂】 木の名。皮や根を香料・薬用にする。

▶皮肉・朱肉・苦肉・梅肉・骨肉・魚肉・筋肉・贅肉・羊頭狗肉

肉0 【月】〔4〕 ジク 漢 ニク 呉 J 2378 U補 6708

意味 「肉」に同じ。肉が漢字の偏となるときの形に用い、「にくづき」という。

参考 「月(にくづき)」は中の二つの横線が両側につくが、「月(つき)」はその二線が左側だけにつく。常用漢字では両者を区別せず、ともに「月」を用いる。

月2 【肌】〔6〕常 はだ キ 漢 平 支 jī チー J 4009 U補 808C

筆順 丿几月月肌肌

意味 ①〈はだ〉はだえ。人の皮膚。「肌膚」②人の肉。「肌肉」国〈はだ〉①ものの表面。②ふんいき。気質。

解字 形声。月が形を表し、几が音を示す。月は肉。几にはかたく強い意味がある。肌はきめ細かいはだ。

【肌膚】 はだ。はだえ。

【肌理】 はだのきめ。

月2 【肋】〔6〕人 標 ロク 漢 入 職 lè ロー, lèi レイ J 4730 U補 808B

意味 〈あばら〉あばら骨。肺・心臓などを保護する骨。

【肋膜】 ①肺の表面と、胸郭壁の内面を覆っている薄いまく。胸膜。②「肋膜炎」の略。肺炎・結核・インフルエンザなどによっておこる肋膜の炎症。胸膜炎。

【肋骨】 胸郭を形作る、左右十二対の弓状の骨。あばらぼね。

肉2 【肎】〔6〕本 ↓肯(一〇一四ページ・上)

肉3 【肙】〔7〕 エン 漢 平 先 呉 yuān ユワン J ②8516 U補 8099

意味 (字体記述要素。絹・捐などを構成する)虫の名。ぼうふら。蚊の幼虫。＝蜎

月3 【肝】〔7〕常 きも カン 漢 平 寒 カン 呉 gān カン J 2046 U補 809D

筆順 丿几月月肝肝肝

意味 ①〈きも〉肝臓。五臓の一つ。五行思想では木に配当され、体の根幹をつかさどる。②まごころ。「肺肝」③かなめ。たいせつな所。「肝要」

解字 形声。月が形を表し、干が音を示す。月はからだ。干は、幹で、みきのこと。肝は、からだの幹に当たる大事な内臓である。また、竹の幹のように、血管のすじがある内臓ともいう。

姓 肝属 地名 肝属

【肝心】 一 ①肝臓と心臓。②心。二 ①最もたいせつな所。かなめ。肝要。肝腎。②心。

【肝腎】 ①肝臓と腎臓。②「肝心」の二に同じ。

【肝臓(臟)】 腹腔の右上にあり、胆汁(脂肪の消化を助ける液)を生成し、また栄養分をたくわえる赤かっ色の臓器。

【肝胆(膽)】 ①肝臓と胆嚢。②まごころ。心の中。③たましい。【肝胆相照】 たがいに心をうちあけ、理解しあう。親しく交わる。【――寒】 驚いてぞっとする。【砕(碎)――】 いろいろと苦心する。

【肝肺】 ①肝臓と肺臓。②心。まごころ。【出――】 まごころをうちあける。〈韓愈・柳子厚墓誌銘〉

【肝銘】 心にきざみつけて忘れない。

【肝要】 かなめ。たいせつなところ。肝心。肝腎。

【肝脳(腦)塗レ地】 むごたらしく殺され、肝臓や脳がどろにまみれる。〈戦国策・燕〉

肉3 【肓】〔7〕 コウ(クワウ) 漢 平 陽 huāng ホワン J 7075 U補 8093

意味 むなもと。膏肓は、心臓の下、横隔膜の上。古代の医者が手当てのしようのないとした所。「疾不レ可レ為也、在二肓之上一」〈左伝・成公十

年〉

参考 「肓(もう)」は別字。

月3 【肛】〔7〕 標 コウ(カウ) 漢 平 江 gāng カン　U補J 8 0 9 B ｜ 7 0 7 4

意味 ①肛門(こうもん)は、しりの穴。②肥大する。

肉3 【肞】〔7〕 サ 漢 平 麻 chā チャー　U補J 8 0 9 E ｜ 8 5 3 7 8

意味 腶肞(かさ)は、干した肉。＝䐁(き)

月3 【肖】〔7〕 常 ショウ　U補J 8 0 9 6 ｜ 3 0 5 1

旧字 肉3 【肖】〔7〕 一 ショウ(セウ) 漢 一 去 嘯 xiào シアオ　二 ショウ(セウ) 漢 二 平 蕭 xiāo シアオ　U補J ｜ ｜ ｜

筆順 丶 丷 ⺌ 𭕄 肖 肖 肖

意味 一 ①〈にる〉似る。②にせる。かたどる。二 ①おとろえる。②小さい。③姓。(蕭(しょう)を肖で代用することがある。)

解字 形声。月が形を表し、小(せう)が音を示す。月は人のからだ。小には、小さいという意味がある。肖は、からだが似て小形なことである。親に似ない者を不肖という。

名前 あえ・あゆ・あれ・すえ・たか・のり・ゆき

【肖似】(しょうじ(せうじ)) よく似ている。

【肖像】(しょうぞう(せうざう)) その人に似せて作った絵や彫刻。

月3 【肘】〔7〕 常 ひじ チュウ(チウ) 漢 上 有 zhǒu チョウ　U補J 8 0 9 8 ｜ 4 1 1 0

筆順 丿 刀 月 月 月一 肘 肘

意味 ①〈ひじ(ひぢ)〉腕の関節。②ひきとめる。ひじをつかまえて、とめる。「掣肘(せいちゅう)」③手助けする。

解字 会意。月と寸を合わせた形。月は、からだ。寸の古い字形はひじの形にかたどる。肘で、手のひじを表す。

【肘腋】(ちゅうえき(ちうえき)) ①ひじとわき。②とても近い所。

肉3 【肚】〔7〕 一 ト 漢 一 去 遇 dù トゥー　二 ト 漢 二 上 麌 dǔ トゥー　U補J 8 0 9 A ｜ 7 0 7 6

意味 一 ①〈はら〉腹。「肚腹(とふく)」②ふくらんだところ。二 胃ぶくろ。

【肚裏】(とり) 腹のうち。心の中。＝肚裡

【肚子】(トゥツ) dùzi 現 腹。おなか。

肉3 【肜】〔7〕 ユウ 漢 平 東 róng ロン　U補J 8 0 9 C ｜ 5 3 7 7 ②8517

意味 殷(いん)の時代、本祭りの翌日に行った祭り。「肜祭(ゆうさい)」

月4 【育】〔8〕 学3 イク　そだつ・そだてる・はぐくむ　イク 漢 呉 入 屋 yù ユィ　U補J 8 0 B 2 ｜ 1 6 7 3

筆順 丶 亠 𠫓 去 育 育 育 育

毋10 【毓】〔14〕 或体　U補J 6 B D 3 ｜ 6 1 5 8

意味 ①〈そだ・てる(――・つ)〉〈はぐく・む〉やしなう。②〈そだ・つ〉生長する。③生まれる。④おさない。⑤茶器。

解字 形声。𠫓が形を表し、月(にく)が音を示す。𠫓は、子がさかさまに生まれる形で、悪い子をいう。月はからだに関係することば。育は、悪い子を良くすることである。他の説では、𠫓は長大になることで、育は、からだが成長することを表すとか、生まれるときは、赤子はさかさまになって出てくるものであるから、𠫓は、ただ生まれることで、月は乳を表し、育は、子が頭を下にして生まれることである、などと解する。

名前 すけ・なり・なる・やす

【育英】(いくえい) ①才能のすぐれた子を教育すること。②教育。

【育児(兒)】(いくじ) おさない子を育てる。そだてている幼児。

【育成】(いくせい) 育てあげる。育てて大きくする。養成。

【育鞠】(いっきく(いくきく)) ①養育する。②苦しい生活の中に成長する。

◆生育(せいいく)・成育(せいいく)・体育(たいいく)・発育(はついく)・保育(ほいく)・教育(きょういく)・愛育(あいいく)・飼育(しいく)・徳育(とくいく)・養育(よういく)・薫育(くんいく)

肉4 【肸】〔8〕 一 キツ 漢 一 入 質 xī シー　二 ヒ 漢 二 去 寘 bì ビー　U補J 8 0 B 8 ｜ 5 3 8 2 ②8520

意味 一 ①ひびく。②盛んに起こる。③人名。仏肸(ひっきつ)は、春秋時代の魯(ろ)の人。二 春秋時代の魯(ろ)の地名。

肉4 【肹】〔8〕 キツ 漢 入 質 xì シー　U補J 8 0 B 9 ｜ 5 3 8 3

意味 肹蠁(きっきょう)は、広がる。ひびきわたる。

月4 【肩】〔8〕 常 ケン かた　U補J 8 0 A 9 ｜ 2 4 1 0

旧字 肉4 【肩】〔8〕 ケン 漢 呉 平 先 jiān チエン　U補J ｜ ｜ ｜

筆順 一 ㇐ ㇐ 戸 戸 肩 肩 肩

意味 ①〈かた〉うでのつけね。②動物のふともも。③かつぐ。になう。「肩負(けんぶ)」④たえる。もちこたえる。⑤三歳以上の大きなけもの。

解字 会意。戸と月とを合わせた字。戸はかたの形の象形。月は肉。肩は、からだの一部で、かたのことである。

【肩代】(かたがわり(がはり)) 国 ①かごをかつぐ者のかわりの人。②他人の責任を、代わってはたすこと。

【肩甲骨】(けんこうこつ(かふ)) 肩のほね。かいがらぼね。＝肩胛骨

【肩章】(けんしょう(しゃう)) 階級などをあらわすために、制服の肩につけるしるし。

【肩随(隨)】(けんずい) ①目上の人の少し後から歩く。②一緒にゆく。

【肩摩】(けんま) 肩と肩とすれあう。人が混み合うこと。

【肩輿】(けんよ) ふたりで肩にかつぐかご。

【肩膀】(チエンパン) jiānbǎng 現 肩。

『拍レ肩執レ袂』(かたをうちべいをとる) 肩をたたき、たもとをつかむ。友人どうしが親しみあうさま。〈近思録〉

『脅レ肩』(かたをそびやかす) ①肩をすぼめ、首をちぢめる。相手のきげんをとるさま。「脅レ肩諂笑(かたをそびやかしてんしょうす)」〈孟子(もうし)・滕文公(とうぶんこう)下〉②恐れつつしむ。

『比レ肩』(かたをならぶ) ①同じ地位ではりあう。②同時にする。続いてする。

月4 【股】〔8〕 常 コ また　コ 漢 上 麌 gǔ クー　U補J 8 0 A 1 ｜ 2 4 5 2

筆順 丿 刀 月 月 月' 肌 股 股

意味 ①〈もも〉足のひざから上の部分。②〈また〉足のつけね。③車輪の輻(ふく)(スポーク)の車軸(しゃじく)に近い部分。④二またになっているもの。⑤事物の一部分。⑥数 直角三角形で、直角をはさむ二辺のうち、長いほうの辺。⑦現 株。株式。

解字 形声。月が形を表し、殳(しゅ)が音を示す。月は、からだ。股は胯(こ)に通じ、太もも、或いは足のつけ根のまたを意味する。

【股肱】(ここう) ①ももとうで。手足。②君主のために、その手足となって仕える家来。君主が最も信頼できる家来。「股肱之臣」

【股戦(戰)】(こせん) 足がふるえおののく。ひどい恐ろしさ。

【股慄】(こりつ) 足がふるえる。恐ろしさのひどいこと。股戦(こせん)。

◆小股(こまた)・四股(しこ)・刺股(さすまた)・猿股(さるまた)・蟹股(がにまた)・蟇股(かえるまた)

月4 **【肯】**〔8〕常 コウ ｜ コウ 漢 呉 上 迥 kěn ケン ｜ J 2546 補 U 80AF

筆順 丨 ㇐ 止 止 肯 肯 肯 肯

肉2 **【肎】**〔6〕本字 J ― 補 5376 U 808E

意味 ①骨についた肉。「肯綮」 ②〈がえん・ずる(がへん・ず)〉うなずく。承知する。 ③願う。 ④〈あえて(あへて)〉承知して。すすんで…する。

解字 会意。止と月を合わせた字。止は冎を略したもので、肉をえぐり取った骨。月は肉。肯は、骨の間に肉が着いて、解きにくいこと、あるいは、骨に肉がついていないこと。また、「可」と同じ意味で、「がえんずる」ことを表す。

名前 さき・むね

【肯綮】①肯は骨についている肉、綮は骨と肉とを結合する所。「技経二肯綮一之未レ嘗」(私の技術は、骨や肉のからみあった所に、刀をふれたことはいまだかつてない。)〈荘子・養生主〉 ②物事の急所。【中二―一】急所をうまくついている。〈元史・王都中伝〉

【肯謝】うなずいて感謝する。

【肯首】うなずく。首肯。

【肯諾】承知すること。うけあうこと。首肯。

【肯定】一 そのとおりだと認める。うなずく。↕否定 二 kěndìng 現①一に同じ。②必ず。はっきりしている。

月4 **【肴】**〔8〕標 人 コウ(カウ) 漢 キョウ(ケウ) 呉 平 肴 yáo ヤオ ｜ J 2672 補 U 80B4

意味 ①〈さかな〉 ㋐魚や肉で作った料理。 ㋑酒を飲むための副食物。 ②ごちそう。

【肴核】①さかなとくだもの。②ごちそう。

【肴珍】りっぱなごちそう。すばらしい料理。

肉4 **【肮】**〔8〕 コウ 漢 (カウ) 平 陽 háng ハン ｜ J ― 補 ― U 80AE

意味 のど。くび。

参考 肮は「骯」(一四〇七ページ・中)の中国新字体としても使う。音āng アン。

肉4 **【肱】**〔8〕 コウ 漢 平 蒸 gōng コン ｜ J 2547 補 U 80B1

ム2 **【厷】**〔4〕本字 J ― 補 ②0358 2051 U 53B7

意味 ①〈かいな(かひな)〉肩からひじまでの部分。うで。 ②たのみとするもの。「股肱」 国〈ひじ(ひぢ)〉上腕と下腕をつなぐ関節。

【肱髀】うでやもも。手足。

月4 **【肢】**〔8〕常 シ ｜ シ 漢 平 支 zhī チー ｜ J 2772 補 U 80A2

筆順 丿 月 月 月 肀 肀 肢 肢

意味 ①人の手足。鳥や獣のつばさや足。四肢。 ②腰。

解字 形声。月が形を表し、支が音を示す。月は肉。支は枝。肢は、からだから分かれて出ている手足。

【肢解】手足を切り離す刑罰。

【肢節(節)】細かい所。

【肢体(體)】①手足と胴体。 ②からだ。

肉4 **【胏】**〔8〕 シ 漢 上 紙 zǐ ツー ｜ J ― 補 5386 U 80CF

意味 ①食べ残し。 ②骨つきの干し肉。

肉4 **【肫】**〔8〕 シュン 漢 ジュン 慣 平 真 zhūn チュン ｜ J ― 補 5381 U 80AB

意味 ①ほお骨。 ②鳥類の胃。 ③肫肫は、㋐真心がこもり、手厚いさま。 ㋑細かで詳しい。 ④干し肉。

肉4 **【肭】**〔8〕 ドツ 漢 入 月 nà ナー ｜ J 7077 補 U 80AD

意味 ①膃肭は、ふとってやわらかいさま。 ②膃肭臍は、海獣の名。

月4 **【肥】**〔8〕学5 ヒ ｜ ヒ 漢 呉 平 微 féi フェイ ｜ こえる・こえ・こやす・こやし ｜ J 4078 補 U 80A5

筆順 丿 刀 月 月 月 月 月 肥

意味 ①〈こ・える(―・ゆ)〉↕瘠 ㋐ふとる。「肥馬」「肥肉」 ㋑地味が豊かである。 ②〈こや・す〉土地を肥沃にする。 ③より強くする。 ④〈こえ〉〈こやし〉肥料。 ⑤水源は同じで、流域が異なる川。 ⑥現(服などが)ゆったりしている。

解字 会意。月と巴とを合わせた字。月は肉。巴は、人がひざまずいた形。肥は、肉づきのよい人。また、巴は背が曲がった形で、肥は、背が丸く重なり、肉が多いことであるともいう。

名前 うま・とみ・とも・みつ・ゆたか　姓 肥　｜　地名 肥前・肥後

【肥甘】よく太っておいしい肉と、うまい食べ物。おいしい食べ物。「為二肥甘不レ足二于口一与」(うまい食物が、お口に十分でないためか。)〈孟子・梁恵王上〉

【肥漢】太った男。

【肥厚】おいしい。肉が肥えていること。

【肥磽】地味の肥えていることと、やせていること。

【肥饒】土地がよく肥えていること。肥沃。「地肥饒」〈史記・項羽本紀〉

【肥水】安徽省にある川の名。東晋の謝石が苻堅を破った所。＝淝水

【肥牲】いけにえに供える、脂ののった獣の肉。

【肥瘠】太っていることと、やせていること。

【肥鮮】肥えて、新鮮な肉。

【肥大】肥え太って大きい。

【肥沢(澤)】①肥え太って、つややかなこと。 ②土地の肥えていること。

【肥土】地味の肥えている土地。作物のよく育つ土地。沃土。

【肥胖】肥え太っている。

【肥美】土地がよく肥えていること。

【肥満(滿)】肥え太っている。

【肥沃】土地がよく肥えている。

【肥料】作物を育てるため耕地に与えるこやし。窒素・燐酸・カリなど。

【肥皀】féizào 現石鹸。

◇追肥・堆肥・魚肥・緑肥・積肥

肉4 **【肦】**〔8〕 一 フン 漢 一 平 文 fén フェン 二 ハン 漢 二 平 刪 bān パン ｜ J ― 補 5379 U 80A6

意味 一 頭の大きいさま。 二 わけあたえる。＝頒

月4 **【肪】**〔8〕常 ボウ ｜ ホウ(ハウ) 漢 ボウ(バウ) 呉 平 陽 fáng ファン ｜ J 4335 補 U 80AA

筆順 丿 刀 月 月 月 肀 肪 肪

意味 〈あぶら〉脂肪。とくに、動物の腰のあたりのふとった部分をいう。

解字 形声。月が形を表し、方が音を示す。月は肉。方は、旁(かたわら)の意味がある。肪は、腰の部分があぶらみでゆったりしていること。また、方には張りきる意味があるから、肪は、からだがふとることであるとか、方は白の音の変化と考えて、白いあぶらとも考えられるという。

【肪胱】腎臓でつくられた尿を一時ためておく器官。＝膀胱

【肪膩】はだに油がのって、なめらかなこと。

【肪脆】油がのって、やわらかい。

肉4【肬】〔8〕 ユウ(イウ) 漢 平 尤 yóu ユー J 7079 U補 80AC
意味 ①〈いぼ〉＝疣。①いぼとこぶ。②はれる。
【肬贅】①いぼとこぶ。②無用なもののたとえ。

肉4【肽】〔8〕 tài タイ J ― U補 80BD
意味 現 有機化合物の一種。ペプチド。「胜」ともいう。

肉4【肺】〔8〕 旧 ↓肺(一〇一七ジベー・中)

肉4【肤】〔8〕 同 ↓膚(一〇二七ジベー・中)

月4【服】(六一〇ジベー・上)↓月部四画

肉4【胚】〔8〕 本 ↓胚(一〇一八ジベー・上)

月4【朋】(六一〇ジベー・中)↓月部四画

月5【胃】〔9〕 学 6 イ 漢 呉 去 未 wèi ウエイ J 1663 U補 80C3 イ (ヰ)

筆順

意味 ①内臓の一つ。食道に続く消化器官。いぶくろ。②星宿の名。二十八宿の一つ。

解字  会意。田と月を合わせた字。田は、食べた穀物がつまっている形。月はからだ。胃は食物のはいる内臓のことである。

参考「冑」(あとつぎ・肉部五画)・「冑」(かぶと・冂部七画)は別字。

【胃液】医 胃壁から出る消化液。酸性でたんぱく質を消化する。
【胃癌】医 胃の中にできる悪性のできもので、組織を破壊し、全身の栄養障害を起こす危険な病気。
【胃気(氣)】中医学でいう胃の機能と精気。
【胃口】①食欲。②物事に対する意欲。
【胃壁】医 胃を形づくる壁。筋肉や粘膜でできている。

月5【胤】〔9〕 人 イン 漢 呉 去 震 yìn イン J 1693 U補 80E4
意味 ①つぐ。㋐子孫が父祖のあとをつぐ。㋑ひきつぐ。②〈たね〉血すじ。子孫。「後胤」③音楽の調子。＝引

解字  会意。八・幺・月を合わせた字。八は分かれること。幺は累で、重ねること。月は肉で、肉親のこと。胤は、肉親が分かれて、代々続くことを表す。

名前 み・かず・つぎ・つぐ・つづき
【胤裔】子孫。血すじ。
【胤子】①あとつぎ。嗣子。②子孫。
◆皇胤・後胤・落胤

肉5【胦】〔9〕 ヨウ(ヤウ) 漢 平 陽 オウ(アウ) 呉 yāng ヤン J ②8525 U補 80E6
意味 脖胦は、①へそ。②鍼灸のつぼの一つ。気海。へその下一寸五分にある。

肉5【胠】〔9〕 キョ 漢 平 魚 qū チュイ J ①9044 U補 80E0
意味 ①わきの下。②わきから開く。③戦陣の右翼。
【胠篋】①篋は、箱。箱を開く。転じて、盗人・こそどろの意。②「荘子」の編名。

肉5【朐】〔9〕 一 ク 漢 平 虞 qú チュイ 二 ク 漢 平 虞 xū シュイ 三 シュン 漢 上 軫 chǔn チュン J ①9042 U補 80CA
意味 一 ①干し肉の曲がったもの。②曲がる。③遠い。二 朐衍は、北方民族の名。三 朐忍は、秦代の県名。四川省雲陽県にあった。

肉5【肱】〔9〕 ケン 漢 平 先 ゲン 呉 xián シエン J ②8524 U補 80D8 5391
意味 ①牛の胃袋。②胃。また、厚みのある胃の肉。

月5【胡】〔9〕 人 コ 漢 ゴ 呉 平 虞 ウ 唐 hú フー J 2453 U補 80E1
意味 ①けものの、たれ下がったあごの肉。②長生き。「胡考」「胡寿」③〈なんぞ〉〈いずくんぞ(いづくんぞ)〉どうして。反語。④黒い。⑤大きい。⑥でたらめ。「胡説」⑦古代の異民族の名。えびす。秦・漢以前は、主として北方の匈奴をさし、唐代では、広く北方異民族(突厥・回紇など)のほか、西域の民族(東トルキスタン・トルコ・イラン系の民族をもふくむ)をもいう。⑧異民族によってもたらされたものや外来のものについていう。「胡椒」「胡麻」⑨姓。

語法 〈なんぞ〉〈いずくんぞ(いづくんぞ)〉疑問・反語。どうして。原因・理由を問う。例「胡不下赴二秦軍一倶死上」(どうして秦軍に攻め込んで一緒に死のうとしてくれないのか)〈史記・陳余列伝〉

解字 形声。月(肉)が形を表し、古が音を示す。古には、おおい、かばう意があるという。牛のあごの垂れ肉をいう。

名前 ひさ 姓 胡屋 難読 胡坐・胡瓜・胡頽子・胡桃・胡蝶花・胡蜂・胡簶

参考 胡は「鬍」(一四一三ジベー・中)の中国新字体としても使う。

【胡散】国 あやしい。疑わしい。「胡散臭い」

【胡乱(亂)】①乱れている。胡乱。②疑わしく怪しい。

【胡安国(國)】人名。北宋の儒学者。「胡氏春秋」の著がある。(一〇七四～一一三八)

【胡越】遠く離れていること。胡は中国北方の国、越は南方の国。

【胡瓜】うりの一種。食用。南アジア原産。

【胡笳】あしぶえ。胡人が蘆の葉をまいて作る笛。

【胡亥】人名。秦の二代めの皇帝の名。始皇帝の次子。在位三年で趙高のために殺された。

【胡楽(樂)】①胡人の音楽。主として西域やインドの音楽。②外国の音楽。

【胡羯】北方の異民族。羯は匈奴の一種。

【胡雁】北の異国から飛んで来たかり。

【胡騎】北方や西方の異民族の騎兵。「黄昏胡騎塵満レ城」(夕暮れ時には、走りまわる胡人の騎兵がたてる塵ほこりが城一面にたちこめる。)〈杜甫の詩・哀江頭〉

【胡弓】楽器の名。形は三味線に似て三弦で、小さな弓でこすってならす。

【胡居仁】人名。明代中期の学者。朱子学派。号は敬斎。(一四三四～一四八四)

【胡言】でたらめのことば。

【胡賈】えびすの商人。

【胡広(廣)】人名。明代の学者。字は光大、号は晃菴。「四書大全」「性理大全」などを著した。〔一三七〇～一四一八〕

【胡寇】北方の異民族の襲来。

【胡国(國)】匈奴。北方の異民族の国。

【胡沙】中国北方の砂漠。

【胡座(「坐」)】しりを下につけて両足を前にくむすわり方。

【胡床】一 腰掛の一種。背によりかかりがあり、折りたためるもの。二 高く大きく作った座。

【胡椒】コショウ科の常緑低木。実をかわかして粉にし、香辛料に用いる。

【胡人】中国北方や西域地方の異民族。「胡人向レ月吹二

竹米糸缶网(罒・⺳)羊(⺶)羽(羽)老(耂)而耒(耒)耳
6画
聿肉(月)臣自至臼(臼)舌舛(舛)舟艮色艸(艹・艹)虍虫血行衣(衤)襾(覀)

胡笳」〈岑参の詩・胡笳歌〉

【胡塵】①北方の砂漠にまき起こるほこり。②胡人の兵馬がたてるほこり。

【胡説】①でたらめの議論。②人の議論をののしる語。

【胡髯】あごひげ。

【胡葱】ねぎの一種。あさつき。

【胡蝶】ちょう。虫の名。＝蝴蝶 【――之夢】むかし荘子が夢の中でちょうとなり、楽しんで自分とちょうとの区別を忘れたという故事。万物一体の境地。また、人生のはかなさをいう。〈荘子・斉物論〉

【胡狄】異民族の総称。胡は西方の異民族、狄は北方の異民族。

【胡適】人名。中国、安徽の人。字は適之。米国に留学、哲学博士となり、帰国後、北京大学教授となる。文学革命をとなえ、中国の文学・思想を大いに進歩させた。（一八九一～一九六二）

【胡天】異国の空。

【胡桃】クルミ科の落葉樹。実は食用。菓子などに用いる。漢の張騫が、西域から持ち帰ったという。

【胡馬】①北方産の馬。②匈奴の軍隊。【――依㆓北風㆒】北方の胡に生まれた馬は、北風が吹くと故郷を恋しがってその風に身をよせる。故郷の忘れがたいたとえ。「胡馬依㆓北風㆒、越鳥巣㆓南枝㆒」〈文選・古詩十九首〉

【胡氛】悪気。

【胡粉】①貝殻を焼いて作った、白い粉の絵の具。②おしろい。白粉。

【胡兵】匈奴の兵。北方の異民族の国の軍隊。

【胡麻】ゴマ科の一年生植物。実は細かく、食用にし、また、油をとる。張騫が西域から持ち帰ったという。

【胡面】北方の異民族のような顔つき。人のみにくい顔つきをののしることば。

【胡蘿蔔】野菜の一つ。人参。その根を食用にする。蘿蔔は大根のこと。

【胡虜】①北方の異民族。秦・漢時代には匈奴をさす。②外国人をばかにしていうことば。

【胡盧】①笑うさま。㋐からからと笑う。㋑口をおおって笑う。②ひょうたん。＝胡蘆

【胡簶】やなぐい。矢を入れて背負う器具。＝胡録・胡籙

【胡為(爲)】なぜ。どうして。疑問の語。【――乎】「胡為」に同じ。乎は、語気を表す助詞。

【胡琴】húqín 現楽器の一種。胡弓。

【胡子】húzi 現ひげ。

【胡同】hútòng 現横町。

(胡琴)

肉5 【胍】〔9〕 J―― U補――
一コ 漢 平 虞 gū クー
二コ 漢 去 遇 hù フー
意味 一①胍肫は、大きな腹。また、大きいさま。②骨で作った兵器。③現有機化合物の一種。グアニジン。音 guā コワ。二太ったさま。

肉6 【胍】〔10〕 俗字 J5385 U80CD

肉5 【胛】〔9〕 J7080 U補80DB
コウ 漢 入 洽 (カフ) jiǎ チア
意味 かいがら骨。鎖骨と上膊部をつないでいる骨。「肩胛骨」

肉5 【胔】〔11〕 J5388 U補80D4
シ 漢 去 寘 zì ツー
意味 ①肉のついた鳥獣の骨。②腐った肉。③胔骼は、がい骨。

肉5 【胣】〔9〕 J―― U補80E3
シ 漢 上 紙 chǐ チー
意味 ①腹をさき腸をえぐる。②さく。

肉5 【胥】〔9〕 J7081 U補80E5
ショ 漢 平 魚 xū シュイ
意味 ①かにの塩づけ。②〈あい(あひ)〉〈ともに〉たがいに。③〈みな〉すべて。皆。④待つ。⑤小役人。⑥かしこい人。⑦見る。⑧姓。

【胥疏】一そしょ 食物の草をひそかに探し見る。そっとえさを探す。二あいそ(あひそ)す 離れて行く。遠ざかる。

【胥靡】①罪人。②何もないこと。貧しいこと。

【胥吏】下役。下級の役人。胥徒。

肉5 【胂】〔9〕 J―― U補80C2
一シン 漢 平 真 shēn シェン
二シン 漢 平 真 chēn チェン
三シン 慣 三―― shèn シェン
意味 一背骨の両側の筋肉。二のびる。のばす。三現有機化合物の一種。

肉5 【胗】〔9〕 J①9043 補5390 U80D7
一シン 漢 上 軫 zhěn チェン
二シュン 漢 平 真 zhūn チュン
意味 一①くちびるの腫れ物。②しっしん。＝疹 ③診断。＝診 二鳥類の砂のう。

肉5 【胜】〔9〕 J―― U補80DC
セイ 漢 平 青 xīng シン
意味 ①〈なまぐさ・い(――・し)〉犬の肉のにおい。＝腥 ②やせる。③現有機化合物の一種。アミノ酸二個以上が結合したもの。ペプチド。音 shēng ション。「肽」ともいう。
参考 胜は「勝」(一八〇ページ・下)の中国新字体としても使う。

肉5 【胙】〔9〕 J7082 U補80D9
一ソ 漢 去 遇 zuò ツオ
二サク 漢 入 薬 zuò ツオ
意味 一①〈ひもろぎ〉神に供え、祭りのあとに臣下にくばる肉。「胙肉」「胙余」②さいわい。③あたえる。「胙土」④堂の東側の階段。主人が登る。「胙階」⑤むくいる。二たちあがる。＝作

【胙俎】祭りに、神に供える肉をのせるまないた。

月5 【胎】〔9〕 常 J3459 U80CE
タイ ―― タイ 呉 漢 平 灰 tāi タイ
筆順 丿 月 月 月ム 月ム 胎 胎
意味 ①〈はら・む〉みごもる。子を腹中にやどす。「受胎」②腹の中の子。「胎児」③はら。「胎内」④はじめ。きざし。根源。「胚胎」
解字 形声。月が形を表し、台が音を示す。月はからだ。台は始と同じく、はじめの意味を含む。胎は、母親の腹の中で、初めて人の形になることで、妊娠三か月をさす。
名前 み・はら・もと

【胎衣】えな。母の腹中で胎児を包んでいた膜と胎盤。

【胎位】女性の子宮内にいる胎児の位置。

【胎教】胎児に対する教えの意。妊娠中の女性が修養して、胎児によい影響を与えること。〈新書・胎教〉

【胎児(兒)】母の腹の中の子。

【胎生】①動子が母体の中で、相当な程度にまで育って生まれること。↔卵生 ②植果実が熟し落ちるまえに、種の中の胚が植物に発育すること。「胎生種子」

【胎蔵(藏)界】仏理の絶対界。胎蔵とは、あらゆるものを包み蔵する意で、母体が胎児を包み育てるように、理が万物を養うことからたとえたもの。

【胎動(たいどう)】①母の腹の中の子が動くこと。②物事のきざし。

【胎毒(たいどく)】乳幼児にみられる頭・顔にできる皮膚病の昔の俗称。

【胎内(たいない)】①母の腹の中。胎中。②仏像の腹の中。③山地「の風穴。」

【胎盤(たいばん)】子が母の胎内にあるとき、母体の子宮と胎児との間にあって栄養を供給し、呼吸・排出をいとなむ器官。
◆胚胎(はいたい)・堕胎(だたい)・奪胎(だったい)・換骨奪胎(かんこつだったい)

月5　【胆】〔9〕 常 タン　J 3532 補 ― U 80C6
旧字 肉13　【膽】〔17〕 タン 漢呉 上 感 dǎn タン　J 7128 補 ― U 81BD

筆順 丿 刀 月 月 刖 刖 胆 胆 胆

意味 ①〈きも〉㋐胆嚢(たんのう)。六腑(ろっぷ)の一つ。㋑勇気。気力。②勇気がある。「胆力(たんりょく)」③心。「肝胆」④ぬぐう。

解字 形声。月が形を表し、詹(たん)が音を示す。月はからだ。詹には、落ちつくという意味を含んでいる。また、かめの形であるともいう。膽はかめのような形をした内臓、あるいは、落ちつく内臓で、きも・きもっ玉をいう。

名前 い　地名 胆沢(いさわ)・胆振(いぶり)

参考 ①常用漢字「胆」は「膽」の俗字。②次項「胆」(はだぬぐ)は「胆」「膽」とは本来別字。③胆は「膽」の中国新字体としても使う。

【胆汁(たんじゅう(じふ))】医肝臓で生成される、にがい消化液。【―質(たんじゅうしつ)】落ち着きがあり、がまん強く、意志のかたい性質。↕多血質・神経質・粘液質
【胆石症(たんせきしょう(しやう))】医胆嚢(たんのう)や輸胆管に結石ができてひどく「痛む病気。」

【胆大心小(たんだいしんしょう(せう))】度胸は大きく持ち、注意はこまかくすべきであること。「官。」

【胆嚢(たんのう(なう))】医肝臓の下にあって胆汁(たんじゅう)をたくわえる器」

【胆勇(たんゆう)】物事に恐れない勇気。大胆で勇気がある。

【胆略(たんりゃく)】大胆で、はかりごとがすぐれている。

【胆力(たんりょく)】物事に驚かず、恐れない気力。度胸(どきょう)。

『胆如レ斗(たんとのごとし)』きもが非常に大きく、一斗ますのようである。胆力がきわめて強いこと。(蜀(しょく)志・姜維(きょうい)伝)
◆心胆(しんたん)・肝胆(かんたん)・落胆(らくたん)・豪胆(ごうたん)・魂胆(こんたん)・臥薪嘗胆(がしんしょうたん)

肉5　【胆】〔9〕 一 タン 漢 一 上 旱 tǎn タン　二 タン 漢 二 平 寒 tán タン　三 タン 漢 三 上 感 dǎn タン　J ― 補 ― U ―

意味 一はだをぬぐ。「肉胆(にくたん)」 二口のあぶら。 三「膽(たん)」の俗字。参考 常用漢字「胆」は「膽」の俗字で、この「胆」とは本来別字。

肉5　【胝】〔9〕 チ 漢 平 支 zhī チー　J 7083 補 ― U 80DD
疒5　【疷】〔10〕 同字　J ②8142 補 ― U 75B7

意味 〈たこ〉手足の皮が堅くなったもの。「胼胝(へんち)」 国あかぎれ。

肉5　【冑】〔9〕 チュウ(チウ) 漢 去 宥 zhòu チョウ　J 7084 補 ― U 80C4

意味 ①天子・貴族のよつぎ。あとつぎ。「冑子」②血すじ。子孫。
参考 「冑(ちゅう(ちう))」(かぶと。冂部七画)、「胄(い)」は別字。
【冑裔(ちゅうえい)】子孫。血すじ。後胤(こういん)。

肉5　【肥】〔9〕 デイ 漢 ナイ 呉 去 霽 nì ニー　J 5387 補 ― U 80D2

意味 ①骨つきの肉びしお。②あぶらがのる。こえる。

肉5　【肤】〔9〕 テツ 漢 入 屑 dié ティエ　J ②8522 補 ― U 80C5

意味 ①体表から見えるような骨や肉の出っ張りができる。②腫(は)れる。③臀部(でんぶ)の肉。④二か月目の胎児。

月5　【肺】〔9〕 学6 ハイ　J 3957 補 ― U 80BA
旧字 肉4　【肺】〔8〕 一 ハイ 漢 一 去 隊 fèi フェイ　二 ハイ 漢 二 去 泰 pèi ペイ　J ― 補 ― U ―

筆順 丿 月 月 月 月' 月亠 肺 肺 肺

意味 一 ①肺臓。五臓の一つ。人や動物の呼吸器。②こころ。二 肺肺(はいはい)は、樹木が勢いよく茂るさま。

解字 形声。月が形を表し、市(はつ)が音を示す。月はからだ。市は草の芽が二つに分かれること。肺は、左右に分かれている内臓のことである。また、市は、空気を出したり入れたりする意味があり、肺は、呼吸する内臓をさすともいう。

【肺炎(はいえん)】医肺に炎症を起こし、高熱の出る病気。

【肺肝(はいかん)】①肺臓と肝臓。②心のそこ。まごころ。心中。『摧二――一(はいかんをくだく)』いろいろと苦心する。

【肺患(はいかん(くわん))】肺病。肺病の患者。

【肺気(氣)腫(はいきしゅ)】医肺の収縮力が弱まって、ふくらんだままになってしまう病気。「肺病。

【肺結核(はいけっかく)】医結核菌の伝染によって起こる肺の病気。」

【肺臓(臟)(はいぞう(ざう))】医心臓の左右両側に一つずつある、袋の形をした呼吸器。

【肺病(はいびょう(びやう))】肺臓の病気。特に肺結核。

【肺腑(はいふ)】①肺臓。②心の奥底。「肺腑をえぐる」③たいせつなところ。

【肺葉(はいよう(えふ))】医肺臓を形づくる、葉の形をした部分。人間では右が三葉、左が二葉に分かれる。

【肺労(勞)(はいろう(らう))】肺結核のこと。

月5　【背】〔9〕 学6 ハイ　せ・せい・そむく・そむける　ハイ 漢呉 去 隊 bèi ペイ　J 3956 補 ― U 80CC

筆順 一 ⺊ 十 ⺦ 北 背 背 背

意味 ①〈せ〉㋐せなか。㋑うしろ。後方。裏。㋒北側。㋓ものの上面。②〈せに・す〉うしろむきになる。③北向きの建物。④〈そむ・く〉〈そむ・ける(――・く)〉㋐はなれる。㋑裏切る。⑤詩文を暗記する。⑥太陽の周りのもや。⑦死ぬ。すて去る。⑧かつぐ。せおう。音 bēi ペイ。国〈せ〉〈せい〉身長。

解字 形声。月が形を表し、北(ほく)が音を示す。月は人のからだ。北は、たがいにそむく意味。背は、からだの正面の反対で、せなかをいう。

名前 しろ・のり　難読 背負(しょい)子(こ)

参考 ①「脊(せき)」は別字。②新表記では「悖」の書きかえに用いる熟語がある。③背は「揹」(五四四ジ・下)の中国新字体としても使う。

【背骨(せぼね)】①人間や高等動物のからだの背にあって、からだを支えている骨。脊(せき)柱。②物事の支えになるたとえ。一時の流行に動かされない、しっかりした考え方。バックボーン。

【背違(はいい(ゐ))】そむきたがう。物事が予定と逆になる。違背。

【背逆(はいぎゃく)】反対する。そむきさからう。反逆(はんぎゃく)。

【背教(はいきょう(けう))】①教えにそむく。②キリスト教で教会の教えや主義にそむくこと。

【背景(はいけい)】国①絵画や写真などで、主題のうしろやまわりの部分。バック。②舞台のうしろにかいたけしき。③小説などで主要人物のまわりの状態。④事件のかげにある勢力。

【背後(はいご)】一①うしろ。後方。背面。②国表に出ない部分。黒幕(くろまく)。「背後関係」 二 ベイホウ bèihòu 現①一の①に同じ。②かげで。

【背指(はいし)】①ふり返って見る。②うしろから指さす。「びをさす。うしろゆ」

竹米糸缶网(罒・㓁)羊(⺶)羽(羽)老(耂)而耒(耒)耳
6画
聿肉(月)臣自至臼(臼)舌舛(舛)舟艮色艸(艹・艹)虍虫血行衣(衤)襾(西)

【背日性】(はいじつせい) ㊇植物の根などが、日光と反対の方向に向かう性質。負の屈光性。背光性。↕向日性・向光性

【背誦】(はいしょう) [一]そらでよむ。本を見ないで、本文を言う。暗唱。[二]ベイソン bèisòng 現[一]に同じ。

【背臣】(はいしん) 君主にそむく家来。

【背信】(はいしん) ①信頼にそむく。自分を信用している人をだます。「背信行為」②信仰の道からはずれる。「背信徒(はいしんのと)」

【背馳】(はいち) ゆき違いになる。あべこべになる。

【背徳】(はいとく) ①道徳にそむく。②受けた恩を忘れる。＝悖徳

【背任】(はいにん) 任務にそむく。役人や会社員が、自分あるいは第三者の利益のために、その地位を悪用して、本来の任務に背き、属している役所や会社などに損害を与えること。【——罪】(はいにんざい) 背任の行為を犯した罪。刑法上の犯罪となる。

【背嚢】(はいのう(なう)) 皮やズックで作った四角な背負い袋。

【背反】(はいはん) そむく。「二律背反」＝背叛

【背盟】(はいめい) ちかいにそむく。同盟をやぶる。

【背面】(はいめん) [一]①うしろ。背後(はいご)。↕前面 ②うしろに向く。[二]そとも うしろの方。山の北。

【背約】(はいやく) 約束にそむくこと。約束を守らないこと。

【背戻(戾)】(はいれい) そむき、さからう。道理にそむく。背逆。

【背水之陣】(はいすいの じん(ぢん)) ①川などを背にして陣をしく。あとに退けない決死の覚悟。漢の韓信が始めた戦法。〈史記・淮陰侯列伝〉②いちかばちかの運命をかけた覚悟のたとえ。

◆山背(やましろ)・紙背(しはい)・側背(そくはい)・違背(いはい)・面従腹背(めんじゅうふくはい)

月5 【胚】〔9〕 標 ハイ 漢 平 灰 pēi ペイ　J 7085 補 U 80DA

肉4 【肧】〔8〕 本字　J ②8519 補 5380 U 80A7

意味 ①はらむ。妊娠。とくに一か月目のこと。②はじめ。物事の起源。③動物の卵で黄身の上面にある眼点。また、植物の種の内部にある二枚の子葉(胚芽(はいが))。

【胚芽】(はいが) ↓親字の意味③

【胚子】(はいし) ㊇花のめしべの中の子房にあって、のちに種子となるもの。胚珠(はいしゅ)。

【胚胎】(はいたい) ①はらむ。身ごもる。②物事のはじめ。きざし。

【胚乳】(はいにゅう(にう)) ㊇種子の中にあって芽を出すまでの養分になるもの。

肉5 【胈】〔9〕 ハツ 漢 入 曷 bá パー　J 5384 補 U 80C8

意味 ①ももの毛。②柔らかい毛。③白い肉。

肉5 【胖】〔9〕 [一]ハン 漢 去 翰 pàn パン [二]ハン 漢 平 寒 pán パン　J 7086 補 U 80D6

意味 [一]①いけにえの半身。②半分。③うす切りの肉。[二]①〈ゆたか〉のびやか。「胖肆」②太ったさま。音 páng パン。

【胖子】(パンツ) pàngzi 現太っている人。

肉5 【胕】〔9〕 [一]フ 漢 ブ 呉 去 遇 fù フー [二]フ 漢 フ 呉 平 虞 fū フー [三]フ 漢 ブ 呉 平 虞 fú フー　J ②8523 補 5389 U 80D5

意味 [一]①腐る。②内臓。＝腑(ふ) [二]①足の甲。②皮膚。＝膚(ふ) [三]むくむ。はれる。

月5 【胞】〔9〕 常 ホウ　J 4306 補 U 80DE

旧字 肉5 【胞】〔9〕　J —— 補 U ——

[一]ホウ(ハウ) 漢 平 肴 bāo パオ [二]ホウ(ハウ) 漢 平 肴 páo パオ [三]ホウ(ハウ) 漢 平 肴 pāo パオ

筆順 ⺆ 月 月 肑 肑 肑 胞

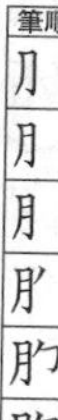

意味 [一]①〈えな〉胎児を包む薄い膜。②実の兄弟。はらから。「同胞(どうほう)」③生物体を組織する単位。「細胞(さいぼう)」[二]古代の祭祀(さいし)に肉を切る役人。「胞人(ほうじん)」＝庖(ほう) [三]ぼうこう。

解字  形声。月が形を表し、包(ほう)が音を示す。月は肉。包にはつつむという意味がある。胞は、出産のとき、胎児をつつんでいる膜のことである。

【胞衣】(ほうい(はうい)) えな。胎盤。胎衣。

【胞子】(ほうし(はうし)) ㊇植物が生殖のために生じる特別の細胞。母体から離れて繁殖をいとなむ力をもつ。

◆同胞(どうほう)・腹胞(はらから)・細胞(さいぼう)・単細胞(たんさいぼう)

肉5 【胫】〔9〕 俗 ↓脛(一〇二二ページ・中)

肉5 【脉】〔9〕 同 ↓脈(一〇二〇ページ・下)

肉6 【胺】〔10〕 アツ 漢 入 曷 è オー　J 5406 補 U 80FA

意味 ①肉が腐ってにおう。②現有機化合物の一種。アミン。この場合は、音 àn アン。

肉6 【胰】〔10〕 イ 漢 平 支 yí イー　J 5401 補 U 80F0

意味 ①背の肉。②胰(い)は、現在の膵臓(すいぞう)。③現胰子(イーツ) yízi は、石鹸(せっけん)。

肉6 【胭】〔10〕 エン 漢 平 先 yān イエン　J 5393 補 U 80ED

意味 ①〈のど〉咽喉(いんこう)。②胭脂(えんじ)は、べに。

肉6 【胲】〔10〕 [一]カイ 漢 平 灰 gāi カイ [二]カイ 漢 上 賄 gǎi カイ [三]—— hǎi ハイ　J 5402 補 U 80F2

意味 [一]①足の親指の、毛のはえた部分。②足の親指。③変わる。[二]ほおの肉。[三]現化学用語。水酸基(OHで表される原子団)。

肉6 【胳】〔10〕 [一]カク 漢 入 薬 gē コー [二]カク 漢 入 陌 gé コー　J ①9045 補 5403 U 80F3

意味 [一]わきのした。わき。[二]動物の後足のすねから下。

【胳膊】(コーボ) gēbo 現腕。

月6 【胸】〔10〕 学6 キョウ むね・むな キョウ 漢 ク 呉 平 冬 xiōng ション　J 2227 補 U 80F8

肉6 【匈】〔10〕 同字　J —— 補 U 80F7

筆順 ⺆ 月 月 肑 肑 胸 胸

意味 ①〈むね〉〈むな〉首と腹との間。「胸板(むないた)」②前の部分。③こころ。むねのうち。「胸宇(きょうう)」

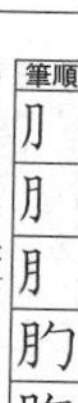

解字 形声。月が形を表し、匈(きょう)が音を示す。月はからだ。匈は、勹と凶とを合わせた字で、勹が包む、凶が穴の意味を持つから、匈は、空間を包む意味を持つ。胸は、からだの中で空気のはいる空間で、むねのことである。

【胸囲(圍)】(きょうい(ゐ)) 乳の高さの所で胸のまわりの長さをはかったもの。

【胸奥】(きょうおう(あう)) 胸の奥。心のそこ。

【胸臆】(きょうおく) 胸の中。心の中で考えること。胸中。胸奥。

【胸懐(懷)】(きょうかい(くわい)) 心の中。胸中の思い。胸中。

【胸郭(「廓」)】(きょうかく(くわく)) 胸椎(きょうつい)・肋(ろっ)骨で組み立てられ、肺や心臓などをかかえている、かごのような形をした骨格。

【胸膈】(きょうかく) ①胸と腹との間。②胸。胸部。③心の中。

【胸襟】(きょうきん) 心の中。胸の中。「胸襟をひらく」

【胸腔】(きょうこう(かう)) 肋骨(ろっこつ)で囲まれている胸の内部。

【胸次】(きょうじ) 胸の中。心の中。

【胸像】(きょうぞう(ざう)) 胸から上の部分だけを彫刻した像。「座像・立像」

【胸中】(きょうちゅう(ちう)) 胸の中。【——有₂成竹₁】(きょうちゅうせいちくあり) 物事を実行する前に、十分な見通しをもつこと。竹を描く前に、

竹米糸缶网(罒・⺳)羊(⺶)羽(羽)老(耂)而耒(耒)耳 ➡ 聿肉(月)臣自至臼(臼)舌舛(舛)舟艮色艸(艹・艹)虍虫血行衣(衤)襾(西)

胸中にすでに絵にかいた竹の図ができているという意。

〔――正則眸子瞭焉〕(きょうちゅう(ちゅう)ただしければぼうしあきらかなり) 胸の中(良心)が正しかったら、その正しさが自然に外にあらわれ、ひとみも清く澄んでいるものである。〈孟子(もうし)・離婁(りろう)上〉

【胸椎】(きょうつい) 脊椎(せきつい)動物の背骨の一部で、胸のうしろにあたる部分。

【胸腹】(きょうふく) ①むねとはら。②心。

【胸壁】(きょうへき) ①内臓を守る胸の外側の部分。②胸の高さにきずいた城や砲台の壁。

【胸膜】(きょうまく) 胸郭の内がわで肺をおおう膜。肋膜(ろくまく)。

【胸裏】(きょうり) 胸の中。心の中に思うこと。

【胸脯】(ションプー) xiōngpú 現胸。
◆度胸(どきょう)・気胸(ききょう)

月6【脅】〔10〕常 キョウ　おびやかす・おどす・おどかす
一キョウ(ケフ) 漢 一入 葉 xié シエ
二キュウ(キフ) 漢 二入 緝 xī シー
J 2228　補 U 8105

筆順

肉6【脋】〔10〕俗字 J 5409　補 U 810B

意味 一=脇 ①わきばら。②あばら。「脅胸」③そば。かたわら。④〈おびやか・す〉〈おど・す〉〈おどか・す〉恐れさせる。⑤ひそめる。二そびやかす。すくめる。「脅肩(かたをそびやかす)」

解字 形声。月が形を表し、劦(けふ)が音を示す。月はからだ。劦は、両わきからはさむという意味がある。脅は、わきばらをいう。また、両わきからはさみつけておどす意味にもなる。

【脅威】(きょうい(ゐ)) おどかし、おびえさせる。おびやかす。

【脅嚇】(きょうかく) おどしおびやかす。

【脅喝(喝)】(きょうかつ) 人の弱みにつけこんで、おどかす。脅迫。脅嚇(きょうかく)。

【脅従(從)】(きょうじゅう) ①おどかされて、人のいうままに従う。②こわがって人に従う。

【脅制】(きょうせい) おどかして、他人の行動を自由にさせない。

【脅息】(きょうそく) ①息をころす。ひどく恐れるさま。②からだが弱って、はあはあ息をする。③ひじかけ。=脇息
【脅奪】(きょうだつ) おどかして奪う。

【脅迫】(きょうはく) おどしせまる。おどしつける。脅逼(きょうひょく)。

月6【脇】〔10〕常 わき
キョウ(ケフ) 漢 入 葉 xié シエ
J 4738　補 U 8107

筆順

肉6【𦚰】〔10〕俗字 J ②8526　補 U 266B0
肉6【䏮】〔10〕俗字 J ②8530　補 U 43EE

意味 〈わき〉=脅 ①わきばら。②かたわら。そば。

解字 形声。月が形を表し、劦(けふ)が音を示す。月は、からだ。劦は夾(きょう)に通じ、物が左右にあることを表す。脇は「脅」と同じで、からだの左右、わきばらを意味する。

参考 もと「脅」と同じ。のち、「脅」はもっぱら「おびやかす」の意に、「脇」は、「かたわら・わきばら」の意に用いる。

【脇士】(きょうじ) 本尊の仏像の左右に立つ菩薩(ぼさつ)。弥陀(みだ)には観音(かんのん)・勢至。釈迦(しゃか)には文殊(もんじゅ)・普賢(ふげん)。=脇侍

肉6【胯】〔10〕
一コ 漢 一去 遇 kuà コワ
二カ(クヮ) 漢 二去 禡 kuà コワ
J 7088　補 U 80EF

意味 一二〈また〉両ももの間。「胯下(こか)」(またの下)

月6【胱】〔10〕標 コウ(クヮウ) 漢 平 陽 guāng コワン
J 7089　補 U 80F1

意味 膀胱(ぼうこう)は、小便ぶくろ。

肉6【胶】〔10〕 コウ(カウ) 漢 平 肴 xiāo シアオ
J 5404　補 U 80F6

意味 ①声。②すねの骨。③現=膠(一〇二六ページ・下)

参考 胶は「膠」(一〇二六ページ・下)の中国新字体としても使う。音 jiāo チアオ。

肉6【胻】〔10〕 コウ(カウ) 漢 平 庚　ギョウ(ギャウ) 呉 héng ホン
J ②8529　補 U 80FB

意味 ①すね。特にその膝に近い上部。②腹部。

月6【脂】〔10〕常 あぶら
シ 漢 平 支 zhī チー
J 2773　補 U 8102

筆順

意味 ①〈あぶら〉肉のあぶら。脂肪。②あぶらをぬる。③べに。「臙脂(えんじ)」④〈やに〉木からでる粘液。樹脂(じゅし)。⑤姓。

解字 形声。月が形を表し、旨(し)が音を示す。月は肉。旨には、うまいという意味がある。脂は、あぶらののった、うまい肉をいう。

【脂汗】(あぶらあせ) 国困ったり苦しんだりするときに流れ出る、あぶらけの多い汗。

【脂膏】(しこう(かう)) ①生物のあぶら。②物の豊かなたとえ。③あぶら汗を流し、苦労して得た収入。

【脂膩】(しじ(ぢ)) あぶらあか。

【脂燭】(ししょく(しそく)) 古代のともし火。細い松の木をけずり、はしをこがして油をぬり、火をともすもの。

【脂沢(澤)】(したく) ①つや。光沢。②あぶらの化粧品。

【脂粉】(しふん) ①べにとおしろい。紅粉(こうふん)。②化粧(けしょう)。

【脂肪】(しぼう(ばう)) 動植物にふくまれるあぶら。

肉6【胾】〔12〕 シ 漢 去 寘 zì ツー
J 5407　補 U 80FE

意味 〈ししむら〉大きなかたまりの肉。大きな切り肉。

肉6【胵】〔10〕 シ 漢 平 支 chī チー
J ②8528　補 U 80F5

意味 ①鳥類の胃。②鳥獣の内臓の総称。

肉6【胹】〔10〕 ジ 漢 平 支　ニ 呉 ér アル
J 5405　補 U 80F9

意味 ①くずれるほど煮る。②煮る。

肉6【𦚧】〔10〕 シュン 漢 上 軫 chǔn チュン
J ―　補 U 266A7

意味 𦚧肕(しゅんじん)は、みみず。

月6【脆】〔10〕標 セイ 漢 去 霽　ゼイ 慣 cuì ツォイ
J 3240　補 U 8106

肉6【脃】〔10〕本字 J 5408　補 U 8103

意味 ①〈もろ・い(――・し)〉くだけやすい。②〈よわ・い(――・し)〉よわよわしい。③音がすんでいる。④かるがるしい。

【脆弱】(ぜいじゃく) もろくて弱い。

【脆軟】(ぜいなん) やわらかい。

【脆美】(ぜいび) 柔らかでおいしい。

【脆味】(ぜいみ) 柔らかで、口あたりのよい食べ物。

月6【脊】〔10〕常 セキ
セキ 漢 入 陌 jǐ チー
J 3252　補 U 810A

筆順

意味 ①〈せ〉せぼね。せなか。②せぼねのように、中央部が高く長く続くもの。③中心。④すじみち。国〈せ〉〈せい〉せたけ。

解字 会意。巛と月を合わせた字。古い形では、𠂔(かい)と月を合わせた字。月は、からだ。𠂔は、せぼねの象形。脊はせぼ

ね、また、せなかを意味する。

【脊髄(髓)】医せぼねの中を通る神経中枢で、灰白色のもの。

【脊柱】せぼね。背骨。

【脊椎】医動物のせぼねを組みたてている骨。【――動物】動脊椎骨をもつ動物の総称。哺乳類、鳥・魚類など。

【脊梁】①せぼね。せすじ。脊柱。②長く続いた高地。「脊梁山脈」

【脊令】鳥の名。水辺にすむ。＝鶺鴒

肉 6 【朓】〔10〕 チョウ 漢 去 嘯 (テウ) tiào ティアオ　J ①8545 補 U 8101

意味 ①おたまやを移す時の祭りの名。②祭りの肉。

月 6 【胴】〔10〕 常 ドウ　トウ 漢 去 送 ドウ 慣 dòng トン　J 3825 補 U 80F4

筆順 丿 月 月 肌 肌 肌 胴 胴 胴

意味 ①大腸。腸。②頭と手足をのぞいたからだの部分。国①物の中間の部分。②剣道具の胸・腹部をおおう所。③太鼓・三味線などの、音の共鳴する中空の部分。④舟の中腹にあたる部分。

解字 形声。月が形を表し、同が音を示す。月はからだ。同には、つき抜けるという意味がある。胴は、からだの中の筒状になっている部分で、どうをいう。

【胴金】国槍の柄や、刀の鞘の中ほどにはめる金物の輪。

【胴体】①体幹。②事物の根幹。

【胴丸】国胴の右わきで合わせる、かんたんなよろい。

（胴丸）

【胴欲(「慾」)】国①非常に欲が深い。②不人情なこと。むごいこと。

【胴乱(亂)】国①植物採集に用いるトタン製の入れ物。②印や薬をいれ腰にさげる袋。

月 6 【能】〔10〕 学 5 ノウ　一 ドウ 漢 ノウ 呉 一 平 蒸 néng ノン　二 ダイ 漢 ナイ 呉 二 去 隊 nài ナイ　J 3929 補 U 80FD

筆順 ㇑ ム 台 台 肖 肖 能 能

意味 一①熊に似た、伝説上の動物。②〈よく〉〈あた・う(――・ふ)〉…できる。③〈よく・する(――・す)〉うまくできる。④はたらき。物事を処理する力。才能。「能力」「無能」⑤才能にすぐれている人。⑥ききめ。「効能」二〈た・える(――・ふ)〉たえしのぶ。国〈のう〉能楽。

語法 〈よく〉…できる。…する能力がある。能力の点で可能なことを表す。例「信能死、刺我。不能死、出我袴下」(韓信よ、死ねるものなら俺を刺してみろ。死ねないのなら俺の股の下をくぐれ)〈史記・淮陰侯列伝〉▼否定の場合は「あたわ(あたは)ず」と訓読する。

句形 [豈能…]〈あによく…(ん)や〉どうして…であろうか。例「鳥能択木、木豈能択鳥乎」(鳥は〔とまる〕木を選ぶことができるが、木はどうして鳥を選ぶことができようか)〈史記・孔子世家〉

解字 形声。月と㠯を合わせた字。月は肉。㠯は㠯で、音を示す。能は、くまに似て、足は鹿のような伝説上の獣の名であるという。能はりこうで力が強いので、能力の意味になった。一説に、人間が作為を加えて、何事かをなしとげることという。また、能を肙と⺶を合わせた字と見、⺶は動物の胴体、肙は黒い色のことで、能は、くまのことであるともいう。

名前 たか・のり・ひさ・みち・むね・やす・よき・よし・ちから　姓 能沢・能代・能見・能取・能美・能登・能義・能褒野

地名 能代・能見・能取・能美・能登・能義・能褒野

【能化】一よく人を教化する。二仏①人を教化する者。②師の僧。

【能言】言語のすぐれた人。ことばのたくみな者。「能言之士」〈欧陽脩・送徐無党南帰序〉

【能事】①しなければならない事。②特にすぐれた事。【――畢】なすべき事はすべてなしおえた。〈易経・繋辞上〉

【能書】一文字をうまく書くこと。また、その人。能筆。二国①薬のききめなどを書いた文。②効能を宣伝する語。

【能動的】進んで他に働きかけるさま。↕受動的

【能筆】文字をうまく書くこと。また、その人。能書。

【能文】文章をつくるのがうまいこと。

【能弁(辯)】話がうまいこと。弁舌がたっしゃなこと。弁がたつ。雄弁。↕訥弁

【能吏】うできの役人。事務処理の才のすぐれた役人。

【能力】一①物事をなしとげられる力。②精神の働き。③法ある事について、必要または適当とされる資格。「能力者」二 néngli 現 一に同じ。

【能干】nénggàn 現能力がある。腕がいい。

【能够】nénggòu 現…できる。

【能源】néngyuán 現エネルギー源。

▼不能・万能・可能・本能・有能・技能・低能・芸能・官能・性能・知能・機能・職能・放射能

肉 6 【胲】〔10〕 バイ 漢 平 灰 méi メイ　J 補 U 8104

意味 背骨の両わきの肉。

肉 6 【胮】〔10〕 ホウ 漢 平 江 (ハウ) pāng パン　J 補 U

意味 ①胮肛は、腫れる。②肥大する。

肉 7 【膖】〔11〕 俗字　J 5394 補 U 80EE

月 6 【脈】〔10〕 学 5 ミャク　一 バク 漢 ミャク 呉 一 入 陌 mài マイ　二 バク 漢 ミャク 呉 二 入 陌 mò モー　J 4414 補 U 8108

旧字 肉 6 【脉】〔10〕　J 補 U

筆順 丿 月 月 肝 肝 肝 脈 脈 脈

血 6 【衇】〔12〕 本字　J 補 U 275B4

肉 5 【脉】〔9〕 同字　J 7087 補 U 8109

血 6 【衈】〔12〕 古字　J 補 U 8847

意味 一①血の流れるくだ。血管。②脈拍。③脈拍をみて病を診断する。④すじ。物事が系統だって続くもの。二見つめあう。＝眽「脈脈」

解字 会意。月と𠂢とを合わせた字。月は肉。𠂢は川がいくすじにも分かれることである。脈は、からだの中を流れる血のすじをいう。古い形では、血と𠂢を合わせた字。

【脈脈】①続いて絶えないさま。②互いに見つめあうさま。「脈脈不得語」〈文選・古詩十九首〉③相手を慕う情をふくむさま。

【脈動】①血管が脈をうつ。②物事の裏面で、絶えず生き

生きと活動する。③地面が風や潮などの影響で脈をうつように周期的に動くこと。

【脈拍(「搏」)】みゃくはく 心臓が、規則正しく血液をおし出すために起こる、動脈管のふくれる動き。

【脈絡】みゃくらく すじみち。物事の続きぐあい。

◆一脈(いちみゃく)・山脈(さんみゃく)・文脈(ぶんみゃく)・気脈(きみゃく)・血脈(けちみゃく)(けつみゃく)・乱脈(らんみゃく)・命脈(めいみゃく)・動脈(どうみゃく)・葉脈(ようみゃく)・鉱脈(こうみゃく)・静脈(じょうみゃく)

肉6【脒】〔10〕 mǐ ミー U補J 8112 意味 現 有機化合物の一種。アミジン。

肉6【脍】〔10〕俗→膾(一〇二八ページ・中)

肉6【胷】〔10〕同→胸(一〇一八ページ・下)

肉6【脅】〔10〕俗→脅(一〇一九ページ・上)

肉6【脇】〔10〕俗→脇(一〇一九ページ・上)

肉6【胶】〔10〕俗→脇(一〇一九ページ・上)

肉6【胍】〔10〕俗→胍(一〇一六ページ・中)

肉6【胼】〔10〕同→胼(一〇二四ページ・上)

肉7【脘】〔11〕 カン 漢 上 旱 (クヮン) wǎn ワン U補J ①9046 5412 8118

意味 ①胃の干し肉。②胃。

月7【脚】〔11〕常 キャク・キャ あし キャク 漢 カク 呉 入 薬 キャ 慣 jiǎo チアオ U補J 2151 811A

筆順 月 月 月 肝 肚 肤 肤 脚

肉9【腳】〔13〕本字 U補J 8173　足7【踋】〔14〕俗字 U補J 6388 8E0B

意味 ①〈あし〉㋐すね。㋑くるぶしから爪先(つまさき)まで。㋒あし全体。㋓物の下部。「山脚」「雨脚(あまあし)」㋔器物の下について全体をささえるもの。㋕あゆみ。あしどり。「行脚(あんぎゃ)」②立場。「失脚」③品物を遠方にとどける人。④脚色は、㋐履歴書。㋑中国劇の役わり。音 jué チュエ。国〈きゃく〉足のある道具を数える語。

解字 形声。月が形を表し、却(きゃく)が音を示す。月はからだ。却はしりぞく意味がある。脚は、すわるとき、うしろになる部分、あるいは、歩くとき後方に曲げる足の部分で、ひざから下のすねをいう。

【脚気(氣)】かっけ(かく) 医手足がむくみ、感覚のしびれる病気。ビタミンB1の不足で起こる。軟脚(なんきゃく)病。

【脚色】きゃくしょく ①昔、官に仕えるときに出した履歴書。②中国劇の役わり。③劇の筋書き。④小説などを劇・映画に上演できるように書きなおす。

【脚注(「註」)】きゃくちゅう(ちう) 書物の本文の下にしるした注釈。「頭注 ↕」

【脚本】きゃくほん 劇や映画の筋書き。劇や映画などのせりふ・動作・無台装置などをしるしたもの。台本。シナリオ。

【脚力】きゃくりょく ①足の力。②飛脚。手紙をとどける人。脚夫。

【脚下】きゃっか(きゃく) 足の下。足もと。

【脚絆】きゃはん 旅行のときなど、足の保護のためにすねにつける布。脛巾(はばき)。

◆三脚(さんきゃく)・失脚(しっきゃく)・立脚(りっきゃく)・行脚(あんぎゃ)・飛脚(ひきゃく)・馬脚(ばきゃく)・隻脚(せっきゃく)・健脚(けんきゃく)・雲脚(くもあし)

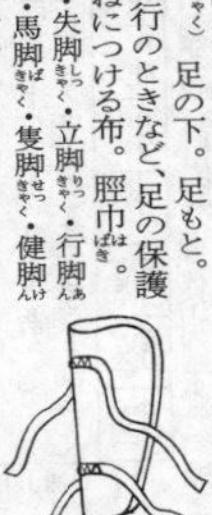

(脚絆)

月7【脛】〔11〕標 ケイ 漢 去 径 jìng チン U補J 7090 811B

肉5【胫】〔9〕俗字 U補J ②8521 2667E

意味 ①〈すね〉〈はぎ〉膝(ひざ)と足くびの間の部分。②まっすぐ。音 kēng コン。「脛脛(こうこう)」

【脛巾】けいきん はばき 旅行のときなど、すねにつける布。脚絆(きゃはん)。

肉7【脝】〔11〕 コウ 漢 平 庚 (カウ) hēng ホン U補J 811D

意味 膨脝(ぼうこう)は、腹のふくれるさま。

肉7【脞】〔11〕 一 サ 漢 上 哿 cuǒ ツォ 二 サ 漢 平 歌 qiē チエ U補J ②8533 5414 811E

意味 一 こまかい。「叢脞(そうざ)」 二 もろい。

月7【脩】〔11〕入 シュウ 漢 平 尤 (シウ) xiū シウ U補J 7091 8129

意味 ①〈ほじし〉干し肉。②〈おさ・める(をさ・む)〉㋐習う。㋑ととのえる。「脩然」㋒行う。㋓いましめる。③〈なが・い(──・し)〉「脩木」④久しい。「脩久(しゅうきゅう)」⑤かわく。

解字 形声。月(肉)が形を表し、攸(いう)が音を示す。攸ははるばると遠い意味がある。脩は干し肉の長いこと。修と通じて、おさめるの意にもなる。

名前 おさ・さね・すけ・なお・なが・のぶ・もろ・おさむ

参考 ①を除いて「修」と通用。熟語は「修」(一〇〇ページ・中)をも見よ。

【脩飾】しゅうしょく(しう) おさめかざる。ととのえて、ていさいをよくする。

【脩短】しゅうたん(しう) 長いものと、短いもの。

【脩竹】しゅうちく(しう) ①長くのびた竹。②竹やぶ。「茂林脩竹」〈王羲之(おうぎし)・蘭亭序(らんていじょ)〉

【脩飭】しゅうちょく(しう) 自分の身をおさめ、いましめる。

【脩程】しゅうてい(しう) はるかな道のり。

肉7【脜】〔11〕 ジュウ(ジウ) 漢 ニュウ(ニウ) 呉 平 尤 róu ロウ U補J 5413 811C

意味 顔付きがやさしい。

肉7【𦛗】〔11〕 ジュン 漢 去 震 rùn ルン U補J

肉7【䏰】〔11〕俗字 U補J ②8534 43F0

意味 ①朐𦛗(じゅんじゅん)はミミズ。また、県名。②しなやかで強い。

肉7【脣】〔11〕 シュン 漢 平 真 シン 慣 chún チュン U補J 7092 8123

意味 ①〈くちびる〉口のふち。「脣舌(しんぜつ)」②円形のもののへり。

参考 「唇(しん)」の正字。

【脣歯(齒)】しんし ①くちびると歯。②関係の最も深い間がら。

【──輔車】しんしほしゃ 輔は頰骨(ほお)、車は歯の下骨のこと。くちびると歯、頰骨と下あごは互いに助け合うものなので利害関係の密接なたとえ。

【脣吻】しんぷん くちさき。

【脣亡歯(齒)寒】くちびるほろびてはさむし くちびるがなくなると、歯はむき出しで寒くなる。関係の密接な一方が滅びると、他方もしたがって滅びるというたとえ。〈左伝・僖公(きこう)五〉

肉7【脤】〔11〕 シン 漢 上 軫 shèn シェン U補J ②8535 5416 8124

意味 ひもろぎ。天子が社(土地の神)の祭りに供えるなま肉。

肉7【脧】〔11〕 一 セン 漢 平 先 juān チュワン 二 サイ 漢 平 灰 zuī ツォイ U補J ②8536 5417 8127

意味 一 減らす。縮める。二 男児の陰部。

肉7【脠】〔11〕 セン 呉 漢 平 先 shān シャン U補J 5415 8120

意味 ししびしお。細切り生肉のあえもの。

月7【脱】〔11〕常 ダツ ぬぐ・ぬげる 一 タツ 漢 入 曷 tuō トゥオ ダチ・ダツ 呉 二 タイ 漢 去 泰 tuì トイ U補J 3506 8131

旧字 肉7【脫】〔11〕 U補J 812B

竹米糸缶网(罒・⺳)羊(⺶)羽(羽)老(耂)而耒(⽾)耳 6画 聿肉(月)臣自至臼(臼)舌舛(舛)舟艮色艸(艹・艹)虍虫血行衣(衤)襾(西)

筆順 丿 月 月 月' 肸 胎 胪 脱

意味 [一]①やせる。②肉から骨や皮をとりさる。③〈ぬ・ぐ〉〈ぬ・げる(―・ぐ)〉着物などをぬぎさる。「脱衣」「脱帽」④とける。ほどける。⑤にげだす。まぬかれる。⑥ぬけておちる。もれる。「脱落」⑦離れる。去る。「離脱」⑧そまつにする。おおまかにする。⑨〈もし〉もし…ならば。⑩すぐれる。[二]①ゆったりしたさま。「脱脱(たいたい)」②せみなどが、からをぬぐ。＝蛻(ぜい)

解字 形声。月が形を表し、兌(だ)が音を示す。月は肉。兌には、抜け落ちるという意味がある。脱は、肉が落ちて、やせることである。

【脱化】(だっか(くゎ)) ①殻(から)がぬけおちて、形をかえる。②古い形式を変える。

【脱却】(だっきゃく) ①ぬぎ捨てる。②ぬけ出る。

【脱臼】(だっきゅう(きう)) 骨の関節がはずれること。

【脱誤】(だつご) 文字のぬけていることと、あやまり。誤脱。

【脱稿】(だっこう(かう)) 原稿を書きおえる。

【脱穀】(だっこく) ①穀物の実を穂からとり離すこと。②もみがらを実からとり除くこと。

【脱獄】(だつごく) 囚人が牢(ろう)を破ってぬけ出すこと。牢(ろう)破り。〔牢(ろう)は。破〕

【脱出】(だっしゅつ) ぬけ出る。にげ出す。

【脱税】(だつぜい) 納税者が、税金の一部または全部をごまかして納めないこと。

【脱線】(だっせん) ①汽車・電車などが線路からはずれる。②わき道にそれる。③言うこと、行うことが普通でなくなる。

【脱然】[一](だつぜん) ①病気がさっぱりとなおるさま。②ふと気が向くさま。「脱然有(だつぜんとして)レ懐(おもいあり)」(ふとその気になった。) [二](たいぜん) ゆるやかなさま。

【脱疽】(だっそ) 手足の指先からだんだんくさる病気。

【脱走】(だっそう) にげ走る。のがれ出る。逃走(とうそう)。

【脱俗】(だつぞく) ①俗世間からのがれ出ること。世の中を超越すること。②普通の人よりすぐれている。非凡。

【脱退】(だったい) ①ひき退く。②仲間からぬける。

【脱胎】(だったい) 他人の作品の形式を変えて自分の作品を作る。「換骨(かんこつ)脱胎」＝奪胎
【脱兎】(だっと) ①にげるうさぎ。「後如二脱兎一(のちはだっとのごとし)」〈孫子・九地(きゅう)〉②行動のひどくすばやいたとえ。

【脱党(黨)】(だっとう(たう)) 自分の属している党からぬける。


【脱皮】(だっぴ) ①蛇(へび)などが、古い皮をぬぎすてる。②古い習慣や考え方から抜け出して、進歩する。

【脱文】(だつぶん) 国ぬけおちた文句や文章。

【脱法】(だっぽう(ぽふ)) 法律をぬけくぐる。法律にかからないように悪事をする。

【脱毛】(だつもう) 毛がぬける。

【脱葉】(だつよう(えふ)) 散った葉。

【脱落】(だつらく) ①ぬけおちる。②すて去る。③仲間から遅れて、あとになる。仲間はずれになる。落伍(らくご)。

【脱離】[一](だつり) ①ぬけ離れる。②はがれる。[二](トゥオリー) tuōlí 現[一]に同じ。

【脱略】(だつりゃく) ①軽んじていいかげんにする。②ぬかし、はぶく。
◇▼剝脱(はくだつ)・逸脱(いつだつ)・虚脱(きょだつ)・解脱(げだつ)・離脱(りだつ)

肉7 【脡】〔11〕 テイ (漢) (上) 迥 tǐng ティン | U 8121 補 ― J ―
意味 ①細く切った干し肉。②まっすぐな。「脡直(ていちょく)」「脡脯(ていほ)」
【脡祭】(ていさい) 鮮魚。

肉7 【脰】〔11〕 トウ (漢) (去) 宥 dòu トウ | U 8130 補 5419 J ―
意味 ①くびすじ。うなじ。②のど。

肉7 【脦】〔11〕 トク (漢) (入) 職 tè トー、de ト | U 8126 補 ― J ―
意味 肋脦(ろくとく)は、服装や動作の乱れたさま。

月7 【脳】〔11〕 学6 ノウ | U 8133 補 ― J 3930
旧字 肉9 【腦】〔13〕 ドウ(ダウ) (漢) ノウ(ナウ) (呉) (上) 皓 nǎo ナオ | U 8166 補 ― J 7110
ヒ9 【匘】〔11〕 本字 | U 5318 補 2004 J ―

筆順 丿 月 月 月' 肸 肸 脳 脳 脳

意味 ①のうみそ。頭蓋骨(ずがいこつ)の中にある灰白色の物質。中枢(ちゅうすう)神経系の主要部。②あたま。「脳海(のうかい)」③頭のはたらき。④心。

解字 会意。月・巛・囟を合わせた字。月はからだ。巛は髪の毛。囟は脳の形。脳は脳みそのことである。古い形では匘になっている。

【脳溢血】(のういっけつ(なう)) 医脳の動脈がかたくなって破れ、脳の中に出血する病気。脳出血。

【脳炎】(のうえん(なう)) 細菌などのため、脳に炎症を呈し、高熱・頭痛・意識障害などを起こす病気。

【脳子】[一](のうし(なう)) ①とりかぶと。毒草の名。②脳。知能。[二](ナオツ) nǎozi 現[一]の②に同じ。

【脳死】(のうし(なう)) 医脳のすべての機能が停止し、回復不能になった状態。

【脳漿】(のうしょう(なう)(しゃう)) 脳の中の液体。脳みそ。

【脳髄(髓)】(のうずい(なう)) 医大脳・間脳・中脳・小脳・延髄(えんずい)の総称。脳。

【脳膜】(のうまく(なう)) 脳を包む薄いまく。髄膜。【――炎】(のうまくえん(なう)) 医脳膜に炎症を起こす病気。髄膜炎。

【脳味噌】(のうみそ(なう)) 国脳髄のこと。

【脳裏】(のうり(なう)) 頭の中。心のうち。

【脳袋】(ナオタイ) nǎodai 現頭。知能。
◇▼大脳(だいのう)・小脳(しょうのう)・主脳(しゅのう)・首脳(しゅのう)・頭脳(ずのう)・髄脳(ずいのう)

肉7 【脗】〔11〕 ブン (漢) (上) 吻 フン (慣) wěn ウエン | U 8117 補 5411 J ―
意味 ＝吻 ①くちびるの両はし。②あう。ぴったり合う。「脗合(ふんごう)」

肉7 【脯】〔11〕 [一]フ (漢) ホ (慣) [一](上) 麌 fǔ フー [二]ホ (漢) [二](平) 魚 pú プー | U 812F 補 ― J 7093
意味 [一]①〈ほじし〉干し肉。薄くさいた干し肉。②果実を干したもの。[二]①むね。むねにく。②酒もり。
【脯醢】(ほかい) ①干した肉と塩から。②人を殺して干し肉や塩からにする。残酷な刑罰。〈戦国策・趙(ちょう)〉
【脯脩】(ほしゅう(しう)) 干した肉。ほじし。

肉7 【脬】〔11〕 ホウ (漢) (平) 肴 (ハウ) pāo パオ | U 812C 補 5418 J ②8537
意味 ①膀胱(ぼうこう)。小便ぶくろ。②魚のうき袋。

肉7 【脖】〔11〕 ホツ (漢) (入) 月 ボツ (慣) bó ポー | U 8116 補 5410 J ②8532
意味 ①へそ下一寸半の位置にあるつぼ(孔穴)の名。②脖項(ぼっこう)は、くび。
【脖子】(ボーツ) bózi 現くび。

肉7 【脟】〔11〕 [一]レン (漢) [一](上) 銑 luán ロワン [二]レツ (漢) [二](入) 屑 liè リエ | U 811F 補 ― J ―
意味 [一]切った肉のかたまり。[二]①あばらの肉。②腸の脂肪。

肉7 【脵】〔11〕 国字 | U 8135 補 5420 J ②8531
意味 〈また〉わかれまた。おもに地名や姓名に用い

られる。

姓 三膜（みつまた）・猪膜（いのまた）　地名 北膜（きたまた）

肉7【脺】〔11〕 俗 ↓脺（一〇二〇ページ・下）

月7〖豚〗（一一八〇ページ・下）↓家部四画

月8【腋】〔12〕 標　エキ 漢　入 陌　yè イエ、yì イー　U 814B　補 ―　J 7094

意味 ①〈わき〉わきの下。②羽のつけ根、また、前足のつけ根の内側。

【腋臭】（えきしゅう（しゅう））わきが。わきの下がにおうこと。

肉8【腌】〔12〕　一 ヨウ 漢（エフ）　一 入 葉　yān イエン　二 エン 漢　二 平 塩　yān イエン　U 814C　補 5426　J ―

意味 一①酢（す）につけた肉。②塩づけの魚。③現よごれる。きたない。二 きたない。この場合は、音 ān アン。

【腌臢】（えんさん）きたない。よごれている。＝腌臢

肉8【腒】〔12〕　キョ 漢　平 魚　jū チュイ　U 8152　補 5427　J ―

意味 ①鳥の干し肉。「腒腊（きょせき）」②久しい。

月8【腔】〔12〕 標 人　コウ（カウ）漢 呉　クウ 慣　平 江　qiāng チアン　U 8154　補 ―　J 2548

意味 ①体内の空洞の部分。「腹腔」②からだ。「満腔」③歌のふし。「腔調（こうちょう）」④動物を数える。

【腔子裏】（こう（かう）しり）からだの中。

【腔腸】（こう（かう）ちょう（ちゃう））動くらげ・いそぎんちゃくなどのからだの中で、食物をすいこみ、消化する所。「腔腸動物」

◇口腔（こうこう／こうくう）・胸腔（きょうこう／きょうくう）・満腔（まんこう）・鼻腔（びこう／びくう）

肉8【腫】〔12〕　一 ショク 漢　一 入 職 zhí チー　二 チョク 漢　二 入 職 zhí チー　U 4408　補 ―　J ②8540

意味 一①長さ一尺二寸の干し肉。②ねばる。べたつく。のり。＝昵（しょく）③脂肪がくさる。＝殖　二①大腸から直腸にかけてをいう。②肥える。

肉8【腍】〔12〕　ジン 漢　上 寝　rěn レン　U 814D　補 ―　J ―

意味 ①うまい。②満足する。③煮る。

肉8【脺】〔12〕　一 セイ 漢　一 去 霽 cuì ツォイ　二 スイ 漢　二 去 寘 suì ソイ　U 813A　補 5421　J ―

意味 一こわれやすい。もろい。二①顔のつや。②脳。③脺臓（すいぞう）。

肉8【脽】〔12〕　スイ 漢　平 支　shuí ショイ　U 813D　補 ―　J ②8539

意味 ①しり。「脽尻（すいこう）」②小さな土山。③脽丘（すいきゅう）は、地名。山西省万栄県にあった。

肉8【腊】〔12〕　セキ 漢　入 陌　xī シー　U 814A　補 5425　J ①9047

意味 ①〈ほじし〉干し肉。「腊肉」②干し肉をつくる。③かわく。④きわめて。

参考 腊は「臘」（一〇二九ページ・中）の中国新字体としても使う。

【腊毒】（せきどく）ひどい毒。はなはだしい毒。

肉8【腇】〔12〕　ダイ 漢　上 賄　něi ネイ　U 8147　補 5424　J ―

意味 ①萎腇（いだい）は、弱いさま。②うえる。＝餒（だい）

肉8【腅】〔12〕　タン 漢　去 勘　dàn タン　U 8145　補 5423　J ―

意味 ①肉。②肉・魚などの料理。③飲食する。＝啖（たん）

肉8【脹】〔12〕 人　チョウ（チャウ）漢 呉　去 漾　zhàng チャン　U 8139　補 ―　J 3617

意味 ①〈ふく・れる（――・る）〉「膨脹（ぼうちょう）」②はれる。③痛い。

解字 形声。月が形を表し、長（ちょう）が音を示す。月は肉。長には、張と同じく、「はる」という意味がある。脹は、腹がふくれること、腹がはることをいう。

参考 ①もと常用漢字。二〇一〇年告示の改定「常用漢字表」で削除。②新表記では「張」に書きかえる熟語がある。

【脹満（滿）】（ちょう（ちゃう）まん）腹がふくれる病気。

【脹脛】（ふくらはぎ）国こむら。すねのうしろ側の、ふくれた肉の部分。

肉8【腄】〔12〕　一 ツイ 漢　一 平 支 chuí チョイ　二 サイ 漢 呉　二 平 佳 chuái チョワイ　三 コウ 漢　三 平 尤 hóu ホウ　U 8144　補 ―　J ―

意味 一①きずあとの皮。②かかとの、たこ。③尻。二 みにくい。三 秦代の県名。今の山東省烟台（えんだい）市。

肉8【腆】〔12〕　テン 漢　上 銑　tiǎn ティエン　U 8146　補 ―　J 7102

意味 ①多い。②あつい。ていねい。「腆贈」③良い。

肉8【腖】〔12〕　トウ 漢　去 送　dòng トン　U 8156　補 ―　J ―

意味 ①肉。②現有機化合物の一種。ペプトン。

月8【脾】〔12〕 標　一 ヒ 漢　一 平 支 pí ピー　二 ヒ 漢　二 上 薺 bǐ ピー　U 813E　補 ―　J 7103

意味 一脾臓（ひぞう）。胃の下にある内臓。二 もも。＝髀

参考「脾（へい）」は別字。

【脾疳】（ひかん）こどもの慢性胃腸病の一つ。腹がふくれ、全身がやせる。

【脾気（氣）】（ピーチー）píqi 現性情。気質。くせ。

〖脾肉之嘆（「歎」）〗（ひにくのたん）てがらをたてる機会のないのを嘆くこと。蜀（しょく）の劉備（りゅうび）が長く馬に乗って戦場に出ないので、もも肉の太ったことを嘆いたという故事。＝髀肉之歎

肉8〔脾〕〔12〕 同字　U 26709　補 ―　J ―

肉8〔腗〕〔12〕 同字　U 8157　補 5428　J ―

肉8【腓】〔12〕　ヒ 漢　平 微　féi フェイ　U 8153　補 ―　J 7104

意味 ①〈ふくらはぎ〉〈こむら〉脛（はぎ）のふくれたところ。②足を切る刑。③かくれる。かくす。④病む。

肉8【腐】〔14〕 常　フ 漢 呉　上 麌 fǔ フー　フ　くさる・くされる・くさらす　U 8150　補 ―　J 4169

筆順 亠 广 庁 府 府 腐 腐

意味 ①〈くさ・る〉〈くさ・れる（――・る）〉⑦肉がただれる。④食物がいたむ。⑨くちる。「腐朽（ふきゅう）」②〈くさら・す〉③ふるくさい。「陳腐（ちんぷ）」④心をいためる。「腐心」⑤腐刑。⑥豆腐。

解字  形声。肉が形を表し、府（ふ）が音を示す。府には、やねの下でくっついている意味を含む。腐は、肉がくさって、とろけ、べたべたになることである。

【腐縁（緣）】（くされえん）国切りたくても、切ることのできない悪縁。

【腐壊（壞）】（ふかい（くわい））くちて、こわれる。くさって形がくずれる。「腐壊澌尽泯滅（ふかいしじんびんめつ）」（くちはてて消え滅びる。）〈欧陽脩（おうようしゅう）・送三徐無党南帰一序（じょむとうのなんきをおくるじょ）〉

【腐朽】（ふきゅう（きう））くさる。くちる。

【腐刑】（ふけい）男子の生殖器をとり除く刑罰。宮刑。

【腐渣】（ふさ）①くさったかす。②豆腐のから。大豆（だいず）から。豆腐をしぼりとったかす。食用にする。うの花。きらず。

【腐儒】ふじゅ 役にたたない学者。「乾坤一腐儒けんこんのいちふじゅ」〈杜甫とほの詩・江漢〉

【腐臭】ふしゅう 物のくさったにおい。

【腐食(「蝕」)】ふしょく ①くさって物の形がいたむ。②薬液の腐食作用で木材・金属などの版に書画をやきつけること。

【腐心】ふしん 心を痛めなやます。苦心。

【腐鼠】ふそ ①くさったねずみの死がい。②けがらわしいもののたとえ。

【腐肉】ふにく くさった肉。

【腐敗】ふはい ①くさる。腐乱。②精神がだらくする。

【腐乱(亂・「爛」)】ふらん くさりただれる。

◆豆腐とうふ・持腐もちぐされ・陳腐ちんぷ

月8【腑】〔12〕 標 フ 漢 上 麌 fǔ フー J7105 補― U8151

意味 ①〈はらわた〉中空の臓器。「六腑」(胆、小腸、胃、大腸、膀胱ぼうこう、三焦さんしょう) ②心。「腑に落ちない」

肉8【腁】〔12〕 ヘン 漢 平 先 pián ピエン J― 補― U8141

肉6【胼】〔10〕同字 J7106 補― U80FC

意味 ①胼胝へんちは、ひび・あかぎれ。たこ。②かたい。

肉8【脼】〔12〕 一 リョウ(リャウ) 漢 上 養 liǎng リアン 二 ロウ 漢 上 養 lǎng ラン J5422 補― U813C

意味 一 ①干し肉。②せきついの両側の肉。③味が濃い。④塩漬けの魚。二「朗」(六〇六ジ・中)の同字。

月8【腕】〔12〕 常 ワン うで ワン 呉 漢 去 翰 wàn ワン J4751 補― U8155

筆順

意味 ①〈うで〉㋐手くび。㋑肘ひじと手くびの間。㋒肩から手くびまでの間。②うでまえ。はたらき。国〈かいな〉(かひな) ①の㋑㋒に同じ。

解字 形声。月が形を表し、宛えんが音を示す。月はからだ。宛には、曲がる、わん曲するという意味がある。腕は、手の曲がるところ、手首・うでをいう。

【腕骨】わんこつ 手根骨。八個から成る手首の骨。

【腕力】わんりょく ①腕の力。力ずくで物事を解決すること。②筆力。

◆手腕しゅわん・敏腕びんわん・隻腕せきわん・辣腕らつわん・切歯扼腕せっしやくわん

肉8【腚】〔12〕 dìng ティン J― 補― U815A

意味 現おしり。

肉8【脐】〔12〕 俗→臍(一〇二九ジ・上)

肉8【脾】〔12〕 同→脾(一〇二三ジ・下)

肉8【腗】〔12〕 同→脾(一〇二三ジ・下)

肉8【臈】〔12〕 俗→臘(一〇二九ジ・中)

月8【勝】↓力部十画(一八〇ジ・下)

月9【腱】〔13〕 標 ケン 漢 去 願 jiàn チエン J7107 補― U8171

意味 ①骨格に筋肉を結びつける組織。「肥牛之腱ひぎゅうのけん」②大きな筋すじ。

肉9【腮】〔13〕 サイ 漢 平 灰 sāi サイ J7108 補― U816E

意味 ①〈あご〉〈あぎと〉ほほの下部。②えら。魚の呼吸器。‖顋・鰓

月9【腫】〔13〕 常 シュ はれる・はらす ショウ 漢 シュ 呉 上 腫 zhǒng チョン J2880 補― U816B

筆順

意味 ①〈は・れる(―・る)〉〈はら・す〉ふくれる。②はれもの。できもの。「腫瘍しゅよう」「腫物しゅもつ・はれもの」

解字 形声。月が形を表し、重ちょうが音を示す。月は、肉。重は、厚みがある意を表す。腫は、はれあがったできものを意味する。

肉9【腧】〔13〕 一 シュ 漢 去 遇 shù シュー 二 ユ 漢 平 虞 yú ユイ J①9049 補5431 U8167

意味 一 人体上のつぼ。「腧穴」①孔穴。経穴。②背中のつぼ。背腧。二 肥えている。

月9【腎】〔13〕 常 ジン シン 漢 ジン 呉 上 軫 shèn シェン J3153 補― U814E

筆順

意味 ①腎臓。②肝腎かんじんは、物事の要所。

解字 形声。月は形を示し、臤けんが音を示す。月は、からだ。臤は、かたい、あるいは引くことを表す。腎は、じんぞう、また、かたいことを意味する。一説に、水の気を引いて多くの脈に注ぎこむ器官であるという。

参考 新表記では、「心」に書きかえる熟語がある。

【腎虚(虛)】じんきょ 精力のなくなる病気。

【腎臓(臟)】じんぞう 血液中から尿にょうをこして、排泄はいせつする器官。五臓の一つで、下腹部の左右にある。

肉9【腥】〔13〕 セイ 漢 平 青 xīng シン J7109 補― U8165

意味 ①なま。なま肉。「腥血」「腥臭せいしゅう」「腥魚」②〈なまぐさ・い(――・し)〉③あぶら。④きたない。けがれた。

【腥膻】せいせん ①なまぐさいこと。②外国人をののしっていう語。

【腥羶】せいせん 「腥膻せいせん」に同じ。

【腥臊】せいそう(さう) ①なまぐさい。②けがらわしい。

【腥風】せいふう なまぐさい風。殺伐なけはい。

月9【腺】〔13〕 常 国字 セン セン xiàn シエン J3303 補― U817A

筆順

意味 〈せん〉生物体内で分泌ぶんぴつ作用をいとなむ器官。

解字 会意・形声。月と泉せんを合わせた字。月は、からだ。泉は音も示し、水のわき出る所を表す。腺は、肉の線(すじ)の意で、体内で分泌を行う器官のこと。

参考 国字だが中国でも使われる。

【腺病】せんびょう(びゃう) 小児の全身病。リンパ性体質の小児の結核。【――質】せんびょうしつ ①腺病の小児にあらわれる特別な体質。②病気にかかりやすい神経質な体質。

肉9【腨】〔13〕 セン 漢 上 銑 ゼン 呉 shuàn ショワン J①9050 補5432 U8168

意味 ふくらはぎ。「腨腸せんちょう」

肉9【腠】〔13〕 ソウ 漢 去 宥 còu ツォウ J①9048 補5429 U8160

意味 ①皮膚表面の細かいしわ。「腠理そうり」②はだえ。肌。

月9【腸】〔13〕 学6 チョウ チョウ(チャウ) 漢 平 陽 cháng チャン J3618 補― U8178

筆順

肉11【膓】〔15〕俗字 J7122 補― U8193

意味 ①胃から肛門こうもんまで続く消化器官。大腸と小腸に分かれそれぞれ六腑の一つとされる。はらわた。②こころ。

解字  形声。月が形を表し、昜ようが音を示す。月はからだ。昜には、長く伸びるという意味がある。腸は、腹の中で長く伸びているもの、ちょうをいう。

【腸胃】ちょう(ちゃう)い(ゐ) ①腸と胃。②物事の中枢。
【腸断(斷)】ちょう(ちゃう)だん はらわたがちぎられる。転じて、ひどく悲しむ形容。断腸。「夜雨聞レ鈴腸断声（やうにすずをきけばちょうだんのこえ）」〈白居易はくきょいの詩・長恨歌ちょうごんか〉
【腸肚】ちょう(ちゃう)と はら。心の中。
【腸中車輪転(轉)】ちょう(ちゃう)ちゅう(ちう)しゃりんてんず はらわたが煮えくりかえるような気持ちだ。〈楽府がふ詩集・非歌〉
◆大腸だいちょう・小腸しょうちょう・羊腸ようちょう・盲腸もうちょう・脱腸だっちょう・断腸だんちょう

肉9【腝】〔13〕 ㊀デイ 漢 ㊀平 斉 ní ニー　㊁ドウ(ダウ) 漢 ㊁去 号 nào ナオ　㊂ジ 漢 ㊂平 支 ér アル　U補J 815D
意味 ㊀骨のはいった肉の塩辛。㊁うでの関節。㊂①ただれる。②あたたかい。

肉9【腯】〔13〕 ㊀トツ 漢 ㊀入 月 tú トゥー　㊁トン 漢 ㊁上 阮 dùn トゥン　U補J 816F 5435
意味 ㊀①ふとる。豚ぶたがふとる。②腯肥とっぴは、祭祀用のぶた。㊁足を引きずって歩く。

肉9【腩】〔13〕 ダン 漢 ナン 慣 上 感 nǎn ナン　U補J 8169 5433 ②8541
意味 ①味つけして煮た肉。②干し肉。③肉の汁。

肉9【腷】〔13〕 ヒョク 漢 入 職 bì ビー　U補J 8177 5436
意味 むすぼれる。心がはればれしない。
【腷臆】ひょくおく 気がふさがる。胸がつまる。
【腷膊】ひょくはく ①物を打つ音。②鳥のはばたき。

月9【腹】〔13〕 学6 フク はら　フク 漢 呉 入 屋 fù フー　U補J 8179 4202
筆順 丿 月 肝 肟 脜 脜 腹 腹
意味 ①厚みがある。②〈はら〉内臓をつつんでいる肋骨ろっこつにおおわれていない部分。③心。考え。④物の中央。「山腹」⑤前部。⑥いだく。かかえる。
解字  形声。月が形を表し、复ふくが音を示す。月はからだ。复は、ふくれる、物をつつむという意味。腹は、からだの厚い部分で、はらをいう。

【腹案】ふくあん 心の中の考えや計画。
【腹笥】ふくし 腹の中の本箱の意で、学問の広いこと。
【腹心】ふくしん ①腹と胸。②心から信頼する人。③まごころ。心の底。④物事の中心。
【腹蔵(藏)】ふくぞう(ざう) 心の中に考えをかくしておく。
【腹中】ふくちゅう(ちう) ①腹の中。②心の中。考え。胸中。【—書】ふくちゅう(ちう)のしょ 腹の中にある書物。読んで頭の中にはいっている書物。「我曬二腹中書一耳（われはふくちゅうのしょをさらすのみ）」〈蒙求もうぎゅう〉
【腹背】ふくはい ①腹と背中。②前とうしろ。
【腹膜】ふくまく 腹部の内臓を包む薄い膜。
◆山腹さんぷく・中腹ちゅうふく・切腹せっぷく・心腹しんぷく・立腹りっぷく・同腹どうふく・私腹しふく・抱腹ほうふく・空腹くうふく・妾腹しょうふく・船腹せんぷく・満腹まんぷく・詰腹つめばら・裏腹うらはら・鼓腹こふく・業腹ごうはら・割腹かっぷく

肉9【腴】〔13〕 ユ 漢 平 虞 yú ユイ　U補J 8174 7111
意味 ①〈こ・える(—・ゆ)〉下腹がふとる。②地味がゆたか。「膏腴こうゆ」③あぶら。肉のあぶら。④ゆたか。富む。
参考「膄そう」は別字。

月9【腰】〔13〕 常 ヨウ こし　ヨウ(エウ) 漢 呉 平 蕭 yāo ヤオ　U補J 8170 2588
旧字 肉9【腰】〔13〕
筆順 丿 月 月 肝 肟 腰 腰 腰
意味 〈こし〉①背骨と骨盤こつばんをつなぐ部分。②こしにつける。③ものの中間部分。「山腰さんよう」 国〈こし〉①態度やものの強さ、ねばり。「強腰つよごし」②和歌の第三句。
解字 形声。月が形を表し、要ようが音を示す。月はからだ。要は、両手で腰をはさんだ姿を表すもので、こしをいう。要が別の意味に使うことが多くなって、これに月を加えた腰が、こしを表すようになった。

【腰間】ようかん 腰のあたり。腰のまわり。
【腰斬】ようざん 腰から下を切り離す刑。
【腰縄(繩)】ようじょう こしなわ(なは) 国①腰につけ、持ち歩くなわ。②軽い罪人などに、腰だけに縄をかけること。また、そのなわ。
【腰椎】ようつい 腰の部分の脊椎せきつい骨。
【腰纏】ようてん ①腰につける。②身につけている金。
【腰輿】ようよ 手輿てごし。轅ながえを腰の高さまでもちあげ、さげて行くかご。
【折二腰一】こしをおる ①人に屈服する。頭をさげる。「不レ能下為二五斗米一折中腰事上郷里小児上（ごとべいのためにこしをおりてきょうりのしょうじにつかうるあたわず）」（わずかの給料をもらうために、村の小僧っこのような上役に頭をさげることはできない。）〈晋書しんじょ・陶潜とうせん伝〉②国中途でじゃまをする。「話の腰を折る」
◆中腰ちゅうごし・及腰およびごし・長腰ながごし・逃腰にげごし・柳腰りゅうよう・やなぎごし・浮腰うきごし・弱腰よわごし・強腰つよごし・屁放腰へっぴりごし

肉9【腡】〔13〕 ラ 漢 平 歌 luó ルオ　U補J 8161 5430
意味 指紋。

肉9【腲】〔13〕 ワイ 漢 上 賄 wěi ウエイ　U補J 8172
意味 ①腲脮わいたいは、太ったさま。また、満腹で動けないさま。②腲腇わいだいは、のびやかでゆったりしたようす。

肉9【腽】〔13〕 同→膃(本ページ・下)
肉9【腳】〔13〕 本→脚(一〇二一ページ・上)
肉9【腟】〔13〕 同→膣(一〇二七ページ・中)
肉9【腦】〔13〕 旧→脳(一〇二二ページ・中)
肉9【腭】〔13〕 俗→齶(一四五五ページ・下)
肉9【腿】〔13〕 俗→腿(一〇二六ページ・中)
肉9【䐗】〔13〕 同→豬(一一八二ページ・中)

肉10【膃】〔14〕 オツ(ヲツ) 漢 入 月 wà ワー　U補J 8183 7112
肉9【腽】〔13〕 同字 U補J 817D
意味 ①膃肭おっとつは、ふとってやわらかいさま。②膃肭臍おっとせいは、北方の海にすむ海獣。

肉10【膎】〔14〕 カイ 漢 ゲ 呉 平 佳 xié シエ　U補J 818E 5443
意味 ①干し肉。②肉。③調理した肉。煮た肉。④膎腩かいようは、塩漬けの魚。

肉10【膈】〔14〕 カク 漢 入 陌 gé コー　U補J 8188 7113
意味 ①胸と腹との間のしきりの膜まく。横隔膜おうかくまく。「膈膜かくまく」②へだてる。

肉10【膁】〔14〕 ㊀ケン 漢 ㊀上 琰 qiǎn チエン　㊁カン 漢 ㊁去 陥 xiàn シエン　U補J 8181 5437 ②8543
意味 ㊀人・牛馬の腰上、側腹の肉の柔らかい部分。㊁肉のあん。

竹米糸缶网(罒・⺲)羊(⺶)羽(羽)老(耂)而耒(耒)耳
6画
聿肉(月)臣自至臼(臼)舌舛(舛)舟艮色艸(艹・艹)虍虫血行衣(衤)襾(西)

竹米糸缶网(罒・㓁)羊(⺶)羽(羽)老(耂)而耒(⺹)耳 6画 ➡聿肉(月)臣自至臼(臼)舌舛(舛)舟艮色艸(艹・艹)虍虫血行衣(衤)襾(西)

月10【膏】〔14〕 人 標 ㊀コウ㊅(カウ) ㊀㊥豪 gāo カオ ㊁コウ㊅(カウ) ㊁㊧号 gào カオ U 818F 補 J 2549

意味 ㊀①こえる。ふとる。②こえた肉。③〈あぶら〉肉のあぶら。④ねりあげて作ったくすり。「膏薬」⑤地味がゆたか。⑥めぐみ。恩恵。「膏沢(こうたく)」⑦心臓の下の部分。体の中心。「膏肓(こうこう)」㊁うるおす。

【膏雨】こう(かう)う 適切な時期に降って、万物を生長させる雨。

【膏火】こう(かう)か(くわ) ①油のともし火。②官費生の学資金。

【膏血】こう(かう)けつ ①あぶらと血。②努力し、苦心してえた利益。

【膏肓】こう(かう)こう(くわう) ①膏は心臓の下部、肓は隔膜(かくまく)の上部。この間に病気がはいると、薬もはりもとどかず、なおりにくい。なおしにくい病気。「病(やまい)膏肓に入る」②どうにも手のつけられない誤りや癖。俗に誤って「こうもう」と読む。

【膏沢(澤)】こう(かう)たく めぐみ。恩恵。

【膏沐】こう(かう)もく 口紅をつけ、髪を洗う。みだしなみ。

【膏薬(藥)】こう(かう)やく あぶらぐすり。紙などにぬり患部にはる。

【膏油】こう(かう)ゆ ①あぶら。②ともし火。

【膏腴】こう(かう)ゆ ①よくこえた土地。②物のゆたかなこと。

【膏沃】こう(かう)よく 地味がよくこえている。

【膏粱】こう(かう)りょう(りやう) ①こえた肉とうまい飯。おいしい食物。②財産家。富豪。

◇▼石膏(せっこう)・絆創膏(ばんそうこう)

肉10【䐤】〔14〕 ㊀サ㊅ ㊀㊥佳 chāi チャイ ㊁サ㊅ ㊁㊥歌 cuó ツオ U 4424 補 ― J ―

意味 ㊀䐤䐢(さかし)は、干した肉。㊁腹がなる。

肉10【䐢】〔14〕 ㊀シュ㊅ ㊀㊧遇 zhù チュー ㊁シュウ㊅(シウ) ㊁㊧宥 zhòu チョウ U 4422 補 ― J ②8547

意味 ㊀①ちぢむ。②うつくしい。㊁ちぢんだ干し肉。

肉10【䐜】〔14〕 シン㊅ ㊥真 chēn チェン U 441C 補 ― J ②8544

意味 身体の一部が腫(は)れる。ふくれる。肥大する。

肉10【膆】〔14〕 ソ㊅ ㊧遇 sù スー U 8186 補 ― J 5441

意味 ①ふとる。こえる。②鳥獣の、のどにあり食物をためる部分。

肉10【膄】〔14〕 ソウ㊅ シュ㊅ ㊧宥 shòu ショウ U 8184 補 ― J ②8545 5439

意味 ①やせる。②へる。＝瘦(そう)

月10【腿】〔14〕 標 タイ㊅ ㊤賄 tuǐ トイ U 817F 補 ― J 3460

肉9【腿】〔13〕俗字 U ― 補 ― J ―

意味 〈もも〉また。ももを大腿、すねを小腿という。

肉10【膇】〔14〕 ツイ㊅ ㊧寘 zhuì チョイ U 8187 補 ― J ―

意味 足がはれむくむ。脚気(かっけ)の類。

肉10【膅】〔14〕 トウ㊅(タウ) ㊥陽 táng タン U 8185 補 ― J ②8546 5440

意味 肥える。

肉10【膊】〔14〕 ハク㊅ ㊇薬 bó ポー U 818A 補 ― J 7114

意味 ①干し肉。ほじし。「膊脯(はくほ)」②うで。「上膊」③手足をひきさく。④膊膊(はくはく)は、鳥の声。また、物のさける音。

参考 「膞(せん)」は別字。

肉10【膍】〔14〕 ヒ㊅ ㊥支 pí ピー U 818D 補 ― J ―

意味 ①牛や鳥の胃。「膍胵(ひし)」②手厚くもてなす。

月10【膀】〔14〕 標 ホウ(ハウ)㊅ ボウ(バウ)㊇ ㊥陽 páng パン U 8180 補 ― J 7115

意味 ①膀胱(ぼうこう)は、尿を一時的にためておく袋状の器官。六腑の一つ。②肩。鳥の翼。音 bǎng パン。

月10【膜】〔14〕 常 マク U 819C 補 ― J 4376

旧字 肉11【膜】〔15〕 ㊀バク㊅ マク㊇ ㊀㊇薬 mó モー ㊁ボ㊅ モ㊇ ㊁㊥虞 mō モー U ― 補 ― J ―

筆順 丿 月 月一 月卄 月艹 月苩 月莫 膜

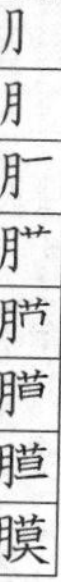

意味 ㊀①生物体の筋肉や器官をおおう薄い皮。②物の表面をおおう薄い皮。③砂漠。④中国西北の少数民族がおこなう礼拝。㊁さわる。＝摸

解字  形声。月が形を表し、莫(ばく)が音を示す。月はからだ。莫は、包みかくして見えなくなっているという意味がある。膜は肉の間のまくをいう。

【膜唄】ばい 手をあわせて仏をおがみ、歌をうたう。

【膜翅類】まくしるい こん虫の中で、はち・ありなどのように膜質の羽をもつもの。

【膜拝(拜)】もはい 両手をあげ、地に伏しておがむ。

◇▼肋膜(ろくまく)・角膜(かくまく)・粘膜(ねんまく)・結膜(けつまく)・腹膜(ふくまく)・鼓膜(こまく)・網膜(もうまく)・横隔膜(おうかくまく)

肉10【膂】〔14〕 リョ㊅ ㊤語 lǚ リュイ U 8182 補 ― J 7116

肉10【膐】〔16〕同字 U 8190 補 ― J 5438

意味 ①せぼね。②力。背中の筋肉の力。③よりどころ。

「心膂(しんりょ)」

【膂然】りょぜん たよりにするさま。たのむさま。

【膂力】りょりょく せぼねの力。体力。

肉10【膋】〔14〕 リョウ㊅(レウ) ㊥蕭 liáo リアオ U 818B 補 ― J 5442

意味 腸の間にあるあぶら。「膋血(りょうけつ)」

肉10【膫】〔16〕 同→膋(本ページ・下)

肉11【膕】〔15〕 カク㊅(クワク) ㊇陌 guó クオ U 8195 補 ― J 7118

意味 ①〈ひかがみ〉膝のうしろの、くぼんだ部分。②足を並べる。

肉11【膙】〔15〕 キョウ㊅(キャウ) ㊤養 jiǎng チアン U 8199 補 ― J ―

意味 ①筋の先端。②現手足の皮膚にできた「たこ」。

月11【膠】〔15〕 標 ㊀コウ(カウ)㊅ キョウ(ケウ)㊇ ㊀㊥肴 jiāo チアオ ㊁コウ(カウ)㊅ キョウ(ケウ)㊇ ㊁㊤巧 jiǎo チアオ U 81A0 補 ― J 7117

意味 ㊀①〈にかわ(にかは)〉動物の皮・骨などを煮つめて作った接合剤。②にかわでつける。③ねばりつく。「膠着」④かたい。⑤周代の大学。⑥現ゴム。㊁乱れるさま。

【膠固】こう(かう)こ ①にかわでつけたように、堅くくっついている。②一つの事にとらわれて融通がきかないたとえ。

【膠膠】こう(かう)こう(かう) ①鶏の鳴く声の形容。②騒ぎ乱れるさま。

【膠瑟】こう(かう)しつ 「膠柱(こうちゅう)」に同じ。

【膠漆】こう(かう)しつ ①にかわと、うるし。②交わりのかたく、親しいこと。膠漆の交わり。「膠漆之心」「膠漆之約」

【膠州湾(灣)】こう(かう)しゅう(しう)わん 山東省膠州市の湾の名。

南。黄海にのぞむ。湾の入り口に青島(チンタオ)市がある。

【膠着】こう(かう)ちゃく 堅く、くっつく。【――語】こう(かう)ちゃくご 世界の言語を形態上より分類したものの一つ。主要語のほかに独立した付属語を前後につけて、文法上の関係を示すもの。日本語・朝鮮語など、ウラル＝アルタイ語族がこれに属する。↔屈折語・孤立語

【膠柱】こう(かう)ちゅう(ちう) 「膠レ柱鼓レ瑟(ことじににかわしてしつをこす)」(六三四ジ・下)の略。

【膠盆子】こう(かう)ぼんし にかわを溶いた盆。長く解決しない問題のたとえ。〈碧巌録(へきがんろく)〉

【膠鞋】チアオシエ jiāoxié 現ゴムぐつ。

肉11 【膗】〔15〕 サイ 漢 | 平 佳 chuái チョワイ J — 補 — U 8197

意味 䐯膗(らいさい)は、形のみにくいさま。

月11 【膝】〔15〕 常 ひざ シツ 漢 | 入 質 シチ 呉 | xī シー J 4108 補 — U 819D

筆順 月 肝 肸 胠 脥 膝 膝 膝

意味 〈ひざ〉股(もも)と脛(すね)との間の関節の前方部分。

解字 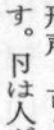 形声。古くは厀(しつ)に作り、卩が形を表し、桼(しつ)が音を示す。卩は人がひざを曲げてひざまずく形にかたどり、厀と同じくひざを表す。

【膝下】しっか ①ひざもと。父母のもと。②両親への手紙の脇付(わきづけ)に書く語。

【膝行】しっこう(かう) 膝を地につけたままで進み出る。恐れつつしむさま。

【膝蓋】シーカイ xīgài 現ひざ。

【容レ膝】ひざをいる やっと膝を入れられるほどの小さな室。「審ニ容レ膝之易ヲ安(ひざをいるるのやすんじやすきを)」(膝を入れるほどのわずかの場所でも安らかにしていやすいものだということが、よくわかった。)〈陶潜(とうせん)・帰去来辞(ききょらいのじ)〉

【促レ膝】ひざをうながす 膝をすすめる。すわったままで、前に進み出る。

【屈レ膝】ひざをくっす ①膝をかがめる。②相手の勢いにまけて従う。

肉11 【膞】〔15〕 一 セン 漢 ゼン 呉 | 一 平 先 zhuān チョワン
二 セン 漢 | 二 上 銑 zhuǎn チョワン
三 シュン 漢 ジュン 呉 | 三 平 真 chún チュン J — 補 5447 U 819E

意味 一 ①鳥類の胃。②陶器を作るろくろ台。二 ①肉のかたまり。切った肉。②ひざがしら。③膞腸(せんちょう)は、ふくらはぎ。三 祭祀(さいし)に供えたあとの残りの肉。

月11 【膣】〔15〕 標 チツ 漢 | 入 質 zhì チー J 7120 補 — U 81A3

肉9 【腟】〔13〕 同字 J 7121 補 — U 815F

意味 ①女子の生殖器の一部。陰門から子宮までの間。②胎児の肉が生じること。

肉11 【膛】〔15〕 トウ(タウ) 漢 | 平 陽 táng タン J — 補 5446 U 819B

意味 ①ふとったさま。②体内の中空部分。

肉11 【膘】〔15〕 一 ヒョウ(ヘウ) 漢 | 一 上 篠 piǎo ピアオ
二 ヒョウ(ヘウ) 漢 | 二 平 蕭 biāo ピアオ J ②8548 補 5445 U 8198

意味 一 牛のわき腹の肉。二 人や動物がふとっている。

月11 【膚】〔15〕 常 フ フ 漢 | 平 虞 fū フー J 4170 補 — U 819A

筆順 丶 ⺊ 广 卢 虍 虍 膚 膚

肉4 【肤】〔8〕 同字 J ②8518 補 — U 80A4

意味 ①〈はだ〉皮膚。②木の皮。③細切りの肉。④薄い。浅い。「膚学」⑤大きい。⑥美しい。⑦指を四本並べた単位。

解字 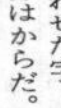 形声。盧と月を合わせた字。月が形を表し、盧は盧(ろ)の略で、音を示す。月はからだ。盧には、敷と同じく、うすいものをしくという意味がある。膚は、からだのうわ皮をいう。膚の音フは、盧の音ロの変化。

【膚学(學)】ふがく 薄っぺらな学問。うわべだけで深みのない学問。浅学。

【膚肌】ふき はだえ。はだ。肌膚。

【膚公】ふこう 大きなてがら。

【膚合】ふごう(がふ) きれぎれの雲が集まり合うさま。

【膚受】ふじゅ ①うわべだけ受け伝えて、よく理解しないこと。②身にさしせまること。【――之愬】ふじゅのうったえ(うったへ) ①膚(はだ)を切られるような、さしせまったうったえ。②皮膚にあかがだんだんたまるように、少しずつそしり、人に気づかれずに、相手をおとしいれる告げ口。〈論語・顔淵(がんえん)〉

【膚寸】ふすん 膚は指四本を並べた長さ、寸は指一本の長さ。転じて、わずかの長さ。

【膚浅(淺)】ふせん 物事の見方のあさはかなこと。浅薄(せんぱく)。「不ニ膚撓一」

【膚撓】ふとう(たう) はだを刺されて、気がくじける。「不ニ膚撓一、不ニ目逃一(ふとうせず、めまじろがず)」〈孟子(もうし)・公孫丑(こうそんちゅう)上〉

【膚理】ふり はだのきめ。肌理(きり)。

◆皮膚(ひふ)・完膚(かんぷ)

肉11 【膧】〔15〕 ホウ(ハウ) 漢 | 平 江 pāng パン J — 補 5444 U 8196

意味 膧肛(ほうこう)は、腫(は)れる。

肉11 【膟】〔15〕 リツ 漢 | 入 質 lǜ リュイ J — 補 — U 819F

意味 ①いけにえの血。②膟膋(りつりょう)は、いけにえの血と、腸の中のあぶら。

肉11 【膢】〔15〕 ル 漢 ロウ 漢 | 平 虞 lú リュイ J — 補 5448 U 81A2

意味 ①膢臘(ろうろう)は、飲食の祭り。②狩りの祭り。

月11 【膵】〔15〕 標 国字 スイ cuì ツオイ J 7125 補 — U 81B5

肉12 【膵】〔16〕 正字 J — 補 — U —

意味 膵臓(すいぞう)。消化器の一つ。

参考 国字だが中国でも使われる。

肉11 【膓】〔15〕 俗 ↓腸(一〇二四ジ・下)

肉11 【膜】〔15〕 旧 ↓膜(一〇二六ジ・中)

肉12 【膮】〔16〕 キョウ(ケウ) 漢 | 平 蕭 xiāo シアオ J — 補 5449 U 81AE

意味 ①豚肉の吸い物。②こうばしい。

肉12 【膩】〔16〕 ニ ジ(ヂ) 漢 | 去 寘 nì ニー J 7123 補 — U 81A9

貝12 【𧸐】〔19〕 俗字 J ②8918 補 — U 27E10

意味 ①〈あぶら〉②あぶらぎる。③なめらか。「膩体」

【膩滑】じかつ(ぢくわつ) なめらかなこと。

【膩理】じり(ぢ) なめらかできめが細かい。顔かたちの美しいさま。

肉12 【膲】〔16〕 ショウ(セウ) 漢 | 平 蕭 jiāo チアオ J ②8549 補 5450 U 81B2

意味 ①中国医学用語。三膲(さんしょう)は、人体における六腑(胆・胃・大腸・小腸・膀胱・三膲)の一つで、代謝などの生理機能にかかわる。＝三焦 ②からだの肉がおちる。やせる。

月12 【膳】〔16〕 常 ゼン セン 漢 ゼン 呉 | 上 銑 shàn シャン J 3323 補 — U 81B3

筆順 月 月˝ 月˝ 月˝ 月羊 月羊 月羊 膳

食12【饍】〔21〕同字 J ②9271 補 7277 U 994D

意味 ①料理した食物。②食物をすすめる。③たべる。国 ①〈ぜん〉㋐食器をのせる台。㋑茶碗(ちゃわん)に盛った飯を数える数詞。㋒箸(はし)一対。②〈かしわで(かしはで)〉「膳夫」の㊁と同じ。

解字 形声・会意。月が形を表し、善(ぜん)が音を示す。また、月と善を合わせた形。善は、おいしい、よい意を表す。月は肉。膳は、たべものをきちんと準備する、おいしく調理された料理を意味する。

姓 膳(かしわ)・膳(かしわで)・膳夫(かしわで)・膳部(かしわで)

地名 膳臣(かしわで)・膳所(ぜぜ)

【膳宰】(ぜんさい) 君主の食事をつかさどる役人。

【膳羞】(ぜんしゅう(しう)) ①肉とうまい食物。②ごちそう。料理。

【膳夫】㊀(ぜんぷ) 宮中の料理人。㊁(かしわで(かしはで)) 国昔、宮中で食事の事をつかさどった役人。

【膳部】(ぜんぶ) ①食事をつかさどる役。②料理のこと。③かしわで。「膳夫」の㊁に同じ。

肉12【膪】〔16〕 タイ 漢 去 卦 chuài チョワイ J — 補 — U 81AA

意味 ①骨の間の肉をえぐる。②現 囊膪(ナンチョワイ) nāngchuài は、豚の乳のあたりの、やわらかい肉。

肉12【膰】〔16〕 ハン 漢 平 元 fán ファン J 7124 補 — U 81B0

意味 ①〈ひもろぎ〉祭りに供えるやき肉。②祭祀用の肉を送る。

【膰俎】(はんそ) 祭りに供える肉を載せた台。ひもろぎを載せる台。

肉12【膴】〔16〕 ㊀ブ 漢 ㊀ 平 虞 hū フー ㊁ブ 漢 ㊁ 平 麌 wǔ ウー J 5451 補 — U 81B4

意味 ㊀①骨のない干し肉。②祭祀用の魚や肉。㊁①あつい。②美しい。「膴膴(ぶぶ)」③こえている。④きまり。

【膴仕】(ぶし) よい待遇で仕える。待遇がよい。「膴仕(ぶし)」

月12【膨】〔16〕 常 ボウ ふくらむ・ふくれる ホウ(ハウ) 漢 ボウ(バウ) 慣 平 庚 péng ポン J 4336 補 — U 81A8

筆順 刀 月 月+ 月士 月吉 月吉 月壴 膨

意味 〈ふく・れる(――・る)〉〈ふくら・む〉「膨張(ぼうちょう)」

解字 形声。月が形を表し、彭(はう)が音を示す。月はからだ。彭には、太鼓の音の意味がある。膨はパンパンにふくれることである。

参考 新表記では、「厖」の書きかえに用いる熟語がある。

【膨大】(ぼうだい(ばう)) 大きくふくれあがったさま。‖厖大

【膨張】(ぼうちょう(ばうちゃう)) ①ふくれあがる。②理 物体の体積が増すこと。③発展してひろがる。‖膨脹

肉12【膵】〔16〕 正→膵(一〇二七ページ・下)

月13【臆】〔17〕 常 オク J 1818 補 — U 81C6

旧字 肉13【臆】〔17〕 ヨク 漢 オク 呉 入 職 yì イー J — 補 — U —

筆順 月 月亠 月立 月音 月音 月音 臆 臆

意味 ①むね。②思い。心のうち。「胸臆(きょうおく)」③推量する。国〈おく・する(――・す)〉気おくれする。恐れる。おじる。

解字 形声。月が形を表し、意(い)が音を示す。月はからだ。意は、考え、思う意。臆は、からだの中でもの思うところと考えられていた、むねの骨、むねを意味する。また、古くは肊(よく)と書いた。乙は、むねの骨のかたちを表す。

参考 新表記では、「憶」に書きかえる熟語がある。

【臆見】(おくけん) 自分だけの考え。

【臆説】(おくせつ) あて推量の意見。確かな証拠のない説。‖憶説

【臆測】(おくそく) いいかげんな推量。あて推量。‖憶測

【臆度】(おくたく) おしはかる。推測する。

【臆断(斷)】(おくだん) 自分の考えだけできめる。いいかげんな推量できめる。

肉13【膾】〔17〕 カイ 漢 (クワイ) 去 泰 kuài コワイ J 7126 補 — U 81BE

肉6【脍】〔10〕俗字 J ②8527 補 — U 810D

意味 ①〈なます〉細かく切った生肉や魚。②細かく切る。

【膾炙】(かいしゃ(くゎい)) ①なますとあぶり肉。ともに人々から好まれるうまい食べ物。②世間の人々に広く知れわたる。「膾ヲ炙人口(じんこうにかいしゃす)」〈宣和書譜(せんなしょふ)〉

肉13【臄】〔17〕 ㊀キャク 漢 ㊀ 入 薬 jué チュエ ㊁キョ 漢 ㊁ 平 魚 jū チュイ J — 補 — U 81C4

意味 ㊀①口内の上あごの肉。②舌。③笑うさま。㊁鳥の干し肉。

肉13【臄】〔17〕 キョウ 漢 (キャウ) 平 陽 xiāng シアン J — 補 — U —

肉12【膷】〔16〕俗字 J — 補 — U 81B7

意味 牛肉の吸い物。

肉13【臉】〔17〕 ケン 漢 上 琰 liǎn リエン J 7132 補 — U 81C9

意味 ①目の下で頰(ほお)の上の部分。②まぶた。③現 顔。

【臉盆】(リエンペン) liǎnpén 現 洗面器。

肉13【臅】〔17〕 ショク 漢 ソク 呉 入 沃 chù チュー J 5455 補 — U 81C5

意味 胸の内部についているあぶら。

肉13【臊】〔17〕 ソウ 漢 (サウ) 平 豪 sāo サオ J ①9053 補 5456 U 81CA

意味 ①豚や犬のあぶらのにおい。また、そのあぶら。②きざんだ肉。音 sào サオ。③はずかしい。音 sào サオ。「害臊(がいそう)」

【臊羯狗】(そうかっく(さう)) 羯は匈奴(きょうど)(北方の異民族)、狗は犬。なまぐさい匈奴の犬。人をののしる語。

【臊腥】(そうせい(さう)) なまぐさい。

肉13【膻】〔17〕 ㊀タン 漢 ㊀ 上 旱 dàn タン ㊁セン 漢 ㊁ 平 先 shān シャン J ①9052 補 5452 U 81BB

意味 ㊀人の横隔膜。㊁なまぐさい。‖羶「膻悪」

月13【臀】〔17〕 標 トン 漢 デン 慣 平 元 tún トゥン J 7129 補 — U 81C0

肉13【臋】〔19〕同字 J — 補 5453 U 81CB

意味 ①〈しり〉「臀部(でんぶ)」②物の底の部分。

月13【膿】〔17〕 標 ドウ 漢 ノウ 呉 平 冬 nóng ノン J 3931 補 — U 81BF

意味 ①〈うみ〉はれものや腐った肉などから出るしる。「膿汁(のうじゅう)」②うむ。③ただれる。④濃い。‖醲(のう)

【膿血】(のうけつ) うみち。血のまじったうみ。

月13【臂】〔17〕 標 ヒ 漢 去 寘 bì ピー J 7130 補 — U 81C2

意味 ①〈うで〉かいな。肩からうで。②動物や虫の前足。③弓のにぎり。国〈ひじ(ひぢ)〉うでの関節の外側の部分。

参考 「擘(はく)」は別字。

【臂使】(ひし) 腕が指を使うように、自由に人を使う。‖臂指

【臂臑】(ひどう(だう)) 上膊部。

『剋レ臂』(ひじ(ひぢ)にこくす) ちかいのことばを腕に刻みつける。固く約束する。

【攘レ臂】ひじ(ひぢ)をはらう(はらふ) 腕まくりをする。勇気を奮い起こすこと。
▽一臂いっぴ・半臂はんぴ・断臂だんぴ・猿臂えんぴ・三面六臂さんめんろっぴ

肉13【膺】〔17〕ヨウ 漢 平 蒸 yīng イン　J 7131　U 81BA
意味 ①〈むね〉胸。②馬の胸にあてる帯。むねあて。③あたる。ひきうける。「膺任」「膺受ようじゅ」④うつ。征伐する。
【膺懲】ようちょう うちこらす。敵国を征伐する。

肉13【臃】〔17〕ヨウ 漢 平 冬 yōng ヨン　J ②8551　補 5454　U 81C3
意味〈はれもの〉できもの。
【臃腫】ようしゅ(しょう) ①はれもの。できもの。＝癰よう ②樹木のこぶ。転じて、役にたたないもの。

肉13【臁】〔17〕レン 漢 平 塩 lián リエン　J ②8550　U 81C1
意味 ①すね。②あな。

肉13【膸】〔17〕同 →髓(一四〇八ページ・中)

肉13【臋】〔19〕同 →臀(一〇二八ページ・下)

肉13【膽】〔17〕旧 →胆(一〇一七ページ・上)

肉13【臈】〔17〕同 →臘(一〇八八ページ・上)

肉14【臐】〔18〕クン 漢 平 文 xūn シュン　U 81D0
意味 ひつじ肉の吸い物。

肉14【臎】〔18〕スイ 漢 去 寘 cuì ツォイ　補 5457　U 81CE
意味 ①鳥の尾部の肉。②しりの骨。③肥える。

月14【臍】〔18〕標 セイ 漢 平 斉 qí チー　J 7133　U 81CD
意味 ①〈へそ〉〈ほぞ〉 ②へその形をしたもの。

肉8【脐】〔12〕俗字　J ②8538　U 2671D

【臍下丹田】せいかたんでん へその下一寸半のところ。体内の気がここに集まると、健康を保ち勇気が出るという。
【噬レ臍】ほぞをかむ へそはかもうとしても、かめない。後悔してもどうにもならないたとえ。〈左伝・荘公そうこう六〉

肉14【臑】〔18〕一ドウ(ダウ) 漢 一 去 号 nào ナオ　二ジュ 漢 二 平 虞 rú ルー　三ジ 漢 三 平 支 ér アル　J 7134　U 81D1
意味 一①うで。②動物の前足。二①うでの骨。②やわらかなさま。三よく煮る。国〈すね〉ひざからくるぶしのあいだ。

肉14【臏】〔18〕ヒン 漢 上 軫 bìn ピン　J ①9054　補 5458　U 81CF
意味 ①膝頭ひざがしらにあるさら状の骨。膝蓋骨しつがいこつ。②膝蓋骨を取り去る刑罰。「臏脚ひんきゃく」

肉14【臏】〔18〕俗 →臏(本ページ・中)

肉15【臖】〔19〕キョウ 漢 去 径 xìng シン　コウ 呉　J ②8552　U 81D6
意味 腫はれる。腫れて痛む。

肉15【臗】〔19〕コン 漢 平 元 kūn クン
意味 ①肉体。②またの骨。③しり。

肉14【臗】〔18〕俗字　J ①9055　補 5460　U 81D7

月15【臓】〔19〕学 6 ゾウ　J 3401　U 81D3

旧字 肉18【臟】〔22〕ソウ(サウ) 漢 ゾウ(ザウ) 呉 去 漾 zàng ツァン

筆順

月18【臟】〔22〕入　J 7139　U 81DF
意味〈はらわた〉体内のいろいろな器官の総称。「内臓」
解字 形声。月が形を表し、藏ぞうが音を示す。月はからだ。藏には、物をしまいこむくらの意味がある。臟は、からだの中の臓腑をいう。
参考 臣を六画に数え、月(肉)部十四画とする場合もある。
【臓腑】ぞうふ(ざうふ) はらわた。五臓(心・肝・肺・腎・脾)と六腑(胆・胃・大腸・小腸・膀胱・三焦)の総称。
▽五臓ごぞう・内臓ないぞう・心臓しんぞう・肝臓かんぞう・肺臓はいぞう

肉15【臕】〔19〕ヒョウ(ヘウ) 漢 平 蕭 biāo ピアオ　補 5459　U 81D5
意味 ふとったさま。「臕満」「臕肥」

月15【臘】〔19〕標 ロウ(ラフ) 漢 呉 入 合 là ラー　J 7136　U 81D8
意味 ①祭りの名。冬至とうじの後、第三の戌いぬの日に行う。「臘祭ろうさい」②年のくれ。十二月。「旧臘きゅうろう」「臘月」③冬に作る塩づけの肉。干し肉。④僧の得度とく後の年数。転じて、年功をつむこと。身分の高下にもいう。⑤両刃。

肉8【腊】〔12〕俗字

参考 ①「臈」は俗字であるが、「表外漢字字体表」では別字扱い。②「旧臘」の場合には「臈」を使わないのが普通。
【臘虎】ラッコ 北太平洋近海にすむ海獣。毛皮が美しく、珍重された。アイヌ語。＝猟虎
【臘月】ろうげつ(らふ) 陰暦十二月の別名。
【臘日】ろうじつ(らふ) ①「臘八ろうはっ」に同じ。②国大みそか。十二月三〔十一〕日。
【臘酒】ろうしゅ(らふ) 年の暮れに仕込んだ酒。
【臘梅】ろうばい(らふ) 木の名。観賞用の落葉樹。二月ごろかおりのよい黄色の花をつける。唐梅からうめ。南京梅なんきんうめ。
【臘八】ろうはち(らふ) 仏陰暦十二月八日。釈迦しゃかが悟りを開いた日を記念する法会ほうえ。

肉16【臙】〔20〕エン 漢 平 先 yān イエン　J 7135　U 81D9
意味 ①のど。②臙脂えんじは、べに。紅色の顔料。

肉16【臛】〔20〕コク 漢 入 沃 huò フオ　J ②8553　補 5461　U 81DB
意味 ①肉だけで作ったスープ。②いぶす。

肉16【臚】〔20〕リョ 漢 平 魚 lú ルー　ロ 呉　J 7138　U 81DA
意味 ①はだ。皮。②腹。③ひたい。④伝える。上から下へ告げ伝える。⑤並べる。
【臚言】ろげん 世の中で言い伝えることば。
【臚伝(傳)】ろでん 上位の人のことばを伝え告げる。

月16【騰】→馬部十画(一四〇四ページ・上)

肉17【臝】〔21〕ラ 漢 呉 上 哿 luǒ ルオ　補 5462　U 81DD
意味 ①はだか。はだかになる。②短い毛の獣。虎とらや豹ひょうなど。「臝物らぶつ」
【臝葬】らそう(さう) 死者に衣服もつけず、棺にも入れずに葬る。

肉18【臞】〔22〕ク 漢 平 虞 qú チュイ　補 5463　U 81DE
意味 ①〈や・せる(―・す)〉 ②へる。

肉18【臟】〔22〕旧 →臓(本ページ・中)

月18【臟】〔22〕俗 →臓(本ページ・中)

肉19【䐢】〔25〕一デイ 漢 ナイ 呉 一 平 斉 ní ニー　二ダ 漢 ナ 呉 二 平 歌 nuó ヌオ　補 5464　U 81E1
意味 一骨付き肉の肉びしお。二鹿肉のひしお。

竹米糸缶网(罒・⺳)羊(⺶)羽(羽)老(耂)而耒(耒)耳
6画
聿肉(月)臣自至臼(臼)舌舛(舛)舟艮色艸(艹・艹)虍虫血行衣(衤)襾(西)

肉19

【臠】〔25〕 レン 漢 呉 上 銑 luán ロワン

J 7140 補 U 81E0

意味 ①ぶつ切りの魚や肉。②こまかくだく。③やせる。
国〈みそなわ・す(みそなは・す)〉ごらんになる。

6画 臣部 しん

【部首解説】「服従している人」にかたどり、「君主に仕える者」を表す。この部には、「臣」の形を構成要素とする文字が属する。新字体では七画に数える。

臣0

【臣】〔7〕 学4 シン・ジン

シン 漢 ジン 呉 平 真 chén チェン

J 3135 補 U 81E3

筆順 丨 … 臣

意味 ①奴隷。捕虜。②臣下。家臣。「臣工しんこう」③君主に対する家来の自称。④自分をけんそんしていうことば。⑤人民。住民。⑥つかえる。家来となる。国〈おみ〉姓かばねの一つ。

解字 象形。君主に仕える者が、前にうつむいて服従している形である。また、目をむいている形で、黒目をいうとも、うつむいて服従している人の目を側面から見た形であるともいう。

名前 お・み・おか・おん・きん・しげ・たか・とみ・みつ・みる

【臣子】しんし ①家来と子。②家来。臣下。
【臣事】しんじ 家来として仕える。
【臣従(從)】しんじゅう 家来となって従い仕える。
【臣庶】しんしょ ①家来と人民。②家来。
【臣妾】しんしょう(せふ) ①家来とそばめ。②人に服従する者。
【臣籍】しんせき ①臣下の身分。②国皇族以外の国民としての身分。【――降下】しんせきこうか(かう) 国皇族が皇族の身分を離れて普通の国民になること。
【臣節(節)】しんせつ 臣下としてのみさお。家来としての道を堅く「守ること。
【臣属(屬)】しんぞく ①家来となって従う。②召使。
【臣道】しんどう(だう) 臣下としてつくすべき道。
【臣伏】しんぷく 家来となって従い仕える。
【臣服】しんぷく 家来となって従い服する。
【臣僕】しんぼく ①役人と召使。②奴隷。
【臣民】しんみん ①家来と人民。②人民。③君主国家の国民。
【臣虜】しんりょ 捕らえられて家来になる。家来。
【臣僚】しんりょう(れう) 官吏。役人。
◇大臣だいじん・功臣こうしん・乱臣らんしん・忠臣ちゅうしん・侍臣じしん・武臣ぶしん・家臣かしん・陪臣ばいしん・群臣ぐんしん・賊臣ぞくしん・勲臣くんしん

臣0

【⾂】〔6〕 同→頤(一三七五ジベー・上)

臣2

【臥】〔9〕 標 人 ガ 漢 呉 (グワ) 去 箇 wò ウオ

J 1873 補 U 81E5

臣2

【卧】〔8〕 俗字

J ②0352 補 U 5367

意味 ①〈ふ・す〉㋐うつぶせになる。「病臥びょうが」㋑ねむる。㋒ものがたおれる。横たわる。②ふしど。ねま。寝室。③やすむ。④人里から離れてすむ。

【臥雲】がうん(ぐわ) 雲に寝る。仕官しないで、山野にかくれ住むことのたとえ。

【臥起】がき(ぐわ) ふすことと、起きること。おきふし。寝ても起き「ても。いつも。

【臥虎】がこ(ぐわ) ①寝ている虎とら。②無慈悲な役人のたとえ。③勇猛な人のたとえ。

【臥床】がしょう(ぐわ)(しゃう) ①ねどこ。寝台。②床について寝る。

【臥牀】がしょう(ぐわ)(しゃう) ねどこ。寝台。

【臥褥】がじょく(ぐわ) 病気でねどこに寝つく。臥蓐がじょく。

【臥薪嘗胆(膽)】がしんしょうたん(ぐわ)(しゃう) かたきをうつなどの目的を果たすために辛苦すること。春秋時代、呉王夫差ふさが父のかたきの越王えつおう勾践こうせんを討とうとして、いつも薪たきぎの上に寝て身を苦しめ、またその後夫差に敗れた勾践が、呉から受けた恥をそそごうと苦い胆きもを嘗なめて報復の志を忘れまいとしたという故事。〈十八史略・春秋戦国〉

【臥榻】がとう(ぐわ)(たふ) 寝台。ねどこ。臥牀がしょう。

【臥内】がない(ぐわ) 寝室の中。

【臥病】がびょう(ぐわ)(びゃう) 病気で寝る。

【臥竜(龍)】がりょう(ぐわ) ①寝ている竜。②まだよい機会にあわず、民間にかくれている英雄のたとえ。「諸葛孔明しょかつこうめい臥竜也」〈蜀志しょくし・諸葛亮しょかつりょう伝〉【――鳳雛】がりょうほうすう(ぐわ) 寝ている竜と鳳おおとりの雛ひな。まだ世にあらわれない英雄のたとえ。〈資治通鑑しじつがん・漢記〉

【臥所】ふしど 国ねどこ。ねや。
◇仰臥ぎょうが・起臥きが・病臥びょうが

臣2

【臤】〔8〕

J ②8555 補 U 81E4

意味 ㊀かたい。＝堅けん ㊁かしこい。＝賢けん

㊀カン 漢 ケン 呉 ㊀平 刪 qiān チエン
㊁ケン 漢 ゲン 呉 ㊁平 先 xián シエン

臣8

【臧】〔14〕

J 7141 補 U 81E7

㊀ソウ(サウ) 漢 ゾウ(ザウ) 慣 ㊀平 陽 zāng ツァン
㊁ソウ(サウ) 漢 ゾウ(ザウ) 慣 ㊁去 漾 zàng ツァン

意味 ㊀①〈よ・い(―・し)〉善い。②まいない。賄賂わいろ。「臧賂ぞうろ」③しもべ。召使。いやしんだいい方。「臧聚ぞうしゅう」④姓。㊁①五臓(肝・心・脾ひ・肺・腎じん)。②くら。倉庫。

【臧獲】ぞうかく(ざう)(くわく) ①下男と下女。②召使。臧穀ぞうこく。

【臧否】ぞうひ(ざう) ①よしあし。善悪。「陟罰臧否ちょくばつぞうひを」(善いものをほめ、悪いものを罰する。)〈諸葛亮しょかつりょう・出師表すいしのひょう〉②善悪を批判する。

【臧賂】ぞうろ(ざう) わいろ。

臣9

〖竪〗(一一八〇ジベー・中) →豆部八画

臣9

〖頣〗(一三七五ジベー・上) →頁部六画

臣10

【臨】〔16〕 同→臨(二九六ジベー・上)

臣11

【臨】〔18〕 学6 リン のぞむ

㊀リン 漢 呉 ㊀平 侵 lín リン
㊁リン 漢 呉 ㊁去 沁 lìn リン

J 4655 補 U 81E8

筆順 丨 … 臨

意味 ㊀①〈のぞ・む〉㋐よく見る。㋑見おろす。㋒身分の上位の者がその場所に行く。「光臨」㋓治める。「君臨」㋔物事にあたる。㋕その場にゆく。㋖その時におよぶ。②手本のとおり写す。「臨写りんしゃ」③易えきの卦かの名。㊁葬式のときに泣く。また、その儀礼。

解字 形声。臥が形を表し、品ひんが音を示す。臥は、人がうつむいていること。品は、いろいろの品物の意味。臨は、下のほうの物を見下ろすこと。また、品は浜ひんと同じであるから、臨は、高い海岸のがけから下を見る意味であるともいう。

名前 み

参考 臣を六画に数え、総画数を十七画とする場合もある。

【臨安】りんあん 今の浙江せっこう省杭州こうしゅう市。南宋なんそうのとき、都として臨安と呼んだ。
【臨界】りんかい さかい。境界。限度。「臨界量」
【臨海】りんかい 海のそばにある。海に近い。

【臨機】その時の状況に応じて(処置する)。【――応(應)変(變)】その時の状況、その場の情勢の変化に応じて適切にとりはからうこと。

【臨御】①天子となって国を治める。②天子がその場所に行かれる。

【臨邛】地名。今の四川省邛崍市。「臨邛道士鴻都客」(蜀の臨邛出身の道士〔仙人の術を行う人〕で、長安〔今の西安〕の鴻都門に客人となっている人。)〈白居易の詩・長恨歌〉

【臨月】子が生まれるはずの月。生み月。

【臨検(檢)】その場所に行って調べる。

【臨幸】天子がその場所におみえになること。臨御。

【臨済(濟)宗】㊎禅宗の一派。鎌倉時代に栄西がわが国に伝えた。

【臨淄】周代から戦国時代の斉の都。今の山東省淄博市。

【臨時】㊀時を定めず、その時になってやる。一時的。㊁línshí 現㊀に同じ。

【臨終】死にぎわ。いまわ。死期。【――正念】㊎仏道を修行している者が死にぎわに、心の乱れることなく往生を堅く信じること。

【臨書】手本を見て書く。

【臨床】医者が病人の所に行くこと。【――医(醫)学(學)】病人を実地に診断し、治療法を研究する医学の一部門。⇔基礎医学
【臨場】その場所に行く。

【臨席】その席に出る。出席する。

【臨池】習字のこと。後漢の張芝が池のそばで熱心に習字をし、そのため池の水が黒くなったという故事。

【臨洮】地名。甘粛省岷県にある。万里の長城の起点。

【臨本】習字・図画などを習うとき、見て写す手本。

【臨模(「摸」)】臨とは手本をみて書くこと。模とは手本の上に紙をしいて書きうつすこと。＝臨摹
【臨莅】①その場所に行く。②天子の位につく。＝臨涖・臨蒞
◆台臨・光臨・君臨・来臨・降臨

6画 自部 みずから

竹米糸缶网(罒・⺲)羊(⺷)羽(羽)老(耂)而耒(耒)耳
6画 聿肉(月)臣自至臼(臼)舌舛(舛)舟艮色艸(艹・艹)虍虫血行衣(衤)西(襾)

【部首解説】「鼻の形」にかたどり、転じて「自分」を表す。この部には、「自」の形を構成要素とする文字が属する。

0 自 **【自】** [6] 2 学 みずから　ジ・シ 漢 去 寘　ジ 呉 zì ツー　J2811 補 U81EA

筆順 ノ 丨 白 白 自 自

意味 ①〈みずから(みづから)〉自分。自分で。②〈おのずから(おのづから)〉しぜんに。ひとりでに。③〈より〉…から。「自今」④〈よ・る〉したがう。もとづく。⑤もし。⑥〈いえども〉たとえ…でさえも。

語法 ❶〈より〉…から。時間・場所の起点を示す。例「自レ古至レ今、所二由来一久矣」(昔より今に至るまでその由来は久しい)〈史記・三王世家〉
❷〈いえども(いへども)〉…であっても。例「自二天子一不レ能レ具二鈞駟一、而将相或乗二牛車一」(天子でさえ四頭立ての馬車をそろえることはできず、将軍や宰相の中には牛車に乗るものもあった)〈史記・平準書〉
句形 【自レ非二…一】〈…にあらざるよりは〉…でない限りは。例「自レ非二然者一、臣願得下少賜二游観之間一、望中見顔色上」(そうでない限りは、少しく遊覧のお暇を頂戴いたしてご尊顔を拝したく願います)〈史記・范雎列伝〉

解字 象形。鼻の形を表したもの。人ははなを指さして、自分のことを表すので、自分、われ、の意味になる。
名前 おの・これ・さだ　難読 自棄

【自惚】国自分の価値を自分で実際以上に高く評価する。

【自愛】自分自身で自分の身をたいせつにする。

【自慰】①自分で自分を慰める。②「自瀆」に同じ。

【自意識】①自分の心の状態を反省すること。自己意識。②自我についての考え。

【自営(營)】人にたよらず自分で事業を経営する。

【自衛(衞)】自分で自分を防ぎ守る。【――権(權)】①自分の生命・財産の危険をふせぎ守る権利。②国家が他からの不正な圧迫や危害から自国および国民を守るため、やむをえず発動する防衛の権利。

【自家】①自分の家。自宅。②自分。自己。【――中毒】自分の体内に発生した毒にあたる病気。【――撞着】自分の言ったり行ったりしたことが、前とあとでくいちがうこと。矛盾。

【自我】㊀①自分。自己。②㊕自分自身を意識する実体。我。エゴ。㊁zìwǒ 現自分自身で。【――解放】旧来の服従的な道徳からぬけ出て、個人の自由を主張すること。

【自戒】自分で自分をいましめる。自分で注意する。

【自壊(壞)】自然とこわれる。

【自害】自分から死ぬ。自殺。

【自覚(覺)】㊀①自分の価値・使命などを自分でさとる。覚醒。②㊎自分で迷いをたちきり、悟りを開く。㊁zìjué 現㊀の①に同じ。

【自学(學)】㊀自分ひとりで学習する。「自学自習」㊁zìxué 現㊀に同じ。

【自画(畫)自賛(贊・讃)】①自分の絵に自分でほめことばを書きつける。②自分で自分をほめる。

【自画(畫)像】自分で自分自身を描いた肖像画。

【自活】自分の力で暮らしをたてる。

【自棄】自分から自分の価値を見すてる。やけになる。「自暴自棄」

【自虐】自分で自分をいためつける。

【自給自足】自分の必要なものを自分で作って満たす。

【自供】被告などが自分で申し述べる。また、その述べたことがら。

【自矜】自分で自分の長所をほこる。自慢。

【自彊】自分から努力して休まない。「自彊不レ息」〈易経・乾卦〉

【自屈】自分から身をかがめる。自分から折れて出る。

【自剄】自分で自分の首をはねて死ぬ。自刎。

【自経(經)】自分から首をくくって死ぬ。縊死。

【自警】自分で警戒する。「自警団」

【自決】①自殺する。②自然に土手がきれて流れだす。③自分で自分の行動をきめる。「民族自決」

【自慊】自分で満足に思う。〈礼記・大学〉

【自己】㊀自分。おのれ。みずから。㊁zìjǐ 現㊀に同じ。【――主義】自分だけよければ、他はどうでもよいと

いう考え方。

【自業自得】(じごう(ごふ)じとく) 自分がした悪い行いのむくいを自分の身に受けること。

【自今】(じこん) 今からのち。これから。以後。＝爾今

【自裁】(じさい) 自殺する。

【自在】(じざい) 思うまま。心のまま。「自由自在」

【自殺】(じさつ) 自分で死ぬ。自分で自分の生命をたつ。自尽。自害。↔他殺

【自賛(贊・「讃」)】(じさん) ①自分で自分をほめる。②自分で自分のほめことば(賛)を書く。「自画自賛」

【自恣】(じし) 自分の思うまま。わがまま。

【自恃】(じじ) 自分で自分の才能をたのむ。自負。

【自失】(じしつ) 我を忘れる。ぼんやりする。気がぬける。「茫然自失」

【自若】(じじゃく) ①もとのままで、動かない。おちついたさま。「泰然自若」②もとのとおり。従前どおり。

【自主】(じしゅ) 他の助けをかりず、物事を自分で考え実行すること。【――的】(じしゅてき) 他から干渉されないで、自分で決定して事を行う態度。

【自首】(じしゅ) 犯人が、捕らえられない前に自分から進んで自分の罪を申し出る。

【自習】(じしゅう(しふ)) [国]他にたよらず自分で学ぶ。

【自粛(肅)】(じしゅく) 自分から身をつつしむ。「自戒自粛」

【自署】(じしょ) 自分で自分の姓名を書く。

【自如】(じじょ) ①平気なさま。②前と少しも変わらない。もとのまま。

【自序】(じじょ) ①自分の著書に自分で書いたはしがき。②自分の平生(へいぜい)について述べた文。

【自助】(じじょ) 他人の力をあてにせず、自分で自分の仕事をなしとげる。

【自称(稱)】(じしょう) ①自分で名のる。②自分で自分をほめる。③第一人称。↔対称・他称

【自訟】(じしょう) ①自分で自分のあやまちをせめる。自責。②自分でうったえる。

【自照】(じしょう(せう)) 自分自身を反省し、知る。【――文学(學)】(じしょう(せう)ぶんがく) 日記・随筆などの類をいう。

【自乗(乘)】(じじょう) 同一の数・式二つをかけあわせること。二乗。

【自縄(繩)自縛】(じじょうじばく) 自分のなわで自分を縛る。自分の言行のために、自分自身が思うようにならなくなること。

【自叙(敍)伝(傳)】(じじょでん) 自分で自分の経歴を書いたもの。自伝。

【自身】(じしん) わが身。おのれ。

【自信】(じしん) 自分で自分の才能や価値を信じこむこと。

【自刃】(じじん) はもので、自分の命をたつ。自害。＝自尽

【自尽(盡)】(じじん) 自分から命をたつ。自殺。

【自炊】(じすい) 自分で食事を作る。「自炊生活」

【自生】(じせい) ひとりでに生じる。

【自制】(じせい) ゆきすぎた感情や欲望を自分でおさえる。自律。

【自省】(じせい) 自分で反省する。行為の善悪を自分で考える。

【自製】(じせい) 自分でつくる。また、その物。手製。自作。

【自責】(じせき) 自分で自分のあやまちをせめとがめる。自訟。

【自説】(じせつ) 自分の意見。自分の説。

【自然】[一](しぜん|じねん) 人の力が加わらない、もとのままの姿。ありのまま。天然。↔人工 [二](しぜん) ①天地間の万物。宇宙。「大自然」②物の本性。③おのずから。ひとりでに。[三](ツーラン) ① zìrán [現][一][二]に同じ。② zìran [現]のびのびしている。

【――界】(しぜんかい) ①万物の存する天地間のすべて。②人間以外の世界。③人間・生物を除いたすべての世界。

【――科学(學)】(しぜんか(くわ)がく) 自然界の現象を研究する学問。↔精神科学

【――主義】(しぜんしゅぎ) ①(哲)自然を根本原理として、すべての現象は自然から生まれたとする考え方。②人間生活をありのままに描こうとする文学上の主義。

【――淘汰】(しぜんとう(たう)た) 外界の生活環境に適する生物は生存し、適しない生物は滅びるという、ダーウィンの進化論の説。

【――法】(しぜんほう(はふ)) ①自然界のすべてを支配する原因結果の法則。②(法)人が作ったものではなく、おのずから存する法則。普遍妥当の法則。

【自選】(じせん) ①自分から自分を選びだす。②自分で自分の作品を選定する。

【自薦】(じせん) 自分から自分を推薦する。

【自疏】(じそ) 自分でいいわけをする。

【自足】(じそく) 自分で満足する。自分の物だけで満足する。「給自足」

【自尊】(じそん) ①自分でえらがる。②自分で自分の品位を落とさないようにする。自重。↔自卑「自尊心」

【自他】(じた) ①自分と他人。②あれと、これ。③自動詞と他動詞。

【自大】(じだい) 自分から高ぶる。自分でえらがる。「夜郎自大」

【自堕(墮)落】(じだらく) 行動にしまりがない。だらしない。

【自治】(じち) ①自分で自分の身をおさめる。②物事が自然におさまる。③団体が自分たちの力で、その団体の事務をしまつする。【――体(體)】(じちたい) 住民の意志によって行政ができる地方公共団体。国家から自治の権利・能力を与えられた公共団体。都・道・府・県・市・町・村・市町村組合など。自治団体。「地方自治体」

【自重】(じちょう) ①自分の身をたいせつにする。②自分の行いをつつしみ、軽はずみなことをしない。

【自嘲】(じちょう(てう)) 自分で自分をばかにする。

【自適】(じてき|じせき) 自分の思うままにする。思うままに心を慰める。「悠悠自適」

【自転(轉)】(じてん) ①自分で回転する。②(理)天体がそれ自身の一定した軸を中心として回転する。↔公転

【自伝(傳)】(じでん) 自分で書いた自分の伝記。

【自得】(じとく) ①満足して得意になる。②自分で心に悟る。③自分で悪い結果をまねく。「自業自得」

【自瀆】(じとく) 手などで自分の生殖器に性的快感を与える行為。手淫。自慰。

【自任】(じにん) ①自分で自分の任務とする。自分で引き受けてする。②自分で自分をりっぱな者と思いこむ。

【自認】(じにん) 自分で認める。

【自白】(じはく) 自分から自分の悪事を申し出る。

【自縛】(じばく) ①自分で自分をしばる。②自分の言ったことばのために自分が思うように行動できなくなる。

【自発(發)】(じはつ) 他のさしずなどによらず、自分から進んでやること。

【自反】(じはん) 自分で反省する。

【自卑】(じひ) ①自分で自分を軽んじる。②へりくだる。↔自尊

【自費】[一](じひ) 自分で支払う費用。自弁。↔公費 [二](ツーフェイ) zìfèi [現][一]に同じ。

【自筆】(じひつ) 自分自身で書いたもの。

【自負】(じふ) うぬぼれる。自分の才能を頼みとし、ほこる。

【自刎】(じふん) 自分で首をはねて死ぬ。

【自弁(辨)】(じべん) 自分で費用を支払う。

【自奉】(じほう) 自分で自分の身を養う。衣食などの生活いっさいを自分でととのえる。

【自暴自棄】(じぼうじき) 自分で自分にあいそをつかして、やけを起こす。すてばちになる。〈孟子・離婁上〉

【自明】(じめい) ①証明しないでも、それ自身で明らかなこと。②自分の直観で明らかなこと。③自分で明らかにする。

【自滅】(じめつ) ①自分で自分を滅ぼす。②自然に滅びる。

【自問自答】(じもんじとう(たふ)) 自分でたずね、自分で答える。

【自由】[一](じゆう(いう)) ①自分の思いどおり。かって気まま。自由自在。②他に束縛されない。③法律が認めた範囲内で、自分が思うとおりにできる。[二](ツーユー) zìyóu [現][一]に同じ。【――意志】(じゆう(いう)いし) 他から縛られないで、自分の思うとおりにはたらく意志。【――港】(じゆう(いう)こう(かう)) 各国の船舶が自由に出入りし、無税で貿易することを認められた港。【――詩】(じゆう(いう)し)

従来の定型にとらわれず、自由な形式でつくる詩。↕定型詩【——自在】(じゆうじざい) 思いのまま。【——主義】(じゆうしゅぎ) すべての干渉や束縛をしりぞけ、各個人の自発的な活動範囲をできる限り拡大しようとする主義。リベラリズム。政治上では民主主義、精神的には個人主義に通じる。【——平等】(じゆうびょうどう) 法律の認める範囲内で、すべての人がなんの差別も受けず自由に行動する権利があること。【——貿易】(じゆうぼうえき) 国家が外国貿易になんの制限も、また保護・奨励もしないこと。

【自余(餘)】(じよ) そのほか。このほか。＝爾余

【自来(來)】(じらい) ①それ以来。それ以後。＝爾来 ②よってきたる。由来する。③自分から来る。【——水】(ツーライショイ) zìlái-shuǐ [現]水道。【——水筆】(ツーライショイピー) zìláishuǐbǐ [現]万年筆。

【自立】(じりつ) ①ひとりだち。自分の力で独立する。②自分でかってに王となる。

【自律】(じりつ) ①自分で自分の欲をおさえる。②自分のたてた規則に従って行動し、他からしばられないこと。↕他律【——神経(經)】(じりつしんけい) 脳脊椎(のうせきつい)神経系には無関係で働く、胃腸・心臓・血管・子宮などを支配する神経。

【自力】[一](じりょく) 独力。[二](じりき) ①[一]に同じ。②自分で努力する。③[仏]自分の力によって悟りをひらこうとする。↕他力【——更生】(じりきこうせい) 自分の力で困難な現状をうち破って、明るい生活をうちたてる。【——宗】(じりきしゅう) 自分の力によって悟りを開こうとする宗派。禅宗など。↕他力宗

【自行車】(ツーシンチョー) zìxíngchē [現]自転車。

【自私】(ツースー) zìsī [現]自分かってな。利己的。

【自従(從)】(ツーツォン) zìcóng [現]…から。

【自動】(ツートン) zìdòng [現]自発的に。

【自侮、然後人侮之】(みずからあなどりて、しかるのちにひとこれをあなどる) ↓「人必自侮、然後人侮之」(ひとかならずみずからあなどりて、しかるのちにひとこれをあなどる)(五九ジ・中)

【自反而縮、雖千万(萬)人吾往矣】(みずからかえりみてなおくんば、せんまんにんといえども、われゆかん) 自分で反省して正しいと思ったら、たとえ千万人の敵がいても、私はおしきって進もう。〈孟子・公孫丑(こうそんちゅう)上〉

自1【乢】〔7〕キョウ(ケウ)[漢][上] 篠 jiǎo チアオ　J — 補 5466 U 81EB

[意味] 自重する。行いをつつしむ。

自3【臭】〔9〕[常] シュウ くさい・におう　J 2913 補 — U 81ED

[旧字] 自4【臭】〔10〕[人] [一]シュウ(シウ)[漢][一][去] 宥 chòu チョウ [二]キュウ(キウ)[漢][二][去] 宥 xiù シウ　J ①9056 補 — U FA5C

筆順	ノ	ｲ	白	白	自	自	臭	臭

自6【臰】〔12〕俗字 J — 補 5468 U 81F0

[意味] [一]①〈におい(にほひ)〉㋐かおり。㋑いやなにおい。②〈くさ・い(——・し)〉〈にお・う(にほ・ふ)〉いやなにおいがする。③〈くさみ〉いやなにおい。④悪いうわさ。「臭聞(しゅうぶん)」⑤くさる。⑥さげすむことをいう。[二]①においをかぐ。＝嗅 ②においの総称。

[解字]  会意。自と犬とを合わせた字。自は鼻(はな)で、臭は、犬が走りながら、鼻でにおいをかぐことを表している。それで、においの意味になる。

【臭穢】(しゅうあい) くさくてきたない。

【臭気(氣)】(しゅうき) くさいにおい。くさみ。

【臭素】(しゅうそ) [理]元素名。蒸発しやすく、強いにおいの液体。ブロム。

【臭聞】(しゅうぶん) よくないうわさ。聞き苦しい評判。

【臭味】(しゅうみ) ①におい。②同じにおいの者。同類。

【臭名】(しゅうめい) 悪い評判。

【臭虫(蟲)】(チョウチョン) chòuchóng [現]なんきん虫。

◆体臭(たいしゅう)・俗臭(ぞくしゅう)・悪臭(あくしゅう)

自4【臬】〔10〕ゲツ[漢][入] 屑 niè ニエ　J ②8557 補 5467 U 81EC

[意味] ①弓のまと。めあて。②日時計のしるし。③法律。「臬法(げっぽう)」④かぎり。⑤臬司(げっし)は、司法官。⑥門のしきりのくい。

自4【臭】〔10〕[旧] →臭(本ジ・上)

自4【息】→心部六画(四八一ジ・上)

自6【臯】〔12〕[俗] →皐(八五八ジ・下)

自6【臰】〔12〕[俗] →臭(本ジ・中)

自6【奡】→大部九画(三三三ジ・上)

自7【辠】→辛部六画(九八九ジ・中)

自8【鼻】→鼻部〇画(一四五一ジ・下)

自9【臱】〔15〕[一]ベン[漢] メン[呉][一][平] 先 mián ミエン [二]ヘン[漢][二][平] 先 biān ピエン　J — 補 5469 U 81F1

[意味] [一]①見えない。②遠くの方を見るさま。[二]「邊」(九四五ジ・下)の古字。

自10【臲】〔16〕ゲツ[漢][入] 屑 niè ニエ　J — 補 5470 U 81F2

[意味] 臲臲(げつげつ)・臲卼(げっこつ)は、動揺して安らかでない。

6画 至部 いたる いたるへん

[部首解説] 「至」と「一」が合わさり、「鳥が地面に飛び降りる」ことを表す。一説に「矢が地面にとどくさま」にかたどるともいう。この部には、「至」の形を構成要素とする文字が属する。

至0【至】〔6〕[学]6 シ いたる　シ[漢][呉][去] 寘 zhì チー　J 2774 補 — U 81F3

筆順	一	ㄥ	云	云	至	至

[意味] ①〈いた・る〉㋐くる。到着する。㋑およぶ。とどく。㋒きわまる。②〈いたって〉きわめて。非常に。③〈いたり〉きわまり。極点。④太陽が南または北に行きつきわまった時期。「夏至(げし)」「冬至(とうじ)」

[解字]  会意。𡗜と一を合わせた字。一は、地面。𡗜は、古い形を見るとわかるが、鳥が高所から下に飛ぶ形。至は、鳥が上から下に飛び下りて、地に着くことを表す。他の説に、𡗜は、矢の飛ぶ形で、至は、矢が目標にぴったりと着く形、矢が極限まで到達して止まる形であるなどという。

[名前] ちか・のり・みち・むね・ゆき・よし　[難読] 至是(ここにいたりて)

【至意】(しい) ①この上なく深い考え。②まごころ。至情。③深い意味。

【至恩】(しおん) きわめて深い恵み。

【至楽(樂)】[一](しがく) 最もすばらしい音楽。[二](しらく) 最上の楽しみ。

【至簡】(しかん) きわめて簡単なこと。

【至急】(しきゅう) 非常に急ぐ。大急ぎ。火急。

竹米糸缶网(罒・⺲)羊(⺶)羽(羽)老(耂)而耒(耒)耳 6画 聿肉(月)臣自至臼(臼)舌舛(舛)舟艮色艸(艹・⺿)虍虫血行衣(衤)襾(西)

【至極】㊀この上ないところ。極点。㊁きわめて。この上なく。まったく。

【至近】非常に近い。「至近距離」

【至愚】きわめておろかなこと。また、その人。↔至賢
【至計】もっともすぐれた計略。

【至芸(藝)】この上なくすぐれた芸。

【至賢】この上なくかしこい。また、その人。↔至愚
【至言】最も道理にかなったことば。

【至公】この上なく公平。少しも私欲がない。【――至平】非常に公平である。

【至孝】最上の親孝行。この上ない親孝行。

【至高】最も高い。この上なく高い。

【至剛】非常に強い。

【至材】この上なくすぐれた才能。

【至日】冬至と夏至の日。

【至純】少しのまじりけもない。最も純粋である。

【至小】非常に小さい。↔至大
【至上】国この上ない。最高。

【至情】まごころ。至情。

【至心】まごころ。至心。

【至親】非常に親しい間がら。最も身近な親族。

【至人】道を修めて最高の地位に到達した人。

【至仁】非常に恵み深い。非常に情があつい。

【至聖】この上なく徳がすぐれている。また、その人。【――先師】明の嘉靖年間に贈った孔子の尊称。【――文宣王】宋の大中祥符年間に贈った孔子の尊称。

【至誠】この上ないまごころ。この上ない真実。【――如レ神】まごころの極致は神のように、すべての物事に通ずる。〈中庸〉【――而不レ動者、未ニ之有一也】まごころをつくす者に対して、心を打たれないことなどあり得ない。〈孟子・離婁上〉

【至正至当(當)】この上なく正当である。まったく正しく当たっている。

【至善】この上ない善。最高の善。「在レ止ニ於至善一」〈大学〉

【至尊】①きわめて尊い。至貴。②天子の敬称。

【至大】この上なく大きい。【――至剛】きわめて大きく、きわめて強い。〈孟子・公孫丑上〉

【至治】世の中が最もよく治まる。

【至当(當)】①最も道理にかなうこと。②ごくあたりまえのこと。

【至道】最もすぐれた道。最上の道徳。

【至徳】この上ない最高の徳。最上の徳。この上なくすぐれた人物。

【至難】この上なくむずかしい。最も困難。

【至美】この上もなく美しい。

【至微】きわめて細かい。非常に小さい。【――至陋】この上なく身分がいやしい。〈李密・陳情表〉

【至宝(寶)】この上なくすぐれた宝。

【至妙】きわめて、すぐれ巧みなこと。

【至要】最もたいせつな。

【至理】①もっともしごくな道理。②最もよく治まっている。至治。

【至陋】この上なくいやしい。

【至霊(靈)】最もすぐれた、ふしぎな働きをするもの。「心をさしていう。」

【至論】道理に合った、もっともな議論。

【至少】zhìshǎo 現少なくとも。

【至今】zhìjīn 現今なお。

【至矣尽(盡)矣】この上なく行きとどいている。〈荘子・斉物論〉
▽乃至・冬至・必至・夏至

至4【致】〔10〕 常 チ いたす U補J 3555 81F4
旧字 至3【致】〔9〕 チ 漢 呉 去 寘 zhì チー U補J 26936

筆順 一 ㄷ 𠫔 𢀖 至 至 𦤳 致

意味 ①〈いた・す〉㋐送る。とどける。「致レ書」㋑あたえる。㋒きわめる。「致レ知」㋓任せる。「致レ身」㋔まねく。㋕つくす。「致レ力」㋖なしとげる。「致レ富」②役人をやめて家にかえる。「致仕」③おもむき。気持ち。「風致」「雅致」

解字  会意。至と夂を合わせた字。至は、ゆきつくこと。夂は、打つことで、「〜させる」という意味。致は、到着させることで、送りとどける意味。また、夂は足のかかとを地に着けた形で、致は、目的地に行って、そこに置く意味を表すともいう。至しは音を示すもので、致は形声文字であるともいう。

名前 おき・とも・のり・むね・ゆき・よし・いたる

参考 致は「緻」(九八一ジ・上)の中国新字体としても使う。

【致遠】①遠くまで行く。②遠くの人をなつけ来させる。

【致仕】①辞職する。②仕える者を呼びまねく。

【致死】死に至らせる。死なせる。「致死量」

【致身】身をささげる。

【致知】①知識をおし広めていく。(朱熹の説。)②自分が生来もっている良知を発動させる。(王守仁の説。)〈大学〉【――格物】「格物致知」(六三七ジ・下)を参照。

【致福】幸福を招きよせる。

【致斃】たおれて死ぬ。

【致命】①身命をなげ出して努力する。②命にかかわる。【――傷】①死ぬ原因になるきず。いのちとり。②滅亡や失敗のもととなるほど重大なこと。
▽召致・合致・風致・極致・誘致・言文一致

至6【臵】〔12〕 カク 漢 キャク 呉 入 陌 gé コー U補J 5471 81F5
意味 至る。

至6【臸】〔12〕 ㊀シ 漢 呉 平 支 zhī チー ㊁シン 漢 呉 去 震 jìn チン U補J 5473 81F8
意味 ㊀到達する。至る。㊁進む。

至6【臶】〔12〕 セン 漢 去 霰 jiàn チエン U補J 5472 81F6
意味 ①再び来る。②かさねて。再び。③〈しきりに〉たびたび。④人の名。

至6【臷】〔12〕 テツ 漢 入 屑 dié ティエ U補J 81F7
意味 ①〈お・いる(―・ゆ)〉年をとる。＝耋 ②赤黒色の馬。

至6〔耊〕(一〇〇三ジ・上)→老部六画

至7【臹】〔13〕 シュウ(シウ) 漢 シュ 呉 平 尤 xiū シウ U補J 5474 81F9
意味 ①習う。②進む。

至7【臺】〔13〕 俗→臺(二二三ジ・上)

至8【臺】〔14〕 旧→台(二二三ジ・上)

至10【臻】〔16〕 シン 漢 平 真 zhēn チェン U補J 7143 81FB
意味 ①〈いた・る〉来る。およぶ。②あつまる。

6画

臼(臼)部 うす

【部首解説】「うすの中に米が入っているさま」にかたどり、「うす」を表す。この部には、「臼・臼（両手で持ち上げること）」の形を構成要素とする文字が属する。

臼0 【臼】〔6〕 常 キュウ うす
キュウ(キウ)(漢)(上)有 jiù チウ
J 1717 補 — U 81FC

筆順 ノ 丿 𠂉 ⺊ 臼 臼

意味 ①〈うす〉米などをつく道具。②うすでつく。③姓。
解字 象形。うすの中に米がはいっている形である。
地名 臼杵
【臼歯(齒)】奥歯。食物をかみくだく歯。
【臼杵】うすときね。
【臼砲】口径の大きさにくらべて砲身の短い大砲。

臼1 【臼】〔7〕 ㊀キョク(漢)(入)沃 jú チュイ ㊁キョ(漢) コ(呉)(上)語 jǔ チュイ
J ②8558 補 — U 2695 1
意味 ㊀①両手の指を組み合わせる。㊁両手でかかげ持つ。＝挙 ②両手ですくう。＝匊

臼2 【臽】〔8〕 カン(漢)(去)陥 xiàn シエン
J ②8559 補 5475 U 81FD
意味 ①小さな洞穴。②おちる。また、突き刺す。＝陥

臼2 【臾】〔9〕 ㊀ユ(漢)(呉)㊀(平)虞 yú ユイ ㊁ユ(漢)㊁(上)麌 yǔ ユイ ㊂ヨウ(漢)㊂(上)腫 yǒng ヨン
J 7144 補 — U 81FE
意味 ㊀①ひきとめる。②須臾は、わずかの時間。しばらく。③姓。㊁古代の弱い弓。㊂縦臾は、すすめそそのかす。

臼2 〖兒〗↓儿部六画（一二五ページ・下）

臼3 【臿】〔9〕 ソウ(漢)(サフ)(入)洽 chā チャー
J ②8560 補 5476 U 81FF
意味 ①臼でつく。②土を掘り返す農具。＝鍤 ③さしはさむ。＝插

（臿②）

臼3 【臼】〔9〕 同 ↓舁（本ページ・中）

臼4 【舁】〔10〕 ヨ(漢)(平)魚 yú ユイ
J — 補 — U 2F98B
意味 〈か・く〉かつぐ。両手をかけてもちあげる。

臼3 【舁】〔9〕 同字 J 7145 補 — U 8201

臼4 【舀】〔10〕 ㊀ヨウ(漢)(エウ)㊀(上)篠 yǎo ヤオ ㊁ユ(漢)㊁(平)虞 yú ユイ
J — 補 5477 U 8200 7
意味 ㊀㊁①臼の中から、取り出す。②汲み出す。「舀酒」「舀水」

手5 【抭】〔8〕 或体 J — 補 — U 62AD

臼5 【舂】〔11〕 ショウ(漢)(平)冬 chōng チョン
J 7146 補 — U 8202
意味 ①〈うすづ・く〉うすで粟などをつく。「舂糧」〈荘子・逍遥遊〉②〈つ・く〉つきあてる。＝衝
参考 「春」は別字。
【舂容】ゆったり落ち着いたさま。

日7 【㫶】〔11〕 同字 J ②1393 補 — U 231C3
日6 【𣅀】〔10〕 俗字 J ②1392 補 — U 3AEA

臼6 【舄】〔12〕 ㊀シャク(漢)(入)薬 què チュエ ㊁セキ(漢)(入)陌 xì シー
J — 補 5478 U 8203 8
意味 ㊀〈かささぎ〉鳥の名。＝鵲 ㊁①〈くつ〉底を二重にかさねたくつ。履は、底がひとえのもの。「舄履」②やせたアルカリ性の土地。「舄鹵」③光るさま。つづくさま。「舄奕」

（舄㊁①）

臼6 【舄】〔12〕 同字 J ②8562 補 — U 8204

臼6 【𦦙】〔13〕 J ②8561 補 — U 2696F
意味 漢字の字体記述要素。學(学の旧字体)・覺(覚の旧字体)を構成する。

臼6 【與】〔13〕 旧 ↓与（二一ページ・上）

臼7 【舅】〔13〕 標 キュウ(漢)(キウ)(上)有 jiù チウ
J 7147 補 — U 8205
意味 ①おじ。母の兄弟。「舅父」②〈しゅうと(しうと)〉㋐夫の父。㋑妻の父。「外舅」③妻の兄弟。④天子が異姓の諸侯に使う親称。「伯舅」
【舅姑】しゅうと、しゅうとめ。夫または妻の父母。
【舅氏】①母の兄弟。おじ。②妻の父。しゅうと。
【舅弟】母の兄弟の子。母かたのいとこ。
【舅父】母の兄弟。おじ。
【舅母】母の兄弟の妻。

臼7 〖鼠〗↓鼠部〇画（一四五一ページ・上）

臼9 【興】〔16〕 学 5 コウ・キョウ おこる・おこす
㊀キョウ(漢) コウ(呉)㊀(平)蒸 xīng シン ㊁キョウ(漢) コウ(呉)㊁(去)径 xìng シン
J 2229 補 — U 8208

筆順 亻 𠂉 钔 铜 铜 铜 铜 興

意味 ㊀①〈おこ・す〉㋐始める。㋑盛んにする。②〈おこ・る〉㋐始まる。㋑盛んになる。ふるいたつ。㋒生じる。③〈お・きる(―・く)〉おきる。たち上がる。㊁①おもむき。たのしみ。「興趣」「感興」②よろこぶ。③「詩経」の六義の一つ。自分の感情をのべるのに、何かにたとえて述べる表現方法。
解字 会意。同と舁とを合わせた字。同は力を合わせること。共同してことにあたること。舁は四本の手で持ち上げること。興は、共同で物を持ちあげることで、起こす意味になる。
名前 き・おき・さき・とも・ふか・ふさ・さかん
姓 興津
地名 興津・興部
参考 新表記では「昂」「亢」の書きかえ字に用いる熟語がある。
【興趣】おもしろみ。おもむき。興味。
【興味】おもしろみ。おもむき。【――津津】おもしろみが、つぎつぎとわき出ること。
【興役】工事をおこす。建築をはじめる。
【興壊(壞)】盛んになることと、おとろえること。盛衰。隆替。
【興起】①感動してふるい起こる。②物事が盛んになる。

【興業】①学業を盛んにする。②新たに産業をおこす。

【興慶宮】唐代、長安にあった玄宗の宮殿。

【興行】㊀①よい行いをする。②盛んに行う。㊁劇・映画などを料金をとって見せること。

【興国(國)】①国をおこし、勢いを盛んにする。②国力の盛んな国。

【興替】盛んになることと、衰えること。興廃。隆替。盛衰。

【興敗】盛んになることと、やぶれること。

【興廃(廢)】盛んになることと、おとろえること。興替。

【興発(發)】米倉を開いて人民に施し、善政をしく。

【興復】ふたたび盛んになる。もとどおりもりかえす。復興。

【興(「昂」・「亢」)奮】㊀①感情がたかぶる。②刺激により生物体のはたらきが変化すること。㊁xīngfèn 現㊀に同じ。

【興亡】おこることと、ほろびること。

【興隆】おこり盛んになる。勢いが盛んになる。

◆不興・余興・座興・遊興・復興・感興・即興・勃興・文芸復興

臼9【舉】〔16〕同→擧(五二八ジ・上)

臼10〖輿〗→車部十画(一二二四ジ・下)

臼11【舊】〔17〕俗→舊(五八二ジ・中)

臼12【舊】〔18〕旧→旧(五八二ジ・中)

臼13〖鶂〗→鳥部八画(一四三三ジ・中)

臼13〖轝〗→車部十三画(一二二四ジ・下)

臼18〖黌〗→黄部十三画(一四四五ジ・中)

6画 舌部 した したへん

【部首解説】「干」と「口」が合わさり、「した」を表す。この部には、「舌」の形を構成要素とする文字が属する。

舌0【舌】〔6〕学6 ゼツ した　セツ漢 ゼチ呉 ゼツ慣 入 屑 shé ショー　U補J 820C 3269

筆順 ノ 二 千 千 舌 舌

意味 ①〈した〉味を感じとり、発音を助ける口中の器官。②鈴や鐘などの中にさげられ、振られて、音を出すもの。③舌状のもの。④ことば。

解字 会意・形声。干と口とを合わせた字で、干は音をも示す。干には、おかすという意味がある。舌は、口の中にあって、ものを言ったり、味を区別したりするものである。干は、口をおしのける意味。また、干は、出と同じく、口からペロペロ出ることで、舌は、したをいうとする。音ゼツは、干の音カンの変化であるという。

【舌禍】①演説・講義などの内容が、法律や禁令などにふれたために起こるわざわい。②事実でない事を言いたてられ、おとしいれられた災難。

【舌耕】学問の講義や演説などによって、暮らしをたてる。↔筆耕

【舌根】舌のつけ根。舌のねもと。【——未乾】舌の根がかわかないうちに。いま言ったばかり。

【舌人】通訳。通弁。

【舌尖】①舌の先。口さき。②弁舌。

【舌戦(戰)】言いあらそい。議論をたたかわせる。論戦。口論。

【舌争(爭)】言いあらそい。舌戦。口論。

【舌苔】消化器の病気のために、舌の表面にできる灰白色のこけ状のもの。

【舌代】口で述べるかわりに書いた、簡単な書きもの。口上がき。

【舌端】①舌の先。口さき。②弁舌。

【舌頭】㊀①舌さき。口さき。②言いまわし。㊁shétou 現舌。

【舌鋒】ほこさきのようにするどい議論や弁舌。

〖掉舌〗雄弁をふるう。

〖巻舌〗驚いて、ことばも出せないさま。

◆口舌・弁舌・毒舌・長舌・筆舌・饒舌

舌1〖乱〗→乙部六画(四二ジ・上)

舌2【舏】〔8〕キュウ(キウ)漢 ク呉 上 有 jiǔ チウ　U補J 820F 5479

意味 舌で物をつかまえる。

舌2【舍】〔8〕旧→舎(八八ジ・上)

舌2〖刮〗→刀部六画(一六一ジ・上)

舌4【舐】〔10〕標 シ漢 上 紙 shì シー　U補J 8210 7151

舌8【舓】〔14〕本字　U補J 8213 5480

舌5【䑛】〔11〕俗字　U補J 445B ①9058

意味 〈な・める(—・む)〉〈ねぶ・る〉舌でなめる。また、食べる。

〖舐犢之愛〗犢は子牛。親牛が、子牛をなめて愛すること。転じて、親の慈愛深いたとえ。

舌5【䑛】〔11〕俗→舐(本ジ・下)

舌6【舒】〔12〕ショ漢 ジョ呉 平 魚 shū シュー　U補J 8212 4816

意味 ①〈の・びる(—・ぶ)〉㋐ひろがる。㋑ゆったりする。②〈の・べる(—・ぶ)〉㋐ひろげる。㋑申し述べる。③〈ゆる・い(—・し)〉ゆるやか。㋐おちつく。のんびりする。㋑だらしている。④春秋時代の国名。今の安徽省廬江県西南。

【舒懐(懷)】心の思いをのべる。

【舒巻】①ひろげることと、巻くこと。②書物を開く。③臨機に処理する。

【舒緩】①静かでゆったりしている。②だれる。なまける。

【舒肆】ゆったりとして、自由なさま。

【舒舒】ゆっくりしたさま。静かなさま。

【舒嘯】①静かにうそぶく。嘯は口をすぼめて声を出すこと。②口笛をふく。

【舒情】心の思いをのべる。舒懐。＝叙情

【舒暢】のびのびする。愉快になる。

【舒服】shūfu 現気持ちがいい。

舌7【誕】〔13〕テン漢 呉 平 先 tiān ティエン　U補J 269DD ②8563

意味 誕彈は、ことばがはっきりしない。

舌7〖辞〗→辛部六画(一一二六ジ・中)

舌 8 【舔】〔14〕テン 漢 上 琰 tiǎn ティエン
意味 なめる。「舔啖」

舌 8 【舚】〔14〕トウ 漢 入 合（タフ）tà ター
舌 8 【𦧲】〔14〕同字
意味 ①のむ。すする。②大食する。

舌 8 【舓】〔14〕本↓舐（一〇三六ページ・下）

舌 9 【舗】〔15〕旧↓舗（一一八ページ・上）

舌 10 【舘】〔16〕俗↓館（一三九一ページ・下）

舌 12 【舙】〔18〕カイ 漢 去 卦（クワイ）huà ホワ
意味 ①はなす。＝話。②言葉巧みに人をだます。

舌 13 【舚】〔19〕テン 漢 去 豔 tiàn ティエン
意味 舌を出すさま。また、舌のたれ下がっているさま。

6画　舛（舛）部　まいあし　ます

【部首解説】「人が向かい合って寝ること」を表す。この部には、「舛・舛」の形を構成要素とする文字が属する。新字体の構成要素となるときは「舛」（七画）になる。

舛 0 【舛】〔6〕セン 漢 上 銑 chuǎn チョワン
人 12 【僢】〔14〕同字
人 13 【僢】〔15〕俗字
意味 ①〈そむ・く〉〈たが・う（――・ふ）〉㋐もとる。さからう。「舛逆」「舛午」㋑まちがう。②いりまじる。みだれる。③災難。不幸。
解字 会意。人と人とが向かい合って寝ている形。また、足と足とを外がわに開いて寝ている形ともいう。
姓 舛添・舛成・舛館
【舛互】①そむきたがう。＝舛午 ②互いに入りまじる。
【舛誤】誤る。まちがう。まちがい。
【舛錯】①そむき乱れる。②入りまじる。

舛 6 【舜】〔13〕人　シュン 漢 去 震 shùn シュン
旧字 舛 6 【舜】〔12〕
意味 ①つる草の一種。あさがお。②むくげ。木の名。③古代の天子の名。親孝行で、人望があり、尭帝に認められて位を譲られた。のち、禹に帝位を譲った。
解字 会意・形声。もとの字形は𦦓。㐫と舛を合わせた形。舛は音をも示す。㐫は蔓草のあさがおで、地をはい花をつける形、舛は背く形で、つるが左右にそむき生える意である。舜はあさがおをいう。一説に、㐫は炎のゆれ動く早い動きを示す意で、咲いては早く散るむくげの花ともいう。
名前 とし・みつ・よし・ひとし
【舜禹】古代の聖天子、舜帝と禹王。
【舜華（華）】①むくげの花。②美人のたとえ。
【舜楽（樂）】聖天子、舜の音楽。
【舜典】「書経」の編名。舜帝の事跡をしるしたもの。

舛 7 【牽】〔13〕カツ 漢 入 黠 xiá シア
舛 8 【𦧺】〔14〕俗字
意味 ①くさび。車輪が抜けないように固定するため、車の軸のはしにさしこむもの。＝轄 ②星の名。

舛 8 【舞】〔15〕常　ブ　まう・まい　ブ 漢 上 麌　ム 呉 wǔ ウー
旧字 舛 8 【舞】〔14〕

筆順 ノ 仁 𠓜 無 舞 舞 舞 舞
意味 ①〈まい（まひ）〉音楽や歌にあわせておどること。「歌舞」②〈ま・う（―・ふ）〉㋐おどる。㋑とびまわる。③〈まわ・す（まは・す）〉まいをまわせる。④はげます。⑤もてあそぶ。からかう。⑥鐘のあたまの部分。

解字 形声。舛が形を表し、無が音を示す。舛は両足を開いた形。無は、人がわきの下に物をぶらさげて持っている形。舞は、まう姿を表したものである。

地名 舞鶴
【舞衣】舞姫の衣。

【舞雩】天を祭り、雨ごいをする。また、その祭壇。「風ニ乎舞雩ニ」（雨ごいの壇のあたりですずしい風にあたる。）〈論語・先進〉

【舞筵】舞を舞う所。

【舞閣】舞楽を演ずる、たかどの。

【舞楽（樂）】一 舞にあわせ演じる雅楽（中古、唐・三韓から伝わった宮廷音楽）。国 舞楽を演ずる。

【舞姫】まいひめ（まひ）　舞をする女。

【舞妓】まいこ（まひ）　舞をまい、酒宴に興をそえる女。

【舞曲】①舞のふし。おどりのうた。②舞と音楽。

【舞榭】歌や舞を演じる台。舞台。

【舞台（臺）】①劇・舞・能楽などを演じる場所。②うでまえをあらわす晴れの場所。

【舞殿】一 舞楽を奏する宮殿。二 まいどの（まひ）国 舞楽を演じる建物。神楽堂。神楽殿。

【舞踏（「蹈」）】①舞いおどる。足をふみならして喜びおどる。②天子にお目にかかるとき、手をふり、足をふみならす礼儀。③西洋式のおどり。ダンス。

【舞筆】事実をまげ、つごうのよいように巧みに書く。「筆。曲」

【舞文】①法律を自分のつごうのよいようにこじつけて乱用する。「舞文弄法」②たくみな論理で文章を組み立てて、自分につごうのよい意見をのべる。

【舞踊】おどり。ダンス。【――劇】おどりを主とした劇。バレエなど。

【舞弄】①自分かってに法律を乱用する。舞文弄法の略。②人をばかにしてもてあそぶ。愚弄。
◇乱舞・剣舞・鼓舞・歌舞・店仕舞

舛 8 【𦧺】〔14〕俗↓牽（本ページ・中）

6画　舟部　ふね　ふねへん

【部首解説】「木をくり抜いて作ったふね」にかたどる。この部には、船舶に関連するものが多く、「舟」の形を構成要素とする文字が属する。

舟 0 【舟】〔6〕常　シュウ　ふね・ふな　シュウ（シウ）漢 平 尤 zhōu チョウ

竹米糸缶网（罒・罓）羊（⺶）羽（羽）老（耂）而耒（耒）耳
6画
聿肉（月）臣自至臼（臼）舌舛（舛）舟艮色艸（艹・艹）虍虫血行衣（衤）襾（西）

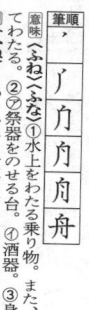

筆順 丿 ⺁ 介 舟 舟 舟

意味 〈ふね〉〈ふな〉①水上をわたる乗り物。また、ふねに乗ってわたる。②㋐祭器をのせる台。㋑酒器。③身につける。

国〈ふね〉ものをいれる舟形の箱や容器。「湯舟ゆぶね」

解字 象形。木で造ったふねの形を表す。舟と船の違いは、時代と地方によるらしく、漢代は船、それより前は舟、あるいは、函谷関かんこくかんより東は舟、西は船という字を使ったという。

名前 のり

【舟運】しゅう(しう)うん　舟で荷物をはこぶこと。

【舟艦】しゅう(しう)かん　いくさ舟。艦艇かんてい。

【舟軍】しゅう(しう)ぐん　ふないくさ。舟に乗って水上で戦う軍隊。水軍。舟師。海軍。

【舟行】しゅう(しう)こう(かう)　①舟でゆく。②ふなあそび。舟遊。

【舟子】しゅう(しう)し　ふなこ「舟人しゅうじん」に同じ。

【舟師】しゅう(しう)し　「舟軍しゅうぐん」に同じ。

【舟車】しゅう(しう)しゃ　舟や車。乗り物。

【舟楫】しゅう(しう)しゅう(しふ)　①舟とかじ。②舟。

【舟人】しゅう(しう)じん　ふなびと　舟をこぎ進める人。ふなこ。船頭。舟夫。「舟子かこ」「舟手かこ」

【舟中敵国(國)】しゅう(しう)ちゅう(ちう)てきこく　同じ舟に乗っている者さえ敵となる。君子に徳がなければ、身近な者も敵方にまわる〔ことのたとえ。〕

【舟艇】しゅう(しう)てい　小型の舟。ボート。

【舟筏】しゅう(しう)ばつ　①舟といかだ。②舟。

【舟輿】しゅう(しう)よ　舟と車。舟車。

【舟梁】しゅう(しう)りょう(りやう)　①ふなばし。舟をつなぎ続けて橋の代わりにしたもの。②舟と橋。

【舟脚】ふなあし　国①舟の進む早さ。②舟の下部の水につかっている深さ。喫水きっすい。

【舟路】ふなじ(ぢ)　国①舟の通るみちすじ。航路。②舟の旅。

【刻レ舟求レ剣(劍)】ふねにきざみてけんをもとむ　がんこで時勢の移り変わりを知らないたとえ。舟から剣を川に落とした者が、ふなばたにしるしをつけて、刀の落ちた場所はここだと言い、舟の動くのを知らなかったという故事。〈呂氏春秋りょしゅんじゅう・察今さっこん〉

◇釣舟つりぶね・軽舟けいしゅう・丸木舟まるきぶね・呉越同舟ごえつどうしゅう

舟2 【舠】〔8〕 トウ 漢 平 豪 (タウ) dāo タオ　U補J 8220 ―― ――

意味 こぶね。「舠子とうし」

舟3 【舡】〔9〕 コウ 漢 平 江 (カウ) xiāng シアン　U補J 8221 5485 ②8565

意味 ふね。

舟3 【舢】〔9〕 サン shān シャン　U補J 8222 5486 ②8566

意味 舢舨さんぱんは、①小舟の名。②清しん代、小型の砲艦。

舟4 【航】〔10〕 学5 コウ (カウ)　コウ 漢 平 陽 háng ハン　U補J 822A ―― 2550

筆順 丿 ⺁ 介 舟 舟 舟 舟' 舟亠 航

意味 ①ふね。②二せき並べたふね。③ふねを並べて橋とする。④〈わた・る〉ふねで水上をわたる。また、近年になって飛行機などで空中をとぶことも指すようになった。「航海」「航空」

解字 形声。舟が形を表し、亢こうが音を示す。亢には、まっすぐ進む意味と、横断する意味との二説がある。航は舟を渡すことをいう。古い形では、抗と書く。方は舟を二つ並べたことを表すので、抗は、いかだを並べておしわたることであるともいう。

【航海】こう(かう)かい　舟で海をわたること。

【航空】こう(かう)くう　一 航空機で空中を飛ぶ。二 hángkōng 「現一に同じ。」

【航行】こう(かう)こう(かう)　①舟で水上を行く。②航空機で空を行く。

【航跡】こう(かう)せき　舟の通ったあと、続いて水面にのこる水脈。

【航程】こう(かう)てい　舟や飛行機の進む距離。

【航法】こう(かう)ほう(はふ)　船舶や航空機が二地点間を最も正確に航行する技術。

【航路】こう(かう)ろ　舟や飛行機の通る道。【――標識】こう(かう)ろひょう(へう)しき　航路を示し、航行の安全をはかるための目印め。

◇欠航けっこう・曳航えいこう・巡航じゅんこう・来航らいこう・直航ちょっこう・周航しゅうこう・寄航きこう・密航みっこう・渡航とこう・潜航せんこう・難航なんこう

舟4 【般】〔10〕 常 ハン

一 ハン 漢　一 平 寒 bān パン

二 ハン 漢　二 平 寒 pán パン

三 ハツ 漢 ハチ 呉 ハン 慣　三 入 曷 bō ポー

U補J 822C ―― 4044

筆順 丿 ⺁ 介 舟 舟 舟 舟' 舟几 般 般

意味 一①はこぶ。うつす。②もどる。かえる。「般師はんし」③分ける。さずける。④ならべる。＝班 ⑤みだれる。⑥まだらの。⑦種類。二①まわる。めぐらす。②ぐずぐずする。③楽しむ。「般楽はんらく」④おおきい。⑤ふくろ。＝鞶はん 三梵語ぼんごの音訳語。「般若はんにゃ」

解字 会意。舟と殳とを合わせた字。殳は、竹で作った棒で舟をうごかすもの。般は、舟をまわしてもどることで、しりごみする意味。一説に、舟は板、殳は「～させる」の意味を表すもので、般は、板のようにうすく平らに押しひろげることから、おしなべてという意味になるという。

姓 般林はんりん　難読 般若はんにゃ

【般桓】はんかん(くわん)　進まないさま。盤桓ばんかん。

【般旋】はんせん　まわり、めぐる。ぐるぐるまわる。

【般若】はんにゃ　仏①梵語 prajñā の音訳。真理を見とおす知恵。②鬼女きじょの顔にかたどった能面。般若面。③恐ろしい顔の女。【――心経(經)】はんにゃしんぎょう(ぎゃう)　「大般若経」の要点を集めたもので、空くうの教えを説いたもの。般若波羅蜜多心経はんにゃはらみったしんぎょう。【――湯】はんにゃとう(たう)　僧侶そうりょの隠語いんごで、酒のこと。

【般礴】はんばく　両足をなげ出してすわる。

【般楽(樂)】はんらく　大いに遊び楽しむ。般遊。般逸はんいつ。

◇万般ばんぱん・今般こんぱん・百般ひゃっぱん・先般せんぱん・全般ぜんぱん

舟4 【舨】〔10〕 ハン 漢 上 潸 bǎn パン　U補J 8228 5487

意味 ①艟舨とうはんは、ふね。②舢舨さんぱんは、小舟。

舟4 【舫】〔10〕 ホウ 漢 呉 去 漾 (ハウ) fǎng ファン　U補J 822B 7154

意味 ①いかだ。また、ふね。②二せき並べる。二せき並べた舟。もやいぶね。「舫舟ほうしゅう」「舫船ほうせん」

舟4 【𦨞】〔10〕 国字　U補J 26A1E ②8567

意味 〈かわら(かはら)〉 船の底板。

舟4 【舩】〔10〕 同→船(一〇三九ページ・上)

舟4 【舮】〔10〕 俗→艫(一〇四一ページ・上)

舟4 【舮】〔10〕 俗→艫(一〇四一ページ・上)

舟5 【舸】〔11〕 カ 漢 上 哿 gě コー　U補J 8238 7155

意味 ①ふね。大きな舟。「舸船」②舸艦かかんは、大型の軍艦。

舟5 【舷】〔11〕 常 ゲン　ケン 漢 ゲン 呉 平 先 xián シエン　U補J 8237 2431

筆順 ⺁ 介 舟 舟 舟' 舟亠 舟玄 舷 舷

意味 〈ふなばた〉 ふなべり。「舷側げんそく」「舷灯げんとう」「左舷」「右舷」

解字 形声。舟は形を表し、玄げんは音を示す。音を示す玄から構成される弦げん(絃げんとも書く)は、弓のつるの意。舷は、反りかえった形のふなべりをいう。

【舷窓】げんそう(さう) ふなべりについた窓。船窓。

【舷側】げんそく ふなばた。ふなべり。

【舷門】げんもん ふなばたに設けた舟の出入り口。

【舷舷相摩】げんげんあいます(あひ) 両方の舟のへりがすれあう。海戦の激しいことをいう。

舟5【舺】〔11〕 コウ漢 入 洽 (カフ) xiá シア　補 5490 U 823A

意味 ふね。

舟5【舴】〔11〕 サク漢 入 陌 zé ツォー　J ②8569 補 5489 U 8234

意味 舴艋さくもうは、小ぶね。

舟5【舳】〔11〕 チク漢 入 屋 ジク(ヂク)慣 zhú チュー　J 7156 U 8233

意味 ①〈へさき〉船首。舟のへさき。②かじ。③とも。船尾。

【舳艫】じくろ(ぢくろ) へさきと、とも。船首と船尾。【―千里】じくろせんり 多くの舟が長く続くこと。「舳艫千里、旌旗蔽レ空じくろせんり、せいきそらをおおう」(多くの舟が千里も続き、いくさ旗は空もおおわんばかり。)〈蘇軾そしょく・前赤壁賦せきへきのふ〉【―相銜】じくろあいふくむ(ぢくろあひふくむ) 前後の舟のともとへさきがふれあう。多くの舟が前後に長く続くさま。

舟5【船】〔11〕 学2 セン ふね・ふな　J 3305 U 8239

旧字 舟5【船】〔11〕 セン漢 平 先 具 chuán チョワン　U補J ―

舟4【舩】〔10〕 同字　J 7153 U 8229

筆順 丶 丿 ⺆ 月 舟 舟 舟八 船 船 船

意味 ①〈ふね〉〈ふな〉 ②ふねではこぶ。

解字 形声。舟が形を表し、㕣えんが音を示す。㕣には、「そう」という意味がある。船は、水にそって進むふねをいう。一説に、㕣は穿と音が通じて、「うがつ」という意味を持つから、船は木をうがって造ったふねであるという。音センは、㕣の音エンの変化。舟と船との違いについては、舟の解字の項を参照。

地名 船井ふない・船橋ふなばし　難読 船首みよし

【船暈】せんうん(よい) 船の動揺のため、気分が悪くなること。船酔。

【船艦】せんかん ①いくさぶね。軍艦。「方連二船艦一まさにせんかんをつらね」〈呉志・周瑜しゅうゆ伝〉②商船と軍艦。

【船脚】一せんきゃく ①船頭。②船の運賃。③船が水につかる。喫水きっすい。二ふなあし 国①船の進む早さ。②船が水中に沈む程度。＝船足

【船渠】せんきょ 船を造ったり、修繕したりする所。ドック。

【船橋】せんきょう(けう) ①船の上甲板かんぱんの前方に一段高くなった所で、船長が船の指揮をする場所。ブリッジ。②ふなばし。舟をつなぎ並べて上に板をわたし、橋のかわりにするもの。

【船軍】一せんぐん 海軍。二ふないくさ 国①船にのった軍勢。水軍。②水上での戦い。

【船舷】せんげん ふなべり。ふなばた。

【船子】せんし(ふなこ) せんどう。ふなのり。

【船檣】せんしょう(しゃう) 舟のほばしら。

【船籍】せんせき 船がどの港に所属するかを届け出て登録したもの。船の戸籍。

【船倉(「艙」)】一せんそう(さう) 二ふなぐら 船の下のほうにあって貨物を入れる所。

【船団(團)】せんだん 組織をもっていっしょに行動する船の集まり。

【船頭】せんどう ①舟のへさき。船首。②舟をこぐ人。「ふなびと。」〔ふなのり。〕

【船舶】せんぱく 小さい舟と大きい舟(舶)。ふね。

【船筏】せんばつ 舟といかだ。

【船便】せんびん(ふなびん) 国船で物を送ること。

【船埠】せんぶ 渡し場。船つき場。はとば。

【船腹】せんぷく ①船の、客や貨物をのせる所。また、のせられる量。②船。③船の内部。

【船篷】せんぽう ①舟のとま。竹などであんだむしろでふいた舟の屋根。②とまで屋根をふいた舟。

【船足】ふなあし 国①船の進む早さ。②船が水中に沈む程度。

【船霊(靈)】ふなだま 国舟の中に祭る舟の守り神。水天宮すいてんぐう・金毘羅権現こんぴらごんげん・住吉すみよしの神など。船玉ふなだま。

【船問屋】ふなどいや(とひや) 国乗客や貨物を船で運ぶことを職業とした店。

【船泊】ふなどまり(はて) 国船をつないで港にとまること。

【檥レ船】ふねをぎす 船の出航用意をする。ふなよそおいをする。「烏江亭長檥レ船待うこうのていちょうふねをぎしてまつ」〈史記・項羽本紀こううほんぎ〉

◆曳船えいせん(ひきぶね)・帆船はんせん・回船かいせん・汽船きせん・宝船たからぶね・風船ふうせん・便船びんせん・造船ぞうせん・商船しょうせん・釣船つりぶね・停船ていせん・渡船とせん(わたしぶね)・漁船ぎょせん・親船おやぶね・難船なんせん・屋形船やかたぶね

舟5【舵】〔11〕 人 標 ダ漢 上 哿 具 duò トゥオ　J 3441 U 8235

舟5【䑨】〔11〕 同字　U 4468

意味 〈かじ(かぢ)〉〈たきし〉船尾にあって、舟の進む方向をコントロールするもの。

【舵手】だしゅ かじとり。舟のかじをあやつる人。操舵手そうだしゅ。

◆取舵とりかじ・面舵おもかじ・操舵そうだ

舟5【舶】〔11〕 常 ハク　ハク漢 入 陌 bó ボー　J 3985 U 8236

筆順 丿 丿 ⺆ 月 舟 舟 舟' 舶 舶 舶

意味 ①大ぶね。海をわたる大船。「船舶」②あきないぶね。商船。

解字 形声。舟が形を表し、白はくが音を示す。白には大きいという意味がある。舶は大きいふねをいう。

【舶賈】はくこ 外国から来た商人。

【舶載】はくさい ①船にのせてはこぶ。船載。②「舶来」に同じ。

【舶来(來)】はくらい 外国から船にのせてくる。また、その品物。「舶来品」

舟5【舲】〔11〕 レイ漢 平 青 líng リン　J ②8568 補 5488 U 8232

意味 ①窓のある舟。また、船の窓。「舲船れいせん」②小舟。

舟6【舼】〔12〕 一キョウ漢 一平 冬 qióng チョン　二コウ漢 二平 東 hóng ホン　J ②8570 U 823C

意味 一小舟こぶね。二ふね。

舟7【艄】〔13〕 ソウ(サウ)漢 平 肴 ショウ(セウ)慣 shāo シャオ　補 5492 U 8244

意味 船尾。とも。

舟7【艇】〔13〕 常 テイ　J 3690 U 8247

旧字 舟7【艇】〔13〕 テイ漢 上 迥 tǐng ティン　U補J ―

筆順 丿 丿 ⺆ 月 舟 舟 舟 舟 艇 艇

意味 ①小ぶね。細長い舟。②ボート。短艇。

解字 形声。舟が形を表し、廷ていが音を示す。廷には長く平らなという意味がある。艇は細長く平らなふね。また、廷が弟と同じ音で、小さい意味があるので、艇は小舟をさすともいう。

【艇庫】ていこ ボートを入れておく建物。

【艇身】ボートの長さ。
◇▼舟艇・汽艇・短艇・漕艇・端艇・競艇・艦艇・飛行艇

舟7 【艉】〔13〕 ビ 漢 wěi ウエイ
意味 船尾。とも。
U 8249 補 — J ②8572

舟7 【艀】〔13〕 フ 漢 ㊥尤 fú フー
意味 小ぶね。国〈はしけ〉本船と陸地の間を往来して乗客や荷物をはこぶ舟。
U 8240 補 — J 7157

舟7 【艅】〔13〕 ヨ 漢 呉 ㊥魚 yú ユィ
意味 艅艎は、大船の名。呉の船。また、美しい装飾のあるふね。＝餘艎
U 8245 補 5493 J ②8573

舟7 【艃】〔13〕 リ 漢 ㊥支 lí リー
意味 䑴艃は、ふね。
U 8243 補 5491 J —

舟7 【艆】〔13〕 ロウ 漢 呉 (ラウ) ㊥陽 láng ラン
意味 ①海を航行できる大型のふね。「艆𦪇」②ふなべり。
U 8246 補 5494 J ②8571

舟8 【䑶】〔14〕 セン 漢 ㊧霰 qiàn チエン
意味 速度のはやい船。
U 4476 補 — J ②8576

舟8 【𦩘】〔14〕 テイ dìng ティン
意味 ふね。
U 26A58 補 — J ②8574

舟8 【艋】〔14〕 ボウ(バウ) 漢 モウ(マウ) 慣 ㊤梗 měng モン
意味 舴艋は、小ぶね。
U 824B 補 5501 J ②8575

舟9 【𦩬】〔15〕 イ wēi ウエイ
意味 𦩬䑸は、中国・吉林地方の丸木ぶね。
U 26A6C 補 — J —

舟9 【艎】〔15〕 コウ(クヮウ) 漢 オウ(ワウ) 呉 ㊥陽 huáng ホワン
意味 ①餘艎は、大船の名。一説には呉の船。＝艅艎 ②ふね。特に渡し船を指す。
U 824E 補 5502 J —

舟9 【艏】〔15〕 シュウ(シウ) 漢 シュ 呉 ㊤有 shǒu ショウ
意味 ①船の前の部分。へさき。②ふね。
U 824F 補 5503 J ②8577

舟9 【艑】〔15〕 ヘン 漢 ㊤銑 biàn ピエン
意味 ①大型の船。②呉の舟。
U 8251 補 5504 J —

舟9 【䑺】〔15〕 同 ↓帆(四一九ページ・下)

舟10 【艗】〔16〕 ゲキ 漢 ㊅錫 yì イー
意味 ①船のへさき。艗艏は、水難を避けるため水鳥の鷁を描いた船首。②船。
U 8257 補 — J ②8579

舟9 【艘】〔15〕 俗 ↓艘(本ページ・中)

舟10 【艖】〔16〕 サ 漢 シャ 呉 ㊥麻 chā チャー
意味 ①小船。②船の名。
U 8256 補 5505 J —

舟10 【艘】〔16〕 標 ソウ 漢 (サウ) ㊥豪 sōu ソウ
意味 ①舟の総称。②舟を数える量詞。「数十艘」
U 8258 補 — J 7159

舟9 【艘】〔15〕 俗字
U — 補 — J —

舟10 【艙】〔16〕 ソウ 漢 (サウ) ㊥陽 cāng ツァン
意味 ①舟の胴の間。船の中央部で、荷をつむ所。②甲板の下の客室。船倉。「船艙」
参考 新表記では、「倉」に書きかえる熟語がある。
【艙間】船室。
【艙口】船の甲板の昇降口。ハッチ。
U 8259 補 — J 7158

舟11 【艚】〔17〕 ソウ 漢 (サウ) ㊥豪 cáo ツァオ
意味 ①小ぶね。②広く船をいう。
U 825A 補 — J 7161

舟11 【艜】〔17〕 タイ 漢 呉 ㊧泰 dài タイ
意味 底の浅く細長い小舟。
U 825C 補 5506 J ②8581

舟11 【艝】〔17〕 国字
意味 〈そり〉雪や氷の上を走らせる乗り物。
U 825D 補 — J 7160

舟11 【𦪌】〔17〕 国字
意味 〈よりあい〉(よりあひ)〈のりあい〉(のりあひ) 歌舞伎の外題に用いる。「藤川船𦪌話」
U 26A8C 補 — J ②8580

舟12 【艟】〔18〕 ㊀トウ 漢 ㊀㊥東 tóng トン ㊁ショウ 漢 ドウ 慣 ㊁㊥冬 chōng チョン
意味 ㊀ふね。㊁軍船。「艨艟」「艟艫」
U 825F 補 — J 7162

舟12 【艠】〔18〕 国字
意味 〈いかだ〉〈よふね〉歌舞伎の外題に用いる。「三拾石艠始」
U 8260 補 5507 J ①9059

舟13 【艤】〔19〕 ギ 漢 ㊤紙 yǐ イー
意味 〈ふなよそおい〉(ふなよそほひ) 出船の用意をして岸につける。＝檥
【艤舟】舟出の用意をする。
【艤装(裝)】船舶が航海に必要な設備をととのえ、出航の準備をすること。
U 8264 補 — J 7163

舟13 【艢】〔19〕 ショウ(シャウ) 漢 ゾウ(ザウ) 呉 ㊥陽 qiáng チアン
意味 〈ほばしら〉船に立てて帆をかかげる柱。マスト。＝檣
U 8262 補 — J 7164

舟13 【艣】〔19〕 ロ 漢 ㊤麌 lǔ ルー
意味 ①ろ。こいで船を進めるもの。＝艪 ②大形のふね。
U 8263 補 5508 J ②8582

舟13 【艪】〔19〕 俗 ↓艣(本ページ・下)

舟14 【艨】〔20〕 ボウ 漢 モウ 慣 ㊥東 méng モン
意味 ①いくさぶね。②艨艟は、敵船を突き破るため、細長く作った船。また、軍艦のこと。
U 8268 補 — J 7165

舟14 【艧】〔20〕 ㊀ワク 漢 ㊀㊅薬 huò フオ ㊁ワク 漢 ㊁㊅薬 wò ウオ
意味 ㊀ふね。㊁赤い色の鉱物。顔料に用いる。＝雘
U — 補 — J —

舟13 【艧】〔19〕 俗字
U 8267 補 5509 J —

舟15 【艦】〔21〕 常 カン カン 漢 ㊤豏 jiàn チエン
U 8266 補 — J 2047

筆順 ⺆ 介 舟 舟' 舟ᅩ 舟ᅮ 舟臣 艦

意味 いくさぶね。大型の軍船。「軍艦」「艦長」
解字 形声。舟が形を表し、監が音を示す。監は檻で、四方を板で囲む意味がある。艦は、矢や石を防ぐために四方を板でかこんだ、戦闘用のふねのことである。
参考 臣を六画に数え、舟部十四画とする場合もある。
【艦橋】軍艦で全員を指揮するために、甲板の前方に特に高くした所。ブリッジ。
【艦載】軍艦につみのせること。「艦載機」
【艦船】軍艦と商船。

【艦隊】かんたい 二隻以上の軍艦で編制した海軍部隊。
【艦艇】かんてい 大小さまざまの軍艦。戦艦・潜水艦など。
◇旗艦・軍艦・戦艦・不沈艦・航空母艦

舟15 【𦪷】〔21〕 ボク 漢 入 屋 mù ムー　J ②8583 補 U 26AB7
意味 小船。＝艒

舟15 【艪】〔21〕 ロ 漢 上 麌 lǔ ルー　J 7166 補 U 826A
意味 ろ。かい。こいで舟をすすめるもの。＝櫓

舟16 【艫】〔22〕 ロ 漢 平 虞 lú ルー　J 7167 補 U 826B
舟4 〔舮〕〔10〕 俗字　J — 補 — U —
舟4 〔舻〕〔10〕 俗字　J 7168 補 U 822E
意味 ①〈とも〉船尾。舟の後部。②〈へさき〉。船首。舟の先。

舟18 【艭】〔24〕 ソウ 漢 呉 平 江 shuāng ショワン（サウ）　J 5510 補 U 826D
意味 船の名。

6画 艮部 うしとら こんづくり

【部首解説】 古い字形は「目」と「匕」が合わさり、「にらみ合って引き下がらないこと」を表す。この部には、「艮」の形を構成要素とする文字が属する。

艮0 【艮】〔6〕 コン 漢 去 願 ゴン 慣 gèn ケン　J 2617 補 U 826E
意味 ①もとる。さからう。②とまる。止まって進まないようす。③かたい。④なやむ。⑤易の卦の名。⑥〈うしとら〉㋐東北の方角。㋑午前二時から四時まで。
解字  会意。古い形で見ると、目と匕とを合わせた字。匕は並ぶ、対立することを表す。艮はたがいに目でにらみ合っている形で、さからう、行きにくい、引きさがらないという意味になる。一説に、じっと目をとめて動かないことから、止まる、止めるの意味を持つともいう。
参考 「良」は別字。

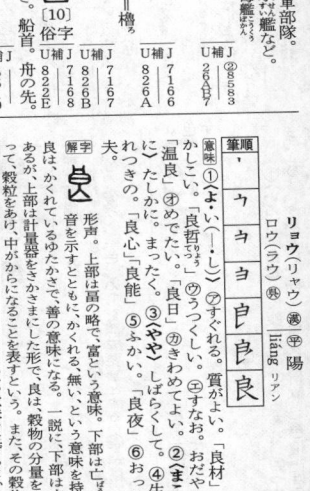

艮1 【良】〔7〕 学 4 リョウ よい　J 4641 補 U 826F
リョウ（リャウ）漢 平 陽 liáng リアン
ロウ（ラウ）呉
筆順 

意味 ①〈よ・い（―・し）〉㋐すぐれる。質がよい。「良材」㋑かしこい。「良哲」㋒うつくしい。㋓すなお。おだやか。「温良」㋔めでたい。「良日」㋕きわめてよい。②〈まことに〉たしかに。まったく。③〈やや〉しばらくして。④生まれつきの。「良心」「良能」⑤ふかい。「良夜」⑥おっと。夫。

解字  形声。上部は畐の略で、富という意味。下部は亡で、音を示すとともに、かくれる、無い、という意味を持つ。良は、かくれているゆたかさで、善の意味になる。一説に、下部は亡であるが、上部は計量器をさかさまにした形で、良は、穀物の分量をはかって、穀粒をあけ、中がからになることを表すという。また、その穀物が精白されて透明なことから、美しい、おいしい、の意味を生ずるという。

名前 お・み・ら・ろ・かず・かた・さね・すけ・たか・つぎ・なが・はる・ひこ・ひさ・ふみ・あきら・つかさ・なおし・ながし
姓 良依・良棟・良岑
難読 野良（付表）／良人
【良久】ややひさし しばらくたって。

【良岑安世】よしみねやすよ 人名。平安時代中期の学者。菅原清公・滋野貞主らと「経国集」を編集した。良峰安世。

【良医（醫）】りょうい（りゃうい） すぐれた医者。

【良醞】りょううん（りゃう―） よい酒。

【良縁（緣）】りょうえん（りゃう―） よい縁組。にあいの縁組。

【良貨】りょうか（りゃうくわ） ①よいたから。よい品物。②質のよい貨幣。↔悪貨
【良器】りょうき（りゃう―） ①りっぱな器具。②すぐれた才能。

【良狗】りょうく（りゃう―） ①よい犬。「狡兎死、良狗亨」（ずるく、すばやいうさぎが死ねば、これを追う犬は無用となり、煮て食べられてしまう。）〈史記・淮陰侯列伝〉②計略のうまい家来のたとえ。

【良家】りょうけ（りゃう―） ①よい家がら。②富豪の家。

【良計】りょうけい（りゃう―） すぐれたはかりごと。良策。

【良月】りょうげつ（りゃう―） ①よい月。②陰暦十月のこと。

【良工】りょうこう（りゃう―） ①すぐれた職人。②詩や文のうまい人。

【良好】りょうこう（りゃうかう） よい。すぐれている。 現 liánghǎo
【良港】りょうこう（りゃうかう） よい港。天候・気象などに左右されずに利用できる、よい港。

現 一に同じ。

【良佐】りょうさ（りゃう―） 助けとなるよい家来。良弼。良臣。

【良才】りょうさい（りゃう―） すぐれた才能。才能ある人。

【良妻】りょうさい（りゃう―） よい妻。善良な妻。「良妻賢母」

【良材】りょうざい（りゃう―） ①よい材木。②すぐれた才能。また、その持ち主。

【良策】りょうさく（りゃう―） よいはかりごと。うまい計略。

【良士】りょうし（りゃう―） ①善良な男子。②すぐれたさむらい。

【良死】りょうし（りゃう―） 寿命を全うして死ぬ。大往生。

【良時】りょうじ（りゃう―） よいとき。よい時節。

【良識】りょうしき（りゃう―） すぐれた見識。よい判断力。

【良質】りょうしつ（りゃう―） ①よい性質。善良な生まれつき。②よい品質。

【良日】りょうじつ（りゃう―） ①物事をするのによい日。②日がらのよい日。吉日。良辰。

【良実（實）】りょうじつ（りゃう―） ①よくみのった穀物。②人がらが善良でまじめなこと。「此皆良実、志慮忠純」〈諸葛亮・出師表〉

【良匠】りょうしょう（りゃうしゃう） 腕のよい大工や職人。

【良相】りょうしょう（りゃうしゃう） すぐれた宰相。りっぱな大臣。賢相。

【良将（將）】りょうしょう（りゃうしゃう） りっぱな大将。すぐれた将軍。名将。

【良心】りょうしん（りゃう―） ①だれもが生まれつきもっている善心。〈孟子・告子上〉②自分の行いの善悪を見分ける心。道徳的な判断力。

【良辰】りょうしん（りゃう―） ①よい日がら。吉日。佳辰。②よい時節。よい時。「懐良辰以孤往」（春のよい季節をなつかしんで、ひとりで野山を歩く。）〈陶潜・帰去来辞〉

【良人】りょうじん（りゃう―） ①おっと。夫。「良人罷遠征」〈李白の詩・子夜呉歌〉②美しい妻。③善良な人。君子。④良民。奴隷などに対して一般の平民。⑤漢代の女官の位。

【良賤】りょうせん（りゃう―） 良民と、いやしい人民。

【良俗】りょうぞく（りゃう―） よい風俗。よいならわし。良風。

【良知】りょうち（りゃう―） ①人が生まれつきもっている知力。②よい友人。良友。③心の本体。【―良能】りょうちりょうのう（りゃうちりゃうのう） 人が生まれつき経験や教育によらないで知り行いうる、生まれつきの知能。〈孟子・尽心上〉【致―】りょうちをいたす もっている良知をよく働かせて、善に進むべきであるという説。明の王陽明の説。〈伝習録〉

【良儔】りょうちゅう（りゃうちう） よい仲間。よい友人。良友。良朋。

【良籌】りょうちゅう（りゃうちう） すぐれたはかりごと。よい計略。


竹米糸缶网(罒・罓)羊(⺷)羽(羽)老(耂)而耒(耒)耳 6画 聿肉(月)臣自至臼(臼)舌舛(舛)舟艮色艸(艹・艹)虍虫血行衣(衤)襾(西)

【良田】りょう(りゃう)でん よくこえた田。美田。

【良二千石】りょう(りゃう)にせんせき 善良な地方官。漢代の郡の太守の一年の俸給は二千石であった。〈漢書・宣帝紀〉

【良能】りょう(りゃう)のう ①学ばないでもできる、生まれつきの才能。「人之所レ不レ学而能者、其良能也」(人が学ばないでも自然にできるところのもの、これが天性の良能というものである。)〈孟子・尽心上〉②りっぱな働きのある人。

【良農】りょう(りゃう)のう 善良な農民。

【良否】りょう(りゃう)ひ よしあし。よいことと、悪いこと。

【良匹】りょう(りゃう)ひつ よいつれあい。よい結婚の相手。佳耦。

【良筆】りょう(りゃう)ひつ ①よい筆。②よい書物。③すぐれた文章。

【良弼】りょう(りゃう)ひつ よく君主を助ける家来。良佐。良輔。

【良風】りょう(りゃう)ふう よい風習。よい習慣。【――美俗】りょう(りゃう)ふうびぞく 善良で、美しい風俗。

【良平】りょう(りゃう)へい ①張良と陳平。ともに漢の高祖の家来で、知略にすぐれた人物。②知略にすぐれた人。

【良輔】りょう(りゃう)ほ よく補佐する人。よい補佐役。良佐。良弼。

【良謨】りょう(りゃう)ぼ よい計略。すぐれたはかりごと。

【良方】りょう(りゃう)ほう(はう) ①よい方法。よいやりかた。②すぐれた薬の調合法。

【良朋(朋)】りょう(りゃう)ほう よい友人。良友。

【良民】りょう(りゃう)みん ①よい人民。②奴隷などに対して一般の人民。

【良冶】りょう(りゃう)や すぐれた、かじや。

【良夜】りょう(りゃう)や ①よふけ。深夜。良は深の意味。②月の美しい夜。「如二此良夜何一」(このよい夜をどうしたらよかろう。このすばらしい夜をなにもせずに過ごすのは惜しい。)〈蘇軾・後赤壁賦〉

【良薬(藥)】りょう(りゃう)やく よくきく薬。妙薬。【――苦二於口一】りょう(りゃう)やくはくちににがし よくきく薬はにがく飲みにくいが、病気をよくなおす。人の忠告は聞きづらいが、自分のためになるというたとえ。〈孔子家語・六本〉

【良友】りょう(りゃう)ゆう(いう) よい友。ためになる友。益友。善友。

【良吏】りょう(りゃう)り よい役人。善吏。

【良賈深蔵(藏)若レ虚(虛)】りょう(りゃう)こはふかくぞう(ざう)してむなしきがごとし 商売のうまい人は、品物を倉にしまって、物がないように見せかける。かしこい人はその知恵をおもてにあらわさないたとえ。〈史記・老子韓非列伝〉
◆不良・改良・純良・最良・善良・温良

艮8 【艱】〔14〕 同→養(一三九〇ジ・中)

艮11 【艱】〔17〕 カン 漢 平 刪 呉 jiān チエン J 7169 補 U 8271
口20 【囏】〔23〕 古字 J ― 補 2278 U 56CF

意味 ①〈かた・い(――・し)〉むずかしい。②〈なや・む〉苦しむ。③なやみ。苦しみ。「艱困」④けわしい。⑤父母の死にあう。「丁艱」

【艱易】かんい むずかしいことと、やさしいこと。
【艱禍】かんか(くゎ) なんぎと、わざわい。困難と、わざわい。
【艱患】かんかん(くゎん) ①うれい。なやみ。②わざわい。災難。
【艱窘】かんきん 苦しみ、ゆきづまる。なやみ苦しむ。艱苦。
【艱苦】⊟かんく なやみ苦しむ。辛苦。⊟チエンクー jiānkǔ 現 ⊟に同じ。
【艱虞】かんぐ 苦しみに会い、心配する。
【艱険(險)】かんけん ①山や坂の傾斜がひどく、登りにくい所。けわしい所。険阻。険難。②なやみと苦しみ。
【艱渋(澁)】かんじゅう(じふ) ①詩や文のわかりにくいこと。②苦しみ。難渋。
【艱阻】かんそ ①なやみ。②道がけわしくて苦労する。
【艱楚】かんそ 苦しむ。なやみ苦しむ。艱苦。
【艱難】かんなん 苦しみ。なやみ。【――辛苦】かんなんしんく なやみや、つらい苦しみ。
【艱巨】チエンチュイ jiānjù 現 極めて困難である。

6画 色部 いろ

【部首解説】「⺈」と「巴」が合わさり、「顔いろ」「表情」を表す。この部には、表情や色彩に関連するものが多く、「色」の形を構成要素とする文字が属する。

色0 【色】〔6〕 学2 ショク・シキ いろ ショク 漢 シキ 呉 入 職 sè ソー J 3107 補 U 8272

筆順 ノ ⺈ 𠂊 刍 刍 色

意味 ①〈いろ〉ア色彩。イ顔いろ。ウいろあい。エつや。オようす。②美しい女性。③男女の情欲。「色情」「好色」④景色。⑤いろどる。⑥種類。たぐい。⑦おどろく。顔色を変える。⑧仏 人の生のさまたげとなる、知覚されるいっさいのもの。国〈いろ〉愛人。情婦。

解字  会意。⺈と巴を合わせた字。⺈は人。巴は節で、わりふのこと。色は、人の心が、わりふを合わせたように、ぴったりと顔に表れてくることである。一説に、二人が組み合って一つになる形で、男女の交合を表しているとする。性交の対象が女であることから、色が女の意味となり、女の顔の美しいことを表すようになった。

地名 色丹・色麻 難読 景色(付表)

【色香】いろか 国①色とかおり。②女性の美しさ。
【色事】いろごと 国①男女関係の恋愛に関すること。②芝居で演じる男女間の恋愛のしぐさ。濡事。
【色界】しきかい 仏仏教で考える三つの世界の一つ。欲界の上、無色界の下にある。貪欲の心は少ないが、まだいくぶん、欲にひかれることのある世界。
【色彩】しきさい ①いろどり。彩色。②いろつや。光沢。
【色紙】⊟しきし 国和歌・俳句・書画などを書きつける四角な厚紙。⊟いろがみ 国①さまざまな色にそめた紙。②おり紙。
【色情】しきじょう(じやう) 男女で相手を慕う欲情。性欲。色欲。
【色身】しきしん 仏肉体。
【色素】しきそ 他の物に色をつける成分。
【色相】しきそう(さう) 仏肉眼で見ることのできる形体をそなえたもの。
【色荘(莊)者】しきそう(さう)しゃ うわべのようすをおごそかに見せる人。〈論語・先進〉
【色即(卽)是空】しきそくぜくう 仏形ある物質の世界は永久不変のものではなく、本来、空であり無であるということ。色とは形をもついっさいのもの。〈般若心経〉
【色代】しきたい ①頭をさげてあいさつする。会釈。②おせじをいう。③他の品物で代わりにする。
【色調】しきちょう(てう) ①色の調子。②おもむき。
【色魔】しきま 国女たらし。多くの女をうまいことばでだまし、もてあそぶ男。好色漢。
【色盲】しきもう(まう) 先天性色覚異常の旧称。色を見分ける上で特性を有するものをさすが、日常的には困難を感じないものが多い。
【色欲(「慾」)】しきよく 「色情」に同じ。
【色色】しきしき いろいろ。多くの種類。
【色然】しょくぜん びっくりして顔色をかえるさま。
【色目】⊟しょくもく ①種類と名目。②家柄。身分。⊟しきもく 元代、西域諸国の人種の総称。⊟めいろ 国①衣服の色あいの名。②自分の心をそっと伝える目つき。③色っぽい目つき。ながしめ。秋波。

【色養】(しょくよう(やう)) ①親の顔色を見、その心を察してよく仕える。②たえず、おだやかな顔色で、親によく仕える。

【色厲】(しょくれい) 一(いろはげし) 顔つきがきびしく、威厳がある。

【色難】(いろかたし) いつもやさしい顔で親に仕えるのはむずかしい。一説に、親の顔色を察して、その気持ちにそうように仕えるのはむずかしい。〈論語・為政〉

【色斯挙(擧)矣】 一(いろみてここにあがる) 鳥が人の顔色を見て飛び上がる。二(しょくとしてあがる) びっくりして飛び上がる。色斯は色然と同じで、斯は助詞。〈論語・郷党〉

【動レ色】(いろをうごかす) 顔色をかえる。

【失レ色】(いろをうしなう(うしなふ)) 驚いて顔色がかわる。

【正レ色】(いろをただす) 顔色を正しくする。まじめな顔をする。

【作レ色】(いろをなす) おこって、顔色にそれが現れる。

◆才色・女色・令色・古色・出色・血色・好色・物色・青色・変色・柿色・染色・音色・特色・原色・容色・配色・脚色・彩色・着色・景色・喜色・暮色・漁色・旗色・遜色・潤色・難色・顔色・麗色・保護色・極彩色・巧言令色

色 5

【艴】〔11〕 一ホッ 漢 一 入 物 bó ポー 二フツ 漢 二 入 月 fú フー

U補J ①9060 8551 8274

意味 一いかる。むっとする。二①うすい色。②色をつける。

【艴然】(ふつぜん) おこった顔つき。むっとしたさま。勃然。

色 13

【艶】〔19〕 常 エン つや

U補J 1780 8276

旧字 色 18

【艷】〔24〕 エン 漢 去 豔 yàn イエン 呉

U補J 7170 8277

筆順
冂
曲
曲
豊
豐
豐
艶

豆 20

【豔】〔27〕 本字 U補J 6276 8C53

豆 21

【豓】〔28〕 同字 U補J ②8894 6274 8C54

意味 ①〈なまめかし・い(なまめか・し)〉〈あでやか〉 ㋐肉づきがよくて顔が美しい。美女。㋑色っぽい。②〈つや〉いろつや。美しい光。「艶花」③文辞が美しい。④うらやむ。したう。「艶賞」 国〈つや〉 男女間の情事に関したこと。「艶種」「艶事」

解字 豔 会意。豐と盍とを合わせた字。豐はゆたかなこと。豔は、女がふっくらとしてみめ美しいこと、色つやが充満していることを表す。

名前 おお・もろ・よし

【艶歌】(えんか) あだっぽい歌。男女関係の愛情の歌。艶詩。

【艶妓】(えんぎ) 姿かたちのあでやかなうたいめ。美しい芸者。

【艶姿】(えんし) なまめかしい姿。人をひきつける、美しい姿。

【艶書】(えんしょ) 国こいぶみ。恋い慕う気持ちを書いて送る手紙。懸想文。ラブレター。

【艶絶】(えんぜつ) すばらしく、あでやかなこと。

【艶妝】(えんそう(さう)) 美しい化粧。なまめかしいよそおい。艶粧。

【艶態】(えんたい) なまめかしい姿。

【艶美】(えんび) あでやかで、美しい。

【艶福】(えんぷく) 国異性に愛されるしあわせ。「艶福家」

【艶聞】(えんぶん) 国男女間の恋愛関係のうわさ。

【艶冶】(えんや) あでやかで美しい。なまめかしい。妖冶。

【艶容】(えんよう) 「艶姿」に同じ。

【艶麗】(えんれい) なまめかしく美しい。はなやかでうるわしい。

【艶消】(つやけし) 国①つやをけす。②おもしろみがなくなる。③色けがない。異性をひきつけるふぜいがない。

【艶種】(つやだね) 国男女間の恋愛についての話のたね。

【艶物】(つやもの) 国浄瑠璃などでの恋愛を扱った作品。

色 18

【艷】〔24〕 旧 →艶(本ページ・上)

6画

艸(艹・艹)部 くさ くさかんむり そうこう

【部首解説】 「屮」を二つ並べて、「さまざまな草」を表す。この部には、植物の名称や種類に関連するものが多く、「艸・艹・艹」を構成要素とする文字が属する。冠になるときは、新字体では「艹」(三画)、それ以外では「艹」(四画)となる。なお、「艹」は形が似ているのでこの部に含める。

艸 0

【艸】〔6〕 ソウ(サウ) 漢 上 皓 cǎo ツァオ

U補J 7171 8278

意味 〈くさ〉 草本植物の総称。＝草

解字 艸 会意。屮を二つ並べた字。屮は草木の芽が出た形。艸は草が雑然と生えていること。

参考 「草」の古字。漢字の冠には艹(艹)を用いる。

艸 0

【艹】〔3〕 U補J ②8586 8279

意味 部首の一つ。くさかんむり。「艸」が冠になる時の形。常用漢字・人名用漢字・「表外漢字字体表」の印刷標準字体では、この形を用いる。

艸 0

【䒑】〔3〕 U補J ②8587 4491

意味 漢字の字体記述要素。慈の音符「兹」は、くさかんむりの「䒑」が変化して、「䒑」の形になっている。

艸 0

【艹】〔4〕 U補J ②8585 FA5E

意味 部首の一つ。くさかんむり。「艸」が冠になる時の形。旧字体は四画の形「艹」を用いる。

艸 0

【艹】〔4〕 U補J ②8584 FA5D

意味 漢字の字体記述要素。夢・蔑・護などの「艹」の部分は本来「艹」の形であった。

艸 2

【艾】〔6〕 一ガイ 漢 一 去 泰 ài アイ 二ゲ 呉 二 去 霽 yì イー

U補J 7172 827E

艸 2

【芆】〔6〕 同字 U補J ①9061 26AFF

意味 一①〈よもぎ〉 キク科の多年草。蓬蒿。「艾蒿」②よもぎの色。みどり、また白。③老人の敬称。④〈もぐさ〉 よもぎの葉をほして灸に使うもの。また、印肉にまぜたり墨つぼに入れて用いる。「艾養」⑤美しい。「艾色」⑥やしなう。⑦つきる。とまる。二①かりとる。②治まる。治める。③かま。草をかる道具。

【艾安】(がいあん) 世の中が治まり平安なこと。艾康。

【艾餻】(がいこう(かう)) よもぎをまぜたもち。くさもち。

【艾人】(がいじん) 端午の節句に門にかけるよもぎの人形。悪気をはらう。

【艾年】(がいねん) 五十歳。頭髪がよもぎのように、ごま塩になること。

艸 2

【艽】〔6〕 一キュウ(キウ) 漢 一 平 尤 qiú チウ 二キュウ(キウ) 漢 呉 二 平 肴 jiāo チアオ ク

U補J ②8588 5513 827D

意味 一①国のはて。未開の土地。「艽野」②草をしいた鳥や獣のねどこ。二秦艽は、りんどう科の草の名。根が生薬として用いられる。＝秦芁

竹米糸缶网(罒・⺳)羊(⺶)羽(羽)老(耂)而耒(耒)耳
6画
聿肉(月)臣自至臼(臼)舌舛(舛)舟艮色艸(艹・艹)虍虫血行衣(衤)襾(覀)

艸2 【艽】〔6〕 キュウ(キウ)漢 ク呉 平 尤 jiāo チアオ U補J 26AF6

意味 秦艽(しんきゅう)は、りんどう科の草の名。根が生薬として用いられる。＝秦艽

艸2 〔芃〕〔6〕 同字 U補J 8281 5516

艸2 【艿】〔6〕 一 ジョウ漢 平 蒸 réng ロン 二 デイ慣 二 ― nǎi ナイ U補J 827F 5514 ②8589

意味 一 ①枯れた草から新しく芽ばえる。②草の名。二 現 芋艿(うでい)は、いも。さといも。

艸2 【艻】〔6〕 一 ロク漢呉 一 入 職 lè ロー 二 キョク漢 コク呉 二 入 職 jí チー U補J 827B 5512

意味 一 ①蘿艻(らろく)は、香草の名。めぼうき。バジル。②易(えき)の占いで、筮竹(ぜいちく)のあまりを左手の指の間にはさむこと。＝扐(ろく) 二 木の名。なつめの一種でトゲがある。＝棘(きょく)

艸2 【艾】〔6〕 同 ↓艾(一〇四三ページ・下)

艸2 【艽】〔6〕 同 ↓艽(本ページ・上)

艸2 【芀】〔6〕 本 ↓苕(一〇五三ページ・中)

艹3 【芋】〔6〕 常 いも U補J 828B 1682

旧字 艸3 【芋】〔7〕 ウ漢 去 隅 yù ユイ U補J

筆順 一 十 艹 艹 芏 芋

意味 ①〈いも〉 ㋐さといも。㋑いも類の総称。②住む。

解字  形声。艹が形を表し、于(う)が音を示す。艹は草。于には、大きい、ウワーとおどろく声の意味がある。芋は葉が大きく、人をおどろかすような草で、さといも・やつがしらの類をいう。

難読 芋茎(ずいき)・芋苗(ずいき)

【芋菽】(うしゅく) いもと、まめ。

【芋頭】(ユイトウ) yùtou 現 さといも。

◇山芋(やまいも)・里芋(さといも)・薩摩芋(さつまいも)

艸3 【芉】〔7〕 一 カン漢呉 一 平 寒 gān カン 二 カン漢呉 二 上 旱 gǎn カン U補J 8289 5520

意味 一 蔽芉(かいかん)は、草の名。二 草の名。はとむぎ。

艸3 【芄】〔7〕 カン(クヮン)漢 ガン(グヮン)呉 平 寒 wán ワン U補J 8284 5518

意味 芄蘭(がんらん)は、ががいも。山野に自生する多年生のつるくさの一種。

艸3 【芑】〔7〕 キ漢 上 紙 qǐ チー U補J 8291 5523

意味 ①もちあわ。穀物の一種。②野菜の名。葉を食用とする。③木の名。

艸3 【芔】〔9〕 キ漢 去 未 huì ホイ U補J 8294 5524

意味 くさ。草の総名。＝卉(き)

艸3 【芎】〔7〕 キュウ漢 平 東 xiōng ション U補J 828E 5522 ①9062

意味 芎藭(きゅうきゅう)は、香草の名。おんなかずら。

艸3 【芐】〔7〕 一 コ漢 一 上 麌 hù フー 二 カ漢 二 去 禡 xià シア U補J 8290

意味 一 草の名。地黄(じおう)。(薬草の名。貧血の薬。) 二 ①がま。②姓。

艸3 【芓】〔7〕 一 シ漢 ジ呉 一 去 寘 zì ツー 二 シ漢呉 二 上 紙 zǐ ツー U補J 8293 ②8592

意味 一 麻の雌株(めかぶ)。また、麻の総称。二 つちかう。稲の根元に土をよせる。＝耔(し)

艸6 〔荸〕〔10〕 同字 U補J 8321 5572

艹3 【芝】〔6〕 常 しば U補J 829D 2839

旧字 艸3 【芝】〔7〕 シ漢呉 平 支 zhī チー U補J

筆順 一 十 艹 艹 芠 芝

意味 ①ひじりだけ。霊芝(れいし)。古人がめでたいしるしと考えた、きのこの名。②かさ。おおい。③香草の名。＝芷(し) 「芝蘭(しらん)」 国〈しば〉しばくさ。庭や堤防などにうえる。

解字  形声。艹が形を、之(し)が音を示す。艹は草。之は、出る、生ずるという意味がある。天子の徳がすぐれ、大地の秩序の調和をとってリードするようになると芽を出すふしぎな草で、一年に三つ花をつけるものという。

難読 芝生(しばふ)(付表)

参考 康熙字典では艸部四画とする。

【芝朮】(しじゅつ) 貴重な薬草。芝も朮もともに草の名。

【芝草】(しそう(さう)) 一 ひじりだけ。めでたい草の名。霊芝(れいし)。二 (しばくさ) 国 しば。

【芝居】(しばい(ゐ)) 国 ①芝生(しばふ)にいる。②演劇。③歌舞伎(かぶき)芝居。④人をだますための作りごと。【――気(氣)】(しばいぎ) 国 ①芝居をする心がまえ。②人前をつくろい飾る心。③人を驚かすしくみを考える心。

【芝蘭(蘭)】(しらん) ①ひじりだけと、ふじばかま。ともに香草。②善人や君子のたとえ。美しい徳によって感化されること。〈孔子家語(こうしけご)・六本(りくほん)〉【――之化】(しらんのか(くゎ)) 朋友(ほうゆう)【――之室】(しらんのしつ) 香草のあるへや。〈書言故事(しょげんこじ)〉

【芝罘】(チーフ) ①山東省の港の名。②山東省の山の名。

【芝麻】(チーマ) zhīma 現 ごま。

艸3 【芍】〔7〕 シャク漢 入 薬 sháo シャオ U補J

意味 芍薬(しゃくやく)は、花が牡丹(ぼたん)に似た植物。

艸3 〔芍〕〔7〕 俗字 U補J 828D 7173

艸3 【芊】〔7〕 セン漢 平 先 qiān チエン U補J 828A 5521 ②8591

意味 ①草の盛んに茂るさま。「芊芊」「芊蔚(せんうつ)」②山などの青々としたさま。

艸3 【芖】〔7〕 チ漢 ジ(ヂ)呉 去 寘 zhì チー U補J 8296 5525

意味 治める。

艸3 【芏】〔7〕 ト漢 上 麌 dù トゥー U補J 828F

意味 草の名。夫王(ふおう)ともいう。海辺に生じ、むしろを織るのに用いる。

艸3 【芇】〔7〕 ベン漢 メン呉 平 先 mián ミエン U補J 8287 5519

意味 ①相等しい。つり合う。②囲碁で、勝負がつかず引き分けること。

艸3 【芃】〔7〕 ホウ漢 平 東 péng ポン U補J 8283 5517 ②8590

意味 ①芃芃(ほうほう)は、草木が盛んに茂るさま。②小動物の尾の毛が長いさま。

艹3 【芒】〔6〕 標 ボウ(バウ)漢 モウ(マウ)呉 平 陽 máng マン U補J 8292 7174

意味 ①のぎ。穀物の実の先の毛。②ほこさき。刀のきっさき。「芒鋭」③光。光の先端。「光芒」④はるか。ひろ

艸3 〔芒〕〔7〕 正字 U補J

禾3 〔秅〕〔8〕 同字 U補J 25755

艸3 〔苙〕〔7〕 本字 U補J

い。⑤つかれるさま。⑥忘れるさま。はっきりしないさま。⑦〈すすき〉野草の名。

【芒鞋】ぼうかい（ばう）わらぐつ。鞋は、くつ。‖芒鞵

【芒屩】ぼうきゃく（ばう）わらぐつ。「急穿二芒屩一去登臨」（いそいでわらぐつをはいてでかける。）〈朱熹の詩・春日偶作〉

【芒芴】ぼうこつ（ばう）有るか無いか、わからないさま。〈荘子・至楽〉

【芒種】ぼうしゅ（ばう）①稲・麦など禾のある穀物。②季節の名。陰暦五月、麦をかり、稲を植える時期。二十四気の一つ。

【芒刃】ぼうじん（ばう）刀のきっさき。

【芒然】ぼうぜん（ばう）①心が自由で何物にもとらわれない。②くらい。ぼんやりしているさま。③疲れるさま。

【芒芒】ぼうぼう（ばうばう）①疲れたさま。②広く大きいさま。③心がぼんやりしたさま。【—然】ぼうぼうぜん（ばうばう）ぼんやり。「芒芒然帰」〈孟子・公孫丑上〉

【芒茅】ぼうぼう（ばうばう）かや。ちがや。

【芒昧】ぼうまい（ばう）ぼんやりとしてくらい。

【芒洋】ぼうよう（ばうやう）ひろびろしたさま。‖茫洋

【芒履】ぼうり（ばう）わらじ。わらぐつ。

艸4【芛】〔8〕イ（ヰ）漢呉 上 紙 wěi ウエイ　U補J 829B 5528 —

意味 咲き始めた花。また、花の咲いているさま。

艸4【芺】〔8〕オウ（アウ）漢 上 皓 ǎo アオ　U補J 82BA 5542 ②8603

意味 草の名。アザミの一種。苦味があるが、若くやわらかいうちは食用になる。「苦芺」

艹4【花】〔7〕学1 カ はな　カ（クヮ）漢 平 麻 huā ホワ　ケ 呉　U補J 82B1 1854

旧字 艸4【花】〔8〕　U補J —

筆順 一 十 艹 艹 艹 花 花

艸17【蘤】〔21〕同字　U補J 8624 ②8717

艸4【苍】〔8〕俗字　U補J 82B2 5539 ②8601

意味 ①〈はな〉㋐草木のはな。㋑観賞用のはな。㋒すべて花の形をしたもの。「火花」②はながさく。③はなやか。美しい。④目がかすむ。「眼花」⑤人をまよわせる。⑥妓女をいう。⑦ついやす。「花消」国〈はな〉①さくら。②うめ。③芸人などに与える祝儀。④はなあわせ。

解字 形声。艹が形を表し、化が音を示す。艹は草木。化には変化する意味がある。花は草木の変化した状態をいい、はなの意味を表す。花のもとの字は華であるが、六朝以後、花も使われるようになり、華は「はなやか」という意味に多く用いられる。

名前 はる　姓 花山院　地名 花巻・花刺子模

難読 花鶏・花魁・花梨・花櫚・花車

【花衣】かい（くゎ）①美しい着物。はなごろも。②種をとった綿。

【花音】かいん（くゎ）花が咲いたというしらせ。花信。

【花陰】かいん（くゎ）—はなかげ 花のこかげ。

【花英】かえい（くゎ）はな。花房。

【花影】かえい（くゎ）①花のかげ。②花のすがた。

【花宴】かえん（くゎ）—はなのえん 花のうたげ。花見のために開くさかもり。

【花園】㊀かえん（くゎ）—はなぞの 庭園。㊁ホワユワン huāyuán 現㊀に同じ。

【花筵】かえん（くゎ）—はなむしろ 花や鳥などを織り出した藺のむしろ。

【花王】かおう（くゎわう）牡丹の別名。

【花押】かおう（くゎあふ）書判。文書の終わりなどに印の代わりとして、自分の名をそれぞれ独特の形で書いたもの。

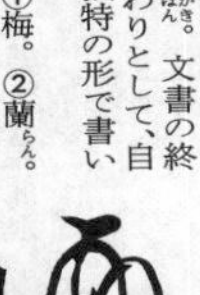

（花押）左・北条時宗　右・源　実朝

【花魁】㊀かかい（くゎくゎい）①梅。②蘭。③遊女。㊁おいらん 国①地位の高い遊女。②遊女。

【花街】かがい（くゎ）いろまち。遊里。狭斜。

【花客】かかく（くゎ）①花を見る人。②とくい。ひいきにしてくれる人。

【花冠】かかん（くゎくゎん）①美しく飾った冠。「花冠不ㇾ整下ㇾ堂来」（ととのえずどうよりくだりきたる）〈白居易の詩・長恨歌〉②植ひとつの花の花びら全部の総称。

【花含】かがん（くゎ）つぼみ。花蕾。

【花顔】かがん（くゎ）「花面」に同じ。「雲鬢花顔金歩揺」（雲のようにふさふさした髪の毛、花のように美しい顔、金の花のかんざし。）〈白居易の詩・長恨歌〉

【花卉】かき（くゎ）花のさく草。くさばな。

【花期】かき（くゎ）花の咲く時期。花の咲いている間。

【花筐】かきょう（くゎきゃう）—はながたみ 花や菜をつみ入れるかご。‖花篋

【花形】㊀かけい（くゎ）—はながた ①花のかたち。②国裏に花のもようのある金属製の鏡。㊁はながた 国人気のある若い俳優など。

【花径（徑）】かけい（くゎ）花咲く小道。

【花月】かげつ（くゎ）①花と月。②花に照る月。③陰暦二月。

【花言】かげん（くゎ）うわべだけで、内容のないことば。

【花甲】かこう（くゎかふ）六十歳のこと。‖華甲

【花候】かこう（くゎ）花の咲く時節。

【花黄】かこう（くゎくゎう）昔、女性が化粧用にひたいにはりつけたかざり。「対ㇾ鏡貼二花黄一」（かがみにむかいてかこうをはる）〈楽府詩集・木蘭詩〉

【花梗】かこう（くゎかう）花のついている柄の部分。

【花崗岩】かこうがん（くゎかう）石英・長石・雲母などを主成分とする火成岩。御影石。

【花紅柳緑（綠）】かこうりゅうりょく（くゎこうりう）花はくれない、柳はみどり。自然のままで、少しも人工を加えないこと。禅のことば。

【花釵】かさい（くゎ）婦人の髪に飾る花のかんざし。

【花子】かし（くゎ）①乞食。—こじき ②婦人の顔の飾り。

【花時】かじ（くゎ）はなどき。花のさく時節。「緑陰幽草勝二花時一」（りょくいんゆうそうかじにまさる）（緑の木かげ、深く茂った草の初夏のけしきは、花さく春にもまさる。）〈王安石の詩・初夏即事〉

【花実（實）】かじつ（くゎ）①花と実。②形式と内容。

【花娘】かじょう（くゎぢゃう）芸者。遊女。

【花色】㊀かしょく（くゎ）花の色あい。㊁はないろ 国縹色。うすいあい色。

【花燭】かしょく（くゎ）①はなやかなともしび。②結婚の式。‖華燭

【花心】㊀かしん（くゎ）①花のしべ。②美人の心。㊁はなごころ 国浮気な心。

【花信】かしん（くゎ）花のたより。花音。【—風】かしんふう（くゎ）春さきに花が咲いたことを知らせる春風。

【花晨】かしん（くゎ）花のあした。花の咲く春の朝。花朝。

【花箋】かせん（くゎ）詩などを書きつける、花模様のある紙。

【花氈】かせん（くゎ）美しい模様のある毛布。

【花朶】かだ（くゎ）①咲いている花の枝。②咲いている花。

【花台（臺）】㊀かだい（くゎ）美しい高殿。㊁はなだい 国花びんをのせる台。㊂はなのうてな 国蓮の花を台にみたてていう。蓮台。

【花托】かたく（くゎ）花びら・がく・しべなどをまとめて花梗につける部分。‖花託

【花旦】かたん（くゎ）中国劇で、淫婦・娼婦になる俳優。

【花壇】かだん（くゎ）土を盛りあげて花を植える所。

【花中君子】かちゅうのくんし（くゎちう）蓮の別名。

【花鳥】かちょう（くゎてう）①花と鳥。②花と鳥をかいた絵。③花や鳥を愛する風流心。【—使】かちょうのつかい（くゎてう・つかひ）恋の使い。男女間のとりもちをする者。【—風月】かちょうふうげつ（くゎてう）①花と鳥と風と月。自然の美しい風景。②風流なこと。

【花朝】かちょう（くゎてう）①「花晨」に同じ。②陰暦二月十五日。

【花鈿】かでん（くゎ）婦人の頭飾り。はなかんざし。「花鈿委ㇾ地無ㇾ

人収ニ」(花かんざしは地に捨てられたままで、だれも収める人もない。)〈白居易の詩・長恨歌〉

【花天月地】(かてんげっち) 花は空に咲きみち、月は地上に照りわたる。花咲く春の月夜の風景。

【花灯(燈)】(かとう) はなやかに輝くともしび。

【花譜】(かふ) 四季の花を描いた書。百花譜。

【花風】(かふう) ①春さき、花の咲くころ吹く風。花信風。②国芸風。演技のおもむき。

【花粉】(かふん) 植おしべの葯の中にある粉。「花粉症」

【花弁(瓣)】(かべん) はなびら。

【花圃】(かほ) 花ばたけ。花園。

【花貌】(かぼう) 「花面」に同じ。「雪膚花貌参差是(ゆきのはだえはなのかんばせしんしとしてこれなり)」(雪のように白いはだ、花のように美しい顔は、恐らくこれ[楊貴妃]であろう。)〈白居易の詩・長恨歌〉

【花木】(かぼく) ①花と木。②花の咲く木。芳樹。

【花面】(かめん) 花のかんばせ。花のように美しい顔。花顔。花貌。

【花文】(かもん) 花もよう。花様。＝花紋

【花紋】(かもん) はなもよう。花文。花様。

【花容】(かよう) 花のように美しい姿。花顔。花貌。

【花洛】(からく) 美しい都。京都の美称。洛は中国の古都、洛陽。

【花欄】(からん) ①彩色したてすり。②花壇の垣ね。

【花梨】(かり) —(かりん) 熱帯産の木材。材質が美しく、家具などに用いる。果実は食用となる。

【花柳】(かりゅう) ①赤い花と、緑の柳。②芸者。遊女。③いろまち。芸者町。遊里。花柳界。【——界】(かりゅうかい) ①芸者などの社会。②いろまち。芸者町。遊里。

【花林】(かりん) 花の林。花ざかりの林。【——曲池】(かりんきょくち) 花の林や、まがりくねった池。りっぱな庭園の形容。

【花暦(曆)】(かれき) —(はなごよみ) ①花の開落をもとにして定めた暦。②国四季の順に、咲く花の名を並べ、下にそれぞれの名所を書いたもの。

【花鬘】一(けまん) 仏①仏像のくび飾り。②仏堂内の欄間の飾り。二(はなかずら) 国髪にさす、花の飾り。

【花骨牌】(はながるた) 国花札。

【花曇】(はなぐもり) 国春さき、さくらの咲くころ、曇りがちなこと。

【花供養】(はなくよう) 国四月八日、釈迦の誕生日に甘茶をかけるための小さな釈迦像を入れるお堂を、花で飾って供養すること。→「灌仏会」(七六一ページ・中)

【花菖蒲】(はなしょうぶ) —(はなあやめ) 国①あやめ。②襲の色。表は白で裏は萌黄色。

【花薄】(はなすすき) 国穂の出たすすき。白く花の咲いたすすき。尾花。

【花相撲】(はなずもう) 国臨時に興行する相撲。

【花橘】(はなたちばな) 国①橘の花をほめた語。②実の小さな橘の一種。③夏みかんの別名。

【花札】(はなふだ) 国四季、十二種の花を描いた札、四十八枚を用いて遊ぶ勝負事。また、その札。

【花祭】(はなまつり) 仏四月八日、釈迦の誕生を祝う祭り。釈迦の像に甘茶をそそぐ習慣がある。灌仏会。

【花道】一(はなみち) 国①劇場で揚幕と舞台との間に設けた長い役者の通路。②力士が土俵にはいる道。二(かどう) 国草木の花を花器にさす技術。いけばな。華道。

【花御堂】(はなみどう) 国四月八日の釈迦の誕生日に、釈迦の像を安置し、甘茶をかけるために、花で飾ったお堂。

【花生】(ホワション) huāshēng 現なんきん豆。落花生。

『花枝欲ㇾ動春風寒』(かしうごかんとほっしてしゅんぷうさむし) 枝の花は、もう開こうとしているが、春風はまだ冷たい。〈王維の詩・酌ㇾ酒与ニ裴迪一(さけをくみはいてきにあとう)〉

◇▼芳花・国花・造花・桜花・雄花・落花・雌花・塩花・綿花・霜花・枯尾花

艹4 【芥】〔7〕 人 標 カイ 漢 去 卦 ケ 呉 jiè チエ U補J 82A5 1909

旧字 艸4 【芥】〔8〕 U補J

意味 ①野菜の名。アブラナ科の一、二年草。からしな。実は小粒でからく、粉末にして薬や香辛料とする。②〈あくた〉ごみ。③ごみのように小さい。

【芥子】一(かいし) ①からしなの実。②微小なもの。二(けし) ①けし。草の名。＝罌粟 ②一の②に同じ。

【芥視】(かいし) ごみのように見なす。ばかにする。

【芥子園画(畫)伝(傳)】(かいしえんがでん) 書名。二十七巻。清の王槩著。歴代の山水名画の画法を集めしるしたもの。芥子園は、王槩の書斎の名。

【芥舟】(かいしゅう) ①水上に浮かぶ、小さなごみ。②小舟。

【芥屑】(かいせつ) ①からし。②ごみ。あくた。

艸4 【芪】〔8〕 キ 漢 平 支 qí チー U補J 82AA 5536

意味 ①草の名。はなすげ。根は解熱薬。知母。②黄芪は、薬草の名。やわらぐさ。

艸4 【芰】〔8〕 キ 漢 去 寘 jì チー U補J 82B0 5538

意味 〈ひし〉一年生の水生植物。実は食用になる。菱。

【芰荷】(きか) ひしと、はす。菱茄。

【芰坐】(きざ) ひしで作ったむしろ。

【芰製】(きせい) ひしの葉で作った衣服。隠遁者が着る服。

艸4 【芨】〔8〕 キュウ 漢 (キフ) 入 緝 jí チー U補J 82A8 5534 ②8594

意味 草の名。①薬草の名。そくず。蒴藋。②とりかぶと。烏頭。毒草。薬にも用いる。③白芨は、薬草。

艹4 【芹】〔7〕 人 キン 漢 平 文 qín チン U補J 82B9 2260

旧字 艸4 【芹】〔8〕 U補J

意味 ①〈せり〉湿地に自生する植物。かおりがよく、食用。②ごくわずかの。「芹意」

解字  会意・形声。艹と斤とを合わせた字。斤は音をも示す。艹は草、斤には刃物を近づける、刈る意があるという。

【芹献(獻)】(きんけん) 物を人に贈ることの、けんそんした言い方。

【芹藻】(きんそう) ①芹と藻。②進士(官吏登用試験)の志願者。

艸4 【芩】〔8〕 キン 漢 平 侵 qín チン U補J 82A9 5535 ①9066

意味 ①つる草の名。じばしり。②黄芩は、薬草の名。こがねやなぎ。

艹4 【芸】〔7〕 学4 ゲイ U補J 82B8 2361

旧字 艸15 【藝】〔19〕 ゲイ 呉 漢 去 霽 yì イー U補J

筆順 一 十 艹 廿 芏 芸 芸

艹15 【藝】〔18〕 人 U補J 85DD 7326

禾3 【秇】〔8〕 同字 U補J 79C7 4886 ②8280

意味 ①〈う・える(—・う)〉草木を植える。「園芸」②才能。はたらき。「才芸」③わざ。㋐学問。「六芸」㋑芸事。遊芸。「芸術」㋒技術。技芸。④基準。限度。⑤区分する。

解字 会意。艹・埶・云を合わせた字。艹は草。埶は植えること。云

は耘でたがやすこと。藝は、草を植えることである。
名前 き・ぎ・すけ・のり・まさ・よし
参考 「芸」と「芸」(次項)とは別字。常用漢字では、「藝」の新字体として、その略体であった「芸」を用いる。

【芸苑】「芸林」に同じ。

【芸妓】歌や舞で酒宴に興をそえることを職業にする女。芸者。妓女。

【芸業】学術・技芸などの仕事。

【芸侯】国安芸の国(今の広島地方)の大名。

【芸者】①芸のうまい人。②国うたいめ。歌や舞で酒宴に興をそえることを職業にする女。芸妓。

【芸術】一①学芸と技術。②美を表現する創作活動。絵画・彫刻・演劇・舞踊など。二 yìshù 現一の②に同じ。

【芸植】植えつける。種芸。

【芸当(當)】国①演じて見せる芸。②曲芸。あぶない芸を演じて見せるもの。③あぶない仕事。はなれわざ。

【芸道】芸能の道。技芸の道。

【芸人】国①芸のうまい人。いろいろの芸のできる人。②遊芸を職業とする人。芸能人。

【芸能】①芸術と技能。②身につけた芸。③国演劇・映画・音楽・舞踊・能などの総称。④国芸ごと。

【芸風】芸の演じ方。

【芸名】国①芸人としてのほまれ。②芸人が本名のほかに「使う名。

【芸文】①技術と学術。②学芸と文学。【──志】その当時あった書物の名を書きしるした目録。経籍志。「漢書芸文志」【──類聚】書名。唐の欧陽詢が勅命で編集した事典。

【芸林】①書物が集められた所。②芸術家・文学者・学者などの社会。芸苑。

『遊於芸』学芸をまなぶ。礼・楽・射・御・書・数の六芸の道を、心ゆたかに学ぶ。〈論語・述而〉
◆工芸・手芸・文芸・民芸・曲芸・多芸・武芸・学芸・遊芸・腹芸・園芸・演芸

艸 4
【芸】
〔8〕 ウン 漢 平 文 yún ユン　U補J ━━━

意味 ①草の名。ヘンルーダ。香りが強く薬や書物の虫よけに用いる。「芸香」②香りのある野菜の名。③花や草がかれる。④〈くさぎ・る〉草をかる。
【芸芸】①花や葉の盛んなさま。②物の多いさま。

【芸閣】①書物を入れておく倉。書庫。芸台。②読書室。書斎。

【芸台(臺)】天子の書物をしまっておく建物。芸閣。

【芸帙】①虫よけの香草を入れた書物の帙。帙は何冊かの書物をまとめておおうもの。②書物。

艸 4
【芡】
〔8〕 ケン 漢 上 琰 qiàn チエン　U補J ①9063 5530 82A1

意味 水生植物の名。一名、鶏頭。実を食用とする。

艸 4
【芫】
〔8〕 ゲン 漢 平 元 yuán ユワン　U補J 7175 ━ 82AB

意味 草の名。ふじもどき。有毒で、薬とし、また、水中に投じて魚をとる。芫花。芫華。

艸 4
【芶】
〔8〕 コウ 漢 平 尤 gǒu コウ　U補J ━ ━ 82B6

意味 野菜の名。

艸 4
【芤】
〔8〕 コウ 漢 平 尤 kōu コウ　U補J ①9065 5532 82A4

意味 ①野菜の名。ねぎ。②中医学における脈象の一つ。脈が浮いて軟らかいさま。

艸 4
【芴】
〔8〕 一ブツ 漢 一入 物 wù ウー　二コツ 漢 二入 月 hū フー　U補J ②8602 5540 82B4

意味 一草の名。しょかつさい。二はっきりしないさま。「芴乎」「芴然」「芴漠」

艸 4
【芟】
〔8〕 サン 漢 平 咸 セン 呉 shān シャン　U補J 7176 ━ 829F

意味 ①〈か・る〉⑦草をかりとる。④とり除く。②くさかりがま。

【芟夷】①草をかりとる。②賊を滅ぼし、乱をおさめる。

【芟刈】かりとる。

【芟除】【──】「芟鋤」に同じ。

【芟鋤】【──】①草をかりとり、根をすいて除く。②賊をうち平らげる。

【芟正】悪い点を除き、正しくなおす。

【芟穢】①雑草をかりとる。②社会の害悪をとり除く。

艸 4
【芷】
〔8〕 シ 漢 上 紙 zhǐ チー　U補J ①9068 5541 82B7

意味 ①よろいぐさ。香草の一種。「芷蘭」②白芷は、はなうど。③蘭の根。
【芷蘭(蘭)】芷も蘭も、かおりのよい草。

艸 4
【芿】
〔8〕 ジョウ 漢 去 径 ニョウ 呉 rèng ロン　U補J ①9070 5545 82BF

意味 ①刈り取った後に、あらたに生えた草。②草や木が茂るままである。

艹 4
【芯】
〔7〕 常 シン　U補J 3136 ━ 82AF

旧字 艸 4
【芯】
〔8〕 シン 漢 平 侵 xīn シン　U補J ━ ━ ━

筆順 一 十 艹 艹 芁 芯 芯

意味 ①草の名。②とうしんぐさのずい。油をしみこませて、灯火をつけるのに用いる。③物の中心。
解字 形声。艹が形を表し、心が音を示す。艹は草。心は、心臓、中心。芯は、とうしんぐさのずい、また、物の中心を意味する。

艸 4
【芻】
〔10〕 標 ス 漢 平 虞 スウ 慣 chú チュー　U補J 7177 ━ 82BB
艸 10
【蒭】〔14〕 俗字　U補J 7258 ━ 84AD

意味 ①草をかる。また、草をかる人。②まぐさ。ほしくさ。「芻米」「芻秣」③牛・羊などに草をやる。

【芻豢】草を食べる家畜の牛と羊と、穀物を食べる家畜の犬やぶた。転じて、ごちそう。

【芻狗】①わらを結んで作った犬。祭りに用い、祭りが終わると捨てる。②必要なときには使うが、必要でなくなると捨てて去るもののたとえ。「以万物為芻狗」〈老子・五〉

【芻言】草かりのことば。身分の低い者のことば。

【芻菽】まぐさと豆。

【芻場】牧場。まきば。

【芻蕘】①草かりと木こり。「雉兎芻蕘」②自分の作った詩文をへりくだっていうことば。

【芻人】「芻霊」に同じ。

【芻秣】まぐさ。馬や牛のかいば。

【芻霊(靈)】草をたばねて作った人形。殉死の代わりに死者の墓に入れる。〈礼記・檀弓下〉

艸 4
【芮】
〔8〕 ゼイ 漢 去 霽 ruì ロイ　U補J ①9067 5537 82AE

意味 ①草の芽ばえたばかりのようす。②小さなさま。③川の湾曲した所。＝汭。④古代の国名。今の山西省内にあった。⑤盾をむすぶゆるいひも。

竹米糸缶网(罒・⺲)羊(⺶)羽(羽)老(耂)而耒(耒)耳
6画
聿肉(月)臣自至臼(臼)舌舛(舛)舟艮色艸(艹・艹)虍虫血行衣(衤)襾(西)

【芮鞫】(ぜいきく) 水ぎわ。

艸4【芧】〔8〕 一チョ 漢 一上 語 zhù チュー 二ショ 漢 二上 語 xù シュイ J②8593 補5533 U82A7

意味 一①草の名。みくり。三稜草。②かやつりぐさ。二くぬぎの木。また、その実。どんぐり。「芧栗(しょりつ)」

艸4【芚】〔8〕 一トン 漢 一平 元 tún トゥン 二チュン 漢 二平 真 chūn チュン J 補5527 U829A

意味 一①野菜の名。②木が初めて生えるさま。二①おろかなさま。「芚愚(ちゅんぐ)」②つつしみぶかいさま。

艹4【芭】〔7〕 人 標 ハ 漢 平 麻 バ 慣 bā バー J3946 補 U82AD

旧字 艸4【芭】〔8〕

意味 ①香りのよい草。②芭蕉(ばしょう)は、葉の長大な熱帯産の多年生植物。③はな。

【芭苴】(はしょ) 芭蕉(親字の説明を見よ)に同じ。

【芭黎】(はり) 細い木をあんで作ったかきね。＝芭籬

艸4【芘】〔8〕 一ヒ 漢 一平 支 pí ピー 二ヒ 漢 二去 寘 bì ピー J 補5526 U8298

意味 一芘芣(ひふ)は、ぜにあおい。二おおう。＝庇(ひ)

艸4【芾】〔8〕 一ヒ 漢 一去 未 fèi フェイ 二フツ 漢 二入 物 fú フー J①9069 補5544 U82BE

意味 一蔽芾(へいはい)は、幼いさま。二①草木が茂る。②ひざかけ。

艹4【芙】〔7〕 人 フ 漢 平 虞 fú フー J4171 補 U8299

旧字 艸4【芙】〔8〕

意味 芙蓉(ふよう)は、①蓮(はす)。はちす。芙蕖(ふきょ)。②もくふよう。アオイ科の低木。

解字 形声。艹が形を表し、夫(ふ)が音を示す。夫には大きいという意味があるから、芙は大きな花の咲く植物とする説がある。

名前 はす 地名 芙蓉(ふよう)

【芙蓉峰】(ふようほう) ①峰の名。中国の衡山(こうざん)の一つの峰。湖南省衡山県西。②国富士山の美称。

【芙蓉楼(樓)】(ふようろう) 江蘇(こうそ)省鎮江市にある、高殿の名。

艸4【芣】〔8〕 フ 漢 平 尤 fú フー J①9064 補5531 U82A3

意味 ①芣苡(ふい)・芣苢(ふい)は、おおばこ。草の名。②山の名。

艸4【芬】〔8〕 フン 漢 平 文 fēn フェン J7178 補 U82AC

意味 ①かおる。草がはえてよいかおりがする。「芬郁(ふんいく)」②かおり。よいにおい。「芬芳(ふんぽう)」「芬苾(ふんひつ)」③よい評判。ほまれ。④すぐれた徳。⑤多いさま。＝紛(ふん)

地名 芬蘭(フィンランド)

【芬鬱】(ふんうつ) 盛んにかおるさま。

【芬郁】(ふんいく) かおりのよいさま。

【芬華(華)】(ふんか(くわ)) 美しさ。はなやかに飾る。

【芬馨】(ふんけい) ①よいかおり。②すぐれた名声。

【芬香】(ふんこう(かう)) よいにおい。

【芬芬】(ふんぷん) ①盛んにかおるさま。芬馥(ふんぷく)。②乱れるさま。

【芬芳】(ふんぽう(はう)) ①よいかおり。②すぐれた功績。

【芬烈】(ふんれつ) ①強いかおり。②りっぱな功績。

艸4【芠】〔8〕 ブン 漢 平 文 モン 呉 wén ウェン J 補5529 U82A0

意味 ①芒芠(ぼうぶん)は、天地生成以前の混沌とした状態。②草の名。

艹4【芳】〔7〕 常 ホウ かんばしい ホウ(ハウ) 漢 呉 平 陽 fāng ファン J4307 補 U82B3

旧字 艸4【芳】〔8〕

筆順 一 十 艹 艹 芓 芳 芳

意味 ①〈かんば・し・い(かんば・し)〉㋐草のかおりがよい。㋑においがよい。㋒評判がよい。②かおり。よいにおい。「芳香(ほうこう)」③美しい。姿・名声などにいう。④徳のすぐれた人にたとえる。⑤他人の物事のうえにつけて、敬意をあらわす。「芳名(ほうめい)」「芳志(ほうし)」

解字 形声。艹が形を表し、方(ほう)が音を示す。艹は草。方には四方の意味がある。芳は、草のかおりが発散すること。

名前 か・はな・ふさ・みち・もと・よし・かおる 姓 芳美(はみ)・芳賀(はが)

地名 芳賀(はが)

【芳意】(ほうい) ①春のけしき。②相手の意志の敬称。

【芳郁】(ほういく) よいにおいの盛んなこと。馥郁(ふくいく)。芳芬(ほうふん)。

【芳陰】(ほういん) よいにおいのする花の下。

【芳園】(ほうえん) 花の咲きにおう庭園。「会(かいす)桃李之芳園(とうりのほうえんに)」〈李白(りはく)・春夜宴(しゅんやとうりえんにえんするのじょ)桃李園序〉＝芳苑

【芳恩】(ほうおん) ご恩。他の人から受けた恩の敬称。

【芳花】(ほうか(くわ)) かおりのよい花。芳華。

【芳華(華)】(ほうか(くわ)) かおりのよい花。

【芳卉】(ほうき) かおりのよい草。芳草。

【芳気(氣)】(ほうき) よいにおい。香気。

【芳紀】(ほうき) 若い女性の年齢。紀はとし。妙齢(みょうれい)。

【芳契】(ほうけい) ちぎり。約束の敬称。

【芳馨】(ほうけい) ①よいかおり。芳香。芬馨(ふんけい)。②かおりの高い花。

【芳香】(ほうこう(かう)) ①かんばしいかおり。よいにおい。②草の名。よろいぐさ。

【芳魂】(ほうこん) ①美人のたましい。②花の精(せい)。花のたましい。

【芳札】(ほうさつ) おてがみ。相手の手紙の敬称。

【芳志】(ほうし) おこころざし。他人の親切な心を敬っていうことば。

【芳榭】(ほうしゃ) 美しい建て物。

【芳樹】(ほうじゅ) 花の美しく咲いている木。

【芳州(「洲」)】(ほうしゅう(しう)) においのよい花がさいている、川の中の州。

【芳春】(ほうしゅん) 花ざかりの春。

【芳醇(醇)】(ほうじゅん) かおりのよい酒。うまい酒。芳醸。

【芳書】(ほうしょ) おてがみ。相手の手紙の敬称。芳札。

【芳椒】(ほうしょう(せう)) においのよいさんしょう。「播(まく)芳椒(ほうしょうを)兮成(なす)堂(どうを)」(かんばしいさんしょうをしいた座敷をつくる。)〈楚辞(そじ)・湘夫人(しょうふじん)〉

【芳情】(ほうじょう(じゃう)) 「芳志」に同じ。

【芳醸(釀)】(ほうじょう(ぢゃう)) かおりのよい酒。芳醇(ほうじゅん)。

【芳心】(ほうしん) ①美しい心。美人の心。「芳心寂寞寄(よす)寒枝(かんしに)」(美人の心はものさびしげに、ひっそりとした枝に花を咲かす。)〈曽鞏(そうきょう)の詩・虞美人草(ぐびじんそう)〉②他人の親切な心。

【芳辰】(ほうしん) 春の、よい時節。草木のかおる春の時節。

【芳信】(ほうしん) ①花がさいたというしらせ。②相手の手紙の敬称。

【芳声(聲)】(ほうせい) よい評判。名声。

【芳節(節)】(ほうせつ) 花のかんばしくにおう春の季節。

【芳鮮】(ほうせん) 魚・鳥・獣などの新鮮な肉。

【芳草】(ほうそう(さう)) かおりのよい草。「芳草鮮美」〈陶潜(とうせん)・桃花源記〉

【芳叢】(ほうそう) 花のかんばしく咲いているくさむら。

【芳樽】(ほうそん) ①よい酒をいれたたる。②よい酒。

【芳沢(澤)】(ほうたく) ①においのよい油。②よい評判とよい実質。

【芳塘】(ほうとう(たう)) ①花の咲きにおうつつみ。②かおりの高い草の茂るつつみ。

【芳年】ほうねん(はう) うら若い年ごろ。妙齢みょうれい。

【芳葩】ほうは(はう) よいにおいのする花。また、その草。芳花。

【芳菲】ほうひ(はう) ①花のよい香り。②花が咲きにおい、草が茂っていること。

【芳美】ほうび(はう) かんばしく、美しい。

【芳馥】ほうふく(はう) よいかおりがただようこと。

【芳芬】ほうふん(はう) ①よいにおい。②ほまれ。高い名声。

【芳墨】ほうぼく(はう) ①他人の手紙・筆跡の敬称。②よい墨。

【芳味】ほうみ(はう) よい味。美味。

【芳名】ほうめい(はう) ①お名まえ。相手の名の敬称。②ほまれ。名声。りっぱな評判。

【芳命】ほうめい(はう) ご命令。お申しつけ。

【芳慮】ほうりょ(はう) 他人のこころざしの敬称。芳志。

【芳隣】ほうりん(はう) よい隣家。

【芳醴】ほうれい(はう) よいにおいの甘酒。

【芳烈】ほうれつ(はう) ①すばらしいてがら。②強いかおり。

【芳醪】ほうろう(はう)(らう) かおりのよい濁り酒。醪は濁り酒。どぶろく。

艸4【芼】〔8〕 ボウ 漢 去 号 モウ 慣 mào マオ | J ②8604 補 5543 U 82BC
意味 ①草が地面をはう。②草をとる。のぞく。「芼斂もうれん」③あつものにまぜる野菜。「芼羹もうこう」

艸4【茆】〔8〕 国字 | J ①9071 補 5546 U 82C6
意味〈すさ〉壁土にまぜてぬりこむ、きざみわら。

艸4【芽】〔8〕 旧 ↓芽(一〇五〇ページ・中)
艸4【苅】〔8〕 俗 ↓刈(一五五ページ・中)
艹4【芦】〔7〕 簡 ↓蘆(一〇九三ページ・上)
艸4【芦】〔8〕 俗 ↓蘆(一〇九三ページ・上)
艹4〖芝〗(一〇四四ページ・中)↓艸部三画

艸5【苡】〔9〕 イ 漢 上 紙 シ 漢 yǐ イー | J 7179 補 U 82E1
意味 ①芣苡ふいは、おおばこ。②薏苡よくいは、はとむぎ。

艸5〔苢〕〔9〕 本字 | J ②8605 補 5551 U 82E2

艹5【英】〔8〕 学4 エイ | J 1749 補 U 82F1
旧字 艸5【英】〔9〕 | J 補 U

■一 エイ 漢 ヨウ(ヤウ) 呉 ■一 平 庚 yīng イン
■二 ヨウ(ヤウ) 漢 ■二 平 陽 yāng ヤン

筆順 一 十 艹 艹 芇 苎 苂 英

人9【偀】〔11〕 同字 | J ①1433 補 1763 U 5040

意味 ■一 ①はな。はなびら。②とくに、実のならない花。③ひいでる。すぐれる。④すぐれた人。⑤すぐれた美しい。⑥矛ほこのかざり。⑦玉ぎょくににた美しい石。⑧英吉利イギリスの略。「英人」「英文」⑨姓。■二 植えつける前の稲の苗。また、芽ばえたばかりの苗。＝秧よう

解字 [篆文] 形声。艹が形を表し、央えいが音を示す。央には、美しいという意味がある。英は、花だけ美しく咲いて、実らない草の花をいう。一説に、央は中がくぼんでいる意味で、英は、菊きくの花のように中央のくぼんだ花ぶさをいうとする。

名前 あや・つね・てる・とし・はな・ひで・ひら・ふさ・ぶさ・よし・あきら・すぐる・たけし・ひでる 姓 英多あがた・英禰あぐね 難読 英桃ゆすらうめ

地名 英田あいだ・英吉利イギリス・英蘭イングランド

参考 新表記では「叡」「穎」の書きかえに用いる熟語がある。

【英偉】えいい(ゐ) すぐれてえらい。また、その人。
【英英】えいえい ①なごやかで盛んなさま。②美しいさま。
【英果】えいか(くわ) 才知がすぐれ、決断力がある。
【英華(華)】えいか(くわ) ①美しい花。②美しい光。③味わいの深い詩文。④ほまれ。名誉。⑤イギリスと中国。
【英乂】えいがい すぐれて賢い人。英士。
【英気(氣)】えいき 人なみすぐれた気質。才気または気力。
【英傑】えいけつ 才知のすぐれた人物。英雄。
【英彦(彥)】えいげん 特にひいでた人物。英俊えいしゅん。
【英悟】えいご すぐれて賢い人。英俊。＝穎悟
【英晤】えいご 才知がすぐれ、さとりが早い。
【英語】■一 えいご イギリスの言語。■二 yīngyǔ 現■一に同じ。
【英才】えいさい すぐれた才能。才能のすぐれた人。「得二天下之英才一而教二育之一てんかのえいさいをえてこれをきょういくす」〈孟子もうし・尽心じんしん上〉＝穎才
【英材】えいざい すぐれた才能のある人物。
【英算】えいさん 「英略」に同じ。
【英士】えいし すぐれた人。
【英姿】えいし すぐれた姿。おおしい姿。
【英資】えいし すぐれた生まれつき。英稟えいひん。
【英主】えいしゅ すぐれて賢い君主。英明な君主。明君。
【英俊】えいしゅん 人なみすぐれている。また、その人。【──豪傑】えいしゅんごう(がう)けつ 多くの人にすぐれた人物。傑は十人に、豪は百人に、俊は千人に、英は万人にすぐれた者。

【英聖】えいせい すぐれて物事の道理がよくわかる。また、その人。
【英爽】えいそう(さう) 姿がりっぱで、気品がある。
【英断(斷)】えいだん ①すぐれたさばき。②思いきりよく事をきめる。果断かだん。
【英知】えいち すぐれた知恵。＝叡智
【英図(圖)】えいと すぐれたはかりごと。すぐれた計画。
【英発(發)】えいはつ すぐれて賢い。
【英抜】えいばつ 人より特別にすぐれている。秀抜。
【英稟】えいひん 才能のすぐれた生まれつき。英資。
【英布】えいふ 人名。前漢の高祖の臣。初め項羽こううに仕え、のちに高祖の臣となったが、乱を起こして殺された。黥布げいふ。(?～前一九六)
【英武】えいぶ 人なみすぐれて武勇がある。特別すぐれて強い。
【英風】えいふう ①すぐれた姿。「懐レ古欽二英風一いにしえをおもいえいふうをきんす」(昔をなつかしみ、張良ちょうりょうのすぐれた風采ふうさいを慕わしく思った。)〈李白りはくの詩・経二下邳圯橋一懐二張子房一かひのいきょうをへてちょうしぼうをおもう〉②すぐれた教え。すぐれた風俗。③イギリスふう。
【英文】■一 えいぶん 英語の文章。■二 yīngwén 現 英語。
【英輔】えいほ すぐれた補佐役。すぐれた大臣。
【英謨】えいぼ すぐれたはかりごと。英略。
【英髦】えいぼう すぐれた若者。すぐれた人物。英俊。
【英邁】えいまい 他にすぐれてひいでている。
【英名】えいめい ①すぐれた評判。名声。②英雄としての名高い評判。
【英明】えいめい すぐれて賢いこと。【──果断(斷)】えいめいか(くわ)だん すぐれて物事の道理に明るく、思い切りがよいこと。
【英雄】■一 えいゆう(いう) ①才能・知力のすぐれた人。②勇気・武力にすぐれた人。■二 yīngxióng 現■一に同じ。【──閑日月】えいゆう(いう)のかんじつげつ 英雄の心にはゆったりとしたのびやかさがあること。
【英誉(譽)】えいよ すぐれたほまれ。りっぱな評判。
【英略】えいりゃく すぐれた計画。英算。
【英霊(靈)】えいれい ①すぐれた人。②すぐれた人の魂。③国死者の魂。特に戦死者の魂。英魂えいこん。
【英和】えいわ 国①イギリスと日本。②英語と日本語。「英和辞典」
【英镑】yīngbàng 現(貨幣)ポンド。
【英勇】yīngyǒng 現極めて勇敢な。

◆石英せきえい・育英いくえい・俊英しゅんえい

艹5【苑】〔8〕 人 | J 1781 補 U 82D1

竹米糸缶网(罒・⺲)羊(⺶)羽(羽)老(耂)而耒(耒)耳
6画
聿肉(月)臣自至臼(臼)舌舛(舛)舟艮色艸(艹・⺿)虍虫血行衣(衤)襾(西)

旧字 艸 5【苑】〔9〕 ㊀エン(ヱン)漢 オン(ヲン)呉 ㊀上 阮 yuàn ユワン ㊁ウン漢 ㊁上 吻 yùn ユン U補J ―――

意味 ㊀〈その〉①動物を飼う所。②草花などを植える所。③宮中の庭。「御苑」④物事の集まる所。「文苑」「芸苑」⑤草木のしげるさま。⑥もようの美しいさま。㊁つもる。気がふさぐ。＝蘊

解字 形声。艹が形を表し、夗が音を示す。夗はくねくねした人の形で、奥深いとか、小さい意味となる。苑はそういう庭園。一説に、花木をおしこめて養う所。

姓 苑部

参考 新表記では「園」に書きかえる熟語がある。

【苑結】心がはればれしない。＝鬱結

【苑台(臺)】庭園と高い建物。

【苑池】①庭園と池。②庭の中の池。③庭園。

【苑囿】鳥や獣をかう庭園。

◇旧苑・神苑・御苑・鹿苑・廃苑・禁苑

艹5【茄】〔8〕 人

旧字 艸 5【茄】〔9〕 ㊀カ漢 ㊀平 麻 jiā チア ㊁カ漢 ㊁平 歌 qié チエ U補J 1856 8304

意味 ㊀①はすのくき。②はす。＝荷「茄花」 ㊁〈なす〉茄子。なすび。

解字 会意・形声。艹と加とを合わせた字。艹は草、加はくわえる、上にのせる意で、茄は上に花をのせる茎の意で、はす(蓮)の茎をいう。転じてはすの意。現在ではなすをいう。

艹5【苛】〔8〕 常 カ

旧字 艸 5【苛】〔9〕 ㊀カ漢 ㊀平 歌 kē コー ㊁カ漢 ㊁平 歌 hē ホー U補J 1855 82DB

筆順 一 十 艹 艹 艹 苛 苛 苛

意味 ㊀①こまかな草。②こまかい。わずらわしい。めんどうな。「苛細」③からい。きびしい。むごい。「苛重」「苛厳」④みだす。みだれる。⑤皮膚病。㊁せめる。とがめる。＝訶・呵 国〈いらだ・つ〉いらいらする。

解字 形声。艹が形を表し、可が音を示す。艹は草。可は訶・呵に通じ、大声で責める意を表す。苛はこまかな草、また、とがめることも意味する。

【苛役】苦しい労働。苦役。

【苛虐】ひどく苦しめいじめる。

【苛求】「苛斂誅求」の略。

【苛急】ひどくきびしい。

【苛刻】きびしくむごい。＝苛酷

【苛酷】きびしくむごい。無慈悲なこと。残酷。＝苛刻

【苛察】きびしくとり調べる。

【苛疾】おもいやまい。重病。

【苛征】税金のきびしいとりたて。征は税のとりたて。「税。苛」

【苛性】皮膚や繊維に強い腐食性があること。「苛性ソーダ」

【苛政】むごい政治。苛酷な政治。【――猛ニ於虎ニ】むごい政治が人民を苦しめる害毒は、とらの害で人民が苦しむよりももっとひどい。〈礼記・檀弓下〉

【苛税】きびしい税のとりたて。重税。

【苛責】きびしくせめつける。「良心の苛責」

【苛法】むごい法律。きびしすぎる法律。

【苛問】きびしく問い調べる。

【苛吏】むごい役人。残酷な役人。

【苛令】きびしい命令。残酷な法律。

【苛礼(禮)】細かすぎてわずらわしい礼式。

【苛厲】きびしくはげしい。ひどくむごい。

【苛烈】きびしく、はげしい。

【苛斂】むごく税などをとりたてる。【――誅求】租税をきびしくとりたて、むさぼりとる。苛求。

艹5【芽】〔8〕 学4 ガ め

旧字 艸 4【芽】〔8〕 ガ漢 ゲ呉 平 麻 yá ヤー U補J 1874 82BD

筆順 一 十 艹 艹 芒 芽 芽 芽

意味 ①〈め〉生長して枝・葉・花になるもの。②〈めぐ・む〉めばえる。めがでる。「萌芽」③物事のもと。きざし。

解字 形声。艹が形を表し、牙が音を示す。艹は草。牙は、木が互い違いにかみ合っている形。芽は、草木の新芽が曲がりくねっていることを表す。

地名 芽室

難読 芽出度い

◇肉芽・若芽・発芽・胚芽・萌芽・新芽

艸5【苷】〔9〕 カン漢 平 覃 gān カン U補J ②8607 5558 82E7

意味 ①薬草の名。甘草。マメ科の多年草。根を薬用にする。②有機化合物の一種。配糖体。「糖苷」

艸5【苴】〔9〕 キョ漢 上 語 jū チュイ U補J 7180 82E3

意味 ①たいまつ。葦をたばねて、火をつけ、あかりとする。②〈ちさ〉〈ちしゃ〉食用にする野菜の名。

地名 苴原・苴木

艹5【苦】〔8〕 学3 ク くるしい・くるしむ・くるしめる・にがい・にがる

旧字 艸 5【苦】〔9〕 ㊀コ漢 ク呉 ㊀上 麌 kǔ クー ㊁コ漢 ク呉 ㊁上 麌 gǔ クー U補J 2276 82E6

筆順 一 十 艹 艹 芊 芊 苦 苦

意味 ㊀①キク科の多年草。にがな。②〈にが・い(――・し)〉㋐五味(甘い・酸い・鹹い・苦い・辛い)の一つ。「苦味」㋑おもしろくない。不快な。「苦言」③〈にが・る〉にがにがしく思う。いやな顔をする。④〈くるし・い(くる・し)〉㋐つらい。こまる。「困苦」㋑つかれる。骨がおれる。㋒なやむ。「苦心」⑤〈くるし・む〉つらい思いをする。⑥〈くるし・める(――・む)〉⑦〈くるしみ〉なやみ。「苦楽」⑧〈はなはだ〉ひどく。「苦恨」⑨きびしい。「苦寒」⑩ねんごろに。㊁おとる。悪い。＝盬「苦器」

解字 形声。艹が形を表し、古が音を示す。艹は草。古には、ひきしめる気持ちがある。苦は口に入れるとひきしめるような味のする草、にがなである。

難読 苦力・苦参・苦汁・苦菜

【苦雨】人を苦しめる長雨。淫雨。

【苦役】㊀①苦しい労働。②懲役。

【苦界】㊀仏苦しみの世界。苦しみの多い人間世界。苦海。㊁国遊女のつらい境遇。うきかわたけ。

【苦海】仏苦しみの多い世の中。

【苦懐(懷)】苦しい心の中。思いなやむ。苦衷。

【苦学(學)】①苦しんで学ぶ。②はたらきながら学問する。【――力行】苦心して学び、努力する。

【苦渇(渴)】くかつ のどのかわきで苦しむ。
【苦患】くかん(くわん)|くげん 苦しみなやむこと。
【苦寒】くかん ①ひどい寒さ。酷寒。②寒さのために苦しむ。
【苦諫】くかん 言いにくいのをおしきっていさめる。苦言をもっていさめる。
【苦艱】くかん 「苦難」に同じ。
【苦境】くきょう(きゃう) 苦しい立場。不幸な境遇。
【苦行】くぎょう(ぎゃう) ①㊕肉体的欲望の悪を抑え、仏道の悟りをえるためにする、断食・荒行などのつらい修行。②つらい修行。
【苦吟】くぎん いろいろと苦心し、詩歌などを考え作る。また、その作品。
【苦言】くげん 聞きづらいことば。いさめのことば。忠告。
【苦困】くこん 苦しみ。困苦。
【苦恨】くこん ひどくうらむ。
【苦死】くし 苦しみ死ぬ。いっしょうけんめいに、の意。
【苦使】くし むごく使う。あわれみをかけず、こきつかう。
【苦思】くし 考え苦しむ。深く考える。
【苦汁】■くじゅう(じふ) ①にがい汁。②にがい経験。くるしみ。「苦汁を嘗める」■にがり 国食塩が自然にとけて出る、にがい汁。塩化マグネシウムをふくみ、豆腐を作るのに用いる。
【苦渋(澁)】くじゅう(じふ) ①にがくしぶい。②苦しみ悩む。③文章などのわかりにくいこと。
【苦笑】くしょう(せう)|にがわらい(わらひ) 不愉快さをおさえ、むりにえがおをつくる。
【苦情】くじょう(じゃう) 国①不平。不満。②苦しい心。
【苦心】くしん 国あれこれと心を苦しめる。心を使う。苦慮。【——惨(慘)憺】くしんさんたん 心を苦しめてくふうする。
【苦辛】くしん ①にがさと、からさ。②なんぎする。辛苦。「休レ道他郷多二苦辛一」(他郷での遊学生活に苦労が多いなどとなげくのはよしなさい。)〈広瀬建の詩・桂林荘雑詠示二諸生一〉
【苦節(節)】くせつ 苦しみの中でも、みさおを守りぬくこと。「苦節十年」
【苦戦(戰)】くせん 勝ちみのない苦しい戦い。困難な勝負。
【苦竹】くちく まだけ。竹の一種。
【苦茶】くちゃ にがい茶。
【苦衷】くちゅう(ちう) 苦しい心のうち。
【苦痛】くつう 苦しみいたむ。苦しみ。痛み。
【苦土】くど 白色の結晶性の粉。酸化マグネシウム。
【苦闘(鬪)】くとう 苦しんで戦う。苦しい戦い。
【苦毒】くどく 苦しむなやむこと。苦しみ。辛苦。
【苦難】くなん 苦しみ。なんぎ。苦艱。
【苦肉】くにく 敵をだますために自分のからだを苦しめること。「苦肉の計」
【苦悩(惱)】くのう(なう) 苦しみなやむこと。なやみ。
【苦味】くみ|にがみ にがい味。【——丁幾】くみチンキ 竜胆の根やだいだいの皮の粉末などを、アルコールにひたして作った黄かっ色の液。にがみがあり、健胃剤となる。
【苦悶】くもん 苦しみもだえる。もがき苦しむ。
【苦窳】くゆ 陶器がもろく、ゆがんでいること。
【苦楽(樂)】くらく 苦しみと楽しみ。「苦楽をともにする」
【苦慮】くりょ 苦心して考える。苦心。
【苦力】■くりょく 苦しんで努力する。■クーリー kǔlì 現重労働者。(古い言い方)
【苦労(勞)】くろう(らう) ①苦しみつかれる。ほねおり。②心配。【——性】くろうしょう(しゃう) 国つまらないことまで気にかけてくよくよする性質。
【無レ苦無レ恙】くなくようなし 苦しみもなく、病気もない。生活も安定し、健康もよい。〈沈既済・枕中記〉
▼辛苦・労苦・困苦・刻苦・病苦・貧苦

艹5 【茎】〔8〕 常 ケイ くき J2352 補― U830E
旧字 艸7 【莖】〔11〕 コウ(カウ) 漢 平 庚 jīng チン ケイ 慣 J7219 補― U8396

筆順 一 十 艹 艹 艾 苃 苿 茎

意味 ①〈くき〉植物のみき。「茎葉」「茎幹」②器物の柄え。「茎刃」③はしら。「金茎」④細い物を数える語。「数茎白髪」

解字 𦯘 形声。艹が形を表し、巠が音を示す。艹は草。巠には、まっすぐという意味がある。莖は、まっすぐに立った草のくきをいう。
▼水茎・根茎・球茎・歯茎・塊茎・地下茎

艸5 【苘】〔9〕 ケイ 漢 上 迥 qǐng チン J― 補― U82D8
意味 いちび。麻の一種。

艸5 【苽】〔9〕 コ 漢 平 虞 gū クー J― 補― U―

艸6 【苽】〔10〕 俗字 J①9073 補5559 U82FD
意味 ①水草の名。まこも。イネ科の多年草。葉で、むしろを織る。＝菰 ②まこもの実。③うり。＝瓜

艸5 【苟】〔9〕 コウ 漢 上 有 ク 呉 gǒu コウ J7181 補― U82DF
意味 ①〈いやしくも〉かりそめにも。かりにも。②かりそめ。まにあわせ。ちょっと。「苟言」③〈まことに〉ほんとうに。まったく。

語法 ❶〈いやしくも〉〈かりそめに〉 ㋐いいかげんに。とりあえず。例「君子於二其言一、無レ所レ苟而已矣」(君子は自分の発言においては決していい加減にすることがない)〈論語・子路〉 ㋑すこしの間だけ。一時的に。例「苟免二於咎一」(しばし災難をまぬかれているだけのことである)〈荘子・天下〉
❷〈いやしくも〉 希望・請願。どうか…であってくれ。ねがわくは…。例「君子于レ役、苟無二飢渇一」(わが夫は戦役へいった、どうか飢えや渇きに苦しみませぬように)〈詩経・王風・君子于役〉
❸〈もし〉 かりに…ならば。たとえ…であっても。例「苟富貴、無二相忘一」(もしも富貴の身になったとしてもお互いに忘れずにいよう)〈史記・陳渉世家〉 ▼「いやしくも」と訓読する場合もある。

【苟安】こうあん 先の事も考えず、そのときだけの安楽をむさぼる。苟偸。
【苟簡】こうかん ①一時しのぎ。まにあわせ。②簡単にする。
【苟言】こうげん 一時のがれのことば。
【苟合】こうごう(がふ) わけもなく他人の言に同意する。
【苟従(從)】こうじゅう 深く考えず、いいかげんに従う。
【苟且】こうしょ かりそめ。その場かぎり。その場だけのまにあわせ。
【苟生】こうせい なにもせず、むだに生きながらえる。生をぬすむ。
【苟偸】こうとう ただ目さきの安全を望む。一時の安楽をむさぼる。苟安。
【苟得】こうとく 道理を無視して、むやみによくばる。
【苟免】こうめん その場のがれをする。一時、罪からのがれて恥を知らない。
【苟禄(祿)】こうろく 仕事を怠っていながら、給料をもらう。

竹米糸缶网(罒・⺲)羊(⺶)羽(羽)老(耂)而耒(耒)耳
6画
聿肉(月)臣自至臼(臼)舌舛(舛)舟艮色艸(艹・艹)虍虫血行衣(衤)襾(西)

【不レ苟】(いやしくもせず) いいかげんにしない。

艸5【苲】〔9〕 ㊀サ 漢 ㊀上 馬 zhǎ チャー ㊁サク 漢 ㊁入 薬 zuó ツオ J― 補― U 82F2

意味 ㊀①水草の名。金魚藻など。②ごみ。あくた。㊁①定苲(ていさく)は、昔の県名。今の四川省塩源県の東北。②山の名。「苲領山(さくりょう)」

艸5【茁】〔9〕 サツ 漢 入 黠 zhuó チュオ J①9076 補5562 U 8301

意味 ①草の芽が出るさま。めばえ。「茁茁」②茁壮(さっそう)は、いきおいよく成長するさま。

艸5【茈】〔9〕 ㊀シ 漢 ㊀上 紙 zǐ ツー ㊁サイ 漢 ㊁平 佳 chái チャイ J②8609 補5564 U 8308

意味 ㊀①草の名。むらさき草。紫の染料にする。＝紫 ②茈綦(しき)は、ぜんまい。③茈蔵(しい)は、のうぜんかずら。④茈虒(しし)は、そろわないさま。㊁茈胡(さいこ)は、薬草の名。のぜり。

艸5【茌】〔9〕 シ 漢 平 支 chí チー J②8610 補― U 830C

意味 ＝茬し ①草のしげるさま。②茌平(しへい)は、後漢時代に置かれた県名。今の山東省茌平県西南。

艸5【茋】〔9〕 シ 呉 漢 上 紙 zhǐ チー J― 補5566 U 830B

意味 うきくさ。水草の一種。

艹5【若】〔8〕 学6 ジャク・ニャク わかい・もしくは J 2867 補― U 82E5

旧字 艸5【若】〔9〕 ㊀ジャク 漢 ニャク 呉 ㊀入 薬 ruò ルオ、yào ヤオ ㊁ジャ 漢 ニャ 呉 ㊁上 馬 rě ロー J― 補― U―

筆順 一 十 艹 艹 芏 芓 若 若

意味 ㊀①選択する。②〈したが・う(――・ふ)〉すべてまかせる。③〈ごとし〉…のようである。④〈かくのごとし〉このようである。「以二若所一レ為、求二若所一レ欲(かくのごときのなすところをもって、かくのごときのほっするところをもとむ)」(このようなやり方で、このような望む物を求める。)〈孟子・梁恵王上〉⑤〈し・く〉およぶ。まさる。「彼与二彼年一相若(かれとかれとはとしあいしけり)」(彼と彼とは年も同年輩である。)〈韓愈・師説〉⑥〈なんじ(なんぢ)〉おまえ。二人称。⑦〈もし〉もし…ならば。仮定の語。⑧〈もしくは〉あるいは。もしかすると。⑨状態をあらわす語をつくる。「自若」⑩香草の一種。「杜若(とじゃく)」⑪海の神の名。北海若。㊁①ほしくさ。②梵語の音訳。般若(はんにゃ)は、梵語で知恵の意。蘭若(らんにゃ)は、梵語で寺。国〈わか・い(――・し)〉年がわかい。未熟な。

語法 ❶〈もし〉仮定条件。もし…ならば。例「若君不レ修レ徳、舟中之人尽為二敵国一也(もしきみとくをおさめざれば、しゅう(しう)ちゅう(ちう)のひとことごとくてきこくたらん)」(もしわが君が徳を修めなければ、この舟の中の人間すらことごとく敵国となりましょう)〈史記・呉起列伝〉

❷〈もしくは〉選択。あるいは。または。例「願取二呉王若将軍頭一、以報二父之仇一(ねがわくは(ねがはくは)ごおう(わう)もしくはしょうぐん(しやうぐん)のかしらをとりて、もってちちのかたきにむくいん)」(呉王あるいは敵の大将の首を取って、父の敵討ちをしたい)〈史記・魏其侯列伝〉

❸〈ごとし〉類似。…のようである。例「纍纍若二喪家之狗一(るいるいとしてそう(さう)かのいぬのごとし)」(疲れ切ったようすはまるで葬式のあった家の犬のようだ)〈史記・孔子世家〉

❹〈かくのごとし〉このようである。このように。例「君若謹行(きみかくのごとききんこう(かう))、常在二朕躬一(つねにわがみにあり)」(君のこのように謹厳な行動は、常に朕のよく知るところである)〈史記・平津侯列伝〉

❺〈…のごときは〉たとえば…は。…などは。例示。例「若レ由也(ゆう(いう)のごときや)、不レ得二其死一然(そのしをえざらん)」(由(子路)のような男は人並みの死に方はできまい)〈史記・仲尼弟子列伝〉

句形

(1)【不レ若二…一】〈…にしかず〉…にはかなわない。…のほうがまだよい。優劣の認定。＝弗若 例「紂貴為二天子一、死曽不レ若二匹夫一(ちゅう(ちう)はとうときこと(たふときこと)てんしたるも、しせばすなわち(すなはち)ひっぷにしかず)」(紂は貴きこと天子の位にいたが、死んでしまえばなんと匹夫にも及ばなかった)〈史記・淮南列伝〉

(2)【莫レ若二…一】〈…にしくはなし〉…に及ぶものはない。…にこしたことはない。最善の認定。＝無若 例「竊為レ君計者、莫レ若三安レ民無二レ事(ひそかにきみのためにはかるに、たみをやすんじことなきにしくはなし)」(ひそかに君のために案じますに、民を安らかにし事を起こさぬのが最善かと存じます)〈史記・蘇秦列伝〉

(3)【何若】〈いかん〉状態を問う。どんなようすか。どんなふうか。例「子之国何若(しのくにはいかん)」(あなたの国はどんな様子か)〈韓詩外伝・二〉▼「どうして」「どうか」「どうだ」のように反問・確認に用いられることもある。例「得二此三人者一以事二大王一、何若(このさんにんのものをえてもってだいおう(わう)につかえ(つかへ)ば、いかん)」(曽参・伯夷・尾生のような三人が王様に仕えるとしたらどうでしょうか)〈史記・蘇秦列伝〉

解字  会意。艹と右とを合わせた字。艹は草。右は右手。若は、柔らかい若草を手でつむこと。また、全体がしなやかな女性の姿を表すともいう。そこから、柔らかいという意味になる。

名前 なお・まさ・よし・より・わく 地名 若狭(わかさ)

難読 若人(わこうど)(付表)／若干(そこばく)・若気(にやける)・若布(わかめ)

【若何】(いかん)(いかんせん) ①手段・方法を問う。どのように。いかに。②状態を問う。どんなふうか。どのようか。＝何如 ③理由・原因を問う。どうして。「何

【若為(爲)】(いかん) どうするか。どのようにするか。＝如何・奈」

【若箇】(じゃっこ) ①いくばく。どれほど。いかほど。②だれ。どれ。

【若若】(じゃくじゃく) ①さかんなさま。②ひもが長く垂れ下がっているさま。

【若年】(じゃくねん) 国①年が若い。年少。②若い人。青年。

【若木】㊀(じゃくぼく) ①日の入る所にあるという大木の名。②中国をさす。㊁(わかぎ) 国植えて間もない木。生長しつつある木。

【若耶】(じゃくや) 浙江(せっこう)省紹興市の南にある景勝地。昔の越の地で、若耶渓や、西施の古跡で知られる。

【若干】(じゃっかん)(じゃくかん) いくらか。いくばく。はっきりしない数量のこと。

【若輩】㊀(なんじ(なんぢ)がはい) おまえたち。なんじら。㊁(じゃくはい) 国①若い者。青年。②物事に経験のとぼしい未熟者。

【若気(氣)】(わかぎ)(わかげ) 国①若いころの激しやすい意気。②若い者の考えの浅いこと。

【若君】(わかぎみ) 国①年の若い主君。②貴人の若い子弟。

【若衆】㊀(わかしゅう)(わかしゅ) 国①若者。②江戸時代、元服まえの前髪のある若者。㊁(わかいしゅ) 国①若者。②町や村などで祭りの世話などをする若い者。③商店に使われる若者。【――歌舞伎(わかしゅかぶき)】国江戸時代、前髪の若者が演じた歌舞伎。

【若僧(僧)】㊀(わかぞう) 国年の若い坊さん。㊁(わかぞう) 国①若い者。②若い者や未熟者をあざけりのしる語。

【若党(黨)】(わかとう)(わかたう) 国①年の若い家来。②年の若い武士。

【若年寄】(わかどしより) 国①徳川幕府の職名。老中(ろうじゅう)の政務を助け、特に旗本(はたもと)を監督した。②まだ若いのに老人のように元気のない人。〔気のない人。〕

【若殿】(わかとの) 国①主君の長男。②主君のよつぎ。

【若松】(わかまつ) 国①松の若木。②年始の飾りに用いる小松。

【若水】わかみず（みづ）　国元日の朝早くくむ水。一年の邪気を除くという。
【若宮】わかみや　国①幼い皇子。②皇族の子。↕大宮　③神社の祭神の子をその境内に祭ったやしろ。
【若人】わこうど（わかうど）　国若い人。若者。青年。
【若是】ルオシー ruòshì　現もしも。
▼△老若ろうじゃく・ろうにゃく・般若はんにゃ・泰然自若たいぜんじじゃく

艸5【苴】〔9〕　㊀ショ漢　ソ呉　㊀平　魚 jū チュイ　㊁ショ漢　ソ呉　㊁上　馬 zhǎ チャー　㊂サ漢　シャ呉　㊂平　麻 chá チャー　U補J 7183 82F4

意味　㊀①あさ。実のなる麻。「苴布」②くつぞこ。③おぎなう。うめる。④つつむ。⑤粗悪な。㊁①腐土。かす。②木の名。㊂水中の浮き草。また、かれ草。
【苴経】しょてつ　喪ものときに、首と腰につける麻の帯。

（苴経）

艹5【苫】〔8〕標　艸5【苫】〔9〕正字　㊀セン漢呉　㊁セン漢　㊀平　塩 shān シャン　㊁去　豔 shàn シャン　U補J 3849 82EB

意味　㊀①〈とま〉菅すげや茅かやで編んで屋根をふくもの。②むしろ。こも。「苫蓆せんせき」③ふるえる。㊁おおう。
地名　苫小牧とまこまい・苫田とまた・苫前とままえ・苫米地とまべじ
「苫屋とまや」「苫舟とまぶね」

艸5【苒】〔9〕　艸5【苒】〔9〕俗字　ゼン漢　上　琰 rǎn ラン　U補J 7182 82D2

意味　①苒苒は、草の盛んなさま。②荏苒じんぜんは、時間がゆっくりすぎていくこと。

艹5【苔】〔8〕人標　旧字 艸5【苔】〔9〕　タイ漢　平　灰 tái タイ　U補J 3461 82D4

意味　〈こけ〉湿地や古木などにはえる隠花植物。
【苔衣】たいい　㊀こけの総称。㊁こけのころも　国僧の衣。
【苔茵】たいいん　こけのむしろ。こけのはえた所を、敷き物と見なしたもの。
【苔径（逕）】たいけい　こけのはえた小みち。
【苔砌】たいせい　こけのはえた石だたみ。
【苔石】たいせき　こけむした石。こけのはえた石。
【苔蘚】たいせん　こけ。
【苔磴】たいとう　こけのはえた石段。

艸5【苧】〔9〕　チョ漢　上　語 zhù チュー　U補J 3587 82E7

意味　①〈からむし〉麻の一種。茎の皮の繊維で、なわや布を作る。「苧麻ちょま（からむし）」②草の名。みくり。国〈お（を）〉麻やからむしで作った糸。

艸5【苕】〔9〕　チョウ漢（テウ）　平　蕭 tiáo ティアオ　U補J ①9072 5548 82D5

意味　①のえんどう。草の名。②のうぜんかずら。凌霄花のうぜんかずら。③高いさま。「苕亭」「苕嶢ちょうぎょう」
艸2【芀】〔6〕本字　U補J 5515 8280　花は観賞用。葉は食用。

艸5【苨】〔9〕　デイ漢　ネイ呉　上　薺 nǐ ニー　U補J ②8606 5553 82E8

意味　①薺苨せいでいは、草の名。そばな。②苨苨でいでいは、草が盛んに茂っているさま。

艸5【茶】〔9〕　デツ漢　入　屑 nié ニエ　U補J 5557 82F6

意味　①疲れるさま。②とどまるさま。③忘れる。

艸5【苳】〔9〕　トウ漢　平　冬 dōng トン　U補J 7184 82F3

意味　苣苳きょとうは、冬はえる草の名。国〈ふき〉葉柄は食用。蕗ふき。「款冬かんとう」

艹5【苺】〔8〕人　旧字 艸5【苺】〔9〕　バイ漢　上　賄 měi メイ　U補J 7185 82FA

意味　〈いちご〉草いちご。＝莓ばい

艸5【茇】〔9〕　㊀ハツ漢　バツ慣　㊁ハイ漢　㊀入　曷 bá パー　㊁去　泰 bèi ペイ　U補J ②8608 5563 8307

意味　㊀①草の根。②野宿のじゅくする。「茇舎」③旅をする。④除草する。「茇渉ばっしょう」㊁白いのうぜんかずら。

艸5【范】〔9〕　ハン漢　上　䨺 fàn ファン　U補J 7187 8303

意味　①草の名。②蜂はち。③鋳型いがた。④手本。かた。法則。⑤姓。
参考　范は「範」（九三九ページ・中）の中国新字体としても使う。
【范史】はんし　「後漢書ごかんじょ」をいう。范曄はんようの書いた歴史の意。
【范雎】はんしょ　人名。戦国時代、魏ぎの政論家。秦しんの昭王に遠交近攻策をすすめ、大臣となった。范雎はんすいは誤用。
【范成大】はんせいだい　人名。南宋そう初期の詩人。号は石湖。（一一二六～一一九三）
【范祖禹】はんそう　人名。北宋そうの歴史家。「資治通鑑しじつがん」の編集を助け、また、「唐鑑」を著した。（一〇四一～一〇九八）
【范増（增）】はんぞう　人名。楚その項羽こうの参謀。（前二七五～前二〇四）
【范仲淹】はんちゅうえん（ちう）　人名。北宋そうの政治家。憂国の士。諡おくりなは文正公。（九八九～一〇五二）
【范陽】はんよう（やう）　地名。唐代の郡の名。玄宗げんそうの時代、安史の乱を起こした安禄山あんろくざんは、范陽の節度使であった。
【范曄】はんよう（えふ）　人名。南朝、宋そうの人。「後漢書ごかんじょ」を作った。（三九八～四四五）
【范蠡】はんれい　人名。春秋時代、越王勾践こうせんの臣。呉を滅ぼした後、勾践の性格を知って退き、陶朱公とうしゅこうと呼ばれた。

艸5【茉】〔9〕　㊀ヒ漢呉　㊁ヘツ　㊀平　支 pī ピー　㊁―― piě ピエ　U補J 5552 82E4

意味　㊀花が満開のさま。㊁茉藍へつらんは、野菜の名。コールラビ。蕪甘藍かぶかんらん。

艸5【苾】〔9〕　ヒツ漢　入　質 bì ピー　U補J ①9074 5560 82FE

意味　①かんばしい。かおる。「苾苾ひつひつ」「苾芬ひっぷん」②苾芻ひっしゅは、草の名。また、僧侶そうりょのこと。

艹5【苗】〔8〕常　ビョウ　なえ・なわ　旧字 艸5【苗】〔9〕　ビョウ（ベウ）漢　ミョウ（メウ）呉　平　蕭 miáo ミアオ　U補J 4136 82D7

筆順　一　十　艹　艹　苎　苗　苗　苗

意味　①〈なえ（なへ）〉〈なわ（なは）〉㋐稲・麦などの芽ばえてまもないもの。㋑移植するための若い植物。②広くことがらのはじめ。③〈かり〉夏の狩猟。稲の苗の害を除くために行う。「苗田」④すえ。子孫。ちすじ。「苗胤」⑤民衆。人民。「黎苗」⑥古代の部族名。「三苗」⑦少数民族の名。苗族。貴州省を中心として居住。⑧姓。

解字 苗 会意。艹と田を合わせた字。艹は草。苗は、田にうえる草で、稲のなえをいう。

名前 え・たね・なり・みつ 難読 早苗(付表)

【苗代】(なわしろ・なは) 国稲の種をまき、苗を育てる所。

【苗裔】(びょうえい・べうえい) 遠い子孫。苗胤。

【苗族】(びょうぞく・べうぞく) ①血すじ。②中国南方の民族。苗民。

【苗字】(みょうじ・めうじ) 国姓。うじ。=名字
【苗而不レ秀】(なえにしてひいでず) 苗のままで枯れて、それ以上のびない。人の若死にすることをいう。また、学問に志して成就しないこと。〈論語・子罕〉
◇▼早苗・種苗

艸5【苻】〔9〕 フ 漢 平 虞 fú フー U補J 7188 82FB

意味 ①赤い実のなる葛に似た草。②あしのくきの内がわのあまかわ。③姓。

【苻健】人名。前秦の第一代の帝。明帝。善政をしき国運隆興の基をきずいた。(三一七〜三五五)
【苻堅】人名。前秦の第三代の帝。苻健の甥。はじめ前燕・前涼を征服し勢力をふるったが、淝水の戦いに晋に大敗し滅びた。(三三八〜三八五)
【苻秦】五胡十六国の一つ。苻健が建てた国で、前秦ともいう。

艸5【苐】〔9〕 一 フツ 漢 入 物 fú フー 二 ヒツ 漢 入 質 bì ビー U補J ①9075 5561 8300

意味 一①道に草が多く、進めない。②草をかりとる。③車をおおう竹のむしろ。=茀 ④おおう。⑤幸福。「茀禄」⑥婦人の首飾り。⑦茀鬱は、ふさがる。二姓。

艸5【苹】〔9〕 一 ヘイ 漢 一 平 庚 píng ピン 二 ヘイ 漢 二 平 青 píng ピン U補J 7189 82F9

意味 一①浮き草。②よもぎ。二苹車は、戦車の名。

参考 苹は「蘋」(一〇九二ページ・中)の中国新字体としても使う。

【苹果】(ピンクオ) píngguǒ 現りんご。

艸5【苪】〔9〕 ヘイ 漢 上 梗 bǐng ピン U補J 5554 82EA

意味 ①明らかではっきりしている。②草の名。

艹5【苞】〔8〕 標 ホウ(ハウ) 漢 平 肴 bāo パオ U補J 7190 82DE

艸5【苞】〔9〕 正字 U補J

意味 ①花のがく。②あぶらがや。草の名。むしろなどを作る。③つつむ。④しげる。むらがる。⑤草の根。⑥ひろい。

【苞裏】(ほうか・はうくわ) 包む。つつみ。

【苞苴】(ほうしょ・はうしょ) ①魚や肉をかや・あしなどで包んだもの。②贈り物。③わいろ。

【苞羅】(ほうら・はうら) 多くのものを一つに包みまとめる。

(苞苴①)

艹5【茅】〔8〕 人 ボウ(バウ) 漢 平 肴 máo マオ U補J 1993 8305

旧字 艸5【茅】〔9〕 U補J

意味 ①〈かや〉〈ち〉〈ちがや〉草の名。イネ科のすすきの類の総称。屋根をふくのに用いる。②かやを刈る。③かやぶきの家。「茅屋」④山東省にあった国名。⑤姓。

解字 茅 会意・形声。艹と矛を合わせた字。矛が音をも示す。艹は草、矛は先がとがる意があるという。草の名。かや(萱)。一説に、矛はおおう意があり、かやは大地をおおう意ともいう。

姓 茅上・茅沼・茅渟 地名 茅部・茅野・茅ケ崎

難読 茅渟鯛・茅花・茅蜩

【茅庵】(ぼうあん・ばうあん) かやぶきのいおり。そまつな家。

【茅簷】(ぼうえん・ばうえん) かやぶきの屋根。かやぶきの家。

【茅屋】(ぼうおく・ばうをく) ①かやで屋根をふいた、そまつな家。「石梁茅屋在二湾碕一」(湾碕は湾曲して出た岸。)〈王安石の詩・初夏即事〉②自分の家をけんそんしていうことば。

【茅花】(ぼうか・ばうくわ) ちがやの穂。つばな。

【茅軒】(ぼうけん・ばうけん) ①かやぶきの軒。茅簷。②かやぶきの家。茅舎。茅屋。

【茅坤】(ぼうこん・ばうこん) 人名。明の学者・政治家。「唐宋八家文鈔」の著がある。(一五一二〜一六〇一)

【茅柴】(ぼうさい・ばうさい) ①ちがやとしば。②うすくて、酔ってもすぐにさめる酒をいう。ちがやとしばが、火をつけるとすぐに燃えつきることから。

【茅斎(齋)】(ぼうさい・ばうさい) かやぶきのへや。

【茅茨】(ぼうし・ばうし) ①かやと、いばら。②かやで屋根をふくこと。『――不レ翦』(ぼうしきらず) かやで屋根をふいても、その端をきれいにきりそろえない。宮殿の質素なこと。〈韓非子・五蠹〉

【茅舎】(ぼうしゃ・ばうしゃ) ①かやぶきの家。そまつな家。②自分の家をけんそんしていうことば。

【茅茹】(ぼうじょ・ばうじょ) ①同類の者が互いに相手をひきたてあう。②君子が朝廷に並び立つ。

【茅苫】(ぼうせん・ばうせん) かやぶきの小屋。

【茅堵】(ぼうと・ばうと) かやぶきの垣根の家。

【茅土】(ぼうど・ばうど) むかし諸侯が天子から授けられた領土。

【茅堂】(ぼうどう・ばうだう) かやぶきの家。そまつな家のかこい。

【茅蒲】(ぼうほ・ばうほ) 農夫などが雨具に用いる竹の皮の笠。

【茅門】(ぼうもん・ばうもん) ①かやぶきの門。②自宅をけんそんしていうことば。

【茅牖】(ぼうゆう・ばういう) ①かやの窓。②見苦しいすまい。

【茅廬】(ぼうろ・ばうろ) かやぶきのいおり。茅庵。

艸5【茆】〔9〕 ボウ(バウ) 漢 上 巧 mǎo マオ U補J 7191 8306

意味 ①〈ぬなわ(ぬなは)〉じゅんさい。食用にする水草の名。②〈かや〉ちがや。音 máo マオ。=茅「茆屋」

【茆簷】(ぼうえん・ばうえん) かやぶき屋根の家。

『茆茨不レ翦』(ぼうしきらず) 屋根をふいたかやをきりそろえないでいる。質素な生活。〈十八史略・帝尭〉

艸5【苯】〔9〕 ホン 漢 上 阮 běn ペン U補J 5556 82EF

意味 ①苯蓴は、草が群がりはえるさま。②現化学用語。ベンゼン。ベンゾール。(C_6H_6)

艹5【茉】〔8〕 人 バツ 漢 マツ 慣 入 曷 mò モー U補J 7193 8309

旧字 艸5【茉】〔9〕 U補J

意味 茉莉は、植物の名。暖地にはえる常緑低木。ジャスミンの一種。末利。白い花はかおりが高い。

解字 形声。艹が形を表し、末が音を示す。

名前 ま

艸5【苠】〔9〕 ビン 漢 ミン 慣 平 真 mín ミン U補J 5550 82E0

意味 ①物の多いさま。「苠苠」②おくて。穀物の生長期間が比較的長くて、成熟がおそいもの。

艹5【茂】〔8〕 常 モ しげる ボウ 漢 モ 呉 ム 呉 去 宥 mào マオ U補J 4448 8302

旧字 艸5【茂】〔9〕 U補J

筆順 一 十 艹 艹 芦 芦 茂 茂 茂

木9【楙】〔13〕字 本 補 J6030 U6959 意味 ①〈しげ・る〉草木の枝葉が盛んにのびる。②さかん。さかんになる。「茂盛(もせい)」③すぐれる。りっぱ。「茂材(もざい)」④美しい。よい。「茂英」⑤つとめる。勤勉である。⑥姓。

解字 茂・楙 茂は形声。艹が形を表し、戊(ぼう)が音を示す。艹は草。戊には盛んなという意味がある。茂は、草木の枝葉がかぶさるほど盛んにしげること。楙は、形声。木が形を表し、矛(ぼう)が音を示す。茂が草がしげるのに対して、楙は、木がしげることを表す。二字は同音で、同じように用いられた。

名前 し・あり・しげ・たか・とう・とも・とよ・もち・もと・ゆた・いかし・しげい・しげみ 姓 茂木(もてぎ) 地名 茂原(もばら)

【茂異(もい)】才能がすぐれている。また、その人。

【茂勲(もくん)】りっぱな功績。

【茂行(もこう)】すぐれた行い。

【茂才(もさい)】①りっぱな人物。②「秀才」に同じ。後漢(ごかん)の光武帝は名を劉秀(りゅうしゅう)といったので、当時、秀の字を遠慮して、茂才と言い替えた。

【茂秀(もしゅう)】すぐれた人物。

【茂長(もちょう)】よく茂り育つ。

【茂暢(もちょう)】茂り育つ。

【茂陵(もりょう)】前漢(ぜんかん)の武帝の陵。陝西(せんせい)省興平(こうへい)市の北東にある。

【茂林(もりん)】よく茂った林。
◇繁茂(はんも)・叢茂(そうも)

艸5【苜】〔9〕ボク 漢 入 屋 モク 慣 mù ムー J7192 U補82DC
意味 苜蓿(もくしゅく)は、むらさきうまごやし。目宿(もくしゅく)・牧宿とも。

艸5【苭】〔9〕ヨウ 漢 上 篠 (エウ) yǎo ヤオ J5555 U補82ED
意味 苭茮(ようじょう)は、草がのびているさま。

艸5【苚】〔9〕ヨウ 呉 漢 去 宋 yòng ヨン J5549 U補82DA
意味 草の名。

艸5【苙】〔9〕リュウ 漢 入 緝 (リフ) lì リー J7194 U補82D9
意味 ①家畜を飼うかこい。②薬草の名。よろい草。白芷(びゃくし)。

艸5【苓】〔9〕レイ 漢 平 青 リョウ(リャウ) 呉 líng リン J4674 U補82D3
意味 ①みみなぐさ。食用とし、実から油をとる。巻耳(けんじ)。「苓耳(れいじ)」②かんぞう。薬草の名。③薬用の菌類。「茯苓(ぶくりょう)」「豨苓(きれい)」④おちぶれる。＝零
【苓落(れいらく)】草木の葉が落ちる。＝零落

艸5【茓】〔9〕シュエ xué J— 補— U8313
意味 現 穀物を貯蔵するとき囲いとする、むしろの一種。

艸5【茊】〔9〕同→茲(一〇五七ページ・上)

艸5【苐】〔9〕同→荑(一〇五九ページ・下) 俗→第(九三〇ページ・上)

艸6【䒾】〔10〕イ 漢 平 微 エ 呉 yī イー J②8618 U44BE
意味 義未詳。国〈みの〉＝蓑(みの)

艸6【茟】〔10〕■イツ 漢 ■入 質 yù ユィ ■イ(ヰ) 漢 呉 ■上 尾 wěi ウエイ J5571 U補831F
意味 ■草の名。あかざ。■「芛」(一〇四五ページ・上)の同字。

艸6【茵】〔10〕イン 漢 呉 平 真 yīn イン J7201 U補8335
意味 ①〈しとね〉車のしきもの。「茵席(いんせき)」「茵蓐(いんじょく)」②しきもの。③気の盛んなさま。「茵蒕(いんうん)」
【茵蓐(いんじょく)】しとね。しきもの。

艸6【茴】〔10〕カイ(クヮイ) 漢 平 灰 ウイ 唐 huí ホイ J7202 U補8334
意味 茴香(ういきょう)は、香草の名。その実を食用、または薬用にする。

艸6【荄】〔10〕カイ 漢 平 灰 gāi カイ J②8616 U補8344
意味 ①草の根。②にらの根。

艸6【茖】〔10〕カク 漢 入 薬 キャク 呉 gé コー J7203 U補8316
意味 茖葱(かくそう)は、ぎょうじゃにんにく。ユリ科の多年草。山中に自生し強臭がある。

艸6【荍】〔10〕キョウ 漢 平 蕭 (ケウ) qiáo チアオ J5587 U補834D
意味 ①ぜにあおい。草の名。②荍麦(きょうばく)は、そば。

艹6【荊】〔9〕標 ケイ 漢 平 庚 キョウ(キャウ) 呉 ギョウ(ギャウ) 慣 jīng チン J2353 U補834A

艸6【荆】〔10〕正字 J— U補8346　艸6【荊】〔10〕本字 J— U補—

意味 ①〈いばら〉うばら。とげのある低木。②にんじんぼく。刑罰に用いる木。③むち。しもと。④貧しいこと。つまらないもの。⑤自分の妻をへりくだっていうことば。「荊妻(けいさい)」⑥地方名。「荊州(けいしゅう)」を見よ。また、楚(そ)の国の別名。⑦姓。

【荊軻(けいか)】人名。戦国時代、衛(えい)の人。燕(えん)の太子丹(たん)に頼まれ、秦(しん)の始皇帝を暗殺しようとして失敗した。

【荊杞(けいき)】いばらと枸杞(くこ)。雑草。「千村万落生荊杞(せんそんばんらくけいきをしょうず)」(数知らぬ多くの村々は荒れはてて、いばらやくこがおい茂っている。)〈杜甫(とほ)の詩・兵車行(へいしゃこう)〉

【荊棘(けいきょく)】①いばら。②事件のこみいったたとえ。③悪い心のたとえ。

【荊呉(けいご)】呉・楚(そ)の地。呉は今の江蘇省の長江以南の地。

【荊妻(けいさい)】自分の妻をけんそんしていうことば。荊布。荊室。

【荊柴(けいさい)】①いばらとしば。②そまつな家。柴門。茅屋(ぼうおく)。

【荊釵布裙(けいさいふくん)】そまつな服装のこと。荊釵は、いばらのかんざし。布裙は、もめんのすそ。粗末な服装の妻の意で、後漢(ごかん)の梁鴻(りょうこう)の妻、孟光(もうこう)が身なりにかまわず、徳行を重んじた故事による。

【荊州(けいしゅう)】中国古代の九州の一つ。今の湖南・湖北省一帯。

【荊榛(けいしん)】いばらと、はしばみ。雑木林(ぞうきばやし)をいう。

【荊楚歳時記(けいそさいじき)】書名。梁(りょう)の宗懍(そうりん)の著。楚(そ)の国の一年間の年中行事・風俗などを書いたもの。

【荊蛮(蠻)(けいばん)】古代、南方の異民族。荊とは楚(そ)、蛮とは越(えつ)。南蛮。

【荊布(けいふ)】そまつな服装。転じて、自分の妻をけんそんしていうことば。

【荊扉(けいひ)】いばらのとびら。貧しい家。

【荊門(けいもん)】①いばらの門。そまつな門。②山名。湖北省宜都(ぎと)市の西北にある。長江にのぞむ、けわしい所。③県名。今の湖北省荊門市にあった。

【負レ荊(けいをおう)】おわびをすること。いばらのむちを背おい、相手に気のすむように打ってもらうこと。「廉頗聞レ之、肉袒

竹米糸缶网(罒・⺲)羊(⺶)羽(羽)老(耂)而耒(耒)耳
6画
聿肉(月)臣自至臼(臼)舌舛(舛)舟艮色艸(艹・艹)虍虫血行衣(衤)襾(覀)

負レ荊〈史記・廉頗藺相如列伝〉

艹6【荒】〔9〕 常 コウ あらい・あれる・あらす U補J 2551

旧字 艸6【荒】〔10〕 コウ 漢 呉 平 陽 (クヮウ) huāng ホワン U補J 8352

筆順 一 十 廾 艹 芒 芒 芦 荒

意味 ①〈あ・れる(—・る)〉 ㋐農地に草がしげり、手入れする人もいない。 ㋑物事が乱れる。 ㋒おこたる。 ②〈あら・す〉 あれさせる。 ③〈あら・い(——・し)〉 ㋐はげしい。 ㋑あらっぽい。 ④〈すさ・む〉〈すさ・ぶ〉 生活があれる。乱れる。 ⑤穀物がみのらない。凶年。「荒凶」 ⑥都からはなれた国のはて。遠い所。「八荒」 ⑦度をこす。 ⑧おおう。 ⑨おろか。「荒幼」 ⑩でたらめ。

解字 形声。艹が形を表し、巟が音を示す。艹は草。巟は川が広く、かすんで見えない状態である。荒は草ぼうぼうとしてあれていること、草が地上をおおっていることで、あれる意味になる。

名前 ら・あら・あらう 姓 荒々 地名 荒尾

難読 荒布・荒磯

【荒磯】あらいそ・ありそ 国①荒波のうちよせる海岸。②岩の多い海岸。

【荒行】あらぎょう(ぎゃう) 国冬、滝にうたれたり、水をかぶるなど、ひどい苦しみをがまんしてする修行。

【荒籠】あらこ 国あみ目のあらいかご。

【荒事師】あらごとし 国①歌舞伎で勇猛な武士や鬼神などのあらあらしい役をする俳優。②あらあらしい事をする人。

【荒魂】あらみたま 国あらあらしい神霊。勇ましい魂。↔和魂

【荒淫】こういん(くゎう) 酒や遊びに、心を奪われること。

【荒裔】こうえい(くゎう) 遠い、国のはて。

【荒烟】こうえん(くゎう) ものさびしい、人家の煙。荒煙。

【荒遠】こうえん(くゎうゑん) 遠く離れた土地。

【荒簷】こうえん(くゎう) 荒れた軒端。簷は、家の軒。

【荒外】こうがい(くゎうぐゎい) ①遠い国のはて。②荒れはてたいなか。

【荒棄】こうき(くゎう) やめてすてる。廃棄。

【荒饑】こうき(くゎう) 凶作のため飢える。

【荒墟】こうきょ(くゎう) 荒れはてた城のあと。廃墟。

【荒饉】こうきん(くゎう) 作物がみのらないこと。ききん。

【荒畦】こうけい(くゎう) 荒れた畑。

【荒蹊】こうけい(くゎう) 荒れた小みち。‖荒径

【荒郊】こうこう(くゎうかう) 荒れた郊外。荒れ野原。

【荒忽】こうこつ(くゎう) ①うっとりするさま。‖恍惚 ②はっきりしないさま。「荒忽兮遠望」〈楚辞・湘夫人〉

【荒歳】こうさい(くゎう) 作物のみのらない年。凶作の年。

【荒弛】こうし(くゎう) 政治・風俗などが乱れ、人の心がゆるむ。

【荒肆】こうし(くゎう) 道理を無視し、かってきままにする。

【荒失】こうしつ(くゎう) 他の事に気をとられ、物事をやめてしまう。

【荒戍】こうじゅ(くゎう) 荒れた、とりで。

【荒榛】こうしん(くゎう) 荒れはてた林。

【荒神】こうじん(くゎう) 国①台所に祭るかまどの神。②三宝荒神の略。仏・法・僧の三宝を守る仏法の神。③人をかげで守ってくれる神。

【荒酔(醉)】こうすい(くゎう) ひどく酒に酔う。

【荒陬】こうすう(くゎう) 遠い国のはて。荒辺。

【荒政】こうせい(くゎう) 飢饉をすくう政策。

【荒瘠】こうせき(くゎう) 土地が荒れ、地味がやせている。

【荒浅(淺)】こうせん(くゎう) 物の見方や考えが、大まかで、浅い。

【荒怠】こうたい(くゎう) なまけおこたる。

【荒台(臺)】こうだい(くゎう) 荒れはてた台。台は、高台。「旧苑荒台楊柳新」(昔の庭、荒れた高台には、柳が今、新芽をふいている。)〈李白の詩・蘇台覧古〉

【荒耽】こうたん(くゎう) 酒と色にふけり、楽しみにおぼれる。

【荒誕】こうたん(くゎう) 大げさで根拠がない。でたらめ。大ぼら。

【荒疇】こうちゅう(くゎうちう) 荒れた畑。

【荒冢】こうちょう(くゎう) 荒れた墓。

【荒天】こうてん(くゎう) 国暴風雨の天気。しけ。

【荒甸】こうでん(くゎう) 荒れはてた土地。一説に、都から遠く離れた土地。甸は畿甸で、都を中心にした五百里四方の地。

【荒唐】こうとう(くゎうたう) ことばや考えに、よりどころがないこと。でたらめ。「桃源之説、誠荒唐」〈韓愈・桃源図〉

【——無稽】こうとう(くゎうたう)むけい 話すことや考えに根拠がなく、とりとめがないこと。大ぼら。

【荒敗】こうはい(くゎう) 土地が荒れはてる。

【荒廃(廢)】こうはい(くゎう) ①荒れはてる。②仕事をなげやりにする。「る。」

【荒蕪】こうぶ(くゎう) 雑草が茂り荒れる。荒れはてた土地。

【荒服】こうふく(くゎう) 古代の五服(都からの遠近による地域の区別)の一つ。都からもっとも遠い地帯。

【荒亡】こうぼう(くゎうばう) 狩や酒の楽しみにふける。

【荒民】こうみん(くゎう) 飢饉で苦しんでいる民。

【荒湎】こうめん(くゎう) 酒や遊びに心を奪われる。

【荒籬】こうり(くゎう) 荒れたかきね。

【荒涼】こうりょう(くゎうりやう) 荒れはててものさびしい。‖荒寥

【荒穢】こうわい(くゎう) ①雑草が茂り荒れる。土地が荒れ果てる。②荒れ地。荒蕪。

◆八荒・破天荒

艸6【茭】〔10〕 ■コウ 漢 ■平 肴 (カウ) jiāo チアオ ■コウ 漢 ■上 巧 (カウ) xiǎo シアオ U補J 8 3 2 D 5 5 7 5 ①9 0 7 9

意味 ■①ほしくさ。まぐさ。「茭芻」 ②うまぜり。草の名。 ③まこも。「茭白」 ④竹やあしで編んだつな。■食用となる草の根の総称。

艸6【茳】〔10〕 コウ 漢 平 江 (カウ) jiāng チアン U補J 8 3 3 3 5 5 7 8

意味 ①茳蘺は、香草の名。また、水苔の名。②茳芏は、草の名。茎は、むしろの材料に用いられる。

艸6【荇】〔10〕 コウ 漢 上 梗 (カウ) xìng シン U補J 8 3 4 7 5 5 8 6 ①9 0 8 2

艸7【莕】〔11〕 本字 U補J 8 3 9 5 5 6 1 0 ②8 6 2 4

意味 〈あさざ〉 はなじゅんさい。若葉は食用。水草の一種。「荇菜」

艸6【茛】〔10〕 コン 漢 去 願 gèn ケン U補J 8 3 1 B 5 5 6 8 ②8 6 1 2

意味 ①フジウツギ科の植物。根・くき・葉のすべてに毒がある。②毛茛は、きんぽうげ。毒草の一種。

艸6【茝】〔10〕 ■サイ 漢 呉 ■上 賄 chǎi チャイ ■シ 漢 ■上 紙 zhǐ チー U補J 8 3 1 D 5 5 6 9 ②8 6 1 3

意味 ■香草の名。■香草の名。よろいぐさ。‖芷

艹6【茨】〔9〕 学4 いばら U補J 8 3 2 8 1 6 8 1

旧字 艸6【茨】〔10〕 シ 漢 平 支 cí ツー U補J

筆順 一 十 廾 艹 芢 芺 茨 茨

艸6【茨】〔10〕 俗字 U補J

意味 ①かややで屋根をふく。また、そうしてふいた屋

根。②ものを積みあげる。③はまびし。一年生の草木。実の表面にとげがあり、たねを薬とする。④〈いばら〉うばら。とげのある低木の総称。

解字 形声・会意。艹が形を表し、次じが音を示す。また、艹と次を合わせた字。艹は草。次は、順序に従いならべることを意味する。茨は、かやを切りととのえて、屋根をふく意を表す。

姓 茨木うばらき・茨田まんだ 地名 茨木いばらき・茨城いばらき

【茨棘】しきょく ①はまびしと、いばら。②草深い、いなか。

【茨菰】しこ くわい。水辺に生ずる水草。

【茨牆】ししょう(しゃう) ①かきねをおおう。②いばらのいけがき。

艸6【茌】〔10〕シ 漢 平 支 chí チー J 5574 U補 832C

意味 ＝茬し ①草の茂るさま。②地名用字。「茬平しへい」

艸6【兹】〔10〕シ 漢 平 支 ジ 慣 zī ツー、cí ツー J 7204 U補 8332

艸5【茲】〔9〕同字 J — 補 5565 U 830A　艸8【𦱳】〔11〕同字 J ②8636 U 26C73

意味 ①〈しげ・る〉草木がしげる。②〈ますます〉③ます。ふえる。④〈ここ〉〈ここに〉⑤〈これ〉〈この〉＝此 ⑥とし。年。「今兹こんじ(ことし)」

参考 「玆げん」は別字。

艸6【茱】〔10〕シュ 漢 平 虞 zhū チュー J 7205 U 8331

意味 茱萸しゅゆは、木の名。かわはじかみ。呉茱萸ごしゅゆ。むかしは九月九日、重陽ちょうようの節供せっくにこの実を赤い袋に入れて高山に登り(＝登高)、菊花の酒を飲むと邪気をはらうといわれた。国ぐみ。木の名。

艸6【茺】〔10〕シュウ 漢 平 東 ジュウ 慣 chōng チョン J ①9080 補 5580 U 833A

意味 薬草の名。めはじき。実は利尿剤になる。「茺蔚じゅうい」

艸6【茷】〔10〕シュツ 漢 入 質 ジュツ 呉 shù シュー J ②8617 補 5592 U 8357

意味 蓬莪茷ほうがじゅつは、薬草の名。ショウガ科の多年草で根を薬用にする。

艸6【荀】〔10〕シュン 漢 平 真 ジュン 慣 xún シュン J 7206 U 8340

意味 ①草の名。②山西省にあった、春秋時代の国名。③姓。

【荀況】じゅんきょう(きゃう) 「荀子じゅんし」の①に同じ。

【荀子】じゅんし ①戦国時代、趙ちょうの儒学者。荀況じゅんきょうの尊称。斉せいに仕え、のち楚その春申しゅんしん君に仕えた。性悪説をとなえ、礼と教育を重んじた。荀卿じゅんけい・孫卿そんけいとも呼ばれる。(前三一三?～前二三八?)②書名。荀況の学説を書いたもの。

艸6【茹】〔10〕ジョ 漢 平 魚 rú ルー J 7207 U 8339

意味 ①〈くら・う(――・ふ)〉くう。食べる。②牛や馬にえさをやる。③野菜の総称。④草の根のつながるさま。⑤やわらかい。⑥くさる。「茹魚じょぎょ」⑦おしはかる。⑧包む。

国〈ゆ・でる(―・づ)〉うでる。

参考 「茄か」は別字。

【茹葷】じょくん にらやにんにくなどのようなにおいの強い野菜を食べる。

【茹菽】じょしゅく ①野菜と豆。②豆をたべる。

【茹淡】じょたん さっぱりした物を食べる。

艸6【茮】〔10〕一ショウ(セウ) 漢 一平 蕭 jiāo チアオ 二ジョウ(ゼウ) 漢 二上 篠 ニョウ(ネウ) 呉 niǎo ニアオ J 5576 U 832E

意味 一木の名。はじかみ。さんしょう。＝椒しょう 二茐茮じょうじょうは、草がのびているさま。

艹6【茸】〔9〕人 標 J 3491 U 8338

旧字 艸6【茸】〔10〕一ジョウ 漢 一平 冬 róng ロン 二ジョウ 漢 二上 腫 rǒng ロン J — U補 —

意味 一①はえたばかりの草の柔らかいようす。②けもののにこ毛。③刺繍ししゅうのいとめ。④こまかい。⑤鹿茸ろくじょうは、鹿のつの。薬にする。二おしこむ。国〈たけ〉きのこ。

艸6【茞】〔10〕シン 漢 平 真 chén チェン J 5570 U補 831E

意味 草の名。

艸6【荏】〔10〕ジン 漢 上 寝 rěn レン J 1733 U 834F

意味 ①〈え〉えごま。シソ科の一年草。実から油をとる。②大きい。荏菽じんしゅくは、大きい豆。③やわらか。「荏弱じんじゃく」

地名 荏原えばら

【荏胡麻】えごま シソ科の植物。実は小鳥のえさにし、またこれからとる油は、灯火用・印肉用などに用いた。

【荏苒】じんぜん 年月が長びく。のびのびになる。

【荏染】じんぜん ①やわらか。②だんだん。月日が長びく。＝荏苒

艹6【茜】〔9〕人 J 1611 U 831C

旧字 艸6【茜】〔10〕セン 呉 漢 去 霰 qiàn チエン J — U補 —

意味 〈あかね〉①あかねぐさ。つる草の一種。根から赤色の染料をとる。「茜草せんそう」②あか。茜色あかねいろ。③いきいきと美しい。

解字 形声。艹が形を表し、西せいが音を示す。西の空の夕焼け色にたとえて、茜としたのであろう。音センは、西の音セイの変化。

名前 あか

艸6【荃】〔10〕セン 漢 平 先 quán チュワン J ①9081 補 5584 U 8343

意味 ①香草。②〈うえ(うへ)〉魚を捕らえるしかけ。＝筌せん ③細い布。④細切りのつけもの。

【荃葛】せんかつ 織りめの細かい布。

【荃蹄】せんてい ①うえ(魚をとるしかけ)と、うさぎをとるわな。②他のものをひきだす手段。＝筌蹄〈荘子そうじ・外物がいぶつ〉

【忘レ荃】せんをわする ある物を得るために使った功労者を忘れるたとえ。〈荘子そうじ・外物がいぶつ〉

艸6【荐】〔10〕セン 漢 去 霰 jiàn チエン J 7208 U 8350

意味 ①しきむしろ。②牧草。③かさねて。ふたたび。④〈しきりに〉たびたび。⑤あつまる。

参考 荐は「薦」(一〇八六ページ・上)の中国新字体としても使う。

応用例 韉(韉)

【荐及】せんきゅう(きふ) ひきつづいてやってくる。

【荐居】せんきょ ①集まり住む。②水草を追って移り住む。

【荐食】せんしょく しだいに土地を侵略する。

艹6【草】〔9〕学1 ソウ くさ J 3380 U 8349

旧字 艸6【草】〔10〕ソウ(サウ) 漢 呉 上 皓 cǎo ツァオ J — U補 —

筆順 一 十 艹 芇 苩 苩 荁 草

意味 ①〈くさ〉草の総称。②くさをかる。③おとっている。洗練されていない。「草野そうや」④あらい。そまつ。「草衣」⑤はじめ。はじまる。「草創そうそう」⑥下書き。「草稿そうこう」⑦草書。くずした字体。書の一体。⑧仕官せずにいること。民

竹米糸缶网(罒・⺲)羊(⺶)羽(羽)老(耂)而耒(耒)耳 6画 聿肉(月)臣自至臼(臼)舌舛(舛)舟艮色艸(艹・艹)虍虫血行衣(衤)襾(西)

間の。

解字 形声。艹が形を、早が音を示す。艹は植物。早は早で、黒いはんのきの実。草は、はんのき、はそなどの実。後に艹のかわりに、くさをいうようになった。

姓 草・草柳・草彅・草薙 地名 草加・草津

難読 草履(付表)/草臥れる・草石蚕・草鞋

【草市】国お盆の供え物を売る露店のでる市。

【草摺】国よろいの腰下の部分をおおうもの。五枚の板をつづり合わせたもの。

【草双(雙)紙】国江戸時代に大衆に読まれたひらがな書きの、さし絵入りの小説。表紙の色で赤本・黄表紙または合巻などと呼ばれた。

【草臥】一 国山や野にねる。二 国旅などでつかれる。疲労。

【草枕】国①昔、旅で草をたばねて枕として野宿したこと。旅で寝る。旅行。②「たび」「むすぶ」にかかる枕ことば。

【草鞋】わらじ。わらぐつ。草履。

【草案】文書などの下書き。草稿。

【草庵】草ぶきのそまつな家。草廬。草屋。

【草衣】①そまつな着物。転じて、ひどい貧しさ。②隠遁者の服。転じて、隠遁者。世をすてた人。

【草煙】草のあたりに立ちこめるもや。

【草屋】草ぶきの家。まずしいわらや。

【草芥】①草とごみ。②つまらない物事。「草芥之微」

【草仮(假)名】国漢字の草書を略してできた文字。ひらがな。

【草棘】①草といばら。②みだれ。困難。

【草具】①そまつな食事。客に野菜ばかりのそまつな食事をさせる待遇。「食以草具」〈戦国策・斉〉②初めて作りととのえる。

【草径(徑)】草のはえた、小みち。

【草屐】わらぐつ。わらじ。

【草原】一 草のはえている原。二 cǎoyuán 現一」に同じ。

【草稿】詩や文章の下書き。原稿。草案。=草藁

【草根木皮】①草の根と木の皮。②漢方薬の原料。

【草坐】草で編んだ敷物。

【草子】国①とじ本。糸でつづった帳面。②仮名書きの随筆・小説・日記など。③江戸時代の絵を主とした小説。絵草紙。草双紙。

【草紙】「草子」に同じ。

【草次】①わずかの時間。造次。②野宿。

【草実(實)】草の実。「掘野鼠、去草実而食之」(野原に住むねずみを掘り出したり、草の実を貯蔵しては食料にした。)〈漢書・蘇武伝〉

【草宿】野宿すること。

【草書】草書体。↓草体

【草墅】草ぶき屋根のそまつな家。墅は別荘の意。「荒墅」

【草蓐】草のしきもの。草をざぶとんの代わりにするの意。=草褥

【草聖】草書にすぐれた人。書道の名人。

【草窃(竊)】こそどろ。こぬすびと。草賊。

【草蔬】野菜。菜蔬。

【草草】①心配する。②苦しむさま。③草木が茂るさま。④いそがしい。あわてるさま。てみじか。⑤国手紙の終わりにそえるあいさつの語。

【草創】①物事をはじめて起こす。しはじめ。くさわけ。草昧。②文章の下書きをする。

【草叢】草の茂りあった所。くさむら。

【草賊】①こそどろ。こぬすびと。草窃。②世の中を「乱す人民。

【草卒】あわただしい。せわしい。=倉卒

【草体(體)】草書体。行書以上にくずした字体。

【草沢(澤)】①草原や湿地。②民間。草莽。

【草薙】①草をなぐ。草をかる。②乱れを治める。

【草堂】①草ぶきの家。②自分の家の謙称。

【草靡】草が風になびくように従い服する。

【草服】そまつな着物。

【草茅】草とかや。転じて、民間のこと。在野。草莽。「草茅之臣」【——危言】①民間にある者が政治をするどく批判する。②国書名。中井竹山の著。

【草昧】①天地のはじまり。②物事の初めでまだ秩序だたない時。草ははじまり、昧はくらい。

【草莽】草むら。転じて、民間のこと。在野。草茅。〖——之臣〗役所に仕えず、民間にある人物。「在野曰草莽之臣」〈孟子・万章下〉(仕えずに民間に居る者を草莽の臣という。)

【草野】①草原。②いやしいこと。下品なこと。③仕えないでいる所。民間。「草野之間」

【草葉】一 草の葉。二 国草の葉。「草葉の陰」(あの世。)

【草隷】草書と隷書。隷書は、秦代にできた一種の「楷書。

【草廬】草ぶきの仮ずまい。【——三顧】蜀の劉備が三度も諸葛亮の仮ずまいを尋ねて助力をたのんだ故事。〈諸葛亮・出師表〉

【草地】cǎodì 現芝生。

【草帽】cǎomào 現むぎわら帽子。

◆七草・水草・芳草・若草・枯草・海草・笑草・除草・起草・唐草・道草・煙草・雑草・摘草・質草・薬草・巻煙草

艹6 【荘】〔9〕常 ソウ　U補J 3381 8358

旧字 艸7 【莊】〔11〕 ソウ(サウ)漢 ショウ(シャウ)呉 平 陽 zhuāng　U補J

筆順 一 ⺊ 艹 艹 芢 荘 荘 荘

艹7 【荘】〔10〕人 U補J 7223 838A

广3 【庄】〔8〕俗字 U補J ②8138 3F75

意味 ①草がしげるさま。②おごそか。いかめしい。③うやうやしい。つつしむ。④四方に通じる大路。⑤村里。いなか。⑥王・貴族などが占有する広い土地。荘園。「山荘」⑦店。大きな店。⑧姓。荘周(荘子)。

解字 形声。艹が形を表し、壯が音を示す。艹は草。壯には、いかめしく盛大なという意味がある。荘は、草が盛んでりっぱに生いしげっていることをいう。

名前 これ・たか・まさ・たかし・ただし

【荘司】国荘園所有者の命をうけて、荘園の事務を処理した者。

【荘園】一 別荘。二 国王朝時代、皇子や貴族・寺社などに賜った私有地。

【荘敬】おもおもしく、つつしみ深い。

【荘厳(嚴)】一 おごそか。けだかくおもおもしい。二 仏仏堂・仏像を美しく飾る。三 zhuāngyán 現一に同じ。

【荘士】礼儀正しい人。まじめな人。

【荘子】一 荘周の敬称。二 書名。楚の荘周の著。道家の思想をといたもの。たとえ話が多く、後世の小

説家の模範となっている。一名、「南華真経(なんかしんきょう)」。

【荘周】そう(さう)しゅう(しう)　人名。戦国時代、楚(そ)の思想家。孟子(もうし)と同時代、老子の思想をうけついだ道家(どうか)の代表的人物。万物の差別を否定し、欲を捨て自然と一体となることを、寓話(ぐうわ)の形で説いた。【――之夢】そう(さう)しゅう(しう)のゆめ「胡蝶之夢(こちょうのゆめ)」(一〇一六ページ・上)に同じ。

【荘生】そう(さう)せい　荘子のこと。

【荘騒】そう(さう)そう(さう)　荘子と離騒(りそう)。離騒は楚(そ)の屈原(くつげん)の著「楚辞(そじ)」をいう。

【荘重】そう(さう)ちょう　おごそかで、おもおもしい。

【荘列】そう(さう)れつ　荘子と列子。いずれも道家の学者。

【荘老】そう(さう)ろう(らう)　荘子と老子。ともに道家の学者。老荘。

【荘稼】チョワンチア　zhuāngjia　現農産物。

艸6
【茎】
〔10〕　チ㊥漢　ジ(ヂ)㊥呉　|㊥平支　chí チー　|U補J 5588 834E

意味 ①茎藷(ちちょ)は、つる植物の名。ごみし。果実が薬用になる。②木の名。はりげやき。刺(とげ)がはえている。

艹6
【茶】
〔9〕　学2　チャ・サ　|U補J 3567 8336

旧字 艸6
【茶】
〔10〕　タ㊥漢　サ㊥唐　|㊥平麻　ダ㊥呉　チャ㊥慣　chá チャー　|U補J

筆順　一　十　艹　艾　芖　芊　茶　茶

意味 ①茶の木。ツバキ科の常緑樹。②飲用にするため加工した茶の葉。「緑茶」「紅茶」③茶の葉をせんじた飲みもの。「喫茶(きっさ)」④茶色。

解字 荼　形声。艹が形を表し、余(よ)が音を示す。古い形では荼(と)で、艹は植物、余は苦い意味。荼は、にがい味のする植物で、ちゃをいう。後世、タの音を生じ、茶の字ができた。

参考 茶は、もとは荼(と)であるが、唐代以後に茶と書かれるようになった。

【茶果】さか(くわ)　①茶とくだもの。②茶と菓子。‖茶菓

【茶菓】さか(くわ)・ちゃか(くわ)　「茶果(さか)」に同じ。

【茶儀】さぎ　国茶の湯の儀式。茶道(さどう)。

【茶臼】さきゅう(きう)・ちゃうす　茶をひいて抹茶(まっちゃ)をつくるうす。

【茶経(經)】さけい　書名。三巻。唐の陸羽の著。古来、茶に関する記述としては最もすぐれたものとされている。

【茶戸】さこ　茶を売る店。

【茶滓】さし・ちゃし　茶をせんじて出したあとのかす。茶がら。

【茶肆】さし　「茶店」の■一に同じ。

【茶人】さじん　■一茶の葉をつみとる人。■二ちゃじん　①茶の湯をたしなむ人。②風流な人。

【茶湯】■一さとう(たう)　たてたお茶。また、いれたお茶。■二ちゃのゆ　国茶の湯によって心をしずめ、精神をねり、礼儀作法をおさめる道。

【茶道】さどう(だう)・ちゃどう(だう)　国茶をすすめてもてなす会。茶会。客をまねき、抹茶(まっちゃ)をすすめてもてなす会。茶会。

【茶飯事】さはんじ　国茶を飲み、飯を食べるようにやさしい事。ありふれた事。「日常茶飯事(さはんじ)」

【茶瓶(瓶)】■一さへい　茶を入れるかめ。■二ちゃびん　①茶を煎(せん)じる土瓶(どびん)。②やかん。

【茶坊】さぼう(ばう)　茶屋。茶を飲ませる店。

【茶房】さぼう(ばう)　①茶をいれるへや。②客にコーヒー・紅茶などを飲ませ、休息させる店。喫茶(きっさ)店。

【茶寮】さりょう(れう)・ちゃりょう(れう)　①茶室。②料理屋。③喫茶(きっさ)店。

【茶楼(樓)】さろう　茶屋。茶屋の高い建物。

【茶靄】ちゃあい　茶を煮(に)る煙。

【茶園】ちゃえん(ゑん)　茶の木を植えた畑。茶畑(ちゃばたけ)。

【茶煙】ちゃえん　茶をわかす煙。

【茶会(會)】ちゃかい(くわい)　客をまねき、煎茶(せんちゃ)や抹茶(まっちゃ)などをすすめてもてなす会。茶の湯の会。

【茶褐(褐)色】ちゃかっしょく　黒みがかった茶色。

【茶気(氣)】ちゃき　国①世間離れして、さっぱりしていること。②ふざけ気分。ちゃかすような気分。

【茶器】ちゃき　茶をいれるのに用いる道具。

【茶技】ちゃぎ　茶の湯の技術。

【茶巾】ちゃきん　茶わんをふくふきん。

【茶具】ちゃぐ・さぐ　茶をたてるのに用いる道具。茶器。

【茶室】ちゃしつ　国茶の湯の会をもよおす室。

【茶寿(壽)】ちゃじゅ・さじゅ　国百八歳をいう。また、その祝い。「茶」の字を艹(二十)・八十・八に分解して加えたもの。

【茶席】ちゃせき　国茶の湯の会をもよおす席。

【茶筅】ちゃせん　抹茶(まっちゃ)をかきまわしてあわをたてるもの。ささら。

(茶筅)

【茶筌】ちゃせん　「茶筅(ちゃせん)」に同じ。

【茶銭(錢)】ちゃせん　茶の代金。茶代。

【茶代】ちゃだい　国①茶店で休んだときの茶の代金。②宿屋・飲食店などで心づけとして与える金。チップ。

【茶托】ちゃたく　茶わんをのせる平たい台。‖茶託

【茶簞笥】ちゃだんす　国茶器や食器などを入れる、たなのある箱。

【茶店】■一ちゃてん・さてん　茶を売る店。葉茶屋(はぢゃや)。茶肆(さし)。■二ちゃみせ　道ばたで客を休ませ、茶・菓子などをだす店。かけ茶屋。

【茶入】ちゃいれ(にふ)　国①茶をたてて、客に出す役。②「茶番狂言」の略。③底の見えすいたあさはかなことのたとえ。【――狂言】ちゃばんきょう(きゃう)げん　国その場の思いつきで、おどけたことを演じる芝居。にわか狂言。茶番劇。

【茶番】ちゃばん　禅寺内にある茶堂。

【茶坊主】ちゃぼう(ばう)ず　国①むかし武家で茶の湯のことをつかさどった者。②権力者にこびへつらう者。

【茶目】ちゃめ　国あいきょうのあるいたずらをすること。ふざけること。また、その人。

【茶茗】ちゃめい　茶。早くつんだものを茶、遅くつんだものを茗(めい)という。

【茶屋】ちゃや　国①「茶店」に同じ。②客に酒や料理を出し、遊興させる店。

【茶話】ちゃわ・さわ　茶を飲みながら気がるに話す、せけん話。茶飲みばなし。【――会(會)】さわかい(くわい)　茶や菓子を出して話しあう会。

【茶館】チャーコワン　cháguǎn　現茶店。茶を飲ませる店。

◆抹茶(まっちゃ)・空茶(からちゃ)・紅茶(こうちゃ)・渋茶(しぶちゃ)・粗茶(そちゃ)・喫茶(きっさ・きっちゃ)・番茶(ばんちゃ)・新茶(しんちゃ)・煎茶(せんちゃ)・銘茶(めいちゃ)・緑茶(りょくちゃ)・薄茶(うすちゃ)

艸6
【茧】
〔10〕　チュウ㊥漢　|㊥平東　chóng チョン　|U補J 8327

意味 ①草の名。②草がしおれる。

参考 茧は「繭」(九八四ページ・上)の中国新字体としても使う。

艸6
【茽】
〔10〕　チュウ㊥漢㊥呉　(チウ)　|㊥去送　zhòng チョン　|U補J 5582 833D

意味 草が生(お)い茂っているさま。

艸6
【荑】
〔10〕　■一テイ㊥漢　|■一㊥平斉　tí ティー　■二イ㊥漢　|■二㊥平支　yí イー　|U補J ①9083 5589 8351

意味 ■一①つばな。ちがやの芽。②いぬびえ。稗(ひえ)に似た雑草。■二草をかる。

艸5
〔苐〕
〔9〕　同字　|U補J 5547 82D0

艸6
【茼】
〔10〕　トウ㊥漢　|㊥平東　tóng トン　|U補J ②8615 5558 833C1

意味 草の名。しゅんぎく。食用にする。「茼蒿(とうこう)」

艸6
【荅】
〔10〕　トウ㊥漢　(タフ)　|㊥入合　dá ター　|U補J 7209 8345

意味 ①こつぶの豆。②厚い。厚ぼったいさま。③こたえる。‖答　④合う。合わす。⑤ますめの単位。

艸6【茷】〔10〕 一ハイ漢 二ハイ漢 一去 隊 fá ファー 二去 泰 pèi ペイ J 5579 補 U 8337

意味 一①茂る。②しげみ。③茷茷(はいはい)は、ととのうさま。 二 旗のかざり。

艸6【莩】〔10〕 フ漢 具 平 虞 fú フー J 5583 補 U 8342

意味 ①草や木の花。一説にちがやの花。②植物がおい茂っているさま。③あざみなどの実。

艸6【茯】〔10〕 フク漢 ブク具 入 屋 fú フー J 7210 補 U 832F

意味 茯苓(ぶくりょう)は、薬草の名。松の根にはえる黒くて内側が赤か白の、丸形のきのこ。まつほど。

艹6【茫】〔9〕 標 ボウ漢 (バウ) 平 陽 máng マン J 7211 補 U 832B

艸6【茫】〔10〕 正字 J — 補 U —

意味 ①遠く続くさま。②ぼんやりしたさま。はっきりしない。「茫漠」③いそがしい。

【茫乎】(ぼうこ) ①ひろびろとしている。②ぼんやりしている。

【茫然】(ぼうぜん) ①はっきりしないさま。②遠いさま。「凌二万頃之茫然一(ばんけいのぼうぜんたるをしのぐ)」(広々として果てしない川の上を舟で進む。)〈蘇軾(そしょく)・前赤壁賦(ぜんせきへきのふ)〉③あきれたさま。

【茫然自失】(ぼうぜんじしつ) われを忘れてぼんやりする。〈孟子(もうし)・滕文公(とうぶんこう)上〉

【茫漠】(ぼうばく) ①ひろびろとして遠いさま。②つかみどころがない。

【茫邈】(ぼうばく) 「茫漠」に同じ。

【茫茫】(ぼうぼう) ①ひろびろしたさま。「別時茫茫江浸レ月(わかるるときぼうぼうとしてこうつきをひたす)」(別れるときに、広々とした川の上に月の光がしみこんでいる。)〈白居易(はくきょい)の詩・琵琶行(びわこう)〉②遠いさま。③ぼんやりしたさま。「未二四十一而視茫茫(いまだしじゅうならざるにしてしはぼうぼうたり)」(まだ四十にもならないのに視力は衰え、ぼんやりしている。)〈韓愈(かんゆ)・祭二十二郎一文(じゅうにろうをまつるぶん)〉④つかれたさま。

【茫昧】(ぼうまい) はっきりしない。ぼんやりしている。

【茫洋】(ぼうよう) ①広くてはてしがない。②ぼんやりしたさま。

艸6【茗】〔10〕 ベイ漢 ミョウ(ミャウ)具 メイ慣 上 迥 míng ミン J 7212 補 U 8317

意味 ①茶の芽。②茶。特に、おそくつみとった茶。晩茶。↕茶「茗香(めいこう)」「茗園(めいえん)」

【茗宴】(めいえん) 茶の湯の会。客を招き、茶をたててもてなす会。

【茗園】(めいえん(えん)) 茶の畑。茶園。

【茗筵】(めいえん) 茶の湯の席。

【茗讌】(めいえん) 茶の湯の会。＝茗宴

【茗醼】(めいえん) 「茗宴(めいえん)」に同じ。

【茗器】(めいき) 茶を飲むのに用いる道具。茶器。

【茗肆】(めいし) ①茶を売る店。葉茶屋(はぢゃや)。②茶店。道ばたに台などを出し、客を休ませ茶を出す店。かけ茶屋。

【茗圃】(めいほ) 茶ばたけ。

【茗盌】(めいわん) 茶を飲むのに用いるわん。＝茗椀

【茗椀】(めいわん) 「茗盌(めいわん)」に同じ。

艸6【荔】〔10〕 一レイ漢 二リ漢 一去 霽 lì リー 二去 寘 lì リー J ②8611 補 U 8354

艸6【茘】〔10〕 俗字 J 7213 補 U 8318

意味 一二①ばりん。ねじあやめ。アヤメ科の多年生植物。②荔枝・荔支(れいし)は、果物の名。③大荔(たいれい)は、今の陝西(せんせい)省にあった、周(しゅう)代の国の名。

【荔子】(れいし) 荔枝(れいし)の実。↓荔枝

【荔枝】(れいし) ①中国南部に産する果樹。実は肉が白くて甘い。楊貴妃(ようきひ)が好んだという。②つるれいし。草の名。

【荔丹】(れいたん) 荔枝(れいし)の実が熟して赤くなったもの。

艸6【茢】〔10〕 レツ漢 入 屑 liè リエ J ①9078 補 U 8322 5573

意味 ①葦(あし)のほ。②葦のほの、ほうき。古く悪気をはらうのに用いた。

艸6【荖】〔10〕 一ロウ(ラウ) 二サ漢 シャ具 一 — lǎo ラオ 二平 麻 chā チャー J 5591 補 U 8356

意味 一草の名。キンマ。広東などではこの葉にびんろうの実を包んでかむ習慣がある。二差がある。違いがある。＝差(さ)

艸6【苧】〔10〕 国字 ウ J ①9077 補 U 8362

意味 人名・地名に用いる。東苧畑(ひがしうばたけ)は、宮崎県の地名。

艸6【莇】〔10〕 同 ↓筋(九三一ページ・下)

艸6【荢】〔10〕 同 ↓芋(一〇四四ページ・中)

艸6【莽】〔10〕 俗 ↓莽(一〇六八ページ・上)

艸6【苽】〔10〕 俗 ↓苽(一〇五一ページ・中)

艸6【菜】〔10〕 同 ↓朶(六一九ページ・下)

艸6【萸】〔10〕 俗 ↓萸(一〇七一ページ・下)

艸6【荖】↓羊部三画(九九三ページ・上)

艸7【莚】〔11〕 エン漢 具 平 先 yán イエン J 7215 補 U 839A

意味 ①草の名。②どこまでも続く。はびこる。国〈むしろ〉①藁(わら)などであんだしきもの。②座席。

艹7【荷】〔10〕 学3 カ に

旧字 艸7【荷】〔11〕 一カ漢 ガ具 一平 歌 hé ホー 二カ漢 ガ具 二上 哿 hè ホー J 1857 補 U 8377

筆順 一 十 廾 艹 芢 芢 茌 荷

意味 一〈はす〉〈はちす〉蓮。「荷香」 二①〈にな・う(——・ふ)〉㋐かつぐ。㋑物事をひきうける。「負荷(ふか)」㋒恩恵などをうける。②〈に〉もち運ぶ物。荷物。国〈か〉荷物を数えることば。「三荷」

解字 形声。艹が形を表し、何(か)が音を示す。艹は草。何には、になうという意味がある。荷は、はす、葉が茎の上に乗っている形が、になう感じなのでいうのであろう。

名前 もち 姓 荷田(かだ) 難読 荷前(のさき)

【荷衣】(かい) はすの葉で作ったうわぎ。仙人(せんにん)や隠者の服装。

【荷屋】(かおく(をく)) はすの葉のやね。

【荷荷】(かか) 恨み怒って発する声のさま。

【荷蓋】(かがい) はすの葉でふいたやね。「葺二之兮荷蓋一(これにかがいをふく)」〈楚辞(そじ)・湘夫人(しょうふじん)〉

【荷蕖】(かきょ) はすの花。荷花。

【荷藕】(かぐう) はす。はすの根。れんこん。

【荷珠】(かしゅ) はすの葉の上におくつゆ。荷露。

【荷担(擔)】(かたん) ①になう。②加勢する。力をそえる。

【荷亭】(かてい) 蓮池に臨んで建てられた、あずまや。

【荷佩】(かはい) ①帯び玉をつける。②役人に登用されること。

【荷負】(かふ) ①になう。かつぐ。②物事をひき受ける。負荷。

【荷葉】(かよう(えふ)) ①はすの葉。②南画の筆法の名。はすの葉のうらの葉脈のように描く、石のしわの描き方。

【荷礼(禮)】(かれい) 細かなめんどうな礼式。＝苛礼

【荷役】(にやく) 国船の荷物のつみおろしをすること。また、その人。

【荷前】(のさき) 国平安時代、朝廷で年末に諸国の貢物(みつぎもの)の初物を供え物として諸陵墓に奉ったこと。

◇▼入荷(にゅうか)・負荷(ふか)・集荷(しゅうか)・積荷(つみに)

艹7 【華】〔10〕 常 カ・ケ はな　J 1858 補 ― U 83EF

旧字 艸8 【華】〔12〕　J ― 補 ― U FAB4

一 カ(クワ)漢 ケ呉 一 平 麻 huā ホワ
二 カ(クワ)漢 ゲ呉 二 平 麻 huá ホワ
三 カ(クワ)漢 ゲ呉 三 去 禡 huà ホワ

筆順 一 十 艹 芒 芔 莽 莽 華

艸12 【蕐】〔16〕 同字 J ― 補 5735 U 8550

意味 一 ①〈はな〉花。②花が咲く。二 ①ひかり。かがやき。「華英」②太陽や月のかさ。③美しい。④うわべ。みえ。⑤すぐれた。りっぱな。⑥中国の自称。「華夏」三 ①山名。華山。陝西省にある。②姓。

解字 会意。艹と𠌶を合わせた字。艹は草。𠌶は木のつぼみが美しく咲く意味がある。華は草花が美しく咲くことである。花は、同じ音で同じ意味であるが、六朝以後に使われるようになったという。

名前 は・はる　地名 華盛頓　難読 華奢

参考 「花」の古字。

【華夷】か(くわ)い　華は中国、夷は外国。中国と異民族。

【華雨】か(くわ)う　花の咲くころに降る雨。

【華艶(艶)】か(くわ)えん　はなやかで美しい。美しくあでやか。

【華押】か(くわ)おう(あふ)　国書判。文書の終わりなどに印の代わりとして、自分の名をそれぞれ独特の形で書いたもの。＝花押
【華夏】か(くわ)か　中国人が自国を称する語。

【華岳(嶽)】か(くわ)がく　①華山と岳山。ともに中国、周代の五岳の一つ。②華山のこと。【―廟】か(くわ)がくびょう(べう)　華山のやしろ。【―祠】か(くわ)がくし　華山の神を祭ったやしろ。

【華翰】か(くわ)かん　人の手紙や筆跡の敬称。

【華顔】か(くわ)がん　花のように美しい顔。花容。

【華客】か(くわ)きゃく　ひいきの客。おとくい。＝花客
【華僑】か(くわ)きょう(けう)　外国に居住している中国商人。

【華京】か(くわ)けい　花の都。美しい都。都の美称。

【華軒】か(くわ)けん　はなやかに飾った車。美しい車。

【華言】か(くわ)げん　表面だけ美しく、実のないことば。

【華甲】か(くわ)こう(かふ)　六十一歳。華の字の形は十が六つと一とに分けられる。甲は歳の意。

【華彩】か(くわ)さい　はなやかな色彩。


【華山】か(くわ)ざん　山の名。華岳、太華岳ともいう。陝西省華陰市にある。五岳(諸説あるが、一般的には泰山・華山・霍山・恒山・嵩山)の一つ。西岳。

【華侈】か(くわ)し　はでにぜいたくをすること。華奢。

【華辞(辭)】か(くわ)じ　表面を飾った、実のないことば。

【華実(實)】か(くわ)じつ　花と実。表面となかみ。形式と内容。【―相称(稱)】か(くわ)じつあい(あひ)かなう(かなふ)　内容とみかけがつりあっている。〈南史・斉衡陽王鈞伝〉

【華奢】一 か(くわ)しゃ　はなやかに飾る。二 きゃしゃ　国ほっそりとして上品なこと。

【華首】か(くわ)しゅ　しらがあたま。白首。

【華胥】か(くわ)しょ　想像上の国の名。黄帝が昼寝の夢の中で遊んだという、平和な理想郷。【―之国(國)】か(くわ)しょのくに　よく治まっている平和な国。【―之夢】か(くわ)しょのゆめ　よい夢。また、昼寝。〈列子・黄帝〉

【華商】か(くわ)しょう(しゃう)　国外にいる中国商人。華僑。

【華飾】か(くわ)しょく　美しい飾り。

【華燭】か(くわ)しょく　①はなやかなあかり。②結婚式。華燭之典。＝花燭
【華簪】か(くわ)しん　①簪はかんざしで、冠をとめるもの。りっぱなかんざし。②貴い地位。

【華榱】か(くわ)すい　美しく色どった、たるき。りっぱな建物。

【華嵩】か(くわ)すう　①華山と嵩山。ともに陝西省にあって五岳の一つ。②高く大きなさま。

【華清宮】か(くわ)せいきゅう(きう)　唐の玄宗が驪山に建てた離宮。陝西省西安市臨潼区の東南、驪山の西北麓にある。

【華清池】か(くわ)せいち　華清宮にあった温泉。楊貴妃が湯浴みしたことで知られる。

【華箋】か(くわ)せん　①詩文などを書く、美しい用紙。②相手の手紙を敬っていうことば。

【華氈】か(くわ)せん　はなやかな模様のある毛布。

【華饌】か(くわ)せん　みごとな飲食物。ごちそう。珍饌。

【華族】か(くわ)ぞく　①尊い家がら。②国明治憲法で定めた階級。皇族の下、士族の上。公・侯・伯・子・男の五爵の区別があった。

【華誕】か(くわ)たん　うわべだけりっぱで、内容がない。

【華中】か(くわ)ちゅう(ちう)　中国の中部。

【華冑】か(くわ)ちゅう(ちう)　貴族の子孫。名門。貴族。

【華道】か(くわ)どう(だう)　①美しく奥深い道。②国生け花の道。生け花の技術。


【華南】か(くわ)なん　中国の南部。↕華北
【華年】か(くわ)ねん　少年のころ。若いころ。

【華髪】か(くわ)はつ　しらがあたま。華首。

【華美】か(くわ)び　はなやかで美しい。

【華靡】か(くわ)び　美しくはで。美しくけばけばしい。奢靡。

【華表】か(くわ)ひょう(へう)　①墓所の前の門。②城や役所の前の門。③国神社のとりい。

【華府】か(くわ)ふ　アメリカの首都、ワシントン。華盛頓。

【華風】か(くわ)ふう　中国の風俗。中国ふう。

【華紱】か(くわ)ふつ　印につける、美しいひも。

【華北】か(くわ)ほく　中国の北部。↕華南
【華名】か(くわ)めい　りっぱな評判。美名。名誉。

【華腴】か(くわ)ゆ　①着物や食物のりっぱなこと。②貴族。

【華誉(譽)】か(くわ)よ　内容に過ぎたよい評判。虚誉。

【華容】か(くわ)よう　美しい姿。花のような顔かたち。花顔。華顔。＝花容
【華葉】か(くわ)よう(えふ)　①美しい葉。②表面は美しいが、実がないこと。

【華陽巾】か(くわ)よう(やう)きん　隠者のかぶるずきん。梁の陶弘景という隠者が、華山の南の家でかぶっていたという。

【華陽国(國)志】か(くわ)よう(やう)こくし　書名。十二巻。晋の常璩著。華陽(昔の地名。今の四川省内)について、太古から晋までの変遷をしるしたもの。

【華洛】か(くわ)らく　美しい都。洛は洛陽。転じて、都の意。

【華麗】か(くわ)れい　はなやかで美しい。

【華露】か(くわ)ろ　美しいつゆ。つゆの美称。

【華厳(嚴)宗】けごんしゅう　仏仏教の一派。「華厳経」の主旨を教えの根本とした宗派。わが国では東大寺を本山とする。

【華鬘】けまん　①花を結んで頭に飾るインドの風俗。②仏仏前の飾り。銅などで花鳥をすかし彫りにしたもの。＝花鬘
『華而不レ実(實)』か(くわ)にしてじつならず　みかけだけりっぱで、なかみがそれにともなわない。見かけ倒し。〈左伝・文公五〉

(華鬘②)

◆中華・法華・栄華・豪華・蓮華・繁華

艸7 【莪】〔11〕 ガ 漢 平 歌 é オー　J 7216 補 ― U 83AA

意味 きつねあざみ。湿地にはえる。「莪蒿」国莪原は、愛知県津島市の町名。

艹7【莞】〔10〕人 一 カン(クヮン)(漢) 一(平)寒 guān コワン 二 カン(クヮン)(漢) 二(上)潸 wǎn ワン U補J 839E 2048

旧字 艸7【莞】〔11〕 U補J

意味 一①〈い(ゐ)〉むしろを作るのに使う草。②むしろ。「莞莚(かんえん)」「莞席(かんせき)」 二にっこりと笑うさま。「莞爾(かんじ)」

解字 会意・形声。艹と完とを合わせた字。完(くゎん)が音をも示す。艹は草で、完にはまるいという意があり、まるい管の形の草の意である。

【莞爾】(かんじ)(くゎんじ) 「莞然(かんぜん)」に同じ。「夫子莞爾笑(ふうしかんじとしてわらう)」〈論語・陽貨(ようか)〉

【莞然】(かんぜん)(くゎんぜん) 微笑するさま。にっこり笑うさま。莞爾(かんじ)。

艸7【莧】〔11〕 一 カン(漢) 一(去)諫 xiàn シエン 二 カン(クヮン)(漢) 二(上)潸 wàn ワン U補J 83A7 5617 ①9089

意味 一①ひゆ。草の一種。食用にする。②野菜の名。やまごぼう。「莧陸(かんりく)」 二にっこり笑うさま。「莧爾(かんじ)」

艸7【莟】〔11〕 カン(漢) ガン(呉) (去)勘 hàn ハン U補J 839F 7217

意味 ①〈つぼみ〉 ②花がさく。③花のしべ。

艸7【莍】〔11〕 キュウ(キウ)(漢) (平)尤 qiú チウ U補J 838D 5607 ②8622

意味 山椒(さんしょう)などの果実の外皮。いぼ状の突起が密生している。

艸7【莒】〔11〕 キョ(漢) (上)語 jǔ チュイ U補J 8392 5608 ①9087

意味 ①いも。②山東省にあった周(しゅう)代の国名。

艹7【莢】〔10〕標 キョウ(ケフ)(漢) (入)葉 jiá チア U補J 83A2 7218

艸7【莢】〔11〕正字 U補J

意味 ①草の実。豆類の実をつつむ外皮。②〈さや〉

艸7【莙】〔11〕 クン(漢)(呉) (平)文 jūn チュン U補J 8399 5612

意味 ①水草の名。②かたまる。③うやまいおそれる。

艸7【茣】〔11〕 ゴ(漢) (平)虞 wú ウー U補J 8323 7220

意味 よもぎに似た草。「茣蓙(ござ)」

艸7【莄】〔11〕 コウ(カウ)(漢) キョウ(キャウ)(呉) (上)梗 gěng コン U補J 8384 5605

意味 ①草の名。②草の茎(くき)。

艸7【莎】〔11〕 サ(漢) シャ(呉) (平)歌 suō スオ U補J 838E 7221

意味 ①草の名。カヤツリグサ科の多年草。はますげ。「莎緑」 ②莎雞(さけい)は、こおろぎ。音 shā シャー。

【莎径(徑)】(さけい) はますげの茂るこみち。

艸7【莝】〔11〕 サ(漢) ザ(慣) (去)箇 cuò ツオ U補J 839D 5615 ②8626

意味 ①きりわら。「莝豆(ざとう)」 ②きざむ。細く切る。③まぐさ。馬に食べさせる草。④軽小なこと。

【莝豆】(ざとう) 切りわらと豆をまぜた馬の飼料。

艸7【莘】〔11〕 一 シン(漢) 一(平)真 shēn シェン 二 シン(漢) 二(平)真 xīn シン U補J 8398 5611 ①9088

意味 一①長いさま。②莘莘(しんしん)は、多いさま。③古代の国名。④山東省の地名。 二細莘(さいしん)は、薬草の一種。みらのねぐさ。

艸7【莀】〔11〕 一 シン(漢) 一(平)真 chén チェン 二 ドウ(漢) ノウ(呉) 二(平)冬 nóng ノン U補J 8380 5603

意味 一草が多いさま。 二「農」(一一二八ジ・中)の同字。

艸7【荽】〔11〕 スイ(漢) (平)支 suī ソイ U補J 837D 5601 ①9085

意味 セリ科の草の名。独特の香りがある。香菜(こうさい)。コリアンダー。「胡荽(こすい)」

艸7【荿】〔11〕 セイ(漢) ジョウ(ジャウ)(呉) (平)庚 chéng チョン U補J 837F 5602 ②8619

意味 ①草の名。②〈おさ(をさ)〉織機の付属具。＝筬(せい)

艸7【莦】〔11〕 一 ソウ(サウ)(漢) 一(平)肴 shāo シャオ 二 ショウ(セウ)(漢) 二(平)蕭 xiāo シアオ U補J 83A6 5616

意味 一雑草のさま。 二①草の根。②草の名。

艹7【荼】〔10〕標 一 ト(漢) ダ(呉) 一(平)虞 tú トゥー 二 タ(漢) ダ(呉) サ(唐) チャ(慣) 二(平)麻 chá チャー U補J 837C 7224

艸7【荼】〔11〕正字 U補J

意味 一①にがな。②おぎの穂。③ちがやの白い穂。④苦しみ。痛苦。害を与えること。 二「茶」(一〇五九ジ・上)の古字。

【荼毘】(だび) 仏 死体を火で焼いてほうむること。火葬。＝荼毗

【荼薺】(とせい) にがなと、なずな。転じて、悪人と善人。

【荼毒】(とどく) ①苦痛。②苦しめること。害毒を与えること。

艸7【莇】〔11〕 一 チョ(漢) ジョ(ヂョ)(呉) 一(去)御 zhù チュー 二 ショ(漢) ジョ(呉) 二(去)御 zhù チュー U補J 8387 7222

意味 一枸杞(くこ)。薬草の名。 二殷(いん)・周代の租税法。井田法(せいでんほう)。＝助(じょ)・耡(じょ) 国〈あざみ〉地名、姓に用いる。莇ケ岳(あざみがだけ)は山口県の地名。

艸7【莜】〔11〕 チョウ(テウ)(漢) (去)嘯 diào ティアオ U補J 839C 5614

意味 ①草を刈りとる道具。②竹や葦(あし)などで作った、土を運ぶ道具。③現 莜麦(ユウマイ) yóumài は、植物の名。牧草になり、種は食用になる。はだかむぎ。

艸7【莛】〔11〕 テイ(漢) (平)青 tíng ティン U補J 839B 5613 ②8625

意味 ①草の茎。②はり。家の棟(むね)をうける材。

艹7【荻】〔10〕人標 テキ(漢) (入)錫 dí ティー U補J 837B 1814

旧字 艸7【荻】〔11〕 U補J

艸11【蔐】〔15〕同字 U補J 8510 5718

艸15【藡】〔19〕同字 U補J 85E1 ②8710

意味 〈おぎ(をぎ)〉水辺にはえ、白い花が咲くイネ科の多年草。

【荻生徂徠】(おぎゅうそらい)(をぎふ) 人名。江戸中期の儒学者。号は徂徠、また蘐園(けんえん)。字(あざな)は茂卿(しげのり)。本姓の物部(もののべ)氏をとり、中国風に物茂卿(ぶつもけい)ともいう。古文辞学をとなえた。(一六六六～一七二八)

艸7【荰】〔11〕 ト(漢) ズ(ヅ)(呉) (上)麌 dù トゥー U補J 8370 5593

意味 荰衡(とこう)は、草の名。おおかんあおい。＝杜衡(とこう)

艸7【荳】〔11〕 トウ(漢) (去)宥 dòu トウ U補J 8373 7226

意味①〈まめ〉＝豆 ②荳蔻(とうこう)は、にくずく。種は香料にする。ナツメグ。

艸7 **【荵】**〔11〕 ジン 漢 上 軫 ／ ニン 呉 rěn レン　U補J

艸7 **【荵】**〔11〕 同字　J 7227　U 8375

意味 荵冬(にんどう)は、すいかずら。薬草。利尿・健胃剤などに用いる。国しのぶぐさ。

艸7 **【莓】**〔11〕 バイ 漢 平 灰 ／ マイ 慣 méi メイ　J 7186　U 8393

意味①〈いちご〉きいちご。＝苺「莓酒(いちござけ)」②こけ。「莓苔(ばいたい)」③莓莓(ばいばい)は、草の茂るさま。

艹7 **【莫】**〔10〕 入 標　一 ボ 漢 去 遇 ／ モ 呉 mù ムー　二 バク 漢 入 薬 ／ マク 呉 mò モー　J 3992　U 83AB

旧字 艸7 **【莫】**〔11〕　U補J

意味 一①日ぐれ。＝暮(ぼ) ②暗い。③植物の名。タデ科。すいば。二①〈な・い(―・し)〉なにもない。だれもいない。否定をあらわす助字。②〈なかれ〉…するな。禁止をあらわす助字。③ひろい。大きい。「広莫」④さびしい。「寂莫(せきばく)」⑤はかる。くわだてる。＝謨(ぼ) ⑥体内のうすい組織。まく。＝膜(まく)

語法 ❶〈なし〉…はない。…する者はない。…する所がない。そのような物・人・場所が存在しないことを示す。類無 例「莫二我知一也夫(われをしるものなきかな)」(わたしを理解してくれる者はいないなあ)〈論語・憲問〉▼「ことなし」「ものなし」と訓読することが多い。
❷〈なかれ〉禁止。…してはならない。類勿・毋 例「酔臥二沙場一君莫レ笑(えいてさじょうにふすともきみわらうことなかれ)」(たとえ〔戦場であるこの〕砂漠に酔い臥そうとも〔その姿を〕どうか笑わないでくれ)〈王翰(おうかん)の詩・涼州詞〉

名前 とし・なか・さだむ
地名 莫斯科(モスクワ)・莫臥児帝国(ムガールていこく)

【莫哀(ばくあい)】昔の歌曲の名。諸説あり、悲しみのない意とも、また、別離の、この上ない悲しみの意ともいう。
【莫逆友(ばくぎゃくのとも)】たがいにさからうことのない友。よく気のあう友。〈南史・何点(かてん)伝〉
【莫愁(ばくしゅう(しう))】洛陽の一女子の名。「愁(うれい)莫(な)し」というその名のように、幸福に一生を送ったという。
【莫須有(ばくすゆう(いう))】①「あるべきことなからんや」と訓じる。必ずないとはいいきれない、もしかすればあるかもしれないの意。②無実の罪で人をおとし入れる意。「莫須有之獄」
【莫然(ばくぜん)】①黙りこんで、なにもいわないさま。②ぼんやりしているさま。
【莫大(ばくだい)】非常に大きい。
【莫莫(ばくばく)】①草木の茂るさま。②清らかなさま。③ちりほこりの多いさま。
【莫府(ばくふ)】「幕府(ばくふ)」に同じ。将軍の役所。
【莫邪(ばくや)】春秋時代の名剣の名。＝莫耶
【莫連(ばくれん)】国わるずれした女。すれからしの女。
【莫春(ぼしゅん)】春のくれ。春の終わりごろ。晩春。＝暮春
【莫夜(ぼや)】夜。莫は暮。＝暮夜
【莫大小(メリヤス)】織物の名。スペイン語またはポルトガル語に由来する。のびちぢみがきく、大小自由になる意。
【莫遮(さもあらばあれ)】どうあろうとも。ともかく。遮莫。「莫遮家郷憶二遠征一(さもあらばあれかきょうのえんせいをおもうを)」(故郷の人々が、われわれの遠征を思っていようが、今それはひとまずさておく。)〈上杉謙信(けんしん)の詩・九月十三夜陣中作〉
◆索莫(さくばく)・寂莫(せきばく)・落莫(らくばく)・遮莫(さもあらばあれ)

艸7 **【莩】**〔11〕 一 ヒョウ 漢 上 篠 (ヘウ) piǎo ピアオ　二 フ 漢 平 虞 fú フー　J ①9090　補 5618　U 83A9

意味 一うえ死にする。餓死(がし)。「餓莩」二①うす皮。あま皮。葦(あし)などの茎の中のうすい皮。②葦ににた草の名。

艸7 **【莬】**〔11〕 一 ブン 漢 去 問 wèn ウエン ／ モン 呉　二 ベン 漢 上 銑 miǎn ミエン ／ メン 呉　補 5619　U 83AC

意味 一新たに成長した草木。二中国人の人名。＝葂(べん)
参考「菟(と)」は別字。

艸7 **【莂】**〔11〕 ヘツ 漢 入 屑 ／ ベツ 慣 bié ビエ　補 5604　U 8382

意味①種をまく。②移し植える。③わりふ。二つに分けて証拠とする。④僧侶の作る文。詩は偈(げ)という。

艸7 **【莆】**〔11〕 ホ 漢 上 麌 pǔ プー　J ①9086　補 5606　U 8386

意味①がま。水草の一種。＝蒲 ②莆田(ほでん)は、福建省の市名、また県名。

艸7 **【莔】**〔11〕 ボウ 漢 平 庚 (バウ) méng モン　J ②8623　補 5609　U 8394

意味①薬草。ユリ科の多年草。にらに似た草。あみがさゆり。貝母(ばいも)。花は観賞用。茎は、咳(せき)止めに用いる。②莔麻(ぼうま)は、いちび。麻の一種。茎の繊維は、布に織る。
難読 莔麻(いちび)

艸7 **【荸】**〔11〕 ホツ 漢 入 月 bí ビー　補 5594　U 8378

意味 荸薺(ほっせい)は、くわい。球根を食用とする。

艸7 **【莠】**〔11〕 ユウ 漢 上 有 (イウ) yǒu ユー　J 7228　U 83A0

意味①〈はぐさ〉稲に似た雑草。えのころぐさ。②悪いもの。よく見えて、実は悪いもの。
【莠言(ゆうげん(いうげん))】よくないことば。悪いことば。

艹7 **【莉】**〔10〕 入　一 リ 漢 平 斉 lì リー　二 チ 漢 平 支 chí チー　三 リ 漢 去 寘 lì リー　J 7229　U 8389

旧字 艸7 **【莉】**〔11〕　U補J

意味 一草の名。二姓。三茉莉(まつり)は、常緑低木。ジャスミン。花は、香りがあり、茶にいれる。
解字 形声。艹が形を表し、利(り)が音を示す。

艸7 **【莅】**〔11〕 リ 漢 去 寘 lì リー　J 7214　U 8385

艸10 **【蒞】**〔14〕 同字　J ①9113　補 5677　U 849E

意味〈のぞ・む〉①その場に行く。「莅臨(りりん)」②君主となる。③つかさどる。
名前 まり
【莅職(りしょく)】職にのぞむ。職務を行う。

艸7 **【莨】**〔11〕 ロウ 漢 平 陽 (ラウ) láng ラン　J 7230　U 83A8

意味①ちからぐさ。かほん科の多年草。牛馬の食料となる草。②くず。国〈たばこ〉煙草。

艸7 **【莰】**〔11〕 カン kǎn　U 83B0

意味 現 有機化合物の一種。カンファン。

艸7【茡】〔11〕国字 意味〈こも〉姓に用いる字。 J ②8620 U 44D4

艸7【莖】〔11〕旧→茎(一〇五一ページ・中)

艸7【莊】〔11〕旧→荘(一〇五八ページ・下)

艸7【莵】〔11〕俗→菟(一〇六七ページ・上)

艸7【莱】〔11〕俗→萊(一〇六八ページ・上)

艸7【莕】〔11〕本→荇(一〇五六ページ・下)

艹7【莊】〔10〕俗→莊(一〇五八ページ・下)

艸7【莾】〔11〕俗→莽(一〇六八ページ・上)

艸8【菴】〔12〕 一アン 漢 一平 覃 ān アン 二イン 漢 二去 勘 yǎn イエン J 7231 U 83F4

艸9【葊】〔13〕同字 J ②8639 補 5650 U 844A

意味 一①〈いおり(いほり)〉草ぶきの小屋。=庵 ②草の名。キク科の多年草。たねを薬とする。③おおう。二木が茂りあう。「菴藹(いんあい)」

【菴摩羅】(あんまら) 東南アジアに産する果樹の名。マンゴー。黄色でおいしい実をむすぶ。菴羅(あんら)。

艹8【萎】〔11〕常 イ なえる J 1664 U 840E

旧字 艸8【萎】〔12〕 U補J ―

一イ(ヰ) 漢 呉 一平 支 wěi, wēi ウエイ 二イ(ヰ) 漢 呉 二去 寘 wèi ウエイ

筆順 一 十 艹 芉 苿 茇 萎 萎

意味 一①〈な・える(―・ゆ)〉〈しぼ・む〉草木がしおれる。しなびる。②病になる。二牛や馬にえさをやる。

解字  形声。艹が形を表し、委(ゐ)が音を示す。艹は草。委は、やわらかくたれ下がるさまを意味する。萎は、植物がしおれ、しなびてたれ下がる意を表す。

【萎黄】(いこう(ゐくわう)) 葉がしおれて、きいろくなる。

【萎縮】(いしゅく(ゐ―)) しおれちぢむ。衰える。

【萎絶】(いぜつ(ゐ―)) 枯れおちる。萎落。

【萎苶】(いてつ(ゐ―)) しなび、衰える。

【萎靡】(いび(ゐ―)) しおれてぐったりする。活気がない。

◆陰萎(いんい)

艸8【菀】〔12〕 一エン(ヱン) 漢 呉 一上 阮 wǎn ワン 二ウツ 漢 二入 物 yù ユイ 三ウン 漢 三上 吻 yùn ユン J ①9092 補 5622 U 83C0

意味 一①庭。庭園。=苑(えん) ②茈菀(しおん)は、草の名。=紫苑 二茂る。=鬱・蔚「菀枯(うっこ)」「菀柳」 三=蘊(うん) ①つもる。あつまる。②心がはればれしない。「菀結(うんけつ)」

艸8【菸】〔12〕 一エン 漢 一平 先 yān イエン 二ヨ 漢 二平 魚 yū ユイ J ― 補 5634 U 83F8

意味 一たばこ。=煙・烟(えん) 二しおれる。

艹8【菓】〔11〕常 カ J 1859 U 83D3

旧字 艸8【菓】〔12〕 カ(クヮ) 漢 呉 上 哿 guǒ クオ U補J ―

筆順 一 十 艹 芇 苩 苴 莗 菓

意味 くだもの。果実。=果(か) 国おかし。菓子。「茶菓(さか)」

解字 形声。艹が形を表し、果(くゎ)が音を示す。艹は植物。果は果実。菓はくだものである。もともと果がくだものの意味を持っていたが、果は、はたすという意味に使われるようになったので、艹を加えた菓をくだものの意味に使うようになった。

艸8【菏】〔12〕 カ 漢 平 歌 gē コー J ①9094 補 5625 U 83CF

意味 ①菏蕧(かふく)は、草の名。②沼沢の名。

艹8【菅】〔11〕人 標 J 3191 U 83C5

旧字 艸8【菅】〔12〕 カン 漢 平 删 jiān チエン U補J ―

意味 ①めがるかや。かほん科の多年草。縄としたり、家の屋根として用いた。②かやを編んで屋根とする。国〈すげ〉〈すが〉カヤツリグサ科スゲ属。簑(みの)・笠(かさ)などを作る。

姓 菅生(すがふ)・菅野(すげの・すがの)

参考「管(かん)」は別字。

【菅家後集】(かんけこうしゅう(しふ)) 「菅家後草(かんけこうそう)」に同じ。

【菅家後草】(かんけこうそう(さう)) 国書名。一巻。菅原道真(すがわらのみちざね)が太宰府(だざいふ)で作った詩文集。一名、菅家後集。

【菅茶山】(かんさざん) 人名。江戸後期の儒学者・漢詩人。備後(びんご)(広島県)の人。名は晋帥(しんすい)。茶山はその号。詩にすぐれた。(一七四八～一八二七)

【菅晋(晉)帥】(かんしんすい) 人名。「菅茶山(かんさざん)」を見よ。

【菅菰】(すがごも) 国すげと、こも。

【菅薦】(すがごも) 国すげで編んだこも。

【菅畳(疊)】(すがだたみ) 国すげで編んだたたみ。

【菅原道真(眞)】(すがわら(はら)のみちざね) 人名。平安前期の学者・政治家。宇多(うだ)天皇に信任され右大臣になったが、藤原時平(ときひら)におとしいれられ、太宰府(だざいふ)に流され、そこで死んだ。のちに天満天神として祭られた。「菅家文草(かんけぶんそう)」「菅家後草(かんけこうそう)」の著書がある。(八四五～九〇三)

艸8【菡】〔12〕 カン 漢 上 感 hàn ハン J ①9102 U 83E1

意味 菡萏(かんたん)は、はすの花。また、美人の形容。

艸8【萁】〔12〕 キ 漢 平 支 qí チー J ①9104 補 5637 U 8401

意味 ①まめがら。豆をとり去ったくき。「萁稈(きかん)」 ②おぎに似た草の名。

『其在二釜下一燃、豆在二釜中一泣』(きはふかにありてもえ、まめはふちゅう(ちう)にありてなく) まめがらは釜(かま)の下でもえ、豆は釜の中であつさに泣く。〈曹植(そうち)の詩・七歩詩〉→「七歩詩(しちほのし)」(八ページ・下)

艸8【萓】〔12〕 ギ 漢 呉 平 支 yí イー J 7232 U 8413

意味 萓莮(ぎだん)は草の名。のかんぞう。萓草(けんそう)。=宜男(ぎだん)

国〈かや〉=萱(かや)

参考「萱(けん)」は別字。

艹8【菊】〔11〕常 キク J 2138 U 83CA

旧字 艸8【菊】〔12〕 キク 漢 呉 入 屋 jú チュイ U補J ―

筆順 一 十 艹 芍 芍 芶 菊 菊

意味 きく。キク科の多年草。秋に丸い花をつける。

解字  形声。艹が形を表し、匊(きく)が音を示す。艹は草。匊には、鞠(まり)のように、丸くかたまっている意味がある。菊は、きく。花が球状にかたまって咲くからであろう。また、匊には、ちぢむという意味があるから、菊は、小さいちぢんだ形の葉を持つ草であるという。

地名 菊池(きくち)

【菊一文字】(きくいちもんじ) 国後鳥羽(ごとば)上皇が備前則宗(びぜんのりむね)らにきたえさせ、みずから焼刃をして菊の紋をほりつけた刀。

【菊華(華)酒】菊の花と葉をまぜて造った酒。九月九日、重陽の節句にわざわいをはらうために飲む。

【菊月】陰暦九月のこと。

【菊水】①河南省内郷県の西北にあった川の名。水源に菊があり、この水を飲むと長生きするという。菊潭。②国紋所の名。流れに菊の花を配してある。楠木氏の紋。

【菊判】国書籍の判型の一つ。たて二一・八センチメートル、よこ一五・二センチメートル。現在のA5判よりやや大きい。
◆乱菊・野菊・寒菊

艹8 **【菌】**〔11〕 常 キン　U 補 J 83CC 2261
旧字 艸8 **【菌】**〔12〕 キン 漢 上 軫 jùn チュン　U 補 J

筆順 一 十 艹 芇 芮 苒 菌 菌

意味 ①〈きのこ〉たけ。「菌糸」「菌蕈」②たけのこ。＝箘 ③香りのよい草。④気がめいる。⑤細菌。バクテリア。

解字 形声。艹が形を表し、囷が音を示す。艹は草。囷は、丸い米ぐらという意味がある。菌は、丸い形をしているきのこのことである。また、囷は、陰と同じ形で、暗く湿っている意味があるから、菌は、暗く湿った所に生ずる、かさを持った植物のことであるという。

【菌糸(絲)】菌類が地中などにはる、細い糸のような細胞。

【菌褶】きのこのかさの下面にあるひだ。

【菌毒】きのこ類のもっている毒。

【菌類】きのこ・かびなどの総称。
◆殺菌・細菌・黴菌・病源菌

艹8 **【菫】**〔11〕 人　一 キン 漢 一 去 震 jìn チン　U 補 J 83EB 7233
旧字 艸8 **【菫】**〔12〕 二 キン 漢 二 上 吻 jǐn チン　U 補 J

意味 一 ①〈すみれ〉草の名。菫菜。花は紫色。観賞用。②とりかぶと。毒草の一種。「菫草」 二 木の名。むくげ。＝槿

解字 会意・形声。艹と堇を合わせた字。堇が音をも示す。艹は草の意、堇は僅で、わずかとか、小さいの意がある。そこで小さな草、すみれをいう。

参考 「堇」は別字。

艸8 **【菇】**〔12〕 コ 漢 平 虞 gū クー　U 補 J 83C7 ①9093 5623

意味 ①からすうり。②きのこ。

艸8 **【菎】**〔12〕 コン 漢 平 元 kūn クン　U 補 J 83CE 7234

意味 ①香りのよい草の名。②美しい石。＝琨 国菎蒻は、植物の名。また、その根から作った食料品。＝蒟蒻

艹8 **【菜】**〔11〕 学 4 サイ な　U 補 J 83DC 2658
旧字 艸8 **【菜】**〔12〕 サイ 漢 呉 去 隊 cài ツァイ　U 補 J

筆順 一 十 艹 艹 芓 苎 苹 菜

意味 ①〈な〉葉や茎などを食用にする野菜の総称。②おかず。副食。③現料理。「飯菜」

解字 形声。艹が形を表し、采が音を示す。艹は草。采は採と同じく、つみ取るという意味を持つ。菜は、つみ取って食べる草である。

【菜行】青物の市場。

【菜羹】野菜をいれたしる。なっぱのしる。

【菜根】野菜の根。いも・大根・人参など。【──譚】書名。明の洪自誠の著。儒教・仏教・道教の趣旨にもとづき、処世の心得などをといた語録体の書物。

【菜市】青物の市場。

【菜茹】①野菜。青物。②野菜を食べる。

【菜色】①青菜のような色。②栄養の悪い顔色。

【菜食】野菜類をおもに食べる。⇔肉食
【菜蔬】食用にする草。野菜。青物。蔬菜。

【菜圃】野菜畑。菜園。
◆山菜・杉菜・青菜・若菜・前菜・野菜・総菜・漬菜・蔬菜

艸8 **【莿】**〔12〕 シ 漢 去 寘 cì ツー　U 補 J 83BF ①9091 5621

意味 ①草木のとげ。②そしる。悪くいう。＝刺

艸8 **【菆】**〔12〕　一 シュウ(シウ) 漢 一 平 尤 zōu ツォウ　二 ス 漢 二 去 遇 chù チュー　三 ザン 漢 三 平 寒 cuán ツォワン　U 補 J 83C6

艸8 **【菽】**〔12〕 シュク 漢 入 屋 shū シュー　U 補 J 83FD 7235

意味 一 ①麻がら。②敷物。③良い矢。④草がむらがりはえる。⑤くき。二 鳥の巣。三 堆積する。

小3 **【尗】**〔6〕 本字 U 補 J 5C17 2674

意味 〈まめ〉豆類の総称。「菽麦」

【菽水】①豆と水。そまつな飲食物。②貧しい生活。貧しい生活の中にも親に孝行をつくし、その心を喜ばせること。【──歓(歡)】
【菽粟】豆と穀物。転じて、人間の常食。
〖不レ弁(辨)二菽麦(麥)一〗豆と麦の区別がつかない。おろか者のたとえ。〈左伝・成公十八〉
〖啜レ菽飲レ水〗豆を食べて水を飲む。貧しい生活のたとえ。〈礼記・檀弓〉

艹8 **【菖】**〔11〕 人　U 補 J 83D6 3052
旧字 艸8 **【菖】**〔12〕 ショウ(シャウ) 漢 呉 平 陽 chāng チャン　U 補 J

意味 ①菖蒲。水辺にはえるサトイモ科の多年草。石菖。②はなしょうぶ。

解字 会意・形声。艹と昌とを合わせた字。昌が音をも示す。艹は草の意、昌はさかんの意で、菖はさかんに美しい花を咲かす草、しょうぶをいう。

名前 あやめ 姓 菖蒲

艸8 **【萋】**〔12〕　一 ショウ(セフ) 漢 呉 一 入 葉 jiē チエ　二 ソウ(サフ) 漢 二 入 洽 shà シャー　U 補 J 83E8 5631

意味 一 萋餘は、水草の名。荇菜。はなじゅんさい。二 ひつぎの傍らに立てる羽根飾り。＝翣

艸8 **【萃】**〔12〕 スイ 漢 去 寘 cuì ツォイ　U 補 J 8403 7236

意味 ①〈あつま・る〉②〈あつ・める(──・む)〉「萃聚」③やつれる。「萃悪」④易の卦の名。

参考 新表記では、「粋」に書きかえる熟語がある。

【萃然】集まるさま。萃如。

〖抜レ萃〗①多くのものの中で、特にすぐれてぬきんでる。②多くのものの中から、よいものをぬき出す。
◆抜萃

艸8【萑】〔12〕 ㊀スイ㊇ ㊀㊥支 zhuī チョイ ㊁カン(クヮン)㊇ ㊁㊥寒 huán ホワン
U 8411 補 5641 J ②8634

意味 ㊀①薬草の名。益母草。②草の多いさま。「萑蘆(すいこ)」 ㊁①おぎの類。「萑葦(かんい)」②萑蘭(かんらん)は、涙を流すさま。

艸8【菘】〔12〕 シュウ㊇ スウ㊁ ㊥東 sōng ソン
U 83D8 補 ― J 7237

意味 唐菜(とうな)。つけな。白菜。国菘翁(すうおう)は、江戸後期の書家、貫名海屋(ぬきなかいおく)の号。

艸8【菁】〔12〕 セイ㊇ ㊥庚 jīng チン
U 83C1 補 ― J 7239

意味 ①にらの花。②かぶ。大根。③水草。④草木の茂るさま。「菁菁(せいせい)」

【菁華(華)】(せいか(くゎ)) まじりけのないもの。生粋(きっすい)。

【菁莪】(せいが) ①役だつ人物を教育すること。〈詩経(しきょう)・菁菁者莪(せいせいしゃが)〉 ②多くの役だつ人物。

艸8【萋】〔12〕 セイ㊇ サイ㊁ ㊥斉 qī チー
U 840B 補 ― J 7238

意味 ①草が盛んに茂るさま。②雲が動くさま。③つつしむさま。④あやもようが美しいさま。「萋斐(せいひ)」

【萋且】(せいしょ) つつしむさま。

【萋萋】(せいせい) ①草が茂るさま。「芳草萋萋鸚鵡洲(ほうそうせいせいたりおうむしゅう)」(鸚鵡洲にはかおりのよい草がおい茂っている。)〈崔顥(さいこう)の詩・黄鶴楼(こうかくろう)〉 ②雲が行くさま。③努力するさま。④服の美しいさま。

艸8【菥】〔12〕 ㊀セキ㊇ シャク㊁ ㊀㊅錫 xī シー ㊁シ㊇㊁ ㊁㊥支 sī スー
U 83E5 補 ― J ②8631

意味 ㊀菥蓂(せきべき)は、草の名。なずなの類。薬用として用いられるが、若いうちは食用にもなる。㊁草の名。

艸8【菹】〔12〕 ソ㊇ ショ㊁ ㊥魚 zū ツー
艸9【葅】〔13〕 同字
U 83F9 補 5635 J ②8632
U 8445 補 5647 J ―

意味 ①酢づけの野菜。つけもの。②塩づけの肉。しおから。③古代の刑罰の一つ。人を塩づけにする。

【菹醢】(そかい) ①つけ菜と細くきざんだ塩づけ肉。②罪人を殺し、その肉を塩づけにする刑罰。

艸8【菼】〔12〕 タン㊇ ㊤感 tǎn タン
U 83FC 補 5636 J ―

意味 菼(おぎ)。はえたばかりのおぎ。

艸8【菡】〔12〕 タン㊇ ㊤感 dàn タン
U 840F 補 5640 J ②8633

意味 ①はなやか。②菡萏(かんたん)は、はすの花。③ゆたかなさま。

艹8【著】〔11〕 学6 チョ あらわす・いちじるしい
U 8457 補 ― J 3588

旧字 艸9【著】〔13〕 ㊀チョ㊇ ㊀㊋御 zhù チュー ㊁チャク㊇ ジャク(ヂャク)㊁ ㊁㊅薬 zhuó チュオ
U ― 補 ― J ―

筆順 一 十 艹 艹 苎 茡 著 著

艹9【著】〔12〕 人
U FA5F 補 ― J ①9107

意味 ㊀①〈あらわ・す(あらは・す)〉 ㋐明らかにする。㋑文を作る。㋒書物をかく。「著作」 ②〈あらわ・れる(あらは・る)〉 はっきりする。③〈いちじるし・い(いちじる・し)〉 目立つ。④たてる。 ㊁①〈つ・く〉 ㋐くっつく。㋑近づく。②〈き・る〉 着る。身につける。③ならべる。④未練をもつ。⑤同じところにいる。 国〈ちゃく〉 着物を数える語。

解字  形声。艹が形を表し、者(しゃ)が音を示す。艹は草。者には定着する意味がある。著は、菜をとりわけるはしのこと。また、文を書きつけることも表す。もともと、この字には、箸と著がある。竹のはし、草の茎のはし、の違いはあるが、同じ「はし」がもとである。後に、著(ちょ)が書くこと、俗字の着(ちゃく)が、つくこと、きることに多く用いられるようになった。

参考 常用漢字では「著」をチョ(あらわす、いちじるしい、の意)、「着」をチャク(きる、つく、の意)に使いわける。

名前 あき・つぎ・つぐ・あきら 難読 著莪(しゃが)

【著衣】(ちゃくい) ①着物を着る。②着物。

【著意】(ちゃくい) ①心をとめる。注意する。留意。＝着意 ②思いつき。着想。

【著眼】(ちゃくがん) ①目をつける。注意する。②目のつけどころ。目のつけ方。＝着眼

【著御】(ちゃくぎょ) 国天皇・皇族がたが到着される。または席におつきになる。着御。

【著実(實)】(ちゃくじつ) 落ち着きがあってまじめなこと。＝着実

【著手】(ちゃくしゅ) 手をつける。仕事をはじめる。＝着手

【著色】(ちゃくしょく) 色をつける。＝着色

【著帯(帶)】(ちゃくたい) 国妊娠(にんしん)して五か月めに腹帯をしめること。また、その祝いの式。＝着帯

【著著】(ちゃくちゃく) 物事が確実にはかどるさま。一歩一歩。＝着着

【著服】(ちゃくふく) ①着物を着る。②着物。③国他人のものをごまかして、そっと自分のものにする。＝着服

【著目】(ちゃくもく) 目をつける。目をむける。注意する。着眼。＝着目

【著用】(ちゃくよう) 身につける。着物を着る。＝着用

【著落】(ちゃくらく) 物事がおちつく。落着(らくちゃく)。

【著作】(ちょさく) ㊀①本を書きあらわす。②あらわした本。㊁チューツオ zhùzuò 現㊀に同じ。【――権(權)】(ちょさくけん) 法著作者がその著作について複製・翻訳・興行・放送・刊行などをする権利。【――郎】(ちょさくろう(らう)) 朝廷の著作をつかさどる役人。

【著者】(ちょしゃ) 書物をあらわした人。著作者。

【著述】(ちょじゅつ) 「著作」に同じ。

【著書】(ちょしょ) あらわした書物。

【著姓】(ちょせい) 有名な家がら。世間に名の聞こえた一族。

【著績】(ちょせき) ①てがらをあらわす。②すばらしい功績。「有ニ著績可ニ伝述一(ちょせきのでんじゅつすべきものあり)」(後世に伝えるほどのすばらしい功績があった。)〈塩谷世弘(しおのやせいこう)・送ニ安井仲平東遊一序(やすいちゅうへいのとうゆうをおくるじょ)〉

【著聞】(ちょぶん|ちょもん) ①世の中に聞こえる。②名高い話。

【著名】(ちょめい) ㊀世の中に名が知られている。有名。㊁チューミン zhùmíng 現㊀に同じ。

【著明】(ちょめい) めだってはっきりしている。よく知られている。

【著録(錄)】(ちょろく) ①書きしるす。②姓名が名簿にのせられたもの。

△▼名著(めいちょ)・共著(きょうちょ)・拙著(せっちょ)・編著(へんちょ)・顕著(けんちょ)

艸8【萇】〔12〕 チョウ㊇ (チャウ) ㊥陽 cháng チャン
U 8407 補 ― J 7241

意味 ①萇楚(ちょうそ)は、草の名。いらぐさ。羊桃(ようとう)。②烏萇(うちょう)は、インド北部の国名。③姓。

【萇弘】(ちょうこう(ちゃう)) 人名。周の敬王の大夫(たいふ)。一説に霊王の時の人。晋(しん)の内乱で殺された。孔子が音楽について学んだといわれる。

艸8【菂】〔12〕 テキ㊇ ㊅錫 dì ティー
U 83C2 補 ― J ―

意味 蓮の実。

艸8【菟】〔12〕 一ト 漢 一去 遇 tù トゥー　二ト 漢 二平 虞 tú トゥー　U補J ―

艸7【莵】〔11〕俗字 U補J 7225 83B5

艸9【菟】〔13〕俗字 U補J 3749 83DF

意味 一 ①うさぎ。＝兎(兔) ②菟糸とし は、ねなしかずら。 二 於菟おと は、虎とら。

姓 菟田うだ　地名 菟道うじ

参考「菟と」「兎べん」は別字。

【菟道稚郎子】うじ(ぢ)のわきいらつこ 応神おうじん天皇の皇子。仁徳にんとく天皇の弟。王仁わにについて学び、漢籍に通じたが、仁徳天皇に帝位をゆずるため自殺した。

【菟玖波集】つくばしゅう(しふ) 国最初の連歌集。二条良基にじょうよしもとの「著。

【菟裘】ときゅう(きう) 地名。山東省新泰しんたい市西にあった。魯ろの隠公が隠居しようとした所。転じて、隠居所の意。

【菟奚】とけい ふきの別名。

艸8【菪】〔12〕 トウ(タウ) 漢 去 漾 dàng タン　U補J ①9103 5632 83EA

意味 ①莨菪ろうとうは、おにひるぐさ。②水莨菪うまのあしがたは、毒草の名。きんぽうげ。

艹8【萄】〔11〕 人 標　U補J 3826 8404

旧字 艸8【萄】〔12〕 トウ(タウ) 漢 ドウ(ダウ) 呉 平 豪 táo タオ　U補J ―

意味 ①葡萄ぶどうは、果樹の名。②草の名。

艸8【菠】〔12〕 ハ 漢 平 歌 bō ポー　U補J 7242 83E0

意味 菠薐はりょうは、野菜の名。菠菜はさい。ほうれんそう。法蓮草。

艸8【茇】〔12〕 ハツ 漢 入 黠 bá パー　U補J ②8630 5629 83DD

意味 茇葜はっかつは、木の名。ユリ科のつる性落葉低木。さるといばら。

艸8【菲】〔12〕 一ヒ 漢 一上 尾 fěi フェイ　二ヒ 漢 二平 微 fēi フェイ　三ヒ 漢 三去 未 fèi フェイ　U補J 7243 83F2

意味 一①菜の一種。②〈うす・い(――・し)〉薄い。うすくする。③そまつ。二草花がかんばしい。三ぞうり。

【菲儀】ひぎ うすい礼儀。転じて、わずかな謝礼。自分の贈り物をけんそんしていうことば。薄謝。

【菲才】ひさい ①才能がにぶい。才能がない。鈍才どんさい。②自分の才能をへりくだっていうことば。「浅学せんがく菲才」

【菲質】ひしつ 才能のにぶい性質。

【菲食】ひしょく そまつなまずい食べ物。粗食。

【菲奠】ひてん ①そまつな供えもの。②そまつな祭り。

【菲薄】ひはく ①物が少ない。まずしい。②才能や徳が劣っている。③へりくだる。けんそんする。④おろかになる。「妄自菲薄みだりにみずからひはくにす」〈諸葛亮しょかつりょう・出師表すいしのひょう〉

【菲菲】ひひ ①花の美しいさま。②盛んなさま。③こうばしいさま。④乱れまじるさま。

艸8【萆】〔12〕 一ヒ 漢 一平 支 bēi ペイ　二ヘキ 漢 ヒャク 呉 二入 陌 pì ピー　三ヘイ 漢 三去 霽 bì ピー　U補J ①9105 5638 8406

意味 一萆薢ひかいは、薬草の名。ところ。二蓑みの。三①おおう。②萆荔ひれいは、植物の名。

【萆麻】ひま 草の名。とうごま。潤滑油を作る。

艸8【菔】〔12〕 フク 漢 入 屋 fú フー　U補J ②8629 5628 83D4

意味 蘆菔ろふくは、大根。「莱菔らいふく」

艸8【荓】〔12〕 ヘイ 漢 平 青 píng ピン　U補J 5630 8353

意味 ①草の名。ほうきを作る。②使役を示す。せしむ。しむ。使。

艸8【萍】〔12〕 ヘイ 漢 平 青 píng ピン　U補J 7244 840D

意味〈うきくさ〉水草の一種。

【萍蹤】へいしょう 浮き草のただよった跡。さすらい定住しないたとえ。

【萍泊】へいはく 浮き草が水に流されるように、あちこち定めなくさまよう。飄泊ひょうはく。

【萍泛】へいはん 「萍泊へいはく」に同じ。

【萍漂】へいひょう(へう) 浮き草のようにただよう。

【萍蘋】へいひん 浮き草。

【萍蓬】へいほう 浮き草。

〖萍水相逢〗へいすいあいあう(あひあふ) 浮き草と水とがであう。旅行中に偶然知りあう。〈王勃おうぼつ・滕王閣序とうおうかくのじょ〉

艹8【菩】〔11〕 人 標　U補J 4278 83E9

旧字 艸8【菩】〔12〕 一ハイ 漢 一上 賄 bèi ペイ　二ホ 漢 ボ 呉 二去 遇 pú プー　U補J ―

意味 一香草の名。祭りのかたしろを作る草。二「菩提ぼだい」「菩薩ぼさつ」を見よ。

姓 菩提ぼだい・菩薩みぞろ―ぼさつ

【菩薩】ぼさつ 仏 ①梵語ぼんご bodhi-sattva の音訳。菩提薩埵ぼだいさったの略。悟りを開き、衆生しゅじょうを救おうとする者。仏につぐ地位の人。②朝廷から高僧に賜った称号。

【菩提】ぼだい 仏 迷いを去り、悟りをひらくこと。梵語ぼんご bodhi の音訳。

【――講】ぼだいこう(かう) 菩提を求めるために法華経ほけきょうを講説する法会ほうえ。

【――樹】ぼだいじゅ ①クワ科の常緑樹。釈迦しゃかがその木の下で悟りを開いたといわれる木。②木の名。しなのき。

【――所】ぼだいしょ 国自分の家の代々の墓がある所。菩提寺。

【――心】ぼだいしん 仏道で悟りを求める心。発心ほっしん。道心。

艸8【菶】〔12〕 ホウ 漢 上 董 běng ポン　U補J 5633 83F6

意味 菶菶ほうほうは、草木が茂るさま。また、実が多くなっているさま。散乱しているさま。

艹8【萌】〔11〕 人　U補J 4308 840C

旧字 艸8【萌】〔12〕 ボウ(バウ) 漢 モウ(マウ) 呉 ホウ(ハウ) 慣 平 庚 méng モン　U補J ―

艹8【萠】〔11〕 人　U補J 7246 8420

意味 ①めばえ。②〈も・える(―・ゆ)〉芽が出る。③〈きざ・す〉物事が起ころうとする。④〈きざし〉はじめ。⑤たがやす。⑥民衆。＝氓ぼう ⑦無知のさま。＝甿ぼう

解字  形声。艹が形を表し、明めいが音を示す。明には勢い盛んなという意味がある。萌は草木の芽がまっすぐ出ること。

名前 め・もえ・めぐみ

【萌芽】ほうが(ばうが) ①もえ出たばかりの芽。②物事の起こるきざし。前兆。

【萌蘖】ほうげつ(ばうげつ) めばえと、ひこばえ。物事のはじまり。「非レ無ニ萌蘖之生一焉ぼうげつのしょうずることなきにあらず」（めばえや、ひこばえのはえることがないではない。）〈孟子もうし・告子こくし上〉

【萌乎】ほうこ(ばうこ) じっとして、動かないさま。

【萌生】ぼうせい ①めばえ生じる。②争い出る。たくさんできる。
【萌兆】ぼうちょう(てう) きざし。
【萌黎】ぼうれい 人民。庶民。

艸8【莽】〔12〕 ボウ(バウ)漢 モウ(マウ)呉 上 養 mǎng マン U補J
艸7【莽】〔11〕俗字 U補J 2F99D
艸8【莾】〔12〕俗字 U補J 5620 83BE
艸6【莽】〔10〕俗字 U補J 7247 83BD
意味 ①草。②草深い。③大きい。草むら。「莽叢もうそう」④あらい。そまつ。「鹵莽ろもう」⑤王莽おうもうは前漢の末、新を建国した人。
【莽蒼】もうそう(まうさう) ①草木のあおあおした色。②郊外。「適二莽蒼一者、三飡而反もうそうにゆくものは、さんさんしてかえる」(近い郊外に行く者は三食たべて帰る。)〈荘子そうじ・逍遥遊しょうようゆう〉
【莽平】もうへい(まう―) 草原。平原。
【莽莽】もうもう(まうまう) ①草が深くおい茂っているさま。②野原のひろびろと続くさま。

艹8【萊】〔11〕人 標
旧字 艸8【萊】〔12〕 ライ漢 平 灰 lái ライ U補J ①9106 5639 840A
艸7【莱】〔11〕俗字 U補J 4573 83B1
意味 ①あかざ。草の名。アカザ科の一年草。葉は食用。②草の茂る荒れ地。③草がはえ荒れる。④草をとる。⑤周代の国名。今の山東さんとう省平度へいど市の西。
【萊蕪】らいぶ 草の茂った荒れ地。
【萊菔】らいふく だいこん。蘿蔔らふく。

艹8【菱】〔11〕人 標
旧字 艸8【菱】〔12〕 リョウ漢 平 蒸 líng リン U補J 4109 83F1
意味 〈ひし〉一年生の水生植物。角のある実は食用にする。＝蔆りょう「菱芰りょうき」
【菱荷】りょうか ひしと、はす。
【菱歌】りょうか ひしをとる者のうたう歌。菱唱りょうしょう。「菱歌清唱不レ勝レ春りょうかせいしょうはるにたえず」(ひしとり歌の美しい歌声を聞くと、春の思いにかられる。)〈李白りはくの詩・蘇台覧古そだいらんこ〉
【菱荇】りょうこう(かう) ひしと、あさざ。ともに水草の名。
【菱塘】りょうとう(たう) ひしのはえている池の、どて。

艸8【菉】〔12〕 リョク漢 入 沃 lù リュイ U補J ②8627 5624 83C9
意味 ①草の名。王芻おうすう。こぶなぐさ。②菉竹りょくちくは、竹ににた草。③かきしるす。＝録

艸8【菻】〔12〕 リン漢 呉 上 寝 lǐn リン U補J 7250 83FB
意味 ①草の名。蒿よもぎの類、キク科植物の一種。②払菻ふつりんは、東ローマ帝国。

艸8【萘】〔12〕 nài ナイ U補J 8418
意味 現 薬品の名。ナフタリン。

艸8【萙】〔12〕国字 U補J 5643 8419
意味 〈くたび・れる(―・る)〉疲れる。

艸8【萢】〔12〕国字 U補J
意味 〈やち〉①湿地。②姥萢うばやちは、青森県の地名。

艸8【萢】〔12〕俗字 U補J 7245 8422
地名 田茂萢岳たもやちだけ

艸8【華】〔12〕旧 →華(一〇六一ページ・上)
艸8【菰】〔12〕正 →菰(一〇六九ページ・下)
艸8【萗】〔12〕同 →策(九三二ページ・上)
艸8【萅】〔12〕本 →春(五八九ページ・下)
艸8【菷】〔12〕俗 →帚(四二〇ページ・上)
艸8『棻』→木部八画(六五一ページ・下)
艸8【葛】〔12〕俗 →葛(本ページ・下)
艸8【菑】〔12〕同 →葘(一〇六九ページ・下)
艸8【菡】〔11〕同 →茲(一〇五七ページ・上)
艸8【萕】〔12〕俗 →薺(一〇八九ページ・上)
艹8【萠】〔11〕俗 →萌(一〇六七ページ・下)

艸9【葳】〔13〕 イ(ヰ)漢 呉 平 微 wēi ウエイ U補J ①9111 5666 8473
意味 ①葳蕤いすいは、ア美しいさま。イ草木の盛んなさま。ウあまどころ。ユリ科の多年草。②葳蔵いぞうは、のうぜんかずら。

艸9【萬】〔13〕 一ウ漢 一上 麌 yǔ ユイ 二ク漢 二上 麌 jǔ チュイ U補J 842D
意味 一草の名。二①かねじゃく。車輪を正す道具。＝矩く ②姓。

艸9【蒀】〔13〕 ウン呉 漢 平 文 yūn ユン U補J 8480
艸10【蒕】〔14〕同字 U補J 5676 8495
意味 ①葐蒀ふんうんは、良い香気がたちこめる。また、さかんなさま。②草の名。万年青おもと。

艸9【萪】〔13〕 カ(クヮ)漢 呉 平 歌 kē コー U補J 7252 842A
意味 萪藤かとうは、ふじの一種。海辺に生え、杖つえにしたり、裂いて縄やむしろとする。国〈しだ〉地名に用いる。萪内しだないは岩手県の地名。

艸9【葭】〔13〕 カ漢 平 麻 jiā チア U補J 7251 846D
意味 ①〈あし〉〈よし〉葦あしの生えたばかりのもの。②あしぶえ。葦あしの笛。③姓。
【葭葦】かい(ゐ) あし。よし。葭蘆かろ。
【葭莩】かふ 葦あしの茎の内側のうすい膜。軽くて薄いもののたとえ。
【葭簀】よしず 国 葦あしの茎を編んで作ったすだれ。

艹9【萼】〔12〕標 ガク漢 入 薬 è オー U補J 7253 843C
艸9【萼】〔13〕正字 U補J
艸12【蕚】〔16〕俗字 U補J 7254 855A
意味 はなぶさ。はなのうてな。うてな。花の外がわにあり、花びらやしべを保護するもの。

艹9【葛】〔12〕常 カツ くず U補J 1975 845B
旧字 艸9【葛】〔13〕 カツ漢 入 曷 gé コー U補J

筆順 一 艹 节 苩 芦 葛 葛 葛

艸8【葛】〔12〕俗字 U補J
意味 ①〈くず〉山野に自生する多年生のつる草。根からでんぷんをとる。②つる。③くずで作った布。「葛布かっぷ」④草や木のせんいで作った織物。⑤河南省にあった国の名。⑥姓。音 gě コー。国〈かずら(かづら)〉〈つづら〉つる草の総称。

解字  形声。艹は形を表し、曷かつが音を示す。艹は草。音を示す曷から構成される掲けいは、高くかかげる意、遏あつは、止まる、さえぎる意を表す。葛は山野に自生する多年生のつる草。くずを意味する。つるが茂って他の植物の成長をさまたげることがある。

名前 かず・かど・さち・つら・かつら 姓 葛くず・葛井ふじい・葛野かどの

・葛飾・葛原部 [地名] 葛西・葛城・葛飾

【葛衣】(かつい) くずの繊維で織ったひとえもの。

【葛裘】(かっきゅう(きう)) ①くずで作った布の夏のひとえものと、冬に着る皮衣。②一年間のこと。

【葛巾】(かっきん) くずぬの頭巾。くずの布で作った一種の帽子。世捨て人がかぶるもの。

【葛洪】(かっこう) 人名。晋代の道家の学者。「抱朴子」の著がある。

【葛根湯】(かっこんとう(たう)) 漢方薬の一種。くずの根を煎じたもの。

【葛絺】(かっち) くずの繊維を織って作った細い布。

【葛絰】(かってつ) 婦人が喪中に首と腰につける、くず製のひも。

【葛天氏】(かってんし) 中国古代の伝説上の帝王の名。世の中が自然によく治まっていたという。「葛天氏之民歟」〈陶潜・五柳先生伝〉

【葛藤(藤)】(かっとう) ①[仏]くずもふじも、つる草であることから、心の迷いのたとえ。②[国]もめごと。ごたごた。紛争。

【葛粉】(かっぷん|くずこ) くずの根で作った澱粉。食用品。

【葛立方】(かつりっぽう(ぱう)) 人名。宋の文人。字は常之。「韻語陽秋」の著がある。(?〜一一六四)

【葛藟】(かつるい) ①かずら。つるくさ。②わずらわしい困難のたとえ。

【葛嶺】(かつれい) 山の名。浙江省杭州市西湖の北にある。晋の葛洪が仙丹をねった所。

【葛籠】(かつろう|つづら) つづら。かずらのつるで作ったかご。衣服などを入れる。

【葛折】(つづらおり(をり)) [国]ひどく折れ曲がった坂道。九十九折。「九折。羊腸。」

艸9 【葜】〔13〕 カツ [漢] [入] 黠 qiā チア

U 補 J ②8645 U 845C 5659

[意味] 菝葜は、木の名。ユリ科のつる性落葉低木。さるといばら。

艸9 【葓】〔13〕 カン [漢][呉] [平] 寒 (クヮン) guān コワン

U 補 J 8484 7255

[意味] 草の名。

艹9 【葵】〔12〕 [人]

U 補 J 8475 1610

[旧字] 艸9 【葵】〔13〕 キ [漢] [平] 支 kuí コイ

U 補 J

[意味] ①〈あおい(あふひ)〉アオイ科の植物の総称。観賞用。②食用にする草の名。楚葵はせり。鳧葵はじゅんさい。③蒲葵は、びろう。ヤシ科の植物。④キク科の植物の類。向日葵は、ひまわり。⑤はかる。＝揆

[解字] 形声。艹が形を表し、癸が音を示す。癸は、古い形でわかるように、ひとまわりする、そむく、の意味を含む。葵もそういう意味に関連した花であろう。

[名前] ぎ・まもる

【葵藿】(きかく(くわく)) ①あおいとまめの葉。粗末な食物。②あおいの花が太陽の方に向かうように、君主の徳をしたうたとえ。「葵藿之心」

【葵丘】(ききゅう(きう)) 春秋時代、宋の地名。斉の桓公が諸侯を会し、盟った所。今の河南省民権県。「葵丘之会」

【葵傾】(きけい) あおいの花が太陽に向かうように、民が君をしたう。

【葵章】(きしょう(しやう)) [国]あおいの紋。徳川家の家紋。

【葵扇】(きせん) 蒲葵(びろう)の葉で作ったうちわ。

艸9 【葷】〔13〕 クン [漢] [平] 文 hūn フン

U 補 J 8477 7256

[意味] ①くさい菜。また、からい菜。しょうが・ねぎ・にんにくなど。「葷菜」②肉食。なまぐさいもの。↔素

【葷粥】(くんいく) 古代、中国北方に住んだ民族。匈奴だという異説が多い。＝葷鬻・獯粥

【葷酒】(くんしゅ) ねぎ、にんにくなど、くさみの強い野菜と酒。「不許葷酒入山門」(葷酒山門に入るを許さず) 寺の門内には、修行の妨げとなる葷酒を入れることを許さない。禅寺の門のわきの石に刻む文句。

【葷辛】(くんしん) くさみのある野菜とからい野菜。僧がさける食物。

【葷羶】(くんせん) くさいにおいの野菜となまぐさい肉。葷腥。

艸9 【葪】〔13〕 ケイ [漢] [去] 霽 jì チー

U 補 J 846A 5664

[意味] ①「薊」(一〇八五ページ・上)の俗字。②割く。

艹9 【萱】〔12〕 [人] [標]

U 補 J 8431 1994

[旧字] 艸9 【萱】〔13〕 ケン [漢] [平] 元 xuān シュワン

U 補 J

艸16 【藼】〔20〕 本字

U 補 J 85FC 5794

[意味] やぶかんぞう。ユリ科ワスレグサ属の多年草。＝蘐

[国]〈かや〉すすき・すげなどの総称。

[名前] ただ・まさ

【萱屋】(かやや) ①かやぶきの屋根。②かやぶき屋根の家。

【萱堂】(けんどう(だう)) ①母の居室。②母。中国では母親は北の室に住み、庭に萱を植えた。

艹9 【菰】〔12〕 [標] コ [漢] [平] 虞 gū クー

U 補 J 83F0 2454

艸8 【苽】〔12〕 正字

U 補 J

[意味] 〈こも〉〈まこも〉イネ科の多年草。沼や池にはえる菖蒲に似た草。「菰岸」

【菰米】(こべい) まこもの実。

艸9 【葫】〔13〕 コ [漢] [平] 虞 hú フー

U 補 J 846B 7257

[意味] ①にんにく。食用。大蒜。②葫蘆は、ひょうたん。③草の名。

艸9 【葟】〔13〕 コウ(クヮウ) [漢] オウ(ワウ) [呉] [平] 陽 huáng ホワン

U 補 J 845F ①9109

[意味] ①草や木の花。また、花が美しいさま。②草木が茂っているさま。「葟葟」

艸9 【葒】〔13〕 コウ [漢] グ [呉] [平] 東 hóng ホン

U 補 J 8452 5654 ②8642

[意味] 草の名。タデ科の一年草。実が薬用として用いられる。水紅。紅蓼。おおけたで。

艸9 【菑】〔13〕 [一] シ [漢] [平] 支 zī ツー [二] シ [漢] [去] 寘 zì ツー [三] サイ [漢] [平] 灰 zāi ツァイ

U 補 J 8458 5656

艸8 【甾】〔12〕 同字

U 補 J 83D1 5627 ①9101

[意味] [一] ①開墾したばかりの田。②開墾する。③しげった草むら。[二] ①立ったまま枯れている木。②立てる。③車のスポークが車輪の中心にさしこまれる。[三]〈わざわい(わざはひ)〉災難。＝災「菑厄」

【菑害】(さいがい) わざわい。不幸なできごと。菑厄。

【菑祥】(さいしょう(しゃう)) わざわいの起こる前ぶれ。わざわいのきざし。

【菑人】(さいじん) わざわいを受ける人。

【菑畬】(しよ) 荒れた土地。新しく開墾した田。

艸9 【葸】〔13〕 シ [漢] [上] 紙 xǐ シー

U 補 J 8478 5669 ②8649

[意味] ①おそれるさま。②すなおでない。

艸9 【葹】〔13〕 シ [漢][呉] [平] 支 shī シー

U 補 J 8479 7265

[意味] おなもみ。草の名。キク科の一年草。枲耳。葈耳。

[地名] 葹田

艸9 【葈】〔13〕 シ [漢] [上] 紙 xǐ シー

U 補 J 8448 5649 ①9108

竹米糸缶网(罒・⺳)羊(⺶)羽(羽)老(耂)而耒(耒)耳 6画 聿肉(月)臣自至臼(臼)舌舛(舛)舟艮色艸(艹・艹)虍虫血行衣(衤)襾(西)

意味 ①葈耳は、草の名。蒼耳。おなもみ。果実はとげがあり、人や動物に着いて運ばれる。②麻。＝枲

艹9 【萩】〔12〕 人 シュウ 漢 平 尤 qiū チウ U補J 3975 8429

旧字 艸9 【萩】〔13〕 (シウ) U補J

意味 ①かわらよもぎ。②ひさぎ。あかめがしわ。国〈はぎ〉マメ科の多年草。秋、紫または白い花をつける。「萩花」「萩餅」

解字 会意・形声。艹が形を表し、秋(＝烁)が音とともに意味を示す。秋の草の意。

地名 萩

参考 「荻」は別字。

◆御萩・箸萩・宮城野萩

艹9 【葺】〔12〕 人 標 シュウ 漢 入 緝 qì チー U補J 4188 847A

旧字 艸9 【葺】〔13〕 (シフ) U補J

意味 ①〈ふ・く〉かやなどで屋根をおおう。「葺茅」②修理する。「葺繕」③かさねる。

【葺屋】かやぶきやね。また、その家。

艸9 【葇】〔13〕 ジュウ(ジウ) 漢 ニュウ(ニウ) 呉 平 尤 róu ロウ U補J 5648 8447

意味 香葇は、草の名。香薷。なぎなたこうじゅ。薬用にする。

艸9 【蒁】〔13〕 イツ(ヰツ) 漢 シュツ 漢 ジュツ 慣 入 質 shù シュー U補J ②8651 5672 8481

意味 草の名。ショウガ科の多年草。また、健胃剤として用いられる根茎を指す。「莪蒁」「蓬莪蒁」

艸9 【葰】〔13〕 一 サ 漢 二 シュン 漢 三 スイ 漢 呉 一 上 馬 suǒ スオ 二 去 震 jùn チュン 三 平 支 suī ソイ U補J ①9110 5665 8470

意味 一①姓。②葰人は、漢代の県名。中国山西省繁峙県にあったしょうがの類。二①大きい。②盛ん。三香りのある野菜。

【葰楙】大いに盛んなさま。

【葰茂】盛んに茂る。

艸9 【葙】〔13〕 ショウ(シャウ) 漢 ソウ(サウ) 呉 平 陽 xiāng シアン U補J ②8643 5657 8459

意味 青葙は、草の名。野鶏冠。けいとう。

艸9 【葠】〔13〕 一 シン 漢 二 セン 漢 一 平 侵 shēn シェン 二 平 塩 shān シャン U補J 5660 8460

意味 一人葠は、薬用にんじんの総称。薬草の一種。＝蓡・蔘・参 二葬儀の際のむしろ。＝苫

艸9 【葴】〔13〕 シン 漢 平 侵 zhēn チェン U補J 5667 8474

意味 ①草の名。葉から染料の藍をとる。馬藍。②草の名。ほおずき。

艸9 【葚】〔13〕 シン 漢 ジン 慣 去 沁 shèn シェン、rèn レン U補J ②8644 5658 845A

意味 桑の実。

艸9 【蔀】〔13〕 セツ 漢 セイ 呉 入 屑 jié チエ U補J 5644 83AD

意味 ①草のふし。②「節」(九三四ジ・下)の俗字。

艸9 【葏】〔13〕 一 セン 漢 二 セイ 漢 ショウ(シャウ) 呉 一 平 先 二 平 庚 jīng チン U補J ②8640 5652 844F

意味 一二草がさかんに茂るさま。

艸9 【葥】〔13〕 一 セン 漢 呉 二 セン 漢 ゼン 呉 一 去 霰 jiàn チエン 二 平 先 qián チエン U補J ②8647 5662 8465

意味 一①木の名。山莓。きいちご。②草の名。王蕶。ほうきぐさ。二車葥は、草の名。おおばこ。＝車前

艹9 【葬】〔12〕 常 ソウ ほうむる U補J 3382 846C

旧字 艸9 【葬】〔13〕 ソウ 漢 呉 (サウ) 去 漾 zàng ツァン U補J

筆順 一 艹 艹 苑 苑 葬 葬 葬

艸9 【塟】〔13〕 同字 U補J 2419 585F

意味 ①〈ほうむ・る(はうむ・る)〉 ㋐遺体を地中に埋める。㋑遺体を法式にしたがってほうむる。「葬送」②〈はふり〉葬式。葬儀。「葬具」「葬列」

解字 会意・形声。古い形で見ると、茻と死と一とを合わせた字で、茻は音をも示す。茻は、草がたくさんはえている形。一は、死体を置いてある形。葬は、草むらの中に死体を埋めることである。

【葬儀】死者をほうむる儀式。葬礼。葬式。

【葬具】葬式の道具。

【葬祭】葬式と死者の霊を祭ること。「冠婚葬祭」

【葬式】死んだ人をほうむる儀式。葬礼。葬儀。

【葬日】埋葬の日。

【葬送】死んだ人をほうむるのを見送る。のべおくり。

【葬埋】ほうむる。埋葬する。

【葬礼(禮)】死んだ人をほうむる儀式。葬式。葬儀。

◆土葬・火葬・水葬・仏葬・合葬・国葬・風葬・送葬・埋葬・鳥葬・曝葬

艹9 【葱】〔12〕 標 一 ソウ 漢 二 ソウ(サウ) 漢 ソウ 呉 一 平 東 cōng ツォン 二 平 江 chuāng チョワン U補J 3912 8471

艸11 【蔥】〔15〕 正字 U補J ②8672 5724 8525

艸9 【蒽】〔13〕 同字 U補J

意味 一①〈ねぎ〉野菜の名。薬用。「葱葉」「葱菜」②青い。「葱白」「葱緑」二葱霊は、まどのある荷物車。

【葱華(華)輦】天子の乗物の一つ。肩でかつぎ、屋根の上にねぎぼうずの形の飾りがある。神事や常の行幸に、また御大葬に用いる。

【葱翠(翠)】青々としたさま。＝蒼翠

【葱青】①青い芽。②青々と茂るさま。③ねぎの葉。

【葱蒨】草木の青々とおいしげるさま。「竹樹葱蒨」〈陸游・入蜀記〉

【葱葱】青々と茂るさま。

【葱嶺】パミール高原の中国名。

【葱蘢】こんもりと茂る。木が緑に茂ったさま。

艸9 【葼】〔13〕 ソウ 漢 平 東 zōng ツォン U補J ②8650 5670 847C

意味 ①木の細い枝。しもと。②細くて小さい。③草の名。藍の小さいもの。

艸9 【葮】〔13〕 タン 漢 ダン 呉 去 翰 duàn トワン U補J 7259 846E

意味 木の名。むくげ。アオイ科の落葉低木。＝椴

艸9 【葤】〔13〕 チュウ㊥(チウ) ㊤有 zhòu チョウ U 8464 補 5661 J —
意味 ①草の名。②草で物を包む。また、包み。

艸9 【葶】〔13〕 ㊀テイ㊥ ㊀㊦青 tíng ティン ㊁テイ㊥ ㊁㊤迥 dǐng ティン U 8476 補 5668 J ②8648
意味 ㊀葶藶は、薬草の名。いぬなずな。㊁葶薴は、毒草の名。

艹9 【董】〔12〕 人 旧字 艸9 【董】〔13〕 トウ㊥ ㊤董 dǒng トン U 8463 補 — J 3801
意味 ①〈ただ・す〉正しさをまもる。②監督する。③深くかくす。④相談する。⑤春秋時代の地名。今の山西省万栄県にあった。⑥姓。
名前 しげ・ただ・なお・のぶ・まさ・よし・しげる
【董其昌】人名。明の書家・画家。字は元宰。号は思白。官は礼部尚書、太子太保に至った。(一五五五〜一六三六)
【董巨】北宋の画家、董源と、その後継者の僧、巨然。ともに山水画にすぐれた。
【董源】人名。南唐の画家。山水画にすぐれ、巨然と並んで董巨と称せられる。
【董狐】人名。春秋時代、晋の史官。権力を恐れず事実をそのまま歴史に書いたことで有名。【——筆】権力を恐れず、事実をそのままに記録する、正しい筆法。
【董正】ただしおさめる。とりしまる。
【董卓】人名。後漢末の将軍。(?〜一九二)
【董仲舒】人名。前漢、武帝の時の儒学者。武帝にすすめて儒学を国教にさせた。「春秋繁露」はその著書。(前一七六〜前一〇四)
【董督】見はり、とりしまる。
【董理】ただしおさめる。監督し、とりしまる。

艸9 【𦳝】〔13〕 ㊀トウ㊥㊦(タウ) ㊀㊦陽 tāng タン ㊁トウ㊥(タウ) ㊁㊤養 dàng タン U 26CDD 補 — J ②8646
意味 ㊀蓫𦳝は、草の名。やまごぼう。㊁儻𦳝は、行いに節度がない。

艸9 【葖】〔13〕 トツ㊥ ㊇月 tū トゥー U 8456 補 5655 J —
意味 大根。蘆菔。

艸9 【葩】〔13〕 ハ㊥ ㊦麻 pā パー U 8469 補 — J 7261
意味 ①〈はな〉草や木の花。はなびら。「葩実」②美しい。
【葩経(經)】「詩経」の別名。

艸9 【萯】〔13〕 フ㊥ ㊧遇 fù フー U 842F 補 5645 J —
意味 ①からすうり。②草の名。一説に黒黍。

艹9 【葡】〔12〕 人 標 旧字 艸9 【葡】〔13〕 ホ㊥ ブ㊦ ㊦虞 pú プー U 8461 補 — J 4182
意味 ①葡萄は、果樹の名。実は食用。「葡萄美酒夜光杯」(夜も光るという名玉のさかずきにぶどう酒をたたえる。)〈王翰の詩・涼州詞〉②葡萄牙は、欧州の国名。
【葡萄】㊀果樹の名。㊁ pútao 現 ㊀に同じ。【——状(狀)球菌】細菌の一種。球形の細胞がぶどうの実のような形に集まったもの。丹毒菌など。【——糖】葡萄・蜂蜜などにふくまれる糖分。

艸9 【葍】〔13〕 フク㊥ ㊇屋 fú フー U 844D 補 5651 J —
意味 ①草の名。ひるがお。つる性で、根からでんぷんがとれる。②葍蒩は、みょうが。

艸9 【萹】〔13〕 ㊀ヘン㊥㊦ ㊀㊦先 biān ビエン ㊁ヘン㊥㊦ ㊁㊦先 pián ピエン U 8439 補 5646 J ②8638
意味 ㊀㊁萹蓄・萹筑は、草の名。薬用。

艸9 【葆】〔13〕 ホウ㊥ ホ㊩ ㊤皓 bǎo パオ U 8446 補 — J 7262
意味 ①草が茂るさま。「葆葆」②車のおおい。③まもる。たもつ。「葆徳」④かくす。つつむ。「葆光」⑤たから。＝宝 ⑥うぶぎ。⑦ほめる。＝褒
【葆光】①光をつつみかくす。転じて、知や徳をかくして外にあらわさない。②かすかな光。③大きな光。
【葆祠】宝物として祭る。
【葆守】守りとおす。たもち守る。
【葆真(眞)】人が生まれながらもつ真の性を失わないよう「にたもつ。」

艸9 【葑】〔13〕 ㊀ホウ㊥ ㊀㊦冬 fēng フォン ㊁ホウ㊥ ㊁㊧宋 fèng フォン U 8451 補 5653 J ②8641
意味 ㊀かぶら。「葑菲」㊁まこもの根。

艸9 【葧】〔13〕 ホツ㊥ ㊇月 bó ボー U 8467 補 5663 J —
意味 ①しろよもぎ。②蓊葧は、盛んなさま。

艸9 【葯】〔13〕 ヤク㊥ ㊇薬 yào ヤオ U — 補 — J —
艸9 【葯】〔13〕 俗字 U 846F 補 — J 7264
意味 ①白芷。よろいぐさ。はなうど。②やく。おしべの先の花粉を包む部分。③現 くすり。＝薬
【葯房】よろいぐさのへや。よろいぐさの葉をぬりこめた居間。

艸9 【萸】〔13〕 ユ㊥㊦ ㊦虞 yú ユィ U 8438 補 — J 7248
艸6 【茰】〔10〕 俗字 U 8330 補 5577 J ②8614
意味 茱萸は、薬用の低木。かわはじかみ。国 小さな赤い実をつける低木。ぐみ。

艹9 【葉】〔12〕 学3 ヨウ は 旧字 艸9 【葉】〔13〕 ㊀ヨウ(エフ)㊥㊦ ㊀㊇葉 yè イエ ㊁ショウ(セフ)㊥㊦ ㊁㊇葉 shè ショー U 8449 補 — J 4553

筆順 一 艹 艹 艹 苹 苹 葉 葉

意味 ㊀①〈は〉草木のは。②薄く平たいもの。花びら。③書物のページ。④世。時代。「中葉」⑤うすいものを数える量詞。㊁①地名。春秋時代の楚の町の名。今の河南省葉県西南。②姓。
解字  形声。艹が形を表し、枼が音を示す。艹は植物。枼は薄い木片、かんなくずのようなものをいう。葉は、草木のうすい葉をいう。
名前 ば・たに・のぶ・ふさ 姓 葉桐 地名 葉栗
難読 紅葉(付表)
【葉公】人名。春秋時代の楚の葉県(河南省の地名)の大名、沈諸梁。字は子高。かってに公を称して葉公という。
【葉適】人名。南宋の学者。号は水心。

諡は忠定。(一一五〇～一二三三)

【葉月】(はづき) 国陰暦八月の別称。

【葉武者】(はむしゃ) 国とるにたらない、つまらない武士。雑兵。

【葉蘭(蘭)】(はらん) ユリ科の多年草。葉は生け花などに用いる。

【葉菜】(ようさい) なっぱ。主として葉を食べる野菜。

【葉柄】(ようへい) 植葉を、茎や枝につけている部分。

【葉脈】(ようみゃく) 植葉に水分や養分を送るために、葉の中にはしっている細いくだ。

【葉子】(イエツ) yèzi 現葉。

▽子葉・松葉・枝葉・若葉・青葉・紅葉・落葉・複葉・花紅葉・花言葉

艸9【萋】〔13〕 ヨウ(エウ) 漢 平 蕭 yāo ヤオ U補J 5 6 7 1 8 4 7 D

意味 ①えのころぐさ。②草の盛んなさま。「萋萋」③萋繞は、ひめはぎ。根は薬とする。

艹9【落】〔12〕 学3 ラク おちる・おとす U補J 4 5 7 8 8 4 3 D

旧字 艸9【落】〔13〕 ラク 漢 呉 ｜ 入 薬 luò ルオ、lào ラオ、là ラー U補J

筆順 一 艹 艹 艹 莎 茇 落 落

意味 ①〈お・ちる(―・つ)〉㋐草木の葉や花が、枯れておちる。しぼむ。㋑くだる。さがる。「落下」㋒ぬける。㋓おさまる。おちつく。「落着」㋔おちぶれる。「落索」㋕手にはいる。「落手」㋖破れる。「落城」②〈おと・す〉㋐くだす。さげる。㋑とり除く。㋒手にいれる。㋓攻めとる。③死ぬ。④衰える。⑤宮殿が新しくできあがる。また、その時のまつり。「落成」⑥むら。さと。「村落」⑦かきね。⑧ぬけおちる。⑨つながり。＝絡 国〈おち〉①もれ。手ぬかり。②落語などで、話の結末。

解字  形声。艹が形を表し、洛が音を示す。艹は植物。洛は水が流れおちる意味を持つ。落は、木の葉がおちることである。

難読 落魄れる・落葉松・落籍す

【落鮎】(おちあゆ) 国九、十月ごろ卵を生むため流れを下るあゆ。

【落武者】(おちむしゃ) 国戦いにまけておちのびる武士。

【落人】(おちゅうど)(おちうど) 国①戦いに負け、人目をさけて逃げる人。②人目をさけて逃げる人。

【落懸】(おとしがけ) 国①急な坂。②仏壇などの欄間につける雲形のほり物。③床の間や書院窓の上にかけ渡す横木。④元禄ごろはやった、男の髪のゆい方。⑤木の火ばちの内側に、灰を入れるため銅板で作った箱。

【落話】(おとしばなし) 国話の終わりをこっけいに結ぶ話。落語。

【落胤】(らくいん) 国貴人が正妻でない女性に生ませた子。おとしだね。

【落英】(らくえい) 花が乱れ落ちる。散り落ちる花。落花。【――繽紛】(らくえいひんぷん) 花びらが、しきりと乱れ散る。繽紛は乱れ散る。〈陶潜・桃花源記〉

【落雁】(らくがん) ①空から地におりる雁。②国麦粉と砂糖とで作った干菓子。

【落暉】(らくき) 落日の光。夕日の光。

【落月】(らくげつ) 西に入りかかった月。西にかたむく月。

【落伍】(らくご) ①兵士が隊列からおくれ離れる。②なかまからとり残される。

【落後】(らくご) 一人におくれる。＝落伍 二(ルオホウ) luòhòu 現①一に同じ。②(時間の上で)おくれる。

【落語】(らくご) ①話の結末。②国演芸の一つ。終わりをしゃれの落ちで結ぶ、こっけいな話。落話。

【落紅】(らくこう) 散りゆく、赤い花。

【落差】(らくさ) 一水が垂直に流れ落ちるときの上下の水面の差。二(おとしざし) 国刀のしりを特別さがり気味にさす差し方。

【落札】(らくさつ) 国入札したものが自分のものになること。

【落日】(らくじつ) 夕日。西におちる日。いりひ。落陽。「落日故人情」(落日を惜しむように、君を送る友人の私も思いに沈む。)〈李白の詩・送友人〉

【落手】(らくしゅ) 手にはいる。受けとる。自分のものになる。

【落首】(らくしゅ) 一国作者名をかくし、あざけりや、あてこすりの意をふくめたこっけいな歌。二(おちくび) 国首を切ること。うちくび。

【落書】(らくしょ) 一国作者の名をかくして、あてこすりやあざけりの意をふくめた文書。人目につくように道に落としたり張ったりした。二(らくがき) 国いたずら書き。

【落照】(らくしょう(せう)) 夕日。いりひ。落日。落暉。

【落城】(らくじょう(じゃう)) 国①城が攻め落とされる。②物を持ち続けられないで、他人のものになる。③くどかれて相手の意見に従う。

【落飾】(らくしょく) 髪をそり落として僧になる。落髪。

【落成】(らくせい) 建築・工事ができあがる。「落成式」

【落星】(らくせい) 呉の孫権が、落星山に建てたという高殿の名。

【落籍】(らくせき) ①戸籍に記入されていないこと。②芸者・娼妓などを金を出してその商売をやめさせ、ひきとること。

【落選】(らくせん) ①選にもれる。②選挙に落ちる。↔当選

【落然】(らくぜん) ①落ちぶれるさま。②冷淡にする。うとんじる。見放して、あいてにしない。「視之落然」〈柳宗元・宋清伝〉

【落想】(らくそう(さう)) 思いつき。着想。

【落体(體)】(らくたい) 落ちてゆく物体。

【落第】(らくだい) ①試験に合格できない。②国成績不良で上の学年や学校へ進めない。原級留め置き。

【落拓】(らくたく) ①気が大きく、物事にとらわれない。②ものさびしいさま。落寞。

【落度】(らくど) 一おちぶれる。志を得ない。二(おちど) 国あやまち。過失。

【落胆(膽)】(らくたん) ①がっかりする。力を落とす。②きもをつぶす。驚く。

【落着】(らくちゃく) 一①きまりがつく。決定。決着。②裁判が決定する。二(おちつき) 国①あわてず、ゆったりすること。②その場を動かないこと。③器物のすわりぐあい。

【落丁】(らくちょう(ちゃう)) 国書物や雑誌のページがぬけていること。また、そのぬけたページ。

【落潮】(らくちょう(てう)) ひきしお。退潮。

【落梅】(らくばい) 散る梅の花。「落梅花」「落梅風」

【落剝】(らくはく) はげて落ちる。

【落魄】(らくはく) おちぶれる。零落。没落。

【落莫】(らくばく) ものさびしいさま。寂寞。落寞。

【落髪】(らくはつ) 髪をそって僧になる。落飾。剃髪。

【落盤(「磐」)】(らくばん) 鉱山の坑内で岩石がくずれ落ちること。

【落筆】(らくひつ) ①筆をとって字や絵をかくこと。②たわむれがき。

【落木】(らくぼく) 木の葉が散る。落葉した木。「無辺落木蕭蕭下」(見わたす限りの野山に、木の葉はもの寂しく落ちてゆく。)〈杜甫の詩・登高〉

【落命】(らくめい) 国命をおとす。死ぬこと。

【落葉】(らくよう(えふ)) 一①木の葉が散る。②落ちた葉。【――松】(からまつ) マツ科の落葉樹。耐水・耐久性に富み、建築・製紙などに用いられる。【――樹】(らくようじゅ) 秋から冬にかけて、葉がすべて落ちる種類の木。↔常緑樹

【落雷】(らくらい) かみなりが落ちる。雷雲と地上の物との間に放電作用が起こること。

【落落】(らくらく) ①少ない。まばら。②ものさびしいさま。③志が

高くて普通の人と気が合わない。④気が大きく心が広い。⑤多いさま。⑥他よりも高くぬき出ている。

【落涙】らくるい 涙を流す。流れ落ちる涙。

【落花】らっか(らくくゎ) 散る花。【——生】らっかせい(らくくゎせい) なんきん豆。ピーナッツ。【——風】らっかふう(らくくゎふう) 花を吹きちらす風。「今人還対落花風」(こんじんまたたいすらっかのかぜ)〈劉廷芝(りゅうていし)の詩・代悲白頭翁(はくとうをかなしむおきなにかわる)〉【——狼藉】らっかろうぜき(らくくゎらうぜき) ①落花が乱れ散っていること。②物がめちゃめちゃに散らばっていること。

【落霞】らっか(らくか) ①夕ぐれ方のかすみ。夕がすみ。②夕やけ。③飛んでいる蛾が。

【落款】らっかん(らくくゎん) 書画に筆者が署名し、印をおすこと。また、その名と印。

【落居】らっきょ(らくきょ) ①物事がきまる。②裁判が決定する。

◆下落(げらく)・及落(きゅうらく)・低落(ていらく)・没落(ぼつらく)・村落(そんらく)・奈落(ならく)・泣落(なきおとし)・巻落(まきおとし)・段落(だんらく)・洒落(しゃれ)(しゃらく)・凋落(ちょうらく)・剝落(はくらく)・陥落(かんらく)・集落(しゅうらく)・脱落(だつらく)・転落(てんらく)・崩落(ほうらく)・堕落(だらく)・零落(れいらく)・群落(ぐんらく)・寥落(りょうらく)・墜落(ついらく)・暴落(ぼうらく)・磊落(らいらく)・難攻不落(なんこうふらく)

艸9【葎】〔13〕リツ 漢 入 質 lǜ リュイ J 4610 U補 844E

意味〈むぐら〉かなむぐら。つるくさの名。

艸9【蒚】〔13〕ワ 呉 漢 平 歌 wō ウオ J 7266 U補 8435

意味 蒚苣(わきょ)は、キク科の一・二年草。くきと葉は食用。

艸9【葇】〔13〕国字 J ①9112 補 5673 U 8485

意味〈すくも〉藍(あい)の葉を発酵させて作った植物染料。

艸9【葊】〔13〕同↓菴(一〇六四ページ・上)

艸9【葢】〔13〕本↓蓋(本ページ・下)

艸9【塟】〔13〕同↓葬(一〇七〇ページ・中)

艸9【著】〔13〕旧↓著(一〇六六ページ・中)

艸9【莵】〔13〕俗↓菟(一〇六七ページ・上)

艹9【萬】〔12〕俗↓萬(一九ページ・下)

艸9【葦】〔13〕旧↓葦(本ページ・中)

艸9【葅】〔13〕同↓菹(一〇六六ページ・上)

艸9【蒂】〔13〕同↓蔕(一〇八〇ページ・上)

艹9【著】〔12〕俗↓著(一〇六六ページ・中)

艸9【萬】〔13〕旧↓万(一九ページ・下)

艹9【葸】↓心部八画(四八六ページ・中)

艹9【韮】↓韭部三画(一三六八ページ・下)

艹9【募】↓力部十画(一八一ページ・中)

艹9【敬】↓支部八画(五六三ページ・上)

艹10【葦】〔13〕人 標 イ 漢 呉 上 尾 wěi ウエイ J 1617 U補 8466

旧字 艸9【葦】〔13〕 U補 J —— ——

意味 ①〈あし〉〈よし〉(ヰ) 水辺にはえるイネ科の多年草。葭(か)。蘆(ろ)。②小さい舟のたとえ。「一葦(いちい)」

難読 葦雀(よしきり) 姓 葦敷(あしき) 地名 葦北(あしきた)

【葦牙】あしかび 国葦の若芽。

【葦毛】あしげ 国白に黒のまじった馬の毛の色。「連銭(れんぜん)葦毛」

【葦田鶴】あしたず(たづ) 国鶴(つる)の別名。

【葦手書】あしでがき 国歌などを書くとき、書体をくずして葦の葉の乱れたように散らし書きにすること。

【葦丸屋】あしのまろや 国葦で屋根をふいた、そまつな小屋。

【葦原】あしはら(あしわら) 国①葦のはえた原。②わが国の古いよび名。葦原の中国(なかつくに)。豊葦原(とよあしはら)。豊葦原瑞穂国(とよあしはらのみずほのくに)。

【葦火】あしび 国葦をもやす火。

【葦辺(邊)】あしべ 国葦のはえている水べ。

【葦車】いしゃ(ゐ) 飾りのない車。まわりを葦を編んで、かこった車。

【葦席】いせき(ゐ) 葦を編んで作ったむしろ。

【葦汀】いてい(ゐ) 葦のはえているみぎわ。汀はみぎわ・水ぎわ。

【葦蘆】いろ(ゐ) あし。よし。

【葦雀】よしきり 国ウグイス科の小鳥。葦原に住み、冬は南に移る。葦切(よしきり)。行行子(ぎょうぎょうし)。

艸10【蓊】〔14〕オウ(ヲウ) 漢 上 董 wěng ウオン J 7267 U補 84CA

意味 ①草の茎(くき)。②草木の茂るさま。「蓊鬱(おううつ)」③あつまるさま。

【蓊藹】おうあい(をう) 草木がこんもりと茂るさま。

【蓊蔚】おううつ(をう) |おうい(をうゐ) ①草木が盛んに茂るさま。②雲が盛んに起こるさま。蓊蓊。蓊鬱。

【蓊然】おうぜん(をう) ①物の盛んなさま。②集まるさま。蓊勃。

【蓊勃】おうぼつ(をう) ①物の盛んなさま。②集まるさま。蓊然。

【蓊葧】おうぼつ(をう) 香気の盛んなさま。

艸10【蒯】〔14〕カイ(クヮイ) 漢 去 卦 kuǎi コワイ J ①9114 補 5682 U 84AF

意味 ①あぶらがや。草の名。むしろや、縄などを作る。②姓。

【蒯緱】かいこう(くゎい) あぶらがやの縄でまいた刀のつか。粗末な刀。

【蒯通】かいつう(くゎい) 人名。漢初の人。弁舌の上手なことで知られる。

艹10【蓋】〔13〕常 ガイ ふた J 1924 U補 84CB

一 カイ 漢 一 去 泰 gài カイ
ガイ 慣
二 コウ(カフ) 漢 二 入 合 hé ホー
三 コウ(カフ) 漢 三 入 合 gě コー

旧字 艸10【蓋】〔14〕 U補 J —— ——

筆順 一 艹 芏 芏 茔 芸 荖 蓋

艸9【葢】〔13〕本字 J 7268 U補 8462　皿6【盖】〔11〕俗字 J 6621 U補 76D6

意味 一①〈おお・う(おほ・ふ)〉おおいかくす。②屋根をふくかや。③車のおおい。④〈ふた〉おおい。⑤上から加える。⑥まさる。圧倒する。⑦たっとぶ。⑧〈けだし〉㋐推量の語。おおかた。おもうに。㋑発語の言葉。二〈なんぞ…ざる〉どうして…しないのか。「何不(かふ)」の縮音。三①戦国時代、山東(さんとう)省沂源(ぎげん)県東南にあった邑(ゆう)の名。後に県名。②姓。

解字 形声・会意。艹は、形を表し、盍(こう)が音を示す。また、艹と盍とを合わせた字。艹は草。盍は、おおうことを表す。蓋は、かやを編んだむしろで屋根をおおうこと、おおいかくすことを意味する。

語法 ❶〈けだし〉㋐推量・婉曲。「…ではなかろうか。」「たぶん。」「思うに。」およその見当として述べる。例「其囚二羑里一、蓋益二易之八卦一為二六十四卦一」(それゆう(いう)りにとらわれ(とらはれ)て、けだしえきのはっか(くわ)をましてろくじゅうしか(くわ)になさんか)(〔文王は〕羑里にとらえられているあいだに易の八卦を増やして六十四卦にしたものらしい)〈史記・周本紀〉 ㋑発語の辞。ある見解を概括して述べるときに用いる。そもそも。いったい。例「蓋天下万物之萌生、靡レ不レ有レ死」(けだしてんかばんぶつのぼう(ばう)せいするもの、しあらざるはなし)(そもそも天下の生じた万物で死なないものはない)〈史記・孝文本紀〉

❷〈なんぞ…ざる〉反語。どうして…しないのか。再

竹米糸缶网(罒・⺳)羊(⺶)羽(羽)老(耂)而耒(耒)耳

6画

聿肉(月)臣自至臼(臼)舌舛(舛)舟艮色艸(艹・艹)虍虫血行衣(衤)襾(西)

竹米糸缶网(罒・⺳)羊(⺶)羽(羽)老(耂)而耒(耒)耳 6画 聿肉(月)臣自至臼(臼)舌舛(舛)舟艮色艸(艹・艹)虍虫血行衣(衤)襾(西)

読文字。類盍 例「子盍レ言二子之志於公一乎」(あなたはどうして自分の考えを殿様に申し上げないのか)〈礼記・檀弓上〉 ▼「何不」の縮音。

姓 蓋きぬ・蓋盛けだもり

【蓋瓦】がいが 屋根に瓦をのせること。また、屋根と瓦。
【蓋棺】がいかん 棺のふたをする。人の死をいう。「蓋レ棺事定」〈晋書・劉毅伝〉
【蓋闕】がいけつ 知らないことは言わないこと。
【蓋車】がいしゃ おおいのある車。
【蓋壌(壤)】がいじょう 天地をいう。蓋は天、壌は地。
【蓋世】がいせい 世をおおう。意気が盛んで天下の人を圧倒する勢い。「蓋世之雄」「力抜レ山兮気蓋レ世」〈項羽の詩・垓下歌〉 【――之才】がいせいの 天下に比べる者のないほどすぐれた才。
【蓋然性】がいぜんせい 哲 ある事がらの起こりうる可能性。公算。確率。プロバビリティー(英 probability)。↔必然性
【傾レ蓋】がいをかたむく 車のおおいを傾ける。車で行き合った者が、話し合うため車を止めおおいを傾けること。孔子の故事。「傾レ蓋而語、終日甚相親」〈孔子家語・致思〉
◆天蓋・掩蓋

艸10【蒦】〔14〕 一 カク 漢 一 入 陌 (クヮク) huò フォ 二 ワク 漢 二 入 陌 wò ウオ J ②8655 補 5678 U 84A6
ヨ23【彟】〔26〕同字 U補J
ヨ22【彠】〔25〕俗字 補 2891 U 5F60
意味 一 ①〈はか・る〉指をのばして長さをはかる。②相談する。③手に持つ。④おどろいて見るさま。 二 草の名前。

艸10【蒹】〔14〕 ケン 漢 平 塩 jiān チエン J 7269 U 84B9
意味〈おぎ(をぎ)〉よしの一種。「蒹葭けんか」

艸10【蒿】〔14〕 コウ 漢 平 豪 (カウ) hāo ハオ J 7270 U 84BF
意味 ①〈よもぎ〉もちぐさ。キク科の多年草。「蒿艾こうがい」「蒿草」「蓬蒿ほうこう」②むす。気がたちのぼるさま。「蒿蒸こうじょう」「君蒿くんこう」③つかれる。
【蒿宮】こうきゅう よもぎで作った宮殿。周代、天子の徳化で草木がよく茂り、よもぎで宮殿を作ったという。
【蒿矢】こうし よもぎの茎で作った矢。邪気をはらうために用いる。
【蒿目】こうもく 心配して、ながめる。
【蒿萊】こうらい よもぎと、あかざ。荒れ草。また、その茂った所。
【蒿里】こうり ①山の名。泰山の南にあり、人の魂がここに住むという。「蒿里誰家地」(あの蒿里は誰の住む土地か)〈古楽府・蒿里曲〉②墓地。③葬式にうたう曲の名。士大夫・庶民に用いる。挽歌。↓「薤露歌」(一〇八四ぺ・下)
【蒿黎】こうれい よもぎと、あかざ。
【蒿廬】こうろ 草のおい茂った、いおり。自分の家をけんそんしていう語。

艸10【䔈】〔14〕 コウ 漢 去 送 gòng コン ク 呉 J ②8657 U 4508
意味 草木の実がたくさん実っているさま。

艸10【蓇】〔14〕 コツ 漢 入 月 gū クー コチ 呉 補 5690 U 84C7
意味 ①蓇蓉こつようは、仙草の名。黒色の花をつけるが、実がならないと言われている。②蓇葖こつとつは、現代中国語で花のつぼみ、また袋果かを指す。

艸10【蒟】〔14〕 ク 漢 上 麌 jǔ チュイ コン 慣 J 7271 U 849F
意味 ①植物の名。実は、蒟子くし。②蒟蒻こんにゃくは、㋐植物の名。こんにゃくいも。㋑こんにゃくの根から作った食料品。

艸10【蓌】〔14〕 サ 漢 去 箇 cuō ツオ 補 5692 U 84CC
意味 ①いつわる。②くだける。③うずくまる。

艹10【蓑】〔13〕 人 標 一 サ 漢 一 平 歌 suō スオ 二 サイ 漢 二 平 灰 suī ソイ J 4412 U 84D1
旧字 艸10【蓑】〔14〕 U補J
意味 一 ①〈みの〉かや・すげなどを編んで作った雨を防ぐ衣。「蓑衣さい」②草でおおう。「蓑レ城」 二 蓑蓑さいさいは、葉の茂るさま。
【蓑唱】さしょう みのを着て歌う。
【蓑笠】さりゅう みのと、かさ。「孤舟蓑笠翁こしゅうさりゅうのおきな」〈柳宗元の詩・江雪〉

艸10【蒴】〔14〕 サク 漢 入 覚 shuò シュオ J ①9115 補 5684 U 84B4
意味 ①蒴藋さくだくは、ニンドウ科の草本。山野に自生し、切傷の薬。②蒴果さくかは、外のからと中の実とに分かれた種をいう。

艸10【蒜】〔14〕 サン 漢 去 翰 suàn ソワン J 4139 U 849C
意味 ①〈ひる〉のびる。臭みの強い菜。小蒜。②にんにく。大蒜。「蒜果さんか」

艹10【蒔】〔13〕 人 一 シ 漢 一 去 寘 shì シー ジ 漢 二 シ 呉 二 平 支 shí シー ジ 呉 J 2812 U 8494
旧字 艸10【蒔】〔14〕 U補J
意味 一〈う・える(―・う)〉植えかえる。「蒔植ししょく」 二 蒔羅しらは、植物の名。ひめういきょう。国〈ま・く〉種を地にまく。
解字 形声。艹(草)が形を表し、時じが音を示す。苗を植えかえる意。
名前 まき
【蒔絵(繪)】まきえ 国 うるしで絵を書き、それに金・銀の粉末をふりかけてみがきあげたもの。

艸10【蓍】〔14〕 シ 漢 平 支 shī シー J 7273 U 84CD
意味 ①キク科の草の名。茎を占いに用いた。のこぎりそう。②〈めどぎ〉筮竹ぜいちく。占いに用いる細い竹。③占い。

(蓍②)

【蓍亀(龜)】しき 蓍はめどぎ(占いに使う筮竹ぜいちく)、亀はかめの甲らで、これを焼き、その割れ方で占うもの。めどぎと甲ら。転じて、占いのこと。蓍蔡しさい。

艸10【蒒】〔14〕 シ 漢 呉 平 支 shī シー 補 5674 U 8492
意味 草の名。浜辺に生え、種を食べる。こうぼうむぎ。

艸10【蒺】〔14〕 シツ 漢 入 質 jí チー J ①9116 補 5685 U 84BA
意味 蒺藜しつれいは、①はまびし。薬草の名。②武器の一種。敵の道をふさぐもの。はまびしの実の形に似る。

艹10【蒐】〔13〕 人 標 シュウ 漢 平 尤 (シウ) sōu ソウ J 2915 U 8490
旧字 艸10【蒐】〔14〕 U補J
意味 ①〈かり〉春の狩猟しゅりょう。②〈あつ・める(―・む)〉‖

集 ③しらべる。閲兵する。④あかね。赤の染料をとる植物の名。⑤かくす。

【蒐荷】しゅう(しう)か 参考 新表記では、「集」「収」に書きかえる熟語がある。↓「集荷」(一三四二ページ・上)

【蒐索】しゅう(しう)さく 集め、もとめる。さがしもとめる。

【蒐集】しゅう(しう)しゅう(しふ) 集めてよせる。↓「収集」(二一〇ページ・中)

【蒐輯】しゅう(しう)しゅう(しふ) 集めてよせる。＝蒐集・収集

【蒐田】しゅう(しう)でん 狩り。狩りをする。田も蒐も狩りの意。

【蒐補】しゅう(しう)ほ 集めて、たらぬところをおぎなう。

【蒐猟(獵)】しゅう(しう)りょう(れふ) ①かり。狩りによる兵馬の訓練。②集め取る。

艹10
旧字 艸10

【蒸】〔13〕【蒸】〔14〕

学6 ジョウ むす・むれる・むらす
ショウ 漢 呉 ジョウ 慣 | 平 蒸 | zhēng チョン

U補J 3088 84B8
U補J ― ― ―

筆順 一 艹 芓 芧 苶 菉 菾 蒸

意味 ①細いたきぎ。②おがら。皮を取り去った麻の幹。③あし、竹、木などで作ったたいまつ。④〈む・す〉〈む・れる〉〈むら・す〉 ㋐気がたちのぼる。㋑ふかす。熱気を通して物をむす。⑤むし暑い。⑥多い。もろもろ。「蒸民」「蒸蛍(じょうけい)」 ⑦冬の祭り。「蒸祭」

解字 形声。艹が形を表し、烝(じょう)が音を示す。艹は草。烝には燃え上がるという意味がある。蒸は、麻の茎、おがらのことで、燃料にするもの。燃料としては、大きくあらいのが薪(しん)、小さく細いのが蒸である。

名前 つぐ・つまき 難読 蒸籠(せいろう・せいろ)

【蒸鬱】じょううつ 湿気が多くてむしあつい。

【蒸裏】じょうか(くわ) 笹の葉などに包んでむした食べ物。ちまき。「ど。」

【蒸膾】じょうかい(くわい) 細く切った肉をむした食べ物。

【蒸気(氣)】じょうき ①液体が蒸発してできた気体。水蒸気。②小さな蒸気船。

【蒸庶】じょうしょ 「蒸民」に同じ。

【蒸暑】じょうしょ むしあつい。むしむしするあつさ。

【蒸瘴】じょうしょう(しやう) 暑さで起こる毒気。

【蒸蒸】じょうじょう ①まじりけがないさま。②親につくすさま。③向上するさま。「蒸蒸乂不レ格レ姦(じょうじょうとしておさめてかんにいたらざらしむ)」(徐々に善に進み身を修め、悪に至らないようにさせた。)〈十八史略・帝舜〉

【蒸薪】じょうしん 蒸は細いたきぎ、薪は大きなたきぎ。

【蒸炙】じょうせき むすことと、火にあぶること。

【蒸発(發)】じょうはつ ㊀液体や固体が表面から蒸気になって発散する。

【蒸餅】じょうへい ①むして作った饅頭(まんじゅう)。②へたな文字の形容。

【蒸民】じょうみん 多くの人民。たみくさ。もろもろの人民。庶民。しょみん。衆庶。蒸人。蒸庶。「天生二蒸民一(てんじょうみんをしょうず)」〈孟子・告子上〉

【蒸留(「溜」)】じょうりゅう(りう) ㊀液体を熱してできた蒸気をひやし液体とする。この間でまじり物がとり除かれる。「蒸留水」

【蒸籠】せいろう・せいろ かまの上にのせ、下からの蒸気でもち米・饅頭(まんじゅう)・団子などをむす、木製の容器。底に簀(す)がはってある。

艸10

【蓐】〔14〕

ジョク 漢 ニク 呉 | 入 沃 | rù ルー

U補J 7276 84D0

意味 ①枯草がめばえる。②〈しとね〉しきもの。③こも。むしろ。しきわら。しき草。④かいこのまぶし。⑤春秋時代の国名。

【蓐月】じょくげつ こどもが生まれるはずの月。

【蓐食】じょくしょく 朝早く、ねどこの中で朝食をすますこと。

【蓐神】じょくしん 秋の神。刑罰をつかさどる。

【蓐瘡】じょくそう(さう) とこずれ。長く病気で寝ているために床(とこ)にふれている皮膚がただれること。

【蓐母】じょくぼ 産婆。助産婦。

〖臨レ蓐〗じょくにのぞむ 出産の時期が近づく。

艸10

【蓁】〔14〕

シン 漢 | 平 真 | zhēn チェン

U補J 7277 84C1

意味 ①草や木が盛んに茂るさま。「蓁莽(しんぼう)」②多い。あつまる。③木の茂み。やぶ。

姓 蓁原(はりはら)

【蓁蓁】しんしん ①勢いよく茂るさま。「其葉蓁蓁(そのはしんしんたり)」(〔桃の〕葉が、いきおいよく茂っている。)〈詩経・桃夭〉②むらがり集まるさま。③頭に物をのせる。

【蓁塞】しんそく 草木が茂りふさぐ。おおい、とざす。

【蓁莽荒穢】しんぼう(ばう)こう(くわう)わい 草や木が盛んに茂り、土地が荒れはてている。〈王禹偁(おううしょう)・黄州竹楼記〉

艸10

【蓡】〔14〕

シン 漢 | 平 侵 | shēn シェン

U補J ― 84E1

意味 人蓡(にんじん)は、薬用にんじんの総称。＝薓(しん)・葠(しん)・蔘(しん)・参(しん)

艸10

【蓆】〔14〕

セキ 漢 | 入 陌 | xí シー

U補J 7278 84C6

意味 ①〈むしろ〉しきもの。「蓆薦(せきせん)」②大きい。③しげるさま。

艸10

【蒨】〔14〕

艸11 〔蒨〕〔15〕 同字

セン 漢 | 去 霰 | qiàn チエン

U補J 5679 84A8
U補J 5729 8533

意味 ①あかね。草の名。赤い染料にする。②草の盛んにしげるさま。③あざやかなさま。「蒨蒨(せんせん)」

艸10

【葅】〔14〕

㊀ソ 漢 呉 ㊁ショ 漢 | ㊀ 平 虞 zū ツー ㊁ 去 御 jù チュイ

U補J 5680 84A9

意味 ㊀①草で編んだしきもの。むしろ。②草の名。蕺菜(しゅうさい)。どくだみ。㊁草がしげっている沼地。

艹10
旧字 艸10

【蒼】〔13〕【蒼】〔14〕

人 ㊀ソウ(サウ) 漢 呉 ㊁ソウ(サウ) 漢 呉 | ㊀ 平 陽 cāng ツァン ㊁ 上 養 cǎng ツァン

U補J 3383 84BC
U補J ― ― ―

意味 ㊀①〈あお(あを)〉草の青色。青黒い。②茂る。③天。「蒼天(そうてん)」④庶民。⑤しらがまじりの髪。年老いたさま。「蒼蒼」⑥あわただしいさま。「蒼黄(そうこう)」⑦姓。㊁蒼莽(そうもう)は、はてしなく広いさま。

解字 形声。艹(草)が形を表し、倉(そう)が音を示す。倉は穀物倉に取り入れた新しい穀物を意味し、その色からあおい意となる。蒼は草の青い色をいう。

名前 しげる

参考 新表記では、「倉」に書きかえる熟語がある。

【蒼猿】そう(さう)えん(ゑん) 年老いたさる。

【蒼鉛】そう(さう)えん 金属元素の一種。薬用・陶器の上絵用に用いられる。

【蒼海】そう(さう)かい あおうなばら。あおあおとした海。蒼溟(そうめい)。

【蒼顔】そう(さう)がん ①年よりの衰えた顔。②青ぐろい顔。③血色の悪い顔。【――白髪】そう(さう)がんはくはつ 青黒い顔で白い頭。老人の形容。

【蒼穹】そう(さう)きゅう(きう) 青空。穹は天の弓なりの形をいう。

【蒼空】そう(さう)くう｜あおぞら 青空。蒼穹(そうきゅう)。

【蒼頡】そう(さう)けつ 中国古代の伝説上の人物。黄帝の臣。鳥の足あとを見て文字を発明したという。＝倉頡 【――篇】そう(さう)けつへん 書名。秦(しん)の李斯(りし)の著。字書の一種で、四字句の文を小篆(てん)(書体の一つ)で書いている。＝倉頡篇

【蒼古】そう(さう)こ ふるびている。ふるびた色をして、ものさびているさま。

竹米糸缶网(罒・⺲)羊(⺶)羽(羽)老(耂)而耒(耒)耳 6画 聿肉(月)臣自至臼(臼)舌舛(舛)舟艮色艸(艹・艹)虍虫血行衣(衤)襾(西)

【蒼梧】そうご(さうご) ①地名。中国古代の皇帝、舜帝が死んだと伝えられる地。今の湖南省寧遠県内。②伝説の山名。海中にあり、仙人が住むという。郁山。「白雲愁色満二蒼梧一」〈李白・哭二晁卿衡一〉

【蒼庚】そうこう(さうかう) うぐいす。黄鳥。＝倉庚

【蒼昊】そうこう(さうかう) 青空。蒼天。碧漢。

【蒼皇】そうこう(さうくわう) あわてふためくさま。あわただしいさま。＝「倉皇」

【蒼黄】そうこう(さうくわう) ①青色と黄色。事柄が変化することにたとえる。②あわてるさま。＝倉黄・蒼惶・倉皇

【蒼惶】そうこう(さうくわう) 「蒼黄」の②に同じ。＝倉皇

【蒼山】そうざん(さうざん) 青々とした山。

【蒼潤】そうじゅん(さうじゅん) あおあおとして、うるおいがある。

【蒼翠(翆)】そうすい(さうすい) あおあおとしたさま。

【蒼生】そうせい(さうせい) あおひとぐさ。人民。蒼氓。黎民。

【蒼蘚】そうせん(さうせん) 青いこけ。蘚は、こけ。

【蒼然】そうぜん(さうぜん) ①草木のあおあおとしたさま。②夕暮れのうす暗いさま。「蒼然暮色」〈柳宗元・始得二西山一宴游記〉③古びたさま。④髪の毛の白いさま。

【蒼鼠】そうそ(さうそ) 年老いたねずみ。

【蒼蒼】そうそう(さうさう) ①草木の茂るさま。「鬱乎蒼蒼」(樹木がこんもりとして、あおあおと茂っている。)〈蘇軾・前赤壁賦〉②年老いたさま。③しらがまじりの髪のさま。「而髪蒼蒼」〈韓愈・祭二十二郎一文〉「両鬢蒼蒼十指黒」(両がわの鬢の毛は白くなりかけ、両手の指はまっくろだ。)〈白居易の詩・売炭翁〉④あおあおとした天のさま。⑤明け方の空のさま。⑥青白い月のさま。

【蒼卒】そうそつ(さうそつ) あわてるさま。あわただしい。倉皇。＝倉卒

【蒼苔】そうたい(さうたい) あおいこけ。

【蒼天】そうてん(さうてん) ①青空。大空。蒼穹。「悠悠蒼天」(はるかな大空。)〈詩経・黍離〉②春の空。③東。【――曷有レ極】そう(さう)てんなんぞきわまり(きはまり)あらん 天には一定の法則はない。天は必ずしも善に与するとは限らない。〈文天祥の詩・正気歌〉

【蒼頭】そうとう(さうとう) ①青い頭巾で頭を包んだ兵士。②召使。【――丫髻】そう(さう)とうあけい 召使。青い布で頭を包んだ下男と、あげまきの髪の下女。〈欧陽脩・憎二蒼蠅一賦〉

【蒼波】そうは(さうは) あおあおとした波。

【蒼白】そうはく(さうはく) 青白い。

【蒼旻】そうびん(さうびん) 青空。蒼は春の青空、旻は秋の青空。

【蒼氓】そうぼう(さうばう) 人民。万人。蒼生。蒼民。

【蒼茫】そうぼう(さうばう) はてもなく広いさま。

【蒼溟】そうめい(さうめい) あおうなばら。蒼海。

【蒼莽】そうもう(さうまう)・そうぼう(さうばう) ①はてもなく広いさま。空の形容。②草木があおあおと茂るさま。

【蒼蠅】そうよう(さうよう) ツァンイン cāngyíng 現 一 ①あおばえ。②つまらぬ人間のたとえ。二 ［現］一 に同じ。

【蒼鷹】そうよう(さうよう) ①白いたか。②なさけ知らずの役人のたとえ。

【蒼竜(龍)】そうりゅう(さうりう)・そうりょう ①青い大きな馬。②松の老木の形容。③山の地勢の形容。④星座の名。二十八宿中、東の七宿。

【蒼浪】そうろう(さうらう) ①あおあおとして限りなく広いさま。②髪の「毛が衰えるさま。」

▼穹蒼・莽蒼・鬱蒼

艸10【蓀】〔14〕 ソン 漢 平 元 sūn スン U補J 5688 84C0 ①9117

意味 ①香草の名。②渓蓀は、はなしょうぶ。

【蓀壁】そんぺき 蓀で作った壁。「蓀壁兮紫壇」〈楚辞〉

艹10【蓄】〔13〕 常 チク たくわえる U補J 3563 84C4

旧字 艸10【蓄】〔14〕 チク 漢 呉 入 屋 xù シュイ U補J

筆順 一 艹 苎 苙 荄 蓄 蓄 蓄

禾10【稸】〔15〕 同字 U補J 4928 7A38 ②8301

意味 ①〈たくわ・える(たくは・ふ)〉 ためる。「貯蓄」②集まる。積もる。③おさめる。④〈やしな・う(――・ふ)〉「蓄力」⑤待つ。「蓄蔵」

解字  形声。艹が形を、畜が音を示す。艹は草。畜には、まとめてとっておくという意味がある。蓄は、野菜や穀物を積みたくわえることである。

【蓄怨】ちくえん(ゑん) 表面にあらわせず、つもりにつもった恨み。

【蓄財】ちくざい 財産をたくわえる。金をためる。

【蓄縮】ちくしゅく ①恐れちぢこまる。②なまける。

【蓄積】一 ちくせき 物をためる。つみたくわえる。「貯蓄」 二 ちくし たくわえ。

【蓄蔵(藏)】ちくぞう(ざう) 将来のために集め、しまっておく。またそのもの。

【蓄膿症】ちくのうしょう(しやう) 医 副鼻腔内にうみがたまって、頭痛、鼻づまりなどの症状を起こす病気。

【蓄髪】ちくはつ 髪の毛をのばす。僧が再び俗人になるときなどにいう。

▼含蓄・貯蓄・蘊蓄

艸10【蓎】〔14〕 トウ 漢 呉 平 陽 (タウ) táng タン U補J 84CE ②8658

意味 蓎蒙は、草の名。女羅。はまねなしかずら。つる性の植物で、種子を薬用として用いる。

艸10【蒻】〔14〕 ジャク 漢 ニャク 呉 入 薬 ruò ルオ U補J 7274 84BB

意味 ①蒲の若い芽。②蒲のしきもの。「蒻席」③蒲やはすの根の泥の中にある部分。④蒟蒻は、根を食用とする草。また、その加工品。

艸10【蓓】〔14〕 ハイ 漢 上 賄 bèi ペイ U補J 5694 84D3 ②8660

意味 〈つぼみ〉 花のつぼみ。「蓓蕾」

艸10【蒪】〔14〕 ハク 漢 入 薬 pò ポー U補J 5681 84A1

意味 蒪苴・苴蒪は、草の名。みょうが。

参考 「蓴」は別字。

艸10【蓖】〔14〕 ヘイ 漢 ヒ 慣 平 斉 bì ピー U補J 7279 84D6

意味 蓖麻は、トウダイグサ科の薬草の名。とうごま。この実で作った蓖麻子油は下剤として用いる。

艸10【蓂】〔14〕 ベイ 漢 メイ 呉 平 斉 mí ミー U補J 5687 84BE ②8656

意味 莢蓂は、木の名。がまずみ。果実は食用となる。

艸10【蒱】〔14〕 ホ 漢 平 虞 pú プー U補J 5683 84B1

意味 樗蒱は、ばくち。賭博。「蒱戯」

艹10【蒲】〔13〕 人 標 U補J 1987 84B2

旧字 艸10【蒲】〔14〕 ホ 漢 フ 唐 ブ 呉 平 虞 pú プー U補J

意味 ①〈がま〉 水草の一種。②かわやなぎ。「蒲柳」③むしろ。蒲で作ったむしろ。④はらばう。＝匍「蒲伏」⑤地名。㋐春秋時代の衛の地名。今の河南省長垣県。㋑春秋時代の晋の邑。今の山西省隰県。⑥姓。

姓 蒲生 地名 蒲生・蒲原・蒲郡

難読 蒲焼・蒲鉾

【蒲萄】果実の名。甘ずっぱく、美味。食用。ぶどう酒の原料とする。＝葡萄・蒲陶・蒲桃

【蒲葦】がまとあし。水のほとりにはえる草。

【蒲月】陰暦五月の別名。

【蒲公英】キク科の草の名。春、黄色の花をつけ若葉は食用になる。

【蒲昌】新疆ウイグル自治区の湖の名。ロブ＝ノール。蒲昌海。羅布淖爾。

【蒲松齢（齡）】人名。清代の作家。号は柳泉。その著「聊斎志異」は有名。（一六四〇～一七一五）

【蒲席】がまで作ったむしろ。

【蒲団（團）】㊀僧が座禅などに用いる、がまで作ったしきもの。㊁国わたなど入れた寝具。また、ざぶとん。

【蒲伏】よつんばい。＝匍匐

【蒲服】「蒲伏」に同じ。

【蒲鞭】がまで作った、むち。【――之罰】がまのむちでうつこと。痛みを軽くしてやり、ただ罪の恥だけを与える。

【蒲柳】①かわやなぎ。やなぎの一種。蒲楊。②からだの弱いこと。「蒲柳の質」

【蒲輪】揺れないように、がまで車輪を包んだ車。

【蒲盧】①がまと、あし。転じて、生長しやすいもの。政治の行われやすいたとえ。「夫政也者、蒲盧也」〈中庸〉②じがばち。はちの一種。③はまぐりの一種。④腰の細い、ひょうたん。

艸10【蒡】〔14〕ホウ（ハウ）漢 上 養 ボウ（バウ）呉 bàng パン J 7280 U補 84A1

意味 牛蒡は、根を食用とする野菜の一種。

艸10【蓂】〔14〕㊀ベイ漢 メイ慣 ㊀平 青 míng ミン ㊁ベキ漢 ミャク呉 ㊁入 錫 mì ミー J ①9118 補 5689 U 84C2

意味 ㊀蓂莢は、めでたい草の名。尭の庭にはえ、葉が生じたり落ちたりすることにより、一か月の日を示したという。㊁野菜の名。なずなの類。

艹10【蒙】〔13〕人 標 ボウ漢 モウ・ム呉 平 東 méng モン J 4456 U補 8499

旧字 艸10【蒙】〔14〕 J U補

意味 ①〈こうむ・る（かうむ・る）〉㋐身にうける。㋑着る。㋒おおう。つつむ。②〈くら・い（――・し）〉㋐はっきりしない。㋑おろか。「啓蒙」③幼い。幼い者。「蒙稚」④おかす。進んでする。「蒙死」⑤あざむく。だます。⑥自分をへりくだっていう。⑦植物がめばえる。＝萌 ⑧蒙古は、㋐種族の名。モンゴル。㋑地方の名。⑨易の卦の名。⑩昔の地名。⑪ねなしかずら。ヒルガオ科の植物の名。

参考 蒙は「曚」（八七七ジ・中）・「濛」（七五九ジ・上）の中国新字体としても使う。

【蒙鳩】小鳥の名。みそさざい。鷦鷯。

【蒙求】書名。唐の李瀚の著。古人の逸話で似たものを二つずつ一組にして、四字句の韻語で題をつけたもの。こどもの教科書にした。

【蒙古】①中国北部にあり、北はシベリアに接している地域。②民族名。③国名。㋐元朝の旧名。㋑モンゴル。首府はウランバートル。【――襲来（來）】国文永十一年（一二七四）・弘安四年（一二八一）の二回、元の忽必烈の軍がわが国に攻めよせたこと。元寇。

【蒙士】知識のない人。無知な人。

【蒙死】死ぬこともかまわず進む。死をおかす。

【蒙師】こどもの先生。

【蒙耳】耳をおおう人。人のことばをきかないこと。

【蒙衝】むかしの軍艦。外部を牛皮でおおい、敵船の中に突入する細長い堅固な戦艦。艨艟。「取蒙衝闘艦十艘」〈十八史略・東漢〉

【蒙茸】①草が乱れはえているさま。②物の乱れているさま。③いり乱れて走るさま。

【蒙塵】①ちりをかぶる。②天子が他国にのがれること。

【蒙叟】荘子をいう。蒙は荘子の出身地。叟は老先生の意。

【蒙稚】①年が幼い。幼少。②知能のまだじゅうぶん発達していない幼い子。幼稚。童蒙。

【蒙恬】人名。秦の将軍。万里の長城をきずき、筆を発明した。

【蒙昧】おろかで道理にくらい。愚昧。

【蒙蒙】①霧・雨などの盛んに降るさま。②くらいさま。

【蒙養】こどもを教育すること。

【蒙絡】おおいからむ。おおいかぶさり、からみつく。

【発（發）蒙振落】物のおおいをとり去り、落葉をふるいおとす。物事のたやすいたとえ。〈史記・汲黯列伝〉

艹10【蓉】〔13〕人 ヨウ漢 平 冬 róng ロン J 4554 U補 84C9

旧字 艸10【蓉】〔14〕 J U補

意味 芙蓉は、①蓮の花。②木の名。木芙蓉。

解字  形声。艹が形を表し、容が音を示す。

名前 はす

艸10【蓏】〔14〕ラ漢 呉 上 哿 luǒ ルオ J U補

艸12【蓏】〔16〕俗字 J ②8659 補 5693 U 84CF

意味 ①うり。②草の実。↕「蓏蔬」

艹10【蓮】〔13〕人 レン漢 呉 平 先 lián リエン J 4701 U補 84EE

旧字 艸11【蓮】〔15〕 J U補 F999

意味 ①〈はす〉はちす。スイレン科の多年生水生植物。「蓮花」「白蓮」②はすの実。「蓮子」

解字 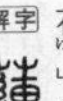 形声。艹（草）が形を表し、連が音を示す。はすの実をいう。また、はす。

地名 蓮田

【蓮荷】はす。はちす。

【蓮岳（嶽）】①中国の五岳の一つの、華山の蓮華峯。②国富士山の別名。

【蓮経（經）】仏「妙法蓮華経」の略。「法華経」の別名。仏教の経典の一つ。

【蓮藕】はすの根。蓮根。

【蓮華（華）】①はすの花。＝蓮花 ②れんげ草。春、むらさき色の花をつける豆科の草。肥料にする。げんげ。紫雲英。

【蓮鉤】①婦人の小さな足。②細い靴をいう。

【蓮根】はすの根。食用にする。

【蓮座】はすの花の形に作った、仏像をのせる台。

【蓮子】はすの実。

【蓮社】東晋の慧遠が作った仏教の結社。白蓮社。

【蓮舎】仏浄土宗で寺をいう。

【蓮宗】仏浄土宗をいう。

【蓮台（臺）】仏はすの花の形に作った台座。仏像をのせるもの。蓮座。蓮華座。

【蓮塘】れんとう はすのはえている池。蓮池。

【蓮府】れんぷ ①大臣のやしき。②大臣。

【蓮房】れんぼう はすの花の子房。

【蓮葉】れんよう(えふ) はすの葉。「蓮葉何田田(れんようなんぞでんでんたる)」(はすの葉の緑色の美しいことよ。)〈楽府(がふ)詩集・江南曲〉

艸10【蒗】〔14〕 ロウ 漢 去 漾 (ラウ) làng ラン U補J 8497 ― ②8654

意味 蒗蕩渠(ろうとうきょ)は、河南(かなん)省にあった運河の名。戦国時代から秦漢時代に、中原の水運の中心であった。

艸10【蓈】〔14〕 ロウ 漢 呉 平 陽 (ラウ) láng ラン U補J 84C8 5691 ―

意味 董蓈(とうろう)は、草の名。狼尾草(ろうびそう)。ちからしば。

艸10【蒽】〔14〕 ēn エン U補J 84BD 5686 ―

意味 現 有機化合物の一種。アントラセン。

艸10【蓙】〔14〕 国字 U補J 84D9 ― 7272

意味 〈ござ〉 藺(い)の茎などで編んだ敷き物。茣蓙(ござ)。

艸10【蓜】〔14〕 国字 U補J 84DC 5701 ②8653

意味 〈はい〉 姓に用いる字。

艸10【葢】〔14〕 同 →蓋(一〇六八ページ・中)

艸10【蒓】〔14〕 同 →蓴(一〇七九ページ・上)

艸10【蒻】〔14〕 俗 →搦(一〇四七ページ・下)

艸10【蒞】〔14〕 同 →莅(一〇六三ページ・下)

艹10【幕】→巾部十画(四二五ページ・下)

艹10【墓】→土部十画(二九八ページ・上)

艹11【蔭】〔14〕 人 標 U補J 852D ― 1694

旧字 艸11【蔭】〔15〕 イン 漢 去 沁 オン 呉 yìn イン U補J ― ― ―

艸12【䕃】〔16〕 同字 U補J 4543 ― ②8678

艸11【𦹥】〔15〕 同字 U補J 26E65 ― ②8661

阜13【𨼲】〔16〕 同字 U補J 28F32 ― ②9173

意味 ①〈かげ〉 ひかげ。こかげ。②おかげ。「庇蔭(ひいん)」 ㋐助け。㋑先祖のおかげ。③〈おお・う(おほ・ふ)〉 おおいかくす。「蔭蔽(いんぺい)」

艸10【蓚】〔14〕 同 →蓨(一〇七九ページ・上)

艹10【蒋】〔13〕 簡 →蔣(一〇七九ページ・中)

艸10【蔦】〔14〕 同 →篤(九四〇ページ・中)

艸10【慈】→心部十画(四九二ページ・下)

艹10【夢】→夕部十画(三一三ページ・下)

【蔭鬱】いんうつ 草木が茂りあうさま。また、その所。＝蔭蔚

【蔭映】いんえい ①おおい照らす。②人や物が多く集まるとき、互いにかげや色がうつりあうこと。

【蔭官】いんかん(くゎん) 父祖のてがらによって、授けられた官。

【蔭子】いんし 父祖がたてたてがらのおかげで官を得た人。

【蔭補】いんぽ 父祖のたてたてがらによって官を得ること。

艸11【蔚】〔15〕 [一]イ(ヰ) 漢 [一]去 未 wèi ウエイ [二]ウツ 慣 [二]ウツ 漢 [二]入 物 yù ユィ U補J 851A ― 1722

意味 [一]①おとこよもぎ。②草木がしげる。また、盛んなさま。「蔚起(うっき)」「蔚興(うっこう)」③もようが美しいさま。[二]①なやむさま。「蔚蔚(うつうつ)」②地名。河北省にある。③姓。

【蔚蔚】うつうつ 心がふさいで、はればれしないさま。

【蔚然】うつぜん ①こんもりと茂っているさま。②盛んなさま。

【蔚藍】うつらん 深いあい色。「蔚藍天」

【蔚山】ウルサン 韓(かん)国の地名。加藤清正が籠城(ろうじょう)した所。

艸11【蔫】〔15〕 エン 漢 平 先 yān イエン U補J 852B 5727 ②8673

意味 ①植物がかれる。②元気がない。③食物が腐る。

艸11【蔇】〔15〕 [一]キ 漢 [一]去 未 jì チー [二]キ 漢 [二]去 未 xì シー U補J ― ― ―

艸12【蔇】〔16〕 俗字 U補J 8507 5715 ―

意味 [一]①草の多いさま。②至る。[二]中国山東省蒼山(そうざん)県西北の古い地名。

艸11【蔃】〔15〕 キョウ(キャウ) 漢 平 陽 ゴウ(ガウ) 呉 qiáng チアン U補J 8503 5714 ―

意味 蔃莍(きょうきゅう)は、薬草の名。百合(ひゃくごう)(ゆり)。ゆりの類。

艸11【蓲】〔15〕 [一]ク 漢 [一]平 虞 xū シュイ [二]フ 漢 [二]平 虞 fū フー [三]オウ 漢 [三]平 尤 ōu オウ U補J 84F2 5707 ―

意味 [一]あたためる。「蓲煦(くく)」[二]花のひらくさま。[三]木の名。刺楡(しゆ)。

艸11【蓺】〔15〕 ゲイ 漢 去 霽 yì イー U補J 84FA 5710 ②8667

意味 ①植える。②きわまり。③わざ。＝芸

艸11【蔲】〔15〕 コウ 漢 去 宥 kòu コウ U補J 8532 5709 ①9120

意味 豆蔲(とうこう)は、ずく。熱帯産の植物。その種は香料、薬用にする。「肉蔲(にくずく)」

艸11【蔜】〔15〕 ゴウ 漢 平 豪 (ガウ) áo アオ U補J 851C 5719 ―

意味 草の名。蘩蔞(はんろう)。はこべ。

艸11【蔛】〔15〕 コク 漢 呉 入 屋 hú フー U補J 851B ― ②8670

意味 ①石蔛(せっこく)は、草の名。ランの一種。薬用となる。＝石斛(せっこく) ②水草の一種。こなぎ。みずあおい。「蔛草(こくそう)」

艸11【蔡】〔15〕 [一]サイ 漢 呉 [一]去 泰 cài ツァイ [二]サツ 漢 [二]入 曷 sà サー U補J 8521 ― 7281

意味 [一]①野の草。②占いに使う大亀(かめ)の名。③周代の国名。河南省上蔡(じょうさい)県の西南。④昔の川の名。河南省にあり淮(わい)河に入った。⑤姓。[二]①へらす。②追いはらう。追放する。

参考 「葵(き)」は別字。

【蔡琰】さいえん 人名。字(あざな)は文姫(ぶんき)。蔡邕(さいよう)の娘で、音楽に長じた。胡(こ)に捕らわれ、帰って胡笳(こか)十八拍(ぱく)を作った。

【蔡京】さいけい 人名。北宋(ほくそう)の政治家。字(あざな)は元長。王安石(おうあんせき)の新法を再興し、失政多く、のちとがめられる。(一〇四七～一一二六)

【蔡元定】さいげんてい 人名。南宋(なんそう)の儒学者。福建の人。字(あざな)は季通。号は西山先生。朱熹(しゅき)に学び、重んぜられた。(一一三五～一一九八)

【蔡元培】さいげんばい(ツァイユアンペイ) 人名。中華民国の学者・政治家。文学革命に参加、国民政府の重職についた。「中国倫理学史」の著がある。(一八六八～一九四〇)

【蔡侯紙】さいこうし 紙の別名。蔡倫(さいりん)が紙を発明したといわれたことによる。

【蔡叔】さいしゅく 人名。周の武王の弟。蔡に封ぜられたが周にそむいて滅ぼされた。

【蔡襄】さいじょう(じゃう) 人名。北宋(ほくそう)の人。字(あざな)は君謨(くんぼ)。開封・杭州などの知事となる。詩文にすぐれ、特にその書は宋代第一と称される。(一〇一二～一〇六七)

【蔡沈】さいしん 人名。南宋(なんそう)の学者。朱熹(しゅき)の弟子(でし)。「書経集伝(しょきょうしゅうでん)」の著がある。(一一六七～一二三〇)

【蔡伝(傳)】さいでん 蔡沈の著、書経(しょきょう)の注釈書、「書経集伝」のこと。

【蔡邕】さいよう 人名。後漢ごかんの書家・学者。博学で著書には「蔡中郎集」があり、書では熹平きへい石経が有名。（一三二～一九二）

【蔡倫】さいりん 人名。後漢ごかんの宦官かんがん。紙を改良した。後世、紙の発明者とされた。

【居レ蔡】さいをおく 国の大事を占うための、大きな亀かめのこうらを、先祖のおたまやに置く。〈論語・公冶長こうやちょう〉

艸11【蓰】〔15〕 シ 漢 平 支 xǐ シー　J ②8665　補 5705　U 84F0

意味 ①五倍の数。「倍蓰ばいし」 ②草の名。③離蓰りしは、羽をたれてふるわないさま。参考「蓯そう」は別字。

艸11【蓨】〔15〕 一チョウ(テウ) 漢 一平 蕭 tiáo ティアオ　二シュウ(シウ) 漢 二平 尤 xiū シウ　J —　補 —　U 84E8

艸10【蓚】〔14〕同字　J 7275　補 —　U 84DA

意味 一 ①草の名。タデ科の多年草。ぎしぎし。羊蹄草ようていそう。＝蓧ちょう ②漢代の県名。河北省景県にあった。二 ひからびる。＝脩

艸11【蓻】〔15〕 シュウ 漢 入 緝 (シフ) zí ツー　J 5711　補 —　U 84FB

意味 ①草木が生えだしたさま。②ちがやの芽。一説に、草木が生えないさま。あるいはちがやの根。

艸11【蓿】〔15〕 シュク 漢 入 屋 sù スー　J 7282　補 —　U 84FF

意味 苜蓿もくしゅくは、うまごやし。

艸11【蓴】〔15〕 シュン 漢 平 真 ジュン 呉 chún チュン　J 7283　補 —　U 84F4

意味 蓴菜じゅんさいは、スイレン科の多年生水生植物。食用にする。

艸10【蒓】〔14〕同字　J 5675　補 —　U 8493

【蓴羹鱸膾】じゅんこうろかい(かう)(くわい) 蓴菜じゅんさいの吸い物と、鱸すずきのなます。転じて、故郷を慕う情のたとえ。晋しんの張翰ちょうかんはこの二つの故郷の名産を思い出すと、たまらなくなって、ついに辞職して帰郷したという故事。〈晋書しんじょ・張翰ちょうかん伝〉

艸11【蔗】〔15〕 シャ 漢 去 禡 ショ 慣 zhè チョー　J 7284　補 —　U 8517

意味 ①さとうきび。イネ科の多年生植物。「甘蔗かんしょ」「蔗飴しゃい」 ②うまい。よい。

【蔗境】しゃきょう(きゃう) 文章や話などの、最も興味のあるところ。佳境。

【蔗漿】しょしょう(しゃう) 甘蔗さとうきびからとった汁。

【蔗糖】しょとう(たう) 甘蔗さとうきびからとった砂糖。

艹11【蔣】〔14〕 人 標　J ①9122　補 5722　U 8523

旧字 艸11【蔣】〔15〕 一ショウ 漢 一平 陽 (シャウ) jiāng チアン　二ショウ 漢 二上 養 (シャウ) jiǎng チアン　J —　補 —　U —

艹10【蒋】〔13〕 簡慣　J 3053　補 —　U 848B

意味 一 ①まこも。実と芽は食用。葉は、むしろに織る。「蔣席」 ②蔣蔣しょうしょう(しゃう)は、光の強いようす。二 ①周代、河南省獲嘉かか県西北にあった国名。②姓。

【蔣介石】しょうかいせき(しゃう) チアンチエシー 人名。中国の政治家。孫文死後、広東カントン政府の全権をにぎり、北伐に成功し、南京ナンキン国民政府の主席となる。第二次世界大戦後、中華民国総統となり、のち中国共産党に追われ台湾に移った。（一八八七～一九七五）

艸11【蓧】〔15〕 一チョウ(テウ) 漢 一去 嘯 diào ティアオ　ジョウ(デウ) 呉　二チョウ(テウ) 漢 二平 蕭 tiáo ティアオ　ジョウ(デウ) 呉　三テキ 漢 三入 錫 dí ティー　J ②8662　補 5702　U 84E7

意味 一〈あじか〉竹や草で作った、ざるのような農具。穀物や土などを運ぶ。二 草の名。タデ科の多年草。ぎしぎし。羊蹄草ようていそう。＝蓨ちょう 三 種をいれるざる。

（蓧一）

艸11【蔘】〔15〕 シン 漢 平 侵 shēn シェン　J 7285　補 —　U 8518

意味 人蔘にんじんは、薬用にんじんの総称。薬草の一種。＝蓡しん・葠しん・蕩しん・参しん

艸11【蔧】〔15〕 スイ 漢 去 寘 huì ホイ　J 5725　補 —　U 8527

意味 ①ほうき草。②はらう。

艸11【蔎】〔15〕 セツ 漢 入 屑 shè ショー　J 5717　補 —　U 850E

意味 ①香草。②茶の別名。

艸11【蔪】〔15〕 一セン 漢 一平 塩 jiān チエン　二サン 漢 二平 咸 shān シャン　J 5726　補 —　U 852A

意味 一 麦の穂ののびたさま。「蔪蔪さんせん」 二 かり取る。「蔪去」

艸11【蔬】〔15〕 一ソ 漢 一平 魚 shū シュー　ショ 呉　二ソ 漢 二上 語 shǔ シュー　ショ 呉　J —　補 —　U —

艸12【蔬】〔16〕俗字　J 7286　補 —　U 852C

意味 一 ①野菜の総称。あおもの。「蔬菜そさい」「蔬蔌そそく」 ②あらい。そまつ。「蔬飯そはん」 二 米つぶ。＝糈しょ

【蔬果】そか(くゎ) 野菜とくだもの。

【蔬菜】そさい 野菜。青物。 シューツァイ shūcài 現 一に同じ。

【蔬食】そし・そしょく そまつな食物。＝疏食

【蔬膳】そぜん 野菜の食事。そまつな食事。

【蔬奠】そてん 野菜の供え物。転じて、そまつな供え物。

【蔬飯】そはん そまつな食事。野菜料理。精進しょうじん料理。

【蔬圃】そほ 菜園。野菜をつくる畑。

【蔬糲】それい ①糲は、もみをとっただけで、白くついてない米。玄米。野菜と玄米。②そまつな玄米の飯。

【蔬筍之気(氣)】そじゅんのき 野菜やたけのこばかり食べて肉食しない者の気分。坊主くさいこと。

艸11【蓯】〔15〕 一ソウ 漢 一上 董 zǒng ツォン　二ショウ 漢 二上 腫 sǒng ソン　三ショウ 漢 三平 冬 cōng ツォン　J ②8664　補 5704　U 84EF

意味 一 葑蓯ほうそうは、かぶら。二 蓯蓉しょうようは、薬草の名。三 衝蓯しょうしょうは、互いに入るさま。

【蓯滓】そうさい 水の流れるさま。

艸11【蔌】〔15〕 ソク 漢 入 屋 sù スー　J ②8669　補 5716　U 850C

意味 ①あおもの。野菜の総称。また、料理した野菜。②蔌蔌そくそくは、㋐風のはげしいさま。㋑水の流れるさま。㋒花の落ちるさま。㋓まずしいさま。

艸11【蔟】〔15〕 一ソク 漢 一入 屋 cù ツー　二ソウ 漢 二去 宥 còu ツォウ　J 7287　補 —　U 851F

意味 一 ①成長した蚕かいこに繭まゆをかけさせるもの。まぶし。

竹米糸缶网(罒・⺳)羊(⺶)羽(羽)老(耂)而耒(耒)耳

6画

聿肉(月)臣自至臼(臼)舌舛(舛)舟艮色艸(艹・⺿)虍虫血行衣(衤)襾(西)

②巣。③集まる。むらがる。[二]音律の名。十二律の一つ。「大蔟」

艸11【蓷】〔15〕 タイ 漢 平 灰 tuī トイ U補J ― 5708 84F7
意味 めはじき。草の名。益母草。

艸11【蔕】〔15〕 テイ 漢 去 霽 タイ 慣 dì ティー U補J 7288 8515
9【蒂】〔13〕同字 U補J 7260 8482
意味 ①〈へた〉果実が枝につく部分。②花の萼。③ねもと。物事のもと。「根蔕」④うりを数える量詞。

艹11【蔦】〔14〕 人 U補J 3653 8526
旧字 艸11【蔦】〔15〕 チョウ(テウ) 漢 上 篠 niǎo ニアオ U補J ― ― ―
意味 〈つた〉植物の名。常緑の寄生木。また、つる性の多年草。両者をあわせて指す。
解字 形声。艹が形を表し、鳥が音を示す。艹は草。鳥は、尾が垂れ下がる鳥。蔦は、たれ下がる草で、つたの類をいう。
【蔦蘿】①つた。つたかずら。②つたと、女蘿(さるおがせ)。親戚関係にたとえる。③るこうそう。草の名。
【蔦紅葉】国①紅葉した、つたの葉。②ときわかえで。紅葉しないかえで。

艸11【蔯】〔15〕 チン 漢 ジン(ヂン) 呉 平 真 chén チェン U補J ①9123 5728 852F
意味 茵蔯は、キク科の草の名。かわらよもぎ。茎や葉は、薬用となる。

艸11【蓪】〔15〕 トウ 漢 ツウ 呉 平 東 tōng トン U補J ②8663 5703 84EA
意味 蓪草は、木の名。かみやつで。木の白いずいを原料にして紙を作る。また、薬用としても用いられる。＝通草
国 蓪草は、あけび。

艸11【蔢】〔15〕 [一]ハ 漢 バ 呉 [一] 平 歌 pó ポー [二]ハ 漢 バ 呉 [二] 去 箇 bò ポー U補J ― 5721 8522
意味 [一]①蔢莎は、草木がさかんに茂るさま。②草の根。[二]蔢蕳は、草の名。はっかの類。＝薄荷

艸11【蓽】〔15〕 ヒツ 漢 入 質 bì ピー U補J ②8668 5712 84FD
意味 ①まめ。豆。②いばらのかきね。
【蓽門】いばらで作った門。貧家のこと。
【蓽輅】飾らない車。柴車。＝蓽路・蓽露

艸11【蔤】〔15〕 ビツ 漢 ミチ 呉 入 質 mì ミー U補J ②8671 5723 8524
意味 はすの地下茎。れんこん。

艸11【蔔】〔15〕 ホク 漢 フク 呉 入 職 pú プー、bó ポー U補J 7289 ― 8514
意味 だいこん。＝菔
【蔔匏】①だいこんと、ゆうがお。②そまつな食べ物。

艸11【蓱】〔15〕 ヘイ 漢 平 青 píng ピン U補J ②8666 5706 84F1
意味 ①浮き草。萍。②雨の神。「蓱翳」

艹11【蔑】〔14〕 常 ベツ さげすむ U補J 4246 ― 8511
旧字 艸11【蔑】〔15〕 ベツ 漢 メチ 呉 入 屑 miè ミエ U補J ― ― ―
筆順 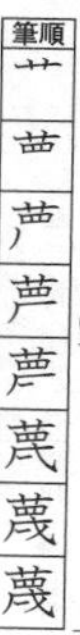
意味 ①こまかい。「蔑蔑」②〈さげす・む〉〈ないがしろ〉あなどる。「軽蔑」③〈な・い(―・し)〉ない。④視力が弱い。「蔑然」⑤ほろぼす。「蔑殺」
解字 会意。苜と戍を合わせた字。苜は、目が正常でないさま。戍は滅に通じ、ほろびることを言う。蔑は、目が疲れて物がはっきり見えない状態を意味し、昧に通じる。一説に、蔑は、苜と伐を合わせた字とする。
参考 蔑は「衊」(一一一六㌻・上)の中国新字体としても使う。
【蔑視】見くだす。あなどる。ばかにする。軽視。
【蔑爾】①ばかにするさま。②小さいさま。
【蔑如】①ばかにするさま。軽んじるさま。②滅びる。
【蔑然】くらいさま。よく見えないさま。
【蔑徳】①徳がない。②小さな徳。蔑は小。一説に美徳。
◆侮蔑・軽蔑

艹11【蓬】〔14〕 人 標 U補J 4309 ― 84EC
旧字 艸11【蓬】〔15〕 ホウ 漢 ブ 呉 平 東 péng ポン U補J ― ― ―

艸10【蓬】〔14〕 俗字 U補J ― ― ―

意味 ①〈よもぎ〉もちぐさ。艾。蒿。②草や髪が乱れるさま。③仙人の住む場所。蓬萊。

【蓬瀛】蓬萊と瀛州の二つの山。ともに東海の中にあり、神仙が住むといわれる山。

【蓬壺】渤海の中にあって、神仙が住んでいるという想像上の島の名。山の形が壺に似ているという。蓬萊。「征帆一片遶蓬壺」(一そうの舟は蓬壺をめぐり進んだ。)〈李白の詩・哭晁卿衡〉

【蓬蒿】①よもぎ。よもぎのはえた草むら。②草深いいなかの人。

【蓬矢】よもぎで作った矢。邪気をはらう行事などに用いる。蒿矢。

【蓬茨】①よもぎといばら。②よもぎでふいた屋根。

【蓬餌】よもぎで作った、食べ物。草もちの類。長寿を得るため、重陽の節句に食べる。

【蓬心】欲のためにこせこせした心。

【蓬転(轉)】よもぎが風に吹かれて飛ぶように、あてどなくさまようこと。

【蓬頭】髪の毛が、よもぎのように乱れた頭。

【蓬髪】よもぎのように乱れた頭の毛。

【蓬蓽】①よもぎで作った戸と、いばらで作った門。貧しい人の家。②自分の家を謙遜していう。

【蓬飄】「蓬転」に同じ。

【蓬鬢】よもぎのように乱れた耳ぎわの髪の毛。

【蓬蓬】①草木の盛んなさま。②風が吹き起こるさま。蓬勃。

【蓬茅】よもぎとちがや。雑草。くさむら。「我為異物蓬茅下」(私はけものとなって、くさむらの下にいる。)〈李景亮・人虎伝〉

【蓬麻】よもぎとあさ。

【蓬門】①よもぎをあんで作った門。②貧しい家。③隠者のすまい。

【蓬萊】①「蓬壺」に同じ。②国中世、特に尾張の国をさした。熱田神宮を蓬萊山としたことによる。【――宮】①蓬萊山にある宮殿。「蓬萊宮中日月長」(この蓬萊宮における生活が、いままで長く長く続いてきた。)〈白居易の詩・長恨歌〉②唐の高宗が、長安(今の西安)に建てた宮殿。大明宮が本名。

【蓬累】よもぎが風に吹かれてただようように、あてどなくさすらう。一説に、志を得ないで立ち去る。

【蓬生】国①よもぎなどがはえ、荒れはてた所。②「源氏物語」の編名。

〖蓬之心〗よもぎのように乱れた心。〈荘子・逍遥遊〉＝蓬心
〖蓬断(斷)、草枯〗よもぎが吹きちぎれ、草が枯れる。

風が強く寒い荒野のようす。〈李華・弔古戦場文〉

【蓬生麻中、不扶而直】まがりやすいよもぎも、まっすぐな麻の間にはえると、助けないでも自然にまっすぐのびる。人も善人と交わり、よい環境に育てば、よい感化をうけるたとえ。〈荀子・勧学〉

艸11 【蔀】〔15〕 ホウ漢去宥 ブ呉 bù ブー J2835 U8500

意味 ①〈しとみ〉日光や風雨をさえぎる戸。「蔀首」②おおう。③昔の暦で七十六年を一蔀とする数え方。

【蔀法】中国、古代の暦法の名。一年を三百六十五日と四分の一日とし、十九年間に七回の閏月を置いて、これを章と言い、章を四倍した七十六年を一蔀とする。一蔀を基準とする暦法。

艹11 【蔓】〔14〕 標 人 一バン漢去願 マン呉 màn マン 二バン漢平寒 マン呉 mán マン J4402 U8513

旧字 艸11 【蔓】〔15〕 U補J ―

意味 一①〈かずら(かづら)〉くずの類。②〈つる〉つる性の植物を広くいう。つる草。「蔓草」③はびこる。のびひろがる。からむ。「蔓蔓」 二野菜の名。かぶ。「蔓菁」

【蔓延】はえひろがる。のび、はびこる。＝蔓衍

【蔓衍】ひろがりはびこる。のびひろがる。＝蔓延

【蔓生】植物がつるを出してのびる。

【蔓菁】かぶ。かぶら。野菜の名。

【蔓説】むだ話。役にたたない話。

【蔓草】①つるくさ。②はびこっている草。【――寒烟】はびこる草と、もの寂しいもや。古跡などの荒れはてているさま。

【蔓蔓】①久しく続くさま。②はびこり、ひろがるさま。

【不蔓不枝】つるも出さず、えだも出さない。君子の孤高を守るさまのたとえ。〈周敦頤・愛蓮説〉

艹11 【蓼】〔14〕 標 一リョウ漢上篠 liǎo リアオ (レウ) 二リク漢入屋 lù ルー J7290 U84FC

艸11 【蓼】〔15〕 正字 U補J ―

意味 一①〈たで〉タデ科の植物を広くいう。②苦しいたとえ。「蓼花」③春秋時代、河南省固始県にあった国名。 二長くのびたさま。「蓼蓼」

【蓼莪】親を養えなかった孝子の心を読んだ詩。〈詩経・蓼莪〉

【蓼戢】草の名。どくだみ。

【蓼擾】乱れるさま。

【蓼虫(蟲)不知苦】にがいたでの葉を食べる虫は、にがさを感じない。たで食う虫も好き好き。〈王粲の詩・七哀〉

艸11 【蔆】〔15〕 リョウ漢平蒸 líng リン J7249 U8506

意味〈ひし〉実にかどのある水草。その実は食用となる。＝菱「蔆葉」「蔆花」「蔆芰」

【蔆荷】ひしと、はす。

【蔆歌】ひしの実をとる人たちがうたう歌。蔆唱。

【蔆角】①ひしの実。②ひしの実の形の武器。

【蔆藕】ひしの実と、はすの根。

【蔆形】ひし形。＝菱形

艸11 【蔂】〔15〕 一ルイ漢呉平支 léi レイ 二ラ漢平歌 luó ルオ J5713 U8502

意味 一二①土を運ぶかご。もっこ。＝虆 ②登山用の履物。かんじき。＝樏 ③藤のつる。

艸11 【蔞】〔15〕 ロウ漢平尤 lóu ロウ J①9121 U851E 補5720

意味 ①よもぎ。②蔞蒿は、白よもぎ。

艸11 【蔸】〔15〕 トウ dōu U8538

意味 現①植物の根、または根の近くの茎。②植物を数える量詞。

艸11 【緢】〔15〕 国字 J①9119 U26E40

意味〈くご〉姓名・地名に用いられる。緢谷地は、青森県の地名。

艸11 【蔶】〔15〕 音義未詳。 U8536 補5733

艸11 【蔯】〔15〕 同→蔯(一〇七八ページ・上)

艸11 【蓨】〔15〕 同→蓨(一〇七五ページ・下)

艸11 【蔄】〔15〕 同→莪(一〇六二ページ・下)

艸11 【蕭】〔15〕 同→蕭(一〇八五ページ・中)

艸11 【蔥】〔15〕 正→葱(一〇七〇ページ・下)

艸11 【蔴】〔15〕 同→麻(一四四二ページ・下)

艸11 【蓮】〔15〕 旧→蓮(一〇七七ページ・下)

艹11 【暮】→日部十画(五九九ページ・下)

艹11 【慕】→心部十画(四九六ページ・上)

艸11 【摹】→手部十一画(五四九ページ・上)

艸11 【甍】→瓦部十画(八二七ページ・下)

艸12 【蔿】〔16〕 イ漢上紙 wěi ウエイ (ヰ) J5732 U853F

意味 ①蔿子は、水草の名。おにばす。②春秋時代の地名。③姓。

艸12 【蕓】〔16〕 ウン漢平文 yún ユン J②8681 U8553 補5738

意味 蕓薹は、あぶらな。なたね。「蕓菜」

艸12 【蕑】〔16〕 カン漢平刪 jiān チエン J②8680 U8551 補5736

意味 ①草の名。㋐ふじばかま。㋑はす。②姓。

艸12 【蕢】〔16〕 キ漢去寘 kuì コイ J②8684 U8562 補5747

意味〈あじか〉わらなどで作った、土を運ぶもの。

艸12 【蕖】〔16〕 キョ漢平魚 qú チュイ U8556 補5739

意味 芙蕖は、はす。はちす。蓮。

艹12 【蕎】〔15〕 人 標 一キョウ漢平蕭 qiáo チアオ (ケウ) 二キョウ漢平蕭 jiāo チアオ (ケウ) J2230 U854E

旧字 艸12 【蕎】〔16〕 U補J ―

意味 一蕎麦は、タデ科の一年生植物。実は食用。そば。 二薬草の名。

【蕎麦(麥)子】そばのたね。

艸12 【蕀】〔16〕 キョク漢入職 コク呉 jí チー J7291 U8540

意味 ①顛蕀は、くさすぎかずら。ユリ科の多年草。根は天門冬、薬用。②蕀苑は、いとひめはぎ。根は遠志、薬用。

艸12 【蕙】〔16〕 ケイ漢去霽 huì ホイ J①9124 U8559 補5740

意味 ①かおりぐさ。香草の名。「蕙草」「蕙蘭」②美し

竹米糸缶网(罒・⺳)羊(⺶)羽(羽)老(耂)而耒(耒)耳
6画
聿肉(月)臣自至臼(臼)舌舛(舛)舟艮色艸(艹・艹)虍虫血行衣(衤)襾(西)

い。かんばしい。「蕙質」

【蕙気(氣)】かおり草の、かおり。

【蕙芷】かおり草と、よろい草。

【蕙質】体質の美しいこと。美人の体質。

【蕙心】美人の、香草のようにうるわしい心。

【蕙帳】蕙で作ったとばり。かおりのよい草で編んだカーテン。

【蕙路】においのよい草の生じている小道。

【蕙楼(樓)】よい香をたきこめた高殿。

艹12【蕨】〔15〕人 標 ケツ 漢 入 月 jué チュエ U補J 4747 8568

旧字 艸12【蕨】〔16〕

意味〈わらび〉多年生のシダ植物。若芽は食用にする。

地名 蕨

【蕨薇】わらびと、ぜんまい。

艸12【蕞】〔16〕サイ 漢 去 泰 zuì ツォイ U補J ②8682 5743 855E

意味①小さいさま。「蕞芮」②集まるさま。

【蕞爾】小さいさま。「蕞爾小国」

艸12【蕣】〔16〕シュン 漢 去 震 shùn シュン U補J 7292 8563

意味〈むくげ〉植物の名。アオイ科の落葉低木。木槿。国あさがお。

【蕣英】むくげの花。蕣華。

艸12【蕠】〔16〕ジョ 漢 平 魚 ニョ 呉 rú ルー U補J 5745 8560

意味①蕠藘は、草の名。茜草。あかねぐさ。②麻のわた。＝絮

艹12【蕉】〔15〕人 ショウ(セウ) 漢 呉 平 蕭 jiāo チアオ U補J 3054 8549

旧字 艸12【蕉】〔16〕

意味①芭蕉は、植物の名。また、バショウ科植物の総称。②やつれる。③雑草。ごみ。④こがす。

解字 形声。艹(草)が形を表し、焦が音を示す。まだ精製していない、きのままの麻、きあさ。また、芭蕉をいう。

【蕉衣】芭蕉の繊維で織った衣服。

【蕉黄】きいろい芭蕉の実。

【蕉書】芭蕉の葉に文字を書くこと。また、書いたもの。

【蕉萃】やせおとろえ、みすぼらしいさま。また、その人。

【蕉布】蕉麻(芭蕉の一種)の繊維で織った布。＝蕉紗・蕉葛

【蕉風】①芭蕉にふく風。②国松尾芭蕉の開いた俳諧の流派。幽玄・閑寂の境地を求める。＝正風

【蕉葉】①芭蕉の葉。②底の浅い、小さなさかずき。

【蕉茘】芭蕉と茘枝(果物の名)。

艸12【蕘】〔16〕■ジョウ(ゼウ) 漢 ■平 蕭 ráo ラオ ■ギョウ(ギャウ) 漢 ■平 蕭 yáo ヤオ U補J 7293 8558

意味■①たきぎ。②たきぎをとる。また、その仕事をする人。「蕘者」■蕘花は、がんぴ。低木の名。紙の原料。

【蕘童】しばをかるこども。蕘豎。

艸12【蕈】〔16〕シン 漢 上 寝 xùn シュン U補J

意味〈きのこ〉菌類の総称。

艸12【蕈】〔16〕俗字 U補J 7294 8548

艸12【蕁】〔16〕■タン 漢 ■平 覃 tán タン ■シン 漢 ジン 呉 ■平 侵 xún シュン U補J 7301 8541

意味■①薬草の名。はなすげ。②火が勢いよく炎上する。■①蕁麻は、草の名。いらくさ。繊維から糸をとる。②蕁麻疹は、急性皮膚病の名。

艸12【蕊】〔16〕ズイ 漢 上 紙 ruǐ ロイ U補J 2841 854A

艸16【蘂】〔20〕同字 U補J 7302 8602

艸12【蕋】〔16〕俗字 U補J 7303 854B

意味①草木がむらがりはえるさま。「蕊蕊」②花のしべ。③花。④香草の名。

【蕊珠宮】道教で、天上にある宮殿の名。

【蕊珠経(經)】道教の教典の名。黄庭経の別名。

艸12【蕤】〔16〕ズイ 漢 平 支 ruí ロイ U補J ①9125 5748 8564

意味①花のたれさがるさま。②さがる。③冠などのたれ飾り。④花のしべ。

【蕤賓】①音律の名。十二律の一つ。②陰暦五月の別名。

艸12【蕝】〔16〕セツ 漢 入 屑 jué チュエ U補J 5742 855D

意味①草をたばねて立て、酒をこすもの。②朝廷の席順を示したもの。③小さいさま。

艸12【蕆】〔16〕セン 漢 平 塩 shān シャン U補J 26EAD

意味 葬儀の際に寝るためのむしろ。＝蕆・苫

艹12【蔵】〔15〕学6 ゾウ くら ■ソウ(サウ) 漢 ゾウ(ザウ) 呉 ■平 陽 cáng ツァン ■ソウ(サウ) 漢 ゾウ(ザウ) 呉 ■去 漾 zàng ツァン U補J 3402 8535

旧字 艸14【藏】〔18〕

艹15【藏】〔18〕人 U補J 7322 85CF

筆順 艹 产 芦 芦 芦 蔵 蔵 蔵

意味■①〈かく・す〉かくれる。「蔵隠」「蔵匿」②いだく。③〈おさ・める(をさ・む)〉しまっておく。■①〈くら〉物をしまっておく所。「蔵室」「蔵中」②内臓。③西蔵の略。「蔵族」

解字 形声。艹が形を、臧が音を示す。艹は草。臧は人目をさける意味を含む。蔵は、人目をさけて草でかくすことである。

名前 ただ・とし・まさ・よし 姓 蔵人・蔵成

参考 臣を六画に数え、艹(艸)部十一画とする場合もある。

【蔵元】国①室町時代に倉庫を監督してその出納をつかさどった役。②江戸時代に蔵屋敷に出入し、金の用達を勤めた御用商人。

【蔵屋敷】国江戸時代、諸藩が江戸・大坂に設けた米穀の貯蔵倉庫。

【蔵人】国蔵人所の役人。初めは秘密文書をあつかったが、後には天皇のおそばで、その衣食住、いっさいのことをつかさどった。【――所】国蔵人の事務をあつかう役所。【――頭】国蔵人の別当の下で、蔵人所の長官。

【蔵王】仏の名。金剛蔵王の略。その像は、武器をもち、右足をあげ、怒って悪魔を屈伏させる形を示す。

【蔵姦】悪人をかくすことと、盗みをすること。

【蔵経(經)】ぞうきょう(ざうきゃう) 仏教の聖典の総称。大蔵経だいぞうきょう。

【蔵光】ぞうこう(ざうくゎう) 才能をかくすこと。

【蔵垢】ぞうこう(ざう) 恥を包みかくす。他人の欠点を、見て見ぬふりをする。

【蔵室】ぞうしつ(ざう) 書物を納めておく、くら。「蔵室吏ぞうしつのり」

【蔵書】ぞうしょ(ざう) もっている書物。所蔵の本。

【蔵相】ぞうしょう(ざうしゃう) 国旧大蔵おおくら大臣の略称。

【蔵主】ぞうす(ざう) 禅宗の僧の役名。経を納めた倉をつかさどる職。

【蔵蓄】ぞうちく(ざう) しまい、ためておく。

【蔵怒】ぞうど(ざう) 怒りを内にかくして、外に現さない。

【蔵匿】ぞうとく(ざう) ①かくし、おさめる。かくす。②かくれる。

【蔵版】ぞうはん(ざう) ①書物の版木はんぎを所蔵すること。②所蔵している版木。

【蔵府】ぞうふ(ざう) ①くら。倉庫。②はらわた。＝臓腑
【蔵六】ぞうろく(ざう) 亀かめの別名。
◇土蔵どぞう・穴蔵あなぐら・包蔵ほうぞう・死蔵しぞう・所蔵しょぞう・秘蔵ひぞう・埋蔵まいぞう・貯蔵ちょぞう・腹蔵ふくぞう・無尽蔵むじんぞう

艸12 【蕏】〔16〕 ㊀チョ 漢 ジョ(ヂョ) 呉 ㊀平 魚 chú チュー ㊁チョ 漢 ㊁平 魚 zhū チュー U補J 854F 5734 ②8675

意味 ㊀荎蕏ちちょは、つる性植物の名。ちょうせんごみし。果実は薬用になる。㊁蕏蒘ちょじょは、草の名。

艸12 【蕆】〔16〕 テン 漢 上 銑 chǎn チャン U補J 8546 5733

意味 ①ただす。ととのえる。②備える。③解決する。なしとげる。

艸12 【蕩】〔15〕 標 トウ 漢 (タウ) 上 養 dàng タン U補J 8569 3802

艸12 【蕩】〔16〕 正字 U補J

艸17 【蘯】〔21〕 同字 U補J 862F 6628

意味 ①〈うご・く〉〈うごか・す〉「振蕩しんとう」②水が流れる。③そそぐ。清める。「放蕩ほうとう」④しまりがない。ほしいままにする。「蕩志」「蕩滌とうでき」⑤ゆるめる。⑥心をまどわす。「蕩心」⑦やぶる。こわす。⑧大きい。広い。⑨平らげる。「蕩平」⑩たいらか。

【蕩佚】とういつ(たう) ①心が広くゆるやかなこと。②だらしなくかってきままなこと。

【蕩恐】とうきょう(たう) 非常に恐れる。

【蕩産】とうさん(たう) 財産を湯水のように使いつくす。破産する。

【蕩子】とうし(たう) 故郷を遠く離れ、帰らない者。転じて、酒色におぼれる者。まじめに仕事をせず遊びくらす者。なまけ者。道楽者。

【蕩児(兒)】とうじ(たう) 「蕩子とうし」に同じ。

【蕩心】とうしん(たう) 心を、しまりなくみだらにする。心を迷わせ、本心を失わす。また、その心。

【蕩尽(盡)】とうじん(たう) すっかり使いはたす。

【蕩析】とうせき(たう) ①ばらばらに分かれ散る。②裂けて散る。

【蕩船】とうせん(たう) ぐらぐらと、舟をゆり動かす。蕩舟とうしゅう。

【蕩然】とうぜん(たう) なに一つないさま。空しいさま。すっからかん。

【蕩定】とうてい(たう) 乱を静める。乱を平らげる。

【蕩滌】とうでき(たう) きれいに洗い去る。洗いすすぐ。

【蕩蕩】とうとう(たうたう) ①広く遠いさま。②心が落ち着いてゆったりとしたさま。③何の困難もなく、平らなさま。④法律・制度がすたれ乱れたさま。⑤水がすさまじくぶつかり合って、おし流されるさま。⑥心が動き、定まらないさま。

【蕩婦】とうふ(たう) ①あそびめ。芸者。②みもちの悪い女。

【蕩覆】とうふく(たう) 破壊され、ひっくりかえる。やぶれくつがえる。「王室蕩覆」〈資治通鑑しじつがん・漢紀〉

【蕩揺(搖)】とうよう(たうえう) ゆれ動く。

【蕩漾】とうよう(たうやう) ①ただようさま。②ゆらぎ動く。
◇放蕩ほうとう・淫蕩いんとう・脳震蕩のうしんとう

艸12 【蕫】〔16〕 トウ 漢 上 董 dǒng トン U補J 856B 5749

意味 ①鼎蕫ていとうは、草の名。がまの一種。葉は、むしろやぞうりを編む材料となる。②れんこん。

艸12 【蕒】〔16〕 バイ 漢 マイ 呉 上 蟹 mǎi マイ U補J 8552 5737

意味 苦蕒ばいは、草の名。のげし。けしあざみ。

艸12 【蕟】〔16〕 ㊀ハツ 漢 ホチ 呉 ㊀入 月 fā ファー ㊁ハイ 漢 ㊁去 隊 fèi フェイ U補J 855F 5744

意味 ㊀草の名。㊁目のあらい竹製のしきもの。

艹12 【蕃】〔15〕 人 標 ハン 漢 バン 慣 平 元 fán ファン U補J 8543 4057

旧字 艸12 【蕃】〔16〕 U補J

意味 ①〈しげ・る〉草が茂る。「蕃茂はんも」「蕃蕪はんぶ」②ふえる。ふやす。③まがき。かきね。「蕃籬はんり」④おおい。⑤未開の異民族。＝蛮「蕃客」「蕃界」

名前 ば・しげ・ふさ・みつ・もり・しげり

参考 新表記では、「繁」「蛮」に書きかえる熟語がある。

【蕃衛(衞)】はんえい(ゑい) ①まもる。まもりとなる。②諸侯。
【蕃衍】はんえん ①茂りひろがる。②子孫がふえ、盛んになる。
【蕃国(國)】㊀ばんこく 文化の開けないえびすの国。転じて外国。㊁はんこく 国皇室の守りとなる国。
【蕃滋】ばんじ ふえて、多くなる。
【蕃社】ばんしゃ 蕃人たちの住む集落。
【蕃書】ばんしょ 国①江戸時代、外国の書籍をいう。特に西洋の書籍。洋書。②外国から来る手紙。
【蕃藷】ばんしょ からいも。さつまいも。甘藷かんしょ。＝蕃薯
【蕃椒】ばんしょう(せう) とうがらし。
【蕃城】ばんじょう(じゃう) 蕃族の城。
【蕃殖】はんしょく ふえる。＝繁殖
【蕃人】ばんじん ①文化の開けない未開人。＝蛮人 ②外国人。
【蕃僧(僧)】ばんそう 外国人の僧侶。
【蕃息】はんそく 茂り育つ。茂りふえる。
【蕃俗】ばんぞく 未開人の習慣。野蛮な風習。
【蕃族】ばんぞく 未開の種族。＝蛮族
【蕃地】ばんち 文化の開けない土地。蕃土。
【蕃舶】ばんぱく 外国船。
【蕃屏】はんぺい ①かきねと、へい。②かきねのように、おおい防ぐ。国家の守り、皇室の守り。蕃翰はんかん。＝藩屏
【蕃別】ばんべつ 国古代にわが国に帰化した者の子孫。↔皇別・神別
【蕃茂】はんも 草木が盛んに茂る。＝繁茂
【蕃籬】はんり まがき。かき。＝藩籬

艸12 【蕜】〔16〕 ヒ 漢 上 尾 fěi フェイ U補J 855C 5741

意味 なげきかなしむ。

艹12 【蕪】〔15〕 人 標 ブ 漢 平 虞 wú ウー U補J 856A 4183

旧字 艸12 【蕪】〔16〕 U補J

意味 ①〈あ・れる(—・る)〉農地に雑草が茂って荒れる。②荒れ地。③そまつ。いやしい。④茂る。⑤みだれる。国〈かぶ〉〈かぶら〉野菜の一つ。

【蕪言】ぶげん そまつなことば。転じて、自分のことばをけんそんしていう語。蕪辞。
【蕪荒】ぶこう(くわう) 草が乱れ茂る。荒蕪こうぶ。
【蕪雑(雜)】ぶざつ ①雑草が乱れ茂る。②物事が乱れて順序だたない。
【蕪辞(辭)】ぶじ そまつなことば。自分のことばをけんそんした言い方。
【蕪菁】ぶせい 野菜の名。かぶ。かぶら。蕪根。
【蕪浅(淺)】ぶせん 学問や見識が雑であさはかなこと。
【蕪然】ぶぜん 草が荒れ茂るさま。
【蕪没】ぶぼつ 茂った雑草におおいかくされる。転じて、教養の低いさま。
【蕪蔓】ぶまん 荒れて、つる草がおい茂る。
【蕪穢】ぶわい ①土地が荒れ、雑草が茂る。②荒れ、けがれる。

艸12【蕡】〔16〕 一フン 漢 一平 文 fén フェン 二ヒ 漢 二去 未 fèi フェイ U補J 8561 5746 ②8683

意味 一草木の実の多いこと。「有レ蕡其実そのみふんたるあり」(桃の実がたくさんなっている。)〈詩経しきょう・桃夭とうよう〉 二①麻の実。②麻。

艹12【蔽】〔15〕 常 ヘイ U補J 4235

旧字 艸12【蔽】〔16〕 ヘイ 呉 漢 去 霽 bì ビー U補J 853D

艸12【蔽】〔16〕 俗字 U補J

筆順 艹 艹 芇 芇 苪 苪 蔽 蔽

意味 ①〈おお・う(おほ・ふ)〉 ㋐かぶせる。㋑かくす。「蔽日」「蔽目」「掩蔽えんぺい」 ㋒ふせぐ。さえぎる。「遮蔽しゃへい」 ㋓ふさぐ。「蔽塞へいそく」 ②〈おおい(おほひ)〉 おおうもの。③くらい。道理を知らない。「蔽固へいこ」 ④まとめる。⑤さだめる。きめる。「蔽罪」 ⑥小さい。⑦ついたて。

解字 形声。艹が形を表し、敝へいが音を示す。艹は草。敝は破れた衣服。蔽はたけの短い草の意である。転じて、草がはびこるようにおおいかくすことを意味する。

【蔽隠(隱)】へいいん ①おおいかくす。②おおいかくされる。
【蔽晦】へいかい(くわい) ①おおい、くらます。わからぬように、かくす。②おおわれて、わからなくなる。
【蔽扞】へいかん おおいふせぐ。守りふせぐ。
【蔽虧】へいき 茂った草木で、さえぎりかくされる。
【蔽欺】へいぎ ①かくして、人をだます。②君主の側で、他人をおとし入れるため、告げ口する家臣。
【蔽賢】へいけん 賢者の居ることをかくし、君主に知らせない。
【蔽固】へいこ おろかで、がんこ。道理がわからず、かたくな。
【蔽獄】へいごく 裁判で原告・被告の言葉をよく聞かずに判決を下すこと。
【蔽膝】へいしつ ①ひざをおおう。②昔、跪拝きはい(ひざまずいて拝すること)の時に用いた、ひざかけ。
【蔽遮】へいしゃ おおいさえぎる。さえぎる。遮蔽。
【蔽塞】へいそく ①おおいふさぐ。②人の目をさえぎる。蔽壅へいよう。
【蔽匿】へいとく おおいかくす。おおいかぶせて、人目につかないようにする。陰蔽いんぺい。
【蔽芾】一へいはい 小さい形容。二へいふつ 茂り広がるさま。
【蔽蒙】へいもう おろか。道理にくらい。
【蔽壅】へいよう 「蔽塞へいそく」に同じ。
◆掩蔽えんぺい・隠蔽いんぺい・遮蔽しゃへい

艸12【蕕】〔16〕 ユウ 漢 平 尤 (イウ) yóu ユー U補J 8555 7304

意味 ①かりがねそう。悪臭がある。②くさい。③悪人のたとえ。

【蕕薫】ゆうくん(いう) ①臭い草と、よいにおいの草。②臭いにおいと、よいにおい。転じて、悪と善。

艸12【藜】〔16〕 レイ 漢 平 斉 lí リー U補J 853E ②8679

意味 蒺藜しつれいは、はまびし。とげのある草。実は強壮剤。

艸12【蔭】〔16〕 同→蔭(一〇七八ページ・上)
艸12【蕁】〔16〕 俗→蕁(一〇六八ページ・下)
艸12【薩】〔16〕 同→薩(一〇八八ページ・下)
艸12【蓏】〔16〕 俗→蓏(一〇七七ページ・下)
艸12【甍】→瓦部十一画(八二八ページ・下)
艸12【華】〔16〕 同→華(一〇六一ページ・上)
艸12【蔇】〔16〕 俗→蔇(一〇七八ページ・中)
艸12【蔬】〔16〕 俗→蔬(一〇七九ページ・下)
艸12【瞢】→目部十一画(八七六ページ・上)

艸13【薆】〔17〕 アイ 漢 去 隊 ài アイ U補J 8586 5758 ②8690

意味 ①かくす。②おおう。③茂るさま。「薆薆あいあい」 ④盛んなさま。「薆然あいぜん」

艸13【薁】〔17〕 イク 漢 入 屋 yù ユイ U補J 8581 5756 ②8689

意味 ①果樹の名。にわうめ。こうめ。薁李いくり。郁李いくり。②蘡薁おういくは、えびづる。ぶどうの一種。

艸13【薀】〔17〕 一ウン 漢 一上 吻 yùn ユン 二オン 漢 二平 元 (ヲン) wēn ウエン U補J 8580 7305

意味 一①〈つ・む〉 たくわえる。②さかんに茂る。二薀藻おんそうは、水草の名。

【薀蓄】うんちく ①積みたくわえる。また、そのもの。②学問・知識の深いこと。造詣ぞうけい。＝蘊蓄

艸13【薤】〔17〕 カイ 漢 去 卦 xiè シエ U補J 85A4 7306

意味 〈にら〉 大にら。らっきょう。「薤葉」

【薤露歌】かいろのうた 貴人の葬式にうたう歌。命のはかなさをにらの葉の露にたとえた歌詞。→「蒿里こうり」(一〇七四ページ・中)

艸13【薢】〔17〕 カイ 漢 去 卦 ゲ 呉 xiè シエ U補J 85A2 5768 ①9131

意味 薢茩かいこうは、①草の名。菱ひしの別名。②草の名。えびすぐさ。

艸13【薌】〔17〕 キョウ 漢 平 陽 (キャウ) xiāng シアン U補J 858C 5761 ①9129

意味 ①におい。穀物のにおい。②穀物。③こうばしい。

艸13【薑】〔17〕 キョウ 漢 平 陽 (キャウ) jiāng チアン U補J 8591 7308

艸16【䕬】〔20〕 本字 U補J 456C

意味 〈はじかみ〉 ショウガ科の多年草。生姜しょうが。食用・薬用にする。

【薑桂】きょうけい(きゃう) ①しょうがと肉桂にっけい。ともに調味料。②強い性質。年をとるにつれて、ますます気性の強くなること。「薑桂之性」

艹13【薫】〔16〕 常 クン かおる U補J 85AB 2316

旧字 艸14【薰】〔18〕 クン 呉 漢 平 文 xūn シュン U補J

筆順 艹 苎 芇 菁 菫 董 董 薫

艹14【薰】〔17〕 入 U補J 85B0 ①9132

艸16【蘍】〔20〕 同字 U補J 860D 5805

意味 ①〈かおりぐさ(かをりぐさ)〉 香草の名。蘭の一種。②〈かお・る(かを・る)〉〈にお・う(にほ・ふ)〉 よいにおいがする。②

③〈かおり(かをり)〉よいにおい。④おだやかな風。「薫風」⑤温和なさま。⑥香をたく。くすべる。香をたきこめる。＝熏(くん)⑦香炉(こうろ)。⑧人によい影響をあたえる。「薫陶」⑨てがら。＝勲(くん)

解字  形声。艹が形を表し、熏(くん)が音を示す。艹は草。熏はくすべた火の煙が上に出る形。薫は、根をくすべるとよいにおいがする草である。

名前 かお・くる・しげ・ただ・にお・のぶ・ひで・ふさ・ほう・まさ・ゆき

参考 新表記では、「燻」の書きかえに用いる熟語がある。

【薫育】(くんいく) ①導き育てる。よいほうに教え育てる。②中国、古代の北方の異民族。匈奴(きょうど)。薫粥(くんいく)。薫鬻(くんいく)。

【薫化】(くんか(くゎ)) 徳によって人を感化する。徳化。

【薫灼】(くんしゃく) ①いぶして焼く。②しみこむ。③苦しめる。④勢いの盛んなたとえ。

【薫製】(くんせい) 塩づけの魚肉・獣肉を煙でいぶして作った食料品。「＝燻製」

【薫染】(くんせん) ①かおりがうつりしみる。②よい感化を与える。

【薫然】(くんぜん) ①目や耳の働きのはっきりしている形容。②おだやかで自然に人を従わせるさま。

【薫陶】(くんとう(たう)) 徳によって人を感化する。人を教育する。

【薫風】(くんぷう) おだやかな初夏の南風。

【薫芳】(くんぽう(ぱう)) かんばしい。よいかおりがする。

【薫沐】(くんもく) 着物に香をたきこめ、髪を洗って、身を清める。

【薫蕕】(くんゆう(いう)) ①よいにおいの草と、臭い草。②善人と悪人。君子と小人。③善悪。〈左伝・僖(き)公〉

【薫籠】(くんろう) 衣服に香をたきしめるために用いるかご。

艸13 【薊】〔17〕 ケイ 漢 去 霽 jì チー　J 7309 U 858A

意味 ①〈あざみ〉とげのある野草。②地名。周武王が堯(ぎょう)の子孫を封じた地。後の燕(えん)の都。薊県。今の北京(ペキン)市西南。③薊丘(けいきゅう)は、地名。今の北京市徳勝門外。薊門。

艸13 【蕻】〔17〕 コウ 漢 去 送 hòng ホン　J ②8686 補 5753 U 857B

意味 ①あぶらななどの花茎。②茂る。③雪裏蕻(せつりこう)は、野菜の名。

艸13 【薅】〔17〕 コウ(カウ) 漢 平 豪 hāo ハオ　補 5757 U 8585

意味 ①農地の草をとる。「薅耘(こううん)」②とりのぞく。

艸13 【薧】〔17〕　補 5770 U 85A7

意味 一墓地。二かわいた食物。ほし肉。ほし魚。

艹13 【薨】〔16〕 標 一コウ(カウ) 漢 一 平 豪 hāo ハオ 二コウ(カウ) 漢 二 上 皓 kǎo カオ　J 7310 U 85A8

艸13 【薨】〔17〕 正字　コウ 漢 呉 平 蒸 hōng ホン　補 5760 U 858B

意味 死ぬ。諸侯が死ぬ。貴人が死ぬ。わが国では三位(さんみ)以上の人が死んだときにいう。「薨去(こうきょ)」

艸13 【薋】〔17〕 シ 漢 平 支 cí ツー　J ①9128 補 5752 U 857A

意味 ①草の多いさま。②ラン科の植物。白及(しらん)。③はまびし。蒺藜(しつれい)。④漢代の県名。現在の河北省遵化市。

艸13 【蕺】〔17〕 シュウ(シフ) 漢 入 緝 jí チー　J 7311 補 ②8677 U 856D

意味 ①どくだみ。薬草の名。②蕺山(しゅうざん)は、山の名。浙江(せっこう)省紹興(しょうこう)市にある。

艹13 【蕭】〔16〕 標 ショウ(セウ) 漢 呉 平 蕭 xiāo シアオ　U 856D

艸13 【蕭】〔17〕 正字　補 —

艸11 【萧】〔15〕 同字　補 4525

意味 ①草の名。よもぎ。かわらよもぎ。②ものさびしい。「蕭牆(しょうしょう)」③静か。ひっそり。④つつしむ。⑤かきね。「蕭林」⑥春秋時代の国名。また、県名。安徽(あんき)省蕭県西北。⑦姓。

【蕭何】(しょう(せう)か) 人名。漢の高祖の臣。張良(ちょうりょう)・韓信(かんしん)とともに三傑(けつ)と呼ばれる。(?～前一九三)

【蕭関(關)】(しょう(せう)かん(くゎん)) 昔の関所(せきしょ)の名。今の寧夏(ねいか)回族(かいぞく)自治区固原(こげん)市の東南にあった。「涼秋八月蕭関道」〈岑参(しんじん)の詩・胡笳歌(こかか)〉

【蕭索】(しょう(せう)さく) ①ものさびしいさま。「黄埃散漫風蕭索(こうあいさんまんとしてかぜしょうさくたり)」〈黄色いほこりがあたりに舞い、風はものさびしい。〉〈白居易(はくきょい)の詩・長恨歌(ちょうごんか)〉②まつわり、まといつくさま。

【蕭殺】(しょう(せう)さつ) 冷たい秋風が草木を枯らす。

【蕭颯】(しょう(せう)さつ) ものさびしいさま。

【蕭散】(しょう(せう)さん) ①静かで、ひまなこと。②さっぱりして、わだかまりのないこと。

【蕭瑟】(しょう(せう)しつ) 秋風がものさびしく吹くさま。

【蕭灑】(しょう(せう)しゃ) ―(しょう(せう)さい) あっさりして、品がよい。さっぱりして清らかなさま。＝瀟灑・瀟洒

【蕭蕭】(しょう(せう)しょう(せう)) ①風雨・落葉・馬の声などのものさびしい形容。「風蕭蕭兮易水寒(かぜはしょうしょうとしてえきすいさむし)」〈史記・刺客列伝〉「蕭蕭班馬鳴(しょうしょうとしてはんばいななく)」〈班馬は、別れ行く馬。〉〈李白(りはく)の詩・送二友人一(ゆうじんをおくる)〉「車轔轔、馬蕭蕭(くるまりんりん、うましょうしょう)」〈杜甫(とほ)の詩・兵車行(へいしゃこう)〉②ものさびしいさま。

【蕭牆】(しょう(せう)しょう(しゃう)) ①かきね。かこい。君臣の会見場所をかこうもの。②内部。うちわ。【―之憂】(しょう(せう)しょう(しゃう)のうれい(うれひ)) 内部からおこるもめごと。うちわもめ。〈論語・季氏(きし)〉

【蕭条(條)】(しょう(せう)じょう(でう)) ①ものさびしいさま。「蕭条徐泗空(しょうじょうとしてじょしむなし)」〈徐州・泗水(しすい)のあたりはものさびしく、がらんとしている。〉〈李白(りはく)の詩・経二下邳圯橋一懐二張子房一(かひのいきょうをへてちょうしぼうをおもう)〉②草木の枯れしおれるさま。

【蕭娘】(しょう(せう)じょう(ぢゃう)) 唐代、一般に女子をさして呼んだことば。「↔蕭郎(しょうろう)」

【蕭晨】(しょう(せう)しん) ものさびしい秋の朝。

【蕭森】(しょう(せう)しん) ①木の多くあるさま。②ものさびしいさま。

【蕭然】(しょう(せう)ぜん) ①なにも物がなくて、ものさびしいさま。がらんとしたさま。「環堵蕭然(かんとしょうぜん)」〈家の中はがらんとしてなにもない。〉〈陶潜(とうせん)・五柳先生伝〉②ものさわがしいさま。

【蕭疎】(しょう(せう)そ) 草木の葉がまばらになって、ものさびしい。＝蕭疏

【蕭統】(しょう(せう)とう) 人名。梁(りょう)の昭明太子の姓名。「文選(もんぜん)」の編者。(五〇一～五三一)

艹13 【薔】〔16〕 標 一ショウ(シャウ) 漢 一 平 陽 qiáng チアン 二ショク 漢 二 入 職 sè ソー　J 7312 U 8594

艸13 【薔】〔17〕 正字　補 —

意味 一薔薇(しょうび)・(そうび)は、ばら。観賞用の植物。二水たで。水辺にはえる草。「薔虞(しょくぐ)」

難読 薔薇(ばら)

艸13 【蒻】〔17〕 ショク 漢 入 沃 shǔ シュー　補 5769 U 85A5

意味 蒻葵(しょくき)は、草の名。たちあおい。根と花は薬用。＝蜀

艹13 【薪】〔16〕 常 シン たきぎ　J 3137 U 85AA

旧字 艸13 【薪】〔17〕 シン 漢 呉 平 真 xīn シン　補 —

筆順
艹
艹
艹
艹
莘
莘
薪
薪

意味 ①〈たきぎ〉〈まき〉 燃料にする木材。②たきぎを切る。③給料。「薪俸しんぽう」

解字 形声。艹が形を表し、新しんが音を示す。艹は草木。新は、生木を切ること。薪は、ほそいたきぎをいう。

【薪火】しんか（くわ） ①たきぎの火。②「薪伝しんでん」に同じ。

【薪採】しんさい ①たきぎと、しば。採はしば。②たきぎを採る者。

【薪水】しんすい ①たきぎと水。また、たきぎをとり水をくむ。転じて、炊事すいの意。②俸給ほうきゅう。【――之労（勞）】しんすいのろう（らう） ①毎日の炊事の骨おり。②いやしい労働。「助汝薪水之労」〈梁りょう 昭明太子・陶靖節せいせつ伝〉

【薪炭】しんたん たきぎとすみ。まきと木炭・石炭など。「薪炭商」

【薪伝（傳）】しんでん たきぎの火を、次々と燃やし続けるように、先生の教えを次々に弟子に伝えること。薪火しんか。

【薪燎】しんりょう（れう） かがり火。また、それに使うまき。

【抱レ薪救レ火】たきぎをいだきてひをすくう（すくふ） ①たきぎをだいて火を消しにゆく。〈淮南子えなんじ・主術訓しゅじゅつくん〉 ②わざわいを除こうとして、かえって害を大きくする。〈戦国策・魏ぎ〉

艸13 【蕿】〔17〕 シン 漢 平 侵 shēn シェン　J ②8691 補 5763 U 8593

意味 人蕿にんしんは、薬用にんじん。＝葠しん・蓡しん・蔘しん・参しん

艸13 【薛】〔17〕 セツ 漢 入 屑 xuē シュエ　J 7313 補 — U 859B

意味 ①草の名。かわらよもぎ。藾蒿らいこう。②春秋時代の国名。今の山東省滕州とうしゅう市の東南。③姓。

参考 「薜へい」は別字。

【薛仁貴】せつじんき 人名。唐の軍人。高麗こうらい・契丹きったん・突厥とっけつを討ち、大功をたてた。

【薛瑄】せっせん 人名。明みんの儒学者。朱子学派。号ごうは敬軒。諡おくりなは文清ぶんせい。（一三八九～一四六四）

【薛存義】せつそんぎ 人名。唐の河東（今の山西省）の人。零陵れいりょう県（今の湖南省内）の知事となり、善政を行った。

【薛濤】せっとう（たう） 人名。唐の女流詩人。長安（今の西安）の良家出身の名妓めいぎ。白居易はくきょい・元稹げんしんらと交わる。（七六八～八三二）

艹13 【薦】〔16〕 常 セン すすめる　J 3306 補 — U 85A6

旧字 艸13 【薦】〔17〕 セン 漢 去 霰 jiàn チエン　U 補 J —

筆順 艹 艹 芦 芦 芦 芦 薦 薦

意味 ①〈すす・める（――・む）〉 ㋐さしあげる。たてまつる。㋑人物を選び推す。推薦する。②供え物。「嘉薦かせん」 ③〈こも〉むしろ。しきもの。「薦席せんせき」 ④〈し・く〉 ⑤〈しきりに〉しばしば。たびたび。⑥まぐさ。動物の食う草。「薦草」

解字 会意。艹と廌とを合わせた字。艹は草。廌は神獣の名で、善人・悪人を区別する能力があったといわれる。薦は、廌が食べる草のことから、一般に草食動物の食べる、新鮮でよく茂った草をいう。きちんとそろえて供える意味にもなる。

名前 しげ・のぶ 姓 薦口こもぐち・薦田こもた・薦集こもつめ

【薦引】せんいん 引きたてて、すすめる。引きあげる。

【薦挙（擧）】せんきょ すぐれた人物を朝廷にすすめあげる。推挙すいきょ。薦進。

【薦紳】せんしん 身分の高い人。搢紳しんしん。紳士。

【薦牲】せんせい いけにえをすすめる。

【薦席】せんせき むしろ。敷物。

【薦達】せんたつ すすめて役につかせる。

【薦抜】せんばつ すぐれた人物を選んで政府にすすめる。進抜しんばつ。

【薦聞】せんぶん 人材を君主にすすめる。

【薦誉（譽）】せんよ 推薦して、その人物をほめたたえる。

◆他薦たせん・自薦じせん・推薦すいせん

艸13 【薝】〔17〕 セン 漢 平 塩 zhān チャン　J ②8692 補 5765 U 859D

意味 ①薝棘きょくは、植物の名。②薝蔔せんぷくは、くちなし。

艸13 【薘】〔17〕 タツ 漢 入 曷 ダチ 呉 dá ター　J — 補 5764 U 8598

意味 草の名。車前草しゃぜんそう。おおばこ。

艹13 【薙】〔16〕 人 標 テイ 漢 去 霽 tì ティー　J 3869 補 — U 8599

旧字 艸13 【薙】〔17〕

意味 ①〈な・ぐ〉 草をかる。②毛髪をそる。

【薙髪】ていはつ 髪をそる。落飾らくしょく。＝剃髪ていはつ

【薙刀】なぎなた 国 反そった刃はに長い柄をつけた刀。眉尖刀びせんとう。「長刀」

艸13 【蕽】〔17〕 ドウ 漢 平 冬 ノウ 呉 nóng ノン　J ②8687 補 5754 U 857D

意味 蓬蕽のうは、あしの花。

艹13 【薄】〔16〕 常 ハク うすい・うすめる・うすまる・うすらぐ・うすれる　J 3986 U 8584

旧字 艸13 【薄】〔17〕 ハク 漢 入 薬 バク 呉 báo パオ、bó ポー　U 補 J —

筆順 艹 芢 芦 渟 溥 薄 薄 薄

意味 ①草や木がかたまって生えている所。②すだれ。③かいこをかう器具。④〈うす・い（――・し）〉⇔厚 ㋐厚くない。「薄衣」「薄皮」「薄紙」 ㋑少ない。わずか。「薄情」 ㋒味や性質などが、あっさりしている。㋓考えが浅い。⑤〈うすら・ぐ〉〈うす・れる（――・る）〉 うすくなる。衰える。⑥〈うす・める（――・む）〉 うすくする。⑦〈うすま・る〉 うすくなる。⑧軽い。そまつ。「薄葬」 ⑨いやしい。身分がひくい。⑩いやしめる。ばかにする。⑪〈せま・る〉 近づく。「肉薄にくはく」 ⑫〈いささか〉 文句の初めに用いる語。⑬〈しばらく〉 ⑭薄荷はっかは、植物の名。音 bò ポ。⑮姓。国〈すすき〉 秋草の名。

解字 形声。艹が形を、溥はくが音を示す。艹は草。溥は、くっつく、迫るなどの意味がある。薄は、草木がびっしりと密生していること。また、蚕のまゆを作らせるかご、えびら・まぶしのこともいう。ぴったりくっつくことから、「うすい」の意味も出てくる。

名前 うす・いたる 姓 薄すすき

【薄手】うすで 国 ①かすりきず。②紙などのうすいこと。

【薄様】うすよう（やう） 国 ①うすくすいた鳥子とりのこ紙や雁皮がんぴ紙。②上をこくし、下をしだいにうすく染めること。

【薄学（學）】はくがく 浅い学識。学問の未熟なこと。浅学。⇔博学はくがく・多識たしき

【薄伎】はくぎ 「薄技」に同じ。

【薄技】はくぎ わずかな技術。とるにたりないわざ。

【薄遇】はくぐう そまつなもてなし。不親切な待遇。⇔優遇ゆうぐう

【薄材】はくざい 才能がとぼしいこと。薄才。菲才ひさい。

【薄志】はくし ①弱い意志。よわよわしい気力。②心ばかりのお礼。寸志すんし。薄謝はくしゃ。【――弱行】はくしじゃっこう（じゃくかう） 意志が弱くて物事を実行する気力がかけていること。

【薄謝】はくしゃ わずかなお礼。心ばかりの謝礼。寸志。

【薄弱】はくじゃく ①かよわい。②確かでない。はっきりしない。「根拠こんきょ薄弱」

【薄暑】はくしょ いささかの暑さ。初夏の気候。

【薄情】はくじょう（じゃう） 人情がうすい。愛情にとぼしい。心がつめたい。

【薄葬】はくそう（さう） ていねいでない葬式。儀礼を簡単にした葬式。⇔厚葬こうそう

【薄俗】はくぞく 浅薄な風俗。軽薄な風習。

【薄田】穀物のよくみのらない田。地味のやせた田。

【薄徳】徳の少ないこと。不徳。菲徳。

【薄氷】うすいこおり。あやういたとえ。『如レ履ニ―――一』①おそれつつしむたとえ。②非常にあやういこと。〈詩経・小旻〉

【薄冰】「薄氷」に同じ。

【薄夫】①人情のうすい人。薄情な人。②考えの浅い人。

【薄暮】夕ぐれ。日ぐれ。薄夜。黄昏。「薄暮冥冥」(夕方、うすぐらくなった。)〈范仲淹・岳陽楼記〉

【薄俸】安い給料。わずかの俸給。薄給。

【薄命】①めぐりあわせの悪いこと。不幸。不運。薄幸。②命が短い。「佳人薄命」

【薄利】うすい利。わずかな利益。「薄利多売」

【薄禄(祿)】①安い給料。低い給料。②ふしあわせ。薄倖。薄幸。

【薄荷】薬草の名。シソ科の多年草。薬から薄荷油をとる。

【薄寒】身にせまる寒さ。ひどい寒さ。薄は迫(せまる)の意。

【薄給】安い給料。低いサラリー。

【薄行】人情のうすい行い。軽薄な行い。

【薄幸】①ふしあわせなこと。不幸。不運。②薄情。〔=薄倖〕

【薄厚】うすいことと、あついこと。

【薄倖】「薄幸」に同じ。
◆肉薄・浮薄・軽薄・希薄・軽佻浮薄

艸13【蕡】〔17〕ハン漢　ボン呉｜平 元 fán ファン｜U 補 J 5767 85A0
意味 草の名。はますげに似ているが、より大きい。

艹13【薇】〔16〕標 ビ漢｜平 微 wēi ウエイ｜U 補 J 7315 8587
艸13【薇】〔17〕正字｜U 補 J
意味 ①のえんどう。食用になる草の名。②紫薇・薇花は、さるすべり。百日紅。③薔薇は、ばら。国〈ぜんまい〉草の名。わらびに似て食用になる。
【薇藿】のえんどうと豆の葉。粗末な食事。
【薇蕨】ぜんまいと、わらび。

艸13【薜】〔17〕一 ヘイ漢　二 ハク漢呉｜一 去 霽 bì ピー　二 入 覚 bó ボー｜U 補 J 7316 859C
意味 一 植物の名。①かずらの類。②当帰。セリ科の多年草。薬草。二 器物が破損する。

【薜幄】かずらを綴り合わせて作った、カーテン。

【薜蘿】①まさきのかずらと、つたかずら。②隠者のすみか。

【薜茘】まさきのかずら。かおりのよいつる草。

艹13【薬】〔16〕学3 ヤク　くすり｜U 補 J 4484 85AC
旧字 艸15【藥】〔19〕一 ヤク漢呉　二 シャク漢｜一 入 薬 yào ヤオ　二 入 薬 shuò シュオ｜U 補 J

筆順 艹 艹 芇 苜 莤 蕐 薬

艹15【薬】〔18〕人｜U 補 J 7327 85E5

意味 一 ①〈くすり〉㋐病気や、きずをなおすききめのあるもの。㋑化学的作用をもつ物質。㋒特に、毒薬。②いやす。薬で病気を治療する。③植物の名。芍薬。④火薬。二 熱いさま。

解字  形声。艹が形を表し、樂が音を示す。艹は草。樂には、すりつぶすという意味、あるいは、おさめるという意味を含む。薬は、病気をおさめてなおす草をいう。

名前 くす・くすし　姓 薬袋

難読 薬師・薬玉・薬缶・薬研

【薬玉】国昔、五月五日、端午の節句に魔よけとして柱などにかけたもの。香や薬を入れた袋に造花をつけ、五色の糸をたらしたもの。現在では、新築・開店などの祝いの贈り物などに用いる。

【薬缶(罐)】国①湯わかし。もとは薬を煎じた。②はげた頭のたとえ。「薬缶頭」銅・真鍮・アルミなどで作る。

【薬園】薬草を植えた畑。薬圃。

【薬剤(劑)】医療に用いる薬。調合した薬。【――師】国医師の処方によって薬を調合する資格のある人。

【薬市】①薬売り。薬商。②薬を売る市場。九月九日に開かれた。

【薬師】一 薬師瑠璃光如来の略。二 国医者。【――如来(來)】仏薬師瑠璃光如来。すべての人の病気をなおすというほとけ。

【薬笥】薬を入れておく箱。薬箱。

【薬餌】①薬にする食物。②薬と栄養のある食物。

【薬師寺】国奈良市西ノ京にある法相宗の大本山。天武天皇の勅願寺。七大寺の一つ。すぐれた古仏像を蔵している。

【薬酒】①薬を入れた酒。薬用酒。②毒を入れた酒。

【薬種】薬の材料。きぐすり。

【薬石】①薬と、治療に用いる石の針。②いろいろの薬や治療法。③いましめることば。「薬石之言」④仏夕食のかゆ。『――無レ功』薬や手当てのききめがない。〈唐宣帝・命ニ皇太子即ニ位冊文〉

【薬袋】薬を入れておく袋。

【薬湯】一 ①煎じた薬。せんじ薬。②国薬を入れたふろ。二 一の②に同じ。

【薬嚢】薬を入れる袋。

【薬物】くすり。

【薬舗】くすりや。薬を売る店。＝薬鋪
【薬方】薬の調合法。処方。

【薬味】①薬のあじ。薬の種類。②山椒・胡椒などの香辛料。

【薬用】①薬として用いる。②薬を使って病気をなおす。

【薬炉(爐)】薬を作る炉。薬を煮るいろり。

【薬籠】①薬箱。②昔、医者が薬を入れて持ち歩いたかさね箱。【薬籠中物】自由に自分の役にたてられるもの。また、不可欠の人物。〈唐書・貞元澹伝〉

【薬研(硏)】国薬をすりくだき、粉にする舟形の金属製の容器。

【薬莢】火薬をこめた金属製の筒。弾丸を発射させるもの。

【薬篋】薬を入れる箱。薬箱。薬笥。

【薬局】国①薬を調合する所。②薬屋。【――方】国薬品の性質・分量・用法などを定めた法令。日本薬局方の略。
◆丸薬・火薬・付薬・百薬・合薬・良薬・売薬・瓜薬・妙薬・医薬・服薬・毒薬・持薬・秘薬・眠薬・麻薬・弾薬・煎薬・膏薬・劇薬・爆薬

艸13【蕷】〔17〕ヨ漢｜去 御 yù ユイ｜U 補 J 7317 8577
意味 ①いも類の総称。②やまいも。「薯蕷」

艸13【蕍】〔17〕一 ショ漢　二 ヨ漢　三 ヨ漢｜一 上 語 xù シュイ　二 去 御 yù ユイ　三 上 語 yǔ ユイ｜U 補 J ②8705 85C7

竹米糸缶网(罒・⺲)羊(⺶)羽(羽)老(耂)而耒(耒)耳
6画
聿肉(月)臣自至臼(臼)舌舛(舛)舟艮色艸(艹・艹)虍虫血行衣(衤)襾(覀)

意味 ━よい酒。また、すばらしい。 ━やまのいも。「藷蕷(しょよ)」 ━草のしげるさま。

艸13 【蕹】〔17〕 ヨウ 漢 平 冬 yōng ヨン U補J 5751 8579
意味 ①草がかたまって生える。②野菜の名。蕹菜(ようさい)。

艸13 【薏】〔17〕 ヨク 漢 入 職 yì イー U補J ①9130 5762 858F
意味 ①はすの実。②薏苡(よくい)は、じゅずだま。薏苡仁(よくいにん)は、じゅずだまの実。食用・薬用。

艹13 【蕾】〔16〕 人 標 U補J 7318 857E
旧字 艸13 【蕾】〔17〕 ライ 漢 上 賄 lěi レイ U補J
意味 〈つぼみ〉まだ開かない花。「蓓蕾(はいらい)」

艸13 【蘞】〔17〕 ━レン 漢 呉 ━上 琰 liǎn リエン ━ケン 漢 ━平 塩 xiān シエン U補J ②8693 5766 859F
意味 ━草の名。ブドウ科のつる性植物。白蘞(びゃくれん)。赤蘞(せきれん)。 かがみぐさ。 ━豨蘞(きけん)は、草の名。めなもみ。

艹13 【蕗】〔16〕 人 U補J 4189 8557
旧字 艸13 【蕗】〔17〕 ロ 漢 去 遇 lù ルー U補J
意味 ①香草の名。「菎蕗(こんろ)」②甘草(かんぞう)。薬草の名。蕗草(ろそう)。
国〈ふき〉食用にする草。
解字 形声。艹が形を表し、路(ろ)が音を示す。
参考 本来は、艸を六画に数え、艸部十二画である。

艸13 【薐】〔17〕 ロウ 漢 平 蒸 léng ロン U補J 7319 8590
意味 菠薐草(はろうそう)は、ほうれんそう。野菜の名。

艹13 【臈】〔16〕 標 ロウ 漢 呉 入 合 là ラー (ラフ) U補J ①9126 FA1F
艸13 【臈】〔17〕 正字 U補J
肉13 【臘】〔17〕 同字 U補J 7137 81C8
意味 ①祭りの名。冬至(とうじ)の後、第三の戌(いぬ)の日に行う。②年のくれ。十二月。③僧の得度(とくど)後の年数。転じて、年功をつむこと。身分の上下にもいう。「下臈(げろう)」
参考 ①「臘」の俗字であるが、「表外漢字字体表」では別字扱い。②「上臈」「下臈」などの場合には「臘」を使わないのが普通。

艸13 【薈】〔17〕 ワイ 漢 去 泰 huì ホイ U補J 7307 8588
意味 ①草木が茂る。②雲が盛んに起こる。③かくす。
【薈蔚】(わいうつ) ①盛んに茂る形容。=薈鬱 ②雲が起こるさま。
【薈蕞】(わいさい) 数ばかり多くて、内容がつまらない。自分の著書をへりくだっていうことば。

艸13 【薉】〔17〕 ワイ 漢 去 隊 huì ホイ U補J 5759 8589
意味 ①雑草。②土地が荒れる。雑草が茂る。「薉薉」③けがれる。④東方の民族の名。=濊(わい)「薉貊(わいばく)」
【薉孼】(わいげつ) わざわいをひき起こすもの。

艸13 【蘰】〔17〕 国字 タン U補J ②8694 26FF8
意味 姓などに用いる。

艸13 【䔐】〔17〕 国字 U補J ①9127 5784 85AD
意味 〈ひ〉〈ひえ〉地名や人名に用いる。

艸13 【薗】〔17〕 同 ↓園(二七八ページ・上)
艸13 【舊】〔17〕 俗 ↓舊(五八二ページ・中)
艸13 【蔭】〔17〕 同 ↓薩(本ページ・下)
艸13 【藪】〔17〕 俗 ↓藪(一〇八九ページ・下)
艹13 〔蟇〕 ↓虫部十画(一一〇八ページ・下)
艹13 【薗】〔16〕 俗 ↓園(二七八ページ・上)
艸13 【蕿】〔17〕 或 ↓藼(一〇九一ページ・下)
艸13 【薯】〔17〕 俗 ↓藷(一〇八九ページ・上)

艸14 【薿】〔18〕 ギ 漢 上 紙 nǐ ニー U補J 5778 85BF
意味 茂る。薿薿(ぎぎ)は、茂るさま。

艹14 【藁】〔17〕 人 標 U補J 4746 85C1
旧字 艸14 【藁】〔18〕 コウ 漢 (カウ) 上 皓 gǎo カオ U補J
意味 ①木が枯れる。=槁(こう) ②〈わら〉 ③文書の下書き。=稿(こう)「草藁」
参考 熟語は「稿」(九一四ページ・下)・「槁」(六五九ページ・上)を見よ。

艹14 【薩】〔17〕 人 標 U補J 2707 85A9
旧字 艸14 【薩】〔18〕 サツ 漢 サチ 呉 入 曷 sà サー U補J
艸12 【薩】〔16〕 同字 U補J ②8676 5750 856F
艸14 【薩】〔18〕 俗字 U補J
艸13 【薩】〔17〕 同字 U補J
意味 菩薩(ぼさつ)は、菩提薩埵(ぼだいさった)の略。仏につぐ地位。
姓 薩都(さつ)
地名 薩末鞬(サマルカンド)・薩拉森(サラセン)・薩摩亜(サモア)
【薩埵】(さった) 仏「菩提薩埵(ぼだいさった)」の略。菩薩(ぼさつ)。
【薩摩】(さつま) 国九州南部の旧国名。
【─守】(さつまのかみ) 国乗り物に金をはらわずにのること。ただのり。平忠度(たいらのただのり)が薩摩守だったことからしゃれたもの。

艸14 【薾】〔18〕 ━ジ 漢 ニ 呉 ━上 紙 ěr アル ━デイ 漢 ネイ 呉 ━上 薺 U補J 5777 85BE7
意味 ━━①花が盛りであるさま。咲きほこっているさま。②疲れはてたさま。

艸14 【藉】〔18〕 ━シャ 漢 ━去 禡 jiè チエ ━セキ 漢 ジャク 呉 ━入 陌 jí チー U補J 7320 85C9
意味 ━①祭りや会合で贈物の下に敷く敷物。また、敷物。むしろ。②〈し・く〉敷物にする。③〈か・りる(─・る)〉=借「藉資」「藉道」④〈か・す〉貸す。⑤〈よ・る〉もとづく。⑥いたわる。「慰藉(いしゃ)」⑦ゆったりしている。「蘊藉(うんしゃ)」⑧かこつける。「藉託(しゃたく)」⑨〈もし〉仮定の語。「藉使(もし)」 ━①乱れる。ちらばる。「狼藉(ろうぜき)」②ふみにじる。③人民に公田を耕作させる。④みつぎものを送る。⑤かえりみる。⑥姓。
参考 新表記では、「謝」に書きかえる熟語がある。
【藉蔭】(しゃいん) 父祖のたてた功績のおかげで官を賜わること。
【藉口】(しゃこう) 他の事にかこつけていいわけする。口実にする。
【藉手】(しゃしゅ) ①手をかす。手助けする。②人に贈り物をする。③現人の手を借りる。
【藉藉】(せきせき) ①乱れ散らばっている形容。②口々に言いはやす」「形容。
【藉田】(せきでん) 祖先の祭りにそなえる米を、天子みずから作る田。一説に民の力を借りて作る田。

艸14 【藒】〔18〕 ジュ 漢 平 虞 rú ルー U補J ②8703 5773 85B7
意味 ①香藒(こうじゅ)は、草の名。香葇(こうじゅう)。なぎなたこうじゅ。薬用として用いられる。②きくらげ。

艹14【薯】〔17〕 標 ショ 漢 去 御 shǔ シュー　U補J 85AF 2982

艸14【薯】〔18〕正字 U補J　艸13【薯】〔17〕俗字 U補J
意味 ①いも。いも類の総称。②甘薯は、さつまいも。③薯蕷は、やまのいも。ながいも。＝藷

艸14【薽】〔18〕 シン 漢 平 真 zhēn チェン　U補J 85BD 5776
意味 草の名。家首。天名精。やぶたばこ。

艸14【藎】〔18〕 シン 漢 去 震 ジン 慣 jìn チン　U補J 85CE 5783 ①9134
意味 ①草の名。こぶなぐさ。黄色染料をつくる。②すすめる。真心こめて君に仕える。
【藎臣】忠誠の心の厚い家来。

艸14【薺】〔18〕 一セイ 漢 上 薺 jì チー 二シ 漢 平 支 cí ツー　U補J 85BA 7321
艸8【萕】〔12〕俗字 U補J 8415 5642 ②8635
意味 一①草の名。なずな。②細切りのつけもの。二①草の名。はまびし。

艸14【藂】〔18〕 一ソウ 漢 去 送 còng ツォン 二ソウ 漢 平 東 cōng ツォン　U補J 85C2 5779
意味 一若草。二草木のむらがり生えるさま。集まる。＝叢
【藂坐】おおぜい集まってすわる。＝叢坐

艸14【薹】〔18〕 タイ 漢 平 灰 ダイ 慣 tái タイ　U補J 85B9 7323
意味 ①あぶらな。種子から油をとる。「蕓薹」②草の名。かさすげ。水辺に生じ、笠などを作る。「薹笠」③〈とう（たう）〉野菜類の茎がのびたもの。

艸14【藋】〔18〕 一チョウ（テウ）漢 去 嘯 diào ティアオ 二タク 漢 ジョク（ヂョク）呉 入 覚 zhuó チュオ　U補J 85CB 5782 ①9133
意味 一草の名。あかざの類。「藜藋」二蒴藋は、薬草の名。

艸14【薼】〔18〕 チン 漢 ジン（ヂン）呉 平 真 chén チェン　U補J 85BC 5775 ②8704
意味 茵蔯は、草の名。かわらよもぎ。薬用にする。

艸14【薴】〔18〕 ドウ 漢（ダウ）平 庚 níng ニン　U補J 85B4 5771
意味 ①乱れる。特に草が乱れるさま。②薺薴は、草の名。ほりばやまじり。

艸14【薶】〔18〕 一バイ 漢 平 佳 mái マイ 二ワ 漢 呉 平 歌 wō ウオ　U補J 85B6 5772
意味 一①埋める。②葬る。③ふさぐ。「薶塞」二〈けが・す〉よごす。

艸14【薸】〔18〕 ヒョウ 漢（ヘウ）平 灰 piáo ピアオ　U補J 85B8 5774
意味 うきくさ。＝萍

艸14【藐】〔18〕 一ビョウ 漢（ベウ）上 篠 miǎo ミアオ 二バク 漢 ミャク 呉 入 覚 mò モー　U補J 85D0 7324
意味 一①軽んじる。②小さい。③はるか。遠い。④美しい。二草の名。むらさきぐさ。
【藐然】①遠くておよばないさま。②ひとりぼっちのさま。
【藐藐】①美しいさま。②人の教えが心にはいらないさま。③広大なさま。
【藐姑射之山】①不老不死の仙人が住む山。「藐たる（はるかな）姑射の山」の転訛。〈荘子・逍遥遊〉②国上皇・法皇の御所。仙洞御所。
【藐焉】一小さいさま。二ひとりぼっちのさま。
【藐視】さげすむ。かろんじる。軽視。

艸14【藊】〔18〕 ヘン 漢 上 銑 biǎn ピエン　U補J 85CA 5781 ②8706
意味 ふじまめ。「藊豆」

艸14【𦿷】〔18〕 国字　U補J 26FF7 ②8702
意味 〈おぎ（をぎ）〉〈はぎ〉姓に用いる字。

艸14【薫】〔18〕 旧 ↓薫（一〇八四ページ・下）

艹14【薫】〔17〕 俗 ↓薫（一〇八四ページ・下）

艸14【藏】〔18〕 旧 ↓蔵（一〇八二ページ・下）

艸14【藍】〔18〕 旧 ↓藍（一〇九〇ページ・下）

艸14【艹彍】〔18〕 同 ↓彍（四五二ページ・上）

艸14〖雚〗↓隹部十画（一三四六ページ・上）

艸14〖舊〗↓臼部十二画（五八二ページ・中）

艸14〖雘〗↓隹部十画（一三四七ページ・上）

艸14〖蕢〗↓艸部十三画（一〇八七ページ・下）

艹14〖藍〗↓艸部十五画（一〇九〇ページ・下）

艸15【藙】〔19〕 ギ 漢 去 未 yì イー　U補J 85D9 ②8708
意味 低木。食茱萸。ぐみに似て、実は小さくからい。

艸15【藭】〔19〕 キュウ（キウ）漢 グ・グウ 呉 平 東 qióng チョン　U補J 85ED 5791 ①9135
意味 草の名。せんきゅう。根茎を薬用として用いる。「芎藭」

艸15【藠】〔19〕 キョウ 漢（ケウ）上 篠 jiào チアオ　U補J 85E0 5788
意味 らっきよう。根の鱗茎は食用とする。

艸15【藕】〔19〕 ゴウ 漢 グウ 慣 上 有 ǒu オウ　U補J 85D5 7325
意味 ①はすのね。蓮根。「藕根」②〈はす〉はちす。「藕花」
【藕糸（絲）】はすの葉や地下茎にある繊維。
【藕白】白みをおびたはちすの色。また、その色の衣服。

艸15【藚】〔19〕 ショク 漢 入 沃 xù シュイ　U補J 85DA 5786
意味 水草の名。沢瀉。

艹15【藪】〔18〕 標 一ソウ 漢 呉 上 有 sǒu ソウ 二ソウ 漢 去 宥 còu ツォウ　U補J 85EA 7314

艸15【藪】〔19〕正字 U補J　艸13【薮】〔17〕俗字 U補J 85AE 4489
意味 一①〈さわ（さは）〉広大な沼地。草が茂った湿地。②〈やぶ〉草木の茂った所。③物事の集まる所。④草原。二車輪中央の軸うけ。
【藪沢（澤）】①草木のおい茂った場所。②物の多く集まっている所。
やぶ、ある所は沢。水のない所は藪
【藪入】国正月十六日、七月十六日に奉公人が主人から暇をもらって実家に帰るならわし。
【藪柑子】植小さい赤い実をつける常緑の小低木の名。
【藪蛇】国よけいなことをして、かえってわざわいを受ける。「藪をついて蛇を出す」の略。

竹米糸缶网（罒・⺲）羊（⺶）羽（羽）老（耂）而耒（耒）耳 6画 聿肉（月）臣自至臼（臼）舌舛（舛）舟艮色艸（艹・艹）虍虫血行衣（衤）襾（西）

竹米糸缶网(罒・⺫)羊(⺷)羽(羽)老(耂)而耒(耒)耳 6画 聿肉(月)臣自至臼(臼)舌舛(舛)舟艮色艸(艹・艹)虍虫血行衣(衤)襾(西)

艹15 【藤】〔18〕 常 トウ ふじ
旧字 艸15 【藤】〔19〕 トウ 漢 平 蒸 téng トン
J 3803 U 85E4 / 補J ― U ―

筆順 一 艹 … 藤

意味 ①つるをもつ植物をいう。②植物のつる。③〈ふじ(ふぢ)〉マメ科のつる草。花は紫か白で、観賞用にする。

解字 形声。艹が形を表し、滕とうが音を示す。艹は植物。滕には、よじれるという意味がある。藤は、幹がよじれる植物で、ふじをいう。

名前 つ・ひさ・かつら

地名 藤沢ふじさわ・藤枝ふじえだ・藤岡ふじおか・藤津ふじつ・藤井寺ふじいでら

参考 「籐とう」は別字。

【藤架】とうか ふじだな。

【藤井啓】ふじ(ふぢ)い(ゐ)けい 人名。江戸末期の漢詩人。号は竹外。名は啓。頼山陽を師とし、絶句の詩にすぐれた。(一八〇七〜一八六六)

【藤井竹外】ふじ(ふぢ)い(ゐ)ちくがい(ぐわい) 「藤井啓」に同じ。

【藤田東湖】ふじ(ふぢ)たとうこ 人名。江戸末期、水戸藩の学者。藩主、徳川斉昭を助けて尊王攘夷を主張した。(一八〇六〜一八五五)

【藤田彪】ふじ(ふぢ)たひょう(へう) 「藤田東湖」に同じ。

【藤波】ふじ(ふぢ)なみ 国風で波のようにゆれる、ふじの花ぶさ。

【藤袴】ふじ(ふぢ)ばかま 国キク科の多年草。秋の七草の一つ。

【藤原惺窩】ふじ(ふぢ)わら(はら)せいか 人名。江戸初期の儒学者。名は粛すすむ、惺窩は号。僧の出身。のち俗人となり徳川家康に重んぜられた。林羅山はその弟子。(一五六一〜一六一九)

【藤原明衡】ふじ(ふぢ)わら(はら)のあきひら 人名。平安末期の学者。詩人。「本朝文粋」の編者として有名。文章博士となった。(九八九〜一〇六六)

【藤原鎌(鎌)足】ふじ(ふぢ)わら(はら)のかまたり 人名。中大兄皇子を助けて蘇我氏を滅ぼし大化の改新に大功をたてた。藤原氏の祖。中臣鎌足。(六一四〜六六九)

【藤原公任】ふじ(ふぢ)わら(はら)のきんとう(たふ) 人名。平安中期の歌人。諸芸にすぐれ、詩・歌・管弦の三舟の才で名高い。「和漢朗詠集」はその著。(九六六〜一〇四一)

【藤原冬嗣】ふじ(ふぢ)わら(はら)のふゆつぐ 人名。平安初期、左大臣となり、のち滋野貞主らとともに「文華秀麗集」を編集した。(七七五〜八二六)

【藤原道長】ふじ(ふぢ)わら(はら)のみちなが 人名。平安中期の朝臣。天皇の外戚となり摂政として宮中の権力をほしいままにした。法成寺をたて、関白になったことはないが、御堂関白とよばれた。「御堂関白記」はその日記。(九六六〜一〇二七)

艸15 【藦】〔19〕 バ 漢 去 箇 マ 呉 mó モー
J ②8711 5789 U 85E6

意味 蘿藦らまは、草の名。ガガイモ。

艹15 【藩】〔18〕 常 ハン
旧字 艸15 【藩】〔19〕 ハン 漢 平 元 fān ファン
J 4045 U 85E9 / 補J ― U ―

筆順 艹 … 藩

意味 ①〈まがき〉〈かき〉かきね。「藩籬はんり」②おおう。守る。③かきねで囲む。④さかい。区域。⑤地方を治めて、王家の守りとなる諸侯。また、その国。「藩王」⑥中心から遠い地方。国大名の領有する土地・組織・士民などの総称。

解字 形声。艹が形を表し、潘はんが音を示す。艹は草。潘には、栜はんと同様に、かきねの意味を含む。藩は、草で作ったかきねをいう。

【藩垣】はんえん ①かき。まがき。②国家の守りとなる者。諸侯。

【藩学(學)】はんがく 国江戸時代に、諸藩が藩士の子弟を教育するためにたてた学校。藩校。藩黌。

【藩翰】はんかん ①かきねと、はしら。②「藩屏」の②に同じ。【一譜】はんかんぷ 国書名。江戸初期、新井白石の著。各藩の事件をしるしたもの。

【藩侯】はんこう 藩の殿様。大名。藩主。

【藩校】はんこう(かう) ①地方官の下につく兵。②国「藩学」に同じ。

【藩黌】はんこう(くわう) 「藩学」に同じ。

【藩国(國)】はんこく 王室を守護する国。諸侯の国。

【藩溷】はんこん かわや。便所。

【藩札】はんさつ 国江戸時代、各藩で発行した紙幣。

【藩士】はんし 国江戸時代、各藩に属している武士。大名の家来。

【藩主】はんしゅ 国江戸時代、各藩の殿様。

【藩籍】はんせき 藩の領地と人民。

【藩鎮(鎭)】はんちん ①地方のしずめとして駐留した軍隊。②王室の守りとなる諸侯。③唐代、国境地帯を守るためにおいた節度使の別名。

原義と派生義

藩

- かきね
  - (内外をしきる) さかい・境界 ── (しきられた) 区域
  - (かきねのように、外から内を守る) 守る
  - (地方におり、中央の王を守る) 諸侯・諸侯国
  - 車のおおい

【藩邸】はんてい 国江戸時代、諸大名が江戸にたてた屋敷。

【藩閥】はんばつ 国同じ藩の出身者で作るなかま。「藩閥政府」

【藩附】はんぷ 属国のこと。藩属はんぞく。

【藩屏】はんぺい ①かき。まがき。②王室の守りとなる諸大名。藩翰はんかん。

【藩輔】はんぽ 輔は助けるの意。王室を守り助ける人。諸侯。‖藩補

【藩籬】はんり ①かきね。まがき。②守りとなるもの。③入り口。

艸15 【藨】〔19〕 ■ヒョウ(ヘウ) 漢 ■平 蕭 biāo ピアオ ■ホウ(ハウ) 漢 ■平 豪 pāo パオ
J 5790 U 85E8

意味 ■①豆の一種。鹿豆ろくとう。②草の名。かんがれい。紙やむしろを作る。③あしなどの穂。④たがやす。■いちごの一種。

艸15 【藞】〔19〕 ラ 漢 上 馬 lǎ ラー
U 85DE

意味 ①藞磋らさは、㋐あたらないさま。㋑おおざっぱなさま。②藞苴らしょは、あらけずりなさま。

艹15 【藍】〔18〕 常 ラン あい
旧字 艸14 【藍】〔18〕 ラン 漢 呉 平 覃 lán ラン
J 4585 U 85CD / 補J ― U ―

筆順 艹 … 藍

意味 ①〈あい(あゐ)〉㋐青い染料をとる草の名。タデ科の一年草。「藍染」㋑こい青色。②ぼろ。＝襤。「藍縷」③寺院。伽藍の略。④姓。

解字 形声。艹が形を表し、監が音を示す。音ランは、監の音カンの変化。

参考 臣を六画に数え、艹(艸)部十四画とする場合もある。

【藍玉】国藍草の葉を発酵させたものを丸く固めた染料。

【藍関(關)】関所の名。陝西省藍田県にあった。藍田関。「雪擁₌藍関₋馬不₋前」(雪は藍関にふりつもって、馬も進めない。)〈韓愈の詩・左遷至₌藍関₋示₌姪孫湘₋〉

【藍碧】あおあおとしたみどり色。

【藍袍】あい色の着物。

【藍本】もとになった本。原本。

【藍縷】ぼろぎれ。つづれ。使いふるして役にたたない布。＝繿縷・藍蔞

【藍田生玉】藍田は美玉の産地。名門の家に賢い子が出ることをほめていう。〈呉志・諸葛恪伝〉

◆出藍・伽藍

艸15【藘】〔19〕リョ 漢 ロ 呉 平 魚 lǘ リュイ　J ②8707 補 5785 U 85D8

意味 ①茹藘は、あかね草。②姓。

艸15【藟】〔19〕ルイ 漢 上 紙 lěi レイ　J ②8709 補 5787 U 85DF

意味 ①かずら。つる。つる草。＝虆 ②まつわりつく。③つぼみ。

艸15【藜】〔19〕レイ 漢 平 斉 lí リー　J 7328 補 ― U 85DC

意味 ①〈あかざ〉草の名。アカザ科の一年草。若い芽は食用になる。②蒺藜は、はまびし。

【藜藿】あかざの葉と、豆の葉。そまつな食物。【―之羹】あかざや豆の葉の吸い物。そまつな野菜のスープ。

【藜羹】あかざの葉の吸い物。そまつな食物のこと。

【藜杖】あかざの杖。軽いので、老人が用いる。

【藜藋】あかざ。「藜藋深鎖」(あかざの草がしげって、門口をすっかりとざしている。)〈本朝文粋・橘直幹の文〉

艸15【藝】〔19〕旧↓芸(一〇四六ページ・下)

艸15【藁】〔19〕同↓稿(九一四ページ・下)

艹15【藏】〔18〕俗↓藏(一〇八二ページ・下)

艸15【藥】〔19〕旧↓薬(一〇八七ページ・中)

艹15【䕭】↓糸部十二画(九八四ページ・上)

艹15【蓺】〔18〕俗↓藝(一〇四六ページ・下)

艸15【諸】〔19〕同↓藷(本ページ・下)

艸15【藡】〔19〕同↓荻(一〇六二ページ・下)

艹15【薬】〔18〕俗↓藥(一〇八七ページ・中)

艸16【藹】〔20〕アイ 漢 去 泰 ǎi アイ　J 7329 補 ― U 85F9

意味 ①多い。②果実が沢山なっているさま。また、草木が茂るさま。「晻藹」③かすみ。もや。④おだやかなさま。

【藹藹】①盛んなさま。②草木の勢いのよいさま。③ほのかな月の光のさま。④おだやかなさま。なごやかなさま。「和気藹藹」

【藹蔚】草木の茂りあうさま。

【藹然】①盛んなさま。②気持ちがのびやかなさま。③雲の集まるさま。

艸16【蘊】〔20〕ウン 漢 去 問 yùn ユン　J 7330 補 ― U 860A

意味 ①〈つ・む〉積みたくわえる。「蘊蔵」②つつむ。かくす。「蘊憤」③〈あつ・める(―・む)〉④奥そこ。奥深い。⑤気がふさぐ。⑥むしあつい。

【蘊奥】おくそこ。学問・技芸などの奥そこ。

【蘊結】心がふさいで、はればれしない。鬱結。

【蘊藉】心が広くておだやか。

【蘊崇】高く積みあげる。

【蘊蓄】①物を積みたくわえる。②学問・知識を深く身につけること。学殖。

艸16【藿】〔20〕カク 漢(クヮク) 入 薬 huò フォ　J ①9137 補 5801 U 85FF

意味 ①豆の若葉。②香草の名。かわみどり。

【藿食】①豆の葉を食べる。②そまつな食物を食べる。【―者】粗食する人。朝廷に仕えないでいる者。

【藿藜】豆の葉と、あかざ。

【藿羹】豆の葉のあつもの(吸い物)。転じて、そまつな食べ物。

艸16【蘄】〔20〕キ 漢 平 支 qí チー　J ①9138 補 5803 U 8604

意味 ①とうき。セリ科の多年草。②〈もと・める(―・む)〉③馬のくつわ。

【蘄生】生きることを求める。

艸16【蘐】〔20〕ケン 漢 平 元 xuān シュワン　J ①9140 補 5807 U 8610

艸13【蕿】〔17〕或体　J ②8688 補 5755 U 857F

意味 やぶかんぞう。若葉は食用。＝萱 国〈かや〉ちがや。すすき。

【蘐園学(學)派】国江戸中期の漢学者、荻生徂徠の学派。蘐園は、その住居の江戸、茅場町にちなんだ号。古文辞学派。

艸16【蘅】〔20〕コウ 漢(カウ) 平 庚 héng ホン　J ①9139 補 5804 U 8605

意味 香草の名。かんあおい。咳止め・利尿剤に用いる。「杜蘅」

艹16【藷】〔19〕標 一ショ 漢 平 魚 zhū チュー 二ショ 漢 去 御 shǔ シュー　J 2983 補 ― U 85F7

艸16【藷】〔20〕正字　J ― 補 ― U ―

艸15【諸】〔19〕同字　J ― 補 ― U ―

意味 一藷蔗は、さとうきび。二〈いも〉いもの総称。＝薯

艹16【蘇】〔19〕人 標 ソ 漢 ス 呉 平 虞 sū スー　J 3341 補 ― U 8607

旧字 艸16【蘇】〔20〕　J ― 補 ― U ―

艸16【蘓】〔20〕同字　J 7331 補 ― U 8613

意味 ①紫蘇。食用の草。②〈よみがえ・る(よみがへ・る)〉〈い・きる(―・く)〉生きかえる。「蘇息」③いこう。やすむ。④さめる。目がさめる。⑤草をかる。⑥ふさ。糸などで作った飾りのふさ。「流蘇」⑦姓。

名前 いき・はる

姓 蘇我・蘇宜部

地名 蘇士・蘇西・蘇格蘭・蘇維埃

【蘇芳】「蘇枋」に同じ。

【蘇枋】①マメ科の植物。皮は赤い染料になる。②黒味をおびた赤い色。

【蘇因高】人名。推古天皇の時の人、小野妹子の中国名。最初の遣隋使。

竹米糸缶网(罒・⺲)羊(⺶)羽(羽)老(耂)而耒(耒)耳 6画 聿肉(月)臣自至臼(臼)舌舛(舛)舟艮色艸(艹・艹)虍虫血行衣(衤)襾(西)

【蘇活】「蘇生」に同じ。
【蘇黄】宋代の詩人、蘇軾と黄庭堅。
【蘇州】地名。江蘇省にある景色のよい都市。
【蘇洵】人名。北宋の文学者。号は老泉。古文にすぐれ唐宋八大家の一人。蘇軾・蘇轍の父。三人をあわせ三蘇という。(一〇〇九〜一〇六六)
【蘇軾】人名。北宋の文学者。蘇洵の子。轍の兄。号は東坡居士。唐宋八大家の一人。(一〇三六〜一一〇一)
【蘇秦】人名。戦国時代の政治家。秦に対抗するため、六国が同盟すべきだという合従の説をとき六国の宰相をかねた。(?〜前三一七)→「合従連衡」(一一二六ページ・中)
【蘇水】国木曽川(岐蘇川)のこと。
【蘇生】一度死んだ者が生きかえる。よみがえる。回生。【蘇活】。
【蘇息】休息する。やすむ。
【蘇台(臺)】春秋時代の呉王、闔廬が愛妃、西施のために姑蘇山上に作った建物。姑蘇台。
【蘇代】人名。戦国の遊説家。蘇秦の弟。燕の昭王に用いられ、合従を再興した。→「合従」(一一二六ページ・中)
【蘇張】蘇秦と張儀。ともに戦国時代に弁論・術策を用いて諸国間に活躍した外交政治家。→「合従連衡」(一一二六ページ・中)
【蘇頲】人名。字は廷碩。唐の政治家。礼部尚書となる。文章にすぐれていた。(六七〇〜七二七)
【蘇鉄(鐵)】国熱帯植物の一種。観賞用に植える。
【蘇轍】人名。北宋の文学者。蘇軾の弟。字は子由。兄の大蘇に対し小蘇という。唐宋八大家の一人。(一〇三九〜一一一二)
【蘇東坡】「蘇軾」に同じ。
【蘇武】人名。前漢、武帝の時の人。匈奴に使いにゆき捕らえられ、十九年間、最後まで降参しなかった忠臣。(前一四〇〜前六〇)
【蘇文忠公詩集】書名。五十巻。宋の蘇軾の詩を制作年代順に集めている。
【蘇迷盧】仏仏教で、世界の中心にある高山。須弥山。妙高山。頂上に帝釈天がいるという。
◆紫蘇・屠蘇

艹16 【藻】〔19〕常 ソウ も　J 3384 補 U 85FB

旧字 艸16【藻】〔20〕ソウ(サウ) 漢呉上 皓 zǎo ツァオ　J — 補 U —

筆順
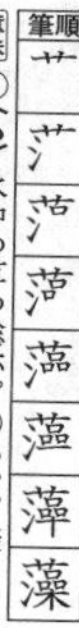

意味 ①〈も〉水中の草の総称。②あや。美しい色どり。③すぐれた文章。「文藻」「詞藻」④描く。⑤冠の飾りひも。⑥玉を通す五色のひも。

解字 形声・会意。艹と氵が形を表し、喿が音を示す。喿には軽く浮かぶ意味がある。藻は、水上に浮かぶ草である。

【藻雅】詩文にすぐれ、風流なこと。
【藻繢】美しい模様。彩色。＝藻絵
【藻翰】①美しいあやのある羽。②美しい文章。文の美しい手紙。
【藻鑑】人物や物のよしあしを見分ける。また、その目【きき】。
【藻絢】美しい模様のある飾り。
【藻荇】藻と、浮き草。水草のこと。
【藻思】詩や文章をうまく作る才能。文才。
【藻飾】①からだを飾る。②美しいことばで文章を飾る。
【藻梲】梁の上の短い柱に、飾りに美しい模様を描いたもの。
【藻蘋】藻と、浮き草。水草。
【藻耀(燿)】美しく輝く。
【藻屑】国海草のくず。
【藻塩(鹽)】国海草にしみこんだ潮水からとる塩。「藻塩草」

艸16【蘀】〔20〕タク 漢入 薬 tuò トゥオ　J ②8713 補 5802 U 8600
意味 ①草木の葉や皮の落ちたもの。②草の名。

艸16【蘋】〔20〕ヒン 漢平 真 pín ピン　J 7332 補 — U 860B
意味 ①水草の名。でんじそう。かたばみも。②浮き草。「蘋菜」「蘋花」③蘋果は、りんご。音 píng ピン。

【蘋果】りんご。林檎。

【蘋藻】①かたばみもと、藻。水草。②婚礼の贈り物。

【蘋蘩】蘋は浮き草、蘩はしろよもぎ。転じて、神にささげる、そまつな供え物。

【蘋風】浮き草の上を吹く風。

艸16【藾】〔20〕ライ 漢呉去 泰 lài ライ　J 7333 補 — U 85FE
意味 ①藾蒿は、よもぎ。キク科植物の一種。②おおう。

艹16【蘭】〔19〕人　J 4586 補 — U 862D
旧字 艸17【蘭】〔21〕ラン 漢呉平 寒 lán ラン　J — 補 — U F91F

意味 ①ラン科の多年草の総称。花は美しく香気があり、観賞用にされる。②ひよどりばな。一説に、もくれん。キク科の香草。③木蘭は、香木の一種。④武器をかける所。「蘭盾」国和蘭の略語。「蘭学」「蘭語」

解字 形声。艹が形を表し、闌が音を示す。艹は草。闌には、ずるずるつづく意味がある。蘭は、一つの根からつぎつぎと続いて発生する草という意味であろう。

名前 か　地名 蘭越

【蘭医(醫)】国①オランダから伝わった西洋医術。②オランダ伝来の医術を用いる医者。

【蘭艾】蘭とよもぎ。賢愚のたとえに使う。「蘭艾同焚」〈晋書・孔坦伝〉

【蘭学(學)】国オランダの学問。西洋の学問。

【蘭玉】①蘭と玉。②他人の子弟をほめていう。③女子のみさおを守ることのたとえ。

【蘭契】「蘭交」に同じ。

【蘭蕙】①蘭も蕙も、ともに香草。②賢人・君子のたとえ。

【蘭交】よく心の合った交わり。

【蘭摧玉折】蘭がくだけ、玉がこわれる。りっぱな人物や美人の死をいう。〈世説新語・言語〉

【蘭巵】さかずき。

【蘭戺】香木で作った階段の両側。

【蘭芷】①蘭も芷も香草の名。②賢人・美女のたとえ。

【蘭室】蘭がかんばしくにおうへや。転じて、善人や美人の居る所。

【蘭質】蘭のように、け高く美しい性質。

【蘭奢】「蘭若」に同じ。【――待】中国から渡来し、東大寺に秘蔵された伽羅の名香。今は奈良、正倉院にある。この三字の中に「東大寺」という文字がかくされている。

【蘭麝】蘭と麝香。かおりの高いもののたとえ。

【蘭署】宮中の蔵書を管理する、秘書省の別名。蘭台。

【蘭省】①尚書省の別名。「蘭省花時錦帳下」(友人は、尚書省の役人として、花さく春に天子の錦のとばりのもとに栄えている。)〈白居易の詩・夜雨独宿〉②皇后の宮殿。

【蘭槳】木蘭でつくった舟のかい。蘭橈。「桂櫂兮蘭槳」（かつらや蘭で作ったりっぱなかい。兮は、語調をととのえる助詞。）〈蘇軾・前赤壁賦〉

【蘭石】蘭のかおりと石の堅さ。信念を守りとおすみごとさのたとえ。

【蘭台（臺）】①楚王の宮殿の名。②漢代、宮中の図書館。③漢代、役人の罪をただす御史台の別名。④唐代、秘書省（機密文書を扱う）の別名。⑤史官のこと。

【蘭亭記】蘭亭の会の詩集の序文。晋の王羲之が浙江省紹興の蘭亭に、名士を集めて会を開き、詩を作ったときのもの。文としても、書としても有名。

【蘭若】寺のこと。梵語の「阿蘭若」（静かな所の意）の略。蘭奢。

【蘭殿】皇后の住む宮殿。

【蘭灯（燈）】蘭を灯心にしたともしび。転じて、美しいともしび。

【蘭陵】昔の楚の地。今の山東省蒼山県の西南。春申君・荀子のゆかりの地。美酒の産地。「蘭陵美酒鬱金香」〈李白の詩・客中行〉【――王】舞楽の名。北斉の蘭陵王長恭が自分のやさしい顔をかくすため面をつけて敵と戦った故事を歌う。

【蘭橑】木蘭のたるき。香木でつくったたるき。

『蘭有レ秀兮菊有レ芳』深まりゆく秋げしきの中では、ただ蘭が美しく花を咲かせ、菊がかんばしくかおるのみである。〈漢武帝の詩・秋風辞〉

艸16【藺】〔20〕リン 漢 去 震 lìn リン　J 7334　U 85FA

意味 ①〈い（ゐ）〉とうしんそう。いぐさ。畳表やむしろを作る。「藺席」②藺石は、城の上から敵に落とす石。③姓。

【藺相如】人名。戦国時代、趙の名臣。澠池での秦王・趙王の会見や、和氏の璧についての秦との外交交渉に大功をあげ、また将軍廉頗との「刎頸之交」（一五八ページ・上）も有名。→「和氏之璧」（二四一ページ・上）・「刎頸の交わり」

艸16【藶】〔20〕レキ 漢 リャク 呉 入 錫 lì リー　J ②8712　補 5793　U 85F6

意味 亭藶は、草の名。狗薺。なずなの類。＝亭歴

艹16【蘆】〔19〕標 ロ 漢 平 虞 lú ルー　J 7335　U 8606

艹4【芦】〔7〕人 簡慣　J 1618　U 82A6

艸4【芦】〔8〕俗字　J ―　U ―

艸16【蘆】〔20〕正字　J ―　U ―

意味 ①蘆菔は、だいこん。②〈あし〉よし。水辺にはえる、すすきに似た草。葦。「蘆花」

【蘆葦】あし。蘆はまだ穂の出ないあし、葦はよく生長したあし。

【蘆芽】あしの芽。

【蘆花浅（淺）水】あしの花の咲く、浅い水辺。「唯在二蘆花浅水辺一」〈司空曙の詩・江村即事〉

【蘆管】「蘆笛」に同じ。

【蘆州（洲）】あしがはえている川の中の州。

【蘆錐】あしの芽。蘆筍。

【蘆雪】あしの穂が雪のように白く見えること。

【蘆汀】あしのはえている水ぎわ。

【蘆笛】あしぶえ。あしの葉を巻いて作った笛。胡笳。蘆管。

【蘆荻】あしと、おぎ。「蘆荻無レ花秋水長」〈王士禎の詩・樊圻画〉

【蘆菔】だいこん。蘿蔔。

艸16【蘢】〔20〕一 ロウ 漢 平 東 lóng ロン 二 ロウ 漢 上 董 lǒng ロン　J 7336　U 8622

意味 一 蘢古は、草の名。おおけたで。二 ①蘢葱は、草木の茂るさま。②蘢茸は、集まるさま。

艸16【蘑】〔20〕mó モー　J ②8714　補 5808　U 8611

意味 現 蘑菇 mógu は、きのこの一種。ひらたけ。

艸16【蘢】〔20〕同↓驥（一四〇六ページ・中）

艸16【蘍】〔20〕同↓薫（一〇八四ページ・下）

艸16【蘂】〔20〕同↓蕊（一〇八二ページ・中）

艸16【蘒】〔20〕俗↓龝（一〇九四ページ・中）

〖孽〗→子部十七画（三六〇ページ・下）

艸16【蘁】〔20〕本↓薑（一〇八四ページ・下）

艸16【蘐】〔20〕本↓萱（一〇六九ページ・中）

艸16【蘓】〔20〕同↓蘇（一〇九一ページ・下）

艸17【蘛】〔21〕イク 漢 呉 入 屋 yù ユイ　J ―　補 5812　U 861B

意味 花が満開であるさま。また、草木が生い茂っているさま。

艸17【蘙】〔21〕エイ 漢 去 霽 yì イー　J ―　補 5811　U 8619

意味 草木が盛んに茂るさま。「蘙薈」

艸17【蘡】〔21〕エイ 漢 平 庚 yīng イン　J ②8716　補 5814　U 8621

意味 蘡薁は、草の名。のぶどう。えびづる。果実は食用にしたり、また酒の原料としても用いられる。

艸17【蘧】〔21〕一 キョ 漢 平 魚 qú チュイ 二 キョ 漢 去 御 jù チュイ　J ②8718　補 5815　U 8627

意味 一 ①草の名。なでしこ。「蘧麦」②はす。二 ひどく喜ぶ。

【蘧蘧然】①驚き動くさま。②形のあるさま。「俄而覚、則蘧蘧然周也」（夢で蝶になっていた周がはっと目がさめると、はっきりと形のある人間の周であった。）〈荘子・斉物論〉③自分でさとるさま。

【蘧然】驚き喜ぶさま。

【蘧廬】宿屋。旅館。伝舎。

艸17【蘖】〔21〕ゲツ 漢 入 屑 niè ニエ　J 6117　U 8616

意味 ①きりかぶ。②〈ひこばえ〉切り株から出た芽。＝糵 ③わざわい。

参考「蘗」「蘖」は別字。

艸17【蘘】〔21〕ジョウ 漢 平 陽（ジャウ）ráng ラン　J ②9142　補 5810　U 8618

意味 草の名。茗荷。食用にする。「蘘荷」

艸17【蘚】〔21〕セン 漢 上 銑 xiǎn シエン　J 7337　U 861A

意味〈こけ〉岩の表面や湿地にはえる隠花植物。「水蘚」「緑蘚」「蘚苔」

【蘚崖】こけのはえたがけ。

【蘚磴】こけのはえた石段。

艸17【蘩】〔21〕ハン 漢 平 元 fán ファン　J ①9143　補 5816　U 8629

意味 ①しろよもぎ。②蘩蔞は、はこべ。

『采レ蘩祁祁』おおぜいの女たちが白よもぎのつみくさをしている。〈詩経・七月〉〈詩経・出車〉

艸17【蘞】〔21〕一 レン 漢 平 塩 lián リエン 二 レン 漢 上 琰 liǎn リエン　J ②8715　補 5813　U 861E

竹米糸缶网(罒・⺳)羊(⺶)羽(羽)老(耂)而耒(耒)耳 6画 聿肉(月)臣自至臼(臼)舌舛(舛)舟艮色艸(艹・艹)虍虫血行衣(衤)襾(西)

意味 ━ やぶからし。つる草の名。━ 薬草の名。国〈えぐ・い〉(ゑぐ・し) のどを刺激して、いらいらする味。

艸17【蘰】〔21〕国字 J 7338 U 8630
意味〈かずら〉(かづら) つる草の総称。

艸17【𧃴】〔21〕国字 J ①9141 U 270F4
意味〈つづら〉地名に用いる字。

艸17【蘤】〔21〕同 ↓花(一〇四五ジ・上)

艸17【蘗】〔21〕同 ↓檗(六七〇ジ・上)

艸17〖蘷〗↓夊部十七画(三〇九ジ・下)

艸17【蘯】〔21〕同 ↓蕩(一〇八三ジ・上)

艸17【蘭】〔21〕旧 ↓蘭(一〇九二ジ・下)

艸17〖驀〗↓馬部十一画(一四〇四ジ・下)

艸18【蘶】〔22〕ギ 漢 ㊄ 未 wèi ウエイ 呉 J 5817 U 8636
意味 草木が切られたあとから再び芽を出す。

艸18【𧄍】〔22〕キョウ(ケウ) 漢 ㊥ 蕭 ギョウ(ゲウ) 呉 qiáo チアオ J ②8719 U 2710D
意味 連𧄍(れんぎょう)は、木の名。れんぎょう。果実を薬用として用いる。

艸19【蘹】〔23〕カイ(クワイ) 漢 ㊥ 佳 エ(ヱ) 呉 huái ホワイ J ②8720 U 8639
意味 蘹香(かいこう)は、草の名。ういきょう。食用や薬用として用いられる。＝茴香(かいこう・ういきょう)

艸19【蘸】〔23〕サン 漢 ㊄ 陥 zhàn チャン J ①9144 補 5818 U 8638
意味 ①〈ひた・す〉水につける。②蘸甲(さんこう)は、なみなみとついだ酒。

艸19【𧄹】〔23〕ショク 漢 ㊅ 職 シキ 呉 shì シー J ②8722 U 27139
意味 苦𧄹(くしょく)は、草の名。くらら。根は苦参(くじん)という生薬。

艸19【虀】〔23〕セイ 漢 ㊥ 斉 jī チー J ②8723 補 5822 U 8640
意味 ①あえもの。いろいろな食物を合わした料理。②塩づけの菜。つけもの。③くだく。
【虀塩(鹽)】(せいえん) 塩づけの野菜。そまつな食事の意。
【虀粉】(せいふん) こなごなにくだく。こなみじん。

艸19【蘼】〔23〕ビ 漢 ㊥ 支 mí ミー J ②8721 補 5820 U 863C
意味 ①草の名。②蘼蕪(びぶ)は、せんきゅうの苗。香草の名。

6画

艸19【蘿】〔23〕ラ 漢 ㊥ 歌 luó ルオ J 7339 U 863F
意味 ①〈つた〉つたやかずらの類。②女蘿(じょら)は、松につく寄生植物、さるおがせ。「蘿衣(らい)」「松蘿(しょうら)」③つのよもぎ。草の名。
【蘿径(徑)】(らけい) つたかずらの茂るこみち。
【蘿月】(らげつ) つたかずらを照らす月。
【蘿蔔】━(らふく) だいこん。蘿葡(らぼ)。「蘿菔(らふく)」━(ルオボ) luóbo 現 ━に同じ。
【蘿蔓】(らまん) つたかずら。

艸19【蘺】〔23〕リ 漢 ㊥ 支 lí リー 補 5819 U 863A
意味 江蘺(こうり)は香草。せんきゅう。

艸19【蘽】〔23〕ルイ 漢 ㊤ 紙 lěi レイ 補 5821 U 863D
意味 つる状の植物の総称。一説に、草に近いものを「藟(るい)」、木に近いものを「蘽(るい)」という。

艸19〖糵〗↓米部十七画(九五二ジ・下)

艸21【虆】〔25〕━ ルイ 漢 ━ ㊥ 支 léi レイ ━ ラ 漢 ━ ㊥ 歌 luó ルオ 補 5824 U 8646
意味 ━〈かずら〉(かづら) 植物のつる。つる草。＝藟(るい) ━ もっこ。ふご。土などを運ぶ農具。「虆垂(らすい)」
【虆梩】(らり) 土を運ぶもっこ。〈孟子(もうし)・滕文公(とうのぶんこう)〉

艸21【虂】〔25〕ロ 漢 ㊄ 遇 lù ルー 呉 補 5823 U 8642
意味 蘩虂(はんろ)は、草の名。つるむらさき。

艸21【蘒】〔25〕国字 J ②8724 U FA20
艸16【蘒】〔20〕俗字 J ①9136 補 5809 U 8612
意味〈はぎ〉〈おぎ〉(をぎ) 姓に用いる字。

6画 虍部 とらがしら とらかんむり

【部首解説】「虍」の形を構成要素とする文字が属する。「虎のもよう」にかたどる。この部には、

虍0【虍】〔6〕コ 漢 ㊤ 麌 hū フー J 7340 U 864D
意味 ①とらの皮のもよう。②目に入らないさま。
解字  象形。とらのもようの形を表した字。

虍2【虎】〔8〕常 コ 漢 ㊤ 麌 グ 呉 hǔ フー とら コ J 2455 U 864E
筆順 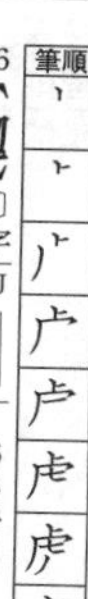
虍6【虝】〔12〕古字 補 5831 U 865D
丿6【乕】〔7〕俗字 J 7341 U 4E55
意味 ①〈とら〉㋐猛獣の名。㋑強く、たけだけしいもののたとえ。㋒凶暴で害をあたえるものにいう。「蝎虎(かっこ)」②姓。
国〈とら〉酔いどれ。
解字  会意。虍と儿を合わせた字。虍は、とらの背にもようのある形。儿は人の足。虎は、百獣の王といわれ、背にもようがあり、足は人の足に似ているからという。一説に、儿は爪のあやまりで、つめを表すともいう。たけだけしい意味にもなる。
名前 たけ 難読 虎刺(ありどおし)・虎杖(いたどり)・虎列刺(コレラ)・虎落(もがり)
参考 寅は十二支の第三番目の「寅(いん)」に動物を当てはめたもの。

【虎威】(こい(ゐ)) とらの威光。つよい勢い。【仮(假)ニ━━ 】(とらのいをかる) きつねが、とらの威光を借りて、百獣をおどした故事。勢いのある者の威光をかさにきて、下の者をおどかすたとえ。〈戦国策・楚〉
【虎疫】(こえき) コレラ。伝染病の一種。虎列刺(コレラ)。
【虎牙】(こが) ①とらのきば。また、前歯の出ていること、岩などのそびえているさま。②漢代、将軍の称号の一つ。
【虎関(關)】(こかん(くゎん)) 日本南北朝時代の臨済(りんざい)宗の僧の号。姓名は藤原師錬(しれん)。五山学僧の第一といわれる。「元亨釈書(げんこうしゃくしょ)」「聚分韻略(しゅうぶんいんりゃく)」などを著す。(一二七八～一三四六)
【━詩話】(こかん(くゎん)しわ) 国書名。虎関禅師が作った詩話の書物。
【虎眼】(こがん) ①とらの目。②眼病の一種。トラコーマ。「トラホーム」。
【虎踞】(こきょ) ①とらのようにうずくまる。②雄大な土地のようす。③岩石がふしぎな形をしているさま。
【虎渓(溪)】(こけい) 江西省廬山(ろざん)の川の名。【虎渓(溪)三笑】(こけいさんしょう(せう)) 晋(しん)の慧遠(えおん)法師が、陶潜(とうせん)・陸修静の二人を送って、思わず外出区域外の虎渓を渡り、とらの声で気がついて大笑いしたという故事。〈廬山記(ろざんき)〉

【虎穴】こけつ ①とらの住むあな。②危険な場所。【不レ入二虎穴一不レ得二虎子一】こけつにいらずんばこじをえず 危険をおかさなければ、大きな収穫は得られないたとえ。〈後漢書ごかんじょ・班超はんちょう伝〉

【虎口】ここう ①とらの口。②危険な場所・場合。恐ろしいたとえ。【—余(餘)生】ここうよせい ①非常に危険なめに会って、やっと逃げ出ることができる。②戯曲の名。

【虎項】ここう とらのくび。

【虎子】㊀こし ①とらの子。②便器。おまる。㊁こじ ①とらの子。②たいせつなもののたとえ。㊂とらの 国たいせつにしているお金や品物。

【虎視】こし ①とらが四方を鋭く見渡すこと。②強い者が静かに機会を待つこと。【虎視眈眈】こしたんたん 「虎視」の②に同じ。〈易経えききょう・頤卦いか〉

【虎兕】こじ とらや野牛。「虎兕出二於柙一」こじこうよりいず(猛獣がおりを破って出る。)〈論語・季氏きし〉

【虎耳草】こじそう(さう) 草の名。ゆきのした。石荷葉せきかよう。

【虎将(將)】こしょう(しゃう) ①将軍の官名。②勇ましく強い将軍。

【虎嘯】こしょう(せう) ①とらがほえ叫ぶ。②英雄が志を得て活躍する。

【虎杖】こじょう(ぢゃう) 植物の名。いたどり。

【虎臣】こしん ①勇ましい家来。②護衛の臣。

【虎髯】こぜん ①とらのひげ。②ピンとはったほおひげ。

【虎竹】こちく 銅虎符どうこふと竹使符ちくしふ。ともに漢代に用いた割り符。

【虎頭】㊀ことう ①とらの頭。②とらの形をした頭。出世をする人相。「燕頷えんがん虎頭」㊁とらがしら 国漢字の部首「虍」のよび名。【—蛇尾】ことうだび 「竜頭りゅうとう蛇尾」(一四五六ペ・下)に同じ。

【虎搏】こはく はげしい戦いの形容。竜攘虎搏りゅうじょうこはく。

【虎斑】こはん・とらふ とらの皮のまだらもよう。

【虎皮】こひ とらの皮。【—下】こひか 手紙のあて名の下につけることば(おもに学者や軍人に対して使う)。「机下」「座下」などと同じ。

【虎尾】こび とらの尾。【—春氷】こびしゅんぴょう とらの尾と春の氷。きわめて危険なもののたとえ。〈書経しょきょう・君牙くんが〉【履二——一】こびをふむ 危険をおかすことのたとえ。〈易経えききょう・履卦りか〉【蹈二——一】こびをふむ 「履二虎尾一」に同じ。〈書経しょきょう・君牙くんが〉

【虎豹】こひょう(へう) ①とらとひょう。②君子のたとえ。③強くあらあらしい者。④とらやひょうの形をした岩石。【—之鞟】こひょう(へう)のかく(くわく) とらやひょうのように、美しい貴重な皮。〈論語・顔淵がんえん〉【—之秦】こひょう(へう)のしん 強暴な秦の国。虎狼之秦。〈王安石・読二孟嘗君伝一もうしょうくんでんをよむ〉

【虎符】こふ 銅製で、とらの形の割り符。戦いに兵を出す証拠に用いた。

【虎変(變)】こへん ①とらの皮のもようのように明らかに変化する。②制度や文化がりっぱに改革される。③徳が進歩する。「大人たいじん虎変」〈易経えききょう・革卦かくか〉

【虎榜】こぼう(ばう) ①進士(高等官)試験の及第者の名を掲示するふだ。②進士の及第者。

【虎賁】こほん ①勇ましい兵士・軍隊。賁は、走ること。②官名。天子や宮中をまもった。＝虎奔 【—中郎将(將)】こほんちゅうろうしょう(ちゅうらうしゃう) 「虎賁」の②に同じ。【—衛(衞)士】こほんのえいし(ゑいし) 強い護衛兵。

【虎翼】こよく 勢力のあるものが、さらに権力を増すこと。

【虎落】こらく・もがり ①戦いのときなどに、竹を組んでさくにしたもの。②国竹をならべたものほし。③国ゆすり。かたり。【—笛】もがりぶえ 国冬の厳しい風がもがりに吹きあたって発する、笛のような音。

【虎旅】こりょ 宮門を守る兵。近衛このえの軍隊。

【虎狼】ころう(らう) ①とらとおおかみ。②むごい人。③おそろしい人。【—心】ころう(らう)のこころ むごい心。【—之秦】ころう(らう)のしん 乱暴でむごい秦の国。虎豹之秦。

【虎巻】とらのまき 国①兵法の秘伝をしるした書物。②秘伝書。③手軽な学習参考書。たねほん。あんちょこ。

【虎負レ嵎】とらぐうをおう(おふ) ①とらが、山の曲がりかどを背にして立つ。けわしいところによって身がまえる。〈孟子もうし・尽心じんしん下〉②英雄が、一地方を根拠にして、独立する。

【画(畫)レ虎類レ狗】とらをえがいて(ゑがいて)いぬにるいす とらの絵が、いぬに似てしまう。豪傑ごうけつのまねをして、軽薄な人間になってしまうたとえ。〈後漢書ごかんじょ・馬援ばえん伝〉

【養レ虎遺レ患】とらをやしないて(やしなひて)うれいをのこす(うれひをのこす) 取り除くべき者をそのままにしておいて、災いを受ける。悪人を近づけるなということ。

◆大虎おおとら・白虎びゃっこ・伏虎ふっこ・猛虎もうこ・暴虎ぼうこ・竜虎りゅうこ

虍3【虐】〔9〕 常 ギャク しいたげる　J 2152　U 8650

旧字 虍3【虐】〔9〕 ギャク 漢 入 薬 nüè ニュエ　U補J ——

筆順 丨 ト ⺊ 广 卢 虍 虐 虐

意味 ①〈しいた・げる(しひた・ぐ)〉むごいあつかいをする。「虐待ぎゃくたい」「虐遇ぎゃくぐう」②〈そこな・う(——・ふ)〉いためつける。③〈から・い(——・し)〉ひどい。むごい。④〈わざわい(わざはひ)〉災難。⑤むごい刑罰。⑥ほしいまま。

解字  会意。虍と彐とを合わせた字。虍はとら。彐は、ヨの反対で、爪つめをさかさまにした形。虐は、とらが足をさかさまにして人をつかむことを表し、むごい意味になる。

【虐威】ぎゃくい(ゐ) 民を苦しめる政治をして人民をおどかす。

【虐刑】ぎゃくけい むごたらしい刑罰。

【虐殺】ぎゃくさつ むごたらしい殺し方。

【虐使】ぎゃくし むごたらしくこき使う。

【虐刃】ぎゃくじん ざんこくな殺し方。

【虐政】ぎゃくせい ひどい政治。民を苦しめる政治。

◆大虐たいぎゃく・五虐ごぎゃく・可虐かぎゃく・悪虐あくぎゃく・横虐おうぎゃく・暴虐ぼうぎゃく

虍4【虔】〔10〕 標 ケン 漢 平 先 qián チエン　J 7342　U 8654

意味 ①〈つつし・む〉うやうやしくする。「敬虔」②〈ころ・す〉人を殺す。③〈かた・い(——・し)〉堅固。④伐採する。

【虔恪】けんかく つつしむ。恪も、つつしむ意。

【虔恭】けんきょう つつしみうやうやしくする。

【虔虔】けんけん よくよくつつしむさま。

【虔事】けんじ つつしんで主君につかえる。

【虔粛(肅)】けんしゅく きびしくつつしむ。

【虔信】けんしん つつしんで信仰する。

【虔誠】けんせい つつしんでまことのあること。

【虔劉】けんりゅう(りう) 殺す。劉も、殺す意。〈左伝・成公〉

◆敬虔けいけん・恭虔きょうけん

虍4【虓】〔10〕 コウ(カウ) 漢 平 肴 xiāo シアオ　J ②8725　補 5826　U 8653

意味 ①〈ほ・える(——・ゆ)〉とらがほえる。②けものが叫ぶ。③たけだけしいようす。

【虓闞】こうかん(かう) ①怒って叫ぶさま。②怒るさま。

【虓虎】こうこ(かう) ①怒ったとら。②勇ましく強い大将や兵士。

【虓将(將)】こうしょう(かうしゃう) 勇ましく強い将軍。勇猛なたとえ。

【虓怒】こうど(かう) とらが怒ってほえるさま。

虍4【虒】〔10〕 ㊀シ 漢 平 支 sī スー　㊁テイ 漢 平 斉 tí ティー　㊂チ 漢 上 紙 zhì チー　補 5825　U 8652

意味 ㊀獣の名。つのとら。とらに似て角があり水行する。㊁虒奚けいは、北京市密雲県にあった県名。㊂①茈虒しちは、ふぞろいのようす。②虒祁しきは、晋しんの平公が築いた宮殿の

竹米糸缶网(罒・⺳)羊(⺶)羽(羽)老(耂)而耒(耒)耳
6画
聿肉(月)臣自至臼(臼)舌舛(舛)舟艮色艸(艹・艹)虍虫血行衣(衤)襾(西)

名。山西省侯馬市。

虍4【虑】〔10〕ヒツ 漢 入 質 lü リュイ U補J 8651

意味 うれえるさま。

参考 虑は「慮」(四九九ジ・上)の中国新字体としても使う。

応用例 滤(濾)

虍5【虚】〔11〕常 キョ・コ U補J 2185 865A

旧字 虍6【虛】〔12〕人 キョ 漢 コ 呉 平 魚 xū シュイ U補J ①9146 865B

筆順 丨 ト 卜 广 卢 虍 虍 虚 虚 虚

虍5【虗】〔11〕俗字 U補J ①9145 5828 8657

意味 ①おか。土の山。②あと。遺跡。＝墟きょ ③〈むなし・い(むな・し)〉なにもない。④〈うそ〉㋐ほんとうでない。「虚言」㋑にせ。つくりごと。「虚病きょへい」㋒うわべだけのこと。「虚礼」⑤〈そら〉大空。「虚空こくう」「大虚」⑥〈とみて〉北方の星の名。二十八宿の一つ。「虚宿きょしゅく」⑦〈から〉なかがからっぽなこと。⑧道家の用語。「虚無」⑨中国医学で、精気が不足した状態。「虚弱」⑩〈うろ〉〈うつろ〉内部がからっぽになっている所。空虚。ほら穴。⑪すみか。いる場所。

解字  形声。丘が形を表し、虍こが音を示す。丘は丘で、おかのこと。虍は虎で、大きいという気持ちがある。虚は大きな丘である。大きい丘で、まんなかがへこんでいる盆地をいう。そこから、「うつろ」という意味も生じた。

難読 虚貝うつせがい・虚言そらごと

【虚位】きょい(ゐ) ①あいている地位。空位。②名だけの地位。
【虚威】きょい(ゐ) からいばり。表面だけの威勢。
【虚隠(隱)】きょいん にせの世捨て人。⇔真隠
【虚栄(榮)】きょえい(えい) ①実質の伴わない名誉。②国うわべの飾り。みえ。
【虚仮(假)】一きょか いつわり。うそ。内心とうわべと違う。二こけ ①うそ。②国おろか。ばか。③国おろか者。④国へた。
【——心】こけしん 仏真実でない心。
【虚喝(喝)】きょかつ こけおどし。虚勢をはっておどす。
【虚間】きょかん ①むなしいところ。②ひまですることがないとき。世俗のしごとのないとき。つれづれ。
【虚器】きょき ①役にたたない道具。②からのうつわ。③名ばかりで実のないもの。
【虚偽(僞)】きょぎ うそいつわり。
【虚憍】きょきょう(けう) からいばり。むなしいおごり。
【虚虚(虛)実(實)実(實)】きょきょじつじつ ①互いに計略をめぐらし、相手をうかがってわたりあうこと。②策略をめぐらして、相手の腹をさぐりあうこと。
【虚言】きょげん うそ。でたらめのことば。「豈虚言哉あにきょげんならんや」(でたらめのことばではない。)〈老子・二十二〉
【虚夸】きょこ 誇大にふるまう。ほらをふくこと。＝虚誇
【虚誇】きょこ ほらをふくこと。＝虚夸
【虚語】きょご うその話。でたらめのことば。
【虚幌】きょこう(くわう) 月が明るく照らす窓のカーテン。また、人けのないへやの窓のとばり。「何時倚虚幌いずれのときかきょこうによる」〈杜甫とほの詩・月夜〉
【虚構】きょこう ①つくりごと。うそ。②つくりばなし。フィクション。
【虚谷】きょこく 人けのない谷。だれもいない山中。【——伝(傳)声(聲)】きょこくこえ(こゑ)をつたう(つたふ) 人けのない谷間のこだま。実質のないこと。
【虚歳】きょさい なにごともなく、平穏無事な年。
【虚死】きょし なにもせず、むなしく一生を終わる。犬死に。
【虚詞】きょし ①中国文法用語の一つ。名詞・動詞・形容詞・代詞・数詞・量詞などを「実詞」と呼ぶのに対し、副詞・介詞・連詞・助詞など付属語を一括した呼び名。②もと、「助字」「助辞」などと呼んだものを「虚字」と言い換えた場合、これを「虚詞」ということもある。
【虚字】きょじ ①「助字じょじ」(一七五ジ・中)の別な呼び名。②「虚詞」の古い呼び名。
【虚辞(辭)】きょじ ①いつわりのことば。②役にたたないことばやきまり。
【虚室】きょしつ がらんとしたへや。「虚室有余間きょしつよかんあり」(がらんとしたへやには、ゆったりとした気分がある。)〈陶潜とうせんの詩・帰園田居えんでんのきょにかえる〉【——生白】きょしつはくをしょう(しゃう)ず 開放したへやには、日光がさしこんで明るくなる。心をむなしくすれば、真理をさとることができるたとえ。〈荘子そうじ・人間世〉
【虚日】きょじつ ひまな日。つれづれな一日。
【虚実(實)】きょじつ ①なかみのあることとないこと。②うそとまこと。【——皮膜論】きょじつひにくろん 国真実とつくりごととのわずかの間に、客に慰みを与える芸術が存在するという意見。「難波土産なにわみやげ」にある、近松門左衛門の言。
【虚弱】きょじゃく ①からだが弱い。②勢力が弱い。
【虚受】きょじゅ ①才能がなくて官職につく。②私心を持たずに人の意見を聞き入れる。
【虚舟】きょしゅう(しう) からの舟。人の乗っていない舟。
【虚腫】きょしょう むくみ。
【虚掌実(實)指】きょしょう(しゃう)じっし 書道で、手のひらを広く、うつろにし、指先をそろえ、力を入れて筆を持つこと。
【虚飾】きょしょく うわべだけのかざり。みえ。
【虚心】一きょしん ①私心を持たぬこと。②心にわだかまりのないこと。二シュイシン xūxīn 現一に同じ。【——坦懐(懷)】きょしんたんかい(くわい) 「虚心平気」に同じ。【——平気(氣)】きょしんへいき 先入観を持たず、公平な態度でいること。なにも考えず、静かにしていること。
【虚数(數)】きょすう ①むだな数。②数負数の平方根。⇔実数
【虚生】きょせい むなしい一生。一生をむなしくすごすこと。
【虚声(聲)】きょせい ①こけおどしの声。②根も葉もない評判。③やまびこ。こだま。
【虚勢】きょせい からいばり。みせかけの強がり。
【虚静(靜)】きょせい 何も考えずに静かにしていること。
【虚説】きょせつ うそのはなし。つくりごと。
【虚像】きょぞう(ざう) ひゆ的に、評判や見かけだけのもので、実際には存在しないもの。⇔実像
【虚脱】きょだつ ①医急に心臓が弱り、からだが冷える状態。②気力が抜けきること。「虚脱状態」
【虚誕】きょたん でたらめ。
【虚談】きょだん うその話。虚語。
【虚伝(傳)】きょでん うそのうわさ。いつわりの言い伝え。
【虚堂】きょどう(だう) がらんとしたへや。人のいないへや。【——懸鏡】きょどうけんきょう(きゃう) だれもいないへやに、かがみをかける。裁判官が、公明正大で曲がったことをしないこと。〈宋史〉
【虚聞】きょぶん 根拠のないうわさ。
【虚壁】きょへき 木も、なにもない絶壁。また、あれはてたかべ。
【虚報】きょほう うそのしらせ。
【虚無】きょむ ①なにもないこと。から。②有とか無とかを超越した、絶対無の境地。③大空。
【虚名】きょめい ①実力を越えた名声。②うわべだけの評判。
【虚妄】きょもう(まう)・きょぼう(ばう) ①いつわり。でたらめ。②迷信。
【虚礼(禮)】きょれい 形だけで、まごころのこもらない礼儀。
【虚霊(靈)不昧】きょれいふまい 心の働きが神秘的で、しかもなんでも明らかに知ることができる。虚霊は、心がじっと動かず、しかも神秘的な働きをすること。不昧は、暗くないこと。〈朱熹しゅき・大学章句注〉

【虚労(勞)】からだが疲れて衰弱する。

【虚論】空虚な議論。口さきだけで実際的でない意見。

【虚空】①空。②むなしい。なにもない。【——蔵(藏)】仏の名。知恵や慈悲の広くて大きい菩薩。〖——打レ橛〗なにもないところに、くいを打ちこむ。なんのてごたえもないこと。ぬかにくぎ。

【虚無僧(僧)】国普化宗の僧。髪はそらず、天蓋をかぶり、尺八を吹いて歩く。ぼろんじ。ぼろぼろ。

〖馮レ虚御レ風〗空中に身を浮かべ、風に乗ってはしる。〈蘇軾・前赤壁賦〉
◆太虚・沖虚・空虚・盈虚・腎虚・謙虚

虍5【虖】〔11〕コ 漢 平 虞 hū フー　U 8656　補 5827　J ②8726
意味 ①〈ああ〉嘆声。②とらがほえる声。③〈か〉〈や〉疑問・反語を表す助詞。「乎」の古字。④〈おいて〉〈より〉〈に〉介詞。「於」「于」と同じように用いられる。

虍5【虘】〔11〕サ 漢 平 歌 cuó ツオ　U 8658　補 5829　J —
意味 ①とらが荒々しく、ずる賢いさま。②とらの模様。

虍5【虙】〔11〕フク 漢 入 屋 fú フー　U 8659　補 5830　J —
意味 ①とらが慣れて伏す。②姓。＝伏・宓

虍5【處】〔11〕旧→処(一五〇ジ・中)

虍5〖彪〗→彡部八画(四五四ジ・中)

虍6【虛】〔12〕旧→虚(一〇九六ジ・上)

虍6【虜】〔12〕旧→虜(本ジ・中)

虍6【虩】〔12〕古→虎(一〇九四ジ・下)

虍7【虞】〔13〕常 おそれ　U 865E　補 —　J 2283

旧字 虍7【虞】〔13〕グ 漢 呉 平 虞 yú ユイ　U —　補 —　J —

筆順 丶 ⺊ 𠂈 广 虍 虐 虞 虞

意味 ①騶虞は、獣の名。②〈はか・る〉〈おもんぱか・る〉心配する。思いめぐらす。考慮する。③〈おそ・れる(——・る)〉心配する。④〈おそれ〉心配。懸念。⑤あざむく。だます。⑥〈たのし・む〉⑦〈やすん・じる(——・ず)〉安心する。⑧〈あやまり〉まちがい。⑨古代に、山林沢沼を管理した役人。⑩葬式のあとの祭り。⑪姓。有虞氏は、帝舜の号。

解字 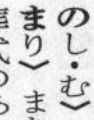 形声。虍が形を表し、呉が音を示す。虞は、騶虞という獣の名で、黒い紋のある白虎をいう。娯と通じて、たのしむ意味になる。

名前 すけ・もち・やす

【虞淵】①太陽の沈む所。②たそがれ。

【虞夏】舜と禹。ともに昔の聖天子。また、その時代。

【虞姫】「虞美人」に同じ。

【虞舜(舜)】昔の聖天子。帝舜。

【虞初】人名。漢の武帝時代の人。小説をつくった。【——新志】書名。清の張潮の小説集。

【虞人】①山林や沼沢をつかさどる役人。②天子の庭園などを守る役人。

【虞芮】虞の国と芮の国。周代初期の二つの国の名。〖——争(爭)レ田〗他を見て自らを改める意。昔、虞・芮二国の人が、田の境界を争って決せず、西伯に訴えただそうとして周に出向いたところ、そこでは、人々が互いに畔を譲り合っているさまを見、大いに恥じて帰国したという故事。〈史記・周記〉

【虞世南】人名。唐初の学者・書家。(五五八〜六三八)「北堂書鈔」という百科辞書を著した。

【虞仲】人名。周の大王の次男。弟の季歴を相続させるため、兄の太伯と、呉の国に逃げて隠れ住んだ。

【虞犯】犯罪を行う心配があること。「虞犯少年」

【虞美人】楚の項羽が愛したきさき。(?〜前二〇二)【——草】①草の名。ひなげし。②宋の曽鞏が作った詩の題名。③国夏目漱石の小説の題名。

虍7【虜】〔13〕常 リョ　U 865C　補 ①9147　J 4626

旧字 虍6【虜】〔12〕人 リョ 漢 慣 上 麌 lǔ ルー　U F936　補 —　J —

筆順 丶 ⺊ 𠂈 广 虍 虏 虏 虜

意味 ①〈とりこ〉いけどり。「捕虜」②〈かす・める(——・む)〉〈とら・える(——・ふ)〉うばう。とりこにする。③〈しもべ〉めしつかい。④〈えびす〉野蛮人。⑤敵。敵をののしることば。「敵虜」

解字 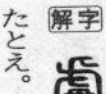 会意・形声。虍と毌と力を合わせた字で、虍が音を示す。毌はつなでつなぐこと。虜は、たけだけしい敵を力でとらえることで、とりこをいう。虍は虎でたけだけしいもののたとえ。

【虜営(營)】蛮族のかためる陣地。えびすのとりで。
【虜獲】いけどりにしたり、首をとったりする。
【虜艦】①敵の軍艦。②蛮族のいくさぶね。
【虜騎】①蛮族の騎兵。②敵の騎兵。
【虜囚】とりこ。捕虜。
【虜将(將)】①蛮族の大将。②敵の大将。
【虜廷】えびすの朝廷。＝虜廷
【虜兵】①蛮族の兵士。②とりこにした兵隊。
【虜掠】人をとりこにし、物をうばいとる。
◆囚虜・俘虜・降虜・捕虜

虍7【號】〔13〕旧→号(二一〇ジ・下)

虍8【虡】〔14〕キョ 漢 上 語 jù チュイ　U 8661　補 5833　J —
竹11【簴】〔17〕同字　U 25CA4　補 —　J —
意味 ①楽器をかける台のたて柱。②小さい机。

虍8【虓】〔14〕一 コウ(カウ) 漢 一 上 巧 jiǎo チアオ　二 コウ(カウ) 漢 ゴウ(ガウ) 呉 二 平 豪 háo ハオ　U 8660　補 5832　J —
意味 一虎のなき声。二「號」(二一〇ジ・下)の同字。

虍9【虢】〔15〕カク(クヮク) 漢 入 陌 guó クオ　U 8662　補 5834　J ①9148
意味 ①とらのつめあと。②国名。周の文王の弟が封じられた。㋐東虢は、今の河南省滎陽市にあった。㋑西虢は、今の陝西省宝鶏県にあった。③姓。
【虢国(國)夫人】①唐の楊貴妃の姉の称号。②杜甫の詩の題。
【虢叔】人名。周の文王の弟。

虍9【虣】〔15〕ホウ 漢 去 号 bào パオ　U 8663　補 5835　J —
意味 ①〈しいた・げる(しひた・ぐ)〉暴力を加える。②〈たけ・し〉あらあらしい。③猛獣。

虍9〖膚〗→肉部十一画(一〇二七ジ・中)

虍9〖慮〗→心部十一画(四九九ジ・上)

虍10【虤】〔16〕ガン 漢 平 刪 ゲン 呉 yán イエン U補J 5836 8664

意味 虎が怒る。また、そのさま。

虍11【虧】〔17〕キ 漢 平 支 kuī コイ U補J 7344 8667

虍10［【盧】］↓皿部十一画(八六四ジ・下)

虍11【虧】〔17〕本字 U補J

虍12【虧】〔18〕或体 U補J 271FE

意味〈か・ける(―・く)〉①へる。②損をする。③くずれる。④こわれる。⑤月が欠ける。⑥少なくなる。⑦さいわいにも。

【虧盈】えい 月が欠けたり満ちたりする。
【虧欠(缺)】けつ 欠ける。不完全。
【虧月】げつ 満月以後の欠けた月。
【虧失】しつ 欠けてなくなる。
【虧食(「蝕」)】しょく ①日月が欠ける。②日食と月食。＝虧食
【虧心】しん 道徳心が欠けていること。
【虧損】そん 物が欠けていたむ。

虍12【虢】〔18〕ケキ 漢 入 陌 ゲキ 慣 xì シー U補J 5837 8669

意味 おそれるさま。おどろきおそれる。「虢虢げきげき」

6画 虫部 むし むしへん

【部首解説】蛇の「まむし」にかたどる。これを三つ重ねた「蟲」が「昆虫」を表す。この部には、昆虫や蛇、かえるなど小動物に関連するものが多く、「虫」の形を文字の構成要素とする文字が属する。

虫0【虫】〔6〕学1 チュウ むし U補J 3578 866B

旧字 虫12【蟲】〔18〕チュウ 漢 呉 平 東 (チウ) chóng チョン U補J 7421 87F2

筆順 丨 ロ 口 中 虫 虫

虫1【䖝】〔7〕俗字 U補J ①9149 459D

虫2【〓】〔8〕俗字 U補J

意味 ①〈むし〉こん虫の総称。②動物の総称。㋐鳥の類。「羽虫うちゅう」㋑けもの。「毛虫もうちゅう」㋒かめの類。「甲虫こうちゅう」㋓魚の類。「鱗虫りんちゅう」㋔人。「倮虫らちゅう」③〈むしば・む〉虫が食う。「虫蝕ちゅうしょく」④虫の被害。国〈むし〉①こどものかん。かんしゃく。②心。考え。③人をののしることば。「泣虫なきむし」

解字  会意。虫を三つ集めたもの。虫きはもともと「まむし」というへび。これを三つ集めて、虫類の総称とした。蟲は足のあるものをいい、足のないものは豸ちという。

参考 ①「蟲ちゅう」と次項の「虫き」とは別字であるが、古くから「蟲」に代えて「虫」を用いることがあった。②虫は「蟲」の中国新字体としても使う。

応用例 蛊(蠱)

【虫害】ちゅうがい 作物がいなご類に食い荒らされる損害。
【虫蛾】ちゅうが ①虫とあり。蛾は蟻と同じ。②虫類の総称。
【虫蟻】ちゅうぎ 虫やあり。虫けら。
【虫魚】ちゅうぎょ ①虫と魚。②こまかいつまらないことがら。
【虫蝗】ちゅうこう いなご。
【虫災】ちゅうさい 虫のためにうける災害。虫害。
【虫糸(絲)】ちゅうし 虫のはく糸。くもの糸やかいこの糸。
【虫書】ちゅうしょ 虫の形に似た文字。秦しんの八体書の一つ。
【虫垂】ちゅうすい 国盲腸下部の小突起。虫様突起。【――炎】えん 虫垂におきる炎症。虫様突起炎。盲腸炎。
【虫声(聲)】ちゅうせい 虫の鳴きごえ。
【虫霜水旱】ちゅうそうすいかん 虫と霜と大水とひでり。農作物に害をするもの。〈唐書とうじょ・百官志〉
【虫豸】ちゅうち ①足のある虫と足のない虫。虫類の総称。②人をいやしめていうことば。むしけら。
【虫虫(蟲)】ちゅうちゅう ひどくむしあついさま。
【虫篆】ちゅうてん ①「虫書ちゅうしょ」に同じ。②こまかい技術。
【虫媒花】ちゅうばいか こん虫の媒介で花粉が運ばれる花。さくら・ばらなど。↔風媒花・鳥媒花
【虫臂鼠肝】ちゅうひそかん 虫のうでと、ねずみのきも。生物の形態のこまかいたとえ。また、つまらぬ人間や品物をいう。〈荘子そうじ・大宗師だいそうし〉
【虫螟】ちゅうめい ずいむし。作物のくきを食う害虫。
【虫蠟】ちゅうろう いぼたろう虫からとった、ろう。虫白蠟。
【虫送】むしおくり 国田や畑の害虫を追いはらう行事。
【虫供養】むしくよう 国耕作のため心ならずも殺した虫のために行うくよう。
【虫拳】むしけん 国じゃんけんの一種。親指を蛙かえる、人指し指を蛇、小指をなめくじとして勝負する。
【虫唾】むしず 国「虫酸むしず」に同じ。
【虫酸】むしず 国胸がむかむかしてこみあげる胃液。「虫酸が走る」(いやな感じがする。)
【虫垂衣】むしのたれぎぬ 国平安へいあん時代から鎌倉かまくら時代にかけて、女が外出のときにかぶるかさのまわりに下げた薄いきれ。
【虫封】むしふうじ 国こどもに虫気むしけの起こらないように、まじないをする。
【虫除】むしよけ 国①虫害を除く。②虫を防ぐ装置。③毒虫から守る神仏のまじない。
【虫子】チョン chóngzi 現昆虫。虫。

◆毛虫もうちゅう|けむし・幼虫ようちゅう・甲虫こうちゅう|かぶとむし・羽虫うちゅう|はむし・成虫せいちゅう・回虫かいちゅう・芋虫いもむし・泣虫なきむし・昆虫こんちゅう・青虫あおむし・油虫あぶらむし・苦虫にがむし・益虫えきちゅう・害虫がいちゅう・弱虫よわむし・南京虫ナンキンむし

虫0【虫】〔6〕キ 漢 上 尾 呉 huǐ ホイ U補J 3578 866B

意味 毒蛇。

【虫蛇】きだ へび。

虫1【虬】〔7〕同 ↓虯(本ジ・下)

虫2【虯】〔8〕キュウ 漢 平 尤 (キウ) qiú チウ U補J ②8727 5839 866F

虫1【虬】〔7〕同字 U補J ①9150 5838 866C

虫1【〓】〔7〕俗 ↓蟲(本ジ・上)

意味〈みずち(みづち)〉〈あまりょう〉①角つののある竜りゅうの子。②つののない竜。

【虯鬚】きゅうしゅ 曲がりくねったあごひげ。
【虯髯】きゅうぜん まがったひげ。【――客】きゅうぜんかく 隋ずい末から唐初に活躍した、張三という英雄。
【虯蟠】きゅうばん みずちがとぐろをまくように、まつわりつくさま。
【虯竜(龍)】きゅうりゅう ①みずち。竜の一種。②まがった木の形容。「登ニ虯竜一きゅうりゅうにのぼる」

虫2【虱】〔8〕同 ↓蝨(一一〇七ジ・下)

虫2【〓】〔8〕俗 ↓蟲(本ジ・上)

虫3【虶】〔9〕 ウ 漢 | 平 虞 yū ユイ | U補J 8676 5841 —
意味 蚨虶ふうは、虫の名。げじげじ。

虫3【虷】〔9〕 一 カン 漢 | 平 寒 hán ハン | U補J 8677 5842 ②8728
意味 虫の名。ぼうふら。ぼうふり。

虫3【虺】〔9〕 一 キ 漢 | 一 上 尾 huǐ ホイ | 二 カイ 漢 (クヮイ) | 二 平 灰 huī ホイ | U補J 867A 5843 ②8729
意味 一 ①〈まむし〉 毒へびの一種。「虺蛇きだ」「虺蜴きよく」「虺毒きどく」 ②小さいへび。また、大きなへび。 ③姓。 二 病みつかれるさま。「虺頽かいたい」
【虺隤】かいたい(くゎい) 病み疲れる。虺は、疲れて歩けないこと、隤は、つまずいてよろよろすること。「我馬虺隤わがうまかいたいたり」(私の馬は、疲れはてた。)〈詩経しきょう・巻耳けんじ〉
【虺蜴】きえき ①まむしととかげ。 ②とかげ。 ③害をするもの。
【虺虺】きき 雷の音。雷のとどろき。

虫3【虹】〔9〕 常 にじ | 一 コウ 漢 | 一 平 東 hóng ホン、jiàng チアン | 二 コウ(カウ) 漢 | 二 去 送 hòng ホン | 三 コウ(カウ) 漢 | 三 去 送 gòng コン | U補J 8679 3890 —
筆順 ㇀ 口 中 虫 虫 虫一 虹 虹
意味 一 ①〈にじ〉「虹蜺こうげい」 ②半円形の橋や建築物をにじにたとえる。 ③〈みだ・れる(——・る)〉 =訌こう ④〈つぶ・れる(——・る)〉〈つい・える(つひ・ゆ)〉 二 虹洞こうどうは、つらなるさま。 三 安徽あんき省五河県の古県名。
解字 虹(古字形) 形声。虫が形を表し、工こうが音を示す。虫はにじをへびに見立てたもの。工にはつらぬく意味がある。虹は空をつらぬくへびのこと。
地名 虹口ホンキュウ
【虹橋】こうきょう(けう) ①にじ。 ②江蘇こうそ省にある橋の名。
【虹彩】こうさい ひとみのまわりにある、薄いまく。
【虹桟(棧)】こうさん にじのように高いかけ橋。
【虹泉】こうせん たき。瀑布ばくふ。
【虹梁】こうりょう(りゃう) 家のはりに、そりをうたせたもの。
◆白虹はっこう・長虹ちょうこう・彩虹さいこう

虫3【虻】〔9〕 標 ボウ(バウ) 漢 | 平 庚 méng モン | U補J 867B 1626 —
虫9【蝱】〔15〕 本字 | U補J 8771 5921 ①9158
意味 ①〈あぶ〉〈あむ〉 牛や馬の血を吸うこん虫。 ②〈あみがさゆり〉 草の名。貝母ばいも。
地名 虻田あぶた

虫3【虼】〔9〕 gè コー | U補J 867C — —
意味 現 虼蚤コーツァオ gèzao は、虫の名。のみ。

虫3【虵】〔9〕 俗 →蛇(一一ベ・中)

虫4【蚓】〔10〕 イン 漢 | 上 軫 yǐn イン | U補J 8693 7346 —
意味 〈みみず〉 =螾いん 「蚯蚓きゅういん」

虫4【蚜】〔10〕 カ 漢 | 平 麻 yá ヤー | U補J — — —
虫5【䖹】〔11〕 俗字 | U補J 869C 5849 ②8734
意味 〈あぶらむし〉 草木のしるを吸う虫。ありまき。

虫4【蚧】〔10〕 カイ 漢 | 去 卦 jiè チエ | U補J 86A7 5852 —
意味 ①貝の名。 ②蛤蚧こうかいは、ヤモリ科の爬虫類の名。 ③カイガラ虫。樹木や農作物の害虫。 ④皮膚病の一つ。かいせん。 =疥かい

虫4【蚑】〔10〕 キ 漢 | 平 支 qí チー | U補J 8691 5845 ②8733
意味 ①〈は・う(——・ふ)〉 虫がはうさま。「蚑行きこう」「蚑蚑きき」 ②長蚑は、あしたかぐも。

虫4【蚚】〔10〕 キ 漢 | 平 微 qí チー | U補J 869A 5848 —
意味 ①虫の名。貯蔵米を食い荒らすむし。こくぞうむし。 ②蚚父きほは、かまきり。

虫4【蚖】〔10〕 ゲン 漢 | ガン(グヮン) 県 | 平 元 yuán ユワン | U補J 8696 5846 —
意味 ①〈いもり(ゐもり)〉 両棲りょうせい類の一種。 =螈げん ②〈まむし〉 毒へびの名。「蚖蛇げんだ」

虫4【蚣】〔10〕 一 コウ 漢 クウ 県 | 一 平 東 gōng コン | 二 ショウ 漢 | 二 平 冬 zhōng チョン | U補J 86A3 7347 —
意味 一 〈むかで〉 百足。「蜈蚣ごこう」 二 〈きりぎりす〉「蚣蝑しょうしょ」

虫4【蚕】〔10〕 学6 サン かいこ | サン 漢 | 平 覃 cán ツァン | U補J 8695 2729 —
旧字 虫18【蠶】〔24〕 | U補J — — —
筆順 一 二 天 吞 吞 吞 蚕 蚕
虫18【蠺】〔24〕 同字 | U補J 883A 6001 —
虫20【蠽】〔26〕 俗字 | U補J 8836 7436 —
虫8【蝅】〔14〕 俗字 | U補J 8745 5913 —
意味 蠶の俗字。 ①〈かいこ〉〈こ〉「蚕児さんじ」「御蚕おこ(かいこ)」 ②かいこを飼う。「蚕事」「蚕業」「蚕女」「蚕婦」
解字 蠶(古字形) 形声。蚰が形を表し、朁さんが音を示す。蚰は、昆虫。朁は潜と同じく、もぐる意味がある。蠶は、桑くわの葉にもぐりこみ、侵食する虫で、かいこをいう。一説に朁は妊の意味を含み、蠶は、糸をはらむ昆虫のことという。 蚕はもと別字で、みみずのこと。
難読 蚕豆そらまめ・蚕簿まぶし
参考 ①「蠶さん」と次項の「蚕てん」とは別字であるが、古くから「蠶」に代えて「蚕」を用いることがあった。 ②蚕は「蠶」の中国新字体としても使う。
【蚕簿】えびら(まぶし) 国 蚕を入れて、まゆを作らせる竹製のかご。
【蚕日待】かいこびまち(かひこ) 国 養蚕地で、かいこの神をまつる祭り。正月または秋に、女ばかりで行われる。おしら講。
【蚕霊(靈)】こだま 国 かいこの神様。
【蚕衣】さんい ①まゆ。 ②養蚕者の着る着物。 ③きぬの着物。
【蚕月】さんげつ 養蚕の月。陰暦四月。一説に三月。
【蚕繭】さんけん かいこのまゆ。
【蚕渣】さんさ 養蚕のときに生じるくず。汚物。
【蚕座】さんざ かいこを飼う場所。
【蚕史】さんし 「史記しき」の異称。司馬遷しばせんが、罪を得て蚕室に下されてから作ったのでいう。
【蚕糸(絲)】さんし きぬ糸。きいと。
【蚕室】さんしつ ①かいこを飼うへや。 ②罪人を宮刑に処するとき入れるへや。
【蚕食】さんしょく ①かいこが葉を食うように、だんだん他国の領土を侵略すること。 ②重い税をとりたてる。【——鯨呑】さんしょくげいどん かいこが葉を食い、くじらが魚をひとのみにするように、他国の領土を侵略・併合すること。また、悪者が良民をえじきにすること。
【蚕織】さんしょく かいこを飼い、きぬを織る。婦人のしごと。

竹米糸缶网(罒・⺳)羊(⺶)羽(羽)老(耂)而耒(耒)耳 6画 聿肉(月)臣自至臼(臼)舌舛(舛)舟艮色艸(艹・艹)虍虫血行衣(衤)襾(西)

【蚕績】(さんせき) かいこを飼い、糸をつむぐ。

【蚕桑】(さんそう(さう)) かいこと、くわ。養蚕のしごと。

【蚕繅】(さんそう(さう)) かいこを飼い、糸をとる。

【蚕叢】(さんそう) ①蜀の先祖の王。②蜀(今の四川省地方)の異名。「見説蚕叢路(いうならくさんそうのみち)」〈李白の詩・送ニ友人入レ蜀(ゆうじんの、しょくにいるをおくる)〉

【蚕豆】(さんとう) そらまめ。

【蚕婦】(さんぷ) かいこを飼う女。「蚕婦無レ衣匠家漏(さんぷいなく、しょうかもる)」(蚕婦には着る衣服がなく、大工は雨もりのする家に住んでいる。)〈坂井華(さかいか)の詩・売花翁〉

【蚕蛹】(さんよう) かいこのさなぎ。

【蚕齢(齡)】(さんれい) かいこの発育の段階を表すことば。
◇▼毛蚕(けご)・春蚕(はるご/しゅんさん)・夏蚕(なつご/かさん)・秋蚕(あきご/しゅうさん)・原蚕(げんさん)・家蚕(かさん)・野蚕(やさん)・養蚕(ようさん)

虫4 【蚕】〔10〕 テン 漢 上 銑 tiǎn ティエン J 2729 補 ― U 8695
意味 〈みみず〉

虫4 【蚝】〔10〕 シ 漢 去 寘 cì ツー J ②8735 補 ― U 869D
意味 ①けむし。かいこ。いらむし。②虫の名。はんみょう。③かき。＝蠔

虫4 【蚩】〔10〕 シ 漢 平 支 chī チー J 7348 補 ― U 86A9
意味 ①虫の一種。「蚩虫(しちゅう)」②〈おろか〉ばか。③〈わら・う(――・ふ)〉あざ笑う。④〈かろん・じる(――・ず)〉〈あなど・る〉ばかにする。⑤〈みにく・い(――・し)〉きたない。⑥手厚いさま。
【蚩蚩】(しし) ①手厚くていねいなさま。②おろかなさま。③乱れるさま。
【蚩笑】(ししょう(せう)) あざけりわらう。
【蚩尾】(しび) しゃちほこ。鴟尾(しび)。
【蚩妄】(しぼう(ばう)) おろかな人。「清蚩妄人也(せいは、しぼうのひとなり)」〈柳宗元(りゅうそうげん)・宋清(そうせい)伝〉
【蚩尤】(しゆう(いう)) 大昔、黄帝(こうてい)時代の諸侯の名。【――旗】(しゆうき) 兵乱の前じらせになる星の名。

虫4 【蚋】〔10〕 ゼイ 漢 去 霽 ruì ロイ J 7350 補 ― U 868B
意味 ①か。虫の名。蚊。②〈ぶゆ〉〈ぶと〉動物の血を吸う小虫。ぶよ。＝蜹

6画

虫4 【蚇】〔10〕 セキ 漢 入 陌 / シャク 呉 chǐ チー J ②8730 補 ― U 8687
意味 蚇蠖(せきかく)は、しゃくとり虫。

虫4 【蚦】〔10〕 ゼン 漢 平 塩 rán ラン J ― 補 5851 U 86A6
意味 大蛇。「蚦蛇(ぜんだ)」

虫5 【蚺】〔11〕 俗字 J ― 補 ― U 86BA

虫4 【蚤】〔10〕 標 ソウ(サウ) 漢 上 皓 zǎo ツァオ J 3934 補 ― U 86A4
意味 ①〈のみ〉虫の名。②〈はや・い(――・し)〉〈つとに〉㋐早い。「蚤死」㋑朝早い。③爪(つめ)。

【蚤起】(そうき(さうき)) 朝早く起きる。

【蚤甲】(そうこう(さうかふ)) つめ。爪甲。

【蚤歳】(そうさい(さうさい)) 若い年ごろ。

【蚤世】(そうせい(さうせい)) 「蚤夭(そうよう)」に同じ。

【蚤朝】(そうちょう(さうてう)) 朝早く朝廷に出仕すること。

【蚤莫】(そうぼ(さうぼ)) 朝と晩。あけくれ。

【蚤夜】(そうや(さうや)) 朝早くから夜遅くまで。

【蚤夭】(そうよう(さうえう)) 若死に。早死に。

『蚤知之士』(そう(さう)ちのし) 時機を早く見る人。先見の明のある人物。〈史記・楽毅(がっき)列伝〉

『蚤作而夜思』(つとにおきてよるにおもう(おもふ)) 朝早く起きて事務をとり、夜おそくまで策を思いめぐらす。〈柳宗元(りゅうそうげん)・送ニ薛存義之レ任序(せつそんぎの、にんにゆくをおくるじょ)〉

虫4 【蚪】〔10〕 トウ 漢 上 有 / ト 慣 dǒu トウ J 7349 補 ― U 86AA
意味 蝌蚪(かと)は、おたまじゃくし。

虫4 【蚍】〔10〕 ヒ 漢 平 支 pí ピー J ②8732 補 5844 U 868D
意味 ①〈おおあり(おほあり)〉ありの大きなもの。「蚍蜉(ひふ)」②草の名。ぜにあおい。＝芘(ひ)「蚍衃(ひふ)」
『蚍蜉蟻子之援』(ひふぎしのえん(ゑん)) 大ありや、小ありの援助。わずかな援兵。〈韓愈(かんゆ)・張中丞伝後序(ちょうちゅうじょうでんこうじょ)〉
『蚍蜉撼ニ大樹一』(ひふたいじゅをうごかす) 大ありが、大木をゆりうごかす。見識のせまいものが、むやみに大人物を批評するたとえ。〈韓愈(かんゆ)の詩・調ニ張籍一(ちょうせきをあざける)〉

虫4 【蚨】〔10〕 フ 漢 平 虞 fú フー J ②8736 補 5853 U 86A8
意味 青蚨(せいふ)は、南海にすむ虫の名。親子が離れないという。

虫4 【蚡】〔10〕 フン 漢 平 文 fén フェン J ― 補 5850 U 86A1
意味 ①もぐらもち。＝鼢(ふん) ②あつまる。③とぶ。

虫4 【蚠】〔10〕 同字 J ― 補 ― U 86A0

虫4 【蚊】〔10〕 常 か ブン 漢 平 文 wén ウエン J 1867 補 ― U 868A

旧字 虫4 【蚊】〔10〕 J ― 補 ― U ―

筆順 ㇆ 口 中 虫 虫 虫 虫 蚊

虫11 【蟁】〔17〕 本字 J ②8779 補 5950 U 87C1

虫4 【蚉】〔10〕 同字 J ②8731 補 ― U 8689

意味 〈か〉人や動物の血を吸う小虫。ぼうふらの成虫。

解字 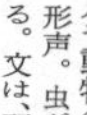 形声。虫が形を表し、文(ぶん)が音を示す。蚊は「か」である。文は、羽の音を表すものであろう。

姓 蚊野(かや)・かの

難読 蚊帳(かや)(付表)

【蚊遣】(かやり) 国 蚊を追うためにいぶすこと。「蚊遣火」

【蚊脚】(ぶんきゃく) 蚊の足。細い字の形容。

【蚊軍】(ぶんぐん) 蚊のむれ。

【蚊子】 一(ぶんし) 蚊。二 wénzi ウエンツ 現 一に同じ。

『蚊子咬ニ鉄(鐵)牛一』(ぶんしてつぎゅう(ぎう)をかむ) 蚊が鉄製の牛をさす。まるで歯がたたないこと。

【蚊睫】(ぶんしょう(せふ)) ①蚊のまつげ。②きわめて細かいもの。

【蚊蚋】(ぶんぜい) ①蚊。蚋も蚊に同じ。②蚊と、ぶよ。

【蚊帳】(ぶんちょう(ちゃう)) かや。＝蚊幮・蚊幬
【蚊虻】(ぶんぼう(ばう)) 「蚊蝱(ぶんぼう)」に同じ。『――走ニ牛羊一』(ぶんぼう(ばう)ぎゅう(ぎう)よう(やう)をはしらす)も 小さなものでも大きなものを制することができるたとえ。〈説苑(ぜいえん)・説叢〉

【蚊蝱】(ぶんぼう(ばう)) 蚊と、あぶ。

【蚊雷】(ぶんらい) 蚊が集まってうなる音をいう。
◇▼縞蚊(しまか)・藪蚊(やぶか)

虫4 【蚌】〔10〕 ホウ(ハウ) 漢 上 講 / ボウ(バウ) 慣 bàng パン J 7351 補 ― U 868C
意味 ＝蜯(ほう) ①〈どぶがい(どぶがひ)〉からすがいの一種。どろがい。真珠をもつものもある。②〈はまぐり〉
【蚌蛤】(ぼうこう(ばうかふ)) はまぐり。【――禅(禪)】(ぼうこうぜん) 仏 はまぐり禅。口をあけるとはらわたまでみすかされる、あさはかな禅。

【蚌珠】(ぼう)しゅ はまぐりからとれる真珠。蠙珠。
【蚌含明月】ぼう(ぼう)めいげつをふくむ はまぐりが、月の光に感じて真珠をふくむこと。

虫 4【蚘】〔10〕 一 カイ 漢 (クヮイ) | 一 平 灰 huí ホイ　二 ユウ 漢 (イウ) | 二 平 尤 yóu ユー　U 8698　補 ①9152　J 5847

意味 一 寄生虫。かいちゅう。＝蛔　二 蚩蚘(しゆう)は、古代神話中の諸侯の名。＝蚩尤

虫 4〖茧〗(一〇五九ページ・下)↓艸部六画

虫 5【蚵】〔11〕 カ 漢 | 平 歌 hē ホー　U 86B5　補 5858

意味 ①蚵蠪(かろう)は、とかげ。②蚵蚾(かは)は、わらじむし。また、ひきがえる。

虫 5【蚶】〔11〕 カン 漢 | 平 覃 hān ハン　U 86B6　J 7352

意味 貝の名。あかがい。きさがい。

虫 5【蚯】〔11〕 キュウ 漢 (キウ) | 平 尤 qiū チウ　U 86AF　J 7353

意味 〈みみず〉「蚯蚓(きゅういん)」

虫 5【蚷】〔11〕 キョ 漢 | 上 語 qú チュイ　U 86B7　補 5859

意味 商蚷(しょうきょ)は、虫の名。やすで。

虫 5【蛍】〔11〕 常 ケイ ほたる　U 86CD　J 2354
旧字 虫 10【螢】〔16〕 ケイ 漢 | 平 青 yíng イン　U 87A2　J 7405

筆順 ⺍ ⺍ 𰀁 ⺍ 𰀁 𰀁 蛍 蛍

意味 〈ほたる〉水辺に住み、腹部から光を放つこん虫。「蛍火」

解字 形声。虫が形を表し、𤇾(けい)が音を示す。𤇾は、小さい火のことをいい、火でまわりをとりまくこともいう。螢は、腹の光る虫で、ほたる。

【蛍案】けいあん 苦労して勉強すること。案は机。↓蛍雪
【蛍火】一 けいか(くゎ) ほたる。ほたるの光。二 ほたるび ①一に同じ。②国 小さく残った炭火。『──乱(亂)飛秋已近』けいか(くゎ)みだれとんであきすでにちかし 晩夏の夜、ほたるがいちめんにいりみだれて飛び、秋ももう近いことを感じさせる。和漢朗詠集所収の詩句。〈元稹(げんしん)の詩・夜坐(やざ)〉
【蛍光】けいこう(くゎう) ①ほたるの出す光。②他から光を当てられたときに発するその物自身の光。
【蛍石】けいせき｜ほたるいし ガラスのような光のある鉱石の一種で熱すると蛍光を発する。
【蛍雪】けいせつ 「蛍雪之功(けいせつのこう)」に同じ。『蛍雪之功』けいせつのこう 苦労して勉強すること。晋(しん)の車胤(しゃいん)や孫康(そんこう)が蛍の光や雪あかりで本を読んだ故事による。
【蛍窓】けいそう(さう) 書斎。「蛍雪之功(けいせつのこう)」を見よ。

虫 5【蚿】〔11〕 ケン 漢 | 平 先 xián シエン　ゲン 慣　U 86BF　補 5862

意味 〈やすで〉虫の名。「馬蚿(ばげん)」

虫 5【蛄】〔11〕 コ 漢 | 平 虞 gū クー　U 86C4　J 7354

意味 ①〈けら〉おけら。虫の名。「螻蛄(ろうこ)」②蟪蛄(けいこ)は、せみの一種。蛉蛄(れいこ)。③こくぞうむし。米につく虫。

虫 5【蚱】〔11〕 サク 漢 | 入 陌 zhà チャー　U 86B1　補 5855　J ②8738

意味 ①蚱蟬(さくせん)は、せみの一種。あきぜみ。ひぐらし。②蚱蜢(さくもう)は、ばった。しょうりょうばった。

虫 5【蛌】〔11〕 ジ 漢 (ヂ) | 平 支 ní ニー　U 86AD　補 5854

意味 蛆蛌(じくじ)は、げじげじ。

虫 5【蛇】〔11〕 常 ジャ・ダ　へび　一 シャ・タ 漢 ジャ 呉 | 一 平 麻 shé ショー　ダ 慣　二 イ 漢 | 二 平 支 yí イー　U 86C7　J 2856

筆順 口 口 中 虫 虫 虫' 虫' 蛇

意味 一 ①〈へび〉〈くちなわ(くちなは)〉②星の名。③怪物の名。二 委蛇(いい)は、①うねうねと続くさま。②ゆったりしたさま。③地面にふしてすすむ。

虫 3【虵】〔9〕 俗字　U 86750　補 5840　J ①9151

解字  会意・形声。它はもともとへびの象形で、ジャの音である。虫へんをつけても同じ。

【蛇蛇】いい ①ゆったりと落ちついたさま。②軽薄なさま。
【蛇形鼈鼻】じゃぎょう(ぎゃう)べつび 形はへびで、はながすっぽん。怪物のこと。
【蛇心仏(佛)口】じゃしんぶっこう 心はよこしまで、口さきだけ親切らしいこと。
【蛇目】じゃのめ 国 ①太い輪の形をした紋所。②蛇の目がさ。
【蛇腹】じゃばら 国 ①写真機で、レンズの焦点距離を調節するための、伸びちぢみする部分。②縫い方が反対になっている糸を合わせた縫い方。
【蛇皮線】じゃびせん｜だびせん 国 琉球(りゅうきゅう)の民族楽器。中国南部の三弦が輸入されたもので、三本の糸がある弦楽器。三線(さんしん)。
【蛇蝎】だかつ へびと、さそり。人のもっともきらうものをいう。＝蛇蠍
【蛇虺】だき ①へびと、まむし。大へびと、小へび。②人に害をなすもの。【──蚊蚋】だきぶんぜい 大へび・小へび・か・ぶよ。毒虫の類。〈白居易(はくきょい)・与微之書(びしにあとうるしょ)〉
【蛇行】だこう(かう) ①うねりくねっていく。②腹ばいになって行く。
【蛇珠】だしゅ 隋侯(ずいこう)がへびを助けたところ、へびが恩返しに持ってきたという宝玉。〈捜神記〉【──雀環】だしゅじゃくかん(くゎん) 恩返し。雀環は、楊宝(ようほう)がすずめを助けたところ、すずめが恩返しに、たまきをくわえて来たという話。
【蛇蛻】だぜい へびのぬけがら。
【蛇足】だそく ①あってもむだなもの。②むだなことをするたとえ。楚(そ)の人が、へびの絵をかいて足をつけた故事。〈戦国策・斉(せい)〉
【蛇毒】だどく｜じゃどく へびのどく。はげしい害。
【蛇蚹】だふ へびの腹のうろこ。これをうごかして進む。
【蛇矛】だぼう ほこの一種。
『蛇雀之報』だじゃくのほう 「蛇珠雀環(だしゅじゃくかん)」に同じ。人の恩に感謝することば。
◆大蛇(だいじゃ｜おろち)・白蛇(はくじゃ｜しろへび)・毒蛇(どくじゃ)・委蛇(いい｜いだ)・長蛇(ちょうだ)・蝮蛇(ふくだ)・蟒蛇(うわばみ｜まむし)・藪蛇(やぶへび)

虫 5【蛀】〔11〕 シュ 漢 | 去 遇 zhù チュー　U 86C0　補 5863

意味 ①〈きくいむし(きくひむし)〉器物に害をする虫。②〈むしば・む〉虫が食う。

虫 5【蛆】〔11〕 ショ 漢 | 平 魚 jū チュイ、qū チュイ　ソ 呉　U 86C6　J 7355

意味 ①〈うじ〉②〈こおろぎ(こほろぎ)〉③蝍蛆(しょくしょ｜そしょく)は、むかで。④酒の表面に浮くあわ。

【蛆蠅糞穢】しょようふんわい｜そようふんわい うじむしや、はえなどの汚物。人をいやしんでいう。〈蘇軾(そしょく)・論商鞅(しょうおうをろんず)〉

竹米糸缶网(罒・罓)羊(⺶)羽(羽)老(耂)而耒(耒)耳
6画
聿肉(月)臣自至臼(臼)舌舛(舛)舟艮色艸(艹・艹)虍虫血行衣(衤)襾(覀)

虫5 【蛅】〔11〕 ゼン 漢 | 平 塩 zhān チャン
U 86C5 補 5866 J —
意味 蛅蟖は、けむし。

虫5 【蛋】〔11〕 標 タン 漢 | 去 翰 dàn タン
U 86CB 補 — J 3533
意味 ①南方の少数民族。水上に住み、漁業を営む。 ②〈たまご〉鳥・かめ・へびの卵。 国〈あま〉漁師。 =蜑
【蛋黄】たまごの中の黄身。卵黄。
【蛋殻】たまごのから。
【蛋戸】①「蛋人」の①に同じ。②あまの家。
【蛋人】①南方(福建・広東地方)に住む少数民族。蛋民。蛋戸。②あま。海人。
【蛋白】①たまごの白身。②蛋白質。【—質】動物・植物の主成分をなす高分子化合物。【—石】宝石の名。オパール。
【蛋糕】dàngāo 現 カステラ。

虫5 【蚳】〔11〕 チ 漢 | 平 支 chí チー
U 86B3 補 5856 J ②8739
意味 ①〈ありのこ〉蟻の卵。食用とした。②伝説上の水中動物。③姓。蚳鼃は、斉の大夫。

虫5 【蛁】〔11〕 チョウ(テウ) 漢 | 平 蕭 diāo ティアオ
U 86C1 補 5864 J ②8740
意味 ①虫の名。②蛁蟟は、せみの名。夏から秋にかけてなく。蟪蛄。蛉蛄。

虫5 【蚹】〔11〕 フ 漢 | 去 遇 fù フー
U 86B9 補 5861 J —
意味 ①へびの下腹部にあるうろこ。②へびの皮。

虫5 【蛃】〔11〕 ヘイ 漢 | 上 梗 ヒョウ(ヒャウ) 呉 bǐng ピン
U 86C3 補 5865 J ②8741
意味 書物や衣類を食う虫。シミ。衣魚。「蛃魚」

虫5 【蚰】〔11〕 一 ユウ(イウ) 漢 | 一 平 尤 ユ 呉 yóu ユー 二 チク 漢 呉 | 二 入 屋 zhú チュー
U 86B0 補 7356 J —
意味 一〈げじげじ(げぢげぢ)〉節足動物の一種。「蚰蜒」 二〈やすで〉節足動物の一種。「馬蚰」 国〈なめくじ(なめくぢ)〉

虫5 【蚴】〔11〕 一 ユウ(イウ) 漢 | 一 上 有 yǒu ユー 二 ユウ(イウ) 漢 | 二 去 宥 yòu ユー
U 86B4 補 5857 J —
意味 一うねりくねって行くさま。「蚴蚪」 二じがばち。「蚴蜕」

虫5 【蛉】〔11〕 標 レイ 漢 | 平 青 líng リン
U 86C9 補 — J 7357
意味 ①蜻蛉は、とんぼ。かげろう。②螟蛉は、あおむし。蛾の幼虫。③蛉蛄は、せみの一種。蟪蛄。

虫5 【蚸】〔11〕 レキ 漢 | 入 陌 リャク 呉 lì リー
U 86B8 補 5860 J ①9153
意味 蟿蚸は、バッタ科の一種。しょうりょうばった。

虫5 【﨡】〔11〕 国字
U FA21 補 — J ②8737
意味 〈に〉〈にい〉姓名に用いる字。

虫5 【蚜】〔11〕 俗 ↓蚜(一〇九九ページ・中)

虫5 【蚫】〔11〕 俗 ↓鮑(一四二〇ページ・中)

虫5 【蚦】〔11〕 俗 ↓蚺(一一〇〇ページ・中)

虫5 【蛎】〔11〕 俗 ↓蠣(一一一三ページ・中)

虫6 【蛙】〔12〕 標 ワ 漢 | 平 麻 ア 慣 wā ワー
U 86D9 補 — J 1931
意味 ①〈かえる(かへる)〉〈かわず(かはづ)〉 ②みだら。みだりがわしい。
【蛙鼓】たくさんのかえるが鳴く声。
【蛙市】かえるが群がり鳴くこと。
【蛙声(聲)】①かえるの鳴く声。②つまらないものの声。③みだらな音楽。
【蛙鳴】かえるの鳴き声。【蛙鳴蟬噪】①かえるやせみが鳴きさわぐこと。〈蘇軾の詩・船上有レ題〉 ②俗人がさわぎたてる。へたな文章や議論。
【蛙股】国①かえるが、またを広げたようなかっこうをした物。②↓「蟇股」(一一〇九ページ・上)
【蛙目粘土】国ねんどの一種。磁器を作るのに使う。がえろめ。
◇井蛙・雨蛙・青蛙

虫6 【蛜】〔12〕 イ 漢 | 平 支 yī イー
U 86DC 補 5872 J —
意味 ①蛜蝛は、わらじむし。おめむし。②蛜蛈は、せみ。

虫6 【蛦】〔12〕 イ 漢 | 平 支 yí イー
U 86E6 補 — J ②8746
意味 ③螊蛦は、とんぼ。

虫6 【蛔】〔12〕 カイ 漢 | 平 灰 (クヮイ) huí ホイ
U 86D4 補 — J 7360
意味 蠍蛔は、鳥の名。きじ。

虫6 【蛕】〔12〕 カイ 漢 | 平 灰 (クヮイ) huí ホイ
U 86D5 補 5869 J ②8743
意味 人や家畜の腸内の寄生虫。蛔虫。回虫。
参考 新表記では、「回」に書きかえる熟語がある。

意味 回虫。はらの中に寄生する虫。

虫6 【蛒】〔12〕 一 カク 漢 | 一 入 陌 キャク 呉 gé コー 二 ラク 漢 呉 | 二 入 薬 luò ルオ
U 86D2 補 5868 J —
意味 一①こがねむしの幼虫。蠐螬。蛭蛒。②毒蜂の名。 二蛒蟘は、昆虫の名。くつわむし。=絡緯

虫6 【蛞】〔12〕 カツ 漢 | 入 曷 (クヮツ) kuò クオ
U 86DE 補 — J 7361
意味 ①〈おたまじゃくし〉かえるの子。②蛞蝓は、なめくじ。③蛞螻は、けら。

虫6 【蛣】〔12〕 一 キツ 漢 | 一 入 質 jié チエ 二 ケツ 漢 | 二 入 屑 qiè チエ
U 86E3 補 5874 J ②8745
意味 一①〈きくいむし(きくひむし)〉「蛣蟯」「蛣蜣」 ②「蛣蜛」「蛣蝠」 ③〈ぼうふり〉ぼうふら。 ②〈くそむし〉「蛣蟩」 二南海にいる大貝。

虫6 【蛩】〔12〕 一 キョウ 漢 | 一 平 冬 qióng チョン 二 キョウ 漢 | 二 上 腫 gǒng コン
U 86E9 補 — J 7362
意味 一①〈こおろぎ(こほろぎ)〉 ②せみのぬけがら。③〈いなご〉 ④〈おそ・れる(——・る)〉 ⑤蛩蛩は、㋐伝説中の獣。㋑憂え思うさま。 二〈げじげじ(げぢげぢ)〉
【蛩声(聲)】こおろぎの鳴き声。

虫6 【蛬】〔12〕 一 キョウ 漢 | 一 平 冬 qióng チョン 二 キョウ 漢 | 二 上 腫 gǒng コン
U 86EC 補 — J 7363
意味 一二〈こおろぎ(こほろぎ)〉きりぎりす。はたおり。=蛩

虫6 【蛐】〔12〕 キョク 漢 | 入 沃 qū チュイ
U 86D0 補 — J —
意味 ①虫の名。みみず。②蛐蛐は、こおろぎ。

虫6 【蚈】〔12〕 ケン 漢 平 先 qiān チエン U 8688 補 ― J 5877
意味 ①虫の名。ほたる。②虫の名。やすで。

虫6 【蛟】〔12〕 コウ 漢 平 肴 (カウ) jiāo チアオ U 86DF 補 ― J 7364
意味 ①〈みずち(みづち)〉竜りゅうの一種。②角のない竜。③わにの類。④さめの類。
【蛟竜(龍)】こうりゅう(かうりよう) ①みずち。②みずちと竜。【――得₂雲雨₁】こう(かう)りょう うんうをう「蛟竜得₂水」こうりょうみずをう に同じ。〈三国志・周瑜しゅうゆ伝〉【――得₂水₁】こう(かう)りょう みず(みづ)をう みずちが、水を得て天にのぼる。機会を得て、志をのばすこと。〈北史・楊大眼伝〉

虫6 【蛤】〔12〕 標 コウ 漢 入 合 (カフ) gé コー、há ハー U 86E4 補 ― J 4026
意味 ①〈はまぐり〉貝の名。②〈がま〉〈かえる(かへる)〉音há ハー。「蛤魚こうぎょ」「蛤蟆こうぼ」
【蛤蜊】こう(かふ)り ①はまぐりとあさり。②しおふき。あさりの一種。

虫6 【蛭】〔12〕 標 ■一 シツ 漢 入 質 zhì チー ■二 テツ 漢 入 屑 dié ティエ U 86ED 補 ― J 4140
意味 ■一①〈ひる〉②けものの名。
【蛭子】■一えびす 国七福神のひとり。たいをつり上げた姿をしている。恵比須。■二ひるこ 国いざなぎの神といざなみの神との間に生まれた第一の御子みこ。【――講】えびすこう 国商売繁盛を祈ってえびすを祭る行事。陰暦十月二十日、また正月十日・十一月二十日にも行う。恵比須講。
【蛭螾】しついん ひるとみみず。つまらない人間のたとえ。
【蛭巻】ひるまき 国刀のさやなどを、籐とうなどで巻いたもの。

虫6 【蛥】〔12〕 セツ 漢 入 屑 ゼチ 呉 shé ショー U 86E5 補 ― J 5875
意味 蛥蚗せっけつは、せみの名。

虫6 【䖳】〔12〕 タ 漢 去 禡 zhà チャー U 45B3 補 ― J ―
意味 くらげ。水中の動物の名。水母。

虫6 【蛛】〔12〕 標 チュウ(チウ) 漢 平 虞 チュ・シュ 慣 zhū チュー U 86DB 補 ― J 7365
意味 蜘蛛ちちゅは、くも。
【蛛糸(絲)】ちゅし|しゅし くもの糸。【――馬跡】ちゅしばせき|しゅしばせき くもが糸を引き、馬が足跡をのこす。文章が意味深長で、よく文脈をたどってはじめてわかるもの。また、手がかりのあること。
【蛛蝥】ちゅぼう|しゅぼう くも。
【蛛網】ちゅもう(まう)|しゅもう(まう) くもの巣。

虫6 【蛮】〔12〕 常 バン U 86EE 補 ― J 4058
旧字 虫19 【蠻】〔25〕 バン 漢 平 刪 mán マン U 883B 補 ― J 7439

筆順 亠 ⺿ 亦 峦 峦 峦 蛮 蛮

意味 ①〈えびす〉㋐南方の異民族をけいべつしていったことば。「南蛮なんばん」㋑文化の開けない民。「蛮族ばんぞく」㋒外国人をけいべつしていうことば。②野蛮なこと。国下品で乱暴なことの形容。「蛮力」「蛮勇」

解字 䜌 形声。虫が形を表し、䜌らんが音を示す。蠻は、南方の未開の種族をいう。虫は、へびで、この野蛮人を、蛇族とみなしたのである。音バンは、䜌の音ランの変化。䜌は乱と同じで、文化がなく、乱れて礼儀を知らないことを表す。一説に䜌は芈びで、南方の楚その国の姓であるとし、蠻は、芈という姓の野蛮人であるという。

参考 蛮は「蠻」の中国新字体としても使う。

【蛮夷】ばんい 東方の野蛮な人種。【――戎狄】ばんいじゅう(じう)てき 四方の野蛮な国々。東夷南蛮西戎北狄。〈国語・楚語そご〉
【蛮音】ばんおん ①蛮地のことば。外国人のことば。方言。②あらあらしいこえ。
【蛮境】ばんきょう(きやう) 蛮人のすむ土地。異国の土地。
【蛮荊】ばんけい 古代、南方の野蛮人。荊は楚その地方。〈詩経しきょう・采芑さいき〉
【蛮語】ばんご 外国人の言語。えびすのことば。
【蛮荒】ばんこう(くわう) 野蛮で開けていない土地。
【蛮触(觸)】ばんしょく 蛮氏と触氏。かたつむりの角の上にある二つの国で、領土問題で大戦争をした話。〈荘子そうじ・則陽〉【――相争(爭)】ばんしょくあい(あひ)あらそう(あらそふ) 「蛮触之争」に同じ。【――之争(爭)】ばんしょくのあらそい(あらそひ) つまらないことで、大きな争いをすること。
【蛮声(聲)】ばんせい あらあらしいこえ。
【蛮俗】ばんぞく 蛮人の風俗。
【蛮地】ばんち 未開の土地。蛮人のいる土地。
【蛮貊】ばんぱく 野蛮人。礼儀を知らない国。蛮は南方、貊は北方の種族。〈詩経しきょう・閟宮ひきゅう〉
【蛮舶】ばんぱく 外国の舟。
【蛮風】ばんぷう 野蛮な風俗。野蛮なならわし。
【蛮方】ばんぽう(ぱう) ひらけてない地方。〈詩経しきょう・抑よく〉
【蛮勇】ばんゆう 国物事をよく考えない、むこうみずな勇気。無謀の勇気。
【蛮力】ばんりょく 国らんぼうな腕力わんりょく。ばかぢから。
【蛮隷】ばんれい 野蛮国から徴発した人夫。
◇生蛮せいばん・南蛮なんばん・荊蛮けいばん・野蛮やばん

虫6 【蛗】〔12〕 フ 漢 上 有 fù フー U 86D7 補 ②8744 J 5870
虫12 【𧒂】〔18〕 同字 U 27482 補 ― J ―
虫12 【𧑉】〔18〕 俗字 U 27449 補 ②8783 J ―
意味 蛗螽ふしゅうは、いなご。＝阜螽ふしゅう

虫6 【蛑】〔12〕 ボウ 漢 平 尤 móu モウ U 86D1 補 ②8742 J 5867
意味 ①根切り虫。②かまきり。

虫6 【蛧】〔12〕 ボウ(バウ) 漢 上 養 モウ(マウ) 呉 wǎng ワン U ― 補 ― J ―
虫6 〔蛧〕〔12〕 俗字 U 86E7 補 ― J 5876
意味 蛧蜽もうりょうは、山川木石の怪物。すだま。

虫6 【蛘】〔12〕 ■一 ヨウ(ヤウ) 漢 ■一 上 養 yǎng ヤン ■二 ヨウ(ヤウ) 漢 ■二 平 陽 yáng ヤン U 86D8 補 ― J ―
意味 ■一かゆい。＝痒よう ■二米の中の小さい黒い虫。

虫6 【蛠】〔12〕 レイ 漢 去 霽 ライ 呉 lì リー U 86E0 補 ― J 5873
意味 貝の名。はまぐりの一種。

虫6 【蛚】〔12〕 レツ 漢 入 屑 レチ 呉 liè リエ U 86DA 補 ― J 5871
意味 蜻蛚せいれつは、虫の名。こおろぎ。蟋蟀しっしゅつ。

虫6 【蛯】〔12〕 国字 U 86EF 補 ― J 7366
意味 〈えび〉海老えび。

虫7 【蜎】〔13〕 ■一 エン 漢 ■一 平 先 yuān ユワン ■二 ケン 漢 ■二 平 先 xuān シュワン U 870E 補 ②8750 J 5885
意味 ■一①〈ぼうふり〉ぼうふら。②いもむしが動くさま。③まがりくねる。■二空をとぶ。

虫7 【蜒】〔13〕 ■一 エン 漢 呉 ■一 平 先 yán イエン ■二 タン 漢 ■二 上 旱 dàn タン U 8712 補 ― J 7367

竹米糸缶网(罒・罓)羊(⺶)羽(羽)老(耂)而耒(耒)耳 6画 聿肉(月)臣自至臼(臼)舌舛(舛)舟艮色艸(艹・艹)虍虫血行衣(衤)襾(西)

意味 ㊀①長くうねりくねるさま。②蜒蚰は、なめくじ。③蚰蜒は、げじげじ。④祝蜒は、やもり。㊁＝蜑(本ページ・下)

虫7【蛾】〔13〕標 ㊀ガ(漢)(呉) ㊀(平)歌 é オー ㊁ギ(漢) ㊁(上)紙 yǐ イー U補J 1875 86FE

虫7【䖸】〔13〕同字 U補J ②8747 45B8

意味 ㊀①〈ひむし〉〈ひひる〉かいこのさなぎが羽化したもの。②美人のまゆげ。「蛾眉」 ㊁〈あり〉＝蟻

【蛾翠(翠)】あおみどり色のまゆ。美人のまゆの、黒く美しい形容。

【蛾眉】①蛾の触角。②美しいまゆ。③美人。【——山】四川省成都市南方の山の名。三〇三五メートル。＝峨眉山

【蛾術】小ありが大ありのしごとを学ぶことで、りっぱな人を見ならって向上するたとえ。〈礼記・学記〉

【蛾賊】後漢末に起こった黄巾賊をいう。〈後漢書・皇甫嵩伝〉

【蛾附】ありのように群がること。

『如蛾赴火』蛾が火に身を投じて死ぬように、欲をむさぼってわが身を滅ぼすこと。

◆毒蛾

虫7【蛺】〔13〕 キョウ(漢) (ケフ) (入)葉 jiá チア U補J ①9154 5878 86FA

意味 ちょう。こん虫の名。蛺蝶は、ちょう類の総称。

虫7【蜐】〔13〕 キョウ(ケフ)(漢) コウ(コフ)(呉) (入)葉 jié チエ U補J ②8751 5887 8710

意味 石蜐は、かめのて。甲殻類の一種。

虫7【蜆】〔13〕 ㊀ケン(漢) ㊁ケン(漢) ㊀(上)銑 xiàn シエン ㊁(上)銑 xiǎn シエン U補J 7368 8706

意味 ㊀〈みのむし〉 ㊁〈しじみ〉貝の名。

虫7【蜈】〔13〕 ゴ(漢)(呉) (平)虞 wú ウー U補J 7369 8708

意味 蜈蚣は、むかで。節足動物の一種。

虫7【蜐】〔13〕 コウ(漢) (カウ) (去)号 kào カオ U補J 272D3

意味 虫の名。きくいむし。かみきりむし。

虫7【蜱】〔13〕 シャ(漢) (平)麻 chē チョー U補J ①9155 5879 86FC

意味 蜱螯は、貝の名。大はまぐり。②〈こおろぎ(こほろぎ)〉 国①〈あしまつい(あしまつひ)〉かまきりの寄生虫。②〈いとど〉

虫7【蜍】〔13〕 ㊀ショ(漢) ジョ(慣) ㊁ヨ(漢) ㊀(平)魚 chú チュー ㊁(平)魚 yú ユィ U補J 7375 870D

意味 ㊀蟾蜍は、①ひきがえる。②月の異名。③水さし。書道の道具。 ㊁蠩蜍は、くも。

虫7【蛸】〔13〕標 ㊀ショウ(セウ)(漢) ㊁ソウ(サウ)(漢) ショウ(セウ)(呉) ㊀(平)蕭 xiāo シアオ ㊁(平)肴 shāo シャオ U補J 3493 86F8

虫7【蛸】〔13〕俗字 U補J

意味 ㊀①螵蛸は、かまきりの卵。また、烏賊。②〈たこ〉「海蛸子」③姓。 ㊁〈あしたかぐも〉くもの一種。あしながぐも。

【蛸絡】国着物のすそのまわりをまくりあげること。

【蛸壺】国たこをつかまえるつぼ。

虫7【蜀】〔13〕標 ショク(漢) (入)沃 shǔ シュー U補J 7370 8700

意味 ①〈あおむし(あをむし)〉いもむし。毛虫。②〈とうまる(たうまる)〉大きいにわとり。③三国時代の国の名。④四川省。⑤四川省にむかしあった国の名。前蜀、後蜀は五代十国の一つ。

【蜀山】①四川省の山。蜀地方の山。②山名。㋐江蘇省宜興市付近。㋑浙江省寧波市付近。

【蜀志】書名。蜀漢の歴史をしるしたもの。「魏志」「呉志」と合わせて「三国志」となっている。

【蜀相】蜀の首相。諸葛亮をいう。

【蜀鳥】ほととぎす。

【蜀都】蜀の都。今の四川省成都市。

【蜀道】①四川省へ通じるけわしい道。②世渡りのむずかしいことのたとえ。【——難】①音楽の曲名。②李白作の詩の題。蜀地方の道のけわしいことを述べたもの。

【蜀魄】ほととぎすの別名。蜀魂。

【蜀漢】三国時代の国名(二二一～二六三)。劉備が漢の後をつぐものとして、蜀地方にたてた。

【蜀錦】「蜀江錦」に同じ。

【蜀江錦】蜀江でさらして作った錦。美しい織物。蜀錦。

【蜀魂】ほととぎすの別名。

『蜀犬吠日』日光に恵まれない蜀では、たまに日を見ると、犬が怪しんでほえる。見識のせまい人が、人のすぐれた言行に対して疑いをさしはさむたとえ。

◆巴蜀・望蜀

虫7【蜃】〔13〕標 シン(漢) (上)軫 shèn シェン U補J 7371 8703

意味 ①貝の名。大はまぐり。②みずちの一種。蜃気楼を出現させるという動物。③はまぐりのからを焼いて作った灰。白い塗料。「蜃灰」④まつりの道具。

【蜃気(氣)】大はまぐりの吐く気。この気によって蜃気楼が起こると信じられた。【——楼(樓)】空気中で光が屈折して、空中や地上に物体があるように見える現象。

【蜃蛤】①大きなはまぐり。②大小のはまぐり。

【蜃市】「蜃気楼」に同じ。

【蜃車】死者のひつぎをのせる車。葬儀車。

虫7【蜄】〔13〕 ㊀シン(漢) ㊁シン(漢) ㊀(去)震 zhèn チェン ㊁(上)軫 shèn シェン U補J 5881 8704

意味 ㊀ゆれ動く。 ㊁＝蜃(前項)

虫7【蜕】〔13〕 セイ(漢) ゼイ(慣) (去)霽 tuì トイ U補J 7372 86FB

意味 ①〈ぬけがら〉〈もぬけ〉せみやへびなどのぬけがら。「蟬蛻」②ぬけ出る。③変化する。

虫7【蜥】〔13〕 ㊀セツ(漢) ㊁テイ(漢) ㊀(入)屑 xué シュエ ㊁(去)霽 dì ティー U補J 272CD

意味 ㊀かにに似た海の動物。 ㊁蜥蝀は、にじ。＝螮

虫7【蜑】〔13〕 タン(漢) (上)旱 dàn タン U補J 7373 8711

意味 〈えびす〉中国南方の少数民族の名。主として漁業を営み、水上で生活する。国〈あま〉漁民。

参考 「蜑」の古字。熟語は「蛋」(一一〇二ページ・上)をも見よ。

【蜑金】国あまが鮑などをとるのに用いる道具。あわび起こし。おこしがね。

【蜑船】㊀蜑の人の乗る舟。㊁国あまの乗る舟。海人舟。漁船。

虫7【蜇】〔13〕 テツ(漢) (入)屑 zhé チョー U補J ②8749 5883 8707

意味 ①海蜇は、くらげ。②虫がさす。音 zhē チョー。

虫7 **【蜓】**〔13〕 一 テン (漢) 一 (上) 銑 diàn ティエン　二 テイ (漢) 二 (平) 青 tíng ティン

J ②8752 補 5888 U 8713

意味 一〈やもり〉「蝘蜓」 二①蜓蚞は、せみの名。②〈とんぼ〉〈やんま〉「蜻蜓」

虫7 **【蜔】**〔13〕 テン (漢) (去) 霰　デン (呉) diàn ティエン

J — 補 5889 U 8714

意味 螺蜔は、貝殻の真珠色の光沢部分を、漆器にはめこんで飾りとしたもの。＝螺鈿

虫7 **【蜉】**〔13〕 フウ (漢) (平) 尤　フ (慣) fú フー

J 7374 補 — U 8709

意味 ①〈おおあり(おほあり)〉 蟻の一種。「蚍蜉」 ②蜉蝣は、かげろう。

【蜉蝣】かげろう。命の短いこん虫の名。【――撼大樹】かげろうが、大きな木をうごかそうとする。力を考えないで、大きなことをしようとする。【寄――於天地】かげろうのようなはかない命を、この天地の間にあずけている。〈蘇軾・前赤壁賦〉

虫7 **【蜅】**〔13〕 一 フ (漢) 一 (上) 麌 fǔ フー　二 ホ (漢) 二 (平) 虞 pú プー

J ②8748 補 5882 U 8705

意味 一かにの一種。二二枚貝の一種。

虫7 **【蜂】**〔13〕 (常) ホウ はち　ホウ (漢) (平) 冬 fēng フォン

J 4310 補 — U 8702

筆順 口 中 虫 虫' 虫ク 虫夂 蜂 蜂

虫17 **【蠭】**〔23〕 本字 J — 補 5990 U 882D

意味 ①〈はち〉こん虫の名。②むらがる。

解字  形声。蜂は本字の蠭の通用字。蠭は、䖵が形を表し、逢が音を示す。䖵は、虫の総称。蠭は、飛揚し腰が細くて毒を持つ虫、はち。

姓 蜂須賀

【蜂窩】はちの巣。【――織炎】皮の下などに起きる炎症。【――住宅】国アパート。

【蜂衙】①はちが巣を出入りすること。衙は軍門。兵士が朝夕の定刻に出入りするのにたとえた。②はちの巣。

【蜂起】多くのものが、一度に行動を起こす。

【蜂聚】はちが集まるように群がること。

【蜂出】群がりでるさま。

【蜂準長目】はちのように鼻すじが高く、また目が細長いこと。りこうで考え深い人相。〈史記・秦始皇本紀〉

【蜂巣】はちの巣。

【蜂蠆】はちとさそり。小さくて猛毒を有するもの。

【蜂房】はちの巣。【――水渦】はちの巣と水のうずまき。建物が集まった形容。〈杜牧・阿房宮賦〉

【蜂腰】①はちのようにくびれた細い腰。②詩の欠点の一つ。五言の詩の第二字と第五字が同じ平仄(音の調子)であること。【――体(體)】律詩の第三・第四句が対句にならない、不規則のもの。

【蜂擁】はちが巣に群がるように、まわりを囲んで集まること。

△雀蜂・熊蜂・蜜蜂・養蜂・女王蜂

虫7 **【蜏】**〔13〕 ユウ(イウ) (漢) (上) 有　ユ (呉) yǒu ユー

J — 補 5886 U 870F

意味 朝蜏は、朝生まれて夕方死ぬという虫の名。＝朝秀

虫7 **【蛹】**〔13〕 ヨウ (漢) (上) 腫 yǒng ヨン

J 7376 補 — U 86F9

意味 〈さなぎ〉 ①かいこのさなぎ。②こん虫が成虫になる前の段階。「蛹虫」

虫7 **【蜊】**〔13〕 リ (漢) (平) 支 lí リー

J 7377 補 — U 870A

意味 蛤蜊は、はまぐり。しおふき。国〈あさり〉

虫7 **【蜋】**〔13〕 一 ロウ(ラウ) (漢)(呉) 一 (平) 陽 láng ラン　二 リョウ(リヤウ) (漢)(呉) 二 (平) 陽 liáng リアン

J ①9157 補 5884 U 870B

意味 一①〈かまきり〉〈いぼじり〉「螳蜋」 ②蜋蜩は、せみの一種。二蜣蜋は、くそむし。

虫10 **【螂】**〔16〕 同字 J 7407 補 — U 8782

虫7 **【䖸】**〔13〕 同→蛾(一一〇四ジ・上)

虫7 **【蛽】**〔13〕 同→貝(一一八四ジ・上)

虫7 〖触〗→角部六画 (一一四四ジ・下)

虫8 **【蜲】**〔14〕 一 イ(ヰ) (漢) 一 (上) 紙 wěi ウエイ　二 イ(ヰ) (漢) 二 (平) 支 wēi ウエイ

J — 補 5905 U 8732

意味 一わらじむし。二蜲蛇は、へびなどがうねり行くさま。曲がりくねったさま。蜲蜿。＝蜲蜲

虫8 **【蜼】**〔14〕 イ(ヰ) (漢) (去) 寘　ルイ (漢) wèi ウエイ

J — 補 5908 U 873C

意味 おながざる。

虫8 **【蜟】**〔14〕 イク (漢)(呉) (入) 屋 yù ユィ

J ②8754 補 5892 U 871F

意味 蝮蜟は、せみの幼虫。また、せみの抜けがら。復蜟。復育。

虫8 **【蜴】**〔14〕 エキ (漢) (入) 陌 yì イー

J 7378 補 — U 8734

意味 蜥蜴は、とかげ。やもり。

参考 「蝪」は別字。

虫8 **【蜿】**〔14〕 一 エン(ヱン) (漢)(呉) 一 (平) 元 yuān ユワン　二 エン(ヱン) (漢)(呉) 二 (上) 阮 wǎn ワン

J 7379 補 — U 873F

意味 一①竜やへびがうねりながら行くさま。②虎の行くさま。二①まがりくねる。②みみず。

【蜿蜒】①竜やへびが、うねって行くさま。②うねりまがっているさま。

【蜿蟬】まがりくねるさま。わだかまるさま。

【蜿蟺】①みみず。虫の名。②まがりくねってうごめくさま。③屈曲しているさま。④わだかまるさま。

虫8 **【蜾】**〔14〕 一 カ(クヮ) (漢) 一 (上) 哿 guǒ クオ　二 ラ (漢) 二 (上) 哿 luǒ ルオ

J ②8759 補 5910 U 873E

意味 【蜾蠃】一〈じがばち〉はちの一種。じがばち。すがる。二〈かたつむり〉＝蜾蠃

虫8 **【蜞】**〔14〕 キ (漢) (平) 支 qí チー

J — 補 5891 U 871E

意味 ①かにに似た動物の名。どろかに。②雷蜞は、ひるの一種。

虫8 **【蜣】**〔14〕 キョウ(キャウ) (漢) (平) 陽 qiāng チアン

J ②8756 補 5894 U 8723

意味 蜣蜋は、くそむし。

竹米糸缶网(罒・⺲)羊(⺶)羽(羽)老(耂)而耒(耒)耳

6画

聿肉(月)臣自至臼(臼)舌舛(舛)舟艮色艸(艹・艹)虍虫血行衣(衤)襾(西)

虫8 【蜺】〔14〕 ゲイ(漢) (去)霽 ní ニー
U 873A 補 5907 J ②8758
意味 ①せみの一種。かんぜみ。②〈にじ〉「虹蜺(こうげい)」

虫8 【蜷】〔14〕 ケン(漢) (平)先 quán チュワン
U 8737 補 — J 7380
意味 へびのとぐろをまいたさま。国〈にな〉〈みな〉たにしに似た細長い貝の名。
姓 蜷川(になかわ)・蜷淵(みなぶち)
【蜷局】(けんきょく) へびがわだかまるさま。とぐろ。

虫8 【蜡】〔14〕 [一]ショ(漢) [一](去)御 qù チュイ [二]サ(漢) [二](去)禡 zhà チャー、chà チャー
U 8721 補 5893 J ②8755
意味 [一]〈うじ〉=蛆 [二]古代の祭りの名。年末に神々を祭る。
参考 蜡は「蠟」(一一一三ページ・下)の中国新字体としても使う。音 là ラー。
【蜡月】(さげつ) 陰暦十二月の異名。蜡祭があるからいう。
【蜡祭】(ささい) 陰暦十二月に行う神々の祭り。

虫8 【蜙】〔14〕 ショウ(漢) (平)冬 sōng ソン
U 8719 補 5890 J ②8753
意味 ①蜙蝑(しょうしょ)は、いなご。②蜈蜙(ごしょう)は、むかで。

虫8 【蜨】〔14〕 ショウ(セフ)(漢) (入)葉 dié ティエ チョウ(テフ)(漢)
U 8728 補 5901 J —
意味 ちょう。=蝶

虫8 【蜻】〔14〕 標 [一]セイ(漢) [一](平)青 qīng チン [二]セイ(漢) [二](平)庚 jīng チン
U 873B 補 — J 7381
意味 [一]①蜻蛉(せいれい)は、とんぼ。あきつ。②蜻蜓(せいてい)は、かげろう。③〈むぎわらぜみ〉せみの一種。[二]蜻蛚(せいれつ)は、こおろぎの一種。きわめて命の短い虫の名。

虫8 【蜹】〔14〕 ゼイ(漢) (去)霽 ruì ロイ
U 8739 補 5906 J —
意味 ①〈ぶゆ〉毒虫の名。ぶよ。ぶと。=蚋(ぜい) ②〈か〉人をさす虫。③あぶ。④毒へびの名。⑤〈だに〉

虫8 【蜥】〔14〕 セキ(漢) (入)錫 xī シー
U 8725 補 — J 7382
意味 〈とかげ〉〈やもり〉「蜥蜴(せきえき)」

虫8 【蜘】〔14〕 標 チ(漢)(呉) (平)支 zhī チー
U 8718 補 — J 3556
意味 〈くも〉「蜘蛛(ちちゅ)」

虫8 【蜩】〔14〕 チョウ(テウ)(漢) (平)蕭 tiáo ティアオ
U 8729 補 — J 7383
意味 〈せみ〉せみの総称。国〈ひぐらし〉
【蜩甲】(ちょうこう(てうかふ)) せみのぬけがら。
【蜩蟬】(ちょうぜん(てう)) せみ。ひぐらし。
【蜩螗】(ちょうとう(てうたう)) ひぐらし。せみの一種。
【蜩螗沸羹】(ちょうとうふっこう(てうたうかう)) ひぐらしやなつぜみが鳴いたり、湯がわいたり、スープが煮えたぎるようである。酒を飲んで笑い騒ぐさま。また、暴君をうらんで、人民たちが嘆き騒ぐさま。天下の乱れるさま。〈詩経(しきょう)・蕩(とう)〉
【蜩腹】(ちょうふく(てう)) せみの胴。

虫8 【蝃】〔14〕 テイ(漢) (去)霽 dì ティー
U 8743 補 5912 J ②8761
意味 蝃蝀(ていとう)は、虹(にじ)。

虫8 【蝀】〔14〕 トウ(漢) (平)東 dōng トン
U 8740 補 5910 J ②8760
意味 蝃蝀(ていとう)は、虹(にじ)。

虫8 【蜚】〔14〕 [一]ヒ(漢) [一](上)尾 fěi フェイ [二]ヒ(漢) [二](平)微 fēi フェイ
U 871A 補 — J 7384
意味 [一]①〈あぶらむし〉ごきぶり。台所の虫の名。「蜚蠊(ひれん)」②〈へひりむし〉③〈くびきりばった〉④怪獣の名。[二]〈と・ぶ〉飛ぶ。
難読 蜚蠊(ごきぶり)
参考 新表記では、「飛」に書きかえる熟語がある。
【蜚禽】(ひきん) 飛ぶ鳥。
【蜚語】(ひご) どこからともなくでる根のないうわさ。=飛語
【蜚鴻】(ひこう) ①虫の名。ぬかが。かつおむし。②良馬の名。
【蜚声(聲)】(ひせい) 名声が四方に飛ぶ。【――鵲起】(ひせいじゃくき) 時に応じて名声があがる。鵲起は、機会を見て飛び立つこと。
【蜚鳥】(ひちょう(てう)) 飛ぶ鳥。【――尽(盡)、良弓蔵(藏)】(ひちょう(てう)つきて、りょうきゅう(りやうきう)ぞう(ざう)せらる) 飛ぶ鳥がいなくなると、よい弓も不要品としてしまわれる。獲物がいなくなると、それをとる道具もいらなくなる。〈史記・越王勾践世家(えつおうこうせんせいか)〉
【蜚廉】(ひれん) ①風を起こすという鳥の名。②風の神。③殷(いん)の紂王(ちゅうおう)の悪臣。④国えんぎの悪い方角の名。大殺(たいせつ)。

虫8 【蜱】〔14〕 ヒ(漢) (平)支 pí ピー
U 8731 補 5904 J ②8757
意味 ①かまきりの卵。「蜱蛸(ひしょう)」②〈まてがい(まてがひ)〉貝の一種。③はまぐり。④蜱蜉(ひふ)は、おおあり。

虫8 【蜯】〔14〕 ホウ(漢) (上)講 bàng パン (ハウ)
U 872F 補 5903 J —
意味 どぶがい。はまぐり。=蚌(ほう)「蜯蛤(ほうこう)」

虫8 【蜢】〔14〕 ボウ(漢) (上)梗 měng モン (バウ)
U 8722 補 — J —
意味 ①こん虫の名。いなご。きりぎりす。②かえるの類。がま。音 mèng モン。

虫8 【蜜】〔14〕 常 ミツ ビツ(漢) ミチ(呉) ミツ(慣) (入)質 mì ミー
U 871C 補 — J 4410
筆順 宀 宀 宓 宓 宓 宓 密 蜜
意味 ①〈みつ〉はちみつ。「蜜汁(みつじゅう)」②甘いもの。
解字 形声。虫が形を表し、宓(ひつ)が音を示す。宓は、密の本来の字で、安らか、秘密などの意味を表す。蜜の本字である蠠は、蚰が形を表し、鼏(べき)が音を示す。蚰(こん)は、虫の総称。蠠は、はちみつ、またイネの害虫、螟虫(めいちゅう)の卵を指す。
名前 ひそか
難読 蜜柑(みかん)
【蜜印】(みついん) 蜜蠟(みつろう)にきざんだ印。
【蜜月】(みつげつ) 結婚後の一か月間をいう。ハネムーン。
【蜜蜂】(みつほう) [一](みつばち) 蜂の一種。[二](ミーフォン) mìfēng 現[一]に同じ。
【蜜蠟】(みつろう(らふ)) みつばちの巣を作っているもの。また、それから作ったろう。
◇▼水蜜(すいみつ)・氷蜜(こおりみつ)・生蜜(きみつ)・花蜜(かみつ)・糖蜜(とうみつ)・蜂蜜(はちみつ)・餡蜜(あんみつ)・波羅蜜(はらみつ)

虫8 【蝄】〔14〕 ボウ(バウ)(漢) モウ(マウ)(呉) (上)養 wǎng ワン
U 8744 補 — J —
意味 蝄蜽(もうりょう)は、山や川の精。怪物の名。すだま。「木石之怪曰二夔蝄蜽一(ぼくせきのかいを、き・もうりょうという)」〈国語・魯語(ろご)〉

虫8 【蜮】〔14〕 [一]ヨク(漢) [一](入)職 yù ユィ イキ(ヰキ)(慣) [二]カク(漢) [二](入)陌 guō クオ
U 872E 補 5902 J —
意味 [一]①水中で砂を吹き出して人に当てるという伝説上の虫。短狐(たんこ)。②〈まどわ・す(まどは・す)〉迷わす。③苗を食う害虫。「螟蜮(めいよく)」[二]がまがえる。
【蜮射】(よくしゃ) いさごむしが、砂を人に吹き当てて害をする。

虫8 **【蜽】**〔14〕リョウ(リャウ) 漢 呉 上 養 liǎng リアン　J 5909 補 ― U 873D

意味 蝄蜽もうりょうは、すだま。山や川の精。怪物の名。

虫8 **【蝅】**〔14〕俗→蠶(一〇九九ページ・下)

虫8 **【蝕】**〔14〕同→蝕(本ページ・下)

虫8 **【蝋】**〔14〕簡→蠟(一一一三ページ・下)

虫9 **【蝟】**〔15〕イ(ヰ) 漢 去 未 wèi ウェイ　J 7386 補 ― U 875F

意味 ①〈はりねずみ〉②むらがり集まる。

【蝟起】いき はりねずみの毛が立つように、事がむらがりおこる。

【蝟集】いしゅう(しふ) はりねずみの毛のように、むらがり集まる。

【蝟縮】いしゅく はりねずみのように、こわがってちぢまる。

【蝟毛】いもう はりねずみの毛。また、はりねずみの毛のようにむらがりつき立ったたとえ。

虫9 **【蝘】**〔15〕エン 漢 上 阮 yǎn イエン　J ②8763 補 5915 U 8758

意味 ①せみの一種。②蝘蜓えんていは、やもり。

虫9 **【蝝】**〔15〕エン 漢 平 先 yuán ユワン　J ― 補 5916 U 875D

意味 ①虫の名。いなごの幼虫。②おおありのたまご。

虫9 **【蝯】**〔15〕エン(エン) 漢 オン(ヲン) 呉 平 元 yuán ユワン　J ― 補 5920 U 876F

意味 動物の名。さる。＝猿えん・猨えん

虫9 **【蝌】**〔15〕カ(クワ) 漢 平 歌 kē コー　J 7388 補 ― U 874C

意味 蝌蚪かとは、おたまじゃくし。

【蝌蚪文字】かと(くわと)もじ うるしで書いて、おたまじゃくし形をしていた古代文字。＝科斗文字

虫9 **【蝦】**〔15〕標 入 カ 漢 平 麻 xiā シア　J 1860 補 ― U 8766

意味 ①〈がま〉かえる。ひきがえる。「蝦蟇がま」②〈えび〉海老。＝鰕 国蝦夷えぞ・えみしは、①古く関東以北に住み、為政者から異民族視された先住民族。②北海道の古称。

【蝦蟹】かかい えびとかに。

【蝦蛄】かこ ①しゃこ。②女の髪のゆい方。

【蝦荒蟹乱(亂)】かこう(くわう)かいらん えびやかにが、田畑をめちゃめちゃに荒らす。世の中が混乱すること。また、兵乱の前兆。〈蟹譜かいふ〉

【蝦蟇】がま ひきがえる。【――仙人】がませんにん ①がまをうまく使う仙人。②三国の呉の葛玄かつげんをいう。【――陵】がまりょう 長安(今の西安)の南方にある地名。

『将(將)レ蝦釣レ鼈』えびをもってべつをつる えびをえさにして、すっぽんをつりあげる。わずかな資本で大きな利益を得る、つごうのよい話。えびでたいをつる。〈王君玉・雑纂ざっさん〉

虫9 **【蝸】**〔15〕標 ■カ(クワ) 漢 ■ラ ■平 歌 wō ウオ ■平 歌 luó ルオ　J 7387 補 ― U 8778

意味 ■〈かたつむり〉■〈にし〉海中に産する巻貝の名。

【蝸牛】かぎゅう(ぎう) かたつむり。でんでんむし。【――廬】かぎゅうろ ①小さい家。いおり。②じぶんの家をへりくだっていう。〈魏志ぎし・管寧かんねい伝注〉

【蝸牛角上之争(爭)】かぎゅう(くわぎう)かくじょう(じゃう)のあらそい つまらないあらそい。かたつむりの左右のつのの上の、触氏と蛮氏の二国が領土を争って戦ったという故事。〈荘子そうじ・則陽そくよう〉

【蝸室】かしつ 「蝸舎かしゃ」に同じ。

【蝸舎】かしゃ ①せまい家。②じぶんの家のけんそん語。

【蝸廬】かろ 「蝸舎かしゃ」に同じ。

【蝸角之争(爭)】かかく(くわかく)のあらそい(あらそひ) 「蝸牛角上之争かぎゅうかくじょうのあらそい」に同じ。

虫9 **【蝎】**〔15〕■カツ 漢 ■カツ 漢 ■入 曷 hé ホー ■入 曷 xiē シエ　J 7389 補 ― U 874E

意味 ■①〈きくいむし〉(きくひむし) かみきりむしの幼虫。②〈すくもむし〉地虫。■①〈さそり〉＝蠍けつ ②〈やもり〉「蝎虎かっこ」

虫9 **【蝰】**〔15〕ケイ 漢 平 斉 kuí コイ　J ― 補 ― U 8770

意味 ①かいこのさなぎ。②毒蛇の一種。

虫9 **【蝴】**〔15〕コ 漢 平 虞 hú フー　J 7390 補 ― U 8774

意味 蝴蝶こちょうは、ちょうちょう。こん虫の一種。

【蝴蝶装(裝)】こちょう(てふ)そう(さう) 本のとじかたの一つ。二つ折りの紙を重ね、せなかをのりでつけたもの。粘葉でっちょう。

【蝴蝶夢】こちょうのゆめ ①荘子そうじが、夢の中でちょうになって楽しみ、ちょうと自分との区別を忘れた故事。〈荘子そうじ・斉物論せいぶつろん〉②元曲の一曲名。

虫9 **【蝗】**〔15〕コウ(クヮウ) 漢 平 陽 huáng ホワン　J 7391 補 ― U 8757

意味 〈いなご〉大いなご。「蝗虫こうちゅう」「飛蝗ひこう」

【蝗旱】こうかん(くわう) いなごの群れに穀物を食われる害と、ひでり。農作物の受ける天災。

虫9 **【蝨】**〔15〕シツ 漢 入 質 shī シー　J 7392 補 ― U 8768

虫2 **【虱】**〔8〕同字　J 7345 補 ― U 8671

意味 ①〈しらみ〉②しらみのような悪人。③狗蝨くしつは、ごま。胡麻ごま。

【蝨官】しっかん(くわん) 国をむしばむ官吏。

【蝨処(處)褌中】しらみこんちゅう(ちう)におる(をる) しらみたちが、ふんどしの中にいる。官吏が、狭い世界に安住していて見識の狭いこと。〈晋書しんじょ・阮籍げんせき伝〉

【貫蝨之心】しらみをつらぬくのしん 弓の上手なこと。〈列子・湯問とうもん〉

【捫レ蝨】しらみをひねる ①しらみをつぶす。②かってにふるまうさま。〈晋書しんじょ・苻堅載記ふけんさいき〉

虫9 **【蝤】**〔15〕シュウ(シウ) 漢 平 尤 qiú チウ　J ②8764 補 5918 U 8764

意味 蝤蠐しゅうせいは、きくいむし。すくもむし。

虫9 **【蝑】**〔15〕ショ 漢 平 魚 xū シュイ　J ②8762 補 ― U 8751

意味 蜙蝑しょうしょは、いなご。

虫9 **【蝍】**〔15〕ショク 漢 入 職 jí チー　J ― 補 5914 U 874D

意味 ①蝍蛆しょくしょは、むかで。また、こおろぎ。②蝍蛉しょくれいは、とんぼ。③蝍蛾しょくしゅうは、しゃくとりむし。

虫9 **【蝕】**〔15〕標 ショク 漢 入 職 shí シー　J 3110 補 ― U 8755

虫8 **【蝕】**〔14〕同字　J ― 補 ― U ―

意味 ①〈むしば・む〉虫が食う。また、その傷。②太陽や月が欠けること。日食や月食。「日蝕」「月蝕」

参考 新表記では、「食」に書きかえる熟語がある。

【蝕害】しょくがい 害虫に作物を食いあらされること。

【蝕既(既)】しょくき 日食や月食で、日や月が全部欠けること。

【蝕入】しょくにゅう(にふ) くいこむ。

虫9 **【蝡】**〔15〕ゼン 漢 上 銑 ruǎn ロワン　J ― 補 5917 U 8761

意味 ①〈うごめ・く〉虫が動く。＝蠕ぜん ②へびの一種。

虫9 **【蝶】**〔15〕入 チョウ(テフ) 漢 呉 入 葉 dié ティエ　J 3619 補 ― U 8776

竹米糸缶网(罒・罓)羊(⺷)羽(羽)老(耂)而耒(耒)耳 6画 聿肉(月)臣自至臼(臼)舌舛(舛)舟艮色艸(艹・艹)虍虫血行衣(衤)襾(西)

意味 こん虫の一種。ちょうちょう。「蝴蝶こちょう」
解字 形声。虫が形を表し、枼えふが音を示す。枼には、うすっぺらなという意味がある。蝶は、羽のうすい虫で、ちょうをいう。
【蝶袖】ちょうしゅう(てふしう) ちょうの羽。
【蝶夢】ちょうむ(てふむ) ①荘子が、夢の中でちょうになって楽しみ、ちょうと人間の区別を忘れた故事。蝴蝶夢。②ゆめ。
◆孤蝶こちょう・胡蝶こちょう・唐蝶からちょう・黄蝶きちょう・蝴蝶こちょう・紋白蝶もんしろちょう・揚羽蝶あげはちょう

虫9 【蝪】〔15〕 トウ 漢 (タウ) 平 陽 tāng タン　U補J 7403 / 876A
意味 蛈蝪てっとうは、虫の名。つちぐも。
参考 「蜴えき」は別字。

虫9 【蝠】〔15〕 フク 漢 入 屋 fú フー　U補J 7385 / 8760
意味 ①蝙蝠へんぷくは、こうもり。②〈まむし〉＝蝮ふく

虫9 【蝮】〔15〕 フク 漢 入 屋 fù フー　U補J 7393 / 876E
意味 〈まむし〉毒へびの一種。「蝮蛇ふくだ」「蝮虺ふくき」
姓 蝮たじひ
【蝮蝎】ふくけつ まむしとさそり。天性凶悪な人にたとえる。
【蝮鷙】ふくし まむしや猛鳥。鷙は、たかの類。役人のむごいたとえ。〈史記・酷吏こくり列伝〉

虫9 【蝙】〔15〕 ヘン 漢 平 先 biān ピエン　U補J ― / ― / ―
意味 蝙蝠へんぷくは、こうもり。

虫9 【蝙】〔15〕 俗字　U補J 7394 / 8759

虫9 【蝥】〔15〕 一 ボウ(バウ) 漢 一 平 尤 máo マオ　二 ビョウ(ベウ) 漢 ミョウ(メウ) 呉 二 平 肴 máo マオ　三 ブ 漢 三 平 虞 wú ウー　U補J ②8765 / 5919 / 8765
意味 一 ①〈ねきりむし〉稲など、草根を食う害虫。②蝥弧ぼうこは、諸侯が持つ旗の名。二 盤蝥はんみょうは、甲虫こうちゅうの名。臭いにおいを出す。三 くもの別名。
【蝥賊】ぼうぞく 悪人。

虫9 【蝓】〔15〕 ユ 漢 平 虞 yú ユイ　U補J 7401 / 8753
意味 ①螔蝓いゆは、かたつむりの一種。②蛞蝓かつゆは、なめくじ。

虫9 【蝣】〔15〕 ユウ 漢 (イウ) 平 尤 yóu ユー　U補J 7402 / 8763
意味 蜉蝣ふゆうは、かげろう。

虫9 【蝲】〔15〕 ラツ 漢 ラチ 呉 入 曷 là ラー　U補J ②8766 / 5922 / 8772
意味 蝲蛄らっこは、①虫の名。②不潔。汚い。

虫9 【蝻】〔15〕 ナン nǎn ナン　U補J ― / 5923 / 877B
意味 現 いなごの幼虫。

虫9 【蝉】〔15〕 俗 ↓蟬(一一一ページ・上)

虫9 【蝿】〔15〕 俗 ↓蠅(一一一二ページ・下)

虫9 【蝨】〔15〕 本 ↓虱(一〇九九ページ・中)

虫9 【蝼】〔15〕 俗 ↓螻(一一一〇ページ・下)

虫10 【螔】〔16〕 イ 漢 平 支 yí イー　U補J ― / ― / 8794
意味 螔蝓いゆは、かたつむりの一種。

虫10 【螠】〔16〕 イ 漢 去 寘 yì イー　U補J ②8774 / 5940 / 87A0
意味 螠女いじょは、ちょう類の幼虫。国〈ゆむし〉

虫10 【螐】〔16〕 オ(ヲ) 漢 ウ 呉 平 虞 wū ウー　U補J ― / 5933 / 8790
意味 螐蠋おしょくは、蛾がや蝶ちょうの幼虫。けむし。あおむし。＝烏蠋おしょく

虫10 【螉】〔16〕 オウ 漢 (ヲウ) 平 東 wēng ウォン　U補J ②8771 / 5930 / 8789
意味 牛や馬の皮膚に寄生する虫。蠑そう。

虫10 【螘】〔16〕 ギ 漢 上 紙 yǐ イー　U補J ― / 5937 / 8798
意味 〈あり〉＝蟻ぎ
【螘塚】ぎちょう ありづか。ありの巣。
【螘垤】ぎてつ 「螘塚ぎちょう」に同じ。
【螘動】ぎどう ありが動きさわぐように、人民がさわぎ立てること。〈淮南子えなんじ〉

虫10 【螇】〔16〕 ケイ 漢 平 斉 xī シー　U補J ①9159 / 5928 / 8787
意味 虫の名。①せみの一種。②じがばち。③螇蚸けいせきは、こおろぎ。

虫10 【螈】〔16〕 ゲン 漢 平 元 yuán ユワン　U補J ①9160 / 5929 / 8788
意味 ①蠑螈えいげんは、いもり・やもり・とかげの類。②〈なつご〉夏のかいこ。「螈蚕げんさん」

虫10 【螜】〔16〕 コク 漢 ゴク 呉 入 屋 hú フー　U補J ②8769 / ― / 273DA
意味 虫の名。けら。螻蛄ろうこ。

虫10 【螄】〔16〕 シ 漢 平 支 sī スー　U補J ― / 5925 / 8784
意味 貝の名。にな。たにし。かわにし。

虫10 【螅】〔16〕 一 シ 漢 一 去 寘 cì ツー　二 シツ 漢 二 去 霽 xì シー　U補J ― / 5926 / 8785
意味 一 けむし。いらむし。二 こおろぎ。

虫10 【螆】〔16〕 シ 漢 呉 去 寘 cì ツー　U補J ― / 5927 / 8786
意味 ①螆螔しいは、うみがめ。蠵蠵けいすい。＝茲夷しい ②けむし。

虫10 【螋】〔16〕 シュウ 漢 (シウ) 平 尤 sōu ソウ　U補J ②8772 / 5931 / 878B
意味 虫の名。はさみむし。

虫10 【螓】〔16〕 シン 漢 平 真 qín チン　U補J ②8773 / 5934 / 8793
意味 せみの一種。小さいみどり色のせみ。
【螓首】しんしゅ 小さいせみのひたい。転じて、美人のひたいの形容。【―蛾眉】しんしゅがび せみのようなひたいつきと、蛾がのようなまゆげ。美人の形容。〈詩経しきょう・碩人せきじん〉

虫10 【螗】〔16〕 トウ 漢 (タウ) 平 陽 táng タン　U補J ― / 5936 / 8797
意味 せみの一種。「蜩螗ちょうとう」「螗蜩とうちょう」

虫10 【螣】〔16〕 一 トウ 漢 一 平 蒸 téng トン　二 トク 漢 二 入 職 tè トー　U補J ― / 5941 / 87A3
意味 一 ①竜りゅうに似て、雲や霧を起こすふしぎなへび。螣蛇とうだ。②二 に同じ。二 〈はくいむし〉(はくひむし) いねを食う害虫。

虫10 【螞】〔16〕 バ 漢 上 馬 mǎ マー　U補J ― / 5939 / 879E
意味 ①虫類の大きなもの。②螞蟥ばこうは、うまびる。ひるの一種。
【螞蟻】ばぎ ①大あり。②現 mǎyǐ あり。

虫10 【蟇】〔16〕 標 一 バ 漢 マ 呉 一 平 麻 má マー　二 バク 漢 二 入 薬 mò モー　U補J 7417 / 87C7

虫11 【蟇】〔17〕 正字　U補J ― / ― / ―

虫11 【蟆】〔17〕 本字　U補J 7418 / 87C6
意味 一 〈ひき〉〈ひきがえる〉(ひきが(へ)る)「蝦蟇がま」二 〈ぶ

ゆ〉〈ぶと〉虫の名。ぶよ。

【蟇股】㊀かえる(かへる)また 国古代の建築物で、はりの上に置いて屋根をささえるための彫刻した材木。＝蛙股 ㊁かりまた 国先端が二股になっている矢じり。また、それをつけた矢。

（蟇股㊀）

【蟇目】めひき 国木で造った音を立てるやじり。

虫10【螌】〔16〕㊀ハン 漢 ㊀平 刪 bān バン ㊁ハン 漢 ㊁平 寒 pán パン　J 5932 補 — U 878C

意味 ㊀螌蝥は、甲虫の名。臭いにおいを出す。㊁負盤は、あぶらむし。

虫10【螕】〔16〕㊀ヘイ 漢 ㊀平 斉 bī ビー ㊁ヘイ 漢 ㊁平 支 pí ピー　J 5935 補 — U 8795

意味 ㊀家畜の寄生虫。うしじらみ。㊁はあり。

虫10【螃】〔16〕㊀ホウ(ハウ) 漢 ボウ(バウ) 呉 ㊀平 陽 páng パン ㊁ホウ(ハウ) 漢 ボウ(バウ) 呉 ㊁上 養 bǎng バン　J 5924 補 — U 8783

意味 ㊀〈かに〉「螃蟹」 ㊁〈がま〉ひきがえる。

虫10【螟】〔16〕ベイ 漢 メイ 慣 平 青 míng ミン　J 7406 補 — U 879F

意味 〈ずいむし〉稲の茎を食う害虫。

【螟蝗】めいこう ずいむしといなご。農作物を荒らす害虫。

【螟虫(蟲)】めいちゅう くきむし。草木の茎や枝などにくいいる、こん虫の幼虫の総称。

【螟螣】めいとく ずいむしと葉食い虫。害虫。転じて、悪者。

【螟蜮】めいよく 「螟螣」に同じ。

【螟蛉】めいれい ①あおむし。ちょうなどの幼虫。②人に養われてその子となるもの。養子のたとえ。〈詩経・小宛〉

虫10【融】〔16〕常 ユウ ユウ(イウ) 漢 平 東 róng ロン　J 4527 補 — U 878D

筆順 一 ㄇ 冂 鬲 鬲 鬲 融 融

意味 ①水蒸気がたちのぼる。②〈と・ける(—・く)〉液体になる。「融合」③〈とお・る(とほ・る)〉通じる。ゆきわたる。④〈やわら・ぐ(やはら・ぐ)〉「融和」⑤〈あきらか〉あかるい。⑥〈ほがらか〉⑦長い。⑧火の神。「祝融」の略。

解字 形声。鬲が形を表し、虫が音を示す。鬲は、かなえの一種である。融は、かなえで物を煮るとき、水蒸気がのぼることで虫はその音であろう。融の音イウは、蟲の音チウの変化。

名前 あき・すけ・とお・みち・よし・あきら・ながし

【融液】ゆうえき ①とかしながす。②とけてできた液体。

【融化】ゆうか とけて形が変わる。とけあって一つになる。

【融会(會)】ゆうかい とけて一つになる。

【融解】ゆうかい ①とける。とかす。②理固体が熱せられて液体になること。溶融。

【融合】ゆうごう とけあって一つになる。とかして一つにする。

【融資】ゆうし 国資金をくりまわす。資本を貸す。

【融通】ゆうずう ①とどこおりなくとおる。②国金銭物品などをやりくりする。③国機転がきく。【——念仏(佛)】ゆうずうねんぶつ 仏平安末、天治年間に僧良忍が始めた浄土教の一派。「融通念仏宗」【——無礙】ゆうずうむげ とどこおりなく通じて、なんのさしさわりもないこと。

【融然】ゆうぜん やわらぐさま。のびやかなさま。気分ののんびりしたさま。

【融融】ゆうゆう ①やわらぎたのしむさま。「其楽也融融」〈左伝・隠公〉②のどかなさま。「春光融融」〈杜牧・阿房宮賦〉

【融朗】ゆうろう すきとおって明るい。からっとしている。

【融和】ゆうわ ①とけあう。②仲よくする。③やわらぐ。

◆金融・溶融

虫10【螧】〔16〕国字　J ②8770 補 5942 U 87A7

意味 ①〈えび〉＝蛯 ②ひれ。魚のひれ。＝鰭

虫10【𧏛】〔16〕国字　J ②8768 補 — U 273DB

意味 〈きさ〉赤貝の古名。

虫10【螢】〔16〕旧→蛍(一一〇一ページ・上)

虫10【蟒】〔16〕俗→蟒(一一一一ページ・下)

虫10【蠧】〔16〕或→蠹(一一一四ページ・上)

虫10【螂】〔16〕同→蜋(一一〇五ページ・中)

虫11【螱】〔17〕イ 漢 呉 去 未 wèi ウエイ (ヰ)　J — 補 5946 U 87B1

意味 しろあり。

虫11【螾】〔17〕イン 漢 上 軫 yǐn イン　J ②8777 補 5948 U 87BE

意味 ①せみの一種。かんぜみ。②〈みみず〉＝蚓 「蚯螾」③螾衍は、げじげじ。④うごめくさま。

虫11【蟈】〔17〕カク(クヮク) 漢 入 陌 guō クオ　J — 補 5951 U 87C8

意味 ①螻蟈は、かえるの類。あおがえる。②蟈蟈は、こおろぎ。

虫11【蟂】〔17〕キョウ(ケウ) 漢 平 蕭 jiāo チアオ　J — 補 — U 87C2

意味 かわうその類。水中に住み、よく魚をとる。

【蟂獺】きょうだつ かわうそ。「偭蟂獺以隠処兮」〈賈誼・弔屈原賦〉(つまらない人間たちのなかまを抜けて、隠れ住む。)

虫11【螯】〔17〕ゴウ(ガウ) 漢 平 豪 áo アオ　J 7408 補 — U 87AF

意味 ①〈はさみ〉かにのはさみ。②かに。③車螯は、貝の名。おおはまぐり。

虫11【蟋】〔17〕シツ 漢 入 質 xī シー　J 7409 補 — U 87CB

意味 蟋蟀は、こおろぎ。きりぎりす。

虫11【䗪】〔17〕シャ 漢 去 禡 zhè チョー　J ①9164 補 — U 45EA

意味 わらじむし。地鼈。土鼈。

虫11【螽】〔17〕シュウ(シウ) 漢 平 東 zhōng チョン　J 7410 補 — U 87BD

意味 ①〈いなご〉いなむし。②ばった類の総称。ばった。きりぎりす。はたおり。③いなごの害。

【螽斯】しゅうし はたおり。きりぎりす。【——衍慶】しゅうしえんけい 子孫が多く、よろこびにあふれる。【——詵詵】しゅうししんしん いなごが集まるさま。転じて、子孫の多いさま。〈詩経・螽斯〉

虫11【蟀】〔17〕シュツ 漢 入 質 shuài ショワイ　J 7411 補 — U 87C0

意味 蟋蟀は、こおろぎ。

【蟀谷】しゅっこく こめかみ。耳の上のところ。

虫11【螿】〔17〕ショウ(シャウ) 漢 平 陽 jiāng チアン　J — 補 5949 U 87BF

意味 せみの名。かんぜみ。

虫11【𧏮】〔17〕ジョク(ヂョク) 漢 入 職 nì ニー　J ②8775 補 — U 273EE

意味 ①あぶ。②虫さされで起こる病気。

虫11【螫】〔17〕セキ 漢 入 陌 shì シー、zhē チョー　J 7414 補 — U 87AB

意味 ①〈さ・す〉毒蛇や毒虫がさす。②危害を与える。

竹米糸缶网(罒・⺲)羊(⺶)羽(羽)老(耂)而耒(耒)耳

6画

聿肉(月)臣自至臼(臼)舌舛(舛)舟艮色艸(艹・艹)虍虫血行衣(衤)襾(西)

虫11 **【𧐐】**〔17〕 一 セキ 漢 シャク 呉 | 一 入 陌 jí チー 二 セキ 漢 シャク 呉 | 二 入 錫 jí チー
J ②8778 U 27410
意味 一細長い小形の貝。二虫の名。国昆虫の名。かわげら。

虫11 **【螬】**〔17〕 ソウ 漢 (サウ) | 平 豪 cáo ツァオ
J ①9161 補 5943 U 87AC
意味 蠐螬は、すくもむし。

虫11 **【䗥】**〔17〕 一 ソウ 漢 ス 呉 | 一 平 東 zōng ツォン 二 ショウ 漢 シュ 呉 | 二 平 冬 cōng ツォン
J ②8776 U 45E5
意味 一二①蜙蝑は、牛馬の皮膚に寄生する虫。蜙。②蜂の類。

虫11 **【螭】**〔17〕 チ 漢 呉 | 平 支 chī チー
J ①9162 補 5944 U 87AD
意味 ①〈みずち(みづち)〉竜の一種。古くから建築物などに装飾としてよく用いられる。②螭魅は、獣の形をした山の神。
【螭首】みずちの頭の形を彫刻したもの。石碑の上部や文鎮などに使う。
【螭頭】①「螭首」に同じ。②起居舎人(天子の動作を記録する役人)の呼び名。宮殿の螭首のところに立った。

虫11 **【蟄】**〔17〕 チュウ(チフ) 漢 | 入 緝 zhé チョー チツ 慣 zhí チー
J 7415 U 87C4
意味 ①〈かく・れる(──・る)〉虫が土中にこもる。②冬ごもりをしている虫。③啓蟄は、二十四節気の一つ。
【蟄懐(懷)】心がふさぐ。不平をもつ。
【蟄居】①家の中にこもっている。②国門をとじ、一室にこもらせる。武士の刑罰。
【蟄戸】虫のとじこもっている入り口。
【蟄蔵(藏)】穴にとじこもる。
【蟄蟄】①多いさま。やわらぎ集まるさま。②静かなさま。「れる。
【蟄虫(蟲)】穴にこもっている虫。
【蟄伏】①冬の間、虫が地中にこもっている。②ひそみかく」
【蟄雷】春のかみなり。
【蟄竜(龍)】①かくれた竜。②民間にかくれた「英雄。

虫11 **【螮】**〔17〕 テイ 漢 | 去 霽 dì ティー
補 5945 U 87AE
意味 ①螮蝀は、にじ。②虫の名。③〈へび〉

虫11 **【螳】**〔17〕 トウ 漢 (タウ) | 平 陽 táng タン
J 7416 U 87B3
意味〈かまきり〉＝蟷
【螳臂当(當)車】かまきりが、うでをいからして車をくいとめようとする。自分の力を考えずに、大きなものに当たろうとすること。〈荘子・人間世〉
【螳斧】かまきりのおの。かまきりの前足をいう。
【螳螂】かまきり。＝蟷螂 【──窺蝉】せみをねらうかまきりのうしろをすずめがねらい、またそのうしろを猟師がねらっていたという話による。〈説苑・正諫〉【──之斧】弱い者が、自分の力を考えずに、強い者にはむかうたとえ。〈後漢書・袁紹伝〉【──之力】かよわい力。

虫11 **【螵】**〔17〕 ヒョウ 漢 (ヘウ) | 平 蕭 piāo ピアオ
J ①9163 補 5947 U 87B5
意味 螵蛸は、①かまきりの卵。おおじがふぐり。②いか、また、いかの骨。

虫11 **【蟊】**〔17〕 一 ボウ 漢 | 一 平 尤 máo マオ 二 ボウ 漢 | 二 平 東 méng モン
補 5953 U 87CA
意味 一①〈ねきりむし〉〈いなむし〉いねなどの根を食い切る害虫。②くも。二古代のうらないのしるし。
【蟊賊】いねを食う害虫。賊は、いねのふしを食う虫。転じて、人をそこなうもの。「無三吝驕作二我蟊賊一」〈呂与叔・克己銘〉

虫11 **【螺】**〔17〕 人 標 ラ 漢 呉 | 平 歌 luó ルオ
J 4570 U 87BA
意味 ①〈つぶ〉〈にし〉〈にな〉まき貝の総称。②〈ほらがい(ほらがひ)〉③まき貝のようならせん形のもの。④〈さかずき(さかづき)〉まき貝をさかずきに用いたことからいう。⑤まき貝の形に巻いている髪。
姓 螺良
【螺階】螺旋形をした階段。
【螺髻】①ほらがいの形をしたもとどり。こどもの髪形。②まき貝のような山。青々とした峰。
【螺旋】①にしの殻のようにまわったすじ。②ねじ。
【螺鈿】おうむがい・やくがい・鮑などの貝の、真珠色の光を放つ部分を漆器などにはめこみ、飾りとしたもの。
【螺貝】ほらがい。
【螺髪】まき貝のような形をした髪。仏像のちぢれた髪形をいう。
◆田螺・法螺

虫11 **【蟉】**〔17〕 一 リュウ 漢 (リウ) | 一 平 尤 liú リウ 二 キュウ 漢 (キウ) | 二 平 尤 qiú チウ
補 5952 U 87C9
意味 一二蟉虯は、竜やへびがうねって行くさま。曲がりくねったさま。

虫11 **【螻】**〔17〕 ロウ 漢 | 平 尤 lóu ロウ
J 7419 U 87BB
虫9 【蝼】〔15〕 俗字 J ②8767 U 877C
意味 ①〈けら〉こん虫の名。「螻蛄」②螻蟈は、かえる。
【螻蚓】けらとみみず。転じて、つまらないもの。
【螻蟻】けらとあり。【──蚊虻】けら・あり・か・あぶ。虫けら。つまらぬ人間。【──撼二於鉄(鐵)柱一】けらやありが、鉄の柱を動かす。自分の力をはからず、できないことをしようとする。〈碧巌録〉【──之誠】けらやありの誠意。自分のまごころをけんそんしていう。〈蘇轍・為二兄軾下レ獄上書一〉
【螻蛄】おけら。【──首】国①槍の穂が、柄と接する部分。②建築で、くびれたつぎて。【──才】「螻蛄才」に同じ。【──芸(藝)】この芸いろいろの芸はあるが、みな未熟なこと。

虫11 **【蟎】**〔17〕 国字
J ②8780 補 5954 U 87CE
意味〈だに〉節足動物の一種。

虫11 **【蟐】**〔17〕 国字
J 7412 U 87D0
意味〈もみ〉むささび。また、かえる。

虫11 **【蟆】**〔17〕 本→蟇(一一〇八ジ・下)

虫11 **【蟁】**〔17〕 本→蚊(一一〇〇ジ・下)

虫11 **【蟇】**〔17〕 正→蟇(一一〇八ジ・下)

虫11 **【蟒】**〔17〕 同→蟒(一一一一ジ・下)

虫12 **【蟢】**〔18〕 キ 漢 | 上 紙 xǐ シー
J 5961 U 87E2
意味 くもの一種。

虫12【蟣】〔18〕 キ 漢 上 尾 jǐ チー U87E3 補5962 J②8784
意味 ①〈しらみ〉「蟣蝨(きしつ)」「蟣虱(きしつ)」 ②酒の表面に浮く泡。 ③〈ひる〉

虫12【蟜】〔18〕 キョウ 漢 上 篠 jiǎo チアオ (ケウ) U87DC 補5959 J―
意味 ①毒虫の名。 ②いれずみをした野人。 ③姓。

虫12【蟯】〔18〕 一 ジョウ 漢 一 平 蕭 náo ナオ (ゼウ) 二 ギョウ 漢 二 平 蕭 yáo ヤオ (ゲウ) U87EF 補7420 J―
意味 一二寄生虫の名。人の腸内に寄生する。「蟯虫(ぎょうちゅう)」

虫12【蟪】〔18〕 ケイ 漢 去 霽 huì ホイ U87EA 補5964 J②8787
意味 蟪蛄(けいこ)は、なつぜみ。にいにいぜみ。『蟪蛄不レ知二春秋一(けいこはしゅんじゅう(じう)をしらず)』夏ぜみは、春秋を知らない。短命なことをいう。〈荘子(そうじ)・逍遥遊(しょうようゆう)〉

虫12【蟥】〔18〕 コウ 漢 平 陽 huáng ホワン (クワウ) U87E5 補― J②8785
意味 ①緑色のこん虫の名。こがねむし。 ②螞蟥(ばこう)は、ひる。

虫12【蟖】〔18〕 シ 漢 呉 平 支 sī スー U87D6 補5956 J①9165
意味 蛅蟖(せんし)は、けむし。

虫12【蟭】〔18〕 ショウ 漢 平 蕭 jiāo チアオ (セウ) U87ED 補5966 J②8789
意味 螵蟭(はくしょう)は、かまきりの卵。おおじがふぐり。螵蛸(ひょうしょう)。

虫12【蟙】〔18〕 ショク 漢 入 職 zhí チー シキ 呉 U87D9 補5957 J―
意味 ①蟙䘀(しょくぼく)は、こうもり。 ②かにの一種。

虫12【蟳】〔18〕 ジン 漢 平 侵 xún シュン U87F3 補5968 J―
意味 かにの一種。がざみ。わたりがに。

虫12【蟕】〔18〕 スイ 漢 平 支 zuī ツォイ U87D5 補5955 J―
意味 うみがめ。しょうがくぼう。

虫12【蟬】〔18〕 人 標 セン 漢 平 先 chán チャン ゼン 呉 U87EC 補― J①9166
虫9【蝉】〔15〕 俗字 U8749 補― J3270
意味 ①〈せみ〉「蟬声(せんせい)」「蟬羽(せんう)」 ②〈つづ・く〉つらなる。 ③〈うつくし・い(うつく・し)〉＝嬋(せん) 国せみが、しぐれのように一時にむらがり鳴く。

【蟬時雨(せみしぐれ)】せみが、しぐれのように一時にむらがり鳴く。

【蟬嫣(せんえん)】つらなるさま。蟬連。

【蟬冠(せんかん(くゎん))】せみの羽で飾ったかんむり。高貴の人がつけたもの。

【蟬吟(せんぎん)】せみが鳴く。せみのなき声。

【蟬娟(せんけん)】①上品で美しいさま。 ②ながめがはるかなさま。

【蟬蜎(せんけん)】「蟬娟(せんけん)」に同じ。

【蟬声(聲)(せんせい)】せみの鳴く声。

【蟬蛻(せんぜい)】①せみのぬけがら。 ②俗世間をぬけ出ること。

【蟬噪(せんそう(さう))】①せみがさわぐ。「蟬噪林逾静(せみさわぎて、はやしいよいよしずかなり)」(せみが鳴き立てると、林はいっそう静けさをます。)〈王籍(おうせき)の詩・入二若耶渓一(じゃくやけいにいる)〉 ②やかましくさわがしい。「蛙鳴(あめい)蟬噪」

【蟬脱(せんだつ)】①せみが皮をぬぐ。 ②古いならわしをすてる。

【蟬鬢(せんびん)】せみのはねのようにすきとおって美しい髪。美人の髪の形容。〈古今注・雑注〉

【蟬腹(せんぷく)】せみの腹。転じて、空腹のたとえ。

【蟬聯(せんれん)】①つづいて絶えないさま。せみの声の続くように、つらなり続く。 ②漢詩のしりとり。前の句の終わりの語を、次の句の始めにまた使っている形。

虫12【蟤】〔18〕 セン 漢 平 先 zhuān チョワン U87E4 補5963 J―
意味 ①蜿蟤(えんせん)は、竜が体を丸めているさま。また、曲がっているさま。 ②へびの名。

虫12【蟮】〔18〕 セン 漢 上 銑 shàn シャン ゼン 慣 U87EE 補― J―
意味 ①みみず。虫の名。 ②うなぎ。

虫12【蟫】〔18〕 一 イン 漢 一 平 侵 yín イン 二 タン 漢 二 平 覃 tán タン 三 シン 漢 三 平 侵 xún シュン U87EB 補5965 J②8788
意味 一二〈しみ〉衣類や書物を食う白い虫。「蟫魚(たんぎょ)」 三 蟫蟫(しんしん)は、虫の動くさま。後をついて行くさま。

虫12【蟠】〔18〕 一 ハン 漢 一 平 寒 pán パン バン 呉 二 ハン 漢 二 平 元 fán ファン U87E0 補7422 J―
意味 一①〈わだかま・る〉とぐろをまく。「蟠竜(はんりょう)」 ②〈めぐ・る〉四方におよぶ。 二〈わらじむし(わらぢむし)〉

【蟠蜿(はんえん(ゑん))】わだかまる。

【蟠拠(據)(はんきょ)】【蟠踞(はんきょ)】大きく場所を占めて、高くどっしりとしている。

【蟠踞(ばんきょ)】へびが、とぐろをまくようにうずくまる。

【蟠屈(はんくつ)】①わだかまる。 ②心がふさぐ。

【蟠石(はんせき)】大きく場所をふさいでいる石。

【蟠桃(はんとう(たう))】①大きな桃の実。 ②三千年に一度実るという桃。〈十洲記(じっしゅうき)〉『――之寿(壽)(はんとう(たう)のじゅ)』長寿のたとえ。

【蟠蟒(はんぼう(ばう))】【――(はんもう(まう))】とぐろを巻いている大へび。

【蟠竜(龍)(はんりょう)】ひそんでいて、まだ天にのぼらない竜(りゅう)。＝盤竜

虫12【蟱】〔18〕 一 ブ 漢 一 平 虞 wǔ ウー ム 呉 二 ボウ 漢 二 平 尤 móu モウ ム 呉 U87F1 補5967 J―
意味 一 蟱蝺(ぶぐ)は、虫の名。かげろう。青蚨(せいふ)。 二 蛆蟱(せつぼう)は、くも。

虫12【蟛】〔18〕 ホウ 漢 平 庚 péng ポン (ハウ) U89DB 補― J―
意味 かにの一種。海にいる小さいかに。

虫12【蟚】〔18〕 ホウ(ハウ) 漢 ビョウ(ビャウ) 呉 平 庚 péng ポン U87DA 補5958 J―
意味 蟚蜞(ほうき)は、かにの一種。海辺の小さいかに。

虫12【蟒】〔18〕 ボウ(バウ) 漢 モウ(マウ) 呉 上 養 mǎng マン U― 補― J―
虫10【蠎】〔16〕 俗字 U87D2 補7429 J―
虫11【蟒】〔17〕 同字 U― 補― J―
虫12【蟒】〔18〕 俗字 U880E 補7428 J―
虫13【蠎】〔19〕 俗字 U― 補― J―
意味 ①〈うわばみ(うはばみ)〉大蛇。おろち。 ②いなご。

虫12【蟟】〔18〕 リョウ 漢 平 蕭 liáo リアオ (レウ) U87DF 補5960 J②8782
意味 蛁蟟(ちょうりょう)は、せみの名。みんみんぜみ。

虫12【蟵】〔18〕 国字 U87F5 補― J②8781
意味 蜘蟵(ちちゅう)は、くも。＝蜘蛛(ちちゅ)

虫12【蟲】〔18〕 旧 →虫(一〇九八ページ・上)

虫12【蟁】〔18〕 同 →蟲(一一〇三ページ・下)

虫12【蟦】〔18〕 俗 →蟦(一一一二ページ・下)

虫12【蟁】〔18〕 俗 →蟲(一一〇三ページ・下)

虫13【蟹】〔19〕 人 標 カイ 漢 上 蟹 xiè シエ U87F9 補― J1910

虫13【蠏】〔19〕本字 J 7423 補 ― U 880F 意味〈かに〉節足動物の一種。

【蟹眼】かいがん ①かにの目。②茶道で、湯がわき立つときのあわ。ゆだま。

【蟹匡】かいきょう(きやう) かにの甲をいう。匡は、はこ。〖━━蟬緌〗かいきょうせんずい かにの甲と、せみの口。かにの甲は、匡の形をしているが、それはまゆを作るかいこのためにあるのではなく、またせみの口には緌(冠の垂れひも)があるが、それは緌のないはちのためにあるのでもない意。昔、処罰を恐れて、心ならず兄の喪に服した人を評したこのことばから、処罰を恐れてする善行をそしっていう。また、全くつながりのないことが、ふとした機会で関係を生じること。〈礼記・檀弓下〉

【蟹甲】かいこう(かふ) かにのこうら。

【蟹行】かいこう(かう) かにの歩み。横ばい。【━━文字】かいこうもじ 横に書いた文字。西洋の文字。

【蟹螯】かいごう(がう) かにのはさみ。

【蟹足腫】かいそくしゅ 切り傷・やけど・潰瘍などがなおったあとにできる腫瘤。ケロイド。

【蟹屎】かにばば｜かにくそ 国①あかごが生まれて初めてする大便。②みずうみの葦の葉などについた魚の卵。

虫13【蠍】〔19〕 ケツ漢 カツ慣 入 月 xiē シエ J 7424 補 ― U 880D 意味 ＝蝎 ①〈さそり〉尾に針のある毒虫。②人のきらうもの。「蛇蠍」

【蠍座】さそりざ 国星座の名。夏の夕方、南方に見える。

虫13【蠁】〔19〕 ■一 キ漢 ケ呉 去 寘 qì チー ■二 ケイ漢呉 去 霽 jì チー J 5971 補 ― U 87FF 意味 ■一 蠁螽は、ばったの一種。■二 かえるの一種。

虫13【蟻】〔19〕 標 ギ漢 上 紙 yǐ イー J 2134 補 ― U 87FB 意味 ①〈あり〉虫の名。②酒の表面にうかんだ泡。③黒い。

【蟻潰】ぎかい(くわい) ありが散るように逃げ散る。

【蟻軍】ぎぐん ありのむれ。

【蟻径(徑)】ぎけい 細道。こみち。

【蟻穴】ぎけつ ありの穴。

【蟻集】ぎしゅう(しふ) ありのようにむらがりあつまる。

【蟻壌(壤)】ぎじょう(じやう) ありづかの土。〈韓非子・説林上〉

【蟻垤】ぎてつ ①ありづか。②小山。

【蟻鼻銭(錢)】ぎびせん 卵形をした、中国古代の貨幣。貝貨のつぎの時代に用いられた。ペンダントの一種であったともいう。

(蟻鼻銭)

【蟻付】ぎふ ありのように集まりつく。＝蟻附

【蟻封】ぎほう ありづか。

【蟻螻】ぎろう ありとけら。また、ありの総称。螻蟻。

虫13【蠁】〔19〕 キョウ漢(キヤウ) 上 養 xiǎng シアン J ②8790 補 5972 U 8801 意味 ①〈にしどち〉〈みみききむし〉さなぎの一種。「蠁虫」②酒がめに生じるという小虫。ぬかか。

虫13【蠉】〔19〕 ケン漢 平 先 xuān シュワン J ― 補 5975 U 8809 意味 ①〈は・う(━・ふ)〉虫が行くさま。動くさま。②〈ぼうふり〉ぼうふら。

虫13【蠋】〔19〕 ショク漢 チョク漢 入 沃 zhú チュー J ②8792 補 5977 U 880B 意味〈あおむし(あをむし)〉蝶や蛾の幼虫。

虫13【蟺】〔19〕 ■一 セン漢 上 銑 shàn シャン ■二 セン漢 平 先 chán チャン ■三 タン漢 去 翰 dàn タン J ― 補 5970 U 87FA 意味 ■一 ①〈みみず〉②うなぎ。＝鱓 ■二 せみ。■三〈じがばち〉どばち。

虫13【蟾】〔19〕 セン漢 平 塩 chán チャン J 7425 補 ― U 87FE 意味 ①〈ひきがえる(ひきがへる)〉②月。③宮殿ののき下の水はけ。④水さし。書道の用具。

【蟾宮】せんきゅう(きう) ①月。月の世界。②科挙(高等試験)に合格すること。「登二蟾宮一」

【蟾桂】せんけい ①月の中にいるというひきがえると、かつらの木。「②月。

【蟾蜍】せんじょ ①ひきがえる。②月の異名。月にひきがえるが住むという伝説による。〈淮南子・精神訓〉

【蟾兎】せんと 月の異名。月にひきがえると兎が住むという伝説による。〈文選・古詩十九首〉

虫13【蠆】〔19〕 タイ漢 去 卦 chài チャイ J ①9167 補 5974 U 8806 意味 ①〈さそり〉毒虫の一種。尾の長いさそり。②水蠆

は、やご。とんぼの幼虫。蠆尾は、毒物。

虫13【蟶】〔19〕 テイ漢 平 庚 chēng チョン J 7426 補 ― U 87F6 意味 貝の名。まてがい。あげまき。

虫13【蟷】〔19〕 トウ漢(タウ) 平 陽 dāng タン J 7427 補 ― U 87F7 意味〈かまきり〉虫の名。＝螳「蟷蜋」「蟷螂」「蟷蠰」

虫13【蠙】〔19〕 ■一 ヒ漢 ビ呉 平 微 féi フェイ ■二 ホン漢 平 元 bēn ペン J ― 補 ― U ― 意味 ■一 ①こがねむしの幼虫。蠐螬。すくもむし。②くらげ。■二 貝の名。かき。

虫12【蠙】〔18〕俗字 J ②8786 補 ― U 87E6

虫13【蠅】〔19〕 標 ヨウ漢 平 蒸 yíng イン J 7404 補 ― U 8805 意味 ①〈はえ(はへ)〉〈はい(はひ)〉②蠅蠅は、行ったり来たりするさま。

虫9【蝇】〔15〕俗字 J 3972 補 ― U 877F

【蠅虎】ようこ はえとりぐも。

【蠅集】ようしゅう(しふ) はえがむらがる。はえのようにむらがる。

【蠅蚋姑】ようぜいこ はえとぶよとけら。姑は、蛄と同じ。〈孟子・滕文公上〉

【蠅頭】ようとう ①はえの頭。②きわめて小さいもの。【━━細楷】ようとうのさいかい きわめてこまかい楷書。【━━細書】ようとうのさいしょ きわめてこまかい字。【━━微利】ようとうのびり ほんのわずかの利益。

【蠅払(拂)】ようふつ はえをはらう払子。

【蠅利】ようり はえの頭のような少しばかりの利益。

虫13【蠃】〔19〕 ■一 ラ漢 上 哿 luǒ ルオ ■二 ラ漢 平 歌 luó ルオ J ②8791 補 5973 U 8803 意味 ■一 ①〈なめくじ(なめくぢ)〉〈かたつむり〉②蜾蠃は、じがばち。■二〈にな〉〈にし〉まき貝。＝螺

虫13【蠕】〔19〕 ライ漢 平 灰 léi レイ J ― 補 ― U 274BD 意味 貝の一種。はまぐりより大きい。

虫13【蠊】〔19〕 レン漢 平 塩 lián リエン J ①9168 補 5976 U 880A 意味 虫の名。あぶらむし。ごきぶり。

虫13【蠏】〔19〕本 ↓蟹(一一一一ジ・下)

虫13【蠖】〔19〕俗 ↓蠖(一一三ジ・上)

虫13 【蠎】〔19〕俗 →蟒(一一一一ジ・下)

虫13 【蟸】〔19〕同 →蠡(本ジ・中)

虫14 【䗽】〔20〕 イ(ヰ) 漢 去 寘 wèi ウエイ　U補J 45FD
意味 虫の名。家畜の血を吸う小さいあぶ。

虫14 【蠑】〔20〕 エイ 漢 平 庚 róng ロン　U補J 8811 7430
意味 ①蠑螈(えいげん)は、いもり。②蠑螺(えいら)は、さざえ。

虫14 【蠖】〔20〕 ワク 漢 カク(クヮク) 慣 入 薬 huò フオ　U補J
虫13 【蠖】〔19〕俗字　U補J 8816 7431
意味 尺蠖(せきわく・せきかく)は、しゃくとり虫。
【蠖屈】(かっくつ(くゎく)) ①しゃくとり虫がちぢこまること。②世に隠れて、ちぢんでいること。活躍する機会を得ないで、身をひそめていること。
【蠖略】(わくりゃく) ①進んだり止まったりするさま。②竜(りゅう)の動くように、うねりゆくさま。

虫14 【蠔】〔20〕 ゴウ(ガウ) 慣 コウ(カウ) 漢 平 豪 háo ハオ　U補J 8814 5982 ①9170
意味 貝の名。かき。牡蠣(ぼれい)。

虫14 【蠐】〔20〕 セイ 漢 平 斉 qí チー　U補J 8810 5978 ①9169
意味 ①蠐螬(せいそう)は、虫の名。こがねむしの幼虫。すくもむし。②蝤蠐(しゅうせい)は、きくいむし。ねきりむし。

虫14 【蠘】〔20〕 セツ 漢 入 屑 jié チエ　U補J 8818 5983
意味 蟹(かに)の名。わたりがに。がざみ。

虫14 【蠕】〔20〕 〔一〕ゼン 漢 〔二〕ジュ 漢 〔一〕上 銑 ruǎn ロワン 〔二〕平 虞 rú ルー　U補J 8815 7432
意味 〔一〕〔二〕①〈うごめ・く〉うごく。ゆっくりうごく。「蠕動(ぜんどう)」②〈は・う(―・ふ)〉虫の行くさま。
【蠕形動物】(ぜんけいどうぶつ) 足がなくて、からだをうごかして進む動物。みみずなど。
【蠕蠕】(ぜんぜん) ①うごめくさま。②中国北方にいた異民族の名。

虫14 【蠙】〔20〕 ヒン 漢 平 真 bīn ピン　U補J 8819 5979
意味 ①〈どぶがい(どぶがひ)〉からすがいの一種。②からす貝の中に生じる真珠。「蠙珠(ひんしゅ)」

虫14 【蠓】〔20〕 〔一〕ボウ 漢 〔二〕ボウ 漢 〔一〕上 董 měng モン 〔二〕平 東 méng モン　U補J 8813 5981 ②8793
意味 〔一〕〔二〕〈ぬかか〉雨のあとなどに飛ぶぶよに似た小虫。かつおむし。「蠓虫(ぼうちゅう)」

虫14 【蠣】〔20〕 標 レイ 漢 去 霽 lì リー　U補J 8823 7358
虫15 【蠣】〔21〕正字　U補J
虫5 【蛎】〔11〕俗字　U補J 86CE 1934
意味 〈かき〉海中の岩などに付く貝。「牡蠣(かき・ぼれい)」

虫14 【蠆】〔20〕俗 →蠆(九八四ジ・上)

虫14 【蠛】〔20〕俗 →蠛(本ジ・中)

虫15 【蠚】〔21〕 カク 漢 入 薬 hē ホー　U補J 881A 5984
意味 ①毒虫がさす。②虫の毒。③いたむ。

虫15 【蠢】〔21〕 シュン 漢 上 軫 chǔn チュン　U補J 8822 7433
意味 ①〈うごめ・く〉虫が動く。②動く。③〈おろか〉無知。「蠢愚(しゅんぐ)」④礼儀にかけるさま。⑤つたない。
【蠢爾】(しゅんじ) ①虫がうごめくさま。②おろかなものがさわぐさま。「蠢爾蛮荊(しゅんじばんけい)」〈詩経(しきょう)・采芑(さいき)〉
【蠢蠢】(しゅんしゅん) ①うごめくさま。「蠢蠢然(しゅんしゅんぜん)」②数の多いさま。③礼儀のないさま。
【蠢動】(しゅんどう) うごめく。【―含霊(靈)】(しゅんどうがんれい) 地上にうごめく、たましいのあるもの。いっさいの動物をいう。

虫15 【蠞】〔21〕 セツ 漢 ゼチ 呉 入 屑 jié チエ　U補J 881E 5987
意味 海に棲む蟹(かに)の一種。

虫15 【蠜】〔21〕 ハン 漢 平 元 fán ファン　U補J 881C 5986
意味 ①いなご。ばった。②〈へひりむし〉。

虫15 【蠛】〔21〕 ベツ 漢 入 屑 miè ミエ　U補J
虫14 【蠛】〔20〕俗字　U補J 881B 5985
意味 蠛蠓(べつぼう)は、うんか。ぬかか。かつおむし。

虫15 【蠡】〔21〕 〔一〕レイ 漢 〔二〕レイ 漢 〔三〕ラ 漢 〔一〕上 薺 lǐ リー 〔二〕平 斉 lí リー 〔三〕平 歌 luó ルオ　U補J 8821 7434
虫13 【蟸】〔19〕同字　U補J 87F8 5969
意味 〔一〕①〈むしば・む〉虫が木の心(しん)を食う。②〈きくいむし〉木の心を食う虫。〔二〕〈ひさご〉ひょうたん。〔三〕〈にな〉〈にし〉巻き貝の類。
【蠡測】(れいそく) 小さなひょうたんで大海の水を測る。見識のせまいたとえ。

虫15 【蠟】〔21〕 標 人 ロウ 漢 (ラフ) 入 合 là ラー　U補J 881F 5988 ①9171
虫8 【蝋】〔14〕 簡慣　U補J 874B 4725
意味 ①ろう。㋐みつろう。みつばちの巣からとったろう。㋑はぜの木などからとったろう。②ろうそく。あかりにする。「蠟燭(ろうそく)」③ろうをぬる。
【蠟花】(ろうか(らふくゎ)) ろうそくの火。花にたとえていう。
【蠟丸】(ろうがん(らふぐゎん)) 手紙などを、ろうの玉の中に封じこめたもの。湿気を防いだり、秘密保持のためにする。蠟書。
【蠟炬】(ろうきょ(らふ)) ろうそく。
【蠟梅】(ろうばい(らふ)) 低木の一種。からうめ。なんきんうめ。
【蠟涙】(ろうるい(らふ)) ろうそくから流れるろう。蠟珠。

虫15 【蠣】〔21〕正 →蠣(本ジ・中)

虫16 【蠩】〔22〕 〔一〕ショ 漢 〔二〕ショ 漢 〔一〕平 魚 zhū チュー 〔二〕平 魚 chú チュー　U補J 8829
意味 〔一〕蜛蠩(きょしょ)は、動物の名。〔二〕蟾蠩(せんしょ)は、蟾蜍(せんじょ)。ひきがえる。

虫16 【蠧】〔22〕同 →蠹(一一一四ジ・上)

虫17 【蠮】〔23〕 エツ 漢 入 屑 yē イエ　U補J 882E 5991 ②8801
意味 ①蠮螉(えつおう)は、虫の名。じがばち。こしぼそばち。②蠮螉塞(えつおうさい)は、とりでの名。居庸関(きょようかん)をいう。

虫17 【蠲】〔23〕 ケン 呉 漢 平 先 juān チュワン　U補J 8832 5993 ②8802
意味 ①〈やすで〉足の多い節足動物の一種。②〈いさぎよ・い(―・し)〉〈きよ・い(―・し)〉良い。③〈あきら・か〉明らかにする。④〈のぞ・く〉除去する。⑤きよめる。
【蠲除】(けんじょ(ぢょ)) ①除去する。はらいのぞく。②租税などを免除する。
【蠲滌】(けんでき) 洗い去る。汚れを払いのぞく。

虫17 【蠱】〔23〕 コ 漢 上 麌 gǔ クー　U補J 8831 7435
意味 ①〈むし〉㋐古い穀物につく虫。㋑人の腹中に生じる虫。②〈まじ〉〈まじもの〉まじないに用いる毒虫。③毒物。④人を害する悪い気。⑤〈まどわ・す(まどは・す)〉まよわす。⑥まじないして人を殺す。⑦易(えき)の卦(か)の名。

竹米糸缶网(罒・罓)羊(⺷)羽(羽)老(耂)而耒(耒)耳
6画
聿肉(月)臣自至臼(臼)舌舛(舛)舟艮色艸(艹・艹)虍虫血行衣(衤)襾(西)

【蠱疾】心のみだれるやまい。

【蠱毒】害する。害毒。

【蠱媚】なまめいて美しいさま。

【蠱惑】まどわす。たぶらかす。

【蠱物】国他人にわざわいがかかるように祈る。また、その術。

虫17【蠨】〔23〕 ショウ漢 (セウ) 平蕭 xiāo シアオ　J②8794 補5989 U8828
意味 蠨蛸は、あしたかぐも。足の長いくも。

虫17【蠰】〔23〕 一ドウ(ダウ)漢 ノウ(ナウ)呉 一平陽 náng ナン　二ショウ(シャウ)漢呉 二去漾 shàng シャン　三ジョウ(ジャウ)漢 ニョウ(ニャウ)呉 三上養 rǎng ラン　J― 補5992 U8830
意味 一蟷蠰は、虫の名。かまきり。二かみきりむしの一種。三蠰谿は、ばったの一種。

虫17【蠭】〔23〕 本→蜂(一一〇五ページ・上)

虫18【蠷】〔24〕 ク漢 平虞 qú チュイ　J― 補― U8837
意味 ①蠷螋は、虫の名。はさみむし。②さるの類。

虫18【蠨】〔24〕 ケイ漢 平斉 xī シー　J― 補5994 U8835
意味〈おおがめ(おほがめ)〉海がめの一種。「蠵蠵」

虫18【蠹】〔24〕 ト漢 去遇 dù トゥー　J7437 補― U8839
虫10【蠧】〔16〕 或体　J5938 補― U8799
虫16【蠧】〔22〕 同字　J7438 補― U8827
意味 ①〈きくいむし(きくひむし)〉木を食う虫。②〈しみ〉〈のむし〉衣服や書物を食う虫。③〈むしば・む〉虫が食う。「蠹蝕」④〈そこな・う(――・ふ)〉物を害する。⑤物事をそこなうもの。「蠹賊」

【蠹害】①しみが書物を食う害。②むしばむ。

【蠹魚】①書物や衣類を食う虫。しみ。②本にかじりつくだけで活用することを知らない人をいやしんでいう。

【蠹書】しみが食った本。

【蠹毒】害毒をあたえる。害毒。

虫18【蠶】〔24〕 旧→蚕(一〇九九ページ・下)

虫19【蠻】〔25〕 旧→蛮(一一〇三ページ・中)

虫18【蠺】〔24〕 同→蠶(一〇九九ページ・下)

虫20【蠼】〔26〕 一カク漢 (クヮク) 一入薬 jué チュエ　二ク漢 二平虞 qú チュイ　J②8803 補6002 U883C
意味 一さる。ははざる。おおざる。二蠼螋は、虫の名。はさみむし。

虫20【蠶】〔26〕 俗→蠶(一〇九九ページ・下)

6画 血部 ち ちへん

【部首解説】「丿」と「皿」が合わさり、「皿に血が入っていること」を表す。この部には、「血」の形を構成要素とする文字が属する。

血0【血】〔6〕 学3 ケツ ち　ケツ漢 ケチ呉 入屑 xuè シュエ、xiě シエ　J2376 補― U8840

筆順
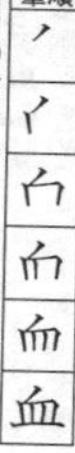

意味 ①〈ち〉㋐からだの中の血。「血液」㋑祭りのいけにえに使う動物の血。㋒血すじ。同じ先祖から出た人間関係。「血嗣」「血属」②〈ちぬ・る〉㋐いけにえの血を塗る。㋑人を殺傷する。③程度がはげしい。「血涙」

解字 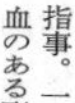 指事。一と皿を合わせた字。一は血を表す。皿の中に血のある形で、祭りのそなえものとして動物の血を皿に盛ることである。

【血圧(壓)】血管(動脈)を流れる血が、血管壁に及ぼす圧力。

【血液】一血のこと。脊椎動物では、固形の血球と液状の血漿とから成る。組織に酸素や栄養素を供給し、炭酸ガスや老廃物を運び去る。二シュエイエ xuèyè 現一に同じ。

【血縁(緣)】①血すじ。②同じ祖先から出ている関係。

【血管】体内の、血の通るくだ。

【血気(氣)】①生きものの体内の力。②はげしく感じやすい情熱。【――之勇】元気にまかせた行為をすること。向こう見ずの勇気。猪勇。〈孟子・注〉

【血球】医血液の中に含まれる細胞質の固体成分。赤血球・白血球・血小板がある。

【血行】血が体内をめぐること。

【血痕】血のついたあと。

【血祭】一いけにえを殺し、その血で神を祭る。二国①昔、戦いの前にいけにえを殺し、ささげて、軍神を祭ったことをいう。②敵を殺して、気勢をあげる。

【血書】血で文書を書く。また、その文書。

【血漿】医血液の液状成分。蛋白質などを含んでいる。

【血色】①血のいろ。②ひふのいろつや。

【血食】①いけにえの動物を、おたまやにそなえて先祖をまつること。②子孫がつづいて、先祖のまつりの絶えないこと。

【血清】医血液が凝固するとき、うわずみにたまる黄色のすきとおった液体。

【血税】国①もと、兵役の義務をいう。②血がでるほどのおもい税金。

【血戦(戰)】①血にまみれて戦う。②死を決心しての戦い。

【血相】国かおいろ。かおつき。

【血族】同じ祖先の一族。

【血属(屬)】血を分けた親族。

【血沈】医血液がガラス管の中を沈むにつれ、上部に血漿、下部に赤血球と分離する現象。そのときの赤血球の沈降速度を疾患の診断に応用。赤血球沈降速度。

【血統】血すじ。父母・兄弟など血のつながった関係。

【血判】国約束のしるしに、指を傷つけてその血を印判のかわりにおす。

【血餅】医血漿に含まれている繊維状の成分が、血球とからみ合ってつくるもち状の血塊。

【血盆】大きく開いた口。

【血脈】一①血管。②血すじ。二①一に同じ。②仏受けついだ仏法の系譜。【――貫通】①からだじゅうに血とみゃくが通じている。②文章のすじみちの連絡がよくとれ、まとまりのあること。〈大学蒙引〉

【血盟】血をすりあってちかう。また、血判を押してかたく約束をする。

【血涙】①血のなみだ。②はげしい悲しみや怒りのために出

る涙。③血と涙。「血涙相和流」（血と涙とがいっしょに流れる。）〈白居易の詩・長根歌〉

【血路】①狩り場で獣の血の跡のある道。②あぶない場面をきりぬけて逃げのびる道すじ。

【血流漂ㇾ杵】戦いで流した血が多いため、軍用のきねが浮く。戦いが激烈で、戦死者の多いのにいう。〈書経・武成〉

【歃ㇾ血】誓いの儀式。牛など犠牲の血を口に塗り、約束を守る証拠とする。〈孟子・告子下〉

【以ㇾ血洗ㇾ血】①血で血を洗う。悪を重ねる。〈唐書・源休伝〉②国血族が争い合う。

◆心血・出血・生血・吐血・充血・流血・青血・貧血・溢血・喀血・鉄血・熱血・膏血・鼻血・凝血・輸血・鮮血・羶血・鬱血・脳出血・脳溢血

血2 〖卹〗(四八〇ジ・下)→卩部六画

血3 【衁】〔9〕 コウ漢(クヮウ) 平陽 huāng ホワン　U補J 6003 8841
意味 ①血液。②かにの卵巣。

血3 【衂】〔9〕 俗→衄(本ジ・上)

血3 【䘏】〔9〕 同→恤(四八〇ジ・下)　U補J 7440 8844

血4 【衄】〔10〕 ジク漢(ヂク) 入屋 nǜ ニュイ

血3 〔衂〕〔9〕 俗字　U補J 7441 8842
意味 ①〈はなぢ〉②血がでる。③〈くじ・ける(――・く)〉〈やぶ・れる(――・る)〉

血4 【衃】〔10〕 ■ハイ漢 ■平灰 pēi ペイ ■フ漢 ■上有 fǒu フォウ　U補J 6004 8843
意味 ■ふるい血。かたまった血。■虾衃は、草の名。ぜにあおい。

血5 【衅】〔11〕 キン漢 去震 xìn シン　U補J 6005 8845
意味 〈ちぬ・る〉いけにえの血を器物にぬりつける。
参考 衅は「釁」(一二七七ジ・上)の中国新字体としても使う。

血6 【衉】〔12〕 カク漢 入陌 kè コー　U補J 6007 8849
意味 はく。血をはく。＝喀

血6 【衈】〔12〕 ジ漢 去寘 ěr アル　U補J 6006 8848

血6 【衆】〔12〕 学6 シュウ・シュ　シュウ漢 シュ呉 ス慣 去送 zhòng チョン　U補J 2916 8846
意味 ①〈ちぬ・る〉いけにえの血をぬりつける。②〈ちまつり〉いけにえの血をぬる祭り。③耳や眼の出血。

目6 【眾】〔11〕 本字　U補J 4679 773E

筆順
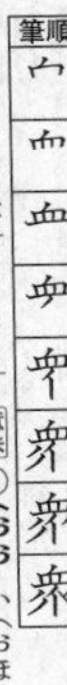

意味 ①〈おお・い(おほ・し)〉㋐多くの人。㋑多くの民。奴隷。「衆庶」㋒多くのけらい。「衆臣」③〈もろもろ〉多くの。④ふつうの。一般の。⑤仏教の教徒を数える。⑥姓。②〈もろびと〉「衆人」

解字  会意。古い形でわかるとおり、目の下に人が三つ並んでいる。仏は、人がおおぜいいることで、その上に目を加えて、おおぜいの人が立っていることを表した。一説に目は日で、太陽の下で集団労働させられている奴隷のことであるという。

名前 とも・ひろ・もり・もろ

【衆院】国「衆議院」の略。

【衆縁(緣)】仏心にかかる外界の物事。

【衆音】いろいろな音声・音楽。

【衆寡】多数と少数。【――不ㇾ敵】少ない人数は、多いほうにかなわない。〈魏志・張範伝〉

【衆岳(嶽)】多くの山々。

【衆議】おおぜいの人々の相談。おおぜいの人々の意見。【――院】国国家の法律をきめるところ。国会両院の一つ。↕参議院【――判】国歌合で、審判者(判者)を置かず、みんなの意見で、勝負をきめること。

【衆苦】いろいろな苦痛。おおぜいの苦しみ。

【衆愚】①おおぜいのおろかもの。②ばかものの集まり。

【衆口】おおぜいの人の口。おおぜいの人。また、おおぜいの人のことば。【――鑠ㇾ金】おおぜいのことば(告げ口など)は、恐るべき力を持つことをいう。〈国語・周語下〉【――禍福之門也】多くの人のことばは、人の幸不幸をぴったり当てる、運命の出入り口である。人の運命は世間の評判できまる。〈国語・晋語三〉

【衆座】おおぜいの人のいる所。

【衆志】おおぜいの気持ち。【――成ㇾ城】おおぜいの心が一致団結すれば、大きな力となる。〈国語・周語下〉

【衆手】おおぜいの人たち。人々。

【衆小】おおぜいのつまらない人間。

【衆少】多いことと少ないこと。衆寡。【――成ㇾ多】どんなに小さなものでも、たくさん集まれば大きなものとなる。塵もつもれば山となる。〈漢書・董仲舒伝〉

【衆辱】多くの人の前ではずかしい思いをさせること。

【衆心】おおぜいの人の心。【――成ㇾ城】おおぜいの心を合わせると、大きな力となるたとえ。〈国語・周語下〉

【衆人】おおぜいの人。世間の人々。「衆人皆酔、我独醒」(我独醒は、わたしだけが正気でいる。)〈屈原・漁父辞〉「以ㇾ衆人ㇾ待ㇾ己」(自分に対しては、平凡な人として期待する。他人には厳しく、自分には甘い。)〈慎思録〉【――環視】おおぜいの人が、とりまいて見ていること。

【衆生】■おおぜいの人々。■仏すべてのいきもの。また、すべての人々。【――済(濟)度】仏すべての生き物を救う。人々を迷いの世界から救って、仏の功徳を得させる。

【衆星】たくさんの星。「譬如ㇳ北辰居ㇾ其所ㇾ而衆星共ㇾ之」(たとえば、北極星がその位置におり、多くの星がそちらをむいているようなものだ。)〈論語・為政〉

【衆盛】①数が多くて勢いがさかんなこと。衆多。②盛り」【だくさん。

【衆説】多くの人の説。いろいろな意見。

【衆狙】多くのさる。

【衆多】多くの。多数。あまた。

【衆知(「智」)】①おおぜいの人が知っている。②おおぜいの人の知恵。

【衆鳥】多くの鳥。

【衆徒】①おおぜいの僧。僧兵。②国大衆。民衆。

【衆道】国若衆道の略。男色の道。男子の同性愛。かげま。若道。

【衆念】いろいろなおもい。

【衆評】おおぜいの人たちの評判。

【衆賓】多くの客。

【衆芳】たくさんの花。

【衆望】おおぜいの人たちの期待。

【衆妙】多くのすぐれた道理。「衆妙之門」(すべての根本。)〈老子・一〉

竹米糸缶网(罒・⺳)羊(⺷)羽(羽)老(耂)而耒(耒)耳
6画
聿肉(月)臣自至臼(臼)舌舛(舛)舟艮色艸(艹・艹)虍虫血行衣(衤)襾(西)

竹米糸缶网(罒・⺲)羊(⺶)羽(羽)老(耂)而耒(耒)耳
6画
聿肉(月)臣自至臼(臼)舌舛(舛)舟艮色艸(艹・艹)虍虫血行衣(衤)襾(西)

【衆民】(しゅうみん) 多くの人民。

【衆盲】(しゅうもう(まう)) ①おおぜいの盲人。②おおぜいのおろか者。【――摸レ象】(しゅうもう(まう)ぞう(ざう)をもす) 盲人がぞうにさわる。一部分だけを見て、本質をまちがうたとえ。〈祖庭事苑〉

【衆目】(しゅうもく) ①おおぜいの人の目。②多くの人たちの観察。

【衆理】(しゅうり) 多くの道理。

【衆寮】(しゅうりょう(れう)) ㊍修行者のとまる道場。

▽▼大衆・下衆・公衆・民衆・若衆・若衆・俗衆・群衆・聴衆・観衆

血 6
【衂】〔12〕本 ↓衄(一〇二〇ジ・下)

血 6
【衇】〔12〕古 ↓脈(一〇二〇ジ・下)

血 14
【衊】〔20〕俗 ↓衊(本ジ・上)

血 15
【衊】〔21〕ベツ 漢　入 屑　miè ミエ　J U 補

血 14
【衊】〔20〕俗字　J②8805　補6008　U884A

意味 ①〈けが・す〉㋐よごす。㋑はずかしめる。はじをかかす。②血のり。③古くなった血。「汚衊」④〈はなぢ〉鼻から出た血。

血 18
【衋】〔24〕キョク 漢　入 職　xì シー　J 6009　補　U884B

意味 いたみかなしむ。うれえる。

6画

行部　ぎょうがまえ　ゆきがまえ

【部首解説】「彳」と「亍」が合わさり、「人が歩いていく」ことを意味する。この部には、進行や街路に関連するものが多く、「行」の形を構成要素とする文字が属する。

行 0
【行】〔6〕学 2　コウ・ギョウ・アン　いく・ゆく・おこなう　J 2552　補　U884C

㊀コウ(カウ) 漢　ギョウ(ギャウ) 呉　㊀平 庚 xíng シン
㊁コウ(カウ) 漢　ギョウ(ギャウ) 呉　㊁去 敬 xìng シン
㊂コウ(カウ) 漢　ゴウ(ガウ) 呉　㊂平 陽 háng ハン
㊃コウ(カウ) 漢　ゴウ(ガウ) 呉　㊃去 漾 hàng ハン
アン 唐

筆順 ノ ク 彳 彳 行 行

意味 ㊀①〈ゆ・く〉〈い・く〉〈めぐ・る〉あるく。すすむ。②〈さ・る〉㋐はなれる。㋑帰る。③〈や・る〉行かせる。動かす。④〈おこな・う(――・ふ)〉㋐実行する。「行為」㋑ふるまう。あたえる。㋒ほどこす。㋓つかう。⑤軍隊が出動する。⑥たび。みちすじ。「行程」⑦道路の神。⑧〈の・びる(――・ぶ)〉碁の技術の一つ。⑨書体の一つ。少しくずした字。「行書」⑩詩の一体。「琵琶行」⑪〈ゆくゆく〉㋐とりあえず。㋑まもなく。やがて。⑫天地万物の根本原理である五行(木・火・土・金・水)をいう。⑬全国を見てまわる。また、その役の人。⑭仏道をおさめる。戒律。⑮できる。⑯現 よろしい。すばらしい。㊁①〈おこない(おこなひ)〉㋐しわざ。㋑みもち。「品行」②こと。ことがら。㊂①〈みち〉道路。②行列。ならび。③〈くだり〉文書のぎょう。④じんだて。そなえ。⑤二十五人の部隊。「行伍」⑥みせ。⑦業種。商売。「銀行」㊃行行は、力強いさま。

解字  会意。彳と亍を合わせた字。彳は歩くこと。亍は、その反対の形で、止まること。進んだり止まったりすることが「行」である。一説に、行は、十字路の象形であり、進む意味にもなるという。

名前 き・たか・つら・のり・ひら・もち・やす・あきら　姓 行方(なめかた・ゆきかた)

地名 行川(なめかわ)・行方(なめかた)・行田(ぎょうだ)・行沢(なめさわ)・行津(なめつ)・行橋(ゆくはし)

難読 行方(ゆくえ)(付表)／行行子(よしきり)・行縢(むかばき)

【行火】(あんか(くわ)) こたつ。炭火を入れて手足をあたためる道具。

【行脚】(あんぎゃ) ㊍僧が諸国をめぐって修行すること。

【行宮】(あんぐう) 天子の旅先での仮御所。行在所(あんざいしょ)。

【行在】(あんざい) 天子の、旅先での仮御所。行安所。行宮(あんぐう)。

【行殿】(あんでん) かりずまいの宮殿。離宮。行宮。

【行灯(燈)】(あんどん・あんどう) 照明用器具の一種。紙をはったわくの中の油皿に火をともすもの。

【行儀】(ぎょうぎ(ぎゃうぎ)) 国①立ち居ふるまいの作法。「作。②順序。礼儀正しい動作。」

【行行子】(ぎょうぎょうし(ぎゃうぎゃうし)) ウグイス科の小鳥。よしきり。

【行刑】(ぎょうけい(ぎゃうけい)・こうけい(かうけい)) 刑罰を行うこと。

【行啓】(ぎょうけい(ぎゃうけい)) 国皇太后・皇后・皇太子・皇太子妃・皇太「孫の外出。」

【行幸】(ぎょうこう(ぎゃうかう)) 天皇・天子が、皇居外におでかけになること。みゆき。おでまし。

【行座(「坐」)】(ぎょうざ(ぎゃうざ)) 歩くときもすわっているときも。ふだん。つねづね。行住座臥(ぎょうじゅうざが)。

【行司】(ぎょうじ(ぎゃうじ)) 国すもうで、勝負をさばく人。

【行持】(ぎょうじ(ぎゃうぢ)) ㊍仏道修行を持続してたゆまないこと。

【行者】(ぎょうじゃ(ぎゃうじゃ)) 修行する人。また日本で、修験者(しゅげんじゃ)・山伏(やまぶし)など。

【行住座(「坐」)臥】(ぎょうじゅうざが(ぎゃうぢゅうざぐわ)) ①歩いたり、家にいたり、すわったり、横になったり。ふだんの立ち居ふるまい。②ふだん。つねづね。

【行書】(ぎょうしょ(ぎゃうしょ)) 漢字のかき方の一種で、楷書(かいしょ)を少しくず「したもの。」

【行状(狀)】(ぎょうじょう(ぎゃうじゃう)) ①日々のおこない。また、おこないをしるしたもの。②品行。身持ち。

【行政】(ぎょうせい(ぎゃうせい)) 国家をおさめる上で立法・司法以外のもの。国家や自治体の政治上のしごと。

【行跡】(ぎょうせき(ぎゃうせき)) ①日々のおこない。②品行。③あしあと。「門前旧行跡(もんぜんきゅうぎょうせき)」〈李白(りはく)・長干行(ちょうかんこう)〉

【行草】(ぎょうそう(ぎゃうさう)) 行書(ぎょうしょ)と草書。ともに書体の名。

【行足】(ぎょうそく(ぎゃうそく)) ㊍知恵を生かす行動。知恵を目にたとえ、修行を足にたとえ、知恵と修行をともに活用することを知目行足という。

【行体(體)】(ぎょうたい(ぎゃうたい)) ①行書(ぎょうしょ)の書体。②なりふり。「いで「たち。」

【行年】(ぎょうねん(ぎゃうねん)・こうねん(かうねん)) ①現在の年齢。②この世に生きていた間の年の数。享年(きょうねん)。

【行列】(ぎょうれつ(ぎゃうれつ)・こうれつ(かうれつ)) ①多くのものがきちんと並んでいること。また、その列。②順々にならぶこと。③儀式などで、人々がきちんと形をととのえて行くこと。

【行衣】(こうい(かうい)) 旅行に着る衣服。旅ごろも。

【行為(爲)】(こうい(かうゐ)) ①おこない。人間の動作。②意志にもとづく行動。③法律上、おこなわれた事実。

【行雨】(こうう(かうう)) 降る雨。【――朝雲】(こうう(かう)ちょう(てう)うん) 降る雨と、朝の雲。神女の美しさをいう。〈宋玉(そうぎょく)・高唐賦序〉

【行雲】(こううん(かううん)) 空を行く雲。【――体(體)】(こううんたい(かううんたい)) 国中世の芸術論で、白雲の流れゆくような、さわやかでおく深い歌。正徹(しょうてつ)らの主張する理想の歌体。【――流水】(こううんりゅうすい(かううんりうすい)) ①一定の形がなく、いろいろ移り変わってとどこらない。②ひとつことにこだわらないで、さらさらと事をはこぶ。〈宋史(そうし)・蘇軾(そしょく)伝〉

【行営(營)】(こうえい(かうえい)) ①陣営。②陣営をまわって視察するこ「と。」

【行役】(こうえき(かうえき)) ①徴発されて、土木工事をしたり、国境を守ったりすること。②旅行。

【行歌】(こうか(かうか)) 歩きながら歌う。

【行客】こう(かう)かく 旅行をする人。旅客。旅人。「雲埋二行客跡一」(雲が、旅人である私の歩いてきた道すじを埋めつくしてしまう。)〈和漢朗詠集・雲〉

【行間】㊀こう(かう)かん 軍営の中。㊁ぎょう(ぎゃう)かん 文章の行と行との間。

【行紀】こう(かう)き 旅行の記録。旅行記。紀行。

【行器】㊀こう(かう)き 旅行の用具。㊁ほかい(ほかゐ) 国食物を盛って運ぶ三本脚の器。

【行乞】こう(かう)きつ 物ごいをして歩く。

【行休】こう(かう)きゅう(きう) ゆくゆく休する。やがて永遠の眠りにつく。死期の近いこと。「感二吾生之行休一」(わたしの一生も、やがて終わりだという気がする。)〈陶潜・帰去来辞〉

【行吟】こう(かう)ぎん 歩きながら詩歌をうたう。

【行具】こう(かう)ぐ 旅のよそおい。旅行用具。

【行軍】こう(かう)ぐん ①軍隊を進める。②行進。旅行。

【行径(徑)】こう(かう)けい こみち。ゆききのみち。

【行賈】こう(かう)こ 行商。品物を売り歩く。また、その人。

【行伍】こう(かう)ご 兵隊の組。五人を伍、二十五人を行という。

【行行】こう(かう)こう(かう) ①行こうか行くまいかと、ためらうさま。一説に、ずんずん行くさま。「行行重行行」〈文選・古詩十九首〉②気性の強いさま。ものおじしないさま。

【――如】こう(かう)こう(かう)じょ 「行行」の②に同じ。

【行国(國)】こう(かう)こく ①遊牧民の集落。②国内をめぐる。③国を去ること。

【行子】こう(かう)し 旅人。通行人。道ゆくひと。

【行止】こう(かう)し ①行くことと止まること。②行動。品行。③ゆきどまり。

【行市】こう(かう)し 市場。問屋。大商店。

【行使】こう(かう)し ①使者をもてなす官。②国物や力を使うこと。

【行事】㊀こう(かう)じ ①おこなった事がら。②使者のしごと。㊁ぎょう(ぎゃう)じ 国きまったときに、きまっておこなう事がら。おもに儀式などをいう。

【行戸走肉】こう(かう)し そう(さう)にく あるく形代や、走る肉。生きていても何の役にもたたないもの。学問をしない者をいう。〈拾遺記〉

【行日】こう(かう)じつ 行程の日数。旅行の日数。

【行実(實)】こう(かう)じつ 実際にやった事がら。

【行酒】こう(かう)しゅ ①酒を飲ませる。さかずきを回す。行觴。②酒令を行うこと。→「酒令」(一二七一ぺ・上)

【行戍】こう(かう)じゅ 国境に行って守る。また、その人。

【行舟】こう(かう)しゅう(しう) ①進みゆく舟。②舟を進めること。

【行商】こう(かう)しょう(しゃう)・ぎょう(ぎゃう)しょう(しゃう) 品物をもって売り歩く。また、その人。

【行粧】こう(かう)しょう(しゃう) けしょうする。よそおい。

【行障】こう(かう)しょう(しゃう) ついたてやびょうぶなどの類。

【行賞】こう(かう)しょう(しゃう) 労をねぎらうために、褒美をあたえること。「論功行賞」

【行蹤】こう(かう)しょう 旅のあと。旅行のコース。ゆくえ。

【行食】こう(かう)しょく ①遊びなまけて暮らす。②食物をはこぶ。

【行神】こう(かう)しん 道路の守り神。道祖神。

【行進】こう(かう)しん ①進み行くこと。②多くの人がきちんと並んで進むこと。

【――曲】こう(かう)しんきょく 行進に合わせて奏する音楽。マーチ。

【行人】㊀こう(かう)じん ①道を行く人。旅人。出征兵士。②客をもてなす官の名。③使者。㊁ぎょう(ぎゃう)にん 行者。

【行陣】こう(かう)じん(ぢん) ①軍隊。②軍隊の行進。

【行水】㊀こう(かう)すい ①流れ行く水。②水上を行く。舟で水上を進むこと。③水を流しやること。㊁ぎょう(ぎゃう)ずい ①水をあびて身を清める。②国たらいでゆあみをすること。

【行迹】こう(かう)せき・ぎょう(ぎゃう)せき ①品行。おこない。②足あと。〔行跡〕

【行船】こう(かう)せん ①船を進めること。②走る船。

【行走】こう(かう)そう 走りだす。動きだす。

【行装(裝)】こう(かう)そう(さう) 出発のための準備。旅仕度。

【行蔵(藏)】こう(かう)ぞう(ざう) ①進んで事を行うことと、しりぞきかくれること。「用舎行蔵」②暮らしのようす。

【行厨】こう(かう)ちゅう 外出したときの食事。弁当。わりご。

【行帳】こう(かう)ちょう(ちゃう) 天幕。テント。野営の幕舎。

【行程】こう(かう)てい ①旅のみちのり。②旅の日程。

【行纏】こう(かう)てん ①婦人が布で足を包むこと。②はばき。きゃはん。③むかばき。

【行縢】こう(かう)とう むかばき。腰をおおう毛皮。行縢。狩りや乗馬のとき腰からすねにかけておおう毛皮。

【行動】㊀こう(かう)どう おこない。動作。㊁シントン xíngdòng 現㊀に同じ。

【――主義】こう(かう)どうしゅぎ ①フランスの文芸論の一つ。行動の中に人生の意義を探究する主義。ジイド、マルローらが主張した。②アメリカの心理学の一派。刺激と反応の関係を研究する学問。

【行道】㊀こう(かう)どう(だう) ①道を行くこと。②道をおこなうこと。③道路。㊁ぎょう(ぎゃう)どう(だう) 仏経文を読みながら歩くこと。

【行能】こう(かう)のう 人のおこないと才能。

【行嚢】こう(かう)のう(なう) ①旅行に使う小袋。②郵便物を入れて送る袋。郵袋。

【行馬】こう(かう)ば ①こまよけ。馬のさく。②くぎをうったくい。敵をふせぐ道具。③馬をあやつること。曲馬。

【行媒】こう(かう)ばい なこうど。結婚のとりもちをする人。

【行販】こう(かう)はん 品物を売り歩く。行商。また、その人。

【行文】こう(かう)ぶん ①文章の書きかた。書かれた文章。②公文書のやりとり。

【――流麗】こう(かう)ぶんりゅう(りう)れい 文章の書き方が、なだらかで美しいこと。

【行楽(樂)】こう(かう)らく 山野や郊外などに行って遊び楽しむ。

【行李】㊀こう(かう)り ①使者。旅人。②旅行のときなどの送り荷物。③旅行。旅。④国荷物を送るときなどに使ういれもので、竹・柳などを編んでつくったもの。㊁シンリ xíngli 現(旅行の)荷物。

【行履】こう(かう)り・あんり ふだんの行動。

【行旅】こう(かう)りょ 旅。旅人。

【行路】こう(かう)ろ ①人のとおるみち。②道をとおること。また、その人。

【――難】こう(かう)ろなん ①旅行の道がけわしいこと。②世わたりの苦しみ。

【――心】こう(かう)ろのこころ 通りすがりの他人に対する、とおりいっぺんの心。

【――人】こう(かう)ろのひと 道をゆく人。見知らぬ他人。

【――病者】こう(かう)ろびょう(びゃう)しゃ 道路にたおれて、引き取り人のない病人。行きだおれ。

【行老】こう(かう)ろう(らう) なかまの中の頭だった者。業者の中のおもだった者。だんな衆。

【行潦】こう(かう)ろう(らう) 道路上のたまり水。

【行桁】ゆきげた 国橋のささえ。はしげた。

【行業】ハンイエ hángyè 現職業。

『行不レ由レ径(徑)』こみちによらず ゆくに 近道をとおらない。行いが公明正大なたとえ。〈論語・雍也〉

◇▼力行・凶行・平行・刊行・巡行・同行・壮行・孝行・尾行・励行・吟行・乱行・決行・言行・夜行・奇行・奉行・併行・非行・実行・性行・苦行・知行・直行・歩行・並行・品行・逆行・飛行・施行・急行・荒行・発行・紀行・洋行・兼行・素行・徐行・連行・通行・旅行・航行・流行・修行・強行・断行・執行・蛇行・悪行・現行・善行・奥行・雲行・随行・遂行・運行・順行・敢行・徳行・銀行・潜行・暴行・横行・履行・興行・操行・篤行・難行・不言実行・不易流行・百鬼夜行・信託銀行・昼夜兼行・直情径行・独立独行・修学旅行

行 3

【衍】〔9〕 ㊀エン 漢 ㊤ 銑 yǎn イエン ㊁エン 漢 ㊥平 先 yán イエン J 6207 補 U 884D

意味 ㊀①〈あふ・れる(――・る)〉㋐水がみちあふれる。㋑は

竹米糸缶网(罒・⺲)羊(⺷)羽(羽)老(耂)而耒(耒)耳 6画 聿肉(月)臣自至臼(臼)舌舛(舛)舟艮色艸(艹・艹)虍虫血行衣(衤)襾(西)

み出す。②〈なが・れる(――・る)〉川が海に流れこむ。③〈あま・る〉㋐余裕がある。豊かである。㋑多すぎる。余分である。④〈し・く〉㋐広げる。広がる。㋑のびる。⑤〈はびこ・る〉植物が茂る。⑥〈の・べる(―・ぶ)〉推測し発展させる。⑦低く平らな土地。⑧沼地。⑨姓。[二]〈の・びる(―・ぶ)〉延長する。＝延えん

【衍溢】えんいつ いっぱいであふれる。
【衍繹】えんえき 一つの事から他の事に意味を押しひろめて説明する。演繹。
【衍義】えんぎ ①道を広めること。②意味をくわしく説明すること。
【衍字】えんじ まちがってはいった、不用の文字。
【衍聖公】えんせいこう 孔子の子孫に、代々贈られた爵位。
【衍文】えんぶん まちがってはいった、不用の文字・文句。
【衍曼】えんまん ひろがりはびこる。【――流爛】えんまんりゅう(りう)らん ひろがり散らばる。流爛は、散りしくこと。〈史記・司馬相如しょうじょ列伝〉
【衍沃】えんよく 土地がよく肥えて、水まわりがよい。

行3 【衎】〔9〕 カン[漢] [去]翰 kàn カン　U補J 6010 884E
[意味]①〈たのし・む〉㋐よろこびたのしむ。㋑やわらぐ。②おちついているさま。③満足するさま。
【衎衎】かんかん ①おだやかに楽しむさま。「飲食衎衎」〈易経えききょう・漸卦ぜんか〉②すばしこくて、しっかりしたさま。
【衎爾】かんじ 「衎然かんぜん」に同じ。
【衎然】かんぜん 楽しみ喜ぶさま。満足しているさま。

行5 【衒】〔11〕 ケン[漢] ゲン[呉] [去]霰 xuàn シュワン　U補J 7442 8852
[意味]①〈う・る〉歩きながら売る。②女性が仲介人を立てずに結婚する。③自分から仕官を求める。④〈てら・う(――・ふ)〉みせびらかす。ひけらかす。
【衒鬻】げんいく 表通りで、品物を作って見せながら売ること。
【衒学(學)】げんがく 自分の学問をほこり示す。学者ぶる。
【衒気(氣)】げんき 人によくみせようとする気分。ペダントリー。
【衒玉賈石】げんぎょくこせき 玉を見せて、石を売る。言うこととすることが合わないこと。羊頭狗肉ようとうくにく。〈法言〉
【衒妻】げんさい ①売春婦。②他人の妻をののしっていうことば。
【衒売(賣)】げんばい 売りこもうとする。品物をほめて売る。
【衒耀(燿)】げんよう(えう) うわべを飾りたてる。

行5 【術】〔11〕 [学]5 ジュツ　U補J 2949 8853

[旧字] 行5 【術】〔11〕 [一]シュツ[漢] ジュツ[慣] [二]スイ[漢] [一][入]質 shù シュー [二][去]寘 suì ソイ　U補J ―

[筆順] ノ 彳 彳 … 術

[意味][一]①〈みち〉㋐方法。㋑法則。㋒村の中の通路。㋓よりどころ。たよるべきもの。②〈すべ〉てだて。方法。③〈わざ〉㋐医学、うらないなどの技術。㋑はかりごと。計略。㋒神秘な行い。④天文・暦法の理論。⑤じっくり調べる。[二]古代の行政区画の一つ。＝遂

[解字] 形声。行が形を表し、朮じゅつが音を示す。行は、十字路。朮には、すじみちにしたがう意味がある。術は、村の中の古い道で、だんだんとできあがったルートである。そこからわざ・技術の意味を生じた。

[名前] やす・やすし

【術業】じゅつぎょう(げふ) 学術と技芸。学問。
【術語】じゅつご 学問上、とくに使う専門語。テクニカルターム。
【術策】じゅっさく はかりごと。てだて。
【術士】じゅつし ①はかりごとにたくみな人。②ふしぎな術を使う人。
【術数(數)】じゅっすう ①たくらみ。②法律をたてにして国をおさめるやりかた。③卜筮ぼくぜいや星占い、また暦こよみや数学など、自然界の原理を解明し、それを人事に応用しようとする学術の総称。
【術知】じゅっち はかりごととちえ。＝術智
【術中】じゅっちゅう(ちう) はかりごとのうち。計略の中。
【術序】じゅつじょ 村の学校。序は昔の学校。
◆弓術きゅうじゅつ・手術しゅじゅつ・心術しんじゅつ・幻術げんじゅつ・仁術じんじゅつ・占術せんじゅつ・忍術にんじゅつ・技術ぎじゅつ・灸術きゅうじゅつ・芸術げいじゅつ・妖術ようじゅつ・武術ぶじゅつ・学術がくじゅつ・奇術きじゅつ・柔術じゅうじゅつ・美術びじゅつ・剣術けんじゅつ・馬術ばじゅつ・秘術ひじゅつ・砲術ほうじゅつ・棒術ぼうじゅつ・戦術せんじゅつ・話術わじゅつ・算術さんじゅつ・鍼術しんじゅつ・魔術まじゅつ・催眠術さいみんじゅつ・読心術どくしんじゅつ・人海戦術じんかいせんじゅつ

行5 【衑】〔11〕 レイ[漢] リョウ(リャウ)[呉] [平]青 líng リン　U補J 6011 8851
[意味]道。

行6 【街】〔12〕 [学]4 まち ガイ・カイ　カイ[漢] ガイ[慣] [平]佳 jiē チエ　U補J 1925 8857

[筆順] ノ 彳 彳 … 街

[意味]①〈まち〉〈ちまた〉まちなか。「街路」②よつつじ。よつまた。十字路。③大通り。「街道」

[解字] 形声。行と圭を合わせた字で、行が形を表し、圭けいが音を示す。行は十字路。圭には、区切る、まじわるの意味がある。街は、町なみを区切る十字路、あるいは、まじわっている道路のことで、四方に通じる道路をいう。

【街衢】がいく 「街衝がいしょう」に同じ。
【街市】がいし まち。まちなか。
【街衝】がいしょう ちまた。まちなかの、にぎやかなところ。
【街上】がいじょう(じゃう) 大通りのあたり。ちまた。
【街談巷語】がいだんこうご(かうご) まちの、いろいろなうわさ話。〈漢書かんじょ・芸文志げいもんし〉
【街道】かいどう(だう) [一]①大通り。②[国]中央から地方に通じる主要な道。「街道筋すじ」[二]チエタオ jiēdào [現][一]の①に同じ。
【街灯(燈)】がいとう まちすじにとりつけてあるともしび。
【街頭】がいとう まちのほとり。まちの通り。
【街坊】がいぼう(ばう) まちなか。村里。
【街路】がいろ まちの通り。
◆市街しがい・繁華街はんかがい

行6 【衖】〔12〕 [一]コウ(カウ)[漢] ゴウ(ガウ)[呉] [一][去]絳 xiàng シアン [二]ロウ [二]―― lòng ロン　U補J 6013 8856
[意味][一]〈ちまた〉＝巷こう [二]中国南部では小路を「弄ろう」と呼び、「衖」とも書く。

行6 【衕】〔12〕 [一]トウ[漢] [二]トウ[漢] [一][平]東 tóng トン [二][去]送 dòng トン　U補J 6012 8855
[意味][一]①ちまた。まちなか。②[現]衚衕フートン hútòng は、横丁よこちょう。＝胡同 [二]腹くだし。

行6 【衘】〔12〕 [同]→銜(一二九二ページ・中)

行7 【衙】〔13〕 [標] [一]ガ[漢] [二]ギョ[漢] [一][平]麻 yá ヤー [二][平]魚 yú ユィ　U補J 7443 8859
[意味][一]①〈つかさ〉役所。官庁。②兵営。③天子の宮殿。④参上する。[二]衙衙ぎょぎょは、行くさま。進むさま。
【衙参(參)】がさん 官吏が朝廷に参集すること。
【衙内】がない(がだい) ①皇居の囲いの中。②皇居を守る軍隊。
【衙門】がもん 役所の門。また、役所。

行8 〖衜〗→金部六画（一二九二ページ・中）

行9 【衚】〔15〕 コ 漢 平 虞 hú フー　J 6015 / 補 / U 885A

意味 ①まち。ちまた。②現衚衕 hútòng は、横丁(よこちょう)。＝胡同

行9 【衝】〔15〕 常 ショウ　ショウ 漢 平 冬 chōng, chòng チョン　J 3055 / 補 / U 885D

筆順 丿 彳 … 衝

意味 ①広い十字路。②かなめ。㋐たいせつな場所。㋑交通の要所。③〈つ・く〉㋐突きあたる。ぶつかる。㋑つきすすむ。④〈あた・る〉⑤ある方向へむかう。⑥衝衝(しょうしょう)は、行くさま。また、多いさま。⑦城壁攻撃用の戦車。

解字 形声。行が形を表し、重(とう)（童の略）が音を示す。行は道。童には、つきぬけるという意味がある。衝は、道をつきぬけることである。

名前 つぎ・みち・もり・ゆく　難読 衝立(ついたて)

【衝羽】(しょうう) 国はねつき。羽子板ではねをつく。

【衝撃(擊)】(しょうげき) ①突き破る。前進して敵をうつ。②心につよくこたえる。ショック。

【衝決】(しょうけつ) 河水が堤防を突き破る。

【衝上断(斷)層(層)】(しょうじょう(じゃう)だんそう)─(つきあげだんそう) 地盤がずり上がって生じた断層。逆断層。

【衝心】(しょうしん) 医脚気(かっけ)の症状が進んで、心悸亢進(しんきこうしん)や呼吸困難をおこすこと。「脚気(かっけ)衝心」

【衝然】(しょうぜん) 高く突き出ているさま。

【衝程】(しょうてい) ピストンの動く範囲。ストローク。

【衝天】(しょうてん) 天をつくこと。勢いのよいさま。「意気衝天」

【衝動】(しょうどう) ①つきうごかす。②本能的・感情的な行動。

【衝突】(しょうとつ) ①つきあたる。②双方の意見があわないで争う。

【衝風】(しょうふう) つむじ風。暴風。

【衝要】(しょうよう(えう)) 重要な地点。敵を防ぐのに大事な所。

【衝路】(しょうろ) 国敵の向かってくる大事な道。軍事上のたいせつな道路。

【衝立】(ついたて) 国目かくしにする道具。台のついたふすま。衝立障子(ついたてしょうじ)─ついたて。

◇折衝(せっしょう)・緩衝(かんしょう)

行9 【衜】〔15〕 同→道（一二四九ページ・上）

行10 【衛】〔16〕 学5 エイ　J 1750 / 補 / U 885B

旧字 行10 【衞】〔16〕 人 エイ(ヱイ) 漢 去 霽 エ(ヱ) 呉 wèi ウエイ　J 7444 / 補 / U 885E

筆順 彳 … 衛

意味 ①〈まも・る〉〈ふせ・ぐ〉ふせぎ守る。「衛兵」②〈まもり〉㋐ふせぎまもること。「防衛」㋑守る人。「守衛」㋒とのい。宿直。「宿衛」③〈いとな・む〉④周代の国の名。⑤衛服(えいふく)は、王の直轄地を二千五百里離れた地。⑥ろば。⑦姓。

解字 会意。古い形を見ると、行・韋・帀を合わせた字。行は行列、帀はめぐり歩くこと。韋は圍(囲)の略で、かこみまもることである。衛は宮城のまわりを、行列を組んでぐるぐるまわり、とりしまることを表す字で、「まもる」の意味になる。韋(ゐ)は音をも示す。

名前 ひろ・もり・よし

【衛尉】(えい(ゑい)い(ゐ)) 官名。宮門を警護する役（衛士）の長官。九卿(きゅうけい)の一つ。

【衛瓘】(えい(ゑい)かん(くわん)) 人名。晋(しん)代の草書の名人。

【衛士】 一 (えい(ゑい)し) 宮中をまもる兵士。二 (え(ゑ)じ) 国諸国から京に召されて宮中を守った兵士。

【衛視】(えい(ゑい)し) 国国会の警備をする人。

【衛戍】(えい(ゑい)じゅ) 軍隊が、ながく一つの所に配置されていること。「と。

【衛生】 一 (えい(ゑい)せい) 生命を全うする。健康をまもり、病気をふせぐ。二 (ウエイション) wèishēng 現①一に同じ。②衛生的である。

【衛青】(えい(ゑい)せい) 人名。前漢の武帝につかえた将軍で、匈奴(きょうど)を攻めててがらをたてた。〈史記〉〈漢書(かんじょ)〉

【衛星】 一 (えい(ゑい)せい) ①惑星の周囲を回っている天体。②国「人工衛星」の略。ロケットによって打ち上げられた人工物体（天体）。宇宙の科学探査、気象・地球観測、通信・放送電波の中継などに使われる。「衛星放送」 二 (ウエイシン) wèixīng 現①一に同じ。②ある中心となるものの回りにあって従属的な関係にあるもの。

【衛霊(靈)公】(えい(ゑい)れいこう) の人名。春秋時代の衛の国の君主。

【衛兵】(えい(ゑい)へい) 警備についている兵士。

【衛満(滿)】(えい(ゑい)まん) 人名。古代朝鮮最初の王。〈後漢書(ごかんじょ)・東夷(とうい)伝〉

【衛府】(え(ゑ)ふ) 国奈良(なら)・平安時代の近衛府(このえふ)・兵衛府(ひょうえふ)・衛門府(えもんふ)の三つの総称。左右の二つずつになっていたから、「六衛府」といった。みな宮中を守る役所。

◇屯衛(とんえい)・自衛(じえい)・守衛(しゅえい)・近衛(このえ)・防衛(ぼうえい)・門衛(もんえい)・前衛(ぜんえい)・後衛(こうえい)・護衛(ごえい)・警衛(けいえい)

行10 【衡】〔16〕 常 コウ　コウ(カウ) 漢 平 庚 héng ホン　J 2553 / 補 / U 8861

筆順 彳 … 衡

意味 ①〈よこぎ〉㋐横木を牛の角につけて人に当たらないようにしたもの。㋑車の長柄(ながえ)に横につけた木。㋒門の横木。②〈よこ〉横。「連衡」③〈はかり〉㋐物の重さをはかる道具。「度量衡」㋑はかりざお。はかりの横ざお。④〈はか・る〉㋐目方をはかる。㋑ねうちをはかりくらべる。「銓衡(せんこう)」⑤〈たいら(たひら)〉㋐平均が取れている。「平衡」㋑公平な。⑥こうがい。かんむりをとめるかんざし。⑦北斗七星の中の星。⑧山の名。衡山(こうざん)。湖南省衡山県の西にある。五岳の一つ。南岳。⑨重量の単位。（↓付録「度量衡名称」）⑩山林の管理役人。⑪宮殿のてすり。⑫姓。

解字 会意・形声。行・角・大を合わせた字で、行(かう)が音を示す。角はつの。大は大木のこと。行にはまっすぐな横木という意味を含んでいる。衡は、牛の角が人に触れて傷つけないように、大きな木を横につけたもので、転じて、横の意味にもなる。

名前 ちか・ひで・ひら・ひろ・ひとし・まもる

【衡宇】(こう(かう)う) ①木を横にのせた、サの字形の門と家。②粗末な家。「乃瞻二衡宇一(すなわちこううをみる)」〈陶潜(とうせん)・帰去来辞(ききょらいのじ)〉

【衡器】(こう(かう)き) はかり。重さをはかる道具。

【衡鈞】(こう(かう)きん) 公平。平らでひとしい。

【衡行】(こう(かう)こう(かう)) かって気ままにふるまう。横行。

【衡人】(こう(かう)じん) 連衡の説（戦国時代、六強国を、西の秦(しん)に仕えるように説いた意見）をとなえた人々。

【衡石】(こう(かう)せき) はかり。

【衡度】(こう(かう)ど) はかりとものさし。

【衡茅】(こう(かう)ぼう(ばう)) 冠木門(かぶきもん)と、かやぶきの屋根。木を横にしてのせたそまつな門。隠者の家。

【衡門】(こう(かう)もん)

◇平衡(へいこう)・均衡(きんこう)・度量衡(どりょうこう)

行10 【衠】〔16〕 シュン 漢 平 真 zhūn チュン　J 6018 / 補 / U 8860

意味 ①ただしい。②まこと。③すべて。

行10【衞】〔16〕旧→衛(一一一九ページ・中)

行11〖衟〗→鳥部六画(一四三一ページ・下)

行18【衢】〔24〕ク 漢 平 虞 qú チュイ　J 7445 補 U 8862

意味 ①〈ちまた〉四つつじ。四方に分かれた大道。「衢道くどう」「衢巷くこう」②〈みち〉③姓。

【衢路】くろ 十字路。四つつじ。大通り。わかれみち。

行10【衜】〔16〕同→道(一二四九ページ・上)

6画 衣(衤)部 ころも ころもへん

【部首解説】「亠」と「𧘇」が合わさり、「上着」を意味する。この部には、衣類の名称や形状に関連するものが多く、「衣・衤」の形を構成要素とする文字が属する。偏になるときは「衤」(五画)となる。

衣0【衣】〔6〕学4 イ ころも　一 イ 漢 エ 呉 一 平 微 yī イー　二 イ 漢 エ 呉 二 去 未 yì イー　J 1665 補 U 8863

筆順 丶 亠 ナ 𧘇 衣 衣

意味 一①〈ころも〉〈きぬ〉〈そ〉㋐衣服の総称。㋑うわぎ。↔裳 ②ふくろ。おおい。外からかぶせるもの。③くだものの皮。④こけ。「苔衣たいい」⑤姓。二①〈きる〉㋐服を着る。㋑身につける。②かぶせる。③〈よ・る〉=依 ④〈おこな・う(――・ふ)〉 国〈ころも〉①僧の着る上衣。②てんぷらなどの皮。

解字 会意。亠と𧘇を合わせた字。亠はおおう形。𧘇は从で二人。衣は、人の貴賤を問わず、からだをおおうもので、上衣をいう。ツーピースの、上を衣といい、下を裳しょうという。一説に象形文字という。うしろえりの下に、両方のみごろのえりを重ね、下に垂れている形である。イの音は、からだをかくす隠いん、からだをおおう被ひ、からだをかこむ囲などと関係づけて解する。

名前 みそ　難読 浴衣ゆかた(付表)/衣更着きさらぎ

【衣架】いか 着物をかける道具。衣桁いこう。【――飯嚢】いかはんのう(なう) 衣桁いこうと、めしぶくろ。着物を着てめしを食っているだけの人間。

【衣褐(褐)】いかつ 粗末な衣服を着ること。「許子衣褐きょしいかつ」〈孟子もうし・滕文公とうぶんこう上〉

【衣冠】いかん(くゎん) ①衣服とかんむり。②衣冠をつけた人。貴人。官吏。③国平安時代、束帯そくたいよりも略式の装束しょうぞく。公卿くぎょうが朝廷へ出むくときの略服。【――梟獍】いかんきょうけい(けう) 相当の地位がありながら、人格が下劣で、親不孝な人をいう。梟と獍は、ともに親を食う動物。〈北夢瑣言〉

【衣魚】いぎょ ①衣服や書物につく虫。しみ。②本にかじりついて、それを活用することを知らない人。

【衣玉】いぎょく 着物の腰につるした宝玉。

【衣衾】いきん ①衣服と夜着。②ふだんぎ。

【衣襟】いきん 着物のえり。

【衣袴】いこ 上衣と下ばかま。うわぎとももひき。

【衣香】いこう(かう) 着物にたきこんだ香このかおり。衣服。【――鬢影】いこう(かう)びんえい 女子の、愛らしいようすの形容。

【衣桁】いこう(かう) 着物をかけておく道具。衣架。

【衣繡夜行】いしゅう(しう)やこう(かう)|しゅう(しう)をきてよるゆく 立派な錦にしきの着物を着て夜歩く。立身出世しても人々に知ってもらえないたとえ。〈史記・項羽本紀こううほんぎ〉

【衣書】いしょ 着物と書物。

【衣裳】いしょう(しゃう) 着物。衣は上衣。裳は、もすそ、下衣。=「衣装」

【衣食】いしょく ①着物とたべもの。②きることとたべること。生活。【――足、則知栄(榮)辱】いしょくたればすなわち(すなはち)えいじょくをしる 生活がゆたかになれば、名誉と不名誉とをわきまえるようになる。〈管子かんし・牧民〉

【衣簪】いしん ①朝廷に出るときの官吏の服装。②官吏。

【衣装(裝)】一いそう(さう) 着物や荷物。みじたく。二いしょう(しゃう) 着物。=衣裳

【衣帯(帶)】いたい ①着物の上にしめるおび。②着物とおび。転じて、装束・着衣。【不レ解二――一】いたいをとかず おびをとかない。忙しくて眠るひまもないことのたとえ。

【衣着】いちゃく ①着物を着る。②着物。=衣著

【衣嚢】いのう(なう) 着物につけた、物を入れる袋。かくし。ポケット。

【衣馬】いば 衣服とうま。

【衣鉢】いはつ|えはつ|えはち ①袈裟けさと飯ばち。禅宗などで法をつたえるしるしとしてさずけるもの。②学問や宗教などの奥義。【伝(傳)二――一】えはつをつたう(つたふ) 仏家で、その法を伝える。

【衣被】いひ ①着物。②おおいかぶせる。恵みを与える。

【衣服】一いふく 服。きもの。二イーフー yīfu 現二に同じ。

【衣文】一いぶん 飾った着物を着ること。二えもん 国①装束しょうぞくの着かた。②えりの合わさる部分。

【衣袂】いべい たもと。そで。

【衣冕】いべん 衣服とかんむり。

【衣紋】一いもん 着物の模様。衣服。二えもん 「衣文」の二に同じ。【――竿】えもんざお(ざを) 国竹で作った着物かけ。

【衣料】いりょう(れう) 衣服。また、それに使われる材料。「衣料品」

【衣領】いりょう(りゃう) 着物のえり。

【衣類】いるい 着物の総称。

【衣更】ころもがえ(がへ) 国①着物を替える。②季節に応じて着物を替える。

【衣錦之栄(榮)】いきんのえい 立身出世して故郷に帰る名誉。〈欧陽脩おうようしゅう・昼錦堂記ちゅうきんどうき〉

【如レ不レ勝レ衣】いにたえ(たへ)ざるがごとし ①着物の重さにもたえられないほど、虚弱なさま。②おそれつつしむさま。

〖衣莫レ若レ新、人莫レ若レ故〗いはあたらしきにしくはなく、ひとはふるきにしくはなし 衣服は新しいほどよいが、人間は、古くからの変わらない交わりにある者がよい。〈晏子春秋あんししゅんじゅう〉

〖沾レ衣〗いをうるおす(うるほす) 着物をぬらす。泣くさま。

〖払(拂)レ衣〗いをはらう(はらふ) 衣のたもとを払う。奮いたつさま。

〖衣至レ骭袖至レ腕〗ころもはかんにいたりそではわんにいたる 着物はすねまで、そではうでまで。つんつるてん。質素でいさましいようす。

〖摂(攝)レ衣〗ころもをかかぐ 着物のつまをもちあげる。すそをまくる。

◆白衣はくい|びゃくい|びゃくえ・布衣ふい|ほい・更衣こうい|きさらぎ・戎衣じゅうい・羽衣うい|はごろも・狩衣かりぎぬ|かりごろも・浴衣よくい|ゆかた・脱衣だつい・御衣ぎょい|おんぞ|みぞ・麻衣まい|あさぎぬ|あさごろも・黒衣こくい|こくえ・着衣ちゃくい・朝衣ちょうい・僧衣そうい・紫衣しい・弊衣へいい・寝衣しんい|ねまき

衣0【衤】〔5〕 J ②8808 補 6019 U 8864

意味 ころもへん。部首の「衣」が、漢字の偏へんになる場合の形。

衣2【表】〔8〕学3 ヒョウ おもて・あらわす・あらわれる　ヒョウ(ヘウ) 漢 呉 上 篠 biǎo ピアオ　J 4129 補 U 8868

筆順 一 十 キ 主 声 耒 表 表

意味 ①上衣をきる。②〈おもて〉そと。外面。うわべ。③〈うえ(うへ)〉④〈あらわ・す(あらは・す)〉㋐外面に出す。③

はっきり表明する。㋑特別にとりたてる。㋒表彰する。⑤〈あらわ・れる（あらは・る）〉㋐外面に出てくる。㋑めだつ。㋒よきわだつ。㋓はっきりする。⑥〈しるし〉㋐めじるし。㋑ようす。きざし。⑦文体の名。天子に心情を申しのべる文。「上表」⑧てほん。もはん。「儀表（ぎひょう）」⑨父の姉妹、または、母方の親戚。⑩優れた行いを示すために立てる碑。⑪一目でわかるように事がらや年次を整理し、記したもの。「古今人表」⑫現腕時計。懐中時計。＝錶（ひょう） 国〈おもて〉①人の目にふれる所。②建物の前。③あるところ。「国表（くにおもて）」

解字  会意・形声。古い形で見ると、衣の間に毛がはいっている形である。毛（もう）は音をも示す。昔、毛皮を着たころ、毛のついているほうを表にしたことから、おもてをいう。他の説に、外出や来客のとき、ふだん毛皮だけ着ていても、外にうわぎを着るので、それを表というのであるとする。

名前 お・と・あき・うわ・おも・きぬ・すず・よし・あきら・こずえ

参考 表は「錶」（一三〇二ページ・上）の中国新字体としても使う。

【表小姓】（おもてごしょう） 国政治をとる表向きの諸座敷に勤務する小姓。

【表作】（おもてさく） 国一つの畑で、一年に二種の農作物を作るとき、おもなほうをいう。↔裏作（うらさく）

【表沙汰】（おもてざた） 国①世間に知れわたること。おもてむき。②表面に出して裁判にかけること。裁判ざた。

【表八句】（おもてはっく） 国連句で、懐紙の一枚めの表にかく八句。

【表意】（ひょうい） 意味をあらわすこと。【――文字】（ひょう（へう）いもじ） 意味をあらわす文字。漢字などをいう。↔表音文字

【表音文字】（ひょう（へう）おんもじ） かなやローマ字のように、音だけをあらわす文字。↔表意文字

【表記】（ひょう（へう）き） ①文書を書きしるす。②うわがき。③一目でみられるように書きしるす。【――銀貨】（ひょう（へう）きぎんか（くゎ）） ねだんのしるしてある銀貨。【――法】（ひょう（へう）きほう（はふ）） 文字や記号で書きあらわす仕方。

【表具】（ひょう（へう）ぐ） 国紙・布などをのりではってふすま・びょうぶ・軸（じく）などを作る。【――切】（ひょう（へう）ぐぎれ） 国表具用の生地（きじ）のきれはし。【――師】（ひょう（へう）ぐし） 国ふすまやびょうぶを作る職人。

【表敬】（ひょう（へう）けい） 敬意をあらわすこと。【――訪問】（ひょう（へう）けいほうもん） その国の元首・首相を公式訪問して、敬意をあらわすこと。

【表慶】（ひょう（へう）けい） よろこびの気持ちをあらわすこと。

【表兄弟】（ひょう（へう）けいてい） 親の兄弟姉妹の子。いとこ。

【表決】（ひょう（へう）けつ） 国議案に対して、賛成・反対をきめる。

【表現】（ひょう（へう）げん） あらわれる。また、あらわす。㊁ビアオシエン biǎoxiàn 現㊀に同じ。【――主義】（ひょう（へう）げんしゅぎ） 第一次大戦後、ドイツを中心に栄えた芸術上の主義。作家の主観を通して、物事の内部生命を表現しようとする主義。

【表札】（ひょう（へう）さつ） 家の門や入り口にかける名札。

【表示】（ひょう（へう）じ） ㊀①あらわししめす。②表にして示す。㊁ビアオシー biǎoshì 現㊀の①に同じ。

【表次】（ひょう（へう）じ） 順序だてた表をつくる。

【表叔】（ひょう（へう）しゅく） 母方の、母より年下のおじ。

【表章】（ひょう（へう）しょう（しゃう）） あらわし明らかにする。

【表象】（ひょう（へう）しょう（しゃう）） ①あらわれた形。②心に思いうかべる物の形。③観念。意識の内容。④象徴。

【表彰】（ひょう（へう）しょう（しゃう）） ①あらわしてあきらかにする。②てがらや、よい行いをほめて広く知らせる。「表彰状」

【表情】（ひょう（へう）じょう（じゃう）） 自分の気持ちを、顔つきや身ぶりであらわす。また、あらわされた顔つきや身ぶり。

【表信】（ひょう（へう）しん） まごころをあらわし示す。

【表装（裝）】（ひょう（へう）そう（さう）） 紙や布などをはってふすま・巻き物などに仕上げる。

【表徴】（ひょう（へう）ちょう） ①表面にあらわれたしるし。②象徴。シンボル。

【表白】（ひょう（へう）はく） ㊀①あらわし言う。②包みかくさずに言う。㊁（ひょう（へう）びゃく） 神仏への願文。

【表皮】（ひょう（へう）ひ） 動植物のからだの外部をおおっている細胞の層。

【表簿】（ひょう（へう）ぼ） 表（ひょう）や帳簿。

【表妹】（ひょう（へう）まい） 母方の従妹（年下の女のいとこ）。

【表明】（ひょう（へう）めい） ㊀はっきり言いあらわす。㊁ビアオミン biǎomíng 現㊀に同じ。

【表面】（ひょう（へう）めん） ㊀物事のうわべ。おもて。㊁ビアオミエン biǎomiàn 現㊀に同じ。【――張力】（ひょう（へう）めんちょう（ちゃう）りょく） 理液体の表面がちぢまろうとする力。

【表裏】（ひょう（へう）り） おもてとうら。うわべとうちがわ。

【表演】ビアオイエン biǎoyǎn 現上演する。

【表哥】ビアオコー biǎogē 現（年上の）いとこ。

【表達】ビアオター biǎodá 現表現する。言い表す。

【表揚】ビアオヤン biǎoyáng 現表彰する。ほめる。

◆上表（じょうひょう）・公表（こうひょう）・年表（ねんぴょう）・図表（ずひょう）・代表（だいひょう）・発表（はっぴょう）・師表（しひょう）・畳表（たたみおもて）・辞表（じひょう）・意表（いひょう）・儀表（ぎひょう）

ネ2【〔初〕】→刀部五画（一五八ページ・下）

衣3【衩】〔8〕サイ 漢 去 卦 chà チャー　J②8811 U8869

意味 ①衣のすその開いた部分。②ふだんぎ。③短いズボン。④中国服のスリット。

衣3【衫】〔8〕サン 漢 平 咸 shān シャン　J7446 U886B

意味 ①〈ひとえ（ひとへ）〉短い袖（そで）の薄い上衣。②はだぎ。あせとり。汗衫（かんさん）。③衣服の総称。

【衫衣】（さんい） みじかいひとえの着物。

【衫子】（さんし） 婦人の服。ワンピース。

【衫帽】（さんぼう） うすい織物で作った帽子。

衣3【衷】〔9〕常 チュウ　J3579 U8877

㊀チュウ（チウ） 漢 ㊀平 東 zhōng チョン
㊁チュウ（チウ） 漢 ㊁去 送 zhòng チョン

筆順 

意味 ㊀①したぎ。はだぎ。「衷衣（ちゅうい）」②うちにきる。③〈なか〉〈うち〉㋐中央。㋑うちがわ。奥。④〈まこと〉まごころ。⑤ほどよい。かたよらない。中正。「折衷（せっちゅう）」⑥善。幸福。⑦姓。㊁〈かな・う（――・ふ）〉ちょうどよい。適当である。

解字  形声。衣の間に中がはいっている形。中（ちゅう）が音を示す。中には、うちという意味がある。衷は、ふだん着のうちがわに着る下着である。

名前 あつ・ただ・よし・ただし

【衷款】（ちゅう（ちう）かん（くゎん）） まごころ。款は、心が純粋なこと。

【衷甲】（ちゅう（ちう）こう（かふ）） ①よろいの下に着るもの。よろいした。くさりかたびら。②衣の下によろいを着ること。

【衷情】（ちゅう（ちう）じょう（じゃう）） まごころ。衷心。情は、心のはたらき・感情。

【衷心】（ちゅう（ちう）しん） まごころ。

【衷誠】（ちゅう（ちう）せい） まごころ。誠は、まじめで偽りがないこと。

◆折衷（せっちゅう）・苦衷（くちゅう）・和衷（わちゅう）・微衷（びちゅう）

衣3【𧘕】〔8〕国字　J②8809 U27615

意味 𧘕𧘔（かみしも）は、江戸時代の武士の礼装。裃（かみしも）。

衣3【𧘔】〔8〕国字　J②8810 U27614

意味 𧘕𧘔（かみしも）は、江戸時代の武士の礼装。裃（かみしも）。

衣4【袁】〔10〕標 エン(漢)(平)元 (ヱン) yuán ユワン J 7447 補 U 8881

意味 ①衣の長くゆったりしたさま。②袁州。隋代に置かれた州。今の江西省宜春県。③姓。

【袁凱】人名。明初の詩人。「海叟集」の作者。

【袁彦(彥)道】人名。東晋のばくちの名人。〔転じて、ばくち。〕

【袁紹】人名。後漢末の武将。

【袁世凱】人名。清末の軍人・政治家。中華民国初代大総統。(一八五九～一九一六)

【袁枚】人名。清の詩人。「随園詩話」の作者。〔(一七一六～一七九七)〕

衣4【衹】〔9〕 一キ(漢)一(平)支 qí チー 二シ(漢)二(平)支 zhī チー J 6022 補 U 8879

意味 一けさ。尼の着る服。二まさに。たまたま。ちょうど。＝祇・秖

衣4【袷】〔9〕 キョウ(漢)(入)葉 (ケフ) jié チエ J 6021 補 U 8871

意味 ①〈すそ〉②〈えり〉 国〈しごき〉

衤4【衿】〔9〕 人 一キン(漢)一(平)侵 jīn チン 二キン(漢)二(去)沁 jìn チン J 2262 補 U 887F

意味 一①〈えり〉服を着た時、交差させる部分。＝襟 ②上衣のすその両わき部分。二①五色の絹ひも。②つけひも。③〈むす・ぶ〉④〈お・びる(―・ぶ)〉身につける。

解字 会意・形声。もとの字形は裣。衤と金とを合わせた字。金が音を示す。衤は衣で、金が同音の今と同じく、禁(ふさぐ)と同音なので、ふさぐという意味をもつ。それで、衿は衣をふさぎ合わせる所、えりの意となる。

【衿契】心の友。心から許しあった親友。

衣4【衾】〔10〕 キン(漢)(平)侵 qīn チン J 7448 補 U 887E

意味 ①〈ふすま〉かけ布団。夜具。②死者をおおうひとえのふとん。

【衾褥】ふとん。夜具。

【衾裯】かけぶとんとねまき。〈詩経・小星〉

衣4【衲】〔9〕 キン(漢)(平)真 jūn チュン J 6024 補 U 8880

意味 ①戦闘服。軍服。②上下同色の服。＝均 ③まじりけがない。④黒色の服。

衣4【衮】〔10〕 コン(漢)(上)阮 gǔn クン J ― 補 U 886E

衣5【袞】〔11〕同字 J 7449 補 U 889E

意味 ①天子や三公(天子を補佐する太師・太傅・太保)が祭祀の時に着る礼服。竜のもようをぬいとりしたもの。②三公のこと。③大きい。④おび。

【袞衣】竜のもようをつけた天子の礼服。

【袞袞】①水が絶えず流れるさま。②話の尽きないさま。③物事がしきりにつづくさま。

【袞裳】天子や三公の礼服。巻き竜のししゅう〔をした黒い衣服。〕

【袞職】①天子。②三公の職。天子の補佐役。

【袞冕】天子の礼服。冕は冠。

【袞竜(龍)】天子の礼服。転じて、天子。『隠(隠)二袞竜之袖一』天子にかこつけて自分のつごうのよいことをする。

衣4【衵】〔9〕 ジツ(漢)(入)質 nì ニー J 7450 補 U 8875

意味 ①〈なれぎぬ〉ふだんぎ。②女のはだぎ。はだぎ。国〈あこめ〉むかし、はだぎの上に着た小袖。

衣4【袤】〔10〕 シャ(漢)(平)麻 ジャ(慣) xié シエ J ― 補 U 887A

意味 よこしま。不正。＝邪

衣4【衽】〔9〕 ジン(漢)(去)沁 rèn レン J 7451 補 U 887D

衣6【袵】〔11〕同字 J 7452 補 U 88B5

意味 ①〈えり〉②〈おくみ〉えりとみごろの間の細長い布。また、うわぎの前みごろ。③〈もすそ〉スカートの部分。④そで。⑤〈しとね〉ねどこ。ねむしろ。⑥棺の蓋をおおうための木のくさび。国〈あり〉直衣などの、左右のすそつきからたれた部分。

【衽席】①しきもの。②しとね。③ねや。寝室。

『斂レ衽』えりをつくろう。身なりをただす。敬意を示すさま。〈戦国策・楚〉

衣4【衰】〔10〕常 一スイ(漢)(呉)一(平)支 shuāi ショワイ 二サイ(漢)二(平)支 cuī ツォイ J 3174 補 U 8870

旧字 衣4【衰】〔10〕 J ― 補 U ―

筆順

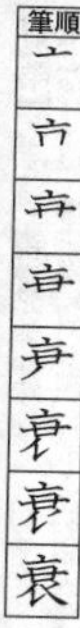

意味 一〈おとろ・える(―・ふ)〉↕盛 ①勢いがなくなる。よわる。②かすかになる。③としとる。年をとる。二①古代の喪服。②〈そ・ぐ〉上位から下位へ同じ間隔でへらす。

解字 会意。衣の間に丑がある形。丑は雨着の象形。衰は、草で作った雨着で、「みの」のことである。みのはわらをいくえにも重ねるので、段階を表すようになり、差をつける、おとろえるの意味になった。後に、みのは蓑を使うようになった。

【衰経】喪服の名。三年の喪に服する者が着る麻の着物と〔ひも。〕

【衰運】おとろえた運勢。

【衰栄(榮)】おとろえることと、さかえること。盛衰。「衰栄無二定在一」(盛衰は、きちんときまっているものではない。)〈陶潜の詩・飲酒〉

【衰朽】①おとろえくちる。②おいぼれの身。「肯将二衰朽一惜二残年一」(おいぼれた身にとって、短い残りのいのちは惜しくない。)〈韓愈の詩・左遷至二藍関一示二姪孫湘一〉

【衰軀】元気のなくなったからだ。

【衰耗】おとろえて力がなくなる。

【衰困】おとろえ苦しむ。

【衰残(殘)】おとろえて、みるかげもなくなる。

【衰謝】老衰。「干戈衰謝両相催」〈杜甫の詩・九月〉

【衰弱】おとろえよわる。

【衰世】①勢いのおとろえた時代・国。②道徳のすたれた世〔の中。〕

【衰退】おとろえて力がなくなる。＝衰頽

【衰替】おとろえすたれる。

【衰態】おとろえたありさま。

【衰年】体力がおとろえる年ごろ。老年。

【衰廃(廢)】おとろえすたれる。だんだんよわって使われな〔くなる。〕

【衰微】おとろえて力がよわくなる。

【衰鬢】色あせた髪の毛。

【衰病】体力がおとろえ、病気になる。

【衰敝】おとろえやぶれる。だんだんだめになる。

【衰亡】おとろえほろびる。

【衰邁】おとろえる。年をとる。

【衰滅】おとろえほろびる。

【衰乱(亂)】世の中がおとろえみだれる。

【衰老】年老いておとろえる。体力のおとろえた老人。

◇五衰・老衰・盛衰・盛者必衰

衣4【衻】〔9〕 ゼン 漢 平 塩 rán ラン U補J 6023 887B

衣5【袡】〔10〕 同字 U補J 88A1

意味 ①衣のふち。へり。②ふちどる。ふちをつける。③嫁にゆく時のはれぎ。④まえだれ。

衣4【衲】〔9〕 ドウ(ダフ) 漢 ノウ(ナフ) 呉 入 合 nà ナー U補J 7453 8872

意味 ①〈つづ・る〉つくろう。おぎなう。縫い合わす。②僧の着るころも。けさ。③禅宗の僧。衲僧(のうそう)。④僧が自分をけんそんしていうことば。

【衲子】(どう(だふ)し／のうす) 僧。

【衲衣】(のう(なふ)え) 僧の衣。転じて、禅宗の僧。

【衲僧(僧)】(のう(なふ)そう) ①禅宗で、修行中の僧。②禅宗で、りこうな若い僧。

【衲被】(のう(なふ)ひ) ①つぎはぎしたふとん。②つぎはぎした文。古人の名句をよせあつめた文。【──蒙頭】(のう(なふ)ひもうとう) 仏寒中に、頭から着物をかぶって座禅すること。

衣4【衯】〔9〕 ■フン 漢呉 平 文 fēn フェン ■ホン 漢 ボン 呉 平 元 pén ペン U補J ②8813 886F

意味 ■衣服の長いさま。■衣服の長く上品なさま。

衤4【袂】〔9〕 標 ベイ 漢 去 霽 mèi メイ U補J 7454 8882

意味 〈そで〉衣服のそでぐち。国〈たもと〉①和服のそでの下にたれた部分。②橋や山の端の部分。

【袂別】(べいべつ) 国たもとをわかつ。人と別れる。

【分レ袂】(たもとをわかつ) 人と別れること。

衣4【𧘱】〔9〕 国字 意味 〈ふき〉ふきかえし。着物の袖口(そでぐち)や裾(すそ)の裏地を折り返して縁のように縫いつけたもの。 U補J ②8812 27631

衣4【袄】〔9〕 俗→襖(一一三二ジ・上)

衣5【袘】〔10〕 ■イ 漢 去 寘 yì イー ■イ 漢 平 支 yí イー U補J ①9172 6025 8898

意味 ■衣服のすそのへり。■〈そで〉 国〈ふき〉あわせや綿入れの、すそやそでのぬい返し。

衣5【袣】〔10〕 エイ 漢 去 霽 yì イー U補J 88A3

意味 ①服のそで。②服の長いさま。

衣5【袪】〔10〕 キョ 漢 平 魚 qū チュイ U補J ①9173 6032 88AA

意味 ①〈そで〉〈たもと〉②〈そでぐち〉③ふところ。④衣をかかげる。あげる。⑤とり去る。散らす。⑥袪袪(きょきょ)は、強いさま。

【袪痰薬(藥)】(きょたんやく) のどのたんをとる薬。たんきり。

衣5【袈】〔11〕 人 カ 漢 ケ 呉 平 麻 jiā チア U補J 2322 8888

意味 袈裟(けさ)は、梵語(ぼんご)の kasāya の音訳。僧の肩からかける法衣。

解字 形声。衣が形を、加(か)が音を示す。

【袈裟掛】(けさがけ) 国肩からわきにかけて斜めに物をさげる。また、そうした形。

衣5【袨】〔10〕 ケン 漢 ゲン 慣 去 霰 xuàn シュワン U補J 6031 88A8

意味 ①はれぎ。美しい服。②黒い服。黒い礼服。「袨服(げんぷく)」

衤5【袖】〔10〕 常 シュウ そで シュウ(シウ) 漢 去 宥 xiù シウ U補J 3421 8896

意味 ①〈そで〉衣服のそで。②そでの中にものを入れる。

筆順
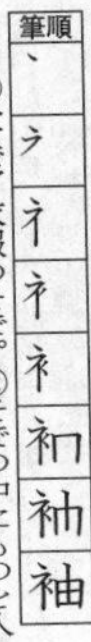

解字 会意。袖は褎の俗字。褎は、衣と采とを合わせた字。衣は衣服、采は稲穂。いねにたれている部分があるように、衣にもたれている部分があることを示し、そでを意味する。

【袖手】(しゅうしゅ) ①手をそでに入れる。②手出しをしない。

【──傍観(觀)】(しゅうしゅぼうかん) 手をそでに入れて、わきで見ている。拱手傍観(きょうしゅぼうかん)。手出しをしないことにいう。

【袖珍】(しゅうちん) そでの中に入れられるほどの小型の書物。「袖珍本」

【袖幕】(しゅうばく) 人通りのにぎやかなさま。通行人のそでが連なって幕のようになることをいう。

【袖裏】■(しゅうり) そでのうち。■(そでうら) 国そでの裏に用いる布。

【袖垣】(そでがき) 国①門や建物のわきに添えて造った低いかきね。②船のともに立てた目かくし。

【袖几帳】(そでぎちょう(ちゃう)) 国そでを上げて顔をかくす。袖屏風(そでびょうぶ)。

【袖乞】(そでごい(こひ)) 国物乞い。ものもらい。

【袖無】(そでなし) 国そでのないはおり。

【袖覆輪】(そでふくりん) 国着物のそで口を細く折り返すこと。袖袘(そでぶき)。袖包(そでぐるみ)。

【掩レ袖工レ讒】(そでをおおい(おほひ)ざんをたくみにす) 女がしなを作って主人にこび、たくみな告げ口をする。〈駱賓王(らくひんおう)〉

◆半袖(はんそで)・長袖(ながそで)・角袖(かくそで)・振袖(ふりそで)・筒袖(つつそで)・領袖(りょうしゅう)

衣5【袗】〔10〕 シン 漢 上 軫 zhěn チェン U補J 7455 8897

意味 ①上下同じ色の服を着る。②〈ひとえ(ひとへ)〉ひとえの着物。③美しい。美しい服。④へり。ふち。

【袗衣】(しんい) ししゅうをした衣服。

【袗絺綌】(しんちげき) 葛(くず)の糸で織ったひとえの着物。〈論語・郷党(きょうとう)〉

衣5【袋】〔11〕 常 タイ ふくろ タイ 漢 ティ 慣 去 隊 dài タイ U補J 3462 888B

筆順
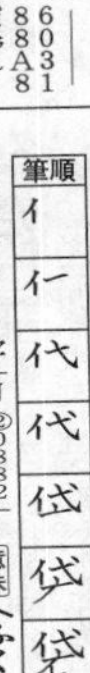

巾5【帒】〔8〕 同字 U補J ②0882 2807 5E12

意味 〈ふくろ〉①物を入れるもの。②袋に入ったものを数える量詞。国〈ふくろ〉行きどまりのところ。「袋小路(ふくろこうじ)」

解字 形声。衣が形を表し、代(たい)が音を示す。袋は、幐(とう)に同じ。幐には、とじる・になう、という意味があり、底をとじ、物を入れてかつぐ布製の道具のことである。袋の音タイは、幐の音トウの変化。

地名 袋井(ふくろい)

【袋綴】(ふくろとじ(とぢ)) 国書物のとじ方。二つに折った紙の、折り目でないほうをとじたもの。

【袋物】(ふくろもの) 国①袋に入れた品物。②がまぐち・ハンドバッグ類の総称。

◆布袋(ほてい)・状袋(じょうぶくろ)・皮袋(かわぶくろ)・足袋(たび)・風袋(ふうたい)・胃袋(いぶくろ)・浮袋(うきぶくろ)・魚袋(ぎょたい)・堪忍袋(かんにんぶくろ)・頭陀袋(ずだぶくろ)

衣5【袒】〔10〕 タン 漢 ダン 呉 上 旱 tǎn タン U補J 7456 8892

意味 ①〈はだぬ・ぐ〉〈かたぬ・ぐ〉㋐うわぎをぬいではだをあらわす。㋑左の肩をぬぐ礼式。②支援する。「左袒(さたん)」

【袒裼】(たんせき) はだぬぎになる。【──裸裎】(たんせきらてい) はだぬぎや、はだか。失礼なすがた。〈孟子(もうし)・公孫丑(こうそんちゅう)上〉

【袒跣】(たんせん) はだをぬぎ、はだしになる。くつろいだすがたで涼むさま。また、許しを願うさま。

【袒免】(たんぶん) 程度の軽い喪の服装。袒は、左の肩をぬぐ。免は、冠をとって髪をくくる。〈儀礼(ぎらい)・喪服(そうふく)〉

竹米糸缶网(罒・罓)羊(𦍌)羽(羽)老(耂)而耒(耒)耳
6画
聿肉(月)臣自至臼(臼)舌舛(舛)舟艮色艸(艹・艹)虍虫血行衣(衤)襾(西)

衣5 【袟】〔10〕 チツ[漢] [入] 質 zhì チー

[意味] ①刀のさやぶくろ。②ついで。順序だてる。＝秩 ③書籍をつつむもの。本づつみ。＝帙

U補J 889F 6029

衣5 【袠】〔11〕 チツ[漢] [入] 質 zhì チー

[意味] ①本を包むもの。＝帙 ②ふくろ。かたなぶくろ。③十年を一袠という。＝秩

U補J 88A0 6030 ②8814

衣5 【袛】〔10〕 テイ[漢] タイ[呉] [平] 斉 dī ティー

[意味] 袛裯(ていとう)は、はだぎ。

U補J 889B 6027

衣5 【袚】〔10〕 [一] ハツ[漢] ハチ[呉] [一][入] 曷 bō ポー [二] フツ[漢] フチ[呉] [二][入] 物 fú フー

[意味] [一]①中国古代の少数民族の服装。②服の前にかける大きな布。ひざかけ。[二]①乳児の服。おくるみ。②五色の絹で作った舞いに使う道具。＝帗(ふつ)

U補J 889A 6026

衣5 【袙】〔10〕 バツ[漢] [入] 黠 pà パー

[意味] ①頭にかぶるずきん。武将の身分の上下を示した。②とばり。[国]〈あこめ〉中古の下着。

U補J 8899 7458

衣5 【袜】〔10〕 [一] バツ[漢] [一][入] 曷 mò モー [二] バツ[漢] [二][入] 月 wà ワー

[意味] [一]腹まき。[二]たび。したばき。＝襪

[参考] 袜は「襪」(一一三三ページ・上)の中国新字体としても使う。

【袜子】(ワーツ) wàzi [現]くつ下。

U補J 889C 6028

ネ5 【袢】〔10〕 [標] ハン[漢] [平] 元 pàn パン、fán ファン

[意味] ①無色のはだぎ。②むしあつい。[国]襦袢(じゅばん)は、短いはだぎ。

U補J 88A2 7459

ネ5 【被】〔10〕 [常] ヒ こうむる

[一] ヒ[漢][呉] [一][去] 寘 bèi ペイ
[二] ヒ[漢][呉] [二][平] 支 pī ピー
[三] ヒ[漢][呉] [三][去] 寘 bì ピー

U補J 88AB 4079

[筆順] ラ ネ ネ ネ 衤 衤 衤 被

[意味] [一]①〈ふすま〉夜具。かけ布団。②〈おお・う(おほ・ふ)〉かぶせる。③〈およ・ぶ〉到達する。④〈こうむ・る(かうむ・る)〉被害などを受ける。「被害」「被災」⑤〈る〉〈らる〉受け身を表す。(…に)…される。[二]①〈きる〉〈かぶ・る〉＝披(ひ) ㋐上に着る。はおる。㋑上におおう。②盾やかぶとを数える量詞。[三]かつら。かもじ。＝髲(ひ) [国]①〈かず・く(かづ・く)〉〈かぶ・る〉頭にかぶる。②〈こうむ・る(かうむ・る)〉頭上にいただく。③かぶりもの。④〈きせ〉裁縫で縫い目にかぶせる部分。

> [語法] 〈る〉〈らる〉受け身。…される。[類]見 [例]「信而見レ疑、忠而被レ謗(しんにしてうたがはれ、ちゅう(ちう)にしてそしらる)」(真心をつくしながら疑われ、忠義でありながらそしられた)〈史記・屈原列伝〉
> ▼「Aに…される」と動作の仕手Aを明示する場合、Aは「被…於A」の形で「于」「於」「乎」をともなって動詞の後ろに置かれる場合(↓[例]①)と、「被A…」の形で「被」と動詞の間に置かれる場合(↓[例]②)とがある。[例]①「被レ囲ニ於趙一(ちょう(てう)にかこまる)」(趙に包囲された)〈史記・魯仲連(ろちゅうれん)列伝〉 [例]②「偶被ニ世人知一(たまたませじんにしらる)」(たまたま世の人に知られた)〈王維の詩・偶然作六首〉

[解字] 形声。ネが形を表し、皮(ひ)が音を示す。ネは着物。皮には、かぶるという意味がある。被は、寝るときにかぶる着物。ねまきの類である。

【被衣】(ひい) [一]①着物。②着物をひっかける。[二](かずき(かづき)・かつぎ) [国]昔、女子が外出のとき頭からかぶったきれ。

【被害】(ひがい) 害を受けること。また、他から受けた害。

【被疑者】(ひぎしゃ) [法]犯罪のうたがいを受けている者。

【被甲】(ひこう(かふ)) よろいを着ること。

【被告】(ひこく) [法]民事訴訟で、うったえられた人。↕原告 【──人】(ひこくにん) [法]刑事訴訟で、検察官から公訴を提起され、裁判を受けている人。

【被災】(ひさい) 災難を受ける。「被災者」

【被子植物】(ひししょくぶつ) [植]胚珠(はいしゅ)が、子房に包まれて雌しべを形成する植物。↕裸子植物(らししょくぶつ)

【被写(寫)体(體)】(ひしゃたい) 写真にうつされるもの。

【被除数(數)】(ひじょすう(ぢょ)) [数]割り算で、割られるほうの数。

【被造物】(ひぞうぶつ(ざう)) 造物主によって造られたもの。万物。

【被治者】(ひちしゃ) 統治されるもの。人民。

【被底鴛鴦】(ひていえんおう(ゑんあう)) 夜着の中のおしどり。男女が、一つの床にいっしょに寝ることをいう。〈開元天宝遺事〉

【被髪】(ひはつ) ①かみの毛をふりみだす。かみをむすばないでおく。②ざんばら髪。【──纓冠】(ひはつえいかん(くゎん)) ざんばら髪に、かんむりをつける。いそいで行動すること。〈孟子(もうし)・離婁(りろう)下〉 【──左衽】(ひはつさじん) 野蛮な風俗。ざんばら髪で、着物を左前に着る。〈論語・憲問(けんもん)〉 【──文身】(ひはつぶんしん) 野蛮な風俗。ざんばら髪で、いれずみする。〈礼記(らいき)・王制〉

【被布】(ひふ) 羽織(はおり)に似た衣服の名。

【被服】(ひふく) ①着物を着る。また、着物。②こうむる。身につける。

【被覆】(ひふく(ふう)) 物をおおいつつむ。

【被窩】(ベイウオ) bèiwo [現]掛けぶとん。

【被子】(ベイツ) bèizi [現]掛けぶとん。

【被動】(ベイトン) bèidòng [現]受け身。受動。
◆法被(はっぴ)・外被(がいひ)・光被(こうひ)

衣5 【袍】〔10〕 ホウ[漢] (ハウ) [平] 豪 páo パオ

[意味] ①たけの長い服。②〈わたいれ〉ぬのこ。わたのはいった長い服。「縕袍(おんぽう)」③ふだんぎ。④〈うわぎ(うはぎ)〉⑤服の前えり。[国]〈ほう(はう)〉うえのきぬ。束帯の上着。

U補J 888D 7460

衣5 【袤】〔11〕 ボウ[漢] [去] 宥 mào マオ

[意味] ①衣服の帯より上の部分。②ながさ。とくに南北の長さ。たての長さ。↕広 「延袤」

U補J 88A4 7461

衣5 【袮】〔10〕 [国字]

[意味] 〈ね〉①「祢」(九〇三ページ・中)の誤字。②地名・人名に用いる。祢宜谷(ねぎだに)は、鳥取県の地名。

U補J 88AE 7457

衣5 【袰】〔11〕 [国字]

[意味] 〈ほろ〉軍陣で鎧(よろい)の背に掛け、流れ矢を防いだり存在の標識とした布製の袋状の武具。

U補J 88B0 7462

衣5 【衮】〔11〕 [同]↓袞(一一二二ページ・上)

衣5 【袖】〔10〕 [同]↓袖(一一二三ページ・上)

衣6 【袲】〔12〕 [一] イ[漢] [一][平] 支 yí イー [二] シ[漢] [二][上] 紙 chǐ チー

[意味] [一]春秋時代、宋(そう)国の地名。今の安徽(あんき)省宿州(しゅくしゅう)市。[二]衣服がゆったりしているさま。

U補J 88B2

衣6 【裀】〔11〕 イン[漢] [平] 真 yīn イン

[意味] ①〈しとね〉しきもの。「裀褥(いんじょく)」②〈みごろ〉着物のそでやえりなどを除いた部分。③あわせ。裏地のついた衣服。

U補J 88C0 6036 ②8818

衣6【袼】〔11〕 ㊀カク 漢 ㊀入 薬 luò ルオ ㊁ラク 漢 ㊁入 薬 gē コー U補J ②8815 88BC
意味 ㊀①わきの下のぬいめ。わきぬい。わきあけ。②そで。㊁繋袼(えいらく)は、子どものよだれかけ。

衣6【袿】〔11〕 ケイ 漢 平 斉 guī コイ U補J 7463 88BF
意味 ①女性の着る長い上衣。②そで。③すそ。④長い下着。国〈うちぎ〉①中古に、礼服の下に着た着物。②平安期の婦人の礼服。

衣6【袺】〔11〕 ケツ 漢 入 屑 jié チエ カツ 漢 U補J 6033 88BA
意味 〈つまど・る〉着物のすそをつまみあげる。

衤6【袴】〔11〕 人 標 コ 漢 去 遇 kù クー U補J 2451 88B4
意味 ①ももひき。＝絝(こ)・褲(こ) ②また。＝股・胯 国〈はかま〉
【袴下】㊀(こか) またの下。㊁(こした) 国ズボン下。ももひき。
【袴着】(はかまぎ) 国昔、こどもが初めてはかまをつけた儀式。

衣6【袷】〔11〕 ㊀コウ 漢 ㊀入 洽 jiá チア (カフ) ㊁キョウ 漢 ㊁入 葉 jié チエ (ケフ) U補J 1633 88B7
衣7【裌】〔12〕 同字 U補J 6039 88CC
意味 ㊀①〈あわせ(あはせ)〉裏地のついた衣服。「袷衣(こうい)」②えり。③袷車(こうしゃ)は、天子の控え車。㊁えり。胸前で重なったえり。

衣6【裁】〔12〕 学 6 サイ 漢 ザイ 呉 平 灰 cái ツァイ サイ たつ・さばく U補J 2659 88C1
筆順 土 圭 丰 圭 表 裁 裁 裁
意味 ①〈た・つ〉㋐衣服を作るために布を切る。「裁断」㋑切り離す。㋒裂く。割る。②〈さば・く〉㋐きめる。㋑善悪を判定する。「裁判」「裁決」㋒みわける。㋓ほどよく処置する。はかる。「裁量」③殺す。自殺する。「自裁(じさい)」④かた。ようす。「体裁」⑤へらす。減ずる。⑥〈わずか(わづか)に〉

解字 形声。衣が形を表し、𢦏(さい)が音を示す。𢦏には、断ち切るという意味がある。裁は着物をたつことである。

【裁可】(さいか) 君主が、下から申し立てた事がらを許可する。

【裁決】(さいけつ) とりさばいてきめる。

【裁成】(さいせい) うまくさばいて作りあげる。ぐあいよく完成する。

【裁制】(さいせい) ①衣服などを裁って仕立てる。②きりもりする。③おさえる。

【裁断(斷)】(さいだん) ①たちきる。②物事をさばいてきめる。③洋裁のカッティング。

【裁定】(さいてい) さばいてきめる。判定する。

【裁判】(さいばん) ①正しいかどうかを判定する。さばき。②裁判所が法律によって事件を判定する。

【裁縫】(さいほう) 布をたって着物をぬうこと。

【裁量】(さいりょう(りやう)) とりはからう。
◆仲裁(ちゅうさい)・自裁(じさい)・決裁(けっさい)・体裁(ていさい)・制裁(せいさい)・和裁(わさい)・洋裁(ようさい)・独裁(どくさい)・勅裁(ちょくさい)・総裁(そうさい)・親裁(しんさい)

衣6【袽】〔11〕 ジョ 漢 平 魚 rú ルー (ヂョ) U補J ②8816 6034 88BD
意味 ①ぼろぼろになったわた。わたくず。②ぼろ服。③袽塞(じょそく)は、舟の水もれにつめるわた。

衣6【装】〔12〕 学 6 ソウ・ショウ よそおう U補J 3385 88C5
旧字 衣7【裝】〔13〕 人 ソウ(サウ) 漢 ショウ(シャウ) 呉 平 陽 zhuāng チョワン U補J 7470 88DD
筆順 丨 丬 壮 壮 壮 装 装 装
意味 ①つつむ。②〈よそお・う(よそほ・ふ)〉㋐身じたくをする。㋑着飾る。㋒ふりをする。ようすをみせる。㋓ととのえる。しくむ。「装備」③〈よそおい(よそほひ)〉〈よそい(よそひ)〉㋐みじたく。㋑旅じたく。㋒にもつ。④おさめる。しまう。⑤つかねる。⑥現積みこむ。つめこむ。

解字 形声。衣が形を表し、壮(さう)が音を示す。壮には盛大という意味がある。装は、着物の外を、りっぱに身づくろいすること、あるいは、着物にわたをつけることをいう。

参考 新表記では、「裝」の書きかえに用いる熟語がある。

【装具】(そうぐ) ①化粧品。化粧道具。②身につけるもの。

【装甲】(そうこう(かふ)) ①よろいを身につけること。②鉄板などで防備力を強化する。「装甲車」

【装潢】(そうこう(くわう)) 表装する。飾る。潢は、紙を黄色にそめること。

【装飾】(そうしょく) 美しくかざる。かざりつけ。

【装束】(そうぞく) ①家具などのかざりつけ。②身じたく。よそおい。

【装置】(そうち) しかけ。しくみ。

【装丁】(そうてい) 書物のていさいをととのえ飾る。また、その飾り。装本。＝装釘・装幀
【装釘】(そうてい) 「装丁」に同じ。

【装幀】(そうてい) 「装丁」に同じ。

【装塡】(そうてん) 国①中につめる。②鉄砲にたまをこめる。

【装備】(そうび) ①いろいろな品を、とりつける。②武装。③用意。

【装模作様】(そうもさくよう) わざと一つの場面をつくりあげて、人をあざむくこと。〈荊釵記(けいさいき)〉
◆女装・礼装・包装・衣装・仮装・行装・扮装・改装・男装・武装・表装・服装・和装・洋装・変装・旅装・盛装・軽装

衣6【袾】〔11〕 チュ 漢 平 虞 zhū チュー U補J ②8817 6035 88BE
意味 ①着物のみごろ。②赤い。③美しい。

衣6【袹】〔11〕 ㊀バク 漢 ㊀入 陌 bó ポー ハク 慣 ㊁バツ 漢 ㊁入 黠 mò モー U補J 88B9
意味 ㊀袹腹(はくふく)は、はらまき。はらあて。㊁袹頭(ばっとう)は、親の喪に服するときにつける、頭をつつむ布。はちまき。

衣6【袱】〔11〕 フク 漢 入 屋 fú フー U補J 7464 88B1
意味 ①ふろしき包み。②女性が髪をつつむ布。国袱紗(ふくさ)は、贈物にかけたり茶道に用いたりするやわらかい絹の布。

衣6【裂】〔12〕 常 レツ 漢 レチ 呉 入 屑 liè リエ レツ さく・さける U補J 4686 88C2
筆順 一 歹 歹 列 列 列 裂 裂
意味 ①〈さ・く〉〈さ・ける(―・く)〉㋐引きさく。㋑やぶれる。「裂傷」㋒ばらばらになる。「滅裂」㋓分かれる。分ける。「分裂」㋔刑罰で手足を切り離す。②〈きれ〉織物のきれはし。
解字 形声。衣が形を表し、列(れつ)が音を示す。列には、分解するという意味がある。裂は、着物をさいた残りの切れはしをいう。一説に、着物を作るために細かく切りわけたきれじのことという。

竹米糸缶网(罒・⺲)羊(⺶)羽(羽)老(耂)而耒(耒)耳
6画
聿肉(月)臣自至臼(臼)舌舛(舛)舟艮色艸(艹・艹)虍虫血行衣(衤)襾(西)

【裂果】 実ると自然に皮がさけて、たねを散らす果実。あぶらな・あさがお・えんどう・ほうせんかなど。開裂果。〔閉果↕〕

【裂傷】 肉などがさけてできたきず。

【裂眥】 まなじりをさく。おこって、かっと目を見ひらいてにらむこと。

【裂帛】 ①きぬをさく。②はげしく叫ぶ声。③ほととぎすの鳴き声。【―声(聲)】絹をさくような鋭い声。帛は、きぬ。「四絃一声如裂帛」〈白居易・琵琶行〉

【裂敝】 さけ破れる。破れさけて、ぼろぼろになる。

△▼分裂・決裂・破裂・滅裂・震裂・亀裂・爆裂

衣6 【裃】〔11〕 国字

意味 〈かみしも〉江戸時代の武士の礼装。肩ぎぬとはかま。

U補J 88C3 7465

衣6 【裄】〔11〕 国字

意味 〈ゆき〉着物の、背ぬいから袖口までの長さ。

【裄丈】 国①着物のゆきと、たけ。いきたけ。②ぐあい。前後の関係。

U補J 88C4 7466

衣6 【袵】〔11〕 同→衽(一一二二ジ・中)

衣7 【裔】〔13〕 標 エイ 漢 去 霽 yì イー

意味 ①〈すそ〉着物のはし。②〈すえ(すゑ)〉㋐遠い子孫。「後裔」㋑あとつぎ。ちすじ。㋒国のはて。「四裔」㋓ほとり。③裔裔は、歩いていくさま。

【裔孫】 「裔冑」に同じ。

【裔冑】 ずっと後の子孫。冑は、後の意。

U補J 88D4 7467

衣7 【𧚄】〔12〕 ガ 漢 平 歌 呉 é オー

意味 衣服を華やかに飾りたてるさま。

U補J 27684 ①9176

衣7 【裘】〔13〕 キュウ(キウ) 漢 平 尤 qiú チウ

意味 ①〈かわごろも(かはごろも)〉〈けごろも〉毛皮の衣服。また、かわごろもを着る。②求める。③姓。

【裘葛】 ①冬のかわごろもと、夏のかたびら。②一年。③衣服。『―之遺』季節の衣類を送り届ける。〈宋濂・送東陽馬生序〉

（裘 ①）

U補J 88D8 7468

【裘褐(褐)】 ①かわごろもと毛織物。②質素な衣服。

【裘代】 国出家した貴族が宮中にはいるときに着た僧服。

【裘馬】 軽い毛皮の着物と馬。

衣7 【裙】〔12〕 クン 漢 平 文 qún チュン

巾7 【帬】〔10〕 本字 U補J 5E2C

衣7 【裠】〔13〕 或体 U補J 88E0

意味 ①〈も〉女子が腰から下にまとった服。スカート状のもの。②〈すそ〉へり。ふち。③べっこうのへりの肉質部分。

U補J 88D9 7469

【裙衩】 もすそ。

【裙釵】 ①スカートとかんざし。②婦人をいう。

【裙屐少年】 若くてスマートだが、重厚さのとぼしい人。

【裙帯(帶)】 ①も(スカート)と、おび。②もについたひも。『―之親』一家内の、婦人関係の親戚。〈朝野類要〉

【裙子】 qúnzi 現スカート。

衣7 【裓】〔12〕 一 コク 漢 一 入 職 gé コー 二 カイ 漢 二 平 佳 jiē チエ

意味 一①〈もすそ〉②服。また、僧衣。二 れんが。れんがの道。

U補J 88D3 6042 ②8822

衣7 【裍】〔12〕 コン 漢 上 阮 呉 kǔn クン

意味 ①完成する。②ひだのある衣服。

U補J 88CD 6040

衣7 【裟】〔13〕 人 サ 漢 平 麻 呉 shā シャー

意味 袈裟は、梵語 kasāya の音訳。僧が肩からかけるころも。

解字 形声。衣が形を、沙が音を示す。

U補J 88DF 2632

衣7 【裋】〔12〕 シュ 漢 上 麌 ジュ 呉 shù シュー

意味 ①長い下着。②やぶれごろも。そまつな衣服。「裋褐」

U補J 88CB 6038

衣7 【裊】〔13〕 ジョウ(デウ) 漢 上 篠 niǎo ニアオ

意味 ＝裹 ①しなやか。やわらか。＝嫋「裊娜」②馬にひもをかけて飾る。③ゆれるさま。

U補J 88CA 6037 ①9174

【裊裊】 ①やわらかくからむさま。しなやかにまといつくさま。②風で木がゆれるさま。風のそよぐさま。③細く長く音のひびくさま。＝嫋嫋

衣7 【裑】〔12〕 シン 漢 平 真 shēn シェン

意味 〈みごろ〉着物の、そでやえりなどを除いた胴体の部分。

U補J 88D1 6042 ②8821

衣7 【裞】〔12〕 セイ 漢 去 霽 ゼイ 慣 shuì ショイ

意味 死者に贈る着物。かつぎ。

U補J 88DE 6046

衣7 【裎】〔12〕 一 テイ 漢 一 平 庚 chéng チョン 二 テイ 漢 二 上 梗 chěng チョン

意味 一〈はだか〉「裎裸」 二 えりのあるひとえの服。

U補J 88CE 6041 ①9175

衤7 【補】〔12〕 学6 ホ おぎなう ホ 漢 フ 呉 上 麌 bǔ プー

U補J 88DC 4268

筆順 ラ ネ ネ ネ 衦 補 補 補

意味 ①〈おぎな・う(――・ふ)〉㋐衣服をつくろう。ほころびをぬう。「補綻」㋑足りない所を足す。「補足」「補欠」㋒修理する。「補修」㋓改めただす。②〈おぎない(おぎなひ)〉③〈たす・ける(――・く)〉＝輔 ④〈ま・す〉足しふやす。⑤官職をさずける。任命する。⑥明・清の官服。

解字  形声。ネが形を表し、甫が音を示す。ネは着物。甫にはぴたりとくっつく意味がある。補は破れた着物に布をあてつくろうことで、おぎなう意味になる。

名前 さだ・すけ・たすく 姓 補陀

難読 補陀落

参考 新表記では、「輔」の書きかえに用いる熟語がある。

【補陀落】 仏観音の宮殿があるというインドの山。

【補任】 官職をさずけること。

【補遺】 もれた所をおぎなう。

【補角】 数二つの角の和が二直角になるとき、互いに他を補角という。

【補給】 不足なものを足し与える。

【補強】 おぎなってつよくする。

【補闕】 欠けたものをおぎなう。

【補(「輔」)佐】 力をそえてたすける。また、その人。

竹米糸缶网(罒・⺲)羊(⺶)羽(羽)老(耂)而耒(耒)耳 6画 聿肉(月)臣自至臼(臼)舌舛(舛)舟艮色艸(艹・艹)虍虫血行衣(衤)西(襾)

【補修】ほしゅう(しう) つくろう。修理しおぎなう。
【補習】ほしゅう(しふ) 学力をおぎなう学習。
【補葺】ほしゅう(しふ) 家などのこわれたところをつくろう。
【補充】ほじゅう 一 不足をおぎない満たす。 二 ブーチョン bǔchōng 現
【補苴】ほしょ 欠けたところをおぎない包む。つくろう。 一 に同じ。
【補償】ほしょう(しやう) おぎないつぐなう。損をさせたのを弁償する。
【補職】ほしょく 役人を、ある職務に任命すること。
【補正】ほせい ふじゅうぶんなところを、おぎない正す。【――予(豫)算】ほせいよさん 予算決定後に、修正追加する予算。
【補整】ほせい 足りないものをおぎないととのえる。
【補繕】ほぜん おぎないつくろう。
【補注】ほちゅう(ちう) 注釈をさらにおぎなったもの。＝補註
【補聴(聽)器】ほちょう(ちやう)き 耳のとおい人のために、聴力をおぎなう器具。
【補綴】ほてい｜ほてつ おぎないつくろう。つづりあわせ足す。
【補塡】ほてん 穴うめする。足りないところをおぎないうずめる。
【補天浴日】ほてんよくじつ 昔、女媧(じょか)氏が天の欠けたのをおぎない、また、義和(ぎわ)という女性が、太陽を甘淵(かんえん)で水浴させたという故事から、天地を動かし変えてしまうほどの、大てがらを立てることをいう。〈宋史〉
【補(「輔」)導】ほどう(だう) 犯罪をおかしたり、おかす恐れのある少年少女を正しくみちびく。
【補筆】ほひつ 書きくわえる。筆を入れて完全にする。
◇候補(こうほ)・塡補(てんぽ)・裨補(ひほ)・試補(しほ)・親補(しんぽ)

衣 7
【裒】
〔13〕 ホウ 漢 平 尤 póu ポウ
J ②8819 補 6043 U 88D2

意味 ①〈あつま・る〉集合する。集める。②多い。③へらす。④とりこにする。

ネ 7
【裕】
〔12〕 常 ユウ
ユ 漢 去 遇 ユウ 慣 yù ユィ
J 4521 補 ― U 88D5

筆順 ｀ ネ ネ ネ ネ゛ 衤 裕 裕

意味 ①〈ゆたか〉㋐衣服がゆったりしている。㋑金や物があり あまる。「裕福(ゆうふく)」②ゆるやか。㋐ゆったりしている。㋑心が広い。③ゆとり。④教えみちびく。

解字 形声。ネが形を表し、谷(こく)が音を示す。谷は、容と同じく、ゆとりがある意味を含む。裕は着物がゆったりとしていることである。音ユウは、谷の音コクの変化。

名前 すけ・ひろ・まさ・みち・やす・ひろし
◇余裕(よゆう)・富裕(ふゆう)・寛裕(かんゆう)

衣 7
【裛】
〔13〕 ユウ 漢 入 緝 (イフ) yì イー
J ②8823 補 6045 U 88DB

意味 ①〈まと・う(――・ふ)〉身につける。②〈うるお・す(うるほ・す)〉移り香をつける。③〈かお・る(かほ・る)〉〈にお・う(にほ・ふ)〉④書物を入れるつつみ。⑤しめっている。
【裛被】えひ 国 せんだんの皮や葉を使った香(こう)の名。裛被香(えびこう)。

衣 7
【裏】
〔13〕 学 6 リ うら
リ 漢 呉 上 紙 lǐ リー
J 4602 補 ― U 88CF

筆順 亠 宀 亩 审 重 亶 裏 裏

意味 ①〈うら〉㋐着物のうら。㋑物のうらがわ。↕表 ②〈うち〉㋐なか。内側。㋑心。㋒中国医学で、腹や胸など体の内側。③ところ。「這裏(しゃり)」(このうち。ここ。)

解字 形声。衣の間に里がはさまった形で、里(り)が音を示す。里には理と同じく、すじのある模様の意味がある。裏は、たてよこのすじのはいったしまの模様を用いた着物のうら地のこと。

参考 「裹(か)」は別字。
【裏打】うらうち 国 紙・布・皮などの裏に、薄い紙・布などをはってじょうぶにすること。
【裏書】うらがき 国 ①小切手や手形などの権利をゆずる証拠として、そのうらに住所氏名を書き、印をおすこと。②巻物や絵などのうらに、由来(ゆらい)や、証明などを書き入れたもの。
【裏作】うらさく 国 一年に二種の作物を栽培するとき、表作(おもなもの)でないほうの作物。↕表作(おもてさく)
【裏付】うらづけ 国 ①着物などに、うら地をつける。うらつけ。うらつき。②補強する。③確かな証拠。保証。
【裏急後重】りきゅうこうじゅう(きふ)(ぢう) げりがしぶる。しぶりばら。
【裏許】りきょ｜りこ この場所。ここ。
【裏面】りめん 一 うら。うらがわ。 二 リーミエン lǐmiàn 現 中。内がわ。
【裏頭】リートウ lǐtou 現 なか。うち。内部。
【裏辺(邊)】リービエン lǐbian 現 中。内がわ。
◇内裏(だいり)・表裏(ひょうり)・庫裏(くり)・紅裏(もみうら)・脳裏(のうり)・麻裏(あさうら)・禁裏(きんり)

ネ 7
【裡】
〔12〕 人 標 リ 漢 呉 上 紙 lǐ リー
J 4603 補 ― U 88E1

意味 ＝裏 ①服などのうらがわ。②うち。中。
名前 うら

衣 7
【裃】
〔12〕 国字
J ②8820 補 ― U 27693

意味 〈かみこ〉紙製の服。

衣 7
【袷】
〔12〕 同 ↓袷(二一二五ジベ・上)

衣 7
【裝】
〔13〕 旧 ↓装(二一二五ジベ・中)

衣 7
【褎】
〔13〕 俗 ↓褒(二一三一ジベ・中)

衣 8
【裷】
〔13〕
一 エン 漢 平 元 (ヱン) yuān ユワン
二 コン 漢 上 阮 gǔn クン
J ― 補 6052 U 88F7

意味 一 頭にかぶる布。ずきん。 二 天子の礼服。＝衮

衣 8
【裹】
〔14〕 カ 漢 上 哿 (クワ) guǒ クオ
J 7471 補 ― U 88F9

意味 ①〈まと・う(――・ふ)〉②〈つつ・む〉すっぽり包む。③〈つつみ〉〈くるみ〉袋。④ふさ。はなぶさ。⑤草の実。
国〈くぐつ〉網袋。

参考 「裏(り)」は別字。
【裹頭】かとう(くわ) ①頭髪を布でつつむこと。②男子二十歳の成人式。

衣 8
【裸】
〔12〕 俗字
J ②8827 補 6053 U 8901

衣 8
【褂】
〔13〕 カイ 漢 去 卦 (クヮイ) guà コワ
J 7472 補 ― U 8902

意味 ①たけの長い服。②清(しん)時代の、上に着る礼服。

ネ 8
【褐】
〔13〕 常 カツ
旧字 衣 9
【褐】
〔14〕 カツ 漢 カチ 呉 入 曷 hè ホー
J 1976 補 ― U 8910
J ①9179 補 ― U FA60

筆順 ｀ ネ ネ ネ 衤 衵 褐 褐

意味 ①あらおりの麻や毛で作った服。粗末な服。②麻のくつ下。③貧しく身分の低い人。④こげ茶色。かっ色。国〈かち〉①濃い青色。②襲(かさね)の色目。両面もえぎ色の布。

解字 形声。ネが形を表し、曷(かつ)が音を示す。曷は、ふじゅうぶんなことを表すのに使われることが多い。褐は、そまつなくつ・きもの。

【褐衣】 一 かつい そまつな衣服。短い毛のうわぎ。貧しい人の服。 二 かちえ 国 下級武官(随身(ずいじん)など)の着るうわぎの名。褐襖(かちあお)。かちぎぬ。
【褐寛博】かつかん(くわん)ぱく だぶだぶの毛織りの衣服。また、それを

竹米糸缶网(罒・⺲)羊(⺶)羽(羽)老(耂)而耒(耒)耳
6画
聿肉(月)臣自至臼(臼)舌舛(舛)舟艮色艸(艹・艹)虍虫血行衣(衤)襾(西)

着る人。身分の低い者。〈孟子・公孫丑上〉
【褐色】赤に黒・黄の加わった色。こげ茶色。
【褐炭】褐色をしている、品質の悪い石炭。
【褐夫】あらい毛織物を着た、身分の低い男。
〖被レ褐懐(懷)レ玉〗優れた人物は、内なる美を、強いて外に現そうとはせず、かえって、賤者の着るぼろ服をまとうというような態度をとるものである。〈老子・七十〉
〖釈(釋)レ褐〗任官する。平民の粗末な着物をぬいで、官吏の服をつける意。

衤8 【裾】〔13〕 常 すそ
一キョ 漢 一平 魚 jū チュイ
二キョ 漢 二去 御 jù チュイ
U補J 3194 88FE

筆順 ネ ネ ネ ネ 衤 衤 衤 裾

意味 一①〈えり〉服の前えり。また、後ろえり。②そで。③ゆったりした服。二①いばっている。＝倨 ②たよりとする。＝拠 国〈すそ〉服や山などのすそ。

解字 形声。衣が形を表し、居が音を示す。裾は、前襟。転じて、ゆったりした服をさす。「すそ」は、日本語の用法。

地名 裾野
【裾裾】衣装のりっぱなさま。

【裾濃】国①すそをこくした染めもの。②琵琶の名器。

【裾野】国山のふもと一帯の野。

【裾模様】国和服のすそにつけたもよう。また、その〔着物。〕

【裾曲】国山のふもとのあたり。

衣8 【裳】〔14〕 人 標 ショウ(シャウ) 漢 平 陽 cháng チャン
U補J 3056 88F3

意味 ①〈も〉〈もすそ〉したばかま。腰から下につける衣。男女ともに着た。↕衣 ②服。③裳裳は、美しく盛んなさま。
姓 裳咋
参考 新表記では、「装」に書きかえる熟語がある。
【裳衣】もすそと、うわぎ。着物。衣装。
〖顚ニ倒―一〗もすそとうわぎを、さかさまに着る。宮中に出仕するため、あわてふためくようす。〈詩経・東方未明〉
【裳階】「裳層」に同じ。

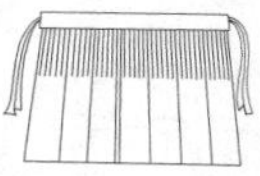

（裳①）

【裳層(層)】国塔などの軒下に設けた、さしかけのひさし。裳階。雪打。

衣8 【製】〔14〕 学5 セイ セイ 呉 漢 去 霽 zhì チー
U補J 3229 88FD

筆順 ニ 午 告 制 制 製 製 製

意味 ①〈た・つ〉〈した・てる(――・つ)〉㋐布をたちきる。㋑服をつくる。②〈つく・る〉㋐物をこしらえる。「製作」「製造」㋑詩文を作る。③衣服。④詩文。作品。⑤かたち。なり。⑥服を数える単位。

解字 形声。衣が形を表し、制が音を示す。制には、断ち切るという意味がある。製は布を断って着物を作ることである。

名前 のり
【製塩(鹽)】塩をつくる。

【製裁】①つくること。②文章の様式。

【製作】ものをつくること。こしらえること。

【製産】品物を作り出す。

【製糸(絲)】国①糸をつくる。②まゆから生糸を取る。

【製図(圖)】地図・工作物などの図面を作ること。

【製造】一つくること。原料に手を入れて、品物をつくること。二 zhìzào 現一に同じ。

【製糖】さとうをつくる。

【製版】文字や図版などの印刷のために、版にする。

【製品】作りあげた品物。

【製法】物のつくりかた。

【製本】国印刷された紙をつづって書物に作りあげる。

【製練】布などをねって仕上げる。
◆上製・手製・再製・自製・私製・作製・並製・和製・官製・剣製・特製・御製・粗製・複製・調製・精製

衣8 【裼】〔13〕 一セキ 漢 一入 錫 xī シー 二テイ 漢 二去 霽 tì ティー
U補J 7473 88FC

意味 一①〈はだぬ・ぐ〉衣服をぬいで下着をあらわす。また、はだかになる。「袒裼」②かわごろもの上に着るそでなしの服。二むつき。こどものねまき。

衣8 【裧】〔13〕 セン 漢 平 塩 chān チャン
U補J 6047 88E7

意味 ①車内をおおう布。車の横に垂らす布。②ひつぎ車にたらす布。

衣8 【䙁】〔13〕 セン 漢 平 先 cán ツァン
U補J ②8826 4641

意味 乳児をくるむ衣類。

衣8 【裰】〔13〕 タツ 漢 入 曷 duō トゥオ
U補J ②8824 6049 88F0

意味 ①〈つくろ・う(――・ふ)〉〈つづ・る〉やぶれた服をなおす。②直裰は、ゆったりした部屋着。

衣8 【裯】〔13〕 一トウ(タウ) 漢 一平 豪 dāo タオ 二チュウ(チウ) 漢 二平 尤 chóu チョウ
U補J 6048 88EF

意味 一はだぎ。汗とりのじゅばん。また、丈のみじかい服。二ひとえのかけぶとん。また、ふとん。

衣8 【裴】〔14〕 一ハイ 漢 一平 灰 péi ペイ 二ヒ 漢 二平 微 féi フェイ
U補J 7474 88F4

意味 一①衣服の長いさま。②裴回は、いったりきたりする。たちもとおる。＝徘徊 ③姓。二即裴は、漢代の県名。今の河北省肥郷県。

【裴松之】人名。南北朝の宋の人。「三国志」の注を書いた。

【裴迪(廸)】人名。唐の詩人王維の友人。

衣8 【裵】〔14〕 本字
U補J ①9177 6051 88F5

衣8 【裨】〔13〕 一ヒ 漢 一平 支 bì ピー、bēi ペイ 二ヒ 漢 二平 支 pí ピー
U補J 7475 88E8

意味 一①〈おぎな・う(――・ふ)〉つぎたす。増す。②〈たす・ける(――・く)〉二①〈たすけ〉㋐補助。㋑副将。②祭祀に補佐の人の着る礼服。③ちいさい。ささやか。④いやしい。

【裨益】①増しおぎなう。②ためになる。たすけになり、役〔にたつ。〕

【裨海】小さい海。

【裨助】たすける。補助。

【裨将(將)】副将。副将軍。

【裨諶】人名。春秋時代の鄭の大夫。「為レ命裨諶草ニ創之一」〈論語・憲問〉

【裨販】小売商人。

【裨補】助けおぎなう。「裨ニ補闕漏一」(たりないとこ

ろを、助けおぎなう。)〈諸葛亮・出師表〉

衣8【褾】〔13〕 ヒョウ 漢 去 嘯 (ヘウ) biǎo ピアオ J ②8825 補 6050 U 88F1
意味 ①〈ひれ〉〈えり〉女の首や肩に飾る布。②袖のはし。袖口。③表具。表装。④褾隔は、ついたて。

ネ8【裸】〔13〕 常 ラ はだか ラ 漢 呉 上 哿 luǒ ルオ J 4571 補 — U 88F8
筆順 ラ ネ ネ ネ 衵 袒 裑 裸

身8【躶】〔15〕 同字 J ②8955 補 — U 8EB6

意味 ①〈はだか〉はだかになる。②はだをぬぐ。

解字 形声。ネが形を表し、果が音を示す。果には、むき出しという意味を含む。裸は着物をぬいで、からだをむきだしにすることで、はだかの意味になる。

難読 裸足(はだし)

【裸形】(らけい・らぎょう(ぎゃう)) はだかのすがた。はだかの体。

【裸子植物】(らししょくぶつ) 植 松や杉などのように、子房を形成しないで、胚珠が裸出している植物。↔被子植物
【裸出】(らしゅつ) むきだしになっている。

【裸身】(らしん) はだかの身。

【裸跣】(らせん) はだかと、はだし。

【裸体(體)】(らたい) はだかのからだ。

【裸虫(蟲)】(らちゅう(ちう)) 人間。羽毛やうろこ、甲羅など身体をおおうものがない動物のこと。

【裸裎】(らてい) はだか。「袒裼裸裎」
◆丸裸・全裸・真裸・赤裸・赤裸裸

衣8【裲】〔13〕 リョウ 漢 上 養 (リャウ) liǎng リアン J 7476 補 — U 88F2
意味 裲襠は、うちかけ。胸と背をおおうそでなしの衣服。国〈うちかけ〉①武家時代の上流婦人の礼服の一つ。②武官の礼装。

衣8【褃】〔13〕 kèn ケン J — 補 — U 8903
意味 現 着物のわきの下のぬいめ。

衣8【褄】〔13〕 国字 J 7477 補 — U 8904
意味 〈つま〉着物のおくみのはし。

衣8【褁】〔12〕 俗 ↓裹(一一二七ページ・下)

衣8【(衤+歨)】〔13〕 同 ↓褷(一一三一ページ・上)

衣9【褘】〔14〕 一 キ 漢 平 微 huī ホイ 二 イ(ヰ) 漢 平 支 yī イー J — 補 — U —

衣10【褘】〔15〕 俗字 J ①9180 補 6060 U 8918
意味 一 ①ひざかけ。②きじの模様を描いた皇后の祭服。「褘衣」「褘褕」 二 美しいさま。

ネ9【褌】〔14〕 標 コン 漢 平 元 kūn クン J 7478 補 — U 890C
意味 ももひき。さるまた。国〈ふんどし〉〈みつ〉

衣9【褍】〔14〕 タン 漢 平 寒 duān トワン J — 補 6055 U 890D
意味 ①〈みごろ〉衣服の、袖や襟などを除いた本体。②衣服が長い。③衣服がゆったりしている。

衣9【褖】〔14〕 タン 漢 去 翰 tuàn トワン J — 補 6059 U 8916
意味 ①服のふちどり。②褖衣は、㋐皇后の礼服。㋑ふちどりのある服。

衣9【褚】〔14〕 一 チョ 漢 上 語 zhǔ チュー 二 シャ 漢 上 馬 zhě チョー 三 チョ 漢 上 語 chǔ チュー J ①9182 補 6062 U 891A
意味 一 ①わたいれの服。「褚衣」②ふくろ。③棺をおおう赤い布。④たくわえる。＝貯 二 兵士をいう。三 姓。
【褚遂良】(ちょすいりょう(りゃう)) 人名。唐の名臣で、書道の達人。

衣9【褆】〔14〕 一 テイ 漢 ダイ 呉 平 斉 tí ティー 二 シ 漢 ジ 呉 上 紙 shì シー J — 補 6054 U 8906
意味 一 ①衣服の厚いさま。②衣服のよいさま。二 衣服の正しくととのっているさま。

衣9【褙】〔14〕 ハイ 漢 去 隊 bèi ペイ J ①9181 補 6061 U 8919
意味 ①はだぎ。じゅばん。②布または紙をはりあわせたもの。

ネ9【複】〔14〕 学5 フク フク 漢 呉 入 屋 fù フー J 4203 補 — U 8907
筆順 ラ ネ ネ ネ 衤 衵 袹 複
意味 ①あわせ。裏地のついた衣服。②わたいれ。③重ね着。④〈かさな・る〉〈かさ・ねる(――・ぬ)〉㋐重複する。「複数」㋑こみいる。入りくむ。⑤ほらあな。

解字 形声。ネが形を表し、复が音を示す。ネは着物。复には重なるという意味がある。複は、着物を重ねて着ることである。

【複音】(ふくおん) 音楽の二部合唱。楽器の二重奏。

【複眼】(ふくがん) 動 個眼が、多数集まって一個の目になっているもの。とんぼ・せみなどの目。

【複合】(ふくごう(がふ)) 二つ以上のものが、合わさって一つとなること。

【――語】(ふくごうご(がふご)) 二つ以上の単語が合して一つの語になったもの。

【複雑(雜)】(ふくざつ) 一 こみいっている。いりくんでいる。↔単純・簡単 二 fùzá 現 一に同じ。

【複式】(ふくしき) ①二重またはそれ以上になるやり方。②「複式簿記」の略。

【複写(寫)】(ふくしゃ) ①もう一度うつす。②同じものを重ねてうつす。コピー。

【複襦】(ふくじゅ) あわせのじゅばん。裏のある、短いうわぎ。「冬無二複襦一(冬にもあわせがない。)」〈古詩・孤児行〉

【複数(數)】(ふくすう) ①二以上のかず。②二つ以上の人や事物をあらわす名詞・代名詞の形。また、そのもの。↔単数
【複姓】(ふくせい) 二字の姓。諸葛・欧陽・司馬・澹台など。

【複製】(ふくせい) 書籍・絵画などを原作品と同じように作る。

【複素数(數)】(ふくそすう) 数 実数と虚数との和として示される数。

【複道】(ふくどう(だう)) 上下二重のろうか。

【複文】(ふくぶん) 主語と述語とから成る句をふくむ文。

【複本】(ふくほん) 文書や書物を、そのまま書きうつしたもの。原本のうつし。

【複葉】(ふくよう(えふ)) ①植 葉身が、二枚以上の小葉片に分かれているもの。②翼が、胴体の上・下にある飛行機。

【複利】(ふくり) 利息を、一定期間の後、元金にくり入れ、その合計額を、また次の元金にして利息をつけてゆく計算法。

【複刻】(ふっこく(ふくこく)) もとのものと同じように版に作る。覆刻。
◆重複・単複

衣9【褊】〔14〕 ヘン 漢 上 銑 biǎn ピエン J — 補 — U —
意味 ①〈せま・い(――・し)〉㋐衣服が小さい。㋑土地がせまくるしい。㋒度量がせまい。見識がせまい。②きみじか。せっかち。「褊急」

衣9【褊】〔14〕 俗字 J 7479 補 — U 890A

【褊隘】(へんあい) ①せまくるしい。②心がせまい。

【褊狭(狹)】(へんきょう(けふ)) ①せまい。②心がせまい。

【褊小】(へんしょう(せう)) せまく小さい。

竹米糸缶网(罒・⺳)羊(⺶)羽(羽)老(耂)而耒(耒)耳
6画
聿肉(月)臣自至臼(臼)舌舛(舛)舟艮色艸(艹・⺿)虍虫血行衣(衤)襾(西)

【褊心】へんしん せっかちな心。かたよった考え。
【褊裨】へんぴ 副将。部将。部隊長。
【褊陋】へんろう 見識などがせまいこと。

衣9【褒】〔15〕 常 ホウ ほめる　J 4311 U 8912
旧字 衣11【襃】〔17〕　J 7481 U 8943
一 ホウ 漢 一 平 豪 bāo パオ
二 ホウ 漢 二 平 尤 póu ポウ

筆順 亠 … 褒

意味 一 ①〈ほ・める(――・む)〉良いことを賞する。「褒状」「褒賞」②おおきい。ひろい。③広いえり。④褒衣ほういは、ほうびとして与えられた服。また、ゆったりした着物。⑤周時代の国名。今の陝西せんせい省漢中市西北。二 あつめる。＝裒ほう

解字 形声。衣と保を合わせた字で、衣が形を表し、保ほうが音を示す。保は包む意味があり、褒は、ゆったりとした衣服のこと。また、報と通じて、良いおかえしをすることを表し、ほめる意になる。

参考「裒ほう」「褎しゅう(ゆう)」は別字。
【褒衣】ほうい ①ほうびの衣服。②すその広い着物。【――博帯(帶)】ほういはくたい ゆったりした着物と帯。教養ある人。
【褒詞】ほうし 善行をほめることば。
【褒賜】ほうし ほめて物をたまわる。また、そのもの。
【褒姒】ほうじ 人名。周の幽王のきさき。
【褒章】ほうしょう(しゃう) ほめてあたえる名誉の記章。「紫綬しじゅ褒章」
【褒奨(獎)】ほうしょう(しゃう) ほめてはげます。
【褒賞】ほうしょう(しゃう) ①ほめる。②ほめて賞品を与える。また、そのもの。
【褒状(狀)】ほうじょう(じゃう) ほめことばを書いた文書。
【褒成】ほうせい 孔子をたっとんでいう称号。「褒成宣尼公」
【褒美】ほうび ①ほめる。②国ほめて与える品物。
【褒貶】ほうへん ほめることとけなすこと。「毀誉きよ褒貶」

衣9【褓】〔14〕 ホウ 漢 上 皓 bǎo パオ／ホ 慣　J 7480 U 8913
意味 ①〈むつき〉こどもに着せるうぶぎ。②襁褓きょうほうは、こどもを背負うひもとはんてん。③こどもの頃。

衣9【褕】〔14〕 一 ユ 漢 一 平 虞 yú ユイ／二 ヨウ(エウ) 漢 二 平 蕭 yú ユイ　補 6058 U 8915
意味 一二 ①美しい着物。「褕衣ゆい」②きじの飾りや模様のある、皇后の服。「褕狄ゆてき」「褕翟ゆてき」

衣9【褎】〔15〕 一 シュウ(シウ) 漢 一 去 宥 xiù シウ／二 ユウ(イウ) 漢 二 去 宥 yòu ユー　補 6056 U 890E
衣9【褏】〔15〕 同字　補 6057 U 890F
意味 一〈そで〉＝袖 二 ①りっぱに着飾ったさま。②いねやきびの苗がのびる。また、木の葉や枝がのびる。③他よりすぐれる。
参考「褒ほう」「裒ほう」は別字。
【褎然】ゆうぜん(いうぜん) ①他よりすぐれる。②木の葉や枝がのびる。【――挙(擧)首】ゆうぜん(いうぜん)きょしゅ 他からぬきんでる。トップになる。
【褎如充耳】ゆうじょじゅうじ(いうじょじゆうじ)として、服装はりっぱだが、行いがそれにつり合わない。また、上の地位にいる人が、人のことばを、耳をふさいで聞き入れないこと。〈詩経しきょう・邶風はいふう・旄丘ぼうきゅう〉

衣9【褜】〔15〕 国字　J ①9178 補 6063 U 891C
意味〈えな〉胎児を包む膜。胞衣えなの二字を合わせて一字とした。

衣9【褐】〔14〕 旧→褐(一一二七ジベー・下)

衣9【褝】〔14〕 俗→襌(一一三二ジベー・上)

衣10【褞】〔15〕 一 ウン 漢 一 上 吻 yǔn ユン／二 オン(ヲン) 漢 二 平 元 wēn ウエン　J 7482 U 891E
意味 一 ①ころも。衣服。②うちかけ。二〈ぬのこ〉ぼろ服。「褞袍おんぽう」「褞褐おんかつ」

衣10【褢】〔16〕 カイ(クヮイ) 漢 平 佳 huái ホワイ／エ(ヱ) 呉　補 6069 U 8931
意味 ①〈いだ・く〉だきかかえる。ふところに入れる。＝懐かい ②草の名。なべな。

衣10【褧】〔16〕 ケイ 漢 上 迥 jiǒng チョン　J ①9183 補 6066 U 8927
意味〈ひとえ(ひとへ)〉麻や絹のひとえ。

衣10【褰】〔16〕 ケン 漢 呉 平 先 qiān チエン　J ①9184 補 6068 U 8930
意味 ①〈かか・げる(――・ぐ)〉㋐あげる。㋑すそをもちあげる。②上にはくズボン。③ちぢめる。たたむ。④ひらく。ひろげる。
【褰帷】けんい(ゐ) とばりをかかげること。国儀式のとき、高御座たかみくらのとばりを上げること。また、その女官。とばりあげ。
【褰帳】けんちょう(ちゃう) 垂れ幕をあげること。

衣10【褲】〔15〕 コ 慣 kù クー　J ①9185 補 6070 U 8932
意味 現 褲子クーズ kùzi は、ズボン。＝袴こ・絝こ

衣10【褠】〔15〕 コウ 漢 平 尤 gōu コウ　補 6064 U 8920
意味 ①ひとえ。筒そでのひとえ。②うでぬき。

衣10【褨】〔15〕 一 サ 漢 呉 一 上 哿 suǒ スオ／二 サ 漢 ザ 呉 二 平 麻 chá チャー　補 6067 U 8928
意味 一 上衣が長いさま。二 衣服をぬいで下着をあらわす。

衣10【褯】〔15〕 シャ 漢 去 禡 jiè チエ　U 892F
意味 ①むつき。あかごの着物。②こどものしきもの。

衣10【褭】〔16〕 ジョウ(デウ) 漢 上 篠 niǎo ニアオ　U 892D
意味 ＝裊 ①〈ほだ・す〉馬の腹にひもをつける。②たわむ。たわめる。しなやか。③馬の名。

衤10【褥】〔15〕 標 ジョク 漢 ニク 呉 入 沃 rù ルー　J 7483 U 8925
意味〈しとね〉しきもの。ふとん。「褥席じょくせき」
【褥被】じょくひ しとねとかいまき。
【褥婦】じょくふ 産婦。出産のため、床についている女。
◆病褥びょうじょく・産褥さんじょく

衣10【褪】〔15〕 トン 漢 去 願 tùn トゥン／タイ 慣　J 7484 U 892A
意味 ①〈あ・せる(――・す)〉色がうすくなる。「褪色たいしょく」②服をぬぐ。③花が散る。④しりぞく。＝退
参考 新表記では、「退」に書きかえる熟語がある。
【褪紅色】たいこうしょく(とんこうしょく) ときいろ。

衣10【褦】〔15〕 ダイ 漢 去 隊 nài ナイ　補 6065 U 8926
意味 褦襶だいたいは、①暑さをふせぐ笠かさ。②厚着あつぎ。③おろかもの。暑中に着飾って訪問するわからずや。正装で訪問して相手に迷惑をかける。

衣10【褫】〔15〕 チ 漢 呉 上 紙 chǐ チー　U 892B 補 ― J 7485
意味 ①〈うば・う(――・ふ)〉〈は・ぐ〉 ㋐服をはぎとる。また、服をぬぐ。㋑官職をうばいとる。㋒志をうしなう。②ゆるむ。③しきもの。④もうせん。
【褫職】(ちしょく) 官職をうばう。免職。
【褫奪】(ちだつ) ①取り上げる。うばう。②官職・衣服をうばう。

衣10【褟】〔15〕 トウ 漢 (タフ) 入 合 tā ター　U 891F 補 ― J ―
意味 ころも。うわぎ。

衣10【褡】〔15〕 トウ(タフ) 漢 タ 慣 入 合 dā ター　U 8921 補 ― J ―
意味 ①衣服が破れる。②短い衣服。③掛搭(かた)は、旅の僧が寺にとまる。また、それを許されること。④現 褡褳(ターリエン) dā-lian は、銭(ぜに)などを入れる長方形の袋。

衣10【褘】〔15〕 俗 ↓褘(二一二九ジ・上)

衣10【[衤+挙]】〔15〕 俗 ↓襷(二一三三ジ・下)

衣11【襁】〔16〕 キョウ 漢 (キャウ) 上 養 qiǎng チアン　U 8941 補 ― J 7486
意味 ①〈むつき〉 ㋐おびひも。㋑ねんねこ。②〈お・う(――・ふ)〉 せなかにくりつける。国 おしめ。
【襁負】(きょうふ(きゃうふ)) おびひもで、幼児をせおうこと。〈論語・子路〉
【襁抱】(きょうほう(きゃうはう)) 幼児をせおったり、だいたりする。転じて、「幼時。」
【襁褓】(きょうほう(きゃうほう)) ①おびひもとこどもの着物。②幼時。③むつき。㋐うぶぎ。㋑国 おむつ。おしめ。【――之中】(きょうほう(きゃうほう)のうち) うぶぎの中。一歳以下の幼児。

衣11【褹】〔16〕 一 ゲイ 漢 ゲ 呉 一 去 霽 yì イー　二 ダイ 漢 ネ 呉 二 去 卦 niè ニエ　U 8939 補 6072 J ①9186
意味 一 箭褹(とうげい)は、短い綿入れの上着。二 麻などのはだぎ。

衣11【褷】〔16〕 シ 漢 平 支 shī シー　U 8937 補 ― J ②8829
衣8【𧚺】〔13〕 同字　U 276BA 補 ― J ―
意味 ①褷離(しり)は、羽毛が生えはじめたさま。②羽毛のゆたかなさま。

衣11【褶】〔16〕 一 チョウ(テフ) 漢 一 入 葉 dié ティエ　二 ショウ(セフ) 漢 二 入 葉 zhě チョー　三 シュウ(シフ) 漢 三 入 緝 xí シー　U 8936 補 ― J 7489
意味 一 ①〈あわせ(あはせ)〉 裏地のついた衣服。②うわぎ。③かさねる。二〈ひだ〉 服のしわ。三 乗馬服。国〈しびら〉〈ひらみ〉 はかまや裳(も)の上につける服。
【褶曲】(しゅうきょく(しふきょく)) ①しわがよりまがる。②地層が、横からの圧力で波のような形になる。
【褶壁】(ちょうへき(てふへき)) 「褶曲」に同じ。

衣11【襄】〔17〕 ショウ(シャウ) 漢 ジョウ(ジャウ) 慣 平 陽 xiāng シアン　U 8944 補 ― J 7487
衣7【㐮】〔13〕 俗字　U 342E 補 ― J ②0119
意味 ①〈のぼ・る〉 上がる。②〈あ・げる(―・ぐ)〉 首をあげる。あおぐ。③〈たか・い(――・し)〉 ④のぞく。とりのぞく。＝攘 ⑤たすける。⑥よる。たよる。⑦馬を車につける。⑧かえる。うつる。⑨姓。
【襄陽】(じょうよう(じゃうやう)) ①地名。湖北省襄樊(じょうはん)市にある要地。②唐の詩人、孟浩然(もうこうねん)。襄陽の人であったところからいう。

衣11【襂】〔16〕 一 シン 漢 呉 一 平 侵 sēn セン　二 サン 漢 二 平 咸 shān シャン　U 8942 補 6076 J ②8831
意味 一 襂纚(しんし)は、羽毛、衣服、旗などが垂れ下がるさま。二 旗の主要部分。＝縿(さん)

衣11【襀】〔16〕 セキ 漢 入 陌 jī チー　U 8940 補 6075 J ①9187
意味 衣服のひだ。

衣11【褻】〔17〕 セツ 漢 入 屑 xiè シエ　U 893B 補 ― J 7488
意味 ①ふだんぎ。②ぼろ服。③したぎ。はだぎ。④〈な・れる(―・る)〉 ㋐親しむ。㋑あなどる。⑤〈けが・す〉〈けが・れる(――・る)〉 国〈つね〉〈け〉 ふだん。公式でないこと。
【褻衣】(せつい) ①ふだんぎ。②はだぎ。
【褻翫】(せつがん(ぐゎん)) 近づきもてあそぶ。なれなれしくそばへ寄る。
【褻器】(せっき) ①便器。おまる。②手洗いの道具。
【褻裘】(せっきゅう(きう)) ふだん使う毛皮の上衣。〈論語・郷党(きょうとう)〉
【褻言】(せつげん) 下品なことば。なれなれしいことば。
【褻狎】(せっこう(かふ)) なれなれしく近づく。
【褻臣】(せっしん) そばづかえの家来。気にいりの家来。
【褻瀆】(せっとく) なれなれしく近づきけがす。けがれる。
【褻服】(せっぷく) ふだんぎ。〈論語・郷党(きょうとう)〉
◇猥褻(わいせつ)

衣11【𧜣】〔16〕 チョウ 漢 呉 (テウ) 上 篠 diǎo ティアオ　U 27723 補 ― J ②8830
意味 丈(たけ)のみじかい服。

衣11【褺】〔17〕 チョウ(テフ) 漢 ジョウ(デフ) 呉 入 葉 diē ティエ　U 893A 補 6073 J ―
意味 ①重ね着。②褺江(ちょうこう)は、古代の県の名。今の四川省東部。

衣11【褾】〔16〕 ヒョウ 漢 (ヘウ) 上 篠 biǎo ピアオ　U 893E 補 6074 J ―
意味 ①そでぐち。そでのはし。②帽子のふちどり。③表装したものの周辺の絹の部分。

衣11【褵】〔16〕 リ 漢 平 支 lí リー　U 8935 補 6071 J ―
意味 ①においぶくろ。きんちゃく。②〈おび〉

衣11【褸】〔16〕 一 ロウ 漢 一 平 尤 lóu ロウ　二 ル 漢 二 上 麌 lǚ リュイ　U 8938 補 ― J 7490
意味 一 衣服のえり。二 ①〈つづれ〉 ぼろ。破れた服。「襤褸(らんる)」 ②つづる。破れをぬいあわせる。
◇襤褸(らんる)ぼろ

衣11【褳】〔16〕 lián リエン　U 8933 補 ― J ―
意味 現 褡褳(ターリエン) dālian は、銭(ぜに)などを入れる長方形の袋。

衣11【襅】〔16〕 国字　U 8945 補 6077 J ②8832
意味 〈ちはや〉 ①巫女(みこ)が用いるたすき。②巫女や女官の着る衣服。③歌舞伎などで用いる衣裳の一種。

衣11【襃】〔17〕 旧 ↓褒(二一三〇ジ・上)

衣12【襉】〔17〕 カン 漢 上 潸 jiǎn チエン　U 8949 補 6079 J ②8833
意味 ①すそのひだ。②正色(せいしょく)(赤・青・黄・白・黒の五行に配される色)でない。不純の。音 jiàn チエン

衣12【䙡】〔17〕 キ 漢 去 寘 kuì コイ　U 4661 補 ― J ―
意味 ①ひも。②五彩のぬいとり。

衣12【𧝒】〔17〕 コウ(クヮウ) 漢 オウ(ワウ) 呉 平 庚 héng ホン　U 27752 補 ― J ②8834

竹米糸缶网(罒・⺳)羊(⺶)羽(羽)老(耂)而耒(耒)耳 6画 聿肉(月)臣自至臼(臼)舌舛(舛)舟艮色艸(艹・艹)虍虫血行衣(衤)襾(西)

[意味] 横褡は、小さい夜具。かけぶとん。

衣12 【襌】〔17〕 タン (漢) (平) 寒 dān タン　J 7491 U 894C
衣9 【褝】〔14〕 俗字　J 7492 U 891D
[意味] ①〈ひとえ(ひとへ)〉「襌衣」「襌袍」 ②はだぎ。
[参考] 「禅(禪)」は別字。

衣12 【襏】〔17〕 ハツ (漢) (入) 曷 bó ポー　J 6080 U 894F
[意味] ①みの。雨着。②さしこ。あらぬの。③三尺の服。

衣12 【襒】〔17〕 ヘツ (漢) (入) 屑 bié ピエ　J 6081 U 8952
[意味] ①衣。②〈はら・う(――・ふ)〉 衣でほこりをはらう。

衣12 【襆】〔17〕 ホク (漢) (入) 沃 ボク (慣) fú フー　J 6078 U 8946
[意味] ＝幞 ①〈ずきん(づきん)〉 はちまき。「襆頭」 ②つつみ。

衣12 【襖】〔17〕 [同] ↓襖(本ページ・上)

衣12 【襍】〔17〕 [本] ↓雑(一三四四ページ・上)

ネ13 【襖】〔18〕 [人] [標] オウ (漢) (上) 皓 (アウ) ǎo アオ　J 1808 U 8956
衣12 【襖】〔17〕 同字
衣4 【袄】〔9〕 俗字　U 8884
[意味] ①毛皮のうわぎ。②あわせのうわぎ。わたいれ。[国] ①〈ふすま〉 からかみ。②〈あお(あを)〉 ㋐両わきがあいたうわぎ。㋑かりぎぬ。「狩襖」 ㋒素襖は、ひたたれの一種。
【襖袴】 [国] 狩衣の下につけるはかま。指貫。
【襖子】 [一] おう(あう)し あわせ。わたいれ。 [二] あお(あを)し [国] ①わきのあいたうわぎ。②狩衣。
◆戸襖・白襖・位襖・金襖・狩襖・素襖

衣13 【襘】〔18〕 カイ (漢) (去) 泰 (クワイ) guì コイ　U 8958
[意味] ①帯の結び目。②えりの合わせ目。

ネ13 【襟】〔18〕 [常] キン えり　キン (漢) (平) 侵 jīn チン　J 2263 U 895F
[筆順] ラ ネ ネ ネ 衤林 衤林 襟 襟
[意味] ①〈えり〉 衣服の首のまわり。えりのうちあわせ。②〈むね〉 胸の中。かんがえ。「胸襟」 ③ものの前側。
[解字] 形声。ネが形を表し、禁が音を示す。禁には、ふさぐ意味がある。襟は、きものの前をふさぐところで、えりのこと。
[地名] 襟裳
【襟韻】 風流な心。
【襟懐(懷)】 心の中。胸のうち。
【襟喉】 ①えりと、のど。②地形がけわしくて攻めにくいたとえ。
【襟帯(帶)】 ①衣服のえりとおび。②山や川が、自然と土地の固めになっているところ。要害の地。③身につける。
【襟度】 人をうけいれる度量。心の広さ。
【沾レ襟】 涙でえりをぬらす。
【正レ襟】 衣類のえりをきちんとする。衣服の乱れをなおして、威儀をただす。〈史記・日者列伝〉「正レ襟危坐」(危坐は、きちんとすわること。)〈蘇軾・前赤壁賦〉
【推レ襟送レ抱】 誠意をもって友人に対すること。〈南史・張充伝〉
◆半襟・衣襟・胸襟・宸襟・開襟

衣13 【襛】〔18〕 ジョウ (漢) (平) 冬 (ヂョウ) nóng ノン　J 6084 U 895B
[意味] ①〈あつ・い(――・し)〉 着物の厚いさま。②茂ったさま。多いさま。

衣13 【襡】〔18〕 [一] ショク (漢) [一] (入) 沃 shǔ シュー [二] トク (漢) [二] (入) 屋 dú トゥー　J 6086 U 8961
[意味] [一] はだぎ。ながじゅばん。[二] ①しまう。②弓袋。

衣13 【襚】〔18〕 スイ (漢) (去) 寘 suì ソイ　J 6083 U 895A
[意味] ①死んだ人に衣服を贈る。また、その衣服。きょうかたびら。「襚衣」「襚服」 ②人に品物を贈る。また、はなむけの品物。

衣13 【襜】〔18〕 セン (漢) (平) 塩 chān チャン　J 6085 U 895C
[意味] ①まえかけ。まえだれ。②車のとばり。「襜帷」「襜幄」 ③ととのうさま。衣服がきちんとしている。「襜如」 ④ゆらぐさま。

衣13 【襗】〔18〕 [一] タク (漢) [一] (入) 薬 duó トゥオ [二] タク (漢) [二] (入) 陌 zé ツォー　J 6082 U 8957
[意味] [一] ①ズボン。②したぎ。

衣13 【襢】〔18〕 [一] タン (漢) [一] (上) 旱 tǎn タン [二] テン (漢) [二] (去) 霰 zhǎn チャン　J ②8836 補 6087 U 8962
[意味] [一] ①〈はだぬ・ぐ〉〈かたぬ・ぐ〉 着物をぬいで肩をあらわす。＝袒「襢裼」 ②あらわす。[二] 白く、もようがない。
【襢衣】 皇后や貴族夫人の純白の衣服。

衣13 【襠】〔18〕 トウ (漢) (平) 陽 (タウ) dāng タン　J 7493 U 8960
[意味] ①ズボンの類。ももひきのまた。②裲襠は、うちかけ。胸と背をおおうそでなしの衣服。[国] 〈まち〉 ①着物の、はばの足りないところに足す布。②はかまのうちまた。

衣13 【襞】〔19〕 [標] ヘキ (漢) (入) 陌 bì ピー　J 7494 U 895E
[意味] ①〈たた・む〉 衣服をたたむ。②〈ひだ〉 ㋐折りめ。㋑しわ。

衣13 【襦】〔18〕 [同] ↓襦(一一三三ページ・下)

ネ14 【襦】〔19〕 [標] ジュ (漢) (平) 虞 rú ルー　J 7501 U 8966
[意味] ①短いうわぎ。②〈はだぎ〉 ③こどものよだれかけ。④鳥や魚をとらえる目のこまかいあみ。
【襦袢】 [国] 短いはだぎ。ポルトガル語ジバンのなまり。

衣14 【襧】〔19〕 チ (漢) (上) 紙 zhǐ チー　U 8967
[意味] ①着る物がない。②衣類をぬう。

衣14 【襣】〔19〕 ヒ (漢) (去) 寘 bì ピー　J 6088 U 8963
[意味] したばき。[国] 〈ふんどし〉〈たふさぎ〉

衣14 【襤】〔19〕 ラン (漢) (平) 覃 lán ラン　J 7502 U 8964
糸14 【繿】〔20〕 同字　J 6981 U 7E7F
[意味] ①〈つづれ〉 ぼろ。破れた衣服。「襤衣」「襤褸」 ②ふちをとらない衣服。

衣14 【襪】〔19〕 [俗] ↓襪(一一三三ページ・上)

衣15 【襭】〔20〕 ケツ (漢) (入) 屑 xié シエ　J 7503 U 896D
[意味] 〈つまばさ・む〉 着物のすそを帯にはさみ、その中に物を

入れる。

衣15【襮】〔20〕ハク 漢 入 薬 bó ポー　U補J 6090 896E
意味 ①〈えり〉ぬいとりをしたえり。②〈さら・す〉あらわす。＝暴 ③おもて。

衣15【襬】〔20〕ヒ 漢 平 支 bēi ペイ、bǎi パイ　U補J 896C
意味 ①もすそ。はかま。②現 下襬 xiàbǎi は、中国服のすそはば。

衣15【襪】〔20〕バツ 漢 入 月 ベツ 慣 wà ワー　U補J
衣14【韈】〔19〕俗字 U補J 7504 896A
意味 たび。くつした。＝韤 国〈したぐつ〉〈しとうず(したうづ)〉束帯のときのくつした。

(襪)

衣15【襫】〔20〕同 ↓襫(本ジー・中)

衣16【襲】〔22〕常 シュウ おそう　U補J 2917 8972
旧字 衣16【襲】〔22〕シュウ 漢 入 緝 (シフ) xí シー　U補J

筆順 立 音 音 音 音 龍 龍 襲

意味 ①〈きる〉〈き・せる(―・す)〉 ②〈おそ・う(―・ふ)〉 ㋐あとをつぐ。「世襲」「襲名」 ㋑そのまま続ける。「踏襲」 ③〈かさ・ねる(―・ぬ)〉 ㋐重ね着する。㋑つみかさねる。㋒くりかえす。④〈かさね〉上下そろいの衣服。⑤死者に衣服をきせる。また、その衣服。⑥おおう。㋐とざす。㋑かぶせる。⑦〈おそ・う(―・ふ)〉不意にせめる。⑧およぶ。ふれる。⑨姓。国①〈おすい(おすひ)〉かずきに似た上代婦人の服。②〈そ〉上代の種族の名。「熊襲」

解字 形声。衣と龍を合わせた字。龍は龖の略で音を示す。龖は、りゅうが、二つ重なっている形である。襲は、納棺の前に死者の上に重ねてきせるうちかけである。それから、一般に、前のものあとにそって重ねることを襲という。

名前 つぎ・より

【襲芳舎】しほうしゃ(しはう) しゅうほうしゃ(しふはう) 国 内裏にあった、五つの御殿の一つ。

【襲因】しゅういん(しふ) 受けつぐ。よりしたがう。
【襲撃(擊)】しゅうげき(しふ) 不意に攻める。
【襲爵】しゅうしゃく(しふ) 親の爵位をうけつぐこと。
【襲歩】しゅうほ(しふ) 馬の全速力。
【襲封】しゅうほう(しふ) 諸侯が領地を受けつぐこと。
【襲名】しゅうめい(しふ) 国 親または芸道の師匠などの名をつぐ。
【襲用】しゅうよう(しふ) 今までどおり使用する。受けついで使う。
【襲来(來)】しゅうらい(しふ) おそってくる。攻めよせてくる。
◆世襲・因襲・来襲・空襲・奇襲・夜襲・逆襲・急襲・強襲・踏襲・熊襲

衣16【襯】〔21〕シン 漢 去 震 chèn チェン　U補J 7505 896F
意味 ①〈はだぎ〉したぎ。シャツ。「襯衣」②かさねる。③〈たす・ける(―・く)〉補助する。④ほどこす。⑤きわだたせる。

【襯紙】しんし 和本や唐本の折った紙の中にはさんで、強化する紙。
【襯字】しんじ 戯曲や歌曲で、きまった句の字数以外につけたした字。あまり字。
【襯染】しんぜん 近づいて、感化を受ける。親炙。
【襯衣】しんい 現 chènyī 下着。シャツ。
【襯衫】chènshān 現 ワイシャツ。ブラウス。

衣16【襫】〔21〕セキ 漢 入 陌 シャク 呉 shì シー　U補J 277B2
衣15【襫】〔20〕同字 U補J 6089 896B
意味 襏襫は、雨着。みの。

衣16【襰】〔21〕一 ライ 漢 呉 去 泰 lài ライ　二 ライ 漢 上 蟹 lài ライ　U補J 6091 8970
意味 一 落ちる。破れる。二 襰褦は、衣服が破れているさま。

衣17【襄】〔22〕ジョウ 慣 (ジャウ) ráng ラン　U補J 277C4
意味 ①服の類。②現 よごれている。きたない。

衣17【襳】〔22〕一 セン 漢 平 塩 xiān シエン　二 シン 漢 平 侵 shēn シェン　U補J 6092 8973
意味 一 ①短い上着。こばおり。②おび。二 襳襹は、羽毛の服のかろやかなさま。

衣17【襴】〔22〕ラン 漢 平 寒 lán ラン　U補J 7506 8974
衣21【襽】〔26〕同字 U補J 6103 897D
意味 ①〈ひとえ(ひとへ)〉上下のつながっているひとえ。②〈すそつき〉すそべり。もすそのへりのきれ。③金襴は、金糸で織り出したにしきの類。

衤17【襷】〔22〕標 国字　U補J 7507 8977
衣10【襷】〔15〕俗字 U補J ②8828 2770E
意味 〈たすき〉①たもとを上げるひも。②ひもなどを十文字にかける。
◆赤襷・高襷・袈裟襷

衣18【襵】〔23〕ショウ 漢 入 葉 (セフ) zhě チョー　U補J 6093 8975
意味 ①ひだ。ぬいこみ。②折りたたむ。

衣18【襶】〔23〕タイ 漢 去 隊 dài タイ　U補J 8976
意味 褦襶は、①ひがさ。②厚着。③おろか。

衣18【襹】〔23〕俗 ↓襹(本ジー・下)

衣19【襼】〔24〕ゲイ 漢 去 霽 ゲ 呉 yì イー　U補J 6102 897C
意味 そで。たもと。

衣19【襺】〔24〕ケン 漢 上 銑 jiǎn チエン　U補J
意味 わたいれ。

衣19【襻】〔24〕ハン 漢 去 諫 pàn パン　U補J 6101 897B
衣18【襻】〔23〕俗字 U補J 6094 897A
意味 ①服にしめるおびやベルト。②おびやベルトの類。③現 衣服の布ひも状のボタンかけ。国 たすき。

衣19【襹】〔24〕リ 漢 平 支 lí リー　U補J 4670
意味 襹褷は、襳襹は、①羽毛が生えはじめたさま。②薄い紗のまく。

衣21【襽】〔26〕同 ↓襴(本ジー・中)

衣24【襽】〔29〕レイ 漢 平 青 líng リン　U補J 277D9
衣13【襷】〔18〕同字 U補J ②8835 4665
意味 衣服の光沢。

6画

襾(覀)部 にし かなめのにし かなめがしら

【部首解説】「一」「凵」「冂」が合わさり、「おおいかぶせること」を表す。この部には、「襾・西」の形を構成要素とする文字が属する。新字体では「覀」となる。

襾0 【襾】〔6〕 ア 漢 去 禡 yà ヤー J7508 U補897E

意味 おおう。上からかぶせる。

解字 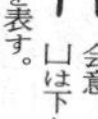 会意。一・凵・冂を合わせた字。一は天でおおうもの。凵は下から上へ、冂は上から下へかぶせること。襾は、おおうことを表す。

覀0 【覀】〔6〕 意味 漢字の字体記述要素。部首「襾」の新字体の形。覆・要・票などを構成する。 J②8837 U補8980

西0 【西】〔6〕 学 2 セイ・サイ にし　セイ 漢 平 斉　サイ 呉 xī シー J3230 U補897F

筆順 一 丆 丙 丙 两 西

ト6 【卥】〔8〕 古字 J2029 U補5365

意味 ①〈にし〉方角の名。五行の金、四季では秋、色では白にあたる。↔東 ②西のあたり。③〈にし・する(――・す)〉西に行く。④西側の国。⑤欧米をいう。「西洋」⑥姓。国〈もろこし〉中国。

解字  象形。古い形で見ると、鳥が巣の上にいることを表している。鳥が巣に帰るのは、夕方で、日が西にかたむくころである。それで、西は、にしの方向をいう。他の説に、卮という、つぼに似た酒器で、音を仮借して、「にし」の意味を表した。また、ざるの形の象形で、鳥の巣を栖というのもざるの形をとったものであるとも、死と同じ音で、陽気が分散して消え去る方向ともいう。

名前 し・あき 姓 西邑・西表・西東・西銘・西泥部・西伯・西園寺・西洞院 地名 西豆・西尾・西条・西宮・西貢・西脇・西陣・西都・西蔵・西八代・西之表・西白河・西宇和・西多摩・西臼杵・西牟婁・西村山・西彼杵・西松浦・西津軽・西班牙・西置賜・西蒲原・西磐井・西諸県・西比利亜・西春日井 難読 西瓜

【西下】 国①西の方へ行く。②東京を離れて関西方面へ行くこと。↔東上

【西塔】 国比叡山三塔の一つ。西方の堂の総称。

【西安】 地名。陝西省西安市。昔の長安。

【西夷】 ①中国西方のえびす。西戎。②西洋人をののしることば。

【西域】 西方諸外国。広くは、インド・ペルシア・エジプト一帯、狭くは、今の新疆ウイグル自治区あたりをさす。【――都護】 漢代に西域諸国を治めた役。【――都護府】 西域を治めた役所。

【西掖】 官庁の名。中書省をいう。宮中の西のわきにあった、詔勅の起草をつかさどる役所。

【西燕】 国名(三八四～三九四)。晋時代、五胡十六国の一。鮮卑族の慕容沖が、陝西省咸陽の地に建てた。

【西園雅集】 友人を招いて開く宴会をいう。宋代に、蘇軾・黄庭堅・秦観・晁无咎らの風流人が、しばしば西園に集まったという故事。

【西欧(歐)】 ①西ヨーロッパ。②ヨーロッパ。欧州。西洋。

【西王母】 ①崑崙山に、仙女たちを従えて住む、魔力を持った女神。②桃の一種。③西方の異民族。

【西瓜】 一 くだものの名。すいか。二 xīguā 現一に同じ。

【西河】 ①西方の河。②河南省の地名。【――弄二獅子一】 仏西河地方の獅子舞。わけをしらぬ人には、ばかげた遊びに見えること。【――之痛】 わが子の死を悲しむこと。孔子の弟子、子夏が、西河にいるとき、わが子の死を聞いて悲しんで目をつぶした故事。〈史記・仲尼弟子列伝〉

【西夏】 国名(一〇三二～一二二七)。拓抜氏の子孫が、今の内モンゴル自治区の西南部、甘粛省西北部にまたがって建てた国。大夏。

【西海】 一 ①西方の海。②今の青海。二 国九州地方。九州地方の海。

【西学(學)】 ①周時代の小学校。②西洋の学問。

【西岳(嶽)】 五岳の一。陝西省華陰市の華山の異称。

【西漢】 国名。「前漢」(一六四ページ・中)に同じ。

【西澗】 西方にある谷川。

【西紀】 西暦の紀元。

【西魏】 国名(五三五～五五七)。北魏が分裂した後、宇文泰が、武帝をまもって建て、長安(今の西安市)に都を置いた。

【西宮】 西御所。唐代、長安の天子の宮城をいう。西内。

【西教】 ①西洋のおしえ。②キリスト教。

【西京】 一 ①西の都。㋐漢の長安。㋑唐時代には、長安・洛陽・鳳翔などをいう。㋒北宋の洛陽。②西漢。二 国京都。【――雑(雜)記】 書名。西漢の雑事をしるしたもの。漢の劉歆作ともいい、晋の葛洪作ともいう。

【西経(經)】 理イギリスのグリニッジ天文台を通る子午線を零度として、西方百八十度までの間。

【西諺】 西洋のことわざ。

【西湖】 地名。浙江省杭州市にある湖。

【西江】 ①西方から流れる大河。②蘇州付近を流れる川。「只今惟有二西江月一」〈李白の詩・蘇台覧古〉③広東省を流れる川の名。

【西郊】 一 ①西方の町はずれ。②秋の野。

【西国(國)】 一 西方の国。二 国①近畿以西の地方。中国・四国・九州地方。特に九州地方。②「西国三十三所」の略。【――三十三所】 国近畿地方三十三箇所の、観音巡礼の霊場。

【西崐】 崐崙山をいう。【――体(體)】 唐の李商隠の詩体にならった、宋の詩の形をいう。

【西山】 ①西のほうの山。②山の名。㋐北京の西の小清涼山。㋑湖南省零陵(永州市)の西(柳宗元の愛した山)。㋒首陽山(伯夷・叔斉が住んだ)。㋓福建省の西巌山(真徳秀が学校を開いた所)。その他、西山と名づける山は多い。

【西子】 「西施」に同じ。

【西市】 町の西方の市場。

【西施】 春秋時代の越の美女。越王勾践が呉王夫差におくり、呉王のきさきとなる。【――捧心】 よしあしの区別なく、人のまねをすることのいましめ。みにくい女が、西施のまねをして胸に手を当て、病に苦しむようすをした故事。〈蒙求〉

【西狩】 天子が巡視して、西方に行く。【西狩獲麟(麟)】 西方を巡視して、麟という獣を捕らえる。「春秋」の最後の年に出ている記事。

【西州】 ①地名。新疆ウイグル自治区トルファン市。②国西海九州の地。【――之慟】 おじの死を悲しむこと。晋の羊曇が、かつておじの謝安の死を聞

いた西州の門を通ったときに、ひどく泣いた故事。
【西周】せいしゅう(しう) ①王朝の名。周が鎬京に都した時代。②鎬京。
【西戎】せいじゅう(じう) 中国西方のえびす。西夷。
【西廂】せいしょう(しゃう) 西がわのへや。【――記】せいしょう(しゃう)き・せいそう(さう)き 元曲の編名。王実甫作。一説に関漢卿作。張君瑞と崔鶯鶯との恋愛を脚色したもの。
【西秦】せいしん 国名(三八五～四三一)。晋時代の、五胡十六国の一つ。今の甘粛省南部に、鮮卑族が建てた。
【西晋(晉)】せいしん 国名(二六五～三一六)。三国魏のあとをついで、司馬炎が建て、洛陽に都した。
【西人】せいじん ①西方の人。②春秋時代、周の都の人。③宋時代、西夏の人。④西洋人。
【西垂】せいすい ①西のはて。西方のかたほとり。＝西陲 ②堂(ざしき)へ上がる階段上の西のすみ。
【西陲】せいすい ①西のかたほとり。西国のはて。＝西垂 ②[国]九州地方。
【西陬】せいすう 西方のいなか。
【西席】せいせき 西がわの席。師の座席。転じて、師をいう。
【西漸】せいぜん だんだん西の方に移り進む。
【西僧(僧)】せいそう 西域地方の僧。一説に西天竺の僧。
【西俗】せいぞく 西洋の風俗。
【西内】せいだい 唐時代、長安(今の西安市)の太極宮をいった。
【西太后】せいたいこう 人名。清の文宗のきさき。清末に独裁権力をふるった。(一八三五～一九〇八)
【西疇】せいちゅう(ちう) 西方にある田。「将レ有二事于西疇一」(いよいよ西がわの田畑で、耕作がはじまろうとしている。事は、農事。)〈陶潜・帰去来辞〉
【西哲】せいてつ 西洋の哲学者や賢人。
【西天】せいてん・さいてん ①西の天。②西のほう。インドをさす。【――東地】さいてんとうち (仏)インドと中国。【――胡子】さいてんのこす (仏)中国西方のえびす。転じて、達磨のこと。【――四七】さいてんのししち (仏)釈迦以後、インドの仏教の祖師二十八人をいう。【――人】さいてんのひと (仏)インド人。天竺の人。
【西都】せいと 西の都。①西周の都、鎬京。②前漢の都、長安。
【西土】せいど ①西方の地。㋐西周の国。㋑長安(今の西安市)。㋒蜀(四川省)。②インド。③[国]中国。
【西頭】せいとう 西がわ。西方。
【西南】せいなん 西と南の中間の方向。にしみなみ。㊁シーナン xīnán [現]㊀に同じ。
【西伯】せいはく ①西方諸国の長。②周の文王をさす。
【西部】㊀せいぶ 西の地域。㊁シーブー xībù [現]㊀に同じ。

【西風】せいふう ①西の風。②秋の風。③西方の風俗。

【西方】㊀せいほう(はう) 西の方面。㊁さいほう(はう) (仏)「西方浄土」の略。㊂シーファン xīfāng [現]㊀に同じ。【――浄(淨)土】さいほう(はう)じょう(じゃう)ど (仏)西方の仏土にあるという理想境。極楽。

【西北】㊀せいほく 西と北の中間の方向。にしきた。㊁シーベイ xīběi [現]西北部。

【西銘】せいめい 宋の張載が作った文の名。

【西遊】せいゆう(いう)・さいゆう(いう) 西の方に旅行する。西洋諸国を巡る。【――記】さいゆう(いう)き ①小説の名。明の呉承恩の作。三蔵法師が経を取りに旅する話。四大奇書の一つ。②書名。元の李志常の作。一名、「長春真人西遊記」(元の邱処機の旅行記。)

【西洋】せいよう(やう) 日本や中国からヨーロッパ・アメリカ諸国をさす総称。欧米。西欧。↕東洋
【西来(來)】せいらい 西へ向かって進む。

【西洛】せいらく 洛陽。

【西涼】せいりょう(りゃう) 国名(四〇〇～四二〇)。晋時代、五胡十六国の一つ。漢人李暠が建てた。今の甘粛省西北部。都は敦煌。

【西陵】せいりょう ①西方にある陵(天子の墓)。②地名。江蘇省南京市南。③長江上流の峡谷の名。三峡の一つ。

【西遼】せいりょう(れう) 国名(一一二五～一二一一)。遼滅亡後、一族の耶律大石が中央アジアに建てた。カラキタイ国。

【西嶺】せいれい 西方にそびえる連峰。「牕含西嶺千秋雪」(窓からは西方の連峰の万年雪がながめられる。)〈杜甫の詩・絶句〉

【西暦(曆)】せいれき 西洋のこよみ。キリストの生まれた年を紀元元年とする。

【西印度諸島】にしインドしょとう(たう) アメリカ近くの大西洋にある島々。

【西陣織】にしじん(ぢん)おり [国]京都市西陣で作られる織物。

【西餐】シーツァン xīcān [現]西洋料理。洋食。

【西辺(邊)】シービエン xībian [現]西の方。西がわ。

【西服】シーフー xīfú [現]洋服。

【西紅柿】シーホンシー xīhóngshì [現]トマト。
◆北西・東西・南西・泰西・関西・鎮西

原義と派生義

- (腰をぎゅっと)しめつける
  - あつめる・まとめる「要約」
    - かなめ「要点」
  - (ぎゅっとしめつけるように)もとめる「要求」
    - しようとする
    - しむける
  - とめる・さえぎる「要塞」
    - まつ・まちうける「要撃」

要

襾 3 【要】〔9〕 [学] 4 ヨウ かなめ・いる
㊀ヨウ(エウ) (漢)(呉) ㊀(平) 蕭 yāo ヤオ
U 8981 補 ― J 4555

[旧字] 襾 3 【要】〔9〕
㊁ヨウ(エウ) (漢)(呉) ㊁(去) 嘯 yào ヤオ
U ― 補 ― J ―

筆順 一 丆 亐 襾 覀 覀 要 要

[意味] ㊀①こし。＝腰 ②こしにつける。③まねく。むかえる。＝邀 ④しめくくる。⑤おどかす。むりじいする。⑥〈もと・める(――・む)〉ほしがる。要求する。⑦ひきとめる。さえぎる。⑧ぴったりあう。符合する。⑨正しいかどうかしらべる。⑩都より千五百里から二千里の区域。「要服」⑪姓。㊁①〈かなめ〉だいじな点。かんじんなところ。「要点」②しめくくる。しめくくり。③会計簿。④ねが

う。希望する。⑤〈い・る〉必要とする。⑥さがす。⑦現㋐…したい。㋑…しなければならない。㋒…しそうだ。⑧現もしも…。

解字 象形。人間の胴を両手でしめつけている形で、腰を表す。一説に、襾と女とを合わせた形声文字。女が形を表し、票を略した襾が音を示す。要は女の腰を、ひもでしめていることで、しめくくる、かなめの意になる。

名前 め・しの・とし・やす

【要因】よういん(えう) 物事の成立に必要な原因。おもな原因。

【要員】よういん(えう) 必要な人員。

【要害】ようがい(えう) 地形が、攻めるにはむずかしく、守るにはやさしくなっているところ。

【要義】ようぎ(えう) たいせつなすじみち。重要な意味。

【要求】ようきゅう(えう きう) ①もとめる。②しいてもとめる。

【要徼】ようきょう(えう けう) ①まちうける。②国境の重要なとりで。

【要区(區)】ようく(えう) 重要な区域。

【要具】ようぐ(えう) 必要な道具。

【要撃(擊)】ようげき(えう) まちぶせしていて攻める。

【要訣】ようけつ(えう) かなめ。おく深いたいせつなところ。重要なわけ。

【要件】ようけん(えう) 重大な事がら。たいせつな用事。

【要言】ようげん(えう) ①約束。②要点をつかんだことば。

【要語】ようご(えう) だいじなことば。

【要項】ようこう(えう かう) だいじな項目。必要な事がら。

【要港】ようこう(えう かう) 軍事的にみてたいせつな港。

【要綱】ようこう(えう かう) おおすじのまとめ。重要な事がらをとりまとめたもの。

【要塞】ようさい(えう) 堅固につくりあげた陣地。

【要旨】ようし(えう) かんじんな内容。その文章や話の目的。

【要指】ようし(えう) 「要旨」に同じ。

【要事】ようじ(えう) だいじなこと。

【要所】ようしょ(えう) ①たいせつな場所。②要点。

【要衝】ようしょう(えう) ①だいじなところ。②軍事上重要な所。

【要職】ようしょく(えう) たいせつな職務。

【要津】ようしん(えう) ①重要な港・渡し場。②重要な地位。

【要人】ようじん(えう) 重要な地位にいる人。

【要請】ようせい(えう) ①むりにねがう。②どうしてもあってほしいとねがう。

【要素】ようそ(えう) もととなるたいせつなもの。物事を成立させたり、物体をつくりあげたりするのに必要なもの。

【要談】ようだん(えう) 重要な話。だいじな話し合い。

【要地】ようち(えう) ①重要な土地。②重要な地位。

【要鎮(鎭)】ようちん(えう) 軍事上重要なところにある都市や兵営。

【要諦】ようてい(えう)・ようたい(えう) ①だいじなほねぐみ。②仏だいじな道理。

【要点(點)】ようてん(えう) だいじなところ。

【要途】ようと(えう) かんじんなみちすじ。

【要部】ようぶ(えう) 重要な部分。

【要望】ようぼう(えう ばう) 求めのぞむ。非常に期待する。

【要務】ようむ(えう) たいせつな仕事。

【要目】ようもく(えう) ①たいせつな条目。②会計。

【要文】ようもん(えう) たいせつな文句。

【要約】ようやく(えう) ①たいせつなところをとりまとめる。②だいじな点。③約束。

【要用】ようよう(えう) だいじな用事。必要な事がら。

【要覧(覽)】ようらん(えう) 要点をつかんで、一目で見てわかるようにまとめた印刷物。

【要略】ようりゃく(えう) 必要な点だけをとり、まとめあげる。あらまし。

【要領】ようりょう(えう りやう) ①着物の腰とえり。②こつ。たいせつなほねぐみ。

【要路】ようろ(えう) ①だいじなみち。②重要な地位。

【要是】ヤオシ yàoshi 現もしも。

【要緊】ヤオチン yàojǐn 現たいせつな。

◇大要・必要・不要・肝要・主要・所要・法要・枢要・重要・紀要・須要・概要・提要・強要・摘要・需要・綱要・緊要・権要

襾4 【覂】〔10〕 ホウ 漢 上 腫 fěng フォン U補J ――

意味 ①くつがえす。「覂駕」②とぼしい。少ない。

襾4 〔覂〕〔10〕 俗字 U 8982 補J ――

襾4 〚栗〛(六四三ページ・上)→木部六画

襾5 〚票〛(九〇〇ページ・上)→示部六画

襾6 【覃】〔12〕 一 タン 漢 一 平 覃 tán タン 二 エン 漢 二 上 琰 yǎn イエン U 8983 補J 7509

意味 一①〈の・びる(―・ぶ)〉㋐延びひろがる。「覃覃」㋑ひく。②〈およ・ぶ〉ゆきわたる。「覃及」③〈ふか・い(―・し)〉④ゆったりしている。⑤おおきい。⑥おちつく。⑦姓。二鋭い。よく切れる。

【覃思】たんし ①深く思う。静かに思う。②大きな考え。

襾7 〚賈〛(一一九〇ページ・上)→貝部六画

襾12 【覆】〔18〕 常 フク おおう・くつがえす・くつがえる U 8986 補J 4204

旧字 襾12 【覆】〔18〕 一 フク 漢呉 一 入 屋 fù フー 二 フ 漢呉 フウ 慣 二 去 宥 fù フー U FAB7 補J ――

筆順

意味 一①〈くつがえ・る(くつがへ・る)〉㋐ひっくりかえる。㋑やぶれる。㋒ほろびる。「覆舟」②〈くつがえ・す(くつがへ・す)〉③〈ふ・せる(―・す)〉④くわしくしらべる。⑤くりかえす。「反覆」⑥告げる。⑦かえって。二①〈おお・う(おほ・ふ)〉㋐かぶせる。㋑つつむ。㋒まちぶせる。②〈おおい(おほひ)〉㋐かぶせるもの。㋑衣服。③まちぶせ。伏兵。

解字 形声。襾が形を表し、復が音を示す。襾は上からおおい、下で受けること。復はひきかえす、重なるという意味。覆は、おおいかぶさる意味と、ひっくりかえす意味を持つ。

【覆育】ふいく・ふくいく・ふういく おおいそだてる。まもりそだてる。
【覆蕩】ふうとう(たう) おおい動かす。乱を起こす。
【覆蓋】ふがい・ふうがい おおいかぶせる。おおいかぶさる。
【覆圧(壓)】ふくあつ・ふうあつ おおいかぶせておさえつける。「覆ㇾ圧三百余里一」〈杜牧・阿房宮賦〉
【覆按】ふくあん くりかえし調べる。
【覆器】ふくき 伏せたうつわ。
【覆啓】ふくけい 手紙の返事のはじめに書くことば。拝復。↕拝啓
【覆考】ふくこう(かう) しらべかえす。くりかえしてしらべる。‖覆校
【覆校】ふくこう(かう) 「覆考」に同じ。
【覆紗】ふくさ 着物や料理などのやわらかいこと。
【覆試】ふくし ①再試験。試験のやりなおし。②第二次試験。清時代の科挙(官吏登用試験)で、上級の試験を受けるための予備試験を兼ねて、行ったもの。
【覆車】ふくしゃ ①車がひっくりかえること。また、その車。②鳥を捕らえる道具の名。【――之戒】ふくしゃのいましめ 前人の失敗をみて、いましめとする。〈晋書・庾純伝〉【――同ㇾ轍】ふくしゃ、てつをおなじゅうす 同じことで、また失敗すること。
【覆手】ふくしゅ 手のひらを下にむけること。きわめてたやすいたとえ。また、変わりやすいたとえ。
【覆書】ふくしょ 返事の手紙。
【覆誦】ふくしょう(しやう)・ふしょう(しやう) くりかえして暗唱する。
【覆醤】ふくしょう(しやう) 醯のかめをおおう。著作が世

に認められず、しょうゆがめのふたにされること。自作の詩文をへりくだっていう。〈漢書・揚雄伝〉

【覆審】ふくしん ①㊟上級審の裁判所で、下級審の裁判と関係なしに、新しく調べなおして判決を下す。②調べなおす。

【覆水】㊀ふくすい こぼれたみず。㊁ふうすい 水面をおおいかくすこと。

【——不レ返レ盆】ふくすいぼんにかえら(かへら)ず こぼれた水は、容器にもどらない。別れた夫婦は、もとにもどれないたとえ。太公望が、一度家を出て、またいっしょになることを求めた妻に言ったことば。〈拾遺記〉

【覆製本】ふくせいぼん 印刷や写真版などによって、原本そのままの本を作りあげたもの。

【覆奏】ふくそう くりかえし調べてから申し上げる。

【覆巣】ふくそう(さう) ひっくり返った鳥の巣。【——之下】ふくそう(さう)のもと 鳥の巣がひっくり返ると卵がみなこわれる。家や国が滅びては、人に幸福がないこと。〈世説新語・言語〉

【覆墜】ふくつい ①くつがえりおちる。②家や国が滅びる。

【覆溺】ふくでき 舟がひっくりかえっておぼれる。

【覆轍】ふくてつ ①車のひっくりかえったあと。②失敗の前例。

【覆敗】ふくはい ①ひっくり返ってこわれる。②戦いに負けて滅びる。③家が滅びる。

【覆没】㊀ふくぼつ ①船などが転覆する。②戦いに負ける。③家運が「かたむき、だめになる。

【覆盆】㊀ふくぼん ①雨がはげしくふること。②盆を伏せること。㊁ふぼん ①盆を伏せること。②くさいちご。覆盆子。【——之冤】ふくぼんのえん(ゑん) 【——下】ふくぼんのか ふせたぼんの下。まっくらなこと。むじつの罪を受けて、いいわけのきかないこと。〈抱朴子〉

【覆滅】ふくめつ 政権や国がくつがえり滅びる。また、くつがえし滅ぼす。

【覆面】ふくめん・ふうめん ①顔を布などでおおいかくす。②神仏に供え物をするとき、鼻や口をおおうもの。

【覆輪】ふくりん ㊄刀のつばや馬のくらなどのへりを金銀などでおおいかざったもの。「金覆輪」

【覆載】ふさい・ふうさい ①天が万物をおおい、地が万物をのせる。天地のめぐみ。②天地。【——不レ容】ふさいいれず 天地が受け入れない。ひどい悪人をののしることば。〈宋書〉

▽反覆・顚覆・傾覆

襾13 【覈】〔19〕 カク ㊀ ㊇ 陌 hé ホー　J 7510 / U補 8988

意味 ①〈かんが・える(——・ふ)〉しらべる。「覈実」②〈あきらかに・する(——・す)〉調べて真実を求める。「研覈」③きびしい。④さね。くだもののたね。‖核 ⑤穀物のくず。「穅覈」

【覈挙(擧)】かくきょ 人物をよく調べた上で、官職に採用する。

【覈論】かくろん ①しらべて議論する。②きびしく議論する。

襾13 【覇】〔19〕 常 ハ　J 3938 / U補 8987

旧字 雨13 【霸】〔21〕 ㊀ハ ㊇ ㊀㊅ 禡 bà パー ㊁ハク ㊇ ㊁㊄ 陌 pò ポー　J 5917 / U補 9738

襾13 【覇】〔19〕 俗字　U補 —

筆順 覀 覀 覀 覀 覀 覀 覇

意味 ㊀①〈はたがしら〉諸侯の長となって武力で天下に号令する実力者。‖伯 ②かしら。長。君。③川の名。渭水の支流。‖灞 ㊁陰暦で、月の初めの夜に見える月。新月。また、その月の光。一説に、月の光らない部分。‖魄

解字 形声。月が形を表し、䨣が音を示す。䨣は、皮が雨に濡れてそり返ったことで、霸は、三日月のころ月に現れる薄い光をいう。また、伯と通じて、はたがしらの意味に使われる。

名前 はる　難読 覇王樹

【覇王】はおう(わう) ①覇者と王者。覇道と王道。②大王。【——樹】はおうじゅ さぼてん。【——之資】はおう(わう)のし 覇者や王者になる素質。〈管子・覇言〉【——之輔】はおう(わう)のほ 覇者や王者のたすけとなる人。〈史記・斉太公世家〉

【覇気(氣)】はき ①覇者になろうとする元気。②野心。山気。

【覇橋】はきょう(けう) 長安(今の陝西省西安市)の東にある橋の名。唐代、よく送別の場所とされた。

【覇業】はぎょう(げふ) ①権力で世の中を治めるわざ。②覇者となるわざ。③大事業。

【覇権(權)】はけん いちばん勝ったものの権力。

【覇国(國)】はこく 強大な国。覇者の起こった国。

【覇才】はさい はたがしらの能力。また、覇者を助ける才能。

【覇者】はしゃ ①諸侯を武力で支配する勢力者。②いちばん強い者。

【覇上】はじょう(じゃう) 地名。長安(今の陝西省西安市)の東に「あった。‖灞上

【覇図(圖)】はと 諸侯のはたがしらになるはかりごと。覇者の計画。

【覇道】㊀はどう(だう) 仁義によらず、武力によって天下を統一しようとするやりかた。手におえない。〈荀子・王制〉↕王道 ㊁ bàdao 現横暴な。ものすごくききめがある。

【覇府】はふ ①覇者が政治をとるところ。②㊄幕府。

【覇陵】はりょう ①地名。長安(今の陝西省西安市)の東北にあたる。②漢の文帝の陵。【——折柳】はりょうせつりゅう(りう) 漢の人が覇橋まで人を送り、やなぎを折って別れを惜しんだこと。

【覇占】bàzhàn 現むりやりに自分の物にする。

▽王覇・制覇

襾13 【覇】〔19〕 俗 ↓霸(本ページ・中)

襾17 【覊】〔23〕 俗 ↓羈(九九一ページ・下)

襾19 【覉】〔25〕 ↓羈(九九一ページ・下)

7画

見部 みる

【部首解説】 「目」と「人」から成り、「目でみる」ことを表す。この部には、見ることに関連するものが多く、「見」の形を構成要素とする文字が属する。

見0 【見】〔7〕 学1 ケン みる・みえる・みせる　J 2411 / U補 898B

㊀ケン ㊇㊃ ㊀㊅ 霰 jiàn チエン
㊁ケン ㊇ ゲン ㊃ ㊁㊅ 霰 xiàn シエン

筆順 丨 冂 冃 目 目 貝 見

意味 ㊀①〈みる〉〈み・える(——・ゆ)〉〈み・せる(——・す)〉㋐目でみる。㋑目にはいる。㋒みとめる。②〈まみ・える(——・ゆ)〉会見する。「引見」③会見。④であう。⑤知る。知っていること。⑥予想する。⑦聞いている。⑧〈る〉〈らる〉動詞の前において、受け身を示す。㊁①〈あらわ・れる(あらは・る)〉〈あらわ・す(あらは・す)〉‖現 ㋐表面に出る。出現する。㋑目立つ。②すいせんする。③今。今の。今ある。

語法 〈る〉〈らる〉受け身。…される。例「媼子何為見レ殺」(ばあさんの子はどうして殺されたのだい)〈史記・高祖本紀〉▼「見…於A」の形で、動作の仕手A

7画
見角言谷豆豕豸貝赤走足(⻊)身車辛辰辵(⻌・⻍)邑(阝〈右〉)酉釆里

7画 ➡見角言谷豆豕豸貝赤走足(⻊)身車辛辰辵(⻌・⻍)邑(⻏〈右〉)酉釆里

が「于」「於」「乎」などをともなって後ろに置かれることがある。その場合「Aに…される」と訳す。例「吾嘗三仕、三見レ逐二於君一」(私はこれまで三たび仕官して、三たび主君に追放された)〈史記・管仲列伝〉

解字 会意。目と人とを合わせた字。見は、目の働きで、「みる」ことを表す。他の説に、大きな目をした人を表した象形文字であり、目が形を表し、儿が音を示す形声文字であるとも解する。見は、物があらわれて、目にはいることで、現れる意味も持つ。

名前 あき・ちか・あきら

姓 見田・見雲

地名 見付・見附・見座・見行

難読 見栄

【見解】けんかい 考え。みかた。解釈のしかた。

【見学(學)】けんがく 実際の物や場所を見て、勉強すること。

【見在】けんざい 現在。今そこにある。【――書】けんざいしょ 現存する書物。「日本国見在書目録」

【見参(參)】げんざん・けんざん・けんぞう(ざう) 国お目にかかる。出会うことの敬語。【――板】けんざんのいた 国清涼殿の入り口にあって、踏むと鳴る板。参上のあいずにした。鳴板。

【見識】けんしき ①物事をみとおして持つ考え。②主義。③みえ。気ぐらい。

【見所】けんじょ・けんぞ 国物を見る場所。能などの客席。㊁みどころ 国①見るねうちのあるところ。②みこみ。③見るに大事な所。④みおぼえ。

【見性】けんしょう(しゃう) ㊃自分がもっている仏性をみつめる。【――成仏(佛)】けんしょうじょうぶつ ㊃自分の本性を見つめてさとりを開く。〈悟性論〉

【見証(證)】けんしょう・げんじょう あきらかな証拠。㊁けんぞ 国囲碁・双六などの勝負をみとどけ、証明する。

【見台(臺)】けんだい 国①本をのせて見る台。書見台。②義太夫などの本をのせる台。

(見　台)

【見地】けんち ①考えのよりどころ。みかた。②土地を見る。㊁げんち 現在の土地。

【見当(當)】けんとう(たう) 国みこみ。だいたいの目あて。

【見得】けんとく ①㊃自分でさとりを開ける人。②株式取引上のめやす。③とみくじ。＝見徳 ㊁みえ 国①ことさらに目だつ演技をする。②うわべを飾る。＝見栄

【見仏(佛)】けんぶつ ㊃目で仏を見、耳で仏の教えを聞くこと。【――聞法】けんぶつもんぼう(ほふ) ㊃ほとけのすがたを見ること。

【見物】けんぶつ ①物を見ること。②珍しいけしきや物を見ること。また、その人。㊁みもの 国見るにたえるもの。見て効果のあるもの。

【見聞】けんぶん・けんもん ①見たり聞いたりする。みきき。②知識。経験。【――覚(覺)知】けんもんかくち ㊃見ると聞くと、さとると知ると。

【見幕】けんまく 国顔つきや、態度のはげしいさま。＝剣幕・険幕

【見料】けんりょう(れう) 国①物を見る料金。観覧料。②手相などをうらない者に見てもらう料金。

【見糧】げんりょう(りゃう) 現在手もとにある食糧。

【見合】みあい(あひ) 国①たがいに見る。②紹介者の世話で縁談のあいてと会う。③対照する。釣り合う。㊁みあわせ(あはせ) 国①比較対照。②一時中止してようすをみる。

【見栄(榮)】みえ 国うわべをかざること。

【見返】みかえし(かへし) 国①みかえすこと。②洋装本で、表紙と中身の接着を補強するためにはった紙。③洋裁で、えりぐりやそで口のしまつに使う布。㊁みかえり(かへり) 国①ふりかえること。②代わりにさし出す金品。担保。「見返資金」

【見付】みつけ 国①城門の見はり場所。②まむかいに見える所。③みつけること。㊁みつき 国外観。

【見面】ミエン jiànmiàn 現対面する。顔を合わせる。

『見説』みるならく 見る。見るところによれば。聞説(聞くところによれば)。＝聞道

◆一見・一見・引見・予見・月見・外見・未見・会見・先見・形見・邪見・私見・初見・定見・実見・延見・毒見・所見・拝見・卓見・姿見・後見・後見・発見・政見・浅見・卑見・料見・書見・高見・雪見・偏見・接見・異見・達見・創見・散見・愚見・意見・概見・管見・潮見・謁見・僻見・瞥見・識見・露見・井蛙之見

見 3

【覎】

〔10〕 エン 漢 去 陥 (エン) yàn イエン U 補 J 898E

意味 覎口は、浙江省の地名。

見 3

【覔】

〔10〕 同 →弁(四四四ページ・上)

原義と派生義

規

コンパス ― 手本「規範」 ― きまりごと「規則」

コンパス ― ただす「規正」 ― いましめる「規諫」

コンパス ― 測量する ― みつもる・計画する「規画」

見 4

【規】

〔11〕 学 5 キ キ 漢 平 支 guī コイ U 補 J 2112 898F

筆順 一 二 夫 夫 知 規 規 規

木11 【槼】〔15〕同字 U 補 J 69FC

矢 7 【䂓】〔12〕同字 U 補 J ②8225 4093

意味 ①〈ぶんまわし(ぶんまはし)〉コンパス。②まる。まるい。まるを描く。③〈はか・る〉㋐正しく計画する。みつもる。④〈ただ・す〉㋑いましめる。⑤のっとる。手本にする。⑥かぎる。範囲をきめる。⑦〈のり〉きまり。ルール。⑧文体の一種。

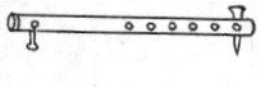

(規①)

解字 会意。夫と見を合わせた字。夫は丈夫で、男子であり、「おっと」である。丈夫が物を見る目は、法則に合っている。それで規は、法度のあることをいう。また、夫が形を表し、見が音を示す形声文字であるともいう。この説によると、夫はものさし、見は円と音が通じるので、規は、円を描くものさしで、コンパスをいうとする。さらに、規は、矢と見の会意文字で、コンパスのことであるともいう。

名前 み・ただ・ちか・なり・もと・ただし

難読 子規

【規誨】きかい(くわい) 教えて正しくする。

【規画(畫)】きかく(くわく) はかり定める。計画。

【規格】きかく 大きさ・品質・形などの上できめられた標準。

【規諫】きかん いましめ。いさめて正しくする。

【規矩】きく ①コンパスとものさし。②法則。㊁コイチュイ guījù 現礼儀正しい。【規矩準縄(繩)】きくじゅんじょう コンパスとさしが

ねと、みずもりとすみなわ。物事の手本。法。標準。法則。【――準則】標準としてたよるべき手本。よるべき法則。〈伊藤仁斎・論語古義〉【――方員之至也】きくほうえんのいたりなり コンパスとさしがねは、円形や方形をつくるのにこの上ないよい標準である。〈孟子・離婁上〉

【規準】①コンパスとみずもり。標準。②守らなければならない手本。③キリスト教で、新約聖書と旧約聖書。

【規正】悪いことをいましめ正す。

【規制】①きまりによって正す。②きまり。約束。

【規切】しんせつにいましめ正す。

【規則】きめられている条目。きまり。とりきめ。

【規度】①計画する。②手本。

【規飭】いましめて正しくする。

【規定】㊀①きまり。おきて。法令の条文。②㊥溶液の濃度の単位。一リットル中の一グラム当量。㊁guīdìng ㊇①㊀の①に同じ。②決める。

【規程】きまり。法令。役所の事務などのとりきめ。

【規範】手本。標準。【――学(學)】物事の価値か、こうでなければならないという理想などをあつかう学問。美学・倫理学・論理学など。

【規模】㊀①物事のかまえ。しくみ。「大規模」②手本。模範。㊁guīmó ㊇㊀に同じ。

【規約】規則としてきめた約束。相談してきめた規則。

【規律】㊀①行いのよりどころとなるきまり。②一定の順序。㊁guīlǜ ㊇法則。

◆内規・正規・成規・法規・定規・軍規・常規・清規・新規

見4【視】〔11〕学6 シ J 2775 U補 8996

旧字 見5【視】〔12〕人 シ ㊇㊤紙 ㊀ shì シー J ①9189 U補 FA61

筆順 ラ ネ ネ 礻 礻 礼 初 袒 視

目5【眎】〔10〕同字 J 4661 U補 770E

意味 ①〈みる〉㋐よく見る。みつめる。㋑あしらう。もてなす。㋒世話をする。めんどうをみる。㋓つかさどる。任にあたる。②見ること。③〈しめ・す〉具体的にさししめす。＝示 ④〈なぞら・える(――・ふ)〉くらべる。比較する。⑤ならう。手本にする。

解字 視 形声。見が形を表し、示しが音を示す。示には、短くまっすぐに指さす意味、止と同じ音で、止める意味などがある。視は、まともに見ること、あるいは、じっと目をとめて見ることで、積極的に見る意味を表す。これに対し、見は、自然に目にはいることである。

名前 み・のり

【視界】目で見ることのできる範囲。

【視覚(覺)】物を見る感覚。目の感覚。

【視学(學)】①教育の仕事を視察監督すること。②天子が国学に出席して、礼式を行うこと。③国学校関係の監督指導をつかさどった、旧制の教育行政官。

【視官】物をみる器官。目。五官の一つ。

【視察】気をつけて、くわしくしらべ見る。

【視線】目で見る方向。目のむき。

【視瞻】見る。

【視息】目で見ることと息をすること。世に生存することをいう。

【視聴(聽)】①見ることと聞くこと。②注意する心。【視聴(聽)言動】見る、聞く、言う、動作する。人の行動全部。人がつつしまなければならない四つの道。〈論語・顔淵〉【――食息】見たり、聞いたり、食べたり、呼吸したりする。〈荘子・逍遥遊〉

【視野】①見える範囲。②識見。

【視養】よくめんどうをみて養う。

【視力】目の物を見る能力。

【視而不見】物に目を向けても、心が他のことにとらわれていると、物はよく見えない。〈礼記・大学〉

◆正視・巡視・仰視・乱視・坐視・近視・注視・直視・虎視・重視・座視・弱視・透視・斜視・検視・軽視・無視・嫉視・遠視・監視・敵視・蔑視・凝視・聴視・熟視・度外視・白眼視・衆人環視

見4【覓】〔11〕ベキ ㊇㊀錫 ミャク ㊀ mì ミー J 7512 U 8993

意味 〈もと・める(――・む)〉さがしもとめる。「覓索」

見4【覔】〔11〕俗字 J ①9188 U補 6107 U 8994

見4【覐】〔11〕同 ↓覺(本ページ・下)

見4【現】〔11〕↓玉部七画(八一八ページ・中)

見5【覚】〔12〕学4 カク おぼえる・さます・さめる J 1948 U補 899A

旧字 見13【覺】〔20〕㊀カク ㊇㊀ ㊀㊂覚 jué チュエ ㊁コウ(カウ) ㊇ ㊁㊃効 jiào チアオ J 7520 U 89BA

筆順 ⺍ ⺍ 𠂉 ⺌ 党 党 覚

見4【覐】〔11〕同字 J ②8839 U補 6106 U 8990

意味 ㊀①〈おぼ・える(――・ゆ)〉㋐知る。㋑わかる。㋒記憶する。②〈さと・る〉〈さま・す〉㋐気がつく。㋑意識する。㋒悟りを開く。③悟り。また、悟りをえた人。④あきらかなこと。⑤高く大きい。㊁①〈さ・める(――・む)〉眠りからさめる。②眠り。国〈おぼえ〉①記憶。「覚書」②自信。③思い当たるふし。④目上の人の信任。

解字 覺 形声。見が形を表し、𦥯が音を示す。𦥯は學を省略した形である。𦥯には、交わる意味がある。覺は、感覚が交わって、目がさめることである。また、𦥯には、明の意味があるから、覺は、目の前がぱっと明白になることであるともいう。

名前 あき・さだ・さと・ただ・よし・あきら・さとし・ただし

難読 覚束ない

【覚書】国①忘れないように書きとめたもの。メモ。②条約についての細かい規定や意見を補った外交文書。

【覚王】㊃ほとけ。

【覚海】㊃さとりの海。仏教・仏教界をいう。

【覚悟】㊀①あやまちをさとる。②目がさめる。夢からさめる。③さとす。④㊃迷いがさめて、さとりを開く。⑤国心をきめる。あきらめる。㊁juéwù ㊇自覚する。

【覚寤】目ざめる。夢からさめる。さとる。

【覚者】①ほとけ。②さとりを開いた人。

【覚醒】①目がさめる。②自分のまちがいをさとる。③まよっている心持ちからさめる。【――剤(劑)】中枢神経を刺激して、ねむけをさまし、興奮させる薬。

【覚知】さとり知る。

【覚道】さとりの道。仏道をいう。

【覚羅氏】清朝の姓。愛新覚羅のこと。→「宣統帝」(三七〇ページ・上)

【覚露】悪事があらわれる。ばれる。

【覚得】juéde ㊇感じる。…と思う。

【不覚】①感じない。さとらない。②知らず知らず。

7画

見角言谷豆豕豸貝赤走足(⻊)身車辛辰辵(⻌・⻍)邑(⻖〈右〉)酉釆里

◇才覚・不覚・予覚・幻覚・先覚・正覚・自覚・味覚・空覚・知覚・発覚・直覚・視覚・痛覚・触覚・感覚・錯覚・聴覚

見5 【覗】〔12〕 (標) シ (漢) (平) 支 sì スー　U補J 8997 — 3933
[意味] ①〈うかが・う(――・ふ)〉 ②〈のぞ・く〉

見5 【覘】〔12〕 テン (漢) (平) 塩 chān チャン　U補J 8998 — 7513
[意味] ①〈うかが・う(――・ふ)〉〈のぞ・く〉 のぞき見る。「覘望」「覘視」 ②〈ねら・う(――・ふ)〉
【覘候】様子をさぐる。

見5 【覕】〔12〕 ベツ (漢) (入) 屑 piē ピエ　U補J 8995 6108 —
[意味] ①もとめる。さがしもとめる。 ②ちらりと見る。「一覕」 ③かくす。見えない。

見5 【視】〔12〕 (旧) ↓視(一一三九ページ・上)

見6 【覜】〔13〕 チョウ (漢) (去) 嘯 tiào ティアオ (テウ)　U補J 899C 6110 —
[意味] 〈み・る〉〈まみ・える(――・ゆ)〉 ①面会する。謁見する。周時代、諸侯が三年に一度、天子に謁見すること。「覜聘」 ②ながめる。＝眺

見6 【覓】〔13〕 バク (漢) ミャク (慣) (入) 陌 mì ミー　U補J 899B 6109 —
[意味] よこ目で見る。じっと見る。さがす。

見7 【覠】〔14〕 キン (漢) (呉) (平) 真 jūn チュン　U補J 89A0 6112 —
[意味] みる。広く大きくみる。

見7 【覡】〔14〕 ケキ (漢) ゲキ (慣) (入) 錫 xí シー　U補J 89A1 — 7514
[意味] 〈かんなぎ〉〈かむなぎ〉〈かみなぎ〉 みこ。神と人間のなかだちをして、お告げを聞いたり祈ったりする男のみこ。↕巫

見7 【覟】〔14〕 シ (漢) (呉) (去) 寘 zhì チー　U補J 899F 6111 ②8840
[意味] みる。詳細にみる。

見8 【覥】〔15〕 テン (漢) (上) 銑 tiǎn ティエン　U補J 89A5 6113 —
[意味] はじる。赤面する。「覥顔」

見9 【親】〔16〕 (学) 2 シン　〔一〕シン (漢) (呉) 〔一〕(平) 真 qīn チン　U補J 89AA — 3138
おや・したしい・したしむ
(旧字) 見9 【親】〔16〕 〔二〕シン (漢) (呉) 〔二〕(去) 震 qìn チン　U補J

[筆順] 亠 ｡ 立 辛 亲 亲 新 親 親

[意味] 〔一〕①〈おや〉 父母。「双親」 ②みうち。やから。血縁のある人。「親戚」 ③結婚する。 ④なかま。たすけ。 ⑤〈した・し・い(した・し)〉 むつまじい。なかがよい。↕疏・疎 ⑥〈したし・む〉 なかよくする。いつくしむ。愛する。 ⑦〈したしみ〉 ⑧〈ちか・い(――・し)〉 みぢか。 ⑨〈ちかづ・く〉 ⑩〈みずから(みづから)〉 自分で直接に。 ⑪〈あらた〉 あらたにする。＝新 〔二〕結婚によって親戚となる。また、夫妻がそれぞれ相手の家をいう。「親家」

[解字] 親 形声。見が形を表し、亲が音を示す。亲は、辛と木を合わせた字で、切りたての生の木をいい、そこから、じか、間近の意味を生ずる。親は、近くに見ることである。間近に見て、したしい人、とくにもっとも情の深いものがおやである。

[名前] み・ちか・なる・みる・もと・より・いたる・よしみ [姓] 親富祖・親慶原 [難読] 親族・親仁・親爺・親王

【親掛】 (国) 子が独立しないで、親のせわを受けること。また、その子。

【親方】 (国) ①親ともたのむ人。 ②職人に技術を教えみちびく人。 ③かしら。

【親御】 (国) 他人の親をうやまっていうことば。

【親字】 (国) もととなる文字として、字典に採用された文字。

【親不知】 (国) ①生みの親の顔を知らない子。 ②危険な海岸。 ③歯のうちで最後にはえる四本の奥歯。知歯。

【親船】 (国) ①船団の中心となって、小舟をひきいる大船。 ②はしけを使う大きな船。

【親分】 (国) ①仮の親。 ②親がわりの人。 ③かしら。

【親愛】 〔一〕したしみかわいがる。 〔二〕 qīn'ài (現) 親愛な。なつかしい。

【親衛(衞)】 宮中に、日直または宿直し、天子のそばに仕える武官。【――隊】 ①君主のそばにいて、直接護衛する軍隊。 ②(国) 熱狂的なファンの一群。とりまき。

【親閲】 天子がみずから、軍隊をしらべ見る。

【親家】 配偶者の実家。姻戚。

【親義別序信】 父子は親愛、君臣は義理、夫婦は区別、長幼は順序、朋友は信用。人間関係の五つの道徳をいう。〈孟子・滕文公上〉

【親旧(舊)】 親類とふるい友だち。親戚故旧。

【親近】 ①したしみ近づける。 ②みより。近い親類。 ③近臣。おそばつきの家来。

【親迎】 ①みずから出迎えること。 ②結婚式に、むこが自分から嫁の家へ迎えにゆく儀式。「親迎礼」

【親見】 ①自分で実際に見る。 ②じかに面接する。

【親権(權)】 (法) 未成年の子や独立の生計をたてる能力のない子に対して、父または母が、教育・監督・保護をし、財産の管理をする権利・義務。

【親故】 ①親類や昔なじみの友人。親戚故旧。 ②したしい関係。

【親交】 したしい交わり。

【親好】 したしいつきあい。

【親幸】 君主が臣下をかわいがる。また、その臣下。

【親狎】 したしんでなれなれしくする。

【親耕】 天子が春の初めに、みずから畑をたがやす儀式。

【親告】 天子がみずから神に告げる。【――罪】 (法) 被害者その他法律で定めた者の告訴を必要とする犯罪。

【親裁】 天子みずからさばききめる。

【親指】 〔一〕自分からゆびさす。「車中…不親指」〈論語・郷党〉 〔二〕(国) ①手足のゆびの中で、いちばん太いゆび。拇指。 ②主人・親方など、頭立つ者。

【親昵】 したしみなじむ。

【親炙】 したしく接して、その感化をうける。「親炙之」〈孟子・尽心下〉

【親手】 手ずから。自分から手を下す。

【親書】 ①自筆の文書。 ②国の元首の手紙。

【親署】 天子が自分で名をしるす。

【親心】 〔一〕したしむ気持ち。 〔二〕(国) 親の子に対する気持ち。

【親仁】 〔一〕仁者をしたしみ近づけること。 〔二〕(国) 父または老人の俗称。

【親征】 天子みずから兵をひきいて征伐する。

【親政】 天子が自身で国の政治をとる。

【親戚】 〔一〕血すじの近い者。みうちの者。親類。 〔二〕 qīnqī (現) 〔一〕に同じ。

【親切】㊀せつ ①ぴったり合う。深く合う。②国人情のあついこと。㊁チンチエ qīnqiè 現親しい。心がこもっている。
【親善】ぜん したしみ仲よくする。
【親疎】そ したしい間がらと、うとい間がら。
【親族】ぞく 縁つづきの者一同。みより。親戚。＝親属
【親属（屬）】ぞく 父系・母系の親類。みより。＝親族
【親展】てん ①会って親しく話をする。②手紙をみずから開いてみる。③手紙をうけとる人が、直接開いて読むように、封筒の表に書きそえる文字。
【親等】とう 親族関係の親疎を区別する順序。親子の間を一親等、ある人と祖父母・孫・兄弟姉妹の関係を二親等とするなど。
【親任】にん ①したしんでしごとをまかせる。②国もと、天皇が直接に官吏を任命したこと。「親任官」
【親王】のう（わう） ①皇子。王子。②天子のおじ。兄弟。③清の皇族。④国天皇の兄弟・子。女子は内親王という。⑤国正統の皇子・皇孫。
【親藩】ぱん 国徳川幕府が、諸国の大名を種類別にしたその一つ。徳川氏の血つづきの大名。
【親比】ぴ くっつきしたしむ。
【親父】ぷ 実父。ちち。おやじ。
【親附】ぷ したしんでつきしたがう。なつきしたがう。
【親兵】ぺい 天皇や皇帝を直接にまもる軍隊。近衛兵。
【親補】ぽ 国明治憲法で、天皇がみずから官職を任命されたこと。
【親朋（朋）】ぽう したしい友人。〔――無二一字一〕親類や友人から、少しもたよりがない。〈杜甫の詩・登二岳陽楼一〉
【親睦】ぼく したしみむつまじくつきあう。仲よくする。
【親身】み 国①近い親戚。②みうちのような親切。
【親密】みつ むつまじくしたしみがあつい。たいへんなかがよい。
【親友】ゆう したしい友人。
【親与（與）】よ 仲よくする。
【親臨】りん 天子が、直接その場にお出ましになる。
【親和】わ ①したしんで、むつまじくする。仲よくする。②理化合物ができるとき、それぞれの元素間に働くと考えられる力。「親和力」
【親自】㊁チンツー qīnzì 現自分で。みずから。
【親ㇾ親】㊀しんをしたしむ みうちの者を愛する。「親ㇾ親而仁ㇾ民」〈孟子・尽心上〉㊁おやをしたしむ 親にしたしむ。「親ㇾ親仁也」〈孟子・告子下〉
◆片親・肉親・両親・里親・近親・和親・懇親

見9【覦】〔16〕ユ 漢 平 虞 yú ユィ　J7516 U89A6
意味 ①〈ねが・う（――・ふ）〉②〈のぞ・む〉身分不相応のことを望む。「覬覦」

見9【覩】〔16〕古→睹（八七五ジ・上）

見9〖靦〗→面部七画（一三六三ジ・上）

見10【覬】〔17〕キ 漢 去 寘 jì チー　J7517 U89AC
意味〈ねが・う（――・ふ）〉〈のぞ・む〉①こいねがう。「覬望」「覬幸」②上に対してよくない望みをいだく。
【覬覦】きゆ 身分不相応なことをうかがいねらう。人をけおとして、上の地位にのぼりたいという望みをいだく。「下無二覬覦一」〈左伝・桓公二〉

見10【覯】〔17〕コウ 漢 去 宥 gòu コウ　U補J ―
見10【覯】〔17〕俗字　J7518 U補89AF
意味 ①〈あ・う（――・ふ）〉出会う。思いがけなく会う。「覯見」「覯閔」②形づくる。構成する。＝構

見10【覧】〔17〕学6 ラン　J4587 U89A7
旧字 見15【覽】〔22〕人 ラン 漢呉 上 感 lǎn ラン　J7521 U89BD

筆順 丨 𠂆 卢 卢 臣 臣𠂉 覧 覧

意味 ①〈みる〉㋐よく見る。㋑ながめる。㋒みわたす。②ながめ。③〈と・る〉＝攬 ㋐取りいれる。㋑手にもつ。④唐代の州の名。今の雲南省楚雄市にあった。
解字 会意・形声。監と見とを合わせた字で、監は音をも示す。監には、上から見下ろす意味がある。覽は、高い所から広く見わたすことである。
名前 み・かた・ただ
参考 臣を六画に数え、見部九画とする場合もある。
【覧古】こ 古いゆかりの地をたずねて、昔をしのぶ。「蘇台覧古（李白の詩題）」
【覧勝】しょう すぐれたけしきを見る。
◆一覧・上覧・天覧・台覧・巡覧・回覧・便覧・展覧・博覧・遊覧・縦覧

見11【観】〔18〕学4 カン　㊀カン（クヮン）漢呉 ㊀平 寒 guān コワン　J2049 U89B3
旧字 見18【觀】〔25〕　㊁カン（クヮン）漢呉 ㊁去 翰 guàn コワン　U補J ―
見17【觀】〔24〕俗字　J7523 U補89C0

筆順 𠂉 午 午 矢 矢 夅 雈 観

意味 ㊀①〈みる〉㋐よく見る。㋑くわしく見きわめる。「観察」㋒ぜんたいを見る。ながめる。㋓観賞する。②〈しめ・す〉㋐指示する。㋑誇示する。③飾り。外見。④すばらしいながめ。「壮観」⑤考える。また、考え。知恵。⑥多い。⑦易の卦の名。㊁①宮殿の門前両側にある高い台。闕。②高い建物。③道士の住む寺。「道観」
解字 形声。見が形を表し、雚が音を示す。雚には、そろえるという意味を含む。觀は、そろったものを見わたすこと。一説に、雚は目を回転する意味で、觀は、広く見わたすことという。
名前 み・あき・まろ　地名 観音寺
【観閲】えつ 軍隊などの状況を、高官が検閲すること。
【観桜（櫻）】おう さくらの花を見て楽しむこと。
【観客】きゃく（ぎゃく） もよおしものなどを見る人。
【観行】ぎょう 仏さとりを開くため、考えたり、修行したりする。
【観劇】げき 芝居を見る。
【観月】げつ 月を見て楽しむこと。
【観光】こう よその土地の文化・制度・風景などをみる。
【観察】㊀さつ 念入りに見きわめしらべる。㊁コワンチャー guānchá 現㊀に同じ。【――眼】がん 物事を観察する能力。【――使】し 地方をまわって、その政治のよしあしを調べる官。唐代に置かれ、節度使の下にあった。
【観止】し これ以上見るものがない。最高にすぐれたもの。
【観自在】じざい 仏観世音菩薩の異名。観音。
【観衆】㊀しゅう 見るために集まった多くの人々。㊁コワンチョン guānzhòng 現㊀に同じ。
【観象】しょう ①天文・気象を観測する。②すがたやかた

7画
見角言谷豆豕豸貝赤走足（⻊）身車辛辰辵（⻌・⻍）邑（阝〈右〉）酉釆里

ちをよくみる。③人相・家相などをみる。

【観照】かん(くわん)しょう(せう) ①自分中心の考えをまじえず、冷静に物事をながめあじわう。②事物の道理を明らかに考える。③直感によって具体的に認識する。

【観賞】かん(くわん)しょう(しやう) 見てほめたたえる。見てたのしむ。

【観心】かん(くわん)しん 仏心の本性の深い道理をみつめる。

【観世音】かん(くわん)ぜおん 仏慈悲心のあつい仏の名。観世音菩薩かんぜおんぼさつ。観音。

【観世流】かん(くわん)ぜりゅう(りう) 国室町時代に、観阿弥かんあみ・世阿弥ぜあみのはじめた能楽の一派。

【観戦(戰)】かん(くわん)せん ①戦争のようすをながめる。②競技を見物する。

【観相】かん(くわん)そう(さう) 人相をみて、その人の運命を判断する。

【観想】かん(くわん)そう(さう) ①仏精神を集中して考える。②哲真理をきわめるためにみつめ考える。

【観測】かん(くわん)そく ①見て考えをたてる。②物事の変化をよく観察して測定する。

【観点(點)】かん(くわん)てん ㊀物を見る立場。㊁コワンティエン guāndiǎn 現㊀に同じ。

【観得】かん(くわん)とく ①はっきりみて理解する。②信心じんしんが通じて神仏が願いをきいてくれる。

【観読(讀)】かん(くわん)どく ながめ読む。

【観入】かん(くわん)にゅう(にふ) 国物事を心の目で見とおす。

【観念】かん(くわん)ねん ①心の中にえがき出されている事物や心の作用の姿。②雑念を払い、まことの姿を求める。③国あきらめる。【――小説】かん(くわん)ねんしょう(せう)せつ 国作者が、ある観念を表そうとした小説。明治中期、泉鏡花・川上眉山びざんらの傾向をいう。【――的】かん(くわん)ねんてき 実行を離れて、頭の中で考える思想の傾向。【――論】かん(くわん)ねんろん 哲存在するもののもとは精神にあって、外の世界やすべての物質は、心にうつった仮のすがたであるとする立場。↔唯物論

【観音】かん(くわん)のん(おん) 観世音菩薩かんぜおんぼさつ。【――経(經)】かん(くわん)のん(おん)ぎょう(ぎやう) 仏経文の名。法華経ほけきょうの中の、「観世音菩薩普門品かんぜおんぼさつふもんぼん第二十五」をいう。【――堂】かん(くわん)のん(おん)どう(だう) 観音の像を安置した堂。【――開】かん(くわん)のん(おん)びらき 国左右に開く戸。【――力】かん(くわん)のん(おん)りき 観音の利益りやくの力。

【観梅】かん(くわん)ばい 梅の花を見て楽しむこと。

【観風】かん(くわん)ぷう ①時機をみる。②人情や風俗を観察する。

【観兵】かん(くわん)ぺい ①軍隊の威力を示すこと。②軍隊を検閲すること。【――式】かん(くわん)ぺいしき 国もと天皇が軍隊の整列や行進を観閲した儀式。

【観望】かん(くわん)ぼう(ばう) ようすをみて自分の考えや態度をきめる。

【観法】㊀かん(くわん)ぼう(ぽふ) 観察のしかた。㊁かん(くわん)ぼう(ぽふ) 仏物事の道理を心のおく深くで考えること。

【観遊】かん(くわん)ゆう(いう) ①あそび楽しむ。遊覧。＝観游 ②庭園。

【観覧(覽)】かん(くわん)らん 見物する。ながめる。

◆大観たいかん・内観ないかん・主観しゅかん・外観がいかん・壮観そうかん・参観さんかん・来観らいかん・直観ちょっかん・拝観はいかん・奇観きかん・美観びかん・客観かっかん(きゃっかん)・偉観いかん・盛観せいかん・悲観ひかん・傍観ぼうかん・達観たっかん・楽観らっかん・静観せいかん・諦観ていかん・人生観じんせいかん・世界観せかいかん・先入観せんにゅうかん・側面観そくめんかん・唯物史観ゆいぶつしかん

見11【覲】〔18〕キン 漢 去 震 ゴン 呉 jìn チン U補J 89B2 7519

意味 〈まみ・える(――・ゆ)〉〈みる〉①お目にかかる。②引見する。③秋に諸侯が天子に謁見する礼式。④わずかに。

【覲饗】きんきょう(きやう) 面会ともてなし。

【覲礼(禮)】きんれい ①意味の③に同じ。②「儀礼ぎらい」の編名。

見11【覰】〔18〕ソ 漢 去 御 ショ 漢 qù チュイ U補J 89B0 6114 ②8841

意味 ①〈うかが・う(――・ふ)〉ねらう。②よく見る。

見13【覻】〔20〕同字 U補J 89BB

見12【覵】〔19〕カン 漢 去 諫 ケン 慣 jiàn チエン U補J 89B5 6116

意味 ①〈うかが・う(――・ふ)〉のぞきみる。見る。②まぜる。まじる。③成覵せいけんは、春秋時代、斉せいの景公の勇臣。〈孟子もうし・滕文公とうぶんこう上〉

見12【覷】〔19〕ショ 呉 漢 去 御 qù チュイ U補J 89B7 6118 ②8842

意味 ①〈うかが・う(――・ふ)〉こっそり見る。＝覰しょ ②目を細める。③ねらいをつける。④世話をする。⑤離れる。

見12【覴】〔19〕チョウ 呉 漢 去 径 dēng トン U補J 89B4 6115

意味 ①じっと見る。②みつめる。＝瞪とう

見12【覶】〔19〕ラ 漢 平 歌 luó ルオ U補J 89B6 6117

意味 ①つまびらか。くわしくいう。②順序だてる。

見14【覼】〔21〕俗字 U補J 89BC 6119

【覼縷】らる ①くわしく言う。②順序だてる。

見13【覺】〔20〕旧→覚(一一三九ページ・下)

見13【覻】〔20〕同→覰(本ページ・中)

見14【覼】〔21〕俗→覶(本ページ・中)

見15【覿】〔22〕テキ 漢 入 錫 dí ティー U補J 89BF 7522

意味 ①〈みる〉〈まみ・える(――・ゆ)〉見る。会う。「私覿してき」②はっきりと示す。「三歳不レ覿さんさいみず」〈易経えききょう〉

【覿面】てきめん まのあたり。目前。「天罰覿面」

【覿露】てきろ 目の前にあらわれる。

見15【覽】〔22〕旧→覧(一一四一ページ・中)

見17【觀】〔24〕俗→觀(一一四一ページ・下)

見18【觀】〔25〕旧→観(一一四一ページ・下)

7画 角部 つの つのへん

【部首解説】「動物のつの」にかたどる。この部には、つのの形状や、つので作った杯に関連するものが多く、「角」の形を構成要素とする文字が属する。

角0【角】〔7〕学2 カク かど・つの ㊀カク 漢 呉 入 覚 jué チュエ、jiǎo チアオ ㊁ロク 漢 入 屋 lù ルー U補J 89D2 1949

筆順 ノ ⺈ ⺈ 角 角 角 角

意味 ㊀①〈つの〉㋐動物のつの。㋑動物のつののような出ばったもの。「触角しょっかく」②牛のつのの形が良いさま。③つのをつかむ。④男子の髪形。あげまき。つのがみ。「総角そうかく」⑤〈かど〉とがった形をしたもの。⑥〈すみ〉はしっこ。末端の部分。⑦楽器の名。つのぶえ。⑧星の名。二十八宿の一つ。すぼし。⑨〈くら・べる(――・ぶ)〉㋐比較する。㋑競争する。⑩はかる。考察する。⑪触れる。⑫平らにする。⑬俳優。「主角」⑭青銅製の酒器の名。⑮音階の名。

(角㊀⑭)

五音の第三音。⑯姓。⑰現貨幣の単位。元の十分の一。
□角里先生は漢代の賢人。商山四皓の一人。国①〈かど〉㋐折れ曲がった所。㋑他人とつきあいにくい性格。②〈かく〉㋐四角。㋑将棋のこまの一つ。

解字 象形。獣類のつのの形。中空になっているので、酒のいれものなどにもなる。

名前 み・ふさ　姓 角一つぬ一つの・角南・角倉　地名 角田

難読 角力・角子・角髪・角鴟

【角帯(帶)】国博多織や小倉織などで作った男帯。

【角掎】つのや足をとらえる。手とり足とりして倒す。

【角弓】①つので飾った弓。②「詩経」の編名。

【角巾】かどのあるずきん。隠者のかぶりもの。

【角材】①才能をきそう。②国切り口が四角な材木。

【角声(聲)】つのぶえの音。

【角袖】国①四角なそで。和服。②むかし、和服を着た警官。角袖巡査。

【角逐】互いにあらそう。あらそいあう。

【角柱】四角なはしら。

【角通】国すもうのことにくわしい人。

【角觝】すもう。

【角度】角の大きさ。角の開いた度合。

【角帽】国①上が四角形の帽子。②大学生の俗称。

【角巻】国毛布の肩かけ。東北地方の婦人が用いる。

【角膜】医眼球の前面をつつんでいる、透き通ったまく。

【角力】□力くらべをすること。□国土俵の中で、あいてを倒したり、押し出したりする競技。相撲。

【角列】つのを並べたように並ぶ。

【角前髪】国江戸時代、元服前の若者がした髪の「型。

【角隠(隱)】国①婦人が寺まいりにかぶったきれ。②婚礼のとき、花嫁のかぶる白い布。

【角樽】国高い柄をつけた朱ぬりのたる。柄樽。柳樽。

▽口角・方角・牛角・互角・死角・折角・仰角・対角・頂角・直角・鈍角・稜角・触角・鋭角・総角・頭角

角0〖甪〗(八三三ページ・上)→用部一画

角2【觔】〔9〕キン漢 平 文 jīn チン　J①9190 補6120 U89D4

角4【觖】〔11〕□ケツ漢 入 屑 jué チュエ　□キ漢 去 寘 kuì コイ　J②8843 補6122 U89D6

意味 □①〈か・ける(―・く)〉不足する。＝缺(欠) ②〈うら・む〉不満に思う。③あばく。＝抉 □〈のぞ・む〉希望する。

【觖望】□ぼう(ぼう) 望みが満足させられないでうらむ。願いのぞむ。〈史記・盧綰列伝〉□きぼう(ぼう)

角4【觗】〔11〕シ漢 去 寘 zhì チー　J― 補6123 U89D7

意味 ①さかずき。＝觶 ②合う。

角4【觕】〔11〕□ソ漢 □平 虞 cū ツー　□ショク漢 □入 沃 chù チュー　J― 補6121 U89D5

意味 □①〈あら・い(―・し)〉＝粗 ②あらまし。おおよそ。ほぼ。□〈ふ・れる(―・る)〉＝触

角4【觘】〔11〕ソウ(サウ)漢 ショウ(セウ)呉 去 效 chào チャオ　J②8844 補6124 U89D8

意味 角が出はじめる。国〈ぬたはだ〉シカの角の表面にある波もよう。

角4〖斛〗(五七〇ページ・下)→斗部七画

角5【觚】〔12〕コ漢 平 虞 gū クー　J7524 補― U89DA

角6【觚】〔13〕俗字

意味 ①〈さかずき(さかづき)〉青銅製の酒器。二升または三升入り、祭礼に用いる。②かどのある容器。また、かど。③文字を記す木片。木簡。「操觚」④剣のとって。つか。⑤法。きまり。⑥ひとりぼっち。＝孤

(觚①)

【觚稜】屋根のすみの高くとがったかど。

〖觚不レ觚〗①觚に本来ついているかどがなくなって、觚といえなくなった。②礼式に使う觚を、宴会の酒器として用い、觚本来の使い方でなくなった。〈論語・雍也〉③名ばかりあって、実質のともなわないたとえ。

〖操レ觚〗①書きものをする札を手に持つ。②文筆の仕事に従事する。

角5【觜】〔12〕□シ漢 平 支 zī ツー　□シ漢 上 紙 zuǐ ツォイ　J7525 補― U89DC

意味 □①〈けづの〉㋐みみずくの頭の上にある毛角。㋑つののとがったさき。②〈とろき〉西方の星宿。二十八宿の一つ。□〈くちばし〉〈はし〉

【觜觿】①とろき。②おおうみがめ。しょうがくぼう。

角5【觝】〔12〕テイ漢 上 薺 dǐ ティー　J7526 補― U89DD

意味 〈ふ・れる(―・る)〉〈いた・る〉①さわる。②ぶつかる。③じゃまする。④角觝は、すもう。

参考 「觝」は別字。新表記では、「抵」に書きかえる熟語がある。

【觝触(觸)】①ぶつかる。②法律などにさしさわる。＝「抵触」

【觝排】ぶつかっておしのける。排斥する。


角6【鮭】〔13〕□カイ漢　□カ(クワ)漢 □上 馬 huà ホワ　□上 蟹 xiè シエ　J― 補― U89DF

意味 □①つののあるめひつじ。②つのの立っているさま。③こみち。□①かんむりの名。②神獣の名。＝獬

角6【解】〔13〕学5 カイ・ゲ　とく・とかす・とける　J1882 補― U89E3
□カイ漢 ゲ呉 上 蟹 jiě チエ
□カイ漢 ゲ呉 上 蟹 jiè チエ
□カイ漢 ゲ呉 去 卦 xiè シエ

筆順 ク 角 角 角 角 解 解 解

角6【觧】〔13〕俗字　J7527 補― U89E7

意味 □①〈と・く〉〈とか・す〉〈と・ける(―・く)〉㋐切り分ける。動物などを解体する。㋑分ける。㋒分裂する。散らばる。㋓氷がとける。㋔服やはきものをぬぐ。㋕ひもなどをほどく。㋖職を免ずる。㋗なくす。解除する。㋘仲直りする。「和解」㋙わかる。理解する。㋚解釈する。弁解する。②理解。説明。注釈。③文体の名。④楽章の一節。⑤もらす。また、大小便をする。□①送る。護送する。②科挙の地方合格者を中央に送る。「解試」□①〈おこた・る〉なまける。＝懈 ②ものが接するところ。関節。③かに。＝蟹 ④役所。＝廨 ⑤易の卦の名。⑥解邑は、春秋時代の地名。今の河南省洛陽市西南。⑦姓。

解字 会意。角と牛と刀を合わせた字。解は、刀で牛の角をとき放すことを表し、「とく」の意味となる。ばらばらに解き放すことである。

名前 ざ・とき・ひろ・さとる　姓 解礼(けれ)

【解頤】(かいい) あごをとく。大笑いすること。

【解会(會)】(かいかい(くわい)) 理解する。

【解義】(かいぎ) 意味をときあかす。

【解禁】(かいきん) 禁止してあったことを、といて許す。

【解決】(かいけつ) ①もつれごとをおさめる。また、おさまる。②問題をとく。㊥(チエチュエ) jiějué 現㊀に同じ。

【解元】(かいげん) 郷試(村で行う官吏登用予備試験)に、一番で合格したもの。

【解雇】(かいこ) やとっていた人をやめさせる。

【解詁】(かいこ) 古いことばの解釈。

【解悟】(かいご) さとる。

【解語花】(かいごのはな) ことばの意味がわかる花。美人のこと。唐の玄宗皇帝が楊貴妃を指して言った。〈開元天宝遺事〉

【解散】(かいさん) 分かれてはなればなれになる。

【解釈(釋)】(かいしゃく) ㊀(げしゃく) ①意味・内容をときあかして理解する。②解き消す。解き捨てる。解消。「解釈春風無限恨(かいしゃくすしゅんぷうむげんのうらみを)」(春風に誘われて胸中に湧きおこる無限の愁いも、今はすっかり解きほぐされる。)〈李白(りはく)の詩・清平調詞(せいへいちょうし)〉 ㊀(チエシー) jiěshì 現①㊀の①に同じ。②釈明する。

【解除】(かいじょ(ぢょ)) とりのぞく。やめる。わざわいをはらいのぞく。

【解消】(かいしょう(せう)) ①今までの関係が、とけてなくなる。また、なくす。②疑問などが、きえてなくなる。また、なくす。

【解縦(縱)】(かいしょう) ときはなす。ゆるして逃がす。

【解職】(かいしょく) 職務をやめさせる。その職の任をとく。

【解縉】(かいしん) 人名。明(みん)代の学者・文人。「永楽大典(えいらくたいてん)」の編さんに当たった。

【解析】(かいせき) ①ときわける。②数学の科目。【――学(學)】(かいせきがく) 関数(かんすう)の極限に関する性質を研究する数学。

【解説】(かいせつ) 事がらについてわかりやすく説明する。

【解組】(かいそ) ①官をやめる。組は朝廷からいただく官印のひも。②組織をとく。

【解体(體)】(かいたい) ①一つのものが、ばらばらにわかれる。②からだを解剖する。【――新書】(かいたいしんしょ) 国書名。ターヘル＝アナトミアの訳本。オランダの解剖学の本を、杉田玄白らが翻訳したもの。

【解怠】(かいたい) ①なまける。②仏道の修行をおこたる。＝懈怠
【解帯(帶)】(かいたい) おびをとくこと。くつろぐこと。「松風吹解帯(しょうふうかいたいをふく)」〈王維(おうい)の詩〉

【解題】(かいだい) 書物の著者や内容などについての説明。

【解脱】(かいだつ) ときはなす。罪をゆるす。㊁(げだつ) ㊃私利・私欲から離れ、何ものにもしばられない世界にはいる。迷いを去ってさとりをひらく。

【解紐】(かいちゅう(ちう)) ゆるみくずれる。結んだひもがとけてゆるむ。

【解答】(かいとう(たふ)) 問題をといて答える。また、その答え。㊥(チエター) jiědá 現㊀に同じ。

【解嘲】(かいちょう(てう)) 人のあざけりに対し弁解する。

【解道】(かいどう(だう)) ①知る。気づく。②…の言った通りである。

【解版】(かいはん) 国組み上げた活字を、もとにもどす。

【解放】(かいほう(はう)) とき放して自由にする。㊥(チエファン) jiěfàng 現㊀に同じ。【――地区(區)】(かいほうちく) 中国革命の過程で、中国共産党の支配した地域。

【解剖】(かいぼう) ①動物のからだを切りひらき、内部の組織を調べる。②物事を、こまかく理論的に分け調べる。

【解明】(かいめい) 物事を、よくときほぐして明らかにする。

【解悶】(かいもん) なやみをときはなす。うさばらし。

【解傭】(かいよう) やとい人にひまを出す。解雇。

【解纜】(かいらん) ①ともづなをとく。②船が出帆すること。

【解毒】(げどく) 薬品をつかって、からだの中の毒を消す。

【解熱】(げねつ) 病気などの熱をさげる。

【解由】(げゆ) 国国司が、事務引き継ぎを終わった証拠に、後任者から受け取る証文。

◆了解(りょうかい)・分解(ぶんかい)・半解(はんかい)・弁解(べんかい)・氷解(ひょうかい)・曲解(きょっかい)・見解(けんかい)・図解(ずかい)・和解(わかい)・明解(めいかい)・注解(ちゅうかい)・雪解(ゆきげ)・理解(りかい)・略解(りゃくげ|りゃっかい)・絵解(えとき)・集解(しっかい|しゅうげ)・溶解(ようかい)・詳解(しょうかい)・誤解(ごかい)・精解(せいかい)・読解(どっかい)・融解(ゆうかい)・霜解(しもどけ)・難解(なんかい)・不可解(ふかかい)・一知半解(いっちはんかい)

角6 【觥】〔13〕 コウ(クヮウ) 漢 平 庚 gōng コン　J①9191 補6125 U89E5

角12 【觵】〔19〕 本字 J―― 補―― U89F5

意味 ①〈さかずき(さかづき)〉〈つのさかずき(つのさかづき)〉兕牛(じぎゅう)の角(つの)で作ったもの。五升または七升を入れるという。②大きい。山盛りにする。「觥飯(こうはん)」③觥觥(こうこう)は、強く正しいさま。

【觥船】(こうせん) 舟の形をした、大きなさかずき。

【觥籌】(こうちゅう(ちう)) さかずきと、罰杯のかずを数える棒。【――交錯】(こうちゅうこうさく) さかずきや罰棒がいり交じる。宴会の、盛んなようす。〈欧陽脩(おうようしゅう)・酔翁亭記(すいおうていのき)〉

角6 【触】〔13〕 常 ショク　J3108 補―― U89E6

旧字 角13 【觸】〔20〕 ショク 漢 ソク 呉 入 沃 chù チュー　J7529 補―― U89F8

ふれる・さわる

筆順 ク 𠂊 角 角 角 角 触 触 触

意味 〈ふ・れる(―・る)〉〈さわ・る(さは・る)〉①角(つの)であたる。ぶつかる。②手などでさわる。③出会う。④けがす。おかす。⑤感動する。国①〈ふ・れる(―・る)〉広く知らせる。②〈ふれ〉広く知らせること。「触文(ふれぶみ)」

解字 形声。角が形を表し、蜀(しょく)が音を示す。蜀は、あおいの葉にじっとくっついているいもむしで、じっと止まる、あるいは、続(しょく)と同じ音でつながる意味がある。觸は、角がつきあたってじっとしていることで、ふれるという意味になる。

【触穢】(しょくえ(ゑ)) 国喪中・出産・月経などのけがれのために、行事に参加できないこと。

【触激】(しょくげき) はげしくぶつかる。

【触手】(しょくしゅ) 動下等動物の触覚器の一つ。

【触鬚】(しょくしゅ) 動下等動物の触覚器のひげ。くもの口あごにあるひげの類。

【触接】(しょくせつ) 「接触」(五三八ペ・上)に同じ。ふれる。

【触戦(戰)】(しょくせん) 敵に接近してたたかう。決死の戦。

【触媒】(しょくばい) 理それ自身は化学的変化をしないで、化学反応を速めたり遅くしたりする働きをする物質。

【触発(發)】(しょくはつ) さわると爆発する。

【触目】(しょくもく) 目にふれる。目につく。

【触雷】(しょくらい) 水雷、地雷などにふれて爆発をひき起こす。

【触類】(しょくるい) 目や耳に感ずるもの。万物。「触類如レ故(しょくるいもとのごとし)」〈沈既済(しんきさい)・枕中記(ちんちゅうき)〉

【触角】(しょっかく) 動下等動物の頭にある、つののような形の感覚器。「覚器。

【触覚(覺)】(しょっかく) 医物にふれて熱いとか堅いとかを感じる神経作用。「覚。

【触官】(しょっかん(しょくくゎん)) 触感をつかさどるからだの器官。

【触感】(しょっかん(しょくかん)) ①物にさわって反応を起こす。②皮膚の感覚。

【触著】(しょくちゃく) ふれる。さわる。【――磕著】(そくちょかっちょ) 仏禅の問答がぴったりと合うこと。磕は、石が打ち合う音。

【触状(狀)】(ふれじょう(じゃう)) 国あて名を並べて、回覧させる手紙。

【触太鼓】(ふれだいこ) 国 知らせのたいこ。

◆抵触(ていしょく)・前触(まえぶれ)・接触(せっしょく)・感触(かんしょく)・顔触(かおぶれ)

角6【觧】〔13〕俗→解(一一四三ページ・下)

角6【觚】〔13〕俗→觚(一一四三ページ・中)

角7【觩】〔14〕キュウ(キウ) 漢 平 尤 qiú チウ J 補6126 U89E9
意味 ①つので作った酒器の曲がったさま。曲がったさま。②弓のつるを張ったさま。③ゆるむさま。

角7【觫】〔14〕ソク 漢 入 屋 sù スー J②8845 補6127 U89EB
意味 觳觫(こくそく)は、死を恐れてびくびくするさま。

角8【觭】〔15〕キ 漢 平 支 jī チー J 補6128 U89ED
意味 ①〈かたむ・く〉つのがかたむく。②かたほう。片一方。③めずらしい。＝奇 ④得る。

角8【觬】〔15〕ゲイ 漢 平 斉 ní ニー J 補 U89EC
意味 ゆがんだつの。ゆがんださま。

角9【䚡】〔16〕サイ 呉 漢 平 灰 sāi サイ J②8846 補 U46A1
意味 角の中の骨。

角9【觱】〔16〕ヒツ 漢 ヒチ 呉 入 質 bì ビー J②8847 補6129 U89F1
意味 ①〈ひちりき〉管楽器の名。「觱栗(ひちりき)」「觱篥(ひちりき)」②觱発(ひっぱつ)は、風の寒いさま。「一之日觱発」〈詩経(しきょう)・七月〉③觱沸(ひっぷつ)は、泉のわき出るさま。

角10【觳】〔17〕■一 コク 漢 ■一入 屋 hú フー ■二 カク 漢 ■二入 覚 jué チュエ J②8848 補6130 U89F3
意味 ■一①〈つのさかずき(つのさかづき)〉②ます。＝斛 ③尽きる。なくなる。きそう。④觳觫(こくそく)は、死を恐れてびくびくするさま。■二①くらべる。②あとあし。足の甲。③つましい。うるおいがない。
【觳抵】(かくてい) すもう。力くらべ。

角11【觴】〔18〕ショウ(シャウ) 漢 平 陽 shāng シャン J7528 補 U89F4
意味 ①〈さかずき(さかづき)〉㋐酒を入れたさかずき。㋑さかずきの総称。②酒を飲む。酒を飲ませる。もてなす。
【觴詠】(しょうえい)(しゃう) 酒をのみ歌をうたう。
【觴酒】(しょうしゅ)(しゃう) さかずきの酒。

角12【觶】〔19〕シ 漢 去 寘 zhì チー J①9192 補6131 U89F6
意味 ①酒器の名。陶器、木、骨、青銅などで作られ、口が広くふくらんでいる。祭礼に用い、三升または四升を入れる。②からの酒器。⇔觴(しょう) ③罰として酒を飲ませるためのさかずき。

(觶①)

角12【觵】〔19〕本→觥(一一四四ページ・中)

角13【觸】〔20〕旧→触(一一四四ページ・下)

角13【觹】〔20〕同→觿(本ページ・中)

角15【觼】〔22〕ケツ 漢 入 屑 jué チュエ J 補 U2794E
意味 〈たまき〉馬のくつわをつなぐ輪(わ)。

角15【觻】〔22〕ロク 漢 入 屋 lù ルー J 補 U89FB
意味 ①動物のつのの先端。②觻得(ろくとく)は、漢代の県名。

角16【觿】〔23〕同→觿(本ページ・中)

角18【觿】〔25〕ケイ 漢 平 斉 xī シー J②8850 補6134 U89FF
意味 ①〈くじり〉〈つのぎり〉結びめをとくために使うとがった道具。玉や骨で作った。②解釈する。「史記觿」③觿年(けいねん)は、少年をいう。

角13【觹】〔20〕同字 J 補6132 U89F9

角16【觽】〔23〕同字 J②8849 補6133 U89FD

7画 言部 ことば ごんべん

【部首解説】「口を開いていい出す」ことを表す。この部には、言語や表現に関連するものが多く、「言」の形を構成要素とする文字が属する。

言0【言】〔7〕学2 ゲン・ゴン いう・こと ■一 ゲン 漢 ゴン 呉 ■一平 元 yán イエン ■二 ギン 漢 ■二平 真 yín イン J2432 補 U8A00

筆順 丶 亠 亠 亖 言 言 言

意味 ■一①〈い・う(一・ふ)〉㋐ものをいう。㋑口に出す。話しかける。㋒よぶ。称する。㋓述べ伝える。㋔問う。②〈いうこころ(いふこころ)〉説明する文の文頭に置いて、言っていることは…。③〈こと〉〈ことば〉㋐人間のことば。言語。㋑言論。主張。㋒いいつけ。㋓ことばづかい。㋔ちかいのことば。㋕はかりごと。④一字。⑤一句。⑥〈われ〉我。⑦〈ここに〉ことばの調子をととのえる助詞。■二言言(ぎんぎん)は、①やわらぎつつしむさま。＝訢訢(ぎんぎん)・誾誾(ぎんぎん) ②高く大きいさま。

解字 䇂 形声。口が形を表し、䇂が音を示す。䇂は辛(えん)(おかす・出すの意)の略である。言は口を開いていい出すこと。一説に、言の音は、かどばる気持ちで、儀式ばったことばをいうとする。

名前 あき・あや・とき・とも・のぶ・のり・ゆき
姓 言(ほぎ)・言同(ことどう)・言語同断(ごんごどうだん) 地名 言問(こととい)

【言下】(げんか)(ごんか) 一言のもとに。
【言外】(げんがい)(ぐわい) ことばのほか。ことばにふくまれている意味以外のこと。
【言及】(げんきゅう)(きふ) 話が行きつく。話がそこまで行く。
【言言】■一(げんげん) ことばのひとつひとつ。「言言句句」■二(ぎんぎん) →親字の意味■二
【言語】(げんご)(ごんご)(げんぎょ) 人が、思想や感情を音声であらわすもの。ことば。【—学(學)】(げんごがく) 言語の性質や構造について、歴史的・地理的なすがたを調べて理論づける学問。博言学。【—道断(斷)】(ごんごどうだん) ①仏ことばで述べる方法がない。〈維摩経(ゆいまきょう)〉②口でいえないほどひどい。もってのほか。
【言行】(げんこう)(かう) 話すことと行うこと。【—録(錄)】(げんこうろく) 人の、よいことばや行いを記録したもの。『—君子之枢(樞)機』(げんこうくんしのすうき)は 言語と行為は、君子にとって、もっとも大事なものである。枢は、戸のくるる、機は、いしゆみの引き金。〈易経(えききょう)・繋辞(けいじ)伝上〉
【言志】(げんし) 心に思うことをいうこと。【—録(錄)】(げんしろく) 国 書名。佐藤一斎の感想集。「言志後録(こうろく)」「言志晩録(ばんろく)」「言志耋録(てつろく)」と合わせて、「言志四録」と称する。
【言辞(辭)】(げんじ) ことば。ことばづかい。
【言笑】(げんしょう)(せう) ①話して笑う。②ことばづかいと笑い顔。
【言責】(げんせき) 話をした事がらに対する責任。

7画 見角言谷豆豕豸貝赤走足(⻊)身車辛辰辵(⻌・⻍)邑(⻏〈右〉)酉釆里

【言説】話す。述べる。また、その話。

【言泉】ことばの泉。泉のようにわき出ることば。

【言筌】①目的・本質に対する道具・手段。言は意志を伝達する手段であり、筌はうえ(魚をとる道具)。〈荘子・外物〉②内容のないことば。

【言詮】①ことば。ことばのすじみち。②「言筌」に同じ。

【——不及】ことばでは説明できないこと。

【言質】国証拠となる約束のことば。

【言中】ことばのなか。【——有レ響(響)】ことばの中に、ふくみがある。〈碧巌録〉

【言伝(傳)】㊀ことばで伝える。㊁国①ことばを伝えること。②人から伝え聞くこと。㊂国むかしから話されてきたこと。伝説。

【言動】ことばと動作。話すことと行うこと。

【言文】ことばと文章。【——一致】現代口語で文章を書く。話しことばと書きことばを同じにする。

【言貌】ことばと顔かたち。

【言明】はっきりと言いきる。

【言面】ことばと顔つき。

【言容】①口にすることばとようす。②ことばつき。

【言論】意見をいったり書いたりしたもの。

【言挙(擧)】国口に出して言い立てる。議論する。

【言霊(靈)】国ことばにやどっているふしぎな力。

【言句】みじかいことば。

【言上】自分より高い地位にある人に対して、申し上げる。

【言端語端】仏言語がそのまま道理をずばりと表している。

『言之有レ理』いうことは、すじが通っている。

『言之成レ理』「言之有レ理」に同じ。〈荀子・非十二子〉

『言不レ尽(盡)レ意』ことばが、気持ちをじゅうぶん表していない。〈易経・繫辞伝上〉

『言為(爲)二心声(聲)一』話を聞けば心がわかる。〈法言〉

『立レ言』はっきりしたことをいう。りっぱなことばをのこす。

『食レ言』うそをいう。前言を消す。〈書経・湯誓〉

『践(踐)レ言』いったことを実行する。

『寄レ言』ことばを贈る。一言申す。

『忘レ言』①ことばを忘れる。適当なことばが見つからない。「欲レ弁已忘レ言」〈陶潜の詩・飲酒〉②ことばを必要としない。ことばがなくても、気持ちが通じる。「得レ意而忘レ言」〈荘子・外物〉
◆小言・方言・予言・公言・片言・付言・用言・代言・立言・他言・巧言・失言・広言・甘言・伝言・妄言・多言・名言・至言・体言・狂言・序言・助言・佳言・泣言・例言・放言・明言・苦言・忠言・直言・金言・延言・俚言・怨言・発言・約言・前言・食言・祝言・宣言・美言・流言・格言・高言・訛言・断言・虚言・極言・換言・証言・雅言・寓言・無言・飾言・微言・嘘言・雑言・緒言・寡言・遺言・戯言・暴言・箴言・確言・諫言・贅言・繰言・讒言・一家言・世迷言

言2【訄】〔9〕 キュウ㊥(キウ)|㊤尤 qiú チウ
|U 8A04|補 6135|J —
意味 ①せまる。ことばで相手にせまる。②からかいのことば。

言2【訅】〔9〕 キュウ(キウ)㊥|㊤尤 qiú チウ グ㊥
|U 8A05|補 6136|J —
意味 ①安んずる。②はかる。③せまる。＝訄

言2【計】〔9〕 学2 ケイ はかる・はからう
ケイ㊥ ケ㊥|㊦霽 jì チー
|U 8A08|補 —|J 2355

筆順 ⼆ ⼆ 言 言 言 言 言 訁 計

意味 ①〈はか・る〉〈はから・う(——・ふ)〉㋐もくろむ。くわだてる。くふうする。「計画」㋑おもんぱかる。㋒相談する。㋓考える。㋔くらべ調べる。②〈かぞ・える(——・ふ)〉㋐かんじょうする。「計算」㋑決算する。③〈あつ・める(——・む)〉しめあわせる。④〈はかり〉かず。かんじょう。⑤はかりごと。「計略」⑥もくろみ。くわだて。⑦帳簿をたてまつる。また、その使者。国①〈ばかり〉㋐ほど。くらい。㋑だけ。のみ。②〈はか〉稲の植え刈り、草刈りの面積の単位。稲の列の間。めあて。

解字 計 会意。言と十を合わせた字。十は数を合わせること、かぞえること。計は、口でよびあげて数をかぞえ、まとめることである。

名前 み・あれ・かた・すえ・なり・より 姓 計良

難読 時計(付表)

【計課】勘定する。計算する。〈史記・匈奴列伝〉

【計会(會)】①相談する。②計算する。数えあわせる。③考える。思慮。

【計画(畫)】㊀くわだて。もくろみ。㊁ jìhuà 【現㊀に同じ。】

【計器】はかり。メーター。

【計議】相談する。相談した計画。

【計曲線】地図の等高線の一つ。五十メートルまたは百メートルごとに引く太い線。

【計較】くらべてかぞえる。

【計策】はかりごと。戦術などのうまい思いつき。

【計算】㊀①かんじょうする。加減乗除をして答えを出す。②自分の利益になるように考える。㊁ jìsuàn 現㊀の①に同じ。

【計上】かぞえあげる。

【計数(數)管】理放射能をしらべる装置。

【計然】人名。春秋時代、越の人。財産づくりがうまかった。【——之術】金もうけの方法。

【計都星】牡牛座にある九曜星の一つ。陰陽家の占いの材料になる。

【計簿】会計をしるした帳簿。会計簿。

【計吏】会計係の役人。

【計理士】国もと、会計に関するしごとで、国家の資格を得た者。公認会計士の旧称。

【計略】はかりごと。もくろみ。うまくだます、てだて。

【計慮】考える。もくろみおもんぱかる。

【計料】みつもる。数えておしはかる。

【計量】目方や分量をはかる。「計量器」
◆大計・小計・日計・生計・奸計・合計・早計・会計・百計・余計・妙計・邪計・奇計・時計・家計・集計・密計・設計・深計・悪計・累計・統計・謀計・総計・晴雨計・寒暖計・体温計・湿度計・温度計・三十六計

言2【訇】〔9〕 コウ㊥(クヮウ)|㊤庚 hōng ホン
|U 8A07|補 6137|J —
意味 ①驚いて言う声。②音の大きいさま。「訇訇」③訇哮は、強風のさま。④訇礚は、水流のはげしいさま。

言2【訂】〔9〕 常 テイ
テイ㊥|㊦径 dìng ティン
|U 8A02|補 —|J 3691

筆順 亠 亠 言 言 言 言 言 訁 訂

意味 ①〈はか・る〉公平に議論する。②平均する。公平にする。③〈ただ・す〉まちがいを正しく直す。④定める。きめる。条約などを定める。⑤結ぶ。約束する。⑥現予約する。注文する。

解字 形声。言が形を表し、丁が音を示す。丁は、T型で、平らな意味を持つ。訂は公平なことばである。

名前 ただ

【訂譌】まちがいを正す。

【訂交】まじわりを結ぶ。交際する。

【訂正】まちがいを正しくなおす。

【訂盟】同盟をむすぶ。約束する。

◆再訂・更訂・改訂・増訂・補訂

言2【䚯】〔9〕 一トウ 漢 呉 (タウ) 一 上 皓 tǎo タオ 二ケン 漢 二 平 先 xuān シュワン J②8851 U補46AF

意味 一うつ。討伐する。＝討 二こえ。

言2【訃】〔9〕 常 フ フ 漢 去 遇 fù フー J7530 U補8A03

筆順 亠 亠 言 言 言 言 言 訁 訃

意味 ①〈つ・げる(―・ぐ)〉人の死を知らせる。②死亡のしらせ。「訃告」「訃音」「訃報」③至る。

解字 形声。言が形を表し、卜が音を示す。卜は、うらなう意。訃は、赴と同じく、人の死を知らせる意味。のち、赴が、おもむくの意味を表し、訃が、人の死を知らせる意味となった。

言3【訑】〔10〕 一イ 漢 一 平 支 yí イー 二タ 漢 二 平 歌 tuó トゥオ J②8852 U補8A11

意味 一訑訑は、得意のさま。二いつわる。あざむく。「訑謾」

言3【記】〔10〕 学2 キ しるす キ 漢 呉 去 寘 jì チー J2113 U補8A18

筆順 亠 亠 言 言 言 言 言 訁 訂 記

言9【𧪄】〔16〕同字 J②8867 U補27A84

意味 ①〈しる・す〉⑦記録として書く。「記載」④忘れないように書き残す。「牢記」⑦おぼえる。おぼえ。「記憶」②〈しるし〉書いたもの。⑦物事を書きしるしたもの。「記録」④公文書。⑦経書の解説。「礼記」③文章の体の一つ。事実を述べる文。④印章を押したもの。「鈐記」⑤記号。国「古事記」の略称。「記紀」

解字 形声。言が形を表し、己が音を示す。己には、形をはっきりさせる意味がある。記は、すじみちを立て、分別してしるすことである。また、己の音自身に、しるす、書く、の意味があるから、記は、ことばを書きつけることであるともいう。

名前 とし・なり・のり・ふさ・ふみ・よし

参考 新表記では、「徽」の書きかえに用いる熟語がある。

【記憶】一心にとどめる。おぼえこむ。二 jìyì 現一に同じ。

【記紀】国「古事記」と「日本書紀」。

【記号(號)】しるし。

【記事】あったことを書きしるす。また、その文章。

【――本末】ありのままを述べた文。【――文】事件ごとにまとめた歴史書の一体。

【――之珠】なでると、忘れていることを思い出すという宝玉。唐の張説が宰相のとき、手に入れたもの。〈開元天宝遺事〉

【記室】文章を記録したり、上奏したりする官の名。書記。秘書官。【――参(參)軍】官名。文章を起草する書記官。参軍の中で最も名誉ある職とされた。

【記者】一①文章を書く人。②新聞や雑誌の記事を書いたり編集をしたりする人。二 jìzhě 現一の②に同じ。

【記取】おぼえる。

【記述】文章に書きしるす。【――的科学(學)】事実を、ありのままに書きしるすことを目的とする科学。動物学・植物学など。↔説明的科学

【記(「徽」)章】めじるしにつけるもの。

【記誦】おぼえることと、そらでいうこと。

【記帳】帳面に書きいれる。

【記伝(傳)】人物の伝記を記録した書物。紀伝。

【記得】一①おぼえている。②思い出す。二 jìde 現一の①に同じ。

【記入】書き入れる。

【記念】とどめておいて、後に思い出の種となるようなもの。

【――像】人物の功績を記念するために建てた像。

【――碑】記念して後世に伝えるために建てた碑。

【記名】名を書きつける。名を書く。

【記問】古書を暗記しているだけで、その知識を少しも活用しない。「記問之学」〈礼記・学記〉

【記覧(覽)】多くの物事を見聞しておぼえる。もの知りだが、実用を離れているもの。

【記録(錄)】一①書きとめる。②書きとめた文書・帳簿。③運動競技などの成績。レコード。二 jìlù 現一に同じ。

【――文学(學)】事実の記録を主とする文学。ルポルタージュ。

◆日記・手記・列記・付記・旧記・伝記・別記・位記・表記・実記・明記・併記・単記・軍記・後記・前記・書記・連記・速記・特記・略記・筆記・登記・暗記・戦記・誤記・銘記・箚記・雑記・標記・簿記・勲記・年代記・風土記・歳時記・旅行記・博覧強記

言3【訖】〔10〕 キツ 漢 入 物 qì チー J7531 U補8A16

意味 ①〈おわ・る(をは・る)〉終わりになる。②やむ。終わる。「訖息」③〈いた・る〉〈およ・ぶ〉行きつく。到達する。＝迄 ④〈ついに(つひに)〉⑦けっきょく。④すべて。

言3【訔】〔10〕 ギン 漢 平 真 yín イン J②8853 U補8A14

意味 ①訔訔は、言い争うさま。②かたよらず正しいさま。＝誾 ③なごやかなさま。＝誾

言3【訏】〔10〕 一ク 漢 一 上 麌 xǔ シュイ 二コ 漢 二 平 虞 xū シュイ J6138 U補8A0F

意味 一①〈おおき・い(おほき・い)〉広々として大きい。②訏訏は、広大なさま。二①さけぶ。大声でいう。②おおき

記 原義と派生義

しるす・書きとめる
- 「記載」「筆記」
- しるし 「記号」
- (書きしるした)文書 「日記」 ― 文書をつかさどる役 「書記」
- (心にしるして)おぼえる 「記憶」

7画 見角言谷豆豕豸貝赤走足(⻊)身車辛辰辵(⻌・⻍)邑(阝〈右〉)西釆里

7画 見角言谷豆豕豸貝赤走足(⻊)身車辛辰辵(⻌・⻍)邑(⻏〈右〉)酉采里

い。

言3【訓】〔10〕学4 クン
クン 漢呉 キン 慣 去 問 xùn シュン J 2317 U 8A13

筆順 二 亖 言 言 言 言 訁 訓

意味 ①〈おし・える(をし・ふ)〉教え導く。②〈おしえ(をしへ)〉きまり。いましめ。③兵士を訓練する。④〈よ・む〉ことばを解釈する。⑤〈よみ〉ことばの意味。⑥〈みちび・く〉⑦したがう。国〈くん〉〈くに〉漢字の訳として当てた国語。「和訓」

解字 形声。言が形を表し、川が音を示す。川は順と同じく、川の流れにしたがう意味を持つ。訓は、道理にしたがって説くことである。

名前 しる・とき・のり・みち 地名 訓子府(くんねっぷ)

【訓育】教えさとして育てあげる。

【訓戒】教えいましめる。＝訓誡
【訓解】文字や文章を読んで、意味を説明する。

【訓誡】「訓戒」に同じ。

【訓誨】教え。さとし。

【訓学(學)斎(齋)規】書名。一巻。宋の朱熹の著。学校の子弟に対するいましめをしるしたもの。

【訓義】文字の読み方と意味。

【訓詁】古い文字やことばの意味を解釈する。【――学(學)】後漢のころから起こった、経典解釈を主とする学問。

【訓告】いましめ告げる。官吏のあやまちなどを注意する処置。

【訓示】①教えさとすことば。②上級者が下級者にあたえる注意のことば。

【訓辞(辭)】教えさとすことば。

【訓釈(釋)】文字や文章を読んで、意味を解釈する。

【訓典】昔の聖人の教えを書きしるした書物。

【訓点(點)】国漢文を、日本式に読むためにつけた記号。送りがなや、返り点など。

【訓電】訓令の電報。

【訓導】①教え導く。②国旧制の小学校教員の資格をあらわす名。また、その資格のある者。

【訓読(讀)】国①漢字を国語にあてて読む。くんよみ。↕音読 ②漢文を国語に訳して読む。

【訓蒙】こどもに教える。蒙は、まだ知恵の発達していないことで、こどもをいう。

【訓訳(譯)】意味を説明し翻訳する。

【訓諭】教えさとす。

【訓令】上級官庁から下級官庁に伝える、行政上の命令。【――式】国日本式とヘボン式の中間をとった、ローマ字のつづり方。昭和十二年(一九三七)に内閣訓令で発表。

【訓練】[一] 教えてなれさせる。教えて練習を重ねさせる。[二] シュンリエン xùnliàn 現[一]に同じ。

【訓話】教えさとす話。
◆和訓・国訓・字訓・音訓・高訓・家訓・庭訓・教訓・難訓・傍訓・遺訓・校訓・請訓・処世訓

言3【訐】〔10〕 ケツ 漢 入 屑 jié チエ J 7532 U 8A10

意味 ①〈あば・く〉他人のかくしていることを明らかにする。②そしる。非難する。③直言する。

言3【訌】〔10〕 コウ 漢 平 東 hòng ホン J 7533 U 8A0C

意味 ①〈つい・える(つひ・ゆ)〉つぶれる。②〈みだ・れる(――・る)〉もめる。③うちわもめ。「外訌内訌」

言3【訊】〔10〕人 標 シン 漢 去 震 ジン 慣 xùn シュン J 3154 U 8A0A

意味 ①〈たず・ねる(たづ・ぬ)〉㋐きただす。㋑とりしらべる。②〈と・う(――・ふ)〉㋐責め問う。とがめる。㋑訪問する。③〈つ・げる(――・ぐ)〉知らせる。④たより。手紙。「音訊」⑤捕虜。⑥文章などのまとめ。⑦すばやいさま。＝迅

参考 新表記では、「尋」に書きかえる熟語がある。

【訊鞫】きびしく問いただす。

【訊検(檢)】たずね調べる。

【訊問】きただす。問いただす。＝尋問

言3【訒】〔10〕 ジン 漢 去 震 rèn レン J ①9193 補 6140 U 8A12

意味 ①〈しの・ぶ〉ことばをひかえる。②いいなやむ。口に出しにくい。口が重い。③いつくしむ。＝仁

言3【訕】〔10〕 サン 漢 去 諫 セン 呉 shàn シャン J ①9194 補 6142 U 8A15

意味 ①〈そし・る〉㋐悪口をいう。「訕謗」㋑上の人を悪くいう。②はずかしい。「訕訕」

【訕笑】そしり笑う。けなしてあざけり笑う。

言3【託】〔10〕常 タク
タク 漢呉 入 薬 tuō トゥオ J 3487 U 8A17

筆順 二 亖 言 言 言 言 訁 託

意味 ①〈まか・せる(――・す)〉ゆだねる。あずけまかせる。「寄託」②〈かこつ・ける(――・く)〉ことばをかりる。口実とする。③〈よ・せる(――・す)〉㋐たのみにする。たよる。「託孤」㋑持たせる。持って行かせる。㋒よりかかる。㋓身を寄せる。④〈ことづけ〉⑤おつげ。神や仏がのりうつって告げることば。国〈かこ・つ〉ぐちや不平を言う。

解字 形声。言が形を表し、乇が音を示す。乇は草が芽を出すことで、定着する意味を持つ。託は、ことばで、落ちつかせることを表し、ことづける、まかせるという意味になる。

名前 より 姓 託摩

【託寄】あずけまかせる。
【託言】①ほかのものにかこつけていう。②伝言。ことづて。
【託孤】みなしごをゆだねる。君主が臣下に幼君を補佐して国政を行えるようにゆだねる。〈論語・泰伯〉
【託宣】国神仏のおつげ。神仏が人間にのりうつって話をする。
【託送】人に頼んで荷物を送る。
【託付】人に頼みまかせる。ことづける。「託付不レ効」〈蜀志・諸葛亮伝〉
【有レ託而逃】りくつをつけて逃避する。〈韓愈・送王秀才序〉
◆仮託・付託・依託・供託・屈託・委託・信託・神託・寄託・結託・嘱託・請託

言3【討】〔10〕学6 トウ うつ
トウ 漢呉 上 皓 tǎo タオ (タウ) J 3804 U 8A0E

筆順 二 亖 言 言 言 言 討 討

意味 ①〈う・つ〉㋐悪人を攻める。「討伐」㋑上の者が下の者を攻めうつ。㋒殺す。②〈おさ・める(をさ・む)〉㋐処置する。㋑罪人を調べて罰する。③差をつける。しだいに減らす。④〈たず・ねる(たづ・ぬ)〉〈さぐ・る〉たずねきわめる。「討究」⑤〈もと・める(――・む)〉求め取る。⑥いりまじる。

解字 会意。言と寸を合わせた字。寸はものさしに合う、法度の意味。討は、りくつに合わない、

て正しくおさめることで、「たずねる」意味になる。また、寸を音とする形声文字で、寸は、誅の音と通じて、ことばで責める意味を表すから、討は罪人を責めてといただすことであるともいう。


【討死】（うちじに） 国戦争で戦って死ぬこと。

【討手】（うって） 国攻めるほうの部隊。

【討議】（とう(たう)ぎ） 与えられた問題について、ふたり以上の人たちが、考えていることを述べあい、相談する。

【討究】（とう(たう)きゅう(きう)） 奥深くまでたずね調べる。

【討窮】（とう(たう)きゅう(きう)） 「討究」に同じ。

【討春】（とう(たう)しゅん） 春の景色をたずねる。

【討賊】（とう(たう)ぞく） 賊を攻めること。むほん人を武力で攻撃すること。

【討伐】（とう(たう)ばつ） 悪者を攻める。賊軍を武力で攻撃する。

【討捕】（とう(たう)ほ） 攻めとらえる。悪者を攻めてつかまえる。

【討滅】（とう(たう)めつ） 攻めほろぼす。

【討論】一（とう(たう)ろん） ①たずねしらべる。「討ニ論墳典一（ふんてんをとうろんす）」〈書物を調べる。〉〈孔安国・尚書序〉 ②多くの人が、めいめい自分の意見を述べあい議論する。 二 tǎo-lùn 現 一の②に同じ。

【討厭】（タオイエン） tǎoyàn 現いやな。きらう。
◇仇討・手討・返討・夜討・征討・追討・検討・闇討

言 4
【訛】〔11〕 標 ガ(グワ) 漢 平 歌 é オー | J 7534 | U補 8A1B
意味 ①〈あやまり〉まちがい。「訛舛」「訛謬」 ②まちがう。 ③いつわり。うそ。＝譌 ④いつわる。 ⑤〈なま・る〉標準語からはずれる。 ⑥〈なまり〉〈だみ〉ことばのなまり。 ⑦変える。変わる。動く。
【訛音】（か(くゎ)おん） なまった発音。
【訛言】（か(くゎ)げん） うそ。まちがったことば。
【訛伝(傳)】（か(くゎ)でん） 誤りの言い伝え、書き伝え。また、まちがってつたえられた事がら。
『以レ訛伝(傳)レ訛』（か(くゎ)をもってか(くゎ)をつとう(つたふ)） まちがった話を、さらにまちがえて伝える。

言 4
【訝】〔11〕 標 ガ 漢 ゲ 呉 去 禡 yà ヤー ゲン 慣 | J 7535 | U補 8A1D
言 5【訝】〔12〕俗字 | U補 J
意味 ①〈むか・える(――・ふ)〉迎える。ねぎらう。＝迓 ②〈いぶか・る〉あやしむ。疑い怪しむ。 ③〈あやし・い(あや・し)〉
【訝郎当(當)】（げろう(らう)とう(たう)） 仏①やあ、なにをぼけているのか。 ②やい、このやろう。ののしることば。

言 4
【許】〔11〕 学 5 キョ ゆるす | 一 キョ 漢 コ 呉 | 一 上 語 xǔ シュイ | 二 コ 漢 | 二 上 麌 hǔ フー | J 2186 | U補 8A31
筆順 ニ ニ 三 言 言 訁 訐 許
意味 一 ①〈ゆる・す〉 ㋐ききいれる。よいとする。「許可」 ㋑みとめる。 ㋒約束する。 ㋓婚約する。「許嫁」「許容」 ㋔したがう。 ㋕あてにする。期待する。 ②〈ゆるし〉 ③〈もと〉〈かり〉〈がり〉ところ。 ④〈ばかり〉不定の数をいう。「五万許人」 ⑤幾許は、いくばく。どれほど。 ⑥姓。 二 許許は、大勢で力を合わせる時のかけごえ。
解字  形声。言が形を表し、午が音を示す。午には、互いにかみ合う意味がある。許は、自分の耳と、人の言とが互いに作用することで、相手の言い分を聞いて、受け入れ従う意味になる。
名前 ゆく 姓 許勢・許智・許斐・許曽倍・許曽部
難読 許多・許婚・許嫁
【許嫁】（きょか） 一（いいなずけ(いひなづけ)） 双方の親の合意で、幼時から結婚を約束すること。また、その結婚を許された人。
【許衡】（きょこう(かう)） 人名。元時代の朱子学者。（一二〇九～一二八一）
【許国(國)】（きょこく） 身をすてて国のために尽くすこと。
【許渾】（きょこん） 人名。唐の詩人。「丁卯集」の作者。
【許慎(愼)】（きょしん） 人名。後漢の学者。字は叔重。「説文解字」を著した。
【許多】一（きょた） あまた。数が多い。 二 xǔduō シュイトゥオ 現 一に同じ。
【許諾】（きょだく） 承知する。
【許否】（きょひ） 許すことと許さないこと。
【許由】（きょゆう(いう)） 人名。堯時代の隠者といわれる。
【許与(與)】（きょよ） ゆるす。与もゆるすこと。
◇免許・官許・何許・特許・聴許・裁許・幾許

言 4
【詾】〔11〕 キョウ 漢 平 冬 xiōng ション | J ― | U補 8A29
意味 ①〈あらそ・う(――・ふ)〉〈あらそい(あらそひ)〉 ②〈みだ・れる(――・る)〉〈みだれ〉混乱する。 ③言い騒ぐ。＝訩

言 4
【訢】〔11〕 一 キン 漢 一 平 文 xīn シン | 二 キ 漢 二 平 支 xī シー | 三 ギン 漢 三 平 真 yín イン | J ①9201 | U補 8A22
意味 一〈よろこ・ぶ〉＝欣 二やわらぎたのしむ。 三訢訢は、つつしむさま。
【訢合】（きごう(がふ)） 天地の気がやわらいで、しっくりあう。
【訢訢如】（きんきんじょ） 喜ぶさま。やわらぐさま。
【訢然】（きんぜん） 喜ぶさま。欣然。

言 4
【訣】〔11〕 人 標 ケツ 漢 入 屑 jué チュエ | J 2377 | U補 8A23
意味 ①〈わか・れる(――・る)〉＝決 ㋐遠くに行く人とわかれる。 ㋑死者と別れる。 ②〈わかれ〉 ③奥義。奥深いわけ。 ④自殺する。
参考 新表記では、「決」に書きかえる熟語がある。
【訣飲】（けついん） わかれの酒をのむ。
【訣辞(辭)】（けつじ） わかれのことば。いとまごいのあいさつ。
【訣別】（けつべつ） わかれる。いとまごいをする。＝決別
◇口訣・永訣・要訣・秘訣

言 4
【詨】〔11〕 一 コウ 漢 (カウ) 一 平 肴 xiáo シアオ | 二 ダ 漢 二 平 麻 ná ナー | J 6146 | U補 8A24
意味 一ことばにつつしみがない。＝誵 二①はずかしくてことばにつまる。また、いっていることが支離滅裂である。 ②手にもつ。＝拏

言 4
【訯】〔11〕 一 サ 漢 一 上 馬 sǎ サー | 二 サ 漢 二 去 禡 sà サー | J 6150 | U補 8A2F
意味 一こじつける。 二ことがらをまげる。

言 4
【訟】〔11〕 常 ショウ | J 3057 | U補 8A1F
旧字 言 4【訟】〔11〕 ショウ 漢 ジュ 呉 去 宋 sòng ソン | U補 J ―
筆順 ニ ニ 三 言 言 訁 訟 訟
意味 ①〈うった・える(――・ふ)〉 ㋐法廷で争う。 ㋑人の無罪であることをはっきりさせる。 ②〈うったえ(うったへ)〉訴訟。 ③争う。いさかう。 ④〈せ・める(―・む)〉反省させる。 ⑤騒ぎたてる。 ⑥ほめる。＝頌 ⑦易の卦の名。 ⑧はっきりと。＝公 ⑨取り入れる。＝容

解字 形声。言が形を表し、公が音を示す。公には、おおやけという意味がある。訟は、おおやけに言いたてること、言語で攻めたてること。また、頌と同じく、舞踊に合わせる歌ともいう。

【訟言】①はっきりという。明言。②人の前でおおやけにいう。

【訟獄】裁判にかける事件。うったえごと。

【訟庭】訴訟を裁判する役所。

【訟理】①裁判が正しい。②うったえてさばきをつける。
◇訴訟・争訟

言4【訦】〔11〕 シン 漢 平 侵 chén チェン　J 6147 U補 8A26

意味 ①誠実で裏切らないこと。②怒ってしかりつける。

言4【設】〔11〕 学5 セツ もうける　セツ 漢 セチ 呉 入 屑 shè ショー　J 3263 U補 8A2D

筆順 ニ ニ 三 言 言 言 訁 訁 設 設

意味 ①〈もう・ける(まう・く)〉㋐ならべる。㋑作る。こしらえる。㋒そなわる。準備する。「設備」㋓ほどこす。「設教」②〈もうけ(まうけ)〉〈まけ〉こしらえ。設備。③うたげ。ごちそう。④合う。一致する。⑤〈もし〉仮定のことば。

解字 会意。言と殳とを合わせた字。殳は、人になにかをさせること。設は、ことばで人になにかをさせることで、物をしきならべる意味になる。一説に、言はくさびの形、殳は物を打つ杖で、設は、かけやでくさびを打ちこむことを表すという。

名前 おき・のぶ　姓 設楽

【設営(營)】軍隊などの宿泊設備を用意すること。

【設計】㊀建物・機械などを作るとき、その構造・材料・費用などを、図面その他で示す。㊁shèjì 現①㊀に同じ。②デザイン(する)。

【設置】こしらえておく。

【設定】①用意してきめる。つくり定める。②㊟新たに権利を発生させること。

【設備】㊀①したく。②建築物の付属品。㊁shèbèi 「現㊀に同じ。」

【設問】①問題を作り、たずねる。設疑。②問題。

【設立】こしらえる。作って立てる。

【設令】㊀法令を作る。㊁たとえ。たとい。もし…すると。

◇布設・公設・仮設・私設・架設・建設・施設・既設・特設・常設・創設・開設・新設・増設・敷設

言4【訬】〔11〕 ㊀チョウ(テウ) 漢 ㊀ 平 蕭 chāo チャオ　㊁ビョウ(ベウ) 漢 ㊁ 上 篠 miǎo ミアオ　㊂チョウ(テウ) 漢 ㊂ 上 巧 chǎo チャオ　J 6149 U補 8A2C

意味 ㊀①さわがしい。②ずるがしこい。③すばやい。④かきしるす。㊁たかい。㊂でたらめをいう。

言4【訥】〔11〕 ドツ 漢 トツ 慣 入 月 nè ノー、nà ナー　J 7536 U補 8A25

意味 ①〈ども・る〉いいなやむ。「訥口」②くちべた。ことばがたっしゃでない。「訥弁」

【訥言】①ことばがうまくないこと。②どもることば。

【訥訥】すらすらとことばが出ないさま。

言4【詽】〔11〕 ダン 漢 ナン 呉 平 覃 nán ナン　J ― U補 46C1

意味 しゃべること。＝諵・喃「詽詽」

言5【詽】〔12〕俗字 U補 279A6
言5【諵】〔12〕俗字 U補 ―

言4【訪】〔11〕 学6 ホウ おとずれる・たずねる　ホウ(ハウ) 漢 呉 去 漾 fǎng ファン　J 4312 U補 8A2A

筆順 ニ ニ 三 言 言 言 訁 訪 訪 訪

意味 ①〈おとず・れる(おとづ・る)〉㋐その場所へ行く。㋑みまう。②〈おとずれ(おとづれ)〉③〈と・う(―・ふ)〉〈とぶら・う(―・ふ)〉㋐行ってたずねる。㋑訪問する。④〈たず・ねる(たづ・ぬ)〉㋐求めさがす。㋑よそへ出かける。⑤〈とぶらい(とぶらひ)〉⑥〈はか・る〉相談する。

解字 形声。言が形を表し、方が音を示す。方には、広い、四方の意味がある。訪は、広く相談する、四方に出かけて問いはかることを表す。

名前 み・こと・みる

【訪客】たずねてくる人。来客。

【訪議】①質問し相談する。②計画をたずねる。

【訪求】たずね求める。さがしたずねる。

【訪古】古跡をさぐりたずねる。覧古。

【訪採】あちらこちらをたずねて、集める。採訪。

【訪問】㊀①きいただす。②人の家へ行く。たずねる。㊁fǎngwèn 現㊀に同じ。

◇来訪・往訪・探訪・歴訪・詢訪・諏訪

言4【訳】〔11〕 学6 ヤク わけ　J 4485 U補 8A33
旧字 言13【譯】〔20〕 エキ 漢 ヤク 呉 入 陌 yì イー　J 7603 U補 8B6F

筆順 ニ ニ 三 言 言 言 訁 訂 訳

意味 ①〈やく・す〉翻訳する。ひとつのことばを別のことばに変えて、意味を通じさせる。②解釈する。③〈やく〉翻訳。
国〈わけ〉①ことばの意味。②理由。

解字 形声。言が形を表し、睪が音を示す。睪には次々につづく意味がある。譯は四方の国々のことばを次々に伝える者。また、睪は、易と音が通じるので、譯は、ことばを易えることであるともいう。

名前 つぐ　姓 訳・訳語田

【訳語】他の国のことばになおしたことば。

【訳詩】外国の詩を訳したもの。

【訳述】国翻訳の著述。

【訳注(「註」)】原文に対する翻訳と注釈。

【訳読(讀)】文章を解釈することと読むこと。

【訳文】文章を翻訳する。また、翻訳した文章。【―筌蹄】国書名。荻生徂徠著。国文を漢訳するための参考書。

【訳本】翻訳した本。

【訳解】訳文をつけて説明する。また、そのもの。

◇全訳・名訳・抄訳・対訳・言訳・直訳・英訳・和訳・通訳・意訳・誤訳・詳訳・翻訳・逐語訳

言4【訧】〔11〕 ユウ 漢 平 尤 (イウ) yóu ユー　J ― U補 8A27

意味 ①〈とが〉罪。②〈あやまち〉過失。＝尤

言4【訞】〔11〕 ヨウ 漢 平 蕭 (エウ) yāo ヤオ　J 6143 U補 8A1E

意味 ＝祅 ①変わった現象。②わざわい。③人をまどわすことば。「訞言」

言4【訁区】〔11〕 俗 ↓謳(一一七二ページ・下)

言4【訡】〔11〕 同 ↓吟(二三〇ページ・中)

言4【訫】〔11〕 同 ↓信(九二ページ・下)

言4【訠】〔11〕 同 ↓矧(八八〇ページ・上)

言5 【詒】〔12〕 ㊀イ 漢 ㊀平 支 yí イー ㊁タイ 漢 ㊁上 賄 dài タイ J 7540 補 U 8A52

意味 ㊀①〈おく・る〉人に物をおくる。②〈のこ・す〉後世にのこす。＝貽 ㊁〈あざむ・く〉だます。＝紿

【詒厥】(いけつ) 子孫。【詒厥之謀】(いけつの) 祖先のりっぱな業績によって、子孫が栄えること。

【詒謀】(いぼう) 子孫に幸福をもたらす功績を残し伝える。

言5 【詠】〔12〕 常 エイ よむ エイ 漢 ヨウ(ヤウ) 呉 去 敬 yǒng ヨン J 1751 補 U 8A60

筆順 ニ ニ 亖 言 訂 訂 詠 詠

意味 ①〈うた・う(――・ふ)〉＝咏 ㋐声を長くのばして歌う。㋑物に託して歌う。「諷詠(ふうえい)」②詩歌を作る。③〈うた〉詩歌。④たたえる。⑤鳥がなく。国〈よ・む〉和歌を作る。

解字 形声。言が形を表し、永(えい)が音を示す。永には、ながいという意味がある。詠は、声を長く引くことばで、歌のことをいう。

【詠歌】(えいか) ①歌をよむ。②よみだされた歌。③浄土宗の信者がうたう仏教和讃(わさん)の一つ。ご詠歌。

【詠懐(懷)】(えいかい(くわい)) うたごころ。思いを歌にあらわす。

【詠帰(歸)】(えいき) 郊外に出かけ楽しんだ後、詩をうたいながら帰る。〈論語・先進〉

【詠吟】(えいぎん) 詩や歌を、ふしをつけてうたう。吟詠。

【詠史】(えいし) 歴史上の事件を題材として詩歌を作る。

【詠進】(えいしん) 国歌をよみ、朝廷や貴人、神仏にさしあげる。

【詠草】(えいそう) 国歌の下書き。

【詠嘆(「歎」)】(えいたん) ①声を長く引いてうたう。②うたいほめる。③感動する。感動を歌にあらわす。＝咏嘆

【詠物】(えいぶつ) 物の名を題として、詩や歌をつくる。

【詠味】(えいみ) 詩歌を、声にだして読み味わう。

【詠絮之才】(えいじょの さい) 女子の文才があることをいう。才媛。晋(しん)の王凝之(おうぎょうし)の妻謝道韞(しゃどううん)が、雪の降るのを柳のわたにこうまくたとえた故事。〈晋書(しんじょ)・列女伝〉

【詠雪之才】(えいせつの さい) 「詠絮之才」に同じ。

◆吟詠(ぎんえい)・朗詠(ろうえい)・諷詠(ふうえい)・遺詠(いえい)・献詠(けんえい)・題詠(だいえい)

言5 【詍】〔12〕 エイ 漢 去 霽 yì イー J ②8859 補 6160 U 8A4D

意味 ことばが多い。しゃべること。

言5 【訶】〔12〕 標 カ 漢 平 歌 hē ホー J 7537 補 U 8A36

意味 ①〈しか・る〉㋐どなりつける。㋑とがめる。㋒せめる。②怒り。③梵語(ぼんご)の音訳字。

【訶詰】(かきつ) 責めしかる。罪をなじってしかりつける。

【訶止】(かし) しかってやめさせる。

【訶叱】(かしつ) しかりつける。

【訶辱】(かじょく) しかりはずかしめる。しかりつけて、恥をかかす。

【訶詆】(かてい) しかる。非難してしかる。

【訶梨帝母】(かりていも) 仏「鬼子母神(きしもじん)」(一四一六ジ・上)に同じ。

言5 【詎】〔12〕 キョ 漢 上 語 jù チュイ J ①9204 補 6161 U 8A4E

意味 ①〈なんぞ〉〈なんすれぞ〉どうして。どういうわけで。②〈あに〉反語の助詞。どうして。③〈いた・る〉行き着く。④もしも。かりに。

言5 【詓】〔12〕 キョ 漢 上 語 jù チュイ J 補 6162 U 8A53

意味 詓詓(きょきょ)は、寝息をあらわす擬声語。

言5 【詘】〔12〕 ㊀クツ 漢 ㊀入 物 qū チュイ ㊁チュツ 漢 ㊁入 質 chù チュー J ②8860 補 6165 U 8A58

意味 ㊀①まがる。まげる。＝屈 ②言葉がつかえる。言いつまる。③へらす。少なくする。④尽きる。⑤きわまる。⑥充詘(じゅうくつ)は、喜んで度を失うさま。㊁しりぞける。＝黜(ちゅつ)

【詘指】(くっし) ①自分の気持ちをおさえる。②指折り数える。＝屈指

【詘伸】(くっしん) のびちぢみ。＝屈伸

言5 【詗】〔12〕 ケイ 漢 去 敬 xiòng ション J 補 6164 U 8A57

意味 ①さぐる。②さとる。③求める。

言5 【詃】〔12〕 ケン 漢 上 銑 juǎn チュワン J 補 6156 U 8A43

意味 だましてさそう。

言5 【詁】〔12〕 コ 漢 上 麌 gǔ クー J 7538 補 U 8A41

意味 ①ことばの意味。②昔のことばを今のことばで解釈し、説明する。

【詁訓】(こくん) 古文のよみかた。古書の字や句の、よみと訳をつける。訓詁。

【詁経(經)精舎】(こけいせいじゃ／こけいしょう(しゃう)じゃ) 清(しん)の阮元(げんげん)の室名。

言5 【詐】〔12〕 常 サ サ 漢 去 禡 zhà チャー J 2630 補 U 8A50

筆順 ニ ニ 亖 言 訁 許 許 詐

意味 ①〈いつわ・る(いつは・る)〉〈あざむ・く〉㋐だます。㋑たぶらかす。㋒ふりをする。②〈いつわり(いつはり)〉「詐故(さこ)」③ふいに。突然に。＝乍「詐晴(させい)」

解字 形声。言が形を表し、乍(さ)が音を示す。乍には、作と同じく、つくるという意味がある。詐は、作りあげたことばで、ことばであざむくことをいう。

【詐偽(僞)】(さぎ) いつわり。

【詐欺】(さぎ) ①いつわりあざむく。だます。②他人をだまして金品を手に入れる。

【詐取】(さしゅ) だましとる。

【詐術】(さじゅつ) ごまかす方法。いつわりの手段。

【詐称(稱)】(さしょう) 自分の経歴・職業・氏名・年齢・住所などをいつわりいう。

【詐誕】(さたん) いつわりあざむく。

【詐病】(さびょう(びゃう)) けびょう。にせの病気。

【詐妄】(さぼう(ばう)) うそ。でたらめ。

【詐謀】(さぼう) いつわりのはかりごと。

【詐明頭】(さめいとう) 明をいつわる。知ったかぶりをする。頭は接辞。〈碧巌録(へきがんろく)〉

【詐佯】(さよう(やう)) いつわる。うそをつく。

【詐略】(さりゃく) いつわりの計画。

【詐力】(さりょく) 詐欺と暴力。うそと乱暴。

◆巧詐(こうさ)・姦詐(かんさ)・欺詐(ぎさ)・譎詐(けっさ)

言5 【詞】〔12〕 学6 シ シ 漢 ジ 呉 平 支 cí ツー J 2776 補 U 8A5E

筆順 ニ ニ 亖 言 訂 訶 詞 詞

意味 ①〈ことば〉㋐単語。㋑字句。㋒文章。②告げる。③詞文。④韻文の一つ。唐(とう)代に始まり宋(そう)代に盛んになった。詩とちがって、一句の字数に長短がある。塡詞(てんし)・詩余(しよ)。長短句。

解字 会意。言と司を合わせた字。司は主人である。詞は、心が内に主となると、ことばとなって外に表れるということで、ことばをいう。また、言が形を表し、司(し)が音を示す形声文字ともいう。この説では、詞は、辞と同じで、修飾を加えたことばとか、司は助と音が通ずるので、詞は助詞をいうなどと解する。

名前 こと・なり・のり・ふみ 難読 祝詞(のりと)(付表)

【詞書】ことばがき 国①説明の文。和歌や俳句のまえがき。②絵巻物の中の説明文。

【詞韻】しいん(ゐん) ①ことばのおもむき。②詞に使う韻。

【詞華(華)】しか(くわ) 美しくかざったことば。すぐれた詩文。

【詞客】しかく 詩人。文学者。

【詞気(氣)】しき ことばつき。「美二詞気一(しきうるわし)」〈晋書・嵆康伝(けいこうでん)〉

【詞曲】しきょく 詞と曲。宋・元時代の詩歌。宋詞元曲。

【詞兄】しけい 文人の友に対する敬称。

【詞姿】しし 詩文のすがた。

【詞章】ししょう(しやう) 詩や歌や散文などのことば。詩文。

【詞場】しじょう(ぢやう) 詩人・文人の社会。文壇。詩壇。

【詞人】しじん ①詩文を作る人。文士。②塡詞を作る人。

【詞宗】しそう 詩文をもって一家をなす人。宗は、本家の意。

【詞曹】しそう(さう) 文学者を集めている役所。翰林。

【詞綜】しそう 書名。清の朱彝尊編。宋・金・元時代の詞を集めたもの。

【詞藻】しそう(さう) ①美しくかざったことば。文章のかざり。②詩歌や文章。③詩や文章をつくる才能。

【詞致】しち ことばのおもむき。話しぶりに味がある。

【詞賦】しふ 韻文の一形式。辞賦。

【詞鋒】しほう ことばのほこさき。

【詞林】しりん ①文章を集めたもの。②文人社会。文壇。

【詞令】しれい 詔勅や命令。辞令。

【詞典】ツーティエン cídiǎn 現辞典。

【致レ詞】しをいたす ①祝賀、または賞賛のことばを述べる。②あいさつのことばを述べる。③言う。申し上げる。

◆弔詞・名詞・序詞・助詞・忌詞・枕詞・品詞・冠詞・祝詞・副詞・動詞・悼詞・賀詞・数詞・絵詞・歌詞・誓詞・台詞・代名詞・形容詞・助動詞・連体詞・接続詞・感動詞・間投詞

言5 【訾】〔12〕 ■一 シ 漢 呉 ■一 上 紙 zǐ ツー ■二 シ 漢 呉 ■二 平 支 zī ツー J ②8857 補 6154 U 8A3E

言5 【訿】〔12〕 同字 J — 補 — U 8A3F

意味 ■一 ①〈そし・る〉㋐悪口をいう。「訾短」「訾毀」㋑うらむ。にくむ。■二 ①〈はか・る〉㋐数量を計算する。㋑ねがう。思う。②財産。おかね。＝資 ③ああ。感嘆の語。＝咨 ④地名。河南省鞏義市にあった。⑤姓。

言5 【証】〔12〕 学5 ショウ J 3058 補 — U 8A3C

旧字 言12 【證】〔19〕 ショウ 呉 去 径 セイ 漢 zhèng チョン J 7590 補 — U 8B49

筆順 ニ ニ 三 言 訂 訂 証 証

意味 ①〈いさ・める(——・む)〉忠告する。②〈あか・す〉㋐申しでる。㋑正しいことを明らかにする。③〈あかし〉しるし。しょうこ。④病症。＝症 ⑤仏さとり。さとる。

解字 形声。言が形を表し、登とうが音を示す。登には、のぼるという意味がある。證は下級の者のことばを、上級の者に聞かせることである。また、登の音には、明らかに告げるという意味を含んでいるから、證は、あかしのことばをいうことであるともいう。音ショウは、登の音トウの変化。常用漢字の証は、言をもって正す意味で、いさめることを表すが、證と通じて使う。

名前 み・つぐ・あきら

【証引】しょういん 証拠として引く。

【証印】しょういん 証拠のために押す印判。

【証果】しょうか(くわ) 仏修行によって得たさとり。

【証義】しょうぎ 仏問答の優劣を判定する役。

【証見】しょうけん しるし。

【証券】しょうけん ①株券や手形。②お金を借りていることを証明する書類。

【証験(驗)】しょうけん ①しるし。証拠。②はっきりした証拠を立てる。

【証言】しょうげん ①ことばで証明する。②証人の供述。

【証拠(據)】しょうこ 事実を証明するよりどころになる物事。

【証左】しょうさ ①証拠。証明。②証人。左は、証拠の割り符。

【証書】しょうしょ 証明する文書。証文。

【証誠】しょうじょう(じやう) 仏①正しいことを証明する。②「証義」に同じ。

【証徴】しょうちょう はっきりした証拠。

【証入】しょうにゅう(にふ) 仏さとる。

【証人】しょうにん ①証明する人。②保証人。③法裁判所や国会などから、自分が過去に経験したことがらを供述することを命ぜられた第三者。

【証票】しょうひょう(へう) 証拠となるふだ。

【証憑】しょうひょう 物事を証明するよりどころ。

【証明】しょうめい ■一 物事がまちがいないことをはっきりさせること。根拠によってあかしを立てること。■二 チョンミン zhèngmíng 現 ■一に同じ。

【証文】しょうもん 国証拠となる文書。

◆心証・反証・引証・内証・立証・左証・考証・実証・例証・明証・査証・保証・偽証・検証・認証・論証・確証・顕証

言5 【詔】〔12〕 常 ショウ みことのり ショウ(セウ) 漢 呉 去 嘯 zhào チャオ J 3059 補 — U 8A54

筆順 ニ ニ 三 言 訁 訂 詔 詔

意味 ①〈みことのり〉〈のりごと〉天子の命令。「詔勅」「詔命」②〈つ・げる(——・ぐ)〉㋐告げ知らせる。㋑上から下に告げる。㋒神に告げる。㋓言う。③〈の・る〉天子が命令をだす。④みちびく。教える。⑤文体の一つ。

解字 形声。言が形を表し、召しょうが音を示す。召には、昭と同じく、明らかという意味を含む。詔は、上から下に、明らかに告げることをいう。この字は、秦時代に作られ、天子専用のことばとされた。それ以前は、誥の字が使われていた。

名前 のり

【詔獄】しょうごく 漢代、天子の命をうけて罪人をとりしらべたところ。

【詔冊】しょうさく 詔勅を書きしるした文書。

【詔旨】しょうし みことのりのむね。天子のことばの内容。

【詔書】しょうしょ 天皇の意思を明示した公文書。

【詔諭】しょうゆ みことのりをくだしてさとす。

言5 【診】〔12〕 常 シン みる シン 漢 上 軫 zhěn チェン J 3139 補 — U 8A3A

筆順 ニ ニ 三 言 訁 訃 診 診

言5 【訡】〔12〕 俗字 J — 補 — U 2799C

意味 ①〈み・る〉㋐よく見る。うかがいみる。㋑脈をみて病状をしらべる。「診脈」②〈こころ・みる(——・む)〉考えしらべる。③うらなう。④告げる。＝眕 ⑤症状。

解字 形声。言が形を表し、㐱しんが音を示す。㐱は、髪の毛の密度が濃いことである。診は、医者が、患者と話をして、すみずみまで細かに病状を見ることである。

【診候】しんこう 「診切」に同じ。

【診察】しんさつ 病人のからだをみて、病気のようすをしらべる。

【診切】しんせつ 脈をみて病状を判断する。
【診断(斷)】しんだん 医者が患者を診察して、その病状を判断する。
【診脈】しんみゃく 病人の脈をみる。
【診療】しんりょう(れう) 病気のようすをみて、それをなおす。
◆内診ないしん・代診だいしん・打診だしん・回診かいしん・休診きゅうしん・宅診たくしん・応診おうしん・初診しょしん・来診らいしん・受診じゅしん・往診おうしん・検診けんしん・誤診ごしん・聴診ちょうしん

言5【訷】〔12〕 シン㊅㊥真 shēn シェン　J①9202 補6152 U8A37
意味 もうしたてる。とく。

言5【訴】〔12〕常 ソ うったえる　ソ㊅㊤遇 sù スー　J3342 U8A34
筆順 亠 亠 亖 言 訂 訢 訢 訴
意味 ①〈うった・える(――・ふ)〉㋐不平を人にいう。申しでる。「訴告そこく」㋑裁判を願いでる。告発する。「告訴こくそ」㋒そしる。告げ口をする。②〈うったえ(うったへ)〉 国〈うった・える(――・ふ)〉解決の手段にする。「武力に訴える」
解字  形声。言が形を表し、斥そが音を示す。斥には、泝(さかのぼる)と同様に、逆に動く意味がある。訴は、ことばでさからうことである。
【訴因】そいん 法うったえ出た原因。起訴したわけ。
【訴願】そがん(ぐゎん) ①うったえねがう。②法行政官庁の処分の取り消しや変更を、その上級官庁や上級自治体にねがいでること。行政不服審査法の成立以後は、「不服申立て」と称する。
【訴権(權)】そけん 法うったえる権利。判決請求権。
【訴訟】そしょう 法事実の認定ならびに法律的判断を裁判所に求める手続き。
【訴状(狀)】そじょう(じゃう) うったえごとを書きしたためた文書。
【訴追】そつい 法①検察官が刑事事件について公訴を提起すること。②裁判官に対する弾劾だんがいの申し立てをして、その罷免ひめんを求める行為。
【訴人】そにん うったえでた人。原告。
◆上訴じょうそ・公訴こうそ・自訴じそ・告訴こくそ・直訴じきそ・哀訴あいそ・怨訴えんそ・控訴こうそ・密訴みっそ・敗訴はいそ・勝訴しょうそ・越訴えっそ(おっそ)・讒訴ざんそ

言5【詛】〔12〕 ソ㊅㊤御 ショ㊥ zǔ ツー　J7539 U8A5B
意味 ①〈のろ・う(――・ふ)〉人にわざわいを下すように祈る。「詛祝そしゅく」②〈のろい(のろひ)〉③〈ちか・う(――・ふ)〉神にちかう。④〈ちかい(ちかひ)〉⑤そしる。
【詛盟】そめい ①誓う。約束する。②誓い。
【詛詈】そり のろってののしる。
【詛楚文】そそぶん 戦国時代、秦の昭襄王しょうじょうおうが楚の懐王かいおうを神にそしった文。

言5【詑】〔12〕 ■タ㊅ ダ㊥ ㊥平歌 tuó トゥオ ■イ㊅ ㊥平支 yí イー　J3434 U8A51
意味 ■〈あざむ・く〉だます。■詑詑いいは、得意になるさま。

言5【詀】〔12〕 ■タン㊅ ㊥平咸 zhān チャン ■ショウ㊅(セフ) ㊇入葉 chè チョー　補6155 U8A40
意味 ■①よくしゃべる。②ふざける。■こごえ。低い声。

言5【訵】〔12〕 チ㊅㊥平支 chī チー　J②8856 補6151 U8A35
意味 こっそりさぐる。

言5【註】〔12〕標 人 シュ㊅ チュウ㊖ ㊤遇 zhù チュー　J3580 U8A3B
意味 ①本文に詳しい説明をつける。また、その説明。＝注「註脚ちゅうきゃく」②書き記す。記録に残す。「註冊ちゅうさつ」
参考 新表記では、「注」に書きかえる。

言5【詝】〔12〕 チョ㊅㊤語 zhǔ チュー　J①9205 補6167 U8A5D
意味 知識。知恵。

言5【詆】〔12〕 テイ㊅㊤薺 dǐ ティー　J7541 U8A46
意味 ①〈そし・る〉悪口をいう。「詆毀ていき」「詆訾ていし」②〈しか・る〉声を出してとがめる。「詆訶ていか」③だます。
【詆欺】ていぎ いつわる。だます。
【詆訐】ていけつ そしってあばく。
【詆辱】ていじょく そしりはずかしめる。非難して恥をかかす。
【詆排】ていはい そしりしりぞける。非難し排斥する。

言5【詜】〔12〕 トウ㊅(タウ) ㊥平豪 tāo タオ　補6166 U8A5C
意味 ①詜詢とうとうは、ことばに切れ目がない。②双方の言い分をとりもつ。③幼児がきちんとしゃべれない。

言5【詉】〔12〕 ■ドウ(ダウ)㊅ ㊥平肴 náo ナオ ■ダ㊅ ㊥平麻 ná ナー ■ド㊅ ㊤去遇 nù ヌー　補6159 U8A49
意味 ■おしゃべりがうるさい。■諸詉しゃだは、ことばにつまってすらすらいえない。■わるぐち。

言5【詖】〔12〕 ヒ㊅㊤寘 bì ビー　J6163 U8A56
意味 ①〈かたよ・る〉②わるがしこい。③〈へつら・う〉㋐傾く。㋑正しくない。④ねじけたことば。「詖行ひこう」「詖辞ひじ」
【詖行】ひこう(かう) ねじけた行い。不正な行動。

言5【評】〔12〕学5 ヒョウ　ヘイ㊅ ヒョウ(ヒャウ)㊥ ㊥平庚 píng ピン　J4130 U8A55
旧字 言5【評】〔12〕
筆順 亠 亠 亖 言 言 訂 訐 評
意味 ①あれこれくらべて決める。「品評ひんぴょう」②くらべた結果をことばにする。また、そのことば。「評語」③文体の名。
解字 形声。言が形を表し、平へいが音を示す。平には平らという意味がある。評は公平なことばである。
名前 ただ 姓 評こおり
【評価(價)】ひょうか(ひゃうか) ①判定してつけたねだん。②批評し、ねうちをきめる。③教育評価の略。生徒の能力や学力・学習状態や学習態度・教育効果などを判定する。
【評議】ひょうぎ(ひゃうぎ) 多数が集まって、批評し相談する。
【評決】ひょうけつ(ひゃうけつ) 多くの人が意見を出してきめる。
【評言】ひょうげん(ひゃうげん) 批評のことば。
【評語】ひょうご(ひゃうご) 批評のことば。
【評釈(釋)】ひょうしゃく(ひゃうしゃく) 批評と解釈。詩や文章を批評しながらわかりやすく内容を説明する。
【評注】ひょうちゅう(ひゃうちう) 批評と注釈。＝評註
【評定】ひょうてい(ひゃうてい) ①品さだめをしてきめる。②皆の意見にもとづいて決定する。【――衆】ひょうじょうしゅう(ひゃうぢゃうしゅう) 国鎌倉・室町時代、幕府の職名。重要な政務を評議し裁定した。【――所】ひょうじょうしょ(ひゃうぢゃうしょ) 国①鎌倉幕府で評定衆の事務を取り扱う役所。②徳川幕府の最高の裁判所。【――奉行】ひょうじょうぶぎょう(ひゃうぢゃうぶぎゃう) 国評定衆を総理し監督した重職で、評定衆のうちの長老がこれに当たった。

【評点(點)】ひょうてん ①教師が成績品につける優劣の点数。②文章のたいせつな部分にほどこす点。
【評伝(傳)】ひょうでん 批評を加えた伝記。
【評判】ひょうばん 国①世間のうわさ。②おおぜいの人に知られていること。名声。
【評林】ひょうりん 批評を集めた書物。「史記評林」
【評論】ひょうろん 事の良し悪しを論じる。また、その論じた文章。
◇▼寸評・不評・月評・世評・好評・合評・妄評・冷評・批評・定評・俗評・品評・風評・時評・悪評・漫評・短評・酷評・適評・論評・劇評・選評・下馬評・月旦評

言5【詇】〔12〕 ヨウ(ヤウ) 漢 去 漾 yàng ヤン
意味 ①まえもってわかる。②人に何かをたのむ。③問う。
U 8A47 補 6158 J ①9203

言5【詈】〔12〕 リ 漢 去 寘 呉 lì リー
意味 ①〈ののし・る〉 非難する。「罵詈雑言ばりぞうごん」②あてこすって悪口をいう。
U 8A48 補 7542

言5【詅】〔12〕 レイ 漢 平 青 líng リン
意味 声をだして売る。
【詅痴(癡)符】れいちふ 自分のばかをさらけ出す文章。
U 8A45 補 6157 J ②8858

言5【訝】〔12〕 俗↓訝(二一四九ジ・上)

言5【訽】〔12〕 或↓詬(二一五五ジ・中)

言5【詽】〔12〕 俗↓詽(二一五〇ジ・中)

言5【詽】〔12〕 俗↓詽(二一五〇ジ・中)

言6【詼】〔13〕 カイ(クヮイ) 漢 平 灰 huī ホイ
意味 ①〈たわむ・れる(たはむ・る)〉 ふざける。おどける。じょうだんをいう。「詼謔かいぎゃく」②じょうだん。おどけ。「詼諧かいかい」③あざける。からかう。「詼嘲かいちょう」「詼啁かいちょう」
U 8A7C 補 7543

言6【詿】〔13〕 カイ(クヮイ) 漢 去 卦 guà コワ
意味 ①〈あやま・る〉 まちがう。「詿誤かいご」②〈あざむ・く〉 だます。
U 8A7F 補 6178

言6【該】〔13〕 常 ガイ
旧字 言6【該】〔13〕 カイ 漢 ガイ 慣 平 灰 gāi カイ
U 8A72 補 1926

筆順 該

意味 ①〈か・ねる(—・ぬ)〉〈そなわ・る(そなは・る)〉 ②そなえる。③〈みな〉〈ことごとく〉 ④〈べし〉〈まさに…べし〉 …すべきである。⑤あたる。よろしい。⑥〈その〉 指示すること ば。⑦公文書で、すでに述べた人やことを指す。「該件がいけん」

解字  形声。言が形を表し、亥がいが音を示す。亥は、骨組みのひきしまっている意味がある。該は、戦いのとき兵士たちに約束を言いわたして引きしめること。

名前 かた・もり

【該案】がいあん そのかんがえごと。その計画。
【該覈】がいかく ひろくしらべる。
【該洽】がいこう(かふ) ひろくゆきわたる。
【該悉】がいしつ 広く知りつくす。
【該地】がいち その土地。
【該通】がいつう ひろくゆきわたる。ひろく道理に通じる。
【該当(當)】がいとう(たう) ぴったりとあてはまる。
【該博】がいはく 多くの書をよみ、知識と道理に通じている。

言6【詻】〔13〕 ガク 漢 入 陌 è オー
意味 ①言いあらそう。②語気がはげしい。③詻詻がくがくは、㋐軍の命令のきびしいさま。㋑言いあらそうさま。
U 8A7B 補 6176

言6【詭】〔13〕 キ 漢 上 紙 guǐ コイ
意味 ①〈いつわ・る(いつは・る)〉 ㋐あざむく。だます。「詭詐きさ」「詭偽きぎ」 ㋑たぶらかす。㋒うそをいう。でたらめをいう。「詭言きげん」「詭説きせつ」「詭辞きじ」 ②〈せ・める(—・む)〉 ③〈たが・う(—・ふ)〉 そむく。ことなる。④〈あやし・む〉
U 8A6D 補 7544

【詭異】きい あやしくてふしぎ。でたらめで違っている。
【詭怪】きかい(くわい) ふしぎなもの。
【詭遇】きぐう 正しい方法によらずに、出世する。
【詭計】きけい いつわりのはかりごと。
【詭激】きげき 言行が度を失ってはげしい。過激。
【詭策】きさく いつわりのはかりごと。
【詭説】きせつ でたらめをいう。でたらめのことば。
【詭然】きぜん あやしく、ふしぎなさま。
【詭道】きどう(だう) いつわりの多い道理。ただしくないみち。
【詭弁(辯)】きべん 正しくないことを、正しいことのように言いくるめることば。人をまどわす、こじつけの論。【—学(學)派】きべんがくは 前五世紀ごろ、ギリシアで弁論や修辞を教えた学派。ソフィスト。
【詭妄】きぼう(ばう) うそ。いつわり。
【詭謀】きぼう いつわりのはかりごと。

言6【詰】〔13〕 常 キツ つめる・つまる・つむ
キツ 漢 入 質 jié チエ
U 8A70 補 2145

筆順 詰

意味 ①〈なじ・る〉〈と・う(—・ふ)〉〈せ・める(—・む)〉 ㋐こまかくたずねる。㋑問いつめる。㋒罪をせめる。②禁止する。とめる。③〈おさ・める(をさ・む)〉 きちんとととのえる。点検する。④次の日の朝。明朝。⑤まがる。「詰詘きっくつ」
国①〈つま・る〉 ㋐ふさがる。いっぱいになる。㋑ゆとりのない状態になる。㋒短くなる。②〈つ・める(—・む)〉 ㋐いっぱいにする。㋑身動きができないような状況にする。㋒短くする。㋓出勤する。当直する。③〈つ・む〉 ㋐密ですき間がなくなる。㋑将棋で、王将の逃げ道がなくなる。④〈つまり〉 けっきょく。⑤〈つめ〉 ㋐つめること。つめる物。㋑どんづまり。はて。

解字  形声。言が形を表し、吉きつが音を示す。吉は、結けつと同様に、しめつける意味を持つ。あるいは、追いつめる意味ともいう。詰は問いつめることである。

【詰窮】きっきゅう(きう) 問いつめる。せめつける。
【詰曲】きっきょく まがりくねること。屈曲。
【詰屈】きっくつ かがまってのびない。【—聱牙】きっくつごうが(がう) むずかしくごつごつして、読みにくい文章の形容。＝佶屈聱牙
【詰責】きっせき 罪をせめ問う。なじる。
【詰旦】きったん ①早朝。②あくる朝。翌日の朝。詰は明るい朝。
【詰問】きつもん せめ問いただす。
【詰碁】つめご 国囲碁で、局部的な石の生死を研究するあそび。
【詰所】つめしょ 国役人などが出勤している場所。
【詰将(將)棋】つめしょうぎ(しゃうぎ) 国将棋で、王のつめかただけを研究するあそび。
【詰腹】つめばら 国①むりに切腹させること。②むりに辞職させること。
◇▼大詰おおづめ・面詰めんきつ・腸詰ちょうづめ・難詰なんきつ・缶詰かんづめ

言6【誆】〔13〕
U 8A86 補 6181

一キョウ(キャウ)漢 一上 養 guǎng コワン
二キョウ(キャウ)漢 二去 漾 kuàng コワン
意味 一〈あざむ・く〉だます。二うそ。でたらめ。

言6【詾】〔13〕 キョウ漢 上 腫 xiōng ション　J —　補 6177　U 8A7E
意味 ①〈あらそ・う(―・ふ)〉=訩(きょう) ②おどかす。③いっぱいになる。

言6【詡】〔13〕 ク漢 上 麌 xǔ シュイ　J ①9206　補 6168　U 8A61
意味 ①〈ほこ・る〉大きなことをいう。②大きい。③〈あまね・し〉あまねくゆきわたる。④ことばが適切で勇気があること。⑤美しい。
【詡詡】(くく) ①大きなことをいう。②おもしろそうに語り合う。
【詡詡欲レ活】(くくとして、いきんとほっす) 絵や文が、生き生きとしている。

言6【詣】〔13〕常 ケイ もうでる　ゲイ漢 ケイ慣 去 霽 yì イー　J 2356　補 —　U 8A63
筆順
意味 ①〈いた・る〉㋐朝廷などにいく。㋑いく。到着する。②学業などが到達したレベル。「造詣(ぞうけい)」③さしだす。国〈もう・でる(まう・づ)〉〈まい・る(まゐ・る)〉神や仏におまいりする。「参詣(さんけい)」
解字 形声。言が形を表し、旨(し)が音を示す。旨は、いたる意。朝廷や目上の人のところへ、もうでること。また後には学業などの到達したレベルの意味を表すようになった。
◆参詣(さんけい)・造詣(ぞうけい)
【詣闕】(けいけつ) 宮廷にまいる。


言6【誇】〔13〕常 コ ほこる　カ(クヮ)漢 コ慣 平 麻 kuā コワ　J 2456　補 —　U 8A87
筆順
意味 ①〈ほこ・る〉㋐いばる。㋑おおげさにいう。㋒じまんする。㋓みせびらかす。②〈ほこり〉じまん。③〈ほこらし・い(ほこら・し)〉④おおきい。⑤美しい。

解字 形声。言が形を表し、夸(こ)が音を示す。夸には、おおげさという意味がある。誇はおおげさなことばである。

【誇競】(こきょう(きゃう)) 自慢してくらべあう。

【誇示】(こじ) 自慢して見せる。みせびらかす。

【誇称(稱)】(こしょう) おおげさにいう。

【誇色】(こしょく) 得意なようす。ほこっている顔色。

【誇多】(こた) 多いことをほこる。学問の広いことをほこる。【―闘(鬭)靡】(こたとうび) はでなことをしてみせびらかす。〈韓愈(かんゆ)・送陳秀才彤序(ちんしゅうさいとうをおくるじょ)〉

【誇大】(こだい) おおげさにいう。

【誇張】(こちょう) 事実よりも、おおげさに考えたり言ったりする。

【誇耀(燿)】(こよう(えう)) ほこりかがやかす。世間にみせびらかす。

言6【詤】〔13〕 コウ(クヮウ)漢 上 養 huǎng ホワン　J —　補 —　U 8A64
言10【謊】〔17〕同字　J ②8868　補 6231　U 8B0A
意味 ①ねごと。②でたらめをいう。

言6【詬】〔13〕 コウ漢 去 宥 gòu コウ　J 7545　補 —　U 8A6C
言5【訽】〔12〕或体　J —　補 6153　U 8A3D
意味 ①〈はずかし・める(はづかし・む)〉はずかしいめにあわせる。「詬言(こうげん)」「詬病(こうへい)」「詬辱(こうじょく)」②〈ののし・る〉「詬罵(こうば)」③〈そし・る〉悪口をいう。「詬訾(こうし)」④〈は・じる(―・づ)〉⑤〈はじ(はぢ)〉はずかしめ。「詬醜(こうしゅう)」

言6【詥】〔13〕 一コウ(カフ)漢 一入 合 hé ホー　二コウ(カフ)漢 二入 合 gé コー　J 6169　補 —　U 8A65
意味 一かなう。調和させる。二多くの意見をあわせる。

言6【詨】〔13〕 コウ(カウ)漢 去 效 xiào シアオ　J —　補 —　U 8A68
意味 ①さけぶ。=謼(こう) ②ほこる。

言6【詧】〔13〕 サツ漢 入 黠 chá チャー　J 6170　補 —　U 8A67
意味 あきらかにする。調べる。=察

言6【試】〔13〕学4 シ こころみる・ためす　シ漢 去 寘 shì シー　J 2778　補 —　U 8A66
筆順
意味 ①〈もち・いる(―・ふ)〉使う。役目につける。②〈こころ・みる(―・む)〉〈ため・す〉㋐ためしにやってみる。㋑調べる。㋒さぐる。③〈こころみ〉ためし。④とりあえず。ためしに。

解字 形声。言が形を表し、式(しき)が音を示す。式には、工具を使用するという意味がある。試は、人のことばを利用して、その人物を判断することで、その人を用いる意味にもなった。音シは、式の音シキの変化。

【試案】(しあん) ためしに作った計画。こころみに出した考え。

【試金石】(しきんせき) ①金の品位を判定するために使う高い硬度の黒色石英。②国物事の値うちや力などをためすもの。

【試掘】(しくつ) ためしに掘ってしらべる。

【試験(驗)】一(しけん) ①ためししらべる。②物事の性質・能力などをしらべる。③学力テスト。二シーイエン shìyàn 現一の①②に同じ。【―管】(しけんかん(くゎん)) 理理化学の実験に使う細長いガラス容器。

【試毫】(しごう(がう)) 国書きぞめ。試筆。毫は、筆の穂先。また、筆の意。

【試行錯誤】(しこうさくご) 何べんも失敗をくりかえしながら、正しいものをつかむ学習方法。trial and error の訳。

【試作】(しさく) ためしに作ってみること。また、その品。

【試食】(ししょく) ためしに食べてみること。

【試筆】(しひつ) 新年にはじめて文字をかく儀式。書きぞめ。

【試補】(しほ) 官吏の見習い。本官になる前の練習生。

【試問】(しもん) 人がらや学識などを知るために質問する。また、その質問。

【試用】(しよう) ためしに使ってみる。「試用於昔日(せきじつにしようせらる)」〈諸葛亮(しょかつりょう)・出師表(すいしのひょう)〉

【試練(煉)】(しれん) ためしきたえる。信仰や決心をためす。

【試論】(しろん) ①小論。エッセイ。②ためしに述べる意見。

【試巻】(しけん) シーチュワン shìjuàn 現試験の答案。
◆入試(にゅうし)・会試(かいし)・考試(こうし)・殿試(でんし)・腕試(うでだめし)

言6【詩】〔13〕学3 シ　シ漢 平 支 shī シー　シイ慣　J 2777　補 —　U 8A69
筆順
意味 ①〈から・うた〉漢詩。②〈うた〉韻文。リズムをもって書かれたもの。③「詩経(しきょう)」のこと。④楽器に合わせる歌。⑤〈う・ける(―・く)〉〈も・つ〉うけ持つ。
解字 形声。言が形を表し、寺(し)が音を示す。寺は、之と寸とを合わせた字。之はゆくこと、寸は手で、寺は、持と同じく、手を動かして仕事をすることである。詩は、心の行くところをことばで表したものである。

7画 見角言谷豆豕豸貝赤走足(⻊)身車辛辰辵(⻌・⻍)邑(⻏〈右〉)酉采里

【詩案】しあん 作った詩が問題を起こして裁判にかけられること。詩に関する裁判事件。
【詩歌】しいか・しか ①詩と歌。②詩。③韻文の総称。④国漢詩と和歌。
【詩韻】しいん(ゐん) 詩の法則できめられている韻。【――含英】しいんがんえい 書名。十八巻。清の劉文蔚著。韻ごとに、文字の説明と、熟語を集め、詩を作る人の便利をはかったもの。
【詩家】しか 詩人。
【詩会(會)】しかい(くわい) 詩を作るための集まり。
【詩客】しかく・しきゃく 詩を作る人。詩人。
【詩格】しかく ①詩を作るときの規則。②詩のそなえている品格。
【詩学(學)】しがく 詩に関する学問。
【詩巻】しかん(くわん) 詩を集めた書物。
【詩眼】しがん 詩を理解する力。詩情を感じる能力。
【詩経(經)】しきょう(きゃう) 書名。五経の一つ。中国の殷時代から春秋時代までの詩三百十一編をあつめたもの。孔子の編という。【――集伝(傳)】しきょうしゅうでん 書名。八巻。宋の朱熹著。「詩経」の解釈をしたもの。「詩集伝」ともいう。後漢の鄭玄らの古注に対し、新注といわれる。
【詩境】しきょう(きゃう) 詩的なおもむきのただよっている場所。詩の境地。
【詩興】しきょう 詩のおもしろみ。風流の楽しみ。
【詩吟】しぎん 国大声を出し調子をつけて漢詩をうたう。
【詩句】しく 詩の文句。
【詩形】しけい 詩歌のきめられた形式。
【詩景】しけい おもむきのあるけしき。詩情のあるけしき。
【詩劇】しげき 詩で書かれた劇。
【詩語】しご とくに詩につかわれることば。
【詩稿】しこう(かう) 詩の書いてある下書き。
【詩才】しさい 詩を作る才能。
【詩材】しざい 詩を作る材料。
【詩作】しさく 国詩を作る。
【詩史】しし ①詩で述べた歴史。②詩によって社会問題を述べたもの。杜甫の詩などがいわれる。③詩のうつりかわりを述べた歴史。
【詩思】しし 詩を作る気持ち。詩的な心。『詩思在二灞橋驢背一』ししは、はきょう(けう)のろばいにあり 灞水橋(今の西安付近の橋の名)で、ろばの背に乗っているところに詩情がある。「全唐詩話」に載っている、唐の鄭綮の言ったことばによる。〈桟雲峡雨日記〉
【詩詞】しし 詩につかわれていることば。
【詩社】ししゃ 詩人の結社。詩人の集まった団体。
【詩酒】ししゅ ①詩と酒。②詩会をもよおし酒宴をはる。
【詩趣】ししゅ 詩にあらわしたくなるようなあじわい。
【詩集】ししゅう(しふ) 詩を集めた本。
【詩書】ししょ ①詩についてのべてある書物。②「詩経」と「書経」。③詩作と書字。
【詩序】しじょ ①「詩経」各編首の序をいう。②詩歌の序。
【詩抄】ししょう(せう) 詩を抜き書きしたもの。詩を選び抜いたもの。
【詩情】しじょう(じゃう) ①心の感動を詩にあらわしたいと思うはたらき。②詩的な気持ち。
【詩人】しじん 詩を作る人。詩にたくみな人。【――玉屑】しじんぎょくせつ 書名。二十巻。南宋の魏慶之編。諸名家の詩に関する逸話・評論をまとめたもの。日本でも広く読まれた。
【詩聖】しせい ①もっともすぐれている詩人。②唐の詩人杜甫をさしていう。
【詩仙】しせん ①天才的な詩人。仙人のような詩人。②唐の詩人李白をさしていう。【――堂】しせんどう(だう) 国①石川丈山の号。②石川丈山のやしきの名。京都市の東北にある。
【詩箋】しせん 詩を書きつける用紙。
【詩宗】しそう りっぱな詩を作る人。詩の大家。
【詩草】しそう(さう) 詩の草稿。詩の下書き。
【詩想】しそう(さう) ①詩を作るかんがえ。②詩にあらわされた思想や感情。
【詩僧(僧)】しそう 詩のうまい僧。
【詩操】しそう(さう) 詩的な情操。詩の感情。
【詩藻】しそう(さう) ①詩の修飾。②詩の才能。③詩歌。
【詩藪】しそう 書名。二十巻。明の胡応麟著。歴代の詩の評論。
【詩題】しだい 詩の題目。
【詩壇】しだん 詩人仲間の社会。
【詩的】してき ①詩の材料になる要素。②美しさで人を感動させるようなさま。③現実ばなれがしているさま。
【詩嚢】しのう(なう) 詩の下書きを入れる袋。
【詩品】しひん ①詩の品格。②書名。三巻。梁の、鍾嶸編。古来の百二十二人の五言古詩を、上中下の三品に分けて批評を加えたもの。③書名。唐の司空図編。詩の評論。
【詩賦】しふ 詩と賦。中国の韻文の形式。
【詩仏(佛)】しぶつ 唐の詩人、王維をさす。王維は、厚く仏教に帰依し、その名の維および字の摩詰は、維摩経にとった。
【詩文】しぶん 詩と文章。
【詩編(「篇」)】しへん ①まとまった一編の詩。また、詩を集めた書物。②旧約聖書の中の一巻の名。
【詩余(餘)】しよ 詞(宋時代の韻文の一種)をいう。塡詞。
【詩律】しりつ 詩の規則や音調。
【詩論】しろん ①詩についての意見。②国書名。一巻。太宰春台著。
【詩話】しわ 詩についての解説や批評。または詩人の思い出話など。【――総(總)亀(龜)】しわそうき 書名。九十八巻。宋の阮閲の著。詩話を集めたもの。
『詩中有レ画(畫)』しちゅう(ちう)がありけしきの描写のうまい詩をいう。宋の蘇東坡が、唐の王維の詩を評したことば。「詩中有レ画、画中有レ詩」
『詩者志之所レ之也』しは、こころざしのゆくところなり 詩というものは、人の心に思うことが向かっていったものである。〈詩経・序〉
『詩廃(廢)二蓼莪一』しりくがをはいす 両親を失ってなげく孝子をいう。詩経の蓼莪編は、父母を思う詩で、王裒が両親をなくしてから、この詩を読むに堪えず、門人が、かれのために、この詩を読むのをやめた故事。
◆古詩・名詩・作詩・唐詩・律詩・訳詩・漢詩・生活詩・古体詩・近体詩・抒情詩・叙情詩・叙事詩・新体詩・散文詩

言6
【誃】〔13〕
㊀シ 漢 ㊀平 支 yí イー
㊁イ 漢 ㊁上 紙 chǐ チー
㊂タ 漢 ㊂上 哿 duò トゥオ
U 8A83 補 — J 6180
意味 ㊀離れる。別れる。=誃ち ㊁だます。=詑た ㊂誃台いたいは、洛陽にあった建物の名。

言6
【誀】〔13〕
㊀ジ 漢 ㊀去 寘 èr アル
㊁チ 漢 ㊁上 紙 chǐ チー
U 8A80 補 — J 6179
意味 ㊀さそう。いざなう。㊁はじる。はじらう。=恥ち

言6
【詶】〔13〕
㊀シュウ(シウ) 漢 ㊀平 尤 chóu チョウ
㊁シュウ(シウ) 漢 ㊁去 宥 zhòu チョウ
U 8A76 補 — J 6172
意味 ㊀のろう。=呪しゅう ㊁①むくいる。=酬しゅう ②こたえる。③計算する。=籌ちゅう

言6
【詢】〔13〕 人
シュン 漢 ジュン 慣 平 真 xún シュン
U 8A62 補 — J 7546
意味 ①〈はか・る〉相談する。「詢咨じゅんし」「詢訪じゅんぼう」「詢謀じゅんぼう」②〈と・う(―・ふ)〉㋐たずね問う。㋑調べる。③まことに。④調和をとる。

解字 詢 会意・形声。言と旬とを合わせた字。旬じゅんが音をも示す。旬は十日を一回りする意で、詢は人にひとまわり言葉をかけることから、相談する、はかる意となる。

【詢按】じゅんあん たずねしらべる。

【詢察】じゅんさつ はかりしらべる。たずねしらべる。

言6 **【詳】**〔13〕常 ショウ くわしい　J 3060 補 U 8A73

一 **ショウ(シャウ)** 漢 一 平 陽 xiáng シアン

ジョウ(ジャウ) 呉

二 ヨウ(ヤウ) 漢 二 平 陽 yáng ヤン

筆順 二 亖 言 言 訁 詳 詳 詳 詳

意味 一 ①つまびらかにする。こまかい点まで明らかにする。「詳審しょうしん」②**〈くわし・い(くは・し)〉〈つまびらか〉** ㋐すべてのことにくわしい。㋑小さなことまで知っている。③**〈ことごとく〉** すべてについて。④落ち着いている。⑤公平である。⑥上に出す報告。⑦よい。＝祥 ⑧心をくばる。二 **〈いつわ・る(いつは・る)〉** よそおう。みせかける。＝佯よう

解字 詳 形声。言が形を表し、羊ようが音を示す。羊には、善とか多とかの意味がある。詳は善よく気をくばって話し合うことで、くわしいという意味になる。

名前 つま・みつ

【詳解】しょうかい(しゃう) くわしく解釈する。くわしく解釈したもの。

【詳記】しょうき(しゃう) くわしくしるす。またしるされたもの。

【詳細】一 しょうさい(しゃう) くわしい。こまかなこと。二 シアンシー xiángxì 〔現 一に同じ。〕

【詳察】しょうさつ(しゃう) くわしく考える。

【詳悉】しょうしつ(しゃう) ①事細かにつくす。②くわしく知りつくす。

【詳説】しょうせつ(しゃう) ていねいにくわしく説明する。また、説明したもの。

【詳注(「註」)】しょうちゅう(しゃう)(ちう) くわしい注釈。

【詳伝(傳)】しょうでん(しゃう) くわしく述べられている伝記。

【詳報】しょうほう(しゃう) くわしいしらせ。

【詳覧(覽)】しょうらん(しゃう) くわしく目を通す。

【詳略】しょうりゃく(しゃう) くわしいことと簡単なこと。

【詳論】しょうろん(しゃう) くわしく論ずる。また、その論説。

◆不詳ふしょう・未詳みしょう・精詳せいしょう

言6 **【詵】**〔13〕 シン 漢 平 真 shēn シェン　J ①9207 補 6171 U 8A75

意味 ①**〈おお・い(おほ・し)〉** ㋐詵詵しんしんは、多いさま。㋑多くの人がしゃべるさま。②問う。

言6 **【誠】**〔13〕学6 セイ まこと　旧字 言7 **【誠】**〔14〕

セイ 漢 ジョウ(ジャウ) 呉 平 庚 chéng チョン　J 3231 補 U 8AA0

筆順 二 亖 言 言 訁 訂 試 誠

意味 ①**〈まこと〉** ㋐うそのない心。ほんとうの考え。㋑真実。㋒かざりけがない。②**〈まことに〉** ㋐たしかに。㋑もしも。かりに。

解字 誠 形声。言が形を表し、成せいが音を示す。成には、重なる意味、あるいは、首尾がまとまって、くいちがいのない意味がある。誠は、心とことばが一致すること、言行の一致することをいう。

名前 み・あき・かね・さと・さね・しげ・すみ・たか・たね・とも・なが・なり・なる・のぶ・のり・まさ・もと・よし・あきら

【誠意】せいい まごころ。いつわりのない気持ち。

【誠壱(壹)】せいいつ ひたすらに誠実である。

【誠愨】せいかく まごころがこもっている。

【誠恐】せいきょう おそれかしこむ。手紙などに使う。

【誠敬】せいけい ①誠実でつつしみぶかい。②存誠(まごころを心にしっかり持つこと)と、居敬(つつしみぶかい態度でいる)。朱子学の修養方法。

【誠惶】せいこう(くわう) まごころから、恐れかしこまる。【——誠恐】せいこうせいきょう 恐れかしこまる。天子にたてまつる文に書くことば。

【誠懇】一 せいこん まごころがあって、ていねいな。二 チョンケン chéngkěn 〔現 一に同じ。〕

【誠実(實)】一 せいじつ まごころがあって、まじめ。二 チョンシー chéng-shí 〔現 一に同じ。〕

【誠心】せいしん まごころ。

【誠信】せいしん まごころがあって、うそをいわない。

【誠切】せいせつ まごころがあって、しんせつ。

【誠忠】せいちゅう(ちう) ①まことの心。②まごころからつくす忠義。

【誠直】せいちょく 正しくまごころがある。

【誠烈】せいれつ まごころがあって、信念を強く守る。

【誠者天之道也】まことは、てんのみちなり 誠こそは、天下の万事を動かすもとであって、天の道である。〈孟子・離婁上〉

◆丹誠たんせい・至誠しせい・赤誠せきせい・忠誠ちゅうせい

言6 **【詮】**〔13〕常 セン　**セン** 漢 平 先 quán チュワン　J 3307 補 U 8A6E

筆順 二 亖 言 言 訁 詮 詮 詮 詮

意味 ①**〈そなわ・る(そなは・る)〉** ㋐ことがらを明らかにする。②くわしく説明する。㋑物事についてすじみちを説く。②くらべる。③**〈みち〉** 道理。真理。④ことばをえらぶ。国 **〈せん〉** ①つきつめて調べる。②つまるところ。③効果。「詮無い」

解字 詮 形声。言が形を表し、全せんが音を示す。全は、きずのない玉。詮は、物事のすじみちをたどって、ことがらを明らかにする意味を表す。

名前 あき・とし・とも・のり・はる・あきら・さとし・さとる

【詮議】せんぎ ①数人で相談して物事をきめる。②物事をとりしらべる。

【詮衡】せんこう(かう) 人物を考えて選ぶ。銓衡の俗用。＝選考

【詮索】せんさく くわしく調べる。たずねる。

【詮次】せんじ はっきりした順序。定まった席次。「辞無二詮次一ことばにせんじなし」〈陶潜とうせん・飲酒詩序〉

【詮釈(釋)】せんしゃく ときあかす。また、ときあかしのことば。

【詮註】せんちゅう(ちう) 説明する。

言6 **【詹】**〔13〕 セン 漢 平 塩 zhān チャン　J ①9208 補 6174 U 8A79

意味 ①**〈いた・る〉** とどく。到達する。②くどくど言う。しゃべる。「詹詹せんせん」③**〈みる〉** あおぎ見る。＝瞻せん ④詹諸せんしょは、月の中に住むというひきがえる。転じて、月。＝蟾せん ⑤うらなう。＝占 ⑥姓。

【詹事】せんじ 秦しんの官名。皇后・皇太子に関することを扱う。

言6 **【詫】**〔13〕人 標 タ 漢 去 禡 chà チャー　J 4745 補 U 8A6B

意味 ①**〈ほこ・る〉** じまんする。②おどろき怪しむ。③**〈あざむ・く〉** だます。④人につげる。国 ①**〈かこ・つ〉** ②**〈わ・びる(―・ぶ)〉** あやまる。③**〈わび〉**

言6 **【誅】**〔13〕標 チュウ(チウ) 漢 平 虞 zhū チュー　J 7547 補 U 8A85

意味 ①**〈ころ・す〉** 罪をとがめて殺す。「誅殺ちゅうさつ」「誅残ちゅうざん」「誅斬ちゅうざん」「誅戮ちゅうりく」②**〈せ・める(―・む)〉** 罪を責める。「誅責ちゅうせき」「誅罰ちゅうばつ」③**〈う・つ〉** 罪あるものを攻め滅ぼす。みなごろしにする。④のぞく。除去する。⑤記述する。

【誅夷】ちゅうい(ちう) 悪い賊どもを討ち平らげる。

【誅求】ちゅうきゅう(ちう)(きう) ①貨財をむさぼり求め取る。②税などをきびしくとりたてる。【——無レ時】ちゅうきゅうときなし のべつまく

7画 見角言谷豆豕豸貝赤走足(⻊)身車辛辰辵(⻌・⻍)邑(⻏〈右〉)酉釆里

7画
見角言谷豆豖豸貝赤走足(⻊)身車辛辰辵(⻌・⻍)邑(⻏〈右〉)酉釆里

なしにとりたてる。

【誅殛】ちゅうきょく(ちうきょく) 罪に当てて殺す。死刑にする。

【誅鋤】ちゅうじょ(ちうじょ) ①草をすき、根をたやす。②罪人を殺しつくす。

【誅譲(讓)】ちゅうじょう(ちうじやう) 罪を責めとがめる。譲は責める。

【誅伐】ちゅうばつ(ちうばつ) 罪をおかしたものを攻める。また、うち殺す。

【誅滅】ちゅうめつ(ちうめつ) ①罪を責めて、ほろぼす。②殺しつくす。

【誅心之論】ちゅう(ちう)しんのろん 心の奥まで攻めこむ、深刻な議論。

言6 【誂】〔13〕 チョウ 漢 (テウ) 上 篠 tiǎo ティアオ U補J 8A82 7548

意味 ①〈いど・む〉 さそいかける。=挑 ②たわむれる。からかう。③かるがるしい。=佻 国①〈あつら・える(――・ふ)〉 頼む。注文して作らせる。②〈あつらえ(あつらへ)〉

言6 【詷】〔13〕 ㊀トウ 漢 ㊁トウ 漢 ㊀平 東 tóng トン ㊁去 送 dòng トン U補J 8A77 6173

意味 ㊀共にすること。いっしょ。=同 ㊁①大げさにいう。②会う。③調える。④仲介者。

言6 【詺】〔13〕 ベイ 漢 ミョウ(ミャウ) 呉 去 敬 míng ミン U補J 8A7A 6175

意味 ①名づける。②正しいことをいう。③石碑に文を刻む。=銘 =名

言6 【誉】〔13〕 常 ヨ ほまれ U補J 8A89 4532

旧字 言13 【譽】〔20〕 ヨ 漢 呉 去 御 yù ユィ U補J 8B7D 7605

筆順 丶 ⺍ 𭕄 兴 兴 兴 誉 誉

意味 ①〈ほ・める(――・む)〉 ㋐よいことをほめたたえる。㋑じまんする。②〈ほまれ〉 よい評判。「名誉」 ③たのしむ。=予 ④姓。

解字 形声。言が形を表し、與が音を示す。與には両手で持ち上げる意味がある。譽は、ほめ上げることである。また、譽は、声高く呼ぶことで、名声を上げる意味を表すともいう。

名前 しげ・たか・のり・ほん・もと・やす・よし・たかし・ほまる

【誉言】よげん ほめことば。

【誉聞】よぶん ほまれ。ひょうばん。

【誉望】よぼう(ぼう) 名誉と人望。

◇名誉めいよ・栄誉えいよ・毀誉きよ・誹誉ひよ

言6 【誄】〔13〕 ルイ 漢 上 紙 lěi レイ U補J 8A84 7549

意味 ①〈しのびごと〉〈しぬびごと〉 ㋐死者の功績をたたえることば。㋑死者の功績をたたえるために作られた文。②祈りのことば。人をたたえて、神に幸福を祈ることば。国しのびうた。死者をとむらう歌。

【誄歌】るいか 死者をとむらう歌。

言6 【話】〔13〕 学2 ワ はなす・はなし カイ(クヮイ) 漢 ワ 慣 去 卦 huà ホワ U補J 8A71 4735

筆順 ニ 亖 言 言 言 訁 訐 話 話

意味 ①〈はな・す〉 ㋐語る。㋑告げる。㋒論議する。②〈はなし〉 ㋐話題。㋑ことば。

解字 形声。言が形を表し、舌(𠯑くゎつの略)が音を示す。舌には、善、あるいは会の意味がある。話は、善よいことばを集め合わせることである。

【話言】わげん よい話。昔のりっぱなことば。

【話語】わご ふだんの会話に使われることば。話しことば。

【話次】わじ 話のついで。

【話術】わじゅつ 話をする方法・技術。

【話則】わそく 仏禅宗の古い公案(修行僧への試験問題)。

【話堕(墮)】わだ 仏禅問答に負けること。

【話題】わだい 話の中心となる題目。話のテーマ。

【話頭】わとう 話をはじめるきっかけ。話のいとぐち。

【話靶】わは 話のたね。

【話覇(霸)】わは 話のたね。話欛。

【話欛】わは 話のたね。話柄。

【話柄】わへい 話のたね。かたりぐさ。

【話本】わほん 講談本。宋そう代の説話。平話。

【話劇】ホワチュイ huàjù 現新劇。

◇世話せわ・会話かいわ・対話たいわ・例話れいわ・佳話かわ・昔話むかしばなし・法話ほうわ・長話ながばなし・夜話やわ|よばなし・神話しんわ・茶話さわ|ちゃばなし・笑話しょうわ|わらいばなし・訓話くんわ・情話じょうわ・清話せいわ・逸話いつわ・閑話かんわ・落話おとしばなし・童話どうわ・電話でんわ・詩話しわ・説話せつわ・談話だんわ・噂話うわさばなし・講話こうわ・下世話げせわ

言6 【諌】〔13〕 俗 ↓諫(一一七〇ページ・上)

言7 【誐】〔14〕 ㊀ガ 漢 ㊀平 歌 é オー ㊁ガ 漢 ㊁上 哿 ě オー U補J 8A90 6184 ②8862

意味 ㊀よい。よいことば。㊁詩やうたを吟じる。=哦が

言7 【誡】〔14〕 カイ 漢 去 卦 jiè チエ U補J 8AA1 7551

意味 ①〈いまし・める(――・む)〉 悪いことをとがめる。②〈いましめ〉 守るべき教え。③文体名。教えの文章。

参考 新表記では、「戒」に書きかえる。

【誡誨】かいかい(くわい) いましめ教える。

【誡勉】かいべん いましめて努力させる。

言7 【誨】〔14〕 カイ(クヮイ) 漢 ケ 呉 去 隊 huì ホイ U補J 8AA8 7550

意味 ①〈おし・える(をし・ふ)〉〈さと・す〉 ㋐さとし教える。㋑教えみちびく。②〈おしえ(をしへ)〉

参考 新表記では、「戒」に書きかえる熟語がある。

【誨淫】かいいん(くわい) みだらなことを教える。

【誨示】かいし(くわい) 教える。教え示す。

【誨諭】かいゆ(くわい) 教えさとす。

【誨誘】かいゆう(くわいいう) 教えみちびく。

言7 【誋】〔14〕 キ 漢 去 寘 jì チー U補J 8A8B 6182

意味 ①いましめる。②告げる。のべる。

言7 【誒】〔14〕 キ 漢 平 支 xī シー U補J 8A92 6185

意味 ①〈ああ〉 なげく声。②〈しかり〉 承知する声。③しいて。むりに。④〈たのし・む〉 笑い楽しむ。

【誒詒】きい 気ぬけするさま。なやむさま。

【誒笑】きしょう(せう) ①むりに笑う。②笑い楽しむ。

言7 【誑】〔14〕 キョウ(キャウ) 漢 オウ(ワウ) 呉 去 漾 kuáng コワン U補J 8A91 7552

意味 ①〈たぶらか・す〉〈あざむ・く〉 だます。まよわせる。「誑欺きょうぎ」 ②いつわり。「誑妄きょうぼう|きょうもう」「誑誕きょうたん」 国〈たら・す〉 ①たぶらかす。②なだめる。

【誑誘】きょうゆう(きやういう) たぶらかす。あざむいてさそう。

【誑惑】きょうわく(きやう) だまして迷わせる。

言7 【誩】〔14〕 ケイ 漢 去 敬 jìng チン U補J 8AA9 6191

意味 言い争う。

言7 【語】〔14〕 学2 ゴ かたる・かたらう ㊀ギョ 漢 ゴ 呉 ㊀上 語 yǔ ユィ ㊁ギョ 漢 ゴ 漢 ㊁去 御 yù ユィ U補J 8A9E 2476

筆順 ニ 亖 言 言 訂 語 語 語

意味 ■一①〈かた・る〉〈かたら・う(――・ふ)〉〈ものい・う(――・ふ)〉㋐話す。㋑人と話しあう。㋒議論する。㋓鳥やけものなどが鳴く。②〈ことば〉〈かたり〉㋐口にだしたことば。㋑はなし。物語。㋒ある地域のことば。「日本語」㋓意思を伝える動作。「目語」③ことわざや成語。「諺語」④文や辞句。⑤鳥やけもの、虫などの鳴き声。⑥「論語」の略称。■二①〈つ・げる(――・ぐ)〉相手にむかっていう。話しかける。②いましめる。国①〈かた・る〉ふしをつけて読む。「語物」②〈かたら・う(――・ふ)〉㋐親しく交わる。㋑男女が約束する。㋒誘い入れる。

解字 形声。言が形を表し、吾が音を示す。吾は禦と音が通じて、ふせぐ意味を持つ。語は、人のことばに対抗して答えることばである。また、吾には、互いにことばをかわす意味がある。

名前 かた・こと・つぐ

【語種】(かたりぐさ) 国話のたね。＝語草

【語部】(かたりべ) 国上代、文字のなかったころ、朝廷に仕えて、歴史や伝説を代々暗唱するのを役目としていた者。

【語物】(かたりもの) 国昔の物語などで、楽器にあわせ、節をつけてうたうもの。

【語意】(ごい) ことばのわけ。言語の意味。

【語彙】(ごい(ゐ)) 単語のあつまり。ことばを分類して集めたもの。

【語音】■一(ごおん) 人のことばを構成する音声。■二 yǔyīn 現■一に同じ。

【語格】(ごかく) ことばづかいの上の規則。

【語学(學)】(ごがく) ①言語を研究する学問。特に文法学。②外国語に関する学問。【――者】(ごがくしゃ) 語学を研究する人。外国語にすぐれた人。

【語感】(ごかん) ことばをきいてうける感じ。

【語幹】(ごかん) 単語が活用するとき、変化しない部分。語根。

【語気(氣)】■一(ごき) 話のしかた。ものの言い方。ことばつき。■二 yǔqì 現■一に同じ。

【語義】(ごぎ) ことばの意味。

【語句】(ごく) ①単語と句。②ことば。

【語形】(ごけい) 単語のかたち。単語がそのはたらきに応じてとっている形。

【語言】■一(ごげん) ①ことば。②話。■二 yǔyán 現言語。【――学(學)】(ごげんがく) 言語学。【――無レ味】(ごげんあじわい(あぢはひ)なし) ことばに味がない。話に、人の耳にはいるような内容がない。

【語原】(ごげん) ことばの起こったもと。＝語源【――学(學)】(ごげんがく)「語原」

【語源】(ごげん) ことばのできたそのはじめ。単語のもとの意味。＝「語原」ことばの起こりを研究する学問。

【語根】(ごこん) ①単語で、それ以上には分けることのできない部分。②語幹。↕語尾

【語次】(ごじ) 話のついで。

【語釈(釋)】(ごしゃく) ことばの解釈。

【語声(聲)】(ごせい) はなしごえ。

【語勢】(ごせい) ことばのいきおい。ことばの調子。

【語族】(ごぞく) 同じ系統の言語をまとめていう名。インド＝ヨーロッパ語族、ウラル＝アルタイ語族など。

【語調】■一(ごちょう(てう)) ことばの調子。ものの言いぶり。イントネーション。■二 yǔdiào 現■一に同じ。

【語典】(ごてん) ①辞書。②国語文法の書。

【語頭】(ごとう) ことばのはじめ。ことばのはじめの部分。

【語尾】(ごび) ①活用する単語の、語形変化をする部分。↕語根・語幹 ②ひとつづきのことばの終わり。

【語病】(ごへい) 「語弊」に同じ。

【語弊】(ごへい) ことばづかいにさしさわりがあること。ことばや言い方が適切でないためにおこる弊害。

【語法】■一(ごほう(はふ)) ①ことばの意味や使い方についてのきまり。文法。②国語法。■二 yǔfǎ 現■一の①に同じ。

【語脈】(ごみゃく) 語と語とのつながり方。ことばの有機的なつながり。

【語孟】(ごもう(まう)) 「論語」と「孟子」。

【語呂】(ごろ) 国ことばのつづきぐあい。調子。言い回し。

【語録(錄)】(ごろく) ①儒者や僧の教えを説いた文章を集めた書物。「近思録」「臨済録」など。②古人の談話を集めた書物。【――体(體)】(ごろくたい) 語録に使われている文体。

【語文】yǔwén 現①言語と文字。②言語と文学の略称。

【語無二倫次一】(ごりんじなし) 話のすじみちが通らない。

◆土語・口語・文語・反語・仏語・古語・主語・私用語・耳語・成語・死語・妄語・言語・勅語・国語・物語・英語・季語・述語・卑語・連語・単語・客語・俗語・独語・隻語・原語・落語・造語・偶語・術語・略語・訳語・梵語・豪語・敬語・評語・廃語・隠語・漢語・詩語・新語・外国語・綺語・鄙語・熟語・標語・諺語・類語・外来語・標準語・大言壮語

言7【誤】〔14〕学6 ゴ あやまる　U補J 2477

旧字 言7【誤】〔14〕ゴ 呉 漢 去 遇 wù ウー　U補J 8AA4

筆順 ﹉ ﹉ 言 言 訁 誯 誤 誤

意味 ①〈あやま・る〉㋐まちがう。しそこなう。㋑まちがわせる。くるわせる。②〈あやまり〉まちがい。失敗。③〈まど・う(――・ふ)〉まよう。

解字 形声。言が形を表し、呉が音を示す。呉にはかたむく、ふつうと違う、という意味がある。誤は、まちがったことばである。

【誤解】(ごかい) 意味をまちがえる。思いちがい。

【誤見】(ごけん) みまちがい。思いちがい。

【誤差】(ごさ) ①誤り。②ほんものとあやまりとの相違。③真実の数値と近似値との差。

【誤殺】(ごさつ) まちがえて他のものをころす。

【誤算】(ごさん) 国計算をあやまること。みこみちがい。

【誤写(寫)】(ごしゃ) うつしちがい。字などの書きまちがい。

【誤称(稱)】(ごしょう) まちがった名称。

【誤植】(ごしょく) 国版を組むとき、まちがった字を組み込むこと。

【誤信】(ごしん) まちがったことを信じる。

【誤診】(ごしん) 医者が病気のみたてをまちがえる。あやまった診断。

【誤審】(ごしん) まちがった審判。

【誤脱】(ごだつ) 書きあやまりと、書きおとし。まちがいと、落ち。

【誤伝(傳)】(ごでん) あやまりつたえる。まちがった伝え。

【誤認】(ごにん) まちがって、正しいものとみとめること。見まちがい。

【誤判】(ごはん) ①判断のまちがい。②まちがった判決。

【誤謬】(ごびゅう(びう)) あやまり。まちがい。

【誤聞】(ごぶん) ききちがい。ききあやまり。

【誤報】(ごほう) まちがったしらせ。

【誤用】(ごよう) まちがった使い方をする。

【誤会(會)】wùhuì 現誤解する。

◆正誤・刊誤・脱誤・訂誤・過誤・錯誤

言7【諲】〔14〕■一コウ 漢 ■一 平 庚 kēng コン　(カウ)　■二ケイ 漢 ■二 上 迥 kēng コン　U補J 6188 8A99

意味 ■一■二 諲諲(こうこう)(けいけい)は、いそぐさま。死にいそぐさま。また、ひとつに決められないさま。〈荘子・至楽〉

言7【誥】〔14〕コウ 漢 去 号 (カウ) gào カオ　U補J 7553 8AA5

意味 ①〈つ・げる(――・ぐ)〉㋐上から下に告げる。㋑申しわたす。②いましめる。③〈つげ〉いましめ。④天子が臣下にしめす文。宋以降、天子の出す辞令。国〈たけ・ぶ〉〈たけ

び〉さけぶこと。

【誥授】高級官吏に爵位を賜ること。

【誥命】①天子が、下の者に告げたり、命令すること ば。文体の一種。②朝廷から爵位を賜るときの、天子のことば。

言7【誟】〔14〕 コウ㊉㊥ 肴 (カウ) xiāo シアオ　J ―　補 6189　U 8A9F

意味 さけぶ。よぶ。＝詨

言7【誌】〔14〕 学6　シ　シ㊉㊤ 寘 zhì チー　J 2779　補 ―　U 8A8C

筆順 ニ 三 言 言 計 計 誌 誌

意味 ①〈しる・す〉㋐書きしるす。記録する。「日誌」㋑おぼえる。記憶する。②〈しるし〉㋐書きつけた文章や書籍。「墓誌」㋑めじるし。㋒おぼえ。③あざ。＝痣

解字 形声。言が形を表し、志が音を示す。志にはしるすという意味がある。誌は、ことばに書きとめること。メモ・記録をいう。

【誌上】国雑誌の記事の中。

【誌代】国雑誌の代金。

【誌面】国雑誌の記事をのせるページの面。

【誌友】国雑誌の読者・愛好者。同じ雑誌を読む人の〔なかま。〕

【誌略】簡単な記録。

◇▼日誌・地誌・書誌・碑誌・墓誌・雑誌

言7【誚】〔14〕 ショウ㊉㊤ 嘯 (セウ) qiào チアオ　J 7555　補 ―　U 8A9A

意味 ①〈せ・める(―・む)〉とがめしかる。「誚責」「誚譲」②〈あざけ・る〉からかう。③まったく。

言7【誦】〔14〕 標　ショウ㊉ ジュ㊤㊤ 宋 sòng ソン　ズ㊥　J 7554　補 ―　U 8AA6

意味 ①〈とな・える(―・ふ)〉㋐声を出して読む。㋑言う。㋒説き語る。②〈そらん・じる(―・ず)〉〈よ・む〉ふしをつけてそらで読む。暗唱する。③〈そし・る〉うらみそしる。④ほめたたえる。＝頌

参考 新表記では、「唱」に書きかえる熟語がある。

【誦文】呪文をとなえる。まじない。

【誦経(經)】㊀儒教の経典を読む。㊁仏教の経文をそら読みする。

【誦言】①はっきりいう。②正しいことばをいう。古典の名句を読みあげる。

【誦弦】詩を口でとなえたり、琴に合わせてひいたりする。礼儀と音楽をもって民を教育することをいう。

【誦功】てがらをたたえる。

【誦詩】詩を暗記して読む。

【誦習】読みならう。くりかえし読んでおぼえこむ。

【誦数(數)】書物をよく読み、道理を明らかにする。数は、説き明かす意。

【誦読(讀)】声を出して暗記して読む。

言7【誓】〔14〕 常　セイ　ちかう　セイ㊉㊤ 霽 shì シー　ゼイ㊤　J 3232　補 ―　U 8A93

筆順 扌 扌 扩 折 折 哲 誓 誓

意味 ①〈ちかい(ちかひ)〉㋐軍中でのちかいのことば。「誓師」㋑ちかいのことば。②〈ちか・う(―・ふ)〉㋐ちかいを立てる。㋑天子から爵位を受ける。③〈いまし・める(―・む)〉㋐つつしむ。㋑告げる。④〈いましめ〉⑤かならず。

解字 形声。言が形を表し、折が音を示す。折には、札を折って約束するという意味がある。誓は、ことばで約束すること。

名前 ちか

【誓湯】国手を熱湯にいれさせて、真偽を判断したこと。盟神。探湯。

【誓願】神仏などにちかいをたてて祈り願う。〔がんを〕かける。〕

【誓言】ちかいのことば。

【誓講】国ちかいのことばをかいた紙。君主が臣下に対してちかう文。

【誓紙】国ちかいのことばをかいた紙。

【誓詞】ちかいのことば。

【誓書】ちかいの文書。

【誓文】約束を破らないとちかった文章。【―払(拂)】国陰暦十月二十日に、京都の商人や遊女が、一年じゅううそをついた罪の許しをねがいに、おまいりすること。

【誓命】君主が臣下に対して述べるちかい。

【誓約】㊀かたい約束。ちかい。㊁国神にちかう。

◇▼弘誓・宣誓・祈誓

言7【説】〔14〕 学4　セツ・ゼイ　とく　J 3266　補 ―　U 8AAC

旧字 言7【說】〔14〕 ㊀セツ㊉ セチ㊤ ㊀㊇ 屑 shuō シュオ　㊁エツ㊉ ㊁㊇ 屑 yuè ユエ　㊂セイ㊉ ゼイ㊥ ㊂㊤ 霽 shuì ショイ　㊃タツ㊉ ダツ㊤ ㊃㊇ 曷 tuō トゥオ　J ―　補 ―　U 8AAA

筆順 ニ 三 言 言 訁 訁 訁 説

意味 ㊀①〈と・く〉㋐話す。述べる。㋑解釈する。㋒論議する。㋓告げる。㋔さとす。いいきかす。②㋐ことば。㋑論説。主張。③経書の解釈。「魯説」④文体の名。論じた文章。㊁①〈よろこ・ぶ〉＝悦 ②よろこび。③たのしむ。④このむ。⑤人名。殷の高宗の臣、傅説。㊂①さそう。人を説得して、自分の意見を取り入れさせる。②休息する。㊃とりさる。とりはずす。＝脱

解字 形声。言が形を表し、兌が音を示す。兌には、解きほぐすという意味がある。說は、心がほぐれて、口に出してよろこぶことである。また、むずかしい問題をときほぐすこと、あるいは、ことばで自分の意志を述べることであるとも解する。

名前 あき・かぬ・かね・こと・つぐ・とき・のぶ・ひさ

地名 説法

【説懌】よろこぶ。うれしく思う。「説二懌女美一」(女の美しさを見てうれしく思う。)〈詩経・静女〉

【説喜】心に満足してよろこぶ。

【説苑】書名。二十巻。漢、劉向作。逸話を集めたもの。

【説士】自分の意見を説いてまわる人。遊説する人。

【説難】「韓非子」の編名。人に意見を説くことの困難を論じたもの。

【説卦】易の編名。孔子の作といわれる。六十四卦をいろいろな事物に見立てたもの。

【説客】①自分の意見を説いてまわる学者。②弁舌のたっしゃな人。

【説鬼】おにの話をする。怪談。【―談禅(禪)】おにの話や、禅の話。たいくつしのぎのばかばなし。

【説教】①宗教家が信者に対して、教義や宗旨についてとく。②教えさとす。

【説経(經)】㊀経書を解説する。㊁㊃仏教の経文の意味を解釈し、説明する。【―節(節)】

国近世音曲の一つ。説経浄瑠璃ともいう。

【説得】国よく説明してわからせる。

【説破】反対の意見をのべ、相手の論を破る。ときふせる。せりふ。

【説白】せりふ。

【説郛】書名。百二十巻。明の陶宗儀編。古書を集めたもの。

【説伏】道理を話して承知させる。ときふせる。

【説法】㊀①仏宗教上の教えをとく。②意見をする。㊁shuōfa 現①話し方。②意見。

【説夢】①夢を話す。②ねごと。③はっきりしない話。

【説明】㊀わかりやすくいう。㊁shuōmíng 現①解説。②物語っている。

【説文】①文字の意味を説明する。②「説文解字」の略。

【——解字】書名。後漢の許慎著。文字九千三百五十三字について、形・音・意味を解説したもの。略して「説文」という。【——解字注】書名。清の段玉裁著。「説文解字」のすぐれた参考書。略して「説文段注」という。

【説諭】ときさとす。言いきかせる。

【説話】①はなし。ものがたり。②神話・伝説または民話・童話などのように、ものがたることによって伝えられた文学。③俗文学の一種。【——文学(學)】国神話・伝説・童話などを集めた文学書。とくに平安時代末から鎌倉・室町時代に行われたものをさす。

【説驂】そえ馬(馬車の両側に補助としてつける馬)を車からとき放す。㋐香典をおくること。㋑客を引きとめること。

【説輻】車の輻がおっこちる。↓説輻之占

【説輻之占】夫婦仲が悪いことをいう。易経に「輿、輻を説す。夫妻反目す。」とあるのによる。

◇力説・小説・口説・口説・旧説・伝説・仮説・自説・再説・序説・社説・邪説・定説・学説・所説・卓説・巷説・逆説・風説・俗説・珍説・持説・高説・通説・流説・流説・細説・衆説・遊説・新説・概説・解説・愚説・演説・総説・雑説・雑説・論説・臆説・縷説・私小説・私小説

言7【諓】〔14〕テン 漢 平 塩 chán チャン　U補J 6187 8A97

意味 ことばが美しい。

言7【諠】〔14〕トウ 漢 去 宥 dòu トウ　U補J ― 46E0

意味 諠譳は、話がおそいさま。ことばのにぶるさま。

言7【読】〔14〕学2 ドク・トク・トウ よむ　U補J 3841 8AAD

旧字 言15【讀】〔22〕㊀トク 漢 ドク 呉 入 屋 dú トゥー ㊁トウ 漢 去 宥 dòu トウ　U補J 7606 8B80

筆順 亠 亠 亠 言 言十 言士 言士 読

意味 ㊀①〈よ・む〉㋐声をだして文をよむ。㋑文の意味をとる。㋒意味をくみとる。㋓おおげさにいう。②〈よみ〉よむこと。よみかた。③文体の名。書物についての感想を記したもの。④姓。㊁①文章中の区切り。読点。「句読」②よみ方。発音。国〈よ・む〉歌を作る。

解字 形声。言が形を表し、賣が音を示す。賣には、物を抜き出すという意味がある。讀は、書物の意味をひき出すことで、解釈することをいう。また、文字の音や意味を他の字で読み替えること、書物を声を立てて読み習うこと、文章の切れめを見ることをもいう。

名前 おと・よし　地名 読谷　難読 読経(付表)

【読点(點)】文章中、いきつぎのところにつける点(、)。

【読為(爲)】訓詁の術語。本来の意味をもつ字で、文中の用法があて字であることを説明する。「読みて…となす。」

【読画(畫)】絵の鑑賞をする。

【読後感】読んだ後の感想。

【読師】㊀国和歌や詩の会で、書いた短冊や懐紙などを整理する役。㊁仏経文を講釈する僧。

【読者】㊀新聞・雑誌・書物などを読む人。㊁dúzhě 現㊀に同じ。【——層】新聞・雑誌・書物などを読む人の社会的な階層。

【読若】訓詁の術語。漢字の発音を、他の、音の似た字を使って示す。読むこと…のごとし。

【読書】㊀書物を読む。㊁国本を読むことと、字を書くこと。㊂dúshū 現①㊀に同じ。②勉強する。【——三到】読書の三要件。心到・眼到・口到(心を集中し、目でよく見、口でよくとなえる)。〈朱熹・訓学斎記〉【——尚友】書物を読んでその中に書かれた昔の賢人を友とする。〈孟子・万章下〉【——人】書物を読む人。教養のある人。学者。【——種子】学者のたね。学問を好む後継者を養成する、もとになる人。〈斉東野語〉【——百徧、而義自見】なんべんも書を読むと、自然に意味がわかるようになる。〈魏志・董遇伝注〉

【読誦】㊀①書物を読む。②文章をふしをつけてとなえる。㊁仏経文を読む。

【読破】終わりまで読みきる。読みとおす。

【読本】㊀①読みならうための書物。②国語などの教科書。㊁国江戸時代の小説の一種。道徳的教訓を内容とする通俗的物語。

【読了】すっかり読みおわる。

【読会(會)】法案の審議。

【読解】文章を読んで解釈する。

【読経(經)】経文をふしをつけて読むこと。「むこと。

【読売(賣)】国江戸時代、社会の事件などを瓦版一枚ずりにして、町を読みながら売り歩いたもの。瓦版。

【読切】国①雑誌などの、一回で完結する小説・講談。↕続物。②読切点。【——点(點)】国文のくぎりにつける「、」や「。」。句読点。

◇本読・句読・必読・代読・再読・多読・乱読・判読・味読・侍読・拝読・拾読・音読・通読・素読・訓読・耽読・朗読・訳読・棒読・細読・愛読・精読・輪読・黙読・熟読・濫読・購読・重箱読・湯桶読・晴耕雨読

言7【認】〔14〕学6 ニン みとめる　U補J 3907 8A8D

旧字 言7【認】〔14〕ジン 漢 ニン 呉 去 震 rèn レン　U補J ―

筆順 亠 亠 亠 言 訁刀 訁刃 認 認

意味 ①〈みと・める(――・む)〉㋐区別する。㋑知る。みきわめる。㋒承認する。②考える。みなす。国①〈みとめ〉認め印。②〈したた・める(――・む)〉㋐手紙を書く。㋑したくをする。㋒ととのえる。

解字 形声。言が形を表し、忍が音を示す。忍は、允と音が通じてゆるす意味を含む。認は、ことばを承知すること、みとめることである。

名前 もろ

【認可】ききとどける。みとめて許可する。

【認許】にんきょ みとめ許す。認可。
【認識】にんしき 🈩①みとめ知る。②対象が存在することをみとめ知る。🈔レンシ rènshi 現①🈩に同じ。②見知っている。【――論】にんしきろん 哲認識がどうして行われるかを研究する学問。
【認証(證)】にんしょう 国①文書の内容や成立についての、公式の証明。②天皇が、内閣または総理大臣の政治上の行為に対して、おおやけに証明する。【――官】にんしょうかん(くゎん) 国任免が天皇によって認証される官職。国務大臣・特命全権大使など。【――式】にんしょうしき 国認証官を天皇が認証する式。
【認真(眞)】🈩にんしん まじめに行う。いいかげんにしない。🈔レンチェン rènzhēn 現まじめな。
【認知】にんち ①みとめ知る。見わける。②法嫡出ちゃくしゅつでない子について、父または母が自分の子であることをみとめる。
【認定】にんてい 承認してそのことを決定する。
【認得】🈩にんとく みとめる。承知する。🈔レントー rènde 現見知っている。
【認容】にんよう みとめ許す。容認。
【認印】みとめいん 国ふつうのはん。役所に届けてある実印以外のもの。
【認為(爲)】レンウエイ rènwéi 現…と考える。…と認める。
◆公認こうにん・自認じにん・否認ひにん・体認たいにん・承認しょうにん・是認ぜにん・追認ついにん・容認ようにん・現認げんにん・誤認ごにん・黙認もくにん・確認かくにん

言7【誖】〔14〕🈩ホツ 漢 🈔ハイ 漢 🈩入 月 bèi ペイ 🈔去 隊 bèi ペイ J 6186 補 ― U 8A96
意味 🈩🈔①〈もと・る〉そむく。さからう。たがう。②〈まどう(――・ふ)〉とまどう。
【誖逆】はいぎゃく 道理にそむく。

言7【誣】〔14〕フ 慣 ブ 漢 平 虞 wū ウー J 7556 補 ― U 8AA3
意味 ①〈し・いる(――・ふ)〉㋐ありもしないことをいう。㋑無実の人を罪におとしいれる。㋒あざむく。だます。㋓でたらめをいう。②〈しい(しひ)〉しいること。③けがす。
【誣陥(陷)】ふかん 罪におとしいれる。事実をまげて、むりに罪人にする。
【誣欺】ふぎ あざむく。事実をまげてだます。
【誣言】ふげん・ぶげん ないことをあるように言う。
【誣構】ふこう 罪のない者を無理に罪人につくりあげる。
【誣告】ふこく ないことをあるようにして、言いつける。
【誣説】ふせつ いつわりの説。根のないうわさ。
【誣奏】ふそう ないことをあるようにいつわり申し上げる。
【誣妄】ふもう(まう)・ぼう(ばう) ないことを、あるようにいう。でっちあげ。
【誣罔】ふもう(まう) 「誣妄ふもう(ばう)」に同じ。

言7【誧】〔14〕🈩ホ 漢 🈔ホ 漢 🈩平 虞 bū プー 🈔去 遇 bù プー J ①9209 補 6190 U 8AA7
意味 🈩①大きい。②自慢する。③たすける。④いさめる。🈔謀る。

言7【誘】〔14〕常 ユウ さそう ユウ(イウ) 漢 ユ 呉 上 有 yòu ユー J 4522 補 ― U 8A98

筆順	亠	亖	言	言	訁	訐	訸	誘

意味 ①〈さそ・う(――・ふ)〉〈いざな・う(――・ふ)〉㋐さそいみちびく。進める。㋑教えみちびく。㋒うまいことばでまよわす。㋓感動させる。②〈さそい(さそひ)〉〈いざない(いざなひ)〉③道案内をする人。④誘然ゆうぜんは、美しいさま。

解字 形声。言が形を表し、秀しゅうが音を示す。秀は、善に向かって進む意味を含む。誘は、ことばでみちびくことである。善導の意味にも、誘惑の意味にも使う。

【誘引】ゆういん(いう) さそいこむ。

【誘因】ゆういん(いう) ある事がらのおこった、間接の原因。

【誘益】ゆうえき(いう) みちびきたすける。

【誘掖】ゆうえき(いう) みちびき教える。

【誘拐】ゆうかい(いう) かどわかす。だましてつれさる。

【誘蛾灯(燈)】ゆうがとう(いう) 国害虫をおびきよせて殺すともしび。

【誘騎】ゆうき(いう) おとりの騎兵。敵をさそい出すための騎兵。

【誘殺】ゆうさつ(いう) さそいだして殺す。

【誘進】ゆうしん(いう) ①さそいすすめる。②人材を引きあげ用いる。

【誘致】ゆうち(いう) さそいだす。まねきよせる。

【誘敵】ゆうてき(いう) 敵をおびきだす。

【誘導】ゆうどう(いうだう) さそい導く。案内する。

【誘発(發)】ゆうはつ(いう) 国一つの事が原因となって他の事がらを引き起こす。

【誘諭】ゆうゆ(いう) みちびきさとす。

【誘惑】ゆうわく(いう) 人をさそいまどわし、悪の道にひきこむ。
◆勧誘かんゆう

言7【誏】〔14〕🈩ロウ 漢 (ラウ) 🈔ロウ 漢 (ラウ) 🈩上 養 lǎng ラン 🈔去 漾 làng ラン J 6183 補 ― U 8A8F
意味 🈩①あかるい。＝朗ろう ②ことばがはっきりしている。🈔①むだばなし。②冗談じょうだん。③とりとめのないことば。

言7【誃】〔14〕本→誼(一一六三ページ・上)

言7【誕】〔14〕旧→誕(一一六五ページ・中)

言7【誠】〔14〕旧→誠(一一五七ページ・中)

言8【諉】〔15〕イ 漢 (ヰ) 去 寘 wěi ウエイ J 6208 補 ― U 8AC9
意味 ①かこつける。②ゆだねる。まかせる。

言8【謁】〔15〕常 エツ J 1758 補 ― U 8B01
旧字 言9【謁】〔16〕人 エツ 漢 入 月 yè イエ J ①9215 補 ― U FA62

筆順	亠	亖	言	言	訁	謁	謁	謁

意味 ①〈まみ・える(――・ゆ)〉お目にかかる。②〈つ・げる(――・ぐ)〉㋐行って話す。㋑申し上げる。③〈まい・る(まゐ・る)〉おまいりする。訪問する。④〈こ・う(――・ふ)〉たのむ。求める。⑤名刺。なふだ。⑥とりつぎの人。⑦接待する場所。「謁舎えっしゃ」
解字 形声。言が形を表し、曷かつが音を示す。曷は声を発する意味があるという。謁は、目上の人にお目見えして、申しあげることである。また、曷には、おし止めるという意味があるから、目上の人にじゃまをして、申しあげることであるともいう。音エツは、曷の音カツの変化。
名前 つく・ゆく
【謁見】えっけん 貴人に会う。おめみえ。
【謁刺】えっし おめにかかることをねがうためにさし出す名ふだ。
【謁者】えっしゃ ①四方に使いする役人。②秦しん時代に宮中で客をもてなすことをつかさどった官。

言8【課】〔15〕学4 カ カ 漢 (クヮ) 去 箇 kè コー J 1861 補 ― U 8AB2

筆順	亠	亖	言	言	訁	誀	評	課

意味 ①〈おお・す(おほ・す)〉わりあてる。㋐租税をわりあてる。㋑しごとの責任をおわせる。②わりあて。税やしごとのわりあて。ノルマ。「日課」③みつぎ。人や、品物・事がらに対する税。④つとめ。しごと。⑤〈こころ・みる(――・む)〉㋐試験をする。㋑成績をはかって順序をつける。⑥試験。⑦うらないの一種。「卜課ぼくか」⑧現㋐授業。㋑教科。国官庁や会社の事務の一区分。局・部の下、係の上にある。「庶

務課」

解字 [篆] 形声。言が形を表し、果くゎが音を示す。果には、考えるという意味を含む。課は、人のことばを考えしらべることである。また、果は、結果で、課は、実際の結果をしらべることであるともいう。どちらにしても、試験をすることである。

【課役】かえき(くゎ) ①昔の税法。品物を納めることと、労働をさせること。②しごとをわりあてる。③わりあて。負担。
【課外】かがい(くゎぐゎい) 正規の学課のほかにもうけた課業。
【課業】かぎょう(くゎげふ) わりあてられた学科やしごと。
【課試】かし(くゎ) 学力などをためす。試験。
【課税】かぜい(くゎ) 税金をわりあてる。わりあてた税金。
【課題】かだい(くゎ) わりあてられた問題。
【課程】■かてい(くゎ) わりあてられた学科やしごとの分量・体系。■コーチョン kèchéng 現■に同じ。
【課目】かもく(くゎ) わりあてられた項目。
【課文】コーウエン kèwén 現教科書の本文。
【課本】コーペン kèběn 現教科書。
◆日課にっ・考課こう・各課かっ・賦課ふか

言8【諆】〔15〕 キ 漢 平 支 qī チー U補J 8AC6 6206
意味 ①あざむく。だます。②そうだんする。

言8【誼】〔15〕人 ギ 漢 去 寘 yì イー U補J 8ABC 2135
言7【𧧬】〔14〕本字 U補J 279EC
立8【竩】〔13〕同字 U補J 7AE9 4975
意味 ①〈よしみ〉したしみ。なかよし。②すじみち。道理。「正誼」③意味。④〈よ・い(――・し)〉道理にかなっている。=宜

解字 [篆] 会意・形声。誼と同じ。言と宜を合わせた字。宜ぎが音をも示す。宜はよろしいの意で、誼は人が宜よろしいとする意となる。適切なこと。
名前 よし
参考 「諠けん」は別字。新表記では、「義」に書きかえる熟語がある。
◆友誼ゆう・交誼こう・好誼こう・厚誼こう・恩誼おん・高誼こう・情誼じょう

言8【諊】〔15〕 キク 漢 入 屋 jú チュイ U補J 8ACA 6209 ―
意味 罪をとり調べる。=鞫きく

言8【誾】〔15〕 ギン 漢 平 真 yín イン U補J 8ABE 6204 ②8864
意味 ①誾誾ぎんは、㋐おだやかに議論するさま。㋑なごやかなさま。㋒香りがつよい。②ことば。③姓。

言8【誳】〔15〕 クツ 漢 入 物 qū チュイ U補J 8AB3 6194
意味 ①かがまる。=屈 ②ことなる。変わっている。

言8【誵】〔15〕 コウ(カウ) 漢 平 肴 xiáo シアオ U補J 8AB5
意味 ことばにつつしみがない。

言8【諕】〔15〕 ■コウ(カウ) 漢 平 豪 háo ハオ ■カ 漢 去 禡 xià シア U補J 8AD5 6213
意味 ■さけぶ。泣く。■おどろく。おどす。

言14【譹】〔21〕同字 U補J 8B79 6252

言8【諏】〔15〕人 標 シュ 漢 ス 呉 平 虞 zōu ツォウ U補J 8ACF 3159
意味 ①〈はか・る〉〈と・う(――・ふ)〉㋐たずねる。㋑集まって相談する。②えらぶ。
姓 諏方すわ・諏訪すわ 地名 諏訪すわ
【諏訾】しゅし ①なげく。②天を十二に分けた北北西の部分。
【諏訪】■しゅほう(はう) 質問し、相談する。■すわ(すは) 国地名。
【諏謀】しゅぼう ①問いはかる。②はかりごと。

言8【諔】〔15〕 シュク 漢 入 屋 chù チュー U補J 8AD4 6212
意味 いつわりをいう。

言8【諄】〔15〕人 シュン 漢 平 真 ジュン 慣 zhūn チュン U補J 8AC4 ― 7557
意味 ①〈ねんごろ〉ていねい。心がこもるさま。②くりかえし教えみちびく。③〈たす・ける(――・く)〉④つつしむ。

解字 [篆] 会意・形声。言と享を合わせた字。享じゅんが音をも示す。享はじゅうぶんに煮るという意があるので、諄はてあつく、ねんごろなこと。転じて親切、また告げさとすなどの意となる。
名前 いたる・まこと
【諄諄】じゅんじゅん ①ていねいなさま。くりかえすさま。②まことをつくすさま。③くわしく話すさま。

言8【諸】〔15〕学6 ショ U補J 8AF8 ― 2984
旧字 言9【諸】〔16〕人 ショ 漢 呉 平 魚 zhū チュー U補J FA22 ― ①9214

筆順 ニ 三 言 言 言十 言土 諸 諸

意味 ①〈もろもろ〉〈もろ〉いろいろ。おおく。②〈これ〉人や物を指す。㋐「之」と同じ。㋑「之乎」の合わさった字。㋒「之於」の合わさった字。③…に。において。場所を示す語の前に置かれる。=於 ④や。か。詠嘆の語気を示す。=乎 ⑤姓。諸葛かつは、複姓。

語法 ❶〈これ〉これを…するか。例「有二美玉於斯一、韞レ匵而蔵レ諸、求二善賈一而沽レ諸」(ここに美しい玉があるとします。これを箱にいれてしまい込んでおきましょうか、よい買い手を見つけて売ってしまいましょうか)〈論語・子罕〉▼「之乎」の二字をまとめて発音の近い「諸」に当てたもの。「之」は指示代詞、「乎」は疑問・詠嘆の助詞。
❷〈これ〉これを…に。例「君子求二諸己一、小人求二諸人一」(君子はそれを自分に求め、小人は他人に求める)〈論語・衛霊公〉▼「之於」の二字をまとめて発音の近い「諸」に当てたもの。「之」は指示代詞、「於」は行為の対象をみちびく介詞。
❸句形 [其諸]〈それこれ〉 婉曲・推測。句頭に置かれて語気を和らげる。あるいは。おそらく。例「夫子之求レ之也、其諸異二乎人之求一レ之与」(うちの先生の求め方は、どうも他人の求め方とは違っているようだ)〈論語・学而〉

解字 [篆] 形声。言が形を表し、者しゃが音を示す。者には、これとあれ、というように区別する意味がある。諸は、ことばで、これとあれとを区別することである。他の説に、者には多い、集まるという意味があるから、諸は、多くのことばであるという。
名前 つら・もり 姓 諸見もろ・諸葛もろ 地名 諸鹿もろか
【諸院】しょいん(ゐん) あちこちのやしき。
【諸英】しょえい 多くのすぐれた人々。秀才たち。
【諸営(營)】しょえい 多くのとりで。
【諸家】しょか(け) ①多くの家。②多くの人。
【諸夏】しょか 中国。夏は大きいことで、たくさんの諸侯の国々をさす。
【諸葛亮】しょかつりょう(りやう) 人名。三国時代、蜀しょくの首相。字あざなは孔明こうめい。(一八一～二三四)

【諸教混淆】しょきょうこんこう(かう) いろいろな宗教がまざる。
【諸行無常】しょぎょうむじょう(ぎゃうじゃう) [仏]世の中にあるいっさいの物事は常にうつりかわっているものだという考え。この世のはかないさまのさとし。
【諸兄】しょけい ①おおぜいの兄。②諸君。
【諸賢】しょけん ①多くのかしこい人。②[国]みなさん。
【諸彦(彥)】しょげん ①多くのすぐれた人たち。②[国]多くの人に対する敬称。
【諸姑】しょこ 父の姉妹。おばたち。
【諸公】しょこう ①多くの公。公は爵位の最上位。②[国]諸君。
【諸侯】しょこう 多くの大名(だいみょう)たち。諸国の君主。
【諸国(國)】しょこく いろいろの国。
【諸子】しょし ①中国古代の官名。諸侯の子弟の教育などをつかさどる。②諸子百家。③目下の者に対してよびかけるよび方。きみたち。みなさん。【諸子百家】しょしひゃっか(ひゃくか) 春秋戦国時代の多くの学派。また、その書物や学説。
【諸氏】しょし ①いろいろの姓氏。②[国]みなさん。おのおのがた。
【諸司】しょし たくさんの役人たち。
【諸処(處)】しょしょ ほうぼうの場所。あちこち。
【諸臣】しょしん 多くのけらい。
【諸人】しょじん・しょにん 多くの人。
【諸生】しょせい 多くの学生。
【諸聖徒祭】しょせいとさい カトリックの聖人たちを祭る祝日。十一月一日。
【諸天】しょてん [仏]天上界の神仏。【――三宝(寶)】しょてんさんぼう [仏]①天の神と仏・法・僧。②「かならず」と誓うときのことば。
【諸等数(數)】しょとうすう [数]二つ以上の単位の名であらわされた数。一里二十町、二時間三十分など。
【諸般】しょはん いろいろの事がら。
【諸藩】しょはん 多くの大名たち。また、その国。
【諸父】しょふ・しょほ おじたち。
【諸母】しょぼ おばたち。
【諸方】しょほう(はう) あちこち。ほうぼう。
【諸法】しょほう(ほふ) [仏]宇宙間に存在する有形・無形のすべての事物・現象。あらゆる物事。【――実(實)相】しょほうじっそう(ほふさう) [仏]すべての物事の、永久に変わらない真実のすがた。
【諸流】しょりゅう(りう) ①多くの水流。②[国]武道・芸道のいろいろな流儀。
【諸僚】しょりょう(れう) もろもろの同僚。
【諸漏】しょろう [仏]いろいろな俗念。種々の煩悩(ぼんのう)。

〖告ニ諸往一而知レ来(來)〗これにおう(わう)をつげて、らいをしる 過去の事を話してやると、それから推察して将来の事を知る。さとりの早いことをいう。〈論語・学而(がくじ)〉

言8 **【諗】**〔15〕 シン [漢] | [上] 寝 shěn シェン　U補J ②8865 6214 8AD7

[意味] ①〈いさ・める(――・む)〉つよくいさめる。②思う。③よく知る。

言8 **【誰】**〔15〕 [常] **だれ**　スイ [漢][呉] | [平] 支 shuí ショイ、shéi シェイ　U補J 3515 8AB0

[筆順] 言 … 誰

[意味] ①〈だれ〉〈たれ〉〈た〉㋐どういう人かとたずねる。㋑姓名をたずねる。㋒おおぜいの中でどの人かたずねる。②〈なに〉ことがらをたずねる。③誰昔(すいせき)は、むかし。誰は文頭に置かれ意味をもたない。④姓。

[語法] 〈たれ〉〈た〉 疑問・反語。だれ。人物について問う。[類]孰 [例]「吾誰欺(われたれをかあざむかん)。欺レ天乎(てんをあざむかんか)」(私はだれをだますのか。天をだますのか)〈論語・子罕(しかん)〉 ▼「誰」が動詞・介詞の目的語になる場合、ふつう倒置されて動詞・介詞の前に置かれる。

[解字] 誰 形声。言が形を表し、隹(すい)が音を示す。誰は、どういう人かをたずねる。また、ことがらをたずねる場合にも用いられる。

【誰何】[一]すいか 「だれか」と、問いただすこと。＝誰呵・誰訶 [二]たれ だれ。〈列子・黄帝(こうてい)〉
【誰哉行灯(燈)】たそやあんどん [国]①江戸の吉原で、遊女屋の前にかかげたとうろう。②芝居で、舞台に出すとうろう。

言8 **【誶】**〔15〕 [一]スイ [漢] [二]サイ [漢] | [一][去] 寘 suì ソイ [二][去] 隊 suì ソイ　U補J 6201 8AB6

[意味] [一][二]①〈せ・める(――・む)〉しかる。②〈ののし・る〉悪口をいってののしる。③告げる。④問う。いさめる。

言8 **【請】**〔15〕 [常] **セイ・シン**　**こう・うける**　U補J 3233 8ACB

[旧字] 言8 **【請】**〔15〕 **セイ** [漢]　ショウ(シャウ) [呉]　**シン** [唐] | [上] 梗 qǐng チン　U補J

[筆順] 言 … 請 請

[意味] ①〈こ・う(――・ふ)〉㋐求める。㋑告げる。㋒ことをたずねる。㋓ねがう。㋔お願いする時のことば。②〈こい(こひ)〉ねがい。③天子にお目にかかる。④招く。⑤ことがら。事情。＝情 ⑥〈う・ける(――・く)〉受けとる。[国]〈う・ける(――・く)〉引き受ける。また、そのこと。

[解字] 請 形声。言が形を表し、青(せい)が音を示す。青には、あおい、清いという意味がある。請は、漢時代、秋に諸侯が天子にお目にかかる儀式のことであるが、その意味は、青眼(まともな目つき)で、まじめに相手を見ることであるという。転じて、正式に接待する、呼び寄せて会う、たのむ、の意味を生じた。

【請状(狀)】うけじょう(じゃう) [国]①引き受けたことを証明するかきつけ。②受取。③身元引受証書。
【請来(來)】しょうらい(しゃう) ①外国から経論・仏像などをもらって持ってくる。②来ていただくように願う。
【請益】[一]せいえき さらに教えをこう。[二]しょうやく(しゃう) あいさつして許しをこう。[三]しんえき [仏]いろいろの宗教の派をたずねて教えをこう。
【請謁(謁)】せいえつ 貴人に面会を願う。
【請暇】せいか 休みをとることを願う。休暇願い。
【請願】せいがん(ぐゎん) ①こいねがう。②個人が、政府や地方自治体などに対して願いでる。
【請期】せいき ①婚礼の六つの段階の一つ。男の家から女の家へ行って期日を問う礼式。②延期を願う。
【請求】[一]せいきゅう(きう) こい求める。要求。[二]チンチウ qǐngqiú [現]願う。たのむ。申請する。
【請訓】せいくん ①清(しん)時代に、公使や三品以上の地方官が出かけるとき、天子にお目にかかって命令をうけること。②[国]外国に駐在する大使・公使・使節などが、本国政府に対して命令や指示をこうこと。
【請託】せいたく 権力ある人に願いもとめる。願いたよる。
【請問】チンウエン qǐngwèn [現]おたずねします。
【請客】チンコー qǐngkè [現]客を招待する。
【請仮(假)】チンチア qǐngjià [現]「請暇(せいか)」に同じ。
〖請兄入レ甕〗こう(こふ)けいかめにいれ どうかあなたがかめにはいってください。唐の来俊臣(らいしゅんしん)が、むほんのうわさのある周興に対していったことば。周興が、囚人を自白させる方法として、火あぶりのかめに罪人を入れるぞとおどかすことを述べたところ、自分がその方法によって自白させられた故事。人をやっつける

方法で、自分がやられることをいう。〈資治通鑑・唐〉
◇申請・祈請・雨請・要請・強請・普請・懇請

言8
【諓】〔15〕 セン 漢 上 銑 jiǎn チエン
U補J 6211 8AD3

意味 ①口がうまい。②悪口をいう。
【諓諓】①へつらう。②ことばたくみ。③告げ口をする。④あさはかなことば。⑤いやしいことば。

言8
【諍】〔15〕
一 ソウ(サウ) 漢 ショウ(シャウ) 呉 一 去 敬 zhèng チョン
二 ソウ(サウ) 漢 ショウ(シャウ) 呉 二 平 庚 zhēng チョン
U補J 7558 8ACD

意味 一 ①いさめる。他人の誤りを直す。②〈うった・える(――・ふ)〉 ③〈うったえ(うったへ)〉 二 ①〈あらそ・う(――・ふ)〉 口であらそう。②〈いさかい(いさかひ)〉 あらそい。

【諍訟】うったえあらそう。

【諍臣】主君のあやまちをいさめあらそう家来。

【諍乱(亂)】①あらそい乱れる。②さわぎ。

言8
【諑】〔15〕 タク 漢 入 覚 zhuó チュオ
U補J 6210 8AD1

意味 ①うったえる。②そしる。③せめる。

言8
【諾】〔15〕 常 ダク
旧字 言9 【諾】〔16〕 ダク 漢 入 薬 nuò ヌオ
U補J 3490 8AFE

筆順 ニ ﾆ 言 言 言 詳 詳 諾 諾

意味 ①〈こた・える(――・ふ)〉 ㋐返事のことば。はい。ゆっくりした答えかた。敬意に欠けるとされる。↓唯(二五二ページ・中) ㋑「よろしい」と承知することば。②〈うべな・う(――・ふ)〉 ㋐承知する。ゆるす。㋑ひきうける。

解字 形声。言が形を表し、若が音を示す。若には、やわらかい、したがう、という意味がある。諾は、ゆっくり答えて承知することである。一説に、若は、それ、かく、という代名詞の意味を持つから、諾は、「さようでございます。」というように答えることであるという。

名前 つく　地名 諾威・諾曼底

【諾唯】承知する。

【諾冊二神】国伊弉諾尊と、伊弉冊尊の夫婦の神。

【諾成契約】両方の合意だけで成立する契約。

【諾諾】文句なしに従う。「唯唯諾諾」

【諾否】承知と、不承知。

【諾亜(亞)】旧約聖書に出てくる人名。箱船で有名。
◇内諾・快諾・承諾・受諾・事後承諾

言8
【誕】〔15〕 学6 タン
旧字 言7 【誕】〔14〕 タン 漢 ダン 呉 上 旱 dàn タン
U補J 3534 8A95

筆順 ニ ﾆ 言 言 言 訂 訂 証 誕

意味 ①〈いつわ・る(いつは・る)〉 あざむく。でたらめをいう。②〈いつわり(いつはり)〉 うそ。③〈おおき・い(おほき・い)〉 大きい。広い。④〈おおいに(おほいに)〉 ⑤ほしいままにする。勝手にする。⑥生まれる。そだてる。⑦〈まことに〉〈ここに〉 文頭や文中に置かれて、文をととのえる。

解字 形声。言が形を表し、延が音を示す。延には、横に広がるという意味がある。誕は、大きく広げたことば、おおぶろしきをいう。音タンは延の音エンの変化。

名前 のぶ

【誕欺】いつわり。

【誕譎】いつわり。いつわる。

【誕幻】いつわり。でたらめでとりとめがない。

【誕辞(辭)】おおげさなことば。

【誕縦(縱)】わがままかってで、しまりがない。

【誕章】国を治めるための大きな法典。憲法。

【誕生】生まれる。「誕生日」【――石】生まれた月にあてはめて定められた宝石。【――仏(佛)】仏釈迦が生まれたときのすがたを表した仏像。右手は天をさし、左手は地をさす。

【誕辰】生まれた日。誕生日。

【誕妄】ほんとうでないことば。でたらめ。

【誕謾】みだりに大きなことをいって、真実性がない。
◇生誕・妄誕・降誕

言8
【談】〔15〕 学3 ダン
タン 漢 ダン 呉 平 覃 tán タン
U補J 3544 8AC7

筆順 ニ ﾆ 言 言 言 訁 談 談 談

意味 ①〈かた・る〉 人とはなす。ものがたる。②主張。はなし。③からかう。④人をほめる。⑤姓。

解字 形声。言が形を表し、炎が音を示す。炎は淡の略である。淡は、あわい、という意味がある。談は、うちとけた軽い世間話のことである。一説に、炎には、うすっぺらい意味があるから、談は、舌をペロペロ動かして、よくしゃべることであるという。

名前 かた・かぬ・かね・かたり

【談讌】楽しく話しあう。

【談諧】たのしくじょうだんをいう。

【談義】①物事の道理を説明する。②仏説教。

【談言】はなし。【――微中】なにげなく話すことばが、急所をつく。〈史記・滑稽列伝〉

【談合】国話しあう。

【談笑】①笑いながら話をする。②平気なさま。

【談叢】話題が豊富なこと。

【談藪】話の内容が豊富なこと。

【談天】一 天について話すこと。【――説地】とりとめもない世間話。二 tántiān 現世間話をする。

【談吐】①はなし。言論。②話す。談論する。

【談判】一 たがいに関係のある事件の解決などについて話しあう。二 tánpàn 現一に同じ。

【談柄】①僧が話のときに持つ払子。②話のたね。話題となるもの。

【談余(餘)】話のついで。

【談林】①僧の学校。=檀林 ②国談林派。【――派】国俳諧の一派。西山宗因が中心となり、奇抜な思いつきの句を作った。

【談論】話をする。語り論じる。【――風発(發)】議論が、風の起こるように、さかんに口をついて出る。

【談話】一 はなし。ものがたり。二 tánhuà 現話し合う。談話。
◇内談・冗談・用談・示談・史談・会談・余談・対談・奇談・怪談・巷談・軍談・美談・面談・相談・政談・座談・破談・密談・筆談・鼎談・雑談・漫談・縁談・講談・懇談・車中談

言8
【調】〔15〕 学3 チョウ しらべる・ととのう・ととのえる
U補J 3620 8ABF

7画 見角言谷豆豕豸貝赤走足(⻊)身車辛辰辵(⻌・⻍)邑(⻏〈右〉)酉釆里

旧字 言8

【調】〔15〕

㊀チョウ(テウ)㊥漢 ジョウ(デウ)㊥呉 ㊀㊥平 蕭 tiáo ティアオ
㊁チョウ(テウ)㊥漢 ジョウ(デウ)㊥呉 ㊁㊥去 嘯 diào ティアオ

U補J

筆順 ニ 言 言 言 訂 訶 調 調

意味 ㊀①〈ととの・う(――・ふ)〉〈ととの・える(――・ふ)〉㋐ほどよくする。つりあう。㋑そろう。平均する。㋒味をととのえる。②〈しら・べる(――・ぶ)〉㋐楽器の調子をあわせる。㋑音楽を演奏する。③家畜をならす。家畜を育てる。④あざける。からかう。=啁 ⑤なげつける。㊁①〈えら・ぶ〉役人をえらびだす。②移動する。うつす。③食糧などを取りたてて、足りないところにうつす。④〈はか・る〉はかりかぞえる。調査する。⑤〈みつぎ〉〈つき〉布などをおさめる税。↔租・庸 ⑥〈しらべ〉㋐音楽のふし。調子。㋑音楽の譜面。㋒詩の韻律。⑦人がらをいう。「格調」
国〈しら・べる(――・ぶ)〉とりしらべる。とりしらべ。

解字 [篆文] 形声。言が形を表し、周が音を示す。周には、合う、こまかく行きわたる、という意味がある。調は、話し合いによって、親密に調和させることをいう。

名前 しげ・つぎ・つぐ・なり 姓 調・調所 地名 調布

【調印】国①印をおす。②公文書に約束のしるしの印をおす。

【調飢】朝食をまだ食べないでひもじいこと。調は朝。

【調義】国①うまくやりくりする。②攻める。③争い。

【調戯(戲)】からかう。

【調教】①しつける。②国馬などの動物を訓練する。

【調護】①まもりかばう。②ととのえおさめる。

【調貢】みつぎもの。献上品をおさめる。

【調合】国薬などを適当な分量にまぜあわせる。

【調査】㊀ことがらについてしらべる。㊁ティアオチャー diàochá 現㊀に同じ。

【調剤(劑)】国薬品を幾種かあわせて、ある薬剤をつくる。また、その薬。

【調子】①音のぐあい。音律の高低。②ことばの言い回し。③ぐあい。ほどよさ。

【調書】国しらべた内容を書きしるした文書。

【調進】国ととのえてさしあげる。注文品をつくりとどける。

【調製】こしらえる。

【調整】㊀ととのえて正しくする。㊁ティアオチョン tiáozhěng 現㊀に同じ。

【調節(節)】物事をほどよくととのえる。

【調膳】食事をととのえる。親に孝養をつくすことをいう。

【調息】しずかにすわって呼吸をととのえる。

【調帯(帶)】国動力を伝えるベルト。調革。

【調達】㊀つりあいがとれて、のびのびとしている。調和がとれて、行きとどく。㊁国金品をとりそろえて送り届けること。

【調定】しらべて確定する。調進。

【調停】間にたって、仲なおりをさせる。

【調度】①考えてととのえる。②租税。③国身のまわりにおく道具。たんす・ひばち・つくえなど。

【調馬】①馬をのりならす。②馬を徴発する。

【調布】①税としておさめる布。②手織りの布。

【調伏】㊀仏①仏の力で、いろいろの悪行を征服する。②敵をうちまかすこと。

【調補】えらばれて、栄転する。③人をのろう。

【調味】食物の味をととのえる。

【調理】①ととのえおさめる。ほどよく処理する。②養生する。③国たべものを料理する。

【調律】楽器の調子をととのえる。「調律師」

【調練】兵士を訓練する。

【調弄】①からかう。=嘲弄 ②楽器を弾き鳴らす。

【調和】①音楽の調子がよくあう。②物事がよくととのいおさまっている。③つりあいがよくとれている。

◆口調・不調・好調・同調・色調・低調・乱調・快調・歩調・長調・協調・音調・単調・変調・格調・転調・基調・順調・短調・新調・租庸調・復古調・栄養失調

言8

【諃】〔15〕

チン㊥漢 ㊥平 侵 chēn チェン

U補J 8AC3 6205

意味 よいことば。

言8

【諈】〔15〕

ツイ㊥漢 ㊥去 寘 chuì チョイ

U補J 8AC8 6207

意味 諈諉は、まかせる。また、くずぐずしているさま。人に手をかけさせるさま。

言8

【諂】〔15〕

テン㊥呉㊥漢 ㊥上 琰 chǎn チャン

U補J 8AC2 7559

意味 ①〈へつら・う(――・ふ)〉おもねる。人の気に入るようなことをいう。「諂佞」「諂諛」②〈へつらい(へつらひ)〉

【諂屈】へつらって身をかがめる。

【諂巧】おべっかをつかうことがたくみなこと。

【諂笑】へつらいわらう。ごきげんをとるためにつくり笑いをする。〈孟子・滕文公下〉

【諂容】へつらうようす。こびへつらう態度やことばづかい。

言8

【誻】〔15〕

トウ㊥漢 (タフ) ㊥入 合 tà ター

U補J 8ABB 6203

意味 ①しゃべるさま。「誻誻」②ののしりあう。そしりあう。③でたらめなことば。

言8

【誹】〔15〕 標

ヒ㊥呉㊥漢 ㊥上 尾 fěi フェイ

U補J 8AB9 4080

意味 ①〈そし・る〉非難して悪口をいう。②〈そしり〉悪口。

【誹風】国①俳句のていさい。俳諧の流儀。②川柳集の名の上につけることば。誹は、俳の転用。

【誹諧】㊀おどけて悪口をきく。㊁国俳諧。誹は俳の転用。

【誹毀】①人の悪口をいう。そしりきずつける。②人の悪口をいって名誉をきずつけ、罪にふれる行いをする。

【誹譏】議論して悪口をいう。

【誹謗】そしる。悪口をいう。誹訕。【――之木】天子の過失を書き表す木。〈呂氏春秋・自治〉

言8

【諚】〔15〕

ヘン㊥漢 ㊥平 塩 pián ピエン

U補J 8ADA 7560

意味 義未詳。国〈じょう(ぢゃう)〉①おきて。②貴人のいいつけ。おおせ。ごじょう。

言8

【誷】〔15〕

ボウ(バウ)㊥漢 モウ(マウ)㊥呉 ㊥上 養 wǎng ワン

U補J 8AB7 6202 ②2863

意味 うまいことをいってだます。

言8

【諒】〔15〕 人

㊀リョウ(リャウ)㊥漢 ㊀㊥去 漾 liàng リアン
㊁リョウ(リャウ)㊥漢 ㊁㊥平 陽 liáng リアン

U補J 8AD2 4642

意味 ㊀①〈まこと〉真実。誠実。②〈まことに〉③信じる。④推測して知る。認める。⑤たしかに。⑥助ける。㊁よい。=良

解字 諒　形声。言が形を表し、京りょうが音を示す。京は亮と同じく高く明るい意味がある。諒はことばが明るくうそがないこと。

名前 あき・あさ・まさ

参考 新表記では「了」に書きかえる熟語がある。

【諒闇】りょうあん(りゃうあん) 国天皇・皇后・皇太后などがなくなられて、国民全体がそろって喪に服している間。

【諒陰】りょういん(りゃういん) ①父母の喪に服している期間。②天子が、喪に服しているときのへや。また、その期間。

【諒察】りょうさつ(りゃうさつ) 同情して考える。おもいやる。

【諒恕】りょうじょ(りゃうじょ) おもいやってゆるす。同情してゆるす。

【諒承】りょうしょう(りゃうしょう) 事情をくんで承知すること。

言 8【論】〔15〕学 6 ロン

一 ロン 漢呉　一 平 元 lùn ルン
二 リン 漢 ロン 呉　二 平 真 lún ルン

J 4732　補　U 8AD6

筆順 二 三 言 言 訁 訡 諭 論 論

意味 一①〈あげつら・う(――・ふ)〉㋐議論する。批評して意見をのべる。㋑罪を定める。㋒意見を集めてきめる。②〈あげつらい(あげつらひ)〉見解。議論。③〈はか・る〉㋐考える。㋑おしはかる。④〈と・く〉㋐道理を説く。㋑告げる。㋒ときあかす。⑤文体の名。主張を述べる文。⑥仏の教えについて述べた弟子たちの意見。三蔵の一つ。「論蔵ろんぞう」　二①「論語」の略称。②きまり。すじみち。＝倫りん　③えらぶ。＝掄りん

解字 形声。言が形を表し、侖りんが音を示す。侖には、すじみち・順序の意味がある。論は、道理にしたがって正しいことをいう、あるいは、順序次第を追って述べるということである。音ロンは侖の音リンの変化。

名前 とき・のり

【論過】ろんか(ろんくゎ) まちがった議論。

【論外】ろんがい(ろんぐゎい) ①今論じていること以外であること。②言いたてるねうちのないこと。問題にならないこと。

【論客】ろんかく・ろんきゃく 好んでよく議論する人。

【論議】ろんぎ ①意見を述べあう。言いあい。②宗教の教理などについて意見をたたかわす。③国謡曲のうたい方の一つ。

【論詰】ろんきつ 議論でせめなじる。口でやりこめる。

【論及】ろんきゅう(ろんきふ) 話の内容を、他のことにまで言い及ぼす。

【論究】ろんきゅう(ろんきう) 論じて物の道理をおしきわめる。理屈で自分の意見をつきつめる。

【論拠(據)】ろんきょ 議論のよりどころ。

【論語】ろんご 書名。二十巻。孔子や、その弟子のことばや行動をしるしたもの。四書の一つ。【――義疏】ろんごぎそ 書名。梁の皇侃著。「論語集解」にもとづいて、魏・晋・六朝時代の注釈を集めたもの。【――集解】ろんごしっかい 書名。三国魏の何晏編。漢・魏の時代に作られた「論語」の古い注釈を集めたもの。

【論功】ろんこう 働いた事がらのねうちを調べて判断する。【――行賞】ろんこうこうしょう(ろんこうかうしゃう) てがらを調べて賞する。

【論衡】ろんこう(ろんかう) 書名。三十巻。後漢の王充著。当時の学問の誤りや、迷信をうち破ろうとしたもの。

【論告】ろんこく ①自分の考えを述べる。②法検察官が、被告の罪について意見を述べ、刑をもとめる。

【論策】ろんさく 政治や教育についての意見やはかりごとを述べる文章。

【論賛(贊)】ろんさん ①てがらを評論しほめる。②歴史や伝説の記述が終わったあとに、作者がこれに関してする評論。

【論纂】ろんさん 論議して編集する。「輯而論纂あつめてろんさんす」〈漢書・芸文志〉

【論旨】ろんし 議論の主旨・目的。

【論述】ろんじゅつ 意見を論じ述べる。

【論証(證)】ろんしょう すべての人がなっとくするように道理をもって証明する。

【論説】ろんせつ ①意見を述べて説く。また、その論。②国新聞の社説。

【論戦(戰)】ろんせん はげしく議論しあう。

【論争(爭)】ろんそう(ろんさう) 議論してあらそう。言いあらそう。

【論題】ろんだい 議論の題目。討論のテーマ。

【論断(斷)】ろんだん 論じてきめる。

【論壇】ろんだん ①議論をまじえる場所。②評論家や批評家などの社会。言論界。

【論調】ろんちょう(ろんてう) 議論のちょうし。

【論敵】ろんてき 議論をしあう相手。

【論点(點)】ろんてん 議論の最もたいせつな中心点。

【論篤】ろんとく 議論がていねい、親切。

【論難】ろんなん 欠点をあげて論じ攻撃する。

【論駁】ろんばく 反対の意見を述べて攻撃する。

【論判】ろんぱん 国議論して、よしあしを判定する。

【論譬】ろんぴ 議論とたとえ。論証と例証。

【論評】ろんぴょう(ろんぴゃう) 論じて批評する。

【論文】ろんぶん 一①物事について意見を述べる文。②研究した結果を書き述べた文章。二 lùnwén ルンウエン 現 一に同じ。

【論弁(辯)】ろんべん よしあしを区別して意見などを述べる。

【論法】ろんぽう(ろんぱふ) ①法律を論じる。②議論の方法。論じ方。

【論鋒】ろんぽう 議論のほこさき。鋭い意見の向け方。

【論孟】ろんもう(ろんまう) 「論語」と「孟子」。儒教の代表的な二つの書物。

【論理】ろんり 話のすじみち。【――学(學)】ろんりがく 物事を考え判断する形式と法則を研究する学問。ロジック。

【論列】ろんれつ 資料を並べて論じること。

◆三論・口論・反論・公論・勿論・史論・正論・立論・弁論・本論・世論・汎論・名論・各論・争論・言論・序論・宗論・空論・持論・高論・討論・通論・理論・異論・推論・評論・結論・詩論・詳論・試論・概論・緒論・総論・劇論・激論・輿論・講論・議論・机上論・認識論・唯物論・唯心論・空理空論

言 8【訛】〔15〕国字　意味〈やさし・い(やさ・し)〉　J ②8861　補 6192　U 8AAE

言 8【諫】〔15〕俗 →諫(一一六八ページ・上)

言 8【誯】〔15〕同 →唱(二四九ページ・下)

言 8【霅】→雨部七画(一三五二ページ・下)

言 8【䛅】〔15〕古 →怨(四九二ページ・中)

言 8【訣】〔15〕俗 →訣(一一七〇ページ・上)

言 9【諳】〔16〕アン 漢　平 覃 ān アン　J 7562　補　U 8AF3

意味 ①〈そらん・じる(――・ず)〉㋐知りつくす。㋑おぼえる。暗記する。「諳記あんき」㋒そらで読む。暗唱する。②経験する。なれる。

【諳悉】あんしつ すっかり覚えている。

【諳写(寫)】あんしゃ そらで書く。本を見ないで書き写す。

【諳誦】あんしょう そらで読む。＝暗唱

言 9【謂】〔16〕人 標 イ 漢呉 (ヰ)　去 未 wèi ウエイ　J 1666　補　U 8B02

意味 ①〈い・う(――・ふ)〉㋐告げる。㋑語る。話す。㋒批評する。㋓なづける。よぶ。②〈いい(いひ)〉〈いわれ(いはれ)〉㋐いうこと。㋑わけ。意味。㋒名称。㋓趣旨。むね。③〈おも・う(――・ふ)〉〈おもえらく(おもへらく)〉㋐考える。…だと思う。考えることには。④謂何いかんは、㋐どのように。㋑どうして。⑤ために。せいで。＝為　⑥…と。…に対して。⑦所謂は、いわゆる。

言9 【諧】〔16〕 常 カイ　カイ 漢 平 佳 xié シエ　J 7563 補 U 8AE7

筆順 言 言 言' 言比 言比 諧 諧

意味 ①〈ととの・う(――・ふ)〉〈かな・う(――・ふ)〉㋐よく合う。調和する。㋑うまくゆく。②〈やわら・ぐ(やはら・ぐ)〉㋐うちとける。㋑くつろぐ。③わきまえる。④じょうだん。たわむれ。ユーモア。「諧謔」

解字 形声。言が形を表し、皆が音を示す。皆は、考えとことばが一致する意。諧は、音楽や人々の意見が一致する意味を表す。

【諧協】よく調和する。

【諧声(聲)】漢字六書の一つ。音を表す部分と、意味を表す部分を、合わせて作った字。形声。

【諧調】①やわらぎととのう。②気持ちのよいしらべ。

【諧和】やわらかに調和がとれている。

◆俳諧・談諧

言9 【諤】〔16〕 標 ガク 漢 入 薬 è オー　J 7564 補 U 8AE4

言16 【讍】〔23〕同字　J 6259 補 U 8B8D

意味 ①直言する。遠慮なしにずけずけいう。②諤諤は、直言するさま。よしあしをはっきりいうさま。

言9 【諫】〔16〕 標 カン 漢 去 諫 jiàn チエン　J 7561 補 U 8AEB

言8 【諌】〔15〕俗字　J 2050 補 U 8ACC

意味 ①〈いさ・める(――・む)〉㋐人のあやまりを正すように忠告する。下の人が上の人に言う場合に使うことが多い。「諫言」㋑あやまちを止める。「諫止」②〈いさめ〉忠告。③姓。

地名 諫早

【諫院】諫官のいる役所。

【諫誨】いさめ教える。

【諫官】主君のあやまちをいさめる役の人。

【諫議大夫】政治の善悪を論じ、天子をいさめる官。

【諫鼓】君主をいさめる人が打つためにおいた太鼓。

【諫者】君主の過失をいさめる人。

【諫書】君主のあやまちをいさめる手紙。

【諫正】いさめただす。

【諫争(爭)】いさめて、言いあらそう。

【諫草】天子をいさめる上奏文の原稿。

【諫諍】「諫争」に同じ。

【諫説談論之士】君主をいさめたり、意見を述べたりし、いろいろ議論する人。〈韓非子・説難〉

言9 【諴】〔16〕 カン 漢 平 咸 xián シエン　J ①9212 補 U 8AF4

意味 ①やわらぐ。ととのう。②まごころ。まこと。③ふざける。からかう。

言9 【謔】〔16〕 標 キャク 漢 入 薬　ギャク 慣 xüè シュエ　J 7566 補 U 8B14

意味 ①たわむれる。じょうだんをいう。②謔謔は、㋐はげしいさま。㋑喜び楽しむさま。

【謔劇】たわむれる。ふざける。

【謔笑】おどけ笑う。ふざけ笑う。

【謔浪】たわむれること。たわむれ。

言9 【諠】〔16〕 ケン 漢 平 元 xuān シュワン　J 7567 補 U 8AE0

意味 ①〈わす・れる(――・る)〉＝諼 ②〈かまびすし・い(かまびす・し)〉やかましくうるさい。＝喧「諠言」「諠囂」③〈の・べる(―・ぶ)〉知らせる。④諠赫は、明らかにかがやく。

参考 「誼」は別字。

【諠譁】①やかましく、言いさわぐ。「起坐而諠譁」〈欧陽脩・酔翁亭記〉②あらそい。いさかい。

【諠諠】やかましいさま。がやがやさわぐさま。

【諠伝(傳)】やかましく、話しつたえる。評判が広まる。

言9 【諼】〔16〕 ケン 漢 平 元 xuān シュワン　J ②8866 補 U 8AFC

意味 ①〈わす・れる(――・る)〉忘れる。＝諠 ②いつわる。あざむく。③かしましい。やかましい。④諼草は、わすれぐさ。草の名。＝萱・藼

言9 【諺】〔16〕 人 標 ゲン 漢 去 霰 yàn イエン　J 2433 補 U 8AFA

言9 【諺】〔16〕同字　補 U

意味 ①〈ことわざ〉㋐古くから言い伝えられたことば。㋑民間で言われるよい文句。㋒やさしい教訓的なことば。「諺語」②死をとぶらう。とむらう。③あらあらしい。＝喭 ④諺文は、ハングル(朝鮮固有の文字)の昔の呼称。

名前 こと・たけし

【諺解】俗語による解釈。

◆里諺・俚諺・鄙諺

言9 【諢】〔16〕 ゴン 漢 去 願　コン 慣 hùn フン　J 7568 補 U 8AE2

意味 ①じょうだん。たわむれごと。②じょうだんで人をからかう。③諢名は、あだな。異名。

【諢詞小説】俗語で書いた小説。宋代から起こったといわれる。日本の講談のようなもの。

言9 【諮】〔16〕 常 シ　はかる　J 2780 補 U 8AEE

旧字 言9 【諮】〔16〕 シ 漢 平 支 zī ツー　補 U

筆順 ⺀ 言 言 言' 言⺀ 言次 諮 諮

意味 〈はか・る〉〈と・う(―・ふ)〉相談する。上から下にたずねる。＝咨「諮問」

解字 形声。言が形を表し、咨が音を示す。咨は、善人にたずねること。諮は、咨と同意。

【諮議】①下のものに相談する。②諮問されたことについて相談する。

【諮詢】①相談する。②他の機関の参考意見を求める。

【諮訪】たずね問う。臣下に相談する。諮問。

【諮謀】臣下や部下に相談する。

言9 【諟】〔16〕 シ 漢 上 紙 shì シー　J ①9211 補 U 8ADF

意味 ①〈ただ・す〉正しくする。「諟正」②明らかにする。つまびらかにする。

言9 【謚】〔16〕 シ 漢 去 寘 shì シー　J 7575 補 U 8AE1

言10 【諡】〔17〕本字　J 7574 補 U 8B1A

意味 ①〈おくりな〉天子など位の高い人に、死後に功績をはかってつけるよび名。「諡号」②〈おくりな・する(――・す)〉おくり名をつける。③よぶ。名づける。

【謚法】おくり名のつけ方。

言9 【諰】〔16〕 シ 漢 上 紙 xǐ シー　J 6218 補 U 8AF0

意味 ①恐れる。恐れ。②思う。話しながら考える。

言9 【諿】〔16〕 一シュウ漢 一入 緝 (シフ) qì チー 二ショ漢 二上 語 xǔ シュイ　J 6223 U 8AFF

意味 一①調和する。②ことばではっきりさせる。二謀る。はかりごと。

言9 【諝】〔16〕 ショ漢 平 魚 xū シュイ　J 6215 U 8ADD

意味 ①才知。知恵。②謀る。はかりごと。③だます。

言9 【諶】〔16〕 シン漢 平 侵 ジン慣 chén チェン　J ①9213 補 6221 U 8AF6

意味 ①信じる。②〈まこと〉まごころ。③〈まことに〉ほんとうに。④裨諶(ひじん)は、春秋時代、鄭(てい)国の大夫の名。

言9 【諜】〔16〕 標 チョウ漢 入 葉 (テフ) dié ティエ　J 3621 U 8ADC

意味 ①〈しのび〉〈まわしもの(まはしもの)〉しのびのもの。スパイ。「諜人(ちょうじん)」「諜者(ちょうじゃ)」「諜賊(ちょうぞく)」「諜候(ちょうこう)」②〈うかが・う(──・ふ)〉さぐる。敵地にはいってようすをさぐる。③やすんじる。④記録。ふだ。＝牒 ⑤こびる。⑥諜諜(ちょうちょう)は、しゃべるさま。＝喋喋(ちょうちょう)

解字 形声。言が形を表し、枼(よう)が音を示す。枼は、うすく平べったいものをいう。諜は、まわしもの、また、こっそりしのびこみ敵情をさぐる意を表す。

【諜知】(ちょうち) さぐって知る。スパイを使って敵のようすを知る。

【諜報】(ちょうほう(てふ)) さぐった事を知らせる。また、その文書。

言9 【諦】〔16〕 常 テイ あきらめる 一テイ漢 一去 霽 タイ呉 dì ティー 二テイ漢 二平 斉 ダイ呉 dī ティー　J 3692 U 8AE6

旧字 言9 【諦】〔16〕　U補J

筆順 言 言 … 諦

意味 一①〈つまびらか〉〈あきらか〉②つまびらかにする。明らかにする。③仏さとり。真理。二なく。なきさけぶ。＝啼 国〈あきら・める(──・む)〉思いきる。

解字 形声。言が形を表し、帝(てい)が音を示す。帝は、天下の王としてすべてにあかるい意。諦は、つまびらか、あきらか、また動詞として、つまびらかにする、あきらかにする意味を表す。

名前 あき・あきら

【諦当(當)】(たいとう(たう)) 仏明らかで正しい。

【諦観(觀)】(ていかん(くゎん)|たいかん(くゎん)) ①気をつけてみる。道理をみて明らかにする。②さとった見方や考え方をする。

【諦思】(ていし) よく考える。

【諦視】(ていし) じっとみつめる。こまかくみつめる。

【諦聴(聽)】(ていちょう(ちゃう)) しっかりきく。

言9 【諵】〔16〕 ダン漢 平 覃 ナン呉 nán ナン　J 6220 U 8AF5

意味 やかましくしゃべる。「諵諵(なんなん)」

言9 【諷】〔16〕 標 フウ漢 去 送 フ呉 fèng, fěng フォン　J 7569 U 8AF7

意味 ①〈そらん・じる(──・ず)〉そらで読む。暗唱する。②とおまわしにいう。あてこする。③いさめる。

参考 新表記では、「風」に書きかえる熟語がある。

【諷意】(ふうい) 考えをほのめかしていう。

【諷詠】(ふうえい) ①なぞらえてうたう。②詩歌をそらでうたう。

【諷諫】(ふうかん) とおまわしにいさめる。

【諷刺】(ふうし) それとはっきりいわずに、とおまわしに責めそしる。皮肉をいう。あてこすり。＝風刺

【諷誦】一(ふうしょう) 詩文などを暗唱する。二(ふうじゅ|ふじゅ) 仏経文を声を出してよむ。

【諷諭】(ふうゆ) とおまわしにさとす。

【諷謡(謠)】(ふうよう(えう)) うたいもの。

言9 【諞】〔16〕 ヘン漢 上 銑 piǎn ピエン　U補J

言9 【諞】〔16〕 俗字　J 7570 U 8ADE

意味 ことばたくみにいう。だます。口先じょうず。「諞言(へんげん)」

言9 【謀】〔16〕 常 ボウ・ム はかる ボウ漢 ム呉 平 尤 móu モウ　J 4337 U 8B00

筆順 言 言 … 謀

意味 ①〈はか・る〉ア思いはかる。イ相談する。ウたずねる。エおしはかる。オはかりごとにおとしいれる。計略をめぐらす。②〈はかりごと〉〈たばかり〉くわだて。たくらみ。③会う。④姓。

解字 形声。言が形を表し、某(ぼう)が音を示す。某は、くらい、さぐる、という意味がある。謀はむずかしくてよくわからないことを考えて、相談することである。

名前 こと・のぶ

【謀議】(ぼうぎ) ①計画を相談する。②幾人かのものが、犯罪の計画や実行手段を相談する。

【謀殺】(ぼうさつ) ①相談して人を殺す。②計画して人を殺す。

【謀主】(ぼうしゅ) たくらみごとを計画し、これをみちびく人。

【謀将(將)】(ぼうしょう(しゃう)) はかりごとのうまい将。

【謀臣】(ぼうしん) たくらみをたてる家来。計略のうまい臣。

【謀反】一(ぼうはん) ①国家または君主にそむいて、内乱を起こす。②国家にそむいて外国に従おうとする。二(むほん) 国①国をくつがえそうとする罪。②ひそかに事を起こす。③やくそくにそむく。

【謀叛】(ぼうはん|むほん) 「謀反(ぼうはん|むほん)」に同じ。

【謀略】(ぼうりゃく) ①はかりごと。計略。相談して悪者を攻める。②国敵をだます計略。

◆共謀(きょうぼう)・参謀(さんぼう)・知謀(ちぼう)・首謀(しゅぼう)・深謀(しんぼう)・陰謀(いんぼう)・隠謀(いんぼう)・遠謀(えんぼう)・権謀(けんぼう)

言9 【諭】〔16〕 常 ユ さとす ユ漢 去 遇 yù ユィ　J 4501 U 8AED

旧字 言9 【諭】〔16〕　U補J

筆順 言 言 … 諭

意味 ①〈さと・す〉アいいきかせる。おしえさとす。イ告げて明らかにする。ウ申しわたす。②天子などの指示。③〈たと・える(──・ふ)〉〈たとえ(たとへ)〉＝喩 ④いさめる。

解字 形声。言が形を表し、兪(ゆ)が音を示す。兪は、もともと丸木舟のことであるが、わかりやすい、明らかなという意味を持っている。諭はわかりやすく告げる。あるいは、ことばによってさとらせるという意味である。

名前 さと・つぐ

【諭告】(ゆこく) ①口で言って教えさとす。②役所からの告げさとし。

【諭示】(ゆし) 政府・役所が、国民を言いきかせ導く。

【諭旨】(ゆし) ①天子から臣下にくだす文書。②わけを言いきかせる。

◆上諭(じょうゆ)・告諭(こくゆ)・勅諭(ちょくゆ)・教諭(きょうゆ)・説諭(せつゆ)

7画　見角言谷豆豕豸貝赤走足(⻊)身車辛辰辵(⻌・⻍)邑(⻏〈右〉)酉釆里

言9【諛】〔16〕 ユ㊥ ㊤虞 yú ユィ　U補J ―

言8〔諛〕〔15〕俗字 U補J 8ADB 7571

言6〔諛〕〔13〕俗字 U補J 46D5 ―

意味 ①〈へつら・う(――・ふ)〉おもねる。こびる。「諛佞」②〈へつらい(へつらひ)〉おもねることば。「諛言」

【諛悦】へつらって気に入るようにする。

言9【謡】〔16〕常 ヨウ うたい・うたう　U補J 8B21 4556

旧字 言10【謠】〔17〕人 ヨウ㊥㊤ (エウ) ㊤蕭 yáo ヤオ　U補J 8B20 7579

筆順 謡

意味 ①〈うた・う(――・ふ)〉楽器に合わせないで、声に節をつけて歌う。②〈うた〉民間で流行しているうた。「童謡」③うわさ。デマ。国〈うたい(うたひ)〉謡曲。

解字 形声。言が形を表し、䍃が音を示す。䍃には、ゆれる、たゆたうという意味を含む。謡は、楽器の伴奏なしに、声だけゆるがして歌うことである。伴奏に合わすうたを歌という。

【謡歌】歌をうたう。うた。

【謡曲】国うたい。能楽の歌詞。室町時代、観阿弥・世阿弥らが多く作った。

【謡言】①政治を批判する、はやりうた。②世間のうわさ。

◆民謡・俚謡・俗謡・童謡・歌謡

言9【謁】〔16〕旧↓謁(一一六二ページ・下)

言9【諱】〔16〕正↓諱(本ページ・中)

言9【諸】〔16〕旧↓諸(一一六三ページ・中)

言9【諠】〔16〕同↓記(一一四七ページ・上)

言9【謦】〔16〕同↓啓(二四八ページ・下)

言9【諾】〔16〕旧↓諾(一一六五ページ・上)

言10【謍】〔17〕 一エイ㊥ ㊤庚 yíng イン　二オウ(アウ)㊥ ㊤庚 yīng イン　三コウ(クヮウ)㊥ ㊤庚 hōng ホン　U補J 8B0D ②8870

意味 一①小さな音。②往来するさま。謍謍は、ハエがかすかな音をたててとぶさま。二怒る。三大きな声。

言10【諜】〔17〕 カク(クヮク)㊥ ㊤陌 huò フオ　ケキ㊥　U補J ―

言11【諜】〔18〕俗字 U補J 8B0B 6226

意味 諜然は、①骨と肉がばらばらに離れる音。②すみやかなさま。

言10【諱】〔17〕標 キ㊥ ㊤未 huì ホイ　U補J 8AF1 7565

言9【諱】〔16〕正字 U補J ―

意味 ①〈いみな〉〈ただのみな〉死者の生前の名を死後によぶのをさけたり、また君や目上の人の名をさけたことからいう。㋐本名。㋑生前の本名。忌名。②〈い・む〉㋐かくす。㋑死者の名をよばないようにする。㋒さける。㋓にくみきらう。いみきらう。㋔おそれはばかる。③〈いみ〉人にかくすところ。

【諱忌】一いむ。はばかる。いやがって遠慮する。二国ものいみ。汚れや避けるべきものなどを遠ざけて、身を清める。

言10【謹】〔17〕常 キン つつしむ　U補J 8B39 2264

旧字 言11【謹】〔18〕人 キン㊥ コン㊤ ㊤吻 jǐn チン　U補J FA63 ①9216

筆順 謹

意味 ①〈つつし・む〉㋐よく気をつける。慎重にする。㋑いましめる。きびしくする。㋒禁止する。㋓うやうやしくする。㋔おもおもしくする。②〈つつしみ〉③〈つつしんで〉㋐うやうやしく。㋑おもおもしく。

解字 形声。言が形を表し、堇が音を示す。堇には、わずか、細かい、という意味がある。謹は、口数が少ない、あるいは、ことばに細かく気をくばることで、つつしむ意味になる。

名前 ちか・なり・のり・もり・すすむ

【謹賀】国つつしんでお祝いする。「謹賀新年」

【謹恪】つつしみぶかくて、職務に忠実。

【謹愨】つつしみぶかく誠実。

【謹啓】①つつしんで申し上げる。②国手紙のはじめにしるすことば。

【謹言】国手紙の終わりにつけて敬意を表すことば。

【謹厳(嚴)】品行が正しく、おごそか。おもおもしく、きちんとしている。

【謹厚】ひかえめで人情にあつい。つつしみぶかく心がこもる。

【謹上】国手紙のあて名に添えることば。

【謹慎(愼)】①まじめにつつしむ。「知臣謹慎」〈諸葛亮・出師表〉②国家にひきこもって外出をゆるさない昔の刑。③国家につつしんでいて、反省する。

【謹諾】つつしんで承諾する。

【謹聴(聽)】つつしんできく。

【謹直】まじめでつつしみ深く、行いが正しい。

【謹勅(敕)】つつしみいましめる。

【謹飭】つつしみ深い。自分をいましめてつつしむ。

【謹話】つつしんではなす。また、その話。

言10【謑】〔17〕 ケイ㊥ ㊤薺 xǐ シー　U補J 8B11 6227

意味 ①ののしる。はずかしめる。②謑髁は、正しくないさま。また、柔軟に動くさま。定まらないさま。〈荘子・天下〉

言10【謙】〔17〕常 ケン　一ケン㊥㊤ ㊤塩 qiān チエン　U補J 8B19 2412

旧字 言10【謙】〔17〕 二ケン㊥㊤ ㊤琰 qiàn チエン　U補J ―

筆順 謙

意味 一①〈へりくだ・る〉㋐つつしむ。㋑ゆずる。②へらす。軽くする。③易の卦の名。二〈こころよ・い(――・し)〉〈あきた・りる(――・る)〉満足する。＝慊

解字 形声。言が形を表し、兼が音を示す。兼は、ひっこむ意味がある。謙は、ことばをへりくだって、相手をうやまうことである。

名前 あき・かた・かね・しず・のり・よし・ゆずる

【謙和】へりくだっておだやか。

【謙虚(虛)】つつましくへりくだっているさま。

【謙謙】へりくだること。〈易経〉【――君子】礼儀正しくえんりょ深い人。

【謙辞(辭)】けんそんしていうことば。卑下していうことば。敬語法の一つ。

【謙称(稱)】へりくだっていう。また、その言い方。敬語法の一つ。

【謙譲(讓)】けんそんして人にゆずる。【――未遑】へりくだる余裕もない。自信がなくて、決断しないこと。〈漢書・賈誼伝〉

【謙損】(けんそん) へりくだって自分を押さえる。

【謙遜】(けんそん) へりくだる。

【謙退】(けんたい) へりくだりひっこむ。

【謙徳】(けんとく) へりくだる徳。

【謙黙】(けんもく) へりくだって、あまり話さないこと。

【謙約】(けんやく) へりくだってひかえめ。

言10 【謇】〔17〕 ケン 漢 ｜jiǎn チエン 上 銑 J 7573 補 ― U 8B07

意味 ①〈ども・る〉 ②むずかしい。③直言する。正しい。④〈ああ〉文のはじめに置く語。⑤いばる。⑥姓。

【謇諤】(けんがく) えんりょなく議論する。

【謇謇】(けんけん) ①正しいことばを、ずばずばいうさま。②難儀のはなはだしいさま。

言10 【謜】〔17〕 ㊀ゲン 漢 ｜㊀平 元 yuán ユワン ㊁セン 漢 ｜㊁平 先 quán チュワン J ②8871 補 6228 U 8B1C

意味 ㊀①おだやかに話す。②はかる。しらべる。㊁ことばがおだやか。

言10 【講】〔17〕 学5 コウ J 2554 補 ― U 8B1B
旧字 言10 【講】〔17〕 コウ 漢 (カウ) 呉 ｜jiǎng チアン 上 講 J ― 補 ― U ―

筆順 言 言 言 言 言 講 講 講

意味 ①なかなおりする。和解する。②評論する。解説する。③ときあかす。解釈する。④訓練する。習う。「講旅」⑤重視する。「講求」⑥はかる。くわだてる。⑦明らかにする。理解する。⑧告げる。⑨くらべる。国〈こう(かう)〉①宗教の信者の集まり。②金融を目的とする組合。「頼母子講」

解字 形声。言が形を表し、冓が音を示す。冓は、材木を組み立てた形で、交わる、調和する、という意味を含む。講は、ことばによって、合わないものを調和し、こみいったものをときほぐすことである。

名前 つぐ・のり・みち

【講筵】(こうえん) 講話や講義をする席。話す場所。

【講演】(こうえん) 公衆の前で自分の意見をのべる。おおぜいの人に向かって話す。

【講親】(こうおや) 国①無尽講のもとじめ。②神仏参詣団体のせわやく。

【講解】(こうかい) ①なかなおりする。②書物の内容をときあかす。

【講学(學)】(こうがく) 学問を説き教える。

【講起】(こうき) 講義をはじめる。

【講義】(こうぎ) 文章や学説の意味・内容などを話しきかせる。

【――録(錄)】(こうぎろく) 講義を記録してまとめた書物。

【講議】(こうぎ) ①説明し議論する。②相談する。

【講経(經)】(こうけい) ①経書の意義をときあかす。聖人の書を講説する。②仏僧や道士が経典を講じる。

【講座】(こうざ) ㊀①講師の座席。②教授の受け持つ学科。③大学の講座ふうの講習会や出版物につける名。㊁チアンツオ jiǎngzuò 現 ㊀の③に同じ。

【講師】(こうし) ㊀①講義をする人。②大学などで、特定の科目だけを講義するためにたのまれた人。教授・准教授・助教以外の先生。㊁(こうじ) 国歌会などで歌をよみあげる人。

【講釈(釋)】(こうしゃく) ①説明しときあかす。②物語をかたりきかせる。

【――師】(こうしゃくし) 国講談を職業とする人。

【講習】(こうしゅう) 学問や技芸などの講義をきいてならう。

【講中】(こうじゅう) 国①神仏などにおまいりするなかま。②頼母子講の人たち。

【講誦】(こうしょう) 書物の意義を説き、詩句を口ずさむ。読んで解釈する。

【講席】(こうせき) ①講義の場所。②国詩歌発表の会の席。

【講説】(こうせつ) 説明し教える。

【講談】(こうだん) 国軍談・伝記などを公衆の前で話す。また、その話。

【講壇】(こうだん) 講義や説教する人が立つ高い壇。

【講堂】(こうどう) ①講義をするへや。②学校などで儀式を行う大きなへや。③仏説教や講義に使うたてもの。

【講道】(こうどう) 道義を説き聞かすこと。道理を教えること。

【講読(讀)】(こうどく) ①書物を研究して読む。②書物を読み、意味をときあかす。

【講武】(こうぶ) 武道を習いおさめる。

【講本】(こうほん) 教科書。

【講明】(こうめい) 意味をときあかす。しらべて明らかにする。

【講論】(こうろん) 物事を説き教え、論じる。

【講和】(こうわ) 戦っていた国と国が、なかなおりする。＝媾和
【講話】(こうわ) ㊀道理やわけを話して教える。㊁チアンホワ jiǎnghuà 現 ㊀に同じ。

◆代講・休講・長講・受講・侍講・進講・開講・聴講・無尽講・頼母子講

言10 【譹】〔17〕 ㊀コウ 漢 (カウ) ｜㊀平 肴 xiāo シアオ ㊁カク 漢 ｜㊁入 覚 hè ホー J ― 補 6229 U 8B1E

意味 ㊀さけびよぶ。㊁譹譹は、さかんなさま。

言10 【謝】〔17〕 学5 シャ あやまる シャ 漢 ｜xiè シエ 去 禡 J 2853 補 ― U 8B1D

筆順 言 言 言 言 言 謝 謝 謝

意味 ①〈ことわ・る〉受けいれない。拒否する。「謝絶」②〈さ・る〉㋐しりぞける。㋑別れを告げて去る。たちのく。㋒捨てる。縁を切る。㋓死ぬ。世を去る。「謝世」③〈あやま・る〉わびをいう。「謝罪」④〈あやまり〉わび。「陳謝」⑤礼をいう。お礼。「謝礼」⑥あいさつする。⑦ゆるす。ききいれる。⑧おとろえる。しぼむ。⑨台謝は、うてな。高いたてもの。＝榭 ⑩姓。

解字 形声。言が形を表し、射が音を示す。射は、弓をいることで、去る、の意味を含む。謝は、ことわりをいう。あるいは、ことばを残して去る意味である。

姓 謝花・謝名元

参考 新表記では、「藉」の書きかえに用いる熟語がある。

【謝安】(しゃあん) ①人名。後漢の功臣。②人名。晋の名臣。(三二〇～三八五)

【謝意】(しゃい) お礼の気持ち。感謝の心。

【謝恩】(しゃおん) うけた恩に対して礼をする。

【謝儀】(しゃぎ) 感謝の気持ちを表す礼儀。お礼の贈り物。

【謝金】(しゃきん) お礼の金銭。

【謝恵(惠)連】(しゃけいれん) 人名。宋の文人。謝霊運の一族。(三九四～四三〇)

【謝遣】(しゃけん) ことわって、去らせる。礼を言って帰らせる。

【謝玄】(しゃげん) 人名。字は玄度。東晋の将軍として淝水で苻堅と戦い、これを破った。

【謝罪】(しゃざい) おかした罪に対してわびをいう。あやまる。

【謝三郎】(しゃさんろう(らう)) 謝家の三郎。㋐玄沙禅師の別称。㋑もっともありふれた姓名。つまらぬ人間。【――不レ識ニ四字ニ】(しゃさんろうしじをしらず) 四字は銭の表面にしるされている四文字。つまらぬ人間で、銭の文字さえ知らない。

【謝辞(辭)】(しゃじ) お礼の気持ちをのべることば。

【謝小娥伝(傳)】(しゃしょうがでん) 伝奇の名。唐の李公佐が作。謝小娥という女が、父や夫のかたきをうったことを書いた物語。

【謝畳(疊)山】(しゃじょう(でふ)ざん) →謝枋得

【謝絶】辞退する。ことわる。

【謝朓】人名。南斉の詩人。宣城の太守となったので、その詩集を「謝宣城集」という。(四六四～四九九)

【謝肇(肇)淛】人名。明代の文人・学者。「五雑俎」の著者。

【謝肉祭】カトリック教の祭りの名。カーニバル。

【謝豹】鳥の名。ほととぎす。杜鵑。

【謝冰心】人名。新文学初期の女流作家。本名は謝婉瑩。(一九〇〇～一九九九)

【謝枋得】人名。宋の忠臣。号は畳山。「文章軌範」を編集した人。(一二二六～一二八九)

【謝良佐】人名。宋の学者。上蔡の出身。(一〇五〇～一一〇三)

【謝礼(禮)】①礼をのべて感謝する。②礼のしるしとしておくる金品。謝礼金。

【謝霊(靈)運】人名。南朝宋の文人。謝康楽とよばれる。(三八五～四三三)

【謝謝】xièxie 現ありがとう。…に感謝する。

◆月謝・代謝・多謝・陳謝・深謝・報謝・感謝・慰謝・薄謝・物質代謝・新陳代謝

言10 【謅】〔17〕 シュウ 漢 (シウ) 平 尤 zhōu チョウ　U 8B05 補 6224 J ②8869

意味 ①でたらめをいう。②いいあらそう。③現胡謅 hú-zhōu は、でたらめをいう。

言10 【謏】〔17〕 ショウ 漢 (セウ) 上 篠 xiǎo シアオ　U 8B0F 補 — J —

意味 ①すくない。ちいさい。②さそう。すすめる。いざなう。

言10 【謖】〔17〕 シュク 漢 ショク 慣 入 屋 sù スー　U 8B16 補 — J 7576

意味 ①〈た・つ〉起きあがる。②謖謖は、㋐高くぬき出るさま。㋑風が起こるさま。

言10 【謆】〔17〕 セン 漢 去 霰 shàn シャン　U 8B06 補 6225 J —

意味 ことばで人をそそのかす。扇動する。

言10 【謄】〔17〕 常 トウ　U 8B04 補 — J 3805

旧字 言10 【謄】〔17〕 トウ 漢 平 蒸 téng トン　U — 補 — J —

筆順

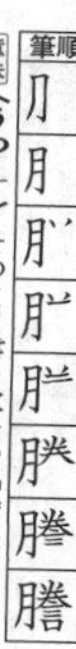

意味 〈うつ・す〉そのまま書き写す。「謄正」

解字  形声。言が形を表し、朕が音を示す。朕には上がる、すきま、の意味がある。謄は、しきうつすことである。また朕は、書と音が通じるから、ことばを文字に書きうつすこともいう。

【謄写(寫)】書きうつす。【——版】国ろう引きの紙に書いた原稿を、そのまま印刷する器械。油印。孔版。

【謄本】原本からうつしとったもの。「戸籍謄本」

言10 【謟】〔17〕 トウ 漢 (タウ) 平 豪 tāo タオ　U 8B1F 補 6230 J ②8872

意味 うたがう。

言10 【謐】〔17〕 ビツ 漢 ヒツ 慣 入 質 mì ミー　U 8B10 補 — J 7577

意味 ①〈しずか(しづか)〉おちついているさま。②〈やすらか〉おだやか。やすんじる。③つつしむ。④謐謐は、ひっそりと静かなさま。

【謐然】静かなさま。

言10 【謗】〔17〕 標 ホウ(ハウ) 漢 ボウ(バウ) 慣 呉 去 漾 bàng パン　U 8B17 補 — J 7578

意味 ①〈そし・る〉㋐悪口をいう。㋑人のあやまりを指摘する。②〈そしり〉悪口。③うらむ。

【謗怨】そしりうらむ。

【謗毀】そしる。また、そしり。

【謗議】そしる。意見。悪口。

【謗訾】そしる。そしり。悪口。

【謗嗤】そしりわらう。

【謗書】わるくちを書いた書物・手紙。【——満(滿)篋】悪口を書いた投書が、箱いっぱいである。戦国時代、魏の楽羊が中傷された故事。〈戦国策・秦〉

【謗声(聲)】そしる声。悪い評判。

◆誹謗・讒謗

言10 【謎】〔17〕 常 なぞ　ベイ 漢 メイ 慣 去 霽 mí ミー、mèi メイ　U 8B0E 補 — J 3870

言9 【謎】〔16〕 同字 許容字　U — 補 — J —

筆順

意味 〈なぞ〉かくしことば。人を迷わすことば。「謎語」

解字 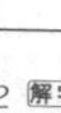 会意・形声。言と迷を合わせた字で、迷は音をも示す。迷は、惑わす意で、ここから、言と迷を合わせた謎は、人を迷わすことば、また、かくしことばの意味になる。

言10 【謌】〔17〕 同 ↓歌(六七六ページ・上)

言10 【謊】〔17〕 同 ↓詤(一一五五ページ・中)

言10 【謠】〔17〕 旧 ↓謡(一一七〇ページ・上)

言10 【謹】〔17〕 俗 ↓謹(一一七三ページ・中)

言10 【謚】〔17〕 本 ↓諡(一一六八ページ・下)

言11 【謳】〔18〕 標 オウ 漢 平 尤 ōu オウ　U 8B33 補 — J 7580

言4 〔𧦅〕〔11〕 俗字　U 27985 補 — J ②8854

意味 ①〈うた・う(——・ふ)〉㋐声をそろえてうたう。「謳唱」「謳詠」㋑楽器なしでうたう。「謳謡」②声をそろえてたたえる。「謳歌」③〈うた〉

【謳歌朝覲】天子の徳をほめたたえて歌い、天子のところへお目にかかりに行く。〈十八史略・夏〉

言11 【謦】〔18〕 ケイ 漢 キョウ(キャウ) 呉 上 迥 qǐng チン　U 8B26 補 — J 7582

意味 ①〈しわぶき(しはぶき)〉せきばらい。②笑いさざめく。

【謦咳】「謦欬」に同じ。

【謦欬】①せきばらい。②笑いさざめく。『接二——一』お目にかかる。

言11 【謼】〔18〕 コ 漢 平 虞 hū フー　U 8B3C 補 6235 J —

意味 ①さけぶ。よぶ。②おどろかす。

言11 【謷】〔18〕 ゴウ 漢 (ガウ) 平 豪 áo アオ　U 8B37 補 6234 J —

言11 〔謸〕〔18〕 同字　U 8B38 補 — J —

意味 ①〈そし・る〉おおぜいで悪口をいう。②かまびすしい。人のことばを聞こうとしない。③うれえる声。おおぜいが悲しむ声。④おごる。⑤からかう。⑥志が高遠なさま。

【謷謷】①他人の話をきかないで、いいかげんなことをいうさま。②悲しい泣き声のやまないさま。

言11 【謫】〔18〕 タク 漢 入 陌 zhé チョー　U 8B2B 補 — J 7583

言15 〔讁〕〔22〕 同字　U 8B81 補 6255 J ②8880

意味 ①〈せ・める(——・む)〉㋐罪をせめしかる。㋑あやまちをとがめる。②〈せめ〉とがめ。③罰せられる。役人が地位を下げられたり、遠方にうつされたりする。「謫降」「謫徙」④〈つみ〉とが。

【謫戍】罪を受けて国境警備の兵として追いやられる。

【謫所】罪のために、流された所。

【謫仙人】①天から人間界へ流された仙人。②大詩人の美称。唐の李白、宋の蘇軾など。

【謫落】官をおとして、流される。「一従謫落在柴荊」〈菅原道真の詩・不出門〉

【謫居】①罪を受けて遠方へ流されている。②流された場所。

言11【謻】〔18〕 チ 漢 平 支 chí チー　J ―　U補 8B3B

意味 ①はなれている。②建物がつづいていること。

言11【謬】〔18〕 標 ビュウ(ビウ) 漢 去 宥 ミョウ(メウ) 呉 miù ミウ　J 4121　U補 8B2C

言11【謬】〔18〕 俗字　J ―　U補 ―

意味 ①〈あやまり〉まちがい。「謬誤」②〈あやま・る〉まちがう。③〈たが・う(――・ふ)〉くいちがう。④いつわる。あざむく。⑤でたらめなことば。⑥姓。

【謬計】まちがった計略。

【謬見】まちがっている考え。あやまった意見。

【謬錯】まちがい。あやまり。

【謬算】まちがったみこみ。まちがったはかりごと。

【謬舛】まちがえる。

【謬選】まちがって選ばれる。まちがった選び方。

【謬伝(傳)】まちがった言いつたえ。

【謬聞】まちがったうわさ。

【謬戻】道理にそむいたまちがい。

【謬論】まちがった議論。

言11【謨】〔18〕 ボ 漢 平 虞 モ 呉 mó モー　J 7585　U補 8B28

意味 ①〈はか・る〉㋐計画する。㋑くわだてる。大きなことを計画する。②〈はかりごと〉大きなくわだて。「謨猷」③あざむく。④ない。＝無「謨信」国護謨は、ゴムの当て字。

【謨訓】おしえ。国の大きな計画。後世の王のてほんになる教え。

【謨猷籌画(畫)】政治や軍事の計画。〈李白・与韓荊州書〉

7画

見角言谷豆豕豸貝赤走足(⻊)身車辛辰辵(⻌・⻍)邑(⻏〈右〉)酉釆里

言11【謾】〔18〕 一 バン 漢 マン 呉 一 平 寒 mán マン 二 バン 漢 マン 呉 二 去 諫 màn マン　J 7584　U補 8B3E

意味 一①〈あなど・る〉ばかにする。けいべつする。「謾易」「謾侮」②〈あざむ・く〉いつわる。だます。「謾欺」③うそ。いつわりのことば。「謾言」「謾語」④でたらめ。「謾誕」 二①なまける。＝慢 ②ゆるやか。＝慢 ③だらだらしている。＝漫 ④きちんとしていない。＝漫

【謾舞】ゆるやかにまう。

言11【謰】〔18〕 レン 漢 平 先 lián リエン　J 6233　U補 8B30

意味 ①謰謱は、ことばが繁雑で、乱れているさま。②謰語は、双声語、あるいは畳韻語を指す。参差、徘徊など。

言11【諜】〔18〕 俗→諜(一一七〇ジ・上)

言11【謹】〔18〕 旧→謹(一一七〇ジ・中)

言11【譾】〔18〕 同→譾(一一七七ジ・上)

言12【譁】〔19〕 カ(クヮ) 漢 平 麻 huá ホワ　J ―　U補 ―

言10【譁】〔17〕 俗字　J 7586　U補 8B41

意味 ①〈かまびすし・い(かまびす・し)〉さわがしい。②でたらめ。うそ。

【譁喧】やかましい。そうぞうしい。

【譁囂】かまびすしい。さわがしい。

【譁笑】はやしたててわらう。

【譁然】騒がしいさま。

【譁譟】やかましく騒ぐ。

言12【譌】〔19〕 ガ(グヮ) 漢 平 歌 カ(クヮ) 慣 é オー　J 7587　U補 8B4C

意味 ①いつわりのことば。＝訛「譌言」②あやまり。まちがい。③あやしい。④せめる。

言12【譮】〔19〕 カイ (クヮイ) 漢 去 隊 huì ホイ　J ―　U補 470B

意味 とどまる。中止する。

言12【譆】〔19〕 キ 漢 平 支 xī シー　J ①9217 6240　U補 8B46

意味 ①〈ああ〉悲しみ、驚き、感嘆する時の声。②譆譆は、思わず出す声。

言12【譏】〔19〕 キ 漢 平 微 jī チー　J 7588　U補 8B4F

意味 ①〈そし・る〉㋐非難する。せめとがめる。㋑風刺する。②〈そしり〉③いさめる。④〈みる〉こまかく調べる。

【譏訶】はげしく非難する。

【譏議】意見を述べて非難する。

【譏讒】悪口を人に告げる。非難した告げ口をする。

【譏弾(彈)】非難する。そしり攻撃する。

【譏排】そしりしりぞける。非難して押しのける。

【譏評】悪い批評をする。

【譏諷】それとなくそしる。

【譏而不征】調べるだけで、税をとらない。〈孟子・梁恵王下〉

言12【譑】〔19〕 一 キョウ(ケウ) 漢 一 上 篠 jiǎo チアオ 二 キョウ(ケウ) 漢 二 去 嘯 qiào チアオ　J ②8876　U補 8B51

意味 一①口数が多いこと。②誤りをただす。③取りあげる。搾取する。 二とりとめのないはなしをする。

言12【譃】〔19〕 ク 漢 平 虞 xū シュイ　J ②8874 6237　U補 8B43

意味 ①うそ。でたらめ。②「虚」(一〇九六ジ・上)の俗字。

言12【警】〔19〕 学6 ケイ　J 2357　U補 8B66

旧字 言13【警】〔20〕　J ―　U補 ―

ケイ 漢 キョウ(キャウ) 呉 上 梗 jǐng チン

筆順 一 艹 芍 苟 苟 敬 警 警

意味 ①〈いまし・める(――・む)〉㋐注意する。さとす。㋑そなえる。用心する。㋒あいずする。②〈いましめ〉注意。そなえ。知らせ。いましめることば。③〈おどろ・く〉＝驚 ㋐びっくりする。㋑目をさます。「警悟」④さとい。かしこい。「警慧」⑤すぐれる。ずぬける。

解字 会意・形声。言と敬を合わせた字で、敬は音をも示す。敬はいましめること。警はことばでいましめることである。

【警衛(衞)】いましめまもる。警戒し護衛する。

【警戒】いましめ用心する。【―色】動動物が、相手を恐れさせるために持っている、目だつ色彩。

【警急】①急な変事に対して用意する。②突然起こった事変。

【警句】①真理を含んでいる短い句。②事実をうまく言いあらわした奇抜な文句。エピグラム。

【警鼓】非常をしらせる太鼓。

【警固】いましめかためる。かたくまもる。

【警悟】①さとりが早い。②いましめさとらせる。

【警護】非常をいましめまもる。＝警固
【警告】注意するように、知らせる。いましめつげる。

【警策】㊀①馬をいましめ走らせるために打つむち。㊁②文章の中で全編を活動させる重要な短い文句。㊂仏禅寺で坐禅のとき、修行のいましめ用につかう長方形の板。㊂国詩文のすぐれたもの。

【警察】㊀①警戒して、しらべまわる。②国国民の生命・身体・財産の保護、犯罪の捜査、被疑者の逮捕、公安の維持などを内容とする行政。③国警察署。また、警察官。㊁ jǐngchá 現㊀の③に同じ。【――官】国「警察」㊀の②の執行を担当する職員。警官。【――署】国警察のしごとをする役所。

【警手】国①警備をしごととする人。見張り。②旧制の皇宮警手。

【警捷】すばしこい。さとくすばやい。

【警鐘】火事その他の非常をしらせるかね。

【警乗(乘)】国犯罪を防ぐために、警察官や鉄道公安職員が列車などに乗って警戒する。

【警世】世の人に注意をあたえていましめる。【――通言】書名。四十巻。明の馮夢竜の編集した通俗小説。

【警醒】眠りをさます。迷いをいましめ、さとらせる。

【警柝】警戒のためにたたく拍子木。

【警笛】危険なことや変事をしらせるあいずの笛。また、その音。

【警抜】文章や意見が奇抜ですぐれている。

【警備】前もって戒め、事にそなえる。用心して守る。

【警蹕】天子・貴人の出入りするとき、先払いをして人をいましめる。

【警敏】さとい。才知がはたらく。

【警報】①注意のしらせ。②暴風雨などが来ることをあらかじめしらせる。

【警邏】警戒のためにみまわる。

【警吏】①警戒をつとめとする役人。②警察官。
◆夜警・巡警

言12【譓】〔19〕ケイ 漢 去 霽 huì ホイ U補J 6243 8B53

意味 ①知謀にたけている。②見分ける。③したがう。

言12【譎】〔19〕ケツ 漢 キツ 慣 入 屑 jué チュエ U補J 7589 8B4E

意味 ①〈いつわ・る(いつは・る)〉㋐あざむく。㋑うそをいう。②いつわり。③たがう。そむく。くいちがう。④ことなる。変わる。⑤あやしい。「譎怪」⑥定める。⑦譎諫は、とおまわしにいさめる。

【譎詭】①あざむきいつわる。②あやしいもの。変わったもの。

【譎計】いつわりのはかりごと。

【譎詐】いつわる。いつわり。

【譎妄】いつわり。でたらめ。

言12【識】〔19〕学5 シキ U補J 2817 8B58
旧字 言12【識】〔19〕
㊀ショク 漢 シキ 呉 ㊀入 職 shí, shì シー
㊁シ 漢 ㊁去 寘 zhì チー

筆順 訁 言 訁 訁 訁 諳 識 識

意味 ㊀①〈し・る〉㋐みわける。㋑みとめる。きがつく。㋒よく知る。②知っていること。見識。考え。③知覚。感覚。④知りあい。友人。⑤仏心や感覚の根本になる意識。㊁①〈しるし〉㋐めじるし。㋑記号。おぼえ。㋒はたじるし。②〈し・る〉心に感じる。おぼえる。③〈しる・す〉書きつける。④青銅器にほりこまれた文字。「款識」

解字 形声。言が形を表し、戠が音を示す。戠には、しるし・のぼりの意味がある。識は、しるしの小旗。また、よしあしを見分けること、あるいは、メモしておぼえることをいう。

名前 さと・つね・のり

【識閾】哲意識の範囲。物を感じとれると、とれないとのさかいめ。

【識韓】「識荊」に同じ。

【識荊】名士に初めて面会すること。大名になるより、韓荊州氏と知り合いになりたいということばによる。〈李白・与韓荊州書〉【――願切】初めての人に面会を願うことば。

【識語】書物の前後に書きしるしたことば。

【識字運動】国民に字を知らせる運動。中華人民共和国の初期の国語政策の一つ。

【識者】①物の道理をよく知っている人。②ものしり。

【識達】見識がすぐれている。物の見方がすぐれて行き届く。

【識度】見識と度量。物の考え方がすぐれ、心が広い。

【識得】知る。さとる。【――不為(爲)冤】仏すなおにうけとれば、修行のじゃまにならない。

【識別】みわけ。はっきりとみわける。

【識慮】物事の見方や考え方がすぐれている。

【識量】「識度」に同じ。

【識見】①考え。見識。②すぐれた意見・考え。
◆旧識・有識・見識・良識・卓識・知識・学識・面識・眼識・常識・博識・意識・達識・認識・標識・鑑識・一面識・不見識・非常識

言12【譙】〔19〕㊀ショウ 漢 ㊀去 嘯 qiào チアオ ㊁ショウ(セウ) 漢 ㊁平 蕭 qiáo チアオ U補J ①9219 6245 8B59

意味 ㊀〈せ・める(―・む)〉しかる。とがめる。「譙呵」「譙譲」㊁①物見やぐら。たかどの。「譙門」「譙楼」②ひどく疲れる。＝憔 ③譙譙は、鳥の羽の破れたさま。④地名。㋐秦代の県名。後に郡名、州名。安徽省亳州市の地。㋑後漢末におかれた郡名。河南省商丘市の地。

言12【譛】〔19〕㊀シン 漢 ㊀去 沁 zèn ツェン ㊁セン 漢 ㊁去 豔 jiàn チエン U補J 7591 8B56
言12【譖】〔19〕俗字 U補J 7592 8B5B

意味 ㊀①〈そし・る〉悪口をいう。うそをいって人をおとしいれる。「譛毀」②そしり。「譛言」㊁いつわる。相手を信頼しない。不信。＝僭

言12【譔】〔19〕セン 漢 上 銑 zhuàn チョワン U補J ①9218 6244 8B54

意味 ①そなわる。②〈の・べる(―・ぶ)〉著述する。記述する。＝撰「譔述」③一心に教える。④よいことば。「譔言」

言12【譂】〔19〕セン 漢 上 銑 chǎn チャン U補J 6236 8B42

意味 ①うそ。でたらめ。②はばかる。おそれる。③「憚」(五〇〇ページ・中)の同字。

言12【譄】〔19〕ソウ㊥漢 ㊤平 zēng ツォン 蒸　U補J 6238 8B44
意味 ①おおげさにいう。②「增」(三〇〇ページ・上)の同字。

言12【譈】〔19〕タイ㊥漢 ㊤去 duì トイ 隊　U補J 6241 8B48
意味 ①〈うら・む〉〈にく・む〉 ②殺す。

言12【譚】〔19〕標 タン㊥漢 ㊤平 tán タン 覃　U補J 7593 8B5A
意味 ①〈ものがたり〉はなし。②かたる。ものがたる。＝談
言12【譚】〔19〕正字　U補J ――
③〈ひ・く〉のびる。及ぶ。＝覃 ④〈おお・き・い(おほき・い)〉〈おおい・なり(おほい・なり)〉㋐大きくて広い。㋑ゆるやか。ゆったり。⑤くっつく。⑥山東さんとう省章丘しょうきゅう市にあった国の名。⑦姓。

言12【譊】〔19〕ドウ㊥漢(ダウ) ㊤平 náo ナオ 肴　U補J ――
意味 ①どなる。さわぐ。②うったえる声。③譊譊どうどうは、やかましくさわぐさま。

言12【譒】〔19〕ハ㊥漢 ㊤去 bō ポー 箇　U補J 6242 8B52
意味 ①広く知らせる。公布する。＝播は ②節ふしをつけてうたう。

言12【譜】〔19〕常 フ　U補J 4172 8B5C
旧字 言13【譜】〔20〕ホ㊥漢 フ㊥呉 ㊤上 pǔ プー 麌　U補J ――

筆順 … 譜

意味 ①系図。系統に従って順序に書いた表。「譜系ふけい」「譜録ふろく」②〈しる・す〉系統図の表を作る。③楽譜。音楽のふしを書いたもの。

解字  形声。言が形を表し、普ふが音を示す。普には、しきならべる、という意味がある。譜は、歴代の戸籍の記録である。

名前 つぐ

【譜紀】ふき 系図を書いたもの。
【譜属(屬)】ふぞく 系図。一族の系譜。
【譜代】ふだい 国 一つの主家に代々つかえる。また、その人。【――大名】ふだいだいみょう(みゃう) 国 江戸時代の大名で、関が原の戦い以前から徳川氏の家来であったもの。↕外様大名とざまだいみょう
【譜第】ふだい ①けいず。②親類。③「譜代」に同じ。
【譜牒】ふちょう(てふ) ①事をならべてしるした文書。②系図。
◆年譜ねんぷ・系譜けいふ・音譜おんぷ・棋譜きふ・新譜しんぷ・楽譜がくふ

言12【䜌】〔19〕ラン㊥漢 ㊤平 luán ロワン 寒　U補J ②8875 470C
意味 ①みだれる。＝乱らん ②治める。③絶えることなく続く。

言12【證】〔19〕旧 ↓証(一一五二ページ・中)

言12【譚】〔19〕正 ↓譚(本ページ・上)

言12【譛】〔19〕俗 ↓譖(一一七四ページ・下)

言12【譋】〔19〕或 ↓讕(一一七七ページ・下)

言13【譩】〔20〕㊀イ㊥漢 ㊤平 支 yī イー ㊁イ㊥漢 ㊤上 紙 yǐ イー　U補J ①9220 8B69
意味 ㊀〈ああ〉不満の声。恨みのことば。＝噫い ㊁①恨む。②応答する。こたえる。

言13【議】〔20〕学4 ギ　ギ㊥漢呉 ㊤去 寘 yì イー　U補J 2136 8B70

筆順 … 議

意味 ①〈はか・る〉㋐話しあう。相談する。㋑ものごとの是非をきめる。㋒あれこれと考える。思いめぐらす。②〈あげつら・う(――・ふ)〉㋐議論する。㋑非難する。せめる。③〈えら・ぶ〉選択する。④意見。主張。⑤文体の名。議論の文。「奏議」

解字  形声。言が形を表し、義ぎが音を示す。義には、宜ぎと同じく、物事がととのってうまくゆく意味がある。議は、物事のよろしいことについて論ずることである。また、むずかしいことについて論ずることであるともいう。

名前 かた・のり

【議案】ぎあん 会議に出して審議するためのもとになる案。
【議員】ぎいん(ゐん) 議会で、審議を行い、議決に参加する人。
【議院】ぎいん(ゐん) 国 ①国会を組織している参議院と衆議院の二つ。②議事を審議する場所。議会。
【議会(會)】ぎかい(くわい) 国家または地方自治体で、議員によって国家や自治体の問題を相談してきめる機関。
【議決】ぎけつ 審議して決定する。賛成・反対をきめる。
【議故】ぎこ 天子の知人の罪について、減刑を論ずること。
【議事】ぎじ ①多数の人があつまって相談する。②審議する事がら。【――録(錄)】ぎじろく 議事の記録。
【議親議貴】ぎしんぎき もともと周代の法律で、天子の親属や貴族の罪を特別に審議すること。有力者などの裁判が不当に軽く、公正でない場合にいう。
【議席】ぎせき 会議場にもうけられた議員の席。
【議奏】ぎそう 国 武家から申し上げる事がらを、天皇に伝えることを扱った公卿くぎょうの職名。
【議題】ぎだい ①詩文の題を相談してきめること。②会議で相談する題目。
【議長】ぎちょう(ちゃう) 会議の長として、議事を運営し、採決をする人。
【議定】ぎてい ㊀①討議してきめる。②相談してきめた規則。㊁ぎじょう(ぢゃう) ①㊀に同じ。②国 明治政府の初め、総裁・参与と並んで国の政治をした高官。【――書】ぎていしょ 議定した事項を記録した文書。
【議了】ぎりょう(れう) すっかり相談し終わる。審議が終わる。
【議郎】ぎろう(らう) 官名。天子の宮殿に宿直して護衛にあたる文官の名。この下に中郎・侍郎じろう・郎中がある。
【議論】ぎろん ㊀意見をのべ、話し合うこと。㊁イールン yìlùn 現 ①㊀に同じ。②話題にする。
◆争議そうぎ・合議ごうぎ・決議けつぎ・抗議こうぎ・物議ぶつぎ・協議きょうぎ・和議わぎ・異議いぎ・動議どうぎ・密議みつぎ・評議ひょうぎ・提議ていぎ・集議しゅうぎ・詮議せんぎ・閣議かくぎ・談議だんぎ・論議ろんぎ・審議しんぎ・謀議ぼうぎ・不思議ふしぎ・不可思議ふかしぎ

言13【譞】〔20〕ケン㊥漢 ㊤平 xuān シュワン 先　U補J ②8877 6247 8B5E
意味 ①さとい。聡明。②口数が多いこと。多言。

言13【譣】〔20〕㊀ケン㊥漢 ㊤上 琰 xiǎn シエン ㊁セン㊥漢 ㊤平 塩 qiān チエン　U補J 6248 8B63
意味 ㊀①問う。問いただす。②かたよったことば。ねじけたことば。㊁①言うには。いわく。②はかる。議論する。

言13【護】〔20〕学5 ゴ
旧字 言14【護】〔21〕コ㊥漢 ゴ㊥呉 ㊤去 遇 hù フー　U補J 2478 8B77　U補J ――

筆順 … 護

意味 ①〈まも・る〉かばいまもる。②〈まもり〉〈まぶり〉まもること。③助ける。すくう。④見まもる。監視する。⑤統率する。国〈まもり〉おまもり。神や仏の守りふだ。

解字 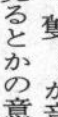 形声。言が形を表し、蒦くわくが音を示す。蒦には、はかるとか、キョロキョロ見るとかの意味がある。護は、ことば

7画
見角言谷豆豕豸貝赤走足(⻊)身車辛辰辵(辶・⻌)邑(⻏〈右〉)酉釆里

7画 ➡見角言谷豆豕豸貝赤走足(⻊)身車辛辰辵(⻌・⻍)邑(⻏〈右〉)酉采里

で援護して、見まもることである。一説に、蒦は、めぐる意味で、護は、ことばをまわす、いいのがれをすることともいう。

名前 さね・もり 姓 護得久ごえく 難読 護謨ゴム

【護衛(衞)】ごえい(ゑい) つきそい守る。また、その人。

【護岸】ごがん 海・川・湖などの岸を水害から守る。「護岸林」

【護憲】ごけん 憲法を守る。【――運動】ごけんうんどう 憲法を守ろうとする運動。

【護国(國)】ごこく 自分の国を守る。

【護持】ごじ(ぢ) ①守りささえる。②神仏に祈って安全を守る。

【護照】㊀ごしょう(せう) 旅行者の身分証明。パスポート。旅券。㊁フーチャオ hùzhào 現㊀に同じ。

【護身】ごしん 自分のからだを敵から守ること。「護身術」

【護前】ごぜん ①過去を守る。過去のあやまちをすなおに認めようとしないこと。②負けおしみの強いこと。

【護送】ごそう ①罪人につきそって事故のないように送る。②重要なものを守って目的地に送りつける。

【護符】ごふ 守りふだ。神社や寺から渡されるおまもり。

【護法】ごほう(ほふ) ①宗教上の法を守る。

【護摩】ごま ①火の中へ供え物をなげいれて供養する。②壇をもうけ、ごま木をもやして仏に祈る。

【護謨】ゴム 国英語 gum の音訳。

【護士】フーシ hùshi 現看護人。看護師。

◆弁護・加護・守護・庇護・防護・保護・看護・救護・援護・愛護・監護・擁護・警護・鎮護

言13【譲】〔20〕 常 ジョウ ゆずる U 8B72 補 J 3089

旧字 言17【讓】〔24〕 人 ジョウ 漢 (ジャウ) 去 漾 ràng ラン U 8B93 補 J 7610

筆順 言 訁 訁 訁 諺 譛 譲 譲

意味 ①〈ゆず・る(ゆづ・る)〉㋐自分のものを人に与える。㋑自分が辞退して、人を先に立てる。㋒人にまかせる。㋓へりくだる。②〈ゆずり(ゆづり)〉③〈せ・める(―・む)〉㋐しかりせめる。㋑罪をとがめる。㋒ののしる。④手を平らにあげる拝礼。⑤現㋐…させる。㋑…される。国〈ゆず・る(ゆづ・る)〉売り渡す。

解字  形声。言が形を表し、襄じょうが音を示す。襄には、むりに上がるという意味がある。譲は、相手をせめ立てることである。また、譲には、間に割りこむ意味があるから、譲は、第三者を間に入れることで、ゆずる意味になるという。

名前 うや・せむ・のり・まさ・よし

【譲位】じょうい(じゃうゐ) ①天子や王の地位を人に渡す。②上の方の座席を人にゆずる。

【譲責】じょうせき(じゃう) せめとがめる。

【譲棗推梨】じょうそうすいり(じゃうさう) 梁りょうの王泰おうたいが、もらったなつめを譲って取らず、後漢ごかんの孔融こうゆうが、なしの大きい方を兄にとらせた故事。兄弟の友愛をいう。品物や権利などを、他人にゆずりわたす。

【譲渡】じょうと(じゃう) ①他人にゆずる。②自分の意見をまげ、他の意見に従う。

【譲歩】じょうほ(じゃう)

【譲揖】じょうゆう(じゃういふ) ①あいさつする。②人に先をゆずる。

【譲与(與)】じょうよ(じゃう) ゆずり与える。

【譲礼(禮)一寸】じょうれいいっすん(じゃう) わずか人に譲れば、大きくお返しがくる。「得礼一尺」につづく。〈魏ぎ武帝・譲礼令〉

【譲葉】ゆずりは(ゆづりは) 国常緑樹の名。新年の飾りに使う。

◆分譲・互譲・退譲・推譲・責譲・揖譲・割譲・辞譲・禅譲・謙譲

言13【譫】〔20〕 セン 漢 平 塩 zhān チャン U 8B6B 補 J 7594

意味 ①〈たわごと(たはごと)〉とりとめのないことば。「譫言せんげん」「譫妄せんぼう」②おしゃべり。③(病気の)うわごと。

言13【譟】〔20〕 ソウ 漢 (サウ) 去 号 zào ツァオ U 8B5F 補 J 7601

意味 ①〈さわ・ぐ〉㋐大声をあげる。＝噪そう ㋑楽器がやかましい。②よろこびの声をあげる。

言13【譬】〔20〕 ヒ 漢 県 去 寘 pì ピー U 8B6C 補 J 7602

意味 ①〈たとえ(たとへ)〉〈たとい(たとひ)〉他の例をあげて説くこと。「譬喩ひゆ」「譬類るい」②〈たと・える(――・ふ)〉㋐例をあげて説明する。「譬況きょう」㋑わからせる。③さとる。理解する。

【譬歌】たとえうた(たとへ) 国①譬喩歌。②自分の気持ちを物にたとえてよんだ和歌。「古今集こきんしゅう」序の、和歌六義の一つ。「詩経しきょう」の六義りくぎの「興きょう」にあたる。

【譬説】ひせつ さとして理解させる。

【譬喩歌】ひゆか 国物にたとえてよんだ和歌。

言13【譍】〔20〕 ヨウ 漢 オウ 県 去 径 yìng イン U 8B4D 補 J 6246

意味 こたえる。対応する。＝応おう

言13【譭】〔20〕 同→毀(六八七㌻・中)

言13【譱】〔20〕 本→善(二五五㌻・下)

言13【譯】〔20〕 旧→訳(一一五〇㌻・下)

言13【警】〔20〕 旧→警(一一七三㌻・下)

言13【譜】〔20〕 旧→譜(一一七五㌻・上)

言13【譽】〔20〕 旧→誉(一一五八㌻・上)

言14【譴】〔21〕 ケン 漢 去 霰 qiǎn チエン U 8B74 補 J 7604

意味 ①〈せ・める(―・む)〉㋐とがめる。㋑責任を問う。㋒怒る。②〈しか・る〉③役人が解任される。左遷される。④〈せめ〉〈とがめ〉罪。わざわい。⑤姓。

【譴呵】けんか とがめてしかる。せめしかる。

【譴訶】けんか 「譴呵けんか」に同じ。

【譴毀】けんき とがめそしる。非難すべき点。

【譴告】けんこく(かう) 天が災難を下し、罪を告げしかる。

【譴責】けんせき ①あやまちをせめとがめる。②国公務員に対する罰の一つ。「譴責処分」

【譴怒】けんど とがめ怒る。

【譴罰】けんばつ あやまちをせめ罰する。

言14【譅】〔21〕 シュウ 漢 (シフ) 入 緝 sè ソー U 8B45 補 J 6239

意味 ①口数がとても多い。②言いよどむ。口ごもる。

言14【譸】〔21〕 チュウ 漢 (チウ) 平 尤 zhōu チョウ U 8B78 補 J 6251

意味 ①のろう。②思いやる。あざむく。たぶらかす。

【譸張】ちゅうちょう(ちうちゃう) いろいろな方法で人をだます。【――為(爲)レ幻】ちゅうちょうげんをなす 〈書経しょきょう〉

言14【譶】〔21〕 ㊀トウ(タフ) 漢 ㊀入 合 tà ター ㊁チュウ(チフ) 漢 ㊁入 緝 zhé チョー、zhí チー U 8B76 補 J ②8878 6250

意味 ㊀早口でしゃべる。㊁譅譶しゅうちゅうは、がやがやとはなしたてるさま。

言14【譳】〔21〕 ドウ 漢 去 宥 nòu ノウ U 8B73

意味 詎譳とうどうは、口がきけない。ことばがでない。

言14【譼】〔21〕 同→監(八六三㌻・上)

言14【護】〔21〕 旧→護(一一七五㌻・下)

言14【譹】〔21〕同↓諕(一一六三ページ・中)

言14〔辯〕↓辛部十四画(四四三ページ・中)

言15【譓】〔22〕ケイ 漢 去 霽 huì ホイ U補J ②8879 8B7F
意味 かしこい。さとい。＝慧けい

言15【讃】〔22〕人 標 サン 漢 呉 去 諫 zàn ツァン U補J 2730 8B83
旧字 言19【讚】〔26〕 U補J 7613 8B9A
意味 ①〈ほ・める(―・む)〉ほめたたえる。「讃称さんしょう」②助ける。「讃助さんじょ」③文体の名。人をほめたたえる文。④仏の徳をたたえることば。
地名 讃岐さぬき
参考 新表記では「賛」に書きかえる。熟語は「賛」(一一九二ページ・上)を見よ。

言15【讅】〔22〕シン 漢 上 寝 shěn シェン U補J 6257 8B85
意味 明らかにする。つまびらかにする。＝審しん

言15【譾】〔22〕セン 漢 上 銑 jiǎn チエン U補J 6254 8B7E
言11〔謭〕〔18〕同字 U補J ②8873 6232 8B2D
意味〈あさ・い(――・し)〉あさはか。
【譾劣】せんれつ 浅くて劣る。人物があさはかで、才能がない。

言15【讄】〔22〕ルイ 漢 上 紙 lěi レイ U補J 6256 8B84
意味 ①人をたたえて、神の加護をいのる。②死者を哀悼する文体の名称。＝誄るい

言15【䜟】〔22〕俗↓讖(本ページ・下)

言15【讀】〔22〕旧↓読(一一六一ページ・中)

言15【讁】〔22〕同↓謫(一一七二ページ・下)

言16【讆】〔23〕エイ 漢 (エイ) 去 霽 wèi ウエイ U補J 6260 8B8F
意味 ①たわごと。②いつわる。③悪をたたえる。

言16【讌】〔23〕エン 漢 去 霰 yàn イエン U補J 7607 8B8C
意味 ①〈うたげ〉さかもり。宴会。＝醼えん「讌会えんかい」「讌飲えんいん」②話しあう。集まってくつろぎ話す。
【讌座(「坐」)】えんざ うちくつろいですわる。
【讌酌】えんしゃく 酒盛りをして、酒を飲む。

言16【讐】〔23〕標 シュウ(シウ) 漢 平 尤 chóu チョウ U補J 2918 8B90
言16【讎】〔23〕同字 U補J 7608 8B8E
意味 ①〈むく・いる(――・ゆ)〉こたえる。応答する。②〈ともがら〉あいて。同類。たぐい。③ひとしい。匹敵する。④合う。一致する。⑤しるし。反応。⑥売る。お金をはらう。つぐなう。⑦〈あだ〉かたき。敵。＝仇きゅう「讐仇しゅうきゅう」「讐敵しゅうてき」⑧〈あだ・する(――・す)〉敵とする。敵対する。⑨文字をくらべて正す。文章を校正する。「校讐こうしゅう」
【讐校】しゅうこう(しう)(かう) 照らしあわせてまちがいを校正する。二人が向かい合い、原本に照らしあわせてまちがいを校正する。
【讐視】しゅうし(しう) かたきとおもってみる。かたきあつかいをする。
【讐虜】しゅうりょ(しう) 野蛮な敵。

言16【讋】〔23〕ショウ(セフ) 漢 入 葉 zhé チョー U補J ②8881 6258 8B8B
意味 ①恐れる。いやがる。②しゃべる。
【讋伏】しょうふく(せふ) おそれてひれふす。

言16【讇】〔23〕テン 漢 上 琰 chǎn チャン U補J ― 8B87
意味 ①へつらう。②ばかていねいなこと。

言16【讈】〔23〕同↓謧(一一六八ページ・上)

言16【變】〔23〕旧↓変(三〇八ページ・中)

言16【讎】〔23〕同↓讐(本ページ・中)

言17【讔】〔24〕イン 漢 上 吻 yǐn イン U補J ②8882 6261 8B94
意味 ①なぞ。かくしことば。隠語いんご。廋語そうご。②応答のことば。返答。

言17【讒】〔24〕サン 漢 ザン 呉 平 咸 chán チャン U補J 7609 8B92
意味 ①〈そし・る〉人の悪口をいう。告げ口をする。②告げ口。③告げ口をいう人。④きずつける。そこなう。
【讒奸】ざんかん 人の悪口を告げる悪者。
【讒間】ざんかん ざんげんして人と人との仲をさく。
【讒毀】ざんき あしざまにいう。そしりきずつける。
【讒言】ざんげん あしざまに告げ口をする。また、そのことば。
【讒口】ざんこう そしる。あしざまに告げ口をする。
【讒巧】ざんこう(かう) ことばたくみに告げ口をする。
【讒構】ざんこう ないことをこしらえて、人を罪におとしいれる。
【讒嫉】ざんしつ そしりねたむ。
【讒心】ざんしん 人をきずつけようとする心。ざんげんをする心。
【讒人】ざんじん(にん) 人をあしざまにいう人。ざんげんをする人。
【讒奏】ざんそう 天子に、人のことをあしざまに告げ口する。
【讒賊】ざんぞく 人を罪におとしいれる悪者。悪人。
【讒鼎】ざんてい 昔のかなえの名。ざんげんをにくむ意味を表したものという。〈左伝・昭公〉
【讒諂】ざんてん 他人をあしざまに告げて、へつらう。【――面諛】ざんてんめんゆ 口先でへつらい、心は腹黒い者。〈孟子もうし・告子下〉
【讒慝】ざんとく 人をざんげんしようとする悪い心。
【讒佞】ざんねい 心がよこしまで口先がうまい。また、その人。
【讒誣】ざんぶ 罪をこしらえて告げ口する。
【讒夫】ざんぷ 言葉たくみに人をおとしいれる人。
【讒謗】ざんぼう(ばう) 悪口をいう。あしざまに告げ口する。
【讒諛】ざんゆ 心がねじけていてへつらう。また、その人。

言17【讖】〔24〕シン 漢 去 沁 chèn チェン U補J 7611 8B96
言15【䜟】〔22〕俗字 U補J 471F
意味〈しるし〉吉凶などを予言したことばや書物。「讖記しんき」「讖書しんしょ」
【讖緯】しんい(ゐ) 未来記や緯書。漢代に流行した怪しい思想。
【讖語】しんご 予言。未来を説いたことば。
【讖文】しんぶん 未来を予言した記事。

言17【讕】〔24〕ラン 漢 平 寒 lán ラン U補J ②8883 6262 8B95
言12〔譋〕〔19〕或体 U補J 8B4B
意味 ①でたらめをいう。②でたらめ。
【讕言】らんげん ①でたらめのことば。②でたらめの悪口をいう。

言17【讙】〔24〕俗↓讙(本ページ・下)

言17【讓】〔24〕旧↓譲(一一七六ページ・上)

言18【讙】〔25〕一 カン 漢 (クワン) 平 寒 huān ホワン 二 ケン 漢 平 元 huān ホワン U補J ―
言17〔讙〕〔24〕俗字 U補J 7612 8B99
意味 一二 ①〈よろこ・ぶ〉＝歡(歓)かん ②〈かまびすし・い〉

（かまびす・し）》やかましく言いあらそう。「讙敖」「讙譁」「讙謡（謠）」「叫讙」

言18〖𧮫〗↓肉部十九画（一〇三〇ページ・上）

言18〖讙〗↓虫部十九画（一一〇三ページ・中）よろこんでうたう。

言19【讚】〔26〕旧↓讃（一一七七ページ・上）

言20【讞】〔27〕 一 ゲン 漢 一 去 霰 yàn イェン 二 ゲツ 漢 二 入 屑 yàn イェン

意味 一①〈はか・る〉罪をとりしらべる。②罪を判定する。③明らかにする。申しあげる。④讞讞は、正しいさま。

U 8B9E 補 6264 J ②8885

言20【讝】〔27〕 セン 漢 平 塩 zhān チャン

意味 病人が寝ているときに発することば。うわごと。

U 8B9D 補 ― J ①9221

言20【讜】〔27〕 トウ 漢（タウ） 上 養 dǎng タン

意味 正しい。まっすぐである。「讜辞」

U 8B9C 補 6263 J ②8884

【讜議】とう（たう）ぎ 正しい議論。

【讜言】とう（たう）げん 正しいことば。正直でおもねらないこと。誠実で公正なこと。

【讜獄】とう（たう）ごく 正しい人を捕らえて獄に入れること。

【讜直】とう（たう）ちょく 正しい。正直。

言20〖𨰺〗↓金部十九画（一三一一ページ・下）

言22【讟】〔29〕 トク 漢 入 屋 dú トゥー

意味 ①〈そし・る〉にくむ。「讟謗」②ひどくうらむ。③にくみそしることば。「讟言」

U 8B9F 補 6265 J ―

言23〖𪇰〗↓鳥部十九画（一四三八ページ・中）

7画 谷部 たに たにへん

【部首解説】「⼋」と「口」が合わさり、「山間から川に水流が出るところ」を表す。この部には、「谷」の形を構成要素とする文字が属する。

谷0【谷】〔7〕学2 コク たに

一 コク 漢 呉 一 入 屋 gǔ クー
二 ヨク 漢 二 入 沃 yù ユィ

U 8C37 補 ― J 3511

筆順 ノ ハ ハ 𠆢 父 谷 谷

意味 一①〈たに〉〈くら〉㋐山と山の間の水の流れ。たにがわ。㋑山の間のくぼみ。㋒深い穴。②山の間のせまい道。径路。③鍼のつぼ。④〈きわま・る（きはま・る）〉行きづまる。「進退維谷」⑤よい。⑥養う。育てる。⑦こくもつ。＝穀 二吐谷渾は、①西晋末の人名。②六、七世紀に活動した北方の国名。今の青海省から新疆ウイグル自治区の地。国〈はざま〉〈やつ〉〈や〉〈さこ〉小さな谷。

解字 会意。⽳と口とを合わせた字。⽳は、水が口から出かかっている形。谷は、泉が流れ出て、川になるところをいう。

名前 ひろ 姓 谷・谷・谷・谷谷・谷内

地名 谷上・谷田・谷塚・谷津

参考 谷は「穀」（九一三ページ・中）の中国新字体としても使う。

【谷飲】こくいん 谷水をくんでのむ。隠者が谷にかくれること。

【谷王】こくおう（わう） すべての谷の集まるところ。海をいう。〈老子・六十六〉

【谷神】こくしん ①谷の中の空虚の所。②奥深い道理。「谷神不死」〈老子・六〉

【谷風】こくふう ①東風。物を生長させる風。②「詩経」の編名。

【谷閣】こっかく（こく） 谷にかけた掛け橋。

【谷気（氣）】こっき（こく） 谷間の空気。

【谷響（響）】こっきょう（こくきゃう） やまびこ。こだま。

【谷蟆】たにぐく 国ひきがえる。

◆山谷・空谷・幽谷・峡谷・渓谷

谷3【谸】〔10〕 セン 漢 平 先 qiān チエン

意味 谸谸は、山や谷の草木が青々としげっているさま。＝芊

U 8C38 補 6266 J ―

谷4【谺】〔11〕 カ 漢 平 麻 xiā シア

U ― 補 ― J ―

谷5【谺】〔12〕俗字

U 8C3A 補 ― J 7614

意味 ①谷の雄大なさま。②谷。国〈こだま〉やまびこ。

谷4【谹】〔11〕 コウ 漢（クヮウ） 平 庚 hóng ホン

意味 ①〈ふか・い（――・し）〉②大声のさま。③こだま。④うつろ。

U 8C39 補 6267 J ②8886

谷4〖欲〗↓欠部七画（六七四ページ・下）

谷5【谽】〔12〕 カン 漢 平 覃 hān ハン

意味 谽谺は、谷の雄大なさま。深く大きいさま。＝谽呀・谽谺

U 27BB3 補 ― J ②8887

谷5【谺】〔12〕俗↓谺（本ページ・中）

谷7【谽】〔14〕 カン 漢 平 覃 hān ハン

意味 谷の雄大なさま。深く大きいさま。「谽呀」「谽谺」

U 8C3D 補 6268 J ②8888

谷8【谾】〔15〕 コウ 漢 平 東 hōng ホン

意味 広く大きいさま。谷の深いさま。

U 8C3E 補 6269 J ―

谷8【谿】〔15〕俗↓谿（本ページ・下）

谷10【豁】〔17〕 カツ 漢（クヮツ） 入 曷 huò フォ

意味 ①〈ひら・ける（――・く）〉広く開けている。②ゆったりしているさま。③うつろ。深いさま。④とりのぞく。⑤欠ける。音 huō フォ。⑥すてる。音 huō フォ。

U 8C41 補 ― J 7615

【豁如】かつじょ（くわつ） ①からりと開けるさま。②うたがいまたは迷いが、からりととけ開くさま。【――大悟】かつ（くわつ）ぜんたいご からりと心が開けて、さとり得ること。〈祖庭事苑〉

【豁然】かつぜん（くわつ） ひろびろとしたさま。

【豁達】かつたつ（くわつ） ①からりと開けているさま。②けしきなどのひろびろとしているさま。③度量のひろいさま。【――大度】かつ（くわつ）たつたいど 心がひろく大きい。〈南史〉

谷10【谿】〔17〕 ケイ 漢 呉 平 斉 xī シー

U 8C3F 補 ― J 7616

石10【磎】〔15〕同字

U 78CE 補 4808 J ②8250

谷8【谿】〔15〕俗字

U 27BBE 補 ― J ②8889

意味 ①〈たに〉㋐谷川。川にそそぐ山の間の流れ。「谿水」「谿澗」㋑かれだに。山と山の間のせまい空間。②うつろ。空虚。③姓。

谷10【豀】〔17〕 ケイ 漢 平 斉 xī シー

意味 ①さからう。②なにもない。③＝谿（前頁）

U 8C40 補 ― J ―

谷10【𧯇】〔17〕俗 ↓豅(本ページ・上)

谷11〖鵒〗↓鳥部七画(一四三二ページ・中)

谷16【豅】〔23〕 ■ロウ漢 ■平 東 lóng ロン ／ ■ロウ漢 ■去 送 lòng ロン　J②8891 補6270 U8C45

意味 ■①雄大な谷。②奥深い山のようす。■水流が石にあたってうずまく。

谷10【𧯇】〔17〕俗字　J②8890 補 U27BC7

7画　豆部　まめ　まめへん

【部首解説】 供え物を盛る「たかつき」にかたどる。のちに植物の「まめ」を表す。この部には、たかつきと豆類に関連したものが多く、「豆」の形を構成要素とする文字が属する。

豆0【豆】〔7〕学3 トウ・ズ まめ　トウ漢 ズ(ヅ)呉 去 宥 dòu トウ　J3806 補 U8C46

筆順 一 一 戸 戸 戸 豆 豆

意味 ①〈たかつき〉食物を盛る高い脚のついた食器。②容器。また、容器ではかった単位。(↓付録「度量衡名称」) ③〈まめ〉マメ科植物の総称。④おいしい食物。‖羞。⑤姓。国〈まめ〉①皮膚の水ばれ。②小さいものをいう。

(豆①)

解字 象形。脚の高い器の形で、上の一はおおいである。昔の肉を食べるうつわ。たかつき。

地名 豆満江　難読 小豆(付表)／豆汁・豆油

【豆華(華)】まめの花。「渓雨豆華肥」〈許渾の詩・韋処士山居〉

【豆萁】①まめがら。豆の枝や茎。「煮豆燃豆萁」〈曹植の詩・七歩詩〉②せっかちな人のたとえ。

【豆羹】①たかつきにもったスープ。わずかなことをいう。②豆のあつもの。豆の吸い物。

【豆粥】豆のかゆ。

【豆人】豆つぶのように小さな人。また、絵に描かれた小さな人。「豆人寸馬」

【豆苗】①豆の芽。「草盛豆苗稀」〈陶潜の詩・帰園田居〉②もやし。

【豆腐】■大豆を加工して作った食品。■「現■に同じ。dòufu」

【豆籩】たかつき。豆は木製の器、籩は竹製の器。

【豆剖瓜分】豆のさやが裂かれ、瓜が割られる。国土がばらばらに分裂するさまをいう。

【豆芽】dòuyá 現もやし。

◆大豆・小豆・枝豆・俎豆・納豆・煮豆・籩豆・南京豆

豆3【豈】〔10〕 ■キ漢呉 ■上 尾 qǐ チー ／ ■カイ漢 ガイ慣 ■上 賄 kǎi カイ　J7617 補 U8C48

意味 ■①〈あに〉㋐どうして…か。反語を示す。㋑…ではなかろうか。ことによると…かもしれない。疑問・推測を示す。②願う。■①楽しむ。‖愷。「豈楽」②軍隊が勝利した時の音楽。‖凱。

語法 ❶〈あに〉反語。どうして…か。なぜ…か。例「臣死且不レ辞、豈特卮酒乎」(わたくしは死ぬことさえ辞しません。たかが大杯いっぱいの酒をどうして断りましょうか)〈史記・樊噲列伝〉▼「乎」「哉」などが文末に置かれることが多い。また、「遽」「詎」「渠」「適」「特」「徒」「唯」などとともに用いられることも多い。
❷〈あに〉疑問・推測。…ではなかろうか。ことによると…かもしれない。例「羽豈其苗裔邪」(舜と同様、項羽の目にもふたつ瞳があったということは)項羽はことによるとその遠い子孫であったのかもしれない)〈史記・項羽本紀〉
❸〈ねがわくは(ねがはくは)〉希望・請願。…であれ。…せよ。例「天王豈辱裁レ之」(大王よ、どうかこれをご判断ください)〈国語・呉〉▼「あに」と訓読する場合もある。

〖豈止〗なんでただそれだけであろうか、それればかりではないという意。‖豈唯・豈徒・豈但・豈啻

豆3【豇】〔10〕 コウ漢(カウ) 平 江 jiāng チアン　J②8892 補6271 U8C47

意味〈ささげ〉豆の名。「豇豆」

豆4【豉】〔11〕 シ漢 去 寘 chǐ チー　J①9222 補6272 U8C49

意味〈みそ〉味噌ににた調味料。

豆6【登】〔13〕 トウ漢 平 蒸 dēng トン　J 補6273 U8C4B

意味 食器。神前にそなえる肉をのせた。

豆6【豊】〔13〕学5 ホウ ゆたか　J4313 補 U8C4A

旧字 豆11【豐】〔18〕 ホウ漢 フウ呉 ブ慣 平 東 fēng フォン　J7620 補 U8C50

筆順 口 曲 曲 曲 曹 曹 曹 豊

意味 ①〈ゆたか〉㋐食器にいっぱい盛ってある。㋑大きい。㋒じゅうぶん足りる。㋓穀物のみのりがよい。「豊作」㋔茂る。㋕こえる。みちる。②〈とよ〉㋐じゅうぶん足りる。㋑穀物のみのりがよい。③ゆたかにする。④祭りに用いる酒器をのせる台。⑤易の卦の名。⑥地名。周の文王の都した所。陝西省西安市(昔の長安)の西北にあった。⑦姓。国〈とよ〉大きく盛んな意を表す接頭語。「豊旗雲」

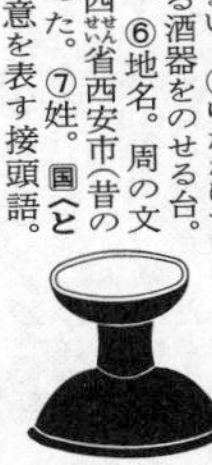

(豊④)

解字 会意。豐と豆とを合わせた字。豆は、食物をのせる器、たかつき。豐は、たかつきの上に食物がいっぱいのっているさまを表す。豊は、器に食物が満ちていることで、ゆたかの意味になる。一説に、豆・山・丰の会意で、丰が音を示すという。丰には、満ちる、ゆたかの意味がある。器の上に、食物が山のようにゆたかにあることであるという。豊と似た形の字の豊は、礼式に使う器という。

名前 て・と・あつ・かた・ひろ・もり・よし・のぼる・ひろし・みのる

姓 豊・豊臣・豊受・豊後・豊島・豊階・豊見山・豊見城

地名 豊川・豊中・豊田・豊明・豊岡・豊前・豊後・豊栄・豊浦・豊能・豊橋・豊見城・豊後高田

【豊葦原】国日本国の別名。

【豊明節(節)会(會)】国陰暦十一月、中の辰の日に、宮中で、天皇が新穀をめしあがり、群臣にもくだされ

7画　見角言谷豆豕豸貝赤走足(⻊)身車辛辰辵(⻌・⻍)邑(⻖〈右〉)酉釆里

た後、叙位などを行った儀式。

【豊旗雲】国美しくなびいている雲。

【豊干】人名。唐代、禅宗の僧。浙江の国清寺にいて、寒山・拾得と交際した。

【豊楽(樂)院】国平安朝、大内裏内の宮殿。宴会をもよおした所。

【豊衣】①ゆったりした着物。②衣類がゆたかである。【—足食】衣服がじゅうぶんである。生活がゆたかである。〈李翺・幽懐賦〉

【豊偉】体格が肥えて大きい。

【豊頤】肉づきのゆたかなあご。ふっくらとしたおとがい。

【豊衍】ゆたかであまる。豊作。

【豊艶(艷)】肉づきがゆたかであでやか。【しもぶくれ。】

【豊下】あごの辺りが肥えている。しもぶくれ。

【豊凶】農作物のできのよいのと、わるいのと。豊作と凶作。

【豊頰】ふっくらとしたほお。美人の形容。

【豊倹(儉)】ゆたかなことと、つづまやかなこと。

【豊功】大きなてがら。

【豊亨予(豫)大】豊は盛、予は楽で、ともに易経の卦の名。天下太平で人民が楽しむこと。また、気前がよく、おうような金持ちをいう。

【豊狐文豹】毛の豊富なきつねや、毛並みのもようの美しいひょう。〈荘子・山木〉

【豊殺】「豊倹」に同じ。

【豊作】穀物がよくみのること。

【豊熟】ゆたかによくみのる。

【豊潤】①ゆたかでさかん。②ゆたかにうるおう。

【豊壌(壤)】こえた土地。作物がよくみのる土地。

【豊穣(穰)】穀物がゆたかにみのる。

【豊饒】農作物などがゆたかにたくさんある。

【豊草】おい茂った草。【—緑(綠)縟】ゆたかに生長した草が、緑に茂る。〈欧陽脩・秋声賦〉

【豊登】ゆたかにみのる。穀物がよくみのること。豊作。

【豊年】豊作の年。‖豊稔
【豊稔】ゆたかにみのる。‖豊年
【豊沛】①多いこと。ゆたかなこと。②地名。今の江蘇省沛県。漢の高祖の故郷。③帝王の故郷。【—子弟】漢の高祖が天下を取ったとき、豊沛の人は税をまけてもらい、出世する者も多かったことから、えらい人に関係ある者をいう。「コネ」のある連中。

【豊碑】①功徳をたたえ表した、大きな石碑。②昔の葬具の名。棺を墓穴におろす材木。〈礼記・檀弓下〉

【豊富】㊀じゅうぶんゆたかにある。㊁fēngfù 現㊀「ある。」に同じ。

【豊満(滿)】①ゆたかで肥えている。②物がじゅうぶんにゆたかなことと、つづまやかなこと。豊倹。

【豊約】ゆたかなことと、つづまやかなこと。豊倹。

【豊楽(樂)】物がゆたかで民がたのしむ。

【豊麗】うるわしくゆたか。

豆 8
【豌】〔15〕 ワン 漢 エン(ヱン) 慣 平 寒 wān ワン
U 8C4C 補 ― J 7618
意味 豌豆は、マメ科の植物。

豆 8
【豬】〔15〕 サク 漢 入 陌 cè ツォー
U 473A 補 ― J ―
意味 豆を粉にしたもの。

豆 8
【豎】〔15〕 シュ 漢 ジュ 呉 上 麌 shù シュー
U 8C4E 補 ― J 7619
意味 ①〈た・てる(―・つ)〉しっかり立てる。②〈たて〉↕横 ③〈こども〉〈わらべ〉㋐成人に達しないこども。わらべ。㋑宮中ではたらくこどもの官名。㋒こもの。めしつかい。㋓人をみさげたことば。④いやしい。⑤ちいさい。みじかい。
【豎子】①こども。童子。②人をののしる語。こぞう。青二才。
【豎儒】①くだらない学者。儒者をののしっていう。また、儒者が自らをけんそんしていうことば。②愚か者。人をののしる語。
【豎僧(僧)】くだらない坊主。なまぐさ坊主。僧をばかにしていうことば。

豆 9
〖頭〗(一三七六ページ・上) ↓頁部七画

豆 10
【豏】〔17〕 カン 漢 上 豏 xiǎn シエン
U 8C4F 補 ②8893 J 6274
意味 生えかけの豆。

豆 11
【豐】〔18〕 旧 ↓豊(一一七九ページ・下)

豆 13
【豒】〔20〕 チツ 漢 ジチ(ヂチ) 呉 入 質 zhì チー
U 8C51 補 ― J 6275
意味 古代、天を祭る際に、爵(酒器)をすすめる順序。順序だてる。

豆 15
〖懿〗(五〇四ページ・中) ↓心部十八画

豆 20
【豔】〔27〕 本 ↓艶(一〇四三ページ・上)

豆 21
【豓】〔28〕 同 ↓艶(一〇四三ページ・上)

7画 豕部 いのこ いのこへん

【部首解説】「いのしし」にかたどる。この部には、いのししやそれに類似した動物に関連するものが多く、「豕」の形を構成要素とする文字が属する。

豕 0
【豕】〔7〕 シ 漢 上 紙 shǐ シー
U 8C55 補 ― J 7621
意味 〈いのこ(ゐのこ)〉〈ぶた〉〈い(ゐ)〉ぶた類の総称。
解字  象形。いのししの頭・足・尾の形を表した字。
【豕喙】いのこのように長い鋭い口先。欲ばりの人相。
【豕交獣(獸)畜】ぶたとみなして交際し、牛馬を飼うように養う。ひとを動物扱いにして、人間らしく敬意をもって待遇しないこと。〈孟子・尽心上〉
【豕視】ぶたのような目つきで見る。
【豕心】欲ばりで恥しらずな心。
【豕突】いのししのように、向こう見ずにつきかかる。「ぐらに突入する。まっし」

豕 3
【豗】〔10〕 カイ 漢 (クヮイ) 平 灰 huī ホイ
U 8C57 補 ②8901 J 6278
意味 ①〈う・つ〉たがいにうちあう。②水がぶつかってたてる大きな音。「喧豗」③ぶたが土をほる。

豕 6
【豩】〔13〕 同字
U 27C49 補 ― J ―

豕 3
〖圂〗(二七七ページ・中) ↓口部七画

豕 4
【豛】〔11〕 エキ 漢 ヤク 呉 入 陌 yì イー
U 8C5B 補 ― J 6280
意味 ①ぶたの異名。②かみつくぶた。

豕 4
【豚】〔11〕 常 トン ぶた トン 漢 平 元 tún トゥン
U 8C5A 補 ― J 3858

筆順 刀 月 月一 月ア 肝 肟 肟 豚

豕4【豘】〔11〕同字 U補J 6279 8C58

犬4【㹠】〔7〕同字 U補J ②8031 3E60

意味 ①〈ぶた〉こぶた。また、ぶたの総称。②土豚(どとん)は、土俵。水をせきとめるもの。音 dūn トゥン。③河豚(かとん)は、ふぐ。④にげかくれる。音 dùn トゥン。＝遯(とん)

解字 [篆文] 会意。月と豕とを合わせた字。月は肉。豕は子ぶた。豚は、生まれたての小ぶたで、祭りのいけにえに使うものである。

【豚魚】(とんぎょ) ①ぶたとさかな。無知なもの。②魚の名。河豚(ふぐ)。「豚魚吉(とんぎょきつなり)」(人の誠意は、河豚さえも感動させる。)〈易経(えききょう)・中孚(ちゅうふ)〉

【豚犬】(とんけん) ①ぶたといぬ。②おろかな者。③自分の子のことを、けんそんしてよぶ語。

【豚児(兒)】(とんじ) ①ぶたの子。②おろかな者。③自分の子をけんそんしていう語。

【豚肩不レ掩レ豆】(とんけんとうをおおわ(おほは)ず) 斉(せい)の晏嬰(あんえい)が先祖を祭るとき、そなえたぶたの肩肉があまりに小さくて、豆器にみたなかったという故事。倹約のたとえ。〈礼記(らいき)・礼器(らいき)〉

◆子豚(こぶた)・河豚(かとん)(ふぐ)・養豚(ようとん)

豕4【豝】〔11〕ハ 漢 平 麻 bā パー U補J 6281 8C5D

意味 ①〈いのこ(ゐのこ)〉ぶた。㋐めすのぶた。㋑一歳のぶた、また、二歳のぶた。㋒大きいぶた。②ほし肉。

豕4【豢】〔11〕同 ↓豢(本ページ・下)

豕5【象】〔12〕学 5 ショウ・ゾウ ショウ(シャウ) 漢 上 養 xiàng シアン ゾウ(ザウ) 呉 U補J 3061 8C61

筆順 ⺈ ⺈ ⺈ ⺈ 㐅 象 象 象

豕5【𧰼】〔12〕同字 U補J 27C3C

意味 ①〈ぞう(ざう)〉〈きさ〉動物のぞう。②ぞうげ。③〈かたど・る〉㋐形を似せる。㋑まねる。④〈かたち〉像。㋐ようす。ありさま。㋑すがた。肖像。㋒あらわれ。しるし。⑤道理。てほん。法律。⑥周の武王の音楽。⑦舞の名。⑧南方異民族のことばを通訳する官名。⑨酒だる。⑩門の両がわにあるたかどの。⑪「易経(えききょう)」の、卦(か)の説明の一つ。

解字 [篆文] 象形。ぞうの耳・牙(きば)、四本の足、尾の形を表した字である。韓非子(かんぴし)に、中国にはぞうがいなくて、人が想像で描いたというが、誤りである。

名前 かた・たか・のり　地名 象山(きさやま)・象潟(きさかた)

【象外】(しょうがい(しゃうぐわい)) かたちの外。現実を超越した別世界。「煙花象外幽(えんかしょうがいゆうなり)」〈孫逖(そんてき)の詩・宿二雲門寺閣一〉

【象魏】(しょうぎ(しゃうぎ)) 都の城門。象は法律、魏は高いこと。昔、法律を城門高く掲示したのでいう。

【象形】(しょうけい(しゃうけい)) ①形に似せる。②漢字の六書(りくしょ)の一つ。物の形にかたどった文字の作り方。〈漢書(かんじょ)・芸文志(げいもんし)〉〈許慎(きょしん)・説文解字(せつもんかいじ)〉【――文字】(しょうけい(しゃうけい)もじ) 物の形にかたどって作った文字。漢字の日・月・木などや、エジプトの文字など。

【象限】(しょうげん(しゃうげん)) 数 ①円の四分の一。②十文字の直線によって分けられた平面の部分。

【象山】(しょうざん(しゃうざん)) ①浙江(せっこう)省の県名。②山名。㋐江蘇(こうそ)省南京(ナンキン)市朝陽門。㋑江西省貴溪(きけい)市西南の応天山。③宋(そう)の陸九淵(りくきゅうえん)の号。④国 佐久間啓(さくまひらき)の号。「ぞうざん」ともいう。【――学(學)派】(しょうざん(しゃうざん)がくは) 宋(そう)の陸九淵(りくきゅうえん)の学派。陽明学のもとになった。

【象胥】(しょうしょ(しゃうしょ)) 周の官名。通訳官。〈周礼(しゅらい)〉

【象徴】(しょうちょう(しゃうちょう)) 形のない精神などを、直接目にふれて感じられるものにたとえてあらわす。また、そのもの。シンボル。【――詩】(しょうちょう(しゃうちょう)し) 暗示的な方法で、直接つかみにくい内容を表現する詩。

【象鼎】(しょうてい(しゃうてい)) ぞうの形に似せて作った鼎(かなえ)。一説に、象牙(ぞうげ)で飾った鼎。

【象溟】(しょうめい(しゃうめい)) 海のように広い池。溟は海。海にかたどるの意。「象溟看二浴景一(しょうめいよくけいをみる)」〈宋之問(そうしもん)の詩〉

【象眼(「嵌」)】(ぞうがん(ざうがん)) ①金属・木材・陶磁器の中に物をはめこむ技芸。②印刷で鉛版のある部分をきりぬき、別のものをはめこむこと。

【象牙】(ぞうげ(ざうげ)) ぞうのきば。

【象歯(齒)】(ぞうし(ざうし)) ぞうのきば。ぞうげ。【――焚レ身】(ぞうし(ざうし)みをたおす(たふす)) ぞうは、きばがあるために殺される。「焚」は、たおす(殺す・ほろぼす)意。財産は身をほろぼすもとになるということ。〈左伝・襄公〉

【象箸】(ぞうちょ(ざうちょ)) 象牙で作ったはし。【――玉杯】(ぞうちょ(ざうちょ)ぎょくはい) ぜいたくな心が芽ばえること。〈史記・宋微子世家〉

【象棋】(シアンチー) xiàngqí 現 中国式将棋(しょうぎ)。

◆万象(ばんしょう)・気象(きしょう)・印象(いんしょう)・対象(たいしょう)・形象(けいしょう)・表象(ひょうしょう)・事象(じしょう)・抽象(ちゅうしょう)・具象(ぐしょう)・現象(げんしょう)・有象無象(うぞうむぞう)・森羅万象(しんらばんしょう)

豕6【豢】〔13〕カン 漢 去 諫 (クヮン) huàn ホワン U補J 7622 8C62

意味 ①家畜。穀物をえさとする家畜。②〈やしな・う(――・ふ)〉〈か・う(――・ふ)〉飼う。えさをやる。「豢養(かんよう)」③利益で人を味方につける。④豢竜(かんりょう)は、昔の官名。

豕6【豦】〔13〕キョ 漢 去 御 ゴ 呉 jù チュイ U補J 6285 8C66

意味 ①獣がとっくみあって、はなれない。②大きなぶた。③怪獣の名。④虎が両足を挙げ、立ちあがる。⑤関連する。

豕6【豣】〔13〕ケン 漢 平 先 jiān チエン U補J 6283 8C63

意味 ①〈いのこ(ゐのこ)〉三歳の大きいぶた。②鹿の一種。のろ。

豕6【豤】〔13〕コン 漢 上 阮 kěn ケン U補J 6284 8C64

意味 ①ぶたが物をかむ。②まじめ。＝懇(こん)

豕6【⿰豕夾】〔13〕同 ↓豚(一一八〇ページ・下)

豕7【豨】〔14〕キ 漢 平 微 xī シー U補J ①9223 8C68

意味 ①ぶたが走るさま。②〈いのこ(ゐのこ)〉大きいぶた。③陳豨(ちんき)は、前漢の高祖の臣。

【豨突】(きとつ) いのししのようにむやみにつきかかる。まっしぐらに突入する。豬突(ちょとつ)。

豕7【𧱏】〔14〕ギ 漢 去 未 ゲ 呉 yì イー U補J 27C4F

豕4【豙】〔11〕同字 U補J 6282 8C59

意味 ①ぶたが怒って毛を逆立(さかだ)てる。②除去する。

豕7【豪】〔14〕常 ゴウ コウ(カウ) 漢 平 豪 ゴウ(ガウ) 呉 háo ハオ U補J 2575 8C6A

筆順 亠 亡 亨 亭 亭 豪 豪 豪

意味 ①やまあらし。また、やまあらしのとげ。②〈つよ・い(――・し)〉③すぐれる。④多くの人にくらべてすぐれた人。⑤富貴の人。⑥勇気のある人。⑦かしら。長。⑧力にまかせて勝手なことをする。また、その人。「豪奪(ごうだつ)」⑨大声で泣く。＝嚎(ごう) ⑩動物の細い毛。＝毫 ⑪姓。国〈えら・い(――・し)〉

7画
見角言谷豆豕豸貝赤走足(⻊)身車辛辰辵(⻌・⻍)邑(⻏〈右〉)酉釆里

解字 形声。亯と豕とを合わせた字。亯は高の略で音を示す。豪は、やまあらし。ぶたの一種で、たてがみが筆の管のように太くたけだけしいもの。

名前 かた・かつ・たけ・つよ・とし・ひで・たけし 難読 豪猪(やまあらし)

【豪飲】ごう(がう)いん 酒をたくさんのむ。

【豪雨】ごう(がう)う 強く多量の雨がふること。また、その雨。

【豪家】ごう(がう)か 富んで勢力のあるさかんな家がら。

【豪華(華)】ごう(がう)か(くゎ) ①ぜいたくではなやか。②勢力のある家がら。【——版】ごう(がう)か(くゎ)ばん ①りっぱな製本・装丁をした書物。②すばらしい物事。りっぱなもの。

【豪快】ごう(がう)かい(くゎい) 勇ましく気持ちがよい。

【豪客】ごう(がう)かく ①おおらかで勇ましい人物。②盗賊。③上等の客。

【豪気(氣)】ごう(がう)き 強くて人にまけない気性。

【豪毅】ごう(がう)き 気が大きく、意志が強い。

【豪儀】ごう(がう)ぎ 国①すばらしいようす。②勢いのはげしいようす。③ごうじょう。がんこ。

【豪挙(擧)】ごう(がう)きょ 豪傑らしい動作。おとこ気があるふるまい。

【豪俠】ごう(がう)きょう(けふ) 強くておとこ気がある。

【豪強】ごう(がう)きょう(きやう) 権勢の強くさかんなさま。

【豪傑】ごう(がう)けつ ①才知がすぐれた人。②武勇にぬきんでた人。【——之士】ごう(がう)けつの し 人にすぐれたりっぱな人物。

【豪健】ごう(がう)けん 性質がきわめて強い。

【豪語】ごう(がう)ご えらそうに大きなことをいう。また、そのことば。

【豪士】ごう(がう)し 武勇の人。強い武士。

【豪奢】ごう(がう)しゃ 非常にぜいたくなこと。

【豪首】ごう(がう)しゅ 一番の大物。親玉。

【豪俊】ごう(がう)しゅん 知恵や才能が特にすぐれている。また、その人。

【豪商】ごう(がう)しょう(しゃう) 多額の資本で大きな商売をしている人。

【豪勢】ごう(がう)せい ①非常に勢いがある。②国さかんにふるまう。

【豪雪】ごう(がう)せつ 国大雪。ものすごく降り積もった雪。

【豪壮(壯)】ごう(がう)そう(さう) ①勢力の強くさかんなさま。②大きくてりっぱ。

【豪族】ごう(がう)ぞく 一地方に勢力をはっている一族。

【豪胆(膽)】ごう(がう)たん 心が強くて物事におびえない性質。

【豪猪】ごう(がう)ちょ 獣の名。①やまあらし。②大きないのしし。

【豪長】ごう(がう)ちょう(ちゃう) 土地の有力者。〈酈道元(れきどうげん)・水経(すいけい)注〉

【豪宕】ごう(がう)とう(たう) 意気がさかんで小事にかかわらない。

【豪農】ごう(がう)のう 国財産を多くもっている農家。

【豪富】ごう(がう)ふ たいへんな金持ち。

【豪放】ごう(がう)ほう(はう) おおらかでこだわらない。

【豪邁】ごう(がう)まい 人にすぐれて強く大きい。

【豪門】ごう(がう)もん 権力の盛んな家。豪族。

【豪友】ごう(がう)ゆう(いう) すぐれた友人。

【豪右】ごう(がう)ゆう(いう) 村の勢力者。豪族。

【豪遊】ごう(がう)ゆう(いう) 金をおしまず、さかんにおごりあそぶ。

【豪雄】ごう(がう)ゆう すぐれてりっぱな人。すぐれた英雄。

【豪吏】ごう(がう)り すぐれて勢力の強い官吏。
◆土豪(どごう)・文豪(ぶんごう)・酒豪(しゅごう)・富豪(ふごう)・強豪(きょうごう)

豕 7
【豩】〔14〕 一 ヒン 漢 呉 一 平 真 bīn ピン 二 カン 漢 (クヮン) 二 平 删 huān ホワン
U補J ②8902 6287 8C69
意味 一①二匹のぶた。②ぶたが群れる。二かたくな。頑固な。

豕 8
【豵】〔15〕 ソウ 漢 去 宋 zòng ツォン
U補J 474B
意味 ①おす。ぶた。②こぶた。

豕 9
【豭】〔16〕 カ 漢 平 麻 jiā チア
U補J ②8903 6288 8C6D
犬 9
【猳】〔12〕 俗字 U補J ②8045 7333
意味 〈いのこ(ゐのこ)〉 おすのぶた。ぶたの総称。
【豭豚】かとん おすのぶたの皮で作った剣を身につける。「子路…佩二豭豚一(子路は…かとんをおぶ)」(子路は…おすのぶたの皮で作った剣を身につける。)〈史記・仲尼弟子列伝(ちゅうじていしれつでん)〉

豕 9
【豬】〔16〕 チョ 漢 平 魚 zhū チュー
U補J 7623 8C6C
肉 9
【腊】〔13〕 同字 U補J ②8542 4417
意味 ①〈いのこ(ゐのこ)〉 ぶたの子。②〈いのしし(ゐのしし)〉〈い(ゐ)〉「野猪(やちょ)」③洪水(こうずい)で水がたまった所。＝瀦(ちょ)
【豬水】ちょすい たまりみず。
【豬突豨勇】ちょとつきゆう むてっぽうにつきすすむ武者。また、その軍隊。

豕 9
【豫】〔16〕 旧 →予(四四ジベー・上)

豕 10
【豲】〔17〕 カン(クヮン) 漢 平 寒 huán ホワン ゲン 漢
U補J 8C72
意味 ぶた。また、やまあらし。

豕 10
【豳】〔17〕 ヒン 漢 平 真 bīn ピン
U補J ②8904 6289 8C73
意味 ①昔の国名。周の先祖、公劉(こうりゅう)がいた所。今の陝西(せんせい)省旬邑(じゅんゆう)県の地。＝邠(ひん) ②豳詩(ひんし)は、「詩経(しきょう)」の国風のうち、とくに「七月」の詩をさす。「豳雅(ひんが)」

豕 11
【豵】〔18〕 一 ソウ 漢 一 平 東 zōng ツォン 二 ショウ 漢 二 平 冬 zōng ツォン
U補J 6290 8C75
意味 一二〈いのこ(ゐのこ)〉 ①生まれて六か月のこぶた。また、一歳のぶた。②三頭の子を生むぶた。

豕 11
【豵】→火部十四画(七八五ジベー・中)

豕 13
【豶】〔20〕 フン 漢 平 文 fén フェン
U補J
豕 12
【豮】〔19〕 俗字 U補J 6291 8C76
意味 ①去勢したぶた。②おすぶた。

7画

豸部 むじな むじなへん

【部首解説】「動物が背を伸ばして獲物をねらうさま」にかたどる。この部には、さまざまな動物の名称を表すものが多く、「豸」の形を構成要素とする文字が属する。

豸 0
【豸】〔7〕 一 チ 漢 一 上 紙 zhì チー 二 タイ 漢 二 上 蟹 zhài チャイ
U補J 7624 8C78
意味 一①猫や虎のような背をのばしたけもの。②みみずのような足のない虫。二①獬豸(かいたい)は、牛に似た神獣。②豸冠(たいかん)は、司法官のかんむり。③解決する。

解字 象形。獣が、動物をねらって、背をのばし、注意して歩いている形を表した字。

豸 3
【豻】〔10〕 一 カン 漢 一 平 寒 àn アン 二 ガン 漢 二 去 翰 àn アン
U補J 6292 8C7B
豸 7
【貋】〔14〕 同字 U補J 6302 8C8B
意味 一①北方にいる野犬。②豻侯(かんこう)は、野犬の皮で飾った弓のまと。二地方の刑務所。

豸 3
【豺】〔10〕 サイ 漢 平 佳 chái チャイ
U補J 7625 8C7A

んこくな人のたとえ。

犬3【犲】〔6〕同字 J 6428 U補 72B2

【豺虎】さいこ やまいぬととら。わるもののたとえ。〖──不ㇾ食〗さいこもくらわず(くらはず) やまいぬやとらでさえ食わない大悪人。

【豺狼】さいろう(らう) やまいぬとおおかみ。欲ふかでむごい人のたとえ。〖──当(當)ㇾ路〗さいろう(らう)みちにあたる 悪人が権力をにぎる。

意味 ①〈やまいぬ〉おおかみの類の野獣。②よこしまでざ

豸3【豹】〔10〕 人 標 ホウ(ハウ) 漢 ヒョウ(ヘウ) 呉 去 効 bào パオ J 4131 U補 8C79

豸3【豹】〔10〕俗字 J ── U補 ──

意味〈ひょう(へう)〉猛獣の名。

【豹隠(隱)】ひょう(へう)いん 世間からのがれて住むこと。ひょうは毛を大切にして雨のとき山にかくれるということに基づく。

【豹尾】ひょう(へう)び ①ひょうの尾。②天子の車や旗をひょうの尾でかざったもの。③陰陽家(おんようけ)のいう八神の一つ。

【豹文】ひょう(へう)ぶん|ひょう(へう)もん ①ひょうの毛皮のもよう。②ひょうの毛皮のように美しいあや。

【豹変(變)】ひょう(へう)へん ①心や行いが急にかわる。②君子が悪を改め、善に変わる。〈易経(えききょう)・革卦(かくか)〉

【豹死留ㇾ皮】ひょう(へう)はししてかわ(かは)をとどむ ひょうは死んだあとに美しい皮を残す。まして人は死後に名声をのこさなければならないの意。〈五代史・王彦章(おうげんしょう)伝〉

△▼全豹(ぜんぴょう)・虎豹(こひょう)・海豹(かいひょう|あざらし)・雪豹(ゆきひょう)・黒豹(くろひょう)・雲豹(うんぴょう)

豸4【豼】〔11〕或 →貔(本ページ・下)

豸5【貂】〔12〕 チョウ(テウ) 漢 平 蕭 diāo ティアオ J 7626 U補 8C82

鼠5【鼦】〔18〕同字 J 7718 U補 9F26

意味〈てん〉いたちに似た獣。毛皮が珍重された。

【貂裘】ちょう(てう)きゅう(きう) 貂(てん)のかわごろも。貴人の服。

【貂蟬】ちょう(てう)せん 貂(てん)の尾と蟬(せみ)の羽とを用いた冠。侍中(じちゅう)などの高官が使う。

【貂璫】ちょう(てう)とう(たう) ①漢代の冠の一つ。黄金の耳だまと貂尾(てんび)のかざりがある。②宦官(かんがん)。

豸5【豾】〔12〕 ヒ 漢 呉 平 支 pī ピー J 6293 U補 8C7E

意味 獣の名。やまねこ。

豸5【𧲸】〔12〕国字 J ②8905 U補 27CB8

意味〈てん〉姓名に用いる字。

豸6【貉】〔13〕 [一]カク 漢 [一]入 薬 hé ホー [二]バク 漢 [二]入 陌 mò モー J 7627 U補 8C89

意味 [一]〈むじな〉たぬきに似た動物。[二]①えびす。北方の少数民族。また、その国。②人をののしることば。「貉子」③静かなこと。

豸6【貆】〔13〕 [一]カン 漢 (クヮン) [一]平 寒 huán ホワン [二]ケン 漢 [二]平 元 huán ホワン J 6294 U補 8C86

意味 [一][二]①むじなの子。むじなの類。②あなぐま。③やまあらし。

豸6【貅】〔13〕 キュウ 漢 (キウ) 平 尤 xiū シウ J 7628 U補 8C85

意味 貔貅(ひきゅう)は、①猛獣の名。②旗の名。③勇猛な兵士。

豸6【貇】〔13〕 [一]コン 漢 呉 [一]平 元 kūn クン [二]ボウ(バウ) 漢 [二]── mào マオ [三]コン 漢 呉 [三]── kěn ケン J 6301 U補 8C87

意味 [一]ぶたが物をかじる。‖懇(こん) [二]姿かたち。‖貌(ぼう) [三]ねんごろ。‖狠(こん)

豸6【貊】〔13〕 バク 漢 入 陌 mò モー J 7629 U補 8C8A

意味 ①〈えびす〉北方の少数民族。「蛮貊(ばんばく)」②昔の国名。朝鮮半島の北方にあった。③静かなこと。④猛獣の名。

豸7【貌】〔14〕 常 ボウ [一]ボウ(バウ) 漢 ミョウ(メウ) 呉 [一]去 効 mào マオ [二]バク 漢 [二]入 覚 mò モー J 4338 U補 8C8C

筆順
〈
乡
豸
豸
豹
貊
貌

白2【皃】〔7〕本字 J 6606 U補 7683

八5【㒵】〔7〕同字 J ①1451 U補 34B5

意味 [一]①〈かたち〉〈すがた〉㋐顔かたち。「容貌」㋑外に表れたようす。「外貌」㋒動作。態度。㋓ありさま。外観。②〈かんばせ〉かお。③礼儀正しいようす。④〈さま〉語末に置いて「…のようす」という意を示す。[二]①かたどる。形を写す。②〈はるか〉遠い。

解字 𧳋 皃は、会意。儿と白を合わせた字。儿は人、白は人の顔をかたどったもの。貌は、皃の同字(籀文(ちゅうぶん))で、会意・形声。豸は豹の旁(つくり)が省略されたもの。皃が形を表し、豸(ほう)が音を示す。人が仮面をかぶったことを表す皃に、猛獣が口を大きくあけた形の豸が加わったもの。皃・貌は、顔だけでなく、すがたかたち全体を意味するようになった。

参考「貎(げい)」は別字。

【貌言】ぼう(ばう)げん うわべだけかざって、内容のないことば。

【貌状(狀)】ぼう(ばう)じょう(じゃう) ありさま。かたち。

【貌侵】ぼう(ばう)しん 容貌が貧弱なこと。からだがちいさい。また、顔かたちがみにくいこと。‖貌寝

△▼外貌(がいぼう)・全貌(ぜんぼう)・形貌(けいぼう)・変貌(へんぼう)・相貌(そうぼう)・美貌(びぼう)・風貌(ふうぼう)・容貌(ようぼう)・顔貌(がんぼう)

豸7【豻】〔14〕同 →豻(一一八二ページ・下)

豸7【貍】〔14〕本 →狸(八〇三ページ・中)

豸8【貎】〔15〕 ゲイ 漢 平 斉 ní ニー J 7631 U補 8C8E

意味 ①からじし。ライオン。‖猊(げい) ②しかの子。‖麑(げい)

豸9【貒】〔16〕 タン 漢 平 寒 tuān トワン J ②8907 U補 8C92

犬9【猯】〔12〕同字 J 6446 U補 732F

意味 ぶたに似た獣の名。まみ。まみだぬき。

豸9【貐】〔16〕 ユ 漢 呉 上 麌 yǔ ユィ J 6303 U補 8C90

意味 猰貐(あつゆ)は、伝説上の人を食う怪獣。‖猰貐(あつゆ)

豸9【貓】〔16〕本 →猫(八〇四ページ・下)

豸9〖墾〗→土部十三画(三〇二ページ・下)

豸10【貕】〔17〕 ケイ 漢 平 斉 xī シー J ── U補 8C95

意味 ①いのこ。こぶた。②貕養(けいよう)は、山東省萊陽市の東にあった大沼の名。

豸10【貔】〔17〕 ヒ 漢 平 支 pí ピー J 7632 U補 8C94

豸4【豼】〔11〕或体 J 7633 U補 8C7C

意味 ①猛獣の名。ひょうの なかま。②貔貅(ひきゅう)は、㋐猛獣の名。㋑勇ましく強い兵士。㋒兵車に立てる旗の名。③たぬき。

【貙虎】ちゅこ ①貙と虎。②勇ましく強い将兵。

豸10【貇】→心部十三画(五〇二ページ・上)

豸11【貙】〔18〕 チュ 漢 平 虞 chū チュー J②8908 補6306 U8C99
意味 猛獣の名。「貙虎ちゅこ」

豸11【貘】〔18〕 バク 漢 入 陌 mò モー J7634 補— U8C98
意味 ①四川しせんの峨嵋山がびさんに住む、白黒のまだらの熊ににた動物。鉄や銅、竹を食うという。パンダを想定したもの。＝獏ばく ②〈ばく〉哺乳にゅう類バク科の動物。

豸12【䝤】〔19〕 一ロウ 漢 呉 (ラウ) 一 上 晧 lǎo ラオ 二リョウ 漢 呉 (レウ) 二 平 蕭 liáo リアオ J②8909 補— U4764
意味 一古代中国西南部に住んでいた少数民族の名。二夜の狩り。＝獠りょう

豸13【𧴖】〔20〕 ワイ 漢 去 隊 アイ 慣 wèi ウエイ J— 補— U27D16
意味 少数民族をいう。

豸18【貛】〔25〕 カン 漢 平 寒 (クヮン) huān ホワン J— 補6307 U8C9B
意味 ①おすのおおかみ。②犬に似た獣の名。

豸17【貛】〔24〕俗字 J②8910 補— U—

豸20【貜】〔27〕 カク 漢 入 薬 (クヮク) jué チュエ J— 補6308 U8C9C
意味 ①〈おおざる〉(おほざる) ②貜且かくしょは、春秋時代、邾ちゅ国の君主、定公の名。

7画 貝部 かい かいへん

部首解説 「こやすがい」にかたどる。この部には、財貨や商売、贈答に関連するものが多く、「貝」の形を構成要素とする文字が属する。

貝0【貝】〔7〕 学1 かい ハイ 漢 去 泰 バイ 慣 bèi ペイ J1913 補— U8C9D

筆順 丨 冂 月 月 目 貝 貝

虫7【蛽】〔13〕同字 J①9156 補5880 U86FD

意味 ①〈かい(かひ)〉㋐かいの総称。㋑かいがら。㋒楽器。ほらがい。㋓貨幣。かいがらを貨幣として用いた。②貝のもように似たにしき。③ばいたら。インドで経文を写すのに用いる木の葉。「貝多羅葉ばいたらよう」④姓。

解字  象形。子安貝、または二枚貝の形である。海の介虫類の総称。貨幣・財産などに関係する字に使う。

地名 貝塚かいづか・貝加爾湖バイカルこ

【貝塚】かいづか(かひ) 国石器時代ごろの遺跡。古代人が食料とした貝がらを捨てたものが積もったもの。

【貝原益軒】かいばら(かひばら)えきけん 人名。江戸時代の朱子学者。名は篤信あつのぶ。「慎思録」「益軒十訓」を著す。(一六三〇～一七一四)

【貝寄風】かいよせ(かひ) 国陰暦二月二十日ごろ吹く西風。

【貝貨】かいか(くわ) 貝がらで作った貨幣。

【貝錦】ばいきん ①貝がらのもようのように美しいにしき。②人の罪を、うまくこしらえあげて告げ口するたとえ。

【貝子】ばいし ①元代に雲南で金のかわりにした海貝。②清しん代の爵位の名。③貝の名。こやすがい。

【貝多】ばいた 木の名。古代インドで、この葉を紙の代わりにして経文を書いた。「貝多文字古ばいたもんじふりたり」〈張鼎ちょうていの詩〉

【貝編】ばいへん 仏経や仏書をいう。

【貝葉】ばいよう(えふ) ①貝多羅葉ばいたらようの略。→意味の③ ②仏教の書籍。

【貝勒】ばいろく ①貝がらで作った、馬のくつわかざり。②清しん代、皇族の称。郡王の下、貝子ばいしの上に位する。

◆桜貝さくらがい・梵貝ぼんばい・子安貝こやすがい

貝2【貞】〔9〕 常 テイ J3671 補— U8C9E

テイ 漢 チョウ(チャウ) 呉 ジョウ(ヂャウ) 慣 平 庚 zhēn チェン zhēng チョン

筆順 丨 ト ⺊ 卢 卣 貞 貞

意味 ①〈うらな・う(――・ふ)〉物事が正しいかどうかをうらなって問う。②易えきの卦かの、下の三本。内卦ないか。③〈ただし・い(ただ・し)〉㋐正しい。㋑まごころをもつ。㋒専一で変えない。④㋐嫁にいく前の女性。㋑おもに女性に求められた道徳。「貞節ていせつ」⑤あたる。一致する。⑥貞観じょうがんは、唐とうの太宗たいそうのときの年号。⑦姓。

解字 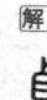 会意。卜と貝とを合わせた字。貞は、貝をそなえて、うらないにきくことである。また、卜と鼎ていを合わせた字で、鼎が音を示す形声文字であるともいう。

名前 さだ・ただ・つら・ただす・みさお

【貞永式目】じょうえい(ぢやうえい)しきもく 国貞永元年(一二三二)、北条泰時ほうじょうやすときが定めた法律書。御成敗式目ごせいばいしきもく。

【貞観(觀)政要】じょうがん(ぢやうぐゎん)せいよう(えう) 書名。十巻。唐の太宗たいそうと群臣との、政治論を収録した書。唐の呉兢ごきょうの著。

【貞幹】ていかん 心が正しく、もとじめになる人。まことがあって、大事なことを処理する。

【貞潔】ていけつ 貞操がかたく、潔白なこと。

【貞固】ていこ 正しい道をしっかりと守る。

【貞士】ていし 正しい人。正直な人間。

【貞淑】ていしゅく 女子のみさお正しくしとやかなこと。

【貞純】ていじゅん 正しく純粋。

【貞女】ていじょ(ぢょ) ひとりの夫を守って、再婚しない女。「――不更二夫ていじょはにふをかえず」みさお正しい女は、再婚しない。〈史記・田単でんたん列伝〉

【貞松】ていしょう 冬もみどりをたもつ松。かわらない松を、みさおの正しいことにたとえていう。

【貞臣】ていしん 忠義なけらい。

【貞人】ていじん ①うらなう人。おつげを聞こうとする人。②正しい人。

【貞静(靜)】ていせい 心が正しく、おだやか。

【貞脆】ていぜい 正しく堅いことと、弱くもろいこと。長生きと若死に。

【貞石】ていせき ①堅い石。②石碑。

【貞節(節)】ていせつ 正しい信念を堅く守る。女子のみさおが正しい。

【貞操】ていそう(さう) ①女子の正しいみさお。純潔を守ること。②正しさを保って変えない。

【貞明】ていめい みさお正しく道理に明らかなこと。〈易経えききょう・繋辞伝けいじでん下〉

【貞亮】ていりょう(りゃう) 心が正しく誠実。

【貞烈】ていれつ みさおを堅く守って勇ましい。

【貞観(觀)之治】じょうがん(ぢやうぐゎん)のち ①唐の太宗たいそうの貞観年間の政治。名君・賢臣がそろって、太平であった。ていかんのち。②国清和天皇時代の政治。

◆不貞ふてい・忠貞ちゅうてい

貝2【負】〔9〕学3 フ　まける・まかす・おう

旧字 貝2【負】〔9〕　フ 漢 上 有　ブ 呉　fù フー

J 4173　U補 8CA0　U補 J

筆順

意味 ①〈お・う（─・ふ）〉㋐せおう。㋑かつぐ。㋒よりかかる。㋓受ける。こうむる。㋔抱く。㋕相当する。②〈たの・む〉たのみにする。③〈そむ・く〉㋐恩を忘れる。㋑借りたまま返さない。㋒うらぎる。④〈ま・ける（─・く）〉〈まか・す〉〈まけ〉あらそいにまける。⑤失う。⑥借りた金を返す。⑦心配する。⑧はじる。⑨喪服。⑩老女。⑪数マイナス。0より少ない数。↔正　国〈ま・ける（─・く）〉ねだんを安くする。

解字 会意。人と貝を合わせた字。貝は通貨。負は、人が財産をたのみにして大事に持っていることである。また、借金を返さないことをもいう。一説に、貝の音は背(はい)と通じるから、負は、せおうことであるという。

名前 え・ひ・ます　姓 負野(おうの)

【負荷】(ふか) ①せおったりかついだりする荷。②先祖のしごとを受けつぐ。③理モーターやエンジンが引き受ける力。④理電流や電圧に耐える力。

【負郭田】(ふかく(くわく)のでん) 町はずれのよい田。「洛陽負郭田(らくようふかくのでん)」〈史記・蘇秦(そしん)列伝〉

【負気(氣)】(ふき) ①勢いこむ。②自分の勇気をたのみにする。

【負笈】(ふきゅう(きふ)) 本箱をせおう。遠い地へ勉学に出かける。遊学。〈晋書(しんじょ)・王裒(おうほう)伝〉

【負嵎】(ふぐう) ①山のいりくんだ険しい所をたのみにして威勢をはる。②英雄が要害の地に割拠して威勢をはる。

【負荊】(ふけい) 自分の罪を深くわびる。荊は罪人をたたくいばらの杖(つえ)。

【負剣(劍)】(ふけん) ①剣をせおって抜きやすくする。②こどもをだきかかえる。

【負暄】(ふけん) 暖かい日光を背にすること。ひなたぼっこ。日光浴。

【負号(號)】(ふごう(がう)) 数負数を表す記号。(－)

【負責】(ふさい) 一「負債」に同じ。二 fùzé 現責任を負う。責任を持つ。【──人】(フーツォーレン) fùzérén 現責任者。

【負債】(ふさい) 借金。

【負恃】(ふじ) たよる。たのみにする。

【負手】(ふしゅ) 手をうしろに組む。

【負傷】(ふしょう(しゃう)) けが。

【負心】(ふしん) ①恩にそむく。②心にそむく。うそをつく。

【負薪】(ふしん) ①幼児。②いやしい者。③労働。【──之憂】(ふしんのうれい(うれひ)) 自分の病気をけんそんしていうことば。〈礼記(らいき)・曲礼(きょくらい)下〉

【負数(數)】(ふすう) 数0より小さな実数。↔正数

【負租】(ふそ) まだ納めてない税。

【負戴】(ふたい) ①荷物をせおったり、頭にのせたりする。労働する。②恩をこうむる。

【負担(擔)】(ふたん) ①荷物をせおう。②重荷。③引き受けた事がら。

【負版】(ふはん) 国家を象徴する板をささげ持つ人。国の地図・戸籍・器物など。〈論語・郷党(きょうとう)〉

【負販者】(ふはんしゃ) 行商人。

【負養】(ふよう(やう)) 荷物を負ったり、炊事をしたりする者。雑役に従う者。

【負羈之妻】(ふきのつま) 春秋時代、曹(そう)国の家老、僖負羈(きふき)の妻。晋(しん)の文公の臣、狐偃(こえん)・趙衰(ちょうさい)の人物を見抜いて、彼らをよく待遇するよう夫にすすめた故事。

◆手負(ておい)・自負(じふ)・抱負(ほうふ)・根負(こんまけ)・勝負(しょうぶ)・請負(うけおい)

貝2【貟】〔9〕 同→員(二四四ページ・下)

貝2【則】(一六五ページ・下) →刀部七画

貝2【頁】(一三七〇ページ・下) →頁部〇画

貝3【貤】〔10〕　一イ 漢 一 平 支 yí イー　二イ 漢 二 去 寘 yì イー　J ②8911　U補 6309 8CA4

意味 一うつす。移動する。二①つぎつぎにかさなる。②あたえる。③ます。のばす。

【貤封】(いほう) 官吏が自分の領地や給料をえんりょして、みうちの人に与えるように願い出ること。

貝3【貢】〔10〕常 コウ・ク　みつぐ　コウ 漢 ク 呉 去 送 gòng コン　J 2555　U補 8CA2

筆順

意味 ①〈みつ・ぐ〉天子に産物や品物を献上する。②〈みつぎ〉みつぐこと。みつぎもの。③税法の名。夏(か)の時代、収穫の十分の一を納める法。「貢法(こうほう)」④すすめる。役人を推薦する。「貢士」⑤つげる。⑥さずける。⑦姓。

解字 形声。貝が形を表し、工(こう)が音を示す。貝は通貨・おかね。工には、功と同じく、仕事の意味がある。貢は、仕事の成果を、税金としてお上に納めることである。一説に、工の音は扛(こう)と通じて、挙げる意味があるから、貢は、税金をお上にさしあげることであるともいう。

名前 つぐ・すすむ

【貢院】(こういん(ゐん)) 地方の官吏登用予備試験の合格者を、首府で試験する所。

【貢禹】(こうう) 漢代の学者・政治家。【──弾(彈)冠】(こううかん(くわん)をだんず) 王陽が位につくと、貢禹はその招きを待つ。親友が出処進退をともにすることをいう。〈漢書(かんじょ)・貢禹(こうう)伝〉

【貢挙(擧)】(こうきょ) 州郡のすぐれた人物を選抜して、中央政府の官吏にする。

【貢献(獻)】(こうけん) 一①みつぎものをたてまつる。②人類や社会のために役にたつことをする。二 gòngxiàn 現一の②に同じ。

【貢士】(こうし) ①地方から中央政府に推薦された、才能・学問のある人。②まだ宮中の最終試験を受けていない進士。③国明治の初め、藩から選抜されて、公議所に出仕した人。

【貢税】(こうぜい) みつぎもの。税。

【貢馬】(こうば) 諸国から献上する馬。

【貢賦】(こうふ) 下からさしあげるみつぎものと、上からとりたてる税。寄付と租税。

◆入貢(にゅうこう)・年貢(ねんぐ)・朝貢(ちょうこう)

貝3【財】〔10〕学5 ザイ・サイ　サイ 漢 ザイ 呉 平 灰 cái ツァイ　J 2666　U補 8CA1

筆順

意味 ①〈たから〉ねうちのあるもの。金銀・布・玉・米など。②才能。＝才 ③たつ。布をきる。＝裁 ④処置する。きりもりする。＝裁 ⑤材料。＝材 ⑥〈わずか(わづか)に〉やっと。＝纔(さい) ⑦姓。

解字 形声。貝が形を表し、才(さい)が音を示す。貝は通貨。才には素材の意味がある。財は生活のもとになるおかねで、宝とする物をいう。また、才の音は積(し)と通ずるから、財は積み重ねた貨幣のことであるともいう。

姓 財部(たからべ)　地名 財部(たからべ)

【財運】(ざいうん) 金のもうかる運。【──亨通】(ざいうんこう(かう)つう) 大いに金がもうかる。亨通は順調で運のよいこと。

【財貨】(ざいか(くゎ)) お金やたからもの。

【財界】(ざいかい) 実業家や金融業者などの社会。経済界。

【財源】ざいげん 財産の生じるもと。【―茂盛】ざいげんもせい 商売がはんじょうすること。

【財産】ざいさん 持っている金銭・土地・建物・品物など全部。「だい。資産。しん」

【財政】ざいせい ①国家や公共団体を運営していくための、収入・支出の金ぐり。②かねまわり。③やりくり。

【財粟】ざいぞく 金品と穀物。財物粟米。

【財団(團)】ざいだん ある目的のために財産を持ち寄ってまとめた「もの。

【財帑】ざいど かねぐら。金庫。金蔵。

【財閥】ざいばつ ①大資本家の一団。コンツェルン。②国大金持ちの一族で固めた組織。

【財布】さいふ 金入れ。お金を入れる袋。

【財物】ざいぶつ|ざいもつ 金銭や品物。金銭または品物。

【財宝(寶)】ざいほう たからもの。金銀・珠玉など。

【財用】ざいよう ①お金と品物。②資本。③租税の収入。

【財欲】ざいよく 財産を得たいという欲望。

【財利】ざいり もうけ。金もうけ。

【財力】ざいりょく ①金の力。②費用を出せる能力。

【財礼(禮)】ざいれい 結納金。

【財賄】ざいわい お金やたからもの。

◁▶私財・浄財・家財・散財・資財・蓄財・文化財

貝3〖員〗→口部七画(二四四ジ・下)　貝3〖肙〗→戸部七画(三九九ジ・中)

貝4【貨】〔11〕 学4 カ　U補J 1863 8CA8

旧字 貝4【貨】〔11〕 カ 漢呉 (クワ) 去 箇 huò フオ　U補J

筆順 亻 亻 化 化 伫 侪 貨 貨

意味 ①〈たから〉㋐金や玉。㋑おかね。㋒金・玉・おかね・布の総称。②品物。商品。③有利にしようと財物をおくる。わいろをおくる。④売る。⑤買う。

解字  形声。貝が形を表し、化が音を示す。貝は通貨。化には、変化という意味がある。貨は、売買によって、さまざまの品物に変化したものをいう。一説に、いろいろな品物に変化する貨幣のことであるともいう。

名前 たか

【貨器】かき かねめの品物や道具。

【貨財】かざい お金や品物。かねめのもの。財貨。

【貨殖】かしょく ①財産をふやす。金もうけ。②品物。商品。

【貨泉】かせん 新の王莽の時に使われた硬貨。白水真人。

【貨物】かぶつ|かもつ ①品物。②運送する荷物。

【貨幣】かへい お金。売買のなかだちに使うもの。硬貨と紙幣の総称。

【貨宝(寶)】かほう たから。貴重な金銭・物品。

【貨利】かり ①たから。かね。②金銭上の利益。

【貨賂】かろ 賄賂。金品の贈り物。

【貨賄】かわい たから。金や玉を貨といい、布を賄という。

◁▶外貨・百貨・良貨・金貨・奇貨・財貨・通貨・悪貨・硬貨・滞貨・雑貨・銀貨・銅貨・鋳貨

貝4【貫】〔11〕 常 カン つらぬく　U補J 2051 8CAB

一 カン(クヮン) 漢呉 一 去 翰 guàn コワン
二 ワン 漢 二 平 刪 wān ワン

筆順 口 毌 毌 毌 毌 貫 貫 貫

意味 一 ①〈つらぬ・く〉㋐なわをとおす。㋑つきとおす。㋒まとに当たる。㋓つらなる。つづく。㋔とおる。通過する。㋕やりとおす。㋖統一する。②〈さし〉銭を通すなわ。③通貨の単位。ぜに一千銭。④系統。すじみち。⑤ことがら。例。⑥習う。⑦なれる。＝慣 ⑧出身地。本籍。⑨こどもの髪のかたち。＝丱 ⑩姓。二 弓をひきしぼる。国 ①〈かん(くゎん)〉㋐ぜに一千文(江戸時代には九百六十文。明治以後は十銭)。㋑重さの単位。千匁。三・七五キログラム。㋒武士の俸給の単位。米十石。②〈ぬき〉柱と柱の間に渡す木。

解字  会意・形声。毌と貝とを合わせた字。毌は音をも示す。毌は、物に穴をあけて持つこと。貝は貨幣。貫は穴あき銭にひもを通したもの、「さし」である。

名前 つら・とおる 姓 貫名 地名 魚貫

【貫魚】かんぎょ くし刺しになって並んでいる魚。魚は陰に属するので、女性になぞらえ、宮中の女官たちの秩序を正すことをも指す。〈易経・剥卦〉

【貫行】かんこう つづけてやりとおす。

【貫珠】かんしゅ ①玉にひもをとおしてつなぐ。②数珠。

【貫主】かんじゅ|かんず ①かしらとなる人。②仏天台宗の長。座主。本山や大きい寺の住職。③国蔵人頭。

【貫首】かんじゅ 「貫主」に同じ。

【貫習】かんしゅう ならう。

【貫籍】かんせき 戸籍。本籍。

【貫穿】かんせん ①つらぬきとおす。②広く学問に通じる。

【貫属(屬)】かんぞく 本籍地。

【貫代】かんだい 国江戸時代、米のかわりにおさめた税金。貫納。

【貫頂】かんちょう 天台宗の長。天台座主。

【貫通】かんつう ①つきとおす。つきとおる。②すじみちがはっきりする。

【貫徹】一 かんてつ つらぬきとおす。二 コワンチョー guànchè 現一に同じ。

【貫目】かんめ 国①貫。重さの単位。②めかた。③「貫禄」に同じ。

【貫流】かんりゅう つきぬけて流れる。

【貫禄(祿)】かんろく 国身についたおもおもしさ。

〖貫道之器〗かんどうのき 道理の中にゆきわたる道具。文章をいう。〈李漢・集昌黎文序〉

◁▶一貫・本貫・旧貫・突貫・指貫・満貫・縦貫・裸一貫・終始一貫

貝4【購】〔11〕 コウ 漢 去 宥 gòu コウ　U補J 27D48

意味 おさめる。

貝4【責】〔11〕 学5 セキ せめる　U補J 3253 8CAC

一 セキ 漢 シャク 呉 一 入 陌 zé ツォー
二 サイ 漢 二 去 卦 zhài チャイ

筆順 一 十 丰 丰 青 青 青 責

意味 一 ①〈もと・める(―・む)〉㋐手に入れる。㋑要求する。②〈せ・める(―・む)〉㋐しかる。㋑非難する。③〈せめ〉㋐要求。㋑とがめ。④責任をおう。⑤処罰する。二 借財。借金。＝債

解字  形声。貝が形を表し、朿が音を示す。朿は束の略。貝は通貨・たから。朿は、刺と同様に、せめるという意味がある。責は、貸した金を返すように求めること、とりたてることである。また、責は積で財貨を積み重ねること、転じて他人に貸した金であるとも、責は数と音が通じるから、数えて請求することともいう。音サクは、朿の音シの変化。

【責過】せきか あやまちをせめる。

【責言】せきげん ①せめなじる。②せめることば。

【責譲(讓)】せきじょう せめとがめる。

【責善】せきぜん 善をすすめる。よい事をするように勧誘する。「責善朋友之道也」〈孟子・離婁下〉

【責難】せきなん ①むずかしいことを人にしいる。②非難する。

【責任】せきにん ㊀①引き受けて、しなければならない事がら。②自分がしたことの結果を引き受ける。㊁ツォーレン zérèn 現㊀に同じ。【――転(轉)嫁】せきにんてんか 自分の責任をのがれて、それを他人になすりつける。

【責付】せきふ 法旧制で、被告人を留置場から出して、親類などにあずけること。

【責務】せきむ はたさなければならないつとめ。

【責問】せきもん ①せめとがめる。なじる。②拷問をして罪を調べる。

【責苦】せめく 国いじめ苦しめる。

【責折檻】せめせっかん 国きびしくせめる。せめてしおきをする。

【責場】せめば 国芝居で、白状させるために、しおきをする場面。

◆文責・引責・叱責・自責・呵責・重責・苛責・問責・職責・譴責

貝4【貪】〔11〕常 ドン むさぼる　J7637 補 U8CAA

タン 漢 トン 呉 ドン 慣 平 覃 tān タン

筆順 ノ 人 亽 今 今 含 貪 貪

意味 ①〈むさぼ・る〉㋐よくばる。かねや物をほしがる。㋑執着する。②〈むさぼり〉㋐むさぼること。㋑よくばりの人。③さがす。音 tàn タン。＝探

解字 形声。貝が形を表し、今きんが音を示す。貝は、財貨。貪は、金や物をほしがる。また、探たんと通じて、さがす意味を表す。

【貪悪(惡)】たんあく 欲深くて心がけが悪い。

【貪汚】たんお 欲が深く、心がきたない。

【貪官】たんかん 欲の深い役人。【――汚吏】たんかんおり わいろなどをほしがるきたない役人。汚職をする、不正な役人。

【貪虐】たんぎゃく 欲が深く、ざんこく。物をむさぼって民をひどく苦しめる。

【貪求】たんきゅう むさぼり求める。

【貪食】たんしょく むやみに多く食べる。

【貪人】たんじん 欲深い人。【――敗類】たんじんはいるい 欲深い悪人が、善人をめちゃめちゃにする。

【貪泉】たんせん 広州にあったという泉の名。この水を飲むと欲望が強くなるという。

【貪叨】たんとう 欲深くむさぼる。欲が深く、ざんこく。

【貪夫】たんぷ 欲深い男。

【貪冒】たんぼう 欲ばる。むさぼる。

【貪暴】たんぼう 欲が深くて、気性があらあらしいこと。

【貪欲(慾)】たんよく・どんよく ひどく欲が深い。

【貪婪】たんらん・どんらん ひどく欲が深い。

【貪吏】たんり 欲の深い役人。わいろなどをほしがる役人。

【貪吝】たんりん 欲が深く、けちなこと。

【貪戻】たんれい 欲が深く、道理にそむいた行いをする。

【貪恋(戀)】たんれん ものごとにひどく心をひかれる。

貝4【販】〔11〕常 ハン　J4046 補 U8CA9

ハン 漢 ホン 呉 去 願 fàn ファン

筆順 丨 冂 月 目 貝 貝 貶 販

意味 ①〈う・る〉〈あきな・う(――・ふ)〉〈ひさ・ぐ〉売ってもうける。「販売はんばい」②商売をする人。③姓。

解字 形声。貝が形を表し、反はんが音を示す。反には返るという意味がある。販は、安く仕入れた品物を、返して高く売ることで、あきないをする意味である。一説に、反は、音が番はんと通じて、多いという意味を含むから、販は、もうけることであるともいう。

名前 ひさ

【販私塩(鹽)漢】はんしえんのかん 塩を密売する男。塩は専売品であった。

【販夫】はんぷ 行商人。【――走卒】はんぷそうそつ 大通りを呼び売りして歩く行商人。

【販婦】はんぷ 行商する婦人。

【販路】はんろ 商品の売れ先。はけ口。

◆市販

貝4【貧】〔11〕学5 ヒン・ビン まずしい　J4147 補 U8CA7

旧字 貝4【貧】〔11〕 ヒン 漢 平 真 ビン 呉 pín ピン　U補J

筆順 八 分 分 夲 谷 谷 貧 貧

意味 ①〈まずし・い(まづ・し)〉㋐財産がとぼしい。㋑才能や能力が少ない。足りない。②まずしいこと。まずしい人。③僧や尼の自称。

解字 会意・形声。分と貝とを合わせた字で、分ぶんは音をも示す。分はわかれること。貝は財産。貧は、財産が分散して、少なくなることで、びんぼうな意味を表す。

参考「貪たん」は別字。

【貧嫗】ひんう まずしい老婆。貧婦。

【貧家】ひんか 貧乏人の家。

【貧窮】ひんきゅう まずしくて生活に困る。貧困。

【貧苦】ひんく まずしくて苦しい。

【貧窶】ひんく まずしくてやつれる。

【貧巷】ひんこう 貧乏人の住むまち。

【貧交行】ひんこうこう 詩の題名。唐の杜甫作の七言古詩。

【貧交疏昆弟】ひんこうそこんてい まずしい友と、縁の遠いいとこたち。〈史記・貨殖列伝〉

【貧困】ひんこん まずしくて生活にくるしむ。

【貧者】ひんじゃ まずしい人。【――一灯(燈)】ひんじゃのいっとう まずしい女が仏にささげた一つのあかり。ささやかでも、まごころのこもった寄付はたっといたとえ。〈賢愚経〉↔長者万灯

【貧弱】ひんじゃく ①まずしくて弱い。②国みすぼらしい。

【貧生】ひんせい ①まずしい人。②貧乏学生。

【貧賤】ひんせん ①まずしいことと身分の低いこと。②まずしくていやしい。【――驕レ人】ひんせんひとにおごる まずしく地位のない人は、これ以上失うものがないから、人に対して大きな顔をしていられる。〈史記・魏世家〉【――不レ能レ移】ひんせんもうつすあたわず 貧賤も、その人の志を変えさせることができない。〈孟子・滕文公下〉

【貧素】ひんそ 貧乏。まずしくてからっぽ。

【貧相】ひんそう ①貧乏人らしい人相。ふけいきな顔。②みすぼらしいさま。

【貧餒】ひんだい まずしくて食物がとぼしい。

【貧道】ひんどう 僧や道士が自分をけんそんしていう語。

【貧富】ひんぷ ①まずしいことと、金持ちであること。②貧乏人と金持ち。

【貧乏】びんぼう まずしい。財産が少なく、くらしに困る。【――神】びんぼうがみ 国人を貧乏にする神。【――籤】びんぼうくじ 国損なやくまわり。不幸なめぐりあわせ。

【貧民】ひんみん まずしい民。【――窟】ひんみんくつ 国貧民が多く住んでいる所。

【貧邑】ひんゆう まずしい村。

◆赤貧・清貧・極貧・素寒貧

貝4【貶】〔11〕 ヘン 漢 上 琰 biǎn ピエン　J7642 補 U8CB6

意味 ①〈けな・す〉くさす。おとしめていう。②〈おと・す〉㋐へらす。㋑身分や地位を下げる。㋒罪をとがめて官位を下げて、遠方へ追いやる。「貶斥」「貶黜」「貶降」「貶謫」「貶流」「貶竄」③おちる。くだる。

【貶剝】へんぱく おとしめ、はぎとる。けなして、ねうちを下げる。

貝4【貭】〔11〕俗 →質(一一九二ジー・中)

貝4【貮】〔11〕俗 →貳(一一九〇ジー・下)

貝4【貮】〔11〕俗 ↓貳(四四五ページ・中)

貝4［敗］↓攴部七画(五六二ページ・上)

貝5【貽】〔12〕イ 漢 平 支 yí イー　J 7638 補 U 8CBD

意味 ①〈おく・る〉人に物を贈る。②〈のこ・す〉伝えのこす。③黒い貝の名。「貽貝(いがい)」④姓。

【貽訓】(いくん) 子孫に残したおしえ。

【貽厥】(いけつ) ①子孫に残した制度や法則。②孫。詒厥。

【貽謀】(いぼう) 子孫のために残したはかりごと。

貝5【賀】〔12〕学4 ガ　カ 漢 去 箇 ガ 呉 hè ホー　J 1876 補 U 8CC0

筆順 ㇇ カ 加 加 賀 賀 賀 賀

意味 ①〈いわ・う(いは・ふ)〉〈よろこ・ぶ〉贈りもので喜びの気持ちを表す。②〈いわい(いはひ)〉〈よろこび〉③加える。④肩にかつぐ。せおう。⑤姓。

解字 形声。貝が形を表し、加(か)が音を示す。貝は財貨。加には、増しくわえる意味がある。賀は、財貨のおくりものを加えて、お祝いをすることである。

名前 しげ・のり・ます・よし・より　姓 賀来(かく)・賀陽(かや)　地名 賀茂(かも)

【賀筵】(がえん) 祝いの酒宴の席。

【賀客】(がかく) 祝いを述べに来た客。

【賀辞(辭)】(がじ) 祝いのことば。賀詞。祝詞。

【賀正】(がしょう(しやう)・がせい) 正月を祝う。新年を祝う。

【賀状(狀)】(がじょう(じやう)) 国①祝いの手紙。②年賀状。

【賀知章】(がちしょう(しやう)) 人名。盛唐の詩人。字(あざな)は季真。〔六五九〜七四四〕

【賀表】(がひょう(へう)) 臣下からたてまつる祝いの文。

◇▼年賀(ねんが)・来賀(らいが)・参賀(さんが)・祝賀(しゅくが)・慶賀(けいが)・謹賀(きんが)

貝5【貴】〔12〕学6 キ　キ 漢 呉 去 未 guì コイ　たっとい・とうとい・たっとぶ・とうとぶ　J 2114 補 U 8CB4

筆順 口 中 虫 虫 冉 青 貴 貴

貝9【賮】〔16〕本字　J —— 補 U 477F

意味 ①〈とうと・い(たふと・し)〉〈たっと・い(——・し)〉〈たか・い(——・し)〉㋐身分が高い。㋑ねだんが高い。㋒たいせつである。㋓すぐれている。②〈とうと・ぶ(たふと・ぶ)〉〈たっと・ぶ〉たいせつにする。尊敬する。重んじる。③〈あて〉身分や勢力がある。④あなたの。あいての人や物事をうやまう接頭語。⑤姓。国〈むち〉神話のなかの人物の尊称。

解字 形声。貝が形を表し、貴(き)が音を示す。貝は財貨。貴は、蕢(き)(もっこ)で、同じ草を材料とした道具の中では、大きいものである。貴は、財貨の大きいことで、安くない、たかい意味になる。また、蕢の音は、堆(たい)などと通じて、積み重なる意味があるから、貴は、多くのおかね、ねだんが高いことともいう。

名前 あつ・たか・たけ・よし　難読 貴方(あなた)・貴女(あなた)・貴人(うまひと・あてびと)

【貴意】(きい) 国あなたのお気持ち。お考え。

【貴下】(きか) あなた。

【貴家】(きか) ①身分の高い家柄。②国あなたの家・家族。

【貴介】(きかい) 身分が高い。介は大の意。【——公子】(きかいこうし) 身分の尊い人や、貴族の子弟。【——弟】(きかいてい) 他人の弟に対する尊称。

【貴翰】(きかん) 国お手紙。

【貴近】(ききん) 天子のそばに仕える、身分の高い人。

【貴君】(きくん) 国あなた。

【貴兄】(きけい) 国あなた。

【貴顕(顯)】(きけん) 身分がたっとく、世に名高い人。

【貴公】(きこう) ①高い身分の人。②あなた。きみ。

【貴公子】(きこうし) ①身分の高い家がらの男子。②国上品な若者。

【貴国(國)】(きこく) あなたのお国。

【貴様】(きさま) 国相手を呼ぶことば。昔は目上に使い、今は、親しい友人に対して、または、人をののしる場合に使う。

【貴耳賤目】(きじせんもく) 聞いたことをたっとび、見たことをいやしむ。評判だけ重んじて、実際を考えない。

【貴種】(きしゅ) 身分の高い家柄の生まれ。「此三姓、其貴種也(このさんせいは、そのきしゅなり)」〈史記・匈奴(きょうど)伝〉

【貴酬】(きしゅう(しう)) 国手紙の返信につける脇付(わきづけ)。返事の手紙をけんそんしていう語。

【貴書】(きしょ) 国他人の手紙の敬称。お手紙。

【貴女】(きじょ(ぢょ)) 一 身分の高い婦人。二(あなた) 国多く手紙の中で、女性に対する呼びかけに使う。

【貴紳】(きしん) 身分の高い人。

【貴人】(きじん) ①身分の高い人。あてびと。うまびと。②後漢(ごかん)時代、皇后につぐきさき。【——多忘】(きじんたぼう(ばう)) 身分の高い人は、忘れっぽく冷淡である。〈唐摭言(とうせきげん)〉

【貴戚】(きせき) ①貴族の親類。②皇后やおきさきの親類。③王と同姓の貴族。【——之卿】(きせきのけい) 君主のみうちの家老。特別の関係がある親戚をいう。

【貴賤】(きせん) ①身分の高いことと低いこと。②ねだんの高いことと低いこと。

【貴族】(きぞく) 身分のたっとい家がら。【——院】(きぞくいん(ゐん)) 国旧憲法で、衆議院の上にあった、帝国議会の一院。

【貴宅】(きたく) 国あなたの家。おたく。

【貴地】(きち) ①高い地位。②国あなたの住む土地。錦地。

【貴冑】(きちゅう(ちう)) 貴族の子孫。

【貴重】(きちょう) ①身分が高い。②たっとび重んじる。③ねうちがある。たいせつ。

【貴殿】(きでん) 国①あなた。②お宅。

【貴妃】(きひ) ①女官の位。唐代では三夫人の中で最高の地位。②楊貴妃(ようきひ)をさす。

【貴賓】(きひん) 身分の高い客。

【貴婦人】(きふじん) 身分の高い婦人。

【貴方】(きほう(はう)) ①あなた。②あなたの地方。

【貴門】(きもん) ①たっとい家がら。②国他人の家の敬称。

【貴遊】(きゆう(いう)) 上流階級。

【貴慮】(きりょ) 国あなたのお考え。

【貴姓】(コイシン) guìxìng 現(相手の)ご名字(みょうじ)。

◇▼高貴(こうき)・尊貴(そんき)・富貴(ふうき・ふっき)・騰貴(とうき)・顕貴(けんき)

貝5【貺】〔12〕キョウ(キャウ) 漢 去 漾 kuàng コワン　J 6311 補 U 8CBA

意味 ①〈たま・う(——・ふ)〉くださる。あたえる。②〈たまもの〉くだされもの。

貝5【貲】〔12〕シ 漢 平 支 zī ツー　J 7639 補 U 8CB2

意味 ①〈たから〉財産。「貲産(しさん)」「貲財(しざい)」②あがなう。罪を金銭でつぐなう。③〈はか・る〉数える。

【貲布】(さよみ・さいみ) 国織りめのあらい麻(あさ)のぬの。

貝5【貰】〔12〕人 標 セイ 漢 去 霽 shì シー　J 4467 補 U 8CB0

意味 ①〈おきの・る〉かけうり。かけがい。現金でなく、あとで払う約束で売り買いする。②〈ゆる・す〉「貰赦(せいしゃ)」③漢代の県名。現在の河北省(かほくしょう)辛集(しんしゅう)市西南にあった。国〈もら・う(——・ふ)〉「貰手(もらいて)」「貰泣(もらいなき)」

【貰酒】(せいしゅ) 出世ばらいで酒をのむ。漢の高祖(こうそ)の故事。

【貰年】(もらいどし) 国厄年(やくどし)をまぬがれるために、かりに実際の年より多く数える。

【貰泣】(もらいなき) 国他人の悲しみにさそわれて泣くこと。

貝5 【貹】〔12〕 セイ㊥ ショウ(シャウ)㊦ ㊤敬 shèng ション　J ― 補 6310 U 8CB9

意味 富。財産。

貝5 【貸】〔12〕 学5 タイ かす　一 タイ㊥㊦ 一㊤ 隊 dài タイ　二 トク㊥ 二㊅ 職 tè トー　J 3463 補 ― U 8CB8

筆順 亻 … 貸

意味 一 ①〈か・す〉㋐かしてやる。用立てる。㋑ほどこす。与える。②寛大にする。ゆるす。二 ①〈か・りる(―・る)〉②〈たが・う(―・ふ)〉誤る。=忒

解字 形声。貝が形を表し、代が音を示す。貝は通貨。代には、かわるという意味がある。貸は、持ち主に代わって貝を持つことで、おかねを与えること、また、おかねを仮に与えることを表す。また、代の音は、施と通じて、ほどこす意味を持っているとも解する。

【貸売(賣)】 国代金をあとで受け取る約束で品物を売る。掛売。

【貸方】 国①物を貸す人。②複式簿記で支出記入の欄。

【貸間】 国代金を取って長期間貸す部屋。

【貸元】 国①金を貸す人。②ばくちうちの親分。

【貸借】 ①貸しと借り。②国簿記の貸方と借方。

【貸贍】 金品をほどこして貧しき人々を救う。

【貸宥】 刑罰などをゆるくする。

【貸与(與)】 貸す。

◆又貸・金貸・前貸・賃貸・信用貸

貝5 【貯】〔12〕 学5 チョ　チョ㊥ ㊤語 zhù チュー　J 3589 補 ― U 8CAF

筆順 ⺆ … 貯

意味 ①〈たくわ・える(たくは・ふ)〉㋐ためる。お金をためる。㋑品物をしまっておく。「貯蔵」㋒積みたくわえる。「貯積」②〈たくわえ(たくはへ)〉③待つ。=佇

解字 形声。貝が形を表し、宁が音を示す。貝は財貨。宁には、物を区別して積む意味がある。貯は、おかねを積みたくわえることである。

名前 もる・おさむ

【貯粟】 穀物をたくわえる。たくわえてある穀物。

貝5 【貼】〔12〕 常 チョウ はる　チョウ(テフ)㊥ テン㊫ ㊅葉 tiē ティエ　J 3729 補 ― U 8CBC

筆順 ⺆ … 貼

意味 ①品物をあずけて金を借りる。②〈は・る〉はりつける。③〈つ・く〉㋐はりつく。㋑近づく。④おぎなう。⑤薬の包みを数えることば。⑥劇の役名。わきやく。

解字 形声。貝が形を表し、占が音を示す。貝は、財貨。貼は、品物をあずけて金を借りる。また、くっつく、くっつける意味を表し、この場合、帖とも書く。

【貼黄】 ①唐時代、詔勅を改めることをいう。②上にさしあげる文書の要点を記したもの。黄色の紙で文末につけた。

【貼秤】 はかりの目方をまける。

【貼地】 地にはりつく。腰を落ちつける。

【貼用】 はりつけて使う。

貝5 【買】〔12〕 学2 バイ かう　バイ㊥ マイ㊦ ㊤蟹 mǎi マイ　J 3967 補 ― U 8CB7

筆順 ⺆ … 買

意味 ①〈か・う(―・ふ)〉金銭を払って求める。②災いなどを招く。引きおこす。③やとう。④追い求める。⑤〈かい(かひ)〉かうこと。国〈か・う(―・ふ)〉①ねうちを認める。②引き受ける。

解字 会意。罒と貝とを合わせた字。罒はあみ。貝は財貨。買は、あみでおおうように、物を買いしめて、利益を得ることで、「かう」意味を表す。また、罒は、「ない」という意味があるから、ない物をおかねで求めて、あるようにすることであるとも、罒(网)の音バウは、貿と通じて、交易の意味があるから、買は、おかねとかえることであるともいう。

【買官】 金を出して、官職を得る。

【買収(收)】 国①金や品物を与えて、自分の味方に引き入れる。②買いとる。

【買春】 酒を買う。春は酒の別名。

【買辦】 一品物を買い入れるしごとをする者。買い出し方。二 mǎibàn 現もと、外国資本の店に使われて、売買の仲介をしたもの。

【買名】 名誉を求める。

【買売(賣)】 mǎimai 現商売。

◆売買・空買・購買

貝5 【費】〔12〕 学5 ヒ ついやす・ついえる　一 ヒ㊥㊦ 一㊤ 未 fèi フェイ　二 ヒ㊥㊦ 二㊤ 寘 bì ピー　J 4081 補 ― U 8CBB

筆順 一 … 費

意味 一 ①〈つい・やす(つひや・す)〉〈つい・える(つひ・ゆ)〉㋐お金や品物をむだづかいする。㋑むだごとをいう。②〈ついえ(つひえ)〉ものいり。むだづかい。費用。③輝くさま。④姓。二 地名。春秋時代、魯の国の邑。のちに県名。今の山東省費県西北。

解字 形声。貝が形を表し、弗が音を示す。貝は財産。弗には分散する意味がある。費は、財産を分散することで、ついやすの意味となる。一説に、弗は無と同じで、費は貨幣を手もとからなくすことであるという。音ヒは、弗の音フツの変化。

名前 もち　地名 費府

【費消】 金や時間を使いきる。

【費心】 心をつかう。心配する。

【費途】 金の使いみち。

【費目】 入用の金の細かい項目。

【費用】 一かかる金。二 fèiyòng 現一に同じ。

【費而隠(隱)】 はば広く役にたつが、本体はかくれて目だたない。〈中庸〉

◆入費・公費・冗費・出費・失費・会費・私費・消費・乱費・国費・実費・空費・官費・学費・食費・浪費・徒費・旅費・経費・給費・歳費・雑費・濫費・経常費・臨時費

貝5 【賁】〔12〕　一 ヒ㊥ 一㊤ 寘 bì ピー　二 フン㊥ 二㊥ 文 fén フェン　三 フン㊥ 三㊤ 問 fèn フェン　四 ホン㊥ 四㊥ 元 bēn ペン　J 7644 補 ― U 8CC1

意味 一 ①〈かざ・る〉②〈かざり〉美しいかざり。③色がまじる。④易の卦の名。二 大きい。三 ①怒る。いきどおる。=憤・忿 ②破れる。わき上がる。四 ①虎賁は、㋐官名。㋑勇ましい兵士。②賁育は、春秋時代、秦の武王の勇士、孟賁と夏育。

【賁来(來)】 おいで。ご出席。他人の訪問に対する敬語。

【賁臨】 おいで。ご出席。

貝5【貿】〔12〕学5 ボウ ボウ 漢 ム 呉 去 有 mào マオ U 8CBF 補 — J 4339

筆順 ⺈ 𠂉 ⺈⺈ 卯 貿 貿 貿 貿

意味 ①〈か・える(――・ふ)〉品物を交換する。②〈あきな・う(――・ふ)〉商売する。③かわる。④混乱する。⑤手に入れる。

解字 形声。貝が形を表し、卯が音を示す。貝は通貨。卯には、おかすという意味がある。貿は、むりにたからを交換することである。一説に、卯にはとりかえる意味があるから、貿は、おかねととりかえることであるともいう。

【貿易】一①外国と取り引きをする。②商売をする。③入れかわる。二 màoyì 現 一の①②に同じ。

【貿貿】①目が明らかでないさま。②頭をたれて、がっかりしたさま。【――焉】まっくらなさま。「天下貿貿焉」〈十八史略・宋〉

『貿首之讐』お互いに相手の首を得ようとするかたき同士。うらみの深い敵やかたきのこと。

貝5【貳】〔12〕旧 ↓弐(四四五ページ・中)

貝6【賅】〔13〕カイ 漢 平 灰 gāi カイ U 8CC5 補 6312 J —

意味〈た・りる(――・る)〉そなわる。たす。

貝6【𧵣】〔13〕ケイ 漢 呉 平 庚 xiōng ション U 27D63 補 — J —

貝9【賯】〔16〕同字 U 8CEF 補 6324 J —

意味 財物。

貝6【賈】〔13〕一 コ 漢 呉 一 上 麌 gǔ クー 二 カ 漢 二 去 禡 jià チア 三 カ 漢 三 上 馬 jiǎ チア U 8CC8 補 — J 7643

意味 一①〈あきんど〉商人。店で商売する人。「賈人」②〈あきな・う(――・ふ)〉店で商売をする。③〈か・う(――・ふ)〉㋐売る。㋑あざむいて売る。二〈あたい(あたひ)〉ねだん。ねうち。=価 三①今の山西省襄汾県にあった国の名。②姓。

【賈逵】人名。①後漢の儒学者。とくに「春秋左氏伝」学者として知られた。②三国、魏時代の政治家。

【賈誼】人名。前漢の文人。賈生・賈長沙とも呼ばれる。「新書」十巻を著す。

【賈至】人名。中唐の詩人。字は幼鄰。(七一八～七七二)

【賈島】人名。中唐の詩人。長江主簿になったので賈長江と呼ばれる。(七七九～八四三)

【賈客】商人。「賈客船随返照来」〈杜甫の詩・野老〉

【賈衒】店売りと行商。

【賈胡】外国人の商人。

【賈市】①市場。②商売。

【賈豎】いやしい商人。

【賈船】商売をする船。

【賈舶】「賈船」に同じ。

【賈利】①商売をして利益を得る。②商人が利をむさぼるように、高利をとりたてる。

貝6【資】〔13〕学5 シ U 8CC7 補 — J 2781

旧字 貝6【資】〔13〕シ 漢 呉 平 支 zī ツー U — 補 — J —

筆順 冫 冫 冫⺈ 次 资 资 资 資

意味 ①〈もと〉〈たから〉㋐財物やもとでの総称。㋑たくわえたもの。㋒よりどころ。「資格」②〈たす・ける(――・く)〉㋐もとでを与えて助ける。㋑与える。支給する。㋒役に立てる。③〈と・る〉取る。④〈たち〉もちまえ。うまれつき。「資質」⑤贈り物。⑥よる。たよる。⑦〈もち・いる(――・ふ)〉⑧売る。⑨はかる。問う。=咨 ⑩地位。⑪時。⑫するどい。⑬姓。

解字 形声。貝が形を表し、次が音を示す。貝は財貨。次には、積むという意味と、とりあえずという意味がある。資は、ストックしてある財貨であるとともに、必要なときに、とりあえずの用にあてるために借りる財産である。

名前 すけ・ただ・とし・やす・よし・より

【資廕】「資蔭」に同じ。

【資蔭】親や先祖のてがらのおかげで、官爵をもらう。

【資益】助けて、利益を得させる。

【資格】①身分・地位。②職業上持っていなければならない条件・地位。

【資給】供給する。金品を足してやる。

【資金】もとでとなる金。資本金。

【資源】一 鉱物・水力など、産業の原材料となるもの。「地下資源」二 zīyuán 現 一に同じ。

【資材】①材料。②たから。③生まれつきの素質。

【資財】①財産。たから。②生まれつきの素質。=資材

【資産】財産。土地・建物・物品など、すべてを含んだ財産。

【資次】順序次第。位階。

【資質】生まれつきの素質。

【資治通鑑】書名。二百九十四巻。宋の司馬光の著。政治を中心とした編年体の歴史書。【――綱目】書名。五十九巻。宋の朱熹撰。春秋の大義名分を表すことを目ざして、資治通鑑を綱と目とに分けて摘録した歴史書。

【資人】国 大宝令で、五位以上の身分のある人に、朝廷からたまわった召使。舎人など。

【資性】生まれつき。生まれつきの性質。天性。

【資稟】生まれつき。資性。

【資斧】財物と、おの。転じて、旅費。

【資弁(辯)捷疾】口がたっしゃですばやい。〈史記・殷本紀〉

【資望】身分・家がらと世間の評判。

【資本】もとで。もうけるもとになる金。【――家】もとでの金を出して、人に貸したり、事業をする人。【――論】書名。ドイツのマルクス著。資本主義経済のしくみを分析したもの。

【資用】①もとでの使い方。②入用な金品。

【資料】一 材料。原料。二 zīliào 現 一に同じ。

【資糧】食料。もとでと食物。

【資力】①もとになる力。原動力。②資本。③資本を出す能力。

◆天資・外資・出資・合資・投資・労資・学資・物資・軍資

貝6【賊】〔13〕常 ゾク U 8CCA 補 — J 3417

旧字 貝6【賊】〔13〕ソク 漢 ゾク 呉 入 職 zéi ツェイ U — 補 — J —

筆順 冂 月 目 貝 貝一 貝𠂇 貝弋 賊

貝4【戝】〔11〕俗字 U 621D 補 7635 J —

意味 ①〈そこな・う(――・ふ)〉㋐いためる。やぶる。㋑殺す。㋒害をあたえる。おびやかす。②社会に害をあたえ

る人。㋐どろぼう。強盗。㋑刺客。㋒謀反むほんを起こす人。㊁敵。③にくいものを広くいう。「賊気ぞくき」④植物の苗を食う害虫。

解字 形声。則と戈とを合わせた字。戈が形を表し、則そくが音を示す。戈はほこ・武器である。則には傷つける意味がある。賊は、ほこできずつけることで、そこなう意味になる。

【賊魁】ぞくかい(くゎい) 賊のかしら。
【賊害】ぞくがい 人をきずつける。損害を与える。
【賊虐】ぞくぎゃく そこない苦しめる。殺したりいじめたりする。
【賊軍】ぞくぐん 天子にそむく軍隊。政府に反抗する軍。↔官軍
【賊子】ぞくし 親に害を与える不孝な子。「乱臣賊子」
【賊情】ぞくじょう(じゃう) 賊のようす。
【賊心】ぞくしん 人をそこなおうとする心。むほんしようと考える心。
【賊贓】ぞくぞう(ざう)・ぞくそう(さう) 盗んだ品物。
【賊徒】ぞくと 賊のなかま。反乱軍の一味。
【賊盗】ぞくとう(たう) ぬすびと。盗賊。
【賊氛】ぞくふん 賊の勢い。
【賊民】ぞくみん 人に害を与える民。
【賊名】ぞくめい 賊であるという名。むほん人と呼ばれること。
【賊塁(壘)】ぞくるい 賊軍の陣地。賊のこもっている根拠地。
【賊出関(關)レ門】ぞくいでてもんをとざす 賊が逃げてから門にかぎをかける。あとのまつり。
【認レ賊為(爲)レ子】ぞくをみとめてことなす ㊣賊を子と思う。まちがったものを見て真実と思う。〈楞厳経りょうごんきょう〉
【認レ賊為(爲)レ父】ぞくをみとめてちちとなす 賊を父のように大切にする。かたきのためにせわをやく。
◆山賊さんぞく・女賊じょぞく・凶賊きょうぞく・木賊とくさ・国賊こくぞく・海賊かいぞく・逆賊ぎゃくぞく・馬賊ばぞく・匪賊ひぞく・残賊ざんぞく・盗賊とうぞく

貝6【賃】〔13〕学6 チン　ジン(ヂン)漢 ニン呉 チン慣 ㊄沁 lìn リン J3634 U8CC3

筆順 亻 仁 仟 任 佸 侕 賃 賃

意味 ①〈やと・う(――・ふ)〉金を与えて召し使う。②かりる。借用する。③給金。賃金。国〈ちん〉代価。報酬。損料。

解字 形声。貝が形を表し、任じんが音を示す。貝は貨幣。任には、まかせる、になう、という意味がある。賃は人をやとって賃金を与えて仕事をさせることである。

名前 かね・とう
【賃金】ちんきん・ちんぎん ①物を借りた人が払う金。②賃銀。
【賃銀】ちんぎん 労働者が働いて受けとる金。賃銭。
【賃作】ちんさく 賃銀をうけて働く。
【賃借】ちんしゃく・ちんがり 国金を払って物を借りる。
【賃舂】ちんしょう 人に雇われて米をつく。
【賃銭(錢)】ちんせん 雇い人・使用人に払う報酬の金。
【賃貸】ちんたい・ちんがし 国金をとって、品物を貸す。
【賃房】ちんぼう(ばう) 貸家。
◆工賃こうちん・手間賃てまちん・車賃くるまちん・電車賃でんしゃちん・店賃たなちん・借賃かりちん・家賃やちん・船賃ふなちん・運賃うんちん・駄賃だちん

貝6【賂】〔13〕常 ロ　ロ漢 ㊄遇 lù ルー J4708 U8CC2

筆順 冂 目 貝 貝' 貝夂 賂 賂 賂

意味 ①〈まいな・う(まひな・ふ)〉㋐贈り物をする。㋑物を贈ってひそかにたのみこむ。②〈まいない(まひなひ)〉㋐贈り物。㋑わいろ。③財貨。たから。

解字 形声。貝が形を表し、各かくが音を示す。貝は、貨幣、品物の意。各は、路に通じて用いられ、行き来する意味を示す。賂は、品物が路を通るようにこちらから相手に行くことから、さらに、品物をおくって頼みごとをする意味になった。

【賂遺】ろい(ゐ) わいろを贈ること。また、その金品。
◆賄賂わいろ・賕賂きゅうろ

貝6【賄】〔13〕常 ワイ まかなう　カイ(クヮイ)漢 ワイ慣 ㊤賄 huì ホイ J4737 U8CC4

筆順 冂 目 貝 貝 貝ナ 賄 賄 賄

意味 ①〈たから〉布などの財物。②〈まいな・う(まひな・ふ)〉㋐物を贈る。㋑物を贈ってひそかにたのみこむ。③〈まいない(まひなひ)〉㋐贈り物。㋑たのみごとをするために贈る不正な金品。国①〈まかない(まかなひ)〉食事のせわ。②〈まかな・う(――・ふ)〉㋐食事のせわをする。㋑まにあわす。きりもりする。

解字 形声。貝が形を表し、有ゆうが音を示す。貝はたから。有には、持つという意味がある。賄は持っているたからである。金や玉を貨というのに対し、布類を賄という。また、有は侑と同じく、おしつける意味を含むから、賄は、貨幣を人に贈ることであるともいう。音クヮイは、有の音イウの変化。

難読 賄賂まいない
【賄賂】わいろ 不正な贈り物。不正な利益を得るために贈る金品。【――公行】わいろこうこう(かう) おおっぴらにわいろが使われる。
◆収賄しゅうわい・贈賄ぞうわい

貝6【賅】〔13〕同→晐(八五八ページ・下)
貝6【䘏】〔13〕同→恤(四八〇ページ・下)
貝6【賎】〔13〕俗→賤(一一九三ページ・中)
貝6【賍】〔13〕俗→贓(一一九七ページ・上)
貝6【賆】〔13〕俗→賆(一一九四ページ・中)

貝7【賏】〔14〕エイ漢 ㊥庚 yīng イン 補6316 U8CCF
意味 貝で作った首飾り。

貝7【賕】〔14〕キュウ(キウ)漢 ㊥尤 qiú チウ J②8913 補6318 U8CD5
意味 ①〈まいない(まひなひ)〉わいろのお金や物。「賕賂きゅうろ」②〈まいな・う(まひな・ふ)〉わいろを贈る。

貝7【賒】〔14〕シャ漢 ㊥麻 shē ショー U8CD2
意味 ①〈おきの・る〉かけで買う、また、売る。②遠い。はるか。「賒遥しゃよう」③多い。④ゆったり。
貝7【賖】〔14〕本字 J②8912 補6317 U8CD6

貝7【賑】〔14〕人 標 シン漢 ㊄震 zhèn チェン J3888 U8CD1
意味 ①〈にぎわい(にぎはひ)〉ゆたかなようす。お金や物がたくさんある。②〈にぎわ・す(にぎは・す)〉㋐お金や物でゆたかにする。㋑助ける。救済する。国〈にぎわ・う(にぎは・ふ)〉〈にぎやか〉人が集まって活気がある。
名前 とみ・とも
【賑救】しんきゅう(きう) 困っている者にほどこして救う。
【賑給】しんきゅう(きふ) 金品を与えて生活をうるおしてやる。
【賑窮】しんきゅう(きう) 貧民にめぐむ。
【賑恤】しんじゅつ 困っている者をあわれんで恵む。
【賑贍】しんせん 金品を与えて生活の足しにさせる。

貝7【賓】〔14〕旧→賓(一一九三ページ・下)
貝7【賔】〔14〕俗→賓(一一九三ページ・下)
貝7〖實〗→宀部十一画(三六六ページ・上)
貝7〖賦〗→貝部八画(一一九四ページ・中)

7画
見角言谷豆豕豸貝赤走足(⻊)身車辛辰辵(⻌・⻍)邑(⻏〈右〉)酉釆里

貝8【賣】〔15〕イク 漢 入 屋 呉 yù ユィ J ②8915 補 — U 27DA0

意味 ①〈う・る〉声をあげて売ってまわる。②ひけらかす。得意になる。

参考「賣」(売の旧字体)は別字。

貝8【賡】〔15〕コウ 漢 平 庚 (カウ) gēng コン J ①9225 補 6321 U 8CE1

意味 ①〈つ・ぐ〉つづける。②つぐなう。

【賡歌】こうか(かう) 人の歌った詩歌に、続けて歌う。〈書経・益稷〉

【賡酬】こうしゅう(かう)(しう) 他人と詩歌をやりとりする。

貝8【賛】〔15〕学5 サン J 2731 補 — U 8CDB

旧字 貝12【贊】〔19〕サン 漢 去 翰 呉 zàn ツァン J 7653 補 — U 8D0A

筆順 一 二 扌 夫 夫夫 㚘 替 賛

意味 ①〈たす・ける(――・く)〉てつだう。「賛助」②〈ほ・める(―・む)〉ほめたたえる。③明らかにする。④みちびく。⑤すすめる。⑥告げる。⑦同意する。⑧加える。⑨文体の名。ほめことば。伝記や文章の後につけ加える評論。＝讃 ⑩姓。

解字 贊 会意。兟と貝を合わせた字。兟は、足先を二つそろえていることで、進む意味がある。貝は財貨。贊は、貴人に面会するとき、紹介者のたすけをかり、手みやげをそろえて行くことで、面会する、たすけるという意味になる。

名前 じ・すけ・よし・あきら

参考 新表記では「讃」の書きかえに用いる。

【賛(「讃」)仰】さんぎょう(ぎゃう)｜さんごう(がう) 徳をあおぎたっとぶ。

【賛(「讃」)辞(「辭」)】さんじ ほめることば。

【賛(「讃」)称(「稱」)】さんしょう ほめたたえる。称賛。

【賛襄】さんじょう(じゃう) 助力して、なしとげさせる。

【賛成】さんせい 一 人と同じ意見を持って、助けて成り立たせる。二 ツァンチョン zànchéng 現 一に同じ。

【賛(「讃」)嘆(「歎」)】さんたん 感心してほめる。嘆賞。

【賛(「讃」)談】さんだん 仏 仏の徳などをたたえる話。

【賛同】さんどう 賛成する。人と同じ意見を持って助ける。

【賛(「讃」)美】さんび ほめたたえる。ほめそやす。【――歌】さんびか キリスト教で、神やキリストをたたえる歌。

【賛翼】さんよく 支持して助ける。翼賛。

◆協賛・称賛・絶賛・賞賛・翼賛・自画自賛

貝8【賜】〔15〕常 シ たまわる シ 漢 呉 去 寘 cì ツー J 2782 補 — U 8CDC

筆順 冂 目 貝 貝⁻ 貝⁼ 貝⁼ 賜 賜

意味 ①〈たま・う(――・ふ)〉〈たまわ・る(たまは・る)〉㋐与える。くだされる。㋑めぐむ。㋒広く敬意を表す語。「賜教」②〈たまもの〉㋐くだされもの。㋑恩恵。③〈たまわり(たまはり)〉〈とうばり(たうばり)〉いただくこと。④つきる。きわまる。⑤姓。

解字 賜 形声。貝が形を表し、易が音を示す。貝は財貨。易には、とりかえる意味とともに、施と同じ音で、ほどこす意味がある。賜は、身分の上の者から下の者に財貨を与える、めぐむ意味である。音シは、易の音イの変化。

名前 たま・ます

【賜宴】しえん 天子が臣下に宴会をもよおしてやる。また、その宴会。

【賜暇】しか 休暇をいただく。また、その休暇。

【賜金】しきん お金をくださる。たまわったお金。

【賜諡】しし 君主から、死後のおくり名をくだされる。また、その名。

【賜姓】しせい ①天子が臣下に姓をくださる。②国 皇族が姓をたまわって臣下になる。また、その姓。

【賜田】しでん 天子からたまわった田地。

【賜杯】しはい ①臣下にさかずきをたまわる。②国 天皇や皇族から、競技の優勝者にくださるカップ。

【賜予】しよ ①たまわる。②くだされ物。

【賜賚】しらい お上から、金品をいただく。また、そのたまわりもの。

◆下賜・恩賜

貝8【質】〔15〕学5 シツ・シチ・チ J 2833 補 — U 8CEA

一 シツ 漢 シチ 呉 入 質 zhì チー

二 チ 漢 去 寘 zhì チー

三 シ 漢 去 寘 zhì チー

筆順 ノ 𠂆 斤 斦 斦 晳 質 質

人15【價】〔17〕同字 J 1859 補 — U 5128

貝4【貭】〔11〕俗字 J 7636 補 — U 8CAD

意味 一 ①相手に人や物をさしだしてうらぎらないことを保証する。②〈しち〉相手に保証するためにさしだす人や物。③約束する。④まこと。信実。⑤〈しつ〉㋐性質。㋑うまれつき。「天質」㋒本体。根本。⑥下地。「白質」⑦かざりけがない。じみ。↕文 ⑧本質。内容。⑨てがた。「質剤」⑩〈ただ・す〉㋐問いただす。㋑たしかめる。㋒判断する。⑪弓の的。⑫首切りのあて木。＝鑕 ⑬姓。二 ①〈しち〉品物をあずけて金を借りる。②ひとじち。みがわり。三〈にえ(にへ)〉君主や先生にさし出す礼物。手みやげ。

解字 質 会意。所と貝とを合わせた字。所は、まさかりを二つ並べた形で、大きなものを二つに分けること。貝は通貨。質は、取り引きの証拠に使う大きなわりふ(手形)である。小さいわりふを剤という。相当する品物を出して、財貨と交換することをいう。

名前 み・かた・さだ・ただ・もと・ただし

【質義】しつぎ 意味を質問する。

【質疑】しつぎ うたがいを問いただす。疑問をたずね、またそれに答える。【――応(應)答】しつぎおうとう(たふ)

【質剤(劑)】しつざい 取り引きに用いる手形証券。契約書。

【質実(實)】しつじつ まじめで飾りけがない。【――剛健】しつじつごうけん(がう) 飾りけなくまじめで、心が強くしっかりしていること。

【質性】しっせい 性質。生まれつきの気だて。

【質責】しっせき まちがいをとがめて、正しくする。

【質素】しっそ じみで、飾らない。ぜいたくでない。

【質直】しっちょく しょうじきで、飾りけがない。

【質的】してき ①弓の的。射的。②国 質に関するようす。「質の上の。」↕量的

【質点(點)】してん 理 力学上、物体の運動を計算するときに、基準として質量を仮定する点。

【質訥】しつとつ 口数が少なく、飾らない。

【質朴】しつぼく すなおで飾りけがない。

【質樸】しつぼく 「質朴」に同じ。

【質明】しつめい 夜明けがた。

【質料】しつりょう(れう) 哲 実質。形式に対し、内容になる材料。

【質量】しつりょう(りゃう) 一 ①理 物体の実質の分量。重力による重さと関係なく、その物自身の分量をいう。②内容と分量。二 チーリアン zhìliàng 現 品質。質的内容。

【質子】ちし ひとじち。ひとじちにさし出す子。

〖委レ質〗ちをいす(ゐす)｜しちをいす(ゐす) ①初めて官職について士になるものが、あいさつとして君主の前に品物を置くこと。品物は、死んだ雉を用いる。〈左伝・僖公二十三〉②官吏になる。③身をまかせる。臣下となる。官吏になることを求める。

【納レ質】人じちをさし出す。

◇人質・才質・文質・本質・気質・地質・体質・性質・物質・実質・品質・素質・核質・悪質・硬質・資質・昔気質・神経質・蛋白質

貝8 【賙】〔15〕シュウ 漢 平 尤 (シウ) zhōu チョウ　U補J ②8914 U8CD9 6319

意味 〈た・す〉〈にぎわ・す(にぎは・す)〉〈すく・う(――・ふ)〉足してやる。与える。「賙済」

貝8 【賞】〔15〕学5 ショウ　ショウ(シャウ) 漢 呉 上 養 shǎng シャン　U補J 3062 U8CDE

筆順 ⺌ 𫩏 尚 尚 常 當 賞

意味 ①〈め・でる(――・づ)〉㋐功績にみあった地位や贈り物をする。㋑心からたのしむ。②〈ほ・める(――・む)〉㋐ほめたたえる。㋑美点を認める。③贈り物。ほうび。④たっとぶ。＝尚 ⑤姓。

解字 形声。貝が形を表し、尚しゃうが音を示す。貝は財貨。尚には、たっとぶ、上に加えるという意味がある。賞は功労のあった人の上に、その功労をたっとんで、財貨を加えることである。尚を當と同様に見て、功労に相当する財貨をたまうことであるともいえる。

名前 さか・よし・たかし

【賞格】しょう(しゃう)かく ①ほうびを授けるきまり。②懸賞。

【賞鑑】しょう(しゃう)かん 書画などを見定めて、味わい楽しむ。

【賞玩】しょう(しゃう)がん(ぐわん) ほめて味わい楽しむ。

【賞金】しょう(しゃう)きん ほめて与えるお金。

【賞賛(贊・「讃」)】しょう(しゃう)さん ほめたたえる。

【賞詞】しょう(しゃう)し 良いことをほめることば。

【賞賜】しょう(しゃう)し ほめて、金品や官位をくだされる。

【賞状(狀)】しょう(しゃう)じょう(じゃう) 国良いことをほめた書きつけ。

【賞心】しょう(しゃう)しん 景色を愛する風流な心。

【賞嘆(「歎」)】しょう(しゃう)たん 感心してほめそやす。

【賞典】しょう(しゃう)てん ①賞品。②賞品を与える制度。

【賞杯】しょう(しゃう)はい 賞として与えるさかずき。カップ。

【賞牌】しょう(しゃう)はい 賞のメダル。

【賞罰】しょう(しゃう)ばつ ほめることと罰すること。

【賞美】しょう(しゃう)び 良い物事をほめたたえる。＝称美
【賞品】しょう(しゃう)ひん ほめて与える品物。

【賞味】しょう(しゃう)み ほめながら味わう。食べて味をほめる。

【賞与(與)】しょう(しゃう)よ ①ほうび。ほうびに金品を与える。②国ボーナス。

【賞揚】しょう(しゃう)よう(やう) ほめそやす。

◇行賞・受賞・恩賞・授賞・嘆賞・褒賞・激賞・観賞・懸賞・鑑賞

貝8 【賙】〔15〕 一セイ 漢 去 敬 jìng チン　二セイ 漢 平 庚 qíng チン　U補J

意味 一〈たま・う(――・ふ)〉物を与える。二〈たまわ・る(たまは・る)〉いただき物を受け取る。

貝8 【賥】〔15〕俗字　U補J 477C

貝8 【賤】〔15〕標 セン 漢 ゼン 呉 去 霰 jiàn チエン　U補J 7645 U8CE4

貝6 【賎】〔13〕俗字　U補J 3308 U8CCE

意味 ①〈いやし・い(いや・し)〉㋐身分や地位が低い。㋑ねだんが安い。㋒わたくし。身分をへりくだっていうときに使う。②〈いやし・める(――・む)〉㋐さげすむ。けいべつする。㋑にくむ。㋒みすてる。③〈しず(しづ)〉身分や地位が低いこと、また、そうした人。④姓。

地名 賤機山・賤ケ岳

【賤機】しず(しづ)はた 国①あやぬのを織る機。②美しいもようのある布。あやぬの。倭文。
【賤役】せんえき いやしいしごと。また、それをする人。
【賤悪(惡)】せんお(を) けいべつしてにくむ。
【賤価(價)】せんか 安いねだん。ねだんを安くする。
【賤技】せんぎ いやしい技術。自分の技芸をけんそんしていうことば。＝賤伎
【賤業】せんぎょう(げふ) いやしい職業。【――婦】せんぎょう(げふ)ふ 売春婦。
【賤軀】せんく いやしい身。自分をけんそんしていうことば。
【賤工】せんこう ①いやしい職人。②へたな細工師。
【賤子】せんし 自分のことをへりくだっていうことば。わたくし。
【賤儒】せんじゅ くだらない学者。いやしい儒者。
【賤妾】せんしょう(せふ) ①いやしい召使の女。②妻が夫に対し、へりくだっていうことば。わらわ。
【賤場師】せんじょう(ぢゃう)し つまらない植木屋。卑しい庭師。〈孟子・告子上〉
【賤丈夫】せんじょう(ぢゃう)ふ 心のいやしい男。〈孟子・公孫丑下〉
【賤臣】せんしん ①身分の低い家来。②家来がへりくだっていうことば。
【賤人】せんじん 身分のいやしい人。
【賤微】せんび 身分が低く、目だたない。
【賤侮】せんぶ けいべつする。
【賤俘】せんぶ いやしいとりこ。
【賤民】せんみん ①身分の低い民。奴隷や召使。②国上古の最下層の人々。
【賤吏】せんり 身分の低い役人。下役人。
【賤隷】せんれい いやしい召使。
【賤劣】せんれつ いやしく、人格や才能が低い。
【賤陋】せんろう ①いやしい。②人格や才能がおとる。

◇下賤・山賤・卑賤・貧賤・貴賤・微賤

貝8 【賨】〔15〕ソウ 漢 平 冬 cóng ツォン　U補J 6322 U8CE8

意味 四川・湖南の少数民族からのみつぎもの。また、その地の少数民族。

【賨叟】そうそう 四川・湖南の少数民族の兵士。
【賨布】そうふ 四川・湖南の少数民族から税として納める布。「漢女輸二賨布一」〈王維の詩・送二東川李使君一〉

貝8 【賬】〔15〕チョウ 漢 呉 去 漾 zhàng チャン (チャウ)　U補J 6323 U8CEC

意味 金銭の出入りの記録。出納帳。＝帳

貝8 【賝】〔15〕チン 漢 平 侵 chēn チェン　U補J 6320 U8CDD

意味 ①珍しい宝物。献上された財宝。＝琛 ②宝物の色。

貝8 【賠】〔15〕常 バイ　ハイ 漢 バイ 呉 平 灰 péi ペイ　U補J 3969 U8CE0

筆順 冂 目 貝 貝亠 貝立 貝咅 賠

意味 〈つぐな・う(――・ふ)〉お金や物の損失をうめる。

解字 形声。貝が形を表し、音はいが音を示す。貝は通貨。音には、そむく、反するという意味がある。賠は、金をもどすことで、かえす、つぐなうの意味になる。また、音は二つにすることで、賠は、損失をした分の金を、もう一つぶん埋め合わせることともいう。

【賠償】ばいしょう(しゃう) 他人に与えた損害をつぐなう。弁償する。

貝8 【賓】〔15〕常 ヒン　一ヒン 漢 呉 一 平 真 bīn ピン　二ヒン 漢 呉 二 去 震 bìn ピン　U補J 4148 U8CD3

旧字 貝7 【賓】〔14〕人　U補J ①9224 UFA64

7画 見角言谷豆豕豸貝赤走足(⻊)身車辛辰辵(⻌・⻍)邑(⻏〈右〉)酉釆里

筆順 宀 宀 宀 宀 宊 宲 賓 賓

貝7【賔】〔14〕俗字 U補8CD4

意味 一①〈まろうど〉（まらうど）〈まらひと〉〈まれびと〉身分の高い客。また、客。②客としてあつかう。③うやまう。④みちびく。⑤したがう。服従する。「賓服（ひんぷく）」⑥したがえる。⑦かなう。やわらぐ。⑧姓。二しりぞける。＝擯（ひん）。

解字 形声。貝が形を表し、宀（べん）が音を示す。貝はたからで、大切なもの。宀には家の中でもてなす意味がある。賓は、大切な方として、接待を受ける客をいう。

名前 うら・つら 難読 賓頭盧（びんずる）

【賓位】（ひんい（ゐ））客のつくべき座席。

【賓延】（ひんえん）客としてまねき、ていねいにもてなす。

【賓筵】（ひんえん）客をもてなす宴会の席。

【賓客】（ひんかく｜ひんきゃく）①だいじな客。②食客。③皇太子を指導する官。

【賓館】（ひんかん（くゎん））一客が宿泊するたてもの。二（ビンコワン） bīnguǎn 現（高級な）ホテル。

【賓貢】（ひんこう）外国人が、みつぎ物を持って来朝する。

【賓師】（ひんし）客分。諸侯から、先生として扱われる、最高の客。〈孟子・公孫丑〉

【賓次】（ひんじ）客を接待するところ。次は、宿舎。また、ところ。場所の意。

【賓辞（辭）】（ひんじ）①哲述語。一つの命題の中で、主辞の属性を示すことば。「AはBである」の場合、「Bである」をいう。②文の成文の一つ。目的語。客語。

【賓主】（ひんしゅ）客と主人。主客。【――歴（歷）然】（ひんしゅれきぜん）客の立場と主人の立場をはっきり区別して、互いにおかさない。

【賓従（從）】（ひんじゅう）①心から服従する。②つき従う客人。

【賓頭盧】（びんずる）仏十六羅漢の一つ。仏に近い徳を積んだ僧の名。おびんずる。

【賓待】（ひんたい）客としてもてなす。客の待遇をする。

【賓服】（ひんぷく）服従して、あいさつに来る。

【賓友】（ひんゆう（いう））客と友人。

【賓僚】（ひんりょう（れう））官吏試験に合格していないが、地方官の顧問の形で私的に採用されている者。賓寮。幕友。「賓僚之選者（選者は正規に官吏に採用された者。）」〈離魂記〉

【賓礼（禮）】（ひんれい）①客をもてなす儀式。②客としてもてなす。

『如レ賓之敬』（ひんのごときのけい）夫婦が互いに尊敬し合って、仲のよいこと。〈左伝・僖公三十三〉

◇▼主賓（しゅひん）・来賓（らいひん）・国賓（こくひん）・貴賓（きひん）

貝8【賦】〔15〕常 フ フ 漢 去 遇 fù フー U補8CE6 J4174

筆順 冂 目 貝 貝⁻ 貝⁼ 貝⁼ 賦 賦

意味 ①田地の税を取りたてる。㋐田地にかかる税。㋑ぶやく。人足税。役所が人を働かせたり、兵役につかせること。③兵士。④〈わか・つ〉わける。与える。⑤生まれついてさずかっている資質。「天賦（てんぷ）」「稟賦（ひんぷ）」⑥「詩経（しきょう）」の六義（りくぎ）の一つ。心に感じたままをうたった詩の体裁。⑦詩を作る。⑧文体の名。ありのままを述べ、とおまわしにいさめる文学で、「楚辞（そじ）」から始まり、漢代に全盛をきわめた韻文の一種。

解字 形声。貝が形を表し、武（ぶ）が音を示す。貝は財貨。武は、分かつという意味を含む。賦は、財貨を分けることで、おかねを割り当てて与えること、割り当てて取ることをいう。また、武はむりに探る意味があるから、賦は、とぼしい財貨をむりに探り求めることでもあるという。武には、しきのべる意味もある。詩の賦は、心をのべる意味である。

【賦役】（ふえき）国税をいう。賦は、金や穀物を納める。地税。役は、労働力を提供する。夫役（ふえき｜ぶやく）。

【賦課】（ふか（くゎ））①租税をわりあてる。②税として納める金や穀物。

【賦性】（ふせい）生まれつき。天性。

【賦税】（ふぜい）「賦租（ふそ）」に同じ。

【賦租】（ふそ）租税。ねんぐ。

【賦入】（ふにゅう（にふ））税金の取り立て。税の収入。

【賦命】（ふめい）生まれつき。天からさずかった運命。

【賦与（與）】（ふよ）分けて与える。わりあててさずける。

【賦予】（ふよ）①わりあてて与える。②生まれつき。運命。

【賦斂】（ふれん）租税をわりあてて取り立てる。

◇▼天賦（てんぷ）・月賦（げっぷ）・詩賦（しふ）・辞賦（じふ）

貝8【賆】〔15〕ヘン 漢 平 先 ベン 呉 pián ピエン U補J

貝6【貶】〔13〕俗字 U補8CC6 J6313

意味 ふえる。ます。

貝8【賚】〔15〕ライ 漢 去 隊 lài ライ U補8CDA J7647

貝8【賫】〔15〕同字 U補27D9B J

意味 ①〈たまもの〉くだされもの。「賚賜（らいし）」「賚錫（らいせき）」②〈たま・う（――・ふ）〉㋐たまわる。くださる。㋑与える。

【賚予】（らいよ）品物をくだし与える。

貝8【賭】〔15〕同 ↓賭（一一九五ページ・中）

貝8【賣】〔15〕旧 ↓売（三〇六ページ・下）

貝8【賢】（本ページ・下）↓貝部九画

貝9【賱】〔16〕ウン 漢 上 吻 yǔn ユン U補8CF1 J②8917

意味 賱賰（うんしゅん）は、豊かである。

貝9【賢】〔16〕常 ケン ケン 漢 ゲン 呉 平 先 xián シエン かしこい U補8CE2 J2413

筆順 丨 厂 臣 臣 臤 臤 賢 賢

貝14【贒】〔21〕同字 U補8D12 J6335 ①9230

意味 ①〈かしこ・い（――・し）〉〈さかし・い（さか・し）〉㋐人物がすぐれている。㋑才能と徳行をそなえている。㋒聖人につぐ徳がある。②かしこい人。③〈まさ・る〉すぐれている。多い。④たっとぶ。賢人として尊敬する。⑤ほねおる。⑥他人を尊敬していうことば。目上には尊字を用い、同輩・目下に賢字を用いる。「賢弟（けんてい）」⑦〈さかしら〉りこうぶる。⑧普賢（ふげん）は、菩薩（ぼさつ）の名。⑨どぶろく。濁酒。⑩姓。

解字 形声。貝が形を表し、臤（けん）が音を示す。貝は財産。臤には、堅と同じく、しっかりと充実している意味がある。賢は、財産が充実していることで、一般に「多い」という意味になる。

名前 かた・かつ・さか・さと・たか・ただ・とし・のり・まさ・ます・やす・よし・より・さとし・さとる・すぐる・ただし

参考 臣を六画に数えて、貝部八画とする場合もある。

【賢姱】（けんか（くゎ））人物がすぐれていてしかも美しい。才色兼備。

【賢君】（けんくん）すぐれた君主。

【賢兄】（けんけい）①かしこい兄。②国友人などに対して使う敬称。

【賢契】（けんけい）年下の友人への敬称。

【賢佐】（けんさ）すぐれた補佐の臣。

【賢才】（けんさい）才知のある人。学問・人格のすぐれた人。

【賢宰相】（けんさいしょう（しゃう））すぐれた首相。

【賢士】（けんし）すぐれた人物。すぐれた官吏。

【賢邪】（けんじゃ）りっぱな人と悪い人。

【賢者】（けんじゃ）すぐれた人物。かしこい人。

【賢主】（けんしゅ）すぐれた君主。

7画 見角言谷豆豕豸貝赤走足(⻊)身車辛辰辵(⻌・⻌)邑(⻏〈右〉)酉釆里

【賢俊】けんしゅん 人より抜け出てすぐれた人物。
【賢所】けんしょ/かしこどころ 国①宮中で、天照大神あまてらすおおみかみの御霊代みたましろとして神鏡をおまつりしてある所。②八咫鏡やたのかがみ。三種の神器の一つ。
【賢相】けんしょう(しやう) すぐれた大臣。
【賢臣】けんしん すぐれた家来。りっぱな家臣。
【賢人】けんじん すぐれた人。聖人のつぎに徳の高い人。
【賢聖】けんせい ①人格や才能のすぐれている人。②賢人と聖人。
【―障子】けんじょう(じやう)のそう(さう)じ 国紫宸殿ししんでんにある、中国の聖賢三十二人を描いたついたて。
【賢達】けんたつ 世間の事情に通じ、人物がすぐれている。
【賢知(「智」)】けんち 頭がよい。りこうな人。
【賢哲】けんてつ ①才知のある人。②人物がすぐれ、道理をよく知っている人。
【賢能】けんのう 人物がすぐれ、才能がある人。
【賢婦】けんぷ すぐれた婦人。
【賢不肖】けんふしょう(せう) すぐれた人物と、人格のおとった人。
【賢夫人】けんぷじん すぐれた妻。しっかりした妻。
【賢母】けんぼ かしこい母。母としてすぐれている人。
【賢輔】けんぽ すぐれた大臣。賢相。
【賢明】けんめい 人物がすぐれ、物の道理がよくわかる。
【賢友】けんゆう(いう) すぐれた友人。
【賢慮】けんりょ ①かしこい考え。②他人の考えの敬称。お考え。
【賢良】けんりょう(りやう) ①人物がすぐれ、心が善良。②漢以後の官吏採用試験の一科目。賢良方正。
【賢路】けんろ すぐれた人物が、出世して行くみち。すぐれた人物の出世コース。
【賢労(勞)】けんろう(らう) ①しごとが多くて苦労する。②才能がすぐれているために、便利がられてかえって苦労する。
【賢郎】けんろう(らう) 他人のむすこをいう敬称。
『行ㇾ賢而去ㇾ自賢之行ㇾ』けんをおこなひてみずから(みづから)けんとするのおこない(おこなひ)をさる りっぱな行動をしながら、自分がりっぱであると意識して行動しない。〈荘子そうじ・山木さんぼく〉
『賢ㇾ賢易ㇾ色』けんをけんとしていろにかう(かふ) ①賢人を賢人として尊び、女色を好む心と入れかえる。②夫婦の間は、顔かたちよりも人がらを尊ぶべきである。③「易ㇾ色」を、「いろをかろんず」と読み、賢人を尊び、女色を軽んじる。④「易ㇾ色」を「いろをかう」と読み、顔色を正しくして賢者を礼する。〈論語・学而がくじ〉
▽大賢たいけん・先賢せんけん・前賢ぜんけん・群賢ぐんけん・聖賢せいけん・諸賢しょけん・遺賢いけん・竹林七賢ちくりんのしちけん

貝9【賰】〔16〕 シュン 漢 上 軫 chǔn チュン　U補J ②8916 8CF0
意味 厚い。富んでいる。「賱賰うんしゅん」

貝9【賮】〔16〕 シン 漢 去 震 ジン 慣 jìn チン　U補J 8CEE
意味 ①おくりもの。せんべつ。②みつぎの品。

貝9【賭】〔16〕 常 ト かける　ト 漢 上 麌 dǔ トゥー　U補J 3750 8CED
筆順 目 貝 貝 貝 貝 貝 賭 賭 賭
貝8【賭】〔15〕 字 同　U補J
意味 ①〈かけ〉ばくち。「賭博とばく」②〈か・ける(―・く)〉㋐勝負に金品をかける。㋑勝負をあらそう。
解字 形声。貝が形を表し、者しゃが音を示す。貝は、財貨。賭は、ばくち。勝負に金品をかける意。賭と同じ音の字として、覩(みる)、堵(かきね)などがある。
【賭弓】ときゅう(きう)/のりゆみ 国①品物を賭かけて弓を射る。②正月十八日、宮中で行われた行事。弓の競争。
【賭射】とや/とせき 品物を懸賞にして弓を射る競技。
【賭書】としょ 書道のじょうず・へたを競う。
【賭場】とば 国ばくちをする所。

貝9【賲】〔16〕 ホウ 漢 上 晧 bǎo パオ　U補J 6326 8CF2
意味 ①もつ。たもつ。②物を交換して売る人。③穀物をたくわえておく蔵。

貝9【賵】〔16〕 フウ 漢 ボウ(バウ) 慣 去 送 fèng フォン　U補J 6327 8CF5
意味 〈おく・る〉死者のとむらいに車や馬の贈り物をする。とむらいに贈る車や馬。
【賵襚】ぼう(ばう)すい とむらいの贈り物。賵は車や馬を、襚は衣類を贈る。

貝9【𧶠】〔16〕 本→貴(一一八八ジ・上)

貝9【賴】〔16〕 旧→頼(一三七六ジ・下)

貝9【賯】〔16〕 同→䝭(一一九〇ジ・上)

貝10【購】〔17〕 常 コウ　U補J 2556 8CFC

旧字 貝10【購】〔17〕 コウ 漢 去 宥 gòu コウ　U補J
筆順 目 貝 貝 貝 貝 貝 購 購 購
意味 ①〈あがな・う(――・ふ)〉㋐買い求める。㋑代価を払う。㋒賞金を出して求める。「購求こうきゅう」②なかなおりする。平和の約束をする。＝媾こう ③草の名。よもぎ。
解字 形声。貝が形を表し、冓こうが音を示す。貝は貨幣。冓は、材木を交互に積み重ねてやぐらに組むことで、積み重ねる、互いに、の意味がある。購は、重い賞金をかけて、物を求めて交換することである。
【購獲】こうかく(くゎく) 買い入れる。
【購求】こうきゅう(きう) ①買い求める。②賞金をかけてさがす。
【購読(讀)】こうどく 国新聞・書籍を買って読む。
【購入】こうにゅう(にふ) 買い入れる。
【購買】こうばい 国買い入れる。
【購問】こうもん 賞金を出して、さがしたずねる。

貝10【賽】〔17〕 標 サイ 漢 去 隊 sài サイ　U補J 7648 8CFD
意味 ①神にお礼の祭りをする。②勝負をあらそう。③おなじ。④おわる。国〈さい〉さいころ。
【賽会(會)】さいかい(くゎい) ①祭り。②もよおし。
【賽客】さいかく おまいりをする人。
【賽社】さいしゃ 秋祭り。収穫を感謝する祭り。
【賽神】さいしん 祭り。神に収穫を感謝する祭り。
【賽銭(錢)】さいせん 参詣のとき、神仏にさしあげる金。
【賽他】さいた 他人と勝負をあらそう。
【賽日】さいにち 国やぶいり。閻魔えんまにおまいりする日。正月十六日と七月十六日。
【賽河原】さいのかわら(かはら) 仏三途さんずの川の河原。こどもが死後に行って、父母兄弟の供養のために小石を積み上げるといわれる所。
【賽馬】さいば 競馬。
【賽跑】サイパオ sàipǎo 現競走。

貝10【賾】〔17〕 サク 漢 入 陌 zé ツォー　U補J 6330 8CFE ①9228
意味 〈おくふか・い(――・し)〉奥深くて見えにくいもの。

貝10【賸】〔17〕 ショウ 漢 ジョウ 呉 ヨウ 漢 去 径 shèng ション　U補J 6329 8CF8 ①9227
意味 ①〈あまり〉余分。むだ。＝剰 ②増す。ふえる。③送

7画 見角言谷豆豕豸貝赤走足(⻊)身車辛辰辵(⻌・⻍)邑(⻏〈右〉)酉采里

る。④すべて。ことごとく。

【賸語】じょうご むだごと。よけいなことば。

【賸稿】じょうこう(かう) あまった原稿。作品のあまり。

【賸財】じょうざい 余分な財産。

【賸馥】じょうふく あとに残るかおり。余香。残香。

貝10【賺】〔17〕 タン 漢 去 陥 レン 漢 zhuàn チョワン J 7649 U 8CFA

貝13【𧸖】〔20〕 本字 U 27E16

意味 ①〈すか・す〉㋐安く買って高く売る。㋑もうける。㋒だます。②売る。国〈すか・す〉やさしいことばでなだめる。

【賺奴】たんど 人をだます。

【賺殺】れんさつ すかしだます。殺は接尾辞。

貝10【賻】〔17〕 フ 漢 去 遇 fù フー J 7650 U 8CFB

意味〈おく・る〉〈おくりもの〉死者の家に布や金品を贈る。また、その品。「賻儀ふぎ」「賻贈ふぞう」

【賻祭】ふさい 金品を贈って死者の祭りをする。

【賻助】ふじょ 金品を贈って、とむらいの助けにする。香典こうでん。

貝10【賷】〔17〕 同 →齎(一四五四ぺ・上)

貝10〔嬰〕→女部十四画(三五二ぺ・下)

貝11【贇】〔18〕 イン 漢 平 真 yūn ユン J 7654 U 8D07

意味 ①うつくしいさま。②大きいさま。

貝11【贄】〔18〕 標 シ 漢 去 寘 zhì チー J 7651 U 8D04

意味〈にえ(にへ)〉はじめて目上の人に会うときにもってゆく品物。また、そうして面会する。「贄幣しへい」

【贄敬】しけい はじめて人を訪問するときに贈り物をもって敬意をあらわすこと。

【贄殿】にえ(にへ)どの 国献上されたものを納めるところ。また、それを料理するところ。

【委レ贄】しをいた(ゐた)す 「執レ贄しをとる」に同じ。〈左伝・僖公きこう〉

【執レ贄】しをとる ①面会するときに、おつかいものを持って行く。②弟子でし入りする。〈儀礼ぎらい・士相見礼〉

貝11【贅】〔18〕 標 セイ 漢 去 霽 ゼイ 慣 zhuì チョイ J 7652 U 8D05

意味 ①人や物をお金の代わりとする。しちに入れる。②つながる。つづける。③集める。集まる。④〈むだ〉役にたたないもの。余分なもの。⑤くだくだしい。余分な。⑥〈こぶ〉〈ふすべ〉余分な肉のかたまり。⑦女性の家にむこ入りする。

【贅言】ぜいげん むだぐち。よけいなことば。

【贅語】ぜいご 「贅言ぜいげん」に同じ。

【贅辞(辭)】ぜいじ 「贅言ぜいげん」に同じ。

【贅婿】ぜいせい ①妻の家に、いそうろうになる。②入り婿むこ。

【贅沢(澤)】ぜいたく 国①身分にすぎたおごり。②ひどく金のかかること。

【贅肉】ぜいにく よけいな肉づき。

【贅弁(辯)】ぜいべん むだぐち。

【贅疣】ぜいゆう(いう) こぶや、いぼ。役にたたないもののたとえ。

【贅六】ぜいろく 国関西人をけなしていうことば。

貝11【贈】〔18〕 常 ゾウ・ソウ おくる J 3403 U 8D08

旧字 貝12【贈】〔19〕 人 ソウ 漢 去 径 ゾウ 呉 zèng ツォン J ①9229 U FA65

筆順 目 貝 … 贈

意味 ①〈おく・る〉㋐おくりものをあげる。㋑死者に官位をあたえる。生前のは封ほうという。②おくりもの。③追いはらう。

解字 形声。貝が形を表し、曾そうが音を示す。貝は財貨。曾には増と同じく、「ます」という意味がある。贈は、人の財貨を増すことで、贈り物をすることである。

【贈位】ぞうい(ゐ) 人の死後に位を贈る。また、その位。

【贈遺】ぞうい(ゐ) 人に物を贈る。また、その贈り物。

【贈官】ぞうかん(くわん) 死後に贈る官。

【贈言】ぞうげん ためになることばを贈り物にする。

【贈爵】ぞうしゃく 人の死後に爵位しゃくいを与える。

【贈序】ぞうじょ 送別の文。

【贈送】ぞうそう ①見送る。②品物を贈る。贈り物をする。

【贈呈】ぞうてい さしあげる。

【贈答】ぞうとう(たふ) 贈り物とおかえし。やりとり。

【贈賻】ぞうふ とむらいの贈り物。香典こうでん。

【贈別】ぞうべつ ①見送る。②はなむけを贈る。

【贈与(與)】ぞうよ 贈り物として与える。

【贈賄】ぞうわい(くわい) ①贈り物。②国賄賂わいろを贈る。

△恵贈けいぞう・寄贈きぞう・きそう

貝11【賿】〔18〕 リョウ 漢 平 蕭 (レウ) liáo リアオ 補 6331 U 8CFF

意味 お金の隠語。

貝11【贃】〔18〕 ワン 漢 去 諫 wàn ワン 補 6333 U 8D03

意味 ①財貨を計算する。②もうける。

貝11〔鵙〕→鳥部七画(一四三二ぺ・上)

貝12【贋】〔19〕 標 ガン 漢 去 諫 yàn イエン J 2070 U 8D0B

貝15【贗】〔22〕 正字 補 6336 U 8D17

人9【偐】〔11〕 同字 J 4884 U 5050

意味〈にせ〉①よく似ているが、ほんものでない。にせもの。②正しくない。

【贋作】がんさく にせの作品。贋造。

【贋札】がんさつ にせさつ。

【贋造】がんぞう(ざう) にせものの作品。

【贋物】がんぶつ にせもの。

【贋本】がんぽん にせの書や画。

貝12【贉】〔19〕 タン 漢 去 勘 dàn タン J ②8919 補 6334 U 8D09

意味 ①〈あきさ・す〉物を買うとき、手つけ金を払う。②書画の巻首にはった絹の部分。玉池ぎょくちともいう。

貝12【贊】〔19〕 旧 →賛(一一九二ぺ・上)

貝12【貝貳】〔19〕 俗 →膩(一〇二七ぺ・下)

貝12【贈】〔19〕 旧 →贈(本ぺ・中)

貝13【贏】〔20〕 エイ 漢 平 庚 yíng イン J 7655 U 8D0F

意味 ①利益を得る。もうける。「贏利えいり」②〈もうけ(まうけ)〉利益。③〈あま・る〉ありあまる。④〈あまり〉余分なもの。残りもの。「贏余えいよ」⑤度がすぎる。⑥分かれる。散る。⑦進む。⑧受け入れる。⑨になう。かつぐ。⑩勝負で勝つ。

参考「嬴えい」は別字。

【贏財】えいざい 余分な金。

【贏縮】えいしゅく ①のびちぢみ。あまりと不足。②進退。

【贏絀】えいちゅつ のびちぢみ。

7画 見角言谷豆豕豸貝赤走足(⻊)身車辛辰辵(⻌・⻍)邑(⻏〈右〉)酉采里

【贏儲】余るほどじゅうぶんにあるたくわえ。

【贏得】もうけもの。

貝13
【贍】〔20〕 セン漢|去 豔 shàn シャン　J 7656 補 U 8D0D

意味 ①〈た・りる(—・る)〉㋐じゅうぶんである。㋑ゆたかである。富む。㋒多い。②〈た・す〉足りないところに足す。③〈にぎわ・す(にぎは・す)〉〈すく・う(——・ふ)〉物を与えて助ける。めぐむ。④姓。

【贍給】足してやる。

【贍恤】恵んでゆたかにする。

【贍賑】ほどこし救う。

【贍足】みたす。じゅうぶんにする。

【贍富】じゅうぶんにある。ゆたか。

【贍麗】ゆたかで、美しい。美しく充実している。

貝13
【贎】〔20〕 バン漢|去 願 wàn ワン　J ②8920 補 U 8D0E

意味 ①財貨。②財貨を贈る。

貝13
【賺】〔20〕 九六ページ・上) 本↓賺(一一

貝13
〖罌〗↓缶部十四画(九八八ページ・上)

貝14
【贐】〔21〕 シン漢 去 震 ジン呉 jìn チン　J 7657 補 U 8D10

意味 おくりもの。会見や旅立ちの際の贈り物。＝賮

貝14
【贓】〔21〕 ソウ(サウ)漢 平 陽 ゾウ(ザウ)慣 zāng ツァン　J 7659 補 U 8D13

意味 ①盗んだ品物。不正な手段で得た物品。「贓品」②わいろを受けとる。

貝6【賍】〔13〕 俗字　J 7660 補 U 8CCD

【贓罪】わいろを受けとった罪。

【贓吏】わいろを受けとる役人。

貝14
【贔】〔21〕 ヒ漢|去 寘 bì ビー　J 7661 補 U 8D14

意味 ＝屭 ①勢いのはげしいさま。②怒る。
【贔屓】＝贔屭 一 ①力を出すさま。努めるさま。②大きな亀。二 国特に目をかけること。
【贔怒】①怒る。②水の勢いがはげしい。

貝14
【贒】〔21〕 同↓賢(一一九四ページ・下)

貝14
【贑】〔21〕 同↓贛(本ページ・中)

貝15
【贖】〔22〕 ショク漢 入 沃 shú シュー　J 7662 補 U 8D16

意味 〈あがな・う(——・ふ)〉①物や金で人質などをとりかえす。②金品を出して罪をつぐなう。「贖罪」「贖刑」

【贖物】国①罪をつぐなう金品。②人の災難を代わって引き受ける身代わりのもの。かたしろ。

【贖罪】金品を出して罪をつぐなうこと。

【贖刑】金銭を出して刑を免れること。

貝15
【贗】〔22〕 正↓贋(一一九六ページ・下)

貝17
【贛】〔24〕 一 コウ漢 去 絳 gòng コン (カウ) 二 カン漢 上 感 gàn カン　J ①9231 補 U 8D1B 6337

意味 一 ①〈たま・う(——・ふ)〉たまもの。②〈おろか〉二 ①地名。江西省の州名。転じて、江西省の別名。②贛水は、江西省を流れ、鄱陽湖にそそぐ川の名。贛江。③子贛は、孔子の弟子。＝子貢

貝14【贑】〔21〕 同字　補 U 8D11

貝18
〖鷃〗↓鳥部十四画(一四三八ページ・上)

7画
赤部 あか

【部首解説】古い字形は「大」と「火」が合わさり、「火が燃えるあかい色」を表す。この部には、「赤」の形を構成要素とする文字が属する。

赤0
【赤】〔7〕 学1 セキ・シャク あか・あかい・あからむ・あからめる　セキ漢 シャク呉|入 陌 chì チー　J 3254 補 U 8D64

筆順 一 十 土 ナ 赤 赤 赤

意味 ①〈あか〉色の名。五行では、火に属し、南方の色。②〈あか・い(——・し)〉③〈あから・める(——・む)〉〈あから・む〉④はだか。むきだしのさま。⑤むなしい。なにもない。⑥まざりものがない。まごころ。⑦ほろぼす。⑧敵をさぐる人。斥候。＝斥 ⑨尺。＝尺

解字  会意。古い形を見るとわかるように、大と火を合わせた字。火の盛んに燃える色である。

名前 か・はに・わに・はにう　姓 赤石・赤土・赤埴
地名 赤平・赤磐・赤穂
難読 真っ赤(付表)／赤熊・赤目魚
参考 朱は、こいあか。

【赤毛布】国①赤い毛布。②いなか者。③慣れない洋行者。

【赤行嚢】国金銭、または貴重品を入れる郵便用の赤袋。赤郵袋の旧称。

【赤札】国①花合わせの、赤のたんざく。②見切り品や売約済みの品にはる赤いふだ。

【赤帽】国①赤色ぼうし。②駅で客の荷物を運ぶ人。

【赤本】国①江戸時代の草双紙の一つ。こども向けの物語本。②低級な本。

【赤熱】まっかに熱する。

【赤衣】①赤いきもの。②罪人のきる赤いきもの。罪人。③国五位以上の人が着た赤色のうわぎ。【——使者】国あかとんぼの異名。〈古今注〉

【赤烏】①赤いからす。瑞兆として現れる。②太陽のこと。赤鴉。

【赤軍】共産軍。旧ソビエトの軍隊。十月革命後に生まれた、ロシアの労農赤軍。のちに徴兵制度に切りかえられ、ソビエト軍と名を改めた。

【赤口毒舌】火のようにはげしく人をののしる。

【赤骨力】あかはだか。他になにもない。さらけ出す。

【赤灑灑】①すっぱだか。②まる出し。③かざり気のないこと。ありのまま。

【赤子】①あかんぼう。乳飲み子。②国国民。【——之心】純粋でいつわりのない心。〈孟子・離婁下〉

【赤幟】赤い色の旗。

【赤手】手に物を持たない。素手。「赤手空拳」【——成レ家】うで一本で、一家を作りあげる。なにもないところから、成功する。

【赤十字】国 Red Cross の訳語。紅十字。①白地に赤の十字をつけたしるし。②災害や病気の救助・予防をする国際的な機関。赤十字社。

7画 見角言谷豆豕豸貝赤走足(⻊)身車辛辰辵(⻌・⻍)邑(⻏〈右〉)酉釆里

【赤縄(繩)】せきじょう 唐の韋固いこが宋城そうじょうで出会った異人が持っていた、男女の縁をつなぐという赤いなわ。転じて、夫婦の縁。〈続幽怪録ぞくゆうかいろく〉【━━子】せきじょうし 前項の異人。転じて、なこうど。媒酌人ばいしゃくにん。月下老人。【━━繫レ足】せきじょうあしをつなぐ 結婚がきまること。

【赤松子】せきしょうし 上古の仙人せんにんの名。

【赤条(條)条(條)】せきじょう(でう)じょう(でう) あかはだか。ぎょうぎの悪いさま。一物もなくさっぱりしたさま。

【赤梢(梢)鱗(鱗)】せきしょう(せう)りん 尾の赤い鯉こい。ひごい。梢は船のかじのこと。

【赤色】せきしょく/あかいろ あかいいろ。

【赤心】せきしん まごころ。【━━報国(國)】せきしんほうこく まごころをもって国にむくいる。〈資治通鑑しじつがん・陳ちん〉【推ニ━━一置ニ人腹中一】せきしんをおしてひとのふくちゅう(ちう)におく まごころをもって人に対し、疑わない。〈後漢書ごかんじょ・光武帝紀〉

【赤身】せきしん はだか。

【赤誠】せきせい まごころ。

【赤舌】せきぜつ 火のような舌。【━━日】しゃくぜつにち 陰陽家が、赤舌鬼が人を悩ます悪い日とする日。赤口日しゃっくにち。＝借舌日【━━焼(燒)レ城】せきぜつしろをやく ざんげんのはげしいこと。〈太玄経〉

【赤跣】せきせん はだし。

【赤地】❶せきち 日でりやいなごの害で、草木がなくなった土地。❷あかじ(ぢ) 国織物の地の赤いもの。

【赤沈】せきちん 国赤血球沈降速度の略。→「血沈けっちん」(一二一四ページ・下)

【赤帝】せきてい 夏をつかさどる神。南方の神。【━━子】せきていのこ 前漢の高祖をいう。〈史記・高祖本紀こうそほんぎ〉

【赤土】せきど/あかつち ①赤つち。②草木がはえていない土地。

【赤道】せきどう(だう) ①天の中央で太陽の通る道。②月の通る道。③地球の南極・北極から九十度の点を結んだ線。【━━祭】せきどうさい 船が赤道を通過するときに行う祭り。

【赤銅】せきどう/しゃくどう ①あかがね。②銅に金と蒼鉛そうえんを加えた合金。

【赤肉団(團)】せきにくだん 肉体。からだ。

【赤眉】せきび 前漢の末に樊崇はんすうらが兵を起こし、王莽おうもうの軍とまぎれないように、眉まゆに朱しゅをぬったため、これを赤眉と呼んだ。のち、後漢ごかんの光武帝に平らげられた。

【赤貧】せきひん ひどいびんぼう。【━━如レ洗】せきひんあらう(あらふ)がごとし 洗い流したように、何一つない。ひどくまずしいようす。〈原善・先哲叢談せんてつそうだん〉

【赤符】せきふ 赤色の予言書。後漢の光武帝は、この未来記を手に入れたという。漢は五行の火徳(火のめぐみ)をもって王になったので赤色を尊ぶ。赤伏符。

【赤奮若】せきふんじゃく 丑うしの年の別名。

【赤壁】せきへき ①嘉魚かぎょ県の東北。周瑜しゅうゆ・劉備りゅうびの連合艦隊が、曹操そうその水軍を破ったところ。②黄岡こうこう市のはずれ。宋そうの蘇軾そしょくの遊んだ地。③武漢市武昌区の東南方。【━━賦】せきへきのふ 宋の蘇軾が赤壁の船遊びで作った韻文の名。前・後二編がある。

【赤面】❶せきめん ①赤い顔。顔を赤くする。②意気ごむ。③恥じる。④酒に酔う。❷あかつら 国①人をののしることば。②歌舞伎かぶきの敵役かたきやく。悪形あくがた。

【赤裸】せきら あかはだか。むきだし。

【赤裸裸】せきらら ①あかはだか。②つつみかくさない。

【赤痢】せきり 国急性伝染病の一つ。げりのつづく病気。

【赤化】せっか(くわ) 国共産主義化する。

【赤旗】せっき/あかはた ①赤地の旗。②共産党の旗。

【赤脚】せっきゃく(せききゃく) ①素足あし。はだし。②下女。

【赤県(縣)神州】せっ(せき)けんしんしゅう(しう) 中国の異称。〈史記・孟子荀卿もうしじゅんけい列伝〉

赤 3 【郝】(一二六三ページ・下) ↓邑部七画

赤 4 【赦】〔11〕 ケキ 漢 入 錫 xì シー　J 6338 U 8D65

意味 ①笑うさま。笑い声。②赤色。

赤 4 【赦】〔11〕 常 シャ　シャ 漢 去 禡 shè ショー　J 2847 U 8D66

筆順 一 十 土 𡗗 赤 赤' 赦' 赦

意味 ①〈ゆる・す〉㋐そのままにする。㋑罪や過ちをゆるす。「赦免しゃめん」「赦宥しゃゆう」②〈ゆるし〉③毒虫がさす。＝螫しゃ

解字 形声。攵が形を表し、赤せきが音を示す。攵は打つことで、「～させる」という意味を持つ。赤は、釋せきと音が通じて、解く、放つという意味を含む。赦は、罪人を解放することで、そのままにほうっておく、ゆるすということを表す。

【赦状(狀)】しゃじょう(じゃう) 罪を許すことをしるした書きつけ。赦免状。

【赦免】しゃめん 罪を許すこと。

◆大赦たいしゃ・容赦ようしゃ・特赦とくしゃ・恩赦おんしゃ

赤 5 【赧】〔12〕 ダン 漢 上 潸　タン 慣 nǎn ナン　J 7663 U 8D67

意味 ①〈あから・める(──・む)〉〈は・じる(─・づ)〉恥じて顔を赤くする。「赧愧たんき」「赧顔たんがん」②心配しおそれる。③赧王たんおうは、周代最後の王のおくり名。

【赧然】たんぜん 赤いさま。恥じて顔を赤くするさま。

【赧赧然】たんたんぜん 「赧然たんぜん」に同じ。〈孟子もうし・滕文公とうぶんこう下〉

赤 6 【赩】〔13〕 キョク 漢 入 職 xì シー　J 6339 U 8D69

意味 ①赤い。②まっかなさま。③怒るさま。

赤 7 【赫】〔14〕 カク 漢 入 陌 hè ホー　J 1950 U 8D6B

火 14 【爀】〔18〕 同字　J ①8766 補 4230 U 7200

意味 ①〈あか・い(──・し)〉㋐まっかなさま。㋑火の赤いさま。②〈あきらか〉㋐かがやくこと。㋑徳のあきらかなさま。③さかん。勢いがさかんなこと。④切り裂く。⑤怒るさま。「赫怒かくど」⑥日照り。⑦おどかす。＝嚇かく

【赫奕】かくえき 光り輝くさま。

【赫赫】かくかく ①光り輝くさま。②盛んなさま。③日がかんかん照りつけるさま。【━━然】かくかくぜん 光り輝くさま。【━━之名】かくかくのな 輝かしい評判。

【赫喧】かくけん 光り輝いて盛んなさま。

【赫胥氏】かくしょし 上古の帝王の姓。炎帝。〈荘子そうじ〉

【赫然】かくぜん ①はげしく怒るさま。②勢いの盛んなさま。③死体の手足がばらばらになっているさま。

赤 7 【經】〔14〕 テイ 漢 平 庚 chēng チョン　補 4793

意味 〈あか〉赤い色。＝赬てい

赤 9 【赮】〔16〕 カ 漢 平 麻 xiá シア　J 6341 U 8D6E

意味 ①赤色。②朝やけ。夕やけ。＝霞か

赤 9 【赭】〔16〕 シャ 漢 上 馬 zhě チョー　J 7664 U 8D6D

意味 ①〈あか〉赤い色。②〈そお(そほ)〉㋐赤い土。㋑あかつち色の顔料。㋒紫赤色。③草木を切ってはげ山にする。

【赭堊】しゃあく ①赤と白。②赤土と白土。③赤土や白土で、壁などを塗る。

【赭衣】しゃい ①罪人の着る赤いきもの。②罪人。

【赭汗】しゃかん 日に焼け、汗あせにまみれる。

【赭顔】しゃがん あからがお。

【赭石】しゃせき ①赤い色の石。②赤い土状の赤鉄鉱。代赭石たいしゃせき。「丹石たんせきに。」

【赭鞭】しゃべん 赤い色のむち。昔、神農氏は赤いむちで百草をたた

き、薬草を調べたという。〈史記・三皇本紀（さんこうほんぎ）〉【―家】（しゃか）本草学者。漢方薬研究家。

【赭面】（しゃめん）①顔を赤く塗る。②あかつら。赤い顔。

【赭船】（そおふね（そほ））国赤い土を塗った船。

赤9【赬】〔16〕テイ 漢 平 庚 chēng チョン　J②8921 補6340 U8D6C

頁7【頳】〔16〕同字　J②9227 補7206 U9833

意味〈あか〉赤い色。浅赤色。

【赬尾】（ていび）疲れて赤くなった魚の尾。乱世に仕える君子の苦しみ。一説に、悪政に苦しむ人民にたとえる。〈詩経（しきょう）・汝墳（じょふん）〉

赤10【赯】〔17〕トウ 漢 平 陽 táng タン（タウ）　J―― 補―― U8D6F

意味①赤色。②あかむらさき色の顔。

赤10〖螗〗↓虫部十一画（一一〇九ページ・下）

7画　走部　はしる そうにょう

【部首解説】古い字形は「夭」と「止」が合わさり、「足を曲げ速くはしる」ことを表す。この部には、走る動作、向かう動作に関連するものが多く、「走」の形を構成要素とする文字が属する。

走0【走】〔7〕学2 ソウ はしる　ソウ 漢 呉 去 宥 zǒu ツォウ　J3386 補―― U8D70

走0【赱】〔6〕俗字　J7665 補―― U8D71

筆順 一 + 土 キ 丰 赤 走

意味①〈はし・る〉㋐かける。㋑逃げる。㋒いそいで行く。㋓去る。出かける。②〈はしり〉③はしりつかい。めしつかい。また、自分をへりくだっていう。④〈はしら・す〉しかって遠ざける。⑤地上をはしるけもの。⑥現歩く。

解字 会意。古い形でわかるように、夭と止を合わせた字。夭は曲がること。止は足。走は、足を曲げて、速く走ることである。また、夭は音が揺と通じて、飛ぶ意味があるから、走は足を飛ばして走ることともいう。

名前 ゆき　姓 走水（はしりみず）・走部（はせべ）　地名 走水（はしりみず）・走古潭（しゃこたん）

難読 師走（しわす）（付表）

【走舸】（そうか）速く走る小舟。

【走狗】（そうく）①犬を走らせる。②猟犬。③人の手先に使われる者。

【走向】（そうこう（かう））地面の傾斜の向いている方向。

【走行】（そうこう（かう））車などが走る。「走行距離」

【走口走舌漢】（そうこうそうぜつのかん）人の受け売りをして、しゃべり歩く男。

【走作】（そうさく）①従うべき規範からはずれる。②争いを引き起こす。

【走散】（そうさん）散らばって逃げる。ちりぢりばらばらに逃げる。

【走時】（そうじ）理地震が震源地から到達する時間。

【走尸行肉】（そうしこう（かう）にく）走るしかばねと、歩く肉。ただ生きているというだけで、生きがいのない者。ごくつぶし。

【走集】（そうしゅう（しふ））辺境にあるとりで。

【走卒】（そうそつ）人の使い走りをする者。召使。

【走破】（そうは）国走りとおす。全コースを走りきる。

【走馬】（そうば）馬を走らせること。【―看花】（そうばかんか（くわ））馬で走りながら花を見る。ざっと目を通すだけで、くわしく調べないこと。〈孟郊（もうこう）の詩・登科後〉【―灯（燈）】（そうまとう）まわりどうろう。

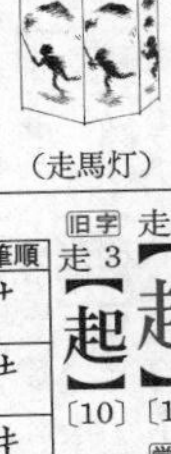

（走馬灯）

【走百病】（そうひゃくへい）百病を走らす。陰暦正月十五日、または十六日の夜に行われる厄（やく）払いの年中行事。

【走路】（そうろ）①逃げ道。②競走のコース。

◆力走（りきそう）・快走（かいそう）・帆走（はんそう）・奔走（ほんそう）・逃走（とうそう）・疾走（しっそう）・師走（しわす）・脱走（だっそう）・敗走（はいそう）・遁走（とんそう）・滑走（かっそう）・潰走（かいそう）・縦走（じゅうそう）・暴走（ぼうそう）・競走（きょうそう）・東奔西走（とうほんせいそう）

走0【赱】〔6〕俗↓走（本ページ・上）

走2【赴】〔9〕常 フ おもむく　フ 漢 去 遇 fù フー　J4175 補―― U8D74

筆順 + 土 キ 丰 赤 走 赴 赴

意味①〈おもむ・く〉㋐むかって行く。㋑いそいで行く。㋒至る。㋓身を投げる。②〈つ・げる（―・ぐ）〉死去を知らせる。③死去のしらせ。「赴問（ふもん）」④メロディーにあわせる。

解字 形声。走が形を表し、卜（ぼく）が音を示す。卜は、うらないと同じく、人の死を知らせる意味になる。訃を告げる意味を含む。赴は走って告げることである。

名前 はや・ゆく

【赴援】（ふえん（ゑん））助けに行く。

【赴告】（ふこく）死去や災難の起こったことを知らせる。＝訃告

【赴請】（ふしょう（しやう））仏僧が頼まれて法事に行く。

【赴弔】（ふちょう（てう））来てなぐさめる。訪問する。

【赴敵】（ふてき）敵に向かって行く。

【赴難】（ふなん）かけつけて国難を救う。

【赴任】（ふにん）任地に向かって行く。

走2【赹】〔9〕旧↓赳（一一〇〇ページ・中）

走3【赶】〔10〕一カン 漢 平 元 qián チエン　二カン 漢 上 旱 gǎn カン　J―― 補―― U8D76

意味一〈はし・る〉①けものがしっぽをあげて走る。②馬が走る。二追いかける。

参考 赶は「趕」（一二〇一ページ・下）の中国新字体としても使う。

【赶快】（カンコワイ）gǎnkuài 現急いで。早く。

【赶緊】（カンチン）gǎnjǐn 現大急ぎで。さっそく。

走3【起】〔10〕学3 キ おきる・おこる・おこす　キ 漢 呉 上 紙 qǐ チー　J2115 補―― U8D77

旧字 走3【起】〔10〕　J―― 補―― U――

筆順 + 土 キ 丰 赤 走 起 起

意味①〈お・きる（―・く）〉㋐立ちあがる。㋑ベッドからおきる。②〈おこ・る〉㋐はじまる。㋑発生する。㋒出身である。㋓もりあがる。③〈おこ・す〉㋐たちあがらせる。㋑ささえる。㋒建物をたてる。㋓あげ用いる。登用する。㋔生かす。㋕病気をなおす。いやす。㋖目をさまさせる。㋗事をはじめる。④〈た・つ〉立ちあがる。⑤〈さらに〉いっそう。「起敬起孝（さらにけいしさらにこうなれ）」〈礼記（らいき）・内則（だいそく）〉

解字 形声。走が形を表し、巳（き）が音を示す。走はあるくこと。巳は曲がったものが伸びようとする形である。起は、立ちあがること、起きることである。一説に、巳はやめることで、起は、あるくのをやめて立つことという。

名前 かず・ゆき

【起上小法師】（おきあがりこぼう（ぼふ）し）国ころがしても起きるしかけの、だ

るま人形。
【起因】きいん 事の起こり。原因。
【起縁(緣)】きえん 物事の原因になることがら。縁起えんぎ。
【起家】きか ①仕官して立身出世する。高い官位に上げ用いられる。②家元を起こす。【――官】きかのかん(くわん) 最初に就っく官。
【起臥】きが(ぐわ) ①起きるのとねるのと。②日常生活。
【起龕】きがん 仏禅宗で、出棺のときに、経文を読むこと。
【起義】きぎ ①義例をたてる。意味づけを始める。②正義の戦いを始める。
【起居】ききょ ①立つことすわること。②動作。③ふだんのようす。日常生活。【――注】ききょちゅう(ちう) 天子の毎日の言行を記した文書。
【起業】きぎょう(げふ) 事業を始める。
【起句】きく 漢詩の第一句。起・承・転・結の初めの句。
【起見】きけん 考える。意見を出す。思慮。意見。
【起原】きげん 事の起こり。＝起源
【起源】きげん 「起原」に同じ。
【起工】きこう 工事を始める。
【起稿】きこう 原稿を書き始める。起草。
【起座(「坐」)】きざ ①立ちあがることと、すわること。②立ったりすわったり。「起坐而諠譁者きざしてけんかするもの」〈欧陽脩おうようしゅう・酔翁亭記すいおうていのき〉③横たえているからだを起こして、すわる。「垂死病中驚起坐すいしのびょうちゅうおどろいておきてざす」〈白居易はくきょい・与微之書びしにあとうるしょ〉
【起債】きさい ①公債を募集する。②金を借りる。
【起算】きさん そこから数え始める。
【起死回生】きしかい(くわい)せい ①死にかけている病人を生きかえらせる。②ほとんどだめになった物事を、もう一度もとにかえす。
【起首】きしゅ 物事のはじめ。
【起床】きしょう(しゃう) 一 寝床から起きる。二 チーチョワン qǐchuáng 現 一に同じ。
【起請】きしょう(しゃう) 国①物事を思い立って主君に願い出る。②神仏に誓う。③起請文。【――文】きしょうもん(しゃう) うそ偽りないことを誓った書きつけ。
【起承転(轉)結】きしょうてんけつ ①漢詩の絶句・律詩の構成法。四段階に分け、初めに詩意を起こし、次にそれを受けつぎ三番目に気分を変え、最後に全体を結ぶ。②全体がきちんとまとまっているたとえ。
【起承転(轉)合】きしょうてんごう(がふ) 「起承転結」に同じ。
【起訴】きそ 法刑事事件で、検察官が具体的事件について公訴を提起すること。
【起草】きそう(さう) ①文章の下書きを作る。②文章を書き始める。起稿。
【起程】きてい 旅に出かける。
【起点(點)】きてん 出発点。
【起伏】きふく ①おきふし。②山脈やリズムなどが、高くなったり低くなったりする。③盛んになったり衰えたりする。
【起鳳】きほう 飛び立つほうおう。「騰蛟とうこう起鳳」〈王勃おうぼつ・滕王閣序とうおうかくのじょ〉
【起用】きよう 人を取り立てて使う。
【起立】きりつ 立ちあがる。座席から立ちあがる。
【起聯】きれん 律詩の第一、二句。
【起身】チーシェン qǐshēn 現出発する。
【起来(來)】チーライ qǐlái 現①立ちあがる。②…し始める。
◆再起さいき・早起はやおき・突起とっき・勃起ぼっき・発起ほっき・決起けっき・晏起あんき・併起へいき・隆起りゅうき・喚起かんき・提起ていき・朝起あさおき・惹起じゃっき・想起そうき・奮起ふんき・興起こうき・縁起えんぎ

走3【赳】〔10〕人 J 7666 補 U 8D73
旧字 走2【赳】〔9〕 キュウ 漢 上 有 (キウ) jiū チウ U 補 J
意味 赳赳ききゅうは、強く勇ましいさま。
解字  形声。走が形を表し、丩きゅうが音を示す。丩にはからみ合って強い意味がある。赳はいさましく進むさま。
名前 たけ・たけし

走4【趄】〔11〕同 →遅(一二四八㌻・下)

走5【越】〔12〕常 エツ こす・こえる J 1759 補 U 8D8A
一 エツ(ヱツ) 漢 オチ(ヲチ) 呉 入 月 yuè ユエ
二 カツ(クヮツ) 漢 入 曷 huó フオ
筆順 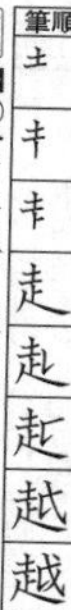
意味 一①〈こ・える(―・ゆ)〉〈こ・す〉ア物の上を通りすぎる。わたる。イ追いこす。ウまさる。すぐれる。エ順序をみだす。オふむ。カ去る。逃げる。走る。キ離れる。遠ざかる。②〈お・ちる(―・つ)〉落ちる。失う。つまずく。③消える。④高くあがる。広がる。⑤まわりくどい。⑥および。接続のことば。⑦ここに。発語のことば。＝粤えつ ⑧…に。位置・目的を示す助詞。⑨いよいよ。⑩春秋時代の国名。浙江せっこう省に位置し、戦国末に楚そに滅ぼされた。⑪浙江省の古い呼び名。⑫南方の民族。⑬現「越…越…」は、…すればするほど…する。二①瑟しつという楽器の下のあな。②越席かっせきは、がまで作ったむしろ。国①〈こ・す〉ア移転する。うつる。イ来る。②〈こし〉北陸道ほくりくどうの古称。「越路こしじ」「越後えちご」
解字  形声。走が形を表し、戉えつが音を示す。戉には、はねあがる意味がある。越は、弾力をつけて、とびこえることである。
名前 お・こえ 姓 越生おごし・越智おち
地名 越中えっちゅう・越生おごせ・越谷こしがや・越波おっぱ・越畑おっぱた・越前えちぜん・越後えちご・越智おち
難読 越天楽えてんらく
【越王勾践(踐)】えつ(ゑつ)おう(わう)こうせん 春秋時代、越国の王の名。呉と戦ってこれを滅ぼし、覇者はしゃとなった。
【越階】えっかい(ゑつ) 順序をとびこえて上の位に進む。
【越騎】えっき(ゑつ) ①越国出身者で組織した騎兵。②唐代の馬術・弓術にすぐれた兵士。【――校尉】えっきこうい(ゑつかうゐ) 漢代、高級武官の職名。越騎の司令官。
【越境】えっきょう(ゑつきやう) 国境を越えて他国にいく。
【越劇】えつげき(ゑつ) 浙江せっこう地方で行われている地方劇の名。
【越権(權)】えっけん(ゑつ) おっけん(をつ) 国自分の職権以外のことを行う。出すぎたことをする。「越権行為」
【越在】えつざい(ゑつ) 国を離れて遠くの地にいる。
【越山】えつざん(ゑつ) 国こしの国の山。新潟地方の山。
【越次】えつじ(ゑつ) 順序を飛び越す。
【越人】えつじん(ゑつ) 一①越国の人。②越地方の人。遠方の人。③人名。越智越人おちえつじん。江戸時代の俳人。二 えっひと(ゑつ) 越国の人。
【越絶書】えつぜっしょ(ゑつ) 書名。十五巻。漢の袁康えんこうの著。越国の興亡の始末を記す。
【越俎】えっそ(ゑつ) 自分の職分を越えて、他人のことにでしゃばる。「越俎之罪」【――代庖】えっそだいほう(ゑつそだいはう) まないたを越えて、料理人の代わりをする。自分の仕事を越えて、人の仕事に口を出し、とってかわること。越俎代謀。
【越俗】えつぞく(ゑつ) 越国の風俗。
【越中】えっちゅう(ゑつちう) ①地名。春秋時代、越王勾践こうせんの都した会稽かいけい。今の浙江せっこう省紹興しょうこう市とその周辺。②国地名。今の富山県に属する。

【越鳥】えっ(ゑつ)ちょう(てう) ①南方、越の国の鳥。②孔雀(じゃく)の別名。【――巣二南枝一】えっ(ゑつ)ちょう(てう)なんしにすくう(すくふ) 南の国の鳥は、他国にいても、南がわの枝に巣を作る。故郷の忘れがたいたとえ。〈文選(もんぜん)・古詩十九首〉

【越調】えっ(ゑつ)ちょう(てう) 越劇の音楽の調子。

【越度】■一 えっ(ゑつ)ど ①度を越える。出すぎる。②規則を破って抜け道をする。■二 おち(をち)ど ①■一の②に同じ。②国あやまち。失敗。＝落度

【越冬】えっ(ゑつ)とう 冬の寒さを越す。

【越南】えっ(ゑつ)なん もとのフランス領インドシナ。今のベトナム社会主義共和国。

【越年】えっ(ゑつ)ねん・おっ(をつ)ねん 年を越す。旧年を過ごして新年を迎える。

【越鳧楚乙】えっ(ゑつ)ふそいつ おおとりが飛んでいるのを見て、越の人は、かもと思い、楚の人は、つばめと思う。本質に関係のない、つまらぬことで争うこと。〈南史〉

【越天楽(樂)】えてんらく 国①雅楽の曲名。また、その曲に歌詞をつけた今様(いまよう)。②箏(そう)曲の一つ。

【越訴】おっ(をつ)そ・えっ(ゑつ)そ 順序を経ないで、直接に上の方に訴える。

【越席】かっ(くわっ)せき 親字の意味■二の②を見よ。

【越本無二一仁一】えっ(ゑつ)もといちじんなし 越の国には、もともとひとりの仁者もいない。〈漢書(かんじょ)・董仲舒(とうちゅうじょ)伝〉

【越来(來)越…】ユエライユエ yuèláiyuè 現ますます…。

◆上越(じょうえつ)・北越(ほくえつ)・卓越(たくえつ)・呉越(ごえつ)・乗越(のりこし)・信越(しんえつ)・胡越(こえつ)・宵越(よいごし)・窓越(まどごし)・超越(ちょうえつ)・僭越(せんえつ)・激越(げきえつ)・優越(ゆうえつ)・擅越(だんおつ)・繰越(くりこし)

走5【趄】〔12〕ショ 漢 平 魚 jū チュイ　U補J ②8922 6344 8D84

意味 趑趄(ししょ)は、行きなやむ。たちもとおる。

走5【趈】〔12〕タン 漢 平 咸 zhān チャン　U補J 6345 8D88

意味 ①じっとして動かないさま。＝站(たん) ②馬がはやくかけていくこと。

走5【超】〔12〕常 チョウ こえる・こす　チョウ(テウ) 漢 呉 平 蕭 chāo チャオ　U補J 3622 8D85

筆順 土 キ キ 走 起 起 超 超

意味 ①〈こ・える(―・ゆ)〉㋐とびこす。ふみこえる。㋑離れる。㋒すぐれる。ぬきんでる。②〈こ・す〉③はるか遠いさま。④すみやか。⑤姓。

解字 形声。走が形を表し、召(せう)が音を示す。召には、鎌(かま)のように曲線を描く意味を含む。超は、飛び越えることである。音テウは、召の音セウの変化。

名前 き・おき・たつ・ゆき・とおる

【超逸(逸)】ちょう(てう)いつ とびぬけてすぐれている。

【超軼】ちょう(てう)いつ 「超逸」に同じ。【――絶塵】ちょう(てう)いつぜつじん(ぢん) ①馬の速いこと。②才能が特別にすぐれていること。〈荘子(そうじ)〉

【超越】ちょう(てう)えつ(ゑつ) ①すぐれる。立ちまさる。②俗世間を離れる。③飛びこえる。④哲経験できる範囲をこえている。

【超過】■一 ちょう(てう)か(くわ) 限度をこえる。■二 チャオクオ chāoguò 現追いこす。上回る。【――勤務】ちょう(てう)か(くわ)きんむ 定まった時間以上につとめる。

【超涯】ちょう(てう)がい 身分にすぎる。【――不次】ちょう(てう)がいふじ 順序をとびこえて、特別に地位を引き上げる。

【超現実(實)主義】ちょう(てう)げんじつしゅぎ 二十世紀の初めに現れた芸術思潮。現実を離れ、自由に世界を空想し、そこに、美を見出して表現しようとしたもの。シュールレアリスム。

【超群】ちょう(てう)ぐん とびぬけてすぐれている。並みはずれている。

【超悟】ちょう(てう)ご ①人なみすぐれてりこう。②超越してさとりを開く。

【超克】ちょう(てう)こく 困難をのりこえ、うちかつ。

【超忽】ちょう(てう)こつ ①はるかに遠いさま。②気がめいるさま。

【超自然】ちょう(てう)しぜん 自然の法則をこえたもの。【――主義】ちょう(てう)しぜんしゅぎ 理性で説明できない実在を主張する立場。

【超宗越格】ちょう(てう)しゅうおっ(をつ)かく 仏宗派や格式をのりこえて、仏法の本質にせまること。〈碧巌録(へきがんろく)・序〉

【超乗(乘)】ちょう(てう)じょう ①車にとびのる。兵士の勇ましいようす。②追い越す。

【超人】ちょう(てう)じん 弱点のない完全な人間。人なみはずれた能力を持つ人間。スーパーマン。【――主義】ちょう(てう)じんしゅぎ 人間性をこえた天才を理想とする主義。ニーチェの説。

【超人格】ちょう(てう)じんかく 人間性をはるかにこえたもの。

【超世】ちょう(てう)せい ①その時代にならぶものがなくすぐれている。②俗世間を超越する。

【超絶】ちょう(てう)ぜつ ①他よりも特別にすぐれている。②はるかにかけ離れる。③哲神などのように、まったくかけ離れた世界にある。

【超遷】ちょう(てう)せん 順序をとびこえて、上の官位にうつる。

【超然】ちょう(てう)ぜん ①俗世間にとらわれないさま。②かけはなれたさま。③がっかりするさま。

【超俗】ちょう(てう)ぞく 俗世間を超越する。

【超卓】ちょう(てう)たく ぬき出てすぐれている。

【超擢】ちょう(てう)たく 他人を飛びこえて、高い地位に引きあげる。

【超脱】ちょう(てう)だつ 俗世間を高く抜け出る。

【超等】ちょう(てう)とう ふつうよりすぐれる。

【超凡】ちょう(てう)ぼん ふつうの人よりはるかにすぐれている。

【超仏(佛)越祖】ちょう(てう)ぶつおっ(をつ)そ 仏仏も祖師ものりこえる。【――越聖】ちょう(てう)ぼんおっ(をつ)しょう(しゃう) 仏凡人をこえるばかりでなく、聖人をも乗りこえて、自由の境地にはいる。

【超邁】ちょう(てう)まい 高くすぐれている。

【超倫】ちょう(てう)りん 仲間からとびぬけてすぐれている。

【超論理】ちょう(てう)ろんり 論理をこえている。論理学の範囲から抜け出ている。

【超額】チャオオー chāo'é 現定数をこえる。

走5【趁】〔12〕チン 漢 去 震 chèn チェン　U補J 7667 8D81

意味 ①〈おもむ・く〉行く。②〈お・う(―・ふ)〉追いかける。追いつく。③行きなやむ。④〈したが・う(―・ふ)〉⑤乗りこむ。乗ずる。⑥現…に乗じて。…のうちに。

走5【趂】〔12〕俗字　U補J 6343 8D82

走6【趐】〔13〕■一 ケツ 漢 入 屑 xuè シュエ ■二 シ 漢 去 寘 chì チー　U補J 6347 8D90

意味 ■一 ①進む。②鳥が群がって飛ぶ。■二 ①鳥のつばさ。＝翅(し) ②ただ。わずかに。

走6【趑】〔13〕シ 漢 平 支 zī ツー　U補J 6348 8D91

意味 趑趄(ししょ)は、足が進まないようす。行きなやむさま。

走9【趦】〔16〕同字　U補J ②8924 6353 8DA6

足9【䠖】〔16〕同字　U補J ②8941 4816

走6【趍】〔13〕■一 チ 漢 平 支 chí チー ■二 シュ 漢 平 虞 qū チュイ　U補J 6346 8D8D

意味 ■一 ゆっくり歩く。■二〈はし・る〉＝趨(しゅ)

参考「趨」(一二〇二ページ・下)の俗字。

【趍舍】しゅしゃ・ちしゃ 進退。賢人を進め、おろかな人をしりぞける。

走6【趔】〔13〕レツ 漢 入 屑 liè リエ　U補J 8D94

意味 趔趄(れっしょ)は、よろよろして足が進まないこと。

走7【趕】〔14〕カン 漢 上 旱 gǎn カン　U補J ②8923 6349 8D95

意味 ＝赶 ①〈はし・る〉②追いかける。③急ぐ。

走7
【趙】〔14〕 標
㊀チョウ(テウ)漢 ㊀上 篠 zhào チャオ
㊁チョウ(テウ)漢 ㊁上 篠 diào ティアオ
U補J 8D99 7668

意味 ㊀①走る。とびこす。②ベッドの横木。③周代の国の名。④戦国時代の国の名。春秋時代の晋(しん)が韓(かん)・趙・魏(ぎ)の三国に分立したその一つ。⑤姓。㊁土をほって草をぬく。

【趙嘏(ちょうか)(てう)】人名。唐代の詩人。字(あざな)は承祐(しょうゆう)。
【趙岐(ちょうき)(てう)】人名。後漢の人。「孟子章句」を著した。
【趙魏老(ちょうぎのろう)(てうぎのらう)】趙家や魏家の家老。大きな家の事務長。「為二趙魏老一則優(ちょうぎのろうとなさばすなわちゆうなり)」(趙家や魏家の家老としては、じゅうぶんの能力を持っている。)〈論語・憲問(けんもん)〉
【趙匡胤(ちょうきょういん)(てうきやういん)】人名。宋(そう)の太祖。宋の初代の皇帝。
【趙高(ちょうこう)(てうかう)】人名。秦(しん)時代の宦官(かんがん)。二世皇帝胡亥(こがい)を立てて、自分は首相になり権力をふるったが、胡亥を殺したのちに立てた三世皇帝子嬰(しえい)によって、一族皆殺しにされた。(?～前二〇七)
【趙充国(國)(ちょうじゅうこく)(てう)】人名。前漢の武将。武帝・宣帝に仕え、蛮国征伐に功をたてた。(前一三七～前五二)
【趙樹理(ちょうじゅり)(てう)】人名。作家。山西(さんせい)省に生まれ、抗日戦のころ「小二黒の結婚」「李有才板話(りゆうさいはんわ)」「李家荘の変遷」などの小説を発表して、農民と農村との姿を描き、文学の徹底的な大衆化に成功した。(一九〇六～一九七〇)
【趙子昂(ちょうすごう)(てうがう)】人名。元時代の書家・画家。名は孟頫(もうふ)。子昂は字(あざな)。(一二五四～一三二二)
【趙宋(ちょうそう)(てう)】宋朝。南北朝の宋と区別し、天子の姓を取って、趙宋といい、南北朝の宋を劉(りゅう)宋という。
【趙飛燕(ちょうひえん)(てう)】人名。漢の成帝の皇后。「飛燕外伝」という小説の主人公。
【趙璧(ちょうへき)(てう)】趙の宝玉。和氏之璧(かしのへき)。
【趙翼(ちょうよく)(てう)】人名。清(しん)の史学者・詩人。号は甌北(おうほく)。「二十二史箚記(さっき)」「陔余叢考(がいよそうこう)」「甌北詩話(おうほくしわ)」などを著す。(一七二七～一八一四)

走8
【趞】〔15〕
㊀シャク漢 ㊀入 薬 què チュエ
㊁セキ漢 ㊁入 陌 qì チー
㊂セキ漢 ㊂入 陌 jí チー
U補J 8D9E 6350

意味 ㊀趬趞(きょうしゃく)は、軽やかに進むさま。㊁体をななめにして進むこと。また、つつしみおそれるさま。㊂ふみつける。＝踖(せき)

走8
【趣】〔15〕 常 シュ おもむき
㊀シュ漢呉 ㊀去 遇 qù チュイ
㊁シュ漢呉 ㊁平 虞 qū チュイ
㊂ショク漢 ソク呉 ㊂入 沃 cù ツー
U補J 8DA3 2881

筆順 土 キ キ 走 赶 趄 趣

意味 ㊀①〈おもむき〉㋐わけ。考え。「趣意(しゅい)」㋑ようす。風情(ふぜい)。㋒こころもち。㋓行い。②〈おもむ・く〉㋐かけつける。㋑向かう。③取る。㊁〈はし・る〉①走って向かう。②急いで近づく。㊂①〈うなが・す〉さいそくする。②〈すみやか〉速い。いそぐ。③趣織(そくしょく)は、こおろぎ。＝促織(そくしょく)

解字  形声。走が形を表し、取(しゅ)が音を示す。取には、とるという意味がある。趣は、取ろうとして急ぐことである。また、取には、ちぢまる意味があるから、趣は、セカセカと小きざみに走ることであるともいう。

名前 とし

【趣意(しゅい)】「趣旨(しゅし)」に同じ。

【趣向(しゅこう)(かう)】①おもむく。目的に向かう。②くふう。おもむき。考え。

【趣旨(しゅし)】おもな内容。言おうとしているだいたいのこと。

【趣舎(しゅしゃ)】①進むと、止まると。進退。②取ると捨てると。「取捨。」

【趣致(しゅち)】おもむき。

【趣味(しゅみ)】①おもむき。おもしろみ。②好み。個人の傾向。「③美を鑑賞する能力。」

【趣駕(しゅが)(そく)】乗り物のしたくを催促する。
◇▼旨趣(ししゅ)・妙趣(みょうしゅ)・風趣(ふうしゅ)・情趣(じょうしゅ)・野趣(やしゅ)・意趣(いしゅ)・興趣(きょうしゅ)

走8
【趠】〔15〕
㊀タク漢 ㊀入 覚 chuò チュオ
㊁トウ(タウ)漢 ㊁去 効 chào チャオ
㊂チョウ(テウ)漢 ㊂去 嘯 tiào ティアオ
㊃タク漢 ㊃入 覚 zhuó チュオ
U補J 8DA0 6352

意味 ㊀「逴」(一二四五ジ・中)の同字。㊁①跳ぶ。②越える。③半歩。㊂①歩くさま。②卓越している。㊃①ぬきん出る。②超える。③はやく走る。

走8
【䞴】〔15〕
トウ(タウ)漢 平 肴 zhāo チャオ
U補J

意味 䞴趟(とうとう)は、①とびはねる。②かわった歩きかた。

走8
【䞴】〔15〕 俗字
U補J 47B4

走8
【趟】〔15〕
㊀トウ(タウ)漢 ㊀平 庚 zhēng チョン
㊁トウ慣 ㊁── tàng タン
U補J 8D9F 6351

意味 ㊀䞴趟(とうとう)は、①とびはねる。②かわった歩きかた。㊁行き来する回数を表す。

走9
【趦】〔16〕 同 ↓趑(一二一ジ・下)

走10
【趨】〔17〕 標
㊀シュ漢 スウ慣 ㊀平 虞 qū チュイ
㊁ショク漢 ソク呉 ㊁入 沃 cù ツー
㊂シュ漢呉 ㊂去 遇 qù チュイ
U補J 8DA8 3186

意味 ㊀①〈はし・る〉いそぎ足で歩く。②〈おもむ・く〉㋐向かって行く。㋑追う。③ついていく。④おもむき。ねらい。㊁①〈うなが・す〉さいそくする。②すみやか。速い。いそいで。③せまる。㊂〈はし・る〉速く走る。

【趨迎(すうげい)】走って出むかえる。

【趨向(すうこう)(かう)】向かって行く。好みの傾向。なりゆき。【――性(すうこうせい)】「趨性(すうせい)」に同じ。

【趨参(參)(すうさん)】いそいで参上する。

【趨時(すうじ)】時世の流れにそう。時機に応じて行動する。

【趨舎(すうしゃ)】①進み出ることと、しりぞき止まること。進退。②取ることと、捨てること。取捨。③家に行く。

【趨捨(すうしゃ)】①進み出ることと、退き止まること。進退。②取ることと、捨てること。「不下択二利害一為中趨捨上(りがいをえらびてすうしゃをなさず)」(利害損得を考えて身の出処進退を決めるということをしない。)〈小学・善行〉

【趨性(すうせい)】生物が刺激に反応して動作する性質。趨向性。「タキシス。」

【趨勢(すうせい)】①なりゆき。向かって行く傾向。②えらい人につき従っておべっかをつかう。

【趨走(すうそう)】速く走る。走り使いをする。「こむ。運動する。」

【趨蹌(すうそう)(さう)】①走り方のうまいさま。②走りまわって頼み」

【趨庭(すうてい)】子が父の教えをうけること。孔子の子の鯉(り)が庭先を小走りに通ったときに、孔子から詩や礼を学ぶべきことを教えられたことによる。↓「過庭之訓(かていのおしえ)」(一二四七ジ・上)

【趨拝(拜)(すうはい)】急いで行ってあいさつする。走って行っておがむ。

【趨陪】(すうばい) はしり、したがう。天子のそばに出仕する。

【趨利】(すうり) 争って利益を得ようとする。

【趨織】(そくしょく) こおろぎ。＝促織

走12【趫】〔19〕キョウ 漢 平 (ケウ) qiáo チアオ 蕭　U補J 6354 8DAB

意味 ①〈すばや・い(──・し)〉身軽である。②木に高くのぼる。③いさましい。「趫捷(きょうしょう)」

【趫跳】(きょうちょう(けうてう)) すばやく走りとぶ。

走12【趬】〔19〕キョウ 漢 平 (ケウ) qiāo チアオ 蕭　U補J 6355 8DAC

意味 ①軽やかに進むさま。②足をあげる。③高くあげる。④方向をかえる。

走13【趮】〔20〕ソウ 漢 去 (サウ) zào ツァオ 号　U補J 8DAE

意味 すばやい。あわただしい。

走14【趯】〔21〕㊀ヤク 漢 ㊀入 薬 yuè ユエ　㊁テキ 漢 ㊁入 錫 tì ティー　U補J ①9232 6356 8DAF

意味 ㊀〈おど・る(をど・る)〉とびあがる。㊁①はねおどるさま。「趯趯(てきてき)」②字の書き方の一つ。筆の先を上に向けてはねあげる。

走19【趲】〔26〕サン 漢 上 zǎn ツァン 旱　U補J 6357 8DB2

意味 ①はしる。②いそぐ。③追いたてる。

7画　足(⻊)部　あし　あしへん

【部首解説】「口」と「止」が合わさり、「あし」を表す。この部には、足の状態や足を使った動作に関連するものが多く、「足・⻊」の形を構成要素とする文字が属する。偏になるときは「⻊」となる。

足0【足】〔7〕学1　ソク　あし・たりる・たる・たす　U補J 3413 8DB3

㊀ショク 漢　ソク 呉　㊀入 沃 zú ツー
㊁シュ 漢 呉　スウ 慣　㊁去 遇 jù チュイ

筆順 丶 冂 口 𠮛 ⻊ 𧾷 足

意味 ㊀①〈あし〉㋐ももから下の総称。㋑くるぶしから下。㋒動物の足。㋓支える部分を広くいう。㋔もと。山のふもと。②ふむ。あるく。走る。③〈た・りる(──・る)〉〈た・る〉㋐じゅうぶんある。㋑満足する。㋒できる。④〈た・す〉じゅうぶんにする。⑤姓。㊁①〈た・す〉加える。②〈す・ぎる(──・ぐ)〉度を越す。③足恭(すうきょう)は、おもねりへつらうさま。ばかていねい。国①〈あし〉㋐おかね。おあし。㋑船の下部。②〈そく〉くつなどを数える。

解字 ⻊ 会意。口と止とを合わせた字。口は、人の部分で、口によって人のからだを表した。止はあしの形。足はあしをいう。また、口は、ひざがしらの形で、足は、ひざから下をいうとも解する。

名前 なり・みつ・ゆき・たらし　姓 足代(あじろ)・足立(あだち)・足羽(あすは)・足助(あすけ)・足高(あだか)・足利(あしかが)・足奈(あすくな)・足達(あだち)　地名 足羽(あすわ)・足利(あしかが)・足柄(あしがら)・足寄(あしょろ)　難読 足袋(たび)(付表)／足搔(あが)き

【足利学(學)校】(あしかががっこう(がくかう)) 国鎌倉(かまくら)時代初期、足利に創設された、わが国最古の学問所。

【足掛】㊀(あしがかり) 国①高い所へ登るとき、足をかけるところ。②物事のいとぐち。㊁(あしかけ) 国①初めと終わりを数に入れた月日などの数えかた。②鉄棒に片足をかけて上がる上がり方。

【足枷】(あしかせ) 国刑罰の道具。両足を一枚の厚板にはめて自由を奪った刑具。

【足軽(輕)】(あしがる) 国①走り使いをする下級武士。②武家時代の兵隊。

【足摺】(あしずり) 国じだんだをふむ。足をばたばたさせる。

【足駄】(あしだ) 国①げたの総称。②雨天に使うたかげた。

【足溜】(あしだまり) 国①しばらく足を止めるところ。②足がかり。

【足踏】(あしぶみ) 国①足びょうし。②歩くあしどりで、同じ位置を踏みつづける。③事情が進展しないこと。【──板】(あしぶみいた) 国工事現場で、足場にかけ渡した通路の板。

【足偏】㊀(あしへん) 国部首の名。㊁(あとへん) 国あとのまつり。事がすんで機会を失うこと。(「跡(あと)」の字が足偏であることから。)

【足音】(そくおん) あしおと。【──跫然】(そくおんきょうぜん) 足音がひびく。珍客を迎えて喜ぶこと。空谷足音(くうこくのそくおん)。〈荘子(そうじ)・徐無鬼〉

【足牀】(そくしょう(しゃう)) 足を置く台。足かけ。

【足跡】(そくせき・あしあと) ①あしあと。②経験。③はたしたしごと。

【足跗】(そくふ) あしの甲。

【足了十人】(そくりょう(れう)じゅうにん(じふにん)) 十人分の力がある。

【足労(勞)】(そくろう(らう)) 国足をはこばせること。人にわざわざ出向いてもらうときにつかうことば。

【足下】㊀(そっか(そくか)) ①足の下。②足もと。③同輩に対する敬語。あなた。きみ。㊁(あしもと) 国①足のあたり。②立場。③そば。④歩き方。

【足高】(たしだか) 国江戸時代、上の官職に任ずるとき、俸給(ほうきゅう)を臨時に増したこと。

【足袋】(たび) 国足をつつむもの。

【足球】(ツーチウ) zúqiú 現サッカー。

◆下足(げそく)・土足(どそく)・手足(てあし)・不足(ふそく)・出足(であし)・充足(じゅうそく)・具足(ぐそく)・雨足(あめあし)・長足(ちょうそく)・発足(ほっそく)・洗足(せんぞく)・素足(すあし)・高足(こうそく)・浮足(うきあし)・蛇足(だそく)・補足(ほそく)・満足(まんぞく)・義足(ぎそく)・遠足(えんそく)・逸足(いっそく)・禁足(きんそく)・襟足(えりあし)・駿足(しゅんそく)・過不足(かふそく)・自給自足(じきゅうじそく)

足0【⻊】〔7〕　U補J ②8925 27FB7

意味 部首の一つ。あしへん。足が偏のときの形。

足3【趷】〔10〕キツ kē コー　U補J 6359 8DB7

意味 趷蹬(コートン)は、ものがあたってなる音。

足3【䟕】〔10〕サ 漢 去 chà チャー 禡　U補J 47D5

意味 ①ふむ。ふみつける。②分かれ道。

足3【趵】〔10〕㊀ホウ(ハウ) 漢 ㊀去 効 bào パオ　㊁ハク 漢 ㊁入 覚 bō ボー　U補J 6358 8DB5

意味 ㊀足音。ひづめの音。㊁おどりはねる。

足4【跂】〔11〕㊀キ 漢 ㊀上 紙 qǐ チー　㊁キ 漢 ㊁平 支 qí チー　㊂キ 漢 ㊂去 寘 qì チー　U補J 7669 8DC2

意味 ㊀①〈つまだ・つ〉かかとをあげる。＝企(き) ②のぼる。③正しくない。㊁①〈むつゆび〉足の指が多い。②ゆっくり歩く。③虫が動くさま。＝蚑(き) ④分かれる。＝歧(き) ㊂足をたらしてすわる。

【跂行】(きこう(かう)) 足を使って進むもの。虫類。【──喙息】(きこうかいそく) 足で進むものや、くちばしで息をするもの。虫類や鳥類。〈史記・匈奴(きょうど)列伝〉

【跂坐】(きざ) 足をたれてかかとを地につけないで、すわる。

【跂想】(きそう(さう)) 待ち望む。期待する。

【跂足】(きそく) 足をつまだてる。遠くを見るようす。

【跂望】(きぼう(ばう)) ①つまだちをして遠くを見る。②待ち望む。〈詩経(しきょう)・河広(かこう)〉

足4【趹】〔11〕ケツ 漢 入 jué チュエ 屑　U補J 6360 8DB9

7画　見角言谷豆豕豸貝赤走足(⻊)身車辛辰辵(⻌・⻍)邑(⻏〈右〉)酉釆里

意味 ①馬の速く走るさま。②はやく進む。

足4【跀】〔11〕ゲツ 漢 入 月 yuè ユエ　U補J 8DC0 6362

意味〈あしき・る〉罪人の足を切る刑罰。

足4【趾】〔11〕標 シ 漢 呉 上 紙 zhǐ チー　U補J 8DBE 7670

意味 ①〈あし〉㋐足。足のゆび。㋑どだい。ねもと。＝址 ②〈あと〉㋐足あと。㋑遺跡。③足どり。④終わり。

【趾高気(氣)傲】意気が盛んなさま。

足4【趿】〔11〕ソウ(サフ) 漢 入 合 sà サー　U補J 8DBF

意味 足につまばさむ。はきものをつっかける。

足4【跉】〔11〕チン 漢 シン 漢 上 寝 chěn チェン　U補J 8DBB 6361

意味 跉踔は、とびはねて行くさま。

足4【趺】〔11〕フ 漢 呉 平 虞 fū フー　U補J 8DBA 7671

意味 ①〈あし〉〈あなひら〉あしの甲。＝跗 ②あしあと。③石碑などの台。④花のがく。⑤あぐら。「跏趺」

【趺坐】仏 一種のあぐら。足の甲をもものの上にのせるすわり方。「結跏趺坐」

【――鍋】国 あぐらをかきながら鍋を囲んで食べること。また、その鍋。

足5【跇】〔12〕エイ 漢 テイ 漢 去 霽 yì イー　U補J 8DC7 6365

意味 こえる。とびこえる。わたる。

足5【跏】〔12〕標 カ 漢 呉 平 麻 jiā チア　U補J 8DCF 7672

意味 坐禅する際のあぐら。「結跏」

【跏坐】仏 あぐらをかく。「結跏趺坐」の略。

【跏趺】両足の甲を、他の足のももにのせてすわる。一種のあぐら。結跏趺坐。

足5【距】〔12〕常 キョ　U補J 8DDD 2187

旧字 足5【距】〔12〕キョ 漢 上 語 jù チュイ　U補J

筆順

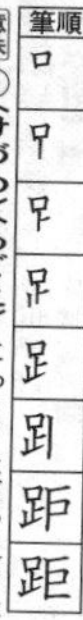

意味 ①〈けづめ〉〈あごえ〉にわとりなどの足の後ろのつめ。②〈ふせ・ぐ〉〈こば・む〉拒否する。＝拒 ③〈いた・る〉越えて行く。④〈へだ・てる(――・つ)〉㋐間をおく。㋑たがう。㋒遠ざける。㋓へだたり。前後のへだたり。⑤〈さ・る〉遠ざかる。⑥おどりあがる。とびこえる。⑦どうして。もしも……。⑧大きい。＝鉅

解字  形声。足が形を表し、巨が音を示す。巨には大きいという意味がある。また、巨は、鳥のけづめの形に似ている。距は、にわとりの大きいけづめのことである。もともと巨は、コの字形のじょうぎを手で持つ形である。その形と、足とを合わせて、へだたりの意味にもなる。

【距堙】敵状偵察用に作ったどて。

【距星】二十八宿の、おのおのの最初の星。

【距絶】ことわる。はねつける。＝拒絶

【距戦(戰)】ふせぎ戦う。

【距塞】道をふさいでふせぐ。

【距離】㊀へだたり。あいだ。㊁ jùlí 現 ①㊀に同じ。②離れる。へだたる。

足5【跔】〔12〕ク 漢 平 虞 jū チュイ　U補J 8DD4 6370

意味 ①寒さで手足がかじかむ。②とびはねる。

足5【跚】〔12〕サン 漢 平 寒 shān シャン　U補J 8DDA 7673

意味 蹣跚は、よろめく。行きなやむさま。

足5【跐】〔12〕シ 漢 上 紙 cǐ ツー　U補J 8DD0

足5【𧿿】〔12〕同字　U補J 27FFF

意味 ①ふむ。ふみしめる。「跐踏」②きわめる。こえる。③ふたつ。一対。

足5【跙】〔12〕ショ 漢 上 語 jǔ チュイ　U補J 8DD9 6373 ②8928

意味 行きなやむ。足が前に進まない。

足5【跖】〔12〕セキ 漢 入 陌 zhí チー　U補J 8DD6 7674

意味 ①〈あなうら〉足のうら。②ふむ。とびはねる。③魯の国のおおどろぼう、盗跖の名。

【跖蹻】盗跖と荘蹻。有名な二人の盗賊。

足5【跎】〔12〕タ 漢 平 歌 tuó トゥオ　U補J 8DCE 6368 ①9233

足5【𧿶】〔12〕同字　U補J 27FF6

意味 ①〈つまず・く(つまづ・く)〉②蹉跎は、㋐つまずく。㋑時期を失う。㋒山がけわしいさま。

足5【跆】〔12〕タイ 漢 平 灰 tái タイ　U補J 8DC6 6364 ②8926

意味 ①跆籍は、足でふみつける。また、侵犯する。②踏跆は、手をつらねてうたうこと。③跆拳道は、韓国で生まれた武術。

足5【跅】〔12〕タク 漢 入 薬 tuò トゥオ　U補J 8DC5 6363

意味 ①ゆるむ。しまりがない。②跅落・跅弛は、礼儀正しくなく、勝手である。常識はずれ。

足5【跕】〔12〕チョウ(テフ) 漢 入 葉 tiē ティエ　U補J 8DD5 6371

意味 ①〈ふ・む〉はきものをつっかけにはいて歩く。軽くふむように歩く。②落ちる。

足5【跌】〔12〕テツ 漢 入 屑 diē ティエ　U補J 8DCC 7675

意味 ①〈つまず・く(つまづ・く)〉つまずきたおれる。「跌倒」②〈す・ぎる(――・ぐ)〉㋐通りすぎる。㋑越える。㋒度を過ごす。③ほしいまま。かってに。④走る。⑤たがう。あやまつ。⑥足の裏。

【跌踢】つまずく。

【跌宕】かってでしまりがない。むとんじゃく。

【跌蕩】①物事にとんじゃくなく、かってなこと。＝跌宕 ②倒れたり、ころんだりしてあわてふためく。

足5【跈】〔12〕デン 漢 セン 漢 上 銑 niǎn ニエン　U補J 8DC8 6366 ②8927

意味 ①おいかける。②足でふむ。

足5【跛】〔12〕㊀ハ 漢 ㊀ 上 哿 bǒ ポー ㊁ヒ 漢 ㊁ 去 寘 bì ピー　U補J 8DDB 7676

意味 ㊀足が不自由なこと。㊁かたよる。片足で立つ。

【跛行】不自由な足を引きずりながら歩く。ふらふらしているさま。

【跛跛挈挈】足なえ手なえ。

【跛鼈】足のわるいすっぽん。【――千里】足の不自由なすっぽんも、努力すれば千里を行く。才能がなくても努力すれば、大きな仕事をなしとげることができる。〈荀子・修身〉【――入空谷】足の不自由なすっぽんが、がらんとした谷にはいる。抜け出すことができないたとえ。

【跛倚】①片足で立って、物によりかかる。②かたよる。えこひいき。

足5 【跊】〔12〕 バイ㊥ ㊤ 隊 mèi メイ U補J 8DCA 6367
意味 ふむ。ふみつける。

足5 【跋】〔12〕 標 ハツ㊥ バチ㊇ ㊅ 曷 bá バー バツ㊐ U補J 8DCB 7677
足5 〔䟦〕〔12〕俗字 U補J 47E6
意味 ①〈ふ・む〉㋐ふみにじる。㋑つまずく。②〈こ・える(―・ゆ)〉道のない所を草をふみ分けて行く。山や野を越えて行く。③行く。④もどる。⑤たいまつ。⑥かかと。⑦文体の名。書物のあとにつけて内容をまとめる。おくがき。⑧姓。
【跋折羅】ばさら・ばしゃら ①金剛石。②㊀金剛杵しょ。心の迷いを破る棒。③音楽・舞楽などで目だった演技をすること。【―大将(將)】ばしゃらだいしょう(しゃう) ㊀薬師十二神将の一つ。戌いぬの刻(午後七時～九時)の守り神。
【跋胡】ばっこ おおかみが、あごのたれた肉がじゃまで進みにくい。進退にこまるたとえ。また、苦しい立場にあっても正しさを失わないたとえ。〈詩経しきょう・狼跋ろうばつ〉
【跋扈】ばっこ ①強くてわがままかって。②臣下が、主人や君主をしのぐ。
【跋語】ばつご 書物の後ろにつける文。跋文。
【跋渉】ばっしょう(せふ) 野を歩き、川を渡る。山川をめぐり歩く。
【跋前疐後】ばつぜんちご 「跋胡ばっこ」に同じ。
【跋馬】ばっぱ 馬を乗りまわす。馬の腹を打って走らせる。
【跋文】ばつぶん 書物の後ろにつける文。おくがき。
【跋履】ばつり ふみあるく。山や川を経めぐること。跋渉。
◆序跋じょばつ・題跋だいばつ

足5 【跗】〔12〕 フ㊥ ㊤ 虞 fū フー U補J 8DD7 6372 ①9235
意味 ①〈あなひら〉足の甲。＝趺ふ ②花のがく。③石碑せきひなどの台。国〈きびす〉〈くびす〉かかと。
【跗萼】ふがく ①花のがく。②兄弟。
【跗注】ふちゅう(ちう) 昔の軍服。ズボンのようなものという。

足5 【跑】〔12〕 ■ホウ㊥ ■㊤ 肴 páo パオ (ハウ) ■ホウ㊐ ■― pǎo パオ U補J 8DD1 6369 ①9234
意味 ■①〈あが・く〉足で地をかく。②ける。■①走る。②にげる。
【跑歩】パオブー pǎobù 現駆け足(をする)。

足5 【䟦】〔12〕 俗 ↓跋(本ベージ・上)

足6 【跪】〔13〕 キ㊥ ㊤ 紙 guì コイ U補J 8DEA 7678
意味 ①〈ひざまず・く(ひざまづ・く)〉両ひざを地につける。おじぎをするときの姿勢。まげる。②〈あし〉おもに蟹かにのあし。
【跪座(「坐」)】きざ ひざまずいてすわる。
【跪謝】きしゃ ひざまずいて、あやまる。
【跪拝(拜)】きはい ひざまずいておがむ。
【跪伏】きふく ひざまずいてひれ伏す。

足6 【跬】〔13〕 キ㊥ ㊤ 紙 kuǐ コイ U補J 8DEC 6377 ②8929
意味 ①ひとあし。一歩。片足を踏み出した長さ。三尺。(↓付録「度量衡名称」)②わずか。③近い。④跬行きこうは、㋐ひとりで行く。㋑足をあげてゆく。
【跬歩】きほ ひとあし。一歩。跬は片足をふみ出すことで三尺の長さ。歩は、二歩あるいた距離で、六尺の長さ。
【跬誉(譽)】きよ 一時的な名誉。

足6 【跫】〔13〕 キョウ㊥ ㊤ 冬 qióng チョン U補J ― ― ―
足6 〔跫〕〔13〕同字 U補J 8DEB 7679
意味 〈あしおと〉人の足音。「跫音きょうおん」
【跫然】きょうぜん 人の足音のさま。また、喜ぶさま。

足6 【趼】〔13〕 ■ケン㊥ ■㊤ 霰 jiǎn チエン ■ゲン㊥ ■㊤ 先 yán イエン U補J 8DBC 6379
意味 ■①たこ。足のまめ。②あかぎれ。■①獣の足あと。②ひづめをつまだてる。

足6 【跨】〔13〕 標 入 カ(クワ)㊥ ㊤ 禡 kuà コワ コ㊥ U補J 8DE8 2457
意味 ①〈また・ぐ〉〈またが・る〉㋐渡る。こえる。㋑馬乗りになる。㋒二つに分かれた地域を所有する。②ひとりじめする。③〈また〉またの間。またぐら。④現(大きく)ふみ出す。
【跨下】こか ■またの下。■また した 国ズボンやももひきの、またから下の長さ。
【跨鶴】こかく ①鶴に乗る。仙人になることをいう。②人が死ぬことをいう。
【跨拠(據)】こきょ 二つの土地にかけて、場所をとる。またがってたてこもる。
【跨年】こねん 年の末から翌年の初めにつづくこと。
【跨有】こゆう(いう) またがって所有する。二国にかけて占領する。
【跨竈之才】こそう(さう)のさい 父より人物学問がすぐれていること。

足6 【跤】〔13〕 コウ㊥ ㊤ 肴 jiāo チアオ (カウ) U補J 8DE4 6374
意味 ①すね。はぎ。②つまずいてころぶ。

足6 【跲】〔13〕 コウ㊥ ㊅ 洽 jiá チア (カフ) U補J 8DF2 6381
意味 〈つまず・く(つまづ・く)〉つまずいてたおれる。

足6 【跟】〔13〕 コン㊥ ㊤ 元 gēn ケン U補J 8DDF 7680
意味 ①〈きびす〉〈くびす〉かかと。また、もののうしろ。②〈したが・う(――・ふ)〉㋐つき従う。㋑ともをする。㋒仕える。③現…と。…に。

足6 【跴】〔13〕 サイ㊥ ㊤ 賄 cǎi ツァイ U補J 8DF4 6382
意味 ①ふむ。ふみつける。②追跡する。

足6 【跱】〔13〕 チ ジ(ヂ)㊇ ㊥ ㊤ 紙 zhì チー U補J 8DF1 6380
意味 ①とどまる。＝峙じ ②立つ。③ためる。

足6 【跩】〔13〕 ■セイ㊥ ■㊤ 霽 shì シー ■サイ㊐ ■― zhuǎi チョワイ U補J 8DE9
意味 ■こえる。のりこえる。■あひるのようなかっこうで歩く。

足6 【跡】〔13〕 常 セキ あと セキ㊥ シャク㊇ ㊅ 陌 jì チー U補J 8DE1 3255
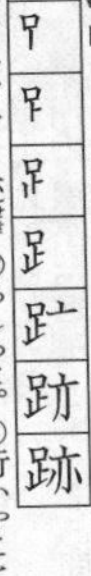

意味 ①〈あと〉〈と〉＝迹せき ㋐あしあと。㋑行いやことがらのあと。「形跡けいせき」②あとを追う。みならう。③追求する。④正しい道。
解字 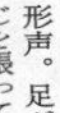 形声。足が形を表し、亦えきが音を示す。亦は人が両ひじを張っている形である。跡は、人の足あとをいう。音セキは、亦の音エキの変化。
参考 新表記では、「蹟」の書きかえに用いる。
【跡取】あととり 国先代のあとを継ぐ者。あとつぎ。

7画 見角言谷豆豕豸貝赤走足(⻊)身車辛辰辵(⻌・⻍)邑(⻏〈右〉)酉釆里

【跡目】国①家督をつぐこと。②後任者。あとつぎ。

【跡訪】訪れる。
◇人跡・手跡・古跡・史跡・旧跡・形跡・足跡・軌跡・追跡・鳥跡・痕跡・筆跡・遺跡

足6【践】〔13〕常 セン
旧字 足8【踐】〔15〕セン 漢 上 銑 jiàn チエン
U補J 8DF5 3309
U補J 8E10 7688

筆順 口 ⻊ ⻊ ⻊ ⻊ 跕 践 践

意味 ①〈ふ・む〉㋐ふみつける。㋑実行する。「践行」㋒つきしたがう。㋓位や職につく。㋔行く。その土地をふむ。②守る。③きちんとならんださま。④そこなう。のぞく。

解字 形声。足が形を表し、戔が音を示す。戔には、そろえるという意味がある。踐は前足のところに後ろ足をそろえて進む歩きかたである。

【践阼】先帝がなくなられて、次の天子がすぐ天子の位につく。阼は、天子が祭りのときに登る東がわの階段。＝践祚
【践祚】「践阼」に同じ。
【践土】地名。春秋時代、鄭国の地。今の河南省原陽県西南。【——之盟】春秋時代、晋の文公が、諸侯を践土に集め、周の王室への忠誠を誓ったこと。この時から晋の文公が覇者となった。(前六三二)
【践年】年を経ること。歴年。
【践履】①ふみつける。②ふみおこなう。③ふみあるく。④「体験する。」
◇実践

足6【跣】〔13〕セン 漢 上 銑 xiǎn シエン
U補J 8DE3 7681

意味 ①〈はだし〉「跣足」「跣跗」②はだしでいる。

【跣行】はだしで歩く。

【跣走】はだしで走る。

足6【跧】〔13〕セン 漢 平 先 quán チュワン
U補J 8DE7 6376

意味 ①〈ふ・す〉かがむ。はらばう。②ふむ。③ける。

足6【跺】〔13〕タ 漢 上 哿 duǒ トゥオ
U補J 8DE5 6375

意味 あるくさま。

足6【跳】〔13〕常 チョウ はねる・とぶ
チョウ(テウ) 漢 平 蕭 tiào ティアオ
U補J 8DF3 3623

筆順 口 ⻊ ⻊ ⻊ ⻊ 𧿒 跳 跳

意味 ①〈おど・る(をど・る)〉㋐とびあがる。㋑とびこえる。㋒ぬきでる。「跳躍」②〈は・ねる(―・ぬ)〉〈と・ぶ〉とびはねる。③速く走る。④刀などをふりまわす。国①〈は・ねる(―・ぬ)〉芝居などが終わる。②〈はね〉飛び散った泥。

解字 形声。足が形を表し、兆が音を示す。兆には、離れる、割れるという意味がある。跳は、地面から離れて、はねあがることをいう。

【跳身】身をおどらす。とびあがる。

【跳然】とびあがるさま。

【跳百歩】はねまわる。

【跳舞】■おどり舞う。■tiàowǔ 現ダンス。

【跳不出】はね出すことができない。身を変えることができない。

【跳躍】とびはねる。ジャンプ。

【跳梁】①はねまわって自由にふるまう。②悪者がはびこって、かってなことをする。【——小醜】①世の中をさわがす小悪人。②おとなをばかにして、人を人とも思わぬふるまいをする、常識のない若者。

【跳踉】①おどりあがり、はねまわる。②よろめく。

【跳高】tiàogāo 現走り高とび。

【跳蚤】tiàozǎo 現(虫)のみ。

【跳遠】tiàoyuǎn 現走り幅とび。
◇幅跳・走高跳・棒高跳

足6【路】〔13〕学3 ロ じ
U補J 8DEF 4709
■ロ 漢 呉 ■去 遇 lù ルー
■ラク 漢 呉 ■入 薬 luò ルオ

筆順 口 ⻊ ⻊ ⻊ ⻊ 跁 路 路

意味 ■①〈みち〉〈ち〉〈じ(ぢ)〉㋐やや広い道。㋑ふみ行うべきみち。㋒地位。大事な場所。「当路」「要路」㋓旅行の途中。たび。②くるしむ。よわる。③正しい。大きい。④車。＝輅 ⑤あらわれる。＝露 ⑥宋時代の行政区画の名。今の省にあたる。⑦姓。■めぐる。まとわりつく。

解字 形声。足が形を表し、各が音を示す。道は踏んで、足で踏み固めた道、路は露で、道がはっきりあらわれて見えるものという。また、道は車のわだち二つが通るもの、路はわだち三つが通るものともいう。また、南北のたての道を経というのに対し、東西に横に連絡する道を路というとか、路の字の中の各は、おのおの別々ということで、路は本道から分かれた道であるともいう。音ロは各の音カクの変化。

名前 のり・ゆく

【路岐】わかれみち。＝岐路
【路銀】国旅の費用。路用。

【路史】書名。四十七巻。宋の羅泌著。伝説を材料として、上古の伝説・歴史をしるしたもの。

【路地】国①門内・屋敷内の通路。②家と家との間の狭い道。

【路次】①道すがら。通るついで。②道すじ。道程。

【路車】①諸侯の乗る車。②王の乗る車。

【路上】■①道のはた。道のほとり。②道のうえ。③途中。■lùshang 現■に同じ。

【路寝(寢)】天子や諸侯が政治をとる表御殿。

【路人】①道を行く人。②自分と関係のない人。他人。

【路線】①みちすじ。線路。バスなどが通る道。②国活動の方針。方向付け。

【路程】みちのり。行程。

【路途】みち。道中。

【路頭】みちばた。

【路馬】天子や諸侯の馬車につける馬。

【路標】国みちしるべ。道の方向をかきしるしたくい。

【路布】道路上に出す告示。転じて、文章。

【路旁】「路傍」に同じ。

【路傍】みちばた。道のほとり。

【路門】宮殿のいちばん内がわの門。

【路用】国旅費。路銀。

【路柳牆花】みちばたのやなぎ、かきねの花。水商売の女。遊女。

【路綫】lùxiàn 現道すじ。路線。ルート。

【路加伝(傳)】「新約聖書」の第三福音書。

【路不拾遺】道に落ちているものを拾って、自分のものとしない。猫ばばをきめこむことをしない。道義が人民の間によく行きわたったことを示す。〈十八史略・唐〉↓「道不拾遺」(一二五〇ページ・中)

【当(當)路】↓「当路」(三九一ページ・上)

【路鬼揶揄】みちばたの死人もからかう、ひどいびんぼう人。

◇山路・水路・世路・末路・血路・行路・当路・迂路・別路・岐路・走路・往路・径路・波路・空路・海路・迷路・家路・恋路・旅路・航路・帰路・浜路・通路・針路・悪路・進路・陸路・険路・販路・理路・経路・雲路・順路・街路・遍路・道路・夢路・隘路・鉄路・語路・駅路・潮路・熟路・線路・磯路・闇路・難路

足6【跰】〔13〕俗→跰(一二〇八ページ・下)

足7【跽】〔14〕 キ 漢 上 紙 jì チー　U 8DFD　補 6383　J ②8932

意味 ①〈ひざまず・く(ひざまづ・く)〉両ひざを地につけてからだを起こす。②恐れるさま。

足7【跼】〔14〕 キョク 漢 入 沃 jú チュイ　U 8DFC　補 ―　J 7682

意味 ①〈せぐくま・る〉㋐身をかがめる。㋑ちぢこまる。㋒曲がってのびない。②馬の進まないさま。

【跼蹐】「跼天蹐地」に同じ。
【跼躅】行きなやむさま。
【跼天蹐地】高い天に対しても、頭がさわらないようにかがみ、厚い地に対しても穴があかないようにそっと歩く。ひどく恐れかしこんで、身のおきどころもないさま。〈詩経・正月〉

足7【踁】〔14〕 一 ケイ 漢 去 径 jìng チン　二 コウ(カウ) 漢 平 庚 kēng コン　U 8E01　補 6384　J ―

意味 一すね。はぎ。膝と足くびの間の部分。＝脛　二踁踁は、かたくるしい小人物のさま。＝硜

足7【𨁂】〔14〕 ケツ 漢 入 屑 xié シエ　U 28042　補 ―　J ―

意味 𨁂跌は、姓。

足7【踆】〔14〕 一 シュン 漢 平 真 qūn チュン　二 ソン 漢 平 元 cún ツン　U 8E06　補 6387　J ②8933

意味 一①〈しりぞ・く〉あとへさがる。②〈とどま・る〉終わる。③踆踆は、人や動物が走るようす。二①うずくまる。②ける。③踆烏は、さといも。

【踆烏】太陽の中にうずくまっているという、三本足のからす。〈淮南子・精神訓〉

足7【踅】〔14〕 一 テイ 漢 去 霽 chì チー　二 セツ 漢 入 屑 xué シュエ　U 8E05　補 6386　J ―

意味 一片足で行く。二くるりとまわる。旋回する。

足7【跿】〔14〕 ト 漢 平 虞 tú トゥー　U 8DFF　補 ―　J 7685

意味 はだし。すあし。

足7【踄】〔14〕 一 ハク 漢 入 薬 bó ポー　二 ホ 漢 去 遇 bù プー　U 8E04　補 6385　J ―

意味 一ふむ。ふみつける。二あるく。＝歩

足7【踊】〔14〕 常 ヨウ 漢 ユ 呉 上 腫 yǒng ヨン　ヨウ　おどる・おどり　U 8E0A　補 ―　J 4557

筆順 ⻊ ⻊ ⻊ 足 踊 踊 踊 踊

足9【踴】〔16〕同字　U 8E34　補 ―　J 7693

意味 ①〈おど・る(をど・る)〉㋐とびあがる。㋑背のびする。②あがる。㋐上にのぼる。㋑物価があがる。③土を積む。④足をきられた罪人のはきもの。国〈おどり(をどり)〉ダンス。

解字 形声。足が形を表し、甬が音を示す。甬には、下から突き上げるという意味を含む。踊は、からだを上下させる動作をいう。

参考 踊は「踴」の中国新字体としても使う。

【踊貴】①物価が高くなる。②足切りの刑に処せられた罪人のはくはきものが値上がりする。罪人がふえて、刑罰が多いこと。
【踊躍】①おどり上がって喜ぶ。こおどりする。②死者を悼み悲しんで、おどるような動作をする。

◇手踊・東踊・盆踊・舞踊

足7【踉】〔14〕 一 リョウ(リャウ) 漢 平 陽 liáng リアン　二 リョウ(リャウ) 漢 去 漾 liàng リアン　三 ロウ(ラウ) 漢 平 陽 láng ラン　U 8E09　補 ―　J 7684

意味 一おどりあがる。二よろめく。「蹌踉」「踉蹌」三歩こうとするさま。

足7【踋】〔14〕俗→脚(一〇二二ページ・上)

足7【踈】〔14〕俗→疎(八四一ページ・下)

足7【䟽】〔14〕同→疏(八四二ページ・上)

足7【踌】〔14〕俗→躊(一二一二ページ・上)

足8【踒】〔15〕 一 ワ 漢 平 歌 wō ウオ　二 イ(ヰ) 漢 平 支 wēi ウエイ　U 8E12　補 ―　J ―

意味 一骨を折る。二曲がり連なるさま。「踒跎」

足8【踠】〔15〕 エン(エン) 漢 上 阮 wǎn ワン　U 8E20　補 6392　J ①9236

意味 ①足を曲げる。②踠踠は、竜の動くさま。国〈もが・く〉あがく。

足8【踝】〔15〕 カ(クワ) 漢 上 馬 huái ホワイ　U 8E1D　補 ―　J 7686

意味 ①〈くるぶし〉足首の突起。②かかと。③踝跣は、すあし。はだし。

足8【踑】〔15〕 キ 漢 平 支 jī チー　U 8E11　補 6389　J ―

意味 ①あしあと。②あぐら。

【踑踞】両足を伸ばしてすわり、手をひざに置いたかっこう。

足8【踦】〔15〕 一 キ 漢 平 支 qī チー　二 キ 漢 上 紙 jǐ チー　三 イ 漢 去 寘 yǐ イー　U 8E26　補 6402　J ―

意味 一①かたあし。「踦跂」②足が不自由なさま。③かたよる。④不足する。⑤よこしま。二①〈かがま・る〉〈かがむ〉②すね。三よりかかる。もたれる。

【踦閭】村の門によりかかること。母が子の帰りを待ちわびるたとえ。倚閭。
【踦人】足の不自由な人。

足8【踩】〔15〕 一 キ 漢 平 支 kuí コイ　二 サイ 漢 上 賄 cǎi ツァイ　U 8E29　補 ―　J ―

意味 一おどる。とびはねる。二①ふむ。ふみつける。②とり入れる。

足8【踞】〔15〕 キョ 漢 コ 呉 去 御 jù チュイ　U 8E1E　補 ―　J 7687

意味 ①〈うずくま・る(うづくま・る)〉㋐かがみこむ。㋑すわりこむ。②うずくまること。③よりかかる。④居つく。⑤おごる。＝倨　⑥のこぎり。＝鋸

【踞侍】うずくまってそばにひかえる。
【踞牀】腰掛けにすわりこむこと。
【踞地】地にうずくまる。【―獅子】えものにと

7画　見角言谷豆豕豸貝赤走足(⻊)身車辛辰辵(⻌・⻍)邑(⻏〈右〉)酉采里

7画 見角言谷豆豕豸貝赤走足(⻊)身車辛辰辵(⻌・⻍)邑(阝〈右〉)酉釆里

びかかろうとして、うずくまっているしし。

足8【踡】〔15〕ケン㊥ ㊥先 quán チュワン　J②8937 補6393 U8E21
意味 かがむ。曲がってのびない。

足8【⿰⻊周】〔15〕シュウ(シウ)㊥ ㊥尤 zhōu チョウ　J― 補― U―
意味 ①けたおす。②おす。

足8〔𨂊〕〔15〕俗字　J②8934 補― U2808A
国はしる。

足8【踧】〔15〕㊀シュク㊥ ㊀㊇屋 cù ツー ㊁テキ㊥ ㊁㊇錫 dí ティー　J②8939 補6403 U8E27
意味 ㊀①〈ちぢ・む〉ちぢまる。せばまる。せまる。②おどろくさま。「踧爾(しゅくじ)」③やすらかなさま。④つつしむさま。㊁踧踧(てきてき)は、平らかなさま。
【踧踖】(しゅくせき) うやうやしくつつしむさま。「踧踖如(しゅくせきじょ)」〈論語・郷党(きょうとう)〉【―不安】(しゅくせきふあん) 恥と心配でおちつかない。

足8【⿰⻊尚】〔15〕ショウ(シャウ)㊥ ㊤養 chǎng チャン　J― 補― U―
意味 ①うずくまる。②現泥や水の中を歩く。音 tāng タン。

足8〔䠀〕〔15〕俗字　J― 補― U4800

足8【踖】〔15〕セキ㊥ ㊇陌 jí チー　J②8936 補6391 U8E16
意味 ①ふみこえる。ふみつける。②踖踖(せきせき)は、㋐つつしむさま。㋑すばやいさま。㋒恥じるさま。

足8【踪】〔15〕常 ソウ　ショウ㊥ ソウ㊞ ㊥冬 zōng ツォン　J7709 補― U8E2A
筆順 ⻊ ⻊ ⻊ 𧾷 ⻊宀 ⻊宗 踪 踪
意味 ①〈あと〉＝蹤(しょう) ㋐足あと。㋑ゆくえ。「失踪」②あとをつける。
解字 形声。足が形を表し、宗(そう)が音を示す。あしあと、あとをつけるという意味では、もともと蹤(従)が使われていたが、後になると蹤に代わって、踪が使われるようになった。

足8【踔】〔15〕㊀トウ(タウ)㊥ ㊀㊎効 chuō チュオ ㊁タク㊥ ㊁㊇覚 zhuō チュオ　J②8935 補6390 U8E14
意味 ㊀①越える。②走る。とぶ。㊁①すぐれる。ずばぬけてまさる。②遠い。はるか。
【踔絶】(たくぜつ) はるかにすぐれている。＝卓絶
【踔然】(たくぜん) 高くぬきでているさま。＝卓然
【踔厲風発(發)】(たくれいふうはつ) 議論がすぐれて鋭く、風のように勢いよく口から出る。才気や弁説がすぐれたさま。
【踔出】(とうしゅつ)(たう) はねあがる。とびだす。

足8【踟】〔15〕チ㊥ ㊥支 chí チー　J7689 補― U8E1F
意味 〈たちもとお・る(たちもとほ・る)〉 ためらう。足をとめる。「踟躇(ちちょ)」
【踟蹰】(ちちゅう・ちちゅ) ①うろうろする。さまよう。たちもとおる。「搔レ首踟蹰(こうべをかきてちちゅうす)」(頭をかきながらうろうろする。)〈詩経(しきょう)・静女〉②ためらう。しりごみする。思いなやむさま。「人命不レ得ニ少踟蹰一(じんめい、しばらくもちちゅうするをえず)」(人間の命は、少しでもぐずぐずしていることが許されない。次々に死ぬ。)〈楽府(がふ)詩集・蒿里曲(こうりきょく)〉③物が続いて並ぶさま。

足8【踢】〔15〕テキ㊥ ㊇錫 tī ティー　J②8938 補6394 U8E22
意味 〈け・る〉足でける。
【踢起】(てきき) けりたおす。
【踢却】(てききゃく) けりたおす。
【踢達】(てきたつ) まちがい。あやまち。
【踢墜】(てきつい) 足でけおとす。

足8【踏】〔15〕常 トウ　トウ(タフ)㊥㊞ ㊇合 tà ター　ふむ・ふまえる　J3807 補― U8E0F
筆順 ⻊ ⻊ ⻊ 𧾷 ⻊丿 ⻊水 ⻊氺 踏
意味 ①〈ふ・む〉㋐足が地につく。㋑足でふむ。㋒大またで歩く。②ふみだい。③はきもの。④現場に行って調べる。「踏勘(とうかん)」国①〈ふ・む〉㋐一定の順序に従って実行する。㋑同一の韻を用いる。②〈ふま・える(――・ふ)〉行動や判断のよりどころとする。
解字 形声。足が形を表し、沓(とう)が音を示す。沓は、水と曰とを合わせた字で、水のように次々としゃべって絶えないことである。踏は、足を次々に動かすことで、ふむという意味になる。
参考 新表記では、「蹈」の書きかえに用いる。また、「沓」の書きかえに用いる熟語がある。

足12〔蹹〕〔19〕同字　J6430 補― U8E79

【踏鞴】(たたら) 国足でふむ大きなふいご。

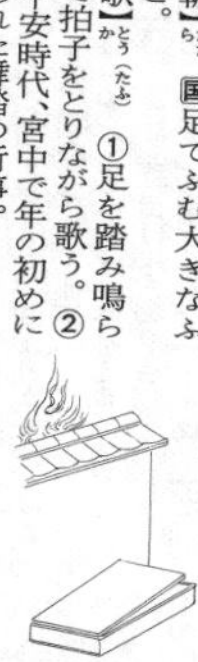
(踏鞴)

【踏歌】(とうか)(たふ) ①足を踏み鳴らして拍子をとりながら歌う。②国平安時代、宮中で年の初めに行われた舞踏の行事。
【踏閣】(とうかく)(たふ) 御殿にのぼる。朝廷で高い地位につく。【―攀林】(とうかくはんりん)(たふ) 朝廷で活躍しているときと、引退して自然の中に暮らすとき。
【踏査】(とうさ)(たふ) その場所へ出かけて調べる。「実地踏査」
【踏襲】(とうしゅう)(たふしふ) そのままうけつぐ。前の人の説をそのまま取り入れる。
【踏常襲故】(とうじょうしゅうこ)(たふじやうしふ) 古い習慣にこだわってぐずぐずし、改革の気力のないこと。踏襲故常。〈蘇軾(そしょく)・伊尹(いいん)論〉
【踏青】(とうせい)(たふ) ①春の日に、みどりの草をふんで郊外を散歩する。②春の遊び楽しむ行動。いろいろの場合がある。㋐陰暦正月八日。㋑二月二日。踏青節。㋒三月三日。上巳(じょうし)。㋓清明節(春分から十五日め)。＝蹈青
【踏藉】(とうせき)(たふ) ふみつける。ふみにじる。
【踏破】(とうは)(たふ) 山や川や原野などをふみこえ、わたり行く。
【踏翻】(とうはん)(たふ) けかえす。つまずいてひっくり返す。
【踏舞】(とうぶ)(たふ) 足をふみならして舞う。
【踏絵(繪)】(ふみえ)(ゑ) 国江戸時代、キリスト教信者でないことを証明させるために、キリストやマリアの画像を踏ませたこと。また、その像。
【踏落】(ふみおとし) 国七言絶句や七言律詩の第一句末に、韻を踏まないこと。
◇足踏(あしぶみ)・値踏(ねぶみ)・雑踏(ざっとう)・舞踏(ぶとう)

足8【⿰⻊幷】〔15〕㊀ホウ(ハウ)㊥ ㊀㊎敬 bèng ポン ㊁ヘン㊥ ㊁㊥先 pián ピエン ㊂ヘイ㊥ ㊂㊤梗 bǐng ピン　J― 補― U2F9DC

足6〔跰〕〔13〕俗字　J― 補6378 U8DF0
意味 ㊀跰跰(ほうほう)は、走ってにげるさま。㊁跰蹮(へんせん)は、ふらふら歩くさま。㊂足をそろえて立つさま。

足8【踣】〔15〕ホク㊥ ボク㊞ ㊇職 bó ポー　J①9237 補6401 U8E23

意味 ①〈たお・れる(たふ・る)〉㋐つんのめる。㋑たおれ死ぬ。②死体をさらしものにする。③ほころびる。

足8 【跕】〔15〕 ティエン diǎn U補J 8E2E ― ―
意味 現 足のつまさきで立つ。つまだつ。

足8 【踐】〔15〕 旧 ↓践(一二〇六ページ・上)

足9 【踽】〔16〕 ク 漢 上 麌 jǔ チュイ U補J 8E3D 6410 ①9238
意味 ①孤独なさま。ひとりで行くさま。②踽僂(くる)は、㋐背のまがっていること。㋑せぐくまる。
【踽踽】(くく) ひとりで歩くさま。

足9 【踖】〔16〕 サ 慣 chǎ チャー U補J ― ― ―
意味 ①足でふむ。②現 泥水の中をずんずん歩く。

足9 【䠓】〔16〕 シュウ 漢 平 尤 qiū チウ (シウ) U補J 4813 ― ―
意味 ①ふむ。②行くさま。③䠓水(しゅうすい)・䠓魚(しゅうぎょ)は、魚の名。いしもちの小さいもの。

足9 【蹂】〔16〕 ジュウ 漢 平 尤 róu ロウ (ジウ) U補J 8E42 ― 7690
意味 ①〈ふ・む〉ふみにじる。「蹂蹸(じゅうりん)」「蹂躙(じゅうりん)」「蹂躪(じゅうりん)」 ②手でもむ。③いねのもみがらを、ふんでとりのぞく。

足9 【踳】〔16〕 シュン 漢 上 軫 chǔn チュン U補J 8E33 6405 ―
意味 ①そむく。たがう。②まざる。ごちゃごちゃに乱れる。「踳駁(しゅんぱく)」 ③踳踳(しゅんしゅん)は、がっかりしたさま。希望を失ったさま。

足9 【踵】〔16〕 標 ショウ 漢 上 腫 zhǒng チョン U補J 8E35 ― 7691
意味 ①〈くびす〉〈きびす〉〈かかと〉 ②〈つ・ぐ〉㋐あとをつぐ。㋑あとをつける。㋒追う。③〈いた・る〉㋐行きつく。㋑たずねる。④ふむ。⑤しきりに。かさねて。
【踵起】(しょうき) 次々に立ちあがる。「一時踵起(いちじにしょうきす)」〈日本外史・楠氏(なんし)序論〉
【踵接】(しょうせつ) かかとがつながる。人の多いたとえ。
【踵武】(しょうぶ) 前人のあとをつぐ。
【随(隨)レ踵】(しょうにしたがう(したがふ)) あとからあとからと。

足9 【踹】〔16〕 U補J 8E39 6409 ②8943
■一 セン 漢 ■一 上 銑 shuàn ショワン
■二 タン 漢 ■二 去 翰 duàn トワン
意味 ■一 足のかかと。■二 ①足。②とびあがる。③けとばす。④現 ふみつける。音 chuài チョワイ。

足9 【踷】〔16〕 タ 漢 上 馬 zhǎ チャー U補J 8E37 6407 ―
意味 ①ななめにすすむさま。②足が不自由なこと。

足9 【踱】〔16〕 タク 漢 入 薬 duó トゥオ U補J 8E31 6404 ―
意味 ①はだしで歩く。②たちもとおる。うろうろする。③ゆっくりと歩く。

足9 【蹀】〔16〕 チョウ 漢 入 葉 dié ティエ (テフ) U補J 8E40 6411 ―
意味 ①〈ふ・む〉足で踏む。②こまたで歩くさま。③あしぶみ。「蹀足(ちょうそく)」
【蹀躞】(ちょうしょう(てふせふ)) ①こまたに歩くさま。②馬の行くさま。③にぎやかに往来するさま。

足9 【踸】〔16〕 チン 漢 上 寝 chěn チェン U補J 8E38 6408 ―
意味 踸踔(ちんたく)は、①足の不自由な歩きかた。②急に大きくなること。③正常でないさま。

足9 【蹄】〔16〕 人 標 U補J 8E44 ― 3693
旧字 足9 【蹏】〔16〕 U補J ― ― ―
■一 テイ 漢 ■一 平 斉 tí ティー
■二 テイ 漢 ■二 去 霽 dì ティー
意味 ■一 ①〈ひづめ〉 ②ひづめにかける。③わな。うさぎを捕らえるわな。■二〈け・る〉けとばす。
【蹄筌】(ていせん) うさぎを取るわなと、魚を取る筌(うえ)(漁具)。筌蹄。転じて、①目的を達するための手段になるもの。②てびき。
【蹄鉄(鐵)】(ていてつ) 馬のひづめに打つ金具。

足9 【踶】〔16〕 U補J 8E36 6406 ②8942
■一 テイ 漢 ■一 去 霽 dì ティー
■二 テイ 漢 ■二 平 斉 tí ティー
■三 チ 漢 ■三 上 紙 zhì チー
意味 ■一〈け・る〉けとばす。■二〈ひづめ〉馬のひづめ。＝蹄(てい) ■三 踶跂(ちき)は、心をつくすこと。

足9 【蹁】〔16〕 ヘン 漢 平 先 pián ピエン U補J 8E41 6412 ―
意味 ①よろめく。②蹁躚(へんせん)は、㋐ひらひらと舞うさま。㋑よろめくさま。㋒めぐりゆくさま。

足9 【踰】〔16〕 U補J 8E30 ― 7692
■一 ユ 漢 ■一 平 虞 yú ユイ
■二 ヨウ(エウ) 漢 ■二 平 蕭 yáo ヤオ
意味 ■一〈こ・える(―・ゆ)〉①のりこえる。「踰封(ゆほう)」 ②まさる。勝つ。③通りすぎる。④渡る。⑤おどりこえる。■二〈はるか〉遠い。「踰言(ようげん)」
【踰越】(ゆえつ(ゑつ)) ①のりこえる。②身分に過ぎたことをする。
【踰閑】(ゆかん) 法をこえる。礼法を守らないこと。
【踰月】(ゆげつ) 月を越す。翌月になる。
【踰年】(ゆねん) ①年を越して、つぎの年にわたる。②即位や年号を改めるのに、先君の死んだ翌年にする。

足9 【⿰𧾷咨】〔16〕 同 ↓趑(一二〇一ページ・下)

足9 【踴】〔16〕 同 ↓踊(一二〇七ページ・中)

足9 【蹈】〔16〕 俗 ↓蹈(一二一〇ページ・上)

足10 【蹊】〔17〕 標 ケイ 漢 平 斉 xī シー U補J 8E4A ― 7694
意味 ①〈こみち〉細い道。近道。「蹊路(けいろ)」「蹊隧(けいすい)」 ②わたる。よこぎる。
【蹊田】(けいでん) 田の中をわたること。【――奪牛】(けいでんだつぎゅう(ぎう)) ひどすぎる、しかえし。人の田に牛を入れるのはよくないが、その牛をうばい取ったなら、なお悪い。〈左伝・宣公十一〉
◆成蹊(せいけい)・鼠蹊(そけい)

足10 【蹇】〔17〕 ケン 漢 上 銑 jiǎn チエン U補J 8E47 ― 7701
意味 ①足が不自由なこと。②〈なや・む〉㋐なやみ苦しむ。㋑物事がしにくい。㋒うまく話せない。どもる。③抜きとる。④かたい。強い。⑤高く大きい。⑥おごる。たかぶる。⑦止まる。⑧曲がる。⑨劣った馬。⑩易(えき)の卦(か)の名。⑪姓。
【蹇蹇】(けんけん) ①君主のために、苦労をする。「蹇蹇匪躬(ひきゅう)」〈易経(えききょう)・蹇卦(けんか)〉 ②公平で誠実なさま。おべっかをつかわないさま。
【蹇脩】(けんしゅう(しう)) 上古の女の名。伏羲(ふっき)の臣で、媒酌がうまかったという。〈楚辞(そじ)・離騒(りそう)〉 【――之責】(けんしゅう(しう)のせき) なこうどのしごと。媒酌をする責任。
【蹇兎】(けんと) 足の不自由なうさぎ。
【蹇歩】(けんぽ) 不自由な足を引きずりながら歩く。

【蹇劣】けんれつ おろか。才能のないこと。不才の身。
【蹇驢】けんろ 足の不自由なろば。

足10【蹉】〔17〕サ 漢 平 歌 シャ 呉 cuō ツオ　J 7702 U 8E49

意味 ①〈つまず・く(つまづ・く)〉けつまずく。しくじる。「蹉跌さてつ」②蹉跎さたは、㋐つまずく。㋑時機を失う。㋒希望がかなわず、不幸なこと。㋓失敗する。
【蹉過】さか(くわ) つまずく。すれちがう。失敗する。【――了也】さっかりょう(れう)や 仏見失った。すれちがった。まちがった。〈碧巌録へきがんろく〉

足10【蹐】〔17〕セキ 漢 入 陌 jí チー　J 7704 U 8E50

意味〈ぬきあし〉音を立てないようにあるく。

足10【蹌】〔17〕ソウ(サウ) 漢 平 陽 ショウ(シャウ) 慣 qiāng チアン　J 7703 U 8E4C

意味 ①〈よろめ・く〉㋐動く。㋑よろよろと歩く。「蹌踉そうろう」②堂々と歩く。歩きかたに威儀がある。③舞いおどる。
【蹌蹌】そうそう(さうさう) ①のびのびとしたさま。②堂々と歩くさま。③舞うさま。④行くさま。

足10【蹏】〔17〕テイ 漢 平 斉 tí ティー　J 6416 U 8E4F

意味 ①〈ひづめ〉馬や牛などの足の先。＝蹄てい ②うさぎあみ。③走る。

足10【蹍】〔17〕テン 漢 上 銑 zhǎn チャン　J 6414 U 8E4D

意味 ①〈ふ・む〉ふみにじる。ふみつける。②つまずく。

足10【蹎】〔17〕テン 漢 平 先 diān ティエン　J 6415 U 8E4E

意味〈つまず・く(つまづ・く)〉＝顚「蹎跌てんてつ」

足10【蹈】〔17〕トウ 漢 呉 去 号 (タウ) dǎo タオ　J 7705 U 8E48
9 足【蹈】〔16〕俗字　J ②8940 U 280BB

意味 ①〈ふ・む〉㋐ふみつける。㋑足ぶみする。こおどりする。㋒ふみ行う。実行する。㋓行く。②上にのぼる。③利用する。④いたましく思う。
参考 新表記では、「踏」に書きかえる。熟語は、「踏」(一二〇八ジペー・中)を見よ。

足10【蹋】〔17〕トウ 漢 呉 入 合 (タフ) tà ター　J ②8943 補 6413 U 8E4B
足18【躙】〔25〕同字　J 6443 U 8EA2

意味 ①〈ふ・む〉＝踏 ②蹋鞠とうきくは、けまり。
【蹋却】とうきゃく(たふきゃく) 踏む。
【蹋床】とうしょう(たふしゃう) 仏禅寺の、寝床に上がる踏み段。

足11【蹞】〔18〕キ 漢 上 紙 kuǐ コイ　J 6421 U 8E5E

意味 ひとあし。半歩。「蹞歩きほ」

足11【蹔】〔18〕サン 漢 去 勘 ザン 呉 zàn ツァン　J ②8945 補 6417 U 8E54

意味 ①〈しばらく〉＝暫ざん ②速く進む。

足11【蹝】〔18〕シ 漢 上 紙 xǐ シー　J 6420 U 8E5D

意味 ①ふむ。つっかける。②わらぐつ。ぞうり。
【蹝履】しり くつをつっかけて、引きずりながら行く。

足11【蹙】〔18〕シュク 漢 入 屋 シク 呉 cù ツー　J 7706 U 8E59
足11【䠞】〔18〕同字　U 481E

意味 ①〈せま・る〉㋐間がせまい。㋑ちぢまる。㋒近づく。㋓つまる。㋔うながす。㋕追いかける。㋖きゅうくつになる。きわまる。②〈せばま・る〉③〈あつ・める(――・む)〉しわをよせる。④つつしむ。⑤ける。ふむ。＝蹴しゅく ⑥うれえる。いたむ。＝慼せき
【蹙頞】しゅくあつ 鼻ばしらにしわをよせる。心配するさま。
【蹙蹙】しゅくしゅく 物がちぢまるさま。【――靡レ所レ騁】しゅくしゅくとして、はするなし 土地がせまくなって、馬を走らせる余地がない。〈詩経しきょう・節南山〉
【蹙蹐】しゅくせき ぬきあしさしあしで歩く。用心して歩くさま。
【蹙然】しゅくぜん ①落ちつかないさま。②心配なようす。
【蹙沓】しゅくとう(たふ) こみあう。
【蹙眉】しゅくび ①まゆとまゆの間がせまい。②まゆとまゆを寄せる。顔をしかめる。

足11【蹜】〔18〕シュク 漢 入 屋 sù スー　J 6419 U 8E5C

意味 ①ちぢまる。ちぢめる。②蹜蹜しゅくしゅくは、こまたに歩く。

足11【蹡】〔18〕㊀ショウ 漢 ㊀ 平 陽 qiāng チアン (シャウ) ㊁ショウ 漢 ㊁ 去 漾 qiàng チアン (シャウ)　J 6422 U 8E61

意味 ㊀＝蹌しょう ㊀走るさま。行くさま。㊁よろめくさま。

足11【蹤】〔18〕ショウ 漢 平 冬 zōng ツォン　J 7707 U 8E64

意味 ①〈あと〉あしあと。＝踪そう ②あとをつける。尾行する。＝踪そう ③姓。
【蹤迹】しょうせき ①あしあと。②前あったことのあとかた。③行くさき。ゆくえ。④人のあとをつける。
【蹤跡】しょうせき 「蹤迹」に同じ。

足11【蹟】〔18〕人 標 セキ 漢 入 陌 シャク 呉 jì チー　J 3256 U 8E5F

意味 ①〈あと〉みち。きまり。＝迹・跡 ②きまりに従う。
参考 新表記では、「跡」に書きかえる熟語がある。

足11【蹠】〔18〕セキ 漢 入 陌 zhí チー　J 7708 U 8E60

意味 ①〈あしうら〉〈あなうら〉足のうら。②ふむ。とぶ。③行く。至る。④ねがい。⑤盗蹠とうせきは、魯ろ国の盗賊の名。
【蹠之徒】せきのと 盗蹠のような、おおどろぼうのなかま。〈孟子もうし・尽心じんしん上〉

足11【蹛】〔18〕㊀タイ 漢 ㊀ 去 泰 dài タイ ㊁テイ 漢 ㊁ 去 霽 zhì チー　J 6418 U 8E5B

意味 ㊀①めぐる。②蹛林たいりんは、匈奴きょうどが天を祭る場所。㊁たくわえる。

足11【蹢】〔18〕㊀テキ 漢 ㊀ 入 錫 dí ティー ㊁テキ 漢 ㊁ 入 錫 zhí チー　J ②8946 補 6423 U 8E62

意味 ㊀〈ひづめ〉動物の足の先。㊁①投げる。②たたずむ。
【蹢躅】てきちょく 行ったりきたりする。ためらって進まないさま。足ずりして落ち着かないさま。〈易経えききょう・姤卦こうか〉

足11【蹚】〔18〕トウ 漢 平 陽 (タウ) tāng タン　J U 8E5A

意味 ①つまずく。しっかり歩けない。②泥や水の中を歩く。

足11【蹕】〔18〕ヒツ 漢 入 質 bì ピー　J 7711 U 8E55
人11【𠌫】〔13〕同字　J ②0180 U 2032B

意味 ①〈さきばらい(さきばらひ)〉身分の高い人の外出のとき、前方の人をどけること。また、その人。「警蹕けいひつ」②もたれる。片足でたつ。
【蹕路】ひつろ ①さきばらいをする。②天子の行幸の道すじ。

足11【蹣】〔18〕バン 漢 平 寒 マン 慣 pán パン　J 7710 U 8E63

意味 蹣跚まんさんは、①よろめくさま。②まわるさま。

足11【踤】〔18〕 shuài ショワイ U補J 2812E
意味 現①下に投げつける。②落として、こわす。

足11【蹧】〔18〕 zāo ツァオ U補J 8E67
意味 現蹧蹋 zāota は、ふみつける、だめにする。

足11【蹦】〔18〕 bèng ポン U補J 8E66
意味 現とぶ。とびあがる。

足12【蹺】〔19〕 キョウ 漢 平 蕭 qiāo チアオ (ケウ) U補J 6431 8E7A
意味 ①足をあげる。②すばやい。③蹺欹きょういは、道理にそむく。

【蹺手乱(亂)下】きょう(けう)しゅらんか 手足をふりまわして、とび歩く。落ちつきのないさま。

足12【蹻】〔19〕 一キョウ(ケウ) 漢 一平 蕭 qiāo チアオ 二キャク 漢 二入 薬 jué チュエ 三キョク 漢 三入 沃 jū チュイ U補J ①9240 6432 8E7B
意味 一①〈あ・げる(―・ぐ)〉 ㋐かかとをあげる。㋑足を高くあげる。②すばやい。二①ぞうり。わらぐつ。②おごるさま。三かんじき。そり。

【蹻蹻】一きょうきょう(けうけう) 二きゃくきゃく 一①強いさま。いさましいさま。②盛んなさま。二つまらぬ人間が地位を得ていばるさま。

力12【勪】〔14〕 同字 U補J 1984 52EA

足12【蹶】〔19〕 一ケツ 漢 一入 月 jué チュエ 二ケイ 漢 二去 霽 guì コイ U補J 7712 8E76

足12【蹷】〔19〕 同字 U補J 8E77

意味 一①〈つまず・く(つまづ・く)〉 つまずきたおれる。「蹶失けっしつ」「蹶躓けっち」②〈け・る〉 けとばす。③〈たお・れる(たふ・る)〉 ㋐倒れる。㋑くつがえる。④とぶ。⑤走る。⑥すばやいさま。⑦ふみつける。⑧すっかり無くなる。⑨くじく。うち破る。⑩かっけ。足の病気。二①たおれる。②動かす。動く。③走る。かける。④あわててゆく。すばしこい。⑤姓。
参考 新表記では、「決」に書きかえる熟語がある。

【蹶起】けっき ①勢いよくはねおきる。②急に気勢をあげる。＝決起

【蹶然】けつぜん 急にたつさま。はねおきるさま。

足12【蹴】〔19〕 常 シュウ ける シュク 漢 シュウ(シウ) 慣 入 屋 cù ツー U補J 2919 8E74

筆順 口 口 𧾷 跡 跡 蹴 蹴 蹴

足12【蹵】〔19〕 同字 U補J 8E75

意味 ①〈け・る〉 ㋐足でけとばす。㋑ふみつける。㋒追いやる。②顔色を変える。おとろえる。③蹴然しゅくぜんは、㋐つつしむさま。㋑心の落ち着かないさま。国〈け・る〉ことわる。拒絶する。

解字 形声。足が形を表し、就しゅうが音を示す。就は、ちかづく意。蹴は、ふむ、ふみつける。また、ける。

【蹴込】けこみ 国①玄関などのくつぬぎの下。②舞台のすぐ下。かぶりつき。③損。相場が下がること。

【蹴鞠】しゅうきく(しう) 国昔の貴人のあそび。まりをけ上げ、また、足でうけて地に落とさないようにするもの。けまり。

【蹴球】しゅうきゅう(しうきう) フットボール。サッカー、ラグビー、アメリカン＝フットボールの総称。

【蹴踏】しゅうとう(しうたふ) ふみつける。ふみたてる。

【蹴爾】しゅくじ 足でけとばすさま。〈孟子もうし・告子こくし上〉

足12【蹱】〔19〕 一ショウ 漢 一平 冬 zhōng チョン 二チョウ 漢 二去 宋 chòng チョン U補J 6429 8E71
意味 一蹱躘しょうりょうは、よたよた歩くさま。二蹱躘ちょうりょうは、①行いが正しくないこと。②歩けないさま。

足12【蹭】〔19〕 ソウ 漢 去 径 cèng ツォン U補J ②8948 6426 8E6D
意味 ①ふみまよう。道にまよう。②こする。③くるしむ。④すり足で歩く。

【蹭蹬】そうとう ①よろめく。②さまよう。道を失う。③足場をなくす。

足12【蹲】〔19〕 一ソン 漢 呉 一平 元 dūn トゥン、zūn ツン 二シュン 漢 二平 真 cún ツン U補J 7713 8E72
意味 一①〈うずくま・る(うづくま・る)〉 しゃがむ。しりを地につけないですわる。＝蹾とん ②蹲鴟そんしは、大きないも。③あつめる。二①舞う。②蹲蹲しゅんしゅんは、㋐舞うさま。㋑正しく歩く。③蹲循しゅんじゅんは、㋐しりごみする。㋑ゆるやかなさま。国〈つくば・い(つくばひ)〉 茶庭の手水鉢ちょうずばち。

【蹲踞】そんきょ ①うずくまる。しゃがむ。②国相撲や剣道などの試合で、相手と向き合って礼をする時にとる姿勢の一つ。

【蹲螭】そんち うずくまったみずち(竜りゅうの一種)。とぐろをまいたへび。

足12【躇】〔19〕 標 一チョ 漢 一平 魚 chú チュー 二チャク 漢 二入 薬 chuò チュオ U補J 7716 8E87

足13【躇】〔20〕 正字 U補J

意味 一①足ぶみをするさま。②躊躇ちゅうちょは、㋐ためらう。㋑たちもとおる。二越える。あわてて行く。

【躇階】ちょかい 階段を一段ずつでなく、とびこしておりるさま。

足12【蹬】〔19〕 一トウ 漢 呉 一去 径 dēng トン 二トウ 漢 呉 二平 蒸 dēng トン U補J ②8947 6425 8E6C
意味 一蹭蹬そうとうは、①道にまよう。②よろめく。二①ふむ。のぼる。②現(自転車のペダルを)ふむ。

足12【蹾】〔19〕 トン 慣 dūn トゥン U補J 8E7E
意味 〈うずくま・る(うづくま・る)〉 ＝蹲

足12【蹯】〔19〕 ハン 漢 平 元 fán ファン U補J ②8949 6427 8E6F
意味 熊などの獣の足。

足12【蹩】〔19〕 ヘツ 漢 入 屑 ベツ 慣 bié ピエ U補J 6424 8E69
意味 ①足が不自由なさま。②ふむ。③舞う。

足12【蹼】〔19〕 ホク 漢 入 屋 pǔ プー U補J 7714 8E7C
意味 〈みずかき(みづかき)〉 水鳥などの足の膜まく。

足12【蹽】〔19〕 liāo リアオ U補J 8E7D
意味 現駆ける。はしる。

足12【蹰】〔19〕 俗 →躕(一二二二ジ・中)

足12【蹹】〔19〕 同 →踏(一二〇八ジ・中)

足13【躁】〔20〕 標 ソウ 漢 (サウ) 去 号 zào ツァオ U補J 7715 8E81
意味 ①〈さわ・ぐ〉 ㋐さわがしい。㋑あわただしい。㋒おちつきがない。㋓いそがしい。②動く。③あらあらしい。乱暴。

④わるがしこい。⑤かわく。＝燥(そう)

参考 新表記では、「燥」に書きかえる熟語がある。

【躁急】そう(きゅう) せかせかと気ぜわしい。また、せっかち。

【躁狂】そう(きょう) くるいさわぐ。

【躁擾】そう(じょう) 気ぜわしくそわそわとしている。

【躁心】そう(しん) いらいらする気持ち。せっかち。

【躁進】そう(しん) ①せかせかと進もうとする。②出世しようといそぎあせる。

【躁妄】そう(ぼう) さわがしくでたらめをいう。

【躁暴】そう(ぼう) いらだって、あらあらしい。せっかちで乱暴。

足13【躂】〔20〕 タツ 漢 入 曷 dá ター　補 6433 U 8E82

意味 つまずく。

足13【躅】〔20〕 チョク 漢 入 沃 zhú チュー　J 7717 U 8E85

意味 ①〈ふ・む〉足ぶみする。②足あと。また、事跡。

足13【躉】〔20〕 トン 漢 上 阮 dǔn トゥン　補 6435 U 8E89

意味 ①整数。②落ちる。③商品をおろす。おろし売り。④品物を大量に仕入れる。

足13【躄】〔20〕 ヘキ 漢 ビャク 呉 入 陌 bì ビー　J 7718 U 8E84

意味 両足の不自由な人。

【躄地】(びゃくち) 座ったままで、前に進む。

足13【躃】〔20〕 ヘキ 漢 ビャク 呉 入 陌 bì ビー　補 6434 U 8E83

意味 ①たおれる。ひっくりかえる。②両足の不自由な人。＝躄(へき)

足13【躋】〔20〕 正 ↓躋(一二一二ページ・下)

足14【躋】〔21〕 セイ 漢 平 斉 jī チー　J 7719 U 8E8B

意味 ①〈のぼ・る〉高く上がる。上に登る。「躋升(せいしょう)」②〈お・ちる(─・つ)〉下におちる。

【躋攀】(せいはん) よじのぼる。

⻊14【躊】〔21〕 標 チュウ 漢 平 尤 chóu チョウ (チウ)　J 7720 U 8E8A

意味 ①〈ためら・う(──・ふ)〉②躊躇(ちゅうちょ)は、㋐ためらう。㋑たちもとおる。足をとめる。㋒ゆったりしたさま。㋓自得のさま。とくいのさま。

足7【踌】〔14〕 俗字　J ②8930 U 8E0C

⻊14【躍】〔21〕 常 ヤク おどる　J 4486 U 8E8D

旧字 足14【躍】〔21〕 ❶ヤク 漢 呉 ❶入 薬 yuè ユエ ❷テキ 漢 ❷入 陌 tì ティー

筆順

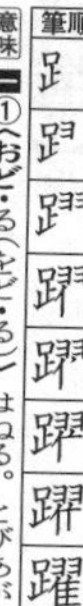

意味 ❶①〈おど・る(をど・る)〉はねる。とびあがる。②上にあがる。③物価があがる。④進む。❷速く走る。

解字  形声。足が形を表し、翟(てき)が音を示す。翟には高く抜き出る意味がある。躍は、すばやくおどりあがることである。

【躍如】(やくじょ) ①力強く動くさま。②いきいきとしているさま。③まざまざと目の前にうかびあがるさま。「面目躍如」

【躍進】(やくしん) ①おどりあがってすすむ。②急に進歩する。

【躍動】(やくどう) ①おどりうごく。②いきいきと活動する。

【躍馬】(やくば) ①おどりはねる馬。②馬を、おどりあがって走らせること。③後漢の公孫述(こうそんじゅつ)をいう。

【躍躍】❶(やくやく) ①心が落ち着かないさま。②おどりあがってよろこぶさま。❷(てきてき) 速く走るさま。【──欲レ試】(やくやくとしてこころみんとほっす) 喜び勇んで、やってみようとすること。「と。」

【躍起】(やっき(やくき)) ①おどりあがること。②国 気をいらだてること。

◆一躍(いちやく)・活躍(かつやく)・飛躍(ひやく)・勇躍(ゆうやく)・雀躍(じゃくやく)・跳躍(ちょうやく)

足15【躓】〔22〕 ❶チ 漢 ❶去 寘 zhì チー ❷チ 漢 ❷平 支 zhī チー　J 7721 U 8E93

意味 ❶〈つまず・く(つまづ・く)〉①けつまずく。②たおれる。③しくじる。④なやむ。❷まめ。あしだこ。

足15【躕】〔22〕 チュ 漢 チュウ 慣 平 虞 chú チュー　補 6438 U 8E95

意味 ためらう。「踟躕(ちちゅう)」

足12【蹰】〔19〕 俗字　J ①9239 補 6428 U 8E70

【躕躇】(ちゅうちょ) ためらう。進みかねて足をとめる。

足15【躑】〔22〕 テキ 漢 入 陌 zhí チー　J 7722 U 8E91

意味 ①たちどまる。②躑躅(てきちょく)は、㋐たたずむ。行きつもどりつする。㋑足で地をうつ。㋒おどりあがる。㋓木の名。つつじ。

足15【躔】〔22〕 テン 漢 平 先 chán チャン　J 7723 U 8E94

意味 ①〈ふ・む〉あるく。②〈あしあと〉③日・月・星が動く。また、動く道すじ。

足15【躐】〔22〕 リョウ 漢 入 葉 liè リエ (レフ)　補 6436 U 8E90

意味 ①〈ふ・む〉あとをふむ。②〈こ・える(─・ゆ)〉追い越す。「躐等(りょうとう)」③持つ。＝擸(りょう)

足15【躒】〔22〕 ❶レキ 漢 ❶入 錫 lì リー ❷ヤク 漢 ❷入 薬 yuè ユエ ❸ラク 漢 ❸入 覚 luò ルオ　補 6437 U 8E92

意味 ❶①動く。行動する。②とびこえる。③ふむ。❷すばやい。❸卓躒(たくらく)は、ぬきんでていること。すぐれていること。

足15【躚】〔22〕 同 ↓躚(本ページ・下)

足16【躛】〔23〕 カイ 漢 去 卦 wèi ウエイ (クヮイ)　補 6440 U 8E9B

意味 ①〈あやま・つ〉まちがう。②牛が足をける。

足16【躚】〔23〕 セン 漢 平 先 xiān シエン

足15【躚】〔22〕 同字　補 6439 U 8E9A

意味 ①舞うさま。②躚躚(せんせん)は、舞うさま。高くあがるさま。③蹁躚(へんせん)は、よろめくさま。

足16【躘】〔23〕 ❶リョウ 漢 ❶平 冬 lóng ロン ❷リョウ 漢 ❷上 腫 lǒng ロン　J ②8950 U 8E98

意味 ❶躘踵(りょうしょう)は、よたよたあるくさま。❷正しく行くこと。

足16【躙】〔23〕 リン 漢 去 震 lìn リン　J 7724 U 8E99

意味 ①〈にじ・る〉〈ふみにじ・る〉〈ふ・む〉＝躪 ㋐ふみつける。車輪がふみつぶす。㋑軍隊が侵略する。②〈にじり〉ふみにじること。

足17【躞】〔24〕 ショウ 漢 入 葉 xiè シエ (セフ)　J ②8951 補 6442 U 8E9E

意味 ①巻物の軸の中心。②躞蹀(しょうちょう)は、㋐行くさま。㋑ゆっくりと行くさま。

足17【躝】〔24〕 ラン 漢 平 寒 lán ラン　補 6441 U 8E9D

意味 こえる。のりこえる。

足18【躡】〔25〕 ジョウ 漢 入 葉 niè ニエ (デフ)　J 7726 U 8EA1

意味 ①〈ふ・む〉ふみつける。②のぼる。③追う。④くつをはく。⑤至る。⑥いそぐ。すばやい。

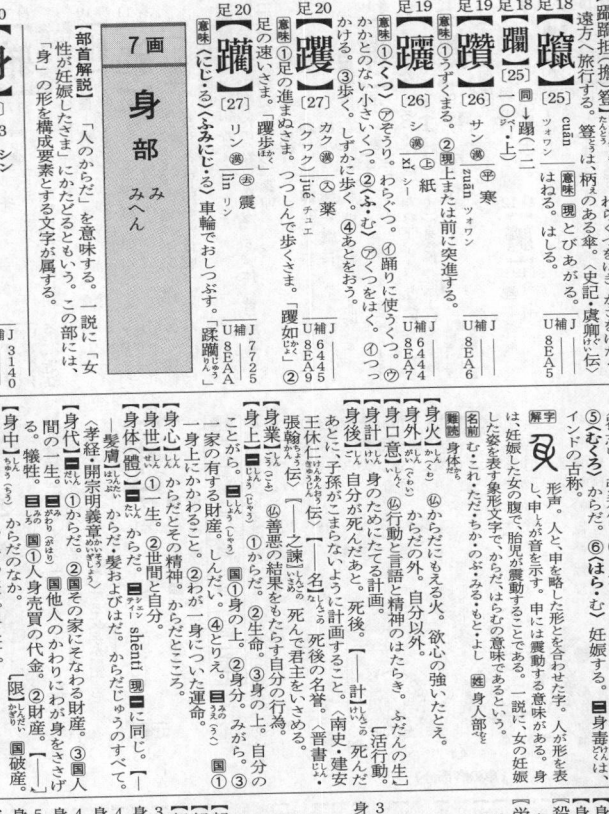

【躡蹻担(擔)簦】わらぐつをはき、かさをになう。遠方へ旅行する。簦は、柄のある傘。〈史記・虞卿伝〉

足18【躥】〔25〕 cuān ツォワン 意味 現 とびあがる。はねる。はしる。 J — 補 — U 8EA5

足18【躙】〔25〕 同 ↓躪(一二一〇ページ・上)

足19【躦】〔26〕 サン 漢 平 寒 zuān ツォワン 意味 ①うずくまる。②現 上または前に突進する。 J — 補 — U 8EA6

足19【躧】〔26〕 シ 漢 上 紙 xǐ シー 意味 ①〈くつ〉㋐ぞうり。わらぐつ。㋑踊りに使うくつ。㋒かかとのない小さいくつ。②〈ふ・む〉㋐くつをはく。㋑つっかける。③歩く。しずかに歩く。④あとをおう。 J 6444 U 8EA7

足20【躩】〔27〕 カク 漢 入 薬 (クヮク) jué チュエ 意味 ①足の進まぬさま。つつしんで歩くさま。「躩如」②足の速いさま。「躩歩」 J 6445 U 8EA9

足20【躪】〔27〕 リン 漢 去 震 lìn リン 意味〈にじ・る〉〈ふみにじ・る〉車輪でおしつぶす。「蹂躪」 J 7725 U 8EAA

7画 身部 み みへん

【部首解説】「人のからだ」を意味する。一説に「女性が妊娠したさま」にかたどるともいう。この部には、「身」の形を構成要素とする文字が属する。

身0【身】〔7〕 学3 シン み 一シン 漢 呉 一平 真 shēn シェン 二ケン 漢 二平 先 juān チュワン J 3140 U 8EAB

筆順 ノ 亻 亻 亻 自 身

意味 一①〈み〉㋐人や動物のからだ。㋑ものの中心部分。また、中の部分。㋒生命。②〈みずから(みづから)〉自分。わたし。「身是張益徳也」(わたしは張益徳だ。)〈蜀志・張飛伝〉③自分からおこなう。④身分。才能。⑤〈むくろ〉からだ。⑥〈はら・む〉妊娠する。二身毒は、インドの古称。

解字  形声。人と、申を略した形とを合わせた字。人が形を表し、申が音を示す。申には震動する意味がある。身は、妊娠した女の腹で、胎児が震動することである。一説に、女の妊娠した姿を表す象形文字で、からだ、はらむの意味であるという。

名前 む・これ・ただ・ちか・のぶ・みる・もと・よし 姓 身人部

難読 身体

【身火】仏 からだにもえる火。欲心の強いたとえ。

【身外】からだの外。自分以外。

【身口意】仏 行動と言語と精神のはたらき。

【身計】身のためにたてる計画。〔活行動〕ふだんの生
【身後】自分が死んだあと。死後。【——計】死んだあとに、子孫がこまらないように計画すること。〈南史・建安王休仁伝〉【——名】死後の名誉。〈晋書・張翰伝〉『——之諫』死んで君主をいさめる。

【身業】仏 善悪の結果をもたらす自分の行為。

【身上】一 ①からだ。②生命。③身の上。自分のことがら。二 国 ①身の上。②身分。みがら。③国 ①一家の有する財産。しんだい。④とりえ。三 一身上にかかわること。②わが一身についた運命。

【身心】からだとその精神。からだとこころ。

【身世】①一生。②世間と自分。

【身体(體)】一 からだ。二 shēntǐ 現 一に同じ。【——髪膚】からだ・髪およびはだ。からだじゅうのすべて。〈孝経・開宗明義章〉

【身代】一 ①からだ。②国 その家にそなわる財産。③国 人間の一生。二 国 他人のかわりにわが身をささげる。犠牲。三 国 ①人身売買の代金。②財産。【——限】国 破産。

【身中】からだのなか。

【身長】からだのたけ。せたけ。

【身重】妊娠する。二 国 妊娠した状態。

【身内】一 からだのなか。二 国 ①からだじゅう。②親類。③同じ親分の下の子分。

【身分】社会上・法律上の地位・資格。

【身辺(邊)】一 からだのそば。からだ。二 shēnbiān 現 一に同じ。【——雑(雜)記】身のまわりの雑事をしるしたもの。

【身謀】「身計」に同じ。

【身力】からだの力。

【身幅】国 ①着物のみごろの横はば。②世間に対する顔向け。

【身持】国 ①品行。②妊娠。

『殺レ身以成レ仁』自分の身は捨てても、仁の行いを成しとげる。〈論語・衛霊公〉

『労(勞)レ身焦レ思』骨身をけずり、心を尽くす。心身ともに疲れるまで苦労する。〈十八史略・夏〉

◆化身・心身・分身・生身・立身・出身・平身・自身・全身・抜身・投身・肩身・刺身・受身・長身・保身・変身・前身・単身・挺身・砲身・病身・修身・捨身・終身・満身・渾身・随身・裸身・献身・護身・不死身・粉骨砕身

身3【躬】〔10〕 標 キュウ(キウ) 漢 ク 呉 平 東 gōng コン J 7727 U 8EAC
身7【躳】〔14〕 本字 J ②8953 補 6448 U 8EB3
意味 ①〈み〉からだ。②〈みずから・する(みづから・す)〉自分自身。おのれ。自分から。③〈みずから・する(みづから・す)〉自分からする。④からだを曲げる。礼をおこなう。⑤うやうやしくする。⑥弓の的の上下の部分。⑦直躬は、春秋時代の人名。‖恭

【躬化】身をもって模範を示し、感化する。
【躬行】自分みずから行う。〈論語・述而〉
【躬耕】①自分で耕作する。②天子が畑を耕す礼式。

身3『射』↓寸部七画(三八四ページ・中)

身4【躮】〔11〕 国字 意味〈せがれ〉

身4【躯】〔11〕 俗 ↓軀(一二一二ページ・上)

身4【躭】〔11〕 俗 ↓耽(一〇六〇ページ・下) J ②8952 補 6447 U 8EAE

身5【躰】〔12〕 俗 ↓體(八〇〇ページ・上)

身6【躱】〔13〕 タ 漢 上 哿 duǒ トゥオ 意味 ①〈み〉からだ。②〈かく・れる(——・る)〉〈かわ・す(かは・す)〉よける。さける。身をかわす。「躱避」 J 7730 U 8EB1

身7【躵】〔14〕 国字 意味〈ねら・う(——・ふ)〉 J ②8954 補 6449 U 8EB5

身7【躳】〔14〕 本 ↓躬(本ページ・下)

7画 見角言谷豆豕豸貝赤走足(⻊)身車辛辰辵(⻌・⻍)邑(⻏〈右〉)西釆里

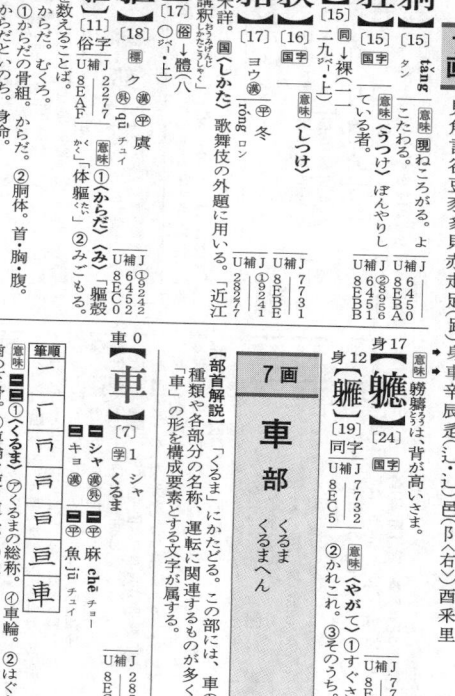

身8【躺】〔15〕 tǎng タン 意味 現ねころがる。よこたわる。 U補J 8EBA 6450

身8【躻】〔15〕国字 意味〈うつけ〉ぼんやりしている者。

身8【躶】〔15〕同↓裸(二一二九ページ・上) U補J 8EBB 6451 ②8956

身9【躾】〔16〕国字 意味〈しつけ〉 U補J 8EBE 7731

身10【⿰身容】〔17〕 ヨウ 漢 平 冬 róng ロン 意味 義未詳。国〈しかた〉歌舞伎の外題に用いる。「近江源氏⿰身容講釈(おうみげんじしかたこうしゃく)」 U補J 28277 ①9241

身10【⿰身骨】〔17〕俗↓體(八〇ページ・上)

身11【軀】〔18〕標 ク 漢 呉 平 虞 qū チュイ 意味 ①〈からだ〉〈み〉「軀殻(くかく)」「体軀(たいく)」②みごもる。③仏像を数えることば。 U補J 8EC0 6452 ①9242

身4【躯】〔11〕俗字 U補J 8EAF 2277

【軀骸】(くがい) からだ。むくろ。

【軀幹】(くかん) ①からだの骨組。からだ。②胴体。首・胸・腹。

【軀命】(くめい) からだといのち。身命。
◆老軀(ろうく)・体軀(たいく)・矮軀(わいく)

身11【軁】〔18〕 一 ロウ 漢 一 平 尤 lóu ロウ 二 ル 漢 二 上 麌 lǚ リュイ 意味 一二 軁軀(えんろう)は、かがむ。背をまげる。＝僂(ろう) U補J 8EC1 6453

身12【軃】〔19〕 タ 漢 上 哿 duǒ トゥオ 意味 ①〈た・れる(―・る)〉たれ下がる。②〈かく・れる(―・る)〉 ③〈よ・ける(―・く)〉身をかわし、よける。＝躱(た) U補J 8EC3 6454

身12【⿰身票】〔19〕国字 ― 音義未詳。 難読 ⿰身票⿰身累(いしみつ) U補J 28282 ②8957

身12【軄】〔19〕俗↓職(一〇〇〇ページ・中)

身12【軅】〔19〕同↓軈(本ページ・中)

身13【軆】〔20〕俗↓體(八〇ページ・上)

身14【軇】〔21〕 トウ(タウ) 漢 去 号 dào タオ U補J 8EC7 6456

身17【軈】〔24〕国字 意味 ①〈やがて〉①すぐさま。②かれこれ。③そのうち。 U補J 8EC8 7733

身12【軅】〔19〕同字 U補J 8EC5 7732

意味 軂軇(ろうとう)は、背が高いさま。

7画 車部 くるま くるまへん

【部首解説】「くるま」にかたどる。この部には、車の種類や各部分の名称、運転に関連するものが多く、「車」の形を構成要素とする文字が属する。

車0【車】〔7〕学1 シャ くるま 一 シャ 漢 呉 一 平 麻 chē チョー 二 キョ 漢 二 平 魚 jū チュイ U補J 8ECA 2854

筆順 一 冂 冃 冃 亘 車

意味 一二 ①〈くるま〉㋐くるまの総称。㋑車輪。②はぐき。歯の下骨。③車輪を使う道具。④姓。

①轒 ②軾 ③車蓋 ④較 ⑤軫 ⑥輒 ⑦轄 ⑧輻
⑨牙(輞・輮) ⑩軸 ⑪軹(大車は賢) ⑫軝 ⑬轂 ⑭軓 ⑮軨 ⑯轛
⑰輈(大車は轅) ⑱軛(軥) ⑲軏(大車は輗) ⑳衡

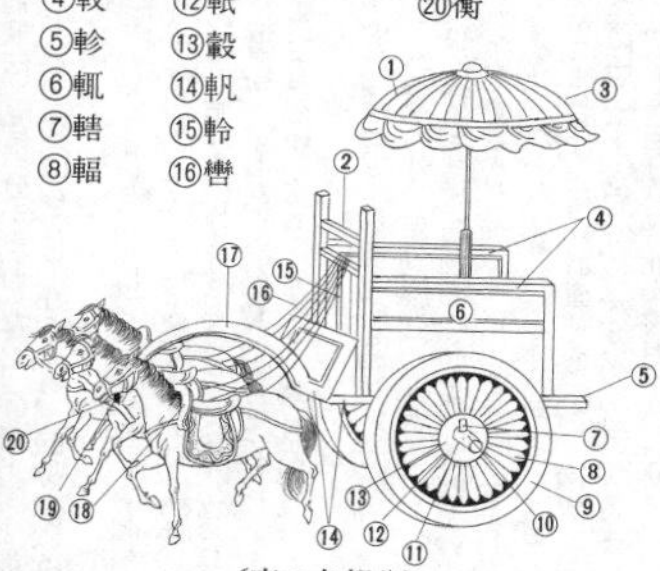

(車の各部分)

解字 車 象形。車の形を表した字。十は車の両輪と車軸、曰はその上に乗せたかごの形で、人を乗せて行くものを表す。一説に、曰は車輪で、十は、車軸と両はじのくさびを表すともいう。

名前 くら・のり 難読 山車(だし)(付表)／車前草(おおばこ)

【車井戸】(くるまいど) 国滑車(かっしゃ)につるべをつけた井戸。

【車大路】(くるまおおじ) 国京都の五条橋から東山へ通じる大通り。

【車宿】 一(くるまやど) 国人力車や荷車運送を営業する店。 二(くるまやどり) 国①むかしの車庫。②車をしばらく止めておく所。

【車胤】(しゃいん) 人名。東晋(とうしん)の学者。ほたるの光をあかりにして苦学した。

【車轅】(しゃえん) 車のながえ。馬や牛を車につける棒。

【車駕】(しゃが) ①天子の乗る車。②車による行幸。

【車蓋】(しゃがい) 車の上に立てたかさ。

【車客】(しゃかく) 車馬の使用を許される待遇を受ける食客。上等の客。〈戦国策・斉(せい)〉

【車轄】(しゃかつ) くるまのくさび。

【車軌】(しゃき) 車の通った跡。

【車騎】(しゃき) ①馬車や、馬に乗った兵士。②兵車と騎兵。③車騎将軍。

【―輜重】(しゃきしちょう) 護衛の馬車や騎馬の兵と荷物をのせた車。〈史記・蘇秦(そしん)列伝〉

【―将(將)軍】(しゃきしょうぐん) 武官の名。将軍の中で、とくにてがらのあった者に与えた称号。漢以後、驃騎(ひょうき)将軍に次ぐ重職とされた。

【車甲】(しゃこう) ①戦車と甲冑(かっちゅう)(よろいとかぶと)。②戦車と兵士。転じて、軍隊。

【車航】(しゃこう) 車とふね。

【車轂】(しゃこく) 車のこしき。スポークの集まる中心。

【車載】(しゃさい) 車にのせる。

【―斗量】(しゃさいとりょう) 車にのせ、ますではかるほど。物の数多くあるたとえ。〈呉志・孫権伝〉

【車軸】(しゃじく) 車のしんぼう。

【流二―一】(しゃじくをながす) 国車のじくのように太い雨のふるさま。豪雨の形容。

【車書】(しゃしょ) 車輪の幅と文字。

【―混一】(しゃしょこんいつ) 車書が全国同一になる。天下が統一されること。〈隋書(ずいしょ)・煬帝紀(ようだいき)〉

【車匠】(しゃしょう) 車をつくる職人。

【車乗(乘)】(しゃじょう) 車。乗り物。

【車塵】(しゃじん) 車が通るときに立つほこり。

【車水馬竜(龍)】(しゃすいばりょう) 車が水のように流れ、馬はりゅうのように走りまわる。車や馬が絶えず往来する。にぎやかな町や、富貴の人の家の状況。〈後漢書(ごかんじょ)・馬皇后紀〉

【車戦(戰)】(しゃせん) 戦車による戦い。

【車前草】(しゃぜんそう) 草の名。おおばこ。

【車重】(しゃちょう) 荷車。

【車轍】(しゃてつ) 車の通りすぎた跡。わだち。

【車徒】(しゃと) 戦車と兵卒。天子・貴人のお供の車や人。

【車馬】(しゃば) ①車と馬。②人や物をのせるもの。

【車夫】(しゃふ) 国人力車(じんりきしゃ)を引く人。車引き。

【車服】(しゃふく) 車と衣服。天子が臣下に賜るもの。『――不レ維』(しゃふくにつながれず) 官職や爵位に束縛されない。〈韓愈(かんゆ)・送三李愿帰二盤谷一序(りげんのばんこくにかえるをおくるじょ)〉

【車輻】(しゃふく) 車の輻(や)の部分。スポーク。

【車右】(しゃゆう(いう)) ①護衛の武士。②古代、兵車の右に立って武器を持つ武士。兵車は三人乗りで、中央に御者、左に主人、右に武器を持った護衛が乗った。

【車輿】(しゃよ) くるま。輿は、車の、人や物を乗せる部分。

【車力】(しゃりき) ①車賃。②国車引き。

【車両(兩)】(しゃりょう(りやう)) 車。＝車輛
【車輛】(しゃりょう(りやう)) 「車両」に同じ。

【車裂】(しゃれつ／くるまざき) 刑罰の名。二台の馬車に左右の手足を結んでからだを引きさく。

【車輅】(しゃろ) 天子の車。

【車間】(チョーチエン) chējiān 現職場(しょくば)。現場(げんば)。

【車站】(チョーチャン) chēzhàn 現停留所。駅。

『車殆馬煩』(くるまあやうく(あやふく)うまはんなり) 長い旅でつかれたようす。

『車同レ軌書同レ文』(くるまはきをおなじくし しょはぶんをおなじくす) 車のわだちのはばが同じにされ、書物は文字が統一されている。制度がまとめられ統一され、ばらばらでないこと。〈中庸〉

『車中不二内顧一』(しゃちゅう(ちう)ないこせず) 車の中では、ふりかえって見回すことをしない。人の私生活をおかし、無作法であるとともに、疑惑のたねともなるから。〈論語・郷党(きょうとう)〉

『車笠之盟』(しゃりゅう(りふ)のちかい(ちかひ)) 終始かわらぬ友情。義兄弟のちかい。〈風土記〉

▽▼下車(げしゃ)・山車(さんしゃ｜だし)・水車(すいしゃ｜みずぐるま)・牛車(ぎゅうしゃ｜ぎっしゃ)・糸車(いとぐるま)・列車(れっしゃ)・汽車(きしゃ)・兵車(へいしゃ)・肩車(かたぐるま)・空車(くうしゃ｜からぐるま)・拍車(はくしゃ)・乗車(じょうしゃ)・客車(かくしゃ｜きゃくしゃ)・飛車(ひしゃ)・風車(ふうしゃ｜かざぐるま)・荷車(にぐるま)・発車(はっしゃ)・香車(きょうしゃ)・後車(こうしゃ)・前車(ぜんしゃ)・馬車(ばしゃ)・貨車(かしゃ)・停車(ていしゃ)・歯車(はぐるま)・腰車(こしぐるま)・滑車(かっしゃ)・電車(でんしゃ)・戦車(せんしゃ)・駐車(ちゅうしゃ)・人力車(じんりきしゃ)・自転車(じてんしゃ)・自動車(じどうしゃ)・辻馬車(つじばしゃ)・青電車(あおでんしゃ)・赤電車(あかでんしゃ)・乗用車(じょうようしゃ)・高飛車(たかびしゃ)・機関車(きかんしゃ)・撒水車(さっすいしゃ｜さんすいしゃ)・霊柩車(れいきゅうしゃ)・展望車(てんぼうしゃ)

車1
【軋】
〔8〕 標 アツ 漢 入 黠 yà ヤー
J 7734 補 ― U 8ECB

意味 ①〈きし・る〉〈きしろ・う(――・ふ)〉 ㋐車輪で地面をおしつける。㋑車輪がすれあって音を出す。㋒すれあう。㋓あらそう。②〈きしり〉 ③相手を圧倒する。④くわしい。⑤むかしの刑罰の名。骨をくだく刑。⑥言葉がつかえる。⑦車のたてる音。⑧姓。

【軋軋】(あつあつ) ①車のぎしぎし進む音。②櫓(ろ)をぎっちらぎっちらこぐ音。③機(はた)を織る音。④むらがり生ずるさま。

【軋轢】(あつれき) ①車がきしる。すれあう。②交際上の争い。

車2
【軌】
〔9〕 常 キ 漢 キ 呉 上 紙 guǐ コイ
J 2116 補 ― U 8ECC

筆順 一 ｢ 亓 百 亘 車 軋 軌

車2【軏】〔9〕 同字 J ①9243 補 ― U 4844

意味 ①〈みち〉 ㋐車の通った跡。㋑人のふみ行うべき道理。「軌則」 ㋒天体の運行する道。②〈わだち〉 ㋐車のあと。㋑車輪と車輪の幅。㋒くるまの軸の先。③内乱。＝宄(き) ④したがう。「軌道」 ⑤戸口(ここう)の編制単位。五家をいう。

解字 軌 形声。車が形を表し、九(きう)が音を示す。九には曲がる意味がある。軌は、車が曲がりくねって行くわだちの跡で、両輪の間の間隔をいう。音キは、九の音キウの変化。九は仇で、相対する意味を含むともいう。

名前 のり

【軌跡】(きせき) ①わだち。②数ある要件をみたす点をつらねてできた図形。

【軌則】(きそく) のり。手本。

【軌度】(きど) のり。法則。

【軌道】(きどう(だう)) ①きまった道すじを通る。②天体の動く道すじ。③車のわだち。④レールをしいた道。鉄道。⑤理物体が一定の力に作用されて運動するときにえがく線。

【軌範】(きはん) ①手本。模範。②哲判断や行為の標準となる原理。＝規範 【――学(學)】(きはんがく) どうあるべきかを問題とする学問。倫理学・論理学・美学など。↕経験科学
【軌物】(きぶつ) ①法と基準。②物事の規範とする。

『一レ軌』(きをいつにする) 同じ立場をとる。
▽▼不軌(ふき)・広軌(こうき)・狭軌(きょうき)・常軌(じょうき)

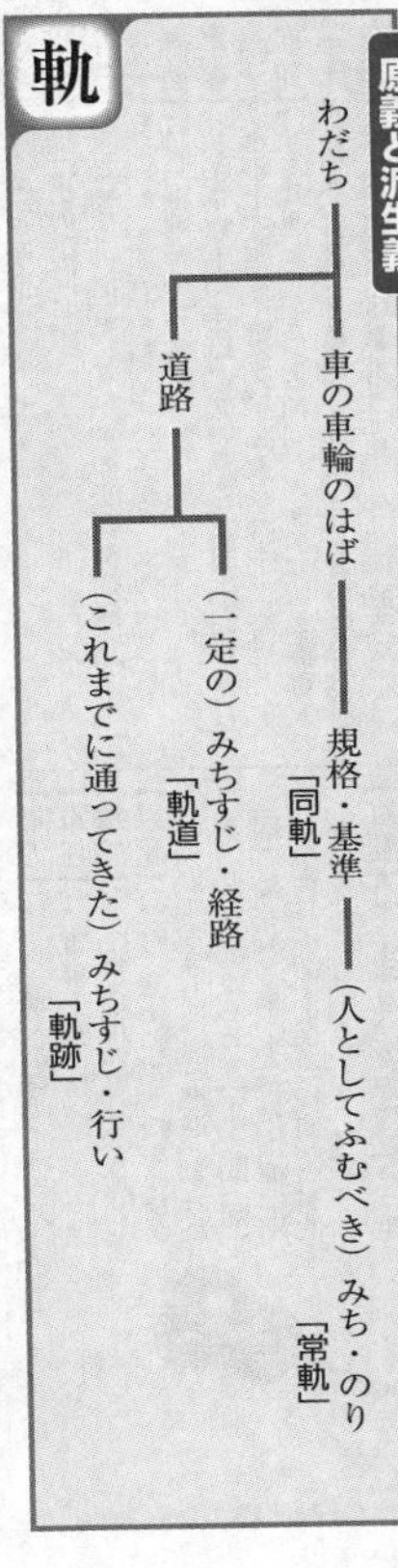

車2
【軍】
〔9〕 学 4 グン クン 漢 呉 グン 慣 平 文 jūn チュン
J 2319 補 ― U 8ECD

筆順 丶 冖 冖 冝 冒 冒 宣 軍

意味 ①〈いくさ〉 ㋐軍隊。㋑戦闘。たたかい。㋒軍事。㋓兵士。②軍隊の編制単位。五旅を師といい、五師を軍という。一軍は、一万二千五百人。③陣地をきずく。④刑罰の名。⑤宋(そう)代の行政区画の名。

解字 会意。冖と車とを合わせた字。冖は包を略した形で、とりかこむ意味。軍は、部隊を、兵車で円陣を作ってかこんでいることである。

名前 いさ・むら・むれ・すすむ 難読 軍鶏(しゃも)

【軍医(醫)】(ぐんい) 軍隊内の医療や衛生のことにあたる医者。

【軍営(營)】(ぐんえい) 陣営。軍隊の宿っているところ。

【軍役】(ぐんえき｜ぐんやく) ①いくさ。②兵役。③軍夫。

【軍靴】(ぐんか(くわ)) 軍人のはくくつ。

【軍歌】(ぐんか) 軍隊の士気を高め、また軍事思想を盛んにするため「のうた。

【軍学(學)】(ぐんがく) いくさのかけひきに関する学問。兵学。

7画 見角言谷豆豕豸貝赤走足(⻊)身車辛辰辵(⻌・⻍)邑(⻖〈右〉)酉采里

【軍楽(樂)】軍隊で軍人によって演奏される音楽。また、その音楽隊。【━━隊】軍楽を奏する隊。

【軍監】㊀①軍事の監督。いくさめつけ。②国上代、将軍の下にあった官職の名。ぐんげん。㊁㊀の②に同じ。

【軍艦】水上の戦闘に従事する、武器をそなえた船。【━━奉行】国江戸幕府の役の名。国防や艦船を扱った、若年寄に属する職。

【軍紀】軍隊のおきて。軍の規則。

【軍記】いくさの話を中心にかいた書物。【━━物】国①江戸時代に出版された戦争小説。②軍記物語。【━━物語】国主として鎌倉時代に作られた合戦を中心とする物語。「平家物語」「保元物語」など。

【軍麾】軍隊を指揮する采配。大将の持つ毛の旗。

【軍器】戦争に使用する道具。

【軍機】軍事上の秘密。【━━処(處)】清代の役所の名。軍機を扱っていたが、のちには政治上の実権をにぎった。

【軍議】戦争に関する評議・相談。

【軍鶏(鷄)】にわとりの一種。しゃも。

【軍檄】戦争のふれぶみ。

【軍伍】軍隊。兵士の隊列。

【軍功】いくさで立てたてがら。武功。

【軍行】①軍隊の行進。②軍隊の組織。

【軍候】敵情をさぐる者。ものみ。

【軍港】軍艦が停泊できる特別な施設をもつみなと。

【軍興】軍用に財物を徴収すること。また、その徴収物。

【軍国(國)】①軍隊と国家。軍政と内政。②軍事を政治の中心とする国。③戦争中の国。【━━主義】国を戦争のための体制にすること。ミリタリズム。

【軍士】兵士たち。軍人。

【軍使】①朝廷からつかわされた軍隊の監督役。②交戦中に、敵の陣に行く使者。

【軍師】①軍隊。②大将のもとで、軍隊のかけひきを考え、はかりごとをめぐらす人。参謀。③万事につけて計略をうまくたてる人。策略家。

【軍資】①戦いに必要な金や品物。②国しごとに必要なもとで。「軍資金」

【軍事】㊀軍隊や戦争に関する事がら。㊁ jūnshi 現 ㊀に同じ。【━━探偵】スパイ。

【軍実(實)】①軍用の物資や食料。②いくさで得たとりこやえもの。ぶんどり品。

【軍需】軍事上の必要。また、その必要な物資。【━━工業】軍需品を製造する工業。

【軍須】「軍需」に同じ。

【軍縮】「軍備縮小」の略。

【軍書】①軍事上の手紙。②いくさの事をかいた本。軍記。③軍事上の記録や書き物。④軍学の本。兵書。

【軍神】①武運をつかさどる神。いくさがみ。②国軍人の手本となる人の尊称。③国経津主神と武甕槌神。④国八幡大神。⑤国北斗七星。⑥仏摩利支天。

【軍人】①いくさびと。戦をする人。②軍籍にある者の総称。

【軍陣】軍隊の陣営。軍営。

【軍声(聲)】①鐘や太鼓など、軍隊での合図の楽器の音。②出陣の時、戦運を占うため演奏する音楽の音。③戦いで兵士があげる叫び声。

【軍制】軍隊の制度や規則。

【軍政】①軍事にかかわる国の政務。②占領地や戒厳令をしいた地区内で、軍司令官が行う行政。

【軍勢】㊀軍隊のいきおい。㊁国軍隊の人数。

【軍籍】①軍人の住所・氏名をしるした帳簿。②軍人としての地位。

【軍扇】国大将が軍隊のさしずのためにつかった扇。

【軍船】いくさぶね。戦闘用の船。

【軍曹】国①上代鎮守府の役名。軍監の下。②旧陸軍の下士官の官名。曹長と伍長の間。

【軍装(裝)】戦いにのぞむときのみじたく。

【軍属(屬)】国旧陸海軍につとめた、軍人以外の人。

【軍隊】㊀①軍人をきまった組織のもとにまとめた集団。②兵隊。㊁ jūndui 現 ㊀の①に同じ。

【軍荼利】仏軍荼利夜叉の略。五大明王の一つ。南方の守護神。

【軍団(團)】①軍の集団。②国師団をまとめた軍隊。③国王朝時代、諸国に置かれた常備兵。

【軍談】国①いくさ物語。戦いの話。②軍書を、ふしおもしろくよみ、また語りきかせたその話。

【軍中】①軍隊の中。②軍営の中。

【軍帖】軍のふれぶみ。軍の布告。

【軍手】国兵士が使うてぶくろ。太いもめん製の作業用手袋。

【軍刀】軍人が身につける刀。

【軍任】軍事上の任務。

【軍馬】①軍事用の馬。②軍隊と馬。

【軍配】国①いくさのかけひきについてのさしず。②進退とかけひき。③軍配うちわ。【━━団(團)扇】国①大将が指揮に用いた道具。②すもうの行司が使う道具。

(軍配団扇②)

【軍閥】①軍功。②軍隊という組織を背景とする党派。

【軍備】①いくさの用意。②国家が他国におかされないための軍事上のそなえ。

【軍兵】兵卒。

【軍票】国軍隊で使う紙幣。戦地で発行する手形の一種。

【軍夫】国軍隊で雑役に従った人。

【軍府】①武器貯蔵庫。②軍中で将軍のいるところ。

【軍服】軍人の着る制服。

【軍法】①いくさのおきて。②軍隊のさだめ。軍規。【━━会(會)議】軍人を裁判する所。

【軍門】①軍営の門。また、軍。②明・清代の将軍。

【軍用】①軍隊に必要な費用。軍費。②軍隊で使うこと。③軍隊で入用なもの。

【軍容】①いくさのかたち。軍隊のようす。②軍隊の士気や規律。

【軍吏】①将軍。②軍隊に属する官吏。③国軍隊の会計官。

【軍律】軍のきまり。軍人に関する法律。

【軍略】戦いのはかりごと。戦争の計画。

【軍旅】①軍隊。一軍は一万二千五百人。一旅は五百人。②いくさ。

【軍糧】軍隊の食糧。

【軍令】①いくさに関する命令。②軍事上の法令。
◆大軍・三軍・友軍・六軍・水軍・舟軍・全軍・両軍・行軍・官軍・空軍・海軍・将軍・従軍・敗軍・陸軍・援軍・賊軍・孤軍・敵軍・殿軍・反乱軍・救世軍・娘子軍・強行軍・冬将軍

車2【軌】〔9〕同→軌(一二一五ページ・中)

車3【軏】〔10〕ゲツ 漢 ゴツ 漢 yuè 入 月

J補6457 U8ECF

意味 ①小さい馬車の横木のくさび。一本のかじぼうとくびきをつなぐとめ木。車(一二二四ページ・中)の図参照。②ながえのはし。

車3
【軒】〔10〕 常 ケン のき
一ケン 漢 一 平 元 xuān シュワン
二ケン 漢 二 去 願 xiàn シエン
J 2414 補 ― U 8ED2

筆順 一 亓 百 亘 車 車一 車二 軒

意味 一 ①くるま。大夫以上の貴人が乗る、先が上に曲がった車。「軒車」②〈のき〉ひさし。③てすり。らんかん。④ながろうか。長廊下の窓。⑤あがる。㋐高くあがる。「軒昂」㋑軽くする。㋒車の前があがる。⑥便所。⑦姓。二 大きく切った肉片。国〈けん〉家を数える単位。

解字 形声。車が形を表し、干が音を示す。干には、高く上がるという意味がある。軒は車のながえが曲がって、高くはね上がっていて、かこいのあるものをいう。

【軒楹】①のきの柱。②のきと柱。

【軒轅】①黄帝。伝説上の帝王の名。②ながえの高い車。③星の名。

【軒岐】黄帝軒轅氏と岐伯。医学の元祖。転じて、医学。

【軒挙(擧)】高くあがる。お高くとまる。

【軒昂】①高くあがる。②意気や勢力のさかんなさま。ふるいたつさま。「意気軒昂」

【軒窓】窓。軒も窓の意。

【軒輊】車の前があがることとさがること。高いと低い。転じて、まさりおとり。優劣。「如レ輊如レ軒」〈詩経・南有嘉魚〉

【軒頭】のき先。のきば。

【軒廡】のき。ひさし。

【軒冕】①大夫以上の身分の高い人が使う車と冠。②尊い官職や爵位。③身分の高い人。

【軒並(竝)】国①並んでいる家。②家ごと。どの家も。

車3
【軔】〔10〕 ジン 漢 去 震 rèn レン
J ②8959 補 6459 U 8ED4

意味 ①とめぎ。車のブレーキとなるくさび。②なまける。③かたい。④一ひろの長さ。八尺。＝仞

車3
【軑】〔10〕 タイ 漢 去 泰 ダイ 呉 dài タイ
J ②8958 補 6458 U 8ED1

意味 ①〈そとかりも〉車のこしきにかぶせる金属のおおい。②車輪。③漢代の県名。今の河南省光山県の西北。

車3
【軓】〔10〕 ハン 漢 上 𧻉 fàn ファン
J ― 補 ― U 8ED3

意味 車体からつきでて、轅を支える部分。とこぎ。車(一二二四ページ・中)の図参照。

車4
【軝】〔11〕 キ 漢 平 支 qí チー
J ― 補 ― U 8EDD

意味 車軸受けの外部。また、そのかざり。車(一二二四ページ・中)の図参照。

車4
【転】〔11〕 学3 テン ころがる・ころげる・ころがす・ころぶ
J 3730 補 ― U 8EE2

旧字 車11
【轉】〔18〕 人
一テン 漢 呉 一 上 銑 zhuǎn チョワン
二テン 漢 呉 二 去 霰 zhuàn チョワン
J 7759 補 ― U 8F49

筆順 一 亓 百 亘 車 車二 転 転

意味 一 ①〈ころ・ぶ〉〈まろ・ぶ〉②〈ころが・る〉〈ころが・す〉③〈ころ・げる〉④〈めぐ・る〉まわる。⑤〈うつ・る〉㋐別のところに行く。㋑変わる。㋒送りとどける。㋓官職が移る。㋔ひるがえる。⑥逃げる。⑦〈うたた〉〈うたて〉ますます。⑧〈かえって(かへって)〉 二 ①回転する。②めぐるようにまわる。③服やよろいを入れる袋。国①〈ころ〉㋐ころがし。㋑さいころ。㋒運搬のとき下にしいて使う棒。②〈くるり〉㋐回転するようす。㋑くるりぼう。

解字 形声。車が形を表し、専が音を示す。専には、團と同じく、丸いという意味がある。轉は、丸い車輪がころがることで、ぐるぐるまわることを表す。一説に、専には、遷る意味があるから、轉は車で物を移すことであるともいう。

名前 ひろ 姓 転 難読 転寝

参考 新表記では、「顛」の書きかえに用いる熟語がある。

【転移】①場所を移す。移動する。②腫瘍が体の他の部位に移ること。

【転運】①めぐり移る。まわりながら移り変わる。②陸上の運送。【――使】唐・宋時代の官名。各地方の物資を都に運ぶ役。のちには諸道の監督役となる。

【転音】国複合してできることばが他の音にひかれて転化すること。また、その音。雨水・酒屋の類。

【転化】①移り変わる。②移し変える。

【転訛】ことばがなまって変わる。

【転嫁】①二度めの嫁入り。②国自分が責任をおうべきことを他になすりつける。「責任転嫁」

【転回】①中心のまわりをめぐる。②めぐらしまわす。③音程や和音で、下の音が一オクターブ上に、上の音が一オクターブ下にとりかえられること。

【転学(學)】国別な学校へ移ること。別の大学へ移ること。

【転換】①置きかえる。②入れ代わる。【――期】移り変わる時期。

【転帰(歸)】病気の経過が行きつくところ。

【転記】一つの帳面から他の帳面へ、しるされている事がらを写してしるす。

【転機】機会をみはからって変える。また、その時。

【転義】もとの意味から変わった別の意義。

【転居】住む場所を変える。引っ越し。転住。

【転郷(鄉)】顔をそむけること。郷は嚮。

【転業】国ある職業から他の職業へ移り変わる。

【転筋】こむらがえり。

【転句】漢詩の絶句の第三句。

【転向】①むきをかえる。②国自分のいままでもっていた思想を、すっかり変える。

【転載】新聞・雑誌・書籍などの記事を他へふたたびのせる。

【転徙】場所を変える。住居を移す。

【転写(寫)】他のものからうつしとる。

【転手】一 ①手をめぐらす。②わずかの時間。二 国琵琶・三味線などの頭にある糸をまきつけるもの。音締めの棒。

【転住】住所を変える。引っ越す。

【転宿】国やどを移る。

【転出】他の土地・職場に出てゆくこと。

【転瞬】まばたきするひまくらいの短い時間。

【転処(處)】ところをうつす。到達点から急に、別の方向へ変わること。

【転進】①まわり進む。②ある地点から別の地点へ移り進む。

【転生】生まれ変わる。

【転成語】①ある品詞が他の品詞に転じた語。②外国語が自国語になったもの。

【転籍】てんせき [国]本籍を他の土地へ移す。

【転戦(戰)】てんせん あちこちと場所をかえて戦う。

【転送】てんそう 送られたものを他へ移し送る。

【転漕】てんそう(さう) 兵糧を運ぶ。転は車を、漕は船を使うこと。

【転続(續)】てんぞく かわるがわる続く。「形気転続(けいきてんぞくす)」(諸現象が、かわるがわる続く。)〈賈誼・鵩鳥賦〉

【転宅】てんたく 住んでいる家を他にかえる。ひっこし。やどがえ。

【転地】てんち [国]ほかの土地に移る。住む土地をかえる。「転地療養」

【転質】てんち 人質になってあちこち移される。

【転注】てんちゅう(ちう) 六書の一つ。ある漢字の意義を他の意義に転用すること。音楽の楽を快楽の意で楽とする類。

【転調】てんちょう(てう) 音楽の調子をとちゅうで変える。

【転轍】てんてつ [国]列車などのレールを別の線に切りかえる。【――機】てんてつき [国]転轍を行うための装置。ポイント。

【転展】てんてん 寝がえりをうつ。＝輾転

【転転(轉)】てんてん ①ころがるさま。②移り行くさま。住所や職業がつぎつぎと変わる。

【転倒】てんとう(たう)・てんどう(だう) ①上下の位置をかえ、さかさまにする。②ひっくりかえる。③心がさわぎまどう。顚倒。

【転読(讀)】てんどく [仏]①経文を読む。②長い経の一部を読む。

【転任】てんにん 他の官職・任務・任地につく。

【転売(賣)】てんばい 一度買いとったものをさらに他に売りわたす。

【転覆】てんぷく ①ひっくりかえる。ひるがえる。②ほろぼす。③たおれる。たおす。＝顚覆

【転変(變)】[一]てんぺん ①世の移り変わること。②物事が生滅し変化する。[二]チョワン ビエン zhuǎnbiàn [現][一]に同じ。

【転補】てんぽ 他の官職を担当させる。

【転蓬】てんぽう 風の吹くにまかせて、あてもなく飛んでゆくよもぎ。おちぶれてさすらう旅人にたとえる。【――憂】てんぽうのうれい(うれひ) 遠く他国をさすらいあるく旅人のうれい。

【転法輪】てんぽう(ぽふ)りん [仏]仏が法を説いて迷いをすくう。仏法の車輪を回して(仏法を説くこと)、一切の迷いを破ること。

【転用】てんよう 他の目的にふりかえて使う。

【転落】てんらく ①ころげおちる。②身分などがおちぶれること。「顚落」

【転輪王】てんりんおう(わう) [仏]世界を統一して、仏の理想を実現するすぐれた王。輪王。転輪聖王。

【転漏】てんろう ①漏刻(水時計)の時間が移り変わる。②転じて、わずかな間。

【転告】チョワン カオ zhuǎngào [現]伝言する。

◇反転・円転・公転・自転・回転・気転・栄転・逆転・変転・流転・移転・運転・陽転・輪転・横転・機転・心機一転

車4 【軜】〔11〕 ドウ [漢] (ダフ) [入] 合 nà ナー U補J 8EDC 6460

[意味] そえ馬の内がわのたづな。

車4 【軟】〔11〕 [常] ナン やわらか・やわらかい ゼン [漢] ネン [呉] ナン [慣] [上] 銑 ruǎn ロワン U補J 8EDF 3880

車9 【輭】〔16〕 同字 U補J 8F2D ①9246 6486

[筆順] 一 亓 百 亘 車 軟 軟 軟

[意味] ①〈やわらか・い(やはらか・し)〉〈やわらか(やはらか)〉 しなやかである。②おだやかである。かたくるしくない。③[現]㋐やさしい。㋑弱い。劣る。

[解字] 輭 形声。古い形は、輭で、車が形を表し、耎が音を示す。耎には、やわらかいという意味がある。軟は車の振動をやわらかくするためのタイヤに相当するものである。蒲を車輪に巻きつけたという。軟は俗字。

【軟障】ぜじょう(じゃう)・ぜぞう(ざう) [国]寝殿造の家の中につるすカーテン。ぜんじょう。

【軟化】なんか(くわ) ①やわらかくなる。②自分のがんこな意見をまげて、他の意思に従う。

【軟脚病】なんきゃくびょう(びゃう) 脚気。〈韓愈・祭十二郎文(じゅうにろうをまつるぶん)〉

【軟禁】なんきん からだは自由でも、外出などに制限をつけ、監視する。ゆるい監禁。

【軟語】なんご おだやかな言葉。

【軟紅塵中】なんこうじんちゅう(ちう) 首都の社交界。都会の繁華な所。

【軟骨】なんこつ やわらかい骨。耳や鼻さきなどの骨。

【軟莎】なんさ やわらかなはますげ。「軟莎欹坐穏(なんさいざおだやかなり)」(軟坐は、立てひざですわる。)〈暢当の詩・軍中酔飲〉

【軟弱】なんじゃく やわらかくよわよわしい。かよわい。【――外交】なんじゃくがいこう(ぐわいかう) 自国の政策を強く主張しない、いくじがない外交。

【軟体(體)動物】なんたいどうぶつ [動]無脊椎動物のうち、消化器官などがよく発達しているもの。からだはやわらかく、石灰質の殻で保護されているものが多い。貝のほか、いか・たこの類。

【軟着陸】なんちゃくりく [国]人工衛星・宇宙船などの宇宙飛行体が、目的の星に、人や物をきずつけないように、ふんわりと着陸すること。

【軟調】なんちょう(てう) ①やわらかな調子。②[国]写真などで、明暗の対照がどぎつくない調子。③[国][経]株式の相場が下がること。

【軟派】なんぱ [国]①しっかりした意見をもたない党派。②強い主張のできないもの。③女性を誘惑する不良。④恋愛などばかり扱う低級な文学。「軟派文学」 ↕硬派

【軟風】なんぷう しずかに吹く風。

【軟文学(學)】なんぶんがく [国]恋愛などを主題とした文学。

◇柔軟・硬軟

車4 【軛】〔11〕 アク [漢] ヤク [慣] [入] 陌 è オー U補J 8EDB 7735

車5 【軶】〔12〕 本字 U補J 8EF6

[意味] 〈くびき〉 轅の先端の横木に取りつけ、車を引く牛や馬の首にかけるもの。車(一二二四ページ・中)の図参照。

車4 【較】〔11〕 [本] ↓較(一二二〇ページ・中)

車4 【軎】〔11〕 [俗] ↓轊(一二二五ページ・下)

車4 【軤】〔11〕 [俗] ↓轤(一二二六ページ・上)

車4 【軥】〔11〕 [俗] ↓轤(一二二六ページ・上)

車4 『斬』 ↓斤部七画(五七二ページ・上)

車5 【軼】〔12〕 [一]イツ [漢] [入] 質 yì イー [二]テツ [漢] [入] 屑 dié ティエ U補J 8EFC 7737

[意味] [一]①〈す・ぎる(―・ぐ)〉 ㋐前の車を追いこす。㋑突然攻撃する。㋒走り去る。㋓すぐれる。かけはなれる。②なくなる。ばらばらになる。＝佚 ③あふれる。＝溢 [二]①わだち。＝轍 ②〈たがいに(たがひに)〉 かわるがわる。＝迭

【軼才】いっさい すぐれた力。すぐれた能力。

【軼材】いつざい 生まれつきすぐれた人物。

【軼詩】いっし 「詩経」に入れられなかった詩。＝逸詩

【軼事】いつじ 世間に知られていない事がら。

車5 【軮】〔12〕 オウ [漢] [上] 養 (アウ) yǎng ヤン U補J 8EEE 6462

[意味] 軮軋は、①車のきしる音。②ひろびろとしたさま。

車5 【軻】〔12〕 カ [漢] [平] 歌 kē コー U補J 8EFB 7738

[意味] ①車軸が二本の木をつなぎ合わせて作られている車。②轗軻は、物事が思うようにならないさま。③孟子の

名。孟軻。戦国時代の儒家。

車5【輌】〔12〕 ㊀ク㊥ ㊀㊤虞 qú チュイ ㊁コウ㊥ ㊁㊤尤 gōu コウ　J ― 補 ― U 8EE5

意味 ㊀㊁①軛(くびき)の先の、牛や馬の首にかける部分。車(一二一四ページ・中)の図参照。②輌録(こうろく)は、自分を束縛すること。

車5【軽】〔12〕 学3 ケイ かるい・かろやか　J 2358 補 ― U 8EFD

旧字 車7【輕】〔14〕 ㊀ケイ㊥ キョウ(キャウ)㊐ キン㊨ ㊀㊤庚 qīng チン ㊁ケイ㊥ キョウ(キャウ)㊐ ㊁㊦敬 qìng チン　J 7743 補 ― U 8F15

筆順

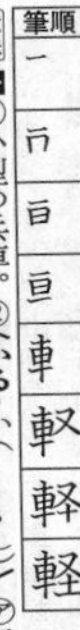

意味 ㊀①小型の兵車。②〈かる・い(――・し)〉㋐目方が少ない。㋑いやしい。身分が低い。ねうちがない。㋒わずか。うすい。㋓〈かろやか〉すばやい。みがるな。③〈かろん・じる(――・ず)〉㋐かるくする。㋑あなどる。ばかにする。④現若い。㊁①すばやい。②おちつきがない。

解字 輕　形声。車が形を表し、巠(けい)が音を示す。巠には、たてにまっすぐなという意味を含む。輕は、身がるで、まっすぐ突っこむ兵車をいう。また、巠の音は空(くう)と通ずるので、輕は、荷物を積んでいない、から車のことであるともいう。

【軽業】(かるわざ) 国身がるに危険な芸を演じること。アクロバット。

【軽易】(けいい) ①ばかにする。②てがる。たやすい。

【軽陰】(けいいん) ①あわいかげ。②うすぐもり。

【軽雨】(けいう) わずかに降る雨。

【軽鋭】(けいえい) 身がるで強い兵士。

【軽盈体(體)態】(けいえいたいたい) 女性のなよなよとしたようす。

【軽鷗】(けいおう) 水にかるく浮かぶかもめ。「柔艫軽鷗外(じゅうろけいおうのほか)」〈杜甫(とほ)の詩・船下二夔州郭一宿(ふねにてきしゅうのかくにくだりてしゅくす)〉

【軽舸】(けいか) 舟足のかるい小舟。

【軽快】(けいかい(くわい)) ①かるくてすみやか。はやくて気持ちがいい。②病気が少しよくなる。

【軽寒】(けいかん) うすらさむい。

【軽紈】(けいがん(ぐゎん)) かるくて上等の絹。紈は、白いねり絹。

【軽機】(けいき) 軽機関銃の略。

【軽騎】(けいき) 身がるな騎兵。【――兵】(けいきへい) 昔のヨーロッパの、身がるにしたくをした騎兵。

【軽裘】(けいきゅう(きう)) やわらかい毛皮に、綿を入れた着物。上等のコート。【――緩帯(帶)】(けいきゅうかんたい(くゎんたい)) ①ゆったりした態度。②手がるな身じたく。〈晋書(しんじょ)・羊祜(ようこ)伝〉【――肥馬】(けいきゅうひば) かろやかな皮の衣を着、肥えた馬に乗る。富貴の人が外出するようす。〈論語・雍也(ようや)〉

【軽挙(擧)】(けいきょ) かるがるしい行動。かるはずみに動く。【――妄動】(けいきょもうどう(まう)) かるはずみに事を起こし、分別のない行動をする。

【軽裾】(けいきょ) かるい、衣のすそ。

【軽俠】(けいきょう(けふ)) かるはずみな男だて。

【軽金属(屬)】(けいきんぞく) 比重5以下の、かるい金属。

【軽軽(輕)】(けいけい) かるがるしいさま。

【軽減】(けいげん) へらす。へる。かるくする。

【軽工業】(けいこうぎょう(げふ)) 繊維・食品・雑貨など、主として消費財を造る工業。↕重工業
【軽合金】(けいごうきん(がふ)) 比重のかるい合金。アルミニウムなどを主成分としたもの。

【軽忽】(けいこつ) ①おろそかでかるはずみ。そこつ。②国ばかにする。③国きのどく。

【軽視】(けいし) かるくみる。あなどりみさげる。みくびる。

【軽車】(けいしゃ) ①かるいくるま。小型の兵車。②かるくてよく走る車。【――熟路】(けいしゃじゅくろ) かるい車でなれた道を行く。物事によくなれてなめらかに進むようす。〈韓愈(かんゆ)・送二石処士一序(せきしょしをおくるじょ)〉

【軽舟】(けいしゅう(しう)) かるくて、速い舟。小舟。「軽舟已過万重山(けいしゅうすでにすぐばんちょうのやま)」〈李白(りはく)の詩・早発二白帝城一(つとにはくていじょうをはっす)〉

【軽重】(けいじゅう(ぢう)・けいちょう) ①かるいこととおもいこと。②身分の上下。③おもさ。目方。④重さをはかる。⑤小事と大事。⑥ぜに。お金。

【軽捷】(けいしょう(せふ)) すばしこい。

【軽傷】(けいしょう(しゃう)) かるいきず。↕重傷
【軽擾】(けいじょう(ぜう)) ざわざわして落ち着きがない。

【軽信】(けいしん) かるがるしく信用する。

【軽塵】(けいじん(ぢん)) かるいほこり。「渭城朝雨浥二軽塵一(いじょうのちょうう けいじんをうるおす)」〈王維の詩・送二元二使一安西(げんじのあんせいにつかいするをおくる)〉

【軽装(裝)】(けいそう(さう)) 身がるなよそおい。手がるな身じたく。

【軽鬆】(けいそう) ㊀かるくて、あらい。㊁チンソン qīngsōng 現かろやか。気楽な。【――土】(けいそうど) こまかい火山灰土や、腐った土。

【軽躁】(けいそう(さう)) 落ち着きがなく、そわそわしている。

【軽卒】(けいそつ) ①身がるな服装の兵卒。②身分の低い兵卒。③そそっかしい。かるはずみ。

【軽率】(けいそつ) かるがるしくひきうける。やすうけあい。『――寡レ信』(けいだくまことすくなし) やすうけあいをする人に、真実のあることはほんとうに少ない。

【軽諾】(けいだく) かるがるしくひきうける。やすうけあい。

【軽煖】(けいだん) 衣服のかるくてあたたかいもの。

【軽暖】(けいだん) ①「軽煖(けいだん)」に同じ。②ややあたたかい。

【軽佻】(けいちょう(てう)) かるはずみ。落ち着きがなく考えがない。あさはか。【軽佻浮薄】(けいちょうふはく) かるはずみでうわついていること。

【軽輩】(けいはい) 身分のかるい人々。

【軽薄】(けいはく) ①考えがあさはか。ことばや行いが落ち着かずおもみがない。②おじょうず。お世辞。うわべだけでまごころが少ない。③そまつにする。【――子】(けいはくし) 落ち着きなく人情のうすい人。〈後漢書(ごかんじょ)・馬援(ばえん)伝〉

【軽帆】(けいはん) 舟足のかるいほかけぶね。

【軽肥】(けいひ) 「軽裘肥馬(けいきゅうひば)」の略。

【軽靡】(けいび) かるがるしくみだらでぜいたくなこと。軽薄淫靡(けいはくいんび)。

【軽僄】(けいひょう(へう)) ①すばしこい。②軽々しい。

【軽剽】(けいひょう(へう)) ①すばしこい。②一定の職を持たず、すばしこく人をおびやかすこと。また、その人。馬賊の類。

【軽浮】(けいふ) ①かるく浮かぶ。②かるはずみ。かるがるしくて落ち着きがない。

【軽侮】(けいぶ) かろんじあなどる。ばかにする。

【軽風】(けいふう) そよそよとふく風。

【軽兵】(けいへい) ①身がるな兵士。②弱い軍隊。

【軽蔑】(けいべつ) かろんじ、ないがしろにする。あなどる。みさげる。

【軽便】(けいべん) ①身がる。②かるくて自由。③てがる。【――鉄(鐵)道】(けいべんてつどう(だう)) 国レールのはばがせまく、小型の鉄道。

【軽妙】(けいみょう(めう)) 筆づかいなどがあっさりしておもしろみのあること。

【軽霧】(けいむ) うすいきり。

【軽漾】(けいよう(やう)) ①さざなみ。②かるくただよう。

【軽羅】(けいら) かるくてうすい絹のきもの。

【軽慮】(けいりょ) あさはかな考え。

【軽量】(けいりょう(りゃう)) 目方がかるい。↕重量
『軽攏慢撚抹復挑』(けいろうまんねんまつまたちょう(てう)) かるく指でおさえ、ゆるくひねり、指でつまみ、はねあげる。琵琶(びわ)をひくいろいろの手の使い方。〈白居易(はくきょい)の詩・琵琶行(びわこう)〉

◇▼手軽(てがる)・身軽(みがる)・気軽(きがる)・足軽(あしがる)・剽軽(ひょうきん)

7画

見角言谷豆豕豸貝赤走足(⻊)身車辛辰辵(⻌・⻍)邑(⻏〈右〉)西采里

7画 見角言谷豆豕豸貝赤走足(⻊)身車辛辰辵(⻌・⻍)邑(⻏〈右〉)酉釆里

車5【軤】〔12〕コ 漢 平 虞 hū フー U補J 8EE4
意味 ①車。車の音。②姓。

車5【軱】〔12〕コ 漢 平 虞 gū クー U補J
車6【軱】〔13〕俗字 U補J 8EF1 6464
意味 大きな骨。

車5【軲】〔12〕コ 漢 平 虞 gū クー U補J 8EF2
意味 くるま。

車5【軹】〔12〕シ 漢 上 紙 zhǐ チー U補J 8EF9 6466 ②8961
意味 ①車輪の中央にある轂(こく)の、車軸を通すあな。②車軸の先端。車(一二一四ページ・中)の図参照。③文末の助詞。④軹道(しどう)は秦(しん)代、陝西(せんせい)省西安市にあった地名。

車5【軸】〔12〕常 ジク
チク 漢 ジク(ヂク) 呉 入 屋 zhóu チョウ U補J 8EF8 2820

筆順 一 ㄇ 冂 亘 車 軋 軸 軸

意味 ①〈よこがみ〉しんぎ。㋐車の心棒。シャフト。車(一二一四ページ・中)の図参照。㋑巻いた物の心棒。②棺を動かす道具。③掛け軸。巻き物。④中心。かなめ。大事なところ。⑤病みつかれる。⑥船。=舳(ちく) 国〈じく(ぢく)〉①筆のじく。②茎。③俳句や川柳の巻末にしるす評者の句。

解字 軸 形声。車が形を表し、由(いう)が音を示す。由には抜け出す意味がある。軸は、車のじくで、車輪の外に抜け出しているかっこうからいう。音チクは、由の音イウの変化。

◆中軸(ちゅうじく)・車軸(しゃじく)・枢軸(すうじく)・巻軸(まきじく)・掛軸(かいじく|かけじく)・新機軸(しんきじく)

車5【軫】〔12〕シン 漢 上 軫 zhěn チェン U補J 8EEB 7739
意味 ①〈よこぎ〉とこぎ。車の下の横木。車(一二一四ページ・中)の図参照。②車の箱。また、車。③〈いた・む〉ひどく心配する。④めぐる。動く。⑤数多いさま。⑥〈みつうち〉星座の一つ。からす。「軫宿(しんしゅく)」⑦ことじ。琴の糸のまくら。⑧四角。⑨湖北省応城(おうじょう)市西にあった春秋時代の国名。
【軫懐(懷)】(しんかい(くゎい)) 心を痛めて思う。心配する。
【軫恤】(しんじゅつ) 心をいため、あわれむ。
【軫悼】(しんとう(たう)) 天子が死者などを悲しみなげく。
【軫念】(しんねん) ①天子のお心。②天子が心を痛める。
【軫憂】(しんゆう(いう)) 痛み憂える。

車5【軝】〔12〕テイ 漢 上 薺 dǐ ティー U補J 8EE7
意味 車の後ろに出た棒。坂道でブレーキの役めをする。

車5【軷】〔12〕ハツ 漢 入 曷 bá パー U補J 8EF5 6465
意味 旅行に出るとき、道の神を祭ること。「軷祭(はっさい)」

車5【軺】〔12〕ヨウ(エウ) 漢 平 蕭 yáo ヤオ U補J 8EFA 6467 ①9244
意味 ①小さい車。また、使者の乗る車。「軺車(ようしゃ)」②軺轂(ようこく)は、集まり合う所。

車5【軨】〔12〕レイ 漢 平 青 líng リン U補J 8EE8 6461
意味 ①〈れんじ〉てすりの間のこうし。②車の箱の側面にあるこうし形の横木。車(一二一四ページ・中)の図参照。③車のくさびにつける皮。④軨獵(れいりょう)は、狩りに使うてがるな小車。⑤小船。=舲(れい)

車5【輂】〔12〕俗 ↓輩(一二二二ページ・中)

車5【輗】〔12〕本 ↓輗(一二一八ページ・下)

車6【較】〔13〕常 カク U補J 8F03 1951
旧字 車6【較】〔13〕
一 カク 漢 呉 一 入 覚 jué チュエ
二 コウ(カウ) 漢 二 去 効 jiào チアオ U補J
車4【𨋍】〔11〕本字 U補J 4848

筆順 一 亘 亘 車 軒 軟 軟 較

意味 一 ①車の箱の両側にとりつけた手すり。横木。車(一二一四ページ・中)の図参照。②まっすぐである。③あらそう。=角(かく) ④きまり。ルール。「大較(たいかく)」 二 ①〈くら・べる(――・ぶ)〉=校「比較」②〈やや〉ほぼ。③明らかなさま。④同じでない。⑤現 ㋐…より。㋑比較的。

解字 較 形声。車が形を表し、交(かう)が音を示す。交には、まじわるという意味がある。較は車の輢(ひじかけ)の上に、交差している横木である。一説に、較は角(かく)と音が同じで、車のひさしの上に、二本のつののように出ているからいうとも解する。校と同様にいろいろまじえてくらべる意味にもなる。

名前 あつ・とお・なお
【較差】(かくさ) 気温などの最高・最低の差。本来の読みはコウサ。
【較然】(こう(かう)ぜん) あきらかなさま。
【較著】(こう(かう)ちょ) あきらかなさま。いちじるしいさま。
【較量】(こう(かう)りょう(りゃう)) くらべはかる。おしはかる。
◆比較(ひかく)・計較(けいこう)

車6【軭】〔13〕キョウ(キャウ) 漢 平 陽 kuāng コワン U補J 8EED 6468
意味 車輪がねじまがる。

車6【輂】〔13〕キョク 漢 入 沃 jú チュイ U補J 8F02 6470
意味 ①馬の引く大きな車。②こし。人をのせて運ぶ物。③土を運ぶもっこ。

車6【載】〔13〕常 サイ のせる・のる
一 サイ 漢 呉 一 去 隊 zài ツァイ
二 サイ 漢 呉 二 上 賄 zǎi ツァイ U補J 8F09 2660

筆順 + 土 𡈽 𢦏 𢦏 載 載 載

意味 一 ①〈の・る〉㋐車に乗る。㋑上になる。②〈の・せる(―・す)〉㋐車に乗せる。㋑いただく。頭にのせる。㋒置く。祭器にもりつける。㋓重ねる。㋔積む。③のせたもの。㋐荷物。㋑祭器の上の食物。④〈み・ちる(―・つ)〉満ちる。⑤なす。行う。しあげる。⑥かざる。⑦従事する。⑧〈こと〉しごと。つとめ。⑨〈はじ・める(――・む)〉開始する。⑩はじめて。⑪物をおぼえる。ものごころつく。⑫ふたたび。=再 ⑬〈すなわち(すなはち)〉さて。動詞の前につけて、並列を表す語。「載欣載奔(すなわちよろこびすなわちはしる)」〈陶潜(とうせん)・帰去来辞(ききょらいのじ)〉 二 ①〈とし〉年や歳の別のいいかた。②文書に記録する。③文書。記録。

解字 載 形声。車が形を表し、𢦏(さい)が音を示す。𢦏には、けじめをつけるという意味がある。載は、くぎりをつけて車にのせることである。

名前 のり
【載書】(さいしょ) 国と国とが約束を結んだ事がらを記した書きつけ。盟約書。
【載積】(さいせき) のせてつむ。
【載籍】(さいせき) 書物・書籍をいう。
【載筆】(さいひつ) ①筆をもって行く。②書く。記録する。文を作る。

◇所載・記載・連載・掲載・満載・登載・搭載

車6【輀】〔13〕ジ 漢 平 支 ér アル J②8963 補6469 U8F00

意味 ひつぎをはこぶ車。霊柩車。＝輀。「輀車」

車6【軾】〔13〕ショク 漢 入 職 shì シー J7740 補 U8EFE

意味 ①〈しきみ〉車の前方にある横木。乗る人が手を置いて支えとする。車(一二二四ペ・中)の図参照。②軾に手をかけて、礼をする。車上の礼法。

【憑レ軾】①車の上で人に礼をする。②戦争をしないで、てがらを立てる。【――下二東藩一】漢の高祖が、天下統一をめざしていたころ、酈食其という食客が、斉国に使いし、車の前にある横木によりかかったまま、たくみな弁舌で、斉の七十余城を降服させた故事。〈魏徴の詩・述懐〉

車6【輇】〔13〕セン 漢 平 先 quán チュワン J6471 補 U8F07

意味 ①一枚板の車輪。輻(スポーク)のない車輪。②はかりくらべる。③才能の小さいこと。

車6【輊】〔13〕チ 漢 去 寘 zhì チー J7741 補 U8F0A

意味 ①車の前が重みで低くなること。②軒輊は、へだたり。差のつくこと。

車6【輈】〔13〕チュウ 漢 平 尤 (チウ) zhōu チョウ J②8964 補6472 U8F08

意味 ①〈ながえ〉車の前部にとりつけられた長い棒。その先に横木をむすび、馬や牛をつける。兵車などのものをいう。車(一二二四ペ・中)の図参照。②車。③輈張は、㋐強いさま。㋑驚き恐れるさま。

車6【輅】〔13〕㊀ロ 漢 ㊀去 遇 lù ルー ㊁カク 漢 ㊁入 陌 hé ホー J7742 補 U8F05

意味 ㊀〈くるま〉①天子の車。「大輅」②大きい車。③殷時代の車。④そまつな車。㊁①人が引く車の前部にとりつけられた長い棒にむすびつけられた横木。この横木にからだをあてて引く。②車を引く。

車6【輌】〔13〕国字 J②8962 補 U282F3

意味 〈とこ〉車の床。

車6【軱】〔13〕俗→軱(一二二〇ペ・上)

車6【輛】〔13〕俗→輛(一二二一ペ・下)

車6【暈】↓日部九画(五九八ペ・下)

車7【輐】〔14〕カン 漢 上 旱 (クヮン) wǎn ワン J6474 補 U8F10

意味 輐断は、かどがなくまるい。

車7【輒】〔14〕チョウ 漢 呉 入 葉 (テフ) zhé チョー J7744 補 U8F12

意味 ①車の箱の両側につけられた木板。車(一二二四ペ・中)の図参照。②直立して動かないさま。「輒然」③〈すなわち(すなはち)〉㋐そのたびごとに。いつもきまって。㋑たやすく。かんたんに。たちまち。すぐに。

車8【輙】〔15〕俗字 J7745 補 U8F19

語法 ❶〈すなわち(すなはち)〉そのたびごとに。その都度。いつも。ある行為・状態に決まって伴う結果をみちびく。例「皆令レ為二吹楽一、後有レ欠、輒補レ之」(全員に音楽を演奏させることにし、後に欠員が出るとその都度補充した)〈史記・高祖本紀〉

❷〈すなわち(すなはち)〉すぐに。たやすく。迅速かつ容易に行われることを示す。例「有下不レ射二鳴鏑所一レ射者上、輒斬レ之」(鏑矢が射ぬいたものをめがけて弓を射ないものがいれば、[命令通りに]すぐさまその者を斬り殺した)〈史記・匈奴列伝〉

↓付録・同訓異義要覧「すなわち」

車7【輓】〔14〕バン 漢 去 願 wǎn ワン J7746 補 U8F13

意味 〈ひ・く〉①車を引く。②ひっぱる。③葬儀車をひく。④死者を悲しむ。⑤おそい。＝晩。⑥人をあげ用いる。「推輓」

【輓歌】①死者のひつぎをひくときの歌。②死者をとむらう歌。＝挽歌

【輓近】①すえの世。②近ごろ。近年。

【輓車】車を引くこと。

【輓輸】車で運ぶ。

車7【輔】〔14〕人 フ 漢 ホ 慣 上 麌 fǔ フー J4269 補 U8F14

意味 ①車輪を補強するためにスポークにつけたまっすぐな木。②〈たす・ける(――・く)〉㋐助ける。㋑よりどころとする。③〈かまち〉うわあご。④官名。天子を補佐する。「四輔」⑤三輔は漢代、長安(今の西安)付近の地。⑥星の名。⑦姓。国〈すけ〉省の第二等官。

解字  形声。車が形を表し、甫が音を示す。甫には、かたわら、くっつく、という意味がある。輔は、車のそえ木。荷台の横にそえて、荷物が落ちるのを防ぐものとか、車輪の横にそえるものとかいう。転じて、助ける、添う、の意味になる。

参考 新表記では「補」に書きかえる熟語がある。熟語は「補」(一一二六ペ・下)をも見よ。

【輔行】人を助けて事を行う。また、その人。

【輔車】ほおぼねと歯ぐき。また、車の添え木と車。転じて、互いに関係深く、助けあうこと。「脣歯輔車」

【輔相】①力添えをする。②主君の政治を助ける。③宰相。大臣。

【輔臣】補佐の臣。主君に力添えする家来。

【輔仁】友だちどうしが、励まし合って仁の徳をすすめること。協力し合って人格完成につとめること。「以レ友輔レ仁」〈論語・顔淵〉

【輔成】助けて事をしあげる。

【輔弼】①助ける。②宰相。大臣。③国国務大臣などが、天皇に進言し、助けること。

【輔翼】まもり助ける。

【輔導】fǔdǎo 現 指導する。補習(する)。

車7【輕】〔14〕旧→軽(一二一九ペ・上)

車7【輶】〔14〕俗→輶(一二二四ペ・上)

車7【塹】↓土部十一画(二九九ペ・上)

車8【輠】〔15〕㊀カ(クヮ) 漢 ㊀上 哿 guǒ クオ ㊁カ(クヮ) 漢 ㊁上 馬 huì ホイ J6479 補 U8F20

意味 ㊀油つぼ。車のあぶらさし。㊁車輪がまわる。

車8【輡】〔15〕カン 漢 上 感 kǎn カン J6480 補 U8F21

意味 ①車が動きにくい。②輡軻は、志を得ないこと。不遇。

車8【輨】〔15〕カン 漢 上 旱 (クヮン) guǎn コワン J6484 補 U8F28

意味 車のこしきにかぶせる金属のおおい。＝軑

7画 見角言谷豆豕豸貝赤走足(⻊)身車辛辰辵(⻌・⻍)邑(⻏〈右〉)酉釆里

車8【輝】〔15〕常 キ かがやく　キ 漢 平 微 呉 huī ホイ　J 2117 U 8F1D

筆順（略）

意味 ①〈かがや・く〉〈ひか・る〉〈て・る〉光を出す。きらめく。②〈かがやき〉㋐光ること。㋑火の光。㋒太陽や月の光。③〈かがやかし・い（かがやか・し）〉④明（みん）代の県名。今の河南省輝県（けん）市。

名前 あきら

解字 形声。光が形を表し、軍（くん）が音を示す。軍には、とりまくという意味がある。輝は光がまるいかさのようになっている状態である。古い形は煇。音キは、軍の音クンの変化。

【輝映】（きえい） てりはえる。かがやきうつる。

【輝赫】（きかく） かがやく。

【輝光】（きこう（くゎう）） かがやく。かがやく光。

【輝石】（きせき） 理 火成岩の中にできる鉱物の名。形は水晶に似て暗緑色。

車8【輗】〔15〕ゲイ 漢 平 斉 ní ニー　J ②8965 補6476 U 8F17

意味 大型の車で、前部にとりつけられた二本の長い棒と、牛や馬をとりつける横木とを固定するくさび。車（一二二四ページ・中）の図参照。「輗軏（げいげつ）」

車8【輥】〔15〕コン 漢 上 阮 gǔn クン　J 補6482 U 8F25

意味 ①轂（こしき）がきちんと丸く作られていること。②なめらかにまわる。

車8【輜】〔15〕シ 漢 平 支 zī ツー　J 7747 U 8F1C

車9【輺】〔16〕本字 J 補6492 U 8F3A

意味 ①にぐるま。②ほろぐるま。うしろにほろをかけた車。

【輜車】（ししゃ） ①軍用の荷車。②ほろのついた車。

【輜重】（しちょう） ①旅する人の荷物。②軍用の品物。武器や食糧など。

【輜軿】（しへい） 四面におおいのある婦人の車。

車8【輖】〔15〕シュウ（シウ） 漢 平 尤 zhōu チョウ　J 補6475 U 8F16

意味 ①車が重い。②重い。重さ。③低い。④朝。早朝。

車8【輤】〔15〕セン 漢 去 霰 qiàn チエン　J 補 U 8F24

意味 ひつぎかざり。棺にかける布。

車8【輟】〔15〕テツ 漢 入 屑 chuò チュオ　J 7748 U 8F1F

意味 ①〈や・める（―・む）〉止める。②すてる。

【輟耕】（てっこう（かう）） 田をたがやすことをやめる。「輟耕之壟上」〈史記・陳渉世家（ちんしょうせいか）〉【―録（錄）】（てっこうろく） 書名。明（みん）の陶宗儀（とうそうぎ）の随筆。

【輟朝】（てっちょう（てう）） 天子が、重臣の死を悲しんで、一時的に朝廷の政治を中止すること。

車8【輩】〔15〕常 ハイ　ハイ 漢 去 隊 呉 bèi ペイ　J 3958 U 8F29

筆順（略）

車5【軰】〔12〕俗字 J 補6463 U 8EF0

意味 ①車百両をいう。また、隊列に分かれた車群。②〈ともがら〉〈やから〉㋐なかま。あいて。㋑むれ。類。㋒列。③人の多いこと。④〈くら・べる（―・ぶ）〉比較する。⑤つらねる。並べる。⑥回数を表す語。

解字 形声・会意。車が形を表し、非（ひ）が音を示す。非には、二つに分かれて並ぶという意味がある。輩は、兵車が出発するときに、それぞれ分かれて並び、隊列を組むことである。

名前 とも

【輩行】（はいこう（かう）） ①先輩・後輩の順序。②同じなかま。

【輩出】（はいしゅつ） 引きつづいて多く出る。

【輩流】（はいりゅう（りう）） なかま。

◆先輩（せんぱい）・同輩（どうはい）・年輩（ねんぱい）・吾輩（わがはい）・若輩（じゃくはい）・我輩（わがはい）・朋輩（ほうばい）・俗輩（ぞくはい）・後輩（こうはい）・弱輩（じゃくはい）

車8【輫】〔15〕ハイ 漢 平 佳 pái パイ　J ②8966 U 8F2B

意味 車の人や物をのせる部分。

車8【輧】〔15〕ヘイ 漢 平 青 píng ピン　J 補6483 U 8F27

意味 ①ほろをかけた車。②ほろをかけた婦人用の車。③兵車。④小型の車。

車8【輣】〔15〕ホウ（ハウ） 漢 平 庚 péng ポン　J 補6481 U 8F23

意味 ①兵車。戦車。物見やぐらのついた車。②波がはげしくぶつかる音。

車8【輞】〔15〕ボウ（バウ） 漢 上 養 モウ（マウ） 呉 wǎng ワン　J ①9245 補6478 U 8F1E

意味 ①車輪の外周にかぶせるたが。車（一二二四ページ・中）の図参照。②輞川（もうせん）は、陝西（せんせい）省藍田（らんでん）県の川の名。唐（とう）の詩人、王維（おうい）の別荘があった。

車8【輘】〔15〕リョウ 漢 平 蒸 líng リン　J 補6477 U 8F18

意味 ①車でひきつぶす。②ふみにじる。

車8【輛】〔15〕リョウ（リャウ） 漢 上 養 liàng リアン　J 7749 U 8F1B

意味 車の数を数えることば。

車6【輌】〔13〕俗字 J 7750 U 8F0C

参考 新表記では、「両」（二八ページ・下）に書きかえる。

車8【輬】〔15〕リョウ（リャウ） 漢 平 陽 liáng リアン　J 補6485 U 8F2C

意味 安楽車。車の中で横になることができるようにしたもの。後に、死者の棺をのせる車をいう。

車8【輪】〔15〕学4 リン わ　リン 漢 平 真 呉 lún ルン　J 4656 U 8F2A

筆順（略）

意味 ①〈わ〉㋐車輪。㋑丸くなったもの。「月輪（げつりん）」㋒まわり。㋓くるま。②たて。南北の長さ。③高く大きいさま。④めぐる。まわる。⑤かわるがわる。国〈りん〉①花の大きさ。「大輪」②花をかぞえることば。「梅一輪」

解字 形声。車が形を表し、侖（りん）が音を示す。侖は、竹の札をあつめそろえること、竹の札をつないでまるく巻くことを表す。輪は、スポークのついている車輪をいう。一枚板の車輪は輇（せん）という。

姓 輪形月（わがつき）・輪賀月（わかつき） 地名 輪島（わじま）

【輪廻】（りんね（ゑ）） 仏 死者のたましいは、転々と他の肉体にうつり、世代を重ねて永久にめぐるという思想。

【輪禍】（りんか（くゎ）） 車にひかれる。

【輪郭（「廓」）】（りんかく（くゎく）） ①物のめぐり。まわり。周囲。②おもてがまえ。外形。③顔だち。④物事のあらまし。

【輪奐】（りんかん（くゎん）） 建築物の大きくてりっぱなこと。【―一新】（りんかんいっしん） 家の新築を祝うことば。

【輪姦】（りんかん） おおぜいの男がつぎつぎにひとりの女を犯すこと。

【輪囷】（りんきん） ①高く大きいさま。②曲がりくねったさま。

【輪講】（りんこう（かう）） 順番に本の講義をする。

【輪作】（りんさく） 同一の土地に、一定年限ごとに作物をかえて栽培

することに。↕連作

【輪次】順ぐり。

【輪条(條)】自転車・人力車などの車輪の輻。「スポーク。」

【輪人】車を作る職人。

【輪生】㊹茎のまわりに何枚もの葉が輪の形につく。

【輪説】国①雅楽で、箏を独奏する。②かってな演技をする。

【輪船】一①船の速度を増すために、水車のような輪をつけた船。②汽船。二 lúnchuán 現一の②に同じ。

【輪対(對)】多くの官吏が順番に政治の良し悪しを天子に答える。輪班奏対。転対。

【輪転(轉)】輪がまわる。輪のようにまわる。【――機】巻き取り紙を通して大量に速く印刷する機械。

【輪読(讀)】順番をきめて本などを読む。

【輪王】㊀「転輪王」の略。仏の理想を実現するすぐれた王。

【輪番】①つぎつぎとかわりあって番にあたる。②きまった期間、かわりあって寺に関するいっさいの事務をつかさどる僧の役名。

【輪輻蓋軫】車の輪・スポーク・おおいがさ、車の下の横木。車の各部品。〈蘇洵・名二子説〉

【輪扁】車職人の扁という名の人。〈荘子・天道〉

【輪輿】車を作る職人。車輪を作る輪人と、車の台を作る輿人。「梓匠輪輿」〈孟子・滕文公下〉

【輪中】国集落と農地を洪水からまもるため、四方が堤防で囲まれている地域。

◆九輪・大輪・五輪・日輪・月輪・半輪・年輪・両輪・車輪・法輪・指輪・腕輪・鉄輪・動輪・競輪・金履輪・転法輪

車8
【輦】〔15〕
レン 漢 呉 上 銑 niǎn ニエン

J 7751 補 ― U 8F26

意味 ①〈てぐるま〉㋐人の引く車。㋑荷車。②天子の乗る車。「鳳輦」③こし。人を乗せる台。④引く。車を引く。運ぶ。⑤になう。

(輦③)

【輦下】天子のひざもと。皇居のある都。

【輦轂】天子の車。【――下】「輦下」に同じ。

【輦車】てぐるま。人の引く車。

【輦台(臺)】国川を渡るとき、人を乗せて運んだ台。

【輦道】①宮中の道。②天子の車の通る道。

【輦輿】天子の乗り物。

【輦路】天子の車の通る道すじ。

車8
【輚】〔15〕
同→轏(一二二五ページ・上)

車8
【輙】〔15〕
俗→輒(一二二一ページ・中)

車9
【輵】〔16〕
一 カツ 漢 一 入 曷 gé コー
二 アツ 漢 二 入 黠 yà ヤー
三 アツ 漢 三 入 曷 è オー
四 ケツ 漢 四 入 屑 qiè チエ

J 6489 補 ― U 8F35

意味 一轇輵は、①ひろびろとしたさま。②車馬のやかましいさま。二車輪のなる音。三輵轄は、①ゆれるさま。②激怒するさま。四車がはやくはしるさま。

車9
【輷】〔16〕
コウ 漢 平 庚 (クヮウ) hōng ホン

J 6491 補 ― U 8F37

意味 ①多くの車の走る音。＝轟「輷輷」「輷輘」②〈とどろき〉大きな音。③〈とどろ・く〉大きな音が鳴りひびく。

車9
【輯】〔16〕
標 人 シュウ 漢 入 緝 (シフ) jí チー

J 2920 補 ― U 8F2F

意味 ①車の箱。また、車。②収める。取りこむ。③〈やわら・ぐ(やはら・ぐ)〉なかよくする。④整える。安定させる。⑤〈あつ・める(――・む)〉集める。また、集めたもの。＝集 ⑥合わせる。つなぐ。

名前 むつ・あつむ

参考 新表記では、「集」に書きかえる熟語がある。

【輯佚】なくなった書物の断片を集めてまとめる。

【輯輯】風がおだやかに吹くさま。

【輯柔】やわらげ安んじる。落ちついてにこやかにする。「輯二柔爾顔一」〈詩経・抑〉

【輯寧】おだやかで、安らか。やわらげ安んじる。

【輯睦】やわらぎむつまじくする。＝輯穆

【輯録(錄)】材料を集めてかきしるす。＝集録

◆編輯

車9
【輮】〔16〕
ジュウ 漢 上 有 (ジウ) róu ロウ

J 6487 補 ― U 8F2E

意味 ①〈たわ・める(――・む)〉曲げる。②ふみにじる。③車輪の外側にかけるたが。

車9
【輲】〔16〕
セン 漢 平 元 chuán チョワン

J ― 補 ― U 8F32

意味 ①輻(車のスポーク)のない車。小型の車。「輲輪」②ひつぎぐるま。死者の棺をのせる車。霊柩車。「輲車」

車9
【輳】〔16〕
ソウ 漢 去 宥 còu ツォウ

J 7752 補 ― U 8F33

意味 〈あつま・る〉①車輪の輻(スポーク)がこしきに集まる。「輻輳」②一か所に集まる。

車9
【輴】〔16〕
チュン 漢 平 真 chūn チュン

J 6488 補 ― U 8F34

意味 ①〈ひつぎぐるま〉霊柩車。②そり。＝橇

車9
【輹】〔16〕
フク 漢 入 屋 fù フー

J 7754 補 ― U 8F39

意味 〈とこしばり〉車軸の中央にあって、車の箱と車軸とを固定する四角い木。

車9
【輻】〔16〕
フク 漢 入 屋 fú フー

J 7753 補 ― U 8F3B

意味 〈や〉車輪のや。車輪の中央から四方へ出て、車輪をささえる木の棒。スポーク。車(一二一四ページ・中)の図参照。

【輻射】理熱や光が、物体から四方に放射する。

【輻湊】物が四方から寄り集まる。一か所にこみあう。

【輻輳】「輻湊」に同じ。

◆車輻

車9
【輸】〔16〕
学5 ユ シュ 漢 呉 平 虞 shū シュー

J 4502 補 ― U 8F38

旧字 車9
【輸】〔16〕
ユ 慣

J ― 補 ― U ―

筆順 ⺆ 亘 車 車ヘ 車今 輸 輸 輸

意味 ①〈いた・す〉㋐移しはこぶ。㋑車で移す。㋒送る。②差し出す。納める。③負ける。争いにやぶれる。④破る。こわす。⑤変える。改める。⑥帰る。⑦戦国時代の兵技家、公輸盤のこと。

解字 形声。車が形を表し、俞が音を示す。俞は丸木舟で、進むという意味を持っている。輸は、車で品物を移し運ぶことである。

【輸攻墨守】公輸盤が攻撃用のはしごを作ったと聞き、墨子は守りの道具を作ったという故事。

7画

見角言谷豆豕豸貝赤走足(⻊)身車辛辰辵(⻌・⻍)邑(⻏〈右〉)酉釆里

【輸心】しゅしん まごころ。
【輸贏】しゅえい・ゆえい 負けと勝ち。勝敗。
【輸機】ゆき ばくちに負けること。
【輸却】ゆきゃく かけごとに負けること。
【輸血】ゆけつ 医病人の血管に、健康な人の血液を送りこむ。
【輸出】しゅつ・ゆしゅつ 外国に品物を売りこむ。↔輸入。【――超過】ゆしゅつちょう(てう)か(くわ) 一定期間の輸出が輸入より多いこと。出超しゅっちょう。
【輸租】ゆそ・しゅそ 租税を納める。
【輸送】ゆそう はこびおくる。
【輸卒】ゆそつ 軍隊の荷物をはこぶ兵卒。
【輸籌】ゆちゅう(ちう)・しゅちゅう(ちう) 負ける。籌は勝負の数を数える棒。
【輸入】ゆにゅう(にふ) ①運び入れる。②外国から品物を買い入れる。↔輸出。【――超過】ゆにゅう(にふ)ちょう(てう)か(くわ) 一定期間の輸入が輸出より多いこと。
【輸尿管】ゆにょうかん(ねうくわん) 医腎臓じんぞうからぼうこうに尿を送るくだ。
【輸来(來)】ゆらい 品物を運んで持ってくる。
◆空輸くうゆ・密輸みつゆ・陸輸りくゆ・運輸うんゆ

車9【輶】〔16〕ユウ(イウ) 漢 平 尤 yóu ユー J①9247 補6490 U8F36

車7【輏】〔14〕俗字 J 6473 U 8F0F

意味 ①軽い車。②〈かる・い〉(――・し)
【輶軒】ゆうけん(いう) ①軽い車。天子の使者の車。②方言を集めること。
【輶車】ゆうしゃ(いう) 狩りなどに使う、軽い車。

車9【輜】〔16〕本 ↓輜(一二二二ページ・上)

車9【輭】〔16〕同 ↓軟(一二一八ページ・中)

車10【轅】〔17〕エン(エン) 漢 平 元 yuán ユワン J 7755 U 8F45

意味 ①〈ながえ〉馬車・牛車ぎっしゃの前方に長く出た棒をいう。それに横木をつけ、馬や牛を固定して引かせる。車(一二二一ページ・中)の図参照。②車。③改める。④轅門えんもんは、天子が地方をめぐる時とまる宿舎。また、軍門、役所をいう。⑤春秋時代の斉の地名。今の山東省禹城うじょう市西南。⑥姓。
【轅下】えんか(ゑん) ①車のながえの下。②部下。【――駒】えんかのこま(ゑん) ながえにつけられた小馬。束縛されて自由にならないたとえ。〈史記・魏其武安侯ぶあんこう列伝〉
【轅馬】えんば(ゑん) 車につけた馬。「轅馬悲且鳴えんばかなしみてかつなく」〈石崇せきすう・王明君辞〉

車10【轀】〔17〕オン(ヲン) 漢 平 元 wēn ウエン J②8967 補6493 U8F40

意味 安楽車。車の中で横になることができるようにしたもの。ほろに窓があり、閉じて温かくしたものを轀車おんしゃ、開いて涼しくしたものを輬車りょうしゃという。後に、死者をのせるのに使われた。

車10【轄】〔17〕常 カツ J 1977 U 8F44

旧字 車10【轄】〔17〕カツ 漢 入 黠 xiá シア J ― U ―

筆順 亘 亘 車 車 軎 軎 軎 轄

意味 ①〈くさび〉車輪が車軸からはずれるのをふせぐくさび。車(一二二一ページ・中)の図参照。②しめくくる。とりしまる。③車のきしる音。④星の名。

解字 形声。車が形を表し、害かつが音を示す。轄は、車の軸とこしきがこすれてギイギイ音をたてることである。害はその音の形容であろう。また、害には、ふさぎ止める意味がある。轄は、車輪が車軸からはずれないようにとめるくさびをもいう。
◆所轄しょかつ・管轄かんかつ・統轄とうかつ・総轄そうかつ

車10【轂】〔17〕コク 漢 入 屋 gǔ クー J 7756 U 8F42

意味 ①〈こしき〉車輪の軸を受けるまるい部分。車(一二二一ページ・中)の図参照。②車。③推轂すいこくは、推薦すること。
【轂下】こくか 天子のおひざもと。帝都。天子の車の下の意からいう。
【轂撃(擊)肩摩】こくげきけんま 車のこしきがぶつかりあい、人の肩がすれあう。にぎやかで混雑するさま。〈史記・蘇秦そしん列伝〉
【轂轂】こくこく ①玉が地上に落ちる音の形容。②大波の形容。

車10【轃】〔17〕シン 漢 平 真 zhēn チェン J 6501 U 8F43

意味 ①大きな車の荷台の床に敷く、竹で作ったしきもの。②到着する。=臻しん

車10【輾】〔17〕㊀テン 漢 ㊀上 銑 zhǎn チャン ㊁デン 漢 ㊁去 霰 niǎn ニエン J 7757 U 8F3E

意味 ㊀①まわる。回転する。②ころがる。半回転する。寝返りをうつ。㊁=碾でん ①つぶす。②ひきうす。
【輾転(轉)】てんてん ①車がごろごろまわる。②忙しくて落ち着かない。③寝返りをうつ。=展転 【輾転反側】てんてんはんそく 眠れないで何べんも寝返りをうつ。=展転反側〈詩経しきょう・関雎かんしょ〉

車10【輿】〔17〕人 標 ヨ 漢 平 魚 呉 yú ユィ J 4533 U 8F3F

車13【轝】〔20〕同字 J 6510 U 8F5D

意味 ①〈こし〉㋐車の人を乗せるところ。㋑かつぐこし。㋒両手にさげるこし。②車の総称。③大ぜい。④のる。⑤肩にかつぐ。⑥大地。「坤輿こんよ」⑦地位の低い役人。⑧権輿けんよは、始まり。⑨姓。

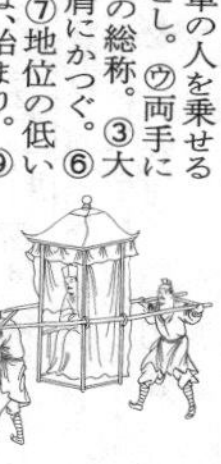
(輿①㋑)

【輿駕】よが 天子の乗り物。
【輿師】よし 大勢の軍隊。
【輿誌】よし 地理書。地誌。
【輿衆】よしゅう 多くの人々。
【輿誦】よしょう ①多くの人のことば。輿人之誦よじんのしょう。②身分の低い役人たちのことば。「訪二輿誦於群小一よしょうをぐんしょうにとう」〈晋書しんじょ・郭璞かくはく伝〉
【輿薪】よしん 車に積んだ、たきぎ。大きいもののたとえ。〈孟子もうし・梁恵王りょうけいおう上〉
【輿人】よじん ①車を作る職人。②多くの人。③身分の低い人。
【輿地】よち 大地。【――図(圖)】よちず(づ) 地図。
【輿丁】よてい・よちょう(ちゃう) こしをかつぐ人。
【輿馬】よば こしと馬。車や馬。
【輿夫】よふ こしをかつぐ人。輿丁。
【輿服】よふく 乗り物と服装。
【輿望】よぼう(ばう) 多くの人の人望。衆望。
【輿梁】よりょう(りゃう) ①橋。②車の通る橋。「十二月輿梁成」〈孟子もうし・離婁りろう下〉
【輿論】よろん 世間の人々の意見。→「世論せいろん・せろん」(二七ページ・下)

車10【轁】〔17〕俗 ↓韜(一三六八ページ・中)

車11【轊】〔18〕エイ(エイ) 漢 去 霽 wèi ウエイ J②8968 U 8F4A

意味 ①車軸の頭部。じくがしら。②小型のひつぎ。=槥えい

車11【轇】〔18〕コウ(カウ) 漢 平 肴 jiāo チアオ J 6502 U 8F47

意味 轇轕こうかつは、①ひろびろとしたさま。②車馬のやかましい

さま。③あとになり先になるさま。④まじりあうさま。

車11【轆】〔18〕ロク 漢 入 屋 lù ルー　J 7760　U補 8F46
意味 ①くるま木。滑車。②轆轆ろくろくは、車の走る音のさま。
【轆轤】ろくろ ①重いものを動かすための滑車。②つるべを上下させる滑車。③回転させて木材や陶器など円形の物をつくる道具。ろくろがんな。【―首】ろくろくび 国 首が抜けてのびちぢみするというばけものの一種。

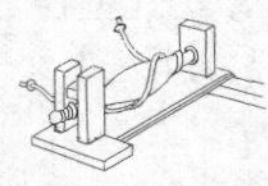
(轆轤③)

車11【轌】〔18〕国字　J 7758　U補 8F4C
意味〈そり〉①雪や氷の上を走らせる乗り物。②機織轌ノ目はたおりそりのめは、秋田県能代のしろ市の地名。

車11【轉】〔18〕旧 ↓転(一二一七ページ・中)

車12【轎】〔19〕キョウ(ケウ) 漢 去 嘯 jiào チアオ　J 7761　U補 8F4E
意味 ①〈かご〉のりもの。山に行くとき用いる小さいのりもの。②肩でかつぐのりもの。
【轎子】きょうし 人を乗せてかつぐかご。
【轎児(兒)】きょうじ かごかき。
【轎車】きょうしゃ 箱馬車。北方で旅行用に使う馬車。
【轎夫】きょうふ かごかき。

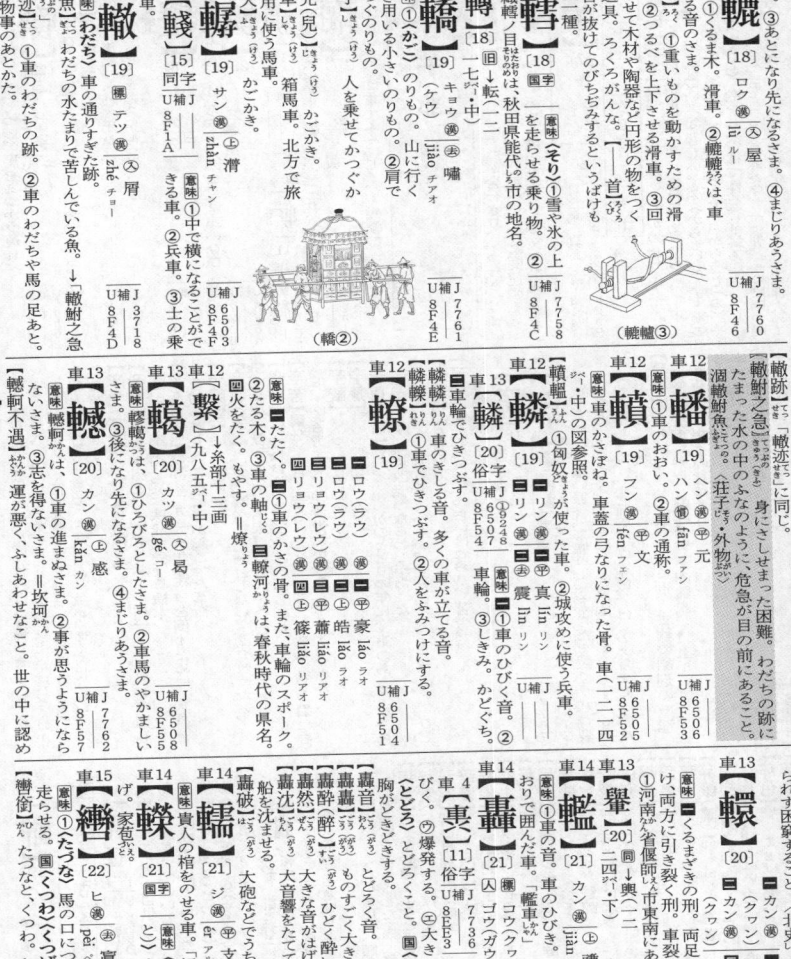

(轎②)

車12【轏】〔19〕サン 漢 上 潸 zhǎn チャン　J 6503　U補 8F4F
意味 ①中で横になることができる車。②兵車。③士の乗る車。

車8【輚】〔15〕同字　J ―　U補 8F1A

車12【轍】〔19〕標 テツ 漢 入 屑 zhé チョー　J 3718　U補 8F4D
意味〈わだち〉車の通りすぎた跡。
【轍魚】てつぎょ わだちの水たまりで苦しんでいる魚。↓轍鮒之急
【轍迹】てっせき ①車のわだちの跡。②車のわだちや馬の足あと。③物事のあとかた。

【轍跡】てっせき「轍迹てっせき」に同じ。
【轍鮒之急】てっぷのきゅう 身にさしせまった困難。わだちの跡にたまった水の中のふなのように、危急が目の前にあること。涸轍鮒魚こてつのふぎょ。〈荘子そうじ・外物がいぶつ〉

車12【轓】〔19〕ヘン 漢 平 元 ハン 慣 fān ファン　J 6506　U補 8F53
意味 ①車のおおい。②車の通称。

車12【轒】〔19〕フン 漢 平 文 fén フェン　J 6505　U補 8F52
意味 車のかさぼね。車蓋の弓なりになった骨。車(一二二四ページ・中)の図参照。
【轒轀】ふんうん ①匈奴きょうどが使った車。②城攻めに使う兵車。

車12【轔】〔19〕一 リン 漢 平 真 lín リン　二 リン 漢 去 震 lìn リン　J ―　U補 ―
意味 一①車のひびく音。②車輪。③しきみ。かどぐち。② 二車輪でひきつぶす。

車13【轔】〔20〕俗字　J ①9248 6507　U補 8F54

【轔轔】りんりん 車のきしる音。多くの車が立てる音。
【轔轢】りんれき ①車でひきつぶす。②人をふみつけにする。

車12【轑】〔19〕一 ロウ(ラウ) 漢 平 豪 láo ラオ　二 ロウ(ラウ) 漢 上 皓 lǎo ラオ　三 リョウ(レウ) 漢 平 蕭 liáo リアオ　四 リョウ(レウ) 漢 上 篠　J 6504　U補 8F51
意味 一たたく。二①車のかさの骨。また、車輪のスポーク。②たる木。③車の軸じく。三轑河りょうかは、春秋時代の県名。四火をたく。もやす。＝燎りょう

車12【繫】↓糸部十三画(九八五ページ・中)

車13【轕】〔20〕カツ 漢 入 曷 gé コー　J 6508　U補 8F55
意味 轇轕こうかつは、①ひろびろとしたさま。②車馬のやかましいさま。③後になり先になるさま。④まじりあうさま。

車13【轗】〔20〕カン 漢 上 感 kǎn カン　J 7762　U補 8F57
意味 轗軻かんかは、①車の進まぬさま。②事が思うようにならないさま。③志を得ないさま。＝坎坷かんか
【轗軻不遇】かんかふぐう 運が悪く、ふしあわせなこと。世の中に認められず困窮すること。〈北史ほくし・文苑ぶんえん伝〉

車13【轘】〔20〕一 カン(クヮン) 漢 去 諫 huàn ホワン　二 カン(クヮン) 漢 平 刪 huán ホワン　J ②8969　U補 8F58
意味 一くるまざきの刑。両足を二つの車に別々にしばりつけ、両方に引き裂く刑。車裂しゃれつ。「轘裂かんれつ」 二轘轅かんえんは、①河南かなん省偃師えんし市東南にある山の名。②けわしい道。

車13【轝】〔20〕同 ↓輿(一二二四ページ・下)

車13【轔】〔20〕俗 ↓轔(一二二五ページ・中)

車14【轞】〔21〕カン 漢 上 豏 jiàn チエン　J 6511　U補 8F5E
意味 ①車の音。車のひびき。②囚人車。罪人を護送する、おりで囲んだ車。「轞車かんしゃ」

車14【轟】〔21〕標 人 コウ(クヮウ) 漢 平 庚 ゴウ(ガウ) 慣 hōng ホン　J 2576　U補 8F5F
意味 ①〈とどろ・く〉㋐鳴りひびく。㋑多くの車の音がひびく。㋒爆発する。㋓大きい声がひびく。②〈とどろき〉とどろくこと。国〈とどろ・く〉①有名になる。②胸がどきどきする。

車4【軣】〔11〕俗字　J 7736　U補 8EE3

【轟音】ごうおん とどろく音。
【轟轟】ごうごう ものすごく大きい音のさま。
【轟酔(醉)】ごうすい ひどく酔いつぶれる。
【轟然】ごうぜん 大きな音がはげしくひびくさま。
【轟沈】ごうちん 大音響をたてて短時間に艦船が沈む。また、艦船を沈ませる。
【轟破】ごうは 大砲などでうちこわす。

車14【轜】〔21〕ジ 漢 平 支 ér アル　J 7763　U補 8F5C
意味 貴人の棺をのせる車。「轜車じしゃ」「轜軒じけん」

車14【𨏍】〔21〕国字　J ①9249　U補 283CD
意味〈いえづと(いへづと)〉家に持ちかえるみやげ。家苞いえづと。

車15【轡】〔22〕ヒ 漢 去 寘 pèi ペイ　J 2305　U補 8F61
意味 ①〈たづな〉馬の口につけ、馬を制御するなわ。②馬を走らせる。国〈くつわ〉〈くつばみ〉馬の口にはめる金具。
【轡銜】ひかん たづなと、くつわ。おさえとめるもの。

7画　見角言谷豆豕豸貝赤走足(⻊)身車辛辰辵(⻌・⻍)邑(⻏〈右〉)酉釆里

【轡勒】ひろく たづなと、くつわ。馬をあつかう道具。

車15【轢】〔22〕 標 レキ 漢 入 錫 lì リー J7764 U補 8F62

意味 ①〈ひ・く〉車がふみにじる。②ふみにじる。③たたく。

【轢殺】れきさつ 車でひき殺す。
【轢死】れきし 車にひかれて死ぬ。
【轢蹙】れきしゅく 他人を踏みにじる。

◇軋轢あつれき

車16【轣】〔23〕 レキ 漢 入 錫 lì リー J7765 U補 8F63

意味 轣轆れきろくは、①いとくりぐるま。②車のひびく音。

車16【轤】〔23〕 ロ 漢 平 虞 lú ルー J7766 U補 8F64

車4【䡎】〔11〕俗字 U補J ―
車4【䡎】〔11〕俗字 J②8960 U補 484E

意味 轆轤ろくろは、滑車。「轆」(一二二五ページ・上)を見よ。

車20【轞】〔27〕 リン 漢 去 震 lìn リン J6512 U補 8F65

意味 ①車の音。②車でふみにじる。「轞轢りんれき」

7画 辛部 からい しん

【部首解説】「辛」と「一」が合わさり、「つらさ」、また「からい味」を表す。この部には、罪に関連するものが多く、「辛」の形を構成要素とする文字が属する。

辛0【辛】〔7〕 常 シン からい シン 漢 平 真 xīn シン J3141 U補 8F9B

筆順 丶 亠 亠 立 产 辛 辛

辛1【辛】〔8〕同字 J②8970 U補 2840C

意味 ①〈かのと〉十干の第八番目。②〈つら・い(――・し)〉苦しい。むごい。③悲しい。④〈から・い(――・し)〉ぴりりとからい。⑤姓。国①〈かろうじて(からうじて)〉やっと。②〈からし〉からし菜の種で作る香辛料の一つ。

解字 辛 会意。辛と一とを合わせた字。辛は罪。一は陰陽の陽を表す。辛は、陽が罪におちいり苦しむことで、罪人のこと。また、新しんと同音で、陰が陽に代わって、万物が新しく実る秋をいうとも説く。一説に、二と辛を合わせた字。二は上、辛はひどくおかすことで、上をひどく犯す大罪をいうとする。また辛は、針しんと同じく、罪人に入れ墨をすること、また、肉や骨を細かく切る刃物ともいう。

難読 辛夷こぶし

【辛党(黨)】からとう(たう) 国酒好きのなかま。
【辛夷】しんい 樹木の名。こぶし。【――楣】しんいび こぶしの楣まぐさ。こぶしの木で作った、棟むねを受ける横木。
【辛亥革命】しんがいかくめい 一九一一年、清しんを倒すために、武昌ぶしょうを初めとして、各地に軍が起こった革命。
【辛艱】しんかん つらい悩み。
【辛気(氣)】しんき 国①気がはればれしない。②じれったい。
【辛棄疾】しんきしつ 人名。南宋なんそうの詞人。(一一四〇～一二〇七)
【辛勤】しんきん ほねおりつとめる。つらいしごと。
【辛苦】しんく 一 つらく苦しいこと。二 シン クー xīnkǔ 現①一に同じ。②苦労する。③苦労をかける。④ごくろうさま。
【辛酸】しんさん つらく苦しいこと。
【辛楚】しんそ つらい苦しみ。
【辛酉革命】しんゆう(いう)かくめい かのととりの年に変事のあること。日本ではこの年に改元のならわしがあった。
【辛辣】しんらつ ①ひりひりとからい。②たいへん手きびしい。ひどくひにくな言い方。
【辛労(勞)】しんろう(らう) つらいほねおり。苦労。

◇塩辛しおから

辛1【辛】〔8〕 同→辛(本ページ・上)

辛5【辜】〔12〕 コ 漢 平 虞 gū クー J7767 U補 8F9C

意味 ①〈つみ〉重い罪。「辜罪こざい」②からだを裂く。八つ裂きにする。③そむく。「辜負こふ」④原因。⑤かならず。⑥ひとりじめにする。「辜権こかく」⑦辜較こかくは、㋐あらまし。㋑ひとりじめにする。

【辜磔】こたく からだを八つ裂きにする刑。古代の酷刑の一種。「辜磔於市しにこたくす」〈韓非子かんぴし・内儲説ないちょせつ上〉
【辜負】こふ 相手の意にそむく。

辛5【辝】〔12〕 古→辭(本ページ・下)

辛6【辞】〔13〕 学4 ジ やめる J2813 U補 8F9E

旧字 辛12【辭】〔19〕 シ 漢 平 支 ジ 呉 cí ツー J7770 U補 8FAD

筆順 ニ 千 舌 舌 舌 舌 辞 辞

辛5【辝】〔12〕古字 J6513 U補 8F9D　辛8【辤】〔15〕本字 J②8971 6516 U補 8FA4

意味 ①うったえや自供のことば。②〈ことば〉㋐言語。㋑語句。㋒意見。㋓いいわけ。③〈つ・げる(―・ぐ)〉〈い・う(―・ふ)〉㋐話す。話しかける。㋑いいわけをいう。㋒たのむ。④せめる。⑤〈ことわ・る〉㋐受けつけない。㋑人に譲る。㋒へりくだる。⑥〈や・める(―・む)〉⑦あやまる。⑧別れる。⑨韻文の一種。

解字 辭・辤 辭と辤とは、もと別字であった。辭は会意。𤔔と辛を合わせた字。辭はことばによって相手をなっとくさせることを表す。辤は会意。辞退する、相手にゆずる意。後に、辭が、辞退する意味としても使われるようになった。

名前 こと

【辞彙】じい(ゐ) ことばを集め、順序にならべて、発音・意義・語源・用法などをしるした書。辞書。字引。
【辞意】じい ①辞職しようと思う心。②辞退しようと思う心。
【辞気(氣)】じき ことばつき。
【辞宜】じぎ 国「辞儀」に同じ。
【辞義】じぎ ことばの意味。
【辞儀】じぎ 国①おじぎ。えしゃく。あいさつ。②えんりょ。「辞退。」
【辞去】じきょ ①やめさせる。②あいさつして帰る。
【辞句】じく ことば。
【辞決】じけつ 別れを告げる。＝辞訣
【辞訣】じけつ いとまごいをする。別れのことばを述べる。辞決。
【辞言】じげん ことば。言辞。
【辞歳】じさい 年の暮れに、家ごとに、かまどの神を祭り、互いに年送りのあいさつをかわす行事をいう。年越し。
【辞謝】じしゃ ことわる。辞退する。
【辞書】じしょ 字引。
【辞章】じしょう(しゃう) 詩や文章。詩や文のことば。
【辞譲(讓)】じじょう(じゃう) 遠慮し、人にゆずる。礼儀の根本。「無辞譲之心、非人也じじょうのこころなきは、ひとにあらざるなり」(ゆずる気持ちがなければ、人間とはいえない。)〈孟子もうし・公孫丑こうそんちゅう上〉
【辞色】じしょく ことばと顔いろ。声色。音色。
【辞職】じしょく 現在ついている職をやめる。

【辭世】じせい ①この世を去る。死去。②死ぬときに作る詩歌。
【辭藻】じそう(さう) はなやかに飾った文章。
【辭退】じたい ①遠慮してひきさがる。②ことわって身をひく。
【辭典】じてん ①ことばが正しくみやびやかなこと。②字引。
【辭任】じにん 任務や役をことわりやめる。役目をやめる。
【辭表】じひょう(へう) 役をやめたいということを書いて出す書きつけ。
【辭賦】じふ 辞と賦。韻を使った文の総称。
【辭服】じふく 相手のことばにおそれいる。
【辭柄】じへい 話のたね。おしゃべりの材料。
【辭命】じめい 外交に使うことば。使者の口上。
【辭理】じり ことばのすじみち。
【辭林】じりん ①ことばの集まり。②詩文にすぐれた者の集まるところ。③辞書。
【辭令】じれい ①人と応対することば。ことばづかい。②国官職の新任・辞任・転任などを命ずる書きつけ。
◆文辞・弔辞・世辞・式辞・言辞・別辞・告辞・助辞・固辞・祝辞・美辞・修辞・訓辞・措辞・答辞・賛辞

辛6【辟】〔13〕
一 ヘキ 漢 ヒャク・ビャク 呉 一 入 陌 bì ビー
二 ヘキ 漢 ヒャク 呉 二 入 陌 pì ピー
三 ヒ 漢 三 去 寘 pì ピー
四 ヒ 漢 四 去 寘 bì ビー
J 7768 補 — U 8F9F

意味 一 ①〈つみ〉罪。刑罰。②罰する。③きまり。法。④おさめる。⑤ならう。よりどころとする。⑥〈きみ〉天子。諸侯。⑦役人。⑧明らかである。⑨召す。招く。⑩除く。すてる。⑪足が不自由で、歩けない。二 ①〈ひら・く〉ア門などをあける。イ開拓する。②かたよっている。③誠実でない。④遠くはなれている。⑤胸を打ってひどく悲しむ。=擗 三 たとえる。=譬 四 〈さ・ける(——・く)〉よける。=避

姓 辟田ひきた

参考 辟は「闢」(一三二四ページ・上)の中国新字体としても使う。

【辟世】へきせい 俗世間をさけ、隠れる。
【辟易】へきえき ①道をよけて通す。②しりごみする。
【辟遠】一へきえん(ゑん) 片寄って中央から遠い。二ひえん(ゑん) 避けて遠ざかる。
【辟王】へきおう(わう) 君主。
【辟公】へきこう 諸侯。殿様。
【辟邪】へきじゃ ①よこしま。②邪を除き去る。③獣の名。
【辟書】へきしょ 官位につけるための呼び出し状。
【辟召】へきしょう(せう) 官職につけるために召し出す。
【辟命】へきめい おかみからの呼び出し。
【辟雍】へきよう 昔の大学。
【辟陋】へきろう ①かたいなか。遠く離れて文化の低い土地。②かたよっていて下品。「辟陋之説」〈荀子・天論〉

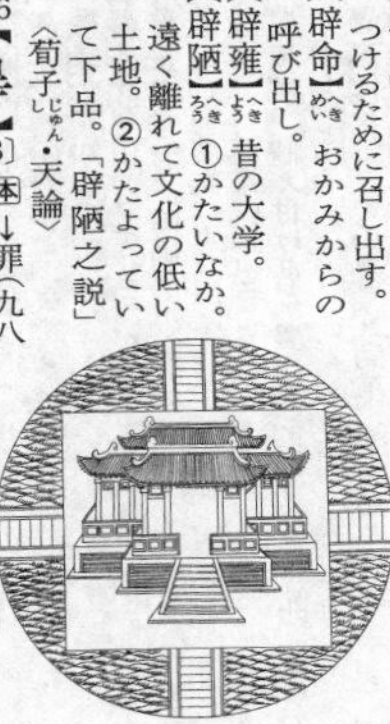
(辟 雍)

辛6【辠】〔13〕本↓罪(九八九ページ・中)

辛7【辡】〔14〕 ヘン 漢 上 銑 biàn ピエン J — 補 6515 U 8FA1
意味 ①訴える。言い争う。=弁(辯) ②ことばがうまい。=弁(辯) ③あまねく。

辛7【辣】〔14〕常 ラツ
ラツ 漢 入 曷 là ラー J 7769 補 — U 8FA3
筆順 亠 立 立 辛 辛 辛 辣 辣
意味 ①ぴりっとからい。②きびしい。むごい。凶悪である。

辛7【辢】〔14〕同字 J — 補 — U 8FA2

解字 形声。辛が形を表し、束らつが音を示す。束は、刺らつの旁つくりが省略されたもの。刺は、突きさす意。辣は、しょうがやにら、とうがらしなど刺激のある味を表す。

難読 辣油ラーユ

【辣韮】らっきょう ユリ科の植物の名。おおにら。
【辣腕】らつわん するどい能力。すごうで。
【辣椒】ラーチアオ làjiāo 現とうがらし。
◆辛辣しんらつ

辛8【辤】〔15〕本↓辭(一二二六ページ・下)

辛9【辥】〔16〕 セツ 漢 入 屑 xuē シュエ J — 補 6517 U 8FA5
意味 ①罪。②死刑。③古代の国名。

辛9【辦】〔16〕 ハン 漢 ベン 呉 去 諫 bàn パン J ①9250 補 6518 U 8FA6
意味 ①あつかう。とりはからう。処理する。②〈そな・える(——・ふ)〉ととのえる。③〈つと・める(——・む)〉努力する。

参考「弁」と通じて使うことがある。「辦」「瓣」「辯」は別字。

【辦公】バンコン bàngōng 現事務をとる。執務する。【——室】バンコンシー bàngōngshì 現事務室。
【辦法】バンファ bànfǎ 現方法。やりかた。

辛9【辨】〔16〕旧↓弁(四四三ページ・中)
辛9【辧】〔16〕本↓辦(四四三ページ・中)
辛12【辭】〔19〕旧↓辞(一二二六ページ・中)
辛12【瓣】↓瓜部十四画(四四三ページ・下)
辛13【辮】↓糸部十四画(九八六ページ・上)
辛14【辯】〔21〕旧↓弁(四四三ページ・中)

7画 辰部 たつ しんのたつ

【部首解説】「厂」「二」「乙」「七」が合わさり、「三月に陽気が動き始め、雷鳴が物をふるわせること」を表す。この部には、「辰」の形を構成要素とする文字が属する。

辰0【辰】〔7〕入 シン 漢 平 真 chén チェン J 3504 補 — U 8FB0

意味 ①〈たつ〉十二支の第五位。ア方角では、東南東。イ時刻では、午前八時ごろ。また、午前七時から九時。ウ動物では、竜。②日。③時。④あさ。⑤日月星を合わせていう。「三辰さんしん」⑥太陽と月の交点。陰暦で、一年十二か月の毎月の月朔げっさくの時に太陽が位置する所。⑦えと。十二支。⑧星の名。ア北極星。「北辰」イさそり座アンタレス。心宿しんしゅくをいう。また、星のむれ。「星辰せいしん」

解字 会意・形声。厂・二・乙・七を合わせた字。厂かんが音を示す。二は上で天の房星(そいぼし。農業に関係する

星)をさす。乙は草木が曲がりながら芽を出すこと。七は化で変化。辰は、三月、房星の支配する農業の時季になり、草木が芽を出して変化するとき、雷が震(ふる)うことをいう。房星をもさす。他の説に、農具ともいい、貝殻の中から肉が出て動いている形ともいう。蜃(貝)、娠(妊娠)、振(ふるう)と関係する字。

名前 とき・のぶ・よし・のぶる

【辰韓】(しんかん) 三韓の一つ。新羅(しらぎ)統一以前の、朝鮮半島南部にあった国。

【辰砂】(しんさ|しんしゃ) 深紅色の六角形の鉱石。水銀と硫黄(いおう)との化合物。水銀や赤色絵の具の原料。朱砂。丹砂。

【辰宿】(しんしゅく) 星座。星宿。

【辰星】(しんせい) ①水星の別名。②東方星座の星の名。房星。

【辰牌】(しんぱい) たつの刻。今の午前八時ごろ。牌は時刻をしるしてかかげる木の札。

【辰巳】(たつみ) 国東南の方角。巽(たつみ)。

辰 3

【辱】〔10〕 常 ジョク はずかしめる

ジョク 漢 ニク 呉 | 入 沃 rǔ ルー

J 3111 補 — U 8FB1

筆順 一 厂 戸 尼 尼 辰 辱 辱

意味 ①〈はずかし・める(はづかし・む)〉 ㋐恥をかかせる。㋑期待にそむく。②〈はずかしめ(はづかしめ)〉 恥辱。③汚点をつける。④不当にあつかう。⑤〈かたじけな・い(——・し)〉〈かたじけなく・する(——・す)〉 好意をうける。⑥姓。

解字 会意。辰と寸を合わせた字。辰は時で、農事にいそしむ時節のこと。寸は法度で、国境において死刑に処することであるという。辱は、農耕の時を失ったので処刑されることで、恥ずかしめを受けることである。他の説に、辰は蜃(貝)、寸は手で、辱は、貝殻製の農具を手にして土を柔らかくすることであるとも、草を刈ることであるともいう。

【辱知】(じょくち) 知り合い。交際できることをへりくだっていうことば。

【辱命】(じょくめい) ①主君の命令をはずかしめる。任務をけがす。②命令をありがたく受ける。

【辱友】(じょくゆう(いう)) 友に対してへりくだっていうことば。

【辱臨】(じょくりん) おいでいただく。人が出席してくれたことに対しへりくだっていう。

【辱交】(じょっこう(かう)|じょくこう(かう)) 交際していることをへりくだっていうこと ば。知り合い。

【辱行】(じょっこう(かう)|じょくこう(かう)) けがれたおこない。

◆汚辱(おじょく)・忍辱(にんじょく|にんにく)・国辱(こくじょく)・侮辱(ぶじょく)・屈辱(くつじょく)・栄辱(えいじょく)・恥辱(ちじょく)・凌辱(りょうじょく)・雪辱(せつじょく)・陵辱(りょうじょく)

辰 3 〖唇〗→口部七画(二四六㌻・上)

辰 4 〖脣〗→肉部七画(一〇二一㌻・下)

辰 6

【農】〔13〕 学3 ノウ

ドウ 漢 ノウ 呉 | 平 冬 nóng ノン

J 3932 補 — U 8FB2

筆順 冂 曲 曲 曲 曲 曹 農 農

意味 ①農地をたがやす。②農業をする人。農民。③作物をつくる。④つとめる。⑤こい。＝醲(のう) ⑥姓。

解字 形声。古い形で見ると、囟と農を合わせた字。囟(そう)が音を示す。農は朝。囟は、までで、明るいという意味を持つ。農は、夜明けから農事をする人をいう。一説に、会意。上部は林の中に田のある形。下の辰は蜃で、草刈り用の貝殻という。

名前 あつ・たか・たみ・とき・とよ・なる

【農家】(のうか) ①戦国時代に起こった九学派(九流)の一つ。②国農業で生計をたてている家。また、その家屋。

【農稼】(のうか) 田畑を耕し作物を植える。農業。

【農学(學)】(のうがく) 農業関係のことを研究する学問。

【農閑期】(のうかんき) 国農業のひまな冬のころ。

【農業】(のうぎょう(げふ)) 一 ①耕作のしごと。②有用な植物や家畜などを、耕作・飼育する産業。二 nóngyè 現 一 に同じ。

【農具】(のうぐ) 農業に使う道具。

【農芸(藝)】(のうげい) ①農事についての技芸。②農業と園芸。

【農隙】(のうげき) 農業のひまなとき。

【農工】(のうこう) ①農事と工業。②農民と工員。

【農功】(のうこう) 耕作のしごと。

【農作】(のうさく) 田やはたけをたがやすこと。「農作物」

【農蚕(蠶)】(のうさん) 田畑をたがやしたり、かいこを飼ったりすること。

【農産】(のうさん) 農業による生産物。

【農事】(のうじ) 農業に関すること。

【農時】(のうじ) 植え付けなど、農作業を行うべき季節。農事のいそがしいとき。

【農商】(のうしょう(しゃう)) ①農業と商業。②農民と商人。

【農穡】(のうしょく) 田畑を耕したり取り入れをしたりすること。農業。穡は刈り取りの意。

【農人】(のうじん) 農夫。農民。「農人告レ余以二春及一(のうじんわれにつぐるにはるのおよべるをもってす)」(農夫はわたしに春が来たと教えてくれる。)〈陶潜(とうせん)・帰去来辞(ききょらいのじ)〉

【農政】(のうせい) 農事についての行政。

【農績】(のうせき) ①農業と紡績。②農業の成績。

【農村】(のうそん) 一 農業を中心とする村。二 nóngcūn 現 一 に同じ。

【農地】(のうち) 農業に使う土地。【——改革】(のうちかいかく) 国第二次世界大戦後、農地を耕作農民に解放したこと。

【農奴】(のうど) 封建時代に、奴隷同様の扱いを受けた農民。

【農道】(のうどう(だう)) ①農業をする人のありかた。②農業用の道路。

【農繁期】(のうはんき) 国農業のいそがしい時期。

【農兵】(のうへい) ①農民をあつめて組織した兵隊。②ふだんは農業をしており、戦時には武器をとって兵となるもの。

【農牧】(のうぼく) 農業と牧畜業。

【農本】(のうほん) 農業を根本とする。

【農民】(のうみん) 一 農業に従事する人。二 nóngmín 現 一 に同じ。

【農務】(のうむ) 農業関係のしごと。

【農薬(藥)】(のうやく) 農業で、除草・防虫・消毒などに使う薬剤。

【農林】(のうりん) 田畑の仕事と山林などの仕事。農業と林業。

◆労農(ろうのう)・酪農(らくのう)・貧農(ひんのう)・豪農(ごうのう)・小作農(こさくのう)・自作農(じさくのう)

辰 12

【䡩】〔19〕 チン 漢 | 上 軫 zhěn チェン

J ②8972 補 — U 8FB4

意味 笑うさま。「䡩然(ちんぜん)」

7画 辵(⻌・⻍)部 しんにょう しんにゅう

【部首解説】 「彳」と「止」が合わさり、「行くこと」を表す。この部には、行く・進む行為に関連するものが多く、「辵・⻌・⻍」の形を構成要素とする文字が属する。新字体では「⻌」(三画)、それ以外では「⻍」(四画)になる。ただし、二〇一〇年の改定「常用漢字表」では、「遡」「遜」や「謎」(言の部)が常用漢字に採用され、「⻍」で書く「遡」「遜」や「謎」は許容字体とされた。なお、「表外漢字字体表」では「⻍」を印刷標準字体としているが、現に「⻌」を印刷文字として用いている場合は許容されている。

辵 0

【辵】〔7〕 チャク 漢 | 入 薬 chuò チュオ

J ①9251 補 6519 U 8FB5

意味 ①歩いたり止まったりする。②はやくはしる。③こえる。階段をとびこえる。

解字  会意。彳と止とを合わせた字。彳はゆく、止はとまる。辵は、たちまち行き、たちまち止まるということで、不規則な歩き方をいう。一説に、彳は十字路、止は足の形で、辵は、道路に一歩一歩足をふみつけて進むことであるという。

辵0 【辶】〔4〕 意味 「辵」(一二二八ジベ・下)の隷体(れいたい)。　U補J ②8974 6520 8FB6

辵0 【辶】〔3〕 意味 「辶」(前項)の新字体。　U補J ②8973 FA66

辵1 【辷】〔5〕 国字 意味 〈すべ・る〉〈すべり〉〈ずり〉　U補J 7772 8FB7

辵2 【辺】〔6〕 ジョウ 漢 平 蒸 réng ロン 意味 ①行く。②及ぶ。③走る。　U補J 6521 8FB8

辶2 【辺】〔5〕 学 4 ヘン あたり・べ　U補J 4253 8FBA

旧字 辵15 【邊】〔19〕 ヘン 漢 呉 平 先 biān ピエン　U補J 7820 908A

筆順 フ 刀 刀 辺 辺

辵13 【邉】〔17〕 同字　U補J 7821 9089

意味 ①〈ほとり〉〈あたり〉〈わたり〉 ㋐そば。近い場所。㋑ある場所。㋒くにざかい。辺境。②〈へ〉〈べ〉〈へち〉〈へり〉 ㋐ふち。㋑はし。はずれ。㋒すみ。かど。③〈とな・る〉となりあう。近づく。④姓。⑤現「辺…辺…」は、…しながら…する。国①多角形のくぎりの直線。②程度。

解字 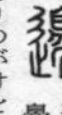 形声。辶が形を表し、臱(へん)が音を示す。辶は行くこと。臱には、おおいかくして見えない意味がある。邊は、かたほとりのがけを歩くこと、大地の末端を歩くことで、遠くの国境をいう。

姓 辺野喜(へのき)　地名 辺土岬(へどみさき)・辺野古(へのこ)・辺野喜(へのき)

【辺域】(へんいき(ゐき)) 国境の地方。

【辺海】(へんかい) ①国のはてにある海。②岸近い海。近海。③遠い所にある海。

【辺雁】(へんがん) 遠い北の国境から飛んでくるかり。

【辺境】(へんきょう(きゃう)) みやこを遠くはなれた場所。くにざかい。

【辺疆】(へんきょう(きゃう)) 「辺境」に同じ。

【辺月】(へんげつ) 辺土の月。国境のとりでを照らす月。「労。

【辺功】(へんこう) 国境付近の戦いで立てたてがら。国境守備の功」

【辺寇】(へんこう) 国境を侵略する敵。敵が国境に侵入すること。

【辺塞】(へんさい) 国境付近のとりで。外国の侵入を防ぐ国境の陣地。

【辺際】(へんさい) ①かぎり。際限。②はて。

【辺山】(へんざん) 国ざかいの山。辺地の山。「行人独向辺山雲(こうじんひとりむかうへんざんのくも)」(旅立つ友はたったひとりで、雲のかかった辺山を目ざして出かける。)〈文華秀麗集〉

【辺詞】(へんし) 国境地方のようすをよんだ詞。

【辺州】(へんしゅう(しう)) 国境近くの州。

【辺愁】(へんしゅう(しう)) 辺地にいる人がいだくうれい。

【辺戎】(へんじゅう(じう)) 辺地の民族。戎は西方の民族。

【辺将(將)】(へんしょう(しゃう)) ①国境防衛の将軍。②辺境にある国と戦う将軍。

【辺城】(へんじょう(じゃう)) かたほとりにある城。国境の町。

【辺色】(へんしょく) 辺境のけしき。国ざかいのようす。

【辺人】(へんじん) 国境付近の人民。

【辺陲】(へんすい) かたほとり。国のさいはて。

【辺陬】(へんすう) かたいなか。

【辺声(聲)】(へんせい) ①辺地の音楽。かたいなかの音楽。②辺地からのたより。

【辺霜】(へんそう(さう)) 遠い国境の地に置くしも。

【辺地】(へんち) ①遠い国境付近の地。②交通不便なかたいなか。

【辺鎮(鎭)】(へんちん) 遠い国境の陣地。国境警備隊の所在地。

【辺庭】(へんてい) ①国境地方。「辺庭流血成海水(へんていりゅうけつかいすいとなる)」(国境地帯では兵士の血が流れて、海のようになっている。)〈杜甫(とほ)の詩・兵車行(へいしゃこう)〉②国境付近の役所。③辺境にある国の朝廷。

【辺土】(へんど) ①遠い国境付近の地。②かたいなか。

【辺備】(へんび) 国境の守備。

【辺鄙】(へんぴ) 不便な土地。不自由ないなか。

【辺風】(へんぷう) 辺地の風。遠いへき地の風。

【辺幅】(へんぷく) ①布などのへり・はば。②うわべ。外見。『修二飾辺幅一』(へんぷくをしゅう(しう)しょくす) うわべをかざる。みえをはる。〈後漢書(ごかんじょ)・馬援(ばえん)伝〉

【辺防】(へんぼう(ばう)) 国境の防衛。

【辺烽】(へんぽう) 辺境から伝えてくるのろし。国境であがる戦争を「しらせるのろし。」

【辺民】(へんみん) 辺土の民。

【辺邑】(へんゆう(いふ)) 国境の町。へんぴな村。

【辺吏】(へんり) 国境を守る役人。

◆天辺(てっぺん|てんぺん)・水辺(すいへん)・四辺(しへん)・池辺(ちへん)・身辺(しんぺん)・近辺(きんぺん)・炉辺(ろへん)・周辺(しゅうへん)・底辺(ていへん)・岸辺(がんぺん|きしべ)・河辺(かへん|かわべ)・海辺(かいへん|うみべ)・浜辺(はまべ)・窓辺(そうへん|まどべ)・野辺(のべ)・湖辺(こへん)・葦辺(あしべ)・無辺(むへん)・道辺(みちのべ)

辶2 【込】〔5〕 常 国字 こむ・こめる　U補J 2594 8FBC

旧字 辵2 【込】〔6〕　U補J

筆順 ノ 入 、入 込 込

意味 ①〈こ・む〉中に入る。たくさん集まる。②〈こ・める(―・む)〉中に入れる。つめる。たくさん入る。③〈こみ〉「込みにして売る」

解字 会意。辶と入とを合わせた字。辶は行くこと。入ははいること。込は、入れる動作をいう。

◆払込(はらいこみ)・申込(もうしこみ)・突込(つっこみ)・張込(はりこみ)

辶2 【辻】〔6〕 人 標 国字 意味 〈つじ〉〈つむじ〉十字路。よつかど。　U補J 3652 8FBB

辵2 【辻】〔5〕 同字　U補J

【辻占】(つじうら) 国①通行人のことばをきいて、よいわるいの運命を判断すること。②文句の書きしるされている小さな紙をえらび、そのことばによって運命をうらなうこと。

【辻風】(つじかぜ) 国つむじかぜ。旋風(せんぷう)。

【辻君】(つじぎみ) 国道ばたに立って客をさそう遊女。

【辻斬】(つじぎり) 国夜、道ばたにかくれていて通りかかる人をきる。また、そのきる人。

【辻講釈(釋)】(つじこうしゃく(かう)) 国にぎやかな往来などで、講談を語って、金をもらうこと。また、それを職業とする人。

【辻説法】(つじせっぽう(ほふ)) 国繁華街で通る人に宗教などの話をする「こと。」

【辻褄】(つじつま) 国話の初めと終わり。物のすじみち。

辶3 【迂】〔7〕 人 標 ウ 漢 平 虞 yū ユイ　U補J 1710 8FC2

辵3 【迂】〔6〕 同字　U補J

意味 ①〈とお・い(とほ・し)〉 ㋐まがりくねって遠い。㋑道が遠い。㋒遠まわりする。㋓うとい。にぶい。②〈おお・い(おほき・い)〉〈おおい・なり(おほい・なり)〉③うそをつく。④まちがい。⑤姓。

名前 とお・ゆき

【迂遠】(うえん(ゑん)) ①実地の役にたたない。②まわりどおい。とおくへまわる。とおまわりする。

【迂回】(うかい(くわい))

【迂闊】(うかつ(くわつ)) ①世間のことにうとい。②国うっかりする。

7画　見角言谷豆豕豸貝赤走足(⻊)身車辛辰辵(⻌・⻍)邑(⻏〈右〉)酉釆里

注意がおろそかである。‖迂濶
【迂久】(うきゅう(きう)) |やや ひさし| しばらくして。

【迂曲】(うきょく) まがりくねる。

【迂愚】(うぐ) 世情にくらくおろか。

【迂言】(うげん) まわりくどいことば。実情に合わないことば。

【迂儒】(うじゅ) 実情を知らない学者。役にたたないつまらない儒「者。

【迂生】(うせい) わたくし。自分をけんそんしていうことば。

【迂拙】(うせつ) 実情を知らず、世渡りがへた。まわりどおくおろか。

【迂疎】(うそ) 世事にうとい。世間の事情をよく知らない。

【迂叟】(うそう) ①世間の事情を知らない老人。②老人の自称。

【迂誕】(うたん) 言うことがまわり遠く大きいこと。また、言うことがでたらめなこと。

【迂鈍】(うどん) 世間の事情を知らず、物わかりが悪い。

【迂腐】(うふ) まわりくどくて役にたたない。

【迂余(餘)曲折】(うよきょくせつ) 「紆余曲折(うよきょくせつ)」(九五三ジ・下)に「同じ。

【迂路】(うろ) まわりみち。

辵3 【迂】〔7〕 カン 漢 ㊥ 寒 gān カン U補J 6523 8FC0
意味 ①すすめる。②求める。③さえぎる。

⻌3 【迄】〔7〕 人 標 キツ 漢 ㊀ 物 qì チー U補J 4388 8FC4
辵3 〔迄〕〔6〕 同字 U補J ――
意味 ①〈いた・る〉至る。②〈およ・ぶ〉及ぶ。③〈ついに(つひに)〉 国〈まで〉

⻌3 【巡】〔6〕 常 ジュン めぐる U補J 2968 5DE1
巛4 【廵】〔7〕 旧字 シュン 漢 ㊥ 真 ジュン 呉 xún シュン U補J ――

筆順 く 巛 巛 ⺀巛 巡 巡

意味 ①〈めぐ・る〉まわり歩く。見まわる。②やすんじる。いたわる。③回数を数える語。ひととおり。

解字  形声。⻌が形を表し、巛(しゅん)が音を示す。⻌は行くこと。巛には流れる意味がある。巡は、めぐりゆくことを表す。一説に、巛の音は、視という意味を含むから、巡は、見て歩くことであると解する。

難読 お巡(まわ)りさん(付表)

【巡按】(じゅんあん) 地方をまわって、役人の勤務や人民のようすをしらべる。

【巡閲】(じゅんえつ) 見まわって調べる。巡按(じゅんあん)。

【巡回(「廻」)】(じゅんかい(くゎい)) ①見まわる。②じゅんじゅんに歩き「まわること。

【巡検(檢)】(じゅんけん) めぐり調べる。

【巡幸】(じゅんこう(かう)) 天子が地方をまわられる。

【巡航】(じゅんこう(かう)) 船や飛行機で各地をめぐる。

【巡査】(じゅんさ) ①めぐりしらべる。②国警察官の階級で、巡査長の下位。また、ひろく警察官一般をいう。

【巡察】(じゅんさつ) 見まわって調べる。

【巡錫】(じゅんしゃく) 仏僧が各地をまわって教えを広める。巡教。

【巡守】(じゅんしゅ) 「巡狩(じゅんしゅ)」に同じ。

【巡狩】(じゅんしゅ) 天子が諸国をまわって視察する。‖巡守
【巡靖(靖)】(じゅんせい) 人心を安んじる。

【巡拝(拜)】(じゅんぱい) 国諸国の寺社をまわっておがみ歩く。

【巡撫】(じゅんぶ) ①人民をなつけるため、地方を見てまわる。②官名。地方の民事・軍事をつかさどる。

【巡遊】(じゅんゆう(いう)) 各地をまわり歩く。

【巡邏】(じゅんら) ①見まわる。②警戒のため歩く人。

【巡覧(覽)】(じゅんらん) 各地を見物してまわる。

【巡礼(禮)】(じゅんれい) 国諸国の寺や霊場をまわり歩くこと。また、「その者。

【巡歴(歷)】(じゅんれき) まわり歩く。
◆一巡(いちじゅん)

⻌3 【迅】〔6〕 常 ジン U補J 3155 8FC5
辵3 【迅】〔7〕 旧字 シン 漢 呉 ㊤ 震 ジン 慣 xùn シュン U補J ――

筆順 ⺄ ⺄ 卂 ⺀卂 迅 迅

十1 【卂】〔3〕 本字 U補J ②0349 20222 5342

意味 〈はや・い(――・し)〉〈と・し〉〈すみやか〉①たいへん速い。②はげしい。

解字  形声。⻌が形を表し、卂(しん)が音を示す。⻌は行くこと。卂には速く飛ぶ意味がある。迅は速く走ることである。

名前 とき・はや
【迅雨】(じんう) はげしく降る雨。

【迅急】(じんきゅう(きふ)) 水の流れなどが速い。

【迅撃(擊)】(じんげき) 急にうつ。すばやくうつ。

【迅駛】(じんし) ひじょうに速い。

【迅疾】(じんしつ) 走ったり飛んだりするのが速い。

【迅速】(じんそく) 一 時間の経過や、物事の処理などが速いこと。二 xùnsù 現 一に同じ。

【迅風】(じんぷう) |はやて| はげしい風。

【迅雷】(じんらい) はげしくなるかみなり。【――風烈】(じんらいふうれつ) はげしいかみなりや、ひどい風。〈論語・郷党(きょうとう)〉【――不ㇾ及ㇾ瞑ㇾ目】(じんらいめをめいするにおよばず) かみなりが速くて、目をふさぐのがまにあわない。防ぐひまがないこと。〈六韜(りくとう)・龍韜(りょうとう)・軍勢(ぐんせい)〉
◆急迅(きゅうじん)・奮迅(ふんじん)・獅子奮迅(ししふんじん)

辵3 【达】〔7〕 一 ティ 漢 一 ㊤ 霽 tì ティー 二 タツ 漢 二 ㊀ 曷 dá ター ダチ 呉 U補J 6522 8FBE2
意味 一 ①なめらかである。②すべる。二 ‖達(一二四八ジ・中)
参考 达は、「説文解字」に「達」の或体(わくたい)(同音・同義で形の異なる文字)として見える。また、达は「達」の中国新字体としても使う。

⻌3 【辿】〔7〕 人 標 テン 漢 ㊥ 先 chān チャン U補J 3509 8FBF
辵3 【辿】〔6〕 同字 U補J ――
意味 ゆっくり歩く。国〈たど・る〉さぐりながら行く。道筋にしたがって進む。

辵3 【辺】〔7〕 国字
辵3 〔辺〕〔6〕 同字 U補J ②8975 28455
意味 〈はさ〉〈はざ〉姓に用いる。

辵3 【迆】〔7〕 本 ↓迤(一二三三ジ・下)
辵3 【迁】〔7〕 同 ↓遷(一二五七ジ・中)
辵3 【过】〔6〕 俗 ↓過(一二四六ジ・中)
辵3 【迁】〔6〕 同 ↓遷(一二五七ジ・中)

辵4 【运】〔8〕 ウン 漢 ㊤ 吻 yǔn ユン U補J 6529 8FD09
意味 走るさま。
参考 运は「運」(一二四六ジ・上)の中国新字体としても使う。

辵4 【迋】〔8〕 一 オウ 漢 (ワウ) 一 ㊤ 漾 wàng ワン 二 キョウ 漢 (キャウ) 二 ㊤ 養 guàng コワン U補J 6527 8FCB
意味 一 ①行く。‖往 ②もてなす。二 ①あざむく。②たぶらかす。だます。③恐れる。

辵4 【迓】〔8〕 ガ 漢 ㊤ 禡 yà ヤー U補J ――

辵5【迓】〔9〕俗字 J②8981 補6531 U8FD3

意味〈むか・える(――・ふ)〉出迎える。

⻌4【近】〔7〕学2 キン ちかい

一キン漢 ゴン呉 一上 吻 jìn チン　J 2265 補― U 8FD1

一コン慣

旧字 辵4【近】〔8〕 二キ漢 二去 寘 jì チー　J― 補― U―

筆順 ノ ｒ 斤 斤 䜣 䜣 近

意味 一①〈ちか・い(――・し)〉↕遠 ㋐距離や時間が近い。㋑平易である。㋒あさはか。㋓似る。②〈ちかづ・く〉接近する。③ちかごろ。最近。④君主の身近に仕える人。近臣。二文末の助詞。

解字  形声。⻌が形を表し、斤が音を示す。⻌は行くこと。斤には、せまい、僅(わずか)の意味がある。近は、そばに寄りつくことである。

姓 近江・近喰・近衛・近淡海

地名 近江・近江八幡

【近江聖人】国中江藤樹の尊称。藤樹は近江国(今の滋賀県)小川村の人。伊予(愛媛県)の大洲侯に仕えた。朱子学を学び、のち陽明学を奉じた。退官した後、近江に住み徳行高く、近江聖人とよばれた。(一六〇八〜一六四八)

【近因】手近な原因。↕遠因

【近詠】最近に作った詩や歌。

【近衛(衞)】一天子のそばについて護衛する。二国近衛府・近衛師団の略。【――府】国六衛府の一つ。皇居をまもり儀式に威厳をそえた武官の役所。左右にわかれ、長官を近衛大将といった。

【近悦遠来(來)】近くの人はよろこび、遠くの人はやってくる。よい君主の政治をいう。また、商売がはんじょうして、客がおおいこと。〈論語〉

【近火】近くでおこった火事。ちかび。

【近海】陸地に近い海。近くの海。

【近懐(懷)】最近の感想・心境。

【近刊】①近いうちに出版する。②近ごろの出版書。

【近畿】①都に近い土地。②国京都とその周辺の、二府五県の総称。

【近況】最近のようす。

【近業】最近つくったもの。主として詩文にいう。

【近近】もうほどなく。ちかぢか。

【近県(縣)】①都に近い県。②近くの県。付近の県。

【近古】①あまり遠くない昔。②歴史上の時代区分。㋐中古の後。近世。㋑国近世の前。鎌倉以後、江戸より前の時代。【――史談】国書名。大槻清崇著。織田・豊臣・徳川時代の名将の逸話を漢文で書いたもの。

【近攻】遠い国と同盟して、近くの国を攻める。遠交近攻。〈史記・范雎蔡沢列伝〉

【近郊】①都から五十里(約二十キロメートル)以内の地。〈周礼・載師〉②都市に近いいなか。③近くの郊外。

【近郷(鄕)】国近くにある村々。近在。

【近在】国都市の近くにある農山村。

【近思】高遠なことばかり考えず、手近のことについて考える。【――録(錄)】書名。十四巻。宋の朱熹・呂祖謙の共著。宋学の入門書。

【近似】よく似かよっている。似ていて近い。【――値】数真の値に近い値。

【近侍】①主君のおそばに仕える。②おそば仕えの臣。

【近時】このごろ。最近。

【近日】①近いうち。②十日以内のうち。③太陽に近い。【――点(點)】理太陽のまわりを回っている地球その他の惑星が、太陽にいちばん近づいたところ。↕遠日点

【近者】①ちかごろ。②近くにいる人。手近の者。

【近什】近ごろ作った詩。

【近習】①主君のそば近くに仕え、いろいろの用をつとめる人。②君主のなれ近づけている者。

【近称(稱)】自分に近い物事や場所の代名詞。「これ」「ここ」など。

【近鐘】近くに聞こえるかねの音。

【近状(狀)】このごろのようす。

【近臣】主君のそば近くつかえている家臣。

【近信】①最近のたより。②信用して近づける。

【近親】血すじの近い親類。みうち。

【近世】①近ごろの時代。②歴史上の時代区分。㋐宋以後。㋑明末から清時代。㋒国近代の前。江戸時代。【――叢語】国書名。八巻。江戸時代の儒者、角田簡の著。慶長以後の人々の逸話を集めたもの。

【近接】ちかよる。

【近前来(來)】仏前へ出てこい。

【近属(屬)】近い親戚。近いみうち。

【近村】近くの村。

【近体(體)】①律詩。②近体詩。【――詩】唐代に起こった新しい、定型の詩体。絶句と律詩・排律。↕古体詩

【近代】①このごろ。最近の時代。②歴史上の時代区分。西洋の十九世紀以後、わが国の明治以後。また江戸時代以後。【――文学(學)】①ルネッサンス以後の文学。②フランス革命以後の文学。③明治以後の文学。

【近着】近ごろ到着した。

【近東】ヨーロッパに近い東洋の国々。トルコ・サウジアラビア・イランなど。Near East の訳語。

【近年】近ごろ。最近の数年。

【近辺(邊)】①国境に近づくこと。②近い所。

【近密】①親密。②君主近くの親密な地位。

【近憂】さしせまった心配。手近なところに起こる心配ごと。「人無二遠慮一、必有二近憂一」〈論語・衛霊公〉

【近来(來)】一ごく近いころ。近ごろ。二チンライ jìnlái 現一に同じ。

【近隣】近くにあるとなり。となり近所。

▽手近・付近・至近・卑近・側近・接近・最近・遠近・晩近・端近

⻌4【迎】〔7〕常 ゲイ むかえる

一ゲイ漢 ゴウ(ガウ)呉 一平 庚 yíng イン　J 2362 補― U 8FCE

旧字 辵4【迎】〔8〕 二ゲイ漢 ゴウ(ガウ)呉 二去 敬 yìng イン　J― 補― U―

筆順 ノ ㇄ 卬 卬 卬 迎 迎

意味 一①〈むか・える(――・ふ)〉㋐であう。㋑まちうける。②〈むかえ(むかへ)〉③さからう。逆に進む。④おしはかる。二行って連れてかえる。よめをむかえに行く。

解字 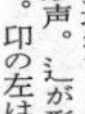 形声。⻌が形を表し、卬が音を示す。⻌は行くこと。卬は、二人が向かい合う、あるいは、右の人が左の人をあおぐ意味を持つ。迎は、出むかえて会うことである。

【迎謁(謁)】出むかえてお目にかかる。

【迎撃(擊)】げいげき 敵をむかえうつ。
【迎合】㊀げいごう(がふ) 人のごきげんをとる。人の気にいるようにつとめる。㊁あど 国人の話に調子を合わせて答える。あどうがたり。
【迎歳】げいさい 新年をむかえる。新年をまちうけること。
【迎春】げいしゅん ①初春をむかえる。新年をむかえること。②こぶし。木の名。③黄梅おうばい。迎春花。
【迎接】㊀げいせつ 出むかえる。むかえてもてなす。㊁インチエ yíngjiē 現㊀に同じ。
【迎年】げいねん 新年をむかえる。
【迎賓】げいひん 身分の高い客をむかえる。「迎賓館」
【迎火】むかえび(むかへ) 国お盆の七月十三日の夜、死者の霊を迎えるために門の入口でおがらをたくこと、また、その火。
【迎水】むかえみず(むかへみづ) 国お盆の祭りにそなえる水。
◆来迎らいごう・奉迎ほうげい・送迎そうげい・歓迎かんげい・親迎しんげい

辵4 【迕】〔8〕 ゴ 漢 去 遇 wǔ ウー
J ②8982 補 6532 U 8FD5
意味 ①〈さから・う(――・ふ)〉 ②〈そむ・く〉 ③出会う。④まじる。⑤おかす。

辵4 【迒】〔8〕 コウ 漢 (カウ) 平 陽 háng ハン
J ― 補 6530 U 8FD2
意味 ①獣のあしあと。②道。③わだち。

辵4 【迍】〔8〕 チュン 漢 平 真 zhūn チュン
J ②8980 補 6528 U 8FCD
意味 〈なや・む〉 悪路にくるしむ。

⻌4 【返】〔7〕 学3 ヘン かえす・かえる
旧字 辵4 【返】〔8〕 ヘン 慣 ハン 漢 ホン 呉 上 阮 fǎn ファン
J 4254 補 ― U 8FD4

筆順 一 厂 万 反 反 扳 返

意味 ①〈かえ・る(かへ・る)〉 ㋐ひきかえす。㋑もどる。②〈かえ・す(かへ・す)〉 ㋐もとへもどす。㋑人にもどす。㋒返事をする。③取りかえる。国①〈かえ・る(かへ・る)〉 反対になる。②〈かえ・す(かへ・す)〉 ㋐向きなどを反対にする。㋑くりかえす。③〈かえし(かへし)〉 もどすこと。返事。返歌。

解字  形声。⻌が形を表し、反はんが音を示す。⻌は行くこと。反には反対という意味がある。返は逆の方向へ行くことで、かえるという意味を表す。一説に反は還かんと音が通ずるので、返は、還かえること、もとの道をくるりともどることであるという。

名前 のぶ
【返咲】かえりざき(かへり) 国①季節はずれに花が咲く。②衰えたものがもとの身分に返る。
【返字】かえりじ(かへり) 国漢文訓読で、下から上へ返って読む字。
【返正月】かえりしょうがつ(かへりしやうぐわつ) 国正月十五日の行事をいう。
【返忠】かえりちゅう(かへりちう) 国別の主君に忠義をつくす。うらぎり。
【返点(點)】かえりてん(かへり) 国漢文の読み方をあらわすために、漢字の左下にしるして、下の字から上の字へ返って読むことをあらわす符号。「レ」「一・二・三」「上・中・下」「甲・乙・丙」「天・地・人」などを用いる。
【返魂香】はんごんこう(かう) 死んだ人の霊魂を呼びもどすという香の名。=反魂香
【返景】へんけい・へんえい 夕日の光。西日の光。「返景入深林」(へんえいしんりんにいる)〈王維の詩・鹿柴ろくさい〉
【返歌】へんか 国歌でこたえる。おくられた歌にこたえる。かえしうた。
【返簡】へんかん 返事の手紙。
【返却】へんきゃく 借りたものを返す。
【返顧】へんこ ふり返って見る。
【返済(濟)】へんさい 借りたものを返すこと。
【返事】へんじ ①答えること。②答えの手紙。かえりごと。
【返書】へんしょ こたえの手紙。返事。
【返照】へんしょう(せう)・はんじょう(ぜう) ①光が照りかえす。②夕日のかがやき。入日。「返照入閭巷」(へんしょうりょこうにいる)〈耿湋こうゐの詩・秋日〉
【返償】へんしょう(しやう) かえしつぐなう。借りたものを返してうめあわせる。
【返上】へんじょう(じやう) かえしもどす。お返しする。
【返信】へんしん 返しの手紙。手紙の返事。
【返送】へんそう おくりかえす。
【返答】へんとう(たふ) こたえる。
【返納】へんのう(なふ) もとへもどし納める。
【返杯】へんぱい 人からさされた杯を返してついでやる。
【返付】へんぷ 借りたものを返してやる。
【返報】へんぽう 国①好意に対してむくいる。②うらみに対してむくいる。しかえし。③返事。返書。
【返命】へんめい 命ぜられた仕事の結果を報告する。
【返礼(禮)】へんれい 国礼をかえす。お返しに贈る品物。
【返戻】へんれい 国物をうけとらないで返す。もどしてやる。
◆若返わかがえり・宙返ちゅうがえり・往返おうへん・寝返ねがえり・繰返くりかえし・蜻蛉返とんぼがえり

辵4 【﨤】〔8〕 国字
J ②8978 補 ― U FA24
意味 〈そり〉 地名、姓名に用いる。﨤目そりめは、長野県長野市の地名。

辵4 【迚】〔8〕 国字
J 7773 補 ― U 8FDA
意味 ①〈とても〉 どうやっても。とうてい。また、非常に。②〈とて〉 といって。さりながら。

辵4 【还】〔7〕 俗 →還(一二五八ページ・中)

辵4 【迊】〔8〕 同 →帀(四一八ページ・中)

辵4 【这】〔8〕 俗 →這(一二三七ページ・下)

辵5 【迤】〔9〕 ㊀イ 漢 ㊀上 紙 yǐ イー ㊁イ 漢 ㊁平 支 yí イー ㊂タ 漢 ㊂平 歌 tuō トゥオ
J ①9252 補 6535 U 8FE4
意味 ㊀①土地がななめにつづく。②どこまでもつづく。㊁逶迤いいは、まがりくねるさま。㊂迤迤たたは、どこまでもつづくさま。

辵3 【迆】〔7〕 本字
J ②8977 補 6525 U 8FC6

【迤迤】いい ①つながって続くさま。②ななめにのびているさま。
【迤邐】いり ①つながって続くさま。②ななめに行く。③あちらこちらを伝い歩くこと。あてもなくぶらぶらする。

辵5 【迱】〔9〕 ㊀イ 漢 ㊀平 支 yí イー ㊁タ 漢 ㊁平 歌 tuó トゥオ
J ②8984 補 6538 U 8FF1
意味 ㊀委迱いいは、正しいさま。㊁逶迱いたは、行くさま。

⻌5 【迦】〔9〕 人 標 ㊀カ 漢 ㊀平 歌 jiā チア ㊁キャ 呉 ㊁カイ 漢 ㊁上 蟹 xiè シエ
J 1864 補 ― U 8FE6
意味 ㊀①迦互かごは、行かせない。②梵語ぼんごの「カ」の音を表す字。「釈迦しゃか」 ㊁迦逅かいこうは、思いがけず出会う。

辵5 【迦】〔8〕 同字
J ― 補 ― U ―

【迦葉】かしょう(せふ) 人名。釈迦のすぐれた弟子でしの名。まずしかったという。
【迦毘羅】カビラ 北インドの地名。釈迦しゃかの生まれた地。【――外道】カビラげどう(だう) 釈迦以前に行われた教え。【――天】カビラてん インドで、幸福をつかさどった神。
【迦藍】からん 寺。僧舎。=伽藍がらん
【迦梨帝母】かりていも 仏鬼子母神きしもじん。=訶梨帝母
【迦陵頻伽】かりょうびんが 仏極楽浄土ごくらくじょうどにいるという、美しい鳥の名。

辵5 【迥】〔9〕 ケイ 漢 キョウ(キャウ) 呉 上 迥 jiǒng チョン
J 7774 補 ― U 8FE5

辵6【迥】〔10〕俗字 J①9255 補6545 U9008
意味 ①〈はるか〉遠い。②すぐれる。「迥遠(けいえん)」
【迥迥(けいけい)】遠いさま。
【迥抜(けいばつ)】はるかにすぐれている。
【迥野(けいや)】はるかに広がる野原。

辵5【迮】〔9〕一サク漢 一入陌 zé ツォー　二サク漢 二入薬 zuò ツオ　J①9254 補6537 U8FEE
意味 一①〈たちまち〉にわかに。②せまる。せばまる。③せまい。④はたらく。起こる。＝作

辶5【述】〔8〕学5 ジュツ　のべる　J2950 補― U8FF0
旧字 辵5【述】〔9〕シュツ漢 ジュツ呉 入質 shù シュー　J― 補― U―

筆順 一 十 才 木 朮 㐬 述 述
意味 ①〈の・べる(―・ぶ)〉㋐言う。説明する。㋑したがう。㋒前人の説を受けついでのべる。㋓解釈する。㋔著す。㋕明らかにする。②ことば。著述。③文体の一つ。④姓。

解字 形声。辶が形を表し、朮(じゅつ)が音を示す。辶は行くこと。朮には、すじみち・ルートの意味がある。述は、古い道にしたがって行くことである。

名前 とも・のり・あきら・のぶる
【述異記(じゅついき)】書名。二巻。梁(りょう)の任昉(じんぼう)の著といわれる。【怪奇小説。

【述懐(懷)(じゅっかい(くゎい))】思いをのべる。

【述義(じゅつぎ)】意義をのべる。

【述語(じゅつご)】文法で、主語をうけて、そのはたらきやありさまをのべることば。「野は広い」「犬は動物だ」の「広い」「動物だ」など。

【述作(じゅっさく)】①古人のことばをのべて明らかにする。②著述。

【述朱(じゅつしゅ)】先生が朱で習字の手本を書く。手本を示すこと。

【述職(じゅつしょく)】諸侯が天子に、自分の職務の報告をする。

【述製(じゅつせい)】詩文を作る。

【述奏(じゅつそう)】天子に申し上げる。

【述而不レ作(のべてつくらず)】古人のことを伝えるだけで、かってに創作しない。〈論語・述而(じゅつじ)〉
◆口述(こうじゅつ)・供述(きょうじゅつ)・叙述(じょじゅつ)・記述(きじゅつ)・陳述(ちんじゅつ)・著述(ちょじゅつ)

辵5【迠】〔9〕ショウ漢(セフ) 入葉 chè チョー　J②8983 補6533 U8FE0
意味 ①歩く。②飛ぶさま。

辵5【迣】〔9〕セイ漢 去霽 zhì チー　J― 補6534 U8FE3
意味 ①さえぎる。②こえる。③道をきよめる。

辵5【迨】〔9〕タイ漢 上賄 dài タイ　J①9253 補6536 U8FE8
意味 ①〈およ・ぶ〉㋐至る。㋑…になれば。②願う。

辵5【迢】〔9〕チョウ漢(テウ) 平蕭 tiáo ティアオ　J7775 補― U8FE2
意味 〈はるか〉①遠い。②高く遠い。③長くつづく。
【迢迢(ちょうちょう(てうてう))】①高いさま。②遠いさま。「迢迢牽牛星(ちょうちょうけんぎゅうせい)」〈文選(もんぜん)・古詩十九首〉
【迢逓(遞)(ちょうてい(てう))】①遠くへだたるさま。②高いさま。
【迢遥(遙)(ちょうよう(てうえう))】遠くはるか。

辶5【迪】〔8〕人　J7776 補― U8FEA
旧字 辵5【迪】〔9〕テキ漢 入錫 dí ティー　J― 補― U―
廴5【廸】〔8〕俗字 J5515 補― U5EF8
意味 ①〈みち〉㋐道路。㋑道理。②〈みちび・く〉教えみちびく。指導する。③〈すす・む〉④〈ふ・む〉ふみ行う。⑤〈いた・る〉⑥〈よ・る〉用いる。⑦助詞。文頭・文中におかれ、強調の意を示す。
解字 形声。辶が形を表し、由(てき)が音を示す。由には抜け出るという意味がある。迪は抜け出て進む道。
名前 ただ・ふみ・ただす
【迪化(てきか(くゎ))】地名。新疆(しんきょう)ウイグル自治区の中心地、ウルムチ市の旧州名、市名、県名。

辶5【迭】〔8〕常 テツ　J3719 補― U8FED
旧字 辵5【迭】〔9〕一テツ漢 一入屑 dié ティエ　二イツ漢 二入質 yì イー　J― 補― U―
筆順 ノ ⺊ 𠂉 牛 失 失 迭 迭
意味 一①かわる。交代する。②〈たがいに(たがひに)〉かわるがわる。③あふれる。④すぎる。二①攻めこむ。＝軼(いつ)　②にげる。＝逸(いつ)
解字 形声。辶が形を表し、失(しつ)が音を示す。辶は行くこと。失には、ぬけ落ちる意味がある。迭は、ぬけ落ちて、次の者に代わることである。一説に、失に代わるという意味があるから、迭は、交代して歩くことであるという。
【迭起(てっき)】かわるがわる起こる。
【迭次(てつじ)】たびたび。しばしば。ときどき。
【迭代(てつだい)】たがいにかわる。次々とかわる。
◆交迭(こうてつ)・更迭(こうてつ)

辶5【迫】〔8〕常 ハク　せまる　J3987 補― U8FEB
旧字 辵5【迫】〔9〕ハク漢 入陌 pò ポー　J― 補― U―
筆順 ノ 亻 白 白 白 泊 迫 迫
廴5【廹】〔8〕同字 J①8416 補― U5EF9
意味 ①〈せま・る〉〈せ・る〉㋐近づく。㋑危険がせまる。㋒うながす。せき立てる。②危険な状態である。③せまい。せばまる。④きびしい。苦しい。⑤あわてるさま。国〈さこ〉〈せこ〉小さい谷。
解字 形声。辶が形を表し、白(はく)が音を示す。辶は行くこと。白にはぴたりとくっつく意味がある。迫は、ぴたりと近づくことで、せまるという意味になる。
名前 せり・とお　姓 迫(はざま)・迫間(はざま・さこま)
【迫込(せりこみ)】国役者や舞台の道具などを、舞台の穴から下におろす。
【迫出(せりだし)】国舞台に穴をあけ、そこから役者や道具を上げ下げするもの。
【迫持(せりもち)】国アーチ。またアーチなどの上にきずいた、ささえ。
【迫害(はくがい)】いじめる。くるしめる。
【迫近(はくきん)】近くにせまる。
【迫撃(擊)(はくげき)】近づきうつ。せまりうつ。【――砲(はくげきほう(はう))】近距離の場所に弾丸が放物線をえがいて落ちる砲。
【迫真(眞)力(はくしんりょく)】真にせまる表現力。
【迫切】一(はくせつ) さしせまる。ぴったりと近づく。二(ポーチエ) pòqiè 現 一に同じ。
【迫促(はくそく)】せまる。ちぢまる。＝促迫
【迫力(はくりょく)】見る人や読む人に強くせまってくる力。
【迫間(はざま)】国①谷などの狭いところ。②あいだ。③城壁をくりぬいて、矢や鉄砲を放つところ。＝狭間
【迫急(はっきゅう(きふ))】きびしくせまる。
◆切迫(せっぱく)・圧迫(あっぱく)・肉迫(にくはく)・急迫(きゅうはく)・促迫(そくはく)・脅迫(きょうはく)・恐迫(きょうはく)・強迫(きょうはく)・緊迫(きんぱく)・窮迫(きゅうはく)

7画　見角言谷豆豕豸貝赤走足(⻊)身車辛辰辵(⻌・⻍)邑(阝〈右〉)酉釆里

辵5【迓】〔9〕 俗 ↓迓(一二三〇ジペー・下)

辵5【迗】〔8〕 同 ↓邇(一二五九ジペー・上)

辵5【迯】〔9〕 俗 ↓逃(一二三六ジペー・下)

辵5【迯】〔9〕 同 ↓邇(一二五九ジペー・上)

辵5【迹】〔8〕 俗 ↓邇(一二五九ジペー・上)

辵6【迻】〔10〕 イ 漢 平 支 yí イー
意味〈うつ・る〉〈うつ・す〉＝移
U 8FFB 補 6541 J ②8986

辵6【迴】〔10〕 カイ(クヮイ) 漢 平 灰 huí ホイ エ(ヱ) 呉
意味＝回・廻 ①〈めぐ・る〉㋐まわりをまわる。㋑回転する。㋒運行する。②〈めぐら・す〉㋐むきをかえる。㋑まがる。
U 8FF4 補 — J 7779
【迴風】かい(くわい)ふう つむじ風。＝回風

辵6【适】〔10〕 カツ 漢 入 曷 (クヮツ) kuò クオ
意味 ①〈と・し〉速い。②南宮适(なんきゅうかつ)は、春秋時代の人名。③姓。
参考 适は「適」(一二五四ジペー・下)の中国新字体としても使う。
U 9002 補 6543 J ②8987

⻌6【逆】〔9〕 学5 ギャク さか・さからう
旧字 辵6【逆】〔10〕 ゲキ 漢 去 陌 ギャク 呉 nì ニー
U 9006 補 — J 2153

筆順 丷 䒑 ⺷ 屰 屰 逆 逆

意味 ①〈さから・う(――・ふ)〉㋐そむく。㋑従わない。㋒道理にそむく。㋓しのぐ。②〈むか・える(――・ふ)〉㋐出むかえる。㋑受ける。㋒ふせぐ。③あらかじめはかる。④〈あらかじめ〉⑤〈さか〉〈さかさま〉⑥悪者。よこしま。国のぼせる。「逆上(ぎゃくじょう)」

解字  形声。⻌が形を表し、屰(げき)―(ぎゃく)が音を示す。⻌は行くこと。屰にはそむくという意味がある。逆は、向こうから来る人を、逆に出て行ってむかえることである。函谷関(かんこくかん)の東では逆といい、西では迎という。

【逆意】ぎゃくい むほんを起こそうとする心。そむこうとする気持ち。
【逆曳】ぎゃくえい さかさまに引く。正しい道が行われない。
【逆縁(緣)】ぎゃくえん 仏①年長者が、先に死んだ年少者のあとをとむらう。②関係のない人が死者の霊を祭る。③悪事をしたことが、かえって仏道にはいるきっかけとなること。②道理にはずれた行い。
【逆行】ぎゃくこう(かう) ①さかさまに行く。②道理にはずれた行い。
【逆算】ぎゃくさん 逆に数える。
【逆施】ぎゃくし やることがさかさま。「倒行而逆二施之一(とうこうしてこれをぎゃくしす)」(倒行も、さかさまの意。)〈史記・伍子胥(ごししょ)列伝〉
【逆耳】ぎゃくじ 忠告やいましめなど、すなおにききいれにくいことがら。耳にさからう。
【逆取】ぎゃくしゅ 不正な方法で天下を取る。
【逆修】ぎゃくしゅ 仏①年上の者が、先に死んだ年下の者のために祈る。②生前にあらかじめ、死後の法事を行う。③修行にそむく。
【逆豎】ぎゃくじゅ 道理にさからう悪者。むほん人。
【逆襲】ぎゃくしゅう(しふ) 攻撃してきた敵を逆に攻撃する。
【逆順】ぎゃくじゅん ①すなおにゆくことと、それと反対になること。「順逆」(一三七二ジペー・上)に同じ。②国逆の順序。
【逆上】ぎゃくじょう(じゃう) 国のぼせあがる。
【逆心】ぎゃくしん そむく心。むほん心。
【逆臣】ぎゃくしん 主君にそむく家来。
【逆水】ぎゃくすい 川の名。甘粛(かんしゅく)省から黄河にはいる。
『――之波』ぎゃくすいのは さかまく波。すさまじい勢い。〈碧巌録(へきがんろく)〉
【逆数(數)】ぎゃくすう ①気候の不順なこと。②未来の運命を知る。③数ある数に対し、その数で1を割った数。10の逆数は$\frac{1}{10}$。
【逆節(節)】ぎゃくせつ ①身の保ち方が、正しくすなおでない。むほん心をいだく。②天の道にそむく。
【逆説】ぎゃくせつ ①真理とされていることに反する説。②哲真理に合わないように見えて、実は、真理を述べている説。パラドックス。③わざと自分の考えの反対をいう。
【逆賊】ぎゃくぞく むほん人。君主にそむく悪者。
【逆儔】ぎゃくちゅう(ちう) むほんの仲間。
【逆手】ぎゃくて 一 国柔道で相手の関節を逆にむりにまげるわざ。二 さかて 国ものを逆にもつ。
【逆転(轉)】ぎゃくてん ①さかさまにまわる。②あとへもどる。③事が悪くなっていく。④飛行機の宙返りの一つ。ひっくりかえる。
【逆徒】ぎゃくと むほんの仲間。
【逆徳】ぎゃくとく 道理にそむいた行い。
【逆比例】ぎゃくひれい 反比例。
【逆風】ぎゃくふう むかい風。
【逆命】ぎゃくめい ①命令にそむく。②命令をむかえ受ける。③国「ひどい命令」
【逆流】一 ぎゃくりゅう(りう) ①水がさかさまに流れる。②川をさかのぼる。二 ぎゃくる 仏この世の迷いを断って、さとりの道に進む。
【逆料】ぎゃくりょう(れう) あらかじめおしはかる。
【逆倫】ぎゃくりん 親殺しなど、人の道にそむく。
【逆境】ぎゃっきょう(ぎゃくきゃう) 不幸な境遇。ふしあわせな立場。
【逆計】ぎゃっけい(ぎゃくけい) ①むほんの計画。②予測する。
【逆効(效)果】ぎゃっこう(ぎゃくかう)か(くわ) 国思ったのと反対のききめ。
【逆見】げきけん あらかじめはかり知る。「難レ可二逆見一(げきけんすべきことかたし)」〈諸葛亮(しょかつりょう)・後出師表(のちのすいしのひょう)〉
【逆睹】げきと 前もってみる。見通しをつける。
【逆覩】げきと 「逆睹(げきと)―(ぎゃくと)」に同じ。
【逆旅】げきりょ やどや。旅館。逆は、旅人をむかえる意。「夫天地者万物之逆旅、光陰者百代之過客(それてんちはばんぶつのげきりょにして、こういんはひゃくだいのかかくなり)」〈李白(りはく)・春夜宴二桃李園一序(しゅんやとうりのえんにえんするのじょ)〉
【逆鱗】げきりん 天子の怒り。竜(りゅう)のあごの下に、さかさに生えたうろこがあり、それにさわると竜が怒って人を殺すということから、天子を竜になぞらえていう。〈韓非子(かんぴし)・説難(ぜいなん)〉
【逆恨】さかうらみ 国①恨んでいる人から反対に恨まれる。②人の好意を悪く解釈してかえって恨む。
【逆児(兒)】さかご 国足のほうから先に生まれるこども。
【逆鉾】さかほこ 国①ほこの美称。②霧島山にある銅ほこ。
【逆虎落】さかもがり 国「逆茂木(さかもぎ)」に同じ。
【逆茂木】さかもぎ 国敵を防ぐために、いばらの枝をさかさに並べて「垣にしたもの。
【逆夢】さかゆめ 国実際のことと反対の夢。↕正夢(まさゆめ)
【逆寄】さかよせ 国攻めてくる敵に対し、逆に攻め返す。
【逆艪】さかろ 国舟の前とあと両方につけて、進退自由にしたしくみの櫓(ろ)。
▲▽反逆(はんぎゃく)・大逆(たいぎゃく)・犯逆(はんぎゃく)・莫逆(ばくぎゃく)・悪逆(あくぎゃく)・順逆(じゅんぎゃく)

辵6【逅】〔10〕 コウ 漢 去 宥 hòu ホウ
意味 邂逅(かいこう)は、①めぐりあう。②うちとけるさま。
U 9005 補 — J 7780

辵6【迹】〔10〕 セキ 漢 入 陌 シャク 呉 jì チー
意味 ＝跡 ①〈あと〉㋐あしあと。㋑あとかた。㋒行いのあと。「行迹(ぎょうせき)」㋓道。㋔業績。㋕評判。㋖ゆくえ。②したがう。たずねる。あとを行く。③考える。④正しい道。
参考 迹は「跡」(一二〇五ジペー・下)・「蹟」(一二一〇ジペー・下)の中国新字体としても使う。
U 8FF9 補 — J 7781
【迹門】しゃくもん 仏「法華経(ほけきょう)」の前半の十四品(ほん)。史実によって釈迦(しゃか)の道を説いた部分。↕本門

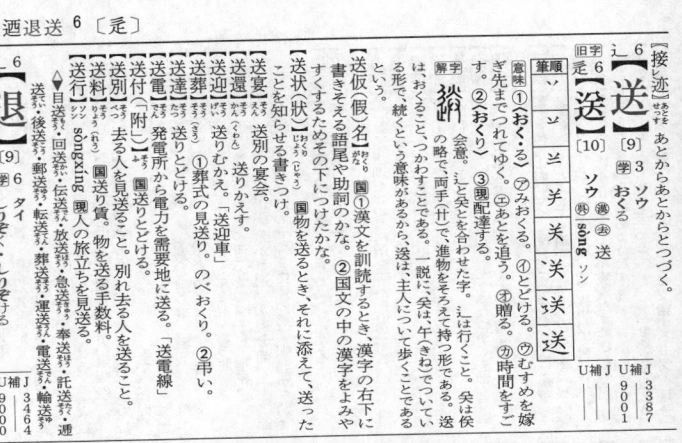

【接レ迹】あとをせっす　あとからあとからとつづく。

辶6【送】〔9〕学3 ソウ おくる　J 3387　U 9001　補
旧字 辵6【送】〔10〕 ソウ 呉漢 去 送 sòng ソン

筆順 丷 䒑 兰 关 关 关 送 送 送

意味 ①〈おく・る〉㋐みおくる。㋑とどける。㋒むすめを嫁ぎ先までつれてゆく。㋓あとを追う。㋔贈る。㋕時間をすごす。②〈おくり〉③現配達する。

解字 会意。⻌と灷を合わせた字。⻌は行くこと。灷は倂の略で、両手(廾)で、進物をそろえて持つ形である。送は、おくること、つかわすことである。一説に、灷は、午(きね)でついている形で、続くという意味があるから、送は、主人について歩くことであるという。

【送仮(假)名】おくりがな 国①漢文を訓読するとき、漢字の右下に書きそえる語尾や助詞のかな。②国文の中の漢字をよみやすくするためその下につけたかな。
【送状(狀)】おくりじょう(じゃう) 国物を送るとき、それに添えて、送ったことを知らせる書きつけ。
【送宴】そうえん 送別の宴会。
【送還】そうかん(くゎん) 送りかえす。
【送迎】そうげい 送りむかえ。「送迎車」
【送葬】そうそう(さう) ①葬式の見送り。のべおくり。②弔い。
【送達】そうたつ 送りとどける。
【送電】そうでん 発電所から電力を需要地に送る。「送電線」
【送付(「附」)】そうふ 国送りとどける。
【送別】そうべつ 去る人を見送ること。別れ去る人を送ること。
【送料】そうりょう(れう) 国送り賃。物を送る手数料。
【送行】ソンシン sòngxíng 現人の旅立ちを見送る。
◆目送・回送・伝送・放送・急送・奉送・託送・逓送・後送・郵送・転送・葬送・運送・電送・輸送

辶6【退】〔9〕学6 タイ しりぞく・しりぞける　J 3464　U 9000　補
旧字 辵6【退】〔10〕 一タイ 漢呉 一去 隊 tuì トイ　二トン 漢 二去 願 tùn トゥン

筆順 フ ヨ 艮 艮 艮 艮 退 退

意味 一①〈しりぞ・く〉〈しりぞ・ける(――・く)〉〈の・く〉〈すさ・る〉㋐後にさがる。↔進 ㋑たちのく。㋒官位を離れる。㋓帰る。もどる。㋔へりくだる。②くいあらためる。③おとろえる。古くなる。④止める。⑤毛などがぬける。⑥おだやかなさま。二色があせる。＝褪 国〈そき〉遠い所。

解字 会意。古い形で見ると、彳・日・夂を合わせた字。彳は行くこと。夂は足を引っぱる形で、おくれること。很は、行くことが一日一日と遅くなることで、しりぞく意味になる。退は很と同じ字である。

名前 のき　難読 立退く(付表)
参考 新表記では、「頽」「褪」の書きかえに用いる熟語がある。

【退院】たいいん(ゐん) ①仏僧が寺を出る。僧をやめて一般人になる。還俗。②国病気がなおって、病院から出る。

【退隠(隱)】たいいん ①世間からしりぞきかくれる。②官職をやめて隠居する。

【退嬰】たいえい しりごみ。ひっこみじあん。↔進取
【退役】たいえき ①役をやめる。②国もと、軍人が現役をやめる。

【退化】たいか(くゎ) ①進んでいたものが、もとの進化していない状態にもどる。②生物の器官や組織が小さくなったり、その働きを失っていく。↔進化
【退学(學)】たいがく ①学校を途中でやめること。②学校を途中でやめさせること。「退学処分」

【退官】たいかん(くゎん) 官職をやめる。役をひく。

【退却】たいきゃく しりぞく。いくさに負けて後ろに引く。

【退休】たいきゅう(きう) 官職を辞す。

【退屈】たいくつ ①することがなくて苦しむ。②あきる。③負けてしりぞく。

【退下】たいか ①貴人の前から下がる。②「退凡下乗」に同じ。

【退行】たいこう(かう) ①しりぞいて去ること。②惑星が西に向かって逆に運行すること。③退化。

【退紅】たいこう ①薄もも色。②薄もも色に染めたもの。

【退校】たいこう(かう) 「退学」に同じ。

【退耕】たいこう(かう) 官を辞し、農事に従うこと。

【退座】たいざ 座席をしりぞくこと。集会の場から出ること。

【退散】たいさん ①集まっていたものが、その場から散ってしまう。②逃げる。

【退出】たいしゅつ ひきさがる。その場からさがること。

【退場】たいじょう(ぢゃう) その場から出ること。

【退譲(讓)】たいじょう(じゃう) へりくだって人にゆずる。

【退色】たいしょく・とんしょく 色がさめる。＝褪色
【退食】たいしょく ①役所から帰って食事する。②役人が家に帰る。③食事をへらす。【――之余(餘)】たいしょくのよ 公務の余暇。

【退職】たいしょく 職をやめる。「身を引く」

【退身】たいしん 役人をやめる。身をひく。

【退陣】たいじん(ぢん) ①軍隊をあとへさげる。②国役職をやめる。

【退(「頽」)勢】たいせい くずれかかった勢い。形勢がだんだん悪くなる。

【退席】たいせき 集会の場からしりぞくこと。

【退然】たいぜん おだやかなさま。

【退蔵(藏)】たいぞう(ざう) ①しりぞきかくれる。②品物をかくしてしまっておく。

【退庁(廳)】たいちょう(ちゃう) 国役所から退出する。↔登庁
【退朝】たいちょう(てう) 朝廷からひきさがる。

【退廷】たいてい ①朝廷からさがる。②法廷から立ち去る。

【退転(轉)】たいてん ①仏仏道修行をしている者が、決心がくじけて、他へ心を移す。「不退転」②移り変わって悪くなる。③落ちぶれてひっこす。

【退任】たいにん 官職をやめる。退職。

【退(「頽」)廃(廢)】たいはい ①おとろえすたれる。②堕落する。

【退避】たいひ ①しりぞきよける。②引退する。

【退歩】たいほ ①あともどり。②まえの状態より悪くなる。↔進歩
【退凡下乗(乘)】たいぼんげじょう 仏俗人をしりぞけ、車馬から下りさせる。寺院の門前の制札。

【退齢(齡)】たいれい 老人の年齢。としより。＝頽齢
【退路】たいろ 逃げみち。

【退老】たいろう(らう) 官をやめて隠居する。
◆引退・早退・勇退・後退・衰退・進退・脱退・敗退・減退・辞退・隠退・撤退・撃退・一進一退

辵6【迺】〔10〕 ダイ 漢 上 賄 nǎi ナイ　J 7782　U 8FFA
廴6【廼】〔9〕 同字　J 3922　U 5EFC　補

意味 ①驚きの声。②〈すなわ・ち(すなはち)〉文をととのえる語。＝乃 ③〈なんじ(なんぢ)〉相手を指す。「迺翁」④行く。⑤遠い。⑥かえって。そこで。⑦はじめて。国〈の〉「萩迺家」

辶6【追】〔9〕学3 ツイ おう　J 3641　U 8FFD　補
旧字 辵6【追】〔10〕 一ツイ 漢呉 一平 支 zhuī チョイ　二タイ 漢 二平 灰 duī トイ

7画 見角言谷豆豕豸貝赤走足(⻊)身車辛辰辵(⻌・⻍)邑(⻖〈右〉)酉采里

筆順 丿 亻 户 户 自 ⻌自 追 追

意味 一 ①〈お・う(―・ふ)〉㋐おいかける。㋑ついてゆく。㋒過去にさかのぼる。㋓求める。追求する。②とらえる。③先祖をまつる。④送別する。⑤招く。⑥姓。 二 ①鐘をつるとって。②玉(ぎょく)や石に彫刻する。③丘。‖堆(つい)

解字 形声。⻌が形を表し、自(たい)が音を示す。⻌は行くこと。自にはつづくという意味がある。追は、あとから続いて進むことである。

【追込】(おいこみ（おひ）) 国①あとからせきたててはいらせる。②人数をかまわず次々に入場させる。③競走などで、最後の一周。④印刷の組版(くみはん)で、改行などをしないで、続けて活字を組むこと。

【追銭(銭)】(おいせん（おひ）) 国払ったあとから、余分に金をやる。「盗人に追銭」

【追手】一(おいて（おひ）) 国罪人や敵を追う者。二(おうて（おふ）) 国①正面に攻めかかる軍隊。②城の表門。大手。↕搦手(からめて)

【追剝】(おいはぎ（おひ）) 国通行人をおどかして金品を奪う賊。

【追腹】(おいばら（おひ）) 国主君のあとを追って切腹する。殉死。

【追分】(おいわけ（おひ）) 国①街道の分かれ道。②追分節。【——節(節)】(おいわけぶし（おひ）) 国民謡の一つ。信州の馬子唄(まごうた)から始まるといわれる。

【追書】(おってがき・ついしょ) 国手紙の終わったあとにつけ加える文。

【追琢(琢)】(ついたく) ①金や玉をみがく。②浮き彫りにすることと彫りこむこと。

【追院】(ついいん（ゐん）) 規則をおかした僧を寺から追放する。

【追憶】(ついおく) 過ぎ去った事を思い出してしのぶ。追想。

【追遠】(ついえん（をん）) 祖先を思い起こして、祭る。

【追加】(ついか) ①あとから加える。②あとから爵位などを贈る。

【追悔】(ついかい（くわい）) あとになってくやむ。

【追懐(懐)】(ついかい（くわい）) あとから思いだしてなつかしく思う。

【追記】(ついき) ①あとから書きしるす。②本文につけたして書く。また、その文。

【追及】(ついきゅう（きふ）) ①おいつく。②どこまでもおいつめて論ずる。

【追求】(ついきゅう（きう）) ①どこまでも追いかけて求める。②あとから思い起こそうとする。③もう一度さらに請求する。

【追究】(ついきゅう（きう）) ①不正や不明の事実をたずねきわめる。②深い意味をおしきわめて求めようとする。

【追咎】(ついきゅう（きう）) あとからとがめる。

【追給】(ついきゅう（きふ）) 国①あとからつづけて支給する。②不足分をあとから払う。

【追啓】(ついけい) 手紙を書き足すときに、初めに使うことば。

【追撃(撃)】(ついげき) 敵をあとから追いかけて攻める。

【追孝】(ついこう（かう）) 死んだ親をとむらい祭る。

【追号(號)】(ついごう（がう）) 死者につける呼び名。おくり名。

【追恨】(ついこん) あとから考えて残念に思う。

【追殺】(ついさつ) 追いかけて殺す。

【追思】(ついし) 過去のことを思い出す。

【追諡】(ついし) 死後におくり名を贈る。また、おくり名。

【追従(從)】一(ついじゅう) ①他人のあとに従う。②前の例をまねて行う。二(ついしょう) 国人のきげんをとること。自分の志をまげてあいての気にいるようにつとめる。

【追叙(敍)】(ついじょ) ①あとから述べる。昔物語をする。②死後に官位を授ける。

【追称(稱)】(ついしょう) 死後にその人をほめたたえる。

【追蹤】(ついしょう) ①人のあとを追いかける。②昔のことをたずね求める。旧事をたずねる。

【追申】(ついしん) 手紙の本文のうしろに書き足すことば。‖追伸

【追伸】(ついしん) 「追申」に同じ。

【追随(隨)】(ついずい) ①あとについて行く。②徳を慕う。③人の考えに、自分をまげてしたがう。

【追惜】(ついせき) 死んだ人をおしむ。

【追跡】(ついせき) 逃げる者のあとを追う。

【追善】(ついぜん) 仏死んだ人のあとを弔う。死者の忌日(きじつ)に供養(くよう)などして死後の幸福を祈る。「追善供養(くよう)」

【追薦】(ついぜん) 「追善」に同じ。

【追訴】(ついそ) 法前の訴えに追加して訴える。

【追送】(ついそう) あとを追って見送りに行く。

【追想】(ついそう（さう）) 過去や、死んだ人を思い出してしのぶ。

【追贈(贈)】(ついぞう) 国家に功労のあった人に対し、その死後官位を贈る。

【追尊】(ついそん) 死んだ父や祖先をたっとんで、号を贈る。

【追逐】(ついちく) ①あとを追いまわす。②追いはらう。③競争する。④つれだって酒などを飲んで遊ぶ。

【追弔】(ついちょう（てう）) 死者をとむらう。

【追徴】(ついちょう) あとから不足した分をとりたてる。税金の不正や、汚職などをした金額をとりたてる。

【追討】一(ついとう（たう）) 追いかけて攻める。二(おいうち（おひ）) 国逃げる敵を追ってうちほろぼす。

【追悼】(ついとう（たう）) 死んだ人のことを悲しみしのぶ。

【追儺】(ついな) 国大みそかに行った、悪鬼を追い払う儀式。今の節分の豆まきに当たる。鬼やらい。

【追認】(ついにん) ①過去にさかのぼって事実を認める。事後承認。②法不完全な法律行為を、あとから有効と認めること。また、その意志表示。

【追念】(ついねん) 昔の事や人を思い起こす。

【追陪】(ついばい) あいての気に入るようにつきしたがう。おべっかをつかう。【——非泛】(ついばいひはん) 非泛はつまらぬこと。つまらぬおべっかをつかうこと。〈枯崖漫録(こがいまんろく)〉

【追白】(ついはく) 「追申(ついしん)」に同じ。

【追肥】(ついひ・おいごえ（おひ）) 国たねまきや移植のあとにやる肥料。

【追尾】(ついび) 先のもののあとを追う。あとをつける。

【追美】(ついび) 死者をあとからほめる。

【追風】一(ついふう) 馬が速いたとえ。二(おいて（おひ）) 国あとから吹く風。順風。三(おいかぜ（おひ）) 国①二に同じ。②着物の香を伝えてくる風。

【追福】(ついふく) 仏①死者のため死後のしあわせを祈って仏事をいとなみ、善事を行う。②死後の幸福。

【追捕】一(ついほ) 追いかけて捕らえる。二(ついぶ) 国①一に同じ。②財産を没収する。とりあげる。【——使】(ついぶし) 国諸国にいて、賊を捕らえることをつかさどった役人。

【追慕】(ついぼ) 死んだ人や遠くにある人を、思い出して恋しく思う。

【追放】(ついほう（はう）) ①一定の土地をかぎって、それ以外の地に追いやる。②罪のある人を追いはらう。③公職などをとりあげたり、その職につけないようにする。パージ。

【追封】(ついほう) 死んだあとに、爵位(しゃくい)を与える。

【追奔】(ついほん) 逃げるものを追うこと。【——逐北】(ついほんちくほく) 負けて逃げる敵を追いかける。北は負けた軍隊。〈李陵(りりょう)・答二蘇武一書(そぶにこたうるしょ)〉

【追録(錄)】(ついろく) ①あとに書きしるす。②あとから功績を書きしるす。

⻌6【逃】〔9〕 常 トウ にげる・にがす・のがす・のがれる U補J 3808 9003

旧字 辵6【逃】〔10〕 トウ(タウ) ジョウ(デウ) 慣 漢 平 豪 táo タオ U補J

辵5【迯】〔9〕 俗字 U補J 7777 8FEF

筆順 丿 丬 扌 兆 兆 丶兆 辶兆 逃

意味 ①〈に・げる(―・ぐ)〉〈のが・れる(―・る)〉㋐にげ去る。たち去る。㋑はなれる。㋒まぬかれる。㋓かくれる。㋔避ける。②〈にが・す〉〈のが・す〉 ③〈まじろ・ぐ〉ひ

とみを動かす。

解字 形声。辶が形を表し、兆が音を示す。辶は行くこと。兆には二つに分かれるという意味を含む。逃は、分かれていなくなること、こっそり抜け出てかくれることである。

【逃隠(隱)】とういん 逃げてかくれる。世の中から姿をかくす。

【逃散】一 とうさん ①にげちる。②二に同じ。二 ちょうさん 国 中世及び近世に、領主の圧政に苦しんだ農民が、いっせいに逃げ出すことによって抵抗したこと。

【逃竄】とうざん にげて、もぐりかくれる。

【逃世】とうせい 俗世間を離れて隠居する。

【逃禅(禪)】とうぜん ①俗世をのがれて禅にはいる。僧の生活をする。②禅をなまけて酒を飲む。

【逃走】とうそう にげ去る。にげ出す。

【逃匿】とうとく にげかくれる。

【逃避】とうひ ①にげかくれる。②責任ある立場からのがれようとする。

【逃亡】とうぼう にげて、ゆくえをくらます。

【逃北】とうほく にげる。北もにげる意。

【逃名】とうめい 名誉からのがれる。「匡廬便是逃名地」（廬山の地は名誉心からのがれる場所である。）〈白居易の詩・香炉峰下新卜山居、草堂初成、偶題東壁〉

【逃口上】にげこうじょう 国 言いのがれ。責任をのがれる言い方。

【逃水】にげみず 国 水があるように見える所に近づくと、また遠くに移って見える現象。一種の蜃気楼。

◆持逃もちにげ・轢逃ひきにげ

辵6 【迵】〔10〕 トウ 漢 去 送 dòng トン U補J ②8985 8FF5

意味 見通す。

辵6 【逄】〔10〕 一 ホウ 漢 一 平 冬 (ハウ) féng フォン 二 ホウ 漢 二 平 江 (ハウ) páng パン U補J

辵7 【逄】〔11〕 俗字 U補J 6544 9004

意味 一「逢」(一二四二ジ・上)の俗字。二 ふさぐ。

辶6 【迷】〔9〕 学 5 メイ まよう U補J 4434 8FF7

旧字 辵6 【迷】〔10〕 ベイ 漢 メイ 呉 平 斉 mí ミー U補J

筆順 丷 ⺍ 半 米 米 米 迷 迷

意味 ①〈まよ・う（――・ふ）〉 ㋐道をまちがえる。㋑判断ができない。㋒心をうちこむ。㋓ぼんやりしている。②〈まよわ・す（まよは・す）〉心をうばわれる。③〈まよい（まよひ）〉 ④姓。

解字 形声。辶が形を表し、米が音を示す。辶は行くこと。米は未の音と通じて、はっきりしないという意味を持つ。迷は、行く道がわからなくなって、まようことである。

難読 迷子まいご(付表)

【迷界】めいかい 仏まよいの世界。煩悩にとらわれているこの世。

【迷宮】めいきゅう ①中にはいると、出口のわからないように建てた建物。②事件が複雑で、解決しにくいこと。「迷宮入り」

【迷彩】めいさい 敵の目をごまかすために、建物、乗り物などに、色を塗ること。カムフラージュ。

【迷執】めいしゅう 仏まよっている執念。欲にまよって、抜けられない思い。

【迷信】めいしん ①まちがった信心。②あやしい宗教を信じる。③不合理なことを信じる。

【迷津】めいしん ①渡し場がわからない。転じて、方向にまよう。②仏まよいの境遇。

【迷走神経(經)】めいそうしんけい 国 のど・気管・食道・内臓の運動や分泌をつかさどる神経の名。

【迷途】めいと ＝迷塗 ①道に迷う。②人生の方向にまよう。「実迷途其未遠」〈陶潜・帰去来辞〉

【迷昧】めいまい 心がまよい、くらむ。

【迷夢】めいむ ①心がまよって正気がなくなる。心のまよい。②「まちがった理想。

【迷妄】めいもう 思いまよう。心のまよい。

【迷罔】めいもう ①まよわしくらます。②まよいくらむ。心が乱れる。

【迷離】めいり ①明らかでない。「雌兎眼迷離」（めすうさぎは、目がぼんやりしている。）〈楽府詩集・木蘭詩〉 ②ちらばる。

【迷廬】めいろ 仏蘇迷廬そめいろの略。仏教に出てくる山の名。須弥山しゅみせん。

【迷楼(樓)】めいろう 「迷宮めいきゅう」の①に同じ。

【迷論】めいろん 国人をまどわせるわけのわからない議論。

【迷惑】めいわく ①道にまよう。②道理にまよう。③国やっかいで「こまる。

◆低迷ていめい・昏迷こんめい・混迷こんめい・頑迷がんめい

辵6 【逌】〔10〕 ユウ 漢 去 宥 (イウ) yòu ユー U補J 6540 8FF6

意味 歩く。歩くさま。

辵6 【迾】〔10〕 レツ 漢 入 屑 liè リエ U補J 6542 8FFE

意味 ①〈さえぎ・る（さへぎ・る）〉高位の人が出かける時、一般人の通行を禁止する。②ならぶ。列。＝列

辵6 【迴】〔10〕 俗 →迴(一二三二ジ・下)

辵6 【迸】〔10〕 俗 →迸(一二四五ジ・下)

辵7 【逘】〔11〕 一 ギ 漢 一 上 尾 yǐ イー 二 シ 漢 二 上 紙 qǐ チー U補J 6547 9018

意味 一進む。二待つ。＝竢

辵7 【逑】〔11〕 キュウ 漢 平 尤 (キウ) qiú チウ U補J 7783 9011

意味 ①〈たぐい（たぐひ）〉つれあい。配偶。②〈あつ・める（――・む）〉 ③会う。

辵7 【逛】〔11〕 一 キョウ(キャウ) 漢 一 去 漾 kuáng コワン 二 オウ(ワウ) 呉 キョウ(キャウ) 漢 二 上 養 guàng コワン U補J 6548 901B

意味 一〈あざむ・く〉だます。二①走るさま。②あそぶ。③現ぶらつく。見物する。

辵7 【逕】〔11〕 ケイ 漢 キョウ(キャウ) 呉 去 径 jìng チン U補J 7784 9015

意味 ①〈こみち〉細い道。＝徑 ②近い。③往ゆく。至る。④すぎる。⑤〈ただちに〉すぐ。

【逕庭】けいてい へだたり。大きな違い。

【逕路】けいろ 小みち。細道。

辶7 【這】〔11〕 人 標 一 ゲン 漢 一 去 霰 yàn イエン 二 シャ 漢 二 上 馬 zhè チョー U補J 3971 9019

辵7 〔這〕〔10〕 同字 U補J

辵4 【这】〔8〕 俗字 U補J 8FD9

意味 一出迎える。二〈この〉〈これ〉近いところのもの・時間・場所などを指す。国〈は・う（――・ふ）〉

名前 これ・ちか

【這箇】一 しゃこ これ。この。二 チョーコ zhège 現一に同じ。＝這個

【這些】一 しゃさ わずか。これら。二 チョーシエ zhèxiē 現一に同じ。

【這般】しゃはん この。これ。これら。

【這辺(邊)】一 しゃへん ここ。こちら。二 チョービエン zhèbian 現一に同

じ。

【這麼】[一] このように。こんなに。[二]チョー zhème 現[一]に」「同じ。

【這裏】[一] ①このなか。このうち。②ここ。こちら。[二]チョー zhèli 現[一]に同じ。

【這個】チョー zhège 現これ。この。

【這様(樣)】チョー zhèyàng 現①こんな。このような。②このように。③こういうふうにする。

【這児(兒)】チョー zhèr 現ここ。

辵7 【逡】〔11〕 シュン 漢 平 真 qūn チュン U補J 7785 9021

意味 しりごみする。あとへさがる。「逡巡」「逡遁」

【逡巡】①あとずさりする。②ためらう。ぐずぐずする。

⻌7 【逍】〔11〕 標 ショウ 漢 平 蕭 (セウ) xiāo シアオ U補J 7786 900D

意味 逍遥は、①さまよう。たちもとおる。ぶらぶら歩く。②のんびりと楽しく生活する。ゆったりとする。

【逍遥(遙)乎】のんびりとするさま。〈荘子・逍遥遊〉

⻌7 【逝】〔10〕 常 セイ ゆく・いく U補J 3234 901D

旧字 辵7 【逝】〔11〕 セイ 呉 漢 去 霽 shì シー U補J

筆順 扌 扌 扩 折 折 浙 浙 逝

意味 ①〈ゆ・く〉〈い・く〉 ㋐行く。はなれる。㋑去る。㋒死ぬ。「逝去」 ㋓過ぎ去る。②〈ちか・う(――・ふ)〉＝誓 ③〈ここに〉文頭において強調を示す。

解字 形声。⻌が形を表し、折が音を示す。⻌は行くこと。折には、はっきり断つ、ぽっくり死ぬの意味がある。逝ははっきり去ること、ふっつり死ぬこと。

【逝去】死ぬこと。死去。

【逝者】①過ぎ去るもの。「逝者如レ斯夫」(過ぎ去るものは、こんなにも休むことなく過ぎ去るものか。過ぎ去ったことは帰らないことをなげくことば。また、過去にこだわらず、未来をつかむべきであるということ。)〈論語・子罕〉 ②死者。

【逝川】流れ去る川の水。再び帰らないもののたとえ。逝水。

【逝多】人名。祇陀太子。釈迦のために祇園精舎を建てた。

◆永逝・長逝

⻌7 【造】〔10〕 学5 ゾウ つくる U補J 3404 9020

旧字 辵7 【造】〔11〕 [一] ソウ(サウ) 漢 ゾウ(ザウ) 慣 [一] 上 皓 zào ツァオ [二] ソウ(サウ) 漢 ゾウ(ザウ) 呉 [二] 去 号 cào ツァオ U補J

筆順 ノ ⺊ 屮 生 告 告 浩 造

意味 [一]①〈つく・る〉〈な・す〉 ㋐つくりあげる。㋑建てる。㋒できあがり。③はじめる。④出会う。＝遭 [二]①〈いた・る〉行きつく。やって来る。②功績をあげる。③〈な・る〉(学問などが)あるレベルに達する。④〈にわか(にはか)〉とつぜんに。⑤時代。⑥祭りの名。国〈みやつこ〉古代の官職。 ㋐つくること。㋑しあげ。

解字 形声。⻌が形を表し、告が音を示す。⻌は歩くこと。告は之(ゆく)と口とを合わせた字で、貴人に面会して話すこと。また、生と口を合わせたもので、生には進の意味があるともいう。造は、出かけて行って話すことで、至る、成功するの意味を表す。一説に造は、予告もなしに、そそくさと行く、ざっと寄せ集めて急ごしらえする意味であるともいう。

名前 なり

【造意】①悪事を言い出した者。犯罪の主謀者。②くふうをこらす。

【造営(營)】いとなみつくる。家屋を建てたり修理したりする。

【造園家】国庭園・公園などをつくる人。「師。庭」

【造化】①自然界の理。②天地。宇宙。③万物を造った神。造物主。④幸福。

【造形】形をつくる。【――美術】形のある材料を用いてつくった芸術品。彫刻・絵画・建築など。

【造詣】①学問や技芸の道にふかく行きわたる。②行きつく。③人の家に行く。

【造言】つくりごと。デマを言いふらす。【――生事】デマを飛ばし、事件を起こす。〈孟子・万章上の集注〉

【造語】新しくことばをつくりだす。また、そのことば。

【造作】[一] ①こしらえる。つくりもうける。②家の内部の仕上げ材や取り付け物のすべて。[二] 国①しわざ。しかた。②てかず。てま。③てまどる。やっかい。

【造士】①学問を身につけた人物。②すぐれた人物を」「つくり上げる。

【造字】字をつくる。

【造次顚沛】あわただしい場合や、国家の一大事の時。〈論語・里仁〉

【造酒】[一] 酒をつくること。[二] 国皇室用の酒・酢などをつくる官。造酒司。

【造修】つくる。こしらえる。

【造成】[一] つくり上げること。「宅地造成」[二]ツァオ チョン zàochéng 現引き起こす。もたらす。

【造端】始まる。初めをなす。

【造反】むほんをする。【――有理】むほんには道理がある。毛沢東が標語にした。

【造物】①万物をつくりあげた神。②自然。【――者】造物主。【――主】万物をつくった者。天の神。『――忌レ才』天の神は才能ある人をきらう。わが子をなくした人をなぐさめることば。

【造兵】兵器をつくる。

【造幣】貨幣をつくる。「造幣局」

【造父】①周の穆王につかえた名御者。②星の」「名。

【造謗】そしる。悪口をいう。

【造昧】世の始まり。草昧。

【造立】[一] つくりあげる。〈老子・王注〉 [二] 国寺や塔などをつくる。

【造句】ツァオ チュイ zàojù 現文(センテンス)を作る。

◆人造・木造・改造・国造・再造・急造・建造・酒造・荷造・捏造・偽造・密造・創造・模造・製造・構造・醸造・鋳造・書院造・寝殿造

⻌7 【速】〔10〕 学3 ソク はやい・はやめる・はやまる・すみやか U補J 3414 901F

旧字 辵7 【速】〔11〕 ソク 呉 漢 入 屋 sù スー U補J

筆順 一 ⼞ 申 東 束 涑 涑 速

意味 ①〈はや・い(――・し)〉 はやい。②〈はや・める(――・む)〉〈はや・まる〉③〈すみやか〉 ④〈まね・く〉 召す。よびよせる。⑤姓。

解字 形声。辶が形を表し、束(そく)が音を示す。辶は行くこと。束にはちぢまる気持ちがある。速は、せかせかと歩くことである。

名前 ちか・つぎ・とう・めす・はやみ 姓 速水(はやみ) 地名 速見(はやみ)

【速写(寫)】(そくしゃ) ①写真などをはやくうつしとる。②はやく書きうつす。

【速射】(そくしゃ) たまをはやくうちだす。

【速成】(そくせい) はやくなしとげる。

【速戦(戰)即(卽)決】(そくせん(そく)けつ) はやく勝負をきめる。

【速達】(そくたつ) ①はやく届く。②国郵便がはやく届くようにするとくべつの取り扱い。速達郵便。

【速断(斷)】(そくだん) ①はやくきめる。②はやまってきめてしまう。

【速度】(そくど) 一 速さの度合い。スピード。二 sùdù 現一に同じ。

【速答】(そくとう)(たふ) はやくこたえる。また、そのこたえ。

【速歩】(そくほ) いそいで歩くこと。はやあし。

【速報】(そくほう) はやく知らせる。すみやかなしらせ。「開票速報」

【速了】(そくりょう)(れう) はやのみこみ。はやがてん。

【速力】(そくりょく) 物のすすみ行くはやさ。

【速記】(そっき) ①手早く筆記する。②演説など人の話すのを、とくべつの記号ではやく書きとる。「速記術」

【速球】(そっきゅう)(きう) 国球技で投げたり打ったりするたまのはやいこと。速度のはやいたま。

【速決】(そっけつ) すみやかにきめる。「速戦速決」

【速攻】(そっこう) 国すばやい攻め方をする。

【速効(效)】(そっこう)(かう) 国すぐあらわれるききめ。

【欲速不レ達】(すみやかならんとほっすれば たっせず) 急いでゆこうとすると、到着しない。功をあせると、しくじる。〈論語・子路(しろ)〉
◆迅速(じんそく)・快速(かいそく)・拙速(せっそく)・音速(おんそく)・風速(ふうそく)・高速(こうそく)・敏速(びんそく)

辶7 【逐】〔10〕 常 チク　U補J 3564
旧字 辵7 【逐】〔11〕 チク 漢 入 屋 呉 zhú チュー　U補J 9010

筆順 丆 丂 豕 豕 豕 豕 逐

意味 ①〈お・う(―・ふ)〉㋐追いはらう。しりぞける。㋑競走する。㋒追いかける。㋓物をひとつひとつならべる。追求する。㋔求める。②あらそう。きそう。③走る。④病む。⑤逐逐(ちくちく)は、㋐追うさま。㋑まじめなさま。㋒心配するさま。㋓あくせくするさま。

解字 会意。辶と豕とを合わせた字。辶は行くこと。豕は豕(し)の略でぶたのこと。逐は、逃げるぶたを追いかけることである。

【逐一】(ちくいち) ひとつひとつ。順々にあますところなく。

【逐客】(ちっかく) 身分の高い客や、遊説(ゆうぜい)に来た客分を追放する。また、追放された客。

【逐語訳(譯)】(ちくごやく) 国一語一語の意味を少しもはぶくことなく、語句の全体を順を追って訳すこと。

【逐次】(ちくじ) 順序にしたがってしだいに。

【逐日】(ちくじつ) ①馬や車の速い形容。②毎日。一日一日と。日ましに。日をおうて。

【逐射】(ちくしゃ) 馬を走らせて弓を射るゲーム。

【逐条(條)】(ちくじょう)(でう) 一条一条順をおってする。「逐条審議(しんぎ)」

【逐臣】(ちくしん) 君主から追放された家来。

【逐斥】(ちくせき) 追いはらう。

【逐店】(ちくてん) どの店にも。

【逐電】(ちくでん) ①電光を追うように速力のはやいこと。②国あとをくらまして逃げる。ちくてん。

【逐北】(ちくほく) 逃げて行く兵を追いかける。北は、逃げること。

【逐涼】(ちくりょう)(りやう) 涼をおう。すずむこと。

【逐鹿】(ちくろく) ①狩りで、鹿(しか)を追いかける。②帝位につこうと争う。政権を奪い合う。鹿を帝位にたとえた。「中原還逐レ鹿(ちゅうげんまたしかをおう)」〈魏徴(ぎちょう)の詩・述懐〉③国選挙に立候補して、議員になろうとあらそう。「逐鹿戦」

【逐漸】(チューチエン) zhújiàn 現しだいに。だんだんと。

【逐歩】(チュープー) zhúbù 現だんだんと。

【逐臭之夫】(ちくしゅう(しう)の ふ) へんなにおいを好む人。人とひどく違った悪い趣味を持つ人。〈曹植(そうち)・与二楊徳祖一書(ようとくそにあとうるしょ)〉
◆駆逐(くちく)・放逐(ほうちく)・角逐(かくちく)

辶7 【通】〔10〕 学2 ツウ・ツ とおる・とおす・かよう　U補J 3644
旧字 辵7 【通】〔11〕 トウ 漢 ツウ 呉 ツ 慣 平 東 tōng, tòng トン　U補J 901A

筆順 マ マ 乃 甬 甬 甬 通

意味 ①〈かよ・う(―・ふ)〉㋐ゆききする。㋑流通する。②〈かよい(かよひ)〉ゆききすること。③〈とお・る(とほ・る)〉㋐とどく。到着する。㋑つらぬく。㋒開通する。㋓理解する。さとる。④〈とお・す(とほ・す)〉とおらせる。⑤〈とおり(とほり)〉とおること。⑥伝える。⑦のべる。⑧高い地位になる。出世する。⑨男女が情を通じる。男女が正しくない関係をもつ。⑩ぜんぶ。すべて。⑪共用する。⑫数えることば。㋐つづみの一曲を数える。㋑書物などを数える。⑬姓。国①〈かよ・う(―・ふ)〉似ている。②〈かよい(かよひ)〉㋐かよい帳。㋑通勤者。③〈とお・る(とほ・る)〉人に知られる。④〈とお・す(とほ・す)〉㋐とりつぐ。案内する。㋑可決する。⑤〈とおり(とほり)〉…のように。⑥〈つう〉事情に明るい人。

解字 形声。辶が形を表し、甬(よう)が音を示す。辶は行くこと。甬には突き抜けるという意味がある。通はとおりぬけることである。

名前 とう・なお・みち・みつ・ゆき・ひらく 難読 通草(あけび)

【通韻】(つういん)(ゐん) ①漢詩などで、違った群の韻を、通じて使うこと。②国国語で、五十音図の同じ段で別な行の字に音が変化すること。「さむい」を「さぶい」という類。

【通運】(つううん) 荷物や品物をはこぶ。

【通押】(つうおう)(あふ) 古詩で、二種以上の韻字を通じて使う。

【通家】(つうか) ①代々親しく交際する家。②親類。

【通貨】(つうか)(くゎ) ①その国内に使われている正当のかね。貨幣の総称。②品物を融通(ゆうずう)しあう。

【通過】(つうか)(くゎ) 一 ①とおりすぎる。②願いや議案が認められる。二 トンクオ tōngguò 現①一に同じ。②…を通じて。

【通解】(つうかい) 全部をひととおり解釈する。

【通観(觀)】(つうかん)(くゎん) ざっと全体を見わたす。

【通義】(つうぎ) ①世間のどこにでも通じる正しい道理。②全体を通じた意味。

【通窮】(つうきゅう)(きう) 順調なことと行きづまること。幸せと不幸せ。

【通暁(曉)】(つうぎょう)(げう) ①よく理解し通じる。②夜どおし。

【通衢】(つうく) 往来のはげしい大通り。

【通計】(つうけい) すべてを加える。全部の合計。

【通玄】(つうげん) 奥深い道理に通じる。

【通交】(つうこう)(かう) 国家や国民が交際する。よしみを通じる。

【通好】(つうこう)(かう) 親しい交わりを結ぶ。

【通考】(つうこう)(かう) ①制度を通史的に叙述した書。②元の馬端臨の書いた「文献通考」の略。

【通行】(つうこう)(かう) ①通る。とおりすぎる。②世間に広く使われる。【――本】(つうこうぼん) 一般に広く使われているテキスト。

7画 見角言谷豆豕豸貝赤走足(⻊)身車辛辰辵(辶・⻌)邑(⻏〈右〉)酉釆里

【通侯】つうこう ①諸侯。大名。重臣の爵位の名。②並んでいる諸侯。③ごきげんうかがいに行くこと。
【通航】つうこう 船が行ききする。
【通功易事】つうこう（かう）えきじ ①できあがったものを交換し、仕事を分担する。②商売。貿易。〈孟子・滕文公下〉
【通告】つうこく 知らせる。しらせ。
【通国（國）】つうこく 一国の人すべて。国じゅうを通じて。
【通済（濟）渠】つうさいきょ 隋の煬帝が開いた運河の名。汴渠。
【通三統】つうさんとう 革命により新しい王朝が立ったとき、前二代の王朝の子孫にも王号を与えて、三王とすること。春秋公羊学者の主張する歴史解釈上のことば。
【通士】つうし よく物事を知っている人物。
【通史】つうし ①むかしから今までにわたって書いた歴史。②時代全部、または地域全体にわたってしるした歴史。
【通志】つうし 書名。二百巻。宋の鄭樵編。歴代の制度・文物を項目別に通してしるしたもの。
【通事】つうじ ①国際間の交際。②通訳。③取り次ぎ役。
【通詞】つうじ ①通訳。②とりつぎ。＝通事
【通辞（辭）】つうじ 国通訳。
【通志堂経（經）解】つうしどう（だう）けいかい 書名。清の納蘭成徳編。唐～明の、経書を解釈した書物を集めたもの。
【通釈（釋）】つうしゃく 全文の解釈。
【通儒】つうじゅ 広く書物や物事に通じている学者。
【通習】つうしゅう（しふ） 全体を通じてならう。ひととおりけいこをする。
【通書】つうしょ 書名。一巻。宋の周敦頤の著。
【通宵】つうしょう（せう） 夜どおし。終夜。
【通称（稱）】つうしょう ①一般に通じる呼び方。②ふだん使う名。とおり名。
【通商】つうしょう（しゃう） 外国と品物の売り買いをする。また貿易関係をもつ。【――条（條）約】つうしょうじょうやく（しゃうでうやく） 通商や航海についての条約。
【通常】つうじょう（じゃう） あたりまえ。ふつう。
【通情】つうじょう（じゃう） ①愛し合う。②心を合わせる。③だれでももつ感情。人情。④ふつうの事情。
【通条（條）花】つうじょう（でう）か（くわ） 高木の名。きぶし。まめぶし。
【通上徹下】つうじょう（じゃう）てっか 上から下まで通して、ゆきわたる。
【通心】つうしん 心が通ずること。
【通身】つうしん からだじゅう。全身。
【通信】つうしん ①たより。郵便・電話などで知らせること。②ニュースを送ること。
【通人】つうじん ①学識の深い人。②物事をよく知っている人。③国㋐世なれた人。㋑花柳界の事情に通じた人。㋒やぼでない人。さばけた人。
【通性】つうせい 共通の性質。
【通説】つうせつ ①世間一般に認められている説。②すじの通った意見。
【通草】つうそう（さう） 植物の名。あけび。
【通荘（莊）】つうそう（さう） ①大通り。通は四方・荘は六方に通ずる道。②道を通る。
【通則】つうそく ひろく行われるきまり。全体に通じて用いられる法則。
【通俗】つうぞく ①世にありふれたこと。②一般の人にもわかり、行われやすいこと。【――小説】つうぞくしょうせつ（せう） 大衆の娯楽を主とする小説。【――文】つうぞくぶん 書名。後漢の服虔が著した字書。
【通達】つうたつ ①道理に同じ、さとる。②ゆきわたる。③国役所などからの知らせ。
【通脱】つうだつ 小さいことにこだわらない。
【通旦】つうたん 翌朝まで。夜あかし。旦は夜明け。
【通知】つうち 一 知らせてやる。知らせ。二 トンチー tōngzhī 現 一に同じ。
【通帳】つうちょう（ちゃう）―かよい（かよひ）ちょう（ちゃう） 国預金・配給・取り引きなどで、そのつど記入して、おぼえにする帳面。
【通牒】つうちょう（てふ） 役所が公式の書面によって告げ知らせる。また、その通知。
【通典】一 つうてん いつ、どこにでも通用する規則。二 つてん 書名。二百巻。唐の杜佑の著。歴代の制度を述べたもの。
【通天台（臺）】つうてんだい ①雲よりも上になるほど高くきずいた建物。②漢の武帝が建てた高い建物の名。
【通都】つうと 交通便利な市。通邑。
【通徳】つうとく ①天下に通用する徳。②後漢の鄭玄のこと。
【通読（讀）】つうどく 初めから終わりまで読みとおす。
【通念】つうねん ふつうになっている考え。
【通判】つうはん ①はっきり区別して定める。②宋時代の官名。州郡の政治をとりしまった。
【通弊】つうへい 共通の悪い点。
【通弁（辯）】つうべん ことばの違う者どうしの間にたって、両方のことばを訳して知らせる。また、その人。通訳。
【通方】つうほう（はう） ①道術によく通じていること。②世間をよく知っていること。
【通宝（寶）】つうほう 貨幣。「開元通宝」
【通報】つうほう 知らせる。あいず。
【通問】つうもん ①おとずれる。②たがいにあいさつに行く。
【通夜】一 つうや 夜どおし。二 つや 仏①寺や堂にこもって、ひと晩じゅう祈る。②死者の棺の前につきそって夜を明かす。
【通約】つうやく 数分数の分子と分母を同じ数で割れるだけ割って、簡単にする。約分。
【通訳（譯）】つうやく ことばの違う両方の間で、互いのことばを翻訳して相手に伝えるしごとをする。また、その人。
【通有】つうゆう（いう） 一般の人がそろって持っている、また、そなわっている。【――性】つうゆう（いう）せい 一般に共通している性質。
【通邑】つうゆう（いふ） 道が四方八方に通じた交通の便利な都会。
【通用】つうよう ①つねにかよって行く。②二つ以上の場合のどれにも通じてつかう。③世間にひろく同じ価値でつかわれる。【――門】つうようもん ふだん出はいりする門。
【通覧（覽）】つうらん 初めから終わりまでずっと目をとおす。
【通理】つうり ①道理に通じる。②どこにでも通じる道理。③全体を治める。
【通力】つうりき ①仏自由に何でもできる不思議な力。②力を合わせる。【――合作】つうりょくがっさく 力を合わせて仕事をする。
【通例】つうれい ①ふつうの例。②一般的な規則。
【通路】つうろ 通り路。道。
【通論】つうろん ①道理に合った正しい議論。②物事に関して、全体を通じて論じたもの。③世間に通用する議論。
【通話】つうわ 電話で話す。
【通鑑】つがん 「資治通鑑」の略称。【――外記】つがんがいき（ぐわいき） 書名。十巻。宋の劉恕の著。「資治通鑑」に書かれた以前の歴史を要約したもの。【――綱目】つがんこうもく（かう） 書名。四十二巻。「資治通鑑綱目」の略称。【――紀事本末】つがんきじほんまつ 「資治通鑑」の内容を事件ごとに分類したもの。宋の袁枢著。【――前編】つがんぜんぺん 書名。十八巻。宋の金履祥の著。「通鑑外記」を修正したもの。
【通訊】トンシュン tōngxùn 現通信（する）。ニュース。
△▼不通・内通・文通・共通・交通・直通・風通・便通・開通・普通・疎通・精通・融通・天眼通・半可通・音信不通

⻌7 【逓】〔10〕 常 テイ
旧字 辵10 【遞】〔14〕

一 テイ 漢 去 霽 dì ティー
二 セイ 漢呉 去 霽 shì シー
三 タイ 漢 去 泰 dài タイ

J 3694 補 ― U 9013
J 7810 補 ― U 905E

筆順 逓

辵7【递】〔11〕同字 J ―― U補 9012

意味 ㊀①〈かわ・る(かは・る)〉いれかわる。「逓代ていたい」②〈たがいに(たがひに)〉かわるがわる。③しだいに。順々に。④伝える。送りとどける。⑤犯人などを護送する。⑥とおい。⑦宿場。「逓舗ていほ」⑧めぐる。とりまく。⑨現手渡す。㊁ゆく。去る。＝逝 ㊂とりかこむ。

解字 形声。辶が形を表し、虒ちが音を示す。辶は行くこと。虒は、音が替ていと通じ、かわるという意味を持つ。遞は駅馬車が、乗り継ぎをするために、交替することである。一説に虒は音を示すのではなく、横へ横へと伸び進むことを表すという。音テイは、虒の音チの変化。

【逓騎】ていき 伝令の騎兵。
【逓減】ていげん しだいに順をおってへる。またへらすこと。
【逓興】ていこう かわるがわる起こる。かわるがわる盛んになる。
【逓次】ていじ 順番に。
【逓鍾】ていしょう 昔の名高い琴ことの名。
【逓信】ていしん 通信を伝え送る。郵便や電信。
【逓送】ていそう つぎつぎと、とりついで送る。
【逓中】ていちゅう(ちう) 宿つぎの馬車の中。郵便馬車の中。
【逓伝(傳)】ていでん ①順々に伝え送る。②宿場から宿場へ荷物などを送る。またその人馬。
【逓夫】ていふ 宿場で荷物をはこぶ人。

辶7【逞】〔11〕人 標 テイ 漢 上 梗 chěng チョン J 7787 U補 901E

旧字 辵7【逞】〔11〕U補 J ――

意味 ①到達する。②〈はや・い(――・し)〉㋐強くいさましい。㋑勢いがさかん。③〈たくまし・い(たくま・し)〉④〈たくましく・する(――・す)〉㋐盛んにする。㋑思いどおりにする。㋒ほしいままにする。⑤〈こころよ・い(――・し)〉⑥しまりがある。

名前 とし・ゆき・よし・たくま

◆不逞ふてい

辵7【逖】〔11〕テキ 漢 入 錫 tì ティー J 7788 U補 9016

意味 ①〈とお・い(とほ・し)〉はるか遠い。②とおざける。とおざかる。③逖逖てきてきは、憂いにしずむさま。

辶7【途】〔10〕常 ト J 3751 U補 9014

旧字 辵7【途】〔11〕ト 漢 平 虞 ズ(ヅ) 呉 tú トゥー U補 J ――

筆順 𠆢 亼 亽 仐 余 途 途 途

意味 ①〈みち〉㋐道路。㋑すじみち。方法。「方途ほうと」②官位。「官途かんと」

解字 形声。辶が形を表し、余よが音を示す。辶は行くこと。余には、ゆるやかに伸びる意味がある。途はゆるやかに長く伸びた道をいう。一説に、余の音は、踏と通ずるから、途は、足で踏みつけた道であるともいう。

名前 とお

参考 新表記では、「杜」の書きかえに用いる熟語がある。

【途次】とじ みちすがら。
【途上】とじょう(じゃう) ①道すがら。往来。②とちゅう。
【途(「杜」)絶】とぜつ とだえる。道がふさがって通れない。「交通途絶」
【途端】とたん 国ちょうどそのとき。そのひょうし。
【途中】とちゅう(ちう) ①みちすがら。②目的地に行きつくまえ。③事の終わらないうち。【――受用】とちゅうじゅよう 仏修行の途中でも自由自在に個性を発揮して行動する。
【途轍】とてつ 国すじみち。りくつ。
【途方】とほう(はう) 国①しかた。方法。手だて。「途方に暮れる」②方向。③すじみち。ことわり。
【途径(徑)】トゥーチン tújìng 現みちすじ。
【迷レ途知レ反】みちにまよいてかえる(かへる)をしる 道にまよったとき、根本に帰ることに気がつく。あやまちをしてから改める。〈南史・陳伯之伝〉

◆一途いっと・いちず・中途ちゅうと・用途ようと・半途はんと・別途べっと・使途しと・首途しゅと・門途かどで・前途ぜんと・冥途めいど・帰途きと

辶7【透】〔10〕常 トウ すく・すかす・すける J 3809 U補 900F

㊀トウ 漢 ㊀去 宥 tòu トウ
㊁シュク 漢 ㊁入 屋 shū シュー

旧字 辵7【透】〔11〕U補 J ――

筆順 二 千 禾 秂 秀 ˋ秀 诱 透

意味 ㊀①とびあがる。おどりこえる。②〈す・く〉㋐すきとおる。㋑すきまを通る。㋒もれる。③〈すか・す〉間をあける。④〈すき〉すきま。⑤〈すかし〉すきとおること。⑥〈す・ける〉物を通して向こうが見える。⑦〈とお・る(とほ・る)〉通りぬける。⑧現まったく。すこぶる。㊁おどろくさま。

解字 形声。辶が形を表し、秀しゅうが音を示す。辶は行くこと。秀には抜き出る意味がある。透は、歩いて人の先に出て、つきぬけることになる。

名前 ゆき　難読 透垣すいがい・すいがき

【透垣】すいがい・すいがき 国竹などで作った、間がすけて見えるかきね。
【透影】すきかげ 国①すきまから見える光。②すきとおって見える物の姿。
【透廊】すきろう(らう)・すいろう(らう) 国壁がなく、すだれをかけた廊下。透渡殿すきわたどの。
【透渡殿】すきわたどの 国「透廊」(前項)に同じ。
【透波】すっぱ 国①戦国時代のスパイ。忍びの者。＝素破 ②どろぼう。かたり。
【透映】とうえい すきとおってうつる。
【透関(關)破節(節)】とうかん(くわん)はせつ 仏関所を通りぬけ、竹の節を破る。あらゆるじゃまものをうち破る。〈正法眼蔵しょうぼうげんぞう〉
【透光鏡】とうこうきょう(くわうきゃう) ①鏡のうらがすかして見える不思議な銅鏡。②レンズ。
【透視】とうし ①すかしてみる。②不透明な物の中にある物を特殊な感覚によって知る働き。③医レントゲン線でからだの内部を検査する方法。【――画(畫)法】とうしがほう(ぐわはふ) 遠近に応じ、目に見えるのと同様な割合の大きさで描く書きかた。立体用器画法の一つ。
【透写(寫)】とうしゃ・すきうつし 国字や絵の上から、薄い紙を当ててすかしてうつすこと。
【透脱】とうだつ 仏煩悩ぼんのうからぬけ出し、さとりを開く。解脱げだつ。
【透徹】とうてつ ①すきとおる。②あきらか。③筋がとおっていて、あいまいなところがない。
【透明】とうめい すきとおる。

◆浸透しんとう

辶7【逗】〔11〕人 標 トウ 漢 去 宥 ズ(ヅ) 呉 dòu トウ J 3164 U補 9017

辵7【逗】〔10〕同字 U補 J ――

意味 ①〈とどま・る〉一か所に長くいる。「逗留とうりゅう」②文章のくぎり。＝読とう ③ぴったり合う。④ひきおこす。⑤のぞむ。至る。⑥まわり道をする。⑦現あやす。

地名 逗子ずし

【逗橈】とうとう(だう) 敵を見て恐れとどまって進まない。橈は、かがまる。＝逗撓
【逗留】とうりゅう(りう) 動かないで一か所にとどまる。

辵7

【逋】〔11〕

ホ 漢 平 虞 bū ブー　J 7789 補 U 900B

意味 ①〈に・げる(―・ぐ)〉〈のが・れる(―・る)〉 ②(税などを)納めない。③ひきのばす。④散乱する。

【逋客】(ほかく) 俗世間をさけ、かくれた人。隠者。

【逋竄】(ほざん) 逃げかくれる。

【逋租】(ほそ) 滞納の税。税金のがれ。

【逋徒】(ほと) 国から逃げだした者。

【逋逃】(ほとう(たう)) 罪をのがれかくれる。またその人。

【逋負】(ほふ) 借金を返さない。滞納している税。

【逋亡】(ほぼう(ばう)) ①逃げ去る。②税金を納めず逃げる。

【逋慢】(ほまん) 命令を受けながら、ぐずぐずとなまけている。法律を守らない。

⻌7

【逢】〔11〕 人 標

一 ホウ 漢 平 冬 féng フォン
二 ホウ 漢 平 東 péng ポン
三 ホウ(ハウ) 漢 平 江 páng パン
J 1609 補 U 9022

意味 一 ①〈あ・う(―・ふ)〉 ㋐であう。㋑面会する。②〈むか・える(―・ふ)〉 ③大きい。二 逢逢(ほうほう)は、①太鼓をうつ音。②雲や煙が起こるさま。また、盛んなさま。三 姓。

名前 あい　地名 逢坂(おうさか)　難読 逢瀬(おうせ)

【逢引】(あいびき)(あひ) 国男女がひそかに会うこと。

【逢瀬】(おうせ)(あふ) 国会う機会。

【逢魔時】(おうまがとき)(あふ) 国夕ぐれどき。たそがれ。

【逢衣】(ほうい) 儒者が着る服。逢掖之衣(ほうえきのい)。

【逢遇】(ほうぐう) 出会う。

【逢迎】(ほうげい) ①出むかえてもてなす。②人の気に入るようにつとめる。「道ばたなどで、ひょっこり出会う。

【逢原】(ほうげん) ①川をさかのぼって水源にぶつかる。②奥深くまで行き着く。

【逢着】(ほうちゃく) 出会う。

【逢年】(ほうねん) 豊年に出会う。

【逢蒙】(ほうもう) 夏(か)の時代の弓の名手。羿(げい)に弓を習い、自分よりすぐれた者をなくすために、先生の羿を殺した。

【逢掖之衣】(ほうえきのい) 儒者の着る、袖(そで)の大きな衣。逢衣。〈礼記(らいき)・儒行(じゅこう)〉

辵7

【逌】〔11〕

ユウ(イウ) 漢 平 尤 yóu ユー　J ②8988 補 6546 U 900C

意味 ①ゆったりとくつろぐさま。満足するさま。「逌然(ゆうぜん)」 ②…するところ。所。「逌爾(ゆうじ)」

⻌7

【連】〔10〕 学 4

レン　つらなる・つらねる・つれる　J 4702 補 U 9023

旧字 辵7 【連】〔11〕 レン 呉 漢 平 先 lián リエン　J ― 補 ― U F99A

筆順 一 冖 亘 亘 車 車 連 連

意味 ①〈つらな・る〉 ㋐つづく。㋑つながる。㋒属する。㋓長い。②〈つら・ねる(―・ぬ)〉 ㋐つなげる。㋑並べる。㋒まきぞえにする。③〈つ・れる(―・る)〉 ともなう。つれてゆく。④行政単位。㋐十国をいう。㋑二百家をいう。⑤〈しきりに〉 ひきつづいて。つづけざまに。⑥現 ㋐続けて。㋑…を含めて。㋒…さえも。国 ①〈つれ〉 なかま。みちづれ。②〈れん〉 ㋐連なったものを数える。㋑印刷用紙を数える単位。洋紙の全紙千枚。③〈むらじ〉 上代の八姓の一つ。

解字 連 会意。⻌と車とを合わせた字。⻌は進むこと。車は、車のついたこし。連は、人と車が絶えず続いて進むことで、つらなるの意味となる。聯は連と同じ意味で、古い字体である。一説に、連は、車が徐行することで、多くの人が連続して引くので、続く意味になるという。

名前 つぎ・まさ・やす　難読 連枷(からざお)

参考 新表記では、「聯」の書きかえに用いる。

【連姻】(れんいん) 結婚によって親類になる。

【連枷】(れんか) からざお。麦打ちなどに使う、先が回転する棒。

【連火】(れんが(ぐわ)・れっか(くわ)) 漢字の「脚(あし)」の名。火を灬で表したもの。

【連歌】(れんが) 国①一首の和歌の上の句と下の句とをふたりでよむこと。またそのうた。②後世では、十七音と十四音とをかわるがわるよんで一編をなすもの。【――師】(れんがし) 国連歌を作ったり、教えることを職業とする人。

【連(「聯」)関(關)】(れんかん(くわん)) ①かかわりあいをもってつながる。②哲いろいろな経験内容が、一定の関係をもって結合し、全体をつくりあげる。

【連環】(れんかん(くわん)) いくつもの輪が鎖のようにつながってとけないもの。

【連記】(れんき) 二つ以上並べて書きしるす。

【連木】(れんぎ) 国すりこぎ。

【連休】(れんきゅう(きう)) 国休日がつづくこと。

【連句】(れんく) ①句をつらねる。②同じ題や趣向で作った句をまとめたもの。③国俳諧連歌(はいかいれんが)。句をいくつもつづけた俳諧。

【連係(「繫」)】(れんけい) 国つながりつづく。＝聯繫

【連携】(れんけい) いっしょに手をつなぐ。つながりつづく。

【連(「聯」)繫】(れんけい) 「連係」に同じ。

【連(「聯」)結】(れんけつ) ①つなぐ。結び合わせる。②交わりをむすぶ。【――器】(れんけつき) 列車の車両と車両をつなぐ装置。

【連月】(れんげつ) ①幾月もつづく。②毎月。

【連娟】(れんけん) ①まゆがすんなりと細いさま。②かよわいさま。

【連蹇】(れんけん) うまくゆかないで苦しむ。ふしあわせ。

【連語】(れんご) 単語が二つ以上結び合ってできた語。「山の雪」など。

【連行】(れんこう(かう)) ①いっしょに行く。②つれて行く。

【連衡】(れんこう(かう)) 戦国時代に、張儀(ちょうぎ)が、六強国を、みな西のほうの秦(しん)に仕えさせようとした政策。衡は、横を意味し、東西をさす。↕「合従(がっしょう)」(二二六ページ・中)

【連(「聯」)合】(れんごう(がふ)) 二つ以上のものが組み合わされる。「国際連合」【――責任】(れんごうせきにん(がふ)) いっしょに借りたものについて、めいめい一部分の責任を負う。↕連帯責任

【連(「聯」)鎖】(れんさ) ①くさり。②つながる。【――状(狀)球菌】(れんさじょう(じゃう)きゅう(きう)きん) 肺炎・中耳炎など化膿(かのう)性の病気を起こす菌。連鎖球菌。【――反応(應)】(れんさはんのう(おう)) 理つぎつぎと連鎖状に反応を起こすこと。

【連座(「坐」)】(れんざ) まきぞえになって罪を受ける。【――制】(れんざせい) 国公職選挙法で、選挙運動の総括責任者が選挙違反を行って有罪となったとき、候補者の当選を無効とする制度。

【連載】(れんさい) 新聞・雑誌などに、続きものの作品を毎号のせる。【――小説】(れんさいしょうせつ(せう)) 続きものの小説。

【連作】(れんさく) 国①同じものを毎年同じ土地に作る。②数人の作家が分担して、一つのまとまった作品をつくる。③短歌や俳句で、一つの主題について、いくつかつづけて作る。

【連山】(れんざん) ①つらなった山々。②おおむかしの易(えき)の名。

【連枝】(れんし) ①つらなりでている枝。②兄弟。③国身分の高い人の兄弟。

【連獅子】(れんじし) 国①江戸長唄の曲名。②歌舞伎(かぶき)舞踊の題名。新石橋(しんしゃっきょう)。

【連日】(れんじつ) 毎日。

【連(「聯」)珠】(れんじゅ) ①玉をつなげる。②文体の一つ。対句(ついく)を並べて風刺的なことを述べたもの。③国遊戯の一つ。ごもくならべ。【――体(體)】(れんじゅたい) 詩体の一つ。毎句の中に同じ字を二度使っているもの。

【連署】(れんしょ) 二名以上が名をつらねて書く。

【連如】(れんじょ) 涙が流れるさま。

【連声(聲)】(れんじょう(じゃう)) 国前の語の子音が、あとの語の母音と合して別の音節をなす。観音(かんおん)を「カンノン」と読む類。

【連続】(れんじょう(ぞう)) ぐるぐるとまわってつながる。

【連昌宮詞】(れんしょう(しゃう)きゅう(きう)し) 唐の元稹(げんしん)の作った詩の名。玄宗と楊貴妃(ようきひ)のことを述べたもの。

【連城壁】(れんじょう(じゃう)のへき) 宝玉の名。もと和氏(かし)の璧という。趙(ちょう)の恵文王の手にはいったとき、秦(しん)の昭王から十五城と交換することを申しこまれたことによる名称。

【連銭(錢)】(れんせん) ①お金を並べる。「六連銭」②ぜにを並べたような巻き毛。③馬の毛色。ぜにのようなまだらのさし毛のあるもの。【――葦毛】(れんぜんあしげ) 国灰色のまだらの馬。

【連戦(戰)連勝】(れんせんれんしょう) しきりに戦い、しきりに勝つ。戦うたびに勝つ。

【連(「聯」)想】(れんそう(さう)) 哲ある一つの事がらからさらにほかのことを思いおこす。

【連続(續)】(れんぞく) 一つながり続く。二(リエンシュイ) liánxù 現一に同じ。

【連帯(帶)】(れんたい) ①むすんでつなげる。②法ふたり以上のものがいっしょに責任をもつ。【――責任】(れんたいせきにん) 国いっしょに責任を負う。↔連合責任
【連(「聯」)隊】(れんたい) 国もと陸軍で使った部隊の単位の一つ。一連隊は三大隊からなっていた。

【連体(體)形】(れんたいけい) 国文法で、品詞の活用形の四番め。下に体言がつづくときの形。

【連体(體)修飾】(れんたいしゅう(しう)しょく) 国文節が体言を修飾すること。

【連濁】(れんだく) 国二つの語を結ぶとき、下の語の初めの音が濁音にかわること。「山のはと」が「山ばと」となるたぐい。

【連(「聯」)弾(彈)】(れんだん) 一台の楽器をふたりでひく。

【連中】(れんちゅう(ちう)) ①つづけて当たる。②つづけて合格する。③国なかま。同志。

【連綴】(れんてい) つながってつづく。

【連弩】(れんど) ①いしゆみを並べる。②一度になん本もの矢を発射できる連発のいしゆみ。

【連年】(れんねん) ①幾年もつづく。②毎年。

【連俳】(れんぱい) 国①連歌(れんが)と俳諧(はいかい)。②俳諧(はいかい)の連句。

【連敗】(れんぱい) 続けてまける。


【連発(發)】(れんぱつ) ①物事がつづいてしきりに起こる。②つづけて発射する。

【連判】(れんぱん) ①同じ職の者が、いっしょに公文書を裁決する。②国他の人と名を並べて印をおす。【――状(狀)】(れんぱんじょう(じゃう)) 国同志の者が、約束することを書いて、判をおした書きつけ。

【連比】(れんぴ) ①つらなりならぶ。②部落。百家を連といい、五家を比という。③数三個以上の数の比。a:b:c
【連文】(れんぶん) 同じような意味の字を並べてできている熟語。

【連(「聯」)袂】(れんべい) ①たもとをつらねる。いっしょ。②いっしょに行動する。③姉妹のむこ。【――辞(辭)職】(れんぺいじしょく) いっしょに職をやめる。

【連(「聯」)璧】(れんぺき) ①一対(いっつい)の玉。一そろいの玉。②才能のすぐれたふたりの友。

【連(「聯」)翩】(れんぺん) ①つぎつぎと続くさま。②鳥のとぶさま。③落ちそうなようす。④盛んに下りるさま。

【連歩】(れんぽ) 歩くとき、後ろ足を前足に引きつけてから次の一歩をふみ出す歩きかた。儀式などで行う。

【連甍】(れんぼう(ばう)) 長くつらなるやねがわら。棟(むね)がつらなりつづくさま。

【連(「聯」)邦】(れんぽう(ぱう)) 国をいくつもあわせて大きい一国としたもの。

【連峰】(れんぽう) 並びつづいている山のみね。

【連(「聯」)名】(れんめい) 氏名を並べて書く。

【連(「聯」)盟】(れんめい) ふたりまたは二国以上がある共通の目的をとげるためたがいにちかいを結ぶ。「国際連盟」

【連(「聯」)綿】(れんめん) 長くつづくさま。

【連(「聯」)綿語】(れんめんご) 漢字二字(二音節)が連なってはじめて一語としてまとまった意味を示す語。同じ字が連なる畳語(じょうご)(「滔滔(とうとう)」「洋洋(ようよう)」)、子音の同じ字が連なる双声(そうせい)(「参差(しんし)」「流離(りゅうり)」)、母音の同じ字が連なる畳韻(じょういん)(「窈窕(ようちょう)」「芍薬(しゃくやく)」)など。

【連夜】(れんや) くる夜もくる夜も。まいばん。

【連用形】(れんようけい) 国文法で、品詞の活用形の二番め。下に用言がつづく場合の形。

【連用修飾】(れんようしゅう(しう)しょく) 国文節が用言を修飾すること。

【連(「聯」)絡】(れんらく) ①つらなりあっている。②たがいに気ごころをかよわせる。わけを話しあってつながりをつける。③知らせる。【――船】(れんらくせん) 国湖や海峡の両岸を連絡する船。

【連理】(れんり) ①一つの木の枝と他の木の枝とがつらなって、もくめが同じになること。②男女のちぎりの深いこと。【――枝】(れんりのえだ) ①別な幹の枝がくっついて一つになったもの。「在レ地願為二連理枝一(ちにありてはねがわくはれんりのえだとならん)」(地上に生まれかわったら、どうか連理の枝となりたい。)〈白居易(はくきょい)の詩・長恨歌(ちょうごんか)〉②夫婦・男女の深い愛。

【連(「聯」)立】(れんりつ) ならび立つ。つらなり立つ。

【連累】(れんるい) ①まきぞえをくう。かかりあい。②主犯にさそわれて悪事に加わる。また、その仲間。

【連類】(れんるい) 結び合ったなかま。

【連連】(れんれん) ①長々と続いているさま。②しずかなさま。

【連忙】(リエンマン) liánmáng 現急いで。あわてて。
◆国連(こくれん)・定連(じょうれん)・常連(じょうれん)・道連(みちづれ)・流連(りゅうれん)・関連(かんれん)

辵7【逧】〔11〕 国字　U補J 7790 9027
意味〈さこ〉①小さな谷。はざま。②逧(さこ)は、岡山県の地名。

辵7【逎】〔11〕 本↓遒(一二四八ページ・上)

辵7【逓】〔11〕 同↓遞(一二四〇ページ・下)

辵7【逞】〔11〕 旧↓逞(一二四一ページ・上)

辵7【逢】〔11〕 俗↓逢(一二三七ページ・上)

辵8【逶】〔12〕 イ(ヰ) 漢 平 支　wēi ウエイ　U補J 7791 9036
意味 ①逶迤(いい)・逶迆(いい)・逶蛇(いい)は、㋐長いさま。㋑まがりくねってどこまでも続くさま。㋒曲がっているさま。㋓満足のさま。ゆったりするさま。②逶遅(いち)は、長く遠いさま。

【逶移】(いい(ゐ)) 長いさま。

【逶迂】(うい(ゐ)) 曲がりくねって斜めに行く。

【逶随(隨)】(いずい(ゐ)) ①まわりくどく遠いさま。②ゆったりしたさま。

【逶遅(遲)】(いち(ゐ)) 長く遠いさま。

辵8【逌】〔12〕 イク 漢 入 屋　yù ユィ　U補J 6555 9033
意味 めぐる。歩く。

辶8【逸】〔11〕 常 イツ　U補J 1679 9038
旧字 辶8【逸】〔12〕 人 イツ 漢 イチ 呉 入 質　yì イー　U補J ①9257 FA67

筆順：ク　ㇰ　㐬　⺈　免　免　逸　逸

意味 ①〈はや・る〉㋐なくなる。㋑見うしなう。②〈はや・い(――・し)〉③〈うしな・う(――・ふ)〉④釈放する。⑤

7画　見角言谷豆豕豸貝赤走足(⻊)身車辛辰辵(辶・⻌)邑(阝〈右〉)酉釆里

〈のが・れる(——・る)〉㋐逃げる。㋑隠れる。㋒世を避ける。⑥〈そ・れる(—・る)〉はずれる。⑦〈すぐ・れる(——・る)〉⑧たのしむ。⑨気ままにする。

解字 会意。⻌と兔とを合わせた字。⻌は行くこと。兔はうさぎ。うさぎは、すきをねらってうまく逃げる。逸は、うさぎが走ることで、逃げ去ること。

名前 とし・はつ・はや・まさ・やす

参考 新表記では、「佚」の書きかえに用いる熟語がある。

【逸格】いっかく すぐれた品。逸品。【——超宗】いっかくちょう(てう)しゅう(しう) ㊒宗派や格式をぬけ出ること。越格超宗。

【逸議】いつぎ 俗気のない議論。世を隠れた人々の意見。

【逸居】いっきょ 気ままに暮らす。

【逸興】いっきょう 風流なおもしろみ。すぐれたおもむき。『——遄飛』いっきょうすみやかにとぶ 風流な楽しみは過ぎ去りやすいこと。

【逸群】いつぐん 人なみ以上にすぐれている。「絶倫ぜつりん逸群」

【逸口】いっこう 失言。まちがったことば。逸言。

【逸才】いっさい ①すぐれた才能。②すぐれた人物。逸材。

【逸材】いつざい ①すぐれた才能。②すぐれた人物。逸才。

【逸散】いっさん 国①わき目もふらずに急ぐ。②散るように逃げる。

【逸史】いっし 正史に書かれていない史実をしるした歴史。

【逸志】いっし ①すぐれた志。②俗世から逃れようとする志。

【逸詩】いっし 昔の詩で今の「詩経しきょう」に収められていないもの。

【逸事】いつじ 世に知られていない事がら。

【逸出】いっしゅつ ①走り出る。逃げ出す。②人にぬきんでてすぐれている。

【逸書】いっしょ ①散らばって世に伝わらない書物。もとの本がなくなってしまった書物。②「書経しょきょう」の中で、すでになくなってしまった編。

【逸足】いっそく ①足が速い。②足が速い馬。すぐれた人物。

【逸脱】いつだつ それる。それて出る。

【逸徳】いっとく ①まちがった行い。②すぐれた徳。

【逸品】いっぴん ①すぐれた品物。②書画などのすぐれて品が高いもの。

【逸物】いつもつ(いちもつ) 国すぐれているもの。とくに馬・牛・犬・鷹たかなど。

【逸文】いつぶん ①すぐれた文章。②抜けてなくなった文。

【逸聞】いつぶん あまり世間に知られていない、珍しい話。

【逸民】いつみん 俗世間をのがれて隠れ住む人。

【逸名】いつめい 著者などの名がわからないこと。佚名。

【逸遊】いつゆう(いう) 気ままに遊ぶ。

【逸予(豫)】いつよ 遊び楽しむ。

【逸楽(樂)】いつらく 遊び楽しむ。

【逸話】いつわ あまり人の知らない話。こぼればなし。

〔以レ逸待レ労(勞)〕いつをもってろう(らう)をまつ こちらは楽にしていて、敵の疲れるのを待ち受ける。〈魏志・明帝紀めいていき〉

◆亡逸ぼういつ・安逸あんいつ・秀逸しゅういつ・卓逸たくいつ・俊逸しゅんいつ・散逸さんいつ・隠逸いんいつ

辵8 【逭】〔12〕 カン 漢 去 翰 (クヮン) huàn ホワン　J ①9256　補 6554　U 902D

意味 ①〈のが・れる(——・る)〉逃げる。②交代する。③行く。④回る。

辵8 【逵】〔12〕 キ 漢 平 支 kuí コイ　J 7792　U 9035

意味 ①大通り。②四方八方に通じる道。ちまた。

【逵路】きろ 城内の大通り。四方八方に通じる道。

辵8 【遣】〔12〕 サク 漢 入 薬 cuò ツオ　補 6552　U 902A

意味 ①いりまじる。＝錯さく ②乱れる。③そむく。

⻌8 【週】〔11〕 学2 シュウ　J 2921　U 9031

旧字 辵8 【週】〔12〕 シュウ 漢 平 尤 (シウ) zhōu チョウ

筆順 冂 円 円 用 周 ˋ周 ⻌周 週

意味 ＝周 ①〈めぐ・る〉ひとまわりする。②〈まわり(まはり)〉周囲。③周期。ひとめぐりの時間。㋐干支えとの六十年。㋑一年。一週間。④まったく。すべて。

解字 形声。⻌が形を表し、周しゅうが音を示す。⻌は行くこと。周には、まわるという意味がある。週は道を歩いてまわることである。

【週刊】しゅうかん(しう) 一週間に一回発行すること。「週刊誌」

【週日】しゅうじつ(しう) ①一週間。②月曜から土曜または金曜まで。ウイークデー。

【週番】しゅうばん(しう) 国①一週間ごとにかわってつとめること。②一週間つとめる役。また、その勤務に当たっている人。

【週報】しゅうほう(しう) ①一週間ごとの報告。②毎週発行する報道。

【週末】しゅうまつ(しう) ①土曜。②土曜と日曜。

◆今週こんしゅう・先週せんしゅう・次週じしゅう・毎週まいしゅう・来週らいしゅう・前週ぜんしゅう・翌週よくしゅう・隔週かくしゅう・再来週さらいしゅう

⻌8 【進】〔11〕 学3 シン すすむ・すすめる　J 3142　U 9032

旧字 辵8 【進】〔12〕 シン 漢 呉 去 震 jìn チン

筆順 亻 亻' 亻' 什 隹 ˋ隹 ⻌隹 進

意味 ①〈すす・む〉㋐前へ出る。㋑行く。㋒あがる。㋓良くなる。㋔官につく。つかえる。②〈すす・める(——・む)〉㋐推薦する。㋑ささげる。献上する。③うながす。強める。④近よる。⑤中にはいる。⑥収入。⑦姓。国〈すさび〉心のむくこと。なぐさみごと。

解字 形声。⻌と隹とを合わせた字。隹は閵りんの略で、音を示す。⻌は行くこと。閵は鳥の一種で、ふむという意味を持つ。進は、跡をふんですすむことである。一説に、鳥のように速くすすむことであるとも、くつをはいて歩くことであるともいう。

名前 す・すす・のぶ・みち・ゆき

【進運】しんうん 進歩する状勢になる。向上する機会を生ずる。

【進化】㊀しんか(くわ) ①だんだんよいほうに変わって行く。②生物の形態や機能が、長い年月の間に原始的(下等)なものから複雑(高等)なものへと変化してきたこと。↔退化 ㊁チンホワ jìnhuà 現 ㊀に同じ。【——論】しんかろん(くわ) 生物はすべて簡単な原始生物から進化したとする説。

【進学(學)】しんがく ①学問を向上させる。②学問の道に向かう。③上級学校にはいる。

【進諫】しんかん 進んでいさめる。

【進御】しんぎょ ①きさきが天子のおそばに進みつかえる。②進める。

【進境】しんきょう(きゃう) 進歩して達した境地。上達したようす。

【進軍】しんぐん 軍隊を前進させる。軍隊が前進する。

【進撃(擊)】しんげき 進んで敵を攻める。

【進見】しんけん 進み出て、お目にかかる。

【進献(獻)】しんけん おかみ(朝廷)に物をさしあげる。

【進賢】しんけん すぐれた人物を推薦する。【——冠】しんけんかん(くわん) 文官・儒者じゅしゃのかぶる冠の名。〈後漢書ごかんじょ・輿服志よふくし〉

【進言】しんげん 自分の考えを申し上げる。

【進語】しんご 進んでものを言う。すぐに発言する。

【進行】㊀しんこう(かう) ①進んで行く。②進める。③はかどる。㊁チンシン jìnxíng 現 ㊀に同じ。

【進攻】㊀しんこう 進んで攻める。㊁チンコン jìngōng 現 ㊀に同じ。

【進貢】しんこう みつぎものをたてまつる。

【進航】しんこう(かう) 船を進める。

【進講】しんこう(かう) 天子に講義申し上げる。

【進士】(しんし) ㊀①高級官吏の資格の名。㋐周時代、諸侯の推薦により、王が認めたもの。㋑隋(ずい)以後、政府の登用試験に合格した者。②学位の名。秀才、挙人、貢士の段階を通って、最後に宮中で天子の試験に合格した者。明(みん)・清(しん)の制度。③科挙(かきょ)(官吏登用試験)の科目。進士科。④人物を推薦する。㊁(しんじ) 国大宝令で、大学・国学を出て、式部省の試験に合格した者。文章生(もんじょう)。『挙(擧)ニ――ニ』(しんしにあげらる) 進士候補者として推薦される。これに合格すると成進士という。

【進止】(しんし) ①進むととどまると。②たちいふるまい。③さしず。指揮(しき)。『取ニ――ニ』(しんしをとる) この意見を採用するのもしないのも、ご指示にまかせる。唐以後の上奏文の末にしることば。

【進仕】(しんし) 進んで仕える。社会に出て官吏になる。

【進取】(しんしゅ) 自分から積極的に事をする。

【進修】(しんしゅう(しう)) 修養を積むこと。

【進出】(しんしゅつ) ①前の方へ進み出る。②人よりも向上し、進歩する。

【進上】(しんじょう(じゃう)) さしあげる。たてまつる。

【進場】(しんじょう(ぢゃう)) 試験場にはいる。官吏登用試験を受ける。

【進趍】(しんすう) 進みおもむく。でかけてゆく。

【進趨】(しんすう) ①ちょこちょこ歩く。こばしりに走り進む。②進んで仕える。

【進寸退尺】(しんずんたいせき) 一寸進んでは一尺しりぞく。進歩が少なく、退歩が多い。〈老子・六十九〉

【進退】(しんたい) ①進むことと、しりぞくこと。②行動。たちいふるまい。③地位につけることと引きさげること。④職にとどまることとやめること。【――伺】(しんたいうかがい(うかがひ)) 国官吏に過失があったとき、責任を負って、やめるかどうかの処置を上役に任せること。また、その文書。【――両(兩)難】(しんたいりょう(りゃう)なん) 進むもしりぞくも、どちらもむずかしい状態になること。【――維谷】(しんたいこれきわまる(きはまる)) 進むことも退くこともできない。〈詩経・桑柔(そうじゅう)〉

【進達】(しんたつ) ①推薦して出世させる。②書類を上に取りつぐ。

【進駐】(しんちゅう(ちう)) 軍隊が他国にはいって、とどまっている。「進駐軍」

【進捗】(しんちょく) 国しごとなどが進みはかどる。はかがいく。

【進陟】(しんちょく) 官位をすすめて上らせる。陟は、登る意。

【進展】(しんてん) 国事態が進行・展開する。進みひろがる。

【進度】(しんど) 国進みぐあい。進む程度。

【進入】(しんにゅう(にふ)) ㊀はいって行く。㊁ jìnrù 現㊀に同じ。

【進納】(しんのう(なふ)) すすめおさめる。たてまつる。【――僧】(しんのう(なふ)そう) ㊝お金を納めて出家の許可証をもらった僧。

【進歩】(しんぽ) ㊀①足を進める。前に出る。②物事がよいほうに変わって行く。↔退歩 ㊁ jìnbù 現㊀に同じ。【――主義者】(しんぽしゅぎしゃ) 社会のむじゅんを改革しようとする人。

【進奉】(しんぽう) 献上する。また、献上する品物。

【進物】(しんもつ) ①物品をさしあげること。②おくりもの。

【進路】(しんろ) ①進んで行く道。②将来進んで行く方向。

【進口】(チンコウ) jìnkǒu 現①(船が)入港する。②輸入(する)。③入り口。↔出口

【進修】(チンシウ) jìnxiū 現研修(する)。

◆升進(しょうしん)・行進(こうしん)・先進(せんしん)・盲進(もうしん)・昇進(しょうしん)・突進(とっしん)・注進(ちゅうしん)・供進(きょうしん)・栄進(えいしん)・促進(そくしん)・前進(ぜんしん)・革進(かくしん)・推進(すいしん)・猛進(もうしん)・累進(るいしん)・寄進(きしん)・転進(てんしん)・新進(しんしん)・勧進(かんじん)・漸進(ぜんしん)・増進(ぞうしん)・精進(しょうじん)・躍進(やくしん)

⻌8【逮】〔11〕 常 タイ　U補J 902E 3465

旧字 辵8【逮】〔12〕 ㊀タイ 漢 ダイ 呉 ㊁テイ 漢　㊀ 去 隊 dài タイ　㊁ 去 霽 dì ティー　U補J ― ― ―

筆順

意味 ㊀①〈およ・ぶ〉及ぶ。とどく。おいつく。「逮及(たいきゅう)」②…に乗じて。…のうちに。③とらえる。つかまえる。「逮捕(たいほ)」④追う。⑤護送する。㊁逮逮(ていてい)は、やすらかなさま。

解字  形声。⻌が形を表し、隶(たい)が音を示す。⻌は行くこと。隶は尾と又(手)を合わせた字で、尾に手がとどく形である。逮は、追いつくこと。

【逮鞫】(たいきく) つかまえて罪を問いただす。

【逮繋】(たいけい) とらえて獄につなぐ。一説に、囚人を護送する。

【逮捕】(たいほ) 犯人・容疑者をつかまえる。

【逮夜】(たいや) ①夜になる。②㊝葬式の前夜。また、忌日の前夜。

辵8【逴】〔12〕 ㊀タク 漢 ㊁チャク 漢　㊀ 入 覚 chuò チュオ　㊁ 入 薬 chuò チュオ　U補J 9034 6556 ―

意味 ㊀①〈はるか〉遠い。②越える。すぐれる。㊁おどろく。

【逴逴】(たくたく) 遠いさま。はるかなさま。

辵8【逷】〔12〕 テキ 漢　入 錫 tì ティー　U補J 9037 6557 ②8989

意味 とおい。＝逖

辵8【迸】〔12〕 ホウ 漢 (ハウ)　去 敬 bèng ポン　U補J 902C 6553 ―

意味 ①〈ほとばし・る〉勢いよく流れ出す。②走る。四方に逃げる。③しりぞける。④破裂する。

辵6【迸】〔10〕 俗字　U補J 8FF8 ― 7794

【迸散】(ほうさん(はう)) 飛び散る。

【迸出】(ほうしゅつ(はう)) ほとばしり出る。

【迸筍】(ほうじゅん(はう)) 勢いよくのびたたけのこ。

【迸水】(ほうすい(はう)) ほとばしる水。

【迸沫】(ほうまつ(はう)) ほとばしる水のしぶき。

辵8【逨】〔12〕 ㊀ライ 漢 ㊁ライ 漢　㊀ 平 灰 lái ライ　㊁ 去 隊 lài ライ　U補J 9028 6549 ―

意味 ㊀①やってくる。＝来(らい) ②就く。㊁いたわる。ねぎらう。＝勑(らい)

辵8【逯】〔12〕 リョク 漢　入 沃 lù ルー　U補J 902F 6551 ―

意味 ①つつしんで行く。②思いのままに。③多い。④逯逯(りょくりょく)は、数の多いこと。ざらにあること。⑤姓。

辵8【達】〔12〕 俗 ↓達(一二四八㌻・中)

辵8【遊】〔12〕 俗 ↓遊(一二五一㌻・上)

辵9【遏】〔13〕 アツ 漢　入 曷 è オー　U補J 904F ― 7801

意味 ①〈とど・める(――・む)〉㋐止めさせる。㋑さえぎる。㋒おさえる。②そこなう。悩ます。病ませる。

【遏迦】(あか) ㊝①供養(くよう)。②水。＝閼伽

【遏雲】(あつうん) 空を飛ぶ雲をとめる。歌曲のすぐれている形容。

【遏止】(あっし) さえぎりとめる。とどめる。

【遏絶】(あつぜつ) ①たちきる。ねだやしにする。全滅させる。②さえぎりとめる。

【遏防】(あつぼう(ばう)) さえぎりふせぐ。ふせぎとどめる。

【遏密】(あつみつ) 天子のなくなったときなどに、鳴りものをやめて静かにする。音曲停止。

◆防遏(ぼうあつ)・禁遏(きんあつ)

⻌9 【運】〔12〕 [学]3 ウン はこぶ U補J 1731 904B

[旧字] 辵9 【運】〔13〕 ウン (漢)(呉) (去) 問 yùn ユン U補J

筆順 冖 冖 冒 冒 軍 軍 運 運

[意味] ①〈めぐ・る〉〈めぐら・す〉 移りかわる。②〈うご・く〉 ③〈はこ・ぶ〉 ④うつす。⑤もてあそぶ。⑥もちいる。⑦めぐりあわせ。さだめ。「命運」 ⑧たて。南北の距離。⑨姓。

[解字] 形声。⻌が形を表し、軍が音を示す。⻌は行くこと。軍には、めぐるという意味がある。運は、歩いて回ることで、めぐることを表す。あるいは、車が回転して進むことであるともいう。

[名前] かず・やす・ゆき

【運河】 陸地を掘りわってつくった水路。

【運会(會)】 世のめぐりあわせ。

【運気(氣)】 まわりあわせ。運命。

【運行】 ①まわる。めぐり行く。②運転して進む。③[理]惑星が太陽のまわりをまわる。公転。

【運座】 [国]俳句を作り、互選をする集まりの席。

【運算】 式を計算する。

【運掌】 手のひらの上で動かす。物事が非常にたやすいさま。〈孟子・公孫丑〉

【運上】 [国]江戸時代、各種の税金。運上金。

【運針】 [国]針のはこび。裁縫のしかた。

【運水搬柴】 水をくんではこび、しばを刈ってはこぶ。修行中の日常生活。

【運勢】 めぐりあわせ。運。運命のなりゆき。

【運送】 品物をはこびおくる。

【運漕】 貨物を船ではこぶ。

【運転(轉)】 ①めぐる。くるくる回る。②まわす。機械をあやつって走らす。③はたらかす。④[国]やりくり。【――資金】 [国]仕入れや賃金支払いのため必要な金。

【運動】 [一] ①うごく。はたらく。②健康のためにからだを動かす。③位置がかわる。④[国]人のたのみを受けて骨を折る。⑤[国]目的をはたすための行動。[二] yùndòng [現][一]に同じ。【――員】 [一] [国]ある目的を実現するために尽力する人。[二] yùndòngyuán [現]スポーツ選手。

【――神経(經)】 骨格筋を運動させる神経。

【運搬】 物をはこぶ。

原義と派生義

運

(ぐるぐると)めぐりあるく ―― (天体などの)めぐり「運行」 ―― めぐりあわせ「命運」

―― (物を)はこぶ・うごかす「運送」「運転」 ―― (物事を)はたらかせる・おしすすめる「運用」

【運筆】 筆の使いかた。ふではこび。

【運否天賦】 [国]人の運不運はすべて天にまかされたもの」と考えること。

【運命】 まわりあわせ。人間にめぐってくる幸・不幸。【――論】 いっさいのできごとは、あらかじめ決定されていて、人力で変えることができないとする考え。

【運輸】 [一] はこびおくる。牛馬や船・車で人や貨物をはこぶ。[二] yùnshū [現][一]に同じ。

【運用】 [一] 活用。働かし用いる。[二] yùnyòng [現][一]に「同じ。

【運歴(歷)】 歴史のめぐりかた。五行の循環。「運歴年紀、皆棄而不数」〈資治通鑑・魏紀〉

◇▼水運・天運・文運・不運・非運・国運・命運・幸運・武運・海運・退運・航運・陸運・衰運・隆運・悪運・悲運・開運・福運・漕運

⻌9 【過】〔12〕 [学]5 カ すぎる・すごす・あやまつ・あやまち U補J 1865 904E

[一] カ(クヮ) (漢)(呉) [一] (去) 箇 guò クオ

[旧字] 辵9 【過】〔13〕 [二] カ(クヮ) (漢)(呉) [二] (平) 歌 guō クオ U補J

筆順 冂 冋 冋 冎 咼 咼 過 過

辵3 【过】〔6〕 俗字 U補J 8FC7

[意味] [一] ①〈す・ぎる(――・ぐ)〉 ㋐通る。㋑経過する。㋒渡る。㋓越える。②〈すご・す〉 ③〈よぎ・る〉 ㋐たちよる。㋑おとずれる。㋒面会する。㋓至る。④〈あやま・つ〉〈あやま・る〉 ㋐まちがえる。㋑しくじる。㋒度を失う。⑤〈あやまち〉〈あやまり〉 ㋐まちがい。しっぱい。㋑つみ。とが。⑥せめる。⑦〈す・ぎる(――・ぐ)〉 ㋐まさる。すぐれる。㋑度をすごす。㋒あまる。⑧[現]…したことがある。[二] ①春秋時代の国名。山東省萊州市西にあった。②谷の名。「過澗」 ③姓。

[解字] 形声。⻌が形を表し、咼が音を示す。⻌は行くこと。咼には、不正の意がある。過は、行きかたが正しい状態でないことを表し、行きすぎ・越えすぎ・やりすぎという意味になる。

【過悪(惡)】 あやまち。

【過雨】 雨が通り過ぎる。通り雨。ひとしきり降る雨。

【過客】 ①旅人。②通りすぎる人。③来客。

【過化存神】 聖人が暮らす世の中の人はみな、自然に感化され、止まっているところも、神のように感化される。一説に、聖人の通りすぎるところは、みな徳に感化され、また、聖人の心の中は神のようにはかり知れぬ徳をもっている。〈孟子・尽心上〉

【過患】 あやまち。わざわい。

【過観(觀)】 立ちよってけしきを見る。

【過雁】 空を渡って行くかり。

【過激】 程度をこしてはげしいこと。「過激派」

【過言】 ①言いすぎ。②言いそこない。

【過去】 [一] ①過ぎ去る。②むかし。過ぎ去った時間。③[仏]生まれない前の世。[二] guòqù [現]①[一]の①②に同じ。②向こうへ行く。【――帳】 [国]死者の名簿。寺で檀家の死者の俗名・法名・死亡年月日などを記録した帳簿。点鬼簿。鬼籍。

【過誤】 あやまち。しくじり。

【過酷】 きびしすぎること。ひどく扱いすぎること。

【過差】 ①あやまち。②礼にそむきたがう。③[国]身分不相応のおごり。ぜいたく。
【過失】かしつ　まちがい。あやまち。やりそこない。
【過日】かじつ　先日。このあいだ。
【過所】かしょ　一かそ　国関所を通るためのてがた。通行証。
【過小】かしょう　小さすぎる。「過小評価」
【過少】かしょう　少なすぎる。
【過剰(剩)】かじょう　ありあまる。余分。
【過秦論】かしんろん　漢の賈誼かぎの文。秦しんの滅びた理由を述べたもの。
【過清】かせい　あまりに清すぎる。
【過疎】かそ　国人口や産業の密度が少なすぎて、住民が一定の生活水準を保ちにくくなった状態。↕過密
【過多】かた　多すぎる。「胃酸過多症」
【過怠】かたい　国①てぬかり。あやまち。②てぬかりに対する罰。
【過大】かだい　大きすぎる。
【過重】かちょう　一かじゅう　おもすぎる。
【過庭】かてい　庭を通りすぎること。下を見よ。【――之訓】かていのおしえ　父の教訓。孔子が、庭を通りすぎた、むすこの孔鯉こうりに教えた故事。庭訓ていきん。〈論語・季子きし〉
【過程】一かてい　①程度をすごす。②とおり過ぎてきた道すじ。③物事の進んで行く間のありさま。プロセス。二クオチョン guòchéng 現一に同じ。
【過渡】かと　①川などの渡し場。②移り行く。③古い状態から新しい状態に移り変わる途中。【――期】かとき　古いものから新しいものに移ってゆく時期。
【過度】かど　度をすごす。程度をこす。
【過当(當)】かとう　①適当でない。②味方よりも敵の損害が大きい。③つりあいがとれない。④あたりまえ以上。【――競争(爭)】かとうきょうそう　国会社間の競争がはげしすぎて、共倒れの結果をまねくような現象。
【過動】かどう　まちがった行動。動作のあやまち。「過動非誠也かどうはまことにあらず」〈張載・東銘〉
【過年度】かねんど　国前の会計年度。
【過半】かはん　半分以上。【――数(數)】かはんすう　全体の半分をこえる数。
【過般】かはん　このあいだ。先ごろ。
【過敏】かびん　神経などが度を越してするどくなる。【――症】かびんしょう　医ある刺激に対して特殊な反応を示す特異体質。アレルギー。
【過不及】かふきゅう　多すぎることと、足りないこと。「るのと、不足なのと。やりすぎ」
【過不足】かふそく　あまることと、足りないこと。

【過分】かぶん　①身分にすぎてつりあわない。②程度以上。③国身にあまる。
【過飽和】かほうわ　理溶液や蒸気が、つりあった状態以上に濃くなること。
【過目】かもく　目を通す。ひととおり読む。
【過誉(譽)】かよ　ほめすぎ。過褒かほう。
【過用】かよう　使いすぎる。
【過慮】かりょ　思いすごし。とりこし苦労。
【過料】かりょう　国軽い犯罪に対し、刑罰ではなく、制裁として科せられる金銭。
【過量】かりょう　かさが多すぎること。分量を超過すること。【――人】かりょうのひと　なみはずれた大人物。
【過労(勞)】かろう　つかれすぎること。
【過年】クオニエン guònián 現新年を迎える。
【過来(來)】クオライ guòlái 現やって来る。
『過則勿レ憚レ改』あやまちてはすなわち(すなはち)あらたむるにはばかることなかれ　あやまちをおかしたならば、ためらわずにすぐ改めよ。〈論語・学而がくじ〉
『過猶レ不レ及』すぎたるはなお(なほ)およばざるがごとし　やりすぎは、ひかえめすぎるのと同じ程度によくないことである。〈論語・先進せんしん〉
◇一過いっか・大過たいか・看過かんか・経過けいか・通過つうか・超過ちょうか・罪過ざいか・督過とっか・黙過もっか・濾過ろか

辵9【遐】〔13〕カ 漢 | 平 麻 xiá シア | J 7802 補 ― U 9050
意味 ①〈とお・い(とほ・し)〉はるか遠く離れている。②〈とおざ・ける(とほざ・く)〉③〈なんぞ〉どうして。＝何 ④ながい。
【遐夷】かい　遠方の異民族。
【遐異】かい　世間一般とはるかに異なったもの。
【遐遠】かえん　はるかに遠い。
【遐観(觀)】かかん　はるかに遠くをながめる。
【遐棄】かき　①遠ざけて見すてる。②職務を放棄する。
【遐荒】かこう　国の遠いはて。地のはて。未開の異民族のいる外地。
【遐邇】かじ　遠い所と近い所。【――一体(體)】かじいったい　遠い人も近い人も、へだてなく扱う。一視同仁。〈史記・司馬相如しばしょうじょ列伝〉
【遐陬】かすう　一かしゅう　はるかに遠いかたいなか。
【遐年】かねん　長生き。
【遐福】かふく　大きなしあわせ。
【遐方】かほう　はるか遠方。遠い土地。
【遐齢(齡)】かれい　長生き。

辵9【遌】〔13〕ガク 漢 | 入 薬 è オー | J ― 補 6561 U 904C
意味〈あ・う(―・ふ)〉ふいに出会う。ぶつかる。

⻌9【遇】〔12〕常 グウ | J 2288 補 ― U 9047
旧字 辵9【遇】〔13〕グ 漢 呉 | 去 遇 yù ユイ | グウ 慣 | J ― 補 ― U ―

筆順　曰 吕 禺 禺 禺 、禺 ⻌禺 遇

意味 ①〈あ・う(―・ふ)〉㋐思いがけなくであう。「遭遇そうぐう」㋑気持ちが合う。㋒登用される。㋓むかう。②〈あしら・う(―・ふ)〉あつかう。もてなす。「待遇たいぐう」③あたる。敵対する。④〈たまたま〉＝偶 ⑤おり。機会。⑥冬に、諸侯が天子に会う。⑦姓。

解字 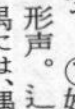 形声。⻌が形を表し、禺ぐうが音を示す。⻌は進むこと。禺には、偶・耦と同じく、二つ並ぶ意味を含む。遇は、二人が互いに進んで行き会うことである。

名前 あい・はる
【遇合】ぐうごう(がふ)　①よい人に会う。②よい君主に出会って用いられる。『――有レ縁(緣)』ぐうごうえんあり　人がたまたま出会うのには、前世のつながりがある。㋐よい人に出会って幸福になる。㋑よい人を求めても縁がないときはしかたがない。
【遇戦(戰)】ぐうせん　敵に接近して戦う。
【遇待】ぐうたい　もてなす。待遇。
【遇知】ぐうち　才能を知って、よい待遇をする。「実力を認められる。明君に出会って」
【遇見】ユイチエン yùjiàn 現出合う。ぶつかる。当面する。
◇不遇ふぐう・礼遇れいぐう・冷遇れいぐう・知遇ちぐう・奇遇きぐう・厚遇こうぐう・待遇たいぐう・境遇きょうぐう・優遇ゆうぐう・千載一遇せんざいいちぐう

辵9【遾】〔13〕一ゲン 漢 | 一 上 銑 yǎn イエン　二ガン 漢 | 二 去 翰 àn アン | J ②8991 補 6559 U 9043
意味 一歩く。歩くさま。二あそぶ。あそびたのしむ。

辵9【遑】〔13〕コウ 漢 (クヮウ) | 平 陽 huáng ホワン | J 7803 補 ― U 9051
意味 ①〈あわただし・い(あわただ・し)〉いそがしい。あたふたする。②〈いとま〉ひま。③どうして…。④恐れる。＝惶こう
【遑急】こうきゅう　あわてる。あわただしい。
【遑遑】こうこう　あたふたと落ち着かないさま。忙しくてうろうろするさま。「胡為乎、遑遑欲二何之一なんすれぞ、こうこうとしていずくにゆかんとほっするや」(いったいぜんたい、何のために、あたふたとどこへ行くつもりなの

7画
見角言谷豆豕豸貝赤走足(⻊)身車辛辰辵(⻌・⻍)邑(阝〈右〉)酉釆里

だ。〈陶潜・帰去来辞〉

辵9【遒】〔13〕 シュウ(シウ) 漢 平 尤 qiú チウ　U補J 9052 7804

辵7【逎】〔11〕本字 U補J 900E 7805

意味 ①〈せま・る〉近づく。②〈つよ・い(――・し)〉㋐力強い。㋑堅い。③集まる。④終わる。⑤美しい。⑥姓。

【遒勁】書画・文章などの筆勢が強く力のこもっていること。〈宣和画譜〉

【遒美】字などが勢いよく美しい。

【遒麗】書画・文章などの筆づかいが、力のこもった中にも、やさしく美しい味のあること。

⻌9【遂】〔12〕常 スイ とげる　U補J 9042 3175

旧字 辵9【遂】〔13〕 スイ 漢 去 寘 ズイ 呉 suí, suì ソイ　U補J ―

筆順 ソ 䒑 亐 豙 㒸 遂 遂

意味 ①〈と・げる(―・ぐ)〉㋐なしとげる。㋑人を登用する。㋒きわめる。㋓前にすすむ。②ゆったりしたさま。③道。④農地の中の細いみぞ。⑤川の浅くなった通路。⑥郊外の区域。⑦周代の行政区画の名。⑧弓を射る時、左腕につける防具。ゆごて。⑨〈つい・に(つひに)〉㋐とうとう。㋑そこで。⑩周代の国名。山東省寧陽県北にあった。

解字  形声。⻌が形を表し、㒸が音を示す。⻌は進むこと。㒸には、意のままにするという意味がある。遂は、思うままに進むことで、ついてゆく、にげるなどの意味になる。また、㒸は豕が仲間に遅れまいと、おしわけている形で、遂は、ぶたがおしわけて前進することである、遂はルールにそって奥へ進むことである、遂は術と同じく道のことをいう、などと解する。

名前 かつ・つく・なり・なる・みち・もろ・やす・ゆき・より

【遂古】おおむかし。上古。

【遂行】やりぬく。成しとげる。

【遂志】志をとげる。目的をはたす。

【遂事】①やってしまった事がら。②やりかけていまさらやめられない事がら。③事を自分の思うようにする。『――不レ諫』やってしまったことは、いまさらいさめることはない。やらない前が大事であるし、やってしまったことは、くりかえさないようにしなければならない。〈論語・八佾〉

◇▼未遂・完遂

辵9【遄】〔13〕 セン 漢 平 先 chuán チョワン　U補J 9044 6560 ②8992

意味 〈すみやか〉速い。

⻌9【達】〔12〕学4 タツ　U補J 9054 3503

旧字 辵9【達】〔13〕 一タツ 漢 ダチ 呉 一 入 曷 dá ダー　二タツ 漢 タチ 呉 二 入 曷 tà ター　U補J ―

辵8【逹】〔12〕俗字 U補J 9039 7793

筆順 十 土 𡈼 幸 幸 達 達 達

意味 一①〈とお・る(とほ・る)〉㋐通じる。㋑とどく。㋒至る。②〈さと・る〉〈さと・い(――・し)〉理解する。③高い地位につく。④いつも。みな。⑤物をとどける。⑥表現する。⑦植物が芽を出す。二①挑達は、往来する。②生まれたばかりの小羊。国①〈たっし〉ふれ。訓令。②〈たち〉複数を示す接尾辞。

解字  形声。⻌が形を表し、幸が音を示す。⻌は行くこと。幸は、小羊が安産することで、何の苦もない、すらっと通る意味がある。達はじゃまするものがなく、すらっと通って行くことで、通る、とどくの意味になる。

名前 と・かつ・しげ・ただ・たて・とう・のぶ・ひろ・みち・よし・いたる・すすむ

難読 友達(付表)／達磨

【達意】①考えを十分に述べる。②意味がよくとおること。

【達観(觀)】①広く見渡す。②環境や感情に支配されず、超越した気持ちをもつ。

【達見】道理を深く見抜いた考え。

【達言】①道理に通じたことば。②どこにでも通用することば。

【達孝】だれもが認めるすぐれた親孝行。

【達識】すぐれた見識。道理に通じた物の見方。

【達者】①広く物の道理に通じた人。②国からだがじょうぶ。③国技術になれてたくみなこと。

【達人】①広く道理に通じた人。②国その道にすぐれた人。

【達生】①人生の道理を知り尽くす。②生命の本質をさとる。③真理をさとった人。

【達成】なしとげる。

【達尊】だれもが尊ぶもの。爵位・年齢・学徳の三つをさす。〈孟子・公孫丑下〉

【達道】①どこにでも通用する人の道。君臣・父子・夫婦・兄弟・朋友の五倫をさす。〈中庸〉②道理に通ずる。

【達徳】だれもが身につけるべき美点。知・仁・勇の三つをさす。〈中庸〉

【達拝(拜)】国能で、両手を大きくひろげる拝礼の型。

【達筆】国文字や文章をじょうずに書くこと。

【達文】一国①文意がよくとおる文。②二に同じ。二国役所からの通知書・命令書。

【達弁(辯)】国話がたっしゃなこと。じょうずな話しぶり。

【達引】国①人のために気前よく金を出すこと。②意地をはりあうこと。

【達摩】「達磨」に同じ。

【達磨】①禅宗を開いた僧。インドに生まれ、梁の武帝のとき、金陵(今の南京)に来、北魏の少林寺で面壁九年の修行をした。②達磨大師の座禅の像をまねた、張り子のにんぎょう。【――忌】仏達磨大師の命日(陰暦十月五日)。また、その祭り。【――船】国はばの広い和船。伝馬船の一種。

【達到】dádào 現到達する。

◇▼上達・下達・公達・伝達・伊達・先達・到達・発達・栄達・速達・通達・配達・曹達・調達・熟達・練達・闊達

⻌9【遅】〔12〕常 チ おくれる・おくらす・おそい　U補J 9045 3557

旧字 辵12【遲】〔16〕 一チ 漢 ジ(ヂ) 呉 一 平 支 chí チー　二チ 漢 二 去 寘 zhì チー　U補J 9072 7815

走4【赿】〔11〕同字 U補J 8D7F 6342

辵10【遟】〔14〕古字 U補J 905F ―

筆順 コ 尸 尸 层 屖 遅 遅

意味 一①〈おそ・い(――・し)〉㋐ゆっくり行く。㋑のろい。にぶい。「遅鈍」㋒ぐずぐずする。「遅滞」②〈おく・れる(――・る)〉時期を失う。おそくなる。③〈おくら・す〉④ぶらぶらする。⑤姓。二①〈ま・つ〉待ちうける。②ねがう。③〈すなわち(すなはち)〉そこで。

解字  形声。⻌が形を表し、犀が音を示す。⻌は進むこと。犀は歩みののろい動物である。遅は、歩くことがおそいことである。音チは、犀の音サイの変化。

名前 まつ

【遅引】おそくなる。長びく。

【遅延】①おそくなる。②期日におくれる。

【遅回】ぶらつく。たちもとおる。＝遅廻
【遅緩】①おそい。ゆっくり。②のろま。

【遅疑】疑い迷ってぐずぐずする。

【遅参（參）】国時刻におくれて来る。

【遅疾】「遅速」に同じ。

【遅日】春の日。日が長く、なかなか暮れないこと。

【遅速】おそいことと速いこと。

【遅滞（滯）】おくれとどこおる。ぐずぐずして時間をとる。

【遅遅（遲）】①ゆったりとおちついたさま。②ゆっくり行くさま。③のどかなさま。日長のようす。④事のはかどらないさま。⑤おそいさま。時間のたたないさま。

【遅着】おくれて着く。遅参。

【遅鈍】おそくにぶい。おろかでのろま。＝遅頓
【遅暮】①だんだん年をとる。②ゆるやかでおそいこと。

【遅明】夜の明けかかったころ。

【遅到】チータオ chídào 現遅刻（する）。

辵9【遉】〔13〕テイ 漢 平 庚 zhēn チェン　J 7806　U補 9049

意味 うかがう。さがす。＝偵 国〈さすが〉

辵9【逿】〔13〕一トウ（タウ）漢 去 漾 dàng タン　二トウ 漢 平 陽 táng タン　J 6558　U補 903F

意味 一①倒れる。②過ぎる。二①ゆり動かす。②ショックをあたえる。

辶9【道】〔12〕学2 ドウ・トウ みち　J 3827　U 9053

旧字 辵9【道】〔13〕一トウ（タウ）漢 ドウ（ダウ）呉 上 皓 dào タオ　二トウ（タウ）漢 ドウ（ダウ）呉 去 号 dǎo タオ　J ―　補 ―　U ―

筆順 丷 䒑 䒑 首 首 首 道 道

行9【衜】〔15〕同字　J ―　補 6016　U 885C

行10【衟】〔16〕同字　J ②8807　補 6017　U 885F

意味 一①〈みち〉〈ち〉㋐とおりみち。「道路」㋑すじみち。「道理」㋒方法。㋓人の行うべき道徳。㋔万物の根本原理。㋕政治的主張。㋖思想。学説。②〈みち・する（──・す）〉経由する。通る。③〈い・う（──・ふ）〉話す。語る。④道家。道教。⑤道士。道教の修行者。⑥道の神をまつる。⑦行政区画。漢代にはじまり、唐代以後、省にあたる区画で、全国を十道に分けた。⑧物を数える量詞。㋐細長い形のもの。㋑門。㋒命令。題目。⑨姓。二①〈みちび・く〉㋐川の水を通す。㋑人を教化する。②治める。③〈よ・る〉依拠する。したがう。④〈より〉…から。

解字  会意・形声。辶と首を合わせた字。辶は行くこと。首は、音を示すとともに、行きつく所という意味を持つ。道は、人が行くみちのこと。また、一本道のことも、長々と続くみちのことであるともいう。車輪二つを通すのが道で、三つを通すのが路であるという説によると、道は、車のすれ違いができない細いみちということになる。

名前 じ・ね・つな・つね・のり・まさ・ゆき・おさめ・なおし・わたる

姓 道守・道祖　難読 道祖土焼・道守・道産子

【道祖土焼（燒）】国正月の飾りなどを焼いて道祖神を祭る儀式。どんど焼き。左義長。

【道衣】道士の着る黒い服。道服。

【道化】一道徳によって人を感化する。二国おどけたことをして人を笑わせる。また、その人。【──役者】国こっけいな動作をする役者。

【道家】老荘思想の学派。九流の一つ。無為自然を尊ぶ思想に、不老長生術などが加わった。

【道歌】国道徳上の教えをよんだ歌。

【道学（學）】①道徳を説く学問。儒教。②宋代学者の哲学。理学。③道家の学問。黄老の学。④国江戸時代の心学。【──先生】①道学を修めた先生。②道徳にかたよってゆうずうのきかない人をそしること[ば]。

【道観（觀）】道教の寺。

【道義】人のふみ行うべき正しい道。【──心】道義を重んじる心。

【道教】①道徳の教え。儒教の教え。②道家から出た教え。黄帝・老子・荘子の説をかりて、不老長生の術などを説く民間宗教的な思想。後漢の張道陵・北魏の寇謙之らによって形をととのえられた。

【道具】①うつわ。②材料。仕事に使う道具。③仏仏事に使う品。【──方】国舞台道具を準備する人。【──立】国必要な器具を準備すること。

【道訣】道教の秘法。

【道元】国人名。曹洞宗の僧。永平寺の開祖。「正法眼蔵」を著した。（1200～1253）

【道高一尺】「道高一尺、魔高一丈」のこと。正道が一尺高ければ、魔はその十倍。世の中が悪くなって、正義が悪に勝てないこと。

【道左】道の左がわ。道の東がわ。道ばた。

【道山】伝説中の仙山。【帰（歸）──】人が死ぬこと。〈世説新語補〉

【道士】①道徳を身につけた人。君子。②道教を修める人。老子・荘子の道を学ぶ人。③仙人。④僧。

【道次】一道すじ。二国みちみち。道を歩きながら。

【道者】①道徳のすぐれた人。②道士。③仏教を修行する人。④国連れだって寺や神社へまいる人。

【道釈（釋）】道教と仏教。

【道術】①道徳と学術。②道家の術。

【道春点（點）】国江戸初期の儒者、林道春がつけた漢文の訓点法。

【道場】①道教や仏教を修行するところ。②寺。③国武術を練習するところ。④国修養・訓練のための団体生活をするところ。

【道上】①みちばた。②途中。

【道心】①道徳心。良心。「道心惟微」〈書経・大禹謨〉②仏仏教を信じる心。③国若い僧。【──者】仏道心を起こした者。仏門にはいった者。

【道人】一①道理を知った人。②道教（老荘の道）を修めた人。道士。③俗世間をのがれた人。④仏門にはいった人。出家した人。どうにん。二国①道案内。②道行く人。

【道説】口をきく。ものをいう。

【道蔵（藏）】①書庫。②道教に関するすべての経典。

【道俗】道人と俗人。僧もふつうの人も。

【道祖神】道ばたなどに祭られ、道中の悪魔をふせぎ、旅行を安全に守る神。さえのかみ。

【道体（體）】道の本体。天地宇宙の原理。

【道断（斷）】国方法が絶える。「言語道断」

【道帙】道教の書物。帙は、書物を包むおおい。

【道中】①途中。②旅行の途中。③国旅行。遊女の道行き。【──記】①旅行の記録。②旅

7画　見角言谷豆豕豸貝赤走足(⻊)身車辛辰辵(⻌・⻍)邑(阝〈右〉)酉釆里

行の案内記。【――双(雙)六】国東海道五十三次の図を描いたすごろく。

【道著】言うこと。著は助詞。

【道程】①旅のみちのり。②書名。高村光太郎の詩集。

【道聴(聽)塗説】道で聞きかじったことを、すぐに知ったかぶりで人に話す。身についていない、受け売りの学問。〈論語・陽貨〉

【道途】みち。

【道塗】道。途中。

【道統】道学の系統。儒教を伝えた人々の系統。

【道徳】㊀①人のふみ行うべき正しい道。②心のはたらきがすぐれ、実行力があること。③老子の説いた教えの根本原理。㊁ dàodé 現㊀に同じ。【――経(經)】書名。「老子」のこと。【――律】道徳の法則。

【道念】①道徳的な考え。道義心。②道理を求める心。求道心。

【道破】言いきる。言いはる。言いつくす。

【道服】①道士の着る服。②僧の着るころも。③国貴人の上着。はおり。

【道傍】道ばた。

【道門】①道徳に進む入口。②道教。道家。

【道楽(樂)】国①職業以外の物事にふけり楽しむ。②酒や女やばくちなどに夢中になる。放蕩。

【道里】①道のり。②道や村里。

【道理】㊀①物事のすじみち。正しいりくつ。②道徳。㊁ dàoli 現㊀の①に同じ。

【道流】㊀道家の流派。老子・荘子らの学派。道家者流。㊁仏仏道修行者たち。

【道路】㊀①道。とおりみち。②郊外の道。↔街巷 ㊁ dàolù 現㊀の①に同じ。【――以レ目】言論の弾圧がはげしいため、道ゆく人が目くばせで意志を通ずること。〈国語・周語〉

【道話】国①人の道を教える話。②心学者の説く話。「鳩翁道話」

【道産子】国北海道生まれの人。

【道草】国①道ばたにはえている草。②途中で他のことにかかわって遅くなること。

【道筋】国①通って行く道。とおりみち。②すじみち。

【道火】国火薬に火をつけるためのなわ。導火線。

【道行】国①道を行く。②旅の途中のけしきと旅情を述べた文。③芝居で相愛の男女が旅をする場面。④事の経過。⑤和服で、四角なえりの形をしたコート。

【道歉】dàoqiàn 現遺憾の意を表す。

〖道不レ拾レ遺〗民が道に落ちているものをひろわない。生活が安定して、道義がよく行われるか、または刑罰がきびしいので、悪い事をする人がないこと。〈韓非子〉〈史記・商君伝〉

〖道大莫レ容〗人物がりっぱすぎて、世間に受け入れられない。〈史記・孔子世家〉

〖当(當)レ道〗道でばったり出会う。

〖志二於道一〗人のなすべき道を学びたいと願う。仁義・道徳を修養しようとする。〈論語・里仁〉

〖道可レ致、而不レ可レ求〗道理というものは、引き寄せるものであって、さがし求めるものではない。法則は実現すべきもので、知識としてつかもうとするものではない。〈蘇軾・日喩〉

〖聞レ道〗学問を修める。道理をならい知る。

〖枉レ道事レ人〗自分の主張をまげて、主人の意志に従うこと。〈論語・微子〉
◆人道・入道・水道・王道・公道・本道・古道・同道・伝道・車道・邪道・芸道・赤道・求道・坑道・村道・参道・非道・武道・歩道・沿道・国道・食道・軌道・逃道・茶道・神道・県道・柔道・剣道・書道・華道・唱道・寄道・婦道・常道・黄道・弾道・斯道・街道・筋道・報道・桟道・極道・鉄道・舗道・横道・獄道・糧道・覇道

⻌9 【遁】〔13〕 人 標 ㊀トン 漢 ㊀去 願 dùn トゥン ㊁シュン 漢 ㊁平 真 qūn チュン U補J 3859 9041

辵9 【遁】〔12〕 同字 U補J

意味 ㊀①〈のが・れる(――・る)〉 ㋐逃げる。「遁逃」 ㋑走る。 ㋒かくれる。 ㋓避ける。 ②だます。 ㊁しりごみする。＝逡「遁巡」

【遁甲】しのびの術。人目をくらまし、身をかくす。

【遁竄】逃げかくれる。

【遁辞(辭)】逃げ口上。言いのがれ。

【遁世】①俗世間を離れて、隠居する。②出家して仏門にはいる。

【遁迹】俗世間をのがれて山林にかくれる。

【遁走】逃げだす。逃げ走る。

【遁蔵(藏)】逃げかくれる。

【遁逃】逃げる。

【遁避】①さけて逃げる。②俗事をすててしずかな生活にはいる。
◆隠遁

⻌9 【逼】〔13〕 標 ヒョク 漢 ヒキ 呉 入 職 bī ビー U補J 4115 903C

辵9 【逼】〔12〕 同字 U補J

意味 ①〈せま・る〉 ㋐近づく。 ㋑むりやり追いつめる。 ②おどす。 ③せばまる。 ④追いたてる。

【逼塞】国①おしつめられて動きがとれない。②おちぶれてとじこもる。③江戸時代、士分と僧の刑罰の一つ。昼間、外へ出ないで謹慎させるもの。

【逼奪】①君主にせまって位をうばう。②おどかして取りあげる。

【逼迫】㊀①さしせまる。おいつめられる。㊁①㊀に同じ。②国金づまり。「金融逼迫」

⻌9 【遍】〔12〕 常 ヘン U補J 4255 904D

旧字 辵9 【遍】〔13〕 ヘン 漢 去 霰 biàn ピエン U補J

筆順 ヨ 戸 戸 肩 扁 扁 遍 遍

意味 ①〈あまね・し〉ゆきわたる。②ひとわたり。すべて。③回数を表す量詞。「千遍」④唐宋時代の音楽の曲調。⑤現一面に。

解字 形声。⻌が形を表し、扁が音を示す。⻌は行くこと。扁には平らという意味がある。遍は、平らに行くことで、あまねくゆきわたるという意味になる。

参考 「偏」に通じる。

【遍界】世界じゅう。

【遍在】どこにも存在する。広くすみずみまでゆきわたっている。

【遍照金剛】仏光明があまねく照らし、本体が堅固なこと。大日如来、また、弘法大師をとなえる号。

【遍身】からだじゅう。全身。

【遍満(滿)】いちめんにみちている。

【遍歴(歷)】広く各地をまわって歩く。

【遍路】国弘法大師の四国八十八箇所の遺跡をおまいりして歩く。また、その人。巡礼。
◆普遍

走9【逩】〔13〕 ホン 漢 去 願 bēn ペン U補J
意味 はやく走る。＝奔(ほん)

辵8【逩】〔12〕俗字 U補J 9029 6550

走9【逾】〔13〕 ユ 漢 呉 平 虞 yú ユイ U補J 7807 903E
意味 ①〈こ・える(―・ゆ)〉㋐越えてすすむ。㋑すぎる。㋒まさる。㋓わたる。②〈いよいよ〉ますます。③〈はるかに〉遠く。
【逾月】ゆげつ 月を越える。翌月にはいる。
【逾旬】ゆじゅん 十日を過ぎる。十日以上。
【逾邁】ゆまい 月日が過ぎ去る。

辶9【遊】〔12〕 学 3 ユウ・ユ あそぶ U補J 4523 904A
旧字 辵9【遊】〔13〕 ユウ(イウ) 漢 ユ 呉 平 尤 yóu ユー U補J
筆順 亠 方 方 㫃 斿 斿 游 遊

意味 ①〈あそ・ぶ〉㋐あちこち見物して歩く。㋑のんびりすごす。㋒学問や官位を求めて家からはなれて遠くに行く。「遊学(ゆうがく)」㋓往き来する。㋔交流する。㋕自説を説いてまわる。②〈あそび〉あそぶこと。たのしみ。③水などにうかぶ。④思うままのことをする。⑤確実でない。⑥官位のない人。⑦姓。国①〈あそび〉㋐あいだ。すきま。ゆとり。㋑音楽や酒色。②〈あそ・ぶ〉働いていない。③〈すさび〉あそび。

解字  形声。辶が形を表し、斿(いう)が音を示す。辶は進むこと。斿には、ただよう、ゆれるという意味を含む。遊は、あちこち所定めず歩くことである。

名前 なが・ゆき
参考 「遊」は「游」と通じて使われる。

【遊駒】あそびごま 国将棋で、戦力の足しにならなくなった駒。

【遊泳】ゆうえい(いう) ①およいであそぶ。②国世渡り。

【遊宴】ゆうえん(いう) 宴会。

【遊園】ゆうえん(いうゑん) ①公園で遊ぶ。②遊び楽しむ広場。「遊園地」

【遊客】ゆうかく(いう) ①旅人。②しごとがなく遊び歩く者。③国遊女の家で遊ぶ人。

【遊郭】ゆうかく(いうくわく) 「遊里」に同じ。＝遊廓
【遊学(學)】ゆうがく(いう) 学問のためよその地へ行く。

【遊官】ゆうかん(いうくわん) 官吏になる。官吏。

【遊宦】ゆうかん(いうくわん) 故郷を離れて勤めている役人。

【遊観(觀)】ゆうかん(いうくわん) ①歩きまわって見物する。②離れごてん。本館と別になっている高い建物。

【遊戯(戲)】一 ゆうぎ(いう) ①あそびたわむれる。②あそび。勝負ごと。③国幼稚園などで運動やたのしみのためにする、きまった遊び。二 ゆげ ①国一の①②に同じ。②仏心を自由に遊ばせる。

【遊休】ゆうきゅう(いうきう) 使われないで、ほうっておかれること。

【遊侠】ゆうきょう(いうけふ) 強いものをくじき、弱いものを助けて世をわたる人。男だて。

【遊興】ゆうきょう(いう) ①おもしろく遊ぶ。②遊び楽しむ。③国「芸者などと遊ぶ。」

【遊君】ゆうくん(いう) 「遊女」に同じ。

【遊軍】ゆうぐん(いう) きまった受けもちがなく、時機を見て、味方を救ったり、敵の弱いところを攻める軍隊。

【遊詣】ゆうけい(いう) 旅行したずねる。

【遊芸(藝)】ゆうげい(いう) ①芸術を楽しむ。②六芸(りくげい)(礼・楽・射・御・書・数)などの教養。③国遊びごとに関する芸能。

【遊撃(擊)】ゆうげき(いう) ①きまった受け持ちがなく、時機を見て、味方を助けたり、敵の弱点を攻める。また、その軍隊。②国野球のショートストップ。「遊撃手」

【遊行】一 ゆうこう(いうかう) あちこち巡り歩く。二 ゆぎょう(ぎゃう) 仏僧が諸国を巡り歩く。三 ユーシン yóuxíng 現行進する。パレード。

【遊魂】ゆうこん(いう) ①からだから離れたたましい。②死者のたましいを遊ばせる。

【遊山】一 ゆうざん(いう) 外出して野山に遊ぶ。二 ゆさん 国①山遊び。②気ばらしの外出。行楽。③なぐさみ。

【遊子】ゆうし(いう) 家を離れて、よその国にいる人。旅人。「遊子不レ顧レ返(ゆうしかえるをおもわず)」(旅に出ているあの人は、帰ることなど考えてもいない。)〈文選(もんぜん)・古詩十九首〉

【遊糸(絲)】ゆうし(いう) かげろう。春の野に立ちのぼる気。

【遊手】ゆうしゅ(いう) ①手をあそばせる。手を使わない。②なにもしないで遊びくらす。

【遊就】ゆうしゅう(いうしう) りっぱな人のところへ行って教えてもらう。すぐれた人物と交際して教えをこう。

【遊女】ゆうじょ(いうぢょ) ①遊びに出ている女。②もと、遊郭(ゆうかく)や宴会の席などで客を遊ばせた女。あそびめ。

【遊食】ゆうしょく(いう) 遊びくらす。

【遊神】ゆうしん(いう) ①心を遊ばせる。②のんびりした生活をする。「＝遊心」

【遊人】一 ゆうじん(いう) 山野に出て遊び楽しむ人。二 あそびにん 国①きまった職のない人。②ばくちうち。

【遊星】ゆうせい(いう) 太陽のまわりをまわっている星。惑星。

【遊説】ゆうぜい(いう) ①自分の学説・意見を説いてまわる。②地方へ演説にでかける。

【遊仙窟】ゆうせんくつ(いう) 小説の名。初唐の張鷟(ちょうさく)(字(あざな)は文成)の著。作者が仙人(せんにん)のいわやに迷い入り、五嫂(ごそう)・十娘(じゅうじょう)のふたりの仙女と会って楽しくすごした話。

【遊躅】ゆうちょく(いう)・ゆうたく 旅行の足どり。遊び歩いた足あと。

【遊程】ゆうてい(いう) 旅行の日程。旅行の日どり。

【遊蕩】ゆうとう(いうたう) 酒色にふけって度をすごす。

【遊道】ゆうどう(いうだう) ①正しい道を行って、心ゆたかにくらす。②人とのつきあい。

【遊歩】ゆうほ(いう) ①ぶらぶら歩く。「遊歩道」②「心をよせて楽しむ。」

【遊牧】ゆうぼく(いう) 住居をきめず、水や草のある土地を移り歩いて牧畜をしてくらす。

【遊民】ゆうみん(いう) 職業がなくて遊びくらす人。

【遊目】ゆうもく(いう) 見まわす。思うままに見まわす。

【遊冶郎】ゆうやろう(いうらう) 酒や女に遊びふける男。

【遊予(豫)】ゆうよ(いう) ①天子が外出して遊び楽しむ。②「遊び楽しむ。」

【遊弋】ゆうよく(いう) ①狩りをする。弋は鳥を捕らえる矢。②軍艦が海上を見まわる。

【遊覧(覽)】一 ゆうらん(いう) 見物して歩く。二 ユーラン yóulǎn 現「一に同じ。」

【遊里】ゆうり(いう) 遊女のいる所。いろざと。くるわ。遊郭(ゆうかく)。

【遊離】ゆうり(いう) ①離れる。分離する。②理他の物体と化合しないで存在する。また、化合物から分離する。
◆外遊(がいゆう)・回遊(かいゆう)・交遊(こうゆう)・出遊(しゅつゆう)・巡遊(じゅんゆう)・来遊(らいゆう)・周遊(しゅうゆう)・歴遊(れきゆう)・夜遊(やゆう|よあそび)・豪遊(ごうゆう)・慢遊(まんゆう)・漫遊(まんゆう)

辶9【遥】〔12〕 人 U補J 4558 9065
旧字 辶10【遙】〔14〕 人 ヨウ(エウ) 漢 呉 平 蕭 yáo ヤオ U補J 8403 9059
意味 ①〈はるか〉㋐遠い。「遥遠(ようえん)」㋑長い。「遥夜(ようや)」②さまよう。
解字  形声。辶が形を表し、䍃(えう)が音を示す。䍃には、ゆれてのびる意味がある。遥は道が遠くのびていること。
名前 すみ・とお・のぶ・のり・はる・みち
【遥曳】ようえい(えう) ながくひく。たなびく。
【遥役】ようえき(えう) 遠い地方へ軍役や労役に赴く。
【遥吟】ようぎん(えう) はるか遠くをながめて詩をうたう。

【遥岑】よう(えう)しん はるかに遠く見える峰。

【遥昔】よう(えう)せき ①長い夜。②はるかな昔。大昔。

【遥天】よう(えう)てん はるかな天。遠い空。

【遥任】よう(えう)にん 国公卿(くぎょう)などが、国守などを兼任しながら、京都にとどまっていること。遥授(ようじゅ)。

【遥念】よう(えう)ねん はるかに思いやる心。

【遥拝(拜)】よう(えう)はい 遠くから拝む。

【遥遥(遙遙)】よう(えう)よう(えう) はるかに遠いさま。
◇▼逍遥(しょうよう)

辵9【遖】〔13〕国字 U補J 7808 9056
意味〈あっぱれ〉讃美することば。

辵9【𨕫】〔13〕国字 U補J
辶9【𨕫】〔12〕同字 U補J ②8990 2856B
意味〈しめ〉姓に用いる。注連(しめ)(出入禁止を表すしめなわ)と同義。

辵9【違】〔13〕旧↓違(本ページ・上)

辶10【違】〔13〕常 イ ちがう・ちがえる U補J 1667 9055
旧字 辵9【違】〔13〕イ 漢 呉 平 微 (ヰ) wéi ウエイ U補J

筆順

意味 ①〈さ・る〉㋐離れる。㋑わかれる。㋒避ける。②〈たが・う(――・ふ)〉〈そむ・く〉㋐うらぎる。㋑したがわない。㋒くいちがいが生まれる。③〈ちが・う(――・ふ)〉〈ちが・える(――・ふ)〉一致しないさま。くいちがっているさま。④〈ちがい(ちがひ)〉〈たがえ(たがへ)〉差異。⑤あやまり。過失。⑥よこしま。不正。⑦うらむ。

解字 形声。辶が形を表し、韋(ゐ)が音を示す。辶は行くこと。韋は、左足と右足が、中心をはさんで行きちがっている形である。違は、行きちがう、離れるという意味になる。

【違憲】い(ゐ)けん ①規則にそむく。②国憲法にそむく。

【違言】い(ゐ)げん ①ことばの上でのあらそい。言いあい。②道理にそむいたことば。

【違忤】い(ゐ)ご さからう。忤もさからう意。

【違算】い(ゐ)さん ①見こみちがい。②計算ちがい。

【違失】い(ゐ)しつ しくじり。あやまり。

【違勅(敕)】い(ゐ)ちょく 天子の命令にそむく。

【違難】い(ゐ)なん 危難をさける。

【違背】い(ゐ)はい そむく。

【違反】い(ゐ)はん 一 約束・きまり・国法などにそむく。二 ウエイ ファン wéi-fǎn 現 一に同じ。

【違犯】い(ゐ)はん 法律にそむく。

【違叛】い(ゐ)はん 「違反」に同じ。

【違法】い(ゐ)ほう(はふ) 法律にそむくこと。規則をおかすこと。

【違約】い(ゐ)やく 約束をやぶる。

【違戻】い(ゐ)れい まちがっている。

【違例】い(ゐ)れい ①いままでのしきたりと違うこと。②国貴人の「病気」。

【違和】い(ゐ)わ ①病気になる。気分がすぐれない。②調和を失う。【――感】い(ゐ)わかん 調和しない感じ。そぐわない感じ。

【違棚】ちがい(ちがひ)だな 国左右の二つの棚板(たないた)が互いちがいに取りつけられたたな。床の間のわきなどに設ける。

『無レ違』たがう(たがふ)ことなし そむかない。さからわない。
◇▼非違(ひい)・段違(だんちがい)・相違(そうい)・差違(さい)・筋違(すじちがい)(すじかい)・場違(ばちがい)

辶10【遠】〔13〕学2 エン・オン とおい U補J 1783 9060
一 エン(エン) 漢 オン(ヲン) 呉 一 上 阮 yuǎn ユワン
二 エン(エン) 漢 オン(ヲン) 呉 二 去 願 yuàn ユワン
旧字 辵10【遠】〔14〕 U補J

筆順

意味 一 ①〈とお・い(とほ・し)〉㋐遠く離れている。㋑時間がたっている。久しい。㋒まわりくどい。「迂遠(うえん)」㋓血縁が離れている。②奥深い。「深遠(しんえん)」③かぎりなく広い。「広遠(こうえん)」④〈おち(をち)〉とおい。⑤唐代の州名。四川(しせん)省若爾蓋(じゃくじがい)県にあった。⑥姓。二 ①〈とおざ・ける(とほざ・く)〉㋐離す。㋑近づけない。㋒うとんじる。②〈とおの・く(とほの・く)〉〈とおざか・る(とほざか・る)〉

解字 形声。辶が形を表し、袁(えん)が音を示す。辶は行くこと。袁は、長い衣である。遠は長い道を行くことである。

姓 遠江(とおとうみ)・遠敷(おにゅう) 地名 遠田(とおだ)・遠江(とおとうみ)・遠別(えんべつ)・遠野(とおの)・遠賀(おんが)・遠軽(えんがる) 難読 遠方(おちかた)・遠近(おちこち)

【遠因】えん(ゑん)いん 事の起こった遠い原因。間接的な原因。

【遠裔】えん(ゑん)えい ①遠い子孫。②遠いはてにある野蛮国。

【遠影】えん(ゑん)えい 遠くに見えるかげ。遠いすがた。「孤帆遠影碧空尽(こはんのえんえいへきくうにつく)」(ぽつんと浮かんだほかけ舟の遠いすがたが、青空の中にとけこんで行く。)〈李白(りはく)の詩・黄鶴楼送孟浩然之広陵(こうかくろうにてもうこうねんのこうりょうにゆくをおくる)〉

【遠役】えん(ゑん)えき 遠く離れた土地でのつとめ。辺地の軍務。

【遠客】えん(ゑん)かく ふるさとから遠く離れた客。遠い国の旅人。

【遠隔】えん(ゑん)かく 遠くへだたる。

【遠観(觀)】えん(ゑん)かん(くわん) ①遠くを見わたす。②深い考え。

【遠近】えん(ゑん)きん 遠いことと近いこと。

【遠計】えん(ゑん)けい 遠い将来についての考え。

【遠景】えん(ゑん)けい 遠くのけしき。

【遠行】えん(ゑん)こう(かう) 遠くへ行く。

【遠交近攻】えん(ゑん)こう(かう)きんこう 遠い国と仲よくして、近い国を攻め取る外交政策。戦国時代に秦(しん)の范雎(はんしょ)の立てた計略から。〈戦国策・秦(しん)〉

【遠塞】えん(ゑん)さい 遠くのとりで。

【遠山】えん(ゑん)ざん 遠くに見える山。【――眉】えん(ゑん)ざんのび 美人のまゆを遠い山にたとえたもの。遠山黛(えんざんたい)。〈西京雑記(せいけいざっき)〉

【遠竄】えん(ゑん)ざん ①遠い国へ逃げかくれる。②遠くへ流しものにする。

【遠旨】えん(ゑん)し 深い意味。

【遠志】一 えん(ゑん)し 遠大な志。二 おん(をん)じ 草の名。ひめはぎ。

【遠寺】えん(ゑん)じ 遠くの寺。

【遠邇】えん(ゑん)じ 「遠近」に同じ。

【遠識】えん(ゑん)しき すぐれた見識。さきざきまで見ぬいた考え。

【遠称(稱)】えん(ゑん)しょう 遠くの物事や場所などを示す代名詞。かれ・あれなど。

【遠臣】えん(ゑん)しん ①遠くからやって来た家来。②主君に近づけられない家来。

【遠人】えん(ゑん)じん ①遠方の人。遠い国の人。「遠人不レ服(えんじんふくせず)」(遠くの人がなついて来ない。)〈論語・季氏(きし)〉②人里から離れていること。「曖曖遠人村(あいあいたりえんじんのむら)」(曖曖は、かすんでいるさま。)〈陶潜(とうせん)の詩・帰園田居(えんでんのきょにかえる)〉

【遠心力】えん(ゑん)しんりょく 理 回転する物体が、その中心から遠ざかろうとする力。

【遠水近火】えん(ゑん)すいきんか(くわ) 遠くの水では、近くの火が消せない。遠いものは急の用にたたないたとえ。また、「遠くの親類より近くの他人」の意。〈韓非子(かんぴし)・説林(ぜいりん)〉

【遠征】えん(ゑん)せい ①遠方へ行く。②遠くへ征伐に出かける。③国遠くへ試合などに出かける。

【遠逝】えん(ゑん)せい ①遠くへ去る。②死ぬ。

【遠戚】えん(ゑん)せき 遠い親類。

【遠祖】えん(ゑん)そ 遠い先祖。

【遠孫】えん(ゑん)そん 遠い子孫。

【遠大】えん(ゑん)だい ①遠い将来まで見通した大きなことがら。②志が大きい。

【遠冑】えん(ゑん)ちゅう(ちう) 遠い子孫。遠孫。

【遠汀】えん(ゑん)てい とおくつづくみぎわ。

【遠天】えん(ゑん)てん はるかな空。遠くの空。

【遠島】えん(ゑん)とう(たう) ①陸地から遠くへだたった島。②国江戸時代の刑罰の一つ。罪人を離れ島に送る。しまながし。

【遠帆】えん(ゑん)ぱん 遠くに浮かぶほかけ舟。

【遠望】えん(ゑん)ぼう(ばう) 遠方を見わたす。「遠望可二以当一帰（えんぼうもってかえるにあてべし）」〈楽府（がふ）詩集・悲歌〉

【遠謀】えん(ゑん)ぼう さきざきまで考えはかる。遠大な計画。

【遠方】えん(ゑん)ぽう(ぱう) 遠い所。

【遠邁】えん(ゑん)まい はるかにすぐれている。【――不群】えん(ゑん)まいふぐん 人よりはるかにすぐれている。〈晋書（しんじょ）・嵆康（けいこう）伝〉

【遠未来(來)】えん(ゑん)みらい 未来史の時期区分の一つ。十年後までを現未来、百年後までを近未来、千年後までを中未来というのに対し、一万年後までをいう。

【遠由】えん(ゑん)ゆう(いう) 古いいわれ。遠くの原因。

【遠遊】えん(ゑん)ゆう(いう) 遠いところへ勉強に行く。遠くへ旅行する。

【遠洋】えん(ゑん)よう(やう) 遠い大海。【――漁業】えん(ゑん)ようぎょぎょう(やうげふ) 遠い海へ出て行う漁業。↔近海漁業・沿岸（えんがん）漁業
【遠来(來)】えん(ゑん)らい 遠くから来る。

【遠雷】えん(ゑん)らい 遠くで鳴るかみなり。

【遠略】えん(ゑん)りゃく ①深く大きな計画。②遠い国を攻める計略。

【遠流】■一 えん(ゑん)りゅう(りう) ①遠くへ流しものにする。②遠くの川。■二 おん(をん)る 国流罪（るざい）のいちばん重い刑罰。

【遠慮】えん(ゑん)りょ ①遠いさきざきまで考えはかる。遠謀深慮。「人無二遠慮一、必有二近憂一（ひととおきおもんぱかりなければ、かならずちかきうれいあり）」（もし人に、遠い先々のことまで見とおした深い思慮がないと、必ず手近なところにさしせまった心配ごとが起こってくる。）〈論語・衛霊公（えいれいこう）〉②国人に対してひかえめにする。③国江戸時代の刑の一つ。家にいて謹慎（きんしん）すること。

【遠路】えん(ゑん)ろ 遠いみち。

【遠忌】おん(をん)き 仏①遠い年忌。十三年忌・五十年忌・百年忌など。②宗祖などに対する五十年ごとの法事。

【遠縁(緣)】とお(とほ)えん 国遠い親類関係。

【遠雁】とお(とほ)かりがね 国遠くを飛ぶかりのすがた。

【遠目】とお(とほ)め 国①遠くから見ること。「夜目遠目」②遠くがよく見える目。③遠視眼。↔近目
◆久遠（くおん）・永遠（えいえん）・宏遠（こうえん）・迂遠（うえん）・高遠（こうえん）・敬遠（けいえん）・疎遠（そえん）

辶10【遣】〔13〕常 ケン つかう・つかわす ■一ケン 漢 県 ■一 上 銑 qiǎn チエン U補J 2415 9063
旧字 辵10【遣】〔14〕■二ケン 漢 県 ■二 去 霰 qiàn チエン U補J

筆順

意味 ■一①〈や・る〉㋐行かせる。㋑釈放する。㋒追いはらう。㋓妻を離縁する。㋔送りだす。②〈つかわ・す(つかは・す)〉㋐人をさしむける。③心をなぐさめる。ひまつぶしをする。④とりのぞく。⑤〈しむ〉…させる。使役の助動詞。⑥(ことばや声などを)うまく表現する。■二死者への随葬品。また、その目録。国①〈つかわ・す(つかは・す)〉与える。②〈つか・う(――・ふ)〉〈つかい(つかひ)〉使用する。

語法 〈しむ〉〈せしむ〉使役。…させる。類令・教・使
例「解遣三人問二其名姓一（かいはひとをしてそのめいせいをとわ(とは)しむ）」（郭解は人にその者の姓名を問わせた）〈史記・游侠（ゆうきょう）列伝〉▼「遣…〜」の形で「…をして〜しむ」と訓読する。また本来の意味から「…をつかわ(つかは)して〜しむ」と訓読することもある。

解字 形声。辶が形を表し、𠳋（けん）が音を示す。辶は進むこと。𠳋は、小さなかたまりを持っている形である。遣は、品物を手放すこと、相手におくること。一説に、𠳋には、まといつく意味があるから、遣は、歩いて前の人についてゆくことともいう。

【遣外】けんがい(ぐわい) 外国へつかわす。
【遣帰(歸)】けんき 帰す。離縁して実家にかえす。
【遣車】けんしゃ 葬式のとき、いけにえをのせて棺について行く箱車。
【遣隋使】けんずいし 国飛鳥（あすか）時代に隋（ずい）の朝廷へつかわされた使者。
【遣唐使】けんとう(たう)し 国奈良（なら）時代から平安時代にかけて、唐の朝廷へつかわされた使者。
【遣悶】けんもん うさを晴らす。
【遣句】やりく 国連歌・連句で、むずかしい前句に対して軽くつける句。
【遣繰】やりくり 国くりあわせ。足りないところをつごうする。
【遣水】やりみず(みづ) 国庭に水を引いて、流れるようにしたもの。
【遣瀬】やるせ 国気をはらす方法。気晴らしの機会。「遣瀬ない」
◆派遣（はけん）・差遣（さけん）・蚊遣（かやり）・蛇遣（へびつかい）・仮名遣（かなづかい）

辵10【遘】〔14〕 コウ 漢 去 宥 gòu コウ U補J
辵10【遘】〔14〕俗字 U補J 7809 9058
意味 ①〈あ・う(――・ふ)〉であう。「遘遇」②易（えき）の卦（か）の名。＝姤（こう）③組み立てる。生じる。＝構
【遘閔】こうびん ①うれいにであう。②父母の死にであう。

辶10【遡】〔14〕常 ソ さかのぼる U補J 3344 9061
旧字 辵10【遡】〔14〕ソ 漢 去 遇 sù スー U補J

筆順

辶10【遡】〔13〕同字 許容 U補J
水9【㴑】〔12〕本字 U補J 3D11 ②7881
意味 ＝泝（そ）・溯（そ）〈さかのぼ・る〉①流れをさかのぼる。②逆に行く。③向かう。
解字 会意・形声。辵が形を表し、朔（さく）が音を示す。辵は、はやくはしる。朔は、月と屰とを合わせた字。屰は逆で、月のみちかけが一回りしてもとに返る意。遡は、流れをさかのぼる。
【遡洄】そかい(くわい) 流れに逆らって川を上る。
【遡及】そきゅう(きふ) 過去にまでさかのぼる。【――効(效)】そきゅうこう(きふかう) 法法律が、その法律のできる前にまでさかのぼって有効とされること。
【遡源】そげん ①水源にさかのぼる。②学術の根本にさかのぼって研究する。
【遡風】そふう 向かい風。
【遡遊】そゆう(いう) 流れに従って下る。

辶10【遜】〔14〕常 ソン ソン 漢 去 願 xùn シュン U補J 3429 905C

筆順

辶10【遜】〔13〕同字 許容 U補J
意味 ①〈のが・れる(――・る)〉逃げ去る。避ける。②〈ゆず・る(ゆづ・る)〉㋐へりくだる。「謙遜（けんそん）」㋑おとる。③〈したが・う(――・ふ)〉④姓。
解字 形声。辵が形を表し、孫（そん）が音を示す。辵は、はやくはしる。孫は、ゆずる、のがれる意。遜は、のがれる、逃げ去る意を表す。

名前 やす・ゆずる

【遜位(そんい(ゐ))】天子の位を譲る。官職を譲る。

【遜愿(そんげん)】へりくだり、つつしむ。けんそんですなお。

【遜志(そんし)】へりくだるきもち。

【遜譲(讓)(そんじょう(じゃう))】①ゆずるようす。へりくだりゆずる。謙譲(けんじょう)。②見劣り。

【遜色(そんしょく)】
◇不遜(ふそん)・謙遜(けんそん)

辵10 【遝】〔14〕 トウ 漢 入 合 (タフ) tà ター U補J ②8993 9 0 5 D 6 5 6 3
意味 ①およぶ。おいつく。②かさなる。あつまる。‖沓(とう) 「雑遝(ざっとう)」

辵10 【遢】〔14〕 トウ 漢 入 合 (タフ) tà ター U補J 6 5 6 4 9 0 6 2
意味 ①あるく。おだやかに行く。②邋遢(りょうとう)は、走るようす。また、慎重でないこと。よごれているさま。

辵10 【遛】〔14〕 一 リュウ 漢 一 平 尤 (リウ) liú リウ 二 リュウ 漢 二 去 宥 (リウ) liù U補J 6 5 6 2 9 0 5 B
意味 一逗遛(とうりゅう)は、軍隊が駐留する。二ぶらぶらあるく。

辵10 【遟】〔14〕 古 ↓遲(一二四八㌻・下)
辶10 【遥】〔14〕 旧 ↓遙(一二五一㌻・下)
辵10 【遞】〔14〕 旧 ↓遞(一二四〇㌻・下)

辵11 【遦】〔15〕 一 カン 漢 一 去 諫 (クヮン) guàn コワン 二 カン 漢 二 去 翰 (クヮン) guàn コワン U補J 6 5 6 5 9 0 6 6
意味 一ならわし。習慣。‖慣(かん) 二歩く。

辵11 【遨】〔15〕 ゴウ 漢 平 豪 (ガウ) áo アオ U補J 7 8 1 1 9 0 6 8
意味 〈あそ・ぶ〉あそびたのしむ。「遨遊(ごうゆう)」

辶11 【遮】〔14〕 常 シャ さえぎる U補J 2 8 5 5 9 0 6 E
旧字 辵11 【遮】〔15〕 シャ 漢 呉 平 麻 zhē チョー U補J

筆順 亠 广 户 庐 庐 庶 遮 遮

意味 ①〈さえぎ・る(さへぎ・る)〉とめる。じゃまする。②おおいかくす。③多い。④この。これ。‖這(しゃ) ⑤遮莫(さもあらばあれ)は、ままよ。よしや。それはそれとして。

解字  形声。辶が形を表し、庶(しょ)が音を示す。辶は道を行くこと。庶には、多い、置くという意味がある。遮は、道にいろいろじゃまものを置いて、さえぎること。

【遮撃(擊)(しゃげき)】待ち伏せして攻める。

【遮断(斷)(しゃだん)】せきとめる。くいとめる。途中でたちきる。

【遮那(那)(しゃな)】仏毘盧遮那(びるしゃな)の略。仏の名。大日如来(だいにちにょらい)。

【遮二無二(しゃにむに)】国むちゃくちゃに。むやみに。

【遮蔽(しゃへい)】①さえぎりおおう。②防ぐ。

『遮莫(さもあらばあれ)』この上はどうであろうとも、ままよ。唐以後の「俗語。」

辵11 【遧】〔15〕 ショウ 漢 平 陽 (シャウ) zhāng チャン U補J 6 5 6 6 9 0 6 7
意味 ①遹遧(しゅうしょう)は、遠まわりする。②あきらか。‖章(しょう)

辶11 【遭】〔14〕 常 ソウ あう U補J 3 3 8 8 9 0 6 D
旧字 辵11 【遭】〔15〕 ソウ 漢 呉 平 豪 (サウ) zāo ツァオ U補J

筆順 一 冂 冊 曲 曹 曹 漕 遭

意味 ①〈あ・う(―・ふ)〉めぐりあう。出会う。②周囲。③回数を表す量詞。「千万遭(せんまんそう)」

解字  形声。辶が形を表し、曹(さう)が音を示す。辶は行くこと。曹には、よせ集め、間に合わせの意味がある。遭は、予定しない者が出会うこと。

【遭家不造(そう(さう)かふぞう(ざう))】「家のならざるにあう。」と読む。家がまだととのわないうちに、父が死ぬ。父母の喪(も)に会う。〈詩経(しきょう)・閔予小子(びんよしょうし)〉

【遭遇(そう(さう)ぐう)】①めぐり会う。②出会う。③出世する。【―戦(戰)(そう(さう)ぐうせん)】両軍が途中でぶつかって開始する戦い。

【遭難(そう(さう)なん)】思いがけなく災難にであう。

【遭逢(そう(さう)ほう)】①でくわす。めぐりあう。②りっぱな君主にめぐりあって用いられる。

【遭受(ツァオショウ)】zāoshòu 現受ける。被(こうむ)る。

【遭到(ツァオタオ)】zāodào 現…に出会う。…の目にあう。

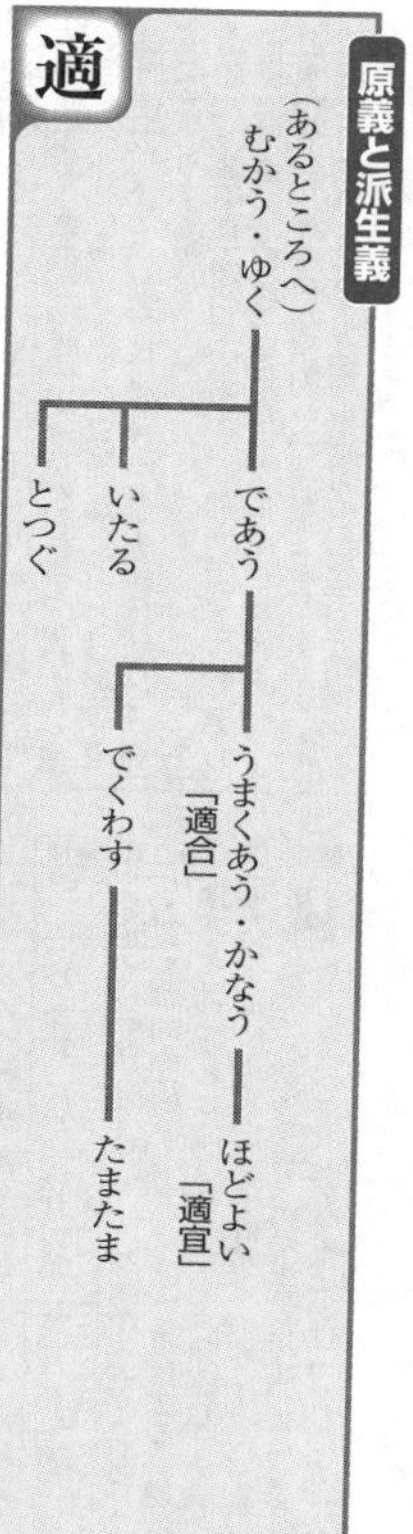

辵11 【遫】〔15〕 ソク 漢 入 屋 sù スー U補J 6 5 6 7 9 0 6 C
意味 ①〈すみやか〉速い。②落ち着かないさま。③すきまがない。ぴったりしている。

辵11 【遰】〔15〕 一 テイ 漢 一 去 霽 dì ティー 二 セイ 漢 二 去 霽 shì シー U補J 6 5 6 8 9 0 7 0
意味 一①ゆく。離れる。②はるか。③さける。二①ゆく。‖逝 ②刀のさや。

辶11 【適】〔14〕 学5 テキ U補J 3 7 1 2 9 0 6 9
旧字 辵11 【適】〔15〕 一 セキ 漢 シャク 呉 一 入 陌 shì シー 二 テキ 漢 チャク 呉 二 入 錫 dí ティー 三 タク 漢 チャク 呉 三 入 陌 zhé チョー 四 テキ 漢 チャク 呉 四 入 錫 tì ティー U補J

筆順 亠 ㅗ 产 产 啇 啇 適 適

意味 一①〈ゆ・く〉㋐進み行く。㋑おもむく。㋒とつぐ。②〈かな・う(―・ふ)〉㋐ほどよい。㋑つりあう。㋒良い。㋓たのしむ。㋔こころゆく。心にかなう。㋕ひとしい。㋖あう。③〈まさに〉ちょうど。ぴったり。④〈たまたま〉〈たまさか〉〈たま〉㊁①従う。②正妻。③世つぎの男子。④主人。⑤もっぱら。⑥あいて。敵。つりあう。‖敵 ⑦㊀に通じて使う。㊂責める。こらす。‖謫 ㊃適適は、びっくりするさま。

解字 形声。辶が形を表し、啇が音を示す。辶は行くこと。啇にはただ一すじにという意味がある。適は、目標に向かってまっすぐに行き着くことである。 難読 適適

名前 あつ・あり・まさ・ゆき・より

【適来（來）】久しぶりで。さきほどの。

【適会（會）】ちょうどその時。

【適意】心にかなうこと。思うとおりになること。

【適飲】程よく飲む。

【適応（應）】㊀あてはまる。ふさわしい。㊁ shìyìng 現㊀に同じ。

【適帰（歸）】身を落ち着ける。「我安適帰矣」（自分はだれのもとに身を寄せようぞ。〔落ち着く所がない〕）〈十八史略・周〉

【適宜】①ほどよい。②思いどおりでつごうのよい。任意。随意。

【適均】ほどよくする。

【適合】㊀よくあてはまる。㊁ shìhé 現㊀に同じ。

【適妻】本妻。正妻。

【適材適所】そのしごとや地位に向いた適当な人物をそこにつけること。

【適子】長男。あとつぎのむすこ。

【適時】適当な時。ちょうどよい時。タイムリー。

【適者生存】生物の形態や習性が周囲の条件に適するものは栄え、適しないものはほろびること。進化論の用語。スペンサーの説。

【適従（從）】たよりにして従う。

【適人】㊀かたき。㊁嫁に行く。とつぐ。

【適正】適当で正しい。

【適性】①性質にかなう。②国適合する性質。

【適切】ぴったりあてはまる。

【適然】①たまたま。②当然。

【適中】正しくあたる。

【適度】ちょうどよい。ほどよい。

【適当（當）】㊀ほどよくあてはまる。ちょうどよい。㊁ shìdàng 現㊀に同じ。

【適任】①よく合った任務。②任務によく合うこと。

【適否】ある条件にあてはまることとそうでないこと。適と不適。

【適評】よくあてはまる批評。

【適法】規則や法律に合っている。

【適役】よくあてはまった役。

【適薬（藥）】病気によく合う薬。

【適用】㊀あてはめて使う。㊁ shìyòng 現㊀に同じ。

【適量】ほどよい分量。

【適例】よくあてはまる例。

【適格】ある資格にあてはまること。

『適可而止』ほどよいところでやめる。むりをしない。〈論語・郷党の集注〉

『無レ適無レ莫』心がおちついて、こだわった見方にとらわれることがないこと。〈論語・里仁〉

△不適・▼快適

辵11 【遯】〔15〕 トン 漢 ㊤阮 dùn トゥン J 7812 U補 906F

意味 ①〈のが・れる（──・る）〉‖遁 ㋐逃げ去る。㋑のがれかくれる。㋒しりぞく。②あざむく。③易の卦の名。

【遯隠（隱）】のがれ隠れる。

【遯心】法網をのがれようとする心。「民有二遯心一」〈礼記・緇衣〉

【遯世】世間をのがれ隠れる。

辶12 【遺】〔15〕 学6 イ・ユイ J 1668 U補 907A

旧字 辵12 【遺】〔16〕

㊀イ（ヰ）漢 ユイ 呉 ㊀㊥支 yí イー
㊁イ（ヰ）漢 ユイ 呉 ㊁㊦寘 wèi ウエイ
U補 J

筆順 口 中 虫 冉 冑 冑 貴 遺

意味 ㊀①〈のこ・す〉㋐あとにのこす。㋑あます。②〈わす・れる（──・る）〉「遺忘」③〈す・てる（──・つ）〉「遺棄」④〈お・ちる（──・つ）〉〈おと・す〉失う。⑤離れる。抜ける。⑥置く。⑦逃げる。⑧残されたあと。⑨おち。失敗。⑩小便をもらす。⑪従う。⑫姓。㊁〈おく・る〉①とどける。②あげる。あたえる。「遺計」「遺算」

解字 形声。辶が形を表し、貴が音を示す。辶は行くこと。貴には、丸いかたまり、積もった物という意味を含む。遺は物を手放すことで、なくなる、のこすという意味を表す。一説に、貴は音が棄と通じて、すてる意味があるから、遺は、歩いているうちに物を落としてなくすことであるという。音キは貴の音キの変化。

名前 おく

【遺愛】①後世に人間愛の風俗を残す。民間に残された仁愛の風俗。②生きているときに愛したもの。③惜しむ。④忘れがたみ。生前かわいがった子。【──寺】香炉峰（江西省廬山の一峰）の北にあった寺の名。

【遺意】死後に残した意志。

【遺佚】①世間から見捨てられる。②君主に見捨てられる。

【遺逸（逸）】①忘れる。②世間に見すてられて、用いられない。③俗世間をのがれた隠者。

【遺韻】古人の残した気風。

【遺詠】昔の人がよんで残した歌。

【遺戒】のちの人のために残したいましめ。

【遺誡】のちの人のために残したいましめ。遺訓。‖遺戒

【遺骸】死んだ人のからだ。なきがら。

【遺家族】国①主人が死んで、残された家族。②戦死者の家族。

【遺憾】㊀残念。きのどく。㊁ yíhàn 現㊀に同じ。

【遺規】後世の人に残したいましめ。

【遺棄】ほうったままにしておくこと。すてること。‖委棄

【遺卻】忘れる。忘れさる。

【遺教】①昔の人が残した教え。②死ぬときに残した教訓。

【遺響（響）】残った音のひびき。余韻。「託二遺響於悲風一」（心の思いをこめた音色の余韻を、もの悲しい風にことづける。）〈蘇軾・前赤壁賦〉

【遺業】死んだ人の残した事業。

【遺訓】死んだ人の教え。残された教訓。

【遺勲】前人が残したいさお（功績）。

【遺孼】子孫。父の死後に残された庶子。

【遺賢】政府に用いられず民間にいるすぐれた人物。

【遺言】㊀昔の人が残したりっぱなことば。㊁死ぬまえに家族などに言い残すこと。また、そのことば。「いごん」は法律用語。

【遺孤】父母が死んで残されたこども。

【遺行】まちがった行い。

【遺香】い(ゐ)こう(かう) 残っている良いにおい。移り香。

【遺構】い(ゐ)こう ①(い(ゐ)きょう(きゃう))残されたはかりごと。②荒れはてて残っている建物。

【遺稿】い(ゐ)こう(かう) 生前に書いて死後に残した詩文などの原稿。

【遺骨】い(ゐ)こつ 死んだ人の骨。

【遺恨】い(ゐ)こん 忘れられない深いうらみ。のこるうらみ。

【遺財】い(ゐ)ざい 死者の残した財産。遺産。

【遺策】い(ゐ)さく ①手抜かり。手落ち。②前の人が残した計略。

【遺産】い(ゐ)さん 死んだ人の残した財産。

【遺矢】い(ゐ)し ①大小便をする。②矢が残る。残った矢。

【遺志】い(ゐ)し 死者が生前持っていた気持ち。生前果たさなかったのぞみ。

【遺址】い(ゐ)し 昔あった家や城などのあと。遺跡。

【遺嗣】い(ゐ)し 父の死後に残されたあとつぎ。

【遺児(兒)】い(ゐ)じ ①両親に死に別れたこども。わすれがたみ。遺子。②すてご。

【遺事】い(ゐ)じ ①忘れられた事件。②取り残された事がら。

【遺失】い(ゐ)しつ ①落としてなくす。②欠点。あやまち。【——物】い(ゐ)しつぶつ 落とし物や忘れ物。

【遺珠】い(ゐ)しゅ ①拾い残された、よい玉。②世間から忘れられているすぐれた人物や詩文など。『——之恨』い(ゐ)しゅのうらみ 人材が多くいすぎて、とり残される者が出ること。〈荘子・天地〉

【遺臭】い(ゐ)しゅう(しう) 悪いにおいを残すこと。【——万(萬)年】い(ゐ)しゅう(しう)ばんねん 不名誉な悪事の評判を永久にのこす。〈晋書・桓温伝〉

【遺書】い(ゐ)しょ ①かきおき。②ほうぼうにちらばった書物。③後世に残した著書。

【遺緒】い(ゐ)しょ 前の人が残した事業。

【遺詔】い(ゐ)しょう(せう) 天子のなくなるとき、言いおかれたみことのり。

【遺蹤】い(ゐ)しょう 残された跡。残された足跡。遺跡。

【遺嘱(囑)】い(ゐ)しょく 死後のことを頼む。

【遺臣】い(ゐ)しん ①ほろびた政府や主君に仕えていた家来。②先代からの古い家来。

【遺塵】い(ゐ)じん(ぢん) 後にのこったちり。遺跡。

【遺簪墜屨】い(ゐ)しんついく 苦難をともにした旧友が忘れがたいこと。かんざしをなくして悲しんだ婦人と、楚の昭王が、くつを惜しんだ故事。〈北史・韋瓊伝〉

【遺制】い(ゐ)せい ①昔から残っている制度。②死んだ人の残した作品。

【遺精】い(ゐ)せい 知らないうちに精液をもらす。


【遺跡】い(ゐ)せき ①昔、物事のあったあと。=遺蹟 ②あしあと。

【遺蹟】い(ゐ)せき 「遺跡」に同じ。

【遺礎】い(ゐ)そ のこされたいしずえ。遺跡の土台石。

【遺贈(贈)】い(ゐ)ぞう 遺言で財産をおくる。

【遺俗】い(ゐ)ぞく ①昔から伝わった風俗。②世間から見すてられること。③俗世間を忘れること。

【遺族】い(ゐ)ぞく あるじに死なれた家族。生き残った家族。

【遺体(體)】い(ゐ)たい ①父母から残し置かれたからだ。わが身。②死んだ人のからだ。死がい。

【遺大投艱】い(ゐ)だいとうかん 大きな仕事を残し、苦しいめに会わせる。大きな苦難を一身にせおうこと。〈書経・大誥〉

【遺沢(澤)】い(ゐ)たく 恵みを残す。残された恵み。おかげ。余沢。

【遺託】い(ゐ)たく 死ぬときに言い残した頼み。死後のことを頼むこと。

【遺脱】い(ゐ)だつ ①手抜かり。もれ。②ぬけている。もれる。

【遺著】い(ゐ)ちょ 死後に残された著作。

【遺伝(傳)】い(ゐ)でん 親の体質や性質が子孫につたわること。

【遺徳】い(ゐ)とく 死んだ人が残した良い行い。死後に残る恵み。

【遺尿】い(ゐ)にょう(ねう) ねしょうべん。

【遺溺】い(ゐ)にょう(ねう) ねしょうべん。=遺尿
【遺髪】い(ゐ)はつ 死んだ人が形見として残した髪の毛。

【遺表】い(ゐ)ひょう(へう) 臣下が死ぬ前に、主君にさしあげる手紙。

【遺品】い(ゐ)ひん 形見として残された品。

【遺風】い(ゐ)ふう ①昔のおもかげ。古くから残っている良い風俗。②速い馬。

【遺腹】い(ゐ)ふく 父の死後に生まれた子。

【遺物】い(ゐ)ぶつ ①死者が残した品。形見。②昔の物で現在まで残っている物。③物を忘れる。忘れた物。

【遺文】い(ゐ)ぶん 生前に書いて死後にのこした文章。昔の人が書いた文章。

【遺秉】い(ゐ)へい ①大収穫で持ち帰り残した稲束。〈詩経・大田〉②先人が著作中に書き漏らした事柄。

【遺弊】い(ゐ)へい 昔から今に残っている弊害。

【遺編】い(ゐ)へん 昔の人が書き残しておいた書物。

【遺芳】い(ゐ)ほう(はう) ①後世に残る名誉。②死んだ人の筆跡。

【遺法】い(ゐ)ほう(はふ) ①昔の人が残した法則。②子孫に残すきまり。

【遺墨】い(ゐ)ぼく 死者が生前に書いた書や画。

【遺民】い(ゐ)みん ①生き残った国民。②前の王朝が滅びた後、あとに起こった王朝に仕えない民。


【遺命】い(ゐ)めい 死ぬときに、言い残す言葉。

【遺留】い(ゐ)りゅう(りう) ①死後に残しとどめる。②置きわすれる。【——分】い(ゐ)りゅう(りう)ぶん ㊜遺産相続のとき、配偶者と、直系の親や子に分配されるようにきめられた財産の割合。

【遺領】い(ゐ)りょう(りやう) 国死後に残された領地。

【遺類】い(ゐ)るい ①生き残っているなかま。②家族やなかまを残すこと。

【遺烈】い(ゐ)れつ 死後に残したりっぱなしごと。

【遺老】い(ゐ)ろう(らう) ①生き残った老人。②代々の主君に仕えた老臣。③滅びた国の老臣。

【遺漏】い(ゐ)ろう 手抜かり。手落ち。
◇拾遺・子遺・補遺

辵12 【遹】〔16〕 イツ 漢 入 質 yù ユィ U補J 6570 9079
意味 ①避ける。逃れる。「回遹」 ②〈したが・う(——・ふ)〉まもり従う。③〈の・べる(——・ぶ)〉継承する。④〈ここに〉発語の助字。文章のはじめにつけ調子を整える。
【遹追】いっつい あとをしたいうけつぐ。

辵12 【遻】〔16〕 一ガク 漢 一 入 薬 è オー 二ゴ 漢 二 去 遇 wù ウー U補J 907B
意味 一①出会う。②思いがけなく見る。二①さからう。そむく。たがう。=忤・迕 ②会う。

⻌12 【遵】〔15〕 常 ジュン U補J 2969 9075
旧字 辵12 【遵】〔16〕 シュン 漢 ジュン 慣 平 真 zūn ツン U補J
筆順 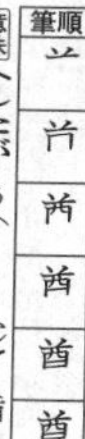
意味 〈したが・う(——・ふ)〉=循・順 ①(道すじに)沿っていく。②ならう。手本とする。③のっとる。まもりしたがう。
解字  形声。辶が形を表し、尊が音を示す。辶は行くこと。尊は、なれた道に従うという意味を含む。遵は、きまった道からはみ出ないようにして行くこと。
名前 ちか・のぶ・ゆき・より
【遵守】一じゅんしゅ 従い守る。二ツンショウ zūnshǒu 現一に同じ。
【遵奉】じゅんぽう 従い守る。遵守。
【遵法】じゅんぽう(ぱふ) 法律や規則などに従う。
【遵由】じゅんゆう(いう) たよりにして従う。

【遵游】したがってあそぶ。自然にまかせてゆうゆうとくらす。

【遵用】従い用いる。

【遵養】道にしたがって志を養う。

辵12【遶】〔16〕ジョウ(ゼウ)漢 上 篠 ニョウ(ネウ)呉 rào ラオ　U補J 9076 7813
意味〈めぐ・る〉＝繞　①周囲をまわる。②とりかこむ。

辵12【選】〔15〕学4　セン　えらぶ　U補J 9078 3310
旧字 辵12【選】〔16〕　U補J
一 セン 漢 呉 上 銑 xuǎn シュワン
二 サン 漢 呉 上 旱 suàn ソワン
三 サツ 漢 入 黠 shuā ショワ

筆順
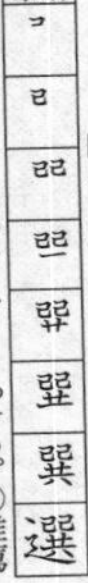

意味 一①〈えら・ぶ〉〈え・る〉よりわける。②推薦して官位につける。③詩や文をえらんで集めたもの。④すぐれた行い。⑤等しい。二①かぞえる。＝算　②数の単位。万。「五億十選」三古代のお金の単位。「金選」

解字 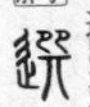 会意・形声。⻌と巽を合わせた字で、巽は音をも示す。⻌は行くこと。巽は追いやること。選は、追いやって行かせることである。また、巽はそろえるという意味があり、選もとりそろえることを表すとも、巽は遵と同じく後に続く意味があるから、選は、後に続いて歩くことであるとも、選は、算と音が同じで、数えてえらぶ意味もあるという。

名前 かず・のぶ・よし・より

参考 新表記では、「銓」の書きかえに用いる熟語がある。

【選科】①全体の中からとくに一部をえらんで学習する科目。選択科目。②本科にはいる資格のない学生のための学習課程。

【選歌】国よい歌をえらぶ。また、えらびだされた歌。

【選挙(擧)】一①官吏を試験などの方法によって採用する。科挙。②投票などによって、多くの人の中から適当な人をえらびあげる。二 xuǎnjǔ 現 一の②に同じ。【――権(權)】議員などの選挙に参加して投票する権利。

【選賢】すぐれた人物をえらび用いる。

【選言肢】哲二つ以上のことで、どれかと判断させるために並んだもの。「AかBか」というばあいのAとB。

【選言律】哲「それはAかAでないかのどちらかである。」というように表される考え方の形式。

【選(「銓」)考(「衡」)】国①人物・才能を調べる。考える。②人物をよく調べてえらぶ。

【選鉱(鑛)】役にたつ鉱石をえらびわける。

【選試】試験して、学者や官吏をえらび出す。

【選次】えらび出して順序をつける。

【選者】①とくにえらばれた者。「有二賓寮之選者一」(客分としてもてなされる者で、役人に採用された者がいた。)〈離魂記〉②国詩文の選抜をする人。

【選手】運動その他の競技にすぐれてとくに選ばれた人。

【選集】一①えらびあつめる。②代表的な作品を選び集めたもの。二国①詩歌などをえらび集める。勅選の歌集を作る。②「文選」(五六九ページ・下)と「白氏文集」(八五四ページ・中)。

【選出】多くの中からえらびだす。

【選奨(獎)】よいものをえらんで勧める。

【選人】①官吏になる資格を有する者。官吏候補者として選ばれた人。②官吏を選んで用いること。

【選択(擇)】一えらびだす。えらび取る。二 xuǎnzé 現 一に同じ。【――肢】どれかを選んで答えさせるために並べたいくつかのもの。

【選擢】えらびぬく。えらんで用いる。

【選定】えらんできめる。

【選任】えらびだして一つの任務につかせる。

【選抜】よいものをえらび出す。よりぬく。よりぬき。

【選評】作品などの中から、えらびぬいて批評する。

【選兵】よりぬきのすぐれた兵隊。

【選用】えらんで用いる。えらび出して使う。

【選良】①すぐれた人物をよりぬく。また、そのよりぬかれた人。②国国会議員。代議士。

〖待レ選〗官位につく時機を待つ。官吏登用選考に合格を期待する。
◇▼人選・公選・互選・予選・当選・再選・官選・改選・特選・推選・落選・精選

辵12【遷】〔15〕常　セン　U補J 9077 3311
旧字 辵12【遷】〔16〕セン 呉 漢 平 先 qiān チエン　U補J

筆順

手6【拪】〔9〕古字　U補J 62EA 3154
辵3【迁】〔7〕同字　U補J 8FC1 6524 ②8976
辵3【迁】〔6〕同字　U補J

意味 ①のぼる。②〈うつ・る〉㋐移動する。㋑しりぞく。㋒去る。逃げる。㋓変化する。㋔(官位が)あらたまる。「超遷」③〈うつ・す〉㋐移動させる。㋑しりぞける。㋒追放する。遠方へ流す。「遷客」㋓交換する。変更する。㋔(官位を)あらためる。「左遷」

解字  形声。⻌が形を表し、䙴が音を示す。⻌は行くこと。䙴は仙人で、修行を積み、肉体を離れて天にのぼる術を心得た人である。遷は、仙人が天にのぼることで、のぼる、うつるの意味になる。

【遷易】移り変わる。

【遷延】①時期がのびる。ながびく。②しりごみする。

【遷化】一①移り変わる。②人の死。二 仏高僧の死をいう。

【遷改】移り変わる。

【遷客】官職を下げて遠方へ移された人。罪のために流された人。

【遷御】①天子がよそへ移る。②神社のご神体を移す。

【遷宮】国神社のご神体をよそへ移す。

【遷固】「史記」の著者司馬遷と、「漢書」の著者班固。

【遷幸】天子が宮殿を出て、よそに移る。

【遷座】神や天子のご座所をよそへ移す。

【遷徙】移る。引っ越す。

【遷善】あやまちを改めて、善に移る。善人になる。「遷善改過」

【遷謫】官職を下げて、遠方の地へ流す。

【遷転(轉)】移す。引っ越す。

【遷都】都を移す。

【遷怒】怒りを移すこと。やつあたり。

【遷祔】先祖の墓地に合わせ祭る。
◇▼左遷・変遷・孟母三遷

辵12【邆】〔16〕トウ 漢 平 蒸 téng トン　U補J 9086
意味 邆川は唐代の州名。雲南省にあった。

辵12【邁】〔16〕標　バイ 漢 去 卦 マイ 呉 mài マイ　U補J 9081 7818

7画　見角言谷豆家豸貝赤走足(⻊)身車辛辰辵(⻌・⻍)邑(⻏〈右〉)酉采里

辵13【邁】〔17〕正字 U補J ――― 意味 ①〈ゆ・く〉㋐前へ進む。㋑めぐり行く。㋒遠く行く。㋓立ち去る。②〈す・ぎる(―・ぐ)〉㋐経過する。㋑越える。㋒まさる。「英邁」③努力する。‖励

【邁進】まいしん 勢いよく進む。勇み立って進む。「勇往邁進」

【邁邁】まいまい ①いい顔をしないさま。②気にかけないさま。

⻌12【遼】〔15〕人 U補J 4643

旧字 辵12【遼】〔16〕 リョウ 漢 (レウ) 平 蕭 liáo リアオ U補J 907C / F9C3

意味 ①〈はるか〉㋐はるか遠い。㋑広々としている。㋒久しい。②ゆるめる。ゆるやかにする。「遼緩」③国名(九一六～一一二五)。耶律阿保機の建国。もと契丹といい、九四七年国号を遼と改める。蒙古と華北の一部を領して北宋と対立する。金に滅ぼされる。

解字 形声。⻍が形を表し、尞が音を示す。尞はしばをたいて天を祭ることで、はるかの意を含む。遼は遠い道。

地名 遼東半島

【遼遠】りょうえん(れうゑん) はるかに遠い。

【遼夐】りょうけい(れう―) はるかに遠い。

【遼史】りょうし(れう―) 書名。遼代の正史。百十六巻。元の順帝のとき、托克托が編集した。二十四史の一つ。

【遼東豕】りょうとうのいのこ(れうとうのゐのこ) ひとりよがり。世間を知らないでただ自分だけをえらく思う。また、つまらないものを、ふれ歩くこと。遼東の人が白い頭のぶたを珍しいと思ったが、他の地方のぶたは、みな頭が白かったので恥じた話。〈後漢書・朱浮伝〉

【遼東半島】りょうとうはんとう(れうとう―たう) 遼寧省の南部、渤海と黄海の間にある半島。

【遼遼(遼)】りょうりょう(れうれう) ①遠いさま。②さびしいさま。

辵12【遴】〔16〕 ㊀リン 漢 ㊀去 震 lìn リン ㊁リン 漢 ㊁平 真 lín リン U補J ―――

辵13【遴】〔17〕俗字 U補J 6569 / 9074 意味 ㊀①〈かた・い(―・し)〉むずかしい。②なやむ。行きなやむ。③むさぼる。‖吝 ㊁〈えら・ぶ〉選び出す。えりわける。「遴選」

辵12【遻】〔16〕国字 U補J ②8994 / 285C8 意味 思い。

難読 遻迹・遻逆

辵12【遾】〔16〕同 →遾(一二五九ページ・中)

辵12【暹】〔16〕 →日部十二画(六〇一ページ・中)

辵12【遲】〔16〕旧 →遅(一二四八ページ・下)

辵13【邂】〔17〕 カイ 漢 去 卦 xiè シエ U補J 7816 / 9082

意味 邂逅は、①思いがけなく出会う。②喜ぶさま。うちとけるさま。

⻌13【還】〔16〕常 カン U補J 2052 / 9084

旧字 辵13【還】〔17〕 ㊀カン(クヮン) 漢 ゲン 呉 ㊀平 刪 huán ホワン ㊁セン 漢 ㊁平 先 xuán シュワン U補J ―――

筆順

辵4【还】〔7〕俗字 U補J 8FD8

意味 ㊀①〈かえ・る(かへ・る)〉もどる。㋐もとの状態や場所へもどる。㋑しりぞく。②ふりかえる。③〈かえ・す(かへ・す)〉㋐もとの状態へもどす。㋑もとの持ち主に返す。㋒つぐなう。㋓むくいる。④納める。⑤〈かえって(かへって)〉逆に。反対に。⑥〈また〉㋐ふたたび。㋑さらに。⑦〈なお(なほ)〉依然として。⑧とり囲む。‖環 ㊁①めぐる。まわる。‖旋 ②すばやい。すみやか。③すぐに。

解字 形声。⻍が形を表し、睘が音を示す。⻍は歩くこと。睘には、めぐる、という意味がある。還は、めぐってもとにもどることである。

【還帰(歸)】かんき(くゎん―) 帰る。もとの所にもどる。帰還。

【還給】かんきゅう(くゎんきふ) 持ち主に返す。

【還御】かんぎょ(くゎん―) ①天子が出かけ先から帰る。②国みこしが神社へ帰る。

【還啓】かんけい(くゎん―) 皇太子・皇太后・皇后・皇太子妃が出かけ先から帰る。

【還元】かんげん(くゎん―) ①もとのものにもどす。②理酸化した物から酸素の全部または一部をうばいとる。

【還顧】かんこ(くゎん―) ふりかえりみる。「還顧望旧郷」〈文選・古詩十九首〉

【還幸】かんこう(くゎんかう) 天子が出かけ先から帰る。

【還魂】かんごん(くゎん―) ①死者のたましいがよみがえること。反魂。②宋の楊時が程子の学を信じたのをそしったことば。【――記】かんこんき(くゎん―) 「牡丹亭還魂記」。明代戯曲の名。【――紙】かんこんし(くゎん―) 国くずを再生した紙。すき返しの紙。

【還答】かんとう(くゎんたふ) 返事。返答。

【還付】かんぷ(くゎん―) かえす。もどす。

【還暦(曆)】かんれき(くゎん―) 数え年六十一歳。干支が一まわりしてもとへもどる。ほんけがえり。華甲。

【還城楽(樂)】げんじょうらく(―じゃう―) ①舞楽の名。蛇退治を喜ぶ曲。②この舞楽に使う面。

【還相回向】げんそうえこう(―さう―かう) 仏浄土門で、往生した後、俗世にもどって、人々を救うこと。↔往相回向

【還俗】げんぞく いったん僧になった人が、ふたたび俗人にかえる。

【還飈】せんぴょう(―べう) 吹きわたる突風。〈孔稚圭・北山移文〉

【還礼(禮)】わんれい 仏禅宗で、他寺から受けた訪問・もてなしなどに対し、返礼をすること。「わん」は唐音。回礼。

【還是】ハイシ háishi 現①やはり。あいかわらず。②…かそれとも…。

◆生還・返還・往還・帰還・奪還・償還

⻌13【遽】〔17〕標 キョ 漢 去 御 jù チュイ U補J 7817 / 907D

意味 ①はやうま。急をしらせる宿場の車馬。②〈にわかに(にはかに)〉すぐに。③〈あわただし・い(あわただ・し)〉いそがしく、落ちつかない。④うろたえる。⑤おそれおののく。⑥〈なんぞ〉反語の副詞。‖詎・渠

【遽疾】きょしつ さしせまる。

【遽色】きょしょく あわてた顔いろ。

【遽人】きょじん ①宿場の人夫。②命令を伝える使者。

【遽然】きょぜん ①驚喜するさま。②恐れるさま。③慌てるさま。

【遽卒】きょそつ にわか。急に。あわただしい。

辵13【澶】〔17〕 テン 呉 漢 平 先 zhān チャン U補J ②9002 / 6571 / 9085

意味 ①〈なや・む〉ゆきなやむ。たちもとおる。「澶如」②まわる。③めぐる。まわってゆく。④移る。

【澶廻】てんかい(―くゎい) ①まわりながら進む。②行きなやむ。

⻌13【避】〔16〕常 ヒ さける U補J 4082 / 907F

旧字 辵13【避】〔17〕 ヒ 漢 ビ 呉 去 寘 bì ピー U補J ―――

筆順 コ 尸 吕 吕 吕 辟 辟 避

意味 ①〈さ・ける(――・く)〉〈よ・ける(――・く)〉 ㋐身をかわし、よける。㋑のがれる。かくれる。㋒遠ざかる。㋓はばかる。遠慮(えんりょ)する。「避諱(ひき)」 ㋔(他の物で代用し)もちいない。②〈さ・る〉 離れる。逃げさる。③そむく。

解字 形声。辶が形を表し、辟(ひ)が音を示す。辶は行くこと。辟には、かたわら、かたよる、という意味がある。避は、横によける、さけるという意味を表す。

【避役(ひえき)】①労働をさける。②カメレオン。

【避寒(ひかん)】冬の寒さをさける。また、そのために暖かい土地へ行く。

【避諱(ひき)】主君・父母の名の字を口にしたり、書いたりすることをさけること。そのために他の字を使ったり、字の一部をはぶいたりする。(↓付録「避諱一覧表」)

【避暑(ひしょ)】夏の暑さをさける。また、そのために涼しい土地へ行く。

【避匿(ひとく)】さけかくれる。道をよけて隠れる。

【避難(ひなん)】災難をさける。

【避妊(ひにん)】妊娠しないようにする。

【避風(ひふう)】風をよける。【――台(臺)(ひふうだい)】漢の成帝が、皇后の趙飛燕(ちょうひえん)のために築いた高い御殿。〈飛燕外伝(ひえんがいでん)〉

【避免(ビーミエン)】bìmiǎn 現さける。まぬがれる。防止する。

◇回避(かいひ)・忌避(きひ)・退避(たいひ)・逃避(とうひ)

辵13【邀】〔17〕 ヨウ 漢 平 蕭 (エウ) yāo ヤオ　J 7819 補 ― U 9080

意味 ①〈むか・える(――・ふ)〉 ㋐まちうける。㋑まちぶせる。㋒招(まね)く。②求める。「邀功(ようこう)」③出会う。

【邀飲(よういん(えういん))】招待して酒を飲む。

【邀撃(撃)(ようげき(えうげき))】敵を待ちうけてうつ。迎えうつ。

【邀請(ヤオチン)】yāoqǐng 現招く。招き。招待。

辵13【邉】〔17〕 同 ↓邊(一二二九ジページ・上)

辵13【邁】〔17〕 正 ↓邁(一二五七ジページ・下)　J 7778 補 ― U 9087

辵13【遴】〔17〕 俗 ↓遴(一二五八ジページ・上)

辶14【邇】〔18〕 標 ジ 漢 ニ 呉 上 紙 ěr アル　J 3886 補 ― U 8FE9

辵5【迩】〔8〕 俗字

辵5【逃】〔9〕 同字　J ― 補 ― U ―

辵5【迯】〔8〕 同字　J ― 補 ― U 2849B

意味 ①〈ちか・い(――・し)〉 ②〈ちかづ・く〉

姓 邇宗(ちかむね)・邇宗(にむね)　地名 邇摩(にま)

【邇言(じげん)】身近なことば。通俗的でわかりやすいことば。

【邇来(來)(じらい)】それから以後。その後。＝爾来

辵14【邃】〔18〕 スイ 漢 呉 去 寘 suì ソイ　J 6768 補 ― U 9083

辵14【邃】〔18〕 同字　J ― 補 ― U ―

辵12【邃】〔16〕 同字　J ②9001 補 ― U 285C9

意味 〈ふか・い(――・し)〉 おくふかい。「邃深(すいしん)」「幽邃(ゆうすい)」

【邃宇(すいう)】広くておく深い家。

【邃暁(曉)(すいぎょう(げう))】くわしい。よく知っている。

【邃古(すいこ)】おおむかし。太古。

辵14【邈】〔18〕 バク 漢 ミャク 呉 入 覚 miǎo ミアオ　J ①9258 補 6572 U 9088

意味 ①〈はるか〉 遠い。②あなどる。軽視する。＝藐(ばく) ③もだえる。うれえる。

【邈焉(ばくえん)】①はるかに離れるさま。②むとんじゃくなさま。ぼうっとしているさま。

【邈乎(ばくこ)】①はるかなさま。②そっけないさま。

【邈志(ばくし)】大きくはるかな考え。遠大な志。

【邈邈(ばくばく)】遠くはるかなさま。

辵15【邋】〔19〕 一 リョウ 漢 一 入 葉 (レフ) liè リエ　二 ロウ 漢 二 入 合 (ラフ) lā ラー　J ― 補 6573 U 908B

意味 一 ①〈くじ・く〉 折る。②邋邋(りょうりょう)は、旗のひるがえるさま。＝獵獵 ③のりこえる。＝躐(りょう) ④ゆく。二 邋遢(ろうとう)は、①走るようす。②慎重でないこと。③よごれているさま。

辵15【邌】〔19〕 一 レイ 漢 一 平 斉 lí リー　二 チ 漢 二 平 支 chí チー　J ②9003 補 6574 U 908C

意味 一 ①おもむろに。ゆっくりと。②〈ね・る〉 (行列を作って)ゆっくり進む。③小さいようす。二 おそい。＝遅(ち)

辵15【邊】〔19〕 旧 ↓辺(一二二九ジページ・上)

辵18【邎】〔22〕 ユウ 漢 平 尤 (イウ) yóu ユー　J ― 補 6575 U 908E

意味 はやくすすむ。

辵19【邏】〔23〕 ラ 漢 呉 去 箇 luó ルオ　J 7822 補 ― U 908F

意味 ①めぐる。㋐(周囲を)とりまく。㋑みまわる。巡察する。「警邏(けいら)」②みまわり。また、みまわり役。「邏卒(らそつ)」③ふもと。山すそ。

【邏騎(らき)】見まわりをする騎兵。

【邏斎(齋)(らさい)】①僧が食料を乞(こ)うて歩く。托鉢(たくはつ)。②物ごい。

【邏察(らさつ)】警備のために見まわる。巡視。巡邏。

【邏卒(らそつ)】①見まわりの兵卒。②国巡査の旧称。

【邏吏(らり)】見まわりの役人。

【邏輯(ルオチー)】luójí 現論理学。ロジック。

辵19【邐】〔23〕 リ 漢 上 紙 lǐ リー　J ②9004 補 6576 U 9090

意味 ①つらなる。つづく。②〈ななめ〉 ななめにつづくさま。③邐迤(りい)は、曲がりくねって長くつらなるさま。

7画　邑(阝)部　おおざと　おおざる

【部首解説】「口」と「卩」が合わさり、「領土」「国」を表す。この部には、地名や国名、人の居住地に関連するものが多く、「邑・阝」の形を構成要素とする文字が属する。旁(つくり)になるときは「阝」(三画)となる。

邑0【邑】〔7〕 人 ユウ(イフ) 漢 オウ(オフ) 呉 入 緝 yì イー　J 4524 補 ― U 9091

意味 ①みやこ。特に、小さいものをいう。まち。↕都(と) 「都邑(とゆう)」「商邑(しょうゆう)」②みやこを置く。③〈むら〉 集落(しゅうらく)。④大夫(たいふ)の領地(りょうち)。「食邑(しょくゆう)」「采邑(さいゆう)」⑤県の別称。⑥うれえる。気がふさぐ。＝悒(ゆう)

解字 会意。口と卩とを合わせた字。口は領土。卩は諸侯に賜るわりふ。邑は、諸侯の領土・国をいう。他の説に、口はかこい、巴は人がひざまずいている形で、丘の上のやしき、あるいは、わくの中にとじこめる意味を表すともいう。漢字の旁(つくり)として使うときは、右側に「阝」の形で加えて、村・集落の意味に使う。

地名 邑久(おく)・邑智(おおち)・邑楽(おおら)

【邑居(ゆうきょ(いふ))】むらざと。むらざとのすまい。

【邑金(ゆうきん(いふ))】領地から納まる税金。

【邑犬(ゆうけん(いふ))】むらざとにすむ犬。

【邑宰(ゆうさい(いふ))】むらざとの長。村長。

7画　見角言谷豆豕豸貝赤走足(⻊)身車辛辰辵(辶・辶)邑(阝〈右〉)酉釆里

【邑子】ゆうし むらの人。
【邑人】ゆうじん 村の人。むらびと。
【邑入】ゆうにゅう 領地からはいる税の収入。
【邑邑】ゆうゆう ①楽しくないさま。ゆううつなさま。＝悒悒 ②多くの村。③かよわいさま。
【邑落】ゆうらく むらざと。村落。
【邑里】ゆうり むらざと。
【邑憐】ゆうりん うれえおしむ。
【致レ邑】ゆうをいたす 領地を与える。領地を贈り物にする。

邑0 【阝】〔3〕 U補J 961D 7036 ②9005
意味 漢字の字体記述要素。部首の一つ。①おおざと。邑ゆうが旁つくりのときの形。②こざと。阜ふが偏のときの形。

邑3 【邘】〔6〕 ウ 漢 平 虞 yú ユィ U補J 9098 6579
意味 地名。周代の国名。今の河南かなん省沁陽しんよう市。

邑3 【邗】〔6〕 カン 漢 平 寒 hán ハン U補J 9097 6578 ①9260
意味 ①地名。今の江蘇こうそ省揚州ようしゅう市。②邗溝かんこうは、春秋時代、呉国の運河。邗江・渠水きょすいともいう。江蘇省。

邑3 【邔】〔6〕 キ 漢 上 紙 qǐ チー U補J 286C
意味 地名。今の湖北こほく省宜城ぎじょう市にあった。

邑3 【邛】〔6〕 キョウ 漢 平 冬 qióng チョン U補J 909B 6581 ①9262
卩3 〔卭〕〔5〕 俗字 U補J 536D 2031
意味 ①〈おか(をか)〉土できた小山。②〈や・む〉病気になる。つかれる。③邛都こうとは、古代、中国西南部(今の四川しせん省西昌せいしょう市)にいた少数民族の国名。④川の名。四川省にあった。

邑3 【邙】〔6〕 ボウ(バウ) 漢 平 陽 máng マン U補J 9099 6580 ①9261
意味 洛陽らくようの北方の山の名。

邑3 【邕】〔10〕 一ヨウ 漢 一平 冬 yōng ヨン 二ヨウ 漢 二上 腫 yǒng ヨン U補J 9095 6577 ①9259
意味 一①四方に水をめぐらせた村里・都市。②やわらぐ。なごむ。＝雍・雝よう 二ふさぐ。＝壅よう
【邕邕】ようよう おだやかなさま。

邑4 【邢】〔7〕 一ケイ 漢 一平 青 xíng シン 二コウ(カウ) 漢 二上 梗 gěng コン U補J 90A2 6584 ①9263
意味 一①国名。今の河北かほく省邢台けいだい市にあった春秋時代の国。②姓。二 地名。殷いんの祖乙いつが都した。今の河南かなん省温県の東。一説に、山西省河津しん市の南。＝耿こう
【邢昺】けいへい 人名。宋そう初の経学者。著に「論語正義」。

邑4 【邧】〔7〕 ゲン 漢 平 元 yuán ユワン U補J 90A7
意味 春秋時代、秦国の地名。今の陝西せんせい省澄城ちょうじょう県にあった。

邑4 【邟】〔7〕 コウ(カウ) 漢 平 陽 kàng カン U補J 909F
意味 地名。今の河南かなん省汝州じょしゅう市の東にあった。

邑4 【邥】〔7〕 シン 漢 上 寝 shěn シェン U補J 90A5 6585
意味 邥垂しんすいは、春秋時代の地名。今の河南かなん省洛陽らくよう市の南にあった。

阝4 【那】〔7〕 常 ナ U補J 90A3 3865
旧字 邑4 【那】〔7〕 一ダ 漢 ナ 呉 一平 歌 nuó ヌオ 二ダ 漢 ナ 呉 二去 箇 nuò ヌオ 三ダ 漢 ナ 呉 三上 哿 nǎ ナー U補J

筆順 フ ヨ ヨ 刃 刃 那 那

意味 一①多い。②美しい。③安らか。④〈いかん〉いかが。どうか。⑤移す。＝挪だ 二〈や〉〈か〉文末におかれ、疑問・反語の意を表す。三①〈いずくに(いづくに)〉どこに。＝哪 ②〈なんぞ〉なぜ。③あれ。あの。音 nà ナー。↔這しゃ
解字 形声。阝が形を表し、冄ぜん(冉)が音を示す。冄には、たっぷりしたという意味がある。那は、西方の国名というが、多いという意味のほか、外国語音のあて字に使われる。
名前 とも・やす 姓 那波なば・那珂なか
地名 那珂なか・那賀なか・那須なす・那覇なは・那珂湊なかみなと
【那翁】なおう(をう) 人名。ナポレオンのこと。那波烈翁ナポレオン。
【那須野紙】なすのがみ 国 栃木とちぎ県烏山からすやま地方に産する紙。烏山紙。西の内紙。
【那智黒】なちぐろ 国 和歌山県那智地方に産する黒色の粘板岩ねんばんがん。碁石や試金石に使う。
【那事】なにごと なにごと。なにごとであるか。
【那辺(邊)】なへん 一どこ。どのあたり。＝哪辺 二ナーピエン ① nǎbiān 現 一に同じ。② nàbian 現あちら。あちら側。
【那由他】なゆた 仏きわめて大きい数。千億。
【那落】ならく ①仏地獄。②国どん底。③国舞台の下にあるへや。＝奈落
【那個】ナーコ nàge 現あの。あれ。
【那些】ナーシエ nàxiē 現あれらの。それらの。
【那麼】ナーモ nàme 現それでは。そのように。
【那様(樣)】ナーヤン nàyàng 現あのような。そのような。
【那裏】ナーリ nàli 現あそこ。そちら。
【那児(兒)】ナール nàr 現あそこ。そちら。
◆旦那だんな・任那みまな・刹那せつな・檀那だんな

邑4 【邠】〔7〕 ヒン 漢 平 真 bīn ピン U補J 90A0 6582
意味 ①もようがりっぱなさま。あやのあるさま。＝份・彬ひん ②国名。周の祖先の公劉こうりゅうの建てたという国。今の陝西せんせい省彬ひん県にあった。＝豳ひん

邑4 【邞】〔7〕 フ 漢 平 虞 fū フー U補J 909E
意味 地名。今の山東さんとう省膠州こうしゅう市付近にあった。

阝4 【邦】〔7〕 常 ホウ U補J 90A6 4314
旧字 邑4 【邦】〔7〕 ホウ 漢 呉 (ハウ) 平 江 bāng パン U補J

筆順 一 二 三 手 手 邦 邦

意味 ①〈くに〉㋐天子から許された諸侯の領地。㋑特に大国をいう。↔国 ②くにする。領地を与える。＝封 ③姓。国他の語の上について「わが国の」という意を表す。「邦楽ほうがく」「邦訳ほうやく」
解字 形声。阝が形を表し、丰ほうが音を示す。阝は国。丰はそびえてとがっている気持ちがある。邦は、国境に土をケルンのように盛って、目印とすることで、国をいう。
【邦域】ほういき(ゐき) 国のさかい。国のうち。国域。
【邦家】ほうか くに。国家。
【邦貨】ほうか(くわ) 国わが国の貨幣。↔外貨
【邦楽(樂)】ほうがく 国わが国の音楽。↔洋楽
【邦畿】ほうき 都に近い土地。周代、天子の城を中心とする

千里四方の地。

【邦禁】国できめられている禁止事項。

【邦君】国の殿様。諸侯。藩主。

【邦訓】国漢字のよみ。日本語でのよみ方。

【邦憲】国法。

【邦語】①その国の用語。②国語。③国日本語。

【邦交】国と国とのつきあい。国交。

【邦国(國)】①国家。②大きい国と小さい国。

【邦字】国国字。日本の字。

【邦人】この国の人。自国の人。

【邦俗】国の風俗習慣。

【邦治】国の政治。

【邦土】国土。国。

【邦伯】①古代、諸侯の長。②州の長官。刺史。

【邦文】国日本文。国文。
◆万邦・友邦・本邦・他邦・旧邦・合邦・連邦・異邦・隣邦

邑4【邡】〔7〕 一ホウ漢 一平 陽 fāng ファン (ハウ) 二ホウ漢 二去 漾 fàng ファン (ハウ) J ②9006 補 6583 U 90A1

意味 一什邡は、漢時代の地名。今の四川省にあった。二問いはかる。相談する。＝訪

邑4【邛】〔7〕 同→邛(一二六七ページ・中)

邑4【邨】〔7〕 同→村(六二二ページ・上)

邑4【邪】〔7〕 旧→邪(本ページ・中)

邑5【邯】〔8〕 一カン漢 一平 寒 hán ハン 二カン漢 二上 感 hàn ハン J 7824 補 U 90AF

意味 一①川の名。青海省化隆回族自治県を流れ黄河に注ぐ。②姓。二邯淡は、豊かでさかんなさま。

【邯鄲】地名。春秋時代は衛や晋に属したが、戦国時代は趙の都となった。今の河北省邯鄲市西南。

【邯鄲男】国能面の一つ。

【邯鄲師】国まくらさがし。旅客などの寝ている間に金品を盗む者。

【邯鄲之歩】人のまねをし失敗するたとえ。邯鄲風の歩き方を学びそこなった燕の寿陵の少年が、もとの歩き方も忘れて、はって帰った話。〈荘子・秋水〉

【邯鄲之夢】人生の栄華がはかないたとえ。盧生という青年が、邯鄲の宿屋で道士呂翁から枕を借りて眠り、栄華をきわめた夢を見たという話。黄粱一炊夢。盧生之夢。〈沈既済・枕中記〉

阝5【邱】〔8〕 標 キュウ漢 平 尤 qiū チウ (キウ) J 7825 補 U 90B1

意味 〈おか(をか)〉＝丘
【邱山】丘や山。「性本愛二邱山一」(生まれつき山がすきだ。)〈陶潜の詩・帰二園田居一〉

阝5【邪】〔8〕 常 ジャ J 2857 補 U 90AA
旧字 邑4【邪】〔7〕 U 補 J

一シャ漢 ジャ呉 一平 麻 xié シエ
二ヤ漢 二平 麻 yé イエ
三ヤ漢 三平 麻 yá ヤー

筆順 一 ㄏ 工 牙 牙 牙 邪 邪

意味 一＝衺 ①〈ななめ〉かたむく。ゆがむ。＝斜 ②〈よこしま〉㋐〈まさな〉正しくない。ねじけている。㋑かたよる。不公平。㋒いつわり。でたらめ。③たがう。くい違う。④悪人。⑤人を惑わし、害をなす物の怪。⑥中国医学で、病気をひきおこす要因。悪気。二①〈や〉〈か〉疑問を表す文末の助詞。②→邪許 三琅邪は、地名。→琅

語法 〈や〉〈か〉…であろうか。文末に置かれ、疑問・反語・詠嘆の語気を表す。類耶・乎・也 例「君居二其位一、不レ知二其任一邪」(君はその位におりながら、その任務を知らないのか)〈史記・陳丞相世家〉

解字  形声。阝が形を表し、牙が音を示す。邪はもともと、琅邪という地名に用いられた字であるが、衺と通じて、よこしま、ななめ、の意味に使われる。

難読 風邪(付表)／邪馬台国
【邪悪(惡)】①心がまがっていてよくない。②わる者。
【邪意】よくない心。
【邪淫】①心が正しくなく、道理にはずれる。よこしまでみだりがわしい。②仏不正な男女関係。

【邪枉】「邪曲」に同じ。

【邪猾】道にそむいて、悪がしこい。

【邪気(氣)】①悪い心。②病気を起こさせる悪い気。③国かぜひき。④国たたり。もののけ。じゃけ。

【邪鬼】悪い神。たたりをする怪神。

【邪教】「邪宗」に同じ。

【邪曲】心がよこしまで、ねじけている。

【邪計】わるだくみ。よくない計画。

【邪見】①仏よこしまな見方。②正しくない考え。③国ひどくとりあつかうこと。「いじわる。」＝邪慳
【邪険(險)】国思いやりなく、むごいあつかいをすること。

【邪慳】国よこしまで、いじわる。無慈悲。＝邪見・邪険
【邪行】①悪い行い。②ななめに進む。

【邪侈】よこしまで、おごる。心がねじけていてわがまま。

【邪辞(辭)】正しくないことば。

【邪宗】人心を迷わすよくない宗教。邪教。【━門】①邪宗。②国書名。北原白秋の詩集。

【邪心】よこしまの心。悪い心。

【邪臣】悪い家来。心のねじけた臣下。

【邪推】いじわるく疑う。悪く推量する。

【邪世】悪い世の中。

【邪説】①不正な説。まちがった説。②儒教の道にはずれた説。

【邪知(「智」)】わるぢえ。よこしまなちえ。奸智。

【邪道】①よこしまな道。不正なやりかた。②よこみち。

【邪慝】心が悪くねじけている。邪悪。

【邪佞】心がねじけていて、人にへつらう。また、その人。

【邪念】①正しくない考え。②みだらな思い。

【邪僻】不正。ひがみ。

【邪法】①不正な方法。②よくない法律。③正しくない宗教。魔法。

【邪魔】①仏仏道にそむいた説を述べて、妨げをする悪魔。②国妨げ。妨害。

【邪慢】よこしまで心がおごっている。

【邪遊】悪いあそび。よこしまな遊び。

【邪欲】よこしまな欲望。

【邪許】重い物を皆で動かすときのかけ声。

【邪馬台(臺)】中国人が上代日本を呼んだことば。やまと。倭国。耶馬台。〈後漢書・倭国伝〉

【邪揄】からかう。あざけりなぶる。＝揶揄
◆正邪・風邪・破邪

邑5【邵】〔8〕ショウ 漢 去 嘯 (セウ) shào シャオ J 7826 補 ― U 90B5

意味 ①地名。春秋時代、晋国の地。今の河南省済源市の西。②姓。

【邵康節(節)】しょう(せう)こう(かう)せつ 「邵雍」に同じ。

【邵晋(晉)涵】しょう(せう)しんかん 人名。清代の儒学者。餘姚の人。字は与桐。また、二雲ともいう。「四庫全書」の編集者のひとりで、主に史部を担当した。著書に「爾雅正義」「南都事略」などがある。(一七四三～一七九六)

【邵雍】しょう(せう)よう 人名。北宋の道学者。字は堯夫、諡は康節。易・天文にくわしかった。その学派は百源学派とよばれる。(一〇一一～一〇七七)

邑5【邰】〔8〕タイ 漢 平 灰 tái タイ J ②9008 補 6586 U 90B0

意味 周の先祖の領地。今の陝西省にあった。

⻏5【邸】〔8〕常 テイ　テイ 漢 上 薺 dǐ ティー J 3701 補 ― U 90B8

筆順

意味 ①〈やしき〉㋐戦国時代の諸侯や漢代の郡王が来朝した際の都においた屋敷。㋑王侯の住居。㋒大きな建物。②やど。宿舎。また、やどる。③くら。「邸閣」④みせ。⑤至る。触れる。＝抵 ⑥＝底 ㋐そこ。㋑とどめる。とどまる。⑦ねもと。根本。＝柢

解字 形声。⻏が形を表し、氐が音を示す。⻏は国。氐には止まって居るという意味がある。邸は、属国の人たちが、上京したときの宿舎。いわば、参勤交代で、江戸にいるときの住居である。

名前 いえ

【邸閣】ていかく ①やしき。②店。③食料貯蔵庫。邸閣。

【邸舎】ていしゃ ①やしき。＝第舎 ②やどや。③店。

【邸第】ていだい 貴人のやしき。

【邸宅】ていたく やしき。大きなすまい。＝第宅

【邸内】ていない やしきの内。

【邸報】ていほう 都にある諸藩のやしきを通じて、本国へ知らせる政府の命令。官報。

◆旧邸・私邸・別邸・官邸・御用邸

邑5【邶】〔8〕ハイ 漢 去 隊 bèi ペイ J ②9009 補 6590 U 90B6

意味 国の名。周の武王がもとの殷の領土を邶・鄘・衛に三分した北方の国。今の河南省湯陰県の東南。「詩経」には「邶風」十九編を収める。

邑5【邳】〔8〕ヒ 漢 平 支 pī ピー J ①9264 補 6588 U 90B3

意味 ①大きい。＝丕 ②下邳は地名。今の江蘇省睢寧県西北にある。漢の張良が黄石公に出会った所。

邑5【邲】〔8〕ヒツ 漢 入 質 bì ピー J ― 補 6587 U 90B2

意味 ①春秋時代、鄭国の地。今の河南省滎陽市の東北。②姓。

邑5【邴】〔8〕ヘイ 漢 上 梗 bǐng ビン J ― 補 6589 U 90B4

意味 ①地名。㋐春秋時代、宋国の地。㋑鄭国の地。今の山東省費県。②よろこぶさま。③姓。

邑5【邮】〔8〕ユウ 漢 平 尤 (イウ) yóu ユー J ― 補 ― U 90AE

意味 陝西省高陵県にあった亭の名。

参考 邮は「郵」(一二六六ジ・下)の中国新字体としても使う。

邑5【祁】(八九四ジ・下)→示部三画

⻏6【郁】〔9〕人 イク 漢 入 屋 yù ユィ J 1674 補 ― U 90C1

意味 ①あやのあるさま。模様や彩色が美しく、はなやかなさま。②文化が盛んなさま。③香気が盛んなさま。芳しい。＝馥 「馥郁」「芳郁」④果樹の名。にわうめ。郁李。＝薁 ⑤あたたかい。あつい。＝燠

解字 仮借。郁はもともと陝西省の地名で、⻏が形を表し、有が音を示す形声文字。彧の仮借として使われる。彧は、もようの美しいことを表す。

名前 か・あや・ふみ・かおる・たかし　難読 郁子

参考 郁は「鬱」(一二一四ジ・下)の中国新字体としても使う。

【郁郁】いくいく ①文化が開けて盛んなさま。「郁郁乎文哉」〈論語・八佾〉②においのよいさま。③おもむきのあるさま。

【──青青】いくいくせいせい においもよく、色も青々と茂っているさま。

【郁達夫】いくたつふ(ユィ ターフー) 人名。近代の小説家。日本留学を材料にして、すぐれた小説を書いた。(一八九六～一九四五)

【郁氛】いくふん よいにおい。香気。

【郁烈】いくれつ 香気の盛んなさま。強いかおり。

邑6【邽】〔9〕ケイ 漢 平 斉 guī コイ J ― 補 6591 U 90BD

邑6【[illegible]】〔13〕同字 J ― 補 6592 U 90CC

意味 ①たま。宝玉。瑞玉。＝圭 ②地名。今の甘粛省天水市。③姓。

邑6【郋】〔9〕ケイ 漢 平 斉 xī シー J ― 補 ― U 90CB

意味 地名。今の河南省郾城県の東。

邑6【郄】〔9〕ケキ 漢 入 陌 xì シー J ①9266 補 6601 U 90C4

意味 ①＝郤 ㋐すきま。＝隙 ㋑地名。㋒姓。②つかれる。

⻏6【郊】〔9〕常 コウ　コウ 漢 平 肴 (カウ) jiāo チアオ J 2557 補 ― U 90CA

筆順

意味 ①都のはずれ。周代では、都城から五十里を近郊、百里を遠郊という。②国ざかい。城外・野外を広くさす。③田野。いなか。町はずれ。④天地の祭り。冬至に南郊で天を祭り、夏至に北郊で地を祭る。「郊祭」「郊祀」⑤地名。㋐春秋時代、晋の地。今の山西省運城市。㋑春秋時代、曹の地。今の山東省定陶県の西南。

解字 形声。⻏が形を表し、交が音を示す。⻏は国。交には交通する意味がある。郊は国内の、四方に道が通じている地域で、都の近くをいう。

名前 おか・さと・ひろ

【郊外】こうがい(かうぐわい) 町はずれ。町の外。

【郊関(關)】こうかん(かうくわん) 城外の関所。都の入り口の関所。

【郊寒島痩(瘦)】こうかんとうそう(かう…さう) 孟郊の詩はさむざむとしており、賈島の詩はぎすぎすしている。詩文にふっくらした味のないことをいう。〈蘇軾・祭柳子玉文〉

【郊居】こうきょ(かう) 郊外の住居。いなかのすまい。

【郊墟】こうきょ(かう) 野とおか。野山。いなか。

【郊迎】こうげい(かう) 他国から来る客を、郊外まで出迎えて敬意を表す。

【郊原】こうげん(かう) 野原。

【郊祭】こうさい(かう) 天地の祭り。

【郊祀】こうし(かう) 天子が南郊・北郊で行う天地の祭り。

【郊社】こうしゃ(かう) 南郊で行う天の祭りと北郊で行う地の祭り。

【郊遂】こう(かう)すい　町はずれの地。遂は、郊の外。

【郊送】こう(かう)そう　町はずれまで見送る。

【郊禘】こう(かう)てい　天子が行う、天地の祭りと先祖の祭り。

【郊野】こう(かう)や　①郊は、邑ゆうの外。野は、郊の外。あわせていう。②町はずれ。のべ。

【郊労(勞)】こう(かう)ろう(らう)　郊外まで出迎えてねぎらう。他国から来る客に対する礼式の一つ。

【郊区(區)】チアオチュイ jiāoqū　現近郊地区。
◆近郊きんこう・遠郊えんこう

邑6【郃】〔9〕 ■コウ(カフ) 漢 ■入 合 hé ホー ■コウ(カフ) 漢 ■入 洽 xiá シア　J②9010 補6594 U90C3
意味 ■①郃陽ごうようは、漢代の県名。今の陝西せんせい省合陽ごうよう県東南にあった。②川の名。■あう。=合ごう

邑6【郈】〔9〕 コウ 漢 上 有 hòu ホウ　J②9011 補6604 U90C8
意味 ①春秋時代、魯ろ国の地名。叔孫しゅくそん氏の領地。今の山東省東平県の東南。②姓。

邑6【邿】〔9〕 シ 漢 平 支 shī シー　J― 補― U90BF
意味 ①春秋時代の国名。魯ろの属国。今の山東省済寧さいねい市の東南。②地名。山東省平陰県の西にあった。③姓。

邑6【郅】〔9〕 シツ 漢 シチ 呉 入 質 zhì チー　J①9267 補6602 U90C5
意味 ①盛ん。②大きい。③いたる。=至 ④姓。

邑6【郇】〔9〕 シュン 漢 平 真 xún シュン　J①9268 補6603 U90C7
意味 ①周時代の国名。今の山西さんせい省臨猗りんい県西南にあった。周の文王の子が封ぜられた。②姓。
【郇厨飽飫】しゅんちゅう(ちう)ほう(はう)よ　郇公の台所でごちそうになる。ごちそうを感謝することば。

邑6【𨚲】〔9〕 ソン 漢 平 元 cún ツン　J― 補― U286B2
意味 𨚲鄢そんばは、漢かん代の県名。今の四川しせん省宜賓ぎひん県西北にあった。

邑6【邾】〔9〕 チュウ(チウ) 漢 チュ 呉 平 虞 zhū チュー　J①9265 補6593 U90BE
意味 周時代の国名。魯ろの属国。のちの鄒すう国。今の山東省鄒すう県。「邾婁ちゅろう」

阝6【郎】〔9〕 常 ロウ　J4726 補― U90CE
旧字 阝7【郞】〔10〕 人 ロウ(ラウ) 漢 呉 平 陽 láng ラン　J①9271 補― U90DE

筆順 ゥ ョ ョ 自 自 良 良 郎 郎

邑7【郒】〔14〕 同字　J― 補6613 U90D2

意味 ①〈おとこ(をとこ)〉㋐男子だんしの美称。㋑〈おのこ(をのこ)〉若者わかもの。㋒むすこ。他人の息子への呼称。「令郎れいろう」㋓ちち。子から父親への呼称。㋔召使いから主人への呼称。あるじ。㋕あなた。女子から恋人・夫への呼称。きみ。=良りょう ②官名。戦国時代におかれた。漢代には侍郎じろう・郎中ろうちゅうがあり、侍従の職。天子の宿衛に当直する人。秀才・孝廉の考査に及第した人が任命された。魏ぎ以後、各部の長官。明みん・清しんには、下級文官をいう。③年若い女子。「女郎じょろう」④春秋時代、魯ろ国の邑ゆう。今の山東省の地。㋐魚台県の東北。㋑曲阜きょくふ市の付近。

解字 形声。阝が形を表し、良ろうが音を示す。郎はもともと魯ろ国の地名であるが、良りょうと通じて、男子の美称に用いる。

名前 お・いらつこ　難読 郎子いらつこ・郎女いらつめ・女郎花おみなえし
【郎官】ろうかん(らうくわん)　「郎中」に同じ。

【郎君】ろうくん(らうくん)　①他人の子の敬称。わかさま。②妻が夫を呼ぶことば。あなた。③新しく進士になった人。

【郎子】■ろうし(らうし)　男子の敬称。■いらつこ　国若い男子。

【郎従(從)】ろうじゅう(らうじゅう)　国「郎党」に同じ。

【郎署】ろうしょ(らうしょ)　①郎官の事務をとる所。②尚書郎の役所。「尚書郎の官。」

【郎女】ろうじょ(らうぢょ)―いらつめ　国若い娘を親しんでいうことば。

【郎中】ろうちゅう(らうちう)　官名。秦しん時代には、宮中の宿直護衛を受け持つ。隋ずい・唐以後は、各部の長官。【――令】ろうちゅうれい(らうちうれい)　官名。秦しんの九卿けいの一つ。宮中内の諸事をつかさどる。漢代には光禄勲こうろくくんと称した。

【郎当(當)】ろうとう(らうたう)　おいぼれ。=老倒
【郎党(黨)】ろうとう(らうたう)―ろうどう(らうだう)　国武士の家に使われる家来。

【郎等】ろうとう(らうとう)　「郎従」「郎党」に同じ。

【郎忙】ろうぼう(らうばう)　あわてる。狼狽ろうばい。
◆女郎じょろう・めろう・下郎げろう・外郎ういろう・侍郎じろう・野郎やろう・夜郎やろう・新郎しんろう・漁郎ぎょろう・尚書郎しょうしょろう・員外郎いんがいろう・遊冶郎ゆうやろう・坂東太郎ばんどうたろう・筑紫二郎つくしじろう・四国三郎しこくさぶろう

邑6【挹】〔13〕 同 →邽(一二六二ページ・下)
阝6〖耶〗→耳部三画(一〇〇六ページ・中)
邑6〖裛〗→衣部七画(一一二七ページ・中)

邑7【郢】〔10〕 エイ 漢 上 梗 yǐng イン　J7827 補― U90E2
意味 地名。春秋・戦国時代、楚そ国の都。今の湖北省江陵こうりょう県の西北。
【郢曲】えいきょく　①楚その歌。②はやりうた。俗曲。③国今様いまようふうの音曲。④国神楽かぐら歌・催馬楽さいばら・今様いまよう・朗詠ろうえいなどの総称。
【郢質】えいしつ　郢の町の人のような誠実さ。
【郢書燕説】えいしょえんせつ　こじつけて、もっともらしく説明する。郢国の人が書きまちがえた手紙を、燕国の大臣がこじつけて説明し、王に申しあげた故事。〈韓非子かんぴし・外儲説がいちょせつ〉
【郢斲】えいたく　詩や文の添削てんさくを頼む時のことば。郢の匠石しょうせきという大工の名人が、人の鼻に塗った土を、鼻を傷つけないで、たくみに削った故事。〈荘子そうじ・徐無鬼じょむき〉
【郢斧】えいふ　「郢斲えいたく」に同じ。

邑7【郝】〔10〕 ■カク 漢 ■入 薬 hǎo ハオ ■セキ 漢 ■入 陌 shì シー　J①9270 補6610 U90DD
意味 ■①漢代の地名。今の陝西せんせい省周至しゅうし県にあった。②姓。■郝郝は、土を耕たがやすさま。
【郝懿行】かくいこう(かう)　人名。清しんの学者。字あざなは恂九じゅんきゅう、号は蘭皐らんこう。「爾雅義疏じがぎそ」「山海経箋疏せんがいきょうせんそ」「曬書堂筆録さいしょどうひつろく」などの著がある。(一七五七〜一八二五)
【郝経(經)】かくけい　人名。元代初めの学者・政治家。字あざなは伯常。(一二二三〜一二七五)
【郝敬】かくけい　人名。明みんの学者。経書の解釈で知られる。(一五五八〜一六三九)

阝7【郡】〔10〕 学4 グン　クン 漢 グン 呉 去 問 jùn チュン　J2320 補― U90E1

筆順 ㇇ ョ ョ 尹 君 君 君 郡

意味 古代の行政区画の名。周代では県の下に属していたが、秦が統一を果たし、全国を三十六郡に分けて以後、県の上に置かれることになった。唐の州、宋そう以後の府にあたる。国〈ぐん〉①〈こおり(こほり)〉古代から近世における行政区画の称。大宝令で定められ、国の下に属した。②都道府県内の地理的区画。町村からなる。

解字 形声。阝が形を表し、君くんが音を示す。阝は国。君は群で、人の集団の意味がある。郡は、都を中心として、一団となって取りまいている領地、村が集まった地域である。

名前 くに・さと・とも 姓 郡こおり・郡こおりと・郡こおど・郡家ぐうけ

地名 郡上ぐじょう・郡山こおりやま・郡内ぐんない

【郡家】ぐうけ・ぐんけ 国律令りつりょう制における地方官郡司ぐんじが、国司こくしのもとで郡の司法・行政、特に租税の徴収などの政務をとった役所。こおりのみやけ。

【郡下】ぐんか 郡役所の管理する地域。郡内。

【郡衙】ぐんが 郡の役所。

【郡郭(郭)】ぐんかく(くゎく) 町の中。郡の役所のある町。「浮舟出㆓郡郭㆒ぐんかくをいず」〈杜甫とほの詩・王閬州筵おうりょうしゅうのえん〉

【郡県(縣)】ぐんけん 郡と県。地方の行政区画。【――制度】ぐんけんせいど 国に郡や県を置き、中央政府から官吏をつかわして直接に政治を行う制度。中国では、秦しんの始皇帝が始め、日本では大化改新以後。↔封建制度

【郡国(國)】ぐんこく 郡は天子直轄ちょっかつの領地、国は諸侯の領地。封建制度と郡県制度を合わせた、漢代の制度。

【郡斎(齋)】ぐんさい ①郡の役所。②国代官の役所。

【郡主】ぐんしゅ 王族の娘をいう。

【郡守】ぐんしゅ 郡を治める長官。

【郡長】ぐんちょう(ちゃう) 郡の長官。

【郡部】ぐんぶ 国都市から離れた、郡に属するところ。↔市部

【郡邑】ぐんゆう(いふ) ①郡と村。②生まれ故郷。本籍地。

【郡奉行】こおりぶぎょう(こほりぎゃう) 国徳川幕府の職名。幕府直轄の郡の政治を取り締まる役人。

邑 7 【郤】〔10〕 ケキ(漢) ゲキ(慣) (入) 陌 xì シー　J 7828　U 90E4

意味 ①春秋時代の地名。晋の邑ゆう。今の山西省沁水しんすい(沁河)の下流一帯にあった。②仰あおぐ。上を向かせる。③〈すき〉〈ひま〉＝隙げき ④姓。

邑 7 【郚】〔10〕 ゴ(漢) (平) 虞 wú ウー　U 90DA

意味 ①春秋時代、斉国の地名。今の山東省安丘あんきゅう市の西南。②魯ろ国の地名。今の山東省泗水しすい県の東南。

邑 7 【郜】〔10〕 ■一 コウ(カウ)(漢) ■一 (去) 号 gào カオ　■二 コク(漢) ■二 (入) 沃 gào カオ　J ②9013　U 90DC

邑 7 【郟】〔10〕 コウ(カフ)(漢) (入) 洽 jiá チア　J ②9014　U 90DF

意味 ①春秋時代、鄭ていの地名。②周の旧都。今の河南省洛陽市の西。

意味 ■一■二 ①周代の国名。周文王の子の領地。今の山東省成武せいぶ県の東南。②春秋時代の地名。㋐宋の邑。①と同じ地。㋑晋の邑。今の山西省浮山県。③姓。

邑 7 【郕】〔10〕 セイ(漢) (平) 庚 chéng チョン　J 6605　U 90D5

意味 ①周代の諸侯国の名。周の武王が弟の叔武を封じた。今の河南省範県の北。一説に、山東省汶上ぶんじょう県の北。②春秋時代の地名。㋐魯ろ国の孟氏の邑ゆう。今の山東省寧陽県の東北。㋑鄭てい国の地。今の河南省武陟ぶちょく県の西南。

邑 7 【郗】〔10〕 チ(漢) (平) 支 xī シー、chī チー　J ①9269　補 6606　U 90D7

意味 ①周時代の地名。今の河南かなん省沁陽しんよう市にあった。＝絺ち ②姓。

邑 7 【郥】〔10〕 ■一 ハイ(漢) ■一 (去) 泰 bèi ペイ　■二 ケキ(漢) ■二 (入) 錫 qù チュイ　J 6612　U 90E5

意味 ■一 地名。■二「鬩」(一三二二ジ・上)の同字。

邑 7 【郙】〔10〕 フ(漢) (上) 麌 fǔ フー　J 6608　U 90D9

意味 ①亭ていの名。今の河南省上蔡じょうさい県にあった。②郙閣ふかくは、漢代の桟道さんどうの名。今の陝西せんせい省略陽りゃくよう県の西にあった。

邑 7 【郛】〔10〕 フ(漢) (平) 虞 fú フー　J 7830　U 90DB

意味 〈くるわ〉城郭。城の外囲い。外城。「郛郭ふかく」「郛廓ふかく」→郭かく(本ジ・中)

邑 7 【郘】〔10〕 リョ(漢) (上) 語 lǚ リュイ　J 6607　U 90D8

意味 ①春秋時代、晋に属した邑ゆうの名。今の山西さんせい省にあった。＝呂りょ ②駅亭の名。

邑 7 【𨛗】〔10〕 国字　J ②9012　U 286D7

意味 〈むら〉姓名に用いる。

阝 7 【郞】〔10〕 旧 →郎(一二六三ジ・中)

阝 8 【郭】〔11〕 常 カク　カク(クヮク)(漢)(呉) (入) 薬 guō クオ　J 1952　U 90ED

邑 7 【郒】〔14〕 同 →郎(一二六三ジ・中)

筆順 亠 亠 亠 亨 享 享 享阝 郭

意味 ①〈くるわ〉外城。町のまわりを二重に囲む城壁のうち、外側のもの。「城郭」②まわり。周囲。「輪郭りんかく」③皮かわ。＝鞹かく ④城外にまでひろがった町。⑤ひろげる。＝拡かく ⑥春秋時代の国名。㋐今の山東省北部にあった国。㋑＝虢かく(一〇九七ジ・下) ⑦姓。国〈くるわ〉遊里。「遊郭」

解字 形声。阝が形を表し、享くゎくが音を示す。享は、古い形で見るとわかるように、回を中心として、亭が両方から向かい合っている形である。これは、まわりをとりまいている城壁の南北に楼門が立っていることを表し、城のかこいである。郭は、昔の国名であるが、城郭の意味に使う。

名前 ひろ 難読 郭公かっこう・ほととぎす

参考 新表記では、「廓」の書きかえ字として用いることがある。

【郭隗】かくかい(くゎくくゎい) 人名。戦国時代、燕えん国の人。「まず隗より始めよ。」と自薦して、昭王の師となった。

【郭(「廓」)外】かくがい(くゎくぐゎい) 城壁のそと。

【郭象】かくしょう(くゎくしゃう) 人名。晋しんの人。字あざなは子玄。「荘子そうじ」の注を著した。(？～三一二)

【郭(「廓」)清】かくせい(くゎく) けがれをはらい清める。

【郭(「廓」)内】かくない(くゎく) 村の中。城壁の中。

【郭璞】かくはく(くゎく) 人名。東晋とうしんの文人。字あざなは景純。「爾雅じが」「方言」「山海経せんがいきょう」などの注を著す。(二七六～三二四)

【郭北】かくほく(くゎく) 町の北方。

【郭沫若】かくまつじゃく(くゎく)・クオモールオ 人名。作家。歴史・考古学者。「中国古代社会研究」「甲骨文字研究」「両周金文辞大系」などを著す。(一八九二～一九七八)

【郭茂倩】かくもせん(くゎく) 人名。北宋ほくそう末の人。「楽府がふ詩集」を著した。

【郭門】かくもん(くゎく) 町はずれにある門。村の門。

【郭(「廓」)落】かくらく(くゎく) ①心が広いさま。②おちぶれてがっかりしたさま。

【郭公】かっこう(くゎく) ①鳩はとに似て、やや小さい鳥。よぶこどり。ふふどり。②国ほととぎす。杜鵑とけん。

◁▼山郭さんかく・外郭がいかく・負郭ふかく・城郭じょうかく・輪郭りんかく

阝 8 【郷】〔11〕 学6 キョウ・ゴウ　J 2231　U 90F7

旧字 邑10 【鄉】〔13〕

㊀キョウ(キャウ)(漢) ゴウ(ガウ)(慣)　㊀(平) xiāng 陽 シアン
㊁キョウ(キャウ)(漢) コウ(カウ)(呉)　㊁(上) xiǎng 養 シアン
㊂キョウ(キャウ)(漢) コウ(カウ)(呉)　㊂(去) xiàng 漾 シアン

[筆順] 乡 纟 纩 纾 绝 组 郷 郷

邑10【鄕】〔13〕[同字] J①9276 補 ― U 9115

[意味] ㊀①さと。㋐行政上の集落編成単位。周代は一万二千五百戸、漢代は一万戸、唐代は五百戸。㋑むらざと。㋒ふるさと。「故郷」②ところ。場所。③境地。㊁①うける。＝享・饗(饗)　②ひびき。＝響(響)　㊂①まど。②＝向・嚮・嚮　㋐〈むか・う(──・ふ)〉　㋑…に向かって。㋒むかし。過去。「郷者」　[国]〈ごう(がう)〉　昔の行政区画。数村をまとめたもの。

[解字] 　形声。郒と皀とを合わせた字で、皀が音を示す。郒は、国や邑が向かい合っている形。皀は香と同じく、穀物のかおりで、ごちそうの意味を持つ。郷は、国から離れたいなかの邑で、郷飲酒といって、饗(宴会)を行う。一説に、郒は、すわった人が向かい合った形で、郷は、向かい合って会食することともいう。

[名前] あき・のり・あきら

【郷飲酒】きょう(きゃう)いんしゅ　地方の学校の優等生を、中央政府に送るときの送別会。

【郷園】きょう(きゃう)えん(ゑん)　ふるさと。故郷。

【郷往】きょう(きゃう)おう(わう)　うやまいしたう。あこがれる。

【郷音】きょう(きゃう)おん　故郷のことば。国なまり。

【郷貫】きょう(きゃう)かん(くわん)　①本籍。②故郷。

【郷関(關)】きょう(きゃう)かん(くわん)　ふるさと。生まれ育ったところ。「日暮郷関何処是にちぼきょうかんいずれのところかこれなる」〈崔顥の詩・黄鶴楼〉

【郷曲】きょう(きゃう)きょく　かたいなか。『──之誉(譽)きょう(きゃう)きょくのほまれ』郷里のよい評判。

【郷挙(擧)里選】きょう(きゃう)きょりせん　周から漢まで続いた、地方長官がすぐれた人材を天子に推薦し官吏にする制度。

【郷原】きょう(きゃう)げん　村で君子らしくみせかける偽善者。〈論語・陽貨〉

【郷愿】きょう(きゃう)げん　「郷原」に同じ。

【郷校】きょう(きゃう)こう(かう)　いなかの学校。地方の学校。

【郷黌】きょう(きゃう)こう(くわう)　村の学校。

【郷貢進士】きょう(きゃう)こうしんし　唐代、地方長官から選抜されて、進士(官吏採用試験の一つ)の試験を受ける者。

【郷国(國)】きょう(きゃう)こく　ふるさとの国。

【郷思】きょう(きゃう)し　故郷を思うこと。

【郷試】きょう(きゃう)し　三年に一度、各省で行う第一次の官吏登用試験。

【郷射】きょう(きゃう)しゃ　①周代、州長が春秋に人を集めて催す弓射の会。②周代、郷大夫が三年ごとに賢者を上に推薦するために催す弓の会。

【郷愁】きょう(きゃう)しゅう(しう)　故郷を思ってさびしがること。

【郷書】きょう(きゃう)しょ　故郷からの手紙。

【郷心】きょう(きゃう)しん　故郷を思う心。

【郷信】きょう(きゃう)しん　故郷からの便り。

【郷紳】きょう(きゃう)しん　村の有力者。

【郷人】きょう(きゃう)じん　①村の人。故郷の人。②いなかもの。③俗人。つまらぬ人間。

【郷先生】きょう(きゃう)せんせい　いなかの先生。退官していなかにこもって、教育をする人。

【郷俗】きょう(きゃう)ぞく　ふるさとの風俗。地方の風俗。

【郷大夫】きょう(きゃう)たいふ　周代の官名。郷の政治をつかさどる職。

【郷土】きょう(きゃう)ど　①ふるさと。②いなか。地方。【──芸(藝)術】きょう(きゃう)どげいじゅつ　その地方特有の民俗芸術。民芸。

【郷党(黨)】きょう(きゃう)とう(たう)　①むらざと。②村の人々。③「論語」の編の名。五百家を党といい、一万二千五百家を郷という。

【郷夫子】きょう(きゃう)ふうし　いなかの先生。村夫子。

【郷夢】きょう(きゃう)む　故郷の夢を見ること。

【郷約】きょう(きゃう)やく　①村のおきて。村の人たちがとりきめた約束。②村長。

【郷邑】きょう(きゃう)ゆう(いふ)　むらざと。

【郷里】きょう(きゃう)り　①むらざと。里は二十五家。②ふるさと。

【郷閭】きょう(きゃう)りょ　郷里。ふるさと。

【郷隣】きょう(きゃう)りん　となり近所。

【郷士】ごう(がう)し　[国]農村の武士。武士の待遇を受ける農民。

【郷社】ごう(がう)しゃ　[国]もと、神社の格式の一つ。府県社につぐもの。

【郷下】シアンシア xiāngxia [現]いなか。農村。
◇水郷すいきょう・すいごう・仙郷せんきょう・他郷たきょう・同郷どうきょう・故郷こきょう・家郷かきょう・帰郷ききょう・異郷いきょう・望郷ぼうきょう・酔郷すいきょう

邑8【郳】〔11〕ゲイ(漢)｜(平) ní ニー 斉　J ― 補 ― U 90F3
[意味] 周代の国の名。今の山東省滕州市にあった。

邑8【𨛺】〔11〕サン(漢)｜(平) shān シャン 删　J ― 補 ②9015 U 286FA
[意味] 義未詳。[国]姓名に用いる。

邑8【郰】〔11〕シュウ(シウ)(漢) スウ(慣)｜(平) zōu ツォウ 尤　J ― 補 6617 U 90F0
[意味] 春秋時代、魯国の地名。今の山東省曲阜市の東南。孔子の生地。＝陬・鄹
『郰人之子』すうひとのこ　孔子のことをいう。

邑8【郪】〔11〕セイ(漢)｜(平) qī チー 斉　J ― 補 ― U 90EA
[意味] ①郪丘は、春秋時代、斉国の地名。今の山東省東阿県。②地名。漢代の県名。今の四川省中江県東南にあった。

邑8【郯】〔11〕タン(漢)｜(平) tán タン 覃　J ①9272 補 6616 U 90EF
[意味] ①春秋時代の国名。今の山東省郯城県の西南。②郯子は、郯国の君主。③姓。

邑8【郴】〔11〕チン(漢)｜(平) chēn チェン 侵　J ①9273 補 6618 U 90F4
[意味] ①地名。楚の項羽が自らたてた義帝を移住させ殺した地。今の湖南省桂陽県の東。②姓。

阝8【都】〔11〕[学]3 ト・ツ みやこ　J 3752 補 ― U 90FD
[旧字] 阝9【都】〔12〕[人] ト(漢) ツ(呉)｜(平) dū トゥー 虞　J ①9274 補 ― U FA26

[筆順] 十 土 耂 者 者 者 都 都

[意味] ①〈みやこ〉㋐天子の居城のある地。また、天子の宗廟(おたまや)のある地。首都。大都。㋑諸侯の居城のある地。㋒城邑の大きなもの。②〈くに〉諸侯の領地。③〈みやこ・する(──・す)〉都を定める。④いる。おる。⑤美しい。⑥大きい。⑦かしら。頭目。⑧〈す・べる(──・ぶ)〉㋐まとめる。集める。㋑統治する。⑨〈すべて〉みな。全部。⑩〈ああ〉嘆息のことば。[国]〈と〉東京都。音 dōu トウ。

[解字] 　形声。阝が形を表し、者が音を示す。阝は国。者には、多く集まるという意味がある。都は人が多く集まった地域で、国の首都をいう。代々のおたまやのある、本家の土地を「都」といい、おたまやのない、分家の土地を「邑」という。

[名前] いち・さと・ひろ　[姓] 都下とが・都介つげ・都祁つげ・都保つほ・都留つる・都野つの・都努つぬ・都於つお・都築つづき・都濃つの

[地名] 都城みやこのじょう・都留つる・都窪つくぼ・都濃つの

[難読] 都都一どどいつ・都都逸どどいつ

7画

見角言谷豆豕豸貝赤走足(⻊)身車辛辰辵(⻌・⻍)邑(阝〈右〉)酉采里

【都合】①合計。②国つごう。㋐くふう。㋑ぐあい。㋒ばあい。㋓くめん。

【都度】国そのたびごとに。

【都尉】武官の名。侍従・事務・郡の軍事などをつかさどった。

【都下】①首都の中。②国東京都の中。

【都雅】姿や動作がおくゆかしい。上品でみやびやか。

【都会(會)】大きな町。人や物の集まる中心地。

【都護】官名。外地にあって、地方の政治・軍事をつかさどる。【――府】都護の役所。「西域都護府」

【都講】①学校長。②先生。

【都察院】明代の役所の名。官庁の不正をとりしまった。

【都市】みやこ。にぎやかな町。【――国(國)家】都市が政治的に独立して国家となっているもの。

【都序】総序。書物や学説全体をまとめた序文。

【都省】①隋時代の官名。総理大臣。②国太政官のこと。今の内閣。

【都城】①天子や諸侯のみやこ。②みやこの城壁。

【都人】みやこの人。

【都塵】都会のよごれたほこり。

【都人士】みやこの人。都会人。

【都水】秦・漢時代の官名。河川や用水のことをつかさどった。

【都統】①全体をすべ治める。②官名。諸道の軍事をあつかう軍司令官。

【都督】①軍隊をひきいる。②官名。地方の軍事をつかさどった。節度使の旧称。

【都鄙】まちといなか。都会と農山村。都市と郡部。

【都府】①みやこ。②節度使。【――楼(樓)】①節度使の城の建物。②国大宰府の建物。「都府楼纔看二瓦色一」(大宰府の楼閣もすぐ近くにありながら、たずねるわけにもゆかず、わずかにその瓦の色を見やるのみである。)〈菅原道真の詩・不レ出レ門〉

【都門】①都の入り口の門。「西出二都門一百余里」〈白居易の詩・長恨歌〉②みやこ。③町の中の小門。

【都邑】「都市」に同じ。

【都来(來)】すべて。

【都盧】いっさい。残らず。すべて。

【都大路】国みやこの大道。みやこの中の交通がはげしい大通り。

【都落】国都を逃げ出して、地方へ行く。

【都踊】国京都、祇園の年中行事。四月に催される祇園の芸者たちの踊りの会。

【都良香】人名。平安時代の漢学者。漢詩人。「文徳実録」の編者のひとり。(八三四〜八七九)
◆古都・旧都・首都・故都・帝都・奠都・遷都

邑8【𨛬】〔15〕ハイ 漢 | 平 灰 péi ペイ　U 286EC 補― J―
意味 ①漢代の地名。今の山西省聞喜県の東。②姓。＝裴

邑8【郫】〔11〕ヒ 漢 | 平 支 pí ピー　U 90EB 補6615 J②9019
意味 ①春秋時代、晋の地名。今の河南省済源市の西。②郫筒は、酒つぼの名。

阝8【部】〔11〕学3 ブ
一 ホ 漢 ブ 呉 | 一 上 麌 bù プー
二 ホウ 漢 ブ 呉 | 二 上 有 pǒu ポウ
U 90E8 補― J 4184

筆順 丶 亠 立 产 咅 音 部 部

邑8【郶】〔15〕同字　U 90F6 補6614 J②9016

意味 一①〈わ・ける(―・く)〉㋐区分する。＝剖。㋑配置する。②くみ。くわけ。㋐分類されたまとまり。㋑全体の一部分。㋒軍隊の編制単位。部隊。㋓組織の職務上のくわけ。部門。㋔地域。行政上の地理的区画。③むれ。集落。④〈す・べる(―・ぶ)〉まとめる。統括する。⑤〈つかさ〉㋐役所。「六部」㋑とりしまり。按察。巡察。⑥量詞。㋐区分したものを数える。㋑新聞・書物を数える。二①阜。土山。＝培 ②たおれる。＝踣 ③姓。国〈べ〉〈とも〉上代、特定の職能によって皇族や諸氏族に隷属した技能・生産者集団。「忌部」「服部」

解字 形声。阝が形を表し、音が音を示す。阝は国。音には、二つにわれる、そむくという意味がある。もともと部は地名(今の甘粛省天水の一帯)であったが、区分する意味に使う。

名前 きつ・もと　難読 部屋(付表)/部曲

【部下】てした。けらい。指揮下に属する人。

【部曲】一①部隊。②私有の軍隊。③召使。二 国古代の豪族の私有民。

【部伍】軍隊の部分けの一単位。部隊。

【部首】字書で、漢字を分類する上の、基本になる部分。

【部従(從)事】官名。州の刺史の属官。各部に配属され、郡の行政を調べる。

【部署】役めをふり分ける。また、その役め。

【部将(將)】一部隊の長。

【部族】未開民族の集まり。

【部属(屬)】①部下をさしずする。②てした。

【部隊】一①一団の軍隊。②集団的な行動をとる人々の集まり。二 bùduì 現 一に同じ。

【部帙】部類分けした書物。

【部長】一部という組織の長。官庁・会社などで、局・部・課・係にわかれている場合、部の一番上の人。二 bùzhǎng 現 大臣。長官。

【部分】一全体のなかの一部。わけたものの一部。二 bùfen 現 一に同じ。【――食(「蝕」)】理 日食・月食で一部分だけ欠けるもの。↕皆既食【――品】国機械の一部に使う品。部品。

【部民】①地方の人民。②国氏の下で職業を世襲した民。

【部門】一全体の一部局。二 bùmén 現 一に同じ。

【部落】①人家の集まり。集落。②国不当に差別されている未解放部落・被差別部落のこと。

【部類】種類によってわける。ぶわけ。

【部勒】部分けし役割を定めて適当に配置する。
◆工部・戸部・内部・四部・支部・外部・市部・民部・礼部・刑部・一部・全部・軍部・兵部・局部・治部・郡部・幹部・司令部

阝8【郵】〔11〕学6 ユウ
ユウ(イウ) 漢 ウ 呉 | 平 尤 yóu ユー
U 90F5 補― J 4525

筆順 一 二 千 千 垂 垂 郵 郵

意味 ①宿次。命令・文書を伝達する制度。また、その伝達役。②伝達役のために設けた人馬の中継駅。宿駅。③畑の中の小屋。④あやまち。＝訧 ⑤うらみ。うらむ。＝尤 ⑥もっとも。はなはだ。＝尤 ⑦姓。

解字 会意。垂と阝とを合わせた字。阝は国。垂は遠い国境。郵は、国境の宿駅で、てがみを送るための役所である。一説に、国中に立つ、命令を伝える旗のことであるという。

【郵館】宿場の旅館。

【郵券】国郵便切手。

【郵税】国郵便物の運送に対する料金。郵便料。ふ

つう郵便切手を郵便物にはって証拠とする。

【郵袋】ゆう(いう) たい 国郵便物をはこぶふくろ。行嚢。

【郵置】ゆう(いう) ち ①人や馬により文書を送る。郵は人の足で、置は馬で送る意。②宿場。

【郵亭】ゆう(いう) てい ①文書を受けついで送る、とりつぎの宿場。

【郵逓(遞)】ゆう(いう) てい ①宿場。②郵送する。〔②旅館。〕

【郵吏】ゆう(いう) り 宿場の小役人。

【郵局】ユーチュイ yóujú 現郵便局。

【郵票】ユーピアオ yóupiào 現郵便切手。

邑8【郲】〔11〕㊀ライ 漢 ㊀平 灰 lái ライ ㊁ライ 漢 ㊁上 賄 lěi レイ U補J ②9017 90F2

意味 ㊀①山東省にあった春秋時代の国名。＝莱 ②地名。㊁⿰鬼邑郲は、たいらでない。

邑8【⿰咅邑】〔15〕同→部(一二六六ページ・中)

邑9【鄅】〔12〕ウ 漢 ク 漢 上 麌 yǔ ユイ U補J 6623 9105

意味 ①周時代の国名。魯の属国。今の山東省臨沂市の北。②姓。

邑9【鄆】〔12〕ウン 漢 去 問 yùn ユン U補J ②9023 6624 9106

意味 春秋時代、魯国の地名。今の山東省の地。沂水県の北の東鄆と、鄆城県の西鄆とがあった。

邑9【郾】〔12〕エン 漢 去 願 yǎn イエン U補J ②9023 6619 90FE

意味 ①地名。戦国時代、魏の地。今の河南省郾城県。②周代の諸侯国。戦国七雄の一つ。＝燕

邑9【鄂】〔12〕ガク 漢 入 薬 è オー U補J 7831 9102

意味 ①殷代の国名。今の河南省沁陽県の西北。②地名。㋐春秋時代、晋国の地。今の山西省郷寧県の南。㋑春秋時代、楚の鄂王の都。今の湖北省鄂州市の地。③湖北省の古称。④果て。限り。⑤花のうてな。＝萼 ⑥おどろく。＝愕 ⑦獣をとらえるわな。⑧直言する。＝諤

【鄂鄂】がくがく ①堂々と意見をのべる。まっすぐに言う。②しゃべるさま。③花が開くさま。

邑9【鄈】〔12〕キ 漢 平 支 kuí コイ U補J 6625 9108

意味 ①地名。㋐今の山西省臨汾市あたりの地。㋑春秋時代、斉国の地。今の山東省淄博市の東北。㋒春秋時代、宋国の地。今の河南省開封市の東南。②姓。

邑9【郹】〔12〕ケキ 漢 入 錫 jú チュイ U補J 90F9

意味 ①地名。㋐郹陽は、春秋時代、蔡国の地。今の河南省新蔡県。㋑郹氏は、春秋時代、衛国の地。今の山東省巨野県の西南。②姓。

邑9【鄄】〔12〕ケン 漢 去 霰 juàn チュワン U補J ②9022 6622 9104

意味 地名。春秋時代、衛国の領地。今の山東省鄄城県にあった。

邑9【鄇】〔12〕コウ 漢 平 尤 hóu ホウ U補J 9107

意味 春秋時代、晋国の地名。今の河南省武陟県の西南。

邑9【鄀】〔12〕ジャク 漢 入 薬 ruò ルオ U補J ②9018 6621 9100

意味 周代の国名。上鄀国。春秋時代末に楚の都。今の湖北省鍾祥市の西北。

邑9【郿】〔12〕ビ 漢 平 支 méi メイ U補J ②9021 6620 90FF

意味 地名。①漢代の県名。今の陝西省眉県。②春秋時代、魯国の地名。今の山東省東平県の西。

邑9【鄃】〔12〕ユ 漢 平 虞 shū シュー U補J 9103

意味 ①漢代の県名。今の山東省平原県の西南。②隋代の県名。今の山東省夏津県。

阝9【都】〔12〕旧→都(一二六五ページ・下)

邑10【鄖】〔13〕ウン 漢 平 文 yún ユン U補J ①9277 6629 9116

意味 ①春秋時代の国名。楚にほろぼされた。今の湖北省安陸市。②春秋時代の地名。㋐衛の地。㋑呉の地。今の江蘇省如皋市の東。

邑4【䢵】〔7〕同字 U補J ②9007 48B5

邑10【鄔】〔13〕オ(ヲ) 漢 ウ 慣 上 麌 wū ウー U補J ①9275 6628 9114

意味 ①春秋時代の地名。㋐晋国の地。今の山西省介休市の東北。㋑鄭国の地。今の河南省偃師市の西南。②姓。

邑10【鄗】〔13〕コウ 漢(カウ) 上 皓 hào ハオ U補J 6630 9117

意味 ①周の武王の都。今の陝西省西安市の南西。＝鎬 ②春秋時代の地名。㋐晋の地。今の河北省柏郷県の北。㋑斉の地。今の山東省蒙陰県の西北。＝蒿

邑10【鄑】〔13〕シ 漢 平 支 zī ツー U補J 9111

意味 ①春秋時代、魯国の地名。今の山東省汶上県の南。②春秋時代、紀国の邑。山東省昌邑市の西北。

邑10【鄋】〔13〕シュウ 漢(シウ) 平 尤 sōu ソウ U補J 910B

意味 春秋時代、北方の狄族の国名。鄋瞞国。今の山東省中部済南市の北にあった。

邑10【鄎】〔13〕ショク 漢 入 職 xī シー U補J 910E

意味 春秋時代の国名。今の河南省息県。

邑10【鄏】〔13〕ジョク 漢 入 沃 rǔ ルー U補J 910F

意味 郟鄏は、周時代の旧都。今の河南省洛陽市の西方にあった。

邑10【鄒】〔13〕シュウ(シウ) 漢 スウ 慣 平 尤 zōu ツォウ U補J 7832 9112

意味 ①国名。春秋時代の邾国が、戦国時代になって鄒と改めた。孟子の生国。今の山東省鄒城市の東南。②姓。

【鄒魯】すうろ ①孔子と孟子。鄒は孟子、魯は孔子の生地。②孔子・孟子の学。儒教。〈荘子・天下〉【――遺風】すうろのいふう 孔子や孟子の教えのなごり。〈梁書・羊侃伝〉

邑10【鄐】〔13〕チク 漢 キク 漢 入 屋 chù チュー U補J 6627 9110

意味 ①春秋時代、晋の邑。今の河北省邢台市の付近。②姓。

邑10【鄌】〔13〕トウ 漢(タウ) 平 陽 táng タン U補J 910C

意味 鄌郚は、山東省昌楽県の地名。

邑10【鄍】〔13〕ベイ 漢 平 青 míng ミン U補J 6626 910D

意味 地名。春秋時代、虞国の邑。のち、晋国に属し

7画

見角言谷豆家豸貝赤走足(⻊)身車辛辰辵(⻌・⻌)邑(⻖〈右〉)酉采里

7画
見角言谷豆豕豸貝赤走足(⻊)身車辛辰辵(⻌・⻍)➡邑(⻏〈右〉)酉釆里

た。今の山西省平陸県東北にあった。

邑10【郷】〔13〕旧→郷(一二六四ページ・下)

邑10【鄉】〔13〕同→郷(一二六四ページ・下)

邑11【鄢】〔14〕エン 漢 平 先 yān イエン
U 9122 補 6637 J ①9278
意味 ①楚の都。今の湖北省宜城市。②鄢陵(えんりょう)は、鄭(てい)国の地名。今の河南省鄢陵県の西北。晋(しん)の厲公(れいこう)が楚(そ)を破った地。

邑11【鄡】〔14〕キョウ 漢 平 蕭 (ケウ) qiāo チアオ
U 9121 補 ― J ―
意味 ①鄡陽(きょうよう)は、漢代の県名。今の江西省都昌(とじょう)県の東南。②後漢(ごかん)の県名。河北省辛集(しんしゅう)市の東南。③姓。

邑11【鄥】〔14〕同字
U 9125 補 6636 J ―

邑11【鄞】〔14〕ギン 漢 平 真 yín イン
U 911E 補 6634 J ②9026
意味 地名。春秋時代の越の地。また、県名。今の浙江(せっこう)省奉化(ほうか)市の東北。

邑11【鄠】〔14〕コ 漢 上 麌 hù フー
U 9120 補 6635 J ―
意味 漢代の県名。今の陝西(せんせい)省戸県の北。

邑11【鄣】〔14〕
■一 ショウ 漢 呉 平 陽 (シャウ) zhāng チャン
■二 ショウ 漢 呉 去 漾 (シャウ) zhàng チャン
U 9123 補 6638 J ①9279
意味 ■一 国名。春秋時代、斉(せい)国の属国。今の山東省東平県。■二 =障(しょう) ①〈ふさ・ぐ〉大水をささえる。②とりで。

邑11【鄟】〔14〕セン 漢 平 先 タン 漢 zhuān チョワン
U 911F 補 ― J ―
意味 ①春秋時代の魯に属する小国。今の山東省郯城(たんじょう)県の東北。②鄟門(せんもん)は、春秋時代、鄭(てい)国の城門。③姓。

邑11【鄛】〔14〕ソウ 漢 平 肴 (サウ) cháo チャオ
U 911B 補 ― J ―
意味 地名。漢代、棘陽(きょくよう)県の郷(ごう)。今の河南省新野県の南。

邑11【鄚】〔14〕バク 漢 入 薬 mào マオ、mò モー
U 911A 補 6632 J ―
意味 ①地名。戦国時代、趙(ちょう)国の邑(ゆう)。漢代に県として置かれた。今の河北省任丘(じんきゅう)市の北。②姓。

⻏11【鄙】〔14〕標 ヒ 漢 呉 上 紙 bǐ ビー
U 9119 補 ― J 7833
意味 ①周代の地方行政単位。五百戸からなる。②大夫(たいふ)や王の子弟の領地。「都鄙(とひ)」③〈ひな〉㋐郊外(こうがい)。都城から百里までを郊といい、その外を鄙という。㋑城外の田野の地。田舎(いなか)。④〈いやし・い(いや・し)〉㋐俗っぽい。下品。㋑質朴(しつぼく)。㋒かたくな。頑固(がんこ)。㋓見識がせまい。心がせまい。㋔けち。⑤小さい。せまい。⑥謙遜(けんそん)して、自分に関することに用いることば。「鄙見(ひけん)」⑦〈いやし・む〉㋐見さげる。軽視する。㋑恥じる。
参考 新表記では、「卑」に書きかえる熟語がある。

【鄙近】(ひきん) 手近で俗っぽい。
【鄙見】(ひけん) 自分の意見をけんそんしていうことば。=卑見
【鄙言】(ひげん) ①俗語。下品なことば。②自分のことばをけんそんしていう。
【鄙諺】(ひげん) 通俗的なことわざ。流行語。
【鄙語】(ひご) 俗語。
【鄙事】(ひじ) つまらない雑事。
【鄙儒】(ひじゅ) 見識の低い学者。心のせまい学者。
【鄙笑】(ひしょう(せう)) けいべつして笑う。
【鄙人】(ひじん) ①いやしい人。身分の低い人。②いなかもの。③自分をけんそんしていうことば。
【鄙浅(淺)】(ひせん) いやしくあさはか。
【鄙振】(ひなぶり) 国 ①いなかふうの歌。上代、楽府(がふ)の曲名。②狂歌。=夷曲・夷振
【鄙倍】(ひばい) 低級で道理にそむく。倍はそむく意。
【鄙薄】(ひはく) ①下品で、なかみがない。いやしくあさはか。②けいべつする。
【鄙夫】(ひふ) ①人格の低い人。②心のせまい人。③利益をむさぼる人。
【鄙野】(ひや) ①いなかの土地。②いなかびて、品(ひん)がない。
【鄙俚】(ひり) 風俗やことばが品(ひん)がない。いなかびている。
【鄙吝】(ひりん) ①心がいやしい。②けち。〖——復生〗(ひりんまたしょうず(しゃうず)) 長い間清らかな友人に会わないため、いやしい気持ちが起こった。
【鄙劣】(ひれつ) いやしくて人物がおとっている。
【鄙陋】(ひろう) 下品で程度が低い。考えがあさはか。
【鄙猥】(ひわい) 下品でいやらしい。

邑11【鄜】〔14〕フ 漢 平 虞 fū フー
U 911C 補 6633 J ②9025
意味 昔の地名。鄜州。今の陝西(せんせい)省富県にあった。

邑11【鄤】〔14〕バン 漢 マン 慣 去 翰 màn マン
U 9124 補 ― J ―
意味 地名。春秋時代、鄭(てい)国の地。今の河南省滎陽(けいよう)市あたりにあった。

邑11【鄘】〔14〕ヨウ 漢 平 冬 yōng ヨン
U 9118 補 6631 J ②9024
意味 ①周時代の国名。武王が殷(いん)を滅ぼした後、その都を鄘(よう)・邶(はい)・衛(えい)に三分したうちの一つ。今の河南省新郷市の西北。②城壁。=墉(よう) ③姓。

邑11【鄛】〔14〕同→鄛(本ページ・上)

邑12【鄬】〔15〕イ 漢 平 支 (ヰ) wéi ウエイ
U 912C 補 ― J ―
意味 春秋時代、鄭(てい)国の地名。今の河南省魯山(ろざん)県。

邑12【鄫】〔15〕ショウ 漢 平 蒸 zēng ツォン
U 912B 補 ― J ―
意味 ①周時代の国名。今の河南省方城県。②春秋時代の国名。今の山東省棗荘(そうそう)市。③春秋時代、鄭(てい)国の属国。今の河南省柘城(しゃじょう)県の北。

邑12【鄩】〔15〕シン 漢 平 侵 ジン 慣 xún シュン
U 9129 補 6640 J ―
意味 ①春秋時代、周の邑(ゆう)の名。今の河南省鞏義(きょうぎ)市の西南。②姓。

邑12【鄯】〔15〕セン 漢 去 霰 ゼン 慣 shàn シャン
U 912F 補 6642 J ①9281
意味 鄯善(ぜんぜん)は、西域の国名。もとの名は楼蘭(ろうらん)。今の新疆(しんきょう)維吾爾(ウイグル)自治区にあった。

邑12【鄲】〔15〕タン 漢 平 寒 dān タン
U 9132 補 ― J 7834
意味 ①邯鄲(かんたん)は、戦国時代、趙(ちょう)国の都。今の河北省邯鄲市。②ただ。=但 ㋐それだけ。㋑ひたすら。③姓。

⻏12【鄭】〔15〕人 標 テイ 漢 ジョウ(ヂャウ) 呉 去 敬 zhèng チョン
U 912D 補 ― J 3702
意味 ①周時代の国名。宣王(せんおう)が弟の友を封じた。はじめ今の陝西(せんせい)省華県西北。のち、周の東遷に従い今の河南省新鄭(しんてい)市に移った。②隋(ずい)末の国名。③姓。
参考 新表記では、「丁」に書きかえる熟語がある。

邑12【鄭】〔15〕俗字
U ― 補 ― J ―

【鄭玄】(じょうげん(ぢゃうげん)・ていげん) 人名。後漢末の学者。字は康成。多くの経書を注釈した。(一二七〜二〇〇)

【鄭樵】(ていしょう(せう)) 人名。南宋の学者。「通志」二百巻を著す。(一一〇四〜一一六二)

【鄭燮】(ていしょう(せふ)) 人名。清の詩人。字は克柔、号は板橋。(一六九三〜一七六五)

【鄭声(聲)】(ていせい) 鄭の国のみだらな音楽。

【鄭成功】(ていせいこう) 人名。明末の忠臣。明の滅亡後、台湾に渡って清に抵抗を続けた。(一六二五〜一六六二)

【鄭注】(ていちゅう(ちう)) 鄭玄の注釈。

【鄭重】(ていちょう) ①ていねい。=丁重 ②しばしば。

【鄭和】(ていわ) 人名。明時代の通商使節。

『鄭衛(衞)之音』(ていえい(ゑい)のおん) 鄭国や衛国の音楽。みだらで退廃的な音楽。

阝12【鄧】〔15〕 標 トウ(漢) (去) 径 dèng トン　U 9127 補 6639 J ①9280

意味 ①周時代の国名。今の河南省鄧州市。②春秋時代、魯の地名。今の山東省兗州市付近。③姓。

【鄧析】(とうせき) 人名。春秋時代、鄭国の大夫。【――子】(とうせきし) 書名。一巻。鄧析の著といわれる。

【鄧林】(とうりん) 夸父という神獣(仙人ともいう)が、太陽を追って、力尽きて死んだ際に捨てた杖が、木になり、数千里の広さになったという林の名。

邑12【鄱】〔15〕 ハ(漢) (平) 歌 pó ポー　U 9131 補 6643 J ①9282

意味 鄱陽湖は、江西省にある湖の名。彭蠡。

邑12【鄨】〔19〕 [一]ヘイ(漢) [一](去) 霽 bì ピー [二]ヘツ(漢) [二](入) 屑 bì ピー　U 9128 補 ―― J ――

意味 [一]①漢代の県名。今の貴州省遵義市付近。②川の名。

邑12【鄮】〔15〕 ボウ(漢) (去) 宥 mào マオ　U 912E 補 6641 J ――

意味 地名。今の浙江省鄞県の東。

邑12【鄰】〔15〕 本 ↓隣(一三三九ページ・下)

邑13【鄶】〔16〕 カイ(漢) (クヮイ) (去) 泰 kuài コワイ　U 9136 補 6645 J ――

意味 ①周時代の国名。今の河南省新鄭市の西北。②「詩経」の編名。檜風。=檜 ③姓。

邑13【鄴】〔16〕 ギョウ(ゲフ)(漢) (入) 葉 yè イエ　U 9134 補 6644 J ①9283

意味 地名。春秋時代、斉国の地。三国時代、魏の都。現在の河北省臨漳県の西方。鄴城。

【鄴架】(ぎょう(げふ)か) ①書物の多いこと。②人の家の本だな。唐の鄴県侯、李泌が蔵書家であったのでいう。

邑13【鄷】〔16〕 同 ↓酆(本ページ・下)

邑13【鄸】〔16〕 俗 ↓鄒(本ページ・中)

邑14【鄻】〔17〕 [一]シュウ(シウ)(漢) [一](平) 尤 chóu チョウ [二]ジュ(漢) [二](上) 有 shòu ショウ　U 287AA 補 ―― J ――

意味 [一]地名。今の四川省成都市。[二]川の名。南江。岷江の支流の一つ。四川省にある。

邑14【鄹】〔17〕 シュウ(シウ)(漢) スウ(慣) (平) 尤 zōu ツォウ　U 9139 補 6647 J ②9028

意味 ①春秋時代の国名。=鄒 ②春秋時代、魯国の地名。今の山東省曲阜市の東南。孔子の故郷。=郰・陬

邑14【鄸】〔17〕 [一]ボウ(漢) [一](去) 送 mèng モン [二]ボウ(漢) [二](平) 東 méng モン　U 補 J ――

意味 [一]地名。春秋時代、曹国の邑。今の山東省菏沢市。[二]地名。

邑13【鄸】〔16〕 俗字　U 9138 補 ―― J ――

[二]地名。春秋時代、魯国の邑。今の山東省菏沢市。

邑15【鄺】〔18〕 コウ(漢) (クヮウ) (上) 養 kuàng コワン　U 913A 補 6648 J ②9029

意味 姓。

邑15【鄽】〔18〕 テン(漢) (平) 先 chán チャン　U 913D 補 6650 J ①9284

意味 〈みせ〉=店・廛

邑15【鄾】〔18〕 ユウ(漢) (イウ) (平) 尤 yōu ユー　U 913E 補 ―― J ――

意味 ①春秋時代、鄧国の地名。今の湖北省襄樊市の東南。②姓。

邑15【鄼】〔18〕 俗 ↓酇(本ページ・下)

邑15【鄽】〔18〕 同 ↓廛(四四〇ページ・下)

邑17【酃】〔20〕 レイ(漢) (平) 青 líng リン　U 9143 補 6651 J ――

意味 ①漢代の県名。今の湖南省衡陽市の東。零湖。②湖の名。今の湖南省衡陽市付近。③酃淥は、酃湖の水を使った美酒の名。

邑18【酅】〔21〕 ケイ(漢) (平) 斉 xī シー　U 9145 補 ―― J ――

意味 春秋時代の地名。①斉国の地名。今の山東省東阿県の南。②紀国の邑。今の山東省淄博市の東北。

邑18【酆】〔21〕 ホウ(漢) (平) 東 fēng フォン　U 9146 補 ―― J ②9030

意味 ①周時代の国名。文王の都。今の陝西省戸県の東。②川の名。豊河。

邑13【鄷】〔16〕 同字　U 9137 補 6646 J ②9027

【酆都】(ほうと) 地獄のこと。

邑19【酇】〔22〕 [一]サン(漢) [一](去) 翰 zàn ツァン [二]サ(漢) [二](平) 歌 cuó ツォ　U 9147 補 6652 J ②9031

意味 [一]①周代の地方行政区画。百戸からなる。②漢代の県名。今の湖北省襄樊市の北。[二]県名。秦代は、沛郡に属した。今の河南省永城市の西南。

邑15【鄼】〔18〕 俗字　U 913C 補 6649 J ――

邑19【酈】〔22〕 [一]リ(漢) [一](平) 支 lí リー [二]レキ(漢) [二](入) 錫 lì リー　U 9148 補 6653 J ①9285

意味 [一]春秋時代、魯国の地名。[二]①漢代、楚国の地名。今の河南省南陽市西北。②姓。

【酈食其】(れきいき) 人名。漢の高祖を助けて、弁舌をふるい、斉国を平らげるのに成功した。

【酈道元】(れきどう(だう)げん) 人名。後魏の学者。「水経注」四十巻を著す。

7画

酉部　ひよみのとり　とりへん

【部首解説】「酒つぼ」にかたどる。この部には、酒やその醸造・発酵に関連するものが多く、「酉」の形を構成要素とする文字が属する。

酉0【酉】〔7〕 人 ユウ(漢) (イウ) (上) 有 yǒu ユー　U 9149 補 ―― J 3851

意味 ①〈とり〉〈ひよみのとり〉十二支の第十位。㋐方位で

一6【丣】〔7〕 古字　U 4E23 補 1607 J ――

は、西。㋑時刻では、午後六時ごろ。また、午後五時から午後七時の間。㋒動物では、とり。②酒。酒壺(さかつぼ)。国〈とり〉とりの市(いち)。十一月のとりの日に、鷲(おおとり)神社で行われる祭り。

解字 象形。酒つぼの形。酒に関係した文字に使う。また熟する(酋(しゅう))、できあがる(就(しゅう))などの意味を含む。

名前 なが・みのる

酉 2【酋】〔9〕 標 シュウ 漢 平 尤 (シウ) qiú チウ　J2922 U補914B

酉 2〔酋〕〔9〕 字 俗　U補J ―

意味 ①熟(じゅく)した古い酒。②酒の醸造(じょうぞう)をつかさどる官。「大酋(たいしゅう)」③熟する。完成する。終わる。④〈おさ(をさ)〉部族のかしら。⑤すぐれる。⑥あつまる。

【酋長】(しゅうちょう(しう ちゃう)) 未開人の村や、集落などのかしら。首長。

酉 2【酊】〔9〕 テイ 漢 上 迥 dǐng ティン　J7836 U補914A

意味 酔う。「酩酊(めいてい)」

酉 3【酏】〔10〕 イ 漢 平 支 yí イー　J6654 U補―

意味 ①酒。㋐黍酒(きびざけ)。㋑甘酒(あまざけ)。②おもゆ。うすい粥(かゆ)。酒の醸造(じょうぞう)にも用いた。

酉 3【酐】〔10〕 コウ 漢 上 養 (カウ) hàng ハン　J― U補9150

意味 ①にがい酒。②現 理 無水酸。音 gān カン。

酉 3【酌】〔10〕 常 シャク くむ　J2864 U補914C

旧字 酉 3【酌】〔10〕 シャク 漢 入 薬 zhuó チュオ　U補J ―

筆順 一 冂 冂 両 西 酉 酉 酌 酌

意味 ①〈く・む〉㋐酒をつぐ。㋑酒をくみかわす。㋒液体をくむ。㋓えりわける。選別する。②さかずき。③酒。「清酌(せいしゃく)」④さかもり。⑤推しはかる。「斟酌(しんしゃく)」

解字 形声・会意。酉が形を表し、勺(しゃく)が音を示す。酉は酒。勺は、すくいとるという意味である。酌は、酒をくむことで、酒をさかずきについで人に飲ませることをいう。

【酌飲】(しゃくいん) わずかな飲料。

【酌婦】(しゃくふ) 国 ①酒のしゃくをする女。②場末の料理屋で客の相手をつとめる女。

【酌量】(しゃくりょう(りゃう)) 事情を考えて、手かげんする。くみとる。「情状酌量」

◆手酌(てじゃく)・独酌(どくしゃく)・晩酌(ばんしゃく)・媒酌(ばいしゃく)・斟酌(しんしゃく)

酉 3【酒】〔10〕 学 3 シュ さけ・さか シュ 漢 県 上 有 jiǔ チウ　J2882 U補9152

筆順 丶 氵 氵 汀 沂 洒 洒 酒 酒

意味 ①〈さけ〉〈さか〉穀物や果物(くだもの)を発酵(はっこう)させて造った飲物。アルコール飲料の総称。②さかもり。③さけをのむ。

解字 会意・形声。氵と酉を合わせた字で、酉(ゆう)は音をも示す。酉は、とりの月で、八月をいう。氵は水。酒は、仲秋八月、穀物が熟してから、水をまぜて作るもので「さけ」をいう。他の説に、酉は酒を入れる口の細いつぼであって、酒は、そのつぼにはいる液体であるとも、酉は酋(しゅう)と同じく、長く熟することで、酒は、長くかもした酒であるともいう。

名前 み　地名 酒田(さかた)　難読 お神酒(みき)(付表)

【酒手】(さかて) 国 ①心づけ。チップ。②酒の代金。

【酒暈】(しゅうん) 酒を飲み顔がほんのり赤くなる。

【酒翁】(しゅおう(をう)) ①酒をつくる人。②酒好きの老人。

【酒甕】(しゅおう(をう)) 酒を入れるかめ。

【酒家】(しゅか) ①酒屋。②酒のみ。

【酒客】(しゅかく|しゅきゃく) 酒のみ。

【酒渇(渴)】(しゅかつ) ①酒に酔ってのどがかわく。②ひどく酒を飲みたくなる。

【酒旗】(しゅき) 「酒旆(しゅはい)」に同じ。

【酒興】(しゅきょう) ①酒を飲むたのしみ。②さかもりの余興。

【酒戸】(しゅこ) ①酒を飲む分量。多く飲むのを大戸(上戸)、少ないのを小戸(下戸(げこ))という。②酒屋。

【酒肴】(しゅこう(かう)) 酒のさかな。酒とさかな。【──料】(しゅこうりょう(かうれう)) 国 酒やさかなを持参する代わりに差し出す金。招待された時などの心づけ。

【酒缸】(しゅこう(かう)) 酒がめ。

【酒榼】(しゅこう(かふ)|しゅごう(がふ)) 酒だる。

【酒豪】(しゅごう(がう)) 大酒家。大酒のみ。

【酒困】(しゅこん) 酒で理性を失う。「不レ為二酒困一(しゅこんをなさず)」〈論語・子罕(しかん)〉

【酒債】(しゅさい) 酒代の借り。

【酒市】(しゅし) 酒屋。【──魚行】(しゅしぎょこう(かう)) 酒屋とさかな屋。

【酒肆】(しゅし) 酒屋。酒店。

【酒資】(しゅし) 酒の代金。さかて。酒代。

【酒炙】(しゅしゃ) 酒と料理。炙は、火にあぶった肉。

【酒漿】(しゅしょう(しゃう)) 酒とそのほかの飲みもの。

【酒色】(しゅしょく) ①酒と女。②酒をのんで顔が赤くなること。

【酒食】(しゅしょく) ■一 酒と食物。■二(しゅし) 酒とめし。【──徴逐】(しゅしょくちょうちく) 酒食の間のつきあい。真実がなく、のみくいだけの友人。

【酒人】(しゅじん) ①酒のみ。②酒をつくる役人。

【酒数(數)】(しゅすう) 酒を飲む量。酒を飲む杯の数。

【酒聖】(しゅせい) ①清酒。②酒のみ。

【酒精】(しゅせい) アルコール。酒の主成分。

【酒仙】(しゅせん) 大酒のみ。うき世離れした酒のみ。

【酒泉】(しゅせん) ①酒が多量にあること。②地名。㋐今の陝西(せんせい)省にあったといわれる周代の村。㋑漢代の郡。今の甘粛省酒泉市付近。

【酒船】(しゅせん) 酒をのせたふね。

【酒戦(戰)】(しゅせん) 酒の飲みくらべ。

【酒銭(錢)】(しゅせん) 酒代。酒を買う金。

【酒饌】(しゅせん) 酒と食物。

【酒池肉林】(しゅちにくりん) 酒や肉をたくさん用いた、ぜいたくな酒宴。殷(いん)の紂王の宴会の様子を言ったもの。〈史記・殷本紀〉

【酒中】(しゅちゅう(ちう)) ①宴会のとちゅう。②酒の中。③酒を飲んでいるさなか。【──仙】(しゅちゅう(ちう)のせん) 唐(とう)の李白(りはく)のこと。

【酒籌】(しゅちゅう(ちう)) 飲んだ酒の杯数を数える道具。かずとり。

【酒顛】(しゅてん) 酒を飲んで心が狂う。＝酒癲

【酒徒】(しゅと) ①酒ずき。②飲みなかま。

【酒肉】(しゅにく) 酒と肉。酒とさかな。

【酒嚢飯袋】(しゅのう(なう)はんたい) さけぶくろとめしぶくろ。飲み食いするだけで、無能な人間。

【酒杯】(しゅはい) さかずき。

【酒旆】(しゅはい) 酒屋の看板の旗。酒旗。

【酒瓢】(しゅひょう(へう)) ひょうたん。酒を入れるふくべ。

【酒賦】(しゅふ) 酒を飲み、詩を作る。

【酒癖】(しゅへき) ①酒を飲むくせ。②酒を飲むと出る、よくないくせ。さけくせ。

【酒保】(しゅほ) ①酒屋の雇い人。②酒屋。③酒造り。④国 旧軍隊の兵舎内で兵士に日用品や食料を売るところ。

【酒幔】(しゅまん) 酒屋ののぼり。

【酒友】(しゅゆう(いう)) 酒の上での友だち。飲みともだち。

【酒乱(亂)】(しゅらん) 酒に酔って乱暴をすること。酒に酔うと乱暴

する癖くせ。

【酒量】しゅりょう（りゃう）　酒の飲める量。

【酒力】しゅりょく　酒の酔い。酒気。酒のいきおい。

【酒令】しゅれい　宴会のたのしみをそえるため、詩文やなぞの問題などでゲームを行い、負けた者に酒を飲ませること。

【酒帘】しゅれん　酒屋の看板の旗。酒旗。酒旆しゅはい。

（酒帘）

【酒楼（樓）】しゅろう　料理屋。料亭りょうてい。

【酒酣耳熱】さけたけなわ（たけなは）にしてみみねっす　酒宴がまっさかりで、耳があつくなる。宴会で楽しんでいるようす。〈漢書・楊惲伝〉

【嗜レ酒】さけをたしなむ　酒を好む。

◆白酒・麦酒・冷酒・洋酒・美酒・造酒・神酒・清酒・御酒・飲酒・禁酒・節酒・銘酒・濁酒・粗酒・合成酒・葡萄酒

酉3 【酎】〔10〕常 チュウ

チュウ（チウ） 漢 去 宥 zhòu チョウ

J 3581　U補 ―　U 914E

筆順　一 丆 万 两 西 酉 酉 酉一 酎 酎

意味　①濃い酒。何度も発酵させた濃厚な酒。②醸かもす。

国〈ちゅう（ちう）〉焼酎しょうちゅう（米・麦・イモ類を原料としたアルコール度の高い蒸留酒）の略称。

解字　形声。酉が形を表し、肘ちゅうを省略した寸が音を示す。酎は、何度も発酵させた濃厚な酒。

酉3 【配】〔10〕学3 ハイ くばる

ハイ 呉 漢 去 隊 pèi ペイ

J 3959　U補 ―　U 914D

筆順　一 丆 万 两 西 酉 酉 酉 酉 配

意味　①〈くば・る〉㋐わけくばる。分配する。㋑わりあてる。②〈つれあい（つれあひ）〉㋐配偶者。㋑あいて。③〈なら・ぶ〉㋐並ぶ。㋑匹敵ひってきする。④適切に組みあわす。「配置」⑤つりあう。似合う。⑥めあわす。夫婦にする。⑦（わきに）添える。副ふく・そえとする。⑧したがえる。「支配しはい」⑨島流しする。左遷する。⑩現㋐基準にそって調合・製作する。㋑補充する。

解字　会意。酉と己からなる。酉は酒つぼ。己は、人がひざまずいた姿をかたどる。礼法にしたがって酒器を配置するところから、配はならべるの意。

名前　あつ

配　原義と派生義

- ならべる
  - くばる・わりあてる「配給」「配当」
    - （思うように動かし）したがえる「支配」
  - とりあわせる「配合」
    - めあわす・つれそう「配偶」
    - （主ではなく）添えの・副の「配殿」
  - ならぶ・匹敵する
    - つりあう・あたる

【配意】はいい　①気をくばる。②心づかい。

【配下】はいか　国てした。部下。

【配給】はいきゅう（きふ）　割りあててくばること。

【配享】はいきょう（きゃう）　祭りのとき、主神にそえていっしょに他の神を祭ること。

【配偶】はいぐう　夫婦。つれあい。「配偶者」

【配見】はいけん　国兵士の首をしらべること。

【配合】■一 はいごう（がふ）　①とりあわせ。組みあわせ。②つりあい。③国夫婦にする。■二 ペイホー pèihé 現力を合わせる。チームワーク。■三 ペイホ pèihe 現ふさわしい。つり合いがとれている。

【配剤（劑）】はいざい　①薬を調合する。②ほどよく取り合わせる。

【配所】はいしょ　罪によって流された場所。

【配色】はいしょく　色のとりあわせ。色どり。

【配食】はいしょく　「配享はいきょう」に同じ。

【配水】はいすい　水道などで水をくばりとどけること。

【配生】はいせい　死後、悪いところに生まれるようにする。〈杜子春伝とししゅんでん〉

【配船】はいせん　船を各航路に割りあてて配置すること。

【配膳】はいぜん　食膳しょくぜんを人々の前にくばる。

【配属（屬）】はいぞく　割りあててきまった部に属させる。

【配謫】はいたく　「配流はいる」に同じ。

【配達】はいたつ　くばりとどけること。

【配置】はいち　①それぞれの位置に割りあてて置く。「配置転換」②割りあてられた位置。

【配天】はいてん　①徳が天に匹敵するほど高い。②天のまつりに祖先もあわせまつる。

【配殿】はいでん　宮殿や寺などの左右にそえてある建物。

【配電】はいでん　電力をくばる。

【配当（當）】はいとう（たう）　①割りあてる。②利益を分配する。

【配備】はいび　人を配置して、敵や事件に備える。

【配匹】はいひつ　つれあい。夫婦。

【配布】はいふ　みんなに広くくばる。

【配付】はいふ　くばり渡す。

【配分】はいぶん　くばり分ける。

【配慮】はいりょ　気をくばる。心づかい。

【配流】はいる　島ながし。

【配隷】はいれい　分けて所属させる。配属。

【配列】はいれつ　①ならべる。②ならび。

◆心配・手配・分配・勾配・支配・交配・字配・軍配・差配・集配・按配

酉4 【酓】〔11〕

エン 漢 上 琰 yǎn イエン

J 6655　U補 ―　U 9153

意味　①酒の味がにがい。②植物の名。山桑やまぐわ。＝檿えん

【酓糸（絲）】えんし　やまぐわの葉で養ったかいこの糸。

酉4 【酗】〔11〕

ク 漢 去 遇 xù シュイ

J ②9032　U補 6656　U 9157

意味　①〈さかがり〉酒乱。酒に酔って荒れ狂う。②酒にふける。酔いつぶれる。

酉4【酔】〔11〕常 スイ よう

旧字 酉8【醉】〔15〕人 スイ 漢 去 寘 呉 zuì ツォイ

U補J 3176 9154 / U補J 7845 9189

筆順 一 ㄇ 丙 两 酉 酉 酊 酔

意味 ①〈よ・う(ゑ・ふ)〉 ㋐酒によう。㋑心をうばわれる。㋒正常な状態を失う。②〈よい(ゑひ)〉 国〈よ・う(ゑ・ふ)〉 (乗り物の振動などで)気分が悪くなる。

解字 [篆文] 形声。酉が形を表し、卒(そつ)が音を示す。酉は酒。卒にはおわるという意味がある。酔は、酒量の限度まで飲みおわることで、まだ乱れない前も、よいつぶれることをもいう。

【酔翁】すいおう(をう) ①酒に酔った老人。②宋(そう)の欧陽脩(おうようしゅう)の号。【──之意】すいおう(をう)の い 話していることとは別にねらいがあること。

【酔歌】すいか 酒に酔ってうたう歌。

【酔臥】すいが(ぐわ) 酔ってねころぶ。

【酔漢】すいかん 酔っぱらった男。

【酔眼】すいがん 酒に酔った目つき。「酔眼朦朧(もうろう)」

【酔顔】すいがん 酒に酔った顔。

【酔起】すいき 酔った後の眠りからさめる。よいざめ。「酔起歩渓月(すいきしてけいげつにあゆむ)」〈李白(りはく)の詩・自遣〉

【酔客】すいかく|すいきゃく 酒に酔った客。

【酔狂】すいきょう(きゃう) ①酒に酔って心がくるう。②国ものずき。道楽。

【酔郷(鄕)】すいきょう(きゃう) 酔って遊ぶ世界。酔い心地の状態をいう。

【酔興】すいきょう ①酒に酔っての、いい心持ち。②国もの好き。=酔狂

【酔吟】すいぎん 酔って歌をうたう。【──先生】すいぎんせんせい 唐の詩人白居易(はくきょい)の号。

【酔倦】すいけん 酔いつかれる。

【酔後】すいご 酔った後。【──添二盃一】すいごにはいをそう(そふ) 酔った後にまださかずきをそえる。むだを重ねる、きりがない、などの意味。〈通俗編〉

【酔語】すいご 酔いにまかせてのことば。

【酔殺】すいさつ 酒で酔いつぶす。

【酔酒】すいしゅ 酒に酔うこと。【──飽徳】すいしゅほう(はう)とく 酒に酔い、徳にみちたりる。招待された宴会に感謝することば。〈詩経・既酔(きすい)〉

【酔書】すいしょ 酒に酔って書く。また、その書。

【酔人】すいじん 酒に酔った人。

【酔生夢死】すいせいむし 酒に酔い、夢を見て人生をおくる。なにもしないで人生をおくること。〈程子(ていし)語録〉

【酔態】すいたい 「酔容」に同じ。

【酔呶】すいど 酔って、口やかましくからむ。

【酔罵】すいば 酔って、悪たれ口をいう。

【酔筆】すいひつ 酔いにまかせて書いた書画。

【酔飽】すいほう(はう) 酒には酔い、食には満腹する。じゅうぶんに飲食する。

【酔夢】すいむ 酒に酔って眠り、見るゆめ。

【酔余(餘)】すいよ 酔ったあげくのこと。

【酔容】すいよう 酔っぱらったようす。

【酔楊妃】すいようひ(やうひ) 菊の一種。うすもも色のもの。

◆心酔・乱酔・泥酔・昏酔・陶酔・宿酔(しゅくすい|ふつかよい)・麻酔・微酔(びすい|ほろよい)

酉4【酖】〔11〕 一 タン 漢 一 平 覃 dān タン 二 チン 漢 二 去 沁 zhèn チェン

U補J 7837 9156

意味 一〈ふけ・る〉 (酒などに)おぼれる。「酖溺(たんでき)」 二①毒鳥の名。=鴆(ちん) ②鴆毒(ちんどく)の入った酒。③毒殺する。

【酖酖】たんたん 酒を飲んで、心たのしむ。

【酖毒】ちんどく 鴆(ちん)という毒鳥の羽にある毒。猛毒。

酉4【酘】〔11〕 トウ 漢 去 宥 ズ(ヅ) 呉 dòu トウ

U補J 7838 9158

意味 〈かも・す〉 酒を再度発酵(はっこう)させ、醸造(じょうぞう)する。また、そうして造った酒。

酉4【酕】〔11〕 ボウ 漢 平 豪 モウ 慣 máo マオ

U補J 9155

意味 酕醄(ぼうとう)は、酒に酔いつぶれる。ひどく酔ったさま。「若至二爛漫酕醄一便成二悪境一矣(もしらんまんぼうとうにいたらば、すなわちあくきょうをなさん)」(花の満開や、酒の深酔いは、おもむきのない悪い境地である。)〈菜根譚(さいこんたん)〉

酉4【酞】〔11〕 tài タイ

意味 現(理) フタレイン。

U補J 915E

酉4【酚】〔11〕 fēn フェン

意味 現(理) フェノール。石灰酸。

U補J 6658 915A

酉4【酛】〔11〕 国字

意味 〈もと〉 清酒のもと。酒母(しゅぼ)。

U補J ①9286 6659 915B

難読 生酛(きもと)

酉4【酙】〔11〕 俗 →斟(五七一ページ・中)

酉5【酣】〔12〕 カン 漢 平 覃 hān ハン

U補J 7839 9163

意味 ①酒を飲んで楽しむ。②酒に酔う。③〈たけなわ(たけなは)〉 ㋐酒宴の興がわく。㋑盛りを過ぎてまだ衰えない。㋒まっさかり。

【酣歌】かんか 酒を飲んで楽しみうたう。【──恒舞】かんかこうぶ 料理屋などに入りびたって、歌や踊りに明け暮れる。

【酣臥】かんが(ぐわ) 「酣眠(かんみん)」に同じ。

【酣酣】かんかん ①春げしきののどかなさま。②楽しく酔うさま。③花の満開のさま。

【酣呼】かんこ 酒に酔って大声で叫ぶ。

【酣觴】かんしょう(しゃう) 酒を楽しんで飲む。觴は、さかずき。

【酣酔(醉)】かんすい ひどく酔う。酩酊(めいてい)。

【酣睡】かんすい 「酣眠(かんみん)」に同じ。

【酣戦(戰)】かんせん 戦いのまっさいちゅう。入り乱れた戦い。また、盛んに戦うこと。

【酣放】かんぽう(ぱう) ①文章の自由自在なさま。②だらしなく酒を飲む。

【酣眠】かんみん ぐっすり寝こむ。熟眠。

【酣楽(樂)】かんらく 楽しみにふける。

酉5【酤】〔12〕 コ 漢 平 虞 gū クー

U補J ②9035 6661 9164

意味 ①〈か・う(─・ふ)〉 =沽(こ) ㋐酒を買う。㋑物を買う。②〈う・る〉 ㋐酒を売る。㋑物をうる。③酒。一夜づくりの酒。「酤酒(こしゅ)」

【酤権】こかく 政府が、酒を専売して、その利益をひとり占めする。

酉5【酢】〔12〕常 サク す 一 ソ 漢 呉 一 去 遇 cù ツー 二 サク 漢 呉 サク 慣 二 入 薬 zuò ツオ

U補J 3161 9162

筆順 一 ㄇ 丙 两 酉 酉 酊 酢 酢

意味 一=醋(そ) ①〈す〉 調味料の一つ。②すっぱい。 二〈むく・いる(──・ゆ)〉 返杯。客がおかえしに酒をさす。↕酬(しゅう)

解字 [篆文] 形声。酉が形を表し、乍(さく)が音を示す。酉はさけ。乍には、変化する、かさねるという意味を含む。酢は、さす

が時間がたって変化したもの、「す」をいう。また、主人の出したさかずきを、客が返杯することもいう。

難読 酢漿草(かたばみ)・酢橘(すだち)

参考 新表記では、「醋」の書きかえに用いる熟語がある。

【酢酸】(さくさん) 理 酸の一種。炭素・酸素・水素の化合物で、刺激臭のある無色の液体。食酢の主成分。合成繊維・樹脂・薬品などの原料となる。

◇梅酢(うめず)・酬酢(しゅうさく)

酉5【酥】〔12〕ソ 漢平 虞 呉 sū スー　J 7840　補 ―　U 9165

意味 ①〈ちちしる〉牛や羊(ひつじ)の乳から作る食品。②酒の名。③口当たりがサクっとした菓子。「酥糖(そとう)」④やわらかい。

【酥油】(そゆ) 仏 護摩(ごま)をたくときに使う油。

【酥酪】(そらく) 牛や羊の乳。また、それをもとにした加工品。

酉5【酡】〔12〕タ 漢平 歌 ダ 慣 tuó トゥオ　J ②9034　補 6660　U 9161

意味 酔って顔が赤くなる。あからむ。「酡顔(だがん)」

酉6【酬】〔13〕常 シュウ　シュウ(シウ) 漢平 尤 chóu チョウ　J 2923　U 916C

筆順 一 冂 丙 西 酉 酉' 酬 酬

酉6【酧】〔13〕俗字　J ―　補 6662　U 9167

意味 ①〈むく・いる(――・ゆ)〉㋐客からの返杯に対して、主人が再び返杯する。↕酢(さく) ㋑返す。こたえる。㋒つぐなう。㋓物を贈る。㋔詩や文章を贈る。②〈むくい〉③願いが実現する。④厚い。

解字 形声。酉が形を表し、州(しゅう)が音を示す。酉は酒。州は壽(寿)(しゅう)と同様に、まんべんなく行きわたらせる意味を含む。酬は、酒の座のすみずみまで行きわたらせることで、宴会の際に、主人がまず客に酌をし、客が返杯をしたあと、さらに主人がおかえしに客についでまわることをいう。

名前 あつ

【酬恩祭】(しゅう(しう)おんさい) 神のめぐみを感謝する祭り。モーゼの定めたもの。

【酬酢】(しゅう(しう)さく) ①さかずきのやりとり。②応対。

【酬唱】(しゅう(しう)しょう(しゃう)) 詩文などの贈答。

【酬対(對)】(しゅう(しう)たい) うけこたえをする。

【酬答】(しゅう(しう)とう(たふ)) 「酬対」に同じ。

【酬報】(しゅう(しう)ほう) 「酬対」に同じ。

【酬労(勞)】(しゅう(しう)ろう(らう)) 努力にむくいる。

◇応酬(おうしゅう)・報酬(ほうしゅう)・献酬(けんしゅう)

酉6【酩】〔13〕メイ 慣 ベイ 漢上 迥 míng ミン　J 7841　補 ―　U 9169

意味 〈よ・う(ゑ・ふ)〉ひどく酔う。「酩酊(めいてい)」

酉6【酭】〔13〕ユウ(イウ) 漢去 宥 yòu ユー　J ―　補 6663　U 916D

意味 むくいる。返杯する。＝侑(ゆう)

酉6【酪】〔13〕常 ラク　ラク 呉漢入 薬 lào ラオ　J 4579　補 ―　U 916A

筆順 一 冂 丙 西 酉 酉' 酪 酪 酪

意味 ①牛・羊・馬などの乳を材料として作る食品。チーズ。バター。「乾酪(かんらく)」②木の実を煮つめて作ったペースト状の食物。③酢(す)。

解字 形声。酉が形を表し、各(かく)が音を示す。酉は酒。各には、かたいという意味を含む。酪は、酒のかたまったものという意味であろう。

【酪漿】(らくしょう(しゃう)) 牛や羊などの乳。

【酪奴】(らくど) 茶の異名。

【酪農】(らくのう) 牛や羊を飼い、牛乳・バター・チーズなどを作る農業。

◇牛酪(ぎゅうらく)・甘酪(かんらく)・乳酪(にゅうらく)・乾酪(かんらく・チーズ)

酉6【酰】〔13〕xiān シエン　J ―　補 ―　U 9170

意味 現 理 アシル基。

酉6【酯】〔13〕zhǐ チー　J ―　補 ―　U 916F

意味 現 理 エステル。酸とアルコールの脱水反応による化合物の総称。

酉6【酮】〔13〕tóng トン　J ―　補 ―　U 916E

意味 現 理 ケトン。有機化合物の一種。

酉6【酧】〔13〕俗 ↓酬(本ページ・上)

酉7【酳】〔14〕イン 漢去 震 yìn イン　J 7842　補 ―　U 9173

意味 ①食後に、酒でくちをそそぐ。②酒を少し飲む。③尸(かたしろ)に酒をそなえる。すすめる。④あまり。余分。

酉7【酵】〔14〕常 コウ　コウ(カウ) 漢去 効 jiào チアオ　J 2558　補 ―　U 9175

筆順 冂 丙 西 酉 酉 酉 酵 酵

意味 ①酒のもと。こうじ(麴・糀)。酒母(しゅぼ)。②わく。酒が発酵して泡がたつ。③発酵する。

解字 形声。酉が形を表し、孝(かう)が音を示す。酉は酒。酵は、酒をかもすとき、わきかえることをいう。

【酵素】(こう(かう)そ) 生物細胞中でつくられ、触媒作用をする有機化合物。ペプシン、アミラーゼなど。「菌(きん)。酵母菌。

【酵母】(こう(かう)ぼ) 糖分をアルコールに変化させる、酒造に必要な

◇発酵(はっこう)

酉7【酷】〔14〕常 コク　コク 呉漢入 沃 kù クー　J 2583　補 ―　U 9177

旧字 酉7【酷】〔14〕　J ―　補 ―　U ―

筆順 冂 丙 西 酉 酉 酉 酷 酷 酷

意味 ①つよい。㋐酒がこい。㋑香りがつよい。②〈はなはだ〉とても。たいへん。③〈きびし・い(きび・し)〉「酷暑(こくしょ)」「酷評(こくひょう)」④〈むご・い(――・し)〉いたましい。残忍である。「残酷(ざんこく)」⑤むごい仕打ち。また、その苦しみ。⑥しいたげに対する、恨み。

解字 形声。酉が形を表し、告(こく)が音を示す。酉は酒。告には、きびしい意味がある。酷は、酒の味がひどく濃厚なことである。

名前 あつ

【酷虐】(こくぎゃく) むごく扱う。ひどくいじめる。

【酷遇】(こくぐう) ひどい取り扱い。

【酷使】(こくし) 手加減せずに限度をこえて使う。

【酷似】(こくじ) たいへんよく似ている。

【酷暑】(こくしょ) ひどいあつさ。猛暑。

【酷肖】(こくしょう(せう)) 「酷似」に同じ。

【酷税】(こくぜい) ひどく重い税。

【酷熱】(こくねつ) ひどく暑い。極熱。

【酷薄】(こくはく) むごいくらいの不人情。ひとでなし。

【酷評】(こくひょう(ひゃう)) きびしい批評。

【酷暴】(こくぼう) 乱暴でむごい。

【酷吏】(こくり) むごい官吏。無慈悲な役人。

【酷烈】(こくれつ) ひどくはげしい。猛烈。

【酷寒】(こっかん(こくかん)) きびしいさむさ。厳寒(げんかん)。

【酷刑】こっけい むごい刑罰。ひどい刑。

◆冷酷れい・苛酷か・残酷ざん

酉7【酸】〔14〕学5 サン 漢 平 寒 サン 呉 suān ソワン J 2732 補 U 9178

筆順 冂 丙 西 酉 酉ム 酉允 酸 酸

意味 ①酢す。また、すっぱい液体。②〈す・い(―・し)〉〈すっぱ・い〉③苦しくつらい。「辛酸しんさん」④悲しい。いたましい。⑤みすぼらしい。⑥時代おくれのさま。⑦体がだるい。＝痠さん ⑧理酸素の略。「酸化」

解字 形声。酉が形を表し、夋しゅんが音を示す。酉は酒。夋は鑽さんと音が通じて、きりで刺すという意味を含む。酸は、酒がくさって味が舌を刺激することで、「す」をいう。また夋には、きびしい、あるいは、足をひきずるという意味がある。それで、酸は、味のきびしい酒とも、酢でぐにゃぐにゃになっている状態ともなる。酢と同じで、函谷関の東では「酸」を使い、他の地方では「酢」を使ったという。

難読 酸葉すいば・酸模すかんぽ・酸塊すぐり・酸漿ほおずき

【酸化】さんか 理酸素と化合すること。化合物から水素を取り去ること。

【酸寒】さんかん 貧しいこと。

【酸漿】さんしょう(しゃう) 植物の名。①ほおずき。②かたばみ。

【酸辛】さんしん 苦しい。つらい。辛酸。

【酸呻】さんしん 悲しみうめく。

【酸性】さんせい 理水溶液が濃い水素イオンを生じる性質。青色リトマス試験紙が赤くなる性質。↕アルカリ性

【酸然】さんぜん ①ものさびしいさま。②心を痛めるさま。

【酸素】さんそ 理気体元素の名。記号はO。

【酸楚】さんそ 悲しみいたむ。酸痛さんつう。酸愴さんそう。

【酸毒】さんどく 人を大変苦しめる。また、大変恨む。

【酸鼻】さんび ①鼻が痛み、涙がしみるほど悲しむこと。ひどく悲しむこと。②むごたらしいさま。

【酸模】さんぼ 植物の名。すかんぽ。すいば。

【酸味】さんみ ①すっぱい味。②つらいこと。

【酸類】さんるい 酸性があるものの総称。

◆甘酸かんさん・辛酸しんさん・炭酸たんさん・青酸せいさん・乳酸にゅうさん・胃酸いさん・硫酸りゅうさん・硝酸しょうさん・塩酸えんさん・蓚酸しゅうさん・蟻酸ぎさん

酉7【酻】〔14〕 一スイ 漢 呉 去 寘 zuì ツォイ 二フ 漢 平 尤 fú フー J ― 補6667 U 917B

意味 一〈よ・う(ゑ・ふ)〉酒によう。＝酔すい 二①罰として酒を飲ませる。＝浮ふ ②酒に浮かぶ泡。

酉7【酲】〔14〕 テイ 漢 平 庚 chéng チョン J 7843 補 U 9172

意味 ①〈よ・う(ゑ・ふ)〉悪酔わるよいする。二日酔ふつかよいする。②酒がさめる。③飽きる。十分に満足する。

酉7【酴】〔14〕 ト 漢 平 虞 tú トゥー J ②9036 補6664 U 9174

意味 ①こうじ(麹・糀)。②にごりざけ。どぶろく。かすをとらない酒。もろみ。酒のもと。「酴酒としゅ」

【酴醾】とび ①小麦をもとに、二度かもした酒。②低木の名。花がこがね色でとび酒の色に似ているという。ときんいばら。

酉7【酶】〔14〕 バイ 漢 平 灰 méi メイ J ― 補 U 9176

意味 ①酒のもと。こうじ。②現理酵素こうそ。

酉7【酺】〔14〕 ホ 漢 平 虞 pú プー J 補6666 U 917A

意味 ①さかもり。国の慶事けいじに際し、天子から臣民に酒食が与えられ催される酒宴。「酺宴ほえん」「酺会ほかい」②災害をもたらす神。③酺布ほふは、布。

【酺禁】ほきん 漢代、三人以上の宴会を禁止したこと。

酉7【酹】〔14〕 ライ 漢 去 隊 lèi レイ J ②9037 補6665 U 9179

意味 〈そそ・ぐ〉地に酒をそそぎ、地の神を祭る。

酉8【醃】〔15〕 エン 漢 平 塩 yān イエン J ①9287 補6669 U 9183

意味 塩づけ。①野菜の塩づけ。つけな。②魚の塩づけ。

【醃蔵(藏)】えんぞう(ざう) 塩づけ。塩づけにして保存する。

酉8【醋】〔15〕 一サク 漢 呉 入 薬 zuò ツォ 二ソ 漢 呉 去 遇 cù ツー J 7844 補 U 918B

意味 一むくいる。返杯する。＝酢さく 二①〈す〉酢。②すっぱい。③やきもちをやく。

参考 新表記では、「酢」に書きかえる熟語がある。

【醋甕】そおう(をう) すがめ。酢を入れるかめ。

酉8【醆】〔15〕 サン 漢 上 潸 zhǎn チャン J 6671 補 U 9186

意味 ①〈さかずき(さかづき)〉＝盞さん ②やや澄んだにごり酒。

酉8【醇】〔15〕人 シュン 漢 平 真 ジュン 呉 chún チュン J 2970 補 U 9187

酉9【醕】〔16〕同字 J ― 補6677 U 9195

意味 ①味わいの濃い酒。②あつい。㋐(酒の)味が濃厚なさま。「芳醇ほうじゅん」㋑手厚い。③混じりけのないさま。＝淳じゅん 純じゅん ④〈もっぱら〉⑤かざりけのないさま。

解字 会意・形声。酉と享とを合わせた字。享じゅん・とんが音をも示す。酉は酒つぼの形で酒を意味し、享にはじゅうぶんに煮るという意があり、従って醇は、じゅうぶんに熟した酒、濃い酒の意となる。転じて、手あつい、純粋の意。

名前 あつ・あつし

【醇化】じゅんか ①手厚く感化する。②不純物を取り除いて純粋にする。

【醇雅】じゅんが 手厚くて上品。

【醇乎】じゅんこ まじりけのないさま。

【醇厚】じゅんこう 人情ぶかく、軽薄でないこと。

【醇酒】じゅんしゅ 濃くて良い酒。【――婦人】じゅんしゅふじん 酒や女にうつつをぬかすふりをして、身の危険をさけること。〈史記・信陵君伝〉

【醇儒】じゅんじゅ 儒教に専心する学者。

【醇醇】じゅんじゅん 風俗がよく、親しみ合う。「其民醇醇」〈老子・五十八〉

【醇醲】じゅんじょう(ぢゃう) ①濃い酒。②国民の風俗が正しく美しいこと。

【醇粋(粹)】じゅんすい まじりけがない。

【醇正】じゅんせい まじりけがなく正しい。

【醇俗】じゅんぞく ①すなおでかざりけのない風俗。②純粋なものと、まじりけのあるもの。

【醇酎】じゅんちゅう(ちう) 濃い酒。上等の酒。

【醇篤】じゅんとく 「醇厚じゅんこう」に同じ。

【醇白】じゅんぱく ①真白。②まじりけがない。

【醇美】じゅんび 純粋で美しい。

【醇風美俗】じゅんぷうびぞく 人情のあつい、うるわしい風俗。

【醇朴】じゅんぼく 人情があつく、かざりけのないこと。

【醇味】じゅんみ まじりけのない味。こくのある美酒の味わい。

【醇醴】じゅんれい 濃い酒とあまい酒。

酉8【醊】〔15〕 一テイ 漢 去 霽 zhuì チョイ 二テツ 漢 入 屑 chuò チュオ J 6672 補 U 918A

意味 一二まつる。㋐地に酒をそそいで祭る。㋑連続して祭る。＝餟てい

酉8【醄】〔15〕 トウ 漢 (タウ) 平 豪 táo タオ J ― 補 U 9184

意味 酕醄ぼうとうは、酔いつぶれるさま。

酉8【醅】〔15〕ハイ 漢 平 灰 / バイ 慣 pēi ペイ　J ②9038　補 6670　U 9185

意味 ①〈かすごめ〉〈わささ〉どぶろく。にごり酒。もろみざけ。②じゅうぶんに酔う。酔いあきる。

酉8【醁】〔15〕リョク 漢 入 沃 lù ルー　J —　補 6668　U 9181

意味 醁醽(りょくれい)は、うまざけ。良い酒。

酉8【醂】〔15〕ラン 漢 上 感 / リン 慣 lǎn ラン　J 7846　補 —　U 9182

意味 ①〈さわし(さはし)〉渋を抜いた柿。さわしがき。②〈さわ・す(さは・す)〉〈あわ・す(あは・す)〉かきの渋を抜く。③桃(もも)のつけもの。国 味醂(みりん)は、甘く濃い酒の名。

酉8【醌】〔15〕kūn クン　J —　補 —　U 918C

意味 現 理 キノン。黄または赤の、刺激臭の強い結晶。

酉8【醉】〔15〕旧 →酔(一二七二ページ・上)

酉9【醐】〔16〕標 コ 漢 平 虞 / 人 ゴ 呉 hú フー　J 2479　補 —　U 9190

意味 醍醐(だいご)は、乳製品の特に精製したもの。↓醍(本ページ・中)の[二]

【醐汁】(ごじる) 国 すりつぶした大豆のはいったみそしる。

酉9【醔】〔16〕[一] シュウ 漢 [一] 平 尤 (シウ) qiú チウ / [二] シュウ 漢 [二] 平 尤 (シウ) chōu チョウ　J —　補 6676　U 9194

意味 [一] 酒をつかさどる官。=酋(しゅう) [二] 酒をあみでこす。

酉9【醑】〔16〕ショ 漢 上 語 xǔ シュイ　J —　補 6674　U 9191

意味 ①酒を漉(こ)す。②漉した酒。したみ酒。③うま酒。美酒。

酉9【醒】〔16〕常 セイ / セイ 漢 ショウ(シャウ) 呉 平 青 xǐng シン　J 3235　補 —　U 9192

筆順 一 冂 丙 酉 酉 酊 酲 醒 醒

意味 〈さ・める(―・む)〉①酔いがさめる。②目がさめる。③意識がはっきりする。④さとる。

解字 形声。酉が形を表し、星(せい)が音を示す。音を示す星から構成される惺(せい)は、意識がはっきりしている意。醒は、酒の酔いがさめる、また、目が覚める意。

【醒覚(覺)】(せいかく) 目がさめていること。

【醒悟】(せいご) さとる。さとりを開く。

【醒寤】(せいご) ねむりからさめる。

【醒日】(せいじつ) 酒に酔わない日。↔酔日

【醒醒】(せいせい) 目のさめているようす。「常醒醒」

◆覚醒(かくせい)

酉9【醍】〔16〕人 標 [一] テイ 漢 [一] 上 薺 tǐ ティー / [二] テイ 漢 [二] 平 斉 tí ティー / ダイ 呉　J 3473　補 —　U 918D

意味 [一] ①赤色の酒。②澄んだ酒。[二] 醍醐(だいご)は、①特に精製した酪(らく)(牛乳を煮て作った濃厚な汁。またはバター)。②清酒。美酒。③すぐれた人。

姓 醍醐(だいご)

【醍醐味】(だいごみ) 醍醐のうまい味。転じて、最上の味わい。また、なにものにもかえられない楽しさ、おもしろさ。神髄。

酉9【醓】〔16〕タン 漢 上 感 tǎn タン　J —　補 6675　U 9193

意味 ししびしお。きざみ肉の塩づけ。また、その汁。

酉9【醎】〔16〕俗 →鹹(一四三九ページ・上)

酉9【醕】〔16〕同 →醇(一二七四ページ・中)

酉9【醗】〔16〕俗 →醱(一二七六ページ・中)

酉10【醞】〔17〕ウン 漢 去 問 yùn ユン　J ①9288　補 6679　U 919E

意味 ①〈かも・す〉酒を発酵させてつくる。②酒。③ととのえる。調和する。④おだやか。やさしい。しとやか。

【醞藉】(うんしゃ) おくゆかしい。しとやか。

【醞醸(釀)】(うんじょう(ぢゃう)) ①酒をつくる。②無実の罪をでっちあげる。③だんだんと育成する。④物事が調和する。

【醞造】(うんぞう(ざう)) かもし出す。かもして酒をつくる。

酉10【醢】〔17〕カイ 漢 上 賄 hǎi ハイ　J 7847　補 —　U 91A2

意味 ①〈ひしお(ひしほ)〉〈ししびしお(ししびしほ)〉肉を塩・麹(こうじ)・酒などに漬けたもの。②ひしおにする。③人を殺して塩づけにする刑罰。

酉10【醘】〔17〕コウ 漢 入 合 (カフ) kē コー　J —　補 6678　U 9198

意味 酒樽(さかだる)。また、酒の容器。=榼(こう)

酉10【醡】〔17〕サ 漢 去 禡 zhà チャー　J —　補 6680　U 91A1

意味 酒をしぼる。また、その道具。=榨(さ)

酉10【醜】〔17〕常 シュウ みにくい / シュウ(シウ) 漢 シュ 呉 上 有 chǒu チョウ　J 2925　補 —　U 919C

筆順 冂 丙 酉 酌 酌 酣 醜 醜

意味 ①〈みにく・い(―・し)〉㋐顔かたちが悪い。㋑(ことがらが)良くない。②悪い。また、悪人。③にくむ。きらう。④はじる。また、はじ。はずかしめ。⑤くらべる。⑥〈たぐい(たぐひ)〉仲間。⑦〈ひとし・い(ひと・し)〉 国〈しこ〉①醜悪なものをののしることば。②ごつごつして強いさま。③自分を卑下して用いることば。「醜(しこ)の御楯(みたて)」

解字 形声。鬼が形を表し、酉(ゆう)が音を示す。鬼はおに。酉は首の細い酒つぼで、人のからだが曲がっている意味を含む。醜は、背の曲がった人。儔(ちゅう)という字と通じて、なかまの意味をも表す。音シウは、酉の音イウの変化。

名前 むね

【醜悪(惡)】(しゅう(しう)あく) みにくいさま。

【醜夷】(しゅう(しう)い) ①多くの仲間。②異国人をけいべつしていうことば。

【醜怪】(しゅう(しう)かい(くわい)) みにくく恐ろしげなこと。

【醜業】(しゅう(しう)ぎょう(げふ)) 社会に恥じるような、いやしい職業。【―婦】(ふ) 売春婦。

【醜行】(しゅう(しう)こう(かう)) みにくい行い。

【醜女】(しゅう(しう)じょ(ぢょ)・しこめ) みにくい女。

【醜声(聲)】(しゅう(しう)せい) 「醜聞(しゅうぶん)」に同じ。

【醜態】(しゅう(しう)たい) みぐるしい様子。恥ずかしいありさま。

【醜詆】(しゅう(しう)てい) 人を悪くののしる。

【醜美】(しゅう(しう)び) ①みにくいことと美しいこと。②醜女と美女。

【醜婦】(しゅう(しう)ふ) みにくい女。

【醜聞】(しゅう(しう)ぶん) みっともないうわさ。みにくい男女関係についてのうわさ。スキャンダル。

【醜名】[一] (しゅう(しう)めい) 悪い評判。汚名。[二] (しこな) 国 ①あだな。②すもうとりの呼び名。四股名(しこな)。

【醜虜】(しゅう(しう)りょ) けがらわしい異国人。外国人や捕虜をいやしめていうことば。

【醜類】(しゅう(しう)るい) ①悪人の仲間。②ともがら。多くの仲間。

【醜陋】しゅう（しう）ろう ①下品な心。②顔かたちのみにくく、品のないこと。
【醜穢】しゅう（しう）わい みにくく、けがらわしい。
【醜男】ぶおとこ（をとこ）・しこお（を） 国みにくい男。
◇美醜びしゅう

酉10【醣】〔17〕 táng タン 意味 現理炭水化物。含水炭素。 J ― 補 ― U 91A3

酉10【醛】〔17〕 quán チュワン 意味 現理アルデヒド。アルコールの酸化によって生ずる液体。 J ― 補 ― U 919B

酉10【醚】〔17〕 mí ミー 意味 現理純精アルコール。エーテル。 J ― 補 ― U 919A

酉10【醤】〔17〕 簡↓醬(本ページ・上)

酉11【醬】〔18〕 人 標 ショウ 漢 （シャウ） 去 漾 jiàng チアン 酉10【醤】〔17〕 簡慣 J 3063 補 ― U 91A4 J ①9289 補 6683 U 91AC
意味 ①〈ひしお(ひしほ)〉 干し肉に、塩・こうじ・酒をまぜてかもしたもの。「肉醬にくしょう」 ②ひしおみそ。みそに似た調味料。
【醬菜】しょう（しゃう）さい つけ菜の類。みそ漬けの野菜。
【醬䴴】しょう（しゃう）でい ひしおと、骨まじりの肉で作ったしおから。
「醬䴴之制しょうでいのせい」〈欧陽脩おうようしゅう・憎蒼蠅賦そうようをにくむふ〉
【醬油】㊀しょう（しゃう）ゆ 調味料の一種。小麦と大豆をかもし、食塩水と合わせた液体。㊁チアンユー jiàngyóu 現㊀に同じ。

酉11【醦】〔18〕 ㊀シン 漢 ㊀上 寢 chěn チェン ㊁サン 漢 ㊁上 譧 chǎn チャン J 6681 補 ― U 91A6
意味 ㊀①酢す。②ひどくすっぱい。㊁すっぱいさま。

酉11【醨】〔18〕 リ 漢 平 支 lí リー J ②9040 補 6682 U 91A8
意味 ①〈もそろ〉〈しる〉 うすい酒。「醨酒りしゅ」 ②うすい。

酉11【醪】〔18〕 ロウ 漢 （ラウ） 平 豪 láo ラオ J 7850 補 ― U 91AA
意味 ①〈かすごめ〉 にごり酒。どぶろく。②〈もろみ〉 まだこしてない粕かすのまじっている酒やしょうゆ。

酉11【醫】〔18〕 旧↓医(一八八ページ・下)

酉12【醯】〔19〕 ケイ 漢 呉 平 斉 xī シー J 7849 補 ― U 91AF
意味 ①〈す〉〈すざけ〉 調味料の一種。②しおから。
【醯醢】けいかい しおから。
【醯雞】けいけい かつおむし。酒つぼなどに生ずる小虫。
【醯醬】けいしょう（しゃう） 酢とみそ。

酉12【醮】〔19〕 ショウ 漢 （セウ） 去 嘯 jiào チアオ J ②9041 補 6685 U 91AE
意味 ①〈まつり〉 ㋐酒を供えて神を祭る。㋑冠婚の礼式。酒をいただき、返杯しない礼。㋒仏教・道教の祭り。②女性が再婚する。③〈つ・きる(―・く)〉 ㋐酒を飲み干す。㋑財力が尽きはてる。④やつれる。

酉12【醰】〔19〕 タン 漢 平 覃 tán タン J 6686 補 ― U 91B0
意味 ①酒の味が長くのこること。②酒の味が濃厚なこと。③美しい。

酉12【醱】〔19〕 標 ハツ 漢 入 曷 pō ポー 酉9【醗】〔16〕 俗字 J 4016 補 ― U 9197 J ①9290 補 6687 U 91B1
意味 ①酒を重ねてかもす。②醱酵はっこうは、酵母菌の作用で有機物が分解すること。↓「発酵」(八五二ページ・中)
参考 新表記では「発」に書きかえる熟語がある。

酉12【醭】〔19〕 ホク 漢 入 屋 bú プー J 6684 補 ― U 91AD
意味 かび。酒や酢すの表面にできる白かび。

酉13【醳】〔20〕 ㊀エキ 漢 ㊀入 陌 yì イー ㊁セキ 漢 シャク 呉 ㊁入 陌 shì シー J ②9042 補 6689 U 91B3
意味 ㊀①酒。㋐古い酒。㋑年越しの新酒。㋒濃い酒。醇酒じゅんしゅ。㋓苦い酒。②〈ねぎら・う(―・ふ)〉 酒食をふるまい労をねぎらう。＝懌えき ㊁とく。ゆるす。＝釈しゃく

酉13【醷】〔20〕 ㊀オク 慣 ㊀入 職 yì イー ㊁イ 漢 ㊁上 紙 yǐ イー ㊂アイ 漢 ㊂去 卦 ài アイ J ― 補 ― U 91B7
意味 ㊀梅酢うめず。㊁①気の集まるさま。こんず。②呼吸するさま。㊂あまざけ。＝醫(医)い ㊂噫醷いんあいは、

酉13【醵】〔20〕 キョ 漢 去 御 jù チュイ J 7851 補 ― U 91B5
意味 ①さかもり。宴会。②金銭を出しあって飲食する。③〈つの・る〉 ㋐金銭をあつめる。「醵出きょしゅつ」「醵金きょきん」 ㋑あつめる。

酉13【釀】〔20〕 常 ジョウ かもす 旧字 酉17【釀】〔24〕 人 ジョウ 漢 （ヂャウ） 去 漾 niàng ニアン J 3090 補 ― U 91B8 J 7854 補 ― U 91C0

筆順 冂 襾 酉 酉 酉 醉 醢 釀 醸

意味 ①〈かも・す〉 ㋐酒などをかもしてつくる。「醸造じょうぞう」 ㋑(ある雰囲気や状態を徐々に)つくりあげる。「醸成じょうせい」「醞醸うんじょう」 ②〈かむし〉 こうじ。③酒。④切りまぜる。

解字  形声。酉が形を表し、襄じょうが音を示す。酉は酒。襄には、中にわりこむという意味がある。醸は、酒をかもすとき、つぼの中に材料を仕込んで発酵させることである。

【醸甕】じょう（ぢゃう）おう（をう） さかがめ。
【醸酒】じょう（ぢゃう）しゅ 酒をかもす。かもしてつくられた酒。
【醸成】じょう（ぢゃう）せい ①酒をかもして造る。②気運や事件などを次第につくり出す。
【醸泉】じょう（ぢゃう）せん 泉の名。酒をかもすのによいという泉。
【醸母】じょう（ぢゃう）ぼ 糖分をアルコールに変化させる菌きん。酵母菌。醸母菌。

酉13【醲】〔20〕 ジョウ 漢 （ヂョウ） 平 冬 nóng ノン J 6688 補 ― U 91B2
意味 ①濃い酒。「醇醲じゅんじょう」 ②〈こ・い(―・し)〉 濃厚である。③あつい。手厚い。
【醲郁】じょう（ぢょう）いく 味が濃く、かおりの高い酒。

酉13【醴】〔20〕 レイ 漢 上 薺 lǐ リー J 7852 補 ― U 91B4
意味 ①〈あまざけ〉〈こざけ〉 一夜酒。「醴酒れいしゅ」「醴漿れいしょう」 ＝澧れい ②あまくうまい泉。＝澧 ③川の名。湖南こなん省にあり、洞庭どうてい湖にそそぐ。＝澧れい ④＝礼
【醴酒】れいしゅ あまざけ。【―不設】れいしゅもうけず(まうけず) 客への待遇がしだいに悪くなること。〈漢書かんじょ・楚元王そげんおう伝〉
【醴泉】れいせん あま味のある泉。甘泉。【―銘】れいせんめい 九成宮きゅうせいきゅう醴泉銘。唐の太宗が魏徴ぎちょうに作らせた文で、欧陽詢おうようじゅんが書いた。楷書かいしょの手本とされる。
【醴酪】れいらく あま酒と乳製飲料。

酉13【醶】〔20〕 ㊀サン 漢 ㊀上 譧 yàn イエン ㊁レン 漢 ㊁上 琰 liǎn リエン ㊂カン 漢 ㊂平 咸 xián シエン J ②9043 補 6690 U 91B6
意味 ㊀酢す。㊁醶醲れんせんは、酢の味。㊂しおからい味。国えぐ

い。

酉14【醺】〔21〕 クン 漢 平 文 xūn シュン （U 91BA / 補 — / J 7853）
意味 ①ほろよい。少し酔う。「微醺」②におう。酒くさい。③そまる。そめる。徐々に染みこむ。
【醺醺】「醺然」に同じ。
【醺然】酒に酔って気持ちのよいさま。

酉14【醹】〔21〕 ジュ 漢 平 虞 rú ルー （U 91B9 / 補 — / J —）
意味 濃厚な酒。醇酒。

酉14【醻】〔21〕 シュウ（シウ） 漢 平 尤 chóu チョウ （U 91BB / 補 6691 / J —）
意味 〈むく・いる（——・ゆ）〉主人が客に再び返杯する。＝酬

酉16【醼】〔23〕 エン 漢 去 霰 yàn イエン （U 91BC / 補 6692 / J ①9291）
意味 〈さかもり〉うたげ。宴会。＝宴

酉17【醽】〔24〕 レイ 漢 平 青 líng リン （U 91BD / 補 6693 / J —）
意味 ①醽醁は、良い酒。②酒をこす。

酉17【釀】〔24〕 旧→醸（一二七六ページ・下）

酉17【醾】〔24〕 同→醾（本ページ・中）

酉18【釁】〔25〕 キン 漢 去 震 xìn シン （U 91C1 / 補 — / J 7855）
意味 ①〈ちぬ・る〉いけにえの動物の血を器に塗る礼式。ちまつり。＝衅 ②ぬる。体にものを塗りつける。③いぶす。くすぶらす。くゆらす。④きざし。前兆。⑤ひま。すきま。あきま。⑥きず。㋐ひび。さけめ。㋑欠点。あら。⑦あやまち。過失。⑧とが。罪。⑨うごく。衝動にかられる。
【釁隙】①すきま。②仲のわるいこと。
【釁端】争いのもと。不和のもと。

酉18【醮】〔25〕 ショウ（セウ） 漢 去 嘯 jiào チアオ （U 91C2 / 補 6701 / J —）
意味 酒を飲みほす。飲みつくす。

酉19【釃】〔26〕 ㊀シ 漢 ㊀平 支 shī シー、shāi シャイ ㊁リ 漢 ㊁平 支 lí リー （U 91C3 / 補 6702 / J ②9044）
意味 ㊀①〈した・む〉酒を漉す。しぼる。②濃い酒。醇酒。
【釃酒】③汲む。④分ける。①酒をこす。②酒をわけてつぐ。㊁うすい酒。かす酒。＝醨

酉19【醾】〔26〕 ビ 漢 平 支 mí ミー （U 91C4 / 補 — / J ②9045）
意味 醾醾は、①小麦をもとに、二度かもした酒。②低木の名。ときんいばら。→酴（一二七四ページ・中）

酉17【醾】〔24〕 同字 （U 91BF / 補 6694 / J —）

酉20【釅】〔27〕 ゲン 漢 去 豔 yàn イエン （U 91C5 / 補 6703 / J —）
意味 ①濃い。㋐色が濃い。㋑味が濃い。②濃い酒。③酢。

7画 釆部 のごめ のごめへん

【部首解説】「動物の爪が分かれているさま」にかたどり、「分かれる」ことを表す。この部には、「釆」の形を構成要素とする文字が属する。

釆0【釆】〔7〕 ハン 漢 去 諫 biàn ピエン （U 91C6 / 補 — / J 4048）
意味 ①わかれる。②わける。㋐ばらばらにする。㋑みわける。区別する。
解字 象形。けものの爪のわかれているさま。わかれる、ばらばらになることを示す。

釆1【采】〔8〕 常 サイ ㊀サイ 漢 県 ㊀上 賄 cǎi ツァイ ㊁サイ 漢 県 ㊁去 隊 cài ツァイ （U 91C7 / 補 — / J 2651）

旧字 釆1【采】〔8〕 （U — / 補 — / J —）

筆順 ノ ㇀ ⺈ ⺤ 平 平 采 采

意味 ㊀①〈と・る〉＝採 ㋐つみとる。㋑えらびとる。㋒集めとる。②得る。納める。③いろどり。＝彩 ④あや。もよう。⑤すがた。かたち。「風采」⑥こと。仕事。政事。⑦つかさ。官職。⑧ぬさ。幣帛。⑨→采采 ㊁①卿大夫の領地。采邑。②野生の菜。＝菜 国〈さい〉采配の略。

解字 会意。爪と木とを合わせた字。爪は手のひらを下に向け、物をつかむ形を表す。采は、木の実をつかみとる、また、葉をとる意となる。一説に、木を採るとする解釈もある。
名前 あや・うね・こと
姓 采女
参考 采は「採」（五三六ページ・上）の中国新字体としても使う。

【采衣】いろどった着物。
【采芹】学校のまわりでせりをとる。入学することをいう。〈詩経・泮水〉
【采纈】つみ取り、つまばさむ。草などをつんで、着物のつまを帯にはさんだところへ入れる。〈詩経・芣苢〉「願君多采纈」〈王維の詩・相思〉
【采采（采采）】①たくさん取る。草などをつむ。「采采巻耳」（みみなしぐさをつみ取る。）〈詩経・巻耳〉②多いさま。③盛んなさま。草木が盛んに茂ったさま。「采采栄木」〈陶潜の詩・栄木〉④きらびやかに飾るさま。⑤いろいろの事がら。
【采詩】風俗を知り、政治の参考にするため、地方の民謡を採集する。「采詩官」
【采色】①美しい色どり。②顔色。風采。【——不定】喜んだり怒ったりして気まぐれなこと。〈荘子・人間世〉
【采女】㊀漢代の女官。㊁国王朝時代、天皇の給仕にあたった女官。
【采飾】色どり飾る。＝彩飾
【采摭】拾い取る。
【采地】官吏がもらう領地。
【采椽】山から切り出したままの材木でつくったたるき。【——不斲】山から切り出したままの木をたるきにして、きれいにけずらない。そまつな建物の形容。〈韓非子・五蠹〉〈史記・李斯列伝〉
【采頭】さおの先にふさをたらした武具。
【采配】国①指揮官が兵卒を指揮する道具。「采配をふる」②さしず。
【采薇歌】伯夷・叔斉兄弟が、周に仕えることを恥じ、首陽山に隠れて作った歌。
【采邑】「采地」に同じ。
『采薪之憂』薪をとりに行けない悲しみ。自分の病をへりくだっていう。〈孟子・公孫丑下〉

釆4 **【釈】**〔11〕 常 シャク

旧字 釆13 **【釋】**〔20〕

一 セキ 漢 一 入 陌
シャク 呉 shì シー
二 エキ 漢 二 入 陌
ヤク 呉 yì イー

J 2865 補 U 91C8
J 7857 補 U 91CB

筆順 … 釈

意味 一①〈と・く〉㋐ときほぐす。㋑解決する。㋒ときあかす。「解釈」㋓ゆるめる。㋔うすめる。とかす。「希釈」㋕とりのぞく。②〈と・ける(―・く)〉㋐明らかになる。㋑消えてなくなる。③〈ゆる・す〉自由にする。「釈放」④〈お・く〉そのままにしておく。㋐やめる。㋑のこす。⑤〈す・てる(―・つ)〉手ばなす。⑥追放する。⑦ひたす。うるおす。⑧米を研ぐ。⑨仏㋐釈迦の略。㋑出家した者。㋒仏教に関わることに用いることば。「釈門」 二よろこぶ。＝懌「懽釈」

解字 釋 形声。釆が形を表し、睪が音を示す。釆は、穀物のたねをばらまくこと。睪は、罪人を次々とのぞいてしらべることで、区別する、つづくという意味を持つ。釋は、よく調べてばらばらに区別すること、あるいは、もつれたものを区別して、順序よくつなぐことである。音セキは、睪の音エキの変化。

名前 とき

【釈迦】①釈迦牟尼。仏教の開祖の名。②インドの一種族。

【釈褐(褐)】初めて仕官して、役人生活にはいること。

【釈義】①解釈。②意義をはっきりさせる。

【釈教】釈迦の教え。仏教。

【釈言】言いわけ。申し開き。

【釈甲】よろいをぬぐ。戦争への備えがない。戦争をやめる。

【釈子】僧。出家。

【釈氏】①釈迦。②仏教徒。

【釈然】①疑いがはれて、さっぱりするさま。②気持ちがうちとける。

【釈尊】釈迦をたっとんでいう。

【釈典】仏仏教の書物。経。

【釈部】釈迦の教え。仏教の書物。経文。

【釈放】許して自由の身にする。

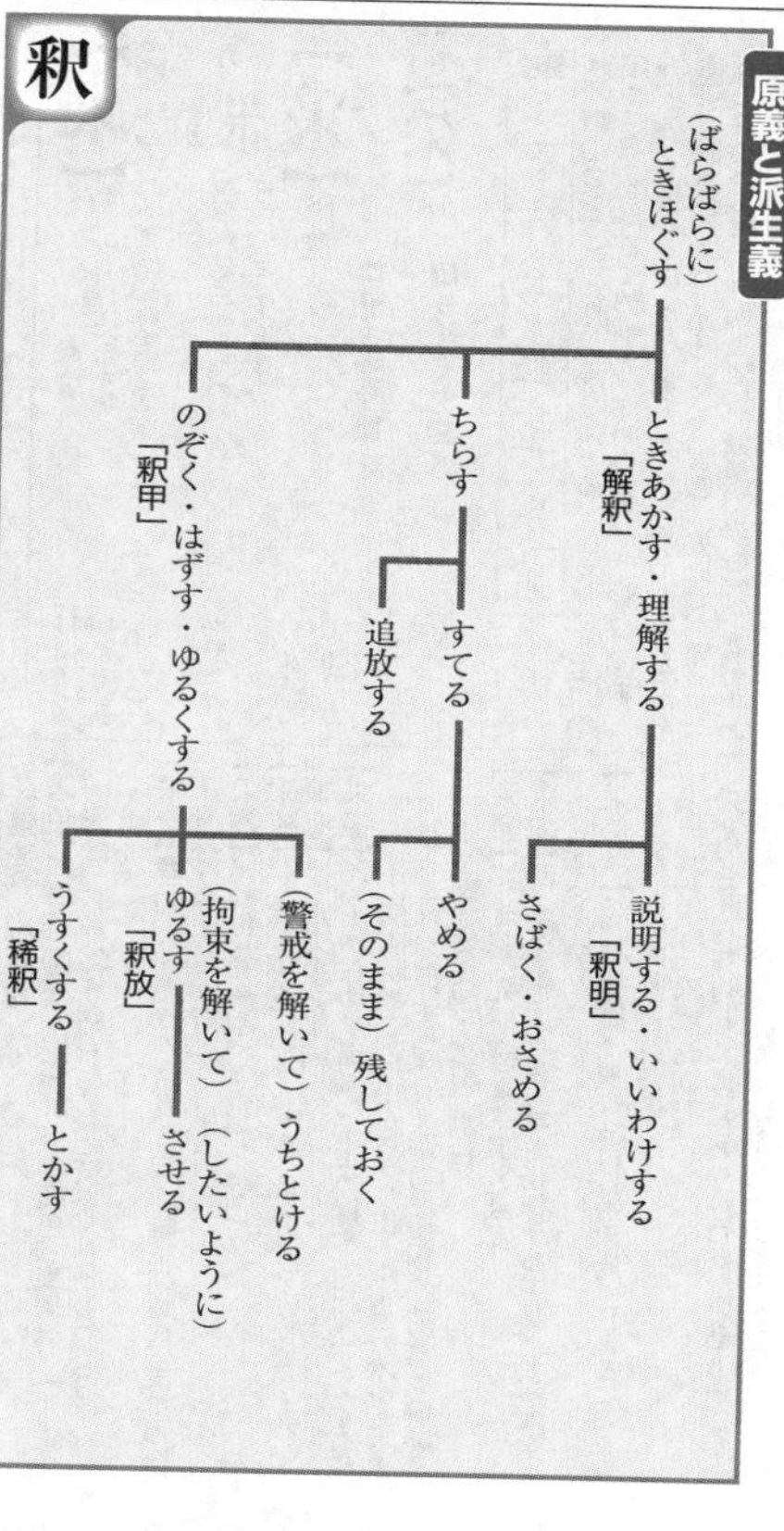

【釈名】書名。後漢の劉熙編。辞書の一種。逸雅。

【釈明】説明して誤解をとく。

【釈老】釈迦と老子。仏教と老荘の教え。

【釈菜】野菜類を供えて孔子を祭ること。

【釈奠】牛・羊・豚などを供えて孔子の祭りをさす。

◆会釈・希釈・注釈・保釈・訓釈・稀釈・解釈・開釈・語釈・講釈

釆5 **【釉】**〔12〕 人 標 ユウ 漢 去 宥 (イウ) yòu ユー J 7856 補 U 91C9

意味 ①〈うわぐすり(うはぐすり)〉素焼の陶器に塗り、焼いて、色彩や光沢を出すもの。「釉薬」「釉灰」②つや。光沢。＝油

名前 つや

釆13 **【釋】**〔20〕 旧 →釈(本ページ・上)

7画 里部 さと さとへん

【部首解説】「田」と「土」が合わさり、「集落」を表す。この部には、「里」の形を構成要素とする文字が属する。

里0 **【里】**〔7〕 学2 リ さと
リ 漢 呉 上 紙 lǐ リー
J 4604 補 U 91CC

筆順 丨 冂 日 日 甲 甲 里

意味 ①〈さと〉人の居住するところ。㋐村里。田舎。㋑故郷。「故里」②都市の商店街や町の通り。③やしき。すまい。④〈お・る(を・り)〉住む。居る。⑤地方行政区画。周代は、二十五戸。⑥距離の単位。周代は、三百歩

（約四百ﾒｰﾄﾙ）。現在の中国では約五百ﾒｰﾄﾙ。（↓付録「度量衡名称」）⑦うれい。かなしみ。＝悝。⑧内部。うち。＝裏。

国①〈さと〉㋐実家。「里帰り」㋑子供を預けて、養育してもらう家。「里親」㋒遊郭。遊里。②〈り〉㋐上代の行政区画。大化の改新以後、五十戸を一里と定めた。㋑田地の面積の単位。一里は約三十五ｱｰﾙ。㋒距離の単位。一里は約四キロﾒｰﾄﾙ。

解字  会意。田と土とを合わせた字。田は、区画して、たてよこにすじを通した形。里は区画整理された土地で、田畑や住居が整理されている集落をいう。また、里は、田と士とを合わせた字で、士は音を示すとともに、十を一にまとめる意味を持つともいう。

名前 のり・さとし

参考 ①新表記では、「俚」の書きかえに用いる熟語がある。②里は「裏」（一一二七ﾍﾟｰｼﾞ・中）・「裡」（一一二七ﾍﾟｰｼﾞ・中）の中国新字体としても使う。

【里親】国他人の子を預かって育てる人。親がわりをする人。

【里神楽(樂)】国宮中以外の各神社で行うかぐら。

【里方】国実家。嫁や養子のもとの家。

【里子】国他家へあずけて養ってもらっている子。

【里心】国①いなかにいる気持ち。②郷里に帰りたい気持ち。

【里言葉】国①いなかのことば。方言。②遊里のことば。

【里内裏】国平安時代、臨時に設けた皇居。

【里宮】国奥の院が山にあるとき、参拝者のためにふもとに設けた宮。

【里曲】国村のあたり。いなか。

【里居】①いなかの生活。②人家がこみあっていること。③すまい。住居。

【里諺】民間のことわざ。＝俚諺
【里巷】①村の小道。②村ざと。【――之談】世間話。俗世間のくだらぬ話。

【里宰】村長。

【里耳】俗人の耳。高級なことがわからない者。＝俚耳
【里社】村里で祭る土地の神のやしろ。

【里塾】村の学校。村の塾。

【里所】一里ばかり。

【里胥】村の小役人。

【里人】村人。いなかの人。

【里仁】①仁の精神が行きとどいている土地。②仁の立場に立つ。博愛精神を抱く。③「論語」の編名。

【里数(數)】道のり。

【里正】村長。庄屋。里長。

【里俗】村のならわし。いなかの風俗。

【里長】さとおさ。村長。里正。

【里程】道のり。

【里門】①村の入り口。②村ざと。

【里謡(謠)】はやり歌。郷土民謡。＝俚謡
【里落】村落。むらざと。

【里閭】①村の入り口。②村ざと。

【里辺(邊)】lǐbian 現中。内がわ。

【里面】lǐmiàn 現中。内がわ。
◆人里・万里・山里・旧里・田里・色里・村里・故里・海里・郷里・遊里・隣里・一望千里・一瀉千里

里 2
【重】
〔9〕 学3 ジュウ・チョウ え・おも・い・かさねる・かさなる　J 2937 補― U 91CD

一 チョウ 漢 ジュウ(ヂウ) 呉　一 去 宋 zhòng チョン
二 チョウ 漢 ジュウ(ヂウ) 呉　二 平 冬 chóng チョン
三 トウ 漢　三 平 東 tóng トン

筆順 一 二 千 六 盲 亩 重 重

意味 一①〈おも・い(―・し)〉㋐目方がおもい。↔軽 ㋑ひどい。はなはだしい。「重病」㋒深い。㋓多い。㋔手厚い。ねんごろ。「鄭重」「荘重」㋕大切な。大事な。㋖たっとい。㋗おもおもしい。㋘ゆっくり。ゆるやか。「鈍重」②〈おもん・ずる(―・ず)〉㋐大切にする。たっとぶ。「尊重」㋑惜しむ。「慎重」㋒おそれる。③〈おもみ〉おもさ。④おもいもの。⑤荷物。荷物を運ぶ車。とくに、軍用の武器や食料を運ぶ車。「輜重」⑥ふやす。⑦さらに。いっそう。二①〈かさ・ねる(―・ぬ)〉〈かさな・る〉㋐上にかさねる。加える。㋑もう一度。ふたたびする。㋒何度もくり返す。②かさなるものを数えることば。「三重」③みごもる。妊娠する。身重。三晩生。遅く成熟する穀物。＝穜 国①〈え(へ)〉かさなったものを数えることば。「八重」②〈かさね〉㋐かさねること。また、かさねたもの。㋑上下揃いの衣服。

解字  形声。古い形で見るとよくわかるが、壬の間に東がはいっている字。壬が形を表し、東が音を示す。壬は、人が立っている形。東は、物を入れた袋の形。重は、人が立って荷物を負っていることで、おもいという意味。また、東はトンとつき当たる音で、重は人が立って足をトンと地面に当てることで、おもさをいうとする。

名前 あつ・かず・しげ・のぶ・ふさ・あつし・いかし・かたし・しげし・しげる　姓 重田

難読 十重二十重（付表）／重石・重傷・重籐

【重愛】たいへん愛する。

【重悪(惡)】この上もない悪事。極悪。

【重圧(壓)】①重くおさえつける。また、その力。②圧迫を加える。

【重囲(圍)】いくえにもとりかこむこと。

【重位】重いくらい。高い地位。

【重恩】手厚いめぐみ。

【重科】「重罪」に同じ。

【重火器】歩兵の持つ火器で、重機関銃以上の重い物の総称。

【重患】重い病気。

【重器】①だいじな道具。②国の宝。

【重機】①重工業用の機械。②重機関銃。

【重慶】地名。四川省にある大都市。

【重険(險)】たいそう険しい。

【重譴】重いとがめ。重い罪。

【重言】かさねていう。

【重厚】人がらにどっしりした重みがあること。

【重工業】船や車や機械など、大きくて重い物を造る工業。↔軽工業
【重婚】①二度めの結婚をする。②二重結婚。③両家の間の縁組みがかさなる。

【重載】重い荷物をのせる。また、重い荷物。

【重罪】重いつみ。重科。

【重視】一 重くみる。大きな事がらと考える。二 zhòngshì 現 一に同じ。

【重囚】罪の重い囚人。

【重襲】かさなる。

【重症】症状が重く、悪いさま。

【重傷】重いきず。ひどいけが。

7画　見角言谷豆豕豸貝赤走足(⻊)身車辛辰辵(⻌・⻍)邑(阝〈右〉)酉釆里

【重賞】たくさんのほうび。

【重商主義】有利な貿易によって国家を富ませようとした、十六・十七世紀ヨーロッパ諸国の経済政策。↔重農主義
【重職】重い役め。また、その人。

【重心】(理)物体の重さの中心。

【重臣】重い役めにある家来。

【重人】重要な地位にいる人。重臣。

【重税】重い税金。

【重責】①重い責任。②強くせめる。

【重積】つみかさなる。

【重曹】(理)重炭酸ソーダの略。医薬やふくらし粉などに用いる白い粉。

【重体(體)】病状の重いさま。重態。

【重態】病状の重いさま。重体。

【重大】㊀①事がらがたやすくないこと。②たいせつ。大事。㊁ zhòngdà 現㊀に同じ。

【重代】何代もつみかさなる。先祖代々。

【重地】①人の長所。②大事な場所。

【重聴(聽)】①耳が遠く何度も聞き返す。②聞くことをはばかる。

【重鎮(鎭)】①重いおさえ。②おさえとなる実力のある人。

【重訂】書物をふたたび訂正する。

【重点(點)】㊀①重要なところ。②(理)物体を、てこによって動かすとき、その物体の重さのかかる点。↔支点・力点 ㊁ zhòngdiǎn 現㊀に同じ。

【重任】①重要な任務。②ふたたび同じ職務につく。

【重農主義】農業を諸産業の中心に考えて経済政策をとる主義。↔重商主義
【重箱】(国)食物の入れ物の名。幾重にもかさねることのできるうるしなどで塗った箱。【――読(讀)】(国)漢字熟語の、上を音で読み、下を訓で読むこと。「じゅう」は音、「はこ」は訓。↔湯桶読
【重犯】①重い罪。②犯行をかさねる。

【重比】重い罪にあてはめる。

【重辟】重い罪。

【重宝(寶)】㊀だいじな宝。㊁(国)①使って便利なこと。また、その物。②重く取り扱う。

【重砲】砲口のさしわたしが大きな大砲。

【重役】①重い役め。②重い役めについている人。③(国)会社などの取締役・監査役などの通称。

【重訳(譯)】すでに訳されているものを、さらに他国語に訳す。

【重用】重要な地位に用いる。

【重要】㊀たいせつ。㊁ zhòngyào 現㊀に同じ。

【重来(來)】ふたたびやって来ること。「捲土重来」

【重量】㊀目方。重さ。㊁ zhòngliàng 現㊀に同じ。【――挙(擧)】(国)両端に重りをつけた鉄棒を持ち上げる競技の名。【――噸】(国)船に積むことのできる重さで、船のトン数を表すもの。↔排水噸
【重力】(理)地球上の物体が地球の引力で引きよせられる力。

【重闈】①幾重にも重なった門。②奥深い宮殿。

【重陰】①枝の深くかさなり合ったこかげ。②深い地中。

【重裀】かさねた敷物。

【重華(華)】人名。舜帝。

【重較】車の両わきにあてすり。天子の家老の乗る車についており、較(横木)が二重になっている。

【重閣】何層かに重なった高い建物。

【重関(關)】①おく深い門。②いくえにもかさなった関所。

【重巌(巖)畳(疊)嶂】かさなり合っている大岩や峰。〈水経注〉

【重寄】たいせつなしごとをまかされる。

【重規畳(疊)矩】コンパスやものさしを二つ合わせたように、ぴったりかさなる。上下の息、意見がぴったり合うこと。転じて、前例にとらわれて、新味のないことにたとえる。〈蜀志・郤正伝〉

【重九】「重陽」に同じ。

【重憲】重い法律。きびしい規則。

【重光】①輝きをかさねる。りっぱな天子が、次々と世に出る。②十干の辛の年。

【重修】①さらに修繕する。②かさねて編集する。

【重出】同じことが、二度出てくる。

【重霄】高い空。

【重畳(疊)】①幾重にもかさなりあう。②(国)この上ない満足。

【重身】妊娠していること。みおも。

【重震】しきりに鳴りひびく雷。「重震啓二秋声一」(かみなりが秋の第一声を告げる。)〈懐風藻〉

【重祚】一度退位した天子が、ふたたび位につく。

【重足側目】足をかさね、目をそばめる。恐れて足をそろえて立つことも、正視することもできない。〈史記・汲黯列伝〉

【重重】㊀かさなりあうさま。㊁①いくつもの段階。②(国)いくえにも。かさねがさね。

【重瞳】ひとみがふたつあること。とびぬけてすぐれた人物の相という。「重瞳子」〈史記・項羽本紀〉

【重複】㊀同じことがかさなりあう。㊁ chóngfù 現㊀に同じ。

【重聘】ていねいに礼を厚くして呼びよせる。

【重幣】手厚いおくりもの。

【重峰】いくえにもかさなった峰。

【重名】①世間に聞こえる高い評判。②名声や名誉を大事に考える。

【重陽】五節句の一つ。陰暦の九月九日。九という陽の数がかさなるのでいう。菊の節句。重九。

【重巒】かさなっている山。

【重賂】贈り物が手厚いこと。

【重露】重くおりたつゆ。しっとりとしたつゆ。

【重楼(樓)】何階建てかの高い家。高楼。

【重禄(祿)】①多くの給料。②給料を多く与える。③重臣。

【重新】chóngxīn 現もう一度。改めて。

【負レ重致レ遠】重い荷物をせおって遠い所まで行く。実力があって、大仕事をすること。〈蜀志・龐統伝〉
◆九重・深重・幾重・軽重・比重・自重・体重・珍重・荷重・慎重・厳重・過重・尊重・貴重

里 4
【野】〔11〕学2 ヤ の ㊀ヤ 漢呉 ㊀上 馬 yě イエ ㊁ショ 漢 ㊁上 語 shù シュー J 4478 補 U 91CE

筆順　冂 日 甲 甲 里 里 野 野 野

土8【埜】〔11〕㊇ U補J 3924 57DC
土12【壄】〔15〕古字 U補J 2447 58C4 ①1544
土9【𡌛】〔12〕同字 U補J 3652
土7【𡋗】〔10〕同字 U補J 2131B

意味 ㊀①〈の〉〈ぬ〉 ㋐のはら。耕作されていない広々とした平地。「原野(げんや)」 ㋑田舎(いなか)。ひな。 ㋒町はずれ。郊外(こうがい)。 ㋓民間。↔朝(ちょう)「在野(ざいや)」 ②周代、王城から二百里以上、三百里以内の地域。 ③飾りけのない。ぼくとつな。「野趣」 ④農地。農業。また、農業にたずさわる人。「田野(でんや)」 ⑤教養がなく、洗練されていないさま。「粗野(そや)」 ⑥未開の。「野蛮」 ⑦動植物で人の手にかかっていないもの。野性のもの。「野豕(やし)」 ⑧物事にしばられない。ありのまま。 ⑨ある一定の範囲。「分野(ぶんや)」 ㊁いなかや。＝墅(しょ)「別野(べっしょ)」

解字 𡌛 形声。里が形を表し、予(よ)が音を示す。里は村里。予には、ゆるやかという意味がある。野は広々とした村里。予には、ゆるやかという意味がある。野は広々とした村里。行政区分で、邑の外を郊といい、郊の外を野といい、野の外を林といい、林の外を冂(けい)という。郊は、交通便利な地区で、野は、林に至らない、平野の続いている地域である。

名前 とお・なお・ひろ **姓** 野与(のよ)・野間(ぬま)・野際(のぎわ)・野付(のつけ)・野洲(やす) **地名** 野田(のだ)・野師(やし)・野次(やじ)・野暮(やぼ) **難読** 野良(のら)(付表)／野老(ところ)・野木瓜(むべ)・野羊(やぎ)・

【野晒】(のざらし) 国①野で雨風にさらされる。②頭骨。されこうべ。

【野立】(のだて)|(のだち) 国貴人が野中で休憩する。

【野点(點)】(のだて) 国野外でたてる茶の湯。

【野宮】(ののみや) 国斎宮(いつきのみや)になる皇女が、身を清めるために一年間こもる宮殿。

【野武士】(のぶし) 国①戦国時代、山野に住んで落ち武者をおどしたり、強盗をはたらいたりした武士。②寄せ集めの兵隊。

【野辺(邊)送】(のべおくり) 国葬儀を見送ること。葬送。

【野方図(圖)】(のほうず)(はうづ) 国わがままかってなふるまい。

【野守】(のもり) 国野の見はり。野の番人。

【野分】(のわき)|(のわけ) 国秋の末から、冬にかけて吹く強風。

【野意】(やい) 野の風情。ひなびたおもむき。野趣。

【野陰】(やいん) 野がくもること。

【野営(營)】(やえい) ①野外に宿泊する。②軍隊が野外に陣を張る。キャンプ。

【野煙】(やえん) 野原にたつ煙。野のもや。

【野火】(やか)(くわ) ①鬼火(おにび)。②のび。野の草を焼く火。


【野花】(やか)(くわ) 野に咲く花。

【野歌】(やか) さと歌。いなかの歌。山歌。

【野外】(やがい)(ぐわい) 野原。郊外。

【野鶴】(やかく) 野原のつる。【——閑雲】(やかくかんうん) 野のつる、しずかな雲。仕官しないで田園生活をする人にたとえる。俗世間を離れて自由な境地に生活すること。

【野干】(やかん) ①きつね。②国能(のう)のきつねの面。③国植物の名。ひおうぎ。

【野客】(やきゃく)|(やかく) 山野の人。民間の人。

【野橋】(やきょう)(けう) 野中の橋。

【野径(徑)】(やけい) 山野の小みち。「野径雲俱黒(やけいくもともにくろし)」(野道も雲もみな黒々としている。)〈杜甫(とほ)の詩・春夜喜ㇾ雨(しゅんやあめをよろこぶ)〉

【野畦】(やけい) 野原のあぜみち。のみち。

【野鶏(鷄)】(やけい) ①きじの別名。②売春婦。

【野狐】(やこ) 野ぎつね。【——精】(やこせい) 精は、ばけもの。「ばけ狐め」とののしることば。【——禅(禪)】(やこぜん) なまかじりの修行で、禅の道をさとったつもりになっているもの。

【野語】(やご) いなかのことば。

【野合】(やごう)(がふ) ①なこうどなしに、かってに夫婦になる。できあい。なれあい。②野外での合奏。③野外の戦い。

【野哭】(やこく) 野原で泣く。野で、礼式によらず、戦死者などの墓に対し、大声で叫び泣く。

【野史】(やし) 民間の学者が書いた歴史。外史。↔正史
【野寺】(やじ) 野中の寺。

【野次】(やじ) 野山に宿泊する。野宿。

【野日】(やじつ) 野を照らす太陽。

【野趣】(やしゅ) ①自然のままの風情。②いなかびた趣。

【野戍】(やじゅ) 人里離れたとりで。

【野州】(やしゅう)(しう) 国下野(しもつけ)の国。(上野(こうずけ)は、上州。)

【野獣(獸)】(やじゅう)(じう) 山野に住む獣。

【野宿】(やしゅく)|(のじゅく) 野山にごろ寝する。

【野処(處)】(やしょ) 山野に住むこと。

【野焼(燒)】(やしょう)(せう) 野やき。冬のうちに野の枯草を焼くこと。

【野乗(乘)】(やじょう) 「野史」に同じ。

【野情】(やじょう)(じゃう) ①いなかびた心。②いなかの風情。野趣。

【野色】(やしょく) 野原のけしき。野のけはい。

【野心】(やしん) ①なじみ従わない心。②いなか生活を楽しむ心。③国身分を越えた望み。④国むほんの気持ち。

【野人】(やじん) ①いなかもの。②形式にこだわらない自然人。③民間の人。④未開の人。


【野水】(やすい) 野の中を流れる水。

【野翠】(やすい) 野のみどり色。

【野生】(やせい) ①動植物が山野に自然に生じ育つこと。②わたくし。男子がへりくだっていうことば。小生。

【野性】(やせい) ①野育ちの性質。②いやしい性質。

【野戦(戰)】(やせん) 野外での戦い。

【野膳】(やぜん) 野外の食事。

【野鼠】(やそ) 野原に住むねずみ。「掘二野鼠一、去二草実一而食ㇾ之(やそをほり、そうじつをおさめてこれをくらう)」〈漢書(かんじょ)・蘇武(そぶ)伝〉

【野叟】(やそう) いなかのおやじ。野老。

【野僧(僧)】(やそう) ①いなかの僧侶(そうりょ)。②僧侶が、自分をけんそんしていう語。

【野蔌】(やそく) 野菜。あおもの。「山肴(さんこう)野蔌」〈欧陽脩(おうようしゅう)・酔翁亭記(すいおうていの き)〉

【野態】(やたい) いなかびた素朴なようす。

【野榸】(やたい) 山野を焼いたあとの切り株。やけぼっくい。

【野致】(やち) いなかびたおもむき。

【野虫(蟲)】(やちゅう)(ちう) 野中の虫。野中になく虫。

【野猪(猪)】(やちょ) いのしし。

【野鳥】(やちょう)(てう) 野山にいる鳥。

【野亭】(やてい) いなかの茶屋。

【野艇】(やてい) 野川に浮かぶ小舟。

【野田】(やでん) 野中の田。

原義と派生義

野

のはら
- 自然のままの（人の手が加わらない）「野性」 ― そぼくな ― あらっぽい「野卑」
- いなか・郊外（都市に対して） ― ひなびた「野趣」 ― 文化の遅れた「野蛮」
- 民間（朝廷に対して）「在野」
- 区域・範囲「分野」

7画　見角言谷豆豕豸貝赤走足(⻊)身車辛辰辵(⻌・⻍)邑(阝〈右〉)西采里

8画
→金長(镸)門阜(阝〈左〉)隶隹雨青(靑)非

【野渡】やと いなかの渡し場。
【野党(黨)】やとう(たう) 政府の党でない政党。在野の党。↕与党
【野棠】やとう(たう) 果実の名。こりんご。甘棠。
【野童】やどう いなかのこども。
【野馬】やば ①北方産の馬の一種。②野の馬。放牧の馬。のま。③かげろう。陽炎。
【野飯】やはん 野外の食事。そまつな食事。
【野蛮(蠻)】やばん ①人知が開けず、文化のおくれている状態。②礼儀作法に欠けているさま。無作法であらあらしいこと。
【野卑】やひ 粗野でいやしい。みがきがかかっていなくて下品。=野鄙
【野鄙】やひ ①いなか。②いやしいこと。下品。=野卑
【野夫】やぶ いなかの人。野人。
【野服】やふく いなか者の衣服。
【野暮】やぼ 国あかぬけしていないこと。ぶこつ。
【野芳】やほう(はう) 野のかおりのよい草花。
【野砲】やほう(はう) 国旧陸軍で、野戦に使う、とりあつかいの便利な大砲。
【野望】やぼう(ばう) 野心。がらにない望み。
【野遊】やゆう(いう) 野外でのあそび。
【野老】 一 やろう(らう) ①いなかおやじ。②老人がじぶんをけんそんしていう語。 二 ところ 国植物の名。山いもの一種。
【野無遺賢】やにいけんなし すぐれた人物はみな用いられて、民間に残された者がいない。〈書経・大禹謨〉
◇山野・上野・下野・分野・内野・平野・広野・外野・田野・在野・沃野・牧野・枯野・荒野・原野・視野・粗野・疎野・焼野・朝野・裾野・緑野・曠野

里4〔黒〕→黒部〇画(一四四六ページ・上)

里5
【量】
〔12〕 学 4 リョウ はかる
一 リョウ(リャウ) 漢 呉 一 平 陽 liáng リアン
二 リョウ(リャウ) 漢 呉 二 去 漾 liàng リアン
J 4644 補 U 91CF

筆順 ｢ 日 旦 昌 昌 昌 量 量

意味 一〈はか・る〉①分量をはかる。②見積もる。目算する。大体の計算をする。③推しはかる。考える。思案する。「推量」④相談する。 二 ①〈はかり〉ます。ますめ。計量器。「量度」②〈かさ〉分量。容量。③程度。限度。「分量」④能力。ちから。「技量」⑤制度。 国〈はか〉はかどり。

解字  形声。この字は、曏を略した日と、重を略した里を合わせたものである。重が形を表し、曏が音を示す。量は、軽重をはかることである。また、日と重の会意と見て、日は穀物の形で、量は、穀物の重さをはかることであるともいい、豆に計量物を入れて、それを空にする操作であるともいう。

名前 かず・さと・とも

参考 新表記では、「倆」の書きかえに用いる熟語がある。

【量移】りょうい(りゃうい) 唐代、遠方に左遷された官吏が、恩赦などで近い所へ移される。

【量概(槪)】りょうがい(りゃうがい) ますに盛った穀物を平らにかきとる「棒。とかき。」

【量感】りょうかん(りゃうかん) ①画面に、実物の持つ厚みや重さなどの感じのあること。②量の多い感じ。ボリューム。

【量器】りょうき(りゃうき) ①ます。②人物の才能。うつわ。

【量子】りょうし(りゃうし) 理原子などの微視的世界では、エネルギーなどの原子量は不連続の値となるが、その最小単位を量子という。

【量詞】りょうし(りゃうし) 文法用語。事物の数や動作の回数を数えるとき、単位を表す語。例、「千尺」「二斗」「囲レ之数重(これをかこむことすうちょう)」(幾重にも包囲した。)の「尺」「斗」「重」など。↓「数詞」(五六五ページ・上)

【量度】りょうたく(りゃうたく) はかる。量は容積を、度は長短をはかること。

【量知】りょうち(りゃうち) おしはかって知る。

【量的】りょうてき(りゃうてき) 物の内容や実質には無関係に分量を標準とすること。↕質的
【量売(賣)】りょうばい(りゃうばい) ますやはかりではかり、それに応じた価で売る。

【量目】りょうめ(りゃうめ) 国ますめ。
◇力量・分量・斗量・技量・雨量・狭量・重量・自由量・度量・容量・推量・無量・測量・雅量・数量・微量・適量・熱量・器量・不器量・肺活量・原子量・感慨無量

里5〔童〕→立部七画(九二六ページ・上)
里7〔墨〕→土部十一画(三〇〇ページ・中)

里11
【釐】
〔18〕
一 リ 漢 一 平 支 lí リー
二 キ 漢 二 平 支 xī シー
三 ライ 漢 三 去 泰 lài ライ
四 ライ 漢 四 平 灰 lái ライ
J 7858 補 U 91D0

意味 一 ①〈おさ・める(をさ・む)〉㋐ととのえおさめる。㋑あらためる。②すじみち。みちすじ。=理 ③〈りん〉一の百分の一。分の十分の一。また、銭の十分の一。=厘 ④きわめて小さい数量のたとえ。「毫釐」⑤やもめ。未亡人。=嫠 二 さいわい。福。=禧 三 たまう。あたえる。=賚 四 =萊 ①草を刈る。②草の名。蔓華。③古国名。今の山東省竜口市にあった。

【釐革】りかく 改めて新しくする。改革。
【釐金税】りきんぜい 清朝で、貨物の通行に際し課した税金。
【釐降】りこう(かう) おさめ(をさめ)くだす 皇族の娘を、したくをととのえて、臣下に嫁にやる。降嫁。
【釐正】りせい 治め正す。改正する。
【釐税】りぜい 「釐金税」の略。
【釐定】りてい 正しく改定する。
【釐婦】りふ 夫を失った婦人。やもめ。

8画 金部 かね かねへん

【部首解説】「今」「丷」「土」が合わさった字で、「土の中にある金属」を表す。この部には、金属の種類や製品に関連するものが多く、「金」の形を構成要素とする文字が属する。

金0
【金】
〔8〕 学 1 キン・コン かね・かな
キン 漢 コン 呉 ゴン 慣 平 侵 jīn チン
J 2266 補 U 91D1

筆順 ノ 入 亼 今 今 全 余 金

意味 ①〈かね〉〈かな〉㋐金属の総称。「五金」㋑〈こがね〉黄金。㋒銅。㋓鉄。②かなもの。金属製の道具。青銅器。㋐楽器。また、その音。↓「八音」(一二九ページ・中) ㋑刑具。㋒武器。③金色。④堅固なものの形容。⑤お金。⑥貨幣単位。先秦では黄金二十両、漢代では黄金一斤、近代では銀一両。⑦美しいもの、貴重なものの形容。⑧五行の一つ。方位では西、季節では秋、色では白、五音では商。⑨国名(一一一五～一二三四)。女真族の太祖旻(完顔阿骨打)が建てた。遼を滅ぼし、宋を攻めた。元に滅ぼされる。⑩姓。⑪現元素名。きん(Au)。国〈きん〉①将棋で、金

将の略。②七曜の一つ。「金曜日」の略。

解字 金 会意・形声。今・丷・土を合わせた字。今は音を示す。丷は、金が土の中にある形。金は、土の中に金のつぶがある形を表す。一説に、金は、土の中の鉱石が光を発していることという。

名前 か　姓 金成・金武・金重・金原・金野

地名 金城・金沢・金辺・金武・金浦

難読 金雀児・金糸雀・金海鼠・金団

【金釘流】国字のへたなことを、あざけることば。

【金沢(澤)文庫】国鎌倉時代の図書館の名。北条実時が鎌倉東北の金沢にある称名寺に建てた。

【金巾】目のこまかい、薄地の綿布。(ポルトガル語)

【金帳汗国(國)】元のバツーが建てた国名。その領土は、東はキルギス、西はクリミアに及んだ。蒙古四大汗国の一つ。＝欽察汗国

【金鞍】黄金飾りのくら。こがね作りのくら。「金鞍白馬」

【金位】国①金の品質の位づけ。②金の純粋度。

【金衣公子】鳥の名。うぐいすの異名。

【金印】金で作った印。

【金員】かね。金銭。

【金烏】太陽。太陽には三本足のからすが住むという。【——玉兎】日月。月にはうさぎが住むという。【——玉蟾】日月。蟾は、ひきがえる。月に住むという。

【金甌無欠(缺)】黄金のかめに傷がないこと。国体が完全で侵略されたことがないたとえ。〈南史・朱异伝〉

【金屋】黄金ぶきの家。りっぱな建物。

【金花】①黄金色の花の飾り。②金色の花。③金泥をちらした紙の名。金花牋。④浙江省の地名。金華。⑤酒の上に浮かぶ金色の酒かす。【——臘酒】冬しこんだ、かすを捨てないで浮かしたままのにごりざけ。〈賈至の詩・春思〉

【金笳】葦笛。北方の民族が吹く。

【金牙】金の太鼓と旗。大将の武具。

【金階】①黄金の階段。②りっぱな階段。③天子。「金階白玉堂」

【金科玉条(條)】①りっぱな法律。〈揚雄・劇秦美新〉②国いちばん大切にまもっていることがら。

【金革】①刀剣とよろい。②戦争。

【金閣】①黄金で飾った御殿。②美しい御殿。③国京都の鹿苑寺(別称金閣寺)内の金箔を張りつめた三層楼の名。もと、足利義満の建てた別荘。

【金戈鉄(鐵)馬】金のまさかりと鉄の馬。強い軍隊。

【金漢】天の川。銀河。

【金管】①黄金づくりの笛。②黄金で作った筆。

【金環】黄金でできた輪。【——食(蝕)】理日食の一種。月が太陽の中央をおおい、太陽の光が金色の輪のように見えるもの。

【金丸】①黄金の弾丸。②月。③黄金色をした小さい果実の形容。

【金雁】黄金の琴柱(琴の弦をささえるもの)。＝金雁

【金看板】国①金文字を彫りこんだ看板。②堂々と世間に示す主義とか特色。

【金気(氣)】㊀秋のけはい。秋気。㊁国水にまじった金属のさび。

【金鏡】①黄金でかざった鏡。②月。③明らかな道理。

【金玉】①金と宝玉。②貴重品。【——声(聲)】美しい音。人の詩や声をいう。【——満(滿)堂】金や宝石がへやにいっぱいある。〈老子・九〉『——之世』太平の世。〈論衡・験符〉

【金銀】①金と銀。②お金。【——字】金と銀の字を一行おきにまぜて書いた写経。

【金句】①戒めとなることば。②美しく巧みなことば。

【金屈卮】椀形で、柄のある、黄金のさかずき。

【金茎(莖)】①漢の武帝が天の露をとるために作ったという承露盤という器の銅柱。②花の名。

【金経(經)】①聖人のことばをしるした貴重な書物。②仏教の経典。③コーラン。イスラム教の経典。

【金閨】①女性の美しい寝室。②金馬門。漢代、宮中の学者がひかえた所。

【金磬】金属製の磬。磬は、打楽器の一種。

【金鶏(鷄)】①天上のにわとり。②金のにわとりの形をした飾り。③錦鶏。

【金穴】①大金持ち。②国資本を出してくれる人。

【金闕】①道教で天帝の御所。②天子の宮殿。③金の門。

【金券】①漢の高祖が臣下を封ずるとき与えた約束の割り符。鉄券。②さつ。紙幣。③お金のかわりになる札。

【金権(權)】金銭の威力。

【金言】①戒めとなるりっぱなことば。金句。②堅い約束のことば。

【金庫】①かねぐら。②金銭など貴重な品物をしまう鉄製の箱。③国や公共団体の現金出納の機関。

【金鼓】かねと太鼓。軍中の号令に用いた。

【金吾】①漢代、天子を護衛した兵。執金吾。②国衛門府。宮中の護衛をつかさどる役所。【——不禁】昔、夜歩くことが禁じられていたころ、正月十五日の元宵節の夜だけは、終夜あかりをつけ、禁令をゆるめたこと。

【金口】㊀①金属製のうつわの口。②りっぱな発言。㊁釈迦のことば。金口説。㊂国巻きたばこの口に金紙をつけたもの。【——木舌】「木鐸」(六一四ページ・中)をいう。【——聖言】釈迦のことば。

【金工】金属に細工をする人。また、その製品。

【金甲】黄金のよろい。金属製のよろい。

【金谷】地名。河南省洛陽市の西にある。【——酒数(數)】晋の石崇が金谷園の宴会で、詩の作れない者には罰として酒三斗を飲ませた故事。〈李白・春夜宴桃李園序〉

【金巾子】国金ぱくを押した、こじ紙。巾子は冠の一部。

【金婚式】結婚後五十年めの祝いの式。

【金沙】金とすな。

【金鎖】①黄金の錠。②きんぐさり。③仏経のりっぱな文句。かえってさとりのじゃまになるので鎖という。

【金座】国江戸幕府が金貨を造った役所。

【金釵】黄金のかんざし。【——十二行】金のかんざしが十二。妾の多いことをいう。『——之数(數)』十二をいう。「金釵十二行」を見よ。

【金策】①黄金のふだ。神や仙人が字を書くとき使う。②黄金のつえ。③国お金のくめん。

【金史】書名。金代の正史。元の托克托らが編集。百三十五巻。

【金貲】お金。財貨。

【金鵄】国金色のとび。神武天皇をお守りしたという伝説の鳥。〈日本書紀〉

【金字】①金属にほった字。＝金文 ②金泥で書いた字。③貴重な文。【——塔】①ピラミッド。「金」の字の形に似た塔の意。②すぐれた事業や著述。

【金枝玉葉】①皇室の一家。②美しい雲。

【金糸(絲)雀】鳥の名。カナリア。

【金紗】国絹織物の一種。

【金爵】①雀の形の黄金の杯。②屋根の上に飾る銅製の鳳凰。③「金雀」に同じ。

8画

金長(镸)門阜(阝〈左〉)隶隹雨青(靑)非

【金雀】黄金ですずめの形にこしらえたかんざし。

【金主】①金の持ち主。②国資金を出す人。

【金章】銅製の印章。県令(町長)になるとき、天子からさずかる印。

【金掌】漢の武帝が宮殿の庭に建てた承露盤。その上に、仙人が掌でさかずきをささげる像があったという。仙人掌。

【金城】①堅固な城。②国名古屋城。【金城鉄(鐵)壁】堅固な城壁。【金城湯池】城や堀の堅固なたとえ。〈漢書・蒯通伝〉

【金神】㊀①五行の金の神。②刀。③金製の神像。㊁国陰陽家で祭る太白星の神。

【金針】①黄金で作った針。②針の美称。③秘法。【――玉線】ぬい針と糸。

【金人】①銅像。仏像。②金国の人。

【金子】お金。金銭。

【金声(聲)】かねの音。【金声(聲)玉振】かねで始めて、玉でおさめる。音楽の始めから終わりまでととのうこと。人格の完成するたとえ。〈孟子・万章下〉

【金星】星の名。太陽系の中で太陽から二番目の惑星。太白。

【金精】①黄金の精。②月。③太白星。④秋の気。⑤国「金勢神」に同じ。【――玉液】仙人の使う薬。

【金聖歎】清初の文芸評論家、金人瑞の号。「水滸伝」などの六書を才子書とよび、批評を書いた。(?～一六六一)

【金石】①金属と石。鉱物。②金属や玉のうつわ。また、石碑など。③堅いもののたとえ。④兵器。【――学(學)】金石文を研究する学問。【――人】節操の堅い人。【――交】堅く、心を変えない交際。【――文】金属のうつわや石碑などにしるされた古い文字。【――併(倂)用期】考古学上、新石器時代と青銅器時代の中間期。【――為(爲)開】まごころがすべてを動かすこと。

【金屑】黄金の粉。

【金節(節)】黄金のわりふ。天子から与えられる通行証。

【金仙】金色の仙人。仏。

【金銭(錢)】①金貨。②お金。ぜに。通貨。

【金蟾】月の別名。

【金奏】かねを鳴らして調子をとること。転じて音楽のこと。


【金創】刀傷。切り傷。

【金瘡】刀きず。切りきず。

【金相学(學)】金属や合金の組織や性質などを調べる学問。

【金相玉質】金や宝石のようにすぐれた素質。

【金相場】国江戸時代、金貨と銀貨のねだんの比率。金一両を銀六十匁にあてることを標準とした。

【金属(屬)】かねの類。金・銀・鉄などのように大体において光沢・伸展性をもち、熱や電気を通しやすいなどの性質をもつ、固体状態の物質の総称。

【金鏃】黄金の矢じり。

【金尊】黄金の酒だる。＝金樽
【金樽】①黄金のたる。②酒だるの美称。「莫レ使二金樽空対一レ月」〈李白の詩・将進酒〉

【金柝】金は、銅製の鈴。柝は、拍子木。いずれも陣中で警備のために打ちならすもの。「朔気伝二金柝一」(北方の寒々とした大気の中に、鈴や拍子木の音が伝わってくる。)〈楽府詩集・木蘭詩〉

【金諾】たしかなとりきめ。うけあった以上、決してかわらないこと。

【金丹】鉱物質のねりぐすり。仙人や道教の方士が作る不老不死の薬。

【金弾(彈)】黄金で作った弾丸。

【金地】㊀りっぱな土地。㊁①仏寺のこと。金田。②国金箔を置いたきじ。㊂国金属の土台。

【金鍮】黄金としんちゅう。よいものとにせもの。

【金打】国約束のしるしに、刀や鏡をうちあわせる。転じて、約束。

【金的】国金色の、弓のまと。あこがれのまとになるものをたとえる。「金的を射とめる」

【金鉄(鐵)】①黄金と鉄。金属。②堅固なもの。

【金天】秋の空。

【金鈿】黄金のかんざし。

【金殿】①黄金でかざりたてたごてん。②りっぱな家。【――玉楼(樓)】りっぱなごてん。

【金斗】①金で作ったひしゃく。②鉄のます。③ひのし。

【金刀】①漢代の刀の形の貨幣。②黄金造りの小刀。③金属製の刀。

【金波】①月光が映って金色にみえる波。「金波銀波」②月光。

【金牌】①黄金で作ったふだ。②金メダル。

【金帛】こがねときぬ。

【金箔】金を薄く紙のようにのばしたもの。


【金肥】国化学肥料。天然の肥料に対して、金銭で買うのでいう。

【金平本】国金平浄瑠璃の脚本。主人公坂田金平の武勇伝を主としたもの。

【金風】秋風。五行の中で金は秋にあたる。

【金覆輪】国黄金または金まき絵などで、馬の鞍や刀のつばなどのへりにつけた装飾。

【金仏(佛)】㊀金属製の仏像。㊁①㊀に同じ。↕木仏・石仏　②国感情のつめたい人。

【金文】①金泥で書いた文字。金文字。②金属製の器物にほられた文字。

【金瓶(甁)梅】小説の名。作者不明。明代の出版。風俗小説としてすぐれている。四大奇書の一つ。

【金碧】①黄金と碧玉(こい緑色の玉)。②金色と、濃い緑色。【――輝煌】金色と碧色が光りかがやく。家の調度がりっぱなたとえ。

【金鋪】門のとびらについた環をさげる黄金の飾り。

【金歩揺(搖)】歩くにつれてゆれる、金で作ったかんざしの名。

【金本位】㊧金を基本の通貨とする制度。

【金満(滿)家】かねもち。

【金無垢】まじりけのない金。純金。

【金明水】国富士山頂の雪が溶けて流れ出たいずみ。

【金毛】①金色の毛。②獅子。

【金門】①りっぱな門。天子の宮殿の門。②金馬門のこと。漢代に待詔(官名)の詰所のあった所。③河南省洛寧県西南にある山名。④福建省の島の名。

【金紋】①金色のもよう。②国金色の紋どころ。江戸時代の大名が用いた。

【金籥】①黄金で装飾した笛。②舌の別名。

【金鑰】黄金の錠。

【金融】①お金をやりくりすること。金銭の融通。②㊧事業のもとでなどを貸し借りすること。資金の需要供給の関係。

【金友玉昆】よい兄弟がそろっていること。

【金輿】黄金作りのこし。天子の乗り物。

【金罍】黄金の酒つぼ。雲とかみなりを描いた酒だる。

【金絡】金糸で作った馬の手綱。金のおもがい。

【金蘭(蘭)】堅い金と芳しい蘭。堅い友情をいう。【――

契】親しく堅い友だちづきあい。〈易経・繋辞伝上〉

【金襴】金の糸を模様に織りこんだ美しい織物。【―手】金泥で絵を描いた陶磁器。にしきで。

【金鑾殿】①唐の宮殿の名。文学の士を置いた所。②翰林院。役所の名。「金鑾殿後欲ㇾ明天」〈白居易・与微之書〉

【金陵】地名。今の南京市。

【金力】お金の力。

【金輪】㊀①金の輪。②金の車輪。㊁[仏]地底。地の底の構造は上から順に、地輪・金輪・水輪・風輪となっているという。【―際】①[仏]大地のいちばん底。②[国]どこまでも。極度。

【金鱗】黄金色のうろこ。美しい魚。

【金縷】金の糸。金色の糸。

【金蓮(蓮)】黄金製のはすの花。転じて女の小さく美しい足。纏足の美しいさま。【―歩】美女のしなやかな歩み。

【金輅】黄金で作った車。天子・王族の乗用車。

【金鑪】金の香炉。

【金籠頭】馬・牛などのくつわを飾るための、金の組み糸。

【金剛】①[仏]もっとも硬い金属。また、金剛石(ダイヤモンド)。②非常に堅い物事の形容。【―砂】ざくろ石を粉にしたもの。金物などをみがくのに用いる。【―心】[仏]心を堅くもって動かないこと。堅い信仰心。【―石】ダイヤモンド。【―杖】①金剛神の持つ棒。②[国]山伏や登山する人の持つつえ。【―童子】[仏]仏法を守る神。真言宗でまつる。【―怒目】ひどく怒っているようす。【―不壊(壞)】[仏]非常に堅く、こわれないこと。【―夜叉】[仏]北方を守護する神。五大明王の一つ。【―力】金剛力士のような大力。【―力士】[仏]仏法をまもる神。山門両わきの仁王をいう。金剛神。【―流】[国]能楽五流の一つ。

【金色】黄金色。金の色。

【金勢神】男の生殖器を祭った神。＝金精神
【金胎】[仏]大日如来の二つの世界。金剛界と胎蔵界。知恵の世界と慈悲の世界。

【金泥】金の粉をにかわにとかしたもの。絵画の彩色などに使う。

【金堂】寺の本堂。

【金銅】銅に金をめっきしたり、箔を押したもの。【―丈六】金めっきした一丈六尺の仏像。

【金春流】[国]能楽の流派の一つ。金春禅竹が始めた。

【金比羅】①[仏]薬師十二神将の一つ。②[国]金刀比羅宮の俗称。
◆千金・手金・元金・内金・白金・代金・成金・送金・合金・地金・年金・即金・返金・延金・砂金・集金・借金・純金・涙金・料金・残金・差金・黄金・基金・給金・掛金・現金・貯金・筋金・税金・募金・賃金・資金・献金・預金・罰金・敷金・賞金・賜金・頭金・償金・謝金・醵金・貸付金・積立金・一刻千金・一攫千金・育英資金・奨学資金

金 1【釔】〔9〕 yǐ イー ｜ [意味][現]元素名。イットリウム(Y)。　U91D4 補6705

金 1【釓】〔9〕 gá カー ｜ [意味][現]元素名。ガドリニウム(Gd)。　U91D3 補6704

金 2【釚】〔10〕 キュウ(キウ) [漢] [平] 尤 qiú チウ ｜ [意味]①はじき弓の弦をかける機具。また、はじき弓。→弩(四四八ページ・中) ②鑿のみ。　U91DA 補6708 J②9046

金 2【釛】〔10〕 コク [漢] ゴク [呉] [入] 職 gé コー ｜ [意味]かね。こがね。　U91DB J7862

金 2【釗】〔10〕 ショウ(セウ) [漢] [平] 蕭 zhāo チャオ ｜ [意味]①〈けず・る(けづ・る)〉 ②つとめる。③みる。まみえる。＝昭 ④遠い。⑤周康王の名。　U91D7 補6706 J①9292

金 2【針】〔10〕 [学]6 シン はり ｜ ㊀シン [漢] [呉] ㊀[平] 侵 zhēn チェン ㊁シン [漢] [呉] ㊁[去] 沁 zhēn, zhèn チェン　U91DD J3143

[筆順] ノ 𠆢 亼 今 全 金 金 針

[意味]㊀①〈はり〉＝鍼・箴 ㋐ぬいばり。㋑医療用のはり。また、それを用いた治療術。針灸。㋒はり状のもの。②[現]注射器のはり。㊁①ぬう。②さす。[国]〈はり〉つりばり。

[解字] 鍼 形声。金が形を表し、十が音を示すとともに、はりの形も示す。鍼の俗字。

[姓]針生 [難読]針孔

[参考]新表記では、「鍼」の書きかえに用いる熟語がある。

【針灸】㊀針をさし、また、灸をすえて病気をなおす術。㊁zhēnjiǔ [現]㊀に同じ。

【針術】針を用いて病をなおす術。＝鍼術
【針小棒大】[国]針ほどの小さなことを、棒のように大きくいうこと。おおげさにいうたとえ。

【針線】縫い針と糸。

【針砭】①医療用の針。砭は、古代の石の針。②いましめ。「教訓。」

【針葉樹】[植]葉が針のような樹木の総称。松・杉の類。

【針路】磁石の針の示す進路。

【針対(對)】zhēnduì [現]…に焦点を合わせて。
◆方針・灸針・長針・秒針・指針・待針・留針・検針・短針・磁針・縫針・避雷針・頂門一針

金 2【釕】〔10〕 ㊀チョウ(テウ) [漢] ㊀[上] 篠 diǎo ティアオ ㊁リョウ(レウ) [漢] ㊁[上] 篠 liǎo リアオ ｜ [意味]㊀金属で飾った馬帯。また、飾ること。②[現]元素名。ルテニウム(Ru)。㊁①㊀に同じ。　U91D5

金 2【釘】〔10〕 [人] [標] ㊀テイ [漢] ㊀[平] 青 dīng ティン ㊁テイ [漢] ㊁[去] 径 dìng ティン ｜ [意味]㊀①金ののべ板。②〈くぎ〉 ㊁くぎをうつ。

[参考]新表記では、「丁」に書きかえる熟語がある。→装丁
【釘釘】くぎをうつ音。

【釘丁著】くぎでうちつけたように動きがとれないこと。

【釘頭】くぎの頭。　U91D8 J3703

金 2【釖】〔10〕 ㊀テキ [漢] ㊀[入] 錫 dí ティー ㊁チュウ(チフ) [漢] ㊁[入] 緝 zhí チー ｜ [意味]㊀するどい。㊁鉄の容器。　U91DE 補6709

金 2【釙】〔10〕 ㊀ハク [漢] ㊀[入] 覚 pò ポー ㊁―― ㊁―― pō ポー ｜ [意味]㊀金鉱石。あらがね。㊁[現]元素名。ポロニウム(Po)。　U91D9 補6707

金 2【釟】〔10〕 ハツ [漢] ハチ [呉] [入] 黠 bā バー　U91DF J7860

➡金長(镸)門阜(阝〈左〉)隶隹雨青(靑)非

意味 金属をきたえる。

金2【釜】〔10〕常 かま ｜ フ 漢 上 麌 fǔ フー ｜ J 1988 補 U 91DC

筆順 ハ グ 父 父 爷 斧 斧 釜

意味 ①〈かま〉 あしのないなべ。飲食物を入れて火にかける金属製の用具。＝鬴。②分量の単位。六斗四升(約十二リットル)。(→付録「度量衡名称」)

(釜①)

解字 形声。金が形を表し、父が音を示す。釜は、大型のなべや量器をあらわす鬴の異体字で、鬴に代わって広く使われるようになった。

地名 釜石(かまいし)

【釜鳴】(かまなり) 国 飯をたくとき、かまの音がすること。吉凶をうらなう。

【釜甑】(ふそう) かまとこしき。ともに炊事道具。

【釜竈】(ふそう(さう)) かまとかまど。

【釜中魚】(ふちゅう(ちう)のうお(うを)) かまの中で煮られるのを待つ魚。いのちの長くないたとえ。

【釜庾】(ふゆ) 釜は六斗四升、庾は十六斗で、転じて、少しの量。

【釜鬲】(ふれき) かまとかなえ。

〖釜中生レ魚〗(ふちゅう(ちう)にうお(うを)をしょうず(しゃうず)) かまの中に魚が生じた。貧しくて炊事をしないこと。〈後漢書・独行伝〉

金2【釡】〔10〕同字 ｜ J 7861 補 U 91E1

金2【釖】〔10〕同 →刀(一五四ページ・中)

金2【釡】〔10〕同 →釜(本ページ・上)

金3【釪】〔11〕 一 カ(クワ) 漢 一 平 麻 huá ホワ 二 ウ 漢 二 平 虞 yú ユィ ｜ J ― 補 6713 U 91EA

意味 一 農具の一種。鋤(すき)。二 ①錞釪(じゅんう)は、金属製の打楽器。→錞(一三〇〇ページ・中) ②鉢釪(はつう)は、僧の用いる食器。

金3【釬】〔11〕 カン 漢 去 翰 hàn ハン ｜ J ②9049 補 6714 U 91EC

意味 ①籠手(こて)。よろいのうでの部分。②矛(ほこ)やおののとっての先端につける金具。③あわてる。④はんだ。金属どうしをつなぐ錫(すず)と鉛の合金。＝銲(かん)

金3【釦】〔11〕 コウ 漢 上 有 kòu コウ ｜ J 4353 補 ― U 91E6

意味 ①かざる。金や玉でふちを飾る。②衣類を結ぶ紐(ひも)の類。③衣服のボタン。④たたく。＝叩(こう)

金3【釭】〔11〕 一 コウ 漢 一 平 江 gāng カン 二 コウ(カウ) 漢 二 平 東 gōng コン ｜ J ①9302 補 6715 U 91ED

意味 一 二 ①〈かりも〉〈かも〉 車輪の轂(こしき)の孔(あな)にはめた鉄の管(くだ)。ここで車軸(しゃじく)を受ける。②宮室の壁からつき出た横木をおおう金具。③ともしび。燭台(しょくだい)。④やじり。

金3【釵】〔11〕 サイ 漢 平 佳 chāi チャイ サ 慣 ｜ J 7864 補 ― U 91F5

意味 〈かざし〉 かんざし。

金3【釤】〔11〕 一 サン 漢 一 去 陥 shàn シャン 二 サン 漢 二 平 咸 shān シャン ｜ J ①9294 補 6710 U 91E4

意味 一 ①柄の長い大きな鎌(かま)。②刈る。切る。③釤利(さんり)は、㋐頭脳明晰(めいせき)である。㋑あざやか。二 ①姓。②現 元素名。サマリウム(Sm)。

金3【釶】〔11〕 シ 漢 平 支 shī シー ｜ J 7865 補 ― U 91F6

意味 短いほこ。＝鉈(た)

金3【釰】〔11〕 一 ジツ 漢 一 入 質 rì リー 二 ジン 漢 二 去 震 rèn レン 三 ケン 漢 三 去 豔 jiàn チエン ｜ J ― 補 6718 U 91F0

意味 一 鈍い。二 剣の刃。三「劍」(一六六ページ・下)の同字。

金3【釥】〔11〕 ショウ(セウ) 漢 上 篠 qiǎo チアオ ｜ J ①9301 補 6711 U 91E5

意味 ①質のいい金属。②見映えがよい。③かすか。④きよい。⑤するどい。

金3【釮】〔11〕 セイ 漢 平 斉 qí チー ｜ J ②9050 補 6716 U 91EE

意味 するどい。

金3【釧】〔11〕 人 標 セン 漢 去 霰 chuàn チョワン ｜ J 2292 補 ― U 91E7

意味 〈くしろ〉 うでわ。ひじまき。

名前 たまき 地名 釧路(くしろ)

金3【釣】〔11〕 常 チョウ つる ｜ J 3664 補 ― U 91E3

旧字 金3【釣】〔11〕 チョウ(テウ) 漢 去 嘯 diào ティアオ ｜ J ― 補 ― U ―

筆順 ノ ㇒ 𠆢 乍 牟 金 釣 釣

意味 ①〈つ・る〉 ㋐魚をつる。㋑おびき出す。㋒あざむきだます。②求める。③魚つり。④釣具。㋐はり。㋑さお。㋒糸。⑤姓。国 ①〈つり〉 つり銭。②〈つ・る〉 つりさげる。ひっかける。

解字 形声。金が形を表し、勺(しゃく)が音を示す。勺には、抜き取る、すくいとる、という意味がある。釣は、つりばりで魚をひっかけて水中から抜き出すことで、つりをいう。

【釣竿】(ちょうかん(てうかん)) つりざお。

【釣魚】(ちょうぎょ(てうぎょ)) うおつり。

【釣語】(ちょうご(てうご)) 学生の答えをさそい出すために、先生が与えるヒント。

【釣鉤】(ちょうこう(てうこう)) つり針。

【釣叟】(ちょうそう(てうそう)) つりをする老人。釣父(ちょうほ)。

【釣台(臺)】 一(ちょうだい(てうだい)) ①つりをする小高い所。②地名。名士がつりをした遺跡として方々にある。二(つりだい) 国 物をのせてかつぐ台。

【釣徒】(ちょうと(てうと)) つり仲間。

【釣篷】(ちょうほう(てうほう)) つり舟のとま。雨露をしのぐおおい。

【釣名】(ちょうめい(てうめい)) 名誉を求めること。

【釣侶図(圖)】(ちょうりょず(てうりょづ)) 文人画の題。蘆(あし)や蓼(たで)を描くもの。

【釣書】(つりがき) 国 系図。

【釣殿】(つりどの) 国 寝殿造りの建物の一部。

【釣瓶(甁)】(つるべ) 国 つりさげて、井戸の水をくみあげるおけ。【――打】(つるべうち) 国 弾丸をつづけて打つ。【――落】(つるべおとし) 国 まっすぐに勢いよく落ちる形容。秋の夕日の暮れやすいことなどにいう。

〖釣遊之郷(鄕)〗(ちょう(てう)ゆう(いう)のきょう(きゃう)) 子どものころ、魚つりをして遊んだところ。故郷をいう。

金3【釱】〔11〕 一 テイ 漢 一 去 霽 dì ティー 二 タイ 漢 二 去 泰 dài タイ ｜ J ①9303 補 6719 U 91F1

意味 一 〈あしかせ〉 刑具の名。二 車軸がはずれないように轂(こしき)にはめる鉄のくさび。＝軑

金3【釩】〔11〕 ハン 漢 上 豏 fán ファン ｜ J ― 補 6712 U 91E9

意味 ①はらう。②さかずき。③現 元素名。バナジウム(V)。国〈つく〉 打ちつけた折れくぎ状の金具。弓のにぎりにつける。

金3【釺】〔11〕 qiān チエン ｜ J ― 補 ― U 91FA

意味 現 鉱山で岩を掘り抜くために用いる鋼鉄の棒。

金3【釷】〔11〕 tǔ トゥー
意味 現元素名。トリウム(Th)。
U補J 6720 91F7

金3【釹】〔11〕 nǚ ニュイ
意味 現元素名。ネオジム(Nd)。
U補J 6721 91F9

金3【釻】〔11〕 国字
意味〈つく〉①弓の両はじの弭はずにかぶせる金物。②かつぎ棒の両端のすべり止め。
U補J ①9293 6722 91FB

金3【𨥆】〔11〕 国字
意味〈なた〉刃物はものの一種。鉈なた。
U補J ②9048 28946

金3【𨥉】〔11〕 国字
意味〈もじきり(もぢきり)〉錐きりの一種。
U補J ②9047 28949

金3【釼】〔11〕 俗 ↓剣(一六六ページ・下)

金3【釰】〔11〕 俗 ↓剣(一六六ページ・下)

金3【釯】〔11〕 同 ↓鉈(一二九八ページ・中)

金4【鈗】〔12〕 一イン 漢 上 軫 yǔn ユン (キン) 二タイ 漢 去 泰 duì トイ
意味 一護衛の兵士が手に持つ武器。二矛ほこのたぐいの武器。
U補J ②9054 9217

金4【鈝】〔12〕 イン 漢 平 侵 yín イン
意味 仏仏典の呪文じゅもんに用いられる字。
U補J 6739 921D

金4【鈋】〔12〕 カ 漢 平 歌 (クヮ) é オー
意味 ①けずる。かどをとってまるくする。②まるいさま。
U補J 920B

金4【鈘】〔12〕 ギ 漢 上 紙 yǐ イー
意味 三本足の釜かま。→鍑ふく(一三〇三ページ・下)
U補J 6737 9218

金4【釿】〔12〕 一キン 漢 一 平 文 jīn チン 二ギン 漢 二 上 軫 yǐn イン 三ギン 漢 三 平 文 yín イン
意味 一①おの。②器物の表面の凹んだ部分。=斤 ②古代の貨幣単位。二たちきる。三【釿鋸】きんきょ ①かんな。②おのとのこぎり。
U補J 7867 91FF

金4【鈞】〔12〕 キン 漢 平 真 jūn チュン
意味 ①重さの単位。三十斤きん(約六キログラム)。(↓付録「度量衡名称」) ②〈ひとし・い(ひと・し)〉同じ。=均 ③音階を調節する。④陶器を作るろくろ。⑤重いもの。重要な地位。⑥天。造物主。⑦尊敬の意を表す接頭語。
U補J 7866 921E

【鈞鑑】きんかん 手紙の用語。ごらんください。
【鈞衡】きんこう(かう) ①つりあい。②人材を選考する。③政治を公平にする人。大臣・首相をいう。
【鈞軸】きんじく(ぢく) 大臣。鈞はおもり、軸は車の心棒で、ともに重要なものであることからいう。
【鈞枢(樞)】きんすう 要職。大臣。鈞はおもり、枢は戸の開閉する軸。ともに重要なものであることからいう。
【鈞石】きんせき おもり。
【鈞天】きんてん ①天の中央。天帝の都という。②天上の音楽。「鈞天広楽こうがく」

金4【鈌】〔12〕 ケツ 漢 入 屑 jué チュエ
意味 ①刺す。②馬のかざり。③かける。=欠けつ
U補J 6732 920C

金4【鈅】〔12〕 ゲツ 漢 入 月 yuè ユエ
意味 武器の名。
U補J 6727 9205

金4【鈐】〔12〕 ケン 漢 平 塩 qián チエン
意味 ①車輪を車軸にとめるくさび。車轄しゃかつ。②錠じょう。かぎ。転じて、物事の要点。=鍵 ③印。印をおす。④おさえる。しずめる。⑤からすき。犂。⑥兵法。
U補J ①9305 6733 9210

金4【鈜】〔12〕 コウ 漢 平 庚 (クヮウ) hóng ホン
意味 鏗鈜こうこう・鏘鈜しょうこうは、かねやつづみの音。
U補J 6738 921C

金4【鈔】〔12〕 標 ソウ(サウ) 漢 平 肴 ショウ(セウ) 呉 chāo チャオ
意味 ①〈かす・める(――・む)〉かすめ取る。うばう。=抄しょう ②〈うつ・す〉=抄 ア書きうつす。イぬきがきする。③紙幣。
U補J 7868 9214

【鈔引】しょういん(せう) ①書類などの抜き書き。②宋そう代の紙幣の名。
【鈔写(寫)】しょうしゃ(せう) 書物を写しとる。
【鈔襲】しょうしゅう(せうしふ) そのまま写す。まねをする。
【鈔盗】しょうとう(せうたう) かすめ盗む。かっぱらう。鈔奪しょうだつ。
【鈔票】しょうひょう(せうへう) さつ。紙幣。
【鈔暴】しょうぼう(せう) 略奪し、荒らす。武力でかすめとる。
【鈔本】しょうほん(せう) 抜き書きした書類。=抄本
【鈔略】しょうりゃく(せう) かすめとる。
【鈔録(錄)】しょうろく(せう) ①写し書きする。②抜き書きする。「抄録」=

金4【鈊】〔12〕 シン 漢 去 沁 qìn チン
意味 するどい。利。
U補J ②9052 6731 920A

金4【鈒】〔12〕 ソウ 漢 入 合 (サフ) sà サー
意味 ①ほこ。てぼこ。②ちりばめる。
U補J 6734 9212

金4【鈕】〔12〕 ジュウ(ヂウ) 漢 上 有 チュウ(チウ) 慣 niǔ ニウ
意味 ①印などの器物につけたつまみ。とって。=紐じゅう ②ボタン。
U補J 7870 9215

金4【鈄】〔12〕 トウ 漢 上 有 dǒu トウ
意味 ①酒器。酒をくむ金属製のしゃく。②姓。
U補J 6726 9204

金4【鈉】〔12〕 ドウ 漢 入 合 (ダフ) nà ナー
意味 ①鉄をきたえる。②現元素名。ナトリウム(Na)。
U補J 6730 9209

金4【鈍】〔12〕 常 ドン にぶい・にぶる
トン 漢 ドン 呉 去 願 dùn トゥン
U補J 3863 920D

筆順 ノ 亼 亼 仐 余 金 金 釓 鈍

意味 ①〈にぶ・い(――・し)〉ア刃物の切れ味がわるい。↔鋭・利 イ角度がゆるい。ウのろい。頭脳・動作など反応がおそい。↔敏「魯鈍ろどん」②〈にぶ・る〉にぶくなる。にぶらす。③かたくな。「頑鈍がんどん」国〈にぶ・い(――・し)〉音や光などがさえていない形容。「鈍い音」

解字  形声。金が形を表し、屯とんが音を示す。金は刃物。屯には、厚いとか、ゆきなやむという意味がある。鈍は刀がなまって丸くなること。

【鈍鋭】どんえい にぶいことと、するどいこと。
【鈍角】どんかく 数 九十度より大きく百八十度より小さい角度。↔鋭角
【鈍感】どんかん 感じのにぶいこと。↔敏感
【鈍器】どんき 切れ味の悪い刃もの。なまくら。
【鈍金】どんきん 切れ味のにぶい刃物。
【鈍根】どんこん のろまな生まれつき。
【鈍才】どんさい 頭の回転のにぶいこと。また、そういう人。
【鈍質】どんしつ にぶい性質。

8画
←金長(镸)門阜(阝〈左〉)隶隹雨青(靑)非

【鈍滞(滯)】ぐずぐずしてにぶい。

【鈍置】がんこでわからずや。

【鈍夫】①腰ぬけざむらい。②頭の回転のにぶい人。

【鈍物】頭の回転のにぶい人。

【鈍兵】①鋭くない武器。②弱い兵隊。

【鈍利】にぶいことと、するどいこと。なまくらと、よく切れること。

【鈍色】国濃いねずみ色。うすずみ色。

◇利鈍・迂鈍・魯鈍・遅鈍・痴鈍・頑鈍・愚鈍・駑鈍

金4 【鈀】〔12〕 ㊀ハ 漢 へ 呉 ㊀ 平 麻 bā パー ㊁ ― ― bǎ バー U 9200 補 6724 J ―

意味 ㊀①いくさに使う物見車。②まぐわ。五本歯で土を平らにしたり草を除く。=耙 ③かぶら矢。鏑。㊁現元素名。パラジウム(Pd)。

金4 【鈑】〔12〕 ハン 漢 バン 慣 上 濳 bǎn パン U 9211 補 ― J 7871

意味 ①金銀の餅型の貨幣。②金属の延べ板。板金。=版

金4 【鈇】〔12〕 フ 漢 平 虞 fū フー U 9207 補 6729 J ①9304

意味 ①まぐさをきざみ切る道具。押切。②刑具の名。③〈おの(をの)〉大きな斧。=斧

【鈇鉞】刑罰の道具。おのとまさかり。=斧鉞 【賜二鈇鉞一】おのとまさかりを天子からいただく。天子が高級の官吏や将軍に、生殺の権利を与えること。〈礼記・王制〉

【鈇質】おので切る刑。また、その道具。

【鈇鑕】「鈇質」に同じ。

金4 【鈖】〔12〕 フン 漢 平 文 fēn フェン U 9216 補 6736 J ②9053

意味 玉の名。

金4 【鈲】〔12〕 ヘキ 漢 入 錫 pī ピー U 91FD 補 6723 J ―

意味 ①〈さ・く〉破れる。②分析する。③〈かながき〉〈くしろ〉くまで形に柄をつけた鉄製農具。④刀身の文様。

金4 【鈁】〔12〕 ホウ 漢 (ハウ) 平 陽 fāng ファン U 9201 補 6725 J ②9051

意味 ①角型の壺の形をした酒器。②現元素名。フランシウム(Fr)。

金4 【釾】〔12〕 ㊀ヤ 漢 ㊀ 平 麻 yé イエ ㊁ ― ― yá ヤー U 91FE 補 ― J ―

意味 ㊀鏌釾は、春秋時代呉国の名剣。=莫邪・鏌鋣・鏌鎁 ㊁現元素名。アインスタイニウム(Es)の旧称。

金4 【鈣】〔12〕 gài カイ U 9223 補 6740 J ―

意味 現元素名。カルシウム(Ca)。

金4 【鈧】〔12〕 kàng カン U 9227 補 ― J ―

意味 現元素名。スカンジウム(Sc)。

金4 【鈦】〔12〕 tài タイ U 9226 補 6743 J ―

意味 現元素名。チタン(Ti)。

金4 【鈈】〔12〕 bù プー U 9208 補 ― J ―

意味 現元素名。プルトニウム(Pu)。

金4 【鈥】〔12〕 huǒ フオ U 9225 補 6742 J ―

意味 現元素名。ホルミウム(Ho)。

金4 【鈤】〔12〕 rì リー U 9224 補 6741 J ―

意味 現元素名。ゲルマニウム(Ge)の旧称。↓鍺(一三〇四ページ・上)

金4 【鈨】〔12〕 国字 U 9228 補 6744 J ―

意味 〈はばき〉刀の刀身がつばと接する部分にはめる金具。

金4 【鈆】〔12〕 同 ↓鉛(本ページ・下)

金4 【鈎】〔12〕 俗 ↓鉤(一二八九ページ・中)

金4 【鈬】〔12〕 俗 ↓鐸(一三〇九ページ・下)

金4 〖欽〗 ↓欠部八画(六七五ページ・下)

金4 【鈃】〔12〕 同 ↓鈃(一二九三ページ・中)

金4 【鈓】〔12〕 同 ↓鈓(一二九四ページ・上)

金4 【鈩】〔12〕 俗 ↓鑪(一三一一ページ・上)

金5 【鈳】〔13〕 ア 漢 平 歌 kē コー U 9233 補 6748 J ②9056

意味 ①鈳鏻は、小さなかま。②現元素名。コランビウム(Cb)。ニオブ(Nb)の旧称。=鐶

金5 【鉞】〔13〕 エツ 漢 (ヱツ) 入 月 yuè ユエ U 925E 補 ― J 7872

意味 ①〈まさかり〉兵器の名。大きなおの。②星の名。

金5 【鉛】〔13〕 常 エン なまり U 925B 補 ― J 1784

旧字 金5 【鉛】〔13〕 エン 漢 呉 平 先 qiān チエン U ― 補 ― J ―

筆順 ノ 𠆢 𠂉 ⺈ 金 金八 鉛 鉛

意味 ①〈なまり〉②なまりからとった顔料。おしろい。胡粉。③したがう。そう。=沿 ④現元素名。なまり(Pb)。

金4 【鈆】〔12〕 同字 U 9206 補 6728 J ―

解字 形声。金が形を表し、㕣が音を示す。㕣には、流れる、柔らかいという気持ちを含む。鉛は、柔らかい金属である。また、鉛は白い金属ともいう。

【鉛印】活版印刷のこと。

【鉛華(華)】おしろい。

【鉛山】山名。江西省鉛山県の西南にある。また、県名。

【鉛槧】①活版。②文筆。槧は、字を書く板。鉛は、書き、また消すもの。

【鉛錘】鉛のおもり。

【鉛黛(黛)】おしろいとまゆずみ。化粧。粉黛。

【鉛直線】数まっすぐ、上下にむいた線。垂直線。

【鉛刀】なまりの刀。なまくら刀。役にたたないもののたとえ。

【鉛刀一割】①なまりの刀でも切る力のあること。自分の力をけんそんしていう。〈後漢書・班超伝〉②一度きりで二度と使えないたとえ。

【鉛毒】①鉛の毒。②鉛の中毒。

【鉛版】鉛の合金をとかし、紙型に入れて作る印刷版。

【鉛筆】㊀字を書く道具。黒鉛とねんどを混合し、木の筒の中に通したもの。㊁qiānbǐ 現㊀に同じ。

◇丹鉛・亜鉛・黒鉛

金5 【鉠】〔13〕 ㊀ヨウ(ヤウ) 漢 オウ(アウ) 呉 ㊀ 平 陽 yāng ヤン ㊁エイ 漢 ㊁ 平 庚 yīng イン U 9260 補 6770 J ②9064

意味 ㊀㊁鉠鉠は、鈴の音。

金5 【鉅】〔13〕 キョ 漢 上 語 jù チュイ U 9245 補 ― J 7874

意味 ①はがね。鋼鉄。②〈おお・きい(おほ・きい)〉=巨 「鉅大」③たっとい。偉大な。④つりばり。かぎ。⑤〈なんぞ〉〈いずくんぞ(いづくんぞ)〉どうして。なぜ。=詎

【鉅偉】大きくて立派。

【鉅橋】殷時代の米倉の名。
【鉅公】①偉大な人物。②天子。
【鉅儒】大学者。碩儒。
【鉅野】①沼沢の名。今の山東省巨野県。②県名。漢代におかれた。
【鉅万(萬)】たいへん多いこと。＝巨万
【鉅麗】すぐれて大きくうるわしい。「楼観重複、尤為鉅麗」〈陸游・入蜀記〉
【鉅鹿】地名。秦漢時代の郡名、また県名。今の河北省平郷県。

金5【鉅】〔13〕ギョク 漢 入 沃 yù ユィ　J ①9308　補 6753　U 923A
意味 ①たから。②硬い金属。

金5【鈷】〔13〕ケン 漢 平 塩 qián チエン　J ―　補 6759　U 9246
意味 ①刑具。くびかせ。②けぬき。③はさみ。
参考 鈷は「鉆」の形で「鑽」(一三一一ページ・下)の中国新字体としても使う。

金5【鉗】〔13〕標 ケン 漢 平 塩 カン 慣 qián チエン　J 7873　補 ―　U 9257
意味 ①〈かなぎ〉くびかせ。刑罰で首にはめる金輪。②くびかせをかける。おさえつける。③〈はさみ〉㋐かなばさみ。㋑かにやさそりのはさみ。④はさむ。⑤とじる。つぐむ。ふさぐ。

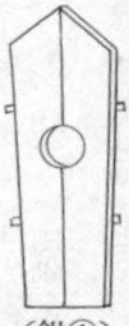
(鉗①)

【鉗忌】鉗(かなばさみ)ではさみとるように、人の自由を妨げ、おさえつける。

【鉗口】口をとじる。危害をさけて口をとじ、ものを言わない。【―鞱筆】口をとじ、筆をひかえて、まぎらわす。

【鉗梏】首かせと手かせ。罪人を束縛すること。

【鉗髡】首かせをはめ、髪をそること。罪人のすがたをいう。

【鉗子】㊀①くびかせの刑を受けた者。②物をはさみ、おさえる道具。ペンチに似たもの。③くぎぬき。㊁国手術用の器具。

【鉗徒】首かせをはめられている罪人。

金5【鉉】〔13〕ケン 漢 ゲン 呉 上 銑 xuàn シュワン　J 7875　補 ―　U 9249
意味 ①鼎の耳に通して鼎を持ちあげる棒。＝鍵 ②〈つる〉㋐弓づる。＝弦 ㋑鼎のとって。耳づる。鼎鉉。③三公などの重臣のたとえ。「鉉台」「鉉席」④姓。

金5【鈷】〔13〕コ 漢 上 麌 gǔ クー　J 2458　補 ―　U 9237
意味 ①鈷鉧は、ひのし。熨斗。②鈷鉧潭は、湖南省永州市の西にある潭の名。「鈷鉧潭記」〈柳宗元の文〉③仏古代インドの護身用の武器をかたどった仏具。煩悩を破るという。↓「三鈷」(一一二ページ・下)・「独鈷」(八〇二ページ・中)④現元素名。コバルト(Co)。

金5【鉱】〔13〕学5 コウ　J 2559　補 ―　U 9271
旧字 金15【鑛】〔23〕コウ 漢 上 梗 (クヮウ) kuàng コワン　J 7942　補 ―　U 945B

筆順 ノ 𠆢 𠂉 伞 金 金 釒 鉱 鉱

意味 ①〈あらがね〉精錬してない金属。鉱石。②現鉱山。

金5【鈜】〔13〕同字　J ―　補 ―　U 28965

解字 礦 形声。金が形を表し、廣が音を示す。古い形では、礦で、石が形を表し、黄が音を示す。黄は、きいろい光を放つ意味がある。礦は、銅や鉄などの鉱石である。礦の、石を金にかえ、黄を廣にかえた俗字が鑛である。
名前 かね・ひろ・ひろし
参考 新表記では、「礦」の書きかえに用いる。

【鉱業】鉱物を掘ったり、精錬したりする事業。

【鉱区(區)】鉱物を掘ることを許された区域。

【鉱床】鉱石を含んでいる地域。

【鉱水】①鉱物質を含む水。②鉱山から出る有毒の水。

【鉱石】鉱物質を含んでわき出るいずみ。とくべつの鉱物を含んでいる岩石。

【鉱泉】鉱物質を含んでわき出るいずみ。

【鉱毒】鉱山から出る廃棄物の毒。

【鉱夫】鉱物を掘る人。鉱山労働者。

【鉱物】天然の無機物の総称。金属・土・石・水など。

【鉱脈】鉱石が地中にうまってできているすじ。
◇炭鉱・金鉱・採鉱・鉄鉱・選鉱

金5【鉀】〔13〕コウ 漢 呉 入 洽 (カフ) jiǎ チア　J ①9310　補 6756　U 9240
意味 ①よろい。＝甲 ②現鉀鑪は、矢の名。③現元素名。カリウム(K)。

金5【鉤】〔13〕標 コウ 漢 平 尤 gōu コウ　J 7876　補 ―　U 9264
金4【鈎】〔12〕俗字　J 1935　補 ―　U 920E
意味 ①〈かぎ〉㋐先の曲がった道具や兵器の総称。㋑ひっかけるもの。㋒帯のとめがね。「鉤金」②ひっかける。ひきよせる。③さぐり出す。④曲がっている。⑤とめる。とどめる。⑥〈はり〉つりばり。国〈こ〉〈こはじ〉すだれをかけるかぎ。

【鉤援】城攻め用のはしご。

【鉤距】引っかけて、ようすをさぐる。かまをかける。

【鉤曲】つり針のようにまがる。

【鉤戟】先の曲がったほこ。かまやり。

【鉤玄】深い道理をさぐり出す。

【鉤弦】ゆがけ。弓のつるを引く道具。

【鉤股弦】数和算で直角三角形のこと。

【鉤在】つり針にひっかかる。自由を失う。

【鉤索】①さぐり出す。さそってひき出す。②金属製のかぎ。

【鉤止】おさえとめる。

【鉤餌】つり針につけたえさ。

【鉤取】かぎにひっかけて取る。

【鉤章棘句】かぎやとげのある文。読みにくい文章をいう。

【鉤心闘(鬭)角】①屋根の中心がそって、かぎのように見えるものや、のきの先端が集まってあらそっているようなもの。〈杜牧・阿房宮賦〉②暗闘。裏面での戦い。

【鉤断(斷)】かぎで引き出し切る。

【鉤輈格磔】①鷓鴣の鳴く声。②わかりにくいことば。

【鉤陳】星の名。天の皇帝である北極星の近くにあって皇后の星とされる。転じて、おきさきたちの御殿。後宮。

【鉤党(黨)】たがいに引きあって仲間をつくる。また、その仲間。

【鉤連】つづき連なる。

金5【鉌】〔13〕サク 漢 入 薬 zuó ツオ　J ①9309　補 6754　U 923C
意味 ①釜。②こしき。蒸し器。→甑(八二八ページ・下)

金5【鉈】〔13〕㊀シ 漢 平 支 shī シー　㊁イ 漢 平 支 yí イー　㊂― tā ター　J 7877　補 ―　U 9248
金5【鉇】〔13〕同字　J ②9058　補 6760　U 9247
意味 ㊀柄の短いほこ。㊁酒や水を入れる容器。㊂現元

8画
←金長(镸)門阜(阝〈左〉)隶隹雨青(青)非

素名。タリウム（Tl）。国〈なた〉薪などを割る分厚い刃物。

8画 ➡金長(镸)門阜(阝〈左〉)隶隹雨青(靑)非

金5【鉂】〔13〕 シ 漢 上 紙 shǐ シー　J②9057 補6757 U9242
意味 ①金属の丸い輪。かなわ。＝鐶。②刺す。

金5【鉃】〔13〕 ■シ 漢 ■上 紙 shì シー ■ソク 漢 ■入 屋 zú ツー　J①9311 補6758 U9243
意味 ■矢じり。■鋭い。鋭利。＝鏃。
参考 日本では「鉄」の同字として用いられる。

金5【鈶】〔13〕 ■シ 漢 ■上 紙 sì スー ■シ 漢 ■平 支 cí ツー　J— 補6750 U9236
意味 ■①鋤の先。②矛の類。■鎌の柄。

金5【鉥】〔13〕 ■シュツ 漢 ■入 質 shù シュー ■シュツ 漢 ■入 質 xù シュイ　J②9066 補6772 U9265
意味 ■①長い針。②刺す。■さそいみちびく。

金5【鉏】〔13〕 ショ 漢 ソ 漢 平 魚 chú チュー　J①9312 補6764 U924F
意味 ①〈すき〉〈さい(さひ)〉鋤。くわ。②すく。田畑を耕す。③のぞく。根絶やしにする。

【鉏耘】（しょうん）①すきですいて草を切る。②悪人を除き去る。

【鉏耰】（しょゆう(いう)）①すきの柄。②すきと、土を打つ棒。

【鉏鋙】（そご）くい違う。＝齟齬

金5【鉦】〔13〕 標 ■セイ 漢 ショウ(シャウ) 呉 ■平 庚 zhēng チョン ■— ■— zhèng チョン　J3064 補— U9266
意味 ■①〈かね〉軍中で用いた楽器の一つ。②〈どら〉■現元素名。フェルミウム（Fm）の旧称。→鐨（一三〇九ページ・中）
【鉦鼓】（しょう(しゃう)こ）かねと、たいこ。鉦は休戦、鼓は進軍の合図として鳴らす。

（鉦■①）

金5【鉊】〔13〕 ショウ(セウ) 漢 平 蕭 zhāo チャオ　J②9059 補6761 U924A
意味 ①大きな鎌。②鎌でかる。

金5【鉎】〔13〕 セイ 漢 平 庚 shēng ション　J②9060 補6763 U924E
意味

金5【鉐】〔13〕 セキ 漢 ジャク 呉 入 陌 shí シー　J7881 補— U9250
意味 鍮鉐（とうせき）・鉐（ちゅうせき）は、金属の名。銅やしんちゅうの類。

金5【鉙】〔13〕 タイ 漢 上 蟹 zhǎi チャイ　J②9063 補6767 U9259
意味 金。こがね。国鉙原（かんなばら）は、広島県の地名。

金5【鉨】〔13〕 ディ 漢 上 薺 nǐ ニー　J②9068 補6774 U9268
意味 糸まきのあし。

金5【鉄】〔13〕 学3 テツ　J3720 補— U9244
旧字 金13【鐵】〔21〕 テツ 漢 テチ 呉 入 屑 tiě ティエ　J7936 補— U9435
金6【銕】〔14〕古字 J7878 補— U9295
金12【鐡】〔20〕俗字 J7937 補— U9421

筆順
ノ
㇒
𠆢
牟
金
金
鉒
鉄

意味 ①〈くろがね〉〈かね〉黒い金属。②黒い。鉄色。③〈かた・い(——・し)〉㋐堅固な。㋑強い。㋒かわらない。不動の。④兵器・農具などの鉄製器。特に刃物は。「寸鉄（すんてつ）」「尺鉄（せきてつ）」⑤姓。⑥現元素名。てつ（Fe）。
解字 鐵 形声。金が形を表し、戴（てつ）が音を示す。戴は、涅（でつ）と音が通じて、くろいという意味がある。鐵は、くろがねである。
名前 きみ・とし・まがね
難読 鉄漿（おはぐろ）・（かね）・鉄砧（かなとこ）・鉄刀木（たがやさん）

【鉄敷】（かなしき）国かじやが金属加工のしごとをする台。

【鉄案】（てつあん）動かすことのできない、しっかりした意見。

【鉄衣】（てつい）①よろい。「寒光照二鉄衣一（かんこうてついをてらす）」（さむざむとした月の光が、よろいを照らしている。）〈楽府（がふ）詩集・木蘭詩（もくらんのし）〉②鉄のさび。

【鉄火】（てっか(くわ)）①鉄を火の玉のように赤く焼いたもの。②弾丸の火。③刀と鉄砲。④国おとこ気のあること。

【鉄枷】（てっか）鉄の首かせ。煩悩（ぼんのう）にたとえる。

【鉄拐】（てっかい）①鉄のつえ。＝鉄枴 ②隋（ずい）時代の仙人（せんにん）の名。姓は李（り）、名は洪水。

【鉄丸】（てつがん(ぐわん)）鉄で作った玉。

【鉄騎】（てっき）①鉄のよろいをきた騎兵。②強い軍隊。

【鉄器時代】（てっきじだい）鉄製の器具を作り使用した時代。青銅器時代の次に当たるという。

【鉄牛】（てつぎゅう(ぎう)）①水難を静めるといわれる鉄製の牛。黄河のほとりの河南省陝（せん）県にあった。②国黄檗（おうばく）宗の僧の名。

【鉄血】（てっけつ）①武器と人の血。兵力・軍備のたとえ。②武力で国を強くする政策。【——宰相】（てっけつさいしょう(しゃう)）ドイツのビスマルクのこと。

【鉄橛】（てっけつ）鉄のくさび。動かないものの例。

【鉄券】（てっけん）①鉄製の割り符。功のあった臣に、履歴や恩賞の内容を金字ではめこみ、約束のしるしとして、半分を臣に渡すもの。②たしかな約束。③禅の公案（問題）。「鉄裁」

【鉄拳（挙）】（てっけん）鉄のように堅いこぶし。げんこつ。「鉄拳制裁」

【鉄眼】（てつげん）国人名。黄檗（おうばく）宗の僧。肥後の人で、大阪に出て、一切経（いっさいきょう）を出版した。【——銅睛】（てつげんどうせい）鉄の目で銅のひとみ。非凡の人相をいう。

【鉄甲】（てっこう(かふ)）①鉄製のよろい、かぶと。②きわめて堅固なもの。

【鉄鉤】（てっこう）鉄のかぎ。

【鉄崐崘】（てつこんろん）手のつけようもない堅いもの。崐崘は、山名。

【鉄鎖】（てっさ）①鉄製のくさり。②きびしいそくばく。

【鉄柵】（てっさく）鉄で作ったさく。

【鉄索】（てっさく）鉄のなわ。ケーブル。

【鉄酸餡】（てっさんれん）鉄の豆餅。歯の立たないたとえ。

【鉄蒺藜】（てっしつれい｜てっしつり）鉄製のひし形の武器。道路にまいて敵の進むのを防ぐもの。近よりがたいものの例。

【鉄樹】（てつじゅ）①鉄の木。②木の名。蘇鉄（そてつ）。③木の名。たがやさん。【——開花】（てつじゅかいか(くわ)）鉄の木が花を開く。ふしぎな現象のたとえ。また、いつまでも見込みのないことをいう。

【鉄餕餡】（てっしゅんとう(たう)）鉄のまんじゅう。歯の立たない例。

【鉄漿】■（てっしょう(しゃう)）鉄からとる黒色染料。■（かね｜おはぐろ）国昔、既婚の女性が歯を染めるのに用いた液体。また、歯を黒く染めること。

【鉄杖】（てつじょう(ぢゃう)）鉄製のつえ。

【鉄条（條）網】（てつじょう(でう)もう(まう)）鉄のとげのある針金を、網のように張って、敵を防いだり、防犯に用いたりするもの。

【鉄心石腸】（てっしんせきちょう(ちゃう)）鉄石のように堅く不動な精神。鉄石心腸。鉄石心。〈蘇軾（そしょく）・与二李公択一書（りこうたくにあとうるしょ）〉

【鉄石】（てっせき）鉄と石。堅固なもの。【——心】（てっせきしん）堅く動かぬ心。

【鉄扇】（てっせん）鉄の骨の扇。

【鉄窓】（てっそう(さう)）①鉄ごうしのはまった窓。②ろうや。

【鉄鐺】鉄のなべ。

【鉄則】変えることのできないきまり。

【鉄中錚錚】鉄の中でよい音のするもの。ややすぐれた人物にたとえる。〈後漢書・劉盆子伝〉

【鉄腸石心】「鉄心石腸」に同じ。

【鉄椎】鉄製のつち。＝鉄槌
【鉄鎚】大きなかなづち。＝鉄椎
【鉄蹄】①馬のかなぐ。②足の速い馬のひづめ。

【鉄桶】鉄製のおけ。

【鉄塔】鉄製のとう。

【鉄搭】鉄製のくまで。農具や武器に使用する。

【鉄道】軌道の上に車両を走らせる施設。

【鉄馬】武装兵をのせた、いくさじたくの馬。

【鉄筆】①彫り物用の小刀。印刀。刻刀。②勢いのよい書きぶり。③国謄写原紙や複写紙に使う、先が鉄のペン。

【鉄瓶(瓶)】一 鉄製のかめ。二 国鉄製の湯わかし。

【鉄壁】堅固なとりで。「金城鉄壁」

【鉄砲】火薬の力で弾丸を発射する武器。小銃。【—水】国山間地などに降った大雨が、土砂・人家などを押し流すほどの水流になったもの。

【鉄面】①鉄製のめん。鉄仮面。②公平で権力を恐れない人。私情にこだわらない人。③「鉄面皮」の略。【—御史】宋の趙抃のこと。心が鉄のように堅く、妥協をしなかった。【—皮】恥しらず。あつかましいこと。

【鉄冶】鉄鉱石をとかし鉄をとり出すこと。

【鉄葉】①うすい鉄片。②ブリキ。

【鉄輪】①鉄の輪。かなわ。②国列車のこと。

【鉄路】一 ①鉄道の線路。②鉄道。二 tiělù 現 一に同じ。

【鉄牢】鉄ごしらえの牢。厳重につくられている牢。

【鉄木真(眞)】→「成吉思汗」(五〇六ページ・上)
◇寸鉄・尺鉄・私鉄・金鉄・砂鉄・精鉄・銑鉄・蹄鉄・鋼鉄・鋳鉄

金5【鈿】〔13〕
一 テン 漢　デン 呉　一 平 先 tián ティエン
二 テン 漢　デン 呉　二 去 霰 diàn ティエン
J 7879　補　U 923F
意味 一 ①青貝のかざり。青貝細工。「螺鈿」②かんざし。「花鈿」③黄金の装飾。二 金・宝玉・貝などで象嵌する。
【鈿合】青貝細工の香を入れる箱。「鈿合金釵」(釵は、かんざし。)〈白居易の詩・長恨歌〉
【鈿蟬金鴈】螺鈿製のせみと、金のかり。美しい琴の飾りと琴柱をいう。
【鈿頭】青貝細工。螺鈿の飾り。
【鈿螺】青貝細工。螺鈿。

金5【鉖】〔13〕　トウ 漢　平 冬 tóng トン　J ②9062　補　U 9256
意味 釣り具。つりばり。

金5【鈯】〔13〕　トツ 漢　入 月 tū トゥー　J 6746　補　U 922F
意味 ①鈍い。切れあじがわるい。②小さなはもの。

金5【鉅】〔13〕　一 ハ 漢　一 平 歌 pō ポー　二 —　二 — pǒ ポー　J —　補 —　U 9255
意味 一 鉅鐸は、銅製のさかずき。口が広く浅い。二 現 元素名。プロメチウム (Pm)。

金5【鉑】〔13〕　ハク 漢　入 薬 bó ポー　J ②9061　補 6765　U 9251
意味 ①金箔。②現 元素名。白金 (Pt)。

金5【鉢】〔13〕　常　ハチ・ハツ　ハツ 漢　ハチ 呉　入 曷 bō ポー　J 4013　補 —　U 9262
筆順 ノ 𠆢 ⺈ 𠂉 金 針 鉢 鉢
皿5【盋】〔10〕同字　J 4644　補 —　U 76CB
缶5【鉢】〔11〕俗字　J 5277　補 —　U 7F3D
皿4【盇】〔9〕同字　J ②8185　補 —　U 2504A
意味 〈はち〉①広口の容器。②仏 梵語 patra (「鉢多羅」)の音訳。ア僧の用いる食器。イ師からうけつぐもの。「衣鉢」国〈はち〉①深皿。②植木鉢。③頭蓋骨。④かぶと。
解字 形声。金が形を表し、本(正しい字は犮)が音を示す。鉢は、梵語パトラの音訳で、僧の使う金属の食器。
【鉢盂】仏 はちとわん。
【鉢嚢】食器ぶくろ。

(鉢国④)

◇小鉢・火鉢・托鉢・衣鉢—・乳鉢・擂鉢・植木鉢・手水鉢

金5【鈸】〔13〕　ハツ 漢　バチ 呉　入 曷 bó ポー　J ①9306　補 6751　U 9238
意味 銅製、円形の楽器。打楽器の一種。「銅鈸」「鐃鈸」

金5【鉡】〔13〕　ハン 漢　上 旱 bǎn パン　J ②9065　補 6771　U 9261
意味 スコップ形の農具。土を掘りおこしたり、草をけずり取ったりする。

金5【鈹】〔13〕　ヒ 漢　平 支 pī ピー　J ①9307　補 6752　U 9239
意味 ①はり。医術用のおおはり。②両刃の剣。③おおきな矛。④大刀。⑤みだれる。＝披 ⑥現 元素名。ベリリウム (Be)。音 pí ピー。

金5【鉜】〔13〕　フウ 漢　平 尤 fū フー　J —　補 6768　U 925C
意味 鉜鏂は、①鏡を入れるはこの飾り。②大きな釘。

金5【鉘】〔13〕　フツ 漢　入 物 fú フー　J —　補 6766　U 9258
意味 〈かざ・る〉

金5【鈵】〔13〕　ヘイ 漢　去 敬 bǐng ピン　J —　補 6749　U 9235
意味 固い。

金5【鉧】〔13〕　ボ 漢　上 麌 mǔ ムー　J ②9067　補 6773　U 9267
意味 鈷鉧は、ひのし。国〈けら〉粗製の鉄。

金5【鉋】〔13〕
一 ホウ 漢(ハウ)　一 去 効 bào パオ
二 ホウ 漢(ハウ)　二 平 肴 páo パオ
J 7880　補 —　U 924B
意味 一 ①〈かんな〉②かんなをかける。けずる。＝刨 二 ①ほる。②はけ。

金5【鉚】〔13〕　リュウ 漢(リウ)　上 有 liǔ リウ　J 7886　補 —　U 925A
金5【鐂】〔13〕同字　J ②9055　補 —　U 2896B
意味 ①かね。美しい金属。②現 金属をくぎでつなぐ。音 mǎo マオ。

金5【鉝】〔13〕　リュウ 漢(リフ)　入 緝 lì リー　J —　補 6769　U 925D

意味 蘇鉝(りゅう)は、古代異民族の食器。

金5 **【鈴】** 〔13〕 常 レイ・リン すず
レイ 漢 リョウ(リャウ) 呉 平 青 líng リン
リン 唐
U 9234 補 — J 4675

筆順 ノ 𠆢 𠆢 今 金 金 鈴 鈴 鈴

意味 ①〈すず〉〈りん〉 ②すずの形をしたもの。は、ふるわせる音。すずの音。また、地震の音。かみなりの声。③鈴鈴(れいれい)

解字 形声。金が形を表し、令(れい)が音を示す。金は金属。令はすずの鳴る音の形容。鈴はすず。

姓 鈴置(すずき)

地名 鈴鹿(すずか)

【鈴語】(れいご) 風鈴(ふうりん)の音。鈴声(れいせい)。

【鈴鐸】(れいたく) 軒先につるすすず。
◇呼鈴(よびりん)・風鈴(ふうりん)・振鈴(しんれい)・電鈴(でんれい)・ベル

金5 **【鉯】** 〔13〕 yǐ イー 意味 現元素名。プロメチウム (Pm) の旧称。↓鉕(一二九一ページ・中)
U 9267 補 6 J 77F 7 — U 926F 補 677 J —

金5 **【鈰】** 〔13〕 shì シー 意味 現元素名。セリウム (Ce)。
U 9230 補 6747 J —

金5 **【鉮】** 〔13〕 shēn シェン 意味 現元素名。アルセニウム (As)の旧称。↓砷(八八五ページ・下)
U 926E 補 6776 J —

金5 **【鉰】** 〔13〕 sī スー 意味 現元素名。スカンジウム (Sc) の旧称。↓鈧(一二八八ページ・中)
U 9270 補 6778 J —

金5 **【鉭】** 〔13〕 tǎn タン 意味 現元素名。タンタル (Ta)。
U 926D 補 — J —

金5 **【鈮】** 〔13〕 ní ニー 意味 現元素名。ニオブ (Nb)。鎶 gē、鈳 kē は、旧訳語。
U 922E 補 6745 J —

金5 **【鉍】** 〔13〕 bì ビー 意味 現元素名。ビスマス (Bi)。
U 924D 補 6762 J —

金5 **【鉬】** 〔13〕 mù ムー 意味 現元素名。モリブデン (Mo)。
U 926C 補 — J —

金5 **【鈾】** 〔13〕 yóu ユー 意味 現元素名。ウラン (U)。
U 923E 補 6755 J —

金5 **【鉚】** 〔13〕 同 ↓鑛(一二八九ページ・中)

金5 **【鉇】** 〔13〕 同 ↓鉈(一二八九ページ・下) 同 ↓匜(一八八ページ・上)

金5 **【鉨】** 〔13〕 同 ↓璽(八二五ページ・中) 同 ↓鑈(一三一〇ページ・中)

金5 **【𨥉】** 〔13〕 同 ↓鉚(一二九一ページ・下)

金6 **【銉】** 〔14〕 イツ 漢 入 質 yù ユィ
意味 針(はり)。
U 9289 補 6789 J ②9074

金6 **【銙】** 〔14〕 カ 漢 上 馬 (クヮ) kuǎ コワ
意味 ①帯の飾り。②茶の名称。③茶を数える量詞。
U 9299 補 6801 J ②9077

金6 **【銜】** 〔14〕 カン 漢 ゲン 呉 平 咸 xián シエン
ガン 慣
U 929C 補 — J 7882

行6 **【衘】** 〔12〕 同字 U 8858 補 6014 J ②8806

口8 **【啣】** 〔11〕 俗字 U 5563 補 — J 5118

口14 **【㘅】** 〔17〕 同字 U 3605 補 — J ②0442

意味 ①〈くつわ〉〈くつばみ〉 馬の轡(くつわ)。②〈ふく・む〉 口の中に入れる。くわえる。③〈ふくみ〉〈くくみ〉 ④うけたまわる。受けいれる。⑤うらむ。⑥感謝する。⑦官位。官職。「官銜(かんかん)」

【銜冤】(かんえん(ゑん)) 無実の罪をきせられ、うらめしく思う。
【銜橛】(かんけつ) くつわ。『——之変(變)』(がんけつのへん) 馬があばれてくつわがはずれるような事故。橛もくつわ。〈漢書(かんじょ)・司馬相如(しばしょうじょ)伝〉
【銜戢】(かんしゅう(しふ)) 胸の中にしまっておく。
【銜傷】(かんしょう(しゃう)) 馬がくつわのために受ける傷。
【銜枚】(かんばい) 夜戦などで、兵士や馬などが声をたてるのを防ぐための木片をくわえる。↓枚(六三〇ページ・上)
【銜轡】(かんぴ) ①馬のくつわとたづな。②法律制度。
【銜勒】(かんろく) くつわ。

金6 **【銎】** 〔14〕 キョウ 漢 平 冬 qióng チョン
意味 ①斧などに柄を差しこむ穴。②おそれる。
U 928E 補 6792 J —

金6 **【銀】** 〔14〕 学3 ギン
ギン 漢 平 真 yín イン
ゴン 呉
U 9280 補 — J 2268

筆順 ノ 𠆢 𠆢 今 金 金 釒 鉬 銀

意味 ①〈しろがね〉 ぎん。②ぎんいろ。また、白いものを広くいう。③銀の貨幣。銀貨(ぎんか)。④かぎり。さかい。‖垠(ぎん) ⑤姓。⑥現元素名。ぎん(Ag)。国〈ぎん〉 ①将棋で、銀将の略。②「銀行」の略。「日銀」

解字 形声。金が形を表し、艮(ぎん)が音を示す。艮には、固定の意味がある。銀は土中に固まっている金属である。また、艮は白の音の変化で、銀は白い金であるともいう。

名前 かね

難読 銀杏(いちょう)(ぎんなん)・銀鼠(ぎんねず)

【銀鞍】(ぎんあん) 銀のかざりのある美しいくら。

【銀花】(ぎんか(くゎ)) ①ともしびの形容。②霜や雪の形容。

【銀河】(ぎんが) あまのがわ。天漢。銀漢。

【銀塊】(ぎんかい(くゎい)) 銀のかたまり。

【銀閣】(ぎんかく) ①銀で飾った高殿。②国現在、京都市左京区の慈照寺(別称銀閣寺)内にある二層楼の名。もと、足利義政(あしかがよしまさ)の建てた別荘。

【銀漢】(ぎんかん) あまのがわ。銀河。

【銀環】(ぎんかん(くゎん)) 銀製の輪(わ)。

【銀杏】(ぎんきょう(きゃう)) 一(いちょう)一(ぎんなん) いちょうの実。

【銀魚袋】(ぎんぎょたい) 銀で作った魚袋。日本では、四位・五位の臣下が着用した飾り。

【銀元】(ぎんげん) 銀貨。「元」は、中国の貨幣の単位。日本の円に相当した。

【銀甲】(ぎんこう(かふ)) 銀でつくったよろい。

【銀行】 一 (ぎんこう(かう)) ①両替店。②預金・貸付を営業する金融機関。二 (インハン) yínháng 現 一 に同じ。

【銀黄】(ぎんこう(くゎう)) ①銀と金。②銀印と金印。③白色と黄色。

【銀鉤】(ぎんこう) ①すだれかけなどの銀製のかぎ。②書道で筆画がすぐれている形容。

【銀座】(ぎんざ) 国①徳川幕府が、銀貨を造った役所。②地名。現在、東京都中央区にある。もと、「銀座」①の所在地。③転じて、町でいちばんにぎやかなところ。目抜き通り。

【銀釵】(ぎんさい) 銀製のかんざし。

【銀山鉄(鐵)壁】(ぎんざんてっぺき) 堅く高いもの。歯の立たぬものをいう。

【銀牀】(ぎんしょう(しゃう)) ①いげた。また、つるべかけのろくろ。銀のいげた。②美しいとこ。

【銀燭】(ぎんしょく) 美しく光るあかり。

【銀子】(ぎんす) 国①銀貨。②金銭。

【銀青】(ぎんせい) 青いひものついた銀製の印。秦・漢で光禄大夫が用いた、高官の用いる印。

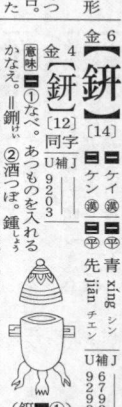

【銀髯】ぎんぜん 白いあごひげ。
【銀蛇】ぎんだ ①銀色のへび。②波にうつる月光がゆれている形容。
【銀台(臺)】ぎんだい ①役所の名。銀台司。上奏文や文書をあつかう。②仙人せんにんの住んでいるところ。③りっぱな高い台。「銀台金闕夕沈沈ぎんだいきんけつよるちんちん」(銀で飾った高台、金で飾った宮門、いずれも深い夜のやみにつつまれている。一説に、銀台は門の名。)〈白居易はくきょいの詩・八月十五日夜、禁中独直、対レ月憶二元九一きんちゅうにひとりちょくし つきにたいしてげんきゅうをおもう〉
【銀堆玉砌】ぎんたいぎょくせい 銀をもりあげ、玉を積み重ねる。
【銀竹】ぎんちく 銀色の竹。激しい夕立のたとえ。「白雨映二寒山一、森森似二銀竹一はくうかんざんにえいじて、しんしんとしてぎんちくににたり」〈李白りはくの詩・宿二鰕湖一詩かこにしゅくするし〉
【銀泥】ぎんでい 銀の粉をにかわでといたもの。白泥はくでい。
【銀兎】ぎんと 月の別名。
【銀波】ぎんぱ 月の光をうつして銀色に光る波。「金波銀波」
【銀牌】ぎんぱい ①銀で作ったふだ。②銀メダル。
【銀髪】ぎんぱつ しらが。白髪。霜髪。
【銀盤】ぎんばん ①銀製の大きいさら。②月。③氷の表面。また、スケートリンク。
【銀瓶(缾)】ぎんぺい ①銀の酒がめ。②美しいつるべ。
【銀箆】ぎんぺい 銀細工のこうがい。髪をすく道具。
【銀幕】ぎんまく ①映写幕。スクリーン。②映画。
【銀鑰】ぎんやく 銀のかぎ。美しいかぎ。
【銀鱗】ぎんりん ①銀色のうろこ。②魚。
【銀輪】ぎんりん ①銀製の輪わ。②国自転車。
【銀鈴】ぎんれい 銀のすず。
【銀嶺】ぎんれい 国雪がつもって白くかがやく山。
【銀露】ぎんろ 月の光に輝くつゆ。
【銀籠】ぎんろう 美辞麗句。美しいことば。
【銀盌】ぎんわん 銀製のおわん。銀椀。
▲水銀すいぎん・白銀はくぎん・金銀きんぎん・洋銀ようぎん・純銀じゅんぎん・賃銀ちんぎん・路銀ろぎん・豆板銀まめいたぎん

金6【鉶】〔14〕ケイ 漢 平 青 xíng シン　J — 補 6780 U 9276
意味 ①かなえ。あつもの。肉と野菜を煮るなべ。②あつもの。肉と野菜を煮たスープ。羹こう。

(鉶①)

金6【銒】〔14〕一ケイ 漢 一平 青 xíng シン　二ケン 漢 二平 先 jiān チエン　J — 補 6793 U 9292
意味 一①なべ。あつものを入れるかなえ。＝鉶けい ②酒つぼ。鍾しょうに似て首が長い。二宋銒そうけんは、戦国時代の人名。
金4【鈃】〔12〕同字　J — 補 — U 9203

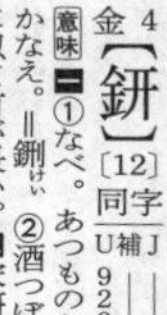
(銒一①)

金6【銈】〔14〕ケイ 漢 平 斉 jī チー　J ①9314 補 6788 U 9288
意味 金属の圭けい。圭は、礼器。

金6【鉸】〔14〕コウ(カウ) 漢 上 巧 jiǎo チアオ　J ①9313 補 6782 U 9278
意味 ①はさみ。「鉸刀こうとう」②はさみきる。③かざる。
【鉸具】こう(かう)ぐ｜びじょうがね｜かこ 皮帯などをとめる金具。

金6【鉿】〔14〕一コウ(カフ) 漢 一入 洽 jiá チア　二キョウ(ケフ) 呉 コウ(カフ) 漢 二入 合 gé コー　三 — hā ハー　J ②9073 補 6787 U 927F
意味 一物の落ちる音。二あらがね。三現元素名。ハフニウム(Hf)。

金6【鉷】〔14〕コウ 漢 平 東 hóng ホン　J — 補 6781 U 9277
意味 弩いしゆみの矢を発射するはじき。

金6【銗】〔14〕一コウ 漢 一平 尤 hóu ホウ　二コウ(カウ) 漢 二上 講 xiàng シアン　J ②9076 補 6794 U 9297
意味 一①くびかせ。②鏂銗おうこうは、㋐首を守るかぶとのたれ。㋑門のかざりの大くぎ。二投書箱。＝缿こう

金6【銟】〔14〕サ 漢 平 麻 chā チャー　J ②9078 補 6802 U 929F
意味 魚をかう器。

金6【鉹】〔14〕一シ 漢 一上 紙 chǐ チー　二イ 漢 二平 支 yí イー　J — 補 6783 U 9279
意味 一二①蒸し器。こしき。②小刀。

金6【鉺】〔14〕一ジ 漢 一去 寘 èr アル　二 — 二 — ěr アル　J — 補 — U 927A
意味 一①かぎ。ひっかけるもの。②魚のえさ。＝餌じ 二現元素名。エルビウム(Er)。

金6【銖】〔14〕シュ 漢 平 虞 zhū チュー　J 7883 補 — U 9296
意味 ①重さの単位。一両の二十四分の一。(→付録「度量衡名称」) ②軽いもの。わずかなもの。「錙銖しし」国①江戸時代の貨幣単位。一両の十六分の一。一分ぶの四分の一。＝朱 ②一割の十分の一。分ぶ。
【銖積寸累】しゅせきすんるい わずかずつ積み重ねる。
【銖分】しゅぶん こまかに見わける。
【銖両(兩)】しゅりょう(りゃう) わずかな目方。【――之姦】しゅりょう(りゃう)のかん ちょっとした悪事。
【銖錙必較】しゅしひっこう(かう) わずかなお金でも、人と比較して損をしないようにする。けちな人。

金6【銃】〔14〕シュウ 漢 ジュウ 慣 去 送 chòng チョン　常 ジュウ　J 2938 補 — U 9283
筆順 ノ 𠆢 今 全 金 金 銃
意味 ①斧おのの柄をさしこむあな。②〈つつ〉〈こづつ〉鉄砲てっぽう。
解字 形声。金が形を表し、充じゅうが音を示す。充はみたす、ふさぐという意味がある。銃は、斧おのの柄をさしこむ穴をいう。
名前 かね
【銃火】じゅうか(くわ) 国銃をうつとき出る火。
【銃架】じゅうか 国銃を立てかけておく台。
【銃丸】じゅうがん(ぐわん) 鉄砲のたま。
【銃眼】じゅうがん 国城壁などにある穴で、小銃を入れてうつところ。
【銃撃(擊)】じゅうげき 国銃砲でうつこと。
【銃剣(劍)】じゅうけん 国①銃と剣。②銃の先につける剣。
【銃後】じゅうご 国戦争に直接参加していない国民。
【銃口】じゅうこう 鉄砲やピストルのつつ口。
【銃殺】じゅうさつ 国銃砲でうちころす。刑罰の一つ。
【銃床】じゅうしょう(しゃう) 国鉄砲の銃身をとりつけた木の部分。
【銃身】じゅうしん 国鉄砲のつつの部分。
【銃声(聲)】じゅうせい 鉄砲をうつ音。
【銃創】じゅうそう(さう) 国鉄砲でうたれた傷。「貫通かんつう銃創」
【銃弾(彈)】じゅうだん 鉄砲のたま。
【銃把】じゅうは 国鉄砲の右手でにぎる部分。
【銃砲】じゅうほう(はう) ①小銃と大砲。②鉄砲。

8画
↑金長(镸)門阜(阝〈左〉)隶隹雨青(靑)非

8画
➡金長(镸)門阜(阝〈左〉)隶隹雨青(靑)非

【銃猟(獵)】(じゅうりょう(れふ)) 国鉄砲で鳥獣の狩りをすること。
◆小銃(しょうじゅう)・火銃(かじゅう)・叉銃(さじゅう)・拳銃(けんじゅう)・短銃(たんじゅう)・—(ピス)(トル)・機銃(きじゅう)・猟銃(りょうじゅう)・機関銃(きかんじゅう)

金6【銊】〔14〕
一シュツ漢 一入質 xù シュイ
二カイ漢(クワイ) 二去泰 huì ホイ
U補J 928A 6790
意味 一のこぎりを引く音。二①銊銊(かいかい)は、車の鈴が鳴る音。②鳥のなきごえ。

金6【鉽】〔14〕
ショク漢 入職 shì シー
U補J 927D 6786 ②9072
意味 鼎(かなえ)の類。

金6【銋】〔14〕
一ジン漢 一平侵 rén レン
二ジン漢 二上寝 rěn レン
U補J 928B
意味 一①まがる。②弱い。③ぬれる。二まがりくねる。

金4【鈓】〔12〕 同字 U補J 9213 6735
鍖鈓(ちんじん)は、ゆったりしたさま。また、音が長くひびくさま。

金6【銭】〔14〕 学6 セン ぜに
U補J 92AD 3312

旧字 金8【錢】〔16〕
一セン漢 ゼン呉 一平先 qián チエン
二セン漢呉 二上銑 jiǎn チエン
U補J 9322 7902

筆順 ノ 𠆢 㑒 金 金 金 鈛 銭 銭

意味 一①〈ぜに〉㋐お金。㋑金属の貨幣。‖泉(せん) ②目方の単位。一両の十分の一。(→付録「度量衡名称」) ③さかずき。‖盞(さん) ④姓。二シャベル形の農具。土をけずって草をのぞく。国〈せん〉一円の百分の一。

解字 形声。金が形を表し、戔(せん)が音を示す。戔には、刃物でうすくそぐ意味がある。錢は農具の一種で、くわのようなもの。その形の貨幣をも錢という。

【銭座】(ぜにざ) 国江戸時代、銭貨を鋳造した役所。

【銭貨】(せんか(くわ)) お金。ぜに。

【銭貫】(せんかん(くわん)) 穴あき銭をつらねるひも。ぜにさし。転じて、お金。ぜに。

【銭眼】(せんがん) 銭の中にあいている穴。

【銭穀】(せんこく) お金と米。

【銭神】(せんしん) お金を神にたとえたことば。

【銭荘(莊)】(せんそう(さう)) 「銭舗(せんぽ)」に同じ。

【銭大昕】(せんたいきん) 人名。清(しん)代の考証学者。号を竹汀(ちくてい)・十駕斎(じゅうがさい)、書斎を潜研堂という。(一七二八～一八〇四)

【銭刀】(せんとう(たう)) お金。銭貨。

【銭湯】(せんとう(たう)) 国ふろや。公衆浴場。

【銭塘江】(せんとうこう(たうかう)) 浙江(せっこう)省の杭州(こうしゅう)湾に注ぐ川の名。浙江の下流をいい、古の漸水(ぜんすい)。満潮時の高波で有名。

【銭帛】(せんぱく) ぜにときぬ。

【銭文】(せんぶん) お金の表面にきざんだ文字。

【銭癖】(せんぺき) お金を極端にほしがるくせ。

【銭舗】(せんぽ) 両替(りょうがえ)屋。銭荘。
◆口銭(こうせん)・小銭(こぜに)・古銭(こせん)・金銭(きんせん)・借銭(しゃくせん)・悪銭(あくせん)・賃銭(ちんせん)・賽銭(さいせん)・木戸銭(きどせん)

金6【銑】〔14〕 人 セン漢 上銑 xiǎn シエン
U補J 9291 3313
意味 ①つやのある金属。②長円形の鐘(しょう)の両はじ。③小さなのみ。④弓の両はじを金で飾ったもの。⑤さむいさま。国〈ずく(づく)〉 あらがね。ずくてつ。堅いがもろい。鋳物の原料にする。

解字 形声。金が形を表し、先(せん)が音を示す。先には、洗う意味を含む。銑は、洗ったように、つやのある金属、あるいは、冷たい感じのする金属で、精錬された金属をいう。

名前 さね

参考 もと常用漢字。二〇一〇年告示の改定「常用漢字表」で削除。

【銑鉄(鐵)】(せんてつ) 鉄鉱をとかしてできたままの鉄。あらがね。ずくてつ。鋳物の原料。
◆白銑(はくせん)・溶銑(ようせん)

金6【銓】〔14〕 セン漢 平先 quán チュワン
U補J 9293 7884
意味 ①〈はかり〉 ②〈はか・る〉 ㋐目方をはかる。㋑物事・人物などをはかりくらべる。③えらぶ。‖選・輇(せん)

参考 新表記では、「選」に書きかえる熟語がある。

【銓考】(せんこう(かう)) 人物才能をしらべる。‖選衡・選考
【銓校】(せんこう(かう)) はかりくらべる。

【銓衡】(せんこう(かう)) ①人物をしらべ、才能を判定する。‖選考 ②はかり。

【銓次】(せんじ) 人物をしらべて、順序をきめる。

【銓叙(敍)】(せんじょ) 人物才能をしらべて官位を与える。

【銓選】(せんせん) しらべて、適当な役にあてる。

【銓補】(せんぽ) しらべて官職につける。

金6【銛】〔14〕
一セン漢 一平塩 xiān シエン
二テン漢 二上琰 tiǎn ティエン
三カツ漢(クワツ) 三入曷 guā コワ
U補J 929B 7885
意味 一①〈もり〉 漁具。②すき。農具。③するどい。‖尖(せん) 二えらんで手に入れる。三断つ。‖銽(かつ)

金6【銍】〔14〕
チツ漢 入質 zhì チー
U補J 928D 6791 ②9075
意味 ①〈かま〉 鎌(かま)。②〈か・る〉 刈る。③稲穂。

【銍艾】(ちつがい) かまで草をかり取る。

金6【銚】〔14〕 標
一ヨウ漢(エウ) 一平蕭 yáo ヤオ
二チョウ漢(テウ) 二去嘯 diào ティアオ
三チョウ漢(テウ) 三平蕭 tiáo ティアオ
U補J 929A 3624
意味 一二①なべ。柄とそそぎ口のある小型のなべ。②農具の一つ。大型のすき。③小さなおわん。④姓。三ほこ。

地名 銚子(ちょうし)
難読 銚釐(ちろり)

【銚子】(ちょうし(てうし)) 国①酒を燗(かん)する容器。徳利(とくり)。②酒を杯に注ぐ時に使う、長い柄のついた器。

【銚鎒】(ちょうどう(てう)) すきと、くわ。農具。‖銚耨

金6【銱】〔14〕
チョウ 慣 diào ティアオ
U補J 92B1
意味 ①銱子は、やかん。②現釕銱(リアオティアオ) liàodiào は、窓などのかけがね。とめがね。

金6【鉵】〔14〕
一トウ漢 一平冬 tóng トン
二ショク漢 タク漢 二入覚 zhuó チュオ
U補J 9275 6779
意味 一土をおこす農具。大形のすき。二「鐲」(一三〇九ページ・下)の俗字。

金6【銅】〔14〕 学5 ドウ
トウ漢 ドウ呉 平東 tóng トン
U補J 9285 3828

筆順 ノ 𠆢 㑒 金 金 釦 鈤 銅

意味 ①〈あかがね〉〈あか〉 どう。②あかがね色。③銅でできた器物。「銅器(どうき)」 ④銅貨(どうか)。⑤堅いものにたとえる。⑥

現元素名。とう(Cu)。

解字 銅　形声。金が形を表し、同が音を示す。同の音は形と通じて、赤い意味を含む。銅は、赤い金属である。

名前 かね

難読 銅鈸・銅鑼

【銅貨】どうか 銅製の貨幣。

【銅器】どうき 銅製のうつわ。【―時代】考古学上の一時代。石器時代と青銅器時代のわずかの間。

【銅鏡】どうきょう 銅製のかがみ。

【銅壺】どうこ ①銅製の水時計。②銅製の湯わかし器。

【銅鉱(鑛)】どうこう 銅を含む鉱石。

【銅虎符】どうこふ とらの形をした銅製の割り符。兵士を召集する役人などが持つ。

【銅山】どうざん 銅の鉱石を掘り出す山。【―鉄(鐵)壁】きわめて堅固なもの。

【銅雀】どうじゃく ①銅で鳳凰の形に作ったもの。②「銅雀台」のこと。【―台(臺)】魏の曹操が鄴にきずいた台の名。屋根の上に、銅製の鳳凰があったという。

【銅臭】どうしゅう ①お金で地位を買った役人。〈後漢書・崔烈伝〉②かねもち。

【銅匠】どうしょう 銅器をつくる職人。

【銅青】どうせい ろくしょう。銅の青さび。

【銅銭(錢)】どうせん 銅製のお金。

【銅像】どうぞう 銅で作った像。青銅製の模型。

【銅台(臺)】どうだい 「銅雀台」のこと。

【銅鐸】どうたく 国青銅でできたつりがね型の古代の器物。多く畿内を中心として出土する。

【銅駝荊棘】洛陽宮の門にある銅製のらくだが、いばらにうずもれる。天下が乱れて国が滅びること。

【銅柱】どうちゅう 銅製の柱。

【銅頭鉄(鐵)額】どうとうてつがく 銅のあたま、鉄のひたい。なみはずれて強く勇ましい人。

【銅牌】どうはい ①銅で作ったふだ。②銅メダル。

【銅鈸】どうばつ 楽器の一種。しんちゅうの板状のもの二個を打ち合わせて鳴らす。銅拍子。

【銅版】どうばん 銅の板で作った印刷用の原版。【―画】銅版の絵。エッチング。

【銅槃】どうばん 銅で作った大きなさら。かなだらい。＝銅盤

【銅盤】どうばん かなだらい。

【銅標】どうひょう 銅で作った、道のりや国境を示す柱。

【銅物】どうぶつ 銅で作ったもの。

【銅鑼】どら 銅で作った打楽器。

▽分銅・古銅・白銅・赤銅・青銅・黄銅・金銅・粗銅・精銅

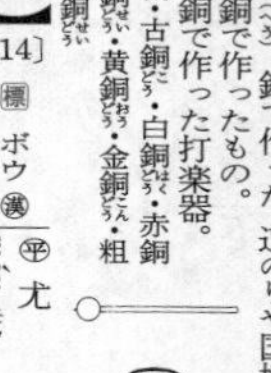

(銅鑼)

金6【鉾】〔14〕 標 ボウ 漢 平 尤 móu モウ　J 4340　補 U 927E

意味 ①きっさき。ほこさき。②〈ほこ〉突き刺すのに用いる長柄の武器。＝矛

▽山鉾・手鉾・蒲鉾

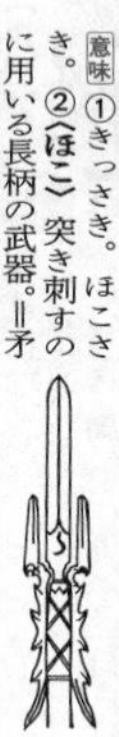

(鉾①)

金6【銘】〔14〕 常 メイ　ベイ 漢　ミョウ(ミャウ) 呉 平 青 míng ミン　メイ 慣　J 4435　補 U 9298

筆順 ノ 𠂉 𠆢 𠂒 金 鈩 銘 銘

意味 ①〈きざ・む〉〈しる・す〉㋐金石にきざみこむ。㋑書きつける。㋒心に深くとめて忘れない。「肝銘」②金石にきざんだり鋳こんだりした文。銘文。③文体の一つ。ある人の功徳をしるし後世をいましめる文。「銘箴」「墓誌銘」④ひつぎの前に立てるのぼり。国〈めい〉①器物にしるした製作者の名前。②特製品につける語。「銘茶」「銘酒」

解字 形声。金が形を表し、名が音を示す。銘は、銅器にきざみつけた名前や文章である。

銘　原義と派生義

金石にきざみつけた文章
- 書きつける・しるす「銘記」
- (心にきざみつけて)わすれない「銘心」 ― いましめる・いましめのことば「座右銘」
- (墓碑などにきざんで)死者の徳をたたえる文「墓誌銘」

名前 な・あき・かた

姓 銘苅

【銘戒】めいかい 心に深く刻んでいましめる。また、そのことば。

【銘柄】めいがら 国①商品の名やしるし。②取り引きする品や証券の名。

【銘記】めいき ①金石にきざみつけた文章。②心に深くおぼえこむ。

【銘旗】めいき 「銘旌」に同じ。

【銘肌鏤骨】めいきるこつ 深く心におぼえこむこと。〈顔氏家訓・序致〉

【銘刻】めいこく ①金石に文字をほる。②しっかりとおぼえこむ。

【銘心】めいしん 心に深くきざむ。よくおぼえこむ。【―鏤骨】心や骨にきざみこむように、忘れないこと。深く恩徳に感動するさま。また、うらみの深いさま。

【銘旌】めいせい 死んだ人の姓名などを書いたはた。葬式道具の一つ。

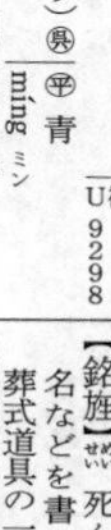

(銘旌)

【銘仙】めいせん 国よりをかけない糸で織った、絹の布。

【銘木】めいぼく 形、木目などに趣があり、珍重される木材。

【銘銘】めいめい 国各自。「銘銘皿」「銘銘伝」

▽肝銘・刻銘・感銘・碑銘・無銘・座右銘・墓誌銘・正真正銘

金6【鉻】〔14〕 一 ラク 漢 入 薬 luò ルオ　二 カク 漢 入 陌 gé コー　三 ― gè コー　J 6784　補 U 927B

意味 一かみをそる。二兵器の名。かぎ。三現元素名。クロム(Cr)。

8画　金長(镸)門阜(阝〈左〉)隶隹雨青(靑)非

8画
➡金長(镸)門阜(阝〈左〉)隶隹雨青(靑)非

金6【銨】〔14〕 ǎn アン 意味 現元素名。アンチモン(Sb)の旧称。↓銻(一二九七ページ・下) U補J 92A8 6807

金6【銥】〔14〕 yī イー 意味 現元素名。イリジウム(Ir)。 U補J 92A5 6805

金6【銦】〔14〕 yīn イン 意味 現元素名。インジウム(In)。 U補J 92A6

金6【銬】〔14〕 kào カオ 意味 現①手錠。②手錠をかける。 U補J 92AC

金6【銧】〔14〕 guāng コワン 意味 現元素名。ラジウム(Ra)の旧称。↓鐳(一三一〇ページ・上) U補J 92A7 6806 ②9079

金6【銫】〔14〕 sè ソー 意味 現元素名。セシウム(Cs)。 U補J 92AB 6808 ②9080

金6【銩】〔14〕 diū ティウ 意味 現元素名。ツリウム(Tm)。 U補J 92A9

金6【銤】〔14〕 mǐ ミー 意味 現元素名。オスミウム(Os)の旧称。↓鋨(一二九八ページ・中) U補J 92A4 6804

金6【銪】〔14〕 yǒu ユー 意味 現元素名。ユーロピウム(Eu)。 U補J 92AA

金6【銠】〔14〕 lǎo ラオ 意味 現元素名。ロジウム(Rh)。 U補J 92A0 6803

金6【銣】〔14〕 rú ルー 意味 現元素名。ルビジウム(Rb)。 U補J 92A3

金6【銯】〔14〕 国字 意味〈かすがい〉(かすがひ)①戸を閉ざす金具。②木材などを接合するコの字形のくぎ。 U補J 92AF 6809

金6【𨦈】〔14〕 国字 意味〈なた〉刃物の一。鉈。 U補J 28988 ②9070

金6【鉼】〔14〕 俗 ↓鉼(一三〇一ページ・中)

金6【鋏】〔14〕 俗 ↓鋏(本ページ・下)

金6【銕】〔14〕 古 ↓鐵(一二九〇ページ・中)

金7【鋆】〔15〕 一イン 漢 (ヰン) 一 平 真 yún ユン 二 ── jūn チュン 意味 一こがね。金。二中国で人名に用いる字。 U補J 92C6 6823 ②9086

金7【鋭】〔15〕 常 エイ するどい U補J 92ED 1752

旧字 金7【銳】〔15〕 エイ 漢 呉 去 霽 ruì ロイ U補J 92B3

筆順 ノ 𠂉 金 釒 釒 鉛 鋭

意味 ①〈するど・い(──・し)〉〈と・し〉↔鈍 ㋐とがっている。㋑ほそい。㋒すばやい。㋓頭がよい。㋔すぐれて強い。勇猛な。②きっさき。③切れ味のよい刃物。④強い軍隊。

解字 形声。金が形を表し、兌(だ)が音を示す。兌には細く小さいという意味がある。鋭は、刃物の先が細く小さいこと。音エイは兌の音タイの変化。

名前 とき・さとき

【鋭意】(えいい) 心をはげまして努力する。心を集中する。いっしょけんめい。
【鋭角】(えいかく) 数直角より小さい角度。↔鈍角
【鋭気(氣)】(えいき) するどい気性。強くはげしい意気ごみ。
【鋭騎】(えいき) 強い騎兵。
【鋭士】(えいし) すぐれて強い兵士。
【鋭志】(えいし) ①気持ちをふるいおこす。②いっしょけんめい。
【鋭師】(えいし) 強い軍隊。
【鋭将(將)】(えいしょう(しゃう)) 強い大将。驍将(ぎょうしょう)。
【鋭刃】(えいじん) するどい刃物。
【鋭卒】(えいそつ) 強い兵士。鋭兵。
【鋭敏】(えいびん) ①感じ方がするどい。②りこうなこと。
【鋭兵】(えいへい) ①するどい武器。②強い軍隊。
【鋭鋒】(えいほう) するどいほこさき。
【鋭勇】(えいゆう) するどく勇ましい。
【鋭利】(えいり) 切れ味がするどい。
△▼尖鋭(せんえい)・気鋭(きえい)・精鋭(せいえい)・新鋭(しんえい)

金7【銽】〔15〕 カツ 漢 (クヮツ) 入 黠 guā コワ 意味 断つ。＝銛(かつ) U補J 92BD 6816

金7【銲】〔15〕 カン 漢 去 翰 hàn ハン 意味 ＝釬 ①籠手(こて)。②はんだ。 U補J 92B2 6810 ②9083

金7【鋎】〔15〕 カン 漢 (クヮン) 上 濟 hàn ハン 意味 刃物(はもの)。刀。 U補J 92CE 6829 ②9087

金7【鋡】〔15〕 カン 漢 平 覃 hán ハン 意味 容器に入れる。 U補J 92E1 6840

金7【銶】〔15〕 キュウ 漢 (キウ) 平 尤 qiú チウ 意味 のみ。大工道具の一つ。 U補J 92B6 6811

金7【鋏】〔15〕 標 キョウ 漢 (ケフ) 入 葉 jiá チア U補J 92CF 7887

金6【鋏】〔14〕 俗字 U補J 28987 ②9069

意味 ①〈はさみ〉かなばし。熱した金属をはさみもつ道具。②つるぎ。剣。③剣のつか。国〈はさみ〉二枚の刃ではさむようにして物を切る道具。
△▼入鋏(にゅうきょう)・花鋏(はなばさみ)・和鋏(わばさみ)・金鋏(かなばさみ)・裁鋏(たちばさみ)

金7【鋦】〔15〕 一キョク 漢 一 入 沃 jū チュイ 二 ── 二 ── jú チュイ 意味 一かすがい。くさり。二 現元素名。キュリウム(Cm)。 U補J 92E6

金7【鋗】〔15〕 ケン 漢 平 先 xuān シュワン 意味 ①古代のうつわ。平たいなべ。②玉のなる音。 U補J 92D7 6838 ②9089

金7【鋧】〔15〕 ケン 漢 上 銑 xiǎn シエン 意味 ①銑鋧(せんけん)は、小さな鑿(のみ)。②小さな矛(ほこ)。 U補J 92E7 6849 ②9092

金7【鋙】〔15〕 一ギョ 漢 一 上 語 yǔ ユィ 二ゴ 呉 ゴ 漢 呉 二 平 虞 wú ウー 意味 一くいちがう。鉏鋙(そご)。二錕鋙(こんご)は山名。また、良剣のこと。＝昆吾(こんご) U補J 92D9 6835 ②9090

金7【鋘】〔15〕 一カ(クワ) 漢 一 平 麻 huá ホワ 二ゴ 漢 二 平 虞 wú ウー 三コ 漢 三 平 虞 hú フー 意味 一農具の一種。すき。＝鏵(か) 二刀の名。三かべを塗る道具。こて。＝杇(お) U補J 92D8 6834

金7【鋐】〔15〕 コウ 漢 (クヮウ) 平 庚 hóng ホン 意味 ①器(うつわ)。②「鉱」(一二八七ページ・中)の同字。 U補J 92D0 6830 ②9088

金7【銼】〔15〕 サ 漢 ザ 慣 平 歌 cuò ツオ 意味 ① U補J 92BC 6815

意味 ①口の広い釜(かま)。②やすり。また、やすりをかける。③くじく。＝挫(ざ)

金7【鋜】〔15〕 一サク 漢 一入 覚 zhuó チュオ　二サク 漢 二入 覚 chuò チュオ　J — 補 6836 U 92DC
意味 一①足をしばる。また、足かせ。②足首につける装飾品。二農具の一種。鋤(すき)。

金7【鋅】〔15〕 一シ 漢 一上 紙 zǐ ツー　二シン 漢 二平 真 xīn シン　J — 補 6822 U 92C5
意味 一つよい。かたい。二現元素名。亜鉛(Zn)。

金7【鋕】〔15〕 シ 漢 去 寘 zhì チー　J — 補 6832 U 92D5
意味 〈しる・す〉かきつける。＝志(し)・誌(し)

金7【銹】〔15〕 シュウ(シウ) 漢 去 宥 xiù シウ　J 7888 補 — U 92B9
金11【鏽】〔19〕同字　J 7921 補 — U 93E5
意味 〈さび〉金属のさび。＝鏽(しゅう)
参考 ①日本では「さび」を「錆」とも書く。②銹は「鏽」(一三〇九ページ・下)の中国新字体としても使う。

金7【鋤】〔15〕 標 ショ 漢 ジョ 慣 平 魚 chú チュー　J 2991 補 — U 92E4
意味 ①〈すき〉農具。②〈す・く〉草をとる。田をたがやす。③取りのぞく。

【鋤除】(じょじょ) ①雑草をとりのぞく。②悪人をほろぼす。

【鋤治】(じょち) 平らげ滅ぼす。

【鋤耰】(じょゆう) すきで耕すことと、種の上に土をかけること。農耕。

【鋤理】(じょり) 耕す。すきで耕しととのえる。

【鋤犂】(じょれい) すき。からすき。

【鋤簾】(じょれん) 土や砂をかきよせる道具。


金7【銷】〔15〕 ショウ(セウ) 漢 平 蕭 xiāo シアオ　J 7889 補 — U 92B7
意味 ①〈とか・す〉金属をとかす。②〈と・ける(─・く)〉③〈け・す〉〈き・える(─・ゆ)〉＝消(しょう) ④へる。へらす。おとろえる。⑤散らす。⑥小さい。＝小 ⑦すき。くわ。

参考 新表記では「消」に書きかえることがある。

【銷夏】(しょうか) 夏の暑さをしのぐ。＝消夏
【銷却】(しょうきゃく) ①消す。②借金を返す。＝消却
【銷距】(しょうきょ) けづめ(鶏の足の後ろの爪)を取り去る。武力を用いないたとえ。

【銷金】(しょうきん) ①とかした金・金属。②金属をとかす。③おしげもなく金をむだに使う。

【銷刻】(しょうこく) けずりへらす。

【銷骨】(しょうこつ) 讒言(ざんげん)などで、骨もとけるほど、ひどいめにあう。

【銷魂】(しょうこん) 気がめいって元気がない。

【銷鑠】(しょうしゃく) 金属が溶けてなくなる。消えてなくなる。

【──縮栗】(しょうしゅくりつ) とけたりちぢんだり。勢力が衰えちぢまること。〈韓愈(かんゆ)・与二少室李拾遺一書(しょうしつのりしゅういにあとうるしょ)〉

【銷暑】(しょうしょ) 暑さをしのぐ。銷夏。消夏。

【銷衰】(しょうすい) おとろえ消える。

【銷沈】(しょうちん) 元気がなくなる。＝消沈「意気銷沈」

【銷亡】(しょうぼう) 消えうせる。ほろびてなくなる。

【銷磨】(しょうま) 「銷刻(しょうこく)」に同じ。

【銷憂】(しょうゆう) 心配をけす。

【銷售】(シアオショウ) xiāoshòu 現売りさばく。

金7【鋟】〔15〕 シン 漢 上 寝 qǐn チン　J — 補 6838 U 92DF
意味 〈きざ・む〉①板にきざみつける。②印刷する。「鋟木(しんぼく)」「鋟梓(しんし)」「鋟板(しんぱん)」

金7【鋠】〔15〕 シン 漢 上 軫 shèn シェン　J ①9319 補 6839 U 92E0
意味 丸い鉄。

金7【鋮】〔15〕 セイ 漢 平 庚 chéng チョン　J — 補 6846 U 92EE
意味 中国で人名に用いる字。

金7【鋋】〔15〕 一セン 漢 一平 先 chán チャン　二エン 漢 二平 先 yán イェン　J ①9316 補 6826 U 92CB
意味 一二①小さいほこ。②刺しころす。

金7【銺】〔15〕 ソウ(サウ) 漢 上 養 zàng ツァン　J — 補 6813 U 92BA
意味 鈴の音。また、鈴。

金7【鋳】〔15〕 常 チュウ いる　J 3582 補 — U 92F3
旧字 金14【鑄】〔22〕 人 シュ 漢 チュウ(チウ) 慣 去 遇 zhù チュー　J 7941 補 — U 9444

筆順 ノ 𠂉 午 牟 金 釒 鋳 鋳

意味 ①〈いる〉金属を溶解して型に流しこみ器物を造る。②人を感化し養成する。③周武王が黄帝の子孫を封じた国。山東省肥城(ひじょう)市東南にあった。

解字  形声。金が形を表し、壽(じゅ)が音を示す。壽には、ゆきわたるという意味がある。鑄は、金属をとかして、いい型に流しこみ、すみずみまでゆきわたらせることである。一説に、壽は、音が朱と通じ、鑄は、金属をとかして赤くすることであるともいう。

【鋳掛】(いかけ) 国なべなどの道具の穴を、金属をとかしこんでふさぐ。

【鋳金】(ちゅうきん) 金属を鋳る。いものを作る。

【鋳型】(ちゅうけい・いがた) いものの形を作るために、金属を流しこむうつわ。

【鋳銭(錢)】(ちゅうせん・しゅせん) お金を鋳る。

【鋳造】(ちゅうぞう・しゅぞう) 金属を鋳て物を作る。

【鋳鉄(鐵)】(ちゅうてつ・しゅてつ) ①鉄を鋳る。②鋳物の原料にする銑鉄(せんてつ)。

金7【銸】〔15〕 一チョウ(テフ) 漢 一入 葉 zhé チョー　二ジョウ(デフ) 漢 二入 葉 niè ニエ　J — 補 6812 U 92B8
意味 一かなばさみ。二けぬき。＝鑷(じょう)

金7【銻】〔15〕 一テイ 漢 一平 斉 tí ティー　二─ 二─ tī ティー　J — 補 6814 U 92BB
意味 一鍗銻(ていてい)は、宝玉の名。二現元素名。アンチモン(Sb)。

金7【鋌】〔15〕 一テイ 漢 一上 迥 dìng ティン　二テイ 漢 二上 迥 tǐng ティン　J ①9317 補 6827 U 92CC
意味 一①あらがね。②精錬された金属のかたまり。③矢のこみ。矢じりの、矢がらにさしこむ部分。二①速く走るさま。②むなしい。つきる。

金7【鋓】〔15〕 テン 漢 平 塩 chān チャン　J ①9318 補 6831 U 92D3
意味 するどい。うすくけずる。

金7【鋀】〔15〕 一トウ 漢 一平 尤 tōu トウ　二トウ 漢 二上 有 dòu トウ　J ②9085 補 6818 U 92C0
意味 一自然銅。＝鍮(とう) 二酒を入れる器。

金7【鋥】〔15〕 トウ(タウ) 漢 去 敬 zèng ツォン　J ②9091 補 6842 U 92E5
意味 ①みがかれたあとの器物の発する光。②みがく。

金7【鋇】〔15〕 ハイ 漢 去 泰 bèi ペイ　J — 補 6824 U 92C7
意味 ①あらがね。②ほこ。③現元素名。バリウム(Ba)。

➡金長(镸)門阜(阝〈左〉)隶隹雨青(靑)非

金7【鋂】〔15〕 バイ 漢 平 灰 méi メイ J ①9315 補 6820 U 92C2
意味 大きなくさり。

金7【鋬】〔15〕 ハン 漢 去 諫 pàn パン J — 補 6845 U 92EC
意味 青銅器のとって部分をいう。

金7【鋪】〔15〕 一 ホ 漢 一 平 虞 pū プー 二 ホ 漢 二 去 遇 pù プー J 4263 補 — U 92EA
意味 一①〈し・く〉㋐敷く。㋑ならべる。②物を盛るうつわ。③門につける獣面のかざり。「鋪首ほしゅ」 二①みせ。「書鋪しょほ」②宿場。
参考 新表記では、「舗」に書きかえる熟語がある。

(鋪一②)

【鋪装(裝)】ほそう(さう) 道路をれんがやアスファルトなどで固める。=舗装
【鋪張】ほちょう(ちゃう) しきひろげる。〈文心雕竜ぶんしんちょうりょう〉【――揚厲】ほちょう(ちゃう)よう(やう)れい しきひろげ、ふるい立たせる。
【鋪道】ほどう(だう) 舗装した道路。=舗道
【鋪蓋】プーカイ pūgai 現 夜具やぐ。ふとん。

金7【鋒】〔15〕 人 標 ホウ 漢 平 冬 fēng フォン J 4315 補 — U 92D2
意味 ①〈ほこさき〉武器のきっさき。②〈ほこ〉穂先のするどい武器。つるぎ。③器物のとがった部分。④鋭い。勢いがさかん。⑤軍隊の最前列。さきて。「先鋒せんぽう」⑥すき。農具。
名前 さき
【鋒戈】ほうか(くゎ) ほこ。
【鋒起】ほうき 急にいきおいよくおこる。
【鋒刃】ほうじん ほこや刀のきっさき。刀のほこさき。やいば。
【鋒鍉】ほうてき 刀のほこ先や、矢じり。金属の武器。
【鋒鏑】ほうてき 刀のほこ先と矢じり。武器をいう。
【鋒芒】ほうぼう(ばう) ①刀のさき。=鋒鋩 ②するどい意見や気性きしょう。③わずかのことがら。
【鋒利】ほうり するどい。
【鋒稜】ほうりょう ほこのようにかどばっていること。
【及レ鋒而試】ほうにおよびてこころむ 刀はほこ先のするどいうちに使え。機会を失わないようにすること。
◆先鋒せんぽう・鋭鋒えいほう・論鋒ろんぽう

金7【鋩】〔15〕 ボウ 漢 平 陽 (バウ) máng マン J 7890 補 — U 92E9
意味 〈きっさき〉刀剣の先端。「鋒鋩ほうぼう」

金3〔釯〕〔11〕 同字 J — 補 6717 U 91EF

金7【鋍】〔15〕 ホツ 漢 入 月 bó ボー J — 補 6828 U 92CD
意味 ①釜の水が沸いてこぼれる。=鬻ほっ ②古楽器の名。

金7【鋣】〔15〕 ヤ 漢 平 麻 yé イエ J — 補 — U —

金9〔鎁〕〔17〕 同字 J — 補 6905 U 9381

金8〔鋣〕〔16〕 俗字 J — 補 6841 U 92E3

意味 鏌鋣ばくやは、春秋時代、呉ごの国の名剣の名。=莫邪

金7【鋈】〔15〕 ヨク 漢 入 沃 wù ウー J — 補 6825 U 92C8
意味 ①〈しろがね〉白金。②白金でメッキする。

金7【鋁】〔15〕 一 リョ 漢 一 去 御 lǜ リュイ 二 ― 二 ― lǚ リュイ J — 補 6819 U 92C1
意味 一 やすり。=鑢りょ 二 現 元素名。アルミニウム(Al)。

金7【鋝】〔15〕 レツ 漢 入 屑 liè リュエ J — 補 6837 U 92DD
意味 重さの単位。一鋝は、二十両(約三百グラム)の三分の一の重さにあたる。

金7【鋃】〔15〕 ロウ 漢 平 陽 (ラウ) láng ラン J — 補 6821 U 92C3
意味 鋃当ろうとう・鋃鐺ろうとうは、①くさり。刑罰の道具。②金属どうしがぶつかる音。

金7【鋨】〔15〕 é オー J — 補 6844 U 92E8
意味 現 元素名。オスミウム(Os)。

金7【鋯】〔15〕 gào カオ J — 補 — U 92EF
意味 現 元素名。ジルコニウム(Zr)。

金7【銾】〔15〕 gǒng コン J — 補 — U 92BE
意味 現 元素名。水銀(Hg)。=汞

金7【鋱】〔15〕 tè トー J — 補 — U 92F1
意味 現 元素名。テルビウム(Tb)。

金7【鋰】〔15〕 lǐ リー J — 補 6847 U 92F0
意味 現 元素名。リチウム(Li)。

金7【𨦺】〔15〕 国字 J ②9081 補 — U 289BA
意味 〈かま〉𨦺口かまぐちは姓。

金7【𨦻】〔15〕 国字 J ②9082 補 — U 289BB
意味 〈なた〉刃物はものの一。鉈なた。

金7【鋲】〔15〕 国字 J 4138 補 — U 92F2
意味 〈びょう(びゃう)〉釘くぎの一種。頭は釘より大きく丸い。

金7【錻】〔15〕 国字 J 7907 補 — U 933B
意味 〈ブリキ〉錫すずをメッキしたうすい鉄板。オランダ語 blik の音訳。「錻力ブリキ」

金7【銿】〔15〕 同→鐘(一三〇八ジ・中) 同→鏞(一三〇七ジ・下)

金8【錏】〔16〕 ア 漢 平 麻 yā ヤー J 7891 補 — U 930F
意味 〈しころ〉首すじを守るかぶとのたれ。錣てつ。「錏鍜あか」=鐚

金8【錥】〔16〕 イク 漢 入 屋 yù ユィ J ①9324 補 6864 U 9325
意味 鴹錥おいくは、小さいかま。なべ。

金8【鋺】〔16〕 一 エン 漢 一 上 阮 yuǎn ユワン (ヱン) 二 ワン 慣 二 ― wǎn ワン J 7892 補 — U 92FA
意味 一 はかりの皿。二 わん。=椀わん・碗わん・盌わん 国 〈かなまり〉〈まり〉金属製のわん。
姓 鋺師かなまりし

金8【錁】〔16〕 一 カ(クワ) 漢 一 上 哿 guǒ クオ 二 カ 慣 二 ― kè コー J — 補 — U 9301
意味 一 車のあぶらさし。二 金銀をつぶ状にした貨幣。

金8【錧】〔16〕 カン 漢 上 旱 (クワン) guǎn コワン J ②9110 補 6865 U 9327
意味 ①〈くさび〉㋐車輪をとめるもの。㋑たいせつな部分。②農具。すき。国 〈たたら〉大きいふいご。
【錧鎋】かんかつ(くゎん) ①くさび。車の軸にさして、こしき(車の軸うけ)の抜けないようにするもの。②重要な部分。

金8【錡】〔16〕 一 キ 漢 一 平 支 qí チー 二 ギ 漢 二 上 紙 yǐ イー J ①9323 補 6862 U 9321
意味 一①三本脚の釜かま。②のみ。③のこぎり。二①石弓いしゆみをかけておく棚。②姓。

(錡一①)

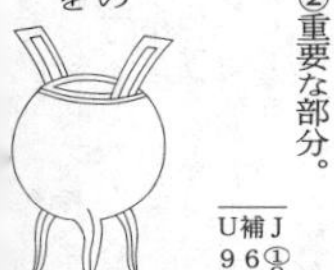

金8【錤】〔16〕キ 漢 平 支 jī チー　J 6863 補 U 9324

意味 鎡錤は、すき。くわ。＝鎡基・鎡其・茲其

金8【鋸】〔16〕人 標 キョ 漢 去 御 jù チュイ　J 2188 補 U 92F8

意味 ①〈のこぎり〉〈おが〉㋐木を切る道具。㋑足を切断する刑具。また、その刑。→削(一五七ページ・下)・刖(一二〇四ページ・上) ②〈ひ・く〉のこぎりでひく。

(鋸①㋐)

【鋸鑿】のこぎりと、のみ。
【鋸歯(齒)】のこぎりの歯。
【鋸匠】こびき。
【鋸屑】おがくず。のこぎりくず。
◇丸鋸・糸鋸・帯鋸

金8【錦】〔16〕常 キン にしき　キン 漢 上 寝 jǐn チン　J 2251 補 U 9326

筆順 錦

意味 ①〈にしき〉あやおり。金、銀、色糸で模様を織りこんだ美しい絹織物。②にしきのきもの。③美しい。あでやかな。④語頭に冠して相手への敬意をしめす。→錦地 ⑤姓。

解字 形声。帛が形を表し、金きんが音を示す。帛は織物。錦は、金の織物ということで、最上等の織物をいう。古来、襄邑(今の河南省睢県)・蜀(今の四川省)の錦が有名である。

名前 かね

姓 錦織(にしごり・にしこり・にしきおり・にしごおり)

【錦衣】にしきの着物。きれいな着物。【――衛(衞)】明代の近衛軍。宮中を護衛する兵。【――玉食】りっぱな着物や食事。ぜいたく。〈小学・善行〉【――行】富貴になって故郷に帰る。にしきを飾る。

【錦茵】にしきのしとね。

【錦官城】四川省の成都市をいう。三国時代、にしきを管理する役人がここにいた。錦城。「花重錦官城」(成都の町には花が雨にうるおっているだろう。)〈杜甫の詩・春夜喜雨〉

【錦旗】①にしきの旗。②国天皇のはたじるし。

【錦綺】にしきと、あやおり。美しい布。

【錦切】国①にしきのきれはし。②明治維新当時の官軍。

【錦罽】にしきと、じゅうたん。罽は、毛氈の類。

【錦鶏(鷄)】鳥の名。きじに似て美しい。にしきどり。

【錦江】四川省成都を流れる川。古代、錦をこの川でさらしたため、この名がある。

【錦傘】廟に祭った神体にさしかけてあるにしきのかさ。

【錦字】①にしきの中に詩の文句を織りこんだもの。前秦の竇滔の妻が、これを夫に贈ったという。②妻が夫に送る手紙。③すぐれた詩句。

【錦瑟】楽器の名。美しいもようでいろどった琴。

【錦繡】①にしきと、ぬいとりのある着物。「綾羅錦繡」②美しい着物。【――腸】名文句がすぐ口に出ること。たくみな詩文。

【錦城】四川省の成都市をいう。錦官城。

【錦心繡口】考えやことばの美しいこと。文才のすぐれた人をいう。〈柳宗元・乞巧文〉

【錦籜】美しいもようの竹の皮。

【錦地】①美しい土地。②人の住む地をうやまっていう。〔貴地。〕

【錦帳】美しいカーテン。

【錦嚢】①詩の作品を入れる袋。②りっぱな詩。

【錦帆】美しいほかけ舟。

【錦被】にしきの夜具。

【錦楓】にしきのように美しく紅葉したとうかえで。

【錦袍】にしきの上着。

【錦翼】美しいつばさ。

【錦鱗】美しいさかな。「錦鱗游泳」〈范仲淹・岳陽楼記〉

【錦絵(繪)】国浮世絵の色ずり版画をいう。

【錦上添レ花】美しい上にも美しさを加える。錦上鋪レ花。

【衣レ錦尚レ絅】にしきの着物を着て、その上にひとえのうすぎぬを着る。君子が美徳をそなえていても、人にみせびらかさず、隠しているさま。〈中庸〉

【衣レ錦夜行】美しい着物を着て、夜道を行く。晴れ姿を見てもらえない。立身出世しても故郷に帰らないことのたとえ。〈史記・項羽本紀〉

【衣レ錦之栄(榮)】出世して故郷に帰る名誉。〈欧陽脩・昼錦堂記〉
◇唐錦・蜀錦・綾錦

金8【錈】〔16〕ケン 漢 上 阮 juǎn チュワン　J 6853 補 U 9308

意味 刀剣の先が曲がる。また、金属を曲げる。

金8【鋻】〔16〕一 ケン 漢 去 霰 jiàn チエン　二 ケン 漢 平 先 jiān チエン　J ②9104 補 6849 U 92FB

意味 一 ①刀剣の刃。②刀剣を焼いてきたえる。にらぐ。③まっすぐなさま。二 ①鉄をいう。②農具。稲刈りかま。

金8【錮】〔16〕常 コ　コ 漢 去 遇 gù クー　J 7894 補 U 932E

筆順 錮

意味 ①〈ふさ・ぐ〉㋐金属を溶かしてすきまをふさぐ。いかけ。㋑さえぎる。はばむ。㋒つなぐ。とじこめる。「禁錮」②独占する。③かたい。＝固 ④ながわずらい。＝痼

解字 形声・会意。金が形を表す。固には、音を示すだけでなく意味をも表している。固は、かたい、つよい意。錮は、金属をとかして穴をふさぐ意味から、さらに禁止する、とじこめる意味を表すようになった。

金8【鋼】〔16〕学6 コウ はがね　コウ(カウ) 漢 具 一 平 陽 gāng カン　J 2561 補 U 92FC

筆順 鋼

意味 〈はがね〉焼き入れをして精錬した、きわめて硬度の高い鉄。鋼鉄。↕銑

解字 形声。金が形を表し、岡こうが音を示す。岡には堅いという意味がある。鋼は硬い金属のこと。

名前 かた

【鋼玉】硬度の高い鉱物の名。コランダム。

【鋼鉄(鐵)】一 はがね。精錬されたじょうぶな鉄。二 スチール。現 gāngtiě 現 二に同じ。【――索】鋼鉄で作ったつな。ケーブル。ワイヤロープ。鋼索。

【鋼筆】一 ①鉄筆。②からすぐち。二 ガンビー gāngbǐ 現 ペン。万年筆。【――版】謄写版。
◇鉄鋼・精鋼・練鋼

金8【錕】〔16〕一 コン 漢 二 コン 漢　一 平 元 kūn クン　二 上 阮 gǔn クン　J ②9107 補 6857 U 9315

意味 一 錕鋙は、①西方の遠地にある山。②錕鋙に産するあかがね。③錕鋙で作られる名剣。＝昆吾・錕鋘・琨珸

8画
➡金長(镸)門阜(阝〈左〉)隶隹雨青(靑)非

金8 【鋷】〔16〕 [一]サイ 漢 [一] 去 隊 zuì ツォイ [二]ジョウ 漢 (デフ) [二] 入 葉 niè ニエ U補J ②9102 92F7

意味 [一]錐の類。 [二]毛ぬき。ピンセット。 [三]〈かりも〉車の轂にはめる金属。釭。

金8 【錯】〔16〕 常 サク [一]サク 漢呉 シャク 慣 [一] 入 薬 cuò ツォ [二]ソ 漢 [二] 去 遇 cù ツー U補J 2688 932F

筆順 ⺈ 𠆢 金 釒 鉡 錯 錯 錯

意味 [一]①金を塗ったり、うめこんで模様をつける。また、その模様。②〈まじ・る〉まじわる。「交錯」 ③たがいに。かわるがわる。④〈たが・う(――・ふ)〉そむく。みだす。⑤〈あやま・る〉まちがえる。くい違う。=鉏・齟 ⑥礪石。⑦やすり。⑧みがく。 [二]①〈お・く〉=措 ㋐据える。㋑ほどこす。②やめる。すておく。③安んじる。おちつく。=厝

解字 錯 形声。金が形を表し、昔が音を示す。昔には重ねる意味がある。錯は、金メッキのことである。

【錯会(會)】まちがって理解する。

【錯迕】くいちがい。ちぐはぐなこと。

【錯誤】[一]①あやまり。まちがい。②事物に対する感ちがい。「時代錯誤」 [二] cuòwù 現 [一]の①に同じ。

【錯行】四時の移りかわりのように、かわるがわるまわって行く。

【錯雑(雜)】いりまじる。

【錯薪】雑木のまき。

【錯節(節)】①いりまじった木のふし。②ごたごたして解決しにくい事件。「盤根錯節」

【錯然】緊張して、よろけるさま。「履錯然」〈易経・離卦〉

【錯綜】いりまじり集まる。

【錯刀】漢の王莽時代の貨幣の名。字の上に金を塗ったもの。

【錯謬】あやまり。まちがい。=錯繆

【錯落】いりまじる。

【錯乱(亂)】①入り乱れる。②気が狂う。

【錯慮】あやまった考え。

【錯列】まじりあって並ぶ。組み合わせる。

【錯角】数 一つの直線が二つの直線と交わってなす角のうち、一直線の反対側で相対する角。

【錯覚(覺)】まちがって思いこむ。

【錯簡】書物のページ・文章などの順がまちがっていること。

【錯大】書生。=措大

◇介錯・失錯・交錯・倒錯

金8 【錙】〔16〕 シ 漢 平 支 zī ツー U補J 7901 9319

金9 【鍿】〔17〕同字 U補J 6903 937F

意味 ①重さの単位。六銖。・八銖。六両・八両。②わずか。

【錙銖】わずかな重さ。わずか。

金8 【錫】〔16〕 人 標 [一]セキ 漢 シャク 呉 [一] 入 錫 xī シー [二]シ 漢 [二] 去 寘 cì ツー U補J 2866 932B

意味 [一]①〈すず〉金属の名。②道士・僧の杖。錫杖。③〈たま・う(――・ふ)〉与える。④現 元素名。すず(Sn)。 [二]=賜 ①たまう。②たまわる。③たまもの。

地名 錫蘭

【錫杖】僧、道士などが持つ杖。上部に数個の鉄の輪をつける。

(錫杖)

【錫人】昔、死者とともに埋葬した錫製の人形。

◇巡錫・挂錫・飛錫・留錫・掛錫

金8 【錞】〔16〕 [一]シュン 漢 ジュン 慣 [一] 平 真 chún チュン [二]タイ 漢 [二] 去 隊 duì トイ U補J ②9109 6860 931E

意味 [一]鼓に和して鳴らす金属製の打楽器。錞于。 [二]〈いしづき〉ほこの下端を金属でおおったもの。=鐓 ↓鐏(一三〇九ページ・上)

(錞[一])

金8 【鋿】〔16〕 ショウ 漢 (シャウ) 平 陽 cháng チャン U補J ①9320 6850 92FF

金15 【鑜】〔23〕同字 U補J 6980 945C

意味 ①みがく。②車輪をおおう鉄。

金8 【錩】〔16〕 ショウ 漢 (シャウ) 平 陽 chāng チャン U補J ②9111 6866 9329

意味 器の名。

金8 【錠】〔16〕 常 ジョウ テイ 漢 ジョウ(ヂャウ) 呉 去 径 dìng ティン U補J 3091 9320

筆順 ⺈ 𠆢 金 釒 鉈 錠 錠 錠

意味 ①食べ物を蒸すための脚がついた蒸し器。②油をもやす灯。③成形して貨幣として用いた金や銀。④錫の類。⑤かたまり状にした薬。⑥墨などを数える単位。 国〈じょう(ぢゃう)〉①戸じまりの道具。「錠前」②薬の粒を数えることば。

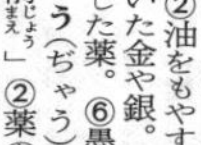
(錠①)

解字 錠 形声。金が形を表し、定が音を示す。定は、やねの下に脚のある形で、おちつく意味を持つ。錠は、脚のあるたかつき。物を盛る容器である。

【錠剤(劑)】薬を小粒の円盤状などに固めたもの。

◇手錠・南京錠

金8 【錜】〔16〕 ジョウ 漢 (デフ) 入 葉 niè ニエ U補J 6858 931C

意味 ①小さなかんざし。②小さな釘。

金8 【錐】〔16〕 人 標 スイ 漢 呉 平 支 zhuī チョイ U補J 3177 9310

意味 ①〈きり〉穴をあける刃物。②きりのように先のとがったもの。㋐はり。㋑小さい矢。③穴をあける。さす。④鋭い。 国 ①きりをもんで穴をあける。②飛行機がまわりながら落ちること。

【錐揉】

【錐指】きりで大地の深さをはかる。見識のせまいたとえ。

【錐状(狀)火山】円錐形をした火山。

【錐処(處)二嚢中一】きりがふくろの中にある。すぐれたものは、才能を示す機会があるたとえ。〈史記・平原君列伝〉

【錐刀之末】きりの先。非常に小さいもの。

【引レ錐刺レ股】読書していて眠くなると、きりでももをさす。読書に熱心なようす。〈戦国策・秦〉

◇方錐・立錐・円錐・角錐・嚢中之錐

金8 【錘】〔16〕 人 ツイ 漢 呉 平 支 chuí チョイ スイ 慣 U補J 3178 9318

意味 ①重さの単位。八銖(しゅ)または十二両。②はかりのおもり。③武器の名。鉄のかたまりで人を攻撃する。④つり下げる。国〈つむ〉糸をまく心棒。

解字 [篆] 形声。金が形を表し、垂(すい)が音を示す。垂には、たれる、落ちるという意味がある。錘は、はかりの重しに使う金属である。

参考 もと常用漢字。二〇一〇年告示の改定「常用漢字表」で削除。

◆紡錘(ぼうすい)・つむ・鉛錘(えんすい)

金8【錆】〔16〕入 標 ショウ(シャウ)漢 セイ慣 平 陽 qiāng チアン U補J 2712 9306

金8【錆】〔16〕俗字 U補J ━ ━ 意味 澄んでいる。=精(せい) 国〈さび〉

金8【錚】〔16〕ソウ(サウ)漢 平 庚 zhēng チョン U補J 7903 931A

意味 ①金属や玉の音の形容。②かね。どら。=鉦(せい)

【錚錚】そうそう(さうさう) ①金石の澄んだ音。また、金属などがぶつかりあう音。②琴やびわの澄んだ音。③少しばかりすぐれた人の形容。「鉄中錚錚」(後漢書(ごかんじょ)・劉盆子(りゅうぼんし)伝)【━━然】そうぜん(さうぜん) 琵琶(びわ)の澄んだ音色(ねいろ)。

金8【錝】〔16〕ソウ漢 去 宋 zòng ツォン U補J ②9108 6859 931D

意味 金色の毛。

金8【錟】〔16〕━タン漢 ━平 覃 tán タン ━セン漢 ━平 塩 xiān シエン U補J ①9322 6861 931F

意味 ━長いほこ。━するどい。鋭利(えいり)。=銛(せん)

金8【鋹】〔16〕チョウ漢 上 養 (チャウ) chǎng チャン U補J ②9103 6848 92F9

意味 ①するどい。鋭利(えいり)。②人名。

金8【錣】〔16〕━テイ漢 ━去 霽 zhuì チョイ ━テツ漢 ━入 屑 chuò チュオ U補J 7904 9323

意味 ━①はり。②馬のむちの先につける鉄針。━算木。籌(ちゅう)。

国〈しころ〉かぶとの鉢からたらし、首すじをおおい守るもの。「錣頭巾(しころずきん)」「錣引(しころびき)」

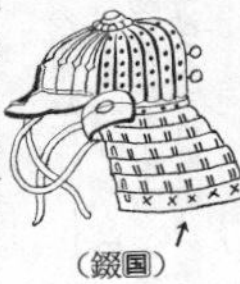

(錣国)

金8【錪】〔16〕━テン漢 ━上 銑 tiǎn ティエン ━トン漢 ━上 阮 tǔn トゥン U補J 6867 932A

意味 ━釜(かま)。━重い。重さ。

金8【錔】〔16〕トウ漢 入 合 (タフ) tà ター U補J 6856 9314

意味 金属でおおいかぶせる。また、金属のおおい。きせがね。

金8【錽】〔16〕バン漢 上 豏 wàn ワン U補J 933D

意味 馬の頭部の飾り。馬冠(ばかん)。

金10【鎫】〔18〕同字 U補J 6922 93AB

金8【錍】〔16〕━ヒ漢 ━平 支 bēi ペイ ━ヘイ漢 ━平 斉 pī ピー U補J ②9106 6854 930D

意味 ━斧(おの)。━①矢のとがった先端部分。やじり。②農具。すき。

金8【鉼】〔16〕━ヘイ漢 ━上 梗 bǐng ピン ━ヘイ漢 ━平 青 píng ピン U補J 2F9EA

金6【鉼】〔14〕俗字 U補J ②9071 6785 927C (一二八八ぺ・上)

意味 ━①鉼型の金銀貨幣。のべがね。いたがね。→鈑(はん) ②金銀を数える量詞。③釜(かま)。━山東省臨朐(りんく)県東南にあった漢代の地名。

金8【錇】〔16〕━ホウ漢 ━平 尤 pōu ポウ ━バイ慣 ━ ━ péi ペイ U補J 9307

意味 ━くぎの一種。━現 元素名。バークリウム(Bk)。

金8【錛】〔16〕ホン漢 平 元 bēn ペン U補J 931B

意味 ①かんな。木を平らにする道具。②けずる。

金8【錑】〔16〕ライ漢 去 隊 lèi レイ U補J ②9093 6855 9311

意味 〈かんな〉 国〈もじ(もぢ)〉〈もじり(もぢり)〉きりの一種。

金8【鍄】〔16〕リョウ漢 去 漾 (リャウ) liàng リアン U補J 7893 9344

意味 打楽器の一種。

金8【錂】〔16〕リョウ漢 平 蒸 líng リン U補J ②9105 6852 9302

意味 金属の名。

金8【錀】〔16〕━リン漢 ━平 真 lún ルン ━フン漢 ━平 文 fēn フェン U補J 6851 9300

意味 ━金属の名。━うさぎを捕らえるわな。

金8【錬】〔16〕常 レン U補J 4703 932C

旧字 金9【鍊】〔17〕入 レン漢 呉 去 霰 liàn リエン U補J ①9327 934A

筆順 ⺈ 今 金 釒 鈩 銆 鋉 錬

意味 ①〈ね・る〉㋐金属をきたえる。鍛錬(たんれん)。=煉(れん) ㋑薬をねる。「錬丹(れんたん)」㋒ねりきたえられたもの。②ねりきたえ、よりよいものにする。修錬(しゅうれん)。=練 ③罪をでっちあげておとしいれる。

解字 [篆] 形声。金が形を表し、柬(れん)が音を示す。柬には、やわらかくするという意味がある。錬は、金属をとかして、まじりけのないものに作りあげることである。

【錬気(氣)】れんき 精神をきたえる。

【錬金術】れんきんじゅつ ①黄金を作る術。②鉱物から仙薬(せんやく)をとる術。

【錬成】れんせい きたえて、りっぱな人物にしあげる。

【錬丹】れんたん ねりぐすり。道士が作る、不老不死の薬。また、それを作ること。

【錬鉄(鐵)】れんてつ ねりきたえられた鉄。

【錬磨】れんま ①学問や技術をねりみがく。②努力を重ねて研究する。

◆洗錬(せんれん)・修錬(しゅうれん)・精錬(せいれん)・製錬(せいれん)・鍛錬(たんれん)

金8【録】〔16〕学4 ロク ━リョク漢 ━去 沃 lù ルー ━ロク呉 リョ漢 ━去 御 lǜ リュイ U補J 4731 9332

旧字 金8【錄】〔16〕入 U補J ①9321 9304

筆順 ⺈ 今 金 釒 鈩 鈩 鋓 録

意味 ━①〈しる・す〉記録する。書き写す。②記録。かきつけ。③とる。調べて採用する。④収蔵する。⑤順序。次第。⑥統(す)べる。とりまとめる。⑦とりしまる。正す。⑧逮捕する。拘束する。⑨かえりみる。━罪状を調べて記録する。

解字 [篆] 形声。金が形を表し、彔(ろく)が音を示す。彔は綠で、みどり色である。綠は、青銅のさび、緑青(ろくしょう)の色である。音が慮(りょ)と通ずるので仮借して、かえりみるという意味になる。

名前 とし

【録音】ろくおん ━レコードやテープに音声を記録すること。また、記録したもの。[二]ルーイン lùyīn [現][一]に同じ。【——機】[一]ろくおんき [二]ルーインチー lùyīnjī 音声を記録する機器。テープレコーダー。[現][一]に同じ。

【録画(畫)】ろくが(ぐわ) ビデオテープなどの記録媒体にテレビジョンの映像と音声などを記録すること。また、記録したもの。

【録事】ろくじ ①文書の管理と、役人の勤務評定をする職。②科挙の同期合格者の世話役。③[国]軍法会議・御歌所おうたどころなどの書記。

【録奏】ろくそう 調べあげて申し上げる。

【録牒】ろくちょう(てふ) 姓名を書きしるした帳簿。名簿。

【録図(圖)書】ろくとしょ 秦しんの始皇帝の時に出た予言書。

【録録】ろくろく ①無能なようす。②役に立たない。

【録像】ルーシアン lùxiàng [現]録画する。ビデオ。【——機】ルーシアンチー lùxiàngjī [現]ビデオレコーダー。

◇収録しゅうろく・目録もくろく・付録ふろく・抄録しょうろく・実録じつろく・記録きろく・要録ようろく・採録さいろく・集録しゅうろく・登録とうろく・語録ごろく・雑録ざつろく・漫録まんろく・言行録げんこうろく・新記録しんきろく・備忘録びぼうろく

金8【錒】〔16〕 ā アー | [意味] [現]元素名。アクチニウム(Ac)。 | U 9312 補 — J —

金8【錓】〔16〕 gá カー | [意味] [現]元素名。ガドリニウム(Gd)の旧称。＝釓 | U 9337 補 6871 J —

金8【鍁】〔16〕 xiān シエン | [意味] [現]シャベル。スコップ。 | U 9341 補 — J —

金8【鍀】〔16〕 dé トー | [意味] [現]元素名。テクネチウム(Tc)。 | U 9340 補 — J —

金8【錶】〔16〕 biǎo ピアオ | [意味] [現]とけい。懐中時計や腕時計。＝表 | U 9336 補 6870 J —

金8【錵】〔16〕 huā ホワ | [意味] [現]元素名。ホルミウム(Ho)の旧称。↓鈥(一二八八ページ・中) [国]〈にえ〉刀の刃の地肌の模様。 | U 9335 補 — J 7906

金8【鍆】〔16〕 mén メン | [意味] [現]元素名。メンデレビウム(Md)。 | U 9346 補 — J —

金8【錳】〔16〕 měng モン | [意味] [現]元素名。マンガン(Mn)。 | U 9333 補 6868 J —

金8【錸】〔16〕 lái ライ | [意味] [現]元素名。レニウム(Re)。 | U 9338 補 — J —

金8【錴】〔16〕 lù ルー | [意味] [現]元素名。ロジウム(Rh)の旧称。↓銠(一二九六ページ・上) | U 9334 補 6869 J —

金8【錺】〔16〕 [国字] | [意味]〈かざり〉金属のかざり。金属でかざる。 | U 933A 補 — J 7905

金8【𨨩】〔16〕 [国字] | [意味]〈ただし〉人名に用いられた。 | U 28A29 補 — J ②9101

金8【錢】〔16〕 [旧]↓銭(一二九四ページ・上)

金8【鎯】〔16〕 [俗]↓鋃(一二九八ページ・中)

金8【鉼】〔16〕 [同]↓斧(五七二ページ・上)

金9【鍈】〔17〕 エイ [漢] [平] 庚 yīng イン | [意味] 鈴の音。＝鉠えい | U 9348 補 6873 J ①9325

金9【鍋】〔17〕 [常] なべ | カ [漢] (クヮ) [平] 歌 guō クオ | U 934B 補 — J 3873

筆順
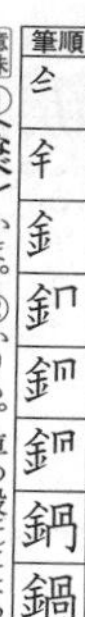

[意味] ①〈なべ〉かま。②かりも。車の轂こしにはめる金属。③車輪にさす油を入れる容器。

[解字] 形声。金が形を表し、咼くゎが音を示す。鍋は、かりも。車の轂こしにはめる金属。また、車輪にさす油を入れる容器として、別に楇かの字がある。なべの意味は、後になってから加わった。

[地名] 鍋掛なべかけ・鍋島なべしま

◇土鍋どなべ・圧力鍋あつりょくなべ・牡丹鍋ぼたんなべ・社会鍋しゃかいなべ

金9【鍜】〔17〕 カ [漢] ゲ [呉] [平] 麻 xiá シア | U 935C 補 — J 7908

[意味] 錏鍜あかは、しころ。かぶとの左右後方に垂れ、首すじをおおい守る武具。

金9【鍇】〔17〕 [一] カイ [漢] [上] 蟹 kǎi カイ [二] カイ [漢] [上] 蟹 jiě チエ | U 9347 補 6872 J ②9114

[意味] [一] ①鉄の別称。②良質の鉄。[二] かたい。

金9【鍔】〔17〕 ガク [漢] [入] 薬 è オー | U 9354 補 — J 3655

[意味] ①刀剣の刃。②刀剣のみね。③水ぎわ。[国]〈つば〉刀のつば。

【鍔迫合】つばぜりあい(あひ) [国]刀のつばもとで押しあう。緊張した勝負の状況。

【鍔鳴】つばなり [国]刀をさやに入れるときに鳴るつばの音。

◇金鍔きんつば

金9【鍰】〔17〕 カン [漢] (クヮン) [平] 刪 huán ホワン | U 9370 補 6890 J ①9331

[意味] ①重さの単位。六両。(↓付録「度量衡名称」) ②輪わ。＝環 ③銭ぜに。貨幣。[国]〈からみ〉鉱石を精錬したときにでるかす。

金9【鍕】〔17〕 グン [漢] [平] 文 jūn チュン | U 9355 補 6878 J —

[意味] [仏] 鍕銍ぐんじは、梵語ぼんご kuṇḍikā の音訳。千手観音がもつ水をいれるびん。軍持ぐんじ・君遅くんちとも書く。

金9【鍥】〔17〕 ケツ [漢] [入] 屑 qiè チエ | U 9365 補 6884 J ①9329

[意味] ①〈きざ・む〉ほりつける。②断ち切る。③かま。

【鍥而不舎】きざみておかず 目的を達するまでやめないこと。

【鍥而舎之】きざみてこれをおく 彫刻を途中でやめる。〈荀子じゅんし・勧学〉

金9【鍵】〔17〕 [常] ケン かぎ | ケン [漢] ゲン [呉] [上] 阮 jiàn チエン | U 9375 補 — J 2416

筆順
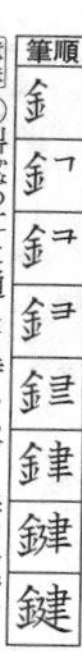

[意味] ①鼎かなえの耳に通して持ちあげる棒。鉉げん。②車轄しゃかつ。車輪のはずれをとめるくさび。③かんぬき。④〈かぎ〉㋐錠前に差しこむ金具。㋑要点。⑤[現]ピアノのキー。「鍵盤」 [国]〈かぎ〉①錠前。②手がかり。

[解字]  形声。金が形を表し、建けんが音を示す。鍵は、鼎の耳に通して持ちあげる棒。この形状が似ていることから、かんぬきを意味し、鍵一般をも意味するようになった。また、車轄しゃかつ。車輪のはずれをとめるくさび。

【鍵関(關)】けんかん(くわん) ①かぎと、かんぬき。②戸じまり。

◇合鍵あいかぎ・白鍵はっけん・黒鍵こっけん

金9【鍠】〔17〕 コウ(クヮウ) [漢] オウ(ワウ) [呉] [平] 庚 huáng ホワン | U 9360 補 — J 7909

[意味] ①かねやつづみの音。②儀式に使う兵器。儀仗。

金9【鍧】〔17〕 コウ [漢] (クヮウ) [平] 庚 hōng ホン | U 9367 補 6885 J —

[意味] 鏗鍧こうこうは、鐘や太鼓の音。

金9【鍭】〔17〕 コウ [漢] [平] 尤 hóu ホウ | U 936D 補 6888 J —

[意味] やじりが金属の矢。「鍭矢こうし」

金9【鍞】〔17〕 コウ(カウ) [漢] [平] 庚 kēng コン | U 935E 補 6882 J —

[意味] 鍞鏘こうそうは、金石のさわやかに鳴る音。＝鏗こう

金9【鍘】〔17〕 サッ㊞ ㊇ zhá チャー 黠
J 6880 補 ― U 9358
意味 草を押し切る道具。押し切ること。

金9【鍒】〔17〕 ジュウ㊞(ジウ) ㊥ róu ロウ 尤
J 6877 補 ― U 9352
意味 よくきたえた鉄。錬鉄(れんてつ)。

金9【鍬】〔17〕 人 標 ショウ(セウ)㊞ シュウ(シウ)㊗ ㊥ qiāo チアオ 蕭
J 2313 補 ― U 936C
意味 〈すき〉農具として、土を掘ったり、草をけずったり、炭火をのせたりする、さじ形の器具。国〈くわ(くは)〉農具の名。

金9【鍫】〔17〕 同字 J ② 9118 補 U 936B

【鍬形】(くわがた) 国 かぶとのつの。【―虫(蟲)】(くわがたむし) 国 こん虫の名。さいかちむし。
◆唐鍬(とうぐわ)・馬鍬(まぐわ)・鋤鍬(すきくわ)・備中鍬(びっちゅうぐわ)

金9【鍾】〔17〕 標 ショウ㊞ シュウ㊗ ㊥ zhōng チョン 冬
J 3065 補 ― U 937E
意味 ①さかつぼ。②さかずき。③容積の単位。六斛(こく)四斗。約五〇リットル。(↓付録「度量衡名称」) ④楽器の名。かね。つりがね。‖鐘 ⑤〈あつま・る〉〈あつ・める(―・む)〉 ⑥当たる。であう。⑦与える。⑧かご。⑨夫の兄(あに)をいう。⑩姓。

（鍾①）

【鍾愛】(しょうあい) たいへんかわいがる。愛情をひとつのものに注ぎこむ。

【鍾王】(しょうおう(わう)) 魏(ぎ)の鍾繇(しょうよう)と晋(しん)の王羲之(おうぎし)。どちらも書道の名人。

【鍾馗】(しょうき) 悪い神を追い払う神の名。唐の玄宗(げんそう)の夢に現れたという。

【鍾嶸】(しょうこう(くわう)) 人名。梁(りょう)時代の詩人。「詩品」を著す。

【鍾山】(しょうざん) 山の名。①江蘇(こうそ)省南京(ナンキン)市中山(ちゅうざん)門外の紫金山(しきんざん)。一名、北山。②崑崙(こんろん)山。【―之英】(しょうざんのえい) 鍾山の山の神。〈孔徳璋(こうとくしょう)・北山移文〉

【鍾子期】(しょうしき) 人名。春秋時代の楚(そ)の人で、友人伯牙の琴の音を聞き分けたことで知られる。〈列子(れっし)〉

【鍾乳石】(しょうにゅう(にう)せき) 理 鍾乳洞の中に、つららのように下がった方解石。つららいし。鐘乳石。

【鍾乳洞】(しょうにゅう(にう)どう) 理 石灰岩がとけてできたほら穴。


【鍾美】(しょうび) 美をあつめる。すぐれて美しいこと。

【鍾繇】(しょうよう(えう)) 人名。三国時代、魏(ぎ)の書家。


金9【鍼】〔17〕 標 シン㊞ ㊥ zhēn チェン 侵
J 7910 補 ― U 937C
意味 ①〈はり〉‖針・箴(しん) ㋐縫い針。㋑うちばり。治療用のはり。②針で縫う。針をさす。針をうつ。

参考 新表記では、「針」に書きかえる熟語がある。

【鍼医(醫)】(しんい) 針で病気をなおす医者。

【鍼艾】(しんがい) ①治療に用いるはりともぐさ。②転じて、いましめ。

【鍼灸】(しんきゅう(きう)) 針ときゅう。病気をなおす手段。

【鍼術】(しんじゅつ) 針を使って病気をなおす術。‖針術
【鍼石】(しんせき) ①石の針。病気をなおすくすり針。②いましめ。

【鍼線】(しんせん) ①針と糸。着物を縫うこと。②物事のてびき。

【鍼氈】(しんせん) 針のむしろ。きわめて苦しい立場をいう。

【鍼砭】(しんぺん) ①金の針と石の針。②いましめ。警告。

【鍼芒】(しんぼう(ばう)) ①針の先。②ごく小さい物のたとえ。

【鍼薬(藥)】(しんやく) 針と薬。病気をなおすこと。

金9【鍤】〔17〕 ソウ㊞(サフ) ㊇ chā チャー 洽
J ① 9328 補 6883 U 9364
意味 ①〈すき〉農具。‖臿(そう) ②長い針。

金9【鍐】〔17〕 ソウ㊞ ㊥ zōng ツォン 冬
J 6875 補 ― U 9350
意味 馬の頭部の飾り。馬冠(ばかん)。

金9【鍛】〔17〕 常 タン きたえる タン㊞ ㊤ 翰 duàn トワン
J 3535 補 ― U 935B

筆順 ⺈ 乍 金 金' 釺 鈩 鍛 鍛

火9【煅】〔13〕 同字 J 4183 補 U 7145

意味 ①〈きた・える(―・ふ)〉 ㋐金属を打って強くする。㋑ねる。質を高める。②うつ。たたく。③といし。④罪をでっちあげ人を陥れる。⑤〈ほじし〉干し肉。脯(ふ)。

解字 形声。金が形を表し、段(たん)が音を示す。段には打ちたたくという意味がある。鍛は、金属を熱し、つちでたたいてきたえることである。

名前 かじ 姓 鍛冶部(かぬちべ)

難読 鍛冶(かじ)(付表)

【鍛工】(たんこう) かじや。

【鍛錫】(たんしゃく) 刃物にすずをまぜてきたえる。また、きたえた剣。

【鍛脩】(たんしゅう(しう)) 干し肉をのばして薬味を加えた食物。

【鍛竈】(たんそう(さう)) 金属をきたえるのに使うかまど。

【鍛鉄(鐵)】(たんてつ) ①鉄をきたえる。②きたえた鉄。

【鍛冶】(たんや|かじ(ぢ)) 金属をきたえて物を作る。また、その人。かぬち。

【鍛練】(たんれん) 国「鍛錬(たんれん)」に同じ。

【鍛錬】(たんれん) ①金属をきたえる。②からだや精神をきたえる。③文章などをねる。④むりに人を罪にあてる。

【鍛煉】(トワンリエン) duànliàn 現「鍛錬(たんれん)」の②に同じ。

金9【鍴】〔17〕 タン㊞ ㊥ duān トワン 寒
J 6893 補 ― U 9374
意味 ①きり。また、小さなほこ。②鎖(くさり)。③さかずき。

金9【鍮】〔17〕 トウ㊞ チュウ(チウ)㊗ ㊥ tōu トウ 尤
J 7911 補 ― U 936E
意味 ①鍮石(とうせき)は、自然銅。②真鍮(しんちゅう)は、銅と亜鉛の合金。

金9【鍖】〔17〕 ㊀チン㊞㊗ ㊀㊤ chěn チェン 寝 ㊁チン㊞㊗ ㊁㊥ zhēn チェン 侵
J 7912 補 ― U 9356
意味 ㊀鍖銋(ちんじん)は、ゆったりしたさま。また、音が長くひびくさま。㊁あて木。たたいたり、砕いたりするとき、台にする木。

金9【鍗】〔17〕 テイ㊞ ㊥ tí ティー 斉
J ② 9116 補 6879 U 9357
意味 ①金属の名。②容器の名。釜(かま)の類。

金9【鍉】〔17〕 テキ㊞ ㊇ dí ティー 錫
J ① 9326 補 6874 U 9349
意味 やじり。‖鏑(てき)

金9【鍍】〔17〕 ト㊞ ㊤ dù トゥー 遇
J 3753 補 ― U 934D
意味 〈めっき〉金、銀などを溶かして、他の金属の表面をうすくおおう。「鍍金(ときん|めっき)」

金9【錨】〔17〕 ビョウ(ベウ)㊞ ㊥ máo マオ 蕭
J 4137 補 ― U 9328
意味 〈いかり〉船をとめておくために鎖などにつけ水中に沈めておくおもり。碇。
◆抜錨(ばつびょう)・投錨(とうびょう)

金9【鍑】〔17〕 ㊀フウ㊞ ㊀㊤ fù フー 宥 ㊁フク㊞ ㊁㊇ fù フー 屋
J ② 9115 補 6876 U 9351

8画
←金長(镸)門阜(阝〈左〉)隶隹雨青(青)非

金9【鍽】〔17〕 一 ヘン 漢 平 先 biān ピエン
意味 一 古代のかまの一種。
U補J 9 3 7 D ｜ 6 9 0 2

金9【鍪】〔17〕 ボウ 漢 平 尤 ム 呉 móu モウ
意味 ①〈かぶと〉 かぶとの鉢。②かま。
U補J 9 3 6 A ｜ 6 8 8 7 ｜ ① 9 3 3 0

金9【鍚】〔17〕 ヨウ 漢 平 陽 (ヤウ) yáng ヤン
意味 ①おもがい。馬の額の飾り。②たて(武器)の飾り。③春秋時代の地名。今の河南省杞県。
参考 「鍚」は「錫」は別字。
U補J 9 3 5 A ｜ 6 8 8 1 ｜ ② 9 1 1 7

金9【鍱】〔17〕 一 ヨウ 漢 一 入 葉 (エフ) yè イエ 二 キョウ 漢 二 入 葉 (ケフ) xié シエ
意味 一 ①金属を薄くのばしたもの。②金属の薄片でつつむ。二 ①あらがね。銅や鉄の鉱石。②かなわ。
U補J 9 3 7 1 ｜ 6 8 9 1 ｜ ② 9 1 1 9

金9【鎄】〔17〕 āi アイ
意味 現元素名。アインスタイニウム(Es)。
U補J 9 3 8 4

金9【鍶】〔17〕 sī スー
意味 現元素名。ストロンチウム(Sr)。
U補J 9 3 7 6 ｜ 6 8 9 4

金9【鍺】〔17〕 zhě チョー
意味 現元素名。ゲルマニウム(Ge)。
U補J 9 3 7 A ｜ 6 9 0 1

金9【鍩】〔17〕 nuò ヌオ
意味 現元素名。ノーベリウム(No)。
U補J 9 3 6 9 ｜ 6 8 8 6

金9【鎃】〔17〕 pǎi パイ
意味 現元素名。プロトアクチニウム(Pa)の旧称。→鏷(一三〇九ジ・中)
U補J 9 3 8 3

金9【鎇】〔17〕 méi メイ
意味 現元素名。アメリシウム(Am)。
U補J 9 3 8 7

金9【鎂】〔17〕 měi メイ
意味 現元素名。マグネシウム(Mg)。
U補J 9 3 8 2 ｜ 6 9 0 6

金9【𨩃】〔17〕 国字
意味 〈はる〉 人名に用いられた。
U補J 2 8 A 4 3 ｜ ② 9 1 1 3

金9【鍳】〔17〕 同→鑑(一三一〇ジ・中)

金9【鎀】〔17〕 俗→鏟(一三〇七ジ・上)

金9【鎀】〔17〕 俗→鏟(一三〇七ジ・上)

金9【鐂】〔17〕 同→鎦(一三〇〇ジ・中)

金9【鍿】〔17〕 俗→鎡(一三〇五ジ・上)

金9【鎚】〔17〕 同→鎚(一三〇五ジ・中)

金9【鍊】〔17〕 旧→錬(一三〇一ジ・中)

金9【鍯】〔17〕 同→鏓(一三〇七ジ・中)

金9【鎯】〔17〕 同→鋃(一二九八ジ・中)

金9【鍐】〔17〕 俗→鏤(一三〇七ジ・下)

金10【鎰】〔18〕 イツ 漢 入 質 yì イー
意味 ①重さの単位。㋐二十両。㋑二十四両。(→付録「度量衡名称」) ②米をはかる単位。約一升。国〈かぎ〉
【鎰取】(かぎとり) 国神社のとびらのかぎをあずかっている家。
U補J 9 3 B 0 ｜ 7 9 1 3

金10【鎣】〔18〕 一 エイ 漢 一 去 径 yìng イン 二 エイ 漢 二 平 庚 yíng イン 三 ケイ 漢 三 上 迥 jiǒng チョン
意味 一 ①金属を磨く道具。②磨いて光らせる。③飾る。二 鉄をとる。三 冶金(やきん)の器具。
U補J 9 3 A 3 ｜ 6 9 1 8 ｜ ① 9 3 3 3

金10【鎢】〔18〕 オ 漢 平 虞 (ヲ) wū ウー
意味 ①鎢錥(おいく)は、小さいかま。なべ。②現元素名。タングステン(W)。
U補J 9 3 A 2

金10【鎶】〔18〕 カ gē コー
意味 現元素名、ニオブの旧称。＝鈳
U補J 9 3 B 6 ｜ 6 9 2 5

金10【鎧】〔18〕 人 標 カイ 漢 呉 上 賄 ガイ 慣 kǎi カイ
意味 ①〈よろい(よろひ)〉 戦場で身につけた金属製のよろい。革製のものは甲(こう)という。②〈よろ・う(――・ふ)〉
【鎧球】(がいきゅう) 国アメリカン・フットボール。
【鎧甲】(がいこう) よろい。
【鎧袖一触(觸)】(がいしゅういっしょく) 国よろいのそでがわずかにふれる。敵を簡単にうち破るたとえ。〈日本外史・源氏正記〉
【鎧仗】(がいじょう) よろいと武器。
【鎧冑】(がいちゅう) よろいとかぶと。
【鎧馬】(がいば) いくさ支度をした馬。
◇大鎧(おおよろい)・馬鎧(うまよろい)
U補J 9 3 A 7 ｜ 1 9 2 7

金10【鎋】〔18〕 カツ 漢 入 黠 xiá シア
意味 ①〈くさび〉 車軸の車輪がぬけないようにとめるもの。＝轄 ②たいせつなところ。
U補J 9 3 8 B ｜ 6 9 0 9 ｜ ② 9 1 2 5

金10【鎬】〔18〕 コウ 漢 上 皓 (カウ) hào ハオ
意味 ①炊事用のなべ。②地名。㋐鎬京(こうけい)は、周の武王が初めて都した地。長安の付近、今の陝西(せんせい)省西安市の西南にあった。＝鄗・滈 ㋑周の北方の地。③長安の西方にある池の名。鎬池。④鎬鎬(こうこう)は、光り輝くさま。⑤姓。国〈しのぎ〉 刀のみねのすじ。
U補J 9 3 A C ｜ 7 9 1 4

金10【鎤】〔18〕 コウ 漢 上 養 (クヮウ) huàng ホワン
意味 鐘の音。
U補J 9 3 A 4 ｜ 6 9 1 9

金10【鎖】〔18〕 常 サ くさり
旧字 金10【鎖】〔18〕 サ 漢 呉 上 哿 suǒ スオ

筆順 𠆢 𠂉 金 金 釒 釗 鎖 鎖 鎖

金11【鏁】〔19〕 同字 U補J 9 3 C 1 ｜ 6 9 2 8 ｜ ② 9 1 3 2
金10【鎻】〔18〕 俗字 U補J 9 3 B B

意味 ①〈くさり〉 ②つなぐ。③〈とざ・す〉 ④門のじょう。とじこめる。⑤姓。

解字 鎖 形声。金が形を表し、貨(さ)が音を示す。貨は小さな貝を集めた形である。鎖は、小さい金具をたくさんつないだくさりのことである。

【鎖帷子】(くさりかたびら) 国くさりを編み合わせたかたびら。よろいの下に着こむ武装。

【鎖鎧】(さがい) くさりで作ったよろい。

【鎖諫】(さかん) からだを木にくさりでしばりつけていさめる。晋(しん)「の陳元達の故事。」

【鎖扃】(さけい) じょうをかけてしめる。

【鎖港】(さこう(かう)) 国港をとざして、外国との取り引きをしないこと。

【鎖国(國)】(さこく) 国外国に対して、国をとざす。外国との交際「を禁止する。」

【鎖骨】(さこつ) ①胸骨と肩とを連結する骨。②仏からだの骨がくさりのようにつながっている骨。菩薩(ぼさつ)は、このような骨を持つという。鎖子骨。

【鎖鑰】(さやく) ①じょうまえとかぎ。②出入りに重要な地点。
◇金鎖(きんぐさり)・封鎖(ふうさ)・閉鎖(へいさ)・連鎖(れんさ)
U補J 9 3 9 6 ｜ 2 6 3 1

金10【鎈】〔18〕 一 サ 漢 一 上 哿 suǒ スオ 二 サ 漢 二 平 麻 chā チャー
意味 一 金属の光。二 ①銭の異名。②やすり。
U補J 9 3 8 8 ｜ 6 9 0 7 ｜ ② 9 1 2 4

8画
➡金長(镸)門阜(阝〈左〉)隶隹雨青(靑)非

金10【鎍】〔18〕 一サク㊥ 一入薬 suǒ スオ 二サク㊥ 二入陌 sè ソー J 6910 U補 938D

意味 一鉄製の縄。二かなぐし。鉄製の串(くし)。

金10【鎡】〔18〕 シ㊥ 平支 ジ(慣) zī ツー J 6917 U補 93A1

金9【鎡】〔17〕俗字 J ②9121

意味 ①鎡基(じき)は、すき。くわ。＝鎡錤 ②鼎(かなえ)の類。

金10【鎪】〔18〕 シュウ㊥ 平尤 (シウ) sōu ソウ U補 93AA

意味 〈え・る(ゑ・る)〉彫る。けずる。

金10【鎀】〔18〕 一シュウ㊥ (シウ) 一平尤 xiū シウ 二シュウ㊥ (シウ) 二去宥 xiù シウ J 6904 U補 9380

意味 一あらがね。鉄・銅などの鉱石。二金属をきたえる。

金10【鎨】〔18〕 シュン㊥ 上軫 sǔn スン J 6921 U補 93A8

意味 金属がかすかに見える。

金10【鎗】〔18〕 一ソウ(サウ)㊥ ショウ(シャウ)㊥ 一平庚 chēng チョン 二ショウ(シャウ)㊥ ソウ(サウ)㊥ 二平陽 qiāng チアン J 3389 U補 9397

意味 一①金属や宝玉のふれあう音。鏗鎗(こうそう)。＝鏘 ②鼎(かなえ)の類。＝鐺(とう) ③酒の容器。 二①〈やり〉＝槍 ②つつ。鉄砲(てっぽう)。③玉の鳴る音。＝瑲

金10【鎮】〔18〕常 一チン㊥㊥ 一去震 zhèn チェン チン しずめる・しずまる J 3635 U補 93AE

旧字 金10【鎭】〔18〕人 二テン㊥ 二平先 tián ティエン J 7915 U補 93AD

筆順 亼 牟 金 釒 鈽 鍞 鎮 鎮

意味 一①〈しず・める(しづ・む)〉〈しず・まる(しづ・まる)〉㋐おさえる。㋑やすらかにする。㋒とめる。とどめる。②〈しずめ(しづめ)〉〈おさえ(おさへ)〉㋐おもし。「文鎮」㋑中心的存在。「重鎮」㋒重要な場所・土地。要害。「要鎮」㋓地域で中心の山。㋔兵営。兵団。まもり。③古代の行政区画「九畿(きゅうき)」の一つ。④まち。商業都市。清(しん)代では、人口五万以上の都市。⑤常に。いつまでも。 二うめる。ふさぐ。＝塡(てん)

解字 形声。金が形を表し、眞(しん)が音を示す。眞には密度の濃いという意味を含む。鎭は、物をおさえる重い金属で、文鎮の類をいう。

名前 しげ・しん・たね・つね・なか・まき・やす・おさむ・まもる・やすし

【鎮圧(壓)】(ちんあつ) ①おさえつけて静かにさせる。②押しつぶされる。

【鎮安】(ちんあん) しずめ安んじる。

【鎮慰】(ちんい) しずめなぐさめる。

【鎮火】(ちんか(くわ)) ①火を消す。②火事が消える。【——祭】(ちんかさい) 国宮中の年中行事の一つ。火の神をしずめる祭り。

【鎮禦】(ちんぎょ) 民をしずめ、敵をふせぐ。＝鎮御

【鎮軍】(ちんぐん) 将軍。

【鎮圭】(ちんけい) 宝玉の名。

【鎮護】(ちんご) 国戦乱をしずめ、国を守る。

【鎮魂】(ちんこん) 国たましいをしずめ落ち着ける。【——曲】(ちんこんきょく) 国キリスト教で、死者の魂をしずめるための曲。

【鎮座】(ちんざ) 国神がその場所にいる。

【鎮子】(ちんし・ちんしず(しさ)) おもし。とばりなどをおさえるもの。「文鎮。ちんす。」

【鎮守】(ちんじゅ) ①しずめ守る。②寺社の守り神。③国土地の守り神。【——府】(ちんじゅふ) 国①平安時代、東北地方を警備した役所。②旧海軍で、区域ごとの監督機関。

【鎮静(靜)】(ちんせい) 落ち着かせる。【——剤(劑)】(ちんせいざい) 神経を落ち着かせる薬。

【鎮西】(ちんぜい) 国九州の別名。【——八郎】(ちんぜいはちろう) 国源為朝(みなもとのためとも)の通称。【——府】(ちんぜいふ) 国①奈良時代、九州地方を治めた役所。②大宰府(だざいふ)。

【鎮石】(ちんせき) おもし。

【鎮台(臺)】(ちんだい) ①武官の階級の名。総兵。将官に当たる。②国一地方を守る軍隊。師団の旧称。

【鎮定】(ちんてい) しずめ定める。反乱などを平らげること。

【鎮撫】(ちんぶ) しずめて安らかにする。

【鎮服】(ちんぷく) ①従える。②周時代、王城を遠く離れた外地。「九服(きゅうふく)」(四一ページ・上)

◆文鎮(ぶんちん)・辺鎮(へんちん)・州鎮(しゅうちん)・重鎮(じゅうちん)・要鎮(ようちん)・雄鎮(ゆうちん)・藩鎮(はんちん) ↓

金10【鎚】〔18〕標 ツイ㊥ 平支 chuí チョイ J 3642 U補 939A

金9【鎚】〔17〕同字

意味 ①〈つち〉かなづち。槌(つい) ②つちでうつ。③はかりのおもり。＝錘(すい) ④武器。

【鎚鑿】(ついさく) かなづちと、のみ。

【鎚手】(ついて) 国右手のこと。鉱山の用語。

金10【鎕】〔18〕 トウ㊥ 平陽 (タウ) táng タン J 6913 U補 9395

意味 鎕銻(とうてい)は、宝玉の名。

金10【鎒】〔18〕 ドウ㊥ 去宥 ヌ㊥ nòu ノウ J 6912 U補 9392

意味 すき。草を刈る道具。＝耨(どう)

金10【鎛】〔18〕 ハク㊥ 入薬 bó ボー J 6915 ①9332 U補 939B

意味 ①〈さいずえ(さひづゑ)〉すき。くわ。②ひらたい口をした打楽器の鐘(かね)。＝鑮(はく) ③鐘をかける横木の竜や蛇のかざり。④かざる。

(鎛①)

金10【鎞】〔18〕 ヘイ㊥ 平斉 bī ピー pī ピー J 6916 ②9127 U補 939E

意味 ①かんざし。②くし。＝篦(へい) ③へら。④やじり。音

金10【鎊】〔18〕 一ホウ㊥ (ハウ) 一平陽 pāng パン 二— 二— bàng パン J 6908 U補 938A

意味 一①けずる。②すき。 二現〈ポンド〉イギリスの貨幣単位。pound の音訳。＝磅

金10【鎔】〔18〕 ヨウ㊥ 平冬 róng ロン J 7916 U補 9394

意味 ①〈と・かす〉金属をとかす。とける。＝熔 ②いがた。

参考 新表記では、「溶」に書きかえる。

【鎔解】(ようかい) 金属をとかす。また、とける。＝溶解

【鎔鉱(鑛)炉(爐)】(ようこう(くわう)ろ) 鉄をとかす炉。＝溶鉱炉

【鎔銭(錢)】(ようせん) お金を鋳つぶす。

【鎔鋳(鑄)】(ようちゅう(ちう)) ①金属をとかして、物を作る。②作りあげる。

【鎔銅】(ようどう) 焼けただれた銅。とけた銅。

【鎔範】(ようはん) 金属をとかして型にいれる。

【鎔融塊】(ようゆうかい(くわい)) とけたもののかたまり。

【鎔鑪】(ようろ) 金属をとかすための炉。＝鎔炉・溶炉

←金長(镸)門阜(阝〈左〉)隶隹雨青(靑)非

8画 ➡金長(镸)門阜(阝〈左〉)隶隹雨青(靑)非

金10 【鎯】〔18〕 ㊀ラ 漢 ㊀ 上 哿 luǒ ルオ ㊁ ― ㊁ ― láng ラン
意味 ㊀釣る。㊁現鎯頭(ラントウ) lángtou は、鉄のつち。
U補J 93AF ― ―

金10 【鎏】〔18〕 リュウ(リウ) 漢 平 尤 liú リウ
意味 かざりだま。冠の横に下げる玉。＝旒
U補J 938F 6911 ②9126

金10 【鎌】〔18〕 常 かま
U補J 938C ― 1989

旧字 金10 【鎌】〔18〕 レン 漢 平 塩 lián リエン
U補J ― ― ―

筆順 𠂉 金 鉡 鉡 鉡 鉡 鎌 鎌

金13 【鐮】〔21〕 同字 U補J 942E 6964 ―
意味 〈かま〉草を刈る農具。
解字 形声。金が形を表し、兼(けん)が音を示す。兼は、古い形を見ると、秝と⺕とを合わせた字。秝は二本のいね、⺕は手。兼は、二本のいねを持っている形であり、とがるという意味を含んでいる。鎌は、いねを刈る曲がった刃物のことである。
名前 かた・かね 地名 鎌倉(かまくら)・鎌ケ谷(かまがや)
【鎌鼬】(かまいたち) 国 旋風のため人の皮膚が切れる現象。

金10 【鎘】〔18〕 gé コー
意味 現元素名。カドミウム(Cd)。
U補J 9398 6914 ―

金10 【鎴】〔18〕 xī シー
意味 現元素名。ストロンチウム(Sr)の旧称。↓鍶(一三〇四ジ・上)
U補J 93B4 6923 ―

金10 【䥇】〔18〕 shàn シャン
意味 現 かまに似た柄(え)の長い農具。また、それで切る。＝釤(さん)
U補J 4947 ― ―

金10 【鎵】〔18〕 jiā チア
意味 現元素名。ガリウム(Ga)。
U補J 93B5 6924 ―

金10 【鎿】〔18〕 ná ナー
意味 現元素名。ネプツニウム(Np)。
U補J 93BF ― ―

金10 【鎳】〔18〕 niè ニエ
意味 現元素名。ニッケル(Ni)。
U補J 93B3 ― ―

金10 【鎷】〔18〕 mǎ マー
意味 現元素名。マスリウム(Ma)。テクネチウム(Tc)の旧称。↓鍀(一三〇二ジ・上)
U補J 93B7 ― ―

金10 【鎹】〔18〕 国字
意味 〈かすがい〉(かすがひ) 木材などを接合するコの字形のくぎ。
U補J 93B9 ― 7917

金10 【〓】〔18〕 国字
意味 〈さかほこ〉
U補J ― ― ―

金10 【鎺】〔18〕 国字
意味 〈はばき〉刀剣のつばもとにはめて刀身が抜けないようにする金具。
U補J 93BA 6926 ①9334

金10 【鏵】〔18〕 俗 ↓鏵(一三〇八ジ・上)

金10 【鎻】〔18〕 俗 ↓鎖(一三〇四ジ・下)

金10 【鎸】〔18〕 俗 ↓鐫(一三〇九ジ・下)

金10 【鎪】〔18〕 同 ↓鎪(一三〇一ジ・中)

金10 【鏸】〔18〕 俗 ↓鏸(一三〇八ジ・中)

金10 【鏘】〔18〕 俗 ↓鏘(一三〇七ジ・上)

金10 【鎭】〔18〕 旧 ↓鎮(一三〇五ジ・上)

金10 【鎦】〔18〕 同 ↓鏐(一三〇九ジ・中)

金11 【鏖】〔19〕 オウ(アウ) 漢 平 豪 áo アオ
意味 ①なべ。②〈みなごろし〉はげしく戦って、多くの人を殺す。「鏖尽(おうじん)」③さわがしい。
【鏖戦(戰)】(おうせん)(あう)
U補J 93D6 ― 7918

金11 【鏆】〔19〕 カン(クヮン) 漢 去 翰 guàn コワン
意味 ①〈うが・つ〉穴をあける。②腕輪。
U補J 93C6 6931 ①9335

金11 【鏡】〔19〕 学4 キョウ かがみ
U補J 93E1 ― 2232

旧字 金11 【鏡】〔19〕 ケイ 漢 キョウ(キャウ) 呉 去 敬 jìng チン
U補J ― ― ―

筆順 𠂉 𠆢 金 鈩 鈩 鉝 鏡 鏡

意味 ①〈かがみ〉古くは銅をみがいて作った。㋐すがたみ。㋑てほん。いましめ。「亀鏡(ききょう)」㋒みち。道徳。「金鏡(きんきょう)」㋓月や池のたとえ。②静かで澄んでいる。③明らか。明らかにする。④照らす。⑤かんがみる。↓鑑(かん)(一三一〇ジ・中) ⑥レンズ。⑦姓。

解字 形声。金が形を表し、竟(けい)が音を示す。竟は、景(けい)と同じく、かげという意味を持つ。鏡は、金属の表面に光がうつることで、かがみをいう。鏡に対して、水かがみのことを鑑という。

名前 み・あき・かね・とし・あきら
難読 眼鏡(めがね)(付表)

【鏡板】(かがみいた) 国 ①平らですべすべした板。②能舞台(のうぶたい)正面のはめ板。

【鏡開】(かがみびらき) 国 正月二十日(のちに十一日)に、鏡もちを切って食べる行事。

【鏡影】(きょうえい)(きやう) 鏡にうつる影。

【鏡花】(きょうか)(きやうくわ) 鏡にうつる花。【――縁(緣)】(きょうかえん)(きやうくわ) 小説の名。清(しん)の李汝珍(りじょちん)作。人間の女に生まれ変わった百人の花神が、科挙に合格した話。男女平等論を主張したといわれる。【――水月】(きょうかすいげつ)(きやうくわ) ①見るだけで取ることのできないたとえ。②はっきり説明せず、眼前に思い浮かべさせる文章。詩文の、ことばに表せない味わい。③すべてはまぼろしであるということ。

【鏡戒】(きょうかい)(きやう) 明らかないましめ。

【鏡鑑】(きょうかん)(きやう) ①かがみ。②手本。

【鏡月】(きょうげつ)(きやう) 鏡にうつる月。まぼろし。

【鏡銘】(きょうめい)(きやう) 鏡にしるした名句。

【鏡裏】(きょうり)(きやう) 鏡の中。

【鏡奩】(きょうれん)(きやう) 鏡をしまう箱。鏡匣(きょうこう)。

【鏡子】(チンツ) jìngzi 現鏡。
◇水鏡(みずかがみ)・合鏡(あわせかがみ)・明鏡(めいきょう)・神鏡(しんきょう)・眼鏡(がんきょう|めがね)・銅鏡(どうきょう)・天眼鏡(てんがんきょう)・双眼鏡(そうがんきょう)・凹面鏡(おうめんきょう)・凸面鏡(とつめんきょう)・望遠鏡(ぼうえんきょう)・鼻眼鏡(はなめがね)・顕微鏡(けんびきょう)

金11 【鏗】〔19〕 コウ(カウ) 漢 平 庚 kēng コン
意味 ①金石の鳴る澄んだ音。「鏗鏘(こうそう)」「鏗錚(こうそう)」「鏗鏘(こうそう)」②琴のなる音。「鏗爾(こうじ)」③うつ。鐘をつく。

【鏗鏗】(こうこう)(かうかう) ①金石の音。②ことばのはっきりと確かなさま。

【鏗爾】(こうじ)(かう) ①琴(こと)や瑟(しつ)などをカチャリと下に置く音。②金や石の楽器の音。

【鏗然】(こうぜん)(かう) ①金石や琴などの音。②氷の落ちる音。

【鏗鏘】(こうそう)(かうさう) 金や石のさわやかに鳴る音。

U補J 93D7 ― 7919

金11 【鏊】〔19〕 ゴウ(ガウ) 漢 去 号 ào アオ
意味 〈いりなべ〉物をいるなべ。
U補J 93CA 6934 ―

(鏊)

金11 【𨫼】〔19〕 同字 U補J 28AFC ― ―

金11 【鎩】〔19〕 サイ 漢 去 卦 shā シャー
U補J 93A9 6927 ―

金11【鏙】〔19〕 サイ 漢 上 賄 cuǐ ツォイ J — 補 6939 U 93D9
意味 ①そこなう。いためる。やぶれる。②ほこ。
意味 鏙錯(さいさく)は、①入りまじるさま。②波の立つさま。③あざやかなさま。

金11【鏟】〔19〕 サン 漢 上 潸 / セン 呉 chǎn チャン J ①9337 補 6942 U 93DF
金9【鏟】〔17〕俗字 J — 補 — U —
金9【𨩱】〔17〕俗字 J ②9112 補 — U 28A71
意味 ①シャベルの形で、土をけずり草をとる農具。②〈けず・る(けづ・る)〉ならす。平らにする。③〈ならし〉㋐かんな。やすり。㋑くわ、シャベル、スコップの類。

(鏟③㋐)

金11【鏨】〔19〕 サン 漢 去 勘 / ザン 慣 zàn ツァン J 7920 補 — U 93E8
意味 ①〈たがね〉金石などの切断、彫刻などに使うのみ。②〈うが・つ〉ほる。

金11【鏅】〔19〕 一 シュウ 漢 一 平 尤 xiū シウ (シウ) 二 シュウ 漢 二 去 宥 xiù シウ (シウ) J — 補 6930 U 93C5
意味 一〈あらがね〉銅や鉄の鉱石。二金属をきたえる。

金11【鏉】〔19〕 一 シュウ 漢 一 去 宥 shòu ショウ (シウ) 二 シュウ 漢 二 平 尤 sōu ソウ (シウ) J — 補 6933 U 93C9
意味 一①鋭い。②矢じり。③鉄さび。二刻む。彫る。

金11【鏦】〔19〕 一 ショウ 漢 一 平 冬 cōng ツォン 二 ソウ 漢 二 平 江 chuāng チョワン (サウ) J — 補 6944 U 93E6
意味 一二①〈ほこ〉②〈つ・く〉つきさす。③鏦鏦(そうそう・しょうしょう)は、金属の鳴る音。

金11【鏇】〔19〕 セン 漢 去 霰 xuàn シュワン J ②9133 補 6932 U 93C7
意味 ①ろくろ。②かなだらい。

金11【鏘】〔19〕 ショウ(シャウ) 漢 平 陽 / ソウ(サウ) 呉 qiāng チアン J 7922 補 — U 93D8

金10【𨪙】〔18〕俗字 J ②9122 補 — U 28A99
意味 ①金石の鳴る音。＝瑲(しょう)「鏘然(そうぜん)」②鏘鏘(そうそう)は、㋐金石・鈴の音。㋑鳳凰(ほうおう)の鳴き声。㋒高くそびえるさま。㋓盛んなさま。㋔ゆったりとおだやかなさま。
【鏘金】(そうきん(さう)) 金属楽器をうち鳴らすこと。

金11【鏓】〔19〕 ソウ 漢 平 東 zǒng ツォン J — 補 6938 U 93D3
金9【鍯】〔17〕同字 J — 補 6889 U 936F
意味 ①鎗鏓(そうそう)は、よくひびくかねの音。②大きなのみで木に穴をあける。

金11【鏃】〔19〕 ソク 漢 入 屋 / ゾク 慣 zú ツー J 7923 補 — U 93C3
意味 ①〈やじり〉〈さき〉矢のとがった先端部分。②鋭い。鋭利(えいり)。③鏃鏃(ぞくぞく)は、突出したさま。

金11【鏄】〔19〕 タン 漢 平 寒 tuán トワン J — 補 6929 U 93C4
意味 鉄のかたまり。

金11【鏑】〔19〕 一 テキ 漢 一 入 錫 dí ティー 二 — 二 — dī ティー J 3713 補 — U 93D1
意味 一①やじり。矢のとがった先端部分。②〈かぶら〉鏑矢(かぶらや)。蕪(かぶ)形の穴のあいた中空の球を先につけた矢。射ると高い音をたてる。「鳴鏑(めいてき)」 二現元素名。ジスプロシウム(Dy)。
姓 鏑木(かぶらぎ)

金11【鏜】〔19〕 トウ 漢 平 陽 (タウ) tāng タン J ②9134 補 6940 U 93DC
意味 鐘や太鼓の音。大きな音。「鏜然(とうぜん)」「鏜鏜(とうとう)」「鏜鞳(とうとう)」

金11【鏌】〔19〕 バク 漢 入 薬 mò モー J — 補 6936 U 93CC
意味 鏌鋣(ばくや)・鏌邪(ばくや)は、①昔の名剣の名。②大きなほこ。＝莫邪(ばくや)

金11【鏋】〔19〕 バン 漢 上 旱 mǎn マン J — 補 6935 U 93CB
意味 ①金。黄金。②金の精。

金11【鏢】〔19〕 ヒョウ 漢 平 蕭 (ヘウ) biāo ピアオ J ②9135 補 6943 U 93E2
意味 ①〈こじり〉刀のさやの先についている飾り。②刀のさき。③＝鑣(一三二一㌻・上)

金11【鏝】〔19〕 バン 漢 平 寒 / マン 慣 mán マン J 7924 補 — U 93DD
金13【𨭜】〔21〕同字 J — 補 — U 28B5C
意味 ①〈こて〉壁をぬる工具。＝墁(ばん) ②かざる。ぬる。

金11【鏞】〔19〕 ヨウ 漢 平 冬 / ユウ 呉 yōng ヨン J ①9336 補 6941 U 93DE
金7【銿】〔15〕同字 J ②9084 補 6817 U 92BF
意味 ①楽器の名。大きな鐘(かね)。②西方の音楽。

金11【鏐】〔19〕 一 リュウ 漢 一 平 尤 liú リウ (リウ) 二 リョウ 漢 二 平 蕭 liáo リアオ (レウ) J 7925 補 — U 93D0
意味 一①純金。②いしゆみのへり。二しろがね。＝鐐(りょう)

金11【鏈】〔19〕 一 レン 漢 一 平 先 lián リエン 二 レン 慣 二 — liàn リエン J 7926 補 — U 93C8
意味 一①銅の類。②鉛の類。二くさり。

金11【鏤】〔19〕 一 ロウ 漢 一 去 宥 lòu ロウ / ル 呉 二 ル 呉 二 平 虞 lú ルー J 7927 補 — U 93E4
金9【𨩐】〔17〕俗字 J — 補 — U 28A50
意味 一①はがね。鋼鉄。②〈え・る(ゑ・る)〉〈きざ・む〉金石・木などを彫り、金玉をはめこむ。③〈ちりば・める(——・む)〉④金飾り。⑤とおす。ひらく。二属鏤(しょくる)は、呉(ご)の国の名剣の名。
【鏤金】(ろうきん・るきん) 金をちりばめること。
【鏤句】(ろうく・るく) 句を作るのに苦心する。また、その文句。
【鏤刻】(ろうこく・るこく) ①彫りきざむ。②ことばや文章を飾りたてる。③「鏤板」に同じ。
【鏤骨】(ろうこつ・るこつ) ①骨にきざみこむ。②心に忘れない。「銘肌(めいき)鏤骨」③苦心する。
【鏤身】(ろうしん・るしん) いれずみ。文身。
【鏤板】(ろうはん・るはん) 板木にほる。出版する。
【鏤氷】(ろうひょう) 氷に彫りつける。むだな努力のたとえ。
【鏤膚】(ろうふ・るふ) いれずみ。文身。

金11【鏧】〔19〕 ロウ 漢 平 冬 lóng ロン J ②9136 補 6945 U 93E7
意味 鏧鏧(ろうろう)は、太鼓の音。

8画
金長(镸)門阜(阝〈左〉)隶隹雨青(靑)非

8画 ➡金長(镸)門阜(阝〈左〉)隶隹雨青(靑)非

金11【鏮】〔19〕 kāng カン 意味 現元素名。スカンジウム(Sc)の旧称。 U補J 93EE
↓鈧(一二八八ジ・中)

金11【鏰】〔19〕 bēng ボン 意味 現①清代の末に発行された穴のない銅貨。②小額の硬貨。 U補J 93F0

金11【鏱】〔19〕国字 ショウ(シャウ) 意味 人名に用いられた。 U補J ②9131 93F1

金11【𨫤】〔19〕国字 意味〈ひ〉鉱脈。 U補J ②9129 28AE4

金11【鏙】〔19〕 俗↓鑵(九八七ジ・中)

金11【鏁】〔19〕 同↓鎖(一三〇四ジ・下)

金11【鏍】〔19〕 同↓𨰻(一三一一ジ・下)

金11【鏉】〔19〕 同↓鏊(一三〇六ジ・下)

金11【鏥】〔19〕 同↓銹(一二九七ジ・上)

金12【鐚】〔20〕 ア 漢 平 麻 yā ヤー 意味〈しころ〉首すじをまもるかぶとのたれ。＝錏 国〈びた〉質の悪いぜに。 U補J 7928 941A

金12【鏵】〔20〕 カ 漢 平 麻 (クヮ) huá ホワ 意味 農具の一種。すき。 U補J
金10【鏵】〔18〕俗字 U補J ②9128 93F5

金12【鐗】〔20〕 カン 漢 去 諫 jiàn チエン 意味 ①車軸に巻く金属。②武器。むちに似て、刃がなく、かどが四つあるもの。 U補J ②9140 69962 9417

金12【鐖】〔20〕 ■キ 漢 ■平 微 jī チー ■キ 漢 ■平 微 qí チー 意味 ■①釣り針の先端についている突起。かかり。②連鐖は、はじき弓。■大鎌。 U補J ②9139 69961 9416

金12【鏹】〔20〕 ■キョウ 漢 ■上 養 (キャウ) qiǎng チアン ■ qiāng チアン 意味 ■①金属の名。鉛の類。②さし。銭をひもに通したもの。③銭。お金。■ 現 鏹水 qiāngshuǐ は、硫酸。 U補J 6946 93F9

金12【鐈】〔20〕 キョウ 漢 平 蕭 (ケウ) qiáo チアオ 意味 ①足の長い鼎。②釜。③かすがい。 U補J 6955 9408

金12【鏸】〔20〕 ■ケイ 漢 ■去 霽 huì ホイ ■セイ 漢 ■去 霽 suì ソイ ■エイ 漢 ■去 霽 ruì ロイ 意味 ■①鋭い。②みつまたの矛。■大きな鼎。■警護の臣下が持つ矛。 U補J 6948 93F8
金10【𨫍】〔18〕俗字 U補J ②9123 28ACD

金12【鐝】〔20〕 ケツ 漢 入 月 jué チュエ 意味 ①すき。農具の一種。②みがく。 U補J 941D

金12【鐍】〔20〕 ケツ 漢 入 屑 jué チュエ 意味 ①舌のついた環。帯止め、尾錠に用いる。②錠。③かなめ。枢要のたとえ。 U補J 6957 940D

金12【鐄】〔20〕 コウ 漢 平 庚 (クヮウ) huáng ホワン 意味 ①かねの音。＝鍠 ②大きなかね。③大鎌。 U補J ①9338 69544 9404

金12【鐕】〔20〕 サン 漢 平 覃 zān ツァン 意味 ①釘。②つづりあわせる。 U補J 2F9EC
金14【鐕】〔22〕俗字 U補J 6960 9415

金12【鐁】〔20〕 シ 漢 平 支 sī スー 意味 かんな。 U補J 6952 9401

金12【鐘】〔20〕 常 ショウ かね ショウ 漢 平 冬 シュ 呉 zhōng チョン 意味 ①〈かね〉㋐青銅製の打楽器。＝鍾 ㋑仏寺のつりがね。㋒時をつげるかね。②時刻をいう。③姓。④ 現 掛け時計。置き時計。 U補J 3066 9418
旧字 金12【鐘】〔20〕 U補J
金7【銿】〔15〕同字 U補J ②9084 6817 92BF

筆順
𠂉
仐
金
金'
鈰
鉓
鍗
鐘

(鐘①㋐)

解字 鐘 形声。金が形を表し、童が音を示す。童は種と同じく、植える意味がある。鐘は、楽器のかねで、秋に植えたものが実るときの音である。また、童は撞で、つくという意味ともいう。

名前 あつむ

【鐘虡】しょうきょ 鐘とかねかけの台。＝鍾鐻

【鐘磬】しょうけい 鐘と磬。磬は、への字形の石で、たたいて鳴らす楽器。寺などで、鐘と合わせて使う。

【鐘鼓】しょうこ 鐘と太鼓。

【鐘石】しょうせき 「鐘磬しょうけい」に同じ。

【鐘鼎】しょうてい つり鐘とかなえ。【――文字】しょうていもじ 殷いん・周時代の鐘やかなえに刻まれている文字。

【鐘板】しょうばん 禅宗の寺で、時刻や食事などを知らせるために打つ板。

【鐘銘】しょうめい 鐘にきざんだ文章。

【鐘鳴】しょうめい 鐘が鳴る。時間を知らせる。【――鼎食】しょうめいていしょく 食事の合図に鐘をならし、かなえ(なべの類)をたくさん並べて食う。大きな家でおおぜいの人がごちそうを食べる。〈王勃おうぼつ・滕王閣序とうおうかくのじょ〉【――漏尽(盡)】しょうめいろうじん 時の鐘が鳴り、水時計の水が尽きる。死ぬ時期がせまっている。〈三国志〉

【鐘籥】しょうやく つり鐘と笛。〈蘇軾そしょく・日喩にちゆ〉

【鐘楼(樓)】しょうろう 鐘つき堂。

【鐘漏】しょうろう｜しゅろう 時刻をつげる鐘と、水時計とけい。

【鐘頭】チョントウ zhōngtóu 現 時間(六十分)。

【鐘表】チョンピアオ zhōngbiǎo 現 時計とけい類の総称。

〖釁レ鐘〗かねにちぬる 新しく鐘をつくったとき、動物の血を鐘にぬりこむ儀式。〈孟子もうし・梁恵王りょうのけいおう上〉

◆吊鐘つりがね・半鐘はんしょう・巨鐘きょしょう・早鐘はやがね・破鐘われがね・梵鐘ぼんしょう・釣鐘つりがね・晩鐘ばんしょう・鳴鐘めいしょう・警鐘けいしょう

(鐘楼)

金12【鐎】〔20〕 ショウ 漢 平 蕭 (セウ) jiāo チアオ 意味 鐎斗しょうとは、三本脚のなべ。 U補J 6958 940E

(鐎斗)

金12【鐉】〔20〕 セン 漢 平 先 quān チュワン 意味 ①門のとびらの回転軸部分をささえる鉄の環。穴をあける工具。＝鑽 ②きり。 U補J ②9137 69567 9409

金12【鐥】〔20〕 セン[漢] ゼン[呉] [去]霰 shàn シャン　J — 補 — U 9425
[意味] ＝釤(さん)。①大きな鎌(かま)。②刈る。

金12【鐏】〔20〕 ソン[漢] [去]願 zūn ツン　J ②9138 補 6959 U 940F
[意味]〈いしづき〉矛(ほこ)や槍(やり)などの柄の下端にかぶせる円錐形の金具。

金12【鐓】〔20〕 タイ[漢] [去]隊 duì トイ　J 7930 補 — U 9413
[意味]〈いしづき〉矛や槍の下端につける平底の金具。＝錞(たん)

金12【鐔】〔20〕 [一]シン[漢] [一][平]侵 xín シン　[二]タン[漢] [二][平]覃 tán タン　J — 補 — U —
[意味][一][二]①〈つば〉剣のつば。②〈つかがしら〉剣のつかの先端。③小さい剣。④地形がけわしい。
金12〔鐔〕〔20〕同字　J 7929 補 — U 9414

金12【鐙】〔20〕 [一]トウ[漢] [一][去]径 dèng トン　[二]トウ[漢] [二][平]蒸 dēng トン　J 3810 補 — U 9419
[意味][一]①〈あぶみ〉鞍(くら)の両わきにつるして、馬に乗るときに足をかけるもの。②たかつき。食物を盛る道具で、昔の祭器の一つ。[二]灯(ひ)ともし皿。火をともす皿。ともしび。＝灯(とう)

(鐙[一]①)

金12【鐃】〔20〕 [一]ドウ(ダウ)[漢] ニョウ(ネウ)[呉] [一][平]肴 náo ナオ　[二]ドウ(ダウ)[漢] ニョウ(ネウ)[呉] [二][去]効 nào ナオ　J 7931 補 — U 9403
[意味][一]①〈どら〉〈くすみ〉じんがね。軍隊が行軍で使う楽器。②鐃鈸(にょうはち)は、仏教の法会で使うシンバルに似た楽器。③かまびすしい。さわがしい。[二]乱す。＝撓(とう)
【鐃歌】(どう(だう)か) 陣中や行軍中に、鐘に合わせて歌う軍歌。
【鐃吹】(どう(だう)すい) どらとふえ。軍隊の音楽。

(鐃[一]①)

金12【鏺】〔20〕 ハツ[漢] [入]曷 pō ポー　J — 補 6949 U 93FA
[意味]①〈かま〉両刃のかま。②〈か・る〉草を刈り取る。③しずめる。戦乱をおさめる。

金12【鐇】〔20〕 ハン[漢] ボン[呉] [平]元 fán ファン　J 7932 補 — U 9407
[意味]①ちょうな。刃の広い斧。②農具の名。スコップ状で、草を削り取るのに使う。③取り除く。④つち。⑤[現]元素名。バナジウム(V)の旧称。↓釩(一二八六ジ・下)
【鐇钁】(はんかく) スコップとくわ。ものを取り除く。

金12【鏷】〔20〕 ホク[漢] ボク[慣] [入]沃 pú プー　J — 補 6947 U 93F7
[意味]①あらがね。精錬していない鉄や銅。②[現]元素名。プロトアクチニウム(Pa)。

金12【鐂】〔20〕 [一]リュウ(リウ)[漢] [一][平]尤 liú リウ　[二]リュウ(リウ)[漢] [二][去]宥 liù リウ　J — 補 6953 U 9402
[意味][一]①〈ころ・す〉＝劉(りゅう) ②金メッキ。「鐂金」③姓。④[現]元素名。ルテチウム(Lu)の旧称。[二]①釜(かま)。②甑(こしき)。
金10〔鎦〕〔18〕同字　J — 補 6920 U 93A6

金12【鐐】〔20〕 リョウ(レウ)[漢] [平]蕭 liáo リアオ　J 7933 補 — U 9410
[意味]①しろがね。白金。銀の美しいもの。②刑具。あしかせ。鉄のくさり。[国]〈ひらがね〉二朱銀。「南鐐(なんりょう)」
【鐐子】(りょう(れう)し) 茶道をつかさどる役人。

金12【鏻】〔20〕 リン[漢] [平]真 lín リン　J — 補 — U —
[意味]①元気なさま。②リン化合物の総称。
金13〔鏻〕〔21〕俗字　J ②9141 補 6950 U 93FB

金12【鐦】〔20〕 kāi カイ　J — 補 — U 9426
[意味][現]元素名。カリホルニウム(Cf)。

金12【鐟】〔20〕 tī ティー　J — 補 6963 U 941F
[意味][現]元素名。チタン(Ti)の旧称。↓鈦(一二八八ジ・中)

金12【鐠】〔20〕 pǔ プー　J — 補 — U 9420
[意味][現]元素名。プラセオジム(Pr)。

金12【鐨】〔20〕 fèi フェイ　J — 補 — U 9428
[意味][現]元素名。フェルミウム(Fm)。

金12【鐒】〔20〕 láo ラオ　J — 補 — U 9412
[意味][現]元素名。ローレンシウム(Lr)。

金12【鐡】〔20〕[俗]↓鐵(一二九〇ジ・中)

金13【鐶】〔21〕 カン(クヮン)[漢] [平]刪 huán ホワン　J 7934 補 — U 9436
[意味]〈わ〉〈たまき〉円形で中にあなのあいたもの。㋐かなわ。金属の丸い輪。㋑耳輪。㋒指輪。㋓首輪。

金13【鐻】〔21〕 [一]キョ[漢] [一][上]語 jù チュイ　[二]キョ[漢] [二][平]魚 qú チュイ　J ②9144 補 6970 U 943B
[意味][一]①かねかけ。鐘をかける台のあし。＝虡(きょ) ②木製の鐘。[二]金銀の耳輪。また、器。

金13【鐱】〔21〕 [一]ケン[漢] [一][去]豔 jiàn チエン　[二]セン[漢] [二][平]塩 qiān チエン　J — 補 6966 U 9431
[意味][一]金。[二]すき。土を掘りおこす農具。

金13【鐯】〔21〕 シャク[漢] [入]薬 zhuó チュオ　J — 補 6965 U 942F
[意味] 農具の一種。大きなすき。

金13【鏽】〔21〕 シュウ(シウ)[漢] [去]宥 xiù シウ　J ①9339 補 6951 U 93FD
[意味]〈さび〉金属のさび。＝銹(しゅう)
【鏽渋(澁)】(しゅう(しう)じゅう(じふ)) さび。さびつく。

金13【鐲】〔21〕 ショク[漢] タク[漢] [入]覚 zhuó チュオ　J ②9142 補 6967 U 9432
[意味]①〈どら〉じんがね。軍隊で使うどら。②うでわ。くしろ。

(鐲①)

金13【鐫】〔21〕 セン[漢] [平]先 juān チュワン　J 7935 補 — U 942B
[意味]①のみ。穴をあける工具。②〈き・る〉鑽(き)る。うがつ。穴をあける。③〈え・る(ゑ・る)〉彫りつける。「鐫印(せんいん)」④いさめる。⑤しりぞける。官位をさげる。
金10〔鎸〕〔18〕俗字　J — 補 — U 93B8
【鐫金】(せんきん) 金属に彫りつける。
【鐫刻】(せんこく) 金属や石にほりつける。
【鐫琢(琢)】(せんたく) ①きざみみがく。②文章をねる。
【鐫喩】(せんゆ) 深く教えさとす。
【鐫鏤】(せんる) 彫りつける。

金13【鐸】〔21〕 [標] タク[漢] [入]薬 duó トウオ　J 3488 補 — U 9438
[意味]①〈さなき〉〈ぬりて〉鈴。大きな鈴。政令を発する時、振り鳴らし民に注意を促した。文事には舌が木製の木鐸(ぼくたく)を、武事には金鐸を用いた。「鐸
金4〔鈬〕〔12〕俗字　J 7869 補 — U 922C

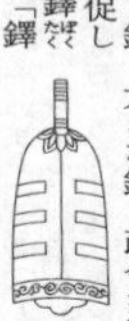
(鐸①)

鈴たくれい」②ふうりん。「風鐸ふうたく」
◇木鐸ぼくたく・風鐸ふうたく・銅鐸どうたく

金13【鐺】〔21〕㊀トウ漢㊀平陽 (タウ) dāng タン ㊁ソウ漢㊁平庚 (サウ) chēng チョン U943A J7938
意味㊀①銀鐺ろうとうは、くさり。②鼓の音。㊁①三本足のなべ。②底の浅いなべ。国〈こじり〉〈こて〉

金13【鑁】〔21〕バン漢 マン呉 上 wàn ワン 鏟 U9441 J7939
意味①仏鑁阿ばんなは、大日如来だいにちにょらいのこと。②国鑁阿寺ばんなじは、栃木県足利市にある足利氏の菩提寺ぼだいじ。

金13【鐴】〔21〕㊀ヘキ漢㊀入陌 bì ビー ㊁ヘイ漢㊁去霽 bèi ペイ、bì ビー U9434 補6969 J②9143
意味㊀からすきの先につける鉄の板。犂耳りじ。㊁刃物はものを布や砥石といしで研ぐ。

金13【鐳】〔21〕ライ漢平灰 léi レイ U9433 補6968 J①9340
意味①もたい。つぼ。②現元素名。ラジウム(Ra)。

金13【鐿】〔21〕yì イー U943F 補6971
意味現元素名。イッテルビウム(Yb)。

金13【鐽】〔21〕dá ター U943D 補6972
意味現元素名。タンタル(Ta)の旧称。→鉭(一二九二ジ・上)

金13【鑊】〔21〕俗→鑊(本ジ・上)

金13【鐊】〔21〕同→鍚(一三〇七ジ・下)

金13【鐮】〔21〕同→鎌(一三〇六ジ・上)

金13【鐵】〔21〕旧→鉄(一二九〇ジ・中)

金13【鏻】〔21〕俗→鏻(一三〇九ジ・中)

金14【鑊】〔22〕カク漢入薬 (クヮク) huò フオ

金13【鑊】〔21〕俗字 U944A 補6976 J①9341
意味①〈かなえ(かなへ)〉脚のない大なべ。②煮る。=濩
【鑊子】かくし(くわくし) 肉を煮るひらかなえ。

(鑊①)

【鑊湯】かくとう(くわくたう)「鑊烹かくほう」に同じ。
【鑊烹】かくほう(くわくはう) かまゆでの刑。

金14【鑅】〔22〕コウ漢平庚 (クヮウ) héng ホン U9445 補6974 J②9145
意味かねの音。

金14【鑈】〔22〕㊀ジョウ漢㊀入葉 (デフ) niè ニエ ㊁デイ漢㊁上薺 nǐ ニー U9448 補6975
金5【鉩】〔13〕同字 U9269 補6775
意味㊀①正しい。一説に、止まる。②毛抜き。ピンセット。㊁①糸巻き。②車どめ。

金14【鑃】〔22〕チョウ漢去嘯 (テウ) diào ティアオ U9443 補6973
意味①句鑃くちょうは、古代の楽器の名。②「銚」(一二九四ジ・下)の同字。

金14【鑌】〔22〕ヒン漢平真 bīn ピン U944C 補6977
意味精錬せいれんした質のよい鉄。

金14【鑔】〔22〕chǎ チャー U9454
意味現楽器の名。「鈸はつ」(一二九一ジ・下)の俗称。

金14【鑓】〔22〕標 国字 U9453 J4490
金15【鑓】〔23〕同字 U28BEF J②9147
意味〈やり〉=鎗・槍
地名 鑓見内やりみない
◇手鑓てやり・枕鑓まくらやり

金14【鑒】〔22〕同→鑑(本ジ・中)

金14【鑄】〔22〕旧→鋳(一二九七ジ・中)

金14【鐕】〔22〕俗→鐕(一三〇八ジ・中)

金15【鑑】〔23〕常 カン カン漢呉去陥 jiàn チエン かんがみる U9451 J2053

筆順
𠂉
𠆢
金
釒
鈩
鉅
鑑
鑑

金14【鑒】〔22〕同字 U9452 J7940
金9【鍳】〔17〕同字 U9373 補6892 J②9120
意味①水や氷を入れる大きな金属製の容器。②〈かがみ〉㋐すがたみ。㋑てほん。「亀鑑きかん」㋒いましめ。③〈かんがみる〉㋐鏡にうつしてみる。㋑てほんとする。㋒照らしあわせる。考察する。④照らす。⑤みる。みわける。「鑑定かんてい」⑥見識。
解字 形声。金が形を表し、監かんが音を示す。監は上から下を見下ろすことである。鑑は、盤に入れた水を上から見て、姿をうつす、水鏡のこと。また、水を入れる大きなおぼんをもいう。
名前 み・あき・かた・かね・しげ・のり・みる・あきら
参考 臣を六画に数え、金部十四画とする場合もある。
【鑑戒】かんかい かんがみていましめとする。よく考えてみていましめる。
【鑑誡】かんかい 「鑑戒」に同じ。
【鑑機】かんき 物事の機微(かすかなきざし)を見分ける。
【鑑古】かんこ 古物を鑑定する。
【鑑査】かんさ よく調べる。書画などのよしあしを見定めたり、会計上の不正の有無をしらべる。=監査
【鑑札】かんさつ 国許可のしるしとして、下付する札ふだ。
【鑑識】かんしき ①善悪真偽を見分ける。②法指紋や筆跡などを見分ける。【──眼】かんしきがん 鑑識する眼力。見識。
【鑑賞】かんしょう(しゃう) 芸術作品の値うちを見定め、味わう。
【鑑真(眞)】がんじん 人名。奈良なら時代、唐とうから帰化した名僧。わが国に律宗りっしゅうを伝え、のち唐招提寺とうしょうだいじを創建した。(六八八～七六三)
【鑑定】かんてい 書画・刀剣などの真偽や価値を見分けてきめる。
【鑑別】かんべつ 品物のよしあしをよく見分ける。
◇大鑑たいかん・手鑑てかがみ・印鑑いんかん・名鑑めいかん・年鑑ねんかん・図鑑ずかん・宝鑑ほうかん・明鑑めいかん・武鑑ぶかん・門鑑もんかん・殷鑑いんかん・清鑑せいかん・亀鑑きかん・絵鑑えかがみ・賞鑑しょうかん・土地鑑とちかん

金15【鑙】〔23〕ケイ漢平斉 jī チー U9459 補6979
意味堅い。

金15【鑡】〔23〕サク漢入覚 chuò チュオ U9461 補6982
意味土をけずる道具。シャベル。

金15【鑕】〔23〕シツ漢入質 zhì チー U9455 補6978
意味①〈かなしき〉鉄の台。②刑具。腰斬ようざんの処刑者を横たえる台。「鉄鑕ふしつ」③処刑に使うおの。④殺す。

金15【鑠】〔23〕シャク漢入薬 shuò シュオ U9460 J7943

意味 ①〈とか・す〉金属を溶解する。②〈と・ける(―・く)〉③美しい。光りかがやく。「鑠鑠しゃくしゃく」④矍鑠かくしゃくは、老人が元気なさま。⑤そこなう。こわす。

【鑠金】しゃっ(しゃく)きん ①金を溶かすこと。「衆口鑠金」②とけた金。また、美しい金。

金15【鑟】〔23〕 トク 漢 入 屋 dú トゥー　U補J 945F 6981

意味 印章いんしょうを入れるはこ。＝匵とく

金15【鑣】〔23〕 ヒョウ 漢 平 蕭 (ヘウ) biāo ピアオ　U補J 9463 6983 ①9342

意味 ①〈くつわ〉〈くつばみ〉②盛んなさま。「鑣鑣ひょうひょう」「鑣轡ひひょう」

馬15【驃】〔25〕 同字　U補J 4BBD

金15【鑢】〔23〕 リョ 漢 去 御 lǜ リュイ　U補J 9462 7944

意味 ①〈やすり〉金属などをみがく工具。②みがく。する。③身を修める。④姓。

金15【鑞】〔23〕 ロウ 漢 呉 入 合 (ラフ) là ラー　U補J 945E 7945

意味 ①〈すず〉錫すず。②鉛と錫との合金。白鑞とも いう。

◆白鑞はくろう・しろみ・しろめ・金鑞きんろう

金15【鑥】〔23〕 lǔ ルー　U補J 9465

意味 現 元素名。ルテチウム(Lu)。

金15【𨯁】〔23〕 国字　U補J 28BC1 ②9146

意味 〈ひ〉高𨯁たかひは、山形県の地名。

金15【鑛】〔23〕 旧↓鉱(一二八九ページ・中)

金15【鑜】〔23〕 同↓鋿(一三〇〇ページ・中)

金15【鑚】〔23〕 同↓鑽(本ページ・下)

金15【鑓】〔23〕 同↓鑓(一三一〇ページ・中)

金16【鑫】〔24〕 キン 漢 平 侵 xīn シン　U補J 946B 6985 ①9343

意味 かねや財産が多い。名前に用いられる。

金16【鑪】〔24〕 ロ 漢 平 虞 lú ルー　U補J 946A 7946

金4【鈩】〔12〕 俗字　U補J 9229 7947

意味 ①〈いろり(ゐろり)〉ひばち。＝炉 ②香炉。③〈ふいご〉ふいごう。④酒がめ。⑤酒屋の酒つぼを置く台。また、酒店。

【鑪嚢】ろたく ふいご。風を送って火を起こす道具。

金16【鑨】〔24〕 ロウ 漢 平 東 lóng ロン　U補J 9468 6984

意味 ①器うつわの名。②とぐ。みがく。＝礱ろう

金17【鑱】〔25〕 サン 漢 平 咸 chán チャン　U補J 9471 6989 ①9344

意味 ①〈はり〉治療に用いる石の針。②きり。のみ。③刺す。ほる。④鋭い。＝攙さん ⑤〈かなふぐし〉すき。土を掘り起こす道具。

金17【鑲】〔25〕 一 ジョウ(ジャウ) 漢 一 平 陽 ráng ラン　二 ショウ(シャウ) 漢 ジョウ(ジャウ) 慣 二 平 陽 xiāng シアン　U補J 9472 6990 ①9345

意味 一 ①鋳型いがたの中味。②剣に似た武器の一種。二 ①はめこむ。②ふちどる。

【鑲牙】じょう(じゃう)が 入れ歯。義歯。

【鑲嵌術】じょう(じゃう)かんじゅつ 入れ歯の技術。

金17【鑯】〔25〕 一 セン 漢 一 平 塩 jiān チエン　二 セン 漢 二 平 塩 qiān チエン　U補J 946F 6988 ②9149

意味 一 ①先のとがった鉄の道具。②鋭い。＝尖せん 二 彫りつける。きざみつける。＝鋟しん

金17【鑮】〔25〕 ハク 漢 入 薬 pò ポー　U補J 946E 6987

意味 ＝鎛 ①楽器。大きな鐘かね。②すき。くわ。

金17【鑰】〔25〕 ヤク 漢 呉 入 薬 yào ヤオ、yuè ユエ　U補J 9470 7948

意味 ①〈かぎ〉＝籥 ㋐かけがね。㋑じょう。㋒かなめ。要点。②〈とざ・す〉とじる。とじまりする。

【鑰匣】やくこう(かふ) かぎを入れておく箱。

【鑰匙】ヤオシ yàoshi 現 かぎ。

金17【鑭】〔25〕 ラン 漢 去 翰 làn ラン　U補J 946D 6986 ②9148

意味 ①金色にかがやくさま。②現 元素名。ランタン(La)。

金21【钄】〔29〕 同字　U補J 9484 6991

金17【鑵】〔25〕 俗↓罐(九八七ページ・中)

金18【鑷】〔26〕 ジョウ(デフ) 漢 入 葉 nié ニエ　セツ 慣　U補J 9477 7950

意味 ①〈けぬき〉②ぬく。毛抜きで毛を抜く。③髪飾り。

【鑷子】一 せっし ピンセット。二 じょう(でふ)し 毛抜き。

金18【鑵】〔26〕 同↓罐(九八七ページ・中)

金19【鑽】〔27〕 一 サン 漢 呉 一 去 翰 zuàn ツォワン　二 サン 漢 呉 二 平 寒 zuān ツォワン　U補J 947D 7951

金15【鑚】〔23〕 同字　U補J 945A 7952

意味 一 ①きり。のみ。穴をあける工具。②臏あしきりに使う刑具。③現 ダイヤモンド。「鑽石さんせき」二 ①〈き・る〉㋐うがつ。穴をあける。㋑きりひらく。きりすすむ。②機に乗じてとりいる。くいこむ。③深く研究する。「研鑽けんさん」④矛や鏃やじりの先。⑤やく。占いのため、亀甲きっこう・獣骨じゅうこつを焼く。⑥あつめる。＝攢さん

難読 鑽火きりび

【鑽火】さんか(くゎ) 木をこすって火をとる。

【鑽仰】さんぎょう(ぎゃう)・さんこう(がう) 学問や徳を尊敬し、したう。

【鑽堅】さんけん ①堅いものをきる。②深く研究する。

【鑽孔機】さんこうき 穴をあける機械。ボール盤ばん。

【鑽灼】さんしゃく ①亀かめの甲を切り、これを焼き、そのすじによって鑽凶をうらなう。②研究する。

【鑽出】さんしゅつ 突き出ること。

【鑽燧】さんすい 木や石をきりもみして火を出す。

金19【鑼】〔27〕 ラ 漢 平 歌 luó ルオ　U補J 947C 7953

意味 〈どら〉円盤形をした銅の打楽器。「銅鑼どら」

金19【𨰠】〔27〕 ラ 漢 平 歌 luó ルオ　U補J 28C20

意味 鉎𨰠さらは、小さい釜かま。

金11【鏍】〔19〕 同字　U補J 93CD 6937

金19【鑾】〔27〕 ラン 漢 平 寒 luán ロワン　U補J 947E 7954

意味 ①〈すず〉天子の車馬の横木や馬のくつわにつける鈴。②天子の車。「鑾輅らんろ」「鑾駕らんが」「鑾輿らんよ」

金20【钁】〔28〕 カク 漢 入 薬 (クヮク) jué チュエ　U補J 9481 7955

意味 ①農具の一種。大型のくわ。②土をほりおこす。

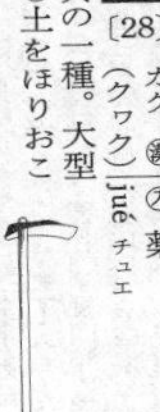

(钁①)

8画

←金長(镸)門阜(阝〈左〉)隶隹雨青(靑)非

8画 ⇒金長(镸)門阜(阝〈左〉)隶隹雨青(靑)非

金20
【鑿】〔28〕

□一 サク漢 ザク呉 □一 入 薬 záo ツァオ、zuò ツオ
□二 サク漢 □二 入 薬 zuò ツオ
□三 ソウ(サウ)漢 □三 去 号 zào ツァオ
J 7956 補 U 947F

意味 □一 ①〈のみ〉穴をあける工具。②黥(いれずみ)をいれる刑具。③〈うが・つ〉㋐ほる。穴をあける。㋑ひらく。「開鑿(かいさく)」㋒深くさぐる。「穿鑿(せんさく)」④改める。⑤耳目口鼻などの穴。□二 ①鮮明・明確なさま。「鑿鑿(さくさく)」②しらげる。精米する。□三 ①あな。ほぞ穴。②トンネル。国〈うが・つ〉人情の機微や事柄の真相を指摘する。

参考 新表記では、「削」に書きかえる熟語がある。

【鑿岩】(さくがん) 岩石に穴をあける。岩石を打ちくだく。

【鑿鑿】(さくさく) ①はっきりしたさま。②言うことが正確で道理あるさま。

【鑿井】(さくせい) 井戸を掘る。

【鑿跡】(さくせき) のみで削った跡。

【鑿泉】(さくせん) 泉を掘る。

【鑿断(斷)】(さくだん) のみでたち切る。

【鑿壁偸光】(さくへきとうこう(くわう)) かべに穴をあけて、灯火をぬすむ。漢の匡衡(きょうこう)がまずしくて、夜、隣のあかりで勉学した故事。努力して勉学にはげむこと。

【鑿落】(さくらく) 酒器。さかずきの類。

【鑿開】(さっかい(さく)) 切り開く。

【鑿空】(さっくう(さく)) ①穴を掘る。新たに道を開くこと。②でたらめ。③ほら穴。

【鑿掘】(さっくつ(さく)) 切り開く。穴をあける。

『鑿飲耕食』(うがちてのみたがやしてくらう(くらふ)) 自分で井戸を掘って水をのみ、田をたがやして食べる。〈帝王世紀〉

金20
【鑶】〔28〕

トウ 慣 tǎng タン
J ― 補 ― U 9482

意味 武器の一種。半月形の刃物。

金21
【钃】〔29〕

ショク 漢 入 沃 zhú チュー
J 6992 補 ― U 9483

意味 ①切る。たちきる。②農具の一種。すき。株をとりのぞく道具。

金21
【钁】〔29〕

同 →钁(一一三一ページ・中)

8画 長(镸)部 ながい

【部首解説】 古い字形では「亡」「兀」「匕」が合わさった字で、「久しく遠いこと」を表す。一説に、「長髪の老人」にかたどるともいう。この部には、「镸・長」の形を構成要素とする文字が属する。

長0
【長】〔8〕

学2 チョウ ながい
□一 チョウ(チャウ)漢 ジョウ(ヂャウ)呉 □一 平 陽 cháng チャン
□二 チョウ(チャウ)漢呉 □二 上 養 zhǎng チャン
□三 チョウ(チャウ)漢 ジョウ(ヂャウ)呉 □三 去 漾 zhàng チャン
J 3625 補 ― U 9577

筆順
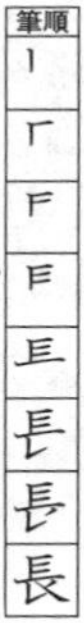

長0
【镸】〔7〕 同字 J ②9150 補 6993 U 9578

儿5
【兏】〔7〕 同字 J 1871 補 ― U 514F

意味 □一 ①〈なが・い(――・し)〉〈なが〉⇕短 ㋐たけが高い。㋑距離が遠い。㋒ひさしい。時間が長い。「長夜(ちょうや)」㋓大きい。多い。②〈とこしえ(とこしへ)〉永久に。③つねに。いつも。④〈ながく・する(――・す)〉⑤〈た・ける(―・く)〉長じている。すぐれている。「長所」⑥〈たけ〉〈たき〉長さ。㋐背の高さ。㋑寸法。□二 ①〈としかさ〉⇕幼 ㋐年より。老人。「長老(ちょうろう)」㋑年うえ。目うえ。「年長」②おとな。成人。③〈おさ(をさ)〉〈つかさ〉㋐かしら。統率者。「首長(しゅちょう)」㋑長男。総領。㋒親族の同一世代中における最年長者。㋓主君。領主。諸侯。㋔長官。㋕最もすぐれたもの。④はじめ。先頭。⑤尊(とう)とい。尊ぶ。⑥〈た・ける(―・く)〉㋐大きくなる。そだつ。「成長」㋑年をとる。大人になる。老いる。㋒ます。多くなる。さかんになる。⑦養う。育てる。⑧おおもと。□三 あまり。あまる。「冗長(じょうちょう)」「長物(ちょうぶつ)」

解字  会意・形声。古い形を見ると、上から亡・兀・匕を合わせた字。亡(ぼう)が音を示す。兀は高く遠いこと。匕は時間が久しくなって変化すること。亡はほろびること。長は久しく、遠いことである。他の説に、長は、杖をつく長髪の老人の形ともいう。

名前 いえ・たつ・つね・のぶ・ひさ・ます・みち・たけし・ひさし・まさる 姓 長内(おさない)・長田(ながた)・(おさだ)・長谷(はせ)・長門(ながと)・長宗我部(ちょうそかべ)

地名 長井(ながい)・長生(ちょうせい)・長岡(ながおか)・長門(ながと)・長浜(ながはま)・長崎(ながさき)・長野(ながの)・長船(おさふね)・長篠(ながしの)・長久手(ながくて)・長万部(おしゃまんべ)・長良川(ながらがわ)・長柄堤(ながらづつみ)

難読 長官(かみ)・長刀(なぎなた)・長押(なげし)・長閑(のどか)

参考 新表記では、「暢」の書きかえに用いる熟語がある。

【長安】(ちょうあん(ちゃう)) 地名。前漢・隋(ずい)・唐などの首府であった。今の陝西(せんせい)省西安市付近。長安城(ちょうあんじょう)。【――居不レ易】(ちょうあんおる(をる)ことやすからず) 都会は物価が高く住みにくい。〈全唐詩話〉

【長囲(圍)】(ちょうい(ちゃう)(ゐ)) ①長い間、敵をかこむこと。②長いか こい。

【長円(圓)】(ちょうえん(ちゃう)(ゑん)) こばん形の円。楕円(だえん)。

【長筵】(ちょうえん(ちゃう)) 長いむしろ。転じて、立派な宴会。

【長煙】(ちょうえん(ちゃう)) 長くたなびく煙。もや。【――一空】(ちょうえんいっくう(ちゃう)) もやが大空に長くたなびいているさま。〈范仲淹(はんちゅうえん)・岳陽楼記〉

【長屋】(ちょうおく(ちゃうをく)) □一 長いやね。□二 (ながや) 国 ①むねの長い家。②一むねを何軒にも割った家。

【長音階】(ちょうおんかい(ちゃう)) ド・レ・ミ・ファ・ソ・ラ・シ・ドの順で表される音階。明るい表現に向く音階。⇕短音階
【長夏】(ちょうか(ちゃう)) ①日の長い夏。長い夏の日。②陰暦六月。【盛夏。】

【長靴】(ちょうか(ちゃうくわ)) 長ぐつ。

【長歌】(ちょうか(ちゃう)) ①長い歌。②(ながうた) 国 和歌の一体。五七調のくりかえしの後に七七で終わるもの。⇕短歌
【長干】(ちょうかん(ちゃう)) 地名。南京(ナンキン)の中の村里。また、九江付近の地名ともいう。【――行】(ちょうかんこう(ちゃうかんかう)) 詩編・楽府(がふ)の題名。恋愛詩。

【長官】(ちょうかん(ちゃうくわん)) 役人のかしら。

【長竿】(ちょうかん(ちゃう)) 長い竹のさお。

【長閑】(ちょうかん(ちゃう)) □一 ①長いひま。②のどか。□二 (のどか) 国 のんびりしたさま。「じ。」

【長期】(ちょうき(ちゃう)) □一 長い期間。□二 (チャンチー) chángqī 現 □一 に同じ。

【長跪】(ちょうき(ちゃう)) からだを伸ばし、ひざまずいてする礼式。

【長久】(ちょうきゅう(ちゃうきう)) いつまでも変わらない。とこしえ。

【長鋏】(ちょうきょう(ちゃうけふ)) つかの長い剣。【――帰(歸)来(來)乎】(ちょうきょうかえらんか(ちゃうけふかへらんか)) 待遇の不平をいうこと。馮諼(ふうけん)という食客が孟嘗君(もうしょうくん)の待遇を不満として、「刀よ帰ろう」と歌った故事。〈戦国策・斉(せい)〉

【長句】(ちょうく(ちゃう)) □一 長い詩句。唐では七言古詩。□二 (たけく) 国

連歌の五七五の句。↕短句

【長吁】ちょう（ちゃう）く　長いため息をつく。

【長駆(驅)】ちょう（ちゃう）く　馬に乗って遠くまで行く。敵を追って遠くまで行く。

【長軀】ちょう（ちゃう）く　背たけの高いこと。長身。↕短軀

【長裙】ちょう（ちゃう）くん　長いすそ。長いもすそ。

【長兄】ちょう（ちゃう）けい　①いちばん上の兄。②年長者に対する敬語。大兄。

【長計】ちょう（ちゃう）けい　①長期にわたるはかりごと。②すぐれた計画。

【長鯨】ちょう（ちゃう）げい　①大くじら。②欲の深い悪人。

【長頸烏喙】ちょう（ちゃう）けいうかい　首が長く、口のとがった人相。范蠡が、越の王、勾践の、疑い深い性格を批評した語。危険なときには協力し合えても、平和なときにはいっしょにいられない人。〈史記・越世家〉

【長慶集】ちょう（ちゃう）けいしゅう（しふ）　書名。①「白氏長慶集」は、元稹が編集した白居易の詩文集。五十巻。「長慶」は、編集時の年号。「白氏文集」　②「元氏長慶集」は、元稹の詩文集。六十巻。

【長考】ちょう（ちゃう）こう（かう）　長い間考える。

【長江】ちょう（ちゃう）こう（かう）　川の名。中国の中央部を流れる同国最大の川。チベット高原に源を発し、東シナ海に注ぐ。下流の一部を揚子江という。

【長庚】ちょう（ちゃう）こう（かう）　①金星。②ほうき星。

【長虹】ちょう（ちゃう）こう　①長いにじ。②長い橋。

【長郊】ちょう（ちゃう）こう（かう）　広々とした町はずれの野。

【長講】ちょう（ちゃう）こう（かう）　国①講談を長くしゃべる。長いはなし。「長講一席」　②経文を読む長期の法会。

【長公主】ちょう（ちゃう）こうしゅ　天子の姉妹。

【長広(廣)舌】ちょう（ちゃう）こう（くわう）ぜつ　①長ばなし。②雄弁。

【長恨】ちょう（ちゃう）こん　永遠のかなしみ。【――歌】ちょう（ちゃう）ごんか　唐の白居易作の長編七言古詩の題名。唐の玄宗皇帝と楊貴妃の実話にもとづき、皇帝がきさきを愛し、きさきの死後もその魂を仙界に求める話を詠じた。全編百二十句。題名の「長恨」は、詩の末に「天長地久有レ時尽、此恨綿綿無ニ絶期一」とあるのによるという。「歌」は、詩の体の一種。原文は「白氏長慶集(白氏文集)」「古文真宝前編」に出ている。なお、白居易の友人陳鴻がこの詩を解説して「長恨歌伝」を作り、元稹は、この詩に和して「連昌宮詞」を作った。

【長沙】ちょう（ちゃう）さ ―チャンシャー　地名。戦国時代の邑名。また郡、県、国、市名。湖南省にある。

【長嗟】ちょう（ちゃう）さ　長いため息をつく。深く嘆くこと。

【長斎(齋)】ちょう（ちゃう）さい　①長い間身を清めて神仏に仕える。②年じゅう肉食をさけて、精進をつづける。

【長鎩】ちょう（ちゃう）さい　長いほこで、つばのあるもの。

【長策】ちょう（ちゃう）さく　①長いむち。長鞭。②すぐれた計画。

【長桟(棧)】ちょう（ちゃう）さん　長いかけ橋。

【長子】ちょう（ちゃう）し　①長男。嫡子。↕少子　②長女。③総帥。総大将。

【長史】ちょう（ちゃう）し　官名。漢代は、三公・丞相・大将軍の役所の役人の長。六朝時代は、軍の役所において、役人の長として実権をにぎった。また刺史の副官。【――司馬】ちょう（ちゃう）しば　唐代の官名。各州の刺史の下に置かれた長史と司馬。

【長至】ちょう（ちゃう）し　夏至または冬至。

【長日】ちょう（ちゃう）じつ　日の長い夏の日。

【長者】ちょう（ちゃう）しゃ　㊀①年上の人。②徳のある人。㊁ちょう（ちゃう）じゃ　①身分の高い人。金持ち。②宿駅の長。【――万(萬)灯(燈)】ちょう（ちゃう）じゃのまんどう　仏金持ちが一万の灯を寄付するより、貧乏人がまごころから一灯をささげるほうがまさることのたとえ。貧者一灯(また、貧女一灯)、長者万灯。

【長寿(壽)】ちょう（ちゃう）じゅ　長生き。長命。

【長秋】㊀ちょう（ちゃう）しゅう（しう）　①長い年月。②漢代の皇后の宮殿。また、皇后。長秋宮。㊁ながあき　㊀の①に同じ。

【長袖】㊀ちょう（ちゃう）しゅう（しう）　①長い袖。②公卿や、舞をする女。㊁ながそで　国①金持ち。②公卿や僧をそしっていうことば。【――善舞、多銭(錢)善賈】ちょう（ちゃう）しゅう（しう）よくまい（まひ）、たせんよくかう（かふ）　材料のゆたかなものほど、しごとをなしやすいたとえ。そでがないとうまく舞え、金が多いと商売につごうがよい。〈韓非子・五蠹〉

【長楸】ちょう（ちゃう）しゅう（しう）　大きなあずさの木。

【長春】ちょう（ちゃう）しゅん　①木の名。②門の名。③地名。吉林省にある。

【長処(處)】ちょう（ちゃう）しょ　「長所」に同じ。

【長所】ちょう（ちゃう）しょ　すぐれている点。美点。↕短所

【長女】ちょう（ちゃう）じょ（ぢょ）　いちばん上のむすめ。

【長殤】ちょう（ちゃう）しょう（しゃう）　成年にならないで死ぬ。若死に(十六歳～十九歳をいう)。

【長嘯】ちょう（ちゃう）しょう（せう）　声長くうそぶく。詩や歌を長くのばして歌う。「弾レ琴復長嘯」(琴をかきならし、さらに詩を声長く吟じる。)〈王維の詩・竹里館〉

【長上】ちょう（ちゃう）じょう（じゃう）　①年上の人。②目上の人。③上役。

【長城】ちょう（ちゃう）じょう（じゃう）　①長く続いている城。②万里の長城。

【長身】ちょう（ちゃう）しん　せいが高いこと。また、その人。

【長進】ちょう（ちゃう）しん　大きな進歩をとげる。

【長人】ちょう（ちゃう）じん　背のたかい人。

【長酔(醉)】ちょう（ちゃう）すい　いつまでも酔いつづける。「但願ニ長酔ニ不レ用レ醒」〈李白の詩・将進酒〉

【長生】ちょう（ちゃう）せい　①ながいき。②囲碁で、いくら打っても勝負のつかないような形の名。【――殿】ちょう（ちゃう）せいでん　①唐の華清宮中の宮殿の名。②天子の宮殿。③戯曲の名。清の洪昇の作。

【長成】ちょう（ちゃう）せい　おとなになる。一人前になる。

【長征】ちょう（ちゃう）せい　①遠くに行く。②遠くまで戦いに出て行く。

【長逝】ちょう（ちゃう）せい　①遠くへ行く。②死ぬこと。

【長舌】ちょう（ちゃう）ぜつ　おしゃべり。べらべら話す。

【長足】ちょう（ちゃう）そく　①長い足。②速い足。おおまた。③進歩の速いこと。「長足の進歩」

【長息】ちょう（ちゃう）そく　ためいき。長いためいき。

【長沮桀溺】ちょう（ちゃう）そけつでき　長沮と桀溺。春秋時代の二隠者。

【長孫】ちょう（ちゃう）そん　①いちばん年上の孫。②姓。【――無忌】ちょう（ちゃう）そんむき　人名。唐の太宗の皇后長孫氏の兄。

【長打】ちょう（ちゃう）だ　国野球で二塁打以上をいう。ロングヒット。

【長蛇】ちょう（ちゃう）だ　①長いへび。転じて、長い列。②すごい悪人。③強い敵。

【長大】ちょう（ちゃう）だい　長くて大きい。りっぱなこと。

【長大息】ちょう（ちゃう）たいそく　長く大きいため息。‖長太息

【長太息】ちょう（ちゃう）たいそく　「長大息」に同じ。

【長短】ちょう（ちゃう）たん　①長いのと短いのと。短長。②長さ。③長所と短所。優劣。【――句】ちょう（ちゃう）たんく　①一編の中に長い句と短い句のまざった詩。②宋代の詞。

【長嘆(歎)】ちょう（ちゃう）たん　長いため息をついて嘆く。

【長嘆(歎)息】ちょう（ちゃう）たんそく　「長嘆」に同じ。

【長調】ちょう（ちゃう）ちょう（てう）　長音階による調子。↕短調

【長汀】ちょう（ちゃう）てい　長いなぎさ。長く続く海岸。「長汀曲浦」

【長堤】ちょう（ちゃう）てい　長い土手。

【長程】ちょう（ちゃう）てい　長い道のり。長途。

【長笛】ちょう（ちゃう）てき　よこぶえの長いもの。

【長天】ちょう（ちゃう）てん　ひろびろとした大空。

8画
金長(镸)門阜(阝〈左〉)隶隹雨青(靑)非

8画

金長(镸)門阜(阝〈左〉)隶隹雨青(靑)非

【長途】ちょう（ちゃう）と ㊀①長い旅。②長い道のり。㊁チャントゥー chángtú 現㊁に同じ。

【長刀】ちょう（ちゃう）とう（たう） ①長い刀。②国なぎなた。

【長塘】ちょう（ちゃう）とう（たう） 長い堤。

【長男】ちょう（ちゃう）なん いちばん上のむすこ。

【長年】ちょう（ちゃう）ねん ㊀①としうえ。年長。②としより。③長生きする。④㊁に同じ。㊁ながねん 長い年月。

【長波】ちょう（ちゃう）は 物波長三千メートル以上の電波。↕中波・短波

【長髪】ちょう（ちゃう）はつ 長くのばした髪。【──賊】ちょう（ちゃう）はつぞく 髪をのばしていたのでいう。清朝の末期に洪秀全が起こした反乱軍。太平天国の反乱軍。

【長府】ちょう（ちゃう）ふ 春秋時代、魯の国で造った大きな倉の名。「魯人為₌長府₋」〈論語・先進〉

【長婦】ちょう（ちゃう）ふ ①あによめ。②背の高い嫁。

【長風】ちょう（ちゃう）ふう ①はるか遠くの風。②力強い風。

【長物】ちょう（ちゃう）ぶつ ①物を生長させる。②役にたたないもの。むだなもの。「無用の長物」

【長兵】ちょう（ちゃう）へい ①槍・矛などの長い武器。②弓矢などの飛び道具。

【長柄】㊀ちょう（ちゃう）へい ─ながえ 柄の長い道具。㊁ながつか 国①つかの長い刀。②長い矢。

【長編(「篇」)】ちょう（ちゃう）へん 長い文章・小説・詩歌。↕短編

【長鞭】ちょう（ちゃう）べん 長いむち。『──不₋及₌馬腹₋』ちょう（ちゃう）べんばふくにおよばず 長いむちも馬のはらに届かない。勢力があっても、近くに手が届かないたとえ。〈左伝・宣公十五年〉

【長暮】ちょう（ちゃう）ぼ とこしえに暗い墓の中。「杳杳即₌長暮₋」ようようとしてちょうぼにつく」(暗い中に永遠の夜を過ごす。)〈古詩十九首〉

【長方形】ちょう（ちゃう）ほう（はう）けい 数各内角が直角である四辺形。ながしかく。

【長眠】ちょう（ちゃう）みん 死ぬこと。永眠。長逝。

【長命】ちょう（ちゃう）めい 長生き。いのちが長い。

【長目飛耳】ちょう（ちゃう）もくひじ 見聞が広く遠い。〈管子・九守〉

【長夜】ちょう（ちゃう）や ①長い夜。②墓穴。③墓にほうむられること。【──眠】ちょう（ちゃう）やのねむり ①一生を夢のようにすごす。②仏迷いがあってさとりを開くことができないこと。『──之飲』ちょう（ちゃう）やのいん 戸や窓をしめきったままで何日もつづける酒もり。〈韓非子・説林〉〈史記・殷本紀〉

【長揖】ちょう（ちゃう）ゆう（いふ） かんたんな敬礼。両手をこまぬいて上げおろしする。

【長幼】ちょう（ちゃう）よう（えう） 年上と年下。『──之序』ちょう（ちゃう）よう（えう）のじょ 年長者と年少者の地位の順序。〈礼記・経解〉

【長楽(樂)】ちょう（ちゃう）らく いつまでも楽しむ。

【長吏】ちょう（ちゃう）り ①おもだった役人。下役人のうちで上位の者。郡県の役人の長。②国寺の事務長。

【長林豊草】ちょう（ちゃう）りんほうそう（さう） 広々として木や草の多い所。

【長老】ちょう（ちゃう）ろう（らう） ①徳の高い老人。②禅寺の住職。③キリスト教会で高位の人。④老人をうやまっていうことば。

【長廊】ちょう（ちゃう）ろう（らう） 長い廊下。

【長唄】ながうた 国江戸時代に起こった古典的な三味線歌曲。

【長月】ながつき 国陰暦九月の別称。

【長局】ながつぼね 国女官の宿舎。

【長点(點)】ながてん 国①長めに書いた点。②短歌や俳句などのすぐれているものにつける点。③長所。

【長櫃】ながびつ 国衣類や道具を入れる長いからびつ。

【長持】ながもち 国①長く保つ。②衣類などを入れる長方形の箱。

【長羅宇】ながラウ 国キセルの柄の長いもの。

【長押】なげし 国和風建築で柱と柱の間の装飾用の横木。

『不₋挟(挾)₋長』ちょう（ちゃう）をさしはさまず 自分の年長をかさにきていばらない。〈孟子・万章下〉

『長₋長』ちょう（ちゃう）をちょう（ちゃう）とす 年長者を年長者として尊敬する。〈大学〉

◆戸長・冗長・少長・区長・生長・市長・年長・団長・成長・伍長・会長・仲長・兵長・医長・里長・身長・君長・局長・村長・社長・所長・町長・学長・延長・首長・助長・係長・亭長・酋長・室長・面長・院長・級長・座長・師長・家長・特長・郡長・消長・校長・胴長・班長・悠長・艇長・曹長・深長・部長・婦長・組長・隊長・園長・署長・増長・総長・駅長・館長・課長・寮長・髪長・機長・議長・職長・艦長・霊長・八百長・給仕長・鼻下長・部隊長・中板長・意味深長・百薬之長

長0 【镸】〔7〕 同↓長(一三一二ページ・中)

長3 【镹】〔10〕 同↓久(三六ページ・下)

長6 『肆』(一〇一一ページ・下)↓聿部七画

長14 【镾】〔21〕 本↓彌(四四八ページ・中)

8画 門部 もん もんがまえ

【部首解説】 「二枚のとびら」にかたどり、「もん」を表す。この部には、門や楼観、開閉に関連するものが多く、「門」の形を構成要素とする文字が属する。

門0 【門】〔8〕 学2 モン かど ボン 漢 モン 呉 平 元 mén メン J 4471 補 U 9580

筆順

意味 ①〈かど〉もん。建物やある区域へ出入りするための構造物で開け閉めできるもの。②形状・機能が門に似たもの。「水門」③門を守る。④門を攻める。⑤家。家がら。「名門」⑥必ず通るべきところ。ポイント。「関門」⑦学問などの一派・系統。また、その仲間。「孔門」「同門」⑧物事の分類上の大別。「部門」⑨生物の分類上の部門。⑩〈げた〉囲碁で石のぬけ道をふさぐこと。⑪大砲・学科などを数える量詞。⑫姓。

解字  象形。戸が両がわにある形で、二枚のとびらをしめている状態である。一説に、家をとりまいている土べいのさけめで、人の出入りするところのことであるという。

名前 かな・ひろ・ゆき 姓 門真・門司 地名 門司・門真

【門経(經)】かどぎょう（ぎゃう） 国①出棺のときに、家の前で読む経。②かどぐちで経を読む。

【門口】㊀かどぐち 家の出入り口。㊁メンコウ ménkǒu 現㊁に同じ。

【門田】かどた 国門の前にある田。

【門違】かどちがい（ちがひ）─かどたがい（たがひ） 国①家をまちがえること。②方向ちがい。③見当ちがい。

【門付】かどづけ 国人の家の前に立って、音曲を奏し、金品をもらって歩くこと。また、その人。

【門出】かどで─かどいで 国旅行に出発する。

【門院】もんいん（ゐん） 国天皇の生母をうやまっていうことば。

【門衛(衞)】もんえい（ゑい）─かどもり 門を守る人。門番。

【門下】もんか ①弟子。門人。門下生。②家のうち。③門下省の長官。侍中。【──省】もんかしょう（しゃう） 天子の命令や身のまわりのことをあつかう役所。【──生】もんかせい 弟子。

【門火】もんか(くゎ)・かどび　葬式やお盆に、門の前でたく火。
【門外】もんがい(ぐゎい)　①門の外。②じぶんの専門外のこと。【――漢】もんがいかん(ぐゎい)　直接関係のない者。【――不出】もんがいふしゅつ(ぐゎい)　たいせつにしまったまま、外に出さない。【――可レ設二雀羅一】もんがいじゃくらをもうく(まうく)べし(ぐゎい)　訪問者もなく、さびしいようす。門の前にすずめとりのあみをはるほど人けのないこと。門前雀羅張じゃくらはる。〈史記・鄭当時ていとうじ列伝〉
【門客】もんかく　いそうろう。
【門間】もんかん　門のすきま。
【門館】もんかん(くゎん)　①客のいる建物。②塾じゅく。寺子屋。
【門鑑】もんかん　門の出入許可証。
【門径(徑)】もんけい　①門にいたる小道。②入門の手がかり。
【門隙】もんげき　門のすきま。
【門限】もんげん　①門のしきみ。門の内外のさかい。②国門をしめる時刻。
【門戸】もんこ　①門と戸。②入り口。かどぐち。③家。④流儀。家がら。⑤重要な場所。【――開放】もんこかいほう(はう)　①出入り口をあけはなす。②国の経済市場を平等に開放する。【――之見】もんこのけん　自分の学派だけの見解。自分かっての意見。『成二――一』もんこをなす　一家を起こす。『張二――一』もんこをはる　①勢力を張る。みえをはる。②一派を立てる。
【門巷】もんこう(かう)　①家の門と道路。②かどぐちの道。
【門士】もんし　門番。門を守る武士。
【門子】もんし　①卿大夫のあととり。②門下生。③門番。
【門刺】もんし　名刺。
【門歯(齒)】もんし　まえば。
【門者】もんじゃ　門番。
【門塾】もんじゅく　①門両脇の建物。昔、勉強を教えた所。②家塾。
【門牆】もんしょう(しゃう)　①門とかきね。②師の家の門。
【門人】もんじん　①弟子でし。生徒。②門番。③いそうろう。食客。
【門生】もんせい　弟子でし。門人。【――天子】もんせいてんし　唐末、宦官かんがんが権力をふるい、天子を生徒のように見下くだしたこと。
【門跡】もんぜき　国①仏教の宗門しゅうもんをつぐ僧。②皇族が住職となる寺。③本願寺の法主。
【門扇】もんせん　門のとびら。
【門前】もんぜん　門の前。【――町】もんぜんまち　国神社や寺の門の前にできた町。【――成レ市】もんぜんいちをなす　人の出入りが多く、にぎやかなたとえ。＝門庭若レ市【――雀羅張】もんぜんじゃくらはる　「門外可レ設二雀羅一」に同じ。〈白居易はくきょいの詩・寓意ぐうい〉

【門闥】もんたつ　宮中の門。闥は、小門。
【門地】もんち　いえがら。
【門弟】もんてい　「門人」に同じ。
【門庭】もんてい　①門と庭。②門内の庭。【――若レ市】もんていいちのごとし　「門前成レ市もんぜんいちをなす」に同じ。斉の威王が諫言かんげん受け入れを表明し、多くの者が宮門の前庭に集まって、さながら市場の如くになり国力が増した故事による。〈戦国策・斉せい〉
【門弟子】もんていし　弟子でし。
【門徒】もんと　①でし。②門番。③仏教の信者。④国浄土真宗。また、その信者。
【門閥】もんばつ　家がら。
【門楣】もんび　①門の上のはり。②家がら。③富貴の人と結婚して家の名をあらわす女子。
【門扉】もんぴ　門のとびら。
【門標】もんぴょう(べう)　表札。門札。
【門廡】もんぶ　門のひさし。
【門風】もんぷう　その一派特有のならわし。一家のおきて。
【門牓】もんぼう(ばう)　①門の掛け札。②門の通行許可証。
【門吏】もんり　門を守る役人。
【門流】もんりゅう(りう)　①家がらと流派。②一家の流儀。
【門閭】もんりょ　家の門と、村の入り口の門。
【門牌】メンパイ ménpái　現番地を書いた札。
【門無二雑(雜)賓一】もんにざっぴんなし　つまらぬ客はたずねてこない。清潔な生活をしていること。〈晋書じんじょ・劉惔りゅうたん伝〉
【望レ門投止】もんをのぞみてとうしす　どこの家でもかまわず宿泊する。〈後漢書ごかんじょ・張倹伝〉
◆一門いちもん・入門にゅうもん・山門さんもん・三門さんもん・仏門ぶつもん・孔門こうもん・水門すいもん・正門せいもん・名門めいもん・同門どうもん・法門ほうもん・沙門しゃもん・肛門こうもん・里門りもん・宗門しゅうもん・表門おもてもん・唐門からもん・海門かいもん・幽門ゆうもん・専門せんもん・城門じょうもん・軍門ぐんもん・柴門さいもん・鬼門きもん・家門かもん・破門はもん・桑門そうもん・校門こうもん・部門ぶもん・閉門へいもん・黄門こうもん・開門かいもん・裏門うらもん・閘門こうもん・関門かんもん・権門けんもん・閨門けいもん・衡門こうもん・轅門えんもん・蕉門しょうもん・闔門こうもん・衛門えいもん・儒門じゅもん・通用門つうようもん・凱旋門がいせんもん・登竜門とうりゅうもん

門 1 【閂】〔9〕 サン 漢 平 刪 shuān ショワン　J 7957 補 ― U 9582
意味 〈かんぬき(くゎんぬき)〉門の戸をとざす横木。

門 2 【閄】〔10〕 コク 漢 入 職 huò フォ　J 7002 補 ― U 9584
意味 物陰にかくれて人を驚かすときに出す声。

門 2 【閃】〔10〕 人 標 セン 漢 上 琰 shǎn シャン　J 3314 補 ― U 9583
意味 ①門内から外をのぞく。②〈ひらめ・く〉③身をかわす。④いなずま。
【閃影】せんえい　さっと、ひらめき過ぎるすがた。
【閃光】せんこう(くゎう)　ぴかりとひらめく光。
【閃閃】せんせん　①ひらひら動くさま。②きらきらと光るさま。
【閃電】せんでん　①ひらめくいなびかり。②ひじょうに速いたとえ。
【閃揄】せんゆ　へつらう。

門 3 【閈】〔11〕 カン 漢 去 翰 hàn ハン　J 7003 補 ― U 9588
意味 ①村里の門。②村里。③かきね。④防ぐ。

門 3 【閉】〔11〕 学 6 ヘイ 漢 呉 去 霽 bì ピー　とじる・とざす・しめる・しまる　J 4236 補 ― U 9589

門 3 【閇】〔11〕 俗字　J 7958 補 ― U 9587

筆順 丨 𠃍 ｢ 門 門 門 閂 閉

意味 ①〈と・じる(――・づ)〉〈とざ・す〉門をしめる。↔開 ㋐〈し・める(――・む)〉〈しま・る〉 ㋑ふさぐ。ふさがる。「閉塞へいそく」 ㋒とじこめる。とじこもる。「幽閉ゆうへい」 ㋓おさめる。おさまる。かくれる。「密閉みっぺい」 ㋔やめる。終える。「閉会」 ㋕断ち切る。②まもる。③かぎ。錠を差しこむ穴。

解字  会意。門と才とを合わせた字。才はせき止めること。閉は、門をふさいで人の出入りをとめることである。
【閉関(關)】へいかん(くゎん)　戸をしめ、かんぬきをかける。
【閉居】へいきょ　家にとじこもる。
【閉月羞花】へいげつしゅう(しう)か(くゎ)　月もかくれ、花も恥じる。美人の形容。
【閉口】へいこう　①口をきかない。②国答えられないで困る。弱りはてる。あやまる。
【閉鎖】へいさ　とじる。かぎをかけてしめる。業務を停止する。
【閉蔵(藏)】へいぞう(ざう)　①しまいこむ。②かくれこもる。
【閉息】へいそく　息を殺してじっとする。
【閉塞】へいそく　ふさぐ。ふさがる。
【閉蟄】へいちつ　虫などが冬ごもりする。↔啓蟄けいちつ
【閉廷】へいてい　裁判の法廷をとじる。
【閉門】へいもん　①門をとじる。②国門をとじて謹慎する。江戸時

8画　金長(镸)門阜(阝〈左〉)隶隹雨青(靑)非

代、武士の刑罰。【──却掃】門をとじて、人と交際しないこと。〈潘岳・寡婦賦〉

◇幽閉・密閉・開閉

門3【閊】〔11〕[国字] [意味]〈つか・える(──・ふ)〉ふさがって通れないこと。　J 7959 ｜ 補 ｜ U 958A

門3【閆】〔11〕[同]↓閻(一三二ページ・中)

門3【閅】〔11〕[俗]↓閉(一三一五ページ・下)

門3〔問〕↓口部八画(二五一ページ・下)

門4【開】〔12〕[学]3　カイ　ひらく・ひらける・あく・あける　カイ [漢][呉] ─ [平] 灰 kāi　J 1911 ｜ 補 ｜ U 958B

[筆順] 丨 ｢ 門 門 門 門 開

[意味] ①〈ひら・く〉〈ひら・ける(──・く)〉〈あ・く〉〈あ・ける(──・く)〉門をあける。㋐あける。あく。㋑通す。通る。通ずる。㋒ひろげる。ひろがる。のびのびする。「開朗」㋓はじめる。はじまる。「開国」㋔きりひらく。「開拓」㋕花が咲く。②のべる。条理を分けていう。解説する。③啓発する。さとす。④離れる。分かれる。「離開」⑤解き放つ。釈放する。「開釈」⑥消す。なくす。⑦姓。[国]①〈ひら・ける(──・く)〉㋐人情・世情に通じる。㋑発展する。②〈ひらき〉㋐へだたり。差。㋑解散すること。㋒ひらき戸。

[解字] 形声。門が形を表し、开は幵で、音を示す。幵は、干が二つ対立している形。開は、門のとびらがそむきあって通路をひらくことである。また、开は、一は門をしめている形、廾は両手の形で、開は、両手でしまっている門をひらくこともいう。音カイは、幵の音ケンの変化。

[名前] はる・ひら・はるき

【開運】幸運が開ける。

【開筵】座席を設ける。宴会の用意をする。

【開演】[一] 芝居などを始める。[二] kāiyǎn [現][一]に同じ。

【開化】①世の中が開ける。風俗や思想が進歩する。「文明開化」②風俗の進歩をはかる。③[国]明治初期の世をさしていう。

【開会(會)】[一] 会を開くこと。[二] kāihuì [現][一]に同じ。

【開豁】①心がひろびろとしている。②けしきがひろく開けている。

【開巻】①書物を開く。②書物を開いた、いちばん初め。③開くことと、巻くこと。【──有益】読書が役にたつこと。

【開眼】[一] ①目を開く。②盲人の目が見えるようになる。[二] ①[仏]さとりを開く。②[仏]開眼供養。③物事の初め。【──供養】[仏]新しい仏像などにたましいを入れる儀式。

【開顔】笑う。

【開基】①物事をはじめること。②寺院をはじめて立てること。また、その僧。

【開襟】①えりを開く。②心の底まで示す。③[国]シャツなどのえりの広がったもの。「開襟シャツ」

【開元】①もとを開くこと。国を始める。②唐の玄宗の年号。(七一三～七四一)【──通宝(寶)】唐の武徳四年(六二一)にできた貨幣。

(開元通宝)

【開悟】さとる。さとす。

【開口】①口をあける。㋐ものを言う。㋑笑う。㋒飲食する。②話し始める。

【開広(廣)】広く開く。

【開港】港を開放して、貿易を始めること。また、その港。

【開闔】開いたり閉じたりする。

【開合】①口を開いて発する音声と、丸くして出す音声。②発音。

【開国(國)】①国を開く。諸侯に封ずる。②[国]外国との交際を始める。

【開墾】山野・荒地などを切り開いて耕す。

【開済(濟)】基礎を開き、しごとを完成する。「両朝開済老臣心」〈杜甫の詩・蜀相〉

【開歳】一年の初め。

【開催】会合などを開く。もよおす。

【開削(「鑿」)】[国]山などを切り開く。

【開鑿】山や岩などを切り開いて、道路や運河を通す。＝開削

【開札】入札や投票した箱をあけて、調べる。

【開山】①初めて寺を建てること。また、その人。②仏教の一宗派を始めた人。③[国]物事を始めた人。

【開士】①[仏]菩薩。さとりを開いた人。②すぐれた僧。法師。

【開市】市場を開く。貿易を始める。

【開始】[一] 始める。始まる。[二] kāishǐ [現][一]に同じ。

【開示】うちあけて説明し示す。中を開いて見せる。

【開謝】「開落」に同じ。

【開秋】秋の初め。

【開春】春の初め。年の初め。

【開城】城をあけわたす。降伏する。

【開心】①心を打ち明ける。②人の愚かな心を導いて賢くする。

【開成】疑問を解き、仕事を成す。開物成務。【──所】[国]江戸時代の洋学校。安政年間、幕府が創立した。【──石経(經)】唐の開成二年(八三七)に完成した石経。十二種の経書を石にほったもの。国子監石経。

【開霽】雨があがって晴れる。

【開誠布公】まごころを開き、公平な道をしく。誠心誠意をもって人に接すること。

【開設】始める。新しく開き設ける。

【開説】意見を述べる。

【開祖】①宗教で一宗・一派を始めた人。②学問や芸道の創立者。

【開宗明義】孝経の第一章の名。最初に全体の意義を説明すること。

【開拓】①山野を切り開いて田畑にする。②新しい方向を切り開く。

【開帳】[仏]とばりを開いて仏像をおがませる。

【開張】①大きくひらく。「開張聖聴」(陛下が臣下の意見をよく聞く。)〈諸葛亮・前出師表〉②市をひらく。③店を開く。開店する。

【開陳】意見をのべる。

【開通】ひらき通じる。開け通じる。

【開廷】裁判の法廷を開く。

【開展】[一] ひろげる。展開。[二] kāizhǎn [現][一]に同じ。

【開幕】[一] 幕府を開く。[二] [国]①舞台の幕をあける。②物事のはじまり。

【開発(發)】①知識を開きみちびく。啓発。②手紙を開く。③未開の分野を切り開く。「電源開発」

【開帆】船出する。出帆。

【開眉】心配がなくなる。笑う。

【開闢】[一] 世界の始まり。天地創造の時代。[二] kāipì [現]切り開く。開設する。＝開辟

【開府】①役所を作り、部下を置く。三公や将軍に許された制度。また、その将軍の官名。開府儀同三司。②[国]幕府を開く。

【開封】㊀(かいふう)手紙などの封を開く。㊁(カイフォン)地名。河南省開封市。北宋(ほくそう)などが都とした所。汴京(べんけい)。㊂(ひらきふう)国封をしない郵便物。

【開平】(かいへい)数平方根を求める計算のしかた。

【開閉】(かいへい)開いたりとじたりすること。

【開放】㊀(かいほう(はう))①あけはなす。②束縛をといて自由の身にしてやる。㊁(カイファン)kāifàng 現①(花が)咲く。②(一般に)開放する。

【開明】(かいめい)①知識が開ける。②りこうなこと。③開いて明らかにする。

【開門】(かいもん)門を開くこと。

【開落】(かいらく)花が開き、また散る。開謝。

【開立】(かいりゅう(りふ))―(かいりつ)数立方根を求める計算のしかた。

【開朗】(かいろう(らう))①広くほがらかなさま。②かしこい。

【開関(關)】(カイコワン)kāiguān 現電気のスイッチ。

【開学(學)】(カイシュエ)kāixué 現学校が始まる。始業。

【開水】(カイショイ)kāishuǐ 現湯。

【開支】(カイチー)kāizhī 現支払う。出費(しゅっぴ)。

【開除】(カイチュー)kāichú 現くびにする。追い払う。

◇▼川開(かわびらき)・山開(やまびらき)・公開(こうかい)・切開(せっかい)・片開(かたびらき)・未開(みかい)・打開(だかい)・再開(さいかい)・両開(りょうびらき)・身開(みびらき)・店開(みせびらき)・展開(てんかい)・満開(まんかい)・幕開(まくあき)・蔵開(くらびらき)・鏡開(かがみびらき)・未公開(みこうかい)・非公開(ひこうかい)・観音開(かんのんびらき)

門4 【間】〔12〕 学2 カン・ケン あいだ・ま

旧字 門4 【閒】〔12〕

U	補	J
9593	―	2054
9592	―	―

㊀カン漢 ケン呉 ㊀去 諫 jiàn チエン
㊁カン漢 ケン呉 ㊁平 刪 jiān チエン
㊂カン漢 ㊂平 刪 xián シエン

筆順
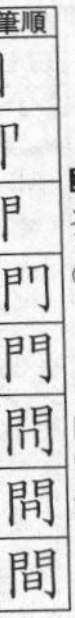

意味 ㊀①〈あいだ(あひだ)〉〈はざま〉〈あい(あひ)〉〈あわい(あはひ)〉㋐すきま。㋑へだたり。距離。㋒なかたがい。②間をおく。時々。③〈へだ・てる(――・つ)〉あいだを離す。仲をさく。④〈ひそかに〉こっそり。⑤わきにそれた。正当でない。「間道」⑥〈うかが・う(――・ふ)〉㋐すきをねらう。㋑スパイする。⑦スパイ。⑧〈そし・る〉⑨〈まじ・える(――・ふ)〉〈い・れる(――・る)〉中にはさむ。⑩関与する。⑪たがいに。かわるがわる。⑫病が少し癒(い)える。⑬はぶく。まびく。㊁①〈あいだ(あひだ)〉㋐物と物のあいだ。㋑なか。うち。㋒関係。②あたり。ところ。場所。「空間」③〈ま〉とき。時と時のあいだ。「時間」「期間」④〈ころ〉〈ころおい(ころほひ)〉⑤〈このごろ〉⑥〈しばらく〉⑦〈ま〉部屋。⑧現部屋を数える量詞。㊂＝閑 ①広く大きい。ゆとりがある。②しずか。③〈ひま〉てすき。「間暇」④いこう。くつろぐ。「間居」⑤どうでもよい。重要でない。国①〈けん〉㋐柱と柱のあいだ。「三十三間堂」㋑昔の長さの単位。六尺。約一・八㍍(メートル)。②〈あい(あひ)〉間狂言(あいきょうげん)。

解字  会意。門と月とを合わせた字。門のあいだから月光がさしてくることで、すきまをいう。一説に、月(げつ)が音を示す形声文字。月の音が隙(げき)と通ずるので、すきまの意味を表すという。

名前 ちか 姓 間(はざま)・間人(はしひと)・間部(まなべ)

難読 間鴨(あいがも)・間服(あいふく)・間引菜(まびきな)

【間狂言】(あいきょうげん(あひきゃうげん)) 国能(のう)で、中入りの間などに登場して、こっけいなしぐさや説明をすること。また、その役。

【間架】(あぐら) 国足場。高い所へのあしがかり。

【間逸(逸)】(かんいつ) しずかで安らか。＝閑逸

【間一髪】(かんいっぱつ) わずかなすきま。転じて、事のさしせまったさま。＝間不レ容レ髪(かんはつをいれず)

【間雲】(かんうん) しずかに空に浮かぶ雲。

【間暇】(かんか) ①ひま。②ゆったりしている。③国が太平なさま。

【間隔】(かんかく) へだたり。

【間関(關)】(かんかん(くわん)) ①道がけわしくて行きなやむ。転じて、人生の困難なこと。②鳥がのどかに鳴くさま。③車のきしむ音。④作文の難しいたとえ。

【間居】(かんきょ) ①ひとりでいる。②なにもしないでいる。③静かなすまい。【――筆録(錄)】(かんきょひつろく) 書名。三巻。伊藤東涯(とうがい)の随筆集。

【間曲線】(かんきょくせん) 理地図の等高線の一つ。主曲線のあいだにつける点線。五万分の一の地図では十㍍ごと。

【間隙】(かんげき) すきま。

【間欠(缺・「歇」)】(かんけつ) 国一定の時間をおいて起こったり、やんだりする。時間を隔てて。「間欠泉」

【間言】(かんげん) ①かげ口。②むだばなし。

【間語】(かんご) 静かに話す。

【間行】(かんこう(かう)) ①人目をしのんで行く。②ぬけ道を通って行く。近道を行く。③悪いおこない。

【間曠】(かんこう(くわう)) ①広々として静か。②おおまか。③広くて静かな土地。

【間歳】(かんさい) 一年おき。

【間作】(かんさく) 国①作物(さくもつ)と作物との間に、他の作物を植えつける。あいさく。②ひまなときに作る。

【間使】(かんし) スパイの役目をもった使者。

【間廁】(かんし) 入りまじる。

【間事】(かんじ) ①むだなこと。②よけいなこと。③秘密のこと。

【間時】(かんじ) ふだんなにごともない時。平生。

【間日】(かんじつ) ①一日おき。②ひまな日。

【間者】㊀(かんしゃ) このごろ。㊁(かんじゃ) 敵方の様子をさぐる者。

【間出】(かんしゅつ) ①人目をさけて行く。②たまに出かける。

【間処(處)】(かんしょ) なんの用事もなくて家にいる。

【間色】(かんしょく) 原色をまぜて作った色。中間色。

【間食】(かんしょく) 国食事と食事の間に物を食べること。あいだぐい。おやつ。

【間人】(かんじん) ①まわし者。スパイ。②ひまな人。無用の者。＝「閑人」

【間靖(靖)】(かんせい) しずか。のんびりとしてやすらか。＝閑静

【間静(靜)】(かんせい) 静か。＝閑静

【間接】(かんせつ) ①間をへだてて接する。じかでないこと。↔直接 ②とおまわし。【――税】(かんせつぜい) 商品に課される税など、税を負担する者と納める者とが異なる税。↔直接税 【――正犯】(かんせつせいはん) 法能力のない者や、犯罪の気持ちのない者を利用しておかす犯罪。【――伝(傳)染】(かんせつでんせん) 医空気や水を媒介にして病気がうつること。

【間然】(かんぜん) 欠点を示して非難する。

【間阻】(かんそ) へだたる。へだたり。

【間疎】(かんそ) 仲を悪くさせる。へだてて、うとくする。

【間断(斷)】(かんだん) あいだがとぎれる。きれめ。

【間諜】(かんちょう(てふ)) 間者。スパイ。

【間適】(かんてき) ひとりで心静かにたのしむ。＝閑適

【間田】(かんでん) ①税を免除された田。②植えつけをしない田。

【間道】(かんどう(だう)) ①ちかみち。わきみち。②ぬけみち。

【間投詞】(かんとうし) 国感動詞。「ああ」「おや」「はい」「いいえ」など。

【間投助詞】(かんとうじょし) 国文節の切れ目にはさみ調子を整える助詞。文語の「よ」「や」など、口語では「ね」「さ」など。

【間歩】(かんぽ) ①人目につかないように歩く。②静かに歩く。

【間話】(かんわ) ①つまらない話。②かげ口。

【間夫】(まぶ) 国①人妻がかくれて持つ恋人。②遊女の情夫。

『間不レ容レ髪』(かんはつをいれず) 「間一髪(かんいっぱつ)」に同じ。〈枚乗(ばいじょう)・

諫二呉王一書〉

◆人間(じんかん・にんげん)・土間・山間・仏間・中間・手間・反間・世間・民間・広間・田間・谷間・行間・林間・坊間・雨間・巷間・空間・居間・夜間・洋間・昼間・峡間・客間・眉間・期間・時間・雪間・週間・貸間・無間・晴間・雲間・幇間・幕間・瞬間・離間・隙間・欄間・日本間・出世間・俗世間・応接間・真人間

門4

【閑】〔12〕常 カン

カン 漢 ㊥ 刪 | J 2055
ケン 呉 xián シエン | 補 ― | U 9591

筆順 ｜ ｢ ｢ 門 門 門 閈 閑

意味 ①木のさく。しきり。わく。かこい。②うまや。③〈ふせ・ぐ〉さえぎる。ふせぎまもる。④きまり。のり。規制。⑤大きい。ひろい。⑥=間 ㋐〈しずか(しづか)〉 ㋑〈のどか〉のんびり。㋒〈ひま〉いとま。⑦=嫻 ㋐〈なら・う(――・ふ)〉なれる。習熟する。㋑みやびやか。うつくしい。⑧現むだな。余計な。

解字 会意。門の中に木のある形。入り口につける木の棒。出入りをふせぐかんぬき。間と通じて、ひまの意味に、嫻と通じて、習う意味にも使う。

名前 しず・のり・もり・やす・より

【閑雲野鶴】(かんうんやかく) 静かに浮かぶ雲と、野にあそぶつる。静かで自由な心境の生活をいう。

【閑華(華)】(かんか(くわ)) ①静かに咲く花。「閑華落レ地聴無レ声(かんかちにおちてきけどもこえなし)」〈盧綸の詩・呉中別二厳士元一〉 ②美しくしとやか。

【閑暇】(かんか) ①静かでひまなこと。②ゆったりしていること。

【閑雅】(かんが) ①もの静かで上品。②静かでおもむきがある。

【閑官】(かんかん(くわん)) ひまな役。閑職。

【閑閑】(かんかん) ①広くゆったりしたさま。静かに落ち着いたさま。②車の揺れるさま。③のんびりと往来するさま。男女が気楽に行き来するさま。

【閑管】(かんかん(くわん)) のんびりした取り扱い。むだなやりかた。なおざりにする。

【閑却】(かんきゃく) なおざりにする。

【閑居】(かんきょ) ①ひまなくらし。②静かな場所に住む。③静かなすまい。

【閑吟】(かんぎん) 静かに詩や歌などを口ずさむ。

【閑言】(かんげん) ①静かに話す。②むだ話。

【閑口】(かんこう) むだ話。

【閑行】(かんこう(かう)) のんびり歩く。

【閑古鳥】(かんこどり) 国鳥の名。ふふどり。かっこう。

【閑座(「坐」)】(かんざ) 静かにすわる。

【閑散】(かんさん) ひまで仕事のないこと。

【閑事】(かんじ) ①ひまなこと。②むだなしごと。

【閑日】(かんじつ) ひまな日。

【閑日月】(かんじつげつ) ①ひまな月日。②ゆったりした生活。「英雄閑日月」

【閑寂】(かんじゃく) ひっそりとさびしいさま。

【閑舒】(かんじょ) 安らかで、のんびりとしたさま。

【閑情】(かんじょう(じゃう)) 静かな思い。落ち着いた心。【――賦】(かんじょう(じゃう)のふ) 東晋の詩人、陶潜作の文章の名。

【閑職】(かんしょく) 「閑官」に同じ。

【閑人】(かんじん・ひまじん) ①ひまな人。間人。②無用の人。

【閑靖(靖)】(かんせい) 安らかで静か。〈陶潜・五柳先生伝〉

【閑静(靜)】(かんせい) ひっそりと静かなさま。

【閑談】(かんだん) しんみりと話す。

【閑地】(かんち) ①あき地。②静かな土地。③ひまな地位。

【閑適】(かんてき) 閑静自適。静かにのんびりして、心のままの生活。

【閑歩】(かんぽ) 静かに歩く。ぶらぶら歩き。

【閑門】(かんもん) 静かな門。

【閑遊】(かんゆう(いう)) ①のどかにあそぶ。②あてもなく旅をする。

【閑話】(かんわ) ①静かに話す。②むだ話。【――休題】(かんわきゅう(きう)だい) むだ話はやめて。それはさておき。

◆小閑・寸閑・安閑・有閑・森閑・等閑(とうかん・なおざり)・静閑

門4

【閎】〔12〕

コウ 漢 ㊥ 庚 | J ①9346
(クヮウ) hóng ホン | 補 7006 | U 958E

意味 ①〈ひろ・い(――・し)〉=宏 ㋐中が広い。㋑大きい。㋒むなしい。何もない。②門。㋐村の小道にある門。㋑宮中や廟の門。㋒天の門。

【閎廓】(こうかく(くわうくわく)) おく深くひろびろとしているさま。

【閎閎】(こうこう(くわうくわう)) ①大きな音のさま。②おく深くりっぱなさま。

【閎達】(こうたつ(くわう)) おおらかで、ゆきとどいている。

【閎誕】(こうたん(くわう)) でたらめに大げさなことを言う。

【閎中肆外】(こうちゅうしがい(くわうちうしぐわい)) 中が広く、外が自由。文章の内容が深遠で、表現が自由なこと。〈韓愈・進学解〉

門4

【閌】〔12〕

コウ 漢 ㊧ 漾 | J ②9153
(カウ) kàng カン | 補 7004 | U 958C

意味 門が高くりっぱなさま。

門4

【閏】〔12〕人 標

ジュン 漢 ㊧ 震 | J 1728
rùn ルン | 補 ― | U 958F

門5

【閠】〔13〕同字 | J 7964 | 補 ― | U 95A0

意味 ①〈うるう(うるふ)〉あまりの月日。平年より暦日数・暦月数の多いこと。太陽暦では四年に一度、一年を三六六日とし、太陰暦では、一年を三五四日あるいは三五五日とするため、あまった時間を三年おきに一年を十三月として、暦の調整をはかる。②あまり。余分。③正統でない天子の位。

名前 うる

【閏位】(じゅんい(ゐ)) 正統でない地位。正統でない天子の位。

【閏月】(じゅんげつ) うるうづき。陰暦のうるう年に、二度かさなる月。

【閏統】(じゅんとう) 正統でない系統。

【閏年】(じゅんねん) うるうどし。↕平年

門4

【閔】〔12〕

一 ビン 漢 ミン 呉 | 一 ㊤ 軫 mǐn ミン | J 7960
二 ビン 漢 ミン 呉 | 二 ㊥ 真 mín ミン | 補 ― | U 9594

意味 一 ①〈あわれ・む(あはれ・む)〉いたむ。=憫・愍 ②とむらう。みまう。③〈うれ・える(――・ふ)〉心配する。病む。④憂い。悩み。病。⑤暗い。⑥勉める。=黽 ⑦姓。

二 秋の空。閔天(びんてん)。=旻

【閔凶】(びんきょう) 父母の死にあう不幸。

【閔子騫】(びんしけん) 人名。孔子の弟子。閔損の字(あざな)。継母に孝行した。

【閔惜】(びんせき) あわれみ惜しむ。

【閔然】(びんぜん) ①あわれむさま。②悲しむさま。

【閔妃】(びんぴ) 人名。李朝の李太王のきさき。日清戦争後、反日政策をとったため、日本官憲らによって殺害された。

【閔閔焉】(びんびんえん) うれえるさま。深く心配するさま。閔閔然(びんびんぜん)。閔閔(びんびん)。

門4

【閍】〔12〕

ホウ 漢 ㊥ 庚 | J ②9154
(ハウ) bēng ポン | 補 7005 | U 958D

意味 ①宗廟(そうびょう)(みたまや)の門。=祊(ほう) ②宮中の門。③村里の門。

門4

【閖】〔12〕国字 | J 7961 | 補 ― | U 9596

意味 〈ゆり〉①堤防の下などを貫いて水を通すように埋設したとい。②水をせきとめて逆流を防ぐ水門。③閖前(ゆりまえ)は、宮城県石巻(いしのまき)市桃生(ものう)町の地名。

門4

〖悶〗→心部八画(四八八ジ・下)

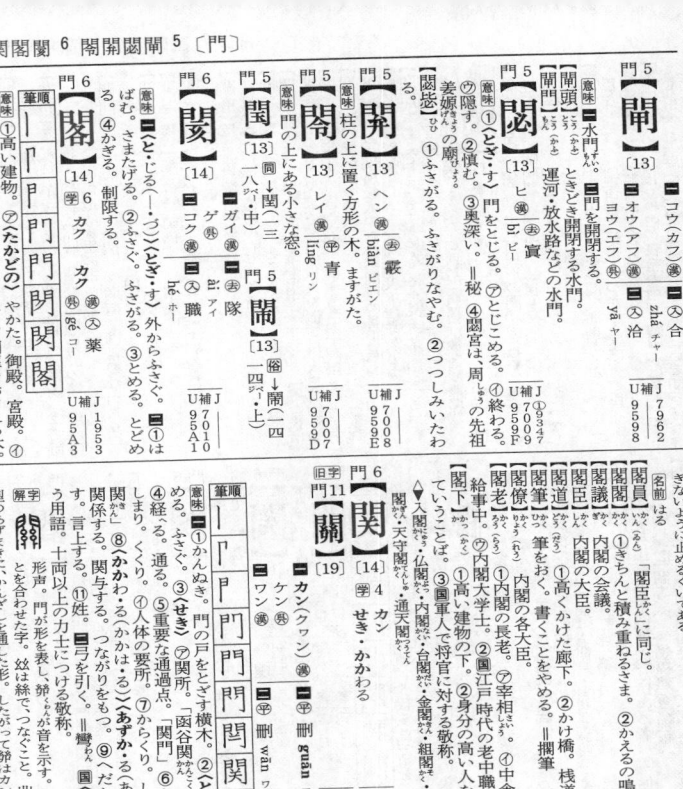

門5
【閘】〔13〕
■一 コウ(カフ)㊅漢 ■一 ㊇入 合 zhá チャー
■二 オウ(アフ)㊅漢 ■二 ㊇入 洽 yā ヤー
ヨウ(エフ)㊅呉
J 7962 補 U 9598

意味 ■一水門すいもん。■二門を開閉する。

【閘頭】こうとう（かふ） ときどき開閉する水門。

【閘門】こうもん（かふ） 運河・放水路などの水門。

門5
【閟】〔13〕
ヒ㊅漢 ㊇去 寘 bì ピー
J ①9347 補 7009 U 959F

意味 ①〈とざ・す〉門をとじる。㋐とじこめる。㋑終わる。㋒隠す。②慎む。③奥深い。＝秘 ④閟宮は、周しゅうの先祖姜嫄きょうげんの廟びょう。
【閟毖】ひひ ①ふさがる。ふさがりなやむ。②つつしみいたわる。

門5
【閞】〔13〕
ヘン㊅漢 ㊇去 霰 biàn ピエン
J 7008 補 U 959E

意味 柱の上に置く方形の木。ますがた。

門5
【閝】〔13〕
レイ㊅漢 ㊇平 青 líng リン
J 7007 補 U 959D

意味 門の上にある小さな窓。

門5
【閠】〔13〕
同→閏(一三一八ページ・中)

門5
【閙】〔13〕
俗→鬧(一四一四ページ・上)

門6
【閡】〔14〕
■一 ガイ㊅漢 ■一 ㊇去 隊 ài アイ
ゲ㊅呉
■二 コク㊅漢 ■二 ㊇入 職 hé ホー
J 7010 補 U 95A1

意味 ■一〈と・じる(―・づ)〉〈とざ・す〉外からふさぐ。ばむ。さまたげる。②ふさぐ。ふさがる。③とめる。とどめる。④かぎる。制限する。■二①はばむ。

門6
【閣】〔14〕 学6
カク カク㊅漢呉 ㊇入 薬 gé コー
J 1953 補 U 95A3

筆順 丨 ｢ 𠃌 門 門 閃 閔 閣

意味 ①高い建物。㋐〈たかどの〉やかた。御殿。宮殿。㋑役所。官庁。㋒収蔵庫。②かんぬき。門扉をおさえる木。③たな。④食物をたくわえるはこ。⑤かけはし。栈道。⑥おく。やめる。＝擱かく ⑦現内閣。

解字  形声。門が形を表し、各かくが音を示す。各には、つかえる、止めるという意味がある。閣は、門のとびらが開きすぎないように止めるくいである。

名前 はる
【閣員】かくいん（ゐん） 「閣臣かくしん」に同じ。
【閣閣】かくかく ①きちんと積み重ねるさま。②かえるの鳴くさま。
【閣議】かくぎ 内閣の会議。
【閣臣】かくしん 内閣の大臣。
【閣道】かくどう（だう） ①高くかけた廊下。②かけ橋。桟道さんどう。③「星の名。」
【閣筆】かくひつ 筆をおく。書くことをやめる。＝擱筆
【閣僚】かくりょう（れう） 内閣の各大臣。
【閣老】かくろう（らう） ①内閣の長老。㋐宰相さいしょう。㋑中舎人ちゅうしゃじん。給事中。㋒内閣大学士。②国江戸時代の老中職。
【閣下】かっか（かく） ①高い建物の下。②身分の高い人をうやまっていうことば。③国軍人で将官に対する敬称。
◆入閣にゅうかく・仏閣ぶっかく・内閣ないかく・台閣だいかく・金閣きんかく・組閣そかく・楼閣ろうかく・銀閣ぎんかく・天守閣てんしゅかく・通天閣つうてんかく

門6
【関】〔14〕 学4
旧字 門11 【關】〔19〕
カン せき・かかわる
■一 カン(クヮン)㊅漢 ■一 ㊇平 刪 guān コワン
ケン㊅呉
■二 ワン㊅漢 ■二 ㊇平 刪 wān ワン
J 2056 補 U 95A2
J 7980 補 U 95DC

筆順 丨 ｢ 𠃌 門 門 門 閂 関

意味 ■一①かんぬき。門の戸をとざす横木。②〈とざ・す〉しめる。ふさぐ。③〈せき〉㋐関所。「函谷関かんこくかん」㋑税関。④経へる。通る。⑤重要な通過点。「関門」⑥かなめ。㋐しまり。くくり。㋑人体の要所。⑦からくり。しかけ。「機関きかん」⑧〈かかわ・る(かかは・る)〉〈あずか・る(あづか・る)〉関係する。関与する。つながりをもつ。⑨へだたる。⑩申す。言上する。⑪姓。■二弓を引く。＝彎わん 国〈せき〉すもう用語。十両以上の力士につける敬称。

解字 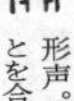 形声。門が形を表し、𢇇くゎんが音を示す。𢇇は、丝と丱とを合わせた字。丝は絲で、つなぐこと。丱は幼女の髪型のあげまきに、かんざしを通した形。したがって𢇇はカンヌキを表す。一説に、𢇇は、機はたを織るのに足で踏む板ともいう。關は、門に木を横たえたかんぬきをさすことで、とざす意味になる。

名前 み・もり・とおる　姓 関せき
【関尹】かんいん（くゎんゐん） 関所の役人。せきもり。【――子】かんいんし（くゎんゐんし） ①人名。戦国時代の人。尹喜。②書名。尹喜の撰という。

【関羽】かんう（くゎんう） 人名。三国、蜀しょくの劉備りゅうびに仕えた名将。(一六〇～二一九)

【関河】かんか（くゎんか） ①関所と川。函谷関かんこくかんや黄河。②はるかな旅路。山河をへだてた道。③軍事上の要地。

【関関(關關)】かんかん（くゎんくゎん） 鳥がやわらぎ鳴く声。のんびりと鳴く鳥の声。

【関漢卿】かんかんけい（くゎん） 人名。元時代の戯曲作家。(一二三〇～一三八〇)

【関契】かんけい（くゎん） 国関所を通過するための割り符。

【関係】かんけい（くゎん） ■一①つながり。かかりあい。あいだがら。②国てづる。縁故えんこ。③国男女間のむすびつき。■二コワンシ guānxi 現■一の①に同じ。

【関月】かんげつ（くゎん） 関所のあたりに出た月。

【関鍵】かんけん（くゎん） ■一①かんぬきと錠前。戸や門のしまり。②重要な点。■二コワンチエン guānjiàn 現■一に同じ。

【関塞】かんさい（くゎん） 国境の関所ととりで。

【関山】かんざん（くゎん） ①関所と山。②関所のある山。③ふるさと。

【関市】かんし（くゎん） 関所と市場。

【関樹】かんじゅ（くゎん） 関所のあたりにある木。

【関雎】かんしょ（くゎん） 「詩経しきょう」の最初の詩。周の文王とききさきの夫婦の徳を表したもの。【――之化】かんしょのか（くゎん） 夫婦仲がよく家庭がおさまること。〈詩経しきょう・兎罝としゃ序〉

【関渉】かんしょう（くゎんせふ） かかりあいを持つ。口を出す。＝干渉
【関心】かんしん（くゎん） ■一①気にかける。②注意する。■二コワンシン guānxīn 現■一に同じ。

【関数(關數)】かんすう（くゎん） 数他の数がきまると、それに従って値が「きまる数。」＝函数
【関西】かんせい（くゎん） ■一函谷関かんこくかんの西。■二かんさい（くゎん） 国①逢坂関おうさかのせきの以西の地。京阪神地方。②箱根山より西。

【関税】かんぜい（くゎん） ①関所を通る品物にかける税。②輸出入の品物にかける税。

【関節(關節)】かんせつ（くゎん） ①骨と骨のつながるところ。骨のふし。②えらい人に物を贈って合格や就職を頼みこむ。

【関知】かんち（くゎん） 関係して知っている。あずかり知る。

【関中】かんちゅう（くゎんちう） 函谷関かんこくかん以西の地をいう。函谷関・武関・散関さんかん・蕭関しょうかんの四関にかこまれた地。一説に函谷関と隴関ろうかんの間の地。

【関帝】かんてい（くゎん） 関羽を神に祭った呼び名。【――廟】かんていびょう（くゎんべう） 関帝の神社。鎮守ちんじゅのお宮。

【関東】かんとう（くゎん） ①㋐函谷関かんこくかんの東の地。関左。㋑山海

関以東の地。

【関内】かん(くわん)ない 関所の内がわ。函谷関の西がわの地。

【関白】かん(くわん)ぱく ①関係して意見を述べる。白は、申す意。②国官名。天皇をたすける最高の臣下。一の人。

【関八州】かん(くわん)はっしゅう(しう) 国関東の八か国。武蔵・相模・安房・上総・下総・上野・下野・常陸。

【関防】かん(くわん)ぼう(ばう) ①守備兵のいる重要な場所。関所。②書画の右肩に押す長方形の印。③「関防印」の略。明時代に、公文書の偽造防止用に押した割り印。

【関門】かん(くわん)もん ①関所の門。②関所。③重要な出入り口。④門をしめる。⑤国下関と門司。

【関鑰】かん(くわん)やく かんぬきと錠。しまり。＝関籥

【関与(與)】かん(くわん)よ 関係する。相談にのる。

【関竜(龍)逢】かん(くわん)りょうほう 人名。夏の桀王の賢臣。王をいさめて殺されたという。

【関令】かん(くわん)れい 関所の役人。

【関棙子】かん(くわん)れいす 機械のねじ。急所。

【関連】かん(くわん)れん 関係していること。かかりあい。＝関聯

【関路】かん(くわん)ろ｜せきじ(ぢ) 関所を通る道。

【関所】せきしょ 国昔、交通の要所に役人を置き、旅人や荷物を調べた役所。

【関取】せきとり 国①すもうの大関。②すもうの十両以上の力士の敬称。

【関守】せきもり 国関所の番人。

【関屋】せきや 国関所役人の官舎。関所の番小屋。

【関脇】せきわき｜せきわけ 国すもうで大関の下、小結の上。

【関照】コワンチャオ guānzhào 現めんどうを見る。世話をする。

【関于】コワンユイ guānyú 現…に関する。…について。

△▼大関・玄関・税関・郷関・摂関・機関・難関

門6

【閨】

〔14〕 標 ケイ 漢 平 斉 guī コイ

J 7965 補 ― U 95A8

意味 ①宮中の小門。上方が円形の門。②〈ねや〉寝室。女性の部屋。閨闥。閨壼。③婦女。

【閨怨】けいえん(ゑん) ①妻が夫と別れているうらみ。②女のかなしみ。

【閨閤】けいこう(かふ) ①寝室。②宮中の門。③奥ごてん。『──之臣』けいこう(かふ)のしん 主君のそば近くにつかえる家来。近臣。

【閨秀】けいしゅう(しう) 芸術にすぐれた女性。

【閨中】けいちゅう(ちう) ねやの中。寝室の中。「閨中少婦不レ知レ愁」けいちゅうのしょうふうれいをしらず（深窓の若妻は楽しくて、うれいを知らない。）〈王昌齢の詩・閨怨〉

【閨閥】けいばつ 妻の親類関係の人々のグループ。

【閨範】けいはん 女のたしなみ守るべき手本。

【閨房】けいぼう(ばう) ①ねや。②女性の居間。

【閨門】けいもん ①寝室の戸。②城の小門。③家庭。④家庭のしつけ。

【閨裏】けいり 女性の寝室の中。

門6

【閤】

〔14〕 人 標 コウ 漢 入 合 (カフ) gé コー

J 2562 補 ― U 95A4

意味 ①くぐり戸。大門のわきの小門。側門。②宮中の小門。③部屋。寝室。④たかどの。高楼。＝閣

【閤下】こう(かふ)か 「閣下」(一三一九ページ・中)に同じ。

【閤閤】こう(かふ)こう(かふ) かえるの鳴き声の形容。

△▼太閤・閨閤・禅閤

門6

【閦】

〔14〕 シュク 漢 入 屋 chù チュー

J ①9348 補 7011 U 95A6

意味 ①人が多い。②仏阿閦は、梵語 Akṣobhya の音訳で、仏の名。

門6

【閖】

〔14〕 シン 漢 去 震 shèn シェン

J ②9155 補 ― U 28D10

意味 ①門を守る。②なめらかでないさま。

門6

【閥】

〔14〕 常 バツ ハツ 漢 バツ 慣 入 月 fá ファー

J 4022 補 ― U 95A5

筆順 丨 冂 𠃍 門 門 閁 閥 閥

意味 ①てがら。いさお。功績。＝伐 ②功績をしるした左側の門柱。↕閲 ③家柄。家格。門地。④しきい。しきみ。⑤現出身や利害をともにする人々の排他的集団。

解字  形声。門が形を表し、伐が音を示す。伐は抜と同じく、人をおしのけて抜け出ることで、ほこるという意味をも持つ。門は家を表す。閥は、ふつうの人から抜き出た家のことで、りっぱな家がらをいう。

【閥閲】ばつえつ ①貴族。てがらの程度と経歴。功績のある家がら。②爵位のある家の門柱。

△▼学閥・官閥・門閥・派閥・閨閥・財閥・藩閥

門6

【閩】

〔14〕 ビン 漢 平 真 mǐn ミン

J ①9349 補 7012 U 95A9

意味 ①古代中国の東南部にいた民族の名。「閩越」「閩粤」 ②福建省の古名。③現福建省の別称。

【閩蜀同風】びんしょくどうふう 蜀は四川省。天下太平で、東の閩から西の蜀まで、天下すべてが同じ風俗になる。万里同風。

門6

【閧】

〔14〕 俗 ↓鬨(一四一四ページ・中)

J 1760 補 ― U 95B2

門6

【聞】

↓耳部八画(一〇〇八ページ・下)

門7

【閲】

〔15〕 常 エツ

旧字 門7

【閱】

〔15〕 エツ 漢 入 屑 yuè ユエ

J ― 補 ― U 95B1

筆順 丨 冂 𠃍 門 門 門 閂 閲

意味 ①〈けみ・する(──・す)〉㋐点検する。㋑数えあらためる。㋒しらべる。㋓択ぶ。ぬきとる。②〈へる(ふ)〉経験する。経歴を重ねる。③読む。④集める。まとめる。⑤〈い・れる(──・る)〉⑥てがら。⑦功績をしるした右側の門柱。↕閥 ⑧家柄。「閥閲」

解字  形声。門が形を表し、兌が音を示す。兌には集まるという意味がある。閲は、軍の武器糧食、あるいは、敵からぶんどった品を門内に並べて調べ数えることである。一説に、門は冊の略で、冊は陳列することであるという。また、兌には、抜け出る意味がある。閲は、門を抜け出ることで、穴、空、容れる、の意味となる。音エツは、兌の音タツの変化。

名前 み・かど

【閲月】えつげつ 月日がたつ。

【閲見】えっけん 開いてみる。

【閲試】えっし 調べて見る。

【閲実(實)】えつじつ 事実を調べて明らかにする。

【閲人】えつじん ①多くの人に会った人。人に会うこと。『──已多』えつじんはなはだおおし(おほし) ②女がいろいろな男と同棲の経験を持つ。

【閲読(讀)】えつどく 一 書物を読む。閲覧。二 ユエトゥー yuèdú 現「一」に同じ。

【閲兵】えっぺい 軍隊を整列させて調べ見る。【──式】えっぺいしき 整列した軍隊の前を検閲者が調べ見ながら通過する儀式。

【閲覧(覽)】えつらん 一 「閲読」に同じ。二 ユエラン yuèlǎn 現 一 に同じ。

【閲歴(歷)】えつれき ①時間がたつ。過ぎ去る。②過ぎて来た事がら。経歴。

△▼査閲・校閲・検閲

門7

【閫】

〔15〕 コン 漢 上 阮 kǔn クン

J ②9156 補 7013 U 95AB

意味 ①〈しきみ〉しきい。戸のしきり。②宮中の小門。③婦女の居室。＝壼(こん)。④女性。婦女。

【閫外】(こんがい(ぐわい)) ①都の城の外。②国境の外。【―多事】(こんがいたじ) 軍事上の仕事がいそがしいこと。【―之任】(こんがいのにん) 国の外で働く者。将軍の職をいう。

【閫則】(こんそく) 婦人の守るべき道徳。婦道。

【閫範】(こんはん) 婦人の手本になる人。すぐれた女子。

門7 【閭】〔15〕 リョ 漢 平 魚 lǘ リュイ　J 7967　U 95AD

意味 ①村里の門。②村里。町。③二十五軒ごとのまとまり。④あつまる。⑤陣のくみかた。⑥姓。

【閭閻】(りょえん) ①村の門。村里。②村の庶民。村民。

【閭伍】(りょご) ①村の隣り組。②村の人たちの仲間。

【閭巷】(りょこう(かう)) むらざと。庶民の間。民間。【―人】(りょこう(かう)のひと) 民間の人。仕えないでいる人。

【閭左】(りょさ) 貧民。秦(しん)代に、村の門の左には貧民が住んでいた。〈史記・陳渉世家(ちんしょうせいか)〉

【閭市】(りょし) 村里の盛り場。

【閭胥】(りょしょ) 官名。周時代の村役人。

【閭門】(りょもん) 村の入り口の門。

【閭里】(りょり) 村里。村民。

【旌閭】(せいりょ) 善行をしるした札を村の入り口の門にはり出す。表彰する。

【倚閭】(いりょ) 村の入り口の門によりかかる。人を待つさま。

門7 【閬】〔15〕 一 ロウ 漢 一 平 陽 láng ラン (ラウ)　二 ロウ 漢 二 上 養 lǎng ラン (ラウ)　J ①9350　補 7014　U 95AC

意味 一 ①高い門。②〈たか・い(――・し)〉高く大きい。③広い。④〈むなし・い(むな・し)〉うつろ。⑤城の空濠(からぼり)。隍(こう)。 二 明らか。ほがらか。＝朗

【閬風】(ろうふう) 山名。崑崙(こんろん)山の頂上にある。仙人(せんにん)が住むという。

門7 【閲】〔15〕 俗 ↓閲(一三二二ページ・上)

門7 【誾】↓言部八画(一一六三ページ・上)

門8 【閼】〔16〕　J 7968　U 95BC

一 アツ 漢 一 入 曷 è オー　二 エン 漢 二 平 先 yān イエン

意味 一＝遏 ①〈ふさ・ぐ〉〈ふさが・る〉 ②〈とど・める(――・む)〉㋐止める。㋑終わる。③すだれ。 二 ①閼氏(えんし)(あっし)は、匈奴(きょうど)王の妻の称号。②閼逢(えんぼう)(あつほう)は、甲(きのえ)の年。十干の一つ。＝焉逢(えんぼう)

【閼伽】(あか) ①仏 仏に供える水。②水や香水を入れる器。③国 船底にたまる水。【―桶】(あかおけ) 仏 仏に供える水を入れるおけ。【―棚】(あかだな) 仏 仏に供える水を置くたな。

門8 【閾】〔16〕 標 ヨク 漢 イキ(ヰキ) 呉 入 職 yù ユィ　J 7971　U 95BE

意味 ①〈しきみ〉〈さい〉内と外とを分ける門の横木。②くぎる。③門。

【閾貫】(いきぬき(ゐきぬき)) 国 柱を並べ立て、横木をわたしたさく。

【閾秤】(いきひょう(ゐきひやう)) 圧覚を調べる器械。

門8 【閹】〔16〕 エン 漢 平 塩 yān イエン　J 7970　U 95B9

意味 ①宦官(かんがん)。去勢した男。＝奄「閹人(えんじん)」「閹奴(えんど)」「閹宦(えんかん)」②宮中の門番。③へつらう。④かくす。おおう。

刀8 【剦】〔10〕 同字　J 1940　U 5266

【閹尹】(えんいん(ゐん)) 宦官(かんがん)の長。

【閹寺】(えんじ) 閹人と寺人。宮刑(生殖機能を断つ刑)に処せられて、宮中に仕える役人。宦官(かんがん)。

【閹然】(えんぜん) ①かくすさま。②こびへつらうさま。〈孟子(もうし)・尽心下(じんしんげ)〉

門8 【閻】〔16〕 標 一 エン 漢 呉 一 平 塩 yán イエン　二 エン 漢 呉 二 去 豔 yàn イエン　J 7969　U 95BB

門3 【閆】〔11〕 同字　J ②9152　U 9586

意味 一 ①村里の門。②ちまた。巷(こう)。路地。「窮閻(きゅうえん)」 二 容姿が美しい。＝艶・豔

【閻王】(えんおう(わう)) 閻魔(えんま)大王。【―好見】(えんおう(わう)こうけん) 閻魔(えんま)大王はよくても、小鬼どもがよくない。とりまき連中が悪いたとえ。

【閻若璩】(えんじゃく(じゃく)きょ) 人名。清(しん)代の考証学の基礎をきずいた。字(あざな)は百詩、号は潜丘(せんきゅう)。「古文尚書疏証」「四書釈地」などの名著がある。(一六三六～一七〇四)

【閻浮】(えんぶ) 仏 もと須弥山(しゅみせん)の南の州。転じて、現世。

【閻魔】(えんま) 仏 地獄の長官。人の生前の罪を調べ、罰を加える神。「閻魔大王」【―帳】(えんまちょう(ちゃう)) ①閻魔(えんま)が人の罪をしるす帳面。②国 教師が生徒の成績を書きこむ帳面の俗称。③国 巡査が容疑者について書きとめる帳面の俗称。

【閻羅】(えんら) 閻魔(えんま)大王。【―包老】(えんらほう(はう)ろう(らう)) 包は宋(そう)の名裁判官包拯(ほうじょう)。閻魔(えんま)の包さん。きびしく公平なことを言ったもの。

【閻老】(えんろう(らう)) 閻魔(えんま)のこと。

門8 【閽】〔16〕 コン 漢 平 元 hūn フン　J ①9352　補 7018　U 95BD

意味 ①〈かどもり〉宮中の門番。「閽人(こんじん)」②宮門。③宦官(かんがん)。去勢された者。④足切りの刑を受けた者。

【閽寺】(こんじ) 婦人のいる奥御殿に仕える宦官(かんがん)。

門8 【閶】〔16〕 一 ショウ 漢 一 平 陽 chāng チャン (シャウ)　二 トウ 漢 二 平 陽 táng タン (タウ)　J ①9351　補 7016　U 95B6

意味 一 ①閶門(しょうもん)は、㋐蘇州(そしゅう)城の西門。㋑揚州(ようしゅう)城の西門。②閶闔(しょうこう)は、㋐天の門。㋑門。㋒西のはてにある門。③さかん。＝昌 二 太鼓の音。

門8 【閺】〔16〕 ビン 漢 平 真 wén ウエン　J 7017　U 95BA

意味 地名。＝閿

門8 【閿】〔16〕 ブン 漢 平 文 wén ウエン　J 7019　U 95BF

意味 ①〈みる〉下を見る。②聞く。③閿郷(ぶんきょう)は地名。今の河南省にあった。

門9 【闇】〔17〕 常 やみ　J 1639　U 95C7

旧字 門9 【闇】〔17〕　U 補 J

一 アン 漢 オン 呉 去 勘 àn アン　二 アン 漢 オン 呉 上 感 ǎn アン　三 アン 漢 オン 呉 平 覃 ān アン

筆順
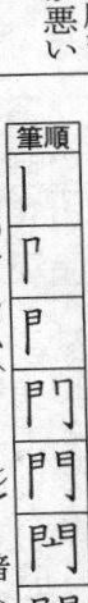

意味 一 ①〈くら・い(――・し)〉＝暗 ㋐くらい。㋑おろか。②〈やみ〉㋐くらがり。㋑夕暮れ。夜。③〈くらま・す〉㋐くらくする。㋑おおいかくす。 二 あわただしい。にわかに。「闇跳」 三 ①喪に服するためにこもる小屋。「諒闇(りょうあん)」②習熟する。そらんじる。＝諳 国〈やみ〉①月の出ない夜。②不正。

解字 闇 形声。門が形を表し、音ィんが音を示す。闇は、門を閉ざす、また、さえぎる。ここから、同音字の暗(うすぐらい)と同じ意味で使われるようになった。
参考 新表記では「暗」に書きかえる。熟語は「暗」を見よ。 U補J ―

門9 【闈】〔17〕 イ 漢 平 微 (ヰ) wéi ウエイ U補J ―
門10 【闈】〔18〕俗字 U補J 95C8 7021 ②9159
意味 ①小門。㋐宮中の小門。㋑宗廟そうびょうの門。㋒明堂めいどうの門。②宮中。特に、后妃の居所。後宮。「宮闈きゅうい」③奥の部屋。④科挙かきょの試験場。貢院。

門9 【闉】〔17〕 イン 漢 平 真 yīn イン U補J 95C9 7022
意味 ①〈ふさ・ぐ〉②曲がる。③城の外囲いの門。

門9 【闊】〔17〕 標 カツ 漢 入 曷 (クヮツ) kuò クオ U補J 95CA 7972
水14 【濶】〔17〕俗字 U補J 6FF6 7973
水17 【𤄃】〔20〕俗字 U補J 24103 ②7945
意味 ①〈ひろ・い(――・し)〉㋐広い。大きい。㋑度量が大きい。心持ちが広い。「快闊かいかつ」㋒ゆるい。②ひろくする。ゆるめる。③〈とお・い(とほ・し)〉㋐はるか。へだたる。㋑疎遠である。はなれている。「久闊きゅうかつ」㋒うとい。「迂闊うかつ」④ぜいたくする。⑤つとめ苦しむ。「契闊けっかつ」
参考 新表記では、「活」に書きかえる熟語がある。
【闊然】かつぜん(くゎつぜん) ひろびろとしたさま。
【闊疎】かつそ(くゎつそ) ①おおまかで、ぬけた点がある。②うっかりしている。
【闊大】かつだい(くゎつだい) 広く大きい。
【闊達】かったつ(くゎったつ) 心がひろく、こせこせしない。
【闊歩】かっぽ(くゎっぽ) 大きく、堂々と歩く。
【闊葉樹】かつようじゅ(くゎつえふじゅ) 㯰葉が広い木。広葉樹。↕針葉樹
【闊略】かつりゃく(くゎつりゃく) ①おおまかでいいかげん。おろそか。②罪を見のがす。
◇久闊きゅうかつ・広闊こうかつ・迂闊うかつ

門9 【闃】〔17〕 ケキ 漢 ゲキ 慣 入 錫 qù チュイ U補J 95C3 7974
意味 〈しずか(しづか)〉人けがなく、ひっそりしている。「闃寂げきせき」「闃然げきぜん」
門7 【閴】〔15〕俗字 U補J 95B4 7015 ②9157

門9 【闋】〔17〕 ケツ 漢 入 屑 què チュエ U補J 95CB 7023 ①9353
意味 ①とじる。門をとじる。②〈おわ・る(をは・る)〉㋐やむ。つきる。㋑楽曲が終わる。㋒喪が終わる。③〈くぎり〉歌曲や物語の一節。一曲。④むなしい。⑤かける。＝缺(欠) ㋐たりない。㋑あやまり。

門9 【闍】〔17〕 標 一ト 漢 一平 虞 dū トゥー 二シャ 漢 ジャ 呉 二平 麻 shé ショー U補J 95CD 7975
意味 一①〈うてな〉城郭の門の上にきずいた物見台。②城の外がこいの中にある町。二①仏阿闍梨あじゃりは、高僧。②闍婆じゃばは、インドネシアの地名。ジャワ島。

門9 【闌】〔17〕 ラン 漢 平 寒 lán ラン U補J 95CC 7976
意味 ①門のさく。②さくのようなもの。さえぎるもの。③さえぎる。ふせぐ。④盛りをすぎる。少なくなる。⑤時間がおそい。⑥つきる。衰える。⑦うしなう。⑧かってに出入りする。⑨しずか。ひま。
【闌干】らんかん ①てすり。＝欄干 ②涙がはらはら落ちるさま。③入り乱れて多いこと。④星のきらめくさま。⑤まぶた。
【闌曲】らんぎょく 国①謡曲の短いうたい物。②円熟した音曲。
【闌出】らんしゅつ 制限を破ってみだりに出る。みだりに持ち出す。
【闌入】らんにゅう(にふ) 許可なしにはいる。
【闌夜】らんや 夜ふけ。

門9 【闆】〔17〕 bǎn パン U補J 95C6 7020
意味 現老闆ラオパン lǎobǎn は、商店の主人。＝老板

門9 【𨵱】〔17〕 国字 U補J 28D71 ②9158
意味 〈かずき〉は、広島県の地名。野𨵱のかずき

門10 【闓】〔18〕 カイ 漢 上 賄 kǎi カイ U補J 95D3 7027 ①9355
意味 ①ひらく。㋐門をあける。㋑啓蒙けいもうする。㋒始める。②解く。③楽しむ。＝凱・愷 ④明らか。

門10 【闕】〔18〕 一ケツ 漢 一入 月 què チュエ 二ケツ 漢 二入 月 quē チュエ 三ケツ 漢 三入 月 jué チュエ U補J 95D5 7977
意味 一①宮門の外に作られた遠望台。単闕(一座)と双闕(左右二座)とある。観かんともいう。②門。③宮殿。二①〈か・ける(―・く)〉〈か・く〉㋐足りない。㋑へらす。除く。㋒そこなう。②過失。③姓。三①ほる。うがつ。＝掘くつ

(闕一①)

【闕員】けついん(ゐん) 不足の人員。＝欠員
【闕掖】けつえき 宮中。掖は、正門の左右にある小門。
【闕腋】けってき 国武官の礼服。わきの下をあけたうわぎ。
【闕下】けっか ①宮城の門の下。②天子。朝廷。
【闕画(畫)】けっかく(くゎく) 天子や貴人の名と同じ字を使うとき、その字の一画をはぶいて敬意を表すこと。＝欠画
【闕官】けっかん(くゎん) 国①欠員のある官職。②免職。解官げかん。
【闕疑】けつぎ 疑わしいものを除く。はっきりしないことをはぶく。
【闕国(國)】けっこく 国国司または領主のいない国。
【闕字】けつじ ①文章の中で、天子や身分の高い人に関することばの上をあけること。②文章のなかのぬけている字。
【闕失】けっしつ ①あやまち。欠点。②欠けてなくなる。
【闕所】けっしょ 国①新領主のきまっていない荘園しょうえん。②江戸時代、死罪・遠島などの刑に加えて、その罪人の領地・財産を没収する刑。
【闕如】けつじょ ①欠けている。＝欠如 ②はぶく。欠く。
【闕状(狀)】けつじょう(じゃう) 欠けているありさま。
【闕食(「蝕」)】けっしょく 太陽や、月の欠けること。日食・月食をさす。
【闕庭】けってい 宮中の庭。御所。
【闕典】けってん 欠けている書物。
【闕文】けつぶん 字句が抜けている文。疑わしいところを書かないでおいたもの。「史之闕文」〈論語・衛霊公えいれいこう〉
【闕本】けっぽん 一部が欠けている書物。＝欠本
【闕里】けつり 地名。孔子の生まれた土地。今の山東省曲阜きょくふ市の曲阜城内の闕里街。
【闕略】けつりゃく はぶく。省略する。＝欠略
【闕漏】けつろう ①ぬけおちていること。欠落。②すきま。
◇宮闕きゅうけつ・金闕きんけつ・城闕じょうけつ・禁闕きんけつ・鳳闕ほうけつ

門10 【闑】〔18〕 ゲツ 漢 入 屑 niè ニエ U補J 95D1 7025
意味 〈しきみ〉門の中央に立てる木。しきり。

門10 【闔】〔18〕 コウ 漢 入 合 (カフ) hé ホー U補J 95D4 7978
意味 ①門のとびら。②〈と・じる(―・づ)〉㋐しめる。㋑しまう。おさめる。③あう。＝合こう ④まとめる。すべる。⑤すべて。全部。⑥草のしきもの。⑦なんぞ…せざる。＝盍こう
【闔郷(鄕)】こうきょう(かふきゃう) 村全体。全村。

【闔境】こう(かふ)きょう(きゃう) 国境内全域。国中。
【闔戸】こう(かふ)こ 戸をとざすこと。
【闔国(國)】こう(かふ)こく 国国じゅう。
【闔扇】こう(かふ)せん 門のとびら。木製を闔といい、竹製を扇という。
【闔藩】こう(かふ)はん 国藩全部。国じゅう。「闔藩敬信こうはんけいしんす」〈塩谷世弘しおのやせいこう・送ニ安井仲平東遊一序やすいちゅうへいのとうゆうをおくるじょ〉
【闔闢】こう(かふ)へき 閉じることと、開くこと。
【闔門】こう(かふ)もん ①門をしめる。②国一族全部。
【闔戹】こう(かふ)やく ふさがり苦しむ。
【闔邑】こう(かふ)ゆう(いふ) 村じゅう。
【闔閭】こう(かふ)りょ 「闔廬こうりょ」の②に同じ。
【闔廬】こう(かふ)りょ ①家。②人名。春秋時代、呉ごの国の王。夫差ふさの父。

門10【闖】〔18〕 ㊀チン 漢 ㊀ 去 沁 chèn チェン ㊁ショウ 慣 ㊁ — chuǎng チョワン U補J 95D6 7979
意味 ㊀①(急に)頭をだす。②うかがいみる。㊁現①とびこむ。②まっしぐらに突進する。
【闖入】ちんにゅう(にふ) ①ようすをうかがってはいる。②突然にはいりこむ。

門10【闐】〔18〕 テン 漢 平 先 tián ティエン U補J 95D0 7024 ①9354
意味 ①〈み・ちる(―・つ)〉みちあふれる。②闐闐てんてんは、㋐盛んなさま。㋑鼓の音。㋒車馬の音。㋓雷の音。㋔群がり行くさま。③于闐うてんは、西域の国名。今の新疆しんきょうウイグル自治区和田ホータン地区にあった。

門10【闘】〔18〕 常 トウ たたかう U補J 95D8 3814
旧字 門14【鬭】〔24〕 トウ 漢 呉 去 宥 dòu トウ U補J 9B2D 7418 ①9431
筆順 丨 ｢ 門 門 門 闘 闘 闘
門10【鬪】〔20〕 俗字 U補J 9B2A 8212
門4【鬦】〔14〕 俗字 U補J 9B26 7416
意味 ①〈たたか・う(―・ふ)〉㋐切りあう。撃ちあう。組みあう。「格闘」㋑戦争する。「戦闘」㋒優劣をあらそう。㋓困難にたちむかう。②たたかわせる。③たたかい。あらそい。④であう。⑤集まる。

解字  形声。門が形を表し、斲とうが音を示す。門は二人が手で打ち合っている形を表す。斲には接するという意味がある。鬭は、ぶつかりあうことである。

姓 闘鶏つげ

【闘花】とうか(くゎ) 唐の時代、長安(今の西安)で子女が行った春の遊び。女たちが珍しい花を頭に飾ってたがいにきそい合ったもの。
【闘角】とうかく 多くの屋根の先が四方から集まっているようす。〈杜牧とぼく・阿房宮賦あぼうきゅうのふ〉
【闘艦】とうかん 戦闘用の船。いくさ船。
【闘牛】とうぎゅう(ぎう) ①牛と牛とを戦わせる。②人と牛と戦うみせもの。【――士】とうぎゅう(ぎう)し 闘牛で、牛と戦う人。
【闘蛩】とうきょう こおろぎを戦わせる遊戯。
【闘鶏(鷄)】とうけい にわとりをけんかさせる遊び。また、そのにわとり。しゃも。
【闘鬩】とうげき 争い。けんか。
【闘犬】とうけん 犬と犬を戦わせるみせもの。また、その犬。
【闘很】とうこん 人と争う。けんかする。
【闘魂】とうこん 「闘志」に同じ。
【闘士】とうし ①いくさをする人。戦士。軍人。②国闘志のさかんな人。
【闘志】とうし たたかおうとする気持ち。闘争心。
【闘臣】とうしん 国のために戦う臣。
【闘船】とうせん いくさ船。
【闘争(爭)】とうそう(さう) ㊀戦い争う。㊁ トウチョン dòuzhēng 現㊀に同じ。
【闘草】とうそう(さう) 陰暦五月五日に女たちが行う、つみ草の競技。
◆力闘りきとう・争闘そうとう・死闘しとう・乱闘らんとう・決闘けっとう・私闘しとう・苦闘くとう・拳闘けんとう・格闘かくとう・健闘けんとう・暗闘あんとう・戦闘せんとう・奮闘ふんとう・悪戦苦闘あくせんくとう

門10【闒】〔18〕 トウ(タフ) 漢 入 合 tà ター U補J 95D2 7026
意味 ①楼上の小さな建物。②いやしい。下賤である。③人里。④長いす。ベッド。⑤たいこの音。
【闒茸】とう(たふ)じょう ①いやしくおろか。②いくじなし。

門10【[門単]】〔18〕 俗 →闡(一三二三ジ・上)

門11【闚】〔19〕 キ 漢 平 支 kuī コイ U補J 95DA 7029 ①9357
意味 ①〈うかが・う(―・ふ)〉=窺 ㋐のぞきみる。㋑ちょっと見る。㋒ながめる。②さそう。ひけらかす。
【闚望】きぼう(ばう) うかがいのぞむ。
【闚覦】きゆ 身分不相応な願いをもつ。=覬覦

門11【闙】〔19〕 ケイ 漢 上 薺 qǐ チー U補J 95D9 7028
意味 門を開く。=啓けい

門11【闝】〔19〕 ヒョウ(ヘウ) 漢 平 蕭 piáo ピアオ U補J 95DD 7030
意味 女色におぼれる。=嫖ひょう

門11【關】〔19〕 旧 →関(一三一九ジ・中)

門11【[門亀]】〔19〕 俗 →鬮(一四一四ジ・中)

門12【䦱】〔20〕 イ 漢 上 紙 wěi ウエイ (ヰ) U補J 49B1
意味 ①門を開く。②半開きの門。③姓。

門12【闠】〔20〕 カイ 漢 去 隊 huì ホイ (クヮイ) U補J 95E0 7033
意味 ①町にはいる門。②間を区切る門。

門12【闞】〔20〕 ㊀カン 漢 ㊀ 去 勘 kàn カン ㊁カン 漢 ㊁ 上 豏 hǎn ハン U補J 95DE 7031 ①9358
意味 ㊀①〈みる〉ちらりと見る。②魯ろ国の地。山東さんとう省汶上ぶんじょう県西南にあった。③姓。㊁=鬫 ①虎とらのほえる声。②怒声。大声。③闞闞は、勇猛なさま。

門12【闟】〔20〕 ㊀キュウ(キフ) 漢 ㊀ 入 緝 xì シー ㊁トウ(タフ) 漢 ㊁ 入 合 tà ター U補J 95DF 7032
意味 ㊀①小さい矛。②おちついているさま。③〈と・じる(―・づ)〉あう。まとまる。=闔こう ㊁①物が落ちる音。「闟然」②いやしい。=闒

門12【闡】〔20〕 セン 漢 呉 上 銑 chǎn チャン U補J 95E1 7981
意味 ①〈ひら・く〉はじめる。②明らかにする。③魯ろ国の地。山東さんとう省寧陽ねいよう県西北にあった。
【闡提】せんだい 仏とても成仏じょうぶつできない者。仏法を信じないでそしる者。
【闡発(發)】せんぱつ はっきりあらわす。
【闡明】せんめい はっきりあらわして明らかにする。
【闡幽】せんゆう(いう) かくれたものを明らかにする。
【闡揚】せんよう(やう) 明らかにあらわす。

門13【闤】〔21〕 カン(クヮン) 漢 平 刪 huán ホワン U補J 95E4 7034

8画 金長(镸)門阜(阝〈左〉)隶隹雨青(靑)非

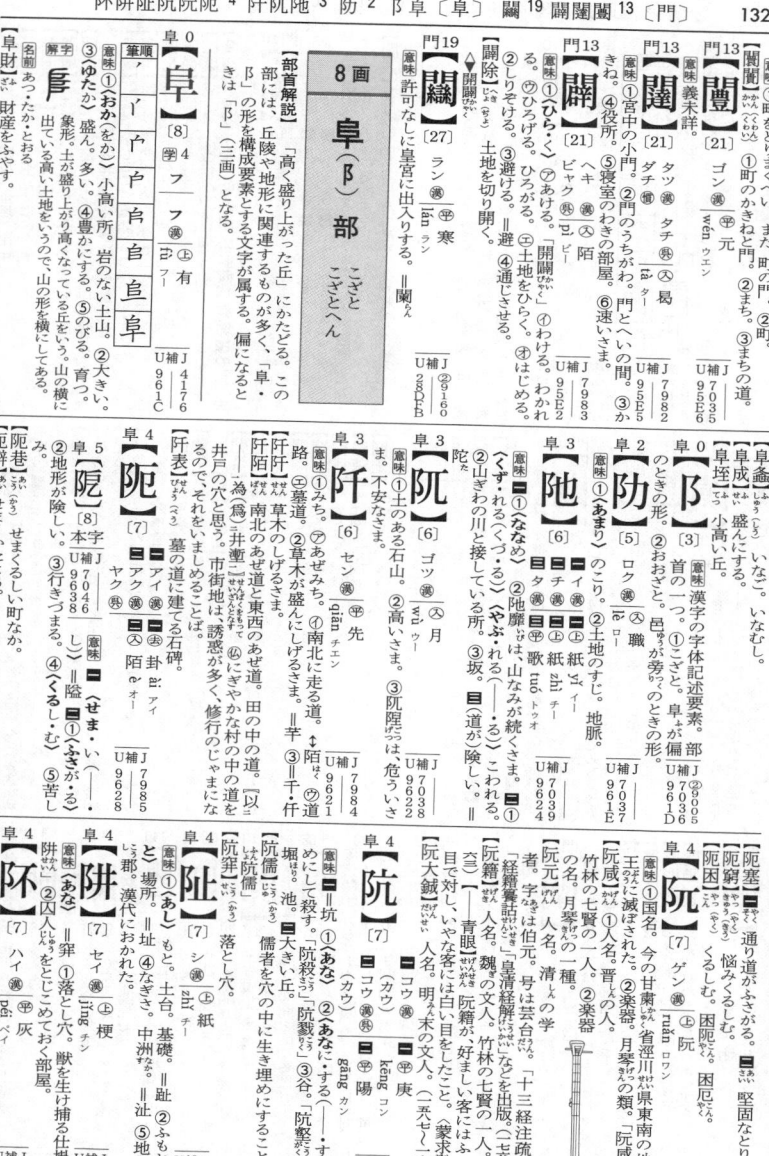

意味 ①町をとりまくへい。また、町の門。②町。

【闤闠】かんかい(くわんくわい) ①町のかきねと門。②まち。③まちの道。

門13 【闦】〔21〕 ゴン 漢 平 元 wén ウエン　U補J 7035 95E6
意味 義未詳。

門13 【闥】〔21〕 タツ 漢 タチ 呉 入 曷 ダチ 慣 tà ター　U補J 7982 95E5
意味 ①宮中の小門。②門のうちがわ。門とへいの間。③かきね。④役所。⑤寝室のわきの部屋。⑥速いさま。

門13 【闢】〔21〕 ヘキ 漢 入 陌 ビャク 呉 pì ピー　U補J 7983 95E2
意味 ①〈ひら・く〉㋐あける。「開闢(かいびゃく)」㋑わける。わかれる。㋒ひろげる。ひろがる。㋓土地をひらく。㋔はじめる。②しりぞける。③避ける。=避 ④通じさせる。

【闢除】へきじょ(ぢょ) 土地を切り開く。

◇▼開闢(かいびゃく)

門19 【𨷻】〔27〕 ラン 漢 平 寒 lán ラン　U補J ②9160 28DFB
意味 許可なしに皇宮に出入りする。=闌(らん)

8画

阜(阝)部　こざと こざとへん

【部首解説】「高く盛り上がった丘」にかたどる。この部には、丘陵や地形に関連するものが多く、「阜・阝」の形を構成要素とする文字が属する。偏になるときは「阝」(三画)となる。

阜0 【阜】〔8〕 学4 フ フ 漢 上 有 fù フー　U補J 4176 961C

筆順 ′ 亻 户 户 自 阜 阜

意味 ①〈おか(をか)〉小高い所。岩のない土山。②大きい。③〈ゆたか〉盛ん。多い。④豊かにする。⑤のびる。育つ。

解字 象形。土が盛り上がり高くなっている丘をいう。山の横に出ている高い土地をいうので、山の形を横にしてある。

名前 あつ・たか・とおる

【阜財】ふざい 財産をふやす。

【阜螽】ふしゅう(しう) いなご。いなむし。

【阜成】ふせい 盛んにする。

【阜垤】ふてつ 小高い丘。

阜0 【阝】〔3〕　U補J ②9005 7036 961D
意味 漢字の字体記述要素。部首の一つ。①こざと。阜(ふ)が偏のときの形。②おおざと。邑(ゆう)が旁(つくり)のときの形。

阜2 【阞】〔5〕 ロク 漢 入 職 lè ロー　U補J 7037 961E
意味 ①〈あまり〉のこり。②土地のすじ。地脈。

阜3 【阤】〔6〕 一イ 漢 一上 紙 yǐ イー　二チ 漢 二上 紙 zhì チー　三タ 漢 三平 歌 tuó トゥオ　U補J 7039 9624
意味 一①〈ななめ〉②阤靡(いび)は、山なみが続くさま。二①〈くず・れる(くづ・る)〉〈やぶ・れる(――・る)〉こわれる。②山ぎわの川と接している所。③坂。三(道が)険しい。=陀(た)

阜3 【阢】〔6〕 ゴツ 漢 入 月 wù ウー　U補J 7038 9622
意味 ①土のある石山。②高いさま。③阢隉(げつごつ)は、危ういさま。不安なさま。

阜3 【阡】〔6〕 セン 漢 平 先 qiān チエン　U補J 7984 9621
意味 ①みち。㋐あぜみち。㋑南北に走る道。↔陌(はく) ㋒道路。㋓墓道。②草木が盛んにしげるさま。=芊 ③=千・仟

【阡阡】せんせん 草木のしげるさま。

【阡陌】せんぱく 南北のあぜ道と東西のあぜ道。田の中の道。〖以二為(爲)井塹一〗せんぱくをもってせいざんとなす 井戸の穴と思う。市街地は、誘惑が多く、修行のじゃまになるので、それをいましめることば。

【阡表】せんぴょう(へう) 墓の道に建てる石碑。

阜4 【阨】〔7〕 一アイ 漢 一去 卦 ài アイ　二アク 漢 二入 陌 è オー　ヤク 呉　U補J 7985 9628
意味 一〈せま・い(――・し)〉=隘 二①〈ふさが・る〉②地形が険しい。③行きづまる。④〈くるし・む〉⑤苦しみ。

阜5 【阸】〔8〕 本字　U補J 7046 9638

【阨巷】あいこう(かう) せまくるしい町なか。

【阨僻】あいへき せまくかたよる。

【阨塞】一あいそく 通り道がふさがる。二やくさい 堅固なとりで。

【阨窮】やっきゅう(やくきう) 悩みくるしむ。

【阨困】やっこん(やく) くるしむ。困阨(こんやく)。困厄(こんやく)。

阜4 【阮】〔7〕 ゲン 漢 上 阮 ruǎn ロワン　U補J 7986 962E
意味 ①国名。今の甘粛(かんしゅく)省涇川(けいせん)県東南の地。周の文王(ぶんのう)に滅ぼされた。②楽器。月琴(げっきん)の類。「阮咸(げんかん)」③姓。

【阮咸】げんかん ①人名。晋(しん)の人。竹林の七賢の一人。②楽器の名。月琴(げっきん)の一種。

(阮咸②)

【阮元】げんげん 人名。清(しん)の学者。字(あざな)は伯元。号は芸台(うんだい)。「十三経注疏(じゅうさんぎょうちゅうそ)」「経籍籑詁(けいせきせんこ)」「皇清経解(こうせいけいかい)」などを出版。(一七六四～一八四九)

【阮籍】げんせき 人名。魏(ぎ)の文人。竹林の七賢の一人。(二一〇～二六三)【――青眼】げんせきせいがん 阮籍が、好ましい客にはふつうの青い目で対し、いやな客には白い目をしたこと。〈蒙求(もうぎゅう)〉

【阮大鋮】げんだいせい 人名。明(みん)末の文人。(一五八七～一六四六)

阜4 【阬】〔7〕 一コウ 漢 一平 庚 kēng コン (カウ)　二コウ 漢 呉 二平 陽 gāng カン (カウ)　U補J ②9162 7042 962C
意味 一=坑 ①〈あな〉②〈あなに・する(――・す)〉あなうめにして殺す。「阬殺(こうさつ)」「阬戮(こうりく)」③谷。「阬壑(こうがく)」④溝(みぞ)。堀(ほり)。池。二大きい丘。

【阬儒】こうじゅ(かう) 儒者を穴の中に生き埋めにすること。「焚書(ふんしょ)阬儒」

【阬穽】こうせい(かう) 落とし穴。

阜4 【阯】〔7〕 シ 漢 上 紙 zhǐ チー　U補J 7987 962F
意味 ①〈あし〉もと。土台。基礎。=趾 ②ふもと。③〈あと〉場所。=址 ④なぎさ。中洲(なかす)。=沚 ⑤地名。交阯(こうし)郡。漢代におかれた。

阜4 【阱】〔7〕 セイ 漢 上 梗 jǐng チン　U補J 7043 9631
意味 〈あな〉=穽 ①落とし穴。獣を生け捕る仕掛け。「陥阱(かんせい)」②囚人(しゅうじん)をとじこめておく部屋。

阜4 【阫】〔7〕 ハイ 漢 平 灰 pēi ペイ　U補J 962B
意味 れんがなどのかきね。=坏

阝4

【阪】

〔7〕学 4　ハン　ハン 漢 上 阮 bǎn パン　J 2669　補―　U 962A

筆順　⺈ 了 阝 阝 阪 阪 阪

意味 ①〈さか〉＝坂 ②つつみ。どて。③山の中腹の小道。④けわしい。⑤そむく。＝反

解字 形声。阝が形を表し、反はんが音を示す。阝は、高く盛り上がった丘。反は、ひっくりかえる意。また、坂は、後になってから作られた字。

【阪田】はんでん　石などのごろごろした畑。作物のとれない畑。

△上阪じょうはん・下阪げはん・京阪けいはん

阝4

【防】

〔7〕学 5　ボウ　ふせぐ　ホウ(ハウ) 漢　ボウ(バウ) 呉　平 陽 fáng ファン　J 4341　補―　U 9632

筆順　⺈ 了 阝 阝 阝 防 防

意味 ①〈つつみ〉「堤防ていぼう」②〈ふせ・ぐ〉㋐せきとめる。㋑守る。㋒備える。③相当する。④ならぶ。匹敵する。⑤春秋時代の地名。㋐魯ろ国の地。今の山東省費県の東北。㋑陳ちん国の地。今の河南省淮陽わいよう県の北。㋒莒きょ国の地。今の山東省安丘市の西南。

解字 形声。阝が形を表し、方ほうが音を示す。阝はおか。方には、旁と同じく、かたわらの意味がある。防は水のかたわらに作ったおかで、つつみ、どてのことである。一説に、方は左右に張り出ている意味で、防は、水のゆく手をさえぎる盛り土をいうと解する。

名前 ふせ　地名 防府ほうふ

【防人】さきもり　国上古、九州海岸の警備をした兵士。

【防衛(衞)】ぼうえい（ばうゑい）　防ぎまもる。「国土防衛」

【防疫】ぼうえき（ばう―）　伝染病を防ぐこと。

【防寒】ぼうかん（ばう―）　寒さをふせぐこと。

【防閑】ぼうかん（ばう―）　防ぎとめる。閑も防ぐ。

【防御(「禦」)】ぼうぎょ（ばう―）　防ぎ守る。

【防共】ぼうきょう（ばう―）　共産主義がはいってくるのを防ぐ。

【防空】ぼうくう（ばう―）　空から攻められることを防ぐ。

【防厳(嚴)】ぼうげん（ばう―）　厳重に防ぎまもる。「怠二於防厳一ぼうげんにおこたる」〈欧陽脩おうようしゅう・憎二蒼蠅一賦そうようをにくむふ〉

【防口】ぼうこう（ばう―）　民が政治批判するのを止める。

【防止】■ ぼうし（ばう―）　防ぎ止める。■ fángzhǐ ファンチー　現 ■に同じ。

【防秋】ぼうしゅう（ばうしう）　北方の異民族である夷狄いてきを防ぐ。秋になると侵入して来るのでいう。

【防慎(愼)】ぼうしん（ばう―）　人を遠ざけ警戒する。

【防水】ぼうすい（ばう―）　①出水を防ぐ。②国水のしみこまないくふうをする。

【防戦(戰)】ぼうせん（ばう―）　攻めてくる敵を防いで戦う。

【防窗】ぼうそう（ばうさう）　へやの窓。

【防諜】ぼうちょう（ばうてふ）　スパイを防ぐ。

【防毒】ぼうどく（ばう―）　毒気を防ぐ。

【防波堤】ぼうはてい（ばう―）　波をよけるために造った土手。

【防犯】ぼうはん（ばう―）　犯罪が起こらないようにする。

【防備】ぼうび（ばう―）　敵の攻めてくるのを防ぐための備え。

【防風】ぼうふう（ばう―）　①風を防ぐ。②セリ科の植物。根をかぜぐすりにする。また、はまにがな。③古代の氏族の名。防風氏。

【――林】ぼうふうりん（ばう―）　風を防ぐために植えた林。

【防壁】■ ぼうへき（ばう―）　侵入を防ぐかべ。■ たつごも　国風を防ぐためのむしろのとばり。

【防慮】ぼうりょ（ばう―）　ふせぎおもんぱかる。

△予防よぼう・辺防へんぼう・国防こくぼう・海防かいぼう・砂防さぼう・消防しょうぼう・堤防ていぼう

阜4 【阴】〔7〕同 ↓陰(一三三〇ページ・中)

阜4 【阨】〔7〕同 ↓陰(一三三〇ページ・中)

阜4 【阥】〔7〕俗 ↓陰(一三三〇ページ・中)

阜4 【阧】〔7〕同 ↓陡(一三三〇ページ・上)

阜4 【阳】〔7〕俗 ↓陽(一三三六ページ・中)

阜4 【阦】〔7〕俗 ↓陽(一三三六ページ・中)

阝5

【阿】

〔8〕人　■ア 漢 呉　オ 唐　■ 平 歌 ē オー　■ア 慣　■ ― ā アー　J 1604　補―　U 963F

意味 ■①〈くま〉曲がった所。②丘。③坂。④ふもと。⑤岸。⑥家の棟むね。また、のき。⑦〈おもね・る〉へつらう。迎合する。⑧曲がる。⑨かたよる。⑩よりかかる。⑪やわらかなさま。⑫答え。ゆっくりと答える声。⑬姓。■①親しみをこめて人を呼ぶときに、姓名や親族呼称の前につける。②現文末につけて、疑問や肯定の語気を示す。国〈お〉女性の名前の上につける愛称。「阿国おくに」

解字 形声。阝が形を表し、可かが音を示す。阝はおか。可には曲がる意味がある。阿は、人が荷物を背負ったように、一方が高いおか。

姓 阿刀あと・阿閉あべ・阿曇あずみ・阿禰あね・阿支奈あきな・阿佐慶あさげ・阿波根あはごん・阿賀嶺あかみね

地名 阿山あやま・阿武あぶ・阿波あわ・阿南あなん・阿哲あてつ・阿寒あかん・阿蘇あそ・阿久根あくね・阿武隈あぶくま・阿爾泰アルタイ・阿蘭陀オランダ・阿弗利加アフリカ

難読 阿闍梨あじゃり・阿漕あこぎ・阿房あほう

【阿姨】■ あい　①おばを親しんでよぶ語。②正妻でない母。③妻の姉妹。④尼。■ āyí アーイー　現(子どもが年配の婦人に対して)おばちゃん。

【阿吽】あうん　①仏阿は口を開いた声、吽は口をむすんだ声。いきの出入りをいう。②呼吸。＝阿吽「阿吽の呼吸」

【阿吘】あうん　「阿吽あうん」に同じ。

【阿伽】あか　仏仏にそなえる水。＝閼伽

【阿呀】あが　ああ！　驚いて発する声。

【阿閣】あかく　あずまや造りの高殿たかどの。

【阿監】あかん　宮女取り締まりの女官。奥女中のかしら。

【阿Q正伝(傳)】あキュウせいでん　小説の名。魯迅ろじんの作。中国近代小説の祖として歴史的な作品。一九二一年に成る。

【阿嬌】あきょう（―けう）　①漢の武帝の皇后の幼名。②美人。③むすめ。

【阿兄】あけい　おにいさん。

【阿家】あこ　しゅうとめ。

【阿公】あこう　①父。②嫁が夫の父をいう。

【阿衡】あこう（―かう）　①宰相さいしょう。首相。②殷いんの名臣、伊尹いいんの号。③回教徒の長。

【阿漕】あこぎ　国①たびかさなる。②欲深できりがない。③あつかましい。情けしらず。④能楽の曲名。四番目物。秋の曲に属する。⑤三重県津市の地名。

【阿含】あごん　仏①釈迦しゃかが説いた教えの一つ。②阿含経。

【阿私】あし　えこひいきした行いをする。

【阿姉】あし　おねえさん。

【阿師】あし｜あす　先生。和尚おしょうさん。

【阿字】あじ　仏梵語ぼんごのアルファベットの第一字母。宇宙いっさいの原理に当てる。【――観(觀)】あじかん（―くわん）　仏真言宗で、阿字の原理を研究すること。

【阿闍梨】あじゃり｜あざり　仏①模範となる高僧。②天台宗・真言宗の僧の学位。

【阿修羅】あしゅら　古代インドの悪神。修羅しゅら。仏教では、仏法の守護神とされる。

【阿女】あじょ（―ぢょ）　むすめ。

【阿誰】あすい　だれか。不定の人を呼ぶことば。

8画
金長(镸)門阜(阝〈左〉)隶隹雨青(靑)非

【阿世】世間にこびへつらう。「曲学阿世」

【阿那(那)】しなやか。なよなよ。なまめかしいさま。＝【阿娜】

【阿娜】「阿那」に同じ。

【阿直岐】人名。百済の王子。応神天皇の十五年に使者として来朝。太子菟道稚郎子に経典を教えた。阿知吉師ともいう。

【阿堵】①これ。このもの。そのこと。②ひとみ。③銭。阿堵物。〈晋書・王衍伝〉

【阿党(黨)】へつらってなかま入りをする。

【阿難】㈹釈迦の高弟の名。

【阿耨多羅三藐三菩提】㈹仏のさとり。最高のちえ。

【阿鼻】㈹地獄のもっとも苦しい所。無間地獄。【——叫喚】ひどく苦しんで泣きさけぶ。

【阿毘達磨】㈹経典の注釈研究を集成したもの。

【阿毘曇】㈹「阿毘達磨」に同じ。

【阿父】①おとうさん。②おじさん。③おじの自称。

【阿附】人のごきげんをとる。「阿附迎合」

【阿芙蓉】阿片。

【阿倍仲麻呂】人名。奈良時代、吉備真備に従って唐に留学し、そのまま中国に残り、名を朝衡(晁衡とも書かれる)と改めて官につかえ、詩文のたくみなことで有名になったが、ついに帰国できず、死んだ。(七〇一～七七〇)

【阿片】けしの果汁からつくる麻薬。鴉片。阿芙蓉。

【阿保】①まもりそだてる。②そばづかえの臣。

【阿母】おかあさん。母・うば、母がわりの人を親しんでよぶことば。

【阿媽】㊀母。㊁ āmā 現もと、①うば。②お手伝い。

【阿呆】国ばか。おろか。＝阿房
【阿房】国ばか。おろか。＝阿呆
【阿房宮】秦の始皇帝が渭水の南に築いた宮殿。【——賦】唐の杜牧の作。

【阿弥(彌)陀】㈹西方浄土の仏。如来。【——経(經)】極楽の美しさと、阿弥陀仏をとなえるべきことを説いた経の名。【——籤】国放射状の線の先に、当たり物をしるしたくじ。また、それに類する抽せん法。【——三尊】中央の阿弥陀仏と左の観世音菩薩、右の勢至菩薩。

【阿蒙】三国時代の呉の名将、呂蒙は若いとき、学問をせず、後に勉学に励んだので、ある人が、昔の蒙くんではない、と感嘆した故事から、学問・教養のない人をさす。呉蒙。呉下阿蒙。〈呉志・呂蒙伝の裴松之注〉

【阿爺】父を親しんでよぶ語。「阿爺無大児」〈楽府詩集・木蘭詩〉

【阿諛】おもねりへつらう。おべっかをつかう。

【阿羅漢】㈹仏教修行者の最高位。羅漢。

【阿剌吉】洋酒の名。アラク酒。

【阿頼耶識】㈹人間の意識の根本。

【阿蘭(蘭)若】㈹寺。僧のいおり。蘭若。

【阿国(國)歌舞伎】国出雲大社のみこ、阿国が京都で演じた踊りの名。今の歌舞伎芝居の始まり。

【阿拉伯語】ālābóyǔ 現アラビア語。

阜5 【阽】[8] ㊀エン 漢 ㊀平 塩 yán イエン ㊁テン 漢 ㊁去 豔 diàn ティエン U補J 7050 963D
意味 ㊀①くずれかかる。②あやうい。危ない。㊁落ちかかる。

阜5 【阹】[8] キョ 漢 平 魚 qū チュイ U補J 7047 9639
意味 〈さえ(さへ)〉谷間を利用した獣のおり。

阝5 【阻】[8] 常 ソ はばむ ソ ショ 漢 上 語 呉 zǔ ツー U補J 3343 963B
筆順 ７ ３ 阝 阝 阝 阝 阝 阻
意味 ①〈けわし・い(けは・し)〉道が通りにくい。「険阻」＝岨 ②〈へだ・る〉〈へだ・てる(——・つ)〉 ③〈はば・む〉さまたげる。さえぎる。＝沮 ④さまたげ。⑤〈なや・む〉苦しむ。うれえる。⑥頼みにする。依る。⑦疑う。怪しむ。

解字 形声。阝が形を表し、且が音を示す。阝はおか。且には重なるという意味がある。阻は山が重なることで、けわしく危ない意味になる。

参考 新表記では、「沮」「岨」の書きかえに用いる熟語がある。

【阻隘】けわしくせまい。

【阻害】じゃまをする。さまたげになる。＝沮害
【阻礙】へだてさえぎる。じゃまをする。

【阻格】「阻止」に同じ。＝沮格
【阻隔】へだてる。へだたる。

【阻艱】道がけわしくて行き悩む。

【阻却】㊟時効などで、法律に触れなくなる。

【阻険(險)】けわしい所。険阻。

【阻止】じゃまをして止める。＝沮止
【阻失】動けなくなったり、道に迷ったりする。

【阻絶】交通がとまる。

【阻(=沮)喪】気力がなくなる。「士気阻喪」

【阻塞】へだてふさぐ。
◆険阻・悪阻・艱阻

阜5 【阼】[8] ソ 漢 去 遇 zuò ツオ U補J ②9166 7049 963C
意味 ①〈きざはし〉堂の東側の階段。主が客に会う位置。②天子の位。＝祚 ③〈ひもろぎ〉神にそなえる肉。＝胙
【阼階】ざしきにのぼる東側の階段。主人は東階、客は西階から上る。

阝5 【陀】[8] 人 標 タ 漢 平 歌 ダ 呉 tuó トゥオ U補J 3443 9640
意味 ①くずれる。②けわしい。③ななめ。④㈹陀羅尼は、㋐じゅもん。㋑経文を梵語のままとなえること。
◆仏陀・弥陀・阿弥陀・阿蘭陀

阜5 【陁】[8] ㊀タ 漢 ㊀平 歌 tuó トゥオ ㊁イ 漢 ㊁上 紙 yǐ イー U補J ②9167 7051 9641
意味 ㊀①〈くず・れる(くづ・る)〉②ななめ。③けわしい。④きし。㊁山がなだらかにどこまでもつづくさま。

阜5 【阺】[8] ㊀テイ 漢 ㊀上 薺 dǐ ティー ㊁チ 漢 ㊁平 支 chí チー U補J 7048 963A
意味 ㊀㊁①山のさか。おか。＝坻 ②山のがけ。

阜5 【阷】[8] テイ 漢 平 庚 chēng チョン U補J 7045 9637
意味 丘の名。

阜5 【陂】[8] ㊀ヒ 漢 ㊀平 支 bēi ペイ ㊁ヒ 漢 ㊁去 寘 bì ピー ㊂ハ 漢 ㊂平 歌 pō ポー U補J 7988 9642
意味 ㊀①〈さか〉＝坡 ②〈つつみ〉土手。「陂塘」③ため池。「陂池」④ふさぐ。⑤傾く。㊁よこしま。公正でない。㊂陂陀・陂陁は、①斜面が急でけわしいさま。②宮殿の階段。
【陂陀】土地がななめになっているさま。さか。また、けわ

しいさま。

【陂曲】ねじけてよこしまなこと。

阝5 【附】〔8〕常 フ　フ 漢 去 遇　ブ 呉 fù フー　J 4177 補 ― U 9644

筆順 ７ 了 阝 阝 阝 阣 附 附

意味 ①〈つ・く〉㋐くっつく。＝付 ㋑寄り集まる。㋒親しむ。「親附」㋓頼る。従う。②〈つ・ける(―・く)〉㋐くっつける。㋑つけ加える。＝坿 ㋒寄せる。託する。㋓従える。③与える。＝付「交附」④あわせまつる。＝祔

名前 ちか・ます・より・よる　難読 附子

参考 熟語は「付」(六七ページ・中)をも見よ。

解字 形声。阝が形を表し、付が音を示す。阝はおか。付には、くっつくという意味がある。附は、小さいおかで、つき山をいう。

【附近】㊀ 近い所。近所。＝付近 ㊁ fùjìn 現㊁に同じ。

阜5 【阡】〔8〕国字　J ②9165 補 ― U 28E36
意味 〈なる〉平坦な場所の意から、地名に用いられる。阡は、岡山県の地名。

阜5 【阸】〔8〕本↓阨(一三二四ページ・中)

阜6 【陔】〔9〕カイ 漢 平 灰　ガイ 慣 gāi カイ　J 7053 補 ― U 9654
意味 ①階段。②かさなる。③あぜ。④音楽の名。宴会の終わりに奏したもの。「陔夏」

阜6 【陒】〔9〕キ 漢 上 紙 guǐ コイ　J 7052 補 ― U 9652
意味 ①やぶれたかきね。②やぶれる。くずれる。＝垝

阝6 【限】〔9〕学 5 ゲン かぎる　カン 漢 上 潸　ゲン 呉 xiàn シエン　J 2434 補 ― U 9650

筆順 了 阝 阝 阝 阝 限 限 限

意味 ①〈かぎ・る〉㋐しきる。へだてる。㋑範囲を定める。②門のしきい。③〈かぎり〉㋐しきり。へだて。㋑さかい。境界。㋒程度。範囲。「分限」㋓きまり。制限。㋔はて。きわみ。「極限」④かなめ。国①〈かぎり〉㋐ありたけ。全部。㋑…だけ。「その場限り」②〈きり〉㋐おわり。㋑期限。

解字 形声。阝が形を表し、艮が音を示す。阝はおか。艮には止まるという意味がある。限は、山道の行きどまりになるような危ない所である。一説に、艮は艱と同じく、なやむ意味があるから限は、山道が歩きにくいことになるという。音ゲンは艮の音ゴンの変化。

【限界】さかい。限り。【――効(效)用】経 品物が役にたつ限界。

【限外】制限外。

【限礙】へだてさまたげる。

【限局】範囲を限る。

【限時法】法 一定の期間を限って設けられた法律。

【限制】㊀ 制限する。㊁ xiànzhì 現㊁に同じ。

【限定】一定の範囲をきめる。

【限度】限られた一定の範囲。限り。

◆日限・分限・年限・当限・有限・局限・制限・刻限・門限・無限・極限・期限・際限・権限

阜6 【陑】〔9〕ジ 漢 平 支 ér アル　J ― 補 ― U 9651
意味 地名。今の山西省永済市付近。殷の湯王が、夏の桀王を攻めたときに登った丘陵。

阜6 【陏】〔9〕㊀タ 漢 ダ 呉 ㊀上 哿 duǒ トゥオ　㊁スイ 漢 呉 ㊁平 支 suí ソイ　J 7990 補 ― U 964F
意味 ㊀うり。＝蓏 ㊁春秋時代の国名。のち県名。今の湖北省随州市の南。＝隨(随)

阜6 【陌】〔9〕バク 漢 入 陌　ハク 慣 mò モー　J 7989 補 ― U 964C
意味 ①みち。㋐あぜみち。農地の中を東西に通る道。↕阡 ㋑町中の道。②さかい。境界。③はちまき。＝帕 ④＝百

【陌上桑】楽府の曲の名。秦羅敷という婦人の貞節を表した詩。羅敷行。艶歌行。

【陌上塵】町の道に飛ぶほこり。〈陶潜の詩・雑詩〉

【陌阡】田の中のあぜ道。阡陌。

【陌頭】①道ばた。②はちまき。頭巾。＝帕頭

阜6 【陋】〔9〕ロウ 漢 去 宥　ル 呉 lòu ロウ　J 7991 補 ― U 964B
意味 ①〈せま・い(――・し)〉㋐せまい。せま苦しい。㋑低い。小さい。㋒心・見識がせまい。「固陋」②〈いやし・い(いや・し)〉㋐身分・地位が低い。㋑品が悪い。㋒質が悪い。粗末である。「簡陋」③〈みにく・い(――・し)〉「醜陋」④いやしむ。軽んじる。

【陋屋】①狭くるしい家。②自分の家をけんそんしていう。

【陋見】①狭い考え。②自分の考えをけんそんしていう。愚見。卑見。

【陋巷】狭いちまた。裏町。

【陋識】浅い知恵や低い見識。

【陋質】いやしい性質。

【陋儒】見識のせまい学者。

【陋習】悪い習慣。「旧来の陋習」

【陋小】小さくみっともない。

【陋拙】おろか。

【陋浅(淺)】見聞が狭く、考えがあさはか。浅陋。

【陋俗】下品な風俗。

【陋態】見苦しいようす。

【陋劣】心がいやしくきたない。

【因レ陋就レ簡】進歩改善の意欲がなく、古くてせまい習慣を守り、てがるな方向ばかりとろうとする。〈杜瑛・遺二執政一書〉

◆固陋・孤陋・卑陋・浅陋・醜陋

阜6 【降】〔9〕旧↓降(一三二八ページ・中)

阝7 【院】〔10〕学 3 イン　エン(ヱン) 漢　カン(クヮン) 漢 去 霰　イン(ヰン) 慣 yuàn ユワン　J 1701 補 ― U 9662

筆順 了 阝 阝 阝 阝 阝 院 院

意味 ①〈かき〉かきね。＝垣 ②〈いえ(いへ)〉〈やしき〉かきで囲った建物。宮殿。邸宅。③にわ。庭園。④特定の目的で作られた施設。㋐役所。「翰林院」㋑寺院。道院。㋒学校。「書院」⑤堅い。国〈いん(ゐん)〉①上皇・法皇。②上皇・法皇の御所。

解字 形声。阝が形を表し、完が音を示す。阝は土をきずいたもの。完には、取りまくという意味がある。院は、家の周囲をとりまく土かべ、土べいである。

【院画(畫)】いんが(ゐんぐわ) 北宋(ほくそう)の宣和年間(一一一九～一一二五)に置かれた画院で画家たちの描いた画。

【院外団(團)】いんがいだん(ゐんぐわいだん) 国議員でない政党人の団体。

【院号(號)】いんごう(ゐんがう) 国①退位した天皇や皇太后などにたてまつる号。②仏教で、戒名につけた、「院」の称号。

【院主】いんしゅ(ゐん) 院のあるじ。住職。院長。

【院政】いんせい(ゐん) 国上皇・法皇の行う政治。

【院宣】いんぜん(ゐん) 国上皇・法皇の出すおふれの文書。

【院中】いんちゅう(ゐんちう) ①やしきの中。②国上皇・法皇の宮殿の中。

【院長】いんちょう(ゐんちやう) 一院と名のつく機関や設立物の長。二ユワンチャン yuànzhǎng 現一に同じ。

【院展】いんてん(ゐん) 国もと、日本美術院がもよおした美術展覧会。

【院本】いんぽん(ゐん) ①金・元時代の演劇の脚本。②国浄瑠璃(じょうるり)の本。まるほん。

【院守】いんもり(ゐん) 国院の番人。

【院落】いんらく(ゐん) やしきの中庭。

【院子】ユワンツ yuànzi 現中庭。
◆入院(にゅういん)・二院(にいん)・下院(かいん)・上院(じょういん)・女院(にょいん|にょういん)・中院(ちゅういん)・分院(ぶんいん)・本院(ほんいん)・両院(りょういん)・寺院(じいん)・医院(いいん)・退院(たいいん)・書院(しょいん)・病院(びょういん)・産院(さんいん)・僧院(そういん)・閉院(へいいん)・開院(かいいん)・登院(とういん)・議院(ぎいん)・大学院(だいがくいん)・学士院(がくしいん)・芸術院(げいじゅついん)・修道院(しゅうどういん)・衆議院(しゅうぎいん)・参議院(さんぎいん)・貴族院(きぞくいん)・翰林院(かんりんいん)・養育院(よういくいん)

阝7 【陥】〔10〕 常 カン おちいる・おとしいれる U補J 2057 9665
旧字 阝8 【陷】〔11〕 人 カン 漢 去 陥 xiàn シエン U補J 7992 9677

筆順 阝 阝 阝 阝 阝 陥 陥 陥

意味 ①〈おちい・る〉㋐落ちこむ。㋑沈む。㋒うずまる。㋓くずれる。㋔攻めおとされる。㋕計略にひっかかる。はまりこむ。②〈おとしい・れる(――・る)〉③おとし穴。④突きさす。⑤やぶる。

解字 形声。阝が形を表し、臽(かん)が音を示す。阝は丘。臽はおとし穴の上に人がいる形。陥は高低のはげしいさま。また、高い所から落ちこむことである。

【陥穽】かんせい ①おとし穴。②人をおとしいれるための計略。はかりごと。わな。
【陥擠】かんせい おとしこむ。
【陥溺】かんでき ①穴にはまり、水におぼれる。②むちゅうになって心を奪われる。
【陥入】かんにゅう(にふ) 落ちこむ。
【陥没】かんぼつ 落ちこむ。
【陥落】かんらく ①城が攻めおとされる。②落ちこむ。へこむ。③くどかれてひきうける。
◆欠陥(けっかん)・失陥(しっかん)

阜7 【陜】〔10〕 コウ(カフ) 漢 入 洽 キョウ(ケフ) 県 xiá シア U補J 7993 965C

意味 ①〈せま・い(――・し)〉②山かい。山あい。＝峡

参考 「陜(せん)」は別字。

阜7 【陘】〔10〕 ケイ 漢 平 青 xíng シン U補J ①9359 7056 9658

意味 ①山脈がけわしく切れている所。②〈さか〉③けわしいところ。④地名。㋐楚(そ)の地。今の河南省郾城(えんじょう)県の東南。㋑井陘(せいけい)は、漢代におかれた県名。今の河北省井陘県の西北にある。⑤かまどのなべをささえる部分。

阝7 【降】〔10〕 学6 コウ おりる・おろす・ふる U補J 2563 964D
旧字 阜6 【降】〔9〕 一コウ(カウ) 漢 ゴウ(ガウ) 県 一 去 絳 jiàng チアン 二コウ(カウ) 漢 ゴウ(ガウ) 県 二 平 江 xiáng シアン U補J

夊3 【夅】〔6〕 同字 U補J
夊4 【夅】〔7〕 俗字 U補J ②0524 2463 5905

筆順 阝 阝 阝 阝 阝 阝 降 降

意味 一①〈お・りる(――・る)〉〈くだ・る〉㋐下におりる。㋑貴人がある場にのぞむ。㋒生まれる。㋓皇族の女性が臣下の妻になる。②〈ふ・る〉落ちる。落下する。③〈くだ・す〉〈おろ・す〉㋐さげる。㋑位をさげる。㋒命令をだす。㋓授ける。賜る。④洪水(こうずい)。＝洚(こう) 二①〈くだ・る〉㋐負ける。敵に従う。㋑信服する。㋒おちつく。安らぐ。②〈くだ・す〉負かす。 国〈くだ・る〉①後世となる。②都から地方へいく。

解字 形声。阝が形を表し、夅(かう)が音を示す。阝は、丘または階段。夅は、両足が下を向いている形で、おりることを表す。降は、丘や段を、下におりることである。また、降は、足が並んでいない形であるから、敵と対抗しないで、降服する意味にもなる。

名前 り 姓 降旗(ふりはた|ふるはた)

【降意】こうい(かう) ①好む。②謙遜(けんそん)する。③降参する気持ち。

【降雨】こうう(かう) 雨が降ること。

【降下】こうか(かう) ①降参する。②下りる。③身分をさげる。

【降嫁】こうか(かう) 国皇族が臣下のところに嫁入りする。

【降格】こうかく(かう) ①天から降りる。②わざわいを下す。③ねうちを下げる。

【降鑑】こうかん(かう) 神が天上からこの世をみる。＝降鑒
【降旗】こうき(かう) ①降参を示す旗。②かかげた旗をおろす。

【降級】こうきゅう(かうきふ) 官吏の階級を下げる。

【降屈】こうくつ(かう) 負けて従う。くじけて降参する。

【降参(參)】こうさん(かう) 国戦いに負けて敵に従う。降服。

【降三世】ごうざんぜ(がう) 仏東方の守護神。五大明王(みょうおう)の一つ。

【降志】こうし(かう) 志をおさえる。

【降心】こうしん(かう) 心をくだす。へりくだること。

【降神】こうしん(かう) ①神を呼びおろす。②神の力により、偉人が生まれる。【――術】こう(かう)しんじゅつ 巫女(みこ)などに神をのりうつらせる術。かみおろし。

【降人】こうじん(かう)|こうにん(かう) 降参した人。

【降誕】こうたん(かう)|ごうたん(がう)え(ゑ) 聖人や貴族などが生まれる。【――会(會)】ごう(がう)たんえ(ゑ) 仏①開祖の生まれた日を祝う祭り。②釈迦(しゃか)の誕生日(四月八日)を祝う祭り。【――祭】こう(かう)たんさい ①キリストの誕生日を祝う祭り。クリスマス。②聖人・偉人の誕生日を祝う祭り。

【降黜】こうちゅつ(かう) 位を下げて追い出す。

【降陟】こうちょく(かう) のぼりくだりする。

【降伏】一こうふく(かう) 敵に降参する。＝降服 二ごうぶく(がう) 仏①仏法の力で悪魔をおさえる。②法論で負かして屈伏させる。

【降服】こうふく(かう) 戦いに負けて敵に従う。降参。

【降兵】こうへい(かう) 降服した兵隊。

【降北】こうほく(かう) 降参と敗北。戦いに負けて逃げる。

【降魔】ごうま(がう)|ごうま 仏悪魔をうち負かして従える。【――剣(劍)】ごう(がう)まのけん 仏不動明王が持つ、悪魔を降伏させる剣。

【降宥】こうゆう(かういう) 罪をかるくしたり、許したりする。

【降竜(龍)】こうりゅう(かうりう) ①下り竜。天から下ってきた竜。②竜を降服させること。

【降臨】こうりん(かう) ①神仏などが天からおりてくる。②貴人がおいでになる。

【降低】チアンティー jiàngdī 現低くなる。さがる。
◆下降(かこう)・升降(しょうこう)・以降(いこう)・左降(さこう)・投降(とうこう)・昇降(しょうこう)・乗降(じょうこう)・霜降(そうこう|しもふり)

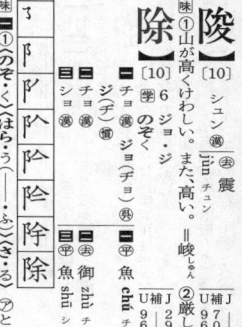

阜7【陵】〔10〕シュン 漢 去 震 jùn チュン　J 7054　補 U 9656

意味 ①山が高くけわしい。また、高い。＝峻(しゅん)　②厳しい。

阝7【除】〔10〕学6 ジョ・ジ　のぞく　J 2992　補 U 9664

一 チョ 漢　ジョ(ヂョ) 呉　一 平 魚 chú チュー
　ジ(ヂ) 慣
二 チョ 漢　二 去 御 zhù チュー
三 ショ 漢　三 平 魚 shū シュー

筆順 阝 阝 阶 阶 险 险 除

意味 一 ①〈のぞ・く〉〈はら・う(――・ふ)〉〈さ・る〉㋐とりのける。とりさる。㋑はらい清める。㋒おさめる。なおす。なおる。㋓ゆるす。免ずる。「免除(めんじょ)」㋔喪があける。②任官する。＝叙　③〈の・ける(―・く)〉除外する。④きざはし。宮殿の階段。⑤庭。祭壇。⑥数 割る。割り算。↔乗
二 ①あたえる。②時間がすぎさる。三 四月の別名。

解字 形声。阝が形を表し、余(よ)が音を示す。阝は土の階段。余には、叙と同じく順序の意味がある。除は、順序よく並んだ宮中の階段をいう。順々に上ることから、古いことを去って、新しいものに変わることをも除という。

名前 きよ・のき

【除役】(じょえき) 兵役を免除する。

【除外】(じょがい) とりのける。

【除官】(じょかん) 官職につく。

【除毀】(じょき) こわしてとり去る。

【除去】(じょきょ) とり除く。

【除凶】(じょきょう) 悪者を除き去る。

【除算】(じょさん) 数 割り算。

【除残(殘)】(じょざん) ①悪者をのぞき去る。②すすはらい。

【除試】(じょし) ためしに任用する。

【除日】(じょじつ) おおみそか。

【除授】(じょじゅ) 官職を与える。

【除書】(じょしょ) 役人に任ずることを知らせる書き付け。任命通知。辞令。

【除数(數)】(じょすう) 数 割り算で、割るほうの数。

【除夕】(じょせき) おおみそかの夜。除夜。

【除斥】(じょせき) ①除きしりぞける。排斥する。②法 裁判官や書記が不公平な取り扱いをするおそれのある場合、職務執行の資格を失うこと。

【除籍】(じょせき) ①戸籍から名まえを消す。②官吏・学生などの身分を取りあげる。

【除雪】(じょせつ) 雪をとり除く。雪かき。

【除草】(じょそう) 雑草をぬく。草とり。

【除喪】(じょそう) 喪(も)の期間を終わり、喪服をぬぐ。

【除隊】(じょたい) 軍隊のつとめが終わって、隊から出る。

【除虫(蟲)菊】(じょちゅうぎく) 草の名。殺虫剤の原料となる。

【除拝(拜)】(じょはい) 官位を与える。

【除病延命】(じょびょうえんめい) 病気を去り、長生きする。

【除服】(じょふく) 喪に服する期間が終わる。忌明(いみあ)け。

【除法】(じょほう) 数 割り算。↔乗法
【除幕式】(じょまくしき) 国 記念碑や銅像などの落成したとき、おおっていた幕をとり去る儀式。

【除名】(じょめい) ①官吏をやめさせる。②国 なかまからはずす。

【除免】(じょめん) 免職される。

【除目】一(じょもく) 官吏の任命状。二(じもく) 国 大臣以外の諸官職を任命した朝廷の儀式。

【除夜】(じょや) ①おおみそかの夜。②節分の夜。③冬至(とうじ)の前夜。

【除了】チューlə chúle 現 …を除いて。…以外。
◆虫除(むしよけ)・免除(めんじょ)・芟除(せんじょ)・削除(さくじょ)・乗除(じょうじょ)・控除(こうじょ)・排除(はいじょ)・掃除(そうじ)・廃除(はいじょ)・解除(かいじょ)・駆除(くじょ)・整除(せいじょ)・霜除(しもよけ)

阜7【陗】〔10〕ショウ 漢 去 嘯 qiào チアオ (セウ)　J 7055　補 U 9657

意味 ①けわしい。きびしい。②高い。

阜7【陞】〔10〕ショウ 漢 平 蒸 shēng ション　J 7994　補 U 965E

意味 ①〈のぼ・る〉＝昇 ㋐高くのぼる。㋑地位があがる。「陞官(しょうかん)」「陞進(しょうしん)」②進む。

参考 新表記では、「昇」に書きかえる。

【陞爵】(しょうしゃく) 爵位を上にあげる。
【陞叙(敍)】(しょうじょ) 上位の官に任ずる。＝昇叙
【陞等】(しょうとう) 階級を上にのぼらせる。

阝7【陣】〔10〕常 ジン　チン 漢　ジン(ヂン) 呉　去 震 zhèn チェン　J 3156　補 U 9663

筆順 阝 阝 阝 陌 陌 陌 陣 陣

意味 ①〈つら〉隊列。軍隊の列。②〈そなえ(そなへ)〉軍隊の配置。③じんや。陣のあるところ。「陣地(じんち)」「陣営(じんえい)」④じんどる。陣をかまえる。⑤〈いくさ〉戦闘。⑥しきりに。ひとしきり。⑦にわかに。⑧つらねる。＝陳(ちん)　⑨ひとしきり続く行為・動作を数える量詞。国〈しきり〉陣痛。

解字 会意。阝と車とを合わせた字。阝は丘。車は兵車、あるいは軍の略字。陣は、高いところに兵車あるいは軍を並べることで、軍隊のじんだてをいうのであろう。陣は俗字で、古い形は敶である。敶は、陳と攴を合わせた字。攴が「～させる」という意味の形を表し、陳(ちん)が音を示すとともに、並べるという意味を表す。敶は形声文字で、しき並べることである。

名前 ふる

【陣雲】(じんうん) ①陣地の配置のように見える雲。②戦場の空にあらわれる雲。

【陣営(營)】(じんえい) 軍隊が陣を張った場所。

【陣笠】(じんがさ) 国 ①下級武士のかぶったかさ。②幹部でない一般代議士。

【陣伍】(じんご) 軍隊の並び方。

【陣後】(じんご) 軍隊のうしろ。【――説(ニ)兵書(一)】(へいしょをとく) 戦が終わってから、兵法の書物を解説する。まにあわないこと。役にたたないこと。

【陣陣】(じんじん) きれぎれに続く。

【陣図(圖)】(じんず(づ)) 陣の配置を描いた図。

【陣太鼓】(じんだいこ) 国 軍隊の進退を合図する太鼓。

【陣立】(じんだて) 国 軍隊の配置。

【陣地】(じんち) 土地を占めて、兵隊を配置した場所。

【陣中】(じんちゅう) ①陣営の中。②戦争ちゅう。

【陣頭】(じんとう) ①軍隊の先頭。「陣頭指揮」②陣屋の前。

【陣場】(じんば) 国 陣屋。

【陣羽織】(じんばおり) 国 陣中でよろいの上に着た、そでなしのはおり。

【陣亡】(じんぼう) 陣中に死亡する。戦死。

【陣法】(じんぽう) 陣地に軍隊を配置するしかた。

【陣没(歿)】(じんぼつ) 戦死。

【陣幕】(じんまく) 国 陣屋に張る幕。

【陣門】(じんもん) 陣屋の門。軍門。

【陣屋】(じんや) 国 ①陣営。②諸侯や代官などのいる所。③地頭(じとう)などの役所。④宿直の詰所。

【陣容】(じんよう) 陣のようす。そなえのありさま。

【陣列】(じんれつ) 陣地の中の、軍隊を配置した列。
◆円陣(えんじん)・布陣(ふじん)・出陣(しゅつじん)・先陣(せんじん)・対陣(たいじん)・初陣(ういじん)・軍陣(ぐんじん)・筆陣(ひつじん)・堅陣(けんじん)・戦陣(せんじん)・背水陣(はいすいのじん)・報道陣(ほうどうじん)

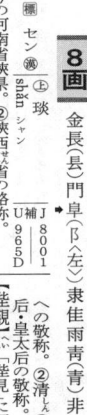

阝7 【陜】〔10〕 標 セン 漢 上 琰 shǎn シャン J 8001 U 965D

意味 ①県名。今の河南省陜県。②陜西省の略称。

参考 「陜」は別字。

【陜西】中国西方の省名。

【陜府】陜州の別名。今の河南省陜県。黄河の南岸。

【――鉄(鐵)牛】陜州の鉄製の牛。漢代に黄河の守護神として作った大きな牛の像。㋐大きいもののたとえ。㋑どっしりとして動かないもの。㋒隠れもない大物。

阜7 【陟】〔10〕 一 チョク 漢 一 入 職 zhì チー 二 トク 漢 二 入 職 dé トー J 8002 U 965F

7 【徏】〔10〕同字 J ②1222 補 2911 U 5F8F

意味 一①〈のぼ・る〉㋐高い所へのぼる。㋑高い位につく。②〈のぼ・せる(――・す)〉③官位が進む。昇進させる。↕黜 ④重なる。二える。うる。＝得

【陟岵】山に登る。「詩経」の編名。

【陟罰】よい者は上位にして賞し、悪い者は落として罰すること。「陟罰臧否」(臧否は、善悪。)〈諸葛亮・前出師表〉

【陟方】①天子がなくなる。②天子が諸国を視察する。

【陟降】のぼりくだり。

阜7 【陡】〔10〕 トウ 漢 上 有 dǒu トウ J ②9168 補 7057 U 9661

阜4 【阧】〔7〕同字 U 9627

意味 ①〈けわし・い(けは・し)〉山がけわしい。「陡峻」②〈にわかに(にはかに)〉「陡然」③ふるえる。

阝7 【陛】〔10〕 学 6 ヘイ ヘイ 漢 上 薺 bì ピー J 4237 U 965B

筆順 陛

土7 【坒】〔10〕同字 U 3644

意味 ①〈きざはし〉㋐天子の宮殿の階段。㋑階段。②天子。

解字  形声。阝が形を表し、坒が音を示す。阝は山の階段。坒は、比と土とを合わせた字で、比は並ぶこと。陛は、山にのぼる土の段が並んでいることである。

名前 きざ・のり・はし・より・のぼる

【陛衛(衞)】天子の御座所の階段の下で番をする兵。

【陛下】きざはしの下。王への敬称。①秦以後では天子への敬称。②清の皇帝・皇太后への敬称。③国天皇・皇后・皇太后の敬称。

【陛観】「陛見」に同じ。

【陛戟】ほこを持った警備の兵が御殿の階段の下に並ぶ。

【陛見】天子におめにかかる。

【陛辞(辭)】天子にいとまごいのあいさつをする。

阜7 【陦】〔10〕 俗 →島(四〇五ジ・下)

阜8 【陭】〔11〕 一 イ 漢 一 平 支 yī イー 二 キ 漢 二 平 支 qí チー U 966D

意味 一陭氏は、県名。山西省安沢県東南にあった。二けわしい。かたむく。＝崎

阝8 【陰】〔11〕 常 イン かげ・かげる イン 漢 オン 呉 平 侵 yīn イン J 1702 U 9670

筆順 陰

人6 【侌】〔8〕古字 J 1704 U 4F8C

阜9 【隂】〔12〕同字 J ②9170 補 7065 U 9682

阜4 【阴】〔7〕同字 J ②9164 U 9634

阜4 【𨸟】〔7〕同字 J ②9161 U 28E1F

阜4 【阥】〔7〕俗字 J 7040 U 9625

意味 ①〈かげ〉↕陽 ㋐日かげ。㋑ものかげ。㋒山の北側。川の南側。②〈くもり〉③〈くも・る〉〈かげ・る〉④移り行く日かげ。転じて、時間。「光陰」⑤易の用語で、静的・消極的なものの象徴。例えば、地・月・女・臣・雨・柔・静・夜・内・水・偶数・小人などをさす。⑥〈ひそかに〉⑦〈ほと〉㋐くぼみ。㋑男女の生殖器。⑧暗い。⑨しめる。しめり。⑩おおう。＝蔭

解字 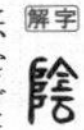 形声。阝が形を表し、侌が音を示す。阝は山。侌は、今と云を合わせた字。云は雲で、今が音を示すとともに、ふさぐという意味を持つ。侌は水気がこもってくらいことを表す。陰は山のかげになってくらいことである。

難読 陰陽道・陰嚢

【陰悪(惡)】かくれた悪事。

【陰蔚】①しげった木かげ。②しげってうす暗い。

【陰陰】①うす暗く気味の悪いさま。②曇っている空もよう。③木の茂っているさま。

【陰雨】①なが雨。②雨ふり。

【陰鬱】①うっとうしい。むし暑い。②ゆううつ。

【陰雲】あま雲。

【陰映】日がかげったり、明るくなったりする。

【陰影(「翳」)】①日がかげる。曇り。②うすぐらいかげ。かげり。

【陰曀】①暗くくもる。②混乱する。乱世。

【陰火】①おにび。水上にあらわれる火。不知火。②いおう。

【陰晦】くもって暗い。

【陰堦】暗い階段。「陰堦明二片雪一」〈銭起の詩・哭二空寂寺玄上人一〉

【陰寒】①くもって寒い。②寒さ。陰気と寒気。

【陰気(氣)】①消極的な気。↕陽気 ②うっとうしい気分。

【陰鬼】死者のたましい。亡霊。

【陰蛩】こおろぎ。秋に鳴くこおろぎ。「陰蛩切切不レ堪レ聞」〈皇甫冉の詩・送三魏十六還二蘇州一〉

【陰極】理電池などで電流のはいるほうの極。電位の低い電極。マイナスの極。↕陽極 【――線】理真空の中で、陰極から陽極に向かって流れる電子の流れ。

【陰刑】男子の生殖器をとる刑罰。宮刑。

【陰計】秘密の計略。

【陰険(險)】心の中がねじけている。うわべはおだやかで、内心は悪い。

【陰言】かげぐち。

【陰行】①かくれた善行。②かくれて行われる。

【陰錯】一年の中で十二日、万事によろしくない日とする説。【――陽差】陰陽がくいちがう日。十干十二支を組み合わせた六十日のうち、十二日を陰陽がくい違う不吉な日とする。

【陰惨(慘)】うす暗くいたましい。

【陰山】山脈名。「敕勒川陰山下」〈敕勒歌〉

【陰私】自分だけの秘密にしておく事がら。

【陰事】①秘密。みそかごと。ないしょごと。②婦人のしごと。

【陰湿(濕)】うす暗くじめじめしている。

【陰隲】天が何もいわずに人の運命を定めていること。【――文】人に隠れた善行をすすめる詩文。

【陰柔】表面は従順で腹は黒いこと。

【陰情】①表面に現れない事がら。内幕。②かくれた悪事。

【陰岑】奥深く、うす暗いこと。

【陰森】①木が茂って暗い。②静かでうす暗い。

【陰性】いんせい ①暗い性質。②消極的な性質。③陰性反応。
【――反応(應)】いんせいはんのう 検査を行って、病毒の反応がない状態。その病気がないか、または抵抗力がないことを示す。
【陰晴】いんせい 曇りと晴れ。
【陰霽】いんせい 曇りと晴れ。
【陰窓】いんそう うす暗い窓。
【陰賊】いんぞく かげで悪いことをする。また、その人。
【陰宅】いんたく 墓地。はか場。
【陰中】いんちゅう ①ひそかに人をおとしいれる。②陰の季節の中間。秋をいう。
【陰虫(蟲)】いんちゅう ①秋に鳴く虫。②がま。
【陰徳】いんとく ①隠れた良い行い。②婦人の徳。【――耳鳴】いんとくじめい かくれた善行は耳鳴りのようなもので、自分だけが知っていて、人にはわからないものである。〈北史・李士謙伝〉『有㆓陰徳㆒者、必有㆓陽報㆒』いんとくあるものは、かならずようほうあり かげで良いことをすると、かならず天がはっきりむくいてくれる。〈淮南子・人間訓〉『有㆓――㆒者、天報以㆑福』いんとくあるものは、てんむくゆるにふくをもってす 「有㆓陰徳㆒者、必有㆓陽報㆒」に同じ。〈賈誼・新書・春秋〉
【陰慝】いんとく 外に表れない悪。かくれた悪事。
【陰嚢】いんのう こうがんを収めたふくろ。男子の生殖器の一部。ふぐり。
【陰霾】いんばい 空がくもって土砂がふる。
【陰魄】いんぱく 月のこと。魄は、月の黒い部分。
【陰庇】いんぴ かばう。庇陰。
【陰府】いんぷ じごく。めいど。
【陰符】いんぷ ①まじない札。②兵書の名。「陰符経」
【陰風】いんぷう ①冬の風。北風。②陰気な風。
【陰伏】いんぷく ①かくしておく事柄。②ひそみかくれる。
【陰蔽】いんぺい おおいかくす。
【陰房】いんぼう ①うす暗い部屋。②ろうや。「陰房関㆓鬼火㆒」いんぼうきかしずかなり〈文天祥・正気歌〉
【陰謀】いんぼう 秘密の悪だくみ。かくれた計略。
【陰密】いんみつ かくれて外にあらわれない。かくしてあらわさない。
【陰陽】いんよう ①陰と陽。②電気の両極。③男と女。【――五行説】いんようごぎょうせつ 陰陽の二気と、五行(木火土金水の五元素)の相生・相勝・相成の法則によって、万物の現象を考える思想。【――頭】おんようのかみ 国陰陽寮の長官。【――師】おんようじ 国平安時代、うらないをつかさどった官吏。【――道】おんようどう 国陰陽五行の説によるうらないに関する学問。【――寮】おんようりょう 国天文・こよみ・うらないなどを扱った役所。中務省に属した。【――之化】いんようのか 陰気と陽気の変化。天然現象。〈荀子・天論〉
【陰陵】いんりょう 地名。また、山の名。今の安徽省定遠県付近。楚の項羽が道に迷った所。
【陰霖】いんりん ながあめ。じめじめと降る雨。
【陰嶺】いんれい 北がわのみね。「終南陰嶺秀」〈祖詠の詩〉
【陰暦(曆)】いんれき 旧暦。月が地球を回る間をひと月とするこよみ。太陰暦。↕陽暦
【陰廊】いんろう 暗いろうか。「陰廊画雑㆑苔」いんろうのえこけにまじわる〈司空曙の詩・過㆓慶宝寺㆒〉
【陰弁(辨)慶】かげべんけい 国人前に出ると弱く、内では強がっていること。また、その人。内弁慶。
◁▼山陰・寸陰・木陰・日陰・中陰・分陰・光陰・夜陰・惜陰・諒陰・緑陰・樹陰

阝8【険】〔11〕 学5 ケン けわしい
㊀ケン 漢 県 ㊀上 琰 xiǎn シエン J 2417 補 U 967A
旧字 阝13【險】〔16〕 人
㊁ケン 漢 県 ㊁上 琰 jiǎn チエン J 8010 補 U 96AA
筆順 了 阝 阝人 阝亼 阾 険 険
石13【礆】〔18〕 同字 J 4828 補 U 7906
意味 ㊀①〈けわし・い(けは・し)〉〈さがし・い(さが・し)〉‖嶮 ㋐山がきり立って高い。㋑平らでない。傾斜がきつい。㋒進みにくい。②守りがかたい。③要害の地。④あやうい。あぶない。「危険」⑤なやみ。苦しみ。⑥よこしま。不正。「陰険」㊁つづまやか。節約する。‖倹
解字  形声。阝が形を表し、僉が音を示す。阝は山。僉には、集まるという意味がある。険は、高い山が集まっていることで、あぶない意味を表す。一説に、僉は、剣のようにとがっている意味を持つから、険は、切り立った山のこともいう。
名前 たか・のり
参考 新表記では、「嶮」の書きかえに用いる熟語がある。
【険隘】けんあい 道のけわしく、せまいこと。
【険悪(惡)】けんあく ①土地・天候・人気などがけわしく悪いこと。②形勢が悪いこと。
【険夷】けんい けわしいところと、平らなところ。平和の世と乱世。
【険易】けんい 「険夷」に同じ。
【険狭(狹)】けんきょう ①けわしくせまい。②心がとげとげしく「せまい」。
【険釁】けんきん ふしあわせ。不幸。〈李密・陳情表〉
【険固】けんご けわしく堅固なこと。また、その場所。
【険語】けんご 人の意表をつくことば。
【険塞】㊀けんさい けわしい陣地。㊁けんそく けわしい山にかこまれる。
【険桟(棧)】けんさん けわしいかけはし。桟は、がけを通るためにたなのように作った道。
【険峻】けんしゅん けわしく高い。峻険。
【険絶】けんぜつ たいへんけわしい。
【険(「嶮」)阻(「岨」)】けんそ ①山などがけわしい。②困難。
【険相】けんそう こわい人相。
【険躁】けんそう 心に落ち着きがない。
【険難】けんなん 土地や人生がけわしく困難。あぶない。
【険微】けんび 危険が起こるというかすかな前じらせ。「細徳之険微」さいとくのけんび〈賈誼・弔㆓屈原㆒賦〉
【険陂】けんぴ 心がねじけている。
【険詖】けんぴ ①悪を善とする。不正な情実。②人に罪をきせる。
【険要】けんよう 「険固」に同じ。
【険塁(壘)】けんるい けわしく堅固な陣地。
【険路】けんろ けわしい道。悪路。
◁▼天険・危険・保険・冒険・峻険・陰険

阜8【陲】〔11〕 スイ 漢 平 支 chuí チョイ J 8004 補 U 9672
意味 ①〈ほとり〉かたほとり。「辺陲」②国境。③あぶない。

阜8【陬】〔11〕 ソウ 漢 スウ 慣 平 尤 zōu ツォウ J 8005 補 U 966C
意味 ①〈すみ〉㋐広く土地のすみをいう。㋑へんぴなところ。「辺陬」②山のふもと。③集落。④陰暦で、正月の異名。陬月。「孟陬」⑤春秋時代の地名。魯国の邑。孔子の生地。今の山東省曲阜市の東南。‖郰・鄹
【陬遠】すうえん 遠いいなか。
【陬僻】すうへき 遠いかたいなか。僻陬。
【陬邑】すうゆう ①かたいなか。②孔子の生地。

阜8【陮】〔11〕 タイ 漢 上 賄 duì トイ J 7058 補 U 966E
意味 陮隗たいかいは、高くけわしいさま。

阝8
【陳】〔11〕常 チン

一チン 漢 ジン(ヂン) 呉 一平 真 chén チェン
二チン 漢 ジン(ヂン) 呉 二去 震 zhèn チェン
J 3636 補 U 9673

筆順 了 阝 阝一 阿 陌 陣 陣 陳

意味 一①〈つら・ねる(――・ぬ)〉ならべる。しきならべる。②〈つらな・る〉③列。④〈の・べる(―・ぶ)〉申しのべる。「陳述」⑤しらべる。⑥〈ふる・い(――・し)〉⑦〈ひね〉㋐古くなったもの。㋑古い米。⑧建物から門までの道。⑨春秋時代の国名。舜の子孫の国。今の河南省淮陽県。嬀姓。後に楚にほろぼされた。⑩王朝の名(五五七～五八九)。南朝の一つ。都は建康(南京)。⑪姓。二=陣 ①軍列。②軍のじんだて。軍隊の配置。

解字  会意・形声。阝と木と申とを合わせた字で、申が音を示す。阝はおか。陳は国名で、五行にあてはめると、木の徳をもって王となった国なので、木という字を含むという。また、陳は、田をとりまく盛り土で、中央が低く、まわりが高いおかの形を表すとも、物を平面に並べてみせることともいう。敶と通じて、陳列するという意味にもなる。

名前 かた・つら・のり・ひさ・むね・よし・のぶる 難読 陳者

【陳見】のべ、あらわす。事がらを説明する。

【陳言】①古くさいことば。②言う。申しのべる。【――套語】言い古した文句。

【陳呉】陳勝と呉広。秦に対して最初に反乱を起こした将軍。

【陳蔡】陳と蔡。春秋時代の二つの国の名。孔子がこの二国の間で敵に囲まれて難儀をした。

【陳死】古い昔に死んだ人。「下有二陳死人一」〈古詩十九首〉

【陳思王】人名。三国時代、魏の曹植。

【陳謝】①わけを述べてあやまる。また、ことわる。②お礼をいう。

【陳錫】恵みをほどこす。恩恵をしく。「陳錫哉レ周」(あまねく恵みを施して、周国を始めた。)〈詩経・文王〉

【陳寿(壽)】人名。晋の歴史家。「三国志」を著す。(二三三～二九七)

【陳書】書名。六朝、陳の正史。唐の姚思廉編。三十六巻。

【陳渉】人名。渉は、陳勝の字。

【陳勝】人名。秦の末に、呉広とともに反乱を起こし、王と称し、秦を滅亡させるきっかけを作った。字は渉。「燕雀安知二鴻鵠之志一哉」、「王侯将相寧有レ種乎」などの名句で知られている。(?～前二〇八)

【陳状(狀)】①ようすを述べる。②国答弁の手紙。意見書。

【陳情】①事情を述べる。②国わけを話してたのむ。【――表】晋の李密が天子に奉った手紙の名。祖母を看護するために任官を辞したいと願ったもの。

【陳寔】人名。後漢、許の人。人格の高潔なことで一世に名高かった。(一〇四～一八七) →「梁上君子」(六四六ページ・下)

【陳子昂】人名。初唐の詩人。字は伯玉。(六五六～六九五)

【陳迹】古いあと。古跡。

【陳蹟】古い遺跡。古跡。

【陳設】ものを並べる。陳列。

【陳説】事がらをのべて説明する。

【陳疏】申し開く。言いわけ。

【陳訴】わけを述べて訴える。

【陳陳】①古いものが積み重なる。②古いさま。【――相因】①世の中が太平で、穀物が積み重なる。②なにも新しいことがないままに続くこと。

【陳套】ふるくさい。陳腐。

【陳独(獨)秀】人名。中国新文化運動に活躍した人。(一八七九～一九四二)

【陳年】古い年。過ぎ去った年。【――暦(曆)日】古いこよみ。役にたたないもの。

【陳後主】南朝、陳の最後の天子。隋に国をほろぼされた。「玉樹後庭花」など、なまめかしい歌を作った。

【陳白沙】人名。明代の学者。名は献章、字は公甫。白沙は号。新会の人。世人から、活孟子(孟子の生まれかわり)とまで言われた。死後、文恭とおくり名され、著書に「白沙集」がある。(一四二八～一五〇〇)

【陳皮】みかんの皮を干したもの。漢方薬にする。

【陳腐】古くさい。だれでも知っていること。

【陳平】人名。漢の高祖に仕えた政治家。(?～前一七八)

【陳弁(辯)】申し開きをする。

【陳編】古くさい書物。古書。

【陳亮】人名。南宋の学者。字は同甫。号は竜川。

【陳列】並べる。見せるために並べる。
◆出陳・具陳・開陳

阝8
【陶】〔11〕常 トウ

一トウ(タウ) 漢 一平 豪 táo タオ
二ヨウ(エウ) 漢 二平 蕭 yáo ヤオ
J 3811 補 U 9676

筆順 了 阝 阝' 阝勹 陶 陶 陶

意味 一①かさなった山や丘。②〈すえ(すゑ)〉陶器。やきもの。③やきものを作る。④教えみちびく。教化する。「薫陶」⑤正す。⑥養う。育てる。⑦かまど。⑧喜ぶ。たのしむ。⑨のびる。⑩かたくな。⑪うれえる。⑫姓。二①やわらぎたのしむ。②皐陶は、人名。舜の臣といわれる。

解字  形声。阝が形を表し、匋が音を示す。阝は丘。匋は、土を細かくこねて作った素焼きのかめのこと。陶は、高い山の上に重ねて作った、かまどのような丘をいう。一説に、土を盛りあげて、万遍なくたたき固めることともいう。

名前 よし 姓 陶・陶山

【陶猗】「陶朱猗頓」に同じ。

【陶隠(隱)居】人名。梁代の人。陶弘景をいう。本草学の大家。

【陶鬱】心がふさいで楽しくない。

【陶淵明】→陶潜
【陶化】①作る。②善に感化する。良い風俗にみちびく。

【陶家】せともの屋。陶器をつくる人。

【陶侃】人名。晋の将軍。陶潜の曾祖父という。(二五九～三三四)

【陶棺】国古墳時代に行われた焼き物の棺。

【陶器】せともの。やきもの。

【陶鈞】①陶器をつくるろくろ。②聖王が天下をよく治めるたとえ。

【陶芸(藝)】陶器を作る芸術。

【陶甄】①やきもの師が、かわらの器をつくる。②天地が万物を作りあげる。

【陶犬瓦鶏(鷄)】せとものの犬と素焼のにわとり。どちらも家を守る役にたたないことから、無用のものをいう。〈金楼子〉

【陶磁器】陶器と磁器。

【陶写(寫)】楽しんで、心配事を消しとばす。写は、除くこと。

【陶者】とう(たう)しゃ　陶器を作る人。

【陶朱猗頓】とう(たう)しゅいとん　陶朱公と猗頓。春秋時代の大金持ち。陶猗。

【陶朱公】とう(たう)しゅこう　春秋時代、越王勾践の臣、范蠡の変名。財産家になった。

【陶人】とう(たう)じん　陶器を作る人。

【陶酔(醉)】とう(たう)すい　①気持ちよく酒に酔う。②うっとりして、われを忘れる。

【陶潜(潛)】とう(たう)せん　人名。東晋末の田園詩人。陶侃の曽孫(ひまご)。字は淵明、一説に元亮・深明ともいう。号は五柳先生、おくり名は靖節。「五柳先生伝」「飲酒詩二十首」「帰去来辞」などの作品が知られている。(三六五～四二七)

【陶然】とう(たう)ぜん　①気持ちよく酔うさま。②われを忘れてうっとりとするさま。

【陶宗儀】とう(たう)そうぎ　人名。明代初期の学者。随筆「輟耕録」を著した。

【陶鋳(鑄)】とう(たう)ちゅう(ちう)　①陶器を作り、金属を鋳る。②人材を育てあげる。

【陶土】とう(たう)ど　陶器を作る原料の土。

【陶陶】㊀とう(たう)とう(たう)　①馬を走らせるさま。②水の勢いがさかんなさま。㊁よう(えう)よう(えう)　①やわらぎたのしむさま。②後ろについてゆくさま。③夜の長いさま。

【陶唐氏】とう(たう)とう(たう)し　伝説時代の尭帝の号。

【陶瓶(甁)】とう(たう)へい　陶器の花びん。

【陶片追放】とう(たう)へんついほう(はう)　古代ギリシアの秘密投票(陶器のかけらに名を書いた)による追放制度。貝殻追放。

【陶冶】とう(たう)や　①せともの を焼いたり、かなものを鋳る。②才能をひき出して成長させる。育てあげる。

【陶窯】とう(たう)よう(えう)　陶器を焼くかま。

【陶炉(爐)】とう(たう)ろ　せとものを焼く炉。

▲▽皐陶・薫陶・鬱陶

阝8【陪】〔11〕常　バイ　ハイ漢平灰　バイ慣　péi ペイ　J3970 補― U966A

筆順 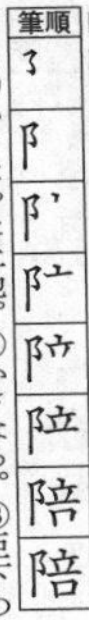

意味 ①かさなった土地。②かさなる。③臣下の臣。④増す。加える。⑤〈したが・う(――・ふ)〉はべる。つきそう。「陪位」⑥たすける。そえる。⑦たすけ。そえ。⑧とも。けらい。⑨つぐなう。＝賠

解字  形声。阝が形を表し、咅が音を示す。阝は土のおか。音には、重ねる、くっつけるという意味がある。陪は、土を重ねることで、丘の上にもう一つ重ねた山をいう。また、音には丸くふくらんでいる意味があり、陪は、満ちるという意味にもなる。つみ重ねた山ということから、つき従う、そうという意味を生ずる。

名前 すけ・ます　難読 陪堂

【陪客】ばいかく　客のあいてになる人。しょうばんをする客。

【陪観(觀)】ばいかん(くゎん)　貴人のお供をしていっしょに見る。

【陪侍】ばいじ　おそばに仕える。また、その人。

【陪従(從)】ばいじゅう　身分の高い人の供をする。

【陪乗(乘)】ばいじょう　身分の高い人のお供をして、同じ車に乗る。

【陪食】ばいしょく　貴人の食事の相手をする。

【陪臣】ばいしん　またげらい。天子に対して諸侯の臣、諸侯に対して大夫の臣、天皇に対し将軍の臣などをいう。

【陪審】ばいしん　㊄刑事裁判で、裁判官のほかに民間から選ばれた陪審員がその審判に加わること。わが国ではこの制度は昭和一八年(一九四三)に停止された。

【陪席】ばいせき　目上の人といっしょにすわる。【――判事】ばいせきはんじ　裁判長と同席する裁判官。

【陪都】ばいと　首府以外に設けたみやこ。

【陪遊】ばいゆう(いう)　貴人のお供をして遊ぶ。

【陪陵】ばいりょう　天子の墓のそばに葬った功績のあった者や王族の墓。

【陪隷】ばいれい　召使。従僕。

【陪堂】ほいとう(たう)　㊋①客僧が僧堂の外で食事をする。②ごはん。③もの乞い。「ほい」は唐音。

阜8【陴】〔11〕　ヒ漢平支　pí ピー　J7059 補― U9674

意味〈ひめがき〉城壁の上の低いへい。「陴堞」

阜13【𨺅】〔16〕同字　J7076 補― U96A6

阝8【陸】〔11〕学4　リク　リク漢入屋　ロク呉　lù ルー　J4606 補― U9678

筆順 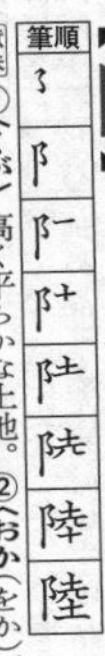

意味 ①〈くが〉高く平らかな土地。②〈おか(をか)〉大きな丘。③みち。陸路。④〈おど・る(をど・る)〉はねあがる。⑤むつまじい。⑥平凡なさま。＝碌　⑦草の名。⑧数字の六。＝六　⑨姓。国〈ろく〉①水平。まっすぐ。「陸屋根」②まじめ。正しい。③十分。

解字  形声。阝が形を表し、坴が音を示す。阝は丘。坴には、土のかたまりが並んでいる意味がある。陸は、小高い丘が連続している平野をいう。また、坴は、きのこの密生している形、草ぶき屋根の集まっている地などともいう。

名前 む・あつ・みち・むつ・あつし・たかし・ひとし

地名 陸中・陸別・陸前・陸奥・陸前高田

難読 陸稲

【陸釣】おかづり(をかづり)　国陸上から魚をつる。

【陸湯】おかゆ(をかゆ)　国浴場で、ゆぶねの外に用意してあるきれいな湯。あがりゆ。

【陸奥】㊀みちのく　国奥羽地方の国の名。むつ。また、陸前・陸中・陸奥三国を合わせた称。㊁むつ　国奥羽地方の国名。

【陸羽】りくう　人名。唐の茶人。茶道の始祖で「茶経」を著す。(?～八〇四?)

【陸賈】りくか　人名。漢代初期の政治家。「新語」の著者。

【陸機】りくき　人名。晋代の詩人。字は士衡。(二六一～三〇三)

【陸九淵】りくきゅう(きう)えん(ゑん)　人名。宋代の学者。字は子静、号は象山。朱熹と対立して唯心論的な説をとなえた。陽明学に影響したといわれる。(一一三九～一一九三)

【陸軍】りくぐん　陸上の戦闘を任務とする軍隊。

【陸行】りくこう(かう)　陸上を行く。↔水行

【陸贄】りくし　人名。唐代の政治家。おくり名を宣公という。(七五四～八〇五)

【陸処(處)】りくしょ　陸上にいる。陸上に住む。

【陸上】りくじょう(じゃう)　陸地。陸の上。

【陸象山】りくしょう(しゃう)ざん　「陸九淵」に同じ。

【陸棲】りくせい　陸上にすむ。

【陸続(續)】㊀りくぞく　ひっきりなしに。続々と。㊁ルーシュイ lùxù 現　㊀に同じ。

【陸沈】りくちん　陸にしずむ。①俗世間にかくれて生活する隠者。②世間に認められず、おちぶれた人。③㊋さとりを開けない人。

【陸田】りくでん　畑。↔水田

【陸稲(稻)】りくとう(たう)　陸田のいね。おかぼ。おかしね。

【陸棚】りくほう(はう)・りくだな　大陸から突き出た浅瀬。大陸棚。

【陸味】りくみ　陸地に生ずる食物。

【陸輪】りくゆ　陸上の運送。

【陸游】りくゆう(いう)　人名。宋代の詩人。字は務観。号は放翁。「入蜀記」の著者。(一一二五～一二一〇)

8画　金長(镸)門阜(阝〈左〉)隶隹雨青(靑)非

【陸離】(りくり) ①きらきら輝くさま。②入り乱れるさま。③美しいさま。「光彩陸離」

【陸陸】(りくりく) 平凡なさま。

【陸梁】(りくりょう(りゃう)) 乱れ走るさま。あばれおどるさま。

【陸橋】(りっきょう(けう)) 陸上にもうけた橋。

【陸尺】(ろくしゃく) 国①かごをかつぐ人夫。かごかき。②下男。しもべ。③江戸幕府の雑役に従事した職。

【陸王之学(學)】(りくおうのがく) 宋の陸九淵と明の王守仁との学説。

【陸氏荘(莊)荒】(りくしのそう(さう)あれん) 陸一家の土地は荒れるだろう。唐の崔群が、恩師にあたる陸贄の子を、官吏登用試験に推薦しなかったことを、妻が批判したことば。先生を尊敬せず、あいさつもしないことをいう。〈独異志〉

阝8 **【隆】**〔11〕 常 リュウ　J 4620 U 9686

旧字 阜9 **【隆】**〔12〕 リュウ(リウ) 漢 平 東 lóng ロン　J ①9361 U F9DC

筆順 阝 阝 阝夂 阝夂 阝夅 降 隆

意味 ①〈たか・い(――・し)〉高い。高める。②たっとい。とうとぶ。③〈さかん〉④多い。⑤豊か。⑥厚い。

解字 形声。夅と生とを合わせた字。夅は降の略で音を示す。生は生長すること。降は、洪と音が通じて、大きいという意味を持つ。隆は、生長して高く大きくなること、盛んになることをいう。音リュウは、降の音カウの変化。

名前 お・おき・しげ・たか・とき・なが・もり・ゆたか

【隆運】(りゅううん) 栄える運命。

【隆汚】(りゅうお(りう を)) 世の中が盛んになることと、衰えること。

【隆恩】(りゅうおん) 大きなめぐみ。

【隆寒】(りゅうかん) きびしい寒さ。

【隆顔】(りゅうがん) 天子の顔。

【隆起】(りゅうき) ①高くふくれあがる。②盛んに起こる。

【隆貴】(りゅうき) 身分がたいへんたっとい。

【隆古】(りゅうこ) 盛んであった昔。

【隆洽】(りゅうこう(かふ)) ひろく行きわたる。

【隆興】(りゅうこう) ①盛んにおこる。②物事が盛んなこと。

【隆殺】(りゅうさい) 盛んにすることと、簡略にすること。

【隆崇】(りゅうすう) 高い。

【隆準】(りゅうせつ) 高いはな。隆鼻。

【隆暑】(りゅうしょ) きびしいあつさ。真夏の暑さ。

【隆昌】(りゅうしょう(しゃう)) 栄える。

【隆盛】(りゅうせい) 勢いの盛んなこと。栄える。

【隆然】(りゅうぜん) 盛り上がって高いさま。

【隆替】(りゅうたい) 盛んになることと、衰えること。

【隆中】(りゅうちゅう) 地名。湖北省襄陽県にある山。諸葛亮の住んだ所。

【隆鼻】(りゅうび) 「隆準」に同じ。

【隆名】(りゅうめい) よい評判。盛名。

【隆隆】(りゅうりゅう) ①雷が鳴るさま。②勢いの盛んなさま。

【隆礼(禮)】(りゅうれい) ①礼儀を盛んにする。②礼儀を重んじる。

◆汚隆・穹隆・豊隆・興隆

阝8 **【陵】**〔11〕 常 リョウ みささぎ　リョウ 漢 県 平 蒸 líng リン　J 4645 U 9675

筆順 阝 阝 阝 阝 阝 陆 陵 陵

意味 ①〈おか(をか)〉丘陵。土の山。②〈みささぎ〉〈みはか〉天子・皇后の墓。③のぼる。④〈しの・ぐ〉=凌 ㋐こえる。のりこえる。㋑せめる。侵す。㋒あなどる。軽くみる。㋓あざむく。⑤しだいにおとろえる。⑥きびしい。けわしい。⑦せまる。⑧〈にら・ぐ〉刃物にやきを入れる。⑨研ぐ。磨く。

解字 形声。阝が形を表し、夌が音を示す。阝は土の山。夌には、高くかどばっている意味がある。陵は、大きくかどばっているおかをいう。

名前 たか 姓 陵(きさき)

【陵夷】(りょうい) ①丘がだんだん平らになる。②物事がだんだんおとろえる。

【陵域】(りょういき(ゐき)) 天子の墓の区域。みささぎの中。

【陵園】(りょうえん(ゑん)) 天子の墓。みささぎ。

【陵駕】(りょうが) 人をしのいで、上になる。=凌駕

【陵虐】(りょうぎゃく) 軽んじ、いじめる。

【陵丘】(りょうきゅう(きう)) おか。陵は大きなおか、丘は小さなおか。

【陵霄】(りょうしょう(せう)) ①高く飛ぶこと。②植物の名。のうぜんかずら。

【陵辱】(りょうじょく) ①あなどりはずかしめる。かさにかかってはずかしめる。②女に暴行する。=凌辱

【陵寝(寢)】(りょうしん) 天子のみささぎ。

【陵斥】(りょうせき) 排斥する。おしのける。

【陵替】(りょうたい(りょうてい)) ①下の者がのし上がり、上の者の勢いがすたれる。〈左伝・昭公〉②だんだんおとろえる。

【陵遅(遲)】(りょうち) ①丘がだんだん低くなること。②盛んなものがだんだんおとろえること。③刑罰の名。罪人を後ろ手にしばってつりあげ、肉をそぎとって殺すもの。

【陵罵】(りょうば) ばかにして、ののしる。

【陵犯】(りょうはん) しのぎ、おかす。

【陵廟】(りょうびょう(べう)) 天子のみたまを祭るところ。

【陵侮】(りょうぶ) ばかにする。あなどって侵入する。

【陵暴】(りょうぼう) 人をばかにして乱暴する。

【陵轢】(りょうれき) ①のしかかってふみにじる。②たがいに争う。

【陵歴(歷)闕食(「蝕」)】(りょうれきけっしょく) 天体が互いに巡りながら、おおいかぶさること。日食・月食などをさす。

【陵雲之志】(りょううんのこころざし) ①俗世間を超越した気持ち。②立身出世したい望み。=凌雲之志〈漢書・揚雄伝〉

【陵谷之変(變)】(りょうこくのへん) 丘が谷になり、谷が丘にかわる。世の中の移りかわりがはげしいこと。滄桑之変〈詩経・十月之交〉

◆山陵・丘陵・古陵・御陵

阜8 **【陎】**〔11〕 国字　J ②9169 U 28E89

意味 〈さえ〉〈さい〉梅ノ木陎(うめのきさえ)・滝ノ陎(たきのさい)は、長崎県の地名。

阝8 **【陷】**〔11〕 旧→陥(一三二八ページ・上)

阜9 **【陻】**〔12〕 イン 漢 平 真 yīn イン　J 7060 U 967B

意味 〈ふさ・ぐ〉うめふさぐ。

阜9 **【隁】**〔12〕 一 エン 漢 県 去 霰 yàn イエン　二 エン 漢 上 阮 yǎn イエン　J 7064 U 9681

意味 一〈せき〉水をせきとめる堤防。=堰　二〈さか〉山などのさか。

阝9 **【階】**〔12〕 学3 カイ　カイ 漢 平 佳 jiē チエ　J 1912 U 968E

筆順 阝 阝 阝 阝 阝 阝 階 階

意味 ①〈はし〉〈きざはし〉堂に登る階段。②はしご。③いとぐち。きっかけ。④みち。みちすじ。物事の順序。⑤よりどころ。⑥のぼる。すすむ。⑦品(しな)。位(くらい)。官爵の等級。国

建物の層を数えることば。

解字 形声。阝が形を表し、皆が音を示す。阝は、おかの段。皆には、並ぶという意味がある。階は、おかの登り道の段が並んでいることで、だんだんのぼること。

名前 とも・より 姓 階 地名 階上

【階下】①階段の下。②国 一階。↕階上

【階級】━ ①身分・地位などの上下の順序。②階段。③社会的な方面で、人々の層を分けていうことば。━ jiējí 現 ━ の①③に同じ。

【階次】身分の高低。地位の順序。

【階上】①階段の上。②国 二階。↕階下

【階前】建物の正面にある階段の前。【━万(萬)里】①天子が遠い地方の実情を目の前にあるように知っていること。②遠く離れていても、近く思われること。〈唐書・宣帝紀〉【━盈尺之地】階段の一尺前の場所。貴人の前へ出ること。〈李白・与韓荊州書〉

【階層(層)】社会を形成するいろいろな階級の人々。

【階段】━ はしごだん。━ jiēduàn 現 段階。【━耕作】階段状にした斜面の畑をたがやす。

【階梯】①はしご。②はじまり。てびき。

【階陛】宮殿の階段。

◇土階・石階・位階・段階・音階・職階

阜9【陜】〔12〕 コウ(カフ) 漢 入 洽 キョウ(ケフ) 慣 xiá シア J 7063 補 U 967F

意味 ①〈せま・い(━・し)〉＝陝 ②谷あい。谷川。＝峡

【陜隘】せまくるしい。

【陜谷】谷間。谷あい。

阝9【隅】〔12〕 常 グウ グ 漢 呉 平 虞 すみ グウ 慣 yú ユィ J 2289 U 9685

筆順 ㇋ 阝 阝冂 阝日 隅 隅 隅

意味 ①〈くま〉山や川の湾曲した所。②〈すみ〉㋐かたすみ。㋑かど。㋒はて。はずれ。㋓全体の一部分。③四角。④品行方正。「廉隅」

解字 形声。阝が形を表し、禺が音を示す。阝は土地。禺には、二つ並ぶ意味を含む。隅は、角の土地で、並んでいるかど。四角ならば、四隅になる。

名前 ずみ

【隅奥】室のすみ。

【隅角】①すみ。かど。②数 立体の角。

【隅曲】すみ。かど。

【隅坐】かたすみにすわる。

【隅反】一すみをもちあげることによって他の三すみを知る。よく類推すること。〈論語・述而〉

【隅棟】国 四方にやねのある建物(宝形造など)の、やねの下すみにあるむね。

◇一隅・片隅・海隅

阜9【隉】〔12〕 ゲツ 漢 入 屑 niè ニエ J 7068 補 U 9689

意味 ①〈あぶな・い(━・し)〉高くてあぶない。おちつかない。「阢隉」②きまり。法度。法則。

阜9【隍】〔12〕 コウ(クヮウ) 漢 平 陽 huáng ホワン J 8006 補 U 968D

意味 〈ほり〉城壁のまわりのからぼり。「城隍」

阜9【陼】〔12〕 ━ ショ 漢 ━ 上 語 zhǔ チュー ━ ト 漢 ━ 上 麌 dǔ トゥー J 7061 補 U 967C

意味 ━ ＝渚 ①なかす。②なぎさ。━ かきね。＝堵

阜9【陾】〔12〕 ジョウ 漢 平 蒸 réng ロン J 7062 補 U 967E

意味 陾陾は、①多いさま。②かきねをきずく声。

阝9【随】〔12〕 常 ズイ J 3179 補 U 968F

旧字 阜13【隨】〔16〕 スイ 漢 平 支 ズイ 呉 suí ソイ J 7814 補 U 96A8

筆順 ㇋ 阝 阝ノ 阝ナ 陏 陏 随 随

意味 ①〈したが・う(━・ふ)〉㋐つづく。ついていく。㋑よりそう。㋒追う。②〈まま〉〈まにまに〉まかせる。③〈したがって〉たびごとに。④下役。とも。⑤足。⑥周代の国名。今の湖北省随州市。⑦春秋時代、晋国の地名。今の山西省介休市東南。⑧易の卦の名。⑨姓。

解字 形声。辶と隋を合わせた字で、辶が形を表し、隋が音を示す。辶は行くこと。隋は、土がくずれ落ちるように、ぐにゃぐにゃしていること。随は、いくじなく人について行くことである。

名前 あや・みち・ゆき・より

【随夷】殷の賢者卞随と、周の賢者伯夷。卞随は湯王が天下を譲ろうとしたが受けず、伯夷は周の武王をいさめていれられず、首陽山で餓死した。〈賈誼・弔屈原賦〉

【随意】気まま。思うまま。

【随員】供の人。つき人。

【随縁(緣)】仏 いろいろな縁によって、物事が起こること。

【随園詩話】書名。清の袁枚の詩論集。随園は、袁枚の号。

【随和】①名宝。随侯の得た玉と卞和の発見した玉。＝隋和 ②才徳のすぐれているたとえ。

【随駕】天子の車の供をする。

【随感】思うまま。感じたまま。

【随喜】仏 心から仏を信じ、ありがたく思う。

【随後】①あとについてゆく。②ひきつづき。【━妻籔漢】人のあとばかりついてゆく者。

【随行】供をして行く。

【随坐】まきぞえをくって罰せられる。連座。

【随事】①ありあわせの。まにあわせの。②事あるごとに。事について。事の起こるにしたがって。

【随侍】身分のある人のそばにはべる。

【随時】━ ①ときどき。②いつでも。━ suíshí 現 ━ の②に同じ。

【随手】①うしろから続いて。すぐに。②手あたりしだい。

【随従(從)】①つきしたがう。②供の人。③教えを受ける。

【随順】したがう。

【随処(處)】どこでも。あちらこちら。【━作主】どこでも自由にふるまうこと。【━自在】境遇に左右されず、どんなところでも、取り乱さないこと。〈臨済録〉

【随所】どこでも。いたるところで。

【随臣】供の家来。

【随身】━ ①身に持つ。所有する。②持って行く。③官吏が持っている割り符。魚袋。━ 国 摂政・関白の護衛をする武官。

【随想】おりにふれて思うことがら。【━録(錄)】おりにふれて感じたことを記したもの。

【随逐】あとについて行く。

【随徳寺】国 俗語で、あとのことをかまわずに逃げ出して、身をくらますこと。

【随波逐浪】なみにしたがい、なみをおう。うちよせる波のまにまにさからわず、物を見わける。ことばを聞いて人

8画 金長(镸)門阜(阝〈左〉)隶隹雨青(靑)非

を知ること。また、人のことばにつきしたがうこと。

【随伴】ずいはん 供をする。いっしょに行く。

【随筆】ずいひつ 筆にまかせて書いた文。エッセイ。

【随分】ずいぶん ①身分に応じた。②もちろん。③国かなり。相当。④国たいへん。たいへんひどい。

【随兵】ずいへい つき従う兵士。

【随便】ズイビエン suíbiàn 現かってに。気らくに。

◇付随(ふずい)・伴随(はんずい)・追随(ついずい)・夫唱婦随(ふしょうふずい)

阝9 【隋】〔12〕 標 一ダ漢 ダ呉 一上 哿 duò トゥオ 二スイ漢 ズイ呉 二平 支 suí ソイ J 7101 補 — U 968B

意味 一①祭祀(さいし)に使ったあまりの肉。②〈お・ちる(―・つ)〉=堕 ③おこたる。=惰 ④長円形。=橢・楕 二①周代の国名。=随 ②王朝名(五八一～六一八)。文帝楊堅(ようけん)の建国。北周、陳を滅ぼし全国統一を果たす。唐に滅ぼされる。

【隋室】ずいしつ 隋の王室。

【隋珠】ずいしゅ 「隋侯之珠(ずいこうのしゅ)」に同じ。【――弾(彈)雀】ずいしゅだんじゃく 隋侯の珠ですずめをうつ。つまらないもののために、大事なものを使う。不適当な使い方。〈荘子(そうじ)・譲王〉

【隋書】ずいしょ 書名。隋の正史。唐の魏徴(ぎちょう)らが編集した。八十五巻。

【隋文帝】ずいのぶんてい 隋の初代の天子、楊堅(ようけん)。

【隋煬帝】ずいのようだい(やうてい) 隋の二代めの皇帝。大運河を開いた。(五六九～六一八)

【隋和之材】ずいかのざい 隋侯(ずいこう)の得た玉と和氏(かし)の発見した玉のようなすぐれた人物をいう。随和之材。

【隋侯之珠】ずいこうのしゅ 隋侯がへびを救ったお礼に得た夜光の玉の名。〈淮南子(えなんじ)・覧冥訓(らんめいくん)〉

阝9 【隊】〔12〕 学4 タイ J 3466 補 — U 968A

旧字 阜9 【隊】〔12〕 一タイ漢 一去 隊 duì トイ 二ツイ漢 二去 寘 zhuì チョイ 三スイ漢 三去 寘 suì ソイ J — 補 — U —

筆順 ３ 阝 阝丷 阝䒑 阝䒑 阝㒸 隊 隊

意味 一①兵士の組。「隊伍」②むれ。まとまり。集団。「隊商」 二①〈お・ちる(―・つ)〉=墜 ②〈おと・す〉③失う。三谷あいの険しい道。=隧

解字 形声。阝が形を表し、㒸(つい)が音を示す。阝は高い山。㒸は、八と豕とを合わせた字で、ぶたがおしわけてむりに進む形である。隊は、ぶたがむりに進んで、高いところから、ズシンと落ちること。また、落ちて堆積(うずたかくつもる)することから、集団・部隊の意味を生じた。のちには、隊に土を加えた墜が、落ちる意味に使われるようになった。

【隊伍】たいご ①軍隊の組。伍は、五人の組。②隊列の組。 二トイウ duìwu 現一に同じ。

【隊商】たいしょう(しゃう) 隊を組んで砂漠(さばく)などを渡る商人。キャラバン。

【隊率】たいすい 部隊の統率者。隊長。

【隊長】たいちょう(ちゃう) 一 一隊のかしら。 二トイチャン duìzhǎng 現一に同じ。

【隊付】たいづき 国部隊に付属している。

◇入隊(にゅうたい)・大隊(だいたい)・小隊(しょうたい)・中隊(ちゅうたい)・兵隊(へいたい)・軍隊(ぐんたい)・連隊(れんたい)・除隊(じょたい)・部隊(ぶたい)・楽隊(がくたい)・横隊(おうたい)・編隊(へんたい)・縦隊(じゅうたい)・艦隊(かんたい)

阜9 【隄】〔12〕 テイ漢 平 斉 dī ティー J ①9360 補 7067 U 9684

意味 ①〈つつみ〉どて。=堤「隄防(ていぼう)」「隄塘(ていとう)」「隄障(ていしょう)」②ふせぐ。③きし。岸。④かぎり。限界。

阜9 【隃】〔12〕 一ユ漢 一平 虞 yú ユィ 二ヨウ漢 (エウ) 二平 蕭 yáo ヤオ J — 補 7066 U 9683

意味 一①越える。=踰(ゆ) ②西隃は、地名。雁門(がんもん)。 二はるかにはなれる。遠い。=遥

阝9 【陽】〔12〕 学3 ヨウ ヨウ漢呉 平 陽 yáng ヤン (ヤウ) J 4559 補 — U 967D

筆順 ３ 阝 阝ᄀ 阝日 阝旦 阝昜 陽 陽

日5 【昜】〔9〕 本字 J 5870 補 — U 661C

阜4 【阦】〔7〕 俗字 J — 補 7041 U 9626

阜4 【阳】〔7〕 俗字 J ②9163 補 7043 U 9633

意味 ①〈ひ〉太陽。②ひなた。③山の南側。川の北側。④ひる。⑤あたたか。⑥明るい。明らか。⑦易(えき)の用語。動的・積極的なものの象徴。例えば、天・日・男・君・剛・動・昼・外・火・風・奇数・君子などをさす。↕陰 ⑧陰暦十月。⑨そと。うわべ。⑩〈いつわ・る(いつは・る)〉ふりをする。=佯(よう) ⑪男子の生殖器。⑫春秋時代の燕(えん)の地。

解字 形声。阝が形を表し、昜(よう)が音を示す。阝は山。昜には、開放、とびあがる、日光などの意味がある。陽は、日当たりのよい山、乾いて日の当たる高台、高く明るいおか、という意味になる。

名前 お・や・あき・おき・きよ・たか・なか・はる・あきら・きよし

姓 陽木(はるき)・陽胡(やご)・陽(みなみ)

難読 陽炎(かげろう)

【陽烏】ようう(やう) ①鳥の名。②太陽の中にいるという三本足のからす。転じて、太陽をいう。

【陽炎】ようえん(やう) かげろう。春の野などに立ちのぼる気。野馬(やば)。遊糸(ゆうし)。

【陽関(關)】ようかん(やうくわん) むかしの関所の名。甘粛省敦煌(とんこう)市の西南にあたる。陽は、「玉門関の南」の意。西域交通の要地。【――三畳(疊)】ようかんさんじょう(やうくわんさんでふ) 陽関の曲の一部を三たびくりかえし歌うこと。【――曲】ようかん(やうくわん)のきょく 王維の送別の詩、「送元二使安西(げんじのあんせいにつかいするをおくる)」をさす。渭城曲(いじょうきょく)。転じて、送別の詩。

【陽気(氣)】ようき(やう) ①万物を生育させる気。②国はれやかなこと。うわ調子。↕陰気 ③国気候。時節。【――所発(發)金石亦透】ようき(やう)のはっするところきんせきもまたとおる(とほる) 万物が発生する気が起こると、その勢いは金石をもつきとおす。〈朱熹(しゅき)〉

【陽九】ようきゅう(やうきう) わざわい。災難や不幸なめぐりあわせにいう。

【陽狂】ようきょう(やうきやう) 狂人のまねをする。いつわって狂人のようすをする。

【陽極】ようきょく(やう) ①陽の気が極限に達する。②理電池などで電位の高いほうの電極。↕陰極 【――線】ようきょくせん(やう) 理真空の中を陽極から陰極へ流れる電気。

【陽景】ようけい(やう) 太陽の光。

【陽月】ようげつ(やう) 陰暦の十月をいう。

【陽言】ようげん(やう) いつわっていいふらす。うそのことをいう。

【陽虎】ようこ(やう) 人名。春秋時代、魯(ろ)の権力者。字(あざな)は貨。

【陽光】ようこう(やうくわう) 一日光。太陽。 二ヤンコワン yángguāng 現一に同じ。

【陽子】ようし(やう) ①人名。戦国時代の人。名は朱。楊朱(ようしゅ)のことともいう。「陽子之宋(ようしそうにゆく)」〈荘子(そうじ)・山木(さんぼく)〉②人名。秦(しん)の穆公(ぼくこう)の臣、孫陽(伯楽)のこと。③理素粒子の一つ。中性子とともに原子核を構成する。

【陽死】ようし(やう) 死んだふりをする。

【陽秋】ようしゅう(やうしう)　「春秋」に同じ。晋(しん)の簡文帝の母、鄭(てい)太后の名、阿春(あしゅん)。その春の字を遠慮して「春」の代わりに「陽」の字を用いたもの。

【陽春】ようしゅん(やう)　①うららかな春。②「陽春曲」のこと。【――曲】ようしゅんきょく(やう)　曲の調子が高くすぐれているため、合わせることのできる人がきわめて少ないという名曲の名。【――白雪】ようしゅんはくせつ(やう)　楚(そ)の国の歌曲。上品な音楽。人の詩文をほめることば。

【陽燧】ようすい(やう)　太陽に照らし、もぐさに火を取る銅鏡。

【陽尊】ようそん(やう)　うわべだけ尊ぶ。尊ぶふりをする。

【陽怒】ようど(やう)　①いつわりおこる。おこったまねをする。②うわべに表れた怒り。

【陽道】ようどう(やうだう)　①男子のみち。男性としてのあり方。②男子の精力。③太陽の軌道。

【陽動作戦(戰)】ようどうさくせん(やう)　敵をあざむくために、目立つように行ういつわりの行動。

【陽徳】ようとく(やう)　身についた陽の気。万物を生長させる気。

【陽風】ようふう(やう)　春の風。

【陽報】ようほう(やう)　うわべに表れた良いむくい。

【陽明】ようめい(やう)　①太陽。②明(みん)の思想家、王守仁(おうしゅじん)の号。【――学(學)】ようめいがく(やう)　明の王陽明が唱えた知行合一(ちこうごういつ)の学説。

【陽陽】ようよう(やうやう)　①りっぱなようす。②得意のさま。③ゆったりとしているさま。

【陽暦(曆)】ようれき(やう)　地球が太陽を一周する間を一年として作ったこよみ。太陽暦。新暦。↔陰暦・旧暦

【陽和】ようわ(やう)　のどかな春の時節。

【如レ陽沃レ雪】ひのゆきにそそぐがごとし　日が雪をとかすように、たやすい。〈枚乗(ばいじょう)・七発〉

◆山陽(さんよう)・夕陽(せきよう)・太陽(たいよう)・春陽(しゅんよう)・重陽(ちょうよう)・洛陽(らくよう)・雒陽(らくよう)・陰陽(いんよう)・斜陽(しゃよう)・朝陽(ちょうよう)

阝9【隈】〔12〕 入 標　ワイ 漢 ㊥平 灰 wēi ウエイ　J 2308 補 U 9688

意味 ①〈くま〉㋐入り江。㋑山の入りこんだところ。②弓のまがったところ。③〈すみ〉④またのあいだ。 国〈くま〉①色のさかいめ。②役者の顔にぬる色どり。

【隈取】くまどり　国①ふちどる。②日本画で濃淡のぼかしによって遠近・高低などを表現すること。③歌舞伎で、役の性格を誇張するために役者の顔にぬる色どりの線。

【隈澳】わいいく　入りこんだみぎわ。＝隈隩

【隈曲】わいきょく　入り江。すみ。くま。

【隈入】わいにゅう(にふ)　抜け道からはいる。

阜9【陰】〔12〕 同→陰(一三三〇ページ・中)

阜9【隆】〔12〕 旧→隆(一三三四ページ・上)

阝9【堕】(二九四ページ・中)→土部九画

阜10【隘】〔13〕　一アイ 漢 ㊁去 卦 ài アイ　二ヤク 漢 ㊁入 陌 è オー　J 8007 補 U 9698

意味 一①〈せま・い(――・し)〉㋐場所がせまい。㋑人物が小さい。②けわしい。きびしい。③きわまる。④とりで。要害の地。二①へだてる。②止める。

【隘害】あいがい　要害。けわしくて守るによい土地。

【隘狭(狹)】あいきょう(けふ)　せまい。狭隘。

【隘陿】あいきょう(けふ)　「隘狭」に同じ。

【隘巷】あいこう(かう)　せまくてごみごみした町。狭巷。

【隘湫】あいしゅう(しう)　せまくじめじめしている。

【隘路】あいろ　①せまい道。大軍が通れないような山間の道。②国困難な点。障害。

【隘陋】あいろう　せまくるしくきたない。

◆陋隘(ろうあい)・険隘(けんあい)・湫隘(しょうあい)

阝10【隕】〔13〕 標　一イン 漢 ㊁上 軫 yǔn ユン (ヰン)　二ウン 漢 ㊁去 問 yuán ユワン　J 8008 補 U 9695

意味 一①〈お・ちる(――・つ)〉㋐降る。㋑くずれる。②〈おと・す〉③失う。④死ぬ。殺す。＝殞(いん) ⑤やぶる。たおす。二まわり。周囲。＝員

【隕越】いんえつ(ゐんゑつ)　①ころげ落ちる。②深く願うあまりに、常識を失う。「激切隕越之至(げきせついんえつのいたり)」〈蘇轍(そてつ)の文〉

【隕穫】いんかく(ゐんくわく)　思いのままにならないために気落ちする。

【隕星】いんせい(ゐん)　「隕石」に同じ。

【隕石】いんせき(ゐん)　流星が燃え残って地上に落ちてきたもの。主成分は石質。

【隕絶】いんぜつ(ゐん)　落ちてとだえる。

【隕蘀】いんたく(ゐん)　草木がしぼんで枯れる。〈詩経(しきょう)・七月〉

【隕墜】いんつい(ゐん)　落ちる。

【隕涕】いんてい(ゐん)　涙を落とすこと。泣くこと。

【隕鉄(鐵)】いんてつ(ゐん)　隕石のうち、主成分が鉄とニッケルから成るもの。

阜10【隖】〔13〕　オ 漢 ㊁上 麌 (ヲ) wù ウー　J 7070 補 U 9696

意味 ＝塢(う) ①〈つつみ〉小さいどて。②とりで。

阜10【隗】〔13〕　一ガイ(グヮイ) 漢 カイ(クヮイ) 慣 ㊁上 賄 wěi ウエイ　二キ 漢 ㊁平 支 guī コイ　J 8009 補 U 9697

意味 一①〈たか・い(――・し)〉けわしい。＝嵬(がい) ②周代の国名。湖北省秭帰(しき)県東にあった。③姓。④郭隗(かくかい)は、戦国時代、燕(えん)国の人。二山名。

【隗囂】かいごう(くわいがう)　人名。前漢末の混乱時代の武将。

【従(從)レ隗始】かいよりはじめよ　①賢者を得たければ、まず私から用いよ。遠大な計画も、まず手近なところから着手せよ、の意。隗は、郭隗(かくかい)。郭隗が国力回復をめざす燕の昭王に、賢者を集めるため進言した方策。〈戦国策・燕〉②転じて、自分から始めよの意。

阜10【隑】〔13〕　一ガイ 漢 ㊁平 灰 gāi カイ　二ギ 漢 ㊁平 微 qí チー　J 7069 補 U 9691

意味 一①はしご。②よりかかる。二＝碕 ①湾曲した岸。②長い岸。

阝10【隔】〔13〕 常　カク　へだてる・へだたる　J 1954 補 U 9694

旧字 阜10【隔】〔13〕　カク 漢 ㊁入 陌 gé コー　キャク 慣　U補J

筆順 ㇌ 阝 阝 阝 隔 隔 隔 隔

意味 ①〈へだ・てる(――・つ)〉㋐しきりをつける。㋑間をあける。㋒離す。㋓さえぎる。㋔ふさぐ。②〈へだた・る〉③〈へだて〉〈へだたり〉㋐しきり。さかい。㋑距離。㋒ちがい。㋓疎遠になること。④まどの格子(こうし)。

解字 形声。阝が形を表し、鬲(れき)が音を示す。阝は山。鬲は、こしきの部分と三本の足とが分かれている器。隔は、山と山との間をさえぎることである。音カクは、鬲の音レキの変化。

【隔意】かくい　「隔心」に同じ。

【隔越】かくえつ(ゑつ)　「隔絶」に同じ。

【隔岸観(觀)火】かくがんかんか(くわんくわ)　岸をへだてて火をみる。対岸の火事。物事に手を出さずに傍観していること。

【隔心】(かくしん・きゃくしん) うちとけない気持ち。隔意。

【隔世】(かくせい) 時代が離れる。世の中が違っている。【――遺伝(かくせいいでん)】 代をへだてて出てくる遺伝。

【隔絶】(かくぜつ) ひどくかけへだたる。

【隔年】(かくねん) 一年おき。

【隔壁】 ㊀(かくへき) ①かべをへだてる。②さえぎりとなる壁。㊁(ビコー) gébì 現となりの家。

【隔離】(かくり) ①離して遠ざける。②伝染病患者などをよそに移す。

【隔靴搔痒】(かっかそうよう) 靴をへだててかゆいところをかく。不満足で、はがゆいことの形容。〈詩話総亀〉

【隔句】(かっく) 漢詩文で、句をへだてて対句をなすこと。隔句対(かっくつい)。

◆疎隔(そかく)・間隔(かんかく)・遠隔(えんかく)・懸隔(けんかく)

阝10 【隙】〔13〕 常 ゲキ すき ／ ケキ 漢 ゲキ 慣 入 陌 xì シー ／ J 2368 補 ― U 9699

筆順 阝 阝 阝 阝 阝 阝 隙

阜11 【隙】〔14〕俗字 J ― 補 ― U 28EF6

阜11 【隟】〔14〕俗字 J 7073 補 ― U 969F

意味 ①〈すき〉〈ひま〉＝郤(げき) ㋐すきま。われめ。㋑あいだ。㋒油断。気のゆるみ。②使ってない。空いている。③あな。もれ。転じて、機会・チャンス。④亀裂。いざこざ。仲たがい。⑤きず。欠点。

解字 会意・形声。阝が形を表し、𡭴(けき)が音を示す。阝は、高く盛り上がった丘。𡭴は、すきまからもれるかすかな光の意。隙は、壁のすきま、亀裂。

【隙罅】(げきか) すきま。

【隙駒】(げきく) 「隙駟(げきし)」に同じ。〈荘子(そうじ)・知北遊(ちほくゆう)〉

【隙駟】(げきし) 月日の早く過ぎること。戸のすきまから馬が走り過ぎるのを見るように早いことをいう。月日。駒隙(くげき)。

◆寸隙(すんげき)・空隙(くうげき)・間隙(かんげき)・駒隙(くげき)

阜10 【隒】〔13〕 ゲン 漢 上 琰 yǎn イエン ／ J ― 補 ― U 9692

意味 山の水と接している所。きし。

阜10 【隴】〔13〕俗 →隴(一三四〇ジベー・上)

阝11 【隠】〔14〕 常 イン かくす・かくれる ／ J 1703 補 ― U 96A0

旧字 阜14 【隱】〔17〕 ㊀イン 漢 オン 呉 上 吻 yǐn イン ㊁イン 漢 オン 呉 去 震 yìn イン ／ J 8012 補 ― U 96B1

筆順 阝 阝 阝 阝 阝 阝 阝 阝 隠

意味 ㊀①〈かく・す〉㋐おおいかくす。㋑しまいこむ。㋒自分のものにする。②〈かく・れる(――・る)〉↕顕(けん) ㋐おおわれる。みえなくなる。㋑ひそむ。㋒のがれる。㋓いなくなる。㋔さける。世を捨てる。③〈こも・る〉④〈こもり〉〈なばり〉〈なまり〉かくれてあらわれないこと。⑤かすか。⑥奥深い。⑦なぞ。「隠語」⑧〈いた・む〉㋐あわれむ。㋑うれえる。＝慇 ⑨おしはかる。⑩低いかきね。⑪ふさぐ。⑫重々しい。⑬ゆれうごく。⑭おだやか。＝穏 ㊁〈よ・る〉よりかかる。

解字 形声。阝が形を表し、㥯(いん)が音を示す。阝は山。㥯には、おおいかくすという意味がある。隠は、山をへだてて、見えないこと。

名前 やす 姓 隠岐(おき)・隠曽(おそ) 地名 隠岐(おき)・戸隠(とがくし)

難読 隠翅虫(はねかくし)

【隠逸(逸)】(いんいつ) ①世をのがれてかくれる。②隠士。

【隠隠(隱)】(いんいん) ①かすかなさま。②悲しむさま。③車や雷の大きな音。④盛んなさま。⑤多いさま。

【隠晦】(いんかい(くわい)) 姿をくらます。

【隠花植物】(いんか(くわ)しょくぶつ) 植花やたねを生じない植物。しだ・こけ・きのこなど。↕顕花植物

【隠括】(いんかつ(くわつ)) ①曲がったものをまっすぐにする道具。②ためなおす。まっすぐにする。

【隠諱】(いんき) きらってかくす。遠慮していわない。

【隠居】(いんきょ) ①かくれ住む。②役所をやめてひっこむ。③国旧民法で戸主権を相続人にゆずる。家督をゆずる。

【隠君】(いんくん) ①「隠君子」に同じ。隠士。②おろかな君主。

【隠君子】(いんくんし) 世をのがれて民間にかくれ住むすぐれた人物。

【隠見】(いんけん) ①見えたり隠れたりする。②みえがくれ。

【隠顕(顯)】(いんけん) 「隠見」に同じ。

【隠元】(いんげん) ①人名。明(みん)の僧。日本に来て、黄檗(おうばく)宗を開き万福寺を建てた。②国いんげん豆。

【隠語】(いんご) ①かくれて話し合う。秘密を相談する。②なぞ。③国仲間の間だけで使う特殊なことば。かくしことば。

【隠士】(いんし) 教養や才能を持ちながら、世をのがれて、山野にかくれ住んでいる人。隠者。

【隠疾】(いんしつ) ①着物にかくれた部分のあざ・ほくろなど。②病気。

【隠者】(いんじゃ) 俗世間をすてて、山野にかくれ住む人。

【隠恤】(いんじゅつ) あわれんでいたわる。

【隠心】(いんしん) 隠居して暮らしたい気持ち。

【隠栖】(いんせい) 世間からかくれて住む。＝隠棲

【隠棲】(いんせい) 「隠栖(いんせい)」に同じ。

【隠然】(いんぜん) なんとなく重みのあるさま。

【隠退】(いんたい) 身をひく。世間からしりぞく。

【隠宅】(いんたく) ①隠士のすまい。②隠居所。

【隠匿】(いんとく) ①人に知られない悪事。②かくす。

【隠徳】(いんとく) かくれた良い行い。

【隠遁】(いんとん) かくれる。世をのがれる。

【隠遯】(いんとん) 世をのがれてかくれる。

【隠忍】(いんにん) じっとこらえる。【――自重(いんにんじちょう)】 じっとがまんし、自分の行いをつつしんで、軽々しく動かないこと。

【隠微】(いんび) かすかではっきりしない。

【隠秘(祕)】(いんぴ) ①かくして秘密にする。②かくれた、奥深い道理。

【隠憫】(いんびん) いたみあわれむ。

【隠伏】(いんぷく) ①かくれてふす。②つつみかくす。

【隠蔽】(いんぺい) おおいかくす。

【隠没】(いんぼつ) かくれてなくなる。

【隠密】 ㊀(いんみつ) かくす。隠秘。㊁(おんみつ) ①㊀に同じ。②国江戸時代、ひそかに事情を調べる人。かくしめつけ。

【隠黙】(いんもく) だまっている。沈黙を守る。しらぬ顔をする。

【隠約】(いんやく) ①文は簡単で意味は奥深い。②かくれひそむ。③ぼんやりしている。ほのか。④かくれて苦労する。

【隠喩】(いんゆ) それとなくたとえる。文章表現の一法。暗喩。

【隠憂】(いんゆう(いう)) ①心を痛め心配する。②人知れぬうれい。

【隠淪】(いんりん) ①世をのがれてかくれる。②かくれ沈む。

【隠釘】(かくしくぎ) 国外から見えないように打ったくぎ。

【隠芸(藝)】(かくしげい) 国ふだん人に見せない芸。

【隠化粧】(かくしげしょう(しゃう)) 国あまり目だたないようにした化粧。

【隠念仏(佛)】(かくしねんぶつ) 国秘密に念仏を行う宗教の一派。

【隠蓑】(かくれみの) 国それを着ると姿が見えなくなる想像上のみの。転じて、実体をかくすための表むきの手段。

【隠江】(こもりえ) 国草がしげって、よく見えない入り江。

【隠口】(こもりく) 国泊瀬(はっせ)の枕言葉(まくらことば)。こもりくの。

◆目隠(めかくし)・角隠(つのかくし)・市隠(しいん)・神隠(かみかくし)・退隠(たいいん)・逃隠(とういん)・索隠(さくいん)・雪隠(せっちん)（せついん）・雲隠(くもがくれ)

阝11

【際】〔14〕 学5

サイ　セイ 漢 去 霽
きわ　サイ 呉 jì チー

J 2661　補 ―　U 969B

筆順 阝 阝 阝 阝 阝 陘 際 際

意味 ①〈きわ(きは)〉㋐ふち。㋑さかい。㋒あいだ。②まじわり。まじわる。③しお。おり。機会。④であい。であう。「際会(さいかい)」⑤至る。国〈さい〉身のほど。

解字 形声。阝が形を表し、祭(さい)が音を示す。阝は土を積んだもの。祭には、こする、合わせめ、の意味がある。際は、土かべの合わせめ。

【際物】きわ(きは)もの　国①その時節かぎりの商品。一時的な流行をあてこんだ商品。②かわった事件をすぐとりあげてしくんだ小説や劇や映画。

【際会(會)】さいかい(くわい)　①婚礼に関する、見合いなどの会合。②臣下がすぐれた君主に出会う。

【際涯】さいがい　かぎり。きわ。はて。

【際限】さいげん　きり。かぎり。

【際可之仕】さいかのつかえ(つかへ)　先方が相応の礼遇をするので仕えること。〈孟子(もうし)・万章(ばんしょう)下〉

◆天際(てんさい)・水際(すいさい)（みずぎわ）・分際(ぶんざい)・辺際(へんさい)・交際(こうさい)・実際(じっさい)・国際(こくさい)・窓際(まどぎわ)・壁際(かべぎわ)・不手際(ふてぎわ)

阝11

【障】〔14〕 学6

ショウ　さわる

J 3067　補 ―　U 969C

旧字 阜11

【障】〔14〕

ショウ（シャウ）漢 呉 去 漾
zhàng チャン

J ―　補 ―　U ―

筆順 阝 阝 阝 阝 阝 陪 障 障

意味 ①〈さわ・る(さは・る)〉さしつかえる。②〈さわり(さはり)〉さしさわり。③〈ふせ・ぐ〉〈ふさ・ぐ〉④〈さえぎ・る(さへぎ・る)〉⑤ふせぎ。㋐〈つつみ〉土手。堤防。㋑ついたて。帳(とばり)。幕(まく)。㋒とりで。⑥しきり。さかい。

解字 形声。阝が形を表し、章(しょう)が音を示す。阝は土を積み上げたもの。章には、区別をはっきりさせるという意味がある。障は、土の城をきずいて、へだてて区別することである。

参考 新表記では、「牆」の書きかえに用いる熟語がある。

【障害】しょう(しゃう)がい　さまたげ。じゃまになること。

【障碍】しょう(しゃう)がい　「障害」に同じ。

【障礙】しょう(しゃう)がい　「障害」に同じ。

【障扞】しょう(しゃう)かん　ささえ防ぐ。

【障子】しょう(しゃう)じ　国①へやのしきり。ついたて・ふすまなど。②明障子(あかりしょうじ)。

【障塞】しょう(しゃう)そく　一さえぎりふさぐ。二しょう(しゃう)さい「まもり。とりで。」

【障泥】しょう(しゃう)でい　あふり。あおり。馬のわき腹にたれた、あぶみのどろよけ。

【障屏】しょう(しゃう)へい　しきり。びょうぶ。【―画(畫)】しょう(しゃう)へいが(ぐわ)　びょうぶやついたてに描いた絵。障壁画。

【障蔽】しょう(しゃう)へい　①さえぎりかくす。②へだて。おおい。

【障壁】しょう(しゃう)へき　①へだてのかべ。しきり。②とりで。‖牆壁【―画(畫)】しょう(しゃう)へきが(ぐわ)　「障屏画(しょうへいが)」に同じ。

◆万障(ばんしょう)・支障(ししょう)・保障(ほしょう)・故障(こしょう)・罪障(ざいしょう)・魔障(ましょう)

阜11

【隍】〔14〕

トウ 漢 呉 平 陽
（タウ）táng タン

J ②9172　補 7071　U 969A

意味 建物の基礎。‖堂(どう)

阜11

【隙】〔14〕 俗 ↓隙(一三三八ジ・上)

阜11

【隝】〔14〕 同 ↓島(四〇五ジ・下)

阜11

【隟】〔14〕 俗 ↓隙(一三三八ジ・上)

阜12

【隤】〔15〕

タイ 漢 平 灰
tuí トイ

J ①9363　補 7074　U 96A4

意味 ①〈くず・れる(くづ・る)〉くずれおちる。②〈お・ちる(―・つ)〉③つまずく。④そこなう。失う。⑤病気の名。⑥わすれる。のこす。⑦すなおなさま。‖頽(たい)

【隤然】たいぜん　①くずれるさま。酔いつぶれるさま。②柔順なさま。すなおなさま。

阜12

【隥】〔15〕

トウ 漢 去 径
dèng トン

J ①9364　補 7075　U 96A5

意味 ①さか。けわしいさか。②階段。石段。

阜13

【隩】〔16〕

一オウ 漢 一去 号 ào アオ
（アウ）
二イク 漢 二入 屋 yù ユィ

J ②9175　補 7077　U 96A9

意味 一①〈くま〉入り江。‖墺・澳(おう) ②深い。③かくす。④室の西南のすみ。‖奥 二①〈くま〉②あたたかい。‖燠

阝13

【隧】〔16〕 標

スイ 漢 去 寘
ズイ 呉 suì ソイ

J 8011　補 ―　U 96A7

意味 ①〈みち〉㋐墓道。㋑トンネル。㋒通路。㋓わき道。㋔血のめぐり。②鐘の撞木(しゅもく)のあたるところ。③郊外。‖遂 ④のろし台。‖燧(すい) ⑤奥深い。

【隧道】すいどう(だう)　①墓穴への通路。はかみち。②トンネル。‖邃

阝13

【隣】〔16〕 常

リン　となる・となり

J 4657　補 ―　U 96A3

旧字 阜12

【隣】〔15〕

リン 漢 呉 平 真
lín リン

J ―　補 ―　U ―

筆順 阝 阝 阝 阝 阝 隊 隣 隣

邑12

【鄰】〔15〕 本字

J 7835　補 ―　U 9130

ム2

【厶】〔4〕 古字

J 2052　補 ―　U 53B8

意味 ①〈となり〉②〈とな・る〉となりあう。ならぶ。③近い。近づく。④つれ。親しい人。⑤とも。同類。⑥むらさと。⑦周代の制度で五戸を隣、五隣を里とする。

解字 形声。阝が形を表し、粦(りん)が音を示す。古い形では、阝が右にあって、邑(むら)の意味を表す。粦は、米と舛を合わせた字。米は鬼火、舛は足がよろけることで、粦は、鬼火がちらちらしていることを表す。鄰は、集落のあちこちに家のあることをいう。

名前 さと・ただ・ちか・なが

【隣家】りんか　となりの家。

【隣境】りんきょう(きゃう)　①となり。②となりの国。

【隣曲】りんきょく　となり近所。また、その人。

【隣虚(虛)】りんきょ　無に近いほどきわめてこまかいもの。【―塵】りんごじん(ぢん)「隣虚」に同じ。

【隣交】りんこう(かう)　近所となりとの交際。

【隣好】りんこう(かう)　「隣交」に同じ。

【隣国(國)】りんこく　りんごく　となりの国。

【隣舎】りんしゃ　となりの家。隣家。

【隣宿】りんしゅく　となりのへやに宿ること。また、その人。

【隣接】りんせつ　となりあう。家つづき。

【隣藩】りんぱん　となりの藩。

【隣比】りんぴ　となり近所。比隣(ひりん)。

【隣並(竝)】りんぺい　となり。となりの家。

【隣保】りんぽ　①近所の家。②近所の人々。となりぐみ。近所となりの組合。町会。

【隣邦】りんぽう(ぱう)　となりの国。

【隣里】りんり　となり村。【―郷(鄕)党(黨)】りんりきょう(きゃう)とう(たう)　むらざと。五家を隣、五隣を里、五百家を党、一万二千五百家を郷という。

【隣閭】りんりょ　となり村。閭は村の入り口の門。

8画
金長(镸)門阜(阝〈左〉)隶隹雨青(靑)非

【隣隣】①多くの車が鳴りきしる音。②あとからついてくるさま。
【隣居】línjū 現となり近所(の人)。
◇▼比隣・四隣・両隣・近隣・善隣

阜13【⿰阝蔭】〔16〕同→蔭(一〇七八ペ・上)

阝13【險】〔16〕旧→険(一三三一ペ・中)

阜13【隦】〔16〕同→埤(二九二ペ・下) 同→陴(一三三三ペ・中)

阜13【⿰阝義】〔16〕同→巇(四一一ペ・上)

阜13【隨】〔16〕旧→随(一三三五ペ・中)

阜14【隰】〔17〕シツ 慣 シュウ(シフ) 漢 入 緝 xí シー J 8014 補 U 96B0
意味 ①〈しめ・る〉=湿 ②〈さわ(さは)〉湿地。③新たに開墾した田。④隰朋は、春秋時代、斉国の人。

阜14【隮】〔17〕セイ 漢 平 斉 jī チー J 7078 補 U 96AE
意味 ①〈のぼ・る〉 ②おちる。「隮墜」 ③虹。

阜14【隝】〔17〕同→鷲(一四〇三ペ・下)

阜14【隱】〔17〕旧→隠(一三三八ペ・上)

阜14【隯】〔17〕古→島(四〇五ペ・下)

阜14〖⿰阝槖〗↓木部十三画(六六八ペ・下)

阜15【隳】〔18〕キ 漢 平 支 huī ホイ J ②9177 補 7080 U 96B3
意味 ①〈やぶ・れる(──・る)〉 ②くずす。くずれる。③すたれる。④あやうい。あぶない。⑤おこたる。
【隳惰】なまける。
【隳突】ぶちこわし、つき破る。あばれまわってぶつかる。「隳突乎南北」〈柳宗元・捕レ蛇者説〉
【隳敗】破れる。こわれる。
【隳廃(廢)】くずれ破れる。

阜16【隴】〔19〕リョウ 漢 ロウ 呉 上 腫 lǒng ロン J 8015 補 U 96B4
意味 ①隴山。山名。隴坂。陝西省隴県から甘粛省平涼市にかけての山。②地名。漢代の県名。今の甘粛省張家川回族自治県。③甘粛省の別称。④=壟 ㋐つか。墓。㋑〈おか(をか)〉 ㋒〈うね〉畑の畝。㋓あぜ。

阜10【⿰阝竜】〔13〕俗字 J ②9171 補 U 28EEB

【隴関(關)】隴山の関所の名。今の大震関。

【隴上】①畑やおかの上。②隴山のほとり。

【隴上歌】歌曲の名。晋の陳安が隴城(甘粛省の地名)で勇敢に戦死したことをあわれんだもの。

【隴西】①隴山以西、黄河以東の地。②昔の郡の名。現在の甘粛省の東南部一帯の地。③県名。甘粛省にある。

【隴断(斷)】「壟断」(三〇四ペ・中)に同じ。

【隴頭】隴山のほとり。

【隴畝】①畑のうね。畑。②いなか。③民間。

【隴右】①隴山以西の地。②唐の十五道の一つ。

【得レ隴望レ蜀】隴を平らげて、さらに蜀を攻めたく思う。人の欲のきりがないたとえ。〈後漢書・岑彭伝〉

阜17【隲】〔20〕同→騭(一四〇三ペ・下)

阜17〖騭〗↓馬部十画(一四〇三ペ・下)

8画 隶部 たい れいづくり

【部首解説】「ヨ」と「氺」が合わさり、「追いつくこと」を表す。この部には、「隶」の形を構成要素とする文字が属する。

隶0【隶】〔8〕タイ 漢 去 隊 dài タイ J 8016 補 U 96B6
意味 およぶ。つかまえる。=逮
解字 会意。ヨと氺とを合わせた字。ヨは手。氺は尾の略。隶は、尾を手でつかむことで、追いつく意味を表す。
参考 隶は「隷」(次項)の中国新字体としても使う。

隶8【隷】〔16〕常 レイ J 4676 補 U 96B7

旧字 隶9【隸】〔17〕レイ 漢 去 霽 lì リー J 8017 補 U 96B8

筆順 士 … 隷

意味 ①〈しもべ〉㋐めしつかい。下僕。また、奴隷。㋑小役人。身分の低い役人。②罪人。③〈したが・う(──・ふ)〉つきしたがう。家来になる。「隷属」④調べる。⑤習う。=肄「習隷」⑥書体の一つ。隷書。

解字 形声。隶が形を表し、柰が音を示す。隶は、追いつくこと、捕らえること。柰の音には、つなぐ意味を含む。隷は、捕らえてつなぐことから、つきしたがう意味を表す。

【隷役】召使。

【隷圉】①下男と、馬をやしなう者。②いやしい人。

【隷古】①隷書と古文(おたまじゃくしの形をしたむかしの字)。②古文を隷書体に書き定めたもの。隷古定。

【隷書】書体の一つ。篆書を簡略化したもの。

【隷臣】いやしい家来。

【隷人】①罪人。②召使。しもべ。

【隷属(屬)】①相手の支配を受けて、そのいいなりになること。隷従。②家来。しもべ。

【隷僕】①そうじなどのしごとをする人。②しもべ。
◇▼奴隷・家隷・罪隷・篆隷

隶9【隸】〔17〕旧→隷(本ページ・中)

8画 隹部 ふるとり

【部首解説】「短い尾の鳥」にかたどる。この部には、鳥に関連するものが多く、「隹」の形を構成要素とする文字が属する。

隹0【隹】〔8〕一 スイ 漢 一 平 支 zhuī チョイ 二 サイ 漢 二 平 灰 cuī ツォイ J 8018 補 U 96B9
意味 一〈とり〉尾の短い鳥の総称。二高大なさま。=崔
解字 象形。尾の短く、ずんぐりした鳥。尾の長いものは鳥と書く。

隹2【隺】〔10〕一 コク 漢 ゴク 呉 一 入 沃 hú フー 二 カク 漢 二 入 覚 què チュエ 三 カク 漢 三 入 薬 hè ホー J ②9178 補 7081 U 96BA
意味 一高いさま。二志が高い。三①鳥が高く飛ぶ。②

隹3【寉】〔11〕俗字 J 5369 補 U 5BC9

つる。＝鶴
姓 隺田(つるた)・隺岡(つるおか)

隹2【隼】〔10〕人 シュン 漢 上 軫 ジュン 慣 sǔn スン　J 4027 補 U 96BC

意味 ①〈はやぶさ〉㋐たかに似た猛鳥。㋑俊敏で勇猛なもののたとえ。②鼻(はな)。＝準(じゅん) 国隼人(はやと)・隼人(はやひと)・隼人(はいと)は、薩摩(さつま)・大隅(おおすみ)の種族で、宮中の護衛に任じた人々。

解字  会意。隹と十を合わせた字。隹は鳥、十は鋭い意味があるので、隼で猛鳥のはやぶさを表したのであろう。

名前 とし・はや・はやし 難読 隼人(はやと・はやひと・はいと)

隹2【隻】〔10〕常 セキ　J 3241 補 U 96BB
旧字 隹2【隻】〔10〕セキ 漢 入 陌 zhī チー　J ― 補 ― U ―

筆順 亻 亻 亻 什 什 隹 隻 隻

意味 ①鳥一羽。②〈ひとつ〉〈ひとり〉③片一方。↕偶(ぐう)・双 ④孤独。⑤独特。⑥わずか。ほんの少し。⑦動物・船などを数える量詞。

解字  会意。隹と又とを合わせた字。隹はとり。又は手。隻は、鳥一羽を手で持っていることで、一つの意味になる。鳥二羽が雙(双)(そう)である。

【隻影】(せきえい) ひとりぼっちのすがた。一つのかげ。孤影。

【隻眼】(せきがん) ①一方の目。②ひとかどの物の見方。

【隻言】(せきげん) 一つの文句。ちょっとしたことば。

【隻語】(せきご) 「隻言」に同じ。

【隻紙断(斷)絹】(せきしだんけん) 書画のわずかなきれはし。紙や絹に書いたものの断片。

【隻手】(せきしゅ) ①片手。うで一本。②独力。隻腕。↕双手
【隻身】(せきしん) ひとり。ひとり身。

【隻履西帰(歸)】(せきりさいき) 達磨(だるま)がぞうりの片一方だけをぶらさげて、ひょうひょうとして西の国に去ったこと。

【隻腕】(せきわん) ①片うで。②一本のうで。

【隻騎】(せっき(せきき)) ただひとり馬に乗った兵。単騎。

【隻脚】(せっきゃく(せききゃく)) ①片足。②一本足。

【隻句】(せっく(せきく)) わずかなことば。ちょっとしたことば。隻言。隻語。「片言隻句」

隹2【雋】〔10〕俗 ↓雋(一三四三ジ・下)

隹3【雀】〔11〕人 標 シャク 漢 入 薬 ジャク 慣 què チュエ　J 3193 補 U 96C0

意味 ①〈すずめ〉鳥の名。②すずめ色。茶かっ色。③小鳥をいう。

名前 す・わか 姓 雀部(ささきべ・さざべ)

【雀角鼠牙】(じゃくかくそが) すずめのくちばしと、ねずみの歯。①欲深で乱暴な者。②あらそうこと。訴訟。雀鼠之争(じゃくそのあらそい)。〈詩経(しきょう)・行露〉

【雀斑】(じゃくはん) そばかす。

【雀屏】(じゃくへい) くじゃくを描いたびょうぶ。【――中選】(じゃくへいちゅうせん(ちう))【――中目】(じゃくへいちゅうもく(ちう)) 「雀屏中目」に同じ。選は選抜。唐の高祖がそれびょうぶのくじゃくを射て目に当てる。によってきさきを得た故事から、娘を嫁にやることをいう。

【雀弁】(じゃくべん) 周代の冠の名。

【雀躍】(じゃくやく) こおどりして喜ぶさま。大よろこびするさま。「欣喜(きんき)雀躍」

【雀羅】(じゃくら) すずめをとる網。

『雀鼠之争(争)』(じゃくそのあらそい(あらそひ)) 訴訟。「雀角鼠牙(じゃくかくそが)」の②に同じ。

◆小雀(こがら)・山雀(やまがら)・孔雀(くじゃく)・京雀(きょうすずめ)・紅雀(べにすずめ)・鳥雀(ちょうじゃく)・群雀(むらすずめ)・燕雀(えんじゃく)・四十雀(しじゅうから)・金糸雀(カナリア)

隹3【雀】〔11〕俗 四〇ジ・下 ↓雀(一三四〇ジ・下)

隹3〖售〗(二四九ジ・下) ↓口部八画

隹4【雁】〔12〕人 標 ガン 漢 去 諫 yàn イエン　J 2071 補 U 96C1

意味 〈かり〉〈かりがね〉渡り鳥の名。＝鴈(がん)

【雁金点(點)】(かりがねてん) 国漢文の返り点の一つ。「レ」

【雁股】(かりまた) 国先が開いたやじりの名。蛙股(かえるまた)。

【雁影】(がんえい) がんの飛ぶ姿。

【雁木】(がんぎ) 国①がんの列のようにぎざぎざの形をしたもの。②こびきの大のこぎり。③階段のある桟橋(さんばし)。

【雁首】(がんくび) 国①きせるの頭。②人の頭をいう俗語。

【雁行】(がんこう(かう)) ①がんが行列してとぶ。②がんの列のようにななめうしろに並んで進む。③先に立って行く。

【雁札】(がんさつ) 手紙。漢の蘇武(そぶ)の故事にもとづく。↓雁帛(がんぱく)

【雁山】(がんざん) 山名。山西省代県西北にある雁門山。「馳二思於雁山之暮雲一(おもいをがんざんのゆうべのくもにはす)」(あなたがこれから越えて行かれようとする雁山の夕べの雲に思いをはせてその労苦をしのぶ。大江朝綱(おおえのあさつな)の詩)〈和漢朗詠集・餞別(せんべつ)〉

【雁使】(がんし) 手紙。

【雁序】(がんじょ) ①がんが順序にしたがって飛ぶこと。②兄弟。

【雁信】(がんしん) 「雁帛(がんぱく)」に同じ。

【雁陣】(がんじん(ぢん)) がんの列。並んで飛ぶようすを軍の陣立てにたとえた。

【雁塔】(がんとう(たふ)) 塔の名。がんを供養するために建てた塔。【――聖教序】(がんとう(たふ)しょう(しやう)ぎょう(げう)じょ) 雁塔(慈恩寺(じおんじ))にある碑文。唐の太宗の作。陝西(せんせい)省西安(せいあん)市の大雁塔(慈恩寺)にある碑文。

【雁帛】(がんぱく) 手紙。漢の蘇武(そぶ)ががんの足にきぬを結んでたよりとした故事からでた。雁信。

【雁皮】(がんぴ) ①ジンチョウゲ科の低木の名。その皮から雁皮紙(がんぴし)という上質の和紙を作る。②雁皮紙。

【雁門】(がんもん) ①関所の名。山西省代県西北にある。「雁門関」②山の名。山西省・四川(しせん)省・江蘇(こうそ)省など諸所にある。

【雁来(來)紅】(がんらいこう) 植物の名。はげいとう。

隹4【雇】〔12〕常 コ やとう　J 2459 補 U 96C7
旧字 隹4【雇】〔12〕一 コ 漢 県 一 上 麌 hù フー 二 コ 漢 県 二 去 遇 gù クー　J ― 補 ― U ―

筆順 一 ⺕ 戸 戸 戸 戸 屏 雇

意味 一 鳥の名。ふなしうずら。鴳(あん)。＝鳸(こ) 二〈やと・う(――・ふ)〉賃金を出して人を使う。国〈やとい(やとひ)〉会社・役所の事務を補助するためやとわれた臨時の人員。

人12【僱】〔14〕俗字　J 1837 補 U 50F1

解字 形声。隹が形を表し、戸(こ)が音を示す。隹は、とり。戸は、扈(こ)と同じく、人になつきしたがう意味を持っている。雇は、おとなしい鳥、ふなしうずらのことであるが、転じて、やとうという意味になる。

【雇員】(こいん(ゐん)) 国正規職員の定員外の事務員。傭員(ようのいん)の上にある。

【雇役】(こえき) ①金をはらって労役(ろうえき)に使う人。②やとわれた使用人。

【雇兵】(こへい) やとった兵士。傭兵(ようへい)。

【雇用(「傭」)】(こよう) 人をやとう。

◆日雇(ひやとい)・常雇(じょうやとい)・解雇(かいこ)・臨時雇(りんじやとい)

隹4【集】〔12〕学 3 シュウ あつまる・あつめる・つどう シュウ(シフ) 漢 ジュウ(ジフ) 呉 入 緝 jí チー　J 2924 補 U 96C6

8画 金長(镸)門阜(阝〈左〉)隶隹雨青(靑)非

8画

金長(镸)門阜(阝〈左〉)隶隹雨青(青)非

筆順 亻 亻' 亻'' 什 隹 隹 隼 集

隹20【雧】〔28〕本字 J — 補 — U 96E7　人12【𠍱】〔14〕同字 J ②0189 補 — U 20371

意味 ①〈あつま・る〉〈あつ・める(——・む)〉〈つど・う(——・ふ)〉㋐鳥が木の上にむらがりあつまる。㋑よりあつまる。↕散。②〈あつまり〉〈つどい(つどひ)〉③いちば。まち。④ひとしい。ととのう。ととのえる。⑤安んじる。楽しむ。⑥やわらぐ。むつむ。‖輯。⑦なしとげる。‖就。⑧とりで。⑨詩文をあつめた本。⑩集部。(熟語参照)

解字  会意。隹は鳥。古い形では、鳥が木の上に三羽止まっていることを表す。集は鳥が木の上にあつまることで、あつまる意味になる。

名前 い・ち・あい・ため・ちか

参考 新表記では、「輯」の書きかえに用いる。また「蒐」「聚」の書きかえに用いる熟語がある。

【集韻】(しゅういん) 書名。宋の丁度・宋祁らの編した音韻の書。広韻を増訂したもの。十巻。

【集印帖】(しゅういんじょう) 神社や寺の印を集める帳面。

【集英】(しゅうえい) ①すぐれたものを集める。②宮殿の名。

【集(「蒐」)荷】(しゅうか) ①荷物を集める。②各地の産物が集まる。

【集解】(しっかい・しゅうかい・しっげ) 諸家の注釈を集めた漢文の書物。「論語集解」「令集解」

【集義】(しゅうぎ) 正しい道義をつみかさねて行う。〈孟子・公孫丑上〉

【集議】(しゅうぎ) 集まって相談する。また、その相談。

【集魚灯(燈)】(しゅうぎょとう) 魚をさそいよせる灯火。

【集金】(しゅうきん) 金を集めること。

【集句】(しゅうく) 古人の詩の句を集めて一つの詩を作る。また、その詩。

【集計】(しゅうけい) 集めて合計する。

【集結】(しゅうけつ) 一箇所に集まる。

【集権(權)】(しゅうけん) 権力を一つに集める。「中央集権」

【集賢殿】(しゅうけんでん) 唐の役所の名。書物を集め、写したり刊行したりした所。集仙殿。

【集古】(しゅうこ) 古いものを集める。【——録(錄)】(しゅうころく) 書名。宋の欧陽脩編。金石の文を集めて解説したもの。

【集合】(しゅうごう) ㊀集まる。よりあう。㊁ jíhé 現㊀に同じ。【——論】(しゅうごうろん) 数数学の一部門。物の集まりということの性質を研究するもので、解析学の基礎となった。

【集散】(しゅうさん) 集まったり散ったりする。【——地】(しゅうさんち) 生産地から産物を集めて、よそへ出す所。

【集治監】(しゅうじかん) 刑務所。

【集成】(しゅうせい) 集めて一つのものに作りあげる。集大成。

【集積】(しゅうせき) 集まりかさなる。集めて積み重ねる。

【集大成】(しゅうたいせい) 孔子が多くの賢人の道をまとめあげたこと。転じて、多くのものを集めて一つのものを完成するたとえ。〈孟子・万章下〉

【集団(團)】(しゅうだん) 集まり。団体。

【集中】(しゅうちゅう) ㊀①一つところに集める。②詩文集のうち。㊁ jízhōng 現㊀に同じ。

【集注】(しゅうちゅう) ㊀一つに集めつぎこむ。㊁(しっちゅう) ①諸家の注釈を集めた漢文の本。②朱熹の「四書集注」。‖集註

【集配】(しゅうはい) 郵便物などを集めたりくばったりする。【——人】(しゅうはいにん) 郵便物を集めたりくばったりする人。集配手。

【集部】(しゅうぶ) 書物を四部(経・史・子・集)に分類した一つ。主として詩文の部類。丁部。

【集服】(しゅうふく) 安んじ従う。

【集睦】(しゅうぼく) 集まって仲よくする。

【集約】(しゅうやく) 要領よくまとめあげる。まとめて簡単にする。また、そのもの。【——農業】(しゅうやくのうぎょう) 資本や労力を集めて、土地を高度に利用する農業。↕粗放農業

【集(「聚」)落】(しゅうらく) 家屋が集まっている所。人家の集まり。

【集録(錄)】(しゅうろく) 集めて記録する。また、その記録。

【集体(體)】 jítǐ 現おおぜいの人の集まり。集団。

◆文集・収集・句集・召集・全集・画集・招集・参集・前集・後集・特集・採集・密集・雲集・結集・募集・群集・詩集・蒐集・総集・徴集・歌集・編集・選集・撰集・蝟集・凝集・叢集・霧集

隹4【雄】〔12〕常 ユウ お・おす J 4526 補 — U 96C4

ユウ(イウ) 漢 オウ 呉 平 東 xióng ション

筆順 一 ナ 厷 厷' 厷'' 厷''' 雄

隹5【雄】〔13〕同字 J ②9180 補 — U 49FA

意味 ①〈おす(をす)〉〈お(を)〉〈おん(をん)〉男性。↕雌 ②かしら。③まさる。すぐれる。④すぐれた人。⑤つよい。いさましい。おおしい。⑥さかん。

解字  形声。隹が形を表し、厷が音を示す。隹はとり。厷はひじを張っている形を表す。雄は、肩をいからしている鳥で、鳥のおすをいう。一説に、厷の音は、色の美しい意味を含むから、雄は色の美しい鳥で、おすをいうと解する。

名前 かず・かた・かつ・たか・たけ・のり・よし・たけし

地名 雄武・雄冬・雄勝　難読 雄鳥

【雄偉】(ゆうい) ㊀すぐれて大きい。㊁ xióngwěi 現㊀に同じ。

【雄気(氣)】(ゆうき) 気性がおおしく盛んなこと。

【雄毅】(ゆうき) おおしく強い。

【雄勁】(ゆうけい) 書の筆づかいなどがおおしく力強い。

【雄鶏(鷄)】(ゆうけい) おんどり。【——断(斷)尾】(ゆうけいおをたつ) おんどりが自分で尾をたち切って形をこわし、祭りのいけにえにされることからのがれる。すぐれた人物が、わざわいをさけてかくれること。また、兵役などをのがれるために、からだの一部分にきずをつけること。〈左伝・昭公二十二〉

【雄傑】(ゆうけつ) すぐれた人物。豪傑。才知や力のすぐれた人。

【雄剣(劍)】(ゆうけん) ①りっぱな剣。②干将が作った雌雄の剣の一つ。

【雄健】(ゆうけん) 書画や詩文の表現がすぐれて力強い。雄勁。

【雄渾】(ゆうこん) 筆のはこびなどが力強い。気力がこもってよどみのないこと。

【雄才】(ゆうさい) すぐれた才能。雄材。

【雄猜】(ゆうさい) 強くて悪がしこい。力強くてうたがい深い。

【雄材】(ゆうざい) すぐれた才能。【——大略】(ゆうざいたいりゃく) すぐれた才能とはかりごとをもって大事業をなしとげる人物。

【雄志】(ゆうし) 勇ましいこころざし。

【雄姿】(ゆうし) おおしい姿。

【雄雌】(ゆうし) ①おすとめす。「安能弁二我是雄雌一」(いずくんぞよくわれがこれゆうしなるかをべんぜや)(わたしがおすであるかそれともめすであるか、区別できるわけがない。)〈楽府詩集・木蘭詩〉②優劣。かちまけ。

【雄州】(ゆうしゅう) りっぱな国々。大都市。

【雄俊】(ゆうしゅん) すぐれて才能のある人物。

【雄将(將)】ゆうしょう　すぐれて強い武将。
【雄勝】ゆうしょう　すぐれて良い土地。要害の地。
【雄蕊】ゆうずい　おしべ。
【雄壮(壯)】ゆうそう　おおしく力強いさま。勇ましい。
【雄爽】ゆうそう　力強くさっそうとしている。
【雄大】ゆうだい　勇ましくりっぱで、大きい。
【雄断(斷)】ゆうだん　男らしく決断する。
【雄長】ゆうちょう　①強くすぐれている。②一方のはたがしらになる。また、その人。
【雄鎮(鎭)】ゆうちん　りっぱな鎮守府。節度使のいる、雄大な「根拠地。
【雄図(圖)】ゆうと　大きくりっぱな計画。
【雄兎】ゆうと　おすのうさぎ。
【雄都】ゆうと　大きくりっぱな都。
【雄抜】ゆうばつ　群を抜いて、おおしくすぐれている。
【雄藩】ゆうはん　①王の守りになる強い諸侯。②国勢力のある大名。
【雄飛】ゆうひ　①おおしく飛び立つ。②力強く大活躍をする。
【雄風】ゆうふう　①雄大で快い風。男性的な風。②いきおいの盛んなようす。威風。
【雄編(篇)】ゆうへん　すぐれた文章。
【雄弁(辯)】ゆうべん　力強いりっぱな話し方。弁舌のすぐれていること。
【雄邁】ゆうまい　性質がおおしくすぐれている。
【雄略】ゆうりゃく　すぐれて大きな計画。雄図。
【雄麗】ゆうれい　すぐれてりっぱ。
【雄烈】ゆうれつ　気性などが力強くはげしい。
◆両雄・英雄・姦雄・雌雄・群雄

隹4【雅】〔12〕旧→雅(本ページ・上)　U補J 1877

隹5【雅】〔13〕常　ガ　U補J 96C5

旧字 隹4【雅】〔12〕　一ア漢　二ガ漢　ゲ呉　一平麻 yā ヤー　二上馬 yǎ ヤー　U補J

筆順　雅

意味　一鳥の名。からす。＝鴉・鵶　二①正しい。また、正しい音楽。②文化的、道徳的にすぐれている。③〈みやび〉〈みやびやか〉上品で優雅なこと。↕俗　④〈つねに〉〈もとより〉〈もと〉⑤はなはだ。たいへん。⑥「詩経」の詩の体の一つ。政治の得失を歌ったもので、天子諸侯の宴会などに用いた。→「六義」(一三二ページ・中)　⑦「爾雅」の略称。また、その体にならった字書。「広雅」　⑧他人の言行や詩文につける敬語。

解字　形声。隹が形を表し、牙が音を示す。隹はとり。雅は、からすの一種、はしぶとがらす。くちばしが牙のように大きいので、牙へんがついている。

名前　ただ・なり・のり・まさ・もと・ただし・ひとし・まさし・まさり・まさる　姓　雅楽　地名　雅典　難読　雅楽頭

【雅意】がい　①風流なこころ。②ふだんの志。
【雅韻】がいん　①風流なおもむき。②上品な音楽のしらべ。
【雅歌】がか　①みやびやかな歌。②格調の正しい歌。
【雅会(會)】がかい　詩文などを作る会合。
【雅懐(懷)】がかい　風流な心持ち。風流な思い。
【雅楽(樂)】ががく　①正しい、風俗を乱さない音楽。②国平安時代以来の宮廷舞楽。【――寮】ががくりょう　うたりょう　国雅楽や楽人のことをつかさどった役所。
【雅鑑】がかん　お目にかける。書画などの作品を人に贈るときに用いる。清鑑。
【雅兄】がけい　男の友人を尊敬していう語。
【雅健】がけん　詩文の品がよく力強いこと。
【雅言】がげん　①正しい字やことば。「察＝納雅言＝」(正しい意見を受けいれる。)〈諸葛亮・出師表〉②言いなれていることば。③国みやびやかなことば。雅語。
【雅故】がこ　①正しい意味。②ふだん。つねづね。③昔なじみ。旧友。
【雅号(號)】がごう　学者や芸術家が本名以外につける風流な名。
【雅趣】がしゅ　風流なおもむき。上品な気分。雅致。
【雅集】がしゅう　風流な集まり。雅会。
【雅馴】がじゅん　文章が上品で、おだやかなこと。
【雅醇】がじゅん　純粋で品がある。
【雅頌】がしょう　「詩経」の中の雅と頌との詩。宮廷の格調正しい歌と、祖先をたたえる歌。「雅頌各得＝其所＝」(いりまじったり重複したりしていた古代の歌や音楽が、本来のところに落ち着いた。)〈論語・子罕〉
【雅人】がじん　①風流な人。②俗を離れた人。【――深致】がじんしんち　風流な人のおく深いおもむき。〈世説新語〉
【雅操】がそう　上品で正しい琴の音。「弾＝南風之雅操＝」(南風は詩の名。)〈仲長統・楽志論〉
【雅俗】がぞく　①上品と下品。②ことばや人の、風流なものと俗なもの。
【雅致】がち　風流なおもむき。上品な気分。
【雅飭】がちょく　文章などが正しくととのっている。
【雅文】がぶん　①みやびやか。風流。文雅。②国みやびやかな文章。平安朝の中古文(かな文)や、江戸時代の擬古文などをいう。
【雅望】がぼう　正しく人望がある。気高いほまれ。
【雅味】がみ　風流なあじわい。上品な気分。
【雅名】がめい・がみょう　風流なよび名。
【雅遊】がゆう　①風流なあそび。詩歌・管弦などの上品なあそび。②よく人とつきあう。
【雅量】がりょう　①心が広くゆったりしている。②大酒飲み。【――高致】がりょうこうち　「雅人深致」に同じ。
【雅麗】がれい　上品でうるわしい。
◆文雅・古雅・典雅・風雅・幽雅・高雅・閑雅・温雅・和雅・優雅

隹5【雊】〔13〕　コウ漢　去宥 gòu コウ　U補J 7082 96CA

意味　〈な・く〉きぎすなく。きじのおすが鳴くこと。↕鷕

隹5【雋】〔13〕　一セン漢　上銑 juàn チュワン　二シュン漢　去震 jùn チュン　U補J 8020 96CB

意味　一①肥える。㋐鳥がふとる。㋑こえた肉。㋒美味。②姓。二〈すぐ・れる(――・る)〉＝俊・儁

隹2【隽】〔10〕俗字　U補J ②9179 96BD

【雋異】しゅんい　人よりも特別に才知がすぐれた人。＝俊異
【雋俗】しゅんぞく　俗人の中ですぐれた者。
【雋哲】しゅんてつ　すぐれてかしこい。
【雋抜】しゅんばつ　とびぬけてすぐれている。
【雋敏】しゅんびん　すぐれて賢い。はしこい。＝俊敏
【雋茂】しゅんも　才能・学問などがすぐれている。

隹5【雎】〔13〕　ショ漢　平魚 jū チュイ　U補J 8019 96CE

意味　雎鳩は、みさご。鳥の名。
参考　「睢」は別字。

隹5【雉】〔13〕標　チ漢　上紙 zhì チー　U補J 8021 96C9

意味 ①〈きぎす〉〈きじ〉鳥の名。②かき。城壁。③城壁の面積を計る単位。長さ三丈(じょう)、高さ一丈。④たいらげる。おさめる。

【雉経(經)】(ちけい) 首をくくって死ぬ。縊死(いし)。

【雉堞】(ちちょう(てふ)) 城壁の上のひめがき。低いかきね。

【雉兎者】(ちとしゃ) きじやうさぎを捕らえる者。かりうど。〈孟子・梁恵王(りょうけいおう)の下〉

【雉門】(ちもん) ①天子の城の南門。五門のうちの二番め。②諸侯の門。

隹 5 【雍】〔13〕 ヨウ 漢 平 冬 yōng ヨン　J 8022 / 補 / U 96CD

意味 ①〈やわら・ぐ(やはら・ぐ)〉=廱・雝(よう) ㋐おだやか。むつまじい。㋑よろこぶ。②食事の終わりに演奏する音楽。③沼。④学校。「辟雍(へきよう)」⑤煮た食物。=饔(よう) ⑥川の名。雍水。⑦古代中国九州の一つ。雍州。⑧たすける。⑨いだく。たもつ。=擁 ⑩ふさぐ。おおう。=壅(よう) ⑪姓。

【雍熙(煕)】(ようき) やわらぎ楽しむ。和楽。

【雍樹】(ようじゅ) 小児を抱く。

【雍穆】(ようぼく) 「雍煕(ようき)」に同じ。

【雍容】(ようよう) やわらいださま。【——垂拱】(ようようすいきょう) ゆったりとやわらいで、衣をたれ、手をこまぬいて、なにもしないこと。

【雍雍】(ようよう) おだやかなさま。

【雍和】(ようわ) むつまじくやわらぐ。【——宮】(ようわきゅう(きう)) 北京にある、清(しん)の雍正(ようせい)帝の宮殿。

隹 5 【雄】〔13〕 同 ↓雄(一三四二ジベ・中)

隹 5 〖準〗↓水部十画(七四五ジベ・上)

隹 6 【雑】〔14〕 学 5 ザツ・ゾウ　J 2708 / 補 / U 96D1

旧字 隹10 【雜】〔18〕 人 ソウ(サフ) 漢 ゾウ(ザフ) 呉 ザツ 慣 | 入 合 zá ツァー　J 8024 / 補 / U 96DC

筆順 ノ 九 杂 刹 刹 刹 新 雑

衣12 【襍】〔17〕 本字　J 8023 / 補 / U 894D

意味 ①〈まじ・る〉↕純(じゅん) ㋐色がまじる。㋑いりまじる。㋒こみいる。いりみだれる。②〈まじわ・る(まじは・る)〉〈まじ・える(——・ふ)〉まぜる。③純粋でない。④まだら。⑤いろいろ。ごたごたした。「煩雑(はんざつ)」⑥〈みな〉ともに。⑦集める。あわせる。⑧あらい。「粗雑(そざつ)」⑨いやしい。低俗な。⑩役に立たない。⑪めぐる。循環する。⑫めぐり。一まわり。

解字 (篆文) 形声。衣と集を合わせた字。集(しゅう)が音を示す。衣はきもの。集には、あつめるという意味がある。雑は、いろいろの色の布を集めて作ったきもののことである。

名前 かず・とも 姓 雑賀(さいか)・雑賀(さいが)

難読 雑魚(ざこ)(付表)

【雑意識】(ざついしき) 「雑念」に同じ。

【雑詠】(ざつえい) とくに題をきめないで、いろいろのものごとをよんだ詩歌。

【雑役】(ざつえき) ①いろいろな用事。②こまごました仕事に使われる人。

【雑音】(ざつおん) いろいろな騒がしい音。じゃまになるいろいろな「音」。

【雑家】(ざっか) 九流百家の一つ。まとまった学説のない学派。

【雑貨】(ざっか(くわ)) ①こまごました商品や貨物。②こまもの。荒物。

【雑学(學)】(ざつがく) いろいろ知っているが、まとまりのない学問。

【雑感】(ざっかん) いろいろな感想。

【雑記】(ざっき) ①いろいろな話をしるしたもの。②こまごましたことをしるしたもの。「雑記帳」

【雑技】(ざつぎ) 一 ①いろいろなわざ。②つまらない技芸。二 ツァーチー zájì 現 曲芸。

【雑居】(ざっきょ) ①入り交じって住む。②外国人が一緒に住む。

【雑魚】(ざつぎょ・ざこ) ①いろいろの小ざかな。②つまらないもののたとえ。【——寝(寢)】(ざこね) 国 入り交じって寝る。

【雑業】(ざつぎょう(げふ)) いろいろの仕事や職業。

【雑劇】(ざつげき) ①劇の一種。宋(そう)代のこっけいな劇(雑扮(ざつぼん)・雑班(ざつぱん))に始まり、元(げん)代には、歌劇(元曲・北曲)、明(みん)代には短編の戯曲をいう。②しばい。

【雑言】(ざつげん) 一 いろいろな話。二 ぞうごん(ざふ) いろいろな悪口。「悪口雑言」【——詩】(ざつごんし) 句の字数が入り交じって不定の詩。

【雑考】(ざっこう(かう)) いろいろのことを研究する。さまざまな考証。

【雑穀】(ざっこく) いろいろな穀物。米麦以外のもの、とくに豆・ごまなどをいう。

【雑婚】(ざっこん) 原始社会で、男女が特定のあいてをきめず、いりみだれて夫婦関係を結んだこと。乱婚。

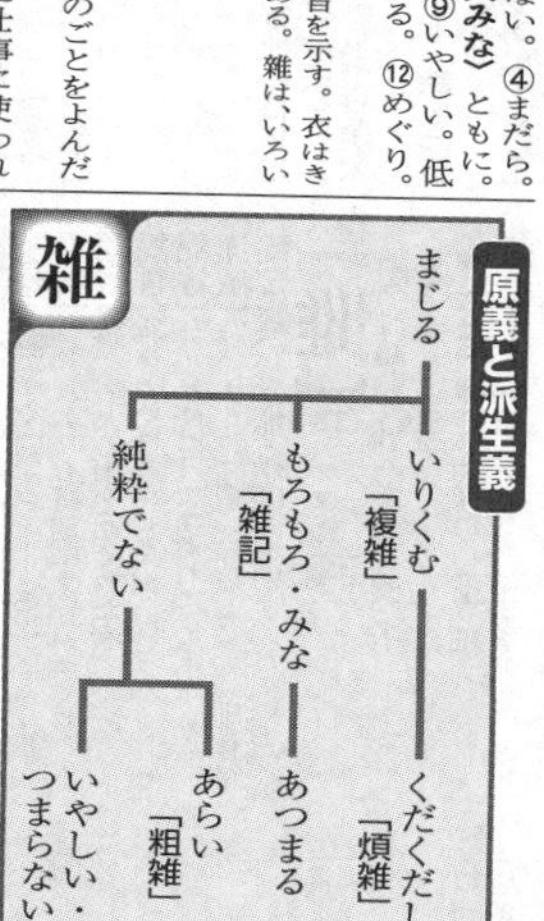

【雑座(「坐」)】(ざつざ) 入り交じってすわる。

【雑作】 一 (ざっさく) いろいろな仕事をする。二 ぞうさく(ざふ) 国 家の中の取りつけもの。畳・たてぐなど。=造作 三 ぞうさ(ざふ) 国 ①作ること。②手数のかかること。③もてなし。

【雑纂】(ざっさん) ①いろいろのものをとり集めて編集する。また、その書物。②書名。唐の李商隠(りしょういん)(義山)の著。酒令用に作ったという。「ものはづけ」ふうの記事を集めてあり、「枕草子(まくらのそうし)」に影響を与えたといわれている。

【雑史】(ざっし) 民間に伝わる、いろいろな歴史書。

【雑仕】 一 (ざっし) 国 宮中の女中べや。二 ぞうし(ざふ) 国 ①雑用をつとめた役人。②下級女官。

【雑廁】(ざっし) 入り交じる。

【雑詩】(ざっし) 題目の定まらない詩。

【雑誌】 一 (ざっし) ①いろいろのことをしるした書物。②定期に発行する、いろいろのことをしるした本。二 ツァーチー zázhì 現 一 に同じ。

【雑事】(ざつじ) いろいろな事がら。

【雑種】(ざっしゅ) ①まぜて植える。②いろいろの種類。③あいの子。

【雑樹】(ざつじゅ) ①入り交じっている木。②雑木。

【雑糅】(ざつじゅう(ぢう)) あれこれと入り交じる。

【雑出】(ざっしゅつ) 他のものにまじって出る。あちらこちらにまじって出る。

【雑書】(ざっしょ) ①さまざまな書物。②いろいろのことを書いた本。

【雑掌】(ざっしょう(しゃう)) 国 宮中などで雑用をする、身分のいやしい役人。

【雑色】㊀①いろいろまじった色。②奴隷。㊁国雑役をつとめた役人。

【雑税】こまごました種類の税金。

【雑説】①いろいろな意見を述べた論説。②唐の韓愈の作った文の題。四編ある。

【雑然】㊀入り交じってちらかっているさま。㊁みんながそうだという。〈列子・湯問〉

【雑俎】いろいろのことを書きならべること。俎はまないた。「酉陽雑俎」

【雑多】いろいろ入り交じっている。

【雑則】いろいろな細かい規則。

【雑草】①いろいろの草。②とくに植えたものでない草。

【雑体(體)】㊀①いろいろまじった形。②雑体詩。【—詩】五言・七言のような形式がきまっていない詩。

【雑談】いろいろな話。よもやまばなし。

【雑沓】「雑踏」に同じ。

【雑踏(「沓」)】人ごみ。人がこみあう。

【雑鬧】人がこみあってさわがしい。雑踏。

【雑念】精神の集中をじゃまするとりとめのない考え。

【雑嚢】いろいろなものを入れる袋。

【雑俳】国俳句・連句以外の遊戯的な俳諧。

【雑駁】まとまりなく、入り交じっている。ごたごたして統一がないこと。

【雑泛】いいかげんで不正確なこと。

【雑費】こまごました費用。

【雑筆】いろいろのことを書いたもの。

【雑兵】身分の低い兵士。雑卒。

【雑品】いろいろな品物。

【雑物】こまごましたもの。がらくた。

【雑文】いろいろの文章。つまらない、雑多な文。

【雑報】①いろいろなむくい。②いろいろな事件の報道。

【雑木】たき木などに使う、良材とならない木。

【雑務】こまごました仕事。

【雑用】㊀細かないろいろの用事。㊁①こまごました用事。②いろいろな費用。雑費。

【雑乱(亂)】入り交じり乱れる。

【雑流】①知識人以外の、技芸で生計を立てる人。②科挙の正規科目以外で官吏になった者。

【雑慮】とりとめのない考え。

【雑録(錄)】いろいろのことをとり集めてしるしたもの。

【雑話】いろいろな話。よもやま話。

【雑人】国身分の低い者。
▽▼夾雑・乱雑・混雑・粗雑・猥雑・煩雑・複雑・蕪雑・繁雑・錯雑

隹6【雌】〔14〕常 シ　め・めす　シ 漢 平 支　cí ツー　J 2783　補 ―　U 96CC

筆順 丨 ト 止 此 此 此 此 雌

5鳥【䳄】〔16〕同字　J ②9410　補 ―　U 4CC4

意味 ①〈めす〉〈め〉〈めん〉㋐めんどり。㋑動植物のめす。㋒女性。②弱い。女性的。

解字  形声。隹が形を表し、此しが音を示す。隹はとり。此には、くいちがうという意味がある。鳥のめすは、左の羽を右の羽にかさねるという。それで、雌は鳥のめすをいう。また、此の音には、小さいという意味を含むから、雌は鳥の小さいものということで、めすをいうとも解する。

参考 此を五画に数え、総画数を十三画とする場合もある。

【雌黄】①硫黄と砒素の混合したきいろい土。②詩文を訂正すること。昔、雌黄を塗って字を消し、その上に書いたことに由来する。
【雌蕊】めしべ。
【雌伏】①人に従う。②世間からかくれしりぞく。↕雄飛
【雌雄】①めすとおす。②弱いものと強いもの。【決二—一】勝敗・優劣をきめる。

隹6【雒】〔14〕ラク 漢 入 薬　luò ルオ　J ①9365　補 7083　U 96D2

意味 ①みみずく。鳥の名。②たてがみの白い黒毛の馬。③まとう。＝絡 ④ひたい。＝額 ⑤やき印。＝烙 ⑥川の名。洛水。陝西省に発して河南省に入り、黄河へ注ぐ。⑦雒陽は、洛陽。今の河南省洛陽市。

隹6〖翟〗(九九八ページ・中) ↓羽部八画

隹6〖截〗(五〇九ページ・中) ↓戈部十画

隹8【雕】〔16〕チョウ(テウ) 漢 平 蕭　diāo ティアオ　J 8026　補 ―　U 96D5

意味 ①〈きざ・む〉〈え・る(ゑ・る)〉ほる。㋐玉をほる。㋑彫刻する。＝彫 ②しぼむ。＝凋 ③〈わし〉鷲。猛鳥。＝鵰 ④ずるがしこい。

【雕朽】腐った木に彫る。役にたたないたとえ。

【雕胡】水草の名。まこも。浅い水中に生え、実は食用、葉はむしろの原料とする。

【雕刻】彫刻。

【雕人】骨や角を彫り刻んで細工をする職人。

【雕題】①ひたいにいれずみをする。南方の異民族の風俗。②書物の上欄につける注釈。頭注。

【雕琢(琢)】①宝玉や道具を刻み、みがいて作る。②飾りたてる。③詩や文をよくくふうして作る。

【雕虫(蟲)篆刻】虫の形や篆書を刻むように、小細工をして文章の字句を飾る。〈揚子法言〉

【雕虫(蟲)小技】つまらない学問や技芸。自分の詩文をけんそんすることば。〈北史・崔渾伝〉

【雕版】版木に文字を彫る。また、その版木。転じて、出版。

【雕文刻鏤】文章を飾ったり、細工をしたり、実生活に役にたたないことをする。〈漢書・景帝紀〉

【雕竜(龍)】①竜を刻むように、文章をくふうして、作りあげる。②無用のことに骨をおる。

【雕梁】彫刻をした、家の梁。

【雕鏤】彫刻して飾る。

隹8【雟】〔16〕同 ↓巂(一三四六ページ・上)

隹8【雞】〔16〕同 ↓鶏(一四三二ページ・下)

隹8【錐】〔16〕俗 ↓雖(本ページ・下)

隹8〖霍〗(一三五四ページ・中) ↓雨部八画

隹9【雖】〔17〕標 スイ 漢 呉 平 支　suī ソイ　J 7413　補 ―　U 96D6

隹8【錐】〔16〕俗字　J ―　補 ―　U 28FFD

意味 ①〈いえども(いへども)〉㋐…ではあるけれども。㋑たとい…しても。㋒…でさえ。②とかげに似た虫。

語法 ❶〈いえども(いへども)〉譲歩。…ではあるが。たとえ…だとしても。例「楚雖二三戸一、亡レ秦必楚」(たとえ楚がたった三軒になったとしても秦を滅ぼすのはきっと楚であろう)〈史記・項羽本紀〉▼「而」「然」「然而」「亦」などと呼応する場合が多い。
❷〈いえども(いへども)〉謙譲。…ではございますが。例「回雖二不敏一請事二斯語一矣」

(〔わたくし〕顔回は愚かではございますが、このお言葉を実践させていただきたいと思います)〈論語・顔淵〉

【雖然】㊀しかりといえども(いへども) ①そうではあるが。②そうだとしても。㊁ソイラン suīrán 現…ではあるけれども。

隹9【萑】〔17〕俗→萑(本ページ・上)

隹9【臒】〔17〕俗→臒(一三四七ページ・上)

隹10【萑】〔18〕 ㊀カン漢(クヮン) ㊀去 翰 guàn コワン ㊁カン漢(クヮン) ㊁平 寒 huán ホワン J 7086 U補 96DA

隹9【萑】〔17〕俗字 J ②9183 U補 ―― 意味 ㊀①〈あまさぎ〉水鳥の名。②草の名。芄蘭(がんらん)。㊁萑夷(かんい)・萑葦(かんい)は、よし。草の名。

隹10【巂】〔18〕 ㊀ケイ・キ漢 ㊀平 斉 xī シー、guī コイ ㊁スイ漢 ㊁上 紙 suǐ ソイ J 7089 U補 96DF

隹8【嶲】〔16〕同字 J ②0868 U補 5DB2 意味 ㊀①車輪の一回転。②子巂(しけい)は、ほととぎす。=子規 ㊁巂州は、地名。今の四川省西昌(せいしょう)市付近。

隹10【雛】〔18〕人 シュ漢 スウ慣 平 虞 chú チュー J 3187 U 96DB

鳥10【鶵】〔21〕古字 J ②9431 U補 9DB5

意味 ①〈ひな〉㋐にわとりのひよこ。㋑鳥のひよこ。②動物の子。③こども。幼児。④すぐれたこども。「鳳雛(ほうすう)」

国〈ひな〉①ひな人形。②小さいものをいう。

解字  会意・形声。隹と芻を合わせた字。芻(すう)が音をも示す。隹は鳥で、芻は草の束を小さくまとめしめる意がある。雛は鳥の小さい子の意で、ひよこ、ひなの意。

【雛鶯】すうおう(あう) うぐいすのひな。

【雛妓】すうぎ・おしゃく 国一人前でない芸者。まいこ。半玉。

【雛形】すうけい・ひながた ①模型。②手本。書式。

【雛僧(僧)】すうそう 若い僧。

【雛鳳】すうほう ひなの鳳凰(ほうおう)。すぐれた若者。将来有望な子弟。鳳雛。『――声(聲)清』すうほうこえ(こゑ)きよし ひなのほうおうの声は、親よりも清らかである。子どもが両親よりすぐれているたとえ。〈李商隠の詩・寄二韓冬郎一〉

◆紙雛(かみびな)・鳳雛(ほうすう)・内裏雛(だいりびな)・芥子雛(けしびな)

隹10【難】〔18〕学6 ナン かたい・むずかしい J 3881 U 96E3

旧字 隹11【難】〔19〕人 J ①9367 U補 FA68

㊀ダン漢 ナン呉 ㊀平 寒 nán ナン
㊁ダン漢 ナン呉 ㊁去 翰 nàn ナン
㊂ダ漢 ナ呉 ㊂平 歌 nuó ヌオ

筆順 廾 𦰩 茣 莫 歎 歎 難

意味 ㊀①〈かた・い(――・し)〉〈むずかし・い(むづか・し)〉↔易 ②…しづらい。なかなか…しない。③〈かたん・ず〉むずかしいと思う。④〈かたく・す〉むずかしくする。⑤きらう。いやがる。㊁①とがめる。問い正す。「非難」②こばむ。③苦しめる。④〈なや・む〉〈はばか・る〉おそれる。⑤悩み。うれい。苦しみ。「苦難」⑥わざわい。「災難」⑦いくさ。戦乱。⑧敵。かたき。㊂①おにやらい。疫鬼(えきき)を追いはらう儀式。=儺 ②葉が茂るさま。

解字  形声。隹が形を表し、莫は、堇(きん)で、音を示す。隹はとり。堇の音は、金(きん)に通じる。難は、黄金の鳥で、金翅鳥(こんじちょう)という、インドから来た伝説上の鳥である。また、堇は、扱いにくいねん土、あるいは、動物のあぶらを燃やす形といわれ、困難・災難の意味に使われた。

姓 難波(なんば)

【難波】㊀なにわ(は) 国今の大阪付近の古称。㊁なんば 国大阪市浪速区北部の地。【――江】なにわえ(は) 国難波付近の海。【――津】なにわづ(は) ①難波のみなと。②習字のならいはじめの手本。

【難易】なんい むずかしいこととやさしいこと。

【難解】なんかい わかりにくい。

【難関(關)】なんかん(くゎん) ①苦しむ。②なかなか通りぬけできない関所や門。③きりぬけるのがむずかしい所や場合。

【難義】なんぎ ①むずかしい意味。②疑問をたずね議論し研究する。

【難疑】なんぎ 欠点を非難し、疑問をたずねる。

【難儀】なんぎ 国①苦しみ。悩み。②めんどうな。むずかしいこと。③貧乏で苦しむ。

【難詰】なんきつ 欠点をせめて、問いつめる。

【難行】なんぎょう(ぎゃう)・なんこう(かう) 仏苦しい修行(しゅぎょう)をすること。【――苦行】なんぎょうくぎょう(ぎゃう)(ぎゃう) いろいろの苦しみに堪える修行。【――道】なんぎょうどう(ぎゃうだう) 仏自力で悟りを開こうとする方法。↔易行道(いぎょうどう)

【難局】なんきょく 困難な場面。

【難句】なんく むずかしい文句。わかりにくい文。

【難訓】なんくん 国漢字の読み方のむずかしいもの。また、その読み方。

【難件】なんけん 処理がむずかしい事件。

【難険(險)】なんけん ①たいへんけわしい。また、そのところ。②たいへんむずかしい。

【難航】なんこう(かう) ①船や飛行機が航行に苦しむ。②物事がうまくいかないこと。

【難攻不落】なんこうふらく 国城などを攻めおとすことがむずかしいこと。

【難産】なんざん ①お産がうまくゆかず胎児がなかなか生まれないこと。↔安産 ②物事がなかなかでき上がらないたとえ。

【難事】なんじ むずかしい事がら。

【難治】なんじ(ぢ)・なんち ①民を治めることがむずかしい。②病気がなおりにくい。

【難者】なんしゃ・なんじゃ 非難する者。

【難渋(澁)】なんじゅう(じふ) 国①うまくゆかない。②貧乏。

【難所】なんしょ 通りにくい。あぶない所。

【難色】なんしょく ①こまったような顔つき。②承知しそうもないようす。

【難船】なんせん あらしなどのために、船がひっくり返ったり、こわれたりする。また、その船。難破船。

【難題】なんだい ①詩歌・俳句のむずかしい題。②むずかしい問題。③国むりないいがかり。「無理難題」

【難点(點)】なんてん ①むずかしいところ。困難な点。②非難すべき欠点。

【難道】㊀なんどう(だう)・あに まさかそのようなことはあるまい。反語。㊁ナンタオ nándào 現㊀に同じ。

【難読(讀)】なんどく 読みかたがむずかしい。

【難破】なんぱ ①あらしのために船がこわれる。②議論してうち負かす。

【難駁】なんばく 非難し、反対する。

【難病】なんびょう(びゃう) なおりにくい病気。

【難物】なんぶつ やっかいな物。あつかいにくい人。

【難民】なんみん 災難に出会った人。避難してきた人々。

【難問】なんもん ①なじり問う。②むずかしい問題。

【難路】なんろ けわしい道。

【難看】ナンカン nánkàn 現みにくい。みっともない。

【難過】ナンクオ nánguò 現つらい。

【難受】ナンショウ nánshòu 現つらい。

【臨レ難】なんにのぞむ 戦乱などにであう。苦しいばあいにのぞむ。

【構レ難】なんをかまう(かまふ) いいがかりをつける。いくさをしかける。

【難レ能可レ貴】よくしがたくとうとぶ(たふとぶ)べし 難しいことをやりとげるのはとても価値がある。〈蘇軾(そしょく)・荀卿論(じゅんけいろん)〉

◆七難・大難・小難・女難・万難・厄難・火難・水難・兵難・危難・至難・多難・批難・困難・災難・受難・非難・国難・苦難・法難・後難・家難・殉難・剣難・盗難・無難・救難・遭難・論難・避難

隹10【雝】〔18〕ヨウ 漢 平 冬 yōng ヨン　J ②9184 補 7087 U 96DD

[意味] ①〈やわら・ぐ（やはら・ぐ）〉＝雍。②ふさがる。おおう。＝壅。③やわらかく煮る。④地名。古代中国九州の一つ。雝州。＝雍。⑤雝雝は、㋐やわらぎ楽しむさま。㋑鳳凰の鳴く声。㋒鳥の鳴く声。

隹10【雘】〔18〕ワク 漢 入 薬 wò ウオ　J ― 補 ― U ―

[意味] 赤い色の鉱物。水銀と硫黄の化合物で、絵の具に用いる。辰砂。

隹9【雘】〔17〕俗字　J ②9182 補 7085 U 96D8

隹10【雞】〔18〕[本]→鶏（一四三二ページ・下）

隹10【雙】〔18〕[旧]→双（二二〇ページ・中）

隹10【雜】〔18〕[旧]→雑（一三四四ページ・上）

隹11【離】〔19〕[常] リ　はなれる・はなす
一 リ 漢呉 平 支 lí リー
二 リ 漢呉 去 寘 lì リー
三 チ 漢呉 平 支 chī チー
J 4605 U 96E2

[筆順] 離

[意味] 一①〈はな・れる（——・る）〉〈はな・す〉㋐ひきはなす。㋑わかれる。㋒去る。㋓開く。解く。㋔そむく。たがう。㋕避ける。㋖断つ。㋗ばらばらになる。②〈かか・る〉㋐ひっかかる。㋑あう。遭遇する。「離騒」㋒こうむる。＝罹。③〈つ・く〉つらなる。＝麗。④ならぶ。一対。⑤うれい。⑥〈か・る〉離れる。⑦楽器。大きな琴。⑧易の卦の名。⑨おちぼから芽生えて実ったいね。⑩香草の名。⑪やまなし。⑫[現]…から。…まで。二①はなれる。②くっつく。三みずち。竜の一種。＝螭。

[解字]  形声。隹が形を表し、离が音を示す。隹はとり。离の音は黧と通じて、くろいという意味を持つ。離は、黄という、うぐいすに似た、黒黄色の鳥である。また離は、麗と音が通じて、二つという意味がある。二つが並ぶことから「つく」という意味になり、二つになることから、「はなれる」という意味になった。

[名前] あき・つら・あきら

【離怨】りえん（ゑん）①別れのうらみ。②うらみにあう。
【離宴】りえん 別れのさかもり。
【離筵】りえん「離宴」に同じ。
【離縁（緣）】りえん 夫婦または養子の縁を切る。
【離歌】りか わかれの歌。離曲。
【離隔】りかく 遠く離れる。離しへだてる。
【離闊】りかつ（くわつ）ながい間、遠く離れたまま、たよりのないこと。
【離濶】りかつ（くわつ）「離闊」に同じ。
【離間】りかん 両方の仲をさく。計略で仲たがいさせる。
【離奇】りき ①ねじれまがるさま。②ふつうとちがっているさま。
【——怪誕】りきかい（くわい）たん 常識はずれのこと。
【離棄】りき 見すてる。
【離宮】りきゅう（きう）天子の別荘。
【離居】りきょ 離れて住む。別々にいる。
【離京】りきょう（きやう）みやこを離れる。
【離興】りきょう 別れるときの気分。別離の感動。
【離曲】りきょく 別れの曲。離歌。
【離苦】りく ①苦しみを離れること。②別れの悲しみ。
【離経（經）】りけい ①経書の段落を切って読む。②経書をはなれる。③常識はずれ。【——叛道】りけいはんどう（だう）聖人の教えにそむき、よくない説におぼれること。
【離合】りごう（がふ）離れたり合ったりする。【——集散】りごうしゅうさん（がふしふ）離れたり集まったりする。
【離恨】りこん 別れのつらい気持ち。
【離婚】りこん 一 夫婦が別れる。離縁。二 リーフン líhūn [現]一に同じ。
【離魂】りこん ①からだから離れたたましい。②夢の中の心。【——記】りこんき 小説の名。唐の陳玄祐作。【——病】りこんびょう（びやう）睡眠中動作をして自らは気づかぬ病気。夢遊病。
【離坐】りざ ふたり並んですわる。
【離散】りさん はなればなれになる。
【離山】りざん ①他から離れている山。②僧が寺を出る。
【離思】りし 別れのつらい思い。
【離弐（貳）】りじ 二心をもって離れそむく。敵方につこうとして離れる。
【離酌】りしゃく ①別れの杯。②送別の酒宴。
【離朱】りしゅ 人名。昔、視力がすぐれたといわれる人。離婁。
【——之明】りしゅのめい 視力がすぐれていること。
【離酒】りしゅ「離宴」に同じ。
【離愁】りしゅう（しう）わかれのかなしみ。
【離獣（獸）】りじゅう（じう）群れから離れた、孤独なけもの。
【離礁】りしょう（せう）暗礁に乗りあげた船が、そこを抜け出して浮かぶ。
【離情】りじょう（じやう）別れの悲しい思い。別離の情。
【離職】りしょく ①職務を離れる。②失業。
【離心】りしん むほんを起こす心。離れてそむく心。【——離徳】りしんりとく 人は考えや才能が異なっていて、心を合わせることはむずかしい。
【離人】りじん ①離れている人。旅先にいる人。②人と別れている人。夫と別れた女。
【離析】りせき ばらばらに離れる。
【離席】りせき ①送別の宴会の席。離宴。②席を離れること。
【離籍】りせき 戸籍面から名を除く。
【離絶】りぜつ 離れる。関係が絶える。
【離騒（騷）】りそう（さう）屈原が作った「楚辞」の編名。離はかかる、騒はうれいの意味で、「心配ごとに会う」こと。
【離俗】りぞく 世俗の事から離れる。
【離脱】りだつ 離れて抜け出す。
【離亭】りてい ①送別の宴会をする席。②離れ座敷。
【離島】りとう（たう）①はなれじま。②島を離れること。
【離乳】りにゅう（にう）母乳を飲ませることを、だんだんやめる。ちばなれ。
【離任】りにん 任務を離れる。その官職をやめる。
【離杯】りはい 別れに酒を飲む。
【離背】りはい 離れてそむく。離反。
【離反】りはん 離れそむく。離背。離弐。＝離叛
【離叛】りはん「離反」に同じ。
【離披】りひ ①花がじゅうぶんに開く。満開。②離れ開く。
【離別】りべつ ①別れる。②[国]離婚する。
【離微】りみ [仏]主観と客観。
【離憂】りゆう（いう）うれいにかかる。心配ごとに出会う。
【離離】りり ①稲・麦などが実ってたれるさま。②草木や花が盛んなさま。③心が離れて親しまないさま。④長くつらなりつづくさま。
【離陸】りりく 飛行機が、地上を離れる。↕着陸
【離婁】りろう「離朱」に同じ。
【離開】リーカイ líkāi [現]離れる。

◆久離・支離・分離・合離・別離・乖離・流離・陸離・距離・遊離・隔離・厭離・長距離・不即不離・会者定離・光彩陸離

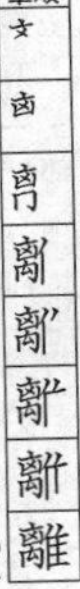

隹11【雒】〔19〕本↓鶴(一四三二ページ・下)

隹11【難】〔19〕旧↓難(一三四六ページ・中)

隹12〘燿〙↓羽部十四画(一〇〇〇ページ・上)

隹14〘糴〙↓米部十六画(九五二ページ・下)

隹15〘讐〙↓言部十六画(一一七七ページ・中)

隹17〘糶〙↓米部十九画(九五三ページ・上)

隹20【雧】〔28〕本↓集(一三四一ページ・下)

8画 雨部 あめ あめかんむり

【部首解説】「一」「冂」「⺀」が合わさり、「あめ」を表す。この部には、気象に関連するものが多く、「雨」の形を構成要素とする文字が属する。

雨0【雨】〔8〕学1 ウ あめ・あま

一ウ 漢 呉　一 上 麌 yǔ ユィ
二ウ 漢 呉　二 去 遇 yù ユィ

J 1711
補 —
U 96E8

筆順 一 丆 冂 币 而 雨 雨 雨

意味 一〈あめ〉〈あま〉雨のようにふる。「雨雪」 二①〈ふ・る〉㋐雨がふる。㋑空から雨がふる。②人にほどこしあたえる。

解字 象形。一と冂と⺀を合わせたもので、一は天、冂は雲、⺀はあめが降っていることを表す。

名前 さめ　姓 雨間(うるま)　地名 雨竜(うりゅう)

難読 五月雨(さみだれ)・時雨(しぐれ)・梅雨(つゆ)(付表)／雨虎(あめふらし)・雨久花(みずあおい)

【雨皮】(あまかわ(かは)) 国油紙などで作った、輿(こし)や牛車(ぎっしゃ)の雨おおい。

【雨曇】(あまぐもり) 国雨が降りそうに空が曇ること。

【雨乞】(あまごい(こひ)) 国雨が降るように神仏に祈る。

【雨縁(緣)】(あめえん) 国戸の外にあるえんがわ。ぬれえん。

【雨衣】(うい) 一雨を防ぐために着るもの。二 yǔyī (ユィイー) 現レインコート。

【雨意】(うい)「雨気」に同じ。

【雨雲】(ううん) ①あまぐも。②男女の肉体関係。雲雨。

【雨下】(うか) ①雨が降る。②雨のように降りそそぐ。

【雨花】(うか(くゎ)) ①雨の降るように散る花。②雨の中の花。③雪。④南京(ナンキン)市南方の地名。雨花台。

【雨過天晴】(うかてんせい) 雨が降りやんで空が晴れること。

【雨気(氣)】(うき) 雨の降りそうなようす。

【雨季】(うき) 雨のいちばん多い時期。＝雨期

【雨祇】(うき)「雨師」に同じ。

【雨期】(うき)「雨季」に同じ。

【雨奇晴好】(うきせいこう(かう)) 晴れても降ってもけしきがいい。「雨奇。晴好」

【雨脚】(うきゃく|あめあし|あまあし) ①雨が糸を引くように降るさま。②雨が通りすぎる。

【雨具】(うぐ) あまぐ。

【雨月】(うげつ) 国①雨の夜の月。②雨のために名月が見えないこと。③陰暦五月の異名。【──物語】(うげつものがたり) 国書名。上田秋成の著。怪談集。

【雨後】(うご)「雨余」に同じ。【──春筍】(うごのしゅんじゅん) 新しい事物が大量に出現すること。

【雨散雲収(收)】(うさんうんしゅう(しう)) ①事が終わる。②ちりぢりになる。離散する。〈唐宋遺史〉

【雨施】(うし) 雨が物をうるおす。

【雨師】(うし) ①雨の神。②雨をつかさどる星の名。畢星(ひっせい)。

【雨集】(うしゅう(しふ)) ①雨が集まる。②雨のように多く集まる。

【雨水】(うすい) ①あまみず。②二十四気の一つ。立春のつぎの気。陽暦二月十九日・二十日ごろ。

【雨雪】(うせつ) ①雨と雪。②雪が降る。また、降る雪。

【雨霜】(うそう(さう)) ①雨としも。②しもを降らすこと。

【雨足】(うそく|あめあし|あまあし)「雨脚」に同じ。

【雨注】(うちゅう(ちう)) ①雨が降りそそぐ。②弾丸や矢などが雨のように、絶えまなく飛んでくる。

【雨滴】(うてき) ①あまだれ。②雨がしたたる。

【雨天】(うてん) ①雨の降る空。②雨の日。「雨天順延」

【雨飛】(うひ) 雨のように降り飛ぶ。「弾丸雨飛」

【雨氷】(うひょう) 物の上に降った雨が凍ったもの。

【雨夜】(うや|あまよ) 雨の降る夜。

【雨余(餘)】(うよ) 雨の降ったあと。あめあがり。雨後。

【雨竜(龍)】(うりゅう(りう)) 雨を降らすという竜(りゅう)。

【雨笠】(うりゅう(りふ)) 一雨にぬれた笠。二(あまがさ) 国かさ。【──煙簑】(うりゅうえんさ) きり雨にぬれたみのやかさ。雨の中の漁師(りょうし)などの形容。

【雨量】(うりょう(りゃう)) 雨の降った量。降雨量。

【雨霖】(うりん) 雨の降りつづくこと。

【雨露】(うろ) ①あめとつゆ。②雨や露が万物をうるおすように恵みが大きいこと。

【雨潦】(うろう(らう)) 雨の降った水たまり。

〘雨不破塊〙(あめつちくれをやぶらず) 雨が静かに降り、土のかたまりをこわさない。太平の世で大雨も降らず、草木を養う。〈塩鉄論・水旱(すいかん)〉

〘雨洗風磨〙(あめにあらいかぜにみがく)(あらひ) ①仏像などが雨ざらしになっていること。②修業して歩くつらさ。

◆大雨(たいう|おおあめ)・小雨(しょうう|こさめ)・山雨(さんう)・白雨(はくう)・村雨(むらさめ)・青雨(せいう)・俄雨(にわかあめ)・降雨(こうう)・時雨(じう|しぐれ)・梅雨(ばいう|つゆ)・陰雨(いんう)・晴雨(せいう)・煙雨(えんう)・慈雨(じう)・零雨(れいう)・雷雨(らいう)・暮雨(ぼう)・霖雨(りんう)・豪雨(ごうう)・霧雨(むう|きりさめ)・五月雨(さみだれ)・暴風雨(ぼうふうう)・櫛風沐雨(しっぷうもくう)

雨3【雩】〔11〕

一ウ 漢　一 平 虞 yú ユィ
二ウ 漢　二 去 遇 yù ユィ

J ①9368
補 7090
U 96E9

意味 一〈あまひき〉〈あまごい(あまごひ)〉あまごいの祭り。「雩祭(うさい)」 二にじ。虹(こう)。

雨3【雪】〔11〕学2 セツ ゆき

J 3267
補 —
U 96EA

旧字 雨3【雪】〔11〕 セツ 漢 入 屑 xuě シュエ

U 補 J
— — —

雨11【䨮】〔19〕本字

J —
補 —
U 4A2E

筆順 一 ⺈ 干 币 雨 雪 雪 雪

意味 ①〈ゆき〉雪が降る。②〈ふ・る〉③〈すす・ぐ〉そそぐ。洗いながす。「雪レ恥(はじをすすぐ)」④〈ぬぐ・う(──・ふ)〉清める。⑤除く。⑥雪のように白い。「雪浪(せつろう)」⑦清い。高潔。⑧姓。

解字 形声。雨と彐とを合わせた字。彐は彗(すい)の略で、音を示す。彗はほうきで、清める意味を持つ。雪は、雨が凍って物の汚れを取り去るもの。

名前 きよ・きよみ・きよむ・そそぐ

難読 雪崩(なだれ)・吹雪(ふぶき)(付表)／雪花菜(おから|きらず)・雪駄(せった)・雪踏(せった)・雪隠(せっちん)(＝便所)・雪洞(ぼんぼり)

【雪案】(せつあん) 貧しい生活の中で、苦心して勉学すること。案は机。昔、晋(しん)の孫康(そんこう)が、雪の光で書を読んだ故事。

【雪隠(隱)】(せついん|せっちん) かわや。便所。【──詰】(せっちんづめ) 国将棋で王を盤のすみに追いこんで詰めること。

【雪冤】(せつえん(ゑん)) 無実の罪をはらす。

【雪花】(せっか(くゎ)) ①雪。②雪のように白い花。【──菜】(せっかさい)

とうふのから。うのはな。

【雪華(華)】「雪花」に同じ。

【雪害】大雪のために起こる農作物などの被害。

【雪肌】まっ白いはだ。雪膚。

【雪虐】雪にしいたげられる。

【雪宮】戦国の代、斉の宣王がもっていた離宮。

【雪渓(溪)】高山の谷に、雪の消える時期にも広く雪が残っている所。

【雪月花】雪と月と花。四季おりおりの良いながめ。「雪月花時最憶レ君」〈白居易の詩・寄二殷協律一〉

【雪原】極地などで、雪がかたまった広野。

【雪後】雪の降ったあと。

【雪窖】雪の中のあなぐら。【――氷天】極寒地方の雪や氷にとざされた寒さをいう。

【雪山】①雪の積もった山。②雪の消えない山。③山の名。ヒマラヤ・祁連山・雪嶺、その他をさす。④高くよせる白い波。

【雪師子】①雪だるま。②インドの雪山の仙人。

【雪舟】①雪の積もった舟。②人名。室町時代の画僧。(一四二〇〜一五〇六)

【雪上】雪の上。【――車】雪の上を走るように造った車。『――加レ霜』①苦しんでいるところに、さらに打撃を与えること。泣きつらにはち。〈伝灯録〉②かさねがさね。くどいこと。

【雪辱】恥をすすぐ。前にうけた恥をはらす。【――戦(戰)】前に負けたしかえしの戦い。

【雪駄】国竹皮ぞうりの、裏に牛皮を張ったもの。

【雪中】雪の中。雪の降る中。雪の積もった中。【――君子】梅の異名。【――高士】「雪中君子」に同じ。【――松柏】節操のかたいたとえ。松やひのきのような常緑樹は、雪の中でも色を変えないのでいう。『――送レ炭』人のさしせまった苦しみを助けること。〈范成大の詩・大雪送レ炭〉

【雪泥】雪どけのぬかるみ。【――鴻爪】おおとりが雪につめの跡をのこす。人の事業や交際がはかないたとえ。〈蘇軾の詩・和二子由澠池懐旧一〉

【雪天】雪空。

【雪洞】㊀国茶道で、炉をおおう紙張りのわく。㊁雪あな。

【雪堂】㊀国小あんどん。㊁宋の蘇軾が建てた家の名。湖北省黄岡市東郊にあった。

【雪白】①雪のように白い。②人の行いにけがれがない。

【雪膚】「雪肌」に同じ。【――花貌】白いはだと美しい顔。〈白居易の詩・長恨歌〉

【雪夜】雪の降る夜。『――訪レ戴』晋の王徽之が雪の夜に戴逵という友人をたずねた故事。雪の日に人を訪問する場合に使う。〈晋書・王徽之伝〉

【雪裡】雪の中。雪の降る中。雪中。

【雪嶺】①雪の積もっているみね。雪山。②雲南省の山の名。

【雪間】国①雪のはれま。②降り積もった雪が消えている所。「雪間の菜」③雪の中。

【雪打】国建築物の軒下壁面のさしかけ。裳階。

『立二雪坐一レ風』雪の中で入門許可を待ち、春風の中で教えを受ける。学生が先生に教えを受けること。

『雪似二鵞毛一飛散乱(亂)』降る雪は、がちょうの白い羽毛のように、風に吹かれて飛び散る。〈白居易の詩・酬二令公雪中見一レ贈〉

『担(擔)レ雪填レ井』雪で井戸をうずめる。むだなしごと。また、あとかたのないこと。

△▼大雪・小雪・白雪・初雪・吹雪・飛雪・春雪・風雪・降雪・除雪・粉雪・残雪・深雪・淡雪・細雪・新雪・暮雪・綿雪・積雪・蛍雪・花吹雪・粗目雪

雨 3

【雫】

〔11〕 人 標 ダ 漢 上 馬 nǎ ナー J 2822 補 U 96EB

意味 義未詳。国〈しずく(しづく)〉

姓 雫石　地名 雫石

雨 4

【雲】

〔12〕 学 2 ウン くも　ウン 呉 漢 平 文 yún ユン J 1732 補 U 96F2

筆順 一 ﾆ 于 乕 雨 雫 雲 雲

意味 ①〈くも〉空のくも。②くものようなこと。㋐高いたとえ。㋑盛んなたとえ。㋒多いたとえ。㋓遠いたとえ。㋔すぐれたたとえ。㋕散り行くたとえ。「雲散」

解字 (篆書) 会意。雨と云を合わせた字。雨は水蒸気。云は、ぐるぐるまわること、もやもやこもること。雲は、もくもくとまわっているくも、あるいは、もやもやとたちこめているくものことである。

名前 も・ゆく　姓 雲英・雲梯

難読 雲珠・雲丹・雲母・雲腸・雲雀・雲脂・雲呑

【雲珠】国宝珠型をした飾り。飾った馬のくらにつける。また、そのくら。

【雲雨】①雲や雨。②めぐみ。③勢いの盛んなこと。④男女のちぎり。楚の襄王が夢で巫山の神女に会い、「私は朝は雲になり、暮は雨になります。」ということばを聞いたという話による。「雲雨巫山枉断腸」(巫山の神女は夢の中の美人で、思ったとてただ心を痛めるにすぎない。)〈李白の詩・清平調〉

【雲翳】①雲の影。＝雲影 ②雲のようにおおう。

【雲液】①天上の雲に生ずるつゆ。②酒。③雲母。

【雲烟】「雲煙」に同じ。

【雲煙】①雲やけむり。②筆跡がいきいきしているようす。【――過眼】雲やけむりが目を過ぎるように、楽しみに執着しないこと。物事に深く心を留めないこと。〈蘇軾・宝絵堂記〉【――飛動】筆のはこびが強くいきおいのよいこと。【――変(變)態】雲やかすみが変化しておもむきのあること。

【雲華(華)】㊀①雲とかすみ。美しい雲。㊁むらがり咲いた花。

【雲霞】①雲とかすみ。「雲霞蒸二大麓一」(雲霞が広々としたすそ野からわきあがる。)〈柴野栗山の詩・詠二富士山一〉②むらがり集まるたとえ。

【雲芽】茶のこと。

【雲海】①雲がはるかにおおっている海。②雲と海の続いて見える遠方。③高山から見て、雲が海のようにみえるようす。

【雲外】雲の上。雲表。

【雲客】①雲の中の人。仙人。②国殿上人。「月卿雲客」

【雲閣】①秦の二世皇帝がきずいた高い建物の名。②後漢の明帝が建てた雲台。壁に、功臣二十八名の肖像を描いてあったという。

【雲壑】雲や谷。また、雲のたちこめた谷。

【雲間】㊀雲の中。㊁国雲の切れま。【――鶴】すぐれた人物のたとえ。

【雲漢】①あまのがわ。天漢。銀漢。「倬彼雲漢」(明るく大きい、あの銀河。)〈詩経・雲漢〉②空。

【雲関(關)】雲のかかった関所。

【雲鬟】①婦人の美しいまげ。②遠い山の形容。

8画　金長(镸)門阜(阝〈左〉)隶隹雨青(靑)非

【――玉臂】(うんかんぎょくひ) 雲のようなまげと、玉のようなうで。遠くへ出ている夫が、家庭の団らんもなく、ひとりで寝る妻を思いやることば。〈杜甫の詩・月夜〉

【雲気(氣)】(うんき) ①雲。②雲のように空にかかる気。

【雲旗】(うんき) ①雲のもようをぬいとりした旗。②高い旗。〈楚辞・九歌〉

【雲脚】〔一〕(うんきゃく) 雲の流れること。〔二〕(くもあし) 国①〔一〕に同じ。②雲の浮かぶようす。③机などの雲形のある足。

【雲居】〔一〕(うんきょ) 山の名。〔二〕(うんご) 人名。①唐代の禅僧。(?～九〇二) ②国江戸時代の禅僧。(一五八三～一六五九) 〔三〕(くもい(ゐ)) 国①空。②宮中。【――羅漢】(うんごのらかん) 仏雲居寺の羅漢の僧。山の高い所から下を見下ろしていることから、うぬぼれをいう。

【雲錦】(うんきん) 雲の模様のついたにしき。

【雲衢】(うんく) 雲のゆきかう道。大空。

【雲霓】(うんげい) ①虹。②雲と虹。空。

【雲譎波詭】(うんけつはき) ①雲や波にもまがう大きな家。②人の心の変化のはげしいこと。③文章の内容がゆたかで変化の多いこと。〈揚雄・甘泉賦〉

【雲行】〔一〕(うんこう(かう)) ①雲が流れ行く。②雲のようにむらがって行く。〔二〕(くもゆき) 国物事のなりゆき。人の顔色。

【雲崗】(うんこう(かう)) 山西省大同市の地名。石仏を彫刻したいわや(石窟)がある。

【雲合霧集】(うんごうむしゅう) 雲やきりのように多く集まる。〈史記・淮陰侯列伝〉

【雲根】(うんこん) ①雲のわき出るもと。山の高い所。②石。雲のわくもとは石であるということからいう。③雲。

【雲犀】(うんさい) 水中の月を見ると角がうるおう、不思議な犀。【――玩レ月】(うんさいつきをもてあそぶ) さとりを開いた人がゆうゆうと暮らす心境をいう。

【雲際】(うんさい) はるかな空。

【雲桟(棧)】(うんさん) ①高い所にあるかけはし。「雲桟縈紆登二剣閣一」(うんさんえいうけんかくにのぼる)(縈紆は、まがりくねる。)〈白居易の詩・長恨歌〉②高山の中腹の道。

【雲散】(うんさん) ちりぢりばらばらになる。「雲散霧消」【――鳥没】(うんさんちょう(てう)ぼつ) 雲のように散り、鳥のように姿を消す。あとかたもなく消えうせること。〈蘇軾・答二劉沔一書〉

【雲山】(うんざん) ①雲のかかっている山。②雲のように見える遠い山。

【雲脂】(うんし) 頭のあか。ふけ。いろこ。

【雲車】(うんしゃ) ①雲の車。仙人が乗るというもの。②雲をえがいた車。③高い楼をとりつけた車。

【雲雀】(うんじゃく) 鳥の名。ひばり。

【雲樹】(うんじゅ) 高い木。

【雲集】(うんしゅう(しふ)) むらがり集まる。【――霧散】(うんしゅうむさん) 雲のように集まったり、きりのように散ったりする。

【雲翔(翔)】(うんしょう(しゃう)) ①わかれて散る。②あちこちに事が起こる。③速く走る。

【雲霄】(うんしょう(せう)) ①空。②高い地位。青雲。

【雲上】(うんじょう(じゃう)) ①雲の上。②宮中。【――人】(うんじょうびと) 国宮中、清涼殿の殿上に出仕を許された人。くものうえびと。殿上人。雲客。

【雲蒸】(うんじょう) 雲が盛んに起こること。【――霞蔚】(うんじょうかうつ) 雲やかすみが盛んにわき起こる。富貴の家のはなやかなようす。〈晋書〉【――礎潤】(くもむしていしずえうるおう) 雨の降る前に家の土台がぬれる。物事のきざし。〈淮南子〉

【雲壌(壤)】(うんじょう(じゃう)) 天地。

【雲擾】(うんじょう(ぜう)) 世の中が雲のように乱れる。

【雲消霧散】(うんしょうむさん) 雲やきりのように消えうせる。雲散霧消。

【雲水】(うんすい) ①雲と水。②方々をめぐりあるく僧。行脚僧。

【雲碓】(うんたい) 雲母をつく石臼。

【雲丹】(うんたん) ①つる草の名。まさきかずら。ていかかずら。絡石。②うに。

【雲端】(うんたん) 雲の切れはし。雲のはじっこ。

【雲中】(うんちゅう(ちう)) ①雲の中。②雲の神。雲中君。③戦国時代、趙の地。今の内モンゴル托克托県。【――白鶴】(うんちゅうのはっかく) 人格がすぐれて、俗世間の利欲を離れた人物をさしていう。〈世説新語・賞誉〉

【雲亭】(うんてい) 雲のたなびくあずまや。

【雲梯】(うんてい) ①長いはしご。城攻めに使う大はしご。②高い所にのぼる。③及第する。

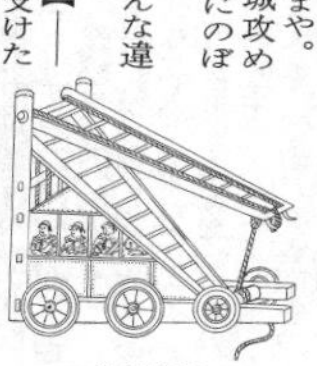
(雲梯①)

【雲泥】(うんでい) 雲とどろ。たいへんな違いのたとえ。

【雲天】(うんてん) 雲のたなびく空。【――高誼】(うんてんのこうぎ) 人から恩を受けたことに感謝することば。雲天厚誼。〈隋書〉

【雲堂】(うんどう(だう)) 僧の集まる所。

【雲衲霞袂】(うんのうかべい) 雲の衣にかすみのそで。雲水僧の生活をいう。

【雲版】(うんぱん) ①禅寺で鳴らす楽器。②雲の画をかいた板。＝雲板 ③国色紙やたんざくなどを入れて掛ける額。

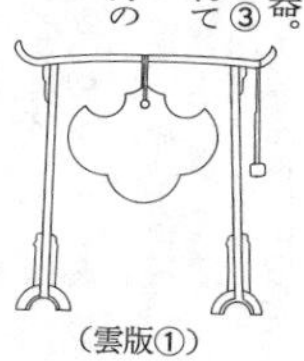
(雲版①)

【雲帆】(うんぱん) 雲のように大きな、舟の帆。

【雲表】(うんぴょう(ぺう)) 雲の上。雲外。

【雲標】(うんぴょう(ぺう)) 雲の上。

【雲鬢】(うんぴん) ふさふさした美しい髪の毛。「理二雲鬢一」(うんびんをおさむ)(理は、なでつけること。)〈楽府詩集・木蘭詩〉「雲鬢花顔金歩揺」(ふさふさした髪や花のような顔、美しいかんざし。)〈白居易の詩・長恨歌〉

【雲物】(うんぶつ) ①雲のようす。雲の形。②空のようす。けしき。

【雲母】(うんぼ) 鉱物の名。きらら。【――絵(繪)】(きららえ(ゑ)) 国雲母をすりこんだにしき絵。【――紙】(きららがみ) 国雲母をすきこんだ紙。【――刷】(きららずり) 国雲母をすりこんだ印刷。

【雲房】(うんぼう(ばう)) 雲のたちこめる高い山のへや。僧や道士のすまい。

【雲夢】(うんぼう) 昔の沼沢の名。今の湖南省から湖北省付近。

【雲峰】(うんぽう) ①雲のかかっているみね。②山のみねのように見える雲。

【雲鳳】(うんぽう) ①おおとり。ほうおう。②遠くへ行くたとえ。③雲と鳳凰の模様。

【雲霧】(うんむ) 雲ときり。

【雲鑼】(うんら) 楽器の名。十個の鉦をつけたもの。明楽・清楽で使う。

【雲竜(龍)】(うんりゅう(りう)) ①雲と竜。②雲に乗って天にのぼる竜。【――型】(うんりゅうがた) 国すもうで、横綱の土俵入りの型の一種。↕不知火型
【雲林】(うんりん) ①雲のかかった林。②雲夢沢をいう。【――院】〔一〕(うりんいん(ゐん)) 国京都市、大徳寺の南にあった天台宗の寺。〔二〕(うんりんいん(ゐん)) 国能楽の曲名。

【雲路】〔一〕(うんろ) ①雲のたなびくみち。②高官にのぼること。〔二〕(くもじ(ぢ)) 国空のみち。空のコース。

【雲廊】(うんろう(らう)) 雲のたなびくように続くろうか。

【雲和】(うんわ) 琴の材料を出す山の名。転じて、琴のこと。「斜抱二雲和一深見レ月」(ななめにうんわをいだきてふかくつきをみる)〈王昌齢の詩・西宮春怨〉

【雲井】(くもい(ゐ)) 国①空。雲のあるところ。②はるかに離れたところ。③宮中。

【雲助】(くもすけ) 国江戸時代、宿場や街道で、かごかきや雑役をした人夫。

【雲肘木】 国雲形をした横木。飛鳥時代の建築に使われた。

【雲呑】ワンタン 食物の名。

【雲彩】yúncai 現雲。

【興レ雲致レ雨】 ①徳のある人の形容。②なにごとか起こりそうなけはいをいう。

【貯レ雲含レ霧】 これから使おうとする筆の形容。〈柳宗元の詩・掲尚書寄ニ郴筆ー〉

【攜レ雲握レ雨】 なかよく親しみ合うこと。〈西廂記〉

【呑レ雲吐レ霧】 ①道教の方士の術。〈沈約・郊居賦〉②アヘンを吸うこと。

◆白雲・行雲・乱雲・東雲・青雲・星雲・巻雲・浮雲・停雲・彩雲・祥雲・景雲・紫雲・棚雲・瑞雲・暗雲・層雲・綿雲・横雲・積乱雲・巻積雲・巻層雲・高層雲

雨4 【雰】〔12〕 常 フン　J 4223　U補 96F0

旧字 雨4 【雰】〔12〕 フン 漢 平 文 fēn フェン　U補 J

筆順 一 二 千 干 雨 雫 雰 雰

意味 ①きり。②㋐もや。吉凶をしめすきざし。＝氛 ㋑霜。③雰雰は、㋐霜がおりているさま。㋑雪のさかんに降るさま。

【雰囲(圍)気(氣)】 ①空気。②その場のようす。気で、きりや、もやをいう。

解字 形声。雨が形を表し、分が音を示す。分には、ばらばらに分かれる意味がある。雰は、細かい水分を含んだ空気で、きりや、もやをいう。

雨4 【雯】〔12〕 ブン 漢 平 文 wén ウエン　J ②9369　U補 7091 96EF

意味 雲の美しいもよう。「雯華」

雨4 【雱】〔12〕 ホウ 漢 (ハウ) 平 陽 pāng パン　J 7092　U補 96F1

意味 雪がさかんに降るさま。

雨13 【霶】〔21〕 同字　J ②9189　U補 9736

雨5 【電】〔13〕 学 2 デン　テン 漢 去 霰 デン 呉 diàn ティエン　J 3737　U補 96FB

筆順 一 二 千 干 雨 雨 霄 電

意味 ①いなずま(いなづま)。いなびかり。「電影」②速いことのたとえ。「電赴」③他人が見ることを敬っていう語。「電覧」④現でんき。また、その略語。

解字 会意・形声。雨と申とを合わせた字。申はまた音をも示す。申はいなびかりの形を表したもの。電は、陰と陽がぶつかってかがやく、雨の中のいなびかりである。

名前 あきら・ひかり

【電圧(壓)】 電気の圧力。電位差。単位はボルト。

【電位差】 「電圧」に同じ。

【電影】 ①いなびかり。②矢。■ diànyǐng 現映画。【——院】diànyǐngyuàn 現映画館。

【電化】 ①汽車の動力源を電気に変えること。②日常生活に電力を利用するようにする。

【電荷】 物体が帯びている静電気の量。

【電解】 現電力で物質を分解する。電気分解。【——質】理水にとかすと電気分解してイオンを生じる物質。

【電極】 蓄電池などで電気の出入する所。

【電撃(擊)】 ①急にはげしく打つ。②感電の衝撃。【——作戦(戰)】 急にはげしく敵を攻撃する。

【電激】 ①いなずま。②すばやくたけだけしいこと。「雷奔電激」〈班固・西都賦〉

【電鍵】 電流を通したりとめたりする装置。

【電源】 ①電気を起こすもと。発電所。②電流を供給するもと。

【電光】 ①いなびかり。いなずま。②電気の光。③ひじょうに速いこと。【——石火】 ①ひじょうに短い時間のたとえ。②すばやい動作のたとえ。③人間の生死が速く、なにごともむなしいこと。【——朝露】 きわめて短い時間のたとえ。

【電子】 理素粒子の一種。陰電気を帯びていて、陽子・中性子などとともに原子を構成する。エレクトロン。

【電磁石】 軟鉄にコイルを巻き、電流を通して、磁石にするもの。

【電磁波】 理電気力と磁力の流れ伝わる波。

【電車】 電力で運転する車両。■ diànchē 現■に同じ。

【電飾】 電灯や放電管の光で装飾したもの。イルミネーション。

【電信】 電流を利用して通信すること。

【電掣】 いなずまがひらめく。

【電請】 電報で依頼する。

【電閃】 いなずまのひらめき。

【電送】 写真・文字などを電信・電波で遠くへ送る。「写真電送」

【電池】 化学的な作用で、電流を発生させる装置。

【電柱】 電信柱。

【電灯(燈)】 電力を利用した灯火。■ diàndēng 現■に同じ。

【電動機】 電気を利用して動力を起こす機械。モーター。

【電波】 電気が震動して伝わっていく波。アンテナから発する電気の波。

【電髪】 パーマネントウエーブ。パーマ。

【電報】 電信で行われる通報。■ diànbào 現■に同じ。

【電命】 電報で命令する。また、その命令。

【電纜】 絶縁体で包んだ電線。

【電離】 理気体や液体の分子または原子が、電気を帯び原子またはイオンに分解する。【——層(層)】 理空中の、電離していて電波を反射する層。

【電力】 電流による動力。

【電鈴】 ベル。

【電話】 音声を電気信号に変えて通話する装置。電話機。■ diànhuà 現■に同じ。

【電視】 diànshì 現テレビ受像機。テレビ。

【電扇】 diànshàn 現扇風機。

【電台(臺)】 diàntái 現(無線)電信局。(ラジオ)放送局。

【電梯】 diàntī 現エレベーター。リフト。

【電脳】 ■ diànnǎo 現コンピューター。■ ■に同じ。

【電門】 diànmén 現電気のスイッチ。

【電巻雷走】 いなずまやかみなりがすさまじいこと。

◆入電・弔電・打電・充電・来電・返電・放電・急電・祝電・飛電・送電・逐電・配電・停電・雷電・節電・感電・漏電・蓄電

雨5 【雹】〔13〕 ハク 漢 入 覚 báo パオ　J 8027　U補 96F9

意味 あられ。ひさめ。

【雹霰】(ひょう) あられ。

雨5 【雷】〔13〕 常 ライ かみなり　ライ 漢 平 灰 呉 léi レイ　J 4575　U補 96F7

筆順 一 二 千 干 雨 雨 雷 雷

8画　金長(镸)門阜(阝〈左〉)隶隹雨青(靑)非

8画 金長(镸)門阜(阝〈左〉)隶隹雨青(靑)非

雨15 【靁】〔23〕本字 J②9190 補7113 U9741

意味 ①〈かみなり〉〈いかずち(いかづち)〉 ②雷のようなこと。㋐はげしいさま。㋑大音のさま。㋒速いさま。㋓評判の高いさま。「雷名」 ③酒をいれる容器。＝罍(らい) ④敵に投げつける石。＝礌(らい) ⑤たたく。＝擂(らい)

解字 靁 会意。雨と田を合わせた形。古い形では田が三つあり、回転する形を示す。雷は、陰と陽とがぶつかって回転し、雷雨になって、万物を生ずるもので、かみなりをいう。一説に、田は輴(りん)で、小つづみのこと。雷は、雨中につづみの音が回転しつつ鳴ることをいうとする。

名前 あずま

【雷雨】(らいう) かみなりが鳴って降る雨。

【雷火】(らいか(くゎ)) 落雷で起こる火事。落雷の火。

【雷管】(らいかん(くゎん)) 弾丸を発射するとき、火薬に点火するための発火物。

【雷鼓】(らいこ) ①かみなりのとどろく音。②周時代の太鼓の名。③太鼓を打ち鳴らす。

【雷公】(らいこう) かみなり。雷神。

【雷吼】(らいこう) ①雷鳴。吼は、ほえる。②鳴りひびく。

【雷師】(らいし) かみなりの神。雷神。

【雷震】(らいしん) かみなりが鳴りひびくこと。

【雷尊】(らいそん) 雲やかみなりの形をほりきざんだ酒壺(さかつぼ)。＝雷樽

【雷沢(澤)】(らいたく) 沼沢の名。山東省菏沢(かたく)市東北にある、舜(しゅん)が漁をしたところという。一説に山西省。

【雷鳥】(らいちょう(てう)) 鳥の名。高山に住み、羽は茶色、冬は白色になる。特別天然記念物。

【雷霆】(らいてい) ①かみなりのひびき。②はげしく怒るようす。【――万(萬)鈞】(らいていばんきん) 政治上の圧力が強いことをいう。万鈞は、非常に重いこと。〈漢書(かんじょ)・賈山伝〉

【雷電】(らいでん) かみなりといなずま。

【雷同】(らいどう) 人の意見にすぐ同調する。「付和雷同」

【雷動】(らいどう) はげしくふるい動く。

【雷斧】(らいふ) ①石のおの。②石が奇妙に割れたものをいう。

【雷名】(らいめい) ①世の中に知れわたった名声。②他人の姓名・名誉に対する敬語。御高名。

【雷鳴】(らいめい) ①かみなりが鳴る。②大きな音や声の形容。

【雷門】(らいもん) 一 会稽(かいけい)城の門の名。越王勾践(こうせん)が、その上で太鼓を打って呉(ご)国をおどした。今の浙江(せっこう)省紹興(しょうこう)市。【――布鼓】(らいもんのふこ) 二 国東京都台東区の浅草(せんそう)寺山門(かみなりもん)。

布鼓は、ぬのを張ったたいこで、鳴らない。評判だけで実力がない。

【雷大雨小】(らいだいにしてあめしょう(せう)なり) ①はじめはおおげさで、あとが小さい。②話だけ聞いて実際を見ていないこと。

◆万雷(ばんらい)・水雷(すいらい)・百雷(ひゃくらい)・地雷(じらい)・迅雷(じんらい)・春雷(しゅんらい)・魚雷(ぎょらい)・落雷(らくらい)・遠雷(えんらい)・機雷(きらい)

雨5 【零】〔13〕 常 レイ J4677 補 U96F6

レイ 漢 リョウ(リャウ) 呉 平 青 líng リン

筆順 一 ⺴ 霄 ... 零 零

意味 ①〈ふ・る〉静かに細い雨が降る。②〈お・ちる(―・つ)〉上からおちる。③おちぶれる。④草や木が枯れる。しぼむ。⑤死ぬ。⑥こまかくだける。⑦数字のゼロ。0。⑧姓。国〈こぼ・れる(――・る)〉〈こぼ・す〉あふれ出る。

解字 零 形声。雨が形を表し、令(れい)が音を示す。令には、落ちる意味を含む。零は雨水が静かに落ちること。一説に、令は、じゅずつなぎという意味で、雨だれがポタポタと落ちることともいう。

【零雨】(れいう) こさめ。静かにふる雨。

【零下】(れいか) 氷点以下。0度以下。

【零距離射撃(擊)】(れいきょりしゃげき) すぐ近くの敵に対し、距離の尺度をとらないで射撃する。

【零砕(碎)】(れいさい) ①落ちてくだける。②こまかでくだくだしい物事。

【零細】(れいさい) たいへんわずか。こまかい。【――企業】(れいさいきぎょう(げふ)) わずかな資本で、ほそぼそといとなんでいる事業。

【零散】(れいさん) 落ちぶれてちりぢりになる。

【零残(殘)】(れいざん) ①落ちてだめになる。②落ちずに残る。

【零丁】(れいてい) ①おちぶれて孤独なこと。「零丁孤苦(れいていこく)」(たよるものがなく、ひとりで苦労する。)〈李密(りみつ)・陳情表〉②がっかりするさま。希望を失うさま。③まいご捜しのふだ。【――洋】(れいていよう(やう)) 広東(カントン)省の南、珠江河口にある海。「零丁洋裏歎零丁(れいていようりにれいていをなげく)」〈文天祥(ぶんてんしょう)の詩・過零丁洋(れいていようをすぐ)〉

【零敗】(れいはい) 競技で一点もとらずに負ける。ゼロ敗。

【零本】(れいほん) 全部そろっていない、不完全な書物。ある巻の欠けている書物。端本(はほん)。

【零余(餘)子】(れいよし) むかご。ヤマイモなどの葉のつけねにできる珠芽(しゅが)。

【零落】(れいらく) ①草木が枯れしぼむ。②おちぶれる。③死ぬ。

【零乱(亂)】(れいらん) 散乱する。みだれ動く。

【零露】(れいろ) 落ちるつゆ。〈詩経(しきょう)・野有蔓草(やゆうまんそう)〉

【零售】(リンショウ) língshòu 現小売り。

【零銭(錢)】(リンチエン) língqián 現こぜに。

雨5 【雺】〔13〕 古→霧(一三五五ジ・下) 同→霿(一三五七ジ・中)

雨6 【需】〔14〕 常 ジュ J2891 補 U9700

シュ 漢 ジュ 慣 平 虞 xū シュイ

筆順 ⺍ 𠕁 ... 需 需

意味 ①〈もと・める(――・む)〉要求する。足りないものを求める。ほしがる。＝須(しゅ) ②〈ま・つ〉㋐期待する。㋑雨のやむのを待つ。③ためらう。進まない。④必要。入用。⑤やわらか。＝臑(じゅ) ⑥弱い。＝懦(だ) ⑦易(えき)の卦(か)の名。

解字 需 会意。雨と而とを合わせた字。而はゆるやかな気持ちで、待つことを表す。需は、雨やみを待つことである。一説に、而は耎の略で、やわらかい意味であって、需は、雨にぬれてやわらかくなることであるという。

名前 まち・みつ・もと

【需給】(じゅきゅう(きふ)) 需要と供給。

【需用】(じゅよう) ①入り用。必要。需要。②ほしい品物。

【需要】(じゅよう(えう)) 一 ①必要。入り用。②物を買おうとする欲望。↔供給 二 シュイヤオ xūyào 現 一の①に同じ。

◆必需(ひつじゅ)・応需(おうじゅ)・軍需(ぐんじゅ)・特需(とくじゅ)

雨7 【霅】〔15〕 J7102 補 U9705

一 コウ(カフ) 漢 一 入 洽 xiá シア
二 トウ(タフ) 漢 二 入 洽 zhá チャー
三 ソウ(サフ) 漢 三 入 合 sà サー

意味 一 やかましい。おおぜいでさわぐさま。二 ①いなびかりのひらめくさま。②水が激しく流れる音。三 雨がざあざあ降る。③霅渓(とうけい)は、浙江(せっこう)省湖州(こしゅう)市南の川の名。「霅霅(そうそう)」

雨7 【霄】〔15〕 ショウ 漢 平 蕭 xiāo シアオ J8028 補 U9704 (セウ)

意味 ①〈そら〉天。大空。↔壌(じょう) ②みぞれ。③くも。空の雲。④夜。＝宵 ⑤消える。かくれる。＝消 ⑥姓。

【霄漢】(しょう(せう)かん) 大空。

【霄壌(壤)】(しょうじょう(せうじゃう)) 天と地。転じて、大きな差のあるたとえ。雲泥(うんでい)の差。

雨7 **【震】**〔15〕常 シン ふるう・ふるえる

一シン 漢 呉 一 去 震 zhèn チェン
二シン 漢 呉 二 平 真 shēn シェン
J 3144 補 U 9707

筆順 … 震

意味 一①〈ふる・う(――・ふ)〉〈ふる・える(――・ふ)〉㋐なりひびく。㋑うごく。うごかす。㋒はばたく。㋓名がとどろく。知れ渡る。㋔驚(おどろ)く。驚かす。㋕おそれる。ふるえあがる。㋖たかぶる。いかる。②〈ふるい(ふるひ)〉ふるえること。③いかずち。雷。④地震。⑤いきおい。威光。⑥易(えき)の八卦(はっか)の一つ。二はらむ。＝娠

解字 形声。雨が形を表し、辰(しん)が音を示す。辰は振と同じく、ふるい動く意味を持っている。震は、かみなりが鳴って、物をふるい動かすことである。

名前 おと・なり・なる・のぶ

【震域】しんいき(ゐき) 地震を感じる範囲。
【震央】しんおう(あう) 地震の中央。震源の真上の地点。
【震駭】しんがい おどろく。
【震悸】しんき ふるえてどきどきする。
【震眩】しんげん 驚いて目がくらむ。「山川震眩」〈李華(りか)・弔古戦場文(こせんじょうをとむらうぶん)〉
【震源】しんげん 地震のみなもと。
【震災】しんさい 地震による災害。
【震死】しんし かみなりにうたれて死ぬ。
【震震】しんしん ①ふるえとどろくさま。②光明あるさま。③さかんなさま。④かみなりの鳴りわたるさま。
【震旦】しんたん インドから呼んだ中国の古称。
【震天】しんてん 天を動かす。盛んな勢い。【――駭地】しんてんがいち 天地をふるい動かす。音や勢いの盛んな形容。〈晋書(しんじょ)・孫楚(そんそ)伝〉【――動地】しんてんどうち 天地をふるわせる。〈水経(すいけい)注〉
【震怒】しんど ①天の怒り。②天子の怒り。
【震悼】しんとう(たう) 天子が臣下の死を悲しみいたむ。「皇心震悼」〈陳鴻(ちんこう)・長恨歌(ちょうごんか)伝〉
【震蕩】しんとう(たう) ゆり動かす。
【震動】しんどう ①ふるえおののく。おどろき恐れる。②ふるい動かす。ふるえ動く。
【震怖】しんぷ ふるえあがっておそれる。
◆地震(じしん)・余震(よしん)・耐震(たいしん)・弱震(じゃくしん)・強震(きょうしん)・微震(びしん)・激震(げきしん)

雨7 **【霃】**〔15〕チン 漢 平 侵 chén チェン J 7101 補 U 9703

意味 ①くもりの日が続く。＝沈(ちん) ②雨が十分にふる。

雨7 **【霆】**〔15〕テイ 漢 平 青 tíng ティン J 8029 補 U 9706

意味 ①ふるう。なりはためく。②かみなりのとどろき。「雷霆(らいてい)」③いなずま。いなびかり。「疾霆(しってい)」

【霆撃(擊)】ていげき いなずまのように、はげしく急にうつ。

雨7 **【霈】**〔15〕ハイ 漢 去 泰 pèi ペイ J 8030 補 U 9708

意味 ①大雨の降るさま。「霈然(はいぜん)」②大雨。③天子のめぐみ。恩沢。

雨7 **【霉】**〔15〕バイ 漢 平 灰 méi メイ J 7103 補 U 9709

意味 ①つゆの雨。梅雨。②かび。＝黴(ばい)

参考 霉は「黴」(一四四八ジ・上)の中国新字体としても使う。

雨7 **【雱】**〔15〕ホウ(ハウ) 漢 平 陽 páng パン 補 U 290CE

意味 雱霈(ほうはい)は、①水の盛んに流れるさま。②雨の盛んに降るさま。「南山北山転雱霈也(なんざんほくざんうたたほうはいたり)」〈碧巌録(へきがんろく)四六〉③大雪の降るさま。

雨7 **【霂】**〔15〕ボク 漢 入 屋 モク 慣 mù ムー J 7094 補 U 9702

意味 霢霂(みゃくもく)は、こさめ。

雨7 **【霊】**〔15〕常 レイ・リョウ たま
レイ 漢 リョウ(リャウ) 呉 平 青 líng リン J 4678 補 U 970A

旧字 雨16 **【靈】**〔24〕 J 8045 補 U 9748

筆順 … 霊

雨9 **【𩆜】**〔17〕同字 J 7105 補 ②0531 U 971B
雨10 **【䨩】**〔18〕同字 J ②9188 補 ①8736 U 4A29
大3 **【𡗐】**〔6〕俗字 U 3691
火3 **【灵】**〔7〕俗字 補 4138 U 7075

意味 ①みこ。かんなぎ。神に仕え、神と人間世界を結びつける女の人。②神。「神霊(しんれい)」③〈たま〉〈たましい(たましひ)〉㋐死者のたましい。また、死者。「亡霊(ぼうれい)」㋑心。精神。㋒いのち。④〈くしび〉妙(たえ)なこと。不思議。神秘。⑤さいわい。天や神のたすけ。⑥効き目のあること。⑦明るい。通暁(つうぎょう)している。⑧よい。うつくしい。⑨頭脳が明晰(めいせき)である。「霊利」⑩迷信深い君や無道の君につけるおくり名。

解字 形声。巫が形を表し、霝(れい)が音を示す。巫は、みこで、神につかえる人。霝はしずくの垂れている形である。靈は、天から鬼神がくだって、お告げをするみこである。また、霝は、清らかなという意味とし、靈は、神の清らかなお告げを聞くみこで、精靈の意味にもなるという。

名前 よし 地名 霊山(りょうぜん)

【霊送】たまおくり 国お盆の終わりに、死者の魂を送りかえすこと。
【霊棚】たまだな 国先祖の魂を置いて祭るたな。
【霊祭】たままつり 国祖先以来の魂を祭ること。古くは十二月三十日、今は七月十五日に行う。精霊会(しょうりょうえ)。
【霊鷲山】りょうじゅせん(りゃうじゅせん) 仏インドの山名。釈迦(しゃか)が経を説いた山。「霊山」
【霊衣】一れいい ①不思議な着物。②死者のふだん着ていた衣服。二れいえ 喪服。
【霊位】れいい(ゐ) たましいがやどるところ。位牌(いはい)。
【霊威】れいい(ゐ) 不思議な威力。
【霊異】れいい すぐれて不思議なこと。【――記】りょういき(りゃういき) 国書名。「日本霊異記」のこと。
【霊域】れいいき(ゐき) 神社・寺・墓地などがある区域。
【霊液】れいえき ①不思議なききめのある水。②つゆ。露。
【霊応(應)】れいおう 神や仏の現す不思議なしるし。
【霊屋】れいおく(をく) 国たまや 「霊廟(れいびょう)」に同じ。
【霊怪】れいかい(くわい) 不思議で怪しいこと。
【霊界】れいかい 精神界。↔肉界
【霊感】れいかん ①神仏から不思議な感じを受けること。②人間の不思議な心の働きで何かを感じとること。インスピレーション。
【霊鑑】れいかん ①すぐれた見方。②神がみそなわす。
【霊気(氣)】一れいき 神秘的な気。二りょうげ(りゃうげ) 国人にたたりをするばけもの。
【霊鬼】れいき ①不思議な力のある鬼。②死者のたましい。
【霊亀(龜)】れいき ①万年生きるという不思議なかめ。②かめの一種の名。【――曳尾】れいきえいび かめは卵を生んでかくすが、尾をひくので、あとが残ってしまう。あとをくらまそうとして、かえってあとを残すこと。〈碧巌録(へきがんろく)四〉
【霊機】れいき ①不思議なはかりごと。②不思議な働き。
【霊柩】れいきゅう(きう) 死体を納めた棺。「霊柩車」
【霊香】れいきょう(きゃう) れいこう(かう) 不思議ないいにおい。

【霊均】人名。戦国時代、楚の屈原の字。

【霊剣(劍)】不思議な働きのあるつるぎ。

【霊験(驗)】神仏があらわす不思議なごりやく。【——記】神仏の不思議なごりやくをしるした文書。

【霊鼓】つづみの名。六面で地の神を祭るときに用いた。

【霊骨】①仏のほね。舎利。②非凡な人相。

【霊魂】たましい。【——不滅説】肉体はほろびても、魂は永遠に存在するという説。

【霊刹】すぐれたごりやくのある仏を祭る寺。

【霊山】[一] 神秘的なたっとい山。[二] 仏「霊鷲山」の略。

【霊芝】きのこの一種。まんねんだけ。太平の世のめでたい植物。

【霊姿】神々しい姿。良いすがた。

【霊祠】不思議な力を示す神社。

【霊時】祭場。神の降りとどまる所。

【霊璽】天子の使う印。

【霊轜】ひつぎをのせる車。霊柩車。

【霊社】不思議な働きを示すやしろ。

【霊獣(獸)】不思議なめでたい獣。麒麟などをいう。

【霊昭】不思議な働きがあってあきらかなこと。

【霊場】「霊地」に同じ。

【霊瑞】不思議なめでたいしるし。

【霊枢(樞)経(經)】書名。十二巻。古代の医書。

【霊迹】神仏が奇跡をあらわした場所。≡霊跡

【霊跡】①神仏についていわれのある古跡。②奇跡の起こった所。

【霊泉】すぐれてききめのある泉。

【霊前】神仏や、死者のみたまの前。

【霊草】不思議でめでたい草。

【霊台(臺)】①たましいのある場所。心。②周の文王の建てた高台。③天文台。

【霊代】国魂のかわりに祭るもの。かたしろ。

【霊地】神仏を祭ってある地。

【霊池】神聖な池。神秘的な池。

【霊知(「智」)】すぐれた知恵。心。

【霊長】不思議な力をもったすぐれたもの。人間。【——目】動動物分類学上の一つの項目。人や猿を含む。【——類】動「霊長目」に同じ。

【霊鳥】不思議な鳥。めでたい神聖な鳥。

【霊殿】霊を祭る建物。おたまや。

【霊堂】①神仏の堂。②霊を祭る堂。おたまや。

【霊動】不思議な働きをもって動く。

【霊肉】精神と肉体。「霊肉一致」

【霊媒】神仏や死者の魂と、人間とのなかだちをして、お告げを知らせる人。みこ。

【霊筆】すぐれた筆づかい。

【霊廟】①先祖の霊を祭った建物。おたまや。②卒「塔婆」。

【霊符】①ごりやくのある神仏のお札。護符。②神のお告げをしるしたお札。

【霊武】①人間わざと思われない武勇。②寧夏ホイ族自治区の県名。

【霊物】①不思議でえんぎのよいもの。②鬼神。

【霊保】神がのりうつる、みこ。

【霊峰】神聖な山。

【霊鳳】霊鳥であるおおとり。「霊鳳不レ啄レ羶」〈白居易の詩・訪二陶公旧宅一〉

【霊木】不思議な力のある木。神木。

【霊妙】不思議で想像もつかない。

【霊夢】神仏の示す不思議な夢。

【霊薬(藥)】不思議なききめのある薬。

【霊囿】周の文王の設けた、動物を飼う庭園。

【霊曜】①太陽。②天。天地。

【霊耀(燿)】不思議な光。日月。

【霊活】línghuó 現すばしこい。ゆうずうがきく。

◇山霊・亡霊・心霊・生霊・交霊・死霊・言霊・英霊・性霊・神霊・怨霊・幽霊・精霊・聖霊・悪霊

雨 8

【霍】〔16〕 カク(クヮク) 漢 | 入 薬 huò フォ | J 8025 補 U 970D

意味 ①鳥が速くとぶ。また、速い。②山名。霍山。㋐山西省霍州市にある。㋑安徽省霍山県の天柱山。③周の国の名。河南省汝州市にある。④豆の葉。≡藿 ⑤霍霍は、㋐きらめくさま。㋑すばやく手を動かすさま。㋒せわしく話すさま。⑥姓。

【霍光】人名。前漢時代の政治家。

【霍殺】おどしつける。

【霍嫖姚】人名。前漢の将軍霍去病のこと。匈奴征伐に大功をたて、嫖姚校尉に任ぜられたのでいう。「恐是霍嫖姚」〈杜甫の詩・後出塞〉

【霍乱(亂)】[一] 急性胃腸病。[二] huòluàn 現「コレラ」。

雨 8

【霓】〔16〕 ゲイ 漢 | 去 霽 ní ニー | J 8031 補 U 9713

意味 ①〈にじ〉色の排列が逆で不鮮明なにじ。副虹。雌虹。②色どりの美しいもの。③際。④姓。

【霓裳】美しいもすそ。【——羽衣曲】唐時代の音楽の曲名。玄宗皇帝の作といわれる。

【霓旌】羽を五色に染めて作った旗。天子の護衛に用いる。

雨 8

【霔】〔16〕 シュ 漢 | 去 遇 zhù チュー | J ②9186 補 U 9714

意味 良い時機にふる雨。また、その雨がふる。≡澍

雨 8

【霎】〔16〕 [一] ソウ(サフ) 漢 | [一] 入 洽 shà シャー [二] ショウ(セフ) 漢 県 | [二] 入 葉 shà シャー | J 8032 補 U 970E

意味 [一][二] ①〈こさめ〉小雨。さっと降ってやむ雨。「霎雨」②しばらく。瞬間的な。「一霎」「霎時」③霎霎は、㋐風の音。㋑雨の音。㋒寒いさま。

雨 8

【霑】〔16〕 テン 漢 | 平 塩 zhān チャン | J 8033 補 U 9711

意味 〈うるお・す(うるほ・す)〉〈うるお・う(うるほ・ふ)〉≡沾 ①雨がしみる。②ぬらす。ぬれる。③しめらす。しめる。④恩恵を施す。恩恵を受ける。「霑潤」「均霑」

【霑汚】うるおしけがす。ぬらしよごす。

【霑洽】あまねくうるおう。

【霑湿(濕)】うるおう。しめる。

【霑酔(醉)】ひどく酒に酔う。

【霑体(體)塗足】からだをぬらし、どろ足になる。農民の田をたがやす苦労をいう。〈蘇轍・民政策〉

【霑被】①ぬらす。うるおす。②恵みをほどこす。

雨 8

【霏】〔16〕 ヒ 漢 | 平 微 fēi フェイ | J 8034 補 U 970F

意味 ①雨や雪がしきりに降るさま。②雲の飛ぶさま。③飛び散るさま。「霏散」④もや。霧・霞の類。

【霏霏】①雨や雪がひどく降るさま。②しもやつゆがしげくおりるさま。③雲が飛ぶさま。④いなずまがひらめくさま。⑤こまかいものが飛び散るさま。

【霏微】雨や雪がこまかに降るさま。

雨8 【霖】〔16〕 リン 漢 平 侵 lín リン J 8035 U補 9716

意味 〈ながあめ〉三日以上続く雨。→霪(本ページ・下)

【霖雨】りんう ①なが雨。②めぐみの雨。【―蒼生】りんうそう(さう)せい ひでりつづきにふる大雨のように、善政によって民がうるおうこと。

【霖霪】りんいん なが雨。

【霖霖】りんりん 雨が降り続くさま。＝淋淋りんりん

【霖瀝】りんれき なが雨が降る。

雨9 【霙】〔17〕 エイ 漢 平 庚 yīng イン J 8036 U補 9719

意味 ①〈みぞれ〉雨まじりの雪。②霰あられ。

雨9 【霞】〔17〕 入 カ 漢 平 麻 xiá シア J 1866 U補 971E

意味 ①朝焼け。夕焼け。赤くかがやく雲。②美しい。なまめかしい。③遠い。＝遐か 国①〈かすみ〉㋐春頃、遠くの山などにかかって薄雲のようにみえるもの。㋑かすみ網。②〈かす・む〉ぼんやりとしてよく見えない。

解字 形声。雨が形を表し、叚かが音を示す。叚には赤いものの意味がある。霞は、日のそばの赤い雨気。一説に、叚は仮と同じく、おおいかくす意。

【霞光】かこう(くゎう) 朝焼け夕焼けなどの雲のひかり。

【霞彩】かさい 美しい色をしたかすみ。朝焼け夕焼けなどの雲の美しい色。

【霞梯】かてい ①天にのぼり仙人になる道。②仕官栄達のたとえ。「え。」

【霞洞】かどう ━ 仙人のすまい。━かすみのほら 国上皇の御所。仙洞せんとう。

【霞浜(濱)】かひん かすみのたなびく浜べ。

雨9 【霜】〔17〕 常 ソウ(サウ) 漢 平 陽 shuāng ショワン ソウ しも J 3390 U補 971C

筆順

意味 ①〈しも〉しもばしら。②霜にたとえる。㋐白いもの。㋑冷たいもの。㋒鋭いもの。㋓すぐれた人格。「霜操」③年。としつき。「星霜せいそう」④やもめ。寡婦。＝孀そう ⑤姓。

解字 形声。雨が形を表し、相そうが音を示す。相は音が喪そうに通じ、霜は、雨つゆが凍ったもので、万物を殺し喪うしなうものである。また、相には互いに向かい合う意味があるから、霜は、しもばしらが一つ一つ独立していることを表すともいう。

【霜威】そうい(さうゐ) ①霜の寒さがきびしい。②きびしい威光。

【霜華(華)】そうか(さうくゎ) 霜。霜を花にたとえて美しく表現したもの。「霜華重そうかおもし」〈白居易はくきょいの詩・長恨歌ちょうごんか〉

【霜瓦】そうが(さうぐゎ) 霜のおりた屋根のかわら。

【霜菊】そうきく(さう―) 霜をおいた菊。

【霜禽】そうきん(さう―) ①霜枯れどきの鳥。②霜にあった鳥。

【霜月】そうげつ(さう―) ①霜の夜の月。②陰暦七月。━しもつき 国陰暦十一月の別称。

【霜剣(劍)】そうけん(さう―) 霜のように冷たく光る剣。

【霜枯】そうこ(さう―) ━しもがれ ①霜で草木が枯れる。②霜枯れの季節。

【霜降】そうこう(さうかう) ━ ①霜がおりる。②二十四気の一つ。陽暦十月二十三、四日ごろ。━しもふり 国白まだらの布や牛肉。

【霜晨】そうしん(さう―) 霜のおりた夜あけ。

【霜雪】そうせつ(さう―) ①霜と雪。②心にけがれがなくきびしい。

【霜旦】そうたん(さう―) 霜のおりた朝。

【霜蹄】そうてい(さう―) 霜をふむひづめ。すぐれた馬をいう。

【霜天】そうてん(さう―) 霜のおりた冬のあかつきの空。

【霜刀】そうとう(さうたう) するどく光る刀。霜剣。

【霜髪】そうはつ(さう―) 白いかみの毛。しらが。

【霜鬢】そうびん(さう―) びんの毛の白いこと。【―明朝又一年】そうびんみょうちょう(みゃうてう)またいちねん しらが頭の自分が、明朝になるとまた一つ年をとることになる。〈高適の詩・除夜作〉

【霜風】そうふう(さう―) ━ 霜の気をふくんだ風。秋風。「霜風来時雨如瀉そうふうきたるときあめそそぐがごとし」〈蘇軾そしょくの詩・呉中田婦嘆ごちゅうでんぷのなげき〉 ━しもかぜ 国霜の気を帯びた寒い風。

【霜楓】そうふう(さう―) 霜で赤くなった楓樹ふうじゅ。

【霜鋒】そうほう(さう―) 鋭いほこさき。

【霜夜】そうや(さう―) ━しもよ 霜のおりる寒い夜。

【霜野】そうや(さう―) 霜で白くなった野。霜枯れの野。

【霜葉】そうよう(さうえふ) 霜で黄や赤に色の変わった葉。もみじした葉。【―紅於二月花】そうよう(さうえふ)はにがつ(ぐゎつ)のはなよりもくれない(くれなゐ)なり 霜でもみじした葉は、春の盛りの花よりも赤い。「紅於こうお」(もみじ)という語の出典。〈杜牧とぼくの詩・山行〉

【霜烈】そうれつ(さう―) 霜のようにきびしくはげしい。

【霜露】そうろ(さう―) 霜とつゆ。【―既(旣)降】そう(さう)ろすでにくだる 霜やつゆがもう厚くおりている。二十四気で、九月の前半は寒露、後半は霜降というので、その後の時節をあらわす。〈蘇軾そしょく・後赤壁賦のちのせきへきのふ〉

【履レ霜堅冰至】しもをふみてけんぴょういたる 霜をふむ季節を経て、堅い氷の季節がやってくる。わざわいは、かすかなところから起こり、だんだん深くなるたとえ。〈易経えききょう・坤卦こんか〉

◆秋霜しゅうそう・降霜こうそう・星霜せいそう・風霜ふうそう・朝霜あさしも・露霜つゆじも

雨9 【霝】〔17〕 レイ 漢 平 青 líng リン J 7106 U補 971D

意味 ＝零 ①雨がふる。②おちる。③＝霊(一三五三ページ・中)

雨9 【霚】〔17〕 本→霧(本ページ・下)

雨9 【霛】〔17〕 同→靈(一三五三ページ・中) J ②9187

雨10 【霣】〔18〕 イン(ヰン) 漢 上 軫 yǔn ユン J 7109 U補 9723

意味 ①雷雨。②雷。③〈お・ちる(―・つ)〉ふる。おとす。＝隕いん「霣墜いんつい」

雨10 【霢】〔18〕 バク 漢 入 陌 ミャク 慣 mài マイ J 7108 U補 9722

意味 霢霂みゃくもく・ばくぼくは、小雨こさめ。

雨10 【霡】〔18〕 同字 J 7107 U補 9721

雨10 【霤】〔18〕 リュウ(リウ) 漢 去 宥 liù リウ J 8037 U補 9724

意味 ①〈あまだれ〉②のき。ひさし。③雨だれうけ。とい。④したたる。⑤中霤ちゅうりゅうは、明かりとりと雨うけを設けた家の中央の室。また、そこで祭る土神。

雨10 【霡】〔18〕 同→霢(本ページ・下)

雨10 【䨩】〔18〕 同→靈(一三五三ページ・中)

雨11 【霨】〔19〕 イ(ヰ) 漢 呉 去 未 wèi ウエイ J 7110 U補 9728

意味 雲がわきおこるさま。

雨11 【霪】〔19〕 イン 漢 平 侵 yín イン J 8038 U補 972A

意味 なが雨。長く降り続く雨。「霖霪りんいん」→霖(本ページ・上)

【霪雨】いんう なが雨。十日以上続く雨。＝淫雨【―霏霏】いんうひひ ながが雨がいつまでも降り続く。〈范仲淹はんちゅうえん・岳陽楼記がくようろうのき〉

【霪霖】いんりん なが雨。

雨11 【霫】〔19〕 シュウ(シフ) 漢 入 緝 xí シー J ― U補 972B

意味 ①雨のふるさま。②東北の少数民族の名。古代の、匈奴きょうどの一部族。

雨11 【霧】〔19〕 常 ム きり ム 呉 ブ 漢 去 遇 wù ウー J 4424 U補 9727

8画 金長(镸)門阜(阝〈左〉)隶隹雨青(靑)非

筆順 霧

雨 9【霚】〔17〕本字 J 7104 補 U 971A

雨 5【雺】〔13〕古字 J 7093 補 U 96FA

意味 ①〈きり〉空中の細かい水滴。②きりのように、㋐暗いさま。㋑濃密なさま。㋒細かなさま。㋓散るさま。㋔立ち消えるさまの形容。国〈きり〉秋に空中がかすむこと。

解字 霧 形声。雨が形を表し、務ぼう（敄の俗字）が音を示す。務には、おおうという意味がある。霧は、地の水気が上がっても、天が受けつけないので雨にならず、地上をおおっていることである。

【霧会(會)】むかい(くわい) 霧が集まる。霧のように多く集まる。霧集。

【霧合】むごう(がふ) 霧のように多く集まる。

【霧縠】むこく 霧のように薄く軽いちぢみの絹。

【霧散】むさん ①霧が晴れる。②霧が消えるように散り去る。

【霧集】むしゅう(しふ) 「霧合むごう」に同じ。

【霧渚(渚)】むしょ 霧がたちこめたなぎさ。

【霧消】むしょう(せう) 霧が晴れるように消える。

【霧瘴】むしょう(しゃう) 霧の毒気。毒の気をふくんだ霧。

【霧塞】むそく 霧がたちこめる。霧がたちこめて暗い。

【霧中】むちゅう(ちう) 霧の中。→「五里霧中ごりむちゅう」(五一ページ・上)

【霧笛】むてき・きりぶえ 霧の中で船の事故をふせぐために灯台や船で鳴らす信号の汽笛。

【霧氷】むひょう 寒い地方で、木の枝などにつく氷の層。

【霧豹】むひょう(へう) 霧の中に隠れ住む豹ひょう。民間に隠れて仕官しないことのたとえ。

【霧鬢風鬟】むびんふうかん(くわん) 霧のびんの毛と風のまげ。女の髪の毛の美しいさま。〈蘇軾そしょくの詩・毛女真〉

【霧裏】むり 霧の中。【——看花】むりにはなをみる ①老人の目がかすんで見えないさま。②真相がよくわからない状態。

【霧露】むろ ①霧とつゆ。②雨ざらしになって病気になる。
◆夕霧ゆうぎり・雲霧うんむ・濃霧のうむ

雨11【霣】〔19〕本→雪(一三四八ページ・下)

雨12【霱】〔20〕イツ 漢 入 質 yù ユィ J 7111 補 U 9731
意味 めでたいしるしの雲。端雲ずいうん。

雨12【霰】〔20〕標 セン 漢 去 霰 サン 慣 xiàn シエン J 8039 補 U 9730
意味〈あられ〉空中で水蒸気が急に冷えて固まったつぶ。国〈あられ〉あられのような形をしたもの。
【霰弾(彈)】さんだん ばらだま。こまかいたまが飛び散るしかけの弾丸。＝散弾
【霰雹】さんはく・せんはく あられとひょう。

雨12【霳】〔20〕リュウ(リウ) 漢 平 東 lóng ロン J ①9370 補 7112 U 9733
意味 ①豐霳ほうりゅうは、雷神。＝豊隆 ②雷。

雨13【霹】〔21〕ヘキ 漢 入 錫 pī ピー J 8040 補 U 9739
意味 ①〈はため・く〉②かみなりが落ちる。
【霹靂】へきれき ①かみなりが落ちる。②はげしい雷鳴。③はげしく音を立てる。④星の名。【——神】はたたがみ 国はげしいかみなり。【——車】へきれきしゃ ①敵に向かって石をはじきとばすしかけのある兵車。②かみなり。【——手】へきれきしゅ 物事を処理する能力がすばやいこと。【——木】へきれきぼく かみなりに打たれて裂けた木。

雨13【露】〔21〕常 ロ・ロウ つゆ
ロ 漢 呉 ロウ 慣 去 遇 lù ルー、lòu ロウ J 4710 補 U 9732

筆順 露

意味 ①〈つゆ〉水滴。②うるおす。しめらす。③めぐむ。恩恵を施す。④〈あらわ・す(あらは・す)〉〈あらわ・れる(あらは・る)〉〈あらわ(あらは)〉㋐むきだしにする。はだかにする。㋑さらす。あばく。「暴露ばくろ」㋒もれる。⑤やぶれる。⑥こわれる。⑦軽い。つまらない。⑧はかない。「朝露」⑨屋外の。⑩大きい。＝路ろ ⑪車。＝輅ろ ⑫姓。国①〈つゆ〉わずか。少しも。「露知らず」②ロシア。露西亜ロシアの略称。

露 原義と派生義
つゆ・水滴
うるおす ── めぐむ
つゆにさらす・おおいのない ── むきだしになる・あらわにする
「露地」「露台」
「露見」「暴露」
(つゆのように) はかない
「露命」

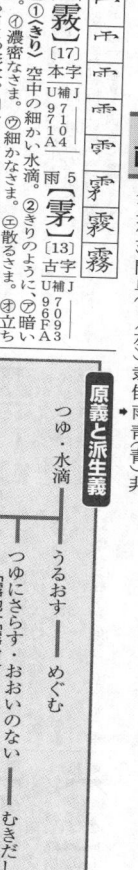

解字 露 形声。雨が形を表し、路ろが音を示す。路には、うるおうという気持ちを含む。露は、水滴がうるおすことである。他の説に、路にはまるいという意味を含むから、露は、まるい水滴のこと。また、路は、透明なという気持ちで、露は、透明なつゆの玉ともいう。

名前 あきら 地名 露西亜ロシア

【露払(拂)】つゆはらい(はらひ) 国①貴人の行列の先に立って道を開く。また、その人。②演芸の席などで先にやる人。③すもうで、横綱の土俵入りに、先に立つつきそいの力士。

【露営(營)】ろえい 部隊が屋外に宿泊する。キャンプ。野営。

【露華(華)】ろか(くわ) つゆ。美しいつゆ。

【露気(氣)】ろき つゆの気。つゆを含んだ空気。

【露見】ろけん ①あらわれる。②かくしたことが知られてしまう。「＝露顕」

【露顕(顯)】ろけん 「露見」に同じ。

【露骨】ろこつ ①骨をさらす。戦場で死ぬ。②骨をむきだしにする。③ありのまま。

【露座(「坐」)】ろざ 雨ざらしのまますわる。

【露蚕(蠶)】ろさん 屋外で飼う、かいこ。

【露次】ろじ 野外で宿泊する。野宿。

【露地】ろじ(ぢ) ①むき出しの土地。地面。「露地栽培」②狭い通路。＝路地 ③茶室の庭。また、茶室への通路。④仏三界の火宅を離れた静かな所。【——白牛】ろじびゃくぎゅう(ぢびゃくぎう) 仏なにもおおうものがない場所にいる純白の牛。けがれのない僧。

【露宿】ろしゅく 野外にとまる。野宿。【——風餐】ろしゅくふうさん 野宿して風がふきすさぶ中で食事をする。旅の苦難をいう。「露宿風餐六百里ろしゅくふうさんろっぴゃくり」〈蘇軾そしょくの詩〉

【露出】ろしゅつ ①むきだしにする。②写真のシャッターをきって、フィルムに感光させる。

の詩〉②国あおのり。青海苔。【――黄葉】せいたいこうよう(くわうえふ) あおごけといろい木の葉。秋の山家のけしき。

【青黛(黛)】せいたい ①青いまゆずみ。②濃い青色。③国役者のさかやきを青くする絵の具。

【青潭】せいたん 青々とした深いふち。

【青虫(蟲)】せいちゅう(ちう)・あお(あを)むし ちょうの幼虫。

【青冢】せいちょう ①こけのはえたつか。②王昭君の墓。＝青塚

【青鳥】せいちょう(てう) ①青い鳥。②使者。てがみ。青鳥が西王母という仙女の使者であったという故事による。

【青帝】せいてい 春をつかさどる神。五行で春は青色。

【青泥】せいでい ①どろ。「黄穂臥㆓青泥㆒」〈蘇軾の詩・呉中田婦嘆〉②町の名。陝西省藍田県。

【青天】せいてん 青空。【――霹靂】せいてんのへきれき ①晴れた空のかみなり。②突然のできごと。③筆の勢いの生き生きした形容。【――白日】せいてんはくじつ ①快晴の空。〈韓愈・与㆓崔群㆒書〉②心に包みかくすことがない。③あきらか。④国むじつの罪がはれる。【――白日旗】せいてんはくじつき 中国国民党の党旗。【――須㆑喫㆑棒】せいてんもすべからくぼうをきっすべし 仏自分の心は青空のようだという人も、そう思うことが、こだわりを持っていることで、修行が足りない。棒でぶたれるべきだ。

【青田】一 せいでん 青々とした田。二 あお(あを)た 国まだ、実らない田。

【青灯(燈)】せいとう 青いともしびの光。

【青鞜】せいとう(たふ) 国青色のくつした。blue-stocking の訳語。学識や教養があって、時代の先端を歩む女性、またそれを気どる女性をさしていった。「青鞜派」

【青銅】せいどう ①からかね。銅とすずの合金。②青銭。③鏡。【――器時代】せいどうきじだい 有史以前の一時代。石器時代と鉄器時代の間。

【青年】一 せいねん わかもの。二 チンニエン qīngnián 現 一 に同じ。

【青嚢】せいのう(なう) ①薬のふくろ。②医術。③天文や占いの書物。④印を入れるふくろ。

【青馬】一 せいば 青い馬。黒色の馬。二 あお(あを)うま 国白い馬。

【青旆】せいはい 青い旗。酒屋のしるしの旗。

【青白眼】せいはくがん 親しむ目つきと、にくむ目つき。晋の阮籍が来客に対した態度。〈晋書・阮籍伝〉

【青萍】せいひょう(ひゃう) 名剣の名。越王の勾践が発見したという。

【青苗法】せいびょう(べう)ほう(はふ) 宋の王安石の新法。民に金や穀物を貸し、収穫後に元利を返させる法律。

【青蕪】せいぶ 青く茂った草。また、その地。

【青楓】せいふう あおあおとした、とうかえで。

【青幇】せいほう・チンパン 清朝末期に、大運河航行中の安全のために作られた秘密結社。

【青陽】せいよう(やう) 春。

【青蠅】せいよう ①あおばえ。②告げ口ばかりする小人。

【青螺】せいら ①青色のにしがい。②青い山の形容。

【青蘿】せいら 青いつた。

【青睞】せいらい 好意をよせる。【――頻加】せいらいしきりにくわう(くはふ) 好意を感謝する。

【青嵐】せいらん ①山の気。②夏の嵐。青あらし。

【青柳】せいりゅう(りう)・あお(あを)やなぎ・あお(あを)やぎ 青々したやなぎ。

【青竜(龍)】せいりょう・しょうりゅう(しゃうりう)・せいりゅう(りう) ①青い竜。②四方の神の一つ。東方を守る神。③甲殻類の蝦蛄。【――旗】しょうりゅう(しゃうりう)き 国元日や即位の式のとき、大極殿に立てた旗の名。【――偃月刀】せいりゅう(りう)えんげつとう(たう) 弓張り月の形で、青竜の飾りがある刀。青竜刀。「雲長造㆓青竜偃月刀㆒」〈三国演義・第一回〉

【青緑(綠)】せいりょく 深緑色。【――山水】せいりょくさんすい 石青、石緑を主色とした山水画。

【青蓮(蓮)】せいれん ①青いはす。②四川省にある村の名。李白の出身地。【――居士】せいれんこじ 唐の李白の号。

【青廬】せいろ ①結婚式のときに、門の内外に張るまんまく。②新婦用にもうけた家。

【青楼(樓)】せいろう ①青く塗った高殿。②貴人の女のいるやしき。③遊女屋。妓楼。

【青取㆓之於藍㆒而青㆓於藍㆒】あおはこれをあいよりとりてあいよりもあおし 青い色は、もとはあい草から取り出したものであるが、できたものは、もとのあい草よりも青い色をしている。学問修養をかさねると、すぐれた人物になる。弟子がその師よりもすぐれることのたとえ。〈荀子・勧学〉→「出藍之誉」(一五三ページ・中)

◆丹青・汗青・刺青・紺青・群青・緑青

青 5【靕】〔13〕 シン 漢 平 真 zhēn チェン　J ②9192　U補 9755

意味 品行方正。行いが正しい。

青 5【靖】〔13〕 人 セイ 漢 ジョウ(ジャウ) 呉 上 梗 jìng チン　J 4487　U補 9756

旧字 青 5【靖】〔13〕　U FA1C

意味 ①〈やす・い(――・し)〉やすらか。おだやか。落ちついてしずか。②〈やすん・じる(――・ず)〉しずめる。おさめる。＝静 ③〈おさま・る(をさま・る)〉 ④やわらぐ。⑤つつしむ。⑥思う。はかる。⑦よい。⑧きよい。＝清 ⑨小さい。⑩立つ。⑪姓。

解字 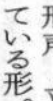 形声。立が形を表し、青が音を示す。立は人が立っている形。青は静と同じく静かなという意味を含む。靖は、人が静かに立っていること、落ちついて立っていることを表す。

名前 しず・のぶ・おさむ・きよし

【靖郭君】せいかく(くわく)くん 斉の宣王の庶弟(腹ちがいの弟)である田嬰のおくり名。

【靖共】せいきょう 静かでうやうやしい。仕事をつつしんでつとめる。

【靖献(獻)】せいけん まごころを尽くし、身をささげる。【――遺言】せいけんい(ゐ)げん 書名。歴代の忠臣の行状をしるしたもの。浅見絅斎編。

【靖康】せいこう(かう) やすらかなこと。【――之変(變)】せいこう(かう)のへん 北宋の靖康二年(一一二七)、金の軍が都汴京を陥れ、徽宗・欽宗の皇帝以下を捕らえて去った事件。これから南宋時代となる。

【靖国(國)】せいこく 国をやすらかに治める。【――神社】やすくにじんじゃ 国明治以後、国のために死んだ人を祭った神社。東京都千代田区九段にある。

【靖節(節)】せいせつ ①やすらかで、節操がある。②晋の陶潜の死後のおくり名。

【靖難】せいなん ①国の危急を平らげしずめる。②明の恵帝の世、燕王棣が起こした反乱をいう。

【靖兵】せいへい 戦いをやめる。

青 6【静】〔14〕 学 4 セイ・ジョウ　しず・しずか・しずまる・しずめる　J 3237　U補 9759

旧字 青 8【靜】〔16〕 人 セイ 漢 ジョウ(ジャウ) 呉 上 梗 jìng チン　J 8048　U補 975C

筆順 一 十 主 青 青ク 青刍 静 静

意味 ①〈しずか(しづか)〉 ㋐動かない。↕動 ㋑おだやか。おちついてやすらか。＝靖・靚 ㋒しゃべらない。物音がしない。②〈しずま・る(しづま・る)〉〈しず・める(しづ・む)〉 ③〈しず(しづ)〉しずかなこと。④きよい。澄む。＝浄・清・瀞 ⑤正しい。しとやか。↓貞 ⑥したがう。⑦休む。休息する。⑧はかる。相談する。＝靖 ⑨くわしい。＝精

8画
金長(镸)門阜(阝〈左〉)隶隹雨青(靑)非

解字 形声。青が形を表し、爭(さう)が音を示す。青はあおで、色のこと。爭は手に力を入れる意味がある。靜は、色どりに細かく手を尽くして、良い絵になることをいう。人も細かく気をくばれば、乱れない。その状態をも靜という。他の説に、爭は単に音を示すだけで、字の意味には関係ないともいう。

名前 きよ・ちか・つぐ・ひで・やす・よし・やすし

地名 静内(しずない)・静岡(しずおか)

【静脈】(じょうみゃく(じゃう)) 血液を心臓にはこぶ血管。↕動脈

【静晏】(せいあん) やすらか。おだやか。

【静一】(せいいつ) 静かで専一なこと。

【静影】(せいえい) 静かなかげ。静かな光。

【静淵】(せいえん(ゑん)) 静かなふち。転じて、穏やかで考え深いこと。

【静穏(穩)】(せいおん(をん)) ①静かでおだやか。②太平。

【静嘉】(せいか) 清らかで美しい。

【静観(觀)】(せいかん(くわん)) 静かな気持ちで物事をよく見る。静かに考える。

【静居】(せいきょ) 静かな住居。静かに住む。

【静境】(せいきょう(きやう)) もの静かな場所。落ち着いた境地。

【静好】(せいこう(かう)) 落ち着いてなごやか。

【静座(「坐」)】(せいざ) 心静かにすわる。【──法】(せいざほう(はふ)) 心身をきたえる方法の一つ。静座によって、健康をはかる。

【静止】(せいし) 止まって動かない。

【静思】(せいし) 静かに思う。

【静寂】(せいじゃく) ひっそりとして静か。静かでものさびしい。

【静修】(せいしゅう(しう)) 静かに修養する。心を静めて身を修める。

【静粛(肅)】(せいしゅく) 静かにつつしむさま。

【静処】(せいしょ) 静かなところ。【──薩婆訶】(せいしょそわか) ㊕静かな所で修行せよ。

【静女】(せいじょ(ぢょ)) ①しとやかなむすめ。②「詩経(しきょう)」の編名。『──其姝』(せいじょ(ぢょ)それかお(かほ)よし) しとやかなむすめが、いかにも美しい。〈詩経(しきょう)・静女〉

【静勝】(せいしょう) 静かでけしきのよいところ。

【静邃】(せいすい) 静かでおくふかい。

【静専(專)】(せいせん) 静かで雑念がない。心が落ち着いて気が散らない。

【静躁】(せいそう(さう)) 静かなこととさわがしいこと。

【静息】(せいそく) 静止する。しずまりやむ。

【静態】(せいたい) 静止の状態。↕動態

【静聴(聽)】(せいちょう(ちゃう)) 静かにきく。

【静電気(氣)】(せいでんき) ㊎生じたまま動かない電気。↕動電気

【静寧】(せいねい) 世の中が安らかに治まること。静かでやすらか。

【静謐】(せいひつ) ①静か。静かでやすらか。②太平。

【静物】(せいぶつ) ①植物。②静止している物。③花木・果実などの画材。静物画。

【静夜】(せいや) もの静かな夜。【──思】(せいやし) 静かな夜の物思い。李白(りはく)の詩の題名。

【静養】(せいよう(やう)) 静かに病気を療養する。

【静慮】(せいりょ) 「静思(せいし)」に同じ。

【静話】(せいわ) 静かに話をする。また、その話。

【静中有レ動】(せいちゅう(ちう)どうあり) 静かな中に動きがある。

◆平静(へいせい)・安静(あんせい)・冷静(れいせい)・動静(どうせい)・閑静(かんせい)・鎮静(ちんせい)

青6【靘】〔14〕 セイ㊥㊄径 qìng チン J ― 補 7120 U 9758

意味 あおぐろい。青黒色。「靘䵒(せいめい)」

青6【靗】〔14〕 テイ㊥㊤庚 chēng チョン J ②9193 補 7119 U 9757

意味 まっすぐ見る。正視する。

青7【靚】〔15〕 セイ㊥㊄敬 jìng チン J ①9375 補 7121 U 975A

意味 ①〈よそお・う(よそほ・ふ)〉化粧(けしょう)する。②美しい。③静か。④こう。＝請(せい) ㋐よぶ。召す。㋑求める。

【靚妝】(せいそう(さう)) 美しくけしょうする。

【靚粧】(せいそう(さう)) 「靚妝(せいそう)」に同じ。

青8【靛】〔16〕 テン㊥㊄霰 diàn ティエン J ②9194 補 7122 U 975B

意味 ①藍(あい)。藍色。②藍で染める。

青8【靜】〔16〕 旧 →静(一三五九ページ・下)

8画 非部 あらず

【部首解説】 鳥の羽が両方に分かれて開くことから、「そむくこと」を表す。この部には、「非」の形を構成要素とする文字が属する。

非0【非】〔8〕 学5 ヒ J 4083 補 U 975E

筆順

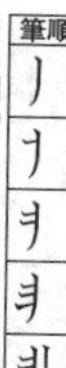

㊀ヒ㊥㊦ ㊀㊤微 fēi フェイ
㊁ヒ㊥㊦ ㊁㊤尾 fěi フェイ

意味 ㊀①そむく。たがう。②あやまち。あやまり。↕是 ③わるい。㋐いつわり。不正。㋑よこしま。④うらむ。⑤そしる。みとめない。「非難」⑥〈あらず〉…でない。打ち消しの語。⑦文末に置かれ疑問を表す。＝否 ㊁〈そし・る〉せめる。悪口をいう。＝誹(ひ)

語法 ❶〈あらず〉…でない。ある事物・行為について、それは…ではないと否定する。例「扁鵲非二常人一也(へんじゃくはじょうじんにあらざるなり)」(扁鵲は並の人ではない)〈史記・扁鵲列伝〉

❷〈あらずんば〉〈あらざるは〉仮定。…でなければ。例「史官非二秦記一皆焼レ之(しかんはしんきにあらざるはみなこれをやく)」(史官は秦の記録でなければみな焼いてしまう)〈史記・秦始皇本紀〉

◆句形

(1)［豈非二…一］〈あに…にあらずや〉どうして…でないことがあろうか。例「豈非レ天哉(あにてんにあらずや)」(天命でないことがあろうか〔天命にちがいない〕)〈史記・淮陰侯(わいいんこう)列伝〉

(2)［自レ非二…一］〈…にあらざるよりは〉…でない限りは。例「自レ非レ然者、臣願得下少賜二游観之間一、望中見顔色上(しかるにあらざるよりは、しんねがわくは(ねがはくは)すこしくゆう(いう)かん(くわん)のひまをたまいて(たまひて)、がんしょくをぼう(ばう)けんするをえんことを)」(そうでない限りは、少しく遊覧のお暇を頂戴いたしてご尊顔を拝したく願います)〈史記・范雎(はんしょ)列伝〉

解字 指事。鳥が飛び下りるとき、羽が両方に分かれて開いていることで、そむく意味になる。

【非意】(ひい) 思いもよらない。だしぬけに。不意。

【非違】(ひい(ゐ)) 国法にそむく。

【非運】(ひうん) 運がつかない。不幸。

【非我】(ひが) ①㊕自我でないもの。対象として存在する世界。②㊕自分の存在を否定すること。

【非毀】(ひき) そしる。そしり。

【非器】(ひき) それほどの人物でない。不適任。

【非義】(ひぎ) 道理にそむく。

【非議】(ひぎ) そしって意見を述べあう。

【非業】㊀(ひぎょう(げふ)) ①しなくてもいいこと。正しくない事が

ら。②国「非業博士」の略。□ ㊔前世の因縁によらないで、現世の災難によって死ぬ。【──博士】国正規の手続きを経ないで任ぜられた国学の博士。

【非口所宣】㊔口で説くことのできないこと。言い表せないこと。

【非行】 国悪い行い。「非行少年」

【非攻】 ①戦争を否定する。侵略戦争を非難すること。②「墨子」の編名。

【非合法】 法律にそむく。法律に合わない。↕合法

【非合理】 哲論理の法則にあてはまらない。【──主義】哲理性でつかめない、論理的に定められないものを実在の本質とみる思想。

【非国(國)民】 国民としてのつとめにそむく者。

【非才】 才能のない者。

【非参(參)議】 国①三位以上でまだ参議にならない者。②参議以上の退官者。③四位以上で参議の有資格者。

【非時】 ①時間はずれ。②㊔正午から翌朝の午前四時ごろまで。僧が食事をしてはならない時。③㊔午後の食事。非時食。

【非修非学(學)】 ㊔仏道を修行せず学びもしない「人」。

【非常】 □①すぐれている。非凡。②変わっている。③変わったできごと。事変。④㊔無常。人の命がはかない。死。⑤国たいへん。はなはだしい。□ fēicháng 現□の②⑤に同じ。【──手段】①非常の場合の処置。②暴力で事を解決しようとすること。

【非情】 心のない。情のない。

【非常勤】 特定の期間だけ雇われて勤務する人。

【非常識】 常識にはずれている。

【非心】 正しくない心。邪心。

【非人】 □①人間でないもの。②死人。③悪人。□㊔人間以上の力をもつもの。神仏・悪鬼など。

【非戦(戰)闘(鬭)員】 ①従軍しながらも直接戦闘の列に加わらない者。軍医・経理官・看護人・従軍記者など。②戦闘に関係しない、いっさいの人。

【非戦(戰)論】 戦争に反対する意見。

【非想】 ①㊔煩悩のないこと。②㊔非想非非想天の略。天の中の最上位にあるもので、煩悩のほとんどない世界。

【非俗】 世俗の人でない。出家。

【非素数(數)】 数素数でない数。一とそれ自身以外の整数で割りきることのできる数。↕素数

【非道】 ①道理にそむく行い。②人情にそむく。残酷。

【非難】 ①人の欠点や過失をせめる。②悪口。そしり。＝批難

【非認】 認めない。承知しない。↕是認

【非人情】 ①思いやりがない。②人間的な感情にわずらわされないこと。

【非売(賣)品】 一般の人に売らない品。

【非番】 国当番でない。

【非非】 悪いことを悪いと正しく批判する。「是是非非」

【非分】 国①身分にふさわしくない。分を過ぎる。②道理にあわない。

【非法】 法にそむく。

【非望】 ①身分に合わぬ望み。②思いがけない。③望まないこと。

【非謀】 ①まずいはかりごと。②悪事をたくらむ。

【非凡】 平凡でない。すぐれている。↕平凡

【非命】 ①事故などで死ぬ。横死。②天命を否定する。

【非役】 国名ばかりで、実際の仕事につかないこと。

【非理】 道理に合わない。

【非力】 力が弱い。

【非理法権(權)天】 天をあざむくことはできないこと。「非は理に勝たず、理は法に勝たず、法は権に勝たず、権は天に勝たず」の意。楠木正成が旗にしるしたということば。

【非類】 ①同類でない。②悪い人。③人類でないもの。

【非礼(禮)】 礼儀にそむく。社会の秩序にそむく。【──之礼(禮)】礼法に合っているように見えて、実はちがうもの。〈孟子・離婁下〉

【非連続(續)】 つづかない。

◆是非・前非・理非・是是非非

非1【韭】(一三六八ペ・下)↓韭部〇画

非4【斐】(五七〇ペ・上)↓文部八画

非4【棐】(六五一ペ・下)↓木部八画

非4【悲】(四八八ペ・上)↓心部八画

非6【裴】(一一二八ペ・下)↓衣部八画

非6【蜚】(一一〇六ペ・中)↓虫部八画

非6【翡】(九九八ペ・下)↓羽部八画

非7【靠】〔15〕 コウ(カウ) 漢 去 号 kào　J 8049 補 U 9760

意味 ①〈もた・れる(──・る)〉〈よ・る〉㋐よりかかる。㋑たよる。②近寄る。③たがう。そむく。

非7【輩】(一二二一ペ・中)↓車部八画

非11【靡】〔19〕 標 □ビ 漢 ミ 呉 上 紙 mǐ ミー □ミ 呉 平 支 mí ミー　J 8351 補 U 9761

意味 □①〈なび・く〉㋐たおれふす。㋑したがう。服従する。㋒順応する。②〈な・い(──・し)〉否定を表す語。③しりぞく。④小さい。細かい。⑤美しい。⑥はびこる。＝弥・瀰 ⑦水辺。岸。＝湄 ⑧こする。＝摩 ⑨みがく。＝磨 □①浪費する。「奢靡」②分ける。離れる。散らす。③つきる。滅びる。④そこなう。⑤ただれる。＝糜 ⑥しばる。＝縻

【靡迤】 長くのびたさま。

【靡衣媮食】 美衣美食。目前の快楽におぼれて将来を考えない。

【靡貨】 ぜいたくな品。

【靡財】 財貨を散じ費す。

【靡尽(盡)】 ほろぼし尽くす。ほろんでなくなる。

【靡然】 なびき従うさま。

【靡靡】 ①なびくさま。②声が細く美しいさま。③ゆっくり歩くさま。【──之楽(樂)】殷の紂王が作らせたという退廃的な音楽。

【靡敝】 おとろえる。やぶれてつぶれる。

【靡曼】 はだが美しくきめが細かい。

【靡麗】 はでで美しい。

◆披靡・風靡・淫靡・萎靡

9画 面部 めん

【部首解説】 古い字形は、首と顔の輪郭を示し、「顔の正面」を表す。この部には、「面」の形を構成要素とする文字が属する。

面 0

【面】

〔9〕 [学]3 メン おも・おもて・つら
ベン [漢] メン [呉] [去] 霰 miàn ミエン
J 4444 補— U 9762

筆順 一 ㄏ 丆 丙 而 而 面 面 面

面 0 【靣】〔8〕 同字 J 7123 補— U 9763

[意味] ①〈おも〉〈おもて〉〈つら〉 ㋐顔。 ㋑うわべ。外側。「表面」 ㋒前。 ㋓むき。方向。「一面」 ②〈むか・う(──・ふ)〉 ③〈まみ・える(──・ゆ)〉 見る。 ④まのあたり。目の前。 ⑤〈そむ・く〉 顔をそむける。 ⑥仮面。「面具」 ⑦平面。 ⑧(数)広さがあって厚みのないもの。 ⑨琴を数える。また、平たいものを数える量詞。 ⑩酒におぼれる。＝湎 ＝偭 [国]①〈めん〉 ㋐平らなうつわを数えることば。 ㋑平らな物に添えていうことば。「書面」 ㋒かど。「面を取る」 ㋓剣道で顔につける防具。 ②〈も〉 おもて。熟語の語尾に使う。「田面」

[解字] 会意。古い形で見ると、首のまわりをとりまいていることを示している。首(頭部)と、顔の輪郭を表したもので、顔の正面である。また、頭にかぶる仮面を表すとも解する。

[難読] 真面目(付表)／面子・面皰

[参考] 面は「麵」(一四四二ページ・中)の中国新字体としても使う。

【面影】[国]①顔つき。②すがた。ようす。

【面舵】[国]①船を右に向けるときのかじのとり方。↔取舵 ②右がわのふなばた。

【面差】[国]顔つき。ようす。

【面伏】[国]恥ずかしい。

【面持】[国]顔つき。ようす。

【面魂】[国]強い精神が顔に表れていること。

【面引廷争(爭)】「面折廷争」に同じ。〈資治通鑑・漢紀〉

【面謁(謁)】[国]貴人に会う。おめみえする。

【面会(會)】会う。対面する。

【面戒】面と向かっていましめる。

【面汗】顔に汗をかく。恥じるようす。

【面詰】「面責」に同じ。

【面結】①目の前で約束を結ぶ。②うわべだけの交際。

【面見】まのあたりに見る。

【面晤】面会して話す。

【面語】会ってしたしく話しあう。

【面孔】顔。顔つき。

【面交】うわべだけの交際。

【面子】㊀体面。名誉。㊁[国]丸いボール紙などの札。裏がえしごっこをして遊ぶ、こどものおもちゃ。

【面刺】目の前でそしる。

【面試】面接して試験する。口頭試問。

【面識】顔を知っている。知り合い。

【面質】面会して問いただす。

【面謝】①会って罪をわびる。②会ってお礼をいう。

【面首】①顔と髪。②顔や髪の美しい男子。【──三十人】女がおおぜい情人を持っていること。〈資治通鑑〉

【面従(從)】人の目の前だけで服従する。【──後言】うわべは従ってかげでいろいろいう。〈書経・益稷〉【──腹背】うわべでは服従し、内心では反対する。

【面称(稱)】人の目の前でほめる。

【面牆】かきねに向かう。見聞のせまいたとえ。無学。【──担(擔)板】かきねに向かい、板をかつぐ。前後も見えない。見識がないこと。

【面譲(讓)】「面責」に同じ。

【面赤】恥じる。赤面。

【面責】面と向かって責めとがめる。面刺。面詰。

【面積】㊀(数)平面や曲面の広さ。㊁miànjī [現]㊀に同じ。

【面折】面と向かって欠点やあやまちを非難する。【──廷争(爭)】天子の目の前で政治の欠点をいさめる。「面折廷争、身誅国亡」〈十八史略・唐〉

【面接】対面する。会う。

【面前】㊀目の前。まのあたり。㊁miànqián [現]㊀に同じ。

【面訴】会って直接にうったえる。

【面争(爭)】面と向かい欠点を忠告する。【──廷論】「面折廷争」に同じ。

【面奏】天子にお目にかかって申し上げる。

【面相】①顔かたち。②[国]細い線を描く筆。

【面談】会って話す。

【面疔】顔のできもの。

【面陳】人の目の前で意見を述べる。

【面体(體)】顔つき。おもざし。

【面詆】面と向かって悪くいう。

【面展】[国]お目にかかる。

【面倒】[国]①やっかい。むずかしい。②世話。

【面罵】目の前でののしる。

【面縛】①うしろ手にしばり、顔を前に向ける。②両手をうしろ手にしばる。

【面白】㊀顔が白い。㊁[国]おもしろいこと。

【面皮】つらの皮。【──厚】恥を知らない。ずうずうしい。【剝二──一】あつかましい者をはずかしめる。

【面冪】死人の顔を紙や布でおおいかくすこと。

【面壁】①かべに向かってすわる。②達磨大師が九年間、かべに向かって座禅をし、さとりを開いた故事。面壁九年。【──功深】学問研究に熱心なこと。

【面朋(朋)】「面友」に同じ。

【面貌】㊀顔かたち。面相。㊁miànmào [現]①㊀に同じ。②姿。状態。

【面方】顔が四角い。【──如レ田】顔が田のように四角だ。大名のような人相。人の身分地位の高いことをたたえることば。〈南史・李夫人伝〉

【面皰】にきび。

【面謾】目の前で人をだます。

【面命】①直接に命令する。②じかに教える。

【面面】①各方面。②[国]めいめい。

【面目】①顔。顔つき。「旋二其面目一」(ふりかえって見る。)〈荘子・秋水〉②ようす。③世間てい。体面。④名誉。【──可レ憎】いやな顔つきをしている。〈韓愈・送レ窮文〉

【面門】①顔。②口。

【面諛】目の前で、こびへつらう。おべっかを使う。

【面諭】目の前で教えさとす。

【面友】顔を知っているだけで、心を許さない友。

【面誉(譽)】目の前でほめる。

【面妖】[国]不思議なこと。奇妙。

【面容】顔かたち。面貌。

【面条(條)】miàntiáo [現]うどん類。そば類。

【面包】miànbāo [現]パン。＝麪包

【面有二菜色一】青い顔をしている。飢えたさま。

【面団(團)団(團)】顔がふくぶくしい。金持ちのようす。

【唾レ面】人の顔につばをはきかける。はずかしめる。

9画

➡面革韋(韋)韭音頁風飛食(飠・食)首香

◇人面・八面・工面・方面・月面・文面・水面・みの一も・内面・白面・正面・四面・半面・他面・外面・そと一づら・北面・矢面・や一おも・多面・字面・じ一づら・仮面・両面・曲面・死面・地面・当面・全面・体面・図面・赤面・せき一あか一つら・局面・対面・表面・泣面・画面・底面・南面・なん一みなみ一おもて・直面・ひた一おもて・前面・洗面・背面・海面・素面・す一しら一ふ・鬼面・書面・紙面・能面・側面・断面・渋面・じゅう・斜面・球面・細面・ほそ一おもて・場面・満面・湖面・路面・裏面・誌面・臆面・覆面・顔面・額面

面 0
【靣】〔8〕 同 ↓面(一三六二ジ・上)
U 9764 補 — J 8050

面 5
【靤】〔14〕 ホウ 漢 去 効 (ハウ) pào パオ
意味〈もがさ〉顔にできたかさ。ほうそう。＝疱・皰
U 9764 補 — J 8050

面 7
【靦】〔16〕 テン 漢 上 銑 tiǎn ティエン
意味 ①面と向かう。顔をあわせる。②あつかましい顔つき。「靦然」③はじるさま。＝惧「靦愧」
U 9766 補 — J 8051

面 12
【靧】〔21〕 カイ 漢 去 隊 (クワイ) huì ホイ
意味 顔を洗う。「靧面」
【靧粱】梁米(上質の米)の汁で顔を洗うこと。
U 9767 補 7124 J —

面 14
【靨】〔23〕 ヨウ 漢 入 葉 (エフ) yè イエ
意味〈えくぼ(ゑくぼ)〉笑うとき、ほおにできる小さなくぼみ。「靨輔」
U 9768 補 — J 8052

9画

革部　かわへん　つくりがわ

【部首解説】「毛を取り去った動物のかわ」にかたどる。この部には、革製品に関連するものが多く、「革」の形を構成要素とする文字が属する。

革 0
【革】〔9〕 学 6 カク かわ
一 カク 漢 入 陌 gé コー
二 キョク 漢 入 職 jí チー
U 9769 補 — J 1955

筆順 一 十 廿 廿 芇 苩 荁 革

意味 一 ①〈かわ(かは)〉㋐毛を取り去っただけで、なめしていない獣皮。↓皮・韋 ㋑人の皮膚。②革製品。㋐かぶと・よろい・たてなどの武器。㋑車の飾り。㋒たづな・くつわなどの馬具。㋓鼓などの楽器。↓八音 ③〈あらた・める(――・む)〉㋐変える。新しくする。㋑(官職を)やめさせる。④老いる。⑤いましめる。⑥易の卦の名。⑦姓。
二 ①せまる。すみやか。＝亟 ②〈あらたま・る〉病状が急変する。さしせまる。

解字 革 象形。けものの皮から毛を取り去ったもの。廿が首、十は足と尾、口は毛を取った形であるという。毛を取り去ることから、改める意味になる。また、動物の全体の皮をピンと張って乾かした形ともいう。一説に、カクの音は、白と通じるから、革は、小さいけものの白骨の形であるともいう。

【革易】あらためて変える。あらたまり変わる。

【革諱】あらためさける。

【革車】皮でおおった兵車。

【革職】官職をやめさせる。免職。

【革新】古い体制をあらためて新しくする。「古い習慣を変えて新しくする。」

【革正】あらためて正しくする。

【革蚤】のみ。人をかむ小虫。

【革囊】皮ぶくろ。

【革木】皮張りと木製の打楽器。八音(金・石・糸・竹・匏・土・革・木)の中の二つ。

【革命】一 ①王朝が代わる。前の王朝の天命があらたまり、別の王朝が受けること。〈易経・革卦〉②辛酉の年。また、午と亥に当たる年。③今までの政治体制などをくつがえすこと。二 gémìng 現 一の③に同じ。【――勘文】国 三善清行の著。革命の年に年号を変えるべきことを研究した意見書。

【革面】①皮製のめん。②顔つきを改めること。

【革履】皮ぐつ。

【革縅】国 皮のひもでおどしたよろい。

【革具足】国 皮製のよろい。
◇皮革・兵革・改革・沿革・変革・鞶革

革 2
【靪】〔11〕 テイ 漢 平 青 dīng ティン
意味 つくろう。くつの底をつづる。
U 976A 補 7125 J ②9201

革 2
〖勒〗↓力部九画(一八〇ジ・中)

革 3
【靫】〔12〕 サ 漢 サイ 漢 平 麻 chá チャー
意味〈うつぼ〉〈ゆぎ〉矢を入れる道具。
国 ①靫負は、宮中の門を守る武人。②靫負庁は、検非違使庁の別名。
【靫負】(ゆげい) ――命婦 国 宮中をまもる武官。うつぼを負っていた。国 靫負尉の家族で、命婦(宮中の女官)になった女。

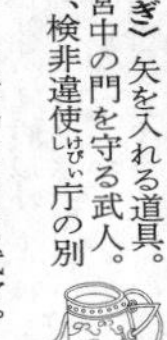
(靫)

U 976B 補 — J 8054

革 3
【靭】〔12〕 標 ジン 漢 去 震 rèn レン
意味 しなやか。柔らかい。柔らかで強い。強靭。＝靱
国〈うつぼ〉〈ゆぎ〉「靫」(前項)の誤用。
【靭猿】国 狂言・所作事の題名。
【靭性】品物のねばりづよくこわれない性質。
【靭帯】関節の骨をつなぐ筋。
U 9771 補 — J 8055

革 3
【靱】〔12〕 正字
U — 補 — J —

革 3
【靭】〔12〕 俗字
U 976D 補 — J 3157

革 3
【靮】〔12〕 テキ 漢 入 錫 dí ティー
意味 ①〈おもがい〉馬の頭からくつわにかけて飾るひも。②動物をつなぐつな。たづな。
U 976E 補 7126 J ①9376

革 3
【靰】〔12〕 wù ウー
意味 現 靰鞡 wùla は、中国の東北地方で用いられる、靰鞡草を底に敷いた防寒靴の一種。＝烏拉
U 9770 補 — J —

革 3
【靭】〔12〕 正 ↓靱(本ジ・下)

革 4
【靷】〔13〕 イン 漢 上 軫 yǐn イン
意味〈むながい〉ひきづな。馬の胸にまわして、胴体と車軸とつなぎ、車を引くつな。

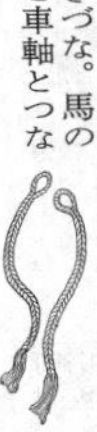
(靷)

U 9777 補 7129 J —

革 4
【靴】〔13〕 常 カ くつ
カ 漢 平 歌 (クワ) xuē シュエ
U 9774 補 — J 2304

旧字 革 4
【鞾】〔13〕
U — 補 — J —

筆順 一 艹 廿 芇 革 靪 靬 靴

意味〈くつ〉胴の長い革製のくつ。ブーツ。↕鞋

解字 形声。革が形を表し、化(くゎ)が音を示す。

【靴笏(かこつ)】くつと、しゃく。旧時の官吏が正装するときに用いるもの。

【靴子(シュエツ)】xuēzi 現ながぐつ。

◆長靴(ちょうか)(ながぐつ)・軍靴(ぐんか)・半長靴(はんちょうか)

（靴）

革 4【靳】〔13〕 キン 漢 去 問 jìn チン U 9773 補 7127 J ①9377

意味 ①〈おし・む(をし・む)〉惜しむ。②あざける。③堅い。つよい。④〈むながい〉馬のくらから胸へかけるひも。⑤姓。

【靳辱(きんじょく)】はずかしめる。

革 4【靸】〔13〕 ソウ 漢 入 合 (サフ) sǎ サー U 9778 補 7130 J —

意味 ①くつ。こどものくつ。②くつを引きずるようにはく。③かるくあがる。④はやく走る。

【靸習(そうしゅう)(さふしふ)】水が軽やかに流れること。

【靸鞋(サーシエ)】sǎxié 現草で作ったスリッパ。

革 4【靹】〔13〕 ドウ(ダフ) 漢 入 合 ノウ(ナフ) 呉 nà ナー U 9779 補 — J 8056

意味 やわらかい土壌。

革 4【靶】〔13〕 一 ハ 漢 一 去 禡 bà パー 二 — 二 — bǎ パー U 9776 補 7128 J —

意味 一 ①〈たづな〉 ②とって。にぎり。③車にのるときにつかまるつな。④つか。刀剣の柄。二 まと。射的。

革 5【鞅】〔14〕 オウ 漢 上 養 (アウ) yāng ヤン U 9785 補 — J 8057

意味 ①〈むながい〉馬や牛のむねにかけるひも。②はらおび。③束縛。④せおう。⑤うらむ。気がふさぐ。‖快(おう) ⑥しいる。

【鞅鞅(おうおう)(あうあう)】不満に思うさま。楽しまないさま。‖快快

【鞅掌(おうしょう)(あうしゃう)】①せおったり、手にもったり。いそがしいこと。〈詩経(しきょう)・北山〉②自己満足のさま。③多いさま。

革 5【鞃】〔14〕 コウ 漢 平 蒸 hóng ホン U 9783 補 — J —

意味 軾(しょく)(車の前方にある横木)の皮を巻いた部分。車に乗る人がここにつかまる。

革 5【靻】〔14〕 ソ 漢 上 麌 zǔ ツー U 977B 補 7131 J —

意味 ①おもがい。くつわを固定するため馬の頭につけるひも。②おもがいにつけるかざり。

革 5【靼】〔14〕 タツ 漢 入 曷 タン 慣 dá ター U 977C 補 — J 8058

意味 ①柔らかくなめした皮。②韃靼(だったん)は、北方の民族。

革 5【鞀】〔14〕 トウ 漢 平 豪 (タウ) táo タオ U 9780 補 7134 J —

意味〈ふりつづみ〉柄のある小さい太鼓。‖鞉・鼗(とう)

革 5【靽】〔14〕 ハン 漢 去 翰 bàn パン U 977D 補 7132 J —

意味 ①きずな。しりがい。‖絆 ②つなぐ。

革 5【鞁】〔14〕 ヒ 漢 去 寘 bèi ペイ U 9781 補 — J 8059

意味 ①馬具の総称。②馬具を装着する。‖鞴(ひ)

革 5【鞄】〔14〕 入 標 一 ホウ 漢 一 平 肴 (ハウ) páo パオ 二 ホウ 漢 二 去 効 (ハウ) bào パオ U 9784 補 — J 1983

革 5〔鞄〕〔14〕 俗字 U — 補 — J —

意味 一二 ①なめし皮を作る職人。②現〈かばん〉

革 5【靺】〔14〕 一 バツ 漢 一 入 曷 マツ 慣 mò モー 二 バツ 漢 二 入 月 ベツ 慣 mà マー U 977A 補 — J 8060

意味 一 靺鞨(まっかつ)は、①北方の民族。ツングース族の一種。②また、そこで産する宝石。二 くつした。‖袜・襪・韤・韈(ばつ)

革 5【靿】〔14〕 オウ(アウ) 漢 去 効 ヨウ(エウ) 慣 yào ヤオ U 977F 補 7133 J —

意味 ①かわぐつ。②まがる。③長ぐつの胴。

革 5【鞆】〔14〕 国字 U 9786 補 — J 8061

意味〈とも〉〈ほむだ〉弓を射るときにつるが触れるのを防ぐため、左のひじにつける皮。

【鞆絵(ともえ)(ゑ)】国弓のともに描いた模様。うずまき模様。‖巴

【鞆音(ともね)】国弓のつるがともにふれて鳴る音。

革 6【鞋】〔15〕 標 カイ 漢 平 佳 アイ 慣 xié シエ U 978B 補 — J 8062

意味 ①くつ。②現短靴(たんぐつ)。「草鞋(そうあい)(わらじ)」国〈わらじ(わらぢ)〉足首まで入る浅いくつ。↕靴(か)

【鞋痕(あいこん)】くつの跡。あしあと。

【鞋底(あいてい)】①くつの底。②国わらじの底。足もと。

【鞋韤(あいべつ)】くつと、くつした。

革 6【鞍】〔15〕 入 標 アン 漢 平 寒 ān アン U 978D 補 — J 1640

意味 ①〈くら〉馬のくら。②地名。春秋時代、斉(せい)国の地。

【鞍下(あんか)】一 くらの下。二(くらした) 国①馬具の一つ。②牛馬肉の、くらの下の、おいしい部分。

【鞍山(あんざん)(アンシャン)】遼寧(りょうねい)省にある地名。鉄の産地として有名。

【鞍韉(あんせん)】馬につけるくらと、その下にあてる敷物。

【鞍馬(あんば)】一 ①くらを置いた馬。②馬にくらをつける。③器械体操の一つ。また、その用具。二(くらま) 国京都の地名。

【鞍部(あんぶ)】山と山の間のへこんだ部分。

【鞍坪(くらつぼ)】国「鞍壺(くらつぼ)」に同じ。

【鞍壺(くらつぼ)】国馬のくらのへこんだ、人のまたがる部分。

『鞍上無レ人鞍下無レ馬(あんじょう(じゃう)ひとなくあんかうまなし)』馬術にすぐれた人がたくみに馬を御するさま。人馬が一体となってみえるさまの形容。

革 6〔鞌〕〔15〕 本字 U 978C 補 — J —

革 6【鞏】〔15〕 キョウ 漢 上 腫 gǒng コン U — 補 — J —

革 6〔鞏〕〔15〕 同字 U 978F 補 — J 8063

意味 ①皮で縛る。②〈かた・い(――・し)〉しっかりと堅い。③おそれる。‖恐 ④あぶる。⑤地名。周代の邑(ゆう)名。秦代の県名。唐代の州名。今の河南省鞏義市の地。

参考 新表記では、「強」に書きかえる熟語がある。

【鞏固(きょうこ)】一 しっかりして堅い。‖強固 二(コンクー) gǒnggù 現 ①一に同じ。②強化する。固める。

【鞏膜(きょうまく)】目の白まく。角膜以外のまく。‖強膜

【鞏洛(きょうらく)】鞏県を流れる洛(らく)水の川べり。

革 6【鞈】〔15〕 コウ 漢 入 合 (カフ) gé コー U 9788 補 — J —

意味 ①〈むねあて〉矢を防ぐ皮具。②堅いさま。

革 6【鞉】〔15〕 トウ 漢 平 豪 (タウ) táo タオ U 9789 補 7135 J —

意味〈ふりつづみ〉柄のある小さい太鼓。‖鞀・鼗(とう)

9画

➡面革韋(韋)韭音頁風飛食(飠・食)首香

革6【鞐】〔15〕国字　U補J 9790 ― 8064
意味〈こはぜ〉書物の帙（ちつ）や、足袋（たび）、きゃはんなどをとじるためにひっかける金具。「小鉤」とも書く。

革6【𩊠】〔15〕国字　U補J 292A0 ― ②9202
意味〈ぬめかわ（ぬめかは）〉なめして柔らかくした牛皮。

革7【鞙】〔16〕ケン 漢 上 銑 xuàn シュワン　U補J 9799 ― 7139
意味 ①車の軛（くびき）をしばる皮の帯。②馬のしりがい。③かける。④鞙鞙（けんけん）は、腰に下げる宝玉のさま。

革7【鞕】〔16〕ゴウ 漢 去 敬 (ガウ) yìng イン　U補J 9795 7136 ①9378
意味 ①かたい。＝硬（こう）②つまる。＝鯁（こう）

革7【鞘】〔16〕人 標 ショウ 漢 去 嘯 (セウ) qiào チアオ　U補J 9798 ― 3068
韋7【韒】〔16〕同字　U補J ― ― ―
韋7【韒】〔16〕俗字　U補J 97D2 ― ―
革7【鞘】〔16〕俗字　U補J ― ― ―
意味〈さや〉①刀のさや。②さや形のもの。
【鞘当（當）】（さやあて） 国①武士が刀のさやのふれあったのをとがめる。②異性のために争う。
【鞘堂】（さやどう）（だう） 国建築物保存のため、その外がわにかぶせて作った堂。
【鞘巻】（さやまき）（そう）（さう） 国つばのない短刀。
【鞘翅目】しょう（せう）しもく 動昆虫（こんちゅう）類の一目。こがねむしなど。

革7【䩦】〔16〕チョウ 漢 平 蕭 (テウ) tiáo ティアオ　U補J 4A66 ― ―
意味 たづなにつける銅の飾り。また、たづな。

革7【鞗】〔16〕チョウ 漢 平 蕭 (テウ) tiáo ティアオ　U補J 9797 ― 7138
意味 革製のたづな。

革7【鞔】〔16〕バン 漢 平 寒 mán マン　U補J 9794 ― ―
意味 ①くつ。くつの内がわ。②ひきづな。③皮を張る。④皮で車をかざる。

革7【𩊱】〔16〕国字　U補J 292B1 ― ②9203
意味〈しころ〉かぶとの鉢からたらし、首すじをおおい守るもの。

革7【鞖】〔16〕同 →韉（一三六七ジ・上）

革8【鞠】〔17〕人 キク 漢 入 屋 jū チュイ　U補J 97A0 ― 2139
意味 ①〈まり〉皮で作ったけまり。＝毱（きく）②〈やしな・う（──・ふ）〉③おさない。若い。④かがむ。つつしむ。⑤きわまる。ゆきづまる。＝窮（きゅう）⑥とり調べる。ただす。＝鞫（きく）⑦告げる。⑧高い。⑨みちる。⑩きく。＝菊
解字 鞠 会意・形声。革と匊とを合わせた字。匊（きく）が音をも示す。革はかわ。匊は米を包む形で、鞠は革で丸く包んで作ったけまりの意。
名前 つぐ・みつ　姓 鞠部（まりべ）
【鞠按】きくあん 罪をとり調べる。
【鞠育】きくいく 養いそだてる。
【鞠獄】きくごく 罪をさばく。裁判する。
【鞠罪】きくざい 罪を問いただす。
【鞠子】きくし 幼い子。
【鞠訊】きくじん 罪を問いただす。
【鞠問】きくもん 「鞠訊（じん）」に同じ。
【鞠養】きくよう（やう） 「鞠育（いく）」に同じ。
【鞠旅】きくりょ 兵士に告げ聞かせること。
【鞠躬】きっきゅう（きく）（きう） 一①身をかがめてうやまいつつしむ。②気をつかい骨をおる。二 チュイ コン jūgōng 現 おじぎをする。
【──如】きっきゅうじょ（きく）（きう） 身をかがめてかしこまるようす。
【──尽（盡）瘁】きっきゅうじんすい（きく）（きう） いっしょけんめいにつくす。〈後出師表（ごすいしのひょう）〉

革8【鞚】〔17〕コウ 漢 去 送 kòng コン　U補J 979A 7140 ②9205
意味 ①〈くつわ〉②おもがい。③馬。

革8【鞜】〔17〕トウ 漢 入 合 (タフ) tà ター　U補J 979C ― 8065
意味 ①皮ぐつ。②つづみの音。

革8【鞞】〔17〕一 ヘイ 漢 ヒョウ(ヒャウ) 呉 一 上 迥 bǐng ピン　二 ヘイ 漢 二 平 斉 pí ピー　U補J 979E 7141 ②9206
意味 一①〈さや〉刀のさや。②こじりの飾り。二 太鼓。馬上で使う攻め太鼓。＝鼙（へい）
【鞞鼓】へいこ ①小さいつづみと大きいつづみ。②いくさ太鼓。
【鞞琫】へいほう 刀のさやの上につけた飾り。

革8【鞛】〔17〕ホウ 漢 上 董 běng ポン　U補J 4A6C ― ―
意味 刀のさやのかざり。＝琫（ほう）

革8【鞡】〔17〕lā ラー　U補J 97A1 ― ―
意味 現 靰鞡（ウーラー）は、中国の東北地方で用いられる靰鞡草（うらくさ）を底に敷いた防寒靴の一種。

革8【鞟】〔17〕俗 →鞹（一三六六ジ・中）

革9【鞥】〔18〕オウ 漢 平 蒸 ēng オン　U補J 97A5 ― ―
意味 ①〈おもずら（おもづら）〉馬のくびに結ぶひも。おもがい。②たずな。

革9【鞨】〔18〕カツ 漢 入 曷 hé ホー　U補J 97A8 ― 8066
意味 ①かわぐつ。②鞨鼓（かっこ）は、楽器の一つ。ばちで両面をたたくつづみ。③靺鞨（まっかつ）は、北方のツングース系少数民族。④鞨巾（かっきん）は、髪をたばねるはちまき。

革9【鞫】〔18〕キク 漢 入 屋 jū チュイ　U補J 97AB ― 7581
意味 ①〈きわ・める（きは・む）〉㋐罪をとり調べる。㋑行きづまる。＝窮（きゅう）②がけ。③まり。＝鞠（きく）④姓。
【鞫獄】きくごく 罪をさばいて刑罰にあてる。断獄。
【鞫罪】きくざい 罪を問いただす。
【鞫訊】きくじん 罪を調べたずねる。
【鞫問】きくもん 「鞫訊（じん）」に同じ。

革9【鞬】〔18〕一 ケン 漢 二 ケン 漢　一 平 元 jiān チエン　二 上 銑 jiǎn チエン　U補J 97AC ― 7144
意味 一①〈ゆみぶくろ〉弓矢をしまうつつ。うつぼ。②しまいこむ。③まり。鞬子（けんし）。二 つかねる。結びつける。

革9【鞦】〔18〕シュウ 漢 平 尤 (シウ) qiū チウ　U補J 97A6 ― 8067
革9【鞧】〔18〕同字　U補J 97A7 ― ―
意味 ①〈しりがい〉〈しりがき〉牛や馬のしりにかけるくみひも。②鞦韆（しゅうせん）は、ぶらんこ。ゆさわり。＝秋千・秋遷

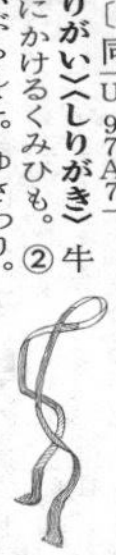
（鞦①）

革9【鞣】〔18〕ジュウ(ジウ) 漢 ニュウ(ニウ) 呉 平 尤 róu ロウ　U補J 97A3 ― 8068

9画
面革韋(韋)韭音頁風飛食(飠・𩙿)首香

➡面革韋(韋)韭音頁風飛食(飠・飠)首香

革9【鞢】〔18〕 ショウ㊥(セフ) ㊦葉 xiè シエ U97A2 補7143 J②9207

意味 ①〈なめし〉〈なめしがわ(なめしがは)〉 ②〈なめ・す〉皮を柔らかくする。③かわいた皮。④柔らかい。

意味 ①鞊鞢(ちょうしょう)は、馬のくら。また、くらの飾り。②〈ゆがけ〉弓を射るときに使う皮の手袋。=韘(しょう) ③きずな。たづな。

革9【鞮】〔18〕 テイ㊥ ㊥斉 dī ティー U97AE 補7145 J①9379

意味 ①〈かわぐつ(かはぐつ)〉くつ。②たび。飾りのないくつ。③北方・西方の少数民族。④通訳する。通訳官。「鞮訳(ていやく)」「狄鞮(てきてい)」 ⑤鞮鍪(ていぼう)・鞮瞀(ていぼう)・鞮鞪(ていぼう)は、かぶと。

革9【鞭】〔18〕 入 標 ヘン㊥ ベン㊤ ㊥先 biān ピエン U97AD J4260

意味 ①〈むち〉竹製の刑具。②昔の刑罰の名。③武器。④〈むちう・つ〉㋐馬を駆る。㋑罰として人をうつ。㋒はげます。

【鞭影】(べんえい) むちのかげ。「良馬見ニ鞭影一行(りょうばはべんえいをみてゆく)」(よい馬はむちのかげを見て走る。学問は自発的な理解が必要であるたとえ。)〈五灯会元〉

【鞭策】(べんさく) ①馬のむち。②むちで打つ。

【鞭尸】(べんし) ①しかばねをむちでたたくこと。②死んだ人の言行を攻撃する。

【鞭捶】(べんすい) むちで打つ。

【鞭声(聲)】(べんせい) 馬にむち打つ音。

【鞭駘】(べんたい) のろまの馬にむちをあててふるい立たす。

【鞭撻】(べんたつ) ①むちで打って使う。②励ます。

【鞭笞】(べんち) ①むち打つ。②いましめる。

【鞭馬】(べんば) むちをあてる馬。乗用の馬。

【鞭辟】(べんへき・べんぺき) ①先払いをする。貴人の通行のとき、供先の者がむちで人をよけさせること。②はげます。【――近裏】(べんぺききんり) ①学問を身につけるように努力する。〈近思録(きんしろく)〉 ②急所を深く突く文章。

【鞭扑】(べんぼく) ①むち。罰するために使うもの。②むち打ちの刑。笞刑(ちけい)。

【鞭炮】(ピエンパオ) biānpào 現小さな爆竹(ばくちく)をつなぎ合わせたもの。

『鞭長莫レ及』(べんちょう(ちゃう)およぶなし) むちが長くても、馬のはらまでとどかない。㋐遠くて勢力がおよばないこと。㋑力があってもできないこと。

◆先鞭(せんべん)・教鞭(きょうべん)

革9【鞪】〔18〕 一ボク㊥ ㊦屋 mù ムー 二ボウ㊥ ㊥尤 móu モウ U97AA

意味 一車のしめ具。車のながえをしばる皮のベルト。=楘(ぼく) 二鞮鞪(ていぼう)は、かぶと。兜鍪(とうぼう)。

革10【䩺】〔19〕 オウ㊥(ヲウ) ㊥東 wēng ウォン U4A7A

意味 ①綿ぐつ。②くつの胴。

革10【鞵】〔19〕 カイ㊥ アイ㊥ ㊥佳 xié シエ U97B5 補7148

意味 〈くつ〉皮底のくつ。=鞋(かい)

革10【鞲】〔19〕 コウ㊥ ㊥尤 gōu コウ U97B2 補7147 J②9209

韋10【韝】〔19〕 本字 U補J

韋10【韝】〔20〕 俗字 U97DD 補7171

意味 ①〈ゆごて〉弓を射るとき、左のひじにつける皮の防具。②〈たぬき〉〈たかたぬき〉皮の手袋。

【鞲鞴】(コウベイ) gōubèi 現ふいご・ポンプなどのピストン。

革10【鞳】〔19〕 トウ㊥(タフ) ㊦合 tà ター U97B3 J8069

意味 鞺鞳(とうとう)は、鐘やたいこ、滝の鳴りひびく音。

革10【鞶】〔19〕 ハン㊥ ㊥寒 pán パン U97B6 補7149

意味 ①〈おおおび(おほおび)〉服をしばる大幅のおび。②馬のはらおび。③小さい袋。

【鞶帯(帶)】(はんたい) おおおび。男子のつける皮製の大帯。また、馬のはらおび。

革10【鞴】〔19〕 一ヒ㊥ ㊤賁 bèi ペイ 二フク㊥ ㊦屋 fú フー U97B4 J8070

意味 一①車の飾り。車紱(しゃふく)。②馬に馬具を装着する。③〈ふいごう〉〈ふいご〉かじやで使う、火をおこす皮の道具。二①鞴韣(ふくさい)は矢入れ。うつぼ。②皮ぶくろ。

革10【鞾】〔19〕 俗 ↓鞾(本一三六八ジ・下)

革10【鞱】〔19〕 同 ↓韜(一三六八ジ・中)

革11【鞹】〔20〕 カク㊥(クワク) ㊦薬 kuò クオ U97B9 補7151

革8【鞟】〔17〕 俗字 U979F 補7142

意味 皮。なま皮。動物の毛を取った皮。=革

革11【鞺】〔20〕 トウ㊥(タウ) ㊥陽 tāng タン U97BA 補7152 J①9380

意味 ①鞺鞳(とうとう)は、鐘やつづみ、滝の音。②さかんなさま。

革11【鞸】〔20〕 一ヒツ㊥ ㊦質 bì ピー 二ヘイ㊥ ㊤迥 bǐng ピン U97B8 補7150

意味 一「韠」(一三六八ジ・中)の同字。二刀のさや。=鞞(へい)

革12【鞾】〔21〕 カ㊥(クワ) ㊥歌 xuē シュエ U補J

革10【鞾】〔19〕 俗字 U97BE 補7154 J②9210

意味 〈くつ〉皮ぐつ。=靴(か)

革12【鞼】〔21〕 一キ㊥ ㊤賁 kuì コイ 二カイ㊥(クワイ) ㊤隊 huì ホイ U97BC 補7153

意味 一①ぬいとりをしたなめし皮。繡革(しゅうかく)。②皮ひも。③おれる。くじける。=潰(かい) 二ぬいとりをした皮ぶくろ。

革12【鞿】〔21〕 キ㊥ ㊥微 jī チー U97BF 補7155

意味 ①〈たづな〉馬をつなぎとめるもの。きずな。②束縛。制約。また、しばる。

革13【韁】〔22〕 キョウ㊥(キヤウ) ㊥陽 jiāng チアン U97C1 補7156 J①9381

意味 ①〈きずな(きづな)〉たづな。馬をつないでおく綱。=繮(きょう) ②しばる。しばられる。束縛。「韁鎖(きょうさ)」

革13【韂】〔22〕 セン㊥ ㊤豔 chàn チャン U97C2

意味 〈あおり(あふり)〉馬具の名。馬のどろよけ。

革13【韃】〔22〕 一タツ㊥ ㊦曷 tà ター 二タツ㊥ ダツ㊥ ㊦曷 dá ター U97C3 J8071

意味 一むちうつ。=撻(たつ) 二韃靼(だったん)は、北方の民族の国名。タタール。元(げん)のあと、盛んになり、明(みん)末まで続いた。

革13【韄】〔22〕 俗 ↓韄(本ジ・下)

革14【韅】〔23〕 ケン㊥ ㊤銑 xiǎn シエン U97C5 補7158

意味 はらおび。馬のはらから両わきをまわし、くらをむすぶ。

【韅靷鞅靽】(けんいんおう(あう)はん) 馬の出発準備が整うこと。

革14【韄】〔23〕 コ㊥ ゴ㊤ ㊤遇 hù フー U補J

革13〔韄〕〔22〕 俗字 U97C4 補7157

意味 ①さげお。刀を上帯に結びつけるために用いるひ

も。②しばる。革でしばる。

革14【韆】〔23〕俗 ↓韆(一三六八ジ・下)

革15【韆】〔24〕 セン(漢)(平) 先 qiān チエン　U補J

革15〔韆〕〔24〕同字 U補J 8072 97C6　意味 鞦韆(しゅうせん)は、ぶらんこ。＝秋千・秋遷

革15【韇】〔24〕 トク(漢)(入) 屋 ドク(慣) dú トゥー　U補J 7159 97C7　意味〈うつぼ〉矢を入れるつつ。また、うらないのめどぎを入れる容器。

革15【韆】〔24〕同 ↓韆(一三六八ジ・下)

革17【韉】〔26〕 セン(漢)(平) 先 jiān チエン　U補J ①9382 97C9 7160　意味〈したぐら〉馬具の名。馬のくらの下にあてる敷物。

革18【韊】〔27〕 [一]サイ(漢)(平) 灰 suī ソイ [二]スイ(漢)(平) 支 suī ソイ　U補J 4A8E

革7〔韊〕〔16〕同字 U補J ②9204 7137 9796　意味 [一]鞍(くら)からたらしたひもの飾り。[二]垂れているさま。

革21【韉】〔30〕 ラン(漢)(平) 刪 lán ラン　U補J 7161 97CA　意味〈えびら〉矢を入れて背負う皮製の筒。

9画

韋(韋)部 なめしがわ

【部首解説】「互い違いである」という本義から転じて「動物の皮」を表す。この部には、革製品に関連するものが多く、「韋・韋」の形を構成要素とする文字が属する。新字体の構成要素となるときは「韋」(十画)になる。

韋0【韋】〔10〕標 イ(漢)(呉)(平) 微 (ヰ) wéi ウエイ　U補J 8074 97CB

韋0【韋】〔9〕正字 U補J　意味 ①〈かわ(かは)〉〈おしかわ(をしかは)〉〈なめしがわ(なめしがは)〉加工して柔らかくしたかわ。②柔らかい。③かこい。＝囲 ④たがう。そむく。＝違 ⑤家韋(しい)は、殷(いん)時代の国名。⑥円周をはかる量詞。⑦姓。

解字 会意・形声。⾇・口・⾇を合わせた字で、口(ゐ)が音を示す。⾇は左足。⾇は右足。口には、ぐるりととりまく意味がある。韋は、物のまわりを行きちがっている形で、そむく、たがう、という意味になる。一説に、区域のまわりを歩いている形で、衛と同じく、守ることを表すともいう。また、物の上に皮を互い違いに巻きつけることから、なめし皮の意味にもなる。

【韋応(應)物】(いおうぶつ) 人名。中唐の詩人。蘇州刺史になったので韋蘇州と呼ばれた。(七三七～？)

【韋弦】(いげん) なめし皮と、弓のつる。ゆるやかなものと急なもの。

【韋鞲】(いこう) 皮で作った、腕おおい。皮のゆがけ。

【韋索】(いさく) なめし皮のひも。

【韋昭】(いしょう) 人名。三国時代呉の学者。「国語注」を著した。

【韋荘(莊)】(いそう(さう)) 人名。五代、蜀(しょく)の詩人。唐末の進士。「浣花(かん)集」を著す。

【韋帯(帶)】(いたい) 皮帯。一枚皮のバンド。まずしい人がつける。【──布衣】(いたいふい) ①まずしい人。〈漢書(かんじょ)・賈山伝〉②人格・学問などがすぐれていて、地位のない人。

【韋駄天】(いだてん) ㊀仏法を守る神の名。魔王を追いかけたことから、早く走ることにたとえる。

【韋編三絶】(いへんさんぜつ) 韋編(いへん)三(み)たび絶つ くりかえし書を読むこと。孔子が、「易(えき)」を愛読し、易の書かれた竹の木のふだをとじた皮ひもが、なんべんも切れた故事。〈史記・孔子世家(こうしせいか)〉

韋3【韌】〔12〕 ジン(漢)(去) 震 rèn レン　U補J

韋3【韌】〔13〕俗字 U補J ②9211 97CC 7162　意味〈しなやか〉柔らかくて強い。＝靭(じん)

韋5【韎】〔14〕 [一]バツ(漢)(入) 曷 mò モー [二]バイ(漢)(去) 隊 mèi メイ　U補J

韋5【韎】〔15〕俗字 U補J 7164 97CE　意味 [一]①かきいろ。あかね染め。②あかねぞめのなめし皮。軍服とした。「韎韋(ばつい)」③〈ひざかけ〉赤皮のひざおおい。「韎韐(ばっこう)」↓韠(ひつ) ④草の名。茜(あかね)。茅蒐(ぼうしゅう)。[二]①[一]に同じ。②東方民族の舞楽。「韎楽(ばいがく)」

韋5【韍】〔14〕 フツ(漢)(入) 物 fú フー　U補J

韋5【韍】〔15〕俗字 U補J 7163 97CD　意味 ①〈ひざかけ〉まえだれ。祭礼に用いたなめし皮の服。↓韠(ひつ)(一三六八ジ・中) ②くみひも。璽印(じいん)につけたひも。＝紱(ふつ)

韋6【韗】〔15〕 イ(漢)(上) 尾 (ヰ) wěi ウエイ　U補J

韋6〔韗〕〔16〕俗字 U補J ②9212 7166 97D1　意味 ひかり。

韋6【韐】〔15〕 [一]コウ(漢)(入) 合 (カフ) gé コー [二]コウ(漢)(入) 洽 (カフ) jiā チア　U補J

韋6〔韐〕〔16〕俗字 U補J 7165 97D0　意味 [一][二]韎韐(ばっこう)は、赤皮のひざおおい。

韋6【韗】〔16〕俗 ↓韗(本ジ・下)

韋7【鞘】〔16〕同 ↓鞘(一三六五ジ・上)

韋8【韓】〔18〕常 カン　U補J 2058 97D3

旧字 韋8【韓】〔17〕 カン(漢)(平) 寒 hán ハン　U補J

筆順 一 十 古 卓 卓 韓 韓 韓

意味 ①戦国七雄の一つ。魏(ぎ)・趙(ちょう)とともに晋(しん)を三分して独立し、今の山西・河南両省の一部を領した。のち、秦に滅ぼされる。②〈から〉朝鮮半島南部の地。昔、馬韓・辰韓・弁韓の三韓があった。③〈いげた(ゐげた)〉井戸のまわりのかこい。＝幹(かん) ④姓。

解字 形声。韓は、韓の通用字。韓は、韋が形を表し、倝(かん)が音を示す。韋は、まわりをかこむ意。音を示す倝と共通する部分をもつ榦(かん)にも、いげた、井戸のまわりのかこいの意味がある。

姓 韓人(からひと)・韓国(からくに)・韓海部(からあま)

【韓衣】(からころも) 国①唐風の衣服。②めずらしく美しい着物。

【韓偓】(かんあく) 人名。唐末の詩人。憂国の詩や、香奩体(こうれんたい)と呼ばれるなまめかしい詩の作者。

【韓琦】(かんき) 人名。北宋(ほくそう)の名臣。韓魏公(かんぎこう)と呼ばれる。(一〇〇八～一〇七五)

【韓子】(かんし) ①「韓非子」(書名)の旧称。②韓愈(かんゆ)(唐の文人)の敬称。

【韓詩外伝(傳)】(かんしがいでん) 書名。十巻。漢の韓嬰(かんえい)の著。「詩経(しきょう)」をもって昔の話を根拠づけたもの。

【韓信】(かんしん) 人名。前漢初めの人。蕭何(しょうか)・張良(ちょうりょう)とならんで高祖の三傑の一人。「背水の陣」などで有名。(？～前一九六)

9画
面革韋(韋)韭音頁風飛食(飠・飠)首香

【韓侂冑】かんたくちゅう(ちう) 人名。宋代の政治家。字は節夫。韓琦のひいまごで、権力をふるい、三公の地位にのぼった。朱子学を偽学として圧迫し、また金国に対し、屈辱的な講和をしたが、のちに処刑された。(一一五二～一二〇七)

【韓潮蘇海】かんちょう(てう)そかい 韓愈や蘇軾の詩文が、海やうしおのように大きく変化のあること。他人の詩文をほめることば。韓海蘇潮。〈丹鉛総録〉

【韓非】かんぴ 人名。戦国時代の思想家。法を主とする学派で賞罰をはっきりさせることを説いた。(？～前二三三)【――子】かんぴし 書名。二十巻。韓非の著。はじめ「韓子」と称した。宋以後韓愈と区別していう。

【韓文】かんぶん 唐の韓愈の文。

【韓愈】かんゆ 人名。中唐の文人。字は退之。おくり名は文公。昌黎先生と呼ぶ。唐宋の古文家。(七六八～八二四)

【韓柳李杜】かんりゅう(りう)りと 唐の文人の韓愈・柳宗元、詩人の李白・杜甫をいう。

韋8【韔】〔17〕 チョウ 漢 (チャウ) 去 漾 chàng チャン U補J

韋8【韔】〔18〕俗字 U補J ②9213 7167 97D4

意味〈ゆみぶくろ〉弓を入れる袋。また、弓を袋に入れる。

(韔)

韋9【韙】〔18〕 イ 漢 (ヰ) 上 尾 wěi ウエイ U補J

韋9【韙】〔19〕俗字 U補J ②9215 7170 97D9

意味 ①正しい。良い。②同意する。ほめる。

韋9【韗】〔18〕 ウン 漢 去 問 yùn ユン U補J

韋9【韗】〔19〕俗字 U補J 7168 97D7

意味 ①くつ。②つづみつくりの職人。③皮をなめす職人。「韗人うんじん」

韋9【韘】〔18〕 ショウ 漢 (セフ) 入 葉 shè ショー U補J

韋9【韘】〔19〕俗字 U補J ②9214 7169 97D8

意味〈ゆがけ〉弓を射るとき、右手の親指にはめて弦をひく皮のおおい。射決。＝弽

韋10【韞】〔19〕 ㊀ウン 漢 上 吻 yùn ユン ㊁オン 漢 (ヲン) 平 元 wēn ウエン U補J

韋10【韞】〔20〕俗字 U補J ①9383 7172 97DE

意味 ㊀〈おさ・める(をさ・む)〉①しまいこむ。②つつみかくす。＝蘊 ㊁①かき色。②弓袋。

【韞価(價)】うんか 値うちをかくす。才能を包み隠すこと。

【韞匵】うんとく「韞櫝うんとく」に同じ。〈論語・子罕〉

【韞櫝】うんとく はこの中にしまっておく。才能をもちながら人に認められないたとえ。

韋10【韜】〔19〕 トウ 漢 (タウ) 平 豪 tāo タオ U補J

革10【鞱】〔19〕同字 U補J ②9208 7146 97B1

車10【轁】〔17〕俗字 U補J 6494 8F41

韋10【韜】〔20〕俗字 U補J 8075 97DC

意味 ①剣を入れるふくろ。②〈ゆみぶくろ〉弓を入れるふくろ。③〈つつ・む〉おさめる。④かくす。秘蔵する。⑤「六韜りくとう」は、兵法の奥義書。

【韜晦】とう(たう)かい(くわい) ①才能や学問を包んであらわさない。②雨や雲でうすぐらい。

【韜弓】とう(たう)きゅう(きう) ①ゆみぶくろ。②弓を袋にしまう。

【韜鈐】とう(たう)けん「六韜りくとう」と「玉鈐篇ぎょくけんへん」。ともに兵法の書。転じて兵法のこと。

【韜光】とう(たう)こう(くわう) ①光をつつみかくす。②才能や学問をかくして外にあらわさない。

【韜蔵(藏)】とう(たう)ぞう(ざう) ①包みかくす。②才能や徳をかくす。

【韜略】とう(たう)りゃく ①「六韜りくとう」と「三略」。兵法の書。②兵法。

韋10【韛】〔19〕 ハイ 漢 去 卦 bài パイ U補J

韋10【韛】〔20〕俗字 U補J ①9384 7174 97DB

意味〈ふいごう〉〈ふいご〉火を起こす皮袋。＝鞴

韋10【韝】〔19〕本 ↓韝(一三六六ジペー・中)

韋10【韝】〔20〕俗 ↓韝(一三六六ジペー・中)

韋11【韠】〔20〕 ヒツ 漢 入 質 bì ピー U補J

韋11【韠】〔21〕俗字 U補J 7173 97E0

意味〈ひざかけ〉まえだれ。朝廷で着るのを「韠」といい、祭りで着るのを「韍ふつ」といい、軍事で着るのを「韐こう」という。

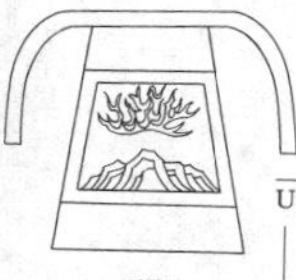
(韠)

韋11【韡】〔21〕俗 ↓韡(本ジペー・下)

韋12【韡】〔21〕 イ 漢 (ヰ) 上 尾 wěi ウエイ U補J

韋11【韡】〔21〕俗字 U補J ②9216 7175 97E1

意味 ①盛ん。②明らか。光り輝く。③韡韡いいは、㋐光り輝きまばゆいさま。㋑花の盛んなさま。

【韡曄】い(ゐ)よう(えふ) かがやくようす。

韋13【韣】〔22〕 トク 漢 入 屋 ドク 呉 dú トゥー U補J 97E3

意味 ①〈ゆみぶくろ〉②ふくろ。③しばる。

韋14【韤】〔24〕俗 ↓韤(本ジペー・下)

韋15【韤】〔24〕 バツ 漢 入 月 ベツ 慣 wà ワー U補J

革15【韈】〔24〕同字 U補J

革14【韈】〔23〕俗字 U補J 8073 97C8

韋14【韤】〔24〕俗字 U補J 7176 97E4

意味〈しとうず(したうづ)〉くつした。たび。＝襪ばっ

【韤線】べっせん 学問の浅いこと。

9画 韭部 にら

【部首解説】「地面から生えているにら」を表す。この部には、「韭」の形を構成要素とする文字が属する。

韭0【韭】〔9〕 キュウ 漢 (キウ) 上 有 jiǔ チウ U補J 8076 97ED

意味〈にら〉ユリ科の多年草。群生し、秋に小さく白い花がさく。葉は扁平へんぺいで細長く、特有のにおいがある。食用。

解字 韭 会意。非と一とを合わせた字。一は地面。非はにらの生えている形。韭は、にら。

韭3【韮】〔12〕 標 キュウ 漢 (キウ) 上 有 jiǔ チウ U補J 3903 97EE

韭4【韮】〔13〕同字 U補J

意味〈にら〉ユリ科の多年草。「韭」(前項)の俗字。

地名 韮崎にらさき

韭 6【韯】〔15〕 同 ↓韱(本ジペー・上)

韭 8【韱】〔17〕 セン 漢 平 塩 xiān シエン J②9217 補7178 U97F1
意味 ①草の名。山韭(さんきゅう)。②ほそい。＝纖(せん)

韭 6〔韯〕〔15〕 同字 J— 補7177 U97EF

韭 10【韲】〔19〕 同 ↓齏(一四五四ジペー・上)

韭 11【韲】〔20〕 セイ 漢 平 斉 jī チー J— 補— U4AA1
意味 ＝齏・齎 ①つけもの。きざみな。②あえもの。③まぜる。④くだく。細かくする。

9画 音部 おと おとへん

【部首解説】 古い字形では「言」と「一」が合わさり、「口から発する節度ある声」を表す。この部には、音やひびきに関連するものが多く、「音」の形を構成要素とする文字が属する。

音 0【音】〔9〕 学 1 オン・イン おと・ね J1827 補— U97F3
旧字 音 0【音】〔9〕 イン 漢 平 侵 オン 呉 yīn イン

筆順 丶 亠 亡 立 产 音 音

意味 ①〈おと〉〈ね〉〈と〉 ㋐耳にきこえる響き。声。㋑歌。楽曲。㋒ふし。音色(ねいろ)。②ことば。③発音。㋐よみごえ。㋑字音。㋒口調。④文章。⑤便(たよ)り。消息。「無音(ぶいん)」⑥高い評価。名誉。「徳音(とくいん)」⑦かげ。＝蔭(いん) 国〈おん〉中国から伝わった漢字の発音。↕訓(くん)

解字  会意。古い形で見ると、言の口の中に一が含まれた形。音は口から出る、ふしをつけた声をいう。また、口の中になにかを含んで発する声で、ふくみごえ、声帯の振動を音というとも解する。

名前 お・なり　姓 音(おと)・音太部(おとたべ)—ほべ—ふとべ　地名 音羽(おとわ)・音更(おとふけ)・音標(おとしべ)・音戸(おんど)

難読 音呼(いんこ)(＝鳥の名)

【音学(學)】いんがく―おんがく 音韻についての学問。

【音物】いんもつ 国つかいもの。進物(しんもつ)。

【音域】いんいき(ゐき) 出すことのできる音の範囲。最高音と最低音の間。

【音韻】いんいん(ゐん) ①漢字の発音の調子。②母音と子音。③ことばのもとになる音声。④ねいろ。

【音画(畫)】おんが(ぐわ) 発声映画。トーキー。

【音階】おんかい 音を高低の順序にならべた配列。

【音楽(樂)】一おんがく 音を美しく聞かせ楽しませる芸術。二ユイエン yīnyuè 現 一に同じ。

【音感】おんかん 音の高低・調子などを聞きわける感覚。

【音気(氣)】おんき 音声。

【音義】おんぎ 文字の発音と意味。

【音響(響)】おんきょう(きやう) 音。ひびき。

【音曲】一おんきょく ①音楽のふし。②音楽。二おんぎょく 国①歌や音楽の総称。②琴や三味線(しゃみせん)で歌う俗曲。

【音訓】おんくん ①文字の発音と意味。②国漢字そのままの発音と、日本語にあてた読み方。

【音耗】おんこう(かう)―おんもう 安否をたずねる手紙。

【音叉】おんさ 音の振動数を計ったり、共鳴の実験に使うU字形の器具。

【音詩】おんし 物語を音楽で表そうとするもの。トーン＝ポエム。

【音字】おんじ ①音だけで意味のない文字。かな・アルファベットなど。②反切(はんせつ)で、二字をもって音をあらわす場合の上の字。

【音辞(辭)】おんじ ①ことば。ことば遣い。②文章。③音調。

【音書】一おんしょ 手紙。たより。二いんしょ 音韻学の書物。

【音信】おんしん―いんしん たより。手紙。おとずれ。「義慨之士、時有音信(ぎがいのし、ときにおんしんあり)」〈宋書(そうじょ)・范曄(はんよう)伝〉

【音声(聲)】おんせい―おんじょう(じやう) ①人の発する声。②おと。【―言語】おんせいげんご 話しことば。

【音節(節)】おんせつ ①音楽の調子。②ことばを発音する場合の最小単位。シラブル。

【音痴(癡)】おんち 音感がにぶいこと。また、その人。

【音調】おんちょう(てう) ①音の調子。②音楽のふし。③詩や文章の調子。

【音通】おんつう ①同じ音の字を、他の字に通じて使うこと。②国発音が五十音図の同じ行・列の音にかわること。

【音程】おんてい 二つの音の高低の差。

【音吐】おんと ものを言う声。詩や文章を読む声。「音吐朗朗」

【音頭】おんど―おんどう 国①おおぜいが歌うときなど最初に声を出して調子をととのえること。②雅楽で、管弦の第一奏者。③おおぜいで歌に合わせて踊ること。また、その曲。

【音読(讀)】おんどく ①漢字の発音のしかた。②声をあげて読む。③国漢字または漢文を字音どおりに読む。↕訓読

【音波】おんぱ 音が空中を伝わってゆく振動の波。

【音博士】おんはかせ 国平安時代、大学で漢音・呉音(ごおん)を教授した官。

【音標文字】おんぴょう(へう)もじ ①「音字(おんじ)」の①に同じ。②音声符号。発音記号。

【音便】おんびん 国単語をつづけて発音するとき、下のことばの上の音が、い・う・ん、またはつまる音に変化すること。

【音符】おんぷ ①楽譜をしるすときに使う音の記号。②文字の補助として使う記号。濁音符・長音符など。

【音譜】おんぷ 楽譜。

【音問】おんぶん―おんもん たより。

【音訳(譯)】おんやく 外国語の発音を国語の発音で表す。(例)型録(カタログ)・倶楽部(クラブ)。

【音容】おんよう 声とすがた。「一別音容両渺茫(いちべつおんようふたつながらびょうぼう)」(お別れしてから声も姿もともにはるかなものになってしまった。)〈白居易(はくきょい)の詩・長恨歌(ちょうごんか)〉

【音律】おんりつ 音の調子。リズム。

【音差】ねざし 国音色。

【嗣レ音】いんをつぐ たよりを続ける。

◆八音(はちいん)―はっちん・子音(しいん)―しおん・半音(はんおん)・母音(ぼいん)―ぼおん・玉音(ぎょくおん)―ぎょくいん・同音(どうおん)・吃音(きつおん)・字音(じおん)・足音(あしおと)―あおと・呉音(ごおん)・声音(せいおん)・低音(ていおん)・妙音(みょうおん)・余音(よいん)・宋音(そうおん)・防音(ぼうおん)・拗音(ようおん)・表音(ひょうおん)・空音(そらね)・和音(わおん)・一音(かおん)・初音(はつね)・物音(ものおと)・美音(びおん)・長音(ちょうおん)・発音(はつおん)・単音(たんおん)・促音(そくおん)・訃音(ふおん)―ふいん・高音(こうおん)・倍音(ばいおん)・弱音(よわね)・唐音(とうおん)・断音(だんおん)・漢音(かんおん)・福音(ふくいん)・短音(たんおん)・靴音(くつおと)・楽音(がくおん)・語音(ごおん)・鼻音(びおん)・雑音(ざつおん)・濁音(だくおん)・擬音(ぎおん)・観音(かんおん)―かんのん・騒音(そうおん)・半濁音(はんだくおん)・異口同音(いくどうおん)

音 4【韴】〔13〕 ソウ 漢 入 合 (サフ) zá ツァー J①9385 補7179 U97F4
意味 たちきる音。国〈ふつ〉 たちきる音を表す。「韴霊(ふつのみたま)」(上古の神剣の名)

音 4【韵】〔13〕 同 ↓韻(一三七〇ジペー・上)

9画

面革韋(韋)韭音頁風飛食(飠・食)首香

音4【韵】→欠部九画（六七六ページ・上）

音5【韶】〔14〕 ショウ 漢 (セウ) 平 蕭 sháo シャオ U補J 8080 97F6

意味 ①舜帝が作ったといわれる音楽の名。②継ぐ。うけつぐ。＝紹 ③美しい。④明らか。＝昭 ⑤姓。

【韶華(華)】しょう(せう)か(くゎ) ①うららかな春の光。②輝かしい春景色。③青春時代。【──不レ再】しょう(せう)か(くゎ)ふたたびせず よい時は二度とこない。時を惜しんでむだにしないこと。

【韶濩】しょう(せう)かく(くゎく) 殷の湯王の音楽。また、舜帝と湯王の音楽。

【韶鈞】しょう(せう)きん 上古の舜帝時代の、九韶と鈞天という音楽。簫韶九成と鈞天広楽。美しい音楽。

【韶景】しょう(せう)けい 春ののどかな景色。韶光。韶華。

【韶護】しょう(せう)ご 「韶濩」に同じ。

【韶光】しょう(せう)こう(くゎう) 春ののどかなけしき。【──淑気(氣)】しょう(せう)こう(くゎう)しゅくき のどかなけしきと気分。春の快いようす。

【韶武】しょう(せう)ぶ 舜帝の音楽と周の武王の音楽。

【韶舞】しょう(せう)ぶ 舜帝のつくった韵という舞楽。

音5【韷】〔14〕 ラク 漢 入 陌 lè ロー U補J 7180 97F7

意味 やかましい。

音7【韸】〔16〕 ホウ 漢 平 東 pēng ポン U補J 7181 97F8

意味 韸韸は、太鼓のリズミカルな音。

音9【韺】〔18〕 エイ 漢 平 庚 yīng イン U補J 7182 97FA

意味 五韺は、帝嚳の時代の音楽の名。

音10【韻】〔19〕 常 イン U補J 1704 97FB

旧字 音10【韻】〔19〕 ウン 漢 イン(ヰン) 慣 去 問 yùn ユン U補J

筆順
ᅩ
ᅷ
立
音
音
音ᄆ
韻
韻

意味 ①〈ひびき〉㋐快く調和のとれた音声。しらべ。㋑音。ね。㋒音節の語頭子音をのぞいた部分。母音・韻尾・声調を含む。韻母。↔声 ②韻文。詩賦・歌曲。③韻子。韻脚。④韻による漢字の分類。隋・唐代は二百六、元・明以後は百六に分類された。「韻書」「平水韻」⑤おもむき。風情。⑥ようす。風格。⑦このみ。趣向。⑧みやびやか。風流。

音4【韵】〔13〕 同字 U補J 8081 97F5

解字 形声。音が形を表し、員が音を示す。音はおと。員は、圓と同じく、丸いという意味を持つ。韻は、まるみをもった、なめらかな音をいう。

名前 おと

【韻会(會)】いん(ゐん)かい(くゎい) 書名。三十巻。元の熊忠著の字書「古今韻会挙要」の略。

【韻学(學)】いん(ゐん)がく 音韻を研究する学問。

【韻脚】いん(ゐん)きゃく 詩や賦の句末に用いる韻字。

【韻鏡】いん(ゐん)きょう(きゃう) 書名。一巻。唐時代末期にできたといわれる音韻書。

【韻語】いん(ゐん)ご 韻をふくんだ文章。

【韻士】いん(ゐん)し 風流な人。

【韻字】いん(ゐん)じ 詩文の句末にある韻をふむ字。

【韻事】いん(ゐん)じ 風流な遊び。詩や文を作って楽しむこと。「風流韻事」

【韻書】いん(ゐん)しょ 韻の字書。韻で分類した字書。

【韻籤】いん(ゐん)せん 韻字をしるした小さなふだ。詩を作るとき、使う韻字をこれによっておみくじのように決める。

【韻致】いん(ゐん)ち 風流なおもむき。

【韻度】いん(ゐん)ど 風流な態度。

【韻府一隅】いん(ゐん)ぷいちぐう 書名。十六巻。清の顔懋功著。作詩の用語を集めたもの。

【韻塞】いん(ゐん)ふたぎ|いん(ゐん)ふたぎ 国古詩の韻をかくしてあてさせる遊戯。

【韻文】いん(ゐん)ぶん ①韻を用いて調子をととのえた文章。②詩や歌。↔散文

【韻律】いん(ゐん)りつ 詩の音楽的な形式。

【探レ韻】いん(ゐん)をさぐる 韻籤で引いた韻字を使って詩を作る。

◆仄韻・平韻・気韻・次韻・余韻・押韻・畳韻・松韻・和韻・風韻・音韻・神韻・脚韻・頭韻

音11【響】〔20〕 常 キョウ ひびく U補J 2233 97FF

旧字 音13【響】〔22〕 キョウ(キャウ) コウ(カウ) 呉 漢 上 養 xiǎng シアン U補J

筆順
乡
乡ヨ
㚒
㚒ß
郷
鄕
響
響

意味 ①〈ひびき〉㋐ふるえひびくこと。㋑こえ。音。調子。㋒こだま。㋓さしひびき。他に関連すること。「影響」㋔きこえ。評判。②たより。音信。③〈ひび・く〉〈ひびか・す〉音があたりに伝わる。

音13【響】〔22〕 入 U補J ①9386 FA69

口6【响】〔9〕 俗字 U補J 2127 54CD

解字 形声。音が形を表し、郷が音を示す。郷には空気の流れる方向という意味がある。響は、空気に乗って流れる音。

名前 おと

参考 「响」は「響」の中国新字体としても用いる。

【響応(應)】きょう(きゃう)おう 一 あいての動作に応じてすぐに行動する。ひびきのように、すぐ答える。「楽然響応（気楽にすぐ引き受ける。）」〈柳宗元・宋清伝〉 二 xiǎng-yìng 現 一 に同じ。

【響震】きょう(きゃう)しん ひびきふるう。おどろきさわぐ。

【響箭】きょう(きゃう)せん 飛ぶとき音を出す矢。かぶら矢。

【響度】きょう(きゃう)ど ひびく程度。

【響動】きょう(きゃう)どう ひびき動く。

【響尾蛇】きょう(きゃう)びだ がらがらへび。

【響銅】きょう(きゃう)どう|さはり 国銅・鉛・錫をとかした合金。鐘や楽器などの材料。

【響遏二行雲一】ひびきこううん(かううん)をとどむ 音楽の美しいひびきで、空を行く雲も止まる。歌声や音楽の美しいこと。〈列子・湯問〉

◆反響・音響・影響

音13【響】〔22〕 旧 ↓響(本ページ・中)

音13【響】〔22〕 同 ↓響(本ページ・中)

9画

頁部 おおがい

【部首解説】 「百」と「儿」が合わさり、「人の頭部」を表す。この部には、頭や顔に関連するものが多く、「頁」の形を構成要素とする文字が属する。

頁0【頁】〔9〕 入 標 一 ケツ 漢 一 入 屑 xié シエ 二 ヨウ(エフ) 漢 二 入 葉 yè イエ U補J 4239 9801

意味 一 ①〈かしら〉〈こうべ(かうべ)〉人の頭。②うなじ。 二

①紙一枚。＝葉 ②〈ページ〉書物の一枚の片面。

解字 会意。百と儿とを合わせた字。百は目と毛とで頭部を表す。儿は人。頁は、人の頭。一説に、儿は人がひざまずいている形で、頁は、人がひざまずいて頭を地につけ、礼をしている形であるという。

参考 中国では「页」の字を用いる。 応用例 须(須)

【頁岩】けつがん 水成岩の一つ。泥板岩でいばんがん。

頁2 【頍】〔11〕 一キ 漢 一平 支 kuī コイ　二キュウ(キウ) 漢 二平 尤 qiú チウ　J ②9218 補 U 9804

意味 一二 ①ほおぼね。＝頯き ②かお。ほおぼねの間。「壮于頍きゅうに」(顔色をはげしくする。)〈易経えききょう・夬卦かいか〉 ③みにくい。 ④厚あつい。

頁2 【頃】〔11〕 常 ころ　一ケイ 漢 キョウ(キャウ) 呉 一平 庚 qīng チン　二ケイ 漢 キョウ(キャウ) 呉 二上 梗 qǐng チン　三キ 漢 三上 紙 kuǐ コイ　J 2602 補 U 9803

筆順 丿 匕 匕 匕一 匕丆 匕币 匕百 頃

意味 一①頭がかたむく。②かたむく。＝傾 二①〈ころ〉時分。②〈このごろ〉近ごろ。「頃日けいじつ」「頃者けいしゃ」 ③〈しばらく〉わずかの時間。「頃刻けいこく」「少頃しょうけい」 ④面積の単位。百畝ほ(約一・七ヘクタール)。 ⑤かたむく。＝傾 三片足。半歩。＝跬・蹞き「頃歩きほ」

解字 会意。匕と頁を合わせた字。匕は傾いた形、頁は人の頭の象形。人が頭を傾けた意を表し、意味が拡大して、傾いて正しくない状態を示すようになった。後になって、傾く意は傾が表し、頃は土地の広さや短い時間を表すように用法が分かれた。

【頃筐】けいきょう(きゃう) かご。竹製の浅いかご。手もとが深く、向こう側が浅いものをいう。「不レ盈二頃筐一けいきょうにみたず」〈詩経しきょう・巻耳けんじ〉

【頃歳】けいさい 近年。

【頃田】けいでん 一頃の広さの田。

頁2 【頂】〔11〕 学 6 チョウ いただく・いただき　テイ 漢 チョウ(チャウ) 呉 上 迥 dǐng ティン　J 3626 補 U 9802

筆順 一 丁 丁一 丁丆 丁丌 丁丙 丁百 頂

意味 ①〈いただき〉㋐頭のてっぺん。㋑頭。㋒最高・最上の部分。②〈いただ・く〉㋐頭の上にささげもつ。㋑高くさし上げる。㋒大切にする。うやまう。③頭で受け支える意から転じて、㋐突きあげる。㋑持ちあげる。持ちこたえる。㋒ぶつかる。さからう。たてつく。④あたる。相当する。⑤代わる。⑥いたる。⑦〈つ・ける(―・く)〉囲碁で、相手の石にくっつけて打つこと。⑧現最も。極めて。⑨現テント、帽子などを数える量詞。国〈いただ・く〉もらう、買う、食べる、飲むなどのへりくだった言い方。

解字 形声。頁が形を表し、丁ていが音を示す。頁は頭。丁はくぎの形である。頂はくぎのあたまと同じく、人間のからだの一番上で、てっぺんをいう。

【頂角】ちょうかく(ちゃうかく) 数三角形の底辺に対する角。

【頂上】ちょうじょう(ちゃうじゃう) ①山などのいただき。いちばん高い所。②最上。③上にたてまつること。

【頂戴】ちょうだい(ちゃうだい) ①うやうやしく頭にいただく。②国もらうことの謙譲語。

【頂点(點)】ちょうてん(ちゃうてん) ①いちばん上の所。てっぺん。②数直線や面のまじわるかど。

【頂門】ちょうもん(ちゃうもん) 頭のてっぺん。【――眼】ちょうもんのがん(ちゃうもんの) 頭の上にある目。すぐれた人は、両眼のほかに、頭のいただきに、左右にかたよらぬ目を持つという。すぐれた見識。一隻眼いっせきがん。【――一針】ちょうもんのいっしん(ちゃうもんの) 人の急所をついてきびしくいましめること。「頂門一針」に同じ。

【頂礼(禮)】ちょうらい(ちゃうらい) 仏インド古代の最敬礼。頭を低くたれ、足もとで拝む。

【頂相】ちんぞう(ぞう) 仏禅宗の僧の似顔絵。「ちん」は唐音。

【摩レ頂放レ踵】いただきをまして、きびすにいたる 頭からすりへらしてかかとまで行く。自己を捨てて、ひたすら他人に奉仕すること。墨子ぼくしの兼愛(無差別平等の愛)説。〈孟子もうし・尽心じんしん上〉

◆山頂さんちょう・丹頂たんちょう・骨頂こっちょう・登頂とうちょう・絶頂ぜっちょう

頁3 【頇】〔12〕 一カン 漢 一去 翰 àn アン　二カン 漢 二平 寒 hān ハン　J 7183 補 U 9807

意味 一髪の毛がない。二①太い。大きい。②顢頇まんかんは、㋐大きい顔。㋑適当にあしらう。

頁3 【項】〔12〕 常 コウ　J 2564 補 U 9805　コウ(カウ) 漢 上 講 xiàng シアン

筆順 一 丅 工 工一 工丆 工丌 工丙 工百 項

意味 ①〈うなじ〉↔頸けい ㋐えりくび。くびすじ。㋑後頭部。②冠の後ろの部分。③うしろ。④大きい。＝洪・鴻こう ⑤項目。分類したことがら。⑥国の名。また県の名。今の河南かなん省項城こうじょう市にあった。⑦姓。⑧現項に分けたものを数える量詞。国〈こう(かう)〉条文や予算の条目。法律では、款かん・条・項の順。予算では、款・項・目もくの順。

解字 形声。頁が形を表し、工こうが音を示す。頁はあたま。工は、音が後こうと通ずる。項は、頭の後ろ、うなじのことである。一説に、工はつらぬく意味があるから、項は、頭と胴とをつらぬく、くびをいうと解する。

名前 うじ

【項羽】こうう(かう) 人名。秦しん代の末。楚その国の武将、項籍こうせきの字あざな。漢の高祖と争って負けた。(前二三二～前二〇二)

【項籍】こうせき(かう) →項羽

【項荘(莊)】こうそう(かうさう) 項羽のいとこ。鴻門の会(漢の高祖がまだ沛公といったころ、楚その項羽と面会したこと)で、剣舞にかこつけて沛公を刺そうとした。【――舞レ剣(劍)】こうそう(かうさう)けんをまわす ねらいが別にあること。〈史記・項羽本紀〉

【項目】一こうもく(かう) 法律の条文や予算の分類を細かくわけたもの。物事のこわけ。二シアンムー 現 xiàngmù 一に同じ。

【項領】こうりょう(かうりゃう) ①首すじの大きいこと。②首。③要害の土地。

【項背相望】こうはいあいのぞむ 首と背中を見合う。往来がしきりなこと。〈後漢書ごかんじょ・左雄さゆう伝〉

◆条項じょうこう・別項べっこう・事項じこう・要項ようこう・同類項どうるいこう

頁3 【順】〔12〕 学 4 ジュン　シュン 漢 ジュン 呉 去 震 shùn シュン　J 2971 補 U 9806

筆順 丿 川 川 川一 川丆 川丌 川丙 川百 順

意味 ①道理。②〈したが・う(―・ふ)〉＝循・遵 ↔逆 ㋐服従する。「帰順きじゅん」 ㋑一定の方向に沿う。「順風」 ㋒道理にかなう。「順天」 ㋓うけいれる。「耳順じじゅん」 ③すなお。おとなしい。「従順じゅうじゅん」 ④おだやか。「和順わじゅん」 ⑤正しい。⑥障害がない。「順調」 ⑦順序。順番。⑧おしえる。＝訓くん

解字 会意・形声。川と頁を合わせた字で、川せんはまた音をも示す。川は、かわで、すなおに流れること。頁はあたま。

9画
面革韋(韋)韭音頁風飛食(飠・飠)首香

順は、あたまをすなおに下げること、人のからだが自然になっているように、すじみちに従っていること、人の顔がととのっていることなどと解する。音ジュンは、川の音センの変化。

名前 す・あり・あや・おさ・かず・しげ・とし・なお・のぶ・のり・まさ・みち・みつ・むね・もと・やす・ゆき・よし・より・おさむ・すなお・はじめ

【順位】じゅんい(ゐ) 順番。順序になった位置。

【順延】じゅんえん 順ぐりに日をのばす。

【順縁(緣)】じゅんえん ①年の順に死ぬ。②仏良いことによって、仏と関係をむすぶ。↔逆縁

【順化】じゅんか(くゎ) ①天地の造化に順応する。自然に従う。②僧が死ぬこと。

【順気(氣)】じゅんき ①順当な気候。②気候に順応する。③すなおでなごやかな気。

【順逆】じゅんぎゃく 道理に従うものと、さからうもの。

【順境】じゅんきょう(きゃう) ①調子のよい境遇。②得意の境遇。↔逆境

【順慶流】じゅんけいりゅう(りう) 国どっちつかずの態度。ひよりみ主義。洞ヶ峠ほらがとうげの筒井順慶式の態度。

【順行】じゅんこう(かう) ①順に従って行く。②道理に従って行う。③従順な行い。④星が西から東へまわる運動。

【順孝】じゅんこう(かう) 子やまごが、よく親や祖父母に仕える。

【順次】じゅんじ ①順番。②だんだんに。

【順手】じゅんしゅ ①手のおもむくまま。ついでに。②つごうがよい。

【順守】じゅんしゅ すなおなやりかたで守っていく。武力でとったものを文徳で守る。

【順受】じゅんじゅ すなおに受け入れる。

【順順】じゅんじゅん 順序を追って。つぎつぎに。順番。

【順序】じゅんじょ ①じゅんばん。②きまった段どり。【―不同】じゅんじょふどう 国順序が一定のルールによっていないこと。

【順水】じゅんすい 流れにしたがうこと。流れのまま。【―張帆】じゅんすいにほをはる 調子よくゆくこと。

【順正】じゅんせい 道理に従って正しい。

【順達】じゅんたつ じゅんじゅんに送りとどける。

【順治】じゅんち ①やわらぎおさまる。②清しんの第三代の天子。世祖せいそ。③世祖の時代の年号。(一六四四～一六六一)

【順調】じゅんちょう(てう) ぐあいよくはこぶこと。

【順直】じゅんちょく おとなしくすなお。

【順適】じゅんてき ①順調にいく。うまくいく。②道に従って人の心にさからわない。

【順天】じゅんてん 天の道に従うこと。

【順当(當)】じゅんとう(たう) 道理からみてあたりまえのこと。

【順道】じゅんどう(だう) ①やわらげみちびく。②正しい道すじ。③自然の道理。

【順徳】じゅんとく ①すなおな徳。②すなおに徳に従うこと。

【順応(應)】じゅんのう(おう) 外の状況に合うようにする。

【順風】じゅんぷう ①風の向きに従う。②進むほうへ吹く風。追風おいかぜ。【―満(滿)帆】じゅんぷうまんぱん 追風を受けて帆がいっぱいにふくらむこと。物事がうまくはこぶさま。

【順服】じゅんぷく 徳になつき従う。

【順奉】じゅんぽう 従い受ける。

【順民】じゅんみん ①法律を忠実に守る民。②民の心に従う。③降参した民。

【順流】一 じゅんりゅう(りう) ①さからわずに流れる。②水の流れのままに下る。二 じゅんる 仏生と死の流れにまかせて迷いをかさねる。

【順良】じゅんりょう(りゃう) すなおでよい。目上の者に従っておとなしい。

【順礼(禮)】じゅんれい ①礼に従う。②諸国をめぐって神社や聖地に参拝する。また、その人。＝巡礼

【順列】じゅんれつ 数多くの数の中で、二つ以上のものを一列に並べ排列する仕方。

【順路】じゅんろ ①つごうのよい道順。②ついで。

【順便】シュンビエン shùnbiàn 現ついでに。

【順利】シュンリー shùnlì 現順調な。すらすらといく。

◆不順ふじゅん・手順てじゅん・耳順じじゅん・孝順こうじゅん・忠順ちゅうじゅん・柔順じゅうじゅん・和順わじゅん・逆順ぎゃくじゅん・席順せきじゅん・恭順きょうじゅん・従順じゅうじゅん・温順おんじゅん・筆順ひつじゅん

頁3 【須】 [12] 常 ス

シュ 漢 呉 ス 慣 平 虞 xū シュイ

J 3160 補― U 9808

筆順 須

意味 ①〈ひげ〉㋐あごひげ。＝鬚しゅ ㋑ひげ状のものを広くいう。②〈もち・いる(―・ふ)〉 ③〈もと・める(―・む)〉必要とする。＝需 ④〈ま・つ〉待ち受ける。⑤止まる。⑥遅くする。⑦しばらく。わずかの時間。「須臾しゅゆ」 ⑧ついに。とうとう。⑨〈べし〉〈すべから(く)…べし〉そうすることが必要である。⑩しかし。⑪野菜の名。⑫草の名。⑬地名。衛の地。河南省滑かつ県東南にあった。⑭姓。

語法 〈すべからく…べし〉必要・当然・必然。…する必要がある。…しなければならない。きっと…にちがいない。再読文字。例「花開堪ㇾ折直須ㇾ折、莫ㇾ待ㇾ無ㇾ花空折ㇾ枝」(花開きて折るに堪えなば直ちに須すべからく折るべし、花無きを待ちて空しく枝を折る莫なかれ)(花が開いて手折る頃合いになったらすぐに手折るべきです。花が散ってしまってからむなしく枝を手折ることなどありませぬように)〈杜秋娘の詩・金縷衣きんるい〉 ▼否定形「不須」はふつう「もちい(もちゐ)ず」と読む。→付録・同訓異義要覧「べし」

句形 [何須ニ…一]〈なんぞ…をもちい(もちひ)ん〉どうして…する必要があろうか。例「羌笛何須怨ニ楊柳一、春風不ㇾ度玉門関」(羌笛きょうてき なんぞもちいん楊柳ようりゅうを怨うらむを、春風度わたらず玉門関ぎょくもんかん)(羌人よ「折楊柳」の曲を吹く必要などないのだ、「楊柳」を芽吹かせる]暖かい春の風は玉門関を渡って[この辺境の地には]吹いてこないのだから)〈王之渙おうしかんの詩・涼州詞〉

解字  会意。彡と頁とを合わせた字。頁は頭部。彡は毛のもよう。須は、あごの下の毛である。

名前 もち・もとむ 姓 須々岐すすき 地名 須坂すざか・須崎すさき・須賀川すかがわ

【須髯】しゅぜん あごひげと、ほおひげ。

【須知】しゅち|すち ①ぜひ知っていなければならないことがら。②覚えがき。メモ。

【須髪】しゅはつ あごひげと、髪の毛。＝鬚髪

【須弥(彌)山】しゅみせん|すみせん 仏世界の中心にあるという大山の名。蘇迷盧そめいろの山。

【須弥(彌)壇】しゅみだん|すみだん 仏寺院で仏像を置く所。

【須臾】しゅゆ|すゆ ①わずかの時間。しばらく。たちまち。②ゆっくり。

【須要】しゅよう(えう)|すよう(えう) しなくてはならないこと。もっとも必要なこと。

【須恵(惠)器】すえき 国古墳時代末から奈良・平安時代ごろに用いられた陶質土器。ねずみ色の堅いすやきの土器。祝部土器いわいべどき。

◆必須ひっす|ひっしゅ・急須きゅうす

頁4 【頑】 [13] 常 ガン

ガン(グヮン) 漢 平 刪 wán ワン

J 2072 補― U 9811

筆順 頑

意味 ①〈かたくな〉へんくつ。融通がきかない。②にぶい。③おろか。まぬけ。④悪い。⑤欲が深い。＝忨がん ⑥堅強な。がんじょうな。⑦たわむれる。もてあそぶ。＝玩・翫がん

解字 形声。頁が形を表し、元げんが音を示す。頁は頭。元には丸いという意味を含む。頑は頭が鋭くないこと。

【頑悪(惡)】がんあく(ぐわん) かたくなで悪づよい。

【頑強】がんきょう(ぐわんきやう) ①いじっぱり。ごうじょう。②「頑健がん」に同じ。

【頑愚】がんぐ(ぐわん) かたくなでおろか。

【頑健】がんけん(ぐわん) ①自分の健康をけんそんした言い方。②非常に健康なこと。

【頑固】がんこ(ぐわん) かたくなで意地っぱり。わからずや。

【頑丈】がんじょう(ぐわんぢやう) かたくしっかりして丈夫なこと。

【頑癬】がんせん(ぐわん) 皮膚病の一種。たむし。

【頑童】がんどう(ぐわん) 道理のわからないこども。

【頑鈍】がんどん(ぐわん) ①かたくなでのろま。②恥しらず。【――椎魯ついろ】がんどん ものわかりが悪く、おろかなこと。〈蘇轍そてつ・三国論〉

【頑夫】がんぷ(ぐわん) ①道理がわからず欲の深い人。②がんこな男。

【頑民】がんみん(ぐわん) ①かたくなで新しい制度や政治に従わない民。②がんこでおろかな人。

【頑迷】がんめい(ぐわん) 道理がわからない。【――固陋ころう】がんめい(ぐわん) おろかで道理がわからず、かたくなで見識の狭いこと。

【頑冥】がんめい(ぐわん) かたくなで正しい道にくらい。

【頑陋】がんろう(ぐわん) 心がかたくなで教養がない。

頁4【頍】〔13〕 キ 漢 上 紙 kuǐ コイ　J 9219 補 7186 U 980D

意味 ①あおむく。頭をあげる。②冠を高くつけたさま。③髪どめ。髪飾り。④頍弁きべんは、「詩経しきょう」の編名。

頁4【頎】〔13〕 一キ 漢 平 微 qí チー 二コン 漢 上 阮 kěn ケン　J ②9220 補 7187 U 980E

意味 一①〈なが・い(――・し)〉背が高く立派なさま。「頎頎きき」②頭髪が美しい。二①いたみなげくさま。②かたいさま。

頁4【項】〔13〕 キョク 漢 入 沃 ギョク 漢 xū シュイ　J ①9387 補 7184 U 980A

意味 ①項項きょくきょくは、㋐慎むさま。㋑我を忘れるさま。自失のさま。②顓項せんぎょくは、伝説上の皇帝の名。五帝のひとり。

頁4【頏】〔13〕 一コウ 漢 平 陽 háng ハン (カウ) 二コウ 漢 平 陽 gāng カン (カウ)　J 8082 U 980F

意味 一鳥が飛びおりる。二〈のど〉〈のどくび〉＝亢・吭こう

頁4【頌】〔13〕 人 一ショウ 漢 去 宋 sòng ソン ジュ・ジュウ 呉 二ヨウ 漢 平 冬 róng ロン　J 8083 U 980C

旧字 頁4【頌】〔13〕

意味 一①宗廟そうびょうの祭礼で先祖の徳を讃美する楽歌。「詩経しきょう」の六義りくぎの一つ。②〈ほめことば〉③文体の一つ。人格や功績をたたえたもの。④〈たた・える(――・ふ)〉〈ほ・める(――・む)〉〈いわ・う(いは・ふ)〉⑤よむ。＝誦しょう ⑥仏じゅ。仏をたたえる四句の詩。偈げ。⑦占いのことば。繇ちゅう。⑧姓。二＝容 ①ようす。すがた。②いれる。ゆるす。③ゆるやかである。

解字 形声。頁が形を表し、公しょうが音を示す。頁はあたま。公は客と同じく形づくる意味がある。頌は形づくること。また、よどみなくとなえ通すこともいう。

名前 うた・おと・のぶ・よむ

【頌偈】じゅげ 仏仏や仏の教えをたたえる四句の詩。

【頌歌】しょうか ①ほめてうたう。②ほめたたえる歌。

【頌功】しょうこう てがらをほめたたえる。

【頌辞(辭)】しょうじ ほめたたえることば。

【頌述】しょうじゅつ ほめていう。

【頌声(聲)】しょうせい ①ほめたたえる声。②太平の世の中をほめ「歌う声。」

【頌徳】しょうとく 人格やてがらをほめたたえる。【――碑】しょうとくひ 人の徳や功績をたたえた記念碑。

【頌美】しょうび ほめたたえる。

【頌礼(禮)】ようれい 容貌ようぼうや態度。「頌礼甚厳ようれいはなはだおごそかなり」(容貌態度ががっちりとしていかめしい。)〈漢書じょ・儒林伝〉

頁4【頓】〔13〕 常 トン　一トン 漢 呉 去 願 dùn トゥン 二トツ 漢 入 月 dú トゥー　J 3860 U 9813

筆順 一 ㄈ 口 屯 屯 屯 屯 頓 頓 頓

意味 一①ぬかずく。額ひたいを地にうちつけて礼をする。②〈つまず・く(つまづ・く)〉ころぶ。たおれる。③足でどんどん踏みつける。④とどまる。とどめる。＝屯 ㋐とめる。停止する。㋑駐屯する。宿る。⑤ととのえる。⑥たくわえる。⑦とどこおる。⑧やめる。すてる。⑨疲れる。苦しむ。＝沌ちん ⑩やぶれる。㋐こわれる。㋑失敗する。⑪引く。ひきずる。⑫〈とみに〉〈にわかに(にはかに)〉急に。⑬現食事などの回数を数える量詞。二冒頓ぼくとつは、匈奴きょうどの王の名。国〈ひたすら〉

解字 形声。頁が形を表し、屯とんが音を示す。頁は、頭部の象形。屯は、集まる、とどまる意。頓は、額ひたいを地にうちつけておこなう礼。また、軍隊がとどまる。

名前 はや

【頓丘】とんきゅう(きう) ①小山。鉢をふせたような形をした小山。②春秋時代衛国の地名。今の河南かなん省浚しゅん県。

【頓教】とんきょう(けう) 仏その場でただちに真意をさとる教え。真言・天台・華厳ごんなど。

【頓宮】とんぐう 臨時の宮殿。

【頓悟】とんご 仏急にさとりがひらける。

【頓挫】とんざ ①勢いがにわかにくじける。②文章の勢いが急にやわらかく変わる。

【頓才】とんさい きてんのきく才。頭がすみやかに働く才能。

【頓死】とんし 急に死ぬ。急死。

【頓食】とんじき 国平安時代に、下の者に賜った、握り飯のようなもの。

【頓首】とんしゅ ①頭を地面にうちつける敬礼。叩頭こうとう。②手紙の最後に書く敬語。

【頓証(證)菩提】とんしょうぼだい 仏すみやかにさとりをひらくこと。「成仏じょうぶつを祈ることば。」

【頓萃】とんすい つかれくるしむ。

【頓絶】とんぜつ 「頓挫ざん」に同じ。

【頓足】とんそく 足をばたばたする。じだんだをふむ。

【頓知(「智」)】とんち そのときに応じてすぐにはたらく知恵。

【頓置】とんち ほうっておく。おろす。

【頓着】とんちゃく(ぢゃく) ①落ち着ける。②気にかける。③仏欲が深く、むさぼってやまぬこと。＝貪著

【頓頓】とんとん ①なかよく親しむさま。②食事のたびごと。

【頓憊】とんぱい くじけて疲れる。

【頓服】とんぷく ①薬などを一度にのむ。②急病のときにのむ薬。

【頓擗】とんぺき くずれ折れる。くずれ倒れる。

【頓放】とんぽう(はう) 重荷をおろす。

【頓踣】とんぼく つまずきたおれる。「饑渇而頓踣きかつしてとんぼくす」(飢えてたおれる。)〈柳宗元りゅうそうげん・捕レ蛇者説へびをとらうるもののせつ〉

◆停頓ていとん・整頓せいとん

頁4【頒】〔13〕 常 ハン　J 4050 U 9812

9画 面革韋(韋)韭音頁風飛食(飠・飠)首香

旧字 頁4【頒】〔13〕 一ハン 漢 一平 删 bān バン　二フン 漢 二平 文 fén フェン　J — 補 — U —

筆順 ノ 八 分 分 分 分 分 頒 頒 頒

意味 一①〈わか・つ〉＝班・攽(はん) ㋐分ける。㋑ほうびとしてあたえる。㋒ひろめる。公布する。②鬢(びん)。③まだら。＝斑(はん)「頒白」 二頭が大きい。

解字 形声。頁が形を表し、分(ふん)が音を示す。頁はあたま。分は、肥(ひ)と音が通じて、ふとるという意味を含む。頒は、ふとって大きな頭のことである。また、分には分かれるという意味もある。それで、頒は、頭の毛の両方に分かれた部分、びんの毛ともいい、半分に分かれることともいう。

【頒行】はんこう(かう) 広く行う。
【頒賜】はんし 分配して賜る。
【頒白】はんぱく しらがまじりの者。老人。【――者不負戴於道路】はんぱくのものどうろにふたいせず 白髪まじりの老人が、重い荷を背負って道を歩くというようなことがなくなる。〈孟子(もうし)・梁恵王上〉
【頒布】はんぷ ①法令などを広くつたえる。②配りわける。

頁4【預】〔13〕 6 ヨ 学 あずける・あずかる　J 4534 補 — U 9810
ヨ 漢 呉 去 御 yù ユィ

筆順 フ マ ヌ 予 予 预 預 預 預

意味 ①楽しむ。②〈あらかじめ〉前もって。＝予 ③〈あずか・る(あづか・る)〉かかわる。関係する。「参預」 国〈あず・ける(あづ・く)〉〈あずか・る(あづか・る)〉①任せる。②保管する。③恩恵を受ける。

解字 形声。頁が形を表し、予(よ)が音を示す。頁は顔。予には、ゆるやかなという意味がある。預は、顔色がのびのびとすることで、豫の俗字という。

名前 さき・まさ・やす・よし 姓 預岐(よき)

【預金】よきん 国金を銀行や郵便局にあずける。また、その金。
【預言】よげん ①未来のことを前もっていう。＝予言 ②キリスト教で神のお告げを受けた者がそれをのべることば。
【預備】よび 一前もって用意する。準備する。＝予備 二 yùbèi ユィベイ 現一に同じ。
【預習】よしゅう(しふ) yùxí ユィシー 現予習(する)。
【預先】よせん yùxiān ユィシエン 現前々から。あらかじめ。
【預料】よりょう(れう) yùliào ユィリアオ 現予想する。
【預搔待痒】あらかじめかいてかゆきをまつ かゆくなるのにそなえてからだを先にかく。むだな取り越し苦労をいう。〈碧巌録(へきがんろく)一八〉
◆干預(かんよ)・参預(さんよ)

頁4【煩】(七七九ページ・中) →火部九画

頁5【頙】〔14〕 サク 漢 入 陌 chè チョー　J — 補 7185 U 9819
意味 正しい。

頁5【䪼】〔14〕 セツ 漢 入 屑 zhuō チュオ　J ②9223 補 — U 4ABC
意味 ほお骨。

頁5【頔】〔14〕 テキ 漢 入 錫 dí ティー　J ②9221 補 7188 U 9814
意味 うつくしい。

頁5【頗】〔14〕 標 人 一ハ 漢 呉 一平 歌 pō ポー　二ハ 漢 呉 二上 哿 pǒ ポー　J 3192 補 — U 9817
意味 一①〈かたよ・る〉㋐かたむく。曲がる。㋑不公平。㋒よこしま。㋓正しくない。②〈すこぶる〉㋐やや。少し。㋑相当に。かなり。 二①「不可」の縮音。＝叵(は) ②姓。
【頗僻】はへき 一方にかたよる。不公平。

頁5【頖】〔14〕 ハン 漢 去 翰 pàn パン　J ②9222 補 7189 U 9816
意味 頖宮(はんきゅう)は、周時代の諸侯の学校。＝泮宮

頁5【領】〔14〕 学 5 リョウ　J 4646 補 — U 9818
レイ 漢 リョウ(リャウ) 呉 上 梗 lǐng リン
ロウ(ラウ) 慣

筆順 ノ 人 今 今 令 令 令 領 領 領

意味 ①〈くび〉首。うなじ。②〈えり〉衣服の首にあたる部分。③〈おさ・める(をさ・む)〉㋐すべる。支配する。㋑占める。「領有」㋒まとめる。処理する。④ひきいる。⑤かしら。おさ。「首領(しゅりょう)」⑥かなめ。大事な部分。「要領(ようりょう)」⑦もちまえ。才能。「本領(ほんりょう)」⑧受けとる。「受領(じゅりょう)」⑨さとる。理会する。⑩記録する。⑪頭布(ずきん)。⑫そろい。衣類を数える量詞。⑬みね。＝嶺(れい) ⑭姓。

解字 形声。頁が形を表し、令(れい)が音を示す。頁はあたま。令は、茎(けい)と音が通じて、まっすぐ立つ意味がある。領は、頭部のまっすぐ立っている部分で、くびをいう。

名前 おさ・むね 難読 領巾(ひれ)

【領域】りょういき(りやうゐき) 領地の区域。

【領会(會)】りょうかい(りやうくわい) 法 よくわかる。理解する。さとる。

【領海】りょうかい(りやう) その国の主権に属する海。内海・湾および、干潮の時の海岸からふつう十二海里までの間。↕公海
【領解】りょうかい(りやう)｜りょうげ(りやう) ①さとる。のみこむ。会得(えとく)。②唐時代、地方の試験に及第すること。

【領空】りょうくう(りやう) 領土・領海の上空。

【領軍】りょうぐん(りやう) 武官の名。宮中の警衛をつかさどる要職。僕射(ぼくや)に匹敵する地位をもつ。

【領家】りょうけ(りやう) 国荘園(しょうえん)の所有者。三位以上で実質的な荘園の領主。

【領国(國)】りょうこく(りやう) 治めている国。

【領事】りょうじ(りやう) ①仕事を引き受ける。②外国に駐在して、居留民の事務を扱う官吏。【――館】りょうじかん(りやうじくわん) 領事の勤務している役所。

【領主】りょうしゅ(りやう) ①領地の主人。②国荘園(しょうえん)の持ち主。③国江戸時代の小大名(だいみょう)。

【領袖】一りょうしゅう(りやうしう) ①えりとそで。②手本となるようなりっぱな人。〈晋書(しんじょ)・魏舒(ぎじょ)伝〉③団体のかしらにたつ人。指導者。リーダー。二 lǐngxiù リンシウ 現一の③に同じ。

【領承】りょうしょう(りやう) 承知する。

【領掌】りょうしょう(りやうしやう)｜りょうじょう(りやうじやう) 承知する。なっとくする。

【領薦】りょうせん(りやう) 官吏登用試験の受験資格を得る。

【領地】りょうち(りやう) ①治めている地。②国江戸時代、大名の所有地。③国領土。

【領知】りょうち(りやう) 受け持って治める。領地として支配する。

【領置】りょうち(りやう) 裁判所が証拠になる物品などをとめ置くこと。強制方法によらずに物品を占有すること。

【領土】りょうど(りやう) 国の主権が及ぶ範囲。その国の土地。

【領得】りょうとく(りやう) ①よくさとる。②自分のものとする。

【領分】りょうぶん(りやう) ①領地の中。②勢力範囲。③国江戸時代、一万石以上の大名(だいみょう)の領地。

【領民】りょうみん(りやう) 領地内の人民。

【領略】りょうりゃく(りやう) よくわかる。なっとくする。合点する。

【領巾】れいきん｜ひれ 婦人の首にかけるかざり布。ネッカチーフ。

【領導】りょうどう(りやう) lǐngdǎo リンタオ 現指導する。指導者。

『引レ領』れいをひく｜りょう(りやう)をひく 首を長くして待ち望む。「引レ領而

望レ之矣」〈孟子・梁恵王下〉
◆占領・仏領・本領・英領・拝領・押領・受領・要領・首領・綱領・総領・横領・頭領・大統領

頁5【頚】〔14〕俗 ↓頸(本ページ・下)

頁5〖碩〗↓石部九画(八八八ページ・中)

頁6【頞】〔15〕アツ 漢 入 曷 è オー U補J 981E 7191 ①9388
意味〈はなすじ(はなすぢ)〉鼻ばしら。鼻梁。
【頞浮陀】仏地獄の一つ。寒さでただれて、あばたのできる所。

頁6【頤】〔15〕イ 漢 平 支 yí イー U補J 9824 ― 8085
臣0【𦣝】〔6〕同字 U補J 268DD ― ②8554
頁7【頥】〔16〕俗字 U補J 9825 7208 ②9228
頁8【顊】〔17〕同字 U補J 984A 7212 ―
意味①〈おとがい(おとがひ)〉〈あご〉下あご。②〈やしな・う(――・ふ)〉養う。「頤育」③ごちそうする。④あごでさしずする。「頤使」「頤指」「頤令」⑤易の卦の名。
【頤養】栄養をとる。やしなう。【――天和】天和は精神。老人にゆったりと生活して精神をやしなうことをすすめることば。
【頤和園】北京市海淀区の昆明湖のほとりにある庭園。清の西太后の避暑地。
【脱レ頤】あごをはずすほど笑う。大笑いする。おとがいをとく。

頁6【頦】〔15〕一カイ 漢 一 平 灰 hái ハイ 二カイ 漢 二 上 賄 kē コー U補J 9826 7194 ―
意味一みにくい。二①〈おとがい(おとがひ)〉あご。下あご。「頦頷」②ほお。

頁6【頠】〔15〕ガイ 漢 (グヮイ) 上 賄 wěi ウエイ U補J 9820 7192 ―
意味①熟練している。②しとやか。

頁6【頟】〔15〕ガク 漢 ギャク 呉 入 陌 è オー U補J 981F ― ―
意味①〈ひたい(ひたひ)〉おでこ。‖額 ②頟頟は、㋐たえず悪事をするさま。㋑大きい。

頁6【頡】〔15〕一ケツ 漢 キツ 慣 一 入 屑 xié シエ 二カツ 漢 二 入 黠 jiá チア 三ケツ 漢 三 入 屑 jié チエ U補J 9821 ― 8086
意味一①まっすぐな首すじ。②鳥が飛びあがる。③大きい。④頡滑は、㋐いりみだれ、でたらめなさま。㋑まがりくねる。⑤神話上の動物。⑥姓。二①へらす。②かすめとる。三人の名。蒼頡は、漢字を造ったといわれる人。
【頡頏】①鳥が飛び上がり飛び下りる。〈詩経・燕燕〉②勢力がつりあう。③人に屈しない。

頁6【頜】〔15〕一コウ(カフ) 漢 一 入 合 hé ホー 二コウ(カフ) 漢 二 入 合 gé コー 三カン 漢 ガン 呉 三 上 感 hàn ハン U補J 981C 7190 ―
意味一あご。二①口。②姓。三‖頷 ①あご。‖顄 ②顔の血色が悪いさま。③うなずく。‖顉

頁6【𩒐】〔15〕シ 漢 上 紙 chǐ チー U補J 29490 ― ②9224
意味①顔が大きい。②顔が黒い。

頁6【頣】〔15〕シン 漢 上 軫 shěn シェン U補J 9823 7193 ②9225
意味 上目づかいで人をみつめるさま。

頁6【頫】〔15〕一フ 漢 一 上 麌 fǔ フー 二チョウ(テウ) 漢 二 去 嘯 tiào ティアオ U補J 982B 7201 ①9389
意味一〈ふ・す〉うつむく。首をたれる。‖俯「頫首」二みる。①天子にまみえる。②視察する。

頁6【頪】〔15〕同 ↓類(本ページ・下)

頁6〖潁〗↓水部十一画(七四八ページ・上)

頁7【頵】〔16〕イン(ヰン) 漢 平 真 yūn ユン U補J 9835 7207 ―
意味①頭が大きいさま。②人名。楚の君の名。

頁7【頮】〔16〕カイ(クヮイ) 漢 去 隊 huì ホイ U補J 982E 7202 ―
意味 かおを洗う。‖靧・沫

頁7【頷】〔16〕標 カン 漢 ガン 呉 上 感 hàn ハン U補J 9837 ― 8087
意味①〈あご〉あぎと。‖頜・顄 ②うなずく。‖顉 ③顑頷は、顔色が悪い。
【頷聯】律詩の第三・第四の両句。

頁7【頯】〔16〕キ 漢 平 支 kuí コイ U補J 982F 7203 ―
意味①〈ほおぼね(ほほぼね)〉②かざりけのないさま。質朴なさま。③ひたいが美しい。「頯然」④厚い。ひたいが厚い。

頁7【頰】〔16〕常 ほお キョウ(ケフ) 漢 呉 入 葉 jiá チア U補J 9830 7204 ①9390

筆順 一 大 夾 夾 夾 頬 頬

頁6【頬】〔15〕同字 U補J 982C ― 4343
意味〈ほお(ほほ)〉ほっぺた。つら。
解字 頰 形声。頁が形を表し、夾が音を示す。頁は、頭部の象形。夾は、両手ではさむようにして持つ意。頰は、顔を両側からはさむ部分、ほおを指す。
名前 ほ・つら
【頰上添レ毫】肖像画のほおの上に毛をつけ加える。晋の顧愷之が裴楷の肖像を描いたとき、すぐれた効果を表した方法。詩文のすぐれていることをいう。〈晋書・文苑伝〉

頁7【頸】〔16〕標 ケイ 漢 キョウ(キャウ) 呉 上 梗 jǐng チン U補J 9838 ― 8084
頁5【頚】〔14〕俗字 U補J 981A ― 2359
意味①〈くび〉くびの前の部分。↕項 ㋐のどくび。「頸領」㋑物のくびにあたる部分。②星の名。
【頸血】首から流れる血。
【頸椎】首の部分の脊椎骨。
【頸聯】律詩の第五・第六の両句。

頁7【頽】〔16〕標 タイ 漢 平 灰 tuí トイ U補J 983D ― 8088
頁7【頹】〔16〕正字 U補J 9839 ― ―
頁7【頺】〔16〕俗字 U補J 983A ― ―
意味①〈くず・れる(くづ・る)〉‖隤 ㋐こわれる。やぶれる。㋑おちる。傾く。㋒倒れる。㋓おとろえる。疲れる。

9画 面革韋(韋)韭音頁風飛食(𩙿・飠)首香

「衰頽すいたい」②従う。③いだく。思う。④暴風。上から吹きおろす風。⑤頭のはげたさま。⑥ののしる語。

参考 新表記では、「退」に書きかえる熟語がある。

【頽運】たいうん おとろえかかった勢い。

【頽垣】たいえん(ゑん) くずれたかきね。やぶれがき。

【頽朽】たいきゅう(きう) くさってくずれおちる。

【頽乎】たいこ ①すなおに従うさま。②酔いつぶれるさま。

【頽勢】たいせい くずれかかった勢い。おとろえてきた形勢。＝退勢

【頽然】たいぜん ①くずれるさま。②酒に酔ってぐったりとするさま。

【頽堕(墮)】たいだ くずれおちる。

【頽唐】たいとう(たう) くずれおちる。感覚的な美におぼれる。退廃。デカダンス。【――詩】たいとうし(たう) ①頽唐派詩人の詩。②国 北原白秋・木下杢太郎きのしたもくたろうらが作った頽唐的な詩。【――派】たいとうは(たう) 十九世紀末、フランスの頽唐派詩人・美術家の一派。ボードレール、ランボーら。

【頽年】たいねん 老年。

【頽敗】たいはい くずれやぶれる。風俗がだらくする。

【頽廃(廢)】たいはい 道徳や健全な気風などがくずれすたれる。デカダンス。＝退廃

【頽風】たいふう ①あらあらしい風。②だらくした風俗。

【頽敝】たいへい やぶれくずれる。

【頽陽】たいよう(やう) 夕日。落日。

【頽齢(齡)】たいれい 老いぼれた年齢。

頁7 【頲】〔16〕 テイ 漢 上 迥 tǐng ティン　J②9226 補7205 U9832

意味 まっすぐである。頭がまっすぐである。

頁7 【頭】〔16〕 学2 トウ・ズ・ト あたま・かしら

トウ 漢 ズ(ヅ) 呉 平 尤 tóu トウ
チュウ(チウ) 唐 ト 慣　J3812 U982D

筆順 一 ロ 戸 豆 豆 豆丆 頭 頭 頭

意味 ①〈あたま〉〈こうべ(かうべ)〉〈かしら〉 ㋐からだの頸くびから上の部分。つむり。㋑髪の毛。②かしら。おさ。首領。③いただき。最上部。④はし。先端。「矛頭ぼうとう」⑤はじめ。最初。「年頭ねんとう」⑥〈ほとり〉あたり。付近。「江頭こうとう」⑦接尾辞。「枕頭」「念頭」⑧人や動物などを数える量詞。

国①〈かみ〉役所の長官。②〈かしら〉職人などの親方。

解字 頭 形声。頁が形を表し、豆とうが音を示す。頁は頭部。豆は「たかつき」で、直立する意味を含む。頭は、直立しているあたまである。

名前 あき・かみ・あきら 姓 頭山とうやま 難読 頭捻ずぶねり・頭垢ふけ

【頭殿】こう(かう)のとの 国左馬頭さまのかみ・右馬頭うまのかみ・国守・衛府の長官の敬称。

【頭蓋骨】ず(づ)がいこつ｜とうがいこつ あたまの骨の総称。

【頭寒足熱】ず(づ)かんそくねつ 頭を冷たく、足を暖かくする。健康によい方法。

【頭巾】■ずきん(づ) 布で作ったかぶりもの。■ときん 山伏やまぶしがかぶる小さいずきん。＝兜巾

【頭高頭低】ずこう(づかう)ずてい(づ) 頭の高い者や低い者。いろいろな「人。」

【頭上】ずじょう(づじゃう)｜とうじょう(じゃう) あたまのうえ。【――安レ頭】とうじょうにとうをあんず 頭の上に頭を置く。物事の重複すること。事がらの複雑なこと。ばかていねいなこと。屋上に屋を架かす。〈伝灯録〉

【頭陀】ずだ(づ) 仏僧が托鉢たくはつをして修行すること。また、その僧。抖擻とそう。【――袋】ず(づ)だぶくろ 頭陀の僧が首にかける袋。

【頭痛】ずつう(づ)｜とうつう あたまのいたみ。

【頭燃】ずねん(づ) 仏あたまの上でもえる火。急がせまっているたと「え。」

【頭脳(腦)】ずのう(づなう) ①脳。あたま。②すじみち。③考える力。④かしら。

【頭韻】とういん(ゐん) 語頭の字と同じ韻をくりかえすこと。

【頭会(會)】とうかい(くわい) あたまをかぞえる。人数をかぞえて、「み」で税をとる。【――箕斂】とうかい(くわい)きれん あたまかずによって税をとるように多く税をとる。〈史記・張耳陳余列伝〉

【頭角】とうかく ①あたま。②すぐれた才能。【見ニ――一】とうかくをあらわす(あらはす) 学問や才能が人にすぐれて目立つ。〈韓愈かんゆ・柳子厚りゅうしこう墓誌銘〉

【頭垢】とうこう ふけ。いろこ。

【頭書】■とうしょ ①国鎌倉時代、裁判に関する評定衆ひょうじょうしゅうの意見を書類の初めに書いたもの。②初めに書いてあることがら。③かしらがき。■かしらがき 国上欄に書きつけた説明。

【頭状(狀)花】とうじょう(じゃう)か(くわ) 植小花が集まり、頭の形をして丸く咲く花。菊など。

【頭数(數)】とうすう 牛馬などのかず。また、人数。あたまかず。

【頭足】とうそく あたまとあし。【――類】とうそくるい 動軟体動物の一種。たこ・いかなど。『――異レ処(處)』とうそくところをことにす 頭と足が別になる。首をきられる。

【頭注】とうちゅう(ちう) 書物の本文の上部に書き加えた注釈。⇔脚注

【頭等】とうとう 第一等。

【頭童歯(齒)豁】とうどうしかつ(くわつ) あたまがはげ、歯がまばらになる。「老人をいう。」

【頭堂飯】とうどう(だう)はん 最初にあげる食事。おはつほ。

【頭中将(將)】とうのちゅう(ちう)じょう(じゃう) 国昔、蔵人頭くろうどのとうで近衛中将このえのちゅうじょうをかねたもの。

【頭弁(辨)】とうのべん 国蔵人頭くろうどのとうを兼ねた弁官(事務官)。

【頭髪】■とうはつ かみのけ。■トウファ tóufa 現■に同じ。

【頭鬢眉鬚】とうびんびしゅ 髪、びんの毛、まゆ、あごひげ。「頭鬢眉鬚皆似レ雪とうびんびしゅみなゆきににたり」〈白居易はくきょいの詩・新豊折臂翁しんぽうせっぴのおきな〉

【頭蓬】とうほう 頭髪が乱れて、よもぎのようになっているさま。

【頭名】とうめい 首席。一番。

【頭目】とうもく ①あたまと目。②元時代、軍中の将官。③かしら。「親分。」

【頭領】とうりょう(りゃう) 人々を率いる長。かしら。

【頭顱】とうろ あたま。

『有レ頭無レ尾』かしらありてお(を)なし あたまがあってしりがない。つじつまが合わないこと。〈朱子語録〉

『改レ頭換レ面』かしらをあらためおもてをかう(かふ) 表面だけをかえて、中味はそのままのこと。〈五灯会元〉

『焦レ頭爛レ額』かしらをこがしひたい(ひたひ)をただらす 危険をおかして人を救うこと。〈漢書かんじょ・霍光かくこう伝〉

『撥レ頭頓レ足』かしらをはらいあしをずする 頭をかきむしり、足でじだんだをふむ。くやしがるさま。

『以レ頭換レ尾』かしらをもってお(を)にかう(かふ) 頭と尾を入れかえる。上下の区別もわからない。俗を真にかえる。自力をやめ他力をとる。

『頭角重生』ず(づ)かくかさねてしょう(しゃう)ず つのがまたはえる。ふたたび活躍すること。また、ふたたびあらそいが起こること。

◆小頭こがしら・口頭こうとう・心頭しんとう・巨頭きょとう・毛頭もうとう・叩頭こうとう・白頭はくとう・出頭しゅっとう・年頭ねんとう・先頭せんとう・羊頭ようとう・池頭ちとう・地頭じとう・低頭ていとう・初頭しょとう・没頭ぼっとう・店頭てんとう・岩頭がんとう・岸頭がんとう・念頭ねんとう・到頭とうとう・波頭はとう｜なみがしら・社頭しゃとう・咽頭いんとう・巻頭かんとう・音頭おんど・剃頭ていとう・前頭まえがしら・冒頭ぼうとう・原頭げんとう・座頭ざとう｜ざがしら・陣頭じんとう・船頭せんどう・組頭くみがしら・渡頭ととう・喉頭こうとう・街頭がいとう・番頭ばんとう・塔頭たっちゅう・旗頭はたがしら・劈頭へきとう・饅頭まんじゅう｜マントウ

頁7 【頼】〔16〕 常 ライ たのむ・たのもしい・たよる　J4574 U983C

旧字 貝9 【賴】〔16〕 人 ライ 漢 去 泰 呉 lài ライ　J①9226 U8CF4

筆順 一 ㄖ 申 束 束丆 頼 頼

意味 ①〈たの・む〉〈よ・る〉〈たよ・る〉 ㋐たのみにする。㋑おかげをこうむる。②〈たより〉〈たのみ〉 力ぞえ。おかげ。③利益をはかる。④手に入れる。⑤事実を認めようとしない。⑥ねじまげる。⑦〈さいわいに（さいはひに）〉 つごうよく。⑧なまける。⑨悪い病気。＝癩 ⑩姓。 国〈たのもし・い（たのも・し）〉

解字 形声。剌と貝とを合わせた字。貝が形を表し、剌が音を示す。貝は財貨。剌の音は利と通じて、もうける意味になる。賴は、余分な金、もうけのことである。また、金を利とすることは、たのみにすることにもなる。

名前 よ・のり・よし・より　姓 頼一

【頼母子講】 国毎月お金を出しあい、くじ引きなどの方法で当たった人が総額を借りるしくみの組合。頼母子。無尽講。

【頼杏坪】 人名。江戸時代の漢詩人。山陽の叔父。（一七五六～一八三四）

【頼山陽】 人名。江戸時代の漢詩人。歴史家。名は襄、字は子成。山陽は号。「日本外史」「日本政記」「日本楽府」などを著した。（一七八〇～一八三二）

【頼春水】 人名。江戸時代の漢学者。名は惟完。山陽の父。（一七四六～一八一六）

【頼信紙】 国電報の発信用紙。

【頼庇】 たよる。たよりとするもの。

◆依頼・空頼・信頼・無頼

頁7【頥】〔16〕 俗 ↓頤（一三七五ジ・上）

頁7【頽】〔16〕 正 ↓頹（一三七五ジ・下）

頁7【頳】〔16〕 同 ↓赬（一一九九ジ・上）

頁7〖頴〗↓禾部十一画（九一五ジ・中）

頁7【頴】〔16〕 簡 ↓穎（九一五ジ・中）

頁7【頹】〔16〕 俗 ↓頹（一三七五ジ・下）

頁7【頻】〔16〕 旧 ↓頻（本ジ・中）

頁8【顆】〔17〕 標 一 カ 漢（クヮ） 一 上 哿 kē コー　二 カ 漢（クヮ） 二 上 哿 kě コー　U補J 9846 8089

意味 一二 ①〈つぶ〉 粒。㋐丸い粒状のもの。㋑小さな、丸いものを数える量詞。②土のかたまり。土塊。

頁8【顄】〔17〕 カン 漢 上 感 hàn ハン　U補J 9844 7210

意味 ①頷。②顄淡は、水がゆれ動くさま。

頁8【顉】〔17〕 一 キン 漢 一 平 侵 qīn チン　二 ガン 漢 二 上 感 hàn ハン　U補J 9849

意味 一 ①あごがしゃくれている。おとがいが曲がっている。②ゆり動かす。 二 うなずく。頭を低くたれる。＝頷・頷

頁8【頴】〔17〕 ケイ 漢 上 迥 jiǒng チョン　U補J 9848

意味 ①麻。②ひとえ。

頁8【顇】〔17〕 スイ 漢 去 寘 cuì ツォイ　U補J 9847 7221 ②9229

意味 ①〈やつ・れる（――・る）〉 ②憂える。

頁8【頻】〔17〕 常 ヒン　一 ヒン 漢 ビン 呉 一 平 真 pín ピン　二 ヒン 漢 呉 二 平 真 bīn ピン　U補J 983B 4149

旧字 頁7【頻】〔16〕 U補J FA6A ①9391

筆順 丨 卜 止 步 步 步 頻 頻

意味 一 ①〈しきりに〉〈しき〉 たびたび。「頻頻」「頻数」「頻繁」 ②さしせまる。③ならぶ。近づく。④まゆをひそめる。＝嚬・顰 二 みぎわ。水際。＝濱・瀕

解字 会意。涉の略である歩と、頁を合わせた字。頁は頭。涉は水を渡るとき生ずる波。頻は、頭に現れたしわのことで、顔をしかめること。また、濱（浜）と通じてみずぎわの意味を表す。

名前 かず・しげ・つら・はや

【頻並（竝）】 国しきりに。

【頻伽】 仏迦陵頻伽。極楽にいるという想像上の美声の鳥。

【頻顣】 顔をしかめる。いやな顔をする。＝顰蹙

【頻出】 たびたび出てくる。

【頻年】 毎年。連年。

【頻婆果】 くだものの名。赤いりんごの類。

【頻発（發）】 しきりに発生する。

頁8【頿】〔17〕 同 ↓頤（一三七五ジ・上）

頁8【䫙】〔17〕 同 ↓髭（一四一二ジ・下）

頁9【額】〔18〕 学5 ガク ひたい　ガク 漢 入 陌 é オー　U補J 984D 1959

筆順 宀 夂 穸 客 客 客 額 額

意味 ①〈ひたい（ひたひ）〉〈ぬか〉 眉と髪の生え際の間。おでこ。②たか。決まった数や量。「金額」 ③〈ぬかず・く（ぬかづ・く）〉 ひたいを地につけて礼拝する。④門やかもいの上にかかげる書き物。「扁額」

解字 形声。頁が形を表し、客が音を示す。頁は頭部。客には、かたいという意味がある。額は、頭部の堅い部分で、ひたいのことをいう。一説に、客の音には、毛髪をそる意味を含むから、額は、頭部の毛をそって、広くした部分であるという。

姓 額戸・額田・額賀　地名 額田

【額裏】 国①がくのうら。②着物のうらに大幅の絵模様をつけること。

【額黄】 きいろいひたいかざり。女の化粧の一つ。

【額手】 手をひたいにあてる。㋐敬意をあらわす態度。㋑待ちのぞむようす。

【額縁（緣）】 国①がくのまわりのふち。②窓や舞台の上下左右のくぎり。③ひとえの着物で、すそのかどを角形に折り返すこと。

【額面】 ①がく。壁などにかける書画。②国公債や株式などに記入された金高。

【額髪】 国①ひたいの上の髪。前髪。②ひたいに髪をたらす、女の髪型。

◆月額・巨額・少額・全額・同額・多額・低額・金額・価額・定額・扁額・勅額・差額・残額・産額・税額・総額・減額・篆額・富士額

頁9【顎】〔18〕 常 ガク あご　ガク 漢 入 薬 è オー　U補J 984E 1960

筆順 口 口口 叩 咢 咢 咢 顎 顎

意味 ①〈あご〉〈あぎと〉 ②顔面が高く出ている。面高。③つつしむさま。

解字 形声。頁が形を表し、咢が音を示す。頁は頭部の象形。顎は、顔面が高く出ている顔立ち、面高。のち、下あごを意味するようになった。

頁9【顑】〔18〕 一 カン 漢 一 上 感 kǎn カン　二 ガン 漢 二 去 陷 yàn イエン　U補J 9851 7213

意味 一 ①顑頷は、飢えて顔色が悪い。②骨の名。 二 ながい顔。面長。

頁9【顔】〔18〕 学2 ガン かお　U補J 9854 2073

旧字 頁9【顏】〔18〕 ガン 漢 ゲン 呉 平 刪 yán イエン　U補J 984F 8090

9画　面革韋（韋）韭音頁風飛食（飠・飠）首香

筆順 亠 亠 立 产 彦 彦 顔 顔

意味 ①〈かお〉〈かんばせ〉 ㋐かお。 ㋑かおいろ。 かおつき。 表情。 ㋒かおだち。 容貌。 ㋓ひたい。 ②体面。 面目。 ③いろどり。 色彩。 ④書斎や堂などに掲げる額。 扁額。 ⑤姓。

解字 顏 形声。 頁が形を表し、彦が音を示す。 頁は頭部。 彦には、ふっくらとゆたかなという意味がある。 顔は、頭部の、ふっくらとしてゆたかな部分で、かおをいう。

難読 笑顔(付表)

【顔淵】 顔回の字。 【――之巷】顔回の住むあばら屋。 巷は、むさくるしい狭い街。「草滋二顔淵之巷一」(顔回のあばら屋には草がいっぱい茂っていた。)〈和漢朗詠集・草〉

【顔延之】 人名。 南北朝の宋の詩人。 字は延年。〔三八四〜四五六〕

【顔回】 人名。 孔子の一番弟子。 字は淵。 まずしい生活の中に道を求めてやまず、徳行第一と称された。

【顔筋柳骨】 唐の顔真卿や柳公権のすじやほね。 書道のすぐれていることをほめることば。〈范仲淹・祭二石曼卿一文〉

【顔元】 人名。 清の学者。 号は習斎。 実学をとなえた。〔一六三五〜一七〇四〕

【顔厚】 あつかましい。

【顔巷】 顔回の住んだ横町。 むさくるしい場所。

【顔杲卿】 人名。 唐の玄宗時代の忠臣。 常山の太守。 安禄山と戦った。〔六九二〜七五六〕

【顔子】 「顔回」に同じ。

【顔氏家訓】 書名。 二巻。 北斉の顔之推の著。 自己の意見・研究・評論を述べて、子孫に教えたもの。

【顔師古】 人名。 唐初の学者。「漢書」の注、「匡謬正俗」の著作がある。〔五八一〜六四五〕

【顔之推】 人名。 北斉の学者。「顔氏家訓」を著す。

【顔氏女】 孔子の母。 姓は顔、名は徴在。

【顔常山】 顔杲卿のこと。 ↓顔杲卿 【――舌】 顔杲卿が安禄山をののしって、舌を断ち切られた故事。〈文天祥・正気歌〉

【顔色】 ▣ かおいろ。 ようす。「洛陽女児惜二顔色一」(都、洛陽の女子たちは、自分の容色のおとろえを気にしている。)〈劉廷芝の詩・代下悲二白頭一翁上〉 ▣ yánsè 現色。【無二――一】 美しさを失う。 圧倒される。「六宮粉黛無二顔色一」(奥御殿の美女たちも見劣りがする。)〈白居易の詩・長恨歌〉 【生二――一】 生気が出てくる。 生き生きとして美しさが増す。「苑中万物生二顔色一」(御苑の中のすべてのものが、喜びに美しくかがやいた。)〈杜甫の詩・哀江頭〉

【顔真(眞)卿】 人名。 唐の忠臣。 安禄山の乱に活躍した。 書法の大家。 顔魯公ともいう。〔七〇九〜七八四〕

【顔貌】 かおかたち。

【顔容】 かおかたち。

【顔料】 ①化粧の材料。 ②絵の具。

【顔魯公】 人名。 ↓顔真卿

【犯レ顔】 不きげんをかまわずいさめる。

【顔李之学(學)】 清の顔元・李塨がとなえた、実行を主とする学問。

▽▼夕顔・天顔・玉顔・汗顔・似顔・花顔・拝顔・紅顔・厚顔・洗顔・破顔・笑顔・真顔・涙顔・素顔・酔顔・尊顔・温顔・童顔・朝顔・新顔

頁 9 【顒】〔18〕 ギョウ ㊥ 平 冬 yóng ヨン　J ①9392 補 7214 U 9852

意味 ①大きい頭。 また、大きいさま。 ②うやうやしい。「顒若」 ③仰ぎ慕う。 ④凝視する。 ⑤待ち望む。「顒望」 ⑥顒顒は、㋐温和なさま。 ㋑慕うさま。 ㋒波の高いさま。

頁 9 【顕】〔18〕 常 ケン　J 2418 補 ― U 9855

旧字 頁14 【顯】〔23〕 人 ケン 呉 漢 上 銑 xiǎn シエン　J 8093 補 ― U 986F

筆順 口 日 旦 㬎 显 显 顕 顕

意味 ①〈あきらか〉 ↕微 ㋐光り輝く。 ㋑はっきりしている。「顕明」 ㋒よく知られている。 ②〈あらわに(あらはに)〉 ㋐はっきりと。 ㋑むきだしに。 ㋒公然と。 ㋓表向きに。 ③〈あらわ・れる(あらは・る)〉 ↕隠 ㋐隠れたものがあらわれる。 ㋑有名になる。 ㋒出世する。 ④〈あらわ・す(あらは・す)〉 ㋐表ざたにする。 公にする。 ㋑顕彰する。 ⑤そと。 うわべ。 ⑥注視する。 ⑦身分の高いもの。「貴顕」 ⑧先祖をたっとぶ言いかた。「顕考」

解字 顯 形声。 頁が形を表し、㬎が音を示す。 頁はあたま。 㬎には、明るくて細かいところまで見えること、おおぜいがしゃべること、まゆ、の三つの意味がある。 顯は、頭にかざる明るい装飾品である。 一説に、まゆ(䌳)の音ケンは、巻と通じるから、顯は、人のからだがまがりくねっていることであるという。

名前 あき・たか・てる・あきら

【顕位】 高い地位。 尊い位。

【顕允】 徳が明らかで誠実なこと。

【顕栄(榮)】 出世して富みさかえる。

【顕界】 この世。 現世。 ↕幽界

【顕学(學)】 ①有名な学者。 ②世に名高い学問。

【顕花植物】 植 花を開き実をむすんで種のできる植物。 ↕隠花植物

【顕官】 地位の高い官職。 地位の高い人。

【顕諫】 正面からまともにいさめる。

【顕貴】 身分が高く世に知られてたっとい。

【顕教】 はっきりとあらわれる。 仏 仏があらわに示した教え。 真言宗以外の教え。 ↕密教

【顕現】 はっきりとあらわれる。

【顕功】 世の中に知れわたったてがら。

【顕考】 ①初代の先祖をうやまっていう。 ②死んだ父の敬称。

【顕在】 現にあらわれている。

【顕士】 有名な人。 名士。

【顕仕】 出世して高い地位につく。

【顕示】 はっきりと示す。

【顕者】 地位の高い人。 身分ある人。

【顕爵】 世間に知られたたっとい位。

【顕正】 仏 正しい道理を表し示す。「破邪顕正」

【顕証(證)】 目だったこと。 あらわなこと。

【顕彰】 明らかにあらわす。

【顕賞】 ①手あつい賞。 ②てがらを明らかにして賞する。

【顕職】 高い地位の職。

【顕然】 ▣ あきらかなさま。 ▣ xiǎnrán 現 ▣に同じ。

【顕祖】 ①祖先の名誉をあらわす。 ②祖先の敬称。

【顕達】 身分が高くなり、さかえる。 出世する。

【顕著】 ▣ いちじるしい。 目だつ。 ▣ xiǎnzhù 現 ▣に同じ。

【顕朝】 現在の朝廷。

【顕白】 明らかにする。 はっきりさせる。

【顕微】 ①明らかなこととかすかなこと。 ②かすかなものを、はっきりさせる。 【――鏡】 こまかいものを拡

大して見る装置。【―無間】(けんびむげん) 外に表れた現象と、奥のかすかな本体とには、区別がなく一体である。〈程頤・易伝序〉

【顕否】(けんぴ) あらわれるものとそうでないもの。出世する者としない者。

【顕妣】(けんぴ) なくなった母の敬称。

【顕密】(けんみつ) [仏]顕教(天台宗・禅宗・浄土宗など)と密教(真言宗)。

【顕名】(けんめい) 世間に知れわたった名声。

【顕黙】(けんもく) 世に出ることと隠遁すること。

【顕誉(譽)】(けんよ) ①あらわしほめる。表彰。②世に知られている名誉。

【顕要】(けんよう(えう)) 地位が高く、重要な職についている。また、その職・人。

【顕揚】(けんよう(やう)) 名をあげあらわす。

【顕戮】(けんりく) 罪人を殺し、死体を公衆の前にさらしてみせしめにする。

【顕得】(シエントゥ) xiǎnde [現]…がよく目立つ。

【不顕】 [一](あらわれず) 表面にあらわれない。[二](あらわれざらんや) あらわれないであろうか、いや、あらわれる。

【辞(辭)顕】(けんをじす) 名誉をことわる。出世をやめる。

◆彰顕・貴顕・露顕

頁9 【顋】〔18〕 サイ [漢] [平] 灰 sāi サイ　J 8091 補 U 984B

[意味] ①〈あご〉〈あぎと〉 ②つつしむ。③〈えら〉魚類の呼吸器。=鰓・腮

頁9 【顓】〔18〕 セン [漢] [平] 先 zhuān チョワン　J ①9393 補 7215 U 9853

[意味] ①よい。②まじめ。③つつしむ。④〈もっぱら〉=専 ㋐ひとすじに。㋑ほしいまま。=擅 ⑤融通がきかない。おろか。「顓愚」「顓蒙」 ⑥顓顓は、㋐うやうやしいさま。㋑小さいさま。⑦顓頊は、古代の帝王。黄帝の孫。高陽氏と号した。→「五帝」(五〇ページ・上) ⑧姓。

【顓孫】(せんそん) 人名。孔子の弟子。名は師。字は子張。

【顓門】(せんもん) →「専門」(三八三ページ・下)

【顓臾】(せんゆ) 春秋時代、魯の属国の名。

頁9 【題】〔18〕 [学]3 ダイ　[一]テイ [漢] ダイ [呉] [平] 斉 tí ティー　[二]テイ [漢] ダイ [呉] [去] 霽 dì ティー　J 3474 補 U 984C

筆順 日 早 早 昇 是 是 題 題

[意味] [一]①〈ひたい(ひたひ)〉眉と髪の生え際の間。おでこ。②さき。ものの端の部分。「箭題」 ③〈しるし〉標識。ラベル。④見出し。標題。⑤書物の内容を要約して巻頭にしるす文。→序・跋 ⑥天子に奉る上奏文。奏章。⑦解決すべき事柄。「問題」「課題」 ⑧評価する。「品題」 ⑨〈しる・す〉㋐書きつける。書きしるす。㋑署名する。㋒詩文を作る。⑩いう。述べる。=提 [二]〈みる〉詳細に見る。

[解字]  形声。頁が形を表し、是が音を示す。頁は頭部。是はさじの形で、平らにのびるという意味を含む。題は頭部の平らにのびているところで、ひたいをいう。一説に是の音は剃と通じて、髪をそる意味を含んでいるから、題は、髪をそって広くしたひたいのことであるともいう。

[名前] みつ

【題意】(だいい) 題の意味。

【題詠】(だいえい) 題を出して歌や詩を作る。

【題画(畫)】(だいが(ぐゎ)) 絵の上に、それにちなんだ詩や文を書きつけること。

【題額】(だいがく) がくに書きつけること。

【題言】(だいげん) はしがき。

【題材】(だいざい) 芸術作品の主題になる材料。

【題詩】(だいし) ある物事について詩をつくる。また、その詩。

【題字】(だいじ) ①石碑の上部などに書きしるす字。②書物の題をしるした字。

【題辞(辭)】(だいじ) ①書物の序文。②石碑などの上部に書くことば。

【題者】(だいしゃ) [国]宗教論や、詩歌の会などで、題を出す人。

【題署】(だいしょ) ①がくなどに書きつける。また、そのもの。②公文書のあてながき。

【題簽】(だいせん) 書籍の表題を書いて表紙にはってある紙あるいは布。題籤。

【題跋】(だいばつ) 書物の前書きとあと書き。

【題品】(だいひん) 物事のよしあしの順序をきめる。品定め。

【題払(拂)】(だいふつ) もちあげる。賞揚する。

【題壁】(だいへき) 壁に詩文を書きつけること。

【題名】(だいめい) ①名を書きつける。②科挙(官吏登用試験)合格者の名をかかげること。③書物や作品の標題。④文体の一つ。【―録(錄)】(だいめいろく) 科挙合格者の名簿。

【題目】(だいもく) [一]①みだし。書物のおもてだった題。②詩文の題。③品定め。品評。④名称。⑤問題。⑥[仏]経や論の題。とくに日蓮宗で「南無妙法蓮華経」 [二]← tímù ティームー [現][一]の①〜⑤に同じ。

◆外題・出題・主題・本題・名題・芸題・改題・例題・命題・季題・表題・品題・話題・勅題・宿題・問題・探題・御題・無題・解題・演題・標題・論題・課題・難題・類題・議題・閑話休題

頁9 【類】〔18〕 [学]4 ルイ たぐい　J 4664 補 U 985E

[旧字] 頁10 【類】〔19〕 [人] [一]ルイ [漢] [呉] [去] 寘 lèi レイ　[二]ライ [漢] [去] 隊 lèi レイ　J ①9404 補 U F9D0

筆順 ⺌ 半 米 米 类 类 類 類

米3 【类】〔9〕 [俗字] J ― 補 ― U 7C7B

[意味] [一]①〈たぐい(たぐひ)〉㋐なかま。同類。㋑種類。㋒むれ。「群類」 ㋓区別。類別。②〈たぐ・える(――・ふ)〉並べて比べる。比較する。③分類する。④〈にる〉にかよう。⑤従う。⑥よい。立派な。⑦すがた。かたち。⑧事例。⑨きまり。道理。⑩〈みな〉全部。⑪〈おおむね(おほむね)〉 ⑫㋐天をまつる。㋑軍祭。⑬伝説中の動物。⑭姓。[二]さからう。かたよる。=纇

[解字] 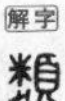 形声。頪と犬とを合わせた字で、頪が音を示す。頪には、区別がはっきりしないという意味がある。類は、犬のように区別しにくいことで、似ている、なかまという意味になる。親に似ない者は悪で、似ていることは善になるので、類には善という意味も生じた。

[名前] とも・なし・よし

【類苑】(るいえん(ゑん)) 同類の事がらごとにまとめて集めた文章や書物。

【類化】(るいか(くゎ)) ①栄養分を自分のからだの成分に変えるはたらき。②古い知識によって新しいものを理解する。

【類我類我】(るいがるいが) 我のまねをしなさい。おれについてこい。

【類句】(るいく) ①詩や文のたがいに似かよった句。また、それを集めた書物。②[国]同種類の俳句。似ている俳句。

【類型】(るいけい) ①似かよった型。②ありふれた型。

【類語】(るいご) ①似ていることば。同種類の単語。②[国]詩歌や文章の中の類似したことばを分類配列したもの。

【類纂】(るいさん) 同類のものを集めて編集する。

【類字】(るいじ) 形の似ている文字。

【類次】(るいじ) 分類して順序をつける。

【類似】(るいじ) 似ている。

【類従(從)】(るいじゅう) 同じ種類によってまとめる。種類ごとにまとめた書物。

9画
面革韋(韋)韭音頁風飛食(食・食)首香

【類聚】①事がらを集めて分類したもの。②「芸文類聚」の略。【――国(國)史】国書名。六国史の記事を分類してまとめたもの。菅原道真著。【――名義抄】国書名。菅原是善著といわれる。項目で分類した辞書。

【類書】①多くの書物の中の事項を分類・編集したもの。分類百科事典。②国同類の書物。

【類抄】分類した項目ごとに書き抜いて集める。また、そのもの。

【類焼(燒)】よそから出た火事で焼けること。

【類推】似ている点からおしはかる。

【類題】国①同じような種類の問題。②類似した題によって和歌・俳句などを集めたもの。

【類比】共通の似かよった点があること。

【類別】種類によって分ける。分類。

【類編】分類して編集する。

【類例】似かよった実例。

【類而不レ斉(齊)】似ているが同じではない。

◆人類・分類・比類・生類・衣類・同類・貝類・書類・畜類・魚類・鳥類・部類・族類・無類・穀類・種類・獣類・親類・両生類・爬虫類

頁10 【願】〔19〕学4 ガン ねがう

ゲン 漢 ガン(グヮン) 呉 去 願 yuàn ユワン　J 2074 補 ― U 9858

筆順 一 厂 厂 原 原 原 願 願

意味 ①〈ねが・う(――・ふ)〉㋐たのむ。㋑のぞむ。㋒祈る。㋓うらやむ。②〈ねがい(ねがひ)〉③〈ねがわし・い(ねがは・し)〉④〈ねがわくは(ねがはくは)〉どうか。⑤〈おも・う(――・ふ)〉ねがい思う。⑥〈つねに〉いつも。そのたびごとに。「願言」 国〈がん(ぐゎん)〉神仏へのねがいごと。

解字  形声。頁が形を表し、原が音を示す。頁は頭。原には大きいという意味がある。願は大きなあたま。愨と通じて、「ねがう」意味になる。

【願意】一 願いのおもむき。二 yuànyì 現願う。「…したい。」

【願海】大きな願い。

【願糸(絲)】七夕の行事。女子が牽牛・織女の二星に糸をささげて、裁縫の上達を祈る。願いの糸。

【願主】一 仏仏のために尽くして、功徳を積もうとする願を立てた人。

【願書】願い出ることをしるした書類。

【願状(狀)】国願いごとをしるした手紙。

【願人】一 国①願い出た本人。②祈願する人。③願人坊主。二 国願い出た人。

【願望】一 ①願い。②願い望む。二 yuànwàng 現一に同じ。

【願文】国神仏への願いごとをしるした文。願いぶみ。

【願力】①神仏に願う祈りの力。②仏仏が人を救おうとする願いの力。

◆大願・心願・本願・出願・志願・祈願・念願・哀願・素願・発願・宿願・悲願・満願・訴願・嘆願・誓願・請願・懇願

頁10 【頣】〔19〕ギ 漢 上 尾 yǐ イー　J ①9401 補 7217 U 9857

意味 ①やすらか。②うやうやしい。③たのしむ。

頁10 【顜】〔19〕コウ 漢 上 講 jiǎng チアン (カウ)　J ― 補 ― U 985C

意味 ①正しい。②あきらか。③やわらぐ。

頁10 【顙】〔19〕ソウ 漢 上 養 sǎng サン (サウ)　J ①9402 補 7218 U 9859

意味 ①〈ひたい(ひたひ)〉②あたま。③ひたいを地につけて礼をする。④頬。⑤のど。

頁10 【顚】〔19〕人 標 テン 漢 呉 平 先 diān ティエン　J ①9403 補 7219 U 985A

人10 【傎】〔12〕同字　J ― 補 1792 U 508E

頁10 【顛】〔19〕俗字　J 3731 補 ― U 985B

意味 ①〈いただき〉㋐頭のてっぺん。㋑ひたい。㋒山頂。=巓「山巓」㋓広く、物のてっぺん。②はし。末。③もと。はじめ。「顚末」④ひっくりかえる。さかさまになる。⑤〈たお・れる(たふ・る)〉=蹎「顚仆」「顚踣」⑥ころがり落ちる。「顚落」「顚墜」⑦あわてる。⑧精神の異常。=瘨・癲 ⑨ふさがる。=塡

参考 新表記では、「転」に書きかえる熟語がある。

【顚委】もとと、すえ。

【顚頤】上の者が下の者に養われること。

【顚僵】倒れる。ひっくりかえる。

【顚蹶】「顚跌」に同じ。

【顚錯】たおれみだれる。ひっくりかえる。「顚二錯於秦火一」(秦の始皇帝が書物を焼いたことのために、めちゃめちゃになってしまった。)〈宋史〉

【顚躓】「顚跌」に同じ。

【顚跌】つまずいて倒れる。大失敗をして苦しむ。

【顚倒】①ひっくりかえる。さかさまになる。=転倒 ②倒れる。③うろたえる。④大きなまちがい。

【顚読(讀)】国漢文などを返り点に従って、下から上にかえって読むこと。=転読 ↔直読

【顚沛】①つまずき倒れる。さしせまった一大事の場合。「造次顚沛」〈論語・里仁〉②くじける。③短い時間。

【顚覆】①ひっくりかえる。②うちこわし滅ぼす。=転覆

【顚木】たおれた木。

【顚末】始めから終わりまでの事情。

【顚毛】頭の毛。頭髪。

【顚連】つまずき倒れ、進まない。非常に苦しむ。

頁10 【顖】〔19〕同→囟(二七三ページ・上)

頁10 【類】〔19〕旧→類(一三七九ページ・下)

頁10 【顛】〔19〕俗→顚(本ページ・中)

頁11 【顣】〔20〕シュク 漢 入 屋 cù ツー　J ― 補 7221 U 9863

意味 〈しか・める(――・む)〉しわをよせる。鼻すじをしかめる。楽しくないようす。=蹙「顣頞」

頁11 【顢】〔20〕バン 漢 平 寒 マン 慣 mán マン　J ― 補 7220 U 9862

意味 顢頇は、大きな顔をすること。また、道理にくらいこと。「莫二顢頇一」〈碧巌録三九〉

頁12 【顧】〔21〕常 コ かえりみる　J 2460 補 ― U 9867

旧字 頁12 【顧】〔21〕 コ 漢 去 遇 gù クー　J ― 補 ― U ―

筆順 戸 戸 戸 戸 戸 雇 顧 顧

意味 ①〈かえり・みる(かへり・みる)〉㋐ふりかえって見る。㋑見まわす。㋒みつめる。㋓おもう。反省する。㋔目をかける。②おとずれる。③待つ。④かえる。もどる。「顧反」⑤やとう。=雇 ⑥〈おもうに(おもふに)〉考えてみると。⑦〈かえって(かへって)〉反対に。⑧〈ただに〉⑨ゆえに。⑩および。また。⑪国の名。今の山東省鄄城県。⑫姓。

解字 𩔳（篆文） 形声。頁が形を表し、雇こが音を示す。頁は頭。雇には、家にしたしむ鳥という意味がある。顧は、なつかしんで、頭をふりむけて見ることで、かえりみる意味になる。

名前 み　**難読** 顧客とくい

【顧愛】こあい　目をかけかわいがる。

【顧炎武】こえんぶ　人名。清しん初の儒学者。考証学の祖といわれる。「日知録」の著者。（一六一三～一六八二）

【顧懐（懷）】こかい（くわい）　ふり返り、思う。心をひかれる。

【顧愷之】こがいし　人名。東晋とうしんの画家。

【顧客】■こかく／こきゃく　国とくい客。おとくい。■クーコー gùkè 現■「に同じ。」

【顧鑑】こかん　ふりかえりみる。あたりをながめまわす。【——頻申】こかんひんしん　頻申は猛獣がえものをねらうとき、からだをのびちぢみさせる動作。先生が学生を指導する場合にいろいろの方法をつかうこと。

【顧忌】こき　遠慮する。

【顧遇】こぐう　目をかけて、よくもてなす。

【顧眷】こけん　目をかける。かわいがる。眷顧。

【顧指】こし　あちらこちらを見たり指さしたりする。さしずする。

【顧視】こし　ふりかえって、見つめる。

【顧恤】こじゅつ　あわれみをかける。

【顧藉】こせき　惜しむ。いとおしむ。自重する。

【顧託】こたく　①近臣に、死後のことをたのむ。②たのみ。たのむ。

【顧佇】こちょ　考えがまとまらない。進退がきまらずまごまごする。佇はたたずむ。

【顧賃】こちん　だちん。心づけ。

【顧兎】こと　月の異名。

【顧念】こねん　①気にかけて思う。②おもうに。

【顧反】こはん　①かえって。②返る。

【顧盼】こはん　かえりみる。盼も、かえりみる意。

【顧復】こふく　父母が子どもを気にかけること。顧は案じてふりかえること、復はくりかえすこと。【——之恩】こふくのおん　父母が子をあちらこちら見まわす。のめんどうを見る恩。

【顧眄】こべん　あちらこちら見まわす。

【顧歩】こほ　あちこち見かえりながら歩く。

【顧望】こぼう（ばう）　①ふりむく。②はばかる。③ためらう。

【顧命】こめい　①天子の遺言ゆいごん。②天子が左右の臣に命じる。「相談役。」③「書経しょきょう」の編名。

【顧問】こもん　①天子が臣下の意見をきく。②相談する。また、

【顧野王】こやおう（わう）　人名。南北朝の梁りょうの学者。「玉篇」という字書を編集した。（五一九～五八一）

【顧慮】こりょ　気にかけて思う。心配する。

【顧恋（戀）】これん　思いをかける。目をかけ愛する。

【不レ顧】かえりみず（かへりみ）　①ふりかえらない。②問題にしない。後悔しない。

【顧而言レ他】かえりみてたをいう（かへりみていふ）　ふりかえって、まわりの者に他のことを話す。返事に困ってごまかす態度をいう。〈孟子もうし・梁恵王けいおうの下〉

▷三顧さんこ・回顧かいこ・後顧こうこ・愛顧あいこ・懐顧かいこ

頁12【顥】〔21〕　コウ 漢 上 皓　(カウ) hào ハオ　U 9865　補 7222　J ①9405

意味 ①〈しろ・い（——・し）〉＝皓こう　㋐白い。㋑髪の毛が白い。②大きい。③西の天。＝昊こう　④顥顥こうこうは、㋐白く光るさま。㋑広く大きいさま。

頁12【顦】〔21〕　ショウ 漢 平 蕭　(セウ) qiáo チアオ　U 9866　補 7223　J ②9230

意味 ①〈やつ・れる（——・る）〉やせおとろえる。＝憔しょう「顦顇しょうすい」②憂えるさま。

頁12〖囂〗（二六七ジペー・下）↓口部十八画

頁12〖纇〗（九八六ジペー・中）↓糸部十五画

頁13【顪】〔22〕　カイ 漢 去 隊　huì ホイ　U 986A　補 7224　J ―

意味 ①あごひげ。②頰ほお。

頁13【顫】〔22〕　■セン 漢 ■去 霰 chàn チャン、zhàn チャン　■セン 漢 ■平 先 shān シャン　U 986B　補 ―　J 8092

意味 ■〈ふる・える（——・ふ）〉①頭がゆれる。②手足がふるえる。③驚く。恐れる。＝憚たん　■鼻がきく。

【顫動】せんどう　ぶるぶるふるえる。

【顫筆】せんぴつ　筆をふるわせる。筆をふるわせて書画を作る筆法。

頁14【顬】〔23〕　ジュ 漢 平 虞　rú ルー　U 986C　補 7225　J ①9406

意味 顳顬しょうじゅは、①こめかみ。②こめかみが動く。

頁14【顳】〔23〕　デイ 漢 上 迥　nǐng ニン　U 29573　補 ―　J ―

意味 頭のてっぺん。「頂顳ちょうてい」

頁14【顯】〔23〕　旧 七八ジペー・中）↓顕（一三

頁15【顰】〔24〕　ヒン 漢 平 真　pín ピン　U 9870　補 ―　J 8094

意味 ①〈ひそ・める（——・む）〉〈しか・める（——・む）〉㋐まゆをひそめる。㋑顔をしかめる。②憂える。③〈ひそみ〉〈しかみ〉まゆをしかめること。国〈しかみ〉①鬼形の能面のうめんの一種。②しかめつらの細工物さいくもの。③建築で、木鼻きばななどのえぐれた部分。

【顰頞】ひんあつ　かおをしかめること。頞は、はなばしら。

【顰蹙】ひんしゅく　まゆをひそめる。いやな顔をする。

【顰眉】ひんび　まゆをしかめる。

〖効（效）レ顰〗ひんにならう（ならふ）　ひそみにならう（ならふ）　事のよしあしを考えず、いたずらに人まねをすること。西施せいしという美人のしかめた顔が美しかったのを見て、みにくい女がまねをした故事。〈荘子そうじ・天運〉

頁16【顱】〔25〕　ロ 漢 平 虞　lú ルー　U 9871　補 ―　J 8101

意味 ①あたま。②頭蓋骨ずがいこつ。頭の骨。

【顱頂骨】ろちょうこつ（ちゃう）　頭の上にある平らな骨。頭頂骨とうちょうこつ。

頁17【顴】〔26〕　俗 ↓顴（本

頁17〖龥〗（一四五八ジペー・下）↓龠部九画

頁18【顴】〔27〕　ケン 漢 平 先　quán チュワン　U ―　補 ―　J ―

意味 〈ほおぼね（ほほぼね）〉「顴骨けんこつ」

頁17【顴】〔26〕　俗字　U 9874　補 ―　J 8102

頁18【顳】〔27〕　ジョウ（ゼフ） 漢 入 葉　ショウ（セフ） 慣 niè ニエ　U 9873　補 ―　J 8103

意味 顳顬しょうじゅは、①こめかみ。②こめかみが動く。

9画

風部　かぜ

【部首解説】「かぜ」を表す。この部には、風の種類や状態に関連したものが多く、「風」の形を構成要素とする文字が属する。

風0【風】〔9〕　学 2　フウ・フ　かぜ・かざ　U 98A8　補 ―　J 4187

■フウ 漢 呉 ■平 東 fēng フォン　■フ 慣 ■フウ 漢 呉 ■去 送 fèng,fēng フォン

9画 面革韋(韋)韭音頁風飛食(𩙿・食)首香

筆順 ノ 几 凡 凨 凨 凬 風 風 風

風 18 几 6【凮】〔8〕古字 U補J 2064A　几 5【凬】〔7〕同字 U補J 51EC
【飌】〔27〕同字 U補J 98CC 7239　几 6【凮】〔8〕俗字 U補J 51EE 1911 ①1457

意味 ■一 ①〈かぜ〉〈かざ〉 ②いきおい。㋐情勢。㋑威勢。③教え。教化。④ならわし。しきたり。「風習」⑤〈ふり〉すがた。ようす。おもむき。態度。⑥景色。情景。「風景」⑦歌。歌謡。⑧「詩経」の六義の一つ。諸国の民謡。⑨きっかけ。事のおこり。⑩うわさ。消息。「風聞」⑪病気。㋐風邪。感冒。㋑おこり。㋒中風。㋓狂気。＝瘋 ⑫風のように速い。⑬はなれる。はぐれる。⑭さかりがつく。⑮姓。■二 ①風が吹く。②感化する。教育する。③＝諷 ㋐そらんじる。㋑ほのめかす。さとす。㋒あてこする。

解字 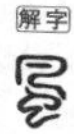 形声。虫が形を表し、凡が音を示す。虫は動物の総称。凡には汎と同じく、ひろがるという意味がある。風は、空気が移動して、かぜが吹くと、虫がその気に応じて生まれるということから、かぜをいう。

姓 風和 地名 風連

難読 風邪(付表)／風信子・風呂

参考 新表記では、「諷」の書きかえに用いる熟語がある。

【風待月】かぜまちづき 国陰暦六月。

【風位】ふうい(ゐ) 風の方向。かざむき。

【風韻】ふういん(ゐん) ①風流なようす。おもむき。風雅。②風の音。③すがた。ようす。

【風雨】ふうう ①かぜとあめ。②あめかぜ。あらし。③空もよう。

【――鶏(鷄)鳴】ふううけいめい 風雨がひどくても、にわとりが鳴きつづける。人の言わないことを、思い切って主張すること。〈詩経・風雨〉【――凄凄】ふううせいせい 風が吹き雨が降って寒いこと。【――飄揺(搖)】ふううひょうよう(へうえう) いつ事件が起こるかわからない不安な状態をいう。

【風雲】ふううん ■一 ①風や雲。②事のなりゆき。③地位の高いこと。④土地の高いこと。⑤機会をつかんで世の中に活躍すること。⑥盛んなようす。⑦変化するようす。■二 かざぐも 国風の吹く前じらせの雲。【――月露】ふううんげつろ 花鳥風月ばかり詠じて、世の役にたたない詩文をいう。【――児(兒)】ふううんじ 事変などの機会に乗じて目だった活躍をした人。

【風烟】ふうえん 「風煙」に同じ。

【風煙】ふうえん ①風にたなびくかすみ。②風とけむり。③遠く離れていること。④戦争。

【風鳶】ふうえん 凧。いかのぼり。

【風簷】ふうえん そよ風が吹く軒ば。＝風檐【――寸晷】ふうえんすんき(きう) せまい家に住んで、わずかな時間を惜しんで勉強する。苦学の状況をいう。

【風化】ふうか(くわ) ①民をよいほうへみちびく。②教えに感化されること。③岩石が風や水によってくずされること。④結晶が空気中の水分を吸収して、くだけて粉になること。

【風荷】ふうか 風に吹かれているはすの葉。

【風雅】ふうが ①「詩経」の国風(諸国の民謡)と大雅・小雅(宮廷の楽)。②詩文。③風流。④国俳諧の道。

【風懐(懷)】ふうかい(くわい) 風流な心。

【風害】ふうがい 大風のために受けた損害。

【風槩】ふうがい ①けだかい人がら。②けしき。

【風格】ふうかく ①人がら。②上品な人がら。③おもむき。

【風寒】ふうかん 風や寒さ。

【風漢】ふうかん 狂人。

【風鑑】ふうかん 顔かたちや姿で人がらを見わける。

【風鬟】ふうかん(くわん) 風にくしけずる。【――雨鬢】ふうかんうびん まげやびんの毛が風雨にさらされる。女子が苦労してやつれている状態。〈異聞集〉

【風岸】ふうがん ①風の吹く川岸。②かどがあって親しみにくいこと。

【風眼】ふうがん 目がはれ、うみの出る病気。濃漏性結膜炎。

【風気(氣)】■一 ふうき ①気候。②かぜひき。風邪。③風俗。④気風。⑤病気。中風。⑥風の吹くけはい。⑦ガスが腸内にたまること。■二 かぜけ｜かざけ 国風邪の気味。かぜぎみ。

【風紀】ふうき 風俗についてのきまり。生活のきまり。男女の交際についてのきまり。

【風儀】ふうぎ ①姿かたちの美しいようす。②たちいふるまい。身のこなし。③すがた。④国ぎょうぎ。

【風狂】ふうきょう(きゃう) ①はげしい風が吹く。②狂人。③国風流の道におぼれた人。

【風教】ふうきょう(けう) ①徳をもって民を教えみちびく。②風俗と教化。

【風琴】ふうきん ①オルガン。②手風琴。アコーディオン。③琴の一種。④ふうりん。

【風景】■一 ふうけい ①けしき。よいながめ。②ようす。人品。■二 フォンチン fēngjǐng 現■一の①に同じ。

【風穴】■一 ふうけつ 風を吹き出す穴。■二 かざあな 国①■一に同じ。②風を通す穴。

【風月】ふうげつ ①風と月。自然のよいけしき。②風流を楽しむこと。③男女関係。恋愛。④国詩文をつくること。また、その役人。

【風憲】ふうけん 風紀取り締まりの規則。

【風向】■一 ふうこう(かう) 風が吹き進む方向。■二 かざむき 国①風が吹いてくる方向。②物事の傾向。

【風光】ふうこう(くわう) ①けしき。②人がら。③おもかげ。【――明媚】ふうこうめいび(くわう) けしきが美しく清らかなこと。

【風行】ふうこう(かう) ①風が吹くこと。②速く行くこと。③徳をもって治めること。④人格や行動のりっぱなこと。【――草偃】ふうこうそうえん(かう)(さう) 上の者の行動を下の者がみならうこと。君子の徳が人民を感化すること。〈周書〉

【風候】ふうこう ①風のようす。②風の方向を知る道具。かざみ。③気候。

【風骨】ふうこつ ①すがた。からだつき。②物のようす。がら。③「すぐれた骨相。」

【風沙】ふうさ 風でまいあがる砂。

【風災】ふうさい 暴風の災害。

【風采(采)】ふうさい ①人の外見。ひとがら。すがた。みかけ。②風俗と事情。③官吏の悪い行いをそしるてがみ(風聞)を御史が採用すること。また、その投書。

【風裁】ふうさい ①すぐれた判断。りっぱな考え。②品格。

【風餐】ふうさん 風にさらされること。【――雨臥】ふうさんうが(ぐわ) 「風餐露宿」に同じ。【――露宿】ふうさんろしゅく 風雨にさらされる旅の苦しみ。

【風子】ふうし｜ふうす 狂人。瘋子。

【風示】ふうし 遠まわしにさとす。＝諷示

【風(「諷」)刺】ふうし とおまわしにそしる。あてこする。

【風姿】ふうし ようす。すがた。なりふり。

【風師】ふうし 風の神。風伯。

【風疾】ふうしつ ①精神病。②中風。中気。③風のように速い。

【風日】ふうじつ 風と日。『不レ蔽ニ――ニ』ふうじつをおおわ(おほは)ず 風雨をしのげない。〈陶潜・五柳先生伝〉

【風趣】ふうしゅ おもむき。

【風樹】ふうじゅ 死んだ父母を思うこと。風樹之嘆。【――之嘆(「歎」)】ふうじゅのたん 孝行をしたい時には親が死んで、孝行ができないなげき。「樹欲レ静而風不レ止、子欲レ養而親不レ待」〈韓詩外伝・巻九〉

【風習】ふうしゅう(しふ) ならわし。しきたり。習慣。

【風尚】ふうしょう(しゃう) ①人々のこのみ。②上品なようす。

【風情】■一 ふうじょう(じゃう) ①ありさま。ようす。②おもむき。味わい。②あつかい。もてなし。③ようす。■二 ふぜい 国①おもむき。

けはい。④…のようなもの。ことばの終わりに添えて、いやしめや、へりくだりの意をあらわす。

【風色】（ふうしょく） ①天気。②けしき。③顔つき。ようす。

【風食（「蝕」）】（ふうしょく） 風の力で岩石をすりへらす。

【風燭】（ふうしょく） 人生のはかないこと。危険なこと。風前のともしび。

【風信】（ふうしん） ①たより。おとずれ。②風のおとずれ。風むき。

【風神】㊀（ふうしん） ひとがら。表にあらわれた精神。㊁（ふうじん） ㊜風の神。

【風疹】（ふうしん） 医ぽつぽつのできる急性の皮膚伝染病。

【風人】（ふうじん） 詩人。【──墨客】（ふうじんぼっかく（ぼくかく）） 文学者。とくに、詩人。

【風塵】（ふうじん（ぢん）） ①風ほこり。②戦争。戦乱。③俗世間。④世間の俗事。⑤官につくこと。⑥よごれ。⑦国軽いもののたとえ。【──中人】（ふうじん（ぢん）ちゅう（ちう）のひと） 遊女をいう。

【風水】（ふうすい） ①風と水。②家や墓に適した土地をうらなう術。「風水説」

【風吹】（ふうすい） 風が吹くこと。【──草動】（ふうすいそう（さう）どう） 風が吹き、草がゆれる。わずかな動きの影響。〈水滸伝〉

【風声（聲）】（ふうせい） ①風の音。②人がらと評判。③風のたより。うわさ。④土地風俗に従う教え方。【風声（聲）鶴唳】（ふうせいかくれい） 負けた軍が、風の音やつるの鳴き声を敵と思って驚き恐れること。おじけづいた人が、わずかのことにおびえること。〈晋書・謝玄伝〉

【風雪】（ふうせつ） ①風と雪。②ふぶき。③つらいこと。苦しみ。

【風説】（ふうせつ） うわさ。

【風前灯（燈）】（ふうぜんのともしび） 風の前のともしび。人生のはかなさや、危険のせまったようすにたとえる。

【風箏】（ふうそう（さう）） ①凧。いかのぼり。②ふうりん。

【風操】（ふうそう（さう）） 生活態度がけだかく信念を曲げない。けだかいみさお。

【風霜】（ふうそう（さう）） ①風と霜。②文章などのきびしくおごそかなようす。③年月。【──高潔】（ふうそう（さう）こう（かう）けつ） 風が高く吹き、霜が清らか。秋のけしき。

【風騒（騷）】（ふうそう（さう）） ①「詩経」の国風と、「楚辞」の離騒。②詩文をつくること。③風流。

【風俗】㊀（ふうぞく） ①世間のならわし。②みなり。③その地方に行われる詩や歌。くにぶり。㊁（フォンスー） fēngsú 現㊀の①に同じ。【──小説】（ふうぞくしょう（せう）せつ） 時代の風俗を描写した小説。

【風帯（帶）】（ふうたい） 国几帳や掛軸の上からたれる細長いきれ。

【風袋】（ふうたい） 国①物の重さをはかるときの、入れ物の目方。②みかけ。うわべ。外観。

【風鐸】（ふうたく） ①ふうりん。②寺院や塔の軒のすみにさがっている青銅の鈴。

【風致】（ふうち） ①人のようす。②おもむき。おもしろみ。③美しいけしき。「風致地区」

【風馳】（ふうち） 風のように速く走る。【──電掣】（ふうちでんせい） 風が走りいなずまがひらめくように速く走ること。

【風中燭】（ふうちゅう（ちう）のしょく） 「風前灯」に同じ。

【風潮】（ふうちょう（てう）） ①風につれて流れるうしお。②時代の傾向。

【風調】（ふうちょう（てう）） ①詩や歌の調子。②ようす。③きまり。しきたり。④やりかた。【──雨順】（ふうちょう（てう）うじゅん） 風雨が順調なこと。〈唐書・儀礼志〉

【風鎮（鎭）】（ふうちん） 掛軸の両端にさげるおもり。

【風体（體）】（ふうてい・ふうたい） なりふり。ようす。すがたかたち。

【風顛】（ふうてん） 精神の状態が正常でないこと。瘋癲。

【風土】（ふうど） 気候や地味など、その土地のようす。【──記】㊀（ふうどき） その地方の風土についてしるしたもの。㊁（ふどき） 国書名。国々の地名・土地・産物・伝説などをしるしたもの。和銅六年（七一三）編。

【風濤】（ふうとう（たう）） ①風と大波。②人生の波風。世渡りのむずかしいたとえ。

【風洞】（ふうどう） 人工的に空気の流れを起こさせる装置。

【風動】（ふうどう） ①なびき従う。感化される。②風が吹く。【──四方】（ふうどうしほう（はう）） ①政治の教化がゆきわたること。②だれでも知っていること。

【風波】（ふうは） ①かぜとなみ。②風が吹いて波の荒くなること。波風。③争い。

【風旆】（ふうはい） 風にひるがえるはた。

【風媒花】（ふうばいか（くわ）） 植風によって受粉が行われる花。松やとうもろこしなど。↔虫媒花

【風馬牛】（ふうばぎゅう（ぎう）） 無関係。【──不二相及一】（ふうばぎゅう（ぎう）もあい（あひ）およばず） ①おすとめすの馬や牛がたがいに呼び合っても届かないほど遠く離れている。〈左伝・僖公四〉②転じて、関係のないこと。

【風伯】（ふうはく） 風の神。風師。

【風発（發）】（ふうはつ） ①風が吹き起こる。②急に勢いよく起こる。③話がさかんに口をついて出る。「談論風発」

【風帆】（ふうはん） 風を受けてふくらんだ船の帆。【──沙鳥】（ふうはんさちょう（てう）） 風をはらんだ帆かけ船と、岸の砂にあそぶ鳥。

【風靡】（ふうび） ①なびき従う。従わせる。②風が吹く。そよぐ。

【風評】（ふうひょう（ひゃう）） うわさ。

【風便】（ふうびん） 風のつごう。つごうのよい風。

【風物】（ふうぶつ） ①けしき。ようす。②季節のもの。「風物詩」

【風聞】（ふうぶん） ①うわさ。②役人の悪い行いをせめる無記名の投書。

【風鵬（鵬）】（ふうほう） ①風に乗って飛ぶおおとり。俗世間を見下して、ゆうゆうと高い地位にいること。②出世すること。

【風丰】（ふうぼう） ①ふくよかで美しいようす。②ようす。ふうさい。

【風望】（ふうぼう（ばう）） ようすと人望。

【風貌】（ふうぼう（ばう）） 姿。人のようす。なりふり。

【風木】（ふうぼく） 風に吹かれる木。【──傷心】（ふうぼくしょう（しゃう）しん） 「風木嘆」に同じ。【──嘆（「歎」）】（ふうぼくのたん） 父母に孝養をつくせないなげき。風樹之嘆。【──銜レ悲】（ふうぼくかなしみをふくむ） 「風木嘆」に同じ。【──之痛】（ふうぼくのいたみ） 「風木嘆」に同じ。【──之悲】（ふうぼくのかなしみ） 「風木嘆」に同じ。

【風味】（ふうみ） ①上品でおいしいもの。②おもむき。③おくゆかしい気だて。

【風紋】（ふうもん） 砂の上を風が吹いて、砂面にできたもよう。

【風喩】（ふうゆ） それとなくさとす。たとえによってさとらせる。

【風謡（謠）】（ふうよう（えう）） ①はやり歌。②「詩経」の国風にある諸国の民謡。

【風籟】（ふうらい） 風の音。風声。

【風柳】（ふうりゅう（りう）） 風になびくやなぎ。

【風流】（ふうりゅう（りう）） ①なごり。むかしから残された風俗。②みやびやかなこと。③俗世間を離れて詩歌を作り、上品な遊びをすること。④男女の交際。⑤人がら。⑥国くふうして美しく飾ること。【──韻事】（ふうりゅう（りう）いん（ゐん）じ） 風流な遊び。【──罪過】（ふうりゅう（りう）ざいか（くわ）） ①刑に触れない風流な罪。軽い罪。②男女間のつやばなし。〈北斉書・郎基伝〉【──三昧】（ふうりゅう（りう）さんまい） ひたすら風流の道にはいる。【──藪沢（澤）】（ふうりゅう（りう）そう（さう）たく） 芸者の集まっている所。色まち。〈開元天宝遺事〉【──調法】（ふうりゅう（りう）ちょう（てう）ほう（はふ）） 恋愛の手段。〈西廂記〉【──篤厚】（ふうりゅう（りう）とっ（とく）こう（かう）） 昔のよい風俗のなごりで、行いが手あつく誠実なこと。

【風力】㊀（ふうりょく） ①風の速さの度合い。②人がらやからだつき。③人を感化する力。㊁（フォンリー） fēnglì 現㊀の①に同じ。

【風烈】（ふうれつ） ①風がはげしく吹く。「迅雷風烈」②だいたいの人がらと、なしとげた功績。すぐれたようす。③教化と事業。

【風浪】（ふうろう（らう）・かざなみ） 風と大波。風のためにたつ大波。

【風炉(爐)】㊀ふろ 国茶道で、湯をわかす道具。㊁ふう ①㊀に同じ。②金属を溶かすつぼを置いた炉。

【風箱】フォンシアン fēngxiāng 現ふいご。

【風定花猶落】かぜさだまりてはななお(なほ)おつ 夕方、風が静かになっても、花はなお散っている。〈世説新語・夙恵〉

【風捲₂残(殘)雲₁】かぜざんうんをまく 風が残った雲をふきはらう。食べることが速く多い形容。食いしんぼうをいう。

【御₂風】かぜにぎょす 風に乗る。風にまたがって空を飛ぶ。〈荘子・逍遥遊〉

【櫛₂風沐₁雨】かぜにくしけずりあめにかみあらう 雨風にさらされながら苦労をする。風櫛雨沐。〈蘇軾・前赤壁賦〉

【随(隨)₂風倒₁舵】かぜにしたがいて(したがひて)かじ(かぢ)をきかしますのに同じ。〈陸游の詩〉「看₂風使₁帆」に同じ。〈荘子・天下〉

【順₂風而呼】かぜにしたがいて(したがひて)よぶ 風の向く方向にさけぶ。他の力を利用して効果を高めること。〈荀子・勧学〉

【乗(乘)₂風破₁浪】かぜにのりなみをやぶる 大きな希望を持つ人や、遠い船旅に出る人を祝うことば。〈晋書・宗慤伝〉

【培₂風】かぜをかさぬ 風に乗る。空気の厚みを加える。〈荘子・逍遥遊〉

【看₂風使₁帆】かぜをみてほをつかう(つかふ) よい機会をみて仕事をすること。「〈五灯会元〉」

【望₂風】ふうをのぞむ ようすを見る。すぐれたようすを見て、それに心を引かれる。

◆大風・中風・台風・古風・北風・気風・西風・光風・民風・狂風・谷風・余風・好風・防風・国風・松風・画風・東風・突風・学風・和風・美風・春風・南風・秋風・洋風・逆風・神風・威風・追風・浜風・家風・烈風・疾風・朔風・破風・校風・華風・通風・強風・清風・涼風・屛風・陸風・悲風・順風・微風・歌風・遺風・潮風・暴風・薫風・馬耳東風

風3【颪】〔12〕国字 意味〈おろし〉山から吹きおろす風。 U 98AA 補 — J 8104

風4【飍】〔13〕フ 漢 平 虞 fú フー U 295AC 補 — J —

風4【颫】〔13〕同字 U 98AB 補 7226 J ②9231

風5【颯】〔14〕人 サツ 慣 ソウ(サフ) 漢 入 合 sà サー 意味 颯颯ようは、大風。上から吹きおろす風。＝扶揺 U 98AF 補 — J 8105

意味 ①はやて。疾風。②風がさっと吹くさま。また、その音。「颯然」「颯颯」③盛んなさま。④きびきびしたさま。「颯爽」⑤老いて衰える。「蕭颯」

解字 形声。風が形を表し、立が音を示す。風の吹く音を意味する。

【颯沓】さっとう(たふ) ①重なりあうさま。②多く盛んなさま。③群がり飛ぶさま。

風5【颭】〔14〕セン 漢 上 琰 zhǎn チャン 意味 ①そよぐ。そよがす。「颭颭」②ゆれる。ゆらす。③〈なみだ・つ〉波がたつ。「颭灩」 U 98AD 補 7227 J ②9232

風5【颱】〔14〕タイ 漢 平 灰 tái タイ 意味 暴風。夏から秋にかけて南方からアジア大陸沿岸地方に襲来する熱帯性の暴風雨。台風。「颱風」 参考 新表記では、「台」に書きかえる熟語がある。 U 98B1 補 — J 8106

風5【颰】〔14〕㊀ハツ 漢 入 曷 bá バー ㊁フツ 漢 入 物 fú フー 意味 ㊀はやて。疾風。㊁「飍」(本ページ・中)の同字。 U 98B0 補 7229 J ②9233

風5【颮】〔14〕㊀ヒョウ 漢 ㊀平 蕭 biāo ピアオ (ヘウ) ㊁ホウ 漢 ㊁平 肴 páo パオ (ハウ) 意味 ㊀はやて。疾風。㊁つむじかぜ。下から吹き上げる風。＝飆 ㊁①はやて。突風。②風の音。 U 98AE 補 7228 J —

風5【颵】〔14〕フツ 漢 入 物 fú フー 意味 ①〈かぜ〉風の吹いているさま。②そよ風。③はやて。疾風。 U 295BC 補 — J —

風6【颳】〔15〕カツ 漢 入 黠 (クヮツ) guā コワ 意味 ①大風。②風が吹く。 U 98B3 補 — J —

風6【颽】〔15〕ヒョウ piāo ピアオ 意味 地名に用いる字。颽水巌は、江西省の地名。国〈ならい(ならひ)〉冬に山並みにそって吹く強い風。 U 295CF 補 — J ②9234

風7【颴】〔16〕セン 漢 平 先 xuàn シュワン 意味 風がひるがえる。また、その風。つむじ風。 U 98B4 補 7230 J —

風8【颶】〔17〕ク 漢 グ 慣 去 遇 jù チュイ 意味 ①南方の海上に起こる暴風。②気象学上、㋐最大級の風。およそ風力十一以上。「颶風」㋑ハリケーン。 U 98B6 補 — J 8107

風8【飂】〔17〕ヒョウ 漢 平 蕭 biāo ピアオ (ヘウ) 意味 ①つむじ風。暴風。＝飆 ②火花。火の粉。＝熛 U 98B7 補 7231 J ②9235

風9【颸】〔18〕シ 漢 平 支 sī スー 意味 ①〈すずかぜ〉涼しい風。②はやい風。「颸風」③風がさっと吹くさま。「颸然」「颸颸」 U 98B8 補 7232 J ②9236

風9【颺】〔18〕ヨウ 漢 平 陽 yáng ヤン (ヤウ) 意味 ①〈あが・る〉㋐風で吹きあげられる。㋑鳥などが高く飛びあがる。㋒舟が静かに動く。②あげる。㋐あおる。㋑声をはりあげる。③おこす。おこる。④ほめたたえる。⑤ようすがひきたつ。⑥投げ捨てる。 U 98BA 補 7233 J ①9407

【颺下】ようげ(やうげ) ①風が物を吹きとばすこと。②投げすてる。

【颺言】ようげん(やうげん) ①声をはりあげていう。②堂々という。

風10【颼】〔19〕シュウ 漢 去 宥 sōu ソウ (シウ) 意味 ①颼颼は、㋐風がそよ吹くさま。㋑雨がふるさま。㋒寒々としたさま。②颼飀は、㋐風の音。㋑風。㋒はやいさま。㋓さっと通りぬけるさま。㋓寒々しいさま。 U 98BC 補 — J ②9238

風10【颿】〔19〕ハン 漢 平 咸 fān ファン 意味 ①走る。馬が速く走る。②舟の帆。＝帆 ③風が船を吹き進める。 U 98BF 補 7235 J ②9239

【颿船】はんせん 帆かけ舟。＝帆船

風10【颻】〔19〕ヨウ 漢 平 蕭 yáo ヤオ (エウ) 意味 ①吹き上がる風。②吹き動かす。 U 98BB 補 7234 J ②9237

風11【飄】〔20〕ヒョウ 漢 具 平 蕭 piāo ピアオ (ヘウ) 意味 ①〈つむじかぜ〉＝飆 ②はやて。疾風。③〈ひるがえ・る(ひるがへ・る)〉④ただよう。＝漂 ㋐風に舞 U 98C4 補 — J 8108

風11【飃】〔20〕同字 U 98C3 補 — J 8109

う。㋑さまよう。さすらう。⑤風の吹くさま。「飄飄」⑥落ちる。

【飄逸(逸)】ひょう(へう)いつ　世間のことなどを気にしないで、のんきなようす。

【飄瓦】ひょう(へう)が(ぐわ)　屋根から偶然落ちてくるかわら。偶然の災害。「雖下有二忮心一者上不レ怨二飄瓦一(きしんあるものといえども、ひょうがをうらまず)」(凶暴な心を持つ者でも、屋根から偶然落ちてきて自分を傷つけた屋根瓦を恨みはしない。)〈荘子(そうじ)・達生(たっせい)〉

【飄客】ひょう(へう)かく　歓楽街で遊びうかれる客。

【飄寓】ひょう(へう)ぐう　「飄泊(ひょうはく)」に同じ。

【飄忽】ひょう(へう)こつ　①急なようす。たちまち。②風がはやいさま。【——震蕩】ひょう(へう)こつしんとう(たう)　風のように速く強い勢いで、ふるい動かす。〈蘇轍(そてつ)・三国論〉

【飄散】ひょう(へう)さん　風にひるがえって散る。

【飄疾】ひょう(へう)しつ　風のように速い。

【飄然】ひょう(へう)ぜん　①居どころが定まらないようす。②ふらりと来るようす。ふらりと去るようす。

【飄転(轉)】ひょう(へう)てん　風に吹かれてころがる。「下者飄転沈二塘坳一(ひくきものはひょうてんしてとうおうにしずむ)」(低く飛ばされた屋根のかやは風にころがって池のくぼみに沈む。)〈杜甫(とほ)の詩・茅屋為二秋風所一レ破歌(ぼうおくしゅうふうのやぶるところとなるのうた)〉

【飄蕩】ひょう(へう)とう(たう)　①ゆれうごく。②おちぶれてさすらう。

【飄泊】ひょう(へう)はく　他国をさまよう。さすらい。『——無レ依(ひょうはくよるべなし)』よるべなくさまよう。

【飄飄】ひょう(へう)ひょう(へう)　①ひるがえるさま。②高くあがるさま。③さまようさま。④とびあがるさま。【——乎】ひょう(へう)ひょう(へう)こ　風の吹くさま。飛ぶさま。心が軽いさま。

【飄風】ひょう(へう)ふう　つむじ風。『——不レ終レ朝(ひょうふうはちょう(てう)をおえ(へ)ず)』つむじ風はすぐやむ。勢いの強いものは早くおとろえる。〈老子・二十三〉

【飄蓬】ひょう(へう)ほう　風に吹かれて飛ぶよもぎ。行くえ定めぬ旅人にたとえる。飛蓬。孤蓬。

【飄揚】ひょう(へう)よう(やう)　①空中に舞いあがる。②さすらう。

【飄揺(搖)】ひょう(へう)よう(えう)　ひるがえり動く。さだめなくさすらう。

【飄颻】ひょう(へう)よう(やう)　風にひるがえる。ひるがえりあがる。

【飄落】ひょう(へう)らく　風に舞って落ちる。

【飄零】ひょう(へう)れい　①木の葉が風にひるがえって落ちる。②おちぶれる。零落。【——身世】ひょう(へう)れいしんせい　うらぶれた人生。おちぶれた身の上。

風11 【飂】〔20〕 一 リュウ 漢 一 去 宥 liù リウ (リウ)　二 リョウ 漢 二 平 蕭 liáo リアオ (レウ)　J ②9240　補 7236　U 98C2

意味 一 ＝飀 ①高く吹く風。②西風。二 ＝翏 飂戾(りょうれい)は、①風が吹く音。②はやいさま。

風12 【飆】〔21〕 ヒョウ 漢 平 蕭 biāo ピアオ (ヘウ)　J 8110　U 98C6

風12 〔颷〕〔21〕 同字　J ②9241　U 98C7

風12 〔飈〕〔21〕 俗字　J ①9408　補 7238　U 98C8

意味 ①〈つむじかぜ〉吹きあげる大風。暴風。扶揺(ふよう)。＝颮・飄(ひょう)「飆風(ひょうふう)」②急に起こる風。③みだれる。「飆回(ひょうかい)」

【飆輪】ひょう(へう)りん　①仙人が乗るという、つむじ風の車。飆車羽輪。②風車。③太陽。

風12 【飅】〔21〕 リュウ 漢 平 尤 liú リウ (リウ)　J 7237　U 98C5

意味 ①颼飅(しゅうりゅう)は、㋐風の音。㋑風。㋒はやいさま。㋓寒々しいさま。②＝飂 ㋐高く吹く風。㋑西風。

風13 【飋】〔22〕 シツ 漢 入 質 sè ソー　J ②9242　U 98CB

意味 ①秋風。②風の音。

風15 【䬟】〔24〕 リュウ 漢 平 尤 liú リウ (リウ)　U 4B1F

意味 風の吹き過ぎる音。＝飂・飀(りゅう)「䬟䬟(りゅうりゅう)」

風18 【飌】〔27〕 同→風(一三八一ページ・下)

9画　飛部　とぶ

【部首解説】「鳥が羽を広げてとぶさま」にかたどる。この部には、「飛」の形を構成要素とする文字が属する。

飛0 【飛】〔9〕 学4 ヒ　ヒ 漢 呉 平 微 fēi フェイ　とぶ・とばす　J 4084　U 98DB

筆順 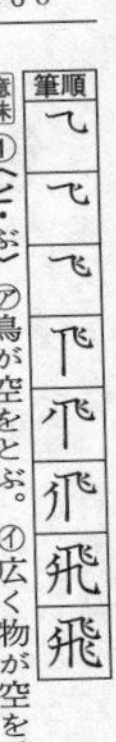

意味 ①〈と・ぶ〉㋐鳥が空をとぶ。㋑広く物が空を飛ぶ。「飛雪(ひせつ)」㋒速い。②〈とば・す〉③〈とび〉④高い。「飛閣」⑤上にあがる。⑥音が高くあがる。⑦流れ星。⑧薬の作りかた。水に浮かべて不純物をとりさる。⑨思いがけない。突然の。「飛禍(ひか)」⑩根拠のないこと。＝蜚(ひ)「飛語」⑪虫や鳥などの空を飛ぶもの。

解字  象形。鳥が羽をひろげて上に向かって飛んでいる形である。

名前 たか　姓 飛多(ひた)・ひだ・飛鳥(あすか)　地名 飛鳥(あすか)・飛驒(ひだ)

難読 飛白(かすり)・飛沫(しぶき)・飛礫(つぶて)・飛蝗(ばった)・飛竜頭(ひりょうず)

参考 新表記では、「蜚」の書きかえに用いる熟語がある。

【飛梅】とびうめ　国 菅原道真(すがわらのみちざね)のあとを追って、京都から九州の大宰府(だざいふ)にとんでいったという、うめの木。

【飛出】とびで　国 能面(のうめん)の一つ。目がとび出たもので、神や亡霊を表す。

【飛道具】とびどう(だう)ぐ　国 弓矢・鉄砲などをいう。

【飛火】一 とびひ　国 ①とび散る火の粉。②火事が遠くに燃えうつる。③こどもの伝染性皮膚病の一つ。二 とぶひ　国 奈良(なら)時代、非常のとき、火をつけ、煙であいずしたもの。のろし。

【飛鴉】ひあ　空をとぶからす。

【飛宇】ひう　高い家ののき。また、屋根。

【飛雨】ひう　風にとばされる雨。はげしい雨。

【飛英】ひえい　散る花。落花。

【飛燕】ひえん　前漢の成帝の趙(ちょう)皇后。【——外伝(傳)】ひえんがいでん　書名。飛燕とその妹の昭儀についての小説。

【飛花】ひか(くわ)　散る花。【——落葉】ひか(くわ)らくよう(えふ)　風に散る花やもみじ。

【飛蛾】ひが　とんでいる「が」。火とり虫。『——赴レ火(ひがひにおもむく)』飛んで火に入る夏の虫。自分から危険にとびこむこと。〈梁書(りょうしょ)・到漑(とうがい)伝〉

【飛閣】ひかく　①高い建物。②高いかけ橋。

【飛藿】ひかく(くわく)　とび散る豆の葉。

【飛館】ひかん(くわん)　空高くそびえる建物。

【飛雁】ひがん　空をとぶかり。

【飛騎】ひき　①速く走る騎兵。②騎兵の大将。【——将(將)軍】ひきしょう(しゃう)ぐん　漢の李広(りこう)をさす。

【飛脚】ひきゃく　国 ①急用を遠くへ知らせる使い。②江戸時代に、手紙や品物を送り届ける人。

【飛鏡】ひきょう(きゃう) 空中にかかっている鏡のように、丸く輝く月。

【飛香舎】ひぎょうしゃ(ぎゃう) 国昔の宮中の御殿の名。内裏だいり五舎の一つ。藤壺ふじつぼ。

【飛檄】ひげき 人々に知らせる文を、急いでまわすこと。また、その文。

【飛言】ひげん 根もないうわさ。蜚語ひご。

【飛語】ひご 根も葉もないうわさ。デマ。＝蜚語「流言飛語」

【飛行】ひこう(かう)｜ひぎょう(ぎゃう) 空をとぶ。【――士】ひこうし(かう) 飛行機の操縦をする人。【――場】ひこうじょう(かうぢゃう) 飛行機が発着する設備のある場所。【――艇】ひこうてい(かう) 水上飛行機。

【飛黄】ひこう(くわう) ①名馬の名。②飛廉ひれんと中黄伯ちゅうこうはく。昔の勇士。【――騰達】ひこう(くわう)とうたつ 竜馬が高くあがる。立身出世することをいう。

【飛札】ひさつ ①いそぎの手紙。②急の手紙を送る。

【飛散】ひさん とびちる。

【飛耳張目】ひじちょうもく(ちゃう) 遠方のことを見聞きする耳と目。

【飛車】ひしゃ ①風の力でとぶ車。②国将棋の駒こまの一つ。

【飛錫】ひしゃく 仏錫杖しゃくじょう(僧や道士の使う杖)をとばすこと。僧が各地をめぐり歩く。

【飛書】ひしょ ①いそぎの手紙。②名まえを書かない投書。

【飛絮】ひじょ 風にとびちる柳のわた。

【飛升】ひしょう とびあがる。とんで高くのぼる。

【飛将(將)】ひしょう(しゃう) ①すばやく強い大将。②漢の李広りこうのこと。「飛将軍」に同じ。【――軍】ひしょうぐん(しゃう)

【飛章】ひしょう(しゃう) ①手紙を急いで送る。②急ぎの手紙。③投書。匿名の手紙。

【飛翔(翔)】ひしょう(しゃう) 空をとびかける。

【飛雪】ひせつ 風にとぶ雪。

【飛仙】ひせん 空中をとぶ仙人せんにん。仙人。

【飛泉】ひせん ①たき。②ふき出る泉。噴水。

【飛銭(錢)】ひせん 唐代のかわせ手形。

【飛箭】ひせん とんでくる矢。ながれ矢。

【飛走】ひそう ①とぶように走る。②鳥やけもの。鳥獣。

【飛漱】ひそう とび散る。しぶきがとぶ。

【飛霜】ひそう(さう) おりるしも。

【飛湍】ひたん 急流。

【飛断(斷)】ひだん とぶ。とび続ける。断は助詞。

【飛馳】ひち とび走る。

【飛鳥】■一 ひちょう(てう) 空とぶ鳥。■二 あすか 国地名。今の奈良なら盆地南方にあたる。【――川】あすかがわ(がは) 国①奈良なら盆地の南にある川。深さが変わって定めない例に引かれる。②茶つぼの名。【――時代】あすかじだい 国①推古天皇即位の年(五九三)から元明天皇の平城京遷都の年(七一〇)まで。②美術史上、推古時代。(五五二～六四五)

【飛電】ひでん ①ひらめくいなびかり。②至急の電報。

【飛動】ひどう あちらこちらとびまわる。「雲煙飛動」

【飛白】■一 ひはく かすれ書きに書く書体。■二 かすり 国織物の、絣かすりかすれた模様。

【飛瀑】ひばく 高い所から落ちるたき。

【飛鳧】ひふ 空をとぶかも。

【飛文】ひぶん ①根拠のない話や文書。②うまい文章。

【飛報】ひほう 急な知らせ。

【飛蓬】ひほう ①風にとぶよもぎ。②行くえ定めぬ旅人。

【飛沫】ひまつ とび散るしぶき。

【飛躍】ひやく ①高くとびあがる。②急に進歩する。③盛んに活動する。④国すじみちによらないで、とびこえる。

【飛揚】ひよう(やう) ①まいあがる。ひるがえりとぶ。②自由にとぶ。③心が落ち着かない。【――跋扈】ひようばっこ(やう) 他人を気にかけず、自由かってにふるまうこと。〈北史・斉神武紀〉

【飛鷹】ひよう たかをとばすこと。【――走狗】ひようそうく たかをとばし犬を走らす。かりをすること。貴族や金持ちの子弟がぜいたくな遊びをしてくらすこと。〈後漢書ごかんじょ・袁術伝〉

【飛来(來)】ひらい とんでくる。【――横禍】ひらいおうか(わうくわ) 「飛来禍」に同じ。【――禍】ひらいか(くわ) 思いがけないわざわい。とんだ災難。

【飛竜(龍)】ひりゅう(りう)｜ひりょう ①空をとぶ竜りゅう。②聖人せいじんが天子の位にあるたとえ。【――乗(乘)レ雲】ひりょうくもにのる 英雄がよい時節に会って、勢いを得ること。〈韓非子かんぴし・難勢〉【――在レ天】ひりょうてんにあり 聖人が天子の位にあるたとえ。〈易経えききょう・乾卦けんか〉

【飛流】ひりゅう(りう) たきなどの勢いのよい流れ。「飛流直下三千尺ひりゅうちょっかさんぜんじゃく」(高い峰からまっすぐに流れ落ちること三千尺。)〈李白りはくの詩・望二廬山瀑布一ろざんのばくふをのぞむ〉

【飛廉】ひれん ①人名。殷いんの紂ちゅう王の悪臣。②風の神。風を起こすという鳥の名。③国陰陽家おんようけのいう悪い方角。

【飛機】フェイチー fēijī 現飛行機。【――場】フェイチャン fēijīchǎng 現飛行場。空港。

◇▼兎飛うさぎとび・突飛とっぴ・雄飛ゆうひ

飛12 【飜】〔21〕同→翻(九九九ジベー・下)

9画 食(𩙿・飠)部 しょく しょくへん

【部首解説】「米を集めること」、転じて「食物」を表す。この部には、飲食や食品に関連するものが多く、「食・𩙿・飠」の形を構成要素とする文字が属する。偏へんになるときは、新字体では「飠」(八画)、それ以外では「𩙿」(九画)になる。ただし、二〇一〇年の改定「常用漢字表」では、「餌」「餅」が常用漢字に採用され、「餌」「餅」は許容字体とされた。なお、「表外漢字字体表」では「𩙿」を印刷標準字体としているが、現に「飠」を印刷文字として用いている場合は許容されている。

食0 【食】〔9〕 学2 ショク・ジキ くう・くらう・たべる

旧字 食0 【食】〔9〕

■一 ショク 漢 ジキ 呉 ■一 入 職 shí シー

■二 シ 漢 ■二 去 寘 sì スー

■三 イ 漢 ■三 去 寘 yì イー

J 3109 補 U 98DF

補 U

筆順 人 𠆢 今 今 今 食 食 食 食

意味 ■一 ①〈く・う(―・ふ)〉〈くら・う(――・ふ)〉〈は・む〉くう。のむ。②〈た・べる(―・ぶ)〉いただく。③〈お・す(を・す)〉めしあがる。④生計をたてる。⑤〈うけ〉〈け〉㋐くいもの。食物。㋑めし。⑥穀物などの主食。⑦食用の。⑧ふち。俸禄。⑨耕す。⑩受ける。受けいれる。⑪用いる。⑫いつわる。⑬まどわす。⑭祭る。祭られる。⑮なくす。消す。⑯欠ける。むしばむ。＝蝕しょく「日食」「月食」■二 ①〈くわ・す(くは・す)〉人に食物を与える。②〈やしな・う(――・ふ)〉＝飼し ③食物。■三 人名に用いる。「酈食其れきいき」

解字  形声。皀が形を表し、亼しゅうが音を示す。皀は穀物が放つかおり。亼には集まるという意味がある。食は、米を集めることで、食べることになる。一説に、皀は、豆とう(たかつき)に食

物を盛った形であり、亼の音は食べるという意味を含んでいるから、食は、たかつきに盛って食物をたべることであるという。

名前 あき・くら・みけ・あきら 難読 食酒（けさけ）

参考 新表記では、「蝕」の書きかえに用いる熟語がある。

【食国(國)】（おすくに）国 治めている国。

【食初】（くいぞめ）国 子が生まれて百二十日めに、初めて飯を食べさせる儀式。

【食咽】（しょくえつ） おくびを出す。食事の時にむせぶ。

【食言】（しょくげん） うそをつく。〈書経・湯誓〉

【食古不化】（しょくこふか） 古いものを食べて、消化しない。古書をたくさん読んでも、運用ができないこと。

【食采(釆)】（しょくさい） 領地。領地をいただいている。

【食指】（しょくし） 人さし指。【——動】（しょくしうごく） ①ひとさしゆびが動く。春秋時代の鄭の公子宋が、自分のひとさしゆびが動きだすのを見て、ごちそうにありつける前兆だと言った故事。〈左伝・宣公〉 ②物をほしがる心の動くこと。

【食餌】（しょくじ） ①食べ物。えじき。②料理した飲食物。【——療法】（しょくじりょうほう） 食物によって病気をなおすこと。

【食牀】（しょくしょう） 食物を置く台。

【食傷】（しょくしょう） ①食物の中毒。食あたり。②たべあきる。③同じことをくりかえして、あきてしまう。

【食色】（しょくしょく） ①食欲と性欲。飲食と女色。②食物のあるようす。

【食(「蝕」)尽(盡)】（しょくじん） 日食や月食の、いちばん多く欠けたとき。＝食甚

【食甚】（しょくじん） 「食尽（しょくじん）」に同じ。

【食膳】（しょくぜん） ①食べ物。②食事用のぜん。

【食前方丈】（しょくぜんほうじょう） 前に並べたごちそうが、一丈四方にわたる。たいへんぜいたくなこと。〈孟子・尽心下〉

【食卓】（しょくたく） 食事用のテーブル。

【食単(單)】（しょくたん） メニュー。

【食通】（しょくつう） 料理の味に通じていること。また、その人。

【食田】（しょくでん） ①領地。②畑の収入で生活していくこと。

【食堂】（しょくどう） 一 ①食事用のへや。②軽い食事をさせる店。三 shítáng 仏 寺で僧などの食事をするへや。二（じきどう）「の通るくだ。

【食道】（しょくどう） ①糧食を運ぶみち。②のどから胃までの食物

現 一 に同じ。

【食肉】（しょくにく） ①肉を食う。②食用の肉。③ぜいたくのできる人。【——寝皮】（しょくにくしんぴ） 殺した人の肉を食い、皮をしきものにする。敵をひどくにくむさま。〈左伝・襄公二十一〉

【食費】（しょくひ） 食うための費用。

【食品】（しょくひん） 一 たべる物。三 shípǐn 現 一 に同じ。

【食封】（しょくほう） 一 領地。二（じきふ） 国 皇族や臣下にたまわる土地。

【食俸】（しょくほう） 主君からもらう給料。くいぶち。

【食物】（しょくもつ） 一 たべもの。三 shíwù 現 一 に同じ。

【食邑】（しょくゆう） 治めている国。領地。

【食用】（しょくよう） ①食物として使う。食べられる。②食事や道具。

【食欲】（しょくよく） 食べたいと思う気持ち。＝食慾

【食籃】（しょくらん） 食物を入れるかご。

【食料】（しょくりょう） ①食べ物。②食事の代金。

【食糧】（しょくりょう） 食べ物。

【食禄(祿)】（しょくろく） 主君から給料の米をもらうこと。

【食貨】（しょっか） 食物とたから。経済。【——志】（しょっかし） 正史の中で、とくに経済についてまとめてしるした編。とくに「前漢書」の食貨志をさすこともある。

【食客】（しょっかく） ①客分としてかかえられている者。いそうろう。〈史記・平原君伝〉 ②他人の家に寄食する私的な家来。

【食気(氣)】（しょっき） 一 ①食欲。②空気を吸う。道家の養生法の一つ。③神が供物をめしあがる。二（しき） 穀物の気。

【食器】（しょっき） 食事につかううつわ。

【食頃】（しょっけい） 一 食事するほどの間。わずかの時間。二（くいごろ） 国 食べるのにちょうどよい時分。

【食牛之気(氣)】（しょくぎゅうのき） 大きな牛をのみこむほどの意気。元気のさかんなさま。

【食無レ求レ飽】（しょくはあかんことをもとむるなし） おいしいものを腹いっぱい食べたいと思わない。学問修業をいっしょけんめいする人は、生活の安定を第一にしない。〈論語・学而〉

【忘レ食】（しょくをわする） 食事を忘れる。物事に熱中している形容。

△▼乞食（こつじき）・火食・中食・小食・少食・大食・主食・日食・米食・月食・衣食・欠食・会食・肉食・和食・定食・夜食・美食・昼食・洋食・侵食・蚕食・粉食・浸食・馬食・徒食・座食・粗食・寄食・菜食・給食・偏食・陪食・断食・常食・買食・疎食・減食・絶食・寒食・間食・過食・飲食・試食・寝食・飽食・腐食・雑食・暴食・糧食・金環食・皆既食・弱肉強食・暖衣飽食

食 0 【𩙿】〔8〕 意味 部首の一つ。しょくへん。食が偏のときの形。 U補J ②9243 98E0

食 0 【⻝】〔9〕 意味 部首の一つ。しょくへん。食が偏のときの形。 U補J ②9244

食 2 【飢】〔10〕 常 キ うえる U補J 2118 98E2 / 296F

旧字 食 2 【飢】〔11〕 キ 漢 平 支 ケ 呉 jī チー U補J

筆順 ノ 𠆢 今 今 𩙿 𩙿 飠 飢

意味 ①〈う・える（—・う）〉 ㋐腹がすいて、ひもじくなる。㋑ひどくほしがる。「飢渇」 ②〈うえ（うゑ）〉 腹がへること。③食物が乏しい。④穀物が実らない。凶作。＝饑（き）

解字 飢 形声。𩙿が形を表し、几（き）が音を示す。饑（き）や饉（きん）が、穀物や野菜が実らなくて少ないことを表すのに対し、飢（き）は、それに以た強い音で、一般的に食物がなくて、うえることを表す。

参考 新表記では、「饑」の書きかえに用いる熟語がある。

【飢火】（きか） ひどいうえ。

【飢餓】（きが） うえること。うえ。＝饑餓

【飢渇(渴)】（きかつ） ①うえとかわき。②ひどくほしがる形容。

【飢寒】（きかん） うえることと、こごえること。食物や着物がない。

【飢饉】（ききん） ①穀物や野菜がとれない。食物がとぼしい。凶作。②物がない。「水飢饉」

【飢歳】（きさい） ききんの年。穀物が不作の年。

【飢死】（きし） 食物がなくて死ぬ。うえじに。

【飢穣(穰)】（きじょう） 作物のとれない年と、ゆたかな年。

【飢色】（きしょく） うえたようす。ひもじい顔つき。

【飢餒】（きだい） うえる。

【飢凍】（きとう） うえこごえる。食物や着物がない。

【飢飽】（きほう） 食物が足りないことと、じゅうぶんなこと。

【飢鷹】（きよう） うえた、たか。

食 2 【飣】〔11〕 テイ 漢 去 径 dìng ティン U補J ②9246 98E3 / 7241

意味 ①〈たくわ・える（たくは・ふ）〉 食物をたくわえる。②食物をそなえる。大皿に盛る。「飣餖（ていとう）」

食 2 【飡】〔11〕 俗 九 ↓餐（一三九一ページ・中）

食 3 【餁】〔12〕 セン 漢 平 先 zhān チャン U補J 7243 98E6

意味 〈かゆ〉 濃いかゆ。＝飦（せん）・饘（せん）

【餁粥】（せんじゅく） かゆ。濃いかゆと薄いかゆ。

9画

食3【飧】〔12〕 ソン 漢 平 元 sūn スン
J ①9409 補7244 U98E7

意味 ①ばんめし。夕食。↕饔 ②煮たり、焼いたり、火を通した食物。③簡単な宴席。④しるかけめし。茶漬。⑤〈くら・う(――・ふ)〉たべる。

食4【飱】〔13〕同字 J ②9250 補 U98F1

【飧饔】①客をもてなすごちそう。②夕食と朝食。〈孟子・滕文公上〉

食3【飥】〔12〕 タク 漢 入 薬 tuō トゥオ
J ②9247 補7242 U98E5

意味 ①餅。こくもつの粉で作った食物。②餺飥は、うどん。

食3【飡】〔12〕 国→餐(一三九一ベ・中)
J1691 補 U98F2

食4【飲】〔12〕 学3 イン のむ
[一] イン 漢 オン 呉 [一] 上 寝 yǐn イン
[二] イン 漢 オン 呉 [二] 去 沁 yìn イン
J6127 補 U98EE

旧字 食4【飮】〔13〕

筆順 ノ 𠆢 今 今 今 食 飠 飲

意味 [一] ①〈の・む〉 ⑦酒や水をのむ。①心の中でがまんする。「飲氷」②飲食する。③さかもり。酒宴。④のみもの。[二]〈のま・す〉〈みずか・う(みづか・ふ)〉 人や家畜に食事を与えたり水を飲ませたりする。

解字  会意。食と欠とを合わせた字。この字の古い形は、㱃で、欠が形を表し、酓が音を示す形声文字。欠は口を開くこと。酓は、酒を口の中にのみこむこと。飲は、酒をのみこむことである。今の飲は、酓を食に代えたもので、意味は㱃と同じ。

【飲燕】さかもり。くつろいで酒を飲む。

【飲器】①杯。②小便を入れる道具。しびん。

【飲泣】①なみだを飲む。はげしく泣く。②悲しみのあまり、声も立てずに泣く。〈漢書・司馬遷伝〉

【飲血】「飲泣」に同じ。

【飲至】戦いに勝って帰ったとき、祖先のおたまやに報告して宴会を開き、功労者を賞する礼式。「飲至之礼」【――策勲】祖先のおたまやの前で宴を開き、功績を札にしるして納める。戦いに勝ったときの儀式。〈李華・弔古戦場文〉

【飲酒】酒をのむこと。【――喫煙】酒をのみ、たばこを吸う。

【飲色】飲食や女色。食欲や性欲。

【飲食】①のみものとたべもの。②のむこととたべること。のみくい。③酒を飲み、料理を食う。

【飲水】①水をのむこと。②のみみず。【――思源】水を飲んでみなもとを思う。もとの恩を忘れない。〈庾信・徴調曲〉

【飲餞】別れの酒宴。送別会。

【飲饌】飲み物と食べ物。飲食物。酒のさかな。

【飲膳】①飲食する。②飲食物。

【飲中八仙歌】杜甫の詩の題名。当時の有名な酒飲みの風流人八人について詠じたもの。

【飲鴆止渇(渴)】毒の酒を飲んで、かわきをいやす。一時のがれをして、わざわいを残すたとえ。〈後漢書・霍諝伝〉

【飲徒】酒飲み友だち。

【飲馬】馬に水をのませる。【――長城窟行】楽府(詩の一体)の曲名。万里の長城のいわやにある泉で、馬に水を飲ませる詩。戦地に出ている夫を思うもの。

【飲冰】①氷をのむ。②まずしい生活。【――茹蘗】氷をのみ、木の根を食う。婦人がまずしい生活にたえて、みさおを守ることをいう。〈閲微草堂筆記〉

【飲料】のみもの。「飲料水」

【飲涙】「飲泣」に同じ。

【飲和】親しみ、目をかけること。【――飽徳】あつい待遇をうける。招待を感謝することば。〈牛弘の詩〉

【飲光】仏釈迦十大弟子の一人。迦葉。

△▼牛飲・痛飲・溜飲・暴飲・鯨飲

食4【飪】〔13〕 ジン 漢 上 寝 rèn レン
J ②9248 補7245 U98EA

意味〈にる〉食物を煮る。「飪熟」「烹飪」

食6【餝】〔15〕同字 J5012 補 U98ED

食4【飭】〔13〕 [一] チョク 漢 [一] 入 職 chì チー [二] ショク 漢 [二] 入 職 shì シー
J5012 補 U9901

意味 [一] ①〈ととの・える(――・ふ)〉②〈ただ・す〉③〈いまし・める(――・む)〉いさめる。＝勅「戒飭」④〈つつし・む〉⑤治める。治まる。[二] かざる。＝飾

【飭正】きちんと正しくする。つつしんで正しい。

【飭励(勵)】いましめはげます。

【飭厲】「飭励」に同じ。

【飭躬】自分の身を慎み正す。

食4【飩】〔13〕 トン 漢 平 元 tún トゥン ドン 慣
J8111 補 U98E9

意味 餛飩は、むしまんじゅう。こねた小麦粉に肉や野菜のあんを包み蒸したもの。国 饂飩は、うどん。

食4【飯】〔12〕 学4 ハン めし
[一] ハン 漢 [一] 去 願 fàn ファン
[二] ハン 漢 [二] 上 阮 fǎn ファン
J4051 補 U98EF

旧字 食4【飯】〔13〕 J 補 UFA2A

筆順 ノ 𠆢 今 今 今 食 飠 飯

食4【飰】〔13〕俗字 J ②9249 補 U98F0

意味 [一] 〈めし〉〈いい(いひ)〉〈け〉〈まま〉 ごはん。米飯。また、煮た穀物。[二] ①〈くら・う(――・ふ)〉めしをたべる。②食わす。③死者の口に貝や玉をふくませる。④親指のつけ根。⑤現 食事。

解字 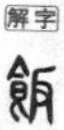 形声。食が形を表し、反が音を示す。反には、くりかえすという意味があり、音も含と通じて、口にふくむという意味を含む。飯は、口に入れて食べるという動作を表す。一説に、反には、ばらばらに広がる意味があるから、飯は、ばらばらに煮た玄米のことともいう。

姓 飯尾

地名 飯山・飯田・飯石・飯南・飯能・飯塚

難読 飯匙倩

【飯鳥】国 ひぐらし。せみの一種。

【飯含】古代の葬礼で、死者の口の中にふくませる玉。

【飯器】おはち。飯を入れるうつわ。

【飯牛】牛を飼う。牛飼いの仕事をする。

【飯盒】炊事にも使えるアルミ製の弁当箱。

【飯匙】しゃもじ。しゃくし。いいがい。【――倩】はぶ。毒へびの一種。

【飯袋】めしぶくろ。めしばかり食って能力のない者。能なし。飯袋子。

【飯台(臺)】食卓。ちゃぶだい。

【飯店】[一] 中華料理店。[二] fàndiàn 現 ホテル。【――宿房】料理店や宿屋。

【飯筒】ちまき。食物の名。

【飯場】国 鉱山や工事の労働者などが、現場近くに合宿する所。

【飯米】①飯にたく米。②食糧。

【飯盛】（めしもり） 国江戸時代の宿屋の女中。

【飯碗】（ファンワン） fànwǎn 現①ごはん茶わん。②めしの種。

◆干飯・夕飯・米飯・赤飯・冷飯・麦飯・炊飯・昼飯・茶飯・残飯・粗飯・強飯・乾飯・菜飯・焼飯・晩飯・握飯・朝飯・噴飯

𩙿4【飫】〔13〕標 ヨ 漢 去 御 オ 呉 yù ユィ J 8112 U補 98EB

意味 ①〈あ・きる(―・く)〉食べあきる。満足する。②さかもり。㋐宴会。㋑同族内の私宴。㋒立食の宴会。③たまう。

姓 飫肥・飫富

【飫賜】（よし） じゅうぶんに酒食をたまわる。

食4【飧】〔13〕同 →飧(一三八八ジ・上)

食4【飦】〔13〕俗 →飯(一三八八ジ・下)

𩙿5【飴】〔14〕標 一イ 漢 一平 支 yí イー 二シ 漢 二去 寘 sì スー J 1627 U補 98F4

食5【飴】〔13〕同字 J ― U補 ―

意味 一①〈あめ〉〈たがね〉水あめ。②甘い。③うまい食物。④贈る。=貽 二=飼 ①かう。②食べ物を与える。やしなう。③食糧。

【飴細工】（あめざいく） 国あめでいろいろの形を作ったもの。

【飴煮】（あめに） 国小魚類を甘く煮つめ、あめで光らせたもの。

【飴蜜】（いみつ） あめとはちみつ。

𩙿5【飼】〔13〕学 5 シ かう J 2784 U補 98FC

旧字 食5【飼】〔14〕 シ 漢 去 寘 ジ 呉 sì スー J ― U補 FA2B

筆順 ノ 今 今 𩙿 食 飠 飣 飼

意味 ①〈か・う(―・ふ)〉動物を飼いやしなう。②〈やしな・う(―・ふ)〉人に食事をあたえる。③食糧。

解字 形声。𩙿が形を表し、司が音を示す。司の音は賜に通じ、与えるという意味を含む。飼は、人が食物を与えることである。古い形では、飤で、𩙿と人との会意であるが、意味と音は同じ。

【飼殺】（かいごろし） 国人や動物を、役にたたなくなっても死ぬまでやしなっておくこと。

【飼葉桶】（かいばおけ） 国牛馬の食料の草を入れておくおけ。

【飼育】（しいく） 動物を飼い育てる。

【飼戸】（しこ） 国奈良・平安時代、宮中の馬を飼う仕事を職業としたもの。

【飼養】（しよう） 動物を飼いやしなう。

【飼料】（しりょう） 家畜にあたえる食物。

◆放飼・野飼

𩙿5【飾】〔13〕常 ショク かざる J 3094 U補 98FE

旧字 食5【飾】〔14〕 一ショク 漢 シキ 呉 一入 職 shì シー 二チョク 漢 二入 職 chì チー J ― U補 ―

筆順 ノ 今 今 𩙿 食 飣 飭 飾

食8【餝】〔17〕俗字 J 8119 U補 991D

意味 一①〈かざ・る〉㋐みなりをととのえる。化粧する。㋑手を加えて、よりよくする。㋒うわべをつくろう。㋓覆い隠す。㋔役に扮する。②ぬぐい清める。=拭 ③表彰する。④〈かざり〉㋐かざること。よそおい。㋑かざるもの。装飾品。二=飭 ①整える。②治める。③戒める。国〈かざり〉正月のしめかざり。

解字 会意・形声。𩙿・人・巾を合わせた字で、𩙿が音を示す。飾は、人が布でふき清めることである。同じ音で同じ意味の拭は、手を加えてきれいにするということで、飾は、食事に関係することできれいにすることをいう。きれいにすることは、光彩を増すことであり、飾りつけをすることをも飾という。

名前 よし・あきら 地名 飾磨

【飾偽(僞)】（しょくぎ） いつわりをとりつくろってごまかす。

【飾言】（しょくげん） ①うわべだけよいことをいう。②いつわりをとりつくろったことば。

【飾詐】（しょくさ） いつわりかざる。うわべを飾ってごまかす。

【飾辞(辭)】（しょくじ） 「飾言」に同じ。

【飾説】（しょくせつ） うわべをいつわってうまくいう意見。

【飾知(「智」)】（しょくち） 才知をかざる。知恵のあるように見せる。

【飾非】（しょくひ） 悪いことをとりつくろってごまかす。

【飾表】（しょくひょう） かざりたてる。

◆文飾・扮飾・服飾・松飾・首飾・修飾・落飾・艦飾・装飾・電飾・髪飾・輪飾・標飾・矯飾・満艦飾・注連飾

食5【飳】〔14〕 トウ 漢 上 有 tǒu トウ J ②9251 U補 9F3 ...

意味 餢飳は、発酵した小麦粉を蒸したり、焼いたりして作った食物。=䴺麸

食5【飿】〔14〕 トツ 漢 入 月 duò トゥオ J ― U補 98FF

意味 餶飿は、小麦粉でつくった食物。

食5【飶】〔14〕 ヒツ 漢 入 質 bì ピー J 7247 U補 98F6

意味 こうばしい。食物のよいにおい。=苾

𩙿5【飽】〔13〕常 ホウ あきる・あかす J 4316 U補 98FD

旧字 食5【飽】〔14〕 ホウ(ハウ) 漢 呉 上 巧 bǎo パオ J ― U補 ―

筆順 ノ 今 今 𩙿 食 飣 飽 飽

意味 ①〈あ・きる(―・く)〉㋐腹いっぱいに食べる。㋑食物がじゅうぶんにある。㋒満足する。②〈あか・せる(―・す)〉〈あか・す〉じゅうぶんにする。国〈あ・きる(―・く)〉度がすぎていやになる。

解字 形声。𩙿が形を表し、包が音を示す。包には、つつむ、丸くふくれるという意味がある。飽は、腹いっぱいに食べて、あきることである。

名前 あきら 地名 飽海・飽託

【飽食】（ほうしょく） 腹いっぱい食う。「飽食終日」〈論語・陽貨〉

【――煖衣】（ほうしょくだんい） あきるほど食べ、あたたかい着物をたくさん着る。生活に不自由のないこと。〈孟子・滕文公上〉=飽食暖衣

【飽煖】（ほうだん） 「飽食煖衣」に同じ。

【飽腹】（ほうふく） 腹がいっぱいになる。

【飽満(滿)】（ほうまん） 腹いっぱいに食べる。【――無美食】腹いっぱいのときは、ごちそうもおいしくない。さとりを開いてしまえば、他に道を求める必要がないこと。

【飽和】（ほうわ） ①理溶液が、それ以上とかさなくなる状態。②理その温度で空気がふくめるだけの水蒸気をふくむ。③いっぱいになって、もうこれ以上はいる余地がない。

食6【餃】〔15〕 コウ 漢 (カウ) 去 効 jiǎo チアオ J 8113 U補 9903

意味 ①あめ。②餃餌は、くず米と水あめで作った食物。③現餃子 jiǎozi は、肉などを小麦粉の皮で包み、熱した食物。

食6【餈】〔15〕 シ 漢 平 支 cí ツー U補J 9908 7250 ②9252

意味〈むしもち〉もちごめをむしてついたもち。

飠6【餌】〔15〕 常 ジ えさ・え ジ 漢 去 寘 ěr アル U補J 990C 1734

筆順 ノ 今 今 飠 飠 飣 飷 餌

食6【餌】〔14〕字容 同許 U補J

意味 ①もち。だんごの類。②たべもの。㋐食物一般。「食餌(しょくじ)」㋑薬になるもの。「薬餌(やくじ)」③〈えさ(ゑさ)〉〈え(ゑ)〉㋐動物のえさ。㋑魚をつるえさ。㋒さそいのための利益。④動物にえさをやる。⑤利益で誘惑する。⑥たべる。

解字 形声。飠が形を表し、耳(じ)が音を示す。餌は、米の粉で作っただんご。餌の本字である鬻は、鬻が形を表し、耳が音を示す。鬻は、ものが煮えて香りが立ちのぼるさまをいう。

【餌食】え(ゑ)じき 国①えさ。②食べ物。③人にねらわれて害を受けること。また、そのもの。

【餌薬(藥)】じやく ふだんの健康のためにのむ薬。薬餌。

【餌料】じりょう(れう) 国えさ。え。

◆甘餌(かんじ)・好餌(こうじ)・香餌(こうじ)・食餌(しょくじ)・薬餌(やくじ)

食6【餉】〔15〕 ショウ 漢 去 漾 (シャウ) xiǎng シアン U補J 9909 8114

食8【饟】〔17〕同字 U補J

意味 ①〈かれい(かれひ)〉㋐糧食。㋑軍隊のべんとう。かて。㋒干したごはん。かれいい。②〈おく・る〉＝饟(じょう) ㋐食糧を送りとどける。㋑人に物を贈る。③酒食をすすめる。もてなす。④軍用金。⑤食事をするほどの短い時間。＝晌(しょう)

【餉遺】しょう(しゃう)い(ゐ) 贈り物。

【餉饋】しょう(しゃう)き 兵糧。

【餉給】しょう(しゃう)きゅう(きふ) 兵糧を送ってやる。

【餉時】しょう(しゃう)じ 食事をとる短い時間。「一餉時」

【餉道】しょう(しゃう)どう(だう) 食糧をはこぶ道。

食6【餂】〔15〕 テン 漢 上 琰 tiǎn ティエン U補J 9902 7248

意味〈と・る〉さぐり取る。つりだす。

食6【餇】〔15〕 トウ 漢 平 東 ドウ 呉 tóng トン U補J 9907 7249

飠6【餅】〔15〕 常 ヘイ もち U補J 9905 4463

旧字 食8【餠】〔17〕 ヘイ 漢 上 梗 bǐng ピン U補J 9920 8122

意味 食う。また、食物。

筆順 ノ 今 今 飠 飠' 飣' 飩' 餅

食6【餅】〔14〕字容 俗許 U補J

意味 ①小麦粉をこねて、まるく伸ばした食物。蒸したり、焼いたりして食べる。②まるく平らなもの。国〈もち〉〈もちい(もちひ)〉〈あも〉もち米を蒸してついた食物。

解字 形声。食が形を表し、幷(へい)が音を示す。幷は、ひとしい、ならべる意。餅は、小麦粉をこねて、まるくたいらに伸ばした食べ物。後、その形をした食べ物を指すようになった。

【餅金】へいきん まるい、もちの形をした金のかたまり。

【餅銀】へいぎん もちのような丸い銀塊。

【餅餌】へいじ もち。だんご。

【餅餤】へいたん めん類の一種。肉をうすい皮で包んだ食物。「於二餅餤中一進レ毒(へいたんちゅうにおいてどくをすすむ)」〈十八史略・巻五〉

【餅乾】ビンカン bǐnggān 現ビスケット。

◆尻餅(しりもち)・画餅(がべい)・鏡餅(かがみもち)・煎餅(せんべい)

食6【養】〔15〕 学4 ヨウ やしなう U補J 4560 990A

一 ヨウ 漢 呉 (ヤウ) 一 上 養 yǎng ヤン

二 ヨウ 漢 呉 (ヤウ) 二 去 漾 yàng ヤン

旧字 食6【養】〔15〕 U補J

筆順 ソ 丷 羊 美 养 養 養 養

艮8【䍩】〔14〕同字 U補J

羊4【羪】〔10〕俗字 U補J 517B ②8484

羊7【䍨】〔13〕俗字 U補J 7FAA 5317

意味 一①〈やしな・う(——・ふ)〉㋐育てる。食物など必要なものを与えて世話をする。㋑飼う。㋒教育する。「教養」㋓まもる。㋔たくわえる。㋕向上させる。「養心」㋖なおす。㋗なつける。②〈やしない(やしなひ)〉㋐やしなうこと。㋑やしなうもの。③まかない。炊事。かばう。④召使(めしつかい)。⑤楽しむ。「養耳」⑥生む。⑦かくす。⑧長い。久しい。⑨かゆい。＝痒(よう) ⑩うれえる。＝恙(よう) 二仕える。目上の者をやしなう。

解字 形声。羊と食とを合わせた字。食が形を表し、羊(やう)が音を示す。羊は神にそなえる動物である。養は、食事をそなえることである。

名前 おさ・かい・きよ・すけ・のぶ・やす・よし・まもる

地名 養父(やぶ)・養老(ようろう)

【養痾】よう(やう)あ 長い病気を療養する。病気をなおす。

【養育】よう(やう)いく やしない育てる。

【養家】よう(やう)か 養子にいった先の家。↔実家

【養晦】よう(やう)かい(くわい) 人目にたたぬ隠れた生活をする。「養レ晦以待レ用(かいをやしないもってもちいらるるをまつ)」(一時引退していて君主に用いられるのを待つ。)〈宋史・邢恕(けいじょ)伝〉

【養気(氣)】よう(やう)き ①心身の元気をやしなう。②浩然(こうぜん)の気(広々とした元気)を育てる。③生物を育て上げる気。

【養賢】よう(やう)けん すぐれた人物を作りあげる。

【養護】よう(やう)ご ①やしないまもる。危険のないように世話をし、まもる。②国とくにからだの弱い児童などを保護し、きたえて育てる。「養護学級」

【養蚕(蠶)】よう(やう)さん かいこを飼うこと。

【養子】よう(やう)し ①子をやしなう。②他人の子を、自分の子とする。↔実子

【養志】よう(やう)し ①心をよくする。修養する。②親の心を喜ばせる。

【養視】よう(やう)し 注意してやしない、世話をする。

【養寿(壽)】よう(やう)じゅ 長生きをするようにつとめる。

【養生】よう(やう)じょう(じゃう) ①長生きをはかる。②適当な飲食や運動で、からだをじょうぶにする。③病気のてあてをする。保養。④親をやしなう。【——訓】よう(やう)じょう(じゃう)くん 国書名。八巻。貝原益軒(かいばらえきけん)著。通俗的に健康法を説いたもの。

【養心】よう(やう)しん 良心を育てあげる。本心をますますよくする。

【養神】よう(やう)しん 精神をやしなう。

【養正】よう(やう)せい 正義をやしなう。正しい道を行ってゆく。

【養成】よう(やう)せい 育てあげる。

【養性】よう(やう)せい ①生まれつきのよい本性をそだてる。人格を向上させる。②自然の本性をそこなわないようにする。【——服食】よう(やう)せいふくしょく 長生きをするための養生をし、丹薬をのむ。道家の長寿法。〈晋書(じんじょ)・嵆康(けいこう)伝〉

【養徳】よう(やう)とく 人格をやしなう。修養する。

【養病】よう(やう)びょう(びゃう) 病気の養生をする。

【養父】よう(やう)ふ 養家の父。義父。

【養分】よう(やう)ぶん 栄養分。滋養分。

【養兵】ようへい（やう） 兵士をやしなう。

【養母】ようぼ（やう） 養家の母。養母。

【養蜂】ようほう（やう） みつばちを飼う。

【養略】ようりゃく（やう） 人に与える衣食をへらす。

【養老】ようろう（やうらう） 老人をいたわって安楽にさせる。【――律令】ようろうりつりょう（やうらう） 国養老二年（七一八）に大宝律令を改正してできた法令。養老令。

【養和】ようわ（やう） ①やわらいだ精神をやしなう。②和合するように努力する。③背をもたせる道具。

【養活】ヤンフオ yǎnghuo 現やしなう。育てる。
◆休養きゅう・存養そん・孝養こう・扶養ふ・供養くよう・保養ほ・栄養えい・修養しゅう・素養そ・涵養かん・培養ばい・教養きょう・滋養じ・飼養し・静養せい・療養りょう

食6【餁】〔15〕同→飪（一三八八ページ・中）
食6【餞】〔15〕俗→餞（一三九二ページ・上）
食6【餞】〔14〕俗→餞（一三九二ページ・上）
飠6【餅】〔14〕俗→餅（一三九〇ページ・中）
飠6【蝕】〔15〕→虫部九画（一一〇七ページ・下）

食7【餓】〔15〕常 ガ 漢 去 箇 U補J 9913 1878
旧字 食7【餓】〔16〕ガ 呉 è オー U補J
筆順 ノ 今 今 食 飣 餁 餓 餓
意味 ①〈う・える（―・う）〉食物がとぼしく死にかける。「飢き」より程度が強い。②飢えさせる。③〈うえ（うゑ）〉ひどい飢え。
解字  形声。食が形を表し、我が音を示す。我の音はしなびちぢむ意味を含む。餓は、食物がとぼしくて、腹がしなびることである。一説に、我にはかどばる気持ちがあるから、餓は、うえで体がやせていることとする。
【餓鬼】がき ①仏餓鬼道に落ちた死者。②国こどもをののしっていうことば。【――道】がきどう（だう） 仏悪人が死んで行く世界。いつも飢えに苦しむといわれる。三悪道（地獄道・餓鬼道・畜生道）の一つ。
【餓虎】がこ ①腹のへったとら。②ひじょうに恐ろしいもののたとえ。【――飢鷹】がこきよう 飢えたとらやたか。欲ふかくむさぼる人。がつがつしていることをいう。〈魏書ぎしょ・昭成子孫宗室暉伝〉

【餓死】がし 飢えじに。

【餓莩】がひょう（へう） 飢えて死んだ人。＝餓殍
【餓殍】がひょう（へう） 「餓莩がひょう」に同じ。

【餓羸】がるい 飢えて疲れはてる。

【餓狼】がろう（らう） 飢えたおおかみ。【――之口】がろう（らう）のくち よくばりで、ざんこくな者。

【餓火焼（燒）レ腸】がか（くわ）ちょう（ちやう）をやく 飢えのひどいさま。〈白居易はくきょいの詩〉
◆飢餓きが

食7【餐】〔16〕標 一サン 漢 一平 寒 cān ツァン 二ソン 漢 二平 元 sūn スン U補J 9910 2733
食3【湌】〔12〕或体 U補J 6E4C ②7887
食2【飡】〔11〕俗字 U補J 98E1 7240 ②9245
意味 一①〈くら・う（―・ふ）〉飲食する。②飲食物。ごちそう。③間食。④ほめる。⑤聴き取る。⑥うける。二＝飧そん ①夕食。②煮焼きした食物。③みずづけめし。
【餐英】さんえい 花びらを食べる。菊の落ちた花を食う。道士の修業する術。
【餐霞】さんか かすみを食う。
【餐飯】さんぱん ①飯を食う。②食事。『加二――一』さんぱんをくわう（くはふ） 養生する。加餐かさん。「努力加二餐飯一どりょくしてさんぱんをくわえよ」（くれぐれも健康にお気をつけください。）〈文選もんぜん・古詩十九首〉
【餐庁（廳）】ツァンティン cāntīng 現食堂。レストラン。

食7【餕】〔16〕シュン 漢 去 震 jùn チュン U補J 9915 7252
意味 ①くいのこし。たべのこし。「餕余しゅんよ」②あまりものを食べる。祭りに使った供え物のおさがりを食べる。＝饌せん ③煮た食物。＝飧そん

食7【餗】〔16〕ソク 漢 入 屋 sù スー U補J 9917 7254 ②9256
意味 鼎かなえに盛ったそなえもの。転じて、ごちそう。国〈こながき〉米の粉をまぜて作ったぞうすい。

食7【餒】〔16〕ダイ 漢 上 賄 něi ネイ U補J 9912 8115
意味 ＝餧だい ①〈う・える（―・う）〉②飢え。③気力がなえる。衰える。④くさる。魚の肉がくされただれる。
【餒棄】だいき 飢えて身投げをする。食うにこまって自殺する。
【餒虎】だいこ 飢えているとら。
【餒士】だいし すぐれた人物で飢えているもの。

食7【餖】〔16〕トウ 漢 去 宥 dòu トウ U補J 9916 7253 ②9255
意味 飣餖ていとう・餖飣とうていは、①食物をたくさん並べる。②古字や古語を並べたてて文を作る。

食7【餔】〔16〕一ホ 漢 一平 虞 bū プー 二ホ 漢 二去 遇 bù プー U補J 9914 8116
意味 一①夕食。午後四時ごろの食事。②食事。③〈くら・う（―・ふ）〉食べる。口にふくむ。＝哺ほ ④夕方。午後四時ごろ。＝晡「餔時ほじ」⑤食べさせる。二餹餔とうほは、①こなもち。②にごりあめ。③干した果物の砂糖漬け。
【餔啜】ほせつ 食ったり飲んだり。飲み食いばかりしたがる。

食7【餑】〔16〕ホツ 漢 入 月 ボツ 慣 bō ポー U補J 9911 7251
意味 ①小麦粉をこねてむした食物。「餑餑ポーポー」②ゆばな。お茶の泡あわの濃いもの。↕沫まつ ③成長する。

食7【𩛰】〔16〕国字 U補J 296F0 ②9254
意味 〈あさ・る〉漁あさる。食物を探し求める。

食7【餘】〔16〕旧→余（八三ページ・上）

食8【餡】〔17〕カン 漢 去 陥 アン 唐 xiàn シエン U補J 9921 8118
意味 〈あん〉小麦粉や米の粉のまんじゅうの中に包みこむ肉や野菜。＝餡とう 国①あずきのあんこ。②くず粉のしる。くずだまり。
◆塩餡しおあん・漉餡こしあん・小倉餡おぐらあん

食8【餧】〔17〕一イ（ヰ） 漢 一去 寘 wèi ウエイ 二ダイ 漢 二上 賄 něi ネイ U補J 9927 7261
食9【餵】〔18〕同字 U補J 9935 7267
意味 一〈か・う（―・ふ）〉やしなう。＝喂「餧食いしょく」二＝餒だい ①〈う・える（―・う）〉②〈うえ（うゑ）〉③魚がくさる。

食8【餜】〔17〕カ（クヮ） 漢 上 哿 guǒ クオ U補J 991C 7257 ②9260
意味 ①もち。だんごの類。②現餜子クオツ guǒzi は、小麦粉をかためにといて、油であげた食品。

食8【館】〔16〕学3 カン やかた U補J 9928 2059
旧字 食8【館】〔17〕カン（クヮン） 漢 呉 去 翰 guǎn コワン U補J FA2C
筆順 ノ 今 今 食 飠 飣 館 館

舌10【舘】〔16〕俗字 U補J 8218 ― 2060 意味 ①〈やかた〉建物。㋐賓客を接待し、泊める建物。㋑やど。旅館。㋒やしき。「舘宅(かんたく)」「舘第(かんてい)」㋓役所・学校など公用の建物。②やどる。泊まる。③やどす。泊める。
国①〈やかた〉㋐貴人の邸宅。㋑貴人への敬称。②〈たち〉〈たて〉㋐官舎。㋑邸宅。㋒小規模の城。

解字 形声。食が形を表し、官(くゎん)が音を示す。官は、役人がやねの下に集まっている形である。舘は、客人が食事をする家をいう。

姓 舘(たて)・舘(たち)・舘野(たての・たちの) 地名 舘山(たてやま)・舘林(たてばやし)

【舘閣】かん(くゎん)かく ①家。②宋(そう)時代の役所の名。翰林(かんりん)。

【――体】かん(くゎん)かく たい ①翰林の学士が勅命により作った文章の体。②科挙の答案を書くための平正で個性のない書風。

【舘舎】かん(くゎん)しゃ やかた。旅行者のとまる宿。〖捐二――一〗やかたを捨てる。身分の高い人の死をいう。

【舘職】かん(くゎん)しょく 「舘閣(かんかく)」の②の職を扱う官。

【舘人】かん(くゎん)じん 家を守り、客の世話をする人。

▽公舘(こうかん)・分舘(ぶんかん)・本舘(ほんかん)・旧舘(きゅうかん)・会舘(かいかん)・別舘(べっかん)・旅舘(りょかん)・新舘(しんかん)・閉舘(へいかん)・開舘(かいかん)・大使舘(たいしかん)・公使舘(こうしかん)・領事舘(りょうじかん)

食8【餚】〔17〕コウ(カウ) 漢 平 肴 yáo ヤオ U補J 991A 7255 ②9258 意味 魚や肉を主とした料理。‖肴

食8【餛】〔17〕コン 漢 平 元 hún フン U補J 991B 7256 ②9259 意味 餛飩(こんとん)は、うすい小麦粉の皮で肉などを包んだもの。

食8【餞】〔17〕セン 漢 去 霰 jiàn チエン U補J 991E ― 8120

食6【餞】〔15〕俗字 U補J ― ― ―

食6【䬻】〔14〕俗字 U補J 4B3B ― ②9253

意味 ①〈はなむけ〉うまのはなむけ。㋐旅立つ人を送るための酒宴。送別会。㋑旅人への贈り物。せんべつ。②〈おく・る〉旅人を送る。見送る。

【餞春】せんしゅん ①去り行く春を送る。②春を惜しんでもよおす酒〔もり〕。

【餞送】せんそう 旅に出る人を見送る。

【餞亭】せんてい 送別の宴会場。「品。はなむけ。

【餞別】せんべつ ①別れる人を見送る。②出かける人にあたえる金」

食8【餤】〔17〕㊀タン 漢 ㊀平 覃 tán タン ㊁タン 漢 ㊁去 勘 dàn タン U補J 9924 ― 8121

意味 ㊀すすむ。進行する。㊁①すすめる。食事をすすめる。②うすいころもで肉を包み、切った食物。

食8【餦】〔17〕チョウ(チャウ) 漢 呉 平 陽 zhāng チャン U補J 9926 7260 ― 意味 ①餦餭(ちょうこう)は、㋐おこし。㋑飴(あめ)。②食糧。

食8【餟】〔17〕㊀テイ 漢 ㊀去 霽 zhuì チョイ ㊁テツ 漢 ㊁入 屑 chuò チュオ U補J 991F 7258 ― 意味 ㊀㊁①まつる。㋐地に酒をそそいで祭る。㋑連続して祭る。②すする。‖啜

食8【餢】〔17〕ホウ 漢 上 有 bù プー フ 慣 U補J 9922 7259 ― 意味 餢麩・餢飳(ほうとう)は、小麦粉を発酵させて作ったもち。蒸したり、焼いたりして食べる。‖⿰麦咅麩

食8【⿰食冋】〔17〕同→餉(一三九〇ジ・上)

食8【餝】〔17〕俗→飾(一三八九ジ・中)

食8【餠】〔17〕旧→餅(一三九〇ジ・中)

食8【⿰食尭】〔16〕俗→饒(一三九三ジ・下)

食8【餴】〔17〕俗→餴(本

食9【餫】〔18〕㊀ウン 漢 ㊀去 問 yùn ユン ㊁コン 漢 ㊁平 元 hún フン U補J 992B 7262 ― 意味 ㊀〈おく・る〉食物を送りとどける。㊁餫飩(こんとん)は、うすい小麦粉の皮で肉などを包んだもの。‖餛飩

食9【餲】〔18〕㊀エイ・アイ 漢 ㊀去 卦 ài アイ ㊁アツ・カツ 漢 ㊁入 曷 hé ホー U補J 9932 7264 ②9263 意味 ㊀〈す・える(―・ゆ)〉食物がくさって、すっぱくなる。㊁たいらな形のだんごの類。

食9【餬】〔18〕コ 漢 平 虞 hú フー U補J 992C ― 8123 意味 ①〈かゆ〉濃いかゆ。②かゆをすする。③〈のり・す〉㋐口すぎをする。手段を見つけ食べてゆく。‖糊 ㋑はりつける。④いそうろう。

【餬口】ここう ①人の家にいそうろうになる。②かゆを食う。貧しく暮らすこと。〖――之計〗ここうのけい 生活のくふう。就職の世話をたのむときなどに使うことば。〈宣和書譜(せんなしょふ)〉

食9【餱】〔18〕コウ 漢 平 尤 hóu ホウ U補J 9931 7263 ②9262

意味 〈ほしいい(ほしいひ)〉かれいい。干した飯。旅行中の食糧。携行食。「餱糧(こうりょう)」

食9【餳】〔18〕㊀セイ 漢 ㊀平 庚 xíng シン ジョウ(ジャウ) 呉 ㊁トウ(タウ) 漢 ㊁平 陽 táng タン U補J 9933 7265 ②9264 意味 ㊀〈あめ〉水あめ。㊁‖糖・餹 ①〈あめ〉②砂糖。

食9【餰】〔18〕セン 漢 平 先 zhān チャン U補J 9930 ― ― 意味 かゆ。濃いかゆ。‖飦・饘(せん)・鬻(しゅく)

食9【⿱殄食】〔18〕同字 U補J 2973E ― ―

食9【餮】〔18〕テツ 漢 入 屑 tiè ティエ U補J 992E ― 8124 意味 〈むさぼ・る〉欲が深くむさぼる。むさぼり食う。

食9【餴】〔18〕フン 漢 平 文 fēn フェン U補J ― ― ― 意味 むした飯。‖饙(ふん)

食8〔餴〕〔17〕俗字 U補J 9934 7266 ―

食9【餷】〔18〕チャー chā U補J ― ― ― 意味 現 ぶたや犬のえさを、ごった煮する。

食9【餵】〔18〕同→餧(一三九一ジ・下)

食9【⿰食茲】〔18〕同→糍(九五一ジ・上)

食9【饂】〔18〕俗→饂(一三九三ジ・上)

食9【⿰食追】〔17〕同→⿰食追(一三九三ジ・上)

食10【餼】〔19〕キ 漢 去 未 xì シー U補J 993C 7271 ②9267 意味 ①贈り物。㋐食料。特に、穀物。㋑まぐさ。飼料。②〈おく・る〉食物を贈る。③いけにえ。生きたまま神に供える動物。↕饔(よう) ④生肉。⑤ふち。俸禄(ほうろく)。⑥あきる。

【餼牽】きけん 牛・羊・豚などの、いけにえにする動物。

【餼羊】きよう(やう) いけにえのひつじ。

【餼廩】きりん 俸給(ほうきゅう)。肉類や穀物を給料としてあたえること。

【餼牢】きろう(らう) いけにえ。

食10【餽】〔19〕キ 漢 去 寘 kuì コイ U補J 993D ― 8125 意味 ①死者の霊魂を祭る。②〈おく・る〉金銭や食物などを贈る。‖饋(き) ③贈り物。④とぼしい。欠乏する。‖匱(き)

【餽遺】きい(ゐ) 贈り物をする。進物をする。

【餽餉】きしょう(しゃう) ①食物を贈る。②軍隊の食糧を送る。③送る食糧。

【餽饟】きじょう(じゃう) 「餽餉きしょう」に同じ。「給二餽饟一きじょうをきゅうす」〈史記・高祖本紀こうそほんぎ〉

食10【餻】〔19〕 コウ(カウ)漢平豪 gāo カオ　U補J ②9266 7270 993B

意味〈もち〉米の粉で作ったもち。＝糕こう

食10【餶】〔19〕 コツ漢入月 gǔ クー　U補J 9936

意味 餶飿こっとつは、めん類の一種。ごった煮。

食10【餿】〔19〕 シュウ(シウ)漢平尤 sōu ソウ　U補J 993F

意味 くさる。飯がくさる。すえる。

食10【〔食＋追〕】〔19〕 タイ漢平灰 ツイ慣 duī トイ　U補J

意味 むしもち。だんごの類。

食9【䭔】〔17〕同字　U補J 4B54

食10【餹】〔19〕 トウ漢平陽 (タウ) táng タン　U補J 7268 9939

意味 ＝糖 ①あめ。水あめ。②砂糖。

食10【饀】〔19〕 ㊀トウ(タウ)漢 ㊁トウ(タウ)漢 ㊂カン漢 アン唐　㊀平豪 táo タオ ㊁平豪 tāo タオ ㊂平覃 xiàn シエン　U補J ②9268 7272 9940

意味 ㊀餅菓子。蒸菓子。㊁①むさぼる。＝饕とう ②食う。㊂肉や野菜で作ったあん。＝餡かん

食10【餺】〔19〕 ハク漢入薬 bó ポー　U補J ②9265 7269 993A

意味 餺飥はくたくは、だんご、うどんの類。

食10【饁】〔19〕 ヨウ(エフ)漢入葉 yè イエ　U補J ②9269 7273 9941

意味 ①〈かれいい(かれいひ)〉農夫のべんとう。②〈おく・る〉食物を田畑の農夫に送り届ける。

食10【餾】〔19〕 リュウ(リウ)漢去宥 liù リウ　U補J 8126 993E

意味 米をむす。一度むした米を再びふかしなおす。

食12【〔食＋畱〕】〔21〕本字　U補J 297B7

食10【饂】〔19〕国字 ウン　U補J 8127 9942

食9【〔食＋昷〕】〔18〕俗字　U補J

意味 饂飩うんどんは、うどん。小麦粉で作っためんの一種。

食11【饉】〔20〕標 キン漢去震 jǐn チン　U補J 8128 9949

意味〈う・える(―・う)〉野菜や穀物の不作。

食11【饈】〔20〕 シュウ(シウ)漢平尤 xiū シウ　U補J 7276 9948

意味 ＝羞 ①食事をすすめる。②ごちそう。

食11【饆】〔20〕 ヒツ漢入質 ヒチ呉 bì ピー　U補J ②9270 7274 9946

意味 饆饠ひつらは、穀物の粉で作った食物。

食11【饅】〔20〕標 バン漢平寒 マン慣 mán マン　U補J 8129 9945

意味 饅頭は、①まんじゅう。②現マントウ mántou は、あんのはいらない中華まんじゅう。国〈ぬた〉野菜・魚・貝などを酢味噌みそであえた料理。

食11【饅】〔20〕正字　U補J

食11【饇】〔20〕 ヨ漢去遇 yù ユイ　U補J 7275 9947

意味 ＝飫よ ①〈あ・きる(―・く)〉食べあきる。②くつろいだ食事。同族での私的な宴会。

食11【饃】〔20〕 mó モー　U補J 9943

意味 現小麦粉で作った食品。ふつう、饅頭マントウをさす。

食11【饗】〔20〕同→饗(一三九四ページ・上)

食12【饐】〔21〕 ㊀イ漢去寘 yì イー ㊁エツ漢入屑 yè イエ　U補J 8130 9950

意味 ㊀〈す・える(―・ゆ)〉飯がいたんでくさくなる。㊁〈むせ・ぶ〉飯がのどにつまる。むせる。＝噎えつ

食12【饋】〔21〕 キ漢去寘 kuì コイ　U補J 8131 994B

意味 ①〈おく・る〉㋐食物を贈る。㋑食物をすすめる。㋒金品を贈る。②贈り物。③食べる。④祭る。⑤運ぶ。＝餽き

【饋運】きうん 食糧を運ぶ。

【饋餉】きしょう 食料を送る。料理していない、生の食料を送りとどける。

【饋献(獻)】きけん ①祭礼のお供え。②贈りもの。

【饋食】きしょく ①食糧を送る。②食事。③祖先の祭りに食物を供える。

【饋薦】きせん 食物をお供えする。肉類や穀類をさしあげる。

【饋奠】きてん 祭りに供えものをする。また、そのお供え。

【饋電線】きでんせん 発電所・変電所からじかに電気を送る電線。

【饋糧】きりょう(りゃう) ①軍隊の食糧を送る。②食糧を運ぶ。また、その食糧。

食12【饎】〔21〕 ㊀シ漢去寘 chì チー ㊁キ漢平支 xī シー　U補J ②9272 7278 994E

意味 ㊀㊁①酒やさかな。ごちそう。②きび。③あわめし。④煮る。かしぐ。

食12【饑】〔21〕 キ漢平微 jī チー　U補J 8132 9951

意味 ①穀物がみのらない。②〈う・える(―・う)〉腹がすく。＝飢 ③〈うえ(うゑ)〉 ④姓。

参考「飢」と通じて使う。新表記では、「飢」に書きかえる熟語がある。熟語は「飢」(一三八七ページ・下)をも見よ。

【饑臥】きが(ぐわ) はらをへらして寝ている。

食12【饊】〔21〕 サン漢上旱 sǎn サン　U補J 994A

意味 ①やきごめ。②おこし。もちごめの粉を油でいため、あめをつけた食物。

食12【饒】〔21〕標 ジョウ(ゼウ)漢平蕭 ニョウ(ネウ)呉 ráo ラオ　U補J 8133 9952

意味 ①〈ゆたか〉㋐多い。十分にある。㋑地味が肥えている。②〈あま・る〉ありあまる。③あきる。④多く与える。⑤ゆとりがある。⑥大目にみる。ゆるす。⑦ゆずる。⑧たとい…であっても。どんなに…だとしても。

食8【〔食＋尭〕】〔16〕俗字　U補J ②9257 29719

姓 饒波のは・饒平名よへな

【饒益】㊀じょうえき(ぜう) 豊か。物持ち。㊁にょうやく(ねう) 仏ごりやくを与える。

【饒衍】じょうえん(ぜう) 豊かでありあまる。

【饒給】じょうきゅう(ぜうきふ) 豊かで、じゅうぶんに足りる。

【饒奢】じょうしゃ(ぜう) 財産が豊かでぜいたくをする。

【饒人】じょうじん(ぜう) ①人をゆるすこと。②豊かな人。

【―不是痴(癡)】にょうじんこれちならず 豊かな人は、のんびりしていても、ばかではない。

【饒舌】じょうぜつ(ぜう) おしゃべり。

【饒足】じょうそく(ぜう) じゅうぶんにある。

【饒多】じょうた(ぜう) 物が豊かにある。

【饒富】財産が豊かにある。
【饒沃】土地が肥え、作物が豊か。
◇肥饒・豊饒

食12【饌】〔21〕 サン・セン 漢 去 霰 ゼン 呉 zhuàn チョワン U補J 8134 994C
意味 ＝籑・餕 ①供えもの。供えた飲食物。②飲食する。③〈そな・える（――・ふ）〉食事を並べる。
【饌玉】いろいろのごちそう。山海の珍味。
【饌具】①食事用の道具。②食事の道具を並べる。
【饌殽】ごちそう。

食12【饍】〔21〕 同 ↓膳（一〇二七ページ・下）

食12【䭔】〔21〕 本 ↓餾（一三九三ページ・上）

食12【饙】〔21〕 俗 ↓饙（本ページ・中）

食13【饗】〔22〕 人 標 キョウ 漢 上 養 （キャウ） xiǎng シアン U補J 2234 9957
旧字 食13【饗】〔22〕 U補J
食11【𩟄】〔20〕 同字 U補J
意味 ①〈あえ（あへ）〉⑦さかもり。うたげ。村人が集い飲食すること。宴会。①もてなし。客に酒食を供すること。⑦ごちそう。すばらしい料理。②〈あ・える（――・ふ）〉⑦もてなす。ふるまう。①もてなし、ねぎらう。③供物をささげて神仏を祭る。④おそなえ。⑤〈う・ける（――・く）〉＝享 ⑦神が祭祀を受け入れる。①もてなしに応じる。⑦享受する。恩恵などを受ける。
姓 饗庭
参考 新表記では、「供」「享」に書きかえる熟語がある。
【饗宴】盛んな酒もり。
【饗応（應）】酒やごちそうをだしてもてなす。＝供応
【饗告】お供えをして祭り、神に告げる。
【饗膳】並べたごちそう。ごちそう用のぜん。
【饗福】幸いを受ける。
【饗礼（禮）】貴人の客をもてなす礼式。

食13【饘】〔22〕 セン 漢 平 先 zhān チャン U補J ①9410 7280 9958
意味〈かゆ〉濃いかゆ。＝飦・餰
【饘粥】こいかゆと、うすいかゆ。『――之資』かゆを食べる金。生活費。借金の依頼状などに使う。

食13【饕】〔22〕 トウ 漢 平 豪 （タウ） tāo タオ U補J 8135 9955
意味 ①〈むさぼ・る〉財貨や飲食物を貪欲に求める。＝叨・謟 ②凶暴。③饕餮は、⑦想像上の悪獣。古代の銅器の装飾模様に用いられた。①悪人。⑦異民族の名。⑤むさぼること。
【饕餮文】饕餮の形を図案化した模様。古い銅器などに見える。

（饕餮文）

食13【饙】〔22〕 フン 漢 平 文 fēn フェン U補J
食12【饙】〔21〕 俗字 U補J 7281 9959
意味 ①蒸す。「饙餾」②半蒸しの飯。

食13【饔】〔22〕 ヨウ 漢 平 冬 yōng ヨン U補J 7279 9954
意味 ①煮炊きした食物。②料理。料理する。③〈あさめし〉朝食。↔飧 ④殺したいけにえ。↔餼
【饔餼】神に供える動物。餼は生きた動物。
【饔人】官名。料理をつかさどる役人。
【饔正】「饔人」に同じ。正はかしら。
【饔膳】ごちそう。煮た食物と、そろった食事。
【饔飧】①朝飯と夕飯。②食事を用意する。『――不ㇾ継（繼）』朝食が食べられても、夕食がつづかない。ひどくびんぼうなこと。

食13【饗】〔22〕 旧 ↓饗（本ページ・上）

食14【饜】〔23〕 エン 漢 去 豔 yàn イエン U補J ②9273 7283 995C
意味 ①〈あ・きる（――・く）〉⑦満足する。①食いあきる。「饜足」「饜食」「饜飫」「饜飽」②うむ。いとう。いやになる。＝厭

食14【饛】〔23〕 ボウ 漢 平 東 méng モン U補J 7282 995B
意味 やまもり。うつわいっぱいの食物。

食14【饟】〔23〕 本 ↓饟（九四四ページ・下）

食17【饞】〔26〕 サン 漢 平 咸 ザン 慣 chán チャン U補J 7284 995E
意味〈むさぼ・る〉①食物をむさぼる。②財利をむさぼる。欲が深い。「貪饞」
【饞火】火のもえるような盛んな食欲。
【饞涎】食物を見て流すよだれ。

食17【饢】〔26〕 ショウ（シャウ） 漢 去 漾 ジョウ（ジャウ） 慣 xiǎng シアン U補J ②9274 7285 995F
意味 ①〈かれいい（かれいひ）〉⑦べんとう。①食糧。⑦軍隊の食糧。②〈おく・る〉食糧を送る。③食物をはさみこむ。
【饢道】軍隊の食糧をはこぶ道。

食19【饠】〔28〕 ラ 漢 平 歌 luó ルオ U補J ②9275 7286 9960
意味 饠饆は、こくもつの粉で作る食物。饆饠。

食22【饢】〔31〕 一 náng ナン 二 nǎng ナン U補J
食22【𩟿】〔30〕 同字 U補J 9962
意味 一 現 小麦粉をかためにこねて、焼いた食品。ウイグル族の主食。二 現 がつがつ口にほおばる。

9画 首部 くび

【部首解説】「人の頭部」にかたどる。この部には、「首」の形を構成要素とする文字が属する。

首0【首】〔9〕 学 2 シュ くび
一 シュウ（シウ） 漢 シュ 呉 ス 慣 一 上 有 shǒu ショウ
二 シュウ（シウ） 漢 シュ 呉 二 去 宥 shòu ショウ
U補J 2883 9996

筆順 丶 丷 丷 𠆢 䒑 首 首

意味 一 ①〈こうべ（かうべ）〉⑦あたま。かしら。頸から上。①かみ。頭髪。②〈しるし〉切り取った頭部。首級。③〈はじめ〉⑦最初。発端。①先頭。⑦最高。最上。④〈かしら〉〈つかさ〉⑦長。①君。「元首」⑤かなめ。要点。⑥もとづく。依拠する。⑦あらわす。顕示する。⑧詩歌を数える量詞。二 ①申し出る。罪を白状する。「自首」

9画 面革韋（韋）韭音頁風飛食（飠・𩙿）首香

②向かう。③降服する。国①〈おびと〉長。上古の姓の一つ。②〈くび〉㋐頭と胴の間。頸。㋑免職。「馘首」

解字  象形。古い形で見るとわかるように、髪の毛と目を描いて、人間の頭部を表した字。

名前 かみ・さき・おぶと　姓 首藤　地名 首里　難読 首途

【首実(實)検(檢)】国首を埋めた所に建てた墓。国敵の首を大将が調べること。

【首塚】国首を埋めた所に建てた墓。

【首悪(惡)】悪人のかしら。〈公羊伝・僖公〉

【首夏】夏の初め。初夏。

【首魁】①さきがける。②悪者たちのかしら。

【首虐】悪人のかしら。

【首丘】おかに向かう。きつねが死ぬとき、必ず自分のもと住んでいたおかのほうに首を向けること。もとを忘れないこと、また、故郷を思うことのたとえ。〈楚辞〉

【首級】討ちとった敵の首。

【首功】①敵の首を切ったてがら。②いちばんすぐれているてがら。

【首肯】うなずく。がてんする。

【首座】一首席。一番の座席。二㊀仏僧の職名。首席の僧。三国首を切られる者のすわるところ。

【首歳】年の初め。正月。

【首罪】①もっとも重い罪。②主犯。共犯者のかしら。③「自首する。」

【首子】長子。はじめての子。

【首施】うたがい、ためらう。

【首時】四季のはじめ。陰暦の一、四、七、十月。

【首相】①内閣の首席。宰相。②国内閣総理「大臣。」

【首章】第一章。文章・書物のいちばん初めの章。

【首唱】①まっさきに言い出す。②一座の中で、最初に詩を作った人。

【首善】民を教えみちびくはじめ。【――地】首都。

【首祚】年のはじめ。

【首鼠】形勢をながめてためらう。【――両(兩)端】どちらともつかずにためらう。ひよりみ。〈史記・武安侯列伝〉

【首足】くびとあし。【――異レ処(處)】首と足とが別々になる。腰切りの刑にされる。

【首途】旅行にでかける。

【首都】一①首府。②いちばん重要な都会。二ショウトウー shǒudū 現一の①に同じ。

【首脳(腦)】おもだった者。かしら。【――部】①たいせつな部分。②おもだった幹部。

【首班】①第一の席次。首席。②国内閣総理大臣。

【首尾】①あたまとしっぽ。②初めと終わり。③しまつをつける。④国㋐事のなりゆき。㋑つごうをつける。【――一貫】はじめから終わりまで、ひとすじにつらぬきとおすこと。最初から最後まで態度を変えないこと。

【首府】①君主のいる都。②中央政府や、省の役所のある「所。」

【首服】①首かざり。②自白する。自首して罪に服する。③国成人式。元服。

【首謀】主となってはかりごとをなす者。悪事などを中心になって計画する。

【首陽山】山名。主を討ち、義にそむいた周の国に住むのを恥じ、伯夷・叔斉の兄弟が、こもって飢え死にしたところ。雷首山ともいう。今の山西省永済市にある。

【首虜】討ちとった首と、とりこ。

【首領】①かしら。②人の上にたつ者。親分。

【首陀羅】スードラ インドの四姓の一つ。もっとも低い階級。

【首先】ショウシエン shǒuxiān 現はじめに。

【搔レ首】頭をかく。髪の毛をかきむしる。①不安のさま。②憂えるさま。悩むさま。③国てれるさま。【――弄レ姿】髪をかいて、しなをつくる。女が男を誘惑するさま。〈後漢書・李固伝〉【――踟躕】頭の毛をかきながらさまよう。

◆元首・叩首・自首・巻首・党首・馬首・船首・部首・斬首・絞首・雁首・鳩首・頓首・稽首・頭首・襟首・鎌首・馘首・鶴首

首 2

【馗】〔11〕キ 漢 平 支 kuí コイ　J 8136　補 U 9997

意味 ①道。九方に通ずる道。＝逵 ②〈ほおぼね（ほほぼね）〉＝頄 ③隠れる。④鍾馗は、邪気をはらう神の名。

首 8

【馘】〔17〕一 カク 漢（クヮク）一 入 陌 guó クオ　二 ケキ 漢 二 入 錫 xù シュイ　J 8137　補 U 9998

耳 8

【聝】〔14〕本字　J ――　補 U 805D

意味 一①〈みみき・る〉敵を殺して、証拠に左耳を切る。国〈くびき・る〉①首を切る。②職をやめさせる。二かお。おもて。顔面。

【馘耳】①切った耳。②耳を切る。また、切った耳。

【馘首】国①首を切る。②免職する。首にする。

【馘截】耳を切りとる。

9画　香部　かおり

【部首解説】「禾」と「日」が合わさり、「よいかおり」を表す。この部には、「香」の形を構成要素とする文字が属する。

香 0

【香】〔9〕学 4　コウ・キョウ　か・かおり・かおる　キョウ（キャウ）漢 平 陽　コウ（カウ）呉 xiāng シアン　J 2565　補 U 9999

筆順 一 二 千 禾 禾 香 香 香 香

意味 ①〈か〉〈かおり（かをり）〉〈におい（にほひ）〉よいにおい。②〈かお・る（かを・る）〉〈かぐわし・い（かぐは・し）〉〈かんばし・い（かんば・し）〉よいにおいがする。③〈こう（かう）〉㋐においのするたきもの。線香。㋑香合。香道。④すばらしい。色・声・姿・味などが好ましいようす。⑤女性に関する事物につける接頭語。「香閨」⑥現㋐味がよい。㋑ぐっすり（眠る）。国①〈きょう（きゃう）〉将棋の駒の一つ。「香車」②〈こう（かう）〉㋐味噌。㋑薬味。

解字  会意。禾と日を合わせた字。禾は黍で、日は甘である。黍はきび。甘はおいしいこと。香は、きびをおいしく煮たときのかおりで、よいにおいをいう。

名前 かが・たか・よし　姓 香山・香西・香曽我部　地名 香川・香取・香美・香港・香具山　難読 香魚・香具師

【香菓】国たちばなの実。

【香案】香炉やあかりの台をのせておく机。

【香雲】①花が雲のように咲きかおるさま。②女の髪。③絹の織物。

【香煙】①かんばしい煙。②仏に供えた香のけむり。③巻きたばこ。

【香火】仏仏前などで香をたく火。また、その香。【―

9画

面革韋（韋）韭音頁風飛食（𩙿・𩙿）首香

—院】 「香華院」に同じ。【——因縁(緣)】 ㊫前世に香火のつながりがあったので、この世でもつながりができた。前世の縁。
【香願】 神仏への願いごと。
【香気(氣)】 かおり。
【香橘】 くねんぼ。果実の名。
【香魚】 あゆ。魚の名。
【香芹】 においのよいせり。
【香具】 香道につかう器具。【——師】㊀ ①香道具の商人。②やし。かぐし。㊁ 国祭りなどに、見せ物を出したり、そまつな品を売る人。てきや。
【香花】 仏に供える香と花。=香華 【——供養】 ①㊫仏に花を供えること。②家庭サービス。
【香華(華)】 仏前に供える香と花。【——院】 だんな寺。代々やっかいになる寺。香火院。菩提寺。
【香語】 仏前で唱えることば。唱えるもの。
【香合】㊀ 香を入れる箱。㊁ 国香をたいて、かぎわける遊び。
【香光荘(莊)厳(嚴)】 ㊫念仏に専心すること。念仏によって功徳を得ること。
【香魂】 ①美人のたましい。②花の精。
【香山居士】 唐の白居易の別号。
【香餌】 においのよいえさ。人をおびきよせる材料。『——下必有二死魚一』 えさがよいと、魚が釣られて死ぬことになる。利益に目がくらんで身を滅ぼすこと。〈三略〉
【香車】㊀ 美しい車。㊁ 国将棋の駒の名。
【——宝(寶)馬】 車・馬の美しくりっぱなこと。
【香蕈】 しいたけ。きのこの名。
【香辛料】 からみやにおいをつける調味料。
【香水】㊀ ①よいにおいのする水。②香料を水にとかした液。㊁ ㊫仏に供えるにおいのよい水。
【香雪】 ①かおりのある雪。かおりのある白い花にたとえる。②茶の別名。
【香草】 においのよい草。
【香台(臺)】 香炉をのせておく台。
【香典(「奠」)】 死者の霊前に供える金品。
【香道】 国香のにおいをかぎわける芸道。香あわせ。
【香嚢】 におい袋。
【香粉】 ①こなにした香料。②においのよいおしろい。化粧品の一つ。
【香木】 においのよい木。
【香霧】 よいかおりのするきり。花園にたちこめたきり。
【香料】 ①においがよいもの。②死者の霊前に供える金品。香典。
【香奩】 ①化粧道具を入れる箱。②香を入れる箱。こうばこ。【——体(體)】 詩の一体。主として婦人をよんだなまめかしいもの。唐の韓偓が始めたという。
【香炉(爐)】 ①香をたくうつわ。②香炉峰。「日照二香炉一生二紫烟一」(太陽は香炉峰を照らし、山気が紫色にけむって見える。)〈李白の詩・望二廬山瀑布一〉【——峰】 江西省九江県の南にある山、廬山の中の峰。『——峰雪撥レ簾看』 〈やに寝たまま、みすをはねあげさせて、香炉峰の雪げしきを見る。山の別荘にゆうゆうと暮らしているようす。〈白居易の詩・香炉峰下、新卜二山居一、草堂初成、偶題二東壁一〉

(香炉①)

【香港】 中国広東省南部にあった英国の植民地。一九九七年、中国に返還された。
【香蕉】 xiāngjiāo 現バナナ。
【香腸】 xiāngcháng 現腸づめ。ソーセージの一種。
【香皂】 xiāngzào 現化粧せっけん。
『偸レ香竊レ玉』 男女がこっそりと情を通じること。
◆芳香・沈香・余香・名香・抹香・幽香・焼香・新香・暗香・線香・麝香・霊香・反魂香

香 5
【馛】〔14〕 ハツ㊥㊅ 曷 バチ㊉ bó ポー U補J 9 9 9 B 7 2 8 7
意味 かおり。香気。

香 5
【馝】〔14〕 ヒツ㊥㊅ 質 bì ピー U補J 9 9 9 D 7 2 8 8
意味 ①かおり。香気。②馝馛は、かおりの強いさま。

香 7
【馟】〔16〕 ト㊥㊁ 虞 tú トゥー U補J 9 9 9 F 7 2 8 9
意味 〈かんばし・い(かんば・し)〉 =苾・飶

香 7
【馞】〔16〕 ホツ㊥㊅ 月 ホチ㊉ bó ポー U補J 9 9 9 E ①9 4 1 1
意味 かおる。かんばしい。

香 8
【馣】〔17〕 アン㊥㊁ 覃 オン㊉ ān アン U補J 9 9 A 3 ②9 2 7 6
意味 かんばしい。かおりのつよいさま。馣馤は、香気のたちこめるさま。

香 9
【馥】〔18〕 フク㊥㊅ 屋 fù フー U補J 9 9 A 5 8 1 3 8
意味 ①〈かんばし・い(かんば・し)〉 かぐわしい。香り高い。よいにおいが盛んなさま。「馥馥」「馥郁」 ②〈かおり(かをり)〉 芳香。「馥気」 ③かおる。「馥香」

香 10
【馦】〔19〕 ケン㊥㊁ 塩 xiān シエン U補J 9 9 A 6 ②9 2 7 7 7 2 9 0
意味 こうばしい。香味。

香 11
【馨】〔20〕 ㊅ ケイ㊥㊁ 青 xīn シン U補J 9 9 A 8 1 9 3 0
意味 ①〈かお・る(かを・る)〉 ㋐よいにおいがする。㋑よいにおいが遠くまで漂い伝わる。㋒教えや名声が後世まで伝わる。②〈かおり(かをり)〉 ㋐よいにおい。芳しい香り。「馨芬」 ㋑よい評判。名声。「馨聞」 ㋒よい影響。感化。
解字  形声。香が形を表し、殸が音を示す。香はかおり。殸は磬の略で、カン高い音の出る楽器で、音が遠くまで届く。馨は、かおりが遠くまでただようこと。
名前 か・きよ・よし
【馨香】 ①よいかおり。②かおりが、遠く届く。徳化が遠くに及ぶ。【——百世】 永遠のかおり。国のために命を捨てた人が、永久に国の祭りを受ける。
【馨冽】 清らかなかおり。においがすがすがしい。

10画

馬部 うま うまへん

【部首解説】 「うま」にかたどる。この部には、馬の種類や調教に関連したものが多く、「馬」の形を構成要素とする文字が属する。

馬 0
【馬】〔10〕 学 2 バ㊥ メ・マ㊉ ㊤ 馬 mǎ マー バ うま・ま U補J 9 9 A C 3 9 4 7

[筆順] 

[意味] ①〈うま〉〈ま〉㋐家畜の一つ。馬匹。㋑高さ六尺以上のうま。↓竜(一四五六ページ・上)・騋(一四〇三ページ・中) ②騎兵。③大きい。また、動植物・昆虫で、ふつうより大きいものにつける接頭語。「馬蜩」「馬豆」 ④かずとり。遊戯で得点を数える棒。「籌馬」 ⑤ののしる。＝罵 ⑥易で、乾・震・坎のシンボル。⑦姓。[国]〈うま〉①ふみだい。脚立。②将棋の駒。角の成ったもの。竜馬。また、昔は桂馬も指した。③大型で役に立たないもののたとえ。「馬芹」

[解字] 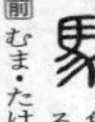 象形。馬の頭・たてがみ・尾と四本の足を描いた字である。武事に関係することに使われる。

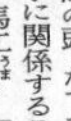

[名前] むま・たけし [姓] 馬工 [地名] 馬来(マライ・マラヤ・マレー)・馬賽(マルセーユ)

[難読] 伝馬船(付表)／馬酔木・馬喰・馬穴・馬謖・馬銜・馬刀貝・馬陸

【馬印】(うまじるし) [国]戦国時代、大将のいる場所に立てた目じるし。

【馬鞍】(ばあん) 馬のくら。

【馬駅(驛)】(ばえき) 宿場。駅伝。馬継ぎ。

【馬援】(ばえん(ゑん)) 人名。後漢の武将。伏波将軍となり、交趾を攻めて功をたてた。(前一四～後四九)

【馬遠】(ばえん(ゑん)) 人名。南宋の画家。宮廷画家として山水画をよくし、室町時代の画家に大きな影響を与えた。

【馬鞅】(ばおう(あう)) 馬の胸にかけるひも。

【馬嵬】(ばかい(くわい)) 地名。陝西省長安(今の西安市)の西方、山道にかかるところにある。陝西省興平市の地。楊貴妃の殺されたところ。「馬嵬坡下泥土中」(坡は坂)〈白居易の詩・長恨歌〉

【馬革】(ばかく) 馬の皮。【——裹屍】(ばかくしかばねをつつむ) 戦場で死ぬこと。〈後漢書・馬援伝〉

【馬韓】(ばかん) 昔、朝鮮半島南部にあった国。三韓の一つ。

【馬脚】[一](ばきゃく) ①馬の足。②化けていたその正体。[二](うまのあし) [国]しばいの馬の足になる役者。

【馬具】(ばぐ) くら・あぶみ・手綱など馬につける道具。

【馬穴】(ばけつ) ①山の名。②[国] bucket の当て字。バケツ。

【馬建忠】(ばけんちゅう(ちう)) 人名。清の学者。「馬氏文通」を著す。(一八四五～一九〇〇)

【馬行】(ばこう(かう)) 馬の歩み。馬の旅。

【馬矢】(ばし) 馬のふん。まぐそ。馬糞。

【馬市】[一](ばし) 金・帛・茶の類と、モンゴル地方の馬とを取り引きすること。[二](うまいち) [国]馬を売買する市場。

【馬史】(ばし) 「史記」の別名。司馬遷の著した歴史書。

【馬耳東風】(ばじとうふう) 人のことばに少しも注意をはらわず、きき流す。〈蘇軾の詩・和㆓何長官㆒〉

【馬氏文通】(ばしぶんつう) 書名。十巻。清の馬建忠著。西洋文法学をとり入れた最初の文法書。

【馬車】(ばしゃ) 馬が引く車。【——馬】(ばしゃうま) [国]①馬車を引く馬。②わき目もふらずにすることのたとえ。

【馬借】(ばしゃく) ①馬を貸す、または借りる。②うまかた。③[国]中世の運送屋。

【馬首】(ばしゅ) ①馬の首。②馬の進む方向。【——是瞻】(ばしゅをこれみる) ①私の馬の首ばかり見よ。「おれについてこい。」の意。②人の顔色ばかり見る。人の言うままになる。

【馬鞦】(ばしゅう(しう)) 馬のしりがい。馬のしりにかけるひも。

【馬上】[一](ばじょう(じゃう)) 馬の上。[二](マーシャン) mǎshàng [現]すぐに。

【馬乗(乘)】[一](ばじょう) 四頭の馬。[二](うまのり) [国]①馬に乗る。②乗馬のうまい人。③馬に乗るようにまたがる。

【馬食】(ばしょく) ①馬が物を食うようにして物を食う。②多く食う。「牛飲馬食」

【馬謖】(ばしょく) 人名。三国、蜀の武将。諸葛亮に信任されたが、街亭で敗戦し、責任を負って切られた。(一九〇～二二八)

【馬酔(醉)木】(ばすいぼく) 木の名。あしび。あせび。

【馬政】(ばせい) 国家的立場からの馬に関する計画やとりしまり。

【馬銭(錢)】(ばせん) ①貨幣の名。②高木の名。マチン。ストリキニーネの木。

【馬遷】(ばせん) 前漢の歴史家司馬遷のこと。↓「司馬遷」(一二二ページ・上)

【馬前】(ばぜん) ①騎馬の人の前。②貴人が馬に乗っている前。③大将の目の前。【——廝撲】(ばぜんのしぼく) 将軍の前で行うすもう。ごまかしのできないことをいう。

【馬祖】(ばそ) ①星の名。天駟星。②禅僧の名。

【馬賊】(ばぞく) もと中国の東北地方で、馬に乗り集団をくんで暴行をはたらいた盗賊。

【馬端臨】(ばたんりん) 人名。元代の学者。「文献通考」を著す。

【馬致遠】(ばちえん(ゑん)) 人名。号は東籬。元代の人。元曲の作者として有名。代表作に「漢宮秋」がある。

【馬通】(ばつう) 馬のふん。まぐそ。

【馬丁】(ばてい) 乗馬の口とり。馬のせわをするつとめの人。

【馬蹄】(ばてい) 馬のひづめ。【——銀】(ばていぎん) 清時代の銀貨の一つ。

【馬條】(ばとう(たう)) 馬の腹帯。條は、さなだひも。

【馬頭】[一](ばとう) ①馬のあたま。②馬の上。③はとば。埠頭。④馬頭観世音。[二](めず(づ)) [仏]地獄の鬼の名。頭が馬、からだが人で、獄の番をする。「牛頭馬頭」[三](うまのかみ) [国]右馬寮の長官。右馬頭。【——観(觀)世音】(ばとうかん(くわん)ぜおん) [仏]観音の一つ。馬の形の頭をして、悪魔をくじく。

【馬鐙】(ばとう) あぶみ。

【馬班】(ばはん) ①前漢の司馬遷と、後漢の班固。前者は「史記」、後者は「漢書」の著者。②後漢の馬援と班超。遠征の将軍。

【馬尾藻】(ばびそう(さう)) 海藻の名。ほんだわら。

【馬匹】(ばひつ) 馬。

【馬糞】(ばふん) 馬のくそ。【——紙】(ばふんし) [国]ボール紙。

【馬鞭】(ばべん) 馬のむち。

【馬勃】(ばぼつ) きのこの一種。ほこりだけ。薬にする。

【馬鳴】[一](ばめい) 馬が鳴く。[二](めみょう(みやう)) 人名。インドの高僧。「大乗起信論」を著す。

【馬融】(ばゆう(いう)) 人名。後漢の学者。字は季長。(七九～一六六)

【馬力】(ばりき) ①一秒間に七五キログラムの重さを一メートルの高さにあげる力を標準とした工率の単位。七三六ワット。②ちから。元気。③[国]荷馬車。

【馬鬣】(ばりょう(れふ)) 馬のたてがみ。【——崇封】(ばりょうすうほう) 墓の土の盛り方の名。転じて、墓をいい、また、死者の埋葬がぶじにすむことをいう。

【馬齢(齡)】(ばれい) ①馬の年齢。②自分の年齢をけんそんしていうことば。

【馬鈴薯】(ばれいしょ) じゃがいも。

【馬櫪】(ばれき) ①馬のかいばおけ。②うまやのねだ。

【馬鹿】[一](ばろく) ①馬としか。②馬を鹿と言いはる。③しか。[二](ばか) [国]①おろか。②必要以上。

【馬王堆】(まおうたい(わう)) 地名。湖南省長沙市東方の、馬の背形の丘。漢代の古墳で、一九七二年、その第一号墓から、前漢時代の女性、軑侯夫人の遺体と老子などの記された帛書(絹布)が発掘された。

【馬克】[一](マルク) もとドイツの貨幣の単位で、マルクの当て字。ライヒスマルク。[二](マーコー) mǎkè [現][一]に同じ。

【馬手】(めて) [国]右手。↔弓手。

【馬道】(めどう(だう)) [国]渡り廊下。長廊下。

【馬部】(めぶ) [国]左馬寮・右馬寮の下人。

【馬克思】(マーコースー) mǎkèsī [現]人名。カール＝マルクス。

【馬達】(マーダー) mǎdá [現]モーター。

【馬虎】mǎhu 現いいかげんな。
【馬路】mǎlù 現大通り。
【走ニ馬章台(臺)ニ】 馬で遊女町にかけつける。女郎買い。
【叩レ馬】 馬をひきとめる。
◆人馬・下馬・上馬・天馬・犬馬・木馬・尻馬・主馬・出馬・司馬・曲馬・名馬・汗馬・竹馬・老馬・良馬・車馬・乗馬・竜馬・落馬・絵馬・頓馬・裸馬・駅馬・駄馬・種馬・調馬・駑馬・鞍馬・騎馬・競馬・駿馬・騾馬・驢馬・千里馬・流鏑馬・千軍万馬・南船北馬

馬2 **【馭】**〔12〕 ギョ 漢 去 御 yù ユィ J 8139 補 U 99AD

意味 ①〈の・る〉馬に乗る。②馬車をあやつる。③馬をあやつる人。④おさめる。制御する。統率する。⑤乗り物。車駕。
参考 新表記では「御」に書きかえる熟語がある。
【馭気(氣)】 大気に乗ること。
【馭者】 馬や馬車をあやつる人。御者。
【馭夫】 周代の官名。馬や車をつかさどる。
【馭民】 民を治める。

馬2 **【馮】**〔12〕 一ヒョウ 漢 一平 蒸 píng ピン 二フウ 漢 二平 東 féng フォン J 8140 補 U 99AE

意味 一①馬が速く駆ける。②怒る。憤る。③大いに。さかんに。④しいたげる。侵す。「馮陵」⑤〈しの・ぐ〉㋐おしわける。㋑のりこえる。⑥川を歩いて渡る。⑦のる。のぼる。⑧〈よ・る〉＝凭 ㋐もたれる。㋑たのみにする。「馮依」 二姓。
【馮河】 黄河を歩いて渡る。向こう見ずの勇気。「暴虎馮河」〈論語・述而〉
【馮几】 脇息。ひじかけ。
【馮気(氣)】 憤りの気。胸がふさがったはれない気持ち。
【馮虚(虚)】 大空に浮かぶ。
【馮怒】 ひどくおこる。激怒。
【馮馮】 ①かきねのでこぼこをたたきかためる音。②満ちているさま。③馬の速いさま。④天地の根本の気。
【馮夢竜(龍)】 人名。明の小説家。「喩世明言」「警世通言」「笑府」などを著す。(一五七四〜一六四六)
【馮陵】 しのぎおかす。勢いをたのんで人にせまる。
【馮夷】 ①水神。②川の神。③雨の神。『——之幽宮』 水神の奥深い宮殿。深い谷底の川。〈蘇軾・後赤壁賦〉
【馮異】 人名。後漢の武将。功をほこらず、大木の下にすわっていた。大樹将軍。
【馮諼】 人名。戦国時代、斉国の人。孟嘗君の食客となり、その領地の税を棒引きにした。馮煖、馮驩ともいう。→「長鋏帰来乎」(一三一二ページ・下)
【馮唐】 人名。漢の武帝に認められたが、老齢のため、下役で終わった。不遇な老人の例に引かれる。

馬3 **【馯】**〔13〕 一カン 漢 一去 翰 hàn ハン 二カン 漢 二平 寒 hán ハン J — 補 U 99AF

意味 一荒い馬。＝駻 二馯臂は、姓。

馬3 **【馵】**〔13〕 シュ 漢 去 遇 zhù チュー J 7294 補 U 99B5

意味 ①左、もしくは両方の後足の白い馬。「馵足」②〈ほだ・す〉馬の足をつなぐ。

馬3 **【馴】**〔13〕 人 標 シュン 漢 平 真 xún シュン ジュン 呉 J 3875 補 U 99B4

意味 ①〈な・れる(—・る)〉㋐(馬が)なつく。㋑熟練する。②〈なら・す〉③〈したが・う(——・ふ)〉＝順 ④みちびく。教える。＝訓 ⑤しだいに。⑥正しい。よい。
名前 なれ・よし
【馴育】 ならし育てる。
【馴化】 生物の体質が環境に適応するように変わる。
【馴行】 よい行い。すなおな行い。
【馴擾】 なれる。ならす。
【馴致】 ①だんだんなれさせる。②なじむ。③自然にそうなってくる。
【馴服】 なれ従う。ならし従わせる。
【馴養】 飼いならす。動物をならし養う。
【馴鹿】 となかい。しかの一種。
【馴染】 国①親しい間。②男女の親しみ。③親しい遊女。
【馴初】 国男女が初めて親しくなったきっかけ。

馬3 **【馲】**〔13〕 一タク 漢 一入 薬 tuō トゥオ 二タク 漢 二入 陌 zhé チョー J 7293 補 U 99B2

意味 一馲駝・馲駞は、らくだ。＝駱駝 二馲駱は、らば。騾馬。

馬3 **【馳】**〔13〕 人 標 チ 漢 平 支 chí チー ジ(ヂ) 呉 J 3558 補 U 99B3

意味 〈は・せる(—・す)〉①馬を走らせる。②速く走る。③かけつける。④追いかける。⑤ひろまる。⑥心を向ける。⑦ほしいままにする。⑧過ぎる。
名前 とし・はやし
【馳競】 競争する。『——之情』 負けまいとする心。ライバル意識。
【馳駆(驅)】 ①走りまわる。②馬を走らせる。
【馳求攀縁(緣)】 かけまわりよじのぼる。道を求める心の強いことをいう。
【馳車】 ①速い車。敵を攻める車。②車を走らせる。
【馳驟】 ①馬に乗って走りまわる。②速く走る。
【馳説】 諸国に意見を説いてまわる。遊説。
【馳走】 ①馬を走らせる。②国人をもてなす。③国おいしい食物。
【馳逐】 ①馬に乗って追う。②競馬。
【馳騁】 ①馬を走らせる。②走る。③狩りをする。
【馳伝(傳)】 宿場の連絡に用意した、足の速い馬車。駅馬車。【——鶩置】「馳伝」に同じ。〈淮南子・主述訓〉
【馳道】 天子や貴人の通る道すじ。
【馳突】 つきすすむ。突進する。
【馳鶩】 走りまわる。
【馳名】 名をはせる。名をあげる。
【馳猟(獵)】 馬に乗って狩りをする。

馬3 **【馰】**〔13〕 テキ 漢 入 錫 dí ティー J 7291 補 U 99B0

意味 ①馰顙は、ひたいの白い馬。＝的顙 ②すぐれた馬。駿馬。

馬3 **【馱】**〔13〕 本 ↓駄(一三九九ページ・中)

馬4 **【駅】**〔14〕 学3 エキ J 1756 補 U 99C5

旧字 馬13 **【驛】**〔23〕 エキ 漢 入 陌 yì イー J 8167 補 U 9A5B

筆順
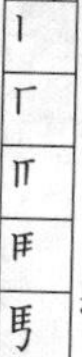

意味 ①つぎうま。宿場から宿場へ公文書や役人を乗せるためのはやうま。②〈うまや〉宿場。③つづく。つたえる。＝繹 ④訳す。＝訳 国〈えき〉電車の発着所。

解字  形声。馬が形を表し、睪が音を示す。睪には、つぎつぎと続く意味がある。驛は至急の用事のときに、つぎつぎと乗りつぐ馬を置いてある宿場である。

【駅騎】えきき はやつぎ馬。宿場の馬。
【駅址】えきし 宿場のあと。
【駅使】えきし 駅馬を用いて、公用の文書などを送り届ける使者。
【駅舎】えきしゃ ①宿場のはたごや。②国鉄道の駅の建物。
【駅牆】えきしょう（しゃう） 宿場のかきね。
【駅丞】えきじょう 宿場のことを扱う役人。
【駅站】えきたん ①宿場。官吏の旅行や、公文書の送りとどけのためにもうけられた所。②停車場。
【駅長】えきちょう（ちゃう） ①宿場の長。②国鉄道の駅の長。
【駅亭】えきてい 宿場。
【駅逓（遞）】えきてい ①うまつぎ。②次々に宿場の間を送りとどけること。
【駅程】えきてい 宿駅と宿駅との間の道のり。
【駅伝（傳）】えきでん ①宿場から次の宿場へ人や物を送りとどける。②宿つぎの馬。
【駅馬】えきば 宿馬においてある馬。はゆま。
【駅夫】えきふ ①昔、宿場で働いた労務者。②国駅でいろいろの仕事をする人。駅手。
【駅鈴】えきれい 国官吏が出張のとき、宿場の馬を使うために、朝廷からいただく鈴。
【駅路】えきろ 宿場を通る道すじ。街道。「駅路鈴声夜過レ山」（駅馬につけた鈴の音が、夜、山を通りすぎてゆく。）〈杜荀鶴の詩・秋宿三臨江駅一〉
【駅楼（樓）】えきろう 宿場にある高い建物。

馬4【駆】〔14〕常 ク かける・かる　U補J 2278 99C6
旧字 馬11【驅】〔21〕 ク 漢 平 虞 qū チュイ　U補J 8160 9A45

筆順 丨 ┌ 𠃎 𫠠 馬 馬 駆 駆 駆

馬5【駈】〔15〕人　U補J 2279 99C8
支11【敺】〔15〕古字　U補J ②1369 3352 657A

意味 ①〈か・ける（―・く）〉 ㋐馬に鞭を打って走らせる。㋑走る。②〈か・る〉 ㋐馬に乗って走る。㋑追いたてる。㋒せまる。㋓しいる。強要する。③軍隊の列。

解字  形声。馬が形を表し、區が音を示す。區には、毆と同じく、打つ、たたく、の意味がある。驅は、馬にむちをあてることである。一説に、區は傴と同じく、からだを曲げる意味があるから、驅は、馬がからだを曲げて疾走することともいう。

【駆役】くえき 人を追いたてて使う。
【駆駕】くが 馬車を走らせる。転じて、思いのまま支配する。
【駆嚇】くかく おいはらいおどす。
【駆遣】くけん 追いやる。ひまを出す。
【駆使】くし ①かりたてて追い使う。②国つかいこなす。
【駆除】くじょ（ぢょ） 追いはらい取り除く。
【駆潜（潛）艇】くせんてい 潜水艦を攻撃する快速の船。
【駆儺】くだ 年の暮れに、病気をはやらせる鬼を追いはらう儀式。おにやらい。
【駆馳】くち ①馬を走らせる。馳駆。②人に使われて走りまわる。
【駆逐】くちく 追いかけてはらいのける。
【駆虫（蟲）剤（劑）】くちゅう（ちう）ざい 害虫をとりはらう薬。寄生虫を除く薬。
【駆騁】くてい 馬を走らせる。
【駆掠】くりゃく おどかしてうばいとる。
◆先駆・先駆・抜駆・前駆・疾駆・長駆

馬4【駃】〔14〕 一ケツ 漢 入 屑 jué チュエ　二カイ 漢 去 卦 kuài コワイ　U補J ②9281 7305 99C3
意味 一駃馬・駃騠は、①雄馬と雌ろばの間にできた混血種。②速く走るよい馬。二＝快 ①〈はや・い（―・し）〉速く走る。②心地よい。「駃雨」

馬4【駅】〔14〕 ジツ 漢 入 質 rì リー　U補J ②9278 7301 99B9
意味〈つぎうま〉宿場で乗りつぐ馬。また、馬車。

馬4【駁】〔14〕 ソウ 漢 入 合 sà サー（サフ）　U補J 7302 99BA
意味 ①はやい。馬が速く走る。②追いつく。

馬4【駄】〔14〕常 ダ　一タ 漢 ダ 呉 平 歌 tuó トゥオ　二タ 漢 ダ 呉 去 箇 duò トゥオ　U補J 3444 99C4

筆順 丨 ┌ 𠃎 𫠠 馬 馬 駄 駄

馬3【馱】〔13〕本字　U補J 7292 99B1
馬4【駄】〔14〕同字　U補J 4B7E

意味 一〈の・せる（―・す）〉背負う。馬の背に積む。二①積み荷。②荷物を積む馬。にうま。国〈だ〉くだらないもの。のせること。俗語。

解字  形声。馬が形を表し、大が音を示す。家畜が人や物をのせること。俗語。

【駄馬】だば ①荷物を運ぶための馬。②国つまらない馬。劣っている馬。
◆下駄・足駄・荷駄

馬4【馵】〔14〕 チュウ 漢 入 緝 zhí チー（チフ）　U補J ②9279 7303 99BD
意味 ①〈ほだし〉きずな。馬の足をつなぐなわ。＝絷「馵羈」②〈ほだ・す〉つなぎとめる。

馬4【駁】〔14〕標 ハク 漢 入 覚 bó ポー　バク 慣　U補J 3993 99C1
意味 ①〈ぶち〉ぶちうま。色のまだらな馬。「駁馬」②入りまじる。「駁雑」③まちがっている。④偏る。⑤議論する。反対意見を述べる。＝駮「駁撃」⑥木の名。
【駁議】ばくぎ 人の意見に反対した意見を述べる。
【駁正】ばくせい 批評して正す。
【駁論】ばくろん 反対意見。反対意見を述べる。
【駁毛】ぶちげ 国白いぶちのある馬の毛色。
◆反駁・弁駁・論駁

馬4【駮】〔14〕 ブン 漢 平 文 wén ウエン　モン 呉　U補J 8141 99BC
意味 たてがみが赤く、体は白く、目が黄色の馬。

馬4【駈】〔14〕俗 ↓驢（一四〇六ページ・上）

馬4【馮】（一五〇ページ・下）↓几部十二画

馬5【駚】〔15〕 オウ 漢 上 養 yǎng ヤン（アウ）　U補J 7310 99DA
意味 駚𩢍は、獣がとびはねるさま。

馬5【駕】〔15〕人 標 カ 漢 呉 去 禡 jià チア　ガ 慣　U補J 1879 99D5
意味 ①馬を車につける。②〈の・る〉車馬・乗り物にのる。③役人となる。仕官する。④あやつる。操縦する。⑤乗り物。㋐車馬。㋑天子の乗り物。転じて、天子。また、行幸。⑥他人の外出の敬称。「来駕」⑦しのぐ。のりこえる。「凌駕」⑧伝える。⑨加える。⑩軍を出す。国〈かご〉駕籠。
「鳳駕」
【駕御】がぎょ ①馬を乗りあつかう。②人を思うようにあつかう。＝駕馭
【駕言】がげん 馬車に乗って外出する。「復駕言兮、焉求」（また駕して、なにをかもとめん）〈陶潜・帰去来辞〉
【駕士】がし 天子の車を引く者。

【駕説】(がせつ) 自分の説を言い伝える。

【駕輿丁】(がよちょう(ちゃう)) 国貴人のこしをかつぐ者。

【駕浪】(がろう(らう)) 舟で波の上をこいで行く。

『枉レ駕』(がをまぐ) 身分の高い人が、低い者の所へ出向く。
◆来駕(らいが)・車駕(しゃが)・枉駕(おうが)・凌駕(りょうが)・晏駕(あんが)

馬5 【駏】〔15〕 キョ 漢 上 語 jù チュイ　J ― 補 ― U 99CF
意味 駏虚(きょきょ)は、雄馬と雌騾(らば)との混血種。

馬5 【駒】〔15〕 常 こま　ク 漢 平 虞 jū チュイ　J 2280 補 ― U 99D2
筆順 丨 厂 冂 冃 馬 馬 駒 駒
意味 ①〈こま〉若い馬。㋐二歳の馬。また、高さ五、六尺の馬。㋑若い駿馬(しゅんめ)。②獣の子。③すぐれた若者。国〈こま〉①馬の総称。②将棋の駒・三味線のまくらなど、小さいもの。
解字 形声。馬が形を表し、句(く)が音を示す。句には、小さいという意味がある。駒は小馬。狗と書けば、小犬である。
地名 駒止(こまど)・駒ケ根(こまがね)
【駒影】(くえい) 日の光。
【駒隙】(くげき) 月日の早く過ぎ行くたとえ。ひま行くこま。↓「白駒過レ隙(はっくげきをすぐ)」(八五五ページ・下)
【駒馬】(くば) 小馬と大きい馬。
【駒返】(こまがえし(がへし)) 国山がけわしくなって、馬が進めなくなる所。馬返。
【駒形】(こまがた) 国①将棋の駒の形。②馬の形をしたもの。
【駒組】(こまぐみ) 国将棋で、駒の陣を組み立てる。
【駒留】(こまどめ) 国①馬をつなぎとめる。②がけの曲がりかどに作って、車や馬がふみはずして落ちないようにしたかきねのようなもの。ガード=レール。
【駒牽】(こまひき) 国天皇が諸国から献上の馬をご覧になって料馬を決めた儀式。
【駒寄】(こまよせ) 国①敵の侵入を防ぐ。城の前のかきね。②家の前の低いかきね。
◆白駒(はっく)・春駒(はるごま)・持駒(もちごま)・放駒(はなれごま)

馬5 【駉】〔15〕 ケイ 漢 平 青 jiōng チョン　J ②9282 補 7306 U 99C9
意味 ①まきば。牧場。②すぐれた馬。駿馬(しゅんめ)。③馬のたくましく肥えているさま。「駉駉(けいけい)」

馬5 【駛】〔15〕 シ 漢 上 紙 shǐ シー　J 8143 補 ― U 99DB
意味 ①〈は・せる(――・す)〉馬が速く走る。②〈はや・い(――・し)〉〈と・し〉速い。にわかに。「駛走(しそう)」③使者。‖使 ④馬車や船をあやつる。

【駛雨】(しう) 夕だち。にわか雨。

【駛河】(しか) 流れのはやいかわ。

【駛力】(しりょく) 舟などの速力。

馬5 【駟】〔15〕 シ 漢 呉 去 寘 sì スー　J 8142 補 ― U 99DF
意味 ①四頭だての馬車。②馬四頭。③星の名。④数字の四。
【駟介】(しかい) 武装した四頭だての馬車。
【駟馬】(しば) ①四頭だての馬。②四頭だての馬車。【――高車】(しばこう(かう)しゃ) 身分財産のある人の出入のようす。『――不レ能レ追』(しばもおう(おふ)あたわ(あたは)ず) 「駟不レ及レ舌(しもしたにおよばず)」に同じ。〈説苑(ぜいえん)・説叢(せっそう)〉
『駟過レ隙』(しげきをすぐ) 時間が非常に早く過ぎることのたとえ。隙は、戸のすきま。〈礼記(らいき)・三年問〉
『駟不レ及レ舌』(しもしたにおよばず) いったん口からでたことばは、取りかえしがつかないたとえ。〈論語・顔淵(がんえん)〉

馬5 【駔】〔15〕 一 ソウ 漢 (サウ) 一 上 養 zǎng ツァン　二 ソ 漢 二 上 麌 zǔ ツー　J ②9283 補 7308 U 99D4
意味 一①勢いのよい馬。良馬。駿馬。「駔駿(そうしゅん)」②ばくろう。馬の仲買人。また、仲買人。「駔会(そうかい)」「駔儈(そうかい)」 二くみひも。‖組

馬5 【駝】〔15〕 タ 漢 ダ 呉 平 歌 tuó トゥオ　J 8144 補 ― U 99DD
馬5 【駞】〔15〕 俗字　J ②9285 補 7312 U 99DE
意味 ①らくだ。「駱駝(らくだ)」「橐駝(たくだ)」②背骨が弓なりにまがり盛り上がった人。③だちょう。「駝鳥(だちょう)」
【駝翔(翔)】(だしょう(しゃう)) 空高くとぶ。
【駝騁】(だてい) かける。はせる。

馬5 【駘】〔15〕 一 タイ 漢 一 平 灰 tái タイ　二 タイ 漢 二 上 賄 dài タイ　J 8145 補 ― U 99D8
意味 一①のろまな馬。②おろかな人。③くつわをはずす。 二駘蕩(たいとう)は、①とりとめのないさま。②のどかで、ゆったりしたさま。「春風駘蕩」

馬5 【駐】〔15〕 常 チュウ　J 3583 補 ― U 99D0
旧字 馬5 【駐】〔15〕 チュウ 漢 (チウ) 去 遇 zhù チュー　J ― 補 ― U ―

筆順 丨 厂 冂 冃 馬 駐 駐 駐
意味 ①〈とどま・る〉㋐馬がたちどまる。㋑一定の場所にとどまる。②〈とど・める(――・む)〉とめておく。

解字 形声。馬が形を表し、主(ちゅ)が音を示す。主はじっと立って動かないことを表す。駐は馬が立ちどまっていることである。人がとまることは、「住」という字で表す。

【駐駕】(ちゅう(ちう)が) 「駐輦(ちゅうれん)」に同じ。

【駐顔】(ちゅう(ちう)がん) 顔色をおとろえないようにする。

【駐在】(ちゅう(ちう)ざい) ①きまった所にとどまっている。②官吏が任地につかわされて、ずっといる。また、その場所。「駐在所」③国警官がきまった場所にずっといる。

【駐札】(ちゅう(ちう)さつ) 外交官が任地にあって事務をとる。‖駐箚
【駐箚】(ちゅう(ちう)さつ) 「駐札(ちゅうさつ)」に同じ。

【駐車】(ちゅう(ちう)しゃ) 車をとめておく。

【駐錫】(ちゅう(ちう)しゃく) 仏僧が一時ある土地に滞在する。

【駐屯】(ちゅう(ちう)とん) 軍隊が、ある所に長くとどまる。

【駐蹕】(ちゅう(ちう)ひつ) 天子が行幸の途中、一時その土地にとどまる。

【駐兵】(ちゅう(ちう)へい) 軍隊を一時その土地に残しておく。

【駐歩】(ちゅう(ちう)ほ) たちどまる。

【駐鑾】(ちゅう(ちう)らん) 「駐輦(ちゅうれん)」に同じ。

【駐留】(ちゅう(ちう)りゅう(りう)) 同じ場所にとどまっている。

【駐輦】(ちゅう(ちう)れん) 天子が車をとめる。天子が滞在する。
◆進駐(しんちゅう)

馬5 【駑】〔15〕 ド 漢 平 虞 nú ヌー　J 8146 補 ― U 99D1
意味 ①にぶい馬。のろい馬。↕駿(しゅん) ②にぶい。のろま。㋐馬が愚かなさま。㋑才能が劣っている。「駑鈍(どどん)」「駑劣(どれつ)」

【駑鉛】(どえん) よく走れないのろまの馬と、よく切れないなまりの刀。才能の劣った人間。

【駑下】(どか) ①才能が人に劣る。②自分をけんそんしていうことば。

【駑怯】(どきょう(けふ)) 才能がなく、しかもいくじがない。

【駑蹇】(どけん) 足が悪く動きのにぶい馬。転じて、にぶくておそいものをさす。

10画 ➡馬骨高髟門鬯鬲鬼

【駑駿】(どしゅん) ①のろい馬とすぐれた馬。②すぐれた人物と愚かな人物。
【駑駘】(どたい) ①のろい馬。②おろかもの。
【駑馬】(どば) ①のろい馬。やくにたたない馬。②才能の劣る者のたとえ。【――十駕】(どばじゅうが) のろい馬が車をつけて十日走る。才能のない者も努力すればすぐれた者に追いつくたとえ。〈荀子・勧学〉【――恋(戀)二桟(棧)豆一】(どばさんとうをこう) のろい馬が、馬小屋の豆をこいしがる。㋐むかしの主人を恋いしたう。㋑つまらぬ人が地位をのぞむ。㋒退職する人がいつまでもぐずぐずしている。〈三国志〉
【駑良】(どりょう(りやう)) のろい馬とはやい馬。

馬5【駓】〔15〕 ヒ (漢) (平)支 pī ピー　U補J 99D3 7307 ―
意味 ①しらかげ(白鹿毛)。黄と白の毛がまじった馬。桃花馬。②駓駓は、勢いよく走るさま。

馬5【駜】〔15〕 ヒツ (漢) (入)質 bì ピー　U補J 99DC 7311 ―
意味 馬がたくましく肥えているさま。

馬5【駙】〔15〕 フ (漢) (去)遇 fù フー　U補J 99D9 7309 ②9284
意味 〈そえうま(そへうま)〉そえ車につけた馬。
【駙馬】(ふば) ①そえうま。天子の車につけそえる車の馬。副馬。②官名。駙馬を扱うもの。駙馬都尉。③天子の娘の夫。④貴人の娘の婿。

馬5【駈】〔15〕 (俗)→驅(一三九九ページ・上)

馬6【駰】〔16〕 イン (漢) (平)真 yīn イン　U補J 99F0 7317 ②9287
意味 〈どろあしげ〉浅黒い毛に白い毛のまじった馬。

馬6【駭】〔16〕 カイ (漢) ガイ (呉) (上)蟹 hài ハイ、xiè シエ　U補J 99ED ― 8147
意味 ①馬がおびえて人のいうことをきかない。②〈おどろ・く〉ひどくおどろく。③〈おどろか・す〉④騒動をおこす。⑤散る。散らす。⑥駭駭は、太鼓の音。

【駭異】(がいい) 驚きあやしむ。

【駭愕】(がいがく) 驚く。驚きあわてる。

【駭汗】(がいかん) 驚いてひや汗をかく。

【駭懼】(がいく) 「駭惶」に同じ。

【駭惶】(がいこう(くわう)) 驚きおそれる。

【駭擾】(がいじょう(ぜう)) 驚き騒ぐ。

【駭絶】(がいぜつ) びっくりぎょうてんする。

【駭然】(がいぜん) 驚くようす。

馬6【駫】〔16〕 ケイ (漢) (平)青 jiōng チョン　U補J 99EB 7315 ―
意味 駫駫は、馬のたくましく肥えているさま。‖駉駉

馬6【駬】〔16〕 ジ (漢) (上)紙 ěr アル　U補J 99EC 7316 ―
意味 騄駬は、良馬の名。周の穆王が乗ったという。

馬6【駪】〔16〕 シン (漢) (平)真 shēn シェン　U補J 99EA 7314 ―
意味 ①(馬が)多く集まる。②駪駪は、多くの馬が先を争って疾走するさま。‖侁侁

馬6【駧】〔16〕 トウ (漢) (去)送 dòng トン　U補J 99E7 7313 ―
意味 ①馬がはやく走る。②すばやく動く。

馬6【駮】〔16〕 ハク (漢) バク (慣) (入)覚 bó ボー　U補J 99EE ― 8148
意味 ①想像上の獣。馬に似て虎や豹を食う。②‖駁 ㋐まだら。㋑といただす。せめる。③〈まゆみ〉木の名。
参考 熟語は「駁」(一三九九ページ・下)を見よ。

馬6【駱】〔16〕 ラク (漢) (呉) (入)薬 luò ルオ　U補J 99F1 ― 8149
意味 ①〈かわらげ(かはらげ)〉たてがみの黒い白馬。「駱馬」②駱駅は、往来が続いて絶えないさま。‖絡繹 ③駱駝は、動物の名。④駱越は、南方の民族の名。
【駱賓王】(らくひんおう(わう)) 人名。初唐の詩人。「一抔の土いまだ乾かざるに、六尺の孤いずくにかある」というふれぶみを書いて、則天武后の独裁をそしった。王勃・楊炯・盧照鄰とともに「初唐四傑」の一人。

馬6【𩣆】〔16〕 (国字)　U補J 298C6 ― ②9286
意味 〈ばち〉 𩣆川原(ばちかわら)は、秋田県の地名。

馬6【駲】〔16〕 音義未詳。　U補J 99F2 ― 8150

馬6〔褭〕→衣部十画(一一三〇ページ・下)

馬6【駢】〔16〕 (同)→騈(一四〇三ページ・上)

馬7【駴】〔17〕 カイ (漢) (上)蟹 xiè シエ　U補J 99F4 7318 ―
意味 ①〈つづみう・つ〉つづみをうちならす。②驚かす。‖駭 ③改める。

馬7【騃】〔17〕 一ガイ (漢) (呉) 二シ (漢) ジ (呉) 一(上)蟹 ái アイ 二(上)紙 sì スー　U補J 9A03 7324 ①9413
意味 一〈おろか〉 二馬が勇ましく進む。
【騃子】(がいし) おろかなこども。「騃孺」も同じ。

馬7【駻】〔17〕 カン (漢) (去)翰 hàn ハン　U補J 99FB ― 8151
意味 ①荒馬。‖馯「駻突」「駻馬」②高さ六尺の馬。

馬7【駽】〔17〕 ケン (漢) (平)先 xuān シュワン　U補J 99FD 7321 ―
意味 あおうま。黒緑色の馬。

馬7【駿】〔17〕 (人) シュン (漢) (去)震 jùn チュン　U補J 99FF ― 2957
(旧字) 馬7【駿】〔17〕　U補J ― ― ―

意味 ①すぐれた馬。↕駑「駿馬」②すぐれた人。逸材。③〈すぐ・れる(――・る)〉ぬきんでる。‖俊 ④速い。⑤‖峻 ㋐高い。㋑険しい。㋒大きい。長い。

解字  形声。馬が形を表し、夋が音を示す。夋はすぐれた意。駿はすぐれた馬。

名前 とし・たかし・はやし　姓 駿河　地名 駿東・駿河
参考 新表記では、「俊」に書きかえる熟語がある。

【駿逸(逸)】(しゅんいつ) ①すぐれて速い馬。②すぐれた人物。

【駿駒】(しゅんく) 速い馬。

【駿刑】(しゅんけい) きびしい刑罰。

【駿骨】(しゅんこつ) ①すぐれた人物。②すぐれた馬。

【駿才】(しゅんさい) 才知がすぐれた人物。‖俊才
【駿足】(しゅんそく) ①足の速いすぐれた馬。②すぐれた人。③足が速い。

【駿馬】(しゅんば・しゅんめ) はやく走ることのできるすぐれた馬。「駿馬驕行踏二落花一」(駿馬はいきりたって行き、散り落ちる花をふみしだく。)〈李白の詩・陌上贈二美人一〉

【駿敏】(しゅんびん) すぐれて、かしこい。

【駿厖】(しゅんぼう(ばう)) ①すぐれて厚い。②みつぎもの。

【駿奔】(しゅんぽん) ①速く走る。②いそいで葬儀にかけつける。

【駿良】(しゅんりょう(りやう)) すぐれてよい馬。すぐれた人物。

【駿豆】(すんず(づ)) (国)駿河と伊豆。

【駿台(臺)雑(雜)話】(すんだいざつわ) (国)書名。五巻。室鳩巣著。随筆集。

【駿府】国駿河の国の役所の所在地。今の静岡市。

馬7【駸】〔17〕シン漢平侵 qīn チン J8152 U補99F8
意味 駸駸は、①馬が速く走るさま。〈詩経・四牡〉 ②事が速く過ぎるさま。③進歩するさま。

馬7【騂】〔17〕セイ漢平庚 xīng シン J①9412 7323 U補9A02
意味 ①〈あか・い(──・し)〉赤い色をしている。②あかうま。赤黄色の馬。③いけにえにする、赤色の牛。④赤い色。

馬7【駾】〔17〕タイ漢去泰 tuì トイ J7322 U補99FE
意味 ①馬がつっぱしるさま。②つき進む。

馬7【騁】〔17〕テイ漢上梗 chěng チョン J8153 U補9A01
意味 〈は・せる(──・す)〉①馬を走らせる。②まっしぐらに走る。③ほしいまま。④のびのびさせる。

【騁懐(懷)】思いをはせる。心に思うことをのびのびとあらわす。

【騁騖】走りまわる。

【騁望】①ながめをほしいままにする。思うぞんぶんながめる。②あちこち馬を走らせてながめる。

馬7【駼】〔17〕ト漢平虞 tú トゥー J②9289 U補99FC
意味 騊駼は、①北方の良馬。②青毛の馬のような獣。

馬7【駹】〔17〕ボウ漢平江(バウ) máng マン J②9288 7320 U補99F9
意味 ①顔の白い黒馬。ひたいじろ。うびたい。つきびたい。②まだら馬。③青馬。④まだら。ぶち。=尨 ⑤車の一種。ふちにうるしの飾りをつけた車。

馬7【騂】〔17〕同→騮(一四〇四ジ・中)

馬8【騍】〔18〕カ漢去箇(クワ) kè コー U補9A0D
意味 〈めうま〉めすの馬。また、めすのらば。

馬8【騎】〔18〕常 キ 一キ漢平支 qí チー 二キ漢去寘 jì チー J2119 U補9A0E

筆順
丨
𠂆
𠃌
𫝀
馬
馬大
騎
騎

馬9【騎】〔19〕俗字 U補J ── ──

意味 一①〈の・る〉㋐馬に乗る。㋑またがる。②近よる。

二①乗馬。②軍馬。③馬に乗った兵。騎兵。「鉄騎」

解字 形声。馬が形を表し、奇が音を示す。奇にはよりかかるという意味がある。騎は馬の上にまたがることである。

名前 のり
【騎箕】傅説という人の魂が星の箕宿・尾宿の上にまたがっているという伝説。転じて、地位ある人の死をいう。

【騎鯨】くじらに乗る。海上の旅をいう。

【騎士】①馬に乗っている兵士。②ヨーロッパ中世の貴族の武士。ナイト。【──道】ヨーロッパの騎士たちが持った気風。

【騎射】①乗馬と射撃。②馬に乗って弓を射る。昔の武士が武芸の一つとした技術。↔歩射 ③国流鏑馬。

【騎従(從)】①馬に乗ってつき従う人。②馬に乗っておともをする。

【騎銃】騎兵のもつ小銃。騎兵銃。

【騎将(將)】騎兵の大将。

【騎乗(乘)】①馬乗りになる。②馬や車に乗る。

【騎渡】馬で渡る。馬に乗って水を渡る。

【騎都尉】漢代の役名。騎兵の大将。西域を守る武官。

【騎馬】①馬に乗る。②馬に乗っている人。

【騎兵】馬に乗る兵士。

【騎虎之勢】とらに乗って走りだすと途中でとめることができなくなることから、物事を始めて、中止できなくなることをいう。〈隋書・后妃伝〉
◆車騎・歩騎・単騎・軽騎・鉄騎

馬8【騏】〔18〕キ漢平支 qí チー J8154 U補9A0F
意味 ①青黒い馬。②青黒い。③すぐれた馬。駿馬。
【騏驥】一日千里を行くすぐれた馬。
【騏驎】①一日千里を走るというよい馬。②太平の世に現れるという想像上の動物の名。『──之衰也、駑馬先ㇾ之』(騏驎の衰うるや、駑馬これに先だつ)千里の馬も、老衰すると、のろまの馬に負ける。英雄も老衰しては、役にたたなくなる。〈戦国策・斉〉

馬8【験】〔18〕学4 ケン・ゲン J2419 U補9A13
旧字 馬13【驗】〔23〕人 ゲン漢県去豔 yàn イエン ケン慣 J8168 U補9A57

筆順
丨
𠂆
𠃌
𫝀
馬
馬𠆢
騐
験

馬8【騐】〔18〕俗字 J7328 U補9A10
意味 ①〈ため・す〉〈こころ・みる(──・む)〉しらべる。あらためる。②〈ためし〉こころみ。「試験」③〈しるし〉㋐ききめ。効能。「効験」㋑あかし。証拠。㋒きざし。兆候。

解字 形声。馬が形を表し、僉が音を示す。驗は馬の名であるが、譣の代わりに、しらべるの意に使う。

【験温(溫)器】①体温計。②寒暖計。

【験左】証拠。しるし。左験。

【験算】数計算を調べなおす。

【験事】ことを調べる。

【験実(實)】実際のききめ。しるし。

【験者】国お祈りをして、不思議なききめをあらわす行者。修験者。

【験証(證)】①証拠。②証拠を調べる。

【験問】調べたずねる。

【験力】国修験者の祈りの効果。
◆体験・効験・受験・実験・経験・試験・霊験

馬8【騅】〔18〕スイ漢平支 zhuī チョイ J8155 U補9A05
意味 ①〈あしげ〉白毛に黒など他の色の毛がまざった馬。ねずみ色の毛をした馬。②楚の項羽の愛馬。「騅馬」

馬8【騒】〔18〕常 ソウ さわぐ 一ソウ漢県平豪(サウ) sāo サオ 二ソウ漢県去号(サウ) sǎo サオ J3391 U補9A12
旧字 馬10【騷】〔20〕人 J8159 U補9A37

筆順
丨
𠂆
𠃌
𫝀
馬
馭
騒
騒

意味 一①〈さわ・ぐ〉〈さわが・す〉②〈さわがし・い(さわが・し)〉③〈さい(さゐ)〉〈さわぎ〉④〈ぞめ・く〉さわぐ。うかれさわぐ。⑤〈ぞめき〉うかれさわぐこと。⑥動く。⑦うれい。心配。=慅 ⑧文体の一種。屈原の「離騒」に代表される哀傷・悲哀に満ちた韻文。騒体。楚辞体。「詩騒」⑨詩。風流。⑩片方の足が不自由な人。⑪なまぐさい。⑫かく。こする。=搔 二=掃 ①はらう。②かきあつめる。
解字 形声。馬が形を表し、蚤が音を示す。蚤には、搔と同じく、つめでひっかく意味がある。騒は、馬の毛をすいてやることである。また、馬が前足で地面をかいてイライラすることとも

10画 ➡馬骨高髟門鬯鬲鬼

いう。転じて、かきみだす、さわぐという意味になる。

【騒音】そう(さう)おん さわがしい音。「騒音防止」
【騒客】そう(さう)かく 「騒人じん」に同じ。
【騒擾】そう(さう)じょう(ぜう) さわぎたてる。さわぎ乱れる。【──罪】そう(さう)じょう(ぜう)ざい 法おおぜいの者が集まって暴行・脅迫を行い、平穏を乱すことによって成立する罪。騒乱罪の旧称。
【騒人】そう(さう)じん ①「離騒り そう」の作者屈原くつげんやその他の文人。風流を理解する人。詩人。②憂いをいだく人。【──墨客】そう(さう)じんぼっかく 風流な人。〈宣和画譜せんながふ〉
【騒然】そう(さう)ぜん そうぞうしいさま。さわがしいさま。「物情騒然」
【騒体(體)】そう(さう)たい 文体の名。屈原くつげんの「離騒りそう」にならって作った韻文。
【騒動】そう(さう)どう ①さわぎ。②さわぎみだれる。
△▼物騒ぶっそう・風騒ふうそう・胸騒むなさわぎ・離騒りそう・潮騒しおさい・しおざい

馬8【騊】〔18〕トウ 漢 平 豪 (タウ) táo タオ U補J ②9290 9A0A
意味 騊駼とうとは、①北方の良馬。②青毛の馬のような獣。

馬8【騑】〔18〕ヒ 漢 平 微 fēi フェイ U補J ②9291 7329 9A11
意味 ①〈そえうま(そへうま)〉車のながえの外側につける馬。一説に右側のそえ馬。↓驂さん(一四〇四ページ・中) ②三歳の馬。③馬。小馬。
【騑驂】ひさん そえ馬。ながえの左右の外につける馬。
【騑騑】ひひ ①馬がどこまでも進むさま。②つかれる。

馬8【駢】〔18〕ヘン 漢 平 先 ベン 呉 pián ピエン U補J 9A08
馬6【駢】〔16〕同字 U補J 8156 99E2
意味 ①〈なら・ぶ〉⑦馬を二頭並べる。④つらなる。⑦合わさる。㊀つづく。②むだなもの。また、皮膚にできるたこ。＝胼へん ③駢駢べんべんは、⑦草木の茂るさま。④やかましいさま。
【駢跪】べんき 並んでひざをつく。
【駢脅】へんきょう(けふ) 一枚あばら。あばら骨が一枚になっているもの。〈左伝・僖公きこう〉
【駢偶】へんぐう・べんぐう 「駢文べんぶん」に同じ。
【駢肩】へんけん 多くの人がこみあう。
【駢死】へんし 首を並べて死ぬ。
【駢枝】べんし 「駢拇枝指へんぼしし」の略。
【駢字類篇】べんじるいへん 書名。二百四十巻。対句ついの出典を分類した辞典。
【駢四儷六】べんしれいろく 「駢文べんぶん」に同じ。
【駢体(體)】べんたい・へんたい 「駢儷体へんれいたい」に同じ。
【駢植】へんち 並び立つ。
【駢闐】べんてん ならび、つらなる。混雑。
【駢比】へんぴ ずらりと並ぶ。
【駢文】べんぶん 四字六字の対句ついを使う美文調の漢文。六朝りくちょう時代に流行した。
【駢拇】へんぼ 足の親指と第二指がくっついている。【──枝指】へんぼしし 足の親指と第二指のくっついたものと、足の指が一本多いもの。役にたたないものをいう。〈荘子そうじ・駢拇〉
【駢儷】へんれい・べんれい 「駢文べんぶん」に同じ。【──体(體)】へんれいたい・べんれいたい 駢文の体裁。
【駢録(錄)】へんろく 並べて書く。

馬8【騋】〔18〕ライ 漢 平 灰 lái ライ U補J 7326 9A0B
意味 高さ六尺、または、七尺以上の馬。↓馬(一三九六ページ・下)・竜りゅう(一四五六ページ・上)

馬8【騄】〔18〕リョク 漢 入 沃 lù ルー U補J 7325 9A04
意味 騄耳りょくじ・騄駬りょくじは、良馬の名。周の穆王ぼくおうの乗った八頭の良馬の一つ。＝緑耳

馬8【騐】〔18〕俗 ↓驗(一四〇二ページ・中)
馬8【騘】〔18〕同 ↓驄(一四〇四ページ・下)
馬8【騌】〔18〕俗 ↓騣(本ページ・下)

馬9【騢】〔19〕カ 漢 平 麻 xiá シア U補J 7333 9A22
意味 赤と白のまじった馬。えびいろの馬。

馬9【騧】〔19〕カ 漢 平 麻 (クワ) guā コワ U補J 7336 9A27
意味 口先が黒い浅黄色の馬。「騧馬かば」

馬9【騞】〔19〕カク 漢 入 陌 (クヮク) huō フオ U補J 7331 9A1E
意味 ①牛をさく音。「騞然かくぜん」②物のさけ離れる音。③速く過ぎるさま。瞬時のさま。＝砉きけ

馬9【騤】〔19〕キ 漢 平 支 kuí コイ U補J ①9414 7335 9A24
意味 ①馬の元気なさま。②馬が威儀をもって進む。

馬9【騚】〔19〕セン 漢 平 先 qián チエン U補J ②9293 9A1A

馬9【騣】〔19〕ソウ 漢 平 東 zōng ツォン U補J 7334 9A23
馬13【鬉】〔23〕同字 U補J 299B2
馬8【騌】〔18〕俗字 U補J 7327 9A0C
意味 ①〈たてがみ〉②金騣きんそうは、馬の冠。

意味 四つのひづめが白い馬。踏雪馬とうせつば。

馬9【騠】〔19〕ティ 漢 平 斉 tí ティー U補J ②9294 7332 9A20
意味 駃騠けっていは、雄馬と雌ろばとの子。

馬9【騖】〔19〕ブ 漢 去 遇 ム 呉 wù ウー U補J ②9292 7330 9A16
意味 ①〈は・せる(──・す)〉⑦走りまわる。奔走する。④いそいで行く。②もとめる。つとめる。＝務

馬9【騙】〔19〕標 ヘン 漢 去 霰 piàn ピエン U補J 8157 9A19
馬9〔騗〕〔19〕俗字 U補J
意味 ①〈かた・る〉〈だま・す〉あざむく。②馬にとび乗る。
【騙取】へんしゅ だましとる。詐取。

馬9【騎】〔19〕俗 ↓騎(一四〇二ページ・上)
馬9【騨】〔19〕俗 ↓驒(一四〇五ページ・下)
馬9【騘】〔19〕同 ↓驄(一四〇四ページ・下)
馬9〖颿〗↓風部十画(一三八四ページ・下)

馬10【騱】〔20〕ケイ 漢 平 斉 xí シー U補J ②9301 9A31
意味 前の両足が白い馬。

馬10【騫】〔20〕ケン 漢 ケン 呉 平 先 qiān チエン U補J 8158 9A2B
意味 ①〈かか・げる(──・ぐ)〉すそをあげる。＝褰けん ②かるがるしい。飛ぶ。③馬の腹がへこむ病気。④〈か・ける(──・く)〉欠けてそこなう。⑤まちがいをする。⑥あやまち。⑦驚かす。＝愆けん
【騫騫】けんけん ①かるはずみなさま。②飛ぶさま。

馬10【騵】〔20〕ゲン 漢 平 元 yuán ユワン U補J 7340 9A35
意味 腹の白い鹿毛かげ馬。赤い馬で、腹・足の白いもの。

馬10【騭】〔20〕一 シツ 漢 一 入 質 zhì チー 二 チョク 漢 二 入 職 zhì チー U補J ①9415 7337 9A2D

10画
◆馬骨高髟門鬯鬲鬼

阜14【隲】〔17〕同字 U補J 8013 96B2
阜17【騭】〔20〕同字 U補J 28F65

意味 [一]①おすの馬。②馬を御す。③のぼる。＝陟 ④定める。[二]つくりあげる。「陰騭」

馬10【騶】〔20〕 [一]スウ 漢 [一]平 尤 zōu ツォウ [二]シュウ 漢 [二]去 宥 zhòu チョウ (シウ) [三]シュ 漢 [三]平 虞 qū チュイ U補J ②9302 7341 9A36

意味 [一]①〈うまかい(うまかひ)〉 ㋐車馬を扱う役人。㋑御者。「騶御」 ㋒従者。ともまわり。「騶僕」「騶従」 ②騎士。「騶騎」 ③天子の庭園。御園。 ④乗用の馬。 ⑤騶虞は、㋐徳を好むという聖獣。㋑官名。御園を管理し鳥獣の世話をする。㋒「詩経」の召南の編名。 ⑥姓。騶衍は、戦国時代斉の思想家。陰陽家の一人。[二]＝驟 ①馬が疾走する。②速い。急に。[三]小走りする。足早に行く。＝趨

馬10【騸】〔20〕 セン 漢 去 霰 shàn シャン U補J ①9417 7342 9A38

意味 ①馬を去勢する。②つぎ木をする。

馬10【驏】〔20〕 テン 漢 去 霰 zhàn チャン U補J 29947

意味 馬がころげて砂をあびる。

馬10【騰】〔20〕 常 トウ U補J 3813 9A30

旧字 馬10【騰】〔20〕 トウ 漢 平 蒸 téng トン U補J

筆順 月 月' 月⺷ 胖 胖 胖 騰 騰

意味 ①(馬が)はせる。疾走する。②とびあがる。ふきだす。③〈あが・る〉〈のぼ・る〉 ㋐上昇する。㋑乗る。④のりこえる。越す。⑤まさる。＝勝 ⑥おくる。㋐伝える。送る。㋑移す。㋒見送る。＝謄

解字 形声。朕と馬とを合わせた字で、馬が形を表し、朕が音を示す。朕には、あがるという意味がある。騰は、宿つぎ用の速い馬が、勢いよくはね上がることである。また、去勢した馬のことをもいう。

名前 かり

【騰駕】 ①乗って走らせる。②車を馬や牛につけて引かせる。「騰駕罷牛」(罷牛は、力の弱った牛。)〈賈誼・弔屈原賦〉

【騰貴】 物価が高くなる。「物価騰貴」

【騰去】 勢いよくのぼって去る。

【騰極】 天子の位につく。＝登極

【騰降】 のぼりくだり。

【騰蛟起鳳】 おどりあがるみずちと、とび立つおおとり。文才のすぐれている形容。〈王勃・滕王閣序〉

【騰驤】 おどりあがる。高くあがる。

【騰掣】 長く引いて走る。おどりあがって引く。

【騰藉】 「騰践」に同じ。

【騰践(踐)】 物や人の上をふみ越えて行く。

【騰達】 ①上へのぼる。②身分が高くなる。

【騰躍】 ①はねあがる。②物価があがる。

【騰踊】 ①おどりあがる。②物価があがる。

【騰踴】 「騰踊」に同じ。

◇沸騰・奔騰・高騰・暴騰

馬10【騳】〔20〕 トク 漢 入 屋 dú トゥー U補J ①9416 7339 9A33

意味 ①馬が走る。②二頭の馬が並走したときの音。

馬10【騮】〔20〕 リュウ 漢 平 尤 liú リウ (リウ) U補J ①9416 7338 9A2E

馬12【驑】〔22〕 本字 U補J 7350 9A51

馬7【駵】〔17〕 同字 U補J 7319 99F5

意味 〈くりげうま〉 黒いたてがみの赤馬。

馬10【騲】〔21〕 俗 ↓騲(本ページ・下)

馬10【騷】〔20〕 旧 ↓騒(一四〇二ページ・下)

馬11【驁】〔21〕 ゴウ 漢 去 号 ào アオ (ガウ) U補J 7344 9A41

意味 ①足の速い良馬。駿馬。②秀でる。③(馬が)従順でない。④〈おご・る〉 ばかにする。＝傲

【驁放】 おごって、ほしいまま。勝手なふるまいをする。

馬11【驂】〔21〕 サン 漢 平 覃 cān ツァン U補J 8161 9A42

意味 ①そえのり。御者の右に乗る護衛。「驂乗」 ②〈そえうま(そへうま)〉 四頭だての馬車の外がわの二頭。一説に、左側のそえ馬。「驂馬」 ↓騑(一四〇三ページ・上) ③三頭だての馬車。また、その馬。 ④うま。乗馬の総称。

【驂御】 御者。また、侍従。

【驂騑】 そえ馬。四頭立ての馬車で、外がわの二頭の馬をいう。

『脱レ驂』 そえ馬をはずして、葬式の費用の足しにしてやる。てあつい香典を贈ること。〈礼記・檀弓上〉

馬11【驄】〔21〕 ソウ 漢 平 東 cōng ツォン U補J ②9303 7345 9A44

馬9【騘】〔19〕 同字 U補J 9A18

馬8【騌】〔18〕 同字 U補J 298ED

意味 〈あしげ〉 あお馬。青と白の毛のまじった馬。また、馬一般。

【驄馬】 あしげの馬。【━━客】 侍御史をいう。後漢の侍御史桓典が驄馬に乗った故事による。

馬11【騺】〔21〕 チ 漢 去 寘 zhì チー U補J 7343 9A47

馬11【騺】〔21〕 同字 U補J 9A3A

意味 ①馬が重い荷をのせたさま。②立ち止まってすすまないさま。③馬の脚がまがる病気。 ④勇猛なさま。

馬11【驀】〔21〕 バク 漢 入 陌 mò モー U補J 8162 9A40

意味 ①(馬に)のる。②のりこえる。③〈まっしぐら〉 向こう見ずに。ひたすら。「驀進」「驀然」 ④たちまち。急に。

馬11【驃】〔21〕 [一]ヒョウ 漢 [一]去 嘯 piāo ピアオ (ヘウ) [二]ヒョウ 漢 [二]去 嘯 piào ピアオ (ヘウ) U補J 8163 9A43

意味 [一]〈しらかげ〉 白い毛のまじる黄色い馬。[二]①強い。勇ましい。②馬が速く走るさま。

【驃騎】 ①大将軍につぐ高級武官。②前漢の霍去病をさす。【━━大将(將)軍】 官名。後漢時代、武官の最上級。後世は地位が低くなった。

馬11【騾】〔21〕 ラ 漢 平 歌 luó ルオ U補J 8164 9A3E

意味 〈らば〉 雌馬と雄ろばとの混血。「騾馬」

馬11【驅】〔21〕 旧 ↓駆(一三九九ページ・上)

馬11【騺】〔21〕 同 ↓騺(本ページ・下)

馬12【驕】〔22〕 イツ 漢 入 質 yù ユィ U補J 9A48

意味 またの白いくろ馬。

馬12【驊】〔22〕 カ 漢 平 麻 huá ホワ (クワ) U補J

10画 ➡ 馬骨高髟門鬯鬲鬼

馬10【驊】〔20〕俗字 J ①9418 補 7346 U 9A4A

意味 名馬。周の穆王（ぼくおう）が天下を周遊した時にのった八頭の名馬の一つ。「驊騮（かりゅう）」「驊騮（かりゅう）」

馬12【驚】〔22〕常 キョウ
旧字 馬13【驚】〔23〕
おどろく・おどろかす
ケイ 漢　キョウ（キャウ）呉　平 庚　jīng チン
J 2235 補 U 9A5A
J ― 補 ― U ―

筆順

意味 ①〈おどろ・く〉㋐馬がおびえて人のいうことをきかなくなる。㋑びっくりする。「驚汗（きょうかん）」㋒あわて恐れる。㋓動き乱れる。㋔さわぐ。②〈おどろか・す〉㋐驚かせる。㋑いましめる。＝警 ③〈おどろき〉④はやい。「驚流（きょうりゅう）」

解字  形声。馬が形を表し、敬（けい）が音を示す。敬には、心をひきしめる、いましめる、という意味がある。驚は、馬がハッとおどろくことである。

名前 とし

【驚異】きょう（きゃう）い　驚きあやしむ。また、そのこと。

【驚逸（逸）】きょう（きゃう）いつ　―いつ　驚いて逃げる。

【驚駭】きょう（きゃう）がい　驚く。

【驚鶴】きょう（きゃう）かく　飛び立つつる。驚きさわぐつる。

【驚愕】きょう（きゃう）がく　非常に驚く。驚きあわてる。

【驚起】きょう（きゃう）き　驚いてとび起きる。

【驚悸】きょう（きゃう）き　非常に驚き、胸さわぎがする。

【驚喜】きょう（きゃう）き　驚かんばかりに喜ぶ。非常に喜ぶ。

【驚懼】きょう（きゃう）く　①驚いてびくびくする。②驚かし恐れさせる。

【驚呼】きょう（きゃう）こ　驚きさけぶ。

【驚鴻】きょう（きゃう）こう　①驚いて飛び立つ白鳥。②美人。

【驚号（號）】きょう（きゃう）ごう（がう）　驚いて泣きさけぶ。

【驚沙】きょう（きゃう）さ　風に吹きあげられた砂。まいあがる砂。

【驚殺】きょう（きゃう）さつ　非常に驚く。殺は接尾辞。

【驚心】きょう（きゃう）しん　心を驚かすこと。驚く心。【――動魄】きょう（きゃう）しんどうはく　非常に驚くこと。〈詩品〉

【驚湍】きょう（きゃう）たん　流れの早い川の瀬。

【驚嘆（「歎」）】きょう（きゃう）たん　①非常に感心する。②驚きなげく。

【驚憚】きょう（きゃう）たん　驚きおそれる。

【驚天動地】きょう（きゃう）てんどうち　天地を驚かす。世間をさわがす。

【驚倒】きょう（きゃう）とう（たう）　非常に驚く。

【驚悼】きょう（きゃう）とう（たう）　驚き、いたむ。人の死に驚いて、悲しく思う。

【驚怕】きょう（きゃう）は　「驚怖（きょうふ）」に同じ。

【驚破】一 きょう（きゃう）は　―はく　―はけい　驚かす。破は接尾辞。二 すわ（すは）国 突然のことに驚いて出すことば。さあ。さては。

【驚怖】きょう（きゃう）ふ　驚き、恐れる。

【驚風】きょう（きゃう）ふう　突然に吹く風。突風。疾風。

【驚忙】きょう（きゃう）ぼう（ばう）　びっくりする。あっけにとられる。

【驚奔】きょう（きゃう）ほん　驚いて逃げ走る。

【驚瀾】きょう（きゃう）らん　大きな荒い波。

【驚惋】きょう（きゃう）わん　驚きなげく。

【驚弓之鳥】きょう（きゃう）きゅう（きう）のとり　一度弓に驚いた鳥。一度危険に遭ってから、必要以上にびくびく警戒すること。
◆一驚（いっきょう）・吃驚（きっきょう）（びっくり）・喫驚（きっきょう）（びっくり）

馬12【驕】〔22〕キョウ 漢 呉（ケウ）平 蕭 jiāo チアオ　J 8165 補 U 9A55

意味 ①野生の馬。また、高さ六尺の馬。②（馬が）元気であるさま。また、勇壮なさま。③〈おご・る〉＝憍（きょう）㋐（馬が）馴（な）れていない。従順でない。㋑わがまま。礼儀がない。㋒いばる。横柄（おうへい）。㋓軽くみる。④いつわる。＝矯（きょう）⑤かわいがる。寵愛（ちょうあい）する。＝嬌（きょう）

【驕易】きょう（けう）い　いばって人をばかにする。

【驕佚】きょう（けう）いつ　おごってきままな行動をする。

【驕溢】きょう（けう）いつ　おごって、分にすぎたことをする。

【驕横】きょう（けう）おう（わう）　おごりたかぶって、無理を押しとおす。いばってかってなことをする。

【驕気（氣）】きょう（けう）き　おごりたかぶった心。

【驕倨】きょう（けう）きょ　おごりたかぶる。＝驕踞
【驕矜】きょう（けう）きょう　おごりたかぶってとくいになる。うぬぼれていばる。

【驕君昏主】きょう（けう）くんこんしゅ　おごりたかぶったおろかな君主。

【驕蹇】きょう（けう）けん　おごりたかぶる。そっくりかえっていばる。

【驕夸】きょう（けう）こ　とくいになっていばる。＝驕誇
【驕固】きょう（けう）こ　おごりたかぶって、がんこなこと。

【驕誇】きょう（けう）こ　「驕夸（きょうこ）」に同じ。

【驕傲】一 きょう（けう）ごう（がう）　おごりたかぶる。いばりかえる。二 チアオ jiāo'ào 現 一に同じ。

【驕侈】きょう（けう）し　おごりたかぶり、ぜいたくをする。

【驕恣】きょう（けう）し　おごりたかぶってほしいままにする。いばってわがまま。

【驕肆】きょう（けう）し　おごりたかぶってわがまま。

【驕児（兒）】きょう（けう）じ　おごりたかぶる子。わがままな人。ぜいたく。

【驕奢】きょう（けう）しゃ　おごりたかぶるようす。いばった顔つき。

【驕色】きょう（けう）しょく　おごりたかぶる心。

【驕心】きょう（けう）しん　心がおごっておこたる。いばってなまける。

【驕惰】きょう（けう）だ　おごりたかぶる。うぬぼれて大きな顔をする。

【驕泰】きょう（けう）たい　おごりたかぶる女。気の強い女。

【驕婦】きょう（けう）ふ　強さをほこる軍隊。「驕兵必敗」

【驕兵】きょう（けう）へい　おごりたかぶって、態度が荒々しい。

【驕暴】きょう（けう）ぼう　おごりたかぶって、人をばかにする。

【驕慢】きょう（けう）まん　おごり楽しむ。〈論語・季氏〉

【驕楽（樂）】きょう（けう）らく　いばりたかぶった野蛮人。

【驕虜】きょう（けう）りょ

馬12【驍】〔22〕人 キョウ（ケウ）漢 ギョウ（ゲウ）慣 平 蕭 xiāo シアオ　J 8166 補 U 9A4D

意味 ①よい馬。②〈たけ・し〉たけだけしい。強い。

名前 いさ・すぐる・つよし

【驍悍】ぎょう（げう）かん　気が荒く強い。強くたけだけしい。

【驍毅】ぎょう（げう）き　たけだけしく強い。

【驍騎】ぎょう（げう）き　①強い騎兵。②官名。将軍。

【驍将（將）】ぎょう（げう）しょう（しゃう）　勇ましい将軍。強い大将。

【驍騰】ぎょう（げう）とう　勢いのよいさま。勢力の盛んなさま。

【驍武】ぎょう（げう）ぶ　強くたけだけしい。

【驍名】ぎょう（げう）めい　勇ましく強いという評判。

【驍勇】ぎょう（げう）ゆう　強くいさましい。また、その人。

馬12【驒】〔22〕標　一 タ 漢 ダ 呉　一 平 歌 tuó トゥオ　二 タン 漢 ダン 呉　二 平 寒 tán タン　J ①9420 補 U 9A52

意味 一 二 ①連銭（れんぜん）あしげ。まだらもようのある青白の馬。②驒驒（たんたん）は、疲れてあえぐさま。＝嘽嘽　国 飛驒（ひだ）は旧国名の一つ。今の岐阜（ぎふ）県北部。

馬9【騨】〔19〕俗字　J 3445 補 U 9A28

馬12【驔】〔22〕テン 漢　上 琰　diàn ティエン　J 7351 補 U 9A54

意味 ①黒くりげ。背の黄色い黒馬。②すねの毛が、長く白い馬。

馬12【驋】〔22〕ハツ 漢　入 曷　bō ポー　J 7347 補 U 9A4B

意味 ①馬が走る。また、そのさま。②馬が怒る。③馬が頭を

ふる。

馬12【驎】〔22〕 リン 呉漢 平 真 lín リン J①9419 補7349 U9A4E
意味 ①黒い口の馬。②うろこ状の模様をもった馬。③騏驎きりんは、㋐良馬の名。㋑伝説中の聖獣の名。＝麒麟きりん

馬12【驑】〔22〕 本→騮(一四〇四ページ・中)

馬13【驌】〔23〕 シュク 漢 入 屋 sù スー J②9304 補7348 U9A4C
意味 驌驦しゅくそうは、良馬の名。

馬13【驖】〔23〕 テツ 漢 入 屑 tiě ティエ J 補7352 U9A56
意味 くろくりげ。赤黒い馬。

馬13【驘】〔23〕 ラ 漢 平 歌 luó ルオ J②9305 補 U9A58
意味 らば。おすろばと、めす馬との混血。うさぎ馬。

馬13【驛】〔23〕 旧→駅(一三九八ページ・下)

馬13【驚】〔23〕 旧→驚(一四〇五ページ・上)

馬13【驗】〔23〕 旧→験(一四〇二ページ・中)

馬13【驂】〔23〕 同→驂(一四〇三ページ・下)

馬14【驟】〔24〕 シュウ(シウ) 漢 ソウ 漢 去 宥 zhòu チョウ J8169 補 U9A5F
意味 ①〈はし・る〉はせる。馬が速く駆ける。②〈にわか(にはか)〉急に。突然に。③〈しばしば〉たびたび。

【驟雨】しゅうう(しう) にわか雨。夕立。

馬14【驝】〔24〕 タク 漢 入 薬 tuō トゥオ J 補7353 U9A5D
意味 驝駝たくだは、らくだ。＝馲たく

馬15【⿰馬麃】〔25〕 同→鑣(一三一一ページ・上)

馬16【驢】〔26〕 リョ 漢 ロ 呉 平 魚 lǘ リュイ J 補8170 U9A62
意味〈ろば〉驢馬ろば。うさぎ馬。馬より小型で耳が長い。

馬4【馿】〔14〕 俗字 J②9280 補7304 U99BF

【驢畜】ろちく 家畜のろば。

【驢背】ろはい ろばのせなか。

【驢鳴】ろめい ろばの鳴き声。【──犬吠】ろめいけんばい ろばの鳴き声や、犬のほえる声。うるさいだけで、聞くねうちのない声。つまらない文章のたとえ。〈世説新語せせつしんご・軽詆けいてい〉

『非レ驢非レ馬』ろにあらずうまにあらず ろばでもなく、馬でもない。ものになっていない。わけがわからない。〈漢書かんじょ・西域伝〉

馬16【驥】〔26〕 俗→驥(本ページ・中)

馬17【驥】〔27〕 キ 漢 呉 去 寘 jì チー J 補 U

艸16【蘎】〔20〕 同字 J5806 補 U860E

馬16【驥】〔26〕 俗字 J8171 補 U9A65

意味 ①一日に千里を走る良馬。「驥騄きりょく」②才能のすぐれたもの。俊才しゅんさい。

【驥足】きそく 才能のすぐれた人。『展二──一』きそくをのぶ 英雄が、じゅうぶんに才能をあらわす。

【驥尾】きび すぐれた人物のあと。『附二──一』きびにふす すぐれた人物のあとについて、修業をつむ。後輩が先輩のあとを追って、仕事をする。〈史記・伯夷はくい列伝〉

【驥服二塩(鹽)車一】きえんしゃにふくす 千里を走る名馬が、塩を運ぶ車を引く。すぐれた人物が、低い地位にあって、働いているたとえ。〈戦国策・楚策〉

『附二驥攀一レ鴻』きにふしこうによず 千里の馬につき、おおとりにすがる。先輩の引き立てにたよること。〈王褒おうほう・四子講徳論〉

馬17【驤】〔27〕 ショウ(シャウ) 漢 ジョウ(ジャウ) 慣 平 陽 xiāng シアン J8172 補 U9A64
意味 ①〈あ・げる(──ぐ)〉〈あが・る〉㋐馬が走りつつ首をあげる。㋑はねあがる。②速く走る。③右の後ろ足が白い馬。

馬17【驩】〔27〕 俗→驩(本ページ・中)

馬18【驩】〔28〕 カン 漢 (クヮン) 平 寒 huān ホワン J 補 U

馬17【驩】〔27〕 俗字 J8173 補 U9A69
意味 ①〈よろこ・ぶ〉〈よろこび〉＝歓・懽 ㋐親しむ。㋑楽しむ。②驩兜かんとうは、尭ぎょう時代の悪人。③馬の名。

【驩説】かんえつ(くゎんえつ) やわらぎ喜ぶ。説は悦と同じ。

【驩虞】かんぐ(くゎんぐ) 喜び楽しむ。「驩虞如かんぐじょ」〈孟子もうし・尽心上〉

【驩然】かんぜん(くゎんぜん) 喜んでうちとけるさま。

馬19【驪】〔29〕 一リ 漢 一平 支 lí リー 二レイ 漢 二平 斉 lí リー J8175 補 U9A6A
意味 一①〈くろごま〉黒馬。純黒の馬。②黒い。「驪色りしょく」「驪黒りこく」③馬を並べる。つらねる。＝麗れい ④古代、山西さんせい省にあった少数民族の国名。＝孋り

【驪歌】りか 送別の歌。

【驪姫】りき 春秋時代、晋しんの献公けんこうのきさき。皇太子申生しんせいを殺して、お家騒動を引き起こした。

【驪宮】りきゅう(きう) 「驪山宮りざんきゅう」に同じ。「驪宮高処入二青雲一りきゅうこうしょせいうんにいる」(驪山宮は高く大空の雲間にそびえ立つ。)〈白居易はくきょいの詩・長恨歌ちょうごんか〉

【驪駒】りく ①黒毛のうま。くろごま。②送別のときうたう歌。

【驪山】りざん 山名。陝西せんせい省西安市にある。【──宮】りざんきゅう(きう) 驪山にあった宮殿の名。楊貴妃ようきひの住んだ所。華清宮。

【驪竜(龍)】りりゅう(りょう) りゅうの一種。黒竜。あごの下に宝玉があるという。貴重なもの、また、危険をおかさなければ得られない物をいうときに引かれる。

『探二驪獲一レ珠』りをさぐりたまをう 詩文のすぐれているたとえ。〈世説新語せせつしんご〉

馬20【驫】〔30〕 一ヒュウ 漢 (ヒウ) 一平 尤 biāo ピアオ 二ヒョウ 漢 (ヘウ) 二平 蕭 biāo ピアオ J8174 補 U9A6B
意味 一二多くの馬が走るようす。

馬24【䯂】〔34〕 一シン 漢 一平 真 shēn シェン 二シュウ(シフ) 漢 二入 緝 jí チー J②9306 補 U4BC2
意味 一多いさま。二木が茂っているさま。

10画 骨部 ほね ほねへん

【部首解説】「冎」と「月」が合わさり、「ほね」を表す。この部には、骨の名称に関連したものが多く、「骨」の形を構成要素とする文字が属する。

骨0【骨】〔10〕 学6 コツ ほね コツ 漢 入 月 コチ 呉 gǔ, gú クー J2592 補 U9AA8

筆順 丨 冂 冎 冎 冎 咼 骨 骨 骨

意味 ①〈ほね〉㋐人や動物の体内にあって、からだを支える組織。㋑ほねぐみ。物の支え。骨格。②死者。また、死体。

むくろ。「枯骨」③からだ。「老骨」④中心。要点。「骨子」⑤人柄。気概。「奇骨」「気骨」⑥詩文・書法の剛健な風格。⑦かたい。まっすぐ。国①〈ほね〉めんどう。労力。「骨惜しみ」②〈こつ〉㋐要領。㋑火葬した人骨。

解字  会意。冎と月とを合わせた字。冎はほね。月は肉で、からだを表す。骨は、からだのほねを表す。冎は肉をとったもの、骨は肉の中にある状態のもので頭のほね、または、関節のほねをいう。

難読 骨牌（カルタ）

【骨灰】㊀（こっかい（くわい））動物の骨を焼いて作った灰。肥料にする。㊁（こっぱい）国①粉みじんになる。②ひどくやっつける。言いくさす。③なまいき。

【骨格(「骼」)】（こっかく）動物のからだをささえ、筋肉がくっついている器官。骨ぐみ。

【骨幹】（こっかん）骨格。骨ぐみ。〈淮南子・地形訓〉

【骨鯁】（こっこう（かう））君主のあやまちをきつくいましめる、強く正しい家来。「骨鯁之臣」＝骨骾
【骨剉】（こつざ）骨まで切りこむ。

【骨子】（こっし）①かなめ。しん。要点。②骨。

【骨髄(「髓」)】（こつずい）①骨の中身。骨の中心にあるやわらかいもの。②心の底。③物事の要点。主眼。〖入二骨髄一〗（こつずいにいる）恨みなどが、心に深くしみこむこと。

【骨折】㊀（こっせつ）骨が折れる。㊁（ほねおり（をり））国精を出して働く。

【骨節(「節」)】（こっせつ）骨の関節。

【骨相】（こっそう（さう））①頭や顔の骨ぐみのかたち。②骨ぐみにうかがえる、人の運命。

【骨炭】（こったん）国獣の骨をむしやきにしたもの。砂糖などの色ぬきにつかう。獣炭。

【骨頂】（こっちょう（ちやう））国①いじをはる。主張する。②この上なし。最上。

【骨董】（こっとう）①たいせつにしている古道具。美術的な古道具。②いろいろいりまじる。【――菜】（こっとうさい）ごった煮。煮しめ。

【骨肉】（こつにく）①骨と肉。②からだ。③親子・兄弟など。肉親。【――相食】（こつにくあいはむ（あひ））父子兄弟が争い、殺し合う。【――之親】（こつにくのしん）みうち。肉親。また、肉親の愛情。

【骨盤】（こつばん）背骨の下端と腰の骨とからなる大きな骨。

【骨法】（こっぽう（ぼふ））①骨ぐみ。骨格。②書画の筆力。骨力。③国礼儀作法。④国芸道の奥義・要領。こつ。

【骨膜】（こつまく）骨を包んでいる白色の強い膜。

【骨立】（こつりつ）やせて、骨がむきだしになること。

【骨律】（こつりつ）仏①俗世間の悩みを離れること。煩悩から抜け出すこと。②座禅の姿勢が正しいこと。

【骨力】（こつりょく）書画などの書き方にこもる力。筆勢。

【骨頭】（クートウ）gǔtou 現①骨。②人がら。性格。

【刻レ骨】（ほねにきざむ）心に刻みこんで忘れないこと。

【鏤レ骨】（ほねにきざむ）深く心におぼえこむ。骨に刻む。

【折レ骨】（ほねをおる（をる））①骨をくじく。②くやしがる。③苦労する。

【暴レ骨】（ほねをさらす）死んで、かばねをさらす。
◇人骨・凡骨・白骨・気骨・肋骨・風骨・枯骨・侠骨・座骨・竜骨・拳骨・埋骨・恥骨・背骨・納骨・軟骨・接骨・喉骨・無骨・筋骨・換骨・鉄骨・遺骨・骸骨・鎖骨・露骨・土性骨・肩胛骨・屋台骨・頭蓋骨

骨3 【骫】〔13〕 イ漢上紙 (ヰ) wěi ウエイ　U補J 9AAB
骨3 【骩】〔13〕 俗字　U補J 9AAA 7354
意味 ①〈まが・る〉②〈ま・げる(―・ぐ)〉③従う。④捨てておく。

骨3 【骬】〔13〕 ウ漢平虞 yú ユィ　U補J 9AAC 7355
意味 髃骬（かつう）は、胸骨下端の剣状突起。「鳩尾（きゅうび）」「心蔽骨（しんぺいこつ）」ともいう。

骨3 【骭】〔13〕 カン漢去翰 gàn カン　U補J 9AAD 8176
意味 ①すねの骨。②〈はぎ〉すね。むこうずね。③あばらぼね。④骭臂（かんぴ）は、複姓。

骨3 【骮】〔13〕 ヨク漢入職 イキ呉 yì イー　U補J 9AAE 7356
意味 ①鎖骨。「欠盆骨」ともいう。②小さい骨。

骨4 【骯】〔14〕 ㊀コウ漢上養 kǎng カン (カウ) ㊁― āng アン　U補J 9AAF 7357 ②9307
意味 ㊀骯髒（こうそう）は、①曲がりくねったさま。②ふとったさま。③たかぶるさま。㊁現骯髒（アンツァン）āngzang は、きたない。不潔なさま。

骨4 【骰】〔14〕 ㊀トウ漢平尤 tóu トウ ㊁コ漢上麌 gǔ クー　U補J 9AB0 8177
意味 ㊀〈さい〉さいころ。「骰子（とうし）」㊁もも。＝股

骨5 【䯊】〔15〕 ㊀カ漢平歌 kē コー ㊁カ漢去禡 qià チア　U補J 4BCA ②9308
意味 ㊀①ひざぼね。膝蓋骨（しつがいこつ）。②喉（のど）に小骨がひっかかること。㊁腰骨。

骨5 【骷】〔15〕 コ漢平虞 kū クー　U補J 9AB7 ②9309
意味 ①ひざぼね。②されこうべ。「骷髏（ころう）」

骨5 【骴】〔15〕 シ漢平支 cī ツー　U補J 9AB4 7359
意味 ①死人の骨。腐肉のついた骨。②鳥獣の骨。

骨5 【骶】〔15〕 テイ漢去霽 dǐ ティー　U補J 9AB6 7361 ①9421
意味 ①しり。しりぼね。②うしろ。背後。

骨5 【骲】〔15〕 ㊀ハク漢入覚 báo パオ ㊁ホウ漢上巧 bào パオ (ハウ)　U補J 9AB2 7358
意味 ㊀㊁骨で作った矢じり。

骨5 【骵】〔15〕 俗 ↓體(八〇ページ・上)

骨6 【骻】〔16〕 カ漢去禡 kuà コワ (クヮ)　U補J 9ABB 7363
意味 両足の付け根とその間の部位。また。＝胯

骨6 【骸】〔16〕 常 ガイ　カイ漢 ガイ呉平佳 hái ハイ　U補J 9AB8 1928
旧字 骨6 【骸】〔16〕　U補J

筆順 冂 冋 冎 冎 骨 骨 骸 骸

意味 ①すねの骨。②ほね。骨骼（こっかく）。「骸骼（がいかく）」③〈むくろ〉死体。「死骸（しがい）」④からだ。「骸軀（がいく）」

解字 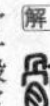 形声。骨が形を表し、亥（かい）が音を示す。亥は、草の根、ものを支えるという意味がある。骸は、すねの骨。のち、骨一般を指すようになった。

【骸骨】（がいこつ）①動物の死体が骨だけになったもの。のざらし。②からだ。むくろ。〖乞二――一〗（がいこつをこう（こふ））退職を願うこと。主君にささげた、からだの骨だけをいただきたいと願う。斉（せい）の景公に宰相晏嬰（あんえい）が述べた言葉。〈晏子春秋（あんししゅんじゅう）・外篇七〉〖賜二――一〗（がいこつをたまう（たまふ））退職を許す。

【骸炭】（がいたん）コークス。

10画

馬骨高髟門鬯鬲鬼

◇▼死骸・形骸・残骸・遺骸

骨6【骼】〔16〕カク 漢 入 陌 gé コー　J 8178 U 9ABC
意味〈ほね〉①鳥獣の骨。②もの骨。③骨の通称。「骨骼」④朽ちた骨。あらぼね。されぼね。
参考 新表記では、「格」に書きかえる熟語がある。

骨6【骺】〔16〕カツ 漢 入 曷（クヮツ）guā コワ　U 4BCF
意味 ①骨のはし。骨のとがり。②鎖骨。

骨6【骹】〔16〕一 コウ 漢 平 肴（カウ）qiāo チアオ　二 コウ 漢 平 肴（カウ）xiāo シアオ　J ②9311 U 9AB9
意味 一 ①脛。ひざした。②あしくび。また、くるぶしから先の部分。二 鏑矢。＝髐

骨6【骺】〔16〕コウ 漢 平 尤 hóu ホウ　U 9ABA
意味 ①骨の先。「骺骺」②骨や木の矢じり。

骨9【骻】〔19〕同字　U 29A75

骨6【骭】〔16〕コウ 漢 平 庚（カウ）héng ホン　J ②9310 U 4BD2
意味 膝下の部位。骭骨は、主に脛骨を指す。＝胻

骨7【骾】〔17〕コウ 漢 上 梗（カウ）gěng コン　J 7364 U 9ABE
意味 ①〈ほねた・つ〉骨がのどにつかえる。②ほねっぽい。自分を曲げない。＝鯁「骨骾」

骨8【髁】〔18〕一 カ 漢 平 歌（クヮ）kē コー　二 カ 漢 上 馬（クヮ）kuà コワ　J ①9422 U 9AC1
意味 一 ①もものほね。②しりぼね。③ひざぼね。④謑髁は、正しくないこと。二 こしぼね。

骨8【髀】〔18〕一 ヒ 漢 上 紙 bǐ ビー　二 ヘイ 漢 上 薺 bì ビー　J 8179 U 9AC0
意味 一二 ①〈もも〉＝脾 ②もの骨。大腿骨。③日時計。「周髀」
【髀肉之嘆（歎）】馬に乗って戦場に出ないため、ももの内がわの肉が肥えたことをなげく。腕をふるう機会のないことをなげくたとえ。〈蜀志・先主伝注〉
【髀裏肉生】うちももの肉が肥える。「髀肉之嘆」を見よ。
【拍レ髀】ももをたたく。①喜び勇むさま。②拍子をとること。＝搏レ髀・拊レ髀

骨8【骿】〔18〕ヘン 漢 平 先 pián ピエン　J 7365 U 9ABF
意味 ①一枚あばら。一枚につながった肋骨。「骿脅」「骿脇」「骿骨」「骿骭」②手足のひび。たこ。＝胼

骨9【髂】〔19〕一 カ 漢 去 禡 qià チア　二 カク 漢 入 陌 gé コー　U 9AC2
意味 一 こしぼね。二 ほね。＝骼

骨9【髃】〔19〕カツ 漢 入 曷 hé ホー　J ②9312 U 29A72
意味 髃骬は、胸骨下端の剣状突起。「鳩尾」「心蔽骨」ともいう。

骨9【髃】〔19〕グ 漢 平 虞 グウ 慣 yú ユィ　J ①9423 U 9AC3
意味 肩先。肩の前面の骨。

骨9【髓】〔19〕常 ズイ スイ 漢 上 紙 ズイ 慣 suǐ ソイ　J 3181 U 9AC4

旧字 骨13【髓】〔23〕　J 8182 U 9AD3

筆順 冂 冂 冂 骨 骨ノ 骨ナ 骨有 髄

肉13【膸】〔17〕同字　J 7127 U 81B8

意味〈ずい〉①骨の内部にある脂肪状の組織。骨のしん。②植物の茎の中心の柔らかいところ。③中心の部分。最も重要な部分。要点。「精髄」国〈すね〉ずいの古称。

解字  形声。骨が形を表し、隋が音を示す。隋には、やわらかいという意味がある。また、脂と通じて、あぶらみともいう。髄は、骨の中のやわらかいあぶらみである。

名前 なか

【髄脳（脳）】①脳みそ。脳髄。②骨髄と脳。③主要な部分。④国 和歌の奥義を述べた書物。「新撰髄脳」
【髄膜】医 脳と脊髄をつつむ薄いまく。硬膜・蜘蛛膜・軟膜の三層からなる。脳膜。脳脊髄膜。【——炎】医 髄膜に起こる急性の炎症の総称。脳膜炎。脳脊髄膜炎。

◇▼心髄・延髄・神髄・骨髄・脊髄・真髄・脳髄

骨9【骻】〔19〕同 ↓骺（本ページ・上）

骨10【髆】〔20〕ハク 漢 入 薬 bó ボー　J ②9313 U 9AC6
意味 ①かいがらぼね。肩骨。肩胛骨。②肩。

骨10【髈】〔20〕ホウ（ハウ）漢 上 養 ボウ（バウ）慣 bǎng パン　J 7369 U 9AC8
意味 ①もも。②わき。③肩。＝膀

骨10【髃】〔20〕同 ↓體（八〇ページ・上）

骨11【髎】〔21〕リョウ 漢 平 蕭（レウ）liáo リアオ　J ①9424 U 9ACE
意味 ①体表から触ってわかる骨のくぼみ。「八髎」②仙骨にある左右四個ずつの孔。②仙骨。③仙

骨11【髏】〔21〕ロウ 漢 平 尤 ロ 慣 lóu ロウ　J 8180 U 9ACF
意味 髑髏は、されこうべ。

骨11【鶻】↓鳥部十画（一四三五ページ・下）

骨12【髐】〔22〕コウ 漢 平 肴（カウ）xiāo シアオ　J ②9314 U 9AD0
意味 ①鏑矢。＝骹 ②白骨がさらされているさま。

骨13【髒】〔23〕一 ソウ（サウ）漢 上 養 zǎng ツァン　二 ソウ（サウ）漢 去 漾 zàng ツァン　三 ソウ（サウ）慣 — zāng ツァン　J ②9315 U 9AD2
意味 一 骯髒は、①曲がったさま。②ふとったさま。③高慢なさま。二 抗髒は、剛直でゆずらない。三 ①きたない。②髒病は、性病。③髒瘡は、梅毒。

骨13【髑】〔23〕トク 漢 入 屋 ドク 呉 dú トゥー　J 8181 U 9AD1
意味 髑髏は、されこうべ。頭の骨。ずがい骨。

骨13【髓】〔23〕旧 ↓髄（本ページ・中）

骨13【體】〔23〕旧 ↓体（八〇ページ・上）

骨14【髕】〔24〕ヒン 漢 去 震 bìn ピン　J ②9316 U 9AD5
意味 ＝臏 ①〈あしきり〉足を断つ刑罰。②〈ひざさら〉ひざがしらの骨。ひざのかわら。膝蓋骨。③ひざがしら

10画 馬骨高髟門鬯鬲鬼

の骨をけずりとる刑罰。

骨14【髖】〔24〕俗→髖(本ジペー・上)

骨15【髖】〔25〕カン(クワン)漢 平 寒 kuān コワン　U補J ①9425 | U補J ― ― ―
意味 ①腰骨。②またの骨。③体。

骨14〔髖〕〔24〕俗字　U補J 7374 9AD6

骨16【髗】〔26〕ロ 漢 平 虞 lú ルー　U補J 7375 9AD7
意味 頭部を覆う骨。頭蓋骨。「髗骨(ろこつ)」＝顱(ろ)

10画　高部　たかい

【部首解説】「高い見晴らし台」にかたどる。この部には、「高」の形を構成要素とする文字が属する。

高0【高】〔10〕学2　コウ　たかい・たか・たかまる・たかめる　U補J 2566 9AD8
コウ(カウ) 漢 呉 平 豪 gāo カオ

筆順 丶 亠 亣 古 亯 高 高 高

高0〔髙〕〔11〕同字　U補J ― 9AD9

意味 ①〈たか・い(――・し)〉㋐位置がたかい。上にある。㋑丈(たけ)がたかい。㋒年齢がおおい。㋓値(あたい)がたかい。㋔身分・地位がたかい。㋕名だかい。すぐれている。㋖けだかい。㋗(声などの)調子がたかい。㋘盛大な。㋙大きい。㋚遠い。㋛はじめ。最上位の。「高祖」②〈たかしと・する(――・す)〉㋐うやまう。とうとぶ。㋑たかぶる。いばる。③〈たか・める(――・む)〉④〈たかま・る〉㋐のぼる。㋑さかんになる。㋒老いる。⑤たかくなる。⑥たかさ。たかい程度。⑦相手にかかわる事柄につけ敬意を表すことば。「高説」⑧姓。国〈たか〉①分量。②限り。限度。せいぜい。③価の高くなること。

解字  象形。高い見晴らし台の形を表した字。上部が台で、下部がふつうの家を表すとも、全体が、入り口のついた高い台の形であるともいう。

名前 うえ・すけ・たけ・ほど・あきら・かぎり
姓 高(こう)・高円(たかまど)・高市(たけち)・高向(たかむこ)・高村(こうむら・たかむら)・高良(たから)・高岳(たかおか)・高家(たかや)・高階(たかしな・たきべ・たかべ・たけべ)・高額(たかぬか)・高麗(こま)・高志武(たかしぶ)
地名 高麗(こうらい・こま)・高句麗(こうくり)・高加索(コーカサス)・高野山(こうやさん)
難読 高粱(コーリャン)・高嶺(たかね)

【高圧(壓)】こう(かう)あつ ①おさえつける。②力ずくでおさえつける。③高い圧力。④高電圧。直流では、七五〇ボルト以上、交流では、六〇〇～七〇〇〇ボルト。

【高位】こう(かう)い(ゐ) 高いくらい。高い地位。「高位高官」

【高闈】こう(かう)い(ゐ) 高く堂々とした宮中の門。

【高逸(逸)】こう(かう)いつ 俗世間を離れ、高くすぐれている。

【高詠】こう(かう)えい ①声高く歌う。②すぐれた歌。③人の詩歌に対する敬称。

【高宴】こう(かう)えん 盛んな宴会。盛宴。

【高猿】こう(かう)えん(ゑん) 高い山に住むさる。

【高遠】こう(かう)えん(ゑん) ①高くはるか。②理想がすぐれて高い。

【高簷】こう(かう)えん 高いのき。

【高屋】こう(かう)おく(をく) 高いやね。【――建瓴】こう(かう)おく(をく)けんれい 高いやねから、かめの水をくつがえす。下に向かう勢いの強いこと。〈史記・高祖本紀〉

【高音】こう(かう)おん ①調子の高い音。②すぐれた調子。

【高恩】こう(かう)おん 高い恩。

【高価(價)】こう(かう)か ①高い値段。②よい評判。

【高河】こう(かう)か 天の川。銀河。

【高架】こう(かう)か 物の上を高く橋のようにわたすこと。

【高科】こう(かう)か(くわ) ①高いところ。②科挙(官吏登用試験)に最高位で合格する。

【高家】■こう(かう)か ①■に同じ。②国江戸時代、幕府の諸行事・儀式を扱った官。■こう(かう)け 身分の高い家がら。

【高廈】こう(かう)か 高く大きな家。

【高牙】こう(かう)が 「大将の旗。大牙。さおの先にぞうげの飾りのついた大きな旗。」

【高臥】こう(かう)が(ぐわ) 心を高くもち、わずらわしい俗世間を離れて暮らす。

【高雅】こう(かう)が 高尚(こうしょう)でけだかい。

【高会(會)】こう(かう)かい(くわい) ①盛大な集まり。②さかんな宴会。

【高懐(懷)】こう(かう)かい(くわい) 気高い心。高尚な思い。

【高角】こう(かう)かく 水平線となす角度が大きいこと。

【高閣】こう(かう)かく ①高い建物。②かべにつるした本だな。『東ニ――一』こう(かう)かくにつかぬ 本だなの上にたばねたまま置く。置いたままで使わないこと。〈晋書(しんじょ)・庾翼(ゆよく)伝〉

【高官】こう(かう)かん(くわん) 高い官職。高い地位の役人。「高位高官」

【高冠】こう(かう)かん(くわん) 長いかんむり。身分の高い人がつける。

【高館】■こう(かう)かん(くわん) 高い建物。他人の家の敬称。■たかだち・たかだて 国岩手県平泉町にあった源義経(みなもとのよしつね)のやかた。

【高観(觀)】こう(かう)かん(くわん) ①高い建物。高殿(たかどの)。②高いところからながめる。③大きな道教の寺。

【高貴】こう(かう)き ①身分や官職が高く尊い。②高価。【――郷公】こう(かう)きょう(きゃう)こう 三国、魏(ぎ)の王、曹髦(そうぼう)の呼び名。

【高義】こう(かう)ぎ ①りっぱな行い。すぐれたおとこぎ。②義理を重んじる心がすぐれている。

【高誼】こう(かう)ぎ ①正義の心がすぐれて高い。②あついよしみ。人の親切に対する敬称。

【高気(氣)圧(壓)】こう(かう)きあつ まわりよりも気圧の高いところ。

【高級】こう(かう)きゅう(きふ) 内容がすぐれてりっぱなこと。

【高挙(擧)】こう(かう)きょ ①高く飛びあがる。②出世する。③俗世間を離れ、かくれ住む。

【高拱】こう(かう)きょう 両手を高くこまぬく。なにもしないようす。

【高教】こう(かう)きょう(けう) ①すぐれた教え。②他人の教えに対する敬称。

【高仰】こう(かう)ぎょう(ぎゃう) ①高く上を向く。②尊敬する。③おごりたかぶる。

【高吟】こう(かう)ぎん 大声で詩や歌をうたう。

【高衢】こう(かう)く 大道。

【高空】こう(かう)くう 高い空。

【高句麗】こう(かう)くり 昔、朝鮮半島北部にあった国。(前?～六六八)高麗(こま)。＝高句驪
【高下】こう(かう)げ 高い低い。優劣や身分の上下など。高低。【――在レ心】こう(かう)げはこころにあり 心の持ち方一つで高くも低くもなる。①物事に柔軟な態度で接すること。②権力をふりまわすこと。人をあごで使うこと。〈左伝・宣公〉

【高契】こう(かう)けい 高尚(こうしょう)な交際。すぐれてけだかい交友。【――難レ期】こう(かう)けいきしがたし 風流な友人が得られそうもない。〈晋書(しんじょ)・嵆康(けいこう)伝〉

【高啓】こう(かう)けい 人名。明(みん)の詩人。字(あざな)は季迪(きてき)、号は青邱(せいきゅう)。(一三三六～一三七四)

【高潔】こう(かう)けつ 欲がなく、心がいさぎよくけだかい。

【高見】こう(かう)けん ①すぐれた考え。②人の意見に対する敬語。

【高軒】こう(かう)けん ①屋根の高いのき。②りっぱな車。人の車に対する敬称。

【高顕(顯)】こう(かう)けん 高くてよくめだつ。

【高言】こう(かう)げん ①大きなことをいう。ほら。②りっぱなことば。

【高原】一 高い土地にある野原。山のふもとの野原。二 gāoyuán 現一に同じ。

【高古】けだかくて古風。

【高行】すぐれた行い。けだかい生活。

【高岡】高いおか。

【高腔】歌劇のうたい方の一つ。高い調子の歌。

【高鴻】空高く飛ぶおおとり。

【高才】すぐれた才能。また、すぐれた才能のある人。

【高斎(齋)】①高殿の一室。②高く大きい書斎。③高い建物。④杜甫の夔州にいたときの室名。

【高材】すぐれた才能。【——疾足】すぐれた能力のある人。〈史記・淮陰侯列伝〉

【高札】国①昔、街頭にかかげた立て札。②入札のうち、いちばん高く値をつけた札。

【高察】人の推察に対する敬称。

【高山】高い山。【——景行】高い山と広く大きい道。人の尊び仰ぐもの。〈詩経・車舝〉【——植物】植高山地帯にだけ生育する植物の総称。【——流水】すぐれた音楽。伯牙が、琴で高山や流水の気分をかなでると、鍾子期が聞いて、そのまま理解し、さとった話による。〈列子・湯問〉

【高士】①高いところに目をつけて、俗世間に動かされない人。人格のすぐれた人。②民間にかくれて、出世を望まないすぐれた人物。

【高志】一 ①すぐれたけだかい志。②他人の志の敬称。二 国北陸道の古いよび方。＝越
【高識】りっぱな考え。すぐれた考え。高い見識。

【高車】おおいが高くついている、りっぱな車。【——駟馬】おおいの高い車と、四頭立ての馬車。貴人の乗りもの。〈欧陽脩・昼錦堂記〉

【高榭】高い見晴らし台。

【高射砲】飛行機を射撃する大砲。

【高手】一 わざがじょうずでたくみ。また、その人。二 国肩からひじまでの間。↔小手【——小手】国うしろ手に高くしばりあげること。

【高趣】①すぐれたおもむき。②けだかい趣味。

【高寿(壽)】長生き。

【高岫】高い峰。岫は山のほらあな、または、みね。

【高秋】高く澄みわたった秋の空。


【高周波】理電波・音波などの振動数の多いもの。

【高峻】高くけわしい。

【高尚】けだかい。上品。

【高商】秋。商は音階の名。五音で秋にあたる。

【高唱】声高く歌う。【——入雲】高い歌声が雲にとどく。歌や議論が高尚なこと。〈西京雑記〉

【高敞】土地が高く開けて、見晴らしがよい。

【高翔(翔)】空高くとぶ。

【高城】高い城壁。

【高情】①けだかい心。②人の心づくしに対する敬称。【——遠致】高い心と遠いおもむき。人格がとくにすぐれていること。〈晋書・孫綽伝〉

【高掌遠蹠】手のひらを高くあげ、足のうらを遠くする。黄河の神が、華岳と首陽山の間を手でうちわり、足でひろげて、河を通した故事。さばけていて、おおしい気概のある人をいう。〈張衡・西京賦〉

【高勝鐶】国かぶとの後ろにある金具。

【高旌】高くかかげた旗。

【高青邱】「高啓」に同じ。

【高節(節)】身のふりかたがけだかい。高くりっぱな行い。

【高説】①すぐれてりっぱな説。②人の意見の敬称。

【高遷】①身分が高いほうにうつる。位や職があがる。②人の栄転や転居をいう敬称。

【高祖】①祖父母の祖父母。②遠い先祖。③王朝の最初の天子。【——父】自分から数えて五代めのおじいさん。【——母】自分から数えて五代めのおばあさん。

【高壮(壯)】①高くりっぱ。②老年と壮年。

【高爽】高くて、気がはればれする。

【高僧(僧)】徳の高い僧。りっぱな僧。

【高層(層)】①高く重なっている。②高い建物。③上のほうの層。

【高燥】土地が高くてよくかわいている。

【高足】一 ①すぐれたうま。②りっぱな弟子。高弟。二 国足を高くあげる。

【高大】高く大きい。二 gāodà 現一に同じ。

【高台(臺)】一 高い台。台は、土を盛って見晴らしをよくした場所。うてな。二 国高く平らな土地。

【高第】①優等で及第する。②すぐれた政治をする。〔官吏。〕

【高卓】高くすぐれている。

【高達】①高くとどく。②才能がすぐれ、物事をよく知りつくしている。③俗世間を離れ、理想を高くいだいている。

【高談】①上品な話。②他人の話に対する敬称。③大きな声で話す。④思うままに話をする。放談。【——雄弁(辯)驚二四筵一】自由自在に弁舌をふるい、満座の人を驚かす。〈杜甫の詩・飲中八仙歌〉

【高直】たかね。値段が高い。

【高致】上品な趣味。

【高秩】俸給が高い。俸給を多くする。

【高著】人の著書に対する敬称。

【高潮】一 ①満潮。②感情や情勢が高まる。「最高潮」二 国つなみ。

【高調】①音の高い調子。②国熱がはいって感情がたかまる。勢いがつよまっている。

【高枕】枕を高くして、安心して眠る。たかまくら。

【高弟】すぐれた弟子。りっぱな弟子。

【高低】高いことと低いこと。高さと低さ。高下。

【高帝】漢の高祖。

【高亭】高い所にある、あずまや。

【高適】人名。盛唐の詩人。(?～七六五)

【高度】一 ①程度が高い。②高さの程度。高さ。③垂直の距離。海抜高度。二 gāodù 現一に同じ。

【高等】①高い等級。②優秀な成績で合格すること。③上品。けだかい。

【高踏】①遠くへ行く。②俗世間を離れてけがれのない生活をする。③足びょうしを高くふむ。【——的】俗世間を高く離れたようす。貴族的。【——派】一八六〇年代のフランス詩人の一派。パルナシアン。

【高(「昂」)騰】国高くのぼる。急にあがる。

【高堂】①高い建物。高楼。②相手の家または人に対する敬称。③りっぱなへや。親の居室をいう。

【高徳】徳が高い。また、その人。

【高熱】①熱が高い。高い温度。②体温が高い。

【高配】国人の心づかいに対する敬称。

【高庇】①高い木や家などのかげ。②他人からうける

めぐみに対する敬称。

【高批】他人の批評に対する敬語。ご高評。

【高卑】①身分の高いことと、いやしいこと。②高低。

【高飛】高くとぶ。

【高評】①評判が高い。②人の批判に対する敬称。

【高皐】高いおか。

【高風】①すぐれた人がら。②けだかいようす。③他人の人がらの敬称。④高く吹く風。

【高文】①すぐれた文章。②国高等文官試験の略称。【――典冊】①貴重な文書。②すぐれた文章力。〈西京雑記〉

【高分子化合物】理分子量の大きい化合物の総称。でんぷん・たんぱく質、プラスチックなど。

【高駢】人名。晩唐の詩人。字は千里。

【高歩】高い所を歩む。俗世間をかけはなれる。【――雲衢】高い所を歩く。とんとんびょうしに立身出世すること。

【高朋(朋)】志の高い友人。けだかいともだち。

【高望】①高く大きい志をもつ。高のぞみ。②高い評判。

【高邁】高く、すぐれている。

【高慢】自慢して人をみさげる。

【高妙】①高くすぐれている。②非常に巧み。

【高眠】①気らくにねむること。安眠。②すぐれた人物が、世間を避けてひっそりと暮らすこと。

【高名】①世間に広く知れわたった名声。②国戦場でのてがら。

【高明】①高く明らか。②心が高くかしこい。③天。④他人に対する敬称。あなた。【――正大】高く明らかで、正しく大きい。

【高門】①高い門。②門を高くする。③身分の高い人の家。【――待封】門を高くして、封ぜられるのを待つ。漢の于定国が、高い門を作って、子孫が高い官位についた時の用意をした故事。りっぱな人や、生まれた男子を祝福することば。【――容駟】「高門待封」に同じ。駟は四頭立てのりっぱな馬車。

【高野切】国紀貫之の自筆といわれる、「古今和歌集」の断片。古筆切の一つ。

【高野聖】国①高野山の高僧。②高野山から諸国にでる僧。③泉鏡花の小説の題名。


【高野槙(槇)】国スギ科の常緑樹の名。

【高郵】県名。漢代におかれた。後に州、府、路。今の江蘇省高郵市。また湖の名。

【高誘】人名。後漢の学者。「戦国策」「淮南子」「呂氏春秋」の注を書いた。

【高(昂)揚】高くあがる。

【高利】①たいそう多くの利益。②貸し金の利息がふつう以上に高い。「高利貸」

【高力士】人名。唐時代の宦官。玄宗に信任された。

【高率】高いわりあい。率が高い。

【高齢(齡)】年を多くとっている。

【高麗】㊀たいへんうるわしい。㊁朝鮮の王朝名。(九一八～一三九二) ㊂国高句麗または高麗の称。【――船】国高麗からくる船。

【高楼(樓)】①高い建物。高殿。②高くてりっぱな家。

【高禄(祿)】高い俸給。

【高論】①りっぱな議論。②他人の議論に対する敬称。高説。

【高話】①上品な話。②人の話の敬称。

【高砂】㊀国①「台湾」の古い呼び方。②兵庫県の地名。③能楽の曲名。老人夫婦を象徴するめでたい曲。㊁国砂地の小高いところ。

【高島田】国婦人の髪のゆい方の一つ。婚礼などにゆう。

【高瀬舟】国川舟の一種。底が浅く、貨客を運んだ。

【高坏】国食物を盛る、足つきの台。＝高杯
【高杯】国「高坏」に同じ。

【高槻】国大きい、つきの木。

【高天原】国神話の中の天国。天照大神を中心とする神々の住んでいた所。

【高御座】国①天皇の位。②天皇が大きな儀式のときにすわる大極殿・紫宸殿の座席。

【高興】gāoxìng 現喜ぶ。うれしい。楽しい。
◆孤高・座高・特高・残高・崇高・禄高・最高・登高・稼高

(高　坏)

高0【髙】〔11〕同→高(一四〇九ページ・上)

10画
馬骨高髟門鬯鬲鬼

高3【䯨】〔13〕㊀コウ漢 ㊀平 肴 qiāo チアオ (カウ) ㊁カク漢 ㊁入 薬 hè ホー　J ②9317 U補 4BE8
意味 ㊀〈たた・く〉とんとんとたたく。＝敲 ㊁形が大きい。

高5【髛】〔15〕コウ漢 平 豪 (カウ) kāo カオ　J 7376 U補 9ADB
意味 明るい。すんでいる。

高8【髜】〔18〕キョウ漢 上 篠 (ケウ) qiǎo チアオ　J ②9318 U補 9ADC
意味 高くのぼる。

高13【髞】〔23〕ソウ(サウ)漢 ゾウ(ザウ)呉 去 号 sào サオ　J 8184 U補 9ADE
意味 髝髞は、落ち着きのないさま、また、高いさま。

10画 髟部 かみかんむり かみがしら

【部首解説】「镸」と「彡」が合わさり、「長い髪」を表す。この部には、髪の毛やひげに関連するものが多く、「髟」の形を構成要素とする文字が属する。

髟0【髟】〔10〕ヒョウ漢 平 蕭 (ヘウ) biāo ピアオ　J 8185 U補 9ADF
意味 ①髪が長く垂れ下がるさま。②たてがみ。
解字 会意。長と彡とを合わせた字。長は長いこと。彡は毛。髟は、長い髪の毛である。

髟3【髡】〔13〕コン漢 平 元 kūn クン　J ― U補 9AE1
髟2【髠】〔12〕俗字　J ②9319 補 7378 U 9AE0
意味 ①〈そ・る〉〈かみそり〉㋐髪をそる。「髠首」「髠頭」㋑刑罰。髪そりの刑にする。②ぼうず頭。③枝をきりはらう。
【髠鉗】罪人の髪をそり、首かせをはめる。昔の刑罰。また、その罪人。
【髠者】髪をそられた罪人。

髟3【髢】〔13〕テイ漢 去 霽 dí, dì ティー　J 8186 U補 9AE2
意味 〈かもじ〉入れ髪。婦人の頭髪に添え加える髪。かつら。＝髰

髟4【髯】〔14〕 ゼン 漢 平 塩 rán ラン U補J 9AE5 7380 ②9320

髟5【髥】〔15〕俗字 U補J ——— 髟5【髯】〔15〕俗字 U補J 9AEF 8189

意味 ①〈ほおひげ（ほほひげ）〉 ②ひげづらの人。

【髯奴】㊀ひげやっこ ①ひげ。②召使。③西洋人をののしることば。㊁どぜん 国ひげのあるやっこ。

髟4【髧】〔14〕 タン 漢 上 感 dàn タン U補J 9AE7 7381

意味 髪のたれるさま。おさげがみ。

髟4【髪】〔14〕 常 ハツ かみ U補J 9AEA 4017

旧字 髟5【髮】〔15〕 人 ハツ 漢 ホチ 呉 入 月 fà ファー ホツ 慣 U補J 9AEE 8191

筆順 丨 ｢ ｣ 長 長 髟 髟 髣 髪

意味 ①〈かみ〉 ㋐〈くし〉頭の毛。 ㋑かみかたち。 ②わずかなたとえ。「間不レ容レ髪」 ③長さの単位。一寸の百分の一。 ④（地上の髪とみなして）草木。

解字  形声。髟が形を表し、犮が音を示す。髟は、長い髪の毛。犮には、抜け出る意味がある。髪は、どんどん出てくる髪の毛をいう。あるいは、髪とは、頭をおおう毛という説もある。

難読 白髪（付表）

【髪上】かみあげ 国①髪を結ぶ。②成人した女子がまげをゆう。

【髪削】かみそぎ 国こどもの髪の先を切って、髪の長くなるのを祝う儀式。

【髪長】かみなが 国①僧。伊勢の斎宮の忌みことばでいう。②「女。

【髪匪】ひはつ 長髪賊。清の洪秀全が起こした太平天国の反乱軍。

【髪膚】はっぷ 髪の毛とはだ。からだ。「身体髪膚」〈孝経〉

【髪塔】はっとう（たふ） 仏仏の髪の毛をまつる塔。

【髪短心長】かみみじかくこころながし 髪は短くなったが、心のずるさはかえって延びた。悪がしこい老人をいう。〈左伝・昭公三〉

【散レ髪】かみをさんず さんばら髪になる。役人の冠をぬぐ。退職。

【髪衝レ冠】はっかんむりをつく 怒りのためにさかだった髪の毛が、かんむりを突き上げる。はげしく怒るさま。「壮士髪衝レ冠」〈駱賓王の詩・易水送別〉

◆毛髪・白髪・束髪・乱髪・金髪・後髪・美髪・怒髪・長髪・前髪・剃髪・洗髪・黒髪・断髪・理髪・被髪・散髪・電髪・銀髪・遺髪・頭髪・鶴髪・間一髪・危機一髪

髟4【髣】〔14〕 ホウ 漢 上 養 （ハウ） fǎng ファン U補J 9AE3 8187

意味 髣髴は、①よく似たさま。②ほのかなさま。ぼんやり見えるさま。＝仿佛・彷彿

髟4【髦】〔14〕 ボウ 漢 平 豪 máo マオ U補J 9AE6 8188

意味 ①髪の中で、特に長い毛。 ②〈たてがみ〉 ③ぬきでる。また、すぐれた人物。「髦士」「髦彦」「髦俊」 ④えらぶ。 ⑤〈たれがみ〉 ㋐眉までたらした子供の髪。 ㋑子供の髪にかたどった飾り。 ⑥としより。＝耄 ⑦西方の少数民族。＝髳 ⑧旗。のぼり。＝旄 ⑨からうし。＝旄 ⑩姓。

髟4【髤】〔14〕 同 →髹（本一四ページ・下）

髟4【髩】〔14〕 俗 →鬢（一四一四ページ・上）

髟5【髫】〔15〕 チョウ 漢 平 蕭 （テウ） tiáo ティアオ U補J 9AEB 8190

意味 ①〈うない（うなゐ）〉 たれがみ。うなじまでたらした子供の髪。「垂髫」 ②子供。幼児。「髫年」「髫歯」「髫歳」 幼児。六、七歳のこども。

【髫齓】ちょうしん 齓は、歯がぬけかわる意。＝齠齔

【髫髪】ちょうはつ ①たれがみ。②幼児。

髟5【髬】〔15〕 ヒ 漢 平 支 pī ピー U補J 9AEC 7383

意味 髬髵は、たてがみをふりたてるさま。猛獣。

髟5【髲】〔15〕 ヒ 漢 去 寘 bèi ペイ U補J 9AF2 7384

意味 かつら。かずら。かもじ。

髟5【髴】〔15〕 フツ 漢 入 物 fú フー U補J 9AF4 8192

意味 髣髴は、①よく似ているさま。②ほのかなさま。＝仿佛・彷彿

髟5【髱】〔15〕 ホウ 漢 去 効 （ハウ） bào パオ U補J 9AF1 8193

意味 ひげが濃いこと。 国〈たぼ〉〈つと〉 女のまげのうしろの部分。転じて、若い女のこと。

髟5【髳】〔15〕 ボウ 漢 平 尤 móu モウ U補J 9AF3 7385

意味 ①たれがみ。眉までたれた髪。＝髦 ②古代、西南地方にいた少数民族。

髟5【髥】〔15〕 俗 →髯（本ページ・上）

髟5【髮】〔15〕 旧 →髪（本ページ・上）

髟5【髯】〔15〕 俗 →髯（本ページ・上）

髟6【髺】〔16〕 カツ 漢 入 曷 （クヮツ） kuò クオ U補J 9AFA 7388

意味 ①髪をたばねる。髪を結う。②（器物が）ゆがみ傾いている。いびつ。

髟6【髹】〔16〕 キュウ 漢 平 尤 （キウ） xiū シウ U補J 9AF9 7387 ①9426

意味 ①〈うるし〉 赤黒色のうるし。 ②〈ぬ・る〉 うるしを塗る。

髟4【髤】〔14〕 同字 U補J 9AE4 7379

【髹法】きゅうほう（きうはふ） うるしの塗りかた。

髟6【髷】〔16〕 標 キョク 漢 入 沃 qū チュイ U補J 9AF7 8194

意味 髷鬝は、①巻き髪。②ちぢれ毛。＝曲局 国〈まげ〉〈わげ〉 まるまげ。髪を束ねて種々の形に結ったもの。

【髷物】まげもの 国男がまげをゆっていた時代を主題にした小説や映画・芝居。時代物。

髟6【髻】〔16〕 標 ㊀ケイ 漢 ㊀去 霽 jì チー ㊁キツ 漢 ㊁入 質 jié チエ U補J 9AFB 8201

意味 ㊀〈たぶさ〉〈もとどり〉 髪を頭の上にたばねたもの。 ㊁かまどの神。竈神。赤い衣を着た美女の姿をしているという。 国〈みずら（みづら）〉 上代、男子の髪形。髪を頭上で分け、左右の耳のわきで丸くたばねた。

【髻華（華）】うず 国上代、冠の上や髪にさした飾り。

髟6【髭】〔16〕 標 シ 漢 平 支 zī ツー U補J 9AED 4106

頁8【頾】〔17〕 同字 U補J 983E 7209

意味 〈ひげ〉 口ひげ。鼻の下のひげ。

【髭鬚】ししゅ 口ひげとあごひげ。ひげ。

髟6【髵】〔16〕 ジ 漢 平 支 ér アル U補J 9AF5 7386

意味 ①髬髵は、猛獣がたてがみをたてる。②毛が多いさま。③ほおひげ。＝而

髟7【髽】〔17〕 サ 漢 平 麻 zhuā チョワ U補J 9AFD 7389

[意味] 婦人が喪中にゆう髪。結び髪。露髻(ろけい)。【髽首(さしゅ)】麻で髪をゆわえる。少数民族の髪の形。

髟7 【髿】〔17〕 サ (漢) (平) 歌 suō スオ U 9AFF 補 — J 7390
[意味] 髿鬖(さんさ)は、髪の美しいさま。

髟7 【𩭓】〔17〕 シュウ (漢) (シウ) (平) 尤 jiū チウ U 29B53 補 — J —
髟9 【鬏】〔19〕 同字 U 9B0F 補 — J —
[意味] かもじを入れる。

髟7 【鬁】〔17〕 リ (漢) (去) 寘 lì リー U 9B01 補 — J 7392
[意味] 鬎鬁(らっり)は、頭のできもののあとの、はげ。＝瘌痢(らっり)

髟7 【𩭏】〔17〕 ワ (漢) (上) 哿 wǒ ウオ U 29B4F 補 — J —
[意味] 𩭏鬌(わだ)は、髪を美しくゆいあげたさま。＝䰀鬌(わだ)

髟7 【鬀】〔17〕 (本)→剃(一六六ページ・中)

髟7 【鬂】〔17〕 (俗)→鬢(一四一四ページ・上)

髟8 【鬈】〔18〕 ケン (漢) (平) 先 quán チュワン U 9B08 補 ①9428 J 7403
[意味] ①髪が美しい。②ふりわけ髪。

髟8 【鬆】〔18〕 ショウ (漢) ソウ (漢) (平) 冬 sōng ソン U 9B06 補 — J 8202
[意味] ①〈あら・い(——・し)〉粗い。「鬆土(しょうど)」 ②ゆるい。しまりがない。「粗鬆(そしょう)」 ③髪が乱れる。「鬇鬆(とうしょう)」「鬔鬆(ほうしょう)」 (国)〈す〉だいこんやごぼうのしんにあるすきま。

髟8 【鬄】〔18〕 ㊀セキ (漢) シャク (呉) ㊀(入) 陌 dí ティー ㊁テイ (漢) タイ (呉) ㊁(去) 霽 tì ティー ㊂テキ (漢) チャク (呉) ㊂(入) 錫 tì ティー U 9B04 補 — J 7401
[意味] ㊀かつら。＝髢(てい) ㊁髪をそる。＝剃 ㊂＝剔 ①(いけにえを)ばらばらにする。解剖する。②ととのえる。とりのぞく。

髟8 【鬃】〔18〕 ソウ (漢) (平) 冬 zōng ツォン U 9B03 補 ②9322 J 7394
[意味] ①高いもとどり。②たてがみ。＝騣(そう)

髟8 【鬅】〔18〕 ホウ (漢) (平) 蒸 péng ポン U 9B05 補 — J 7402
[意味] 髪が乱れる。「鬅鬙(ほうそう)」「鬅鬆(ほうそう)」

髟8 【䰀】〔18〕 ワ (漢) (上) 哿 wǒ ウオ U 4C00 補 — J —
[意味] 䰀鬌(わだ)は、髪を美しくゆいあげたさま。＝𩭏鬌(わだ)

髟9 【鬍】〔19〕 コ (漢) (平) 虞 hú フー U 9B0D 補 — J 7407
[意味] あごひげ。「鬍子(フーズ)(こし)」

髟9 【鬋】〔19〕 ㊀セン (漢) ㊀(平) 先 jiān チエン ㊁セン (漢) ㊁(上) 銑 jiǎn チエン U 9B0B 補 — J 7405
[意味] ㊀女のびんの毛のたれさがるさま。㊁びんの毛をそる。髪などを切りそろえる。＝剪

髟9 【鬉】〔19〕 ソウ (漢) (平) 東 zōng ツォン U 9B09 補 — J 7404
[意味] ①髪が乱れる。②馬のたてがみ。＝騣(そう)

髟9 【鬌】〔19〕 タ (漢) ダ (慣) (上) 哿 duǒ トゥオ U 9B0C 補 ②9323 J 7406
[意味] ①幼児の髪のそりのこし。②髪の毛の美しいさま。「鬌鬌(わだ)」「䰀鬌(わだ)」 (国)すずしろ。けしぼうず。

髟9 【鬎】〔19〕 ラツ (漢) (入) 曷 là ラー U 9B0E 補 — J 7408
[意味] 鬎鬁(らっり)は、頭のおできのあとのはげ。＝瘌痢(らっり)

髟9 【鬏】〔19〕 (同)→𩭓(本ページ・上)

髟10 【鬐】〔20〕 キ (漢) (平) 支 qí チー U 9B10 補 ②9324 J 7409
[意味] ①〈たてがみ〉馬の鬣(たてがみ)。②〈ひれ〉魚のせびれ。＝鰭

髟10 【鬒】〔20〕 シン (漢) (上) 軫 zhěn チェン U 9B12 補 ②9325 J 7410
[意味] ①〈くろかみ〉黒くてつやのある髪。＝黰(しん) ②髪の多いこと。③強い。
【鬒髪(しんぱつ)】黒くつやのある美しい髪。【——膩理(じり)】黒髪がつやつやしている。

髟10 【鬑】〔20〕 レン (漢) (平) 塩 lián リエン U 9B11 補 — J —
[意味] 髪やひげの長いさま。
【鬑鬑(れんれん)】長いさま。髪やひげの多いさま。「鬑鬑頗有レ鬚(れんれんとしてすこぶるしゅあり)」〈古楽府(こがふ)・陌上桑(はくじょうそう)〉

髟11 【鬖】〔21〕 サン (漢) (平) 覃 sān サン U 9B16 補 ②9326 J 7411
[意味] ①髪が長くたれるさま。②髪や物が乱れるさま。「鬖鬖(さんさん)」③髪の美しいさま。「鬖髿(さんさ)」

髟11 【鬔】〔21〕 ホウ (漢) (平) 東 péng ポン U 9B14 補 — J —
[意味] 鬔鬆(ほうしょう)は、髪が乱れているさま。

髟11 【鬘】〔21〕 (標) バン (漢) マン (呉) (平) 刪 mán マン U 9B18 補 — J 8203
髟11 【鬘】〔21〕 正字 U — 補 — J —
[意味] ①髪の美しいさま。②〈かつら〉〈かずら(かづら)〉髪かざり。花かんざし。③華鬘(けまん)は、もともと花を糸などに通して作ったインド風の首飾り。のち、寺で仏前や堂内にかける装飾。

髟12 【鬜】〔22〕 カン (漢) (平) 刪 qiān チエン U 9B1C 補 ②9327 J 7414
[意味] はげる。頭やびんの毛がはげる。

髟12 【鬚】〔22〕 (標) シュ (漢) (呉) (平) 虞 xū シュイ U 9B1A 補 — J 8204
[意味] ①〈ひげ〉㋐あごひげ。＝須 ㋑動物の口ひげ。「羊鬚(ようしゅ)」「虎鬚(こしゅ)」 ㋒昆虫の触角。㋓ひげ形のもの。「花鬚(かしゅ)」 ②ふさ。
【鬚髯(しゅぜん)】ひげ。あごひげとほおひげ。
【鬚髪(しゅはつ)】あごひげと髪の毛。
【鬚眉(しゅび)】①ひげとまゆ。②男子。
【鬚貌(しゅぼう)(ぼう)】ひげづら。ひげづら。鬚面。
【鬚面(しゅめん)】ひげづら。ひげの多い顔。
【鬚目(しゅもく)】ひげと目つき。
【払(拂)レ鬚(ひげをはらう)(はらふ)】ひげについたちりをはらってやる。「役にへつらうたとえ。上」

髟12 【鬙】〔22〕 ソウ (漢) (平) 蒸 sēng ソン U 9B19 補 — J 7412
[意味] 髪が乱れる。「鬅鬙(ほうそう)」

髟12 【鬛】〔22〕 (同)→鬣(一四一四ページ・上)

髟13 【鬠】〔23〕 ㊀カツ (漢) (クワツ) ㊀(入) 曷 kuò クオ ㊁カイ (漢) (クワイ) ㊁(去) 泰 kuài コワイ U 9B20 補 ①9429 J 7415
[意味] ㊀髪をたばねる。＝髻(かつ) ㊁こうがい。かんざし。 (国)

髟13 【鬟】〔23〕 カン (漢) (クヮン) (平) 刪 huán ホワン U 9B1F 補 — J 8205
[意味] 〈もとゆい(もとゆひ)〉もとどりを結ぶひもの類。

10画

馬骨高髟門鬯鬲鬼

意味 ①〈わげ〉まるくたばねた髪。まげ。②山並(やまなみ)のようす。③下女。召使の少女。はしため。「丫鬟(あかん)」 国〈みずら(みづら)〉輪にして両耳のわきにたばねた、上代男子の髪形。

髟14【鬢】〔24〕 標 ヒン 漢 去 震 ビン 呉 bìn ビン J 8206 補 — U 9B22

髟4【髩】〔14〕俗字 J ②9321 補 7382 U 9AE9

髟7【鬂】〔17〕俗字 J ①9427 補 7393 U 9B02

意味〈びん〉〈びんずら(びんづら)〉耳のそばの髪の毛。

【鬢櫛】(びんぐし) 国女が髪をかきあげるくし。

【鬢雪】(びんせつ) びんの毛が白い。

【鬢髪】(びんぱつ) びんの毛と髪の毛。

【鬢毛】(びんもう) びんの毛。髪の横の毛。

◆小鬢(こびん)・糸鬢(いとびん)・霜鬢(そうびん)

髟15【鬣】〔25〕リョウ 漢 入 葉 (レフ) liè リエ J 8207 補 — U 9B23

髟12【鬛】〔22〕同字 J — 補 7413 U 9B1B

意味 ①〈たてがみ〉 ②あごひげ。③魚の小びれ。④鳥の頭の毛。⑤ほうきのはし。⑥松葉。⑦植物の穂。

10画 鬥部 とうがまえ たたかいがまえ

【部首解説】「二人が武器を持ってたたかうさま」にかたどる。この部には、「鬥」の形を構成要素とする文字が属する。

門0【鬥】〔10〕トウ 漢 去 宥 dòu トウ J 8208 補 — U 9B25

意味 たたかう。二人が武器を持ってたたかう。

解字  象形。二人の武士が向き合って、武器の杖(つえ)を後ろにしている形という。また、二人が向き合って、手をつき出してあらそっている形ともいう。

門4【鬦】〔14〕俗 →鬭(一三二三ページ・上)

門5【鬧】〔15〕ドウ(ダウ) 漢 ニョウ(ネウ) 呉 トウ(タウ) 慣 去 効 nào ナオ J 8209 補 — U 9B27

門5【閙】〔13〕俗字 J 7963 補 — U 9599

意味 ①〈さわ・ぐ〉うるさくする。②〈さわが・す〉事件・騒動をひきおこす。かきみだす。=擾(じょう) ③言い争う。言い争い。④にぎやか。さかん。

【鬧歌】(どうか) やかましく歌う。また、その歌。

【鬧市】(どうし) にぎやかな市場。人の多い町なか。

【鬧事】(どうじ) 事件を起こす。

【鬧熱】(どうねつ) にぎやかでさわがしい。

門6【鬨】〔16〕コウ 漢 去 送 hòng ホン J 8210 補 — U 9B28

門6【閧】〔14〕俗字 J 7966 補 — U 95A7

意味 ①〈たたか・う(——・ふ)〉 ②〈とき〉ときの声。ときの声をあげる。=哄 ③さわぐ。さわがしい。「喧鬨(けんこう)」

門8【鬩】〔18〕ケキ 漢 入 錫 ゲキ 慣 xì シー J 8211 補 — U 9B29

意味〈せめ・ぐ〉①いいあらそう。②たがいに怒り争う。「鬩訟(げきしょう)」③仲たがいする。④うらむ。うらみあう。

【鬩牆】(げきしょう(しゃう)) かきにせめぐ。兄弟があらそいあうこと。〈詩経(しきょう)・常棣(じょうてい)〉

門10【鬪】〔20〕俗 →鬭(一三二三ページ・上)

門11【鬮】〔21〕俗 →鬮(本ページ・中) J ②9328 補 7417 U 9B2B

門12【鬫】〔22〕カン 漢 上 豏 hǎn ハン

口20【嚻】〔23〕同字 J — 補 — U 361A

意味 =闞 ①〈ほ・える(—・ゆ)〉 ②虎のほえる声。また、たけだけしいようす。「鬫鬫(かんかん)」

門14【鬭】〔24〕旧 →闘(一三二三ページ・上)

門16【鬮】〔26〕キュウ 漢 平 尤 (キウ) jiū チウ J 8213 補 — U 9B2E

門11【鬮】〔21〕俗字 J ①9430 補 — U 4C17

門11【鬮】〔19〕俗字 J ①9356 補 — U 49B0

意味 ①〈くじ〉くじびき。②とる。たたかいとる。

10画 鬯部 ちょう

【部首解説】「凵」「米」「匕」が合わさり、「うっこん草を浸した、香りのよい酒」を表す。この部には、「鬯」の形を構成要素とする文字が属する。

鬯0【鬯】〔10〕チョウ 漢 去 漾 (チャウ) chàng チャン J 8214 補 — U 9B2F

意味 ①〈においぐさ(にほひぐさ)〉鬱金(うこん)草。「鬯草(ちょうそう)」②黒きびと鬱金草で作った祭祀(さいし)用の香酒。においざけ。「鬯酒(ちょうしゅ)」③弓を入れる袋。ゆぶくろ。=韔 ④のびのびとする。=暢

解字  会意。凵・米・匕を合わせた字。凵は容器。米は穀物の粒。匕はさじ。鬯は、くろきびを容器に入れ、うっこん草をまぜてかもした酒で、液体をすくう意味から、さじを加えた字である。そのかおりがのびて、神を招きよせる。

鬯11【鬰】〔21〕本 →爵(七八七ページ・中)

鬯19【鬱】〔29〕常 ウツ ウツ 漢 入 物 yù ユィ J 6121 補 — U 9B31

筆順 木 … 鬱

木24【欝】〔28〕同字 J — 補 — U 23878

木21【欝】〔25〕俗字 J 1721 補 — U 6B1D

木22【欝】〔26〕俗字 J — 補 — U —

意味 ①こんもりと茂る。むらがる。=蔚(うつ) 「蒼鬱(そううつ)」②盛んなさま。③こもる。あつまる。㋐水気がこもる。㋑〈ふさ・ぐ〉気がふさぐ。うれえる。「憂鬱(ゆううつ)」㋒不満がつもる。㋓物事がとどこおる。④くさい。腐ったにおい。⑤にわうめ。ゆすらうめに似た果樹。郁李(いくり)。⑥鬱金(うこん)草。

解字  形声。林が形を示し、鬱から臼を省略した部分が音ウツを示す。鬱は、香草の意味を表す。ここから、鬱という字に、木が茂るという意味とともに、香草の意味もある。

難読 鬱金(うこん)

【鬱燠】(うついく) むし暑いこと。

【鬱紆】(うつう) ①高い山道が曲がりくねるさま。②ふさいで楽しまないさま。「——陟二高岫一(うつうとしてこうしゅうにのぼる)」(まがりくねった高い山に登る。)〈魏徴(ぎちょう)の詩・述懐〉

【鬱鬱】(うつうつ) ①ふさぎこんでいるさま。「鬱鬱纍纍(るいるい)」(纍纍も、やるせない気持ちでいるさま。)〈楽府(がふ)詩集・悲歌〉②樹木の茂っているさま。③盛んなさま。

【鬱屈】(うっくつ) ①ふさぎこむ。ゆううつになる。②おさえられてちぢこまる。③土地が曲がりくねるさま。

【鬱血】(うっけつ) 血がたまる。充血する。

【鬱結】(うっけつ) 気がつまる。心がむしゃくしゃする。

【鬱乎】(うっこ) 樹木がこんもりと茂っているさま。「鬱乎蒼蒼うっこそうそうたり」(こんもりとした森が、青々としている。)〈蘇軾そしょく・前赤壁賦せきへきのふ〉

【鬱金】[一](うっこん) 香草の名。鬱金香。[二](うこん) ①草の名。ショウガ科の多年生草本。きぞめぐさ。②うこん色。濃いきいろ。【――木綿】(うこんもめん) [国]うこん色に染めたもめん。【――香】(うっこんこう(かう)) ①香草の名。祭りのとき酒にまぜて供える。②酒の名。③チューリップ。

【鬱積】(うっせき) こもりふさがる。

【鬱然】(うつぜん) ①草木のよく茂るさま。②物事の盛んなさま。

【鬱葱】(うっそう) ①気の盛んなさま。②こんもりと茂るさま。

【鬱蒼】(うっそう(さう)) ①木がこんもりと茂るさま。②薄暗いさま。

【鬱鬯】(うっちょう(ちゃう)) ①鬱金香うっこんこう。②鬱金香をまぜた酒。祭りのときに地面にそそいだり、客に飲ませたりする。

【鬱陶】(うっとう(たう)) ①思いつめて気がふさぐ。「鬱陶思君爾うっとうとしてきみをおもうのみ」(あなたのことを心配していました。)〈孟子もうし・万章上〉②むしあついさま。③[国]はればれしないさま。

【鬱憤】(うっぷん) 心の中でおさえてきた怒り。積もる怒り。

【鬱勃】(うつぼつ) ①こんもりと茂るさま。②意気盛んなさま。③物思いで胸がふさがるさま。

【鬱茂】(うつも) こんもりと茂る。

【鬱悶】(うつもん) 気がふさいで、思い悩む。

【鬱悒】(うつゆう(いふ)) 心がふさいで悲しむさま。

【鬱憂】(うつゆう(いう)) 心がふさぐ。憂鬱。

【鬱抑】(うつよく) 気がふさぐ。

【鬱林】(うつりん) ①こんもりと茂った林。②豊富なさま。③広西カンシーチワン族自治区の地名。

【鬱塁(壘)】(うつるい) 悪い鬼を捕らえて虎とらに食わせるという神。東北の鬼門に、その副官の神荼しんととともにいるという。魔よけの門神。

▽沈鬱ちんうつ・陰鬱いんうつ・憂鬱ゆううつ

10画　鬲部　かなえ　れき

【部首解説】「かなえ」にかたどる。この部には、「鬲」の形を構成要素とする文字が属する。

鬲0 【鬲】〔10〕 [一]レキ [漢] [一][入] 錫 lì リー　[二]カク [漢] [二][入] 陌 gé コー　U 9B32　補 ―　J 8215

瓦12 【㽁】〔17〕 或体　U 3F41

鬲0 【鬲】〔10〕 本字

鬲5 【䰛】〔15〕 或体　U 4C1B

鬲12 【𩱔】〔22〕 同字　U 29C54

[意味] [一]①〈かなえ(かなへ)〉脚が中空のかなえ。②土どがま。かま。[二]①へだてる。＝隔 ②地名。㋐古い国名から漢代に県名となる。山東省平原県北。㋑鬲津かくしんは、昔の川の名。黄河の古い流れの一つ。山東省平原県。

(鬲[一]①)

[解字] 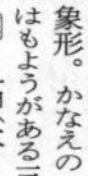 象形。かなえの一種を象かたどった字。上部はこしき、下部はもようがある三本脚の本体で、上下が離れる器。

鬲5 【䰛】〔15〕 [或] ↓鬲(本ページ・中)

鬲6 【鬳】〔16〕 ケン [漢] [去] 願 yàn イエン　U 9B33　補 7419　J ②9329

[意味] かなえの一種。こしき。甑そう。＝甗けん

鬲7 【鬴】〔17〕 フ [漢] [上] 麌 fǔ フー　U 9B34　補 7420

[意味] ①〈かま〉＝釜 ②ますばかり。内側は四角で外側は丸い量器。六斗四升入り。また、量の単位。(↓付録「度量衡名称」)

鬲8 【鬵】〔18〕 [一]シン [漢] [一][平] 侵 xín シン　[二]セン [漢] [二][平] 塩 qián チエン　U 9B35　補 7421

[意味] [一]〈おおがま(おほがま)〉 [二]①こしき。甑そう。②こしきに似たかなえ。

鬲9 【鬷】〔19〕 ソウ [漢] [平] 東 zōng ツォン　U 9B37　補 7422

[意味] ①かまの一種。②集め合わせる。さそい合わせる。③まとめる。すべて。＝総 ④鬷仮そうか・鬷嘏そうかは、㋐おおぜい集まって、争うことなくやわらぐこと。㋑音楽によって先祖の霊を感動させること。＝奏仮

鬲11 【鬹】〔21〕 [一]キ [漢] [一][平] 支 guī コイ　[二]ケイ [漢] [二][平] 斉 xié シエ　U 9B39　補 7423

[意味] [一]取っ手と口のある、三本足の陶製の釜かま。[二]足のない大なべ。

鬲11 【鬺】〔21〕 ショウ(シャウ) [漢] [平] 陽 shāng シャン　U 9B3A　補 7424

[意味] にる。いけにえを煮る。

鬲12 【鬻】〔22〕 [一]イク [漢] [一][入] 屋 yù ユィ　[二]シュク [漢] [二][入] 屋 zhōu チョウ　U 9B3B　補 6888

人8 【俼】〔10〕 俗字　U 4FFC　補 1738

[意味] [一]①〈ひさ・ぐ〉㋐売る。「鬻売いくばい」㋑てらう。㋒あざむく。㋓嫁にやる。②やしなう。＝育 [二]〈かゆ〉うすいおかゆ。＝粥 ↓餰せん(一三八七ページ・下)・饘せん(一三九四ページ・上)

鬲12 【𩱔】〔22〕 [同] ↓鬲(本ページ・中)

鬲13 【𩱚】〔23〕 ホツ [漢] [入] 月 bó ポー　U 29C5A

[意味] 釜かまの水が沸いてこぼれる。＝鋍ほつ

鬲15 【䰞】〔25〕 ショ [漢] [上] 語 zhǔ チュー　U 4C1E

[意味] にる。＝煮

10画　鬼部　おに　きにょう

【部首解説】「由」「儿」「ム」が合わさり、「死者の魂」を表す。この部には、魂や神霊など神秘的な存在に関連するものが多く、「鬼」の形を構成要素とする文字が属する。

鬼0 【鬼】〔10〕 [常] キ おに　キ [漢] [呉] [上] 尾 guǐ コイ　U 9B3C　J 2120

[筆順] ノ　ノ丶　白　由　由　鬼　鬼　鬼

[意味] ①〈おに〉㋐死者の霊魂。㋑死者。㋒祖先。㋓陰いんの霊神。⇔神「鬼神」㋔もののけ。人を害する悪霊。㋕[仏]地獄で亡者を扱う者。②神秘的な。はかり知れない。③人間わざをこえてすぐれている。「鬼工」④陰険な。あくどい。

⑤星の名。二十八宿の一つ。鬼宿。国〈おに〉①想像上の怪物。人の姿をして、角や牙をもつ。②強く勇ましい人。③むごい人。④大きいもの。「鬼薊」

[解字] 会意。甶・儿・厶を合わせた字。甶は、おにのあたま。儿は人。厶はそこなうこと。鬼は、人が死んでたたりをする亡霊である。一説に、死者を祭るとき、死者に似せた、獅子頭のようなものをかぶって、神の座につく人を表すという。

[参考] 天の神を神、地の神を祇、人の神を鬼という。

[地名] 鬼石・鬼無里 [難読] 鬼灯

【鬼殻焼(燒)】国いせえびを、からのまま、つけ焼きにした料理。

【鬼瓦】国屋根の棟の両端に使うかわら。鬼面に似せてつくることが多い。

（鬼 瓦）

【鬼子】国①親に似ない子。②鬼のように強い子。③鬼ごっこ。

【鬼歯(齒)】国きばのように外へ出た歯。

【鬼武者】国鬼のように強いさむらい。

【鬼蜮】鬼といさごむし。やみうちにする者。陰険な人。

【鬼火】湿地などで、夜見える怪しい火。燐火。きつねび。

【鬼眼睛】鬼のひとみ。恐ろしい目。おどかす顔つき。

【鬼気(氣)】寒けだつような恐ろしいけはい。

【鬼鬼祟祟】不明朗な行動をすること。うしろ暗いこと。〈紅楼夢〉

【鬼窟裏】鬼のすみか。暗黒。

【鬼工】すばらしく腕のよい職人。また、人間わざと思えないすばらしい細工。

【鬼哭】①死者のたましいが泣く。②神さえも泣く。【——啾啾】ゆうれいがひそひそと泣く。恐ろしい気がせまるようす。

【鬼谷子】書名。一巻。戦国時代、鬼谷先生の著という。

【鬼谷先生】戦国時代の王詡の通称。縦横家に属する。

【鬼才】不思議なほどすぐれた才能を持つ者。また、その才能。

【鬼使神差】鬼神に使われる。目に見えぬ力に動かされて、自分ではどうしようもないこと。〈琵琶記〉

【鬼子母神】仏女神の名。子育て・安産の神とされる。訶梨帝母。

【鬼神】①死者のたましい。②人の霊魂と天の神。③神。天地を造った神。④国鬼がみ。荒々しい怪物。【——避之】決断して、おしきって実行すれば、たとえ鬼神でもさけてじゃまをしない。【泣二——一】鬼神をも感動して泣かせる。言語や行動が、いたって誠実なさま。

【鬼籍】死者の名や死亡年月をしるした帳簿。過去帳。

【鬼胎】①鬼の子。②ひそかに恐れる。③胞状奇胎。

【鬼脱卯】閻魔王の吟味をのがれた鬼。卯は官吏の出勤時刻。脱卯はその出勤簿の点検を見のがすこと。物事を見落とすことをいう。

【鬼畜】鬼ちくしょう。無慈悲でざんこくな人。【——物】国能楽で、鬼神や妖怪を中心とするもの。五番目物。切能物。

【鬼道】①神の通路。②魔法。怪しい術。③仏餓鬼道。

【鬼伯】死に神。【——一何相催促】死に神にこんなにせかされては、まったくやりきれない。〈楽府詩集・蒿里曲〉

【鬼魅】化け物。

【鬼斧】鬼がおのをふるったようなすぐれた細工。「神工鬼斧」

【鬼物】[一]化け物。怪物。[二]国「鬼畜物」に同じ。

【鬼方】①殷・周時代、西方にいた異民族の名。②広く遠方の異民族をいう。③国鬼門。

【鬼面】①鬼のめん。②こわい顔。③うわべだけ恐ろしく見せかけること。

【鬼門】①鬼が出入りする悪い方角。東北をいう。丑寅。②国こわくていやな方向や人。【——関(關)】交趾にある関所。その南方に行くと多くの人が熱病で死ぬという。【——除】国災難をよけるために東北の方角に神仏をまつったりすること。丑寅除。

【鬼雄毅魄】おおしく強い魂。国のために死んだ人が、鬼となって賊を殺すこと。〈楚辞・九歌〉

【鬼竜(龍)子】家の下り棟に並んだかわら製の怪獣。

【鬼録(錄)】「鬼籍」に同じ。

△▼人鬼・百鬼・悪鬼・債鬼・窮鬼・餓鬼・施餓鬼・殺人鬼・疑心暗鬼

鬼 3 【髟】〔13〕[本]↓魅(一四一七ページ・上)

鬼 4 【魁】〔14〕[人] カイ 漢 呉 平 灰 (クワイ) kuí コイ J1901 補― U9B41

[意味] ①ひしゃく。羹をくむ大きなひしゃく。②北斗七星のひしゃくの頭にあたる四つの星。また、その第一星。文運を支配するというのは、奎星と混同されたためという。「魁斗」③〈かしら〉首領。「首魁」④〈さきがけ〉まっさき。先頭。元祖。⑤高い。大きい。「魁梧」⑥科挙の首席合格者。⑦おおはまぐり。蜃蛤。⑧小さな丘。「魁陵」⑨根。㋐塊根。㋑ねもと。根本。

[解字] 会意・形声。鬼と斗を合わせた字。鬼が音をも示す。鬼は大きい、丸い頭の形で、斗はひしゃくの形である。魁はあつもの(羹)を入れる大きなひしゃくを意味する。転じて、大きい、かしらなどの意となる。

[名前] お・いさお・いさむ・つとむ

【魁偉】からだが大きくてたくましくて、りっぱなさま。

【魁岸】大きくて、たくましい。

【魁奇】凡人とは変わってすぐれている。

【魁傑】①一段とすぐれたもの。②かしら。③すぐれた人物。

【魁梧】からだの大きいさま。

【魁甲】進士の試験に首席で及第した者。状元。

【魁首】①かしら。悪者のかしら。首魁。②明代、官吏採用試験科目であった五経の、それぞれについて一番を取った者。

【魁帥】かしら。

【魁然】①非常に大きいさま。②どっしりとしてたじろがないさま。③安らかなさま。

鬼 4 【魂】〔14〕[常] コン たましい ｜ コン 漢 平 元 ゴン 呉 hún フン ｜ J2618 補― U9B42

[筆順] ニ 云 … … … 魂 魂 魂

鬼 4 【䰟】〔14〕同字 J― 補― U4C1F

[意味] ①〈たましい(たましひ)〉〈たま〉㋐人の精神をつかさどる陽の精気。人が死ぬと魂は天に昇ると考えられていた。↔魄。㋑精神。魂と魄の総称。↔肉体 ㋒あらゆる事物に存在すると考えられていた霊魂。「花魂」②こころ。おもい。③魂魂は、㋐光り輝くさま。㋑数多いさま。盛んなさま。

[解字] 形声。鬼が形を表し、云が音を示す。鬼は死者。云は雲のようにもやもやした気。魂は、死者のたましいをいう。

[名前] もと・みたま

【魂気(氣)】たましい。

【魂銷】たましいが消える。びっくりする。たまげる。

【魂胆(膽)】①たましい。心。②国いりくんだ事情。もつれ。③国たくらみ。

【魂魄】こんぱく　たましい。人類の精霊。

【魂棚】たまだな　国お盆に祖先のたましいを迎えて祭るたな。

【魂祭】たままつり　国祖先の霊を祭ること。お盆。昔はおおみそか、後世は七月十五日。

△▼入魂（じっこん・じゅこん・じゅっこん・にゅうこん）・亡魂（ぼうこん）・招魂（しょうこん）・雄魂（ゆうこん）・霊魂（れいこん）

鬼4【䰟】〔14〕同→魂（一四一六ページ・下）

鬼5【䰠】〔15〕シン 漢 平 真 shēn シェン　J ②9331 補 ― U 4C20

意味〈かみ〉①人智をこえた不思議な力をもつもの。＝神（しん）　②山に住むかみ。

鬼5【魄】〔15〕一 ハク 漢 呉 一 入 陌 pò ポー　二 タク 漢 二 入 薬 tuò トゥオ　J 8216 補 ― U 9B44

意味 一 ①〈たましい（たましひ）〉〈たま〉人の肉体をつかさどる陰の精気。人が死ぬと、魄は地に帰ると考えられていた。↕魂（こん）　②元気。精気。③からだ。④新月前後のかすかな光。＝覇（はく）「生魄（せいはく）」「死魄（しはく）」　⑤すきま。⑥かす。酒のしぼりかす。＝粕「糟魄（そうはく）」　⑦木の名。⑧魄然（はくぜん）は、物の裂ける音。 二 落魄（らくたく・らくはく）は、おちぶれる。＝落拓・落托・落託・落泊・落薄

鬼5【魃】〔15〕ハツ 漢 入 曷　バツ 慣 bá バー　J 8217 補 ― U 9B43

意味 ①ひでりの神。②ひでり。

鬼5【魅】〔15〕常 ミ　ビ 漢 去 寘　ミ 呉 mèi メイ　J 4405 補 ― U 9B45

筆順　白　由　由　鬼　鬼　鬽　魅　魅

鬼3【鬽】〔13〕本字　J ②9330 補 7425 U 9B3D

意味 ①〈みい・る〉心をひきつけて迷わせる。まどわす。＝媚「魅惑（みわく）」　②すだま。化け物。物や動植物が時間がたって妖怪（ようかい）となったもの。

解字　魅　形声。鬼が形を表し、未（み）が音を示す。別な字では、鬽となっている。彡は毛で、未の音も長い毛の意味を含む。魅は、長い毛をした神鬼、老いた物の精をいう。一説に、未はよく見えない意味で、魅は、目に見えにくい鬼をいうと解する。

【魅了】みりょう（れう）　すっかりひきつける。心を迷わしてしまう。

【魅力】みりょく　人の心をひきつける力。

△▼木魅（もくみ）・妖魅（ようみ）・鬼魅（きみ）・諂魅（てんみ）・魍魅（もうみ）・魔魅（まみ）・魑魅（ちみ）

鬼7【魈】〔17〕ショウ 漢 平 蕭（セウ） xiāo シアオ　J 7426 補 ― U 9B48

意味〈すだま〉山の精。子供の姿をした一本足の怪物で、よく人を害するという。

鬼8【魌】〔18〕キ 漢 平 支 qī チー　J 7428 補 ― U 9B4C

意味 ＝倛 ①〈みにく・い（――・し）〉鬼遣（おにやらい）の時にかぶるみにくい面（めん）。②魌頭（きとう）は、追儺（ついな）。

鬼8【魏】〔18〕標　一 ギ 漢 呉 一 平 微 wēi ウエイ　二 ギ 漢 呉 二 去 未 wèi ウエイ　J 8218 補 ― U 9B4F

意味 一 ①〈たか・い（――・し）〉高く大きい。＝巍　②独り立ちして、動じないさま。 二 ①宮殿の門の両側にある楼台。「魏観（ぎかん）」「魏闕（ぎけつ）」　②国名。㋐戦国七雄の一つ（前四〇三～前二二五）。韓（かん）・趙（ちょう）とともに晋（しん）を三分して独立した。秦（しん）に滅ぼされる。今の河南省北部、山西省西南部にあった。㋑三国時代、三国の一つ（二二〇～二六五）。曹操（そうそう）の子、曹丕（そうひ）の建国。後漢ののち、中国の北半を領有し、呉・蜀（しょく）と鼎立（ていりつ）した。晋に滅ぼされる。㋒南北朝時代、北朝の国（三八六～五三四）。東晋の時、鮮卑（せんぴ）の拓跋珪（たくばつけい）が建国した。北魏、後魏ともいう。のち、東魏、西魏に分裂した。③姓。

【魏禧】ぎき　人名。清（しん）初期の文人。字（あざな）は冰叔（ひょうしゅく）。

【魏魏】ぎぎ　高く大きいさま。

【魏闕】ぎけつ　宮門の両側にある高い台。転じて、朝廷をいう。

【魏源】ぎげん　人名。清（しん）の学者。歴史・地理にすぐれ、とくに「春秋公羊伝（くようでん）」の研究をした。（一七九四～一八五六）

【魏志】ぎし　書名。「三国志」の中の一部。陳寿（ちんじゅ）著。

【魏書】ぎしょ　書名。百十四巻。北魏の正史。魏収（ぎしゅう）の編集。

【魏忠賢】ぎちゅう（ちう）けん　人名。明（みん）時代の悪臣。

【魏徴】ぎちょう　人名。唐（とう）初期の名臣。（五八〇～六四三）

【魏武帝】ぎのぶてい　三国魏の王。曹操（そうそう）のおくり名。（一五五～二二〇）

【魏文帝】ぎのぶんてい　三国魏の天子。曹丕（そうひ）。文学にすぐれ、「典論論文」などの作がある。（一八七～二二六）

【魏了翁】ぎりょう（れう）おう（をう）　人名。宋（そう）の学者。鶴山（かくざん）と号した。

鬼8【魋】〔18〕一 タイ 漢 一 平 灰 tuí トイ　二 ツイ 漢 二 平 支 chuí チョイ　J ②9332 補 7427 U 9B4B

意味 一 ①〈しゃぐま〉赤熊。②神獣の一種。③桓魋（かんたい）は、春秋時代、宋（そう）の大夫。孔子を迫害した。 二 ①髪形の一つ。さいづちまげ。＝椎「魋結（けいつい）」「魋髻（けいつい）」　②突き出ている。

鬼8【魍】〔18〕ボウ（バウ） 漢 上 養　モウ（マウ） 呉 wǎng ワン　J 8219 補 ― U 9B4D

意味 魍魎（もうりょう）は、①影の外側にできる薄いかげ。②よりどころのないさま。③〈すだま〉山や川にすむ化け物。山水・木石の精。一説に水の精。＝罔両・罔閬・蝄蜽

鬼8【魎】〔18〕リョウ（リャウ） 漢 呉 上 養 liǎng リアン　J 8220 補 ― U 9B4E

意味 魍魎（もうりょう）は、「魍」（前項）を見よ。

鬼11【魑】〔21〕チ 漢 呉 平 支 chī チー　J 8221 補 ― U 9B51

意味〈すだま〉獣（けもの）の姿をした山川の精。＝螭「魑魅（ちみ）」

【魑魅魍魎】ちみもう（まう）りょう（りやう）　山や沼・川などの精。いろいろな化け物。

鬼11【魔】〔21〕常 マ　バ 漢 平 歌　マ 呉 mó モー　J 4366 補 ― U 9B54

旧字 鬼11【魔】〔21〕　J ― 補 ― U ―

筆順　广　广　麻　麻　麽　磨　魔　魔

意味 ①仏道修行のじゃまをするもの。梵語（ぼんご）māra の音訳語「魔羅（まら）」の略。②熱中して本性を失った者。「酒魔」③あやしい。不思議な。「魔法」「魔術」④化け物。悪鬼。⑤悪者。

解字　魔　形声。鬼が形を表し、麻（ま）が音を示す。梵語の音をそのままとった字で、神通力をもって修行のじゃまをする鬼神をいう。

【魔王】まおう（わう）　仏悪魔のかしら。【――脚】まおう（わう）きゃく　魔王のいでたち。

【魔境】まきょう（きゃう）　①悪魔のすみか。悪魔のいる所。心をまよわす所。②悪人どものすみか。③売春婦の集まっている地帯。

【魔窟】まくつ　①悪魔のすみか。悪魔のいる所。②悪人どものすみか。③売春婦の集まっている地帯。

【魔軍】まぐん　仏仏道修行をじゃまする悪魔の群れ。

【魔外】まげ　仏天魔外道の略。仏法を破壊する悪魔。

【魔手】ましゅ　人に害を与える手段。

【魔術】まじゅつ　①魔法の力で行う不思議な術。②手品（てじな）の大じかけなもの。

【魔女】まじょ（ぢょ）　悪魔と結託し、その力でふしぎな術を使う女。

【魔性】ましょう（しゃう）　悪魔のもっている性質。人をまよわす性質。

【魔障】ましょう（しゃう）　仏仏道修行のじゃまになるもの。

10画　馬骨高髟門鬯鬲鬼

【魔神】悪魔の神。わざわいを起こす神。

【魔笛】不思議なふえ。

【魔道】㊕仏道をじゃまする悪魔の世界。

【魔法】魔力による不思議な術。【――瓶(瓶)】中味の温度を長時間保たせるしかけのびん。

【魔方陣】㊚縦横に並べた数字の和がどれも同じになるような、数の排列法。方陣。

【魔魅】化け物。

【魔力】不思議な力。魔術の力。
◇▼邪魔・妖魔・天魔・病魔・悪魔・閻魔・睡魔・夢魔・断末魔

鬼12
【魕】〔22〕 ㊀キ㊐ ㊀㊥微 qí チー ㊁キ㊐ ㊁㊤尾 jǐ チー
U補J 9B55 7429
意味 ㊀鬼神を祭る風習。㊁南方の鬼神。

鬼12
【魖】〔22〕 キョ㊐ ㊥魚 xū シュイ
U補J 9B56 7430
意味 ①人に散財させる鬼神。貧乏神。②夔魖は、木や石の霊。

鬼14
【魘】〔24〕 エン㊐ ㊤琰 yǎn イエン
U補J 9B58 8222
意味 〈うなさ・れる(――・る)〉こわい夢を見ておびえうめく。

鬼14
【醜】〔24〕 ㊀シュウ㊐(シウ) ㊀㊥尤 chóu チョウ ㊁シュウ㊐(シウ) ㊁㊤有 chǒu チョウ
U補J 9B57 7431
意味 ㊀㊁①〈にく・む〉にくむべきもの。＝醜 ②〈す・てる(―・つ)〉棄てる。

11画

魚部 うお うおへん

【部首解説】「さかなの形」にかたどる。この部には、魚や水生動物の名称に関連するものが多く、「魚」の形を構成要素とする文字が属する。

魚0
【魚】〔11〕 学2 ギョ うお・さかな
ギョ㊐ ゴ㊒ ㊥魚 yú ユイ
U補J 9B5A 2191

筆順 ⺈ ⺈ 𠂊 ... 魚

魚0
【㒸】〔10〕 俗字
U補J 29D4B

意味 ①〈うお(うを)〉〈いお(いを)〉〈お(を)〉〈さかな〉②魚のように水中にすむ動物や海獣。「鰐魚(＝わに)」「魷魚(＝いか)」③〈すなど・る〉魚をとる。＝漁 ④両目のまわりの毛が白い馬。⑤吾。自分。⑥唐代、官吏の腰につけた、魚の形をした割り符。魚符。魚袋。

解字 象形。うおの形をそのまま表した字である。

地名 魚津 難読 雑魚(付表)／魚子・魚籠

【魚塩(鹽)】魚と塩。海辺の産物。

【魚蝦】さかなとえび。「侶魚蝦而友麋鹿(魚蝦を侶とし、麋鹿を友とす)」(麋鹿は、鹿の総称。)〈蘇軾・前赤壁賦〉

【魚介】魚類と貝類。

【魚膾】魚のなます料理。

【魚蟹】魚とかに。

【魚客】食客の中で、副食に魚を加えて食べさせる待遇を受ける者。中等の客。〈戦国策・斉〉

【魚貫】魚が列になって進む。

【魚眼】①魚の目。②宝玉のにせもの。魚目。③茶の湯で、湯のあわだつこと。【――裏針線】魚の目のなかの針と糸。見識のせまいたとえ。

【魚雁】①魚とかり。②手紙。

【魚繭】紙の異名。魚箋と繭紙。

【魚玄機】人名。唐代の女流詩人。李億の愛人となり、小間使を殺した罪で、刑死した。(八四三～八六八)

【魚鼓】㊀①楽器の名。②木魚。③木魚と太鼓。㊁㊕魚の形をした木製の道具。禅寺で合図にたたく。魚板。

【魚膠】魚を原料にしたにかわ。

【魚山】①山東省東阿県にある山の名。②㊕経文にふしをつけた唱歌の名。山東省の魚山から、慈覚大師が伝えた。

【魚翅】ふかのひれ。中国料理の一つ。

【魚肆】さかな屋。

【魚書】①「魚符」に同じ。②手紙。「魚雁」の②に同じ。

【魚水】①魚と水。②「魚水契」に同じ。【――契】君臣・夫婦のなかがきわめてしたしいこと。魚水親。魚水之歓。

【魚牋】蜀地方に産する良質の紙の名。＝魚箋

【魚族】魚類。魚の種族。

【魚帯(帶)】㊊「魚袋」に同じ。

【魚袋】①魚の形をした官吏の割り符。袋に入れて持つ。②㊊束帯につけた飾り。

(魚袋②)

【魚拓】魚の拓本。魚の形を紙にすりうつしたもの。

【魚肉】①魚の肉。②魚と獣の肉。③料理されるもの。

【魚肥】にしん・いわしなどを干してつくった肥料。

【魚尾】①魚のしっぽ。②和本などの中央、はしらの部分についている三角形の黒いしるし。

【魚符】役人が身につける、魚の形をした割り符。昔は虎符(虎の形の割り符)を用いたが、唐代に魚符に改められた。

【魚服】①魚類の皮で作ったえびら。矢を入れる武具。②竜が魚の姿になる。貴人がそまつな服装をすること。

【魚鼈】魚とすっぽん。【――之蔵(藏)】水棲動物の冬ごもり。

【魚網】うおをとるあみ。【――鴻罹】魚のあみに、おおとりがかかる。求めるものが手に入らず、求めないものが手に入る。また、とんでもない災難。〈詩経・新台〉

【魚目】㊀①魚の目。②にせもの。宝玉に似て、違うもの。㊁㊊皮膚の一部分が堅くなったもの。【――燕石】魚の目と燕山の石。宝玉に似たにせもの。にせものと本物がまぎらわしいこと。『――混珠』「魚目燕石」に同じ。

【魚油】魚からとった油。

【魚雷】魚形水雷。

【魚籃】釣った魚を入れるかご。びく。【――観(觀)音】三十三観音の一つ。魚のかごを持ったものと、魚に乗った像とがある。悪魔や毒竜の害を除く。

【魚麗】①いくさの陣の立てかた。魚が円形に進む形。②魚がひっかかる。

【魚竜(龍)】㊀①魚と竜。②中生代に生息していた水生の爬虫類。体形はいるかに似る。イクチオサウルス。㊁①㊀の①に同じ。②川の名。魚竜水。開水。③「魚竜漫衍」に同じ。④綾織物の一種。魚綾。【――爵馬】①奇術の一種。爵馬はすずめや馬が走るような術。②ぜいたくをし、めずらしい物を好むこと。【――漫衍】魚や竜に早変わりする奇術。うまい手品。

【魚梁】ぎょりょう（りゃう）　やな。魚をとる水中のさく。

（魚　梁）

【魚鱗】ぎょりん　①魚のうろこ。②魚のうろこのようにきちんと並びつながるものの形容。【―鶴翼】ぎょりんかくよく　魚のうろこをならべた形とつるのつばさを張った形。軍の陣だて。〈帝範序〉

【魚類】ぎょるい　魚の種族。魚族。

『魚行水濁』うおゆけばみず（みづ）にごる　魚の通ったあとの水がにごる。あとをかくしきれないこと。鳥飛毛落とりとべばけおつ。

『得レ魚而忘レ筌』うお（うを）をえてうえ（うへ）をわする　魚を捕らえてしまえば、やな（魚を捕る道具）は不要になり、忘れられてしまう。目的を達すれば、それに至る手段は関係ない。真理をさとれば、言語は不要になる。また、恩を受けてそれにむくいないたとえ。〈荘子・外物〉

△▼人魚にんぎょ・大魚たいぎょ・小魚こざかな・川魚かわうお・木魚もくぎょ・水魚すいぎょ・公魚わかさぎ・生魚せいぎょ|なまうお・白魚しらうお・金魚きんぎょ・香魚こうぎょ|あゆ・飛魚とびうお|とびお・紙魚しみ・稚魚ちぎょ・養魚ようぎょ・鮮魚せんぎょ・淡水魚たんすいぎょ・深海魚しんかいぎょ・熱帯魚ねったいぎょ

魚 2
【魜】〔13〕　ジン 漢 平 真 rén レン
意味 魚の名。海中の人魚。
U 9B5C

魚 2
【魛】〔13〕　トウ 漢（タウ）平 豪 dāo タオ
意味〈えつ〉刀魚。鱭魚せいぎょ。たちうお。
U 9B5B　補 7432

魚 2
【魞】〔13〕　国字
意味〈えり〉魚を捕らえる水中のしかけ。
U 9B5E　補 7433　J ①9432

魚 3
【魡】〔14〕　一 チョウ 漢（テウ）去 嘯 diào ティアオ　二 テキ 漢 入 錫 dí ティー
意味 一 魚を釣る。＝釣ちょう　二 ①魚の名。②魚を網にかける。
U 9B61　補 7434

魚 4
【魪】〔15〕　カイ 漢 去 卦 jiè チエ
意味〈ひらめ〉比目魚。鮃ひらめ・鰈かれいなど。
U 9B6A　補 7439

魚 4
【魭】〔15〕　一 ゲン 漢 平 元 yuán ユワン　二 ガン 漢（グヮン）上 旱 wǎn ワン
U 9B6D　補 7442

魚 4
【魥】〔15〕　一 ゴウ 漢（ガフ）入 合 è オー　二 キョウ 漢（ケフ）入 葉 qiè チエ
意味 一〈おおがめ（おほがめ）〉＝黿　二 魥断がんだんは、人柄ひとがらにかどがなく、円満なようす。＝刓団・刓断
U 9B65　補 7436　J ②9334

魚 4
【魦】〔15〕　サ 漢 平 麻 shā シャー
意味 一 魚の名。二 乾した魚。干物。国〈こち〉こがめ。
U 9B66　補 7437　J ①9434

魚 4
【魫】〔15〕　シン 漢 上 寝 shěn シェン
意味 ①〈はぜ〉鮀魚だぎょ。＝鯊 ②〈さめ〉鮫魚こうぎょ。国〈いさざ〉琵琶湖びわこに産するハゼ科の淡水魚。
U 9B6B　補 7440　J ②9335

魚 4
【魳】〔15〕　一 ソウ 漢（サフ）入 合 zā ツァー　二 シ 漢 平 支 shī シー
意味 ①魚の子。②魚の頭の骨。装飾品とする。
U 9B73　補 7447　J ②9337

魚 4
【魶】〔15〕　ドウ 漢（ダフ）入 合 nà ナー
意味 一 魚の名。二 毒魚の名。老魚。＝鰤し　国〈かます〉
U 9B76　J ②9338

魚 4
【魨】〔15〕　トン 漢 平 元 tún トゥン
意味 ①山椒魚さんしょううお。②くじら。③スッポンの一種。
U 9B68　補 7438

魚 4
【魬】〔15〕　ハン 漢 上 潸 bǎn パン
意味 河魨かとんは、河豚ふぐ。鯸鮐こうたい。鯢き。
U 9B6C　補 7441　J ②9336

魚 4
【魮】〔15〕　一 ヒ 漢 平 支 pí ピー　二 ヒ 漢 上 紙 bǐ ピー
意味 ひらめ、かれいの類。比目魚ひもくぎょ。国はまち。
U 9B6E　補 7443

魚 4
【魵】〔15〕　一 フン 漢 平 文 fén フェン　二 フン 漢 去 問 fèn フェン
意味 一 ①絮魮じょひは、頭が鳥で、珠玉を産むという魚。②淡水魚の一つ。おしきうお。二 魚の名。尾に毒をもつ。
U 9B75　補 7445　J ①9436

魚 4
【魴】〔15〕　ホウ 漢（ハウ）平 陽 fáng ファン
意味 一 魚の名。鰕か。二 小さい魚。
意味 淡水魚の一つ。おしきうお。鯿へん。国〈かがみだい（かがみだひ）〉
【魴魚頳尾】ほう（はう）ぎょていび　おしきうおの白い尾が、疲れて赤くなる。苦労すること。〈詩経しきょう・汝墳じょふん〉
【魴鱮】ほう（はう）しょ　大きい魚。また、大きい魚と小さい魚。
【魴鮄】ほう（はう）ふつ　かながしらに似た硬骨魚。ほうぼう。
U 9B74　補 8223

魚 10
【鰟】〔21〕　古字
U 9C1F

魚 4
【魷】〔15〕　ユウ 漢（イウ）平 尤 yóu ユー
意味 いかの類。たちいか。するめいか。
U 9B77　補 7446　J ②9339

魚 4
【魯】〔15〕　入 標　ロ 漢 上 麌 lǔ ルー
意味 ①〈おろか〉にぶい。＝鹵「魯鈍」②周代の諸侯国。周公旦たん（武王の弟）が封ぜられ、その子伯禽はくきんに始まる。前二四九年、楚そに滅ぼされる。都は曲阜きょくふ。孔子の生国。③姓。④現山東省の別称。国ロシア。「魯西亜」の略。
【魯縞】ろこう（かう）　魯国から出るうす絹。
【魯粛（肅）】ろしゅく　人名。三国の呉の名将で、孫権の臣。
【魯頌（頌）】ろしょう（しやう）「詩経しきょう」の一部。魯の国の、神をたたえる歌。
【魯迅】ろじん|ルーシュン　中国の小説家周樹人しゅうじゅじんのペンネーム。近代小説の祖。「阿Q正伝」などの著がある。（一八八一〜一九三六）
【魯叟】ろそう　魯国の老人。孔子をいう。
【魯仲連】ろちゅう（ちう）れん　人名。戦国時代、斉せいの隠士。
【魯鈍】ろどん　おろかでにぶい。＝鹵鈍
【魯般】ろはん　人名。春秋時代、魯国の名建築家、公輸班こうしゅはんのこと。雲梯うんてい（城攻めに使う長ばしご）などを作り、大工の神様〔とされている。〕
【魯班】ろはん「魯般ろはん」に同じ。
『魯魚之誤』ろぎょのあやまり　似た文字を書きまちがえる。魚と魯の字のまちがい。
U 9B6F　J 4705

魚 4
【魹】〔15〕　国字
意味〈とど〉アシカ科の海獣。胡獱とど。
U 9B79　補 7448　J ①9433

魚 4
【魸】〔15〕　国字
意味〈なまず（なまづ）〉川魚の名。
U 9B78　補 7447

魚 4
【魣】〔15〕　同↓鱮（一四二六ページ・中）

魚 4
【魲】〔15〕　俗↓鱸（一四二七ページ・上）

魚 5
【鮔】〔16〕　キョ 漢 去 御 jù チュイ
U 9B94　補 7461

魚 5
【鮓】〔16〕　一 サ 漢 上 馬 zhǎ チャー　二 サ 漢 去 禡 zhà チャー
意味 魚の名。
U 9B93　補 8224

11画

↑魚鳥鹵鹿麥（麦）麻（麻）

意味 ㊀〈すし〉なれずし。塩・米飯で魚を漬け、発酵させた食品。鮨。㊁くらげ。海月・水母。‖蚱 国〈すし〉酢飯に魚・野菜をあわせた食品。握りずし・散らしずし・押しずしなど。
【鮓荅】(さとう(たふ)) 動物の内臓にできる結石。毒消しの薬。ヘイサラバサラ。

魚5【鮆】〔16〕 セイ㊥ 上 薺 jì チー 魚14【鱭】〔25〕同字 U補J 9C6D ②9389 意味 ①たちうお。②みじかい。えつ。刀魚。 U補J 9B86 7453

魚5【鮏】〔16〕 セイ㊥ 平 青 xīng シン 魚9【鯹】〔20〕同字 U補J 9BF9 7501 意味 なまぐさい。‖腥 国〈さけ〉鮭。 U補J 9B8F 7459 ①9439

魚5【鮀】〔16〕 タ㊥ 平 歌 tuó トゥオ 意味 ①なまず。②はぜ。③揚子江鰐。 U補J 9B80 7450

魚5【鮐】〔16〕 タイ㊥ 平 灰 tái タイ 意味 ①〈ふぐ〉②さば。③老人。「鮐背」「鮐老」 U補J 9B90 7460

魚5【鮎】〔16〕 入 デン㊥ 平 塩 ネン 呉 nián ニエン 意味〈なまず(なまづ)〉淡水魚の一種。鯰。鰋。 国〈あゆ〉アユ科の淡水魚。香魚。年魚。 U補J 9B8E 1630

解字 形声。魚が形を表し、占が音を示す。占には、ねばりつくという意味を含む。鮎は、ねばねばした魚で、なまずをいう。

姓 鮎川・鮎沢・鮎河

難読 鮎魚女・鮎並

◆若鮎・落鮎

(鮎)

魚5【鮊】〔16〕 ㊀ハ㊥ ㊀去 禡 bà バー ㊁ハク㊥ ㊁入 陌 bó ポー 意味 ㊀海魚の名。スズキ目の海魚。玉筋魚とも書く。㊁淡水魚の名。白魚。 国 鮊子は、いかなご。 U補J 9B8A 7456 ①9438

魚5【鮁】〔16〕 ㊀ハツ㊥ ㊀入 曷 bō ポー ㊁ハツ 慣 ㊁ —— bà バー 意味 ㊀①魚がおよぐさま。②鯉に似た赤い魚。鰆。馬鮫魚。㊁さわら。 U補J 9B81

魚5【鮍】〔16〕 ヒ㊥ 平 支 pí ピー 意味 ①魚の名。②魚のひらき。 国〈かわはぎ(かははぎ)〉 U補J 9B8D 7458

魚5【鮇】〔16〕 ビ㊥ ミ 呉 去 未 wèi ウエイ 意味〈いわな(いはな)〉川魚の名。岩魚。嘉魚。 U補J 9B87 7454

魚5【鮅】〔16〕 ヒツ㊥ 入 質 bì ピー 意味 ①魚の名。赤眼鱒。②魚の名。鮑。おしきうお。 U補J 9B85 7452

魚5【鮒】〔16〕 標 フ㊥ 去 遇 fù フー 意味 ①〈ふな〉鯉に似た小型の淡水魚。「鮒魚」②かえる。 U補J 9B92 4211

魚5【鮄】〔16〕 フツ㊥ 入 物 fú フー 意味 海魚の名。 U補J 9B84 7451 ①9437

魚5【鮃】〔16〕 ヘイ㊥ ヒョウ(ヒャウ) 慣 平 庚 píng ピン 意味〈ひらめ〉比目魚。体は扁平で左側に両眼がある。 U補J 9B83 8225

魚5【鮑】〔16〕 ホウ㊥(ハウ) 上 巧 bào バオ 虫5【蚫】〔11〕俗字 U補J 86AB 7359 意味 ①塩づけの魚。②〈あわび(あはび)〉鰒。③姓。 U補J 9B91 8226

【鮑魚】(ほうぎょ) ①干物店。六本。②悪人の集まり。【—之肆】①魚の干物。②あわび。臭い場所。〈孔子家語・六本〉

【鮑叔】(ほうしゅく) 「鮑叔牙」に同じ。【—牙】人名。春秋時代、斉国の大夫。管仲の貧しいときの親友。この二人の交際は「管鮑の交わり」として有名。

魚5【鮋】〔16〕 ㊀ユウ㊥(イウ) ㊀平 尤 yóu ユー ㊁チュウ㊥(チウ) ㊁平 尤 chóu チョウ U補J 9B8B 7457

魚5【鮗】〔16〕 ㊀レイ㊥ ㊀平 青 líng リン ㊁リン㊥ ㊁平 真 lín リン 意味 ㊀①小魚。②魚の名。鯈。㊁魚の名。鱓に似る。 意味 ㊀①魚がつらなって泳ぐさま。②魚の名。㊁うろこ。‖鱗 U補J 9B7F 7449

魚5【鮄】〔16〕国字 意味〈いさざ〉淡水魚の名。 U補J 29D97

魚5【鮖】〔16〕国字 意味〈かじか〉清流にすむ淡水魚。鰍。 U補J 9B96 8227

魚5【鮗】〔16〕国字 魚5【鮗】〔16〕同字 U補J 9B97 8228 意味〈このしろ〉冬が旬の近海魚。大形のこはだ。鰶。

魚5【鮉】〔16〕 同 →鯛(一四二三ページ・上)

魚6【鮟】〔17〕 ㊀アン㊥ ㊀去 翰 àn アン ㊁アン 慣 ㊁ —— ān アン 意味 ㊀魚の名。㊁現 鮟鱇は、体は平たく、口の大きい深海魚。 U補J 9B9F 8229

魚6【鮪】〔17〕 イ㊥(ヰ) 上 紙 wěi ウエイ 意味 ①蝶鮫。②〈まぐろ〉〈しび〉 国まぐろで作った、かつおぶしのようなもの。【鮪節(節)】 U補J 9BAA 4378

魚6【鮧】〔17〕 ㊀テイ㊥ ㊀平 斉 tí ティー ㊁イ㊥ ㊁平 支 yí イー 意味 ㊀魚の名。鮎。‖鮷 ㊁①鯷鮧は、魚の内臓の塩づけ。②淡水魚の名。河鈍。 U補J 9BA7 7464 ①9441

魚6【鮣】〔17〕 イン㊥ 去 震 yìn イン 意味 小判鮫。こばんいただき。 U補J 9BA3

魚6【鮰】〔17〕 カイ㊥(クワイ) 平 灰 huí ホイ 意味 魚の名。うろこがなく、蛇状の魚。大きな川に住む。 U補J 9BB0 7469

魚6【鮠】〔17〕 ガイ㊥(グワイ) 平 灰 wéi ウエイ 意味 なまず。 国〈はえ〉〈はや〉やまべ。おいかわ。 U補J 9BA0 8230

魚6【鮨】〔17〕 標 ㊀キ㊥ ㊀平 支 qí チー ㊁ゲイ㊥ ㊁去 霽 yì イー 意味 ㊀①魚の塩辛。魚醤。②細切り肉のなます。③しび。鮪。㊁①はた。ハタ科の暖海魚。②山椒魚。③頭は犬、鳴き声は嬰児に似るという伝説上の魚。‖鯢「鮨魚」 国〈すし〉酢飯に魚・野菜をあわせた食品。鮓。 U補J 9BA8 8231

魚6【鮚】〔17〕 キツ㊥ 入 質 jié チエ U補J 9B9A 7462

魚6【鮭】〔17〕標 ■一ケイ 漢 ■一平 斉 guī コイ ■二カイ 漢 ■二平 佳 xié シエ　U補J 9BAD 2690
意味 ■一〈ふぐ〉河豚。また、河豚の類。鮐。「鮭魚」■二そうざい。料理した魚や菜の総称。国〈さけ〉

魚6【鮬】〔17〕■一コ 漢 ■一平 虞 kū クー ■二コ 漢 ■二去 遇 kù クー　U補J 9BAC 7468 ②9341
意味 ■一鱊鮬はコイ科の淡水魚。鱖鯞。たなご。■二魚の卵。国せいご。すずきの若魚の名称。

魚6【鮜】〔17〕コウ 漢 去 宥 hòu ホウ　U補J 9B9C
意味 雷魚。鱯魚。

魚6【鮫】〔17〕標 コウ 漢 平 肴 (カウ) jiāo チアオ　U補J 9BAB 2713
意味 ①〈さめ〉魚の名。「鮫魚」②みずち。竜の一種。＝蛟 ③南方の海に住むという怪しい人魚。「鮫人」
【鮫鱷】さめやわに。
【鮫鰐淵】さめやわにの住む、水の深い所。悪者の「すみか」。
【鮫綃】人魚のうすい衣。水に入れてもぬれない。

魚6【鮞】〔17〕ジ 漢 平 支 ér アル　U補J 9B9E 7464 ①9440
意味 ①〈はらご〉〈はららご〉魚の卵。②魚の名。

魚6【鮮】〔17〕常 セン あざやか ■一セン 漢 呉 ■一平 先 xiān シエン ■二セン 漢 呉 ■二上 銑 xiǎn シエン ■三セン 漢 呉 ■三去 霰 xiàn シエン　U補J 9BAE 3315

筆順 ク ⺈ 仒 角 魚 魚' 鮮 鮮

意味 ■一①魚。生きた魚。②生肉。なま。③魚の膾。なます。④〈あざらけ・し〉いきいきしている。「新鮮」⑤〈あざやか〉はっきりしている。⑥あでやか。はなやか。⑦よい。㋐美しい。㋑おいしい。⑧いさぎよい。清い。⑨若死に。短命。⑩＝斯 ㋐これ。この。㋑すなわち。■二①〈すくな・い（——・し）〉まれ。②尽きる。■三①たてまつる。＝献 ②姓。

解字  形声。魚と羊を合わせた字。羊は羴の略で音を示す。羴はひつじを三つ合わせた字で、なまの意味を含む。鮮は、魚のなまの肉で、新しいという意味になる。また、尟と通じて少ないという意味にもなる。

名前 き・まれ・よし・あきら
【鮮衣】いろどりの美しいきもの。目もさめるようなきもの。
【鮮血】なまなましい血。新しい血。
【鮮潔】新しくきよらか。
【鮮紅】まっか。
【鮮車怒馬】美しい車と、勢いのよい馬。乗り物のりっぱなこと。
【鮮少】ごくすくない。
【鮮食】①新しくいきのよい肉。②食物を少なくする。
【鮮新世】地質時代区分の一つ。新生代第三紀の中で、三番めにあたる時代。
【鮮盛】あざやかでさかん。すばらしくりっぱ。
【鮮腆】えらそうな態度をする。おごりたかぶる。
【鮮白】まっしろ。あざやかで白い。純白。
【鮮美】あざやかで美しい。
【鮮肥】真新しくてこえた肉。
【鮮卑】蒙古民族の一種。後漢の中ごろから三国時代にかけて栄えた。
【鮮民】孤独で貧しい人。また、わかれわかれになった人。
【鮮明】美しくはっきりしている。
【鮮麗】目のさめるようにあでやかでうるわしい。
【鮮花】xiānhuā 現生花。切り花。

魚6【鮦】〔17〕トウ 漢 平 東 tóng トン　U補J 9BA6 7465 ②9340
意味 雷魚。淡水魚の一つ。鱧魚。

魚6【鮩】〔17〕■一ホウ 漢 ■一上 梗 (ハウ) bǐng ピン ■二ヘイ 漢 ■二上 迥 bǐng ピン　U補J 9BA9 7467
意味 ■一魚の名。小えびの一種。■二〈しらうお（しらうを）〉白魚。国あみ。

魚6【鮱】〔17〕国字　U補J 9BB1 7470 ②9342
意味 〈おおぼら（おほぼら）〉とど。いな・ぼらの成長したもの。

魚6【鮴】〔17〕国字　U補J 9BB4 8232
意味 ①〈ごり〉かじか。川にすむはぜの一種。②〈めばる〉カサゴ科の海水魚。

魚6【鮲】〔17〕国字　U補J 9BB2 7471 ②9345
意味 ①〈まて〉馬刀貝。蟶。②〈こち〉牛尾魚。鯒。

魚6【鮝】〔17〕俗→鯗(一四二二ページ・下)

魚7【鯇】〔18〕カン 漢 上 潸 (クヮン) huàn ホワン　U補J 9BC7 7479 ②9348
意味 草魚。コイ科。＝鯶 国〈あめ〉〈あめのうお（あめのうを）〉やまめ。サケ科。

魚7【鯁】〔18〕コウ 漢 上 梗 (カウ) gěng コン　U補J 9BC1 7478 ①9442
意味 ①魚の骨。②〈のぎ〉のどにささった骨。③わざわい。わずらい。④かたい。＝硬・骾 ⑤まっすぐな。⑥ふさぐ。＝梗 ⑦＝哽 ㋐つまる。㋑むせびなく。
参考 新表記では、「硬」に書きかえる熟語がある。
【鯁言】①正しい言論。②堂々とはっきりいう。
【鯁固】きわめて堅い。
【鯁骨】意志が強く、人にまけないこと。＝硬骨「骨鯁」
【鯁正】骨っぽい、正義の人物。強く正しい。
【鯁直】まっすぐで、骨っぽい。強く正直。

魚7【鯀】〔18〕コン 漢 上 阮 gǔn クン　U補J 9BC0 8233
意味 ①想像上の大魚。＝鯤 ②伝説上の人名。夏の禹王の父。黄河の治水に失敗して追放された。

魚7【鯊】〔18〕サ 漢 平 麻 shā シャー　U補J 9BCA 8234
意味 ①〈はぜ〉すなふき。「鯊魚」②さめ。ふか。

魚7【鯋】〔18〕同字　U補J 9BCB

魚7【鮻】〔18〕サ 漢 平 歌 suō スオ　U補J 9BBB 7474
意味 ①魚の名。②人の手と顔をもつ怪魚。人魚。

魚7【鮹】〔18〕ソウ(サウ) 漢 平 肴 ショウ(セウ) 呉 shāo シャオ　U補J 9BB9 8235
意味 魚の名。①海の魚。②淡水魚。どちらも馬のむちに似て、二またの尾がある。国〈たこ〉章魚。＝蛸

魚7【鮼】〔18〕シン 漢 平 侵 qīn チン　U補J 9BBC 7475
意味 魚の名。

魚7【鮾】〔18〕ダイ 漢 上 賄 něi ネイ　U補J 9BBE 7476 ②9347
意味 魚の肉がくさる。あざれる。＝餒

魚8【鯘】〔19〕同字　U補J 9BD8 7488 ②9350

11画　←魚鳥鹵鹿麥(麦)麻(麻)

魚7【鮿】〔18〕 チョウ(テフ) 漢 入 葉 zhé チョー U補J 9BBF 7477
意味 ①ひもの。ほしうお。②たなご。

魚7【鮷】〔18〕 ティ 漢 平 斉 tí ティー U補J 9BB7 7472
意味 魚の名。大きな鮎なまず。

魚7【鮸】〔18〕 ベン 漢 上 銑 miǎn ミエン U補J 9BB8 7473 ②9346
意味 〈にべ〉〈ぐち〉 いしもちに似て、鳴くような音を出す魚。うきぶくろから、にかわを製する。黄花魚。

魚7【鯆】〔18〕 [一]ホ 漢 フ 呉 [一]平 虞 pū プー [二]ホ 漢 フ 呉 [二]平 虞 bū プー U補J 9BC6 8236
意味 [一]水中動物の名。いるか。江豚こうとん。[二]魚の名。えい。

魚7【鯈】〔18〕 [一]ユウ(イウ) 漢 [一]平 尤 tiáo ティアオ、yóu ユー [二]チュウ(チウ) 漢 [二]平 尤 chóu チョウ U補J 9BC8 7480
意味 [一]〈はや〉〈はえ〉 [二]はらご。魚卵。
【鯈魚】ゆうぎょ(いうぎょ)｜ちゅうぎょ(ちうぎょ) ①はや。②小魚。③怪しい魚の名。

魚7【鯉】〔18〕 人 リ 漢 上 紙 lǐ リー U補J 9BC9 2481
意味 ①〈こい(こひ)〉 淡水魚の名。中国原産。②てがみ。「鯉書りしょ」「鯉素りそ」 ③人名。孔子の子。字あざなは伯魚。
解字 鯉 形声。魚が形を表し、里りが音を示す。里は、理と同じく、すじという意味を持つ。鯉は、たてじまのはいった淡水魚、こいをいう。
【鯉口】こいぐち(こひぐち) 国刀のさやの口。
【鯉魚】りぎょ こい。【――尺素】りぎょせきそ 手紙。鯉の腹中に手紙があった故事。鯉書。鯉素。〈陳琳ちんりんの詩・飲馬長城窟行ばいんちょうじょうくつこう〉【――風】りぎょふう 秋風。陰暦九月の風。
【鯉書】りしょ 手紙。↓鯉魚尺素りぎょせきそ
【鯉対(對)】りたい 孔子のむすこの鯉が、庭で父の問いに答えて、教えを受けたこと。「他日趨レ庭叨陪二鯉対一たじつにわにはしってみだりにりたいにばいせん」(いつかは父の家に行って、教えを受けよう。)〈王勃おうぼつ・滕王閣序とうおうかくのじょ〉
【鯉庭】りてい 子が父に教育される所。〈論語・季氏きし〉

魚7【鯏】〔18〕 国字 U補J 9BCF 8237
意味 ①〈あさり〉＝蜊 ②〈うぐい(うぐひ)〉 はや。まるた。

魚7【鯎】〔18〕 国字 U補J 9BCE 7481 ①9443
意味 〈うぐい(うぐひ)〉 清流にすむ魚。あかはら。はや。まるた。

魚7【鯑】〔18〕 国字 U補J 9BD1 8238
意味 〈かずのこ〉 鰊にしんの卵を乾燥・塩づけしたもの。

魚7【鯒】〔18〕 国字 U補J 9BD2 8239
意味 〈こち〉 浅い海の底にすむ、はぜに似た魚。

魚7【𩷛】〔18〕 国字 U補J 29DDB ②9343
意味 〈こち〉＝鯒。𩷛尾ちこおは、愛知県の地名。

魚7【鯐】〔18〕 国字 U補J 9BD0 7482
意味 〈すばしり〉 おぼこ。いな・ぼらの小さいもの。

魚8【鯣】〔19〕 エキ 漢 入 陌 yì イー U補J 9BE3 8240
意味 うなぎ。国〈するめ〉 いかを開いて干した食品。

魚8【鯨】〔19〕 常 ゲイ くじら ケイ 漢 ゲイ 慣 平 庚 jīng チン U補J 9BE8 2363
筆順 ク 名 角 角 魚 魚亠 鮎 鯨
意味 ①〈くじら(くぢら)〉〈いさな〉「鯨魚げいぎょ・いさな」 ②雄のくじら。↕鯢 ③大きい。大いに。国①〈くじら(くぢら)〉「鯨尺くじらじゃく」に同じ。②寺院の鐘。また、鐘の音。「鯨杵」
解字 鯨 形声。魚が形を表し、京けいが音を示す。京には、とくに大きいという意味がある。鯨は海にいる最大の魚形をした哺乳にゅう類で、くじらをいう。
難読 鯨魚いさな・鯨波とき
【鯨差】くじらざし(くぢらざし) 国「鯨尺くじらじゃく」に同じ。
【鯨尺】くじらじゃく(くぢらじゃく) 国布をはかるものさしの一種。「一尺は約〇・三八メートル。」
【鯨幕】くじらまく 国白と黒とのだんだら幕。凶事に使う。
【鯨飲】げいいん くじらが海水をのみ込むように大酒をのむ。牛飲。
【鯨音】げいおん 鐘の音。
【鯨鯢】げいげい ①雄のくじらと、雌のくじら。②悪人のかしら。③「殺されること。えじきになること。」
【鯨杵】げいしょ 国寺院のつり鐘をつくこと。また、その音。
【鯨呑】げいどん 強い者が弱い者をひと飲みにする。
【鯨波】げいは ①くじらが泳いでおこす波。おおなみ。②「鬨ときの声。喊声かんせい。」
【鯨油】げいゆ くじらから取った油。
◆巨鯨きょげい・捕鯨ほげい

魚8【鯢】〔19〕 ゲイ 漢 平 斉 ní ニー U補J 9BE2 8241
意味 ①山椒魚さんしょううお。②〈めくじら(めくぢら)〉 雌のくじら。↕鯨 ③小さい魚。「鯢鮒げいふ」 ④老人の歯。転じて、老人。「鯢歯げいし」

魚8【鯝】〔19〕 コ 漢 去 遇 gù クー U補J 9BDD 7485 ②9351
意味 ①魚のはらわた。②黄鯝こうこは魚の名で、わたか。コイ科の淡水魚。

魚8【鯤】〔19〕 コン 漢 平 元 kūn クン U補J 9BE4 8242
意味 ①北海に住む大魚の名。②はらご。魚の卵。＝鯀

魚8【鯔】〔19〕 シ 漢 平 支 zī ツー U補J 9BD4 8243
意味 ①〈ぼら〉 河口近くにすむ魚。②〈いな〉 ぼらの幼魚。
【鯔背】いなせ 国いさみはだの若者。江戸日本橋の魚河岸うおがしにいた、いきでおとこぎのある青年。

魚8【鯗】〔19〕 ショウ(シャウ) 漢 上 養 xiǎng シアン U補J 9BD7 7483
意味 ひもの。＝鱶 国〈ふか〉

魚6【鮝】〔17〕 俗字 U補J 9B9D 7463

魚8【鯧】〔19〕 ショウ(シャウ) 漢 平 陽 chāng チャン U補J 9BE7 7488 ②9352
意味 〈まながつお(まながつを)〉 南海にすむ魚の一つ。真魚鰹まながつお。鯧鯸魚しょうこうぎょ。

魚8【鯖】〔19〕 標 [一]セイ 漢 ショウ(シャウ) 呉 [一]平 庚 zhēng チョン [二]セイ 漢 ショウ(シャウ) 呉 [二]平 青 qīng チン U補J 9BD6 2710
意味 [一]よせなべ。肉と魚をいっしょに煮た料理。[二]①青魚せいぎょ。鯉に似た淡水魚。②にしん。国〈さば〉
地名 鯖江さばえ

魚8【鯖】〔19〕 俗字 U補J

魚8【鯯】〔19〕 [一]セイ 漢 去 霽 zhì チー [二]セイ 漢 去 霽 jì チー U補J 9BEF 7491 ②9355
意味 [一]魚の名。醬(しおから)を作る。[二]魚の名。鰶このしろ。国さっぱ。拶双魚さっぱ。ニシン科の海水魚。

魚8【䱥】〔19〕 同字 U補J 4C65

魚8【鯫】〔19〕 ソウ 漢 平 尤 zōu ツォウ U補J 9BEB 7490 ②9354

意味 ①みごい。にごい。白い魚。②ざこ。小さい魚。転じて、とるにたらぬつまらないもの。
【鯫生】そうせい・しゅせい ①つまらない人間。②自分を謙遜していう。

魚8 【鯮】〔19〕 ソウ 漢 平 東 zōng ツォン U補J 9BEE ②9356
意味 コイ科の淡水魚。口が扁平でうろこが小さい。＝鯼

魚8 【鯛】〔19〕 人 チョウ 漢 平 蕭 diāo ティアオ U補J 9BDB 3468
旧字 魚8 【鯛】〔19〕 (テウ) U補J
魚5 【鮉】〔16〕 同字 U補J 9B89 7455
意味 〈たい(たひ)〉 近海の深い所にすむ硬骨魚。銅盆魚。
解字 形声。魚が形を表し、周が音を示す。周には、やわらかいという意味がある。鯛は魚の末端の柔らかい骨という。また、ひれがとがっている魚。

魚8 【鯟】〔19〕 トウ 漢 平 東 dōng トン U補J 9BDF 7486
意味 魚の名。鯉に似る。
参考 「鰊れん・にしん」は別字。

魚8 【鯡】〔19〕 一ヒ 漢 一去 未 fèi フェイ 二ヒ 漢 二去 未 fèi フェイ U補J 9BE1 8244
意味 一はららご。魚の卵。二〈にしん〉 鰊れん。

魚8 【鯥】〔19〕 リク 漢 入 屋 lù ルー U補J 9BE5 7487 ①9444
意味 伝説上の怪魚。陸にすみ、体は牛、尾は蛇で、翼をもつという。国〈むつ〉

魚8 【鯪】〔19〕 リョウ 漢 平 蒸 líng リン U補J 9BEA 7489 ②9353
意味 ①鯪魚りょうぎょは、人面魚身の伝説上の魚。②鯪鯉りょうりは、堅いうろこにおおわれ、陸の穴に住む獣の名。竜鯉。俗に、せんざんこう(穿山甲)という。

魚8 【鯱】〔19〕 国字 U補J 9BF1 8247
意味 ①〈しゃち〉 海獣の名。逆叉さかまた。②〈しゃちほこ〉

魚8 【鯳】〔19〕 国字 U補J 9BF3 7492 ②9349
意味 〈すけとうだら〉 タラ科の海魚。介党鱈すけとうだら。

魚8 【鯲】〔19〕 国字 U補J 9BF2 8246
意味 〈どじょう(どぢゃう)〉〈どぜう〉 淡水魚の名。泥鰌。

魚8 【鯰】〔19〕 国字 ネン nián ニエン U補J 9BF0 8248
意味 〈なまず(なまづ)〉 ＝鮎ねん
参考 国字だが中国でも使われる。
【鯰公】ねんこう 国①なまず。②官吏をけいべつしていうことば。なまずひげの人。

魚8 【鯱】〔19〕 国字 U補J 29E15 ②9357
意味 〈はも〉 ハモ科の海水魚。鱧はも。

魚8 【鯱】〔19〕 国字 U補J 29E3D ②9344
難読 鯱網代きびなごあじろ
意味 〈ほっけ〉 アイナメ科の海水魚。

魚8 【鯵】〔19〕 俗 →鰺(一四二五ページ・上)
魚8 【鯵】〔19〕 同 →鯵(一四二一ページ・下)

魚9 【鰄】〔20〕 イ 漢 呉 平 灰 wēi ウエイ (ヰ) U補J 9C04 8258
意味 魚の名。実体は未詳。国〈かいらぎ〉 ①東南アジア産の表面に硬い凸起のある魚の皮。刀剣のつかやさやに用いる。さめ皮。②表面がかいらぎ状の井戸茶碗。

魚9 【鰋】〔20〕 エン 漢 上 阮 yǎn イエン U補J 9C0B 7507
意味 〈なまず(なまづ)〉 鯰。一説に、みごい。

魚9 【鰕】〔20〕 カ 漢 平 麻 xiā シア U補J 9C15 8249
意味 ①〈えび〉 海老。＝蝦 ②山椒魚さんしょううお。③雌のくじら。鯢げい。

魚9 【鰒】〔20〕 カイ 漢 去 泰 hài ハイ U補J 29E44
意味 ①魚の名。②するめ。

魚9 【鰐】〔20〕 標 ガク 漢 入 薬 è オー U補J 9C10 4744
意味 〈わに〉 とかげに似て、長く大きい爬虫はちゅう類。鰐魚がくぎょ。＝鱷 国〈わに〉 わにざめ。ふかの古称。
【鰐口】わにぐち 国①危険な場所。②世間のうわさ。③馬のくらの一部分。④がま口。⑤仏堂や社前につるし、ひもで鳴らすようにした金具。

(鰐口⑤)

魚9 【鯇】〔20〕 カン 漢 上 旱 huǎn ホワン (クヮン) U補J 9C05 7500 ①9447
意味 草魚そうぎょ。コイ科。＝鯶 国①〈あめのうお(あめのうを)〉〈あめます〉〈やまめ〉 サケ科。②鯇目えのめは、石川県七尾ななお市の地名。

魚9 【鰔】〔20〕 一カン 漢 一平 咸 jiān チエン 二カン 漢 二上 感 gǎn カン U補J 9C14 8250
意味 一二魚の名。

魚9 【鰉】〔20〕 コウ 漢 平 陽 huáng ホワン (クヮウ) U補J 9C09 8251
意味 ①ちょうざめ。鱘鰉じんこう魚。②たうなぎ。鱣魚てんぎょ。国〈ひがい〉 琵琶湖産の鯉こいの一種。明治天皇が好んだため、この字をあてた。

魚9 【鯸】〔20〕 コウ 漢 平 尤 hóu ホウ U補J 9BF8 7494 ①9445
意味 鯸鮐こうたいは、ふぐ。

魚9 【鰓】〔20〕 標 一サイ 漢 一平 灰 sāi サイ 二シ 漢 二上 紙 xǐ シー U補J 9C13 8252
意味 一〈えら〉〈あぎと〉 魚の呼吸器。＝顋・腮 二鰓鰓ししは、恐れるさま。心配するさま。＝葸葸・諰諰

魚9 【鰌】〔20〕 シュウ 漢 平 尤 qiū チウ (シウ) U補J 9C0C 8253
意味 ①〈どじょう(どぢゃう)〉〈どぜう〉 ＝鰍 「泥鰌でいしゅう・どじょう」②せまる。近づく。＝遒 ③ふむ。＝蹈

魚9 【鰍】〔20〕 シュウ 漢 平 尤 qiū チウ (シウ) U補J 9C0D 1966
意味 ①どじょう。＝鰌 ②海鰍かいしゅうは、㋐せみくじら。㋑軍船。＝海鰌 国①〈いなだ〉 ぶりの小さいもの。②〈かじか〉 谷川の小魚。ハゼに似る。杜父とふ魚。

魚9 【鰆】〔20〕 シュン 漢 平 真 chūn チュン U補J 9C06 8254
意味 〈さわら(さはら)〉 サバ科の海水魚。馬鮫魚ばこうぎょ。

魚9 【鯺】〔20〕 ショ 漢 平 魚 zhū チュー U補J 9BFA 7502 ②9358
意味 鯺鯺きょしょは、虫の名。かいこに似る。＝蠩しょ

魚9 【鰀】〔20〕 ソウ 漢 平 東 zōng ツォン U補J 9BFC
意味 ①魚の名。石首魚いしもち。スズキ目の海水魚。②魚の名。鯮魚そうぎょ。コイ科の淡水魚。

魚9 【鯽】〔20〕 U補J 9BFD 7503 ①9446

11画

魚鳥鹵鹿麥(麦)麻(麻)

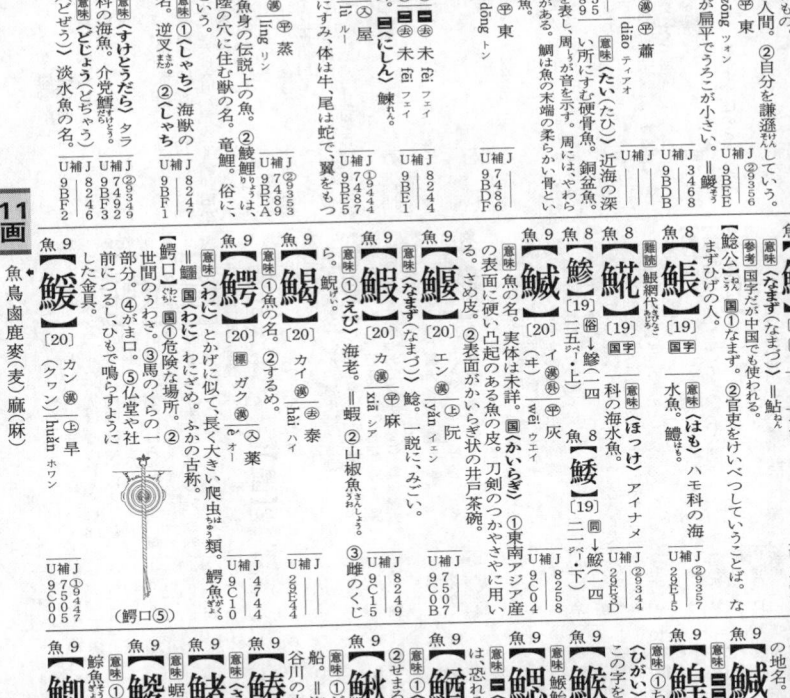

意味 一〈ふな〉鮒。二烏鰂(うぞく)は、いか。墨魚。
一セキ 漢 ショク 呉 ｜一入 陌 jì チー
二ソク 漢 ｜二入 職 zéi ツェイ

魚9【鰂】〔20〕ソク 漢 ｜入 職 zéi ツェイ
意味〈いか〉墨魚。烏鰂(うぞく)。
U 9C02 補 7506 J —

魚9【鰖】〔20〕一タ 漢 ｜一上 哿 tuǒ トゥオ 二イ(ヰ) 漢 ｜二上 紙 wěi ウエイ
意味 一①魚の名。②孵化(ふか)したばかりの稚魚。‖鰖(た) 二かにの子。‖鰖(い) 国たかべ。スズキ目の海水魚。
U 9C16 補 7510 J ②9362

魚9【鰈】〔20〕チョウ 漢 (テフ) ｜入 葉 dié ティエ
意味 ①〈かれい(かれひ)〉比目魚。体は平たく、両目が右側にある。②鰈域(ちょういき)は、朝鮮半島の別名。
【鰈鶼情濃(ちょうけんのじょう(てふ)こまやかなり)】夫婦仲のよいこと。鶼は比翼鳥。おすめすがつばさを並べて飛ぶ鳥。比目と比翼を、夫婦の並ぶことになぞらえたもの。
U 9C08 補 — J 8255

魚9【鯷】〔20〕テイ 漢 ｜去 霽 tí ティー
意味 おおなまず。この皮で冠を作った。国〈ひしこ〉ひしこいわし。かたくちいわし。
U 9BF7 補 7493 J ②9360

魚9【𩹉】〔20〕ヒ 漢 ｜平 微 fēi フェイ
意味 ①魚の名。鮒(ふな)に似る。②魚の名。とびうお。鰩(とびうお)。文鰩(ぶんよう)。
U 29E49 補 — J ②9361

魚9【鰏】〔20〕ヒョク 漢 ｜入 職 bì ビー
意味 魚の名。
U 9C0F 補 7508 J —

魚9【鰒】〔20〕フク 漢 ｜入 屋 fù フー
意味 ①〈あわび(あはび)〉鮑。石決明(せっけつめい)。鰒魚(ふくぎょ)。②とこぶし。③さめの古称。国〈ふぐ〉河豚。
U 9C12 補 — J 8256

魚9【鯿】〔20〕ヘン 漢 ｜平 先 biān ビエン
意味〈おしきうお(をしきうを)〉魚の名。頭のとがった平たい魚。魴(ぼう)。
U 9BFF 補 7504 J —

魚9【鰑】〔20〕ヨウ 漢 (ヤウ) ｜平 陽 yáng ヤン
意味 ①赤うなぎ。②雷魚。国〈するめ〉
U 9C11 補 7509 J —

魚9【鰊】〔20〕レン 漢 標 ｜去 霰 liàn リエン
意味 小魚の名。また、小魚。国〈にしん〉鯡(ひ)。
U 9C0A 補 — J 8257

魚9【鰙】〔20〕国字
意味〈はや〉〈はえ〉おいかわ。やまべ。鯇(き)。
U 9C19 補 7512 J ②9364

魚9【鰚】〔20〕国字
意味〈はらか〉鯇(にべ)。腹の赤い海水魚。腹赤。
U 9C1A 補 7513 J ②9365

魚9【鰘】〔20〕国字
意味〈むろあじ(むろあぢ)〉鯵(あじ)よりやや大型の魚。体は丸く細長い。

U 9C18 補 7511 J ②9363

魚9【鯹】〔20〕同→鮏(一四二〇ページ・上)

魚10【鰞】〔21〕オ(ヲ) 漢 ウ 呉 ｜平 虞 wū ウー
意味 鰞鰂(うぞく)は、いか。墨魚(ぼくぎょ)。烏鰂(うぞく)。
U 9C1E 補 7515 J —

魚9【鰛】〔20〕俗→鰮(本ページ・下)

魚10【鰪】〔21〕一オウ(アフ) 漢 ｜一入 合 è オー 二コウ(カフ) 漢 ｜二入 合 gé コー
意味 一〈まながつお(まながつを)〉真魚鰹(まながつお)。鯧(しょう)。二〈ふな〉
U 9C2A 補 7520 J ②9370

魚10【鰥】〔21〕一カン 漢 (クヮン) ｜一平 刪 guān コワン 二コン 漢 ｜二平 元 kūn クン
U 9C25 補 — J 8261

魚11【𩻄】〔22〕同字
U 29EC4 補 — J ②9371
意味 一①〈やもお(やもを)〉老いて妻のない男。男やもめ。‖矜 ②大魚の名。‖鯤「魴鰥」③なやむ。苦しむ。‖瘝 ④鰥鰥(かんかん)は、心配でねむれないさま。二はらご。魚のたまご。‖鯤
【鰥寡(かんか(くわんくわ))】老いて妻のない男や、老いて夫のない女。
【――孤独(獨)(かんかこどく(くわんくわこどく))】妻のない男、夫のない女、みなしご、子のないひとりもの。みよりのない人々。〈孟子(もうし)・梁恵王(りょうけいおう)下〉
【鰥居(かんきょ(くわんきょ))】年老いて妻もなく、ひとり住まいをすること。「鰥処(かんしょ)。」
【鰥民(かんみん(くわんみん))】老いて妻のない人間。

魚10【鰭】〔21〕キ 漢 ｜平 支 qí チー
意味〈ひれ〉〈はた〉魚のひれ。国小鰭(こはだ)は、鰶(このしろ)の若魚。
U 9C2D 補 4141 J —

魚10【鰜】〔21〕一ケン 漢 ｜一平 塩 jiān チエン 二ケン 漢 ｜二去 豔 qiàn チエン
U 9C1C 補 7514 J —

魚10【鰝】〔21〕一コウ 漢 (カウ) ｜上 皓 hào ハオ
意味 一〈かれい(かれひ)〉比目魚。二青魚(あおうお)。
U 9C1D 補 — J ②9366

魚10【鰤】〔21〕シ 漢 ｜平 支 shī シー
意味 海にいる大きな鰕(えび)。
U 9C24 補 — J 8262

魚10【鰦】〔21〕シ 漢 ｜平 支 zī ツー
意味 毒魚の一種。老魚。‖鰤(し) 国①〈ぶり〉②〈かます〉
U 9C26 補 7518 J —

魚10【鰣】〔21〕シ 漢 ジ 慣 ｜平 支 shí シー
意味 魚の名。白鯈魚(はくゆうぎょ)。
U 9C23 補 7517 J ①9448

魚10【鰧】〔21〕トウ 漢 ｜平 蒸 téng トン
意味〈ひら〉ひらこのしろ。ニシン科の海水魚。鰳(ろく)。鱠(かい)。国①〈えそ〉海水魚の名。鰖。②〈はす〉〈けた〉コイ科の淡水魚。
U 9C27 補 7519 J ②9368

意味〈おこぜ(をこぜ)〉背びれに毒のある食用の近海魚。虎魚。カサゴ科。

魚10【鰨】〔21〕トウ 漢 (タフ) ｜入 合 tǎ ター
意味 ①〈さんしょううお(さんせううを)〉②やなぎかれい。したびらめ。
U 9C28 補 7520 J —

魚10【鰢】〔21〕バ 漢 ｜上 馬 mǎ マー
意味 ①魚の名。②海の鰕(えび)。国とど。成長した鯔(ぼら)。
U 9C22 補 7516 J ②9367

魚10【鰩】〔21〕ヨウ 漢 (エウ) ｜平 蕭 yáo ヤオ
意味 ①〈とびうお(とびうを)〉「文鰩(ぶんよう)」②〈えい(えひ)〉体は平たく菱形(ひしがた)で、尾が細長い海にすむ軟骨魚。鱏(しん)。
U 9C29 補 7521 J ②9369

魚10【鰡】〔21〕リュウ 漢 (リウ) 呉 ｜平 尤 liú リウ
意味 魚の名。①はぜ。②さめ。国〈ぼら〉
U 9C21 補 — J 8263

魚10【鰮】〔21〕 wēn ウエン
U 9C2E 補 — J 8259
意味 現〈いわし〉鰯(いわし)。沙丁魚(shādīngyú)ともいう。

魚9【鰛】〔20〕俗字
U 9C1B 補 — J 8260

魚10【𩺊】〔21〕国字
意味〈あら〉スズキ科の海水魚。
U 29E8A 補 — J ②9359

魚10【鰯】〔21〕 人 標 国字 意味〈いわし〉小型の近海魚。 U 9C2F 補 — J 1683

魚10【鰯】〔21〕 U補J — — —

魚10【鰰】〔21〕 国字 意味〈はたはた〉秋田沿岸などでよくとれる海水魚。＝鱩 U 9C30 補 — J 8264

魚10【鰟】〔21〕 古→魴(一四一九ページ・中)

魚11【鰶】〔22〕 セイ 漢 去 霽 サイ 慣 jì チー 意味〈このしろ〉鰯よりやや大きい近海魚。 U 9C36 補 7525 J ②9373

魚11【鰼】〔22〕 シュウ 漢 入 緝 (シウ) xí シー 意味〈どじょう(どぢゃう)(どぜう)〉 U 9C3C 補 — J —

魚11【鰽】〔22〕 シュウ 漢 平 尤 (シウ) qiú チウ 意味 ①魚の名。鯿に似てうろこが大きい。②魚の名。春に川を上る海水魚。 U 9C3D 補 7527 J —

魚11【鱃】〔22〕 一 シュウ 漢 一 平 尤 (シウ) yū ユィ 二 シュウ 漢 二 平 尤 (シウ) qū チュイ 意味 一魚の名。鯆魚。二①魚の名。鯉に似て頭が大きい。②どじょう。＝鰌 U 9C43 補 7529 J —

魚11【鱆】〔22〕 ショウ 漢 平 陽 (シャウ) zhāng チャン 意味〈たこ〉章魚。海産の軟体動物。八本足。蛸。鮹。 U 9C46 補 — J 8267

魚11【鰷】〔22〕 チョウ(テウ) 漢 平 蕭 ジョウ(デウ) 慣 tiáo ティアオ 意味〈はえ〉〈はや〉＝鯈 U 9C37 補 7526 J ②9374

魚11【鱄】〔22〕 一 セン 漢 一 平 先 zhuān チョワン 二 タン 漢 二 平 寒 tuán トワン 意味 一魚の名。洞庭湖にいる魚。二伝説上の魚の名。鮒に似て、豚のようになく。 U 9C44 補 7530 J —

魚11【鰺】〔22〕 標 U 9C3A 補 — J 8245

一 ソウ(サウ) 漢 一 平 豪 sāo サオ 二 シン 慣 二 — shēn シェン 意味 一なまぐさい。＝臊 二 現しまあじ。国〈あじ(あぢ)〉アジ科の海魚。竹筴魚。山鮐魚。

魚8【鯵】〔19〕 俗字 U 9BF5 補 — J 1619

魚11【鱁】〔22〕 チク 漢 入 屋 zhú チュー 意味 ①かわいるか。カワイルカ科の哺乳動物。②鱁鮧は、魚の内臓の塩から。 難読 鱁鮧 U 9C41 補 7528 J ①9449

魚11【鰾】〔22〕 ヒョウ 漢 上 篠 (ヘウ) biào ピアオ 意味 ①〈ふえ〉〈ほばら〉魚の浮き袋。②にかわ。にべ。「鰾膠」 U 9C3E 補 — J 8268

魚11【鰵】〔22〕 ビン 漢 上 軫 mǐn ミン 意味 ①〈にべ〉鮸。鯼の類。②〈たら〉 U 9C35 補 7524 J —

魚11【鰻】〔22〕 標 バン 漢 平 寒 マン 呉 mán マン 意味〈うなぎ〉〈むなぎ〉「鰻鱺」 U 9C3B 補 — J 1723

魚11【鰻】〔22〕 正字 U補J — — —

魚11【鱅】〔22〕 ヨウ 漢 平 冬 yōng ヨン 意味〈ちちかぶり〉〈かわたなご(かはたなご)〉黒色のたなご。黒鰱。花鰱。 U 9C45 補 7531 J ②9375

魚11【鰱】〔22〕 レン 漢 平 先 lián リエン 意味〈たなご〉鮒に似た小魚。鱮。 U 9C31 補 7523 J ②9372

魚11【鰳】〔22〕 ロク 漢 入 職 lè ロー 意味 ①〈ひら〉ひらこのしろ。ニシン科の海水魚。曹白魚。白鱗魚。鰣。鱠。②魚の卵巣。 U 9C33 補 — J —

魚11【鱇】〔22〕 国字 コウ (カウ) kāng カン 意味 現 鮟鱇は、口の大きい深海魚。食用。 参考 国字だが中国でも使われる。 U 9C47 補 — J 8265

魚11【鱈】〔22〕 国字 セツ xuě シュエ 意味 現〈たら〉北の海でとれる深海魚。大口魚。 参考 国字だが中国でも使われる。 U補J — — —

魚11【鱈】〔22〕 同字 U 9C48 補 — J 3513

魚11【鰥】〔22〕 同→鰥(一四二四ページ・中)

魚11【鰲】〔22〕 同→鼇(一四四九ページ・上)

魚12【鱊】〔23〕 イツ 漢 入 質 yù ユィ 意味 鱊鮬はコイ科の淡水魚。鱖鯞。たなご。国 いさざ。しろうおの別称。 U 9C4A 補 7533 J ②9379

魚12【鱎】〔23〕 キョウ 漢 上 篠 (ケウ) jiǎo チアオ 意味 魚の名。陽鱎。白魚ともいう。 U 9C4E 補 7534 J —

魚12【鱖】〔23〕 一 ケイ 漢 一 去 霽 guì コイ 二 ケツ 漢 二 入 月 jué チュエ 意味 一〈あさち〉かわめばる。スズキ科の淡水魚。大口で、うろこが小さい。水豚。鱖豚。桂魚。二鱖鯞は、たなご。国〈さけ〉鮭。 U 9C56 補 7539 J —

魚13【鱥】〔24〕 同字 U 9C65 補 — J ①9454

魚12【鰹】〔23〕 標 ケン 漢 平 先 jiān チエン 意味 ①大鰻。②雷魚。③現〈かつお(かつを)〉サバ科の海水魚。回遊し、日本には初夏にくる。堅魚。松魚。 【鰹木】 国 神社などの棟木の上に並べた飾りの木。 ▽花鰹・初鰹 U 9C39 補 — J 1979

魚12【𩻢】〔23〕 サ 漢 上 馬 zhǎ チャー 意味 すし。 U 29EE2 補 — J —

魚12【𩻛】〔23〕 一 シン 漢 一 平 侵 cén ツェン 二 シン 漢 二 平 侵 jīn チン 意味 一魚の名。鱣、ちょうざめの類。二①魚の名。②なれずし。国 めいただき。めだかの別称。 U 29EDB 補 — J ②9380

魚12【鱏】〔23〕 シン 漢 平 侵 ジン 呉 xún シュン 意味 ①〈へらちょうざめ(へらてふざめ)〉 ②鱏鰉魚は、ちょうざめ。国①〈かじき(かぢき)〉かじきまぐろ。②〈えい(えひ)〉鰩。 U 9C4F 補 7535 J ①9450

魚12【鱘】〔23〕 シン 漢 平 侵 ジン 呉 xún シュン 意味 ＝鱏 ①ちょうざめ。「鱘鰉魚」 ②かじき。かじきまぐろ。③〈えい(えひ)〉鰩。 U 9C58 補 7540 J ②9382

11画 ←魚鳥鹵鹿麥(麦)麻(麻)

魚12 【鱓】〔23〕 [一]セン[漢] ゼン[呉] [二]タ[漢] ダ[呉] | [一][上] 銑 shàn シャン [二][平] 歌 tuó トゥオ | U補J 9C53 7537 ①9452

[意味] [一]たうなぎ。黄鱔(こうぜん)。＝鱔・鱣(せん) [二]揚子江鰐(ようすこうわに)。＝鼉(だ) [国]①〈うみへび〉〈うつぼ〉 ②〈ごまめ〉 たづくり。ひしこいわしを干したもの。

魚12 【鱔】〔23〕 セン[漢] | [上] 銑 shàn シャン | U補J 9C54 7538 ②9381

[意味] 魚の名。たうなぎ。＝鱓(せん)

魚12 【鱒】〔23〕 [人] [標] ソン[漢] | [上] 阮 zūn ツン | U補J 9C52 — 4380

魚12 【鱒】〔23〕 俗字 | U補J — — —

[意味] 〈ます〉 さけの一種。かわあかめ。赤目魚。

◇紅鱒(べにます)・虹鱒(にじます)・養鱒(ようそん)・鮭鱒(けいそん|さけます)

魚12 【䲊】〔23〕 [一]タ[漢] [二]イ(ヰ)[漢] [三]タ[漢] | [一][上] 哿 duò トゥオ、tuǒ トゥオ [二][上] 紙 wěi ウエイ [三][去] 箇 tuò トゥオ | U補J 4C8A — —

[意味] [一]孵化(ふか)したばかりの稚魚。＝鮪(た) [二]かにの子。＝鮪(い) [三]魚の体からうろこがはがれる。

魚12 【鱍】〔23〕 ハツ[漢] | [入] 曷 bō ポー | U補J 9C4D — —

[意味] ①魚の尾が長いさま。②鱍剌(はつらつ)は、魚が勢いよくはねるさま。③鱍鱍(はつはつ)は、魚がいきいきと泳ぐさま。

魚12 【鱛】〔23〕 [国字] | U補J 9C5B 7541 ②9383

[意味] 〈えそ〉 かますに似た海水魚。かまぼこの原料となる。鱛(えそ)。

魚12 【鱚】〔23〕 [国字] | U補J 9C5A — 8269

[意味] 〈きす〉 暖地にすむ、細い筒形の沿海魚。食用。

魚12 【⿰魚惠】〔23〕 [国字] | U補J — — —

[意味] 〈さば〉 鯖。鰹(かつお)に似て、背に青黒のしま模様のある海水魚。

魚12 【𩻩】〔23〕 [国字] | U補J 29EE9 — ②9377

[意味] 〈まぐろ〉 サバ科の海水魚。

魚12 【鱝】〔23〕 [俗]→鱝(本ページ・中)

魚12 【鱉】〔23〕 [俗]→鼈(一四四九ページ・中)

魚12 【鱗】〔23〕 [旧]→鱗(本ページ・中)

魚13 【鱠】〔24〕 カイ[漢] (クヮイ) | [去] 泰 kuài コワイ | U補J 9C60 — 8270

[意味] ①〈なます〉 なますにする。＝膾 ②鱠残(かいざん)魚は、浙江(せっこう)地方に産する白魚の一種。③ひら。鰳(ろく)。怪魚。

魚13 【鱞】〔24〕 カン[漢] (クヮン) | [平] 刪 guān コワン | U補J 9C5E 7543 —

[意味] ①魚の名。②やもお。妻のない男。男やもめ。＝鰥(かん)

魚13 【鱟】〔24〕 コウ[漢] | [去] 宥 hòu ホウ | U補J 9C5F 7544 ②9385

[意味] ①〈かぶとがに〉 かぶりうお。②〈にじ〉 虹。

魚13 【鱐】〔24〕 シュク[漢] | [入] 屋 sù スー | U補J 9C50 7536 ①9451

[意味] ほしうお。干物。

魚13 【鱮】〔24〕 ショ[漢] | [上] 語 xù シュイ | U補J 9C6E 7551 ②9390

魚4 【魣】〔15〕 同字 | U補J 9B63 7435 ②9333

[意味] 〈たなご〉 鮒(ふな)に似た小形の淡水魚。

魚13 【鱣】〔24〕 [一]テン[漢] [二]セン[漢] ゼン[呉] | [一][平] 先 zhān チャン [二][上] 銑 shàn シャン | U補J 9C63 7545 ①9453

[意味] [一]①ちょうざめ。②鯉(こい)の一種。[二]たうなぎ。かわへび。＝鱓・鱔(せん) [国]〈うつぼ〉〈うみへび〉

【鱣堂】(せんどう(だう)) 学校。講堂。楊震(ようしん)の講堂に、鱣(うなぎ)をくわえた鳥が来たのを、出世の象徴とした故事。〈後漢書(ごかんじょ)・楊震(ようしん)伝〉

【鱣鮪】(てんい(ゐ)|せんい) こいとしび。ふかとしび。

【鱣鯨】(てんげい|せんげい) ふかに似た大魚やくじら。大きな魚。

魚13 【⿰魚普】〔24〕 ホ[漢] フ[慣] | [上] 麌 pǔ プー | U補J — — —

[意味] 〈いるか〉 くじらの一類。江豚。海豚。

魚13 【鱝】〔24〕 フン[漢] | [上] 吻 fèn フェン | U補J — — —

[意味] 〈えい(えひ)〉 魚の名。えい類の通称。鰩(よう)。

魚12 【鱝】〔23〕 俗字 | U補J 9C5D 7542 ②9384

魚13 【鱗】〔24〕 [人] [標] | U補J 9C57 — 4658

[旧字] 魚12 【鱗】〔23〕 リン[漢][呉] | [平] 真 lín リン | U補J — — —

[意味] ①〈うろこ〉〈こけら〉 ②〈うろくず(うろくづ)〉 ㋐うろこ。㋑魚類。③うろこのある動物の総称。④うろこのような形をしたもの。⑤こけ。苔(たい)。⑥かさなる。集まる。

【鱗羽】(りんう) うろこと羽。魚類と鳥類。

【鱗雲】(りんうん) うろこぐも。

【鱗介】(りんかい) 魚類と貝類。

【鱗茎(莖)】(りんけい) [植]短いくきに、厚い葉が重なった地下茎。

【鱗甲】(りんこう(かふ)) ①うろことこうら。②魚類と甲殻(こうかく)類。③うろこ状のこうら。④性質にかどがある。

【鱗次】(りんじ) 「鱗比(りんぴ)」に同じ。【―櫛比】(りんじしっぴ) うろこや、くしのように、順序よく続いて並んでいる。繁盛している市街。

【鱗集】(りんしゅう(しふ)) ①魚が集まる。②むらがり集まる。

【鱗比】(りんぴ) 魚のうろこのように並んでいる。

【鱗文】(りんぶん) うろこのようなもよう。

【鱗毛】(りんもう) 魚類と獣類。動物。

【鱗鱗】(りんりん) あざやかで美しいさま。

◇片鱗(へんりん)・逆鱗(げきりん)

魚13 【鱧】〔24〕 レイ[漢] | [上] 薺 lǐ リー | U補J 9C67 — 8271

[意味] ①雷魚。②うなぎ。[国]〈はも〉

魚13 【鱫】〔24〕 [国字] アイ | U補J 9C6B 7549 ②9388

[意味] 鱫鱜(あいきょう)は、①鮎(あゆ)の年をへたもの。②子持ちの鮎を干したもの。

魚13 【鱜】〔24〕 [国字] キョウ(キャウ) | U補J 9C5C 7548 ②9376

[意味] 鱫鱜(あいきょう)は、①鮎(あゆ)の年をへたもの。②子持ちの鮎を干したもの。

魚13 【鱪】〔24〕 [国字] | U補J 9C6A 7547 ②9387

[意味] 〈しいら〉〈しびら〉 シイラ科の海水魚。＝鱰(しいら)

魚13 【鱩】〔24〕 [国字] | U補J 9C69 7546 ②9386

[意味] 〈はたはた〉 かみなりうお。うろこはなく、味は淡白。＝鰰(はたはた)

魚13 【鱥】〔24〕 [同]→鱖(一四二五ページ・下)

魚14 【鱨】〔25〕 ショウ[漢] (シャウ) | [平] 陽 cháng チャン | U補J 9C68 7550 —

意味 ぎぎ。ぎばち。黄顙魚。

魚14【鱰】〔25〕国字　意味〈しいら〉〈しびら〉シイラ科の海水魚。＝鱪　J ②9391　補 7552　U 9C70

魚14【鱭】〔25〕同→鮆（一四二〇ページ・上）

魚15【鱶】〔26〕ショウ（シャウ）漢 上 養 xiǎng シアン　意味 ＝鯗（一四二二ページ・下）国〈ふか〉大形のさめの俗称。　J 8272　補 ―　U 9C76

魚15【鱵】〔26〕シン 漢 平 侵 zhēn チェン　意味〈さより〉下あごが鋭い近海魚。　J ②9393　補 7554　U 9C75

魚15【鱲】〔26〕リョウ（レフ）漢 入 葉 liè リエ　意味 おいかわ。桃花魚。国〈からすみ〉鯔の卵巣を塩漬けにして乾燥させた食品。鱲子。　J ②9392　補 7553　U 9C72

魚16【鱷】〔27〕ガク 漢 入 薬 è オー　意味〈わに〉＝鰐「鱷魚」　J ①9455　補 7555　U 9C77

魚16【鱸】〔27〕ロ 漢 平 虞 lú ルー　意味 ①〈すずき〉②はぜに似た魚。松江（江蘇省）の名産。　J 8273　補 ―　U 9C78

魚4【魲】〔15〕俗字　J ①9435　補 ―　U 9B72

魚19【鱺】〔30〕一 レイ 漢 一 平 斉 lí リー　二 レイ 漢 二 上 薺 lǐ リー　意味 一〈うなぎ〉「鰻鱺」二 雷魚。　J ②9394　補 ―　U 9C7A

魚22【鱻】〔33〕一 セン 漢 一 平 先 xiān シエン　二 セン 漢 二 上 銑 xiǎn シエン　意味 一 ①生の魚やにく。また、新しい。新鮮。＝鮮 ②魚の総称。二 少ない。＝鮮　J 7556　補 ―　U 9C7B

11画

鳥部　とり　とりへん

【部首解説】「長い尾のとり」にかたどる。この部には、「鳥」の名称に関連するものが多く、鳥の形を構成要素とする文字が属する。

鳥0【鳥】〔11〕学2　チョウ　とり　チョウ（テウ）漢 呉 上 篠 niǎo ニアオ　J 3627　補 ―　U 9CE5

筆順 ′ 丆 户 户 自 鳥 鳥

意味 ①〈とり〉〈と〉もと、尾の長い鳥の意。のち、広くとりの総称となる。↓隹（一三四〇ページ・下）・禽（九〇四ページ・上）②とりのように、人や物の集まるようす。「鳥集」③星の名。「朱鳥」④男子の生殖器。音 diǎo ティアオ。＝屌

解字 象形。とりの形を表した字。同じ「とり」でも、鳥は尾の長いもの、隹は尾の短いものである。

姓 鳥羽・鳥見・鳥取・鳥取部・鳥栖・鳥辺山　難読 鳥渡・鳥屋　地名 鳥羽・鳥取・鳥

【鳥夷】中国東北部の民族の名。

【鳥雲】①鳥や雲のように集まったり散ったりすること。陣の立てかたの自由で変化のあるさま。②小鳥の飛ぶ群れが雲のようにみえるもの。

【鳥革翬飛】鳥が翼をひろげ、きじがとぶさま。建物のりっぱなようす。〈詩経・斯干〉

【鳥瞰図（圖）】高いところから、見おろしたように描いた地図。

【鳥罟】鳥をつかまえる網。鳥あみ。

【鳥語】①鳥のなき声。②異人のことば。

【鳥觜魚腮】鳥のくちばしのような口と、魚のえらのようなあご。利口そうな人相。觜は、嘴に同じ。

【鳥嘴薄舌】鳥のくちばしのような口と、うすい舌。悪人の人相。

【鳥雀】すずめ。とりと、すずめ。小鳥。

【鳥銃】鳥をうつ鉄砲。

【鳥獣（獸）】鳥やけだもの。

【鳥集鱗萃】鳥や魚のように、むらがり集まる。市街地のにぎやかな様子。〈張衡・西京賦〉

【鳥声（聲）】鳥の鳴き声。

【鳥性】鳥の心。鳥の本性。

【鳥跡】①鳥の足あと。②文字。大昔、蒼頡が鳥の足あとをみて文字を作ったという伝説による。＝鳥迹

【鳥葬】死者を野に捨てて、鳥のついばむにまかせる葬法。

【鳥篆】①古代の篆書文字。②鳥の足あと。

【鳥道】鳥の通る道。鳥がやっと通れるほどのけわしい道。

【鳥媒】①鳥をさそい捕らえるおとり。②鳥が花粉を「媒介すること。」

【鳥面鵠形】鳥のようなかおで、白鳥のようなかたち。飢えてやせおとろえたさま。

【鳥目】一 ①鳥の目。②国穴あき銭。二 国夜、目が見えなくなる病気。夜盲。

【鳥路】①鳥の飛ぶ道。②まっすぐな道。

【鳥弄】鳥のさえずる声。

【鳥羽絵（繪）】国江戸時代の戯画。平安時代の僧で、諷刺的な絵にたくみであったといわれる鳥羽僧正の名にちなんだもの。

【鳥見】国狩りのとき、鳥や獣の通った跡を見る役。

【鳥居】国神社の参道の入り口に建てた門。【――派】国江戸時代、浮世絵の一派。鳥居清信が祖。

【鳥追】国①農家の年中行事の一つ。②江戸時代、新年に門付をした女。③かかし。

【鳥毛立女屛風】国正倉院御物の一つ。鳥の毛を貼って描いた美人画のびょうぶ。

【鳥辺（邊）山】国京都市東部の山。火葬場・墓地で名「高い。」

【鳥臓（臟）】国鳥の内臓。もつ。

【鳥窮則啄】鳥は追いつめられて逃げ場をなくすと、かえって相手をくちばしでつつく。〈荀子・哀公〉

『鳥尽（盡）弓蔵（藏）』鳥をとり尽くすと、弓は不要になって、しまわれる。いらなくなると棄てられるたとえ。〈史記・越世家〉

『鳥飛毛落』跡がかくれもないこと。魚行水濁。

『鳥鳴山更幽』鳥が鳴くと、山はいっそう静かに感じる。〈王籍の詩・入若耶渓〉

『鳥之将（將）レ死、其鳴也哀』鳥は死が近づくと、恐れて悲しげに鳴く。「人之将レ死其言也善（人が死ぬときは、よいことをいう。）」の上につけられることば。〈論語・泰伯〉

◆小鳥・山鳥・水鳥・文鳥・白鳥・玄鳥・益鳥・飛鳥・害鳥・時鳥・野鳥・渡鳥・焼鳥・窮鳥・百舌鳥・沓手鳥・保護鳥・一石二鳥

鳥0『烏』→火部六画（七六九ページ・上）

11画　魚鳥鹵鹿麥（麦）麻（麻）

鳥1【鳦】〔12〕 イツ 漢 入 質 イチ 呉 yǐ イー J②9401 U補 ― 意味〈つばめ〉燕。玄鳥。乙鳥。

鳥2【鳦】〔13〕 同字 J7557 U補9CE6

鳥2【鳩】〔13〕 人 キュウ(キウ) 漢 平 尤 ク 呉 jiū チウ J4023 U補9CE9

意味 ①〈はと〉 ②〈やまばと〉きじばと ③〈あつま・る〉〈あつ・める(――・む)〉＝糾「鳩合」 ④安んずる。落ちつかせる。 ⑤土地をはかる。 ⑥小さい車。

解字 形声。鳥が形を表し、九が音を示す。九には集まる意味がある。鳩は集まる鳥である。

姓 鳩山 地名 鳩ケ谷 難読 鳩尾

【鳩居】 ①婦人が夫の家におちつくこと。②そまつな家。〈詩経・鵲巣〉

【鳩胸】 ①胸が張り出していること。②国三味線のさおと胴の接するところ。

【鳩形鵠面】 はとのようなからだと、白鳥のような顔。飢えてやせおとろえたさま。〈資治通鑑・梁〉

【鳩首】 くびを集める。人が集まって相談するさま。「鳩首凝議」

【鳩杖】 ①はとの飾りのついた箸。②はとの飾りのついた杖。老人にくだされるもの。はとづえ。

【鳩巣】 はとのす。そまつな住まい。

【鳩尾】 ①胸と腹との間のくぼんだところ。みずおち。みぞおち。②国よろいの左肩のおおい。

【鳩槃茶】 仏悪神の名。頭は馬、からだは人で、人の血を吸う。夜叉の一つ。転じて、みにくい女。

【鳩摩羅什】 人名。東晋末の僧。西域の亀茲より長安(今の西安)に入り、多くの仏経を翻訳した。(三四四～四一三)

鳥2【鳭】〔13〕 トウ 漢 平 蕭 (タウ) diāo ティアオ J ― U補9CED

意味 鳭鷯は、よしきり。葦の中にすむ。ウグイス科。葦切。行行子。

鳥2【鳧】〔13〕 フ 漢 平 虞 fú フー J8274 U補9CE7

鳥2【鳬】〔9〕 俗字 J8275 U補9CEC

意味 ①〈かも〉のがも。まがも。②舒鳧は、あひる。③山の名。山東省鄒城市の南西にある。国〈けり〉①チドリ科の渡り鳥。②過去の助動詞「けり」の当て字。③きまり。決着。

【鳧影】 かもの飛ぶすがた。

【鳧鷖】 かもと、かもめ。

【鳧鷗】 かもと、かもめ。

【鳧雁】 かもと、かり。

【鳧渚(渚)】 かもの遊ぶなぎさ。渚は小さな中州。

【鳧鐘】 ①鳧氏が作ったという鐘の名。②国日本の「十二律の一つ。」

【鳧鶩】 かもと、あひる。

【鳧鷺水】 かもやさぎの遊んでいる流れ。

鳥2【鳰】〔13〕 国字 J8276 U補9CF0

意味 ①〈にお(にほ)〉カイツブリ科の水鳥。かいつぶりの古称。②鳰海・鳰湖は、琵琶湖。

鳥2【鳦】〔13〕 同 →鳦(本ページ・上)

鳥2【鳬】〔9〕 俗 →鳧(本ページ・上)

鳥2【鴈】〔13〕 同 →鴈(一四二九ページ・中)

鳥3【鳶】〔14〕 人 標 エン 漢 平 先 yuān ユワン J3848 U補9CF6

意味 ①〈とび〉とんび。タカ科の鳥。②凧。いかのぼり。「紙鳶」「風鳶」 国①〈とび〉㋐トビロ。道具の名。㋑とび職。②〈とんび〉二重まわし。男性の外套。

【鳶肩】 かたがあがって、とびのようなかっこうをしている。

【鳶尾】 いちはつ。あやめに似た草の名。

鳥3【鳲】〔14〕 シ 漢 平 支 shī シー J②9402 J7558 U補9CF2

意味 鳲鳩は、①郭公。よぶこどり。ホトトギス科。②きじばと。

鳥3【鳳】〔14〕 人 ホウ 漢 去 送 fèng フォン J4317 U補9CF3

意味 ①〈ほうおう(ほうわう)〉〈おおとり(おほとり)〉想像上の瑞鳥。聖人が世に出る時にあらわれるという、瑞兆の鳥。雄を鳳、雌を凰という。「鳳凰」②天子に関する物事につけていう。③かぜ。＝風

(鳳①)

解字 形声。鳥が形を表し、凡が音を示す。聖人の出現に応じてあらわれるという瑞鳥。

地名 鳳至 難読 鳳蝶

【鳳逸(逸)】 ほうおうが群を離れる。英才が世に出ないでいること。

【鳳掖】 皇太子の宮殿。

【鳳凰】 ほうおうの雄と雌。【――台(臺)】台の名。中国各地に多くある。李白の詩のは、江蘇省南京市の南、杜甫の詩のは、甘粛省成県の東南にあった。【――于飛】似合いの仲よし夫婦を祝うことば。〈左伝・荘公二十二〉

【鳳管】 笛の一種。笙のふえ。

【鳳挙(擧)】 ほうおうのように高く遠く飛ぶ。使者が遠く行くこと。四方に勢いをふるう。

【鳳闕】 ①宮城の門。②宮城。

【鳳児(兒)】 ほうおうの子。すぐれたこどもをいう。

【鳳翔(翔)】 ①ほうおうが飛ぶ。②地名。長安(今の西安市)の西北方にあり、唐代には四京の一つとして西京といわれた。陝西省鳳翔県。

【鳳城】 ①天子の都。②長安(今の西安市)をいう。

【鳳翥鸞翔(翔)】 ほうおうが高く飛ぶ。筆づかいのすぐれたさま。

【鳳雛】 ①ほうおうのひな。②将来見こみのある青年。

【鳳声(聲)】 手紙で、伝言をたのむときのことば。鶴声。

【鳳舃】 ほうおうの飾りのついた婦人のくつ。

【鳳池】 宮中内の池の名。鳳凰池。転じて、中書省・宰相、また宮中をさす。

【鳳鳥】 おおとり。すぐれた天子の世に現れる伝説上のめでたい鳥。「鳳鳥不レ至」〈論語・子罕〉

【鳳徳】 りっぱな徳。身についた、すぐれたよい点。

【鳳靡鸞吪】 鳳の死を靡といい、鸞の死を吪という。死んだ婦人をとむらうことば。〈禽経〉

【鳳毛】 ①すぐれたむすこ。②りっぱな姿。③文才のあるたとえ。【――麟(麟)角】ほうおうの毛と騏麟のつの。めったにないすぐれた人や物をいう。

【鳳梨】 パイナップル。

【鳳暦(曆)】 こよみの美称。

【鳳輦】 天子の乗る車。

【鳳来(來)麟(麟)現】 ほうおうや麒麟(ともに太平の世に出る動物)があらわれる。めでたいしらせ。

【鳳鳴二朝陽一】 ほうおうが山の東で鳴く。すぐれた人物がよい時代に活躍する。また、人のいわないこ

とを思い切っていうこと。〈詩経・巻阿〉
【鳳生鳳児(兒)】ほうおうからほうおうの子が生まれる。すぐれた親がすぐれた子を生むたとえ。

鳥3
【鳴】〔14〕学2 メイ なく・なる・ならす
ベイ漢 ミョウ(ミャウ)呉 平 庚 míng ミン
メイ慣
J 4436 補 U 9CF4

筆順 口 吖 吅 吘 咱 咱 鳴 鳴

意味 ①〈な・く〉鳥獣や虫がなく。②〈な・る〉㋐物が音をだす。㋑なりひびく。名声がきこえわたる。③〈なら・す〉④〈なき〉なきごえ。⑤叫ぶ。⑥呼ぶ。⑦述べる。

解字 会意。口と鳥とを合わせた字で、おん鳥がなくことを表す。

姓 鳴海(なるみ) 地名 鳴門(なると) 難読 鳴子(なるこ)

【鳴板】(なるいた) 国宮中、清涼殿南端入り口にある、踏むと音がするしかけの床板。見参の板。

【鳴神】(なるかみ) 国①かみなり。②歌舞伎十八番の一つ。【――月】(なるかみづき) 国陰暦六月。

【鳴子】(なるこ) 国田畑を荒らす鳥をおどして追いはらうための音を立てる板。

(鳴子)

【鳴鴉】(めいあ) 鳴くからす。

【鳴鶴】(めいかく) 鳴くつる。「鳴鶴在陰(めいかくいんにあり)」(陰はかくれた場所。)〈易経・中孚〉

【鳴雁】(めいがん) 鳴いて飛ぶかり。

【鳴鳩】(めいきゅう(きう)) 鳥の名。①じゅずかけばと。いかるが。②か「むりどり。

【鳴玉】(めいぎょく) 音のする玉。帯につける。佩玉。

【鳴禽】(めいきん) さえずる鳥。

【鳴弦】(めいげん) ①弓づるをならす。②国悪魔よけに弓づるを鳴らす儀式。

【鳴号(號)】(めいごう(がう)) なきさけぶ。

【鳴謝】(めいしゃ) 深く礼をいう。

【鳴嘯】(めいしょう(せう)) 鳴き叫ぶ。さえずる。

【鳴鐘】(めいしょう) ①かねの音。②時刻を知らせるかね。

【鳴条(條)】(めいじょう(でう)) ①風に鳴る枝。②地名。今の山西省運城市付近。殷の湯王が、夏の桀王を滅ぼした所。

【鳴騶】(めいすう) いなく馬。騶は、貴人が出かけるとき、ともをする騎士の乗る馬。

【鳴声(聲)】(めいせい) 鳴く声。なきごえ。

【鳴箭】(めいせん) かぶら矢。

【鳴笛】(めいてき) 笛を吹く。また、笛。

【鳴動】(めいどう) なりうごく。音をたててうごく。「泰山鳴動」

【鳴鑾】(めいらん) ①天子の車につける鈴。②天子の乗用車。
◇▼共鳴・耳鳴・蛙鳴・鹿鳴・悲鳴・雷鳴

11画　魚鳥鹵鹿麥(麦)麻(麻)←

鳥4
【鴉】〔15〕標 ア漢 平 麻 yā ヤー
J 8277 補 U 9D09

鳥4【鵶】〔15〕同字 J ②9405 補 U 29FCE
鳥5【鵐】〔16〕俗字 J 補 U

意味 ①〈からす〉鳥。特に、はしぶとがらす。＝鴉 ②黒い色のたとえ。③鴉片は、けしの実から作った麻薬。阿片。

【鴉黄】(あおう(わう)) |あこう(くわう)| きいろい粉をひたいに塗ること。唐代の化粧法。

【鴉鬟】(あかん(くわん)) ①黒い色の毛。②あげまき。こどもの髪のゆいかた。③あげまきの少年少女。④こしもと。はしため。＝丫鬟
【鴉巣】(あそう(さう)) からすの巣。【――生鳳】(あそう(さう)ほうをしょうず(しゃうず)) からすの巣にほうおうが生まれる。平凡な親からすぐれた娘が生まれること。

【鴉鬢】(あびん) 女の黒いびんの毛。黒髪。

【鴉鷺】(あろ) 黒いからすと、白いさぎ。転じて、黒と白。

鳥4
【鴈】〔15〕ガン漢 去 諫 yàn イエン
J 8278 補 U 9D08

鳥2【鳫】〔13〕同字 J 8279 補 U 9CEB

意味 ①〈がん〉〈かり〉＝雁 ②あひる。③にせ。＝贋

【鴈陣】(がんじん(ぢん)) かりの列。

【鴈塔】(がんとう(たふ)) 塔の名。もと、インドの王舎城に、がんを供養して建てたもの。

鳥4
【鴒】〔15〕キン漢 平 侵 qín チン
J 7560 補 U 9CF9

意味 ①鳥の名。句喙鳥。②鳥がえさをついばむ。

鳥4
【鴃】〔15〕ケキ漢 ゲキ慣 入 錫 jú チュイ
J 8280 補 U 9D03

意味 〈もず〉百舌。百舌鳥。＝鴂・鶪・鵙
【鴃舌】(げきぜつ) 野蛮人のことば。

鳥4
【鴂】〔15〕
一 ケツ漢 一 入 屑 jué チュエ
二 ケキ漢 ゲキ慣 二 入 錫 jú チュイ
三 ケイ漢 三 平 支 guī コイ
J ②9404 補 U 9D02

意味 一鶗鴂は、①みそさざい。鷦鷯。②ふくろう。二百舌。伯労。百鶪。＝鴃・鶪・鵙 三鶗鴂は、子規鳥。ほととぎす。＝鷤鴂・鶗鴂

鳥4
【鳫】〔15〕コ漢 上 麌 hù フー
J 補 U 9CF8

意味 〈ふなしうずら(ふなしうづら)〉鴳。＝扈

鳥4
【鴕】〔15〕シ漢 平 支 zhī チー
J 7559 補 U 9CF7

意味 鴕鵲は、①鳥の名。ことばを理解するという大鳥。②かささぎ。③漢代の宮殿の名。

鳥4
【鴟】〔15〕シ漢 平 支 shī シー
J 補 U 9CFE

意味 鳥の名。ごじゅうから。

鳥4
【鴆】〔15〕チン漢 去 沁 zhèn チェン
J 8281 補 U 9D06

意味 ①〈ちん〉㋐羽に毒のある鳥の名。㋑ちんの羽をひたした毒酒。＝酖「鴆酒」「鴆毒」②ちん毒で人を殺す。「鴆殺」

鳥4
【鴇】〔15〕ホウ漢 上 皓 bǎo パオ
J 3830 補 U 9D07

意味 ①がんの一種。のがん。②くろあしげの馬。③やりて。遊女をとりしまる老女。国〈とき〉①鳥の名。つき。朱鷺。鴾・鴇とも表記する。②色の名。淡紅色。

【鴇羽】(ほうう) ①のがんのはね。②「詩経」の編名。兵役に出された農民が父母を養えないことを嘆いたもの。

【鴇母】(ほうぼ) 「老女。やりてばば。遊女屋で、遊女の世話をするなかい。

鳥4
【鴋】〔15〕
一 ホウ漢(ハウ) 一 平 陽 fāng ファン
二 ホウ漢(ハウ) 二 平 陽 fǎng ファン
J ②9403 補 U 9D0B

意味 一鶝鴋は、①鳥の名。顔が白く、体が青い。②沼の神の名。二鳥の名。沢虞。護田鳥。溝五位ともいう。

鳥4【鴉】〔15〕同 ↓鴉(本ページ・中)
鳥4【鴎】〔15〕簡 ↓鷗(一四三六ページ・中)

鳥5
【鴥】〔16〕イツ漢 入 質 yù ユイ
J 補 U 9D25

意味 たかや、はやぶさなどが速く飛ぶさま。

鳥5【鴪】〔16〕同字 J 8282 補 U 9D2A

鳥5
【鴛】〔16〕エン漢(ヱン) 平 元 yuān ユワン
J 1785 補 U 9D1B

意味 〈おしどり(をしどり)〉 雄のおしどり。鴛は雄、鴦は雌のおしどり。↕鴦

【鴛鴦】えん(ゑん)おう(あう) おしどり。また、おしどり。【——瓦】えん(ゑん)おう(あう)のかわら(かはら) 対になっているかわら。おしどりの形のかわら。【——偶】えん(ゑん)おう(あう)のぐう おしどりのつがい。仲のよい夫婦。【——契】えん(ゑん)おう(あう)のちぎり 夫婦仲のよいたとえ。【——衾】えん(ゑん)おう(あう)のふすま ①夫婦がいっしょに寝る夜具。②おしどりのもようのあるふとん。『——瓦冷』えん(ゑん)おう(あう)のかわら(かはら)ひややかなり おしどりの形の屋根瓦は夜露にぬれ、ひややかである。〈白居易・長恨歌〉

【鴛行】えん(ゑん)こう(かう) 朝廷に並ぶ文官の列。「為報鴛行旧」(私のために、朝廷の旧友に知らせてくれ。)〈杜甫の詩・秦州雑詩〉

【鴛侶】えん(ゑん)りょ ①なかまの役人。同僚。②つれあい。

鳥5 【鴨】〔16〕 標 入 オウ 漢 (アフ) 入 洽 yā ヤー | J 1991 補 ― U 9D28

意味 ①ガンカモ科の水鳥。㋐あひる。「家鴨」㋑〈かも〉のがも。野性のかも。②水鳥の総称。国〈かも〉①まがも。②勝負ごとで、食いものにしやすい相手。

名前 まさ 地名 鴨川

【鴨脚】おう(あふ)きゃく 銀杏樹のこと。葉がかもの足に似ているところからいう。

【鴨水】おう(あふ)すい 国鴨川。京都の川の名。賀茂川。加茂川。「川」

【鴨頭】おう(あふ)とう ①かものあたま。②緑色の水。『——不レ赤、鶴頭不レ緑(綠)』おう(あふ)とうあかからず、かくとうみどりならず かもの頭は赤くないし、つるの頭は緑色でない。それぞれが本性にもとづいている。

【鴨緑(綠)江】おう(あふ)りょく(りよく)こう(かう) 川の名。中国東北部と朝鮮半島との境を西に流れる。

【鴨居】かもい(ゐ) 国障子やふすまをあけたてできるように溝をつけてある横木で、へやの上部にある。↕敷居

【鴨子】ヤーツ yāzi 現あひる。

鳥5 【鴦】〔16〕 ヨウ(ヤウ) 漢 平 陽 オウ(アウ) 漢 yāng ヤン | J 8283 補 ― U 9D26

意味 〈おしどり(をしどり)〉 雌のおしどり。↕鴛

鳥5 【鴐】〔16〕 カ 漢 平 歌 gē コー | J ― 補 ― U 9D10

意味 鴐鵝は、雁の一種。

鳥5 【鴞】〔16〕 ヨウ(エウ) キョウ(ケウ) 漢 慣 平 蕭 xiāo シアオ | J ①9457 補 7568 U 9D1E

意味 〈ふくろう(ふくろふ)〉 古代では不吉な鳥とされていた。

【鴞炙】きょう(けう)しゃ ふくろうの焼き肉。＝梟「鴞鳥」「鴟鴞」

鳥5 【鴝】〔16〕 一ク 漢 平 虞 qú チュイ 二コウ 漢 平 尤 gōu コウ | J ①9456 補 7567 U 9D1D

意味 一鴝鵒は、鳥の名。ははっちょう。八哥鳥。二①鴝鵒は、ふくろう。②きじが鳴く。

鳥5 【鴣】〔16〕 コ 漢 平 虞 gū クー | J 8285 補 ― U 9D23

意味 鷓鴣は、やまうずら。褐色で胸に白い斑がある。

鳥5 【鴜】〔16〕 シ 漢 平 支 cí ツー | J ― 補 7566 U 9D1C

意味 ①〈はは どり〉 かわせみに似た鳥。②めす。＝雌

鳥5 【鴟】〔16〕 シ 漢 呉 平 支 chī チー | J 8286 補 ― U 9D1F

意味 ①〈とび〉＝鵄 ②〈ふくろう(ふくろふ)〉 みみずく。③はいたか。④鴟鴞は、㋐ふくろう。㋑みそさざい。⑤軽んじる。

【鴟夷】しい 馬の皮で作った酒の袋。【——子皮】しいしひ 春秋時代、越国の范蠡が用いた変名。〈史記・越王勾践世家〉

【鴟梟】しきょう(けう) ふくろう。

【鴟張】しちょう(ちゃう) ふくろうがつばさを張ったように、わがままでたけだけしいようす。

【鴟尾】しび 屋根の両はじにつけた魚尾形の飾り。

【鴟吻】しふん 「鴟尾」に同じ。

【鴟目虎吻】しもくこふん ふくろうのような目と、とらのような口。欲深でたちの悪い顔つきをいう。〈漢書・王莽伝〉

鳥5 【鴡】〔16〕 ショ 漢 平 魚 jū チュイ | J ― 補 ― U 9D21

意味 〈みさご〉 鳥の名。＝雎「鴡鳩」

鳥5 【鴑】〔16〕 ジョ 漢 平 魚 rú ルー | J ②9406 補 7563 U 9D11

意味 鳥の名。牟母。ふなしうずら。＝鴽

鳥5 【鴕】〔16〕 タ 漢 ダ 慣 平 歌 tuó トゥオ | J 8288 補 ― U 9D15

意味 〈だちょう(だてう)〉「鴕鳥」

鳥5 【鴘】〔16〕 ヘン 漢 上 銑 biǎn ピエン | J ②9408 補 7565 U 9D18

意味 二回羽のかわった三歳タカ。あおたか。もろかえり。

難読 山鴘

鳥5 【鴗】〔16〕 リュウ 漢 (リフ) 入 緝 lì リー | J ②9407 補 7564 U 9D17

意味 鳥の名。かわせみ。羽は、みどり色。天狗。国〈そにどり〉 かわせみの古名。青の枕詞。また、水狗。

鳥5 【鴒】〔16〕 レイ 漢 平 青 líng リン | J 8289 補 ― U 9D12

意味 鶺鴒は、燕に似た水辺にすむ小鳥。＝脊令・鶺鴒

鳥5 【鴫】〔16〕 国字 | J 2818 補 ― U 9D2B

意味 〈しぎ〉 シギ科の鳥の総称。くいなに似た、嘴と足の長い渡り鳥。鷸。

【鴫焼(燒)】しぎやき 国なすを油でいため、あるいは油を塗って火であぶり、みそをつけて焼いた料理。

鳥5 【鴉】〔16〕 俗 ↓鴉(一四二九ページ・中)

鳥5 【鴬】〔16〕 俗 ↓鶯(一四三五ページ・上)

鳥5 【鴪】〔16〕 同 ↓鴥(一四二九ページ・下)

鳥5 【鴜】〔16〕 同 ↓雌(一三四五ページ・中)

鳥6 【鴳】〔17〕 アン 漢 去 諫 yàn イエン | J 7572 補 ― U 9D33

意味 〈ふなしうずら(ふなしうづら)〉 かやぐき。かやくぐり。めうずら。鶉に似た小鳥で斑のないもの。鳸。鴽。＝鷃・鴽「鶉鴳」「鴳雀」

鳥6 【鵅】〔17〕 一カク 漢 入 陌 gé コー 二ラク 漢 入 薬 luò ルオ | J 7576 補 ― U 9D45

意味 一ふくろう。「鵋鵅」二水鳥の名。

鳥6 【鴰】〔17〕 カツ 漢 (クヮツ) 入 黠 guā コワ | J 7570 補 ― U 9D30

意味 ①〈まなづる〉「鴰鹿」「鴰捋」②からす。

鳥6 【鵂】〔17〕 キュウ 漢 (キウ) 平 尤 xiū シウ | J ②9414 補 7578 U 9D42

意味 〈みみずく(みみづく)〉 このはずく。フクロウ科の鳥。木莵。「鵂鶹」「鴟鵂」

鳥6 【鴻】〔17〕 入 コウ 漢 平 東 hóng ホン | J 2567 補 ― U 9D3B

意味 ①〈おおとり(おほとり)〉 ㋐くぐい。白鳥。天鵝。㋑〈ひしくい(ひしくひ)〉 大雁。②書信・手紙のたとえ。「飛鴻」「来鴻」③大きい。強い。盛ん。＝洪 ④大水。＝洪 ⑤ひとしい。＝傭

解字  形声。鳥が形を表し、江が音を示す。江は洪と音が通じ、洪のもつ大きい、さかんの意と同じ意に用いら

れ、鴻はおおとり、はくちょうを意味する。

名前 ひろ・ひろし 姓 鴻池 地名 鴻巣

【鴻案】夫婦が仲よく、相うやまうこと。後漢の梁鴻は貧しかったが、妻はつねに案(お膳)を高くささげて差し出したことによる。〈後漢書・梁鴻伝〉

【鴻恩】大きなめぐみ。大恩。

【鴻雁】かり。大を鴻、小を雁という。

【鴻基】大きな事業のもとい。

【鴻義】大きな義理。大きな忠義。

【鴻業】大きな事業。大業。

【鴻荒】大昔。古代。

【鴻号(號)】①りっぱな呼び名。②天子の名。

【鴻鵠】おおとりや、くぐい。大人物にたとえる。【――之志】大人物の志望。大きな理想。

【鴻志】大きなこころざし。大望。

【鴻儒】学問の深い人。大学者。

【鴻緒】①国家を治める大業。②王家の血統。

【鴻毳】ひしくいのにこ毛。軽いもののたとえ。【――沈レ舟】たいした力はなくても、時には大きな害になるたとえ。つまらぬ相手でもおろそかにしないというましめ。〈新論〉

【鴻図(圖)】①大きな計画。天子の大きなもくろみ。②広い領土。

【鴻都】①後漢時代の門の名。中に学校と図書館とを置いた。「鴻都門」②大きな都。

【鴻洞】①うちつづくさま。②奥深いさま。

【鴻博】学問や見識が大きくひろい。

【鴻飛】おおとりが飛ぶこと。【――冥冥】①俗世間から遠ざかり、わざわいを受けないこと。〈後漢書〉②悪人が高とびをして、つかまらないこと。

【鴻筆】すぐれた文章。

【鴻名】りっぱな名まえ。大きな名誉。

【鴻毛】おおとりの毛。軽いもののたとえ。

【鴻門】地名。今の陝西省西安市臨潼区付近。漢の高祖と楚の項羽が会見したところ。「鴻門玉斗紛如レ雪」(鴻門での会見の折に、范増のたたき割った玉のさじは、雪のように砕け散った。)〈曾鞏の詩・虞美人草〉

【鴻猷】大きな事業の計画。

【鴻烈】①大きなてがら。②大きく明らか。③書名。「淮南子」のこと。【――解】書名。正しくは、「淮南鴻烈解」。漢の高誘著。「淮南子」の注釈書。

【鴻臚】①官名。属国担当の官。鴻臚寺。②鴻臚館。「霑二纓於鴻臚之暁涙一」(鴻臚館での朝がたの別れに、冠のひもを涙にぬらした。)〈和漢朗詠集・餞別〉【――館】国外国の来賓を接待したところ。【――寺】官名。属国や宗教・葬儀関係のことを扱う。

鳥6【鴴】〔17〕コウ 漢 平 庚 (カウ) héng ホン
U9D34 補7573
意味 ①すずめ。②〈ちどり〉→鵆(本ページ・下)

鳥6【鴿】〔17〕コウ 漢 呉 入 合 (カフ) gē コー
U9D3F J8291
意味〈はと〉いえばと。どばと。ハト科の鳥の総称。
【鴿子】gēzi 現はと。

鳥6【鵁】〔17〕一 コウ 漢 一 平 肴 (カウ) jiāo チアオ 二 コウ 漢 二 平 肴 (カウ) xiāo シアオ
U9D41 J8290
意味 一 鵁鶄は、ごいさぎ。赤頭鷺。茭鶏。 二 鶚

鳥6【鵄】〔17〕シ 漢 呉 上 紙 chī チー
U9D44 J8287
意味〈とび〉とんび。ワシタカ科の鳥。＝鴟

鳥6【鴲】〔17〕シ 漢 平 支 zhī チュー
U9D32 補7571 J②9412
意味 ①鳥の名。瞑鴲。小青雀。②孵化したばかりの毛の生えていないひな。国〈しめ〉アトリ科の小鳥。雀よりやや大きい。

鳥6【鴯】〔17〕ジ 漢 平 支 ér アル
U9D2F 補7569
意味 鶅鴯は、つばめ。

鳥6【鵊】〔17〕シュウ 漢 平 東 sōng ソン
U2A01A J②9411
意味 鳥の名。小型のタカ。雀などを捕らえる。「爵鵊」
参考 雀鵊は、鷹狩に使われる小型のタカ。めすを「つみ」、おすを「えっさい」とよぶ。

鳥6【鴽】〔17〕ジョ 漢 平 魚 rú ルー
U9D3D 補7577
意味〈ふなしうずら(ふなしうづら)〉かやぐき。かやくぐり。鴳。鳸。

鳥6【鵃】〔17〕チュウ 漢 平 尤 (チウ) zhōu チョウ
U9D43 補7579 J①9458
意味 鶻鵃は、嘴の太く黄色い渡り鳥。アトリ科。まめまわし。あさなきどり。鵤。斑鳩。＝鶌鳩

鳥6【鵜】〔17〕ティ 漢 平 斉 tí ティー
U9D3A 補7574
意味〈がらんちょう(がらんてう)〉ペリカン。＝鵜「鵜鶘」

鳥6【鴾】〔17〕ボウ 漢 平 尤 móu モウ
U9D3E J8292
意味 鴾母は、ふなしうずら。国〈とき〉〈つき〉①朱鷺。鳵・鴇とも書く。②色の名。淡紅色。
【鴾毛】国馬の毛色。赤みのあるあしげの馬。＝月毛

鳥6【鵂】〔17〕ユウ 漢 上 有 (イウ) yǒu ユー
U4CD1 J②9413
意味 鳥の名。白鵂。白鶴。雉の類。国〈あじ(あぢ)〉カモ科の鳥。ともえがもの古名。

鳥6【鴷】〔17〕レツ 漢 入 屑 liè リエ
U9D37
意味〈きつつき〉啄木鳥。

鳥6【鵈】〔17〕国字
U2A02F J②9409
意味〈うそ〉鵈張は、福島県の地名。

鳥6【鵆】〔17〕国字
U9D46 J8293
意味〈ちどり〉水辺にすむ小形の鳥。千鳥。

鳥6【鴇】〔17〕国字
U9D47 補7580 J①9459
意味〈とき〉①朱鷺。鳵・鴾とも書く。②色の名。淡紅色。

鳥6【鵇】〔17〕国字
U9D48 J8294
意味〈とび〉鳥の名。

鳥6【駱】〔17〕同→鷺(一四三八ページ・上)

鳥7【鵝】〔18〕ガ 漢 呉 平 歌 é オー
U9D5D J8301
意味 ①〈がちょう(がてう)〉「鵝鳥」②鵝鸛は、軍隊の陣だて。

鳥7【鵞】〔18〕同字
U9D5E J8302

【鵝王】がちょうの王様。【――喫レ乳】がちょうの王は、水と乳のまざったものから、乳をよりわけて飲む。善悪を区別するたとえ。

【鵝眼】穴あき銭に。丸くて中に四角の穴のある銭。

【鵝湖】がこ 山名。江西省鉛山県の付近にある。『——之会(會)』がこのかい(くゎい) 南宋の朱熹が、鵝湖で陸象山と、学問について論争したこと。
【鵝黄】がこう(くゎう) ①がちょうの黄色の毛。②酒・菊・柳など、黄色いものをたとえていう。
【鵝口瘡】がこうそう(さう) 医幼児の口の中がただれる病気。
【鵝頭法】がとうほう(はふ) 筆法の一種。鵝鳥の頭のように手首を動かして書く。東晋の王羲之が創始したと伝えられる。
【鵝毛】がもう ①がちょうの毛。「雪似鵝毛飛散乱（雪は鵝毛に似て飛んで散乱す）」(降る雪はがちょうの毛のように、風に吹かれてみだれ散る。)〈和漢朗詠集・雪〉 ②白くて軽いものの形容。雪や、やなぎのわたなど。③わずか。【——雪】がもうのゆき ①白雪。②やなぎのわたの飛ぶさま。

鳥7【鵟】〔18〕 キョウ 漢 (キャウ) 平 陽 kuáng コワン
U 9D5F 補 7584 J ②9416
意味 〈よたか〉 ふくろうの類。国〈くそとび〉 のすり。性質は荒く、野鼠をおそって食う。

鳥7【鵙】〔18〕 ケキ 漢 ゲキ 慣 入 錫 jú チュイ
U 9D59 補 8306 J —
意味 鳥の名。百舌。伯労。＝鶪・鴂

鳥7【鵑】〔18〕 ケン 漢 平 先 juān チュワン
U 9D51 補 8304 J —
意味 杜鵑とけんは、①ほととぎす。鶗鴂ていけい。子規・不如帰・時鳥とも書く。②さつき。やまつつじ。杜鵑花。映山紅。

鳥7【鵊】〔18〕 コウ 漢 (カフ) 入 洽 jiá チア
U 9D4A 補 7581 J ②9415
意味 鳥の名。杜鵑とけん(ほととぎす)。

鳥7【鵠】〔18〕 標
一 コク 漢 ゴク 呉 一 入 沃 hú フー
二 コク 漢 二 入 沃 gǔ クー
三 コウ(カウ) 漢 三 上 皓 hào ハオ
四 カク 漢 四 入 薬 hè ホー
U 9D60 補 2584 J —
意味 一①〈くぐい(くぐひ)〉 こうのとり。白鳥はくちょう。②白い。二①まと。㋐弓の的。侯こう。㋑的の中心。星。「正鵠」②鳱鵠かんこくは、かささぎ。三①広い。大きい。＝浩 ②白い。＝皓 四鶴つる。
地名 鵠沼くげぬま
【鵠志】こくし 高く大きな志こころざし。
【鵠的】こくてき 弓のまと。
【鵠髪】こくはつ 白髪。
『鵠不浴白』こくはよくせずしてしろし 白鳥は水をあびなくても白い。自然の本性をいう。〈荘子そうじ・天運〉
『刻鵠不成、尚類鶩』こくをきざみてならざるも、なお(なほ)ぼくにるいす 白鳥を彫刻して、しくじってもあひるには似る。まじめな人のまねをすれば、よい人になれる。〈後漢書ごかんじょ・馬援ばえん伝〉

鳥7【鵔】〔18〕 シュン 漢 去 震 jùn チュン
U 9D54 補 7583 J —
意味 鵔鸃しゅんぎは、錦鶏きんけい鳥。

鳥7【鵢】〔18〕 シン 漢 平 真 shēn シェン
U 9D62 補 7586 J ②9417
意味 鳥の名。→鷩へつ(一四三七ページ・中)

鳥7【鵜】〔18〕 入 標 テイ 漢 平 斉 tí ティー
U 9D5C 補 1713 J —
意味 鵜鶘ていこは、がらんちょう。ペリカン。くちばしが大きく、大きな水鳥。水に潜り魚を捕えてのどの奥に蓄える。＝鶗てい 国〈う〉 黒く大きな水鳥。
姓 鵜瀞うとろ・鵜甘部うかいべ
【鵜匠】うしょう(しゃう) 国うを使って魚をとる人。うじょう。
【鵜目鷹目】うのめたかのめ 国熱心に物をさがしもとめるさま。

鳥7【鵐】〔18〕 ブ 漢 ム 呉 平 虞 wú ウー
U 9D50 補 8305 J —
意味 鳥の名。①うずら。②しとど。ホオジロ類の総称。

鳥7【鵓】〔18〕 ホツ 漢 ボツ 慣 入 月 bó ボー
U 9D53 補 7582 J —
意味 ①鵓鴣ぼっこうは、いえばと。どばと。②鵓鴣ぼっこは、じゅずかけばと。かのこばと。鵓鳩ふきゅう。鵓鳩ぼっきゅう。

鳥7【鵒】〔18〕 ヨク 漢 入 沃 yù ユィ
U 9D52 補 — J ①9460
意味 鴝鵒くよくは、鳥の名。八哥鳥はっかちょう。ははっちょう。

鳥7【鵣】〔18〕 ライ 漢 去 泰 lài ライ
U 9D63 補 7585 J ①9461
意味 鳥の名。国おしどり。

鳥7【鵤】〔18〕 国字
U 9D64 補 8303 J —
意味 〈いかる〉〈いかるが〉 アトリ科の鳥。まめまわし。斑鳩。→鵤ちゅう(一四三一ページ・下)

鳥7【鵥】〔18〕 国字
U 9D65 補 7587 J —
意味 〈かけす〉〈かしどり〉 はとに似て小さいカラス科の鳥。

鳥7【鵞】〔18〕 同→鵝(一四三一ページ・下)

鳥7【[illegible]】〔18〕 同→鶴(一四三六ページ・上)

鳥8【鵶】〔19〕 ア 漢 平 麻 yā ヤー
U 9D76 補 7592 J ②9423
意味 〈からす〉 ＝鴉
『鵶頭白』あとうしろし 例のないこと。ものごとの成功しがたいたとえ。

鳥8【鵪】〔19〕 アン 漢 平 覃 ān アン
U 9D6A 補 7589 J —
隹11【䳜】〔19〕 本字 U 4A04 補 — J ②9185
鳥9【鶕】〔20〕 同字 U 9D95 補 7611 J —
意味 うずらの一種。ふなしうずら。→鴳あん(一四三〇ページ・下)

鳥8【鵷】〔19〕 エン 漢 (ヱン) 平 元 yuān ユワン
U 9D77 補 7593 J ②9424
意味 鵷鶵えんすうは、鳳凰ほうおうの一種。
【鵷行】えんこう(ゑんかう) 朝廷に並ぶ役人の列。
【鵷鶵】えんすう(ゑんすう) 鳥の名。鳳凰ほうおうの一種。〈荘子そうじ・秋水〉＝「鵷雛」
【鵷鸞】えんらん(ゑんらん) 鳳凰ほうおうの類。整然と並んで飛ぶという。
【鵷列】えんれつ(ゑんれつ) 朝廷に並ぶ役人の列。

鳥8【鵮】〔19〕 カン 漢 平 咸 qiān チエン
U 9D6E 補 — J —
意味 ついばむ。鳥がつついてたべる。

鳥8【鶏】〔19〕 常 ケイ にわとり
U 9D8F 補 2360 J —
旧字 鳥10【鷄】〔21〕 入 ケイ 漢 呉 平 斉 jī チー
U 9DC4 補 8317 J —
隹10【雞】〔18〕 本字 U 96DE 補 7088 J ①9366
隹8【䧳】〔16〕 同字 U 28FE8 補 — J ②9181

筆順							
〻	〻	奚	奚	奚	奚	鶏	鶏

意味 〈にわとり(にはとり)〉〈とり〉〈かけ〉 キジ科の家禽かきん。肉・卵を食用にする。
解字 [篆文] 形声。鳥が形を表し、奚けいが音を示す。奚の音は髻けい(まげ)に通ずる。鶏は、とさかのある鳥で、にわとりをいう。
難読 鶏冠とさか
【鶏冠】けいかん(くゎん) 一とさか にわとりのとさか。【——石】けいかん(くゎん)せき 砒素ひそと硫黄いおうの化合した石。赤黄色で、絵の具や花火に使う。
【鶏姦】けいかん 男どうしの性行為。男色。
【鶏眼】けいがん 手足の皮膚の一部が堅くなったもの。うおのめ。

【鶏狗】にわとりといぬ。「譁然而駭者、雖ニ鶏狗一不レ得レ寧焉」(さわがしく驚きおそれることは、人間はもちろん、にわとりや犬のたぐいまでも心安まらないありさまである。)〈柳宗元・捕蛇者説〉
【鶏群一鶴】多くの凡人の中で、とくにすぐれた者。
【鶏犬】にわとりや、いぬ。家畜。【――皆仙】淮南王安が、薬をなめ、仙人となって天に昇ったとき、残りの薬をなめたにわとりや犬が、みな仙人になったこと。一人が出世すると、なかまがそれにくっついて、役につくことをそしることば。〈神仙伝〉【――相聞】「鶏犬之声相聞」に同じ。〈陶潜・桃花源記〉【――之声(聲)相聞】家畜の鳴き声が聞こえる。村どうしの距離が近いさま。また、平和な村里のようす。〈老子・八十〉
【鶏口】にわとりの口。【鶏口牛後】「為ニ鶏口一無レ為ニ牛後一」に同じ。【為(爲)ニ――一無レ為(爲)ニ牛後一】にわとりの口となるとも、うしのしりになるな。大国のあとに従うよりも、小国の主になるほうがよいというたとえ。〈史記・蘇秦列伝〉
【鶏鼓子】「鶏皮鼓」に同じ。
【鶏骨】にわとりの骨。【――支床】にわとりのほねのようにやせ、いすにささえられて立つ。親をなくした悲しみにやつれはてたすがた。〈世説新語・徳行〉
【鶏子】①にわとりの子。②たまご。
【鶏塒】にわとりのねぐら。
【鶏舎】にわとり小屋。
【鶏人】周時代の官名。朝の時間を告げた。
【鶏窓】書斎。晋の宋処宗が長鳴鶏を得、かごに入れてまどに掛けたが、にわとりが人語を解し、終日談論したため、言辞が大いに進んだことによる。〈幽明録〉
【鶏虫(蟲)得失】にわとりが虫を食うことと、人がにわとりを食うことの比較。つまらないことを気にして争うたとえ。〈杜甫の詩・縛鶏行〉
【鶏頭】①にわとりの頭。②ヒユ科の草の名。③おにばすの実。鶏頭米。【――鳳尾】にわとりの頭とほうおうの尾。つまらぬ者が、のちにりっぱになること。また、にわとりになるのもほうおうになるのも、同じ身であるということ。
【鶏毒】毒薬の名。烏頭。
【鶏豚】にわとりとぶた。
【鶏皮】にわとりのかわ。【――鶴髪】にわとりのような皮と、つるのような髪。健康な老人。〈唐の玄宗の詩・傀儡吟〉【――鼓】にわとりの皮で作ったたいこ。皮がうすくて打てない。きたえがいのない修行者。
【鶏卜】にわとりの骨を煮て行ううらない。
【鶏鶩】にわとりやあひる。平凡な人。【――争(爭)レ食】にわとりやあひると食物をあらそう。つまらない生活をけなすことば。〈楚辞・卜居〉
【鶏鳴】①にわとりのなき声。一番どりの声。②時刻の名。午前二時ごろ。③早朝。【鶏鳴狗盗】にわとりの鳴きまねをする者や、犬のまねをして物をぬすむ者。〈王安石・読ニ孟嘗君伝一〉【――狗吠】「鶏犬相聞」に同じ。【――酒】一夜づくりの酒。
【鶏盲】とりめ。夜盲。
【鶏林】新羅の国の別名。後世は朝鮮半島全体をいう。【――八道】昔の朝鮮半島の八行政区画。
【鶏肋】①にわとりのあばら骨。たいして価値はないが捨てるには惜しいもののたとえ。②からだの弱いたとえ。
【鶏蛋】チータン jīdàn 現にわとりの卵。
【割レ鶏焉用ニ牛刀一】にわとりを料理するのに、牛をさく包丁はいらない。弟子の子游が町を治めるのを見て孔子が言った言葉。小さい町を治めるのに、大人物はもったいない、また、大げさなことはいらないというたとえ。〈論語・陽貨〉
◆水鶏・牝鶏・牡鶏・軍鶏・家鶏・野鶏・群鶏・養鶏・闘鶏・長鳴鶏

鳥8【鶂】〔19〕ゲキ 漢 入 錫 ギャク 呉 yì イー　J ―　補 7603　U 9D83
意味 ①さぎに似た水鳥。一説に、うのとり。＝鷁 ②鶂鶂は、がちょうの鳴き声。また、がちょう。

鳥8【鵳】〔19〕ケン 漢 平 先 jiān チエン　J ②9422　補 ―　U 9D73
意味 鷉鵳・鶙鵳は、鳥の名。のすり。鷂。タカより小形の猛禽。

鳥8【鵼】〔19〕コウ 漢 平 東 kōng コン　J ①9463　補 7601　U 9D7C
意味 怪鳥の一種。国〈ぬえ〉→鵺(一四三四ページ・中)

鳥8【鶊】〔19〕コウ 漢 平 庚 コウ(カウ) gēng コン　J ①9464　補 7606　U 9D8A
意味 鶬鶊は、ちょうせんうぐいす。

鳥8【鵾】〔19〕コン 漢 平 元 kūn クン　J ②9425　補 7602　U 9D7E
意味 ①〈とうまる(たうまる)〉大形のにわとり。＝鶤「鵾鶏」②鵾絃は、琴の音のかなしいさま。

鳥8【鵲】〔19〕シャク 漢 入 薬 ジャク 慣 què チュエ　J 8307　補 ―　U 9D72
意味〈かささぎ〉尾が長く、肩・腹の白いカラス科の鳥。
【鵲巣】①かささぎの巣。②「詩経」の編名。むすめが嫁入り先で、主婦としてしっかりした地位を得ることをうたったもの。
【鵲起】機会を見て行動する。チャンスをつかんで立ち上がる。
【鵲喜】よい前知らせ。かささぎがさわぐとよいことがあるという。
【鵲橋】①たなばたの夜、牽牛と織女が会うとき、かささぎが並んで、天の川をわたすという想像上のはし。②国宮中のきざはし。かささぎのはし。

鳥8【鶉】〔19〕シュン 漢 平 真 ジュン 慣 chún チュン　J 8308　補 ―　U 9D89
意味 ①〈うずら(うづら)〉②つぎはぎしたみすぼらしい衣服。「鶉服」③星座の名。「鶉火」④美しい。＝醇
【鶉衣】一じゅんい つぎはぎした着物。ぼろの着物。二うずらごろも 国書名。横井也有の俳文集。【――百結】あちらこちらつぎはぎしたぼろの着物。
【鶉火】星座の一つ。二十八宿のうち、南方に、井・鬼・柳・星・張・翼・軫の七つの星宿(朱鳥七宿という)があり、井から柳までを「鶉首」(秦の分野)、柳から張までを「鶉火」(周の分野)、張から軫までを「鶉尾」(楚の分野)という。
【鶉居】①うずらのように、住所が一定しないこと。〈荘子・天地〉②南南西の星座。井宿から柳宿まで。
【鶉野】長安(今の西安)の地をいう。二十八星宿を地上にあてはめると、長安が鶉首の宿にあたるからいう。

鳥8【鵻】〔19〕スイ 漢 平 支 zhuī チョイ　J ―　補 7594　U 9D7B
意味 ①〈じゅずかけばと〉②うずら。

鳥8【鶄】〔19〕セイ 漢 平 庚 jīng チン　J ②9426　補 7604　U 9D84
意味〈ごいさぎ(ごゐさぎ)〉「鵁鶄」→鵁(一四三一ページ・中)

11画
魚鳥鹵鹿麥(麦)麻(麻)

鳥8【鵫】〔19〕 ■タク漢 ■トウ(タウ)漢 ■入覚 zhuó チュオ ■去効 ── U補J ②9420 7590 9D6B

意味 ■①鳥の名。鵫雉たくち。白雉はくち。②鳥の名。山雉さんち。鸐てき(やまどり)。

鳥8【鵰】〔19〕 チョウ漢呉 (テウ) 平蕭 diāo ティアオ U補J ①9462 7591 9D70

意味〈わし〉くまたか。＝雕ちょう

【鵰嘴魚顋】ちょうし(てう)ぎょさい くまたかのような口と、魚のようなあご。りこうな人の人相。

鳥8【鶇】〔19〕 トウ漢 平東 dōng トン U補J 8309 9D87

意味 ①鳥の名。②現つぐみ。

鳥8【鵯】〔19〕 ■ヒ漢 ■ヒツ漢 ■平支 bēi ペイ ■入質 pī ピー U補J 8311 9D6F

意味 ■■鵯鶋ひきょは、からすの一種。＝卑居 国〈ひよ〉ひよどり。

鳥8【鵩】〔19〕 フク漢 入屋 fú フー U補J ②9419 7588 9D69

意味〈みみずく(みみづく)〉ふくろう。「鵩鳥ふくちょう」

鳥8【鵬】〔19〕 入 ホウ漢 平蒸 péng ポン U補J 4318 9D6C

旧字 鳥8【鵬】〔19〕 U補J

意味〈おおとり(おほとり)〉想像上の大鳥の名。

解字 形声。鳥が形を表し、朋ほうが音を示す。おおとり。鳳ほうと同字で、鳳が飛ぶときには多くの鳥が従い飛ぶので朋(＝友)の字をつけたという。

名前 とも・ゆき

【鵬雲】ほううん 大きく盛んな雲。

【鵬挙(擧)】ほうきょ 遠く高く飛び上がる。

【鵬鯤】ほうこん 巨大な鳥と魚。大きい物事。

【鵬際】ほうさい おおとりの飛ぶあたり。

【鵬雛】ほうすう おおとりのひな。将来、大人物になるような若者。〈荘子そうじ・逍遥遊しょうようゆう〉

【鵬程】ほうてい ①遠いみちのり。②飛行のみちのり。

【鵬図(圖)】ほうと ①大きな計画。②大飛行の計画。

【鵬翼】ほうよく ①おおとりのつばさ。大きな計画のたとえ。②飛行機のつばさ。

鳥8【鵡】〔19〕 標 ブ漢 ム呉 上麌 wǔ ウー U補J 4425 9D61

意味 鸚鵡おうむは、鳥の名。

地名 鵡川むかわ

鳥8【鵺】〔19〕 ヤ漢 去禡 yè イエ U補J 8312 9D7A

意味 鳥の一種。雉きじに似る。「白鵺」 国〈ぬえ〉＝鵼ぬえ ①虎鶫とらつぐみ。鬼鶫。②伝説上の怪獣の名。頭は猿さる、体は狸たぬき、手足は虎とら、尾は蛇へびで、夜、とらつぐみに似た声で鳴くという。③得体の知れないもの。

鳥8【鶆】〔19〕 ライ漢 平灰 lái ライ U補J 7605 9D86

意味 鶆鳩らいきゅうは、鳥の名。たかの一種。

鳥8【鶍】〔19〕 国字 U補J ②9427 7607 9D8D

意味〈いすか〉アトリ科の小さい渡り鳥。嘴くちばしが、かみあわず、くいちがっている。交喙こうかい(いすか)。

鳥8【鶎】〔19〕 国字 U補J 7608 9D8E

意味〈きくいただき〉うぐいすに似て、きわめて小さい鳥。菊戴きくいただき。

鳥8【鶉】〔19〕 同→鶉(一四三五ページ・下)

鳥9【鶚】〔20〕 ガク漢 入薬 è オー U補J 8313 9D9A

意味〈みさご〉水辺にすむ、たかの類。うおたか。雎鳩しょきゅう。

鳥9【鶡】〔20〕 カツ漢 入曷 hé ホー U補J ②9429 7615 9DA1

意味〈やまどり〉きじに似た勇猛な野鳥。「鶡鶏かっけい」

【鶡冠】かっかん(くゎん) 山鳥の羽の冠。隠者、身分の低い人、また、漢代の武官がかぶった。【──子】かっかんし(くゎん) 書名。十九編。作者不明。老荘思想にもとづく議論が多い。

鳥9【鶪】〔20〕 ケキ漢 ゲキ慣 入錫 jú チュイ U補J 7616 9DAA

意味〈もず〉百舌。伯労。＝鴂・鵙

鳥9【鶘】〔20〕 コ漢 平虞 hú フー U補J 7614 9D98

意味 鵜鶘ていこは、がらんちょう。ペリカン。

鳥9【鶤】〔20〕 コン漢 平元 kūn クン U補J 8314 9DA4

意味〈とうまる(たうまる)〉大形のにわとり。＝鵾こん

鳥9【鶖】〔20〕 シュウ漢 (シウ) 平尤 qiū チウ U補J ①9465 7612 9D96

意味 ①〈おおとり(おほとり)〉しまつどり。う。つるに似た大きな鳥。禿鶖とくしゅう。別名、扶老ふろう。②鶖子しゅうしは、人名。仏の弟子でし、舎利弗しゃりほつ。

鳥9【鶒】〔20〕 チョク漢 入職 chì チー U補J 7609 9D92

意味 鸂鶒けいちょくは、水鳥の名。おしどり。

鳥9【鶙】〔20〕 テイ漢 平斉 tí ティー U補J ②9428 9D99

意味 鶙鶊ていけんは、のすり。鷂はしたかより小形の猛禽。

鳥9【鶗】〔20〕 ■テイ漢 ■シ漢 ■平斉 tí ティー ■平支 chí チー U補J 7613 9D97

意味 ■鶗鴂ていけいは、杜鵑とけん(ほととぎす)。■鶗鶊しけんは、鷂はしたかより小形の猛禽。

鳥9【鶥】〔20〕 ビ漢 平支 méi メイ U補J 9DA5

意味 鶥鴰びかつは、まなづる。＝麋鴰びかつ →鶬そう(一四三六ページ・上)

鳥9【鶓】〔20〕 ビョウ漢 (ベウ) 平蕭 miáo ミアオ U補J 7610 9D93

意味 ①鳥の名。②現鴯鶓アルミアオは、鳥の名。エミューの音訳。だちょうに似る。

鳥9【鶩】〔20〕 ■ボク漢 ■ブ漢 ム呉 ■入屋 mù ムー ■去遇 wù ウー U補J 8315 9DA9

意味 ■〈あひる〉家鴨。ガンカモ科の家禽。真鴨まがもを飼いならした変種。古名、舒鳧じょふ。■疾走する。＝騖ぶ

鳥9【鶫】〔20〕 国字 U補J 8310 9DAB

意味〈つぐみ〉雀すずめに似た渡り鳥。秋、日本へくる。

鳥9【鶕】〔20〕 同→鵪(一四三二ページ・下)

鳥9【鷀】〔20〕 俗→鷥(一四三六ページ・上)

鳥9【鶿】〔20〕 俗→鷥(一四三六ページ・上)

鳥10【鷃】〔21〕 アン漢 去諫 yàn イエン U補J ②9434 7624 9DC3

意味〈かやぐき〉かやくぐり。小鳥の名。→鴳あん(一四三〇ページ・下)

鳥10【鶯】〔21〕標 オウ漢(アウ)平庚 yīng イン J8284 補— U9DAF

鳥5【鴬】〔16〕俗字 J1809 補— U9D2C

意味 ちょうせんうぐいす。こうらいうぐいす。別名、黄鸝・黄鳥。「黄鶯」国〈うぐいす(うぐひす)〉

【鶯衣】(おう(あう)い) うぐいすの羽毛。

【鶯燕】(おう(あう)えん) ①うぐいすとつばめ。②芸者。遊女。【—地】(おうえんのち) 遊郭。色里。芸者町。

【鶯花】(おう(あう)か(くわ)) うぐいすと、春の花。

【鶯歌】(おう(あう)か) うぐいすの鳴き声。

【鶯語】(おう(あう)ご) うぐいすの鳴き声。

【鶯簧】(おう(あう)こう(くわう)) うぐいすの鳴き声。簧はふえの一種。

【鶯谷】(おう(あう)こく) うぐいすの住んでいる奥深い谷。不遇の地位。

【鶯梭】(おう(あう)さ) うぐいすの枝を飛び移るさま。梭は、はたおりの「ひ」。

【鶯宿梅】(おう(あう)しゅくばい) 国花が白く、かおりの高い梅の一種。

【鶯遷】(おう(あう)せん) うぐいすが、谷から出て高い木に移る。㋐進士の試験に合格するたとえ。㋑栄転や転居を祝う用語。

【鶯啼燕語】(おう(あう)ていえんご) うぐいすやつばめが鳴く。㋐春の風景。㋑婦人の笑いさざめくさま。〈皇甫冉の詩〉

【鶯囀】(おう(あう)てん) うぐいすがさえずる。また、その声。

【鶯顛燕狂】(おう(あう)てんえんきょう(きゃう)) 若い男女がふざけあう。「鶯顛燕狂、関二甚興亡一」(若い男女がふざけあって、国家の興亡の危機も知らない。)〈孔尚任・桃花扇〉

【鶯友】(おう(あう)ゆう(いう)) 親しい友人。

鳥10【鶲】〔21〕オウ漢(ヲウ)平東 wēng ウォン J8316 補— U9DB2

意味〈ひたき〉小形の林鳥。美しい声で鳴く。

鳥10【鶴】〔21〕常 つる カク漢入薬 hè ホー J3665 補— U9DB4

筆順 冖 亻 乍 隺 隺 鶴 鶴

雨21【靏】〔29〕同字 J①9374 補7117 U974F

鳥16【鸖】〔27〕俗字 J— 補7653 U9E16

意味 ①〈つる〉〈たず(たづ)〉 ②白いたとえ。③鶴鶴は、㋐羽の白いさま。㋑肥えてつやがあるさま。＝翯翯

解字  形声。鳥が形を表し、隺が音を示す。隺には、高く国境を越えて行くという意味がある。鶴は、高く遠く飛ぶ鳥。また、隺には、白いという意味があるから、鶴は、白い鳥という意味であるともいう。

名前 ず・つ 地名 鶴岡

【鶴駕】(かくが) ①皇太子の車。②仙人の乗り物。

【鶴膝】(かくしつ) ①詩の八病(八つの欠点)の一つ。五言詩の第一、第三句末の字が同じ声になること。②ほこの一種。③足の細くなる病気。④書道で、棒をはねた先の細いこと。

【鶴首】(かくしゅ) 首をながくして人や物事のくるのを待つ。

【鶴寿(壽)】(かくじゅ) 長寿を祝うことば。「鶴寿千歳」(つるの寿命は千年)〈陸璣・毛詩疏〉

【鶴書】(かくしょ) 隠者を招く手紙。

【鶴氅】(かくしょう(しゃう)) つるの羽毛でつくった着物。「人被二鶴氅一立徘徊」(人は雪の中を、白い羽毛の着物を着たようなかっこうで歩いている。)〈白居易の詩・酬二令公雪中見一レ贈〉

【鶴跡】(かくせき) つるの足あと。

【鶴鼎】(かくてい) 大臣の位。

【鶴汀鳧渚(渚)】(かくていふしょ) つるのいる水ぎわと、かもの遊ぶなぎさ。鳥のいる岸や中洲。〈王勃・滕王閣序〉

【鶴髪】(かくはつ) しらが。白髪。「鶴髪乱如レ糸」〈劉廷芝の詩・代下悲二白頭一翁上〉

【鶴望】(かくぼう(ばう)) 「鶴企」に同じ。

【鶴鳴】(かくめい) ①つるが鳴く。②賢人が民間にいて、用いられないこと。

【鶴翼】(かくよく) つるが羽を広げたような陣の立てかた。

【鶴林】(かくりん) ①仏釈迦がなくなったときの沙羅の林。そのとき常緑の葉がつるの羽毛のように白くなったという伝説からでた語。②寺。【—玉露】(かくりんぎょくろ) 書名。十六巻。宋の羅大経の随筆集。

【鶴唳】(かくれい) ①つるの鳴き声。「風声鶴唳」②悲痛な文などにたとえる。

【鶴翎】(かくれい) つるのつばさ。

【鶴企】(かっき(かくき)) 首をのばし、つまだつ。待ちのぞむさま。

【鶴骨鶏(鷄)膚】(かっ(かく)こつけいふ) つるのようにやせた骨と、にわとりのように弱い皮膚。からだの弱い形容。〈王炎の詩・病中書レ懐〉

【鶴亀(龜)】(つるかめ) 国①つるとかめ。長命の動物とされ、祝儀に用いられたり、長寿の象徴とされる。②えんぎをかつぐことば。③能や長唄などの曲名。

鳥10【鶮】〔21〕㊀カク漢入薬 hè ホー ㊁コク漢入沃 hú フー J7618 補— U9DAE

意味 ㊀鳥の名。つる。㊁戦国時代、韓にあった邑の名。

鳥10【鶾】〔21〕カン漢去翰 hàn ハン J— 補— U9DBE

鳥8【𪂂】〔19〕同字 J②9421 補— U2A082

意味 ①肥えた鶏。祭礼に用いる。翰音ともいう。②鳥の名。天鶏。羽が赤い。

鳥10【鷁】〔21〕ゲキ漢入錫 yì イー J8318 補— U9DC1

意味 ①水鳥の一種。さぎ・鵜に似ていて、よく風波に耐えて飛ぶ。②鷁首は、水難除けに、鷁の形を船首につけた船。また、船。「竜頭鷁首」

【鷁退】(げきたい) ①国六位の蔵人の首席が、五位に上がれないで末席に下がる。②仏大法会のとき、上位の僧が下がって講師をつとめる。

鳥10【鷊】〔21〕ゲキ漢入錫 yì イー J7627 補— U9DCA

意味 ①七面鳥。吐綬鶏。②〈かりやす〉草の名。

鳥10【鶱】〔21〕ケン漢平元 xiān シエン J7619 補— U9DB1

意味 鳥がとぶ。飛んで高くあがる。

鳥10【鶼】〔21〕ケン漢平塩 jiān チエン J①9468 補7622 U9DBC

意味 鳥の名。比翼鳥。おすとめすがつばさを並べて飛ぶという。「鶼鶼」

鳥10【鷇】〔21〕コウ漢去宥 kòu コウ J②9435 補7625 U9DC7

意味〈ひな〉ひよこ。鳥の子。

【鷇音】(こうおん) ひな鳥の鳴き声。声だけで、意味のわからないもの。〈荘子・斉物論〉

【鷇食】(こうしょく) ひなどりが母鳥からえさをもらう。

鳥10【鶻】〔21〕㊀コツ漢入月 gǔ クー ㊁コツ漢入月 hú フー J8319 補— U9DBB

意味 ㊀鶻鳩は、斑鳩。あさなきどり。＝鶻鵃・鶌鳩 ㊁①はやぶさ。くまたか。②鶻突は、ぼんやりしたさま。＝鶻鶟 ③回鶻は、北方の少数民族の名。ウイグル族。回紇。

【鶻影】(こつえい) はやぶさの飛ぶ姿。

【鶻入二鴉群一】(こつあぐんにいる) はやぶさがからすのむれにつっこむ。勇猛な武将が敵をけちらすこと。

11画

← 魚鳥鹵鹿麥(麦)麻(麻)

鳥10【鷀】〔21〕 シ(漢)(平)支 ジ(慣) cí ツー U補J 9 7 D 6 B 2 F 3

鳥10【鶿】〔21〕本字 U補J

鳥9【鷀】〔20〕俗字 U補J ①9466 9DC0

鳥9【鶿】〔20〕俗字 U補J ②9430 意味〈しまつどり〉うのとり。大形の鵜う。「鸕鷀」

鳥10【鶸】〔21〕 ジャク(漢)(入)薬 ruò ルオ U補J 8320 9DB8 意味〈とうまる(たうまる)〉にわとりの一種。大形で獰猛どう。国〈ひわ(ひは)〉①小形の渡り鳥。体は黄緑色、頭は黒い。②色の名。緑黄色。

鳥10【鶽】〔21〕 一シュン(漢)一(上)軫 sǔn スン 二シュン(漢)二(去)震 xùn シュン U補J ②9433 9DBD 意味一①はやぶさ。＝隼しゅん ②鷲わし。くまたか。二飛ぶ。

鳥10【鶺】〔21〕 セキ(漢)(入)陌 jí チー U補J 8321 9DBA 意味 鶺鴒せきれいは、水辺にすむ燕に似た小鳥。＝脊令・鶺

鳥7【鴡】〔18〕同字 U補J ②9418 2A0F9

鶺鴒せきれい 【鶺鴒之痛】せきれいのいたみ 兄弟の死に会うこと。〈詩経・常棣じょうてい〉

鳥10【鶙】〔21〕 セン(漢)(平)先 zhān チャン U補J 2A11F 意味〈はしたか〉鳥の名。とびの属。はやぶさ。＝鸇「有レ雀生レ鶙すずめありてせんをうむ」〈資治通鑑しじつがん〉

鳥10【鶬】〔21〕 一ソウ(漢)一(平)陽 (サウ) cāng ツァン 二ショウ(漢)二(平)陽 (シャウ) qiāng チアン U補J ①9467 9DAC 意味一①〈まなづる〉鶴つるの一種。体は灰色で、首・翼は白、顔・足は赤い。鶬鴰そうかつ。鶬鶏そうけい。一名、麋鴰びかつ。②鶬鶊そうこうは、㋐ちょうせんうぐいす。黄鸝こうり。黄鶯こうおう。＝倉庚 ㋑国雲雀ひばり。二①金属の飾り。②光るさま。③鶬鶬しょうしょうは、玉や金属がぶつかり発するさわやかな音の形容。また、和らぐさま。＝瑲瑲・鎗鎗・鏘鏘

鳥10【鶳】〔21〕 テイ(漢)(平)斉 tí ティー U補J ②9436 9DC9 意味 鸊鶳へきていは、かいつぶり。水鳥の名。

鳥10【鷆】〔21〕 テン(漢)(平)先 デン(呉) tián ティエン U補J 8322 9DC6

鳥10【鷂】〔21〕俗字 U補J 8323 9DCF 意味 鳥の名。よたか。蚊母鳥ぶんぼちょう。

鳥10【鷂】〔21〕 一ヨウ(漢)一(去)嘯 (エウ) yào ヤオ 二ヨウ(漢)二(平)蕭 (エウ) yáo ヤオ U補J 8324 9DC2 意味一〈はしたか〉〈はいたか〉鷹たかの一種。鷹より小形。二五色の羽をもったきじ。【鷂子過二新羅一】ようしんらをすぐ はいたかが新羅に飛び去った。どこへ行ったかわからない。後の祭り。〈碧巌録へきがんろく・一・頌・評唱〉

鳥10【鶹】〔21〕 リュウ(漢)(平)尤 (リウ) liú リウ U補J ②9432 9DB9 意味①鶹鷅りゅうりつは、鳥の名。ふくろう。留離りゅうり・流離りゅうりともいう。②鵂鶹きゅうりゅうは、みみずく。フクロウ科の鳥。 難読 鵂鶹いいどよ(ふくろうの古名)

鳥10【鷄】〔21〕旧 →鶏(一四三二ページ・下)

鳥10【鷃】〔21〕同 →鴳(一四三七ページ・中)

鳥10【鶵】〔21〕古 →雛(一三四六ページ・上)

鳥10【鷆】〔21〕俗 →鷏(本ページ・上)

鳥11【鷖】〔22〕 エイ(漢)(平)斉 yī イー U補J ②9437 9DD6 意味①〈かもめ〉②青黒い色。③鳳凰ほうおう。

鳥11【鷗】〔22〕 人 標 オウ(漢)(平)尤 ōu オウ U補J ①9469 9DD7 意味〈かもめ〉水鳥の名。「鷗鳥おうちょう」「白鷗はくおう」

鳥4【鴎】〔15〕簡慣 U補J 1810 9D0E

【鷗渚】おうしょ かもめのいる水ぎわ。

【鷗汀】おうてい 「鷗渚おうしょ」に同じ。

【鷗盟】おうめい ①かもめを友とする。隠居してゆうゆうと生活すること。②かもめの交わり。風流な交友。

【鷗鷺】おうろ かもめとさぎ。【――忘機】おうろ(ぼう)き 心にこだわりがなければ、かもめやさぎも友になる。俗世間を離れて隠居しているさま。〈列子・黄帝〉

鳥11【鷠】〔22〕 ギョ(漢)(平)魚 yú ユィ U補J ②9440 9DE0 意味 鳥の名。

鳥11【鷔】〔22〕 U補J 9D48 (97D6D248)

鳥11【鷟】〔22〕 一ゴウ(ガウ)(漢)一(平)豪 áo アオ 二ゴウ(ガウ)(漢)二(去)号 ào アオ U補J ②9439 9DDF 意味一伝説上の鳥の名。雁に似て、体は白く、嘴くちばしは赤い。この鳥が集まった国はほろびるという不吉な鳥。二鷔鳦ごういつは、魚や鳥が群れてなくさま。

鳥11【鷟】〔22〕 サク(漢)(入)覚 zhuó チュオ U補J ②9439 9DDF 意味 鸑鷟がくさくは、むらさき色の鳳凰ほうおう。

鳥11【鷙】〔22〕 シ(漢)(去)寘 zhì チー U補J 8325 9DD9 意味①猛鳥。わしやたかのように、あらあらしい鳥の総称。②あらあらしい。たけだけしい。強い。③うつ。あばれる。

【鷙悍】しかん 強くあらあらしい。

【鷙強】しきょう(きゃう) あらあらしく強い。

【鷙鳥】しちょう(てう) たけだけしい鳥。わしやたかなどをいう。

【鷙猛】しもう(まう) たけだけしい。

【鷙勇】しゆう あらあらしい勇気。

鳥11【鷓】〔22〕 シャ(漢)(去)禡 zhè チョー U補J 8326 9DD3 意味 鷓鴣しゃこは、やまうずら。大きさは鶉うずらほど。キジ科。

鳥11【鷞】〔22〕 一ソウ(サウ)(漢)一(平)陽 shuāng ショワン 二ソウ(サウ)(漢)二(上)養 shuǎng ショワン U補J 9 7 D 6 D 3 E 3 意味一鷫鷞しゅくそうは、①水鳥。がん。②西方に住む神鳥。二鷞鳩そうきゅうは、たか。爽鳩そうきゅうともいう。

鳥11【鷕】〔22〕 ヨウ(漢)(上)篠 (エウ) yǎo ヤオ U補J 9 7 D 6 D 2 5 9 意味 鳴く。めすのきじが鳴く。

鳥11【鷚】〔22〕 リュウ(漢)(去)宥 (リウ) liù リウ U補J ②9438 9DDA 意味〈ひばり〉鳥の名。雲雀。

鳥12【鷧】〔23〕 イ(漢)(去)寘 yì イー U補J ①9471 9DE7 意味 鳥の名。う。しまつとり。鸕鷀ろじ。

鳥12【鷸】〔23〕 イツ(漢)(入)質 yù ユィ U補J 8327 9DF8 意味①〈しぎ〉水辺にすむ渡り鳥。くいなに似て、嘴・足が長い。鴫しぎ。②かわせみ。青く美しい鳥。魚狗ぎょく。翡翠ひすい。

11画 →魚鳥鹵鹿麥(麦)麻(麻)

③速く飛ぶ。＝鴥。①かわせみの羽で飾ったかんむり。②天文の官がかぶるかんむり。

【鷸冠】①かわせみの羽で飾ったかんむり。②天文の官がかぶるかんむり。

『鷸蚌之争(爭)』第三者に利益をとられてしまうこと。しぎとはまぐりが争っていて漁夫にどちらもとられた故事による。漁父之利。〈戦国策・燕〉

鳥12【鷣】〔23〕イン 漢 平 侵 yín イン　意味 鳥の名。さしば。鷂。　U補J ―――

鳥12〔鷤〕〔23〕同字　U補J 9DE3 ― ②9441

鳥12【鷳】〔23〕カン 漢 平 刪 xián シエン　意味 ①〈とび〉②〈しらき〉　U補J 9DF3 7642

鳥12〔鷴〕〔23〕同字　U補J 9DF4 7643 ②9442

鳥12【鷮】〔23〕キョウ 漢 平 蕭 (ケウ) jiāo チアオ　意味 〈おおやまどり(おほやまどり)〉　U補J 9DEE 7640

鳥12【鷥】〔23〕シ 漢 平 支 sī スー　意味 鷺鷥は、鳥の名。白さぎ。　U補J 9DE5 7636

鳥12【鷲】〔23〕標 人 シュウ(シウ) 漢 ジュ 呉 去 宥 jiù チウ　意味 〈わし〉大形の猛鳥の名。ワシタカ科の鳥の総称。　U補J 9DF2 4741

姓 鷲見　地名 鷲羽

【鷲山】仏霊鷲山の略。釈迦が法華経を説いたという山。

【鷲像纛旛】国平安時代、天皇即位の時に立てた、わしの像を描いたはた。

鳥12【鷦】〔23〕ショウ 漢 平 蕭 (セウ) jiāo チアオ　意味 ①〈さざき〉みそさざい。一名、鷦鴂。「鷦鷯」②鷦明は、ほうおう。　U補J 9DE6 8328

『鷦鷯之寄』鷦鷯のささやかな落ち着き先。就職の世話をたのむときのことば。〈荘子・逍遥遊〉

『鷦鷯巣ニ深林一、不レ過ニ一枝一』みそさざいは、深林に巣を作るが、一枝しか入り用でない。人もおのおの身のほどを知るべきだというたとえ。〈荘子・逍遥遊〉

鳥12【鷻】〔23〕タン 漢 平 寒 tuán トワン　意味 ①〈わし〉②〈とび〉　U補J 9DFB ―

鳥12【鷭】〔23〕ハン 漢 平 元 バン 慣 fán ファン　意味 〈ばん〉くいなに似た、黒い水鳥。食用。鷭鴓。　U補J 9DED 8329

鳥12【鷩】〔23〕ヘツ 漢 入 屑 bì ピー　意味 やまどり。赤雉。錦鶏鳥。鵔鸃。　U補J 9DE9 7638

【鷩衣】天子・諸侯の礼服。

【鷩冕】天子・諸侯が、鷩衣を着た時につけるかんむり。

鳥12【鷯】〔23〕リョウ 漢 去 嘯 (レウ) liáo リアオ　意味 鷦鷯は、みそさざい。茶褐色の小鳥。鷤鴂。　U補J 9DEF 8330

鳥12【𪆐】〔23〕国字　意味 〈とり〉鳥。　U補J 2A190 ①9470

鳥12【鷰】〔23〕俗→燕(七八二ジ・下)

鳥13【鷾】〔24〕イ 漢 去 寘 yì イー　意味 鷾鴯は、つばめ。　U補J 9DFE 7644

鳥13【鷽】〔24〕カク 漢 入 覚 xué シュエ　意味 ①尾長鳥。山鵲。かささぎに似たカラス科の鳥。②鷽鳩は、こばと。国〈うそ〉アトリ科の小鳥。　U補J 9DFD 8331

『鷽鳩笑ニ大鵬(鵬)一』つまらないものが、りっぱな者をそしり笑うたとえ。〈荘子・逍遥遊〉

鳥13【鸃】〔24〕ギ 漢 平 支 yí イー　意味 鵔鸃は、錦鶏鳥。やまどり。赤雉。　U補J 9E03 ―

鳥13【鸂】〔24〕ケイ 漢 平 斉 xī シー　意味 鸂鶒は、水鳥の名。おしどり。　U補J 9E02 7646 ②9445

鳥13【鷫】〔24〕シュク 漢 入 屋 sù スー　意味 鷫鷞は、①水鳥。がん。②西方に住む鳳凰の一種。　U補J 9DEB 7639

鳥13【鸇】〔24〕セン 漢 平 先 zhān チャン　U補J 9E07 7647 ①9472

← 魚鳥鹵鹿麥(麦)麻(麻)

鳥10【𪄃】〔21〕同字　U補J 2A103 ―　意味 〈はやぶさ〉〈さしば〉猛鳥の名。＝鸇

鳥13【鷿】〔24〕ヘキ 漢 入 錫 pì ピー　意味 鷿鷈・鷿鵜は、かいつぶり。鳰。　U補J 9DFF ―

鳥13〔鸊〕〔24〕同字　U補J 9E0A 7645 ②9444

鳥13【鸒】〔24〕ヨ 漢 去 御 yù ユィ　意味 〈はしぶと〉みやまがらす。「鸒斯」　U補J 9E12 7651

鳥13【鷹】〔24〕人 ヨウ 漢 平 蒸 オウ 呉 yīng イン　意味 〈たか〉猛鳥の名。ワシタカ科の中形の鳥。「蒼鷹」　U補J 9DF9 3475

解字 形声。鳥が形を表し、雁が音を示す。この字はもと雁という字であったという。一説に、雁は、斤と隹を合わせた字で、撃つ鳥の意ともいう。

地名 鷹栖

【鷹狩】国たかを使って鳥を捕らえること。

【鷹匠】国たかを飼い、たか狩りをする役人。たか飼い。

【鷹司】国たかや犬を飼い、訓練した役所。

【鷹撃(擊)】①たかが羽ばたきする。②政治のきびしいたとえ。【――司馬】漢代の武官の名。【――毛摯】たかが羽ばたきしてえものを捕らえる。民をきびしく治めること。〈史記・義縦列伝〉

【鷹犬】①たかと犬。狩りに使う動物。②悪事の手先に使われる者。③走り使いの役にたつ者。

【鷹視】目をするどく光らせて見る。

【鷹隼】たかとはやぶさ。猛鳥。

【鷹鸇】たかとはやぶさ。猛鳥。

【鷹風】秋風。

【鷹揚】一 ①ゆったりとして武勇のあること。②強い兵士。二 国心が広く、落ち着きのあること。

【鷹瞵鶚視】たかやみさごのように、鋭い目で見る。威厳のあるさま。また、悪い役人の汚職のさま。〈左思・呉都賦〉

鳥13【䴇】〔24〕レイ 漢 平 青 líng リン　意味 ①〈つる〉つるの別称。②小さい白鳥。③〈せきれい〉＝鴒　U補J 4D07 ②9443

11画

鳥13
【鷺】〔24〕人 標　ロ 漢 去 遇 lù ルー　J 2677 補 ― U 9DFA
意味〈さぎ〉水鳥の名。全身が白く、鶴に似ているが足は短い。別名、舂鉏・舂鋤・糸禽。また、サギ科の鳥の総称。
鳥6【鴼】〔17〕同字　J ― 補 7575 U 9D3C
【鷺娘】国長唄の伴奏の舞踊劇。本題は、「柳雛諸鳥囀」
【鷺鷥】しらさぎ。
【鷺鶿】しらさぎ。
【鷺序】朝廷の役人の席次。官吏の地位。「鷺序鵷行」
【鷺汀】さぎのいるみずぎわ。
【鷺股割ν肉】さぎのまたの肉をさく。細かいところをつつく。

鳥14
【鸎】〔25〕オウ 漢 平 庚 (アウ) yīng イン　J ― 補 7648 U 9E0E
意味〈うぐいす(うぐひす)〉ちょうせんうぐいす。黄鳥。黄鸝。黄鶯。＝鶯

鳥14
【鸑】〔25〕ガク 漢 入 覚 yuè ユエ　J ― 補 7650 U 9E11
意味 鸑鷟は、①神鳥の名。鳳凰。鸀鳿。むらさき色でやや小さい。②かもに似た大きい水鳥。

鳥14
【鸐】〔25〕テキ 漢 入 錫 dí ティー　J ― 補 7649 U 9E10
意味〈やまどり〉尾長鳥。「鸐雉」

鳥14
【鸍】〔25〕㊀ビ 漢 ㊀ 平 支 mí ミー　㊁シ 漢 ㊁ 平 支 shī シー　J ②9446 補 ― U 9E0D
意味 ㊀①鳥の名。こがも。たかべ。沈鳧。②鳰鸍は、鳥の名。蛇を食べる。

鳥16
【鸗】〔27〕リョウ 漢 平 冬 lóng ロン　J ― 補 ― U 9E17
意味 ①〈かも〉〈こがも〉②野鳥の名。

鳥16
【鸕】〔27〕ロ 漢 平 虞 lú ルー　J ①9473 補 7652 U 9E15
意味 ①〈う〉鵜。鳥の名。水中にもぐって魚を捕らえ呑む。②鸕鷀は、しまつどり。大きい鵜。水老鴉。

鳥16
【鸖】〔27〕俗 →鶴(一四三五ページ・上)

鳥17
【鸚】〔28〕標　オウ 漢 平 庚 (アウ) yīng イン　J 8332 補 ― U 9E1A
意味 ①おうむ。→鸚鵡 ②鸚哥は、いんこ。
【鸚母】「鸚鵡」に同じ。
【鸚鵡】鳥の名。人のことばをまねる。【――洲】①湖北省武漢市西南、長江の中州。「芳草萋萋鸚鵡洲」〈崔顥の詩・黄鶴楼〉②浙江省平湖市の当湖にある州。【――石】①くじゃく石の一種。うす緑色のもの。②国ひびき石。岩石などの、反響しやすいもの。③国せりふを抜き書きした本。【――杯】さかずきの名。おうむ貝製のもの。

鳥17
【鸙】〔28〕ヤク 漢 入 薬 yuè ユエ　J ②9447 補 7654 U 9E19
意味 天鸙は、鳥の名。鷚。ひばり。

鳥17
【鸖】〔28〕俗 →鸛(本ページ・中)

鳥18
【鸛】〔29〕㊀カン 漢 ㊀ 平 寒 (クワン) huān ホワン　㊁カン 漢 ㊁ 去 翰 (クワン) guàn コワン　J ― 補 ― U ―
意味 ㊀鸛専は、伝説中の鳥。弓の名人羿も射ることができなかったという。㊁〈こう(こふ)〉〈こうのとり(こふのとり)〉こうづる。鶴に似て、体は灰色、羽・尾は黒い鳥。水辺にすみ、まっすぐで長い嘴で魚を捕食する。
【鸛鵲楼(樓)】山西省永済市西南、黄河のほとりにあった楼の名。

鳥17
【鸖】〔28〕俗字　J 8333 補 ― U 9E1B

鳥18
【鸜】〔29〕ク 漢 平 虞 qú チュイ　J ②9448 補 7655 U 9E1C
意味 鸜鵒は、鳥の名。ははっちょう。＝鴝鵒

鳥19
【鸞】〔30〕標　ラン 漢 平 寒 luán ロワン　J 8334 補 ― U 9E1E
意味 ①鳳凰の一種。羽毛は赤に五采をまじえ、その鳴き声は五音に適うという。「鸞鳥」②鈴。天子の馬車のくつわにつける鈴。また、その鈴をつけた車。＝鑾 ③天子に関わるものにつけることば。「鸞殿」

【鸞駕】天子の乗り物。

【鸞旗】天子の車につける大旗。

【鸞鏡】①鸞鳥の図案がきざまれているかがみ。夫婦仲の良い鸞鳥が、つがいを離れたとき、鏡にうつる自分の姿を見て悲しみ死んだという故事による。②国日本の十二律の一つ。

【鸞馭仙遊】人の母または妻の死をとむらうことば。

【鸞車】天子の乗る車。

【鸞翔(翔)鳳翥】つ。書道の筆使いが勢いよいさま。鸞がかけり、ほうおうが飛び立つ。〈韓愈・石鼓歌〉

【鸞台(臺)】唐代、門下省の別名。

【鸞殿】宮殿。天子の御所。

【鸞刀】鸞鳥の形をした鈴をつけた刀。

【鸞飄鳳泊】㋐書道の筆づかいがすぐれてたくみなさま。鸞やほうおうがさすらう。㋑夫婦が別れ別れになること。〈韓愈の詩・峋嶁碑〉

【鸞鳳】①おおとり。聖天子の世に現れるという、めでたい鳥。②徳の高い君子。すぐれた人物。③夫婦や同志の人たちの間の親しい交わり。【――和鳴】人の結婚を祝福することば。〈盧儲の詩・催妝〉

【鸞輿】「鸞駕」に同じ。

【鸞輅】「鸞車」に同じ。

【鸞鷺】身分の高い人。顕官。

【鸞和】天子の車につける金の鈴。

鳥19
【鸝】〔30〕リ 漢 平 支 lí リー　J ②9449 補 7656 U 9E1D
意味 ちょうせんうぐいす。「黄鸝」「鸝黄」

11画

鹵部 ろ

【部首解説】「塩分を含んだ西方の土地」を表す。この部には、塩分に関連するものが多く、「鹵」の形を構成要素とする文字が属する。

鹵0
【鹵】〔11〕ロ 漢 上 麌 lǔ ルー　J 8335 補 ― U 9E75
意味 ①〈しおはま(しほはま)〉塩分を含んだ土地。しおち。②やせ地。地味のやせた土地。荒地。③あらしお。岩塩。天然のしお。↕塩 ④塩からい。⑤おろそか。軽々しい。⑥かすめる。うばいとる。＝擄「鹵掠」⑦おろか。＝魯「鹵鈍」⑧たて。警護に用いる大たて。＝櫓

解字 [古字] 会意。卤と⺀とを合わせた字。卤は西。⺀は、しおの粒。鹵は、西方の、しおがとれる地をいう。一説に、鹵は、かごの口をくくった形、あるいは、ざるの形で、鹵は、ざるの中にある、しおの小粒とする。

【鹵獲】ろかく(くゎく) 敵の武器や品物などをうばいとる。ぶんどる。
【鹵田】ろでん 塩分のあるやせ地。
【鹵簿】ろぼ 天子の行列。鹵は大きなたて。簿は旗。また、行列の順序を書いた帳簿。
【鹵莽】ろもう(まう) ①細かく気をくばらない。おろそか。②ぼんやり。③塩気の多い土地と、草の多い野。
【鹵掠】ろりゃく うばいとる。かすめとる。

鹵 8 【鹸】〔19〕 簡 →鹼(本ページ・上)

鹵 9 【鹹】〔20〕 カン 漢 平 咸 xián シエン J 8336 U 9E79
鹵 9 西 9 【醎】〔16〕 俗字 J ②9039 補 6673 U 918E
意味 ①〈から・い(――・し)〉 塩からい。②しおけ。塩分。
【鹹苦】かんく 塩からくにがい。
【鹹湖】かんこ 塩分を含んだみずうみ。
【鹹水魚】かんすいぎょ 動 海の魚。海水魚。↔淡水魚
【鹹地】かんち 塩分のあるやせ地。
【鹹鹵】かんろ 塩分が多いこと。塩分を含む荒れ地。
【鹹菜】シエンツァイ xiáncài 現 つけ物。塩づけにした野菜。

鹵 10 【鹻】〔21〕 カン 漢 上 豏 jiǎn チエン J ②9450 補 7658 U 9E7B
意味 ①あらしお。②しおけ。

鹵 10 【鹺】〔21〕 サ 漢 平 歌 cuó ツオ 補 7657 U 9E7A
意味 ①しおけ。濃い塩分。②しお。

鹵 13 【鹼】〔24〕 標 ケン 慣 カン 漢 上 豏 jiǎn チエン J ①9474 補 7659 U 9E7C
鹵 8 【鹸】〔19〕 簡慣 J 2420 U 9E78
石 9 【碱】〔14〕 俗字 補 4792 U 78B1
意味 ①しおけ。土に含まれた塩分。塩水(しおみず)。②あく。灰をこした水。③石鹼(せっけん)は、㋐あくを用いた洗剤。㋑国日本で、シャボン。アルカリ性のものについていう。

鹵 13 【鹽】〔24〕 旧 →塩(二九六ページ・上)

11画 魚鳥鹵鹿麥(麦)麻(麻)

11画 鹿部 しか

【部首解説】 「角のあるしか」にかたどる。この部には、鹿や類似の動物に関連するものが多く、「鹿」の形を構成要素とする文字が属する。

鹿 0 【鹿】〔11〕 学 4 しか・か ロク 漢 呉 入 屋 lù ルー J 2815 U 9E7F
筆順 亠 广 户 庐 庐 庐 庐 鹿
鹿 0 【𢈘】〔9〕 同字 J ②9451 U 22218
意味 ①〈しか〉〈か〉〈しし〉〈かのしし〉〈かせぎ〉 山林にすむ大形の哺乳(ほにゅう)動物。四肢(しし)は細長く、雄(おす)には角(つの)がある。②天子など権力のある地位のたとえ。「逐鹿(ちくろく)」③劣ったものをいう。④米倉。四角い米倉。↔囷(きん) ⑤ふもと。=麓(ろく)
解字 [古字] 象形。頭に角があり、四本の足を持っている形を表す。
地名 鹿本(かもと)・鹿角(かづの)・鹿足(かのあし)・鹿谷(しかたに)・鹿沼(かぬま)・鹿屋(かのや)・鹿追(しかおい)・鹿島(かしま)・鹿児島(かごしま) 難読 鹿尾菜(ひじき)

【鹿驚】かがし 国 焼き肉の臭気で鳥獣を追いはらうもの。
【鹿自物】ししじもの 国 枕詞(まくらことば)。「い匍(は)ひ」「膝(ひざ)折る」「水漬(みづ)く」にかかる。
【鹿苑】一 ろくえん(ゑん) しかを放し飼いにした広場。二 ろくおん(をん) 仏 釈迦(しゃか)が初めて説法した所という。鹿野苑(ろくやおん)。
【鹿柴】ろくさい ①しかを飼う牧場のさく。②さかもぎ。「鹿角(ろっかく)」の②に同じ。
【鹿豕】ろくし しかと、いのこ。
【鹿車】ろくしゃ 小さい車。一頭の鹿が入れるだけの車の意。
【鹿茸】ろくじょう しかのふくろづの。漢方薬の一種。
【鹿台(臺)】ろくだい 殷(いん)の紂王(ちゅうおう)が、集めたたからをたくわえたという倉。
【鹿尾】ろくび しかの尾。珍しい食べ物。【――菜】ろくびさい 海藻の「名。ひじき。
【鹿鳴】ろくめい ①しかが鳴く。②「詩経(しきょう)」の編名。鹿鳴の宴に歌う。③音楽の曲名。【――館】ろくめいかん(くゎん) 国 明治十六年(一八八三)、東京内幸町(うちさいわいちょう)に華族や外人の社交場として造られた建物。【――宴】ろくめいのえん 官吏登用試験に地方で合格した者に対する宴会。鹿鳴の詩を歌う。=鹿鳴燕
【鹿毛】一 ろくもう しかの毛。二 かげ 国 馬の毛色の名。鹿の毛に似た茶色。
【鹿野苑】ろくやおん(をん) 「鹿苑」の二に同じ。
【鹿盧】ろくろ 物を引いたりつるしたりする滑車(かっしゃ)。【――剣(劍)】ろくろのけん ろくろ形の玉の飾りのある剣。
【鹿角】ろっかく ①しかのつの。②竹や木の枝を立てて、外敵の侵入を防ぐもの。さかもぎ。
【鹿鹿】ろくろく 人の言いなりになるさま。平凡なさま。=録録(ろくろく)
【鹿裘】ろっきゅう(きう) しかの皮で作った上衣。しかの皮ごろも。
【逐ㇾ鹿】しかをおう(おふ) ①しかを追いかける。②競争する。政権を争う。「中原還逐ㇾ鹿(ちゅうげんまたしかをおう)」(天下はまたも政権を争っている。)〈魏徴(ぎちょう)の詩・述懐〉【――者不ㇾ見ㇾ山】しかをおうものはやまをみず しかを追うものは、けわしい山もかまわない。欲に迷うと道理のよしあしをも考えないたとえ。〈淮南子(えなんじ)・説林訓(ぜいりんくん)〉

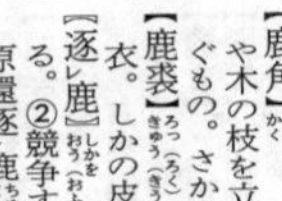
(鹿角②)

【指ㇾ鹿為(爲)ㇾ馬】しかをゆびさしてうまとなす 秦(しん)の趙高(ちょうこう)が、しかを馬だと主張して、群臣にいうことをきかせた故事。〈史記・始皇本紀(しこうほんぎ)〉
◆神鹿(しんろく)・逐鹿(ちくろく)・馬鹿(ばか)・麋鹿(びろく)・親馬鹿(おやばか)

鹿 0 【𢈘】〔9〕 同 →鹿(本ページ・中)

鹿 2 【麂】〔13〕 キ 漢 上 紙 jǐ チー 補 7661 U 9E82
鹿 6 【𪊨】〔17〕 本字 U 2A2A8
意味 〈おおのろ(おほのろ)〉 麞(しょう)の一種。鹿(しか)に似る。

鹿 2 【麀】〔13〕 ユウ(イウ) 漢 平 尤 yōu ユー J ②9452 補 7660 U 9E80
意味 〈めじか〉 雌の鹿(しか)。↔麌(ぐ) 「麀鹿(ゆうろく)」

鹿 2 【麁】〔13〕 同 →麤(一四四一ページ・中)

鹿 3 〖塵〗 ↓土部十一画(二九九ページ・中)

鹿 3 〖鄜〗 ↓邑部十一画(一二六八ページ・中) 補 7662 U 9E83

鹿 4 【麃】〔15〕

鹿5【麅】〔16〕同字 U補J ②9453 7664 9E85
一ホウ(ハウ) 漢 一平 肴 páo パオ
二ヒョウ(ヘウ) 漢 二平 蕭 biāo ピアオ
三ホウ(ハウ) 漢 三上 篠 pǎo パオ
意味 一おおじか。二①くさぎる。草をかる。②麃麃(ひょうひょう)は、⑦たけだけしいさま。①盛んなさま。③いちご。三鳥の羽の色が変わる。

鹿4【麄】〔15〕俗→麤(一四四一ページ・中)

鹿5【麇】〔16〕一キン 漢 二クン 漢 一平 真 jūn チュン 二平 文 qún チュン U補J 7665 9E87
鹿8【麕】〔19〕古字 U補J 8343 9E95
鹿7【麏】〔18〕同字 U補J 7667 9E8F
意味 一〈のろ〉シカ科の動物。二①群れをなす。群がる。＝群 ②しばる。
【麇至】(くんし) 群がってやってくる。
【麇集】(くんしゅう(しゅう)) 群がる。

鹿5【麈】〔16〕シュ 漢 上 麌 zhǔ チュー U補J 8339 9E88
意味 ①〈おおじか(おほじか)〉麋(び)の類。へらじか。一名、四不像(しふぞう)。②ちりはらい。おおじかの尾でちりをはらったことから。払子(ほっす)。「麈尾(しゅび)」

(麈②)

【麈談】(しゅだん) ほっすを手に持って話をする。

鹿5【麅】〔16〕同→麃(一四三九ページ・下)

鹿6【麋】〔17〕ビ 漢 平 支 mí ミー U補J 8340 9E8B
意味 ①〈おおじか(おほじか)〉となかい。なれしか。②ほとり。みぎわ。＝湄 ③ただれる。＝靡
【麋角】(びかく) となかいのつの。
【麋鹿】(びろく) ①おおしかと、しか。しかの総称。「侶二魚蝦一而友二麋鹿一(ぎょかをともとし、びろくをともとす)」(魚や鹿と友になる。)〈蘇軾(そしょく)・前赤壁賦(ぜんせきへきのふ)〉②いなかびて品のないさま。「麋鹿之姿」

鹿6【麔】〔17〕本→麃(一四三九ページ・下)

鹿7【麌】〔18〕グ 漢 上 麌 yǔ ユィ U補J 8341 9E8C
意味 ①〈おじか(をじか)〉雄の鹿。↕麀(ゆう) ②雄ののろ・くじか。③麌麌(ぐぐ)は、獣が群がり集まるさま。

鹿7【麎】〔18〕シン 漢 平 真 chén チェン U補J 7666 9E8E
意味 めすの麋(び)。おおじか。

鹿7【麏】〔18〕同→麇(本ページ・上)

鹿8【麒】〔19〕人 キ 漢 平 支 qí チー U補J 8342 9E92
意味 麒麟(きりん)は、①想像上の動物。体は鹿、尾は牛、蹄(ひづめ)は馬に似ていて、頭には一角がある。聖人が世に現れ、王道が行われると姿をみせるという。一説に、雄を麒、雌を麟という。②聖人・英才のたとえ。③アフリカ原産の首・脚の長い動物。ジラフ。

(麒麟①)

【麒麟(麟)閣】(きりんかく) 前漢の宮殿内の建物の名。宣帝のとき、十一人の名臣の像をかかげた。
【麒麟(麟)座】(きりんざ) 北方の星座の名。
【麒麟(麟)児(兒)】(きりんじ) 才能のずば抜けてすぐれたこども。

鹿8【麖】〔19〕ケイ 漢 平 庚 jīng チン U補J 7668 9E96
意味 〈おおじか(おほじか)〉水鹿。「麖鹿(けいろく)」

鹿8【麑】〔19〕ゲイ 漢 平 斉 ní ニー U補J 8344 9E91
意味 ①〈かのこ〉しかの子。②〈しし〉ライオン。＝猊(げい)
【麑裘】(げいきゅう(きう)) しかの子の皮で作った衣服。

鹿8【麗】〔19〕常 レイ うるわしい
一レイ 漢 ライ 呉 一去 霽 lì リー
二リ 漢 二平 支 lí リー
U補J 4679 9E97

筆順 丅 丙 丽丽 … 麗

意味 一①〈うるわし・い(うるは・し)〉よい。美しい。はなやかな。②〈うららか〉③そろい。一対。＝儷(れい) ④〈つらな・る〉ならぶ。そろう。⑤〈つ・く〉くっつく。⑥つなぐ。連結する。⑦〈か・ける(―・く)〉ひっかける。⑧くわえる。施す。⑨〈かず〉数。二①＝罹(り) ⑦かかる。被(こうむ)る。遭う。①うれい。悩み。②はなれる。＝離(り)

解字  会意。丽と鹿とを合わせた字。丽は物が並んでいる形。鹿はしか。麗は、しかがつれだって行くこと。また、音レイに美しく澄んだ意味を含むともいう。

名前 つぐ・つら・よし・より・あきら

【麗蔵(藏)】(らいぞう(ざう)) 国高麗板(こうらいばん)の大蔵経。

【麗姫】(りき) 人名。春秋時代、晋(しん)の献公のきさき。＝驪姫
【麗億】(れいおく) 数が多いこと。

【麗雅】(れいが) 美しくて上品。雅麗。

【麗顔】(れいがん) うるわしい顔。美顔。

【麗曲】(れいきょく) 美しい音楽のふし。

【麗句】(れいく) 美しい文句。詩的で叙情味のある句。「美辞麗句」

【麗采(采)】(れいさい) 美しい色どり。

【麗姿】(れいし) 美しいすがた。

【麗辞(辭)】(れいじ) 美しい品(ひん)のあることば。美辞。

【麗質】(れいしつ) 美しい生まれつき。もって生まれた美しさ。

【麗日】(れいじつ) うららかでうるわしい日。

【麗姝】(れいしゅ) 美人。姝は、顔が美しい。

【麗春花】(れいしゅんか(くわ)) 草の名。ひなげし。ぐびじんそう。

【麗譙】(れいしょう(せう)) 美しい物見やぐら。魏(ぎ)の曹操(そうそう)が建てたという高殿(たかどの)の名。

【麗色】(れいしょく) ①美しい色。②美しい顔の色。

【麗飾】(れいしょく) きらびやかに飾る。

【麗人】(れいじん) 美しい人。美人。

【麗藻】(れいそう(さう)) 美しいすぐれた詩文。

【麗沢(澤)】(れいたく) となりあっている沼が、おたがいにうるおす。友人が助けあって、人格をみがくたとえ。〈易経(えききょう)・兌卦(だか)〉

【麗皮】(れいひ) 二枚のしかの皮。婚礼の結納(ゆいのう)として用いた。

【麗妃】(れいひ) 唐代の女官、貴妃・恵妃・麗妃・華妃の三番めの地位。

【麗筆】(れいひつ) 美しい文字。美しい詩文。

【麗文】(れいぶん) うるわしいあや。美しい文章。

【麗密】(れいみつ) 織り目が美しく細かい。

【麗妙】(れいみょう(めう)) うるわしい。

【麗容】(れいよう) うるわしい姿。美容。

【麗麗】(れいれい) はっきり。目だつようす。
◇▼壮麗(そうれい)・秀麗(しゅうれい)・奇麗(きれい)・華麗(かれい)・流麗(りゅうれい)・端麗(たんれい)・艶麗(えんれい)

鹿8【麓】〔19〕常 ロク ふもと
ロク 漢 入 屋 lù ルー U補J 4728 9E93

筆順 林 埜 芦 麓 麓 麓 麓 麓 麓

意味 ①〈ふもと〉山のすそ。「岳麓」 ②山のふもとに広がる山林。 ③鳥獣のすむ山林を管理する役人。

解字 形声。林が形を示し、鹿が音を示す。鹿も、麓の意味で用いられることがある。麓は、山のふもとに広がる山林。のち、山のすそ、山を管理する役人を意味するようになった。

鹿8【麕】〔19〕古 →麇(一四四〇ページ・上)

鹿8〖麖〗(一三〇六ページ・中) →金部十一画

鹿9【麚】〔20〕 カ 漢 平 麻 jiā チア
意味〈おじか(をじか)〉雄のしか。↕麀
U 9E9A 補 ― J ―

鹿9【麘】〔20〕 キョウ(キャウ) 漢 平 陽 xiāng シアン コウ(カウ) 呉
意味 麝麘は、けものの名。じゃこうじか。
U 9E98 補 7669 J ―

鹿9【麛】〔20〕 ベイ 漢 平 斉 mí ミー
意味 ①〈かご〉〈かのこ〉しかの子。 ②獣の子。
U 9E9B 補 7670 J ②9454

鹿10【麝】〔21〕 シャ 漢 去 禡 shè ショー ジャ 呉
意味〈じゃこう(じゃかう)〉〈じゃ〉 ①しかの一種。「麝香鹿」 ②じゃこうじかの腹からとった香。「麝香」
U 9E9D 補 ― J 8345

鹿11【麞】〔22〕 ショウ(シャウ) 漢 平 陽 zhāng チャン
意味〈のろ〉〈くじか〉 鹿より小さく、角がなく、雄に牙のあるシカ科の動物。＝獐
【麞牙】 ①のろのきば。 ②いね。 ③白米。
【麞頭】 のろのあたま。 頭がとがり、骨が目だっている様子。【――鼠目】 のろのあたまとねずみの目。いやしくまずしい人相のたとえ。〈唐書・李揆伝〉【――鹿耳】 のろのあたまとしかの耳。いなかもののたとえ。
U 9E9E 補 7671 J ①9475

鹿12【麟】〔23〕 旧 →麟(本ページ・上)

鹿13【麢】〔24〕 人
U 9E9F 補 ― J 4659

旧字 鹿12【麟】〔23〕 リン 漢 平 真 lín リン
U ― 補 ― J ―

意味 ①きりん。想像上の動物。めでたいしるしとされた。「麒麟」「騏麟」 ②おおじか。雄のおおじか。 ③すぐれているものにつけていう。 ④麟麟は、光り輝くさま。

解字 形声。鹿が形を表し、粦が音を示す。おおじか。麒麟は想像上の聖獣。

【麟角】 きりんのつの。 ㋐王族の少年をほめていう。 ㋑めったにないもののたとえ。 ㋒持っていても役にたたないもののたとえ。【――鳳觜】 きりんのつのやほうおうのくちばし。めったにないもの。「麟角鳳觜世莫レ弁」〈杜甫の詩・病後過ニ王倚一飲贈歌〉

【麟経(經)】 孔子の作った歴史書「春秋」をいう。「春秋」は、きりんを得た記事で終わっているのでいう。

【麟史】 「麟経」に同じ。

【麟趾】 きりんの足。りっぱな王子たちがいて、王室の栄えることをいう。〈詩経・序〉

【麟台(臺)】 ①唐の役所の名。秘書省。 ②高殿の名。麒麟閣のこと。

【麟鳳】 きりんと、ほうおう。すぐれた人物のたとえ。

【麟出鳳翔(翔)】 きりんが現れ、ほうおうが飛ぶ。尊くめでたいようす。

鹿22【麤】〔33〕 ソ 漢 平 虞 cū ツー ス 呉
U 9EA4 補 7672 J ①9476

鹿2【麁】〔13〕同字
U 9E81 補 ― J 8338

鹿4【麄】〔15〕俗字
U 9E84 補 7663 J ―

意味 ①〈あら・い(――・し)〉＝麁・粗 ㋐そまつ。 ㋑細かくない。 ㋒うとい。＝疏・疎 ㋓つまらない。 ②〈あらぬの〉 ③ほぼ。あらまし。 ④大きい。「麤大」 ⑤はるかに遠い。はるかにはなれる。 ⑥くろごめ。玄米。また、雑穀。＝粗 ⑦はきもの。くつ。

【麤悪(惡)】 そまつで悪い。
【麤言細語】 おおまかなことばと、こまごました話。
【麤枝大葉】 あらい枝と大きな葉。大まかでのびのびした文。
【麤中】 粗雑な心。
【麤笨】 そまつであらっぽい。
【麤略】 そそっかしい。そまつで行きとどかない。
【麤厲】 あらあらしい。＝粗厲
【麤糲】 あらづきの米。玄米。【――之費】 生活の費用。人に金銭を贈るときのことば。

11画

麥(麦)部 むぎ ばくにょう

【部首解説】 「來」と「夂」が合わさり、「むぎ」を表す。この部には、麦やその加工品に関連するものが多く、「麥・麦」の形を構成要素とする文字が属する。新字体では「麦」(七画)となる。

麦0【麦】〔7〕 学2 バク むぎ
U 9EA6 補 ― J 3994

旧字 麥0【麥】〔11〕 バク 漢 入 陌 mài マイ
U 9EA5 補 ― J 8346

筆順 一 十 キ 主 夫 麦 麦

意味〈むぎ〉五穀の一つ。小麦、大麦など。イネ科。

解字 会意。來と夂とを合わせた字。來は、穀物のとがった穂が垂れている形。夂は、行くことが遅い意味がある。麥は時節がふつうと違った秋に種をまいて、長い間かかるから、來と夂を合わせたものである。一説に、來と麥とは意味が反対で、來がむぎ、麥が来ることであるともいう。

難読 麦酒・麦稈

参考 麦は「麥」の中国新字体としても使う。

応用例 麸(麩)

【麦雨】 麦の熟するころに降る雨。
【麦芽】 大麦を発芽させたもの。【――糖】 でんぷんに麦芽を加えて作った糖類。
【麦気(氣)】 麦の上を渡る風の香。
【麦酒】 ①麦で造ったさけ。 ②国 ビール。
【麦舟】 ①麦を運ぶ舟。 ②人の喪に、物を贈って援助すること。宋の尭夫が、石曼卿の家の喪を助けるため、麦を積んだ舟を与えた故事。〈冷斎夜話〉
【麦秀】 麦がのびる。【――黍離】 亡国の悲しみ。【――之歌】 殷の滅びた都のあとを見て、王族の箕子がなげいて作った歌。〈史記・宋微子世家〉
【麦秋】 麦の熟するころ。陰暦の四月。むぎあき。
【麦菽】 麦と豆。

11画
魚鳥鹵鹿麥(麦)麻(麻)

【麦奴】麦の穂が黒くかびる病気。黒穂。くろんぼ。

【麦飯】麦めし。【――豆羹】麦めしと、まめの吸いもの。そまつな食事。

【麦浪】麦の穂が波のように風にそよぐさま。

【麦隴】①麦畑。②麦畑のうね。

【麦角】麦の穂が、ばいきんのため黒くなったもの。黒穂。くろんぼ。血止めの薬になる。

【麦稈】麦わら。

◆大麦・小麦・烏麦・精麦・蕎麦・燕麦

麥 0 【麥】〔11〕 旧 ↓麦(一四四一ページ・下)

麥 4 【麨】〔15〕 ショウ 漢 (セウ) 上 篠 chǎo チャオ U補J ②9455 97673 9EA8 意味〈むぎこがし〉米や麦をいって、ひいて粉にしたもの。はったい。香煎。

麥 4 【麩】〔15〕 フ 漢 平 虞 fū フー U補J 8347 9EA9

麥 4 【麸】〔11〕 俗字 U補J 8348 9EB8

麥 5 【麬】〔16〕 俗字 U補J ①9477 97674 9EAC 意味〈ふすま〉小麦の皮のかす。麩皮。国〈ふ〉小麦粉で作った食品。生麩。

麥 4 【麫】〔11〕 俗 ↓麩(本ページ・上)

麥 4 【麪】〔15〕 本 ↓麵(本ページ・中)

麥 5 【麮】〔16〕 キョ 漢 去 御 qù チュイ U補J 7675 9EAE 意味〈むぎがゆ〉麦を煮た甘いかゆ。

麥 5 【麭】〔16〕 トウ 漢 上 有 tǒu トウ U補J 2A318 意味 䴷麭は、こなもち。＝餢飳

麥 5 【麭】〔16〕 ホウ 漢 (ハウ) 去 効 pào パオ U補J 8350 9EAD 意味 ①こなもち。麦もち。②麪麭は、パン。＝麪包

麥 5 【麬】〔16〕 俗 ↓麩(本ページ・上)

麥 6 【麯】〔17〕 キク 漢 入 屋 qū チュイ U補J ①9478 97676 9EAF 意味 ①〈こうじ(かうぢ)〉＝麴 ②酒。

麥 6 【麰】〔17〕 ボウ 漢 平 尤 móu モウ U補J 7677 9EB0

意味〈おおむぎ(おほむぎ)〉「麰麦」「来麰」

麥 7 【麳】〔14〕 俗 ↓麳(本ページ・中)

麥 8 【麴】〔19〕 標 キク 漢 入 屋 qū チュイ U補J ①9479 97679 9EB4

麦 8 【麹】〔15〕 簡慣 U補J 2577 9EB9

意味 ①〈こうじ(かうぢ)〉〈かむだち〉米・麦などを蒸し、ねかして、麴かびをつけ繁殖させたもの。酒・みそなどの醸造に用いる。糀。酒母。＝麯 ②こうじの色。③酒。

【麴院】酒を造るところ。

【麴君】酒の別称。「麴秀才」「麴生」「麴先生」などともいう。

【麴蘖】「麴蘖」に同じ。

【麴蘖】①こうじ。②酒。

【麴室】こうじをつくる室。

【麴車】酒をのせた車。「道逢二麴車一口流レ涎」〈杜甫の詩・飲中八仙歌〉

【麴塵】こうじかびのような色。黄緑色。【――糸】若芽をつけたやなぎの枝。〈劉禹錫の詩・楊柳枝〉

麥 8 【䴷】〔19〕 ホウ 漢 上 有 フ 慣 bù プー U補J 4D3A 意味 ①䴷麭は、油であげた麦粉のもち。↓餢(一三九二ページ・中) ②䴷麴は、麦もち。禅僧の食物。

麥 8 【麳】〔19〕 ライ 漢 呉 平 灰 lái ライ U補J 7678 9EB3

麥 7 【麳】〔14〕 俗字 U補J ②9456 2A38C 意味 ①小麦。②麦の総称。

麦 8 【麹】〔15〕 簡 ↓麴(本ページ・中)

麦 9 【麺】〔16〕 常 メン U補J 4445 9EBA

旧字 麥 9 【麵】〔20〕 ベン 漢 メン 呉 去 霰 miàn ミエン U補J ①9480 97680 9EB5

筆順 一 十 主 麦 麦 麺 麺 麺

麥 4 【麪】〔15〕 本字 U補J 8349 9EAA 意味 ①小麦の粉。②小麦粉で作った食物。うどんなど。

解字 形声。麥が形を表し、丏が音を示す。麪は、麦を粉末状にしたもの。小麦粉。転じて、小麦粉で作った食物。麪と同じに用いられる麵は、後になって作られた字であるが、この字が麪に代わって広く使われるようになった。

【麵食】そば・うどんの類。

【麵包】miànbāo 現パン。＝麪麭

【麵粉】miànfěn 現小麦粉。

麥 9 【麵】〔20〕 旧 ↓麺(本ページ・中)

麥 11 【麴】〔22〕 ロウ 漢 上 有 lǒu ロウ U補J 2A363 意味 麦もちをひねり、油で揚げた食物。

11画 麻(麻)部 あさ あさかんむり

【部首解説】「广」と「𣏟」が合わさり、「植物のあさ」を表す。この部には、「麻・麻」を構成要素とする文字が属する。新字体では「麻」となる。

麻 0 【麻】〔11〕 常 マ あさ U補J 4367 9EBB

旧字 麻 0 【麻】〔11〕 バ 漢 マ 呉 平 麻 má マー U補J

筆順 亠 广 广 庁 床 床 府 麻

艸 11 【蔴】〔15〕 同字 U補J ②8674 85730 8534

意味 ①〈あさ〉〈お(を)〉〈そ〉㋐草の名。クワ科の一年草。古くは、大麻を指したが、のち、黄麻・苧麻などアサ類の総称。㋑あさ糸。㋒あさぬの。②喪服。麻布で作った。③詔書。麻紙を用いた。④顔のあばた。⑤しびれる。＝痲 ⑥ごま。「胡麻」⑦姓。

解字 会意。广と𣏟とを合わせた字。广はやね。𣏟はあさの木が密生していることを表す。麻は、あさを家の中でつむいで作ったものをいう。一説に广はベンという音を示すもので、反物の意味を含んでいるから、麻は、あさの反物をいう形声と解する。

名前 ぬさ 姓 麻生・麻績 地名 麻植

難読 麻疹・麻雀・麻婆豆腐

【麻笥】　国糸にしたあさを入れるうつわ。

【麻績】　国あさをよりあわせて糸にすること。

【麻雀】 一 máquè 現すずめ。 二 室内遊戯の名。牌の組み合わせで得点を争う。

【麻衣】　白いあさの着物。朝廷に出るときと、喪服に使う。

【麻疫】　はしか。麻疹。

【麻姑】　①むかしの神女の名。手の爪が長かったという。②山名。江西省南城県にある。【――爪】かゆいところをかく道具。孫の手(「麻姑の手」の転)。【――搔痒】麻姑のつめが長く、せなかをかくと気持ちがよいという故事。物事が思いどおりにゆくたとえ。〈神仙伝〉

【麻胡】 一 ①鬼の名。こどもの脳を食うという。②将軍の名。隋の人ともいい、後趙の麻秋のあだ名ともいう。人民を苦しめた鬼のような人なので、泣く子をだまらせるのに、その名をとなえるという。 二 物事のあいまいで、はっきりしないこと。＝摸糊

【麻沙本】　宋・元時代、福建省の麻沙という所から出版された書物。まちがいが多く、粗末な印刷の代表とされる。

【麻糸(絲)】　あさ糸と絹糸。

【麻菽】　あさと豆。

【麻疹】　はしか。

【麻酔(醉)】　薬の働きで、一時的に感覚をなくすこと。【――剤(劑)】麻酔に使う薬。麻酔薬。

【麻苧】　あさとからむし。ともに布を作る草。また、あさとからむしで織った着物。

【麻田】　あさの畑。

【麻頭】　あさの切りくず。あさくず。紙の材料。

【麻痹】　しびれる。しびれ。＝麻痺

【麻冕】　あさで作ったかんむり。目が細かく、糸をたくさん「使う。

【麻薬(藥)】　①麻酔用に使う薬。②正常な知覚を麻痺させ、慢性中毒・禁断症状をおこすため、一般の人の所持や使用が法律で厳しく規制されている薬物・植物の総称。

【麻耶夫人】　釈迦の母。＝摩耶夫人

【麻油】　あさの実の油。

【麻縷糸(絲)絮】　生のあさ、つむいだあさ、きいと、わた。織物の材料。〈孟子・滕文公上〉

【麻煩】　máfan 現①めんどうな。②めんどうをかける。

『麻中之蓬』　あさの中に育つよもぎは、まっすぐに育つ。悪人も環境によって正しい人間になる。〈荀子・勧学〉

◆乱麻・亜麻・胡麻・快刀乱麻

麻 3
【麼】〔14〕

一 バ 漢　マ 呉　一 平 歌 mó モー
二 モ 唐　二 マ 慣　二 ―― ma マ
三 マ 慣　三 ―― me モ

J 5487　補　U 9EBC

麻 3
【麽】〔14〕俗字

J ②9457　補　U 9EBD

意味 一 ①こまかい。小さい。②語気を示す助詞。 二 疑問をあらわす助詞。…か。＝嗎 三 接尾語。「這麼」(こんなに)「甚麼」(なに)のようにある語の後につく。

麻 4
【麾】〔15〕

キ 漢　平 支 huī ホイ

J 6164　補　U 9EBE

意味 ①軍中で、指揮をとるときに使う旗。②〈さしまね・く〉指図する。③〈ふ・る〉ふり動かす。＝揮 ④はやい。さっさとする。

(麾①)

【麾鉞】　将軍が軍をさしずする旗とまさかり。

【麾下】　大将に直接指揮される兵。はたもと。

【麾幟】　さしずに使う旗。さしず旗とのぼり。

【麾扇】　軍配うちわ。軍をさしずする道具。

【麾幢】　さしずするのに使う旗。

麻 4〖摩〗(五四八ジペー・下)→手部十一画

麻 5〖磨〗(八九一ジペー・中)→石部十一画

麻 6〖糜〗(九五二ジペー・上)→米部十一画

麻 6〖縻〗(九八三ジペー・上)→糸部十一画

麻 7
【麿】〔18〕人 国字

旧字 麻 7【麿】〔18〕

J 4391　補　U 9EBF

意味 〈まろ〉①わたくし。②人名の下に添える語。

解字 麻(音マ)と呂(音ロ)とを合わせた字。

麻 8〖靡〗(一三六一ジペー・下)→非部十一画

麻 10〖魔〗(一四一七ジペー・下)→鬼部十一画

12画　黄(黃)部　き

【部首解説】　「炗」と「田」が合わさった字で、「きいろ」を表す。この部には、「黄・黃」の形を構成要素とする文字が属する。新字体では「黄」(十一画)となる。

黄 0
【黄】〔11〕学 2　コウ・オウ　き・こ

J 1811　補　U 9EC4

旧字 黄 0【黃】〔12〕人

コウ(クヮウ) 漢　オウ(ワウ) 呉　平 陽 huáng ホワン

J ①9481　補　U 9EC3

筆順 一 廿 廾 丗 芇 芇 苗 黄

意味 ①〈き〉〈こ〉きいろ。五色(青・黄・赤・白・黒)の一つ。五行の土の色。方角では中央に配され、大地・日光・五穀・天子の色として尊ばれる。②〈きば・む〉きいろくなる。③〈きいろ・い〉④きいろいもの。玉や黄金、穀物など。また、黄色に赤みがかった犬・馬など。⑤幼児。→黄口 ⑥老人。→黄髪 ⑦詔勅。→黄麻 ⑧黄帝。⑨黄河。⑩姓。⑪現いやらしい。猥褻・卑猥な。

解字  形声。田と炗とを合わせた字で、田が形を表し、炗が音を示す。炗は光と同じ。田は土で、土の色、きいろを表す。黄はきいろく光ることである。一説に、黄は、火矢の象形であるという。廿は、矢の先につけた火、そのおもり、あるいは火を結びつける穴が田であるとする。

名前 かつみ　難読 硫黄(付表)/黄檗宗・黄蘗・黄昏・黄楊・黄蜀葵・黄櫨・黄瑞香・黄泉

【黄褐(褐)色】　黄色がかった土色。

【黄金】　①きん。②おかね。【――台(臺)】燕の昭王が天下の賢士を招いた所。河北省にあった台の名。【――仏(佛)】①金の仏。②大便にまみれた人。【――分割】数平面幾何で線分の分け方の一つ。線分AB上の点Cが、AB:AC＝AC:BCの関係にある場合をいう。【――律】Golden Rule の訳語。①だれでも守るべき道徳の根本原理。聖書マタイ伝の「すべて人にせられんと思うことを、人にもまたそのごとくせよ。」ということばをさす。②万人がしたがうべきりっぱな法則。

【黄渉】　国「黄鐘」(一四四四ジペー・中)の二に同じ。

【黄疸】　医血液中の胆汁の色素が増えて、皮膚や粘膜が黄色みをおびてくる状態。おもに肝臓病の症状とし

ておこる。

【黄檗】きはだ。落葉高木の一種。染色用や薬用にする。【――宗】㊕日本の禅宗三派の一つ。隠元が宇治の万福寺を建てて広めた教え。【――版】黄檗宗の鉄眼が印刷した「一切経」。

【黄蘗】「黄檗」に同じ。

【黄枯茶】国うす赤みがかった黄色。朽ち葉色。

【黄仕丁】国宮中の警備役人。吉上。

【黄表紙】国①黄色い表紙。②江戸時代の読み物の一つ。

【黄瓜】□瓜の一種。□ huánggua 現□に同じ。

【黄埃】黄色の土ぼこり。

【黄衣】黄色いきもの。①年の暮れの大祭に着る服。②道士の着る服。③宦官の着る服。「黄衣使者白衫児」〈白居易の詩・売炭翁〉

【黄雲】①黄色の雲。②麦や稲が熟して、いちめんに黄色いさま。

【黄鉞】黄金のまさかり。天子が征伐に出るとき持つ。

【黄鶯】うぐいす。黄鸝。

【黄襖騮馬】黄色い上着を着て、くりげの馬に乗る。〈頼山陽・日本外史〉

【黄屋】①天子の車の上につけるかさ。②天子の敬称。【――車】天子の乗る車。

【黄花】菊または菜の花の別名。

【黄禍】白色人種が、将来、黄色人種の興隆によってわざわいを受けるという考え。

【黄河】川の名。単に河ともいう。青海省から流れ出て渤海にそそぐ。長江に次ぐ大河。【――九曲】正月に、あかりをあちこちにつけて、迷路を作る行事。転じて、奥が深く、はかりがたいこと。

【黄海】中国東方の海の名。

【黄閣】首相の役所。転じて、首相。黄扉。

【黄鶴楼(樓)】高殿の名。湖北省武漢市武昌、蛇山の突端にあり、長江に面していた。

【黄巻】書物をいう。

【黄冠】①草の冠。農夫のかぶるかさ。②道士の冠。【――絳帔】黄色いかんむりに赤いそでなし羽織。

【黄幹】人名。南宋の学者。朱子の高弟であった。(一一五二～一二二一)

【黄教】チベットに行われた喇嘛教の新派。その教主ダライ＝ラマは、チベットに君臨した。↔紅教
【黄巾】①黄色い布。②後漢末、張角が起こした内乱の軍。黄色いきれをかぶって戦った。黄巾の賊。

【黄堅】人名。宋末の文人。「古文真宝」の編者といわれる。

【黄絹】□黄色い絹。□ほっけんつむぎ。国中国から渡来した黄色の絹布。【――色糸(絲)】すぐれた文。絶妙の文。かくしことばで、黄絹は色の糸。色糸を合わせると絶という字になる。〈世説新語・捷悟〉

【黄口】①口ばしが黄色い。②ひなどり。幼少なこと。また、そのもの。③経験にとぼしい。また、その人。未熟。【――小児(兒)】十歳以下のこどもをいう。

【黄耇】白髪が黄色を帯び、顔にしみがある老人。

【黄興】人名。孫文とともに、中国革命に力を尽くした。(一八七三～一九一六)

【黄鵠】黄色みを帯びた白鳥。

【黄昏】①夕暮れ。②一日を十二時に分けた一つ。午後八時ごろ。

【黄沙】①黄色い砂。②砂漠の地。

【黄散】黄門侍郎と散騎常侍。二つの官職名。

【黄山谷】黄庭堅の号。

【黄雀】①すずめの一種で、くちばしと足とが黄色のもの。②くちばしの黄色いひなのすずめ。【――風】陰暦五月の風。【――伺蟬】せみをねらうすずめが弾丸で打たれるのに気がつかない。前ばかり見て、後ろをゆだんしてはならないこと。【――銜環】すずめが命を助けられた礼に、宝玉をくわえて来た故事。〈続斉諧記〉

【黄州】地名。隋代におかれた。今の湖北省黄岡市。

【黄熟】穀物やくだものなどが、黄色く熟す。

【黄遵憲】人名。清末の外交官。「日本雑事詩」を著した。(一八四八～一九〇五)

【黄鐘】□①音律の名。十二律の一つ。②陰暦十一月の別名。□国日本の十二律の一つ。【――毀棄】本質的なものがすてられる。君主が見すてられて、小人が用いられるたとえ。〈楚辞・卜居〉

【黄塵】①黄色い土けむり。「黄塵万丈」②世間の俗事。

【黄穂(穗)】黄色く実った稲の穂。

【黄石公】秦時代の隠者。張良に兵法を授けた。

【黄舌】国声が幼くてととのわない。

【黄泉】①地下の泉。②死者のゆくところ。よみじ。めいど。【――客】死者。

【黄巣】人名。唐末に内乱を起こして、長安(今の西安)を攻め落とした。

【黄宗羲】人名。清代の学者。号は梨洲。「宋元学案」「明儒学案」などの著がある。(一六一〇～一六九五)

【黄鳥】①こうらいうぐいす。②国うぐいす。「睍睆黄鳥」〈詩経・凱風〉

【黄帝】①古代伝説上の帝王。軒轅氏という。文字・医薬その他文化を初めて開いた人。②天の中央の神。五天帝の一つ。

【黄庭堅】人名。北宋の詩人。号は山谷。蘇軾に兄事した。(一〇四五～一一〇五)

【黄土】□①黄色い土。②大地。③墓。めいど。□①赤土からつくった絵の具。②中国西北部に堆積している黄色をおびたこまかい土。

【黄頭】①唐の軍隊の名。②漢代の官名。船をあつかう。黄頭郎。船頭。③㊕釈迦のこと。釈迦は金髪であったからという。

【黄道】太陽の運行する軌道。【――吉日】国陰陽道でいう、いちばん良い日がら。【――光】日の出前・日没後の暗いときに、地平線に見える光。

【黄犢】①黄色い小牛。②かたつむり。

【黄梅】□①熟した梅の実。②梅の実の熟する季節。陰暦五月ごろ。【――雨】さみだれ。梅雨。□植モクセイ科の低木。迎春花。

【黄白】①黄色と白色。②金と銀。③金銭。

【黄帛】きいろいきぬ。帛は、幅の広い絹。

【黄髪】①老人の黄ばんだかみの毛。②老人。【――垂髫】老人やこども。

【黄扉】①宰相の役所の門の戸。転じて、宰相(首相)をいう。②官名。唐時代の給事中。天子へのとりつぎ役。

【黄吻】「黄口」に同じ。

【黄袍】天子の着る黄色い上衣。

【黄榜】(こうぼう) ①官吏採用試験の成績を発表した掲示。②天子の命令を書いた札。③貯蓄の多い人。

【黄麻】(こうま) ①つなそ。植物の名。②詔書。みことのり。

【黄門】(こうもん) ①宮中の門。②官名。黄門侍郎。侍従職。奥向きの役人。③宦官(かんがん)。④国中納言(ちゅうなごん)。【――侍郎】(こうもんじろう) 官名。①秦(しん)・漢では門下省の仕事をつかさどる。②後漢(ごかん)では、天子の側にあって、諸王の謁見などをつかさどる。唐代に門下侍郎と改め、門下省の次官。文書などをつかさどる。

【黄葉】(こうよう) 黄色くなった葉。もみじ。

【黄楊】(こうよう) 常緑樹の名。つげ。【――木禅(禪)】(こうようぼくぜん) 仏禅の修行が未熟(みじゅく)なこと。なかなか進歩しない禅。〈大慧普説〉【――之厄】(こうようのやく) 運が悪い。生活が順調にゆかないこと。黄業厄閏。

【黄落】(こうらく) 葉が黄色くなって落ちる。

【黄鸝】(こうり) 「黄鳥(こうちょう)」に同じ。「両箇黄鸝鳴翠柳(りょうこのこうりすいりゅうになく)」〈杜甫(とほ)の詩・絶句〉

【黄陸】(こうりく) 太陽の通る軌道。黄道。また、一説に、大地。

【黄竜(龍)】(こうりゅう) 黄色い竜。えんぎのよい動物。

【黄粱】(こうりょう) おおあわ。穀物の一種。【黄粱一炊夢】(こうりょういっすいのゆめ) あわめしのたきあがる間の夢。邯鄲(かんたん)の宿屋で盧生(ろせい)が一生の出世の夢を見た話で、人生の栄華のはかなさをいう。邯鄲之夢。〈沈既済(しんきせい)・枕中記(ちんちゅうき)〉

【黄櫨】(こうろ) 樹木の名。はぜ。

【黄老】(こうろう) ①黄帝と老子。②道家の学。

【黄臘】(こうろう) ①ろうの一種。②木の名。臘梅(ろうばい)。

【黄蘆苦竹】(こうろくちく) 黄色いあしや、しのだけの類。〈白居易(はくきょい)の詩・琵琶行(びわこう)〉

【黄油】(ホワンユー) huángyóu 現①バター。②グリース。

【回黄転(轉)緑(綠)】(こうをめぐらしてみどりにてんず) きいろをみどりに変える。失敗をとりかえすたとえ。
◆卵黄(らんおう)・浅黄(あさぎ)・硫黄(いおう)・一(ゆおう)

黄0 【黄】〔12〕 旧→黄(一四四三ページ・下)

黄4 【黆】〔16〕 コウ 漢 県 平 陽 (クヮウ) guāng コワン U補J 7681 9EC6
意味 黆黆(こうこう)は、勇ましいさま。

黄5 【黇】〔17〕 テン 漢 平 塩 tiān ティエン U補J 9EC7
意味 〈きいろ〉うすいきいろ。たまごいろ。

12 黄(黃)← 黍← 黑(黒)← 黹
12画〜
13 黽鼎鼓鼠
14 鼻(鼻)齊(斉)
15 齒(歯)
16 龍(竜)龜(亀)
17 龠

黄5 【黈】〔17〕 トウ 漢 上 有 tǒu トウ U補J 7682 9EC8
意味 ①きいろ。②黈益(とうえき)は、増し加える。
【黈纊】(とうこう) 黄色い綿。黄色い綿を冠の左右に下げて、耳をおおう。くだらないことを聞かない意味という。

黄6 【黋】〔18〕 コウ 漢 去 漾 (クヮウ) kuàng コワン U補J 7683 9ECB
意味 光があふれて明るいさま。

黄13 【黌】〔25〕 コウ 漢 平 庚 (クヮウ) hóng ホン U補J 8352 9ECC
意味 古代の学校。まなびや。学舎。「黌宇(こうう)」「黌学(こうがく)」「黌校(こうこう)」「黌序(こうじょ)」「黌堂(こうどう)」

12画 黍部 きび

【部首解説】「禾」と「雨」が合わさった字で、「きび」を表す。この部には、「黍」の形を構成要素とする文字が属する。


黍0 【黍】〔12〕 ショ 漢 上 語 shǔ シュー U補J 2148 9ECD
意味 ①〈きび〉五穀の一つ。食用、また、酒をつくる。イネ科の一年草。粟(あわ)より少し大きい実をつける。せまくは、稷(しょく)(うるちきび)に対するもちきびの意味。ひろくは、きび類の総称。②度量衡単位の基準。㋐黍一粒の直径が、一分(ぶ)。㋑二千四百粒の容量が、一合(ごう)。㋒百粒の重さが、一銖(しゅ)。(→付録「度量衡名称」) ③三合いりの酒杯。

解字  形声。禾と雨とを合わせた字。禾は穀物。雨は雨(う)の略で、音を示す。雨は水を表す。黍は、きび。ねばりのあるもちきびで、これを水にまぜると酒ができる。

【黍糕】(しょこう) きびで作ったもち。きび餅(もち)。

【黍稷】(しょしょく) もちきびと、うるちきび。

【黍稲(稻)】(しょとう) きびと、いね。

【黍離】(しょり) 「詩経(しきょう)」の編名。西周の宮殿がくずれこわれて、きび畑になっていることを嘆いた詩。【――麦(麥)秀】(ばくしゅう) 国が滅び、宮殿のあとが荒れたことを嘆く。


黍3 【黎】〔15〕 囚 レイ 漢 平 斉 lí リー U補J 8353 9ECE
意味 ①〈くろ・い(――・し)〉黒い。＝黧(れい) ②多い。もろもろ。③及ぶ。ころおい。④あかざ。＝藜(れい) ⑤ととのう。⑥老いる。＝耆(き) ⑦官名。「九黎(きゅうれい)」⑧山西(さんせい)省壺関(こかん)県西南にあった国の名。周に滅ぼされた。⑨広東(カントン)省に住む少数民族の名。⑩姓。

解字  会意・形声。黍と勹(㓞を略した形)とを合わせた字。㓞(り)は音をも示す。黍はきび、㓞は利で、するどい意なので、黎は鉄の農具のことで、その色の黒いことを意味する。

名前 たみ
【黎献(獻)】(れいけん) 人民の中の賢者。また、一説に多くの賢者。

【黎元】(れいげん) 人民。庶民。多くの善人の意とも黒い頭の人の意ともいう。

【黎黒】(れいこく) 色が黒い。

【黎庶】(れいしょ) 「黎元(れいげん)」に同じ。

【黎民】(れいみん) 人民。庶民。

【黎明】(れいめい) 夜明け。あさぼらけ。

【黎老】(れいろう) 老人。

黍5 【黏】〔17〕 デン 漢 平 塩 ネン 呉 nián ニエン U補J 8354 9ECF
意味 ①〈ねば・る〉＝粘 ②ねばるもの。③のり。④〈つ・ぐ〉囲碁で石をつなげること。⑤姓。

黍10 【䵚】〔22〕 トウ 漢 上 皓 (タウ) tāo タオ U補J 4D5A
意味 䵚黍(とうしょ)は、高粱(こうりょう)(コーリアン)。蜀黍(もろこし/しょくしょ)。

黍11 【黐】〔23〕 チ 漢 平 支 chī チー U補J 8355 9ED0
意味 〈もち〉①とりもち。鳥などをとらえるもの。②もちの木。

12画 黑(黒)部 くろ

【部首解説】「𡆧」と「炎」が合わさり、「すすの色」、つまり「くろ」を表す。この部には、「黒・黑」の形を構成要素とする文字が属する。新字体では「黒」(十一画)となる。

黒 0 【黒】〔11〕 学2 コク くろ・くろい 漢 入 職 U補J 2585 9ED2

旧字 黑 0 【黑】〔12〕 人 コク 呉 hēi ヘイ U補J ①9482 9ED1

筆順 丶 冂 冂 日 甲 甲 里 黒

意味 ①〈くろ〉五色(青・赤・黄・白・黒)の一つ。五行では水、方角では北に配される。②〈くろ・い(──・し)〉㋐色が黒い。㋑暗い。㋒悪い。㋓おろか。③〈くろ・む〉くろくなる。④ひつじ。いのこ。⑤現㋐秘密の。闇の。㋑腹黒い。

解字  会意。古い形で見ると、罒と炎とを合わせた字。罒はえんとつ。炎は火が重なっている形。黒は、火が燃えて、えんとつに黒いすすのついていることを表し、すすの色を黒といったもの。

地名 黒川・黒石・黒部・黒磯 難読 黒子

【黒革縅】国濃い紺色や藍色の皮でおどしたよろい。

【黒酒】国大嘗会などに使った黒い酒。

【黒書院】国武家時代の城の座敷。室の各部に黒塗りを多く用いたもの。

【黒穂(穗)】国麦の穂がばい菌によって黒く枯れたもの。「くろんぼ。」

【黒本】国表紙の黒い草双紙。江戸時代の読み物。

【黒文字】国①木の名。②つまようじ。③女房ことばで、いりこ。

【黒衣】■黒い着物。■ころも。僧のきもの。また、僧。

【──宰相】政治権力をにぎった僧。六朝時代、宋の慧琳を呼んだことば。

【黒雲】黒い雲。雨雲。『──翻レ墨未レ遮レ山』黒い雲がすみをひっくりかえしたようにいちめんにひろがってきたが、まだ山は隠れない。〈蘇軾の詩・望湖楼酔書〉

【黒鉛】炭素を主とする、黒くやわらかい鉱物。鉛筆のしんに使う。

【黒牛】黒いうし。『──生二白犢一』黒い牛が、白い子牛を生む。めでたい前じらせ。

【黒山】①山の名。河南省濬県の西北にあり、墨山ともいう。②仏禅宗で、暗黒の意味に使う。

【黒子】■①ほくろ。②せまい土地。■国芝居で役者の後見が着る黒い着物。また、その後見人。

【黒漆】黒いうるし。また、それを塗ること。また、塗ったもの。【──桶】くろいうるしのおけ。まっくろなこと。


【黒死病】伝染病の一つ。ペスト。

【黒綬】黒いくみひも。印章を下げる黒い飾りひも。

【黒人】■黒色人種。■国①その道の専門家。②商売女。＝玄人 ■hēirén 現世をしのぶ者。日かげ者。

【黒船】■黒い色の船。欧米から来航した船艦をいう。■①■に同じ。②国外国船。

【黒潭竜(龍)】唐代の白居易の作った楽府体の詩の題名。黒々とした深い淵にすむ竜にかこつけて、民の財宝をまきあげる役人を諷刺したもの。

【黒点(點)】①黒い点。②理太陽の表面の黒い点。

【黒陶】黒色をした陶器。

【黒頭】毛の黒いあたま。若い人をいう。【──公】①若くて三公の位に登る人。②筆のこと。

【黒白】■黒と白。■①■に同じ。②悪いこととよいこと。③囲碁。【──衣】墨染めの衣と、ふつうの衣。僧と俗人。【──差】非常なちがい。

【黒髪】■黒いかみ。黒かみ。■国①■に同じ。②小唄の題名。

【黒板】■①黒色のいた。②学校などで、白墨で書いたり消したりするのに使う黒ぬりの板。■hēibǎn 現■の②に同じ。

【黒表】敵国と取り引きしそうな商人や、また、危険人物の氏名などをしるした帳簿。ブラックリスト。

【黒風】あらい風。暴風。【──白雨】砂塵を吹きあげる風と、にわか雨。暴風雨をいう。

【黒曜石】黒いガラス状をした火山岩の名。黒耀石。

【黒竜(龍)江】ロシアと中国の国境付近を流れる大河。間宮海峡にそそぐ。

【黒褐(褐)色】黒みのある茶色。

【黒暗】hēi'àn 現暗い。暗黒。

◆歯黒・暗黒・腹黒・漆黒

黑 0 【黑】〔12〕 旧 →黒(本ページ・上)

黑 3 〖墨〗→土部十一画(三〇〇ページ・中)

黑 4 【黔】〔16〕 ケン 漢 平 塩 qián チエン U補J 8356 9ED4

意味 ①〈くろ・い(──・し)〉あさぐろい。黒くなる。すすける。③いれずみ。刑罰の一つ。②〈くろ・む〉黒くなる。④庶民。「黔首」⑤貴州省の別名。⑥姓。

【黔首】人民。庶民。頭の黒い人の意。

【黔庶】「黔首」に同じ。

【黔突】①黒ずんだ煙突。②一つ家に長く住むこと。

【黔黎】「黔首」に同じ。

【黔婁】春秋時代、斉の隠者。

『黔驢之技』黔地方に初めてはいったろばが、いななく声で虎をおどかして得意になっていたが、まもなく実力を見ぬかれて殺された話。自分の力を知らずにでしゃばって、恥をかくこと。〈柳宗元・三戒〉

黑 4 【黕】〔16〕 タン 漢 上 感 dǎn タン U補J 7684 9ED5

意味 ①よごれ。しみ。あか。②黒いさま。

黑 4 【默】〔15〕 常 モク だまる U補J 4459 9ED9

旧字 黑 4 【默】〔16〕 人 ボク 漢 入 職 モク 呉 mò モー U補J 6452 9ED8

筆順 口 日 甲 里 里 默 默 默

意味 ①〈だま・る〉〈もだ・す〉ものを言わない。②〈もだ〉だまっていること。③しずか。④うすぐらい。⑤役人が不正なことをする。㋐口数が少ない。㋑ひっそりとしている。㋒聞こえない。国〈だんまり〉かぶきで、せりふなしの動作。

解字  形声。犬が形を表し、黒が音を示す。黒は、暗くてなにもしない意味を持つ。默は犬が人を見てもほえないで、後をついてくることで、口を閉じて物をいわないことを表す。

【默劇】身ぶりや表情だけで、ことばをしゃべらない劇。無言劇。パントマイム。

【默座(「坐」)】だまってすわっている。

【默殺】だまって知らん顔をする。相手にしない。

【默止】口出しをしないでそっとしておく。だまっている。

【默示】①口に出さず、それとなく自分の気持ちを示す。②キリスト教で、神が人の心をみちびいて、真理を示す。【──録(錄)】新約聖書の一編。

【默思】「默考」に同じ。

【默視】だまって見ていること。

【默識】①心におぼえこむ。②何もいわないで、人のことばの意味を理解する。【──心通】ことばや文字なしに、心で理解する。

12 黄(黄) 黍 ➡黒(黒) 黹 12画～ 13 黽 鼎 鼓 鼠 14 鼻(鼻) 齊(斉) 15 齒(歯) 16 龍(竜) 龜(亀) 17 龠

【黙写(寫)】暗記しておいて、書きうつす。

【黙受】だまって受けとる。

【黙照】㊄静かに座禅を組むことによって、心が開ける。【——禅(禪)】公案研究を主とする臨済宗を看話禅というのに対して、座禅を主とする曹洞宗をいう。

【黙省】静かに反省する。

【黙想】「黙考」に同じ。

【黙諾】「黙許」に同じ。

【黙禱】無言でいのる。

【黙読(讀)】声を出さないで読む。

【黙認】「黙許」に同じ。

【黙念】「黙考」に同じ。

【黙然】だまっているさま。だまってじっとしているさま。

【黙秘(祕)】国だまって知らせない。秘密にしていわない。【——権(權)】国憲法できめられた、尋問にさいして、自分に不利益なことを述べないでもよいという権利。

【黙黙】①だまっているさま。②むなしいさま。③不平のさま。

【黙礼(禮)】だまっておじぎをする。

【黙論】㊄議論をしないでも、道理がよくわかること。

【黙過】知らないふりをしてすごす。

【黙記】だまっておぼえこむ。

【黙求】口をきかずに、考え求める。

【黙許】見のがす。見ても知らぬ顔をする。

【黙契】いわず語らずのうちに意志が通じあう。

【黙考】だまって考えこむ。「沈思黙考」
▽沈黙・暗黙・寡黙

黑4【默】〔16〕旧→黙(一四四六ページ・下)

黑5【黚】〔17〕ケン 漢 平 塩 qián チエン　U補J 9EDA
意味 ①くろい。黄のまじった黒。②黚水は、四川省の川の名。

黑5【黛】〔16〕人 タイ 漢 去 隊 dài タイ　U補J 3467 9EDB
旧字 黑5【黛】〔17〕　U補J
黑10【黱】〔22〕本字　U補J 7692 9EF1
意味 ①〈まゆずみ〉㋐まゆを描く青黒いすみ。「黛黒」「黛墨」㋑まゆずみ色。「黛青」②ひきまゆ。描いたまゆ。③女のまゆ。④山の青々としたさま。
解字 形声。黒が形を表し、代が音を示す。まゆずみ。
【黛色】まゆずみのような色。遠山の青黒い色の形容。
【黛眉】まゆずみでえがいたまゆ。
【黛面】まゆずみでまゆを引いた顔。
【黛緑(綠)】青くまゆを引いている。美人の形容。
▽青黛・粉黛・翠黛

黑5【黜】〔17〕チュツ 漢 入 質 chù チュー　U補J 8357 9EDC
意味〈しりぞ・ける(——・く)〉①追放する。「放黜」②やめさせる。廃する。③位をさげ落とす。④除き去る。⑤なくす。廃止する。⑥減らす。

【黜遠】しりぞけ、とおざける。

【黜斥】しりぞけて用いない。官職をやめさせる。

【黜責】とがめて、職をやめさせる。

【黜退】しりぞけ、やめさせる。免職する。

【黜陟】功績のない者はしりぞけ、功績のある者は採用する。官吏を昇進させたり、しりぞけたりする。陟は、のぼらせる。

【黜罰】免職処分にして、罰する。

【黜否】才能のない者をやめさせる。

【黜免】免職する。


黑5【黝】〔17〕■ユウ 漢 ■上 有 yǒu ユー (イウ) ■イ 漢 ■平 支 yī イー　U補J 8359 9EDD
意味 ■①〈くろ・い(——・し)〉青黒い。②くらい。うす暗い。③(地面を)塗って黒くする。④北宮黝は、人名。■漢代の県名。

【黝堊】①青黒く塗ること。②地面を黒くし、かべを白く塗る。【——丹漆】①青黒色や赤い色に塗ること。②青・白・赤・黒の色。

【黝然】①黒ずんでうす暗いようす。②うす黒いさま。

【黝黝】①うす黒いさま。②木立ちの暗いさま。

黑5【𪐷】〔17〕国字　U補J ②9458 2A437
意味〈くろ〉〈くろ・い(——・し)〉どすぐろい。

黑5【點】〔17〕旧→点(七六八ページ・上)

黑6【黟】〔18〕エイ 呉 漢 平 斉 yī イー　U補J ②9459 7685 9EDF
意味 ①〈こくたん〉木の名。黒檀。烏文木。②黟然は、黒いさま。③秦代の県名。今の安徽省黟県。

黑6【黠】〔18〕カツ 漢 入 黠 xiá シア　U補J 8360 9EE0
意味 ①〈さと・い(——・し)〉かしこい。りこう。「捷黠」②わるがしこい。ずるがしこい。「狡黠」③わるぢえ。
【黠猾】ずるがしこい。
【黠慧(慧)】こざかしい。わるがしこい。
【黠児(兒)】りこうなこども。【——落節(節)】こりこうなこどもが失敗する。こざかしくたちまわって、かえってしくじる。〈碧巌録〉
【黠智】わるぢえ。

黑7【黢】〔19〕シュツ 漢 入 質 qū チュイ　U補J 9EE2
意味 黒い。

黑8【黤】〔20〕エン 漢 上 琰 yǎn イエン　U補J 7686 9EE4
意味 ①あおぐろい。②暗い。③まっ黒い。＝黯・黭

黑8【黥】〔20〕ケイ 漢 平 庚 ゲイ 慣 qíng チン　U補J 8361 9EE5
刀8【剠】〔10〕同字　U補J 1938 5260
意味 ①〈いれずみ〉㋐刑罰の一つ。墨刑。㋑体を飾るための入れ墨。刺青。②黥布は、前漢初期の人名。

【黥劓】入れ墨の刑と、鼻を切る刑。

【黥罪】入れ墨の刑。

【黥首】ひたいに入れ墨をする刑。

【黥徒】入れ墨の刑を受けた罪人。

【黥面】顔に入れ墨をする。入れ墨をした顔。


黑8【黧】〔20〕レイ 漢 ライ 呉 平 斉 lí リー　U補J ②9460 7687 9EE7
意味〈くろ・い(——・し)〉黄色がかった黒。

【黧牛】黒くて黄色みをおびた牛。

【黧黄】鳥の名。ちょうせんうぐいす。こうらいうぐいす。

【黧黒】黄黒色。やつれた顔色のさま。


黑8【黨】〔20〕旧→党(一二七ページ・上)

黑9【黯】〔21〕アン 漢 上 豏 yǎn イエン　U補J 7689 9EED
意味 ①暗い。暗いさま。「黯黮」②まっ黒い。＝黤・黭 ③にわか。急に至るさま。＝奄「黯然」

黑 9
【黯】〔21〕
アン(漢) (上) 豏 àn アン
U 補 J 9EEF ― 8363

[意味] ①〈くろ・い(――・し)〉 まっ黒い。②暗い。③悲しい。

【黯靄】あんあい 暗くたちこめたもや。
【黯兮】あんけい 黒々としているさま。うす暗いさま。
【黯黒】あんこく くろい。
【黯惨(慘)】あんさん うす暗く、もの悲しい。
【黯然】あんぜん ①黒いさま。②暗いさま。③憂えるさま。④顔色を変えるさま。
【黯淡】あんたん うす暗い。
【黯湛】あんたん うす暗くて深いさま。
【黯澹】あんたん 「黯淡あんたん」に同じ。
【黯黮】あんたん うす暗く、くもっているさま。
【黯兮惨(慘)悴】あんとしてさんすい うす暗く、いたましい。〈李華りか・弔古戦場文こせんじょうをとむらうぶん〉

黑 9
【黬】〔21〕
㊀ガン(漢) ㊀(平) 咸 yán イェン
㊁カン(漢) ㊁(平) 咸 jiān チエン
㊂エン(漢) ㊂(上) 琰 yǎn イェン
U 補 J 9EEC 7688 ―

[意味] ㊀①黒い。②衣類のかび。㊁鍋なべ・釜かまの底のすす。㊂＝黶 ①痣あざ。しみ。②黒子ほくろ。

黑 9
【黮】〔21〕
㊀タン(漢) ㊀(上) 感 dǎn タン
㊁タン(漢) ㊁(去) 勘 tàn タン
㊂シン(漢) ジン(呉) ㊂(上) 寝 shèn シェン
U 補 J 9EEE 7690 ②9461

[意味] ㊀①桑の実が熟したような深い黒。②くらい。③ひそかに。㊁①くらい。「黮闇たんあん」②雲がまっ黒いさま。「黮黮」㊂桑の実。＝葚じん

黑 10
【黰】〔22〕
シン(漢) (上) 軫 zhěn チェン
U 補 J 9EF0 7691 ―

[意味] 〈くろかみ〉黒くて美しい髪。＝鬒しん

黑 10
【黱】〔22〕
[本]→黛(一四四七ジペー・上)

黑 11
【黲】〔23〕
サン(漢) (上) 感 cǎn ツァン
U 補 J 9EF2 7693 ―

[意味] ①うす黒い。②暗い。

黑 11
【黴】〔23〕
㊀ビ(漢) ㊀(平) 支 méi メイ
㊁バイ(慣) バイ(漢) ㊁(去) 隊 mèi メイ
U 補 J 9EF4 ― 8364

[意味] ㊀①〈かび〉 衣服にかびがついて黒くなる。②あかがつく。③黒い。④梅毒。「黴毒ばいどく」⑤腐敗する。㊁筆を墨にひたす。

【黴雨】ばいう つゆの雨。梅雨。
【黴菌】ばいきん 他に寄生し、発酵・腐敗をいとなみ、あるものは病源となる微生物。細菌。バクテリア。

黑 13
【黵】〔25〕
タン(漢) (上) 感 dǎn タン
U 補 J 9EF5 7694 ―

[意味] ①けがれる。あかがつく。②いれずみ。

黑 14
【黶】〔26〕
エン(漢) (上) 琰 yǎn イェン
U 補 J 9EF6 ― 8365

[意味] ①〈あざ〉 ほくろ。「黶子えんし」②黒い。③黶然えんぜんは、深くとじこもるさま。

黑 15
【黷】〔27〕
トク(漢) (入) 屋 dú トゥー
U 補 J 9EF7 ― 8366

[意味] ①〈けが・れる(――・る)〉 よごれる。㋐きたなくなる。㋑名誉に傷がつく。②〈けが・す〉 よごす。③あかがつく。④しきりに。みだりに。⑤むさぼる。

【黷職】とくしょく 職を汚す。官公吏が不正をする。汚職おしょく。
【黷煩】とくはん 汚しわずらわす。めいわくをかける。
【黷武】とくぶ 武徳をけがす。いわれのない戦を起こすこと。

黑 16
【黸】〔28〕
ロ(漢) ル(呉) (平) 虞 lú ルー
U 補 J 9EF8 7701 ―

[意味] 黒い。濃い黒。＝盧ろ

12画
黹部 ち

【部首解説】 「丵」と「㡀」が合わさり、「ししゅうをした衣服」を表す。この部には、「黹」の形を構成要素とする文字が属する。

黹 0
【黹】〔12〕
チ(漢) (上) 紙 zhǐ チー
U 補 J 9EF9 ― 8367

[意味] ①〈ぬ・う(――・ふ)〉 衣を刺繡ししゅうする。ぬいとる。②ぬいとり。刺繡。③刺繡した布。

[解字]  会意。丵と㡀とを合わせた字。丵は丵の略で、雑草がむらがって生えている形、あるいは、ギザギザの形を表す。㡀は、ぼろきれ。黹は、きれにししゅうをすることを表す。

黹 5
【黻】〔17〕
フツ(漢) (入) 物 fú フー
U 補 J 9EFB ― 8368

[意味] ①〈ひざかけ〉 なめし皮で作った祭礼用のひざおおい。＝韍ふつ ②〈あや〉 ししゅう。青と黒の糸で己(または弓)の字をせなかあわせにした礼服の模様。

【黻衣】ふつい 黻のもようのある上着。古代の祭礼に使う服。
【黻冕】ふつべん 祭礼用のひざかけと冠。

黹 7
【黼】〔19〕
フ(漢) ホ(慣) (上) 麌 fǔ フー
U 補 J 9EFC ― 8369

[意味] 〈あや〉〈ぬい(ぬひ)〉 ①刺繡ししゅう。黒と白でおのの形をぬいとりした、古代の礼服の模様。②ぬいとりをした衣。「黼衣ふい|ほい」

【黼扆】ふい|ほい おのの形をかいた、赤いびょうぶ。天子が諸侯に会うとき、うしろに立てた。
【黼座】ふざ|ほざ 天子のすわる所。玉座。
【黼繡】ふしゅう(しう)|ほしゅう(しう) 黒と白のおのの形をしたししゅう。
【黼藻】ふそう(さう)|ほそう(さう) おのの模様と水草の模様。衣服の飾り。転じて、美しい飾りをいう。
【黼黻】ふふつ|ほふつ ①黼と黻。天子の礼服のぬいとり。②天子をお助けする。③美しい文章。
【黼冕】ふべん|ほべん 黼衣と礼祭用の冠。

13画
黽部 べんあし

【部首解説】 「かえる」を表す。この部には、かえるのほか、亀を表すものも多く、「黽」の形を構成要素とする文字が属する。

黽 0
【黽】〔13〕
㊀ボウ(バウ)(漢) ㊀(上) 梗 měng モン
㊁ビン(漢) ㊁(上) 軫 mǐn ミン
㊂ベン(漢) メン(呉) ㊂(上) 銑 miǎn ミエン
U 補 J 9EFD ― 8370

[意味] ㊀①あおがえる。②黽阨ぼうあいは、戦国時代の要塞。「黽厄ぼうやく」㊁〈つと・める(――・む)〉 努力する。＝忞びん 「黽勉びんべん」㊂黽池べんち|めんちは、秦代の県名。今の河南かなん省澠池べんち県西にあった。＝澠池

12 黃(黄) 黍 黑(黒) 黹
12画～
13 黽 鼎 鼓 鼠
14 鼻(鼻) 齊(斉)
15 齒(歯)
16 龍(竜) 龜(亀)
17 龠

解字 [篆文] 会意。罒と黽とを合わせた字。罒は、へびの頭。黽はかえるのからだを表す。黽はかえるの一種で、頭がへびの頭に似ているもの。

黽4 【黿】〔17〕 ゲン 漢 平 元 yuán ユワン　J ②9462 補 7702 U 9EFF
意味 ①〈おおがめ(おほがめ)〉〈うみがめ〉大すっぽん。＝䲊 ②いもり(蠑螈・守宮)。とかげ(蜥蜴・竜子)。＝蚖
【黿鼉】だげん おおがめとわに。

黽5 【鼂】〔18〕 一 チョウ(テウ) 漢 一 平 蕭 zhāo チャオ　二 チョウ(テウ) 漢 二 平 蕭 cháo チャオ　J ②9463 補 7703 U 9F02
意味 一 あさ。＝朝・晁 二 ①うみがめ。②姓。
【鼂錯】ちょう(てう)そ 人名。前漢の政治家。諸侯の土地をけずったため、反乱を招き、殺された。＝晁錯

黽6 【鼃】〔19〕 一 ア 漢 一 平 佳 wā ワー　二 アイ 漢 二 平 佳 wā ワー　J ②9465 補 7704 U 9F03
意味 一〈ひきがえる(ひきがへる)〉食用がえる。＝蛙 二 鼃声は、みだらな音楽。

黽6 【䵷】〔19〕 同字　J ②9464 補 ― U 4D77

【鼃声(聲)】あいせい 正しくない音楽。みだりがわしい音楽。【―紫色】あいせいししょく 紫は朱を乱す間色。正しくない音楽や色。真実を乱す、にせものをいう。〈漢書かんじょ・王莽おうもう伝〉

黽8 【〔鼅〕】(九二三ジペー・下)→六部十六画

黽11 【鼇】〔24〕 ゴウ(ガウ) 漢 平 豪 áo アオ　J 8371 補 ― U 9F07
意味 ①〈おおがめ(おほがめ)〉大すっぽん。②海中にいて、蓬萊ほうらい山を背負っているという伝説上の大うみがめ。

魚11 【鰲】〔22〕 同字　J 8266 補 ― U 9C32

【鼇魚】ごう(がう)ぎょ すっぽん。また、すっぽんと魚。
【鼇身】ごう(がう)しん 大うみがめのからだ。「鼇身映レ天黒ごうしんてんにえいじてくろし」(大うみがめが現れて、天に黒い姿をうつす。)〈王維おういの詩・送三秘書晁監還二日本国一ひしょちょうかんのにほんこくにかえるをおくる〉
【鼇足】ごう(がう)そく うみがめの足。
【鼇戴】ごう(がう)たい 大うみがめが山をせおう。大恩を感謝する。「鼇戴三山」
【鼇頭】ごう(がう)とう ①うみがめの頭。②頭注。書物の上欄の注釈。③官吏試験の首席合格者。状元。
【鼇峰】ごう(がう)ほう ①神仙しんせんの住む山。うみがめの背にあるという。鼇山。②翰林院かんりんいん。鼇禁ごうきん。鼇掖ごうえき。

黽12 【鼉】〔25〕 タ 漢 平 歌 ダ 慣 tuó トゥオ　J 7705 補 ― U 9F09
意味 わにの一種。揚子江鰐ようすこうわに。＝鱓だ
【鼉鼓】だこ わに皮の太鼓。

黽12 【鼈】〔25〕 ヘツ 漢 入 屑 ベツ 慣 biē ピエ　J 8372 補 ― U 9F08

魚12 【鱉】〔23〕 俗字　J ②9378 補 7532 U 9C49

黽12 【鼈】〔28〕 同字　J ― 補 7763 U 9F9E

意味 ①〈すっぽん〉〈とち〉どろがめ。②わらび。「鼈菜べっさい」③酒器。
【鼈甲】べっこう(かふ) ①すっぽんのこうら。②国 瑇瑁たいまいのこうらを煮て作った黄かっ色のもの。装飾用にする。
【鼈尾蛇】べつびだ 南山にいるという毒へび。すっぽんのような頭で、あずきのもようをしたへび。

黽13 【鼊】〔26〕 ヘキ 漢 入 錫 bì ピー　J ― 補 ― U 9F0A
意味 亀かめの一種。瑇瑁たいまいの類。

13画　鼎部　かなえ

【部首解説】「三本足で耳が二つあるかなえ」を表す。この部には、「鼎」の形を構成要素とする文字が属する。

鼎0 【鼎】〔13〕 人 標 テイ 漢 上 迥 dǐng ティン　J 3704 補 ― U 9F0E

日7 【鼑】〔11〕 同字　J ①8526 補 ― U 2364

鼎2 【鼒】〔15〕 同字　J ― 補 7708 U 9F11

鼎0 【鼎】〔11〕 俗字　J ― 補 ― U 2A502

意味 ①〈かなえ(かなへ)〉㋐三本脚で耳の二つあるかま。

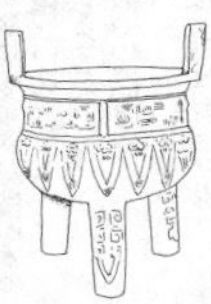
(鼎①㋐)

㋑天子の位を受け継ぐ、国宝の器。㋒天子の位。②三つのものが並ぶこと。「鼎立」③三公(大臣)の位。④たっといもの。すぐれたもの。⑤〈まさに〉ちょうど。適当な。⑥易えきの卦かの名。⑦鼎鼎ていていは、のびのびゆるやかなさま。

解字 [篆文] 会意・形声。目と爿とを合わせた字。目は貞ていの略で、音を示す。爿は、木をたてに二つに割った形。鼎は、かなえで、下から木片をたいてかしぐことを表す。一説に、かなえの象形。脚が三本で、耳が二つある器。

名前 かね・ゆたか

【鼎位】ていい(ゐ) 宰相さいしょうの位。
【鼎彝】ていい 鼎と彝。古代祭器の総称。
【鼎革】ていかく 革命をいう。
【鼎鑊】ていかく(くわく) 大きなかなえ。後世、刑具に用いた。
【鼎鉉】ていげん ①かなえのとって。耳づる。②大臣。
【鼎湖】ていこ 地名。河南省霊宝れいほう市西、荊山けいざんのふもと。黄帝がかなえをつくり、竜りゅうに乗って天に上ったという所。
【鼎座(「坐」)】ていざ 三方に、向かい合っている。
【鼎峙】ていじ(ぢ) 「鼎立ていりつ」に同じ。
【鼎食】ていしょく 貴人たちのごちそう。ぜいたくな暮らし。
【鼎臣】ていしん 大臣。首相。宰相さいしょう。
【鼎新】ていしん 古い物事を改める。
【鼎盛】一 ていせい まっさかり。働きざかりの年齢。二 まさにさかんなり ちょうど盛んな時である。
【鼎俎】ていそ ①かなえとまないた。料理。②料理されること。
【鼎祚】ていそ 天子の地位。
【鼎鐺】ていそう(さう) ①かなえとなべ。②かなえをなべのように扱う。【―玉石】ていそう(さう)ぎょくせき かなえをなべのように、宝玉を石のように見る。ぜいたくな生活の形容。〈杜牧とぼく・阿房宮賦あぼうきゅうのふ〉
【鼎足】ていそく ①かなえの脚。②かなえの脚のように三方に対立する。③三公の位。④三人が力を合わせる。【―之勢】ていそくのせい 対立する三者の力がつり合っているようす。
【鼎餗】ていそく ①かなえに盛った食物。②国の政治。
【鼎族】ていぞく りっぱな家がら。富貴の家。
【鼎鼐】ていだい ①かなえ。②宰相さいしょうの地位。【―之器】ていだいのき 大仕事をするような人物。
【鼎談】ていだん 三人で話し合う。また、その話。
【鼎沸】ていふつ かなえの湯がわくようにさわぎたてる。天下の乱れるさま。
【鼎銘】ていめい かなえにきざみつけた銘文。
【鼎立】ていりつ 三つのものが、かなえの脚のように対立する。
【鼎呂】ていりょ 九鼎大呂の略。非常に重く尊いもののたとえ。
【問二鼎軽(輕)重一】かなえ(かなへ)のけいちょうをとう(とふ) ①楚その荘王が周の

12 黄(黃)黍黒(黑)黹
12画～
13 黽鼎鼓鼠
14 鼻(鼻)齊(斉)
15 齒(歯)
16 龍(竜)龜(亀)
17 龠

定王に、天子の地位の象徴である鼎の重さを尋ねた故事。〈左伝・宣公三〉②他人の能力を疑い、ばかにする。

【列レ鼎而食】ごちそうをたくさんならべて食べる。〈沈既済・枕中記〉

鼎0【鼎】〔11〕俗↓鼎(一四四九ジペー・中) U 9F10 補 7707 J ①9483

鼎2【鼐】〔15〕ダイ漢去 隊 nài ナイ 意味〈おおがなえ(おほがなへ)〉大きな鼎。 U 9F10 補 7707

鼎2【鼏】〔15〕ベキ漢入 錫 mì ミー 意味①ふきん。おおい。覆いの布。＝冪 ②鼎のふた。 U 9F0F 補 7706

鼎2【鼒】〔15〕同↓鼎(一四四九ジペー・中)

鼎3【鼒】〔16〕一シ漢一平 支 zī ツー 二サイ漢二平 灰 意味一二〈かなえ(かなへ)〉小さい鼎。 U 9F12 補 7709

13画 鼓部 つづみ

【部首解説】「壴」「屮」「又」が合わさり、「つづみ」を表す。この部には、「鼓」の形を構成要素とする文字が属する。

鼓0【鼓】〔13〕常 コ つづみ コ漢上 麌 ク呉 gǔ クー U 9F13 補 2461 J

筆順 士 吉 吉 壴 壴 壴 鼓 鼓

鼓0【鼓】〔13〕本字 U 9F14 補 7710 J

皮9【皷】〔14〕同字 U 76B7 補 8373 J

意味①〈つづみ〉たいこ。②〈つづみう・つ〉㋐つづみを鳴らす。㋑鳴らす。音を立てる。㋒はばたく。㋓脈をうつ。③はげます。力づける。④起こす。動かす。⑤時報。⑥分量の単位。㋐十斗。㋑四百八十斤。(↓付録「度量衡名称」)⑦現ふくらます。

解字 会意。壴・屮・又を合わせた字。壴は、楽器を立てること。屮は飾り。又は手で、打つこと。鼓は、手で打つ飾りをつけた楽器で、つづみをいう。一説に、支は、竹の枝か木のこと。壴は音のする形容で、鼓は、音のする棒という。

【鼓枻】こえい 船ばたをたたいて拍子をとる。

【鼓角】こかく 軍隊が陣中で使う太鼓やつの笛。

【鼓楽(樂)】こがく 音楽を奏する。

【鼓篋】こきょう(けふ) 太鼓を鳴らして合図し、篋を開いて教科書を出す。入学する。学習をする。〈礼記・学記〉

【鼓合】ごう(がふ) 合図の太鼓を鳴らして招集する。

【鼓掌】一こしょう(しゃう) 手のひらをうつ。二 gǔzhǎng 現拍手する。

【鼓鐘】こしょう ①かねをうち鳴らす。②太鼓とかね。

【鼓吹】こすい ①軍楽隊。②太鼓や笛を鳴らす。軍楽を奏する。③明らかにして広く知らせる。④はげます。⑤宣伝して共鳴させる。

【鼓声(聲)】こせい つづみの音。

【鼓舌】こぜつ したをふるってしゃべる。【――揺(搖)唇】こぜつようしん しゃべりたてる。心が悪く人の悪口をいう。〈荘子・盗跖〉

【鼓噪】こそう(さう) つづみをうち鳴らし、鬨の声をあげる。「鼓噪而至」〈史記・孔子世家〉＝鼓譟

【鼓譟】こそう(さう) 「鼓噪」に同じ。

【鼓鐸】こたく 軍用の太鼓と大鈴。

【鼓脹】こちょう(ちゃう) ①腸の中にガスがたまって、腹がふくれる。②牛の胃にガスがたまる病気。

【鼓笛】こてき つづみと笛。

【鼓刀】ことう(たう) 包丁を鳴らす。包丁の音をたてて牛を料理する。「太公困ニ於鼓刀一」〈王褒・聖主得ニ賢臣一頌〉

【鼓動】こどう ①心臓のうつひびき。動悸。②ふるわし鳴らす。③太鼓のひびき。

【鼓舞】一こぶ ①太鼓を鳴らしておどる。②励まして勇気を出させる。「鼓舞激励」二 gǔwǔ 現一の②に同じ。【――歓(歡)欣】こぶかんきん 人のよろこびたのしむさまを祝福することば。

【鼓腹】こふく 腹をたたく。生活が安定して満腹しているさま。【鼓腹撃(擊)壌(壤)】こふくげきじょう(じゃう) 腹をたたき地をうつ。太平の世を楽しむさま。尭の治世での人民のさまを言う言葉。〈十八史略・五帝〉【――以遊】こふくしてもってあそぶ 世間の名誉や利益を離れて、ゆうゆうと暮らすこと。

【鼓鼙】こへい ①進撃のさい用いる太鼓。②戦争。＝鼓鞞

【鼓盆】こぼん 荘子が妻を失ったとき、ぼんを鳴らして歌っていたという故事。妻をなくした人をとむらうことば。「鼓盆之戚」「鼓盆之痛」〈荘子・至楽〉

【鼓膜】こまく 耳の奥にあって、音響を伝える膜。

【鼓螺】こら つづみとほら貝。軍中の合図に使う楽器。

【鼓浪】ころう(らう) 波をたたく。【――嶼】コロンス 地名。福建省の「島。

【鼓楼(樓)】ころう 太鼓を鳴らして時刻や警戒を知らせる建物。

【鼓草】つづみぐさ 国たんぽぽ。

【鼓励(勵)】クーリー gǔlì 現はげます。

◇太鼓・腹鼓・旗鼓

鼓0【鼓】〔13〕本↓鼓(本ジペー・上)

鼓5【鼕】〔18〕トウ漢平 冬 dōng トン 意味たいこを打つ音。 U 9F15 補 8374 J

鼓5【鼖】〔18〕俗↓鼖(本ジペー・下)

鼓5【鼗】↓目部十三画(八七七ジペー・上)

鼓6【鼗】〔19〕トウ漢(タウ) ドウ呉(ダウ) 平 豪 táo タオ 意味〈ふりつづみ〉振ってならすつづみ。＝鞀・鞉 「鼗鼓」 U 9F17 補 7712 J ②9466

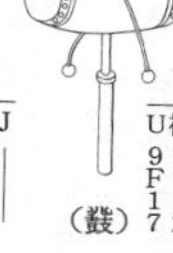

(鼗)

鼓6【鼖】〔19〕フン漢平 文 ブン呉 fén フェン U 9F16 補 7711 J

鼓13【鼖】〔26〕同字 U 2A535 補 J

鼓5【鼖】〔18〕俗字 U 2FA1B 補 J

意味大だいこ。軍用の大だいこ。

鼓8【鼛】〔21〕コウ漢(カウ) 平 豪 gāo カオ 意味〈おおつづみ(おほつづみ)〉仕事をさせるために使う一丈二尺の大だいこ。 U 9F1B 補 7715 J

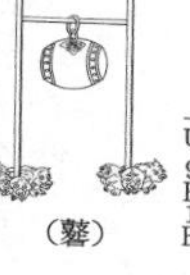

(鼛)

鼓8【鼞】〔21〕チョウ漢呉(チャウ) 平 陽 chāng チャン 意味①太鼓の音。②動くさま。 U 9F1A 補 7714 J

鼓8【鼙】〔21〕ヘイ漢平斉 バイ呉 pí ピー　U補J 9F19 7713 ②9467

意味 ①〈せめつづみ〉いくさだいこ。戦いのとき、馬上で鳴らす小さいたいこ。＝鞞「鼙鼓(へいこ)」②こつづみ。小さいつづみ。

鼓12【鼟】〔25〕トウ漢平蒸 tēng トン　U補J 9F1F 7716 —

意味 たいこの音。「鼟鼟(とうとう)」

鼓13【鼖】〔26〕同→鼖(一四五〇ジ・下)

13画　鼠部　ねずみ

【部首解説】「ねずみ」にかたどる。この部には、ねずみや類似の小動物に関連するものが多く、「鼠」の形を構成要素とする文字が属する。

鼠0【鼠】〔13〕標 ショ漢呉上語 shǔ シュー ソ慣　U補J 9F20 — 3345

鼠0【鼡】〔11〕同字　U補J — — —

几6【鼡】〔8〕俗字　U補J 9F21 — 8375

意味〈ねずみ〉①動物の名。②こそこそ悪いことをする者のたとえ。③とるにたらない者のたとえ。小人。④気がふさぐ。うれえる。＝癙(しょ) 国ねずみ色。

解字  象形。穴にもぐる獣の形である。ねずみの類の歯・腹・爪(つめ)・尾を表している。

【鼠疫】(そえき) 黒死病。ペスト。ねずみののみから伝染する病源体なのでいう。

【鼠肝】(そかん) ①ねずみのきも。小さいもの。②赤い土。

【鼠蹊部】(そけいぶ) もものつけねの部分。

【鼠姑】(そこ) ①牡丹(ぼたん)の異名。②虫の名。わらじむし。

【鼠竄】(そざん) ねずみのようにこそこそと逃げかくれる。

【鼠思】(そし) 心配する。うれえいたむ。

【鼠窃(竊)】(そせつ) こそどろ。【――狗偸】(そせつくとう) ねずみや犬のようにこそどろ。〔な、こそどろ。〈史記〉〕

【鼠賊】(そぞく) こそどろ。小どろぼう。

【鼠盗】(そとう(たう)) ぬすびと。こそどろ。

【鼠輩】(そはい) ①ねずみの群れ。②つまらぬものたち。

【鼠璞】(そはく) ねずみの干物。なんの役にもたたない物。〔鼠樸(そぼく)〕

【鼠負】(そふ) わらじむし。

【鼠婦】(そふ) 虫の名。わらじむし。

【鼠伏】(そふく) ねずみのように姿勢を低くしてかくれる。

【投レ鼠忌レ器】(ねずみになげうつにうつわをいむ) ねずみに物を投げて殺そうとするも、そばにある器物をこわすのをおそれてできない。君主の側にいる悪臣を除こうとして、君主を傷つけることをおそれるたとえ。〈漢書(かんじょ)・賈誼(かぎ)伝〉

▲▽首鼠(しゅそ)・栗鼠(りす)・溝鼠(どぶねずみ)・窮鼠(きゅうそ)

鼠4【鼢】〔17〕フン漢平文 fén フェン　U補J 9F22 7717 —

意味〈もぐらもち〉「鼢鼠(ふんそ)」

鼠5【鼩】〔18〕ク漢平虞 qú チュイ　U補J 9F29 — —

意味〈じねずみ(ぢねずみ)〉はつかねずみ。

鼠5【鼪】〔18〕セイ漢平庚 shēng ション　U補J 9F2A 7719 —

意味 ①〈いたち〉鼬(ゆう)。②むささび。鼯(ご)。

鼠5【鼫】〔18〕セキ漢入陌 shí シー　U補J 9F2B 7720 —

意味 ①〈むささび〉②おかずき。りすの一種。③けら。地中にすむ小形の昆虫。螻蛄(ろうこ)。

鼠5【鼧】〔18〕タ漢平歌 tuó トゥオ　U補J 9F27 — —

意味 鼧鼥(たはつ)は、中国東北部からモンゴル一帯に産するねずみの一種。毛皮が珍重される。

鼠5【鼥】〔18〕ハツ漢入曷 bá パー　U補J 9F25 — —

意味 鼧鼥(たはつ)は、ねずみの一種。→鼧(た)(前項)

鼠5【鼬】〔18〕ユ呉 ユウ(イウ)漢去宥 yòu ユー　U補J 9F2C — 8376

意味〈いたち〉鼠に似て、尾が太い赤茶色の動物。

鼠5【鼦】〔18〕同→貂(一一八三ジ・上)

鼠7【鼯】〔20〕ゴ漢平虞 wú ウー　U補J 9F2F 7721 ②9468

意味〈むささび〉りすに似た小動物。「鼯鼠(ごそ)」

【鼯鼬】(ごゆう(いう)) むささびといたち。

【鼯鼠之技】(ごそのぎ) わざは多くても、一つも役にたつものがない〕「たとえ。

鼠8【鼱】〔21〕セイ漢 ショウ(シャウ)呉平庚 jīng チン　U補J 9F31 7722 —

意味 小さいねずみ。じねずみの類。

鼠9【鼴】〔22〕エン漢上阮 yǎn イエン　U補J 9F34 7724 —

鼠10【鼹】〔23〕同字　U補J 9F39 7726 ①9484

意味〈もぐら〉〈もぐらもち〉「鼴鼠(えんそ)」

【鼴鼠飲レ河】(えんそかにのむ) もぐらがいくら大きい黄河の水を飲んでも、たかが腹いっぱい。自分の人物の小さいことをけんそんするとか、就職の希望などがつつましいことをいう。

鼠9【鼲】〔22〕コン漢平元 hún フン　U補J 9F32 7723 —

意味〈おじぎねずみ〉人を見るとおじぎするような動作をする。一名、絨鼠(じゅうそ)。「鼲子(こんし)」「鼲鼠(こんそ)」

鼠10【鼷】〔23〕ケイ漢平斉 xī シー　U補J 9F37 7725 ②9469

意味〈はつかねずみ〉「鼷鼠(けいそ)」

鼠10【鼹】〔23〕同→鼴(本ジ・下)

鼠15【鼺】〔28〕ルイ漢平支 léi レイ　U補J 9F3A 7727 ②9470

意味〈むささび〉「鼺鼠(るいそ)」

14画　鼻(鼻)部　はな　はなへん

【部首解説】「自」と「畀」が合わさり、呼吸器官の「はな」を表す。この部には、鼻の状態に関連するものが多く、「鼻・鼻」の形を構成要素とする文字が属する。新字体では「鼻」となる。

鼻0【鼻】〔14〕学3 ビ はな ヒ漢 ビ呉去寘 bí ビー　U補J 9F3B — 4101

旧字 鼻0【鼻】〔14〕　U補J — — —

筆順
丆
冖
自
畠
畠
畠
畠
鼻

意味 ①〈はな〉呼吸・嗅覚(きゅうかく)をつかさどる器官。②穴(あな)。

12 黄(黃)黍黒(黑)黹
12画～
13 黽鼎鼓鼠
14 鼻(鼻)齊(斉)
15 齒(歯)
16 龍(竜)龜(亀)
17 龠

③動物の鼻に縄などを通す。穴をあける。④つまみ。とって。「鼻鈕」⑤はじめ。はじまり。「鼻祖」

解字 会意。自と畀を合わせた字。自は自分。畀は与えること。鼻は、空気を吸いこんで、自分に与えるもので、はなを表す。他の説に、自ははなの形であり、畀は音を示す形声文字とする。

【鼻液】えき はなじる。
【鼻音】おん ①はな声。②口を閉じて、いきを鼻に通して出す有声音。m,n,ng など。
【鼻貫】かん(くわん) 牛のはなに通したなわ。【──索頭】びかん(くわん)さくとう 捕らえて引きまわすこと。
【鼻孔】こう 鼻のあな。
【鼻腔】こう 「鼻孔」に同じ。
【鼻子】し 一①はな。②初めて生まれた子。二ビー bízi 現 二「の①に同じ。
【鼻祖】そ ①物事のはじめ。②第一の先祖。元祖。始祖。
【鼻息】そく ①はないき。②他人のきげん。
【鼻濁音】だくおん 国五十音ガ行の、鼻にかかって発音する濁音。東京語の「ヒガン」「ダンゴ」の「ガ」「ゴ」など。
【鼻梁】りょう(りゃう) はなすじ。
◆耳鼻・長鼻・阿鼻・酸鼻・隆鼻

鼻1 【𪖐】〔15〕 ギョウ 漢 去 嘯 (ゲウ) yào ヤオ U補J 2A590

鼻2 【鼼】〔16〕同字 U補J 9F3C 7728 意味 ①上向いた鼻。②鼻が折れる。

鼻2 【鼽】〔16〕 キュウ 漢 平 尤 (キウ) qiú チウ U補J 9F3D 7729 ②9471 意味 ①〈はなづまり〉風邪で鼻がつまる。②鼻みずが出る。③頬骨。=頄

鼻2 【⿰鼻丩】〔16〕 同 →𪖐(本ジ・上)

鼻2 〔劓〕→刀部十四画(一七二ジ・中)

鼻3 【鼾】〔17〕 カン 漢 平 寒 hān ハン U補J 9F3E 8377 意味〈いびき〉寝息。眠っている時の息の音。
【鼾睡】かんすい いびきをかいて眠る。
【鼾声(聲)】かんせい いびき声。
【鼾雷】かんらい かみなりの音のような大いびき。

鼻3 【鼿】〔17〕 ゴツ 漢 ゴチ 呉 入 月 wù ウー U補J 9F3F 7730 意味 ①鼻。②獣が鼻で物をゆらす。

鼻3 〔嬶〕→女部十四画(三五三ジ・上)

鼻4 【䶊】〔18〕 ジク 漢 入 屋 (ヂク) nǜ ニュイ U補J 4D8A 意味〈はなぢ〉鼻血。=衄

鼻5 【齁】〔19〕 コウ 漢 平 尤 hōu ホウ U補J 9F41 7731 ②9472 意味〈はないき〉〈いびき〉鼻息。息を切らす。ぐうぐう。
【齁齁】こうこう いびきをかいて眠るさま。

鼻9 【齃】〔23〕 アツ 漢 入 曷 è オー U補J 9F43 7732 意味〈はなばしら〉鼻すじ。=頞

鼻9 【⿰鼻査】〔23〕 同 →齇(本ジ・中)

鼻10 【齆】〔24〕 オウ 漢 去 送 (ヲウ) wèng ウォン U補J 9F46 7735 ②9474 意味 鼻のつまる病気。

鼻10 【齅】〔24〕 キュウ 漢 去 宥 (キウ) xiù シウ U補J 9F45 7734 ②9473 意味〈か・ぐ〉においをかぐ。=嗅

鼻11 【齇】〔25〕 サ 漢 平 麻 zhā チャー U補J 9F47 7736 意味〈あかはな〉鼻の上に赤いまだらのあること。ざくろばな。

鼻9 〔齄〕〔23〕同字 U補J 9F44 7733

鼻22 【齉】〔36〕 nàng ナン U補J 9F49 意味 現 鼻がつまって声がはっきりしない。

14画 齊(斉)部 せい

【部首解説】「穀物の穂が平らに並んでいるさま」にかたどる。この部には、「齊・斉」の形を構成要素とする文字が属する。新字体では「斉」（八画）となる。

斉0 【斉】〔8〕 常 セイ
旧字 齊0 【齊】〔14〕 人

一 セイ 漢 サイ 呉 平 斉 qí チー
二 セイ 漢 サイ 呉 平 斉 jī チー
三 セイ 漢 ザイ 呉 去 霽 jì チー
四 シ 漢 平 支 zī ツー
五 サイ 漢 平 佳 zhāi チャイ

U補J 6589 3238
U補J 9F4A 8378

筆順 丶 亠 ナ 文 产 斉 斉 斉

二6 【亝】〔8〕同字 U補J 4E9D 1632 ②0117
文6 【斊】〔10〕俗字 U補J 658A 3356 ②1373

意味 一①〈ととの・える(──・ふ)〉㋐きちんとする。㋑そなえる。準備する。㋒ならべる。㋓味をかげんする。②〈ひとし・くする(──・す)〉同じにする。そろえる。あわせる。③〈ひとし・い(ひと・し)〉〈ひとしく〉㋐同じ。㋑みな。おしなべて。一斉。㋒ならぶ。④正しい。かたよらない。⑤なか。

原義と派生義
斉
ひとしい・そろっている
→ ひとしくする「均斉」 → ととのえる「整斉」
→ ひとしく・そろって・みな「一斉」
→ ただしい → つつしむ「斉粛」

中央。うず。⑥へそ。＝臍。⑦〈つつし・む〉⑧つとめる。⑨かぎる。わける。⑩はやい。さとい。⑪周代の諸侯国の名。臨淄を都とした。今の山東省淄博市の地。⑫王朝名。㋐南朝の一つ(四七九～五〇二)。南斉。㋑北朝の一つ(五五〇～五七七)。北斉。⑬現山東省の別称。㊁①のぼる。あがる。＝躋。②なます。あえもの。＝齏。③姓。㊂①調合・調整・調節する。完成する。＝済 ②調合した薬。③なす。㊃①もすそ。裳のすそ。②供えものの穀物。＝粢 ③たから。財物。＝資 ㊄ものいみする。身を清める。＝斎

解字  象形。古い形を見ると、土地の高いところや低いところ(＝で表した)から、いねや麦の穂が出そろって、平らに並んでいる形を表す。

名前 きよ・ただ・とき・とし・なお・なり・まさ・むね・よし・ただし

地名 斉斉哈爾(チチハル)

【斉戒】(さいかい) つつしみいましめる。ものいみする。＝斎戒

【斉宿】(さいしゅく) ものいみして一晩をすごす。

【斉明】(さいめい) ㊀①ものいみして、心を正しくする。②正しく明らか。㊁(しめい) お供え。神に供える穀物。斉は粢(きび)。供え物)。【――盛服】(さいめいせいふく) ものいみをして、心身を清め、服装をととのえる。〈中庸〉

【斉衰】(しさい) 喪服。麻製で、三か月から一年の喪に服する人が「着る」。

【斉疏】(しそ) 喪服。あらい麻布で作る。とくに斉衰の服。

【斉一】(せいいつ) そろってととのう。同一。一つにそろえる。

【斉雲】(せいうん) 五代の韓浦が建てたという高殿の名。

【斉謳趙舞】(せいおうちょう(てう)ぶ) 斉国の歌や、趙国の舞。各国のめずらしく、すぐれた歌舞。〈昭明太子・陶淵明集序〉

【斉家】(せいか) 一家をととのえ治める。〈大学〉

【斉諧】(せいかい) 昔の書物の名。不思議なことをしるした書物。一説に人名。〈荘子・逍遥遊〉【――記】(せいかいき) 書名。一巻。南朝宋の東陽無疑著。怪談をしるしたもの。

【斉桓晋(晉)文】(せいかんしんぶん) 斉の桓公と晋の文公。春秋時代の覇者。「斉桓晋文之事、可レ得レ聞乎」〈孟子・梁恵王上〉

【斉給】(せいきゅう(きふ)) ①すみやかに応ずる。すぐに与える。②平等に与える。③弁舌。

【斉敬】(せいけい) 心身を清らかにしてつつしむ。

【斉肩】(せいけん) ①かたを並べる。同程度。②そでの短い着物。

【斉粛(肅)】(せいしゅく) おごそかにつつしむこと。

【斉女】(せいじょ(ぢょ)) ①斉国の女。②せみ。虫の名。

【斉如】(せいじょ) おごそかにつつしむ。重々しくうやまう。

【斉唱】(せいしょう(しゃう)) 声をそろえて歌う。

【斉心】(せいしん) 心を一つに合わせる。

【斉信】(せいしん) 正しく、うそをつかない。つつしんでいつわりがない。

【斉正】(せいせい) ととのって正しいさま。

【斉斉(齊)】(せいせい) ①うやうやしくつつしんでいるさま。②きちんとそろう。

【斉聖】(せいせい) つつしみ深く、道理に通じている。

【斉整】(せいせい) きちんとととのえる。整斉。

【斉荘(莊)】(せいそう(さう)) おごそか。みなりや態度をととのえてつつしむ。

【斉大非耦】(せいだいひぐう) 斉は大国で、つりあいのとれた相手ではない。身分の違う結婚話をいう。〈左伝・桓公六〉

【斉天】(せいてん) 天とひとしい。

【斉等】(せいとう) ひとしい。平等。わけへだてしない。

【斉東野語】(せいとうやご) ①斉国の東方の人たちのことば。信ずるに足りないでたらめの話。「此非二君子之言一、斉東野人之語也」(これくんしのげんにあらず、せいとうやじんのごなり)(これは君子の言葉ではなく、いなかもののとるに足りないでたらめである。)〈孟子・万章上〉②書名。二十二巻。宋の周密の著。南宋の事がらをしるす。

【斉桓公】(せいのかん(くわん)こう) 戦国時代の斉の王。名は小白。管仲を用いて諸大名を従えた。

【斉眉】(せいび) 食器をまゆの高さまでささげてすすめる。妻がつつしんで夫につかえること。

【斉物】(せいぶつ) 物事の根元にたち返って考えれば、万物は一体である、という考え。荘子の思想。

【斉民】(せいみん) 平民。庶民。【――要術】(せいみんよう(えう)じゅつ) 書名。十巻。後魏の賈思勰著。農業の解説書。

【斉盟】(せいめい) 同盟。

【斉梁体(體)】(せいりょう(りゃう)たい) 南北朝に流行した技巧的でなまめかしい詩の体。

【斉魯】(せいろ) 春秋時代の斉国と魯国。今の山東省。孔子の学問の起こった地。

◇一斉(いっせい)・均斉(きんせい)・整斉(せいせい)

齊 0 【齊】〔14〕 旧 ↓斉(一四五二ページ・下)

斉 3 【斎】〔11〕 常 サイ

J 2656　補 ―　U 658E

旧字 齊 3 【齋】〔17〕

㊀サイ 漢 呉　㊀平 佳 zhāi チャイ

㊁シ 漢　㊁平 支 zī ツー

J 6723　補 ―　U 9F4B

筆順 亠 文 产 斉 斉 斉 斎 斎

意味 ㊀①〈いみ〉〈ものいみ〉〈ゆ〉〈いもい(いもひ)〉神を祭るときなどに飲食や行為をつつしんで、身のけがれを去ること。精進。「斎戒」②つつしむ。おごそかにする。③神仏にそなえる食物。④肉のはいらない食物。ものいみする。⑤へや。いえ。㋐くつろぐ室。㋑学問をする所。「斎室」「斎舎」「斎屋」⑥仏〈とき〉㋐法事に出す食事。㋑午前中の食事。㊁喪のときに着るそまつな衣服。＝齋 国〈いわい(いはひ)〉〈いつき〉〈いつ・く〉①けがれを去って神につかえること。②たいせつにかしずく。

解字  形声。齊と示とを合わせた字。齊は齊の略で、音を示すとともに、ととのえるという意味を持つ。示は、神に関することで、身を清め、心をいましめることである。齋は、祭りにあたり、起居や食事をととのえて、身を清め、心をいましめることを表す。

名前 いつ・きよ・ただ・よし・ひとし

姓 斎部(いんべ)・斎田(ときた)

難読 斎王(いつきのみこ)・斎宮(いつきのみや)・斎木(ゆき)

【斎児(兒)】(いわい(いはひ)ご) 国だいじに育てるこども。

【斎殿】(いわい(いはひ)どの) ㊀国神を祭る御殿。㊁(いみどの) 国神官がものいみしてこもる建物。

【斎院】(さいいん(ゐん)) ①祭りの前日に、ものいみする所。②国「斎王(いつきのみこ)」に同じ。また、斎王の住む所。いつきのいん。

【斎王】(さいおう(わう)) 国天皇即位の際、伊勢神宮と賀茂神社とに奉仕された皇族の中の未婚の女性。

【斎戒】(さいかい) ものいみする。神に仕えるとき、心身ともに清めつつしむこと。【――沐浴】(さいかいもくよく) 飲食・動作をつつしみ、からだを洗い清める。

【斎外】(さいがい(ぐわい)) 書斎の外。居間の外。

【斎祈】(さいき) ものいみして祈る。心身を清めて祈る。

【斎宮】(さいきゅう(きう)) ㊀天子の大廟の祭りにものいみする御殿。㊁(さいぐう・いつきのみや) 国「斎王(いつきのみこ)」に同じ。

【斎潔】(さいけつ) つつしんで身を清める。潔斎。

【斎国(國)】(さいこく) 国大嘗祭のとき、悠紀殿・主基殿にさしあげる米を作るように定められた国。

12 黄(黄)黍黒(黒)黹 12画～ 13 黽鼎鼓鼠 14 鼻(鼻)齊(斉) 15 齒(歯) 16 龍(竜)龜(亀) 17 龠

【斎日】さいじつ ものいみをする日。
【斎舎】さいしゃ ①ものいみをする室。②読書の室。
【斎主】さいしゅ ①神社に奉仕する人のかしら。②神の祭りをする「人。
【斎宿】さいしゅく ものいみして、一夜を過ごす。
【斎場】さいじょう(ぢゃう) ①神を祭るために清めた庭。さにわ。②葬式場。
【斎僧(僧)】さいそう 僧に食事をすすめる。また、食事をする僧。
【──恐二夜茶一】さいそうやちゃをおそる 食事をして腹のふくれた僧は、夜食をたべるのをいやがる。
【斎壇】さいだん ①天を祭るところ。②経を唱えて神仏を祭るとこ「ろ。
【斎長】さいちょう(ちゃう) 読書室の室長。研究室長。
【斎藤(藤)拙堂】さいとうせつどう(だう) 人名。江戸末期の儒学者。名は正謙、拙堂は号。伊勢いせの人。著書に「拙堂文集」「拙堂文話」がある。(一七九七～一八六五)
【斎非時】ときひじ 仏とき(午前の食事)と、非時(午後の食事)。
◆書斎しょさい・潔斎けっさい

齊3【齋】〔17〕 旧→斎(一四五三ページ・中)

齊6【𪗋】〔20〕 シ 漢 平 支 zī ツー U補J 2A5CB
意味 喪の時に着るそまつな衣服。

齊7【齎】〔21〕 一セイ 漢 サイ 呉 平 斉 jī チー 二シ 漢 平 支 zī ツー U補J 7658 9F4E
貝10【賷】〔17〕 同字 U補J 6328 8CF7
意味 一①〈もたら・す〉㋐持ってくる。㋑持って行く。②送る。与える。すすめる。③贈り物。④いだく。おもう。二①金品。財物。＝資 ②もちもの。携帯品。③齎咨しし は、ああ。嘆息の声。
【齎用】しよう ふだん使う金や品物。必要品。
【齎送】一せいそう もたらし送る。はなむけの贈り物。二しそう 死者といっしょにほうむる品物。副葬品。

齊9【齏】〔23〕 セイ 漢 平 斉 jī チー U補J 8077 9F4F
韭10【韲】〔19〕 同字 U補J 8078 97F2
意味 ①〈なます〉野菜料理。あえもの。②くだく。
【齏塩(鹽)】せいえん ①野菜料理。②そまつな料理。
【齏粉】せいふん ①こなごなになる。②骨をおってはたらく。

15画 齒(歯)部 は はへん

【部首解説】「口の中のは」を表す。この部には、歯の状態や歯でかむ動作に関連するものが多く、「齒・歯」の形を構成要素とする文字が属する。新字体では「歯」(十二画)となる。

歯0【歯】〔12〕 学3 シ は U補J 2785 6B6F
旧字 齒0【齒】〔15〕 シ 漢 呉 上 紙 chǐ チー U補J 8379 9F52
筆順 丨 ト 止 … 歯
意味 ①〈は〉㋐口の中のは。㋑きば。ぞうげ。㋒はの形をしたもの。②〈よわい(よはひ)〉年齢。③〈よわい・する(よはひ・す)〉㋐牛馬の年齢を数える。また、人の年齢を数える。㋑並ぶ。同列になる。㋒なかまにはいる。④さいころ。⑤記録する。⑥あたる。ぶつかる。
解字 形声。止と齒とを合わせた字。齒が形を表し、止しが音を示す。齒は「は」の形をそのまま表した上に、止を加えた字である。止については、歯でかんで止めることであるともいい、並ぶことであるともいう。
名前 かた・とし 地名 歯舞はぼまい
【歯牙】しが ①歯ときば。②歯。「歯牙動揺しがどうよう」(年をとって歯がぐらぐらになる。)〈韓愈かんゆ・祭二十二郎一文じゅうにろうをまつるぶん〉③口のはし。【──余(餘)論】しがのよろん わずかなことば。ほんのひとこと。宣伝をたのむことば。〈南史・謝朓しゃちょう伝〉【置二──】しがにおく とりあげて問題にする。歯牙に掛ける。
【歯齦】しぎん 歯茎。
【歯決】しけつ 歯で食いきる。
【歯根】しこん 歯の根。
【歯次】しじ ①年齢の順。②年かさの順に並ぶこと。
【歯序】しじょ 年齢の順序。としの順。
【歯唇音】ししんおん 上歯と下くちびるを接して発する音。fやvなど。
【歯徳】しとく 年長者で徳のある人。
【歯髪】しはつ 歯と髪の毛。
【歯吻】しふん 歯と口のさき。歯とくちびる。
【歯列】しれつ ①歯なみ。②同列に並ぶ。
【歯黒】はぐろ(はぐろめ) 国歯を黒く染めるのに使う液体。おはぐろ。かね。
【不レ歯】しせず ①並び立たない。同列に扱わない。あいてにしない。問題にしない。〈礼記らいき・王制〉②戸籍に載せない。〈書経しょきょう・蔡仲之命さいちゅうしめい〉
【没レ歯】しをぼっす・よわい(よはひ)をぼっす 一生を終わる。死ぬ。〈論語・憲問けんもん〉
【歯亡舌存】はほろびしたそんす 強く堅いものは破れ、やわらかく弱いものが残る。〈説苑ぜいえん・敬慎〉
◆犬歯けんし・臼歯きゅうし・乳歯にゅうし・前歯まえば・奥歯おくば・鬼歯おにば・唇歯しんし・永久歯えいきゅうし・糸切歯いときりば

歯0【齒】〔15〕 旧→歯(本ページ・中)
歯1【齓】〔16〕 俗→齔(本ページ・下)

歯2【齔】〔17〕 シン 漢 去 震 chèn チェン U補J 8380 9F54
歯1【齓】〔16〕 俗字 U補J ②9475 7737 9F53
意味 ①〈はがわり(はがはり)〉みそっぱ。六、七歳のころ抜けかわる歯。また、歯がぬけかわること。②幼い。幼児。
【齔髫】しんちょう(てう) 抜けかわる歯と、たれがみ。こどもをいう。
【齔童】しんどう 歯の抜けかわる年頃のこども。六、七歳のこども。

歯3【齕】〔18〕 コツ 漢 入 月 hé ホー U補J ②9476 7738 9F55
意味 ①〈か・む〉かじる。歯でかむ。②〈くら・う(──・ふ)〉食う。③胡齕ここつは、孟子もうしのころの人。

歯4【齖】〔19〕 一ガ 漢 ゲ 呉 平 麻 yá ヤー 二ガ 漢 ゲ 呉 去 禡 yà ヤー U補J
歯5【齖】〔20〕 俗字 U補J 7739 9F56
意味 一①齖齬がしょは、歯がくちびるから出ているさま。②歯並びが不ぞろいなさま。「齬齖」「齖齵がごう」は、上下の歯がかみ合わないさま。③＝牙が 二齰齖さくが

歯4【齘】〔19〕 カイ 漢 去 卦 xiè シエ U補J ②9477 7741 9F58
意味 ①〈はがみ〉はぎしり。②はぎしりして怒る。③ふぞろい。くいちがい。④くいちがう。

歯4【齗】〔19〕 ギン 漢 平 文 yín イン U補J ①9485 7740 9F57
意味 〈はぐき〉〈はじし〉歯の根の肉。＝齦ぎん
【齗齗】ぎんぎん ①論争のさま。②ねたみにくむ。

歯5 【齞】〔20〕 ゲン 漢 上 銑 yǎn イェン U補J 9F5E 7744
意味 ①口が開いて歯がむきだしになる。歯がむき出しになっていること。②齞唇(げんしん)は、出歯。

歯5 【齜】〔20〕 ━サイ 漢 呉 ━平 佳 chái チャイ ━シ 漢 ━平 支 zī ツー U補J 9F5C
意味 ━はぎしり。━①口を開くと歯がむきだしになるさま。②むし歯。

歯5 【齣】〔20〕 シュツ 慣 chū チュー セキ 慣 U補J 9F63 8381
意味 〈くぎり〉〈くさり〉きれめ。①戯曲の一くぎり。一幕。②小説の一回。一くさり。国〈こま〉フィルムの一枚分。

歯5 【齟】〔20〕 標 ショ 漢 上 語 ソ 呉 jǔ チュイ U補J 9F5F 8382
歯5 【齟】〔17〕 俗字 U補J 2A5F1 ②9478
意味 ①かむ。‖咀 ②齟齬(そご)は、㋐上下の歯がくいちがうこと。かみあわないこと。㋑物事がくいちがってうまくゆかないこと。‖鉏鋙

歯5 【齝】〔20〕 ━チ 漢 呉 ━平 支 chī チー ━シ 漢 呉 ━平 支 U補J 9F5D 7743 ②9479
意味 ━━〈にげか・む〉〈にれか・む〉牛が食べたものを一度戻して、再びかむ。反芻(はんすう)する。

歯5 【齠】〔20〕 チョウ 漢 平 蕭 (テウ) tiáo ティアオ U補J 9F60 8383
意味 ①みそっぱ。抜けかわるころのこどもの歯。②歯がはえかわる。③幼い。幼児。④幼児のたれ髪。‖髫
【齠齔】ちょう(てう)しん 歯のぬけかわる六、七歳のこども。
【齠髪】ちょう(てう)はつ 幼児のたれ髪。幼児。

歯5 【齙】〔20〕 ホウ 漢 平 肴 (ハウ) bāo パオ U補J 9F59
意味 歯が口の外にあらわれる。

歯5 【齢】〔17〕 常 レイ U補J 9F62 4680
旧字 歯5 【齡】〔20〕 レイ 漢 平 青 líng リン U補J 9F61 8384

筆順
丨
⺊
止
歨
𣥂
𠚏
齒
齢

意味 ①〈よわい(よはひ)〉〈とし〉年齢。②経た年数。
解字 形声。歯が形を表し、令(れい)が音を示す。歯は年の違いを表すもの。令は数が続く意味を持つ。齢は年齢をいう。
名前 よ・なか
◇▼月齢(げつれい)・加齢(かれい)・年齢(ねんれい)・老齢(ろうれい)・妙齢(みょうれい)・学齢(がくれい)・高齢(こうれい)・弱齢(じゃくれい)・馬齢(ばれい)・適齢(てきれい)・樹齢(じゅれい)

歯5 【齧】〔20〕 俗 ↓齧(一四五四ページ・下)
歯5 【齚】〔20〕 或 ↓齰(本ページ・下)
歯5 【齟】〔17〕 俗 ↓齟(本ページ・上)
歯5 【齡】〔20〕 旧 ↓齢(本ページ・上)

歯6 【齨】〔21〕 キュウ 漢 上 有 (キウ) jiù チウ U補J 9F68 7745
意味 ①臼のようにすり減った老人の歯をいう。②八歳以上の馬の歯。また、八歳の馬。

歯6 【齧】〔21〕 ゲツ 漢 入 屑 ケツ 慣 niè ニエ U補J 9F67 8386
口21 【囓】〔24〕 同字 U補J 56D3 5187
歯6 【齧】〔18〕 俗字 U補J 2A602 ②9480
意味 ①〈か・む〉〈かじ・る〉食いつく。かみつく。食う。②欠ける。③植物の名。㋐よもぎの一種。㋑苦菫(くきん)。食用の菜。
【齧膝】けっしつ 名馬の名。膝をかむほどの勢いで走るという。
【齧歯(齒)類】げっしるい 動 哺乳類(ほにゅうるい)の一つ。上下二本ずつの鋭い門歯をもち、ねずみ・やまあらし・りすの三群がふくまれる。
【齧噬】げつぜい かむ。
【齧臂】ひけつ ひじをかむ。決意や誓約を表す。

歯6 【齩】〔21〕 ゴウ(ガウ) 漢 上 巧 コウ(カウ) 慣 yǎo ヤオ U補J 9F69 7746 ②9481
意味 〈か・む〉かじる。‖咬
【齩定】こう(かう)てい かみしめる。

歯6 【齦】〔21〕 ━コン 漢 ━上 阮 kěn ケン ━ギン 漢 ━平 文 yín イン U補J 9F66 8385
意味 ━かむ。たべる。━①〈はぐき〉〈はじし〉‖断「歯齦」②齦齦(ぎんぎん)は、たわむれ笑うさま。炎炎(しきんえん)」

歯6 【齧】〔18〕 俗 ↓齧(本ページ・中)

歯7 【齬】〔22〕 標 ギョ 漢 上 語 ゴ 呉 yǔ ユィ U補J 9F6C 8387
歯7 【齬】〔19〕 俗字 U補J 2A61A ②9482
意味 〈くいちがい(くひちがひ)〉「齟齬(そご)」

歯7 【齪】〔22〕 サク 漢 入 覚 セク 慣 chuò チュオ U補J 9F6A 8388
意味 齷齪(あくさく)は、こせこせするさま。せまるさま。

歯7 【齬】〔19〕 俗 ↓齬(本ページ・中)

歯8 【齮】〔23〕 ギ 漢 上 紙 yǐ イー U補J 9F6E 7748
意味 〈か・む〉かじる。かみきる。

歯8 【齯】〔23〕 ゲイ 漢 平 斉 ní ニー U補J 9F6F 7749
意味 ①長寿の老人。特に九十歳の老人をいう。②老人の歯が抜けた後、子供のような小さい歯が生えること。

歯8 【齰】〔23〕 サク 漢 入 陌 zé ツォー U補J 9F70 7750 ②9484
歯5 〔齚〕〔20〕 或体 U補J 9F5A 7742
意味 〈か・む〉かじる。‖咋

歯8 【齱】〔23〕 ━シュウ 漢 ━平 尤 zōu ツォウ (シウ) ━サク 漢 ━入 覚 chuò チュオ U補J 9F71 7751
意味 ━歯ならびが悪い。━齷齱(あくさく)は、こせこせするさま。‖齷齪

歯8 【齭】〔23〕 ソ 漢 上 語 ショ 呉 chǔ チュー U補J 9F6D 7747 ②9483
意味 酸味が歯にしみる。歯が浮く。

歯9 【齷】〔24〕 アク 漢 入 覚 wò ウオ U補J 9F77 8389
意味 ①小さいさま。せまいさま。②齷齪(あくさく)は、㋐こせこせするさま。心のせまいさま。㋑せまるさま。㋒歯と歯の間がせまくこまかに並ぶさま。③齷齪(あくさく)は、不潔なさま。

歯9 【齲】〔24〕 ク 漢 上 麌 ウ 慣 qǔ チュイ U補J 9F72 8390
意味 ①〈むしば〉虫歯。「齲歯(うし)」②虫歯がいたむ。

歯9 【齶】〔24〕 ガク 漢 入 薬 è オー U補J 9F76 8391
肉9 〔腭〕〔13〕 俗字 U補J 8163 5434 8D ①9051
意味 ①〈はぐき〉歯茎。②上あご。

歯9 【齳】〔24〕 グン 漢 上 吻 yǔn ユン U補J 9F73 7752
意味 ①生まれてまだ歯のないこと。②老人の歯のないさま。

12 黄(黃)黍黒(黑)黹
12画～
13 黽鼎鼓鼠
14 鼻(鼻)齊(斉)
15 齒(歯)←
16 龍(竜)龜(亀)
17 龠

③歯の抜け落ちるさま。「齳然ぐんぜん」

齒 9 【齵】〔24〕 一ゴウ漢 一平 尤 óu オウ ニグ漢呉 ニ平 虞 yú ユィ　J②9485 補7753 U9F75

意味 一歯ならびが不ぞろいである。 ニ①歯がいちど抜けてから再び生えること。②八重歯やえば。

齒10 【齺】〔25〕 一シュウ(シウ)漢 一平 尤 zōu ツォウ ニサク漢 ニ入 覚 zhuó チュオ　J— 補7754 U9F7A

意味 一歯が折れる。 ニ①かむ。②上下の歯があわさる。かみあう。③(物事が)しっくりとかみあう。むきあう。

齒13 【齽】〔28〕 キン漢 去 沁 jìn チン　J— 補7755 U9F7D

意味 ①内側に曲がった歯。②酸味が歯にしみること。③口をつぐむ。だまる。＝噤きん

16画 龍(竜)部 りゅう

【部首解説】「立」「月」「⾅」が合わさった字で、「りゅう」を表す。この部には、「龍・竜」の形を構成要素とする文字が属する。新字体では「竜」(十画)となる。

竜 0 【竜】〔10〕 常 リュウ たつ　J4621 補— U7ADC

旧字 龍 0 【龍】〔16〕 人　J4622 補— U9F8D

一リョウ漢 リュウ(リウ)呉 一平 冬 lóng ロン

ニロウ漢 ニ上 腫 lǒng ロン

三ボウ(バウ)漢 三平 江 máng マン

筆順 丶 亠 㐫 立 产 音 音 竜

龍 5 【龏】〔21〕 同字　J— 補7759 U9F92

意味 一①〈たつ〉〈りゅう(りう)〉へびの形をして、うろこや角のある想像上の動物。②天子についていうことば。③すぐれた人物。④八尺以上の馬。良馬。⑤竜りゅうの形をしたもの。⑥いつくしみ。＝寵ちょう ⑦やわらぐ。＝擁よう ⑧星の名。木星。東方の星宿。

(竜一①)

ニ①うね。あぜ。＝壟 ②おか。丘陵。＝隴・壟 三まだら。白黒のぶち。＝尨

解字 会意・形声。立・月・⾅を合わせた字。立は童どうの略で音を示す。月は肉。⾅は肉が飛ぶ形。龍は、うろこのある動物の長で、春分に天に上るという。一説に象形で、頭にとがった角を持ち、口を開き、足のある長身のへびを描いたものとする。

名前 かみ・きみ・とお・しげみ・とおる・めぐむ 姓 竜華たちばな 難読 竜胆りんどう

地名 竜野たつの・竜ケ崎りゅうがさき・竜化滝りゅうげのたき|りゅうかのたき

【竜王】りゅうおう(りうわう)|りょうおう(わう) 海の神。

【竜顔】りゅうがん(りう)|りょうがん 天子の顔。

【竜旗】りゅうき(りう) 竜の模様のある旗。天子の旗。

【竜騎】りゅうき(りう) 天子の馬。

【竜馭】りゅうぎょ(りう)|りょうぎょ 天子の車。

【竜宮】りゅうぐう(りう) 海底にあるといわれる竜王の宮殿。

【竜虎】りゅうこ(りう)|りょうこ ①竜ととら。②すぐれた人物。③すぐれて、勢いのよい文章。【——相搏】りゅうこ(りう)あいうつ(あひうつ) 強い者どうしが争うたとえ。【——之姿】りょうこのし 生まれつきもっている英雄の素質。〈後漢書ごかんじょ・耿純こうじゅん伝〉

【竜骨】りゅうこつ(りう) ①竜の骨。②太古の象ぞうなどの骨が地中から出たもの。③かわら。舟の底に渡したはり。キール。【——車】りゅうこつしゃ(りう)|りょうこつしゃ 農具。低い水面から田に水を引くための、ベルト状の水車。

(竜骨車)

【竜沙】りゅうさ(りう) 中国西方の沙漠の名。

【竜車】りゅうしゃ(りう)|りょうしゃ 天子の車。

【竜種】りゅうしゅ(りう) ①すぐれてよい馬。②天子の子孫。皇族。③すぐれたこども。

【竜樹】りゅうじゅ(りう) 人名。インドの菩薩ぼさつ。仏教八宗の祖といわれる。「中論」「大智度論」などの著がある。

【竜袖】りゅうしゅう(りうしう) ①大きなそで。②天子の衣服。

【竜女】りゅうじょ(りうぢょ)|りょうじょ(ぢょ) ①竜宮の王女。②賢い女。

【竜章】りゅうしょう(りうしやう) ①竜の模様。②りっぱなすがた。【——鳳姿】りゅうしょう(りうしやう)ほうし 竜の模様と、おおとりのすがた。りっぱな風采ふうさい。〈晋書しんじょ・嵆康けいこう伝〉

【竜城】りゅうじょう(りうじやう)|りょうじょう(じやう) 匈奴きょうどの築いた城の名。【——飛将(將)】りゅうじょう(りうじやう)のひしょう(しやう)|りょうじょう(じやう)のひしょう(しやう) 竜城を攻めた漢の大将軍李広りこうのこと。

【竜場】りゅうじょう(りうぢやう) 地名。貴州省修文県。王陽明の流された所。

【竜驤虎視】りゅうじょう(りうじやう)こし 竜が首を高く上げ、とらがすきをねらう。英雄が意気も盛んに、形勢を見わたすようす。〈蜀志しょくし・諸葛亮しょかつりょう伝〉

【竜攘虎搏】りゅうじょう(りうじやう)こはく 竜ととらがはげしく戦い争う。強い者どうしの争い。攘は、はらう。搏は、手でうつ。

【竜神】りゅうじん(りう)|りょうじん 「竜王りゅうおう|りょうおう」に同じ。

【竜涎香】りゅうぜんこう(りうかう) 抹香鯨まっこうくじらからとれる香。アンバー。

【竜池】りゅうち(りう) 唐代、長安(今の陝西せんせい省西安市)の宮中にあった池の名。竜が現れたという伝説があった。

【竜庭】りゅうてい(りう) ①匈奴きょうど(北方の少数民族)の朝廷。②非凡な人の衣服。

【竜笛】りゅうてき(りう) 竜のうなりに似た音を出す横笛。りっぱな横笛。

【竜頭】一りゅうとう(りう) ①竜の頭。なかまの中で最もすぐれている人。②昔、科挙かきょに、一番で合格した人。状元じょうげん。③水道の蛇口じゃぐち。ニりゅうず(りうづ) 国①腕時計や懐中時計のねじをまく部分。②たつがしら。三たつがしら 国①竜の形をかぶとの前から上にとりつけて飾りとしたもの。りゅうず。②雨樋あまどいの口の水をはき出すところ。③竜の頭の形をしているつり手。【——鷁首】りゅうとう(りう)げきしゅ|りょうとうげきす 天子の乗る大船。鷁は風に負けない鳥の名。〈淮南子えなんじ・本経訓〉【竜頭蛇尾】りゅう(りう)とうだび 仏竜のような頭とへびのような尾。始めが盛んで終わりがふるわないようす。〈碧巌録へきがんろく・十〉

【竜徳】りゅうとく(りう) 竜のもつ徳。帝王の徳。

【竜脳(腦)】りゅうのう(りうなう)|りょうのう(なう) 熱帯産の香木の名。

【竜馬】りゅうば(りう)|りょうば ①伏羲ふっきのとき、黄河から八卦はっかの図を背にしてあらわれたという神馬。②堯ぎょうのとき、黄河からあらわれた馬の形をした竜。③すぐれた、たくましい馬。④老いてなお壮健な人のたとえ。【——精神】りゅう(りう)ばのせいしん|りょうばのせいしん 中・老年の人が、心身ともに力強いことをいう。

【竜文】りゅうぶん(りう) ①竜の模様。②名馬の名。③将来有望なこども。④すぐれた詩文。

【竜逢】りょうほう 人名。夏かの桀王けつおうの臣、関竜逢。

【竜鱗】りゅうりん(りう) ①竜のうろこ。②天子の衣の竜のもよう。

【竜煙】りょうえん ①肝臓をつかさどる神。②内モンゴル自治区にある鉄山の名。

【竜化】りょうか(くわ)|りゅうげ(りう) ①竜のように変化する。②変化して「竜になる。」

12 黄(黃)黍黒(黑)黹
12画～
13 黽鼎鼓鼠
14 鼻(鼻)齊(斉)
15 ➡齒(歯)
16 ➡龍(竜)龜(亀)
17 龠

【竜駕】天子の車。
【竜閣】りっぱな建物。寺。
【竜巻】■竜を描いた衣服。■国大きなつむじ風。
【竜頷】竜のあご。『探二——一』竜のあごの下にある宝玉を取ろうとする。危険をおかして、価値ある物を求める。〈荘子・列禦寇〉
【竜吟】①竜がうたう声。②琴や笛の美しい音色。③枯木に風の当たる形容。【——虎嘯】㋐竜が吟ずれば雲が起こり、とらがうそぶけば、風が生ずる。同類がたがいにさそい合うこと。㋑ことばや詩文のすぐれていること。〈張衡・帰田賦〉
【竜駒】①すぐれた馬。②かしこいこども。
【竜駒鳳雛】すぐれた子馬とおおとりのひな。かしこいこどもをいう。〈晋書・陸雲伝〉
【竜光】①りっぱな徳。②りっぱなすがた。③竜泉という剣の光。
【竜袞】①竜のもようを描いた天子の衣服。②三公相。
【竜舟】①大きな舟。②天子の乗る船。竜を描いた舟。
【竜鍾】①年老いて病みつかれる。②志を得ないさま。希望を失う。③行きなやむさま。④しっかりしているさま。
【——頽唐】人の心身が弱っているさま。
【竜井】地名。浙江省杭州市西湖付近。茶の名産地。
【竜準】高い鼻。高い鼻ばしら。
【竜潜(潛)】地中にひそむ竜。天子が、帝位につく前のたとえ。
【竜髯】①竜ののどひげ。②天子のひげ。③松の形容。
【竜蛇】①竜とへび。②すぐれた人物。③才能ある者が隠れる形容。④草書の筆勢の形容。【——混雑(雜)】(仏)聖人と凡人との見分けがつかないこと。〈仏印語録〉
【竜輈】①竜のような形をしたながえ。また、その車。〈楚辞・九歌〉②天子の車。
【竜跳虎臥】竜がはねあがり、とらが寝そべる。書の筆づかいが自由自在のこと。梁の武帝が王羲之の書を評したことば。〈梁武帝・書評〉
【竜図(圖)】①伏羲氏の時代、黄河から出た竜馬のせなかにしるしてあったという図。河図。八卦。②天子の計画。【——永固】天子のはかりごとが長くしっかりしている。【——公案】推理小説の名。明時代の作。宋の名裁判官包拯の物語。包公案。
【竜蟠鳳逸(逸)】竜が天にのぼらないでわだかまり、おおとりが群れを離れている。才能を持ちながら世に活躍していない人。〈李白・与二韓荊州一書〉
【竜飛】①竜が飛ぶ。②英雄が時を得て活躍する。【——鳳舞】①山の形が両方に広がっていて、神秘な形容。〈蘇軾・表忠観碑〉②書の筆づかいがいきいきとしていること。③字の書き方がぞんざいなこと。
【竜門】①評判の高い人物。②山名。㋐山西省河津市西北と陝西省韓城市東北の間にあり、切り立った両岸の間を黄河が流れる。禹門口ともいう。㋑河南省洛陽市の南。伊闕ともいう。③漢の司馬遷をいう。【——点(點)額】進士の試験に落第して帰ること。魚が竜門を登りそこなって、ひたいをうちつける。【——扶風】①司馬遷と班固。それぞれの出身地によっていう。②史記と漢書。『登二——一』官吏登用試験に及第して進士になること。
【竜断(斷)】おかの高くきり立ったところ。商人が高所に立ち、市場を見て、もうけることから、利益を独占することをいう。竜は、壟と同じ。〈孟子・公孫丑下〉
『竜山之会(會)』重陽(九月九日の節句)の会をいう。
『乗(乘)レ竜佳婿』人の娘のむこをほめていう。〈列女伝〉
『烹レ竜炮レ鳳』竜を煮、おおとりをむしやきにする。ごちそうの多いさま。ぜいたくな料理。〈李賀の詩・将進酒〉
『攀レ竜附レ鳳』竜にすがり、おおとりにつく。勢力のある人について、出世する。〈漢書・叙伝〉
◆亢竜・伏竜・臥竜・衮竜・蛟竜・恐竜

龍 0【龍】〔16〕旧 ↓竜(一四五六ページ・上)

龍 3【龏】〔19〕■キョウ 漢 ■平 冬 gōng コン　■ク 呉 アク 漢 ■入 覚 wò ウオ　U 9F8F 補 7756 J —
意味 ■①つつしむ。‖恭 ②のぼる。■灯火のおおい。

龍 3【龐】〔19〕■ホウ 漢(ハウ) ■平 江 páng パン　■ロウ 漢 ■平 東 lóng ロン　U 9F90 補 7757 J ①9486
意味 ■①高く大きい。‖厖 ②高殿。③まじる。いりみだれる。④姓。■龐龐は、みちみちたさま。充実したさま。
【龐涓】人名。戦国時代、魏の兵法家。
【龐統】人名。蜀の劉備に仕えた。字は士元。

龍 3〖壟〗↓土部十六画(三〇四ページ・中)

龍 4【龑】〔20〕エン 漢 上 琰 yǎn イエン　U 9F91 補 7758 J —
意味 ①すぐれている。②人名。五代・南漢の高祖の名。

龍 4【𪚕】〔20〕本 ↓龕(本ページ・下)

龍 5【龒】〔21〕同 ↓龍(一四五六ページ・上)

龍 6【龕】〔22〕カン 漢 ガン 慣 平 覃 kān カン　U 9F95 補 — J 8392
龍 4【𪚕】〔20〕本字　U 2A695 補 — J —
意味 ①おさめる。入れる。②せまい穴蔵。③〈ずし(づし)〉神仏をおさめる箱。厨子。④寺院の塔。⑤塔の下の室。⑥かつ。かちとる。平定する。‖戡
【龕柩】死体を収めるはこ。ひつぎ。
【龕世】天下を平定する。「龕レ世拯レ乱」〈沈約・斉故安陸昭王碑文〉
【龕灯(燈)】①仏壇のあかり。②国つりがね型のちょうちん。強盗提灯。【——返】国芝居で舞台の大道具を後ろへ倒し、次の道具をせりあげるしかけ。

龍 6【龔】〔22〕キョウ 漢 平 冬 gōng コン　U 9F94 補 7760 J ①9487
意味 ①供給する。そなえる。‖供 ②たてまつる。③つつしむ。うやうやしい。‖恭 ④姓。
【龔黄】龔遂と黄覇。ともに漢代のすぐれた政治家。
【龔自珍】人名。清代中期の学者。号は定盦。
【龔勝】人名。前漢末の忠臣。哀帝のとき、諫議大夫の位に上がった王莽が、政権を奪って新の国を作ったので引退し、二度と世に出なかった。

龍 6〖聾〗↓耳部十六画(一〇一一ページ・上)

龍 6〖襲〗↓衣部十六画(一一三三ページ・上)

龍 16【龖】〔32〕トウ 漢 呉(タフ) 入 合 dá ター　U 9F96 補 7761 J —

龍17
【靇】〔33〕 レイ㊟ リョウ(リャウ)㊠｜㊥青 líng リン｜U補J ①9488 9F72 7762
意味 ①竜の飛ぶさま。②二匹の竜。
意味 ①竜。②神。神霊。③よい。

16画 龜(亀)部 かめ

【部首解説】「動物のかめ」にかたどる。この部には、「龜・亀」の形を構成要素とする文字が属する。新字体では「亀」(十一画)となる。

亀0
【亀】〔11〕 常 キ かめ｜U補J 2121 4E80

旧字 龜0
【龜】〔16〕 ㊀キ㊟㊠ ㊁キン㊟ ㊂キュウ(キウ)㊟｜㊀㊥支 guī コイ ㊁㊥真 jūn チュン ㊂㊥尤 qiū チウ｜U補J 8393 9F9C

筆順 ノ ⺈ ⺈ 争 争 争 亀

龜0
【龜】〔15〕同字 U補J

意味 ㊀①〈かめ〉㋐動物の名。四霊の一つ。㋑かめの甲。㋒かめのうら。かめの甲を焼く占い。②印綬。高級官吏の印のひも。③たから。④せぼね。⑤久しい。古い。⑥人をののしることば。㊁ひびがきれる。＝皸 ㊂亀茲は、西域の古い国名。今の新疆ウイグル自治区、庫車の地。

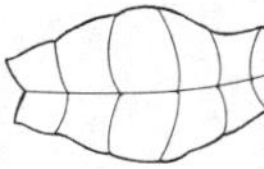
(亀㊀①㋒)

解字 象形。かめの頭・こうら・足・尾を表した字。ただ、この頭は、它(蛇、へび)という字である。かめは長生きするというので、旧、久しい、の意味にもなる。

名前 あま・あや・ひさ・すすむ・ひさし

姓 亀甲

地名 亀山・亀田・亀岡・亀卦川

【亀鶴】かめとつる。人の長寿にたとえる。

【亀鑑】てほん。模範。

【亀脚】①かめの足。②さぼてんの別名。

【亀胸】はとむね。

【亀鏡】てほん。亀鑑。

【亀玉】かめの甲と宝玉。ともに値うちのあるもの。

【亀甲】①かめのこうら。②きっこう形。六角形。【──獣(獸)骨文】かめの甲や、うしの骨にきざんだ殷時代の文字。甲骨文字。

【亀策】かめの甲と筮竹。ともに占いの用具。

【亀筴】「亀策」に同じ。

【亀山】宋の楊時の号。

【亀坼】①かめの甲を焼いて占うときのひび。②ひでりで畑がひびわれること。

【亀兆】かめの甲をやいて出た占いのしるし。

【亀鼎】大がめとかなえ。天子の位にたとえる。

【亀頭】男子生殖器の先端。

【亀背】①かめのせなか。②背骨の曲がる病気。

【亀趺】かめの形につくった石碑の台。

【亀文】①禹が大水を治めたとき、川から出たかめのせなかにあった模様。洛書。②かめの甲のような模様。【──鳥跡】かめの甲のもようと、鳥の足あと。文字を作るヒントとなる。

【亀卜】かめの甲を焼いて、ひびのぐあいで吉凶を占う。

【亀毛】かめの毛。㋐きわめて珍しいもの。㋑ありえないもの。【──兎角】かめの毛と、うさぎのつの。絶対に存在しないもの。〈楞厳経〉『──長三尺』あるはずのないこと。事実でないこと。

【亀齢(齡)】長生き。長寿。

【亀裂】㊀かめの甲のような裂けめ。㊁手足にひびがきれる。あかぎれ。

【亀手】ひびの切れた手。「不亀手之薬」(ひびのくすり。)〈荘子・逍遥遊〉

『亀上覓レ毛』ない物を求めること。
◇盲亀・神亀

龜0
【龜】〔16〕 旧↓亀(本ジペー・上)

龜4
【䶰】〔15〕 国字｜U補J ②9486 2A6B2
意味 〈わき〉姓名に用いられる。

龜9
【𪚧】〔25〕 古↓秋(九〇六ジペー・下)

龜0
【龜】〔15〕 同↓龜(本ジペー・上)

龜12
【𪚲】〔28〕 同↓鼈(一四四九ジペー・中)

17画 龠部 やく

【部首解説】「⺇」と「侖」が合わさり、多くの音を調和させる「竹笛」を表す。この部には、「龠」の形を構成要素とする文字が属する。

龠0
【龠】〔17〕 ヤク㊟｜㊦薬 yuè ユエ｜U補J 8394 9FA0

意味 ①〈ふえ〉＝籥 ㋐籥。㋑穴が三つある笛。㋒穴が六つある笛。②容積の単位。一合の二分の一。一説に、十分の一。一勺。(↓付録「度量衡名称」) ③ますの一種。

解字 会意。⺇と侖とを合わせた字。⺇は品で、多いことを表す。侖はすじみち。龠は、多くの声を調和して、すじみちを立てることで、ふえの一種である楽器をいう。一説に、亼・⺇・冊を合わせた字とする。亼は集まること。⺇はふえの頭の穴。冊は集めた竹の管を並べてひもでくくった形。龠は、竹のくだを幾本かまとめてしばった楽器であるとする。

龠4
【龡】〔21〕 同↓吹(二一三三ジペー・中)

龠5
【龢】〔22〕 本↓和(二一三九ジペー・下)

龠8
【龣】〔25〕 ㊀カク㊟ ㊁ロク㊟｜㊀㊦覚 jué チュエ ㊁㊦屋 lù ルー｜U補J 7766 9FA3
意味 ㊀①五音の一。東方の音。＝角 ②楽器の名。㊁五音の一。東方の音。

龠9
【龥】〔26〕 ユ㊟｜㊤遇 yù ユィ｜U補J 7767 9FA5
意味 〈よ・ぶ〉呼びさけぶ。さけぶ。＝籲 「龥号」

龠10
【鱵】〔27〕 チ㊟｜㊥支 chí チー｜U補J 4DB5
意味 楽器の名。横笛の一種。＝篪

12 黃(黄)黍黑(黒)黹
12画〜
13 黽鼎鼓鼠
14 鼻(鼻)齊(斉)
15 齒(歯)
16 ➡龍(竜) ➡龜(亀)
17 ➡龠

付録

漢字について

(一) 漢字の起源

一八九〇年代のことであるが、中国の河南省北部、安陽県で、亀の甲らや獣の骨に、鋭い刃物で文字を刻みつけたものが発見された。これを「甲骨文字」という。この土地は大昔に殷の都のあった所で、漢代にもすでに「殷墟」と呼ばれていた。その後、今日まで、何回も発掘が行われ、青銅器や玉器のほか、大きな王の墓や殷代の建物の土台石も発見されている。殷代の人々は、これから先の十日間（旬という）に禍がないか、今夜は雨が降らないか——などという日常の事がらはもとより、明日の戦争に勝てるかとか、祖先の祭礼を行ってよいか——などという部族の行事に至るまで、すべて占いによって神意をうかがうのが習いであった。その内容を巫や史（記録者）が刻みつけて保存しておいた。それが三千年を隔てた今日、再び日の目を見たのである。占いのことばであるから、これをまた「卜辞」ともいう。

卜辞に見える甲骨文字は、約三千種にものぼり、そのうち解読された文字は、約一五〇〇字である。安陽は殷代の中ごろ、盤庚という王からのち、約二七三年間、殷の都のおかれた所である。殷の最後の王（史上有名な暴君紂王、卜辞では帝辛と呼ばれている）が、西北高地から攻め下った周の民族に滅ぼされたのは、紀元前一〇二七年ごろである。したがって甲骨文字は、今から約三五〇〇年前の文字だと考えてよい。中国では、安陽のほかに山東省や河南偃師県・鄭州などからも、殷代前期またはそれ以前の古跡が発掘されているが、まだ文字らしいものは姿を見せない。そこで甲骨文字は、中国の最古の漢字であるといってよい。もちろん、これら多数の甲骨文字は一時に作られたものでもなく、一人や二人の手で考え出されたものでもあるまい。しかし殷代の初期には、おそらくまだ文字は使われておらず、その中期以後にだんだんと集積されて、何千字にも達したものであろう。

(二) 文と字

ひと口に「文字」というが、文とは紋様の紋と同系の語で、物の形になぞらえた絵やもようのようなもじである。字は孳（じ）（ふえる）や滋（じ）（ますますふえる）と同系の語で、これは既成の絵文字をいろいろに組み合わせて、ふやしていった後出のもじである。つまり文とは原初的なもじ、字とはその文をかみあわせた二次的なもじである。のちの言い方を使うならば、象形文字や指事文字は、いわゆる文であるし、会意文字や形声文字は、いわゆる字である。文と字とを合わせて、何千何万という漢字の総体が成り立っている。

後漢の許慎は、西暦一〇〇年に中国で初めての字典〈説文解字〉を著し、漢字を次の六種に分類した。これを「六書」という。

(1) 象形文字—日・月など。
(2) 指事文字—上・下など。
(3) 会意文字—武・信など。
(4) 形声文字—江・河など。
(5) 転注文字—令→長など。
(6) 仮借文字—同音のときに用いる当て字。

「象形文字」とは、いうまでもなく事物の姿を描いて簡単化した絵文字である。

「指事文字」とは、絵としては描きにくい一般的な事態を、抽象的な約束や印で表したものである。一・二・三などの数字は、もちろん指事文字であるし、平面の上方に－印をつけた丄→上の字や、平面の下方を－印で示した丅→下などの字もそれである。

「会意文字」とは、象形文字や指事文字を組み合わせたもので、許慎のあげた武・信などの字がそれである。ただし許慎が、弋（ほこ）を止める意を表すために、「弋＋止」→武の字が作られたというのは誤りで、「弋＋止」（止は趾の原字で足のこと）の組み合わせによって、弋をもって足で堂々と前進する意味を示したのが、武という会意文字である。信は「人＋言」を組み合わせて、まっすぐに通る人のこと、つまり、すなおに信用できる言行のことを表した字である。「形声文字」とは、許慎のいうとおり、「さんずい＋音符工」→江、「さんずい＋音符可」→河のように、片側に発音を表す音符を含み、他方にはそれが何の世界に関係するかを示す偏（または旁（つくり））をそえたものである。

「転注文字」とは、許慎の説明によると、もと命令を意味する令という語が、やがて命令を出す人→長官の意に転じて、長（おさ）という語と同義になったような場合をさす。してみると、これは語義の転化ということであるから、漢字の造字法には関係がない。また「仮借文字」というのは、同音の当て字のことであるから、これも字の使い方に関係する問題で、漢字の造字法とは別の事がらに属する。

してみると、漢字の造字法としては、(1) 象形、(2) 指事、(3) 会意、(4) 形声の四種があると考えておけばよい。そして象形と指事とは、最も原初的な漢字だから、いわゆる文に属するし、会意と形声とは原初的文字をかみあわせて作られたものだから、いわゆる字に属する——ということができる。

㈢ 字体の変遷

殷代の甲骨文字には、すでに〈説文〉の解説にみえる象形・指示・会意・形声などの造字法が、すべてそろっている。殷代の字の種類はもちろん後世ほど多くはないが、漢字の原型は、すでに殷代に定まっていたといってよい。ところで、周の人人は西北高原と黄河中流の諸部族を糾合し、その連合軍を組織して、河北デルタに進出した。古代文化の栄華に酔っていた殷人は、折しも山東と江蘇(こうそ)の先住民であった東夷と淮夷(わい)の征伐に手を焼いていたため、あえなく周人との戦いに敗れ、朝歌(安陽の南四〇キロ)の離宮は灰と化して殷の都も滅亡した。周人はその文化からみれば、殷人よりもかなり遅れていたため、殷人の技術者や知識人を利用して殷の文化を吸収するとともに、まず殷の文字をそっくり継承した。殷周の合体の結果、ここに漢人文化の基礎が築かれて、孔子をして「郁々(いくいく)として文(あや)なるかな」と嘆ぜしめた古代の統一文化(漢人文化)を作りあげ、やがて詩集〈詩経(しきょう)〉や、政治の記録〈書経〉などという文献が、漢字で書かれるようになった。

殷代と周代の青銅器は、今日でもかなり残っているが、その銘文に使われた文字を「金文」という。昔は、銅のことを金といった(キンのことは黄金という)ので、金文とは「青銅器の文字」との意味である。金文は肉太であって、いくぶん装飾的ではあるが、なお甲骨文字ときわめて近い。

周の衰えたあと、春秋・戦国と呼ばれる諸侯の争覇の時代が続き、中国の各地に都市国家が分立すると、多少ずつ字体の違った文字が各地で用いられたらしい。その一部は「史籀(しちゅう)」「籀文(ちゅうぶん)」などと呼ばれ、またおしなべて「古文」とも呼ばれる。西紀前三世紀、秦(しん)の始皇帝が天下を統一すると、全国の字体を統一する必要を感じて、「小篆(しょうてん)」という字体を定めた。のち許慎の〈説文〉は、この小篆でもって親字を書き表している。小篆とは、今日の篆刻(てんこく)を好む人々が、印材にほりつける屈曲の多い美しい字体である。

小篆(篆文(てんぶん)・篆書ともいう)は曲線が多くて実用には向いていない。そこで秦漢の役人たちは、日常の筆記に適するようにいつしかそれを直線化して、隷書(れいしょ)をこしらえた。隷とは属吏や人夫のことである。最近、中央アジアの砂漠(さばく)に埋もれた漢代の屯所の跡から、駐屯部隊の記録を木や竹の札(木簡(もっかん)という)に書いたものが発見されたが、それはこの漢代隷書で書かれている。隷書には、なお篆書ふうの曲線がいくぶん残っているが、後漢(ごかん)の末になると、いよいよそれが直線的となり、今日の楷書(かいしょ)が、日用の字体として使われるようになった。

三国から六朝にかけて、楷書を続けてなだらかに書いた行書(ぎょうしょ)が発達し、六朝時代になると、行書をもっとくずした草書が流行した。六朝の王羲之(おうぎし)に代表されるような、書の美しさを競う行書草書が人々に愛好されて、漢字を巧みに書くことが、一種の芸術と考えられるようになった。左に書体の変遷の例をあげる。

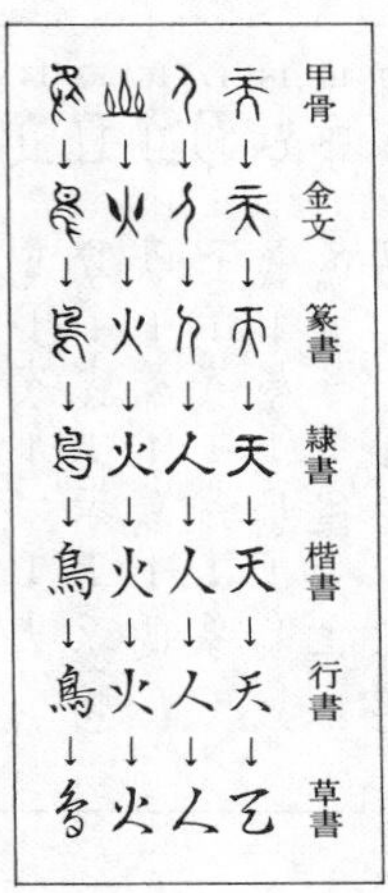

いっぽう、三国六朝ごろには、いろいろな偏(へん)や旁(つくり)について違った書き方が現れ、漢字にもさまざまな異体字が生じたので、七世紀、唐代になると、正字と俗字とを区別しようという試みも起こった。顔元孫の〈干禄字書〉はその一例で、正字—通用字—俗字を区分している。のちの字典類の正俗区分は、その先例にならったものである。

〈干禄字書〉

〈正字〉	〈通用字〉	〈俗字〉(元来は公式に使えぬ字)
聰	聦・聡	○
蟲	○	虫
牀	牀	床

○印は未詳。

十三世紀以後の中国では、口語の小説や戯曲が発達し、いっぽう手工業と商業の拡大につれて、庶民の間にしだいに文字を使う人々がふえてきた。これらの大衆読物や商用文書には多くの略字が用いられ、その一部は江戸時代に日本に伝わって社会に広まった。また日本でも、平安朝以来、漢字の偏旁をとって片仮名が作られ、また漢字を草書体にくずして平仮名が作られたが、同時に日本人特有の略字や、和製の漢字も用いられた。辻・躾・榊や「文め」を続けて匁と書くなどは、日本式の漢字である。昭和二十四年公布された「当用漢字字体表」にも、従来のものを含めて計二五九字の略字が採用されており、そのうち、一三一字は、略字を本字と定めている。いっぽう中華人民共和国では、日本よりもはるかに大幅な略字を採用して、漢字の簡易化をはかっており、今日では、四八二の簡体字（その中の一三二字は偏・旁として用いることも許容されている）が正字として認められ、また一四種の偏旁専用の字体の簡単化が行われている。

(四) 象形文字

これから象形・指事・会意・形声などについて、それぞれ説明を加えることにする。

人間の象形

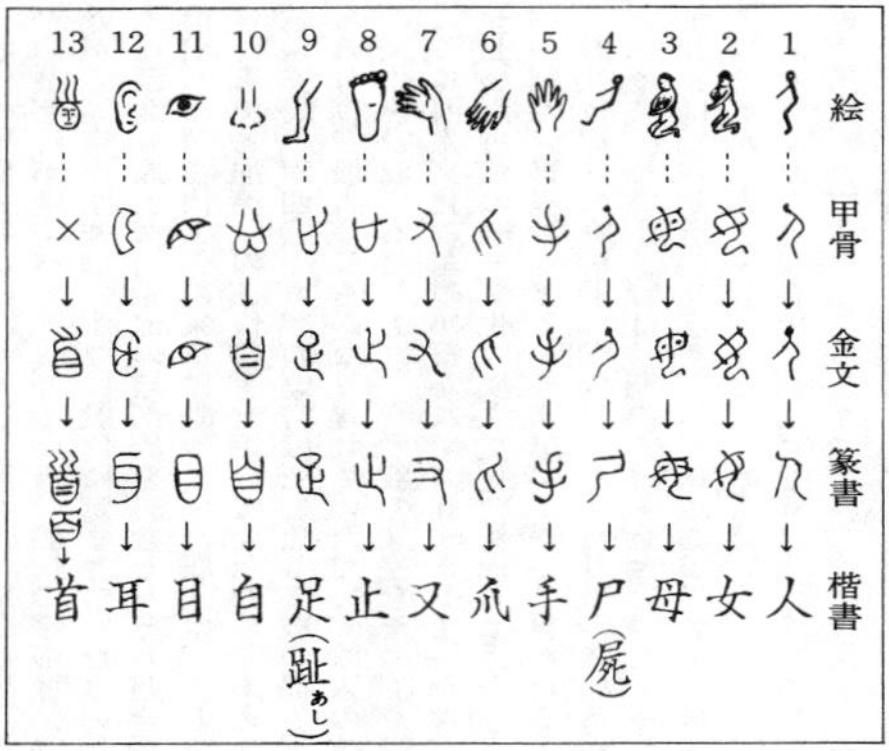

×印は、手もとの資料で甲骨もしくは金文のどちらかが見つからない場合(以下同じ)。

1人は人間の立った姿。2女はなよなよした女性の座ったさまである。3母は女性の両胸に乳房のある姿を示す。4尸（し）は同じく人間であるが、これは尻をつけて仰臥した姿である。この字は屍（し）（しかばね）の原字であり、広くボディやお尻を示す字（尻・尿・尾など）に含まれている。5手は人の手の全形であり、6爪は指先で物をつかもうとしているさまを示す。もちろん指先のツメのことであるが、抓（つかむ）や爭（新字体は争。つかんで取り合う）などの字にも含まれている。7又は、手で物を囲むように抱きこむ姿である。収や取の字に含まれて、物を手中に取りこむ意味を表す。8止は人間の足先の全形で、のちに趾（あし）と書かれる字の原字である。アシはじっととまるものだから、止るの意にも用いるけれども、正（まっすぐ進む）や歩くの字に含まれて、アシで前進することも表す。9足は、この止の上部にヒザ小僧を示すため○印を加えたもので、ヒザから下のアシ全部を意味する。10自はハナの象形である。この字は鼻の字の上部に含まれ、後世では、ハナを示すにはもっぱら鼻と書くようになった。昔の人は「この私が」という場合に自分のハナを指さしたので、自の字はやがて自分の自らの意を表すようになってしまった。11目と12耳とは、もちろんその実物ずばりの象形である。13首はもと頁の字と大差なく、ただボウボウと毛の伸びたほうが首と書かれたのである。頁印は、頭・顔・額などに含まれてアタマを表す。首は日本ではクビと訳するが、もともと頭部全体を意味しているから、頸部だけを意味したわけではない。

動物・植物の象形

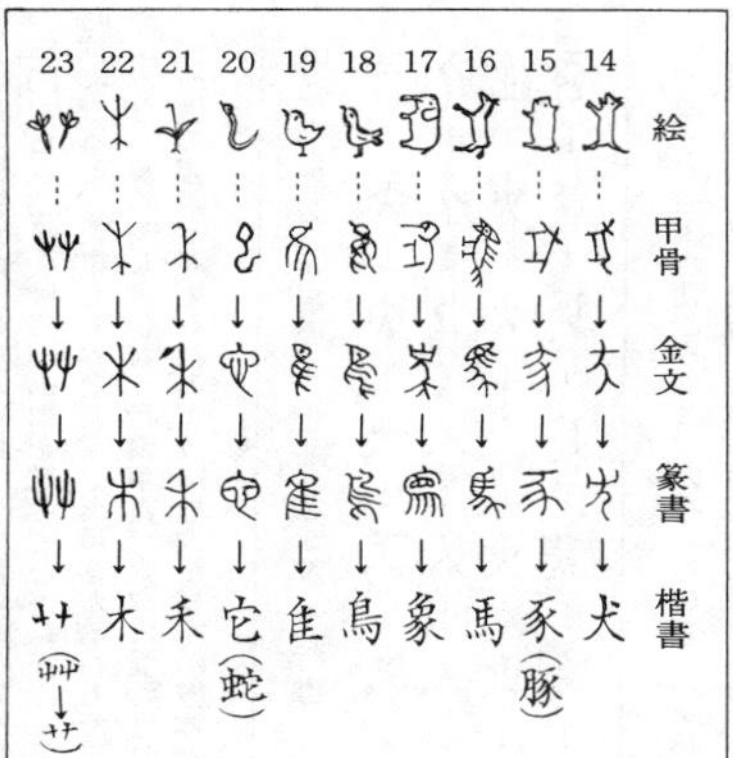

絵　甲骨　金文　篆書　楷書
14 犬
15 豕（豚）
16 馬
17 象
18 鳥
19 隹
20 它（蛇）
21 禾
22 木
23 艹（艸→艹）

14犬は軽快に走るイヌの姿、15家(し)はずんぐりと鈍重なブタの形を示し、のち豚・猪などの字に含まれる。16馬はウマ、17象は鼻の長いゾウの姿である。このゾウは尾がウマとよく似た形であるから、今日のインド象（尾が短い）とは別種の温帯産のものであろう。18鳥は尾の長くたれたトリの姿、19隹は尾の短いトリの象形である。雉・雞・雀などは尾が短いから隹印を含み、鳳は尾が長いので鳥印を含んでいる。20它(た)はハブのような頭の太い毒ヘビの形であり、のち蛇と書くようになった。21禾(か)は穂のたれた禾本科植物の姿で、のちの稲・穂・稔などの字に含まれている。22木はたちきの形。23は草の双葉が芽生えたさまで、のち二つ並べていわゆる「草かんむり」として用いる。この草かんむりは草の字の原字である。

道具の象形

24刀は刃の部分がそったカタナの象形文字である。この刀の字のハの部分を、印で示したのが刃の字であることは、いうまでもない。25戈(か)(ほこ)は、昔の中国人が愛用したマサカリのような柄つきの武器である。この武器でもって敵を征伐することを示すため、「人＋戈」を組み合わせて伐という字が作られた。26皿は、台のついたサラの象形文字で、その上にごちそうを盛って食べる。27鼎は、三本脚のカナエである。三本脚の土器は中国の古代文化独特のものであったが、それが発達して青銅のカナエとなった。のちには礼式用や装飾用に使われるが、昔は肉やスープを入れる常用の食器であった。テイというコトバは、定や停と同系で、しっかりと安定する意味を含んでいる。三本脚で安定して立つので鼎と呼んだのであろう。

28几(き)は、四本脚の台を側面から描いた象形文字である。ツクエは四本脚の台であるから、木偏を付けて机(き)と書く。しかしコシカケもまた同形の台であるから、床几と称することは周知のとおりである。字表29は、床几のような台を両方に置き、その上に長い板を二、三枚渡した寝台の姿を、側面から描いたものである。のち木偏を加えて牀（寝台）と書く。このショウというコトバは、「細長い」という意味を含むので、長い土べいを牆といい、五本の指のうち、最長の中指を将指といった（軍の長官を将軍というのは、「長い」ということからの派生義である）。30門は、一見してわかるように、両とびらのあるモンの姿である。この字に、材木の材（切断した木）の原字才（切り止める）を加えたのが閉という会意文字で、門をとじて通行を切断したことを示したのである。

(五) 指事文字

指事文字は、一般的な事態を表すための字であるから、象形文字のように、その物ずばりを表すことはむずかしい。いきおい多少とも抽象的な記号や方式を、ある約束のもとに用いる必要が起こってくる。ここではその若干のものについて説明しておく。

場所を示す記号——一印や一印

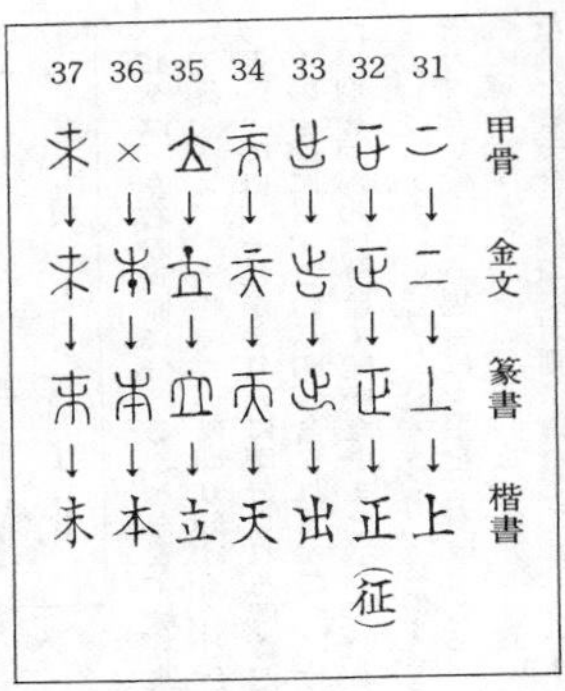

31上についてはすでに述べたが、一印によって上方の位置を示したものである。32正は、「一印＋止」を合わせて、足が一印で示された目標線にまっすぐ向かうことを表す。逆に33出の字は、出発線から足が外へ出て行くさまを表している。

34天は、人間の頭上の所を一印でさし示し、頭の頂点もしくは頭上にある大空を暗示している。逆に35立の字は、大の字型に両足を開いた人間の下に、一印でもって地面を表し、両足ですっくと地上に立つさまを示したものである。36本と37末とは、それぞれ一印を木の字にそえて、一方は木の根の太い部分を、他方はこずえの細い部分をさし示したものである。

切ることを示す記号——／印

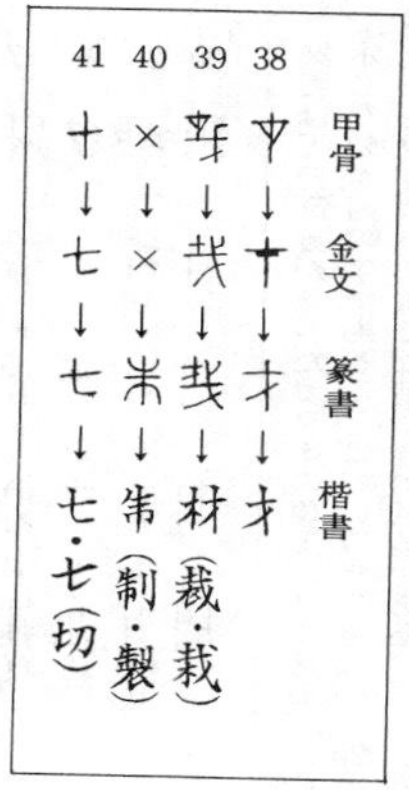

38才は、もともと川の流れをせき止めるセキの形であったろうが、篆書以下の字体では、十印を／印で切り止めた姿を示している。それ故に切った材木は「木＋才」で書き表すのである。また、後世の閉の字は「門＋才(せきとめる)」を合わせたものである。字形39は、それにさらに切る刃物としての戈(ほこ)をそえた字で、裁（衣地を切る）や栽（植木の枝を切る）などの原字である。40は制の字の原字で、木をその中間でズバリと切断するさまを／印で示している。製とはもと布地を適当に切断することであり、制止の制とは、相手の行為を途中で切断することであった。字形41は、切の原字であり、これも十印を／印で切ることを示している。これを数詞の7に当てるのは、7が割り切れないような不ぞろいな比率で中断された、始末の悪い数だからである。

分かれる記号——八印やあいそむく形

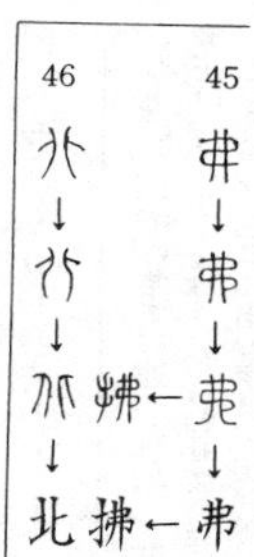

42八は、左右の両側に分けることを表す最も典型的な記号であり、43分は、それに刀印をそえて、刃物で二つに切り分けることを表したものである。数詞の8を八(はち)というのは、それがきれいに両分される偶数だからである。なお半分の半（半）の字の上部にも、この八印が含まれて、二つに分けることを表している。44非もまた、羽を両がわに分けて開いたさまを示している。だから左右に分けて開くトビラを扉(ひ)といい、「戸＋非」で書き表す。これを否定のコトバに用いるのは、「イヤ、そうでない」という場合に、手を左右にはらって（つまり分けるようにして）、拒否の意を示すからである。その点は45弗(ふつ)においても同様である。これは、S型にたれたヒモを、八印に両側に開いたさま、つまり左右に払いのけることを表しており、後世には手へんを付けて、拂（払）という字で書き表す。これも否定のコトバに用いられるが、それは手を左右に払ってイヤだという拒否を表す習慣があるからである。46北は、人間が背なかを向け合って、そむいたさまを示している。だから戦いに敗れて、背を向けて逃げるのを敗北といい、冷たく寒いからといって、背を向けてそむく方角を北（きた）という。この字に肉づきをそえたのが背(はい)であり、北―背は、同系のコトバである。このように、分けるという意味を示すためには、→と←の両側にそむいたさまを表せるような、いろいろな方法を用いている。

区域を表す記号——口印や□印、田印

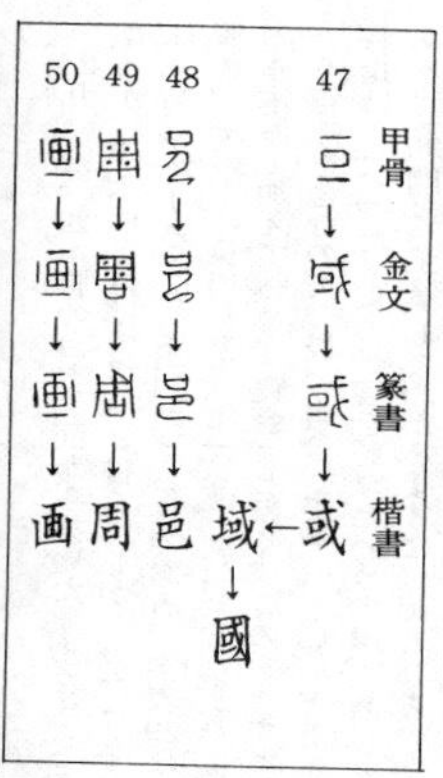

　一定の区域は、ふつう□印で示される。たとえば47は、□印で示された区域の境界を－印と一印とで限ったさまで、のち戈印（ほこ）をそえて、武器でもって守る領域のことを表した。土印をそえた域は、或の原義をいっそう明らかにするために作られた字である。また國（国）という字は、さらに外がわに大きい□印を加えて、周囲をかこんだ領域を表している。□印（くにがまえ）は、□印を拡大したものである。48邑は、□印の領域の下に、人間のヒザをついたさまをそえて、領下の住民の服従するその領域、つまり大名や代官の領地を示している。のちその領内の中心となる町のことを邑(ゆう)というようになった。

　領域はまた田印でも示されることがある。田印は、四角くアゼの作られたタンボの姿である。50画の字は、その田の区域の外がわを、一印で区画したさまを表している。

　並ぶことを表す方法――同じ字二つ

　从（従の原字）は、人という字を二つ並べて、Aのあとに Bがつき従うことを示したものだが、51比という字は、やはり人間が同じ方向を向いて肩を並べたさまを示している。比例・比較・比肩などの比は、すべて「並ぶ」ことを意味する。52林という字は、いうまでもなく木が二本並んださまである。同じような物が並んで立つのを林立といい、あとからあとからと続き並んで降る雨を霖雨(りんう)というのも、「並ぶ」という意味を含んでいる。なお、夫印（おとこ）が二つ並んだ字も、並ぶ意味を表している。たとえば、交替(たい)の替とは、Aのあとにすぐ Bが並んで待機していて入れかわることを示すが、その字の上部には夫印を並列した部分を含んでいる。行列をなして並んで通る貴族の乗り物を輦(れん)というが、これも車印の上に、夫印を二つ並べて書いてある。このレンは連（並んで続く）と同系のコトバである。

　集まることを表す方法――同じ字三つ

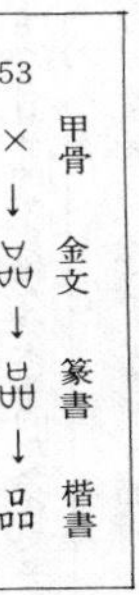

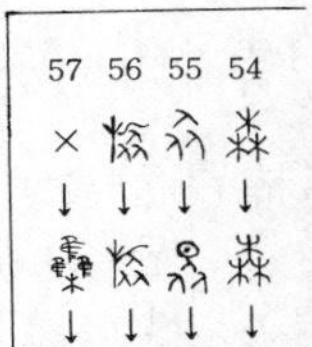

　53品の字は、ある物体を示す口印を三つ書いて、くさぐさの品物を表している。54森は、いうまでもなく木を三本描いて、多くの樹木の集まったモリを表す。この森(しん)というコトバは、三(さん)と同系である。漢語の三は、ただ3という実数だけではなく、多いという意味を表す場合が少なくない。三はまた、彡（さんづくりという）印に変形して、いろいろな色やもようの集まりを意味することがある。色彩の彩は「いろいろないろ」のことだし、陰影の影は「いろいろのかげ」、形状の形は「いろいろのかたち」のことで、彡印はすべて多様なもようの集まりを表している。

　55衆は、人印を三つ描いて、人々の集まりを表している。また日印をそえて、太陽の下で集団労働をする群衆を表した字もある。要するに三つの人印によって、多くの人の集まりを表したのである。56旅の字は、もとヒラヒラとなびく旗印（ふき流し）の下に、三人の人を描いた字であった。大将の旗下にはせ参じて、旅団を編成した人々のことである。軍隊のことを軍旅ともいい、旅とはもと多くの人間の集まりのことであった。古来、遠くへたびする場合には、五人十人と集まって、隊商を組んで出かけたので、隊を成した旅行者を旅といい、のち単独でたびすることもまた旅というようになった。要するに旅という字においても、人印三つが多くの集まりを表すのに使われている。57集は、もと木の上に隹（とり）を三つ描いて、多くの鳥が樹上にあつまることを表した。今日の集という字は、そのトリを一羽だけに省略してしまったものである。なお壘(るい)の字は、田印三つでルイルイと重なった石積み（石のとりで）を示している。

㈥ 会意文字

　指示文字の原則のおもなものを説明するためにあげた例字の一部は、すでに会意文字の領域に入りこんでいる。たとえば、木の字二つ、木の字三つでもって、並ぶことや多いことを表す――という抽象的な約束から考えると、林や森という字は指事的である。しかし木という字を「組み合わせた」という点からいえば、それらは会意文字であるといってもよい。指事・会意などというのは分類のいちおうの目途であるから、具体的にはそうこだわるには及ばない。ここでは林・森などよりももっと具体的で複雑な、本格的な会意文字をいくつか説明しよう。

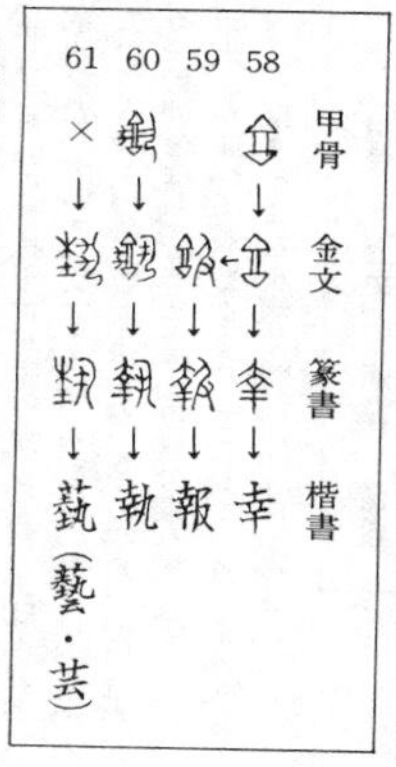

字形58は、上と下からガチンと手首をはさむ手カセの形を示す象形文字で、幸福の幸の原字である。幸とは刑と同系のコトバで、もとは刑罰に用いるカセのことであった。権力の横行する世の中はおそろしい。少しでも油断すると刑罰にかけられる。その刑をあやうく免れて、ほっとする気持ちを幸といい、あやうく難を逃れたのを僥倖という。昔の幸（さいわい）という気持ちは、たいそう切ないもので、今日のようなのんきな感じではなかった。さて、59報は「幸+人+又」を組み合わせた会意文字である。人を手でつかまえて手かせをはめるのが報復の報であった。悪人の犯した罪に対して、手かせの刑で「しかえし」をすることを報という。いわゆる罪に対する報復のことであった。のちその意味が拡大して、命ぜられたことに対して返事をかえすのを報告というようになる。60執とは、「ひざまずいた人+幸」を組み合わせた会意文字で、人間をつかまえて、その両手にガチンと手かせをはめたさまを表す。執着とか固執とかいう場合の執は、このように相手を身動きもできぬようにつかまえて離さないことを意味する。勢とはさらに執の字に力印を加えたもので、権力でもって人をつかまえて離さぬこと、つまり人民にウムを言わさぬ支配の権勢のことであった。

61藝（芸）は、執を含むようだが、それとはかなり異なっている。これは「木+土+人が両手をさし出したさま」を組み合わせた会意文字で、土の上に植木を植えて、人間が両手で世話をしているさまである。伸びすぎた植木の枝を刈り美しく育てるのを園藝というが、その藝がこの字の本来の意味であった。のち云という発音音符をそえて藝（芸）と書いたが、この字はじつはウンと発音すべき字である。今日それをゲイに当てているが、ゲイの本字は正しくは埶と書いた。なお自然の植木に手を入れてよい格好に仕立てるように、自然の素材に手を加えて美しい形を作り出す方法を「芸術」というのは、園芸のことから派生した意味である。

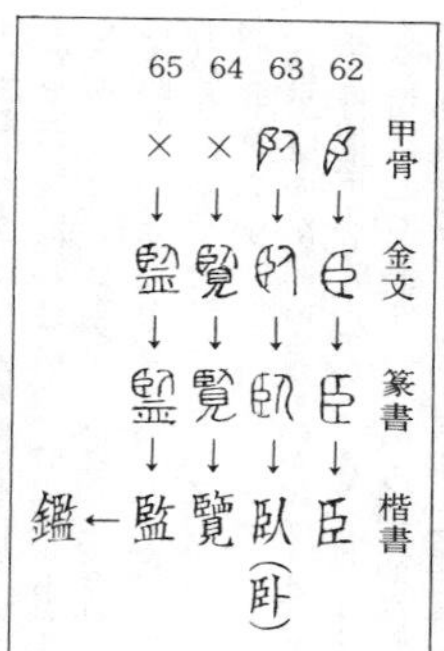

62臣は、人間が伏し目がちに下を向いた、その目の姿を描いた象形文字である。君主の前でからだをこわばらせ、いつも下を向いてかしこまっている人を臣下という。63臥は、「臣+人」を組み合わせた会意文字で、人間が下を向いて伏し目にふせたこと、つまりうつ伏せにねることを示す。64覧は、「臥+目+見」の会意文字で、下を向いて見ること、つまり、物を下方に置いて上から見おろす意味を表す。65監は「臥+皿」の会意文字で、そのお皿には水がはいっている。昔の「水かがみ」とは、大皿に水をはり、それを上から伏し見るようにして顔の形を映して見るのであった。のち青銅を磨いて銅鏡を作ったので、金へんをそえて鑑（かがみ）と書くようになった。人夫の仕事ぶりを高い所から見おろすのを監督というのも、伏し目で上から見るためである。

66丙は、お尻を左右に大きく開いたさまを表す象形文字である。67免とは、「人のしゃがんだ姿+丙+儿」の会意文字である。この儿印は液体が流れ出るさ

まだと考えてよい。してみると免とは、じつは分娩の娩の原字で、女性がしゃがんでお尻を開き、その間から羊水が流れ出ている出産のさまを表すすさまじい会意文字である。68奐とは、免の字の儿印のかわりに、左右の両手を差し出した姿をそえた会意文字である。これは両股を開かせて、胎内の赤ちゃんを両手で取り出しているさま、つまり中の物をごっそりと取り出すことを意味する。「換骨奪胎」という熟語は、まさしくこのことを言い表したものである。のち、手へんをそえて換と書く。交換の換とは、外枠はそのままにしておいて中身を取り出し、入れかえることである。なお免とは、狭いすき間から、やっとのことで外へぬけて出ることであるから、「まぬがれる」という意味に用いる。また狭い関門を出ようとして力むことを勉（つとめる）というのは、そこから派生したことばである。

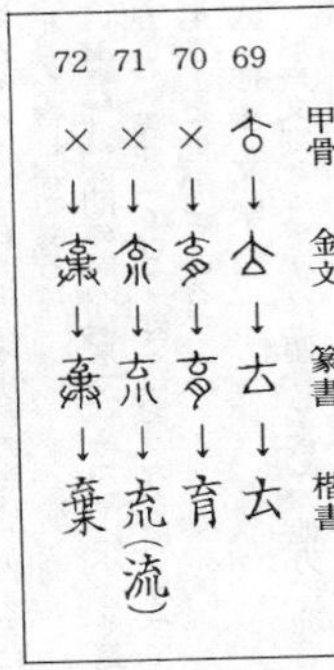

69は童子の子という字をさかさにした象形文字である。赤ちゃんはこのように頭から出産するのが正常分娩であって、足から出て来ると「さか子」といって難産となる。70育は、「さかさの赤子＋肉」の会意文字で、幼児が正常に生まれ出て肉づきよく肥えてくることを表す。発育の育とはその意味である。

71流の原字は、「さかさの赤子＋巛（ながれる印）」の会意文字で、赤ちゃんの出産にさいして胎内の液が流れ出ることを表している。のち「三水」をつけて、流と書くようになった。72棄は、いたましい生活のひとこまを表している。これは「さかさの赤子＋ちり取りの形＋左右の両手」を組み合わせた会意文字である。冷害や飢饉の年には、「口べらし」といって、生まれたばかりの幼児を、ちり取りやスコップにのせて、両手でそれを運び、どこかへ捨てたものである。そのみじめな生活を棄という字が表している。

㈦　おもな偏旁

ここで、会意文字や形声文字に使われるおもな偏や旁について、その表す意味を解説しておく。

まず、手へんや又印が、手の動作を表し、ひいては動詞であることを示す記号であることはすでに述べた。持・擬・掘・折などは前者の例であり、収・取・叔などは後者の例である。

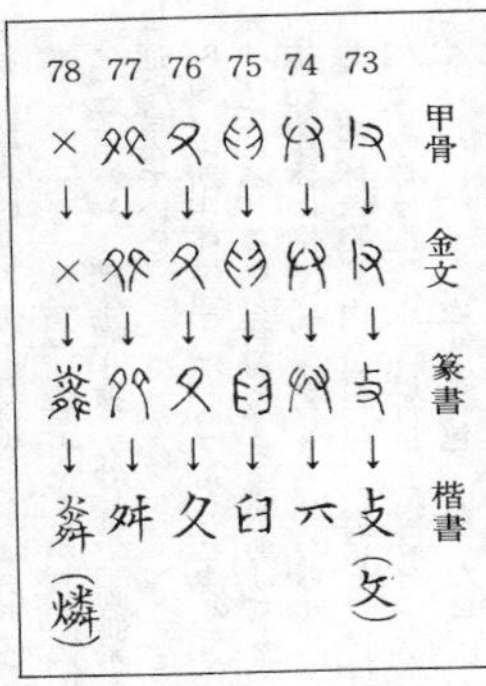

ところで73攴印（攵印）もまた同様である。この字は、棒を手に持って叩いたり突いたりして仕事をするさまを表す。古代には一本の棒がたいへん有益な工具であった。そこでこの記号は、ある人為的な工作を意味するために用いられる。政（正しい状態にする）・改（倒れたものを起こし立つようにする↓あらたに始める）・教（知識を交流させる）などは、攵印を用いた例である。

74は、左右の両手を表し、両手でささげるようにする動作を示すが、楷書ではたいてい八印のように変形する。たとえば共（両手でいっしょに持つ）・與と擧（両手でともに持ち上げる）などの下の部分がそれである。

75も両手をそろえて物を取ろうとするさまを表している。學（両手をそろえて授けてもらう）・擧（両手をそろえて持ち上げる）などの上部に含まれている。74 75ともに、動詞の記号と考えてよい。

76は、人間の足の裏を描いたものだが、とくにその足を後ろに引きずったさまである。憂（なやましくて足を引きずる）・愛（切なくて足が進まない）などの字には、この足型が含まれている。

77舛は、左右の足をヨロヨロと開いた千鳥足の姿である。たとえば舞（足を開いて千鳥足でまう）・78燐（右に左によろける鬼火）のような字の下部には、この形が含まれている。

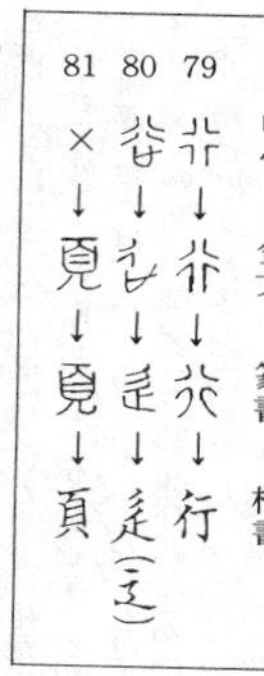

甲骨　金文　篆書　楷書
79
80
81 ×
行
辵（辶）
頁

79行は十字路の形を示す象形文字で、これは道路や歩く動作を示す記号として用いられる。衛（まわりを歩き回ってまもる）・衍（延と同系で、長くのび広がること）などは、この行印を含んでいる。また「彳」は十字路の片側だけを切り取った省略形で、これも道路や歩行に関係することを表す記号である。征（まっすぐ行く）・往（勢いこんで進む）・待（足をとめてまつ）などには彳印が含まれている。80のしんにょう（しんにゅう）は、十字路の下にさらに止印（あしの形）をそえたもので、これも道路や歩行の意味を表すのに用いる。道・遠・進などは、この記号を含む字である。

81頁は人間の頭の象形で、その下に小さく足がそえてある。頭・顔・額（ひたい）・頸（くび）・頰（ほお）などは、すべてこの頁印でもってアタマに関係のあることを示している。

(八) 形声文字

形声文字とは、片方に偏を含み、他方に発音を表す音符を含む字である。

たとえば82青とは、「生＋丼」を合わせて、草の芽や井戸の水のように、すがすがしく澄みきった色を表す字である。これを音符とした形声文字には、次のものがある。

淸（新字体は清）　水＋音符青（澄みきった水）
晴（新字体は晴）　日＋音符青（澄みきった空や太陽）
精（新字体は精）　米＋音符青（澄みきった米）
睛　目＋音符青（澄みきったひとみ）
請（新字体は請）　言＋音符青（澄んだ目でものを言う）

精とは精米のことで、ウスでついて汚れを去ったきれいな米である。請は睛と縁が深い。「白眼視する」といえば、まともに相手を見ず、横眼を使ってバカにすることであるが、その反対に「青眼（くろめ）で見る」とは、相手にまともにひとみを向けて、誠意をもって応対することである。請願したり申請したりするには、睛（くろめ）をまともに向けてものを言うので、それを請という。要するに、青―清―晴―精―睛―請…などは、「澄みきっている」という共通の意味を含んでいる。

83夾は、大の字型に立った人間が、両わきに小さな子分をはさんだ姿を示す会意文字である。これを音符とする形声文字には、次のものがある。

挾（新字体は挟）　手＋音符夾（わきにはさむ）
俠（新字体は侠）　人＋音符夾（子分をかかえた親分）
峽（新字体は峡）　山＋音符夾（山にはさまれた谷）
陜（新字体は陝）　阜＋音符夾（はさまれた谷）
狹（新字体は狭）　犬＋音符夾（はさまれてせまい）
頰　頁＋音符夾（かおを両側からはさむほお）

ここでも、挾―俠―峽―狹…などは、「両側からはさむ」という基本的な意味を共通に含んでいる。

84包（新字体は包）は、巳（やっと体のできかけた胎児）を外から包んだ姿を示す字である。これを音符とする字をあげてみよう。

抱（新字体は抱）　手＋音符包（外から丸くつつむ）
胞（新字体は胞）　肉＋音符包（胎児をつつむ子宮膜）
泡（新字体は泡）　水＋音符包（空気をつつんだ水あわ）
袍　衣＋音符包（からだをつつむ外衣）
砲（新字体は砲）　石＋音符包（硝石をつつんだビックリ玉）

ここでは、これらすべてのコトバには、「外からスッポリとつつみこむ」という基本的な意味が、明白に共通している。

85同は、四角い板H印と、アナを示す口印を組み合わせた会意文字で、板にアナをあけてつき通す意を含んでいる。この同を音符とする形声文字は、次のとおりである。

胴　肉＋音符同（つつぬけの胴体）
筒　竹＋音符同（つつぬけの竹づつ）
洞　水＋音符同（つつぬけたほら穴）
桐　木＋音符同（つつ型の木）

これらの形声文字には、すべて中空で円筒型をなしている意味を含んでいる。

(九) 単語家族—音と義

漢字は、形—音—義の三つの要素を含むといわれている。その字形については、すでにあまたの例について解説してきたが、前項で形声文字に触れるとともに、漢字の表すコトバ音が、いかにその意味と密接な関係をもっているかが、しだいに明らかとなってきた。ところで、字音の問題に立ち入るにつれて、視野はたんに形声文字の系列の範囲内にはとどまらず、もっと広い範囲に及んでくる。つぎにその点にふれてみよう。

(1) 青—清—晴…という形声文字の仲間において、セイ（呉音ならシャウ→ショウ）というコトバ音が、すべて「澄みきった」という意味を含むことを説明した。してみるといま、形声文字の枠外に出て、水晶の晶（呉音シャウ→ショウ・漢音セイ）はどうであろうか。これもまた澄みきったという意味である。この字は日印三つで、清らかな天体の光を表したものだが、その基本的な意味は清と同じである。さらにまた、清らかな光を出すホシを星(せい)というのも、それが澄みきって輝くからである。

(2) 夾—挟—俠…の形声文字の仲間では、両側からはさむという基本義が根底に流れていた。俠とは子分にはさまれた親分であるが、AがBCに挟まれておれば、ABCの三つの力が合わさって三位一体となる。俠客の親分が子分の力をまとめて集団の圧力を及ぼすのもそのためである。それでは協力の協はどうであろうか。これは力印三つを合わせることを示し、それに十印（まとめる意）をそえた会意文字である。協もまたケフ→キョウと発音し、挟や俠と全く同音である。してみると、キョウというコトバはBACという形にはさみあう—という基本義を含んでおり、それがいろいろな字体で表現されているにすぎないことがわかろう。

(3) 包—抱—胞…の形声文字の仲間は、すべて外がわからすっぽりとつつむという基本義を持っていることは、すでに解説したとおりである。ところが、保護の保（呉音ホ・漢音ホウ）はどうであろうか。呆という字は、もと「子＋凵(むつ)印」の会意文字で、幼児のからだをオムツで包んださまである。小さいこどもを外から包むように守ってくれる人を保護者といい、人べんをつけた保の字で表したのである。こどもを包むオムツを褓(ほう)というがこれは袍（外から包む衣）ときわめて近いコトバである。してみると、大切に包んで保存するタカラを宝(ほう)というのも、またこれと同系であり、さらに進んでは、外面をすっぽり包む面を表（ヘウ→ヒョウ）というのさえも、包—保と同系のコトバだと考えてよいことがわかってくる。

この例から明らかなように、漢字の字体はさまざまであっても、その語音が同じか近似していれば、意味もまた共通であることが明らかである。これを「音義の相関」という。また、青—清—晴…晶—星などのグループを「セイの単語家族」といい、包—抱—胞…保—宝などのグループを「ホウの単語家族」という。何千、何万という漢字は、このようにして、音と義（意味）の上から、何百かの単語家族の枠にくくることができ、それによって今まで気づかれなかった、最も基本的なコトバの意味を、正確につかむことが可能となる。漢語には本来、セイ・ケフ（キョウ）・ホウのような語根があり、その語根からいろいろな単語が派生した。そのいちいちの派生語に対して、それぞれの漢字が作られて当てはめられたのであるから、一見すると連絡のない多数の漢字が乱立しているように見えても、じつは単語家族の研究によって、それらを明確に位置づけて分類することは難事ではない。

漢語の熟語の大きな部分は、このような単語家族のメンバーを、水・山・人・衣などの所属に分類することによって成立したものである。たとえば、

清—水に属する→清水という。
晴—そらに属する→晴天・晴日という。
精—米に属する→精米という。
峡—谷に属する→峡谷という。
俠—人に属する→俠人という。
袍—衣に属する→袍衣という。
泡—水に属する→水泡という。

などは、漢字の偏(へん)で示された所属関係を、それぞれ水・日・米・谷・人・衣などの語で代表させることによって成立した熟語なのであった。辞典に含まれる各字の解説には、このような最も基本的な意味を反映させることが望ましいが、スペースのつごうでそれはじゅうぶん果たされていない。辞典を利用する人は、このようなことを念頭において、たんなる字解より一歩深めた理解をすることを心がけねばならない。

漢語の基本的な組み立て

「漢語」には、①漢民族の用いる言語、②国語の単語のうち、「漢字音」で発音されるもの、という二つの意味があるが、ここでは②の場合について述べる。

「漢字音」で発音されるということは、「漢字」で書き表すことができるということを意味するが、国語で用いられる漢語には、漢字一字で表されるものと、数個の漢字を用いるものとの二種類がある。たとえば、「一・二・三・甲・乙・丙・愛・駅・菊・客・金・銀・銅・鉄・脈……」などは前者に属し、「個人・家庭・学校・運動・研究・将来・平和・偉大・自動車・冷蔵庫……」などは後者に属する。前者つまり漢字一字で一つの単語となっているものは、何も問題はないが、後者つまり数個の漢字が組み合わさって一つの単語を形成する場合は、その結合のしかたに一定の「型」がある。そのおもなものは、次のとおりである。

㈠ 二個の漢字を組み合わせて、一つの単純な意義を表すもの

(1)特殊な事物の名称を表すもの
例 木槿（むくげ）・蟋蟀（こおろぎ）・蜘蛛（くも）・駱駝

(2)外国語を音訳したもの
例 鴉片・伽藍（お寺）・獅子・刹那（短い時間）・玻璃（ガラス）・葡萄

(3)同じ漢字を二つかさねて、ある状態を強調するもの
例 区々（小さなさま）・皎々（白く光るさま）・懇々（ねんごろなさま）・徐々（ゆるやかなさま）・悠々（ゆったりしたさま）・恋々（みれんのあるさま）

(4)同じ韻の漢字を組み合わせて、ある状態を形容するもの（これを「畳韻」という）
例 齷齪（こせこせするさま）・混沌（いりまじったさま）・散漫（しまりのないさま）・蕭条（ものさびしいさま）・従容（ゆったりしたさま）・彷徨（さまようさま）・朦朧（ぼんやりしたさま）・絡繹（続くさま）

(5)語頭に同じ子音を用いる漢字を組み合わせて、ある状態を形容するもの（これを「双声」という）
例 恍惚（ぼんやりしたさま）・憔悴（やつれたさま）・参差（ふぞろいなさま）・髣髴（似ているさま）・陸離（光り輝くさま）・伶俐（かしこいさま）・玲瓏（あざやかで美しいさま）

(6)音声を表すもの
例 隠々（かみなりや車のひびき）・嗚々（低くてふとい音声）・嗚呼（ああ）・鏗鏘（金石のふれあう音）・呱々（赤子の泣き声）・淅瀝（雨や風の音）

㈡ 二個の漢字を組み合わせて、一つの複雑な意義を表すもの

(1)類似した意義・機能を持つ漢字を組み合わせて、総合的な意味を表すもの
例 意志・衣装・咽喉（のど）・宇宙・音楽・絵画・家屋・河川・価値・機械・光沢・骨肉・根幹・児童・邸宅・法律
委任・飲食・運搬・援助・帰還・希望・禁止・計算・見聞・使用・戦争・存在・超越・停止・比較・閉鎖（とじる）・訪問・保護
暗黒・安静・安全・永遠・永久・完全・乾燥（かわく）・危険・強硬・巨大・苦痛・軽快・激烈・健康・詳細・尖鋭（するどい）・軟弱・濃厚・貧乏・平易（やさしい）・豊富・明朗・優秀・冷静

(2)機能は同じだが、相反した意義を持つ漢字を組み合わせて、総合的、抽象的な意味を表すもの
例 陰陽・功罪・公私・雌雄（めすと、おす）・上下・前後・男女・東西・日夜・本末・利害
愛憎（愛とにくしみ）・有無・往復・起伏・屈伸（ちぢめることと、のばすこと）・好悪（すききらい）・攻守・向背（みかたすることと、手むかうこと）・呼吸・始終・集散・出入・出没・勝敗・勝負・出納（出し入れ）・生死・送迎・増減・損得・得失・売買・問答
異同・遠近・緩急・寒暑・強弱・曲直・苦楽・軽重・巧拙（たくみなことと、へたなこと）・高低・硬軟・黒白・真偽（ほんものと、にせもの）・深浅・清濁・早晩（早かれおそかれ）・大小・多少・長短・動静・是非・明暗・優劣

(3)二個の漢字を修飾関係によって組み合わせたもの
例 愛情・悪意・圧力・引力・温泉・急流・金貨・銀貨・金髪・銀髪・空席・軍艦・軍人・血圧・賢人・親友・大地・大木・難問・日光・女王・美人・病院・平野・名作・勇士・洋服・腕力
永住・外泊・皆無（全然ない）・仮設・仮定・虐待・逆流・強行・軽視・激賞・現在・公開・後悔・固辞（かたくことわる）・固有・最愛・再開・最近・再現・最後・最高・最小・最上・最善・最大・最低・再発・実行・早熟・中断・

直接・痛感・必死・復活・復興・傍聴・満開・明記・夜行

(4) 二個の漢字を、主語・述語の関係によって組み合わせたもの

例 夏至・月食・地震・人生・人造・冬至・日没・日食・年長・雷鳴

(5) 二個の漢字を、述語・客語（または補語）の関係によって組み合わせたもの

例 愛国・握手・安心・育児・飲酒・営業・閲兵・演技・開会・開業・開店・加工・合掌・加味・換気・乾杯・起案・喫煙・休学・休刊・休業・休講・休職・給食・給水・休戦・競技・去勢・苦心・屈指（ゆびおりの）・傾城（美人をいう）・競馬・結婚・決勝・決心・減刑・建国・懸賞・減食・減税・減俸（俸給をへらす）・減量・好色・採光・採点・作詞・作文・鎖国・作曲・殺人・司会・辞職・謝罪・集金・収賄（わいろをとる）・受信・出版・唱歌・将軍・譲歩・除籍・絶交・絶食・切腹・送金・送電・挿頭（かざし）・卒業・擡頭（頭をもたげる）・断食・知己・着服・注意・注目・聴講・提案・停学・伝道・動員・得意・読書・匿名（名をかくす）・捺印（はんをおす）・念仏・納税・売薬・犯則・服毒・閉店・返盃（さかずきをかえす）・放火・冒険・没書・用意・用心・留意

鬱血（充血する）・降雨・降雪・散会・失意・失火・失脚・失業・失敬・失言・失神・失明・失礼・失恋・充血・出血・絶命・断線・通信・破産・発火・発狂・発電・発熱・発病・貧血・噴火・変形・変心・立夏・立秋・立春・立冬・漏電

応戦・加盟・感心・感電・帰郷・帰国・帰宅・及第・合格・向上・合法・克己（自分にかつ）・在学・在職・在宅・就寝・就職・就任・出獄・昇天・潜水・即位・即時・退場・脱獄・中毒・登校・登場・入学・入国・入隊・入幕・入門・赴任（任地に行く）・落馬

延長・改善・革新・拡大・縮小・説明・訂正

(6) 上記以外の特殊な関係によって、二個の漢字を組み合わせたもの

(イ)「子・頭・然・如・爾・乎・焉」などの接尾辞を含むもの

例 椅子・碍子（電線をささえる陶器製の部品）・菓子・格子・冊子（薄い本）・障子・厨子（仏像を安置する箱）・調子・緞子・拍子・帽子・様子」街頭・口頭・枕頭・店頭・念頭・路頭

唖然・依然・俄然・毅然・公然・渾然・雑然・燦然・釈然・純然・整然・全然・騒然・泰然・断然・超然・陶然・突然・漠然・判然・飄然・憤然・平然・茫然・翻然・漫然・猛然・黙然・悠然・凜然（きりっとしたさま）・冷然・歴然（ありありと見えるさま）」欠如（たりないさま）・突如・躍如（いきいきしたさま）」忽焉（ふいに）」莞爾（にっこり笑うさま）・率爾（あわただしいさま）

(ロ)「所・者・化・的」などの付属語を含むもの

例 所感・所期・所在・所持・所信・所属・所得・所有

医者・易者・学者・患者・記者・馭者・芸者・後者・作者・死者・使者・信者・前者・著者・読者・筆者・役者」悪化・液化・欧化（ヨーロッパふうになる）・気化・硬化・浄化・俗化・電化・軟化・美化・緑化」外的・劇的・質的・性的・内的・美的・病的・物的・量的

(ハ)「来・去・上・下・出・入・回・了・着・得・却・殺」などの、動作の状態を表す成分を含むもの

例 伝来・渡来・舶来」消去・除去・撤去（とりはらう）」逆上・計上」嚥下（飲みくだす）・却下」演出・検出・産出・支出・進出・選出・脱出・提出・転出・剔出（ほじくりだす）・搬出（はこびだす）・噴出」加入・記入・購入（買い入れる）・混入・納入・搬入・編入」旋回・撤回・挽回」完了・校了・修了・終了・魅了（心をうばう）」帰着・定着・到着・付着・落着」会得・習得・説得・納得」困却（こまりきる）・消却・焼却・売却・忘却・冷却」笑殺（笑いとばす）・悩殺（なやます）・黙殺（とりあわない）

(ニ)「無・不・未・非・否」などの否定詞を含むもの

例 無限・無言・無情・無心・無数・無断・無恥・無敵・無電・無念・無能・無比・無法・無名・無用・無理」不安・不意・不潔・不幸・不順・不正・不足・不調・不通・不当・不動・不能・不備・不平・不便・不用・不良」未開・未婚・未熟・未知・未定」非運・非常・非道・非凡

安否・可否・賛否・諾否・適否

(ホ)「物語」あるいは「詩文」中の漢字を二個組み合わせて、特別な意味を表したもの

例 杞憂（とりこし苦労）・古稀（七十歳）・蛇足（よけいなもの）・矛盾（つじつまの合わないこと）・友于（兄弟の仲がよいこと）

(ヘ)「三個以上」の漢字から成る語句を二字に省略したもの

例 中学（＝中学校）・高校（＝高等学校）・日展（＝日本美術展覧会）

〔備考〕　三個またはそれ以上の漢字を組み合わせて、一つの複雑な意義を表すものは、二個の場合に準ずるため、省略する。

漢文の基本的な組み立て

はしがき

「漢文」という語には、⑴漢代の文章、⑵漢の文帝、などという意味もあるが、わが国ではふつう「漢民族が漢字で書き表した文語文、あるいは、この文語文に似せて日本人その他が書きつづった文章」という意味に用いる。したがって、わが国で「漢文を読む」とか「漢文を学ぶ」などというと、この「漢文」には、二千数百年前に書かれた「論語」や、千百年前に書かれた韓退之(かんたいし)の文章もはいれば、百五十年前に日本で書かれた頼山陽の「日本外史」もはいることになる。こういう広い範囲の文章を総括する「漢文」に、はたして一貫した「組み立て」の法則があるのだろうか。

ひと口に「文語文」とか「文章」とかいっても、それらが作られるのは、ある具体的な人間の行為による。この場合の「行為」の最も根本になるものは、「ことば」で、これは、その人間の生活する「生きた社会」の「生きている道具」である。時代が移れば、社会も変わり、社会が変われば、「ことば」も変化する。異なる時代の、異なる社会に住む人の、その「ことば」を基にして作られた「文章」が、まったく同一の「組み立て」の法則によることがありうるだろうか。

もちろん、外見上の「形」はある程度似せることができるかも知れない。しかし、「形」はあくまで「形」であって、「いき」や「血」までかよわせることはできない。かよっていると思うのは、「漢字」という「影」を見て、おおよその意味がわかると思うことから起こる錯覚にすぎない。

以上のような理由から、ここでいう「漢文」の「組み立て」は、いろいろな時代の、いろいろな社会に生きた、いろいろな人の作った「文章」を基にしたものではなく、中国のある時代の、あるひとりの人の作った「文章」を基にして、その「組み立て」の骨格を見ようとするものである。

この一つの「組み立て」を知れば、他の人の「漢文」の「組み立て」と一致する点、相違する点も自然とわかりやすくなり、ひいては、広い範囲の「漢文」全体をつらぬく、大きな「骨組み」もはっきりさせやすくなるはずである。

以下、引用例はすべて、漢の司馬遷の著した「史記」による。

一　「文」の構造

漢文の「組み立て」を考える場合、最も基礎になるのは、「文」であるが、「文」の最も基本的な構造は、次の三種類に分けられる。

(一)「述語」だけで成り立つもの

例「去！」（去れ！）
「有。」（有り。）

⑴「述語」の前に否定を表す語をつけ加えたり、あるいは、「述語」のあとに語気を表す語をつけ加えたり、さらには、その両方をつけ加えたりすることもある。

例「無驚！」（驚くことなかれ！）
「不知。」（知らず。）
「行矣！」（行け！）
「可也。」（可なり。）〔よろしい。〕
「不知也。」（知らざるなり。）

⑵「述語」の前に、その内容の範囲や程度を限定する語をつけ加えることもある。

例「甚急。」（甚(はなは)だ急なり。）
「趣行！」（趣(すみや)かに行け！）

⑶「述語」のあとに「客語」をつけ加えることもある。

例「待我！」（我を待て！）〔待っていてくれ！〕
「愛人。」（人を愛す。）
「為孫。」（孫たり。）〔孫です。〕
「有是。」（是(こ)れ有り。）〔そういうことがあります。〕

⑷「述語」のあとに「補語」をつけ加えることもある。

例「在籠中。」（籠(かご)の中に在(あ)り。）
「帰秦。」（秦に帰せん。）〔秦の国につくでしょう。〕

⑸「述語」のあとに、「客語」と「補語」の両方をつけ加えることもある。この場合は、「補語」は必ず「客語」のあとになる。

例「受此書申公。」（此(こ)の書を申(しん)公より受けたり。）〔申公―人名―からこの本を受けつぎました。〕

(二)「主語」と「述語」とから成り立つもの

例「夫人、天下貴人。」（夫人は、天下の貴人なり。）

「我老。」（我 老いたり。）
「地動。」（地 動けり。）〔大地がゆれた。〕

(1)この場合、「述語」の前やあとに、上記(一)の(1)～(5)の各種の成分がつけ加えられることもある。

例「此、項王也。」（此《こ》れ、項王なり。）
「此非人情。」（此《こ》れ、人情に非《あら》ず。）
「周亡矣！」（周亡《ほろ》びん！）〔周の国は滅びるにちがいない！〕
「子不知也。」（子《し》知らざるなり。）〔あなたはご存じないのだ。〕
「吾甚武。」（吾《われ》甚《はなは》だ武なり。）
「周将亡矣！」（周将《まさ》に亡《ほろ》びんとす！）
「項梁殺人。」（項梁《こうりょう》人を殺せり。）
「吾知之矣！」（吾《われ》之《これ》を知れり！）〔よし、わかった！〕
「寡人有子。」（寡人《かじん》子《こ》有り。）〔わたしにはこどもがある。〕
「月氏在吾北。」（月氏《げっし》―国名―は吾《わ》が北に在《あ》り。）
「酈商破秦軍洛陽東。」（酈商《れきしょう》―人名―秦《しん》の軍を洛陽《らくよう》―地名―の東に破れり。）

(2)「述語」のあとに、「客語」を二個連用することもある。この場合は、「人」を表す「客語」が先になり、「事物」を表す「客語」があとになる。

例「斉遺魯書。」（斉《せい》魯《ろ》に書を遺《おく》れり。）〔斉の国が魯の国に手紙を送った。〕
「漢王示魯父老項王頭。」（漢王《かんのう》魯《ろ》の父老に項王の頭《こうべ》を示せり。）

(3)「述語」に「多・雨」などの特殊な語を用い、「客語」をつけ加えることもある。

例「衛多君子。」（衛に君子多し。）〔衛の国には、りっぱな人物が多い。〕
「衡山雨雹。」（衡《こう》山―地名―に雹《ひょう》雨《ふ》れり。）

(4)「述語」のあとに、「補語」を二個連用することもある。

例「朕在位四十載。」（朕《ちん》位に在《あ》ること四十載なり。）〔私は天子の位に四十年もついている。〕

(三)上記の(二)の「文」の前に、「規定語」がつけ加えられるもの
「規定語」は、「文全体の時間的位置」を示すもので、「昔・初・右・今……」などの語が用いられる。

例「昔、天下之網嘗密矣！」（昔、天下の網嘗《かつ》て密なりき！）〔昔、天下を治めるための法律の網が、非常にこまかくはりめぐらされていたことがあった！〕
「時、趙奢已死。」（時に、趙奢《ちょうしゃ》―人名―已《すで》に死せり。）

二　品詞

「文」を構成する単語は、その機能と意義によって、次の三種、十類に分けられる。

(一)自立詞
これは、単独で「文」の「主語・述語・客語・補語」などに用いられるもので、次の五類に分かれる。

(1)名詞
ある個体の名称を表す語を「名詞」といい、次のものを含む。

(イ)普通名詞
例人・国・家・山・河・天下……

(ロ)固有名詞
例周・秦《しん》・楚《そ》・項羽・会稽《かいけい》……

(ハ)特別名詞
例昔・初・古・今・初・春・夏……〔規定詞〕。上・下・前・後・左・右・東・南……〔方位詞〕。尺・里・升・斤・枚・匹……〔量詞〕。

(2)形容詞
ある個体の性状を表す語を「形容詞」といい、次のものを含む。

(イ)普通形容詞
例好・高・安・久・老・遠……

(ロ)特別形容詞
例然（然《しか》り―そのとおり）・是（是《ぜ》なり―ただしい）……〔肯定詞〕。
不・非・未……〔否定詞〕。可（可《べ》し）・難（難《かた》し）・易（易《やす》し）・足（足《た》る）・当（当《まさ》に～べし）・宜（宜《よろ》しく～べし）……〔判断詞〕。

(3)動詞
ある個体の作用・変化を表す語を「動詞」といい、次のものを含む。

(イ)普通動詞
例有・無・莫（莫《な》し）……〔状態詞〕。来・死・在・居……〔自動詞〕。知・用・愛・殺……〔他動詞〕。

(ロ)特別動詞

例往（往《ゆ》く）・去・出・入……〔趣向《すうこう》動詞〕。得・能（能《よ》く。能《あた》う）・敢（敢《あ》えて）・肯（肯《あ》えて）・欲（欲《ほっ》す）・願（願う）・請（請《こ》う）……〔能願動詞〕。

(4)数詞

個体を計数的に表す語を「数詞」という。

例一・二・三……十・百・千・万……〔基数〕。二、三・四、五・十二、三・十余・千余・数十・数百万……〔概数〕。什一（什一《じゅういつ》―十分の一）・什二（十分の二）・百二（百に二―百分の二）・三分之一……〔分数〕。二倍・十倍・万倍……〔倍数〕。第一・第二……〔序数〕。幾・幾何（幾何《いくばく》―どれほど）……〔不定数〕。

(5)代詞

ある個体をさし示すために用いられる語を「代詞」といい、次のものを含む。

(イ)人称代詞

例予・余・朕・吾・我……〔一人称〕。汝・女・爾・若・而・乃（以上、すべて、なんじ―きさま）……〔二人称〕。彼（彼《かれ》―あれ、あいつ）……〔三人称〕。誰（誰《たれ》）……〔不定称〕。

(ロ)指示代詞

例此（此《こ》れ）・是（是《こ》れ）・彼（彼《かれ》―あれ）……〔直接指示〕。其（其《そ》の）・之（之《これ》）……〔間接指示〕。何（何《なに》、何《いず》れ、何《いず》く）・孰（孰《いず》れ―どれ）……〔不定指示〕。

(二)補助詞

これは、単独では「文」の成分になることができず、常に「述語」の補助に用いられるもので、次の二類に分かれる。

(1)副詞

「述語」の前につけ加えられて、叙述の内容を限定する語を「副詞」といい、次のものを含む。

(イ)接続副詞

例即（即《すなわ》ち）・則（則《すなわ》ち）・乃（乃《すなわ》ち）・輒（輒《すなわ》ち）・故（故《ゆえ》に）・遂（遂《つい》に）・因（因《よ》りて）……

(ロ)指示副詞

例其（其《そ》れ）・厥（厥《そ》れ）

(ハ)判断副詞

例信（信《まこと》に）・誠（誠に）・固（固《もと》より）・必（必ず）・果（果《はた》して）・反（反《かえ》って）・寧（寧《むし》ろ）……

(ニ)表象副詞

例亦（亦《また》）・尚（尚《なお》）・全（全く）・特（特《ひと》り、特《ただ》だ）・親（親《みずか》ら）・各（各《おのおの》）……〔範囲〕。甚（甚《はなは》だ）・太（太《はなは》だ）・最（最も）・殊（殊《こと》に）……〔程度〕。

(ホ)様態副詞

例自（自《みずか》ら）・相（相《あい》）・見（る、らる）・被（る、らる）・又（又《また》）・復（復《ま》た、復《ふたた》び）・再（再《ふたた》び）……〔動態〕。既（既《すで》に）・已（已《すで》に）・嘗（嘗《かつ》て）・方（方《まさ》に）・将（将《まさ》に…す）……〔時態〕。

(ヘ)疑問副詞

例何（何《なん》ぞ）・安（安《いず》くんぞ）・豈（豈《あ》に）・寧（寧《いず》くんぞ）……

(2)語気詞

「述語」のあとにつけ加えられて、話し手の語気を表す語を「語気詞」といい、次のものを含む。

例也・焉・耳・爾……〔認定〕。矣・已……〔断定〕。哉・夫……〔詠嘆《えいたん》〕。乎・兮……〔呼びかけ〕。邪・耶・与・歟……〔疑惑〕。

(三)付属詞

これは、単独では「文」の成分になることができず、常に他の自立詞と併用されて「文」の成分となるもので、次の三類に分かれる。

(1)添詞

主として、動詞・形容詞・数詞などの、前あるいはあとに添えられて、名詞と同じ機能を持つ句を作る語を「添詞」といい、次のものを含む。

(イ)前置添詞…「所」

例所在（在《あ》る所）・所為（為《な》す所）・所有（有《ゆう》する所）・所以（所以《ゆえん》）・所謂（所謂《いわゆる》）……

(ロ)後置添詞…「者」

例学者（学ぶ者）・使者・死者・侍者・長者・壮者・老者・二者……

(2)連詞

二個以上の自立詞を連接して「文」の成分を作る語を「連詞」といい、次のものを含む。

(イ)構成連詞

例 天子之位（天子の位）・己之左（己の左）……〔修飾〕。父与夫（父と夫と）・地与民（地と民と）……〔並列〕。呉王若将軍（呉王若しくは将軍）……〔選択〕。

(ロ)関係連詞

例 貧且賤（貧しく且つ賤し）・仁而威（仁にして威あり）……

(3)介詞

名詞・数詞・代詞などの前につけ加えられて、「文」の成分に用いられる句を作る語を「介詞」という。

例 為大王（大王の為に）・与父（父と）・於湖（湖に於いて）・于是（是に于いて）・自東（東より）・従西（西より）・以酒（酒を以て）・以十（十を以て）……

以上のほかに、話し手の「感動の声」そのものを表す特別な語がある。これを「擬声詞」という。

例 於・於乎・於戯・嗚呼・吁・吁嗟・嘻・唉・嗟乎・噫乎（以上、すべて「ああ」）・咄（咄—チェッ）……

三 「文」の種類

「文」は、その表す意味によって、次の三種類に分けられる。

㈠平叙文　㈡疑問文　㈢命令文

㈠平叙文

話し手が、自分の判断を肯定的、または否定的に表すものを「平叙文」といい、次の三類に分かれる。

(1)一般的な陳述

(イ)**主語＋述語**　〔単一判断〕

例「申功、斉人也。」（申功—人名—は、斉人なり。）

「此非人情。」（此れ人情に非ず。）

「王至。」（王至る。）

(ロ)**主語＋述語＋述語**　〔連合判断〕

例「吾三戦而三勝。」（吾三たび戦いて三たび勝てり。）

「公知其一、未知其二。」（公其の一を知りて、未だ其の二を知らず。）〔あなたは基本的なことは知っているが、だいじなことがまだわかっていない。〕

(ハ)**主語＋複雑な述語**　〔複合判断〕

例「高祖心喜。」（高祖心喜ぶ。）〔高祖は心の中で喜んだ。〕

「鳥、吾知其能飛。」（鳥、吾其の能く飛ぶを知る。）〔鳥については、わたしは、それが飛ぶことができるものだと知っている。〕

「献公有意廃太子。」（献公太子を廃する意有り。）〔献公は太子をやめさせようという気持ちを持っていた。〕

「秦王無意償趙城。」（秦王趙に城を償う意無し。）〔秦王には、趙に（宝玉の代償として）城を渡す気持ちがなかった。〕

(2)特殊な陳述

(イ)**類縁関係**

例「是**為**黄帝。」（是れを黄帝と為す。）〔これが黄帝である。〕

「我**以**公**為**上将軍。」（我公を以て上将軍と為さん。）〔わたしはあなたを上将軍にしようと思う。〕

「其一**曰**玄囂。」（其の一を玄囂—人名—と曰う。）

「淮南王常**謂**上大兄。」（淮南王常に上を大兄と謂えり。）〔淮南王はいつも高祖のことを大兄と呼んでいた。〕

「其仁**如**天。」（其の仁天の如し。）

「君之危、**若**朝露。」（君の危きこと、朝露の若し。）

「徳厚、**侔**天地。」（徳厚きこと、天地に侔し。）

「名与功**偕**。」（名功と偕し。）〔名声が実績とつりあっている。〕

「珠玉宝器、**多於**京師。」（珠玉宝器、京師より多し。）〔京師は、みやこ。〕

「臣**不如**君。」（臣君に如かず。）〔わたしはあなたにかなわない。〕

「**与**人刃我、**寧**自刃。」（人の我を刃せんよりは、寧ろ自ら刃せん。）〔人に斬り殺されるぐらいなら、いっそのこと自殺したほうがいい。〕

「天下**莫**彊**於**秦楚。」（天下秦楚より彊きは莫し。）〔この世の中で、秦国・楚国ほど強大なものはない。〕

「怨**莫**大**焉**。」（怨み焉より大なるは莫し。）〔怨みの中で、これ以上大きなものはない。〕

(ロ)**相関関係**

例「太子丹**使**荊軻刺秦王。」（太子丹、荊軻をして秦王を刺さしむ。）〔太子丹—人名—は、荊軻—人名—に秦王を暗殺させようとした。〕

「世父**為**戎人**所**虜。」（世父戎人の虜する所と為れり。）〔世父—人

名―は野蛮人たちの捕虜になった。〕

「晋楚**為**制**於**秦。」（晋楚秦に制せらる。）〔晋国と楚国とが、秦国におさえられる。〕

(3)強調的な陳述

(イ)**確定**

例「桓叔**是**時年五十八**矣**！」（桓叔―人名―是の時年五十八なりき！）

「此必**是**予譲**也**！」（此れ必ず是れ予譲ならん！）〔これはきっと予譲―人名―にちがいない！〕

(ロ)**感嘆**

例「惜**哉**！」（惜しいかな！）

「悲**夫**！」（悲しいかな！）

「**甚矣哉**！」（甚だしいかな！）

「大**哉**、孔子！」（大なるかな、孔子！）〔すばらしいなあ、孔子は！〕

「誠**哉**、是言**也**！」（誠なるかな、是の言や！）〔ほんとうだなあ、このことばは！〕

「**甚矣**、吾不知人**也**！」（甚だしいかな、吾が人を知らざるや！）〔ひどいものだなあ、わたしに人を見る目がないことといったら！〕

「**何**怯**也**！」（何ぞ怯なるや！）〔なんといういくじなしなんだ！〕

「公其**何**忍**乎**！」（公其れ何ぞ忍なるや！）〔あなたはなんてむごいんだろう！〕

(二)質疑文

話し手が、聞き手あるいは自分自身に問いただすものを「質疑文」といい、次の二種類に分かれる。

(1)**質問**

(イ)**語気詞**または**否定詞**を用いるもの

例「可**乎**？」（可なりや？）〔いいですか？〕

「汝非予譲**邪**？」（汝は予譲に非ずや？）〔おまえは予譲―人名―ではないか？〕

「子、孔丘之徒**与**？」（子は、孔丘の徒なりや？）〔あなたは孔子の弟子ですか？〕

「可予**不**？」（予う可きや不や？）〔与えたほうがいいのだろうか？〕

「天下愛斉**乎**、愛秦**乎**？」（天下斉を愛するや、秦を愛するや？）〔天下の人々は、斉の国をこのむだろうか、それとも秦の国をこのむだろうか？〕

(ロ)**疑問詞**を用いるもの

例「魏大将、**誰也**？」（魏の大将は、誰ぞや？）

「**何也**？」（何ぞや？）〔なぜか？〕

「**誰**可者？」（誰か可なる者ぞ？）〔だれがよいだろう？〕

「汝与回也、**孰**愈？」（汝と回と、孰れか愈れる？）〔おまえと回―人名―とでは、どちらがすぐれているか？〕

「子之子為**何**？」（子の子を何とか為す？）〔こどものこどもは、何でしょうか？〕

「諸君欲**誰**立？」（諸君誰をか立てんと欲する？）〔きみたちはだれを立てたいのだ？〕

「沛公**安**在？」（沛公安くに在りや）〔沛公―人名―はどこにいるのだ？〕

「**何**泣也？」（何ぞ泣くや？）〔なぜ泣くのだ？〕

「**何従**来？」（何れより来たれるや？）〔どこから来たのだ？〕

「申公、**何人**也？」（申公は、何人ぞや？）〔申公―人名―は、どういう人なのだ？〕

「孔子、**何如**人哉？」（孔子は、何如なる人なりや？）

「**何如**？」（いかん？）〔どうですか？〕

「公以為**何如**？」（公以て何如と為す？）〔あなたはどう思いますか？〕

「卿之功、**孰与**武安君？」（卿の功、武安君に孰与れぞ？）〔あなたのてがらは、武安君―人名―と比べてどんなものでしょうか？〕

「我**孰与**皇帝賢？」（我皇帝の賢に孰与れぞ？）〔わたしは、皇帝のかしこさと比べてどんなものだろうか？〕

「**如何**？」（如何せん？）〔どうする？〕

「王**奈何**不行？」（王奈何ぞ行かざる？）〔王さまはどうして行かないのですか？〕

(2)**疑惑**

(イ)**語気詞**または**否定詞**を用いるもの

例「吾終於此**乎**?!」（吾此に終わらんか?!）〔わたしはここで一生を終えるのかなあ?!〕

「不亦宜乎?!」〔亦宜ならずや?!〕〔あたりまえではなかろうか?!〕
「毋乃不可乎?!」〔乃ち不可なること毋(な)からんや?!〕〔よくないのではなかろうか?!〕
「可不哀哉?!」〔哀しまざる可(べ)けんや?!〕〔悲しまずにおられようか?!〕

(ロ)疑問詞を用いるもの

例「誰能至者?!」〔誰か能(よ)く至る者ぞ?!〕〔だれがとどくものか?!〕
「何可専也?!」〔何ぞ専らにす可(べ)けんや?!〕〔どうしてすきかってなことができましょう?!〕
「何以台為?!」〔何ぞ台を以てするを為(な)さん?!〕〔どうして台など作る必要があろうか?!〕
「何往為?!」〔何ぞ往(ゆ)くを為(な)さん?!〕〔どうして行く必要などあろうか?!〕
「我何面目見之?!」〔我何の面目あってか之に見えん?!〕〔わたしがどのつらさげて会えようか?!〕
「燕雀安知鴻鵠之志哉?!」〔燕雀安くんぞ鴻鵠の志を知らんや?!〕〔つばめやすずめのような小鳥に、大鳥の心意気がわかるものか?!〕
「割鶏、焉用牛刀?!」〔鶏を割(さ)くに、焉くんぞ牛刀を用いん?!〕〔鶏をさくのに、牛に使う刀を用いる必要があるものか?!〕
「王侯将相、寧有種乎?!」〔王侯将相、寧くんぞ種有らんや?!〕〔王・諸侯・将軍・大臣などになるには、きまった血統があるとでもいうのか?!〕
「居馬上得之、寧可以馬上治之乎?!」〔馬上に居(お)りて之を得(う)るも、寧くんぞ馬上を以て之を治む可(べ)けんや?!〕〔武力を用いて天下を手に入れたからといって、武力で天下を治めることができるとでもお考えですか?!〕
「百姓豈有帰心?!」〔百姓豈(あ)に帰心有らんや?!〕〔人民たちがなつき従う気持ちを持つものですか?!〕
「豈不哀哉?!」〔豈(あ)に哀しからざらんや?!〕〔悲しまずにおれますか?!〕

(三)命令文

話し手が聞き手に対して、ある行為をすることを要求するものを「命令文」といい、次の三種類に分かれる。

(1)要求

例「来!」〔来れ!〕
「往矣!」〔往(ゆ)け!〕
「子亡矣!」〔子(し)亡(に)げよ!〕〔さあ、お逃げなさい!〕
「若善守汝国!」〔若善(よ)く汝が国を守れ!〕〔きさまの国をしっかりと守りかためていろ!〕
「勿失!」〔失う勿(な)かれ!〕〔とりにがすな!〕
「子勿言也!」〔子(し)言うこと勿(な)かれ!〕〔何もおっしゃいますな!〕

(2)祈願

例「為我求食!」〔我(わ)が為に食を求めよ!〕〔食べ物を捜して来てくれ!〕
「願大王急渡!」〔願わくは大王急ぎ渡れ!〕〔どうぞ大王さま、いそいでお渡りください!〕
「願先生勿泄也!」〔願わくは先生泄(も)らすこと勿(な)かれ!〕〔どうぞ先生、人にもらさないでください!〕

(3)勧告

例「可急来!」〔急ぎ来る可(べ)し!〕〔いそいで来たほうがよい!〕
「子可還矣!」〔子(し)還る可(べ)し!〕〔おもどりになったほうがいい!〕
「胡不下!」〔胡ぞ下らざる!〕〔さっさと降(お)りないか!〕
「太子可毋行!」〔太子行くこと毋(な)かる可(べ)し!〕〔太子は行かないほうがいい!〕
「君不可言利!」〔君利を言う可(べ)からず!〕〔殿さまは損得を口にしてはいけません!〕
「君不可以不拝!」〔君以て拝さざる可(べ)からず!〕〔あなたはおじぎをしなければいけません!〕

四 「文」の組み合わせ

上に掲げた「文」はいずれも単純な形のものであるが、このような「文」を二個あるいはそれ以上組み合わせる場合、それらの間の関係は、次の二種類に分かれる。

(一)接続関係

例「禍自怨起、而福繇徳興。」〔禍は怨みより起こり、福は徳より興る。〕
「紂為象箸、而箕子唏。」〔紂象箸を為りて、箕子唏けり。〕〔紂王が象牙の箸を作ったので、家臣の箕子は(殷の王朝もやがて滅びる

にちがいないと）嘆き悲しんだ。〕

「彼衆、我寡。」（彼は衆く、我は寡し。）〔あちらは人数が多いが、こちらは少ない。〕

「授舜、則天下得其利、而丹朱病。授丹朱、則天下病、而丹朱得其利。」（舜に授くれば、則ち天下其(そ)の利を得れども、丹朱病(や)まん。丹朱に授くれば、則ち天下病みて、丹朱其の利を得(う)。）〔（尭帝が天下を）舜に渡せば、国民は助かるが、（尭のむすこの）丹朱がおさまらないであろう。さりとて、（おろかな）丹朱に渡せば、国民たちが困ることになって、丹朱だけが喜ぶことになる。〕

(二) 条件関係

例「公能出我、我必厚謝公。」（公能(よ)く我を出ださば、我必ず厚く公に謝せん。）〔もしわたしを外に出してくれたら、きっとあなたにじゅうぶんにお礼をします。〕

「薪不尽、火不滅。」（薪尽きざれば、火(ひ)滅せず。）〔まきがなくならないうちは、火は消えない。〕

「脣亡、則歯寒。」（脣亡ぶれば、則ち歯寒し。）〔くちびるがなくなれば、歯は（直接外気に触れるので）つめたくなる。〕

「若君不修徳、舟中之人、尽為敵国也。」（若(も)し君徳を修めざれば、舟中の人、尽く敵国と為(な)らん。）〔もしも殿さまが人格をりっぱにしなければ、この船の中にいる人たちも、全部敵になってしまうでしょう。〕

「栄公若用、周必敗也。」（栄公若(も)し用いらるれば、周必ず敗れん。）〔もし栄公―人名―が重要な地位につくようになったら、周の王朝はきっと滅びるにちがいありません。〕

「子苟能、請以国聴子。」（子(し)苟くも能(よ)くせば、請う国を以って子(し)に聴せん。）〔あなたがほんとうにできるなら、国の政治をいっさいあなたにおまかせしよう。〕

「縦江東父兄憐而王我、我何面目見之?! 縦彼不言、籍独不愧於心乎?!」（縦い江東の父兄憐れんで我を王とすとも、我何の面目あってか之に見えん?! 縦い彼言わずとも、籍独り心に愧(は)じざらんや?!）〔たとえ江東―地名―の人々がわたしをあわれんで王にしてくれるとしても、このわたし―籍は人名―がどのつらさげてお会いできよう?! また、たとえあの人たちが何も口に出さなくても、このわたし自身が良心にはじずにおられようか?!〕

「我雖死、公亦病矣!」（我死すと雖も、公も亦病まん!）〔わたしは死ぬにしても、あなただってわずらうにちがいない!〕

「天下昏乱、忠臣乃見。」（天下昏乱し、忠臣乃ち見わる。）〔世の中が乱れると、忠義な家来の存在がはっきりしてくる。〕

「方大臣之誅諸呂迎朕、朕狐疑、皆止朕。」（大臣の諸呂を誅して朕を迎うるに方り、朕狐疑し、皆朕を止めたり。）〔大臣たちが呂氏の一族を平らげてこのわしを天子に迎えようとしたとき、わしはためらい、家来たちもわしに行くなととめた。〕

以上のほかに、ある一つの「文」が、その前に位置する「文」の内容をうけて成立するとき、その間の意味的な関係を示すために、特定の句を冒頭につけ加えることがある。

例「……。然而、甚者為戮、薄者見疑。」（然り而うして、甚だしき者は戮せられ、薄き者は疑わる。）〔それはそうとしても、ひどい場合には死刑に処せられ、軽くても疑われる。〕

「……。雖然、妾待子。」（然りと雖も、妾子(し)を待たん。）〔たとえそうであっても、わたしはあなたをお待ちします。〕

「……。不者、若属皆且為所虜。」（不らざれば、若が属皆且に虜する所と為(な)らんとす。）〔もしそうでなければ、おまえたちはみな捕虜にされてしまうだろう。〕

「……。以是、趙王家多金銭。」（是を以って、趙王の家金銭多し。）〔こういうわけで、趙王の家には金銭が多いのだ。〕

「……。何則、皆不欲斉秦之合也。」（何となれば、皆斉秦の合するを欲せざればなり。）〔それはなぜかというと、みんなが斉の国と秦の国がいっしょになることを喜ばないからなのだ。〕

この類のものとしては、なお

「由是言之」（是(ここ)れに由(よ)りて之を言えば）〔この点から言うと〕

「由此観之」（此(ここ)れに由(よ)りて之を観(み)れば）〔この点から考えると〕

「総之」（之を総(す)ぶるに）〔結論的に言うと〕

「要之」（之を要するに）〔要するに〕

などのように、叙述の全体をしめくくる場合に用いるものもある。

漢字の筆順

漢字はいくつかの点画が順次積み重ねられて一文字を形造るが、その積み重ねの順序を筆順（または書き順）という。筆順は必ずしも絶対的なものではないが、しかし長い間の経験をとおした上での、一種の社会的な慣習として定着をみるに及んだものであるだけに、これにしたがえば最も合理的、かつ効果的に書けるようになることを忘れてはならない。

なお原則として、筆順は各文字ごとに一定しているが、なかには同じ文字が二様または三様の書き方を持つという特例もある。

次に文部省（現、文部科学省）の「筆順指導の手びき」を参考にして、最も基本的な筆順の原則を掲げる。

㈠筆順の大原則。

⑴ 上から下へ

—上の点画・上の部分から—

三（一 二 三）　言（丶 亠 言 言）

喜（士 吉 吉 直 喜）　客（宀 安 客）

⑵ 左から右へ

—左の点画・左の部分から—

州（丶 丿 丬 州 州）　学（丶 ⺍ ⺍ …）

帯（一 十 卄 卅 卌 …）　脈（… 丿 𠂆 𠂢）

竹（⺮ 竹）　林（木 林）

側（亻 俱 側）

㈡横画と縦画との交わる場合は、ふつう横画を先に書く。

十（一 十）　士（一 十 士）

七（一 七）　大（一 ナ 大）

木（一 十 …）　共（一 艹 …）

編（… 冂 冊）　無（𠂉 仁 無 無 …）

用（冂 月 用）　耕（三 丰 耒 …）

春（三 夫 夫 …）

(例外) 横画をあとに書く場合。

田（冂 田 田 田）　由（冂 巾 由 由）

角（… 冂 円 用）　王（一 丅 干 王）

進（亻 件 隹 …）　駅（厂 Ⅱ 用 馬 …）

生（𠂉 牛 牛 生）　構（… 二 十 卄 丼 丼 …）

㈢中央と左右の場合は、中央を先に書く。

小（亅 小 小）　当（丨 ⺌ ⺌ …）

水（亅 才 水）　衆（… 亻 𠂢 乑）

(例外) 次の場合は、中央をあとにする。

変（亠 亣 亦 亦 …）　楽（白 泊 泊 …）

性（丶 小 忄 …）　火（丶 丷 少 火）

炭（… 厂 厂 灰）

㈣構え(囲む形のもの)は先に書く。

因（冂 冈 因）　円（冂 円）

司（𠃌 司）　内（冂 内）

(例外) 次の場合はあとに書く。

区（一 又 区）　医（一 矢 医）

㈤左払いと右払いとの交わる場合は、左払いを先に書く。

父（ハ グ 父）　故（… ヒ ケ 攵）

収（… 丬 又）

人（ノ 人）　欠（… ノ 人）

㈥字の全体をつらぬく縦画は、最後に書く。

(七)字の全体をつらぬく横画は、最後に書く。

車（一亘亘車）　建（ヨ 聿 聿 …）

書（ヨ 聿 聿 …）　平（一 ㇁ 二 平）

洋（… 氵 兰 羊）　手（一 二 三 手）

(例外) 次の場合は、先に書く。

女（く 女 女）　字（… 了 子）

母（く 口 母 母）　船（ 介 舟 舟 …）

世（一 廿 世）

(八)横画と左払いとの関係で、

(1) 左払いのほうが短い場合は、左払いを先に書く。

右（ノ ナ 右）　布（ノ ナ 布）

(2) 左払いのほうが長い場合は、左払いをあとに書く。

左（一 ナ 左）　存（一 ナ 才 存）

(九)その他。

(1) 二とおり以上の書き方が慣用化されている文字。

上 ⓐ（丨 卜 上）ⓑ（‐ 卜 上）　店 ⓐ（… ‐ 卜 占）ⓑ（… ‐ 卜 占）

行書ではⓑが多く用いられる。

耳 ⓐ（Ⅱ 耳）ⓑ（ⅡⅡ 耳）　職 ⓐ（Ⅱ 耳 …）ⓑ（ⅡⅡ 耳 …）

ⓐがふつうの書き方である。

必 ⓐ（丶 ソ 必 必）ⓑ（ノ 乂 乂 必 必）ⓒ（心 心 必）

ⓐがふつうの書き方である。

発 ⓐ（ヲ ヲ 癶 癶 …）ⓑ（癶 癶 癶 …）ⓒ（ヲ ヲ ヲ 癶 …）

ⓐがふつうの書き方である。

感 ⓐ（厂 后 咸 感）ⓑ（厂 后 咸 感）

ⓐがふつうの書き方である。

馬 ⓐ（Ⅰ Ⅱ 馬 馬 …）ⓑ（Ⅰ Ⅱ 馬 馬 …）

ⓐがふつうの書き方である。

無 ⓐ（ ⺈ 午 無 無 …）ⓑ（ ⺈ 午 無 無 …）

ⓐがふつうの書き方である。

興 ⓐ（ 钅 铜 興 興）ⓑ（ 钅 铜 興 興）

ⓐがふつうの書き方である。

(2) 原則とは別に、慣習化されている文字。

(イ) 二とおりの「にょう」の書き方

(i) 先に書く「にょう」。

処（夂 処）　起（走 起）

勉（免 勉）

(ii) あとに書く「にょう」。

建（聿 建）　進（隹 進）

(ロ) 二とおりの「左払い」の書き方

(i) 先に書く「左払い」。

九（ノ 九）　及（ノ 乃 及）

(ii) あとに書く「左払い」。

力（フ 力）　万（一 ㇆ 万）

方（亠 ㇆ 方）

同訓異義要覧

この表は、同じ訓で読まれる字の、おもなものを集め、各字の意味の違いを簡単に説明したものである。ただし、字は違っても、時代により、地方によって、通じて使われる場合も多いから、一々の字義にあまりこだわって解釈するのは、かえって適当でないこともある。配列は五十音順によった。なお「見出し語」は、便宜上一つの品詞をあげたので、類推して各品詞に応用されたい。

――ア――

【ああ】〘烏乎〙・〘嗚呼〙広く使われる。心中に思いあまって自然に出る嘆声。哀傷の場合にだけ用いられた時代もある。〘於〙・〘於戯〙あっぱれと、ほめる場合に使うことが多い。〘咨〙・〘嗟〙・〘嗟乎〙重々しく嘆息する声。これはどうも。〘猗〙・〘欹〙・〘都〙ほめて感嘆する。〘于〙・〘吁〙疑いを含んだ驚きの声。ため息をついて、うわーとか、さあてという意。〘意〙・〘噫〙・〘懿〙重々しく残念がる声。胸がふさがって出る声。〘悪〙これはどうしたことかと、やや怒りを含んだ声。〘憙〙・〘譆〙驚いて、深く嘆息する声。〘唉〙恨みなげく声。

【あい】〘相〙たがいに。本来は両方から作用し合う意に用いたが、三国以後は、人や物に対し、向かい合っている場合にも使う。〘胥〙いっしょに。みなともに。

【あう】〘合〙ぴったり合って、ひとつになる。離の反対。〘会〙集まって顔を合わせる。まとめあわせる。〘逢〙出あう。その時節にあう。あいてが来るのにでくわす。〘遭〙ぱったり出会う。チャンスに会う。〘値〙ちょうど当たる。ぶつかる。〘遇〙ふと出会う。思いがけなく出会う。〘覯〙・〘媾〙男女が会う。交接する。再婚する。〘邂〙めぐりあう。たまにあう。〘晤〙顔を合わす。出会う。〘遻〙ふいに出会う。〘歙〙一つになる。合わせる。

【あえて】〘敢〙おしきって。遠慮しないで。勢いよく。〘肯〙うけあって。承知する。

【あお】〘青〙あおい。空色の濃いもの。〘碧〙あおみどり。すきとおって白味がかったあお。〘蒼〙あお黒い。灰色がかったみどり色。

【あか】〘赤〙赤色の総称。きらきらするあか色。〘紅〙くれない。もみ色。あかい中に白味を帯びた色。〘丹〙濃い赤色。丹砂の色。〘絳〙黒みがかった赤色。〘緋〙深紅色。〘朱〙しゅの色。まっか。〘赬〙ほんのり赤い色。浅赤色。〘赭〙赤土の色。むらさきがかった赤色。〘殷〙赤黒色。血に染まって古くなった色。〘騂〙馬のあかい色。あめ色。

【あがなう】〘購〙買い求める。代価を出して求める。〘贖〙取りもどすために金品を出す。金品を出して罪をつぐなう。〘償〙弁償する。うめあわせをする。

【あがる】〘上〙上にさしあげる。のせる。〘挙〙下に置いてあるものを高くあげて見せる。〘揚〙おしあげる。とびあがる。〘称〙もちあげる。ほめあげる。〘颺〙風で舞いあがる。〘昂〙たかまる。日がのぼる。〘騰〙勢いで高くあがる。のしあげる。

【あきなう】→うる

【あきらか】〘明〙はっきりする。暗の反対。〘昭〙明るく照らす。心や道徳についても多く用いる。〘章〙もようがはっきり目だつ。〘彰〙明るくあざやか。〘顕〙かくれなく照りかがやく。表面にあらわれて目だつ。〘晶〙澄みきって明るい。水晶のように明るくかがやく。〘灼〙火が燃え立つように明るい。〘晣〙光が明るい。〘晳〙色が明るい。〘皦〙潔白。まっしろく明らか。〘皎〙白く明らか。月光などが白い。〘覈〙細かくしらべて明らかにする。〘耿〙かすかに明るい。〘炳〙ありありと見える。盛んで明らか。〘諦〙くわしく見分ける。〘杲〙日が上がって明らか。

【あきる】〘倦〙つかれていやになる。〘厭〙いやになるほどたんのうする。〘飽〙腹いっぱいになる。満足する。〘飫〙じゅうぶんに飲食する。酒を飲みすぎる。〘饜〙いやになるほど飲食する。

【あざむく】〘欺〙あなどりだます。〘紿〙・〘詒〙うそをいってだます。〘誑〙・〘迋〙だましてまよわす。たぶらかす。〘詐〙つくりごとを言い、だます。誠実の反対。〘謾〙でたらめをいう。ごまかしてだます。

【あし】〘足〙くるぶしから下。〘脚〙ひざからかかとまで。すね。〘趾〙足のゆび。

【あした】〘旦〙日の出た時。暮の対。〘晨〙夜明け。朝早く。昏の対。〘朝〙あさ。日の出から食事時まで。夕の対。

【あずかる】〘預〙・〘与〙かかりあいになる。立ちまじって取り扱う。〘干〙むりにせわをする。積極的にタッチする。〘関〙関係する。自分から心を留めてかかりあう。

【あそぶ】〘遊〙・〘游〙遠くへ旅行する。たいした用事もなくぶらつく。〘敖〙・〘遨〙気ままに歩く。自由な気持ちで遊山(ゆさん)に出かける。

【あだ】〘仇〙恨みをもつあいて。つけねらうあいて。〘讎〙向かい合う敵。かたき。〘寇〙攻め入った敵。おおぜいの外敵。

【あたたか】〘暖〙ぽかぽかとあたたかい。日や風があたたかい。〘煖〙やわらかみがあってあたたかい。だいたい暖と同じ。〘温〙ぬくもりがある。温度があたたかい。おだやか。〘暄〙日があたたかい。〘煦〙空気があたたかい。日が当たってあたたかい。〘燠〙熱気が身にはいる。〘燖〙煮るなどしてあたためる。

【あたる】〘中〙矢がまとにあたる。ぴたりとその場所にあたる。〘方〙ちょうどその時。〘当〙ぶつかる。正面にあたる。〘抗〙対等に向きあう。〘抵〙相当する。当と同様。〘直〙出会う。行きあたる。〘丁〙ちょうどそこにあたる。

【あつい】〘暑〙時節があつい。夏のあつさ。寒の対。〘熱〙温度が高い。強い熱を感じる。冷の対。〘厚〙はばが広い。あつみがある。ねんごろ。性質がたのもしく親切。薄の対。〘篤〙しっかりかたまっている。病気が重い。てあつい。行き届いてすきがない。〘敦〙性質などがひとすじ。くりかえしてていねいなこと。〘淳〙まじりけがなく、てあつい。〘惇〙まごころがあつい。〘渥〙うるおいがゆたか。〘惲〙ずっしりとてあつい。〘襛〙着物があつい。〘腆〙ていねい。ゆたか。進物などの念の入っていること。

【あつまる】〘集〙ばらばらになっているものが寄りあう。集合。〘聚〙一箇所にかたまりまとまる。分散の反対。〘萃〙寄り集まる。たかる。聚と同様。〘輯〙・〘揖〙とりあつめてまとめる。〘纂〙文章などをまとめ集める。〘輳〙車の矢がこしきへ集中する。湊と同様。〘湊〙一箇所へ多くのものが集中する。〘裒〙たくさん集合する。聚と同様。〘鳩〙よせあつめる。聚と同様。〘潨〙流れが一つにまとまる。〘鍾〙まとまる。こりかたまる。〘攢〙長いものが集まることに多く使う。〘蒐〙集と同じ。〘叢〙いろいろのものを一つにまとめる。〘欑〙むらがる。〘蘊〙積みたくわえる。

【あと】〘後〙うしろ。のち。〘跡〙しっかり残っているあと。はっきりした足あと。〘踪〙・〘蹤〙通り過ぎたあと。〘痕〙目だつようなあとがつく。しるしになるようなあと。〘武〙あしあと。〘址〙・〘阯〙残された土台。〘墟〙荒れはてたあと。〘蹟〙・〘迹〙あとかた。業績。

【あな】〘穴〙ゆきどまりのあな。巣。〘孔〙突きぬけたあな。〘坑〙・〘阬〙深いあな。ほらあな。〘阱〙落としあな。〘竅〙出入りする小さなあな。〘竇〙あなぐら。犬くぐり。

【あなどる】〘侮〙見さげる。けいべつする。〘易〙軽く見る。〘慢〙・〘謾〙おごりたかぶって、人を人とも思わない。

【あばく】〘発〙中を開いて見る。〘訐〙秘密をさらけ出す。ばらす。

【あぶら】〘油〙液体のあぶら。〘膏〙ねばっこいあぶら。こうやくなどのあぶら。〘脂〙かたまったあぶら。あぶらみ。〘肪〙肉をとりまく白いあぶら。〘膩〙皮膚などがつるつるしてなめらかなこと。

【あぶる】〘炙〙火できつね色に焼く。〘炕〙火でかわかす。〘焙〙ほうじる。〘炮〙つつみやきにする。

【あまねし】〘周〙ゆきわたる。〘普〙・〘溥〙広く。全体。〘徧〙・〘遍〙どれもこれもひとどおり。〘洽〙むらなくしみとおる。〘浹〙うるおいがゆきわたる。〘旁〙すみずみまでゆきとおる。

【あまる】〘余〙残る。必要以上にある。〘剰〙余分。〘羨〙有りすぎる。〘衍〙あふれ出る。〘贏〙生産が多すぎる。〘贍〙ふえる。また剰と同じ。〘饒〙ゆたかでありあまる。

【あや】〘文〙もよう。入りまじったもよう。美しい飾り。質の反対。〘紋〙織り物のもよう。〘章〙美しいもよう。紅白のもよう。〘絢〙五色の織り物。きらびやかなもよう。〘斐〙美しく目だつもよう。〘綺〙白絹で織り出したもよう。〘綾〙もようのある絹織物。〘彣〙青と赤のまじったもよう。〘彧〙かざり。〘彰〙あざやかな飾り。〘綵〙美しくいろどった飾り。〘黼〙黒と白のししゅうのもよう。〘黻〙青と黒のししゅうのもよう。

【あやうい】〘危〙高いところから落ちそうでひやひやすること。危険。〘殆〙不安。あぶなげなこと。〘幾〙…しかかっている。〘厲〙どうなるかと思うこと。

【あやしい】〘怪〙ふしぎ。〘異〙かわったこと。〘訝〙変なことだと思う。〘妖〙ばけもの。〘奇〙めずらしい。〘偉〙とびぬけてすぐれている。〘詭〙わけのわからない。思いがけない。

【あやまる】〘誤〙まちがい。やりそこない。〘謬〙道理に合わない。〘錯〙くいちがって入り組む。〘差〙くいちがい。たがいちがいになる。〘過〙失敗。気がつかずに悪いことをする。〘愆〙大きな失敗。〘失〙ふとしたまちがい。〘詿〙まちがえさせる。心得違いのあやまち。〘訛〙・〘譌〙習慣によって自然と違ってくる。

なまる。〖謝〗罪をわびる。〖韼〗まちがったことば。

【あらい】〖粗〗・〖犅〗・〖麤〗そまつ。こまかくない。あらっぽい。精の反対。〖略〗くわしくない。おおまか。詳の反対。〖荒〗はたけがあれはてる。たがやさない。〖暴〗乱暴。〖疏〗まばら。

【あらう】〖洗〗ざぶざぶあらってきれいにする。足を洗う。また、洒と同じ。〖洒〗・〖灑〗水をかけて洗い清める。〖洮〗手を洗う。〖浣〗すすぎ洗い。〖澣〗浣と同じ、足でもみ洗いする。〖漱〗手ですすぎ洗う。〖湔〗つまみ洗いをする。〖濯〗洗い清める。〖滌〗洗い流す。〖澡〗こすり洗う。

【あらかじめ】〖予〗・〖預〗事前に準備する。〖逆〗まちかまえる。

【あらためる】〖改〗新しくする。〖更〗とりかえる。〖革〗すみやかに全部変える。〖悛〗心を入れかえる。

【あらわれる】〖見〗・〖現〗目の前に見える。出てくる。〖著〗はっきり見える。〖章〗・〖彰〗目だつ。〖顕〗はっきりと明らかになる。〖露〗雨ざらしになる。むき出しになる。〖暴〗日にさらす。外にあらわし出す。〖形〗形が見える。中身がわかる。〖表〗うわべに出る。〖徴〗はっきりする。〖覚〗隠れたものがわかる。〖旌〗人に示す。人が知るようにする。

【ある】〖有〗そのものがある。たもつ。〖在〗その場所にある。存在する。〖或〗有に同じ。また、あるらしい。あるかもしれない。

【あわれむ】〖哀〗人の死などをかなしむ。〖憐〗・〖怜〗いとしがる。かわいらしく思う。〖矜〗かわいく思ってめんどうを見る。〖愍〗・〖閔〗・〖憫〗いたましく思い心を動かす。〖恤〗かわいそうに思い、世話をする。

―イ―

【いう】〖言〗思うことを口に出す。〖謂〗告げる。うわさをする。思っていう。〖曰〗人のことばをそのまま引用する。言い出しかける。〖云〗過去のことばを引く。言い終わる。また、曰と同じ。〖道〗言い広める。また、言と同じ。

【いえる】→いやす

【いかる】〖怒〗腹を立てる。はりつめる。〖慍〗心の中でむっとする。〖忿〗いらだちうらむ。〖憤〗いきどおる。むかむかとして、はけ口を求める。〖恚〗うらみいかる。〖悁〗せきたちいかる。〖嗔〗怒ってしかりつける。〖瞋〗目をいからす。〖愾〗なげきいきどおる。〖懥〗いかりすねる。〖懠〗にくみいかる。〖懣〗いらいらする。

【いきる】〖生〗いのちがある。〖活〗いきて活動する。〖蘇〗いきかえる。よみがえる。〖存〗いきながらえる。

【いこう】〖休〗しばらくやすむ。〖息〗いきをつく。一息いれる。〖憩〗足をやすめる。小休止。〖歇〗それきりでやめる。

【いさお】〖功〗苦労して国家を安定する。〖勲〗王者の仕事をなしとげる。国家に尽くす。〖績〗すぐれた業績をあげる。

【いさぎよい】〖屑〗気が進む。乗り気になる。〖廉〗行いが清潔。汚職をしない。〖潔〗行いにけがれがない。〖蠲〗良い。

【いだく】〖抱〗かかえ持つ。〖懐〗ふところへ入れる。〖擁〗まわりに引きまわす。また、抱と同じ。

【いたむ】〖痛〗・〖疼〗痛みを感ずる。〖傷〗心をいためる。心配する。〖隠〗あわれに思う。〖悼〗人の死などを悲しむ。きのどくに思う。〖愴〗心の底にひびいて悲しく思う。〖惨〗・〖憯〗気がめいる。悲しくて元気が出ない。〖戚〗心に悲しむ。うれえる。〖惻〗あわれさに心を打たれる。愴と同様。〖怛〗驚いてあわれに思う。〖悽〗物悲しく思う。〖悵〗がっかりしてしょげる。あてがはずれて元気を失う。〖恫〗苦しく思う。

【いたる】〖至〗・〖摯〗そこまでやってくる。最高のところ。〖到〗到着する。〖格〗・〖仮〗行き着いて止まる。到達する。来る。〖抵〗・〖底〗・〖柢〗行き着いて底に当たる。〖戻〗届く。行き着く。〖届〗はてまで行き着く。〖詣〗たずねて行く。〖造〗たずねてくる。〖迄〗・〖訖〗目的地まで至り及ぶ。行き届く。〖距〗越えて行く。〖弔〗至に同じ。また、とむらう。〖放〗行ったきりになる。追いやる。〖臻〗おおぜい集まってくる。

【いつわる】〖偽〗にせ。真の反対。つくりもの。人為。うそ。誠の反対。〖詐〗うそをつく。あざむきだます。つくりごとを言い、だます。誠の反対。正の反対。〖譎〗たくらみをして、人をいつわりだます。正の反対。〖詭〗意外な手段を使う。目だって異様なことをする。〖誕〗おおげさにいう。ほらをふく。〖佯〗見せかける。ふりをする。〖陽〗うわべをいつわる。佯と同様だが、多く一時的のみせかけに使う。〖矯〗かこつける。だます。

【いぬ】〖犬〗大きい犬。〖狗〗小犬。また、犬と同じ。〖戌〗十二支のいぬ。〖尨〗毛の多い犬。むくいぬ。

【いのる】〖祈〗福を求めて神にいのる。〖禱〗のりとを奏していのる。ふだん神にいのる。

【いましめる】〖戒〗事の起こらないように、用心して対策を考える。警戒する。〖誡〗ことばでいましめる。用心する。〖警〗きびしくいましめる。気をつけさせる。〖敬〗・〖儆〗注意する。警と同様。〖箴〗悪いことに対し注意して正す。〖勅〗・〖敕〗・〖飭〗すじみちを立てていましめ正す。

【いむ】〘忌〙いやがる。きらう。〘諱〙遠慮して口に出して言わない。

【いやしい】〘卑〙程度が低い。尊敬する価値がない。尊の反対。〘賤〙身分が低い。下品。ねだんが安い。貴の反対。〘鄙〙いなかびている。心がきたない。〘陋〙程度がよくない。りっぱでない。

【いやす】〘愈〙・〘癒〙病気がだんだんよくなる。〘差〙・〘瘥〙病気が軽くなる。〘瘳〙病気に勝ってなおる。〘痊〙病気が完全になおる。〘療〙病気をなおす。〘医〙治療する。

【いよいよ】〘兪〙・〘愈〙・〘逾〙前より進む。増加する。〘弥〙満ち広がる。はびこる。

【いれる】〘入〙外から内にはいる。出の反対。〘納〙おさめる。おしこめる。〘容〙ゆとりがあって、中に受け入れる。〘閲〙受け入れる。

【いわう】〘祝〙将来の幸福をいわう。〘賀〙祝辞を申し述べる。〘頌〙ほめたたえる。

―ウ―

【うえる】〘飢〙食物が不足なこと。〘饑〙食物がなく、食わない。五穀のうち、二つが凶作。〘饉〙凶作。五穀のうち、三つが不作。〘餒〙腹がへってひもじい。〘餓〙ひもじさが極度になって、物を食えなくなる状態。〘植〙草木をうえて立てる。〘種〙たねをまく。〘栽〙若木をうえる。栽培する。〘樹〙樹木をうえる。大きくなった木をうえうつす。〘芸〙苗をうえる。うえて並べる。〘蒔〙たねをまく。うえかえる。

【うかがう】〘斥〙しらべみる。〘伺〙そっと様子を見る。〘俟〙・〘候〙事の成り行きを待ち受ける。遠方を望み見る。〘覗〙物かげからそっと様子を見る。〘間〙すきをねらう。立ちまじって様子を見る。スパイ。〘徼〙巡察する。調べてまわる。〘窺〙すきまからのぞき見る。〘覷〙ねらう。〘覰〙のぞき見る。〘闚〙頭をかたむけて、中をのぞく。〘覘〙そっとのぞき見る。〘瞰〙上から見おろす。〘偵〙ひそかに敵の様子をしらべる。〘諜〙敵地に忍びこんで様子を見る。

【うがつ】〘穿〙穴を掘って突き抜く。〘鑿〙・〘鏨〙のみやたがねで穴を掘る。

【うける】〘受〙受け取る。〘承〙手でささげ受ける。待ちうける。〘稟〙天からさずかる。〘享〙いただく。〘饗〙・〘歆〙神が祭りを受け入れる。おうけする。また、饗と同じ。〘請〙ことば・罪などを受ける。

【うごかす】【うごく】〘動〙静止していない。静の反対。〘揺〙ゆれる。ゆらゆらする。落ち着かない。〘撼〙ゆすりうごかす。〘蕩〙・〘盪〙ゆるむ。ゆりうごかす。〘僭〙心を動かす。〘運〙まわる。めぐる。うつりゆく。

【うしなう】〘失〙取り落とす。しそんじる。得の反対。〘喪〙手もとから放れる。見うしなう。〘亡〙かげも形もなくなる。〘抎〙おとす。

【うす】〘臼〙日本のうすと同じもの。〘碓〙からうす。水車や牛馬にしかけて回すうす。

【うすい】〘薄〙広く使う。〘菲〙進物などが粗末なこと。〘淡〙しつこくない。味がうすい。〘澆〙風俗が乱れ、人情がうすい。

【うたう】〘歌〙うたうことの総称。声を長く引き、節をつけてうたう。また、楽器に合わせるうた。〘謡〙楽器に合わさないでうたう。細かい節なしにうたう。また、はやりうた。〘謳〙短くうたう。斉唱（せいしょう）する。〘唱〙声をはりあげてうたう。

【うち】〘中〙まんなか。奥。〘内〙うちがわ。外の反対。〘裏〙・〘裡〙表に対するうら。〘衷〙包んだものの中。

【うつ】〘打〙とんとんたたく。〘拍〙・〘搏〙平手でぱたぱたたたく。〘抵〙ぴたりと押し当てる。手をたたく。〘攴〙・〘扑〙ぽかりとたたく。〘撲〙軽く当たる。ぱっと打ち当てる。〘撃〙かちんと当たる。堅い物を強くはげしくうつ。敵対するものをはげしく攻めうつ。〘批〙なぐる。〘拊〙ぱたぱたとたたく。〘杖〙・〘殴〙杖でうちたたく。〘捶〙手ごたえのあるようにうちすえる。打ちおろす。〘擣〙・〘搗〙うち広める。万遍なくゆきわたるようにたたく。〘撾〙太鼓やかねをうつ。〘掊〙うち破る。うちわる。〘捆〙うちこむ。〘挌〙うちたたく。格闘する。〘拷〙うちすえる。ひどくたたく。〘椹〙木を打つ。突く。〘廝〙打ち合う。〘搧〙ほおをひっぱたく。〘擲〙手のひらではらいうつ。〘摽〙胸をたたく。〘擂〙たいこをたたく。〘戛〙かつっとたたく。金や石をたたく。〘伐〙とんとんと音を立ててうつ。進んで敵を攻める。〘征〙天子が諸侯を攻める。上の者が下の者を攻め戦う。〘討〙罪を言いたてて攻める。罪名をはっきりさせて攻撃する。〘誅〙罪をせめて罰する。

【うつす】〘移〙・〘迻〙うつし変える。横に移動する。〘遷〙上下に移動する。なかまをはずれて移る。離散する。〘徙〙ひっこす。あちこちと移り変わる。〘転〙はこぶ。移動する。〘写〙書きうつす。別の紙に同じことを書く。〘抄〙・〘鈔〙抜き書きする。また、書きうつす。〘謄〙そのままうつし取る。〘映〙影をうつす。

【うったえ】〘訴〙罪を告発する。罪の有無を聞いてもらう。刑事裁判。〘訟〙曲直を法廷で争う。民事裁判。〘諍〙言い争う。

【うばう】〘奪〙・〘敓〙無理に取る。与の反対。〘篡〙下の者が上の物をうばい取る。〘褫〙身についているものをはぎ取る。

【うまれる】〘生〙自然に発生し生長する。（広く使う。）〘産〙うみ出す。人為的に作り出す。

【うらむ】〘恨〙くやしい気持ちが心に残って消えない。深く後悔する。〘怨〙心が結ばれて解けない。相手をうらむ。〘憾〙心残りがする。思い切れない。残念に思う。〘怏〙なっとくしない。満足しない。〘悵〙がっかりする。なげく。〘憝〙・〘懟〙人のしうちに腹をたてる。あいそをつかす。にくみうらむ。〘懥〙うらみ怒る。

【うる】　〘売〙あきなう。また、自分の利益のために裏切りをする。〘售〙売れる。手放す。〘沽〙・〘酤〙小売りする。〘販〙売り広める。往来して商売する。〘衒〙売り歩く。〘市〙人の集まる所で商売する。

【うるおう】【うるおす】　〘沾〙・〘霑〙水がかかってぬれる。しっとりぬれる。〘浥〙露を帯びる。しっとりぬれる。〘湿〙しめる。しっけがある。〘潤〙水気を含む。燥の反対。〘澍〙よい時節に降る雨が万物をうるおす。〘瀼〙露があつまる。まといつく。

【うれえる】　〘憂〙心配する。未来をうれえる。〘患〙苦しみなやむ。現在をうれえる。〘愁〙気がふさぐ。悲しみさびしがる。心細い。〘恤〙・〘卹〙あわれんで気にする。〘閔〙・〘憫〙きのどくに思う。〘戚〙しおれる。心細くびくびくする。〘忡〙心配で落ち着かないさま。〘忉〙心を悩ます。

エ

【えびす】　〘夷〙東方。〘蛮〙南方。〘戎〙西方。〘狄〙北方。〘胡〙北方。匈奴（きょうど）。〘貊〙東北方。〘虜〙とりこになった敵。

【えらぶ】　〘択〙良いものと悪いものをよりわける。〘柬〙・〘揀〙見分ける。よりわける。〘掄〙鑑定して品の程度を区別する。〘選〙多くの中からえらび出す。〘撰〙よいことばをえらんでしるす。また、選と同様。〘斁〙択と同様。

【える】　〘得〙力を用いずに手に入れる。自然にできる。〘獲〙とらえる。力を用いて手に入れる。

オ

【おう】　〘追〙あとをおいかけてついてゆく。〘逐〙おいはらう。〘趁〙すぐ後を追う。つきしたがう。〘負〙せおう。

【おおい】　〘多〙数が多い。少の反対。〘庶〙いろいろ集まる。〘衆〙おおぜい集まる。寡の反対。〘詵〙数多く集まるさま。

【おおう】　〘庇〙かばう。保護する。〘弇〙・〘掩〙さえぎりかくす。〘盍〙・〘蓋〙ふたをする。かぶせる。〘被〙上からかぶる。〘廕〙日よけをする。日かげに置く。〘蔽〙ひとまとめにする。全体にかぶせる。〘覆〙上からかぶせる。

【おおきい】　〘大〙形がおおきい。小の反対。〘巨〙・〘鉅〙壮大。〘訏〙広大。〘碩〙ゆたかにおおきい。堅く充実している。

【おか】　〘丘〙・〘邱〙盆地状の小山。中央がへこんでいる小山。〘岡〙・〘崗〙台地。まっすぐな尾根。〘阜〙土の盛りあがった山。〘陵〙大きいおか。〘陸〙高く平らな土地。

【おかす】　〘干〙無理に進む。無遠慮に入りこむ。〘犯〙無理に人の領分にはいる。〘侵〙だんだんとおかす。人知れずいつのまにかはいりこむ。〘冒〙物をかぶるようにして進む。

【おく】　〘放〙ほうっておく。うっちゃったままにする。〘舎〙さしおく。やめにする。ゆるめる。〘措〙・〘錯〙棄ておく。手を放して下に置く。〘釈〙持っているものを放す。〘寘〙しばらく移し置く。ふさぐ。〘置〙その位置におく。

【おくる】　〘送〙おくりとどける。〘贈〙プレゼントする。〘遺〙物を与えて置いてくる。〘帰〙やってしまう。〘饋〙食物などを送りとどける。〘貽〙贈り物をして、先方に残す。〘賵〙死者に物をおくる。〘餽〙人に物を与える。〘餼〙生きものをおくる。〘餞〙旅人を見送る。

【おこたる】　〘怠〙緊張しない。〘惰〙努力しない。いいかげんにする。勤の反対。〘懈〙ゆるむ。たるむ。〘慢〙だらける。ゆるやかになる。〘懶〙めんどうがってなまける。

【おこる】　〘起〙おきあがる。立ち上がって高くなる。〘作〙しだいに成り立つ。できる。〘興〙大きくなり活動する。盛んになる。

【おごる】　〘驕〙えらぶる。お高くとまる。〘奢〙ぜいたく。〘侈〙はで。〘敖〙・〘傲〙尊大にかまえる。いばる。〘倨〙おうへい。無礼な態度。〘汰〙・〘忲〙かってなことをする。〘泰〙あり余る。程度がひどい。

【おさめる】　〘乂〙悪い所を取り去って形をよくする。〘収〙取り入れる。とっておく。〘庀〙そなえる。きちんとそろえる。〘扱〙引っぱりこむ。とりこむ。〘攻〙いちずに打ちこむ。〘弆〙しまいこむ。〘易〙平らにする。ならす。〘治〙人工を加えてととのえる。乱れたものを落ち着ける。〘修〙・〘脩〙なおす。すんなりと形をととのえる。飾る。〘御〙使いこなす。支配する。統治する。〘為〙始末する。手をつける。人手を加えて処置する。〘紀〙すじみちを立てて整理する。〘納〙先方へ入れる。しまう。〘揣〙きたえる。〘道〙政治をする。〘戢〙しまいこむ。武器をしまう。たくわえておく。〘領〙とりしまる。〘撥〙たがやす。乱れたものをはねかえして正しくする。〘歛〙しまう。ひっこめる。〘蔵〙しまっておく。倉の中に入れる。〘斂〙租税を取り立てる。あつめる。ひきしめる。しまう。〘殮〙死者に着物をきせる。棺に入れる。〘理〙すじみちを立てる。すっきりさせる。また、治の代字。〘釐〙村を治める。理と同じ。

【おしえる】　〘教〙人をみちびき、見習わす。〘誨〙教えさとす。わからないところを理解させる。〘訓〙ことばで教えこむ。だんだんと教えこむ。

【おしむ】〖吝〗・〖恪〗・〖慳〗物惜しみをする。けち。〖惜〗おろそかにしない。思いが残る。〖愛〗手離すにしのびない。胸いっぱいで忘れかねる。〖靳〗引きしめて、出さない。〖嗇〗使い方が少ない。

【おす】〖圧〗おもしでおさえつける。上から力を加える。〖押〗おしつける。圧と同様。〖推〗おしやる。おしあげる。〖擠〗おし落とす。〖捺〗手で力を入れておさえる。〖托〗手でおす。〖排〗おし開く。おしのける。〖按〗手でしっかりおさえつける。

【おそい】〖遅〗のろい。ぐずぐずしている。〖晩〗日暮れ。終わりのころ。〖晏〗ゆっくりする。時間が遅い。

【おそれる】〖恐〗心配する。未来について気づかう。〖畏〗こわがる。威力に対しおびえる。おそれはばかる。〖懼〗びっくりする。〖怕〗びくびくする。また、恐と同様。〖怖〗理由なくこわがる。こわがらす。〖怯〗おじける。勇気がない。〖怵〗心引かれてじっとしていられない。〖恂〗慎重。おののく。〖恇〗こわがる。おびえる。〖恟〗びくびくする。〖悚〗・〖竦〗立ちすくむ。ぞっとする。〖惕〗はっとする。気にかけてゆだんしない。〖惴〗うれい恐れる。こわがる。〖惶〗かしこまる。〖慄〗ふるえあがる。おそれちぢむ。〖虞〗うれえる。心配する。〖愬〗びくびくする。〖慴〗・〖懾〗ちぢみあがる。〖懍〗おそれつつしむ。恐れて心もそらになる。

【おちる】〖抎〗なくす。〖堕〗くずれ落ちる。〖落〗上から下に落ちる。広く使う。〖隕〗・〖殞〗・〖霣〗高いところからストンと落ちる。〖零〗ポタポタ落ちる。〖摽〗軽く落ちる。ポトンと落ちる。〖隊〗・〖墜〗重い物がズシンと落ちる。

【おどす】〖嚇〗びっくりさせる。〖喝〗口でおどす。どなりつける。

【おどる】〖跳〗はね上がる。〖踊〗上下に動く。ダンスする。〖躍〗おどりあがる。

【おどろく】〖驚〗ハッとからだを引きしめる。〖駭〗びっくりして心身が緊張する。〖愕〗ぶつかっておどろく。ハッと気づく。おどろきあわてる。

【おびる】〖佩〗腰につける。ピタリと身につける。〖帯〗まきつける。ひっかける。

【おもう】〖思〗心の働き。考える。したう。〖念〗心に残る。気にとめる。〖懐〗心に抱いて忘れない。思いしたう。〖惟〗いろいろ思案する。〖意〗あて推量する。胸に一物を持つ。うたがう。〖憶〗胸に忘れずに持つ。また、意と同様。〖想〗想像する。推量する。〖以〗考える。思いこむ。〖謂〗心に思う。以と同様。〖顧〗かえりみる。思い出す。

【およぶ】〖及〗手が届く。間に合う。〖比〗…になる。〖施〗ひろがっている。ゆきわたる。〖洎〗・〖曁〗行きつく。至る。〖迨〗・〖逮〗追いつく。〖覃〗のびている。行きわたる。

【おろか】〖蚩〗いやしくおろか。無知。〖愚〗道理がわからない。ばか。智の反対。〖惷〗・〖憃〗生まれつき物事がわからない。大ばか。〖魯〗にぶい。血のめぐりが悪い。〖憨〗りこうでない。〖騃〗知能が低い。〖戇〗ばかしょうじき。〖痴〗知恵がない。

【おわる】〖終〗しまいまでつづく。〖了〗済む。〖没〗尽きる。死ぬ。〖既〗尽きる。なくなる。〖訖〗行きどまりになる。〖畢〗しまいになる。全部済む。〖竟〗終極。とどのつまり。また、一くぎり。〖竣〗仕事を完成する。〖闋〗一段落する。〖卒〗終了する。訖と同様。

―カ―

【かう】〖買〗買って商売する。価を与えて物を受けとる。〖沽〗・〖酤〗少しずつ買う。〖市〗買いこむ。市場で買う。〖糴〗米を買いこむ。〖賈〗商売する。買い求める。〖飼〗えさをやって育てる。〖畜〗家に飼って養う。〖牧〗牛馬を牧場に飼う。〖豢〗おりの中に入れて養う。〖餧〗鳥獣に餌をやる。

【かえりみる】〖顧〗ふりかえる。〖省〗見まわる。〖眷〗目をかける。〖眄〗横目を使う。

【かえる】〖反〗ひっくりかえる。〖返〗逆方向にもどる。バックする。〖回〗まわって帰る。〖帰〗おちつく。〖復〗もとの方向にもどる。〖還〗ひとまわりしてもとにもどる。〖代〗かわりにする。〖易〗やりとりする。〖換〗いれかえる。交換する。〖替〗新しくする。〖更〗とりかえる。あらためる。〖変〗違ったものにする。〖渝〗うつりかわる。

【かかげる】〖挑〗はねあげる。〖掲〗高く引きあげる。すそをひざまでまくりあげる。〖掀〗高く持ちあげる。〖摂〗まくりあげる。〖搴〗・〖褰〗たれているものをまくりあげる。

【かき】〖垣〗低いねりべい。〖牆〗高い土べい。〖屏〗しきり。目かくし。〖藩〗いばらなどをからませたさく。〖籬〗竹やしばで作ったまがき。〖院〗かこい。〖堵〗土かべ。

【かくす】〖隠〗外へ見えないようにする。〖廋〗包みかくす。〖匿〗人に知られぬようにする。逃げかくれる。〖蔵〗しまいこむ。

【かげ】〖庥〗木かげ。〖陰〗日かげ。〖蔭〗草木のかげ。〖景〗日光。日光が当たった物のすがた。〖影〗光を受けて生じたかげ。

【かける】〖欠〗不足。ぬけている。〖缺〗うつわが破れる。〖闕〗われてできたすきま。一部がかけおちている。〖虧〗月が欠ける。〖玷〗玉にきずがつく。〖挂〗・〖掛〗くぎにかける。ひっかける。〖係〗つなぎとめる。〖繋〗結んでつなぐ。つなぎつける。〖県〗・〖懸〗つりさげる。

宙づり。〘麗〙じゅずつなぎになる。〘駆〙馬が背を曲げて走る。〘翔〙羽をひろげて舞い上がる。〘翶〙高く飛ぶ。

【かじ】 〘柁〙・〘舵〙舟のともにあるかじ。〘楫〙・〘檝〙・〘檠〙かい。〘櫂〙さお。

【かすか】 〘幽〙奥深くてはっきり見えない。〘微〙小さくて目に見えないほど。〘杳〙遠くて暗い。

【かすめる】 〘抄〙・〘鈔〙自分のものにする。すくいあげる。〘掠〙力ずくで奪い取る。〘略〙土地をうばう。〘拷〙ひったくる。〘擄〙ぶんどる。とりこにする。

【かたい】 〘堅〙金石のように締まってかたい。脆の反対。〘固〙がっしりしていてこわれない。四方がふさがってビクともしない。〘硬〙しんが張ってかたい。こわく手がたい。軟の反対。〘牢〙ぬきさしならない。かたくかこんで破れない。〘確〙しっかりしていて動かない。〘難〙むずかしい。しにくい。易の反対。〘叵〙できない。不可。〘虔〙緊張する。

【かたき】 →あだ

【かたち】 〘形〙物のかたち。外形。〘容〙すがた。なりふり。全体のようす。〘貌〙かっこう。顔かたち。つらがまえ。〘像〙似たもの。〘状〙ありさま。まね。〘態〙飾ったすがた。態度。

【かたわら】 〘側〙がわ。かた方のわき。〘傍〙そば。付近。

【かつ】 〘勝〙まさる。負の反対。〘克〙・〘剋〙努力して勝つ。戦いに勝って城を取る。〘捷〙快勝する。手早く勝つ。〘戡〙平らげる。戦いに勝って平定する。

【かつて】 〘嘗〙いつか。つねに。まえかた。〘曽〙以前に一回経験した。ちょっとでも。〘常〙いつも。

【かなう】 〘叶〙・〘協〙和合する。多くの力を合わせる。〘惬〙満足する。気がかりがない。〘適〙ふさわしい。ぴったりする。〘称〙つりあう。似合う。〘偕〙・〘諧〙調子が合う。

【かなしむ】 〘悲〙心の痛みが表面に押し出される。なげく。喜の反対。〘哀〙あわれに思い、胸いっぱいになる。楽の反対。

【かならず】 〘必〙ぴったりと一致する。しめつける。〘決〙すっぱりとそうなる。〘会〙そろう。合う。

【かねる】 〘兼〙いくつかのものを一つに合わす。本来のものに他のものを合わせる。〘該〙ゆきわたる。全部をそなえる。〘摂〙臨時に代理をする。〘包〙ひっくるめる。

【かむ】 〘咀〙口に含んで味わう。〘咬〙・〘齩〙くいつく。〘噬〙かみきる。〘齧〙・〘嚙〙ガチガチかむ。かじる。〘嚼〙ぐちゃぐちゃと口の中でかむ。〘齕〙バリバリかむ。

【からい】 〘辛〙ぴりっとする。〘辣〙ひどくぴりぴりする。〘虐〙・〘苛〙ひどい。〘鹹〙・〘醎〙しおからい。

【かり】 〘田〙・〘畋〙広い田野でかりをする。〘狩〙犬を使ってかりをする。ぐるっととりまいて狩る。冬季の狩り。〘蒐〙春季の狩り。〘苗〙夏季の狩り。〘獮〙秋の狩り。〘猟〙狩りの総称。田の害をする鳥獣を追い捕らえる。

【かれる】 〘枯〙草木がしぼみ枯れる。生気がなくなる。〘槁〙立ちがれる。水気がなくなる。〘涸〙水が尽きる。

【かわ】 〘川〙流れ。〘河〙黄河。また黄河にそそぐ川をも名づける。〘皮〙毛皮。〘革〙毛を取って加工した皮。〘韋〙なめしがわ。

【かわく】 〘乾〙火や日光でほしてかわかす。湿の反対。〘燥〙かわいて表面に浮かぶ。潤の反対。〘晞〙露がかわく。日にさらす。〘暵〙水分がなくなる。〘渇〙のどがかわく。

【かわる】 →かえる

【かんがえる】 〘考〙・〘攷〙奥深くきわめる。思いはかる。〘稽〙疑問を問いただす。思いくらべる。じっくり考える。〘校〙引きくらべて考える。〘勘〙しらべて決定する。〘按〙胸に手を当てて考える。しっかり要点を押さえる。〘覈〙しらべて考える。

―キ―

【きく】 〘聞〙きこえる。耳にはいる。〘聴〙注意してきく。きき入れる。

【きし】 〘岸〙水際の高地。〘涯〙水際。はて。

【きず】 〘傷〙けが。広くいう。〘創〙切りきず。切れ目のはいった深いきず。〘疵〙悪いところ。欠点。過失。〘瘢〙きずあと。〘瑕〙玉のきず。欠点。

【きびしい】 〘緊〙ゆるみがない。〘厳〙ゆったりしない。〘酷〙ひどい。

【きよい】 〘清〙水が澄んでいる。さわやか。濁の反対。〘浄〙清潔。きたなくない。穢の反対。〘潔〙さっぱりしてきれい。〘洌〙澄みきって冷たい。〘湜〙水が澄みとおる。〘蠲〙汚れを洗いきよめてさっぱりする。

【きる】 〘切〙刀でこまかに切りきざむ。〘斬〙首をきる。胴切りにする。〘伐〙おのなどでたたき切る。〘斫〙・〘斲〙けずり落とす。ひといきに切り落とす。〘剪〙・〘翦〙・〘揃〙はさみで切る。ちょんぎる。〘槎〙木をななめに切る。〘鑽〙きりで穴をあける。もみこむ。〘柞〙草や木を切る。〘截〙断ち切る。切断。〘衣〙着物を身につける。〘披〙・〘被〙着物をはおる。ひっかける。〘着〙・〘著〙身につける。

【きわめる】 〘極〙行きつく。最後まで行き届く。〘窮〙行きづまって動けない。おしつめる。〘究〙終わりまでたずね至る。行けるところまで行く。〘鞫〙罪を調べつくす。問いきわめる。

―ク―

【くう】　→くらう

【くずれる】　〘崩〙山などがガラガラとくずれ落ちる。〘壊〙くずれ破れる。〘頽〙・〘隤〙じりじりくずれる。だんだんおとろえる。〘陁〙ずり落ちる。

【くだく】　〘砕〙こまかにうちわる。ばらばらにわる。〘摧〙くだきひしぐ。折る。

【くに】　〘国〙小さい国。区分された国。〘邦〙大きい国。国家全体。〘州〙行政区画の一部。二千五百戸の土地。〘都〙天子のみやこ。

【くび】　〘首〙頭部。〘頸〙のどくび。くびすじ。〘領〙えりくび。

【くま】　〘曲〙まがりかど。すみ。〘阿〙かぎがたに曲がっているところ。〘隅〙かたすみ。〘隈〙入り江。入りこんだところ。かくれたところ。〘澳〙・〘隩〙曲がった流れの内がわ。

【くむ】　〘汲〙水をくむ。〘酌〙酒をくむ。〘斟〙酒をくみ出して調合する。うめあわせる。〘杓〙水や酒などをつぐ。

【くら】　〘倉〙米ぐら。穀物ぐら。〘蔵〙大切なものをしまっておく所。〘庫〙武器や車をおさめる所。〘府〙金や品物をしまう所。〘廩〙米ぐら。屋根のあるくら。

【くらい】　〘暗〙やみ。はっきりしない。明の反対。〘闇〙戸をしめて暗い。また、暗と同じ。〘昏〙夕暮。よくわからない。〘昧〙うす暗い。夜明け方のくらさ。〘晦〙かくれくらます。まっくら。〘冥〙・〘溟〙・〘瞑〙暗くてようすがわからない。〘蒙〙・〘曚〙おおいかくして光がはいらない。〘懜〙・〘懵〙無知。〘瞢〙目がまわり心がくらむ。〘杳〙はるか遠くてはっきりしない。〘盲〙・〘罔〙目が見えない。おろか。〘晻〙うすぐらい。〘憒〙心が乱れて道理がわからない。おろか。〘黮〙まっ黒く暗い。

【くらう】　〘食〙たべる。〘喫〙口に入れる。受ける。〘啖〙・〘啗〙・〘噉〙肉を食う。大食。ぺロペロ食べる。〘飯〙食事する。〘餐〙・〘湌〙おやつ。午後の小食。煮て食べる。のみこむ。〘餔〙夕食。口に含む。〘茹〙ごちそうを食う。野菜を食う。かみ砕いて汁をすう。

【くるしむ】　〘苦〙つらい思いをする。なやみくるしむ。〘困〙こまる。さしつかえる。抜け道がなくて弱る。〘窘〙まわりを取りまかれて動きがとれない。困と同様。〘阨〙・〘戹〙しめつけられて動けない。行きづまって難儀をする。

【くれ】　〘晩〙日の入りかかるころ。〘暮〙日没ごろ。〘昏〙日没後。

【くろい】　〘黒〙まっくろい。白の反対。〘玄〙赤味のある黒色。また、黒と同じ。〘皁〙色が黒い。〘緇〙着物をまっくろに染めたもの。〘黔〙すみのように黒い。〘黎〙・〘黧〙黄を帯びた黒。〘黝〙青味がかって黒い。〘涅〙土が黒い。〘黯〙まっくろい。黒く暗い。

【くわしい】　〘精〙細かく念入り。粗の反対。〘詳〙一つ一つ明細にする。略の反対。〘委〙残さず。すみずみまでみんな。

ケ

【けがす】【けがれる】　〘汚〙よごれる。水が濁ってくさったようになる。〘穢〙むさくるしい。不潔。田に雑草が生じてきたない。〘浼〙物に触れてよごされる。〘涴〙泥まみれ。〘溷〙・〘圂〙乱れ濁ってよくわからない。便所の不潔。〘褻〙あかがついてよごれる。なれすぎてけじめを失う。〘瀆〙・〘黷〙あかでにごる。褻と同様。〘衊〙血でよごれる。

【けずる】　〘削〙けずって少なくする。刀でけずり取る。〘刊〙でこぼこをけずって切りそろえる。〘刪〙悪いところを取りかえて作りなおす。書物を改め定める。〘抗〙・〘刓〙かどをすりへらす。〘斲〙切り取る。〘鏟〙・〘剗〙けずって取り除く。土地などを平らにする。〘刬〙えぐりとる。

【ける】　〘蹴〙足でける。〘踢〙けあげる。〘蹶〙けとばす。

コ

【こいねがう】　〘冀〙欲望を持つ。うかがい望む。〘庶〙それに近い。手近なことを願う。〘尚〙あこがれる。〘希〙希望。万一できればよいと願う。

【こう】　〘請〙どうか。願い求める。ようすをうかがい問う。〘乞〙ねだる。もらいたいとたのむ。〘丐〙せがむ。

【こえる】　〘越〙はずみをつけてとびこえる。〘踰〙・〘蹫〙・〘逾〙すぐれる。のりこえる。〘超〙おどりこえる。カーブを描いて障害を越える。〘跋〙ふみこえる。草をふみ分けて進む。〘躐〙順序を越える。〘肥〙ふとる。たくましい。〘腴〙あぶらぎって肉付きがゆたか。〘沃〙地味がこえている。

【こころみる】　〘試〙使ってためす。〘嘗〙ちょっと様子を見る。〘験〙ききめをためす。しるしをためしみる。〘診〙考えしらべみる。

【こころよい】　〘快〙心にゆとりがある。愉快。たのしい。〘佼〙気持ちがさっぱりする。〘逞〙のびのびとする。思いきり進む。〘愜〙しっくりする。満足する。〘慊〙・〘謙〙あきたる。満足する。

【こたえる】　〘答〙返答する。先方のことばを受けて返事をする。〘対〙問いに対し一つ一つ答える。目上の人に答える。〘応〙うけこたえする。ひびく。

【ことごとく】　〘尽〙残らず。だんだんとどりつくす。〘悉〙ありたけ。全部。〘畢〙しまいまで。〘殫〙・〘単〙極端まで行きつくす。残るくまなく。

【ことに】【ことなる】〘殊〙とくべつに。他のものを離れて。〘異〙違う。他と変わった。怪しい。同の反対。〘特〙とりわけ。多くの中でただひとつ。

【ころ】〘頃〙近ごろ。近来。〘比〙その時まで。ころおい。〘間〙このごろ。

【ころす】〘殺〙生命を取る。生の反対。〘誅〙罪を責めて殺す。〘弑〙計画的に目上の者を殺す。〘戮〙罪人を殺してみせしめにする。〘虔〙むりに殺す。そこないころす。罪のない者を殺す。〘劉〙・〘鏖〙バラバラにして殺す。殺して後を残さない。〘戕〙一気に殺す。害を加えて殺す。〘殛〙はりつけにする。

—サ—

【さかい】〘境〙限られた範囲の中。領地内。〘界〙さかいめ。くぎり。〘域〙区域。〘疆〙さかいめの土手。

【さかずき】〘杯〙・〘桮〙・〘盃〙木製や磁器製のさかずき。〘盞〙・〘醆〙小さいさかずき。ちょこ。〘觴〙角製の小さいさかずき。〘觥〙角製の大きいさかずき。五升または七升入り。〘爵〙小鳥の形をして足のついたさかずき。礼式に用いる。〘卮〙大さかずき。四升入りさかずき。〘觚〙長い形のさかずき。二升または三升入り。〘觶〙ひょうたん型のさかずき。三升または四升入り。

【さかん】〘盛〙だんだんよくなる。充実する。衰の反対。〘昌〙だんだん明るくなる。さかえる。〘隆〙高く盛りあがる。替・汚の反対。〘壮〙気力が強い。強大。〘熾〙火がもえあがる。熱が強い。威勢がよい。〘旺〙勢いがよい。大きく広がる。

【さく】〘裂〙布などを引きさく。〘扡〙木のもくめにそってさく。〘拆〙切れ目を入れる。開けさける。〘割〙刀でさく。切り取る。〘剖〙まんなかから二つにたちわる。〘坼〙土地がひびわれる。亀裂。〘劈〙刀やおのでたちわる。〘擘〙手でひきさく。つんざく。〘撕〙やぶる。引きさく。〘刳〙えぐり取る。〘析〙細かく分ける。

【さけぶ】〘号〙大声を出す。のどのかすれるような声を出す。〘叫〙のどをしぼってさけぶ。〘喊〙ときのこえをあげる。〘喚〙口をそろえてやかましくさけぶ。

【ささえる】〘支〙もちこたえる。つっぱる。〘拄〙・〘撐〙力を入れてつっぱる。手をつっぱって立てる。〘攔〙おさえとめる。しきりから外に出さないようにする。〘障〙さえぎる。〘礙〙じゃまをする。さまたげる。

【ささげる】〘捧〙両手で物を受ける。〘擎〙高くさし上げる。〘献〙貴人や神社に物をさしあげる。

【さしはさむ】〘挟〙両方からはさむ。〘挿〙間にさしこむ。〘搢〙帯の間などにさしこむ。

【さす】〘指〙ゆびさす。さしずする。〘斥〙ずばりと指さす。指摘してしりぞける。〘差〙指示する。〘挿〙さしこむ。〘刺〙とげをたてる。刀でさす。〘揕〙ねらってつきさす。〘擢〙魚などをさす。〘攙〙突きさす。つっこむ。〘螫〙毒虫がさす。

【さとい】〘怜〙さえている。〘校〙わるがしこい。ずるい。〘哲〙知恵がすぐれている。ものしり。はっきりわかる。〘知〙・〘智〙理解力がするどい。ズバリとあてる。心の働きがはやい。〘悟〙迷いがとけて、道理がわかる。〘敏〙すばやい。かしこい。〘恵〙・〘慧〙小りこう。気がきく。〘聡〙耳がよい。わかりが早い。〘黠〙こざかしい。〘叡〙思考力がある。理解がすぐれている。

【さとす】【さとる】〘了〙きっぱり結末をつける。はっきり理解する。〘悟〙思い当たる。ハッと気がつく。迷いが開ける。〘覚〙感じる。目がさめる。ハッと会得する。〘暁〙暗かったのが明るくなる。だんだんわかってくる。〘喩〙・〘諭〙心によくのみこむ。納得させるように言い聞かせる。〘達〙なんのさしつかえもなく理解する。ゆきとどく。〘憬〙気がつく。悟と同様。〘泠〙すっきりわかる。

【さらす】〘暴〙・〘曝〙・〘瀑〙雨ざらし。むき出しになる。日光にさらす。〘晒〙・〘曬〙何度も日に干す。虫干し。〘肆〙並べたてる。罪人を殺して死骸を陳列する。〘漂〙水や薬につけて白くする。

【さる】〘去〙立ち去る。出て行く。〘行〙よそへ立ちのく。〘除〙とりのぞく。かたづける。〘違〙その場を離れる。〘避〙よけてにげる。〘距〙遠ざかる。へだたる。〘謝〙別れて立ち去る。〘掲〙断ち切る。

【さわぐ】〘騒〙いらいらして乱れさわぐ。いそがしげに乱れる。〘噪〙鳥などがむらがってさわぐ。うわずってがやがやする。〘譟〙人々がやかましくさわぐ。うわずってがやがやする。〘躁〙あがく。落ち着かない。静の反対。〘鬧〙争いさわぐ。

—シ—

【しきりに】〘切〙ぴったりと。さしせまって。〘頻〙おいかけおいかけ。せわしなく。たびたび。〘薦〙・〘荐〙・〘洊〙重なりつづく。〘連〙引きつづき。間断なく。〘累〙かさねて。たたみかけて。〘仍〙うちつづいて。以前に変わらず。

【しく】〘布〙平らにしき並べる。あまねく行きわたる。しき広げる。〘敷〙ぴたりとしく。むしろなどをしく。布と同様。〘鋪〙並べて置く。しきのべる。〘播〙ひろく言い広める。たねをまく。一面にまきちらす。〘施〙広げる。行きわたらせる。〘席〙しきものにする。〘藉〙

草を下にしく。下じきにする。〘薦〙しとねにする。〘如〙・〘若〙かなう。及ぶ。

【しげる】【しげし】　〘茂〙・〘楙〙盛んに伸びる。一木一草についていう。〘蕃〙たくさんの草がしげる。〘繁〙ごたごたと入りまじる。多くてこみいっている。簡の反対。〘稠〙密集する。稀の反対。〘茲〙・〘滋〙ひろがって盛んになる。増しひろがる。〘孳〙家畜などが繁殖する。

【しずか】　〘静〙じっとして動かない。動の反対。落ち着いている。躁の反対。〘間〙ひま。用事がない。忙の反対。〘閑〙ひま。ゆったりとしている。間と通用。〘謐〙世の中が治まる。声を立てない。〘闃〙人けがない。ひっそりとしている。〘靖〙安静。やすらか。疾の反対。〘徐〙ゆるやか。ゆっくり。疾の反対。心を動かさない。〘寂〙さびしい。物音をたてない。ものしずか。〘恬〙心安らか。〘舒〙のびのびとしている。ゆとりがある。

【しずむ】　〘沈〙・〘湛〙水の底にしずむ。〘淪〙しずみかくれる。おちぶれる。〘湎〙酒色におぼれる。〘湮〙うもれる。ほろびる。

【したがう】　〘従〙・〘从〙ついて行く。服従する。たがわない。〘順〙すなおでさからわない。逆の反対。〘随〙おともをする。後につきしたがう。任せてついてゆく。〘循〙添って行く。〘遵〙法則にしたがう。きまりにしたがう。〘率〙ついてまわる。循と同様。〘徇〙・〘殉〙身を捨ててしたがう。〘扈〙貴人の後につく。〘陪〙貴人のそばにはべる。つかえる。おともする。〘遜〙反対しない。はりあわない。〘服〙付きしたがいあやまる。ひれふす。〘趁〙追いかける。乗ずる。〘跟〙後についてゆく。〘馴〙適応する。順応する。〘遹〙したがい守る。〘若〙そのとおりになる。

【しばしば】　〘数〙同じことが重なる。たびたび。疎の反対。〘屢〙何度も。引き続いてしきりに。〘亟〙手をかえ品をかえ。せわしく。〘驟〙どんどん進んで。すみやかに。

【しばらく】　〘暫〙・〘蹔〙短い時間。久の反対。〘姑〙・〘且〙まあまあちょっと。さしあたって。かりに。〘少〙すこしの間。〘頃〙ちょっと時間を経て。〘薄〙いささか。何ということもないが。ちょっと。

【しむ】　〘使〙いいつけてさせる。使役の意に広く使う。〘令〙命令する。こちらではっきりした言いつけを出して物事をさせる。〘教〙教えさとしてさせる。指揮する。ひそかにさせる意に使うこともある。〘遣〙つかわす。拘束しないでまかせる。〘俾〙助け益す。使と同様。

【しりぞく】　〘退〙後へさがる。進の反対。〘却〙あとしざりする。避けてしりぞく。はねつける。〘斥〙おしのける。おいはらう。〘屏〙おいはらう。人払いをする。〘擯〙にくみしりぞける。仲間からはじき出す。〘黜〙官位などを引き下げる。陟の反対。〘踆〙後へさがる。

【しる】　〘知〙心の底から理解する。よく納得する。〘識〙見知る。気にとめる。認める。

【しるす】　〘記〙おぼえておく。忘れないように書きとめる。〘紀〙順序だてて書く。すじみちをしるす。記と通用。〘志〙・〘誌〙・〘識〙書きしるす。文章などを書く。〘録〙書きつける。〘署〙念を入れてしるす。姓名を書く。

【しろい】　〘白〙白色。潔白。明白。黒の反対。〘素〙染めてない絹布。きじ。飾りけない。むき出し。〘皎〙・〘皓〙・〘皚〙月や雪の色が白い。〘顥〙白く光る。

―ス―

【ず】　〘不〙しない。そうでない。してはならない。〘弗〙できない。事が起こらない。不よりも重い。また、不と通用。〘未〙まだしない。已の反対。また、不と通用。

【すぎる】　〘過〙通りすぎる。しすぎる。越える。〘浮〙浮かびあふれる。一方が程度を越す。〘淫〙楽しみにふけって度をすごす。〘軼〙突き出る。追い越す。走り去る。〘邁〙進んで行く。

【すくう】　〘救〙・〘捄〙助けまもる。〘拯〙助けて引き上げる。すくいあげる。〘振〙ほどこしたすける。〘済〙渡してやる。困難の場を越させる。〘援〙引っぱってたすける。〘抔〙手で水や土をすくいあげる。〘抄〙物をすくい取る。〘掬〙両手で汲(く)み上げる。〘掏〙手さぐりで取り出す。〘橾〙あみなどですくう。〘賙〙めぐむ。足してやる。

【すくない】　〘少〙数量が多くない。多の反対。幼い。〘寡〙じゅうぶんでない。人数がすくない。衆の反対。〘鮮〙めったにない。たいへんすくない。〘尠〙非常にすくない。鮮と同義だが、多く「不」につづけて、否定形に使う。

【すすむ】【すすめる】　〘進〙だんだんと向こうへ行く。進歩する。さし出す。退の反対。〘晋〙日が出て万物が進み長ずる。進と同様。〘前〙前方に出る。〘漸〙いつとなしにじりじりと増す。〘勧〙努力させる。精を出させる。〘薦〙神に物をそなえる。差し上げる。推薦する。〘羞〙食物をすすめてごちそうする。また、進と同様。〘侑〙飲食をすすめる。〘奨〙ほめてはげます。

【すでに】　〘既〙もはや。尽きる。し終わる。その時から以後。将の反対。〘已〙し始める。その状態にはいっている。未の反対。〘業〙いったん…したからには。

【すてる】　〘舎〙・〘捨〙すておく。取り上げない。ほうっておく。〘棄〙うっちゃる。なげすてる。〘捐〙不要な物として片づけてしまう。〘替〙やめにする。〘委〙まかせきりにする。かまってやらない。〘釈〙手から放す。置く。〘廃〙いらない物とする。

【すなわち】〖則〗…は。…すれば。…にしてみれば。原因結果の関係や、他と区別していう場合に使うことが多い。〖即〗すぐさま。とりもなおさず。〖乃〗・〖迺〗そこで。ここに。はじめて。ようやく。しかるに。かえって。しかも。〖便〗すぐに。そのまま。それについて。てがるに。てばやく。また、即と同様。〖輒〗そのたびごとに。〖曽〗それで。それでも。かねて。〖載〗さて。かつは。…したり…したり。

【すべて】〖凡〗おしなべて。広くゆきわたって。〖都〗よせあつめて、全部。残らず。〖総〗しめくくって。いっしょに合わせて。〖統〗ひとまとめ。一つにまとめて。〖渾〗ひとまとめにして。一面に。

【すみやか】〖迅〗飛ぶように速い。〖速〗ぐずぐずしない。はやい。遅の反対。〖亟〗・〖棘〗急にする。さしせまる。すばやい。ゆるまない。〖革〗ピンと緊張する。たるまない。〖愒〗あわただしい。〖遄〗・〖還〗てばやく。機敏に。〖趣〗いそいで。〖遬〗すばやい。

【すむ】〖住〗止まる。住居とする。〖栖〗・〖棲〗巣にいる。かりに棲む。一時的にいる。〖清〗にごっていない。きよらか。濁の反対。〖澄〗水がすきとおって動かない。清く静か。

―セ―

【せまい】〖狭〗広くない。〖阨〗・〖陒〗・〖隘〗間隔がせまい。谷間などがせまい。〖窄〗内部がせまい。きゅうくつ。〖陋〗きたなくせまい。いやしい。〖褊〗着物の身はばがせまい。受け入れる量が不足。度量がせまい。

【せまる】〖迫〗おしつまる。せわしい。〖逼〗・〖偪〗間近くつめよる。〖薄〗ぴたりとくっつく。〖促〗せわしくなる。さいそくする。〖挨〗むりに近づく。〖拶〗おしせまる。〖遒〗ひきしめる。そばへよる。〖躄〗間がちぢまる。

【せめる】〖攻〗武器で攻める。欠点をつく。非難する。〖責〗とがめる。罪をせめ正す。さいそくする。責任を追及する。〖誅〗罪をとがめて許さない。〖譲〗わけを問いただす。口でせめしかる。〖譴〗ことばで強くしかる。上から罪をとがめる。〖数〗罪を数えたててせめとがめる。〖謫〗・〖讁〗怒ってとがめる。〖譙〗しかりつける。こごとをいう。〖誚〗そしりとがめる。非難する。〖誶〗ののしりとがめる。悪口をいう。

―ソ―

【そう】〖添〗少しずつ足し加える。〖沿〗つきしたがう。そって行く。〖傍〗よりそう。そばによる。〖副〗補佐する。〖弐〗かけがえにする。代わりになる。また、副と同様。

【そこなう】〖傷〗きずつける。〖残〗いためつける。ほろぼす。殺傷する。そこないやぶる。〖害〗きずつけそこなう。うちこわす。わざわいになる。利の反対。〖戕〗むごくそこなう。うち殺す。〖賊〗ひそかに害する。害を与える。〖忮〗ねたんで害をする。〖虐〗いじめる。〖暴〗乱暴する。〖損〗不足してやぶれる。損害を与える。益の反対。〖擠〗くじく。

【そしる】〖非〗非難する。正しいと思わない。〖誹〗人の欠点をさしてそしる。非と同様。〖謗〗かげ口をいう。〖訕〗悪口をいう。〖詆〗反対して悪くいう。しかりつける。〖訾〗あらさがしをしてそしる。〖刺〗あてこする。針で刺すようにそしる。美の反対。〖毀〗ひどくそしる。誉の反対。〖譏〗そしり笑う。失敗をとがめてそしる。〖譖〗じわじわとそしる。〖損〗けなす。けちをつける。〖謷〗おおぜいで非難する。〖讒〗あしざまに告げ口をする。

【そそぐ】〖注〗水をつぎうつす。川が流れ入る。〖沃〗ざぶりとくみかける。〖洎〗水を入れる。〖淋〗したたる。たらたらそそぐ。〖湔〗水洗いする。〖溉〗みぞを作って水を引き入れる。〖灌〗水を流しこむ。草木に水をやる。〖潑〗水をはねかける。ちらす。〖澆〗水をまぜる。水をかける。〖濺〗ほとばしらせる。ぱっとひっかける。〖瀉〗どっと流し出す。水をかたむけてまき散らす。〖洒〗・〖灑〗水をうつ。水をまく。

【そなえる】〖備〗全部そろう。用意する。〖具〗手落ちなくそろう。不足がない。〖供〗用に立てる。おそなえする。〖庀〗並べてととのえる。

【そばだつ】〖側〗横に向ける。正面でない。〖峙〗山がそびえ立つ。〖敧〗一方があがる。ななめに立つ。〖傾〗かたむく。片方がさがる。

【そむく】〖北〗・〖背〗背をむける。うらがえしになる。〖反〗はむかう。逆方向に向かう。〖叛〗・〖畔〗離れ去る。うらがえる。ひっくりかえる。心変わりする。〖乖〗さからう。すねる。くいちがう。離れる。〖舛〗たがいちがいになる。さからう。〖負〗うしろむきになる。〖倍〗うらはらになる。二つにわかれる。〖睽〗・〖暌〗そむきはなれる。合わない。

―タ―

【たいら】〖平〗高低がない。平均。〖夷〗ひくい。けわしくない。なだらか。〖坦〗平安。起伏がない。〖蕩〗広く平ら。

【たえる】〖任〗力が続く。引き受ける能力がある。〖耐〗たえしのぶ。もちこたえる。〖堪〗がまんする。しんぼうしてなしとげる。〖勝〗たゆまない。うち勝つ。がんばりとおす。〖殄〗滅びる。ねだやしにする。〖絶〗糸などが切れる。〖剿〗・〖殲〗とだえる。たちきれる。

【たおれる】【たおす】 〘倒〙あおむけにたおれる。ひっくりかえる。さかさまになる。〘仆〙・〘扑〙うつぶせになる。横にたおれる。〘僵〙ふんぞりかえる。〘斃〙・〘斃〙たおれて死ぬ。うちたおれる。〘踣〙つまずきたおれる。ころがる。〘殪〙たおれ死ぬ。〘蹶〙・〘蹷〙つまずきたおれる。はずみがついてころぶ。〘顚〙まっさかさまにころげる。

【たかい】 〘高〙上方にある。広く使う。下・低・卑の反対。〘危〙きり立ってけわしい。〘喬〙せいが高い。すらりとして高い。〘崇〙高く尊い。きわめて高い。〘敞〙高くて平ら。高くひらける。〘昂〙・〘杲〙高くあがる。〘峻〙けわしく高い。とりつきにくい。〘隆〙中央が高い。ぽこりとふくらんでいる。〘巍〙高く大きい。

【たがいに】 〘互〙いれちがい。たがいちがい。〘迭〙・〘軼〙かわるがわる。入れかわりたちかわり。〘逓〙つぎつぎに受けつぎ送る。

【たがう】 〘違〙食いちがう。離れ去る。〘差〙少しちがう。一致しない。まちがう。〘忒〙すじみちをたがえる。〘錯〙たがいちがい。まちがう。〘舛〙乱れてそろわない。錯と同様。〘弐〙うらぎる。そむく。〘爽〙ふつうとちがう。

【たから】 〘宝〙珍重すべきもの。〘財〙人の役に立つもの。有用なもの。〘貨〙実用になる貴重品。金・玉。〘貲〙・〘資〙価値のあるもの。財産。〘賄〙布などの有用なもの。

【たき】 〘瀑〙たき。高所から落下する水。〘滝〙はやせ。急流。

【たくみ】 〘工〙手のこんだ細工。技術家。〘巧〙じょうず。器用。うまいぐあいに取り合わせる。拙の反対。〘匠〙職人。大工。

【たくわえる】 〘貯〙必要にそなえてためておく。〘蓄〙しまっておく。集めてしまいこむ。〘儲〙代わりを用意しておく。〘飣〙食物をとっておく。

【たけし】 〘健〙つよい。じょうぶ。〘梟〙・〘驍〙強くたけだけしい。猛勇。〘猛〙強くいさましい。はげしい。〘毅〙しっかりしている。思いきりよい。〘虣〙あらあらしい。〘悍〙性質があらあらしい。

【たけなわ】 〘酣〙酒宴の最中。〘闌〙盛りを過ぎる。衰えかける。

【たすける】 〘助〙力を添える。手助けする。〘介〙両方からはさみ助ける。〘扶〙ささえる。手を添える。〘丞〙持ち上げる。引き上げる。助け上げる。〘左〙・〘佐〙違うところを正し助ける。上の人を下からたすける。〘佑〙・〘祐〙助けてゆるまないようにさせる。上からたすける。〘亮〙・〘涼〙助けて明るい所へ出す。〘輔〙倒れないように助ける。〘払〙・〘弼〙ゆがみをなおす。わきみちへそれぬように助ける。〘相〙手引をしてやる。相手の力になる。君主の力になる。〘毘〙・〘毗〙増してやる。わき道へそれないようにしてやる。〘援〙・〘掾〙引き上げて救う。あとおしする。〘資〙財物を与えて助ける。資本を与える。〘賛〙ことばで助けすすめる。援助してなしとげさせる。〘裨〙足りないところをおぎなう。

【たずねる】 〘尋〙すじみちをたどる。〘討〙さぐる。さがし求める。たずねきわめる。〘訊〙ききただす。とりしらべる。〘訪〙訪問する。〘温〙おさらいする。心に持って忘れないようにする。〘繹〙糸口を求めてひき出す。〘原〙根本をたずねる。

【ただ】 〘唯〙・〘惟〙ただそれだけ。ひとすじに。〘但〙他を除いて。以外。〘徒〙むなしく。なにもなしにただ。〘只〙こればかり。〘啻〙それればかりでなく。反語・打ち消しをともなって使う。〘翅〙啻と同様。〘止〙ほかにない。これで止まる。〘弟〙・〘第〙それはしばらくさておいて。まあまあ。〘直〙やっと。しかし。もっぱら。ただちに。まっすぐに。〘祇〙・〘秖〙しかし。ただし。〘特〙ことに。とくべつに。

【たたかう】 〘戦〙戦争。〘鬪〙一人一人で勝ちをあらそう。〘鬨〙闘と同様。

【たたく】 〘叩〙・〘扣〙軽く打つ。とんとんとたたく。〘敺〙・〘殴〙なぐる。〘椓〙うつ。つつく。〘敲〙こんこんとたたく。金石などを強く打つ。

【ただす】【ただしい】 〘正〙まっすぐ。ゆがみがない。邪の反対。〘貞〙正しさを固く守り持つ。〘端〙きちんとしている。〘匡〙正し救う。〘糺〙・〘糾〙とりしらべる。〘訂〙文書のまちがいを訂正する。〘質〙疑問をたずねる。問いただす。〘格〙きちんと正しくする。〘規〙いましめ正す。法則に従わせる。〘弾〙罪をせめる。〘弼〙ゆがみをなおす。〘督〙とりしまる。いましめ正す。〘董〙監督する。〘飭〙正しくととのえる。〘諟〙とりはからってうまくおさめる。

【たちまち】 〘忽〙にわかに。ふっと。思いがけなく。〘乍〙ちらりと。一定しない。変化しがち。〘迮〙ひょっこり。にわかに。〘倏〙ちょっと。速く。〘斗〙ふいと。急に。〘旋〙すみやかに。すぐに。〘奄〙・〘溘〙いつのまにか。不意に。〘輒〙ぷいっと。

【たつ】 〘立〙立っている。安定する。〘起〙立ち上がる。すわっているものが起き上がる。〘建〙押し立てる。初めて作る。〘樹〙・〘植〙樹木を植え立てる。しっかり立てる。〘竪〙横のものをたてにする。〘興〙おきあがる。高くなる。盛んになる。〘譢〙起き上がる。〘断〙二つに切り離す。〘絶〙細長いものを切る。連続するものを切って、後をなくす。〘裁〙布をたち切ってほどよくする。〘截〙ちょんぎる。〘製〙したてる。衣服を切ってうまく作りあげる。〘殄〙滅ぼしつくす。〘剿〙殺す。

【たっとい】【たっとぶ】 〖尊〗尊敬すべきもの。〖貴〗徳・年齢・地位などが高い。卑の反対。〖尚〗上の身分・官位が高い。ねだんが高い。〖崇〗神のようにあがめたものとして立てる。あがめたっとぶ。

【たに】 〖谷〗・〖壑〗山と山との間のくぼみ。〖渓〗・〖谿〗・〖澗〗谷川。

【たのしむ】 〖楽〗心におもしろく感ずる。苦の反対。〖娯〗なぐさむ。うさばらしをする。〖嬉〗遊びたわむれる。〖衎〗おだやかに楽しむ。満足する。〖悰〗よろこびたのしむ。〖虞〗安心する。〖憪〗ゆったりする。心がたのしい。

【たのむ】 〖頼〗たよりにする。よりかかる。〖負〗うしろだてにする。かさにきる。〖恃〗心のたよりにする。〖怙〗心のよりどころにする。かたく、あてにする。〖憑〗もたれかかる。〖托〗・〖託〗まかせる。たよる。

【たま】 〖丸〗弾丸。〖玉〗美しい石。〖珠〗水中から出た貝類のたま。真珠など。〖圭〗上が三角にとがった宝石。〖璧〗穴のあいた貨幣の型をした丸い宝玉。〖球〗まりのような形をした玉。〖瓊〗赤色の玉。

【たまう】 〖給〗不足を足してやる。欠乏しないように与える。〖錫〗ほうびにくださる。〖賜〗錫に同じ。また、特別に許可される。〖貺〗ほうびをいただく。

【たまたま】 〖偶〗ふと。思いがけず。〖適〗ちょうどその時。〖会〗その時に出会う。〖党〗しきりに。かさねて。

【たりる】 〖足〗じゅうぶんにある。欠けない。〖贍〗ゆきわたる。たっぷりとある。〖給〗不足なく暮らしてゆける。

―チ―

【ちかい】 〖近〗へだたっていない。遠の反対。〖邇〗すぐそば。手近。遐の反対。〖殆〗ほとんど。あやうく…する。〖庶〗だいたい同じ程度。〖幾〗ほとんど…しかかる。

【ちかう】 〖誓〗口で約束する。心に決心する。〖盟〗神に祈ってちかう。堅い約束をする。〖矢〗心にきめて変えない。

―ツ―

【ついに】 〖遂〗それがもとで。そのことによって。成しとげる。〖終〗おわる。してしまった。始の対語。〖竟〗あげくのはてに。とどのつまりに。とうとう。〖卒〗けっきょく。最後に。〖迄〗…までいたる。おわる。

【つかえる】 〖仕〗主人を持つ。奉公する。けらいになる。〖事〗目上の人の用事をする。

【つかさどる】 〖司〗支配する。目をつける。〖掌〗取り扱う。〖主〗主となって扱う。主任。〖典〗下の者を引きまわす。〖宰〗さしずする。〖職〗役を引き受ける。

【つく】 〖突〗急につきあたる。突き出る。〖撞〗打ちあてる。棒でつく。〖衝〗ぶつかる。つきあたる。〖擣〗うすでつく。きねでたたく。〖搗〗うすづく。〖舂〗うすでひく。〖搶〗つきさす。つっぱる。〖槍〗とどく。いたる。〖着〗・〖著〗身につける。ぴったりつく。〖付〗授ける。渡す。〖附〗つき従う。つきそう。〖就〗そこへ行く。近づく。よりそう。去の反対。〖即〗その場で。地位につく。よりそう。死ぬ。離の反対。〖傅〗こびりつく。〖憑〗のりうつる。よりすがる。〖麗〗くっつく。付着する。上のほうにひっかかる。

【つぐ】 〖次〗順序につづく。第二位。〖亜〗第一位のつぎ。すぐ後につづく。〖継〗後をつづける。絶えたものをつぐ。〖続〗つづく。別々なものがつづく。断の反対。〖紹〗受けつぐ。〖嗣〗世つぎ。あととり。〖襲〗そのままかさねて受けつぐ。〖接〗つぎ合わせる。〖賡〗他人の詩歌につづける。まねをする。〖纘〗しごとを受けつぐ。〖注〗そそぐ。

【つくる】 〖作〗こしらえ始める。考え出す。〖造〗道具や品物をつくる。組み立ててつくる。〖為〗こしらえる。つくりなす。〖製〗くふうしてしたてあげる。見はからってつくる。

【つげる】 〖告〗人に事がらを知らせる。〖誥〗天子から人民へ知らせる。上から下へ布告する。〖語〗話し聞かせる。〖諗〗忘れないようにいましめつげる。〖赴〗・〖訃〗凶事を知らせる。〖控〗うったえる。〖暁〗申し上げる。さとしかす。〖辞〗説き聞かせる。話しかける。〖謁〗申し上げる。行って話す。〖報〗しらせる。たよりをする。

【つつしむ】 〖謹〗念を入れる。こまかく注意深くする。主として言語動作についていう。宋(そう)代は慎の代わりにも用いた。〖慎〗ひかえめにして用心する。主として心についていう。〖敬〗事をうやまい大切にする。〖恭〗ぎょうぎ正しくつつしむ。うやうやしくねんごろ。〖斉〗おごそかな態度。ものいみをしてつつしむ。〖毖〗うやうやしく気をくばる。〖虔〗おごそかにつつしむ。信仰心があつい。〖粛〗身を引きしめてきびしくつつしむ。〖祗〗身を引きしめてうやまう。敬意をささげる。〖恪〗堅くつつしむ。まちがいのないよう、慎重にする。〖欽〗おそれつつしむ。天子に対する敬語に使う。〖飭〗いましめつつしむ。〖愿〗うやうやしい。まじめで融通がきかないようす。〖矜〗自重する。うやまいつつしむ。

【つつみ】 〖堤〗・〖隄〗池の中に土を盛って橋のように通路としたもの。〖防〗川の両岸のどて。〖坡〗・〖陂〗池のまわりにきずいたどて。〖塘〗用水池のまわりにきずいたどて。水を抜くことのできるせき。

【つつむ】 〖包〗まわりを取りまわしてつつむ。

ふっくらとつつむ。〘裹〙丸くつつみこむ。〘温〙・〘薀〙中につつんでもらさない。〘韜〙つつんで外に見えないようにする。つつみかくす。

【つとめる】〘力〙がんばる。〘努〙力をこめてねばる。〘勉〙骨折る。むりをする。いましめて努力する。〘務〙困難をおかして努力する。〘強〙・〘彊〙堅い意志をもってやりとおす。〘勤〙・〘懃〙精を出す。苦しさをしのんで力を出しきるほどつとめる。〘忞〙・〘黽〙・〘勖〙・〘懋〙勉と同様。

【つなぐ】〘維〙離れないようにつなぎとめる。〘繫〙切れないようにつなぎつづける。〘羈〙・〘羇〙束縛して自由にさせない。

【つね】〘常〙ふつうの。ふだんの。一定した。変わらない。〘恒〙永久に変わらない。また、常と同様。〘庸〙平凡。変化しない。〘毎〙そのたびごとに。〘経〙一定不変の道理。〘彝〙永久に変わらない法則。守り行うべき手本。〘雅〙平生。もとから。〘願〙いつも。

【つまずく】〘曳〙かかとをふむ。〘跌〙足をふみはずす。〘跎〙よろめく。〘蹉〙足がねじれる。〘蹶〙足先で蹴り、はずみをつけて起き上がる。くいなどに足をひっかける。〘跲〙けつまずいてころぶ。〘躓〙けつまずく。ふみはずす。〘跋〙よろめく。つまずきころぶ。〘頓〙つまずきたおれる。〘踒〙足のすじをたがえる。足を折る。〘蹪〙けつまずいてよろめく。

【つまびらか】〘審〙はっきり確かめる。〘詳〙くわしい。こまかく。

【つみ】〘辜〙重罪。はりつけ。死体をさらす。〘罪〙法をおかす。過失。〘辟〙刑罰。〘謫〙罪をとがめる。左遷する。〘譴〙天罰。とがめるべき罪。

【つよい】〘強〙力がある。じょうぶ。堅くてしっかり。弱の反対。〘剛〙刃物が堅くするどい。くじけない。柔の反対。〘勁〙ゆるみがない。かたい。〘遒〙ひきしまって力強い。〘豪〙たけだけしい。高くすぐれている。〘毅〙しっかりしている。ねばりづよい。

【つらなる】【つらねる】〘連〙ずるずるつながる。〘聯〙連と同様。また、並び合わさる。〘列〙順序だてて並べる。配列する。〘陳〙平らに並べる。陳列する。〘羅〙しきならべる。〘廞〙衣服や車を庭に並べる。

ト

【とう】〘問〙といたずねる。便りをする。答の反対。〘訊〙問いただす。問いつめる。〘訪〙訪問する。相談に行く。〘咨〙相談する。〘詢〙ていねいに相談する。〘諏〙相談してみる。

【とおい】〘遠〙間が離れている。近の反対。〘迂〙まわりくどい。〘逖〙はるかにへだたる。〘遐〙はるかにとおい。〘闊〙広々として遠い。

【とおる】〘通〙通りぬける。つかえないで行きぬける。塞の反対。〘疏〙通路をつける。みちびく。〘達〙あまねく行きとどく。さしつかえがない。〘徹〙つきぬける。〘融〙とけあう。〘透〙すきとおる。通りぬける。〘亨〙すらすらと行く。行きわたる。

【とが】〘咎〙あやまちをとがめること。〘尤〙失敗をとがめる。〘科〙法律を犯すこと。

【とく】〘解〙とき離して別にする。〘釈〙ばらばらにする。離す。〘説〙道理を言い聞かせる。

【ところ】〘所〙方角・場所。物事。〘処〙定まった場所。住所。〘攸〙所と同様。

【とじる】【とざす】〘閉〙しめる。開の反対。〘杜〙ふさぐ。〘閟〙ふさいでかくれる。〘緘〙口をとじてふさぐ。〘闔〙門の戸をしめきる。〘闔〙合わせとじる。〘扃〙とびらを合わせてとじる。かんぬきをさす。〘鎖〙じょうをおろす。〘関〙かんぬきをさす。〘鍵〙じょうのさおをさす。

【ととのえる】〘調〙ほどよく加減する。〘斉〙そろえる。〘整〙きちんとする。秩序正しくする。

【とどまる】〘止〙動かない。進まない。動の反対。〘留〙とまっている。その場に残る。去の反対。〘停〙中途にしばらくとまる。場所を定めてそこにいる。〘住〙落ち着く。住所を定める。〘駐〙馬をとどめる。〘逗〙行く途中でとまる。〘淹〙久しい間いつづける。〘底〙行きついて止まる。

【となえる】〘唱〙・〘倡〙人に先立って言い出す。音頭をとる。〘徇〙触れまわる。広く知らせる。〘称〙名のる。呼ぶ。〘誦〙声を出して読む。

【ともに】〘与〙相手にする。〘共〙よりあって。共同して。〘倶〙皆。どちらも。いっしょに。〘偕〙皆。うちそろって。

【とらえる】〘囚〙罪人を捕らえて獄に入れる。幽閉する。〘俘〙とりこにする。〘捕〙つかまえる。おいかけてとらえる。〘虜〙いけどりにする。〘擒〙戦いに勝って手の内に入れる。あみにとじこめて捕らえる。〘拘〙ひっぱって束縛する。つかまえておく。〘捉〙手でつかまえる。

【とる】〘取〙取って自分のものにする。捨の反対。〘把〙手でつかむ。軽くにぎる。〘執〙堅く持って離さない。とらえる。〘采〙・〘採〙手でつみとる。えらびとる。〘征〙手に入れる。税をとりたてる。〘秉〙手に持つ。〘捕〙とらえる。〘挐〙・〘拿〙つかむ。〘捉〙つかまえて手に入れる。〘捋〙ひねる。つまむ。〘捫〙ひねる。〘摂〙合わせ持つ。身体に受け入れる。〘搏〙つかみとる。〘摯〙わしづかみにする。〘撮〙指でつまむ。〘撰〙そなえる。とり持つ。〘操〙手に持つ。しっかり持って正しく守る。あやつる。〘擥〙・〘攬〙集め持つ。引きつける。〘攫〙つかむ。わしづかみにする。〘資〙取って、もとでにする。〘搴〙抜き取る。

―ナ―

【なお】〘猶〙・〘由〙そっくりである。それでもやはり。まだ。〘尚〙そのうえに。さらに加える。〘仍〙もとのまま。またやはり。

【ながい】〘長〙形・時間などの長いこと。短の反対。〘永〙水流が広く長い。時間が長く、いつまでもつづく。〘修〙すらりとして長い。〘梃〙木が長い。

【なく】〘泣〙声をたてずになく。泣きじゃくる。〘啼〙声を出して、涙を出さずになく。〘哭〙涙を流し、大声をあげてなく。〘鳴〙声を出す。〘号〙なきさけぶ。〘雊〙おすのきじが鳴く。

【なげく】〘嘆〙・〘歎〙心に深く感じてためいきをつく。〘嗟〙感動して「ああ」と声を発する。〘咨〙嗟と同様。うらむ気持ちの場合が多い。〘慨〙・〘愾〙くやしがる。〘欷〙涙にむせぶ。すすりなき。〘惋〙おどろいてためいきをつく。〘伉〙・〘慷〙感情がたかまる。

【なす】〘成〙しあがる。とりまとめる。そろう。〘就〙完成までもってゆく。〘済〙なしとげる。困難を乗りこえて作り終わる。〘為〙物事を実行する。思う。みなす。〘作〙・〘做〙こしらえる。また、為と同様。

【なみ】〘波〙うねり。〘浪〙やや高い波。また、さざなみ。〘瀾〙大波。ゆるく大きくうねる波。〘濤〙大きなひびきをたてる波。

【ならう】〘習〙練習する。〘效〙まねをする。〘倣〙效と同様。〘肄〙芸術などを復習する。〘慣〙なれる。〘摹〙手本にする。見習う。

【ならぶ】〘並〙ならび立つ。〘幷〙・〘併〙合わせる。まとめる。〘双〙ひとつがい。〘儷〙一対になる。〘排〙多数のものを押しならべる。〘駢〙数多く並ぶ。

【なれる】〘慣〙習慣。〘馴〙なつく。だんだんしたしむ。〘狎〙なれしたしむ。なじむ。〘狃〙なれてつけあがる。慢性になる。〘褻〙なれて近づく。くつろいで心やすくする。〘瀆〙なれなれしくする。あなどる。

―ニ―

【にくむ】〘憎〙他人をにくみいやがる。つらにくい。愛の反対。〘悪〙きらう。いやになる。気持ちがわるい。好の反対。〘疾〙・〘嫉〙ねたましく思う。

【にげる】〘逃〙にげ出す。離脱する。〘遁〙・〘遯〙しりぞきにげる。ひっこんで姿を消す。〘亡〙かくれる。いなくなる。〘北〙敵に後ろを見せる。負けてにげる。〘逋〙隠れしのぶ。物を取ってにげる。

【にごる】〘濁〙かきまぜてにごす。清・澄の反対。〘混〙・〘渾〙入りまじってにごる。〘溷〙にごって不潔。

【にる】〘似〙…のようである。らしい。〘肖〙似合う。つりあう。生きうつし。同類のものの間についていう。〘烹〙料理する。にえとおらす。調味して中までにえるようにする。〘煮〙にえたたす。わかす。〘飪〙煮えかげん。食物をよく煮る。〘鑊〙かまゆでにする。〘煎〙につめる。せんじる。〘湘〙烹と同様。

【にわか】〘俄〙ただちに。わずかの時間。しばらく。〘造〙あわただしい。〘卒〙・〘猝〙ふと。だしぬけ。〘暴〙思いがけなく。急に。〘頓〙ひょっこり。急に。漸の反対。〘遽〙あわただしい。〘驟〙急速に。すみやかに。

―ヌ―

【ぬく】〘抜〙抜き出す。重なっている中から抜く。〘抽〙引きだす。（抜け出て、抜け切らない状態にある。）〘挺〙自分からひとり抜け出る。〘擢〙ぬきんでる。引き抜く。〘揠〙引きのばす。〘掐〙取り出す。

【ぬすむ】〘盗〙人の物を取る。〘窃〙人の目につかないようにそっとぬすむ。こそどろ。〘偸〙ちょっと間にあわす。すきを見てかすめとる。〘攘〙ねこばばする。〘阬〙むだにすごす。来たものを取って返さない。

―ネ―

【ねたむ】〘妒〙・〘妬〙妻が夫に対しやきもちをやく。〘媢〙夫が妻に対しやきもちをやく。〘嫉〙にくむ。すぐれた人をにくむ。

【ねる】【ねむる】〘寝〙ねどこにつく。〘寐〙寝こむ。寝入る。〘眠〙目をつぶってねつく。〘睡〙いねむり。

―ノ―

【のこす】【のこる】〘残〙あまりがのこる。〘遺〙とりのこす。わすれる。後にのこしておく。〘貽〙・〘詒〙後世に残す。

【のぞむ】〘望〙高いところや遠いところを見る。待ちのぞむ。うらむ。人に見上げられる。〘臨〙並べた物を見下ろす。〘涖〙・〘莅〙その場に顔を出す。〘觖〙うらみ見る。ねがう。

【のびる】〘申〙・〘伸〙曲がったものをのばす。〘延〙長く引きのばす。〘舒〙巻いたものを解き広げる。〘暢〙あまねくゆきわたる。のんびりする。

【のべる】〘述〙人のことばや行為を受けついでゆく。心にあることをことばに表していう。〘宣〙広く世にあらわし広める。〘泄〙・〘洩〙心をのびのびとさせる。〘展〙くり広げる。〘叙〙順序だてて言う。〘陳〙数えたてて言う。意見を一々並べたてる。〘演〙言い広める。〘遹〙受けついで述べる。述と同様。〘攄〙言いあらわす。解きひろげる。

【のぼる】〘上〙上にあがる。〘沖〙高くあがる。〘升〙・〘昇〙日がのぼる。すっと上にあがる。〘陞〙官職などを押しあげる。階段などをのぼる。〘陟〙山などをのぼる。〘登〙物の上にのぼる。〘躋〙升と同様。〘隮〙雲やにじがのぼる。また、躋と同じ。〘襄〙高いところにのぼる。〘騰〙おどりあがる。持ちあげる。

【のむ】〘飲〙液体をのむ。酒をのむ。〘呑〙まるのみにする。〘咽〙・〘嚥〙一口ずつのみこむ。

【のる】〘乗〙車に乗る。物の上にのっている。〘駕〙車に馬をつける。車に乗って行く。〘騎〙馬などにまたがる。〘馭〙馬に乗る。

―ハ―

【はかりごと】↓はかる

【はかる】〘忖〙人の心をおしはかる。〘図〙みつもりを立てる。工夫考案する。〘材〙きりもりして用いる。〘画〙くぎりをする。はっきりしたきまりを作る。〘咨〙相談する。〘度〙長さをはかる。おしはかる。〘挍〙・〘校〙くらべる。しらべる。数をしらべる。〘癸〙・〘揆〙まわりをはかる。コンパスで半径をはかる。〘計〙数をかんじょうする。みつもる。〘料〙ますの数を数える。あてがって見る。〘量〙ますの中の分量をはかる。大きさや範囲を測定する。〘揣〙手さぐりをする。〘測〙深さをはかる。〘評〙くらべる。しなさだめをする。〘猷〙よく考える。相談する。〘虞〙思いをめぐらす。用心する。〘謀〙相談する。〘詢〙・〘諏〙・〘諮〙質問し相談する。〘議〙判断する。議論する。たくらむ。〘擬〙おしはかる。相談する。〘権〙はかりで目方をはかる。

【はく】〘吐〙一口に外へはき出す。〘欧〙・〘嘔〙幾度もつづけてはく。〘喀〙カッとはく。〘噴〙勢いよくふき出す。

【はじめ】〘初〙時間のはじめ。〘始〙事のはじまり。〘元〙もと。最初。〘甫〙ようやく。はじまり。〘昉〙だんだん向かう。おいおいに。〘肇〙だんだん開ける。〘創〙新しくはじめる。

【はしる】〘走〙かける。にげる。〘奔〙まっしぐらに走る。戦場で逃げる。立ち退く。親の許可を得ないで嫁に行く。〘趨〙ちょこちょこ走る。小走りにいそぐ。〘赴〙追いかける。〘彍〙すばやく動く。

【はじる】〘恥〙心にはずかしく思う。〘辱〙はじをかかされる。不名誉だと思う。〘忸〙・〘怩〙心にハッとしてはずかしく思う。〘怩〙もじもじしてわるびれる。〘怍〙恥じて顔色を変える。〘羞〙はにかむ。きまり悪く思う。〘愧〙見苦しさを恥じる。〘慚〙・〘慙〙面目なく思う。〘赧〙赤面する。〘詬〙悪口をいわれる。

【はなつ】〘放〙手からはなす。〘発〙矢をいる。パッと手放す。〘釈〙すてる。置く。ゆるす。〘縦〙自由にさせる。

【はなはだ】〘太〙大いに。あんまり。しすぎる。〘忒〙非常に。〘苦〙ひどく。きびしく。〘狠〙たいへん。〘絶〙かけはなれて。すぐれて。〘甚〙きつく。ひどく。〘酷〙はげしく。手ひどく。〘孔〙甚と同様。

【はやい】〘早〙・〘蚤〙時間が早い。朝早く。晩の反対。〘速〙速度がはやい。すみやか。ひまどらない。遅の反対。〘迅〙非常に速い。〘駃〙馬が速く走る。〘駛〙馬が速い。にわか。〘暴〙はげしい。にわかに。〘捷〙すばやい。〘夙〙未明。夜明け前。非常に早く。〘疾〙急速。

【はらう】〘払〙ちりをはらう。〘捎〙はらいのける。〘除〙はらいのぞく。〘彗〙ほうきではく。〘掃〙ほうきでちりをはくように、はらい去る。〘撇〙ふるう。〘攘〙追いはらう。〘祓〙神に祈って災難などをはらう。〘禊〙みそぎして身を清める。

【はるか】〘迢〙高く遠い。〘迥〙場所が遠い。〘逴〙ぬけ出ている。遠い。〘遥〙へだたっている。〘遼〙・〘邈〙非常に遠い。〘遐〙遠いはての地。〘杳〙暗くかすか。〘敻〙遠くまで見渡す。

―ヒ―

【ひく】〘引〙弓を引く。ひく動作全体について広く使う。〘扱〙とらえる。〘拖〙・〘拕〙・〘拕〙横に引っぱる。〘曳〙・〘拽〙ひきずる。〘扳〙・〘攀〙引いてそりかえらせる。逆方向に引っぱる。〘延〙まねきよせる。引き入れる。〘抽〙引き出す。引き抜く。〘挐〙・〘拿〙じわじわと引きよせる。〘挽〙・〘輓〙力を入れて引く。綱で引っぱる。死者のひつぎをのせた車を引く。〘控〙ひかえる。〘減〙へらす。マイナスする。引きとめる。引き止める。〘掎〙引き抜く。〘曼〙長びく。〘牽〙引きつける。牛馬に綱をつけて前へ引く。〘弾〙はじく。楽器を演奏する。〘援〙引っかけて引き寄せる。〘掣〙押さえとめる。自由にさせない。〘揄〙引き上げる。〘惹〙つきまとう。ひきつける。〘摂〙とり入れる。〘搆〙引き寄せる。〘摟〙抱き寄せる。手を取って引き寄せる。〘鋸〙のこぎりでひく。〘彎〙弓を引きしぼる。〘轢〙車でひき倒す。

【ひげ】〘髯〙両ほほのひげ。〘髭〙鼻の下のひげ。〘鬚〙あごの下のひげ。

【ひさしい】〘久〙時を経る。〘寿〙命が長い。〘弥〙長引く。ゆきわたる。〘淹〙長く滞在する。

【ひそかに】〘私〙ないしょで。自分かってに。個人的に。公の反対。〘窃〙・〘竊〙人の知らない間。こっそり。けんそんの意に使う。〘陰〙かげで。かくれて。陽の反対。〘密〙外にもれないように。〘秘〙人に見せないように。〘暗〙目に見えない。人知れず。それとなく。〘潜〙かくれしのんで。もぐりこむ。

【ひたす】〘浸〙水にぬらす。〘涵〙水の中にはめこむように入れる。すっぽりとひたす。〘淹〙長くつけておく。〘漚〙長くつけてしみこます。〘漬〙つけてしみこます。〘漸〙いつとなくしみこます。〘擩〙染める。〘淪〙ゆでる。

【ひとしい】　〘均〙等分する。平均する。〘斉〙一様にそろう。区別をしない。〘等〙同じ。階級が同じ。〘侔〙同様である。くらべて同じこと。匹敵する。〘準〙なぞらえる。似ている。

【ひとり】　〘独〙一人。つれがいない。〘孑〙片一方だけ残す。〘惸〙独身。〘孤〙たよりにする者がいない。父がいない。〘特〙とりわけ。〘単〙添うものがない。〘隻〙一方。片方。

【ひねる】　〘撚〙よじる。〘捫〙なでてさぐる。〘捻〙・〘拈〙つまむ。ひねる。指先でつまんでひねる。

【ひま】　〘間〙・〘閑〙いそがしくない。忙の反対。〘暇〙用事がない。〘隙〙・〘郤〙すきまがある。不和。〘罅〙われ目ができる。穴があいて洩る。〘璺〙ひびわれる。不和になる。

【ひらく】　〘開〙門をあける。口をあける。広くなる。閉の反対。〘忻〙気が晴れる。心がひらける。〘拓〙手で押し開く。たたきわる。ひろげる。〘披〙左右にかきわける。領土を広げる。〘拆〙・〘柝〙ひきさく。〘発〙ぱっと開く。しまってあるものを取り出す。始める。口を切る。〘除〙はらいのぞく。割る。〘啓〙道を開く。口をあける。じゃまを取りのぞく。〘排〙押しのける。左右に押しひらく。〘辟〙・〘闢〙門のとびらを横に開く。密閉していたものを開いて通り道をつける。〘擗〙引きさく。〘闡〙明らかに表わす。〘胠〙横腹を切りあける。

【ひろい】　〘広〙せまくない。狭の反対。〘弘〙広く大きい。くつろぎがある。〘汎〙うわべに広がる。あまねく広がる。一般的に。〘宏〙深く広く大きい。〘閎〙内部が広い。宏と同様。〘博〙幅が広い。手広い。〘寛〙ゆったりとくつろぐ。〘闊〙・〘濶〙間が広い。幅が広い。〘瀚〙広大。

【ひろう】　〘拾〙寄せ集め整える。ひろいあげる。〘捃〙・〘攈〙・〘攟〙残らず拾い取る。〘掇〙いくつも拾う。〘摭〙拾い集める。

―フ―

【ふくむ】　〘含〙口に入れる。〘銜〙口にくわえる。

【ふさぐ】　〘窒〙穴がつまる。〘湮〙・〘陻〙・〘堙〙つかえる。〘闉〙とじる。かくれて見えなくする。すきまをふさぐ。〘錮〙とじこめる。〘閼〙ふせぎとどめる。すきまをふさぐ。〘塞〙じゃまがあって通れない。〘杜〙道に物を置いて通れないようにする。

【ふす】　〘臥〙横に寝る。〘伏〙顔を地につける。見えないようにかくれる。〘俯〙うつむく。仰の反対。〘偃〙横になる。やすむ。くつろぐ。

【ふせぐ】　〘防〙さえぎる。ささえる。来ないように用心する。〘干〙・〘扞〙・〘捍〙おさえとめる。害をふせいで身を守る。〘抗〙こばむ。抵抗する。〘拒〙・〘距〙寄せつけない。こばむ。〘御〙・〘禦〙はねつける。相手にしてふせぎとどめる。〘閑〙外へ出さない。

【ふむ】　〘踏〙・〘蹈〙・〘蹋〙・〘蹌〙ふみならす。はじまでとんとんとふんで平らにする。足拍子をふむ。〘践〙前の跡をふむ。足をそろえる。ふみ行う。〘履〙踏み歩く。足にはく。〘踶〙ひづめにかける。〘蹀〙あしぶみする。〘蹍〙ふみにじる。〘躅〙ふみ行う。〘躐〙あとをふむ。ふみ越える。〘躙〙ふみにじる。〘蹴〙ふみつける。あとを追う。くつをはく。〘蹂〙ふみしだく。

【ふるい】　〘古〙むかし。世代が古い。〘故〙もと。以前。〘陳〙ふるくさい。古くて役にたたなくなった。〘旧〙年月を経た。今ある新しい物事に対する、ふるい物事。

【ふるう】【ふる】　〘振〙ブルブルとふる。ふるい立つ。〘掉〙ふり動かす。〘揮〙手でちょっとふる。〘奮〙りきんで勇み立つ。鳥獣が飛び立つときにふるう。〘震〙雷などが物をふるい動かす。地面が震動する。〘戦〙がたがたふるえる。恐れおののく。そよぐ。〘顫〙手足がふるえる。戦と同様。

―ヘ―

【べし】　〘可〙してよい。できる。〘当〙まさに…べし。当然そうなるはず。〘応〙まさに…べし。当然そうなるだろう。〘合〙まさに…べし。ちょうどそうなりそうだ。〘宜〙よろしく…べし。もっともである。適当である。道理にかなっている。〘容〙ゆるす。…にしてやる。〘須〙すべからく…べし。必ずせよ。用いてほしい。期待する。

【へだてる】　〘隔〙間に物があって離れる。しきりを入れる。〘距〙間を置く。前後に離れる。〘間〙一つおきにする。間に物を入れる。〘阻〙じゃまをする。途中にけわしい所がある。道路山川がへだたる。〘障〙さえぎる。

【へつらう】　〘諂〙とりいる。きげんをとる。〘諛〙おべっかをつかう。人の気に入るようにへらへらする。

―ホ―

【ほえる】　〘吠〙犬がほえつく。〘吼〙猛獣が鳴く。〘咆〙大声でほえる。〘哮〙大声を出して怒りほえる。〘唬〙とらが怒りほえる。〘闞〙猛獣がたけりくるってほえる。

【ほこる】　〘誇〙大きなことをいう。自慢する。〘伐〙おおげさにいう。てがらがおをする。〘矜〙お高くとまる。気位が高い。〘詑〙じまんする。〘詡〙大きなことをいう。

【ほしいまま】〘放〙やりっぱなし。かまわない。〘恣〙・〘肆〙わがままかって。気ままに悪いことをする。〘擅〙ひとりじめにする。〘縦〙礼法や節度を守らず、わがままかってにする。拘束されない。

【ほぼ】〘粗〙細かくない。精の反対。〘略〙くわしくない。詳の反対。

【ほめる】〘美〙よいことをほめる。刺の反対。〘誉〙人をよくいう。真実以上にほめ過ごす。毀の反対。〘頌〙歌などに作って徳をほめたたえる。〘褒〙人中でほめあげる。品物やことばをほうびにやる。貶の反対。〘賞〙善行をほめてほうびを与える。罰の反対。〘賛〙・〘讃〙ほめことばを付け加える。知らない人に、ほめて知らせる。

【ほろびる】〘滅〙消えてなくなる。〘亡〙なくなる。有るものが無くなる。存の反対。〘泯〙あとかたがなくなる。〘喪〙とり失う。なくなる。得の反対。

―マ―

【まこと】【まことに】〘孚〙まごころが通じること。〘忱〙・〘諶〙誠意。〘亮〙・〘諒〙・〘涼〙約束をまもる。〘信〙言行が誠実。うそをいわない。〘恂〙・〘洵〙くれぐれも。ゆきとどく。〘悃〙至誠。うそいつわりがない。〘真〙ほんとうに。にせ物でない。〘悾〙実直。〘惇〙てあつい。〘款〙ていねい。ねんごろ。〘愊〙誠実な志。〘誠〙いつわりがない。自然で飾りがない。〘良〙ほんとうに。〘允〙うそでなく。〘固〙もちろん。〘苟〙誠と同様。〘実〙・〘寔〙事実。しっかりした根拠がある。虚の反対。

【まさに】〘正〙まさしく。まっすぐに。まともに。〘方〙今ちょうど。まっさいちゅう。さしあたり。〘且〙まさに…せんとす。今すぐに。また、将と同様。〘当〙まさに…べし。当然そうなるはず。〘応〙まさに…べし。当然そうなるだろう。〘昉〙ちょうど。はじめて。〘祇〙かえって。思わず。ちょうど。〘将〙まさに…せんとす。将来そうなるだろう。〘適〙たまたま。機会に当たる。

【まさる】〘勝〙勝つ。負の反対。〘愈〙比較してすぐれている。〘優〙すぐれている。余裕がある。〘賢〙人物がすぐれている。愚の反対。

【また】〘又〙そのほかにまた。別に。〘亦〙これもまた。やはり。〘復〙ふたたび。二度と。〘還〙もう一度。

【まつ】〘待〙来るのを待つ。あしらう。待遇する。〘俟〙なりゆきを待つ。〘候〙ようすをうかがう。〘遅〙待ち遠しく思ってまつ。今や遅しとまつ。〘須〙・〘需〙まちかねる。ぜひにと求めて待つ。〘徯〙待ち望む。

【まったし】〘全〙すべて。残るところなく。〘完〙欠けたところなく。

【まもる】〘守〙見張りをする。〘戍〙一つ土地にとどまって守る。〘護〙大事にしてかばう。〘衛〙取りまいて番をする。他をふせぎまもる。

【まれ】〘希〙・〘稀〙まばら。めずらしい。〘罕〙めったにない。たまたま。〘少〙すくない。絶えだえ。

―ミ―

【みぞ】〘洫〙田の間の水路。〘渠〙ほりわり。運河。〘溝〙田の用水路。どぶ。広さ深さ各四尺。〘瀆〙田の間の用水路。小さい渠。

【みだりに】〘叨〙思いがけなく。かたじけなく。〘妄〙むやみに。〘猥〙かろがろしく。何とも思わず。〘濫〙手当たりしだいに。差別なしに。〘漫〙でたらめに。いいかげんに。〘浪〙わけもなく。しまりなく。

【みだれる】〘乱〙すじみちが違う。秩序がととのわない。治の反対。〘虹〙・〘訌〙うちわもめする。内乱。〘紊〙もつれる。いりみだれて秩序が立たない。〘淆〙・〘殽〙いりまじる。〘淫〙まどう。ふける。度をすごす。〘滑〙・〘猾〙水をかきたててにごす。〘溷〙にごす。よごす。〘憒〙心が乱れる。道理がわからない。〘濫〙まぎれこむ。差別がなくなる。〘擾〙ごたごたする。〘譲〙内乱が起きる。〘攪〙かきまわして乱す。

【みち】〘道〙人の往来する道。人のふみ行うべき道。ひとすじ道。〘路〙街道すじ。東西をつなぐ道。各方面に通ずる道。世渡りのみち。〘径〙細道。〘涂〙・〘途〙・〘塗〙途中。一地から一地へ行くみちすじ。〘方〙方法。技術。〘軌〙軌道。車の通った跡。〘迪〙通路。〘詮〙道理。

【みちる】〘充〙すみずみまで行き渡る。〘牣〙充満する。〘盈〙だんだんとみちる。〘朔〙充実する。〘満〙いっぱいになる。〘実〙中にいっぱいになる。

【みどり】〘緑〙もえぎ色。青と黄の間色。〘碧〙そら色。あおみどり。〘翠〙るり色。ひすいの色。

【みね】〘峰〙山の細長くとがっているもの。〘嶺〙いただき。山の最高の所。〘岑〙小さい高山。

【みる】〘見〙見える。目にはいる。面会する。〘相〙様子を見定める。見立てる。〘看〙手をかざして見る。見つめる。見まもる。〘視〙注意して細かく見る。〘診〙うかがい見る。しらべ見る。〘睹〙・〘覩〙・〘覯〙目にとまる。〘閲〙調べ見る。〘覧〙並べた物に目を通す。〘瞻〙仰ぎ見る。〘観〙念を入れて見る。広く見まわす。見物する。喜んで見る。〘覵〙望み見る。〘覿〙お目にかかる。〘瞰〙高い所からうつむいて見る。見下ろす。〘監〙上からしらべ見る。〘察〙念入りにしらべる。くわしく見る。

―ム―

【むかえる】　〘迎〙出むかえて会う。〘逆〙向こうから来るのに対し、こちらから逆に出向く。また、迎と同様。〘迓〙・〘訝〙両方で待ち迎える。〘邀〙まちうける。さえぎって会う。

【むくいる】　〘校〙・〘挍〙しかえしをして張り合う。〘報〙おかえしをする。〘酬〙酒を行きわたらせる。杯をさしかえす。〘復〙もとへもどす。〘酢〙返杯する。

―メ―

【め】　〘目〙目全体をいう。〘眼〙目の中の黒白。

【めぐる】　〘帀〙・〘匝〙まわりをひとまわりする。〘回〙・〘廻〙ぐるぐる同じ道をまわる。ふりかえる。〘巡〙見まわる。〘周〙・〘週〙すみからすみまであまねくひとまわりする。〘旋〙中心のまわりをぐるぐるまわる。〘循〙つきしたがってゆく。〘運〙移り進む。自分から動いてまわる。〘繆〙うねうねとまがる。〘徼〙ぐるぐるまわる。〘縈〙取り巻く。からみつく。〘遶〙・〘繞〙とりまく。まといつく。〘還〙・〘環〙かこむ。まわりをいっぺんぐるりとまわる。〘瀠〙水が曲がり流れる。〘躔〙日月が空中を通る。

【めす】　〘召〙呼びよせる。〘辟〙役所から呼び出す。〘徴〙天子が召し出す。

―モ―

【もっとも】　〘尤〙すぐれている。〘最〙第一番。最上。

【もと】　〘下〙した。ふもと。〘元〙始め。首。〘本〙根本。末の反対。〘旧〙以前。まえかた。〘彔〙もともと。〘故〙むかし。今の状態になる前。〘素〙もともと。土台から。下地から。〘基〙土台。基礎。〘許〙ところ。〘原〙みなもと。始まり。起源。〘資〙もとで。資本。〘職〙もっぱら。主として。〘固〙もちろん。

【もとめる】　〘求〙ほしがる。たずねもとめる。〘干〙むりに求める。〘徇〙ほしがる。〘要〙まちうけ求める。むりに要求する。〘索〙さがし求める。〘討〙たずねる。〘覓〙道などをさがし求める。〘釣〙つる。ひっかけて得ようとする。〘需〙・〘須〙必要なものをまち求める。〘徼〙待ちもうけてねらう。〘蘄〙福を求める。

【もとる】　〘戻〙ねじれまがる。和の反対。〘忤〙・〘悖〙・〘誖〙さからう。強く反対する。〘払〙・〘怫〙そむく。〘很〙・〘愎〙人の意見を聞かない。ごうじょう。

【もの】　〘物〙形のある物。〘者〙上文の事物を受けて指示する。そのもの。人・事・所。

―ヤ―

【やく】　〘焼〙もやす。火をつける。〘灼〙あぶる。〘妬〙やきもちをやく。〘焚〙燃え移らす。燃えあがらす。〘熛〙木をつみあげて燃やす。〘燎〙燃えつく。

【やすい】　〘安〙心配がない。危なげなく落ち着く。〘易〙たやすい。てがる。やさしい。〘康〙たのしくやすらか。〘寧〙落ち着く。気が静まる。〘綏〙ゆったりと安定する。〘泰〙ゆったりとして安らか。〘廉〙ねだんが安い。

【やせる】　〘瘠〙やせつかれる。病気で骨が出る。〘痩〙やせほそる。肉が少なくなる。〘臞〙肉づきが少ない。〘毀〙喪に服してからだがやつれる。

【やぶれる】【やぶる】　〘敗〙負ける。失敗する。〘破〙こわす。めちゃめちゃにする。くさる。〘敝〙・〘弊〙古びてやぶれ切れる。使い古して悪くなる。〘傷〙きずつきやぶれる。心を痛める。〘壊〙くずれてそこなわれる。〘毀〙欠ける。こわれる。〘阤〙・〘隳〙くずれる。〘圮〙岸がくずれる。〘斁〙やぶれつぶれる。

【やまい】　〘疾〙急病。〘疢〙持病。長い病気。〘病〙病気が重くなる。〘疫〙流行病。

【やむ】　〘止〙止まりやむ。〘已〙終わる。〘休〙やすむ。やめる。〘息〙いこう。ひといきする。〘歇〙途中で切れる。〘輟〙途中で一時絶える。〘罷〙終わりにする。途中でやめる。〘弭〙止める。絶つ。〘寝〙やすむ。やめる。退職する。

【やや】　〘熄〙火が消える。ほろびる。〘稍〙すこしずつ。しだいに。〘較〙比較的。〘差〙ちょっと違う。〘良〙相当に。〘浸〙・〘寖〙いつのまにか。じりじりと少しずつ。

【やわらかい】　〘柔〙弾力のあるやわらかさ。しなやか。〘軟〙ぐにゃぐにゃしてやわらかい。ぬくぬくとやわらかい。

【やわらぐ】　〘和〙調和する。かどがとれて、まとまる。〘邕〙・〘雍〙・〘雝〙・〘廱〙おだやかにやわらぐ。のびのびと楽しむ。むつまじい。〘熙〙ゆったりと楽しむ。あたたかく、おだやか。〘融〙とけあう。のんびりして、とどこおりがない。〘諧〙調子がよく合う。ととのう。

―ユ―

【ゆく】　〘行〙あるく。〘之〙おもむく。目的地へ行く。〘如〙之と同様。また、目的地へ行ってから、さらに他へ行く。〘往〙こちらからむこうへ行く。先へ行き過ぎる。行ってしまう。〘征〙まっすぐに行く。旅行に行く。戦争に行く。〘徂〙往と同様。行ってしまう。死ぬ。〘逝〙行って帰らない。死ぬ。〘適〙おもむく。之と同様。また、嫁に行く。〘邁〙すすみ行く。遠く過ぎ行く。

【ゆずる】　〘譲〙自分を後にし、人を先にする。遠慮する。〘禅〙天子の位を人に渡す。〘遜〙へりくだる。人にゆずって避けのがれる。

【ゆたか】　〘阜〙多い。盛ん。〘裕〙ゆとりがある。〘豊〙たっぷりある。〘穣〙みのる。〘饒〙満ちて多い。飽き足りる。〘胖〙ゆったりと落ち着く。ふとっている。〘寛〙ゆるやか。くつろぐ。こせこせしない。〘優〙余裕がある。〘綽〙ゆったりしている。

【ゆるす】　〘許〙よろしいと認める。承知する。〘允〙なるほどと認める。まことによいと認める。〘免〙まぬかれさせる。〘宥〙見のがす。大目に見る。〘容〙かんべんする。〘恕〙情状をくむ。思いやって大目に見る。〘赦〙罪を許す。〘釈〙解放する。放してやる。〘聴〙許可する。聞き入れる。〘縦〙自由にしてやる。かってにさせる。〘可〙よしという。許可する。

ヨ

【よい】　〘良〙美しい。すなおでよい。善のすぐれたもの。〘吉〙めでたい。えんぎがよい。醜の反対。〘好〙このましい。みめかたちがよい。〘佳〙すぐれている。すっきりとして目だつ。〘善〙道徳的によい。りっぱ。悪の反対。〘麻〙りっぱな。〘淑〙清い。なよなよとした。善良で柔和。〘義〙正しい。〘哿〙・〘嘉〙善美楽の三つを含む。〘臧〙善と同様。〘徽〙美しくて良い。

【よく】　〘良〙美しく。清潔に。〘善〙りっぱに。めでたく。〘能〙なしとげる。手ぎわよく。満足させる。〘克〙堪える。ささえる。やってのける。

【よぶ】　〘呼〙声を立てて呼ぶ。〘喚〙急に大声を出して呼ぶ。〘号〙・〘號〙声をからして呼ぶ。〘召〙呼びよせる。〘招〙手でまねきよせる。

【よる】　〘因〙原因になる。てがかりにする。ちなむ。たよりにする。〘仍〙そのままにする。重ねる。なずむ。今までの状態のままによる。〘由〙もとづく。道すじとして経る。〘仗〙・〘杖〙たよる。よりすがる。〘依〙したいよる。よりそって離れない。たよる。〘凭〙よりかかる。机などにもたれる。〘拠〙根拠とする。にぎって離さない。上に落ち着く。〘放〙たよる。依と同様。〘拵〙すえる。〘迪〙用いる。〘倚〙よりかかる。立てかける。もたれかかる。〘寄〙たよりにする。身を寄せる。あずける。〘据〙上に落ち着く。拠と同様。〘植〙すがる。もたれかかる。〘道〙よりしたがう。とおって。由と同様。〘頼〙たのみにする。おかげで。〘縁〙より添って。よじのぼる。とりつきすがる。ゆかりとする。〘憑〙たのみにする。もたれかかる。前方へよりかかる。〘靠〙しがみつく。もたれる。〘隠〙もたれる。机によりかかる。凭と同様。

【よろこぶ】　〘喜〙・〘憙〙うれしく思う。好む。〘忻〙・〘欣〙外に表れた喜び。〘怡〙にこにこ顔になる。〘悦〙・〘説〙心の中に喜ぶ。満足して楽しく思う。〘悆〙・〘豫〙あそび楽しむ。のびのびとする。〘款〙愛する。ゆったりとしてやわらぐ。〘歓〙・〘懽〙・〘讙〙・〘驩〙喜んで笑いさざめく。〘懌〙うちとけて喜ぶ。心にしみこんでいつまでも喜ぶ。〘愉〙顔色がやわらぐ。

ワ

【わかい】　〘少〙年少。〘弱〙男子二十歳。〘夭〙三十歳以下。若々しい。幼い。〘壮〙男子三十歳。〘嫩〙樹木などが若々しい。〘稚〙幼い。十歳前後。〘若〙国訓。

【わかつ】【わかれる】　〘分〙二つにわける。合の反対。〘弁（辨）〙見わける。区別する。〘別〙別々になる。差別をしてしわける。〘判〙判別する。半分に断つ。〘剖〙二つに切る。解剖する。〘析〙細かく分けて切る。石や木をわりさく。〘部〙分ける。いくつかにわける。〘頒〙分配する。広く分散する。〘班〙頒と同様。〘訣〙いとまごいして別れる。〘岐〙分かれ道。〘挂〙くぎる。〘賦〙わりあてる。くばる。さずける。

【わざわい】　〘災〙・〘烖〙・〘菑〙天災。大きな災難。思いがけない不幸。〘殃〙神の下す罰。〘祆〙変事。不吉な事。〘禍〙不幸。福の反対。〘眚〙過失から生じたわざわい。〘孽〙異常な災難。怪しいわざわい。

【わずか】　〘才〙・〘裁〙・〘纔〙やっと。ようやく。ちょっと。〘僅〙・〘廑〙すこしばかり。〘劣〙足りない。ふつうのものに及ばない。

【わすれる】　〘忘〙記憶していない。心に残っていない。〘悆〙気がぬけてぼうっとする。〘遺〙取り残す。うっかりしてなくす。いったん覚えたものを失念する。〘諠〙・〘諼〙忘と同じ。

【わたる】　〘度〙・〘渡〙越えてゆく。水をわたる。〘弥〙あまねくゆきわたる。いっぱいに広がる。終わりまでゆく。〘渉〙水の中を歩いてわたる。渡って行く。ゆきわたる。〘済〙人を渡す。すくう。また、渡と同様。〘亘〙こちらからむこうまで行きとどく。つづく。〘径〙一直線に渡る。〘絶〙・〘乱〙流れを横ぎって渡る。

【わらう】　〘笑〙顔をゆるめ、口をあけて笑う。〘咲〙笑と同じ。〘哂〙にやりと笑う。歯を見せる。ほほえむ。〘蚩〙・〘嗤〙あざけり笑う。〘噱〙大笑いする。

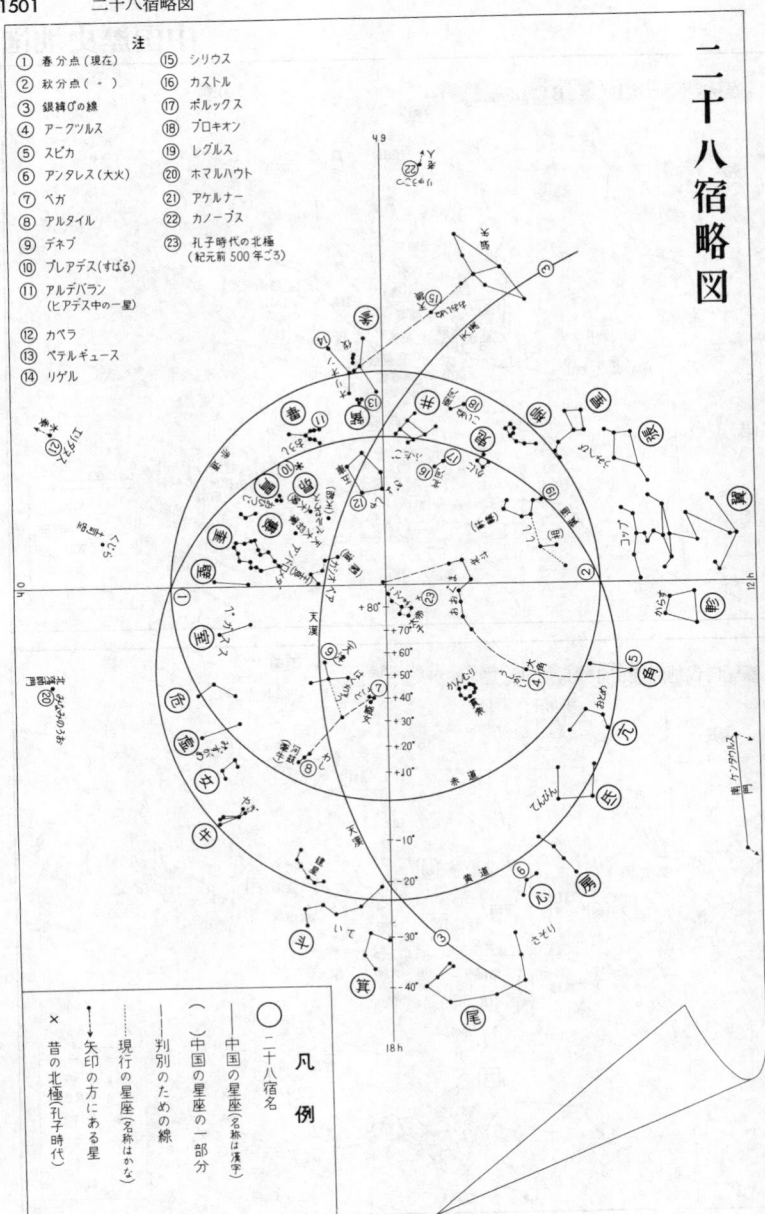

二十八宿略図

注

① 春分点（現在）
② 秋分点（〃）
③ 銀縄びの線
④ アークツルス
⑤ スピカ
⑥ アンタレス（大火）
⑦ ベガ
⑧ アルタイル
⑨ デネブ
⑩ プレアデス（すばる）
⑪ アルデバラン（ヒアデス中の一星）
⑫ カペラ
⑬ ベテルギュース
⑭ リゲル
⑮ シリウス
⑯ カストル
⑰ ポルックス
⑱ プロキオン
⑲ レグルス
⑳ ホマルハウト
㉑ アケルナー
㉒ カノープス
㉓ 孔子時代の北極（紀元前500年ごろ）

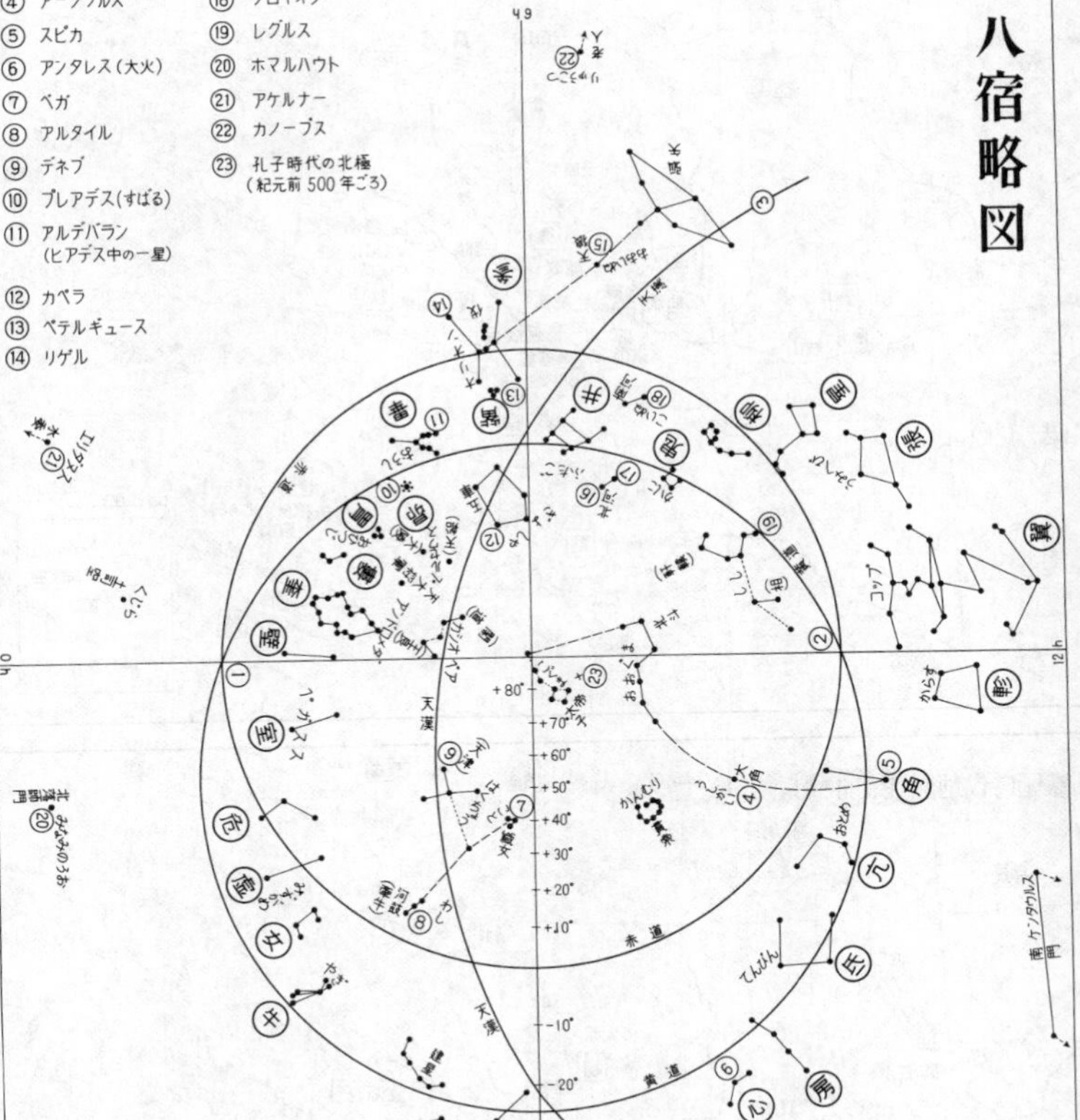

凡例

○ 二十八宿名
── 中国の星座（名称は漢字）
（──）中国の星座の一部分
──── 判別のための線
…… 現行の星座（名称はかな）
←→ 矢印の方にある星
× 昔の北極（孔子時代）

中国歴史地図

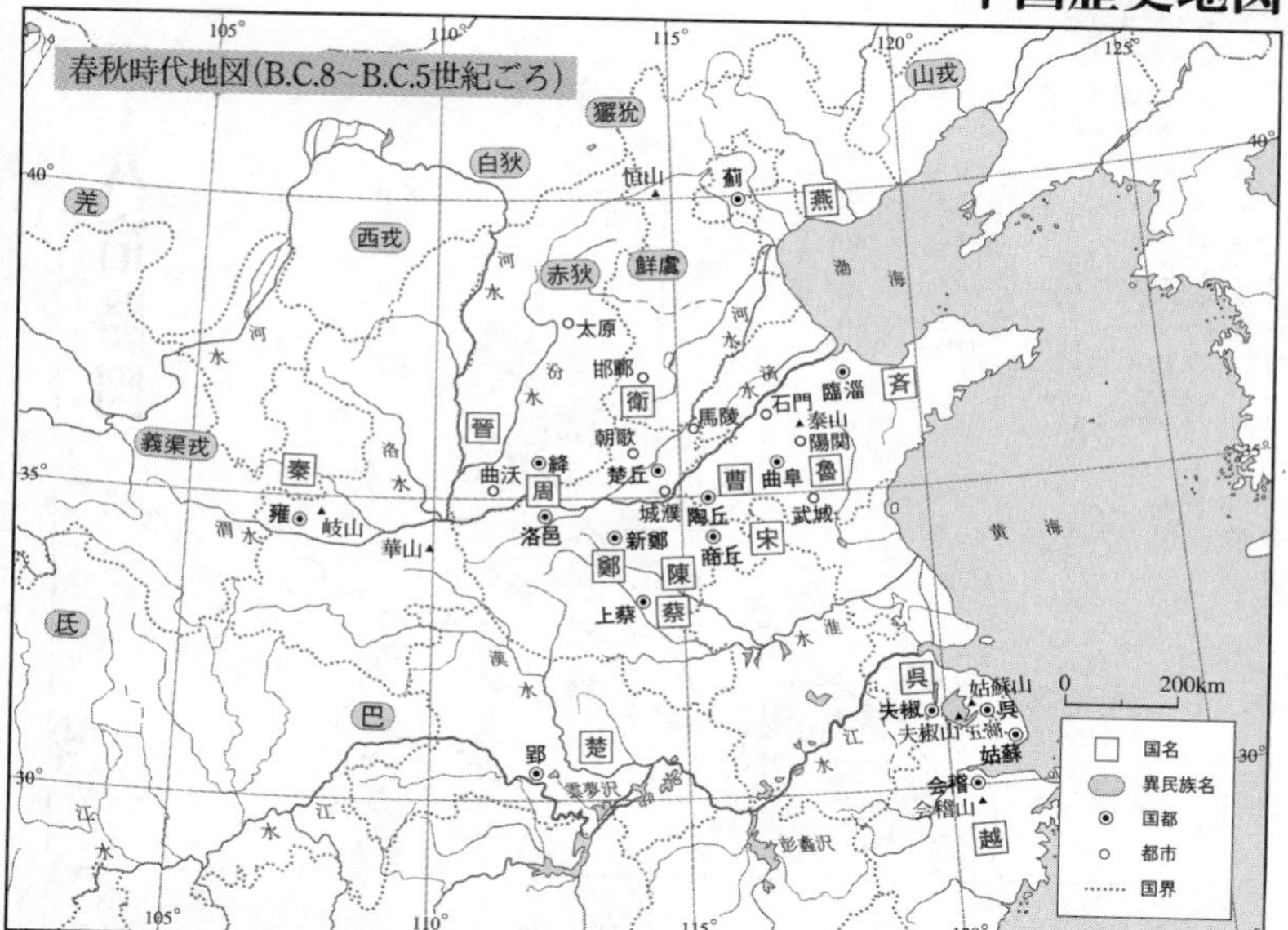

春秋時代地図(B.C.8～B.C.5世紀ごろ)

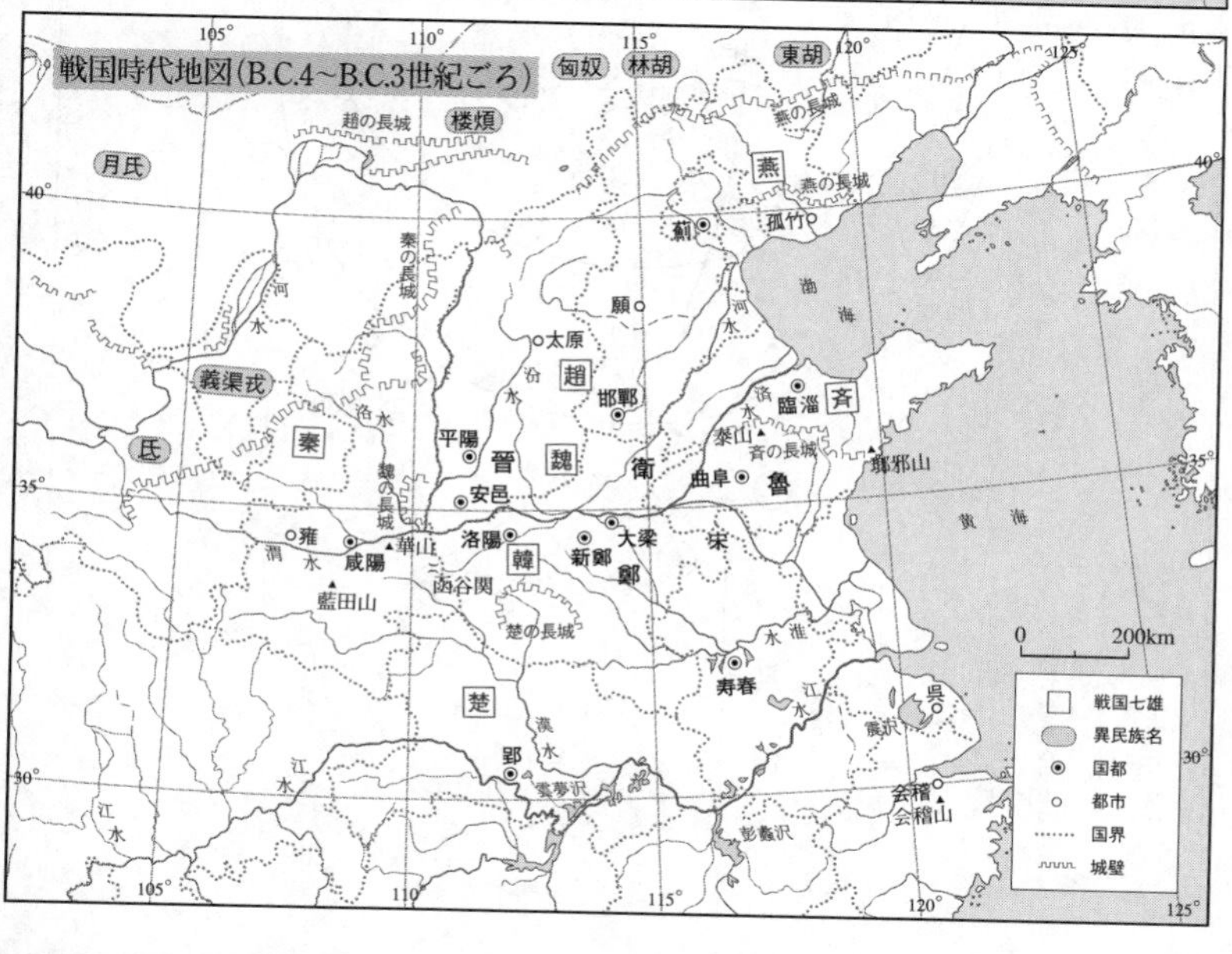

戦国時代地図(B.C.4～B.C.3世紀ごろ)

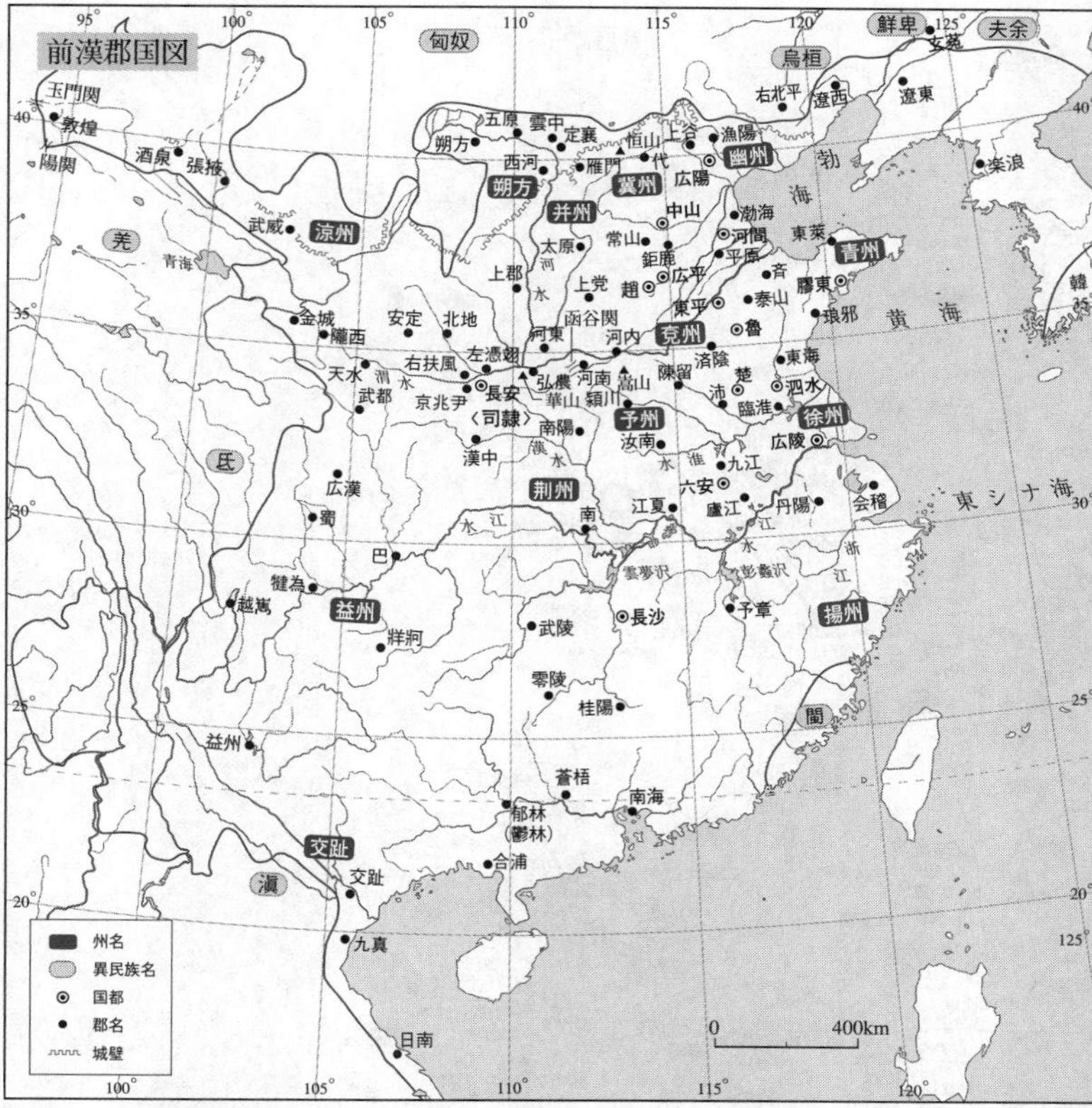
前漢郡国図
匈奴
鮮卑
烏桓
夫余
玄菟
右北平
遼西
遼東
楽浪
玉門関
敦煌
陽関
酒泉
張掖
武威
涼州
羌
青海
五原
雲中
定襄
朔方
西河
雁門
恒山
代
上谷
漁陽
幽州
朔方
冀州
広陽
并州
中山
渤海
勃
海
太原
常山
河間
東萊
青州
鉅鹿
平原
上郡
河
水
上党
趙
広平
斉
膠東
泰山
東平
琅邪
黄
海
韓
金城
隴西
安定
北地
函谷関
河東
河内
兗州
魯
済陰
東海
左馮翊
天水
渭
水
右扶風
弘農
河南
嵩山
陳留
楚
泗水
武都
京兆尹
長安
華山
潁川
沛
臨淮
〈司隷〉
南陽
予州
徐州
漢中
漢
水
汝南
淮
水
広陵
氐
九江
広漢
荊州
六安
会稽
江夏
廬江
丹陽
東シナ海
蜀
水
江
南
巴
雲夢沢
水
彭蠡沢
浙
江
犍為
長沙
予章
越嶲
益州
揚州
牂牁
武陵
零陵
桂陽
閩
益州
蒼梧
南海
鬱林
（鬱林）
交趾
合浦
滇
交趾
九真
日南
州名
異民族名
国都
郡名
城壁
0
400km

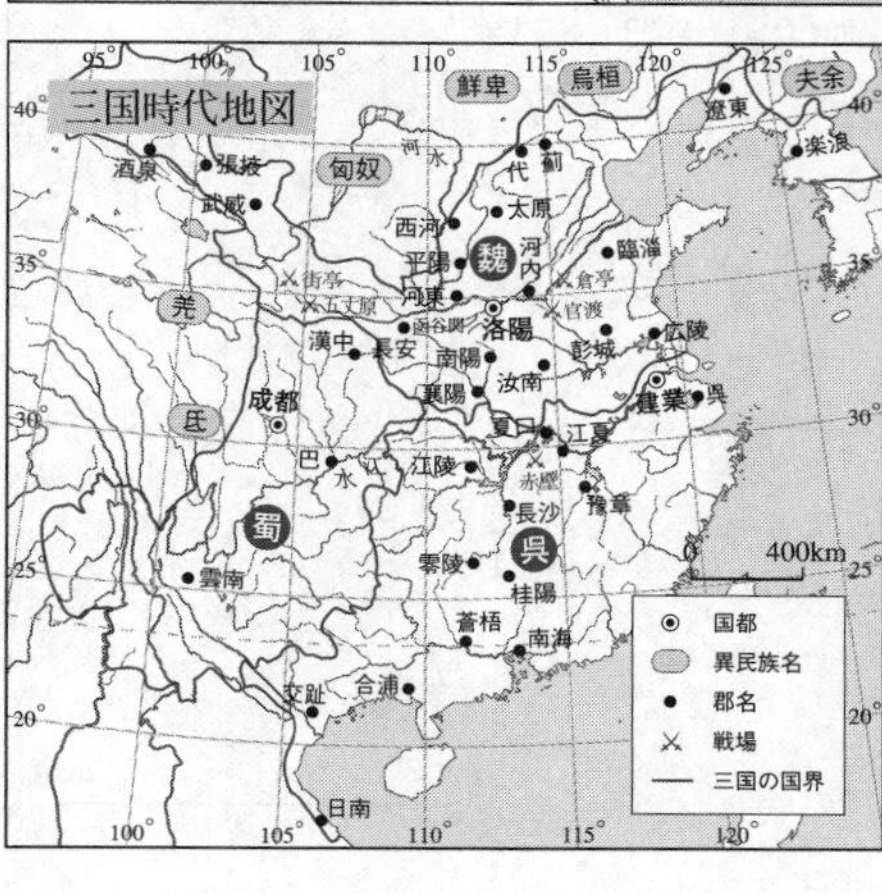
三国時代地図
鮮卑
烏桓
夫余
遼東
楽浪
酒泉
張掖
匈奴
河
水
代
薊
武威
太原
西河
平陽
魏
河内
臨淄
街亭
倉亭
羌
五丈原
河東
官渡
函谷関
洛陽
漢中
長安
彭城
広陵
南陽
汝南
成都
襄陽
建業
呉
氐
夏口
巴
水
江
江陵
江夏
赤壁
長沙
予章
蜀
呉
零陵
桂陽
雲南
蒼梧
南海
交趾
合浦
日南
0
400km
国都
異民族名
郡名
戦場
三国の国界

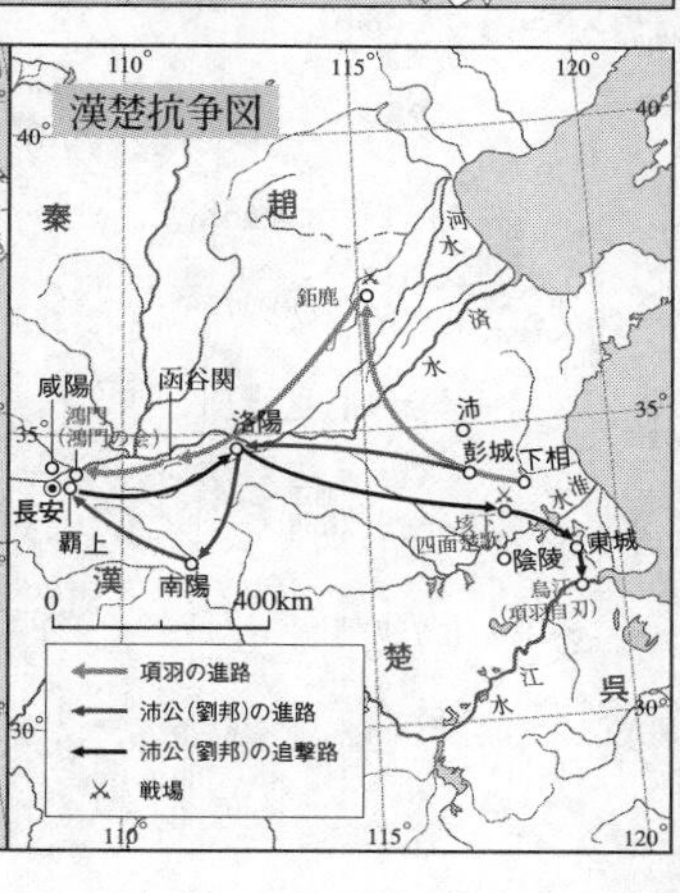
漢楚抗争図
秦
趙
河
水
鉅鹿
済
水
咸陽
鴻門
（鴻門之会）
函谷関
洛陽
沛
彭城
下相
長安
覇上
淮
水
垓下
（四面楚歌）
陰陵
東城
烏江
（項羽自刃）
漢
南陽
0
400km
楚
江
水
呉
項羽の進路
沛公（劉邦）の進路
沛公（劉邦）の追撃路
戦場

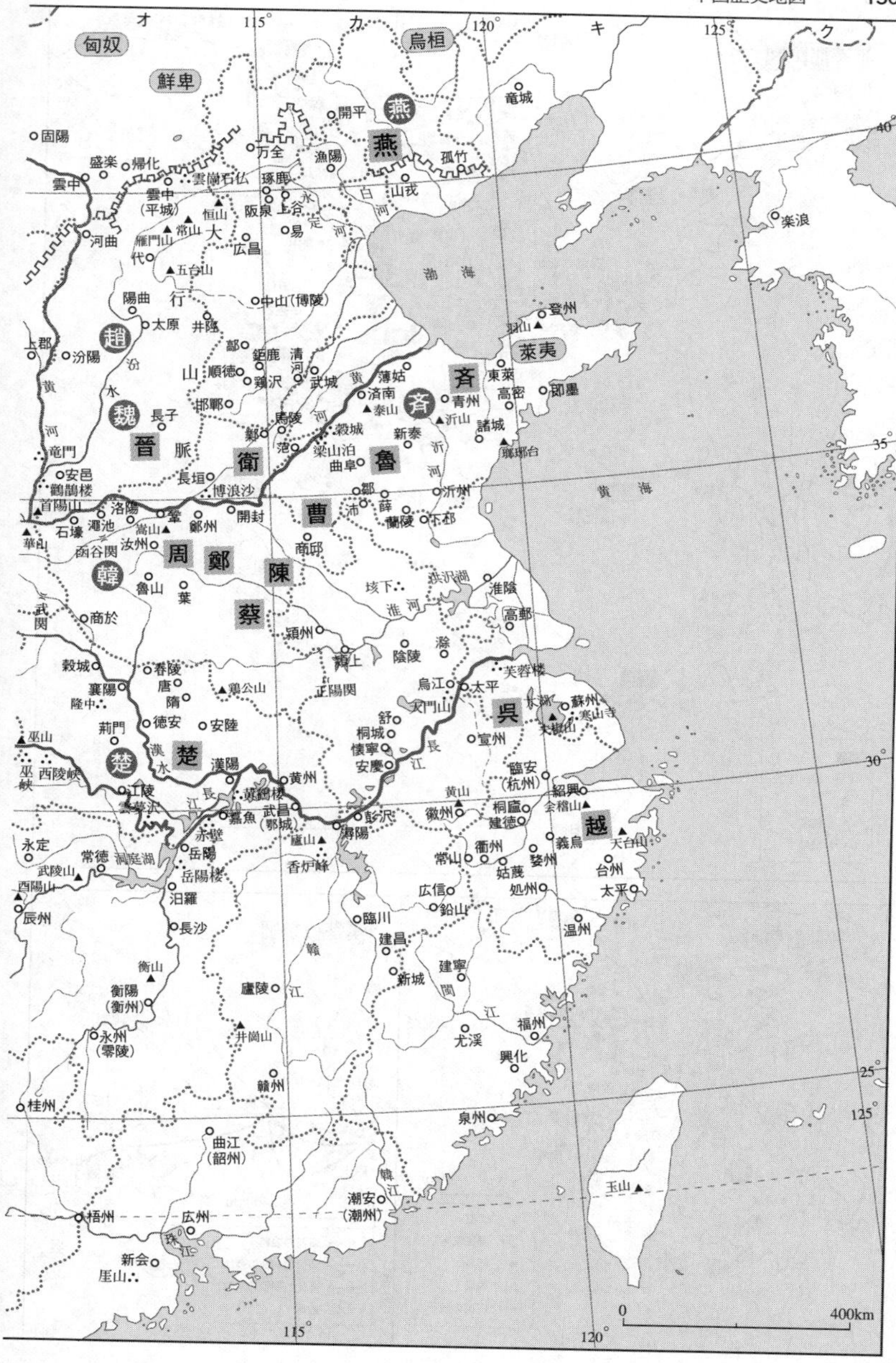
オ
カ
キ
ク
115°
120°
125°
匈奴
烏桓
鮮卑
燕
固陽
開平
竜城
万全
漁陽
孤竹
盛楽
帰化
雲中
雲中
(平城)
雲崗石仏
琢鹿
阪泉
上谷
山戎
白
河
永
定
河
恒山
常山
大
易
河曲
雁門山
代
広昌
五台山
陽曲
行
中山(傅陵)
渤海
登州
40
楽浪
太原
井陘
趙
上郡
汾陽
汾
水
鄗
鉅鹿
順徳
鶏沢
清
河
武城
黄
薄姑
済南
斉
斉
萊夷
東萊
高密
即墨
青州
山
黄
河
邯鄲
長子
魏
泰山
沂山
諸城
琅琊台
馬陵
衛
晋
脈
殷城
梁山泊
鄴
竜門
范
新泰
沂
河
魯
曲阜
35
安邑
長垣
鸛鵲楼
博浪沙
鄒
沛
薛
沂州
黄海
首陽山
洛陽
澠池
嵩山
鞏
鄭州
開封
曹
蘭陵
下邳
華山
石壕
汝州
函谷関
周
鄭
陳
商邱
韓
魯山
葉
垓下
洪沢湖
淮陰
淮
河
武
関
商於
蔡
高郵
潁州
潁上
陰陵
滁
穀城
春陵
唐
隋
雞公山
正陽関
烏江
太平
芙蓉楼
襄陽
隆中
呉
太湖
蘇州
寒山寺
天目山
天柱山
荊門
徳安
安陸
舒
桐城
懐寧
安慶
長
江
宣州
巫山
巫
峡
西陵峡
楚
漢
水
楚
漢陽
黄州
臨安
(杭州)
紹興
30
江陵
雲夢沢
江
長
黄鶴楼
嘉魚
武昌
(鄂城)
彭沢
潯陽
黄山
徽州
桐廬
建徳
会稽山
越
赤壁
永定
常徳
洞庭湖
岳陽
岳陽楼
廬山
香炉峰
衢州
姑蔑
義烏
婺州
常山
天台山
台州
太平
武陵山
酉陽山
汨羅
広信
処州
辰州
長沙
臨川
鉛山
温州
建昌
贛
衡山
新城
建寧
閩
衡陽
(衡州)
廬陵
江
江
福州
井岡山
永州
(零陵)
尤渓
興化
贛州
25
桂州
泉州
125°
曲江
(韶州)
韓
江
玉山
潮安
(潮州)
梧州
広州
珠
江
新会
厓山
0
400km
115°
120°

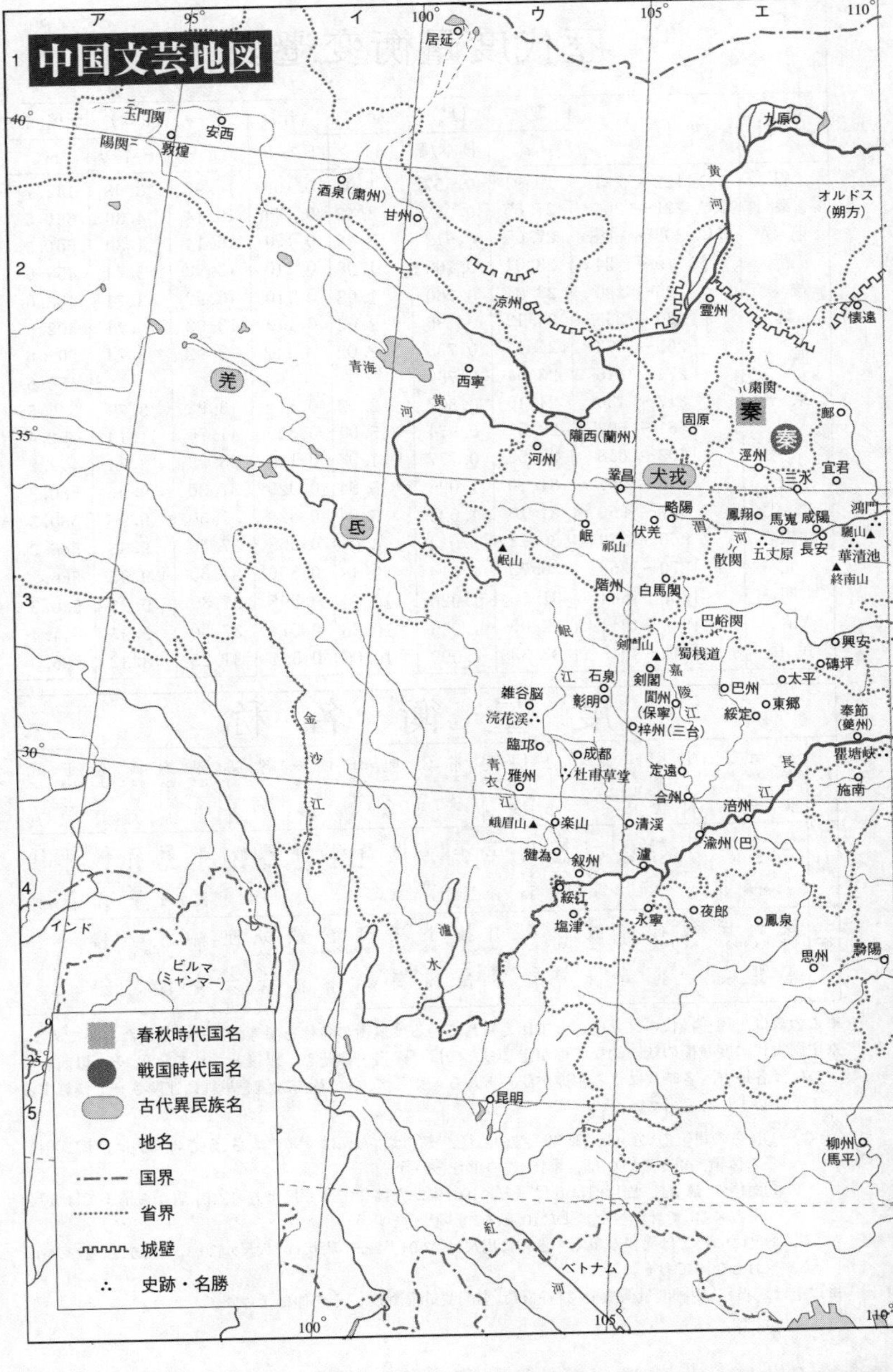
中国文芸地図
ア
イ
ウ
エ
95°
100°
105°
110°
40°
35°
30°
25°
1
2
3
4
5
居延
玉門関
陽関
安西
敦煌
九原
酒泉（粛州）
甘州
黄
河
オルドス
（朔方）
涼州
霊州
懐遠
青海
西寧
羌
黄
河
粛関
秦
秦
鄜
固原
隴西（蘭州）
河州
涇州
宜君
鞏昌
犬戎
三水
略陽
鳳翔
馬嵬
咸陽
鴻門
氐
岷
祁山
伏羌
渭
河
驪山
岷山
散関
五丈原
長安
華清池
終南山
階州
白馬関
巴峪関
岷
江
剣門山
蜀桟道
興安
嘉
陵
江
石泉
剣閣
太平
磚坪
雒谷脳
彰明
閬州
（保寧）
巴州
東郷
浣花渓
綏定
奉節
（夔州）
梓州（三台）
金
沙
江
臨邛
成都
瞿塘峡
青
衣
江
雅州
杜甫草堂
定遠
長
江
施南
合州
涪州
峨眉山
楽山
清渓
渝州（巴）
犍為
叙州
瀘
綏江
塩津
永寧
夜郎
鳳泉
インド
瀘
水
ビルマ
（ミャンマー）
思州
黔陽
春秋時代国名
戦国時代国名
古代異民族名
地名
国界
省界
城壁
史跡・名勝
昆明
柳州
（馬平）
紅
河
ベトナム

歴代度量衡変遷表

王朝	年代	度（尺）		量（升）		衡（両）		面積（畝）
		cm	日本尺	dl	日本升	g	日本匁	m²
周	B.C.1122～221	19.91	0.657	1.94	0.108	14.93	3.98	142.7
秦	B.C. 221～206	27.65	0.912	3.43	0.190	16.14	4.30	660.5
前漢	B.C. 206～A.D.8	27.65	0.912	3.43	0.190	16.14	4.30	660.5
新	9～24	23.04	0.760	1.98	0.110	13.92	3.71	458.6
後漢	25～220	23.04	0.760	1.98	0.110	13.92	3.71	458.6
魏	220～265	24.12	0.796	2.02	0.112	13.92	3.71	502.6
西晋	265～273	24.12	0.796	2.02	0.112	13.92	3.71	502.6
	274～316	23.04	0.760					458.6
東晋	317～430	24.45	0.807	2.02	0.112	13.92	3.71	516.5
隋	581～602	29.51	0.974	5.94	0.329	41.76	11.14	752.4
	603～618	23.55	0.777	1.98	0.110	13.92	3.71	479.2
唐	618～907	31.10	1.026	5.94	0.329	37.30	9.95	580.3
五代	907～960	31.10	1.026	5.94	0.329	37.30	9.95	580.3
宋	960～1279	30.72	1.014	6.64	0.368	37.30	9.95	566.2
元	1279～1368	30.72	1.014	9.48	0.526	37.30	9.95	566.2
明	1368～1644	31.10	1.026	10.74	0.595	37.30	9.95	580.3
清	1644～1911	32.00	1.056	10.36	0.574	37.30	9.95	614.4
民国	1912～1949	33.33	1.099	10.00	0.554	31.25	8.33	666.5

度量衡名称

度

名称	読み	単位
分	ぶん	
寸	すん	一〇分
尺	せき	一〇寸
丈	じょう	一〇尺
引	いん	一〇丈
跬	き	三尺
歩	ほ	六尺
里	り	三〇〇歩
咫	し	八寸
仞	じん	七尺 八尺
尋	じん	二仞
常	じょう	二尋
索	さく	一〇尋
厘	りん	〇・一分
毫	ごう	〇・一厘
秒(絲)	びょう(し)	〇・一毫
忽	こつ	〇・一秒
幅	ふく	二・七尺
墨	ぼく	五尺
端	たん	二〇尺
両	りょう	四〇尺
匹	ひつ	四〇尺
疋	ひき	八〇尺
武	ぶ	一・六尺

量

名称	読み	単位
龠	やく	
合	ごう	二龠 一〇龠
升	しょう	一〇合
斗	と	一〇升
斛(石)	こく(せき)	一〇斗
勺	しゃく	〇・一合
撮	さつ	〇・一勺
抄	しょう	〇・一撮
圭	けい	〇・一抄
粟	ぞく	〇・一圭 〇・一六圭
豆	とう	四升
区	く	四豆
釜(鬴)	ふ(ふ)	四区
鍾	しょう	一〇釜
庾(籔)	ゆ(そう)	二・五釜
缶	ふ	二・五籔
秉	へい	二鍾
筥	きょ	四秉
稯	そう	一〇筥
秭	し	五稯
秅	た	二秭

衡

名称	読み	単位
銖	しゅ	
両	りょう	二四銖
斤	きん	一六両
鈞	きん	三〇斤
石	せき	四鈞
鎰	いつ	二〇両 二四両 三〇両
鼓	こ	四石
秤	へい	一五斤
衡	こう	一〇斤
引	いん	三〇〇斤
捷	しょう	一・五両
挙	きょ	三両
鍰	かん	六両
絫	るい	〇・一銖 四黍
份	ふん	六銖
銭	せん	〇・四份
分	ふん	〇・一銭
厘	りん	〇・一分
絲	し	〇・一厘
忽	こつ	〇・一絲
字	じ	〇・二五銭
錙	し	六銖 八銖

※この表は，周～漢代の文献によって伝えられている度量衡の名称を参考のために掲げたものである。

※中国古代の度量衡の統一的な名称が定まったのは『漢書・律歴志』以後とされており，それ以前のものには各地方，各時代による相違が認められる。従って，各名称の数値を単純に連関させて換算することは必ずしも妥当ではない。

（備考）①長さの単位の「分」は，黍きび1粒の直径，「忽」は，蚕がはく糸の太さ，かさの「龠」は，黍1200粒の体積，重さの「銖」は，黍100粒の重さという。

②面積の「畝」は，周以前は6尺平方×100，秦から隋までは6尺平方×240，唐から清までは5尺平方×240で計算した。また100畝を「1頃けい」という。

③尺については異説が多く，とくに周尺は23.04，22.5，唐尺は，大尺が30.3，小尺が24.2などがおもな説である。

※以上は，呉洛「中国度量衡史」，狩谷棭斎「本朝度量権衡攷」，その他によった。

元 明	奇渥温 朱	〔武宗〕	海山		(人)程文海→程鉅夫(きょ)(字)
		1 太　祖	元璋(げんしょう)		
			(国		(人)方国珍→方谷珍
			瑞(ずい)		(人)胡廷瑞(こていずい)→胡美
		2 恵　帝	允炆(いんぶん)		
		3 成　祖	棣(てい)		(地)無棣→慶雲・海豊　(地)棣州→楽安
		4 仁　宗	高熾(こうし)		
		5 宣　宗	瞻基(せんき)		
		6 英　宗	祁鎮(きちん)		
		7 代　宗	祁鈺(きぎょく)		
		9 憲　宗	見深		
		10孝　宗	祐樘(ゆうとう)		
		11武　宗	厚照		
		12世　宗	厚熜(こうそう)(璁)		(人)張璁→張孚敬(ふけい)
		13穆(ぼく)宗	載垕(さいこう)		
		14神　宗	(翊(よく)		
			鈞(きん)		(地)鈞州→禹州(うしゅう)
		15光　宗	(常	嘗	(地)常岳→嘗岳，(地)常州→嘗州，(地)常熟→嘗熟
			洛(らく)	雒(らく)	
		16熹(き)宗	(由		
			校	較	(官)校尉→官旗，(官)検校→検較，学校→学政
		17毅(き)宗	(由		
			検	簡	(官)検較→簡較，(官)巡検→巡簡
清	愛新覚羅(かくら)				
		3 世　祖	福臨		
		4 聖　祖	玄(げん)	元	玄武門→神武門，(人)鄭玄(じょうげん)→鄭元
			燁(よう)(曄)	煜(いく)	(人)范曄→范蔚宗(はんうつそう)(字)
		5 世　宗	(胤(いん)	允，引	(書)胤征→允征
			禛(しん)(真)	正，禎(てい)	(人)王士禛→王士禎・王士正，(地)真定→正定
		6 高　宗	(弘	宏	(年)弘治→宏治
			暦	歴	(書)時憲暦→時憲書
		〔太子〕	永璉(えいれん)		
		7 仁　宗	顒(ぎょう)		
			琰(えん)	琬，倹	(人)兪琰(ゆえん)→兪琬(ゆえん)，琰韻→倹韻
		8 宣　宗	旻(びん)		
			寧	甯(ねい)	
		9 文　宗	奕詝(えきちょ)		
		10穆(ぼく)宗	(載		
			淳(じゅん)	湻(じゅん)	
		11徳　宗	載湉(さいてん)		
		12宣統帝	(溥(ふ)		
			儀		(人)唐紹儀→唐紹怡(しょうい)

〔九〇〕

十二月	月	一 孟春	二 仲春	三 季春	四 孟夏	五 仲夏	六 季夏	七 孟秋	八 仲秋	九 季秋	十 孟冬	十一 仲冬	十二 季冬
	十二支	寅(イン・とら)	卯(ボウ・う)	辰(シン・たつ)	巳(シ・み)	午(ゴ・うま)	未(ビ・ひつじ)	申(シン・さる)	酉(ユウ・とり)	戌(ジュツ・いぬ)	亥(ガイ・い)	子(シ・ね)	丑(チュウ・うし)
	和名	睦月(むつき)	如月(きさらぎ)	弥生(やよい)	卯月(うづき)	皐月(さつき)	水無月(みなづき)	文月(ふづき・ふみづき)	葉月(はづき)	長月(ながつき)	神無月(かんなづき)	霜月(しもつき)	師走(しわす)

二十四気	名称	陽暦月日
	立春	二月四日・五日
	雨水	二月一九日・二〇日
	啓蟄(けいちつ)	三月五日・六日
	春分	三月二一日・二二日
	清明	四月五日・六日
	穀雨	四月二〇日・二一日
	立夏	五月六日・七日
	小満	五月二一日・二二日
	芒種(ぼうしゅ)	六月六日・七日
	夏至(げし)	六月二一日・二二日
	小暑	七月七日・八日
	大暑	七月二三日・二四日
	立秋	八月八日・九日
	処暑	八月二三・二四日
	白露	九月八日・九日
	秋分	九月二三日・二四日
	寒露	一〇月八日・九日
	霜降	一〇月二三日・二四日
	立冬	一一月七日・八日
	小雪	一一月二二日・二三日
	大雪	一二月七日・八日
	冬至(とうじ)	一二月二二日・二三日
	小寒	一月六日・七日
	大寒	一月二〇日・二一日

		9 欽(きん)宗	桓(かん)(完,丸)	亘,威,旋,植	(人)斉桓公(せいかんこう)→斉威公，(人)桓魋(かんたい)→威魋，桓圭→植圭
南宋		1 高　宗	構(覯(こう))		(人)李覯→李泰伯(字)
			(姤(こう))	遇	
			(勾(こう))	幹	(官)勾当→幹当，(官)管勾→管幹・主管・幹辦(かんべん)
		〔后〕	鳳(ほう)		鳳仙花→好女郎花
		2 孝　宗	昚(しん)(慎)	謹，真	(地)慎県→梁県，(人)慎徳秀→真徳秀
		3 光　宗	惇(じゅん)	崇，孝	(人)蔡惇(さいじゅん)→蔡元道
			敦，墩(とん)	坡，村	
		4 寧　宗	擴(かく)(郭,霍(かく))		(人)謝廓→謝直
		5 理　宗	昀(いん)(筠(いん))	瑞(ずい)	(地)筠州→瑞州
			(馴(じゅん))		
			貴誠		(人)李(り)誠→李伯玉
		6 度　宗	禥(き),孟啓,孜(し)		
		7 恭　宗	㬎(けん)		
遼(りょう)	耶律(やりつ)				
		1 太　祖	億	意	(人)丁億→丁意，(人)韓億→韓意・韓翼，(人)張億→張易
		2 太　宗	徳		
			光		(人)范(はん)延光→范延広，(官)光禄(こうろく)大夫→崇禄大夫
		3 世　宗	阮(げん)		
		4 穆(ぼく)宗	璟(えい)		
		5 景　宗	賢		(人)李(り)維賢→李宝臣
		6 聖　宗	隆緒		寿隆→寿昌
		7 興　宗	宗		宗国公→任国公
			真(貞)	直	女真→女直
		8 道　宗	洪		
			基		(人)王徳基→王徳本，(人)王克基→王克纂(こくさん)
		9 天祚帝	延		
			禧(き)(禧(き))		(人)姚(よう)景禧→姚景行
			(熙(き))	和	重熙→重和
金	完顔				
		1 太　祖	旻(びん)		(人)張旻→張耆先
			(岷(びん))		(地)岷州→西和州
		2 太　宗	晟(せい)		
		3 熙(き)宗	亶(せん)	亹(せん)	
		〔父〕徽(き)宗	宗		
			峻(しゅん)		
			(濬(しゅん))		(地)濬州→通州
		4 海　陵	亮(りょう)		
		〔太子〕	光		(地)光州→蔣州
			英	寿	(地)英国→寿国
			(鷹(よう))		鷹坊→馴鷙坊(じゅんしぼう)
			(応)		(地)応国→杞(き)国
		5 世　宗	雍(よう)	唐	(地)雍丘→杞(き)，(地)雍国→唐国
		〔父〕睿宗	宗	瑞(ずい)，崇	宗氏→姫氏，(地)宗州→瑞州，(地)宗安→瑞安，(地)宗国→萊(らい)国，(官)大宗正→大睦親
			尭(ぎょう)	唐	(人)余尭弼(ぎょうひつ)→余唐弼
		6 章　宗	璟(えい)	煒(い)	(人)張燝→張煒
			(景)		(地)景州→観州，(地)景国→鄒(すう)国
		〔父〕顕宗	允(いん)	永	(人)允済→永済
			恭	敬	(人)張恭祖→張欽祖，(人)仁恭→仁敬，思恭→思敬，(人)白彦恭(はくげんきょう)→白彦敬
			(尹(いん))		(人)尹安石→師安石，(人)侯師尹→侯師摯(こうしし)
			(共)		(地)共城→河平
			(龔(きょう))		(地)龔県→寧陽
			(功)		(地)武功県→武亭
		7 衛紹王	永	徳	(地)永興→徳興，(人)張永→張特立，(地)永済→豊閏(ほうじゅん)
			済	遂	(地)済国→遂国，(地)済陽→清陽
			(詠)		(人)閻(えん)詠→閻長言
		8 宣　宗	珣(じゅん)		
			(詢(じゅん))		(人)梁詢誼→梁持勝
			(郇(じゅん))		(地)郇国→管国
		〔太子〕	守		
			忠		(人)張行忠→張行信
		9 哀　宗	守緒		(人)賈守謙→賈益謙(かえきけん)

〔八九〕

		2明　宗	亶たん,嗣源 （檀たん）		（人）楊檀ようたん→楊光遠
		〔曾そう祖〕	敖ごう（遨ごう）		（人）鄭遨ていごう→鄭雲叟うんそう（字）
		3愍びん帝	従厚		（人）李従賓りじゅうひん→李賓・李匡賓きょうひん
		4末　帝	従珂じゅうか		
五代晋	石				
		1高　祖	敬（竟けい） 瑭とう（唐）	恭	（地）竟陵→景陵 （姓）唐→陶，（地）銭唐→銭江，（地）行唐→永昌，（地）福唐→南台
		2少　帝	重貴		（人）馬重績→馬績
五代漢	劉				
		1高　祖	暠こう		
			知遠		（人）魚崇遠→魚崇諒，（人）折従遠→折従阮じゅうげん，（人）趙遠→趙上交（字）
		2隠　帝	承祐しょうゆう		
五代周	郭				（人）馬令威→馬令琮，（人）郭彦威→郭彦欽げんきん
		1太　祖	威		（人）張彦威げんい→張彦成，（人）李(り)洪威→李洪義，
		〔高祖〕	璟えい		（人）李(り)璟→李景
		〔父〕	簡		（人）孫方簡→孫方諫ほうかん，（人）王易簡→王易
		2世　宗	栄		（人）李(り)栄→李筠いん
		3恭　帝	宗		
			訓	拱きょう,詁(こ)	（人）向訓→向拱，（人）張従訓→張崇詁
十国呉	楊よう		行（杏きょう）		杏→甜李
			密（蜜）		蜜→蜂糖
		〔父〕	怤(ふ)（夫）		（官）御史大夫→大憲・大卿
		〔女〕	二十	念	
呉越	銭		謬りゅう（榴）（劉）	金	石榴→金櫻，劉氏→金氏
宋	趙ちょう				
		1太　祖	匡きょう 胤いん	正,輔(ほ),規,糾,光,康,定 裔えい,嗣	匡国→定国，（地）匡城→鶴丘かくきゅう，（書）匡謬正俗→糾謬正俗・刊謬正俗，（人）李匡→李濟翁（字） （地）胤山→平蜀，（人）呂胤りょいん→余慶
		〔始祖〕	玄 朗,（浪）（悢）	元,真,駈いつ 明	玄鳥→駈鳥，（地）玄武→中江，（書）太玄経→太真経 （地）朗山→確山
		高　祖	朓（祧）		（人）謝朓→謝眺
		〔曾そう祖〕	珽てい（廷,庭）		（人）姚珽ようてい→姚班
		〔祖〕	敬 （鏡けい）	恭,厳,欽,景,安 鑑,照	（地）敬州→梅州，（人）王居敬→王居安，（人）許敬宗→許恭宗，（書）敬翔けいしょう集→恭翔集 （地）石鏡→石鑑，（書）竜龕りゅうがん手鏡→竜龕手鑑，（書）韻鏡→韻鑑，
		〔父〕	弘 殷いん	洪こう,恒こう 商,湯	（地）弘農→恒農，（人）銭弘俶こうしゅく→銭俶，（人）趙ちょう弘→趙文度，（人）廬(ろ)弘→廬洪 （地）殷城→商城，（人）李彝殷りいいん→李彝興
		2太　宗	炅けい（耿こう）		
			光 義	儀→毅(き),宜,	（人）楊よう光美→楊美，（人）李光睿→李克睿りこくえい，（人）劉光義→劉廷讓（字） （地）義興→宜興，富義監→富順監，（人）祁(き)廷義→祁廷訓
		3真　宗	恒	常,鎮	（地）恒山→鎮山，（地）恒農→虢略かくりゃく，（人）拓抜恒→拓抜常，（地）恒州→常州
			元 休		（人）畢ひつ士元→畢士安
		4仁　宗	禎てい	真,祥,恵 楨	（地）禎州→恵州
			（徵）	證	（人）魏(ぎ)徵→魏證
			（貞）	正,昌しょう,真	（地）永貞→永昌，（人）牛文貞→牛文正，貞観→真観・正観
		5英　宗	曙しょ	曉,旭きょく	（人）司空曙→司空文明（字）
			（樹）	木	樹蜜→木蜜
			（署しょ）	院,書	簽せん署→簽書，（官）都部署→都総管
			（薯しょ）		薯薬→山薬
			宗実		（人）張茂実→張孜ちょうし
		〔濮ぼく安懿(い)王〕	允いん （殷いん） 讓	商 遜そん,避,責	辞讓之心→辞遜之心，温良恭倹讓→温良恭倹遜，（人）銭讓→銭遜
		6神　宗	頊ぎょく	玉	
			（勗きょく）	勉	（人）李遵勗りじゅんきょく→李遵
			（旭きょく）		（地）旭川→栄徳，（人）陳旭→陳升之（字）
		7哲　宗	煦(く),傭よう		
		8徽(き)宗	佶きつ（姞）	仕	（人）包佶→包幼正（字）

〔八八〕

		〔父〕	昞(へい)(炳(へい), 丙, 秉(へい))	景	令丙→令景, 炳霊→資霊, (人)外丙→外景, (人)孟秉→孟景, (人)蕭(しょう)昞→蕭景
		〔太子〕	建成(城)	安	(地)建城→高安, (地)晋城(しんじょう)→晋安
		2太　宗	世	代, 系, 時	(書)帝王世紀→帝王代紀, 世祖→代祖, 世官→代官, 厭世→厭代, 夏后之世→夏后之代「苦蘗喋(ちょう)喋→唻唻, 蒠渫→蒠㮚, 匏有苦葉→匏有」
			(葉)	枽(よう)	
			(棄)	弃(き)	
			(泄(せつ))	曳(えい), 洩(えい)	泄泄→洩洩, 子泄→子洩
			民	人, 氏, 百姓	(官)民部→戸部, 生民→生人, 逸民→高隠, (書)四民月令→四人月令, 昬→昏, 民敬→部下敬, 民礼→百姓礼, 斉民→斉萌, (人)徐野民→徐野人
			(愍(びん))	慜(びん)	
			(泯(びん))		
			(詉(びん))	甿(ぼう)	
		3高　宗	治	理, 持, 化, 領	(地)治定→化定, (書)治惑論→理惑論, (官)治書侍御史→御史中丞, (官)治中→司馬, (官)治礼郎→奉礼郎
			(稚)	幼, 孺子(じゅし)	(人)李稚廉→李幼廉, (人)孔稚孫→孔幼孫, (人)長孫稚→長孫幼
		〔太子〕	忠(中)		(官)中郎将→旅賁(りょほん)郎将, (官)中允(ちゅういん)→内允
		〔太子〕	弘	恒, 安, 洪	(地)弘農→恒農, 弘静→安静, 弘福寺→招提寺, (人)韋(い)弘機→韋機
		〔武后〕	曌(しょう)		
			(詔)	制	
			(照(しょう))	潤	(人)李(り)重照→李重潤, 普照寺→普光
		4中　宗	顕	昭, 章, 明	顕政殿→昭慶殿, 顕徳殿→章徳殿, 顕慶→明慶, (人)陳顕達→陳達
		5睿(えい)宗	旦(たん)	明	
			(但, 坦, 怛)	但, 埕, 悜	
			(亶(たん))	愿(げん)	(人)張仁亶→張仁愿
		6玄(げん)宗	隆基	閬(ろう), 崇, 盛, 根, 本	(地)隆州→閬州, (地)隆昌→崇昌, (地)隆安→崇安, 隆慶宮→興慶宮, 大基→河清
			(姬(き))	周	
			(幾)		(人)劉知幾→劉子玄(字)
		7粛　宗	亨	享, 通	
		8代　宗	豫	康	(地)豫州→蔡(さい)州・荊河州, (地)豫章→鍾陵, 不豫→不康
			(預)(蕷(よ))		薯蕷(しょよ)→薯薬, (人)杜(ど)預→杜元凱(字)
		9徳　宗	适(かつ)(括)		(地)括州→処州, (地)括蒼→麗水
		10順　宗	誦(しょう)(訟)	競	闘訟律→闘競律
		11憲　宗	純, 淳(じゅん)	紑	(地)淳州→睦(ぼく)州, (人)韋(い)純→韋貫之, (人)韋淳→韋処厚
		12穆(ぼく)宗	恒	鎮	(地)恒州→鎮州, (地)恒岳(こうがく)→鎮岳, 恒山公主→常山公主
		13敬　宗	湛(たん)(諶(しん))		(人)鄭(てい)茂諶→鄭茂休
		14文　宗	昂(こう)		
			涵(かん)	澣(かん), 瀚(かん)	(人)鄭涵→鄭澣・鄭瀚
		15武　宗	炎(談)		(人)薛(せつ)談→薛譚
			(淡, 餤(たん))	澹	
			(啖)	噉	
			瀍(てん)(躔)		(人)李躔(りてん)→李回
		16宣　宗	忱(しん), 恬(てん)		
		17懿(い)宗	漼(さい), 温		
		18僖(き)宗	儇(けん), 儼(げん)		
		19昭　宗	曄(よう), 傑, 敏		
		20哀　帝	柷(しゅく), 祚(そ)		柷敔→肇敔(ちょうぎょ)
五代梁	朱				
		1太祖宗	晃(こう), 全忠		
		〔曾祖〕	茂琳(もりん)		(地)茂州→汶(ぶん)州
			(戊)	武	
			(慕)		(地)慕化→帰化
		〔祖〕	信		(地)信都→尭(ぎょう)都, (官)昭信軍→戎昭(じゅうしょう)軍
		〔父〕	誠　(成)		成徳→武順
			(城)	牆(しょう)	城隍(じょうこう)→牆隍, (史)城門部→門局郎, (地)唐城→漢東, (地)翼城→澮水(かいすい)
		3末　帝	瑱(てん), 友, 貞, 鍠(こう)		
五代唐	李				
		1荘　宗	存勗(そんきょく)		
		〔祖〕	国昌(こくしょう)		(地)孝昌→孝感, (地)昌楽→南楽, (地)昌明→彰明

〔八七〕

		6東昏(とうこん)侯	宝巻		
		7和帝	宝融		(人)王融→王元長(字)
梁(りょう)	蕭				
		1武帝	衍(えん)		
			阿練(幼名)	絹	
		〔父〕	順之(じゅんし)	従	(地)順陽→南郷，民順→民従
		2簡文帝	綱		
		3元帝	繹(えき)		
		4敬帝	方智(ほうち)		
陳	陳				
		1高祖	覇先(はせん)		
		2世祖	蒨(せん)		
		3廃帝	伯宗		
		4宣帝	頊(ぎょく)		
		5後主	叔宝		
北魏	拓跋	〔咸陽王〕	禧(き)		(人)高禧→高祐
		1道武帝	珪(けい)(邽)		(地)上邽→上封
		2明元帝	嗣		
		3太武帝	燾(とう)(陶)		(地)平陶→平遥
		4文成帝	濬(しゅん)		
		〔景穆(けいぼく)帝〕	晃(こう)		(人)慕容皝(ぼようこう)→慕容元真(字)
		5献文帝	弘	恒，大	(地)弘農→恒農，(人)馮弘(ひょうこう)→馮文通(字)
		6孝文帝	宏(こう)		(人)崔宏(さいこう)→崔玄伯(字)，(人)苻宏→苻永道(字)
		7宣武帝	恪(かく)		(人)慕容恪→慕容元恭(字)
		8孝明帝	詡(く)		(人)尉詡(いく)→尉羽
		9前廃帝	恭		
		10孝荘帝	子攸(しゆう)		
		11後廃帝	朗		
		12出帝	脩(しゅう)，循		
西魏		〔文帝〕	宝炬(ほうきょ)		
東魏		〔孝静帝〕	善見		
北斉	高				
		〔神武帝〕	歓	欣(きん)，忻(きん)	(人)張歓→張忻
		〔祖〕隠	隠		(人)趙隠→趙彦深(ちょうげんしん)(字)
		〔高祖〕泰	泰		(人)宇文泰→宇文黒獺(うぶんこくだつ)(字)
		〔父〕	樹生	殊	(地)樹頽(じゅたい)→殊頽(しゅたい)
		〔文襄帝〕	澄		
		1文宣帝	洋		
		2廃帝	殷(いん)	趙(ちょう)	(地)殷州→趙州
		3孝昭帝	演		
		4武成帝	湛(たん)		
		5後主	緯		
		6幼主	恒(こう)		
北周	宇文	〔文帝〕	黒獺(こくだつ)	烏	(地)黒水→烏水
			泰	太	(地)泰平→太平，(地)泰昌→大昌，(人)蕭(しょう)泰→蕭世怡(字)
		1孝閔(こうびん)帝	覚		
		2明帝	毓(いく)		
		3武帝	邕(よう)		(人)鄭道邕(ていどうよう)→鄭孝穆(ていこうぼく)
		4宣帝	贇(いん)		
		5静帝	闡(せん)，衍(えん)		
隋(ずい)	楊(よう)				
		1文帝	堅	固	(人)苻堅→苻永固(字)
		〔祖〕	禎(てい)(貞)		(人)李(り)孝貞→李元操(字)，(人)王貞→王孝逸(字)
		〔父〕	忠(中)	内，誠	殿中→殿内，(官)中書→内史，(官)侍中→納言，(官)中書監→秘書監，(書)中経簿→内経，(地)中牟(ちゅうぼう)→内牟，中国→神州
		2煬(よう)帝	広	大，博，長	(地)広川→長河，(地)広武→雁門，(書)広雅→博雅，(地)広梁→大梁，(地)広安→馬邑，(地)広昌→飛狐
唐	李(り)	1高祖	淵(えん)	泉，深，水	(人)鄧淵(とうえん)→鄧泉・鄧彦海(字)，(地)淵泉→深泉，(人)趙文淵→趙文深，(人)陶淵明→陶深明
		〔祖〕	虎(こ)	獣，武，豹(ひょう)，彪(ひょう)，甝(こ)	(官)虎賁(こほん)→武賁，(書)白虎(びゃっこ)通→白武通，騎虎之勢→騎獣之勢，虎穴→獣穴，(地)黄虎→黄獣・黄武，畫虎不成→畫竜不成

		6安　帝	祜(こ)	福	(人)朱祜→朱福
		〔清河孝王〕	慶	賀	(人)慶純→賀純
		8順　帝	保	守，保	
		9沖(ちゅう)帝	炳(へい)	明	
		10質　帝	纘(さん)	継	
		11桓(かん)帝	志	意	(人)趙志伯→趙意伯
		12霊　帝	宏(こう)	大	
		14献　帝	協	合	
魏(ぎ)	曹(そう)				
		〔武帝〕	操		(人)杜操→杜度
		1文　帝	丕(ひ)	大	
		2明　帝	叡(えい)		
		3斉(せい)王	芳	華	(地)芳林園→華林園
		4〔高貴郷公〕	髦(ぼう)		
		5陳留王	奐(かん)(璜(おう))		
呉	孫	1大　帝	権		
		〔曾(そう)祖〕	鍾(しょう)		(地)鍾山→蔣山
		〔父〕	堅(甄(けん))		
		〔太子和〕	和(禾(か))	嘉	(地)禾興(かこう)→嘉興
		2廃　帝	亮(りょう)		
		3景　帝	休	海	(地)休陽→海陽
		〔帰命侯〕	皓(こう)，元宗		(人)孟宗(もうそう)→孟仁
蜀(しょく)	劉	1先　主	備		
		2後　主	禅		
晋(しん)	司馬				
		宣　帝	懿(い)	美，益，壹	(人)張懿→張益，(人)王懿→王仲徳(字)
		〔景帝〕	師	帥	(官)太師→太宰，(地)京師→京都・京邑(けいゆう)
		〔文帝〕	昭	邵(しょう)，曜 明，顕， 盛	(地)昭陽→邵陽，(地)昭武→臨沢・邵武，(人)韋昭(いしょう)→韋曜，(人)張昭→張公，(人)王昭君→明妃
		1武　帝	炎		(人)孫炎→孫叔然(字)
		〔伯父〕	師		京師→京都，(官)師傅→保傅，(官)太師→太宰
		2恵　帝	衷(ちゅう)		
		3懐　帝	熾(し)		
		4愍(びん)帝	業	康	(地)建業→建康・建鄴(けんぎょう)，(地)鄴→臨漳(りんしょう)
東晋		5元　帝	睿(えい)(叡(えい))		(人)王叡→王元徳(字)
		6明　帝	紹		(人)王紹→王景文(字)
		7成　帝	衍(えん)		(人)王衍→王夷甫(いほ)(字)
		8康　帝	岳	嶽(がく)，岱(たい)	(人)鄧(とう)岳→鄧嶽・鄧岱，(地)岳州→建章
		9穆(ぼく)帝	聃(たん)		
		10哀　帝	丕(ひ)		
		11海西公	奕(えき)		
		12簡文帝	昱(いく)(育)		(地)育陽→云(うん)陽
		〔鄭(てい)太后〕	阿春	陽	(書)春秋→陽秋，(地)寿春→寿陽
		13孝武帝	曜		
		14安　帝	徳宗		
		15恭　帝	徳文		
宋(そう)	劉	1武　帝	裕		(人)王裕之(ゆうし)→王敬弘(字)，(人)謝裕→謝景仁(字)，(人)褚裕之(ちょゆうし)→褚叔度(字)，(人)張裕→張茂度(字)
		〔祖〕	靖(せい)		(人)向靖→向弥(字)，孔靖→孔季恭(字)
		2少　帝	義符		
		3文　帝	義隆		
		4孝武帝	駿(しゅん)		
		5前廃帝	子業		
		6明　帝	彧(いく)		(人)王彧(おういく)→王景文(字)
		7後廃帝	昱(いく)		
		8順　帝	準		(官)平準令→染署令
南斉	蕭(しょう)	1高　帝	道成		(人)薛道淵(せつどうえん)→薛淵，(人)蕭道先→蕭景先
		〔父〕	承之		承明門→北掖(ほくえき)，陳承叔(ちんしょうしゅく)→陳允叔(じゅんしゅく)
		2武　帝	賾(さく)，頤(い)		
		3鬱林(うつりん)王	昭業		
		4海陵王	昭文		
		5明　帝	鸞(らん)		

〔八五〕

避諱一覧表

避諱(ひき)とは，父母や先祖の本名(諱(いみな))を避けて，ことばや文書中に使わない習慣である。相手の本名や,相手の諱(い)む字は使わないのが礼儀であるし，また，その王朝の天子の名や，天子が避諱する文字は，臣下も遠慮して使わないことになる。とくに尊敬する人物（たとえば孔子の名「丘」）や，領主について避諱する場合もあった。この習慣は，中国では，東周以後行われたといわれるが，王朝により，個人により，きびしいときもゆるやかなときもあった。その間，文書に不自由や混乱も生じたが，いっぽうでは避諱を調べることにより，書物の書かれた時代を判定できることもある。たとえば漢代の古詩といわれるものに「盈(えい)」という字を使ったものがある。(「盈盈一水間」など）これは漢の恵帝の諱「盈」にふれるから，使うことはありえない。したがって，これらの詩は漢代のものでなく，後世の偽作だという説も起こってくる。また，唐の詩人杜甫(とほ)の父の名は,「閑」といったので，杜甫の詩には閑という字を使っていないとか，李賀(りが)の父は「晋粛(しんしゅく)」といったので，李賀が進士試験を受けたとき，進士のシンと晋とは音が同じだから，父の諱を犯すことになるとして，合格させるのは不適当だという議論まで出たという。安禄山(あんろくざん)が反乱を起こしたのち，唐の朝廷は，これをにくんで，安という字のつく地名は全部改めた。また，唐の太祖は李世民(りせいみん)という名であったから，「世」,「民」の字を避諱している書物は，それ以後の唐代に書かれたことが知られる。

避諱の方法には次のようなものがある。

1　音や字を言いかえたり，書きかえたりする。人名の場合は字(あざな)を用いることもある。(改字)

2　文書中の該当する字のところを□のように，一字あけて空欄にしたり，「諱」と書いたりする。(欠字)

3　文書で，その字の一画を略して書かない。(欠画)

(例)　民→𣎴，丘→𠀉，玄→玄

4　避諱の字に音が似ている場合（嫌名(けんめい)),その字も避けることがある。

(備考)　なお避諱には，つぎのような制限のあったこともある。

1　「二名は偏諱(へんき)せず。」名が二字の場合は，両方を一度に使うことは避けるが，いっぽうの字だけなら，避ける必要がない。

2　「已(すで)に祧(ちょう)すれば諱まず。」天子でいうと，始祖を除いて，七代以上の先祖は諱まない。

3　「已に廃すれば諱まず。」改名した場合，前のやめた名は諱まない。

4　「詩書臨文諱まず。」「詩経」・「書経」その他政治上の文書などでまちがいやすいものを書くときは諱まない。

以下の表は，黄本驥(こうほんき)「避諱録」・陳垣(ちんえん)「史諱挙例」その他の資料によった。

実例の(人)は人名，(地)は地名，(官)は官職名，(書)は書名，人名の後ろに(字)とあるのは本名の代わりに「あざな」を用いたもの。

王朝	姓氏	帝号	名諱 ( )は嫌名	代字	実例
秦(しん)	趙(ちょう)				
		1始皇	政(正)	端	正月→端月・一月，正言→端言
		〔父〕	子楚(しそ)	荊(けい)	(地)楚→荊
漢	劉(りゅう)				
		1高祖	邦	国	万邦→万国
		2恵帝	盈(えい)	満	盈数→満数，盈容→満容，虧(き)盈→虧満
		〔高后〕	雉(ち)	野鶏	雉→野鶏
		5文帝	恒(こう)	常，弘	(地)恒山→常山，(地)恒農→弘農
		6景帝	啓	開	(人)微子啓→微子開,(地)啓陽→開陽，啓蟄(ちつ)→驚蟄
		7武帝	徹	通，列	(人)蒯徹(かいてつ)→蒯通，徹侯→通侯
		8昭帝	弗(ふつ)	不	
		9宣帝	詢(じゅん)	謀(ぼう)	？(人)荀卿(じゅんけい)→孫卿
		〔父〕	進	前	
		10元帝	奭(せき)	盛	
		11成帝	驁(ごう)	俊	
		12哀帝	欣(きん)	喜	
		13平帝	衎(かん)	楽	
新			王莽(おうもう)		(人)孔莽→孔均
後漢	劉(りゅう)	1光武帝	秀	茂	秀才→茂才
		〔叔父〕	良	張	(地)寿良→寿張「荘→老厳，(人)荘彭祖(ほうそ)→厳彭祖
		2明帝	荘	厳	(人)荘助→厳助，(人)荘安→厳安，(人)荘子→厳子，老」
		3章帝	炟(たつ)	著	
		4和帝	肇(ちょう)	始，肇(ちょう)	
		5殤(しょう)帝	隆	盛	(人)伏隆→伏盛，(地)隆慮→林慮

歴代官職一覧表

唐（玄宗）	宋	元	明	清	おもな職務
侍中 中書令	同中書門下平章事 （同平章事）	中書令 丞相	大学士	内閣大学士	政治の実権をにぎる。
太師 太傅 太保	太師 太傅 太保	太師 太傅 太保	太師 太傅 太保	太師 太傅 太保	天下の政治を総轄する。 唐以後は一種の名誉職となる。
					軍事を総轄する。
太尉 司徒 司空	少師 少傅 少保	定例なし	少師 少傅 少保		軍事 行政 監察
太常寺卿 光禄寺卿 衛尉寺卿 太僕寺卿 大理寺卿 鴻臚寺卿 宗正寺卿 司農寺卿 太府寺卿	太常寺卿 光禄寺卿 衛尉寺卿 太僕寺卿 大理寺卿 鴻臚寺卿 宗正寺卿 司農寺卿 太府寺卿	太常寺卿 光禄寺卿 衛尉寺卿 太僕寺卿 大理寺卿 宣政院使 大宗正 大司農 太府寺卿	太常寺卿 光禄寺卿 衛尉寺卿 太僕寺卿 大理寺卿 鴻臚寺卿 宗人令 大司農 太府寺卿	太常寺卿 光禄寺卿 太僕寺卿 大理寺卿 （理藩院尚書） 宗令 （戸部尚書） （管理三庫大臣）	宗廟，礼式，祭り 宮殿の内務 宮門の警衛 車馬，行幸の行列 刑罰，獄 賓客の接待・儀式 皇族 貨幣，穀物 飲食，器物，庭園
少府監監 将作監大匠 都水監使者 国子監祭酒 軍器監監	少府監 将作監 都水監使者 国子監祭酒 軍器監	少府監 将作使 都水監 国子監祭酒 軍器監	少府監 将作司 河道都御吏 国子監祭酒 軍品監	 総督河道 国子監祭酒	工作，技芸 土木，建築 河川，堤防，用水 国立学校 兵器製造
御史台大夫	御史中丞	御史大夫	御史大夫	左都御史	官吏の風紀のとりしまり
左右丞相					政治の実行
吏部尚書 戸部尚書 礼部尚書 兵部尚書 刑部尚書 工部尚書	吏部尚書 戸部尚書 礼部尚書 兵部尚書 刑部尚書 工部尚書	吏部尚書 戸部尚書 礼部尚書 兵部尚書 刑部尚書 工部尚書	吏部尚書 戸部尚書 礼部尚書 兵部尚書 刑部尚書 工部尚書	吏部尚書 戸部尚書 礼部尚書 兵部尚書 刑部尚書 工部尚書	官吏の任免進退 民事，戸籍，租税 礼楽祭喪，外交，学校 軍事，武官の進退 刑罰 宮中の器物用度，水利
侍中 黄門侍郎 左散騎常侍	侍中 黄門侍郎 左散騎常侍				詔勅の吟味，出納
諫議大夫 中書令 中書侍郎 右散騎常侍 通事舎人	諫議大夫				詔勅の記録・伝達
秘書省監 殿中省監 内侍省内侍	秘書省監 殿中省監	秘書監 （大都留守司） 侍正	秘書監 （大都留守司）	（文淵閣領閣事） （内務部総管大臣）	図書寮の長官 宮内庁に当たる。 皇后・皇太后の宮中をつかさどる。
京兆，河南，太原府，牧尹	河南尹	上都留守	応天府尹	奉天府尹	警察の長官 帝都を治める。
採訪使（観察使）	都監	宣慰使	都指揮使	順天総兵	諸州の軍事を監督する。
都督都護 節度使	牧節度使	総管府	総督総理	督撫	諸州を監察する。
州刺史	州刺史	知州	知府	知府	郡の長官
県令	知県　県令	県尹	知県	知県	県の長官

歴代官職一覧表

		(周官)	秦	前漢	後漢	魏	晋	隋(煬帝)
宰相		(相)	丞相 (相国)	丞相 (相国)	尚書令	中書令 中書監	吏部尚書 中書令 中書監	内史 納言
諸公			丞相	丞相 (大司徒)	太傅	太傅	太宰 太傅 太保	太師 太傅 太保
				大司馬 (将軍)	大将軍	大司馬 大将軍	大司馬 大将軍	
			太尉 御史大夫	御史大夫 (大司空)	太尉 司徒 司空	太尉 司徒 司空	太尉 司徒 司空	太尉 司徒 司空
九寺		(大宗伯) (膳夫) (太僕) (大理) (大行人) (小宗伯) (宮正,宮伯,内宰)	奉常 郎中令 衛尉 太僕 廷尉(大理) 典客 宗正 治粟内史 少府	太常 光禄勲 衛尉 太僕 廷尉(大理) 大鴻臚(典属国) 宗正 大司農 少府	太常 光禄勲 衛尉 太僕 廷尉 大鴻臚 宗正 大司農 少府卿	太常 光禄勲 衛尉 太僕 廷尉 大鴻臚 宗正 大司農 少府	太常 光禄勲 衛尉 太僕 廷尉 大鴻臚 宗正 大司農 少府	太常寺卿 光禄寺卿 衛尉寺卿 太僕寺卿 大理寺卿 鴻臚寺卿 宗正寺卿 司農寺卿 太府寺卿
五監		(林衡,川衡) (師氏)	(少府) 将作少府 博士	(少府) 将作大匠 水衡都尉 博士僕射	(少府卿) 将作大匠 河隄謁者 博士祭酒	将作大匠 水衡都尉 博士祭酒	将作大匠 都水台使者 国子学祭酒	少府監監 将作監大監 都水監監 国子監祭酒
台官				御史中丞	御史台中丞	御史台中丞	御史台中丞	御史台大夫
各省	尚書省	尚書令 (冢宰) (大司徒) (大宗伯) (大司馬) (大司寇) (大司空)	尚書令 (僕射)	尚書令 尚書僕射 (常侍曹) (三公曹) (二千石曹)	尚書令 尚書僕射 吏曹 客曹 (吏曹) 三公曹 二千石曹 民曹	尚書令 尚書左右僕射 吏部尚書 度支尚書 客曹尚書 (祠部曹尚書) 五兵尚書 左民尚書	尚書令 尚書僕射 吏部尚書 度支尚書 (田曹尚書) 祠部尚書 五兵尚書 左民尚書	尚書令 尚書左右僕射 吏部尚書 民部尚書 礼部尚書 兵部尚書 刑部尚書 工部尚書
	門下省		侍中 黄門侍郎 中常侍	侍中 黄門侍郎 中常侍	侍中 給事黄門侍郎 中常侍	侍中 給事黄門侍郎 散騎常侍	侍中 給事黄門侍郎 散騎常侍	納言 黄門侍郎
	中書省		諫大夫 謁者	諫大夫 中書令 謁者僕射	諫議大夫 謁者僕射	中書監令 中書侍郎 謁者僕射	中書監令 中書侍郎 謁者	内史令 内史侍郎 謁者台大夫
	秘書省 殿中省 内侍省		将行	(御史中丞) 大長秋	秘書監 大長秋	秘書監 殿中監 大長秋	秘書監 殿中監 大長秋	秘書省監 殿内省監 長秋監令
地方官		(内史) (県正)	(司隷) 内史 監察御史 郡守 県令長	司隷校尉 三輔 州刺史 都護 郡太守 県令長	司隷校尉 {京兆尹 三輔 (督軍御史) 州刺史 都護 郡太守 県令長	司隷校尉 河南尹 都督 州刺史 郡太守 県令長	司隷校尉 河南尹 都督 州刺史 都護 郡太守 県令長	司隷台大夫 京兆尹 刺史 郡太守 県令長

〔八二〕

中国年号索引

（第一字め五十音順。数字はその年号の元年の西暦年。）

王朝	事項	天皇	年号
中華人民共和国	▽1989. 天安門事件。 ▽1990. 世東西ドイツ統合。 ▽1991. 世ソ連崩壊。 ▽1997. 鄧小平(92)。イギリス，香港を中国に返還。 ▽1999. ポルトガル，マカオを中国に返還。 ▽2000. 世南北朝鮮首脳会談。 ▽2001. 世アメリカで同時多発テロ勃発。 ▽2003. (中国初の)有人宇宙船「神舟５号」の打ち上げ成功。 ▽2005. 巴金(はきん)(100)。 ▽2008. 北京オリンピック開催。 ▽2010. 上海国際博覧会開催。劉暁波(りゅうぎょうは)，ノーベル平和賞を受賞。 ▽2012. 莫言(ばくげん)，ノーベル文学賞を受賞。 ▽2015. 屠呦呦(とゆうゆう)，ノーベル医学・生理学賞を受賞。 ▽2016. G20首脳会議，浙江省杭州で開催。 ▽2019. 建国70周年祝賀行事，天安門広場で開催。	平成の天皇 1989	平成〔31〕
		今上 2019	令和↓

中華民国

▽1921．中国共産党結成。「阿Q正伝」(魯迅)。「清代学術概論」(梁啓超)。
▽1922．「五十年来中国の文学」(胡適)。「国学概論」(章炳麟)。
[日]1922．森鷗外(61)。
▽1923．「吶喊」・「中国小説史略」(魯迅)。
▽1925．孫文(60)。蔣介石政権成立。
▽1927．王国維(51)，康有為(70)。
▽1928．殷墟の発掘(～37)。1929．梁啓超(57)。
▽1930．「中国古代社会研究」(郭沫若)。
▽1931．満州事変起こる。江西省瑞金に，中華ソビエト臨時政府を樹立。
[世]「大地」(パール-バック)。
▽1932．満州国建国宣言。上海事変。
[世]1933．ドイツにヒットラー政権が成立。
▽1934．江西省瑞金の中国共産党，陝西省延安への大移動を開始。
[日]1935．坪内逍遥(77)。
▽1936．西安事件。第二次国共合作成る。魯迅(56)。章炳麟(69)。
▽1937．日中戦争が起こった。第二次上海事変。
▽1938．蔣政権は，重慶に政府を移した。中華全国文芸界，抗敵救国会成立。
▽1939．「北京好日」(林語堂)。羅振玉(73)。
▽1940．蔡元培(74)。
[世]1940．日・独・伊三国軍事同盟。
▽1941．「駱駝祥子」(老舎)。
[日]1941．太平洋戦争が起こった。
▽1942．戯曲「屈原」(郭沫若)。「文芸講話」(毛沢東)。
[日]1942．北原白秋(74)。

[日]1943．島崎藤村(72)。

[世]1945．国際連合成立。ヤルタ会談。ドイツ無条件降伏。ポツダム会談。日本，無条件降伏。

[日]1945．西田幾多郎(74)。
▽1945．郁達夫(50)。「李家荘の変遷」(趙樹理)。
▽1946．中国共産党，蔣政権との内戦始まる。「四世同堂」(老舎)。
[日]1947．新憲法発布。幸田露伴(81)，横光利一(50)。
▽1948．「太陽は桑乾河を照らす」(丁玲)。「蝦球伝」(黄谷柳)。
▽1949．蔣政権，台湾に移る。中華人民共和国成立。

中華人民共和国

[世]1950．朝鮮戦争。

[世]1951．サンフランシスコ対日講和会議。

[世]1953．スターリン(74)。

[日]1956．日ソ国交回復。
▽1956．「百家争鳴，百花斉放」運動。漢字簡化方案公布。
[日]1956．日本，国連に加盟。
▽1962．胡適(70)。
[日]1965．谷崎潤一郎(78)。

[日]1966．鈴木大拙(95)。
▽1966．文化大革命。紅衛兵。老舎(67)。
[日]1970．三島由紀夫(45)。
▽1971．中華人民共和国，国連加盟。
▽1972．日中国交正常化。
[日]1972．川端康成(68)。
▽1973．馬王堆発掘。
▽1975．蔣介石(87)。
▽1976．周恩来(78)。毛沢東(82)。林語堂(82)。
▽1978．日中平和友好条約締結。郭沫若(85)。
▽1986．丁玲(80)。

昭和時代　昭和 1926　昭和〔63〕

王朝	皇帝	年	年号	事項	日本	天皇・年	年号
				［世］1769．イギリス，産業革命。		後桜町	
				［日］1774．「解体新書」（杉田玄白）。		1763	宝暦〔1〕
				［世］1776．アメリカ，独立宣言。		1764	明和〔7〕
				▽1777．戴震(55)。		後桃園	
				▽1782．「四庫全書」が完成した。		1771	〃〔1〕
				［日］1782．「群書類従」（塙保己一）。		1772	安永〔8〕
				［日］1789．幕府が朱子学以外の学を禁止した。		光格	
				［世］1789．フランス革命。	江	1780	〃〔1〕
	仁宗	1796	嘉慶〔25〕	［世］1796．ジェンナー，種痘法を発見。		1781	天明〔8〕
				▽1796．邵晋涵(54)。		1789	寛政〔12〕
				▽1797．袁枚(82)・王鳴盛(76)。			
				［日］1798．本居宣長「古事記伝」完成。			
				▽「甌北詩話」。「二十二史箚記」。			
〈1800〉							
				▽1801．章学誠(64)。1814．趙翼(88)。	戸	1801	享和〔3〕
				［日］1814．滝沢馬琴「南総里見八犬伝」を刊行。		1804	文化〔13〕
				▽「説文解字注」（段玉裁）。		仁孝	
				▽1815．段玉裁(81)。		1817	〃〔1〕
	宣宗	1821	道光〔30〕	［日］1815．「蘭学事始」（杉田玄白）。		1818	文政〔12〕
				［日］1826．「日本外史」（頼山陽）。			
				▽1829．「皇清経解」（阮元）。		1830	天保〔14〕
				▽1832．王念孫(89)。	時		
				［日］1832．頼山陽(53)。			
清				▽1840．アヘン戦争起こる。1849．阮元(86)。			
				［世］1848．マルクス・エンゲルス「共産党宣言」を発表。		1844	弘化〔3〕
						孝明	
				▽1850．洪秀全が太平天国の乱を起こした（長髪賊の乱）。		1847	〃〔1〕
	文宗	1851	咸豊〔11〕	［日］1853．ペリーが黒船をひきいて，浦賀に来した。	代	1848	嘉永〔6〕
				［日］1856．広瀬淡窓(75)。		1854	安政〔6〕
				▽1858．朱駿声(71)。			
				［日］1859．安政の大獄。佐藤一斎(88)，吉田松陰(30)。		1860	万延〔1〕
	穆宗	1862	同治〔13〕	［世］1859．「種の起源」（ダーウィン）。		1861	文久〔3〕
				［世］1862．イギリスがインドを併合した。			
				［世］1863．リンカーンが奴隷を解放した。			
				▽1864．洪秀全自殺し，太平天国の乱おさまる。		1864	元治〔1〕
				［日］1868．明治維新。		1865	慶応〔2〕
	徳宗	1875	光緒〔34〕	▽1872．曾国藩(62)。		明治	
				▽1894．「続皇清経解」（王先謙）		1867	〃〔1〕
				▽1894．日清戦争。孫文が興中会を興した。		1868	明治〔44〕
				▽1898．康有為・梁啓超が政治革命を試みて失敗，日本に亡命（戊戌の政変）。「馬氏文通」（馬建忠）。	明		
				▽1899．殷墟(河南省，安陽)で甲骨を発見。			
〈1900〉							
				▽1900．義和団事件が起こった。			
				［日］1904．日露戦争。	治		
				▽1905．孫文らが，中国革命同盟会を結成し，三民主義をとなえた。科挙が廃止された。			
				［世］1905．アインシュタインが「相対性原理」を発表。			
				▽1906．兪樾(86)。	時		
				［日］1906．「破戒」（島崎藤村）。「坊っちゃん」・「草枕」（夏目漱石）。			
				▽1907．スタインの敦煌発掘。			
	宣統帝	1909	宣統〔3〕	▽1908．西太后(75)，徳宗(39)，孫詒譲(61)。	代		
				［日］1910．韓国併合。			
				▽1911．武昌に革命起こる。1912．宣統帝退位。（辛亥革命）。中華民国成立。			
〈1912〉 中華民国				［世］1914．第一次世界大戦。		大正 1912	大正〔14〕
				▽1915．陳独秀，「青年雑誌」（後の「新青年」）創刊。	大正時代		
				▽1916．蔡元培，北京大学長となる。新文学運動起こる。			
				［日］1916．夏目漱石(50)，上田敏(43)。			
				▽1917．「文学改良芻議」（胡適）。王先謙(76)。			
				▽1918．「狂人日記」（魯迅）。			
				▽1919．五四運動起こる。			

				▽「金瓶梅」(作者？)。「三才図会」(王圻)「五雑俎」(謝肇淛)。				
				▽1590. 王世貞〔弇州〕(65)。				
				[日]1592. 豊臣秀吉，朝鮮半島出兵(文禄の役)。				
				[世]1592. モンテーニュ(60)。				
〈1600〉				[日]1600. 関が原の戦い。				
				[世]1600. イギリス，東インド会社を興す。				
				[世]1601. マテオ-リッチ〔利瑪竇〕が北京に教会を開いた。				
				[日]1603. 徳川家康が江戸に幕府を開いた。				
				▽「牡丹亭還魂記」(湯顕祖)。		後水尾		
				[日]1613. 伊達政宗，支倉常長をローマに派遣。			1611	慶長〔4〕
				▽1616. ヌルハチ〔清の太祖〕が後金の国を建てた。			1615	元和〔9〕
				[世]1616. シェークスピア(52)。				
				▽1617. 湯顕祖(68)。				
				[日]1619. 藤原惺窩(59)。				
				▽1625. 東林党の獄が起こった。				
	光宗	1620	泰昌〔1〕	[世]1633. ガリレオが地動説をとなえて投獄された。	江		1624	寛永〔5〕
	熹宗	1621	天啓〔7〕			明正		
	毅宗	1628	崇禎〔17〕	▽1636. 後金が国号を清と改めた。			1629	〃〔15〕
				[日]1637. 島原の乱が起こった。		後光明		
				[日]1639. 鎖国令を下し，外国との貿易を禁止した。			1644	正保〔4〕
				後金				
				太祖 1616 天命〔11〕 1627 天聰〔9〕 ▽1644. 李自成，北京を陥れ，毅宗は自殺。清は北京を都とした。			1648	慶安〔4〕
	福王 唐王	1645	弘光 隆武〔1〕				1652	承応〔3〕
	唐王	1646	紹武〔1〕	清 [日]1648. 中江藤樹(41)。		後西		
	永明王	1647	永暦〔15〕	太宗 1636 崇徳〔8〕 [日]1657. 徳川光圀，「大日本史」の編集を始めた。林羅山(75)。			1655	明暦〔3〕
					戸		1658	万治〔3〕
				世祖 1644 順治〔18〕 ▽1659. 朱舜水ら，日本に帰化。			1661	寛文〔2〕
						霊元		
清	聖祖	1662	康熙〔61〕	▽1662. 台湾によって清に抵抗した明の鄭成功が死んだ。			1663	〃〔10〕
							1673	延宝〔8〕
				[世]1666. ニュートン，引力の法則を発見。			1681	天和〔3〕
				[日]1689. 芭蕉が奥の細道の旅に出た。			1684	貞享〔3〕
				▽1682. 顧炎武(70)。1692. 王夫之(74)。		東山		
				[日]1693. 井原西鶴(52)。1694. 松尾芭蕉(51)。			1687	〃〔1〕
				▽1695. 黄宗羲(86)。1704. 閻若璩(69)。			1688	元禄〔16〕
〈1700〉				[日]1705. 伊藤仁斎(79)。				
				▽1709.「淵鑑類函」。	時			
				▽1711.「佩文韻府」。王士禎(78)。				
				[日]1712.「和漢三才図会」(寺島良安)。			1704	宝永〔6〕
				[日]1714. 貝原益軒(85)。		中御門		
				▽「聊斎志異」(蒲松齢)。			1710	〃〔1〕
				[日]1715.「国性爺合戦」(近松門左衛門)が初演された。			1711	正徳〔5〕
				▽1716.「康熙字典」。			1716	享保〔20〕
				[日]1720. 将軍吉宗，洋書の輸入を許可。				
				[日]1722. 幕府が「六諭衍義大意」を刊行。				
	世宗	1723	雍正〔13〕	[日]1724. 近松門左衛門(72)。				
				▽1725.「古今図書集成」	代			
				[日]1725. 新井白石(69)。1728. 荻生徂徠(63)。				
				▽「儒林外史」(呉敬梓)。				
	高宗	1736	乾隆〔60〕	[日]1734. 室鳩巣(77)。1747. 太宰春台(68)。		桜町		
							1736	元文〔5〕
				▽1749. 方苞(82)。			1741	寛保〔3〕
				[世]1752. フランクリン，電気を発見。			1744	延享〔4〕
				[世]1762. ルソーが「社会契約論」を発表。		桃園		
				▽1764. ？「紅楼夢」(曹霑)。			1748	寛延〔3〕
				▽1769. 沈徳潜(97)。			1751	宝暦〔12〕

王朝	皇帝	年	年号	事項
		1341	至正〔28〕	
明(みん)	太祖	1368	洪武〔31〕	▽1368. 朱元璋(しゅげんしょう)，皇帝となり，国号を明(みん)と称す。 回1368. 足利義満(あしかがよしみつ)，征夷大将軍となる。 ▽1374. 高青邱(こうせいきゅう)(啓)，死刑となる。 回1392. 南北朝が統一された。 世1393. 李成桂(りせいけい)が朝鮮国を建てた。
	恵帝	1399	建文〔4〕	
〈1400〉				回1401. 足利義満が明(みん)に使者を送った。 ▽1402. 燕王棣(てい)，恵帝を追い，帝位を奪う。方孝孺(ほうこうじゅ)は命令に従わず，一族皆殺しにされた。
	成祖	1403	永楽〔22〕	▽1403. 北平を北京(ペキン)と改めた。 ▽1405. 宦官(かんがん)，鄭和、恵帝を求めて南海に遠征。 ▽1408.「永楽大典」(解縉(かいしん)ら)。 ▽1414.「五経大全」「四書大全」「性理大全」(胡広(ここう)ら)。
	仁宗	1425	洪熙〔1〕	▽?「剪灯(せんとう)余話」(李禎(りてい))。
	宣宗	1426	宣徳〔10〕	回?五山文学が盛ん。
	英宗	1436	正統〔14〕	▽永楽・成化の間,楊子奇(ようしき)・楊栄・楊薄らを中心に「台閣体」の詩が流行した。
	代宗	1450	景泰〔7〕	
	英宗	1457	天順〔8〕	▽1463.「大明一統志」が完成した。
	憲宗	1465	成化〔23〕	▽1464. 薛瑄(せつせん)(76)。 回1467. 応仁の乱が起こった ▽?科挙の試験に「八股文(はっこぶん)」で書くこととなった。
	孝宗	1488	弘治〔18〕	世1492. コロンブスがアメリカ大陸に到達した。 ▽1494ごろ李(り)東陽らの「古文辞派」が盛んとなる。 世1498. ヴァスコ-ダ-ガマ，インドに到達。
〈1500〉				▽1500. 陳白沙(ちんはくしゃ)(73)。
	武宗	1506	正徳〔16〕	世1517. マルチン-ルーテルがキリスト教を改革した。宗教改革。 ▽1519. 王陽明の「伝習録」が完成した。 世1519. レオナルド-ダ-ビンチ。
	世宗	1522	嘉靖〔45〕	▽1528. 王陽明(57)。1531. 李(り)夢陽(57)。 回1543. 種子島(たねがしま)に鉄砲が伝来した。 ▽1552. フランシスコ-ザビエルが中国布教中に死んだ。 ▽1570. 李攀竜(りはんりょう)(57)。
	穆宗	1567	隆慶〔6〕	▽「西遊記」(呉承恩)。 ▽1571. 帰震川(きしんせん)(66)。
	神宗	1573	万暦〔47〕	回1573. 室町幕府が倒された。

時代	年	年号		(北朝)	
南北朝時代	1339	〃〔1〕			
	1340	興国〔6〕		光厳	
	1346	正平〔22〕		1331	(元徳〔1〕)
	長慶			1332	正慶〔2〕
	1368	〃〔2〕		光明	
	1370	建徳〔2〕		1336	(建武〔2〕)
				1338	暦応〔4〕
	1372	文中〔3〕		1342	康永〔3〕
	1375	天授〔6〕		1345	貞和〔3〕
	1381	弘和〔3〕		崇光	
	1384	元中〔1〕		1348	〃〔2〕
	後亀山			1350	観応〔2〕
	1385	〃〔8〕		1352	文和〔1〕
	後小松			後光厳	
	1393	明徳		1353	〃〔3〕
	1394	応永〔19〕		1356	延文〔5〕
室町時代				1361	康安〔1〕
				1362	貞治〔6〕
				1368	応安〔4〕
				後円融	
				1372	〃〔3〕
				1375	永和〔4〕
	称光			1379	康暦〔2〕
	1413	〃〔15〕		1381	永徳〔1〕
	後花園			後小松	
	1428	正長〔1〕		1382	〃〔2〕
	1429	永享〔12〕		1384	至徳〔3〕
	1441	嘉吉〔3〕		1387	嘉慶〔2〕
	1444	文安〔5〕		1389	康応〔1〕
	1449	宝徳〔3〕		1390	明徳〔4〕
	1452	享徳〔3〕			
	1455	康正〔2〕			
	1457	長禄〔3〕			
	1460	寛正〔5〕			
	後土御門				
	1465	〃〔1〕			
	1466	文正〔1〕			
	1467	応仁〔2〕			
	1469	文明〔18〕			
	1487	長享〔2〕			
	1489	延徳〔3〕			
	1492	明応〔9〕			
	後柏原				
	1501	文亀〔3〕			
	1504	永正〔17〕			
	1521	大永〔5〕			
	後奈良				
	1526	〃〔2〕			
	1528	享禄〔4〕			
	1532	天文〔23〕			
	1555	弘治〔3〕			
	正親町				
	1558	永禄〔12〕			
	1570	元亀〔3〕			
	1573	天正〔14〕			
	後陽成				
	1587	〃〔5〕			
	1592	文禄〔4〕			
	1596	慶長〔15〕			

▽1200. 朱熹(71)。
[日]1205.「新古今和歌集」
▽1206. 鉄木真が成吉思汗と称した。
▽1210. 陸游（86)。
[日]1221. 承久の変。後鳥羽院は隠岐に，順徳院は佐渡に，土御門院は土佐へ流された。
▽1227. 成吉思汗（61)。
▽1234. 蒙古が金を滅ぼした。
[日]1241. 藤原定家（80)。
▽1257. 元遺山（68)。

王朝	皇帝	年	年号
元	世祖	1271	至元〔25〕
	成宗	1295	元貞〔2〕
		1297	大徳〔11〕
〈1300〉	武宗	1308	至大〔4〕
	仁宗	1312	皇慶〔2〕
		1314	延祐〔7〕
	英宗	1321	至治〔3〕
	泰定帝	1324	泰定〔4〕
	天順帝	1328	致和，天順，天暦〔2〕
	明宗		
	文宗	1330	至順〔3〕
	寧宗	1333	元統〔2〕
	順帝	1335	至元〔6〕

▽1271. 蒙古が国号を元と改めた。
[世]マルコ-ポーロが東方の旅に出発した。
[世]1272. イギリスがエルサレムを放棄し，十字軍の挙は終わりをつげた。
▽1274. 元，日本征服をくわだて，北九州に来襲したが，失敗した(文永の役)。
[世]1275. マルコ-ポーロが元の大都(北京)に来て，世祖に拝謁した。
▽1279. 厓山の戦いに，張世傑破れ，帝昺(衛王)，海に投じ，南宋が滅びた。元が中国を統一した。
▽1281. 元の至元18年，元，再び日本遠征を試みて失敗(弘安の役)。
▽1281. 文天祥獄中で「正気歌」を作った。
▽1282. 文天祥(47)。
[日]1284. 北条時宗(33)。
▽このころ，元曲盛ん。「西廂記」(王実甫)。「漢宮秋」(馬致遠)。
▽「十八史略」(曾先之)。「三体詩」(周弼)。「文章軌範」(謝枋得)。「古文真宝」(黄堅)。
▽1289. 謝枋得(64)。
[世]1299. マルコ-ポーロ，「東方見聞録」出版。
[日]1316. 北条顕時が金沢文庫設置。
[世]1321. ダンテ。
[日]1334. 後醍醐帝，建武の中興。
[日]1338. 足利尊氏，室町幕府を開く。
[日]1339.「神皇正統記」(北畠親房)。
[日]1350. 兼好法師。
[世]1353.「デカメロン」(ボッカチオ)。
▽元末，白話（口語）文学が盛ん。「水滸伝」(施耐庵)。「三国志演義」(羅貫中)。

鎌倉時代

天皇・年	年号
1206	建永〔1〕
1207	承元〔4〕
順徳	
1211	建暦〔2〕
1213	建保〔6〕
1219	承久〔2〕
仲恭	
1221	〃〔1〕
後堀河	
1222	貞応〔2〕
1224	元仁〔1〕
1225	嘉禄〔2〕
1227	安貞〔2〕
1229	寛喜〔3〕
四条	
1232	貞永〔1〕
1233	天福〔1〕
1234	文暦〔1〕
1235	嘉禎〔3〕
1238	暦仁〔1〕
1239	延応〔1〕
1240	仁治〔3〕
後嵯峨	
1243	寛元〔4〕
後深草	
1247	宝治〔2〕
1249	建長〔7〕
1256	康元〔1〕
1257	正嘉〔2〕
1259	正元〔1〕
亀山	
1260	文応〔1〕
1261	弘長〔3〕
1264	文永〔11〕
後宇多	
1275	建治〔3〕
1278	弘安〔10〕
伏見	
1288	正応〔5〕
1293	永仁〔6〕
後伏見	
1299	正安〔3〕
後二条	
1302	乾元〔1〕
1303	嘉元〔3〕
1306	徳治〔2〕
1308	延慶〔1〕
花園	
1309	〃〔2〕
1311	應長〔1〕
1312	正和〔5〕
1317	文保〔2〕
後醍醐	
1319	元應〔2〕
1321	元亨〔3〕
1324	正中〔2〕
1326	嘉暦〔3〕
1329	元徳〔2〕
1331	元弘〔3〕
1334	建武〔2〕
1336	延元〔3〕
後村上	

	皇帝	年	年号
〈1100〉		1098	元符〔3〕
	徽宗	1101	建中靖国〔1〕
		1102	崇寧〔5〕
		1107	大観〔4〕
		1111	政和〔7〕
		1118	重和〔1〕
		1119	宣和〔7〕
	欽宗	1126	靖康〔1〕
南宋	高宗	1127	建炎〔4〕
		1131	紹興〔32〕
	孝宗	1163	隆興〔2〕
		1165	乾道〔9〕
		1174	淳熙〔16〕
	光宗	1190	紹熙〔5〕
	寧宗	1195	慶元〔6〕
〈1200〉		1201	嘉泰〔4〕
		1205	開禧〔3〕
		1208	嘉定〔17〕
	理宗	1225	宝慶〔3〕
		1228	紹定〔6〕
		1234	端平〔3〕
		1237	嘉熙〔4〕
		1241	淳祐〔12〕
		1253	宝祐〔6〕
		1259	開慶〔1〕
		1260	景定〔5〕
	度宗	1265	咸淳〔10〕
	恭宗	1275	徳祐〔1〕
	瑞宗	1276	景炎〔2〕
	帝昺	1278	祥興〔2〕

金

1115 収国〔2〕
1117 天輔〔6〕
1123 天会〔15〕
1138 天眷〔3〕
1141 皇統〔8〕
1149 天徳〔4〕
1153 貞元（真元）〔3〕
1156 正隆〔5〕
1161 大定〔29〕
1190 明昌〔6〕
1196 承安〔5〕
1201 泰和〔8〕
1209 大安〔3〕
1212 崇慶〔1〕
1213（至寧・元統）貞祐〔4〕
1217 興定〔5〕
1222 元光〔2〕
1224 正大〔8〕
1232 開興・天興〔3〕

蒙古

1206〔太祖〕〔23〕
1229〔太宗〕〔13〕
1242〔皇后称制〕〔4〕
1246〔定宗〕〔3〕
1249〔皇后称制〕〔2〕
1251〔憲宗〕〔9〕
1260 中統〔4〕
1264 至元〔7〕

西夏

1032 顕道〔2〕
1034（開運）広運〔2〕
1036 大慶〔2〕
1038 天授礼法延祚〔11〕
1049 延嗣寧国〔1〕
1050 天祐垂聖〔3〕
1053 福聖承道〔4〕
1057 奲都〔6〕
1063 拱化〔4〕
1067 乾道〔2〕
1069 天賜礼盛国慶〔6〕
1075 大安〔11〕
1086 天安礼定・天儀治平〔4〕
1090 天祐民安〔8〕
1098 永安〔3〕
1101 貞観〔13〕
1114 雍寧〔5〕
1119 元徳〔8〕
1127 正徳〔8〕
1135 大徳〔5〕
1140 大慶〔4〕
1144 人慶〔5〕
1149 天盛〔21〕
1170 乾祐〔24〕
1194 天慶〔12〕
1206 応天〔4〕
1210 皇建〔1〕
1211 光定〔12〕
1223 乾定〔3〕
1226 宝義〔2〕

▽1066.「資治通鑑」。
▽1072. 欧陽脩(66)。
▽1073. 周敦頤(57)。
▽1077. 張載(58)。邵雍(67)。
▽1083. 曾鞏(65)。富弼(80)。
▽1085. 神宗(38)。程顥(54)。
▽1086. 司馬光(68)。王安石(66)。

齊

1130 阜昌〔8〕

西遼

1124 延慶〔10〕
1134 康国〔10〕
1144 咸清〔7〕
1151 紹興〔13〕
1164 崇福（天福）〔14〕
1178 天禧〔34〕

▽1101. 蘇軾(66)。
▽1105. 黄庭堅(61)。
▽1107. 程頤(75)。米芾(57)。
▽1112.蘇轍(74)。
▽1127. 金が宋の徽宗，欽宗を捕らえて北につれ去り，北宋滅ぶ。高宗，南京で即位し，南宋を建てた。
▽1140. 岳飛が大いに金をうち破った。
▽1141. 秦檜は金と和平し，忠臣の岳飛を殺した。
▽1175. 朱熹が陸象山と鵞湖で会し，論争した。
▽「近思録」(朱熹)。「を復興した。
▽1176. 朱熹が白鹿洞書院」
▽1177.「論語集註」「孟子集註」(朱熹)。
▽1181. 呂祖謙(45)。
▽1189.「大学章句」「中庸章句」(朱熹)。
▽1192. 陸象山(54)。
回1192. 源頼朝が鎌倉幕府を開いた。
▽1196.韓侂冑が道学を偽学となして，これを圧迫し，朱熹の官をおとした。「偽学の禁」
回1199.源頼朝(53)。

時代	天皇・年	年号
平安時代	後三条	
	1069	延久〔4〕
	白河	
	1073	〃〔1〕
	1074	承保〔3〕
	1077	承暦〔4〕
	1081	永保〔3〕
	1084	応徳〔3〕
	堀河	
	1087	寛治〔7〕
	1094	嘉保〔2〕
	1096	永長〔1〕
	1097	承徳〔2〕
	1099	康和〔5〕
	1104	長治〔2〕
	1106	嘉承〔2〕
	鳥羽	
	1108	天仁〔2〕
	1110	天永〔3〕
	1113	永久〔5〕
	1118	元永〔2〕
	1120	保安〔4〕
	崇徳	
	1124	天治〔2〕
	1126	大治〔5〕
	1131	天承〔1〕
	1132	長承〔3〕
	1135	保延〔6〕
	1141	永治〔1〕
	近衛	
	1142	康治〔2〕
	1144	天養〔1〕
	1145	久安〔6〕
	1151	仁平〔3〕
	1154	久寿〔2〕
	後白河	
	1156	保元〔3〕
	二条	
	1159	平治〔1〕
	1160	永暦〔1〕
	1161	応保〔2〕
	1163	長寛〔2〕
	1165	永万〔1〕
	六条	
	1166	仁安〔3〕
	高倉	
	1169	嘉応〔2〕
	1171	承安〔4〕
	1175	安元〔2〕
	1177	治承〔4〕
	安徳	
	1181	養和〔1〕
	1182	寿永〔3〕
	(1184	元暦〔1〕)
	後鳥羽	
	1185	文治〔5〕
鎌倉時代	1190	建久〔9〕
	土御門	
	1199	正治〔2〕
	1201	建仁〔3〕
	1204	元久〔2〕

	武宗	841	会昌〔6〕
	宣宗	847	大中〔13〕
	懿(い)宗	860	咸通〔14〕
	僖(き)宗	874	乾符〔6〕
		880	広明〔1〕
	(晩唐)	881	中和〔4〕
		885	光啓〔3〕
		888	文徳〔1〕
	昭宗	889	竜紀〔1〕
		890	大順〔2〕
		892	景福〔2〕
		894	乾寧〔4〕
		898	光化〔3〕
〈900〉		901	天復〔3〕
	昭宣帝	904	天祐〔4〕
後梁(こうりょう)	太祖	907	開平〔4〕
		911	乾化〔2〕
	末帝	913	〃〔2〕
		915	貞明〔7〕
		921	竜徳〔3〕
後唐	荘宗	923	同光〔3〕
	明宗	926	天成〔4〕
		930	長興〔4〕
	閔(びん)帝	934	応順
	末帝	〃	清泰〔3〕
後晋	高祖	936	天福〔6〕
	出帝	942	〃〔2〕
		944	開運〔3〕
後漢	高祖	947	天福〔1〕
	隠帝	948	乾佑〔3〕
後周	太祖	951	広順〔3〕
	世宗	954	顕徳〔5〕
	恭帝	959	〃〔1〕
宋(そう)	太祖	960	建隆〔3〕
		963	乾徳〔5〕
		968	開宝〔8〕
	太宗	976	太平興国〔8〕
		984	雍熙〔4〕
		988	端拱〔2〕
		990	淳化〔5〕
		995	至道〔3〕
〈1000〉	真宗	998	咸平〔6〕
		1004	景徳〔4〕
		1008	大中祥符〔9〕
(北宋)		1017	天禧〔5〕
		1022	乾興〔1〕
	仁宗	1023	天聖〔9〕
		1032	明道〔2〕
		1034	景祐〔4〕
		1038	宝元〔2〕
		1040	康定〔1〕
		1041	慶暦〔8〕
		1049	皇祐〔5〕
		1054	至和〔2〕
		1056	嘉祐〔8〕
	英宗	1064	治平〔4〕
	神宗	1068	熙寧〔10〕
		1078	元豊〔8〕
	哲宗	1086	元祐〔8〕
		1094	紹聖〔4〕

858	虔晃〔14〕
872	玄錫〔22〕
894	瑋瑎〔13〕
907	諲譔〔19〕
契丹(きったん)	
907	〜〔9〕
916	神冊〔6〕
922	天賛〔4〕
926	天顕〔12〕
938	会同〔9〕
遼	
947	大同〔1〕
947	天禄〔4〕
951	応暦〔18〕
969	保寧〔10〕
979	乾亨〔4〕
契丹	
983	統和〔29〕
1012	開泰〔9〕
1021	太平〔10〕
1031	景福〔1〕
1032	重熙(崇熙)〔23〕
1055	清寧〔10〕
遼	
1065	咸雍(咸寧)〔10〕
1075	大康(太康)〔10〕
1085	大安〔10〕
1095	寿昌・寿隆〔6〕
1101	乾統〔10〕
1111	天慶〔10〕
1121	保大〔5〕

▽835？王建(85)。[日]空海(62)。
[日]838.「白氏文集」日本に渡来。
▽842. 劉禹錫(りゅううしゃく)(71)。
▽843. 賈島(かとう)(65)。
▽846. 白楽天(75)，李紳(りしん)。
[日]852. 小野篁(たかむら)(51)。
▽852. 杜牧(とぼく)(50)。
▽858. 李商隠(りしょういん)(47)。
[日]879. 都良香(みやこのよしか)(46)。
▽887. 高駢(こうべん)，？趙嘏(ちょうか)。
[日]892.「新撰字鏡」
[日]894. 遣唐使派遣停止。

[日]903. 菅原道真(すがわらみちざね)(59)。905.「古今和歌集」935.「土佐日記」。945. 紀貫之(きのつらゆき)。966. 小野道風(71)。？「倭名類聚抄(わみょうるいじゅうしょう)」。983. 源順(みなもとのしたごう)(73)。

呉(淮南(わいなん))	前蜀	閩(びん)
902天復〔2〕	901天復〔7〕	909開平〔2〕
904天祐〔15〕	908武成〔3〕	911乾化〔4〕
919武義〔2〕	911永平〔5〕	915貞明〔6〕
921順義〔6〕	916通正〔1〕	921竜徳〔2〕
927乾貞〔2〕	917天漢〔1〕	923同光〔3〕
929太和〔6〕	918光天〔1〕	926天成〔4〕
935天祚〔3〕	919乾徳〔6〕	930長興〔3〕
南唐	925咸康〔1〕	933竜啓〔2〕
937昇元〔6〕	**後蜀**	935永和〔1〕
943保大〔15〕	934明徳〔4〕	936通文〔3〕
958中興・交泰・顕徳〔2〕	938広政〔28〕	939永隆〔6〕
960建隆〔3〕	**泰(岐)**	**燕(えん)**
963乾徳〔5〕	907天祐〔17〕	910 〜〔1〕
968開宝〔6〕	**晋**	911応天〔3〕
974 〜〔2〕	907天祐〔16〕	**南漢**
荊南・南平	**呉越**	916南漢〔1〕
924順義〔2〕	908天宝〔16〕	917乾亨〔8〕
926天成〔4〕	924宝大〔2〕	925白竜〔3〕
930長興〔4〕	926宝正〔6〕	928大有〔14〕
934応順・清泰〔3〕	932長興〔2〕	942光天・永楽〔1〕
937天福〔8〕	934応順・清泰〔2〕	943応乾・乾和〔15〕
944開運〔3〕	936天福〔8〕	958大宝〔14〕
947天福〔1〕	944開運〔3〕	**楚(そ)**
948乾佑〔3〕	947天福〔1〕	927天成〔3〕
951広順〔3〕	948乾佑〔3〕	930長興〔4〕
954顕徳〔7〕	951広順〔3〕	934応順・清泰〔2〕
960建隆〔3〕	954顕徳〔6〕	936天福〔8〕
北漢	960建隆〔3〕	944開運〔3〕
951乾佑〔6〕	963乾徳〔5〕	947天福〔1〕
957天会〔17〕	968開宝〔8〕	948乾佑〔3〕
974広運〔6〕	976太平興国〔3〕	950保大〔2〕

▽960. 趙匡胤(ちょうきょういん)，宋を建国。
[世]962. 神聖ローマ帝国。
[日]？「枕草子」。？「源氏物語」。

[日]1027. 藤原道長，1031. 紫式部。？「更級(さらしな)日記」「和漢朗詠集」「本朝文粋(もんずい)」。1041. 藤原公任(きんとう)(76)。
▽1052. 范仲淹(はんちゅうえん)(64)
▽1063. 仁宗(54)。
[日]1066. 藤原明衡(ふじわらのあきひら)。
▽1066. 蘇洵(そじゅん)(58)。
▽1069. 王安石の新法。

		848	嘉祥〔3〕
	文徳		
		851	仁寿〔3〕
		854	斉衡〔3〕
		857	天安〔2〕
	清和		
		859	貞観〔18〕
	陽成		
		877	元慶〔8〕
	光孝		
		885	仁和〔3〕
	宇多		
		888	〃〔1〕
		889	寛平〔9〕
平	醍醐		
		898	昌泰〔3〕
		901	延喜〔22〕
		923	延長〔8〕
	朱雀		
		931	承平〔7〕
		938	天慶〔9〕
	村上		
		947	天暦〔10〕
		957	天徳〔4〕
		961	応和〔3〕
安		964	康保〔4〕
	冷泉		
		968	安和〔2〕
	円融		
		970	天禄〔3〕
		973	天延〔3〕
		976	貞元〔2〕
		978	天元〔5〕
時		983	永観〔2〕
	花山		
		985	寛和〔2〕
	一条		
		987	永延〔2〕
		989	永祚〔1〕
		990	正暦〔5〕
		995	長徳〔4〕
		999	長保〔5〕
		1004	寛弘〔8〕
	三条		
代		1012	長和〔5〕
	後一条		
		1017	寛仁〔4〕
		1021	治安〔3〕
		1024	万寿〔4〕
		1028	長元〔9〕
	後朱雀		
		1037	長暦〔3〕
		1040	長久〔4〕
		1044	寛徳〔2〕
	後冷泉		
		1046	永承〔7〕
		1053	天喜〔5〕
		1058	康平〔7〕
		1065	治暦〔4〕

王朝	時期	皇帝	年	年号
唐			683	弘道〔1〕
		睿宗(えいそう)	684	文明〔1〕
		中宗	684	嗣聖〔21〕
〈700〉				
			705	神竜〔2〕
			707	景竜〔3〕
	(初唐)	睿宗	710	(唐隆)景雲〔2〕
			712	太極・延和・
		玄宗	712	先天〔1〕
	(盛唐)		713	開元〔29〕
			742	天宝〔14〕
		粛宗	756	至徳〔2〕
			758	乾元〔2〕
			760	上元〔2〕
		代宗	762	宝応〔1〕
			763	広徳〔2〕
			765	永泰〔1〕
	(中唐)		766	大暦〔14〕
		徳宗	780	建中〔4〕
			784	興元〔1〕
			785	貞元〔20〕
〈800〉				
		順宗	805	永貞〔1〕
		憲宗	806	元和〔15〕
		穆宗	821	長慶〔4〕
		敬宗	825	宝暦〔2〕
	(晩唐)	文宗	827	太和〔9〕
			836	開成〔5〕

他王朝
周 則天武后
684光宅〔1〕
685垂拱〔4〕
689永昌〔1〕
690載初・天授〔2〕
692如意・長寿〔2〕
694延載〔1〕
695証聖・天冊万歳〔1〕
696万歳登封・万歳通天〔1〕
697神功〔1〕
698聖暦〔2〕
700久視〔1〕
701大足・長安〔5〕
燕(えん)(安・史)
756聖武〔1〕
757天成〔3〕
759順天〔2〕
761応天・顕聖〔3〕
渤海(ぼっかい)
698(高王)～〔22〕
720仁安〔18〕
738大興〔36〕
774宝暦〔21〕
794中興〔1〕
795正暦〔15〕
810永徳〔3〕
813朱雀〔5〕
818太始〔1〕
819建興〔12〕
831咸和〔27〕

▽684？駱賓王(らくひんおう)。
▽690. 則天武后，中宗を廃して皇帝となった。
回701. 大宝律令(たいほうりつりょう)が成った。
▽710. 韋(い)氏の乱。
回712.「古事記」。
回713.「風土記」。
回720.「日本書紀」。
▽740. 孟浩然(もうこうねん)(52)・張九齢(68)。
▽744. 賀知章(86)。
▽751.
回「懐風藻」
▽754. 崔顥(さいこう)。
回752. 東大寺建立・大仏開眼。
回754. 唐僧の鑑真(がんじん)来朝。
▽755. 安禄山の乱。
▽756. 玄宗が蜀(しょく)にのがれた。
回756. 正倉院建立。
▽756. 楊貴妃(ようきひ)。
▽？王翰(おうかん)，張敬忠。
▽王昌齢，王之渙(おうしかん)
▽759. 王維(61)。
回「万葉集」
▽762. 玄宗(78)，李白(62)。
▽765. 高適(こうせき)。
▽770. 杜甫(とほ)(59)。岑参(しんじん)(56)。回770. 阿倍仲麻呂(あべのなかまろ)(73)。
▽772. 賈至(かし)(55)，元結(げんけつ)(50)。
回785. 大伴家持(おおとものやかもち)(67)。
▽789. 戴叔倫(たいしゅくりん)(58)。
▽張謂(ちょうい)。
▽劉長卿(りゅうちょうけい)，耿湋(こうい)。
回797.「続日本紀」。

回810.「文鏡秘府論」(空海)。814.「凌雲(りょううん)集」(小野岑守(みねもり))。818.「文華秀麗集」(藤原冬嗣(ふじわらふゆつぐ))。
▽819. 韓愈(かんゆ)「仏骨を論ずる表」を奉り，左遷された。
▽819. 柳宗元(りゅうそうげん)(47)。
▽824. 韓愈(57)。
回827.「経国集」(良岑(よしみね)安世)。
▽831. 元稹(げんしん)(53)。
▽833.「令義解(りょうのぎげ)」
▽韋(い)応物。

時代	天皇	年	年号
飛鳥時代	持統	687	～〔10〕
	文武	697	～〔4〕
		701	大宝〔3〕
		704	慶雲〔4〕
	元明	708	和銅〔7〕
710 奈良時代	元正	715	霊亀〔2〕
		717	養老〔7〕
	聖武	724	神亀〔5〕
		729	天平〔20〕
	孝謙	749	天平感宝・天平勝宝〔8〕
		757	天平宝字〔1〕
	淳仁	758	〃〔6〕
	称徳	764	〃〔1〕
		765	天平神護〔2〕
		767	神護景雲〔3〕
	光仁	770	宝亀〔11〕
	桓武	781	天応〔1〕
		782	延暦〔24〕
794 平安時代	平城	806	大同〔3〕
	嵯峨	809	〃〔1〕
		810	弘仁〔13〕
	淳和	823	〃〔1〕
		824	天長〔10〕
	仁明	834	承和〔14〕

王朝	皇帝	即位年	年号〔継続年数〕
	順帝	477	昇明〔2〕
斉（南斉）	高帝	479	建元〔4〕
	武帝	483	永明〔11〕
	明帝	494	(隆昌・延興) 建武〔4〕
		498	永泰〔1〕
	東昏侯	499	永元〔2〕
〈500〉	和帝	501	中興〔1〕
梁	武帝	502	天監〔18〕
		520	普通〔7〕
		527	大通〔2〕
		529	中大通〔6〕
		535	大同〔11〕
		546	中大同〔1〕
		547	太清〔3〕
	簡文帝	550	大宝〔1〕
	予章王	551	天正〔1〕
	元帝	552	承聖〔3〕
	敬帝	555	(天成)・紹泰〔1〕
		556	太平〔1〕
陳	武帝	557	永定〔3〕
	文帝	560	天嘉〔6〕
		566	天康〔1〕
	臨海王	567	光大〔2〕
	宣帝	569	太建〔14〕
	後主	583	至徳〔4〕
		587	禎明〔3〕
〈600〉 隋	文帝	581	開皇〔20〕
		601	仁寿〔4〕
	煬帝	605	大業〔12〕
	恭帝	617	義寧〔1〕
		618	皇泰〔1〕
唐	高祖	618	武徳〔9〕
	太宗	627	貞観〔23〕
	高宗	650	永徽〔6〕
		656	顕慶〔5〕
		661	竜朔〔3〕
		664	麟徳〔2〕
		666	乾封〔2〕
		668	総章〔2〕
		670	咸亨〔4〕
		674	上元〔2〕
		676	儀鳳〔3〕
		679	調露〔1〕
		680	永隆〔1〕
		681	開耀〔1〕
		682	永淳〔1〕

北魏
477太和〔23〕
500景明〔4〕
504正始〔4〕
508永平〔4〕
512延昌〔4〕
516熙平〔2〕
518神亀〔2〕
520正光〔5〕
525孝昌〔3〕
528（武泰・建義）永安〔2〕
530建明〔1〕
531 普泰・中興〔1〕
532（太昌・永興）永熙〔3〕

西魏	東魏	後梁
535大統〔17〕	534天平〔4〕	555大定〔7〕
552　〜〔4〕	538元象〔1〕	562天保〔24〕
	539興和〔4〕	586広運〔2〕
	543武定〔8〕	

北周	北斉
556　〜〔3〕	550天保〔10〕
559武成〔2〕	560（乾明）・皇建〔1〕
561保定〔5〕	561太寧〔1〕
566天和〔6〕	562河清〔3〕
572建徳〔6〕	565天統〔5〕
578宣政〔1〕	570武平〔6〕
579（大成）・大象〔2〕	576隆化〔1〕
581大定〔1〕	577承光〔1〕

▽467．顧愷之(76)。
[西]476．西ローマ帝国滅ぶ。
[日]478．倭王武の使い，宋に上表。
▽513．沈約(73)。
▽「文選」(昭明太子)。「千字文」(周興嗣)。「玉篇」(梁・顧野王)。
▽527．酈道元(40余)。531．昭明太子。
[日]538．仏教が，百済から日本に伝わった。
▽545．皇侃(58)。
▽550ごろ．「玉台新詠」(徐陵)。
[日]562．新羅，伽耶を滅ぼす。
▽581．顧野王(63)。
▽583．徐陵(77)。
[日]587．蘇我氏，物部氏を滅ぼす。
▽591ごろ．顔之推(60？)。
[日]593．聖徳太子が摂政となった。
[日]604．「憲法十七条」(聖徳太子)。
[日]607．小野妹子を隋につかわした(遣隋使始まる)。
[日]607？法隆寺建立。
▽618．煬帝(39)。
[日]622．聖徳太子(49)。
▽627．陸徳明(72)。
▽629．玄奘が経文を求めてインドへ行った。
[日]630．遣唐使始まる。
[西]632．ムハンマド(62？)。644．サラセン帝国建国。
▽638．虞世南(81)。
▽643．魏徴(64)。
▽645．顔師古(65)。
[日]645．大化の改新。
▽648．孔穎達(75)。
▽649．太宗(54)。
▽「五経正義」(孔穎達)。「遊仙窟」(張文成)。
▽664．玄奘(65)。
[日]669．藤原鎌足(56)。
[日]672．壬申の乱。
▽678ごろ．劉希夷。(20？)

日本	即位年 年号初年	年号〔継続年数〕
飛鳥時代	推古 592	〜〔36〕
	舒明 629	〜〔13〕
	皇極 642	〜〔3〕
	孝徳 645	大化〔5〕
	650	白雉〔5〕
	斉明 655	〜〔7〕
	天智 662	〜〔10〕
	弘文 672	白鳳〔1〕
	天武 673	〜〔13〕
	686	朱鳥〔1〕

時代	皇帝	年	年号
〈300〉		291	元康〔9〕
		300	永康〔1〕
		301	永寧〔1〕
		302	太安〔2〕
		304	(永安・建武) 永興〔2〕
		306	光熙〔1〕
	懐帝	307	永嘉〔6〕
	愍帝	313	建興〔4〕
東晋	元帝	317	建武〔1〕
		318	太興〔4〕
		322	永昌〔1〕
	明帝	323	太寧〔3〕
	成帝	326	咸和〔9〕
		335	咸康〔8〕
	康帝	343	建元〔2〕
	穆帝	345	永和〔12〕
		357	升平〔5〕
	哀帝	362	隆和〔1〕
	(海西公)	363	興寧〔3〕
		366	太和〔5〕
	簡文帝	371	咸安〔2〕
	孝武帝	373	寧康〔3〕
		376	太元〔21〕
	安帝	397	隆安〔5〕
〈400〉		400	
		402	元興〔3〕(大亨〔1〕)
		405	義熙〔14〕
	恭帝	419	元熙〔2〕
宋	武帝	420	永初〔3〕
	少帝	423	景平〔1〕
	文帝	424	元嘉〔30〕
	孝武帝	454	孝建〔3〕
		457	大明〔8〕
	明帝	465	(永光・景和) 泰始〔7〕
		472	泰予〔1〕
		473	元徽〔4〕

▽297.陳寿(65)「三国志」

▽300.八王の乱。▽303.陸機(43)。

成漢
302建初〔2〕
304建興〔2〕
306晏平〔5〕
311玉衡〔24〕
334(李班・李期)〔1〕
335玉恒〔3〕
338漢興〔6〕
344太和〔2〕
346嘉寧〔2〕

前趙
304元熙〔4〕
308永鳳〔1〕
309河瑞〔1〕
310光興〔1〕
311嘉平〔4〕
315建元〔1〕
316麟嘉〔2〕
318(漢昌)光初〔12〕

▽304.五胡十六国の乱が起こる。
▽305.?左思。「三都の賦」
▽313.高句麗が楽浪・帯方二郡を滅ぼす。

後趙
319(趙王)〔9〕
328太和〔2〕
330建平〔4〕
334延熙〔1〕
335建武〔14〕
349太寧〔1〕
350青竜・永寧〔1〕

前涼
313建興〔7〕
320永元〔4〕
324太元〔22〕
346永楽〔8〕
354和平〔1〕
355太始〔2〕
357建元〔6〕
363太清〔14〕

▽317.建康に都を移した。
▽324.郭璞(49)「山海経注」
囲330.ローマ帝国が都をコンスタンチノープルに移した。
▽334.陶侃(76)。
▽363.葛洪(80)。

前燕
349燕元〔3〕
352元璽〔5〕
357光寿〔3〕
360建熙〔11〕

前秦
351皇始〔4〕
355寿光〔2〕
357永興〔2〕
359甘露〔6〕
365建元〔20〕
385太安〔1〕
386太初〔8〕
394延初〔1〕

囲375.ゲルマン民族の大移動。
▽379.王羲之(59)。「蘭亭集序」
▽383.淝水の戦い(晋の謝玄ら、前秦を破る)。
▽386.王献之(43)。
回391.倭が朝鮮を攻め，新羅・百済を破った。
囲395.ローマ帝国，東西に分裂。

西燕
384燕興〔1〕
385更始〔1〕
386中興〔9〕

北魏
386登国〔10〕
396皇始〔2〕
398天興〔6〕
404天賜〔5〕
409永興〔5〕
414神瑞〔2〕
416泰常〔8〕
424始光〔4〕
428神䴥〔4〕
432延和〔3〕
435太延〔5〕
440太平真君〔11〕
451正平〔1〕
452(承平)興安〔2〕
454興光〔1〕
455太安〔5〕
460和平〔6〕
466天安〔1〕
467皇興〔4〕
471延興〔5〕
476承明〔1〕

後燕
384燕元〔2〕
386建興〔10〕
396永康〔2〕
398建平〔1〕
399長楽〔2〕
401光始〔6〕
407建治〔1〕
正始〔3〕

後秦
384白雀〔2〕
386建初〔8〕
394皇初〔5〕
399弘始〔17〕
416永和〔2〕

西秦
385建義〔3〕
388太初〔19〕
407義熙〔2〕
409更始〔3〕
412永康〔8〕
420建弘〔8〕
428永弘〔4〕

後涼
386太安〔3〕
389麟嘉〔7〕
396竜飛〔3〕
399咸寧〔2〕
401神鼎〔4〕

南涼
397太初〔3〕
400建和〔2〕
402弘昌〔6〕
408嘉平〔7〕

北涼
397神璽〔2〕
399天璽〔2〕
401永安〔11〕
412玄始〔16〕
428承玄〔3〕
431義和〔2〕
433永和〔7〕

南燕
398燕平〔2〕
400建平〔5〕
405太上〔6〕

西涼
405建初〔12〕
417嘉興〔3〕
420永建〔2〕

夏
407竜昇〔6〕
413鳳翔〔5〕
418昌武〔1〕
419真興〔6〕
425承光〔3〕
428勝光〔4〕

北燕
409太平〔22〕
431太興〔6〕

▽405.「帰去来辞」(陶潜)。
回413.倭王，讃(仁徳天皇?)の使者が宋に来た。
▽413.鳩摩羅什(70)。
▽420.劉裕が東晋を滅ぼして，宋を建てた。
▽427.陶潜(63)。
▽433.謝霊運(49)。
▽444.劉義慶(42)「世説新語」
▽445.范曄(48)。
▽「後漢書」(范曄),「文心雕竜」(劉勰)。
▽446.北魏の太武帝が道教を敬い，仏教を排撃した。
▽456.顔延之(73)。

王朝	皇帝	年	年号	事項
	殤帝	106	延平〔1〕	▽102. 班超が帰国を願い出て，許されて洛陽に帰り，翌年(103)，死んだ。
	安帝	107	永初〔7〕	▽105. 蔡倫が紙を発明した。
		114	元初〔6〕	日107. 倭の国王が生口を献じた。
		120	永寧〔1〕	世120. プルタークが死んだ。
		121	建光〔1〕	▽124. 許慎(95)。
	少帝	122	延光〔4〕	▽131. 太学を建てた。
	順帝	126	永建〔6〕	世135. インドのカニシカ王が，仏教を尊奉した。
		132	陽嘉〔4〕	世135. エルサレムが破壊され，ユダヤ人が世界に散る。
		136	永和〔6〕	
		142	漢安〔2〕	
		144	建康〔1〕	▽145. ？ 王逸。
	沖帝	145	永嘉〔1〕	
	質帝	146	本初〔1〕	
	桓帝	147	建和〔3〕	
		150	和平〔1〕	
		151	元嘉〔2〕	
		153	永興〔2〕	
		155	永寿〔3〕	
		158	延熹〔9〕	世166. 大秦王，安敦〔ローマ皇帝，アントニウス〕の使者が中国に来た。
		167	永康〔1〕	
	霊帝	168	建寧〔4〕	▽166. 党錮の獄が起こり，李膺・杜密ら200余名が獄に下された。
		172	熹平〔6〕	▽166. 馬融(88)。
		178	光和〔6〕	▽175. 五経を石に刻んで，太学の門外に建てた。(熹平石経)
		184	中平〔5〕	▽184. 黄巾の乱が起こった。
	少帝	189	光熹・昭寧・永漢〔1〕	▽192. 蔡邕(60)，董卓(？)。200. 鄭玄(74)。
	献帝	190	初平〔4〕	▽208. 赤壁の戦い。
		194	興平〔2〕	▽210. 周瑜(36)。220. 曹操〔魏の武帝〕(66)。
		196	建安〔24〕	▽220. 曹丕〔文帝〕，漢を滅ぼし魏を建国。このころ，建安文学盛ん。
〈200〉		220	延康〔1〕	

王朝	皇帝	年	年号	呉	呉年号	魏	魏年号	事項
蜀（三国時代）	昭烈帝	221	章武〔2〕	大帝	222 黄武〔7〕	文帝	220黄初〔7〕	▽221. 劉備〔昭烈帝〕蜀漢を建国。
	後主	223	建興〔15〕		229 黄竜〔3〕	明帝	227太和〔6〕	▽222. 孫権〔大帝〕，呉を建国。天下三分成る。
		238	延熙〔20〕		232 嘉禾〔6〕		233青竜〔4〕	▽223. 劉備(62)。
					238 赤烏〔13〕		237景初〔3〕	▽227.「出師表」(諸葛亮)。
					251 太元〔1〕	斉王	240正始〔9〕	▽232. 曹植(41)。
					252（神鳳）・建興〔2〕		249嘉平〔5〕	▽234. 諸葛亮〔孔明〕(54)。
				侯亮	254 五鳳〔2〕	高貴郷公	254正元〔2〕	日238. 倭の女王卑弥呼，魏に使者を送る。
		258	景耀〔5〕		256 太平〔2〕		256甘露〔4〕	▽240ごろ，清談の風盛ん。竹林の七賢。
		263	炎興〔1〕	景帝	258 永安〔6〕	元帝	260景元〔4〕	▽249. 何晏(60)。王弼(24)。
					264元興〔1〕		264咸熙〔2〕	▽251. 司馬懿。(73)。252. 孫権(71)。256. 王粛(62)。262. 嵆康(40)。263. 阮籍(54)。
西晋	武帝	265	泰始〔10〕	帰命侯	265 甘露〔1〕			
					266 宝鼎〔3〕			日266. 倭の女王，壱与の使い，晋に朝貢。
					269 建衡〔3〕			
					272 鳳凰〔3〕			▽281.「竹書紀年」「穆天子伝」等，汲冢より出土。
					275天冊〔1〕			
		275	咸寧〔5〕		276天璽〔1〕			
					277天紀〔4〕			▽283. 山濤(79)。284. 杜預(63)。
		280	太康〔10〕					日284. 百済の阿直岐が日本に来た。
	恵帝	290	（太煕）・永熙〔1〕					世284. ローマ，専制君主制となる。
		291	（永平）・					日285. 百済の王仁が日本に来て，「千字文」「論語」などを献上した。

〔六八〕

	子嬰		〔1〕	▽前210．始皇帝。前208．李斯。前206．子嬰。 ▽前206．鴻門の会・秦の滅亡。 ▽前205．楚の懐王。▽前202．垓下の戦い。前202．項羽(31)。
〈前200〉	高祖	前206	〔12〕	▽前202．漢王劉邦，帝位につく。
漢（前漢・西漢）	恵帝	〃194	〔7〕	▽前196．韓信。前189．張良。前169．賈誼(33)。
	少帝恭	〃187	〔4〕	[世]前165ごろ,「旧約聖書」。
	少帝弘	〃183	〔4〕	
	文帝	〃179	〔16〕	▽前154．呉楚七国の乱。
		〃163	後元〔7〕	[世]前146．カルタゴ滅ぶ。
	景帝	〃156	〔7〕	
		〃149	中元〔6〕	
		〃143	後元〔3〕	▽前140．はじめて年号を用い，建元と称した。
	武帝	〃140	建元〔6〕	▽前138．はじめて張騫を西域に派遣。
		〃134	元光〔6〕	▽前136．五経博士をおき，儒教を国教とした。
		〃128	元朔〔6〕	▽前126．張騫が大月氏から帰った。
		〃122	元狩〔6〕	▽前122．淮南王，劉安。前117．司馬相如(63)。
		〃116	元鼎〔6〕	▽前121．霍去病が匈奴を撃ち破った。公孫弘(80)。
		〃110	元封〔6〕	▽？「淮南子」「爾雅」。
〈前100〉		〃104	太初〔4〕	▽前108．朝鮮を滅ぼし,四郡をおいた。▽前104．董仲舒(73)。
		〃100	天漢〔4〕	▽前100．蘇武を匈奴に派遣。
		〃96	太始〔4〕	▽前99．李陵が匈奴に降伏した。司馬遷が李陵を弁護し，武帝の怒りにふれ腐刑にされた。
		〃92	征和〔4〕	
		〃88	後元〔2〕	▽前97．司馬遷「史記」完成。
	昭帝	〃86	始元〔6〕	▽前87．武帝(73)。前86．司馬遷(60)。前74．李陵(？)。
		〃80	元鳳〔6〕	▽前81．蘇武が匈奴から帰り，典属国となった。
		〃74	元平〔1〕	
	宣帝	〃73	本始〔4〕	
		〃69	地節〔4〕	▽前60．蘇武(81)。
		〃65	元康〔4〕	▽「礼記」(戴聖)・「戦国策」(劉向)。
		〃61	神爵〔4〕	[世]前60．ローマで,三頭政治が始まった。
		〃57	五鳳〔4〕	▽前57．朝鮮半島に新羅が国を建てた。
		〃53	甘露〔4〕	
		〃49	黄竜〔1〕	
	元帝	〃48	初元〔5〕	
		〃43	永光〔5〕	[世]前44．シーザーが，ブルータスらに元老院で殺された。
		〃38	建昭〔5〕	
		〃33	竟寧〔1〕	▽前33．王昭君が，匈奴にとつがせられた。
	成帝	〃32	建始〔4〕	
		〃28	河平〔4〕	[世]前27．ローマに帝政が始まった。
		〃24	陽朔〔4〕	
		〃20	鴻嘉〔4〕	
		〃16	永始〔4〕	▽前16．劉向が「列女伝」「新序」「説苑」を奉った。
		〃12	元延〔4〕	
		〃8	綏和〔2〕	
	哀帝	〃6	建平〔4〕	▽前6．劉向(78)。
		〃5	太初元将〔2〕	[世]前4ごろ，キリストが生まれた。
		〃2	元寿〔2〕	
〈0〉	平帝	西暦1	元始〔5〕	
		〃6	居摂〔2〕	
新	(王莽)	〃8	初始〔1〕	▽8．王莽が帝位を奪い，国号を新とした。前漢滅ぶ。
		9	始建国〔5〕	
		14	天鳳〔6〕	▽18．揚雄(71)。
		20	地皇〔3〕	
	(淮陽王)	23	更始〔2〕	▽23．劉歆，王莽(68)。
漢（後漢・東漢）	光武帝	25	建武〔31〕	▽25．劉秀，漢を再興。洛陽に都をおく。
		56	中元〔2〕	[世]28．キリスト。▽57．光武帝(63)。
	明帝	58	永平〔18〕	[日]57．倭(わ)国王の使いが後漢に来て印綬を受けた。
	章帝	76	建初〔8〕	[世]67．仏教が天竺からはいってきた。▽79．「白虎通」
		84	元和〔3〕	▽「漢書」(班固)。▽91．王充(65)。▽92．班固(61)。
		87	章和〔2〕	▽96．班超が西域における功労により,定遠侯に封ぜられた。
〈100〉	和帝	89	永元〔16〕	▽97．班超が甘英を大秦国(ローマ帝国)に使者として派遣した。
		105	元興〔1〕	100．「説文解字」(許慎)。

中国学芸年表

国名	帝王	即位年 年号初年	年号〔継続年数〕	人名 事項（回は日本関係。世は世界史関係事項。「」は書名。人名の前の数字は没年。( )内の数字は年齢。〔 〕内は別号、または人名。）
(三皇)	黄帝			▽伏犧・神農・黄帝……三皇。
(五帝)唐	尭			▽少昊・顓頊・帝嚳・帝尭・帝舜……五帝。
虞	舜			▽蒼頡，文字を作る。
夏	禹 ⋮ 桀			世前2850ごろ，ピラミッドが建造された。 世前2500ごろ，インダス文明が始まった。 世前1950ごろ～1750ごろ，バビロン王朝。
殷(商)	湯 ⋮ 紂	前1600ごろ		▽殷興る。湯王〔成湯〕，伊尹。 ▽亀甲獣骨文(殷墟文字)が用いられた。 世前1580ごろ，エジプト新王朝。 世前1194ごろ，トロイ戦争。 ▽紂王，微子，箕子，比干，周の文王〔西伯〕。
周(西周)	武王 ⋮ 幽王	前1046ごろ		▽武王〔発〕。周公旦。伯夷。叔斉。太公望〔呂尚〕。 ▽武王，鎬京に都をおく。 ▽「詩経」「書経」「易経」。 世前1000ごろ，ヘブライ王国栄える。(ダビデ・ソロモン王など)。 世前900ごろ，「イリヤッド」「オデュッセイア」〔ホメロス〕。
(東周)春秋時代	平王	前770	〔51〕	▽前770.平王，犬戎の攻撃をさけて，都を洛陽に移す(東遷)。▽春秋時代始まる（一説に，前721からとする）。
	桓王	〃719	〔23〕	
	荘王	〃696	〔15〕	世前753ごろ，ローマが建設された。
	僖王	〃681	〔5〕	▽前679．斉の桓公，管仲らの助けにより覇者となる。春秋の五覇。
	恵王	〃676	〔25〕	
	襄王	〃651	〔33〕	世前600ごろ，新バビロニア興る。前564．イソップ。
	頃王	〃618	〔6〕	▽前551．孔子，魯に生まれる。
	匡王	〃612	〔6〕	世前497ごろ，ピタゴラス。
	定王	〃606	〔21〕	世前491～448．ペルシア戦争。
	簡王	〃585	〔14〕	▽前494～473．呉越の戦い。(呉王闔閭，夫差，越王勾践，范蠡)。
	霊王	〃571	〔27〕	▽?老子〔耼〕。前479.孔子〔丘〕(73)。前490．顔回(32)。前480.子路〔季路〕(63)。前433．?曾子〔参〕。前431．?子思。?子夏。子游。子貢。
	景王	〃544	〔24〕	
	悼王	〃520	〔1〕	
	敬王	〃519	〔44〕	▽?「老子」「春秋」「論語」「孝経」。
	元王	〃475	〔7〕	世前477．釈迦(また480,487の説がある)。
	貞定王	〃468	〔28〕	▽前403．晋が分裂し、韓・魏・趙独立。▽戦国時代始まる。
	考王	〃440	〔15〕	
(戦国時代)	威烈王	〃425	〔24〕	▽いわゆる戦国の七雄〔秦・楚・燕・斉・韓・魏・趙〕が互いに争い，学術的には諸子百家の政治・思想家が活躍した。
	安王	〃401	〔26〕	
	烈王	〃375	〔7〕	
	顕王	〃368	〔48〕	世前399．ソクラテス(71)。347．プラトン(80)。
	慎靚王	〃320	〔6〕	世前334．アレクサンドル大王の東征。前322．アリストテレス(62)。
	赧王	〃314	〔59〕	▽前333～310ごろ，このころ合従，連衡の策が盛んに唱えられた。 ▽317．蘇秦(?)
〈前300〉				▽前289．孟子〔軻〕(84)。 ▽前283．藺相如，連城の璧を奉じて秦にゆく。 ▽前279．澠池の会。前277．孟嘗君。?荘子〔周〕。 ▽前277．屈原(67)が汨羅の淵に身を投げて死んだ。 世前264～261．ポエニ戦争。 ▽前256．周，秦に滅ぼされた。 ▽前238．荀子〔況〕(76)。 ▽前233．韓非。前227．荆軻。前223．宋玉(68)。 ▽「荘子」「孟子」「楚辞」「荀子」「韓非子」
秦	始皇帝	前221	〔37〕	▽前221．秦王が天下を統一し，初めて皇帝と称した。 世前218．ハンニバルのアルプス越え。 世前214．万里の長城を増築した。
	二世		〔2〕	▽前213．焚書。▽前212．坑儒。

韻目表

漢字を韻によって分類した字書を韻書という。代表的な韻書である『広韻』（北宋，陳彭年ちんほうねんらの奉勅撰）は，『切韻』（隋，陸法言らの著）の音系と反切を継承し，26,194字を206韻に分類して収めている。南宋末に平水の劉淵りゅうえんが発音の変化などに合わせて韻を合併して107韻（『平水韻』）としたが，元代には106韻となった。平声ひょうせい（上，下）30韻，上声じょうせい29韻，去声きょせい30韻，入声にっしょう17韻の106韻で，これを「詩韻」といい，詩の韻の基準となっている。

下の韻目表では，詩が「詩韻」を，広が「広韻」を表す。

平声（上平）		上声		去声		入声	
詩	広	詩	広	詩	広	詩	広
1 東	東	1 董	董	1 送	送	1 屋	屋
2 冬	冬 鍾	2 腫	腫	2 宋	宋 用	2 沃	沃 燭
3 江	江	3 講	講	3 絳	絳	3 覚	覚
4 支	支 脂 之	4 紙	紙 旨 止	4 寘	寘 至 志		
5 微	微	5 尾	尾	5 未	未		
6 魚	魚	6 語	語	6 御	御		
7 虞	虞 模	7 麌	麌 姥	7 遇	遇 暮		
8 斉	斉	8 薺	薺	8 霽	霽 祭		
				9 泰	泰		
9 佳	佳 皆	9 蟹	蟹 駭	10 卦	卦 怪 夬		
10 灰	灰 咍	10 賄	賄 海	11 隊	隊 代 廃		
11 真	真 臻 諄	11 軫	軫 準	12 震	震 稕	4 質	質 櫛 術
12 文	文 欣	12 吻	吻 隠	13 問	問 焮	5 物	物 迄
13 元	元 魂 痕	13 阮	阮 混 很	14 願	願 慁 恨	6 月	月 没
14 寒	寒 桓	14 旱	旱 緩	15 翰	翰 換	7 曷	曷 末
15 刪	刪 山	15 潸	潸 産	16 諫	諫 襉	8 黠	黠 鎋

平声（下平）		上声		去声		入声	
詩	広	詩	広	詩	広	詩	広
1 先	先 仙	16 銑	銑 獮	17 霰	霰 線	9 屑	屑 薛
2 蕭	蕭 宵	17 篠	篠 小	18 嘯	嘯 笑		
3 肴	肴	18 巧	巧	19 効	効		
4 豪	豪	19 皓	皓	20 号	号		
5 歌	歌 戈	20 哿	哿 果	21 箇	箇 過		
6 麻	麻	21 馬	馬	22 禡	禡		
7 陽	陽 唐	22 養	養 蕩	23 漾	漾 宕	10 薬	薬 鐸
8 庚	庚 耕 清	23 梗	梗 耿 静	24 敬	映 諍 勁	11 陌	陌 麦 昔
9 青	青	24 迥	迥 拯 等	25 径	径 證 嶝	12 錫	錫
10 蒸	蒸 登					13 職	職 徳
11 尤	尤 侯 幽	25 有	有 厚 黝	26 宥	宥 候 幼		
12 侵	侵	26 寝	寝	27 沁	沁	14 緝	緝
13 覃	覃 談	27 感	感 敢	28 勘	勘 闞	15 合	合 盍
14 塩	塩 添 厳	28 琰	琰 忝 儼	29 豔	豔 㮇 釅	16 葉	葉 帖 業
15 咸	咸 銜 凡	29 豏	豏 檻 范	30 陥	陥 鑑 梵	17 洽	洽 狎 乏

〔六五〕

漢詩の種類

形式	一句の字数	句数	押(おう)韻(いん)	平仄(ひょうそく)	制作時代
漢詩—古体(こたい)詩—古(こ)詩(し)—四言古詩	4字	不定（多くは偶数句）	不定：毎句末／偶数句末／第一句末と偶数句末	不定	『詩経』に多い
漢詩—古体詩—古詩—五言古詩	5字				漢以降
漢詩—古体詩—古詩—七言古詩	7字				漢以降
漢詩—古体詩—楽(が)府(ふ)—長短句	不定				漢以降
漢詩—近(きん)体(たい)詩—絶(ぜっ)句(く)—五言絶句	5字	4句	五言詩は偶数句末 七言詩は第一句末と偶数句末	一定	唐以降
漢詩—近体詩—絶句—七言絶句	7字				
漢詩—近体詩—律(りっ)詩(し)—五言律詩	5字	8句			
漢詩—近体詩—律詩—七言律詩	7字				
漢詩—近体詩—排(はい)律(りつ)—五言排律	5字	10句以上			
漢詩—近体詩—排律—七言排律	7字				
現代詩—口語(自由)詩	不定	不定	自由	不定	中華民国以降

絶句・律詩の詩式

	五言絶句 平韻	五言絶句 仄韻	七言絶句 上平韻，下仄韻	五言律詩（仄韻略）	七言律詩（仄韻略）
平起式	◑○○●●	◑○◐●○	◑○◐●●○◎	◑○○●●	◑○◐●●○◎
	◐●●○◎	◐●○○⊙	◐●◑○◐●◎	◐●●○◎	◐●◑○◐●◎
	◐●○○●	◐●●○○	◐●◑○○●●	◐●○○●	◐●◑○○●●
	◑○◐●◎	◑○○●⊙	◑○◐●●○◎	◑○◐●◎	◑○◐●●○◎
	◑○◐●◎		◑○◐●○○⊙	◑○○●●	◑○◐●○○●
	◐●●○◎		◐●◑○○●⊙	◐●●○◎	◐●◑○◐●◎
	◐●○○●		◐●◑○◐●○	◐●○○●	◐●◑○○●●
	◑○◐●◎		◑○◐●○○⊙	◑○◐●◎	◑○◐●●○◎
仄起式	◐●○○●	◐●●○○	◐●◑○◐●◎	◐●○○●	◐●◑○◐●◎
	◑○◐●◎	◑○○●⊙	◑○◐●●○◎	◑○◐●◎	◑○◐●●○◎
	◑○○●●	◑○◐●○	◑○◐●○○●	◑○○●●	◑○◐●○○●
	◐●●○◎	◐●○○⊙	◐●◑○◐●◎	◐●●○◎	◐●◑○◐●◎
	◐●●○◎		◐●◑○○●⊙	◐●○○●	◐●◑○○●●
	◑○◐●◎		◑○◐●○○⊙	◑○◐●◎	◑○◐●●○◎
	◑○○●●		◑○◐●●○○	◑○○●●	◑○◐●○○●
	◐●●○◎		◐●◑○○●⊙	◐●●○◎	◐●◑○◐●◎

＊　○は平声，●は仄声，◎は平韻字，⊙は仄韻字，◑は平または仄，◐は仄または平。

＊　**押韻**　五言絶句では偶数句末，また第一句末に踏むこともある。
七言絶句では第一句末と偶数句末。第一句末に踏まない変則の詩を「踏み落とし」という。

＊　**平仄の原則**　(1)二四不同二九対（五言詩の二字めと四字めは平仄を違え，二字めとつぎの句の四字めは同じくする）。(2)二四不同二六対（七言詩で二字めと四字めは平仄を違え，二字めと六字めは同じにする）。(3)一三五不論二四六分明（一三五字めは平仄どちらでもやかましくいわないが，二四六字めの平仄は一定する）。(4)禁忌事項：孤平（平声が一つだけ仄声の間にはさまる。挟み平）。孤仄（仄声が一つだけ平声の間にはさまる）。　下三聯〔かさんれん｜あさんれん〕（句の下三字が全部平声または仄声になること）。

＊　**構成**　(1)絶句は四句。起承転結（合）の構成。(2)律詩は八句。起聯（第一二句），頷聯（第三四句），頸聯（第五六句），尾聯（第七八句）が起承転結の構成。頷聯・頸聯はそれぞれ対句にする。(3)排律（長律）は正式には六韻十二句。最初と最後の聯以外は全部対句。

学〔學〕
郑〔鄭〕
单〔單〕
炉〔爐〕
【一】
环〔環〕
表〔錶〕
丧〔喪〕
卖〔賣〕
画〔畫〕
枣〔棗〕
范〔範〕
苹〔蘋〕
拦〔攔〕
拣〔揀〕
担〔擔〕
拥〔擁〕
势〔勢〕
柜〔櫃〕
板〔闆〕
枪〔槍〕
松〔鬆〕
极〔極〕
构〔構〕
态〔態〕
奋〔奮〕
郁〔鬱〕
矿〔礦〕
矾〔礬〕
轰〔轟〕
艰〔艱〕
录〔録〕
隶〔隸〕
肃〔肅〕
弥〔彌〕
〔瀰〕
【丨】
虏〔虜〕
齿〔齒〕
国〔國〕
图〔圖〕
罗〔羅〕
帜〔幟〕
购〔購〕
岭〔嶺〕
【丿】
籴〔糴〕
舍〔捨〕
侨〔僑〕
制〔製〕
刮〔颳〕
备〔備〕
肤〔膚〕
胁〔脅〕
肿〔腫〕
凭〔憑〕
质〔質〕
征〔徵〕
参〔參〕
练〔練〕

九画

【丶】
济〔濟〕
浏〔瀏〕
洼〔窪〕
洁〔潔〕
洒〔灑〕
浊〔濁〕
宪〔憲〕
窃〔竊〕
觉〔覺〕
举〔舉〕
将〔將〕
奖〔獎〕
亲〔親〕
弯〔彎〕
疮〔瘡〕
袄〔襖〕
恼〔惱〕
姜〔薑〕
类〔類〕
娄〔婁〕
总〔總〕
烂〔爛〕
炼〔煉〕
【一】
赵〔趙〕
垫〔墊〕
荣〔榮〕
荐〔薦〕
茧〔繭〕
带〔帶〕
药〔藥〕
栏〔欄〕
标〔標〕
栋〔棟〕
树〔樹〕
挤〔擠〕
牵〔牽〕
欧〔歐〕
咸〔鹹〕
面〔麵〕
垦〔墾〕
昼〔晝〕
逊〔遜〕
【丨】
尝〔嘗〕
点〔點〕
战〔戰〕
哑〔啞〕
响〔響〕
显〔顯〕
虾〔蝦〕
虽〔雖〕
临〔臨〕
【丿】
钟〔鐘〕
〔鍾〕
钥〔鑰〕
帮〔幫〕
毡〔氈〕
选〔選〕
适〔適〕
复〔復〕
〔複〕
秋〔鞦〕
种〔種〕
胆〔膽〕
胜〔勝〕
俩〔倆〕
独〔獨〕
垒〔壘〕

十画

【丶】
家〔傢〕
宾〔賓〕
窍〔竅〕
桨〔槳〕
浆〔漿〕
准〔準〕
竞〔競〕
恋〔戀〕
症〔癥〕
痈〔癰〕
离〔離〕
斋〔齋〕
袜〔襪〕
养〔養〕
递〔遞〕
烬〔燼〕
烛〔燭〕
【一】
蚕〔蠶〕
壶〔壺〕
盐〔鹽〕
赶〔趕〕
热〔熱〕
恶〔惡〕
〔噁〕
获〔獲〕
〔穫〕
桩〔樁〕
样〔樣〕
档〔檔〕
桥〔橋〕
毙〔斃〕
顾〔顧〕
础〔礎〕
致〔緻〕
难〔難〕
恳〔懇〕
剧〔劇〕
【丨】
党〔黨〕
虑〔慮〕
晒〔曬〕
罢〔罷〕
赃〔贜〕
紧〔緊〕
监〔監〕
【丿】
爱〔愛〕
笔〔筆〕
艳〔艷〕
钻〔鑽〕
铁〔鐵〕
敌〔敵〕
牺〔犧〕
脑〔腦〕
胶〔膠〕
积〔積〕
称〔稱〕
借〔藉〕
舰〔艦〕
继〔繼〕

十一画

【丶】
淀〔澱〕
渗〔滲〕
痒〔癢〕
旋〔鏇〕
谗〔讒〕
惊〔驚〕
惧〔懼〕
惨〔慘〕
盖〔蓋〕
断〔斷〕
兽〔獸〕
【一】
麸〔麩〕
啬〔嗇〕
酝〔醞〕
据〔據〕
营〔營〕
梦〔夢〕
辆〔輛〕
随〔隨〕
堕〔墮〕
隐〔隱〕
职〔職〕
【丨】
悬〔懸〕
跃〔躍〕
累〔纍〕
粜〔糶〕
【丿】
秽〔穢〕
衅〔釁〕
偿〔償〕
猎〔獵〕
盘〔盤〕
御〔禦〕
绳〔繩〕

十二画

【丶】
滞〔滯〕
湿〔濕〕
窜〔竄〕
装〔裝〕
蛮〔蠻〕
痨〔癆〕
亵〔褻〕
粪〔糞〕
【一】
琼〔瓊〕
联〔聯〕
趋〔趨〕
搀〔攙〕
屡〔屢〕
确〔確〕
【丨】
凿〔鑿〕
【丿】
筑〔築〕
腊〔臘〕
馋〔饞〕
惩〔懲〕

十三画

【丶】
滩〔灘〕
滤〔濾〕
誉〔譽〕
寝〔寢〕
酱〔醬〕
誊〔謄〕
粮〔糧〕
数〔數〕
【一】
雾〔霧〕
蒙〔矇〕
〔濛〕
〔懞〕
献〔獻〕
摄〔攝〕
摊〔攤〕
摆〔擺〕
〔襬〕
楼〔樓〕
碍〔礙〕
辟〔闢〕
【丨】
龄〔齡〕
鉴〔鑒〕
【丿】
筹〔籌〕
签〔簽〕
〔籤〕
辞〔辭〕
触〔觸〕

十四画

【一】
墙〔牆〕
酿〔釀〕
蔷〔薔〕
蔑〔衊〕
【丨】
踊〔踴〕
蜡〔蠟〕
蝇〔蠅〕
【丿】
稳〔穩〕

十五画

【丶】
瘫〔癱〕
【一】
霉〔黴〕
聪〔聰〕
【丿】
镊〔鑷〕

〔付表〕

「第一表」「第二表」中の単独で用いられる新字体の総画索引。

二画

【一】
厂〔廠〕
了〔瞭〕
【丨】
卜〔蔔〕
【ノ】
几〔幾〕
儿〔兒〕

三画

【丶】
广〔廣〕
义〔義〕
【一】
干〔乾〕
〔幹〕
亏〔虧〕
与〔與〕
才〔纔〕
万〔萬〕
飞〔飛〕
习〔習〕
卫〔衛〕
【ノ】
个〔個〕
千〔韆〕
亿〔億〕
么〔麽〕
乡〔鄉〕

四画

【丶】
斗〔鬥〕
认〔認〕
忆〔憶〕
为〔爲〕
【一】
韦〔韋〕
专〔專〕
开〔開〕
无〔無〕
云〔雲〕
艺〔藝〕
区〔區〕
厅〔廳〕
历〔歷〕
〔曆〕
双〔雙〕
劝〔勸〕
邓〔鄧〕
办〔辦〕
丑〔醜〕
书〔書〕
队〔隊〕
【ノ】
仓〔倉〕
从〔從〕
丰〔豐〕
长〔長〕
气〔氣〕
凤〔鳳〕
仅〔僅〕
币〔幣〕

五画

【丶】
汇〔滙〕
〔彙〕
汉〔漢〕
头〔頭〕
宁〔寧〕
兰〔蘭〕
礼〔禮〕
写〔寫〕
让〔讓〕
【一】
灭〔滅〕
击〔擊〕
节〔節〕
扑〔撲〕
术〔術〕
厉〔厲〕
龙〔龍〕
东〔東〕
对〔對〕
圣〔聖〕
辽〔遼〕
边〔邊〕
【丨】
卢〔盧〕
叶〔葉〕
号〔號〕
叹〔嘆〕
只〔隻〕
〔衹〕
电〔電〕
业〔業〕
旧〔舊〕
归〔歸〕
帅〔帥〕
出〔齣〕
【ノ】
丛〔叢〕
仪〔儀〕
冬〔鼕〕
务〔務〕
处〔處〕
刍〔芻〕
尔〔爾〕
饥〔饑〕
乐〔樂〕
台〔臺〕
〔檯〕
〔颱〕
发〔發〕
〔髮〕

六画

【丶】
兴〔興〕
关〔關〕
冲〔衝〕
壮〔壯〕
妆〔妝〕
产〔産〕
刘〔劉〕
齐〔齊〕
庄〔莊〕
庆〔慶〕
农〔農〕
讲〔講〕
灯〔燈〕
【一】
夹〔夾〕
划〔劃〕
尧〔堯〕
动〔動〕
扩〔擴〕
扫〔掃〕
执〔執〕
巩〔鞏〕
协〔協〕
亚〔亞〕
权〔權〕
朴〔樸〕
毕〔畢〕
机〔機〕
过〔過〕
达〔達〕
迈〔邁〕
夸〔誇〕
夺〔奪〕
压〔壓〕
厌〔厭〕
买〔買〕
戏〔戲〕
观〔觀〕
欢〔歡〕
寻〔尋〕
导〔導〕
尽〔盡〕
〔儘〕
孙〔孫〕
阳〔陽〕
阶〔階〕
阴〔陰〕
【丨】
当〔當〕
〔噹〕
吁〔籲〕
吓〔嚇〕
虫〔蟲〕
团〔團〕
〔糰〕
网〔網〕
屿〔嶼〕
岂〔豈〕
岁〔歲〕
师〔師〕
尘〔塵〕
【ノ】
杀〔殺〕
爷〔爺〕
伞〔傘〕
会〔會〕
众〔衆〕
朱〔硃〕
迁〔遷〕
乔〔喬〕
杂〔雜〕
伪〔僞〕
伙〔夥〕
优〔優〕
价〔價〕
伤〔傷〕
华〔華〕
向〔嚮〕
后〔後〕
妇〔婦〕

七画

【丶】
冻〔凍〕
沪〔滬〕
沈〔瀋〕
沟〔溝〕
穷〔窮〕
状〔狀〕
亩〔畝〕
疗〔療〕
疖〔癤〕
应〔應〕
这〔這〕
庐〔廬〕
证〔證〕
启〔啓〕
补〔補〕
怀〔懷〕
忧〔憂〕
灶〔竈〕
【一】
来〔來〕
寿〔壽〕
麦〔麥〕
进〔進〕
远〔遠〕
运〔運〕
还〔還〕
迟〔遲〕
壳〔殻〕
声〔聲〕
坟〔墳〕
坛〔壇〕
〔罎〕
坏〔壞〕
块〔塊〕
丽〔麗〕
两〔兩〕
严〔嚴〕
芦〔蘆〕
苏〔蘇〕
〔囌〕
劳〔勞〕
克〔剋〕
护〔護〕
扰〔擾〕
报〔報〕
拟〔擬〕
折〔摺〕
医〔醫〕
励〔勵〕
歼〔殲〕
鸡〔鷄〕
灵〔靈〕
驴〔驢〕
层〔層〕
际〔際〕
陆〔陸〕
陈〔陳〕
【丨】
卤〔鹵〕
〔滷〕
坚〔堅〕
别〔彆〕
吨〔噸〕
听〔聽〕
时〔時〕
里〔裏〕
县〔縣〕
邮〔郵〕
园〔園〕
困〔睏〕
【ノ】
谷〔穀〕
邻〔鄰〕
余〔餘〕
乱〔亂〕
条〔條〕
龟〔龜〕
体〔體〕
佣〔傭〕
犹〔猶〕
彻〔徹〕
系〔係〕
〔繫〕
纵〔縱〕

八画

【丶】
泻〔瀉〕
泸〔瀘〕
变〔變〕
实〔實〕
宝〔寶〕
审〔審〕
帘〔簾〕
剂〔劑〕
卷〔捲〕
庙〔廟〕
衬〔襯〕
怜〔憐〕

〔糰〕
椭〔橢〕
W
洼〔窪〕
袜〔襪〕
网〔網〕
卫〔衛〕
稳〔穩〕
务〔務〕
雾〔霧〕
X
牺〔犧〕
习〔習〕
系〔係〕

〔繫〕
戏〔戲〕
虾〔蝦〕
吓〔嚇〕
咸〔鹹〕
显〔顯〕
宪〔憲〕
县〔縣〕
响〔響〕
向〔嚮〕
协〔協〕
胁〔脅〕
亵〔褻〕
衅〔釁〕

兴〔興〕
须〔鬚〕
悬〔懸〕
选〔選〕
旋〔鏇〕
Y
压〔壓〕
盐〔鹽〕
阳〔陽〕
养〔養〕
痒〔癢〕
样〔樣〕
钥〔鑰〕
药〔藥〕

爷〔爺〕
叶〔葉〕
医〔醫〕
亿〔億〕
忆〔憶〕
应〔應〕
痈〔癰〕
拥〔擁〕
佣〔傭〕
踊〔踴〕
忧〔憂〕
优〔優〕
邮〔郵〕
余〔餘〕

御〔禦〕
吁〔籲〕
郁〔鬱〕
誉〔譽〕
渊〔淵〕
园〔園〕
远〔遠〕
愿〔願〕
跃〔躍〕
运〔運〕
酝〔醖〕
Z
杂〔雜〕
赃〔贜〕

脏〔臟〕
〔髒〕
凿〔鑿〕
枣〔棗〕
灶〔竈〕
斋〔齋〕
毡〔氈〕
战〔戰〕
赵〔趙〕
折〔摺〕
这〔這〕
征〔徵〕
症〔癥〕
证〔證〕

只〔隻〕
〔祗〕
致〔緻〕
制〔製〕
钟〔鐘〕
〔鍾〕
肿〔腫〕
种〔種〕
众〔衆〕
昼〔晝〕
朱〔硃〕
烛〔燭〕
筑〔築〕
庄〔莊〕

桩〔樁〕
妆〔妝〕
装〔裝〕
壮〔壯〕
状〔狀〕
准〔準〕
浊〔濁〕
总〔總〕
钻〔鑽〕

第二表 〔(甲)は，単独の場合に用いられるだけでなく，他の漢字の偏(へん)や旁(つくり)にも用いられるもの。132字。発音順。(乙)は，原則として漢字の偏や旁の場合だけに用いられるもの。14字。画数順。〕

(**甲**)

A
爱〔愛〕
B
罢〔罷〕
备〔備〕
贝〔貝〕
笔〔筆〕
毕〔畢〕
边〔邊〕
宾〔賓〕
C
参〔參〕
仓〔倉〕
产〔産〕
长〔長〕
尝〔嘗〕
车〔車〕
齿〔齒〕
虫〔蟲〕
刍〔芻〕

从〔從〕
窜〔竄〕
D
达〔達〕
带〔帶〕
单〔單〕
当〔當〕
〔噹〕
党〔黨〕
东〔東〕
动〔動〕
断〔斷〕
对〔對〕
队〔隊〕
E
尔〔爾〕
F
发〔發〕
〔髮〕
丰〔豐〕

风〔風〕
G
冈〔岡〕
广〔廣〕
归〔歸〕
龟〔龜〕
国〔國〕
过〔過〕
H
华〔華〕
画〔畫〕
汇〔匯〕
〔彙〕
会〔會〕
J
几〔幾〕
夹〔夾〕
戋〔戔〕
监〔監〕
见〔見〕

荐〔薦〕
将〔將〕
节〔節〕
尽〔盡〕
〔儘〕
进〔進〕
举〔舉〕
K
壳〔殻〕
L
来〔來〕
乐〔樂〕
离〔離〕
历〔歷〕
〔曆〕
丽〔麗〕
两〔兩〕
灵〔靈〕
刘〔劉〕
龙〔龍〕

娄〔婁〕
卢〔盧〕
虏〔虜〕
卤〔鹵〕
〔滷〕
录〔録〕
虑〔慮〕
仑〔侖〕
罗〔羅〕
M
马〔馬〕
买〔買〕
卖〔賣〕
麦〔麥〕
门〔門〕
黾〔黽〕
N
难〔難〕
鸟〔鳥〕
聂〔聶〕

宁〔寧〕
农〔農〕
Q
齐〔齊〕
岂〔豈〕
气〔氣〕
迁〔遷〕
佥〔僉〕
乔〔喬〕
亲〔親〕
穷〔窮〕
区〔區〕
S
啬〔嗇〕
杀〔殺〕
审〔審〕
圣〔聖〕
师〔師〕
时〔時〕
寿〔壽〕

属〔屬〕
双〔雙〕
肃〔肅〕
岁〔歲〕
孙〔孫〕
T
条〔條〕
W
万〔萬〕
为〔爲〕
韦〔韋〕
乌〔烏〕
无〔無〕
X
献〔獻〕
乡〔鄉〕
写〔寫〕
寻〔尋〕
Y
亚〔亞〕

严〔嚴〕
厌〔厭〕
尧〔堯〕
业〔業〕
页〔頁〕
义〔義〕
艺〔藝〕
阴〔陰〕
隐〔隱〕
犹〔猶〕
鱼〔魚〕
与〔與〕
云〔雲〕
Z
郑〔鄭〕
执〔執〕
质〔質〕
专〔專〕

(**乙**)

讠〔言〕
饣〔食〕

昜〔昜〕
纟〔糸〕

収〔臤〕
𫇦〔𤇾〕

𠂉〔臨〕
只〔戠〕

钅〔金〕
𭕄〔𦥯〕

㚇〔睪〕
圣〔巠〕

亦〔䜌〕
呙〔咼〕

中国新旧字体対照表

第一表〔単独の場合に用いられるだけで，他の漢字の偏（へん）や旁（つくり）には用いられないもの。350字。発音順。〕

A
碍〔礙〕
肮〔骯〕
袄〔襖〕
B
坝〔壩〕
板〔闆〕
办〔辦〕
帮〔幫〕
宝〔寶〕
报〔報〕
币〔幣〕
毙〔斃〕
标〔標〕
表〔錶〕
别〔彆〕
卜〔蔔〕
补〔補〕
C
才〔纔〕
蚕〔蠶〕
灿〔燦〕
层〔層〕
搀〔攙〕
谗〔讒〕
馋〔饞〕
缠〔纏〕
忏〔懺〕
偿〔償〕
厂〔廠〕
彻〔徹〕
尘〔塵〕
衬〔襯〕
称〔稱〕
惩〔懲〕
迟〔遲〕
冲〔衝〕
丑〔醜〕
出〔齣〕
础〔礎〕
处〔處〕
触〔觸〕
辞〔辭〕
聪〔聰〕
丛〔叢〕
D
担〔擔〕
胆〔膽〕
导〔導〕
灯〔燈〕
邓〔鄧〕
敌〔敵〕
籴〔糴〕
递〔遞〕
点〔點〕
淀〔澱〕
电〔電〕
冬〔鼕〕
斗〔鬥〕
独〔獨〕
吨〔噸〕
夺〔奪〕
堕〔墮〕
E
儿〔兒〕
F
矾〔礬〕
范〔範〕
飞〔飛〕
坟〔墳〕
奋〔奮〕
粪〔糞〕
凤〔鳳〕
肤〔膚〕
妇〔婦〕
复〔復〕
〔複〕
G
盖〔蓋〕
干〔乾〕
〔幹〕
赶〔趕〕
个〔個〕
巩〔鞏〕
沟〔溝〕
构〔構〕
购〔購〕
谷〔穀〕
顾〔顧〕
刮〔颳〕
关〔關〕
观〔觀〕
柜〔櫃〕
H
汉〔漢〕
号〔號〕
合〔閤〕
轰〔轟〕
后〔後〕
胡〔鬍〕
壶〔壺〕
沪〔滬〕
护〔護〕
划〔劃〕
怀〔懷〕
坏〔壞〕
欢〔歡〕
环〔環〕
还〔還〕
回〔迴〕
伙〔夥〕
获〔獲〕
〔穫〕
J
击〔擊〕
鸡〔鷄〕
积〔積〕
极〔極〕
际〔際〕
继〔繼〕
家〔傢〕
价〔價〕
艰〔艱〕
歼〔殲〕
茧〔繭〕
拣〔揀〕
硷〔鹼〕
舰〔艦〕
姜〔薑〕
浆〔漿〕
桨〔槳〕
奖〔獎〕
讲〔講〕
酱〔醬〕
胶〔膠〕
阶〔階〕
疖〔癤〕
洁〔潔〕
借〔藉〕
仅〔僅〕
惊〔驚〕
竞〔競〕
旧〔舊〕
剧〔劇〕
据〔據〕
惧〔懼〕
卷〔捲〕
K
开〔開〕
克〔剋〕
垦〔墾〕
恳〔懇〕
夸〔誇〕
块〔塊〕
亏〔虧〕
困〔睏〕
L
腊〔臘〕
蜡〔蠟〕
兰〔蘭〕
拦〔攔〕
栏〔欄〕
烂〔爛〕
累〔纍〕
垒〔壘〕
类〔類〕
里〔裏〕
礼〔禮〕
隶〔隸〕
帘〔簾〕
联〔聯〕
怜〔憐〕
炼〔煉〕
练〔練〕
粮〔糧〕
疗〔療〕
辽〔遼〕
了〔瞭〕
猎〔獵〕
临〔臨〕
邻〔鄰〕
岭〔嶺〕
庐〔廬〕
芦〔蘆〕
炉〔爐〕
陆〔陸〕
驴〔驢〕
乱〔亂〕
M
么〔麽〕
霉〔黴〕
蒙〔矇〕
〔濛〕
〔懞〕
梦〔夢〕
面〔麵〕
庙〔廟〕
灭〔滅〕
蔑〔衊〕
亩〔畝〕
N
恼〔惱〕
脑〔腦〕
拟〔擬〕
酿〔釀〕
疟〔瘧〕
P
盘〔盤〕
辟〔闢〕
苹〔蘋〕
凭〔憑〕
扑〔撲〕
仆〔僕〕
朴〔樸〕
Q
启〔啓〕
签〔籤〕
千〔韆〕
牵〔牽〕
纤〔縴〕
〔纖〕
窍〔竅〕
窃〔竊〕
寝〔寢〕
庆〔慶〕
琼〔瓊〕
秋〔鞦〕
曲〔麯〕
权〔權〕
劝〔勸〕
确〔確〕
R
让〔讓〕
扰〔擾〕
热〔熱〕
认〔認〕
S
洒〔灑〕
伞〔傘〕
丧〔喪〕
扫〔掃〕
涩〔澀〕
晒〔曬〕
伤〔傷〕
舍〔捨〕
沈〔瀋〕
声〔聲〕
胜〔勝〕
湿〔濕〕
实〔實〕
适〔適〕
势〔勢〕
兽〔獸〕
书〔書〕
术〔術〕
树〔樹〕
帅〔帥〕
松〔鬆〕
苏〔蘇〕
〔囌〕
虽〔雖〕
随〔隨〕
T
台〔臺〕
〔檯〕
〔颱〕
态〔態〕
坛〔壇〕
〔罎〕
叹〔嘆〕
誊〔謄〕
体〔體〕
粜〔糶〕
铁〔鐵〕
听〔聽〕
厅〔廳〕
头〔頭〕
图〔圖〕
涂〔塗〕
团〔團〕

驗(験)	諸(諸)	專(専)	晝(昼)	賓(賓)	綠(緑)
嚴(厳)	敍(叙)	戰(戦)	鑄(鋳)	敏(敏)	淚(涙)
廣(広)	將(将)	纖(繊)	著(著)	冨(富)	壘(塁)
恆(恒)	祥(祥)	禪(禅)	廳(庁)	侮(侮)	類(類)
黃(黄)	涉(渉)	祖(祖)	徵(徴)	福(福)	禮(礼)
國(国)	燒(焼)	壯(壮)	聽(聴)	拂(払)	曆(暦)
黑(黒)	奬(奨)	爭(争)	懲(懲)	佛(仏)	歷(歴)
穀(穀)	條(条)	莊(荘)	鎭(鎮)	勉(勉)	練(練)
碎(砕)	狀(状)	搜(捜)	轉(転)	步(歩)	鍊(錬)
雜(雑)	乘(乗)	巢(巣)	傳(伝)	峯(峰)	郞(郎)
祉(祉)	淨(浄)	曾(曽)	都(都)	墨(墨)	朗(朗)
視(視)	剩(剰)	裝(装)	嶋(島)	飜(翻)	廊(廊)
兒(児)	疊(畳)	僧(僧)	燈(灯)	每(毎)	錄(録)
濕(湿)	孃(嬢)	層(層)	盜(盗)	萬(万)	
實(実)	讓(譲)	瘦(痩)	稻(稲)	默(黙)	
社(社)	釀(醸)	騷(騒)	德(徳)	埜(野)	
者(者)	神(神)	增(増)	突(突)	彌(弥)	
煮(煮)	眞(真)	憎(憎)	難(難)	藥(薬)	
壽(寿)	寢(寝)	藏(蔵)	拜(拝)	與(与)	
收(収)	愼(慎)	贈(贈)	盃(杯)	搖(揺)	
臭(臭)	盡(尽)	臟(臓)	賣(売)	樣(様)	
從(従)	粹(粋)	卽(即)	梅(梅)	謠(謡)	
澁(渋)	醉(酔)	帶(帯)	髮(髪)	來(来)	
獸(獣)	穗(穂)	滯(滞)	拔(抜)	賴(頼)	
縱(縦)	瀨(瀬)	瀧(滝)	繁(繁)	覽(覧)	
祝(祝)	齊(斉)	單(単)	晚(晩)	欄(欄)	
暑(暑)	靜(静)	嘆(嘆)	卑(卑)	龍(竜)	
署(署)	攝(摂)	團(団)	祕(秘)	虜(虜)	
緖(緒)	節(節)	彈(弾)	碑(碑)	涼(涼)	

(注) 括弧内の漢字は常用漢字であり、当該括弧外の漢字とのつながりを示すため、参考までに掲げたものである。

〔二〕

氣(気)祈(祈)器(器)僞(偽)戲(戯)虛(虚)峽(峡)狹(狭)響(響)曉(暁)勤(勤)謹(謹)驅(駆)勳(勲)薰(薫)惠(恵)揭(掲)鷄(鶏)藝(芸)擊(撃)縣(県)儉(倹)劍(剣)險(険)圈(圏)檢(検)顯(顕)

亞(亜)惡(悪)爲(為)逸(逸)榮(栄)衞(衛)謁(謁)圓(円)緣(縁)薗(園)應(応)櫻(桜)奧(奥)橫(横)溫(温)價(価)禍(禍)悔(悔)海(海)壞(壊)懷(懐)樂(楽)渴(渇)卷(巻)陷(陥)寬(寛)漢(漢)

鰤鱗鳩鳶鳳鴨鴻鵜鵬鷗鷲鷺鷹麒麟麿黎黛鼎

（注）「－」は、相互の漢字が同一の字種であることを示したものである。

雀雁雛雫霞靖鞄鞍鞘鞠鞭頁頌頗顚颯饗馨馴馳駕駿驍魁魯鮎鯉鯛鰯

遼邑祁郁鄭酉醇醐醍醬釉釘釧銑鋒鋸錘錐錆錫鍬鎧閃閏閤阿陀隈隼

諒謂諺讃豹貰賑赳跨蹄蹟輔輯輿轟辰辻迂迄辿迪迦這逞逗逢遥－遙遁

蕪薙蕾蕗藁薩蘇蘭蝦蝶螺蟬蟹蠟衿袈袴裡裟裳襖訊訣註詢詫誼諏諄

菩萌－萠萊菱葦葵萱葺萩董葡蓑蒔蒐蒼蒲蒙蓉蓮蔭蔣蔦蓬蔓蕎蕨蕉蕃

胡脩腔脹膏臥舜舵芥芹芭芙芦苑茄苔苺茅茉茸茜莞荻莫莉菅菫菖萄

紐絃紬絆絢綺綜綴緋綾綸縞徽繫繡纂纏羚翔翠耀而耶耽聡肇肋肴胤

穣－穰穹穿窄窪窺竣竪竺竿笈笹笙笠筈筑箕箔篇篠簞簾籾粥粟糊紘紗

砦砥砧硯碓碗碩碧磐磯祇祢－禰祐－祐祷－禱禄－祿禎－禎禽禾秦秤稀稔稟稜

珈珊珀玲琢－琢琉瑛琥琶琵琳瑚瑞瑶瑳瓜瓢甥甫畠畢疋疏皐皓眸瞥矩

人名用漢字一覧表

①「人名用漢字」とは，戸籍上の人名に用いることができる漢字として，「常用漢字（2136字）」以外に定められている漢字です。2010年11月に「戸籍法施行規則」の一部が改正され，それまでの人名用漢字985字のうち，常用漢字表に追加された129字が削除され，常用漢字表から削除された５字が人名用漢字に追加されました。その後，さらに２字が追加され，863字になりました。

② 人名用として用いる漢字の読みについては特に決まりはありません。なお，人名には片仮名，または平仮名も用いることができると定められています。

〔一〕

丑丞乃之乎也云亘-亙些亦亥亨亮仔伊伍伽佃佑
伶侃侑俄俠俣俐倭俱倦倖偲傭儲允兎兜其冴凌
凜-凛凧凪凰凱函劉劫勁勺勿匁匡廿卜卯卿厨厩
叉叡叢叶只吾吞吻哉哨啄哩喬喧喰喋嘩嘉嘗噌
噂圃圭坐尭-堯坦埴堰堺堵塙壕壬夷奄奎套娃姪
姥娩嬉孟宏宋宕宥寅寓寵尖尤屑峨峻崚嵯嵩嶺巌-巖
巫已巳巴巷巽帖幌幡庄庇庚庵廟廻弘弛彗彦彪彬徠
忽怜恢恰恕悌惟惚悉惇惹惺惣慧憐戊或戟托按挺挽
掬捲捷捺捧掠揃摑摺撒撰撞播撫擢孜敦斐斡斧斯於
旭昂昊昏昌昴晏晃-晄晒晋晟晦晨智暉暢曙曝曳朋朔
杏杖杜李杭杵杷枇柑柴柘柊柏柾柚桧-檜栞桔桂栖桐
栗梧梓梢梛梯桶梶椛梁棲椋椀楯楚楕椿楠楓椰楢楊
榎樺榊榛槙-槇槍槌樫槻樟樋橘樽橙檎檀櫂櫛櫓欣欽
歎此殆毅毘毬汀汝汐汲沌沓沫洸洲洵洛浩浬淵淳渚-
渚淀淋渥渾湘湊湛溢滉溜漱漕漣澪濡瀕灘灸灼烏焰
焚煌煤煉熙燕燎燦燭燿爾牒牟牡牽犀狼猪-猪獅玖珂

〔五七〕

（注）餌（餌）・遡（遡）・遜（遜）・謎（謎）・餅（餅）……この5字は、（　）の中が許容字体である。

楼漏籠六録麓論和話賄脇惑枠湾腕
鈴零霊隷齢麗暦歴列劣烈裂恋連廉練錬呂炉賂路露老労弄郎朗浪廊
涼猟陵量僚領寮療瞭糧力緑林厘倫輪隣臨瑠涙累塁類令礼冷励戻例
吏利里理痢裏履璃離陸立律慄略柳流留竜粒隆硫侶旅虜慮了両良料
瘍踊窯養擁謡曜抑沃浴欲翌翼拉裸羅来雷頼絡落酪辣乱卵覧濫藍欄
湧猶裕遊雄誘憂融優与予余誉預幼用羊妖洋要容庸揚揺葉陽溶腰様
黙門紋問冶夜野弥厄役約訳薬躍闇由油喩愉諭輸癒唯友有勇幽悠郵
眠矛務無夢霧娘名命明迷冥盟銘鳴滅免面綿麺茂模毛妄盲耗猛網目
盆麻摩磨魔毎妹枚昧埋幕膜枕又末抹万満慢漫未味魅岬密蜜脈妙民
某冒剖紡望傍帽棒貿貌暴膨謀頰北木朴牧睦僕墨撲没勃堀本奔翻凡
邦奉宝抱放法泡胞俸倣峰砲崩訪報蜂豊飽褒縫亡乏忙坊妨忘防房肪
璧癖別蔑片辺返変偏遍編弁便勉歩保哺捕補舗母募墓慕暮簿方包芳
払沸仏物粉紛雰噴墳憤奮分文聞丙平兵併並柄陛閉塀幣弊蔽餅米壁
附訃負赴浮婦符富普腐敷膚賦譜侮武部舞封風伏服副幅復福腹複覆

百氷表俵票評漂標苗秒病描猫品浜貧賓頻敏瓶不夫父付布扶府怖阜
批彼披肥非卑飛疲秘被悲扉費碑罷避尾眉美備微鼻膝肘匹必泌筆姫
犯帆汎伴判坂阪板版班畔般販斑飯搬煩頒範繁藩晩番蛮盤比皮妃否
賠白伯拍泊迫剝舶博薄麦漠縛爆箱箸畑肌八鉢発髪伐抜罰閥反半氾
能脳農濃把波派破覇馬婆罵拝杯背肺俳配排敗廃輩売倍梅培陪媒買
梨謎鍋南軟難二尼弐匂肉虹日入乳尿任妊忍認寧熱年念捻粘燃悩納
道働銅導瞳峠匿特得督徳篤毒独読栃凸突届屯豚頓貪鈍曇丼那奈内
透党悼盗陶塔搭棟湯痘登答等筒統稲踏糖頭謄藤闘騰同洞胴動堂童
斗吐妬徒途都渡塗賭土奴努度怒刀冬灯当投豆東到逃倒凍唐島桃討
程艇締諦泥的笛摘滴適敵溺迭哲鉄徹撤天典店点展添転塡田伝殿電
鎮追椎墜通痛塚漬坪爪鶴低呈廷弟定底抵邸亭貞帝訂庭逓停偵堤提
長挑帳張彫眺釣頂鳥朝貼超腸跳徴嘲潮澄調聴懲直勅捗沈珍朕陳賃
逐蓄築秩窒茶着嫡中仲虫沖宙忠抽注昼柱衷酎鋳駐著貯丁弔庁兆町
探淡短嘆端綻誕鍛団男段断弾暖談壇地池知値恥致遅痴稚置緻竹畜
態戴大代台第題滝宅択沢卓拓託濯諾濁但達脱奪棚誰丹旦担単炭胆
尊損遜他多汰打妥唾堕惰駄太対体耐待怠胎退帯泰堆袋逮替貸隊滞

〔五五〕

騒藻造像増憎蔵贈臓即束足促則息捉速側測俗族属賊続卒率存村孫
相荘草送倉捜挿桑巣掃曹曽爽窓創喪痩葬装僧想層総遭槽踪操燥霜
繊鮮全前善然禅漸膳繕狙阻祖租素措粗組疎訴塑遡礎双壮早争走奏
絶千川仙占先宣専泉浅洗染扇栓旋船戦煎羨腺詮践箋銭潜線遷選薦
醒税夕斥石赤昔析席脊隻惜戚責跡積績籍切折拙窃接設雪摂節説舌
生成西声制姓征性青斉政星牲省凄逝清盛婿晴勢聖誠精製誓静請整
腎須図水吹垂炊帥粋衰推酔遂睡穂随髄枢崇数据杉裾寸瀬是井世正
信津神唇娠振浸真針深紳進森診寝慎新審震薪親人刃仁尽迅甚陣尋
場畳蒸縄壌嬢錠譲醸色拭食植殖飾触嘱織職辱尻心申伸臣芯身辛侵
焦硝粧詔証象傷奨照詳彰障憧衝賞償礁鐘上丈冗条状乗城浄剰常情
召匠床抄肖尚招承昇松沼昭宵将消症祥称笑唱商渉章紹訟勝掌晶焼
巡盾准殉純循順準潤遵処初所書庶暑署緒諸女如助序叙徐除小升少
醜蹴襲十汁充住柔重従渋銃獣縦叔祝宿淑粛縮塾熟出述術俊春瞬旬
趣寿受呪授需儒樹収囚州舟秀周宗拾秋臭修袖終羞習週就衆集愁酬
射捨赦斜煮遮謝邪蛇尺借酌釈爵若弱寂手主守朱取狩首殊珠酒腫種
持時滋慈辞磁餌璽鹿式識軸七𠮟失室疾執湿嫉漆質実芝写社車舎者

師恣紙脂視紫詞歯嗣試詩資飼誌雌摯賜諮示字寺次耳自似児事侍治
士子支止氏仕史司四市矢旨死糸至伺志私使刺始姉枝祉肢姿思指施
搾錯咲冊札刷刹拶殺察撮擦雑皿三山参桟蚕惨産傘散算酸賛残斬暫
彩採済祭斎細菜最裁債催塞歳載際埼在材剤財罪崎作削昨柵索策酢
昆恨根婚混痕紺魂墾懇左佐沙査砂唆差詐鎖座挫才再災妻采砕宰栽
酵稿興衡鋼講購乞号合拷剛傲豪克告谷刻国黒穀酷獄骨駒込頃今困
厚恒洪皇紅荒郊香候校耕航貢降高康控梗黄喉慌港硬絞項溝鉱構綱
誤護口工公勾孔功巧広甲交光向后好江考行坑孝抗攻更効幸拘肯侯
厳己戸古呼固股虎孤弧故枯個庫湖雇誇鼓錮顧五互午呉後娯悟碁語
健険圏堅検嫌献絹遣権憲賢謙鍵繭顕験懸元幻玄言弦限原現舷減源
芸迎鯨隙劇撃激桁欠穴血決結傑潔月犬件見券肩建研県倹兼剣拳軒
兄刑形系径茎係型契計恵啓掲渓経蛍敬景軽傾携継詣慶憬稽憩警鶏
錦謹襟吟銀区句苦駆具惧愚空偶遇隅串屈掘窟熊繰君訓勲薫軍郡群
教郷境橋矯鏡競響驚仰暁業凝曲局極玉巾斤均近金菌勤琴筋僅禁緊
去巨居拒拠挙虚許距魚御漁凶共叫狂京享供協況峡挟狭恐恭胸脅強
詰却客脚逆虐九久及弓丘旧休吸朽臼求究泣急級糾宮救球給嗅窮牛

常用漢字一覧表

① 2010年11月に「常用漢字表」が改定されました。常用漢字はそれまで1945字でしたが，改定「常用漢字表」では196字が常用漢字表に追加される一方，5字が削除され，常用漢字は2136字になりました。

② 下表は「常用漢字表」本表に従い，漢字のみを掲載したものです。色刷りの漢字は新たに追加された常用漢字（196字）です。なお，それまでの常用漢字表から削除された漢字は「勺」「錘」「銑」「脹」「匁」の5字です。

棄毀旗器畿輝機騎技宜偽欺義疑儀戯擬犠議菊吉喫
汽奇祈季紀軌既記起飢鬼帰基寄規亀喜幾揮期棋貴
簡観韓艦鑑丸含岸岩玩眼頑顔願企伎危机気岐希忌
堪換敢棺款間閑勧寛幹感漢慣管関歓監緩憾還館環
株釜鎌刈干刊甘汗缶完肝官冠巻看陥乾勘患貫寒喚
閣確獲嚇穫学岳楽額顎掛潟括活喝渇割葛滑褐轄且
害崖涯街慨蓋該概骸垣柿各角拡革格核殻郭覚較隔
戒改怪拐悔海界皆械絵開階塊楷解潰壊懐諧貝外劾
暇禍靴寡歌箇稼課蚊牙瓦我画芽賀雅餓介回灰会快
火加可仮何花佳価果河苛科架夏家荷華菓貨渦過嫁
旺欧殴桜翁奥横岡屋億憶臆虞乙俺卸音恩温穏下化
沿炎怨宴媛援園煙猿遠鉛塩演縁艶汚王凹央応往押
雲永泳英映栄営詠影鋭衛易疫益液駅悦越謁閲円延
芋引印因咽姻員院淫陰飲隠韻右宇羽雨唄鬱畝浦運
為畏胃尉異移萎偉椅彙意違維慰遺緯域育一壱逸茨
亜哀挨愛曖悪握圧扱宛嵐安案暗以衣位囲医依委威

22画

21画

20画

〔四七〕

19画

18画

〔四二〕

〔四〇〕

〔三九〕

16画

〔三四〕

〔三一〕

14画

〔二七〕

〔二五〕

〔二二〕

12画

〔一八〕

11画

〔一六〕

〔一五〕

〔一四〕

10画

〔八〕

8画

〔六〕

7画

〔五〕

6画

5画

総画索引

① この索引は，本辞典に収めた漢字（旧字体，異体字を含む）を総画数順に配列し，掲載ページを示したものである。同画数内では部首順によった。画数・部首が同じ場合は，本辞典の掲載順に示した。
② 漢字の左の記号は該当する部首を，右の数字はその漢字の掲載ページを示す。
③ 常用漢字は色字で示した。また，次の記号をつけて，漢字の種類を示した。
　学……常用漢字中の学習漢字　　人……人名用漢字
　標……「表外漢字字体表」（2000年，国語審議会答申）の印刷標準字体
　簡……同表の簡易慣用字体

新選漢和辞典

第八版 新装ワイド版

一九六三年四月十日 初版発行
一九六六年十二月一日 改訂新版（第二版）発行
一九八〇年一月二十日 新版（第三版）・ワイド版発行
一九八二年一月二十日 「常用」新版（第四版）・ワイド版発行
一九八七年一月二十日 第五版・ワイド版発行
一九九五年一月一日 第六版・ワイド版発行
二〇〇〇年一月一日 第六版・ワイド版〈2色刷〉発行
二〇〇三年一月一日 第七版・ワイド版発行
二〇〇六年一月一日 第七版・ワイド版 人名用漢字対応版発行
二〇一一年一月三十一日 第八版・ワイド版発行
二〇二二年二月二十一日 第八版・新装ワイド版 第一刷発行

編者 小林信明

発行者 飯田昌宏

発行所 株式会社 小学館
〒一〇一－八〇〇一
東京都千代田区一ツ橋二ノ三ノ一
編集 〇三（三二三〇）五一七〇
販売 〇三（五二八一）三五五五

印刷所 凸版印刷株式会社

製本所 牧製本印刷株式会社

ISBN978-4-09-501479-1

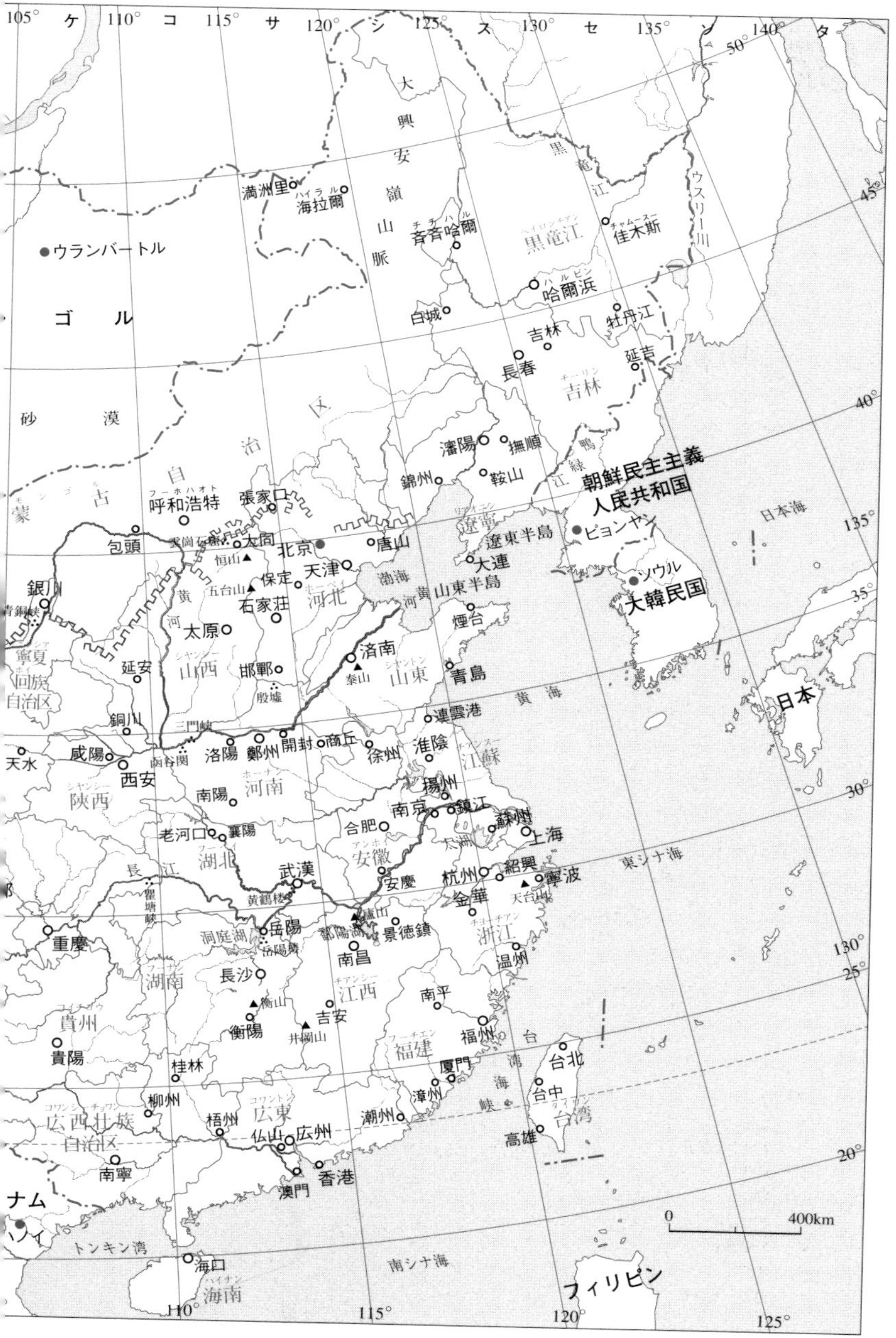

105°
ケ
110°
コ
115°
サ
120°
シ
125°
ス
130°
セ
135°
ソ
140°
タ
50°
45°
40°
35°
30°
25°
20°
135°
130°
110°
115°
120°
125°
大興安嶺山脈
満洲里
ハイラル 海拉爾
チチハル 斉斉哈爾
黒竜江
ヘイロンチアン 黒竜江
チャムースー 佳木斯
ウスリー川
ウランバートル
ゴル
ハルビン 哈爾浜
白城
吉林
牡丹江
長春
延吉
チーリン 吉林
砂漠
蒙古自治区
瀋陽
撫順
鴨緑江
朝鮮民主主義人民共和国
錦州
鞍山
フーホハオト 呼和浩特
張家口
リアオニン 遼寧
遼東半島
ピョンヤン
日本海
包頭
雲崗石窟
大同
北京
唐山
大連
ソウル
大韓民国
銀川
青銅峡
恒山
五台山
保定
天津
渤海
黄河
山東半島
ホーペイ 河北
石家荘
煙台
寧夏回族自治区
太原
延安
シャンシー 山西
邯鄲
殷墟
済南
泰山
シャントン 山東
青島
黄海
日本
銅川
三門峡
連雲港
天水
咸陽
函谷関
洛陽
鄭州
開封
商丘
徐州
淮陰
チアンスー 江蘇
西安
シャンシー 陝西
ホーナン 河南
南陽
揚州
南京
鎮江
合肥
蘇州
上海
老河口
襄陽
フーペイ 湖北
太湖
アンホイ 安徽
長江
武漢
安慶
杭州
紹興
寧波
東シナ海
瞿塘峡
黄鶴楼
金華
天台山
廬山
鄱陽湖
景徳鎮
チョーチアン 浙江
重慶
洞庭湖
岳陽
岳陽楼
南昌
温州
フーナン 湖南
長沙
チアンシー 江西
南平
コイチョウ 貴州
衡山
衡陽
吉安
井岡山
福州
台湾海峡
フーチエン 福建
貴陽
桂林
廈門
台北
漳州
台中
柳州
コワントン 広東
梧州
潮州
タイワン 台湾
コワンシーチョワン 広西壮族自治区
仏山
広州
高雄
南寧
澳門
香港
ナム
ハノイ
トンキン湾
海口
ハイナン 海南
南シナ海
フィリピン
0
400km